# WÖRTERBUCH DES CHRISTENTUMS

# WÖRTERBUCH DES CHRISTENTUMS

Herausgegeben von
Volker Drehsen, Hermann Häring,
Karl-Josef Kuschel und Helge Siemers
in Zusammenarbeit mit
Manfred Baumotte

Orbis Verlag

Sonderausgabe 1995 Orbis Verlag für Publizistik GmbH, München
Druck und Einband: Norbok a.s, Oslo/Gjøvik
Printed in Norway

ISBN 3-572-00691-0

## Vorwort

Worum es in diesem Wörterbuch des Christentums (WBC) der Sache nach geht, wird die Einführung erläutern. Dieses Vorwort ist vor allem ein Wort der Erleichterung und des Dankes. Denn unsere Arbeit hat eine lange Vorgeschichte, brauchte Durchhaltewillen und einen langen Atem. Im Jahre 1980 wurde die Idee geboren. Die beiden evangelischen Herausgeber schmiedeten zusammen mit dem Gütersloher Verlagshaus erste Pläne zu einem gut verständlichen, problemorientierten und für die vielfältigen Erscheinungen von Religion und Christentum offenen Werk. Weitere Gespräche führten zu dem Entschluß, dem Wörterbuch eine ökumenische Basis zu geben. Ein katholischer Verlag und zwei katholische Mitherausgeber wurden gewonnen und hinzugezogen. Zahlreiche Fachberater waren für die Idee zu begeistern, eine erste Konzeption zusammen mit ihnen zu erarbeiten. Dies führte im Mai 1981 zu einem Treffen in der Akademie Hofgeismar, wo wir gemeinsam in ausführlichen Gesprächen die Konzeption und Gestalt der Einzelartikel besprachen, die Organisation in Fachdisziplinen abklärten und einen ersten Zeitplan erstellten. Im Schwung anfänglicher Begeisterung hofften wir, nach drei Jahren mit einem verantwortlichen Ergebnis an die Öffentlichkeit treten zu können.

Diese Zeitpläne haben sich als Illusion erwiesen – nicht zum Schaden unserer Arbeit. Drei Jahre intensiver Arbeit waren nötig, bis wir Herausgeber auf zahllosen Wochenendsitzungen die Liste der Stichworte verabschieden konnten – nach intensiver Recherche, Beratung und Koordination. Ein weiteres Jahr mußte auf die Suche nach Autoren verwandt werden. Die zeitraubende Detailarbeit aber begann erst mit der Bearbeitung und Koordination der Texte. Die Mitarbeit unserer Fachberater sorgte zwar stets für sachkundige und fächerübergreifende Beurteilungen, führte aber auch zu ungezählten Änderungsvorschlägen. So verging Zeit, die aber der inneren Kohärenz, Detailgenauigkeit und Relevanz der Artikel zugute kam. Wir sind erleichtert, daß wir diese komplexe Arbeit, an der vier Herausgeber, 30 Fachberater und 414 Autoren beteiligt sind, letztendlich doch zum Abschluß bringen konnten. Die langjährige, freundschaftliche und kollegiale Arbeit an diesem Wörterbuch war aber für uns Herausgeber ein unvergeßlicher ökumenischer Lernprozeß. Je länger, desto mehr waren wir davon überzeugt, daß wir ein Stück konkret ökumenische Verständigung praktizierten, die Menschen innerhalb und außerhalb der Kirchen zugute kommt.

Das Werk ist nur durch den Einsatz vieler zustande gekommen. Gefragt waren nicht nur Fachwissen, sondern auch Sinn für übergreifende und gegenwärtig brennende Fragestellungen, ein Sicheinlassen auf unsere Konzeption. Viele Autoren haben eine hohe Zahl von Artikeln selber geschrieben und dadurch für eine kohärente Präsentation ihres Fachs wie des gesamten Wörterbuchs gesorgt.

Fachberater haben verglichen und koordiniert und bei der Autorensuche geholfen. Federführung und Sekretariat waren zunächst in Tübingen (Institut für Praktische Theologie), dann in Übersee (unter kundigem Einsatz von Frau Gabi Siemers), schließlich in Bedburg-Hau. Allen Autoren und Fachberatern sei an dieser Stelle herzlich gedankt, auch jenen, die aus persönlichen oder beruflichen Gründen ihre Funktion vorzeitig aufgeben mußten. Besonderer Dank für ihre Geduld und Treue gilt dabei denjenigen Autoren, die ihre Artikel pünktlich lieferten und später – bisweilen wegen allzu langer Verzögerung enttäuscht – lange auf die Veröffentlichung warten mußten. Wir hoffen, daß das Gesamtergebnis Entschädigung genug ist. Daß einige wenige Artikel nicht erstellt werden konnten, fällt bei einem Umfang von 1542 Stichwortartikeln kaum ins Gewicht. Ergänzungen und Korrekturen wird die 2. Auflage ermöglichen. Das vorliegende Ergebnis freilich wäre trotzdem undenkbar ohne eine Gruppe von Autoren, die in letzter Minute für andere einsprangen und bereit waren, noch kurzfristig Artikel zu übernehmen.

Hier seien nur einige erwähnt, die uns in schwieriger Lage halfen und deren Anregungen sich in ungezählten, namentlich nicht erwähnten Ergänzungen, Korrekturen oder Bestätigungen niedergeschlagen haben: Prof. Dr. H. Sonnemans nahm sich in einem kritischen Augenblick des Fachs Fundamentaltheologie an. Prof. Dr. J. Laube arbeitete die Artikel des Fachs Religionswissenschaft durch; Dr. K.-Fr. Wiggermann hat auf evangelischer Seite im Fach Liturgie sachkundig geholfen, Dr. K.-H. Bieritz später gerade hier noch für viele Ergänzungen gesorgt. Herr N. Thon sprang schließlich zu vorgerückter Stunde ein, um in vielen von ihm ungezeichneten Ergänzungen ostkirchl. Aspekte hinzuzufügen. Sicher hätten wir bei den Länderartikeln mit ihren komplizierten völkerkundlichen, allgemein- und kirchengeschichtlichen, religions- und missionswissenschaftlichen Aspekten nicht den jetzigen Informationsstand erreicht, hätte nicht Dr. Th. Riplinger für eine konsequente Koordination und einheitliche Textgestaltung gesorgt. Auch hier haben um der Einheitlichkeit der Artikel willen viele Autoren darauf verzichtet, die von ihnen geschriebenen Texte unmittelbar zu zeichnen. Nicht genug danken können wir Frau Inge Häring, die – zumal in der Schlußphase – neben den Aufgaben der Texterfassung und des Sekretariats für die Korrektur von Artikeln, den Kontakt mit Autoren sowie mit Verlag und Druckerei gesorgt hat. Ohne ihr ungewöhnlich intensives Engagement hätte der jetzige Erscheinungstermin nicht eingehalten werden können.

Von Anfang an lag den Herausgebern daran, daß durch die Kooperation eines evangelischen und eines katholischen Verlags die ökumenische Dimension des Wörterbuchs auch organisatorisch gewährleistet wird. Die Hauptlast trug das Gütersloher Verlagshaus, insbesondere Dr. M. Baumotte. Die Herausgeber wissen, daß das Projekt wesentlich seinem anspornenden und helfenden Einsatz mit zu verdanken ist. Mit Erleichterung und Dank, mit Freude und Lerngewinn, aber auch mit »Furcht und Zittern« legen wir unsere Arbeit nun der Öffentlichkeit vor.

Bedburg-Hau, Tübingen und Übersee, im September 1988

Die Herausgeber

# Einführung

## I. Zur Funktion des Wörterbuchs des Christentums

Nach Jahrzehnten, in denen Kirche und Theologie einer vielfältigen und oft verwirrenden Entwicklung unterworfen waren, ist es Zeit, Bilanz zu ziehen. Den Christen aller Konfessionen und Denominationen haben sich neue Erfahrungen eröffnet. Die Theologie hat neue Aufgaben und Arbeitsfelder im Blick auf Europa und die anderen Kontinente entdeckt. Evangelisches und katholisches Denken haben – ähnlich wie andere Sinnsysteme und oft in gemeinsamer Frontstellung – alte Antworten der Kritik unterzogen und neue Lösungen versucht. Gemeinsam haben sie sich dem Gespräch mit neuen Disziplinen gestellt, neue ethische und religiöse Herausforderungen angenommen und neue Sachfragen in früher ungewohnter Weise erörtert. Die vielfältige Wirklichkeit des Christentums in den verschiedenen Dimensionen kulturellen Lebens verdient es, zur Kenntnis genommen zu werden.
Für viele Interessierte – engagierte Christen, Seelsorger, kirchliche Mitarbeiter, Religionslehrer wie Studenten der Theologie – ist die Fülle der Fragen unübersehbar geworden. Fachleute indessen weisen immer nachdrücklicher darauf hin, daß wir – im Blick auf neue Themen und Lösungsversuche der Theologie – in eine Phase möglicher Integration und Konsolidierung eingetreten sind. Auf vielen Gebieten läßt sich wieder auf ein anerkanntes Grund- und Standardwissen verweisen. Zusammenhänge können auf einer neuen Basis hergestellt, Forschungswege umschrieben, Grundkonflikte zwischen theologischen Positionen oder Glaubenshaltungen überschaut und zur Darstellung gebracht werden.
Angesichts dieser neuen Lage entspricht das WBC – soweit dies im Rahmen eines Wörterbuchs möglich und geboten ist – einem wachsenden Bedürfnis nach übergreifender Orientierung, es faßt den Wissens-, Problem- und Diskussionsstand der Theologie in kritischer Darstellung zusammen und vermittelt dieses Wissen auf lexikalische Weise. Es informiert den Benutzer sachgemäß und kritisch zu verschiedensten, heute bedeutsamen Fragen.

## II. Zur Konzeption des Wörterbuch des Christentums

Das WBC ist auf das moderne Christentum in seiner historischen, empirischen und theologischen Vielfalt ausgerichtet. Es behandelt weder nur die gegenwärtigen Erscheinungsformen des Christlichen noch auch nur – wie traditionelle theologische Lexika – die klassischen Themen christlicher Theologie. Das WBC gibt vielmehr Auskunft über Phänomene, mit denen Theologie und Glaube heute konfrontiert sind: über neue Religionsformen und religiöse Bewegungen, über neue theologische Strömungen und Fragen einer bedrohten gemeinsamen Zukunft sowie – in entscheidenden Zügen – über die Weltreligionen ebenso wie über fundamentale anthropologische Gegebenheiten sozialer, ethischer und philosophischer Art, sofern sie das Denken der Gegenwart bestimmen.
Eine strenge Auswahl war notwendig. Deshalb sind zentrale aktuelle, aber nur solche historische Sachverhalte erfaßt, die eine erkennbare Wirkungsgeschichte für das heutige Christentum aufweisen oder die für das Verständnis des heutigen historisch gewachsenen Christentums unabdingbar sind.
Im Vergleich mit formal ähnlichen Lexika wird deshalb der klassische theologische Fächerkanon angereichert durch entsprechende Informationen aus Disziplinen wie etwa Philosophie, Kunst, Literatur, Psychologie, Sozial- und Wirtschaftswissenschaften, Pädagogik. Die Auseinandersetzung mit der Kirchen-, Theologie- und Geistesgeschichte wird gemäß ihrer Bedeutung für Selbst-

verständnis und Praxis heutigen Christseins geleistet. Der Bezug zur Schrift wird in der Regel knapp expliziert, der Sache nach aber intensiv präsent sein.
Ziel des WBC ist es allerdings nicht, den Wissensstand von Fachlexika zu ergänzen oder zu überbieten. Leitbegriffe der Konzeption des WBC sind dagegen: Konzentration, Integration und Innovation.

*Konzentration des Stoffes:* Der Zielsetzung und dem beschränkten Raum eines Wörterbuchs gemäß werden die einschlägigen Wissens- und Problemgebiete auf wesentliche Inhalte und zentrale Problemfelder konzentriert. Dies geschieht dadurch, daß – vor allem innerhalb der Problemartikel – Schlüsselfragen dargestellt, Zusammenhänge deutlich gemacht und Zuordnungen vorgenommen werden. Bisweilen wird eine exemplarische Auswahl von Informationen oder Reflexionen nicht vermeidbar sein. In jedem Fall wird eine Atomisierung von Inhalten in einer Überfülle von Artikeln vermieden.

*Integration der Aspekte:* Der Orientierungsfunktion des WBC gemäß kommt es – angesichts des breiten Fächerkanons – darauf an, bestimmte Stoffgebiete und Problemfelder nicht in einzelne (wissenschaftsorganisatorisch, historisch oder soziopolitisch bestimmte) Aspekte aufzulösen. Vielmehr werden verschiedenste Aspekte in ihrer Komplementärfunktion gegenüber einem Gesamtproblem erkenntlich gemacht. Deshalb werden nicht so sehr die Ergebnisse verschiedener Wissenschaften in sich, sondern deren Beitrag zu bestimmten Fragen dargestellt. In jedem Fall wird die Verabsolutierung von bestimmten methodisch festgelegten Sichtweisen vermieden.

*Innovation als profilierendes Prinzip:* Ein Schwerpunkt des WBC ist die Dokumentierung neuer Erfahrungs- und Wissensbereiche für die Theologie. Als Maßstab der Auswahl gilt die innovatorische Bedeutung, die sich mit einem bestimmten Sachverhalt verbindet. Innovation ist dabei verstanden als Kraft zur Selbstbehauptung und Zukunftsoffenheit des Christlichen, nicht als modische Aktualität.

## III. Die Strukturmerkmale des Wörterbuchs des Christentums

Das WBC ist verständlich und leicht zu handhaben. Es will weder Fachlexika ersetzen noch sich durch möglichst detaillierte Informationen oder durch möglichst viele Stichworte auszeichnen. Ziel ist es, gemäß dem obengenannten Adressatenkreis in möglichst verständlicher Sprache, klarer Gedankenführung und durchsichtigem Aufbau zu Problemen hinzuführen und den Grundbestand heutigen theologischen Wissens und Denkens zu vermitteln. Das WBC als Ganzes strebt keinen Anschluß an eine bestimmte theologische Schule an. Oberstes Prinzip sind umfassende Information über verschiedene Positionen, sofern sie von Bedeutung sind, sowie eine kritisch-rationale Entfaltung der eigenen Resultate. Dabei gehen die Verfasser der Beiträge davon aus, daß die Bejahung theologischer Pluralität das Engagement für die eigene Überzeugung nicht ausschließt. Insbesondere wissen sich die Autoren des WBC drei Strukturmerkmalen verpflichtet.

*Das WBC ist interkonfessionell:*
Zum ersten Mal wurde in dieser Breite ein gemeinsames, von evangelischen und katholischen Fachleuten getragenes Lexikon erarbeitet. Sachdifferenzen werden zur Sprache gebracht. Sie können aber eine gemeinsame Basis des Denkens und den Rückgriff auf eine gemeinsam anerkannte Geschichte nicht in Frage stellen. Die Dokumentation dieser Gemeinsamkeit kann der interkonfessionellen Verflechtung der Theologie für die Zukunft entscheidende Impulse geben. Dabei liegen auch die Kirchen des Ostens, die Freikirchen, kleinere Denominationen und außerchristliche religiöse Gemeinschaften im Interessenbereich. Der besonderen Nähe des Judentums zum christlichen Glauben und zu unserer Geschichte ist Rechnung getragen. Der ökumenische Charakter des WBC wird durch die Zusammensetzung der Herausgeberschaft (2 evangelische, 2 katholische Theologen), durch die überkonfessionelle Auswahl der wissenschaftlichen Mitarbeiter sowie durch die entsprechende Auswahl der Autoren gewährleistet.

*Das WBC ist interdisziplinär:*
Theologie und Christentum der Neuzeit sehen sich – zu ihrem eigenen Nutzen – mehr und mehr mit dem Maßstab einer Rationalität konfrontiert, die an der Wirklichkeit der Welt orientiert, auf die Freiheit des Menschen bedacht und im Kampf für eine gerechtere Zukunft engagiert sein will. Das schließt den Umgang der Theologie mit anderen Disziplinen ein. Da gerade dieses vielfältige Gespräch auf viele einen verwirrenden Eindruck macht, ist der Versuch einer sachgemäßen Information notwendig. Gewährleistet wird dieses Ziel durch die Einrichtung entsprechender Fachgebiete sowie die Kompetenz und das Engagement entsprechender wissenschaftlicher Mitarbeiter.

*Das WBC ist interkulturell:*
Der interkulturelle Charakter des WBC kommt darin zum Ausdruck, daß es in seinen 1500 Stichwortartikeln die historischen und kulturellen Zusammenhänge aufzeigt, in denen das Christentum der Gegenwart steht. Es informiert deshalb nicht nur über Themen wie neue religiöse Bewegungen und die Weltreligionen, sondern auch über die verschiedenen Dimensionen kulturellen Lebens, nicht nur in Europa, die eine erkennbare Wirkung auf das Christentum ausüben oder in historischer Perspektive von ihm her bestimmt sind.

## Die Fachgebiete und ihre Berater

| | |
|---|---|
| **Allgemeines Recht und Kirchenrecht:** | Dr. Wolfgang Meyer-Hesemann, Düsseldorf (Allg. Recht)<br>Prof. Dr. Knut Walf, Nijmegen (Kirchenrecht)<br>Michael Wöller, Hannover (Kirchenrecht) |
| **Altes Testament:** | Prof. Dr. Jürgen Ebach, Paderborn |
| **Dogmatik und Dogmengeschichte:** | Prof. Dr. Friedrich Wilhelm Graf, Augsburg<br>Prof. Dr. Hermann Häring, Nijmegen |
| **Ethik:** | Dr. Helge Siemers, Übersee<br>August Stiegler, München<br>Dr. Manfred Baumotte, Gütersloh |
| **Fundamentaltheologie:** | Prof. Dr. Hermann Häring, Nijmegen |
| **Judentum:** | Priv.-Doz. Dr. Peter Maser, Münster |
| **Kirchengeschichte:** | Prof. Dr. Hanns-Christof Brennecke, Tübingen (Alte Kirche)<br>Dr. Manfred Baumotte, Gütersloh<br>Prof. Dr. Hermann Häring, Nijmegen |
| **Konfessions- und Sektenkunde:** | Dr. Reinhard Frieling, Bensheim (Konfessionskunde)<br>Dr. Hans-Diether Reimer, Stuttgart (Sektenkunde, außerkirchliche Gruppierungen) |
| **Kunst:** | Priv.-Doz. Dr. Peter Maser, Münster |
| **Länder:** | Dr. Thomas Riplinger, Tübingen |
| **Literatur:** | Dr. Karl-Josef Kuschel, Tübingen |
| **Liturgie:** | Priv.-Doz. Dr. Thaddäus A. Schnitker, Münster<br>Dr. Karl-Heinrich Bieritz, Berlin/DDR |
| **Mission:** | Prof. Dr. Fritz Kollbrunner, Luzern<br>Dr. Werner Ustorf, Heidelberg |
| **Musik:** | Prof. Dr. Hermann Jung, Mannheim |
| **Naturwissenschaft:** | Dr. Dieter Henke, Tübingen |
| **Neues Testament:** | Dr. Meinrad Limbeck, Tübingen |
| **Ökumenische Theologie:** | Prof. Dr. Heinz-Günther Stobbe, Münster |
| **Orthodoxe und orientalische Kirchen:** | Nikolaus Thon, Bochum |
| **Pädagogik:** | Prof. Dr.Dr. Gerd Bockwoldt, Eutin |
| **Philosophie:** | Dr. Carl-Friedrich Geyer, Bochum |
| **Praktische Theologie:** | Priv.-Doz. Dr. Volker Drehsen, Tübingen |
| **Psychologie:** | Priv.-Doz. Dr. Reinhard Schmidt-Rost, Stuttgart |
| **Soziologie:** | Priv.-Doz. Dr. Volker Drehsen, Tübingen |
| **Weltreligionen:** | Prof. Dr. Udo Tworuschka, Köln<br>Prof. Dr. Johannes Laube, München<br>Dr. Manfred Baumotte, Gütersloh |

| | |
|---|---|
| **Schriftleitung:** | Prof. Dr. Hermann Häring, Bedburg-Hau |
| **Texterfassung und Sekretariat:** | Inge Häring, Bedburg-Hau |

## Die Mitarbeiter

Albrecht, Peter
Andreas-Griesebach, Manon

Bachmaier, Helmut
Bachmann, Siegfried
Badel, Frank
Barner, Wilfried
Barth, Hermann
Baumann, Christoph Peter
Baumann, Urs
Baumotte, Manfred
Beck, Heinrich
Beck, Reinhart
Becken, Hans-Jürgen
Becker, Wilfried
Beirer, Georg
Benrath, Gustav Adolf
Berendt, Joachim Ernst
Berthoud, Martin
Besier, Gerhard
Beutel, Albrecht
Bieder, Werner
Bienert, Wolfgang
Bieritz, Karl-Heinrich
Biser, Eugen
Bleske, Elisabeth
Bockwoldt, Gerd
Bollacher, Martin
Borgman, Erik
Brecht, Martin
Brennecke, Hanns-Christof
Brenner, Angelika
Broer, Ingo
Bronner, Annette
Brummack, Jürgen
Brynhildsvoll, Knut
Bühlmann, Walbert
Bürkle, Horst
Burkhardt, Johannes
Bußmann, Udo

Camps, Arnulf

Dalferth, Ingolf
Decot, Rolf
Denzler, Georg
Deppermann, Klaus
Dewender, Thomas
Dexinger, Ferdinand
Dierse, Ulrich
Dijk, Alphons van
Doll, Johannes
Drehsen, Volker
Dreier, Wilhelm
Drewermann, Eugen
Dülffer, Jost
Dunde, Siegfried
Dunkel, Achim

Ebach, Jürgen
Ebert, Klaus
Ebertz, Michael N.
Eckertz, Rainer
Edelmann, Ines
Eibach, Ulrich
Eid, Volker
Eilers, Wilhelm
Eisenbach, Franziskus
Elliger, Katharina
Engelbrecht, Jörg
Engels, Eve-Marie
Ernst, Josef
Eßer, Hans H.

Fechner, Jörg-Ulrich
Feige, Andreas
Fischer, Klaus
Fischer, Thomas
Flasche, Rainer
Frank, Isnard W.
Frank, Karl Suso
Frey, Christofer
Friedli, Richard
Frieling, Reinhard
Funk, Rainer

Gabriel, Karl
Gauger, Bruno
Geerlings, Wilhelm
Geißler-Hehlke, Jutta
Geldbach, Erich
Gellner, Christoph
Gensichen, Hans-Werner
Gerhards, Albert
Gerl-Falkovitz, Hanna-Barbara
Gerlitz, Peter
Geyer, Carl-Friedrich
Ginzel, Günther B.
Glaser, Hermann
Göbel, Wolfgang
Goessel, Hans Hartwig von
Goosen, Louis
Gräb, Wilhelm
Gräßer, Erich
Graf, Friedrich Wilhelm
Graff, Michael
Greschat, Hans-Jürgen
Gruber, Walter
Gründel, Johannes
Grüneklee, Klaus
Gutzen, Dieter

Hachicho, Ali
Hämer, Andreas
Haendler, Klaus
Häring, Georg
Häring, Hermann
Hahn, Roland
Halbfas, Hubertus
Hammer, Karl
Harskamp, Anton van
Hasenhüttl, Gotthold
Hauszmann, János
Hauth, Rüdiger
Hebblethwaite, Brian
Hecker, Hans
Heijke, Jan P.
Heinen, Ernst
Heinloth, Klaus
Heinrici, Hartmut
Heinz, Andreas
Helle, Horst-Jürgen
Heller, Andreas
Henke, Dieter
Henkys, Jürgen
Herrmann-Pfandt, Adelheid
Herzog, Susanne
Hierold, Alfred
Hieronimus, Ekkehard
Höhn, Irmtraud
Hoffmann, Gerhard A.
Holderegger, Adrian
Holtorf, Arne

Honecker, Martin
Hradil, Stefan
Hüffmeier, Wilhelm
Hugoth, Matthias
Hummel, Reinhart
Hunkemöller, Jürgen

Imbach, Josef
Imbach, Ruedi
Imfeld, Al
Isensee, Josef

Jäger, Alfred
Jaeschke, Walter
Janßen, Hans-Gerd
Jasper, David
Jeziorkowski, Klaus
Jeziorowski, Jürgen
Jokisch, Karl
Jung, Hermann

Kamphausen, Erhard
Karrer, Andreas
Kattmann, Ulrich
Kemper, Claus
Kemper, Hans-Georg
Kern, Ulrich
Kiesel, Helmut
Klaes, Norbert
Klein, Hans
Kleinert, Ulfried
Klein Goldewijk, Berma
Klemm, Sieglinde
Kleßmann, Christoph
Klessmann, Michael
Klimek, Nicolaus
Klimkeit, Hans-Joachim
Klingebiel, Thomas
Klöcker, Michael
Koch, Traugott
Köhler, Joachim
Körber, Sigurd
Köster, Beate
Kollbrunner, Fritz
Koppe, Rolf
Korsch, Dietrich
Kracht, Hans Joachim
Krämer, Peter
Kraus, Georg
Kreimendahl, Lothar
Kreß, Hartmut
Kroll-Mermberg, Jörn
Krupp, Michael
Kühn, Ulrich
Kühner-Wolfskehl, Hans (verst.)

Küppers, Kurt
Kurz, Wolfram
Kurzke, Hermann
Kuschel, Karl-Josef
Kyndal, Erik

Laasonen, Pentti
Lamnek, Siegfried
Langbein, Wolf-Dietrich
Lange, Günter
Langgärtner, Georg (verst.)
Laube, Johannes
Lauxmann, Thomas
Lienemann, Wolfgang
Limbeck, Meinrad
Lindner, Herbert
Liwak, Rüdiger
Lobkowicz, Nikolaus
Locher, Gottfried
Lösche, Peter
Lønning, Per
Loth, Heinz-Jürgen
Lucas, Hans-Christian
Lück, Hartmut
Lüdicke, Klaus
Lütcke, Karl-Heinz
Lukatis, Ingrid

Märzhäuser, Herbert
Magen, Ferdinand
Mahal, Günther
Maier, Hans
Malek SVD, Roman
Maluschke, Günther
Maser, Peter
Mayer-Tasch, Peter C.
Meckenstock, Günter
Merz, Michael B.
Mette, Norbert
Metz, Wulf
Meyer-Hesemann, Wolfgang
Meyer-Wilmes, Hedwig
Mieder, Wolfgang
Mieth, Dietmar
Mörth, Ingo
Moritzen, Niels-Peter
Motel, Hans-Beat
Müller, Alois
Müller, Eberhard
Müller, Götz
Müller, Hans-Martin
Müller, Ludolf
Müller, Werner
Münkler, Herfried

Nembach, Ulrich
Neufeld SJ, Karl Heinz
Neumann, Johannes
Nicola, Elisabeth
Nocke, Franz-Josef
Nonnenkamp, Silke
Notz, Klaus-Josef
Nusser, Peter

Oeyen, Christian
Onasch, Konrad
Opahle, Joachim

Paepcke, Fritz
Palm, Günther
Pauli, Ludwig
Paulsen, Henning
Perone, Annamaria
Pfeifer, Sabine
Pflug, Burkhard
Pfnür, Vinzenz
Pippert, Hans-Ulrich
Pittkowski, Wolfgang
Pitzer, Volker
Plutz, Jutta
Pönnighaus, Klaus
Prien, Hans-Jürgen
Punsmann, Hermann
Puntel, Lorenz
Pye, Michael

Rath, Norbert
Rehn, Rudolf
Reichart-Dreyer, Ingrid
Reimer, Hans-Diether
Reinhard, Wolfgang
Reiser, Marius
Rendtorff, Trutz
Renz, Günter
Resch, Andreas
Reuber, Rudolf
Riedel, Christoph
Riedel, Wolfgang
Riesebrodt, Martin
Rikhof, Herwi
Riley, Anthony
Ringleben, Joachim
Riplinger, Thomas
Röhr, Heinz
Rössler, Dietrich
Rößler, Martin
Rolfes, Helmuth
Rothe, Wolfgang
Rublack, Hans-Christoph
Ruddies, Hartmut
Rüterswörden, Udo
Ruppert, Hans-Jürgen

Sagaster, Klaus
Salaquarda, Jörg
Sanders, Wilm
Saßmann, Ulrich
Sauder, Gerhard
Sauer, Gert
Schanbacher, Dietmar
Scharffenorth, Gerta
Schatz, Kurt
Scheer, Anton H. M.
Scherzberg, Lucia
Schick, Manfred
Schilson, Arno
Schlette, Heinz Robert
Schlumberger, Jörg
Schmid, Georg
Schmidt-Rost, Reinhard
Schmitz, Hermann-Josef
Schnitker, Thaddäus A.
Schoen, Ulrich
Schöne, Jobst
Schönherr, Hans-Martin
Schoof, Ted M.
Schormann, Gerhard
Schorsch, Christof
Schreiner, Peter
Schreurs, Nico
Schröer, Hennig
Schüepp, Guido
Schuhmacher, Klaus
Schulte, Günter
Schultheis, Franz
Schumann, Olaf
Schwarzenau, Paul
Schwedt, Herman H.
Schweidler, Walter
Sebott SJ, Reinhold
Seibert, Horst
Seils, Martin
Seiwert, Hubert
Selge, Kurt-Victor
Sell, Alan
Sevilla, Rafael
Seyfarth, Constans
Siefer, Gregor
Siemers, Helge
Sonnemans, Heino
Sparn, Walter
Sperling, Eberhard
Spijker, Herman van de
Spöhring, Walter
Sprengler-Ruppenthal, Anneliese
Spuler-Stegemann, Ursula
Staples, Peter
Steck, Wolfgang
Steenblock, Volker
Stegemann, Ekkehard
Stegemann, Wolfgang
Stegmann, Franz Josef
Steinbrink, Bernd
Sternberg el-Hotabi, Heike
Stiegler, August
Stobbe, Heinz-Günther
Stock, Konrad
Stowasser, Heidi-Maria
Strube, Werner
Sudbrack SJ, Josef
Süß, Ulrike
Sundermeier, Theo

Tanner, Klaus
Thadden, Rudolf von
Thon, Nikolaus
Thyen, Hartwig
Track, Joachim
Tröger, Karl-Wolfgang
Tudyka, Kurt H.
Tworuschka, Monika
Tworuschka, Udo
Uhlig, Siegbert
Ulke, Karl-Dieter
Ulrich, Hans G.
Untergaßmair, Franz Georg
Ustorf, Werner

Van Nieuwenhove, Jacques
Ven, Johannes van der
Voigt, Karl Heinz
Vollmann, Konrad
Voss, Gerhard

Wagner, Falk
Wagner, Harald
Wagner, Petra
Waldenfels, Hans
Waldmann, Helmut
Walf, Knut
Walton, Robert
Wassermann, Christoph
Weber, Emil
Weber, Hans-Ruedi
Weber, Wilfried
Weger, Karl-Heinz
Weiler, Rudolf
Weinrich, Michael
Weiß, Otto
Welker, Michael
Welte, Michael
Wiederkehr, Dietrich
Wiggermann, Karl-Friedrich
Willems, Ad
Winkler, Klaus
Wischmeyer, Wolfgang
Wittmütz, Volkmar
Wöller, Michael
Wössner, Ulrich
Wolbert, Werner
Wyrwa, Dietmar

Zeidler, Lothar
Zeller, Dieter
Zelt, Gabi
Zigann, Herbert
Zulehner, Paul M.

## Hinweise für den Leser

Das WBC enthält *fünf* Arten von Artikeln: *Sachartikel, Überblicksartikel, Personenartikel* und *Länderartikel.* Wo es der Umfang von Information und Problemgebieten zu einem Stichwort erfordert, sind Sachartikel verschiedener Fächer zu *Reihenartikeln* zusammengefaßt.

*Sachartikel* bilden das Grundgerüst des Lexikons. Sie behandeln auch solche Sachfragen (historischer, systematischer oder humanwissenschaftlicher Art), die herkömmlicherweise nicht in einem umfassenderen Zusammenhang abgehandelt werden. Die Artikel werden unter Stichworten eingeordnet, unter denen man sie – ohne einer modischen Nomenklatur zu verfallen – nach heute gängigem Sprachgebrauch erwartet. Konfessionelle Sprachregelungen werden nach Möglichkeit ausgeglichen. Die Sachartikel sind durch Verweise möglichst intensiv mit anderen Artikeln verklammert und auf nicht eigens verhandelte Sachen bezogen.
Obwohl sie umfassend und fächerübergreifend informieren sollen, tragen sie natürlich die fachliche Handschrift ihrer – oft nichttheologischen – Autoren. Eine zugleich theologische Integration oder Ergänzung wurde überall, oft mit Erfolg, angestrebt, aber keinem Autor aufgedrängt. So bieten die Artikel ein ungeschöntes Bild zum Gesprächsstand zwischen Theologie und Wissenschaft.

*Überblicksartikel* haben die Aufgabe, Sachfragen von einzelnen Fachgebieten her in umfassenden Zusammenhängen darzustellen (z.B. »Mission«, »Theologie und Philosophie«). Solche Überblicksartikel, denen naturgemäß ein breiterer Raum zukommt, sollen angesichts der Stoffülle das Lexikon entlasten. Insgesamt sind sie geringgehalten. Vor allem die Fachberater nahmen die Gelegenheit wahr, sich in ihnen zu äußern, so daß die Überblicksartikel auch als die Visitenkarte des Werks gelesen werden können. Naturgemäß nehmen umfassende Artikel bei systematisch-theologischen Themen einen breiteren Raum ein.

*Personenartikel* sind in der Regel kurz gefaßt; sie zielen auf die Sachbedeutung der Personen ab und sind solchen Personen gewidmet, die für Geschichte und Theorie des (neuzeitlichen) Christentums in mehr als einer Hinsicht von Bedeutung sind. Ansonsten sind möglichst viele Personen in entsprechenden Artikeln von Epochen, Strömungen, Stilrichtungen oder Sachproblemen untergebracht. Lebende Personen werden in der Regel nicht behandelt.

*Länderartikel* (Artikel zu Landesteilen, Ländern, Subkontinenten und Kontinenten) waren zum größeren Teil als Reihenartikel (kirchengeschichtlich, evtl. missions- und religionsgeschichtlich, kulturgeschichtlich) geplant, wurden später aber straffer koordiniert. Sie sollen – abgesehen von etwaigen literatur- und kunstwissenschaftlichen Teilen – in aller Kürze einen Überblick über die rel. Geschichte und Gegenwart eines Landes bieten, dabei rel. Besonderheiten erläutern, die entweder Gegenstand themat. Artikel sind (z.B. »Neue Religionen«) oder exemplar. bei einem Land thematisiert werden können (z.B. »Denominationalismus« im Artikel »Vereinigte Staaten«). Auf ausführliche allgemeinhistorische Darstellung wurde deshalb ebenso verzichtet wie auf allgemeine Angaben über Bevölkerung, Regierungsform u.ä.; die kulturelle und polit. Geschichte wird nur im Zusammenhang mit der Religions-, Missions- oder Kirchengeschichte eines Landes behandelt. Als Grundlage für die einheitl. in Prozenten ausgedruckte rel. Statistik dient bis auf wenige Ausnahmen das Werk *World Christian Encyclopedia*, hg. von D. B. Barrett, Oxford 1982. Häufig beruhen die Angaben auf Hochrechnungen oder Schätzungen, deren Grundlagen dort erläutert werden. In einzelnen Fällen gibt es Überlappungen durch Doppelmitgliedschaft oder mangelnde Erhebungen, so daß die Summe der einzelnen Posten nicht gleich 100% ist. Aktuelle Angaben kann man der jeweils neuesten Ausgabe von Jahrbüchern wie dem *Fischer Weltalmanach* entnehmen. Für die kath. Kirchengeschichte sind ebenfalls die englischsprachige *New*

*Catholic Encyclopedia* und das französischsprachige Werk *Catholicisme* zu empfehlen. Den besten Überblick über die gegenwärtige rel. Lage einschließl. der Bereiche Kirche, Staat und Ökumene findet man in den Länderartikeln der obenerwähnten World Christian Encyclopedia. Über den jeweils neuesten Stand von kirchl. Unionsprojekten informiert der regelmäßig in der Ecumenical Review erscheinende »Survey of Church Union Negotiation«.

*Reihenartikel* sind aus Sachartikeln »zusammengesetzt«. Eher die Ausnahme an Umfang und Anzahl bilden die Artikel »Gott«, »Jesus Christus« oder »Maria«, in denen die ganze Breite vor allem theologischer Fächer, aber auch von Kunst, Literatur und Musik zum Tragen kommen. Die übrigen Reihenartikel bestehen meistens aus zwei oder drei Teilen. Klassische Kombinationen sind ein biblischer (historischer) und ein systematischer (z. B. »Frau«), ein theologischer und ein außertheologischer (z. B. »Glaube«), ein theologischer und kunsthistorischer Teil (z. B. »Kreuz«). Die Reihenfolge der Fächer wurde von Fall zu Fall festgelegt.

Besondere Sorgfalt ist der Auswahl der *weiterführenden Literatur* gewidmet, die am Ende eines jeden Artikels erscheint. Sie führt den Interessierten in das jeweilige Problemfeld tiefer ein, ohne ihn auf bestimmte Schulbildungen festzulegen, und ist meist knapp ausgewählt. Auf die Angabe von nur Fachleuten zugänglicher Spezialliteratur wurde in der Regel ebenso verzichtet wie auf den Verweis auf die gängigen Lexika, so etwa die *Theol. Realenzyklopädie*, das *Lexikon für Theologie und Kirche*, auf *Religion in Geschichte und Gegenwart* und das *Ev. Kirchenlexikon* sowie auf die weiteren gebräuchlichen Standardwerke. Daraus wird nochmals ersichtlich, daß das WBC gängige Fachwerke nicht ersetzen, geschweige denn überholen, sondern für Religion, Christentum und Kirche wichtige Themen in größeren Zusammenhängen ersichtlich machen will.
Ergänzt und abgeschlossen wird das Lexikon durch ein umfassendes *Register*. Seine Minimalstruktur wurde schon sehr früh festgelegt. Es macht möglichst viele Bezüge in entsprechenden Artikeln auffindbar. Diese Nomenklatur kann mögliche Nachteile eines konzentrierenden und auf Integration bedachten Lexikons ausgleichen. Wir haben uns bemüht, nichtssagende und damit eine Überzahl von Verweisen zu eliminieren. Die Bändigung der Vielzahl, nicht das Auffinden des Notwendigen, ist ja das Problem, seitdem Computern kein Buchstabe mehr entgeht, die selbst in »eingebettet« das Gebet und Sion im »Missionar« finden.

Aus Gründen der Platzersparnis wurden im Text gebräuchliche *Abkürzungen* nach Duden verwendet. Es wurde jedoch auf sie verzichtet, sobald der Lesefluß behindert oder die Eindeutigkeit beeinträchtigt wurde. Besondere Sorgfalt erforderte die *Transkription* aus den verschiedensten Kultur- und Sprachräumen, die sowohl den Ansprüchen der Wissenschaftlichkeit als auch den Erwartungen der Lesbarkeit entgegenkommen sollte.

Ein letztes Wort gilt dem *ökumenischen Charakter* des Werkes. Artikel von konfessioneller Bedeutsamkeit wurden jeweils von Vertretern mehrerer Konfessionen begutachtet. Nur selten wurden solche Artikel gemeinsam verfaßt. Es schien uns dem Gesamtanliegen kein Schaden daraus zu erwachsen, daß katholische neben evangelischen oder orthodoxen Akzenten stehen. Wer das Gesamt der theologischen Aussagen und Konzepte übersieht, wird wohl auch ermessen können, ob und wie in diesem Lexikon eine ökumenische Verständigung, wenn nicht gar Sprachregelung gefunden ist.

# A

## Abendmahl, Eucharistie

Der *Begriff A.* verweist in erster Linie auf das letzte Mahl, das Jesus (am letzten Tage, vor Gefangennahme, Prozeßverhandlungen und Hinrichtung) mit seinen Jüngern gehalten hat. In den reformator. Kirchen wird der Begriff zur Bezeichnung der liturg. A.sfeier aufgenommen. Der Begriff *»Herrenmahl«* (1 Kor 11,20: *kyriakon*) verweist auf das nachösterl. Verständnis des Mahls als Verkündigung des Herrn. Der Begriff *E.* (Danksagung, Danksagungsfeier) geht ebenfalls auf die A.sberichte (Mk 14,23 u.a.) zurück und wird zur klass. Benennung der A.sfeier in den orthod. und im weiteren Sinn →kath. Kirchen verwendet. →*»Messe«* bezeichnet die bes. liturg. Form, in der sich die E.feier im Westen ausgeformt hat, während in der →orthod. Kirche der Begriff *»(Göttl.)* Liturgie« bevorzugt wird. E., Liturgie und Messe schließen neben der eigentl. A.sfeier einen Wortgottesdienst ein.

### *A. Neues Testament*

Daß Jesus Mahl hielt, ist unbestritten und paßt durchaus in den Rahmen der Mahlfeiern, zu denen sich auch Juden zusammenfanden.

*I.* Die hohe *Bedeutung der Erinnerung* wird schon daran deutl., daß das A. insgesamt in vierfacher Form berichtet wird: Mt 26,26-29; Mk 14,22-25; Lk 22,15-20; 1 Kor 11,23-26. Die Berichte erreichen jeweils im »Brot-« und im »Weinwort« ihren Höhepunkt: Jesus nimmt das Brot, dankt Jahwe und spricht: »Das ist mein Leib«; ferner nimmt er den Becher und spricht: »Das ist mein Blut des Bundes« (Mk; Mt) oder: »Dieser Becher ist der neue Bund in meinem Blut« (1 Kor; Lk).

*1.* Doch werden die *Akzente verschieden* gesetzt. Während *Mk* das A. als Passamahl berichtet und den im A. neu begründeten →Bund sowie die Universalität des Heils in der Gemeinschaft der Kirche hervorhebt (»....vergossen für die vielen«, 14,24), fügt *Mt* ein »zur Vergebung der Sünden« hinzu (16,28). Bei *Lk* läßt sich die Agende einer judenchristl. Passafeier vermuten, die durch Jesus eine neue Bedeutung erhält. *Joh* kennt keinen A.sbericht. Doch zeigen sich bei ihm zwei auffällige Eigenheiten: zum einen ist der Passionsbericht insgesamt stark dem Passagedanken zugeordnet; die (erste) Deutung des Todes Jesu ist also nicht durch den A.sbericht vermittelt. Zum zweiten wird wie bei Paulus eine sakramentale Auffassung erkennbar. Es bleibt nicht bei den zurückhaltend interpretierten Deuteworten (bei Mk zu übersetzen mit: »Das bin ich«, womit die Essenden an Tod und Auferstehung Anteil erhalten); vielmehr wird das A. massiv als »Essen Jesu« Christi interpretiert: »Wer mein Fleisch ißt und mein Blut trinkt, hat das ewige Leben« (Joh 6,54; vgl. auch 1 Kor 11,28: »Wer ißt und trinkt, trinkt sich selbst das Gericht, wenn er den Leib nicht unterscheidet«). Bei allen unterschiedl. Interpretationen sollten die religionsgeschichtl. Parallelen vom Essen Gottes nicht übersehen werden (→Essen und Trinken).

*2.* Der Text von 1 Kor wird von Paulus im Zusammenhang der Warnung vor Mißbräuchen zitiert und stellt wohl eine ältere *liturg. Formel* dar: Der auferstandene Christus ist im A. gegenwärtig (die Verschiebung der Akzente von der »Einsetzung« auf die kult. Gegenwart läßt hier nun von Herrenmahl sprechen). Die Empfänger der Gaben erhalten Anteil am für sie in den Tod gegebenen Herrn. Paulus zieht eth. Konsequenzen: Wer die Einheit der Gemeinde mißachtet, trinke sich das Gericht.

*II.* Welche *hist. Ereignisse und Botschaften* verbergen sich hinter den verschiedenen Darstellungen? Hist. Forschung hat vor allem drei Linien herausgearbeitet:

*1.* Wir können das Handeln Jesu (Deuteworte und Gesten), Ort, Datum oder Ablauf des Mahles nicht mehr mit Sicherheit erschließen. Vermutl. rahmten die Deutehandlungen von Brot und Wein die Feier ursprüngl. ein. Die liturg. Gestaltung hat die beiden sehr früh an das Ende des Mahlgeschehens gerückt. Doch lassen sich über den *Sinnzusammenhang* der Mahlfeier deutlichere Angaben machen. Denn einerseits ordnen sich Ritus und Interpretation jüd. Vorbildern ein, andererseits können wir die A.sberichte im Rahmen des übrigen jesuan. Verhaltens deuten. Jesus gibt im Zug seiner Ankündigung des →Reiches Gottes Jüngern und Anhängern, aber auch Zöllnern und Sündern an seiner Tischgemeinschaft Anteil. Damit wird das A. der frühen Gemeinde in jedem Fall zum Zeichen ihres *jetzigen* Anteils am Reich sowie zum Zeichen dafür, daß dieses Mahl erst später zur Erfüllung führen wird (Lk 22,18: »Ich werde von jetzt an vom Gewächs des Weinstocks nicht trinken, bis das Reich Gottes gekommen ist«). Gegenwart und Zukunft überschneiden sich wie in der Verkündigung Jesu (→Eschatologie). Das A. legt die jesuan. Botschaft aus und beginnt zugleich mit deren Verwirklichung.

*2.* Wie alle Berichte der Evangelien sind auch die A.sberichte vom Glaubensbewußtsein der Christen her geschrieben, setzen also das Wissen um Tod und Auferstehung Jesu voraus. In dieser Perspektive tritt neben die Erwartung von Gottes Reich der *Blick auf Jesus,* in dem und durch dessen späteres Geschick das A. seine zentrale Bedeutung erlangt. Die frühen Gemeinden übernehmen die zu Gebote stehenden Erklärungsmodelle, deuten das Mahl in der Erinnerung an seinen Tod als →Passamahl und verkünden den Tod des Herrn, »bis er wiederkommt« (1 Kor 11,26). Jesus selber feiern sie als sühnendes Lamm, die Hingabe von Brot und Wein im Blick auf Jesu Tod als stellvertretende Sühne. Obwohl das wahre Mahl erst im *Reich Gottes* stattfindet (Mk 14,25; Lk 22,26), nehmen sie es zeichenhaft jetzt schon vorweg (Mk 14,26; Lk 22,18).

*3.* Das Mahl wird zugleich zum erinnernden Symbol *bleibender Gemeinschaft* und seinerseits nun zum Zeichen dafür, daß das Gottesreich mit dem Brotbrechen der Jünger beginnt. Deshalb beginnt im Mahl der Neue Bund (d.h. die →Kirche), wird es zur Erfüllung des Bundesschlusses mit Israel, nicht nur zum Mahl des Abschieds und der Erinnerung, sondern zum Zeichen seiner Gegenwart *im Geist*, in dem die Gemeinde zur inneren und gegenseitigen Einheit findet.

*4.* Daraus ergibt sich eine wichtige Folgerung: Alle späteren Gestaltungen und Auslegungen sind nur dann gerechtfertigt, wenn in ihnen die elementare Erfahrung von *gemeinsamem* Mahl, gemeinsamem Brotbrechen und Trinken zum Tragen kommt und wenn sie diese Gemeinschaft auf das Heil beziehen, das in Jesus Christus *allen Menschen* verheißen ist. Auslegungen, die davon ablenken, das Heil individualisieren, Scheidung statt Versöhnung rechtfertigen, die gemeinsame Mahlhandlung kult. überhöhen und damit von Alltagserfahrungen isolieren oder auf eine best. Personengruppe beschränken, können sich nicht auf den Ursprung berufen. A. und E. ziehen von Anfang an ihre Kraft aus der *Unmittelbarkeit*, die am gemeinsamen Tisch entsteht, auch wenn sie von der Erinnerung an Jesus Christus ihre christl. Interpretation und krit. Potenz erhält.

*B. Geschichtliche Entwicklung*

In der →Alten Kirche wird die Feier der E. zum Symbol des in seiner *Gemeinde gegenwärtigen Herrn*, Abbild der Menschwerdung Gottes in Christus (→Inkarnation), Begehung der zentralen »Geheimnisse« des Heils (→Mysterium), in der sich die →Erlösung der Welt durch Christus erschließt. Glanz und Herrlichkeit Gottes verwirklichen sich zumal in der Orthodoxie realsymbol. im Geschehen der E.feier, in welche die ganze →Schöpfung einbezogen wird und für deren Erlösung die »Große Danksagung« stattfindet.

*I.* Damit ist die *platon. Sicht* der Teilhabe an überzeitl. und ungewordenen Ideen zwar übernommen, zugleich aber auch durchbrochen, denn Gemeinde hat an einem Prozeß teil, in dem Gott selber in das Zeitliche eingeht. Wie die Inkarnation für die Alte Kirche eine kosm. Dimension hat, in der die Vergöttlichung der menschl. Natur beginnt, so hat jede E.feier eine kosm., die ganze Schöpfung in Lobpreis und Dank einbeziehende Dimension. In ihrem Rahmen können Brot und Wein zum Abbild (griech. *typos;* 1 Kor 10,6) und Gleichnis des Leibes und Blutes Christi, d.h. seines Opfers am Kreuz, werden. Diese kosm. Dimension der eucharist. Feier wurde in den orthod. Kirchen und ihrer Theologie stärker als in anderen Kirchen ausgebildet.

*II.* Der entscheidende Grund, der diese Konzeption vor einer Verdinglichung und Engführung auf die zu »verwandelnden« Gaben bewahrt, ist ihre Orientierung auf den →*Hl. Geist:* Nicht wie in der späteren westl. Tradition setzt das verwandelnde Macht-Wort des geweihten Priesters Christus gegenwärtig, sondern die Anrufung des Geistes (Epiklese), der auf die Gaben herabkommt. Die Dynamik und Kraft des Geistes ist also Garantie für die Gegenwart Christi als der Erscheinung von Gottes Herrlichkeit selbst. Im Westen allerdings (so etwa bei →Augustinus) erhält diese Idee eine polare Ergänzung: In der E. wird die empfangende Gemeinde zum »totus Christus« (»ganzen Christus«); die Gläubigen der Gemeinde sind Glieder des in ihnen handelnden Christus. Die Kirche ist also wahrer Leib Christi, im Mysterium der E. repräsentiert.

*III.* Die im frühen MA. einsetzende geistesgeschichtl. Umorientierung bestimmt die *Diskussionslage des Westens* bis in die Gegenwart. Die Frage konzentriert sich auf die Art, in der Jesus Christus in Brot und Wein gegenwärtig ist. Diese Fixierung auf eine Detailfrage, die jetzt als die entscheidende gilt, führt zur Polarisierung der Antwort.

*1.* Berengar von Tours (gest. 1088) löst mit seiner symbol.-spiritualist. Erklärung des →Sakraments (Christus könne nicht vom Himmel herabgerufen werden) eine geschichtsträchtige Gegenbewegung aus. Gegen seine Konzeption stellen seine Gegner jetzt die massiv körperl. verstandene »wahre« Gegenwart, so daß nach der »Konsekration« (»Weihe«, Verwandlung der Gaben) vom Priester nicht nur »das Sakrament« (verstanden als bloßes Zeichen), sondern der »wahre Leib und das wahre Blut Christi mit den Händen des Priesters behandelt und gebrochen, von den Zähnen der Gläubigen zerrieben wird« (Lateransynode von 1059, Denzinger/S 690). Gegenüber diesem »wahren« wird die Kirche jetzt zum »myst.« Leib Christi. Die Lehre von der Transsubstantiation in der Form des →Thomas von Aquin kann in diesem Rahmen als Versuch gesehen werden, dieses mag. Verständnis einzudämmen, da »Substanz« jetzt auf das (intelligible, »Wesen« genannte) »Eigentliche«, gerade nicht auf ein materielles Substrat zielt. Die Transsubstantationslehre wird durch das 4. Laterankonzil (1215; Denzinger/S. 802), später noch einmal durch das →Konzil von Trient (1551; DS 1642; DS 1652) offiziell legitimiert.

*2.* Allerdings ist jetzt die »Verwandlung« von Brot und Wein ausschließl. an die *Weihevollmacht des →Priesters* gebunden: ihr Verständnis wird in eine sakramentale Opfertheorie integriert. Damit ist die heilsvermittelnde Funktion der Priester, die selbst das Kreuzesopfer gegenwärtig zu setzen vermögen, hervorragend legitimiert. Die Transsubstantiationslehre aber erliegt allmähl. wieder einem massiven Materialismus. Die »Substanz« (mehr und mehr verstanden als physikal. Stoff) wird nun den »Akzidenzien« (verstanden als nur äußerl. Eigenschaften) gegenübergestellt. Diese Entwicklung ist von einem tiefgreifenden Wandel der *A.sfrömmigkeit* begleitet, in der sich die Feier des »Meßopfers« (verstanden als unblutige Wiederholung des Kreuzesopfers) gegenüber der »*Kommunion*« (d.h. dem Empfang von Brot [und Wein] durch die Gläubigen) verselbständigt. Höhepunkt der Meßfeier ist jetzt die *Erhebung der* Hostie, die von allen gesehen werden soll. Die Zahl der entstandenen Privatmessen wird gesteigert und zur klerikalen Verdienstquelle. Der Hostienkult findet im Fronleichnamsfest (im 13. Jh. offiziell eingeführt) seinen jährl. Höhepunkt. Die Realpräsenz (wirkl. Gegenwart) des Herrn in Brot und Wein ist zu einem isolierten Glaubenssatz geworden. Mag. Mißverständnissen und Mißbräuchen sind Tür und Tor geöffnet.

*IV.* Gegen diese Entwicklung und die damit verbundene Klerikalisierung erheben sich schon im 14. und 15. Jh. Widerstände und theol. Bedenken (→Wyclif, →Hus), die im 16. Jh. in den *reformator. Protest* gegen die überkommene Gestalt und Praxis der Kirche eingehen. Freil. führen die Fragen nach Art und Erklärbarkeit von Christi Gegenwart in den eucharist. Gestalten auch unter den Reformatoren zu schwerwiegenden Differenzen.

*1.* In ihrer Fixierung auf die Frage nach der Gegenwart Christi in Brot und Wein durchbricht auch die Reformation den Problemhorizont der überkommenen westl. Tradition nicht. Wohl kündigt sich auf verschiedenen Ebenen eine Umorientierung an; so wird die Lehre vom Meßopfer, die zur Fiskalisierung der Gnadenmittel geführt hat, allg. verworfen. Aber eine Neuformulierung stößt auf Schwierigkeiten. Einerseits bindet *M. →Luther* die Gegenwart Christi in Brot und Wein wie überhaupt die Wirksamkeit des Sakraments an den Glauben der Gemeinde, die als ganze Subjekt der A.sfeier ist. Deshalb hält er die Transsubstantiationslehre, d.h. jeden Gedanken einer »Wesens«verwandlung, für falsch. Zumindest die Art und Weise, in der Christus gegenwärtig ist, muß offenbleiben. Andererseits sieht Luther im A. eine wirkl. Gnadengabe. Deshalb wehrt er sich entschieden gegen die Auflösung von Christi Gegenwart in einen (bloß) subjektiven Bekenntnisakt, der wie →Zwingli und oberdt. Reformatoren jede Realpräsenz überhaupt ablehnt. Diese wird von Luther seit 1525 wieder nachdrückl. betont: Das Brot *ist* Christi Leib.

Der scheinbare Widerspruch löst sich aus der *doppelten Frontstellung*: Gegen den Amtsmechanismus von »sakramental« bevollmächtigen Priestern betont er mit allem Nachdruck den Glauben als die entscheidende Voraussetzung. Der Glaube setzt aber entgegen subjektivierenden Lösungen des linken reformator. Flügels auf das Wort Gottes als entscheidende, objektivierende Instanz. Das Marburger Gespräch (1529) zwischen den Wittenbergern (Luther, →Melanchthon) einerseits, den Straßburgern und Schweizern andererseits (u.a. Zwingli, J. Ökolampad, M. Bucer) unter Ausschluß des linken Flügels (→Täufer) bringt Annäherung, aber keine Einigung. Das →Augsburger Bekenntnis schließt die Oberdeutschen aus.

*2. J. →Calvin* sieht später im →Hl. Geist die entscheidende Vermittlung: Christus ist im Geist gegenwärtig. Ähnl. wie Thomas schon bemerkt, daß Christi Gegenwart sich nicht auf den Ort des Brotes fixieren lasse (weil er überall ist), verweist Calvin auf Christi Existenz »außerhalb«, näml. im Himmel (»extra Calvinisticum«). So lehnt er die Realpräsenz auch in Luthers Sinn (»in, mit und unter« Brot und Wein) ab und warnt nachdrückl. davor, die *»geistl. Sache«* mit dem *»Zeichen«* zu vermischen. Obwohl – anders als bei Zwingli – das Zeichen im Hl. Geist wirkl. für Christi Gegenwart bürgt, ist zwischen geistl. Geschehen und zeichenhafter Handlung zu unterscheiden. 1549 kommt es auch zwischen dem luth. und dem calvinist. Flügel zu einem Bruch, der – nach der programmat. Vorarbeit der Arnoldshainer Thesen (1957) – erst wieder in der Leuenberger Konkordie (1973) aufgehoben wird. Dieser »zwischenkirchl. Konsensus« zwischen luth. und reform. Kirchen läßt zwar die Geltung der Bekenntnisse in den beteiligten Kirchen bestehen. Auf dem Fundament der reforamtor. Lehre von der →Rechtfertigung wird aber ein einheitl. Sakramentsverständnis entfaltet, dem zufolge Sakramente nicht als »selbstwirksame Heilsmittel«, sondern als leibhafte, den Glauben weckende Gestalt der Gnadenaussage zu verstehen sind.

*3.* Die Reformation hat um das Verständnis des A.s schwer gerungen und neue Zerwürfnisse in Kauf genommen. Insofern ist es problemat., wenn die Steigerung der sakramentalen und eucharist. Praxis in der kath. Kirche der Schwächung dieser Praxis in den prot. Kirchen gegenübergestellt wird; denn in einer *gegenläufigen Entwicklung* beginnen nun Katholiken, sich als Nichtprotestanten zu definieren und umgekehrt (die jährl. Fronleichnamsprozession wird zur antiprot. Manifestation ausgestaltet; →Gegenreformation, →Konfession). Zudem bestimmen den Protestantismus nicht nur spätere aufklärer. Einflüsse, vielmehr führen (allzu) große Hochachtung und Sündenangst zu größter Zurückhaltung gegenüber dem Empfang des A.s. Umgekehrt ist die kath. nachreformat. Frömmigkeit zwar tief geprägt von der Anschauung und Anbetung des »Allerheiligsten Altarsakraments«, und sonntägl. Gottesdienstbesuch ist strenge Pflicht. Pflicht ist aber nur ein einjähriger Kommunionempfang. So bleibt die sakramental-eucharist. Praxis bis in die 50er Jahre hinein entgegen jeder Mahlidee als Messeteilnahme ohne Kommunionempfang halbiert.

*C. Jüngere Entwicklungen*

Seit den *60er Jahren* kommen zunächst im kath. Raum, dann im ökumen. Gespräch, schließl. in gemeinsamer theol. Reflexion bemerkenswerte Veränderungen in Gang.

*I.* Zu einem neuen Allgemeinverständnis führt im *kath. Raum* einerseits eine erneuerte sakramentale, durch die →Liturg. Bewegungen angestoßene Praxis; andererseits werden theol. Ansätze wie die →Mysterientheologie O. Casels und die Neuentdeckung der ma. sowie der patrist. Theologie (→Neuscholastik, →Nouvelle théologie) wirksam. Kennzeichnend sind dabei folgende Elemente: Die Fixierung auf die Frage der *Gegenwart Christi* in Brot und Wein wird aus ihrer Isolation geholt. In die Mitte rücken jetzt als Zeichen von Christi Gegenwart die Gesamtfeier der E. als Mahl, die Wirksamkeit des Geistes sowie die Beteiligung der ganzen Gemeinde, also ein komplexes Geflecht von Beziehungen und Komponenten. Die für die kath. Theologie klass., aber zusehends verdinglichte Lehre von der Transsubstantiation wird angesichts ihrer lehramtl. Legitimation zwar nicht aufgegeben, aber *relativiert.* Einen Durchbruch bewirkt u.a. die Lehre von der »Transsignifikation« (P. Schoonenberg), der zufolge (ähnl. wie in der Theorie der »Transfinalisation«) die »Bedeutungs-änderung« über das »Wesen« der Sache entscheidet. Ein aus dem Zusammenhang des Gedächtnismahls herausgenommenes Brot Leib Christi zu nennen wäre deshalb (so auch K. →Rahner) absurd.

*II. Ökumen. Entwicklungen* haben zudem zur Annäherung kath. und ev. Traditionen geführt. Während das eucharist. Mahl immer auf Verkündigung angewiesen bleibt, zielt das Wort der Verkündigung auf seine sinnenhafte Verdichtung. Die orthod. Kirchen können in ihrem Rückgriff auf die →Kirchenväter darauf verweisen, daß die Konzentration auf Jesus Christus (die das Geheimnis vor allem vom »Das ist mein Leib...« zu erfassen sucht) die Konzentration auf den Hl. Geist zuwenig in Anschlag bringt. Der Geist (nicht das Wort des →Priesters) kommt auf die Gaben herab und macht sie zu Gaben Christi.

*III.* Schließl. haben anthropoplog., hermeneut., sprachwissenschaftl. und emanzipator. Erkenntnisse den *Sachzusammenhang der E.* wieder deutl. werden lassen: Sakrament kann umschrieben werden als das *zu sinnl. →Erfahrung* gewordene, den Menschen und die Gemeinschaft ganzheitl. betreffende Wort der Erlösung. Die augustin., auch von der Reformation nur ansatzweise überwundene →Hermeneutik, der zufolge Sprache und Handlung nur die Zeichen der Sache selbst sind, von denen dann allerdings behauptet werden muß, daß sie »wirksam« seien und kraft der Handlung selber wirken (»ex opere operato«), steht dann ein Verständnis von Sakrament, Sprache und Symbol gegenüber, die die Sache selber gegenwärtig setzen. Am profiliertesten ist dieser Ansatz bei der Neuentdeckung des »Erinnerns« (memoria) zum Tragen gekommen. Erinnern bedeutet ein Gegenwärtigsetzen, überwindet die chronolog. Schranken des Damals und Heute. Diese Vergegenwärtigung wird mögl., weil der Geist Christi Christus selber gegenwärtig sein läßt.

*D. Ökumenische Annäherung*

Innerhalb der →ökumen. Bewegung sind A. und E. – trotz immer noch bestehender Probleme – Gegenstand großer Annäherung geworden.

*I.* Reifstes Ergebnis solcher Annäherung ist das »*Lima-Dokument*« (1982) der Kommission für Glauben und Kirchenverfassung zu »Taufe, E. und Amt«. Das Dokument erklärt die E. in einer trinitar. Struktur (→Trinität). E. sei Dank (»E.«) an den Vater für Schöpfung, Erlösung und Heiligung; in die Wandlung ist so die ganze Welt einbezogen. E. sei zugleich *Gedächtnis* Christi und darin liege noch immer die unterscheidende Besonderheit dieses Mahles, so daß durch Verkündigung und Tun sowohl Jesu Mahlhalten und Reich-Gottes-Praxis als auch sein Tod und seine Auferstehung gegenwärtig sind. Und schließl. werde im Mahl der Hl. Geist herabgerufen, der die »Wandlung« von Gaben, Gemeinde und Welt bewirkt.

*II.* In dieser Konzeption sind Verständnis des A.s und zugleich Wege der Annäherung wieder eröffnet, ferner legen sich neue *Wege der Auslegung* nahe. Wenn an diesem Tisch Brot mit den Armen geteilt wird, dann gehören das *reale Teilen* des Brotes sowie Solidarität gegen alle Diskriminierung dazu. Wenn im Geist die Gemeinde zu *Gemeinsamkeit* geführt wird, dann verlangt diese Gabe auch für die geschwisterl. Gestalt der feiernden Gemeinschaft ihre Konsequenz (1 Kor 11,28). Wenn die E. zumal für das Selbstverständnis der →kath. Kirchen Quelle und Höhepunkt christl. *Einheit,* wenn Christus in der E. Einladender und Gast zugleich ist, dann muß die Einheit der Kirche(n) von dieser Feier her akzeptiert, sollte nicht die gemeinsame Feier vom organisator. geteilten Zustand der Kirchen her unterbunden werden. Zwar bringt es die zentrale Bedeutung der E. in den kath. Kirchen mit sich, daß gerade die E. ins komplizierte Netz von Kirchenzugehörigkeit, Kirchenstrukturen und Fragen nach dem gültigen →Amt führt, doch zeigen nach dem Urteil vieler Theologen und Ökumeniker die Zugangs- und Gültigkeitsregelungen vor allem der vorreformator. Kirchen zugleich, daß ihnen zur tatkräftigen Versöhnung immer noch die grenzverlegende Kraft fehlt.

*III.* Bei aller traditionellen, durchaus bibl., aber noch vorneuzeitl. ausformulierten Grunderfahrung, daß dieses Brot im Geist zur göttl. Substanz wird, fehlt immer noch eine allg. wirksame

*Neuinterpretation,* die angesichts eines lange weltflüchtigen und freiheitsängstl. Christentums darauf verweist und erfahrbar macht, daß →Gott zum *Brot der Menschheit* geworden ist. Nicht in der kult. Überhöhung eines Mahls, sondern darin, daß Christus zum Brot geworden, als Brot gebrochen ist und auf göttl. Hoheit verzichtet, liegt das christl. Geheimnis.

*Lit.: A. Gerken:* Theologie der E., München 1973. – *M. Josuttis/G. M. Martin (Hg.):* Das Hl. Essen. Kulturwissenschaftl. Beiträge zum Verständnis des A.s, Stuttgart/Berlin 1980. – *K.-H. Kandler:* Christi Leib und Blut. Studien zur gegenwärtigen luth. A.slehre, Hannover 1982. – *A. Rauch/P. Imhof (Hg.):* Die E. der Einen Kirche, München 1983. – *E. Schillebeeckx:* Die eucharist. Gegenwart. Zur Diskussion über die Realpräsenz, Düsseldorf 1967. – *Th. Schneider:* Deinen Tod verkünden wir. Gesammelte Studien zum erneuerten E.verständnis, Düsseldorf 1980. – Taufe, E., Amt. Konvergenzerklärungen der Kommission für Glauben und Kirchenverfassung des Ökumen. Rates der Kirchen, in: *H. Meyer u.a. (Hg.):* Dokumente wachsender Übereinstimmung, Paderborn/Frankfurt/M. 1983, 545-585. – *E. Chr. Suttner (Hg.):* E. – Zeichen der Einheit, Regensburg 1970. – Die E. – Das Sagorsker Gespräch über das hl. A. (Studienheft 8), Bielefeld 1974.

*Hermann Häring*

**Abraham.** Patriarchengestalt der hebr. Bibel, als Ahnherr →Israels und der arab. Völker (vgl. die Stammbäume von Gen 25) Stammvater dreier Weltregionen (für das NT vgl. Gal 3f.; Röm 4; Hebr 11, für den Koran Sure 2,118ff.; 3,60ff.; 6,75ff.).

*A.* Die Geschichten um A. bilden den ersten Teil der *Vätergeschichten* der →Genesis und sind durch eine (sekundäre) genealog. Verknüpfung der »Erzväter« A., Isaak und Jakob mit den folgenden verbunden. Der Name bedeutet in der zunächst verwendeten Kurzform *Abram* »der Vater (Gott) ist erhaben«, die grammat. Variante A. wird in Gen 17,4f. programmat. als »Vater der Völker« (um)gedeutet. A. erscheint als Sippenoberhaupt, das mit seiner an Jahwe als Vätergott gebundenen Gruppe das Land durchwandert und erst am Ort des Grabes (Gen 23;25) seßhaft wird. Ein Zentrum der Wanderungen und damit der ältesten A.-Tradition ist Hebron, während die großräumigen Lokalisierungen seiner Züge (Auszug aus Ur im südl. Mesopotamien, Wanderungen nach Haran am Euphrat, nach →Ägypten, Krieg mit mächtigen Königen) theol.-literar. Gesamtkonzeptionen entspringen, die die Geschichte um A. als Ursprungsgeschichten Israels in den Kontext der Völkergeschichten stellen. So erscheint A. als der, der aus dem Ort der →Urgeschichte und damit der Universalgeschichte auszieht, dabei allein der Verheißung von Nachkommenschaft und Land vertrauend. So wird A. zu einem Ur- und *Vorbild des Glaubenden.* Dabei wird man die Geschichte von der Bindung – gerade nicht Opferung! – Isaaks in Gen 22 vom Ende her verstehen müssen. A. ist bereit, Gott alles zu geben. Dieser Gott, dem allein alles gebührt, will jedoch das Menschenopfer *nicht.* Von nun an ist keine Instanz oder Obrigkeit berechtigt, Opfer von Menschenleben zu beanspruchen.

*B.* Im NT ist A. erster Repräsentant eines Glaubens, der nicht aus dem Gesetz kommt, sondern dem Gesetz vorausgeht (Gal 3; Röm 4). Wie die meisten bibl. Erzählungen enthalten auch die um A. *verschiedene Bedeutungsebenen.* Zentral ist ihr Charakter als Ursprungsgeschichte Israels, doch thematisieren die A.-Erzählungen wie die übrigen Vätergeschichten auch grundlegende Familienkonstellationen und -konflikte. A. steht jedoch zugleich für einen ersten Auszug aus der Gewaltgeschichte und für ein utop. Vertrauen.

*Lit.: A. Alt:* Der Gott der Väter, in: *ders.:* Kl. Schriften zur Geschichte des Volkes Israel, Bd. 1, München, 4. Aufl. 1968, 1-78. – *O. Betz (Hg.):* A. unser Vater. Juden und Christen im Gespräch, FS O. Michel, Neukirchen-Vluyn 1963. – *E. Blum:* Die Komposition der Vätergeschichte (Wissenschaftl. Monographien zum A und NT 57), Neukirchen-Vluyn 1984. – *W. Groß:* Glaubensgehorsam als Wagnis der Freiheit. Wir sind A., Mainz 1980. – *C. Westermann:* Genesis 12-36 (Bibl. Kommentar AT 1/2), Neukirchen-Vluyn 1981. – *W. Zuidema (Hg.):* Isaak wird wieder geopfert, Neukirchen-Vluyn 1987.

*Jürgen Ebach*

**Absolutes,** abgeleitet von *absolutus:* losgelöst von jeder Abhängigkeit, Beziehung, Bedingung oder Relation; für sich seiend, unabhängig, unbedingt und aus sich heraus bestimmt. Philos. bezeichnet das A. den letzten Urgrund alles Seins und Denkens (→Metaphysik). A. Erkenntnis ist →Erkenntnis des an sich Seienden, eigentl. Wirklichen. →Kant hat die Möglichkeit solcher Erkenntnis bestritten; seither trifft das Verdikt über eine Philosophie, die als Metaphysik Aussagen über den Bereich des Ansich, angesiedelt jenseits aller →Erfahrung, für möglich hält, auch die Rede von einem A.n (→Wittgenstein).

*A.* Die →*griech. Philosophie* kennt kein Äquivalent für »absolut«; gleichwohl sind bereits in der Antike alle Bestimmungen des späteren zentralen philos. Begriffs vorgebildet. In der röm. Philosophie (Cicero, Seneca) ist »absolut« noch weitgehend gleichbedeutend mit »vollkommen« (perfectus) und bezeichnet vor allem das angestrebte glückl. Leben. Im Prozeß der Hellenisierung des *Christentums* wird die philos. Kategorie des A.n schrittweise auf die jüd.-christl. Gottesvorstellung übertragen (u.a. bei Tertullian und Hilarius von Poitiers). Auch das trinitar. Dogma (→Trinität) wird nur verständl. aus der Perspektive der Identifikation vom philos. Gottes*begriff* und rel. Gottes*bild.* Am Ende des MA.s (→Nikolaus von Kues) begegnet die Rede vom A.n in theol. Kontexten in der Weise, wie sie für den Begriffsgebrauch in der Philosophie der Neuzeit charakterist. sein wird.

*B.* Hier wird das A. zu einem Schlüsselbegriff in der Auseinandersetzung um den *Idealismus*

(→Kant, →Fichte, →Schelling, →Hegel). Innerhalb der Welt der Erscheinungen schloß Kant a. Totalität aus; damit wird das A. im Blick auf die theoret. Vernunft zum »regulativen Prinzip« (die Idee einer »systemat. Einheit der Sinnenwelt«), im Blick auf die prakt. Vernunft zum Garanten von Moralität und Glückseligkeit, gerade weil das A. selbst (weil unvorstellbar) unerreichbar bleibt. Fichte identifiziert das A. mit dem »Wissen des Wissens«, das zugängl. wird in der transzendentalphilos. Methodenreflexion, der intellektuellen Anschauung, in der sich das »Ich« als absolut erkennt. Schellings identitätsphilos. Ansatz geht aus von der a.n Identität als der a.n Totalität. Sein System entfaltet dann diese These im Blick auf Gott (das A.), die Geschichte (die fortgehende, sich schrittweise enthüllende →Offenbarung des A.n) und die Natur (das Abbild der a.n →Substanz); die Kunst schließl. ist für Schelling die Darstellung der Dinge der Form nach, die ihnen im A.n eignet. Auch in der Philosophie Hegels ist der Begriff des A.n zentral (der a. Geist bzw. das a. →Wissen). Allerdings ist das A. gerade nicht vorgegebene Identität, sondern wesentl. Resultat, dem Vermittlung und Aufhebung (→Dialektik) vorausgehen. Eine Lokalisation auf der Subjekt- bzw. auf der Objektseite soll damit (im Gegensatz zur traditionellen →Metaphysik) ausgeschlossen werden.

*C.* In der *nachidealist. Philosophie* (→Schopenhauer, →Nietzsche) ist der Begriff des A.n primär Anlaß zu polem. Distanzierung, vor allem im →Marxismus. In den philos. Bemühungen des 19. und 20. Jh.s läßt sich dagegen eine teilweise Anlehnung an den traditionellen Begriff feststellen, z.B. im →Neukantianismus in bezug auf eine Begründung der Ethik, in der →Phänomenologie in bezug auf die Verdeutlichung der eigenen method. Vorgaben (die Unterscheidung zwischen der »a.n Gegebenheit«, auf die die Deduktion hinführt, und dem method. nicht Einholbaren, d.h. dem »metaphysisch A.n«). Method. orientiert ist auch der Rückgriff auf Begriff und Sache im Zusammenhang der Bemühungen um eine philos. Letztbegründung. Schließl. bleibt an Versuche zu erinnern, die anknüpfen an die metaphys. Tradition, um anderen Absolutheitsansprüchen, z.B. des →Positivismus, zu begegnen. In diesem Sinne sprechen die Vertreter der →Kritischen Theorie vom »A.n« als dem Anderen, das es – in der Tradition Kants wie des jüd. Bilderverbots - dem herrschenden Bewußtsein, das sich zu einem A.n aufwirft, entgegenzusetzen gilt. Bei →Heidegger – er vermeidet den Begriff des A.n – konkretisiert sich die Frage nach dem A.n zu jener nach dem Verhältnis von Sein und Geschichtlichkeit.

*D.* Nicht nur die Kritik am philos. Systemdenken (→Philoso-phie) ließ die philos.-theol. Rede von einem A.n überholt erscheinen. In der Theologie sind die *Distanzierungsversuche* von einem an der Kategorie des A.n verankerten Gottesbegriff seit dem 19. Jh. (für A. →Ritschl der zentrale Gesichtspunkt der Auseinandersetzung mit dem hellenisierten Christentum) ein sicheres Indiz für einen *Paradigmenwechsel* innerhalb einer Theologie, die sich anschickt, einen philos. verbrämten Eurozentrismus zu verabschieden.

*Lit.: W. Cramer:* Das A. und das Kontingente, Frankfurt/M. 1959. – *Ders.:* Die a. Reflexion, 2 Bde., Frankfurt/M. 1966/67. – *J. N. Findlay:* Ascent to the Absolute, London 1970. – *J. Habermas:* Das A. und die Geschichte (Diss.), Bonn 1954. – *H. Heimsoeth:* Die sechs großen Themen der abendländ. Metaphysik, Darmstadt, 5. Aufl. 965. – *R. Kuhlen:* Absolutes, in: *J. Ritter (Hg.):* Hist. Wörterbuch der Philosophie, Bd. 1, Basel 1971, 12-31. – *W. Oelmüller/P. Dölle-Oelmüller/C.-F. Geyer:* Diskurs: Metaphysik, Paderborn 1983. – *A. Ritschl:* Metaphysik und Theologie, Bonn, 2. Aufl. 1881. – *W. Schulz:* Der Gott der neuzeitl. Metaphysik, Pfullingen, 4. Aufl. 1957.

*Carl-Friedrich Geyer*

**Absolutheit des Christentums.** Entstehung und Geschichte der Formel *A. des Ch.s* sind weithin unaufgeklärt. Die Formel läßt sich vereinzelt im dt. →Idealismus, theol. →Hegelianismus und in der →Tübinger Schule F. C. →Baurs nachweisen. Unter dem Einfluß von außertheol. →Religionswissenschaft und →Religionsgeschichtl. Schule rückt sie *seit 1890* dann ins Zentrum von prot. →Apologetik und →Fundamentaltheologie. Nach der Jh.wende begegnet sie zunehmend auch in der deutschsprachigen kath. Theologie. Hier wie dort werden theol. Sinn und Gehalt der Formel bis in die Gegenwart kontrovers diskutiert.

*A.* Die Formel knüpft an die von →Schelling und →Hegel entwickelte Deutung des →Ch.s als *absoluter →Religion* an. Mit dem Begriff der absoluten Religion wird das Ch. so in den Zusammenhang der allg. Religionsgeschichte eingeordnet, daß zugleich an seinem überkommenen allg. Wahrheitsanspruch festgehalten werden kann. Einerseits sei das Ch. nur eine Religion unter den vielen geschichtl. Religionen und als eine bes., hist. partikulare Gestalt der allg. Erscheinung der Religion zu verstehen. Andererseits sei es von allen anderen Religionen insoweit prinzipiell unterschieden, als erst in ihm das *allg. Ziel* aller Religion, die →Versöhnung von →Gott und →Mensch, vollkommen verwirklicht werde.
Dieses Konzept nehmen liberale Theologen seit ca. 1830 für eine →*Apologetik* des Ch.s gegenüber den Fremdreligionen in Anspruch. Zunächst wird ein allg. Religionsbegriff aufgestellt, unter den alle Religionen entwicklungsgeschichtl. subsumiert werden. Von den »*Urreligionen* ergebe sich über die Naturreligionen hin zu den Kulturreligionen ein zielgerichteter, auf die Verwirklichung des allg. Wesens der Religion zulaufender vernünftiger →Fortschrittsprozeß, der in Entstehung und Geschichte des Ch.s als der höchsten Kulturreligion, der Religion der →Freiheit bzw. der Persönlichkeit, seine Erfüllung finde. Dabei werden ein allg. Begriff der Religion und das Wesen des Ch.s mehr oder weniger direkt identifiziert. Dieses Kon-

zept ermöglicht wissenschaftl. Offenheit gegenüber der Mannigfaltigkeit der Religionen, ohne den Anspruch auf Überlegenheit des Ch.s preiszugeben, und dient im späten 19. und frühen 20. Jh. auch zur theol. Rechtfertigung der →Mission. Es legitimiert damit zugleich den westl. Kulturimperialismus (→Imperialismus).

*B.* Durch differenzierte Einzelforschung zerstört die außertheol. Religionswissenschaft seit Mitte des 19. Jh.s die Annahme einer vernünftigen Einheit der Geschichte. Die Vorstellung eines einheitl., stufenförmigen und zielgerichteten Entwicklungsprozesses wird durch *offene Geschichtsentwürfe* abgelöst, in denen die Mannigfaltigkeit der je eigenen Geschichten der Religionen bzw. die Individualität des einzelnen im Vordergrund steht. Den für die Theologie daraus entstehenden Problemdruck leitet *E.* →*Troeltsch* seit 1890 in die Universitätstheologie weiter. Der Evolutionismus (→Evolution) habe den naiven dogmat. Ausschließlichkeitsanspruch des Ch.s zerstört, demzufolge allein der *Christusglaube* wahre Religion und alle andere Religiosität nur heidn. Aberglaube (→Heiden) sei. Nach Zerstörung seiner religionsgeschichtl. Grundlagen sei nun aber auch der Evolutionismus nicht mehr haltbar. In dem 1902 veröffentlichten Vortrag »Die Absolutheit des Christentums und die Religionsgeschichte«, der zahlreiche Gegenschriften hervorruft, erkennt Troeltsch dem Ch. deshalb nur eine *»relative Höchstgeltung«* zu, die er aus dessen Wesen als Religion freier Persönlichkeit ableitet. Damit bleibt er aber selbst noch dem Grundgedanken des Evolutionismus, der wertenden Stufung der Religionen nach dem Kriterium des christl. Persönlichkeitsgedankens, verhaftet.
In seinem Spätwerk erkennt Troeltsch eine prinzipielle Gleichrangigkeit der großen Kulturreligionen an und beschränkt den Geltungsanspruch auf den europ.-amerik. Kulturkreis. Damit bestreitet er nicht, daß das Ch. einen Wahrheitsanspruch vertritt. Aber die eine Wahrheit drücke in *vielerlei* rel. *Gestalt* sich aus.

*C.* Der von Troeltsch ausgelöste Streit um die A. des Ch.s provoziert in der deutschsprachigen Theologie des 20. Jh.s zwei Reaktionsmuster. Die →*Dialekt. Theologie* sucht Troeltschs pluralist. Wahrheitsverständnis (→Wahrheit, →Pluralismus) durch eine christol. Neubestimmung der →Identität des Christlichen zu überwinden: A. komme zwar nicht Ch. und →Kirche, aber →Jesus Christus als endgültiger Selbstoffenbarung Gottes zu. Demgegenüber sucht sich die neu entstehende →*Religionstheologie* programmat. anderen Religionen zu öffnen, ohne freil. einen Allgemeinheitsanspruch des Ch.s preiszugeben. Dabei wird dann häufig wieder eine A. des Ch.s behauptet und mehr oder weniger offen der alte Evolutionismus des 19. Jh.s erneuert.

*Lit.:* *E. Troeltsch:* Die A. des Ch.s und die Religionsgeschichte (1902), hg. von T. Rendtorff, Gütersloh, 2. Aufl. 1973.

*Friedrich Wilhelm Graf*

**Absolutismus** bezeichnet den Anspruch auf alleinige Ausübung der Herrschaft durch einen Monarchen ohne Mitwirkung oder Zustimmung anderer autonomer Gewalten.

*A.* Der *Begriff* geht auf den franz. Staatsrechtler Jean Bodin (1530-96) zurück, der die monarch. Macht als höchste, über den Gesetzen stehende Gewalt definiert: *legibus (ab)solutus,* von den Gesetzen losgelöst. Dieses neue Staatsrecht hängt mit dem Begriff der Souveränität zusammen, der absoluten, unteilbaren Gewalt nach innen und außen, ein Begriff, der auf röm. Recht zurückgeht. Dabei steht der Monarch aber nur eingeschränkt über den Gesetzen, denn die Gebote Gottes und das →Naturrecht gelten auch für ihn. A. ist daher grundsätzl. von Despotismus zu unterscheiden, auch wenn seine Spätphase, der aufgeklärte A., in der franz. und engl. Geschichtsschreibung als »aufgeklärter Despotismus« bezeichnet wird.

*B.* Der *monarch.* A. der neueren europ. Geschichte verwirklichte sich in einer Zentralisierung der Staatsmacht auf Kosten der bis dahin mehr oder weniger mitregierenden Stände, der Adeligen und Städte. Dieser Weg vom dualist. Ständestaat zum A. ist von Land zu Land und auf dt. Boden von Territorium zu Territorium unterschiedl. verlaufen, manchmal auch gescheitert, und zwar generell in den geistl. Territorien, wo die Stände bis zum Ende des Alten Reiches mitregierten. Ständekämpfe, das Ringen der Stände mit den zum A. drängenden Fürsten, sind eine typ. Erscheinung der Frühen Neuzeit. Da sie zeitl. weitgehend mit den →Religionskriegen zusammenfallen, sind die Ständekämpfe oft zugleich Glaubenskämpfe, wird der Gegensatz zwischen Ständen und Fürsten durch einen konfessionellen Gegensatz gesteigert. Ein bekanntes Beispiel dafür ist der 1618 offen ausgebrochene Konflikt der böhm. Stände mit ihrem König, dessen Statthalter aus einem Fenster der Prager Burg gestürzt wurden. Aus der Sicht der Stände war es Ausübung ihres Widerstandsrechts gegen königl. Willkür, aus der Sicht des Königs war es ein Aufstand gegen ihn als legitimen Herrscher. Dazu kam ein Konfessionskonflikt: Die Stände waren mehrheitl. ev., der König kath.

*C.* Der vom Ständekampf in Böhmen ausgelöste Dreißigjährige Krieg (1618-1648) ist für die *Geschichte* des europ. A. wichtig geworden, weil er zur Ausbildung des stehenden Heeres beigetragen hat, das eine der Säulen dieses Staatstyps geworden ist. Bis dahin agierten auf den Schlachtfeldern Söldnerheere, für kurze Zeit angeworben und dann wieder entlassen. Im Dreißigjährigen Krieg wurden diese Heere auf Jahrzehnte unter Waffen gehalten; gleichzeitig wurden Finanzierungs- und

Verwaltungsformen entwickelt, die zum Unterhalt stehender Heere erforderl. waren. Die andere Säule des A., der vom Fürsten abhängige Verwaltungsapparat, erfuhr dabei ebenfalls kräftige Impulse. →Frankreich und Brandenburg-Preußen, die beiden »klass.« Beispiele absolutist. Staaten, haben, wenn auch in verschiedenen Ausmaßen, im Dreißigjährigen Krieg mit dem Aufbau stehender Heere begonnen. Dazu traten Versuche, die Staatsmacht durch wirtschaftl. Steuerungsmaßnahmen zu steigern. Ferner förderte der A. das seit dem Spätma. ausgebaute landesherrl. Kirchenregiment, das im 18. Jh. oft in einem hochentwickelten Staatskirchentum gipfelte – wie allg. der Konfessionalisierungsprozeß bei allen Konfessionen zu einer gesteigerten Bürokratisierung und Sozialdisziplinierung beigetragen und damit den staatl. Zentralismus gefördert hat, trotz sonst differenzierter Einstellung von Kirche und Theologie zum A. Nicht zuletzt wurde der Adel für den Verzicht auf Mitregierung entschädigt: in Frankreich durch wirtschaftl. Zuwendungen, u.a. in Form von Pensionen, in Brandenburg-Preußen durch Absicherung seiner wirtschaftl. und sozialen Vorrangstellung gegenüber dem städt. →Bürgertum und den Bauern. Der Begriff »aufgeklärter A.«, erst im 19. Jh. aufgekommen, bezeichnet den monarch. A., der unter dem Einfluß von →Philosophie und Staatslehre der →Aufklärung sich selbst stärker an →Gesetze band und Rechte der Untertanen anerkannte, wobei die zweckmäßig-vernünftige Regierung im Interesse des →Gemeinwohls als Leitidee gelten sollte. Zugleich aber steigerte der aufgeklärte A. den herrscherl. Machtanspruch gegenüber dem Verband der Untertanen.

*D.* Je nach Einschätzung des alten Ständestaates bewertet man den A. als *Unterdrückung* von Ansätzen einer Repräsentativverfassung oder als *Überwindung* ma. Gesellschaftsstrukturen. Für letztere Meinung gibt es Gründe, aber die negativen Wirkungen des A., die polit. Entmündigung der Untertanen und wie im Fall Preußen die Militarisierung der →Gesellschaft sind unübersehbar. Im übrigen gibt es mit England und den →Niederlanden Beispiele dafür, daß aus Ständestaaten sehr wohl moderne Verfassungsstaaten hervorgehen konnten.

*Lit.: H. Lehmann:* Das Zeitalter des A., Stuttgart 1980. – *R. Vierhaus:* Deutschland im Zeitalter des A., Göttingen 1978. – *F. Wagner (Hg.):* Handbuch der europ. Geschichte, Bd. 4, Stuttgart, 2. Aufl. 1975. – *E. W. Zeeden:* A. und Aufklärung, Stuttgart 1981.

*Gerhard Schormann*

**Abstrakte Kunst.** A.K. ist die stark umstrittene *Bezeichnung* für eine Gestaltungsweise ohne sicht- und identifizierbare Gegenstände, die zu Beginn des 20. Jh.s aufkam und auch gegenstandslose, nonfigurative, absolute und konkrete Kunst genannt wird. In der a.n K. wird die Erkenntnis, daß jedes Kunstwerk auf Abstraktion eines Naturvorgangs abzielt, radikal weitergeführt zur Schöpfung autonomer künstler. Gebilde aus Formen und Farben, die nicht selten in die Bereiche des →Symbols, Dekors, Ornaments oder auch des Signals weisen, auch wenn sich der abstrakte Künstler in der Regel um die Darstellung vollkommen gegenstandsfreier Werte bemüht. Die a.K. entstand nach →Impressionismus, →Jugendstil und →Expressionismus *ab 910* in verschiedenen Ansätzen: W. Kandinskys Schrift »Über das Geistige in der Kunst« (1910) und sein Aquarell »Improvisation« verweisen auf enge Beziehungen zur →Musik; seit 1912 entwickelt P. Mondrian seine geometr. reinen Farbflächen, die auf die Stijl- Bewegung und das Bauhaus wirken; nach 1917/18 entsteht der russ. →Konstruktivismus (Kandinsky, Malewitsch, Tatlin, El Lissitzky u.a.); seit den 30er Jahren liegen die Schwerpunkte a.r K. in →Frankreich (»Cercle et Carré« ab 1930, »Abstraction-Création« ab 932) und den →USA (»American Abstract Artists« ab 1937). Da die a.K. sich definiert als Kunst ohne »Engagement« außer dem für die Kunst selbst, bleibt ihre Einbindung in →Kirche und →Gemeinde problemat. Reine a.K. bleibt ohne »legale« Beziehung zum Religiösen; gewinnt sie jedoch expressive Dimensionen, so ist ihre Einbeziehung in die kirchl. →Architektur, in die →Verkündigung und →Meditation der christl. Gemeinde vielfach sinnvoll und möglich. Trotzdem ist zu warnen vor der nicht legitimierten Verwendung a.r K. als unverbindl. Dekoration im Bereich der Kirche und vor der theol. Überinterpretation autonomer Kunstwerke.

*Lit.: R. Beck u.a.:* Die Kunst und die Kirche, München 1984. *M. Brion:* Geschichte der a.n K., Köln 1956. – *R. Hoepp:* Bildsinn und rel. Erfahrung, Frankfurt/M. 1984. *W. Kandinsky:* Über das Geistige in der Kunst, Bern, 6. Aufl. 1959. *P. Metz:* A.K. und Kirche, Nürnberg 1954. *W. Schmied (Hg.):* Zeichen des Glaubens Geist der Avantgarde, Stuttgart 1980. *H. Schwebel:* Autonome Kunst im Raum der Kirche, Hamburg 1968. *O. Stelzer:* Vorgeschichte der a.n K., München 1964.

*Peter Maser*

**Adam.** Im Hebräischen ist A. (hebr. *'adam*) der Mensch als Gattungswesen (→Anthropologie). Das AT nennt den Menschen *'adam,* wo seine Geschöpflichkeit betont ist. Doch kann auch die Hinfälligkeit des Menschen im Blick sein (Num 16,19; Ps 39,6.12; Koh 3,18ff.).

*A.* Kernstück der Rede vom Menschen als *'adam* ist die →*Urgeschichte.* Nach Gen 1 wird A. als letztes der Geschöpfe in die für ihn bereitete Welt gesetzt. Von Beginn an existiert A. »männl. und weibl.« (1,27) als gesellschaftl. Wesen. In der Paradiesgeschichte (Gen 2f.), die mit dem aus Erde (hebr. *'adama*) geschaffenen A. und der um ihn herum gestalteten Lebenswelt beginnt, betont die Erschaffung der →Frau aus dem Menschen (2,18-25) ebenfalls das Gattungwesen. In der Beziehung zu anderen realisiert sich also Menschsein. Deshalb geht es in Gen 2f. um das Entsprechungsverhältnis zwischen *Mann und Frau* und nicht um eine Zweitrangigkeit der Frau. Die Herrschaft des Mannes über die Frau (3,16) gehört nicht zur →Schöpfungsordnung, sondern zu der durch den Sündenfall konstituierten Lebenswelt des aus dem →Paradies vertriebenen Menschen (→Urgeschichte). Sie ist wie die Mühsal der →Arbeit bis zum Tod Lebensminderung. Auch die Benennung der Frau als Eva und ihre Festlegung auf die Mutterrolle gehört zum Leben in der Welt nach dem Fall. Die Menschheit beginnt in der Urgeschichte mit ihrem ersten Repräsentanten. *'adam* kann deshalb mit fließendem Übergang Gattungsname, Personenbezeichnung und Eigenname (nur) dieser Person (Gen 5,1; 1 Chron 1,1) sein. Der Mensch, auf dessen Erschaffung Gen 1; 2 zielen, ist als *der* A. Repräsentant der ganzen Menschheit, nicht wie in den Schöpfungserzählungen der meisten Völker Ahnherr nur des eigenen Volkes. Gen 1,26f. spricht A. als Gattungswesen, als *»Bild Gottes«*, die Herrschaft über die Erde zu: Herrschen soll *der* Mensch, kein König, kein Volk, keine Rasse. Die Herrschaft des Menschen, bes. über die Tiere (1,18), legitimiert nicht die Ausbeutung der →Natur, sondern zielt auf verantwortete Herrschaft ohne Blutvergießen (1,29f.!). Doch soll der Mensch im Auftrag Gottes herrschen und weder Tieren noch tiergestaltigen Göttern, noch dem Produkt seiner eigenen Arbeit (Ps 135; Jes 44) dienen.

*B.* Wie in der Urgeschichte A. einzelne Person und kollektiver Repräsentant der Menschheit ist, so ist für →*Paulus* (Röm 5,12-21; 1 Kor 15,22f.45f.) A. erster Mensch und Verkörperung einer Menschheit, die als Ganzes unter der Macht der →Sünde steht. Ihm steht antitypisch Christus gegenüber, in dem die alles umfassende Wirklichkeit der Sünde aufgehoben ist. In ähnl. Weise zeichnet *Mk* den in der Wüste versuchten Jesus (1,12-13) als *neuen* A.: In Jesus begegnet der *neue Mensch*, in dessen Gemeinschaft die Schöpfung zum Frieden findet (vgl. J. Jeremias). Fälscherlicherweise begründete *Augustinus* seine Erbsündenlehre mit Röm 5,12. Die damit verbundene Theorie, die gesamte Menschheit habe »in« A. gesündigt, stehe also auf Grund dieser Sünde in Schuld vor Gott, kann als überholt gelten, da sie sich weder exegetisch begründen läßt, noch die vorausgesetzte Theorie des Monogenismus (der Abstammung aller Menschen von einem Urpaar) haltbar ist.

*Lit.: K. Barth:* Christus und A. nach Röm 5 (Theol. Studien 35), Zollikon 1952. – *E. Brandenburger:* A. und Christus (Wissenschaftl. Monographien zum A und NT 7), Neukirchen-Vluyn 1962. – *J. Jeremias:* A., in: Theol. Wörterbuch zum NT, Bd. 1, Stuttgart 1933ff., 141-143. – *L. Scheffczyk (Hg.):* Der Mensch als Bild Gottes (Wege der Forschung 124), Darmstadt 1969. – *O. H. Steck:* Die Paradieserzählung (Bibl. Studien 60), Neukirchen-Vluyn 1970. – *C. Westermann:* A., in: Theol. Handwörterbuch zum AT I (Lit.). – *U. Wilckens:* Der Brief an die Römer (1-5) (Ev.- Kath. Kommentar zum NT VI/1), Neukirchen-Vluyn 1968ff. – *H. W. Wolff:* Anthropologie des AT, München, 4. Aufl. 1984.

*Jürgen Ebach*

**Advent** (Ankunft) bezeichnet nach allg. Verständnis die *Vorbereitungszeit auf* →*Weihnachten* (A.szeit), die in der westl. Kirche 4 Sonntage zuvor mit dem 1. A.ssonntag beginnt. Der Begriff verweist auf die erfolgte Ankunft des Herrn in »Knechtsgestalt« (→Inkarnation) und verbindet sich mit der Erwartung der noch ausstehenden »zweiten Ankunft«, der Wiederkunft in »Herrlichkeit« (→Eschatologie). Von diesen beiden Inhalten, also von Erinnerung und von →Hoffnung her, wird die A.szeit liturg. geprägt. Vom Ziel her empfängt diese »Rüstzeit« ihren Namen.

*A.* A. ist ursprüngl. gleichbedeutend mit »Epiphanie« (Erscheinung) und »Parusie« (Ankunft). Diese Begriffe bezeichnen in der rel. Sprache der griech.-röm. *Antike* die Ankunft einer Gottheit in ihrem Heiligtum, im Kaiserkult den mit Gnadenerweisen verbundenen Einzug des Herrschers bei seinem Regierungsantritt. Schon Tertullian (geb. um 160) hat diese Begriffe auf die endzeitl. Wiederkunft Christi übertragen.

End- und Zielpunkt des A. war ursprüngl. das Fest der →Erscheinung (Epiphanie oder Epiphanias am 6.Januar). Auf dieses im Osten (wohl Ägypten) entstandene, in *Spanien und Gallien* früh übernommene Geburtsfest Christi sollen sich die Gläubigen (so das Provinzialkonzil von Saragossa, 380) vom 17. Dezember an durch eifrigeren Gottesdienstbesuch vorbereiten. Ähnl. wie in der Ostkirche war Epiphanie in Gallien der nach →Ostern wichtigste Tauftermin (→Taufe). Dort hat sich dann im Laufe des 5. Jh.s ein A.sfasten herausgebildet, als dessen Organisator Bischof Perpetuus von Tours (gest. 490) bezeugt ist. Entspr. der älteren, vorösterl. 40tägigen Fastenzeit erstreckte sich von Martini (11. November) bis Epiphanie eine Bußzeit, die unter Wegfall der fastenfreien Samstage und Sonntage 40 Tage dauerte (»Martinsquadragese«). Liturg. kennt dann der »gall. A.«, seit dem 6. Jh. greifbar, 6 A.ssonntage, die sich bis heute in der Ambrosianischen Liturgie Mailands erhalten haben. Inhaltl. herrscht in den altgall. und span. Liturgien der Gedanke an die Wiederkunft Christi zum Weltgericht vor. Von daher erklären sich die bis in die heutige A.sliturgie nachwirkenden *Bußelemente*: violett (im späten MA. häufig schwarz) als liturg. Farbe; die Gestalt des Bußpredigers Johannes in den A.sevangelien. Die erneuerte röm. A.sliturgie hat sie stark reduziert (der Ruf »Halleluja« und das →Te Deum entfallen nicht mehr); denn die Wiederkunft Christi wird jetzt eher als ein befreiendes Heilsereignis denn als ein »Tag des Zornes« begriffen.

*B.* In der *Papstliturgie* Roms lassen sich erste Spuren einer Weihnachtsvorbereitung in den Texten der Winterquatember ausmachen. Die auch in Rom ursprüngl. wohl ausgedehntere A.szeit wurde

unter Gregor I. (589-604) auf die bis heute übl. 4 Sonntage eingeschränkt. Erst nach der Jt.wende setzte sich diese Regelung allmähl. auch im gall.-fränk. Raum durch. Dementspr. beginnt der A. mit dem auf den 30. November (Fest des Apostels Andreas) fallenden oder ihm am nächsten liegenden Sonntag.
Zunächst herrscht in den röm. Texten der Ausblick auf Christi Wiederkunft vor; erst ab dem 17. Dezember tritt die freudige Erwartung auf das Geburtsfest Christi stärker in den Vordergrund. Damit verbunden sind (bes. im Meßformular des 4. A.ssonntags) marian. Motive sowie Motive der →Inkarnation. Den ursprüngl. Doppelcharakter des A. hat die *erneuerte Liturgie* der kath. Kirche bewahrt; sie legt aber den Akzent auf den Charakter froher Erwartung auf das Kommen des Herrn, in seiner Menschwerdung, im Gottesdienst der Gemeinde und am Tag seiner Wiederkunft.

*C.* Auch die *Kirchen der →Reformation* stehen grundsätzl. in der beschriebenen liturg. Tradition. Abweichend von der heutigen röm. Perikopenordnung, ist dem 1. A.ssonntag das Evangelium vom Einzug Jesu in Jerusalem (Mt 21,1-9) zugewiesen. A.slieder greifen dieses eschatolog. zu verstehende Motiv auf, etwa G. Weißels »Macht hoch die Tür«, besingen aber auch die Ankunft Christi hier und jetzt - in der feiernden Gemeinde, im Herzen der Glaubenden selbst. Die *→orthod. Kirche* kennt zwar keine der westl. liturg. Ordnung ganz entsprechende, durchformte A.szeit, hat aber im Ablauf ihres Kirchenjahres ebenfalls eine Vorbereitung auf das Fest der Geburt Christi, so vor allem durch die am 15. November (Fest des Apostels Philippus, daher »Philippus-Fasten« genannt) beginnende Fastenzeit, sodann durch das bes. Gedenken der Vorväter und Vorfahren Jesu an den beiden letzten Sonntagen vor Weihnachten.

*D.* Als Zeit stiller Weihnachtsvorbereitung in der →Familie tritt der A. seit der →Aufklärung stärker hervor. Seit dem *Ersten Weltkrieg* hat sich, herkommend von der ev. Jugendbewegung, der Brauch des A.skranzes mit seiner Symbolik vom wachsenden Licht rasch – seit dem Zweiten Weltkrieg allg. auch in kath. Gegenden – ausgebreitet. Auf dem Weg zum Christfest sind die im kath. Volksbrauchtum stark hervorgehobenen marian. Motive der ev. Frömmigkeit nicht fremd (vgl. etwa das vorreformator. Lied: »Es kommt ein Schiff geladen«). Nach dem *Zweiten Weltkrieg* wurde die A.szeit mit wachsendem Wohlstand extrem kommerzialisiert. A.skranz, Lichterbäume und Weihnachtsmann stimulieren den Verkauf. In der Bundesrepublik Deutschland sind die Geschäfte an den entsprechenden 4 Samstagen ganztätig geöffnet. Man bereitet sich auf Weihnachten als das »Fest der Familie« mit großen Geschenken vor, die die Ankunft eines neuen Wohlstands signalisieren. So hat die ursprüngl. rel., oft stille Zeit der Vorbereitung einen säkularen Ersatz gefunden in Form der hekt. Vorbereitung auf den Tag der großen Selbstrepräsentation. Die Reserve gegenüber dem »kommerzialisierten« A. scheint neuerdings jedoch zu wachsen.

*Lit.: A. Adam:* Das Kirchenjahr mitfeiern, Freiburg 1979, 109-116. – *W. Croce:* Die A.sliturgie im Lichte der geschichtl. Entwicklung, in: Zeitschrift für kath. Theologie 70 (1954), 257-296; 440-472. – *Hj. auf der Maur:* Feiern im Rhythmus der Zeit, in: *H. B. Meyer u.a. (Hg.):* Gottesdienst der Kirche. Handbuch der Liturgiewissenschaft, Bd. 8, Regensburg 1983, 179-185.

*Andreas Heinz*

**Adventisten** (von lat. *adventus Domini,* Ankunft = Wiederkunft des Herrn): in erster Linie die Angehörigen der *»Gemeinschaft der* Siebenten-Tags-Adventisten« (STA), im weiteren Sinn Vertreter auch von Splittergruppen und Abspaltungen.

*A.* Die prot. Frömmigkeitsgeschichte weist in der Periode von etwa 1825 bis 1845 eine apokalypt. Welle auf (→Apokalyptik). Damals entstanden die kath.-apostol. Bewegung (→apostol. Gemeinschaften), die →Mormonen als die »Heiligen der letzten Tage« und vor allem die von dem Farmer *William Miller* (1782-1849) ausgelöste *Adventbewegung,* die zu den großen amerik. →Erweckungsbewegungen zählt. Hier wurde auf Grund laienhafter fundamentalist. Bibelauslegung (→Fundamentalismus) ein Zeitpunkt für das *Kommen Christi* ausgerechnet: das (jüd.) Jahr 1843/44. Die »Große Enttäuschung« über das Ausbleiben der Parusie erschütterte die Gläubigen, die durch die Naherwartung zu einem intensiven Glaubensleben gefunden hatten, zutiefst. Sie führte nicht ledigl. zu einer Zersplitterung der Bewegung (aus einem adventist. Nebenzweig entstanden 30 Jahre später die →Zeugen Jehovas), es stellten sich auch neue Überzeugungen, Offenbarungen und Visionen ein (→Erscheinung), die die nun entstandene Situation deuteten. Man gelangte erneut zu der Gewißheit, daß die Endzeit angebrochen sei – doch unsichtbar: Christus habe am 22.10.1844 das »Himmlische Heiligtum« betreten, um es zu reinigen, d.h., er führe nun an Lebenden und Verstorbenen das *»Untersuchungsgericht«* durch. Gleichzeitig werde auf Erden die *Endzeitgemeinde* gesammelt, die, gemäß der »Dreifachen Engelsbotschaft« Offb 14,6-12, der Kernbotschaft der STA, diese »Zeit des Endes« (des Gerichtes) zu verkünden habe, einschließl. des »Falles Babylons« (Untergang der »Weltkirche«). Sie müsse sich auch rein halten durch strenge Beobachtung der Ordnungen Gottes, bes. der Zehn Gebote (→Dekalog), die als grundlegendes »Moralgesetz« verstanden werden. In diesem Zusammenhang gewann die *Heiligung des →Sabbats* am 7. Tag der Woche (von den Siebenten-Tags-Baptisten übernommen) die Bedeutung eines Heils- und Erkennungszeichens der wahren Gläubigen.

*B.* Solche Glaubenspunkte wurden von der bedeutenden Adventistenführerin *Ellen G. White* (1827-1917) durch unzählige *Visionen* bestätigt und in vielen Schriften ausgeführt. Sie formte dadurch das Leben der 1863 gegründeten Gemeinschaft der STA und stellte zugleich auch die Weichen für die künftige Entwicklung der ursprüngl. exklusiven apokalyptischen Sondergruppe zu einer weltzugewandten, humanitäre Verantwortung tragenden und sich auch den anderen Kirchen gegenüber zögernd öffnenden christl. Denomination. Die 1874 begonnene *Adventmission* richtete das Augenmerk wieder stärker auf die Verkündigung des Ur-Evangeliums von Jesus Christus; das *adventistische Schulprogramm* und das *Advent-Wohlfahrtswerk* (Gesundheits- und Lebensreformwerk, unzählige medizinische und karitative Einrichtungen) fanden weltweite Anerkennung. Auch setzen sich die STA bes. für die →Religionsfreiheit ein.

*C.* In struktureller Hinsicht basiert die Gemeinschaft der STA auf der *Gemeinde*, die von Ältesten und von – alle 6-8 Jahre wechselnden – »Predigern« bzw. Pastoren geleitet wird. Die Mitgliedschaft wird durch Glaubenstaufe erworben (bei Übertritt Wiedertaufe). Vereinigung, Verband, Division, Konferenz sind übergeordnete Beratungs- und Verwaltungseinheiten; höchste Instanz ist die Generalkonferenz (Sitz in Washington/D.C.); Statistik: weltweit 4,5 Mill. in 186 Ländern (1986), Bundesrepublik Deutschland ca. 25.000; DDR ca. 10.000.

*Lit.:* Die Werke *E. G. Whites u.a.* STA-Autoren im Advent-Verlag Hamburg, bes.: Schlüsselbegriffe adventistischer Glaubenslehre (1974). – *K. Hutten:* Seher, Grübler, Enthusiasten, Stuttgart, 12. Aufl. 1982, 35-79. – *R. J. Pöhler/H.-D. Reimer:* A., in: Ev. Kirchenlexikon 1, 1986, 44-47 (Lit.) – *H.-D. Reimer/O. Eggenberger:* Neben den Kirchen, Konstanz, 6. Aufl. 1986, 179-217 (Lit.) – *M. Schmidt/J. Butscher:* A., in: Theol. Realenzyklopädie 1, 454- 462 (Lit.).

*Hans-Diether Reimer*

**Ägypten.** Orthod. 52,5%; Prot. 3,8%; Kath. 0,7%; Juden 1%; Musl. 31,4%; Stammesrel. 7,6%.

*A. Alttestamentlich*

Unter den Reichen des →Alten Orients ist Ä. das seit frühester geschichtl. Zeit kulturell und meist auch polit. eigenständige *Gebiet des Niltals* (mit wechselnder Südgrenze) und den westl. und östl. angrenzenden Wüsten. Die Besonderheit des Nils mit seinen regelmäßigen jährl. Überschwemmungen, die die Furchtbarkeit des Landes garantieren, zeichnet Ä. von Beginn an aus. Die relative Abgeschlossenheit des Landes führte zu einer eigenständigen und im Altertum (etwa vom Ende des 4. Jt.s bis zur Christianisierung und späteren Islamisierung vom 2. bzw. 7. Jh. n. Chr. an) fast vergleichslos einheitl. kulturellen Ausprägung. So zeigen die Zeugnisse der ägypt. Kultur vom 3. Jt. bis zu den letzten Jh.en v. Chr. stets deutlicher die Gemeinsamkeit des Ägyptischen als die Unterschiede seiner geschichtl. Epochen. Mit dieser *Kontinuität* hängt zusammen, daß die Grundlagen ägypt. Kultur (Kunst, Religion, Literatur) im wesentl. bereits im 3. Jt. ausgeprägt sind und - im 3. und 2. Jt. fast ohne äußere Bedrohung gefestigt – auch in den Zeiten wechselnder Eroberungen im 1. Jt. v. Chr. beherrschend bleiben.

*I. Einheit in Vielfalt*

*1.* Der *Name* Ä. geht auf das griech. *Aigyptos* zurück, das wiederum auf einem ägypt. Beinamen der Stadt Memphis (etwa Hikuptah) basiert. Die Ägypter selbst nannten ihr Land *km.t* (»das schwarze«, im Gegensatz zur »roten« Wüste).
*a)* Am Beginn der hist. Erinnerung (auf der Grenze zwischen myth. und hist. Überlieferung) steht die *»Vereinigung der beiden Länder«*, der Reichsteile Oberä. (Niltal) und Unterä. (Nildelta) zu einer Einheit, die jedoch stets als Einheit von Verschiedenem begriffen wurde. Hier liegt wohl der Grund einer in verschiedenen Bereichen erkennbaren Auffassung der Wirklichkeit als einer Einheit in Vielfalt und einer Vielfalt als Einheit. So war der König (von der Bibel her hat sich der Titel Pharao [ägypt. »großes Haus«] eingebürgert) stets zugleich König von Oberä. und Unterä., trug in diesen beiden Rollen verschiedene oder beide Formen vereinigende Kronen und konnte auf demselben Bild doppelt dargestellt werden. In ähnl. Weise verbinden sich zwei Rollen des Königs in seiner Vorstellung als *Gott und Mensch:* so sehr, daß er als Mensch vor sich selbst als Gott opfern kann. Es ist zu vermuten, daß diese Königsrolle und die hinter ihr stehende Wirklichkeitsauffassung bei der Ausprägung der späteren christl. Lehre von der →Trinität nachgewirkt hat.
*b)* Unter dem Aspekt von Einheit und Vielfalt kann man auch eine andere Eigentümlichkeit der ägypt. Religion beschreiben. Nebeneinander und in gegenseitiger Ergänzung gab es die Vorstellung einer Vielzahl von einzelnen Göttern (die sich wiederum in einer Vielzahl von Gestalten und Erscheinungsweisen zeigen) und die Vorstellung von einem Gott, der nicht einer der *(vielen) Götter*, sondern *»Gott«* ist. Die Alleinverehrung der sichtbaren Sonnenscheibe Aton in der Zeit des Amenophis IV. (Echnaton) im 14. Jh. v. Chr. ist deshalb weniger als Ablösung eines Polytheismus durch einen →Monotheismus zu sehen denn als Auflösung der (vor und nach Echnaton für die ägypt. Religion grundlegenden) Spannung zwischen den Göttern und »Gott«.

*II. Geschichtliche Epochen*

Nach dem Muster des hellenist. Historikers Manetho, der im 3. Jh. v. Chr. ägypt. Vorbilder aufnimmt und stilisiert, teilt man die ägypt. Geschichte nach *Dynastien* (Herrscherhäuser) ein. Eine daneben geläufige Grobeinteilung unterscheidet nach einer »Frühzeit« das »Alte Reich« (ca. 2800-2300), das »Mittlere Reich« (1991-1778) und das »Neue Reich« (ca. 1500-1100). Die »Reiche« sind unterbrochen von »Zwischenzeiten«, Zeiten des Verfalls zentraler Macht, polit. Wirren und – damit verbunden – rel. Krisen.

*1.* Das *Alte Reich* (3.-5. Dynastie) ist die Zeit der Pyramiden, unter denen die des *Cheops* (4. Dyn.) mit ca. 147 m die höchste ist (in Giza, heute bei Kairo gelegen). Die Pyramiden sind monumentale Königsgräber; an ihre Stelle traten später Felsengräber, wie überhaupt der Bau des Grabes, die Versorgung der Toten mit Nahrungs- und Hilfsmitteln für den Weg ins *jenseitige Leben* und das ewige Leben selbst in der Religion eine zentrale Rolle spielen. Weithin erscheint das ird. Leben wie eine kurze Vorbereitungszeit auf das folgende wirkliche. Von der 5. Dyn. an wird der Sonnengott *Re* zum Hauptgott. Seine Tochter ist *Ma'at*, die die Gerechtigkeit und die Weltordnung verkörpert (→Weisheit).

*2.* In den Wirren zwischen dem Alten und dem Mittleren Reich schwindet das Vertrauen in die Gültigkeit der Weltordnung; die Literaturwerke dieser Zeit thematisieren die mit den polit. Umbrüchen verbundenen Sinnkrisen. Zur erneuten Festigung der Zentralmacht und darüber hinaus zur polit.-militär. Expansion nach Süden (Sudan) und Nordosten (Syrien-Palästina) kam es im *Mittleren Reich* (Pharaonennamen: Amenemhet und Sesostris) und im *Neuen Reich* (Pharaonennamen u.a. Amenophis, Tutanchamun, Ramses). Im *1. Jt. v. Chr.* gerät Ä. unter wechselnden äußeren Einfluß (Libyer, Äthiopen) und Eroberungen durch die Assyrer und – nach erneuter kurzer Selbständigkeit und eigener Expansion unter Psametich und Necho (vgl. zum Jahr 609 v. Chr. 2 Kön 23,29) – die Perser, in deren Reich Ä. ebenso einverleibt wird wie später in das Alexanders und seiner Nachfolger (in Ä. herrschen die Ptolemäer) und das Röm. Reich.

*III. Einfluß auf Judentum und Christentum*

Israels Beziehungen zu Ä. sind auf der polit. Ebene von der ägypt. Einflußzone in Syrien-Palästina bestimmt. Bereits vor der vom AT her faßbaren polit. Größe Israel wird auf der Stele (d.h. Inschriftenstein) des Pharao Merneptah *(um 1220)* in einer Reihe vernichteter palästin. Gruppen auch ein »Israel« genannt (der älteste Beleg des Israelnamens überhaupt). Die Beziehung dieses Israel zum atl. ist undeutlich. Nur bedingt hist. faßbar sind auch die Verbindungen Israels mit Ä. im Zusammenhang der →Josefsgeschichte und des →Exodus unter →Mose. Nicht ohne hist. Kern, sind diese Überlieferungen dennoch nicht als Teil der Geschichte des Volkes Israel zu lesen, sondern als *Erinnerungen einzelner Gruppen* des späteren Israel, die jedoch unter wiederholten Bedingungen von Knechtschaft und Befreiung auch für andere Gruppen zu einer prägenden und immer wieder subversiven Erinnerung wurden.

Aus der Königszeit Israels hören wir sowohl von freundschaftl. Beziehungen (unter →Salomo) als auch von militär. Aktionen (1 Kön 14,25f.; 2 Kön 23,29). In pers. Zeit gab es in Ä. eine *jüd. Kolonie* auf der Nilinsel *Elefantine*; in griech. und röm. Zeit gab es eine große jüd., später eine christl. Gemeinde in →Alexandria (dort war das Zentrum des hellenist. Judentums; dort wurde auch die wichtigste griech. Übersetzung der hebr. Bibel – die »Septuaginta« – erstellt). Der *Einfluß* der ägypt. Kultur und Religion zeigt sich im AT an vielen Stellen, unter denen Elemente der Königsideologie (bes. Ps 2 mit der Vorstellung vom König als adoptiertem Sohn Gottes), der Schöpfung und der →Weisheit bes. zu nennen sind.

*Lit.: J. Assmann:* Ä. Theologie und Frömmigkeit einer frühen Hochkultur (Urban Tb. 366), Stuttgart 1984. – *W. Helck/E. Otto:* Kleines Wörterbuch der Ägyptologie, Wiesbaden, 2., verb. Aufl. 1970. – *W. Helck/W. Westendorf (Hg.):* Lexikon der Ägyptologie, Wiesbaden 1975ff. – *S. Herrmann:* Israels Aufenthalt in Ä. (Stuttgarter Bibelstudien 40), Stuttgart 1970. – *E. Hornung:* Einführung in die Ägyptologie. Stand, Methoden, Aufgaben, Darmstadt, 2. Aufl. 1984. – *E. Otto:* Ä. Der Weg des Pharaonenreiches (Urban Tb. 4), Stuttgart, 5. Aufl. 1979. – *W. Wolf:* Kulturgeschichte des Alten Ä. (Kröner Tb. 321), Stuttgart, 2. Aufl. 1977.

*Jürgen Ebach*

*B. Kirchengeschichtlich*

Die altägypt. Religion, die noch von den Ptolemäern (323-30 v. Chr.) und Römern (ab 30 v. Chr. röm. Provinz) durch Tempelbau gefördert wurde, erstarrte in den ersten 3 Jh.en n. Chr. zu einem reinen Staatskult, der den Bedürfnissen der Menschen nicht mehr gerecht wurde. Deshalb, auf der Grundlage altägypt. theol. Voraussetzungen und der Übernahme altägypt. Gedankenguts (→Trinität, Königsideologie) fand das →*Christentum* leicht in Ä. Eingang. Nach ägypt. Überlieferung ist der Evangelist Markus der Apostel der ägypt. Kirche, die Patriarchen von →Alexandria gelten als seine Nachfolger. Wahrscheinl. ist, daß Apollos, ein alexandrin. Jude und Mitarbeiter des Paulus (Apg 19, 1 u.ö.), in Ä. wirkte. Unbestritten ist die Tatsache, daß das ägypt. Christentum seine Grundlage der apostol. Zeit verdankt und sein Zentrum in den jüd. Gemeinden (→Judenchristentum) Alexandrias hatte. Um 180 n. Chr. wird die ägypt. Kirche quellenmäßig faßbar, wobei die hochentwickelte alexandrin. Theologie (Eusebios, Klemens von Alexandrien [gest. vor 216], →Origenes) und die voll durchgebildete Hierarchie auf einen längeren Werdegang schließen lassen. Auch die Lehren der ägypt. →Gnosis (→Manichäismus) hemmten die schnelle Verbreitung nicht. Die Gnostiker wurden zwar von den heidn. Apologeten als Christen bezeichnet, von der Kirche jedoch als Häretiker (→Häresie) bekämpft. In die Mitte des 3. Jh.s fiel die erste →Bibelübersetzung in die kopt. Sprache, zunächst in den oberägypt., später in den unterägypt. Dialekt, der bis heute als Liturgiesprache benutzt wird (→Sprache). Das sich rasch aus dem Anachoreten- und Eremitentum (Antonius, gest. 356) entwickelnde →Mönchtum erwies sich bald als verläßlichste Stütze des Patriarchen und als bestes Mittel zur Christianisierung. Die Mönchsregeln des Pachom (gest. 348) waren Vorbild für die abendländ. Klosterregeln (→Kloster). Schenute,

Abt von Athribis (gest. 466) und herausragende Figur des kopt. Mönchtums, bekämpfte das Heidentum auf das schärfste. Er leitete die Erstürmung und Vernichtung der heidn. Tempel, deren endgültige Schließung aber erst unter Justinian I. (527-565) angeordnet wurde. Die ersten →Christenverfolgungen setzten unter Septimius Severus (202) ein und erreichten ihren Höhepunkt in der diokletian. Verfolgung (284-305), die die ägypt. Christen so schmerzl. erlebten, daß sie mit dem Regierungsantritt des Kaisers (284) ihre bis heute gültige Zeitrechnung beginnen ließen. In dieser Zeit spaltete sich die melitian. Gemeinde unter ihrem Führer Meletios von Assiut, der gegen den Patriarchen das Drängen zum Martyrium (→Märtyrer) unterstützte und für sich interimist. Patriarchenrechte geltend machte, von der ägypt. Kirche ab. Das 4. und 5. Jh. wurde durch die christolog. und die daraus resultierenden trinitar. Streitigkeiten geprägt, deren Auftakt die Exkommunikation (318/19) des alexandrin. Presbyters Areios (Arianismus) unter Alexander I. (312-328) bildete (325 Konzil von Nicäa) und die auf dem Konzil von Chalcedon (451) ihren Höhepunkt erreichten: Hier trennte sich die ägypt. Kirche mit ihrem monophysit. Bekenntnis (Bekenntnis zur einen Natur Christi) von der Reichskirche und konstituierte sich als unabhängige monophysit. Kirche. Erst von diesem Datum ab kann im eigentl. Sinn von der →kopt. Kirche gesprochen werden, die sich mit der ihr ausgeprägten Sonderform in die Reihe anderer →oriental. Nationalkirchen stellt. Nach Auseinandersetzungen mit →Byzanz und Spaltungen innerhalb des eigenen Landes konnte sich die kopt. Kirche unter Damian (578-607) konsolidieren und damit dem Einmarsch der Araber (641/42), die von nun an Ä. ihren islam. Glauben gaben, gefestigt entgegentreten.

*Lit.: H. I. Bell:* Jews and Christians in Egypt, London 1924. – *A. von Harnack:* Mission und Ausbreitung des Christentums in den ersten 3 Jh.en, 2 Bde., Leipzig, 4. Aufl. 1924, 705-729 (Lit.). – *J. Horn:* Kontinuität im Übergang, in: Zeitschrift der dt. morgenländ. Gesellschaft Supplement 6 (1985), 53-73. – *M. Hornschuh:* Die Anfänge des Christentums in Ä. (Ev.-theol. Diss.), Bonn 1959 (Lit.). – *J. Leipoldt:* Die Entstehung der kopt. Kirche, Halle 1905. – *C. D. G. Müller:* Grundzüge des christl.-islam. Ä., Darmstadt 1969 (Lit.).

*Heike Sternberg el-Hotabi*

**Ästhetik** (vom griech. *aisthesis*, »Wahrnehmung«, »Empfindung«) kann verstanden werden als Lehre von der sinnl. Erkenntnis, als →transzendentale Ä. (→Kant), als Lehre vom Schönen in Kunst und Natur. Als philos. Disziplin wurde sie von A. G. Baumgarten (1714-1762) begründet.

*A.* Die *ersten Überlegungen* zur Kunst und zum Schönen finden sich bereits bei den Dichtern der Frühzeit (Homer, Hesiod, Pindar u.a.), die die Quelle der Dichtung in der göttl. Inspiration erblickten. Die Sophisten betonten die Relativität des Schönen, bezogen den Schönheits- und Kunstbegriff aber in ein größeres philos. →System ein. →Platon versteht die Kunst als unvollkommene Nachahmung der Ideen. Dieser Abwertung entspricht die Hochschätzung des Ideals der »Schöngutheit« (Kalokagathia). Anders als Platon sieht →Aristoteles in der Kunst keine den Stadtstaat zerstörende Gefahr, sondern erhofft sich insbes. von der Tragödie eine reinigende Wirkung (Katharsis). Platonische und aristotel. Motive finden sich transformiert in der spätantiken Lichtmetaphysik Plotins (→Neuplatonismus) sowie bei →Augustinus und →Thomas von Aquin, deren – durch den Erfahrungshorizont von Schöpfer- und Erlösergott geprägte – Kunst- und Schönheitsvorstellungen gegenwärtig in der »theol. Ä.« von H. U. von Balthasar aktualisiert werden.

*B.* Zu Beginn der *europ.* →*Neuzeit* behauptete sich zunächst eine empir. und sensualist. orientierte Ä. (Burke, Shaftesbury), die allmähl. überwunden wurde. Die Kunst erhielt immer mehr einen eigenständigen Rang (→Leibniz, Baumgarten, Boileau-Despréaux, 1636-1711), der durch die rein log. Erkenntnis nicht ausgefüllt wird. Erst mit Kant setzt eine »Wende zur Ä.« (O. Marquard) ein. Die Ä. wurde zur Fundamentaldisziplin. →Kant ermittelte in seiner »Kritik der Urteilskraft« die →aprior. Bestimmungen des Gemütsvermögens, faßte das Ästhetische als Vermittlungsinstanz zwischen Natur- und Freiheitsbegriff und führte die folgenreiche Bestimmung des Geschmacks als »*interesselosen Wohlgefallen*« ein. Anders dagegen entwirft →Hegel – u.a. im Anschluß an Schillers Kritik des Formalismus der Kantischen Ä. – eine spekulative Gehaltsä., die im Unterschied zu →Schelling der Idee des Schönen nur eine eingeschränkte *Wahrheitsfähigkeit* zuspricht. Für den »reifen« Hegel bleibt die Kunst, weil sie noch mit dem Sinnlichen behaftet ist, nur die erste, inzwischen durch →Religion und →Philosophie überflügelte Stufe des →Absoluten. Kein System des Schönen, der Kunst und ihrer Gattungen (→Architektur, →Malerei, →Musik, Poesie) liefern selbst die im Anschluß an Hegel konzipierte Ä. eines F. Th. Vischer (1807-1887), die gegen Hegel gerichteten Überlegungen →Schopenhauers (Kunst als »Palliativ«, d.h. Schmerzlinderung, gegen das Leben) und →Nietzsches (Kunst als Stimulanz des Lebens), ebensowenig diejenigen →Kierkegaards (Kunst als dem →Ethischen und Religiösen unterlegene Existenzweise). Die empir.-psycholog. Ä. des 20. Jh.s (G. F. Fechner, Th. Lipps, J. Volkelt, R. Zimmermann) wird zu Beginn des 20. Jh.s durch immer kompliziertere und spezialisiertere Verfahren abgelöst, die sich nur noch mühsam unter dem Sammelbegriff Ä. einordnen lassen. Metaphys. (H. Kuhn), fundamentalontolog. (M. →Heidegger) und wertphilos. (N. Hartmann) Ä.en konkurrieren mit solchen Ansätzen, die sich aus einer neomarxist. (Th. W. Adorno, W. Benjamin, E. Bloch, G. Lukács, H. Marcuse), strukturalist. (R. Barthes, P. Mukařovský, Lotman), zeichentheoret. (U. Eco, Ch. Morris) und gestaltpsycholog. (Arnheim, Gombrich), informationstheoret. (M. Bense) und phänomenolog. (R. Ingarden) Sicht den Problemen der Kunst und des Schönen zuwenden. Diese Richtungen werden zusätzl. noch durch werk- (W. Kayser), produktions- (E. Kris) und rezeptionsästhet. Aspekte (H. R. Jauss) wie auch durch einzelne Fachdisziplinen (Kunstgeschichte, →Kunstwissenschaft, →Literatur- und →Musikwissenschaft) bereichert. Doch lassen sie sich nicht mehr zu einem universalen System der schönen und »nicht mehr schönen Künste« (Jauss) vereinigen.

*Lit.: H. U. von Balthasar:* »Herrlichkeit«. Eine theol. Ä., Einsiedeln, 2. Aufl. 1961ff. – *W. Henckmann (Hg.):* Ä., Darmstadt 1979 (Lit.). – *D. Henrich u.a. (Hg.):* Theorien der Kunst, Frankfurt/M. 1982 (Lit.). – *W. Oelmüller u.a. (Hg.):* Philos. Arbeitsbücher 5. Diskurs: Kunst und Schönes, Paderborn/München/Wien/Zürich 1982 (Lit.).

*Rudolf Reuber*

**Äthiopien.** Orthod. 52,5% (nach einigen Quellen: 40-45%); Prot. 3,8%; Kath. 0,7%; Juden 1%; Musl. 31,4%; Stammesrel. 7,6%.

*A.* Die Lage Ä.s am Roten Meer bescherte dem Land sehr früh Kontakte zu den Juden. Noch heute wird eine archa. Form des →Judentums von der kleinen schwarzhäutigen Volksgruppe der *Falascha* praktiziert, die vermutl. durch jüd. Emigranten in der Zeit vom 1. bis 7. Jh. n. Chr. bekehrt wurden. Auch der →Islam kam schon vor dem Tod des Propheten ins Land und baute sich zur herrschenden Kraft im Norden und Osten aus. Dennoch ist kein Land Afrikas und kaum eines des Nahen Ostens von seiner *Christianisierung* an bis heute so nachhaltig vom Christentum geprägt wie Ä. Die seit dem 7. Jh. v. Chr. aus Südarabien eingewanderten Semiten verbanden sich mit ansässigen Kuschiten und nahmen mit König 'Ēzānā von Aksum Mitte des 4. Jh.s das Christentum an. Die Hl. Schrift und wichtige liturg. Bücher lagen im 7. Jh. im Altäthiopischen (Ge'ez) vor. Zum bibl. Kanon gehören der Äthiop. Henoch, das Jubiläenbuch, mitunter auch die Himmelfahrt Jesaja (AT), in der Praxis wird auch die Didaskalia und das Testamentum Domini (NT) dazugezählt (→Apokryphen). Ä. übernahm viele Werke antiker Literatur (so den Qērellos und den Physiologos), schuf aber auch (z.T. auf der Grundlage alter Überlieferungen) eine eigene kulturelle Tradition (so die für die Königsideologie wichtige Erzählung von Salomo und der Königin von Saba im *Kebra nagśt* = »Herrlichkeit der Könige«).

*B.* Die *theol. Konturen* Ä.s heben sich deutl. ab: eine mit der Verurteilung des Dioskoros in Chalcedon (451) begründete eigene Konzilientradition, eine im wesentl. orthod. Christologie (der Vorwurf des »Monophysitismus« [→Christologie] ist eher verbal denn sachl. begründet), eine marianisch bestimmte Erlösungslehre, die Beschneidung am 8. und die Taufe am 40. bzw. am 80. (Mädchen) Tag, die Eucharistie »unter beiderlei Gestalt«, neben der Sonntagsheiligung teilweise noch eine gewisse Beachtung des →Sabbats und eine ausgedehnte Fastenpraxis. – Nach jüd. Vorbild ist das Kirchengebäude dreigeteilt in das »Allerheiligste« (für den diensttuenden Priester), den Raum für den Eucharistieempfang des Volkes und den Wandelgang für die mit kirchenmusikal. Aufgaben betrauten Dabtarās. Eine Tafel aus Holz oder Stein – der Tābot – bildet das kult. Zentrum jeder Kirche.

*C.* Bis in die jüngste Vergangenheit war die *äthiop. Kirche* kirchenrechtl. vom alexandrin. Patriarchen abhängig, der den Metropoliten für Ä. aus dem ägypt. Mönchtum auswählte, welcher aber als »Ausländer« recht isoliert blieb. 1959 wurde ein Abkommen zwischen →Alexandria und Ä. geschlossen, der erste äthiop. Patriarch und Katholikos Tēwoflos konsekriert und inthronisiert. Ihn setzten die neuen Machthaber 1976 ab und inhaftierten ihn (ob er noch lebt, ist bisher unbekannt). Ein neuer Patriarch, Takla Hāymānot wurde eingesetzt. Die Verstaatlichung aller landwirtschaftl. genutzten Flächen traf die Kirche, bislang mit dem Herrscherhaus eng verbunden, sehr hart, schwächte sie aber nicht substantiell, wie Bau- und Druckvorhaben, die Ausbildung des Priesternachwuchses und die gesellschaftl. Achtung der Kirche beweisen. Die 16-18 Mill. Gläubigen versammeln sich in 13.000 Kirchen und werden von etwa 200.000 Geistlichen (einschließl. der Mönche und Dabtarās) betreut. Die äthiop. Kirche gehört dem Ökumen. Rat der Kirchen an.

*D.* Seit dem 13. Jh. bemühen sich westl. Missionare um eine Union der orthod. äthiop. Kirche mit Rom (→Unierte Kirchen). Als im 16. und 17. Jh. Portugiesen im Kampf gegen den Islam ins Land gerufen wurden, versuchten jesuit. Missionare, den Hof, die Priesterschaft und das Volk an Rom zu binden, aber die Mission scheiterte. Die um die Mitte des 19. Jh.s wieder einsetzende →*Mission* der Italiener erzielte Gewinne im Norden des Landes. Sporad. Versuche ev. Missionare seit dem 16. Jh. führten erst nach dem Zweiten Weltkrieg zu größeren *Kirchen* der baptist. Wort-des-Lebens-Kirche und der luth. Mekane-Yesus-Kirche. Die Muslime bilden eine starke →Minderheit, konzentriert im Norden und Osten des Landes (→Islam). Eine archa. Form des Judentums (beispielsweise ohne Tradition der nachexil. jüd. Schriften und Feste) wird von den *Falascha* praktiziert; über ihren Ursprung gibt es verschiedene Theorien, jedoch keine gesicherte Kenntnis (nach den hist. Quellen ist ihre Präsenz seit mindestens 800 Jahren belegt). Durch die Mission der röm. Kirche und der ev. Kirchen ist die singuläre Stellung der orthod. äthiop. Kirche in manchen Regionen geschwächt worden.

*Lit.: B. W. W. und F. A. Dombrowski:* Frumentius/Abbā Salāmā: Zu den Nachrichten über die Anfänge des Christentums in Ä., in: Oriens Christianus 68 (1984), 114- 169. – *E. Hammerschmidt:* Ä. Christl. Reich zwischen Gestern und Morgen, Wiesbaden 1967. – *F. Heyer:* Die

Kirche Ä.s. Eine Bestandsaufnahme (Theol. Bibliothek Töpelmann 22), Berlin/New York 1971. – *Ders.:* Ä., in: Theol. Realenzyklopädie 1, 572-596. – *H. M. Hyatt:* The Church of Ethiopia, London 1928. – *S. Uhlig:* Hiob Ludolfs »Theologia Aethiopica« (Äthiop. Forschungen 14), Wiesbaden 1983.

*Siegbert Uhlig*

**Afrika.** Christen 45,4% – darunter Kath. 17,2%, Prot. 12,6%, Angeh. afrik. → Junger Kirchen 6,3%, Orthod. 4,2%, Anglik. 3,8%; Musl. 41,5%; Stammesrel. 12,3%; Hindus 0,2%; Bahai 0,2%.

*A.* A. gilt als *Wiege der Menschheit.* Schon vor zwei Mill. Jahren lebten im ostafrik. Hochland kleine Familienverbände von menschenähnl. Primaten, die einfache Stein- und andere Geräte herzustellen und zu benutzen wußten und ein Leben als Jäger/Sammler führten. In den folgenden Jt.en hat sich die Gattung des »Homo sapiens« herausgebildet und andere Zweige des menschl. Entwicklungsstammes verdrängt. Um 10 000 v. Chr. lebte die kleinwüchsige Khoisanrasse im südl. A.; im Steppen- und Waldgürtel südl. der Sahara lebten die Vorfahren der heutigen Negerrassen und im A. nördl. der Sahara die Vorfahren der mediterranen Hamitenvölker.
Zwischen 12 000 und 10 000 v.Chr. setzte eine *Klimaänderung* ein, die die Sahara in ein wasserreiches, fruchtbares, in höheren Lagen bewaldetes Land mit verhältnismäßig mildem Klima verwandelte und eine Bevölkerungsmischung aus nördl. und südl. Völkern begünstigte. Zwischen etwa 5500 und 2500 v. Chr. wiederholte sich eine solche Feuchtperiode, in deren Verlauf sich die Wandlung von der alt- in die *neusteinzeitl. Kultur* vollzog. Vieh und Pflanzen wurden domestiziert. Ein Teil der Jäger und Hirten ließen sich als Ackerbauer oder Fischer nieder. Felszeichnungen aus dieser Zeit zeigen bespannte Räderfahrzeuge, die zu Handel und Transport dienten. Am Ende dieser Epoche begann die Sahara wieder auszutrocknen. Die Völker – Fischer, Ackerbauern, Hirten – wurden nach und nach zum Auswandern gezwungen und brachten ihre kulturellen Errungenschaften nach Ägypten, Norda. und Schwarza. südl. der Sahara.
Da sie zu unterschiedl. Zeiten je nach Lebensweise und lokalen Klimabedingungen zu *wandern* begannen, behielten sie vor allem im Schwarza. ihre kulturelle Eigenständigkeit, auch wenn sie, am neuen Ort angekommen, einen Platz neben anderen Völkern mit unterschiedl. Kultur bezogen. Dazu trug auch die geringe Fruchtbarkeit des trop. Bodens bei; nach kurzer Zeit werden die brandgerodeten Wald- und Steppenflächen ohne weitere Düngung und Bodenbearbeitung unbrauchbar. So hat die Völkerwanderung bis in die Neuzeit angedauert: die Stämme blieben äußerst beweglich, die Siedlungsdichte äußerst gering. Selbst die Ackerbauer entwickelten keine Bindung an ihre Scholle. Dank einfacher Bauweise ihrer Dörfer kannten sie diese als nur vorübergehende Niederlassungen, die jederzeit und immer wieder verlegt werden können. Man nimmt heute an, daß einige Ähnlichkeiten in Sprache und Kultur zwischen Altägypten und Schwarza. weniger ägypt. Einfluß als vielmehr einem gemeinsamen Erbe der in alle Richtungen auswandernden Saharavölker zu verdanken sind. Diese Hypothese würde bei allen Unterschieden auch die Verwandtschaft der verschiedenen schwarzafrik. Sprachen erklären helfen.

*B.* Die Austrocknung der Sahara und anderer Wüstengebiete hat dazu geführt, daß A. in mehrere gegeneinander abgeschlossene *Kulturräume* zerfiel, die sich in sehr unterschiedl. Weise weiterentwikkelten: →Ägypten mit dem Sudan, →Äthiopien, Norda., Schwarza. mit dem von Buschmännern bewohnten Süda. als ein bes. Subkulturgebiet. Gewiß gab es einen überregionalen Handel, der diese Räume miteinander verband und einen gewissen Kulturaustausch begünstigte. Das wichtigste unter den Kulturgütern, die auf diesem Weg Verbreitung fanden, war die Eisentechnologie, die ab etwa 500 v. Chr. in Ägypten, Norda. und Äthiopien erscheint und nach 300 v. Chr. auch in Schwarza. nachweisbar ist. Auch der Seeweg war nicht ohne Bedeutung als Transportmittel für den Kulturaustausch. Vor allem entlang der Ostküste gab es Kontakte mit Ägypten, →Arabien, →Indien und Südostasien (indones.-malays. Besiedlung Madagaskars). Schon früh kam das →*Judentum* bis nach Oberägypten und später nach Norda. und Äthiopien. Das →*Christentum* breitete sich auch schnell in diesen Gebieten aus, rapide gefolgt vom →*Islam,* der das Christentum in Norda. und im Sudan ausrottete und sich anschickte, über die Land- und Seewege nach Schwarza. einzudringen. In Schwarza. entwickelte sich eine Vielfalt polit. Kulturen, von den »Anarchien« (familienorientierte Systeme mit allg. anerkannten rel., eth. und rechtl. Traditionen, doch ohne führende Persönlichkeiten oder kommunale Ämter) über »Häuptlingsschaften« bis zu den militär. aufgebauten »Hegemonien«, die etwas mißverständl. mit dem europ. Begriff »Reich« in Verbindung gebracht werden.

*C.* Schon *im 14. Jh.* gab es die ersten *abendländ. Vorstöße* entlang der westafrik. Küste, aber erst die Portugiesen begannen im 15. Jh. mit einer systemat. Erkundung (Umsegelung Süda.s 1498/99). Bald säumte eine rasch wachsende Zahl portug., span. und holländ., später auch engl., franz. und skandinav. Stützpunkte und Handelsniederlassungen die afrik. Küste. *Im 19. Jh.* kamen dt., belg. und ital. hinzu. Damit begann die Phase europ. →*Kolonisation und* →*Mission* A.s, die keine Rücksicht auf traditionelle Lebensweisen und gewachsene kulturelle Beziehungen nahmen und das neuzeitl. Gesicht dieses Erdteils bis heute prägten. Vor allem der erst um die Mitte des 19. Jh.s beendete →Sklavenhandel wirkte sich ökonom. und polit. verheerend aus. Das Bild des Sklaven prägte amerik. und europ. Vorstellungen von Negern als Untermenschen. Selbst die alten Kulturländer Norda.s gerieten unter europ. Kolonialherrschaft.

Obwohl Widerstand gegen die Fremdherrschaft immer wieder aufflackerte, begann der *Befreiungsprozeß* erst um die Mitte des 20. Jh.s, getragen von einem neuen afrik. Selbstbewußtsein (Anfänge der franz.sprachigen »Négritude«-Literatur in den 40er Jahren). Dort, wo es wenige weiße Siedler gab, vollzog sich der Entkolonialisierungsprozeß meist relativ reibungslos; in anderen Gebieten wurde er von →Terror und →Krieg begleitet. Willkürl. gezogene Grenzen bescherten den befreiten Ländern interne *Stammesrivalitäten*, die sich in Bürgerkriegen und Pogromen austobten. Erst langsam entwickelte sich ein die Volksstämme verbindendes nationales Bewußtsein. Der Versuch, demokrat. Staatsformen nach europ. Muster einzurichten, scheiterte häufig an der mangelnden Vorbereitung und inneren Spannungen: Militärregierungen und Einparteienstaaten waren die Folge. Auf wirtschaftl. Selbständigkeit waren die ehemaligen Kolonien *kaum vorbereitet;* hinzu kam ein Mangel an Fachkräften, Ärzten und Erziehern. Ausländ. Entwicklungs- und Militärhilfe (→Entwicklungspolitik, →Rüstung) schufen neue Formen der Abhängigkeit, mit denen neben England, Frankreich und Portugal nun auch die USA, Rußland und China Einflußsphären zu erhalten oder zu erobern trachteten.

*D.* Auch für die *christl. Mission* bedeutete die Entkolonisierung eine schwere Belastungsprobe: Wo die Missionare zu eng mit der Kolonialmacht oder mit einzelnen Stämmen verbunden waren, gab es Unterdrückung und Verfolgung. In anderen Fällen nahmen Christen eine führende Rolle im Befreiungs- und Entwicklungsprozeß ein und genießen hohes Ansehen und staatl. Unterstützung. Die A.nisierung der rel. Ausdrucksformen und die ökumen. Überwindung der aus Europa und Amerika importierten konfessionellen Zerspaltenheit bilden zwei dringl. Aufgaben der Christen A.s. Aber auch in der Weltkirche wird ihrer Stimme zunehmend Beachtung geschenkt.

*Lit.: W. Bühlmann:* A. (Die Kirche unter den Völkern 1), Mainz 1963. – *P. Bertaux:* A. Von der Vorgeschichte bis zu den Staaten der Gegenwart (Fischer Weltgeschichte, 32), Frankfurt/M. 1966. – *K.-E. Bleyler:* Religion und Gesellschaft in Schwarza., Stuttgart 1981. – *B. Bujo:* Afrik. Theologie in ihrem gesellschaftl. Kontext, Düsseldorf 1986. – *N. Q. King:* African Cosmos: an introduction to religion in Africa, Belmont CA 1986. – *G. H. Muzorewa:* The origins and development of Africa theology, Maryknoll 1985.

*Thomas Riplinger*

## Afroamerikaner

### *A. Geschichte*

*I.* Unter dieser *Doppelbezeichnung* werden heute die Nachfahren der aus verschiedenen Gebieten Schwarzafrikas (→Afrika) als Sklaven nach Nord- und Iberoamerika verschleppten Bevölkerungsteile verstanden. In den →Vereinigten Staaten bilden sie mit über 74 Mill. die größte ethn. Gruppierung. 1619 wurde der erste dieser Transporte auf einem holländ. Schiff den Engländern in Jamestown übergeben. In Mittel- und Südamerika hatten Portugiesen und Spanier bereits hundert Jahre früher mit dem Sklavenhandel (→Sklaverei) begonnen. Seine Spitze erreichte er in Nordamerika in den Jahren zwischen 1741 und 1807, dem Jahr des Verbots des Sklavenhandels im Brit. Empire. Es ist heute schwer, die ursprüngl. Siedlungsgebiete in Afrika im Einzelfall zu benennen. Mehrheitl. kamen die nach dem nördl. Amerika verschifften Sklaven aus den küstennahen Gebieten Westafrikas, eine Minderheit kam aus Zentralafrika. Hinweise auf einzelne Stammestraditionen, die u.a. in der Tradition der Namengebung stammesspezif. Kindernamen enthalten sind, weisen in die Gebiete der Bambara, Malinké, Ibo und Yoruba.

*II.* Die *kulturelle Anpassung* (→Inkulturation) der afrik. Bevölkerung an das europ. Erbe in beiden Amerikas ging einher mit der Vermittlung best. afrik. Kulturelemente vor allem an die indian. Ureinwohner (→Indianer). Die heute als afroamerik. bezeichnete Kultur ist das Ergebnis einer doppelten Entwicklung: Einerseits verdankt sie sich dem →*Widerstand* gegen eine bloße Anpassung an die Amerika prägende europ. Kultur und der Entschlossenheit, die →Identität des Afrikanerseins zu wahren. Andererseits werden die Sprache und die Milieuprägungen der neuen Heimat übernommen, um sie zu Ausdrucksmitteln afrik. Wesensmerkmale zu machen. In den verschiedenen Phasen des Widerstandes gegen polit. und wirtschaftl. Fremdbestimmung (→Rassenfrage) und mit der wachsenden Solidarität im Einsatz für die Erlangung voller bürgerl. Rechte (civil-rights-movement) wächst auch die Wertschätzung des eigenen afroamerik. Sondergutes.

### *B. Besonderheiten*

*I.* In den städt. Ballungszentren der frühen 20er Jahre dieses Jh.s entwickelte sich eine einflußreiche *neue Kultur*, die auch auf Europa ausstrahlte. Beflügelt durch eine neue »schwarze« Literatur, beeinflußten diese Impulse Musik, Theater und Kunst, so daß sie für ihre Zeit insgesamt fruchtbar wurden. Mit dem wachsenden Selbstwertbewußtsein ging eine zunehmende Entschlossenheit zum Einsatz in Bürgerrechtsinitiativen Hand in Hand. Der 1909 gegründeten »National Association for the Advancement of Coloured People« folgten später andere überregionale Bewegungen, von bes. Einfluß CORE (Congres of Racial Equality), 1942, und die »Southern Christian Leadership Conference« unter Martin Luther King. Sie erreichten schließl. Mitte der 60er Jahre die entscheidende Wende in der neuen Gesetzgebung in den USA in bezug auf die Bürgerrechte.

*II.* In den christl. *Kirchen* (→Menschenrechte) hatten die einstigen Negersklaven ihre neue geistl. Heimat gefunden, trennten sich aber Ende des 18. Jh.s unter den schwarzen Pfarrern Richard Allen und Absalom Jones von den Kirchen der Weißen und begannen mit Ausnahme der röm.-kath. Kirche eigene afroamerik. Kirchen der verschiedensten Ausprägungen (Denominationen) zu bilden. Jenseits europ. geprägter kirchl. Traditionen suchten sie unter Aufnahme wesenseigener afrik. Religiosität unmittelbaren Zugang zu einzelnen bibl. Traditionen (pneumat.-ekstat. Erfahrungen, Heilungen, emotionale Frömmigkeit u.a.m.; musikal. z.B. in Spiritual, Gospel und Soul). Das Gemeinschaftserlebnis ergänzt dabei das Bekenntnis persönl. Glaubenserfahrungen. Eigene Leidenserfahrung und die Erlösungshoffnung bringen bibl. Überlieferungen in eine ungebrochene Nähe zur eigenen Gegenwart. Bes. in jüngster Zeit verhandelt die sog. »Black Theology« (→Schwarze Theologie) auch polit.-emanzipator. Themen einer immanenten Befreiungspolitik (→kontextuelle Theologie).

*III.* In Iberoamerika (→Südamerika) haben die afrik. rel. Einflüsse zu neuen synkretist. *Bewegungen* geführt, die heute auch weite Kreise der weißen Bevölkerung dieser Staaten erreichen. Bes. in Brasilien sind unter Einbeziehung indian. und christl.-kath. Elemente sowie europ. okkulter Praktiken weitverbreitete Kultgemeinschaften entstanden (→Umbanda, Makumba, Voodoo u.a.). Hier hat sich das afroamerik. Erbe – wenn auch weniger deutl. als in Nordamerika – zu einer den Typ des neuen brasilian. Menschen mitprägenden integralen kulturellen Kraft entwickelt.

*Lit.: B. Chenu:* Dieu est noir. Histoire, religion et théologie des noirs américains, Paris 1977. – *R. Flasche:* Geschichte und Typologie afrik. Religiosität in Brasilien, Marburg 1973. – *J. P. Franklin:* From Slavery to Freedom: A History of Negro Americans, New York, 4. Auf. 1974. – *M. Koch-Weser:* Die Yoruba-Religion in Brasilien, Diss., Bonn 1976. – *J. M. McPherson u.a.:* Blacks in America: Bibliographical Essays, New York 1971. – *A. M. Pescatello (ed.):* The Africans in Latin America, New York 1975. – *A. Ramos:* Die Negerkulturen in der Neuen Welt, Zürich 1946. – *J. F. Szwed/R. D. Abrahams:* Afro-American folk culture, Philadelphia 1978.

*Horst Bürkle*

**Aggression**

*A.* Die A., das *Angriffsverhalten* des Menschen (abgeleitet von dem lat. Wort *aggredi,* das ursprüngl. bedeutet: herangehen, sich nähern; später dann: jemanden angreifen, über ihn herfallen), spielt in den Beziehungen zwischen einzelnen Menschen, Gruppen und Völkern eine unübersehbare Rolle. Dabei ist zu unterscheiden einerseits zwischen beobachtbarem aggressivem Verhalten und aggressiven Gefühlen (Ärger, Zorn, →Haß), andererseits zwischen A. im engeren Sinn (mit der Absicht der Schädigung) und A. als Mittel zur Lebens- und Selbsterhaltung (instrumentelle A.).

*B.* Verschiedene *Theorien* zur Entstehung von A. sind entwickelt worden:

1. S. →Freud (und in ähnl. Weise K. Lorenz) behauptet einen Grundtrieb, der spontan immer wieder aggressive Impulse hervorbringt (→Böse, das). Wichtiger noch als die umstrittene *Triebtheorie* ist, daß die →Psychoanalyse Deutungen bereitstellt, die die Veränderung aggressiver Impulse durch verschiedene Abwehrformen (z.B. Identifikation mit dem Aggressor, Verschiebung auf ein Ersatzobjekt, Projektion, Verleugnung ins Gegenteil) erklärt.

2. Die *Frustrationsa.s-Theorie* (J. Dollard u.a.) versteht A. als Reaktion auf Frustration im Sinne von Hindernissen, Schädigungen, Entbehrungen usw. Spätere Abwandlungen dieser Theorie sehen darin keine zwangsläufige Reaktionsfolge: Sie wird vielmehr beeinflußt durch die jeweilige kognitive und affektive Bewertung einer Frustration.

3. Die *Lerntheorie* (A. Bandura u.a.) sieht A. als gelerntes Verhalten, und zwar durch Lernen am Modell (aggressive Vorbilder wie Eltern, Lehrer usw.) und durch Lernen am Erfolg (A. als erfolgreiches Mittel zur Durchsetzung eigener →Bedürfnisse und →Interessen).

*C.* Keine dieser Theorien vermag das komplexe Phänomen der A. allein zureichend zu erklären. Nur aus dem Zusammenhang von Anlage und →Umwelt, personalen und situativen Bedingungen und aktuellen emotionalen Reaktionen läßt sich aggressives Verhalten verstehen und ggf. verändern. Instrumentelle A. ist zur Selbstwerdung der Person (Ich-Stärke, Abgrenzung, Selbstsicherheit usw., →Selbstinteresse) notwendig und *wünschenswert.* Vor allem →Kinder und Jugendliche sollten den Unterschied zwischen kommunikativer (»Streiten verbindet«) und destruktiver A. erfahren. Letztere kann durch neue Lernprozesse (aggressive Reize vermindern, ihre Bewertung verändern usw.) verringert werden. Zur *A.sminderung* zwischen Gruppen (→Bürgerkrieg und Guerilla, →Gewalt, Gewaltlosigkeit) und Völkern (→Krieg) bedarf es vor allem des Abbaus von Feindbildern (→Feindschaft) und der Erkenntnis, daß →Friede und →Sicherheit nur auf der Grundlage gemeinsamer Interessen zu verwirklichen sind.

*Lit.: G. R. Bach/P. Wyden:* Streiten verbindet, Gütersloh 1970. – *E. Fromm:* Anatomie der menschl. Destruktivität, Stuttgart 1974 (Lit). – *H. P. Nolting:* Lernfall A., Hamburg 1983 (Lit.).

*Michael Klessmann*

**Ahasver.** Ob die Gestalt des *»ewigen Juden«* direkt zusammenhängt mit den seit dem 13. Jh. umlaufenden Legenden von Cartafilus, dem Torhüter des Pilatus, der Jesus nach seiner Verurteilung schlug und zur Eile aufforderte, ist ungewiß. In der »Kurzen Beschreibung und Erzählung von einem Juden namens A.« (1602) wird der Bericht des Schleswiger Bischofs Paulus von Eitzen von 1542 wiedergegeben, wonach dieser A. in einer Hamburger Kirche gesehen und von ihm erfahren habe, er sei z.Z. Jesu Schuster in Jerusalem gewesen, habe Jesus auf dem Weg zur Kreuzigung eine Rast an seinem Haus verweigert und sei deshalb von Jesus angesprochen worden: »Ich will stehen und ruhen, du aber sollst gehen.« Bereits der Name A., der ident. ist mit dem im Talmud auf die übelste Art gedeuteten Namen des pers. Königs im Esterbuch, weist auf den christl. →*Antisemitismus* als Ursprungsort der Figur hin, die in zahlreichen Schriften und karikaturist. Darstellungen seit dem 17. Jh. begegnet. Bereits J. J. Schudt erkannte 1714, »der umlaufende Jude sei nicht eine einzelne Person, sondern das ganze jüd., nach der Kreuzigung Christi in aller Welt zerstreute, umherstreifende, bis an den Jüngsten Tag bleibende Volk«. Literar. haben sich u.a. →Goethe, N. Lenau, E. Sue, aber auch jüd. Autoren mit der zumeist tragisch aufgefaßten A.-Gestalt auseinandergesetzt. Die NS-Propaganda machte A. zur antisemit. Symbolgestalt schlechthin (»Der ewige Jude«: Dokumentarfilm 1940). Angesichts des →Holocaust wurde die A.-Legende jedoch auch vereinzelt (z.B. von S. Einstein 1942) als Mittel zur Selbstdeutung jüd. Schicksals herangezogen, während der A. bei St. Heym (1981) zu einer sozialkrit. und rebell. Figur wird, die vor Gott für die Erlösung der messian. Hoffnung auf ein Reich der Gerechtigkeit und des Friedens eintritt.

*Lit.: E. Liefmann:* Die Legende vom Antichrist und die Sage vom A., in: Judaica 3 (1947), 122-156.

*Peter Maser*

**Aḥmadiyya,** Bewegung des →Islam, ist die Selbstbezeichnung einer von dem Arztsohn Hazrat Mirza Ghulam Ahmad (geb. 13.2.1839 in Qadian/Indien, gest. 26.5.1908) gegründeten Endzeitbewegung (→Apokalyptik), die am 10.5.1974 in Mekka als →Häresie aus dem »Haus des Islam« ausgeschlossen wurde. Ahmad nahm für sich das Amt des von vielen →Religionen verheißenen →Messias und Mahdi in Anspruch. Als Tag seiner Erklärung gilt der 23.3.1889. Sein Hauptwerk sind die mehrbändigen »Argumente der A.«, die sich als Verteidigung des Islam verstehen, zugleich aber eine Reihe von (endzeitl.-)prophet. und personenbezogenen Sentenzen enthalten. Sein erster Nachfolger (*Kalif*) war Nur-al-Din. Nach dessen Tod 1914 trat Ahmads Sohn Mirza Baschir-ud-Din Mahmud Ahmad an die Spitze der Gemeinschaft, wobei sich die sog. Lahore-Gruppe abspaltete, die Ahmad nicht als →Propheten und Mahdi, sondern nur als →Reformer ansieht. Als dritter Kalif folgte 1965 Hazrat Mirza Nasir Ahmad. Mit dem zweiten Kalifen beginnt die *Weltmission* der A., die vor allem in West- und Ostafrika, aber auch in den USA und Indonesien bes. erfolgreich war. Hauptverbreitungsgebiet der Ahmadis war bis zu ihrer Vertreibung und z.T. *Vernichtung* (1974) Pakistan. Auch in →Indien und Ostafrika gibt es starke Gemeinden. Hauptsitz ist Qadian neben (früher) Rabwah (Pakistan). Missionszentren in der Bundesrepublik Deutschland sind die Fazle-Omar-Moschee in Hamburg, Nûr-Moschee in Frankfurt/M. (neben einem weiteren Zentrum mit Moschee in Berlin). Die A., die sich selbst als friedl. islam. Missionsbewegung versteht und den Hl. Krieg ablehnt, das Übersetzungsverbot des →Koran verwirft und bes. mit Koranübersetzungen arbeitet, ist auf Grund ihrer Sonderoffenbarungen zu den →*Neuen Religionen* zu rechnen. Der Koran wird durch Einleitung und Kommentierung (die seinen eigentl. Sinn offenbaren) zum »Schlüssel« für das neue Zeitalter, für das er in seiner wahren Gestalt zugleich das Gesetzbuch bildet. Die A. ist eindeutig in Auseinandersetzung mit christl. →Missionen, vor allem aber im Kontext mit der Watch-Tower-Bewegung (→Zeugen Jehovas) entstanden, deren eklektizist. (beliebig auswählende) Methode sie auf den Koran ebenso anwendet wie deren apokalypt. Geschichtsdeutung. Hauptziel ist die Vereinigung der →Menschheit und aller Religionen unter der eigenen »letzten« →Offenbarung →Gottes, die laut einer Prophezeiung Ahmads innerhalb von 300 Jahren abgeschlossen sein wird.

*Lit.: Bashir-ud-din Mahmud Ahmad:* Der Hl. Quran, arab. und dt., Zürich 1959. – *Der Koran.* Übersetzung von A. Th. Khoury. Unter Mitwirkung von M. S. Abdullah. Mit einem Geleitwort von I. Khan, Gütersloh 1987. – *Mirza Bashiruddin Mahmud Ahmad:* Invitation to Ahmadiyyat, Rabwah 1961. – *Masud Ahmad:* Die Gnade Allahs, Frankfurt/M. 1972 (Selbstdarstellungen). – *S. Lavan:* The Ahmadiyah Movement: A history and Perspektive, New Delhi 1974 (Selbstdarstellung).

*Rainer Flasche*

**Akademien.** Kirchl. A. sind in Deutschland eine spezif. Erscheinung der *Nachkriegszeit.* Voran gingen in den ersten Nachkriegsjahren die Ev. A. (erste Gründung: Bad Boll, September 1945); es folgten seit dem Ende der 50er Jahre die Kath. A. Ähnl. Entwicklungen gab es in anderen europ. Ländern sowie in (Ost-)Asien und Afrika.

Die Ev. A. verstehen sich von Anfang an als Ort der Begegnung und des *Gesprächs* zwischen »→Kirche« und »→Welt«, Kirche und →Gesellschaft, Christen und Nichtchristen. Im Mittelpunkt steht die gesellschaftsdiakon. Aufgabe: Wahrnehmung der gesellschaftl. →*Verantwortung* der Kirche, in deren Vollzug das Gespräch mit Vertretern des gesellschaftl. und öffentl. Lebens sowie der →Wissenschaft geführt wird. Zu dieser Funktion treten andere und verbinden sich mit ihr: Erwachsenenkatechumenat, →Verkündigung und →Seelsorge in Alltagsbereichen, Hilfe bei Lebensproblemen u.a. Der angestrebte Dialog setzt das Offensein für Menschen aller gesellschaftl. Gruppen sowie aller polit. und kirchl. Richtungen voraus und verlangt nach *Unabhängigkeit* von allen einseitigen polit., wissenschaftl., auch kirchenpolit. Bindungen. Damit nehmen die A. mit wachsender Bedeutung innerhalb des gesamtkirchl.

Handelns Aufgaben wahr, die die klass., vor allem die pfarreibezogenen Arbeitsformen nicht mehr oder nur unzureichend erfüllen können. Daß sie damit innerkirchl. unter erhebl. Legitimationsdruck geraten können, liegt auf der Hand.
Ähnl. anfechtbar ist auch ihr Selbstverständnis als »dritter Ort« zwischen Kirche und Gesellschaft, zwischen Gruppierungen, Parteiungen, Polarisierungen in der Gesellschaft wie in der Kirche: Indem sie sich bewußt in den Raum von →*Konflikten* begeben, ziehen sie sich von der einen Seite den Vorwurf der unentschiedenen Neutralität zu, von der anderen Seite den der einseitigen Parteilichkeit. Solches Umstrittensein ist strukturell bedingt und darum prinzipiell unvermeidbar. Die Zukunft der A. dürfte entscheidend davon abhängen, ob und wie sie sich auch weiterhin für die tiefgreifenden Wandlungsprozesse offenhalten, die sich gegenwärtig in allen Lebensbereichen – die Kirche nicht ausgenommen – vollziehen, anders gesagt: ob und wie sie die Frage nach dem Wandel, von dem sie selbst ein Teil sind, als wesentl. Element ihres Programms verstehen.

*Lit.: H. Boventer (Hg.):* Ev. und Kath. A. Gründerzeit und Auftrag heute, Paderborn 1984. – Der Dienst der Ev. A. im Rahmen der kirchl. Gesamtaufgabe. Denkschrift für den Rat der EKD, in: Zeitschrift für Ev. Ethik 7 (1963), 375-384. – *H.-G. Jung:* A., kirchl., in: Theol. Realenzyklopädie 2 (1978), 138-143. – *Leiterkreis der Ev. A. in Deutschland (Hg.):* Der Auftrag Ev. A. Ein Memorandum, Bad Boll 1979.

*Klaus Haendler*

**Akt.** Tätigkeit, Handlung (lat.: *actus*); Übersetzung der aristotel. *energeia;* in der *ma.* Philosophie »Vollzug« und in einem erweiterten Sinne →Wirklichkeit (vgl. die philos. Umschreibung Gottes als »actus purus«: »reine Wirklichkeit«). Dem Begriff »Akt« korrespondiert der Begriff »Potenz« (*potentia;* die aristotel. *dynamis*), die bloße Möglichkeit im Gegensatz zur Wirklichkeit. Der ma. →Aristotelismus (→Thomas von Aquin) bestimmt alles endl., geschaffene Seiende im Blick auf den Unterschied *(distinctio realis)* zwischen A. und Potenz (Dasein und Sosein, *existentia* und *essentia*). In der Philosophie der *Neuzeit* bezeichnet A. generell den zielgerichteten (intentionalen) Ausgriff des Subjekts auf die →Welt, wobei es gleichgültig ist, ob das Intendierte in der Realität oder im Bewußtsein gegeben ist. In der →Phänomenologie Husserls ist der A. das zielgerichtete (intentionale) Moment des Erlebnisses und bedeutsam für die Konstitution des Gegenstands. Scheler übertrug diesen Wortgebrauch auch auf die Analyse des emotionalen, auf Werte gerichteten Handelns und Sichverhaltens. Beide Aspekte sind Teilmomente einer Theorie der Intentionalität (der Zielgerichtetheit des Wollens, »Meinens«) und phänomenolog. Grundzüge des transzendentalen, konstituierenden →Bewußtseins.
Von A.en zu sprechen ist damit nicht nur sinnvoll auf der empir.-psycholog. Ebene (F. Brentano), sondern auch hinsichtl. jedes Zugangs zu den realen und idealen Gegenständen. Gleichwohl gilt, daß sich der bis in die Gegenwart fortdauernde Gebrauch von A. weniger inhaltl., von der Sache her zwingenden Motiven als dem Beharrungsvermögen einer traditionellen philos. Begrifflichkeit verdankt.

*Carl-Friedrich Geyer*

**Albanien.** Nichtgläubige und Atheisten 74,1%; Musl. 20,5%; Orthod. 3,3%; Kath. 2,1%.

*A.* Erste Versuche der *Christianisierung* des seit 167 zum Röm. Reich gehörigen alban. Landes erfolgen von Konstantinopel wie von Rom, zu dessen Patriarchat das Gebiet (mit Unterbrechungen) bis 731 gehört (Gründung des Erzbistums Shkodër 385), dann im 4./5. Jh. von Süddalmatien aus, unterbrochen durch die slaw. Landnahme um 600. Zwischen dem 10. und 15. Jh. war A. Streitobjekt zwischen dem ersten Bulgar., dem Serb. und dem Byzant. Reich sowie dem Königreich Neapel. Wanderbewegung der erstmals so gen. Albaner im 11. Jh.; 1019 unterstellt der byzant. Kaiser Basileios II. die Diözese von A. dem autonomen Erzbistum von Ochrid (nach dessen Aufhebung 1767 direkt unter Konstantinopel).

*B.* Der Widerstand gegen die osman. Eroberung im 15. Jh. wurde vom Nationalhelden Gjergj Kastriota (Skanderbeg, 1403/05?-1468) geführt. A. war seit 1479 *türk. Provinz*, vielfach wegen der Abgeschiedenheit des Berglandes aber nur formell. Trotzdem breitete sich der →Islam aus. Das Festhalten der alban. Bevölkerung an den christl. Bräuchen hatte aber einen eigenartigen rel.-kult. →Synkretismus zur Folge, der seinen Niederschlag noch in der traditionellen alban. Volksmusik und ihren Instrumenten (Singen der Tepsi, mit metallenem Schlaginstrument begleitete Gesänge von Frauen) findet. Ein Drittel der Albaner blieben Christen, davon sind infolge der venezian. (Gründung des Erzbistums Durres im 13. Jh.) und österr. Propaganda unter den nordalban. Gegen 30% röm. Katholiken, rund 200.000 Orthodoxe, vor allem Tosken im Süden.

*C.* Bereits nach dem ersten Balkankrieg und der Unabhängigkeitserklärung Ismail Kemal Beys 1912 gab es Tendenzen zur Gründung einer *autokephalen* (selbständigen) orthod. *Kirche* A.s, die im September 1922 durch den Einsatz des Priesters (1923 Bischof) Fan Noli proklamiert, aber erst 1929 von der Regierung, 1937 vom →Ökumen. Patriarchat anerkannt wurde. 1945 waren 70% der Albaner Muslime (fast ausschließl. Sunniten, einige Bektaschiten), 21% Orthod., 10% röm. Katholiken. Wegen der patriot. Rolle der orthod. Kirche und der Verbindung zum Moskauer Patriarchat blieb diese nach der Proklamierung des kommunist. A. zuerst relativ unbehelligt – im Gegensatz zur kath. Kirche, die durch die Kooperation mit der ital. Besatzung im Zweiten Weltkrieg (Viktor Emmanuel in Personalunion 1939 König von A.) belastet war (Vertreibung des Nuntius 1945, der ital. Geistlichen 1946, Erschießung von drei Bischöfen 1948). Aber 1949 wurde auch der orthod. Erzbischof von Tirana (seit 1937), Christof (Kissi), interniert (gest. 1958), seine Nachfolger Paisi (Vodica, gest. 1966) und Damian (Kokonesi, gest. im Gefängnis Nov. 1973) stark reglementiert.

1967 wurde A. zum »ersten *atheist. Staat* der Welt« erklärt und jede Form der Religionsausübung verboten; 2.169 Moscheen und Kirchen wurden zerstört. 1976 wurde der →Atheismus in der Verfassung festgeschrieben. Ob die vorsichtige →Liberalisierung des Landes in den 80er Jahren eine Erleichterung für die Gläubigen mit sich bringen wird, ist noch nicht abzusehen. A.s orthod. Gemeinden existieren in zwei Bistümern in den USA (etwa 40.000 Gläubige), während rund 61.000 Katholiken des byzant. Ritus alban. Herkunft, die sog. »Italoalbaner«, in zwei Bistümern in Italien leben (Lungro und Piana degli Albanesei), denen auch das berühmte Kloster von Grottaferata zuzuzählen ist.

*Lit.: Fan S. Noli:* 50th Anniversary Book of the Albanian Orthodox Church, Boston 1960. – *St. Pollo/A. Puto:* The History of Albania, London 1981. – *G. Stadtmüller:* A., in: Theol. Realenzyklopädie 2, 160-164.

*János Hauszmann/Nikolaus Thon*

**Alexandria.**

*A.* Alexandria wurde 332/31 v. Chr. von *Alexander d.Gr.* im Nildelta auf der Nehrung zwischen Mareotis-See und Mittelmeer gegründet. Die Lage war der Bestimmung A.s günstig, Begegnungsstätte zwischen Orient und Okzident zu werden. A. beherbergte etwa 1 Mill. Einwohner buntester Herkunft. Der wirtschaftl. und polit. Aufstieg folgte rasch, da die ptolemä. Residenz nach A. verlegt wurde und auch in röm. Zeit der Sitz des kaiserl. Präfekten in A. blieb. Zur kulturellen Hochburg entwickelte sich A. dank seiner beiden berühmten Bibliotheken.

*B.* Die *Juden* A.s bildeten eine privilegierte, fast autonome Bürgerschaft, die sich durch die Beobachtung des Gesetzes von der Umwelt absonderten (→Tora), aber die griech. Sprache übernahmen. Es entstand die Übersetzung des AT, die Septuaginta, die die Bibel der frühen Christen werden sollte. Dadurch wurde ein Verschmelzungsprozeß zwischen jüd. und griech. Geist ermöglicht, der in Philos allegor. Exegese und Religionsphilosophie seinen Höhepunkt fand, aber nachhaltigere Wirkung erst bei den Christen zeitigte.

*C.* Die *Anfänge des Christentums* in A. liegen im dunkeln. Die Missionierung durch Markus (→Markusevangelium) ist legendär, spielt aber im Bewußtsein vor allem der →koptischen Ortskirche eine große Rolle. Auf ein gnost. Milieu weisen einige →Apokryphen und namhafte Persönlichkeiten der →Gnosis. Mit Bischof Demetrius (189-231) setzen zuverlässige Nachrichten über die Bischofsfolge ein. An der sog. Katechetenschule vertraten Pantänus (um 180), Clemens (gest. vor 215)und →Origenes eine frühe, frei experimentierende Form der Theologie A.s, deren Anliegen es war, bei geschärftem philos. Wahrheitsbewußtsein den Glauben in einer wissenschaftl. Systematik zu geistl. Erkenntnis zu führen.

*D.* Das Konzil von Nizäa bestätigte 325 die *Metropolitangewalt* (→Kirchenverfassung) A.s über →Ägypten, Libyen und die Pentapolis. Seit dem Ausbruch des Arianischen Streites legte sich die Theologie A.s dogmat. strenger fest: Durch Athanasius' Kampf für die volle Gottheit des Sohnes (→Trinität) und Cyrills Verfechtung der Gottesmutterschaft Marias bekam sie den Charakter einer hochkirchl. Strenge, die sich in entschlossenem Festhalten auch an der verbalen Seite der als rechtgäubig erachteten Formulierungen zeigte. A. wurde von Kaiser Theodosius d. Gr. (347-395) gleichrangig mit Rom behandelt, doch auf dem Konzil von Konstantinopel mußte es 381 den zweiten Ehrenvorrang an Konstantinopel abtreten. Als Dioskurs Versuch, seine (von den Gegnern als monophysit. gebrandmarkte) →Christologie allg. durchzusetzen, mit dem Konzil von Chalcedon 451 gescheitert war, vollzog sich allmähl. die Loslösung von der Reichskirche. Nach der Eroberung durch die Araber 642 konnte sich bis heute die →kopt. Kirche mit ca. 12 Mill. Mitgliedern erhalten. Hingegen umfaßt das orthod. Patriarchat von A. heute nur noch etwa 40.000 Gläubige, zumeist Griechen und aus dem Vorderen Orient zugewanderte Araber.

*Lit.: N. Himmelmann:* A. und der Realismus in der hellenistischen Kunst, Tübingen 1983. – *N. Hinske (Hg.):* Alexandrien, Mainz 1981. – *H. Möbius:* A. und Rom, München 1964. – *C. D. Müller/H.-F. Weiß:* Alexandrien, in: Theol. Realenzyklopädie 2, 248-264 (Lit.). – *R. Wagner:* Die Gnosis von A. Eine Frage des frühen Christentums an die Gegenwart, Stuttgart 1968.

*Dietmar Wyrwa*

**Alltägliche Lebenswelt**

*A.* »Alltag« und »Lebenswelt«, »Lebenswelt des Alltags« oder »a.L.« sind in den Sozialwissenschaften der letzten Jahre zu mod.- inflationär gebrauchten Begriffen mit zumeist unscharfen Grenzen geworden. So konnte beispielsweise der Soziologe N. Elias acht nebeneinanderstehende Varianten von *Alltagsbegriffen* zusammentragen, die in der zeitgenöss. Diskussion eine gewisse Rolle spielen. In der Vielfalt der Bedeutungsschattierungen ließ sich ein »roter Faden« ausmachen, zumal nicht selten der Gegen- oder Komplementärbegriff »Nichtalltag« unausgesprochen bleibe. Gebräuchl. ist z.B. Alltag als Gegenbegriff zum Festtag (→Feste und Feiern); Alltag im Sinn von Routine; Alltag als Arbeitstag (bes. der →Arbeiter) im Gegensatz zu den (bürgerl.) Lebensbereichen derjenigen, die ohne zu arbeiten leben; Alltag als Leben der →Masse in Absetzung zum →Leben der Hochgestellten und Mächtigen (vgl. →Volk); als Ereignisbereich des tägl. Lebens im Unterschied zu »großen« Ereignissen (in der traditionellen →Geschichtswissenschaft); im Sinn von Privatleben als vom öffentl. oder berufl. Leben abgegrenzte Sphäre.

*B.* Zumeist scheinen in der Verwendung der Alltagsbegriffe jedoch *zwei Bedeutungszonen* durch:

1. Alltag meint eine eigenständige Handlungssphäre neben anderen, also einen eigenständigen Typ des sozialen →Handelns, wie er etwa für die →Soziologie M. →Webers bestimmend geworden ist. So steht etwa dem Begriff →»Charisma« Alltag gegenüber zur Bezeichnung für das in der sozialen Realität am häufigsten ablaufende, dauerhafte, stetige und *berechenbare Handeln*, insbes. das traditionale und zweckrationale Handeln in →Familie und →Beruf sowie in traditionalen und in bürokrat. Herrschaftsverbänden.

2. Alltag meint einen der Wirklichkeitsbereiche der »Lebenswelt« im Sinne der von E. Husserl geprägten und von A. Schütz (1899-1959) – zum Zweck einer neuen methodolog. Fundierung der Sozialwissenschaften – eingeführten phänomenolog. (→Phänomenologie) Schlüsselkategorie. Der Begriff bezeichnet und deckt »protosoziol.« die universalen und unveränderl. Strukturen des gesamten je individuellen Empfindungs-, Erfahrungs-, Orientierungs- und Wirkungsraumes auf, d.h. alle »Modifikationen der Einstellung und der Wachheit bzw. der Bewußtseinsspannung des normalen Erwachsenen« (Schütz/Luckmann). So meint die »Lebenswelt des Alltags« oder die »a.L.« nur einen der Sinn- oder Wirklichkeitsbereiche, die in den Bewußtseinsleistungen des handelnden Subjekts begründet sind. Es ist der Wirklichkeitsbereich, den »der wache, normale Erwachsene in der natürl. Einstellung als schlicht gegeben vorfindet« (Schütz/Luckmann). Im Welterfahrungsstil der »natürl. Einstellung«, der die a.L. vor anderen lebensweltl. Teil- und Sonderwirklichkeiten auszeichnet (wie etwa dem →Traum, dem →Spiel, der →Phantasie und der →Kunst, der →Wissenschaft und →Religion), ist das Verhältnis des Subjekts zur Wirklichkeit durch ein »pragmat. Motiv« bestimmt. Zugleich stellt sie sich dem einzelnen als fraglos gegeben (»selbstverständl.«) dar und als mit anderen geteilt (Intersubjektivität), wenn auch nach unterschiedl. Graden der Nähe und Vertrautheit angeordnet. Interaktiv verankert ist die a.L. in der Gegenseitigkeit (Reziprozität) der Face-to-face-Situation, dem »Prototyp aller gesellschaftl. Interaktion« (Berger/Luckmann). Kommunikativ gesichert ist sie in der gemeinsamen (»Alltags-«)Sprache und in weiteren »Objektivationen«, zeitl. orientiert an der »Standardzeit«, kognitiv und normativ bestätigt in einem allg. »Wissensvorrat« mit seinen Beständen sprachl. Typisierung und den damit verknüpften handlungsprakt. Auslegungs- und Anweisungsschemata. Da die a.L. den »vornehmlichsten Wirklichkeitsbereich« innerhalb der Lebenswelt ausmache, hat den Phänomenologen zufolge nicht nur deren Beschreibung auf diese Grundschicht zurückzugehen; sondern alle »Wissenschaften, die menschl. Handeln und Denken deuten und erklären wollen«, müßten »mit einer Beschreibung der Grundstrukturen der vorwissenschaftlichen, für den... Menschen selbstverständl. Wirklichkeit beginnen« (Schütz/Luckmann), um die darauf aufruhenden jeweiligen soziohist. Lebenswelten überhaupt rekonstruieren zu können. Dies ist jedenfalls ein in →Sozialwissenschaften nicht unumstrittenes und freil. auch nicht nur die hist. →Theologie herausforderndes Postulat.

*Lit.: P. L. Berger/T. Luckmann:* Die gesellschaftl. Konstruktion der Wirklichkeit. Eine Theorie der Wissenssoziologie, Frankfurt/M., 4. Aufl. 1974. – *W. Bergmann:* Lebenswelt, Lebenswelt des Alltags oder Alltagswelt, in: Kölner Zeitschrift für Soziologie und Sozialpsychologie 33 (1981), 50-72 (Lit.). – *N. Elias:* Zum Begriff des Alltags, in: Materialien zur Soziologie des Alltags, Sonderheft 20 der Kölner Zeitschrift für Soziologie und Sozialpsychologie 1978, 22-29 (Lit.). – *R. Hitzler/A. Honer:* Lebenswelt – Milieu – Situation, in: Kölner Zeitschrift für Soziologie und Sozialpsychologie 36 (1984), 56-74 (Lit.). - *T. Luckmann:* Lebenswelt und Gesellschaft, Paderborn/München/Wien/Zürich 1980. – *A. Schütz/T. Luckmann:* Strukturen der Lebenswelt, 2 Bde., Frankfurt/M. 1979/1984. – *W. M. Sprondel/R. Grathoff (Hg.):* Alfred Schütz und die Idee des Alltags in den Sozialwissenschaften, Stuttgart 1979.

*Michael N. Ebertz/Franz Schultheis*

## Altar

*A.* Der A. (verwandt mit dem lat. *adolere* oder *arare* = verbrennen oder brennen) dient dem rituellen →Opfer, der Verbrennung von →Tieren, Früchten, Getreide, Gewürzen. Der A. ist in den →*Religionen* aller älteren Hochkulturen bis in die Jungsteinzeit zurückzuverfolgen. In Form und Material sehr unterschiedl., wurde er meistens an hochgelegenen Stellen errichtet, wo man die Gottheit anwesend glaubte. In *Israel* hatte er nur eine kult. Funktion (→Kult): bei der Darbietung der →Opfergaben im →Tempel von Jerusalem (→Levitikus) vor dem Antlitz Jahwes, vor der Schekina über der Bundeslade (→Jüd. Kunst). Infolge der prophet. Kultkritik (→Prophet) und der Zerstreuung der →Gemeinde (Diaspora) entstand der Synagogenkult (→Synagoge) mit Akzent auf dem Wort (→Tora).

*B.* Die *Christen* benutzten bei ihren Gemeinschaftsmählern, Eucharistie und Agape (1 Kor 11,17-34; Apg 2, 42 u.ö., →Abendmahl) ursprüngl. keinen A., sondern einen hölzernen, bewegl. Tisch, dessen genauere Ausgestaltung uns unbekannt ist.

*I.* Die typolog. Deutung liturg. Gegenstände (→Origenes, Hippolyt, 3. Jh.) verbindet den Tisch mit dem →Mysterium der →Osterfeier Jesu. Er wird also als Opfertisch verstanden. *Seit dem 4. Jh.* wächst der Zusammenhang des A.s mit der Verehrung der →Märtyrer und der Totenfeier. Man stellt den A. zu den oder über die →Reliquien. Sein Standort wird nunmehr festgelegt; er wird aus Stein errichtet in Form eines Tisches, eines Schreines oder eines Blockes; er wird mit einem gestickten Seidentuch umkleidet und auf den Übergang von Chor und Schiff gestellt zwischen cancelli mit Vorhängen, bisweilen überwölbt durch ein Ziborium. Der A. symbolisiert dann, wie auch heute noch in den →orthod. Kirchen, den Thron Christi.

*II.* Im *frühen →MA.* wird im Osten der A. in die Mitte des Heiligtums gestellt; die cancelli mit Vorhängen werden zur Ikonostase. Im Westen bekommt der A. seinen Platz an der Rückwand der Apsis, so daß zwischen A. und Schiff Platz für Chorbänke bleibt. →Kreuz und Leuchter, →Bilder und →Reliquien – aus denen später die (großen) A.aufsätze (»Retabeln«) entstehen – finden auf dem A. ihren Platz. Während der Zeit des →*Barock* (16. Jh.) erhält der A. die Form eines Sarkophags. Mit aufgesetztem Tabernakel ist er Aussetzungsthron für die →Eucharistie. Der A. wurde Objekt für mancherlei Kunstgewerbe: Malerei, Stickerei, sowie für Schmiede-, Goldschmuck- und Bildhauerarbeiten. Seit der *liturg. Erneuerung* (→liturg. Bewegungen) wird die Funktion des A.s neu betont: Altchristl. Formen werden neu belebt. Der A. ist schlicht, an zentraler Stelle, oft bewegl. Prachtentfaltung wird seiner Funktion untergeordnet: A. ist Tisch für die Abendmahlsfeier des Herrn.

*III.* In den *luth. Kirchen* werden die alten Altäre mit Aufbauten übernommen. Eine bes. Form ist hier der Kanzela., der Kanzel und A. (manchmal unter Einbeziehung des Taufbeckens) und damit Wort und Sakrament zu einer architektonisch gegliederten Einheit verschmilzt. In den *reform. Kirchen* wird der Steina. meist durch einen hölzernen Tisch ersetzt.

*C.* Als ausgesprochen sakrales Symbol hat der A. schon im →Judentum (seit der Zerstörung des 2. Tempels) sowie im →Islam, großenteils auch im prot. Christentum sowie in den Freikirchen seine Funktion verloren. Im übrigen Christentum wird er ebenfalls *kultkrit.* als Tisch oder Mittelpunkt der Eucharistie verstanden. Dennoch blieb eine kult. Interpretation wirksam, deren hohe Bedeutung und Ambivalenz auch in gegenwärtigen Gesellschaften noch gesehen werden sollte (R. Girard). Gefordert ist in jedem Fall ein krit. Verständnis des Begriffs →Opfer im Zusammenhang christlicher liturg. Handlungen (A. Vergote, L.-M. Chauvet).

*Lit.: J. Braun:* Der christl. A. in seiner geschichtl. Entwicklung, 2 Bde., München 1924 (Lit.). – *C. H. Ratschow/A. Stuiber/P. Poscharsky:* A., in: Theol. Realenzyklopädie 2, 305-327 (Lit.).

*Anton Scheer*

**Alte Kirche**

*A. Kirchengeschichtlich*

*I.* Der *Begriff* A.K. bezeichnet zeitl. die Epoche der Kirche in der antiken Welt, geograph. vor allem im →Röm. Reich und deckt sich mit der röm. Kaiserzeit, von den Anfängen der Kirche in →Palästina im 2. Drittel des 1. Jh.s bis zum (in der Forschung umstrittenen) Übergang zum →MA. im Westen und zur byzant. Geschichte im Osten (→Byzanz) reichend.

*1.* Als chronolog. Ansatz für das Ende der A.n K. bietet sich so für den Westen der Beginn der langobard. Herrschaft in →*Italien* in der 2. Hälfte des 6. Jh.s, die die röm. Herrschaft über das Abendland auch strukturell beendete und kirchengeschichtl. durch Papst *Gregor d.Gr.* (590-604) markiert werden kann. Im *Osten,* wo die röm. Herrschaft kontinuierl. bis ins 15. Jh. in Byzanz weiterbesteht, markiert etwa der Siegeszug des →Islam im 7. Jh. das Ende der A.n K.; häufig wird die 7. ökumen. Synode (→Altkirchl. Konzile) von 787 noch zur A.n K. gezählt.

*2.* Der geograph. Verbreitung des →Christentums dieser Epoche im Röm. Reich und seinen nicht genau definierten und wechselnden Randgebieten entspricht die sprachl. Überlieferung. Seit dem frühen Ende der aramä. sprechenden *Urgemeinde* verbreitete sich der christl. Glaube auf griechisch, seit Mitte-Ende des 2. Jh.s auch auf lat. Seit dem 4. Jh. werden verstärkt Koptisch, Syrisch, Äthiopisch, Armenisch und Georgisch für die christl. Überlieferung der später selbständigen →oriental. Nationalkirchen wichtig, auch für die Tradierung verlorener griech. Schriften. Die auf Reichsboden lebenden christl. *germ. Völker* (→Germanen) entwickeln eine vor allem von der griech. Überlieferung geprägte christl. Nationalliteratur auf gotisch. Auffällig ist, daß es kaum planmäßige →Missionsvorstöße außerhalb der Reichsgrenzen gegeben hat. Die wichtigsten Quellen zur Geschichte der A.n K. sind die literar. Überlieferungen, bes. die griech. und lat. Die für die Erforschung der *Sozialgeschichte* wichtigen *Inschriften* und Denkmäler beginnen erst später (→Archäologie) und werden bei der traditionell geistes- und theologiegeschichtl. gewichteten Erforschung der A.n K. (→Patristik) oft vernachlässigt.

*3.* Die *wichtigste Zäsur* in der Geschichte der A.n K. ist die →Konstantinische Wende, die im Zusammenhang mit dem reichsgeschichtl. Übergang vom *Prinzipat* (→Röm. Reich) zur *Spätantike* zu sehen ist; sonstige sachl. und chronolog. Unterteilungen sind weithin umstritten. Die Auseinandersetzungen um die Periodisierung der A.n K. führt dabei in Gefahr, die Kontinuitäten zu verdecken.

*II. Anfänge und Ursprünge* der →Kirche werden (bes. in der ev. Theologie) als →*Urchristentum* oft von der A.n K. als Epoche völlig eigener Art abgetrennt. Umstritten ist dabei nicht nur, ob das Auftreten →Jesu in die Geschichte des Urchristentums gehört, sondern vor allem dessen chronolog. schwer fixierbares Ende. Deshalb hat man vor allem inhaltl. Definitionen versucht, wobei das Problem entsteht, daß vorgebl. typisch urchristl. Vorstellungen (*Naherwartung)* durchaus auch später vorkommen bzw. als nicht mehr urchristl. eingestufte Vorstellungen sich sehr früh finden. Auch die auf F. Overbeck (1837-1905) zurückgehende literar. Definition von Urchristentum als Epoche einer mit der übrigen antiken Literatur unvergleichl. Urliteratur im Gegensatz zur von antiken Vorbildern abhängigen patrist. Literatur (→Patristik) hilft nicht weiter. Auf *Eusebius* (gest. 339) geht die Bezeichnung der ersten Jahrzehnte christl. Geschichte als »*Apostolisches Zeitalter*« zurück; die aber eine dogmat. und nicht hist. Definition geben will. Ausgehend vom lukan. Geschichtsbild (→Apostelgeschichte; →Lukasevangelium), sieht sie die Kirche am Anfang als geschlossene Einheit, als ursprüngl., auf die Autorität der →Apostel gegründete *Orthodoxie* (Rechtgläubigkeit), im Verhältnis zu der jede Abweichung als →Häresie, sekundär und Abfall von der ursprüngl. *Einheit* anzusehen sei. Diese unhist. Vorstellung entstammt einer Orthodoxie, die sich anhand von in der Vergangenheit gesuchten →Normen in Auseinandersetzung mit verschiedenen Häresien formiert. Hist. steht am Anfang dagegen eine in den verschiedenen Traditionen des →NT noch erkennbare Vielfalt. Ebenfalls unhist. ist die Vorstellung eines *»ntl. Zeitalters«*, da die Abfassung der ntl. Schriften sich bis gegen Mitte des 2. Jh.s erstreckte und es daneben eine Fülle gleichzeitiger nichtkanon. christl. Schriften gab.

Das wichtigste und hist. einigermaßen erkennbare Charakteristikum des Urchristentums ist der Übergang des christl. →Glaubens von der jüd., aramä. sprechenden Urgemeinde in →Jerusalem in das hellenist., griech. sprechende *Diasporajudentum* und *Heidentum* (→Heiden) und die damit verbundene Missionstätigkeit in der gesamten griech.sprachigen Welt bis in die griech. Kolonien des Westens (→Rom). Damit verbunden ist die auch für die heidn. Umwelt und den röm. Staat sichtbare Ablösung des Christentums vom →Judentum, wie die neron. →Christenverfolgung in Rom im Jahre 64 zeigt (→Petrus), die darüber hinaus beispielgebend für das Verhältnis des röm. Staates zum Christentum werden sollte.

*III.* Bis *gegen Ende des 2. Jh.s* nennt man eine Periode, in der sich in einem weithin nicht mehr erkennbaren Prozeß fast alle kirchl. Strukturen der Zukunft ausbilden sollten, →Frühkatholizismus, wobei dieser Begriff den Übergangscharakter dieses Zeitraumes deutl. machen soll.

*1.* Die verbreitete negative Wertung des *Frühkatholizismus* als Abfall vom Urchristentum ist theol. problematisch. Als typ. frühkath. wird das Nachlassen der *Naherwartung* und als dessen Folge die Vorstellung einer organisierten Kirchlichkeit angesehen. Frühkatholisches findet sich demgemäß auch vielfältig im NT. Ob der Gegensatz zwischen Urchristentum und Frühkatholizismus so scharf gesehen werden muß, wie es teilweise geschieht, erscheint fraglich. In diese Epoche gehört die Abfassung der jüngeren ntl. Schriften und eines großen Teils der sog. →Apokryphen, die sich an jüd. Vorbilder anlehnen (→Apokalyptik) und in den Apostelakten Elemente der antiken Romanliteratur aufnehmen, auch wurden jüd. Schriften christl. bearbeitet.

*2.* Der 1. Hälfte des 2. Jh.s gehören die an sich nicht zusammengehörigen Schriften der →*Apostolischen Väter* an, die kirchl. Probleme behandeln. Seit der hadrian. Zeit ist die literar. Tätigkeit der →Apologeten anzusetzen. In offensiver literar. Auseinandersetzung mit dem Heidentum bringen sie völlig neue Elemente in die christl. Literatur. Theol. auffällig ist ein völliges Zurücktreten paulin. Theologie (→Paulus) in dieser Zeit zugunsten hellenist.-judenchristl. Traditionen. Dies wird deutl. in einer Ethisierung der christl. Botschaft, die stark als →Gesetz und als Erfüllung atl. Weissagungen angesehen wird. In der literar. Auseinandersetzung mit dem Heidentum greifen die Apologeten auf philos. Kategorien zurück und versuchen, die philos. Gotteslehre christl. anzupassen.

*3.* Der das →AT verwerfende Radikalpaulinismus Marcions, verschiedene gnost. Systeme (→Gnosis) und der an urchristl. prophet. und endzeitl. Vorstellungen anknüpfende Montanismus führen den christl. Glauben ab Mitte des 2. Jh.s in eine schwere *Krise*, die er durch den Versuch einer Unterscheidung von orthod. und häret. und die Ausscheidung dieser offenbar attraktiven Bewegungen unter großen Verlusten bewältigte, bes. die Abgrenzung zu den Spielarten von Gnosis war schwierig. In diesen Auseinandersetzungen entstehen als Maßstäbe und *Garanten von Orthodoxie* die (noch nicht wörtl. fixierte) Glaubensregel, der →Kanon und aus dem Presbyteramt das in der Nachfolge der Apostel gesehene monarch. Bischofsamt (→Bischof) als alleiniges kirchl. Leitungsamt. Die Einzelheiten dieses geograph. unterschiedl. ablaufenden Prozesses, an dessen Ende um 200 die Orthodoxie steht, in dessen Zusammenhang das →Judenchristentum zur Häresie wird, sind unbekannt.

*4.* Trotz hoher Verluste an die ebenfalls organisierte Kirchen bildenden Marcioniten, Montanisten und gnost. Gemeinschaften muß das 2. Jh. als eine Epoche *kontinuierl. Wachstums* der Kirche angesehen werden, die nun auch die lat.sprachige Welt erreicht und in allen sozialen Schichten nachweisbar ist (die antiken Klassenschranken nicht aufhebend oder in Frage stellend, aber in Ansätzen überwindend [→Sklaverei]), obwohl Christsein an sich – ohne daß sich die jurist. Grundlage sicher ausmachen läßt – im Anklagefall die Todesstrafe nach sich zog, was neben Prozessen gegen einzelne zu antichristl. Pogromen führte. Als Antwort auf dieses Leben in der ständigen Gefahr des →Martyriums ist seit Mitte des 2. Jh.s eine ausgebildete *Märtyrerfrömmigkeit* und *-theologie* greifbar.

*IV.* An der *Wende zum 3. Jh.* erscheint die Kirche auf der Basis ihrer hierarch. *Struktur* (→Hierarchie), die dem monarch. Bischof alle →Ämter unterordnet, als einigermaßen einheitl. und gefestigt und (allerdings sehr ungleichmäßig) über das ganze Röm. Reich verbreitet.

*1.* Die →Kirchenordnungen des 3. Jh.s zeigen noch keine übergemeindl. Verbindungen, die aber in den Synoden (→Altkirchl. Konzile) zur Klärung gesamtkirchlich wichtiger Fragen seit dem Ausgang des 2. Jh.s vorhanden waren und ein Bewußtsein der Einheit der Ecclesia catholica gegenüber den häret. Sonderkirchen sichtbar machen. Diese Epoche vom Ausgang des 2. Jh.s bis zur →Konstantinischen Wende wird als Zeit der altkath. oder *frühchristl. Großkirche* oder *Orthodoxie* bezeichnet. Die gewußte Einheit kennt keine organisator. oder legislative Spitze, sondern ist in der Einheit des auf die Apostel zurückgeführten Bischofsamtes begründet (apostol. Sukzession). Erste Versuche Roms, einen Vorrang in der Kirche zu erlangen, scheitern (→Papsttum).

*2.* Theol. wird die Tradition der Apologeten fortgesetzt; im *Westen* formulieren die *Ketzerbestreiter Irenäus von Lyon* (gest. um 202), *Tertullian* (gest. um 220) und *Hippolyt von Rom* (gest. um 235) trinitar. (→Trinität) und christolog. (→Christologie) Fragestellungen. Bes. bei *Tertullian*, dem ersten lat. schreibenden christl. Autor, der die christl. Latinität für die Zukunft prägte, tauchen fast alle theol. Fragen der Zukunft auf. Für *Cyprian von Karthago* (gest. 258) wurde die Frage nach der Kirche und der →Buße (→Ekklesiologie) im Zusammenhang aktueller Probleme angesichts der Verfolgungen wichtig. Im *Osten* setzt *Clemens von Alexandrien* (gest. um 215) in Aufnahme alexandrin. Traditionen die christl. Anpassung des antiken *philos. Erbes* verstärkt fort (→Alexandrien); diese Entwicklung findet bei →Origenes ihren Höhepunkt. Seither prägen die Kategorien des Mittel- und →Neuplatonismus die theol. Sprache des Ostens. Mit dem Übergang zur lat. Sprache der westl. Kirche Mitte des 3. Jh.s beginnt eine theol. Entfremdung zwischen Ost und West.

*3.* Obwohl ohne Veränderung des offiziellen Status ist das Christentum inzwischen gesellschaftl. bis hin in Hofkreise akzeptiert. Unter Kaiser *Decius* (249/51) kommt es zur ersten reichsweiten →*Christenverfolgung*, die wegen der zahlreichen Abtrünnigen trotz einiger Martyrien für die Kirche einen Schock bedeutet und die Frage nach dem Umgang mit den unter Todesgefahr Abtrünnigen stellt. In der Auseinandersetzung darüber kommt es zum Schisma der Novatianer. Als Niederlage dagegen für den Staat muß die gezielt gegen den christl. Klerus gerichtete valerian. Verfolgung 257/8 angesehen werden, die durch das erste Toleranzedikt für die Kirche 259 beendet wird. Trotz der Verfolgungen hatte die Kirche an ihrer positiven Sicht des Röm. Reiches und seiner Institutionen, bes. des Kaisertums, festgehalten. Über die etwa 40 Jahre vom Toleranzedikt bis zur großen Verfolgung unter der diokletian. Tetrarchie – nach *Eusebius* die Zeit einer enormen Blüte und Ausbreitung der Kirche, die inzwischen wohl zur größten Religionsgemeinschaft im Röm. Reich geworden war – fehlen fast alle Nachrichten.

*4.* Das 3. Jh. zeigt in der Kirche eine hochentwikkelte →*Diakonie*, die von der Umwelt attraktiv empfunden wurde und missionar. Wirksamkeit entfaltete. In diakon. Zusammenhang entstanden seit Anfang des 3. Jh.s eigene Gemeindefriedhöfe und dort eine christl. Kunst als Grabkunst eher privaten als offiziell kirchl. Ursprungs. Aus verschiedenen asket. Lebensformen entwickelte sich in →Ägypten, weder religionsgeschichtl. noch –soziol. leicht ableitbar, wohl spontan und neben der kirchl. Organisation das →Mönchtum.

*V. Das 4. Jh.*, seit dem Ende der von 303-311 dauernden längsten und härtesten Christenverfolgung durch die diokletian. Tetrarchie, ist durch den Konstantinische Wende genannten Prozeß bestimmt, an dessen Ende unter Theodosius (gest. 395) die Kirche zur Häretiker, Juden und Heiden unterdrückenden *Staatskirche* geworden ist. Diese größte Umwälzung in der Geschichte der Kirche überhaupt ist durch die auf allen Ebenen sich vollziehende Begegnung und Verschmelzung von →Antike und Christentum gekennzeichnet. Entscheidend war, daß Konstantins Hinwendung zum Christentum nicht Episode blieb, sondern Initialzündung wurde: Alle Kaiser nach ihm haben sich als Christen verstanden. Der kurzfristige heidn. Restaurationsversuch *Julians* (361/3) mußte scheitern.

*1. Dogmengeschichtl.* ist das 4. Jh. durch den trinitar. (arian.) Streit (→Trinität) bestimmt, der durch die kaiserl. Synodalgewalt zum Politikum wurde, hinter dem die Sache zu verschwinden drohte. Nachdem das (1. ökumen.) *Konzil von Nizäa* 325 mit dem *Arianismus* jede (von Origenes herkommende) *Subordinationstheologie* (der Sohn wird dem Vater untergeordnet) verdammt hatte, war der Streit nicht lösbar, bis die »neunizän.« Theologie der *Kappadokier* eine theol. Möglichkeit bot, Einheit und Dreiheit in der Trinität angemessen auszusagen, was zum Abschluß des trinitar. Streites auf dem (2. ökumen.) *Konzil von Konstantinopel* (381) führte. Die dogmat. Auseinandersetzungen fanden fast nur im *Osten* statt, wo das als neue christl. Hauptstadt geplante *Konstantinopel* (→Byzanz) neben den oft rivalisierenden Patriar-

chensitzen →Alexandrien und →Antiochien schnell an Bedeutung gewann.
*2.* Im mehr vom donatist. Schisma in →Afrika betroffenen *Westen* kann im Rahmen der sich in Angleichung an die Reichsgliederung entwickelnden Metropolitan- und Patriarchatsverfassung *Rom* zum kirchl. Zentrum des Abendlandes werden, da konkurrierende Metropolitansitze sich nicht entwickeln können. In *Ambrosius von Mailand* (gest. 397) findet der Westen aber einen theol. und kirchenpolit. Sprecher, der die Grenzen der röm. Möglichkeiten aufzeigt. Wegen seiner reichen literar.-theol. Produktion gilt das späte 4. Jh. in bes. Weise als Zeit der →Kirchenväter.
*3.* Neben der Klärung der wichtigsten dogmat. Fragen verlangte das Einströmen der *Volksmassen* mit ihren heidn. Bräuchen in die Kirche die Ausbildung volkskirchl. Verhältnisse (→Volkskirche), vor allem →Predigt und →Katechese, wie sie beispielhaft, den Konflikt mit Staat und Gesellschaft nicht scheuend, *Johannes Chrysostomus* (gest. 407) zeigt. Das aus Ägypten stammende *Mönchtum* verbreitet sich, stärker in die kirchl. Organisation einbezogen, im ganzen Reich. Die Verantwortung der Kaiser für die Kirche auch nach Konstantin wird in den kaiserl. *Kirchbauten* und Pilgerheiligtümern sichtbar, die der immer wichtiger werdenden →Heiligenverehrung dienen.

*VI.* Mit dem Tod Kaiser *Theodosius d.Gr.* (395) kann der *Prozeß der Verchristlichung* von Staat und Gesellschaft oberflächl. als abgeschlossen gelten. Das durchaus noch existierende Heidentum befindet sich überall in der Defensive. Die Beschlüsse des 2. ökumen. Konzils von 381 hatte Theodosius als Orthodoxie verbindl. durchgesetzt; alle anderen christl. Gruppen standen unter den immer weiter verschärften Ketzergesetzen. Nur die auf Reichsgebiet siedelnden *Goten*, die unter Kaiser Valens (gest. 378) den christl. Glauben in antinizän. (arian.) Form angenommen hatten, wurden nicht zwangsweise zur *Orthodoxie* von Konstantinopel bekehrt (sog. *germ. Arianismus*), sondern haben ihren Glauben den nach und nach auf Reichsboden siedelnden germ. Völkern weitergegeben.
*1.* Die Reichsteilung nach Theodosius' Tod beschleunigte die kirchl. Auseinanderentwicklung von *Ost und West.* Das Nachlassen der kaiserl. Macht im Westen begünstigt jetzt die Ausbildung des eigentl. *Papsttums*, das durch *Leo I.* (440-461) seine eigentl. Definition und theol. Begründung bekommt. Im Osten dagegen verschmelzen Kirche und Kaisertum immer mehr.
*2.* Auch *theol.* liegen die Schwerpunkte in Ost und West unterschiedlich: In Auseinandersetzung mit dem Donatismus entwickelt das Abendland in der Person →*Augustins* seinen →*Sakraments-* und *Kirchenbegriff*; in der mit *Pelagius* seine →*Sünden-*, →*Gnaden-* und →*Prädestinationslehre*, während der Osten ganz von der christolog. Debatte, d.h. von der Frage nach dem Verhältnis von Gottheit und Menschheit in Christus, geprägt ist, die in der Auseinandersetzung zwischen Kyrill von Alexandrien (gest. 444) und Nestorius (gest. um 451), die als Auseinandersetzung zwischen alexandrin. (→Alexandrien) und antiochen. (→Antiochien) Theologie begriffen werden muß, ihren Höhepunkt findet. Nachdem das (3. ökumen.) Konzil von Ephesus (431) zu keiner Lösung geführt hatte, wurde auf dem (4. ökumen.) *Konzil von Chalcedon* (451) die Zweinaturenlehre gegen den Protest der sich auf Kyrill berufenen Monophysiten beschlossen.
*3.* Ab der 2. Hälfte des 5. Jh.s ist der Osten von der Auseinandersetzung um die Beschlüsse von *Chalcedon* bestimmt, die das erste große *Schisma* zwischen Ost und West hervorbringt (484-518) und am Ende die Einheit der östl. Kirche zerstört. Monophysit. Kirchen spalten sich nun auch unter antiröm. Aspekt ab und werden zu →oriental. Nationalkirchen. Auch Kaiser Justinians (527-65) Versuche der Rückgewinnung der Monophysiten unter Wahrung der Substanz von Chalcedon scheitern (5. ökumen. *Konzil Konstantinopel* 553).

*VII.* Im Westen waren seit dem Zusammenbruch des abendländ. Kaisertums (476) *germ. Staaten* auf bisherigem westl. Reichsgebiet, durchaus in gewisser Verbindung und sogar im Auftrag des oströmischen Kaisertums, entstanden, die alle christl. waren, aber als *arian.* im Sinne der offiziellen Orthodoxie des Reiches galten.
*1.* Sie charakterisierte ein Nebeneinander von den die Mehrheit bildenden *orthod. Romanen*, die angesichts der häret. arian., germ. Obrigkeit sich nun kirchl. ganz auf Rom orientieren, das in Papst Gelasius (492-96) nun auch seinen weltl. Herrschaftsanspruch formuliert, und einer konfessionell arian., *germ.* herrschenden *Minderheit.* Während es im nordafrik. Wandalenreich zu blutigen Orthodoxenverfolgungen kam, hat Theoderich d.Gr. (gest. 526) für das *Ostgotenreich* in Italien eine kulturelle Synthese angestrebt. In diesem polit. Kontext hat *Benedikt von Nursia* (gest. 447?) dem abendländ. Mönchtum seine das MA. prägende Gestalt gegeben.
*2.* In der Form der kath. *Orthodoxie* nahmen als erstes germ. Volk die *Franken* um 500 das Christentum an. Mit dem Übertritt der *Westgoten* zum Katholizismus (587/9) und der Vernichtung des Wandalen- und *Ostgotenreiches* durch *Justinian*, der so teil- und zeitweise das Röm. Reich wiederherstellen kann, ist die Blüte des sog. *germ. Arianismus* vorbei. Mit dem Einfall der *Langobarden* in Italien (568), die mit *Gregor d.Gr.* (590/604), dem ersten Mönchspapst, als weltl. Obrigkeit verhandeln, hört die zuletzt nur nominelle Einheit von Ost- und Westreich auf, wenn auch gegen den machtlosen Protest Konstantinopels.
*3.* Im *Osten* kommt es trotz polit. Reformen zu Beginn des 7. Jh.s zu den katastrophalen Folgen des *Arabersturmes*, bei dem die Zentren der alten Christenheit, Ägypten, Syrien, Palästina im Osten des Reiches, →Nordafrika im Westen, an den siegreichen →Islam verlorengehen und die nun im

wesentl. auf Kleinasien beschränkte byzant. Kirche vor völlig neue Aufgaben gestellt wird.

*Lit.: H.-D. Altendorf:* Gesamtdarstellungen der A.n K., Verkündigung und Forschung 25 (1980), 1-2. – *C. Andresen:* Die Kirchen der alten Christenheit, Stuttgart 1971. – *W. Bienert:* Kirchengeschichte, erster Teil, II: Die A.K., in: *G. Strecker (Hg.):* Theologie im 20. Jh. – Stand und Aufgaben, Tübingen 1983, 162-188. – *H. Chadwick:* Die Kirche in der antiken Welt, übersetzt von G. May, Berlin 1972. – *H. Lietzmann:* Die Geschichte der A.n K. I-IV, Berlin 1961 (3. und 4. Aufl., seither Nachdrucke).

*Hanns Christof Brennecke*

*B. Kunstgeschichtlich*

*I.* Die monumentalen Quellen zur Geschichte der A.K. sind Gegenstand der Christl. →*Archäologie*, die als hist. Wissenschaft im Zusammenhang von →Reformation und →Gegenreformation im 16. Jh. entstand. Ihr Verhältnis zur spätantiken Kunstgeschichte und klass. Archäologie ist noch weithin umstritten. Als Spezialdisziplin der →Kirchengeschichte befaßt sie sich mit der Erfassung und Interpretation der gesamten materiellen Hinterlassenschaft der A.K., zu der u.a. die Begräbnisstätten (Katakomben), der →Kirchenbau, die →Kirchenausstattung mit Bildern (Mosaiken, Wandfresken), die Buchmalerei, die Reliefplastik (Sarkophage, Elfenbeinarbeiten), die Münzen und unterschiedlichste Kleinkunst (Gemmen, Amulette, Pilgerandenken) gehören. Neben der Erfassung des Bestands gehören dessen Lokalisierung und Datierung zu den Grundvoraussetzungen einer wissenschaftl. gesicherten Interpretation. Diese hat das Verhältnis der A.K. zu →Antike und →Judentum, Stilfragen sowie vor allem die theol. und soziale Grundlagen der frühchristl. Kunst insgesamt zu integrieren.

*II.* Die wichtigste Frage, vor die sich die A.K. gegenüber der Kunst gestellt sah, war die des →*Bildes*, die erst im 4. Jh. endgültig zu dessen Gunsten entschieden wurde. Auf diese Entscheidung wirkte die Entwicklung der →Christologie ebenso ein wie die →Volksfrömmigkeit, die nach Veranschaulichung des →Heils und nach der in der Antike übl. Bilderverehrung verlangte. Der entscheidende Anstoß für die Entwicklung der frühchristl. Kunst wurde jedoch durch die →Konstantin. Wende ausgelöst. Das Bündnis zwischen →Staat und →Kirche bewirkte die allmähl. Verschmelzung von Kaiser- und Christuskult, die die ikonograph. Ausgestaltung zentraler christl. Bildthemen maßgebl. prägte. Erst dann erlebt auch der →*Kirchenbau*, dessen vorkonstantin. Formen nur in Einzelfällen faßbar sind (Hauskirche von Dura Europos, Mitte 3. Jh.), eine sprungartige Entwicklung. Der Kaiser selbst tritt als Bauherr in →Rom, Konstantinopel (→Byzanz) und →Jerusalem in Erscheinung. Mit der Basilika und dem Zentralbau werden Grundformen des Kirchenbaus ausgebildet, deren architekturgeschichtl. Ableitung noch nicht restlos gelöst werden konnte.

*III.* Das als »*Orient-Rom-Frage*« bekannte Problem, wo die Wurzeln der frühchristl. Kunst zu suchen seien, hat heute an Brisanz verloren. Die von J. Strzygowski zu Beginn des Jh.s mit Nachdruck vertretene These von der Überlegenheit des Ostens, der A. Riegl, J. Wilpert u.a. die vom Vorrang Roms entgegensetzten, ist angesichts einer erhebl. ausgeweiteten Denkmälerkenntnis nicht mehr zu halten. Wichtiger sind heute die spezif. Unterschiede zwischen den einzelnen Kunstzentren und deren Verhältnis zu →Byzanz. Die Identifizierung der verschiedenen Werkstätten in den Zentren (Rom, Ravenna, Konstantinopel, Antiochia, Jerusalem, Alexandria) und den Provinzen bereitet immer noch erhebl. Schwierigkeiten, da die Kunst der A.K. bis auf wenige Ausnahmen anonym ist. Der Künstler betrachtet sich bzw. wird betrachtet als Handwerker, der als Glied einer Werkstattgemeinschaft arbeitet. Noch problemat. ist die Beurteilung von Erzeugnissen der →Volkskunst, die einerseits die professionelle Kunst ihrer Zeit widerspiegelt, andererseits aber oft auch zäh an →Traditionen festhält, die bereits der Vergangenheit angehören.

*IV.* Alle Zweige der Kunst der A.K. stehen letztl. im Dienst der →*Verkündigung.* Sie versinnbildlichen den →Glauben der →Gemeinde und des einzelnen, reflektieren die Entwicklung der →Theologie und das →Bekenntnis der Kirche und vermitteln einen Eindruck von den vielfältigen Komponenten, aus denen sich das Erscheinungsbild der A.K. zusammensetzt.

*Lit.: C. Andresen:* Einführung in die Christl. Archäologie (Die Kirche in ihrer Geschichte 1 B/1), Göttingen 1971. – *B. Brenk:* Spätantike und frühes Christentum (Propyläen Kunstgeschichte Suppl. 1), Berlin 1977. – *F. W. Deichmann:* Einführung in die Christl. Archäologie, Darmstadt 1983. – *A. Effenberger:* Frühchristl. Kunst und Kultur, München 1986. – *H. Kähler:* Die frühe Kirche. Kult und Kultraum, Berlin 1972. – *K. Onasch:* Kunst und Liturgie der Ostkirche in Stichworten unter Berücksichtigung der A.K., Wien/Köln/Graz 1981. – Reallexikon für Antike und Christentum 1ff., Stuttgart 1950ff. – *E. Sauser:* Frühchristl. Kunst. Sinnbild und Glaubensaussage, Innsbruck 1966. – *P. Testini:* Archeologia Cristiana. Seconda edizione, Bari 1980. – *F. W. Volbach:* Frühchristl. Kunst der Spätantike in West- und Ostrom, München 1958.

*Peter Maser*

**Alter**

*A.* A.n wird je nach Gesellschaftsform und je nach Sozialstatus als soziales →Schicksal erlebt. Bis ins 19. Jh. hinein überdauerten Reste der *Anciennitätskultur,* deren Wurzeln in den archa. Gesellschaften liegen (vgl. etwa die Nähe der Verehrung →Gottes und derjenigen des A.s im alten →Israel: »Vor einem grauen Haupt sollst du aufstehen und die Alten ehren und sollst dich fürchten vor deinem Gott; ich bin der Herr«, Lev 19,32); auch Elemente der Gerontokratie (Altersherrschaft) wirkten noch nach: nicht nur im polit.-dynast. Raum (eher symbol. Überbleibsel sind heute »Alterspräsidenten« u.ä.), sondern auch in der – damals freil. schon zerfallenden – Macht der berufsständ. Regelinstitutionen (bes. der Zünfte) oder in der →Wissenschaftsorganisation. Vor allem aber die grundsätzl. seit Jh.en unveränderte Struktur der →Familie übernahm den Anciennitätsstatus (Altersvorrang). Bis Mitte des 19. Jh.s lebten 4/5 der mitteleurop. Bevölkerung im und vom landwirtschaftl. oder handwerkl. Familienbetrieb.Es waren *Großfamilien* von mehreren Generationen ; zu den Regeln dieser Produktions- und Sicherungsgemeinschaften gehörten z.B. elternvermittelte Gattenwahl, die lebenslängl. elterl. Verfügungsgewalt über Vermögen, Erbe u.ä., auch die selbstverständl. »Altersversorgung«. Im Prozeß familiärer →Sozialisation übernommene →Normen und in der →Berufsausbildung erlernte Fertigkeiten reichten in der Regel zur lebenslängl. Existenzsicherung aus.

Dieses Ineinander von Lebens-, Lern- und Arbeitswelt zerbrach mit der *Industrialisierung* (→Industrie), damit aber auch die uralte familiale Sozialform des →Arbeitens. Auch der Ort der Arbeit wurde verlagert: Es gab regelrechte Umsiedlungswellen in die Industriezentren (»Landflucht«), wo die neu entstandene →Arbeiterschicht – jahrzehntelang sozialrechtl. völlig ungeschützt – ihre Arbeitskraft verkaufte. An die Stelle der Wohngemeinschaft mehrerer Generationen trat die typ. städt. *Kleinfamilie*, an die Stelle des »Hauses« mit seiner ehemals zentralen Bedeutung und seinem stabilen →Rollengefüge (in dem der alte Mensch →Autorität, →Funktion und →Kompetenz hatte) trat die Zwei-Generationen-Wohnung. Die aufziehende »Lerngesellschaft« relativierte die traditionelle Bedeutung des aus →Erfahrung übermittelten →Wissens.

Die alten Menschen erfuhren in den umgreifenden Veränderungsprozessen erhebl. *Funktionsverluste* und Ausgliederungen. Um die Jh.wende mußte →Sozialpolitik endgültig die Funktionen des familiären Sicherungssystems (z.B. durch Invaliden- oder A.sversorgung u.a.) ersetzen, nahm den Generationen die →Verantwortung füreinander weitgehend ab – wie auch die →Bildungs- und Ausbildungspolitik großenteils das Miteinander- und Voneinander-Lernen ersetzte. Diese Entwicklungen zeitigten sowohl Chancen (→Emanzipation der Alten von den Jungen; Lockerung der Abhängigkeiten) als auch Risiken (deutlichstes Signal: der Alterssuizid [→Tötung], dessen Rate zwei- bis dreimal höher ist als für den Bevölkerungsdurchschnitt).

*B.* Soziales Schicksal ist das A.n auch noch im heutigen →Sozialstaat: In der Bundesrepublik Deutschland leben ca. 6% der Rentnerehepaare und ca. 15% der alleinlebenden alten →Frauen an der oder unter der →*Armutsgrenze* (→Sozialhilfe); Altsein bedeutet für viele Menschen ein Leben mit deutl. *Einschränkungen*, vor allem im Bereich der →Konsum- und →Wohnmöglichkeiten. Auch der *Gesundheitszustand* im A. ist zu einem Großteil soziales Schicksal: Die Literatur der Geriatrie (Altersheilkunde) spricht davon, daß ca. 3/4 aller über 65jährigen an chronifizierten Störungen leiden, an →Krankheiten, deren Ursachen nicht im A. liegen, sondern in früheren ungünstigen Lebens- und Arbeitsverhältnissen.

Die *Arbeit mit alten Menschen*, schon seither ein Schwerpunkt gemeindl. und diakon. Aktivitäten (→Diakonie, →Caritas), wird aus soziograph. und sozialpolit. Gründen noch höheren Stellenwert bekommen und teilweise neuer Organisationsformen bedürfen. Zu Recht werden die älteren Menschen mehr *gesellschaftl. Gewicht* fordern und gewinnen: Die westl. Gesellschaften werden immer schneller immer älter (älter als 65 Jahre war um 1900 jeder Zwanzigste, z.Z. ist es jeder Fünfte, um 2000 wird es jeder Dritte sein). Es gibt zudem ein starkes Ungleichgewicht der Geschlechter (1990 kommen bei den über 65jährigen auf 100 Männer 206 Frauen); zugleich gerät die Logik des Generationenvertrags, der für die Altersversorgung bislang grundlegend war, bei anhaltender Massenarbeitslosigkeit (→Arbeitslosigkeit) und auf Grund ungünstiger generativer Entwicklungen (im Jahr 2000 gibt es 40 % weniger Jugendliche als jetzt) in erhebl. Krisen. Die Auswirkungen auf die *Gesundheitspolitik* und die notwendigen kommunikativen, pfleger. u.ä. Angebote lassen sich erst ahnen. Abzusehen ist, daß die kirchl. Aufgabe *sowohl* in der Konsolidierung unmittelbar diakon. Altenhilfe *als auch* in bewußtseinsbildender und den Generationenfrieden fördernder Arbeit liegen dürfte.

*C.* Getreu der *bibl. Maxime* (wonach die →Situation der Alten ein maßgebl. Kriterium für Wert und →*Humanität* eines Staatswesens ist; vgl. z.B. Jes 3,4f.; 47,6), und im Ernstnehmen gerontolog. Erkenntnisse – wonach alte Menschen evtl. altersbedingte Beeinträchtigungen leicht ausgleichen können, wenn sie ihre körperl. Verfassung hinreichend intakt halten können, wenn ihre geistl. Beweglichkeit nicht künstl. eingeschränkt wird und wenn sie nicht an umfassender sozialer →Kommunikation gehindert werden – sollte das kirchl.-*diakon. Angebot* für die Altersgruppe, die in kirchensoziol. Betrachtung mit →Kirche »höchstverbunden« ist, allg. ausgeweitet werden. Zugleich sollten die Initiativen, Einrichtungen und Dienste stärker aufeinander bezogen werden, damit gemeindenahe Verbundsysteme, Vernetzungen, entstehen können: z.B. neue Formen kirchengemeindl. Altenarbeit und *Seniorenbildungsarbeit* (etwa Kursangebote: Sprach-, Gymnastik-, Diät-Kochkurse, Tanzkurse für ältere Ehepaare u.ä.; oder Gemeindeseminare: Modell »Seniorenstudium«); z.B. *Kommunikations- und Integrationsangebote* (Altenberatungsstellen, – begegnungsstätten, Seniorenwerkstätten, Telefonketten-Organisation u.ä.); z.B. *Hilfen zur Aufrechterhaltung der häusl. Selbständigkeit* (Besuchs-, Haushilfedienste u.ä.; mobile Gemeindebibliotheken; auch das große diakon. Arbeitsfeld der häusl. →Krankenpflege gehört in diesen

Zusammenhang); →Caritas und →Diakonie haben weiterzuarbeiten an der Entwicklung seniorengerechter Wohneinrichtungen und stärker spezialisierter Therapieangebote (wie z.B. Tagespflegeheime, Altenkrankenheime, geriatr. Krankenhäuser).
Auch wenn auf Grund der o.g. Tendenzen Altsein künftig weder als bes. →Ehre noch als bes. Last anzusehen sein wird, sondern als Normalfall, sollten in der *A.sseelsorge* (→Seelsorge) die spezif. Einsichten der →Religionspsychologie des A.s strikt beachtet werden: z.B. das sich auch rel. artikulierende Bedürfnis nach Lebensbilanz, Lebenssinn (→Rechtfertigung, →Sinn); bei altersverwirrten Menschen, denen bes. viel Ohnmachtserfahrungen und Eingriffe in →Identität und Intimität zugemutet werden, bedarf es des Eingehens auf z.T. »kindl.-mag.« Glaubensformen und auf stabilisierende Wiederholungsbedürfnisse (best. geistl. Lieder u.ä.).

*Lit.: H. Merkel/H. Seibert:* Perspektiven des Alterns, Gütersloh 1983 (Lit.). – *H. Thomae/U. Lehr (Hg.):* Altern, Frankfurt/M. 1968. – *T. Thun:* Das rel. Schicksal des alten Menschen, Stuttgart 1969.

*Horst Seibert*

**Alter Orient.** Der Begriff A.O. bezeichnet →Babylonien und Assyrien, das syr.-palästin. Gebiet (→Kanaan) und →Ägypten.

*A.* Die *geschichtl. Kenntnis* der antiken Kulturen des fruchtbaren Halbmondes gelangte erst ab dem letzten Jh. zu wesentl. Fortschritten. Die ersten Pioniere waren Forschungsreisende wie *Carsten Niebuhr*, der von 1761-1767 den Orient durchreiste.

*I.* Niebuhrs Abzeichnungen der Inschriften von Persepolis waren die Grundlage für die Entzifferung der *Keilschrift* durch *Georg Friedrich Grotefend*, Gymnasiallehrer in Hannover, im Jahre 1802. Die Keilschrift ist eine Silbenschrift mit über 500 Zeichen, die mit einem Griffel in den weichen Ton einer Tontafel eingedrückt, aber auch in Stein eingemeißelt wurde. Ihre vollständige Entzifferung, mit der sich universal gebildete Forscher beschäftigten (wie z.B. *William Henry Fox Talbot*, bekannt als der Vater der modernen Fotoverfahren), ermöglichte Einblicke in die Geschichte ganzer Weltreiche, die wie das Reich der Hethiter vordem oft nur dem Namen nach bekannt waren. Mögl. wurde das Konzept einer *Universalgeschichtsschreibung*, die nicht erst mit den Griechen und Römern begann.

*II.* Von gleicher Bedeutung wie Grotefends Leistung war die Entzifferung der *Hieroglyphenschrift* durch *Jean François Champollion* im Jahre 1822. Sie wurde ermöglicht durch den Fund eines Offiziers der Expeditionsarmee Napoleons in Ägypten, den sog. *Rosette-Stein*. Die Inschrift dieses Monuments, das nach der franz. Kapitulation von den Engländern erbeutet wurde und seitdem im Brit. Museum zu besichtigen ist, enthält die Abschrift eines Dekrets des Königs Ptolemaios V. aus dem Jahre 196 v. Chr. in Hieroglyphen, in Demotisch (einer Spätform der Hieroglyphen) und in Griechisch. Durch die griech. Version war der Inhalt des Textes bekannt; das Problem war das Verstehen einer unbekannten Sprache in einer unbekannten Schrift.

*III.* Die oriental. Entdeckungen beeinflußten den europ. Zeitgeschmack; sichtbar wird dies z.B. in →*Verdis* Oper »Aida« (Uraufführung 1871 in Kairo); *Flauberts* Roman »Salambô«, in Deutschland vor allem durch die Romane von *Karl May* (1842-1912). Einer der Autoren, auf die Karl May zurückgriff, war *Austen Henry Layard*. Seine Ausgrabungen brachten in Ninive die Bibliothek des assyr. Königs Assurbanipal zutage, die jetzt zu den Schätzen des Brit. Museums gehört. Die Tatsache, daß sich die Museen der führenden Länder Europas mit den Denkmälern vergangener Imperien schmückten, wirft ein bezeichnendes Licht auf deren eigenes Machtstreben. Die Statuen und Reliefs, die Layard und seine Vorgänger ausgruben, waren eine Sensation, hatte man doch hier Beispiele einer Kunst, die älter war als die griechische. Aufsehen erregte auch Layards Fund des Schwarzen Obelisken, denn er zeigt in einem Relief das Bild eines aus der Bibel bekannten Königs, Jehu aus Israel, bei der Abgabe von Tribut an den assyr. König.

*IV.* Hier stellte sich auch ein Problem, das für die Folgezeit bedeutend wurde; das alte Israel war vor den Funden und Entdeckungen eines der wenigen Völker des A.O.s, von denen überhaupt etwas bekannt war; nun aber stellte sich die Frage nach der *Verhältnisbestimmung Israels zu den Kulturen des A.O.s.* Bewußt wurde dies in dem Bibel-Babel-Streit, einer Auseinandersetzung, die auf Vorträge *Friedrich Delitzschs* (1850-1922), des seinerzeit bedeutendsten Altorientalisten, zurückging. Gehalten wurden sie im Beisein des Kaisers vor der damals erst gegründeten Deutschen Orientgesellschaft, deren Ausgrabungen in Assur und Babylon Maßstäbe für die vorderasiat. Archäologie setzen sollten. In kirchl. Kreisen war die Reaktion auf Delitzschs Vorträge, die auch gedruckt wurden, durchweg negativ, hatte er doch behauptet, daß das AT wertlos und aus dem Kanon zu streichen sei, da so gut wie alles, was es an wertvollem Gut enthalte, allein auf dem Hintergrund mesopotam. Kultur zu verstehen sei. Diese Behauptung war übertrieben, das dahinterliegende Problem (→religionsgeschichtl. Schule) stellte sich indes noch schärfer, seitdem durch die Ausgrabungen der altsyr. Hafenstadt Ugarit (seit 1929) die alte Kultur →Kanaans ans Licht trat, zu der das AT in einem Verhältnis von Anknüpfung und Widerspruch steht.

*B.* Die *Berührungen des AT mit den Religionen des A.O.s* sind vielfältig. So ist die Vorstellung, daß ein Gott die Welt geschaffen hat, seit frühester Zeit im A.O. belegt; sogar die Schöpfung durch das Wort (Gen 1) findet sich in ägypt. Texten. Eine Sintflut beschreibt das →Gilgamesch-Epos; die Analogien zu Gen 6ff. sind verblüffend. Der Fund von Gesetzestexten in Mesopotamien, berühmt vor allem der Codex Hammurapi, zeigt, daß das atl. Recht in einer weit zurückreichenden Tradition steht. Dasselbe gilt für die Weisheit (→Sprüche Salomos); hier ist die Verwandtschaft zu ägypt. Texten bes. eng. Psalmen und Gebete geben Zeugnis von der Frömmigkeit der Menschen des A.O.s. Die Vorstellung vom Königtum Gottes findet sich wie im AT, so auch im A.O.; um sie kreisen die Mythen aus Ugarit. Auch ein Phänomen, das dem AT so eigentüml. zu sein scheint wie die Prophetie, hat Analogien und Vorläufer im A.O.

*I.* Um so eindringlicher nicht nur aus dem Blickwinkel einer christl. Apologetik stellt sich die Frage nach der *Eigenart des AT;* die Religionen des A.O.s sind allesamt vergangen, während auf dem Boden des AT drei Weltreligionen entstanden. Die Antwort wird vor allem im ersten Gebot des →Dekalogs gesucht; die Exklusivität der Gottesverehrung, bes. markant im →Deuteronomium und der davon abhängigen Literatur, scheint den Kulturen des A.O.s nicht nachvollziehbar. Verbunden damit ist die Abwertung aller anderen Götter, sehr deutl. in Jes 44,9ff.; →Religionskritik ist Bestandteil der atl. Religion.

*II.* Für die *Geschichte Israels* sind die Ausgrabungen und Funde aus dem A.O. von eminenter Bedeutung. So ist der atl. Gottesname Jahwe (→Gott) in ägypt. Inschriften als Gebietsname belegt; ein Denkstein des ägypt. Pharaos Merenptah erwähnt schon um 1219 v. Chr. den Namen Israel; die internationale Korrespondenz ägypt. Könige, in Tell el-Amarna ausgegraben, erlaubt einen Einblick in die polit. Verhältnisse Palästinas vor der Einwanderung der Israeliten; Feldzugsberichte assyr. und babylon. Könige berichten von der Eroberung von Israel und Juda; Verwaltungstexte zeigen, daß Juden im Exil in Babylon lebten. Dabei ist nicht zu verkennen, daß das alte Israel aus dem Blickwinkel der Großreiche des A.O.s eine Randkultur war, ein Land, das wegen seiner geograph. Lage auf der Landbrücke zwischen den Großmächten vorwiegend als militär. Aufmarschgebiet von Interesse war.

*Lit.: W. Beyerlin (Hg.):* Religionsgeschichtl. Textbuch zum AT (Das AT Deutsch, Ergänzungsbd. 1), Göttingen 1975. – *E. Cassin/J. Bottéro/J. Vercoutter (Hg.):* Die Altoriental. Reiche I-III (Fischer-Weltgeschichte 2-4), Frankfurt/M. 1965ff. – *K. Galling (Hg.):* Textbuch zur Geschichte Israels, Tübingen 1979. – *W. H. Schmidt:* Atl. Glaube in seiner Geschichte, Neukirchen-Vluyn, 6. Aufl. 1987. – Sumer-Assur-Babylon (Ausstellungskatalog), Hildesheim 1978.

*Udo Rüterswörden*

**Alternativbewegung** ist ein *Sammelbegriff* für ein buntschillerndes Gesamt sozialer Bewegungen (AKW-, Friedens-, Ökologie-, Frauenbewegung usw.), welches sich seit der Mitte der 70er Jahre in verschiedenen fortgeschrittenen Industriegesellschaften herauskristallisiert. Erschwert wird eine Verortung und Definition dieser Erscheinung nicht allein durch ihren ausgeprägten Prozeßcharakter und *Facettenreichtum,* sondern gerade auch durch ihre Schräglage hinsichtl. traditioneller ideolog. Scheidelinien (→Liberalismus gegen →Sozialismus usw.).

*A.* Obwohl sich die A. – teilweise auch ostentativ und strategisch – hergebrachten polit. Klassifikationen entzieht, lassen sich dennoch einige *Grundmuster* und Leitmotive der sich zur »A.« zählenden Gruppierungen und Strömungen identifizieren und idealtyp. als »Gegenentwurf« zum zivilisator. Status quo präsentieren: Zum Grundzug der A. zählt vor allem die *Opposition* gegen ein vom westl. →Rationalismus (Cartesianismus) geprägtes Programm des zivilisator. →»Fortschritts« als wachsender Naturbeherrschung und gegen die mit ihm einhergehende Zerstörung natürlicher (z.B. Waldsterben) und sozialer Ökologien (z.B. gewachsene städt. Kultur und Nachbarschaft) wie auch gegen die drohende Selbstvernichtung durch die moderne →Rüstung. Dem Primat der kapitalist. Profit- und Konsumgesellschaft stellt die A. den *Vorrang der →Ökologie* (z.B. »sanfte Energien«), der zunehmend anonymisierenden Vergesellschaftung das Prinzip der →*»Gemeinschaft«,* dem Mechanismus der →Marktwirtschaft denjenigen einer autonomen und *bedürfnisgeleiteten* Verflechtung von Produktion und Verbrauch unter »postmaterialist.« Vorzeichen, dem Modell des →Wohlfahrtsstaates jenes der *Selbsthilfe* in primären sozialen Netzwerken entgegen. Verbunden hiermit begegnet die A. der zunehmenden »Kolonialisierung der Lebenswelt« (J. Habermas) durch polit.-administrative Kontroll- und Regulierungszwänge und dem parlamentar. Modell der Delegation polit. Kompetenzen und Befugnisse (→Demokratie, →Parlamentarismus) mit dem Gegenmodell einer am →Subsidiaritätsprinzip und an direkter polit. →*Partizipation* orientierten »Bürgerethik«, die sich als Schnittpunkt biograph. Entwürfe der »Selbstveränderung« und kollektiver →Utopien der »Gesellschaftsveränderung« ausnimmt.

*B.* Im Vergleich zu ihren Vorläufern (z.B. »Mai 1968«) erfreut sich die A. einer deutl. größeren *Breitenwirkung und Öffnung* auf verschiedene soziale →Schichten hin. Obwohl sich die A. primär unter den »jugendlichen« neuen Bildungsschichten rekrutiert und durch soziallagenspezif. Lebensstile (die »Szene«) geprägt wird, werden auch breitere Bevölkerungskreise aktiviert, sobald sich konkrete »Betroffenheit« einstellt (z.B. »Wyhl«, »Gorleben« usw.). Die A. ist dennoch vom *generationsspezif. Erfahrungszusammenhang* der neuen Bildungsschichten mitbestimmt: Gegenkultur ist hier auch

»Selbstbehauptung« einer von der auf die Bildungsexplosion der 60er und 70er folgenden Inflation des Marktwertes →Bildung »betrogenen Generation«.

*Lit.: K.-W. Brand (Hg.):* Neue soziale Bewegungen in Westeuropa und den USA, Frankfurt/M. 1985. – *Ch. Conti:* Abschied vom Bürgertum. Alternative Bewegungen in Deutschland von 1890 bis heute, Reinbek 1984.

*Franz Schultheis*

**Altes Testament**

*A. Die Bezeichnung AT und ihre Problematik*

Das AT ist die Hl. Schrift des →*Judentums*, zugleich der erste (umfangreichere) Teil der Hl. Schrift des Christentums, der mit dem →NT zusammen die ganze *christl. Bibel* bildet. Der Name »AT« findet sich an keiner Stelle der Bibel als Bezeichnung der heute so genannten Schrift(en). Er geht aber insofern auf einen bibl. Sprachgebrauch zurück, als Paulus in 2 Kor 3,14 in seiner Interpretation von Jer 31,31 den Israel verheißenen »neuen Bund« in Christus erfüllt sieht und diesen »neuen Bund« von dem auf das Gesetz des Mose bezogenen »alten Bund« unterscheidet. Die Wiedergabe des hebr. Wortes »berit« (Bund, in der Grundbedeutung wohl: Verpflichtung) durch das griech. »diatheke« und später das lat. »testamentum« führte so zur Rede vom Alten bzw. Neuen Testament, war aber mit einer folgenreichen Verschiebung der Wortbedeutung verbunden, weil beim hebr. Wort »berit« die Bedeutung *Verpflichtung*, beim griech. »diatheke«, deutlicher noch beim lat. »testamentum« die Bedeutung: letztgültige *Verfügung* überwiegt. So wurde aus einem Wort, das die Treuezusage →Gottes und die auf sie antwortende Treue →Israels bezeichnet, eine überwiegend jurist. Kategorie. Damit konnten die Worte »AT« und »NT« zu Bezeichnungen für die als schriftl. niedergelegte letztgültige *Verfügung* verstandenen beiden Teile der Bibel werden. Als Bezeichnung der beiden Teile der Bibel sind die Worte »AT« und »NT« zuerst belegt bei Melito von Sardes (um 180 n. Chr.). Mit der jurist. Bedeutung des Wortes Testament verbindet sich heute ein *Problem*, das erst seit wenigen Jahren in der theol. Debatte deutlicher gesehen und in manchen Kirchen sensibler wahrgenommen wird. Im jurist. Sprachgebrauch bedeutet ja die Existenz eines *neues* Testaments die Ungültigkeit eines noch vorhandenen *alten*. So legt der Sprachgebrauch nahe, das »AT« sei durch das »NT« abgelöst und damit überholt. Dagegen spricht das Zeugnis des NT selbst, nach dem der Bund Gottes mit Israel von Gottes Seite ungebrochen ist und fortbesteht (Röm 9-11). Daß für Christen die Bibel nicht allein aus der hebr. Bibel (AT) besteht, sondern darüber hinaus das NT enthält, bedeutet nicht, daß aus christl. Sicht das NT das AT abgelöst hätte, sondern daß durch das im NT bezeugte und ausgelegte Christusgeschehen auch Nichtjuden in den Bund des Gottes Israels einbezogen sein können. Damit aber bleibt die hebr. Bibel als das AT das gültige Zeugnis des Bundes mit Israel, der nach Röm 11,28 die Wurzel auch der Christen ist. Um die mit der Bezeichnung AT möglicherweise verbundene (wenn auch nicht zwangsläufig gemeinte) Abwertung als überholten und durch das NT abgelösten Teil der Bibel zu vermeiden, spricht man zunehmend von der *hebr. Bibel* statt vom AT. Diese Bezeichnung ist geeignet, die mit der Terminologie verbundene Problematik zu verdeutl.; aber sie ist eher ein Problem*hinweis* als eine Problem*lösung*. Es ist näml. mitzubedenken, daß das AT sowohl in der Tradition der röm.-kath. Kirche als auch der griech.-orthod. Kirche auch ursprüngl. griech. geschriebene Texte umfaßt. Eine Gegenüberstellung von »hebr. Bibel« und »NT« könnte zudem ihrerseits zu dem Mißverständnis führen, allein im NT die christl. Bibel zu sehen. Die Geschichte christl. →Gewalt gegenüber Juden und dem Judentum kann durch keine terminolog. Korrektur aus der Frage nach dem Verhältnis von AT und NT ausgeklammert werden. Im Judentum nennt man das AT *Tenak* bzw. *Tanach*. Diese Bezeichnung ist eine Abkürzung, deren Konsonanten aus den Anfangsbuchstaben der drei Teile des AT (Tora = Gesetz, Nebiim = Propheten, Ketubim = Schriften) gebildet sind. In ähnl. Weise nennt das NT die Gesamtheit des AT in der Regel »Gesetz und Propheten«.

*B. Vielfalt und Einheit des AT*

Wie das NT ist auch das AT eine *Sammlung* von Schriften, die in einem langen Prozeß der literar. Komposition zu Büchersammlungen (z.B. der fünf →Mosebücher, des Zwölfprophetenbuches), schließl. zum →Kanon der hebr. Bibel und damit zu *einem* Buch wurde. Zwischen der schriftl. Abfassung der ältesten Texte des AT (vermutl. noch im 2. Jt. v. Chr.) und dem Abschluß des Kanons der hebr. Bibel (um 100 n. Chr.) liegt ein Zeitraum von mehr als einem Jt. Das AT umfaßt zudem Texte sehr verschiedener →Formen und Gattungen (z.B. Sagen, Mythen, hist. Überlieferungen, Prophetensprüche, kult. Lieder, Liebeslieder, Genealogien, weisheitl. Sprüche und Lehrerzählungen). In ihrer *Vielfalt* bilden die Texte und Bücher des AT ein Sammelwerk israelit. Literaturgeschichte, in ihrer *Gesamtheit* bewahren sie die vielstimmige →Tradition der →Erfahrungen, die Israel mit seinem Gott erlebt, zur Sprache gebracht und reflektiert hat. So enthält das AT die in Sprache geronnenen Erfahrungen des gelebten Lebens vieler Generationen von Adam (→Urgeschichte) bis zum Ende des Exils (→Chronikbücher), vom →Exodus bis zu den →Makkabäern. Dafür, daß diese unter sehr verschiedenen hist. und sozialen Bedingungen verfaßten Texte und Bücher dennoch und deshalb keine bloße Sammlung geblieben sind, sondern zu *einem* Buch wurden, lassen sich mindestens drei Gründe nennen:

1. Das AT handelt als Ganzes von dem *einen Gott* Israels (der im Deuteronomium, 6,4ff., als *einer* bekannt wird) und seinem Volk.
2. Die hebr. Bibel (wie die Bibel als Ganzes) wurde ungeachtet des hist. und literar. verschiedenen Ursprungs ihrer Überlieferungen über Jh.e in den jüd. und christl. Gemeinden als *ein Buch gelesen* und wurde damit durch die Lektüregeschichte zu *einem* Buch.
3. Wichtige Worte der atl. →Theologie und →Anthropologie bezeichnen keine stat. Größen und damit keine →Wahrheit im Sinne formaler Widerspruchslosigkeit, sondern eine *dynam.*, spannungs- und widerspruchsvolle, weil lebendige *Wirklichkeit.* Dieser Zug der hebr. Sprache muß betont werden, weil er bereits in der griech. Übersetzung des AT (Septuaginta) und im NT, stärker noch im Verlauf der spätantiken und ma. Überlagerung der bibl. Theologie durch Kategorien der antiken →Philosophie, auf eine theol.-philos. *Begrifflichkeit* hin stillgestellt wurde (vgl. auch →Theologie und Philosophie). So wurde aus der *verheißenden* Selbstvorstellung Gottes in Ex 3,14 (annähernd zu übersetzen: »ich werde sein, als der ich mich erweisen werde«) bereits in der Septuaginta eine *statisch-definitorische:* »Ich bin der Seiende.« Der hebr. Text enthält in der Verbindung des Gottesnamens JHWH (vermutl. Jahwe zu vokalisieren, →Gott) mit dem Verb *haja* – »sein, für jemanden da sein« – die Abweisung jeder begriffl. Festlegung Gottes (und deshalb eine Kritik an jeder Theo-*logie*). So bedeutet auch das Bilderverbot (Ex 20,4; Dtn 5,8) die Kritik nicht nur an Bildern fremder Götter, sondern auch an der Festlegung des Gottes Israels auf ein *Bild*, auf *ein* Bild (→Gott). Wie der Gottesname selbst als ein Hinweis auf das die ganze Wirklichkeit umgreifende und sie und sich verändernde Sein Gottes verstanden wird (eines Gottes, der nicht an einen Ort gebunden ist, der im →Exodus und der Wüstenwanderung selbst vor Israel herziehen, aber auch [→Ezechielbuch] den Ort sein kult. Verehrung verlassen kann), so beschreiben auch hebr. Worte, die die Beziehung zwischen Gott und den Menschen und der Menschen untereinander betreffen, kein stat. Verhältnis, sondern eine *dynam. Beziehung* und Praxis. Das macht es schwer, sie in der griech. Sprache des NT (und in modernen Übersetzungen) wiederzugeben. So ist *»tora«*, im NT (wie schon in der Bibelübersetzung des hellenist. Judentums) mit *nomos*, im Dt. meist mit »Gesetz« wiedergegeben, nicht die Bezeichnung eines Gesetzeskorpus, sondern bedeutet Weisung, Wegweisung zu einem menschl., befreiten →Leben. In ähnl. Weise meint das hebr. Wortfeld *aman, ämuna* deutlicher als das griech. *pistis* und das dt. →»Glauben« nicht das »Für-wahr-Halten« von Unbeweisbarem, sondern bedeutet eher →»Vertrauen«, →»Treue«, »Zuversicht«, »das, worauf man steht« (vgl. dazu Buber, Zwei Glaubensweisen). Das hebr. Wortfeld *ṣädäq, ṣedaqa* bezeichnet anders als das in der Regel übersetzte →»Gerechtigkeit« nicht das unparteil., objektive Urteil, sondern die engagierte, im Einsatz für die →Armen und um ihr Recht Gebrachten parteil., solidar. Praxis und zugleich das Ziel eines solidar. Lebens der Gemeinschaft. Das hebr. Wort *schafaṭ* schließl. (um nur dieses Beispiel noch zu nennen) bedeutet nicht allein »richten« im Sinne des Urteilens und Verurteilens, sondern auch »die Integrität des Geschädigten wiederherstellen«. So ließ nicht zuletzt die Struktur der hebr. Sprache, die selbst Dynamik und Veränderung einbegreift, die viele Generationen und verschiedene Lebensbedingungen umfassenden Überlieferungen Israels zu dem *einen* Buch werden.

### *C. Die literarische Entstehung des AT*

Keines der Bücher, die in ihrer Gesamtheit das AT bilden, wurde von vornherein als heiliges Buch geschrieben; kaum eines wurde in einem Zug von einem Autor verfaßt. Sowohl die literar. Entstehung der bibl. Schriften als auch die Anerkennung einzelner Bücher, schließl. der Bibel als Ganzes, umfassen einen langen, *vielstufigen Prozeß.*

*I.* Das erste Buch, das als verbindl., den Willen Gottes enthaltende Schrift anerkannt wurde, war nach einer gut begründeten These der Forschung der Grundstock des →Deuteronomiums. Denn der Grundbestand von Dtn 12-26, das *deuteronom. Gesetz* mit seiner Forderung des Kultes einzig für Jahwe (→Gott) und allein in →Jerusalem, dürfte das Buch sein, von dessen Auffindung 2 Kön 22 berichtet und das zur Grundlage der Kultreform des judä. Königs Josia (622 v. Chr.) wurde. Nach der Eroberung und Zerstörung Jerusalems und des →Tempels durch die Babylonier (586 v. Chr.; →Babylonien) wurden die theol., polit. und sozialen Forderungen des Deuteronomiums zu wichtigen Kriterien des Nachdenkens über die bisherige Geschichte Israels und die eingetretene Katastrophe des Exils als Folge der andauernden Verfehlungen. Diese Reflexion fand ihren Ausdruck u.a. in der Bearbeitung geschichtl. Überlieferungen und deren Komposition zu einem *Geschichtswerk*, das im Anschluß an das Deuteronomium das →Josua- und →Richterbuch, die →Samuel- und →Königebücher umfaßt (das »deuteronomist. Geschichtswerk«).
Im Babylon. Exil und in den Jahren nach seinem Ende (538 v. Chr.) wurden weitere, vor allem kult. Traditionen aufgezeichnet und ihrerseits zu einer geschichtl. Gesamtdarstellung von der Weltschöpfung bis zum Beginn der Landnahme in Palästina komponiert. Zusammen mit älteren Überlieferungen (man spricht in der Forschung allg. von »Quellen«) wurden sie zum *Gesamtwerk der Tora*, der fünf Mosebücher (Pentateuch: →Genesis, →Exodus, →Levitikus, →Numeri, dazu das Deuteronomium) gestaltet. Als erster geschlossener Teil des *Tanach* (→A) war die Tora abgeschlossen, die seitdem im Judentum als wichtigster Teil der Bibel gilt.

*II.* Die Bücher Josua bis 2. Könige (die in kath. und prot. Bibelausgaben mit den Chronikbüchern sowie Esra, Nehemia, Ester zu den *Geschichtsbüchern* gerechnet werden) gehören nach jüd. Tradition zu den sog. *Frühen Propheten*(büchern). Ihre Fortsetzung bilden die Bücher, die auf einzelne →Propheten zurückgeführt werden. Auch die Bücher dieser Schriftpropheten haben ihrerseits eine längere, mehrstufige literar. Entstehungsgeschichte. Sie umfaßt vom Auftreten der ältesten Schriftpropheten →Amos und →Hosea um die Mitte des 8. Jh.s v. Chr. über die Aufzeichnung und Sammlung ihrer Sprüche (und der ihrer Nachfolger von →Jesaja und →Micha im 8. Jh. bis zu →Haggai und →Sacharja im späten 6. Jh. v. Chr.) durch Schüler und Tradenten, über Bearbeitungen, Ergänzungen und Neuinterpretationen der Prophetenworte bis hin zur Komposition der jetzt vorliegenden Prophetenbücher und schließl. zur Aufnahme der Prophetenbücher insgesamt in den Kanon der hebr. Bibel einen Zeitraum von mehr als einem halben Jt.

*III.* Als letzter Teil des AT kamen die *Schriften* in den Rang kanon. Texte. Dazu gehören: →Psalmen, →Hiob, →Sprüche, →Rut, →Klagelieder, →Chronikbücher, →Esra, →Nehemia, dazu auch das in christl. Bibeln unter die Propheten eingereihte apokalypt. →Danielbuch und die nicht unumstrittenen, doch nach rabbin. Diskussion letztl. als kanon. anerkannten Buchrollen →Hoheslied, →Prediger und →Ester.
Einer Reihe *weiterer Schriften*, die in Teilen des außerpalästin. Judentums ebenfalls anerkannt waren, blieb letztl. die rabbin. Legitimierung versagt. Sie (u.a. das →Tobiasbuch, die →Makkabäerbücher, die →Weisheit Salomos, →Jesus Sirach und das →Baruchbuch) wurden als apokryphe (d.h. verborgene, nicht legitimierte) Bücher angesehen. Diese Schriften gehören in kath. und orthod. Tradition zum atl. Kanon, in ev. werden sie vom AT unterschieden und (in manchen Bibelausgaben) zwischen AT und NT eingefügt (→Apokryphen).

*D. Abwertungsversuche des AT*

Vom ersten Versuch der Fixierung eines christl. Kanons bis in die Gegenwart gab es immer wieder Versuche, das AT als minderwertigen Teil der Bibel zu qualifizieren oder ganz aus der Bibel auszuschalten. So schied im 2. Jh. *Marcion*, der in gnost. Weise den bösen Schöpfergott des AT von einem christl. Erlösungsgott trennte (→Gnosis), aus seinem Kanon das gesamte AT aus und reduzierte das NT auf das →Lukasevangelium und 10 Paulusbriefe, weil allein diese Schriften nicht vom jüd. Schöpfungsglauben durchdrungen seien. Im 20. Jh. reichen die Versuche der Zurückdrängung des AT aus der christl. Bibel von *A. von →Harnacks* Rückgriff auf Marcion über die antisemit. Tendenzen bei F. Delitzsch im Babel-Bibel-Streit (vgl. Ebach) und bei H. St. Chamberlain über die Theologie *E. →Hirschs* (vgl. Schottroff) bis zum Antisemitismus *als* Theologie bei den »Deutschen Christen« (→dt.-christl.). Auf bedrückende Weise erkannten die Gegner des AT seine Eingebundenheit in die jüd. Theologie und Lebenswelt deutlicher als die Mehrheit seiner christl. Befürworter gerade unter den Exegeten des 20. Jh.s, die das AT als Teil der christl. Bibel »retten« wollten, indem sie es vom Judentum abgrenzten. Verwarfen es die einen als »Judenbuch«, so rechtfertigten es andere, weil es gerade kein »Judenbuch« sei (Darstellung und Lit. bei Reventlow: Hauptprobleme atl. Theologie, bes. 39ff.). Eine atl. Wissenschaft, die die Geschichte der christl. Gewalt an den Juden als alle Aspekte ihrer Themen berührende Realität wahrnimmt, steht vor der Aufgabe, das AT als hebr. Bibel wahrzunehmen und *deshalb* (nicht: dennoch) als tragenden Teil der ganzen Bibel zu verstehen.

*E. Arbeitsweisen und Aufgaben der atl. Wissenschaft*

Die gegenwärtige theol. *Fachdisziplin* »AT« entwickelte sich seit dem 18. Jh. als (neben der ntl. Wissenschaft) eigenständiger Zweig der →Bibelwissenschaft. Ihre Methodik verdankt sie den in der Folge der →Aufklärung ausgebildeten (in Ansätzen älteren, →Bibelwissenschaft C/D) Fragestellungen der *hist.-krit. Exegese.*

*I.* Es geht ihr vor allem um die Erforschung der Entstehung der einzelnen Texte und Textkomplexe des AT, deren hist., philolog., religionsgeschichtl. und literaturwissenschaftl. Aspekte sie untersucht. Ihre Arbeitsweise unterscheidet sie nicht von anderen Wissenschaften, deren Gegenstand Texte des Altertums sind. Diese Angleichung an die neuzeitl. hist.-hermeneut. →Wissenschaftstheorie und -methodik (→Hermeneutik) entfaltete gegenüber dem jeweiligen kirchl. *Auslegungsmonopol* eine große Kraft. Gegen kirchl. (und polit.) Machtansprüche, die durch verbindl., vorgebl. überzeitl. geltende Auslegungen bibl. Texte legitimiert waren, konnte sie die Rekonstruktion des jeweils zeitgebundenen hist. Sinns eines Textes stellen. Dabei gilt die hist. Überprüfung nicht allein den Interpretationen, sondern auch den bibl. Texten selbst, z.B. dort, wo sie Verfasser- und Zeitangaben enthalten, die hist. falsifiziert und durch wissenschaftl. Hypothesen ersetzt werden. Nicht die Auslegung der hebr. Bibel ist mithin das Hauptinteresse zumindest der dt.sprachigen atl. Wissenschaft, sondern die *Rekonstruktion der Geschichte, Literatur- und Religionsgeschichte Israels,* für die die bibl. Überlieferungen selbst Materialien und Hinweise liefern.

*II.* In dieser Wendung von der *Auslegung* zur *Kritik* liegt zugleich die *Stärke wie die Schwäche* der hist.-krit. Exegese des AT: die Stärke insofern, als sie vernünftige, allg. einsichtige Kriterien der Textinterpretation anstrebt und keine bes., nur der Theologie vorbehaltene Interpretationslogik beanspruchtes – die Schwäche insofern, als die weithin vollzogene Reduktion der Exegese auf die Rekonstruktion des *Entstehens* eines atl. Textes (die nicht selten mit seinem *Verstehen* verwechselt wird) eine Verkürzung darstellt gegenüber den vielfältigen Bedeutungen und Bedeutungsebenen von bibl. Texten, wie sie z.B. in der Lehre vom vierfachen Schriftsinn (→Bibelwissenschaft C) zum Ausdruck kommen. Zudem hat das Aufklärungsinteresse der hist.-krit. Exegese Anteil an der »Dialektik der Aufklärung«. Denn auch hier wurde die →Emanzipation (von kirchl.-dogmat. Bevormundung) zu einer neuen →Herrschaft (der instrumentellen Vernunft). Aus einem Auslegungsmonopol wurde ein *Methodenmonopol*, indem nun allein die hist. Rekonstruktion mit dem Anspruch *wissenschaftl.* Exegese auftreten darf. Wie für die →Aufklärung insges. gilt auch hier, daß die Kritik an der zur Technik verkürzten →Vernunft keine Rechtfertigung unvernünftiger herrschaftslegitimierender Auslegung bedeutet. Ansätze vor allem in der angelsächs. atl. Wissenschaft (vgl. Childs, in Deutschland Rendtorff) zeigen Möglichkeiten, die Erkenntnisse der hist.-krit. Methode als Hilfsmittel der Exegese zu benutzen, aber deren Handhabung nicht mit der Auslegung selbst zu verwechseln, vielmehr das AT als Ganzes in seiner Endgestalt und in seinen inneren Beziehungen wahrzunehmen. Zur Aufgabe der atl. Wissenschaft wird erst dann wieder etwas scheinbar Selbstverständliches: *das* Buch auszulegen, das in den Synagogen und Kirchen als (Teil der) Bibel seit Jh.en gelesen wird.

*Lit.: H. J. Boecker/H.-J. Hermisson/J. M. Schmidt/L. Schmidt:* AT, Neukirchen-Vluyn, 2. Aufl. 1986. – *M. Buber:* Zwei Glaubensweisen (1950), in: Werke 1, München/Heidelberg 1962, 651-782. – *B. Childs:* Introduction to the Old Testament as Scripture, Philadelphia/London 1979. – *J. Ebach:* Babel und Bibel, in: *R. Faber/R. Schlesier (Hg.):* Die Restauration der Götter, Würzburg 1986, 26-44. – *O. Kaiser:* Einleitung in das AT, Gütersloh, 5. Aufl. 1984. – *H.-J. Kraus:* Geschichte der hist.-krit. Erforschung des AT, Neukirchen-Vluyn, 3., erw. Aufl. 1982. – *B. Lang:* Ein Buch wie kein anderes, Kevelaer/Stuttgart 1980. – *S. Mosnes:* Spuren der Schrift. Von Goethe bis Celan, Frankfurt/M. 1987. – *G. von Rad:* Theologie des AT, 2 Bde., München, 7. Aufl. 1987. – *R. Rendtorff:* Das AT. Eine Einführung, Neukirchen-Vluyn, 2. Aufl. 1985. – *H. Graf Reventlow:* Hauptprobleme atl. Theologie im 20. Jh. (Erträge der Forschung 173), Darmstadt 1982. – *Ders.:* Hauptprobleme bibl. Theologie im 20. Jh. (Erträge der Forschung 203), Darmstadt 1983. – *W. H. Schmidt:* Atl. Glaube in seiner Geschichte, Neukirchen-Vluyn, 6., überarb. und erw. Aufl. 1987. – *Ders.:* AT, in: *G. Strekker (Hg.):* Theologie im 20. Jh., Tübingen 1983, 1-60. – *W. Schottroff:* Theologie und Politik bei Emanuel Hirsch, in: Kirche und Israel 1/1987, 24-49; 2/1987, 137-158. – *H. Seebaß:* Der Gott der ganzen Bibel, Freiburg 1982.

*Jürgen Ebach*



## Altkatholische Kirche

*A. Selbstverständnis und ökumenische Bedeutung*

*I.* Die a.K. stellt sich der konfessionskundl. Forschung dar als Typ einer kath. Reformkirche (mit altkirchl. und ökumen. Ausrichtung), die bewußt den Weg der Mitte und der Vermittlung zwischen →Katholizismus und →Reformation, zwischen West- und Ostkirche gegangen ist. Entstanden aus verschiedenen Reformbewegungen und ihrem Widerspruch gegen die wachsende zentralist. Macht des →Papsttums, gründet sie ihr *Selbstverständnis* auf die Grundsätze: 1. »Was überall, immer und von allen geglaubt worden ist, ist wahrhaft kath.« (Vinzenz von Lerinum). 2. »Im Notwendigen Einheit, im Zweifel Freiheit, in allem Liebe« (augustinisch-ma. Tradition). 3. »Was alle betrifft, soll von allen beraten und entschieden werden« (ma. Recht).
Sie versteht Katholizismus als eine qualitative Größe (Ausrichtung auf das Ganze und Ursprüngliche hin) und spricht den einzelnen Ortskirchen die weitgehende Freiheit zu, auf ihre Zeit und Kultur einzugehen. Die Betonung der Freiheit des Gewissens (J. M. Sailer) und die Mitverantwortung von synodalen Gremien (→Synode) in der Leitung der Kirche sind weitere Merkmale.

*II.* Die Aktualität der altkath. Fragestellung wird schon daraus ersichtl., daß die unter Zusammenarbeit aller größeren Kirchen entstandenen Konvergenztexte von Lima (→Ökumenismus) von altkath. Seite vorbehaltlos bejaht werden können (A.K. Internationale Theologenkonferenz 1983, A.K. Deutschland 1985). Ökumen. Konvergenz führt von sich aus in die Nähe der altkath. Positionen. Die *Mittelstellung* der a.K. wird ebenfalls deutl. in der seit 1883 in Deutschland und der Schweiz praktizierten und 1931 im Bonner Agreement endgültig bestätigten Sakramentsgemeinschaft mit den →anglikan. Kirchen. In der BRD, in Österreich und der CSSR sind 1985 gemeinsame Erklärungen zur eucharist. Gastbereitschaft mit den →ev. Kirchen ausgearbeitet worden. Seit den Bonner Unionskonferenzen (1874-75) gibt es auch Unionsgespräche mit den →orthod. Kirchen des Ostens, ab 1974 in einer gemeinsamen Dialogkommission.

*B. Geschichte*

Die a.K. hat sich nicht von sich aus von Rom getrennt. In Holland war das Erzbistum Utrecht schon 1724 im Zusammenhang mit der jansenist. Bewegung (→Jansenismus) exkommuniziert worden. In Deutschland, der Schweiz und Österreich wurden nach 1870 die Gegner der päpstl. →Unfehlbarkeit und Universaljurisdiktion ebenfalls ausgeschlossen. Die dann gewählten Bischöfe erhielten von Utrecht aus die auch für Rom gültige Weihe (→Bischof) und standen damit in der apostol. Sukzession. 1889 wurde die *Utrechter Union* aller a.n K.n gegründet, der sich später die 1897 gegründete Polnisch-Kath. Kirche in den USA (heute auch Kanada), ferner deren (seit 1922 existierende) Tochterkirche in Polen sowie kleinere Kirchen in Jugoslawien und der Tschechoslowakei anschlossen. Die a.K. unterhält außerdem Pfarreien in Frankreich, Italien und Schweden. Sie wurde 1873-74 in Preußen, Hessen und Baden staatl. anerkannt. *Ignaz von Döllinger* (1799-1890), der bekannteste Theologe der altkath. Bewegung, wirkte in Bayern an einem Schwebezustand ohne staatl. Anerkennung des Vatikanums I mit, der bis 1890 dauerte.

*C. Lehre und theologische Beurteilung*

Die a.K. erkennt die *7 ökumen.* Konzile der →Alten Kirche (→Konzile) an. In der Eucharistielehre (→Abendmahl) wird an der Gegenwart Christi in Brot und Wein festgehalten; der Opfercharakter wird als »Vergegenwärtigung der himml. Darbringung« (Hebr 9) gemildert. Die röm.-kath. Verdienstlehre und das Ablaßwesen werden abgelehnt. Es werden 7 →Sakramente anerkannt. Taufe und Eucharistie bilden die Hauptsakramente. Die Weihe von Frauen zu Diakoninnen ist seit 1982 erlaubt.
Die röm.-kath. Konfessionsforschung betrachtete bis 1957 die a.K. als →Sekte (K. Algermissen). Seit dem 2. →Vat. Konzil wird der kirchl. Charakter anerkannt. V. Conzemius (1969) erkannte den altkath. Reformen eine gewisse Pionierfunktion zu. In der hist. Bewertung kommen sich röm.-kath. und altkath. Forschung heute näher (J. Finsterhölzl, P. Neuner, E. Keßler).

*Lit.: V. Conzemius:* Katholizismus ohne Rom, Zürich/Einsiedeln/Köln 1969. – *J. Finsterhölzl:* Die Kirche in der Theologie Ignaz von Döllingers, Göttingen 1975. – *E. Keßler:* Johannes Friedrich, München 1975. – *W. Krahl:* Ökumen. Katholizismus, Bonn 1970. – *U. Küry:* Die A.K., Stuttgart, 3. Aufl. 1982 (Lit.). – *C. B. Moss:* The Old Catholic Movement, London, 2. ed. 1964. – *P. Neuner:* Döllinger als Theologe der Ökumene, Paderborn 1979. – *Ch. Oeyen:* Die Bonner Unionskonferenzen, Bern 1972.

*Christian Oeyen*

## Altkirchliche Konzile

*A.* Konzile (Synoden) sind in der →Alten Kirche *übergemeindl. Treffen von Gemeindeleitern* (→Bischöfen) zur Beratung und verbindl. Lösung kirchl. Angelegenheiten in Fragen von Disziplin und →Lehre. Die Institution der A.n K. ist engstens mit der Ausbildung des monarch. Bischofsamtes verbunden. A.K. sind keine kirchl. Parlamente, sondern die einstimmigen Beschlüsse der Bischöfe sind vom →Hl. Geist inspiriert und daher prinzipiell nicht revidierbar. Jedes Konzil spricht für die Gesamtkirche, bezeugt sichtbar ihre Einheit. Kein Konzil ist einem anderen übergeordnet. Da bis in das 4. Jh. sich auf K.n nur Bischöfe eines Gebietes versammeln, ist die gesamtkirchl. *Rezeption* (Annahme) der Konzilsbeschlüsse wichtig, die durch Rundbriefe geschieht.

*B.* Sicher nachweisbar sind K. am *Ende des 2. Jh.s* in der Auseinandersetzung um den Ostertermin als Bischofsversammlungen eines sich in etwa an der Provinzeinteilung orientierenden geograph. Raumes (Syrien, Kleinasien, Palästina). Wichtig ist der *Austausch* der Beratungsergebnisse in Briefform. Ob es schon vorher in der Frage des Donatismus K. oder nur Debatten in den einzelnen Kirchen gab, ist umstritten. Sicher dagegen scheint, daß sich die Ausscheidung Marcions und der Gnostiker (→Gnosis) im 2. Jh. sowie die Herausbildung des →Kanons nicht konziliar abgespielt haben. Unklar ist, welchen Einfluß außerkirchl. Repräsentativgremien (Senat, Provinziallandtage) auf die äußere Form der K. hatten. Fragen von Lehre und Disziplin beschließende Versammlungen einzelner Kirchen (→Rom im Falle Marcions) und briefl. *Intervention* einer Kirche in die Angelegenheiten einer anderen (1. Clemensbrief) sind nur Vorstufen einer konziliaren Struktur. Das sog. Apostelkonzil (Apg 15) hat bei der Ausbildung der A.n K. keine Rolle gespielt und ist erst später als beispielgebend für alle K. angesehen worden.

*C. Das 3. Jh.* zeigt eine fast über die ganze →Ökumene verbreitete und so die *Einheit der Kirche* verwirklichende konziliare Struktur der Kirche. Zu K.n treten die Bischöfe von Fall zu Fall zur Regelung notwendiger Fragen zusammen, in Kleinasien unter Umständen schon regelmäßig. Auch *Häretiker und Schismatiker* (→Häresie, →Kirchenspaltung), wie Montanisten, Novatianer oder dann Donatisten, halten K. ab. Anscheinend haben Bischofsweihen, an denen mehrere Bischöfe teilnehmen mußten, wie dann auch Kirchweihen häufig den äußeren Anlaß für K. geboten. Die Beschlüsse jedes Konzils werden in Rundschreiben auch außerhalb der durch ihre Bischöfe beteiligten Kirchen bekanntgegeben und auf diese Weise von den nicht vertretenen Kirchen rezipiert. In Personalangelegenheiten stößt die Rezeption teilweise auf Probleme (Exkommunikation des →Origenes), aber wo Konzilsbeschlüsse nicht allg. rezipiert werden, zerbricht daran noch nicht die Einheit der Kirche. Bei der Ausscheidung häret. Lehren kommt es immer mehr zu konziliar ausgefochtenem *theol. Schulstreit,* bei dem auch →Laien als theol. Sachverständige aussagen können. Eine bes. Rolle auf den K.n nach den großen →Christenverfolgungen spielt die Behandlung der Abgefallenen (→Buße).
Am *Anfang des 4. Jh.s* begegnen nach dem Ende der diokletian. Verfolgung und der offiziellen Anerkennung der Kirche durch den röm. Staat fast gleichzeitig in Ost und West erstmals *Konzilskanones* zur autoritativen disziplinären Regelung des Gemeindelebens. Diese Kanones auch kleinster und regional ganz begrenzter K. sind sehr schnell von der ganzen Kirche übernommen und schon seit dem 4. Jh. unabhängig von den sie beschlie-

ßenden K.n als für die ganze Kirche verbindl. gesammelt worden (→Kanon. Recht). Mit dem Ausbau der Metropolitanstruktur der Kirche in Angleichung an die polit. Gliederung des Reiches entstehen seit Anfang des 4. Jh.s vor allem im Osten die regelmäßig abgehaltenen *Provinzialk.* als Bischofsversammlungen der Bischöfe einer Provinz unter der Leitung des Bischofs der Provinzhauptstadt (Metropolit). Darüber hinaus gibt es auch *Diözesansynoden*, bei denen der Bischof einer Diözesanhauptstadt die Bischöfe der zur Diözese gehörenden Provinzen versammelt. Die im 3. Jh. gewachsene Stellung der Bischöfe von Rom, Karthago und →Alexandrien läßt in →Afrika, →Ägypten und →Europa keine Provinzialsynoden entstehen, der röm. Bischof leitet die ital., der karthag. die afrik. und der alexandrin. Bischof die ägypt. K. als oberster Bischof je seiner Diözese.

*D.* Die wichtigste Zäsur in der Entwicklung der A.n K. bedeutete die →Konstantinische Wende mit der Entstehung der *kaiserl. Synodalgewalt.* Durch die Zahlung von Wiedergutmachungen für die in der Verfolgung erlittenen materiellen Schäden an die afrik. Kirche wurde *Konstantin* (306-337) mit dem donatist. Schisma und der Forderung der Donatisten konfrontiert, eine gerichtl. Untersuchung gegen den karthag. Bischof durchzuführen. Er befahl dem röm. Bischof mit einigen gall. Kollegen, die Klage der Donatisten in Rom zu untersuchen. Die Bischöfe kamen diesem Befehl in der traditionellen Form des Konzils nach (313). Ihre Beschlüsse referierten sie dem Kaiser, der sie akzeptierte und ihnen gleichsam Gesetzeskraft verlieh.

Die Kirche hat diesen Eingriff des Kaisers in ihre inneren Angelegenheiten, den er aus seiner traditionellen Verantwortung für die äußere Ordnung der rel. Dinge zu unternehmen sich gezwungen sah (da sich diese Verantwortung durch die Anerkennung des Christentums als für das Wohl des Reiches mitverantwortl. nun auch auf dieses beziehen mußte), nicht nur voll akzeptiert, sondern sich *der kaiserl. Macht* bei der Durchsetzung von Konzilsbeschlüssen (bes. in Personalangelegenheiten) auch zieml. skrupellos *bedient* und den →Staat bald durch Konzilsbeschluß zur Exekutierung kirchl. Konzilsbeschlüsse verpflichtet. Immer häufiger berief der Kaiser in Streitfällen K. auf Staatskosten ein, gab die Verhandlungsgegenstände vor und setzte die Beschlüsse dann durch. Derartige vom Kaiser berufene *Reichsk.* haben die konziliare Ausprägung und Formulierung des frühchristl. →Dogmas im *4. und 5. Jh.* fast ausschließl. bestimmt und fanden in den *Nationalsynoden* der german. Nachfolgestaaten des weström. Reiches ihre Fortsetzung. Die traditionelle Form des Konzils hat bes. in dem vom Metropoliten geleiteten Provinzialkonzil fortbestanden.

*E.* Als Kontantin die Herrschaft über den Osten antrat (324), war die Kirche dort im Streit um die Theologie des Arius (→Trinität, →Christologie) gespalten. Verschiedene regionale K. hatten sich für oder gegen Arius erklärt – seine *Exkommunikation* durch ein ägypt. Konzil war nicht rezipiert worden und die Einheit der Kirche darüber zerbrochen. Konstantin ging es darum, die *Einheit* wiederherzustellen, die Frage der *arian. Häresie* interessierte ihn weniger. In den Rahmen seiner (gescheiterten) Vermittlungsversuche gehört ein antiochen. Konzil (324/325), das erstmals ein *Synodalbekenntnis* als theol. Konsens formuliert, an dem Orthodoxie und →Häresie meßbar sind. Die von nun an übl. Synodalbekenntnisse sind von Fall zu Fall auf aktuelle theol. Fragen unter Benutzung traditioneller Formeln formuliert und nicht je bearbeitete *Taufbekenntnisse.*

Um die Einheit der Kirche wiederherzustellen, berief Konstantin im Frühjahr 325 nach *Nizäa* erstmals ein reichsweites Konzil ein. Das dort vom Kaiser wohl gegen die Mehrheit durchgesetzte →Bekenntnis, durch *Anathematismen* (Verfluchungssätze) präzisiert, erhielt Gesetzeskraft; Verweigerer wurden verbannt. Die Kanones zeigen den voranschreitenden Prozeß der Angleichung der kirchl. an die staatl. Strukturen. Die auf Nizäa folgenden K. erscheinen z.T. als der Kampf theol. Parteien um die Gunst des Kaisers. Eine gesamtkirchl. Rezeption der Beschlüsse von Nizäa findet nicht sofort statt. Erst nachdem sie sich nach einem langen Rezeptionsprozeß durchgesetzt hatten, bekam Nizäa als erstes reichsweites K. eine bes. Würde und galt als *ökumen. Konzil.*

Bis zum Ende der Alten Kirche sind sieben K. als ökumen. rezipiert worden, auf denen grundsätzl. Lehrfragen entschieden wurden (*Nizäa* 325; *Konstantinopel* 381; *Ephesus* 431; *Chalcedon* 451; *Konstantinopel* 553; 680; 787). Alle sind durch den Kaiser einberufen, durch ihn oder seinen Vertreter geleitet worden und fanden im Osten statt. Zu ökumen. K.n wurden sie allein durch die kirchl. Rezeption, die andere, ebenso reichsweit und allgemeinverbindl. gedachte K. nicht erlangten. Seine Rezeption als ökumen. ist das einzige Kennzeichen für die *Ökumenizität* eines Konzils; für den Westen gilt seit dem 5. Jh. die Zustimmung des röm. Bischofs als notwendig. Unter den ökumen. K.n gehören die mit den vier →Evangelien und den Paradiesesströmen verglichenen, für die →Trinitätslehre und →Christologie entscheidenden ersten vier auch zum Bekenntnisstand der reformator. Kirchen (→Reformation).

*Lit.: B. Botte u.a.:* Das Konzil und die K., Stuttgart 1962. – *G. Kretschmar:* Die K. der Alten Kirche, in: *H. J. Magull (Hg.):* Die Ökumen. K. der Christenheit, Stuttgart 1961, 13-74. – *H. J. Sieben:* Die Konzilsidee der Alten Kirche, Paderborn 1979.

*Hanns Christof Brennecke*

**Altprotestantische Orthodoxie**

*A.* A.O. ist der polem.-distanzierende Name für die seit 1555 sich ausbildende, im 17. Jh. vorherrschende und bis 1750 einflußreiche Gestalt des ev. Christentums und seiner Theologie; sie würde besser dem Zeitalter des →Barock zugeordnet. Freil. wird sie gekennzeichnet durch 1. die *konfessionelle* Prägung, die ein trotz getrennter Kirchen festgehaltener Wahrheitsanspruch erzwang; 2. eine *autoritative* Vermittlung der Lehre des wahren Glaubens (→Scholastik) und 3. eine *traditionalist.* Selbstverpflichtung, die reformator. Ziele in Abwehr der Gegenreformation festzuhalten und allseitig zu verwirklichen. Wie die Reformatoren des 16. Jh.s lebt die a.O. noch in der »menschl.«, räuml. begrenzten und zeitl. ihrem Ende nahen Welt der Bibel; sie hat kein Motiv für eine naturwissenschaftl. Beherrschung der Natur und für die Arbeit am geschichtl. Fortschritt und gilt daher der pietist. und aufklärer. »Hoffnung besserer Zeiten« als tatenarm und lebensfern. Selber versteht sich die a.O. jedoch prononciert als praktisch: Der Umfang der Bibelauslegungen, Predigten, Lieder und anderer Erbauungsliteratur übersteigt den der dogmat. Literatur vielfach, von der geistl. Musik (H. →Schütz, J.S. →Bach) zu schweigen; auch die akadem. Theologie will dem »Gebrauch des Lebens« dienen und definiert sich daher nicht als abstraktes System, sondern als »prakt. Fertigkeit, die Sünder zum Heil zu führen«. So empfand sie auch deutl. die bestehenden Defizite frommen Lebens und suchte ihnen abzuhelfen durch Intensivierung der Innerlichkeit (auch myst. Traditionen aufnehmend, J. Arndt) und durch Verchristlichung der Gesellschaft (J. V. Andreä). »Pia desideria«, d.h. prakt. Verbesserungspläne, sind nicht auf »Reformorthodoxie« oder »Frühpietismus« beschränkt, sondern waren der a.O. als solcher eigentümlich. Nicht rezipieren konnte sie allerdings die spiritualist. Auflösung der institutionellen Kirche als solcher (J. Böhme); denn sie repräsentierte gerade die Zuordnung von Glaube und Bildung, von Kirche und Staat. Ihre Theologie erhob daher immer auch *polit.* und *philos.* Ansprüche, fühlte sich insbes. fähig und verpflichtet, als erste Fakultät die anderen Wissenschaften und Künste ihres göttl. Rechts zu vergewissern, sie aber auch theol. Bedürfnissen anzupassen.

*B.* Theologiehist. ist die a.O. ein vielfältiges, von starken *Spannungen* geprägtes Phänomen. Spätestens seit der Konkordienformel 1577 war klar, daß es eine »luth.« und eine »reform.« Verwirklichung der Reformation gab; die gegenseitige kirchl. Anerkennung, die Versuche, »fundamentale Glaubensartikel« auszumitteln, und mehrere Religionsgespräche (→Reformation) machten das nur deutlicher. Verschieden entwickelten sich die Bedeutung von →Bekenntnis und von →Kirchenverfassung, das Verhältnis zur Modernisierung des Staates (→Absolutismus), die Einschätzung der Philosophie und die dogmat. Positionen (Sakramente, Christologie, Prädestination). Die *luth.* O. hatte sich mit der Konkurrenz zwischen Melanchthonschen und Lutherschen Motiven auseinanderzusetzen. Eher luth. geprägt waren die Sakramentenlehre und die →Christologie sowie die theol. Methode und ihr aristotel. Instrumentarium (Logik, Metaphysik), eher melanchthon. dagegen die lehrhaft-jurid. Abzweckung der Schriftlehre (wörtl. →Inspiration), die forens. Zuspitzung der →Rechtfertigungslehre und die (naturrechtl. argumentierende) Erwählungslehre. Unterschiedl. *Synthesen* bildeten vor allem Wittenberg, Jena und Helmstedt, das auf die Konfessionskriege mit einer deutlicheren Unterscheidung von Glaube und Theologie sowie mit einer »synkretist.« (d.h. für die Union der Kirchen auf Grund der altkirchl. Lehrübereinstimmung offenen) Position reagierte. Die *reform.* O. erscheint wegen ihres schärferen ekklesiolog. Gegensatzes zu Rom einerseits geschlossener als die luth.; andererseits prägte sie sich in den einzelnen Kirchen recht unterschiedl. aus. Ein erstes Zentrum war Genf, theol. an →Calvin und an dessen Prädestinationslehre (um die Lehre vom »prakt. Rückschluß« auf die Erwählung ergänzt), philos. an der aristotel. Tradition orientiert. Beides wurde im 17. Jh. von den neuen niederländ. Universitäten fortgeführt (Leiden; Franeker). Daneben entstanden andere, zwinglian. und melanchthon. Motive fortbildende Richtungen, v.a. in Deutschland. Eine gewisse Festlegung brachte die Dordrechter Synode 1618/19, die zwar nur eine mildere Prädestinationslehre verbindl. machte, jedoch den Heilsuniversalismus der (ramist.) Arminianer ausschloß. Eigenständig blieb die angelsächs. O. insbes. in ihrer presbyterialen Verfassung und ihrer prakt. so wirksamen Föderaltheologie (Westminster Confession 1647). Die hugenott. O. bildete bald die Lehre von der Vorherbestimmung universalist. um und übernahm in der →Exegese aufklärer. Kriterien.

*C.* Neue Entwicklungen brachten die a.O. schließl. an das Ende ihrer Plausibilität: in rel. Hinsicht veränderte Ansprüche der Frömmigkeit auf individuelle Erfahrung und soziale Verbesserung; in polit. Hinsicht die Auflösung der Symmetrie von kirchl. Bekenntnis und staatl. Recht (der souveräne, rel. tolerante Staat); in wissenschaftl. Hinsicht schließl. der Verlust der Führungsrolle an Jurisprudenz und Philosophie.

*Lit.:* Ev. Kirchenlexikon (1. Aufl.) II (1958), 1753-1763. – Religion in Geschichte und Gegenwart (3. Aufl.) IV (1960), 1719-1730. – Handbuch der Dogmen- und Theologiegeschichte 2 (1980), 306-352; 3 (1984), 71-96. – *W. Elert:* Morphologie des Luthertums, Hamburg 1931/32 (3. Aufl. 1965). – *M. Greschat (Hg.):* O. und Pietismus (Gestalten der Kirchengeschichte 7), Stuttgart u.a. 1982. – *E. Hirsch:* Hilfsbuch zum Studium der Dogmatik, Göttingen 1937 (5. Aufl. 1974). – *H. Leube:* Kalvinismus und Luthertum im Zeitalter der O., 1. (einziger) Bd.: Der Kampf um die Herrschaft im prot. Deutschland, 1928 (Nachdruck Aalen 1966). – *Ders.:* O. und Pietismus. Ges. Studien, hg. von D. Blaufuß, Bielefeld 1975. – *Th. Mahl-*

*mann:* Art. O., II., in: Hist. Wörterbuch der Philosophie, Bd. 6, 1382-1385. – *C. H. Ratschow:* Luth. O. zwischen Reformation und Aufklärung, Gütersloh 1964/65. – *H. E. Weber:* Reformation, O., Rationalismus, 1937/51 (Nachdruck Darmstadt 1966). – *MM. Wundt:* Die dt. Schulmetaphysik des 17. Jh.s, Tübingen 1939. – *W. Zeller:* Theologie und Frömmigkeit. Ges. Aufsätze, Bde. 1 und 2 (Marb. theol. Studien 8 und 15), Marburg 1971 und 1977.

*Walter Sparn*

**Amerika.** Geograph. gesehen besteht A. aus zwei Erdteilen, *Nord- und Süda.*, die auf der Westseite durch die zentralamerik. Landbrücke und auf der Ostseite durch den karib. Inselbogen verbunden sind. Die typ. nordsüdl. orientierte landschaftl. Gliederung A.s hat die humangeograph. Entwicklung maßgebl. bestimmt. Im Osten bildet eine mehr oder weniger ausgedehnte Mittelgebirgsregion eine Barriere gegen ein Eindringen nach Westen; diese Barriere wird aber an mehreren Stellen durch Flußpforten durchbrochen. Die Mitte Nord- und Süda.s besteht aus breiten Ebenen, deren ausgefächerte Flußsysteme und offene Grasländer große Bewegungsfreiheit bieten. Als schiefe Ebene, hier und dort unterbrochen durch Schichtstufen, steigen diese weiten Flußbecken zur westl. Gebirgsregion hin. Die nordsüdl. orientierten Kordilleren sind durch trockene hochgelegene Beckenlandschaften unterbrochen und reichen bis zur Pazifikküste hin. Auch in dieser Region ist eine Ost-West-Bewegung nur durch einige Flußpforten und Hochpässe möglich.

*A.* Die *Ureinwohner* A.s, die sog. →»Indianer«, stammen vorwiegend von eiszeitl. Einwanderern ab, die über die Bering-Brücke von Nordostasien, evtl. auch über eine arkt. Eisbrücke aus Nordwestasien/Nordeuropa, kamen und sich langsam nach Süden ausbreiteten. Die Domestizierung einiger Pflanzen, insbes. Mais und Kartoffel, ermöglichte das Seßhaftwerden einiger Stämme in neolith. Dorfgemeinschaften, aus denen mit der Zeit, vorwiegend in Mittel- und Süda., verschiedene *Hochkulturen* und Staatengebilde entstanden. Da sich Indizien für vor- und frühgeschichtl. Kontakte mit →Europa, →Afrika, →Asien und den Südseeinseln mehren, ist eine interkulturelle Befruchtung nicht auszuschließen; dennoch ist die Eigenständigkeit der amerik. Indianerkulturen nicht zu leugnen.

*B.* Während kelt. und nordgerm. Kontakte im MA. ohne dauerhafte Folgen blieben, hat die neuzeitl. »Entdeckung« A.s durch Christoph Kolumbus 1492 und die darauffolgende europ. *Kolonialisierung* die alten Indianerkulturen weggefegt und das heutige Bild A.s geformt. So besteht die »Neue Welt« heute aus einem engl.sprachigen Nordteil (im wesentl. USA und →Kanada) und einem span.-portug. Südteil, das sog. Lateina., das mit Mexiko und Kuba beginnt und bis Chile und Argentinien nach Süden reicht. Hinzu kommen einige franz. und holländ. Kulturinseln – Reste der kolonialen Vergangenheit dieser Nationen; dazu zählen Quebec in Kanada, Haiti und andere Karibikinseln sowie Guyana und Surinam in Süda. Auch engl. Kulturinseln gibt es im Karibikraum, wie die Bahamas, Belize, Jamaica und Brit. Guyana usw. In den Vereinigten Staaten sind Kolonien der Schweden, Holländer, Spanier, Franzosen, Russen und Dänen aufgegangen, aber das kulturelle Erbe dieser und anderer Einwanderervölker, wie Deutsche, Polen, Italiener usw., haben sich teilweise in ländl. und großstädt. Inseln bis heute erhalten. Auch in Kanada und Süda. haben Einwandererkulturen in ähnl. Weise überlebt. Mit den Kolonialherren und Einwanderern verpflanzte sich die rel. Vielfalt Europas und Asiens in die Neue Welt.

*C.* Für die weitere Entwicklung A.s war der *Unabhängigkeitskampf* der dreizehn engl. Kolonien Norda.s (1776-1783) von maßgebender Bedeutung. Aus ihm gingen die →Vereinigten Staaten hervor. Sein revolutionärer Impuls griff nicht nur auf →Frankreich, sondern auch auf die span. Kolonien Lateina.s über. So entstanden eine Reihe größerer und kleinerer Staaten, die äußerl. nach dem Modell der nordamerik. Republik organisiert, jedoch gesellschaftl. noch nach dem feudalist. iber. Modell von der kleinen Schicht der Großgrundbesitzer und Militärs beherrscht wurden. Ab der 2. Hälfte des letzten Jh.s machte sich ein nordamerik. (US-)*Wirtschaftsimperialismus* in Lateina. und der Karibik breit, der im Namen der →Freiheit das Aufbegehren der Unterdrückten als Banditentum und →Kommunismus bekämpfte und unheilige Allianzen mit lokalen Herrschaftsstrukturen einging. Auch droht ein gewisser Kulturimperialismus der USA die Kulturen der anderen Länder A.s zu überfremden. Dennoch dürfen die positiven Beiträge der (US)A.ner zur Abwehr des europ. Imperialismus und der wirtschaftl. und kulturellen Entwicklung der anderen amerik. Staaten nicht vergessen werden: In vieler Hinsicht sind die USA für sie immer noch Vorbild; nur führt der Versuch, selbständige Wege zu gehen, häufig zu Konflikten mit dem mächtigen Nachbarn im Norden, der vor massiven militär. und wirtschaftl. Interventionen nicht immer zurückschreckt.

*Lit.:* → *Indianer,* → *Lateina.,* → *Mittela.,* → *Vereinigte Staaten,* → *Kanada.*

*Thomas Riplinger*

**Amosbuch.** »Es ist aber auch hefftig vnd schilt das volck Jsrael fast durch das gantze buch aus«, so urteilt *Luther* in der Vorrede der Bibelübersetzung über Amos. Und *E. Bloch* sagt, Amos habe wie kein anderer »den roten Hahn« gesetzt. Tatsächl. ist dieser früheste der Schriftpropheten (→Prophet) der schärfste Kritiker der sozialen und kult. Verhältnisse und der härteste in der Ansage von Unheil über das ganze Volk als Folge des Unrechts. *»Das Ende meines Volkes Israel ist gekommen«* (8,2).

*A.* Wenig wissen wir über den *Menschen Amos*, sein Auftreten, sein Selbstverständnis. Nach den spärl. Angaben des A.s (1,1; 3,8; 7,10-17) war er Maulbeerfeigenveredler und Viehzüchter aus Tekoa (in Juda?), der im Nordreich Israel im Staatstempel zu Betel zur Zeit Jerobeams II. um 760 mit Sprüchen gegen König und Volk auftrat. Er gehörte keiner Prophetengilde an, sondern wurde von Jahwe aus seinen Lebenszusammenhängen herausgerissen und zum Prophezeien genötigt (nicht zum Propheten*amt*, Amos belegte sich selbst nie mit dem *Nomen* »Prophet«, wohl »prophezeit« er). Prophezeien bedeutet weniger: etwas *vorher*sagen als: was ist und seine Folgen *offen heraus*sagen. Das Heraussagenmüssen (in 3,8 mit der Furcht beim Brüllen eines Löwen verglichen) heißt für Amos: Unheil ansagen müssen!

*B.* Das A. ist kein *Werk des Propheten* selbst, sondern eine auf Amossprüche zurückgehende, *mehrere Bearbeitungsstufen umfassende Komposition* (in der jetzt vorliegenden Form frühestens spätvorexil. Zeit). Das A. entstand also, als sich der von Amos angesagte Untergang des Nordreichs (722 v. Chr.) längst vollzogen hatte. Doch bleiben die Tradenten der Amossprüche in Juda nicht bei der Konstatierung ihrer Erfüllung stehen, sondern bearbeiten und erweitern sie so, daß sie die Botschaft des Amos krit. auf ihre eigenen Verhältnisse beziehen. Auf einer weiteren Bearbeitungsstufe wird die Unheilsbotschaft des Amos in einen größeren geschichtl. Zusammenhang hinein interpretiert. Nun kommt eine jenseits der Katastrophe mögl. neue Heilszeit stärker in den Blick, ohne daß die Schärfe der Kritik abgebogen wäre. So ist das A. Zeugnis eines mehrschichtigen Vorgangs von Überlieferung und Neuinterpretation. Eine Frage gegenwärtiger Bibellektüre: Was hat uns der in konkreter Lage, zu konkreten Adressaten redende Amos *heute* zu sagen?, war somit die Frage, die zur Entstehung des A.s führte. Deshalb geht es nicht um Aussonderung von Zusätzen und Erweiterungen vom »echten« Amos, sondern bei möglichst genauer Beachtung der verschiedenen Stufen zwischen dem Auftreten des Amos und dem jetzt vorliegenden A. um das Erfassen jener Vermittlung von Tradition und Neuinterpreation.

*C.* Im *Aufbau* zeigt sich die literar. Komposition des A.s.

*I.* Den *Rahmen* bildet der Zyklus der Drohsprüche über Nachbarvölker (1-2), die (vielleicht schon für die Amoshörer überraschend) nicht in Heilszusage, sondern in um so schärfere Kritik und Unheilsansage gegenüber dem eigenen Volk einmünden, und der Zyklus der Visionen (7-9), in denen sich die bevorstehende Katastrophe zunehmend als unausweichl. zeigt. Beide Zyklen erfuhren Erweiterungen. So zeigt neben anderen die Einfügung des Spruchs über Juda (2,4f.) die genannte selbstkrit. Neuinterpretation. In die Visionen eingefügt wurde der Bericht über den Konflikt des Amos mit dem Staatspriester Amazja (7,10-17); angefügt wurde der Schluß des A.s, der (vielleicht anknüpfend an Hoffnungen des Amos selbst auf eine nach dem Unheil mögl. Wiedergeburt des Reiches Davids) das Unheil in einer weiterreichenden Heilsverheißung perspektiviert (9,7-15).

*II.* Der *Mittelteil* des A.s (3-6) enthält z.T. erweiterte sozial- und kultkrit. Amossprüche. Die Sozialkritik setzt an bei den gesellschaftl. Umschichtungen der Königszeit. An die Stelle der alten Familien- und Sippenstruktur, die auf dem Besitz eines Erblandes basiert, tritt zunehmend ein zentrales Verwaltungs-, Steuer- und Latifundiensystem. Es kommt bei gleichzeitiger Zunahme von Handel und Geldwirtschaft zur Verarmung ehemals freier Bauern, zu Land- (und damit Rechts- und auch Kultrechts-) Verlust, zuletzt zu Schuldsklaverei (2,6). Recht, das einst die tendenziell egalitäre Gesellschaftsordnung sichern sollte, legitimiert in tendenzieller Klassengesellschaft die Ungleichheit. So kann sich Amos nicht auf kodifiziertes Recht berufen, sondern nur auf Jahwe selbst, auf den Gott, den Israel in der Frühzeit als Retter gegen die Übermacht erfuhr und der nun gegen die Übermacht in Israel selbst und deren Gewalt gegen die Schwachen derselbe sein werde (Kap. 2 im Zusammenhang!). Amos ist Realist genug, als Folge des Unrechts Unheil für das ganze Volk zu sehen. Denn Ausbeutung und Unterdrückung sind für ihn keine Fehler im System, sondern Ausweis eines verfehlten Ganzen. Betroffen ist auch der Kult. Amos deckt auf, daß ein Kult, in dem die Gabe des Landes *an* Israel im Dank aktualisiert wird, zum Hohn wird, wenn *in* Israel Menschen um ihr Land (und damit ja auch um ihre Kultrechte) gebracht werden. Der Widerspruch zwischen Anspruch und Realität wird bes. deutl., wo Amos geprägte Formen und Satzmelodien mit anderen Inhalten verfremdet und damit »bis zur Kenntlichkeit verfälscht« (z.B. 5,1f., ein Leichenlied auf das scheinbar blühende Israel!).

*D.* Wie Amos statt einzelner Mißstände einen Unrechtszusammenhang sieht, so sieht er nicht den Zusammenbruch einzelner Institutionen, sondern eine umfassende *Katastrophe*, in der der Feind (Assyrien), das Schwert und die sich selbst rächende Erde zusammenwirken. Doch es geht nicht um einen Automatismus, sondern um eine von Gott gewirkte Zusammenballung von Unheil als Folge von Unrecht. Dagegen und darüber hinaus kann deshalb auf ein »vielleicht« (5,15) der Rettung eines Rests durch denselben Gott gehofft werden. So zeigt die Prophetie des Amos und das A., wie schärfste Kritik und hellsichtiger Realismus ohne Resignation mögl. sind. Das A. heute so zu lesen heißt, die Impulse seiner Entstehung aufzunehmen.

*Lit.: K. Koch:* Die Profeten I, Stuttgart u.a. 1978. – *Ders. (und Mitarbeiter):* Amos. Untersucht mit den Methoden einer strukturellen Formgeschichte, Neukirchen-Vluyn

1976. – *L. Markert:* Amos/A., in: Theol. Realenzyklopädie 2, 471-487 (Lit.) – *R. Rendtorff:* Das AT. Eine Einführung, Neukirchen-Vluyn 1983, 232-235. – *H. W. Wolff:* Joel und Amos (Bibl. Kommentar AT 14/1), Neukirchen-Vluyn 1969 (2. Aufl. 1975). – *Ders.:* Die Stunde des Amos. Prophetie und Protest, München 1969 (4. Aufl. 1979).

*Jürgen Ebach*

**Amt** kann allg. bestimmt werden als *ständige, rechtl. umschriebene öffentl. Funktion* im Rahmen einer Herrschaftsausübung. Im Sinne christl. Kirchen und Theologie meint A. eine entspr. theol. legitimierte Funktion in einer →Kirche oder →Gemeinde, die in deren offiziellem Auftrag oder Namen wahrgenommen wird. Grundlegend für die kirchl. Ämter sind Regelungen für A.sübertragung, A.sverlust, für die theol. zu bestimmenden Vollmachten sowie die Bedingungen, unter denen die wahrgenommenen Funktionen gültig sind. Kirchl. Ämter setzen in der Regel einen hohen *Stellenwert von kirchl. →Institutionen* sowie einen gewissen →Organisationsgrad voraus. Der Höhe des Organisationsgrades entspricht in der Regel der Stellenwert des A.s.

*A. Der neutestamentliche Befund*

Vor allem die Großkirchen haben ihren Strukturen *hohe Aufmerksamkeit* zugewandt. Strukturfragen, immer auch mit Machtfaktoren verbunden, spielen zudem im Verhältnis der Kirchen zueinander eine zentrale Rolle. Dabei bildet der ntl. Befund die grundlegende Basis in Argumentation und Kommunikation.

*I.* Je nach Standpunkt werden auf Grund krit.-hist. Rekonstruktion in der Kirche der ntl. Zeit die ersten kirchl. Ämter vermutet. Unbestreitbar ist, daß es schon von Anfang an (vielleicht schon zur Zeit der Jüngerschaft Jesu) öffentl. Funktionen gab, die man als Vorläufer der späteren Ämter benennen könnte. So gab es einen *Zwölferkreis* als Zeichen der 12 Stämme und Repräsentanten des Neuen Israel (Mk 13,9-19; Mt 19,28); die Leitung der *Jerusalemer Gemeinde* durch »Apostel«, durch ein Dreiergremium (Jakobus, →Petrus und Johannes; Gal 2,9) oder durch Jakobus allein (Apg 15,13; 21,18), der als Bruder Jesu eine hohe Autorität besaß; die Funktion der (vermutl. hellenist.) Diakone in der Urgemeinde, dessen bekanntestes Mitglied Stephanus als der erste →Märtyrer der Christenheit gilt (Apg. 6). Unbestreitbar ist gleichzeitig, daß »Apostel und Propheten« (Eph 2,20) evtl. zusammen mit »Lehrern« und weiteren Ämtern (1 Kor 12,28) in früher Zeit eine grundlegende *Vielzahl von Aufgaben* umschreiben, die nicht einander einfach vorgeordnet oder aufeinander reduziert werden können.

*II.* Schließl. ist allg. die Tatsache akzeptiert, daß die frühe Kirche teils aus dem Judentum (→Presbyter; z.B. 1 Tim 5,17f.), teils aus hellenist. Umwelt (Episkopen, d.h. →Bischöfe; z.B. 1 Tim 3,2, insgesamt im NT nur fünfmal bezeugt) *Strukturen übernommen* hat, daß zugleich die sakrale Dimension solcher Ämter zumindest zurückhaltend behandelt wurde (die sakralen Titel der hellenist. und jüd. Umwelt tauchen nicht auf). Allen voraus gehen die →*»Apostel«*, die (gleich ob Augenzeugen von Leben und Auferstehung Jesu oder nicht) Gemeinden gegründet, zunächst in ihr eine letzte Autorität ausgeübt und zugleich die Verantwortung für *alle* Kirchen gemeinsam getragen haben.

*III.* Unbestritten ist schließl., daß die Namen und Funktionsbeschreibungen *zu Beginn fließend* sind und an sich über die theol. Qualität dieser Ämter nichts aussagen können, daß aber eth. normative Aussagen (A.sträger haben zu dienen, Mt 10,24 u.ö.) und das Verständnis von Jesus Christus, Heil und Kirche einfließen. In diesem Zusammenhang sind die sakral-krit. Aussagen des →Hebräerbriefs und der Paulusbriefe ebenso von Bedeutung wie die Aussagen zum allg. Priestertum der Gläubigen (1 Petr 2,9; Offb 1,5f.), dem zufolge Getaufte es nicht nötig haben, daß sie jemand belehrt (1 Joh 2,27). Schließl. läßt 1 Kor 12-14 erkennen, daß es Gemeinden gab, die an festgelegten Ämtern kein Interesse zeigten (→Charisma). In Erinnerung zu rufen sind auch die Pastoralbriefe (→Timotheusbriefe, →Titusbrief), in denen sich eine festgefügte Gemeindeordnung mit A.seinsetzung durch Handauflegung ankündigt.

*B. Die geschichtliche Entwicklung*

*I.* Die Schwierigkeit ökumen. Gespräche beginnt mit der Frage nach dem Stellenwert der bald *einsetzenden Entwicklung*, in der sich allmähl. feste Traditionen herauskristallisieren: Die Ämter des Presbyters und des →Bischofs werden zusammen mit dem Diakon zu einem *Drei-Stufen-Modell* vereinigt, das sich in den →kath. wie orthod. Kirchen bis heute erhalten hat (→Priester). Das bischöfl. Leitungsamt erhält gegenüber der Aufgabe der Lehrer und der bald krit. betrachteten Propheten ein starkes Gewicht; anderen Funktionen wird kaum mehr Beachtung geschenkt. Die leitende Rolle der Bischöfe wird durch Auseinandersetzungen mit →Gnosis und als bedrohl. empfundenen Lehrabweichungen verstärkt. Sie befinden in kollegialer Entscheidung über gemeinsame, regional- oder gesamtkirchl. Angelegenheiten (→Synode). Presbyter werden ihnen als ein Kreis von Helfern zugeordnet.

Mit dem 1. Klemensbrief (96 n.Chr.), vor allem mit Ignatius von Antiochien (gest. um 110), beginnt eine erste *Überhöhung des bischöfl. A.s:* Vergleiche zum Alten Bund werden hergestellt, die Apostel als die Vorgänger des Bischöfe präsentiert und dadurch in Verbindung zu Person und A. Christi gesetzt. Ignatius beschwört die Einheit von Eucharistie, Kelch, Altar und Bischof und zeichnet damit die Entwicklungen der folgenden Jh.e vor. Zur *Sakramentalisierung* des A.sverständnisses (Handauflegung und →Weihe) und liturg. geprägten Funktionsbestimmung (Vorsteherschaft bei der Eucharistie) ist nur noch ein kleiner Schritt. Im Rahmen von staatl. monarch. A.sstrukturen entwickelt sich zudem ein monarch. A.sverständnis, das sich nach der →Konstant. Wende endgültig in Analogie zu hohen Staatsämtern stabilisiert und im Rahmen volkskirchl. Strukturen der aktiven Mitwirkung von Gemeinden nicht günstig gesinnt ist. Kooperative Elemente bleiben nur für das Zusammenwirken von Bischöfen erhalten (→Synode). Seit dem 5. Jh. ist diese Grundstruktur der kirchl. Ämter stabil. Die theol. Begründung wird vielfach vertieft und modifiziert, führt aber keine qualitativ neuen Elemente ein. Die kath. Kirchen nehmen diese Entwicklung als unumkehrbar und von Gott gewollt an. Viele andere Kirchen sehen in ihr ein kultur- und epochenbedingtes Phänomen, das im Interesse der wahrzunehmenden Aufgaben jeweils neu zu gestalten ist.

*II.* Die →*orthod. Kirche* betont in ihrem A.sverständnis bis heute, daß eine gegenseitige Abhängigkeit zwischen dem A. und der *Gemeinschaft der Kirche* besteht, d.h., es eigentl. »nichts Derartiges wie ›un-geweihte‹ Personen in der Kirche gibt«, denn jeder Getaufte ist »Glied eines bestimmten ›ordo‹ in der eucharist. Gemeinschaft« (J. N. Karmiris). Die hierarch. Struktur der Kirche mit dem dreigliedrigen A. ist somit in dem Sinne zu verstehen, »wie die Hl. Dreifaltigkeit selber hierarch. ist: aufgrund der Eigentümlichkeit der Beziehungshaftigkeit und nicht als Ergebnis eines ontolog. oder moral. Bewertens und Richtens« (J. D. Zizioulas). Daher wird die Rolle des Bischofs als des sichtbaren Mittelpunkts der Einheit in der eucharist. Gemeinschaft bes. betont. Die *bischöfl. Nachfolge* von den Aposteln her stellt im Leben und Bau der Kirche eine der wesentl. Voraussetzungen ihrer Einheit dar, ohne daß der Bischof die anderen, von ihm stets durch Handauflegung geweihten A.sträger je von der Gesamtgemeinde isoliert gesehen hätte oder ihr – als den »Laien« – gar gegenübergestellt worden wäre: vielmehr hat in ebendieser Eucharistiegemeinschaft *jeder ein best. A.*, das aber immer auf das Ganze ausgerichtet ist.

*III.* Eine *Sonderentwicklung des Westens* setzt gegenüber dem Osten zwei eigene Akzente:
*1.* Der Bischof von Rom erringt – zumal nach dem Untergang des Weström. Reichs und im Rahmen der späteren Polarität von geistl. und weltl. Macht – vor seinen Mitbischöfen schubweise einen immer stärkeren Vorrang (→Papst), der rechtl. abgesichert wird und im universalen Herrschaftsanspruch Gregors VII. (1073-1085; Dictatus papae, 1075) einen ersten, auf dem 1.→ Vat. Konzil einen letzten Höhepunkt erreicht.
*2.* Mit dem 12. Jh. setzt eine starke *Verrechtlichung* aller Ämter ein. »Hierarchie«, d.h. unangreifbare, im Namen Gottes ausgeübte →Herrschaft (Dionysius Areopagita, 6. Jh.), wird zum kirchenrechtl. entscheidenden, jurid. ausgestalteten Grundbegriff. Schon seit dem 8. Jh. können Priester ordiniert werden, ohne für den Dienst in einer Gemeinde bestimmt zu sein. So wird das Verständnis des *priesterl.* A.s von der Funktion der Gemeindeleitung und Wortverkündigung abgezogen und auf die *Weihegewalt* als eine liturg. Sakralvollmacht reduziert; das A.sverständnis des Bischofs wird zusätzl. auf die Fülle rechtl. Vollmachten *(Hirtengewalt)* hin weiterentwickelt. Beide Gewalten aber verlieren ihre gegenseitige Integration, weil die Weihe- und Hirtengewalt je auf ihre Weise verabsolutiert worden sind. Neben der noch einsetzenden Fiskalisierung kirchl. A.sfunktionen ist damit der Grund gelegt für den späteren Protest, den die Reformation äußert und durch Jh.e aufrechterhält.

*IV.* In der Zeit der →*Reformation* gelingt es auf der Basis der traditionellen A.stheorie und mit den Mitteln der überkommenen A.sstrukturen nicht mehr, die Einheit der Kirche zu wahren. *M.* →*Luther* schafft die Ämter nicht ab, relativiert sie aber im Namen des allg. Priestertums in ihrer sakramentalen Begründung. Ein »Wesensunterschied«, der →Laien und →Kleriker qualitativ unterscheidet, wir abgelehnt. Das A. wird streng funktional begründet. Erste Aufgabe der Pfarrer sei es, Gottes Wort zu verkündigen und die Sakramente darzureichen, wie es später vom →Augsburger Bekenntnis festgelegt wird (Confessio Augustana 5). Doch bleibt die rechtmäßige Berufung (Vokation) für Luther in Opposition zu den radikaldemokrat. Konzepten der reformator. Linken ein wesentl. Element (→Ordination). *J.* →*Calvin* legt zudem ein differenziertes Konzept von drei verschiedenen Ämtern vor, das in Abwandlungen von den reform. Kirchen übernommen wurde (→Presbyter, Presbyterialverfassung) und sich als stabil, funktionsfähig und bibl. begründbar erwiesen hat.

*V.* Die *elementaren Unterschiede* zwischen der kath.- sakramentalen und den ausgesprochen sakramentskrit. A.skonzeptionen lassen sich nicht leugnen, aber sie müssen gemäß jüngeren Untersuchungen auch nicht kirchentrennend wirken. Probleme entstehen sozusagen im Vorfeld, weil im Übergang zu reformator. und reform. Kirchen die klass. *A.sübertragung erloschen* ist, worauf die kath. Kirche allen Nachdruck legt (apostol. Sukzession; →Apostel). Luther setzt (immer noch auf eine Versöhnung hoffend) »Notbischöfe« ein. Indem die kath. Kirche aber die A.snachfolge strikt an eine Kette von Handauflegungen bindet, zwingt sie die ev. Kirchen in der Folgezeit zur unzweideutigen Reaktion: Im A.sanspruch der kath. Kirche zeige sich eine widerchristl. und dem Wort Gottes widersprechende A.sanmaßung. Diese Entwicklung hat bis in die erste Hälfte unseres Jh.s hinein zu einer *unversöhnl. Situation* geführt, allerdings mit einer bemerkenswerten Asymmetrie. Während die ev. Kirchen die Ämter der kath. Kirche als gültig funktionierende Ämter anerkennen, wird von seiten der kath. Kirche diese Anerkennung den Ämtern der ev. Kirchen nach wie vor verweigert. Umgekehrt ist die Ämteranerkennung durch die ev. Kirche die Kehrseite der Tatsache, daß dem A. nach ihrem Verständnis eine qualitativ andere, näml. funktionale, keine heilsvermittelnde Bedeutung zukommt, wie das gemäß ihrer Interpretation im kath. A.sverständnis der Fall ist. Dies hat das das Gespräch zusätzlich erschwert.

*C. Ökumenische Verständigung*

*I.* Seit den 50er Jahren hat die ökumen. Annäherung die Situation weitgehend *entspannt.* Die gegenseitigen Gespräche haben zu wichtigen Ergebnissen geführt: 1. Allg. wird anerkannt, daß die Ämter sich in den ersten Jahrzehnten nach Jesu Tod *entwickelt* haben und von einem bibl. normativen Standpunkt aus zu beurteilen sind. Damit ist eine gemeinsame Gesprächsbasis geschaffen. 2. In den Gesprächen wird zwischen *»Wesen«* (dem A.sverständnis) und tatsächl. *Vorhandensein* (dem A.sanspruch) best. Ämter unterschieden. Dadurch können Kirchen einander durchaus zugestehen, daß im A.sverständnis der Gesprächspartner die wesentl. Gesichtspunkte des eigenen A.sverständnisses aufgenommen sind, ohne damit die Frage zu beantworten, ob die Partner zur Ausübung dieser Funktion auch eine gültige Vollmacht besitzen. Durch diese argumentative Unterscheidung kann ein Handlungsdruck auf Kirchenleitungen entstehen, deren Pflicht es ist, theol. legitimierte Ämteranerkennung zu vollziehen. 3. Eine *Entzerrung* und differenzierte Analyse der verschiedenen Funktionen im »kirchl. A.« (Leitung, Verkündigung, Sakramentenspendung, Lehre, Sorge für die Einheit u.a.) hat gezeigt, daß das »A.« nicht monopolist. verstanden werden darf und gemäß der charismat. Grundstruktur der Kirche als Leitungsamt *innerhalb* von vielen öffentl. bleibenden Funktionen begriffen werden muß. Das Leitungsamt der Kirche kann zudem von verschiedenen (Teil-)Funktionen her strukturiert werden: der Leitungsfunktion an sich (verstanden als Sorge für Identität, Einheit und Handlungsfähigkeit der Kirche auf lokaler, regionaler und universaler Ebene), der Verkündigungsfunktion, der liturg. sakramentalen Funktionen (insbes. dem Vorsteheramt bei →Abendmahl oder Eucharistie) oder einer präzis durchdachten Zuordnung dieser Elemente.

*II.* Noch nicht hinreichend verwirklicht ist eine konsequente *Entideologisierung* der A.sverständnisse. Jede Kirche will ihr A. zum Besten der Glaubensverkündigung und Überlieferung des Heils einrichten und dabei neben dem Zeugnis der Schrift zu Recht ihrer eigenen Tradition Rechnung tragen. Doch liegt das Problem in der Gemeinschaftsbezogenheit der kirchl. Ämter selber: Weil und sofern Kirchen ihre Identität weithin in der Gestaltung der für sie repräsentativen Ämter finden, besteht die Gefahr, daß sie die notwendigen Beschränktheiten konfessioneller Glaubensauslegung in die Auslegung ihrer Ämter selber auch dort hinüberretten, wo es zu illegitim kirchentrennenden Folgen kommt. Deshalb sind bislang von einer Neuformulierung der A.sverständnisse her *kaum erneuernde Impulse* auf das Selbstverständnis der Konfessionen ausgegangen. Konsenspapiere über das A. stoßen auf Grund der Trennung von Sach- und Entscheidungskompetenz (Gesprächskommissionen und kirchl. Entscheidungsträger) an unüberwindl. Grenzen, wie sich an ungelösten Fragen zeigt, etwa der A.sübertragung, dem Zusammenhang von A. und Eucharistie, der →Ordination von Frauen, die in der kath. Kirche noch nicht zugelassen, von der orthod. Kirche negativ beurteilt und in der Gemeinschaft der →anglik. Kirchen immer noch umstritten ist. Entideologisierung der A.sverständnisse heißt, sie von ihrer Entstehung, soziokulturellen Einbettung, emanzipator. und Heil ermöglichenden Funktion her transparent und nach Maßgabe der christl. Botschaft beurteilbar zu machen.
A.sverständnisse müssen entideologisiert werden, damit die sie steuernden Machtansprüche, vereinnahmenden Orientierungsangebote und Unterdrükkungsmechanismen entdeckt werden können. Um dies zu ermöglichen, sollte pragmat. auf ein *Moratorium* hingearbeitet werden: Keine Konfession erhebt auf Grund ihrer Ämter Ansprüche, welche die Legitimität anderer Kirchen auch nur indirekt in Zweifel ziehen. Alle Konfessionen arbeiten ferner darauf hin, daß gemeinsame Zeichen und Strukturen in Kraft bleiben oder wieder in Kraft gesetzt werden, so etwa das Bischofsamt und die Handauflegung zum Zeichen der Einsetzung in ein A. und zum Erweis gegenseitiger Legitimation. Weder Geschlecht noch Rasse dürfen ein Hinderungsgrund zur Berufung oder Weihe sein. Keine Kirche zweifelt die Legitimität der Ämter anderer Kirchen an, auch wenn diese sich nicht auf ihren Ursprung in der Alten Kirche zurückverfolgen lassen. Schließl. lassen die Konfessionen auch solche Theologen und Laien zu ökumen. Verhandlungen zu, die für krit. und von Kirchenleitungen weniger gelittene Positionen bekannt sind.

*D. Funktionalisierung des Amtes?*

Neben den Problemen zwischen den Kirchen, die über das A. miteinander im Gespräch sind, gibt es noch das meist unausgesprochene Problem derjenigen Konfessionen (→Freikirchen, →Sekten), die sich im ökumen. Gespräch über das A. neutral verhalten, weil sie darin keinen theol. Gesprächsgegenstand erkennen. Es sind diejenigen Kirchen und christl. Gemeinschaften, die – in krit. Frontstellung gegenüber den wohlorganisierten und –legitimierten Großkirchen – behaupten, keine »Ämter« zu haben. Zwar können auch sie je nach Größe ihrer Mitgliederzahl nicht umhin, feste Funktionen von öffentlichkeitsbildender und identitätsstabilisierender Bedeutung auszuformen. In der Regel reagieren sie aber auf einen A.sbegriff, dessen theol., hist. und kirchenrechtl. Überfrach-

tung von außen kaum mehr durchschaubar ist. Ein Zeichen dafür ist der weithin übl. Sprachgebrauch von »dem A.« (Singular), der monopolist. und universalist. Tendenzen signalisiert und für alle Differenzierungen blind geworden zu sein scheint. Demgegenüber sollten die verschiedenen Ämter konkret besprochen und auf ihre Funktionen hin einzeln begründet werden, da Qualität und Wesensbestimmung kirchl. Ämter engstens mit dem ihnen jeweils gestellten Auftrag zusammenhängen.
Dabei bildet das »Lima-Dokument« zu »Taufe, Eucharistie und A.« eine tragfähige und weithin schon rezipierte Gesprächsbasis.

*Lit.:* Das geistl. A. in der Kirche, in: *H. Meyer u.a. (Hg.):* Dokumente wachsender Übereinstimmung, Paderborn/ Frankfurt/M. 1983, 329-357. – Taufe, Eucharistie und A. Konvergenzerklärungen der Kommission für Glauben und Kirchenverfassung des Ökumen. Rates der Kirchen, ebd., 545- 585. – *H. Fries/K. Rahner:* Einigung der Kirchen – reale Möglichkeit, Freiburg 1983. – *F. W. Graf:* Vom Munus Propheticum Christi zum prophet. Wächteramt der Kirche?, in: Zeitschrift für Ev. Ethik 32 (1988), 88-106. – *S. S. Hartmann u.a.:* A., Ämter, A.sverständnis, in: Theol. Realenzyklopädie 2, 500-622. – *H. Küng:* Die Kirche, Freiburg 1967, 429-522. – Reform und Anerkennung kirchl. Ämter. Ein Memorandum der Arbeitsgemeinschaft ökumen. Universitätsinstitute, München/Mainz 1973. – *D. Rössler:* Grundriß der Prakt. Theologie, Berlin 1986, 282-300. – *E. Schillebeeckx:* Christl. Identität und kirchl. A., Düsseldorf 1984. – *H. Schütte:* A., Ordination und Sukzession, Düsseldorf 1974. – *H. Witte/Th. Geurts (Hg.):* Erkenning zonder vernieuwing? Een kritische doorlichting van de luthers/rooms-katholieke dialoog over het ambt in de kerk, 's-Hertogenbosch 1987.

*Hermann Häring*

## Amtshandlungen

### *A. Begriff, Situation und Problematik*

*I.* Unter A. versteht man im engeren Sinn alle von einem dazu kirchl. autorisierten Geistlichen öffentl. vorgenommenen →*Gottesdienst- und Segenshandlungen* aus Anlaß und zur Begleitung wie Bewältigung von absehbaren Knotenpunkten und Krisensituationen einzelner Lebenszyklen (→Übergangsriten). Im weiteren Sinn zählen dazu auch Benediktionshandlungen (→Segen, →Weihe) aus Anlaß hervorgehobener kirchl., bürgergemeindl. oder rel.-persönl. Ereignisse (z.B. kirchl. Amtseinführungen, Friedhofseinweihung, Krankenabendmahl). Darum werden A. insgesamt häufig auch Kasualien genannt (lat. »casus«: Vorfall).

*II.* Die A. bilden gleichsam einen *Schnittpunkt von menschl. Lebensbedürfnissen und kirchl.-rel. Angeboten.* Das läßt sie theol. zugleich problemat. erscheinen: Im Unterschied zur relativ begrenzten Teilnahme am normalen Gottesdienst- und Gemeindeleben (→Kirchlichkeit) weist die Inanspruchnahme von A. unabhängig von Geschlecht, Alter, Schichtzugehörigkeit und Kirchenerwartungen eine vergleichsweise hohe gesellschaftl. Stabilität auf. Die »Kasualkirche« spiegelt so den Bestand der →Volkskirche wider. Die kath. Amtspraxis vermag solche Erwartungen nicht nur als Ausdruck einer reichhaltigen Kultur der →Volksfrömmigkeit eher zu integrieren und darauf mit einem differenzierten Sakralangebot (→Sakramentalien) einzugehen, sondern auch vom Hintergrund eines liturg.-sakramental orientierten Kirchenverständnisses theol. besser einzuordnen. In der prot. Theologie bestehen dagegen prinzipielle Vorbehalte auf Grund der reformator. Konzentration auf die Wortverkündigung vor der Heilszueignung durch →Sakrament, →Kult und →Ritus, also der Abwertung des Rituals zur bloßen Feier (mit Ausnahme der Taufe). Der *kirchl.* Verbindlichkeitswert des Verlangens nach A. wird deshalb fortgesetzt angezweifelt. Nicht selten sehen ev. Pfarrer darin die rel. Minimalpraxis sittenkonformist. »Festtagschristen«, sich selbst aber als »Heilsmaschine«, »Kultkaspar«, »Redeautomaten« oder »Zeremonienmeister« mißbraucht.

*III.* Die *Pfarrer* erleben die Kasualbegehren vom Standpunkt einer idealen Gemeindeteilnahme aus weitgehend als ungenügende, weil nur zeitl.-punktuelle Darstellungsakte der Kirchenverbundenheit, als Lebensäußerung von Randchristen. Die *betroffenen Laien* selbst hingegen empfinden ihr Verhalten volkskirchl. Teilnahme, gemessen am biograph. Lebensrhythmus des einzelnen und seiner Familie, durchaus als bündig und normal: »Sie kommen bei den genannten Gelegenheiten nicht nur *›mal‹*, sondern *›überhaupt‹* zur Kirche« (J. Matthes, 110). Für die theol. Einschätzung ist es darum entscheidend, ob sich in der Beanspruchung von A. so etwas wie ein eigenständiger Religionstyp, eine Art »*Kasualfrömmigkeit*« (D. Rössler), mithin »ein kirchl. Arbeits- und Lebensfeld sui generis« (W. Jetter, 221) äußert, auf das liturg.-rituell, homilet.-sinndeutend und kulturprakt. einzugehen wäre, oder ob sich darin nicht vielmehr ein rudimentäres Kirchlichkeitsverhältnis zeigt, das es volksmissionar., kerygmat. und gemeindetheol. zu überwinden gilt.

### *B. Theologische und interdisziplinäre Interpretationsansätze*

*I.* Ältere prakt.-theol. Ansätze haben bei A. die Gelegenheit zur *volksmissionar.* →*Evangelisation* betont. Gerade hier herrsche eine in Betroffenheit erhöhte Lernmotivation und seel. Aufnahmebereitschaft: Sie mache die A. als vorgeschobene Posten im zu erobernden Land kirchl. Gleichgültigkeit und Gegnerschaft bes. geeignet (F. Niebergall, H. Schreiner u.a.). So sollten die A. ein kirchenentfremdetes Potential zur Kerngemeinde und einem entschiedenen Christentum hinleiten. Genau dies jedoch wird von einem *kerygmat. Ansatz* her (→Wort Gottes) als Gefahr betrachtet: es sei theol. illegitim, wenn sich die Verkündigung kreatürl. und gesellschaftl. Bedürfnislagen anpasse und den Kasus nicht streng und unabhängig von den Bedingungen einer erfolgreichen Rezeption in die Regie des kerygmat. Gotteswortes überführe (G. Dehn, M. Mezger, E. Thurneysen u.a.). Ein *gemeindetheol. Ansatz* (→Gemeinde) aber erblickt darin eine missionar. Überanstrenung, wenn den A. nicht ihr pfarrerzentrierter Ritual-, ihr familiärer und subjektiver Privatcharakter genommen, wenn bei ihnen nicht die gemeindl. Gesamtzuständigkeit für kirchl. Verkündigung, diakon. Seelsorge und gottesdienstl. Vergemeinschaftung zurückgewonnen werde (R. Bohren).

*II.* Die geschilderten Begründungsformen versuchen noch. die A. schwerpunktmäßig von *einem* best. kirchl. Lebensvollzug her (kerygmat. Verkündigung, volksmissionar. Evangelisation, Seelsorge an Kirchenentfremdeten, laientheol. Gemeindeaufbau, Zentrierung auf den Gottesdienst), also weitgehend eindimensional zu begreifen und dabei ein idealisiertes Kirchenbild zum Subjekt der Praxis von A. zu erheben. Dagegen sind neuerdings Betrachtungsweisen in den Vordergrund gerückt, die den – *geschichtl. wie gesellschaftl. vorgegebenen – Deutungs- und Handlungszusammenhang* auch in seiner Krisenhaftigkeit und Problematik hervorheben. Diese Betrachtungsweisen verstehen die A. damit von ihrem sozialen Charakter her als →*Übergangsriten* und tragen den eher volkskirchl. Motiven der an A. Interessierten Rechnung.

1. Die A. haben demnach die Aufgabe, für den einzelnen in lebenszykl. bedingten und bedrohenden Umbruchssituationen seines Lebens das christl. Bild vom *»ganzen Menschen«* so durchsichtig zu machen, daß sich dabei soziale und rel., seelsorgerl., prakt. und glaubenskommunikative Dimensionen wechselseitig erschließen. Es geht also nicht darum, Menschen für die Kerngemeinde zu vereinnahmen oder Volkskirche zu mobilisieren; vielmehr wird erwartet, daß die A. »die in der kasuellen Situation aufgebrochenen großen Lebensthemen als zentrale theol. Themen des christl. Glaubens deutlich... machen und von daher zu ihrer lebensmäßigen Bewältigung... helfen« (W. Jetter, 214).

2. Die A. betreffen nicht nur die einzelnen, die dabei im Mittelpunkt stehen, sondern alle Beteiligten des sozialen *Beziehungsnetzes* aus Familien, Verwandtschaft und Freundeskreis, in das die einzelnen jeweils verflochten sind. Daraus ergeben sich bei den A. unterschiedl. generationsspezif. Motive und Bedürfnisse.

3. A. erhalten so insgesamt einen bedeutsamen Stellenwert in der Entfaltung einer Vita christiana. Dieser Prozeß ist nicht mit kirchl. →Biographie ident., manifestiert sich gleichwohl kirchl. in absehbaren Ausnahmesituationen. Das Grundbedürfnis nach vergleichbaren kondensierten Modellen *lebensgeschichtl. Sinndeutung* äußert sich auch im Bedürfnis entspr. Äquivalente außerhalb christl. Überlieferungszusammenhänge (z.B. Jugendweihe, säkulare Trauungs- und Bestattungsriten).

*C. Theologische Theorie der Amtshandlungen*

*I.* Neuere Ansätze der Systemat. und Prakt. Theologie zielen schließl. dahin, unabhängig von Kirchlichkeit Menschen in ihrer lebensgeschichtl. Entfaltung in den Blick zu nehmen. Dabei kommt bei der Entschlüsselung und Rekonstruktion individueller Biographie mit ihren rel. Dimensionen, im Lichte der christl. →Schöpfungs-, →Gnaden- und →Rechtfertigungslehre, auch den A. ein produktiver Beitrag zu. Das theol. Thema der A. wäre mithin: der Sinn und das Gelingen, die Unversehrtheit und Unverwechselbarkeit von *Lebensgeschichten in ihren Gesamtbezügen* angesichts der Erfahrungen von Fragment und Diskontinuität.

*II.* Diese systemat. Grundorientierung führt zur *prakt. Konsequenz,* A. als »gesellschaftl.-biograph. Grenzkorrekturen« (W. Jetter, 208) in bewußt volkskirchl. Verantwortung wahrzunehmen (→Volkskirche). Die geschichtl., gesellschaftl. und christl.-rel. Dimensionen ihres jeweiligen Anlasses sind in einer »integralen A.praxis« (J. Matthes) zu berücksichtigen: etwa die Vor- und Nachgeschichte von A. in Gesprächen und entspr. Angeboten (Brautleute –, Konfirmandenunterricht) helfend zu begleiten, die Aufmerksamkeit für ihre deutenden und gestalter. Elemente auf unmittelbar und mittelbar Betroffene auszudehnen und das unerwartete Gelingen von individuellen Lebensgeschichten dem →Evangelium gemäß so zur Geltung zu bringen, daß A. als Handlungen des Segens deutl. werden.

*Lit.: F. Ahuis:* Der Kasualgottesdienst. Zwischen Übergangsritus und Amtshandlung, Stuttgart 1985. – *R. Bohren:* Unsere Kasualpraxis – eine missionar. Gelegenheit?, München 1960 u.ö. – *V. Drehsen:* Die »Heiligung« von Lebensgeschichten, in: Pastoraltheol. Informationen 2 (1981), 101-139. – *W. Jetter:* Der Kasus und das Ritual. A. in der Volkskirche, in: Wissenschaft und Praxis in Kirche und Gesellschaft 65 (1976), 208ff. – *J. Matthes:* Volkskirchl. A., Lebenszyklus und Lebensgeschichte. Überlegungen zur Struktur volkskirchl. Teilnahmeverhaltens, in: *ders. (Hg.):* Erneuerung der Kirche. Stabilität als Chance?, Gelnhausen 1975, 83-112. – *D. Rössler:* Grundriß der Prakt. Theologie, Berlin 1986, 198-238. – *F. Schulz:* Zur Liturgik der kirchl. Handlungen insgesamt, in: Wissenschaft und Praxis in Kirche und Gesellschaft 69 (1980), 104-122. – *P. M. Zulehner:* Heirat – Geburt – Tod. Eine Pastoral zu den Lebenswenden, Wien 1976.

*Volker Drehsen*

**Analogie.** Das Wort A. kommt aus dem Griechischen *»aná-logon«,*das soviel wie »nach Verhältnis« bedeutet. Weil die A. eine *Ähnlichkeit* ausdrückt, lebt sie davon, daß eines ihrer Worte *äquivok* (mehrdeutig, z.B.: Strauß), *synonym* (gleichsinnig) oder *univok* (eindeutig gleich) ist. Der Begriff A. wird heute von verschiedenen Seiten unterschiedl. gebraucht. Im Rückblick auf seine Geschichte lassen sich allerdings einige spezif. Formen seiner Verwendung herausstellen.

*A.* Bei der *Erkenntnisa.* wird das zu Erkennende nicht an sich, sondern nur an seinem Bezug zu einem anderen, ähnlichen Bekannten erkannt. Hierzu zählt auch der griech. Gebrauch der A. Ein Ding A wird durch ein anderes Ding B beschrieben, weil beiden Dingen C gemeinsam ist und das Verhältnis von C und B bekannt ist. »Der Läufer ist schnell wie ein Pfeil.« Die Schnelligkeit des Pfeils ist bekannt. Mit ihr wird der Läufer beschrieben, um zum Ausdruck zu bringen, wie schnell er ist, wobei gleichwohl nicht geleugnet wird, daß der Pfeil de facto schneller ist. In der A.: »Der Gedanke traf mich wie ein Blitz«, geht es um die Unvermitteltheit des Blitzes, die jedem, der schon einmal einen Blitz miterlebt hat, geläufig ist. Langsame Blitze gibt es nicht. Diese Unvermitteltheit wird in dieser A. auch von dem gemeinten Gedanken ausgesagt.
Eine *Proportionalitätsa.* liegt vor, wenn es kein beiden Größen A und B gemeinsames Drittes C gibt, sondern es um das analoge Verhältnis zweier Proportionen zueinander geht. Das unbekannte Verhältnis von A zu B wird durch das bekannte Verhältnis von C zu D beschrieben (10:5 = 8:4).
Bei einer *Attributionsa.* wird etwas, näml. ein Attribut (Teil oder Eigenschaft) A, vom Oberbegriff B und auch von einem Unterbegriff C ausgesagt. Gesundheit kann z.B. als Attribut von einem Menschen ausgesagt werden. Bei einer Attributionsa. wird diese Eigenschaft (Gesundheit) des Oberbegriffs (Mensch) auch von einem Unterbegriff ausgesagt, etwa wenn man von einer gesunden Gesichtsfarbe spricht.

*B.* Diese log. A. setzt im Grunde eine *ontolog.* (seinsmäßige) *A.* voraus. →Aristoteles baute als erster die philos. Lehre einer A. des Seins aus. Dabei ist für ihn das A.hafte das Mittlere *(méson)* zwischen dem Sein als Identität bei *Parmenides* (5. Jh. v. Chr.) und dem Sein als →Widerspruch bei *Heraklit* (5. Jh. v. Chr.). Dies ist schon das Spannungsfeld zwischen Univozität (eindeutige Gleichheit) und Äquivozität (Mehrdeutigkeit), in dem der A.begriff seinen Ort hat.

*C.* Der Begriff A. kommt im NT zwar nicht als philos.- systemat. Begriff vor, wohl aber der Sache nach. Rede von →Gott ist zumeist analoge Rede. Gott ist wie ein Vater zu uns. Diese Vaterschaft ist nicht biolog. gemeint. Doch das Verhältnis Gott-Mensch läßt sich analog beschreiben mit dem Verhältnis Vater-Kind. Auch bei →Paulus ist im Römerbrief von der Bedeutung einer Entsprechung im Glauben die Rede (*analogían tēs písteōs,* Röm 12,6) und von der derzeitigen Verhülltheit all unserer Erkenntnis (1 Kor 13).
Bei den →Kirchenvätern und insbes. bei *Pseudo-Dionysios Areopagita* (5./6. Jh.) wurde eine *negative Theologie* entwickelt, die den Vorbehalt all unserer »Erkenntnis« von Gott deutl. werden läßt. Durch →Thomas von Aquin erfolgte die Übernahme der aristotel. Gedanken in das Christentum als *»analogia entis«.* Hier kann man in ihm den Mittelweg zwischen »myst. Identität« und »rationaler reiner Unterschiedenheit« sehen. Dieser Weg wird vom IV. Laterankonzil (1215) bestätigt, wenn es von der bei aller Ähnlichkeit immer noch größeren Unähnlichkeit zwischen Schöpfer und Geschöpf spricht.

*D.* E. Przywara (1889-1972) greift in unserem Jh. die Rede von der A. wieder auf und betont die durch sie gegebene letzte *Verwiesenheit auf das →Geheimnis,* das sich der totalen Identität und dem absoluten intellektuellen Zugriff verwehrt. Gleichwohl aber ist im Sein eine Ähnlichkeit gegeben, die auch erkannt werden kann.
Widerspruch erfährt diese *»analogia entis«* durch die →dialekt. Theologie und *K. →Barths* Betonung einer »analogia fidei«. Sie spricht genau andersherum von einer seinsmäßigen Geschiedenheit und Unähnlichkeit zwischen Gott und Mensch, der eine größere Ähnlichkeit im Glauben entspricht. Trotz der bes. Betonung der →Offenbarung im →Wort ist auch in der dialekt. Theologie Gott letztl. der ganz andere. So wird auch hier das Anliegen der A. gewahrt, ja gerade noch einmal verteidigt gegen das Mißverständnis einer Univozität. Eine Bezogenheit auf das gesamte Glaubensgut als solche und eine Betonung der Analogia im Glauben und nicht im Wissen ist auch im Katholizismus wohl bekannt. Sie hat eine lange Tradition und wurde im »*Antimodernisteneid* (1920) gegen die Wissenschaftsgläubigkeit bes. betont.

*E.* Gegenwärtig muß die Rede von Gott in der Theologie wissen, daß sie analoge Rede ist, angesiedelt zwischen Gleichheit und Verschiedenheit. Dies fällt immer dann schwer, wenn eine eindeutige Sprache aus wissenschaftstheoret. Gründen benutzt werden soll. So fällt es auf, daß in der Geschichte der dogmat. Entscheidungen nicht bestimmte theol. Schulen allein bestätigend aufgegriffen werden. Dies ist begrüßenswert und angemessen, auch wenn die »Klarheit« vermeintl. darunter leidet, so ist dafür doch eine größere Nähe zur bibl. Sprache gewonnen.

*Lit.: B. Gertz:* Glaubenswelt als A. Die theol. A.lehre Erich Przywaras und ihr Ort in der Auseinandersetzung um die analogia fidei, Düsseldorf 1969. – *E. Jüngel:* Zum Ursprung der A. bei Parmenides und Heraklit, in: *ders.:* Entsprechungen: Gott – Wahrheit – Mensch. Theol. Erörterungen, München 1980, 52-102. – *W. Kluxen:* A. I, in: Hist. Wörterbuch der Philosophie, Bd. 1, Darmstadt 1971, 214-227. – *G. Mechels:* A. bei Erich Przywara und Karl Barth. Das Verhältnis von Offenbarungstheologie und Metaphysik, Neukirchen-Vluyn 1974. – *E. Przywara:* Analogia Entis. Metaphysik, Urstruktur und Allrhythmus, Einsiedeln 1962.

*Nicolaus Klimek*

**Analytische Philosophie.** Zeitgenöss., um 1900 von G. E. Moore und B. →Russell begründete Grundrichtung der dt. und angelsächs. Philosophie. Im Zuge der Sprachphilosophie ersetzt sie die Vernunftkritik →Kants durch Sprachkritik. Sprachl.

Ausdrücke werden method. analysiert; dadurch erhält alles inhaltl. Philosophieren ein sprachkrit. Fundament und scheitert nicht schon an den Irreführungen der Sprache, formuliert seine Probleme nicht falsch oder gar sinnlos.

*A.* Die *Frühphase* der A.Ph. ist gekennzeichnet durch die Reaktion gegen den →Hegelianismus, der sich Ende des 19. Jh.s in England ausgebreitet hatte und dem gegenüber Moore Umgangssprache und →»Common sense« wieder zur Geltung brachte. Dies erforderte die Klärung umgangssprachl. Ausdrücke, ihre Bedeutungs»analyse«. B. Russell dagegen forderte Idealsprache, die von den Vorgaben und Mißverständlichkeiten »natürl.« Sprachen unabhängig ist, was für die *zweite Phase* der A.Ph. von entscheidender Bedeutung wurde. Diese ist im wesentl. ident. mit dem Programm des Neopositivismus (→Positivismus): mit Hilfe der Konzeption einer formalen Idealsprache und in Abwehr »sinnloser« Aussagen soll →Wissenschaftstheorie als Sprachkritik (→Sprache) betrieben werden (»ideal language philosophy«). Eine *dritte* große *Phase* der A.n Ph. konstituierte sich in krit. Wendung gegen das Idealsprachen-Konzept, vor allem im Anschluß an die sog. »Spätphilosophie« →Wittgensteins, als »Analyse« des Funktionierens der Alltagssprache. Sie gilt als unhintergehbar, weil wir uns immer schon in ihr bewegen (»ordinary language philosophy«, »Oxford Philosophy«). Man vertritt so einen »linguist. Phänomenalismus« (G. Ryle, J. L. Austin, P. F. Strawson).

*B.* Nachdem es schon früher zu einer Trennung von eher engl. →Empirismus und meist kontinentalem →Rationalismus gekommen war und da – Folge des →Nationalsozialismus – die dt. Vertreter der A.n Ph., des →Krit. Rationalismus und der älteren →Krit. Theorie ins Ausland (vor allem in die USA) emigriert waren, wurde die A.Ph. zu »der« *angelsächsischen philos. Grundströmung* schlechthin, die nach dem Zweiten Weltkrieg stark auf die kontinentale Philosophie einwirkte. In jüngster Zeit sind es dagegen *kontinentale Denkrichtungen* (so die →Hermeneutik und der →Strukturalismus), die ihrerseits verstärkt die angelsächs. Philosophie beeinflussen.

*C.* Sprachkritik und Sprachtherapie sind in der A.n Ph. auch auf die Bereiche von →Metaphysik, →Ethik und →Religion angewandt worden. Glaube und →Theologie waren dem Verdacht ausgesetzt, sinnlose Aussagen zu formulieren, die weder bewiesen noch widerlegt werden können. Dieser Kritik kann nur durch den Hinweis auf die dem Glauben eigene Sprache sowie durch äußerste Klarheit von Sprache und Argumentation begegnet werden.

*Lit.: W. K. Frankena:* Analyt. Ethik, München 1972. – *H.-U. Hoche/W. Strube:* A.Ph., Freiburg/München 1985. – *W.-D. Just:* Rel. Sprache und a.Ph., Stuttgart usw. 1975. – *L. Nagel/R. Heinrich (Hg.):* Wo steht die A.Ph. heute?, Wien/München 1986. – *R. Rorty:* Der Spiegel der Natur, Frankfurt/M. 1981. – *E. von Savigny:* A.Ph., Freiburg/München 970. – *J. Sinnreich (Hg.):* Zur Philosophie der idealen Sprache, München 1972.

*Volker Steenblock*

**Anarchismus**

*A.* Der A. kann anhand von *vier* immanenten *Kriterien* beschrieben und dadurch von anderen sozialen und polit. Bewegungen unterschieden werden:
1. Anarchisten *lehnen* jede Form menschl. →*Organisation ab,* mit deren Hilfe ideolog., polit., ökonom. oder gesellschaftl. Zwang ausgeübt wird. Sie streben vielmehr den freiwilligen Zusammenschluß der mündigen, emanzipierten Menschen an. Der A. lehnt →Institutionen konsequent ab, insoweit sie Instrumente der Ausübung von →Herrschaft sind. Deshalb ist er antistaatl., antibürokrat., antiparlamentar., antiparteil., antiverbandl., antikirchl.
2. Ähnl. wie im →Marxismus und bei anderen Positionen der Hegelschen Linken (→Hegelianismus) beginnt im A. die Kritik der Gegenwart mit Ideologiekritik (→Ideologie); diese beginnt mit der →Religionskritik. A. ist *atheist.* (→Atheismus), areligiös; er ist nicht nur international, sondern anational.
3. Das *Ziel* des A. ist die herrschaftsfreie →Gesellschaft, eben die Anarchie, in der an die Stelle der Herrschaft von Menschen über Menschen die Verwaltung von Sachen tritt. Die künftige Gesellschaft ist nach dem Prinzip des Föderalismus organisiert: Das menschl. Zusammenleben soll durch freiwillige Verabredung der Individuen untereinander, durch den freien, funktionsgerechten, räuml. überschaubaren, zeitl. begrenzten oder doch wenigstens auflösbaren Zusammenschluß von unten nach oben, strukturiert werden, so sollen →Individualismus und Kollektivismus miteinander zum Ausgleich kommen.
4. Schließl. ist der A. durch ein *voluntarist.* Verständnis von →Revolution gekennzeichnet. Im Unterschied zu anderen – etwa marxist. – Revolutionstheorien bedarf es beim anarchist. Revolutionsbegriff keiner Stufe zwischen dem heutigen Status quo und der Anarchie; das →Bürgertum muß nicht erst polit. und wirtschaftl. voll emanzipiert sein, bevor die allg. menschl. Befreiung verwirklicht werden kann. Die Vorwegnahme der Anarchie ist in der Gegenwart mögl.; →Revolution und konstruktive Neuordnung werden identisch.

*B.* Hist. kann zwischen mehreren *Typen* des A. unterschieden werden: 1. Agrar- und Handwerkera. als zwei Arten des »klass.« oder »älteren« A., näml. soziale →Protestbewegungen an der Schwelle vom →Feudalismus zum →Kapitalismus (span. A. im 19. Jh.; Juraföderation in der Westschweiz in der Mitte des vorigen Jh.s; Machno-Bewegung in der Ukraine 1918-1921); 2. moderner, städt.- proletar.-industrieller A. des 20. Jh.s (Anarchosyndikalismus in Katalonien während des span. Bürgerkriegs in den 1930er Jahren); 3. Intelligenz-

A., der von einzelnen Autoren vertreten wird (M. Stirner, G. Landauer, B. Tucker).

*Lit.: J. Joll:* The Anarchists, New York 1971. – *P. Lösche:* A., Darmstadt, 2. Aufl. 1987. – *E. Oberländer (Hg.):* Der A., Freiburg 1972.

*Peter Lösche*

**Andacht** meint einerseits eine bestimmte Frömmigkeitshaltung (mittelhochdt. »andâht«: denken an Gott; →Erbauung, →Frömmigkeit), andererseits bestimmte Frömmigkeitsformen, die in →Gemeinschaft oder vom einzelnen öffentl. oder privat vollzogen werden.

*A. Bedeutung und Abgrenzungen*

I. Das heutige *kath.* Verständnis der A. hat sich in verschiedenen Schritten entwickelt. Die Enzyklika *Mediator Dei* (1947) nennt Übungen der Frömmigkeit (exercitia pietatis), die nicht streng zur →Liturgie gehören und denen ebenfalls bes. Bedeutung und Würde zukommt, so daß sie »gewissermaßen als in die liturg. Ordnung einbezogen gelten« (Nr. 180). 1958 unterscheidet eine *Instruktion der Ritenkongregation* (3.9.1958) streng zwischen »liturg. Handlungen« und »frommen Übungen« (pia exercitia); demnach bleiben auch vom →Priester in der Kirche geleitete A.en ledig. »fromme Übungen«. Erst das 2. →Vat. Konzil betont die Nähe der A. zur Liturgie. In Art. 13 der *Liturgiekonstitution* werden zunächst die (privaten) A.sübungen (pia exercitia) des christl. Volkes sehr empfohlen. Ebenso erfreuen sich die gottesdienstl. Feiern (sacra exercitia) der Teilkirchen, die nach Gewohnheit oder rechtl. anerkannten Büchern in bischöfl. Auftrag abgehalten werden, bes. Würde. Durch diese Anerkennung sind vor allem die A.en der Diözesangebetbücher in den Rang einer »Bistumsliturgie« erhoben. Diese Unterscheidung der pia und sacra exercitia ist jedoch nicht präzise durchgeführt, denn es gibt A.en, die sowohl privat als auch unter Leitung eines vom →Bischof Beauftragten stattfinden können (Kreuzweg, Rosenkranz u.ä.).

*II.* Im *ev. Bereich* sind A.en als Nebengottesdienste (Mette, Vesper, Komplet, Passionsa.en u.ä.) festgelegt, oder sie werden für best. Anlässe neu gestaltet. Grundsätzl. bevorzugen die luth. Kirchen eher traditionelles liturg. Gut, während reform. geprägte Gemeinden meist offene Formen (mit Schriftauslegung) erarbeiten. Die *Ostkirche* kennt keine A.en.

*B. Einzelne Andachtsformen*

*I.* Th. Schnitzler unterscheidet einen *Offiziumstyp*, der sich unmittelbar aus dem Stundengebet herleitet, und einen *Meditationstyp*, der vor allem von Bruderschaftsa.en beeinflußt ist. Der Offiziumstyp geht in seiner *Struktur:* Invitatorium (Einleitung) – →Hymnus – Antiphon – Capitulum – Versikel – Oration (→Gebet) wohl auf die um das 10. Jh. entstandenen Kleinen Offizien zurück. Der Meditationstyp kreist in mehreren gleichartigen Abschnitten um ein zentrales *Thema.* Die formale Unterscheidung nach Typen birgt jedoch Schwierigkeiten, da alle A.en im Kern meditative Gottesdienste sind; auch lassen sich einzelne A.en nach Herkunft und Struktur beiden Typen zuordnen (z.B. Rosenkranz – »Marienpsalter«).

*II.* Das im dt. Sprachgebiet eingeführte Einheitsgesangbuch *»Gotteslob«* bietet 17 Andachten, die am Kirchenjahr (→Jahr) orientiert sind. Sie dienen sowohl dem öffentl. als auch dem privaten Gebet. Als Grundform hat sich folgende, nach Bedarf abzuwandelnde Struktur bewährt: Eröffnung (Gesang) – Kurzlesung – Wechselgebet – Lied – Vaterunser (Mariengruß) – (Sakramentaler Segen) – Abschluß. Themen heutiger A.sfrömmigkeit im Ablauf des Kirchenjahres sind u.a. Christus- und →Passionsfrömmigkeit (Herz-Jesu, Kreuzweg), →Hl. Geist, die Eucharistie (→Abendmahl, →Sakramentsa., Ewiges Gebet), Marienverehrung (Rosenkranz, Maia., Salve-A.), →Engel- und Heiligenverehrung, →Kirche, Totengedenken, bes. Bitt- und Danka.en (Ernte, Witterung, Jahresschluß, kirchl. und weltl. Belange).

*III.* In den landeskirchl. unterschiedl. Beigaben zum *»Ev. Kirchengesangbuch«*, das in der Bundesrepublik Deutschland und in der DDR eingeführt, ist sowie in der Agende für ev.-luth. Kirchen und Gemeinden, Bd. 2 (Entwurf, 1960), sind z.T. Formen für A.en (bzw. Gebetsgottesdienste) abgedruckt. Passionsa.en (auch →Advents- und →Ostera.en) sowie Tagzeiten-Gottesdienste finden in der Regel im gottesdienstl. Raum statt; daneben gibt es A.en in →Schulen und →Krankenhäusern, während kirchl. Freizeiten, vor und nach Sitzungen kirchl. Gremien, in Gemeindegruppen. Diese A.en werden oft gruppenbezogen gestaltet und können von Nichttheologen gehalten werden. Die kürzesten Formen privater A.en sind →Luthers Morgen- und Abendsegen sowie die tägl. Texte des seit 1731 erscheinenden Losungsbuches der Herrnhuter Brüdergemeinde (→Brüder-Unität). Die A.en in kirchl. – z.T. ökumen. – Abreißkalendern und den Kirchenblättern haben die früher übl. A.sbücher und auch die Hausa.en großenteils verdrängt.

*C. Aufgaben*

*I.* A.en wirken in ihrer *Vielfalt* einer Verarmung des reichen gottesdienstl. Lebens entgegen und ermögl. zugleich eine Einübung in liturg. Tun. Ihre Entlastungsfunktion erlaubt, einzelne Aspekte gottesdienstl. Handelns unabhängig von der zentralen Feier der Eucharistie kennenzulernen. Zu denken ist u.a. an den Umgang mit Zeichen und →Symbolen, das Erfahren des gemeinsamen gottesdienstl. Tuns. Gerade die A. ermöglicht eine Öffnung zu neuen gottesdienstl. Formen und bietet Raum zu deren Erprobung. Dabei übt die A. eine katechet. Funktion aus (→Katechese), die nach der Liturgiekonstitution gleichsam aus der Liturgie herausfließen und das Volk zu ihr hinführen soll. Im *ev. Bereich* ermöglichen A.en kleineren Gruppen, Kreisen und Hausgemeinschaften, ihnen gemäße liturg. Formen zu finden und zu erproben und so liturg. Kreativität auch im Blick auf den Gemeindegottesdinest zu entwickeln.

II.Die A.en *in den →Medien* erreichen eine große Zahl von (auch nicht kirchl. gebundenen) Zuhörern oder Zuschauern; sie sind →»Verkündigung im Alltag der Welt« und haben daher auch missionar. Funktion. A.en für eine weite →Öffentlichkeit bedürfen sorgfältiger theol. und kommunikationswissenschaftl. Vorbereitung (→Kommunikation); sie machen die Kirche »in der Welt« gegenwärtig.

*Lit.: A. Adam/R. Berger:* Pastoralliturg. Handlexikon, Freiburg, 2. Auf. 1981, 26f. – *J. A. Jungmann:* Bischof und »Sacra Exercitia«, in: Concilium 1 (1965), 95-98. – *K. Küppers:* Marienfrömmigkeit zwischen Barock und Industriezeitalter. Untersuchungen zur Geschichte und Feier der Maiandacht in Deutschland und im dt. Sprachgebiet (Münchener Theol. Studien, Bd. 27), St. Ottilien 1987 (Lit.). – *F. Merkel:* A., in: Ev. Kirchenlexikon 1, 1986, 138-141 (Lit.). – *H. B. Meyer:* A.en und Wortgottesdienste, in: Liturg. Jahrbuch 24 (1974), 157-175 (Lit.). – *Th. Schnitzler:* Stundengebet und Volksandacht, in: *J. A. Jungmann (Hg.):* Brevierstudien, Trier 1958, 71-84.

*Kurt Küppers/Karl-Friedrich Wiggermann*

**Angelsächsische Theologie und Religionsphilosophie** mit ihren Zentren in Großbritannien, Nordamerika und Australasien hat im Verlauf dieses Jh.s neben der intensiven Aufnahme und Fortentwicklung kontinentaleurop. Traditionen wie kaum eine andere neue Problemfelder erschlossen, weiterführende Theorieansätze entwickelt, die überkommenen konfessionellen, ökumen. und interrel. Barrieren zu durchbrechen begonnen und den Dialog mit →Philosophie, →Natur- und →Sozialwissenschaft gepflegt. Bei großer positioneller Vielfalt kennzeichnet sie ein in erster Linie problem- und methodenorientiertes Theologieverständnis, das im akadem. Bereich konfessionelle und rel. Differenzen in den Hintergrund treten läßt.

*A.* In *→Großbritannien* hat die enge Beziehung zwischen Theologie, Philosophie, Religions- und Naturwissenschaft verschiedene *Gründe*: die ungebrochene Tradition →natürl. Theologie seit der →Aufklärung; die intensive Auseinandersetzung mit dem →Darwinismus und die inkarnationschristolog. (→Inkarnation) begründete Bemühung um eine integrative Sicht von →Naturwissenschaft und →Religion; die (außerhalb Schottlands) untergeordnete Rolle systemat. Theologie an den Universitäten, die der Religionsphilosophie die denker. Durchdringung des christl. Glaubens überläßt; das traditionelle Interesse brit. Philosophie an erkenntnistheoret., sprachphilos., math. und naturwissenschaftl. Fragen, das in diesem Jh. in der →analyt. Philosophie seinen Höhepunkt findet; das (außerhalb Schottlands) nicht kirchl. geprägte akadem. Theologiestudium; die seit Mitte dieses Jh.s erfolgte Öffnung der →theol. Fakultäten für rel.-wissenschaftl. Studiengänge; die wachsende Präsenz nichtchristl. →Religionen als Folge der Einwanderung aus den Commonwealthländern. *Hauptmerkmale* der in dieser Situation praktizierten Theologie und Religionsphilosophie sind Offenheit für die Vielfalt christl. Tradition und nichtchristl. Religionen, argumentativer Charakter und sprachkrit. Sorgfalt im Gefolge der →analyt. Philosophie. Bevorzugt behandelte Probleme sind die Analyse rel. Rede; →Sinn, Bedeutung, Funktion und →Wahrheit rel. und theol. Aussagen und Sprechhandlungen; die Grammatik rel. Sprachspiele und Lebensformen (→Gebet, →Gottesdienst); das Verhältnis von Religion und →Metaphysik; die log. und erkenntnistheoret. Probleme von Gottesbegriffen und →Gottesbeweisen; das →Theodizeeproblem; die Analyse rel. Erfahrung und die Begründbarkeit christl. Handelns. Neben der Gottesfrage im Gefolge des neuzeitl. Theismus sind in jüngster Zeit vor allem die →Christologie (»Der Mythos vom inkarnierten Gott«) und Probleme christl. →Ethik Gegenstand z.T. heftiger Kontroversen geworden. Wichtige religionsphilos. Entwürfe wurden u.a. von A. Farrer, I. Ramsey, J. Hick, N. Smart und R. Swinburne vorgelegt.

*B.* In *Nordamerika* ist die analyt. geprägte Religionsphilosophie in den weiteren Kontext empir. und semiot. Religionsforschung (→Sprachwissenschaft) eingebunden. In dieser gewinnen Ansätze einer Ethnologie, →Anthropologie und Religionsgeschichte neu verbindenden Theorie der Religionen zunehmend an Gewicht. Von beachtl. Einfluß ist außerdem die transzendentalmethod. Kulturtheologie B. Lonergans. Eine bedeutsame Rolle spielt auch die im Gefolge des →Pragmatismus und der →Prozeßphilosophie entstandene Prozeßtheologie (Ch. Hartshorne, J. Cobb, »Empirical Theology«). Ihr Hauptinteresse gilt metaphys., kosmolog. und ökolog. Problemen und damit dem Gespräch mit den →Naturwissenschaften. Doch es gibt auch Verbindungen zur funktionalen Systemtheorie (→System) und deren sozialwissenschaftl. Applikationsfeldern; und in jüngster Zeit beginnt sich eine bemerkenswerte Symbiose mit der →feminist. Theologie abzuzeichnen.

*Lit.: F. Buri:* Gott in Amerika, 2 Bde., Tübingen 1970 und 1972. – *I. U. Dalferth:* Rel. Rede von Gott, München 1981 (Lit.). – *M. Welker:* Universalität Gottes und Relativität der Welt, Neukirchen 1981 (Lit.).

*Ingolf Ulrich Dalferth*

**Anglikanische Kirchen.** Die a.n K. mit insgesamt 70 Mill. Mitgliedern haben sich in der Lambeth-Konferenz (1. Konferenz 1867, 13. Konferenz 1988) zur Anglik. Gemeinschaft zusammengeschlossen, der inzwischen etwa 75 Mitglieder angehören. Die Wandlungsprozesse, die in den Kirchen der Anglik. Gemeinschaft zu verzeichnen sind, lassen sich im wesentl. *zwei Gruppen von Kirchen* zuordnen: Die a.n K. in »entwickelten« Ländern (→Großbritannien, →Vereinigte Staaten von Amerika, →Australien, Neuseeland) sehen sich mit anderen Problemen konfrontiert als die »unterentwickelten« der →Dritten Welt. Ein Wachstum ist hauptsächl. außerhalb des ehemaligen Brit. Empires zu verzeichnen: Französisch-Afrika (→Nordafrika), →Japan und →Südamerika sind zu nennen. Seitdem Großbritannien der Europ. Gemeinschaft beitrat, nimmt die Zahl der Anglikaner auch auf dem europ. Kontinent (33,5 Mill.) zu.

*A.* Anglikaner der *Dritten Welt* sehen sich mit den für die Entwicklungsländer typ. Problemen konfrontiert: polit. Unsicherheit, Verschuldung im Ausland, →Armut und Hunger (→Entwicklungspolitik). Die Anglik. Gemeinschaften überlebten die Entkolonialisierung auf Grund der von ihnen praktizierten Armut und des Versuchs der Einbürgerung einzelner rel. →Organisationen; und dieses Konzept schloß die →Liturgie in der Sprache des Volkes ein, →Bibelübersetzungen, die Ausbildung von Ortspfarrern sowie eine allg. Zwanglosigkeit im gesamten Bereich der Verwaltung. Heute lautet die *entscheidende Frage:* Werden die 30 Kirchenprovinzen ihre traditionelle →Autonomie letztl. doch aufgeben, um sich einem bischöfl. Rat unterzuordnen, dem eine größere Machtbefugnis zukommt als der gegenwärtigen Lambeth-Konferenz? Oder werden sie sich vielleicht einer von →Bischöfen, →Priestern und →Laien gebildeten →Synode, ähnl. dem »Anglican Consultative Council« von 1971, unterstellen? Die Problematik gewann an Schärfe mit der →Ordination von →Frauen in Hongkong, den Vereinigten Staaten, →Kanada und Neuseeland, der man andernorts immer noch entschieden entgegentritt.

*B.* Nach den in *Großbritannien* und den *Vereinigten Staaten* zu verzeichnenden Wandlungsprozessen der 60er und 70er Jahre ergibt sich ein im ganzen auch heute noch *unklares Bild.* Aus den methodist. →Erweckungsbewegungen im 18. Jh., der erneuten Blütezeit des →Katholizismus im 19. und theol. Streitigkeiten in den 20er und 70er Jahren sind in der a.n K. Englands drei unterschiedl. Strömungen hervorgegangen: Der eine Pfeiler, auf dem die anglik. →Kirche ruht, ist kath. Natur und trägt – abgesehen von einer Anerkennung des päpstl. Primats (→Papst) – mancherlei Wesenszüge des nachtridentin. Katholizismus (→Konzil von Trient); ein zweiter ist der →ev. (verstärkt durch die →Evangelisationen Billy Grahams); und der dritte Pfeiler stellt die »Broad Church« dar, den eher liberalen Flügel, dessen Kennzeichen ein weniger starrer Umgang mit der →Tradition (unter den Gelehrten) sowie die allg. Tendenz zur →Volksfrömmigkeit sind, d.h. die Anerkennung der →Taufe, die Anwesenheitspflicht bei Hochzeiten und Trauerfeiern sowie der Besuch einiger der →Weihnachts-, →Oster- und Erntedankgottesdienste.

Jede dieser drei Strömungen begegnet den typ. *Problemen,* vor die uns unsere moderne Welt stellt, auf unterschiedl. Weise: Es geht um ein neues moral. Bewußtsein (Antibabypille, Scheidung, →Sexualität), eine neue →Theologie, um polit. Engagement (→Vietnam, Atombombe [→Rüstung], Armut in der Dritten Welt) und um die →ökumen. Bewegung. Die kath. Anglikaner widmen sich bes. dem Dialog mit der →röm.-kath. und der →orthod. Kirche, während die prot. Anglikaner eine panprot. Vereinigung anstreben und Vertreter der »Broad Church« versuchen, sich alle Möglichkeiten offenzuhalten. Spaltungen dieser Art finden sich ebenfalls in Nordamerika und im südl. Asien.

*C. Moderne Streitigkeiten* (die der 20er Jahre) brachten die Kontroverse über die →Jungfrauengeburt und die leibl. →Auferstehung hervor: Gelehrte, die für eine nichtwörtl. Interpretation eintraten, wurden aber nicht ihres Amtes enthoben, denn die Kirchen hatten ihren Einfluß über die *Universität* verloren; Universitätsverfügungen sowie Amtsenthebungen waren mit der völligen →Säkularisierung des Erziehungswesens in den 70er Jahren des 19. Jh.s ihrem Einflußbereich entzogen worden. Vertreter der →bibl. Theologie, die die bibl. Texte in ihrem ursprüngl. Kontext zu verstehen suchten, bemühten sich, diese Tendenzen auszugleichen. Ihre Bemühungen waren bis 1960 erfolgreich, einer Zeit, in der die Debatte mit den Neopositivisten (→Positivismus) von Oxford und Cambridge (Schüler A. J. Ayers) über die Bedeutsamkeit eth. und traditioneller theol. Aussagen sowie die Auseinandersetzung mit den Vertretern des →Bultmannschen Konzepts der →Entmythologisierung die hermeneut. Fragestellung (→Hermeneutik) hervorbrachte. D.h., man bekundete Interesse an der *Interpretation von →Sprache,* eben der bibl. Sprache, innerhalb eines modernen Kontextes. Gegenstand der Auseinandersetzung waren von nun an J. A. T. Robinsons Werke »Honest to God« von 1963 (dt.: »Gott ist anders«) und »The Myth of God Incarnate« von 1977 (dt: »Wurde Gott Mensch? Der Mythos vom Fleischgewordenen Gott«) sowie M. Wiles' alternative Auslegung der klass. →Christologie von Nizäa und Chalcedon.

Auf Grund dieser Kontroverse lassen sich die drei Pfeiler der Kirche in Progressive und Traditionalisten einteilen, wodurch das bereits unklare Bild der anglik. Kirche noch undurchsichtiger wird. Dennoch erlebt manche engl. Kathedrale auch weiterhin eine *Blütezeit* als ein Mittelpunkt von →Versöhnung (z.B. Coventry), von →Wallfahrten (Canterbury) und des →Gottesdienstes; und ihr reiches musikal. Erbe an Psalmgesängen und →Hymnen wurde durch moderne Komponisten bereichert (von Vaugham Williams bis hin zu M. Williamson). Auf diese Weise dürfte deutl. werden, daß sich die →Moderne nicht nur als unvereinbar mit der anglik. Tradition erweist.

*Lit.:* Über die Anglik. Gemeinschaft und alle Kirchen, mit denen die a.K. in Beziehung stehen, informieren die Jahrgänge des *Church of England Year Book* (92. Ausg. 1976) sowie die Berichte der *Lambeth Conferences.* – *Stephen C. Neill:* Anglicanism, Oxford, 4. Aufl. 1977. – *John W. C. Waud (Hg.):* The Anglican Communion, Oxford 1948.

*Peter Staples (Übers.: Birgit Keune)*

**Angst und Furcht.** A. als einem Wesenszug menschl. Existenz wird gegenwärtig ein hohes Maß an öffentl. Aufmerksamkeit gewidmet. Als ein →*Gefühl,* als ein phys. und psych. wirkender Reiz und Vorgang wird A. in den verschiedenen →Wissenschaften vom →Sein und →Leben des →Menschen untersucht und gedeutet. Eine *Unterscheidung* von A. und F. als diffuses bzw. objektbezogenes Gefühl wird verwendet, läßt sich aber im allg. Sprachgebrauch nicht einwandfrei nachvollziehen.

*A. Deutungen*

*I.* Ein *philos.* Interesse an der A. findet sich in der →Neuzeit als Ablösung der Vorstellung vom vernünftigen Lauf der →Geschichte (→Kierkegaard). Die Dialektik von →Freiheit und A. bestimmt die Existenz des seiner selbst bewußten →Subjekts in der Fülle der Entscheidungsmöglichkeiten, in einer von einsichtigen, bestimmenden →Ordnungen freien →Welt (→Existentialismus).

*II.* Der psychophys. Prozeß der A. tritt als Gefühl der Hilflosigkeit ins Bewußtsein. Nach Überzeugung der →*Psychoanalyse* ist sie im Falle mißlingender Verarbeitung am Krankheitsgeschehen der →Neurose beteiligt. Zunächst galt die Hypothese, die A.neurose entstehe durch eine Überschwemmung des Unbewußten mit →Energie aus unerfüllten Triebwünschen, später die Hypothese des *A.signals,* mit dem das Ich die drohende Überflutung durch unbewußte Triebreize und die einsetzende A.entwicklung anzeigt. Unterschieden wird das A.signal von der *automat. A.,* der spontanen Reaktion des →Organismus auf traumat. (verletzende) →Situationen. In der Suche nach den Ursprüngen krank machender A. besteht die Psychoanalyse; sie sucht die abgewehrten Triebwünsche bewußtzumachen und deren Energie (Libido) der Verarbeitung zuzuführen. In der Entwicklung des Kleinkindes ist zwischen Triebwünschen und Realität eine Vermittlung erforderl., deren Verarbeitung mit dauerhaften Folgen mißlingen kann: die Ablösung von den primären Bezugspersonen (*Trennungsa.),*die u.U. damit zugleich gegebene Vorstellung von der Gefährdung der eigenen Existenz *(*Vernichtungsa.*)* und die Ablösung von den eigenen Produkten *(*Kastrationsa., erlebt als dauerhaftes Gefühl des Ungenügens (Insuffizienz). Die unterschiedl. Verarbeitungsweisen von A. und ihren Folgen sind zur Grundlage charakterolog. Studien gemacht worden (F. Riemann).

*III.* Die *Verhaltenspsychologie* faßt A. wie andere Emotionen als ein spezif. Reaktionsmuster auf, das physiolog., motor. und subjektiv meßbar ist. Dem subjektiven Erleben von A. liegt ein für Aversions- bzw. Unlustreaktionen spezif. Muster von neurophysiol. und vegetativen Vorgängen zugrunde, das durch eine überstarke Erregung der Formatio reticularis des Hirnstammes und der Aversionsstrukturen im Mittel- und Zwischenhirn auffällt. A.reaktionen werden wie andere Vermeidungsreaktionen erlernt. Die Verhaltenspsychologie unterscheidet Ängstlichkeit als überdauernde Reaktionsbereitschaft und A. als kurzzeitigen Zustand. Neurot. Störungen (z.B. Phobien) werden auf dem Wege der Entspannung (Desensibilisierung), der rationalen Neuorientierung und durch Training sozialer, mit A. unvereinbarer Verhaltensweisen behandelt.

*B. Theologische Interpretation*

Eine theol. Deutung der A. kann nicht bei deren Wirkung auf die Psyche stehenbleiben. In dieser Verengung auf das »religionshygien.«, d.h. therapeut., Interesse hat *O. Pfisters* hist.-psycholog. Studie »Das Christentum und die A.« (1944) ihre Pointe und ihre Grenze, wenn sie die Kräfte der christl. Liebe als Heilmittel gegen Fehldeutungen der christl. Lehre hält, die in der Geschichte neurotisierend wirkten. Es sind demgegenüber die existentielle und die *ontolog. A.* (→Ontologie) von der neurot. zu unterscheiden. Die A. gehört zum Menschsein wesentl. hinzu, insofern der bewußt lebende Mensch die wesensmäßige A. der Freiheit als A., seinen Lebenssinn zu verfehlen, und die A. der existentiellen Bindung an die Welt als A. vor Entbehrung und Kontingenz erfährt. Der →Glaube vertraut gegen die →Erfahrung existentieller A. auf die *prinzipielle Überwindung,* nicht Beseitigung dieser (als Folge der wesensmäßigen Gottesferne verstandenen) A. in der →*Rechtfertigung* des Sünders – und kann sich in dieser Gewißheit neurot. Ängsten therapeut. zuwenden.

*Lit.: N. Birbaumer (Hg.):* Neuropsychologie der A., München 1973. – *H. von Ditfurth (Hg.):* Aspekte der A., Frankfurt/M., 2. Aufl. 1965. – *E. Drewermann:* Psychoanalyse und Moraltheologie, Bd. 1: A. und Schuld, Mainz, 2. Aufl. 1983. – *O. Pfister:* Das Christentum und die A., Zürich 1944 (2. Aufl., Olten 1975). – *F. Riemann:* Grundformen der A., Basel 1961 (10. Aufl., München 1975). – *P. Tillich:* Der Mut zum Sein (1952), in: *ders.:* Ges. Werke, Bd. XI, Stuttgart 1969, 11-139.

*Reinhard Schmidt-Rost*

**Animismus.** Der Begriff A. wird in verschiedenen Wissenschaften verwendet (u.a. in der →Religionswissenschaft, der →Ethnologie und der →Psychologie) und ist entspr. mehrdeutig zu verstehen als Religionstheorie, als religionsgeschichtl. Erscheinung und als eine allg. menschl., insbes. kindl. Denkweise.

*A.* Die *Religionstheorie* des A. geht auf den engl. Anthropologen Edward Burnett Tylor (1832-1917) zurück, der den Begriff 1867 einführte. Tylor spricht von der kindl. Theorie der Belebung (»animation«) aller →Natur sowie von der Gegenwart unzähliger geistiger Wesen (»spiritual beings«), die zu den rel. Urphänomenen der →Menschheit gehören. In der Anima, einem spirituellen Prinzip (Lebenshauch, →Seele), sah er ein schattenhaftes Gebilde, das Dingen einwohnen und sie beleben konnte. Zu dieser Vorstellung sei der »primitive« Mensch durch das Erlebnis des →Traumes gelangt. Der Gedanke an →Geister und später an Götter (→Gott) habe sich aus solchen Seelenvorstellungen entwickelt. Eine Kritik der A.theorie, die Tylor in seiner Schrift »Primitive Culture« (1871) vorlegte, ist der *Animatismus.* Sein Begründer R. R. Marett (1866-1943) ging davon aus, daß die unbelebten Gegenstände nach Auffassung der »Primitiven« zwar belebt wären und Gefühl und Willen hätten, aber nicht im eigentl. Sinne »beseelt« wären. Die A.theorie kann heute als widerlegt gelten: Der →Glaube an vergöttlichte Seelen ist nicht das früheste Stadium der Religionsgeschichte. Er ist außerdem nicht universal verbreitet und gerade nicht bei den mutmaßl. ältesten →Kulturen zu finden. Der Rückschluß von heute lebenden »primitiven« Völkern und ihren Seelenvorstellungen auf die Frühzeit ist method. fragwürdig. Die in der Religionsgeschichte verbreiteten Seelenvorstellungen sind sehr komplex und decken sich nicht einfach mit der griech.-abendländ. Bedeutung. Grundlage der Tylorschen A.theorie, die davon ausgeht, daß »primitive« Religion hauptsächl. personifizierte Naturverehrung sei und einem kausalanalyt. Bedürfnis entspringe, ist ein →Rationalismus, der nicht mehr wahrzunehmen vermag, daß »die Natur... Medium, nicht Urheber der Offenbarung« ist (Th. P. van Baaren).

*B.* Das *religionsgeschichtl. Phänomen* des A. meint den Glauben an Geister, Dämonen, Ahnen usw. Sie bilden ein Zwischenreich zwischen Göttern und →Menschen, sind nach Geschlecht, Familien, →Hierarchien usw. gegliedert, wohnen an unterschiedl. Plätzen (Tier-, Feuer-, Luft-, Erd-, Wasser-, Baum- und Berggeister usw.). Es gibt Toten- und Ahnengeister, die der Gemeinschaft Schutz und Kraft verleihen, gute und böse Geister, vor denen man sich durch →Zauber schützen muß. Die Anhänger von →Stammesreligionen pauschal als Animisten zu bezeichnen ist unzulässig. Es gibt keine ausschließl. animist. Religionen; denn neben Geistern usw. glaubt man auch an Götter, »obwohl deren Bedeutung in der Tat stark in den Hintergrund treten kann« (van Baaren).

*C.* In der →*Psychologie*, z.B. bei Jean Piaget (geb. 1896), gilt A. als Ausprägung des egozentr. (ichbezogenen) Denkens in der präoperationalen Phase des →Kindes (2 bis 7 Jahre), die dem Auftauchen log., reversibler (umkehrbarer) Operationen vorangeht. Piaget unterscheidet vier Stadien in der Entwicklung des A.: Den Entwicklungsstufen, in denen die Vorstellung vorherrscht, daß jedes Ding »mit Zweck und bewußter Aktivität« geladen sei (4- bis 5jährige) und daß ausschließl. sich bewegende Objekte (etwa eilende Wolken, ein fahrender Wagen) oder nur sich spontan bewegende Dinge lebendig seien, folgt erst im Alter von 11 bis 12 Jahren die Annahme, daß nur Pflanzen und Tiere als lebendig betrachtet werden können.

*Lit.:* *Th. P. van Baaren:* Menschen wie wir, Gütersloh 1964. – *H.-P. Hasenfratz:* Die Seele. Einführung in ein rel. Grundphänomen, Zürich 1985. – *K. Kardiner/E. Preble:* Wegbereiter der modernen Anthropologie, Frankfurt/M. 1974. – *M. A. Pulaski:* Piaget. Eine Einführung in seine Theorien und sein Werk, Ravensburg 1975. – *N. Söderblom:* Das Werden des Gottesglaubens, Leipzig 1916, 2. Aufl. 1926.

*Udo Tworuschka*

## Anpassung

*A.* A. stammt als *Begriff und Konzept* aus der →Biologie und meint allg. die A. eines lebenden →Organismus an seine →Umwelt. Dabei wird – offen oder versteckt – von zwei Annahmen ausgegangen: 1. von einem Gleichgewichtsverhältnis (statisch oder »fließend«) zwischen Organismus und Umgebung und 2. von einem generellen Zweck der A., näml. dem Überleben des Organismus als selbständiger Einheit. Diese Konzeption wurde auch in den →Sozialwissenschaften übernommen und sowohl auf *soziale* →*Systeme* angewendet, die ihre →Struktur an ihre Umgebung (also an andere soziale Systeme, aber auch an →Individuen und deren →Bedürfnisse) anpassen müssen, als auch auf →*Personen*, die sich mit den Anforderungen der sozialen Umwelt, aber auch ihrer eigenen phys. und psych. Befindlichkeit arrangieren müssen. A. im soziol. Sinn meint also zweierlei: einmal die A. einer sozialen Einheit (z.B. einer →Organisation wie ein Wirtschaftsbetieb oder einer →Institution wie das Bildungssystem) an Einflüsse und Veränderungen in den Rahmenbedingungen (dem Markt, den Veränderungen der Berufsstruktur usw.) und andererseits die A. der Person als Teil sozialer Einheiten an deren Strukturen, →Normen und Verhaltensanforderungen, um deren →Integration und Bestand nicht zu gefährden.

*B.* Soziale Systeme können ihre Strukturen und A.sleistungen nur durch *soziale Kontrolle* über ihre Mitglieder auf Dauer stellen bzw. erbringen, ein gewisses Maß an *Konformität* der Personen als →Rollenträger in sozialen Systemen erscheint notwendig. Abweichendes Verhalten wird – da für das übergeordnete soziale Ganze bedrohlich – negativ sanktioniert (→Lohn und Strafe), und sozial abweichende und auffällige Personen, →Gruppen, ja Ethnien (Volksgruppen) werden in Prozessen der »Resozialisierung« (Wiedereingliederung) und oft zwanghaften *Assimilierung* (Angleichung an →Kultur und Normen einer Mehrheit bzw. herrschenden Klasse) »angepaßt«. Soziale Kontrolle und Assimilation sind demgemäß auch eng mit den Strukturen der →Herrschaft und ökonom. →Macht in einer →Gesellschaft verknüpft. Die biologist. Grundannahmen verleihen dem Begriff der A. insgesamt eine eher stat., fast mechanist. Grundtendenz, von der aus →sozialer Wandel, →Kreativität, →Widerstand usw. nicht erfaßbar erscheinen. Kulturkrit. geprägte Stereotypen im Begriffsumfeld verstärken diese Schwäche des Anpassungsbegriffes noch: Konformismus, Außenlenkung, Opportunismus usw.

*C.* Stellt man allerdings nicht das soziale System und seine strukturfunktionalen Erfordernisse in den Mittelpunkt der Betrachtung, sondern sieht A. vor allem als Auseinandersetzung von Individuen mit ihrer situativen Handlungswelt, also als *aktive A.*, so bedeutet A. auch die kommunikative und aktive Gestaltung sozialer Situationen durch handelnde Individuen, die vorgegebene →Normen und →Symbole dabei interpretieren, u.U. verändern oder neu schaffen.

*D.* Im Bereich der →*Religion und* →*Theologie* ist der Begriff der A. im Anschluß an seine allg. Bedeutung einmal relevant, wenn es um Fragen der Konformität von Mitgliedern einer Glaubensgemeinschaft mit zentralen Glaubenswahrheiten (→Lehre) und hierarch. Strukturen (→Hierarchie) geht. Soziale Kontrolle gegen Abweichungen (z.B. Verdammung als »Ketzer« [→Häresie]) und A. an »herrschende« Strukturen, etwa durch rel. →Erziehung, seien stichwortartig erwähnt. Andererseits sind in einer Gesellschaft, deren Strukturen und Wandlungen nicht mehr durch ein kirchl. verwaltetes Sinngefüge geprägt und gesteuert sind, A.sprozesse an soziale Veränderungen und Gegebenheiten, etwa durch neue Interpretationen und Formen der →Verkündigung, →Riten und →Symbole, Tätigkeitsfelder und Dienstleistungen, notwendig. Die A. der rel. Organisation an ihre weltl. Umgebung wurde und wird von kath. Seite theol. unter dem Stichwort »Aggiornamento« diskutiert.

*Lit.: Arbeitsgemeinschaft Bielefelder Soziologen:* Alltagswissen, Interaktion und gesellschaftl. Wirklichkeit, Reinbek 1973. – *P. L. Berger:* Zur Dialektik von Religion und Gesellschaft, Frankfurt/M. 1973. – *H. P. Dreitzel:* Die gesellschaftl. Leiden und das Leiden an der Gesellschaft, Stuttgart 1968. – *W. Mühlmann:* Rassen, Ethnien, Kulturen, Neuwied 1964. – *K.Opp:* Abweichendes Verhalten und Gesellschaftsstruktur, Opladen 1974. – *E. Ringel:* Religionsverlust durch rel. Erziehung, Wien 1987. – *P. Skawran:* Psychologie der A.sprozesse, Stuttgart 1965.

*Ingo Mörth*

**Anthropologie** (griech. *anthropos* = Mensch) meint die Wissenschaft vom →Menschen und umfaßt als Gesamtwissenschaft Methoden und Aussagen aller wissenschaftl. Disziplinen, die sich mit dem Menschen befassen. So gibt es neben einer philos. und theol., einer biolog. A. und einer Kultura. wesentl. Beiträge aus Medizin und Paläontologie, aus Psychologie und Verhaltenswissenschaften, aus Religionswissenschaften und Geschichte.

*A.* In jeder einzelwissenschaftl. Betrachtungsweise ist ein begriffl. Wissen vom Menschen mehr oder weniger deutl. vorausgesetzt. Es ist die Aufgabe einer *philos. A.*, dieses begriffl. Wissen in der Form von Aussagen über strukturelle Sachverhalte auszuarbeiten, um damit auch das Menschenbild, das Aussagen über empir. Sachverhalte leitet, krit. prüfen zu können. So gewiß es beim gegenwärtigen Stande des philos. Denkens keine einheitl. philos. A. mehr gibt, so gewiß gibt es eine *einheitl.* anthropolog. *Problematik*, die jede philos. A. ins Auge fassen muß. Demnach steht der Mensch in einer Beziehung des Wissens und des Handelns zu anderem als anderem. Er hat das Vermögen, etwas Wirkliches sprachl. zu bezeichnen und im Rahmen von Regeln der sozialen Interaktion etwas zu intendieren, weil er in der Form der Selbstbeziehung oder des Selbstverhältnisses existiert. Mit dieser Form ist er zwar als leibhaftes Wesen an eine natürl. Umwelt gebunden, jedoch durch sie nicht determiniert (→Determination). Mit seiner sprachl. Zeichengebung und mit seinen Ideen des prakt. Richtigen (Wahrheit, Humanität) hat er jeweils an einem kulturellen →Sinnzusammenhang teil. Dessen Veränderungen auf Grund normativer Legitimation bilden den Grundakt der →Geschichte.

*B.* Gegenstand einer *theol. A.* ist das Leben des →Menschen als des (geschöpfl.) Gegenübers zu →Gott. Formal gesehen setzt deshalb auch jede christl. A. den Menschen in eine Beziehung zu →Gott, die systemat. entfaltet und rational verantwortet wird. Inhaltl. bilden (wie in einer jüd. A.) die *Quellen des AT* (Schöpfungserzählungen, Geschichte Israels, prophet. Gerichts- und Heilsverheißung, Weisheitsliteratur) einen grundlegenden Ausgangspunkt. Vor allem die *paulin. Briefe* und das →*Johannesevangelium* kommen als wichtige Quellen des NT hinzu. Doch zur Begründung einer spezif. christl. A. dienen sie nur in dem Maße, in dem sie ein ursprüngl. Verstehen des →Evangeliums von →Jesus Christus erkennen lassen oder darauf beziehbar sind.

*I.* Im Horizont dieser Grundlegungen lassen sich *vier* elementare vier elementare anthrolopolog. Sachverhalte entfalten:

*1.* Ausgangspunkt ist die Einsicht, daß Gott selbst das rechte Verhalten des Menschen zu Gott wie zu seiner personalen (und naturalen) Mitwelt schafft. Das →*Vertrauen* auf Gottes Wort von der →Versöhnung erfüllt nicht nur das Grundgebot, Gottes Gottheit zu achten; es vermag den Menschen auch zum selbstlosen Dienst am Nächsten, ja am Feind zu bestimmen (→Liebe). Mit der Grundfigur von Gottvertrauen und verantwortl. Selbstbestimmung skizziert die Lehre von →Rechtfertigung und →Heiligung einen normativen Begriff menschl. Lebens.

*2.* Dem entspricht die Behauptung, daß menschl. Lebensführung, für die diese Grundfigur nicht in Geltung steht, von der Macht der →*Sünde* beherrscht wird. Sie zeigt sich nicht nur in sittl. verwerfl. Handeln, sondern auch in der →Angst, in unbegrenztem Machtstreben (→Macht) und in Verblendung (→Wahrheit; →Ideologie).
*3.* Voraussetzung dafür ist die Wahrheit der Aussage, daß Gott den Menschen will und auf je individuelle Weise werden läßt: als ein Wesen, das zum Gottvertrauen und zur verantwortl. Selbstbestimmung bestimmt und fähig ist. Als →Person ist der Mensch zur *Gottebenbildlichkeit* berufen. Darauf beruht seine →Menschenwürde, an der auch der behinderte, der sterbende Mensch teilhat.
*4.* Da auch das in Gottvertrauen und verantwortl. Selbstbestimmung gelebte Leben durch bleibende Widersprüchlichkeit, →Leiden und →Tod bedroht ist, entfaltet A. die Erwartung ewigen Lebens, in der die (Symbolik der Hoffnungskraft in die) →*Hoffnung* auf Gott und die unverbrüchl. Gemeinschaft mit ihm einbezogen wird (→Eschatologie).

*II.* Aus diesen Sachverhalten ergeben sich Konsequenzen für eine christl. *Ethik.* Eine christl. A. leitet dazu an, sich auf den Handlungsfeldern des privaten und des öffentl. Lebens als eth. →Subjekt zu begreifen. Sie entzieht sich dem für die →Neuzeit behaupteten Gegensatz von A. und Geschichtsphilosophie (O. Marquard). Sie ordnet das »verantwortl. Leben« (→Bonhoeffer) der Selbstentfaltung schöpfer. Subjektivität vor. Sie führt (prinzipieneth.) nicht nur zum Gebot der Erhaltung der nicht von uns erzeugten →Welt, sondern auch zum Gebot der Barmherzigkeit mit dem leidenden und schuldigen Nächsten. Sie fordert eth. Kriterien, die krit. Urteil über Verhaltenserwartungen, vor allem aber über den eigenen Freiheitsgebrauch ermöglichen. Nicht zuletzt gestattet sie einen barmherzigen, weil auf Vergebung beruhenden Umgang mit dem eigenen Versagen und Schuldigsein (→Sünde).

*C.* Es charakterisiert den Stand der Theologie, daß die A. – neben der Frage nach Gott, Welt und Geschichte – nicht nur einen der Gegenstände der Theologie bildet, sondern daß die Frage nach dem Menschen für die theol. und eth. Aufgabe eine zentrale und grundlegende Bedeutung gewonnen hat. Die A. wurde zur *Grundlegung* christl. Theologie, dies wenigstens *dreifacher* Hinsicht:
*1.* Es kann gezeigt werden, daß rel. und theol. Aussagen über Wirklichkeit und Handeln Gottes dann verstanden werden können, wenn man sie *entschlüsselt* als Aussagen über Gottes gnädige Selbstmitteilung an personal, subjekthaft verfaßte Wesen. Die A. dient hier – im Sinne einer →transzendentalen Fragestellung – der →Hermeneutik christl. Lehre und des kirchl. →Dogmas (→Rahner) oder – im Rahmen einer existentialen (auf eigentl. Leben bezogenen) Fragestellung – der Hermeneutik der ntl. →Verkündigung (→Bultmann).
*2.* Die A. hat theol.-dogmat. Aussagen zu *verifizieren* (bewahrheiten). Damit der →Glaube als umfassender Lebensakt zu begreifen ist, werden invariante (als nicht veränderl. behauptete) Elemente menschl. Lebenserfahrung dargestellt. Im Anschluß an die auf →Luther zurückgehende Tradition theol. Denkens etwa gilt für den Akt und das Verstehen des Glaubens das →Gewissen als zentraler anthropolog. Begriff (G. Ebeling).
*3.* Gegenüber dem →Atheismus (→Feuerbach) ist der Nachweis wichtig, daß die Merkmale menschl. Lebens – →Sprache, →Spiel, ästhet. Erfahrung (→Ästhetik), Aufbau sozialer →Institutionen, →Bildung – nur dann sachgerecht zu begreifen sind, wenn die Bestimmung zur Gemeinschaft mit Gott für sie grundlegend ist (→Religion). Das in der philos. A. entwickelte Konzept der *Weltoffenheit,* das die Sonderstellung des nicht trieb- und umweltgebundenen menschl. Verhaltens (→Verhaltensforschung) zum Thema hat, wird – in Anknüpfung an seine theol. Ursprünge bei J. G. Herder – als Ausdruck der Gottesbeziehung interpretiert (W. Pannenberg). Die weitere Erörterung der grundlegenden Bedeutung der A. wird so zu führen sein, daß man über das Zustandekommen theol. Wissens reflektiert (→Fundamentaltheologie).

*D.* Letztl. kann auch eine theol. A. unter den Bedingungen der Gegenwart nur dann überzeugen, wenn sie *interdisziplinär* begründet und entfaltet wird. Es geht – global gesprochen – um das Verhältnis von theol. und empir. A. Dabei sind Zustandekommen und Zielsetzung der jeweiligen Aussagen zu beachten. *Empir. Forschung* hat zum Gegenstand, was sich vernünftiger Erkenntnis erschließt. Sie hat sich gerade im 20. Jh. für eine theol. A. als unverzichtbar und außerordentl. fruchtbar erwiesen. Die Erforschung des affektiven Lebens und der Angewiesenheit individuellen Lebens auf eine soziale Lebenswelt sind Beispiele für Erkenntnisse, die auch für die Darstellung des Gegenstandes theol. A. wichtig sind. Die method. oder grundsätzl. Ausklammerung der *theol. Dimension* (d.h. des Sachverhalts des menschl. Gegenüberseins zu Gott) nötigt allerdings zu krit. Bezugnahme. Wenn psycholog. und soziol. Theoriebildung diesen Sachverhalt übergeht, dann entsteht die Gefahr, daß Personalität und →Freiheit menschl. Verhaltens unterbestimmt oder verkannt werden. Struktur, Geschichte und Gefährdung geschöpfl. Personalität bezeichnen den Gegenstand interdisziplinärer Forschung, für die in der gegenwärtigen Situation der Problembegriff der →Identität charakterist. ist.

*Lit.: G. Ebeling:* Dogmatik des christl. Glaubens, Bd. 1, Tübingen 1979. – *J. Moltmann:* Mensch, Stuttgart/Berlin 1971. – *W. Pannenberg:* A. in theol. Perspektive, Göttingen 1983. – *O. H. Pesch:* Frei sein aus Gnade, Freiburg 1983. – *K. Rahner:* Grundkurs des Glaubens, Freiburg/Basel/Wien, 12. Aufl. 1982. – *H. Thielicke:* Mensch sein – Mensch werden, München/Zürich, 3. Aufl. 1981.

*Konrad Stock*

**Anthropomorphismus** ist ein krit. Begriff. Ganz allg. bezeichnet es das Verstehen von Ereignissen nach dem Bilde menschl. Welterfahrung. Im rel. und theol. Zusammenhang kritisiert er entweder die Darstellung von Gottheiten in menschl. Gestalt, die erzählte Göttergeschichte, oder – in radikalisierter Form – das Reden von Gott überhaupt.

*A.* Die Kritik solcher rel. Vorstellungen beginnt beim Philosophen Xenophanes (565-470), der den Götterstatuen und dem literar. →Mythos die Forderung nach einem *reinen* Reden von dem einzigen Gott entgegensetzt und damit der philos. →Theologie zum Durchbruch verhilft. Diese besteht in der Frage nach der wahren Gestalt des Göttlichen bzw. dem angemessenen Begriff von Gott – eine Frage, die philosophiegeschichtl. bis zum dt. →Idealismus und zum Prozeßdenken Whiteheads reicht (→Prozeßphilosophie). Der theoret. Erörterung der Jenseitigkeit des Göttlichen entspricht das prakt.-eth. Interesse, die bloß ethnozentr. Geltung der archa. rel. Mythen zugunsten eines krit. Begriffs von →Humantität aufzuheben. Es blieb der Kritik des spekulativen Denkens – insbes. bei L. →Feuerbach – vorbehalten, den Einwand des A. auch gegen den christl. Begriff von →Gott zu erheben. Damit wird jedoch das krit. Potential des A.gedankens überhaupt zum Verschwinden gebracht.

*B.* Für die christl. Lehre und Theologie ist das Problem nicht in erster Linie mit dem – durch das Bilderverbot ausgeschlossenen – Götterbild (→Gott, →jüd. Kunst), sondern mit dem rel. Sprechen von Gott gegeben. Einerseits werden schon in der bibl. Literatur – von den Schöpfungsberichten bis hin zu den Gleichnissen Jesu – Gottes Handeln, Anrede und Nähe auf eine Weise gesehen, die nicht anders als *personal* begriffen werden kann. Dies scheint in letzter Konsequenz zu einer völligen Verweltlichung der als Gott bezeichneten Wirklichkeit zu führen. Andererseits können →Glaube und Theologie ihren Wahrheitsanspruch nur im Rahmen der Einsicht entfalten, daß Gott selbst *unaussprechl.* ist. Völliges →Schweigen scheint also geboten. Doch wurden verschiedene Theorien entwickelt (→Analogie, →Symbol, →Metaphorik), in deren Zusammenhang begründet werden kann, daß das anthropomorphe Reden von Gott nicht unangemessen ist. Diese Theorieansätze sollen also den A. aus der rel. Rede und der christl. Lehre nicht krit. eliminieren oder beerben (Feuerbach), sondern im Rahmen einer →Hermeneutik krit. erschließen, indem sie Einsicht geben in die Art, wie *Gott und Welt zu unterscheiden* sind. Die Hermeneutik des A. soll Rechenschaft darüber ablegen, wie die Gehalte rel. Reden gedacht werden können. Auf der Linie der Religionsphilosophie I. →Kants läßt sich zeigen, daß die anthropomorphen Elemente der rel. Rede im Zusammenhang der christl. Lehre auf die prakt. →Vernunft und damit auf das Problem der menschl. →*Freiheit* zu beziehen sind. Allerdings kann nicht die →Ethik bzw. die Moralphilosophie selber als die Grundwissenschaft angesetzt werden, die solche Auslegung ermöglicht. Denn die anthropomorphen Elemente rel. Rede weisen im Kontext der christl. Lehre auf das Woher bzw. auf den Grund menschl. Freiheit hin.

*Lit.: E. Jüngel:* Gott als Geheimnis der Welt, Tübingen, 3. Aufl. 1978. – *W. Trillhaas:* Religionsphilosophie, Berlin 1972. – *W. Weischedel:* Der Gott der Philosophen, 2 Bde., Darmstadt, 2. Aufl. 1972.

*Konrad Stock*

**Anthroposophie** (Weisheit vom Menschen) ist ein von *Rudolf Steiner* (1861-1925) begründeter Schulungsweg zur Weckung des im Alltagsmenschen verborgenen »höheren Menschen« durch Entwicklung eines »höheren Bewußtseinszustands« seiner Seele (»Einweihung«; vgl. R. Steiner, »Die Geheimwissenschaft im Umriß«, 223). Ihre Vertreter behaupten, mit einer der naturwissenschaftl. Methodik vergleichbaren Exaktheit durch »Steigerung des menschl. Erkenntnisvermögens über die dem Intellekt gesetzte Grenze hinaus« (J. Tautz) Kenntnisse über »die geistige Welt« erlangen zu können, in der das Menschenwesen Ursprung und Zukunft habe. Die A. will demzufolge *Erkenntnisinhalte*, nicht Glaubensdogmen bieten (→Gnosis). Was bisher an okkultem Wissen tradiert und gepflegt worden ist (→Okkultismus), will die A. »dem denkenden Bewußtsein in freier Weise zugängl. machen« (Hillringhaus).

*A.* In der A. wirken vier große geistesgeschichtl. Entwürfe bis heute nach:
1. die *goethean. Methode der* Naturbetrachtung durch Wahrnehmung der lebendigen Wechselwirkung in der Gestaltbildung: Steiner begann seine Laufbahn mit der Herausgabe von →Goethes naturwissenschaftl. Schriften am Goethe- und Schiller-Archiv in Weimar. 1917 bekennt er: »Die →Geisteswissenschaft, die ich vertrete, würde ich am liebsten *Goetheanismus* nennen und den Bau in Dornach, der ihr gewidmet ist, *Goetheanum*«;
2. die →*Theosophie* der sog. »Theosophischen Gesellschaften«, die sich seit 1875 in Amerika und Indien herausbildeten: Steiner war ab 1902 Vorsitzender der dt. Sektion der »Theosophischen Gesellschaft«, bis er 1913 die »Anthroposophische Gesellschaft« gründete;
3. der *Haeckelsche monist. Evolutionsgedanke* (→Monismus): Steiner sagte 1905/06 über Ernst Haeckel: »Die Haeckelschen Forschungsresultate bilden sozusagen das erste Kapitel der Theosophie oder Geisteswissenschaft«;
4. die *Ich-Philosophie* →Fichtes und des Dt. →Idealismus. Zielsetzung von Steiners grundlegender »Philosophie der →Freiheit« von 1894 ist der Aufweis, »daß die Natur geistig ist« und daß der Mensch frei ist.

*B.* Die aus östl., okkulten und theosoph. Quellen stammenden Anschauungen über Kosmos und Mensch (→Kosmologie, →Anthropologie), insbes. die Lehren von der *Reinkarnation* (Wiederverkörperung) des menschl. Geistes und vom *Karma*, erhalten durch die A. eine charakterist. Umformung: Im Gegensatz zu allen östl. Techniken der Ich-Überwindung oder Ich-Verneinung wird grundsätzl. an der Zielrichtung der christl.-abendländ. *Persönlichkeitskultur* festgehalten. Vor allem unter dem Einfluß von →Lessings »Erziehung des Menschengeschlechts« wird in der vollen Entfaltung des »Ich«, dem Wesenskern alles Geistigen, das Ziel der gesamten kosm. Entwicklung gesehen. So wird auch die Reinkarnation nicht im östl. Sinn als Verhängnis eines ziellosen und leidvollen Kreislaufs von Wiederverkörperungen verstanden, sondern mit Lessing als Chance der Selbstvollendung des menschl. Wesens betrachtet. A. möchte »einen Beitrag für die kommende christl. Ich-Kultur des Abendlandes geben« (M. Schmidt-Brabant). Von daher sind auch die vielfältigen *Aktivitäten* auf der Grundlage der A., die das Wirken aller vergleichbaren Weltanschauungsgemeinschaften weit überragen und die bes. heute eine große Ausstrahlungskraft besitzen, zu verstehen, vor allem auf med. Gebiet: *anthroposoph.* →*Medizin* und Kliniken, im ökolog. Bereich: *»biolog.-dynam. Landbau«*, in gesellschaftl. Hinsicht: *»Dreigliederung des sozialen Organismus«* und im pädagog. Raum: *»Freie Waldorfschulen«*. Unter dem Eindruck der A. Rudolf Steiners gründeten vorwiegend junge Theologen im Jahr 1922 die rel. Erneuerungsbewegung der →»Christengemeinschaft«.

*Lit.: J. Badewin:* A., Konstanz 1985. – *K. E. Becker/H.-P. Schreiner (Hg.):* Rudolf Steiner, Ausgewählte Werke in 10 Bde.n, Frankfurt/M. 1985. – *G. Frei:* Parapsychologie und A., in: *ders.:* Probleme der Parapsychologie, München, 2. Aufl. 1971. – *H. Reller (Hg.):* Handbuch Rel. Gemeinschaften, Gütersloh, 3. Aufl. 1985, 386-420 (Lit.). – *K. von Stieglitz:* Die Christosophie Rudolf Steiners, Witten 1955.

*Hans-Jürgen Ruppert*

**Antichrist.** Der Begriff A., religionsgeschichtl. Ursprungs, blieb stets gebunden an seinen grundsätzl. rel.- theol. und apokalypt. (→Apokalyptik) Bedeutungshintergrund, d.h., er ist immer Gott und dem göttl. Offenbarungsgeschehen zugeordnet und verselbständigt sich nicht. Er ist gerichtet auf den →Mythos von einer Auseinandersetzung am Ende der Zeit (→Eschatologie). Vor- und außerchristl. →Religionen kennen dem A. entspr. Mythen.

*A. Das* →*NT* nennt den Begriff (griech.: Gegengesalbter, Gegenmessias) nur in 1 Joh 2,18.22; 4,3; 2 Joh 7. Es weist aber an mehreren Stellen auf ihn hin (z.B. Mk 13,6.21f.; Mt 24,5.23ff., v.a. aber Offb 11-14,16,17,20). Das Erscheinen des A. gehört unmittelbar zur erwarteten Wiederkehr des →Messias, der eine Zeit nie dagewesener Feindschaft zu Christus und seiner →Kirche sowie gewaltiger Katastrophen vorausgeht. Der bes. gefährl. Charakter des A. zeigt sich darin, daß er nicht offen als teufl. Widersacher Christi auftritt, sondern sich als der Messias ausgibt, falsche →Propheten und →Apostel aussendet, Gläubige um sich sammelt und so eine falsche Kirche und Herrschaft aufrichtet, die viele Christen in die Irre führt, die anderen aber schweren Verfolgungen aussetzt. Die Hybris des A. wie auch die Leiden derer, die ihm →Widerstand leisten, werden durch den Triumph Christi überwunden.

*B.* →*Augustinus* betonte richtungweisend die Aktualität und Notwendigkeit der Auseinandersetzung mit dem A., der als Prinzip auch in die Kirche hineinwirke. Dies fand u.a. unter dem Einfluß Joachims von Fiore während des →*MA.s* seinen Niederschlag in den Spannungen zwischen →Papst und Kaiser, innerhalb der Kirche (Schisma) und im gegenseitigen Häresievorwurf zwischen Rom und den (früh-)*reformator. Bewegungen* (→Reformation). Nach der sozial-nationalkirchl. Kritik von →Wyclif und →Hus entwickelte →Luther seine Vorstellung vom A. allein auf bibl. Grundlage. Seine große Wirkung (→Melanchthon, Cranach) konnte die →Gegenreformation nicht schmälern. Die Orthodoxie (ostkirchl. und →altprot. Orthodoxie) sah in der Fehlentwicklung Roms das Wirken des A. In der →*Neuzeit* konnten die Türken (→Islam), die →Franz. Revolution oder der Bolschewismus auch als säkularisierte Erscheinungsformen des A. gelten. Im ganzen aber wurde der A. zur *philos.* (F. Bacon, B. Bauer, →Nietzsche, W. →Solowjow, N. Berdjajew) oder *literar.* (→Dostojewski, S. Lagerlöf, J. Roth) Figur.

*Lit.: W. Bousset:* Der A., Göttingen 1895. – *R. K. Emmerson:* A. in the Middle Ages, Leiden 1981. – *H. Preuss:* Die Vorstellungen vom A. im MA., bei Luther und in der konfessionellen Polemik, Leipzig 1906.

*Hans Hecker*

**Antike und Christentum**

*A. Zur Terminologie*

Die →Alte Kirche entstand und entfaltete sich im kaiserzeitl. Abschnitt der griech.-röm. A. und wurde im zeitl. sich anschließenden Zeitraum, der sog. christl. Spätantike, zu einem Faktor, der diese Epoche entscheidend mitgeprägt hat. Mit den Begriffen A. und C. verbindet sich daher die Aufgabe, die Entwicklung der →Kirche mit ihren bibl. bestimmten, z.T. durch ein hellenist. →Judentum geformten →Traditionen in der Umwelt des →Röm. Reiches darzustellen. Entgegen den Idealen der dt. →Klassik bekam A. und C. im bes. später die Bedeutung dieses wissenschaftl. Programms, das im deutschsprachigen Raum charakterisiert ist durch die Namen H. Lietzmann und F. J. Dölger sowie durch das nach letzterem genannte »Franz-Joseph-Dölger-Institut«, das in interdisziplinärer Zusammenarbeit von Altertumswissenschaften und hist. Theologie (vor allem im Reallexikon für A.

und C., seit 1941, und im Jahrbuch für A. und C., seit 1958) die »Auseinandersetzung des frühen Christentums mit der antiken Welt« in den Mittelpunkt seiner Arbeit stellt.

*B. Begegnungsfelder*

*I.* Seit dem frühneuzeitl. →Humanismus (→Erasmus) und der Übernahme bes. seiner philolog. Ansätze in den Kirchen der →Reformation (→Melanchthon, →Zwingli) sowie der kath. Reform steht das *literar. Begegnungsfeld* im Mittelpunkt der wissenschaftl. Erforschung von A. und C.:

*1.* In der altchristl. Literatur (einschl. des ntl. Schrifttums) bemühen sich Christen darum, die Bedeutung des Christuszeugnisses für die durch die klass. und hellenist. A. geprägten Sprach- und Lebenswelten aufzuzeigen, die in der polit. Einheit des Röm. Reiches zu einer Synthese verschmolzen sind. Die Kenntnis der Genera, Topoi und Motive der griech. und röm. Literatur ist hier für das Verständnis der frühchristl. Literatur ebenso wichtig wie für das Verständnis der Entwicklung und Entfaltung der christl. →Dogmen, die Kenntnis antiker →Philosophiegeschichte (bes. die Wirkung →Platons auf Mittel- und Neuplatonismus). Im Gespräch mit der antiken Philosophie vollzog sich die Erforschung der altchristl. →Theologiegeschichte, deren zentrales Anliegen es ist, nicht nur Abhängigkeiten in Terminologie und Argumentation festzustellen, sondern den differenzierten Zusammenhang von Sprachangleichung, Systemablehnung und -ände rung darzustellen. Das hellenist. Judentum lieferte dafür bekannte Orientierungsmodelle (→Origenes).

*2. Zur bestimmenden Norm* wurde dabei die Christusbotschaft innerhalb eines sich bewährenden bibl. →Kanons und einer kirchl. →Tradition, die im monarch. Episkopat (→Bischof) eine organisator., intellektuelle und geistl. Leitung der städt. Einzelgemeinde zu vereinen suchte. Wie wenig sie einengte und wie stark sie damit wieder in der Tradition geistesgeschichtl. Toleranz stand, zeigt die Weite der Orthodoxie, der alt- und reichskath. Zeit, die dem intellektuellen Gefälle und den Unterschieden in der nichtchristl. A. durchaus entspricht. Erst als der Zusammenhang mit der literar. und philos. Kultur nicht mehr deutl. war, wurden einige Kirchenschriftsteller zu »Vätern«. Sie beherrschten das Bild von der Alten Kirche ebenso, wie sie es in die Enge führten; sie identifizierten die Geschichte der Kirchen und Christentümer in der Alten Welt mit einer hohen theol.-dogmat. Tradition und einer unhist. Dogmatisierung. Eine solche – gegen Ende der A. beginnende – Geschichtsfiktion kann zunächst nur erkannt werden, wenn man den Zusammenhang mit der literar. und philosophiegeschichtl. Tradition wiederherstellt. Erst dieser Zusammenhang mit der literar. Gesamtüberlieferung der A. sowie der Bezug zu anderen Beziehungsfeldern eröffnet die Möglichkeit, den genauen Ort der betreffenden literar. Quelle zu bestimmen. Damit wird ein einseitig auf Literatur zentriertes Geschichtsbild überwunden.

*3.* Neue literar. (Romanliteratur) und subliterar. Quellenbereiche (Briefe, Akten, Zauberpapyri), Inschriften, Kunstwerke und die Überreste der materiellen Kultur (→Archäologie) eröffnen zugleich einen Kontext für die christl. literar. Tradition. Mit dieser Erweiterung der Quellenbereiche ergeben sich gleichzeitig für die Erforschung von A. und C. neue Beziehungsfelder: das rel., das polit. und soziale Beziehungsfeld und das der materiellen Kultur, in denen der Standort der Lebensäußerungen von Christen gefordert, in beschreibender Weise zu bestimmen ist, und der Vergleich zeigt, wie unterschiedl. die Glieder der Kirchen in das Gewebe der sie umgebenden Kultur- und Lebenswelt verflochten sind.

*II.* Das *rel. Beziehungsfeld* umfaßt neben der griech. und röm. Religionsgeschichte, den oriental. Religionen und den Mysterienreligionen den ganzen Bereich der Volksreligionen und reicht bis zu den – bis an das Ende der A. lebendig gebliebenen – Lokalkulten. Dadurch lassen sich nicht nur die rel. Strömungen im Röm. Reich geograph. differenzieren. Es ergibt sich auch eine religionssoziol. Differenzierung, die die Formen des rel. Verhaltens in den ständ. gegliederten Lebensbereichen beobachtet, wobei auch die Formen und Folgen von Statusinkonsistenz und ihre Ersatzfüllungen (Sevirat) von Bedeutung sind (→Mission).

*III.* Das rel. steht mit dem *polit.-sozialen Beziehungsfeld* in einem engen Zusammenhang. Auch hier ist die Beziehung von A. und C. wieder auf einer doppelten Ebene zu suchen: erstens auf der Ebene der Sozialethik und der sozialen Utopie (Klemens von Alexandrien, Johannes Chrysostomos), wie sie sich im Anschluß in Predigt und Traktat erhalten hat, zweitens auf der Ebene der positiven Integration in das vorhandene soziale Großsystem des Röm. Reiches (Gebet für den Kaiser, →Sklaven), das gleichzeitig durch den Gedanken des saeculum relativiert und dessen polit. Romgedanke grundsätzl. entsakralisiert wurde, worauf die staatl. organisierten →Christenverfolgungen des 3. Jh.s antworteten.

Zu dieser Ebene gehört auch die *christl. Liebestätigkeit*. Daß dabei nur das »Alte« im polit.-sozialen Bereich tragend sei, haben die Christen aus der antiken wie auch aus der bibl. Tradition übernommen. Deshalb bedeuten alle Ansätze einer theol. Sozialkritik gerade in der Spätantike (Salvian) und die Schaffung bes. Lebensformen wie im →Mönchtum (wobei auch die A. bes. Lebensformen, z.B. die der Philosophen, kannte) keine Versuche, das – grundsätzl. ebenso akzeptierte wie relativierte – soziopolit. System des Röm. Reiches zu verändern. Das zeigen neben den christl. Soldaten in der vorkonstantin. Armee die christl. Kaiserpriester der späteren Zeit. Begründet ist dies nicht zuletzt darin, daß seit der 2. Hälfte des 2. Jh.s die *soziale*

*Schichtung* in der Kirche quantitativ und qualitativ derjenigen im Reich entsprach, daß diese Verhältnisse im Wachstum der Kirche auch andauerten, als beim Übergang in die konstantin. Zeit etwa ein Viertel der Reichsbevölkerung christl. war. Den normalen sozialen Kontakt mit den Nichtchristen mußte man aufrechterhalten. So finden sich die für das kaiserzeitl. Leben bestimmenden Abhängigkeitsverhältnisse und Ordnungsvorstellungen auch in der Kirche wieder.

*IV.* Das *Beziehungsfeld der materiellen Kultur*, wie sie in all ihren Überresten überliefert ist, bestätigt diese Verflochtenheit und illustriert sie etwa darin, daß antike mytholog. und soziale Bildthemen (Jagd, Zirkus) in der Wohnungsdekoration der späten Zeit weiterleben, daß in der Stadt neben dem Kapitol die Bischofskirche oder die Garnisonskirche bei den Lagern steht. Das Bischofsbild zeigt, wie Würde entspr. den Staatsbeamten durch die bes. Kleidung zum Ausdruck gebracht wird. Ebenso leben die Bautechnik und die künstler. Gestaltungsformen nach eigenen Gesetzen weiter. So sollte eigentl. nicht von einer frühchristl. →Kunst gesprochen werden, sondern von spätantiker Kunst mit christl. Bildthemen. Auch wenn durch den →Kirchenbau und die übrige kirchl. Bautätigkeit in die Gestaltung der antiken Stadt ein neues Element eintritt, so verändert sich doch daran deren Grundstruktur nicht. Gerade für das Beziehungsfeld der materiellen Kultur ist das oft scheinbar beziehungslose Nebeneinander von A. und C. charakteristisch. Nach Interpretation verlangend, fordert es die Forschung heraus, die Frage nach dem Christlichen im Nebeneinander von Kontinuität und Diskontinuität zu stellen.

*C. Bedeutung*

Die Thematik von A. und C. kann mit den Theorien kultureller Anpassungs- und Wandlungsprozesse beschrieben werden und macht die interdisziplinäre Zusammenarbeit mit den Altertumswissenschaften sowie mit den Kulturwissenschaften und der Soziologie notwendig. Für die Theologie enthält sie ein doppeltes eigenständiges Interesse: Die erste Entfaltung der Christusbotschaft in einer hist. beschreibbaren »Welt«, die in vielem nicht mehr die unsere ist, wird zum Exempel für die Aufgabe, christl. Reden und Leben in die Gegenwart zu übersetzen. Diese *hermeneut. Aufgabe* schließt auch die Analyse unseres kulturellen Erbes ein, das in dem symbol. Zusammenhang von A. und C. enthalten ist.

*Lit.: E. A. Judge:* »A. und C.«: Towards a definition of the field (Aufstieg und Niedergang der röm. Welt 2,23,1), Berlin/New York 1979, 3-58 (Lit.). – *Th. Klauser:* Franz Joseph Dölger (Jahrbuch für A. und C. E 7), Münster 1980. – *H.-I. Marrou:* Décadence romaine ou antiquité tardive, Paris 1977. – *A. M. Ritter:* Platonismus und Christentum in der Spätantike, in: Theol. Rundschau 49 (1984), 31-56 (Lit.). – *C. Schneider:* Geistesgeschichte des antiken Christentums, 2 Bde., München 1954.

*Wolfgang Wischmeyer*

## Antiochia

*A. Antiocheia* (am Orontes 22 km vom Mittelmeer), heute *Antakya* (Hauptstadt der türk. Provinz Hatay), 330 v. Chr. von Seleukos I. Nikator gegründet und nach seinem Vater benannt, später *drittgrößte Stadt* des →Röm. Reiches (64 v. Chr. Sitz des Statthalters der Provinz Syrien), 540 von den Persern (Chosrau I.) zerstört, aber unter Kaiser Justinian (527-565) als »Gottesstadt« *(Theoupolis)* glanzvoll wiedererbaut, 637 von den Arabern erobert, dann 969 von Nikephoros Phokas zurückgewonnen, fiel 1098 an die Seldschuken, schon 1098 jedoch an die Kreuzfahrer (→Kreuzzüge). Das von Fürst Bohemund damals gegründete normann. *Fürstentum* wurde 1268 von den Arabern (Sultan Baibar) zerstört, die 1568 vom *Osman. Reich* abgelöst wurden.

Obwohl in A. das Heidentum noch lange lebendig blieb, war es der Ort, wo erste heidenchristl. Gemeinden entstanden (vgl. Apg 6,5; Gal 2,11-14; Apg 15) und erstmals der Name »Christen« gebraucht wurde (Apg 11,26). Die »*Cathedra Petri*« zeichnete den Bischofssitz von A. mit apostol. Würde aus, dessen erster bedeutender Inhaber, Ignatios (gest. um 110), in seinen Schriften für das monarch. Bischofsamt eintrat.

*B.* A. wurde Ursprungsort mehrerer theol. Lehren der frühen Kirche und beeinflußte kulturell und liturg. das junge Konstantinopel. Die *Theologenschule* von A. pflegte im Gegensatz zu der von →Alexandria die hist.-grammat. Schriftauslegung, vertrat aber sonst keine einheitl. Lehre. 325 (Kanon 6 des Konzils von Nicäa) wurde A. der Primat über die syr. Metropolitankirchen zugesprochen (Reichsdiözese Oriens mit 15 Provinzen und rund 220 Bistümern, bis 431 auch →Zypern), der 451 (Kanon 28 des Konzils von Chalcedon) mit der Anerkennung der Patriarchatswürde bestätigt wurde. Der kirchenpolit. Gegensatz zu Alexandria führte zur Verurteilung der von A. vertretenen →Christologie und damit zur Schwächung des Patriarchats (meletian. Schisma, monophysit. Streit).

Wichtigste Folge war die erste *Aufspaltung* der Christenheit in A. in einen national-syr. und einen orthod. Zweig (wegen der Anhängerschaft an den oström. Kaiser »*melkit.*« genannt, vom arab. Wort für Kaiser). Seit der Wanderbischof Jakub Burde'ānā (griech. Baradaios, gest. 578) in unermüdl. persönl. Einsatz (angebl. hat er 100.000 Priester ordiniert) eine eigene antichalcedon., zu den →oriental. Nationalkirchen zu zählende Kirchenorganisation geschaffen hatte, gerieten die melkit. Patriarchen von A. immer mehr unter den Einfluß des →Ökumen. Patriarchats. Die angestammte syr. Liturgieordnung wird so vor Ende des 12. Jh.s durch die byzant. von Konstantinopel ersetzt, zumindest in den Städten.

*C.* Die *osman. Zeit*, in der die Patriarchen zuerst ins armen. Kilikien, dann seit 1375/86 nach Damaskus übersiedeln, bringt trotz starker Arabisierung der meisten Gläubigen auf dem Lande auch für A. eine Vorherrschaft des griech. Bevölkerungselements (Privileg von 1724), die erst endete, als nach zahlreichen früheren Doppelwahlen 1899 erstmals mit russ. Unterstützung ein Araber (Meletios) Patriarch wurde. Dies hatte eine deutl. Intensivierung des Laienelements im orthod. Patriarchat von A. zur Folge (Gründung des Jugendverbandes 1942/51, Zeitschrift »An-Nur«).
*Heute* umfaßt das orthod. Patriarchat von A. rund 1,5 Mill. Gläubige, vor allem in →Syrien und dem →Libanon sowie rund 190.000 in der Emigration (vor allem in den USA, wo auch Gemeinden mit gereinigtem röm. Ritus und seit neuestem ein sog. »ev.-orthod. Vikariat« aus Konvertiten bestehen). In der *Bundesrepublik Deutschland* gibt es mehrere Gemeinden (Zentrum in Köln), vor allem mit Flüchtlingen aus dem Libanon.

*D.* Neben dem orthod. führen auch noch vier weitere Patriarchen den Titel von A., so natürl. seit dem Entstehen der eigenständigen »*jakobit.*« Hierarchie im 6. Jh. der syr.-orthod., der sich als Vertreter der entspr. oriental. Nationalkirche ja ebenfalls in der legitimen Nachfolge des petrin. Stuhles sieht. Auch diese Kirche hat in ihrer Geschichte bedeutende Theologen auszuweisen (wie Jakub von Edessa, gest. 721, oder Bar Hebraeus, gest. 1286). Wegen des Druckes aus →Byzanz siedelte der »jakobit.« Patriarch von A. 969 nach Dijar Bakr, später nach Mārdin und schließl. 1959 auch nach Damaskus. Die Blüte der Kirche im 12. Jh. (20 Metropoliten und 100 Bischofssitze in Syrien, Zypern und Mesopotamien) endete durch den Mongolensturm Timur-Lenks um 1400. Heute ist auch die »jakobit.« syr. Kirche, die sich selbst syr.-orthod. nennt, ebenfalls durch Auswanderung in der ganzen Welt *verbreitet* (1953 Bistum Detroit), darunter 30.000 Gläubige (zumeist aus Ostanatolien) in der Bundesrepublik.
Die drei weiteren Träger des Titels eines Patriarchen von A. sind →unierte Kirchenhäupter, näml. der seit dem Schisma von 1724 existierende *griech.-kath.-melk.* (unierte) Patriarch, ferner der *syr.-kath.* und schließl. der (ebenfalls unierte) *maronit.*, wobei der letztere in Bkerke im Libanon residiert, die anderen antiochen. Patriarchen aber alle in Damaskus. Das 1098 gegründete *lat. Patriarchat* von A. bestand bis zum 2. →Vat. Konzil nur noch als Titularpatriarchat.

*Lit.: R. Devreesse:* Le Patriarcat d'A. depuis la paix de l'Eglise jusqu'à la conquète arabe, Paris 1945. – *G. Downey:* A History of A. in Syria, Princeton 1961. – *P. Kawerau:* Das Christentum des Ostens (Religionen der Menschheit 30), Stuttgart 1972. – *C. Korolevskij (Charon):* Histoire des Patriarcats melkites, 2 Bde., Rom 1910f. – *Chr. Papadopoulos:* Istoria tēs Ekklēsias Antiocheias, Athen 1951.

*Nikolaus Thon*

## Antisemitismus

### *A. Begriff*

Der *Begriff* A. wird erst 1879 in Berlin durch W. Marr geprägt, im gleichen Jahr hält A. Stoecker seine ersten antijüd. Vorträge, und veröffentlicht H. von Treitschke, der die Formulierung »Die Juden sind unser Unglück« kolportierte, den ersten Artikel zum Judenproblem. 1879/80 wird der »Berliner A.streit« ausgetragen, in dem sich Th. Mommsen für die Juden einsetzt, und noch Ende 1879 wird in Berlin die »Antisemiten-Liga« begründet. »Der A. umfaßt die ganze Skala von Gefühlen und Verhaltensweisen gegen die Juden zwischen instinktiver Aversion, die keinem Juden ein Haar krümmen möchte, bis zu einem Haß, der sich die planmäßige Ausrottung aller Juden zum unverrückbaren Ziele setzt« (W. Holsten). Obwohl der Begriff A. eine sprachl. Fehlbildung darstellt – sind Antisemiten doch Feinde der Juden und nicht der sonstigen Semiten, etwa der Araber; »semit.« bezeichnet zudem eine Sprachfamilie, keine Rasse –, hat er sich doch so fest eingebürgert, daß Prägungen wie »Judenfeindschaft«, »Antijudaismus«, »Antizionismus« u.ä. demgegenüber unscharf und teilweise sogar irreführend sind.

### *B. Geschichte*

*I.* Bereits in der vorchristl. *Antike* ist A. keineswegs unbekannt. Bes. zahlreiche Nachrichten liegen hierzu aus →Alexandria vor, wo es 38 n. Chr. zu einem Pogrom kommt. Als Judengegner äußern sich u.a. Cicero, Seneca, Juvenal und Tacitus. Neben ökonom. und polit. Gründen ist es das jüd. Erwählungsbewußtsein, das die Kritik und die →Aggressionen der Umwelt auslöst.

*II.* Welche *Rolle* das →*NT* in der Geschichte des A. spielt, ist nach wie vor umstritten. Texte wie »Sein Blut komme über uns und unsere Kinder« (Mt 27,25) und »Ihr seid aus eurem Vater, dem Teufel, und die Begierden eures Vaters wollt ihr erfüllen« (Joh 8,44) gehören zumindest durch ihre Wirkungsgeschichte an den Anfang des christl. A., in dem auch →Paulus eine wichtige Rolle spielt, der in 1 Thess 2,15 die »klass.« gewordene Anklage gegen die Juden formuliert: »Diese haben sogar den Herrn Jesus und die Propheten getötet und verfolgt.« Wie vorsichtig man hier aber zu urteilen hat, belegen vor allem die Kap. 9-11 des →Römerbriefs, deren Einsichten in die endzeitl. Gerechtigkeit und den universalen Gnadenwillen Gottes die Grenzen menschl. Erkenntnis berühren und wohl auch deshalb in Kirche und Theologie immer wieder überhört werden. Auch bei der Beurteilung der Passionsgeschichten (→Passion) ist die ursprüngl. Intention von der späteren Interpretation zu unterscheiden und daran festzuhalten, daß A. im eigentl. Sinn hier *noch* nicht konstatiert werden kann. Die Konflikte zwischen den synagogalen und den christl. Gemeinden um →Gesetz und →Evangelium, Verheißung und Erfüllung, Alten und Neuen →Bund usw. bereiten jedoch dem späteren, spezif. christl. A. den Weg.

*III.* War der vorchristl. A. in der Regel aus konkreten Konflikten der Umwelt mit dem →Judentum abzuleiten, so ist »das prinzipiell Neue am Schicksal der Juden in christl. Zeit..., daß die christl. Einstellung nicht mehr, wie die heidn., auf aktuellen Erfahrungen mit Juden, sondern auf der Auslegung des jüd. Charakters und der jüd. Geschichte beruhte« (J. W. Parkes).

. Christl. A. ist prinzipiell, was nicht ausschließt, daß das noch über lange Zeit von der →*Alten Kirche* als Konkurrenz empfundene Judentum auch konkreten Anlaß zu direkten Maßnahmen gab. 315 bedroht Konstantin per Gesetz den Übertritt zum Judentum mit dem Feuertod, und die →Konzilien versuchen durch immer erneuerte Verbote, den Kontakt zwischen Christen und Juden zu unterbinden. Die zahlreichen Berichte über Ausschreitungen gegen Juden und →Synagogen zeigen, daß der A. keineswegs nur eine Angelegenheit der Theologen und des Gesetzgebers war, sondern in der christl. Bevölkerung (insbes. im →Mönchtum) eine breite Resonanz besaß. Die bereits im 2. Jh. einsetzende *Adversus-Judaeos*-Literatur (»Gegen die Juden«) läßt zudem erkennen, daß man an der →Bekehrung der Juden kaum noch interessiert war, sondern vor allem deren Einfluß auf Christen und →Heiden unterbinden wollte.

*2.* Im →*MA.* verbinden sich theol., ökonom. und auch psycholog. Motive zu einem A., der das Bild des Juden immer stärker dämonisiert. In der →Plastik wird die Darstellung der verworfenen Synagoge und der siegreichen Ekklesia (Kirche) entwickelt. Daneben halten auch derb karikaturist. Judenbilder (»Judensau«) in das Kirchengebäude Einzug. Das IV. Laterankonzil leitet 1215 die gesellschaftl. Isolierung der Juden ein. Sie wird vollendet durch die Angst der Umwelt, die den Juden die Schuld an der Pest, an Hostienschändungen und Ritualmorden aufbürdet und im 15. Jh. zur Bildung des *Gettos* führt. Im 16. Jh. bemüht sich die Kirche verstärkt um die *Judenmission*, ohne jedoch in eine grundsätzl. theol. Auseinandersetzung mit den Juden einzutreten.

*3.* Unter den *Reformatoren* hat sich bes. *M.* →*Luther* mit dem Judentum auseinandergesetzt und ab 1523 die Erwartung geäußert, die Juden würden der reformator. Botschaft Glauben schenken. Ab 1538 wendet sich dann Luther immer schärfer gegen die Juden. In der harten Polemik des alten Luther klingen Enttäuschung, Endzeitangst und Furcht vor den dämonisierten Juden schrill zusammen. Zwar waren dem Reformator rassist. Argumente noch gänzl. fremd, doch hatten seine Stellungnahmen in der weiteren Entwicklung des A. eine verhängnisvolle Wirkung.

*4.* In der Epoche der →*prot. Orthodoxie (1550-1650)* erlebt die Judenmission einen neuen Aufschwung, und im 17. Jh. kommt es zu einem Philosemitismus, der sich von dem bes. Verhältnis des Juden zu Gott faszinieren läßt. In der Judenmission des →Pietismus, die von Ph. J. Spener und A. H. Francke angeregt und organisiert wird, werden diese philosemit. Auffassungen aufgegriffen, der Ausbau der →Judaistik intensiv gefördert und beträchtl. Missionserfolge erzielt.

*5.* Im *19. Jh.* erlebt der A. neuen Aufschwung durch den →Nationalismus, durch die romant. Reaktion auf die Revolution von 1789 und die ökonom. Probleme, die mit der Industrialisierung gegeben sind. Durch die →Emanzipation der Juden wird ein Verteilungskampf auf allen Gebieten des gesellschaftl. Lebens ausgelöst, der sich in der Rassentheorie Gobineaus widerspiegelt. Seitdem ist die rassist. Komponente eines der Hauptmerkmale des A.

*C. Nationalsozialismus und Gegenwart*

*I.* Der A. des →*Nationalsozialismus* benutzt das gesamte Arsenal der antisemit. Propaganda und entwickelt das Programm einer »Endlösung der Judenfrage«, dem auch die Kirchen keinen effektiven →Widerstand entgegenzusetzen vermögen. Hierfür wird man die antisemit. Ressentiments innerhalb der Kirchen ebenso verantwortl. machen müssen wie die Unfähigkeit zu der Einsicht, daß Hitler dieses Programm verwirklichen würde.

*II.* Unter dem Eindruck des →*Holocaust* ist nach 1945 innerhalb der Kirchen der A. weithin obsolet geworden. 1948 definierte der Weltkirchenrat A. als →»Sünde gegen Gott und Menschen«, und das 2. →Vatikan. Konzil verurteilte in »Nostra aetate« 1965 den A. in einer allerdings dem ursprüngl. Entwurf gegenüber abgeschwächten Form. Innerhalb beider Kirchen wird der christl.-jüd. →Dialog mit Engagement geführt, wobei nicht zu übersehen ist, daß der A. in Gestalt des Antizionismus in Kirche und Gesellschaft immer wieder virulent werden kann. In jüngster Zeit ist auf judenfeindl. Tendenzen im Bereich von Friedens-, Frauen-, Ökobewegung und Neuem Patriotismus aufmerksam gemacht worden, die die Virulenz eines *neuen* A. belegen, der um so gefährlicher werden könnte, je weniger man sich seiner bewußt ist.

*Lit.: H. Bahr:* Der A., Nachdruck Königstein/Ts. 1979. *F. Fejtö:* Judentum und Kommunismus. A. in Osteuropa, Wien 967. *H. Greive:* Geschichte des modernen A. in Deutschland, Darmstadt 1983. – *N.R.M. de Lange u.a.:* A., in: Theol. Realenzyklopädie 3, 113-168 (Lit.). *R. M. Loewenstein:* Psychoanalyse des A., Frankfurt/M. 1967. *L. Poliakov:* Geschichte des A., 8 Bde., Worms 1977ff. *H. Schreckenberg:* Die christl. Adversus-Judaeos-Texte und ihr literar. und hist. Umfeld (1.-11. Jh.), Frankfurt/M./

Bern 982 (Lit.). *A. Silbermann/J. H. Schoeps (Hg.):* A. nach dem Holocaust, Köln 1986.

*Peter Maser*

## Apokalyptik

*A.* A. nennt man eine geistige Strömung, die die Gegenwart als Endzeit vor einem →transzendenten →Heil begreift (→Eschatologie). Sie äußert sich literar. vor allem in Apokalypsen, d.h. prophet.-visionären Beschreibungen von Geschichte und →Jenseits. Träger ist oft eine *bedrängte →Minderheit,* die keinen Zusammenhang zwischen dem Handeln nach ihren Werten und den ird. Zuständen bzw. entsprechendem Ergehen mehr sieht. Sie versteht die gegenwärtige düstere Lage als notwendiges Durchgangsstadium in einem Prozeß, den meist eine rel. Autorität der Vergangenheit (z.B. Henoch, →Abraham, Elija) fiktiv vorhersagt. *Periodisierungen* des Ablaufs der →Geschichte (z.B. 4-Reiche-Schema: Dan 2) und die Einschaltung von Zwischenwesen (z.B. Engel: Dan 10,13.20f.) lassen die sich immer mehr verschlimmernde Geschichte doch unter der Kontrolle Gottes erscheinen. Wo das →Böse übermächtig wird, setzt er ihm eine Grenze. Nach dem *Zusammenbruch* der bestehenden wird eine total neue, oft der idealen Urzeit entsprechende →Welt verheißen (vgl. Offb 21,1-22,5), in der die Wertvorstellungen der Gruppe Bestätigung und Belohnung erhalten (→Wiederkunft, →Gericht, →Auferstehung). So ermutigt die A. zu Durchhalten und →Geduld, selten zum aktiven Eingreifen, da die Erneuerung in Kürze von →Gott erwartet wird. Weil dies innerweltl. nicht einsichtig und manchmal auch nicht durch die rel. Tradition gedeckt ist, läßt sich die A. nur als esoter. Geheimwissen vermitteln (→Okkultismus).

*B.* Mit A. reagierte das →*Judentum* um die Zeitenwende auf polit. und rel. Überfremdung und die Zerstörung des Heiligtums (→Tempel). Die Botschaft Jesu vom nahen →Reich Gottes und die nachösterl. Verkündigung der von Jesus eingeleiteten →Auferstehung tragen zumindest apokalypt. Züge. In der Krise der *Naherwartung* und der Verfolgung entstehen urchristl. Apokalypsen (z.B. Mk 13, Offb). Massive Schilderungen von Himmel und Hölle in späteren Werken dieser Art suchen die Moral der Christen zu stärken. Die A. bringt in →*Ägypten* Orakel, in *Persien* eschatolog. Entwürfe und einzelne Apokalypsen, in der griech.-lat. Literatur Jenseitsberichte hervor. Auch *zykl. Weltbilder* (→Hinduismus, →Buddhismus) kennen apokalypt. Zeitbestimmungen. Die A. flackerte in Notsituationen des →MA.s und der →Neuzeit immer wieder auf, wobei man Naturkatastrophen, den Ansturm fremder Völker, aber auch innerkirchl. Wirren als Zeichen des baldigen Endes ansah. Auch wenn sich ihre Vorhersagen nicht erfüllen, zeigt sie oft ein erstaunl. Beharrungsvermögen.

*C.* Angesichts der *Bedrohung* durch Atomwaffen und Umweltzerstörung malen heute manchmal Theater, Film und Literatur den Weltuntergang aus; sofern er nicht fatalist. hingenommen wird, können solche Darstellungen einen heilsamen Schock bewirken. Doch verfehlen letztl. die Deutungsmuster der A. heutige Krisen, da diese selbstgemacht und menschl. voraussehbar sind und die Lösung nicht im Jenseits liegt. Die Menschheit ist auf diese Erde angewiesen. Zwar darf sich keiner mit dem Bestehenden abfinden – wie auch A. sich nicht anpaßt; sie ist aber unfähig zu realist. Wahrnehmung auch positiver Ansätze und zu konkreten Kompromissen. Wie für →Eschatologie überhaupt gilt, daß sie zwar →Hoffnung auf den je größeren Gott machen kann, indem sie eine ganz andere Welt anvisiert. Das *Anderssein Gottes* bildet aber auch das Sachkriterium, wenn sie ihn nach ihren Sehnsüchten einzuplanen sucht und die Grundbefindlichkeit des Menschen (conditio humana) verleugnet.

*Lit.: A. Y. Collins (Hg.):* Early Christian Apocalypticism: Genre and Social Setting (Semeia 36), Missoula 1986. – *J. J. Collins (Hg.):* Apocalypse: The Morphology of a Genre (Semeia 14), Decatur 1979. – *D. Hellholm (Hg.):* Apocalypticism in the Mediterranean World and the Near East, Tübingen 1983. – *K. Koch/J. M. Schmid (Hg.):* A. (Wege der Forschung 365), Darmstadt 1982, darin bes. 403-439 (Ph. Vielhauer). – *J. Lambrecht (Hg.):* L'Apocalypse johannique et l'Apocalyptique dans le Nouveau Testament (Bibliotheca Ephemeridum Theologicarum Lovaniensium 53), Leuven 1980. – *G. Lanczkowski u.a.:* A., Apokalypsen, in: Theol. Realenzyklopädie 3, 189-281 (Lit.). - *U. B. Müller:* Apokalpyt. Strömungen, in: *J. Becker u.a.:* Die Anfänge des Christentums, Stuttgart 1987, 217-254.

*Dieter Zeller*

## Apokryphen

### *A. Begriffsbestimmung*

Als A. werden jene in der Mehrzahl zwischen 200 v. und 400 n. Chr. entstandenen jüd. und christl. Schriften rel. Inhalts bezeichnet, die zwar kein kanon. Ansehen besitzen, für das Verständnis der im →Kanon gesammelten Schriften (und der im Anschluß an sie entwickelten rel. Vorstellungswelt) jedoch von wesentl. Bedeutung sind.

#### *I. Ursprüngliche Bedeutung*

Das Wort A. geht auf das griech. *apokryphos (verborgen, geheim)* zurück und entstammt dem Bereich der →Gnosis, die es zur positiven Kennzeichnung jener Schriften verwandte, die von ihr wegen ihres esoter. Inhalts geheimgehalten wurden. Da aber gerade diese Schriften von den Theologen der Großkirche abgelehnt wurden, erhielt das Wort apokryph einen negativen Klang. Es bezeichnete zunächst jene innerhalb des *christl.* Bereichs entstandenen Schriften, die als »unecht, falsch, häret.« galten.

*II. Erweiterter Sprachgebrauch*

In derart abwertendem Sinn von *atl.* A. zu sprechen wurde erst in einem zweiten Schritt üblich, weil eine Reihe jener »geheimen« jüd. Bücher, die später die atl. A. ausmachten, von den christl. Kirchen auch dann noch hochgeschätzt wurden, als diese von der Synagoge bereits verworfen waren (weshalb sie zumeist nur in christl. Übersetzung und Bearbeitung überliefert sind). Erst als diese jüd. Schriften auch innerhalb der christl. Kirche ihr Ansehen verloren hatten, wurde »apokryph« fast durchweg negativ gebraucht als Bezeichnung jener Schriften, die auf Grund ihres Inhalts oder ihres angebl. Verfassers für den Glauben zwar eine bes. Bedeutung beanspruchten, für deren Herkunft es aber kein klares, erhellendes Zeugnis gab. Dieser Sprachgebrauch blieb bis zum Beginn des 16. Jh.s maßgebend.

*III. Apokryphen und Pseudepigraphen*

Als die Kirchen der Reformation durch die Übernahme des hebr. Kanons den in der griech. Bibel (→Bibelübersetzungen) überlieferten Schriften die kanon. Bedeutung absprachen (→Kanon) und sie wie schon *Hieronymus* (345-420) als »apocrypha« bezeichneten, mußten sie die bislang gemeinhin als A. bezeichneten jüd. Schriften neu benennen. Für sie wurde jetzt der Begriff *Pseudepigraphen* (d.h. Schriften mit falscher Verfasserangabe) verwendet, eine nicht sehr glückl. Benennung, denn einerseits trifft sie nur auf einen Teil der damit bezeichneten jüd. Schriften zu, andererseits kann sie keineswegs auf sie beschränkt werden, tragen doch auch kanon. Schriften des AT und NT (→Deuteronomium, →Sprüche Salomos, →Pastoralbriefe, →Petrusbriefe) sowie viele ntl. A. eine »falsche Verfasserangabe«.

*B. Alttestamentliche Apokryphen*

Die Neigung, sich »den Völkern« anzugleichen (1 Sam 8,5; Ez 20,32), verstärkte sich im Judentum noch, als dieses dem →*Hellenismus* begegnete. »Ohne Propheten« (Ps 74,9) war die Auseinandersetzung mit dem fremden Glauben nun aber *allen* aufgegeben, die (gerade angesichts des erwarteten Endes der Geschichte; Dan 2,7) am »hl. Bund« (1 Makk 1,63) festhalten wollten. So kam es nochmals vergleichbar der Zeit unmittelbar nach der Babylon. Gefangenschaft zu einer umfangreichen Produktion von rel.-theol. Schriften, die im palästin. bzw. ägypt.-alexandrin. →Judentum allerdings nur noch in den seltensten Fällen kanon. Ansehen erlangten. Die Hauptthemen dieser teils anonymen, teils mit falschen Verfasserangaben versehenen apokryphen Schriften sind: die Überlegenheit der jüd. Religion und deren philos. Charakter; die Verherrlichung des jüd. Volkes und seiner Geschichte; die göttl. Gesetze als Weg zum Leben und die Gleichsetzung des mosa. Gesetzes mit der (Schöpfungs)Weisheit (Jubiläenbuch); das Vermächtnis der Väter als Begründung der jüd. Ethik (Testament der zwölf Patriarchen); die Rechtfertigung der Gerechtigkeit Gottes angesichts des Leidens derer, die für Gottes Weisung (→Tora) eifern (4 Esra; Syrische Baruchapokalypse).

*C. Neutestamentliche Apokryphen*

Sind die atl. A. vor allem durch die theol. Auseinandersetzung des Judentums mit dem Hellenismus und das Ringen um das rechte Verständnis jener Verpflichtungen geprägt, die Israel als Gottes auserwähltes Volk übernommen hatte, so spiegelt sich in den ntl. A. mehr die *Vielfalt* der rel. und theol. *Anschauungen* innerhalb der Frühen Kirche. Zwar sind die ntl. A. zum großen Teil nur noch bruchstückhaft überliefert, doch gewähren sie einen überraschenden Einblick in die allem Anschein nach sehr volkstüml. christl. Schriftstellerei der ersten christl. Jh.e. Ihre Themen ergaben sich vor allem aus den Lücken der ntl. Berichte, denn die Wißbegierde des Volkes war von bes. Reiz (z.B. die Kindheit Jesu; das Leben und Sterben Marias; das Schicksal der einzelnen Apostel; die Beschaffenheit der zukünftigen Welt). Dadurch lassen freil. gerade die ntl. A. erkennen, daß die Schriften, die für den christl. Glauben letztendl. kanon. Bedeutung erlangten (→Kanon C II.), der Christenheit nie aufgezwungen wurden, sondern sich aus einer Vielzahl gleichartiger Schriften herausgeschält haben. Auch die ntl. A. wollen ja teils mit den gleichen literar. Formen, die uns aus dem NT bekannt sind (→Formen und Gattungen), teils mit Literaturformen der griech.-röm. Umwelt und gleichfalls oft mit falschen Verfasserangaben das bereits bekannte Evangelium nochmals auf eigene Weise zur Sprache bringen: sei es, um scheinbare Widersprüche zu beseitigen, Angefochtenes zu verteidigen und Irrlehren zu bekämpfen (Petrusevangelium; Epistula Apostolorum) oder auch nur um die eigenen theol. Schwerpunkte im Gesamt der kirchl. Überlieferung klarer zum Ausdruck zu bringen (Nazaräerevangelium; Ebionäerevangelium), sei es, um scheinbare Lücken in den Evangelien zu schließen (Protevangelium des Jakobus; Nikodemusevangelium) oder um im NT erwähnte, aber vermißte apostol. Schriften zu ersetzen (Laodicenerbrief), gar um vorhandene Schriften, die bereits kanon. Ansehen hatten, durch neue Texte direkt zu verdrängen (→Gnosis). Und nicht anders als Lukas (vgl. Lk 1,1-4) wollen auch diese Schriften den Glauben *sichern*, indem sie weitere Überlieferungen von den Männern und Frauen der ersten Stunde bieten (Petrus-, Paulus-, Thomasakten) bzw. das zukünftige Heil der Gläubigen und mehr noch das Unheil der Ungläubigen schildern (christl. Sibyllinen).

***D. Wirkungsgeschichte***

Je mehr die Schriften des NT nicht mehr als Verkündigungstexte (→NT) verstanden, sondern als Biographien Jesu und Marias (sowie einzelner Apostel) gelesen wurden, provozierten sie Fragen, die man mit Hilfe der ntl. Überlieferungen allein nicht mehr beantworten konnte (z.B.: Weshalb etwa verstand Maria die Botschaft des Engels nicht, obgleich sie mit Josef bereits verlobt war? Wer war Maria überhaupt gewesen? Was hatte Jesus zwischen Karfreitag und Ostern erlebt [vgl. 1 Petr 3,19!]?). Diese Fragen zu beantworten hatten aber bereits viele ntl. A. versucht (s.o.). So boten sich in den folgenden Jh.en gerade diese apokryphen Erzählungen an, wenn es galt, best. Szenen aus dem Leben Jesu, Marias und der Apostel (für die Frömmigkeit des Volkes von bes. Bedeutung) *möglichst anschaul.* zu schildern (Heliand; das Marienepos der Hroswith von Gandersheim; die sog. Legenda aurea u.a.) und darzustellen (Jesu Geburt und Flucht nach Ägypten; Jesu Hadesfahrt mit der Befreiung Adams; die Verlobung der Jungfrau Maria; Marias Tod und Himmelfahrt; Martyriumsszenen der verschiedenen Apostel u.a.).

*Lit.: N. Brox (Hg.):* Pseudepigraphie in der heidn. und jüd.-christl. Antike (Wege der Forschung 484), Darmstadt 1977. – *C. Dimier:* Was nicht im AT steht, Aschaffenburg 1965. – E. H*E. Hennecke:* Ntl. A., 3., völlig neubearb. Aufl., hg. von *W. Schneemelcher,* I. Evangelien, Tübingen 1959, II. Apostolisches, Apokalypsen und Verwandtes, Tübingen 1964. – *W. G. Kümmel u.a. (Hg.):* Jüd. Schriften aus hellenist.-röm. Zeit, 5 Bde., Gütersloh 1973ff. (noch nicht abgeschlossen). – *R. McLachlan Wilson:* A. des NT, in: Theol. Realenzyklopädie 3, 316-362. – *K.-H. Müller:* »Die Propheten sind schlafen gegangen« (syrBar 85,3), in: Bibl. Zeitschrift 26, (1982), 179-207. – *L. Rost:* Einleitung in die atl. A. und Pseudepigraphen einschließl. der großen Qumranhandschriften, Heidelberg 1971. – *H.-P. Rüger:* A. des AT, in: Theol. Realenzyklopädie 3, 289-316.

*Meinrad Limbeck*

**Apologeten** heißen im engeren Sinn die *christl. Autoren des 2. Jh.s,* die nicht bzw. nicht nur für den innerkirchl. Gebrauch tätig wurden, sondern sich an die außenstehende Öffentlichkeit wandten, um verleumder. Anschuldigungen zurückzuweisen und angesichts der →Christenverfolgung die Duldung des Staates zu erwirken und so für den christl. Glauben zu werben. In einem weiteren Sinn rechnet man auch spätere Schriften dazu, sofern sie das Christentum gegen heidn. Angriffe verteidigen.

*A.* Die *Überlieferung* ist trümmerhaft. Am Anfang steht das kurze Fragment des Quadratus (wahrscheinl. 125/26). Aristides verfaßte eine unbeholfene Apologie an Kaiser Hadrian (117-138). Justin, »der Philosoph und Märtyrer«, ist der bedeutendste. Von ihm liegen zwei vielleicht zusammengehörige Apologien an Antoninus Pius, seine Mitregenten, den Senat und das Volk von Rom (150) und ein Dialog mit dem Juden Trypho (160) vor. Sein Schüler Tatian ist von gegensätzl. Geistesart. Seine Rede an die Griechen (um 170) ist erregt und bitter. Auch der besonnene Athenagoras, der ein Bittgesuch an Mark Aurel und dessen Sohn richtete (kurz vor 180), hat von Justin gelernt. Ein anonymer Brief an einen hochgestellten Diognet (Datierung sehr umstritten, vermutl. nach der Mitte des 2. Jh.s) ist in vielem so rätselhaft wie großartig. Polit. bedeutsam sind einige Bruchstücke des Meliton von Sardes (um 175). Theophilus von Antiochien schrieb ein elementares Werk in drei Büchern an einen Autolycus (kurz nach 180), während es der Spottschrift des Hermias (Ende des 2. Jh.s) an Tiefe fehlte. Durch die Eleganz der klass. Sprache besticht der lat. Dialog »Octavius« des Minucius Felix (Ende des 2. Jh.s). Das unübertroffene Meisterstück ist *Tertullians* jurist. gehaltenes »Apologeticum« (197), dem noch kleinere frühe Arbeiten zur Seite stehen. Mit ihm und Clemens von Alexandrien wird der enge Rahmen der A. überschritten. Die griech. Entwicklung, kraftvoll konzentriert in →Origenes' Gegenschrift gegen Celsus (246/48) und fortgeführt durch das apologet. Schrifttum Eusebs von Caesarea (gest. 339), fand ihren Abschluß in Theodorets »Heilung der griech. Leiden« (spätestens 437), die lat. in →Augustins »Gottesstaat« (413- 426/27).

*B.* Das *Pathos* der A. spricht sich in dem Bewußtsein aus, gegenüber Juden und Griechen das *dritte Geschlecht* der wahren Gottesverehrung zu sein. Die Christen verwirkl. in ihrem Lebenswandel das absolute Sittengesetz. Verfolgt werden sie ohne ausreichende Rechtsgrundlage, weil schon der Christenname als strafwürdig gilt, obwohl sie dem Röm. Reich gegenüber loyal sind. Die Beschuldigungen wegen →Atheismus widerlegen die A., indem sie sich Argumente der philos. →Religionskritik zunutze machen und ihrerseits zum Angriff auf den Polytheismus, die Götzenverehrung und den Kaiserkult übergehen. In der Darstellung des Christentums als der wahren Philosophie führen sie die Linien des hellenist. Judentums und der frühchristl. Missionspredigt weiter. Auf Grund des schon in der jüd. Apologetik geübten Plagiatsnachweises und der Lehre von den Samen des Logos (→Stoa) beanspruchen sie alles wertvolle Gedankengut der Vergangenheit als christl. Eigentum und reklamieren den *Gottesbegriff* des →Platonismus für den bibl. Gott. Der Schöpfer und Erhalter der →Welt ist der einzige, ungewordene, unsagbare Gott, das rein geistige, transzendente Sein. Zugleich bilden sie in Anlehnung an den Joh.-Prolog die *Logoschristologie* aus (→Christologie). Gott hat den Logos aus sich als selbständig existierenden Schöpfungsmittler hervorgehen lassen. Dieser erschien in den atl. Theophanien (→Erscheinung) und wurde zuletzt, wie er es im AT prophezeit hatte, in seiner ganzen Fülle Mensch, um allen Heilung zu schaffen. Die Wahrheit dessen macht der Weissagungsbeweis zweifelsfrei.

*C.* Ihren nächsten Zweck haben die A. nicht erreicht. Ihre *Bedeutung* aber liegt darin, daß sie die Selbsterniedrigung des transzendenten Gottes in der Menschwerdung des Wortes (→Inkarnation) nicht nur in kerygmat. Sätzen, sondern in philos. Kategorien zu denken lehrten und so zu Wegbereitern einer wissenschaftl. Theologie wurden.

*Lit.: L. W. Barnard:* Apologetik, I. Alte Kirche, in: Theol. Realenzyklopädie 3, 371-411 (Lit.).

*Dietmar Wyrwa*

**Apologetik,** Fachgebiet der →Theologie, richtet seine bes. Aufmerksamkeit auf die Aufhebung von Blockaden in der →Kommunikation zwischen Gläubigen und Ungläubigen, Gläubigen und Andersgläubigen sowie zwischen Gläubigen untereinander.

*A.* A. geht als theol. Fach zurück auf die Apologie, die *Verteidigungsrede* gegenüber Gegnern und Anklägern vor Gericht. Wie alle Menschen mit einer (Glaubens-)Überzeugung und einer →Hoffnung haben sich auch Christen immer verteidigt gegen Bedrohungen von außen (→Heidentum, andere →Religionen und →Weltanschauungen), von innen (andere →Konfessionen, Kontroverstheologie), gegen Glaubensweisen und Unsicherheiten im →Glauben selbst. Über die Mittel, mit denen die A. arbeitet (Berufung auf →Schrift, kirchl. →Tradition, →Erfahrung, →Vernunft oder eine Kombination dieser Größen), besteht in der Theologie keine allg. Übereinstimmung. In der Theologie der letzten Jahrzehnte zeigt sich die Tendenz, das selbständige Fach A. – in dem die Glaubwürdigkeit des →Christentums außen- oder vortheol. mit Gründen der Vernunft als einer allg. akzeptierten Instanz bewiesen wurde – durch eine theol. Glaubensrechenschaft in der →*Fundamentaltheologie* zu ersetzen und zugleich den wesentl. apologet. Zug der gesamten Theologie zu betonen.

*B.* In der *Schrift* sind →Verkündigung und Apologie oft miteinander vermischt, so etwa in der Rede des Petrus (Apg 2,14-36) oder des Paulus auf dem Areopag (Apg 17,22-31). Die Charta der christl. Apologie ist 1 Petr 3,15: »Seid allzeit bereit zur Rechenschaft (apologia) gegenüber jedem, der Rechenschaft von euch fordert über die Hoffnung, die in euch ist.« Im 2. Jh. widmet sich eine Gruppe griech. Schriftsteller bes. der Abwehr heidn., judaisierender und gnostisierender Einflüsse (→Gnosis) im →Christentum. Von diesen Vätern, den →*Apologeten,* ist Justin (gest. um 165) der wichtigste. →*Augustinus*' »De civitate Dei« (»Gottesstaat«) ist auf der Grundlage des Neuplatonismus (→Platonismus) eine apologet. Theologie mit bleibendem Einfluß. Auf der Grundlage des →Aristotelismus entstehen in der *Hochscholastik* (→Scholastik) systemat. Darlegungen der Glaubenslehre, unter denen die »Summa contra Gentiles« des →*Thomas von Aquin* den Höhepunkt bildet. Nach dem konfessionellen Streit entwickelt sich im *17. Jh.* als Folge des aufkommenden →Deismus und →Rationalismus durch alle →Konfessionen hin ein breites apologet. Interesse. Von den →Niederlanden her (B. Bekker [1634-98], B. →Spinoza) und →England (u.a. J. →Locke, J. Toland [1670-1722], M. Tindal [1653-1733] und D. →Hume) werden über →Frankreich (die Enzyklopädisten) auch die dt. Länder mit diesen neuen, oft antichristl. Strömungen konfrontiert. Apologet. Traktate in oft sehr detaillierter Form und nach festen Regeln wurden in dieser Zeit geschrieben durch H. Grotius (1583-1645), W. Butler (1692-1752), Ch. Bonnet (1720-1793) und die dt. Neologen.
Aus diesen Traktaten hat sich die A. bei F. →Schleiermacher (1768-1834) und J. S. Drey (1777-1853) zu einem selbständigen theol. Fach entwickelt. Im Laufe des *19. Jh.s* wurde in der kath. Theologie die A. ein immer formelleres und bewußt außertheol. Fach. In der prot. Theologie des 19. Jh.s kam die A. in Mißkredit, weil es ihr nicht gelang, dem christl. →Glauben zu entsprechen und zugleich gegenüber dem modernen wissenschaftl. Denken glaubwürdig zu bleiben. In der →dialekt. Theologie, namentl. durch K. →Barth, werden der A. Kompromisse mit dem Geist der Zeit und Anpassungen an das moderne, wissenschaftl. Denken zum Vorwurf gemacht.

*C.* Mehrere Faktoren haben in den vergangenen Jahrzehnten zu einer *neuen Aufmerksamkeit* für die apologet. Aufgaben von Theologie und Kirche geführt: die Entschärfung der konfessionellen Gegensätze (→Ökumene), die größere Verantwortlichkeit von Christen für die →Welt (→Befreiungstheologie, Friedenstheologie, ökolog. Theologie) und die Auswirkungen einer zunehmenden →Säkularisierung des allg. Lebensklimas. Überdies können theol. *Hermeneutik und →Ideologiekritik* dafür sorgen, daß die notwendigen apologet. Anstrengungen, die zu einem lebendigen Glauben gehören, nicht zur Isolierung (so die rationalist. kath. A.) oder zur Anpassung (prot. liberale Theologie) führt, die der A. einen schlechten Ruf bereiteten.
Aber vor allem die hermeneut. Einsicht (M. →Heidegger, H. G. Gadamer), daß bei der Glaubensrechenschaft eine *Zirkelbewegung* unvermeidl. ist, hat gerade die Zweifel über die Berechtigung und Möglichkeit eines selbständigen Fachs A. verstärkt, alle Gefahren eines Zirkelschlusses auszuschließen und außerhalb des Glaubens über die praeambula fidei (u.a. die →Gottesbeweise), über die Analyse des Glaubensaktes einen wirksamen Zugang zum Glauben zu verschaffen. Viele klass. Themen der A. – so die Beweise aus →Inspiration, Prophetie (→Prophet) und →Wundern dafür, daß die Göttlichkeit von Christentum und Kirche notwendig, mögl. und tatsächl. sind, die Beweise für die →Absolutheit des Christentums und die Notwendigkeit von Kirche und Lehramt (→Lehre) – werden nun in einem ausdrückl. *theol. Rahmen* behandelt: nicht als Beweise, sondern als Überlegungen zu grundsätzl. Strukturen des göttl. Gnadenangebots und der menschl. Antwort. Die Rechenschaft, die vom Glauben gegeben wird, und die in Menschen lebende Hoffnung sind Teil einer jeden Form von Theologie. So kann eine Theologie mit apologet. Tendenz die rigide Aufteilung von Arbeitsweisen und Arbeitsfeldern zwischen Fundamentaltheologie, →Dogmatik, →Ethik und →Prakt. Theologie durchbrechen.

*Lit.: K. Aland:* Apologie und A. Zur Haltung und Aufgabe ev. Christentums in den Auseinandersetzungen der Gegenwart, Berlin 1948. – *H. Fries:* Von der A. zur Fundamentaltheologie, in: Concilium 5 (1969), 442-447. – *H. de Lubac:* A. und Theologie, in: Zeitschrift für Kath. Theologie 98 (1976), 258-270. – *N. F. M. Schreurs:* Geloofsverantwoording. Van apologetiek naar een hermeneutische theologie met apologetische inslag, Nijmegen 1982. – *H. Stirnimann:* Erwägungen zur Fundamentaltheologie, in: Freiburger Zeitschrift für Philosophie und Theologie 24 (1977), 291-365.

*Nico Schreurs*

## Apostel

### *A. Neutestamentlich*

*I.* Nach traditioneller Auffassung sind die A. *(Sendboten)* jene Zwölf, die von Jesus aus den übrigen Jüngern ausgewählt wurden, um zunächst noch während seiner eigenen Tätigkeit mit ihm das Evangelium dem *ganzen* Volk zu *verkünden* (Mt 10,1-6) und um dann – nach Ausscheiden des Judas und der Zuwahl des Matthias (Apg 1,15-26) sowie der zusätzl. Berufung des A.s Paulus (Gal 1,1.15f.) – die *Leitung* der nachösterl. Kirche zu übernehmen, das Evangelium in alle Welt hinauszutragen (Apg 1,8; 2,1-4.14). Dieses A.verständnis läßt sich heute allerdings nicht mehr aufrechterhalten.

*II.* Daß Jesus im Laufe seines öffentl. Wirkens *zwölf Männer* in bes. Weise in seinen Dienst berufen hat (Mk 3,13-19), kann zwar ebensowenig ernsthaft bestritten werden wie der Sinn dieser Berufung. Die »Zwölf« symbolisieren die zwölf *Stämme Israels.* Das aber signalisierte Jesu Zeitgenossen: Mit Jesu Wirken beginnt sich die endzeitl. Hoffnung des jüd. Volkes auf seine Wiederherstellung als Zwölf-Stämme-Volk zu verwirklichen, bestand es doch seit der Zerstörung des Nordreichs durch die Assyrer (→Israel) nur noch aus den beiden Stämmen Juda und Benjamin sowie dem halben Stamm Levi. Allerdings wurde der Kreis dieser Zwölf sehr bald *nach* Ostern durch eine größere Gruppe jener Männer *und* Frauen abgelöst (vgl. Röm 16,7: Andronikus und Junia, »angesehene A.«, sind ein missionierendes Ehepaar),die der *Auferstandene* (1 Kor 15,5-8; vgl. Mt 28,16-20; Joh 20,19-23) bzw. der Geist (Apg 13,1-3) in einem geschichtl. einmaligen Akt zur Verkündigung des Evangeliums aussandte, damit sie das endzeitl. Gottesvolk auferbauen (Röm 1,1-7; 1 Kor 3,9-17). So kommt dem Wirken der A. grundlegende (Eph 2,20; Apk 21,14) und ihrer Lehre normative (Gal 1,8f.; Eph 3,1-7) Bedeutung zu. Dieses ntl. weitere Verständnis des A.begriffs ist in der →orthod. Kirche bis heute lebendig, wenn sie auch die Siebzig als »A.« bezeichnet und als solche liturg. feiert (Lk 10,1-12).

*III.* Dieser Sachverhalt wurde zuerst von Paulus in der *Auseinandersetzung mit* seinen *Gegnern* (vgl. 2 Kor 11,1-12,13) theol. durchdacht und zur Sprache gebracht. Lukas (→Apostelgeschichte, →Lukasevangelium) versucht ihn in späterer Zeit dadurch *anschaul.* zu machen, daß er die A. mit dem Kreis der Zwölf identifiziert, die vom ird. Jesus berufen und zur Verkündigung des Evangeliums ausgesandt wurden (Lk 9,10), während die →Pastoralbriefe die grundlegende Bedeutung der (überlieferten) *apostol.* Verkündigung in der Weise hervorheben, daß sie Paulus als den urbildl. Vertreter des Predigtamtes und als den treuen *Bewahrer der Tradition* schildern (1 Tim 6,20; 2 Tim 1,12.14). Man wußte also darum, daß die Kirche und ihr Glaube in der Verkündigung der A. begründet war. Deshalb nannte man sie bereits in ihren frühesten Glaubensbekenntnissen (→Apostol. Glaubensbekenntnis) apostol. Die *Apostolizität* (d.h. die fortwährende Verbundenheit mit dem apostol. Ursprung) wurde zu einem ihrer vier wesentl. Kennzeichen (→Ekklesiologie). Die Kirche war damit verpflichtet, sich in allen grundlegenden Fragen und Urteilen nach der Wahrheit zu richten, die ihren ursprüngl. Ausdruck in jenen Schriften und Traditionen fand, die man auf die A. zurückführte.

*Lit.: J.-A. Bühner:* apostolos, in: Exeget. Wörterbuch zum NT, Bd. 1, 342-351. – *F. Hahn:* Der Apostolat im Urchristentum, in: Kerygma und Dogma 20 (1974), 54-77. – *J. Roloff:* Apostolat – Verkündigung – Kirche, Gütersloh 1965. – *Ders./G. G. Blum/F. Mildenberger/S. S. Hartmann:* A. – Apostolat – Apostolizität, in: Theol. Realenzyklopädie 3, 430-483. – *K.-H. Schelkle:* Theologie des NT, Bd. IV/2, Düsseldorf 1976, 60-66.

*Meinrad Limbeck*

### *B. Systematisch-theologisch*

Je mehr in nachapostol. Zeit der Abstand von den Ursprüngen des christl. Glaubens wuchs, desto zentraler wurde der schon im NT bewußt eingesetzte unterschiedl. gefüllte Begriff. Die Auseinandersetzung mit der →Gnosis des 2. Jh.s erzwang *scharfe Kriterien* zur Unterscheidung des wahren Glaubens. Leitender Maßstab wurde die Übereinstimmung mit dem Glauben der Urkirche. Irenäus von Lyon (2. Jh.) sah die verbindl. Glaubensüberlieferung in den von den A.n gegründeten Kirchen, mit Vorzug in der Kirche von Rom, garantiert. Für Tertullian (gest. n. 220) war schon der Nachweis höheren Alters der Erweis der wahren Lehre. Aus diesen Ansätzen kristallisierten sich für das spätere Kirchenverständnis vor allem drei Gesichtspunkte heraus:

*I.* Der apostol. Charakter (*Apostolizität*) der Kirche besagt zunächst, daß sich die Kirche auf den ursprüngl., von den A.n gelehrten Glauben verpflichtet weiß, ihn unversehrt bewahrt und ohne Verfälschungen entfaltet hat. Auf diese Apostolizität wird immer wieder verwiesen, um den Anspruch der eigenen Wahrheit zu legitimieren. Die Schrift wird dabei zur Basis des Arguments. Zugleich aber führt man sie ins Feld, um Häretiker (→Häresie) und andere Kirchen in krit.

Absicht an ihren eigenen normativen Ursprung zu erinnern. Seit der Reformation erhält der Erweis einen historisierenden Zug, in den kirchengeschichtl. Fragestellungen nach umfassenden Mustern (Verfalls- oder Entfaltungsschema) mit einbezogen werden. Es geht dann nicht nur um den Text der Schrift, sondern um die Kirche des Ursprungs, die als Träger der Schrift erscheint. Die Entstehung des ev. kirchengeschichtl. Werks der »Magdeburger Zenturien« (ersch. 1559-74; →Kirchengeschichte), die entspr. kath. »Gegen-Geschichte« von Cäsar Baronius (Annales ecclesiastici, 1588) sowie die im 19. Jh. beginnenden Diskussionen um den →Frühkatholizismus sind dafür ebenso Beispiele wie der von Reformern bis in jüngste Zeit immer wieder ausgefochte Streit um die rechte Auslegung der Schrift. In klass. Weise wird die Apostolizität der Kirche in der →Reformation thematisiert und auf die (in der Schrift vorgegebenen) zentralen *Inhalte* des christl. Glaubens konzentriert, als deren Träger gemäß dem allg. Priestertum der Gläubigen die Kirche im ganzen angesehen wird. Damit stellt sie den bis dahin allgemeinkirchl. geltenden apostol. Vorrang der →Bischöfe unter Kritik (→Amt).

*II.* Nach klass. orthod. und kath. Kirchenverständnis gelten vorrangig und gleichursprüngl. zu der Apostolizität der (Gesamt-)Kirche die *Bischöfe* als die »*Nachfolger der A.*«. Um Mißverständnisse in dieser Benennung zu vermeiden, sind verschiedene Bedeutungsebenen zu unterscheiden: Die A. sind und bleiben die ersten Gründer und Baumeister der Kirche(n) aller Zeiten. Nur sie können die *Erstzeugen* Jesu Christi gewesen sein; alle späteren christl. Zeugen müssen sich auf sie berufen. Diese ihre Funktion ist einmalig, der undifferenzierte Begriff vom »apostol. Amt« für spätere Funktionen also irreführend. Gemäß der klass. Analyse von E. Schlink werden jedoch drei »apostol.« Funktionen in der Geschichte der Kirchen fortgesetzt:
*Gründung* neuer Gemeinden durch die Verkündigung des Evangeliums (Kirchengründung), *Leitung* der Gemeinden durch Bestehen auf der (neu ausgelegten) christl. Wahrheit in neuen Situationen, Sorge für die Einheit der *Gesamtkirche*, indem die für die Kirchenleitung Verantwortlichen die Verantwortung für die Gesamtkirche gemeinsam wahrnehmen und sich gerade in ihrer Verschiedenheit gegenseitig akzeptieren. Unbestritten ist heute, daß diese dreifache Funktion zumindest von den Orthodoxen, der →röm.-kath. Kirche, den übrigen →kath. Kirchen und den Kirchen der Reformation bejaht wird, daß zudem von den anderen Kirchen kaum prinzipielle Einwände vorliegen (vgl. Lima-Report, →Amt). Die Schwierigkeiten im ökumen. Gespräch beginnen allerdings mit der Frage, *wer* nun – unabhängig von der Übereinstimmung im *Verständnis* der Sache – *tatsächl.* Nachfolger der A. genannt werden könne, also wirkl. in ihrer Nachfolge steht.

*III.* Das Problem wird in der Theorie von der Nachfolge im apostol. Amt, der »*apostol. Sukzession*« ausgetragen. Auch hier machen die reformator. Kirchen nachdrückl. darauf aufmerksam, daß zunächst die Gesamtkirche in der apostol. Nachfolge steht, sofern der apostol. Glaube in ihr und durch sie überliefert und verkündet wird. Die apostol. Nachfolge ist also weder auf best. Kirchen noch auf best. Ämter beschränkt. Seit dem 1. Klemensbrief (96 n. Chr.) über Irenäus von Lyon (gest. um 200) und Tertullian aber wird die Legitimität eines Bischofsamtes davon abhängig gemacht, ob es sich – direkt oder indirekt – von einem der A. herleiten kann, was dann seit Beginn des 3. Jh.s in Bischofslisten nachgewiesen werden soll. Gemäß der sich im NT schon abzeichnenden Amtsübertragung durch Handlauflegung (→Amt) lautet die Frage also, ob ein Bischof sich in der Kette der Handauflegungen auf ihrerseits legitim ordinierte Bischöfe berufen kann. Die apostol. Sukzession wurde in den »kath.« Kirchen nie in Frage gestellt. Die Gültigkeit der anglik. Weihen (→anglik. Kirche) wurde von Rom zuletzt 1896 in einer schon damals umstrittenen Entscheidung abgelehnt. Eine Revision wird vom anglik.-röm.-kath. Konsenspapier zu Amt und Ordination (»Canterbury-Erklärung«, 1973) nahegelegt. Die einzelnen orthod. Landeskirchen haben die anglik. Weihen unterschiedl. beurteilt, die Moskauer Kirchenkonferenz von 1948 hat sie verneint.

*IV.* Inzwischen zeichnet sich in den *ökumen. Diskussionen* eine gemeinsame Linie ab: einerseits sollte das Bischofsamt von allen Kirchen als Zeichen der Apostolizität anerkannt und nach Möglichkeit neu belebt werden, andererseits ist die apostol. Sukzession der Amtsträger in den breiteren gesamtkirchl. Zusammenhang zu stellen und von ihm her zu verstehen. Ähnl. wie bei der →Ordination ist jedoch noch die Frage umstritten, ob neue Träger dieses apostol. Amtes nur durch gültig ordinierte Amtsträger gültig ordiniert werden können.
Um eine Fixierung auf das Problem der apostol. Sukzession zu vermeiden, darf die in den Kirchen meist vernachlässigte, für sie aber ebenfalls grundlegende Nachfolge der Propheten und der Lehrer (1 Kor 12,28; Eph 2,20;3,5) sowie deren Bezogenheit auf eine Vielfalt weiterer Ämter (→Charisma) nicht vergessen werden.

*Lit.:* Concilium 4 (1968), 237-319. – *K. Rahner/H. Fries:* Einigung der Kirche – reale Möglichkeit, Freiburg 1983, 109-122. – *K. Rahner/J. Ratzinger:* Episkopat und Primat, Freiburg 1961. – Reform und Anerkennung kirchl. Ämter. Ein Memorandum der Arbeitsgemeinschaft ökumen. Universitätsinstitute, München/Mainz 1973, bes. 123-162 (E. Schlink). – *E. Schlink:* Ökumen. Dogmatik. Grundzüge, Göttingen 1983, 591-625. – *E. Schillebeeckx:* Christl. Identität und kirchl. A., Düsseldorf 1984.

*Hermann Häring*

**Apostelgeschichte.** Die A. stammt als zweiter Band des lukan. Doppelwerks vom selben Verfasser wie das →Lukasevangelium (Apg 1,1f.) und entstand wohl gegen 90 oder 100 n. Chr.

*A.* Die Bezeichnung »A.«, die auf den altkirchl. Titel »Taten der Apostel« zurückgeht, ist unpassend, denn ausführl. erzählt wird in ihr ledigl. die Geschichte des →Paulus; neben ihm tritt nur noch →Petrus bes. hervor, aber auch er erscheint nach Kap. 15 nicht mehr. Die A. ist eine *hist. Monographie* und stellt erstmals die Ausbreitung des →Evangeliums und die Entstehung der christl. →Kirche dar (nach Apg 11,26 kam der Name »Christen« in Antiochien auf). Allerdings darf dieses Werk nicht nach den Maßstäben moderner Geschichtsschreibung beurteilt werden. Nach Art der antiken Geschichtsschreiber behandelt Lukas seine Quellen mit großer Freiheit und oft geringerer Rücksicht auf Tatsachen, als es heutiges Bewußtsein verlangt. An einer Chronologie ist er nicht interessiert, dafür um so mehr an einer theol. *Deutung der Ereignisse* und der Geschichte überhaupt. Das zeigen bes. die Reden, die er Petrus (z.B. Apg 2,14-36; 10,34-43), Stephanus (Apg 7,2-53) und Paulus (z.B. Apg 13,16-41; 17,22-31; 20,18-35) halten läßt. Zusammenhängende schriftl. Quellen standen ihm anders als bei der Abfassung seines Evangeliums für die A. nicht zur Verfügung; diese schrieb er hauptsächl. auf Grund von mündl. Einzelüberlieferungen. So konnte er aber auch noch mehr als im Evangelium seine glänzende *Erzählkunst* entfalten.
Rätselhaft bleibt, warum er die Paulusbriefe nicht verwendete. Konnte oder wollte er sie nicht benutzen? Der Vergleich mit den autobiograph. Angaben der Paulusbriefe zeigt die *Unvollständigkeit* der A. Das meiste von dem, was Paulus in 2 Kor 11,23-33 aufzählt, sucht man in ihr vergebens. Wo sich die Darstellungen vergleichen lassen, zeigen sich nicht nur Übereinstimmungen, sondern auch *Widersprüche.* So wurde etwa auf dem sog. »Apostelkonzil« nach Apg 15,28f. beschlossen, daß auch Heidenchristen sich u.a. vom Fleisch nicht geschächteter Tiere enthalten müßten; Paulus dagegen sagt in Gal 2,6 ausdrückl., es sei ihm bezügl. der bekehrten →Heiden damals nichts Derartiges auferlegt worden. Freil. muß man in solchen Fällen den unterschiedl. Zweck der Darstellungen beachten.

*B.* Die Verheißung Christi an die Apostel in Apg 1,8 gibt zugleich die Disposition und das theol. Programm der A.: »Ihr werdet Kraft empfangen, wenn der hl. Geist über euch kommt, und meine Zeugen sein in Jerusalem, in ganz Judäa und Samaria, bis zum Ende der Erde.« Mit der *Verheißung* des →*Hl. Geistes* hatte auch das Lukasevangelium geendet (Lk 24,49); sie erfüllt sich an →Pfingsten (Apg 2). Dem Wirken dieses Geistes schreibt Lukas Leben, Leitung und Wachstum der Kirche von →Jerusalem »bis zum Ende der Erde« – in der A.: →Rom – zu. Dabei ist der Übergang des Evangeliums von den Juden *zu den Heiden* von entscheidender Bedeutung. Dieser Übergang, der auch einen Verzicht auf die →Beschneidung und die Einhaltung des mosa. Gesetzes (→Tora) mit sich brachte, ist für die Urkirche einerseits durch den universalen Heilswillen Gottes (Apg 10-11), andererseits durch die Verstockung Israels bedingt (Apg 13,46; 28,25-28). Wie Jesus vor →Ostern, so bieten in der A. seine »Zeugen« nach Ostern Israel noch einmal das Evangelium an. Zunächst auch mit Erfolg; als sich aber nach dem Tod des Stephanus das Volk mehr und mehr verschließt, wird das gläubige Israel unter Aufnahme der Heiden zur »Kirche Gottes« (Apg 20,28), das ungläubige zum →Judentum.

*C.* In vieler Hinsicht bildet die A. unsere einzige und beste Quelle für die erste Zeit des →Christentums und das urchristl. Gemeindeleben, das bis heute immer wieder als Vorbild christl. *Erneuerungsbewegungen* diente. Die Schilderung des urchristl. »Kommunismus« in Apg 2,44f. und 4,32-35 hat selbst bei K. →Marx nachgewirkt. Von der Leistung und dem Weg der paul. →Mission könnten wir uns ohne die A. kaum eine Vorstellung machen. Ihr ist auch die chronolog. Folge der drei ältesten Feste des *Kirchenjahres,* Ostern, Himmelfahrt und Pfingsten, entnommen. Die Himmelfahrt Jesu erzählt nur Lukas (Lk 24,50-52; Apg 1,9-11).

*Lit.: K. Kliesch:* A., Stuttgart 1986. – *R. Pesch:* Die A. (Ev.-Kath. Kommentar zum NT V/1.2), Zürich/Neukirchen 1986. – *J. Roloff:* Die A. (Das NT Deutsch 5), Göttingen 1981. – *A. Weiser:* Die A. (Ökumen. Tb.-Kommentar zum NT 5/1.2), Gütersloh, Bd. 1 1981, Bd. 2 1985.

*Marius Reiser*

**Apostolische Gemeinschaften.** Unter den endzeitl. Sondergemeinschaften (→Sekte), die sich in der 1. Hälfte des 19. Jh.s im angloamerik. Raum gebildet haben (→Apokalyptik; auch →Adventisten), ging es zwei Gemeinschaften vorrangig um die *Wiederherstellung der* Kirche Jesu Christi durch Begründung eines neuen *Priestertums* (→Priester). Es waren dies die →Mormonen und Gemeinschaften einer Apostel- Tradition, unter denen in unserem Jh. die Neuapostol. Kirche bes. hervortritt.

*A.* Um 1830 kam in Südengland ein Kreis ernsthaft suchender Christen um H. Drummond in Albury Park zu der Überzeugung, daß die Schlußkirche, die in den bevorstehenden endzeitl. Katastrophen ein »Bergungsort« sein solle, wieder die Gestalt der *Urkirche* haben müsse: mit *zwölf* →*Aposteln* an der Spitze. Durch den Kontakt mit einem geistl. erweckten Kreis in Schottland, in dem »Geistesgaben« auftraten (→Charisma; auch →Pfingstbewegung), gewann auch bei den Anhängern der neuen Richtung die *Prophetie* (→Prophet) große Bedeutung. Sie trat zuerst in der Londoner Gemeinde des schott. Pastors *E. Irving* (1792-1834) auf, der mit seinen Getreuen daraufhin exkommuniziert wurde und eine erste selbständige Gemeinde bildete. Daher die früher übl. (fälschl.) Bezeichnung »Irvingianer«. Ab 1832 geschahen

»Apostelrufungen« und andere Amtseinsetzungen durch Propheten, was zu der Gewißheit führte, das Apostelamt sei nun von Gott unmittelbar wiedererrichtet worden. Auf diese Weise entstand 1835 die *Kath.-Apostol. Gemeinschaft.* Sie wollte keine »Sekte« sein, sondern das »Muster« der Kirche der Endzeit darstellen; doch trug sie alle Züge einer separatist. Sondergemeinschaft. Eine »göttl. Kirchenordnung« wurde erarbeitet mit Hauptgewicht auf der Ämterhierarchie und den liturg. reich ausgestatteten →Gottesdiensten und hl. Handlungen. 1848 wurde die »Versiegelung« als Sakrament der Geistverleihung eingeführt. Die Gemeinschaft hatte vor allem in Deutschland großen Zulauf und bildete hier gegen Ende des Jh.s die weitaus größte Sondergemeinschaft. Zu ihren geistigen Führern zählten auch Theologen, deren Schriften eine beachtenswerte Spiritualität zum Ausdruck brachten, welche in manchen Gläubigenkreisen bis heute nachwirkt.

*B.* Als ab 1855 die ersten Apostel starben und man sich zu einer Nachwahl nicht entschließen konnte, protestierten verschiedene Amtsträger gegen das damit programmierte Erlöschen des priesterl. Dienstes (die Priestereinsetzung war den Aposteln vorbehalten) und gegen die unabwendbare Verwaisung der Gemeinden (heute exisitert nur noch ein kleiner Restbestand). Sie beriefen eigenmächtig *neue Apostel.* Damit entstand 1863 die »*Neuapostol. Kirche*« (der Name seit 1907 bzw. 1938), die das Erbe der kath.-apostol. Kirche »alter Ordnung« antrat. Auf Grund langsamer, doch stetiger Aufwärtsentwicklung war sie 100 Jahre später wieder die größte Sondergemeinschaft in beiden dt. Staaten (1965: Bundesrepublik Deutschland 350.000; DDR 80.000; so etwa noch heute). Der Anteil an Katholiken ist in allen apostol. Gemeinschaften bes. hoch. Zu dieser Zeit begann man auch eine gezielte *Außenmission*, die zu einer enormen Ausbreitung führte: 1986 weltweit 3 Mill. Mitglieder in ca. 145 Ländern unter der Leitung von weit über 100 Aposteln. Die neuen Apostel kamen aus einfacheren Verhältnissen, was sich auf die Gemeinschaft auswirkte: Sie wurde zu einer ausgesprochen mittelständ. geprägten *Gemeindekirche*, die sich als Glaubensfamilie versteht. Durch das »neuerrichtete Gnaden- und Apostelamt«, in dem Christus heute wirksam ist, erfährt sie eine völlig ausreichende »göttl. Bedienung«. Seit 1895 steht ein »*Stammapostel*« an der Spitze des »Apostelkollegiums«. Der eifrig besuchte Gottesdienst hat die Gestalt einer einfachen Gläubigenversammlung mit →Predigt, →Abendmahl und stark ausgeprägtem →Chorgesang. Auf Grund des Glaubens an das Weiterleben der →Seele im →Jenseits wurden »Entschlafenengottesdienste« eingeführt, bei denen die Lebenden das hl. Abendmahl stellvertretend für die Verstorbenen nehmen. Die Taufe wird trinitar. durchgeführt (→Trinität), ist jedoch durch die Versiegelung, das Hauptsakrament, entwertet. Da alle Amtsträger →Laien sind (mit wenigen Ausnahmen ehrenamtl. tätig), gibt es weder eine neuapostol. Theologie noch eine entspr. Ausbildung und auch kein den Glauben entfaltendes Schrifttum. Die →*Bibel* gilt ungeschmälert, wird aber kaum ausgelegt; sie tritt hinter das »aktuelle Wort Gottes durch den Mund der Apostel« zurück. Die Gemeinschaft lebt ganz für sich; sie tritt bei uns auch nicht eigentl. missionar. auf, doch wird zu Gästegottesdiensten eingeladen und persönl. Werbung betrieben.

*C.* Als der Stammapostel J. G. Bischoff an Weihnachten 1951 verkündete, Christus werde noch zu seinen Lebzeiten wiederkommen, und diese »Botschaft« bald mehr oder minder verbindl. machte, entstand eine starke Opposition, und es kam zu mehreren *Abspaltungen.* (Beim Tode Bischoffs am 6.7.1960 blieben die erwarteten Erschütterungen unter den neuapostol. Gläubigen jedoch aus, und aus heutiger Sicht stellt dieses Aufflackern einer konkret fixierten Parusie-Erwartung in der Geschichte der Neuapostol. Kirche eine Episode dar.) Schon in früheren Jahren hatten sich Amtsträger und Gemeinden von der Zentralleitung losgelöst, veranlaßt meist durch deren autoritären Führungsstil. Heute sind die verschiedenen *Apostol. Gemeinden* in der Bundesrepublik Deutschland, DDR, Schweiz, in den Niederlanden, Südafrika und Australien lose verbunden in der »Vereinigung Apostol. Christen im In- und Ausland« (insgesamt etwa 20-30.000 Glieder). In ihrer Glaubenshaltung und Lehre unterscheiden sie sich kaum von der Muttergemeinschaft, doch haben sie eine andere Auffassung vom Apostelamt, insbes. lehnen sie das Stammapostelamt ab.

*D.* Die im Jahre 1916 in England entstandene »*Apostolic Church*« ging aus der frühpfingstl. Erweckung von Wales 1905 hervor. Es besteht also kein direkter Bezug zu den oben aufgeführten apostol. Gemeinschaften. Hier geht es nicht so sehr um das Apostelamt und um die Vollmacht der entspr. Amtsträger als vielmehr um die Vollzahl der urchristl. Dienste in der Kirche. Die pfingstler. Gruppierungen »Apostol. Kirche – Urchristl. Mission« (Bundesrepublik) und »Gemeinde für Urchristentum« (Schweiz) kommen aus dieser Tradition (→Pfingstbewegung).

*Lit.: O. Eggenberger:* Die Neuapostolischen, München 1953. – *K. Hutten:* Seher, Grübler, Enthusiasten, Stuttgart, 12. Aufl. 1982, 22-35; 470-512 (Lit.). – *H.-D. Reimer/O. Eggenberger:* Neben den Kirchen, Konstanz, 6. Aufl. 1986, 258-284 (Lit.).

*Hans-Diether Reimer*

## Apostolische Väter

*A.* Unter dem Begriff A.V. (erstmals 1672 durch Cotelier verwandt) fallen *Texte des 2. Jh.s*, die unterschiedl. in Form und Inhalt am Übergang vom →Urchristentum zur →Alten Kirche stehen: Didache, 1. und 2. Clemensbrief, Barnabasbrief, Ignatiusbriefe, Polykarpbrief und Polykarpmartyrium, Hermas und Diognetbrief. Die Bezeichnung ist geschichtl. fragwürdig, hat sich aber in der Forschung eingebürgert.

1. Die *Didache* (Did, »Lehre der zwölf Apostel«), ein 1873 entdeckter Text, trägt die Züge einer Kirchenordnung: An eth. Teile schließen sich an die Gemeinde gerichtete Anweisungen an, die ihre Mitte in Überlegungen zu →Gottesdienst und →Kirche haben. Die Überlieferungen, die in die Schrift eingegangen sind, weisen durch ihre Eigenart auf Verhältnisse des ausgehenden 1. Jh.s zurück. Demgegenüber lassen sich Abfassungszeit und -ort der Did nicht mehr genau bestimmen; eine frühe Entstehungszeit ist aber nicht unwahrscheinlich.

2. Schon an seiner Wirkungsgeschichte zeigt sich die Bedeutung des *1. Clemensbriefes* (1 Clem); das Schreiben wird wohl im Jahre 96 (oder 97) von der röm. Gemeinde an die Christen in Korinth gerichtet. Der Brief versucht, die dort entstandenen innergemeindl. Spannungen zu beeinflussen; neben eth. Mahnungen geschieht dies unter Aufnahme atl. Aussagen und mit dem Hinweis auf den göttl. Ursprung des kirchl. →Amtes (wichtig wird für den Autor zudem antikes »Ordnungsdenken«).

3. Der *2. Clemensbrief* (2 Clem) läßt sich kaum als Brief interpretieren, der Text ist vielmehr durch Predigtmotive gekennzeichnet. Der Autor hebt vor allem christolog. Inhalte hervor, um so die Größe des Heils zu verdeutlichen. Dem soll auf seiten der Gemeinde ein angemessenes Verhalten entsprechen; Auseinandersetzungen über die Zukunft belegen aktuelle Probleme, während die Aussagen über die Kirche nicht ohne Berührungen mit gnost. Denken (→Gnosis) sind. Der 2 Clem entstand gegen Mitte des 2. Jh.s, Autor und Entstehungsort lassen sich nicht mehr erkennen.

4. Der *Barnabasbrief* (Barn, zwischen 130-150 entstanden) bezieht sich nachdrückl. auf das AT, das sowohl allegor. wie auch typolog. gedeutet werden kann. Der Autor hebt so die »vollkommene Erkenntnis« hervor, die er polem. gegen die jüd. Auslegung abgrenzt. Allerdings dient dies weniger einem Gespräch mit dem Judentum als der innergemeindl. Absicherung.

5. Bei den *Ignatiusbriefen* (Ign) handelt es sich um Texte, die der Bischof Ignatius von Antiochien auf dem Wege zum Martyrium (→Märtyrer) in Rom an Gemeinden in Kleinasien, an den Bischof Polykarp und die Gemeinde in Rom geschrieben hat (insgesamt sieben Briefe; Abfassung gegen 115). Die theol. Aussage beeindruckt: Es geht auf der einen Seite um den nahen Tod des Ignatius, der als Eröffnung von Heil verstanden wird, auf der anderen Seite um die Gemeinden und ihre Verhältnisse. Dem ordnen sich alle anderen Überlegungen zu. Wichtig erscheint vor allem die Hervorhebung des →Bischofsamtes, die erstmalige Erwähnung der »kath.« Kirche und das Nachdenken über Christus (→Jesus Christus) als Mitte des →Heils.

6. Im Schreiben des Bischofs *Polykarp von Smyrna* an die Gemeinde in Philippi (Polyk) stehen eth. Ermahnungen im Vordergrund. Der Verfasser steht ganz in der urchristl. Überlieferung und übernimmt sie nahtlos. Allerdings schließt dies nicht eine aktuelle Auseinandersetzung mit »Irrlehrern« in der Gemeinde aus (der Streitpunkt ist die →Christologie), ohne daß sich die genauen Einzelheiten noch erkennen lassen. Abfassungszeit: kurze Zeit nach den Ignatiusbriefen (möglicherweise aber auch 130-140).

7. Zu den A.V. zählt auch das *Polykarpmartyrium* (Mart Pol); sein Text, der vielleicht später überarbeitet worden ist, erscheint als ein Schreiben der Gemeinde von Smyrna an die Christen in Philomelium (Phrygien). Der Tod des Bischofs wird in »erbaul.« Weise geschildert; bewußt wird die Nähe zur →Passion Jesu angesprochen. Das Martyrium fand 156 (vielleicht 155) statt; der Brief dürfte kurze Zeit danach abgefaßt worden sein, doch ist die Datierung wegen der legendar. Züge umstritten.

8. Der »*Hirt des Hermas*« (Herm) setzt sich aus vielfältigen inhaltl. und gattungsgeschichtl. Elementen zusammen; doch dürfte den apokalypt. Motiven (→Apokalytik) eine bes. Bedeutung zukommen. Dies wird auch sichtbar am Aufbau der Schrift, deren Name auf die Gestalt des Offenbarers verweist, der Hermas die göttl. Botschaft übermittelt. Der Text rechnet bereits mit einer Buße auch für die Getauften, darin schlägt sich eine veränderte gesellschaftl. Erfahrung nieder. Als Abfassungszeit lassen sich die Jahre zwischen 140-150 vermuten; Entstehungsort ist Rom.

9. Im *Brief an Diognet* (Diog), wahrscheinl. in der 2. Hälfte des 2. Jh.s verfaßt, steht die Verteidigung (Apologie) der christl. Religion ganz im Zentrum. Wie bei anderen Apologien jener Zeit wird zur Begründung vor allem auf die wahre Gottesverehrung, die Nächstenliebe und die bessere Moral verwiesen (→Apologeten).

*B.* So verschieden die Entstehungsbedingungen, Absichten und Formen der Texte der A.V. auch sind, insgesamt machen sie doch deutl., wie der *Übergang* vom Urchristentum zur Alten Kirche geschichtl. zu verstehen ist. So gehören die Texte in ihren Überlieferungen oft noch ganz der urchristl. Theologie zu, aber sie nehmen zugleich viele Themen vorweg, die für die Geschichte der Alten Kirche bestimmend werden (erkennbar wird dies auch an der Wirkungsgeschichte vor allem des 1 Clem und der Ignatianen). Um diese Bedeutung der A.V. in angemessener Weise zu interpretieren, bedarf es allerdings der durchgängigen Heranziehung auch anderer Quellen jener Zeit (→Alte Kirche).

*Lit.: Textausgaben: J. A. Fischer:* Die A.V., München 1956 (mit dt. Übersetzung); *F. X. Funk/K. Bihlmeyer:* Die A.V., Tübingen 1956 (ohne Hermas); *K. Wengst:* Didache, Barnabasbrief, 2. Clemensbrief, Diognetbrief, Darmstadt 1984 (mit dt. Übersetzung); *M. Whittaker:* Der Hirt des Hermas, Berlin, 2. Aufl. 1967. – *K. P. Donfried:* The Setting of Second Clement in Early Christianity, Leiden 1974. – *A. von Harnack:* Die Lehre der zwölf Apostel, Leipzig 1886. – *D. Hellholm:* Das Visionenbuch des Hermas als

Apokalypse, Lund 1980. – *O. Knoch:* Eigenart und Bedeutung der Eschatologie im theol. Aufriß des ersten Clemensbriefes, Bonn 1964. – *H. Paulsen:* Studien zur Theologie des Ignatius von Antiochien, Göttingen 1978. – *K. Wengst:* Tradition und Theologie des Barnabasbriefes, Berlin 1971.

*Henning Paulsen*

**Apostolisches Glaubensbekenntnis.** Das A.G. (Apostolikum) ist eines der ältesten und in der westl. Kirche seit Karl und Otto d.Gr. eines der bekanntesten christl. →Bekenntnisse. Seine Form ist dreigliedrig und trinitarisch (→Trinität): »Ich glaube an →Gott, den Vater,... und an →Jesus Christus... Ich glaube an den →Heiligen Geist...« Der theol. Hauptakzent liegt darin auf den Aussagen zu Jesus Christus. In seinem Kernbestand geht es auf *ntl. Formeln* zurück (Mt 28,19; 1 Kor 12,4-6; 2 Kor 13,13). Eine Legende der →Alten Kirche erklärt den Namen damit, daß es von den zwölf →Aposteln vor ihrem Auszug in die Missionswelt zur gemeinsamen Glaubensgrundlage gemacht worden sei. Den →orthod. Kirchen des Ostens blieb es allerdings für Jh.e unbekannt. Eine kürzere Vorform ist erst seit dem 3. Jh. nachweisbar: das »symbolum romanum«. In seiner ursprüngl. Fassung fand und findet es Verwendung in der *Liturgie der →Taufe* und dient damit – nicht nur in der kath. Kirche – als zentraler Text. Der Täufling bestätigte seinen Glauben durch ein dreifaches »Credo« (ich glaube). Mit dem spätma. Predigtgottesdienst ging es zunehmend mehr auch in die gottesdienstl. →Liturgie ein, wobei sich die Meßfeier weiterhin an das nizän. Bekenntnis (→Altkirchl. Konzile) hielt.

Von den *Reformatoren* wurde das Apostolikum hochgeschätzt. →Luther sah in ihm die »Summa der Heiligen Schrift« und wies ihm wie der Heidelberger Katechismus einen festen Platz in der →Katechese zu. Im Neuprotestantismus des 19. Jh.s stieß es umgekehrt auf krit. Ablehnung, indem etwa auf das darin vorausgesetzte, antike Weltbild verwiesen und Aussagen wie etwa die Jungfrauengeburt und der Abstieg Jesu Christi in die Hölle einer Kritik unterzogen wurden. Dennoch kam dieses Bekenntnis im letzten Jh. zu neuer Bedeutung. Seither hat es seinen bestimmten Ort auch im Gottesdienst vieler reformator. Kirchen. Auf dem Hintergrund des Status confessionis (Glaubensnotstand) der Bekennenden Kirche (→Nationalsozialismus) verwandte es K. →Barth 1935 in einer berühmt gewordenen Auslegung als Hinweis auf das Zentrum des christl. Glaubens.

Im Rahmen der *ökumen. Bewegung*, die sich schon der ersten Weltkonferenz für Glaube und Kirchenverfassung in Lausanne 1927 – ohne Vorbehalt der orthod. Vertreter – auf das nizän. und das A.G. berief, erwuchs für die Kirchen des deutschsprachigen Raumes 1974 eine gemeinsame Formulierung, für die einzig die Stelle »christl. Kirche« (ev. Fassung)/»kath. Kirche« (kath. Fassung) zu keiner Einigung führte. *Modernere Erklärungen* des Textes für die Gemeinde versuchen vor allem, weltanschaul. Schwierigkeiten auszuräumen und ein neues Verständnis für diese traditionellen Kernformeln zu wecken.

*Lit.:* *K. Barth:* Credo, Zollikon 1939. – *J. N. D. Kelly:* Altchristl. Glaubensbekenntnis, Geschichte und Theologie, Göttingen 1972. – *J. M. Lochman:* Das Glaubensbekenntnis, Gütersloh 1982. – *W. Pannenberg:* Das Glaubensbekenntnis, Gütersloh 1972. – *J. Ratzinger:* Einführung in das Christentum, München 1968.

*Alfred Jäger*

**Apriori.** →Wissenschaft und →Philosophie beginnen nicht voraussetzungslos. Liegen dem Denken auch Voraussetzungen zugrunde, deren Geltung nicht mehr nachgewiesen werden muß? Liegen ihm also unbedingte Prinzipien zugrunde? A. meint alle *notwendigen Bedingungen der Reflexion*, die den Reflexionsakt auf der Grundlage der Prinzipien der →Vernunft bestimmen. Die aprior. Bedingungen legen damit auch den prinzipiellen Begründungszusammenhang für die Reflexion fest, während mit a posteriori der Bestätigungszusammenhang einer Aussage bezeichnet wird.

*A.* Die entscheidende Frage nun ist, welche Prinzipien man dem →Denken als A. zugrunde legt. Die Philosophie des →*Realismus* setzt das Sein immer als ontolog. Bedingungen für alles bestimmte Seiende voraus. Nach →Aristoteles (und der sich auf ihn berufenden →Metaphysik) gilt als reales A. das absolute Sein. Log.-allg. A. sind (durch den Seinsakt begründete) Axiome und Regeln des →Erkennens. Im →*Idealismus* wird die Beziehung zwischen dem Prinzip und seinen abhängigen Bestimmungen auf die Ebene des →Verstandes und/oder der →Vernunft zurückgeführt. An die Stelle des Seins(aktes) tritt der Bewußtseinsakt (→Bewußtsein). Durch seine log. und psycholog. Analyse versucht man, das System der aprior. Bedingungen der Verstandesarbeit aufzustellen (G. Berkeley, 1685-1753; H. Lambert, 1728-1777). Dadurch sollten allgemeingültige theoret. Urteile ermögl. werden. Für *I. →Kant* ist das A. der Erkenntnis »schlechterdings von aller Erfahrung« unabhängig. Die aprior. Bedingungen des Wissens müssen also aus einem geistigen Akt ableitbar sein, der alle Einzelmomente des Wissens miteinander verbindet, diesen unbedingt notwendig vorausgeht und sie in ihrer Geltung begründet. Nach *J. G. →Fichte* ist dieser Akt die Vernunft selbst, die sich in der Selbstreflexion als Bild der Erscheinung des Absoluten einsieht und für das Einzelwissen den absoluten Konstitutionspunkt nachbildet: das ursprüngl., vorgängige Wissen des Absoluten. In →tranzendentalem Sinn bezeichnet A. also die Vernunftbedingungen des Wissens, die in sich seine Strukturmomente enthalten. Die strikt bewußtseinsimmanente Fassung des Begriffs A. wurde für den theol. Zusammenhang von (Ereignis und Verständnis von) →Offenbarung im Sinne des →Subjektivismus aufgegriffen.

*B.* In sprachanalyt. und wissenschaftstheoret. orientierten Entwürfen wird untersucht, welche Äußerungen des Bewußtseins für die Gewinnung und *Geltungssicherung* von Aussagen unverzichtbar sind. Dazu gehören der Sprachzusammenhang (→Sprache) und dessen formale Rekonstruktion in der Sprachgrammatik. Demgegenüber steht ein Bereich von aprior. Bedingungen, der gemeinhin »pragmat.« genannt wird. Nach K. O. Apel bildet so die Kommunikationsgemeinschaft die notwendige Voraussetzung rationalen Wissens und sozialen Handelns. Unter der Bedingung seines »Leib-A.« engagiert sich der einzelne in dieser Kommunikationsgemeinschaft. Dadurch verändert sie sich zusammen mit dem Bedingungsrahmen für ihre Mitglieder. Das A. hat nicht mehr den Charakter der absoluten Bedingungslosigkeit, sondern wird auf den *hist.- sozialen Kontext* relativiert, mit dem sich das aprior. Gesetzte verändert. Neuerdings entdeckt man auch ein – allerdings nicht rationales – A. der rationalen Argumentation im →*Mythos*, der einerseits durch das konstitutive Element der *Erzählung* zeitgebunden ist, andererseits zeitübergreifende Grund-Strukturen von Wirklichkeit und deren Bewältigungsgeschichte wiedergibt (H. Blumenberg, K. Hübner).

*Lit.: C.-F. Geyer:* Rationalitätskritik und neue »Mythologien«, in: Philos. Rundschau 33 (1986), 210-241. – *H. Krings:* Empirie und A., in: *ders.:* System und Freiheit, Freiburg/München 1980, 69-80. – *H. Schnädelbach:* Reflexion und Diskurs, Frankfurt/M. 1977.

*Christoph Riedel*

**Arabien.** Die arab. Halbinsel ist heute in mehrere Staaten aufgeteilt; dabei hat die Entwicklung der Ölindustrie in diesem Jh. zu gewaltigen kulturellen und polit. Umwälzungen geführt. Schon in der Antike trat A. über See- und Karawanenwege mit den Zivilisationen →Afrikas, →Europas und →Asiens in Verbindung. Über die »Weihrauchstraße« im Gebirge entlang des Roten Meeres kam der für rel. Handlungen benötigte und in Süda. erzeugte Weihrauch nach Europa, →Ägypten und Vorderasien. Aber auch als Mittelsmänner traten Araber beim Handel mit Edelmetallen, Textilien und Spezereien mit Verbindungen nach →Indien, Südostasien, China und Ostafrika in Erscheinung.

*A.* Über die *vorislam. Religion* A.s gibt es viele, meist nur fragmentar. Quellen, aus denen man sich nur schwer ein einheitl. Bild machen kann. Bei den seßhaften und kulturell hochentwickelten Völkern Süda.s herrschte eine Astralreligion mit der Dreiheit von Mondgott, Sonnengöttin und einem Gott des Morgen- oder Abendsterns, denen unter verschiedenen Namen und Aspekten gehuldigt wurde. Dazu kam eine Vielzahl weiterer Götter, die ebenfalls mit einzelnen Lebenserscheinungen in Verbindung gebracht wurden. Es gab →Tempel und Tempelhüter, deren Funktion aber kaum bekannt ist. Unter den →Nomaden sowie unter den Oasenbewohnern im übrigen A. gab es – häufig weibl. – Stammesgottheiten, die meist durch hll. Steine kult. vertreten wurden. Auch Djinnkult (Geisterkult) war verbreitet. Ob und inwieweit Ansätze zu →Monotheismus bzw. Monolatrie (fakt. Verehrung eines Gottes) vorhanden waren, ist unklar; doch hat es in den Städten und Kommunen des Südens sowie in den Oasen an den Handelswegen schon lange Juden gegeben. Es gab Bekehrungen (→Konversion) sogar unter den Herrschern.

*B.* Auch das →*Christentum* war in →orthod. wie arian., nestorian. (→nestorian. Kirche) und monophysit. (→kopt. Kirche) Form präsent. Einiges spricht dafür, daß sich auch das ebionit. Judenchristentum lange Zeit in A. halten konnte. Daß →*Muhammad* in Kontakt mit Christen und Juden stand, ist hinreichend belegt; wieweit er davon aber beeinflußt wurde, bleibt ungeklärt. Erstaunl. ist das schnelle Verschwinden des Christentum im arab. Raum. Nur am nördl. Saum entlang des »Fruchtbaren Bogens« im heutigen Palästina, am Jordan, in Syrien und im Irak gibt es noch christl. Araber.
Bei den →*Juden* überlebten dagegen bedeutende jüd. Gemeinden auch in Süda. Allerdings hat der arab.-israel. Konflikt diese in jüngster Zeit zur Auswanderung nach Israel bewogen. Seit Muhammad ist die polit., kulturelle und rel. Entwicklung A.s unzertrennl. mit dem →*Islam* verschmolzen. Die Bekehrung zum Islam bedeutete bis in die neueste Zeit zugleich Arabisierung, Eintritt in eine Volksgemeinschaft, die von Nordafrika bis China und Südostasien, von der Sahelzone Afrikas bis zur innerasiat. Steppe reicht, auch in Europa und auf den amerik. Subkontinenten anwesend ist. Überall in der Welt richten sich Muslime im Gebet nach Mekka und träumen von der Pilgerfahrt dorthin.

*Lit.: R. B. Betts:* Christians in the Arab East. A political Study, Atlanta, überarb. Aufl. 1978. – *R. H. Dekmejian:* Islam in Revolution. Fundamentalism in the Arab world, Syracuse 1985. – Tendances et courants de l'Islam arabe contemporain, 2 Bde, München/Mainz 1982-83. – *J. S. Trimingham:* Christianity among the Arabs in pre-Islamic times, London/New York 1978.

*Thomas Riplinger*

**Arbeit**

*A.* Der *Begriff* A. bezeichnet das bewußte →Handeln des →Menschen zum Zwecke des Erwerbs seiner Mittel zum →Leben. A. ist ein anthropol. Grundphänomen (→Anthropologie), das jedoch – blickt man auf die geschichtl. und gesellschaftl. Verhältnisse, unter denen Menschen gearbeitet haben und arbeiten – immer als zwiespältig erfahren wurde. Neben der Einschätzung als Mühe, Last, Plage, Selbstentfremdung (→Entfremdung) und Fluch (→Segen), wie sie sich bereits in der Überlieferung der bibl. →Urgeschichte (Gen 3,17-19) findet, schwingt das Verständnis als →Segen, Mittel der Daseinsgestaltung und der →Selbstverwirklichung immer mit. Der erste Singgehalt bezieht sich auf die als »minderwertig« empfundene, mühselige, entfremdete Feld-, Hand- und →Industriea., der zweite auf freie, selbstbestimmte, geistige Tätigkeiten.

*B.* Die *gegenwärtige Bedeutung* der A. ist ebenso wie ihre Problematik für den einzelnen und die →Gesellschaft von den Folgen der industriellen Revolution geprägt. Seither ist die vorherrschende Sozialform der A. die Fabrik, auch als Denk- und Verwaltungsfabrik. Ungefähr 85% der in der Bundesrepublik Deutschland geleisteten Erwerbsa. ist abhängige Lohna. als A.er, Angestellter oder Beamter; der Anteil der Selbständigen und leitenden Manager beträgt ca. 10%, der Rest sind mitarbeitende Familienangehörige. Kennzeichen der gegenwärtigen A.sbedingungen sind: die Trennung von A.s- und Wohnbereich, von A. und →Freizeit, der Maschineneinsatz als Wirkungssteigerung und Ersatz der menschl. A., die hochgradige, immer noch zunehmende Zerteilung der A., die Unterordnung des Menschen unter den ausschließl. auf ökonom. Zwecken basierenden Rhythmus der Maschinen (Rationalisierung und Intensivierung der A.; Flexibilisierung der A.szeit). Neben der Erwerbsa. wird in beachtl. Maße auch nicht ausschließl. auf Erwerb gerichtete A. geleistet: in privaten Haushalten, als ehrenamtl. A. in der Freizeit sowie die durch die →A.slosigkeit provozierte Schwarz- und Eigena.

*C.* Die *eth. Probleme* der A. ergeben sich sowohl aus den Prozessen innerhalb der Industriegesellschaft als auch aus der Differenz von erwarteten, weil versprochenen Sinnpotentialen der A. (→Sinn) und deren erfahrbaren Verwirklichungen.

*I.* Die Stellungnahmen von →*Theologie und* →*Kirche* gehen von einem inhaltl. best. Begriff der A. aus. Zwar gibt es innerhalb der sozialeth. Diskussion unterschiedl. Positionen (→Ethik), doch geht man allg. davon aus, daß die A. für das Personsein des Menschen (→Person) von zentraler Bedeutung ist. Der Mensch erhält und bebaut die Erde, wenn auch mit Mühe und Plage, mit dem Ziel, sich die zu seinem Leben notwendigen Mittel herzustellen. A. macht allerdings nicht das Personsein des Menschen aus. Der jüd.-christl. Komplementärbegriff zur A. ist *»Ruhe«.* Sie meint nicht nur das Ausruhen zur Wiederherstellung der A.skraft, sondern soll ungestörte Hinwendung zu →Gott ermöglichen. A. ist also begrenzt; sie ist in der Perspektive einer christl. Ethik weder der ausschließl. Zweck des Menschseins, noch liegt sie »vor« oder »unterhalb« wahrer →Humanität. Diese Grundeinsicht korrigiert sowohl die elitäre Anschauung, die A. sei etwas Inhumanes (Unmenschliches), als auch die Meinung, daß das menschl. Leben sich in der A. erschöpfe, die A. also das einzige Mittel zur menschl. Selbstverwirklichung sei. Gleichzeitig bedeutet A. aber auch Teilhabe an der Erhaltung und Gestaltung der Gesellschaft im ganzen. Der reformator. Gedanke des →Berufs verdeutlicht, daß die eigene →Leistung nur mögl. ist, wenn andere Menschen in anderen Funktionen vor- und mitarbeiten. Jeder Teil ist für das Ganze gleich wichtig.

*II.* Ein derartiger Begriff der A. orientiert in Fragen der *Ethik der A.*, denn er schließt die Pflicht zur A. je nach den individuellen Fähigkeiten und Fertigkeiten in sich ein. Hieraus und aus dem Beitrag der A. zum Personsein des Menschen ergibt sich das →Menschenrecht auf A. Neben der Problematik der gegenwärtigen A.slosigkeit (in der dem Menschen sein *Recht* auf Personsein und seine Teilhabe an der Erhaltung und Gestaltung der Gesellschaft im ganzen verweigert wird) wird zur Zeit die Frage nach der Gestaltung der *A.sformen* bes. diskutiert. Dabei spielt in theol. Perspektive die Frage eine Rolle, wie die A. als Teil menschl. Humanität menschl. zu organisieren sei. Hierbei geht es aber nicht nur um das Konzept der »Humanisierung der A.«, sondern auch um das Verhältnis von A. und →Eigentum, die A.szeitordnung und eine gerechte Entlohnung (→A.slohn).

*Lit.: J. Moltmann (Hg.):* Recht auf A. – Sinn der A., München 1979. – *H. D. Preuß u.a.:* A., in: Theol. Realenzyklopädie 3, 613-669. – Enzyklika »Laborem exercens«. Mit einem Kommentar von O. von Nell-Breuning, Wien 1981.

*Udo Bußmann*

### Arbeiter

*A.* Der *Begriff* A. ist relativ jung und scheint doch schon wieder überholt zu sein. Aufgekommen ist er parallel zum Entstehen der großen Fabriken, in denen er zur Bezeichnung der dort *lohnabhängig Beschäftigten* diente. Durchgesetzt hat er sich in Konkurrenz zu anderen Begriffen zu Beginn des 19. Jh.s. Polit. und soziale Sprengkraft erwuchs dem Begriff angesichts der übergroßen Verarmung großer Bevölkerungsteile im Zuge der →Industrialisierung (→Proletariat). Die »A.frage« wurde zur →»sozialen Frage« schlechthin. Gleichzeitig entstand im Vormärz (→Biedermeier) durch das Zusammentreffen von revolutionärer Intelligenz (→Intellektuelle; →Revolution) und zu A.n »herabgesunkenen« →Handwerksgesellen ein Solidaritäts- und Gruppenbewußtsein. A. wurde zu einem Begriff, in dem sich überliefertes Handwerkerehrbewußtsein mit dem revolutionären Schwung verband, für alle Armen und Entrechteten (→Armut) ein neues Zeitalter herbeiführen zu wollen. A. wurde zum Ehrennamen der Mitglieder der →Arbeiterbewegung, in der das Selbstbewußtsein politisiert wurde. Es entstanden die Forderungen nach sozialer, polit. und wirtschaftl. →Emanzipation der »Arbeiterklasse« (→Klasse).

*B.* In dem Maße, in dem die Forderungen der A. gesellschaftl. eingelöst wurden, verlor der Begriff A. an Eindeutigkeit, da er auf *alle* irgendwie Tätigen angewandt werden konnte. In einem engeren

Sinn bezog er sich vor allem im Sozial- und Arbeitsrecht auf die lohnabhängigen *körperl. Tätigen* im Unterschied zu dem Begriff des *Angestellten*, der arbeitsrechtl. besser geschützt und Arbeitsmarktveränderungen weniger stark ausgesetzt war. Je mehr die *Unterschiede* zwischen beiden Gruppen jedoch tarifvertragl. und gesetzl. (→Mitbestimmung) aufgehoben und durch den Wohlstandsausgleich gleichzeitig die soziale und wirtschaftl. Spannungen abgebaut wurden, hat der Begriff A. nicht nur öffentl., sondern auch im Bewußtsein der A. selbst an Bedeutung verloren und ist zunehmend zugunsten des Begriffs *Arbeitnehmer* bzw. differenzierender Berufsbezeichnungen zurückgetreten.

*C.* Wie der Begriff A., so hat auch das *Verhältnis zwischen A.n und →Kirche* erhebl. Veränderungen erfahren. Bis weit ins 20. Jh. hinein fand die Kirche keinen Zugang zu den sozialen und polit. Forderungen der A., insbes. dann, wenn sie revolutionär vorgetragen wurden. Auf seiten der A. schlug sich die gesteigerte menschl. Bindungslosigkeit in den städt. Ballungszentren auch in einer zunehmenden Entfremdung von der Kirche nieder. Erst nach dem Zweiten Weltkrieg, nach gemeinsamen Erfahrungen des →Widerstands gegen den dt. →Faschismus (→Nationalsozialismus), haben sich die organisierten A. (→Gewerkschaften; →Sozialdemokratie) und die Kirchen um die Überwindung der eingetretenen Entfremdungen bemüht. Ein wichtiger Beitrag der Kirchen dürfte dabei die Öffnung der theol. Sozialethik (→ev.-sozial; →kath. Soziallehre) zur Arbeitswelt als eines eigenständigen Problemfeldes gewesen sein.

*Lit.: W. Ruppert (Hg.):* Die A. Lebensformen, Alltag und Kultur von der Frühindustrialisierung bis zum »Wirtschaftswunder«, München 1986.

*Udo Bußmann*

**Arbeiterbewegung.** Der Sammelbegriff A. umfaßt die moderne Formierung der Arbeit(nehm)erschaft zur Verbesserung bzw. Sicherung ihrer ökonom., sozialen, polit. und kulturellen Lage.

*A.* Die A. kann unterteilt werden einerseits in die *Zweige* →Gewerkschaftsbewegung, polit. A. und Arbeitergenossenschaftswesen, andererseits in die ideolog. unterschiedl. *Ausrichtungen*, somit in sozialist./kommunist., christl. und liberale Richtungen. Zudem sind nationale und internationale Organisierung zu unterscheiden: Neben den bekannteren sozialistischen/kommunist. Vereinigungen seit der Ersten Internationalen (1864-72 unter maßgebl. Mitwirkung von →Marx und Bakunin) sind auch die christl. geprägten internationalen Zusammenschlüsse (seit 1908 internationale Organisierung der christl. Gewerkschaften, 1928 Internationale der kath. Arbeitervereine) zu beachten.

*B.* Die *Erscheinungsformen* zeigen erhebl. Unterschiede je nach den Phasen und polit., sozialökonom. Bedingungen der industriellen Entwicklung, die in den einzelnen Staaten, Ländern, Regionen, Orten bzw. Industriezweigen oder Berufsgruppen anzutreffen ist. In marxist.-leninist. Orientierung sind Zielsetzungen und Strategien der Formierung geprägt durch die materialist. Geschichtsauffassung, Klassenkampf und das Ziel der klassenlosen Gesellschaft. In christl. Orientierung dagegen sind sie durch die christl. →Anthropologie und →Ethik geprägt. Seitens der christl. A. wird bis heute teils heftige Kritik geübt an →Kapitalismus, →Liberalismus und →Sozialismus zugunsten eines gerechten Arbeitssystems, in dem kooperatives Gemeinschaftshandeln vorherrscht.

*C.* Während sich die *polit.* A. in *Deutschland* vor allem in sozialist. bzw. kommunist. Parteien manifestierte, differenzierte sich die um 1848 einsetzende Genossenschafts- und Gewerkschaftsbewegung bald in ideolog. unterschiedl. Lager. Neben den liberal orientierten Hirsch-Dunckerschen Gewerkvereinen (seit 1868) wirkten sozialist. Gewerkschaften, deren Zentralisierungsbestrebungen nach der Unterdrückung durch das Sozialistengesetz (1878-1890) schließl. in die SPD-orientierte »Generalkommission« der »freien Gewerkschaften« unter Carl Legien mündeten. Im Dritten Reich wurden die Gewerkschaften aufgelöst und in die »Deutsche Arbeitsfront« eingegliedert. In der Bundesrepublik Deutschland wurde 1949 die Einheitsgewerkschaft »DGB« gegründet.
Die *christl.* A. entwickelte sich u.a. aus der romant. Sozialkritik kath. Vordenker und der →Inneren Missionskonzeption J. H. Wicherns. Seit 1849 organisierte A. Kolping (→Kolpingwerk) von Köln aus die Kath. Gesellenvereine. Seit den 1860er Jahren kam es zu einem kurzfristigen Aufschwung der interkonfessionellen →christl.- sozialen Arbeitervereine. Die Organisation der kath. Arbeiter wurde maßgebl. durch W. E. Freiherr von Ketteler vorangetrieben. 1890 kommt es zum Gesamtverband der ev. Arbeitervereine. In den folgenden Jahrzehnten wurden in der größeren kath. Arbeitervereinsbewegung regionale Dachverbände, schließl. ein nationaler Zentralverband gebildet. Der 1890 gegründete Volksverein für das kath. Deutschland förderte die Arbeiterbildung und die christl. Gewerkschaftsformierung, die erst 1901 in einen Gesamtverband (Generalsekretär: Adam Stegerwald) mündete. Die christl. Gewerkschaften, bald zweitstärkste Gewerkschaftsformierung, hatten im »Gewerkschaftsstreit« zu Beginn des 20. Jh.s kath. Kräfte zu überwinden, die auf eine Arbeiterorganisierung nur im kirchl. Rahmen beharrten. Sie arbeiteten vor Ort und bei Streiks oft mit den anderen Gewerkschaften zusammen und fügten sich in die christl.- nationale A. ein. Nach 1945 entstanden in der Bundesrepublik Deutschland wieder die einzelnen Zweige der christl. A., wobei die 1955 wiedergegründeten Christl. Gewerkschaf-

ten (1959 Dachverband) bis heute nur eine marginale Rolle spielen.

*Lit.:* Bibliographien zur Geschichte der dt. A. = Beihefte zum »Archiv für Sozialgeschichte«. – *H. Grebing:* Geschichte der dt. A. Ein Überblick, München, 4. Aufl. 1973 (u.ö.). – *S. Mielke:* Internationales Gewerkschafts-Handbuch, Opladen 1983. – *F. Prinz:* Kirche und Arbeiterschaft. gestern heute morgen, München, 2. Aufl. 1974. – *M. Schneider:* Die christl. Gewerkschaften 1894-1933, Bonn 1982.

*Michael Klöcker*

**Arbeiterkultur** - eine empiriegesättigte Kategorie der Gesellschaftsanalyse oder ein ideologiegeladener Mythos? So fraglos dem Aufkommen einer »Arbeiterklasse« eine hist. Schlüsselstellung im Prozeß der →Rationalisierung und Kapitalisierung menschl. Verkehrsformen zukommt, so fragwürdig ist die Identifikation dieser wesentlich *herrschaftsbestimmten* →*Klasse* mit der Trägerschaft einer eigenständigen (Teil-)kultur.

*A.* Zweifellos verfügt die Arbeiterschaft industrieller Gesellschaften im gleichen Maße wie andere sozialstrukturelle Gruppen über hist. gewachsene und bes., teilweise institutionalisierte Formen und Mittel *kulturellen Ausdrucks*, die sich in der Rückschau zu einem homogenen – allzuoft romant. verbrämten – Kulturtypus verdichten lassen. Hier läßt sich A. idealtyp. charakterisieren als eine (der bürgerl. Bildungskultur neben- bzw. untergeordnete) Kultur der »Notwendigkeiten« (P. Bourdieu), die auf begrenzten Ressourcen an ökonom. und kulturellem Kapital sowie einer durch Abhängigkeitsstrukturen geprägten »Klassenmentalität« (Geiger) beruht.
Die in ihrer Tendenz »instrumentelle« Alltagskultur der →Arbeiterklasse zeichnet sich von ihrem typ. *Erscheinungsbild* her aus durch spezifische soziale Trägerschaften wie Vereine, polit. und gewerkschaftl. Vereinigungen (→Gewerkschaft), Nachbarschaft, insbes. aber durch eine ausgeprägte Konzentration auf die →Familie, und manifestiert sich in einem Gesamt klassenspezif. *Lebensstilmuster* (z.B. die – seit dem 19. Jh. sozialwissenschaftl. belegte – Konzentration der Haushaltsbudgets auf die Ernährung, auf eine an der Regeneration der phys. Arbeitskraft ausgerichteten Küche [kulinar. Code], oder die im Vergleich zu bürgerl. Schichten geringere Stilisierung von Wohnkultur [→Wohnen]). Im Bereich des →*Freizeitverhaltens* zeichnet sich die A. etwa durch ein – maßgebl. von bürgerl. »Philanthropen« initiiertes – Vereinsleben (Arbeitersport, -musik, -schützen oder -bildungsvereine), die Geselligkeit des Gasthauses und die Feste der »kleinen Leute« (Kirchweih, 1. Mai, Vatertag usw.) aus. Zu den Institutionen der A. zählen des weiteren traditionellerweise die *Arbeiterpresse* mit ihren auflagenstarken Sportzeitungen oder satir. Blättern wie »Der Wahre Jacob«, die Gattung der Arbeiterlieder und -dichtungen sowie die Einrichtung der Schrebergärten.

*B.* Die wissenschaftl. *Erforschung* und Dokumentation der A. kann heute auf eine lange Tradition zurückblicken. Bereits Mitte des *19. Jh.s* widmete ihr die sozialkath. inspirierte soziol. Schule von F. Le Play eine Vielzahl detaillierter Einzelstudien. Diese monograph. Forschungsmethode lebte in den Arbeiten M. Halbwachs' über die alltägl. Lebensführung der Arbeiterfamilien (1912) bis hin zur berühmten »Marienfeld-Studie« von M. Jahoda u.a. (1930) über die Alltagskultur einer »arbeitslosen« Gemeinde fort. Die Soziologie der *Nachkriegszeit* konzentrierte sich hingegen primär auf den Aspekt des »Arbeiterbewußtseins« und seine polit. Implikationen und überließ den Volkskundlern und Sozialhistorikern weitgehend die Erforschung der A. Insbes. die bahnbrechenden Arbeiten von E. P. Thompson trugen zu einer sozialhist. *Versachlichung* der Diskurse über A. bei. Thompson macht sie einerseits transparent als eine bedingt »eigenständige« und »eigensinnige« Kultur »von unten«, andererseits als eine maßgebl. »von oben« modellierte Subkultur, die durch herrschaftsgebundene Ausschließung von der legitimen Kultur gekennzeichnet ist.

*C.* Während das hist. und volkskundl. Interesse am Thema A. wächst und zunehmend Breitenwirkung erzielt (s. z.B. die Öko-Museen), scheint es bezeichnenderweise für die Soziologie allmähl. überholt. Im Gefolge der Thesen von der »Verbürgerlichung« des →Proletariats und des Übergangs zu einer *Massenkultur* büßt die Idee einer eigenständigen A. rasch an Plausibilität ein. Die Abkehr von diesem Forschungsgegenstand trägt mit dazu bei, fortbestehende klassenspezif. Mentalitäten und kulturelle Lebensstile aus dem gesellschaftl. Bewußtsein zu verdrängen; das Theorem der A. wird durch den neuen Mythos einer homogenen, nivellierten Massenkultur ersetzt.

*Lit.: H. Haumann:* Arbeiteralltag in Stadt und Land, Berlin 1982. – *G. A. Ritter (Hg.):* A., Königsstein 1979. – *E. P. Thompson:* The Making of the English Working Class, Harmondsworth 1968.

*Franz Schultheis*

**Arbeiterpriester** wohnen und leben ganz im Arbeitermilieu, sind hauptberufl. als (meist Hand)arbeiter tätig und arbeiten als »Seelsorger« nur in ihrer unmittelbaren Umgebung im Betrieb und Wohnquartier. Den *Anstoß* zu dieser Lebensform, die nicht nur symbol. die Verbundenheit der →Kirche mit der Arbeiterklasse zum Ausdruck bringen sollte, gaben einzelne franz. Ordens- und Weltpriester während des Zweiten Weltkriegs in den Docks von Marseille (P. Loew) und in dt. Arbeitslagern (H. Perrin), nachdem schon 1941 in Lisieux das »Seminaire de la Mission de France« speziell für die Pastoral (→Seelsorge) unter →Arbeitern gegründet worden war. Hinzu kam der Schock des Berichts »France, pays de mission« (»Frankreich, Missionsland«), mit dem Abbé Godin 1943 über das rapide Schwinden kirchl.

Geistes unter der Arbeiterschaft informierte. Alle diese Impulse ließen nach 1945 unabhängig von den etablierten Pfarreien um einzelne A. herum kleine →»Gemeinden« entstehen. Dies – und vor allem das Engagement einiger A. in →Gewerkschaften – führte 1951/53 zu ersten Beschränkungen durch vatikan. Behörden, deren Eingreifen Kardinal Suhard von Paris (gest. 1949) zunächst hatte verhindern können. Die geforderte Beschränkung auf höchstens drei Stunden »Arbeit« pro Tag ließ sich kaum verwirklichen und führte 1959 endgültig zum *Abbruch* eines Experiments, das von den Betroffenen keineswegs als Experiment, sondern als dauerhafte Lebensentscheidung verstanden worden war. Die meisten der (damals noch rund 100) A. wurden dadurch aus →Amt und →Kirche gedrängt.
In der 1957 *neu organisierten* »Mission ouvrière« (»Arbeitermission«) sind der radikale Ansatz von 1945 und traditionelle Formen der Arbeiterpastoral miteinander verschmolzen. In dieser Form arbeiten in →Frankreich heute etwa 300 Priester (in der Bundesrepublik Deutschland ähnl. etwa 20). Die Spannung der 50er Jahre hat auch insofern etwas nachgelassen, als inzwischen weit mehr als die Hälfte des franz. →Klerus ohnehin gezwungen ist, aus ökonom. Gründen weltl. Nebentätigkeiten auszuüben. Im übrigen trägt die allg. Auflockerung der Rollenzwänge dazu bei, die Lebensführung eines Priesters als Handarbeiter ebenso als seine private Entscheidung zu tolerieren (und belanglos werden zu lassen) wie die Einhaltung des Zölibats.

*Lit.:* *J. Faupin:* La Mission de France, Tournier/Paris 1960. – *H. Godin/Y. Daniel:* Zwischen Abfall und Bekehrung (Ist Frankreich Missionsland?), Offenburg 1950. – *J. Loew:* Tagebuch einer Arbeitermission 1941-49, Mainz 1960. – *H. Perrin:* Tagebuch eines A.s. Aufzeichnungen 1943/44, München 1955. – *E. Poulat:* Naissance des prêtres ouvriers, Paris 1965 (Lit.). – *G. Siefer:* Die Mission der A., Essen 1960 (Lit.).

*Gregor Siefer*

**Arbeitskampf.** Der A. ist die *kollektive Störung von Arbeitsverhältnissen* durch Arbeitnehmer oder Arbeitgeber mit Hilfe von Kampfmaßnahmen zur Erreichung eines best. Zieles (weiter Begriff des A.s). In den kapitalist. Industriegesellschaften westl. Prägung hat der A. seine Hauptbedeutung als Kampfmittel der Tarifvertragsparteien (→Gewerkschaften und Arbeitgeberverbände) im Rahmen ihrer Tarifautonomie zur Durchsetzung höherer →Arbeitslöhne und besserer Arbeitsbedingungen (enger Begriff des A.s). Hauptformen des A.s sind: *Streik* (die nach dem Arbeitsvertrag geschuldete Arbeitsleistung wird von einer Mehrheit der Arbeitnehmer vorübergehend gemeinsam vorenthalten) und *Aussperrung* (einer Mehrheit von Arbeitnehmern werden vom Arbeitgeber vorübergehend Beschäftigung und Arbeitslohn vorenthalten). Die sozialist. Staaten kennen keinen A.

*A.* Das *A.recht* ist in der Bundesrepublik Deutschland wie in den meisten westl. Industriestaaten nicht umfassend gesetzl. geregelt. Die in Art. 9 III Grundgesetz u.a. gewährleistete Freiheit, tariffähige Verbände zu bilden, sichert diesen auch das Recht, einen A. zu führen. Rechtl. Vorgaben enthalten die Europ. Sozialcharta und der UN- Sozialpakt (beide von der BRD ratifiziert). Das Recht auf Führung eines A.s kann in der BRD als gesichert angesehen werden. I.ü. beruht das A.recht auf Richterrecht; vor allem das Bundesarbeitsgericht hat das A.recht maßgebl. ausgeformt. Danach wird der A. dann als *rechtmäßig* angesehen, wenn mit ihm ein durch Tarifvertrag regelbares Ziel verfolgt wird; der A. ist die Fortsetzung der Tarifpolitik mit anderen Mitteln und damit ein Instrument, tarifl. Forderungen gegenüber dem A.gegner durchzusetzen. Der A. ist *rechtswidrig*, wenn der A.gegner die umstrittene Forderung nicht erfüllen kann. Rechtl. *bedenkl.* ist daher der Sympathiestreik, ebenso der polit. Streik. Durch ihn soll ein best. Verhalten des Gesetzgebers erreicht werden; ob es sich dabei um eine arbeitsrechtsbezogene (etwa Streik um das Betriebsverfassungsgesetz) oder um eine sonstige Materie (etwa Streik wegen der Reform des →Schwangerschaftsabbruchs) handelt, ist unerheblich. Ferner gilt: Der A. darf nicht gegen die *Friedenspflicht* und gegen zwingende Schutzgesetze (etwa Strafgesetz) verstoßen, er muß den Grundsatz der Verhältnismäßigkeit beachten, die A.gegner sind zur fairen Kampfführung verpflichtet. Gemessen daran, werden neuere Formen des A.s teilweise als bedenkl. angesehen (Warnstreik nach Art der »neuen Beweglichkeit«, Betriebsbesetzung in der Form des »Verweilens am Arbeitsplatz«).

*B.* Auseinandersetzungen zwischen Meistern und Gesellen im MA. und zu Beginn der Neuzeit sind nur bedingt als *Vorformen* des A.s anzusehen. Mit dem Entstehen der →Gewerkschaften im 19. Jh. bilden sich nach einer Phase des generellen Verbots die heutigen Formen des A.s heraus. In Deutschland beginnt diese *Entwicklung* um 1865. Im Kaiserreich, vor allem in der Weimarer Republik, gab es zahlreiche A.e. In der BRD sind A.e im Vergleich mit anderen Industriestaaten verhältnismäßig selten. Hinter dem Konzept der Tarifautonomie im Rahmen der (in der BRD praktizierten) sozialen →Marktwirtschaft steht zum einen die Überzeugung, daß Koalitionsfreiheit und Tarifautonomie zu einer gleichgewichtigen Arbeitsmarktform führen. Darüber hinaus wird dieses Konzept von der wirtschafts- und sozialpolit. Auffassung getragen, daß durch Tarifautonomie gleichzeitig die ökonom. sinnvollste und unter dem Gesichtspunkt sozialer →Gerechtigkeit beste Beilegung des →Konfliktes um die Verteilung des Produktionsertrages zwischen Arbeit und Kapital mögl. wird. Solange A.e im Rahmen dieses Konfliktes ihren Ultima-ratio-Charakter wahren, wie dies für die Geschichte der BRD gilt, sind sie letztl. ein Instrument zur Sicherung des sozialen

→Friedens und haben eine wichtige sozialpsycholog. Funktion.

*Lit.: H. Brox/B. Rüthers:* A.recht, Stuttgart, 2. Aufl. 1982. – *W. Däubler (Hg.):* A.recht, Baden-Baden, 2. Aufl. 1987.

*Georg Häring*

**Arbeitslohn** ist das *Entgelt* für den Einsatz von Arbeitskraft oder für die Arbeitsleistungen, die auf Grund einer Anstellung erbracht werden. →Lohn ist für die überwiegende Zahl der abhängig Beschäftigten die einzige *Einkommensquelle* zur Bestreitung des Lebensunterhalts. Neben →Geldlohn gibt es den Naturallohn in Form von unentgeltl. oder preisreduziertem Bezug von betriebl. Produkten. Mit Nominallohn wird der Geldbetrag des Entgelts, mit Reallohn dessen Kaufkraft (bezogen auf eine best. Gütermenge) bezeichnet.

*A.* Die *Tariflöhne* und die sonstigen Arbeitsbedingungen werden durch Verhandlungen der Tarifpartner (Tarifautonomie, vgl. Art. 9 Abs. 3 Grundgesetz) festgelegt. Im allg. wird auf überbetriebl. Ebene verhandelt. Der Tariflohn ist der Mindestlohn, auch für nichtorganisierte Arbeitnehmer. Die Bestimmungsgründe für das Verhandlungsergebnis sind vielfältig. Maßgebend sind u.a. die wirtschaftl. Rahmenbedingungen und die jeweilige Verhandlungsmacht. Lohnpolit. Entscheidungen stehen dabei in →Konflikt mit Zielsetzungen zur Beschäftigungs-, Stabilitäts-, Struktur-, Verteilungs- und Wachstumspolitik.

*I.* Für die Betriebe sind Löhne Kosten, für die Volkswirtschaft stellen sie Kaufkraft dar. Lohnforderungen haben deshalb eine *Kosten- und eine Nachfragewirkung.* Ziel einer expansiven *Lohnpolitik* ist die Erhöhung des Anteils der →Arbeitnehmer am Sozialprodukt. Mit dem Entwurf der produktivitätsorientierten Lohnpolitik soll das Preisniveau stabilisiert werden. Auf der einzelwirtschaftl. Ebene ist der Lohn ein wichtiger, wenngleich wohl nicht der einzige Anreiz zur →Leistung. Das Betriebsklima wird maßgebend durch eine als gerecht empfundene Zuordnung des Lohns zur Arbeitsleistung und zu den betriebl. Gruppen beeinflußt.

*II.* Der *Investivlohn* ist ein Instrument der *Vermögenspolitik.* Ein Teil des Lohns wird langfristig vermögenswirksam angelegt und soll zur Bildung von →Eigentum in dauerhaften Anlagewerten führen. Durch Erwerb von Beteiligungskapital sollen aus Lohnabhängigen Miteigentümer am Produktivvermögen, zugleich aber soll damit eine breitere Streuung des Kapitals erreicht werden. Das Verlustrisiko kann durch Zusammenführung der Kapitalanteile in Fonds verringert werden. Andererseits wird Entscheidungsmacht in der Fondsleitung konzentriert. Sofern der Lohnabhängige Miteigentümer am eigenen Unternehmen wird, übernimmt er auch das Kapitalrisiko und in dieser Form auch die Verantwortung für sein Unternehmen.

*B.* Unter dem Gesichtspunkt der Lohngerechtigkeit ist der *gerechte Lohn* nicht dem Marktergebnis gleichzusetzen. Zum gerechten Lohn gehört gewiß der Leistungsaspekt (nach dem Äquivalenzprinzip der Gleichheit von Leistung und Gegenleistung) bei aller Schwierigkeit der »richtigen« Leistungsmessung. Der gerechte Lohn hat auch die Ertragslage des Unternehmers oder der Branche und der Volkswirtschaft sowie die Lebenslage des einzelnen und seiner Gruppe zu berücksichtigen. Der gerechte Lohn hat also eine sozialwirtschaftl., gruppenspezif. und individuelle Komponente. Die kostenmäßige und betriebsorganisator. Betrachtungsweise sowie der volkswirtschaftl. Gesichtspunkt der optimalen Zuordnung der Faktoren können für die Bestimmung des gerechten Lohns nicht allein maßgebend sein, vielmehr geht es letztl. um eine – diese Faktoren einbeziehende – auf die Würde des Menschen gegründete Teilhabe an den Gütern der Erde. Mit dem Konzept des *Familienlohns* hat die →kath. Soziallehre (vgl. Sozialenzyklika Quadragesimo anno [1931] n. 71f.) deutl. dokumentiert, daß die Lohnhöhe noch anderen Kriterien gerecht werden muß als einer Vergütung für Leistung.

*Lit.: B. Külp:* Der Lohnfindungsprozeß der Tarifpartner, Darmstadt 1977. – *U. Teichmann:* Lohnpolitik, Stuttgart 1974.

*August Stiegler*

**Arbeitslosigkeit.** Die A. stellt auf absehbare Zukunft eines der zentralen Probleme der modernen →Industriegesellschaft dar. Obwohl die Gründe und Auswirkungen der A. seit Jahren breit diskutiert werden, sind die Wege zu ihrer Überwindung zwischen den Interessenvertretern von →Industrie und Arbeit nach wie vor umstritten, so daß eine gesamtgesellschaftl. Lösung dieser neuen →sozialen Frage z.Z. noch nicht auszumachen ist.

*A.* Die *Hauptursachen* der A. liegen zum einen in einem strukturellen Wandel, der sich seit den 70er Jahren durchsetzt. Bis dahin galt, daß die Arbeitsplätze, die in *einem* wirtschaftl. Sektor wegfielen (z.B. in der Landwirtschaft, im Bergbau, in der Textil- und opt. Industrie), in einem *anderen* neu geschaffen wurden (z.B. in der Automobil- und chem. Industrie sowie im Dienstleistungssektor). So blieb in der Bundesrepublik der Beschäftigungsstand in den 60er Jahren mit 26,5 Mill. Arbeitsplätzen relativ konstant. Infolge der ersten Ölkrise (1971/72) entstand aber ein internationaler Kostendruck, der zu immer größeren Rationalisierungsmaßnahmen zwang, so daß bei gleichbleibender oder gar steigender Produktivität immer weniger Arbeitskräfte benötigt werden. Begünstigt wird diese Entwicklung durch die technolog. Revolution der Mikroelektronik (Miniaturisierung, Automatisierung, Computerisierung und Roboterisierung). Zum anderen strömen noch bis Ende der 80er Jahre geburtenstarke Jahrgänge auf den Arbeitsmarkt, die den Bedarf an Arbeitsplätzen zusätzl. in die Höhe treiben. Auch die verringerten Absatzchancen für ökolog. problemat. Konsumgüter sind in diesem Zusammenhang zu nennen.

*B.* Die A. hat sowohl für die Betroffenen als auch für die gesamte →Gesellschaft unübersehbare *Folgen.* Individuell zeigt sich vor allem ein Sinnverlust (→Sinn), der sich in psychosomat. Störungen, Demoralisierung, Alkoholismus bis hin zur Notstandskriminalität äußert (→Kriminalität). Bes. dramat. stellen sich die Folgen dar bei Jugendlichen (→Jugend), die keine Chance erhalten, einen →Beruf zu erlernen und auszuüben, und bei den sog. Randgruppen, deren Chancen der →Integration zusätzl. sinken. Aber auch die Grundlagen unseres Sozialsicherungssystems werden durch die A. in Frage gestellt (→Sozialpolitik). Nicht nur die Arbeitslosen- und Rentenversicherungsträger geraten in Zahlungsschwierigkeiten, die Verdrängung der Langzeitarbeitslosen aus der Arbeitslosenhilfe in die →Sozialhilfe belastet zusätzl. die kommunalen Haushalte. Das Entstehen einer »neuen →Armut« ist die Folge.

*C.* Die →*Kirchen* in der Bundesrepublik Deutschland haben gegenüber der A. mit der Forderung reagiert, das →»Recht auf →Arbeit« als ein zusätzl., einklagbares Grundrecht (→Menschenrechte) in das Grundgesetz aufzunehmen. Verwirklicht werden könnte dieses Grundrecht insbes. durch *drei Strategien*, die jedoch unterschiedl. bewertet werden: 1. durch die *Expansionsstrategie*, mit der eine Steigerung der Wachstumsrate vor allem durch Modernisierung der Exportwirtschaft angestrebt wird; 2. durch die *Distributionsstrategie*, die auf eine gerechtere Verteilung der vorhandenen Arbeit durch Verkürzung der Wochen-, Jahres- oder Lebensarbeitszeit abzielt, und 3. durch die *Substituierungsstrategie*, die die herkömml. industrielle Produktionsweise durch selbstorganisierte, ökolog. orientierte Arbeit im kommunalen Nahbereich (Eigenarbeit) ergänzen soll. Jede dieser Strategien gegen die A. wird allein nicht wieder die Vollbeschäftigung erreichen, so daß wohl nur eine *Kombination* aller Möglichkeiten geeignet ist, dem zentralen gesellschaftl. Problem der Gegenwart wirksam zu begegnen.

*Lit.: Kirchenkanzlei im Auftrag des Rates der Ev. Kirche in Deutschland (Hg.):* Solidargemeinschaft von Arbeitenden und Arbeitslosen. Sozialeth. Probleme der A. Eine Studie der Kammer der EKD für soziale Ordnung, Gütersloh 1982. – *J. Matthes (Hg.):* Krise der Arbeitsgesellschaft?, Frankfurt/M./New York 1983.

*Udo Bußmann*

**Archäologie.** Die A.n, die für die Theologie von Bedeutung sind, haben den Rang selbständiger wissenschaftl. Disziplinen, auch wenn dies in der organisator. Gliederung der theol. Fakultäten nicht immer deutl. wird. Beide, die Bibl. und die Christl. A., verstehen sich ihren Objekten und Methoden gemäß und nach dem Verlust des ästhet. Ideals der griech. Klassik (→Klassizismus) als *primär hist. Wissenschaften.* Für beide A.n wurden zudem die seit dem 19. Jh. verstärkt durchgeführten Forschungsreisen und Ausgrabungen im gesamten Mittelmeerraum und im Nahen Osten entscheidend. Die steigende Denkmälerkenntnis veränderte zunehmend die Begriffe *archaeologia* und *antiquitates* von einer Realienkunde, die an der literar. Überlieferung orientiert war und die Disziplinen →AT und →Kirchengeschichte weitgehend bestimmte, zu einer – primär von den Denkmälern bestimmten – Siedlungs-, Sozial- und Kulturgeschichte des Volkes Israel mit seiner kulturellen Umwelt sowie der frühen Kirche (im Zusammenhang der →Kunstgeschichte der hohen Kaiserzeit und der Spätantike). Dabei müssen Texte der Bibel und der Kirchenschriftsteller (→Kirchenväter) so weit berücksichtigt werden, als sie etwas zum Verständnis der Denkmäler beitragen können. Im Rahmen der →Bibelwissenschaft stehen sich also Bibl. A. und atl. Wissenschaft selbständig und in gegenseitiger Ergänzung gegenüber, ähnl. wie im Rahmen der Geschichte der →Alten Kirche die Christl. A. und die Dogmengeschichte (→Dogma).

*A.* Die *Bibl. A.* ist Teil der vorderasiat. A., die aus der Altorientalistik (→Alter Orient) hervorgegangen ist. Im Mittelpunkt ihres Forschungsinteresses steht die materielle Kultur →Palästinas, die mit den gängigen Mitteln und Methoden (Stratigraphie [Bodenschichtforschung] und Survey [Feldforschung]) erforscht wird. Dabei kommt der Keramikdatierung die größte Bedeutung zu. Die ältesten Funde reichen in die Jungsteinzeit (8000-4000 v. Chr.) zurück, in der um 6000 mit dem Aufkommen von Keramik ein wichtiger Abschnitt in der kulturellen Entwicklung beginnt. Während die Siedlungsformen in dieser und in der Steinkupferzeit (4000-3150 v. Chr.) noch als vorstädtisch zu bezeichnen sind, begegnen städt. Siedlungsformen erst in der frühen Bronzezeit (3150-2350 v. Chr.). In der Mittelbronze- (2350-1550 v. Chr.) und Spätbronzezeit (1550-1200 v. Chr.) entwickelte sich eine neue Kultur in den Städten, deren semit. Siedler als Kanaanäer (→Kanaan) bezeichnet werden. Charakterist. für die Städte sind starke Befestigungsanlagen, für die Begräbnisse Krugbestattungen, für die Keramik die Töpferscheibe. Metallfunde sind selten (Grabbeigaben). Die Gründe für den plötzl. Untergang der kanaanä. Stadtkultur um 1200 sind unbekannt. Die Eisenzeit (1200-332 v. Chr.) ist durch die neu im Lande siedelnden Israeliten und ihre Nachbarn bestimmt. Ihr schließt sich die hellenist.-röm. Epoche an. Für die Eisenzeit markiert die neue Welle der Stadtgründungen durch die im Königtum geeinigten israelit. Stämme, deren Monarchie im Nordreich 772 und im Südreich 587 endete, einen auch für die Geschichte der materiellen Kultur wichtigen Abschnitt. Neben reichen architekton. Funden: Hausbau (Vierraumhaus), öffentl. (Paläste, Pfeilerhäuser, Tempel) und Grabarchitektur (Bankgräber) sowie der Keramik (Samaria-Ware), fällt der weitgehende Ausfall des eigentl. Kunsthandwerks und bei den wenigen Funden (Elfenbein) der Einfluß fremder Kulturstile auf. Die Epigraphik ist vor allem durch Ostraka (Tonscherben) und Siegel vertreten. Deutl. läßt sich in der pers. Zeit (587-332 v. Chr.) ein Niedergang beobachten (Siedlungsreduzierung und -verarmung; Typenreduktion der Keramik und Qualitätsverlust). Als Neuerungen sind das Kistengrab und der Beginn der Münzprägung zu nennen.

*B.* Der genuin archäolog. Zusammenhang ist für die *Christl. A.* mit der röm. und byzant. (→Byzanz) A. und →Kunstwissenschaft gegeben. Schwerpunkt ihres Forschungsinteresses sind Denkmäler, die der frühchristl. (ca. 200) bis nachjustinian. Zeit (7. Jh.) angehören und für die Geschichte des Christentums von Bedeutung sind. Da die Christl. A. ihre Forschung im wesentl. auf diesen Zeitraum begrenzt, ist sie auch als »spätantike Kunstgeschichte« bezeichnet worden. Mit der Frage nach dem Verhältnis von Kontinuität der hellenist.-röm. Antike (im Stil, in Techniken, Kunstgenera und Bildthemen) und Christianisierung der materiellen Kultur (spezif. Funktionen, bibl. und andere christl. Bildthemen) beschäftigt sie sich in erster Linie. Neben den Kunstgattungen: →Architektur (bes. →Kirchenbau), Ausstattung (Bauplastik, Mosaik), →Malerei (Wand- und Buchmalerei), →Plastik (bes. Sarkophagreliefs) und Kleinkunst (Elfenbein, Metall, Keramik), bildet die Stilgeschichte spätantiker Kunst ein wichtiges Gliederungsmerkmal des Fachgebiets Christl. A. (vorkonstantin., konstantin., theodosian., justinian. und nachjustinian.). Die Monumente entstammen dem Gesamtraum des →Röm. Reiches und seiner Nachbargebiete, wenn auch →Rom (Katakomben, Basiliken) ein bes. Arbeitsgebiet geblieben ist. Bes. Forschungsfelder sind die Ikonographie, die Numismatik und Epigraphik. Die Christl. A. steht im Spannungsfeld von →Antike und Christentum und ergänzt durch die Interpretation der materiellen Kultur der Spätantike die aus den literar. Quellen rekonstruierte Geschichte der Alten Kirche. Nach Objekten und Methoden eine selbständige Disziplin, vermittelt sie im Rahmen der Kirchengeschichte wichtige Aufschlüsse zur Mentalitätsgeschichte, zur Sozial-, Missions-, Liturgie- und Frömmigkeitsgeschichte der frühen Christenheit.

*Lit.: C. Andresen:* Einführung in die Christl. A., Göttingen 1971. – *F. W. Deichmann:* Einführung in die Christl. A., Darmstadt 1983. – *V. Fritz:* A., bibl. und christl., in: Theol. Realenzyklopädie 6, 316-345 (Lit.). – *Ders.:* Einführung in die bibl. A., Darmstadt 1965. – *W. Otto u.a.:* Handbuch der A., München 1939ff.

*Wolfgang Wischmeyer*

**Archetyp**

*A.* Der *Begriff* »A.« (griech. »das zuerst Geprägte«) bedeutet die »Urform« oder das »Urbild«. Die A.en treten zu allen Zeiten und bei allen Völkern als best. Motive in →Religion, Folklore und →Kunst auf; sie werden als ursprüngl. Bildekräfte hinter der →Natur vorgestellt. Obgleich der Begriff verhältnismäßig spät auftaucht, ist die Vorstellung einer *urbildl. →Welt* doch uralt. Die altsteinzeitl. Höhlenkulte bezeugen die mag. Bedeutung der Bilder (→Bild), in denen das Wesen des Dargestellten ergriffen wird. Der urbildl. Welt entspricht eine abbildl. Dieses ist früh unter der Wechselwirkung von *Himmel und Erde* angeschaut worden. Dem Himmel entspringt das Schöpferische; die Erde ist das Empfangende und bringt die Gestaltung hervor. Im griech. →Mythos sind die urbildl. und unsterbl. Götter und die sterbl. Menschen als deren Abbild zwar eines Geschlechts, doch wie Himmel und Erde geschieden. Im altind. Mythos (→Hinduismus) wird Indra als Götterkönig und der ird. König als »Menschenindra« bezeichnet. Im →Parsismus ruft Ahura Mazdā zuerst eine himml. Welt hervor, die die geistigen Urbilder einer sich später auf der Erde materialisierenden →Schöpfung enthält. Ähnl. Vorstellungen kennt auch die jüd. →Apokalyptik.

*B.* Der Ausdruck »A.« taucht im *philos. Gebrauch* bei Philo (gest. ca. 45/50) auf. Er entspricht dem platon. Begriff der »Idee«. Die ird. Wirklichkeit ist nach →Platon nur ein *schattenhaftes Abbild* der himml. Ideenwelt. Bei Philo, Plotin (205-270), →Augustinus u.a., wie auch in der christl. →Mystik, gehen die Urbilder aus dem →Denken Gottes hervor, in dem er sich selbst erfaßt. Der →*Logos* (bei Plotin der Nus) ist das lebendige, aus Gott stets hervorgehende Bild oder der Sohn Gottes, in dem sich Gott erkennt und in dem alle Urgedanken Gottes als wirkende Urbilder und Urkräfte enthalten sind. Die Urbilder oder Ideen werden zugleich als Götter oder →Engel personalisiert, während der Logos im großen kosm. Menschen (→Erlösung) angeschaut wird.

*C.* Von Bedeutung ist die Neuaufnahme des Begriffs in der *Tiefenpsychologie* von C. G. →Jung, der unter den A.en die Inhalte des kollektiven Unbewußten versteht. Der A. erscheint im Bewußtsein als archetyp. Bild, das sich in →Träumen und Visionen zeigt und *transpersonale Mächte* des seel. Hintergrunds repräsentiert, die den Bereich des im Ich zentrierten →Bewußtseins weit überragen. Die A.en gliedern sich in solche des Schattens, des Animus (männl. Seelenanteil der →Frau), der Anima (weibl. Seelenanteil des →Mannes), des →Geistes oder →Sinns, der Wandlung und des Selbst. In den A.en sind die Mächte und Gestalten der →Mythologie in der Tiefe der →Seele wieder zur Stelle, geordnet um das *Selbst als Zentrum*, das sich komplementär (ergänzend) zur bewußten Einstellung verhält und →Ganzheit des →Menschen erstrebt. Auf dieses Ziel wirken alle A.en hin. Das Selbst wird als Gottesbild erfahren. In diesen zugleich rel. Erlebnissen liegen heilende Kräfte, die durch Bewußtmachung wirksam werden. →Theologie und →Seelsorge bedürfen von daher einer archetyp. Interpretation der rel. Überlieferung. Die Tiefenpsychologie hat sehr zur Entdeckung und Entschlüsselung der archetyp. Welt im Bereich von →Märchen, →Mythen und →Kunst beigetragen. Die Märchenhandlung wird durch sie bewußtgemacht als Begegnung mit der Tiefe der Seele, die so den »Einweihungsweg« in Richtung auf das Selbst geführt wird.

*D. Religionsphänomenologisch* versteht M. Eliade (1907-1986) die A.en als Elemente der Religionsgeschichte, die er auf Erscheinungen des →Heiligen *(Hierophanien)* zurückführt. Dazu gehören etwa Himmels-, Sonnen-, Mond-, Wasser- und Steinsymbole (→Symbol) und die entspr. →Riten, insbes. die Erfahrung des hl. →Raums und der hl. →Zeit.

*Lit.: E. Drewermann:* Tiefenpsychologie und Exegese, München 1986. – *M. Eliade:* Die Religionen und das Heilige, Salzburg 1954. – *M.-L. von Franz:* Psycholog. Märcheninterpretation, München 1986. – *C. G. Jung:* Die A.en und das kollektive Unbewußte (Ges. Werke 9/1), Olten, 4. Aufl. 1978.

*Paul Schwarzenau*

**Architektur,** vom griech. *architektōn* (»Erz- bzw. Hauptkünstler«) und Vitruvs Abhandlung »De architectura« (1. Jh. v. Chr.) abgeleitete *Bezeichnung* der sakralen und profanen Baukunst, die sich erst seit dem 19. Jh. allgemein durchsetzt.

*A.* Grundlagen einer A.theorie, die bis heute weiterwirkt, wurden bereits in der →*Antike* ausgeformt. Von Anfang an spielte A., auch im Zweckbau (Wohnung, Versammlungsort, Militäranlage, Verwaltungsbau), eine Rolle als »Bedeutungsträger und Repräsentationsobjekt«. Der Einzelbau und das Bauensemble verdichten sich zum →Symbol, sie sind bewußter oder unbewußter Ausdruck der Epoche, die sie hervorbringt. In der Frühzeit treibt der Sakralbau (→Grab, →Tempel und Palast) die Entwicklung der A. voran. Bei den *Römern* erlebt der Ingenieurbau (Thermen, Aquädukte, Stadtanlagen) eine erste Blüte, während das →*MA.* durch das oft spannungsvolle Miteinander von Profan- und Sakralbauten gekennzeichnet wird. A.plastik und Zahlensymbolik entwickeln eine differenzierte und ideologieträchtige »Sprache«, die in →*Renaissance* und →*Barock* weiter gepflegt wird. Die Elemente hellenist. Stadta. (Achse und Platz) werden in der Renaissance, vor allem in den fürstl. Residenzen, zum glanzvollen Ausdruck polit. Machtanspruchs weiterentwickelt. Formale Ähnlichkeiten mit den A.prinzipien des →Nationalsozialismus und des →Sozialismus sind nicht zufällig. Die eklektizist. A. des späteren *19. Jh.s* erfährt erst seit kurzem eine angemessenere Würdigung.

*B.* In der *Gegenwart* versucht man verstärkt, der Tatsache gerecht zu werden, daß A. das →Bewußtsein ihrer »Benutzer« ebenso formt, wie sie Ausdruck von deren Welt- und Menschenbild ist. Die sozialen und eth. Aspekte der A. (»menschengerechte Stadt«, Sozialwohnungsbau, Bewegungs- und Begegnungsräume, Nahverkehr, Kulturstätten), ihre ökolog. Konsequenzen und ihr Verhältnis zur →Tradition sind Hauptpunkte der aktuellen A.diskussion.

*Lit.: S. Gideon:* Raum – Zeit – A., Ravensburg 1965. – *J. Joedicke:* A. im Umbruch, Stuttgart 1980. – *H.-W. Kruft:* Geschichte der A.theorie, München 1985. – *P. L. Nervi:* Weltgeschichte der A., 14 Bde., Stuttgart 1974/77.

*Peter Maser*

**Argumentation.** A.en (vom lat. *argumentatio*) sind im weitesten Sinne alle Arten von Beweisführung und Begründung. Diese sind Gegenstand von A.stheorien, die vorwiegend die formalen Strukturen faktischer A.en untersuchen. Unter systemat. Aspekt behandelt diese Probleme bereits →Aristoteles hauptsächl. in der »Topik«, die auch eine ausführl. Kritik »sophist.« Scheinargumente enthält. Die in →Antike, →Renaissance und →Humanismus übl. Einordnung der A.slehre unter die →Rhetorik wird im 18. und 19. Jh. aufgegeben zugunsten der auch heute noch gängigen Unterscheidung zwischen richtiger bzw. schlüssiger A. und Rhetorik im abwertenden Sinne (näml. der Kunst zu überreden, statt durch Argumente zu überzeugen). Diese Unterscheidung wird weitgehend auch in der sog. *»neuen Rhetorik«* (z.B. Ch. Perleman, L. Olbrechts-Tyteca, H. Schlüter) beibehalten. Die hier geforderte Abkehr von der →log. Deduktion als Standard für gültige A.en findet sich in vielen gegenwärtigen Ansätzen zur *A.stheorie,* die in unterschiedl. Weise an eine *log. Pragmatik* (Ch. S. Pierce und Ch. W. Morris) und *Sprechhandlungstheorien* (J. L. Austin und J. R. Searle) anknüpfen. Geht es Ch. Perelman vorrangig um die wirksamen Mittel zur Erzielung von Zustimmung zu vorher festgelegten Sätzen durch einen spezif. Adressatenkreis, konstruiert S. Toulmin, der sich ebenfalls an jurist. A.en orientiert, ein allg. Schema (»layout«) gültiger A.en. Dies besteht aus dem zu begründenden Schluß, der Konklusion (C, conclusion), den hierfür vorgebrachten Daten (D, data), der Rechtfertigung, die den Zusammenhang zwischen den Daten D und der Konklusion C herstellt (W, warrant) und der Stützung (B, backing) für die Rechtfertigung W selbst. Hierauf beruft sich krit. auch die *Diskurstheorie* von J. Habermas, der zufolge alle A.en dieselbe grundlegende Organisation »kooperativer Wahrheitssuche« verlangen, die in Diskursen – unter der Voraussetzung einer »idealen Sprechsituation« – hinausläuft auf ein rational motiviertes Einverständnis über problemat. Geltungsansprüche, wenn die A. »nur offen genug geführt und lange genug fortgesetzt werden könnte«. Gegenwärtige Theorien der A. unterscheiden sich hauptsächl. dadurch, daß sie entweder eine argumentationspragmat. Neuorientierung der →Logik oder aber in Alternative zur Logik eine eigene Theorie der A. entwickeln.

*Lit.: U. Berk:* Konstruktive A.stheorie, Stuttgart-Bad Cannstatt 1979. – *C. F. Gethmann (Hg.):* Theorie der wissenschaftl. A., Frankfurt/M. 1980. – *J. Habermas:* Wahrheitstheorien, in: *H. Fahrenbach (Hg.):* Wirklichkeit und Reflexion. Walter Schulz zum 60. Geburtstag, Pfullingen 1973, 211-265. – *G. Ohlschläger:* Linguist. Überlegungen zu einer Theorie der A., Tübingen 1979.

*Rudolf Reuber*

**Aristoteles,** geb. 384 v. Chr. in Stagira/Chalkidike, gest. 322 v. Chr. in Chalkis/Euboia. Zuerst Schüler →Platons, begann A. schon sehr früh in Auseinandersetzung mit der platon. Akademie eine eigene Position zu entwickeln; deutlich erkennbar bleibt der Einfluß der platon. Spätphilosophie (log., method. und dialekt. Probleme), während z.B. die Ideenlehre einer radikalen Kritik unterzogen wird. Nach Platons Tod (347) geht A. nach *Kleinasien* und widmet sich – in Zusammenarbeit mit Theophrast – vor allem naturwissenschaftl. Studien. Die Legende hat das Verhältnis zu Alexander dem Großen vielfach überzeichnet; sicher ist, daß A. an seiner Erziehung etwa drei Jahre lang mitbeteiligt war. 335/4 kehrt A. nach *Athen* zurück und hält öffentl. Vorlesungen, muß 322 aber erneut polit. Druck weichen (Vorwurf der Asebie [Gottlosigkeit]) und begibt sich in das Haus seiner Mutter nach Chalkis, wo er kurz darauf stirbt.

Ungeachtet vielfältiger Anfeindungen und Verfolgungen hat er ein umfangreiches und in sich geschlossenes Werk hinterlassen, das ebenso den realen Stand des Wissens in der →Antike dokumentiert (Naturwissenschaften, Politik, philolog. Wissenschaft), wie es die Philosophie im engeren Sinne (Metaphysik, Ethik, Logik) fortgeführt und weiterentwickelt hat. A. denkt gleich Platon unter der Voraussetzung der Krise der Polis. Mit Platon teilt er auch die Hochschätzung der »theoria«. Der theoret. Lebensform ordnet er seine »Erste Philosophie«, die Metaphysik (sie folgt auf die Physik, daher »Meta-Physik«), als Lehre von den ersten Prinzipien zu. Als ihr Objekt werden die Ursachen bzw. Anfänge *(archai)* und die Kategorien bestimmt, gemäß denen das Sein ausgesagt wird. Ziel der ersten Philosophie ist das →*Wesen der Dinge.* Dabei betont A. – im Gegensatz zur Ideenlehre Platons, die am Allgemeinen orientiert ist – die Einzeldinge, auch wenn der Vorrang des Überindividuellen gewahrt bleibt (es ist aber auch erreichbar auf dem Wege über die Abstraktion und damit im konkreten Seienden begründet). Als reines Sein, sich selbst denkendes Denken, ist der »erste Beweger« selbst unbewegt (→Gott), zu dem alles Seiende hinstrebt. Ihm kommt am nächsten, wer der Theorie lebt, jener Wissensform (A. nennt sie bisweilen auch »Theologie«), die dem höchsten Sein am nächsten ist. Auf die theoret. folgen die prakt. Wissenschaften (Ethik, Politik), an die sich die poet. (Technik, Poetik, Ästhetik, Rhetorik) anschließen.

Die eigentl. *»eth.« Frage* ist die nach der Glückseligkeit *(eudaimonia).* Hier unterscheidet A. wiederum zwischen Untersuchungen, die ausgehen von den Prinzipien (theoret., »metaphys.«), und solchen, die zu ihnen hinführen, und kommt zu drei Lebensformen: das Leben des Genusses, die polit. Tätigkeit und die betrachtende Lebensform (Theorie). Höchste Glückseligkeit verheißt die Betrachtung/Schau *(theoria)* des Göttlichen; beständigen Genuß vermag daher nur die Philosophie (die dianoet. Tugenden [Verstandestugenden] im Gegensatz zu den bloß »eth.« [dem Bereich des natürl. Begehrens zugeordnet]) zu geben. Mindestens ebenso einflußreich im Blick auf die Geschichte der Philosophie wie die Begründung der abendländ. →Metaphysik durch A. wurde seine →*Logik,* niedergelegt im »Organon« (Werkzeug), die u.a. eine Lehre vom Begriff, Urteil und Schluß enthält (die Geltung von Sätzen, die Beziehung zwischen Denken und Sein).

Das A. geltende Interesse ist nicht nur bloß hist. Theol. bleibt A. wichtig, weil eine best. Sicht der jüd.-christl. Überlieferung (→Scholastik und →Neuscholastik, aber auch die →prot. Orthodoxie in der nachreformator. Zeit) ohne A. nicht denkbar ist. Dieses westl., in aristotel. Argumentationsschemata eingeschlossene Christentum sieht sich gegenwärtig weltweit herausgefordert. Seine Verkürzung des bibl. rel. Denkens läßt sich theol. nur auflösen durch eine *differenzierte A.-Kritik,* die das onto- theol. Denken relativiert. Philos. – vor allem in der →Ethik und →Politik – ist gerade in der dt. Nachkriegsphilosophie ein Neoaristotelismus einflußreich, der sich als der Versuch der Legitimation der bestehenden Verhältnisse charakterisieren läßt. In der Ethik wie in der Politik lastet dieses Denken die Beweislast dem Veränderer an. Sicher sind solche Zusammenhänge zwischen theol. und philos. Diskurs nicht zufällig.

*Lit.: J. C. Ackrill:* Aristotle, the Philosopher, Oxford 981. – *H. Flashar (Hg.):* Ältere Akademie – A. – Peripathos (Die Philosophie der Antike, Bd. 3), Basel/Stuttgart 1983 (Lit.). – *F. P. Hager (Hg.):* Metaphysik und Theologie des A., Darmstadt 1969. – *E. Hartman:* Substance, body and soul. Aristotelian investigations, Princeton 1978. – *H. J. Krämer:* Das Verhältnis von Platon und A. in neuerer Sicht, in: Zeitschrift für philos. Forschung 26 (1972), 329-353.

*Carl-Friedrich Geyer*

**Aristotelismus** ist die gemeinsame Kennzeichnung jener *philos. Schulen,* die sich an →Artistoteles orientieren und als Weiterentwicklung seiner philos. Gedanken verstehen (gebräuchl. ist auch die Kennzeichnung als »Peripatetiker«.

*A.* Der A. stützt sich u.a. auf folgende *Grundannahmen:* der Vorrang der Wissenschaft vom Seienden (→»Metaphysik«, »Erste Philosophie«) gegenüber den anderen Wissenschaften; eine realist. →Erkenntnistheorie; eine Zuordnung von Materie und Form bzw. Wirkursache und Formbestimmung (Hylēmorphismus); →Erfahrung und Abstraktion als Prinzipien der →Erkenntnis; die Lehre von →Gott als dem ersten Beweger (der Himmelssphären) und als reinster Tätigkeit (Denken des Denkens); die Bestimmung des Lebensziels in der Übung der →Tugend und schließl. in der Wahrheitsschau (→Vollkommenheit); die Lehre vom sog. tätigen Intellekt (»intellectus agens«), einer von außen zum Menschen hinzutretenden, unsterbl. und spontanen Kraft (der Unterschied zwischen christl. und islam. Aristotelikern im MA. entzündete sich u.a. an der Frage, ob dieser tätige Intellekt jedem einzelnen zukomme [unsterbl. Einzelseele] oder als *einer* allen Menschen gemeinsam sei [Monopsychismus der Averroisten]).

*B.* Der *griech.* (unmittelbare) *A.* fand seinen wesentl. Niederschlag in einer Vielzahl von Kommentaren zu den Schriften des Aristoteles (Andronikos von Rhodos, Alexander von Aphrodisias), die später teilweise neuplaton. Gedankengut mit in die Interpretation einfließen ließen. In dieser Synthese wurde der A. in der arab. und jüd. Welt übernommen. Vor allem der *arab. A.* (Al-Farabi, Avicenna, Averroës) brachte die aristotel. Philosophie in Einklang mit den Weltbildannahmen des →Islam. In dieser Gestalt traf das *lat. MA.* auf den A., den es mit den Grundüberlegungen des Christentums versöhnen wollte; dies führte zu einer weiteren Anreicherung des A. mit religionsphilos. Einflüssen aus dem →Neuplatonismus. Zentrales Ziel blieb allerdings der Nachweis der Verträglichkeit von A. und traditioneller (vor allem an →Augustinus und Pseudo-Dionysius orientierter) Theologie. Der am konsequentesten durchgeführte Versuch ist in dieser Hinsicht zweifellos das Werk des →*Thomas von Aquin*, in der Spätscholastik – vor allem unter dem Einfluß des Skotismus - abgewandelt und weiterentwickelt. Eine Renaissance erlebte der A. im *19. Jh.*, nicht so sehr durch die – eher dogmatisch fixierte – neuscholast. Bewegung, sondern durch Denker wie F. Trendelenburg und F. Brentano.

*C.* Weniger auf der akadem. Ebene als auf der *ideenpolit.* ist der A. auch gegenwärtig ein Faktor. Philos. wie theol. ist er die Hintergrundmetaphysik eines →Konservativismus, der – weniger im Rückgriff auf die aristotel. Ontologie und Metaphysik als auf die Schriften des Aristoteles zur Ethik und Politik – die bestehenden (staatl. und kirchl.) Institutionen verteidigt.

*Lit.: P. Moraux:* Der A. bei den Griechen, Bd. 1, Berlin 973; Bd. 2, Berlin 1984. – *Ders.:* A la recherche de l'Aristote perdu, Louvain 1957. – *J. M. E. Moravcsik (Ed.):* Aristotle. A Collection of Critical Essays, London/Melbourne 968. – *F. van Steenbergen (Ed.):* Aristotle in the West. The Origins of Latin Aristotelianism, Louvain, 2. Aufl. 1970. – *G. Verbeke:* Avicenna, Grundleger einer neuen Metaphysik, Opladen 1983.

*Carl-Friedrich Geyer*

**Armenien.** Die *Bezeichnung* A. taucht erstmals in der dreisprachigen Behistun-Inschrift des pers. Achämenidenkönigs Dareios I. 521 v. Chr. und dann wieder bei Herodot auf. Die Armenier selbst nennen sich »Hajk« und ihr Land »Hajastan«. Erst im 6. Jh. v. Chr. sind die Armenier in das Gebiet um den Ararat eingewandert, wobei umstritten ist, ob es sich um ein indoeurop. Volk handelt. Auch die Verwandtschaft zu den Urartäern wird – bes. von türk. Seite - bestritten. Die Grenzen des armen. Siedlungsraumes verliefen vom Kaukasus im Norden bis zum Taurus im Süden, vom Kaspischen bis zum Schwarzen Meer. Das Kernland ist eingefaßt vom Wan-, Urmiah- und Sewan-See. Die heutige Zahl der Armenier ist nur schwer abzuschätzen: Es werden 5-7 Mill. genannt.

*A.* Die im geschichtl. Dunkel liegende →*Mission* des Landes erfolgte vom syr. →Antiochia aus über Cäsarea in Kappadoziën wohl schon gegen Ende des 1. Jh.s, wobei die Armenier selbst ihre daher als »A.-Apostolische« bezeichnete Kirche auf die Apostel Thaddäus und Bartholomäus zurückführen. Um 300 ließ sich dank der Mission des in Cäsarea ausgebildeten (302 zum Bischof geweihten) Grigor »des Erleuchters« König Trdat (Tiridates) III. taufen und führte das Christentum als Staats- und Volksreligion ein. Die armen. Kirche wurde in 12 Bistümern organisiert, seit Katholikos Sahak d.Gr. (390-439) auch das Armenische als Kirchensprache benutzt. Da die Armenier zum 4. Ökumen. Konzil 451 keine Delegierten entsenden konnten, weil sie zu dieser Zeit unter der Herrschaft der pers. Sassaniden standen, gerieten sie in das »monophysit.« Schisma, zumal sie 505 offiziell das Bekenntnis von Chalcedon ablehnten, in dem sie eine Zergliederung Christi erblickten. Statt dessen bekennt (in Übereinstimmung mit dem byzant. »Henotikon«) die armen. Kirche, daß der menschgewordene Gott eine Natur aus zwei Naturen ist. 552 erfolgte bei der Synode zu Dwin der endgültige Bruch mit der Reichskirche und die Durchsetzung der kirchl. Selbständigkeit, die durch die Einführung einer neuen Zeitrechnung dokumentiert wurden. Allerdings geht die Autokephalie der armen. Kirche in ihren Anfängen bereits in das 4. Jh. zurück, als nach Schwierigkeiten mit dem kappadoz. Bistum die armen. Synode von Wagharschapat 366 die Wahl des Katholikos und seine Weihe durch eigene Bischöfe beschloß.

*B.* Die nationale Eigenständigkeit der armen. *Kunst* und *Literatur* hatte schon im 5. Jh. vor allem durch Mesrop ein erstes »Goldenes Zeitalter« erfahren, blühte aber trotz gelegentl. byzant. Übergriffe und der zeitweiligen Unterwerfung des Landes unter die arab.-islam. Herrschaft weiter, bis Mitte des 11. Jh.s die Seldschuken eindrangen und 1045 die armen. Hauptstadt Ani zerstörten, wo seit 990 auch der Katholikos seinen Sitz hatte. Die Niederlage der Romäer bei Manaskert am Wan-See 1071 hatte die Übersiedlung eines Teils der Armenier nach Kilikien, dem sog. »Kleina.«, zur Folge, wo sie auch mit der syr. und der Kreuzfahrerkultur in Berührung kamen: Friedrich Barbarossa übertrug dem armen. Fürsten Lewon (1187-1198) die Königswürde, 1147 entstand hier ein eigenes Patriarchat in Hromkla, seit 1299 in der neuen Hauptstadt Sis. 1375 eroberten dann die ägypt. Mameluken Sis und zerstörten das blühende Land. In den folgenden Jh.en standen die Armenier teilweise unter pers., vor allem aber unter osman.

Herrschaft, wo sie als »Ermeni millet« eine der »Nationen« des Reiches bildeten, der alle sog. »Monophysiten« (und – auf Grund eines sprachl. Mißverständnisses – auch die Zigeuner) zugeordnet waren, die seit 1463 der armen. Patriarch in Istanbul bei der Pforte vertrat. Daneben lebte – stark reduziert – das Katholikat in Aghtamar fort, und 1311 entstand das Patriarchat von Jerusalem. 1443 gründeten einige Bischöfe im Streit mit dem kilik. Katholikos ein weiteres Katholikat im Kloster Edschmiazin in der Nähe des alten Sitzes von Wagharschapat am Ararat. Teilweise erzwungene Auswanderungen führten etl. Armenier nach →Polen (Galizien), →Italien, Palästina, Persien (Isfahan), später in die USA.

*C.* Als im *19. Jh.* →*Rußland* sein Vorrücken im Kaukasus auch mit dem Schutz der oriental. Christen begründete, begann für die Armenier in Persien und der Türkei eine Zeit der Leiden, die ihren Höhepunkt in den Deportationen von 1915/16 fanden, als auf osman. Befehl in der Osttürkei ca. 1,5 Mill. Armenier als »Landesverräter« umkamen. Ein kurzfristiger Versuch der Errichtung eines armen. Gesamtstaates nach dem Ersten Weltkrieg auf der Basis des Vertrags von Sèvres scheiterte militär. So ist A. seit 1920 dreigeteilt: Im →Iran leben ca. 190.000 Armenier, in der Türkei nur noch 60.000, in der Armen. SSR rund 2,8 Mill., weitere 1,3 Mill. in der übrigen UdSSR, und bis 3 Mill. sind in aller Welt zerstreut.
Von den vier armen. Kircheneinheiten ist Aghtamar seit den Massakern von 1895 prakt. erloschen. Die vier übrigen Patriarchate bzw. Katholikate sind nominell unabhängig, doch kommt dem von Edschmiazin ein Ehrenvorrang als »oberster Katholikos aller Armenier« zu, wobei das seit der Umsiedlung der kilik. Armenier 1921 in Syrien, jetzt in Antelias (bei Beirut) im →Libanon beheimatete Katholikat von Sis seine Gleichrangigkeit stärker betont.
Schon im →MA. kam es zu etl. *Unionsversuchen.* Seit 1740 existiert eine uniert-armen. Hierarchie, seit 1830 eine eigenständige »armen.-kath. Nation« im Osman. Reich. Heute residiert das Oberhaupt der ca. 100.000 unierten Armenier (ebenfalls mit dem Titel »von Kilikien«) auch im Libanon. Infolge der amerik. Mission existiert ferner offiziell seit 1850 eine (heute vor allem in den USA nicht unbedeutende) armen.-prot. Kirche.

*Lit.: B. Brentjes:* Drei Jt.e A., Leipzig, 3. Aufl. 1984. – *L. Heiser:* Das Glaubenszeugnis der armen. Kirche, Trier 1983. – *F. Heyer (Hg.):* Die Kirche A.s, Stuttgart 1978.

*Nikolaus Thon*

### Armut und Reichtum

A. und R. haben als Situation, als Thema oder als Problem die ganze Geschichte der Kirche begleitet. Man hat A. oft verharmlost und ist dem R. erlegen, immer wieder haben Reformbewegungen als A.sbewegung ein neues Verhältnis zum Besitz eingefordert. Als →ev. Rat ist die A. unter das monast. Ideal aufgenommen. In der Zeit nach dem 2. →Vat. Konzil hat die Dialektik von A. und R. Existenzgrund und *Aufgabenstellung* vor allem von *kath. Kirche* und Theologie so in Frage gestellt, daß diese Dialektik zur Quelle tiefgreifender Veränderungen geworden ist. Sie können beschrieben werden als Teil eines hist., von lateinamerk. Kontext stark beeinflußten Prozesses.

*A.* Der entscheidende Impuls kam zu Beginn des 2. Vat. Konzils von →*Johannes XXIII.*, der seinen Aufruf zur Erneuerung der Kirche unter die Perspektive einer »Kirche der Armen« stellte. Der Aufruf schlug sich zwar nicht in den vorbereitenden Dokumenten des Konzils nieder, doch wurde er während der ersten Konzilsperiode (Sept. bis Dez. 1962) von Kardinal Lercaro unterstützt, der als Präsident einer *während des Konzils* gebildeten Gruppe »Kirche der Armen« erklärte, er könne seine Aufgabe nicht erfüllen, wenn sie als »Zentrum und Ziel« nicht das »Geheimnis Christi in den Armen und ihrer Evangelisation« finde. Dabei verwies er auf das Interesse, das in der kirchl. Tradition der ev. A. als Verzicht auf ird. Güter und wirksame Verfügbarkeit für Christus zuerkannt worden sei. Noch während des Konzils arbeiten vor allem P. Gauthier, M. D. Chenu und Y. Congar diese Ansätze aus. Chenu verbindet während der ersten und zweiten Konzilsperiode (Sept. bis Dez. 1963) A. als Askese und →Nachfolge Christi mit einem befreienden Engagement in der Geschichte. Sein Kriterium finde es in der Liebe zu den Armen und in wahrhaftiger Brüderlichkeit. Congars These, daß die Armen Gott offenbaren können und ein Weg zur Christusbegegnung seien, erhält überdies ein Fundament in der Radikalität der Inkarnation selbst. Verschiedene Elemente dieser Ansätze werden schließl. in der Kirchenkonstitution (Lumen gentium 8,3) verarbeitet.

*B.* Diese Ereignisse weckten in der folgenden Zeit das Bewußtsein, daß die Kirche in ihrem universalen Auftrag dringend eine Antwort auf die Herausforderung der A. und der Armen finden muß. Der span. Theologe J. M. González Ruiz nennt soziale A. eine skandalöse Sache, und es fehle jede bibl. Rechtfertigung, ihr eine positive Bedeutung zuzuerkennen. 1967 arbeitet der peruan. Theologe G. Gutiérrez in Montreal diesen Gedanken näher aus. Ausgehend vom scharfen und unannehmbaren Kontrast zwischen A. und R., sucht er die bestehende Zwiespältigkeit in der christl. Beurteilung der A. durch die Explikation einer dreifachen Bedeutung zu überwinden. Er unterscheidet zwischen *materieller A.* als dem Fehlen von elementaren Grundbedürfnissen und Rechten. Diese A. sei gleichbedeutend mit einer objektiven Situation von Sünde, in der die Mehrheit des lateinamerik. Volkes lebt; einer *geistl. A.* als Haltung radikaler Offenheit und Verfügbarkeit für Gott; einer *A. als* Solidarität mit den Armen in ihrem Kampf gegen das Unrecht und für eine gleiche Verteilung von

Gütern und Rechten. Diese drei Formen von A. verbindet ein dialekt. zirkularer Zusammenhang. Für die Frage, welche Konsequenzen nun die Kirche aus der A.sproblematik zieht, ist in dieser nachkonziliaren Periode die Zweite Allg. Versammlung der lateinamerik. Bischöfe in Medellín (1968) von entscheidender Bedeutung. *Medellín* geht aus von einer sozialpolit. und theol. Interpretation der lateinamerik., von A. und wirtschaftl. Abhängigkeit gekennzeichneten Situation, macht sich in der Schlußredaktion ihres Textes über die A. in der Kirche die dreifache Bedeutung des A.sbegriffs von Gutiérrez zu eigen, sieht die kirchl. →Basisgemeinden als »ersten und fundamentalen Kern« von Kirchesein und anerkennt auf kirchl.-institutioneller Ebene die Bedeutung einer aufkommenden →Befreiungstheologie.

*C.* In der Entstehungszeit der lateinamerik. Befreiungstheologie (1968-72) war es ebenfalls Gutiérrez, der 1972 in El Escorial den Begriff der »*Option für die Armen*« einführt, wenngleich es zuvor schon verwandte Ausdrücke gibt. Beschrieben wird damit das ev. Engagement einer Minderheit von Christen für eine Praxis zur Befreiung der Armen. Das Bewußtsein, daß ein solcher solidar. Einsatz von Christen für die Kirche selbst von krit. und entscheidender Bedeutung ist, bildet in dieser Zeit den Ausgangspunkt für eine neue Art von Theologie.
Die Zeit, in der die lateinamerik. Befreiungstheologie (1973-1979) zur Reife kommt, ist von der Tatsache gekennzeichnet, daß auf Grund veränderter hist. Umstände die lateinamerik. Christen ihre Option für die Armen ausdrücklicher mit der *Befreiungspraxis von Volksbewegungen* verbinden. Befreiungstheologen verweisen auf die »kollektive« Dimension der A.: Der Begriff »Klasse« umfaßt jetzt auch die Merkmale Rasse, Kultur und Geschlecht, der Aufbau einer sozialist. Gesellschaft wird ausdrücklicher als Voraussetzung für die Aufhebung der Strukturen von A. und Abhängigkeit herausgestellt. Innerhalb der Theologie erhalten die Armen in dieser Sicht nicht nur als »hist. Kraft« oder »Subjekt« eines gesellschaftl. oder kirchl. Befreiungsprozesses eine polit. Bedeutung, vielmehr werden die Armen selbst als Sakrament und *Manifestation Gottes* in der Geschichte verstanden. Daraus ergibt sich ein neues Geschichtsverständnis; denn diese »Umkehrung der Geschichte« (G. Gutiérrez), die »Antigeschichte der Erniedrigten« (L. Boff), wird als der Platz schlechthin gedeutet, an dem sich Gottes Heil manifestiert und die Nachfolge Jesu verwirklicht. Vor diesem Hintergrund erscheinen die Armen auch als aktive »Träger« für die Ausarbeitung der Theologie. In dieser Periode sind es übrigens nicht nur Befreiungstheologen, sondern auch die Konferenz der lateinamerik. Ordensangehörigen (CLAR) und Teile des lateinamerik. (vor allem peruan. und bras.) Episkopats, die nun in aller Schärfe die polit., ökonom. und ideolog. Faktoren der A. entlarven. Sie stellen ausdrückl. fest, daß es Aufgabe der Kirche sei, das polit. Bewußtsein sowie die Organisations- und Partizipationsformen des Volkes zu unterstützen. In diesem Zusammenhang kommt es wieder zur method. Diskussion über die sozialanalyt. Vermittlungen in der Theologie (Mexiko 1975), die Option für die Armen wird zum Fundament für die Anklage gegen die traditionelle Theologie, welche die herrschende kapitalist. Ordnung legitimiert und zum Ausgangspunkt für einen »epistemolog. Bruch« auch mit fortschrittl. Formen der westl. Theologie macht.

*D.* Die Dritte Lateinamerk. Bischofskonferenz in Puebla bestätigt und vertieft, was von nun an »vorrangige Option für die Armen« heißt. Vorrangig heißt dabei nicht ausschließl., benennt aber einen Vorrang, der von entscheidender Bedeutung ist, will man die Universalität der christl. Botschaft garantieren. Neu ist, daß Puebla eine ausgesprochene Verbindung herstellt zwischen den Armen und →*Evangelisation*: Mit dem Begriff »ev. Potential der Armen« bringt sie zum Ausdruck, daß die Armen für die Evangelisation eine äußerst wichtige Bedingung darstellen, vor allem wo sie in kirchl. Basisgemeinschaften organisiert sind, und von Puebla als »Brennpunkte der Evangelisation« und »Motoren der Befreiung und Entwicklung« betrachtet werden.
Im Laufe der 80er Jahre arbeiten die Befreiungstheologen ausdrücklicher ihre Überzeugung aus, daß die Armen der Schlüssel zum Verständnis der Offenbarung und des Mysteriums Gottes sind: Da Gott sich in ihnen als ein *Gott der Armen* zu erkennen gegeben hat, heißt dies im Kampf ums Überleben, Gott als einen Gott des Lebens zu entdecken. Die soteriolog. Dimension der Armen wird nun auch innerhalb der Ekklesiologie weiter ausgearbeitet. Wenn aber die Armen Subjekt einer inneren Neustrukturierung der Kirche sind, das Reich Gottes vorwegnehmen oder zu ihm hin vermitteln, dann kann dies auch gesehen werden als die konkret-hist. Gestaltung einer Glaubensgemeinschaft, die, als Volk Gottes und Kirche der Armen, geleitet von der Kraft des Hl. Geistes, sowohl materielle A. als auch materiellen R. verwirft und auf Grund ihrer Spiritualität und ihres ev. dienenden Einsatzes die Machtansprüche etablierter Positionen ablehnt.

*Lit.: L. Boff:* Kirche, Charisma und Macht. Studien zu einer streitbaren Ekklesiologie, Düsseldorf 1965. – *Y. Congar:* Für eine dienende und arme Kirche, Mainz 1965. – *M.-D. Chenu:* L'Évangile dans le temps, Paris 1964. – *P. Gauthier:* Les pauvres, Jésus et l'Église, Paris 1962. – *Ders.:* L'Élise des pauvres, interpellation des riches, Paris 1965. – *G. Gutiérrez:* Die hist. Macht der Armen (Fundamentaltheol. Studien 11), Mainz 1984. – *J. Lois:* Teologia de la Liberación. Opción por los pobres, Madrid 1986.

*Berma Klein Goldewijk (Übers. Hermann Häring)*

**Arnoldshainer Konferenz.** Die AKf ist ein Zusammenschluß von *zwölf* konfessionell verschieden geprägten *Kirchenleitungen* innerhalb der →Ev. Kirche in Deutschland (EKD): der Ev. Landes-

kirche in Baden, der Ev. Kirche in Berlin-Brandenburg (Berlin West), der Bremischen Ev. Kirche, der Ev. Kirche in Hessen und Nassau, der Ev. Kirche von Kurhessen-Waldeck, der Lippischen Landeskirche, der Ev.-reform. Kirche in Nordwestdeutschland, der Ev.-luth. Kirche in Oldenburg, der Ev. Kirche der Pfalz, der Ev. Kirche im Rheinland, der Ev. Kirche von Westfalen und der Ev. Kirche der Union (EKU). Außer der (als Gast in der AKf mitarbeitenden) Ev. Landeskirche in Württemberg sind das alle nicht zur →Vereinigten Ev.-Luth. Kirche Deutschlands (VELKD) gehörenden Gliedkirchen der EKD.
Die AKf entstand *im Jahre 1967* (450. Reformationsjubiläum) auf der Grundlage der gegenseitigen Gewährung von →Abendmahlsgemeinschaft und in der Überzeugung, daß die →Bekenntnisse der →Reformation ihre kirchentrennende Bedeutung verloren haben. Sie hat sich zum *Ziel* gesetzt, »die Übereinstimmung in den wesentl. Bereichen des kirchl. Lebens und Handelns zu fördern und damit die Einheit der EKD zu stärken« (Geschäftsordnung I, Abs. 1 vom 17.12.1969/19.9.1972). Ihr Leitungsorgan ist die *Vollkonferenz*, in der jede Konferenzkirche zwei Stimmen hat. Zwei ständige Ausschüsse, der Theol. Ausschuß und der Rechtsausschuß, bereiten die Beschlüsse und Voten der Vollkonferenz vor. Diese haben den Charakter von Empfehlungen. Geschäftsstelle der AKf ist die Kirchenkanzlei der EKU, Jebensstr. 3, 1000 Berlin 12.

*Lit.: A. Burgsmüller/R. Bürgel (Hg.):* Die AKf. Ihr Selbstverständnis, Bielefeld, 2. Aufl. 1978 (darin auch ein Verzeichnis der Arbeitsergebnisse). – Neuere Voten des Theol. Ausschusses: Christen ohne Bibel?, Neukirchen-Vluyn 1981; Das Mahl des Herrn – 25 Jahre nach Arnoldshain, 1982; Möglichkeiten und Grenzen eines polit. Zeugnisses der Kirche und ihrer Mitarbeiter, 1982; Was gilt in der Kirche? – Die Verantwortung für Verkündigung und verbindl. Lehre in der ev. Kirche, 1985.

*Wilhelm Hüffmeier*

**Asien.** *Ostasien:* Nichtgläubige und Atheisten 63,6%; Angeh. chin. Volksrel. 15,7%, asiat. →Neuer Rel. 3,3%; Buddh. 12,3%; Musl. 1,9%; Christen 1,9%. – *Südasien:* Hindus 40,1%; Musl. 33,3%; Buddh. 9,4%; Christen 7,8%. A. ist die Heimat aller heute so gen. *Weltreligionen.* Aus dem Nahen Osten sind →Judentum, →Christentum und →Islam hervorgegangen; in Indien haben sich →Hinduismus und →Buddhismus entwickelt, in China der →Konfuzianismus und →Taoismus. Japan, Korea, Südostasien, Tibet und die Mongolei, Iran und Zentralasien waren an der Weiterentwicklung dieser und älterer Weltreligionen wie Zoroastrismus und Manichäismus (→Mani) maßgebl. beteiligt.

*A. Religionsgeschichtlich*

*I.* Schon diese Aufzählung macht deutlich, daß »A.« ein *Sammelbegriff* ist, der in eine Reihe selbständiger natur- und kulturräuml. Begriffe zerfällt: Asiat. Kultur, Religion gibt es nicht, nur asiat. Kultur*en* und Religion*en*, deren Entstehungs- und Verbreitungsgebiete durch hohe Gebirgszüge, schwer passierbare Wüsten, undurchdringl. Dschungel- oder Waldgebiete voneinander abgeschottet sind. Gerade diese naturräuml. Vielfalt hat die frühe Entstehung *höherer Kulturen* in Asien begünstigt und damit auch die Entfaltung so vielfältiger rel. Traditionen. Daß daraus Weltreligionen hervorgehen sollten, liegt daran, daß über Jt.e der Handel für einen ständigen Austausch zwischen diesen Regionen sorgte. Dabei spielte die *innerasiat. Steppenlandschaft* mit Tibet und der Mongolei die Rolle einer zentralen Drehscheibe.
Weniger bedeutend für den Ost-West-Austausch waren bis in die Neuzeit die *Schiffahrtswege* durch den Ind. Ozean, die Inselwelt Südostasiens und das Chin. Meer; erst nach der Umseglung Afrikas durch Vasco da Gama 1497 wurde der Seeweg zur wichtigsten Route der europ. Durchdringung A.s. Nur gelegentl. gelang es, mehrere Regionen zu einem Großreich zu vereinigen; nur selten traten die äußersten Extreme miteinander in direkte Verbindung. Dennoch sorgte eine Kette von Mittelsmännern immer wieder neben dem wirtschaftl. auch für den kulturellen *Austausch.* So hat es erstaunl. Erscheinungsformen des gegenseitigen Einflusses gegeben, wie z.B. den griech. Einfluß auf die buddhist. Bilderkunst sowie ind. und chin. Einflüsse auf die abendländ. Philosophie.
Zur ältesten rel. Erbschaft A.s zählt die heute noch im Abendland praktizierte →*Astrologie* und →*Magie,* die auf sumerisch-babylon. Vorbilder zurückgehen und große Verbreitung fanden. Ebenfalls im babylon. Raum sind aber auch die Anfänge des semit. →*Monotheismus* zu suchen: →Abraham zog nach Palästina und wurde Urahn des Judentums, des Christentums und des Islam.

*II.* Für den gesamten west- und südasiat. Raum spielten die *indoeurop. Einwanderung* im 2. Jt. v. Chr. für die kulturelle und rel. Entwicklung eine einschneidende Rolle. In Indien führte sie zur Entfaltung der *ved. Religion* und der brahman. Sozialstruktur, die alle folgenden Invasionen und Veränderungen überdauert und die Einheitlichkeit der ind. Kultur in ihrer rel. Vielfalt verankert hat. Im indoeurop. besiedelten Persien (→Iran) und in Zentrala. formierte sich eine Feuer- und →Lichtreligion. Aus ihr entstand unter den Reformbemühungen Zarathustras (früher um 628-551, heute um 1000 v. Chr. datiert) und der Förderung des pers. Staates die Religion des *Mazdaismus,* die einst Verbreitung vom Kaukasus bis China fand und heute noch von einer kleinen Minderheit in Iran und Indien (*Parsen,* →Parsismus) praktiziert wird. Ein weiterer Ableger dieser Religion war der *Mithraskult,* der unter röm. Herrschaft bis nach Westeuropa Verbreitung fand.
Auf den ebenfalls iran. →Zurvanismus geht der →Dualismus zurück, der zum Bestandteil des Mazdaismus wurde und um die Zeitwende im ägypt.-palästinens. Raum zur Entstehung des Gnostizismus (→Gnosis) beitrug, der ebenfalls im →Röm.

Reich große Verbreitung fand. Im 3. Jh. n. Chr. hat der judenchristl. erzogene Mani aus mazda. und christl. Elementen eine eigenwillige Synthese geschaffen, den *Manichäismus,* der sich vom äußersten Westen Europas bis nach China ausbreiten konnte und seine dualist. Tendenzen wie einen Virus in andere Religionen einzuschleußen versuchte.

*III.* Die Entfaltung des →*Buddhismus* beginnt in Indien als eine Reformbewegung im damaligen Brahmanismus (→Buddha ca. 563 - ca. 483 v. Chr.), wird aber zu einer asiat. Bewegung, als unter Ashoka (272-232 v. Chr.) eine aktive Mission und eine buddhist. Kulturpolitik begann. Mönchsdelegationen, Pilger, Diplomaten, aber auch Kaufleute brachten den Buddhismus aus dem Panjab nach Innera. und von dort auch nach China (1. Jh. n. Chr.), Korea (4. Jh.), Japan (6. Jh.), Tibet (7. Jh.). Nach Südosta. breitete sich der Buddhismus ab dem 5. Jh. auf dem Seeweg aus.

Etwa zur gleichen Zeit und auf ähnl. Wegen konnte das *Christentum* in Inner- und Osta. Fuß fassen. Zentrum dieser Ausbreitung war das pers. Katholikat von Ktesiphon, wo im Laufe des 5. Jh.s die Theologie des Nestorius aufgenommen wurde (→nestorian. Kirche). Nestorian. Mönche und Handelsreisende benutzten die Seidenstraße durch Zentrala. und die Seewege um Indien und Südosta., um das Christentum nach China, Indien und Hinterindien zu bringen.

In China war die Lehre des →*Konfuzius* (551-479) schon unter Kaiser Wu-ti (140-187 v. Chr.) zur Staatslehre geworden, nachdem sich ihre sozialeth. Wirkung für die Herausbildung eines Großreiches »der Mitte« noch förderlicher zeigte als der auf Harmonie ausgerichteten →Taoismus. China schützte sich gegen seine nördl. reiternomad. Nachbarn durch die »Chines. Mauer«, aber zugleich durch eine aktive Politik der Militärexpeditionen und Bündnisse, die die Seidenstraße sicherten und den kulturellen Austausch förderten. Infolgedessen blieb Zentrala. bis ins MA. ein von mehreren Religionen geprägter Durchgangsraum. Von China aus kamen Konfuzianismus und *Taoismus* nicht nur nach Korea und Japan, sondern auch nach Südosta.

*IV.* Die Bildung des *mongol. Großreichs* unter Dschingis-Kahn (1155-1227) leitete eine neue Epoche des kulturellen Austauschs ein. Das mongol. Reich beruhte auf einer aristokrat. Föderation verwandter Stämme, unter denen es Einflüsse *nestorian. Mission* gab, die aber deutlicher vom mongol. →Schamanismus geprägt war. Dieser stellte eine selbständige Religion mit eigener Tradition und Organisation dar: Verehrung des Nordhimmels und best. Berge und später auch des Dschingis-Khan selber, der durch einen Schamanen in seinem Glauben an eine bes. Sendung gestärkt worden war. Unter der toleranten Religionspolitik der Mongolen konnte sich die Nestorianermission weiterentwickeln.

*V.* Eine von →Dominikanern und →Franziskanern geführte *röm.-kath. Ostmission* erreichte unter der bis 1307 andauernden Pax Mongolica Zentrala. und China (1293). Siege der Mongolen über islam. Staaten erweckten bei den Christen des Westens und des Ostens die Hoffnung auf eine Zurückdrängung des Islam; statt dessen wandten sich die Mongolen- und Turkvölker dem Islam zu und in den Kämpfen am Ende der Mongolenherrschaft erlitten die Christen des Ostens erhebl. Verluste. Erst die Siege der Russen über die Tataren und die fortschreitende Unterwerfung der muslim. Staaten des südruss. und sibir. Steppengürtels erlaubte ein erneutes Vordringen christl. Missionare über den Landweg nach Osten – russ.-orthod. Mission in Sibirien, Nordchina und Japan.

*VI.* Die portug. *Umseglung Afrikas* eröffnete den Seeweg für eine neue röm.-kath. A.mission: Indien (1498), Indonesien (1522), Japan (1549), Philippinen (1579), China (1583). Obwohl prot. Pfarrer die engl. und niederländ. Soldaten und Kolonisten begleiteten, blieb ihre Missionstätigkeit gering, bis die Indienreise William Careys 1793 »das große Jh.« der prot. Weltmission eröffnete. Schrittweise und in wachsenden Zahlen versuchten *kath. und prot. Missionen* in allen Ländern A.s von den Küsten her und in Zusammenhang mit westl. Einfluß Fuß zu fassen. Der Erfolg ist unter schriftlosen Restvölkern (z.B. in Nordindien, Burma und Südchina) beachtl., gering aber unter den alten Schriftkulturen. Konfessionelle Vielfalt und kulturelle Fremdheit haben sich nur teilweise überwinden lassen. Seit Ende des Zweiten Weltkriegs gewinnt die *ökumen. Zusammenarbeit* an Gewicht; in mehreren Ländern sind bedeutende Unionskirchen entstanden. Zugleich bemüht man sich, dem Christentum ein *asiat. Gesicht* zu geben und die christl. Botschaft von einer europ.-amerik. Verkleidung zu befreien.

*VII.* Der Kampf *gegen den Kolonialismus* (→Kolonisation) hat ebenfalls zu einer *geistigen Erneuerung* des Islam sowie des Hinduismus und des Buddhismus beigetragen: sie besinnen sich auf ihre Wurzeln und entdecken ihre missionar. sozialemanzipator. Traditionen wieder. Konflikte mit kommunist. Regimen bleiben nicht aus: In einigen Ländern haben kulturrevolutionäre Kampagnen zur Zerstörung von Kultstätten, rel. Kunstwerken und zur Behinderung oder gar Unterdrückung der rel. Praxis geführt.

*Lit.: W. Bingham u.a.:* A History of Asia, 2 Bde., Boston, 2. Aufl. 1974. – *J. P. Drege:* Seidenstraße, Köln, 3. Aufl. 1987. – *G. Hambly:* Zentrala. (Fischer Weltgeschichte, 16), Frankfurt/M. 1966. – *D. E. Hoke:* The Church in Asia, Chicago 1975. – *B. Spuler:* Die Morgenländ. Kirche, Leiden 1964. – *E. Waldschmidt u.a.:* Geschichte A.s, München 1950.

*Niels-Peter Moritzen/Thomas Riplinger*

*B. Missionswissenschaftlich*

*I.* A. ist der am meisten bevölkerte Kontinent (2.674.897.000 Einwohner). Die Christen bilden eine deutl. *Minderheit* (etwa 69,5 Mill. röm.-kath., 72,9 Mill. reformator.), obwohl das →Christentum (wie der →Islam, der →Hinduismus und →Buddhismus) zusammen mit der jüd. Religion ursprüngl. asiat. Ursprungs ist. Trotz der langen Geschichte des Christentums in A. hat es im asiat. Raum erst heute größere Bedeutung gewonnen.

*II.* Das Christentum A.s hat sich *neu organisiert.* Katholischerseits besteht die Föderation der asiat. Bischofskonferenzen (FABC) mit vielen Unterabteilungen, z.B. für den →Dialog mit den →Weltreligionen und die Zusammenarbeit bei sozialen Aktionen. Protestantischerseits besteht die christl. Konferenz Asiens (CCA) mit ebenso wichtigen Sektionen für asiat. Theologie und Dialog. So beginnt das Christentum für die Entwicklung A.s eine *neue Bedeutung* zu erhalten; dabei arbeiten gemeinsame Arbeitsgruppen von FABC und CCA zusammen.

*III.* P. Digan hat 1984 den christl. *sozialen Protest* in A. analysiert. Auffälligerweise wurde etwa die Hälfte der Proteste in zwei Ländern geäußert, in denen etwa 40% der asiat. Christen leben (Südkorea und →Philippinen). Bemerkenswert ist ferner, daß internationale Körperschaften diese sozialen Aktionen unter →Arbeitern, →Bauern, →Jugendlichen und Intellektuellen anregen und durchführen.

*IV.* Eine weitere Dimension im Leben der asiat. Kirchen wurde von L. Ratnasekera und A. Camps herausgearbeitet: der *Dialog mit den →Weltreligionen.* In ihm engagieren sich Kirchenführer und Christen auch in Ländern, in denen die Kirchen eine spürbare Minderheit darstellen, so z.B. in →Indien und Sri Lanka. Dialog ist in A. nicht nur eine Angelegenheit des gegenseitigen Zuhörens, sondern auch und vor allem des gemeinsamen Lebens und Betens. So sind in den beiden genannten Ländern Gestaltungen der →Liturgie entstanden, die dem Kontext ihrer Kultur entsprechen.

*V.* Eine weitere neue Dimension des christl. Lebens in A. sind die in vielen Gegenden entstehenden →*kontextuellen christl. Theologien.* Vor allem in Indien gibt es inzwischen eine eigenständige →Theologie, insbes. →Christologie. In Taiwan überdenkt Choan-Seng Song die Bedeutung der christl. →Mission neu. In Südkorea entsteht die Theologie des Volkes (minjung). A. Pieris verbindet in Sri Lanka zwei Merkmale der asiat. Wirklichkeit: →Armut und Religiosität. Unter der Führung von Tissa Balasuriya (Sri Lanka) arbeiten asiat. Theologen aller →Konfessionen an einer eigenen asiat. Theologie *für ein volleres Menschsein.* Sie trafen sich in Wennapuwa (1979) und Neu Delhi (1981). Obgleich Kirchen und Christen in A. eine Minderheit bilden, werden sie eigene Wege gehen, um der Frohen Botschaft neue Kraft zu geben.

*Lit.: A. Camps:* Partners in Dialogue, Maryknoll 1983 (Lit.). – *Choan-Seng Song:* Christian Mission in Reconstruction, Madras 1975, Maryknoll 1977. – *F. X. Clark:* An Introduction to the Catholic Church of Asia, Manila 1987. – *M. D. David (Hg.):* Asia and Christianity, Bombay 1985. – *P. Digan:* Churches in Contestation, Maryknoll 1984. – *J. C. England (Hg.):* Living Theology in Asia, London 1981. – *V. Fabella (Hg.):* Asia's struggle for full humanity, Maryknoll 1980. – *Ders./S. Torres (Hg.):* Irruption of the third world, Maryknoll 1983. – Facts and figures of the Catholic Church in Asia, Pro Mundi Vita Dossiers 2-3, Brüssel 1984. – *A. Mookenthottam:* Indian theological tendencies, Bern u.a. 1978. – *St. Neill:* A history of christianity in India, 2 Bde., Cambridge 1984/85. – *Ders.:* A History of Christian Missions, Harmondsworth 1986. – *L. Ratnasekera:* Christianity and the world religions, Colombo 1982.

*Arnulf Camps*

**Astrologie** ist ein gemäß myth. Logik schlüssiges System zur Deutung der sich wandelnden Konstellationen der Gestirne des Sonnensystems, wie sie sich geozentr. (richtiger: anthropozentr.) Beobachtungen darstellen (→Mythos). Grundlage der A. als →Kosmologie ist die Überzeugung, jeden *Zeitpunkt qualitativ* so bestimmen zu können, daß sich für den Menschen mit Hilfe seines »*Horoskops*« (d.h. einer Darstellung des errechneten Planetenstandes, bezogen auf Zeit und Ort seiner Geburt) leib-seel. Prägungen und Entwicklungstendenzen ableiten lassen. Zu unterscheiden ist zwischen A. und verallgemeinernder Vulgära.

*A.* Die A. bedient sich des antiken →*Mythos* zur Charakterisierung 1. der 10 (ursprüngl. 7) Planeten (zu denen astrolog. auch Sonne und Mond gehören), 2. der 4 Elemente (Feuer, Erde, Luft, Wasser) in Entsprechung zu den 4 Temperamenten, 3. der 12 Tierkreiszeichen (Abschnitte der Sonnenbahn von je 30 Grad, zu unterscheiden von den Sternbildern gleichen Namens). Die A. bedient sich also – anders als die →Astronomie – einer Sprache, die Vorgänge des →Makrokosmos in Beziehung setzt zu innermenschl. (mikrokosm.) Erfahrungen. Dabei ist die myth. Benennung des Makrokosmos nicht willkürl. Projektion. Artikuliert wird vielmehr die meditativ beobachtete Eigenart 1. des jeweiligen Planeten in Färbung und Bewegung, 2. der unterschiedl. Seins- und Wirkweisen materieller Stofflichkeit, 3. der unterschiedl. Wirkungen der Sonne im Laufe des Jahres, die in den Namen der Tierkreiszeichen zum Ausdruck kommen.

*B.* Gegenstand der A. ist also nicht die Wirkweise kosm. Energien, sondern ihre *Zeichensprache* in der Entsprechung »*wie oben, so unten*«. Das ganzheitl. →Weltbild der A. (in der nicht, wie in den neuzeitl. →Naturwissenschaften, Subjekt und Objekt gespalten sind) ist ein wesentl. Grund dafür, daß die A. heute auch unter Gebildeten als umfassende Lebenshilfe verbreitet ist.

Unterschiedl. wird innerhalb der A. der kosm. Zusammenhang verstanden: mechanistisch oder pantheistisch; als Weltseele; als Wirkbereich guter oder böser Geistwesen; als Ordnung der →Schöpfung Gottes, in der es trotz der geschichtsmächtig wirksamen →Sünde nach christl. Glauben eine »Ökonomie« der Gottesherrschaft (Eph 1,10; vgl. Mt 2,1-12) gibt. Dementspr. ergeben sich unterschiedl. *eth. Konsequenzen* je nachdem, ob die Ergebnisse der A. verstanden werden als Aussagen über ein unentrinnbares →Schicksal oder wiederverkörpertes Karma (→Seele) oder über »Neigungen, nicht Notwendigkeiten«, näml. individuelle →Leidenschaften, Anlagen und Begrenzungen, in denen die Möglichkeiten menschl. →Freiheit zu ergreifen sind, deren Mißachtung sich rächt.

*C.* Mit *christl. Glauben* ist eine fatalist. A. (astrologia iudiciaria) sowie eine als Heilslehre (z.B. als →Gnosis) verstandene A. nicht vereinbar. Versuche, mit der A. die →Zukunft in den Griff zu bekommen, führen fast zwangsläufig zu Abhängigkeiten, die gemäß Gal 4,10; Kol 2,8 als Aberglaube zu werten sind. Doch gibt es auch eine Geschichte christl. verantworteter A., die – in Wahrung der universalen Heilsbedeutung des →Kreuzes Christi sowie der Herrschaft Gottes – die kosm. Bedingtheiten menschl. Freiheit zu beachten sucht. Ihr zumeist esoter. Dasein ist eine *Herausforderung für die Kirchen,* den christl. Heilsweg zu verstehen als Prozeß der Wandlung und Integration und die kosm.-anthropolog. Zusammenhänge ernst zu nehmen, die in bibl. Urbildern, im Kirchenjahr und in liturg. →Riten aufgehoben sind.

*Lit.:* A., in: Theol. Realenzyklopädie 4, 277-315 (Lit.). – *U. Becker:* Lexikon der A., Freiburg 1981. – *G. Voss:* A. christl., Regensburg 1980. – *Ders.:* Astrolog. Weisheit – eine Herausforderung christl. Theologie und Spiritualität, in: Una Sancta 41 (1986), 295-317.

*Gerhard Voss*

**Astronomie** ist der Zweig der angewandten →Naturwissenschaften, der sich mit außerird. Materie beschäftigt.

*A.* Zu Beginn der →Neuzeit war die A. eine Keimzelle für die Entstehung der klass. →Physik. Sie hatte sich damit engültig von der →Astrologie gelöst und das geozentr. →Weltbild hinter sich gelassen, dem zufolge sich die Erde um die Sonne dreht. Nach Vorarbeiten von J. →Kepler und G. →Galilei entwarf J. I. →Newton das System von Gleichungen, das auch heute noch die Grundlage zur *Berechnung* der Planetenbahnen in der sphär. A. bildet.

*B.* Wesentl. Fortschritte in der A. brachte die Entdeckung neuer physikal. Gesetze im 19. und 20. Jh. (→Naturgesetz). Ihre Anwendung auf astronom. Probleme erfolgt in der Astrophysik. Die Anwendung der Theorie der elektromagnet. Strahlung erlaubte die Konstruktion wichtiger Beobachtungsgeräte zur Verstärkung und Analyse des auf die Erde fallenden Sternenlichts, wie Teleskope und Spektrometer. Durch die Quantenphysik wurde es mögl., Aufbau, Zusammensetzung und Strahlungseigenschaften stellarer Photosphären (d.h. der »Lichtsphären von Sternen«) und interstellarer →Materie zu bestimmen. Die Kernphysik (→Atom) machte es mögl., Sternaufbau, Entwicklung und Sternalter zu bestimmen. Schließl. erlaubte die Anwendung der allg. →Relativitätstheorie →Einsteins auf Beobachtungen entfernter Galaxien eine zusammenhängende Darstellung der →Kosmologie.

*C.* Diese Beobachtungen und theoret. Überlegungen lassen sich in folgendem *Bild des Weltalls* zusammenfassen: Sterne verhalten sich im Blick auf ihre Entstehung zueinander wie Kirschen, die auf die Hauptstädte Europas verteilt sind. Unsere Galaxis (Milchstraße) mit einem Durchmesser von etwa 100.000 Lichtjahren enthält etwa 200 Mrd. solcher Sterne. Unser Planetensystem befindet sich in einem Spiralarm etwa 30.000 Lichtjahre vom Zentrum der Milchstraße entfernt. Galaxien wie unsere Milchstraße kommen in Haufen vor, die wiederum in Superhaufen konzentriert sind, welche Millionen von Galaxien enthalten können. Infolge eines vermuteten Urknalls vor etwa 10 bis 20 Mrd. Jahren scheinen alle diese Galaxien auseinanderzufliegen.

Dieses Weltbild hat gegenüber früheren Vorstellungen enorm an zeitl. und räuml. Tiefe gewonnen. Allerdings hat es nicht nur die Erde, sondern auch die Sonne als Bezugspunkt aufgegeben. Unmittelbare Anschauung (etwa der auf- oder untergehenden Sonne, des »unverrückbaren« Firmaments, des sich wölbenden Himmels) und astronom. Wissen haben sich endgültig voneinander entfernt. Es bleibt abzuwarten, welche *neuen →Erfahrungen* und Symbolbildungen sich an dieses neue Weltverständnis knüpfen.

*Lit.:* *J. Herrmann:* dtv-Atlas zur A., München, 8. Aufl. 1985. – *H.-H. Voigt:* Abriß der A., Mannheim, 3. Aufl. 1980. – *A. Weigert/H. J. Wendker:* A. und Astrophysik. Ein Grundkurs, Weinheim 1983.

*Christoph Wassermann*

**Asyl**

*A.* Das A. ist rel. Ursprungs und bezeichnet ursprüngl. einen Ort, der *Schutz vor Verfolgung* bietet. Gegen menschl. Machtmißbrauch gab es schon im Altertum die Möglichkeit, heilige Orte (Freistätten, →Heilige Stätten) aufzusuchen und dadurch an höheres Recht zu appellieren; zumeist waren es →Tempel, →Altäre und Heiligtümer, später auch Kirchen und →Klöster. Daneben bezeichnet man als A. aber auch den Schutz, der einer aufgenommenen Person gewährt wird. Das ursprüngl. A. in Freistätten im eigenen Lande wird im modernen, durch innere und äußere Souveränität gekennzeichneten →Staat nicht mehr anerkannt. A. kann ein Verfolgter heute nur noch in einem fremden Staat, ausnahmsweise in fremden Gesandtschaften (diplomat. A.) finden.

*B.* Das moderne A.recht ist entweder als ein internationales Recht des A. gewährenden Staates gegenüber dem Herkunftsland des Verfolgten bzw. Flüchtlings mit der Folge, daß keine Auslieferungspflicht besteht, oder als subjektives einklagbares Recht des Verfolgten ausgestaltet. Nach überwiegender Rechtsauffassung wird in der Staatengemeinschaft und im Völkerrecht das A.recht als *Souveränitätsrecht* des Staates angesehen. Auch Art. 14 der Allgemeinen Erklärung der →Menschenrechte begründet nach allg. Rechtsauffassung keinen Anspruch des einzelnen auf A.gewährung. Jeder Mensch hat danach das Recht, in anderen Ländern vor polit. Verfolgung A. zu suchen und zu genießen. Dieser Formulierung wird nur entnommen, daß das A., das ein Staat einem Verfolgten gewährt, von den anderen Staaten zu respektieren ist.

*C.* Das Grundgesetz der Bundesrepublik Deutschland vom 23. Mai 1949 (GG) räumt vor dem Hintergrund der leidvollen Erfahrungen mit dem nationalsozialist. Regime in bislang einmaliger Weise polit. Verfolgten ein subjektives Recht auf A.gewährung ein (Art. 16 Abs. 2 Satz 2 GG). Das Anerkennungsverfahren war zunächst im *Ausländergesetz* geregelt. Ende der 70er Jahre traf die Bundesrepublik eine ständig anschwellende Welle von A.bewerbern. Viele, jedoch bei weitem nicht alle, hatten überwiegend aus wirtschaftl. Gründen ihre Heimat verlassen und wollten auf dieser Weise die Einreisebeschränkungen für ausländ. Arbeitnehmer unterlaufen: 1973 kamen 5.595, 1979 schon 51.493 und 1980 schließl. 107.818 A.bewerber in die Bundesrepublik. Unter dem Eindruck dieser Entwicklung wurden zunächst sog. Beschleunigungsgesetze erlassen, die die Anerkennungsverfahren abkürzen sollten, die sich häufig über mehrere Jahre hinzogen. Im *A.verfahrensgesetz* (1982) wurde die Materie schließl. auf eine völlig neue Grundlage gestellt und das Verfahren weiter beschleunigt. Die Zahl der A.bewerber ist auf Grund dieser und anderer (insbes. die Erwerbstätigkeit der A.bewerber begrenzender) flankierender Maßnahmen rapide zurückgegangen.

*D.* Neben dem Problem des Mißbrauchs des A.rechts hat diese jüngste Entwicklung ein weiteres deutl. gemacht: Gerade in wirtschaftl. schwierigen Zeiten ist die Bereitschaft der Bevölkerung, polit. Verfolgten in größerer Zahl Zuflucht zu gewähren, recht schnell erschöpft, und selbst anerkannte A.berechtigte bleiben ungeliebte →Fremde. Doch bleibt das A.recht unabhängig davon in seinem Einlösungsanspruch als *Menschenrecht* gültig. Zudem muß einer christl. Ethik alles an dem Hinweis liegen, daß Verfolgte, Vertriebene und Fremdlinge des staatl. und persönl. Schutzes vor allem dann bedürfen, wenn ihre Menschenwürde nicht mehr geachtet wird (Art. 14, Abs. 1, Allg. Erkl. der Menschenrechte der UN). Das ursprüngl. an rel. Orte gebundene A.recht fand noch im 1983 abgelösten Codex Iuris Canonici (CIC) von 1917 (→Kanon. Recht) seinen Niederschlag (c. 1160). Im neuen CIC findet sich keine entspr. Bestimmung mehr, obwohl bis in jüngste Zeit Kirchen (und Tempel) in verschiedensten Ländern als schützende Orte aufgesucht werden.

*Lit.: P. Baumüller u.a.:* Kommentar zum A.verfahrensgesetz vom 1. August 1982, Neuwied/Darmstadt 1983. – *R. Marx:* Eine menschenrechtl. Begründung des A.rechts, Baden-Baden 1984.

*Wolfgang Meyer-Hesemann*

## Atheismus

*A.* Der neuzeitl. A. ist (im Unterschied zum Agnostizismus [→irrational] und rel. Indifferentismus) bestimmt durch die rational-argumentative *Bestreitung der Existenz Gottes* bzw. »transzendenter Wesenheiten« und, damit verbunden, durch die Ablehnung jeder Form menschl. Religiosität. Maßgebl. für jede Form des A. ist die Bestimmung rel. →Glaubens als ein (abgeleitetes) Sekundärbedürfnis des Menschen: →Religion erklärt sich aus einer grundlegenderen Gegebenheit im Menschen, also einem (nicht weiter ableitbaren) Primärbedürfnis, das mit »Gott« nichts zu tun hat. Der geschichtl. und geograph. weitverbreitete Glaube an Gott (oder Götter) mag zwar naheliegen, doch ist er als falsch erwiesen, wenn dieser Glaube auf rein innerweltl. Gründe zurückgeführt werden kann, was der A., wie er behauptet, durch sichere, zwingende Argumente aufweisen kann. Zwar kann und will der A. das sog. Transzendenzvermögen (→transzendent) des Menschen nicht bestreiten, doch sieht er die Bedingung der Möglichkeit dafür nicht in einer real und objektiv existierenden Wirklichkeit namens Gott. »Gott« ist nur ein Gedanke des Menschen, fälschl. und irrtüml. in eine objektiv existierende Wirklichkeit projiziert. Dem Glaubenden wird also ein (einfach verstandener) ontolog. →Gottesbeweis vorgeworfen: er erhebe zu Unrecht den – durch sein Transzendenzvermögen ermöglichten – Gedanken (oder Wunsch) einer Existenz Gottes zur Realität. Demgegenüber insistiert der A. darauf, daß das menschl. Transzendenzvermögen innerweltl. erklärbar sei, die Folgerung auf eine Existenz »Gottes« sei illegitim. Das Transzendenzvermögen des Menschen sei eine innerweltl. Gegebenheit, die einfach vorhanden ist und sinnvollerweise nicht hinterfragt werden kann.

*B.* Sowenig nun allerdings der Glaube an Gott zu einer einzigen Religion führt, so wenig führt die Leugnung der Existenz Gottes zu einem einzigen und einheitl. A. Die unterschiedl. und weithin untereinander unvereinbaren *Formen* des A. unterscheiden sich in der Art, wie sie 1. das *Primärbedürfnis* bestimmen, aus dem sich das Sekundärbedürfnis Religion herleitet; 2. das menschl. *Transzendenzvermögen* bewerten, das in seinen Vorstellungen, Zielen und Wünschen entweder als erfüllbar oder als bleibende →Utopie betrachtet wird; 3. die *Schädlichkeit* von Religion für den einzelnen Menschen wie für die menschl. Gesellschaft beurteilen. Sie unterscheiden sich 4. im Entwurf und in der Zielvorstellung eines *religionslosen Menschenbildes* und einer religionslosen Gesellschaft, die ja z.B. sittl. verbindl. Normen nun nicht mehr durch eine irgendwie geartete Berufung auf »Gott« legitimieren kann. Während etwa der Marxismus-Leninismus nach wie vor an die Herstellbarkeit eines Reiches der Freiheit glaubt, erhofft man in der Nachfolge →Freuds zwar durch den Fortschritt wissenschaftl. Forschung eine bessere Zukunft der Menschen, keineswegs aber eine Ganzerfüllung des Menschen. »Transzendieren ohne Transzendenz« (Bloch) dürfte heute wohl die vorherrschende Meinung des A. sein.

*C.* Für den A. konnten die rel. Bedürfnisse der Menschen bis zum Beginn der Neuzeit mit deren (natur-)wissenschaftl. Erkenntnissen nicht als Irrtum durchschaut werden. Jede Form des neuzeitl. A. behauptet nun, diesen Irrtum und damit nun endlich *den Grund erkannt* zu haben, der den Menschen fälschlicherweise zum Glauben an transzendente Wesenheiten verführte. Während etwa *L.* →*Feuerbach* erklärt, im Glauben an Gott projiziere der Mensch sein eigenes Wesen (bzw. die »Gattung« Mensch) in eine als objektiv geglaubte Wirklichkeit namens »Gott«, ohne überzeugend angeben zu können, warum sich der Mensch so als »Gott« projiziert, weiß *K.* →*Marx* durchaus einen Grund für diese Projektion des Menschen zu nennen: Sozioökonom. Verhältnisse, in denen der Mensch entfremdet und ausgebeutet ist, wecken zwangsläufig den Wunsch nach rel. Trost. Für *S.* →*Freud* wiederum ist Religion als →Neurose eine psych. Krankheit, die den realitätsfremden Wunsch nach jener Sicherheit und Geborgenheit aus dem Unbewußten wiederaufleben läßt, die der Mensch als Kind einmal erfahren durfte. Darüber hinaus finden sich auch häufig wiederkehrende, von verschiedenen Atheismen gemeinsam angegebene Gründe für das Vorhandensein rel. Glaubens, wie z.B. die →Angst des Menschen.

*D.* Die *Schädlichkeit* der *Religion* bzw. des Glaubens an transzendente Wesenheiten (und daraus folgend die Bekämpfung von Religion) wird in den meisten Formen des A. nicht so sehr in einem an sich ja harmlosen Privatglauben gesehen, sondern vielmehr in der Tatsache, daß Religion eine oder die Wurzel des wirkl. Elends des Menschen verdeckt und verschleiert und so gerade die Herstellung eines wahren →Humanismus verhindert. Voraussetzung bleibt natürl., daß ein Humanismus ohne den Glauben an Gott dem Menschen eine bessere und realitätsgerechtere Lebensweise ermöglicht. Damit ist in allgemeinster Form auch schon das *Zielbild* des religionslosen Menschen und einer religionslosen Gesellschaft genannt: ein Humanismus, der die durch Religion für den Menschen gegebenen Nachteile ausschließen zu können behauptet.

*E.* In den Argumenten der Atheisten finden sich zweifelsohne *Anregungen* für eine Besinnung des Gläubigen auf seine eigene Gottesvorstellung und auf eine Begründung seines Gottesglaubens. Heute allerdings verliert der klass. A. als die Behauptung, die Nichtexistenz Gottes beweisen zu können, zugunsten des Agnostizismus (nein zu jedem Wissen-Können) oder eines rel. Indifferentismus (unbedingte Gleichgültigkeit) mehr und mehr an Bedeutung.

*Lit.: G. Kraus:* Blickpunkt Mensch. Menschenbilder der Gegenwart in christl. Sicht, München 1983. – *F. Marxer:* Die Infragestellung Gottes. Antwort auf die Provokation des A., Freiburg/Schweiz 1980. – *K.-H. Weger (Hg.):* Argumente für Gott. Gott-Denker von der Antike bis zur Gegenwart. Ein Autoren-Lexikon, Freiburg 1987. – *Ders. (Hg.):* Religionskritik von der Aufklärung bis zur Gegenwart. Autoren-Lexikon von Adorno bis Wittgenstein, Freiburg, 4. Aufl. 1988. – *M. Weinrich (Hg.):* Religionskritik in der Neuzeit. Philos., soziol. und psycholog. Texte, Gütersloh 1985. – *H. Zirker:* Religionskritik, Düsseldorf 1982.

*Karl-Heinz Weger*

**Athos** heißt der gebirgige, am südl. Gipfel bis 1935 m hohe östl. Finger der Chalkidike, von dessen vorchristl. Mythologie Strabon, Herodot, Plutarch und Homer schreiben. Obwohl es nachweisl. auf der Halbinsel schon früher vereinzelte Mönchssiedlungen und Anachoreten gegeben hat, beginnt die eigentl. Geschichte des christl. A. im 9. Jh., da *893 das erste Kloster* sicher bezeugt ist und ab dieser Zeit ein gemeinsamer Rat von Ältesten unter Leitung eines »Protos« (Ersten) die Alltagsfragen und eine Vollversammlung der Mönche die bes. Anliegen erledigt.

*A.* Die *Überlieferung* der A.klöster sieht den Beginn der christl. Periode des A. allerdings schon in einem (legendären) Besuch der Gottesmutter auf der Halbinsel, weshalb der A. auch als »Garten der Gottesmutter« bezeichnet wird und Frauen das Betreten der gesamten Halbinsel ebenso untersagt ist wie das Halten weibl. Haustiere. Zu Beginn des 10. Jh.s wurde der zentrale Ort Karyäs Sitz des Protos und ist bis heute Verwaltungszentrum des A. Der Zusammenschluß der athon. Mönche zu einer *einheitl. Gemeinschaft* wurde bes. gefördert, nachdem der vom späteren oström. Kaiser Nikephoros II. Phokas (963-969) unterstützte, aus Trapezunt stammende hl.Athanasios (gest. 963) mit der Gründung der »Großen Lawra« (Megiste Lavra) an der östl. Südspitze des A. und ihrer nach dem Stoudionkloster zu Konstantinopel ausgerichteten Regel eine neue koinobit. Form des geordneten →Mönchtums geformt hatte. Schon 971/72 erläßt Kaiser Johannes I. Tzimiskes für die damals

58 Siedlungen des hl. Berges ein einheitl. Typikon (Klosterregel), den sog. »Tragos«. Um 1045 zählt die Lawra schon über 300 Mönche.
Lebten in der damaligen Zeit auf dem A. neben Byzantinern (bes. in den Großklöstern der Lawra und Batopaidiu) vor allem Georgier (Kloster Ibēron) und sogar Lateiner (Amalfitaner), so setzte sich *seit dem 12. Jh. das slaw. Element* stärker durch, bes. nach der Gründung des serb. Klosters Chilandar 1197/98 durch Fürst Symeon (Stephan) Nemanja und seinen Sohn Rastko (Sava) und des russ. Klosters Xylurgu 1143 sowie des bulgar. Klosters Zografu im gleichen Jh. Auch der Gründer der Kiewer Höhlenklosters, Antoni, erhielt seine spirituelle Formung auf dem A. beim Kloster Esfigmenu. Die Förderung der Klöster sowohl durch die Oberschicht von →Byzanz wie dann durch jene der orthod. Slawenvölker (Grundvermächtnisse, Steuerprivilegien, Schenkungen) begründeten eine *Blütezeit* der Mönchsrepublik, die ihren Höhepunkt in jener Verfassung fand, welche Kaiser Konstantinos IX. Monomachos 1046 dem A. zusammen mit dem Titel eines »Hl. Berges (Agion Oros)« verlieh. Dieses Aufblühen wurde allerdings durch die Folgen des 4. Kreuzzuges 1204 und die Wirren um den Unionsversuch Kaiser Michaels VIII. Palaiologos 1274 in Lyon jäh unterbrochen.
Das 14. Jh. brachte eine Umorientierung des Mönchtums durch die Einführung der *Idiorrhythmie*, d.h. einer stärkeren Individualfrömmigkeit unter Einschränkung des Gemeinschaftslebens und der Abtsbefugnisse, welche aber oft nicht der beabsichtigten größeren Askese diente, sondern als Vorwand der Laxheit. Im 17. Jh. fiel dieser Bewegung endgültig auch das Amt des Protos zum Opfer.

*B.* Auch als der A. ab ca. 1430 unter *osman. Herrschaft* kam, behielt er weitgehend seine *Selbständigkeit* und seine Rolle als Bollwerk und Vorbild wahrer Orthodoxie auf verschiedenen Gebieten. Weite Verbreitung und Beachtung unter orthod. Kirchenmalern fand so die »Hermeneia«, das athonit. Malerhandbuch des Dionysios von Fourna (1710-33), das in seinen ältesten Teilen auf den sagenhaften Panselinos (11. Jh.) zurückgehen soll. Der wissenschaftl. theol. Ausbildung standen die Mönche des A. zumeist allerdings skept. gegenüber: Eine unter dem Ökumen. Patriarchen Kallistos V. 1743 gegründete und von Eugenios Vulgaris geleitete Akademie wurde schon 1758 zerstört.
Am 17.5. 1913 wurde im Vertrag von London der A. *griech.*, behielt aber auch hier die innere Selbstverwaltung, wobei in Gründzügen noch heute die *Klosterverfassung* des Ökumen. Patriarchen Gabriēl IV. von 1783 gilt: Ein Ausschuß von 4 Vorstehern *(Epistaten)*, jährl. zum 1. Juni gewählt, steht an der Spitze der monast. Gesamtregierung. Sämtl. Klöster, in 4 Pentaden (Fünfergruppen) eingeteilt, dürfen der Reihe nach die Epistaten stellen, wobei einer von ihnen (der stets aus der ersten Pentade kommt), der »Protoepistates« (Erstvorsteher), den Vorsitz innehat. Daneben existiert die *Hiera Koinotēs*, der Gesamtrat des A., in dem je ein Vertreter der 20 Hauptklöster sitzt. In der Neuordnung der Verfassung vom 10.5.1924 wurde dieses System beibehalten: Die kleineren Mönchssiedlungen (Skitai und Kalibia) und Eremitagen sind also nur über die Hauptklöster, denen sie unterstehen, an der Gesamtverwaltung beteiligt.

*C.* Ab dem Beginn des 19. Jh.s nahm der Anteil russ. Mönche auf dem A. immer mehr zu (1910: 3.496 Personen = 47,03% aller Athoniten), so daß nach dem Ausbleiben infolge der Oktoberrevolution die Gesamtzahl der A.mönche bald rapide sank und *um 1960* mit nur 1.200 ihren *Tiefstand* erreichte. Inzwischen steigt die Zahl – vor allem durch den Zuzug anderer Konvente aus Griechenland – ebenso wieder leicht an wie das allg. Bildungsniveau der Mönche, was die spirituelle Bedeutung des A. in der Gesamtorthodoxie erneut steigert. So gibt es inzwischen *Tochtergründungen* athon. Klöster in Frankreich und den USA. Pläne der sozialist. griech. Kultusministerin Melina Mercouri, die Autonomie des A. aufzuheben und ihn in ein Touristenzentrum umzuwandeln, dürfen als gescheitert betrachtet werden.

*Lit.: H. Brockhaus:* Die Kunst in den A.klöstern, Leipzig 1891. – *F. Dölger:* Mönchsland A., München 1945. – *E. Feigl:* A. Vorhölle zum Paradies, Wien/Hamburg 1982. – *P. Huber:* A. Leben, Glaube, Kunst, Zürich/Freiburg, 2. Aufl. 1978. – *K. D. Kalokyrēs:* A. Themata archaiologias kai technēs, Athen 1963. – *E. A. de Mendieta:* Le mont A., Brügge 1955.

*Nikolaus Thon*

**Atom** (griech.) heißt »Unteilbares«. Der *Begriff* geht auf Leukipp und Demokrit (5. Jh. v. Chr.) zurück. Sie entwickeln die Vorstellung, daß →Materie aus nicht weiter teilbaren, unveränderl., einfachsten Einheiten besteht, den A.en. Die vielfältigen, sich ändernden Erscheinungsformen der Materie werden durch die Bewegung und Anordnung der A.e bestimmt. Außer ihnen gibt es nur leeren →Raum.

*A.* Der *heutige A.begriff* bezieht sich auf die kleinsten, mit chem. Mitteln nicht mehr weiter teilbaren Bausteine der Stoffe (→Chemie). Entspr. den 92 natürl. vorkommenden chem. Elementen gibt es genauso viele chem. verschiedene A.e; die A.e eines Elements können sich in ihrer Masse unterscheiden (Isotope). A.e können heute mit dem Elektronenmikroskop sichtbar gemacht werden. Bis Ende des letzten Jh.s hielt man A.e für *unteilbar.* Mit Hilfe der A.hypothese konnte man die Gesetze der →Chemie, der Elektrolyse und mit der kinet. Gastheorie auch die der Thermodynamik mechanist. erklären. 1902 entdeckten E. Rutherford und F. Soddy beim radioaktiven Zerfall *Übergänge* zwischen den Elementen. Damit mußte die Unteilbarkeit der A.e im Prinzip aufgegeben werden; nur im Rahmen der Chemie hat sie weiterhin Gültigkeit.

*B.* Streuexperimente, bei denen Rutherford, H. Geiger und E. Marsden (1909) Alphateilchen aus radioaktivem Zerfall gegen dünne Metallfolien schossen, ließen Rückschlüsse auf die *Struktur der A.e* zu: Ein elektr. positiv geladener *Kern* mit ca. hunderttausendmal kleinerem Durchmesser als das A. selbst enthält fast die gesamte Masse und ist von einer aus Elektronen gebildeten, elektr. negativ geladenen Hülle umgeben; bis auf Kern und Hülle ist der vom A. ausgefüllte Raum leer. Das *Elektron* wurde 1897 von J. J. Thomson identifiziert. Neben dem Wasserstoffkern, dem Kern des leichtesten A.s (1920 von Rutherford *Proton* genannt), ist das 1932 von J. Chadwick entdeckte elektr. neutrale *Neutron* Bestandteil der A.kerne. Elektron und Proton gelten als stabile Elementarteilchen; ein freies Neutron zerfällt mit einer Halbwertszeit von 16,8 Minuten in ein Proton, Elektron und *Antineutrino.* Im Kern gebunden, ist das Neutron stabil. »Starke-« und »Schwache-Wechselwirkung« beherrschen die Vorgänge im Bereich des A.kerns. Zusammen mit Gravitation (Schwerkraft) und Elektromagnetismus bilden sie die vier grundlegenden Wechselwirkungen. Die Stabilität des aus Kern und Hülle gebildeten A.systems kann nur im Rahmen der Quantenmechanik, nicht aber im Rahmen der klass. →Physik verstanden werden. Die Suche nach dem Unteilbaren erfolgt heute großtechn. unter dem Einsatz riesiger Beschleuniger und höchster →Energien. Dabei wurden bisher Hunderte neue, extrem kurzlebige »*Elementarteilchen*« gefunden. Bei Streuexperimenten genügend hoher Energie macht sich eine innere Struktur des Protons und Neutrons bemerkbar, die durch die »Quark«-Hypothese erklärt werden soll (benannt nach einem bei J. Joyce vorkommenden Begriff). Die Frage nach einer inneren Struktur der Quarks und damit nach »Sub- Quarks« kann höchstwahrscheinl. nur durch den Einsatz noch höherer Energie beantwortet werden. In jüngster Zeit wird das Motiv der Suche nach dem Unteilbaren zunehmend abgelöst von dem Ziel einer *Vereinheitlichung* der vier grundlegenden Wechselwirkungen und der Suche nach der grundlegenden Symmetrie.

*C.* Bei der durch O. Hahn und F. Strassmann 1938 entdeckten Spaltung von Urankernen unter Beschuß von Neutronen tritt ein Massendefekt ein: Die Summe der Massen der Bruchstücke ist (um ca. 1%) kleiner als die Masse des ursprüngl. Kerns. Nach der Einsteinschen Energie-Masse- Gleichung (A. →Einstein) wird diese Massendifferenz vollständig in →Energie umgewandelt. Man spricht von *A.energie*, genauer von Kernenergie. Ein enstspr. Massendefekt tritt bei der Fusion von Wasserstoff auf. Damit ist der Elementarprozeß bei einer Kernumwandlung millionenmal energiereicher als ein Elementarprozeß bei einer Konfigurationsänderung der Elektronen in der Atomhülle (d.h. bei einer chem. oder biochem. Reaktion). Wegen dieses ungeheuren Unterschieds der Energieskalen ist die Wirkung eines Kernprozesses auf eine *biolog.* Zelle *katastrophal.* Aus diesem Grund sind sich Gegner und Befürworter der Nutzung der Kernenergie darin einig, daß Kernprozesse von der Biosphäre ferngehalten werden müssen, obgleich die als Resultat der Kernprozesse entstehende Nutzenergie der Biosphäre zugeführt werden soll. Die Kontroverse entsteht angesichts der Frage, ob die Trennung von Kernspaltung und Biosphäre gelingen und aufrechterhalten werden kann. Kann die Akzeptanz des auftretenden kollektiven »*Restrisikos*« Gegenstand eines Mehrheitsbeschlusses sein, oder ist sie konsenspflichtig? Das ist die ordnungspolit. und sozialeth. existentielle Frage der Gegenwart (→Sozialethik, →Technik, →Ökologie).

*Lit.: W. Heisenberg:* Die Physik der A.kerne, Braunschweig, 3. Aufl. 1949.

*Eberhard Müller*

**Auferstehung**

*A.* Die Begriffe A. und *Auferweckung* werden in →Bibel, →Liturgie, →Theologie und →Verkündigung oft unterschiedslos gebraucht. Bei der allg. menschheitl. und bei der christlich eschatolog. Hoffnung (→Eschatologie) bleibt bei »A.« jedoch zu unklar, ob, woraus und wie die Überwindung von →Tod und Vergänglichkeit mögl. wird: aus eigen-immanenten Lebenskräften (→Unsterblichkeit der →Seele), aus naturhaften Lebenszyklen, aus eigen-aktiver Überwindung des Todes, oder aber aus der schöpfer. Lebensgabe →Gottes. Am Unterschied der Bezeichnungen scheiden sich auch zwei →Christologien: Die im NT vorherrschende »Auferweckung« sieht Jesus in einer »exzentr.« Beziehung zum Gott der Gottesherrschaft (→Reich Gottes). Der vertrauenden Übereignung im Tod antwortet die tätige →Treue Gottes in der »Auferweckung«, in »Erhöhung« und Anteilgabe an der gleichen Herrschaft (Hebr 5,7).
»A.« bleibt im NT eingebunden in dieses *Beziehungsgeschehen* der »Auferweckung« (Jesus wird auferweckt), auch wenn Jesus darin handelndes Subjekt wird (Jesus ersteht auf). Mit der Verkürzung der Beziehungschristologie von Gottes*sohn*schaft auf Gott*heit* Christi erlangt »A.« eine solche Vorherrschaft, daß sogar »Auferweckung« des Subordinatianismus (Unterordnung des Sohnes unter den Vater) bezichtigt wird. Zur Korrektur und Wiedergewinnung der Beziehungschristologie sollte »Auferweckung« maßgebl. werden und bleiben.

*B.* Die Konkretheit der Auferweckung Jesu von den Toten und deren Ausweitung auf die Auferweckung aller Menschen von den Toten darf nicht verdecken, daß hier die Schrift eine *Metapher der →Hoffnung* aufnimmt, die in der allg. menschl. Todeserfahrung angelegt ist. Auch außerhalb des christl. Glaubens sind »Tod und Auferweckung« als Metapher für menschl. Lebenshoffnung von der punktuellen, das Leben beendenden Todesstunde abgelöst und auf andere vor- und abbildl.

Existenzsituationen übertragen worden (Trauer – Freude, Verzweiflung – Hoffnung, Knechtschaft – Freiheit usw.). Die Metapher bleibt auch im christl. Glauben – in Differenz zur konkreten Auferweckung Jesu und der Toten als bibl. Vorstellung – hinter dem *nicht Vorstellbaren* zurück. Durch den Glauben an den vom Tod erweckten Jesus erlangt die Metapher zwar größere Konkretheit; dennoch ist mit »Tod« wie mit »Leben« mehr gemeint als nur konträre physiolog. Befunde. Gemeint ist der *qualitative Gegensatz* der jetzigen, weltlich »fleischl.« (2 Kor 10,2f.) Leibhaftigkeit (auch als sündig qualifiziert) zur nicht vergleichbaren (geheiligten) Lebendigkeit des »neuen Äons« und seinem »geistl. Leib« (»Soma pneumatikon«; 1 Kor 15,44), erst recht zur ausstehenden, neuandern Wirklichkeit der allg. Auferweckung, die im empir. wahrnehmbaren Raum weder angetroffen noch aufgesucht werden kann.

*C.* Schon vor den (in den Evangelien ungeschichtl. rückdatierten) Voraussagen des Leidens und der A. (Mk 8,31 par u.ö.) handelt Jesus im Horizont der nahen Gottesherrschaft. Diese wurde schon im vorjesuan. Judentum radikalisiert; die auferweckende *Lebensmacht Gottes* gilt unumschränkt auch im Bereich des Todes. Die Metapher von der »Auferweckung der Toten« gibt es aber in verschiedenen rel. Kulturen wie auch im AT, lange bevor darunter ausdrückl. die Auferweckung einzelner oder aller Toten verstanden wurde (Ez 37: das zerstreute Volk Gottes wird wieder gesammelt). Näher beim Glauben und bei der *Hoffnung Jesu* sind wir dort, wo Jesus sich – im Blick auf sich selber – auf Gott beruft. Er nimmt den Gott Abrahams, Isaaks und Jakobs für die anderen Toten und so auch für sich selber in Anspruch (Mk 12,26 par). Der Kreuzestod bedeutet die radikale *Infragestellung* und Anfechtung dieser Hoffnung Jesu; die Auferweckung aber ist die Tat-Erhöhung des von Jesus so angerufenen Gottes (Apg 2,24-33).
Auch die Glaubenden richten ihre Auferstehungshoffnung nicht etwa auf den auferweckten Jesus Christus, sondern auf den *auferweckenden Gott.* Sie treten ein in die von Jesus Christus eröffnete Beziehung des Glaubens und der Hoffnung auf den gleichen Gott und seine (in Christus allen zugesagte) Treue und Lebensmacht. Diese Treue Gottes erfahren die Glaubenden *bereits jetzt* als →Hl. Geist in der →Taufe und im Herrenmahl (→Abendmahl). Sie bleibt aber *verborgen* in der gegensätzl. Erfahrung ihrer Endlichkeit und Ohnmacht, in der individuellen →Sünde des einzelnen sowie in der strukturellen Sünde von →Kirche, →Gesellschaft und →Welt. Der auferweckende Geist befreit aber schon jetzt zu einer im neuen Leben wandelnden, auferweckten und auferweckenden Praxis.

*D.* Auferweckung als reale Metapher schwebt nicht ideolog. verschleiernd über der unveränderten und unerlösten Wirklichkeit von Existenz und →Geschichte, sondern geht schon innerhalb der Lebensgeschichte, in den mitmenschl. und gesellschaftl. Verflechtungen ein in die vielgestaltigen Erfahrungen der →Endlichkeit und des *Todes.* »Tod« gibt es nicht nur und nicht erst als Lebensende, sondern in vielfältigen »metastat. Ablegern«; umgekehrt will sich die Lebensgabe Gottes nicht postmortal aufs →Jenseits von Welt und Geschichte vertagen, sondern sich in diesen vielfältigen lebengeschichtl. »Todesschatten« offenbaren. Auferweckung ist als gegenwärtige Existenz und Praxis des Glaubens zu begreifen. Zu dieser glaubend-prakt. Aktualisierung und gegenwärtigen Existentialisierung rät bereits das →Johannesevangelium, das den »Tod« im Unglauben der »Welt«, das »Leben« im Hören auf das Wort Jesu erkennt: Auferweckung geschieht »jetzt«, in letzter (»eschatolog.«) Radikalisierung (Joh 5,21-27). Ähnl. deutet Paulus den »Tod«, die Verdichtung der Sünde, als die Existenz des »alten Menschen« und erkennt die Macht der Auferweckung in der Lebenspraxis der Gerechtfertigten (Phil 3,10).
Noch stärker als zu ntl. Zeit sind heute krit. die sozialen und strukturellen *Gestalten des Todes* wahrzunehmen. Sie zeigen sich in gesellschaftl. und kirchl. Unterdrückung, in Ausbeutung und Entfremdung und sind von den Glaubenden in vorwegnehmenden solidar. *Zeichen der Auferweckung* zu überwinden (Apg 3,16). Im Blick auf die Auferweckung des gekreuzigten Jesus geht die befreiende Lebensmacht Gottes auch in diese prakt. Umsetzungen ein und bewahrt diese Praxis vor gesetzl. Isolation und Eigenmächtigkeit. Zugleich bleibt sie offen auf die verheißene Auferweckung der Toten und für die Befreiung der Schöpfung von jegl. Knechtschaft der Vergänglichkeit (Röm 8,22). Mehr prakt. als theoret. steht diese Praxis unter einem Vorbehalt, den erst die Auferweckung aller Toten aus jegl. Todesgestalten einholen und einlösen wird.

*Lit.: G. Greshake/J. Kremer:* Resurrectio mortuorum. Zum theol. Verständnis der leibl. A., Darmstadt 1986. – *H. Kessler:* Suche den Lebenden nicht bei den Toten. Die A. Christi in bibl., fundamentaltheol. und systemat. Sicht, Düsseldorf 1985. – *L. Oberlinner (Hg.):* A. Jesu – A. der Christen. Deutungen des Osterglaubens (Quaestiones disputatae 105), Freiburg 1986. – *P. Schoonenberg:* Wege nach Emmaus. Unser Glaube an die A. Jesu, Graz 1974.

*Dietrich Wiederkehr*

## Aufklärung

### *A. Geschichtlich*

A. heißt die intellektuelle Hauptbewegung des 18. Jh.s, die eine hist. Epoche bezeichnet und zugleich in Nachfolge und Widerspruch bis heute die moderne Welt mitbestimmt. In den im Selbstverständnis der Zeit gründenden Begriff ist das verstandesmäßige *Klären von Sachverhalten* ebenso wie die – vom »aufklarenden« Wetter abgeleitete – Symbolik des Hellwerdens eingegangen in Parallele zu *enlightenment, siècle des lumières, illumi-*

*nismo.* Darin sind drei grundlegende Elemente der Epoche angelegt: 1. der *rationale* Ansatz, alle Denkgewohnheiten krit. an der menschl. →Vernunft zu messen (→Rationalismus), 2. die *innovator.* Bereitschaft, die Lebensverhältnisse entspr. zu verändern und im Sinne geschichtl. →Fortschritts zu verbessern, sowie 3. das *kommunikative* Bedürfnis eines auf lehrhafte Verbreitung und intellektuellen Austausch zielenden aufklärenden Diskurses.

*I.* Die gemeineurop. Erscheinung gewann seit dem ausgehenden 17. Jh. *Zentren* in der engl.-schott. A. um J. →Locke, D. →Hume und Adam Smith (1723-1790), in der literar. wirksamen franz. Version um →Voltaire, D. Diderot (1713-1784) und die Encyclopédie (1751-1772) sowie in der praxisbezogenen Mailänder A. um die Zeitschrift »Il caffé« (1761).
In Deutschland verbreitete sich in der 1. Jh.hälfte eine stark akadem. *Frühaufklärung,* ausgehend von →Leibniz, Thomasius und Chr. Wolff sowie den modernisierten Universitäten Halle und Leipzig, bald überholt vom aufgeklärten Wissenschaftszentrum Göttingen. In den Vordergrund rücken allg. die das Selbstverständnis und Menschenbild der A. tragende →Philosophie, →Geschichte und →Pädagogik sowie die auf prakt. Nutzen abzielende Staatswissenschaft, →Ökonomie und →Naturwissenschaft. Dazu kam vor allem seit der *Jh.mitte* die Ausbildung eines literar. Marktes, der durch eine sprunghaft steigende Buchproduktion und Publizistik, moral. Wochenschriften, Rezensionsorgane und andere Periodika sowie städt. Lesegesellschaften gekennzeichnet war. Das urbane Sozietätswesen der A. bis hin zu →Freimaurertum und Illuminaten und eine administrative Reformdebatte prägten die Hauptphase, die in den 1780er Jahren in Berlin und im →Österreich des Josephinismus bes. Höhepunkte erreichte. Die bis weit ins 19. Jh. reichende populäre *Spätaufklärung* erlangte eine in ihrer hist. Bedeutung erst heute voll erkannte nachhaltige Breitenwirkung. Sozial wird A. insgesamt als eine die alte Ständegesellschaft überwindende bürgerl. Bewegung interpretiert; maßgebl. ist dabei nicht so sehr die fakt. recht verschiedenartige Trägerschaft als der Ansatz zu einer bürgerl. Öffentlichkeit und die Einübung in die kommenden bürgerl. Normen und polit. Orientierungen.

*II.* A. hat sich in ihrer Wendung gegen →Autorität und →Tradition zu einem guten Teil als →*Religionskritik* formiert, die →Bibel, →Dogmen und die überlieferten kirchl. Formen hinterfragte. Eine aus →Frankreich und den roman. Ländern kommende, aber auch von der prot. Popularaufklärung übernommene *Kritik an der kath. Seite* richtete sich unter den charakterist. Vorwürfen des »Fanatismus« oder aber ihrer Nutzlosigkeit gegen →Papsttum, →Ordenswesen und die ganze hierarch.-klerikale Struktur der →Konfession sowie gegen volksnahe Frömmigkeitsformen wie →Wallfahrt, →Heiligenwesen und rel. Brauchtum, das nun als »Aberglaube« abgewertet wurde. Im Bündnis mit dem Staat des aufgeklärten →Absolutismus führte das zur Aufhebung der →Jesuiten und zu den Kirchenkämpfen des Josephinismus. Ebenso aber verlor die →altprot. Orthodoxie vor dem freien Vernunftanspruch und dem ganz andersartigen diesseitig-optimist. Menschenbild ihre Geltung. Die Gebildeten tendierten zum westeurop. Freidenkertum, zum →Deismus oder einer entdogmatisierten »natürl. Religion«, die aus dem Gottesdienst noch eth. Postulate, Jenseitsausgleich und Unsterblichkeitshoffnung ableitete. Die →*Theologie* verlor insgesamt den Charakter einer selbstverständl. Leitwissenschaft, vielmehr mußte sie sich nun vor dem Prinzipien der A. verantworten. Die moderne theol. Problematik einer Spannung zwischen →Offenbarung und →Vernunft begann.

*III.* Auf der anderen Seite kam so die Theologie in Bewegung und fanden dabei zuerst im dt. Protestantismus *A. und →Religion* sehr eng zusammen. Die von →Lessing bekanntgemachte Vernunftreligion des Reimarus, die Neologen der Universität Göttingen und der theol. →Rationalismus insgesamt suchten in aufbauender Absicht aus der unverständl. gewordenen religionsgeschichtl. Überlieferung auf das mit der A. Übereinstimmende als das Wesentliche abzuheben. Eine durchgreifende *Entdämonisierung* des Christentums (→Geister und Dämonen), die nach den Exzessen frühneuzeitl. →Teufels- und →Hexenglaubens überfällig war, marginalisierte auch Erbsünde, →Sündenstrafen und andere pessimist. theol. Lehren. Die *sokrat. Lesart Jesu* als eines Weisheits- und Tugendlehrers, der sich der mag. Mentalität voraufgeklärter Menschen angepaßt habe (Akkomodationslehre), führt zu einem geschichtl. Verständnis von Offenbarung als hist. sinnvoller Vorstufe kommender Vernunft, am deutlichsten bei Lessing, der die ganze Religionsgeschichte als »Erziehung des Menschengeschlechts« (1772) deutete.
Bes. Impulse erhielten *Bibelkritik und Kirchengeschichtsschreibung.* Da die Theologen selber der die A. vorantreibenden Bildungselite angehörten, wirkte vielfach gerade die »Kanzel als Katheder der A.« (W. Schütz, Wolfenbüttler Studien I). Die reformator. Lichtsymbolik des Evangeliums ging zwanglos in die Aufhellungssymbolik der A. über, die sich auch in neuen →Kirchenliedern und lichten Kirchenräumen spiegelt. Die dt. A war geprägt von einem freundl. →Gottesbild der →Vorsehung und des liebenden Vaters, einer die Schönheit der Welt als →Schöpfungsordnung verehrenden Frömmigkeit (Physikotheologie) und einer feierl. Sinnstiftung für sittl. Handeln und Verbesserungsstreben – eine Religiosität von hoher Akzeptanz und nachhaltiger Wirkung bis in die dt. Bildungssprache. Eine bes. Leistung ist die mit dem Menschenbild der A. durchbrechende →*Toleranz,* als bürgerl. Gewissens-, Religions- und Geistesfreiheit mit Höhepunkten in der neuen prot. Denk- und Lehrfreiheit, wie sie Lessing gegen Goeze proklamierte, und in einem neuen solidar. Miteinander der Konfessionen.

*IV.* Die *kath. A.* begann mit einer Generation Verspätung, die neuen Impulse zu rezipieren, erreichte über die Universität Würzburg und Gestalten wie I. H. v. Wessenberg (1774-1860), J. M. Sailer (1751-1832) und →G. Hermes große Vitalität, wurde dann aber von gegenläufigen Tendenzen nachhaltig verdrängt. Die Abwertung der A. aus dem Geist der Rekonfessionalisierung des 19. Jh.s, der schon S. Merkle und E. →Troeltsch theol. widersprachen, ist überholt.

*B. Systematisch-theologisch*

Kein anderer Prozeß hat die Geschichte von Christentum und Kirchen so tiefgreifend beeinflußt wie die europ. A. des 18. Jh.s. Die polit. und theol. Debatten, die seit dem späten 18. Jh. in den Kirchen und innerhalb der europ. Universitätstheologie geführt werden, sind in ihrem Kern durchweg *Auseinandersetzungen um die Legitimität* der A. In allen Konfessionen bewegt sich deren Deutung zwischen zwei Polen: A. wird einerseits als Abfall vom →Christentum und Beginn einer umfassenden, noch andauernden Entchristlichung der europ. Kultur verstanden. A. und die von ihr bewirkte →Säkularisierung werden andererseits als eine legitime Folge und Realisierungsgestalt christlicher Tradition gedeutet.

*I.* Dabei gibt es zwischen den →Konfessionen signifikante *Unterschiede*: Der →Protestantismus hat sich früher und ingesamt sehr viel stärker dem A.sdenken geöffnet als der →Katholizismus. Zwar hat es im Protestantismus seit der →Franz. Revolution eine polit. motivierte radikale Kritik der A. gegeben, die insbes. vom konservativen Kulturluthertum getragen worden ist. Aber zugleich hat eine bis ins 20. Jh. fortwirkende liberale Theologie existiert, die sich als konstruktive Fortführung von A. und →Idealismus verstanden hat. Demgegenüber sind innerhalb der röm.-kath. Kirche die kath. A. und daran anknüpfende liberale Traditionen im engen Bündnis von →Hierarchie und polit. Restauration zunehmend verdrängt und als theol. illegitim ausgegrenzt worden.
Diese gegensätzl. Reaktionen auf die A. erklären sich zum Teil daraus, daß die europ. A.sbewegung gerade in ihrer Stellung gegenüber dem Christentum ein *breites Spektrum* unterschiedl. Positionen umfaßt. Sie ist in →Frankreich radikal antikath., zum Teil materialist. und atheist. gewesen. Sie ist in Deutschland zwar kirchenkrit., aber nicht christentumsfeindl. gewesen. Die polit. Radikalisierung der franz. A. in der Franz. Revolution und deren Umschlag in →Terror bewirken bei den dt. Aufklärern polit. Mäßigung: Sie setzen auf Reform, nicht auf Revolution. Die dt. Gegner der A. sehen sich durch die franz. Erfahrungen in ihrer Ablehnung bestärkt. Hier wie dort ist die Stellung zur A. also von vornherein durch *polit. Wahrnehmungsmuster* geprägt. Dies gilt auch für Theologie und Kirche: Der in Katholizismus wie Protestantismus geführte Streit um die A. ist nicht nur Streit um die Kirche und ihre Lehre, sondern immer auch eine polit. Auseinandersetzung um die Frage, welches Maß an Mündigkeit und Freiheit dem einzelnen zugestanden werden könne.

*II.* A. ist zunächst *Autoritätskritik*. An die Stelle einer rein durch Geschichte und Herkommen legitimierten Verbindlichkeit von rel. Tradition und polit. Ordnung tritt ein Legitimationsmuster, durch das um der →Emanzipation des →Individuums aus alten Bindungen willen alle Geltungsansprüche auf ihre rationale, intersubjektiv verstehbare Plausibilität hin befragt werden. Für die Theologie bedeutet dies, die überkommenen →Dogmen und Lehrsätze der Kirchen auf ihren mögl. vernünftigen und lebensprakt. Sinn hin zu analysieren. Durch hist.-krit. Exegese und krit. verfahrende Dogmengeschichtsschreibung soll der mögl. *vernünftige Kern* der Tradition freigelegt werden. Diese Kritik führt zu einer teilweise radikalen Auflösung des alten kirchl. Lehrsystems, das bis in seine Grundlagen hinein als unvernünftig und als Herrschaftsinstrument des feudalständ. Obrigkeitsstaates verworfen wird.
In der dt. A. dient solche Kritik primär zur kulturprakt. Stärkung eines vernünftigen Christentums. Religion sei da vernünftig, wo sie Moral fördere. Diese *prakt. Funktion der Religion* führt zur Konstruktion einer allg. Vernunftreligion bzw. →natürl. Religion. Mit dieser Konstruktion entsteht das Problem, wie sich geschichtl. gewachsener Kirchenglaube und natürl. Religion der Vernünftigen zueinander verhalten.

*III.* A. ist weiterhin *Vernunftoptimismus*. Die Neologen (→Rationalismus), die theol. Anhänger der A., vertreten deshalb die sog. Perfektibilität (Möglichkeit der Vervollkommnung) des Christentums. Diese Vervollkommnung oder geschichtl. Höherentwicklung begreifen sie vor allem als Entdogmatisierung und Verinnerlichung der christl. Tradition. Ziel dieses *Fortschrittsprozesses* ist das →Reich Gottes, das als ein innerweltl. Gemeinwesen mündiger moral. Individuen gedacht wird. Vom Interesse an der moral. Vervollkommnung des Individuums her wird der →Sündenpessimismus der kirchl. Dogmatik zumeist (aber mit der wichtigen Ausnahme →Kants) krit. beurteilt. Für die Christologie entfällt damit das klass. Satisfaktionsdogma: Eine stellvertretende Genugtuung bedeute nur die Entmündigung eines autonomen Menschen. Der Mensch Jesus wird zum Ideal solcher Mündigkeit, zu einem der Gestalt des Sokrates nachempfundenen Weisheits- und Tugendlehrer stilisiert. Diese Auflösung der klass. Christologie beinhaltet den Umbau der Dogmatik in *prakt. Glaubenslehre*: An die Stelle einer additiven, einem heilsgeschichtl. Ordnungsschema verpflichten Aneinanderreihung von Kirchenlehren tritt eine systemat., an verallgemeinerungsfähigen Vernunftbegriffen ausgerichtete Darstellung von Grundwahrheiten des Christentums (→Neuzeit). Als vernünftig gelten solche rel. Wahrheiten, wenn sie der Beförderung von →Moral und Sittlichkeit dienen.

*IV.* Die theol. A.sdiskussion des 20. Jh.s steht seit E. →Troeltsch im Zeichen der Einsicht in die *Grenzen vernünftiger Weltgestaltung.* Der aufgeklärte Vernunftoptimismus hat Folgen freigesetzt, die das hohe moral. Pathos und den Fortschrittsglauben der A. zu dementieren scheinen. Außerhalb der Theologie werden die ambivalenten Folgen aufgeklärter Weltbemächtigung unter dem von Th. W. Adorno und M. Horkheimer geprägten Leitbegriff der »Dialektik der A.« (→Krit. Theorie) diskutiert. In der Theologie der Gegenwart herrscht demgegenüber eine undialekt. Sicht vor: Die negativen Folgen der A. werden funktionalisiert für eine radikale Abkehr von ihren Idealen. Weil unsere kulturelle Lebenswelt aber prakt. durch realisierte A. geprägt ist, beinhaltet solche Abkehr für theol. Dogmatik die *Gefahr eines weiteren Realitätsverlustes.* Dies ist vor allem deshalb problemat., weil es im Streit um die Folgen der A. erneut um eine Beförderung ihres zentralen Interesses geht: die Stärkung von Mündigkeit und individueller Autonomie. Die kulturelle Realität des europ. Christentums ist vielfältig durch A.sprozesse bestimmt, doch die konfessionellen Theologien haben die Auseinandersetzung mit solcher A. weithin noch vor sich.

*Lit.:* Das Achtzehnte Jh. Mitteilung der Dt. Gesellschaft für die Erforschung des 18. Jh.s. Mit Bibliographien zur Kirchen- und Theologiegeschichte, prot. 8 (1984), kath. 9 (1985). – *K. O. von Aretin (Hg.):* Der Aufgeklärte Absolutismus, Köln 1974. – A., Interdisziplinäre Halbjahresschrift zur Erforschung des 18. Jh.s und seiner Wirkungsgeschichte, hg. von G. Birtsch u.a., 1986ff. – *M. Baumotte:* Theologie als polit. A.Studien zur neuzeitl. Kategorie des Christentums (Studien zur ev. Ethik, Bd. 12), Gütersloh 1973 – *H. E. Bödeker/U. Herrmann (Hg.):* Über den Prozeß der A. in Deutschland im 18. Jh., Göttingen 1987. – *R. van Dülmen:* Die Gesellschaft der Aufklärer, Frankfurt/M. 1987. – *F. Engel-Janosi/G. Klingenstein/H. Lutz (Hg.):* Formen der europ. A. Christentum, Bildung und Wissenschaft im 18. Jh., München 1976. – *F. W. Graf (Hg.):* Profile des neuzeitl. Protestantismus I (GTB Siebenstern 1416), Gütersloh 1989. – *J. Habermas:* Strukturwandel der Öffentlichkeit, Neuwied/Berlin, 9. Aufl. 1978. – *N. Hammerstein:* A. und kath. Reich, Berlin 1977. – *H. Kiesel/P. München:* Gesellschaft und Literatur im 18. Jh., München 1977. – *F. Kopitzsch (Hg.):* Absolutismus und Bürgertum in Deutschland, München 1976. – *R. Koselleck:* Kritik und Krise, Frankfurt/M. 1973. – *H. Lübbe:* Religion nach der Aufklärung, Graz 1986. – *H. Möller:* Vernunft und Kritik. Dt. A. im 17. und 18. Jh., Frankfurt/M. 1986. – *W. Philipp (Hg.):* Das Zeitalter der A., Bremen 1963 (Textsammlung). – *P. Pütz:* Die dt. A., Darmstadt 1978. – *T. Rendtorff (Hg.):* Religion als Problem der A., Göttingen 1981. – *J. Rüsen u.a. (Hg.):* Die Zukunft der A., Frankfurt/M. 1988. – *W. Ruppert:* Bürgerl. Wandel, Frankfurt/M. 1981. – *M. Schmidt:* A., in: Theol. Realenzyklopädie 1, 594-608. – *H. Stuke:* A., in: Geschichtl. Grundbegriffe, Bd. 1, 1972, 243-342. – *R. Vierhaus (Hg.):* Wissenschaften im Zeitalter der A., FS für Vandenhoeck und Ruprecht, Göttingen 1985 (darin u.a. *W. Sparn:* Vernünftiges Christentum). – Wolfenbüttler Studien zur A. I (1974ff.).

*Johannes Burkhardt (A)/Friedrich Wilhelm Graf (B)*

**Augsburger Bekenntnis.** Das A.B. (lat. Confessio Augustana, CA), das sieben luth. Reichsstädte am 25.6.1530 auf dem Reichstag in Augsburg vorlegten, trug wesentl. zur Identifikation der Anhänger →Luthers als selbständige →Konfession bei. In den meisten luth. Kirchen werden die Pfarrer bis heute auf das A.B. verpflichtet. Im Umkreis des 450jährigen Jubiläums des A.B.s 1980 wurden die Lehrartikel von der kath. Theologie weitgehend als ein mögl. Ausdruck des eigenen Glaubens anerkannt.

*A.* Das A.B. sollte zunächst *die rel.-prakt. Neuerungen vor Kaiser und Reich rechtfertigen* (Art. 22-28: Abgeschaffte Mißbräuche, z.B. Kommunion unter einer Gestalt, Pflichtzölibat, Privatmessen, Fastengebote, Klostergelübde). Zu diesem Zweck greift das A.B. auf die Torgauer Artikel vom 27.3.1530 zurück. Nachdem auf dem Reichstag 404 Artikel von J. Eck bekanntgeworden waren, sah sich Ph. →Melanchthon veranlaßt, den ev. Glauben auch lehrmäßig darzulegen und zu verteidigen. So entstanden unter Verwendung der Schwabacher und der Marburger Artikel sowie von Luthers (→Reformation) Bekenntnis von 1528 der erste Teil des A.B.s, die sog. Lehrartikel (Art. 1-21, z.B. über Gott, Erbsünde, Sohn Gottes, Rechtfertigung, Amt, Kirche, Taufe, Abendmahl, Buße, Willensfreiheit, Glaube und Werke). Durch die von den kath. Reichsständen vorgelegte Antwort (Confutatio) *erklärte der Kaiser das A.B. für widerlegt. Melanchthon antwortete mit seiner Apologie* (Apologia Confessionis). Obwohl das A.B. durch seine Vorlage auf dem Reichstag und durch deren Übernahme durch die luth. Reichsstände (Bundesurkunde der Schmalkaldener 1531) gleichsam zu einem offiziellen Dokument geworden war, behandelte es Melanchthon wie seine Privatschrift und veränderte es ständig bis hin zur stark erweiterten *Confessio Augustana Variata* von 1540.

*B.* Die *Lehrartikel* des A.B.s sind *irenisch* abgefaßt, um die Übereinstimmung mit dem überlieferten Glauben der Kirche hervorzuheben. Daher grenzen sie sich auch bewußt gegenüber den Zwinglianern (→Zwingli) und Straßburgern ab. Luther billigte das von Melanchthon mit dem A.B. verfolgte Ziel eines polit. Friedens, war jedoch in Glaubensfragen zu keinem Kompromiß bereit. Der versöhnl. Charakter, die Ausklammerung von Streitfragen (z.B. →Papsttum, Fegfeuer) sowie die kirchenoffizielle Stellung machen das A.B. zu einer brauchbaren Basis für das interkonfessionelle Gespräch, lassen es aber nicht als vollgültige Darstellung des luth. Glaubens erscheinen, vielmehr ist es vom theol. Gesamtwerk Luthers her zu interpretieren.

*C.* Die *Bedeutung* des A.B.s für das ökumen. Gespräch ist nur richtig zu beurteilen, wenn man ihre Wirkungsgeschichte und ihren Stellenwert für den Bekenntnisstand der luth. Kirchen mitberücksichtigt. Nach 1530 erlangte das A.B. rasch große Wichtigkeit für die Identitätsfindung der unterschiedl. luth. Gemeinden, so daß der →Augsburger Religionsfriede von 1555 die nicht mehr der herkömml. bischöfl. Jurisdiktion der →alten Kirche unterstehenden Gemeinden, denen der Schutz des Reichsfriedens gewährt werden sollte, unter dem Sammelnamen Augsburger Konfessionsverwandte zusammenfaßte. Gerade wegen dieser identitätsstiftenden und letztl. dann kirchenbegründenden Funktion wurde das A.B. in der Vergangenheit und zuletzt im Umfeld des 450jährigen Jubiläums 1980 zur Grundlage von *Einigungsbemühungen* mit der kath. Kirche herangezogen. Eine Anerkennung des A.B.s als legitimen Ausdruck des einen christl. Glaubens durch die röm.-kath. Kirche, wie sie verschiedentl. diskutiert worden ist, wäre insofern ein ökumen. Fortschritt, als hier der hist. trennende Charakter dieser grundlegenden luth. Bekenntnisschrift überwunden werden könnte. Eine tragfähige Grundlage zur Überwindung der konfessionellen Trennung wäre deshalb noch nicht erreicht, weil einerseits das A.B. nur eine Schrift innerhalb des größeren Korpus luth. Bekenntnisschriften darstellt, andererseits dort für die röm.-kath. Identität wesentl. Fragen unzureichend oder gar nicht behandelt werden.

*Lit.:* Die Bekenntnisschriften der ev.-luth. Kirche, Göttingen, 6. Aufl. 1967. – *L. Grane:* Die Confessio Augustana, Göttingen 1970. – *E. Iserloh:* Confessio Augustana und Confutatio. Der Augsburger Reichstag 1530 und die Einheit der Kirche, Münster 1980. – *Luth. Kirchenamt (Hg. im Auftrag der EKD):* Unser Glaube. Die Bekenntnisschriften der ev.-luth. Kirche. Ausgabe für die Gemeinde. Bearb. von H. Pöhlmann (GTB Siebenstern 1289), Gütersloh 1986. – *H. Meyer/H. Schütte (Hg.):* Confessio Augustana. Bekenntnis des einen Glaubens. Gemeinsame Untersuchung luth. und kath. Theologen, Paderborn/ Frankfurt/M. 1980.

*Rolf Decot*

**Augsburger Religionsfriede**

*A.* Der A.R. vom 25.9.1555 ist die *rechtl. Übereinkunft der dt. Reichsstände*, die bisherigen zwischen der alten (röm.-kath.) Kirche und den Anhängern des →Augsburger Bekenntnisses strittigen Religionsfragen unbefristet unter den Schutz des Landfriedensrechts zu stellen. Nachdem die rel. Gegensätze, die in Folge der →Reformation M. →Luthers ausgebrochen waren, einerseits nicht im kirchl. Raum etwa auf einem →Konzil gelöst werden konnten, andererseits zur Ausprägung unterschiedl. Kirchenwesen geführt hatten, mußten die Reichsstände zu einem geregelten Miteinander finden. Vorausgegangene Übereinkünfte (Speyer 1526, Nürnberg 1532, Speyer 1544, Augsburg 1548, Passau 1552) waren jeweils zeitl. bis zum nächsten Reichstag bzw. bis zum Konzil befristet. Seit Beginn der Reformation kämpften zunächst die ev. Reichsstände um ihre reichsrechtl. Anerkennung. Infolge des Fürstenaufstandes von 1552 sahen sich kath. Reichsstände in ihrem Bestand ernsthaft bedroht. So ergab sich ein gemeinsames Interesse aller Stände an einer vertragl. Dauerregelung zur Erhaltung des Status quo. Beim A.R. geht es nicht um den rel. Frieden, sondern um eine *polit. Ordnung*, die die Koexistenz zwischen den beiden konfessionellen Machtblöcken im Reich ermöglichte.

*B.* Im einzelnen hat der A.R. folgende *Bestimmungen:*

1. Den kath. Reichsständen sowie den Anhängern der Augsburger Konfession wurde die Verfügungsgewalt über ihr jeweiliges Kirchenwesen zugesichert. Hierin enthalten ist das später sog. »ius reformandi«, das dem Landesherrn auch für die Zukunft das Recht zugesteht, die Religion in seinem Territorium zu regeln. Der luth. Kirchenrechtler J. Stephani hat im Jahre 1612 für dieses Recht den bekannten Grundsatz geprägt *»cuius regio, eius religio«*.
2. Die →Religionsfreiheit galt nur für die *Reichsstände*, d.h. die Landesherren und die reichsunmittelbare Ritterschaft, nicht jedoch für die Untertanen. Sie erhielten im A.R.n nur das rel. Auswanderungsrecht. Der A.R. kennt keine allg. →Toleranz, jedoch wird das Zwangskirchensystem gemildert.
3. In den gemischtkonfessionellen freien Reichsstädten wurden die bestehenden Kirchenwesen *garantiert*. In der Praxis bedeutete diese Bestimmung zumeist den Schutz kath. Minderheiten in den meist ev. Städten.
4. Einseitig nahm König Ferdinand das »reservatum ecclesiasticum« *(geistl. Vorbehalt)* in den Reichstagsabschied auf. Es garantierte, abweichend vom →kanon. Recht, den geistl. Reichsständen (Bischöfen und Äbten) den Übertritt zum ev. Glauben, allerdings hatten sie für diesen Fall auf ihre Territorialherrschaft zu verzichten.
5. Als Ausgleich für das reservatum ecclesiasticum gewährte König Ferdinand in einer persönl. Erklärung (Declaratio Ferdinandea) dem *landsässigen Adel* geistl. Territorien das Recht freier Religionswahl.

Der A.R. wurde im Westfälischen Frieden von 1648 bestätigt. Zusätzl. erhielten die Anhänger des reformierten Glaubens den Schutz des Landfriedens. Bis zum Ende des alten Reichs 1803/06 bildete der A.R. eines der wichtigsten Reichsgesetze. Er ermöglichte den Fortbestand des alten Reichs trotz des Zerfalls der rel. Einheit.

*Lit.:* Bischof Ulrich und der A.R. Neue Quellenforschung zum Augsburger Gedenkjahr 1955, 1555, 1955 (Zeitschrift des Hist. Vereins für Schwaben, Bd. 61), Augsburg 1955. – *H. Lutz:* Christianitas afflicta. Europa, das Reich und die päpstl. Politik im Niedergang der Hegemonie Kaiser Karls V. (1552-1556), Göttingen 1964. – *Ders.:* Reformation und Gegenreformation (Grundriß der Geschichte,

Bd. 10), München/Wien 1979. – *M. Simon:* Der A.R., Augsburg 1955.

*Rolf Decot*

**Augustinismus.** Eine verbindl. Definition des A. fehlt, da Augustin selbst kein systemat. Denker war und auch keine Zusammenfassung oder Systematisierung seines Denkens geboten hat. Folgl. muß man sich mit einer formalen Umschreibung begnügen. Zwei Prinzipien bilden die Grundstruktur des A.: die *dualist.* Aufteilung der Wirklichkeit und daraus abgeleitet das erkenntnistheoret. Prinzip des Überschreitens der sinnl. hin zur *unsichtbaren Welt* (→Augustinus). Da Augustin immer nur teilweise übernommen wurde, ist die Geschichte der Augustinusrezeption gleichzeitig die Geschichte des A. Bereits kurz nach Augustins Tod setzt die »Verzettelung« seiner Werke ein, und so wird Augustin bruchstückweise ans MA. vermittelt. In der erkenntnistheoret. Diskussion und in der Frage um den ontolog. Gottesbeweis wird der frühe Augustin aufgenommen. Der polit. A. des MA.s entdeckt sein Werk über den Gottesstaat (De civitate Dei) und formt sie in konkret polit. Sinne um. Die →*Reformation*, Luthers Gnaden- und Rechtfertigungslehre sowie seine Konzeption der zwei Reiche verraten einen tiefgreifenden Einfluß Augustins. Gnaden-, Kirchen- und Sakramentenlehre des →*Konzils von Trient* zeigen in der Absetzung von den Reformatoren einen anderen Augustinus. Der →*Jansenismus* entdeckt den düsteren Augustin der Gnadenlehre, und bis in die Philosophie des 20. Jh.s ist der Einfluß Augustins nachweisbar (Scheler, →Heidegger). Die westl. Kirche, kath. wie prot. Herkunft, lebt von Theologie und Geist Augustins. In vielen Fragen ist die Theologie über den Ansatz Augustins nicht hinausgeschritten. Ebenso tiefgreifend ist sein Einfluß in der Philosophie. Doch steht eine Geschichte des A. noch aus.

*Lit.: E. Bernheim:* Ma. Zeitanschauungen in ihrem Einfluß auf Politik und Geschichtsschreibung, Tübingen 1918. – *G. Leff/U. Bubenheimer/M. Schmidt:* Augustinismus II-IV, in: Theol. Realenzyklopädie 4, 699-723. – *K. Löwith:* Weltgeschichte und Heilsgeschehen. Die theol. Voraussetzungen der Geschichtsphilosophie, Stuttgart 1973. – *D. Ritschl:* Die Last des augustin. Erbes, in: Parrhesia. K. Barth zum 80. Geburtstag, Zürich 1966, 470-490.

*Wilhelm Geerlings*

**Augustinus,** *Aurelius.* Am 13.11.354 in Thagaste (heute Souk Arhas in Algerien) als Sohn des heidn. Vaters Patricius und der christl. Mutter Monnica geboren. Nach Studien in Thagaste, Madaura und Karthago ist A. zunächst in Karthago, dann in Mailand als Lehrer der Rhetorik tätig. Hier erfolgt auch um den 1.8.386 seine Bekehrung zum Christentum, die er Ostern 387 durch den Taufempfang dokumentiert. Die Zeit bis 387 ist durch drei verschiedene »Bekehrungen« charakterisiert. Im Jahre 373 stößt er im Verlauf der Studien auf Ciceros (verlorengegangene) Mahnschrift zur Philosophie, den »Hortensius«. Diese Schrift löst in ihm die Frage nach Weisheit aus. »Binnen weniger Tage« tritt er zum →*Manichäismus* über und verbleibt neun Jahre in dieser Glaubensgemeinschaft. Die aufkommenden Zweifel an diesem dualist. System lösen sich im Frühsommer 386 durch die Entdekkung der *neuplaton. Philosophie.* Diese zweite »Bekehrung« eröffnet ihm den Zugang zum Wesen des Geistes und mündet ein in die in den Bekenntnissen (Confessiones 8) beschriebene Bekehrung zum *christl. Glauben.* Aus seiner manichä. Zeit bleibt die pessimist. Grundstimmung der →Anthropologie; der →Neuplatonismus verweist ihn auf die jenseitige, geistige Welt und verstärkt sein mangelndes Interesse an der Geschichte. A. Lebensweg kann als Bewegung durch verschiedene Dualismen beschrieben werden: vom →Dualismus der manichä.-materialist. verstandenen Zwei-Prinzipien-Lehre über den platon. Dualismus von Außen und Innen zum bibl. Dualismus paulin.-johanne. Prägung von Fleisch und Geist. Der dualist. Aufbau der Wirklichkeit ist die Bedingung für das entscheidende hermeneut. Prinzip A.s: Aufstieg vom Sinnl. zum Unsichtbaren. Mit Hilfe dieses Prinzips kann A. jedes Problem lösen.

A.s Ziel, sich nach der Taufe einem philos. beschaul. Leben zu widmen, wird 391 durch Priester-, 395 durch die Weihe zum *Bischof* von Hippo Regius zunichte gemacht. Fortan verläßt er Nordafrika nicht mehr und widmet sich der seelsorger. Betreuung seiner Gemeinde, dem organisator. Aufbau des afrik. Synodalwesens (→Synodalverfassung) sowie dem literar. Kampf gegen die Feinde der kath. Kirche. Die Niederringung des *Manichäismus* hat drei Schwerpunkte: Aufweis der Geistigkeit Gottes und damit gleichzeitig die Demonstration der inneren Widersprüchlichkeit der Zwei-Prinzipien-Lehre, weiterhin die Lehre vom Bösen als Mangel des Guten, drittens den Aufweis der inneren Kontinuität von AT und NT. Gegen den *Donatismus* besteht A. auf der objektiven Wirksamkeit der →Sakramente. Er erreicht so, wenngleich um den mögl. Preis eines uneth. Ritualismus für den Sakramentsempfänger ein hohes Maß an Sicherheit. Im Gefolge des Falls von Rom durch die Goten Alarichs (18.8.410) tragen die nach Afrika gelangten Flüchtlinge zwei Probleme an A. heran: zum einen den heidn. Vorwurf, der Fall Roms sei Folge der Abkehr von den heidn. Göttern, zum andern die in Rom durch Pelagius angeregte Kritik an A.s Gnadenlehre. A. begegnet in seiner Schrift über den *»Gottesstaat«* (De civitate Dei) dem heidn. Vorwurf auf drei Ebenen: Die Heiden verweist er auf die Niederlagen Roms vor der christl. Zeit; den christl. Kollaborateuren, die im christl. Staat seit der Konstantin. Wende die Bestätigung ihres Glaubens erblickten, zeigt er den jenseitigen Charakter der Kirche, und in der unterschwelligen Auseinandersetzung mit dem Geschichtsverständnis des Porphyrios, der durch viele Mittelwesen Heil in der Geschichte vermittelt sieht, zeigt er auf, daß Christus der einzige Heilsmittler und Mitte der Geschichte ist. Diese größte Apologie des Altertums (→Apologetik) entwickelt

eine Geschichtsphilosophie und -theologie, die Erfüllung der Geschichte nur im Jenseits sieht und die über Joachim von Fiore (→Chiliasmus) und →Hegel bis in die Vorstellung einer »jenseitigen« klassenlosen Gesellschaft des →Marxismus hinein nachwirkt.
In der Auseinandersetzung mit *Pelagius* und Julian von Eclanum fühlt der alternde Bischof sein Lebenswerk bedroht. Gegen Pelagius, der der Gnade eine unterstützende Wirkung für das Gute zuschrieb, betont A., daß Gnade bereits zur Vorbereitung des das Gute anstrebenden Willensaktes notwendig sei. Nicht allein, um das Gute leichter zu tun, sondern um es überhaupt zu tun, sei Gnade nötig. Während Pelagius die konservative, optimist. Linie des voraugustin. Christentums repräsentiert, ist A. der eigentl. Neuerer. In der zweiten Phase der Auseinandersetzung verlagert sich die Diskussion auf die Themen Erbsünde und Begehrlichkeit (Konkupiszens). In Julian von Eclanum erwächst A. bis zu seinem Tod (28.8.430) ein ebenbürtiger Gegner, der ihn zu immer schärferen Konsequenzen nötigt. Gleichzeitig damit verstärkt sich die pessimist. Grundstimmung der Anthropologie.
A.s Denken steht im Kontext der antiken Frage nach der *Glückseligkeit*, wie der Mensch Glück erlangen kann. Der rechte Gebrauch der Dinge dieser Welt führt zum glückseligen Genuß im Himmel. Da der Mensch in dieser Zeit das Glück nicht erlangen kann, bedarf er des Beispiels und der gnadenhaften Hilfe Christi bzw. der Kirche und ihrer Sakramente. Die Gefährdung des Lebens verweist auf menschl. Sicherheitsbedürfnis, das in vertrauensvoller Hingabe an die *Autorität* (des Denkens und der Kirche) gestillt werden kann. Die schärfste Gefährdung des Lebens liegt im →Bösen. Die Frage nach dem Bösen ist für A. seit seiner Jugend die bedrängendste Frage. Sie stellt sich ihm zeitlebens und ist verknüpft mit der Frage nach Willensfreiheit (→Freiheit) und Gutheit der →Schöpfung. Um die drei aufgeführten Problemkreise Glück, Autorität, Böses kreist das augustin. Denken in unterschiedl. Nuancierung in den verschiedenen Stadien des Lebens A.s.
A. verdient wie kaum ein anderer Theologe den Titel eines Genies, da er in sich alle großen Traditionen seiner Zeit aufnimmt und sie gleichzeitig neu formuliert. A.s Werk reicht von der Predigt über Briefliteratur bis hin zur höchsten →Trinitätsspekulation. Er ist in allem zugleich spannungsreich wie anregend.

*Lit.: C. Andresen:* Bibliographia Augustiniana, Darmstadt, 2. Aufl. 1973. – *P. Brown:* Augustinus von Hippo, Dt. Frankfurt/M., 2. Aufl. 1985. – *R. Lorenz:* Das vierte bis sechste Jh. (Die Kirche in ihrer Geschichte C 1), Göttingen 1970. – *C. Mayer u.a. (Hg.):* A.-Lexikon, Basel/Stuttgart 1986ff. – Patrologiae cursus completus, series latina (Migne), 32-47. – *A. Schindler:* Augustin/Augustinismus I, in: Theol. Realenzyklopädie 4, 646-698.

Wilhelm Geerlings

**Außenseiter** (auch Randseiter oder marginal men) sind Menschen, die in größeren sozialen Gebilden nicht in deren Zentrum, sondern eher als am Rande der →Gesellschaft lebend wahrgenommen werden; das »Außenseitige« kann sowohl örtl. als auch symbol. gemeint sein. Gibt es in einem sozialen System mehrere, untereinander ähnl. A., so entstehen →soziale Randgruppen.

*A.* A. oder Randgruppen entwickeln sich – durch tatsächl. oder nur vermeintl. *Unterschiede* – in äußeren Merkmalen (Aussehen, Kleidung, →Sprache), Einstellungen (Linksradikaler, Sektenanhänger) oder Verhaltensweisen (Demonstrant, Eßgewohnheiten) gegenüber der Mehrheit der Gesellschaftsmitglieder. Sind also die Ursachen für Randseitigkeit in wirkl. oder zugeschriebenen Eigenschaften zu suchen, so sind die daraus resultierenden Konsequenzen für das soziale Zusammenleben immer real und verhaltenswirksam.
Zwar sind nicht alle Minderheiten A., doch kann A. nur werden, wer einer →Minderheit angehört. Diese quantitative Voraussetzung ermöglicht qualitativ gewichtige Folgen: Die der Minderheit zugeschriebenen Merkmale stimmen nicht notwendigerweise mit den tatsächl. überein. Deshalb werden A. oft vorurteilsbehaftet gesehen. →Vorurteile führen allerdings derart zur Stereotypisierung einer – einer best. Gruppe zugehörenden – Person, daß ihr gleichsam automat. die vermeintl. Merkmale zugeschrieben werden. Die Andersartigkeit der A. führt oft zu einer →Diskriminierung, die mit verminderten Kontakten oder gar mit Isolation einhergehen kann. Gerade durch die Verallgemeinerung der Vorurteile werden Randgruppen häufig stigmatisiert (gezeichnet) und unterprivilegiert.

*B.* A. entstehen auch dadurch, daß von ihnen praktizierte *Verhaltensweisen* als *abweichend* definiert werden; sie existieren fort, weil durch Diskriminierung und Stigmatisierung die konformen (den Regeln entspr.) Handlungsmöglichkeiten der A. begrenzt sind. Solche A. sind dann gegenüber den (abweichenden) Verhaltenserwartungen der anderen Gesellschaftsmitglieder konform in der Abweichung, weshalb das Ausbrechen aus der Randständigkeit nur schwer mögl. ist. A. haben häufig eine durch Unterprivilegierung begründete Paria-Existenz am Rande der Gesellschaft (z.B. Obdachlose). Gerade die Ab- und Ausgrenzung der A. von dem Rest der Gesellschaft kann aber auch zu einem hohen Maß an Gemeinsamkeit, Solidarität, Wirgefühl – sowohl unter den A.n als auch unter den anderen Gesellschaftsmitgliedern – führen; das erhöht die Spannungen zwischen den Gruppen (In- und Outgroup-Verhalten) und schafft →Konfliktpotential. Zugleich haben die »Andersartigen« damit eine Sündenbockfunktion. Nicht jede A.rolle ist durch soziale Reaktionen erzwungen; manche kann auch freiwillig gewählt sein (Bohemien). Zumeist werden A. aber durch gesellschaftl. Definitionen als Zuschreibungen konstituiert, denen sich der Betroffene kaum entziehen kann.

*C.* Art, Ausmaß und Verbreitung von Marginalität hängen von der *Verschiedenartigkeit der Gesellschaft*, der →Normenstruktur (Permissivität, Liberalität), den qualitativen und quantitativen Verhältnissen von →Macht und →Herrschaft ab. Je ähnlicher sich die Gesellschaftsmitglieder in äußeren Merkmalen, in Einstellungen und Verhalten sind, desto unwahrscheinlicher ist das Entstehen und die Existenz von Randgruppen.

*Lit.: H. S. Becker:* A., Frankfurt/M. 1973. – *H. Essinger:* Soziale Rand- und Problemgruppen, Stuttgart 1977. – *F. Fürstenberg:* Randgruppen in der modernen Gesellschaft, in: Soziale Welt 16 (1965), 236-245.

*Siegfried Lamnek*

**Australien.** Kath. 29,6%; Anglik. 27,8%; Prot. 22,7%; Orthod. 3%; Juden 0,5%; Nichtgläubige und Atheisten 14,9%.

*A.* Geograph. bildet A. einen eigenständigen Kontinent mit bes. Flora und Fauna und reichen Bodenschätzen. Die dunkelhäutige Urbevölkerung (*»aborigenes«*) lebte z.Z. der europ. Entdeckung auf der Ebene einer mittelpaleolith. Jäger-Sammler-Kultur. Ihre Religion kennt ein Eingott-Schöpferwesen; der rel. Alltag wird aber durch →totemist. Geister und Heroen bestimmt, die eine mytholog. Urzeit darstellen, mit der der Gegenwartsmensch durch z.T. sehr komplizierte →Rituale (Fruchtbarkeits- und Übergangsriten) in Verbindung gehalten wird. Die Pflege dieser Verbindungen ist die Aufgabe des Medizinmanns. Heute bilden die inzwischen meist christianisierten Ureinwohner und Mischlinge weniger als 1% der Bevölkerung (→Ozeanien).

*B.* Der *Entdeckung* 1606 durch Spanier und Niederländer folgten weitere Erkundungen (vor allem durch James Cook, 1770). Mit der ersten *Siedlung* bei Sidney 1778 begann die Geschichte A.s als engl. Strafkolonie (bis 1853/68). Während anglik. Geistliche den ersten Sträflingstransport begleiteten (→anglik. Kirche), wurde erst 1829 eine kontinuierl. kath. Seelsorge unter den verbannten ir. Freiheitskämpfern erlaubt. Weitere prot. Kirchen gehen ebenfalls in diese Zeit zurück: →Baptisten (1813), →Methodisten (1815), →Presbyterianer (1825), →Kongregationalisten (1829). Die ir. Hungersnot von 1846 und der Goldrausch 1851-56 verstärkten die freie Einwanderung, die u.a. eine Zurückdrängung und Ausrottung der Urbevölkerung zur Folge hatten; ihre Missionierung wurde schon 1826 durch Anglikaner, 1843 durch Katholiken aufgenommen. Ein anglikan. Bistum entstand 1836; elf Jahre später kamen weitere hinzu. Auf 1836 zurück gehen die Anfänge einer röm.-kath. →Hierarchie. Lange Zeit bestand A. aus verschiedenen selbstständigen Kolonien; erst 1901 schlossen sie sich zu einem Bund zusammen, der seit 1931 de jure unabhängig unter der engl. Krone ist.

*C.* Die *rel. Gliederung* der Bevölkerung hängt stark mit der ethn. Struktur zusammen: 95% stammen von den brit. Inseln, davon 10%, meist Katholiken, aus Irland. Die nach 1945 einsetzende Einwanderungswelle vor allem aus Ost- und Südeuropa und später aus Südostasien hat die Bevölkerungsstruktur etwas verschoben. Die Verquickung rel. Zugehörigkeit und ethn.-gesellschaftl. Schichtung begünstigte die Bildung von Ghettomentalitäten, bes. bei den ir. geprägten Katholiken (starkes Engagement in der Sozialfrage), die aber durch →Ökumenismus und →Säkularisierung in jüngster Zeit stark abgebaut werden. Dem Australian Council of Churches, der 1946 gegründet wurde, gehören zwölf Mitglieds- und drei Beobachterkirchen an.

*Lit.: M. J. Charlesworth (Hg.):* Religion in aboriginal Australia, St. Lucia 1984. – *M. Eliade:* Australian Religions, Ithaca 1973. – *F. Engel:* Australian Christians in Conflict and Unity, Melbourne 1984. – *H. Mol:* The Faith of Australians, Sidney 1985. – *P. O'Farrell:* The Catholic Church and Community in Australia, Melbourne, 2. Aufl. 1977. - *B. Wilson:* Can God survive in Australia, Sutherland 1983.

*Thomas Riplinger*

**Autonomie.** Der aus der Rechtssprache für den polit. Bereich stammende *Begriff* A. besagt ursprüngl. das Eigenrecht, die sich selbst bestimmende Selbständigkeit eines Rechtssubjekts und in diesem Sinne seine Unabhängigkeit und →Freiheit. Schon hier ist der Begriff A. emanzipator. bestimmt (→Emanzipation) durch die polem. Entgegensetzung einer jeden Form von Heteronomie als Unterwerfung des Subjekts unter fremdes →Gesetz, gegen Bevormundung und Fremdverfügung.

*A.* In die →*Philosophie* wird die Begriff A. durch I. →Kant eingeführt. Er bezeichnet nun die vernünftige Selbstgesetzlichkeit (Grundlegung zur Metaphysik der Sitten [GzM], B 87), in der allein ein →Subjekt selbstbewußt und frei sein kann und doch zugleich mit allen anderen vernünftigen Subjekten verbunden ist. Frei, sich selbst achtungswürdig ist das Subjekt, sofern es sich in der allen gleichen →Vernunft aus sich selbst das Gesetz gibt, an das es sich unbedingt bindet. In solcher A. – also: Selbstbindung an die eigene und allg. Vernunft – kann es nichts anderes wollen als das, was alle wollen können: die Allgemeinheit der Vernunft als Selbstgesetz des Willens (GzM B 87). Folgl. ist das so gedachte »Prinzip der A. das alleinige Prinzip der →Moral« (GzM B 88; Kritik der prakt. Vernunft, A 58f.), Prinzip allen freien, selbstbewußten Handelns. Erreicht ist aber so nur »die bloße allg. gesetzgebende Form«, durch die der →Wille gut, »sittl.« ist - also eine formale Selbstbestimmung, von der nicht ausgemacht ist, ob sie nicht in sich leer bleibt. Solche A. steht schon bei Kant im

Gegensatz gegen die Vorstellung eines →Gottes, der heteronom waltet, autoritativ Gesetze auferlegt und dem gegenüber dem →Menschen nur gehorsame Unterwerfung bleibt: Ein Verständnis des Willens Gottes, das nicht die A. als das Prinzip des vernünftigen Guten in sich aufnimmt, ist nichts anderes als ein Begriff des »Willens aus den Eigenschaften der Ehr- und Herrschbegierde« (GzM B 92). Nach N. Hartmann, E. Bloch, J.-P. Sartre schließt A. den Gottesgedanken aus.
Im Zuge des →Positivismus wird in der 2. Hälfte des 19. Jh.s A. mit der →»Eigengesetzlichkeit« gesellschaftl. Bereiche (→Kultur, →Wirtschaft) gleichgesetzt – im Gegensatz zu einer traditionalen (als göttl. gesetzten) Normierung der →Gesellschaft. E. →Troeltsch verweist auf den Gegensatz zwischen A. und kirchl. Autorität (→Kirche) und begreift von daher die →Moderne als Krise der →Religion. In jüngster Zeit dringt der Gedanke der A. auch in die empir. Humanwissenschaften ein (D. Riesman, J. Piaget, L. Kohlberg).

*B.* Die *theol.* begründete *Kritik der A.* des Subjekts setzt schon bei F. von Baader (1765-1841) ein: Mit ihr eigne sich der Mensch in überhebl. Selbstermächtigung eine →Freiheit an, die allein Gott zustehe; die neueren Morallehren seien prinzipiell antimoral. und antirel. Insbes. die kath. Moraltheologen setzten diese Kritik unter dem Stichwort »Autonomismus« fort – bis das 2. →Vat. Konzil eine gewisse »Eigengesetzlichkeit« aller Wissensgebiete anerkannte (Gaudium et spes, Nr. 36).
Für die Mehrzahl der ev. Theologen des 20. Jh.s gilt A. als Eigenmächtigkeit und sündhafte Selbstüberheblichkeit des Menschen gegen Gott (→Sünde). K. →Barth kann die Aufgabe der →Dogmatik bestimmen als Auseinandersetzung zwischen der (an sich glaubenswidrigen) Vernunft des Menschen und der in der →Kirche geglaubten →Offenbarung Gottes (Kirchl. Dogmatik I/1, 27). Einzig vom souveränen Akt der Erwählung Gottes her (→Bund) könne eine »A. der Geschöpfe« ausgesagt werden; so bestehe deren »Eigenheit und Selbständigkeit« ebendarin, nichts für sich, sondern alles zur Verherrlichung Gottes zu sein (KD II/2, 194-198). Unter der Voraussetzung eines ausschließl. Gegensatzes von Gott und Mensch ist über eine solche bloße Behauptung von Freiheit als gehorsamer Selbsthingabe an Gott allerdings nicht hinauszukommen. Wie aber, wenn einsichtig gezeigt werden könnte, daß Gott eben die →Wahrheit ist, in der die Freiheit des Menschen zu sich selbst findet und das Subjekt wahrhaft autonom wird?

*Lit.: A. Auer:* Autonome Moral und christl. Glaube, Düsseldorf 1971. – *H. Blumenberg:* A., in: Die Religion in Geschichte und Gegenwart, 3. Aufl., Bd. I, 788-792 (Lit.). – *H. Fischer:* Die Ambivalenz der Moderne. Zu Troeltschs Verhältnisbestimmung von Reformation und Neuzeit, in: Troeltsch-Studien, Bd. 3, Gütersloh 1984, 54-77. – *F. W. Graf:* Theonomie. Fallstudien zum Integrationsanspruch neuzeitl. Theologie, Gütersloh 1987. – *K. Hilpert:* Die theol. Ethik und der A.-Anspruch, in: Münchener theol. Zeitschrift 28 (1977), 329-366. – *W. Kern/ Ch. Link:* A. und Geschöpflichkeit, in: Christl. Glaube in moderner Gesellschaft, Bd. 18, Freiburg/Basel/Wien 1982. – *T. Koch:* A. des Gewissens als Prinzip einer ev. Ethik, in: Zeitschrift für ev. Ethik 29 (1984), 306-332. – *R. Pohlmann:* A., in: Hist. Wörterbuch der Philosophie, Bd. I, 701-719. – *W. Schild:* Einige philos. Anmerkungen zur Methode... bei L. Kohlberg, in: Beiträge zur Rechtsanthropologie (Archiv für Rechts- und Sozialphilosophie, Beiheft 22), 104-111.

*Traugott Koch*

## Autorität

*A.* Bereits altröm. *(auctoritas)* beruht A. auf Eigenschaften von *Symbolqualität*, die für die Entscheidungen und Verhaltensweisen anderer von Geltung und Einfluß sind. A., kulturell bedingt und →sozial vermittelt, wird durch das →Vertrauen des personalen Gegenübers legitimiert. Sie ist in allen sozialen Bereichen möglich. Entgegen der Bedeutung im Alltagssprachgebrauch wird in den →Sozialwissenschaften A. durchweg von →Herrschaft abgegrenzt, wenn durch A. auch Herrschaft gefestigt und Führung ermöglicht wird. A. ist bes. wichtig für die nicht oder wenig institutionalisierten Beziehungen in Kleingruppen.

*B.* Je nach ihren Grundlagen kann sich dieser bestimmende Einfluß als *persönl.* (primäre) A. oder im Rahmen von →Institutionen als *abstrakte* (sekundäre) A., insbes. als Amtsa., darstellen, wobei die eine die jeweils andere Form von A. stützen oder mindern kann. Die hierarch. A. des Vorgesetzten, die herrschaftl. abgesichert ist, wird in modernen →Industriegesellschaften immer stärker durch *funktionale A.* überlagert, da spezialist. Sachverstand (Facha., Auftragsa.) sich Weisung und Kontrolle weitgehend entziehen kann. Allerdings muß Sachverständigkeit immer wieder bewiesen werden, wenn sie Geltung behalten soll. In Organisationsstrukturen und Entscheidungsprozessen können →Konflikte zwischen Trägern unterschiedl. begründeter A. entstehen. Soweit funktionale A. an →Rollen in einem Weisungsgefüge geknüpft ist, verbindet sie sich mit Herrschaft.

*C.* Seit der →Aufklärung ist der *Spannungsbogen* zwischen A. und →Autonomie im philos., vor allem auch im theol. Diskurs (→Lehre, Lehramt; →Unfehlbarkeit). »Antiautoritäre« Bewegungen zielen mit emanzipator. Anspruch auf *Mündigkeit* und Selbstbestimmung des →Individuums (→Emanzipation) sowie auf die Beseitigung von Hindernissen gesellschaftl. Teilhabe (→Partizipation). Die →Erziehungswissenschaft stellt →Wert und Bedeutung der A. für die →Erziehung heraus, bemüht sich jedoch um die Sicherung des Eigenrechts des →Kindes durch sozial-integrative »nichtautoritäre« Erziehung, die A. zunehmend zurücknimmt. »Antiautoritäre Erziehung« markiert eine (radikale) Gegenposition zum Gesamt der Einstellungen der autoritären Persönlichkeit.

*Lit.: Th. Eschenburg:* Über A., Frankfurt/M. 1965. – *C. J. Friedrich:* Tradition und A., München 1974. – *H. Hartmann:* Funktionale A., Stuttgart 1964. – *M. Hennen/W.-U. Prigge:* A. und Herrschaft, Darmstadt 1977 (Lit.). – *R. M. MacIver:* Macht und A., Frankfurt/M. 1953. – *W. Strzelewicz:* Zum A.sproblem in der modernen Soziologie, in: Kölner Zeitschrift für Soziologie und Sozialpsychologie 11 (1959), 198-222.

*Siegfried Bachmann*

# B

## Babylonien und Assyrien

*A.* In der 2. Hälfte des 4. Jt.s haben die Sumerer in *Babylonien* Fuß gefaßt; über die Herkunft der Sumerer und die vorsumer. Bevölkerung können nur Vermutungen angestellt werden. Das fruchtbare Alluvialland am Unterlauf von Euphrat und Tigris bis zum Persischen Golf wird nach der Stadt Babel, die seit der Mitte des 2. Jt.s zu einer Reichshauptstadt wurde, Babylonien genannt. In diesem Gebiet ist eine landwirtschaftl. Produktion nur durch Bewässerungsackerbau mögl.; die für Regenfeldbau erforderl. Mindestregenmenge von 200 mm wird in dieser Region unterschritten. Die dadurch bedingten Lebensumstände finden ihren Ausdruck in der Mythologie. Es heißt in einem sumer. Hymnus: »Er (der sumer. Gott Enlil) ließ, als das Tageslicht erschien, die Hacke entstehen, / Setzte die Pflichten fest des Hackenschwingers Tun, / Auf daß dieser (seinen) Arm nach Hacke und Korb ausstreckte.« Hacke und Korb, Werkzeuge nicht nur für den Ackerbau, sondern auch für die Anlage und Instandsetzung der Kanalsysteme, sind Elemente der Schöpfungstheologie der Sumerer und ihrer Nachfolger.

*I.* In den *Mythen* leisteten ursprüngl. die Götter selbst die Arbeit; der Mensch wird geschaffen in einer Reihe von Texten aus Lehm und Blut, um sie den Göttern abzunehmen: »...Erschaffe den ersten Menschen, daß er das Joch trage, / das Joch soll er tragen, das Werk Enlils, / den Tragkorb der Götter soll der Mensch tragen.« Die Aufgabe des Menschen ist die Arbeit, neben der Bewässerung auch der Anbau von Getreide und die Viehzucht; erst durch schöpfer. kulturelle Arbeit wird er nach diesen Texten zum Menschen.

*II.* Auf die bes. Verhältnisse des Mündungsgebiets bezieht sich eine Aussage des Weltschöpfungsgedichts *Enuma Elisch* (»Als droben«; die Anfangsworte eines Textes bilden wie im hebr. AT den Titel): Tiamat (die Göttin des Salzmeeres, zu vergleichen mit dem hebr. Wort für Tiefe in Gen 1,2) und Apsu (das Süßwasser) vermengen ihre Wasserfluten. Beide Göttergestalten wurden Ahnen einer nachfolgenden Göttergeneration, die ihren Eltern die Macht entreißt. In dem Entscheidungskampf tötet der Gott Marduk die Göttin Tiamat, zerteilt ihren Körper und formt daraus Himmel und Erde. Dem liegt ein gemeinoriental. *Weltbild* zugrunde, nach dem sich eine Himmelsschale über die Erdscheibe wölbt und die Urflut in untere und obere Wassermassen trennt. Rezitiert wurde dieser Mythos, dessen älteste Abschriften aus dem 10 Jh. v. Chr. stammen, am Neujahrsfest, der Staatszeremonie, im Tempel Marduks in Babel; sein Ziel ist es, den Gott Marduk zu verherrlichen, der zunächst Stadtgott von Babel war und mit dem Aufstieg dieses Stadtstaates zum Babylon. Reich ab der Mitte des 18. Jh.s zunehmend an Bedeutung gewann. Diese Reichsbildung geschah durch eine der Wellen semit. Einwanderer, die durch die gesamte Geschichte dieser Region in dieses Gebiet einströmten; religionsgeschichtl. ergibt sich eine Verknüpfung und Überlagerung sumer. und semit. Mythen und Göttergestalten. Die bedeutendste Göttin von B. und A., sumer. Inanna, semit. *Ischtar* genannt, ist durch eine starke Ambivalenz gekennzeichnet. Sie ist sowohl die Göttin der Liebe und Sexualität als auch die »Herrin von Kampf und Schlacht«. Wie andere Götter hat sie einen astralen Aspekt; Ischtar ist der Venusstern.

*III.* Abgebildet und verehrt wurden die Götter durch *Statuen*, die in Tempelwerkstätten hergestellt wurden. Eine solche Statue kann zunächst »weder Weihrauch riechen noch Brot essen oder Wasser trinken«. Dazu bedurfte es verschiedener *Zeremonien*, der Mundwaschung, der Mundöffnung, der Waschung und der Reinigung. Vor den Götterbildern wurden im Tempel die Opfer dargebracht; zu Festen wurden sie in Prozessionen aus dem Tempel herausgeführt; bei einigen *Kulthandlungen* wurden sie mit dafür best. Gewändern und Schmuck angetan. Die Einheit zwischen Gott und Götterbild konnte dann zum Problem werden, wenn eine Statue in die Hand eines Feindes fiel. Die theol. Lösung lag in der Vorstellung vom Zorn Gottes, der sich willentl. von seinem angestammten Kultort entfernt hat.

*IV.* Zu dem Menschen zeigen die Hauptgötter von B. und A. eine gewisse Distanz; als eine Zwischeninstanz dient der *Schutzgott*, der persönl. Gott eines Menschen, der für diesen bei den großen Göttern eintritt. Auf Siegeldarstellungen zeigt die sog. *Einführungsszene*, wie ein solcher persönl. Gott seinen Schützling einem höheren Gott zum Empfang des Segens oder der Schicksalsbestimmung vorführt. Wenn ein solcher Schutzgott einen Menschen verließ, konnte er von Dämonen attakkiert werden; auch konnte er jederzeit von Zauberei betroffen werden. Dagegen halfen *Amulette* und *Beschwörungen*, die uns in Handbüchern erhalten sind. Bei der Abwehr von Zauberei werden z.B. Figuren des Zauberers geformt und verbrannt; damit ist der Bann gebrochen. Die *Wahrsagekunst*, die in B. und A. gepflegt wurde, setzt voraus, daß die Götter das Schicksal der Menschen festgelegt haben und ihnen durch Erscheinungen und Zeichen ihren Willen kundtun. Eine gängige Orakelmethode war die *Becherweissagung* (vgl. Gen 44,5); man ließ einen Öltropfen in einen Becher mit Wasser fallen und beobachtete die sich bildenden Figuren. Daneben trat die Opferschau, d.h. die Betrachtung der Eingeweide von Opfertieren, vor allem der Leber, und die Vogelschau. Zur Voraussage diente auch die Beobachtung des Wetters und der Sterne, der »Himmelsschrift«. Die grundlegende Annahme war, daß zu einem best. Orakelbefund auch best. Ereignisse gehörten; solche Zusammenhänge beruhten auf Erfahrung und wurden getreu überliefert. Die *Astrologie* war hoch entwickelt; *Thales von Milet*, der die Sonnenfinsternis vom 28.5.585 v. Chr. vorhersagte, kannte die Berechnungsmethode wahrscheinl. von der babylon. Astronomie.

*V.* Eine Beziehung über so große Entfernungen ist nicht verwunderlich. Mesopotamien ist ausgesprochen rohstoffarm; es mangelt sogar an brauchbarem Bauholz und an Steinen; Gebäude werden aus Lehmziegeln errichtet. Aus diesem Grunde waren B. und A. schon in früher Zeit Teil eines weitgespannten Handelsnetzes, das das Gebiet vom Indus bis zum Nil umfaßte und im Norden die Küste des Mittelmeeres und Kleinasiens einschloß. Die Form der Landwirtschaft muß die Menschen B.s vor eine Anzahl *ökolog. Probleme* gestellt haben: Künstl. Bewässerung erhöht den Salzgehalt des Bodens und macht ihn damit unfruchtbar. Wie die damit verbundenen Probleme damals gelöst wurden, bedarf noch eingehender Untersuchung.

*B.* Im Gegensatz zu Babylonien ist in *Assyrien*, dem nördl. Gebiet Mesopotamiens, benannt nach der Reichshauptstadt und dem Reichsgott Assur, ein bescheidener Regenfeldbau mögl. Ab 1300 v. Chr. begann der Aufstieg Assyriens zu einer Weltmacht, die u.a. Juda und Israel (722 v. Chr.) unterwarf und 671 v. Chr. sogar Ägypten eroberte. Das Erbe Assyriens trat das Neubabylon. Reich an, unter dessen Herrschaft 586 v. Chr. Juda erobert und die Bevölkerung in das Babylon. Exil geführt wurde; die Perser eroberten 539 v. Chr. B. und A. und blieben bis zu dem Kriegszug Alexanders d.Gr. die Herren in diesem Gebiet.

*Lit.: W. Beyerlin (Hg.):* Religionsgeschichtl. Textbuch zum AT (Das AT Deutsch, Ergänzungsbd. 1), Göttingen 1975. – *E. Cassin/J. Bottéro/J. Vercoutter (Hg.):* Die Altoriental. Reiche I-III (Fischer-Weltgeschichte 2-4), Frankfurt/M. 1965ff. – *K. Galling (Hg.):* Textbuch zur Geschichte Israels, Tübingen 1979. – Reallexikon der Assyriologie, Berlin 1928ff. – *W. H. Schmidt:* Atl. Glaube in seiner Geschichte, Neukirchen-Vluyn, 6. Aufl. 1987. – Sumer-Assur-Babylon (Ausstellungskatalog), Hildesheim 1978.

*Udo Rüterswörden*

**Bach,** *Johann Sebastian*, geb. 21.3.1685 in Eisenach, gest. 28.7.1750 in Leipzig.

B. entstammt einer weitverzweigten thüring. Musikerfamilie, aus der schon im 17. Jh. namhafte Komponisten (Heinrich 1615-92, dessen Sohn J. Christoph 1642-1703 u.a.) hervorgegangen sind; sein Vater J. Ambrosius ist Stadtmusiker in *Eisenach*. Nach dem Tod der Eltern 1695 erhält er Wohnung und Ausbildung bei seinem ältesten Bruder J. Christoph, dem Organisten in *Ohrdruf* aus der Schule J. Pachelbels (1653-1706). Seit 1700 ist er Chorknabe und Schüler an der Lateinschule St. Michael in *Lüneburg*. Begierig nimmt er alle geistigen und musikal. Anregungen in Lüneburg (Orgelmusik G. Böhms, 1661-1733), Hamburg (→Oper, Sololied) und Celle (franz. Orchestermusik) auf; zu keiner Zeit hat er einen direkten Lehrmeister, sondern bildet sich selber durch Kopieren und Imitieren, durch krit. und selbstbewußtes Beobachten. Nach kurzer Zeit als Geiger in der Hofkapelle in *Weimar* wird er 1703 Organist in *Arnstadt*, wo er die eben fertiggestellte Orgel geprüft hatte; sein Leben lang bleibt B. ein unbestechl., kenntnisreicher Orgelkenner. 1705 unternimmt er eine eigenmächtig verlängerte Studienreise nach Lübeck zu dem berühmten D. Buxtehude (1637-1707). Die Orgel fasziniert ihn; er entwickelt sich zum techn. versiertesten Virtuosen seiner Zeit; seine Orgelwerke lassen wegen ihrer eruptiven Melodik und genial. Harmonik aufhorchen. 1707 ist er Organist in *Mühlhausen*, wo er seine Base Maria Barbara B. heiratet und erste Schüler unterrichtet. Neben der Orgel zielt er auf den »Endzweck, näml. eine regulierte Kirchenmusik zu Gottes Ehren« zu schaffen; 6 →Kantaten in der älteren, aus Bibelwort, Choral und Arien gemischten Form sind erhalten.

1708 wechselt B. an den herzogl. Hof nach *Weimar* als Organist und Musiker in der Hofkapelle. In den folgenden Jahren gelingt ihm der Aufstieg zur anerkannten Meisterschaft; bewundert als Improvisator, unternimmt er einige Konzertreisen; der bekannteste Musiker, G. Ph. Telemann (1681-1767), wird Taufpate bei seinem Sohn C. Ph. Emanuel (1714). 1714 wird B. zum Konzertmeister ernannt mit dem Auftrag, monatl. eine gottesdienstl. Kantate zu schreiben; nun schon im neuen Stil mit Rezitativ und Arie, Eingangschor und Schlußchoral. Im Wetteifer mit seinem gleichaltrigen Freund J. G. Walther (1684-1748) überträgt er ital. Orchestermusik, Concerto grosso und Solokonzert auf Klavier und Orgel; im eigenen Stil gelingt ihm eine neue Synthese aus pulsierender Motorik, kühner Harmonik und ausdrucksstarker Melodik, z.B. im »Orgelbüchlein«.

Bei einer anstehenden Berufung zum Hofkapellmeister übergangen, nimmt er 1717 die Stelle eines hochdotierten Kammermusikers am franz. orientierten, reform. Hof in *Köthen* an; er wohnt im Schloß bei dem ihm befreundeten Fürsten Leopold als Hausoffizier. Sein Dienst umfaßt nun →Unterhaltungs- und Tafelmusik, Huldigungs- und Geburtstagskantaten. Köthen wird die glückl. Zeit der Instrumentalmusik: einige zweckbestimmte

Orgelwerke; Inventionen, Suiten und das »Wohltemperierte Klavier« I; Sonaten für Violine, Flöte, Gambe; Violinkonzerte, 4 Orchestersuiten, 6 Brandenburgische Konzerte (1721). Nach dem Tod seiner Frau geht er mit Anna Magdalena Wülcken 1721 eine zweite Ehe ein.

1723 übernimmt B. nach dem Tode J. Kuhnaus (1660-1722) das Amt des Thomaskantors und Universitätsmusikdirektors in *Leipzig.* Mit der Johannespassion stellt er sich vor. In der Anfangszeit komponiert er fast wöchentl. eine neue Kantate, insgesamt 5 Jahrgänge; zwei Reihen sind fast ganz verloren. Zu 53 städt. und universitären Fest-, Jubiläums- und Trauerakten schreibt er die Musik, ferner zu Hochzeiten und Begräbnissen die 6 großen →Motetten. Nur unzulängl. Aufführungsmöglichkeiten stehen ihm zur Verfügung. B. tut sich schwer mit den bürgerl.-kirchl. Rechten und Zuständigkeiten; es kommt zu Geltungskämpfen, Intrigen, Zornesausbrüchen. Trotzdem gelingen ihm unübertreffl. Meisterwerke wie die doppelchörige Matthäuspassion 1729 und die Missa (→Messe), mit der er 1736 die Ernennung zum königl.-sächs. Hofkompositeur erreicht. Um 1735 ist die kirchl. Produktion im wesentl. abgeschlossen, der »Endzweck« verwirklicht. Er gibt Hefte der »Clavierübung« im Selbstverlag heraus, betreut das student. Collegium musicum und komponiert für gelegentl. Konzerte die großen »Orgelsymphonien«, ohne Rücksicht auf Technik der Spieler und Fassungsvermögen der Hörer. Ab 1740 tritt eine *letzte Phase* ein: Bewahrung und Vollendung in planvollen Sammlungen und Zyklen (Goldberg-Variationen 1742, Musikal. Opfer nach einem Besuch 1747 bei Friedrich d.Gr. in Potsdam, Kunst der Fuge 1749/50). In Klang, Konstruktion und Kunsthandwerk setzt er der →barocken Epoche der polyphonen Fugengelehrsamkeit ein bleibendes Denkmal. Seine Söhne (W. Friedemann 1710-1784, C. Ph. Emanuel 1714-1788, J. Christian 1735-1782) führen die Musik ins neue Zeitalter der →Aufklärung und →Empfindsamkeit.

Mit einer unvergleichl. Schöpferkraft hat B. in Gestalt und Gehalt ein *umfassendes Lebenswerk* geschaffen. Den Generalbaß, jene lebendig fließende Abfolge von Harmonien, verbindet er mit den polyphonen Techniken früherer Epochen: Kanon und Fuge, →Konzert und →Motette erhalten in barockem Pathos und Affekt ihre letzte Ausgestaltung. Neben den spielfreudigen und formenreichen freien Orgelwerken beeindruckt an den Choralbearbeitungen die Ausdrucksfähigkeit, die den Sinngehalt auch ohne vorhandene Textworte auslegt. In der Verbindung mit dem Wort der →Bibel und Dichtung eröffnet B. eine Welt voll symbol. und bildhafter Vorstellungen. Sowohl in der weiten Architektur wie im kleinen Detail überzeugen sinnenfällige Eindringlichkeit, rhetor. Kunstfertigkeit und geheimnisvolle Zahlenkombination. Mit allen Mitteln der Musik will er den geistl. Gehalt des Wortes auslegen und dem Hörer zu eigener Andacht und Frömmigkeit nahebringen. Das ev.-luth. →Kirchenlied bildet die Mitte seiner Musik, bes. spürbar im einfachen, vierstimmigen »B.choral«, wenn er die Grundstimmung und die Besonderheiten der einzelnen Liedstrophen wiedergibt. Mit großer Stetigkeit legt er eine meisterl. Kantate nach der andern vor. Kantatengrundriß spiegeln auch die kleinen →Messen, das →Magnifikat und die Großwerke zu →Weihnachten und zur Passion. »Dem höchsten Gott allein zu Ehren, dem Nächsten draus sich zu belehren« (B. im »Orgelbüchlein») – das luth. Musikideal ist das Fundament, von dem aus er in Glaubensgewißheit verkündigt, in Spielmusik höf. Prägung musiziert, in gelehrter Esoterik die Urelemente der Musik und ihre Möglichkeiten auslotet.

Bei den *Zeitgenossen* ist B. vor allem als Orgelvirtuose berühmt; die Pflege seiner Kompositionen bleibt auf seine Schüler beschränkt. Die nationalbegeisterte Biographie N. Forkels (1802) und die Wiederaufführung der Matthäuspassion durch F. Mendelssohn (1829) machen breitere Schichten auf B. aufmerksam. Mit der Herausgabe sämtl. auffindbarer Werke schafft die *B.-Gesellschaft* (1850) die Voraussetzung für die Verbreitung seiner Kunst in aller Welt; die Neue B.-Gesellschaft (1900) vertieft das Verständnis in Neuausgaben, B.festen, B.jahrbuch und speziellen Untersuchungen zur Chronologie, Aufführungspraxis, Ästhetik und Theologie. Immer mehr erweist sich sein Gesamtwerk als beständige, stets anregende Kraft, an dem keine Zeit vorbeigehen kann.

*Lit.:* Werke und Dokumente in der Neuen B.-Ausgabe seit 1954; B.-Jahrbuch seit 1904. – *W. Blankenburg:* J.S.B. (Wege der Forschung 170), Darmstadt 1970. – *Ders.:* Das Weihnachts-Oratorium von J.S.B. (dtv), München 1982. – *F. Blume:* J.S.B., in: Musik in Geschichte und Gegenwart, Bd. 1, Kassel 1949, 962-1047. – *A. Dürr:* Die Kantaten von J.S.B. (dtv), 2 Bde., München 1971. – *M. Petzoldt (Hg.):* B. als Ausleger der Bibel, Göttingen 1985 (weitere neuere Lit.). – *W. Schmieder:* Themat.-systemat. Verzeichnis der Werke J.S.B.s, Leipzig 1950 (Lit.). – *A. Schweitzer:* J.S.B., Leipzig 1951 (Neuaufl.). – *F. Smend:* J.S.B. Kirchen-Kantaten, Berlin, 3. Aufl. 1966. – *Ph. Spitta:* J.S.B., 2 Bde., Leipzig, 3. Aufl. 1921. – *G. Stiller:* J.S.B. und das Leipziger gottesdienstl. Leben seiner Zeit, Kassel 1970. – *Ch. S. Terry:* J.S.B., Frankfurt/M. 1985 (Neuaufl.).

*Martin Rößler*

**Baha'i-Religion** (auch Bahaismus). Diese ihrem Selbstverständnis nach »universale →Weltreligion« wurde am 21.4.1863 von *Mirza Husain Ali* (geb. 12.11.1817), Beiname *Bahá'u'lláh* (Herrlichkeit Gottes), in seinem Verbannungsort Bagdad mit der Erklärung gegründet, er sei der Mahdi und der (von allen Religionen) verheißene Offenbarer (→Messias).

*A.* Religionsgeschichtl. kommt die B. aus *sufit. Traditionen* des schiit. →Islam: Aus der enthusiast. Imam-Verehrung pflegenden *Shaikiya* ging die Bewegung der *Babi* hervor (gegründet 23.5.1844), eine myst.-chiliast. →Religion (→Chiliasmus, →Mystik), die um 1850 zu einer (auch revolutionären) Massenbewegung im →Iran wurde. Dieser gehörte Bahá'u'lláh an führender Stelle an und erklärte sich später als der vom *Bab* prophezeite Mahdi. Seine Hauptwerke sind: Kalimāt-i Maquūnih (Verborgene Worte), Kitāb al- Īqān (Buch der Gewißheit), Kitāb al-Akdas (Buch des Gesetzes). Seit 1868 ist *Akka bei Haifa* als der letzte Verbannungsort Bahá'u'lláhas Zentrum der B. Nach dessen Tod (29.5.1892) übernahm sein Sohn Abba Effendi als Abdu'l Bahá (Diener der Herrlichkeit) die Führung, dem 1921 sein Enkel Shoghi Effendi folgte. Sowohl die Gründungsphase als auch jede Nachfolge war von Schismen begleitet. Nach Amerika kam die B.-R. durch das Auftreten I. G. Khairullāhs auf dem Weltparlament der Religionen anläßl. der Weltausstellung 1893 in Chicago. Nach Deutschland kamen die ersten Baha'i-Missionare 1904/5. Mitgliederzahlen sind schwer zu erschließen, da der Wohnort eines Baha'i schon als »Baha'i-Zentrum« gilt. Für die USA sind einige 10.000, für Deutschland einige Tausend anzunehmen.

*B.* Seit dem 4.11.1957 liegt die *Leitung* beim »Universalen Haus der Gerechtigkeit«, das period. von den Mitgliedern durch »Wahlmänner« gewählt wird. Dt. und europ. Zentrum ist das Haus der Andacht, Langenhaim/Taunus. Die Hauptlehren lassen sich mit dem Begriff *»Einheit«* zusammenfassen: Einheit der göttl. →Offenbarung in allen Religionen den Entwicklungsstufen der →Menschheit entsprechend (fortschreitende Offenbarung), Einheit von Religion und →Wissenschaft, Einheit von Religion und →Politik, Welteinheitssprache usw. Daraus erwachsen dann die Forderungen nach dem Weltfrieden, der Wohlfahrt aller Menschen, gleichen Bildungschancen, der rechtl. Gleichheit von Mann und Frau, wozu auch die Errichtung der administrativen Ordnung für die Welt nach Baha'i-Gesetz dient. Ziel ist ein unter dem göttl. →Gesetz des Bahá'u'lláh vereinter *theokrat. Weltstaat.* Wie in allen aus dem schiit. Islam hervorgehenden Gruppen gilt das Martyrium als die eigentl. Bestätigung der Wahrheit der (jeweiligen) Lehre, weshalb die Verfolgungen der Baha'i durch das Khomeini-Regime in Persien trotz all seiner Schrecklichkeiten auch als Bestätigung der gottgewollten Sendung Bahá'u'lláhs angesehen wird. Die B. ist eine islam.-chiliast. Bewegung, obwohl deren Vorläuferin (*Babismus*) bereits aus dem »Haus des Islam« ausschied, und auf Grund ihrer umfangreichen Sonderoffenbarungen zu den →Neuen Religionen zu rechnen.

*Lit.: F. Ficicchia:* Der Bahaismus. Weltreligion der Zukunft?, Stuttgart 1981. – *H. Roemer:* Die Bābi-Behā'i. Die jüngste mohammedan. Sekte, Potsdam 1912. – *H. Sabet:* Der gespaltene Himmel, Stuttgart 1964. – *U. Schaefer:* Der Bahá'i in der modernen Welt, Langenhain 1978 (Selbstdarstellungen).

*Rainer Flasche*

**Baltische Länder.** Die Missionierung der Esten, Letten, Litauer und →Preußen in der Südostecke des Ostseegebiets begann erst gegen Ende des 12. Jh.s. In nicht geringem Maße war es eine →*Bekehrung mit dem Schwert,* das Ergebnis von Eroberungszügen der Kreuzritter des Schwertbrüder- und des Deutschen Ordens.

*A.* Unter einer christianisierten Oberfläche lebte vieles von der *alten* →*Religion* der Letten, Litauer und Preußen als Folklore bis in die →Neuzeit fort. Die religionswissenschaftl. Rekonstruktion zeigt bedeutende Parallelen zur vedischen (→Hinduismus) und altgriech. Religion, aber auch erhebl. Differenzen. Die Himmelsgötter, allen voran der Dievs (etymol. »Himmel«), der Perkons (Donnergott), die Saule (Sonnengöttin) und der Meness (Mondgott), stellte man sich als wohlhabende →Bauern vor – als himml. Nachbarn der ird. ackerbautreibenden Bevölkerung, die diese regelmäßig besuchen und denen sie ihren →Segen spenden. Ihre Hochzeitsfeste mit gemeinsamen Saunengängen spielen in den →Mythen eine zentrale Rolle. Daneben gibt es auch mehr chthon. Götter (Erdenwesen und Muttergestalten), die die umgebende Natur bevölkern und als Garanten für die Fruchtbarkeit von Feld und Vieh und als Stifter des menschl. →Glücks in Erscheinung tretten. Elemente des alten →Kultes haben in verschiedenen glücksbringenden Ritualen überlebt. Festmähler standen im Zentrum der rel. Feiern von Geburt, Heirat und →Tod sowie der jahreszeitl. Feste. Dabei wurden die priesterl. Funktionen vom Hausvater vorgenommen; für einen Opferkult fehlen jedoch Belege. Der Mensch ist dem →Schicksal unterworfen, bleibt aber für die Übereinstimmung seines Tuns mit dem moral. Gesetz des Universums und somit für sein Glück verantwortl.

*B.* Die Anfänge einer orthod. →Mission in den b.n L.n wurden früh durch lat. Missionare aus →Dänemark, →Deutschland und →Polen verdrängt, teilweise sogar gewaltsam (Martyrium des Isidor von Jur'ev 1472). Der nördl. Teil Estlands geriet unter dän. Einfluß; ein Bistum entstand 1219 in Reval (1346 an den Deutschen Orden verkauft). Livland und Lettland kamen unter dt. Einfluß. Riga war seit 1201 dt. Stadt und Bistum, weitere Bistumsgründungen folgten. Der 1202 gegründete Ritterorden der Schwertbrüder eroberte rasch beide Länder. Allein die Litauer konnten ihre Selbständigkeit behaupten und mit der Zeit ein weiträumiges Reich aufbauen, das 1385 mit dem Königreich Polen vereinigt wurde, nachdem der Großfürst sich taufen ließ. Auch hier wurden die ersten orthod. Missionsversuche (Märtyrer von 1347) nun durch die lat. Hierarchie beendet. Die Preußenmission wurde 1226 dem *Deutschen Orden* anvertraut; die Ritter unterwarfen das Land und errichteten mehrere vom Orden abhängige Bistümer. Bereits 1236 absorbierte der Orden auch die Schwertbrüder mit ihren liv- und lettländ. Besitztümern. Dt. Kolonisten holte man ins Land. Seit 1255 war Riga Erzbistum; die Suffraganbistümer in Estland, Livland, Lettland und Preußen wurden dem Deutschen Orden eingegliedert. Erst die Schlacht von Tannenberg 1410 setzte der Expansion des Ordens ein Ende. Nach dem 2. Thorner Frieden von 1466 wurde der Ordensstaat gespalten: Preußen unter dem Hochmeister wurde poln. Lehnsstaat; die nördl. Territorien unter dem Deutschmeister gehörten weiterhin zum Deutschen Reich.

*C.* Im Jahre 1525 trat der Hochmeister des Ordens, Albrecht von Brandenburg-Ansbach, zum →Luthertum über und wandelte seinen Teil des Ordenslandes in ein weltl. Herzogtum um, das 1611 an Kurbrandenburg fiel. In Estland und Livland setzten die Stände die →Reformation durch; der letzte Deutschmeister wandelte 1565 sein Territorium in das ev. Herzogtum Kurland um. Die schwed. Herrschaft in Estland seit 1561 und in Lettland seit 1621 festigte dort zwar das →orthod. luth. Kirchwesen, konnte aber das Eindringen des →Pietismus nicht verhindern. Als beide Länder 1710 an Rußland fielen, breitete sich die →Brüder-Unität dort aus. Noch im 19. Jh. wurde sie von der Landeskirche bekämpft. Mit der russ.-orthod. Staatskirche gab es ebenfalls Konflikte. Seit dem *19. Jh.* gewannen die Esten und Letten gegenüber den Deutschen zunehmend an Gewicht und übernahmen die Führung in den nach 1918 entstandenen Republiken. In Litauen wie in Polen konnte der →Calvinismus zeitweilig erhebl. Einfluß gewinnen, der aber durch die →Gegenreformation wieder zurückgedrängt wurde. Nachdem Litauen mit Polen unter russ. Herrschaft kam, führten die Russifizierungsversuche zu einem *nationalen Erwachen* im 19. Jh. und zu Spannungen mit dem stark poln. orientierten Klerus. So dauerte es lang nach der Ausrufung der Republik Litauen 1918, bis die kirchl. Verhältnisse geregelt wurden. Im Zweiten Weltkrieg fielen Estland, Lettland, Litauen und ein Teil Preußens an die →*Sowjetunion*, das übrige Preußen an Polen; seitdem teilen die balt. Kirchen das Schicksal der anderen Kirchen Rußlands und Polens; die in Estland und Lettland 1923 vom ökum. Patriarchat für autokephal erklärten kleinen orthod. Landeskirchen wurden 1944 wieder der russ.-orthod. Kirche des Moskauer Patriarchates im Range einfacher Bistümer eingegliedert.

*Lit.:* *H. Biezais:* Die himml. Götterfamilie der alten Letten, Uppsala 1972. – *A. J. Greimas:* Des dieux et des hommes: Etudes de mythologie lithuanienne, Paris 1985. – *W. Hubatsch:* Geschichte der ev. Kirche Ostpreußens, 3 Bde., Göttingen 1968. – *W. Kahle (Hg.):* Luth. Kirche im balt. Raum, Erlangen 1985. – *Z. A. Nowak (Hg.):* Die Rolle der Ritterorden in der Christianisierung des Ostseegebiets, Torun 1983. – *R. Wittram (Hg.):* Balt. Kirchengeschichte, Göttingen 1956.

*Thomas Riplinger*

**Bann** ist germ. Ursprungs (althochdt. *pan*, Lat. mit *bannus* übersetzt). B. bedeutete ursprüngl. Friedensgebot aus Anlaß der Volksversammlung (Thing), später erst Recht der legitimen (Staats)Gewalt zu strafen. Davon abgeleitet ist Kirchenb., womit die Verhängung der strengsten Kirchenstrafe bezeichnet wird. In den Kirchen der →Reformation wird an diesem Begriff festgehalten, während in der röm.-kath. Kirche alternativ und in Übereinstimmung mit der Rechtsgeschichte von Exkommunikation gesprochen wird, so auch im geltenden →Kirchenrecht. Kirchenb. oder *Exkommunikation* hat nach kath. Auffassung Ausschluß aus der Sakramentengemeinschaft zur Folge, entgegen weitverbreiteter Meinung nicht den Verlust der Kirchenzugehörigkeit. In der Frühen Kirche war Exkommunkation Teil der Bußpraxis; sie hatte Wurzeln im Judentum (Anathema, atl. *hārām*). Die Exkommunikation konnte (am Gründonnerstag) durch den Akt der Rekonziliation (Wiederversöhnung) aufgehoben werden. Später entwickelte sich die Exkommunikation zum Kirchenb. mit Auswirkungen auch im weltl. Bereich. Neben dem Ausschluß von den →Sakramenten hatte sie oft das Verbot zur Folge, mit dem Bestraften menschl. oder gesellschaftl. Kontakte zu unterhalten (sog. große Exkommunikation). Erst das neue kath. Kirchenrecht hat die Unterscheidung zwischen *excommunicatus toleratus u.e. vitandus* (dem »geduldeten« und dem »zu meidenden« Exkommunizierten; cc. 2258-2267 Codex Iuris Canonici [CIC] 1917) aufgegeben. In den reform. Kirchen wurde der Kirchenb. beibehalten, während die luth. Reformation zumindest den großen Kirchenb. strikt abgelehnt hat. Heute kennen ev. Kirchen zwar formell noch den großen Kirchenb. (dort Ausschluß aus der kirchl. Gemeinschaft!), angewandt wird jedoch allenfalls noch der kleine B. (Ausschluß vom Abendmahl). Trifft die Strafe des Kirchenb.s in der kath. Kirche einen kirchl. Amtsträger, ist damit auch das Verbot der Amtsausübung verbunden (Suspension); Akte der kirchl. Leitungsgewalt eines Exkommunizierten sind ungültig (c. 1331 CIC). Neben der Exkommunikation kennt das neue kath. Gesetzbuch das Interdikt (Gottesdienstsperre), das gelegentl. auch als »kleiner Kirchenb.« bezeichnet wird; es hat gleichfalls Ausschluß von den Sakramenten zur Folge. Die Nachlassung der Exkommunikation erfolgt durch den zuständigen kirchl. Ordinarius, in Ausnahmefällen auch durch den Beichtvater. Das neue Kirchenrecht verhängt die Exkommunikation nur noch in wenigen Fällen (cc. 1364-1399), u.a. bei Glaubensabfall, Attentat auf den Papst und Abtreibung.

*Lit.:* *W. Doskocil:* Der B. in der Urkirche, München 1958. – *C. Link:* B., in: Ev. Staatslexikon, Stuttgart, 2. Aufl. 1975, 121-125. – *R. A. Strigl:* Straftat und Strafe, in: Handbuch des kath. Kirchenrechts, Regensburg 1983, 929-941.

*Knut Walf*

**Baptisten.** Diese weltweite christl. Gemeinschaft steht in der Tradition der →Freikirchen. Der Baptist. Weltbund (gegr. 1905) repräsentierte 1985 34 Mill. Gläubige in 131 Mitgliedskirchen. Er führt offizielle theol. Dialoge mit dem Reform. Weltbund (1983 beendet), der →röm.-kath. Kirche (seit 1984) und dem Luth. Weltbund (seit 1986).

*A.* Die B. haben ihren *Ursprung* im →Puritanismus. Ihr auffälligstes Merkmal, die Gläubigentaufe, gab ihnen den Spottnamen B. (griech. *baptizein* = taufen). Engl. Emigranten unter Führung von *John Smyth* (ca. 1554-1612) gründeten *1609 in Amsterdam* die erste B.gemeinde, möglicherweise unter Einfluß der →Mennoniten. Durch Rückwanderung (*Th. Helwys*, ca. 1550-1616) entstanden in England die »General Baptists«. Daneben entwikkelten sich die »Particular Baptists«, die nicht die allg., sondern die bes. Versöhnung der von Gott zum Heil Vorherbestimmten (→Calvinismus, →Prädestination) lehrten. Im 19. Jh. vereinigten sich beide Gruppen. Die B. traten für Gewissens- und Pressefreiheit (John Milton) ein, wurden verfolgt (z.B. schrieb John Bunyan eines der verbreitetsten Erbauungsbücher, die »Pilgerreise«, im Gefängnis) und erhielten 1689 durch die Toleranzakte gewisse Anerkennung. Der Methodismus (→Ev.-methodist. Kirche) im 18. Jh. und die Predigttätigkeit C. H. Spurgeons (1834-1892) im 19. Jh. sorgten für *Verbreitung.* Mit der Gründung einer →Missionsgesellschaft durch *W. Carey* (1761-1834) begann das Jh. der prot. →Mission.
Von England aus verbreiteten sich die B. vor allem in Nordamerika (→Vereinigte Staaten von Amerika), wo sie im Zuge der Erschließung des Westens durch ihre Beweglichkeit und im Gefolge der Erweckungen zahlreiche Anhänger gewannen. Doch *1845* spalteten sie sich wegen der *Sklavenfrage.* Die im allg. konservative, stark expandierende *Southern Baptist Convention* ist heute die größte prot. Kirche in den USA. Ein Großteil der Schwarzen ist in baptist. Gemeinden organisiert. Von dort gingen große Wirkungen aus (Bürgerrechtsbewegungen; National Association for the Advancement of Colored People NAACP; Martin Luther King; Andrew Young; Jesse Jackson). Ein hervorragender Vertreter des *social gospel* war der Baptist Walter Rauschenbusch. Bekannteste B. der Gegenwart sind der →Evangelist Billy Graham und der ehemalige Präsident Jimmy Carter.

*B.* Durch J. G. Oncken (1800-1884), der 1834 durch einen amerik. Theologieprofessor in der Elbe bei Hamburg getauft wurde, kamen die B. nach *Deutschland.* Die von Oncken ausgesandten Missionsarbeiter – oft Handwerksburschen – gründeten in ganz Europa Gemeinden. In *Rußland* entstand 1920 (z.T. aus älteren freikirchl. orientierten Gruppen, den Stundisten) der Bund der Evangeliumschristen-B., der heute mindestens 600.000 Gläubige umfaßt. Einige B. in Rußland lehnen die offizielle Registrierung ab.
In Deutschland wurde 1849 der »Bund der vereinigten Gemeinden gläubig getaufter Christen« gebildet; 1888 erfolgte die rechtl. Anerkennung des »Bund(es) der Baptistengemeinden in Deutschland«, 1930 die Verleihung der Körperschaftsrechte. 1941 wurde anläßl. des Zusammenschlusses mit Teilen der →Brüderbewegung der Name in »Bund Ev.-Freikirchl. Gemeinden« geändert. Diese Union ist nicht spannungsfrei. Zusammen mit der →Ev.-methodist. Kirche und den Freien ev. Gemeinden gründeten die B. 1926 die *Vereinigung Ev. Freikirchen.* Sie gehören zu den Gründungsmitgliedern der »Arbeitsgemeinschaft christl. Kirchen« 1948 und arbeiten aktiv in der »Ev. Allianz« und der »Konferenz europ. Kirchen« mit.

*C.* Die B. gehören zum *kongregationalist.* Kirchentyp (→Kongregationalismus). Die Gemeinde versteht sich als das glaubende Volk Gottes. Dessen Gnadengeschenk in Jesus Christus ruft im Menschen die glaubende Antwort hervor (→Bekehrung). Die →Taufe an Gläubigen ist deshalb Gabe Gottes und Antwort des Menschen. Die Getauften, die ihr persönl. Bekenntnis im Taufgottesdienst ablegen, erhalten Anteil am Sterben und Auferstehen Jesu Christi und werden in seinen Leib eingegliedert. Der →Hl. Geist befähigt sie zur Nachfolge. →Kirchenzucht kann bis hin zum Ausschluß zur Anwendung gebracht werden. Säuglingstaufe wird nicht anerkannt.
*Mission* und Evangelisation werden als umfassender Auftrag aller verstanden. Onckens Losung »Jeder Baptist ein Missionar« ist gerade heute aktuell. Die Massenevangelisation erhielt von den B. Anstöße (Billy Graham).
Die B. praktizieren das *allg. Priestertum* aller Gläubigen; es gibt keine →Hierarchie der Ämter. Jede Gemeinde verwaltet ihre Angelegenheiten (auch die finanziellen) selbst. Sie erheben keine Kirchensteuer und geben oft 10% der Einkünfte als Gemeindebeitrag. In der Regel wird ein ordinierter Pastor, der in der Regel auf einem Seminar (in Hamburg/BRD oder Buckow/DDR) seine theol. Ausbildung erhalten hat, zum vollzeitl. Dienst berufen. Die B. treten für →Religionsfreiheit und für die Trennung von Staat und Kirche ein.

*Lit.: G. Balders:* Theurer Bruder Oncken, Wuppertal 1978. – *Ders. (Hg.):* Ein Herr, ein Glaube, eine Taufe. 150 Jahre B.-Gemeinden in Deutschland 1834-1984, FS, Wuppertal/Kassel 1984. – *J. D. Hughey (Hg.):* Die B. (Die Kirchen der Welt 2), Stuttgart 1964. – *W. Kahle:* Ev. Christen in Rußland und der Sowjetunion, Wuppertal 1978. – Rechenschaft vom Glauben, Bad Homburg 1977. – *R. G. Torbet:* A History of the Baptists, Valley Forge 1973.

*Erich Geldbach*

**Barlach,** *Ernst,* geb. 2.1.1870 in Wedel/Holstein, gest. 24.10.1938 in Rostock, Zeichner, Bildhauer und Dichter. Nach Besuch der Hamburger Gewerbeschule studierte B. 1891/95 an der Dresdner Akademie und erfuhr nachhaltige künstler. Eindrücke auf einer Rußlandreise (Charkow) 1906. Von 1910 an arbeitete B., der erst ab 1926 durch Gesamtausstellungen in Berlin und Dresden einer größeren Öffentlichkeit bekannt wurde, zurückgezogen in Güstrow. Seine ab 1927 entstehenden *Ehrenmale* für Güstrow, Kiel, Magdeburg u.a. waren von Anfang an heftig umstritten, und schon 1929 zerschlug sich das Projekt eines Ehrenmals in Malchin wegen nationalist. Proteste. B., der noch

1933 den Pour le mérite der Friedensklasse erhielt, wurde von den Nationalsozialisten aus der Öffentlichkeit verdrängt, verfemt und mit Arbeitsverbot belegt. Versuchen der Machthaber, ihn in die NS-Kultur einzubeziehen, widerstand der »entartete« Künstler beharrl. Gegenüber dem Plastiker ist der *Dichter* B. unverdient zuwenig beachtet worden. In zwei Romanfragmenten und den Dramen »Der tote Tag« (1912), »Der arme Vetter« (1918), »Die echten Sedemunds« (1920), »Der Findling« (1922), »Die Sündflut« (1924), »Der blaue Boll« (1926), »Die gute Zeit« (1929) und »Der Graf von Ratzeburg« (unvollendet) gestaltet B. wie auch in seinen plast. Arbeiten immer wieder Menschen in Vereinsamung und Gebundenheit, »Bettler« und »Bastarde«, »sehnsüchtige Mittelstücke zwischen einem Woher? und Wohin?«, deren Distanz zu Gott unüberwindl. bleibt. B. ist ein »einseitig jenseitiger«, aber kein christl. Künstler: »Ich habe keinen Gott, aber Gott hat mich« (Graf von Ratzeburgs letztes Wort). Das bezeugt auch sein bildner. Schaffen, in dem christl. Themen z.B. der Gekreuzigte (1916) und der lehrende Christus (1931) dennoch eine das zeitgenöss. Christusbild maßgebl. prägende Rolle spielen. Andere bibl. Motive gewinnen dadurch Allgemeingültigkeit, daß sie sich zu Darstellungen menschl. Grund- und Grenzsituationen ausweiten. Mit seinen Ehrenmalen gelang B. die immer wieder heikle Balance zwischen der Achtung vor der Würde der Kriegsopfer und einer entschiedenen Absage an den Krieg, in der sich expressiver →Realismus zu zeitloser Gültigkeit zu stilisieren vermag.

*Lit.: H. Beckmann:* Ich habe keinen Gott. Ernst B.s rel. Provokation, München 1974. *E. Jansen (Hg.):* Ernst B. Werk und Wirkung, Frankfurt/M. 1972. *E. Piper:* Ernst B. und die nationalsozialist. Kunstpolitik, München/Zürich 1983.

*Peter Maser*

## Barock

### *A. Theologiegeschichtlich*

B., zunächst zur Benennung eines Kunststils verwendet, bezeichnet eine gesamteurop. Kulturepoche, die das 17. und den größeren Teil des 18. Jh.s umschließt. Seine Wurzeln reichen weiter zurück, verbinden sich stark mit der Gegenreformation und dem in ihr neu erwachten Selbstbewußtsein der kath. Kirche und Theologie. Daraus erklärt sich, daß B. in theol. Zusammenhang vorwiegend eine *Epoche kath. Theologie* bezeichnet, während die ev. Theologiegeschichte dieser Zeit unter anderen Begriffen verhandelt wird (→altprot. Orthodoxie, →Aufklärung, →Pietismus).

*I.* Das Daseinsgefühl des B. speist sich aus der Erfahrung gegenreformator. Erfolge, in denen – unter der Auswirkung des →Konzils von Trient – die *kath. Kirche und Theologie* zu neuem, jetzt konfessionell-antiprot. formiertem Selbstbewußtsein findet (→Gegenreformation, →Konfession). Die Zeit ist geprägt von einer triumphalist. (hierarch., liturg. und künstler.) Prachtentfaltung, einer ausdrucksfreudigen, gleichzeitig innigen, bisweilen distanzlosen →Frömmigkeit sowie einer wachsenden Orientierung des Staats- und Weltverständnisses am Ideal des →Absolutismus. Prägend wird das vorwiegend von →Jesuiten aufgebaute und das kath. Europa überziehende *Bildungssystem* mit seinen Schulen in Städten und an Höfen sowie einer damit verbundenen vorbildl. Seelsorge. Zentren dieser Bildung sind neben den Universitäten von Evora und Coimbra das Collegium Romanum in Rom sowie die Jesuitenkollegien in Dillingen, Ingolstadt, Wien, Prag, Löwen und Paris.

*II.* Großen Aufschwung nimmt eine umfassend systematisierende und sich method. differenzierende Theologie. Die *»B.scholastik«* genannte Schulphilosophie beginnt mit F. von Vitoria (gest. 1546) und der Schule von Salamanca und findet in F. Suárez (1548-1619) und G. Vázquez (1549-1604) ihre Höhepunkte. Dem Zug der Zeit entspr. orientiert sie sich neu an der aristotel.-thomist. Tradition, entdeckt die »Summe« des →*Thomas von Aquin* wieder als systematisierendes Ordnungsprinzip, sprengt sie aber mit ihren umfassenden Traktaten vor allem durch die hist. »positive« Methode. Kontroverstheol. (R. Bellarmin, 1542-1621) und theologietheoret. (M. Cano, 1509-1560) orientierte Auseinandersetzungen werden unter Einsatz allen philos. und theol. Wissens geführt (D. de Soto [1495-1560], L. Lessius [1554-1623]). Gesucht, konstruiert und ausgebaut wird die große, Theologie, Philosophie und die anderen Wissenschaften *umfassende Synthese,* in der Mensch, Welt und Kosmos zur Ehre und Verherrlichung des je größeren, Himmel und Erde umfassenden Gottes behandelt sind. Eine theozentr. und christozentr. Ausrichtung auf die Ganzheit des →Lebens zeigt sich nicht nur in der Theologie.

*III.* Die Zeit des B. ist zugleich eine Zeit innertheol. *method. Differenzierung.* Bedeutende Leistungen werden – zunächst unter Führung Spaniens – vollbracht in den *bibl. Wissenschaften,* u.a. mit der Entwicklung der Einleitungs- und begleitenden Sprachwissenschaften, der Entdekkung von Textgeschichte, Textkritik, der Schriftinterpretation der →Patristik (J. Maldonado [1534-1583], W. Estius [1542-1613], C. a Lapide [1567-1637]). Zugleich werden Quellenstudium und (kirchen-)*geschichtl. Forschungen* auf breiter Ebene in Angriff genommen. Die →Kirchengeschichte des C. Baronius (1588-1607), im Gegenzug zu den prot. »Magdeburger Zenturien« erarbeitet, will ähnl. wie dann A. Natalis (1639-1724) umfassend die hist. Kontinuität der kath. Kirche erweisen. Bezeichnend für die Zeit sind die großen *Ausgaben von Kirchenvätern,* von einzelnen Fachleuten besorgt, insbes. aber von der Mauriner Kongregation der →Benediktiner (Frankreich) von 1651-1742 mit Energie geplant und durchgehalten. Zu nennen ist schließl. die *Moraltheologie*, die sich in dieser Zeit als theol. Disziplin verselbständigt und mit moralsystemat. Grundsatzdiskussionen (→Rigorismus, Laxismus, Probabilismus) von sich reden macht.

*IV.* Im Gegensatz zum Triumphalismus der Epoche ist der B. zugleich eine Zeit der *inneren Erneuerung* und →Mystik. Zu nennen sind u.a. der Ordensgründer und Zeitgenosse M. →Luthers, *Ignatius von Loyola* (1491-1565), mit den →Geistl. Übungen, die Ordensreformerin *Theresia von Avila* (1515-1582) mit ihren einflußreichen myst. Werken, die für Johannes vom Kreuz (1542-1591) – mit ihr zusammen Klassiker neuzeitl. Mystik – von entscheidender Bedeutung wird, sowie *Franz von Sales* (1567-1622), dessen Werke den Beginn der »Franz. Schule« (P. de Bérulle [1575-1629] u.a.) markieren.

*V.* Die Zeit des B. ist jedoch nicht frei von *tiefgreifenden Spannungen.* Einerseits kulminieren der Kosmos von Himmel und Erde in der Glorie Gottes (von dessen Gnaden die absolutist. Fürsten regieren), andererseits bildet sich in einer Epoche imperialer Expansion das bürgerl. Zeitalter mit wachsendem Freiheits- und Subjektbewußtsein aus. So verweist *B.* →*Pascal* gegen den Anspruch der cartesian. Vernunft (→Descartes), der aufstrebenden Mathematik und Naturerkundung auf die Selbstgefährdung und Abgründigkeit von Mensch und Kosmos. Der 1713 verurteilte, dann mit Gewalt unterdrückte →*Jansenismus* wird zur Herausforderung des – mit weltl. Herrschaft verbündeten – kirchl. Heilsanspruchs. Das größte theol. Aufsehen aber erregt der zwischen dem →Dominikaner D. Báñez (1528-1604) und dem Jesuiten L. de Molina (1535-1600) geführte »*Gnadenstreit*«, in dem der Thomist Bañez die absolute Souveränität Gottes gegen den Freiheitsanspruch des Menschen, der »zeitgemäßere« Molina dagegen den Raum *menschl. Freiheit* mit Gottes Vorsehung versöhnen will. Die Auseinandersetzungen führen 1607 zum päpstl. Verbot, Bañez des Calvinismus, Molina des Pelagianismus zu beschuldigen. Damit war der unlösbare Konflikt der Zeit paradigmat. dokumentiert und weise gelöst. Es waren zudem Auseinandersetzungen, in denen sich Luthers offiziell abgewehrtes Anliegen, wenn auch im Rahmen thomist. Ontologie, noch einmal meldete.

*VI.* »B.« als Epochenbezeichnung nur *kath.* Kirche und Theologie zeigt, daß die *kulturelle Einheit* Europas am Zerbrechen ist. »B.« umfaßt weder die Entwicklungen im ev. Raum noch diejenigen in →Philosophie (Descartes, →Spinoza, →Leibniz) und anderen Wissenschaften. Am Ende dieser theol. so selbstbewußten, sich in Gottes Kosmos erlebenden Epoche *zerbricht* die Lösung der →Theodizee (Leibniz) und wird die Frage nach Gottes Existenz diskutiert. Rom zieht entscheidende Kompetenzen an sich. 1559 wird der Index der verbotenen Bücher eingeführt. Die →Hexenverfolgung erfährt ihren Höhepunkt, wenngleich auch ihre Überwindung. Und während *Franz Xaver* (1506-1552) am frühen Beginn der Epoche – später sind ihm noch viele Jesuiten gefolgt – bis nach Goa, Indien und Japan fährt, um etwa 30.000 »Heiden« zu taufen, wird nach langen Auseinandersetzungen 1715 und definitiv 1742 *eurozentrisch* gegen die Übernahme einheim. Riten in China entschieden (Ritenstreit). Die intensiven Missionsversuche bleiben daraufhin erfolglos. Die Warnungen des *B. Las Casas* (1474-1566) zum Schutz der Indianer verhallten. Das südamerik. Experiment der indiofreundl., vor allem von Jesuiten ausgebauten Reduktionen wird 1768 aus machtpolit. und kapitalist. Gründen definitiv und gewaltsam beendet. Mit der Aufhebung des Glanz und Probleme der Epoche zugleich repräsentierenden Jesuitenordens ist die Epoche kirchen- und theologiegeschichtl. beendet.

*Lit.: H. Jedin u.a. (Hg.):* Handbuch der Kirchengeschichte, Bd. 4 und 5, Freiburg 1967 und 1970. – *F. Stegmüller u.a.:* B., in: Lexikon für Theologie und Kirche I, Freiburg, 3. Aufl. 1957, 1258-1269.

*Hermann Häring*

*B. Kunstgeschichtlich*

Als Stilbezeichnung begegnet B. seit der Mitte des 19. Jh.s (J. Burckhardt, W. Lübke). Eine neue positive Bewertung der Kunst zwischen 1600 und 1750 setzen gegen Ende des vorigen Jh.s C. Gurlitt, H. Wölfflin, A. Riegl u.a. durch, die schließl. B. als Bezeichnung der Spätphasen aller Stile ermöglicht: »Ein jeder Baustil hat zur letzten Phase das B.« (C. Dehio). Im engeren Sinn wird B. zumeist als *Kunst der →Gegenreformation* oder der kath. Reform und des fürstl. →Absolutismus definiert, ohne daß damit die Fülle der Entstehungszusammenhänge und territorialen Ausformungen des B. wirkl. ausreichend gekennzeichnet würde. Aus der ital. →Renaissance und dem →Manierismus hervorgegangen, wird der B. zum letzten europ. Gesamtstil, der in der →Gebrauchskunst eine langlebige Nachblüte erlebte.

*I.* In der *B.kunst* dominieren die Affekte, die in der Bewegung der Räume und Fassaden sowie der Behandlung von Licht und Farbe unter Verwendung illusionist. Mittel auf ein Gesamtkunstwerk hinzielen, in dem das Detail dem Gesamtziel zugeordnet wird, einer manipulativen Erregung, der Erhebung oder auch Niederdrückung. Künstler. Hauptaufgaben der B.epoche sind Städtebau (Platzanlagen), Palast und Kirche.

*1.* Ursprungsort der B.kunst ist →*Rom*, wo mit der Jesuitenkirche »Il Gesù« (1568/84) eine Kombination von Längs- und Zentralbau verwirklicht wird, die unzählige Male kopiert und variiert werden sollte. Mit dem Neubau von St. Peter und Berninis Gestaltung der Piazza S. Pietro entsteht das umfassendste Bauensemble der Zeit, das jedoch nur noch vor dem Hintergrund der reichen B.architektur Roms insgesamt angemessen gewürdigt wird.

Neben Rom treten insbes. Venedig und Turin hervor (G. Guarini). In →*Frankreich* bestimmen profane Aufgaben die B.kunst (Plätze, Boulevards, Adelspaläste und vor allem Versailles), Hauptwerk des →Kirchenbaus ist der Invalidendom von J. Hardouin-Mansart (ab 1676).
*2.* In →*Deutschland* gewinnt der B. seine bes. Erscheinungsweise vor dem Hintergrund der konfessionellen Spaltung. Erst nach 1648 nehmen ital. Künstler größere Projekte in Angriff. Bald jedoch werden sie von einheim. Meistern abgelöst. J. B. Fischer von Erlach und J. L. von Hildebrandt prägen den österr. B., während in Süddeutschland die Dynastie der Dientzenhofer, J. B. Neumann, D. Zimmermann, die Gebrüder Asam u.a. Kirchen, →Klöster, Stifte und Profanbauten errichten. Ähnl. repräsentativ ist auch die B.kunst der prot. Gebiete (Berliner und Potsdamer Schloß, Frauenkirche in Dresden [ab 1726] und Michaeliskirche in Hamburg [ab 1751]), zu der die schlichten Bauten der →Brüder-Unität einen reizvollen Kontrast bilden. Von →Spanien und →Portugal aus gelangte der B. nach →Südamerika, wo er unter Verwendung lokaler Traditionen eigenständige Lösungen fand (Jesuitenb.).

*II.* In der *B.-→Plastik* wird neben St. Maderna (S. Cecilia in Trastevere, Rom) G. L. Bernini zum überragenden Meister, dessen »Verzückung der hl. Theresa« (S. Maria della Vittoria, Rom) als Theatrum sacrum (hl. Schauspiel) zum Inbegriff barokker Kunst überhaupt wird. Sein nicht vollendeter Petersdom, der Bronzebaldachin über dem Papstaltar, die Grabmäler von Urban VIII. und Alexander VII. in St. Peter sowie sein Brunnen auf der röm. Piazza Navona prägen barockes Kunstwollen in reinster Vollendung aus.

*III.* In der *B.-→Malerei* ist die Fülle der eigenständigen Künstlerpersönlichkeiten unübersehbar. Neben den Italienern M. da Caravaggio, G. Reni, P. da Cortona, A. Pozzo, G. B. Tiepolo u.a. prägt der Flame P. P. Rubens mit seiner schier unerschöpfl. Erfindungskraft das Bild des B.künstlers. Die span. Meister D. Velázquez, J. Ribera und F. de Zurbarán vereinen myst. Schau mit verist. Elementen. Unter den bes. Verhältnissen der →Niederlande im 17. Jh. entsteht das unvergleichl. Werk →*Rembrandts*, das sich einer Einordnung durch die ungemein subjektive Darstellung des Menschen und der bibl. Erzählungen entzieht. Die B.malerei Deutschlands hat dem nichts wirkl. Vergleichbares an die Seite zu stellen.

*IV.* Neben den Hochformen barocker Kunst sind deren Auswirkungen auf die →Bibelkunst sowie die Illustration der →*Gesang- und Gebetbücher* nicht zu übersehen. Vor allem hier bildet sich eine so reiche und komplizierte Emblematik aus, daß der Gläubige ohne den sachkundigen Kommentar in →Predigt und →Katechese nicht auszukommen vermag. Die Lebenskraft barocker Weltsicht und ihre tiefgegründete Popularität prägen sich auch in der →*Volkskunst* aus, in der der B. die Grenzen seiner kunstwissenschaftl. Einengung auf eine Periode überwindet.

*Lit.: E. Hempel:* Baroque art and architecture in Central Europe, Hermandsworth 1965. – *H. Keller:* Die Kunst des 18. Jh.s, Berlin 1971 (Nachdruck 1984).

*Peter Maser*

## C. Literarisch

*I.* Die durch die →Kirchenspaltung ausgelöste, durch polit. und ökonom. Spannungen verschärfte Krisenzeit der →Gegenreformation und des beginnenden →Absolutismus führt in der B.literatur zu einem überragenden Interesse an Fragen der →*Religion* und der *christl. Weltanschauung*.
*1.* Nahezu 50% der gesamten Buchproduktion des 17. Jh.s besteht aus *theol. Schrifttum*. Neben die →Dogmatik tritt als propagandist. Absicherung des Kirchengebäudes nach innen und außen eine umfangreiche Konfessionspolemik, ferner im Dienst der Seelenbekehrung und der glanzvollen Selbstrepräsentation der kath. Kirche das lat. Jesuitendrama (J. Bidermann 1578-1639, Cenodoxus 1602). Im bes. angefochtenen Luthertum der Zeit erwächst ein typenreiches Erbauungsschrifttum, das in den als Strafen Gottes erfahrenen Katastrophen der Zeit (Hungersnöte, Seuchen, Krieg) trösten und →Luthers Reform der »Lehre« durch nachdrückl. Aufwertung der »guten Werke« in der Nachfolge Jesu mit einer Reform des »Lebens« vollenden will (am einflußreichsten Johann Arndts [1555- 1621] Vier Bücher vom wahren Christentum, 1605-10, mit 123 Aufl. bis 1740), sowie – als Mittel solcher →Erbauung – eine reiche Produktion des auch für private Anlässe geschaffenen Kirchenliedes (J. Heermann 1583-1647, Paul →Gerhardt).
*2.* Aller orthod. Wachsamkeit und Zensur zum Trotz entsteht ein vielgestaltiges *häret. Schrifttum*, welches das in der Renaissance wiederentdeckte heidn.-antike Gedankengut sowie paracels. und mag. Ideen zu spiritualist. und theosoph. Konkurrenzsystemen ausbaut (z.B. »Weigelianismus«, »Böhmismus«) und damit vor allem das Luthertum im Inneren bedroht. Die dichterisch geformte B.mystik greift einerseits diese »ketzer.« Ideen in einer kompliziert-verschleierten allegor. Bildlichkeit auf, stellt sich aber andererseits ostentativ in den Dienst der Konfessionen (Friedrich von Spee [1591-1635]: Trutznachtigall, 1649; Angelus Silesius, d.i. Joh. Scheffler [1624-1677]: Heilige Seelenlust, Cherubinischer Wandersmann, 1657; Catharina Regina von Greiffenberg [1633-1649]: Geistl. Sonette, Lieder und Gedichte, 1662). Neben die Aufwertung des Individuums durch Verlagerung des Göttlichen in das Ich tritt hier die beschwörende Vision einer erneuerten Einheit von Schöpfer und Schöpfung als das Vermächtnis einer vielfach heimgesuchten Epoche.

*II.* Die *weltl. B.literatur* ist von →Rhetorik und →Humanismus geprägt. Ihre Träger sind rel. tolerante bürgerl. Gelehrte, die am Hof oder in größeren Städten als Verwaltungsbeamte dienen und ihre weltl. Position auch zur Entwicklung einer nationalen Kunstdichtung nutzen, die dem hohen kulturellen Niveau fortschrittl. westeurop. Länder Paroli bieten soll.

*1.* Der schles. Diplomat Martin Opitz (1597-1639) gibt mit seiner Poetik (Buch von der dt. Poeterey, 1624) den Anstoß zu dieser deutschsprachigen *Literaturreform*; mit ihrem strengen Regelsystem und dem Stilideal der »elegantia« (»Zierlichkeit«) kommt sie absolutist. Reglementierungstendenzen und Repräsentationsbedürfnissen ebenso entgegen wie kirchl. Interessen mit dem Anspruch der Tugendvermittlung. Der Glogauer Syndikus Andreas Gryphius (1616-1664) entbindet in seiner Lyrik und Dramatik (Cardenio und Celinde, Catharina von Georgien, 1657; Papinian, 1659) eine Welthaltung der Klage, die sowohl den strafenden göttl. wie den »gottebenbildlichen« weltl. Potentaten verklagt, die aber mit dem Leiden an Welt und Zeit nicht nur ihrer Jenseitssehnsucht, sondern auch ihrer Weltliebe Ausdruck verleiht und auf ein tatkräftiges soziales Handeln im Zeichen der Nachfolge Jesu dringt.

*2.* In der *Lyrik* versuchen der Arzt Paul Fleming (1609-1640) und der Breslauer Ratsherr Christian Hoffmann von Hoffmannswaldau (1617-1679) im Kontext traditioneller Liebespoesie (»Petrarkismus«) die von den Kirchen verteufelte erot. Leidenschaft als ein von Gott geschenktes Naturgesetz zu legitimieren.

*3.* Im *Drama* behandelt der Breslauer Anwalt Daniel Casper von Lohenstein (1635-1683) polyperspektivisch und vermittelnd das macchiavellist. Postulat eines von metaphys. Rückbindung und eth. Normen unabhängigen, allein von der zweckrationalen Vernunft geleiteten polit. Handelns (Cleopatra, 1661; Agrippina, 1665; Sophonisbe, 1669), während der Zittauer Gymnasialrektor Christian Weise (1642-1708) Stoffe und Figuren seiner ca. 60 Dramen als päd. Mittel zur Einübung seiner Schüler in die Weltklugheit als neues »polit.« Verhaltensideal nutzt (Masaniello, 1683; Schauspiel vom Niederländischen Bauern, 1700).

*4.* Bis heute am lebendigsten geblieben ist aus der B.literatur der *Schelmenroman*; dieser geißelt einerseits satir. die Verderbtheit der »Welt« und läßt den »Schelmen« als einsiedler. »Freund Gottes« enden (Hans Jakob Christoffel von Grimmelshausen, um 1662-1676: Der abenteuerl. Simplizissimus Teutsch, 1661), andererseits versöhnt er den »Picaro« aber auch klug mit dieser Welt (Johann Beer 1655-1700, Simplizianischer Welt-Kucker, 1677/79) und spiegelt so die innere Spannung der Epoche und zugleich ihr säkularisierendes Vermächtnis an die Aufklärung.

*Lit.: H. Steinhagen (Hg.):* Zwischen Gegenreformation und Frühaufklärung: Späthumanismus, B. 1572-1740 (Dt. Literatur. Eine Sozialgeschichte, Bd. 3), Reinbek 1985. – *Ders./B. von Wiese (Hg.):* Dt. Dichter des 17. Jh.s, Berlin 1984. – *M. Szyrocki:* Die dt. Literatur des B.s, Stuttgart 1979.

*Hans-Georg Kemper*

## *D. Musikgeschichtlich*

Die etymolog. Herkunft des Wortes B. geht auf das portug. *»Barocca«*, dt. die schiefrunde Perle, zurück und deutet im weitesten Sinne auf das Unregelmäßige, Bizarre, Exaltierte hin, wodurch der zunächst negative Gebrauch des Wortes zu erklären ist. →Rousseau verwendet B. 1750 *abwertend* als Stilbegriff der →Architektur. Winckelmann übernimmt 1755 den Begriff ins Deutsche. Während H. Riemann 1911 noch vom »Generalbaß-Zeitalter«, J. Handschin vom Zeitalter des »konzertierenden Stils« spricht, führt C. Sachs B. erstmals als positiv gewerteten Begriff der Musikgeschichte ein. Damit verbunden ist die Erkenntnis, daß der B. keine Alters- oder Verfallsform der →Renaissance darstellt, sondern als Stilepoche mit eigenen Errungenschaften und Merkmalen zu bewerten ist.

*I.* Die polit., gesellschaftl. und rel. Spannungen der Zeit spiegeln sich auch in der Musik wider, die bes. durch das *Prinzip des Kontrastes* beherrscht wird. Der Mensch des B. ist nicht mehr ein durch die Ratio geprägtes Ebenbild Gottes, sondern ein auch von *Affekten* bewegter Fühlender. Das Musikverständnis des B. setzt sich analog aus zwei Aspekten zusammen. Es besteht aus einer kosmolog., zahlenorientierten (numerus) und einer ird., gefühlsbetonten (affectus) Komponente. Die rationale Steuerung des Affektes führt in der Kunst zur Stilisierung der Gefühle. Von der kosmolog. Sehweise geprägt ist die *Tonsymbolik* des B., die sich in Zahlensymbolik, Augenmusik, Zahlenkabbalistik und Buchstabensymbolik aufspaltet. Auf der anderen Seite steht die Affektenlehre, die sich der musikal.-rhetor. Figuren (Figurenlehre) bedienen kann, wobei die Affektenlehre für den Ausdruck stilisierter Gemütszustände, die Figurenlehre für die musikal. Abbildung von Verhaltensweisen und Sachverhalten steht.

*II.* Zu den strukturellen Neuerungen der B.musik zählen die Manifestation der *Dur-Moll-Harmonik* (um 1700), die *Generalbaßpraxis*, die sich aus der Tendenz, mehrstimmige Chorstücke für ein Akkordinstrument zusammenzufassen, entwickelt hat, sowie das aus der venezian. Mehrchörigkeit entwickelte *»konzertierende Prinzip«*, welches Ausdruck einer im Ganzen eingebundenen Individualität ist. Die Monodie, der solist. Gesangsvortrag mit Generalbaßbegleitung, führt zu →Oper und →Oratorium und wirkt sich auf alle solist. Teile barocker Vokalgattung aus.

Der B. läßt sich in Frühb. (um 1560-1620), Hochb. (1620-1680) und Spätb. (1680-ca. 1750) *einteilen*. Die Entwicklung führt von der venezian. Mehrchörigkeit (Gabrieli) und der Monodie in Florenz (Galilei, Caccini, Peri) über die venezian. (→Monteverdi, Carissimi) und franz. Opernschule (Lully) hin zur Endphase des B., die im Zeichen der Eskalation und Schematisierung der Formen und Gattungen (Concerto grosso, Suite, Fuge, Triosonate u.a.) steht.

*III.* Kath. und ev. →Kirchenmusik entwickeln sich im B. unabhängig voneinander. Dabei wird die *kath. Kirchenmusik* von dem »stile concertato« (venezian. Schule), dem »stile rappresentativo« der Oper, dem röm. Kolossalstil und dem »stile antico« geprägt. Die Monodie führt allg. zur Form des geistl. →Konzerts, das sich zur →Kantate weiterentwickelt. In der zweiten Hälfte des 16. Jh.s entstehen innerhalb der *ev. Kirchenmusik* liedbearbeitende Formen wie Lied- und Spruchmotette (→Motette). Als Großgattung ist die nun dt. →Passion sowie das →Oratorium als Weiterentwicklung der geistl. Oper zu nennen. Diese sakralen Großformen stehen wie auch die Kantatenmesse (→Messe) unter dem Einfluß der neapolitan. Schule, die die Musik aus dem Spätb. in die →Klassik führt.

*Lit.: D. Bartel:* Handbuch der musikal. Figurenlehre, Laaber 1985. – *W. Braun:* Die Musik des 17. Jh.s (Neues Handbuch der Musikwissenschaft, Bd. 4), Laaber 1981. – *C. Dahlhaus (Hg.):* Die Musik des 18. Jh.s (Neues Handbuch der Musikwissenschaft, Bd. 5), Laaber 1985. – *R. Dammann:* Der Musikbegriff im dt. B., Laaber, 2. Aufl. 1984. – *K. H. Wörner:* Geschichte der Musik, Göttingen, 7. Aufl. 1982.

*Sabine Pfeifer*

**Barth,** *Karl,* geb. 10.5.1886 in Basel, gest. 10.12.1968 ebd., studierte in Bern, Berlin (A. von →Harnack), Tübingen und Marburg (W. Herrmann) Theologie und nahm auch philos. Anregungen des →Neukantianismus (H. Cohen) auf. Vor allem von W. Herrmann geprägt, vertrat B. zunächst eine eth. Variante der *liberalen Theologie,* die ihm in seiner Zeit als Hilfspfarrer in Genf (1909-1911) und als Pfarrer in der Bauern- und Arbeitergemeinde Safenwil (Aargau; 1911-1921) Anlaß und Raum zur Auseinandersetzung mit der →sozialen Frage bot. Im Anschluß an den →Rel. Sozialismus von L. Ragaz und vor allem von H. Kutter, aber auch in Anlehnung an die →Reich-Gottes-Theologie der beiden Blumhardt arbeitete B. dann eine theol. Position der *Solidarität von Kirche und Welt* aus, deren Konturen auch marxist. geprägt waren. Um 1914 kam B., durch die Stellungnahmen liberaler Theologen und die polit. Haltung der europ. Sozialdemokratie zum Kriegsausbruch gleichermaßen irritiert, zu einer Absetzbewegung von der liberalen Theologie.
Gleichwohl vollzog sich seine theol. *Neuorientierung* in einer Konstellation, in der sich geschichtl. Erfahrung und theol. Einsicht auf dem Grund einer Radikalisierung theol. Aporien des →Liberalismus durchdringen. Um der →Theologie ihr eigentl. bibl.-reformator. Thema zurückzugeben, legte B. 1919 eine (erste) Auslegung des →*Römerbriefs* vor, die ihm 1921 einen Ruf nach Göttingen eintrug. Noch in der Zeit des Übergangs vollzog B. unter dem Einfluß S. →Kierkegaards, F. Overbecks und F. Gogartens die Wendung zur →*dialekt. Theologie,* deren systemat. Richtpunkt die Wahrung der Differenz zwischen Gott und Mensch war und deren wirkungsmächtiges Dokument die 2. Aufl. des Römerbriefs von 1922 wurde. Die 1923 gegründete Zeitschrift »*Zwischen den Zeiten*« fungierte bis 1933 als Organ der dialekt. Theologie und trug dazu bei, sie zu einer der bestimmenden theol. Schulen Deutschlands zu machen. Von 1925-1930 lehrte B. in Münster und legte mit der »*Christl. Dogmatik im Entwurf*« (1927) die Prolegomena einer Dogmatik vor, in der die Konstitutionsfrage der Theologie zum Aufbau der Dogmatik selber genutzt wird. In B.s Zeit als Professor in Bonn (1930-1935) fiel sowohl die maßgebl. von B. betriebene Spaltung der dialekt. Theologie aus dem Problemkern des Verhältnisses von Offenbarung und Geschichte wie auch der Beginn der (unvollendeten) »*Kirchl. Dogmatik*« (1932ff.), die konsequenter als 1927 die Voraussetzungslosigkeit des Wortes Gottes und seine christolog.-trinitar. Definition betonte und damit den Prozeß der Abwendung von der liberalen Theologie beendete. Nach Kontroversen mit dem →Nationalsozialismus, in denen B. maßgebl. an der *Barmer Theol. Erklärung* von 1934 beteiligt war, aber auch mit der *Bekennenden Kirche* folgte B. 1935 einem Ruf nach Basel, wo er bis zu seiner Emeritierung 1962 lehrte und auch 1968 starb.
Von Basel aus hat B. den europ. Widerstand gegen den Nationalsozialismus unterstützt und die polit. Nachkriegsentwicklung in Deutschland, aber auch die →ökumen. Bewegung krit. begleitet. Seine *Spättheologie* revidierte noch einmal den Ausgangspunkt der Kirchl. Dogmatik und stellte mit der →Christologie der Versöhnungslehre eine dogmat. Möglichkeit dafür bereit, positionelle Alternativen in der Theologie, an denen B. einst selber mitgewirkt hatte, zu überwinden und das Gespräch zwischen Kirche und Welt zu intensivieren.
B.s Werk hat die ev. und kath. Theologie des 20. Jh.s grundlegend verändert, ohne eine eindeutige Auslegung erfahren zu haben. Seine Wirkungsgeschichte reflektiert in der Konkurrenz der Deutungsmuster den Umstand, daß sich B.s Theologie als *datierte Theorie* über einer in sich vermittelten *Verschränkung von Zeitkern und Sachbewußtsein* zur Geltung gebracht hat.

*Lit.: H.-A. Drewes (Hg.):* Bibliographie Karl B., Bd. 1: Veröffentlichungen von Karl B., Zürich 1984; *M. Wildi/M. Osthof (Hg.):* Bibliographie Karl B., Bd. 2: Veröffentlichungen über Karl B. (in Vorbereitung). – *H. U. von Balthasar:* Karl B., Köln, 4. Aufl. 1976. – *E. Busch:* Karl B.s Lebenslauf, München, 4. Aufl. 1986. – *W. Härle:* Sein und Gnade (Theol. Bibliothek Töpelmann, Bd. 27), Berlin 1975 (Lit.). – *E. Jüngel:* B.-Studien (Ökumen. Theologie, Bd. 9), Zürich/Köln/Gütersloh 1982. – *F. W. Marquardt:* Theologie und Sozialismus. Das Beispiel Karl B.s, München, 3. Aufl. 1986. – *T. Rendtorff (Hg.):* Die Realisierung der Freiheit, Gütersloh 1975.

*Hartmut Ruddies*

**Baruchbuch.** Während die kath. Kirche auf dem →Konzil von Trient auch die griech. verfaßten Zusätze zum →Danielbuch und →Esterbuch, das B., den Brief Jeremias, zwei →Makkabäerbücher, das →Juditbuch, das →Tobiasbuch, →Jesus Sirach und die →Weisheit Salomos zum atl. →Kanon rechnete, ließ die prot. Kirche nur die in der hebr. Bibel überlieferten Schriften gelten und schloß jene Texte zu den →*Apokryphen* zusammen (→Bibelwissenschaft), die M. →Luther seiner Übersetzung des AT mit der Bemerkung hinzufügte, es handele sich um Schriften, »so nicht der hl. Schrift gleichgehalten, und doch nützl. und gut zu lesen sind«.

Die drei Hauptteile des B.s stehen formal eigenständig nebeneinander: 1. ein als *Volksklagelied* stilisiertes Bußgebet (1,15-3,8) mit Anklängen an das →Danielbuch (9,5- 19), das →Jeremiabuch und das →Deuteronomium; 2. ein *Lobpreis der Weisheit* (3,9-4,4), der an die →Sprüche Salomos (1-9), das →Hiobbuch (28) und →Jesus Sirach (24) erinnert und eine den →Klageliedern Jeremias entspr. Klage (4,9-16) einschließt, und 3. ein Kranz von *Trostliedern* (4,5-5,9), die von Deuterojesaja (→Jesajabuch) beeinflußt sind. Die hist. Einleitung 1,1-14 teilt mit, Baruch, der Begleiter Jeremias (→Jeremiabuch), habe nach der Zerstörung →Jerusalems am Anfang des 6. Jh.s v. Chr. die Schrift geschrieben und verlesen; sie sei dann nach Jerusalem geschickt worden, damit sie dort an Festtagen verlesen werde.

Wenn auch der hist. Bezug nicht zutrifft (vgl. Jer 43,6f.), so spiegelt die Einleitung doch eine *liturg. Verwendung* des B.s wider, das wohl für Trauer- und Fasttage verfaßt worden ist. Wegen der engen Verbindung zu späten atl. Schriften wird es am Ende der vorchristl. Zeit unter der Autorität Baruchs, der in der Tradition als Autor bekannt war (→Jeremiabuch), als Dokument hellenist.-jüd. Gemeindefrömmigkeit entstanden sein, die über Buße, Klage und Trost einen Weg der Hoffnung markierte.

*Lit.: O. Eißfeldt:* Einleitung in das AT, Tübingen, 4. Aufl. 1976, 802-805. – *A. H. J. Gunneweg:* Das Buch Baruch (Jüd. Schriften aus hellenist.-röm. Zeit III/2), Gütersloh 1975, 167-181. – *J. Schreiner:* Baruch (Die Neue Echter-Bibel), Würzburg 1986.

*Rüdiger Liwak*

**Basisgemeinden, kirchliche**

*A.* Vor allem seit den 60er Jahren zeigte sich an vielen Orten der →röm.-kath. Kirche auf verschiedenen Kontinenten ein neues Phänomen: die Entstehung k.rB.: *Spontangruppen und Selbstorganisationen* einer übersichtl. Anzahl von Gläubigen, die innerhalb bestehender kirchl. Strukturen oder neben ihnen ihrer eigenen Veranwortlichkeit innerhalb der Kirche und in der Gesellschaft Form geben wollten. Wegen der gegenseitigen, durch die verschiedenen hist. Entstehensanlässe bedingten Unterschiede kann kaum eine allg., für alle k.nB. gültige Umschreibung gegeben werden. Zu den mehr allg. Faktoren, die ihr Entstehen ermöglichten, gehören die vom 2. →Vat. Konzil der Ortsgemeinde zuerkannte ekklesiolog. Bedeutung (Lumen gentium, Nr. 26), die vom Konzil proklamierte dialekt. Beziehung zwischen Kirche und Welt (Gaudium et spes, Nr. 2 und 3) sowie die Demokratisierungswelle, die in der 2. Hälfte der 60er Jahre an vielen Orten als Reaktion auf die Tatsache entstand, daß Bürokratie und Hierarchie in vielen Institutionen die Eigenverantwortlichkeiten der Basis aufgesogen hatten.

*B.* In *Europa und in den USA* entstanden k.B. oft als Protestbewegungen von gebildeten Gläubigen, die unter Berufung auf das →Evangelium die Reform kirchl. Strukturen anstrebten. Konkrete Streitpunkte sind: Klerikalisierung der →Ämter, die Zölibatsfrage, die Stellung der →Laien und insbes. der →Frau in der Kirche, Mangel an praktizierter →Ökumene. Wegen dieser Konfliktstoffe besteht in den genannten Ländern zwischen den k.nB. und der Hierarchie oft eine gespannte Beziehung. Diese Spannung reduziert sich oder fehlt, wenn eine k.B. aus dem Bedürfnis nach mehr persönl. Kontakt auf dem Gebiet des Glaubens entstanden ist, so etwa die charismat. Gruppen (→Charisma).

*C.* In *Lateinamerika*, wo die k.nB. einen mächtigen Aufschwung nahmen und von vielen als die Zukunft der Kirche auf diesem Kontinent betrachtet werden, entstanden die k.nB. oft gerade auf Initiative der Hierarchie. In pastoraler Verantwortung versuchten Bischöfe, zu einer neuen Gemeinschaftsbildung zu kommen, indem sie – für entfernte oder sonstige priesterarme Gebiete mit Radiokatechese – Laienkatecheten mit breiten Vollmachten ausbildeten. Von grundlegender Bedeutung war die 2. Allg. Bischofskonferenz Lateinamerikas (CELAM) in *Medellín (1968):* Die k.B. »ist der erste und fundamental kirchl. Kern, der sich in seinem eigenen Bereich für den Reichtum und die Ausbreitung des Glaubens, wie auch für die des Kultes, der sein Ausdruck ist, verantwortl. machen muß. So ist sie Kernzelle kirchl. Strukturierung, Quelle der Evangelisierung und gegenwärtig der Hauptfaktor der menschl. Förderung und Entwicklung« (Medellín, pastoral de conjunto, Nr. 10; zit. Greinacher, 85). Die k.nB. in Lateinamerika bestehen meist aus armen Menschen, die – oft von Bischöfen und Priestern dazu inspiriert – kirchl. und gesellschaftl. ihr Schicksal selbst in die Hand nehmen. Innerhalb größerer Pfarrstrukturen bilden sie kleine Gruppen mit engem Zusammenhalt, die im Kontext ihrer eigenen ohnmächtigen Existenz die Hl. Schrift lesen, beten, Liturgie feiern und der befreienden Kraft des Glaubens in kirchl., gesellschaftl. und bisweilen auch polit. Aktivitäten Gestalt geben. Bereits bestehende Basisgruppierungen bilden bisweilen die Infrastruktur von k.nB.

Seit den 80er Jahren hat auf Grund neuer Bischofsernennungen die Spannung zwischen den k.nB. und der kirchl. →Hierarchie auch in Lateinamerika zugenommen.

*Lit.:* *L. Boff:* Charisma und Macht, Düsseldorf, 4. Aufl. 1985, 222-241. – *Ders.:* Neuentdeckung der Kirche. B. in Lateinamerika, Mainz, 2. Aufl. 1980. – Concilium 11 (1975), 221-295 (Themenheft: B.). – *E. Dussel/J. Meier/ A. Ganoczy:* Die B. Ein Schritt auf dem Weg zur Kirche des Konzils, Würzburg 1984. – *N. Greinacher:* Die Kirche der Armen. Zur Theologie der Befreiung, München 1980. – *P. Hoffmann:* Amt und Gemeinde in der Sicht der sog Papiere, Frankfurt/M./New York 1986.

*Ad Willems*

**Bauer.** Die nur schwer übersetzbaren Begriffe B. (franz. *paysan;* engl. *peasant* , aber auch *farmer*) und »B.ntum« (W. H. Riehl) zielen auch heute nicht nur auf den →Beruf des Landwirts, sondern auf den *Eigentümer* oder Pächter eines landwirtschaftl. Betriebs, wenn nicht gar auf eine umfassende ständ. (→Stand) *soziale Daseinsform,* auch wenn sie »in steter Neu- und Umbildung« begriffen ist (G. Ipsen). Sie war für die Mehrheit der westeurop. Bevölkerung bestimmend, bis sie in den letzten beiden Jh.en durch die →Industrialisierung und deren Folgen, durch Urbanisierung (→Stadt) und →Tourismus zunehmend *an den Rand gedrängt* und von modernen Lebensformen überlagert wurde (Anfang des 19. Jh.s arbeiten ca. 80%, 1871 45%, seit den 70er Jahren unseres Jh.s weit weniger als 10% in der Landwirtschaft).

*A.* Der Kern dieser Daseinsform ist zu suchen in der körperl. direkten Konfrontation mit den Gewalten der »äußeren →Natur«, somit in der →Erfahrung der *Abhängigkeit* von ihnen bei der intensiven und extensiven Bearbeitung des Bodens zur materiellen Sicherung der Existenz (bzw. der eigenen Bedarfsdeckung) und unter Einsatz des gesamten Familienverbandes, also durch die *Einheit von Betrieb und Haushalt.* Zu diesen Abhängigkeiten kam die längste Zeit ihrer Geschichte die materielle Abhängigkeit von den nichtbäuerl. Mitmenschen.
Soziokulturelle, dem B.n oft in romant. Verklärung zugeschriebene *Eigenschaften* – z.B. eine eingewurzelte Verbundenheit in Natur, Erde, →Familie, Hof und Nachbarschaft, eine polit.-konservative Lebenseinstellung, eine Lebensorientierung an →Sitten und Gebräuchen sowie eine unverwüstl. →Frömmigkeit – bedürften der empir. Überprüfung. Dabei wäre der jeweilige ökonom., polit., kulturelle und rel. Kontext mit einzubeziehen.

*B.* So hält etwa die Vorstellung vom B.n als »Typus des gottwohlgefälligen und *frommen Menschen*« einer religionsgeschichtl. und soziol. Überprüfung kaum stand (M. →Weber). Im »Frühchristentum heißt der →*Heide* einfach Landmann (paganus)«, noch →Thomas von Aquin behandelt, so Weber, den B.n im Grunde als Christen minderen Ranges. Die rel. Einstellung der Kirche zur bäuerl. Arbeit bleibt lange Zeit zwiespältig (A. Borst). Eine hist. vergleichende Untersuchung legt, M. Weber zufolge, zudem nahe, daß der B. in rel. Hinsicht eher zu Indifferenz, allenfalls zu mag. und ritualist. Praktiken (→Volksfrömmigkeit, →Prozession, →Wallfahrt, →Sakramentalien) neige, jedenfalls *nicht zu den zentralen Kräften* der rel. Entwicklung zu rechnen sei und »im allg. nur da Mitträger einer Religiosität zu werden pflegt, wo ihm durch innere (fiskal. oder grundherrl.) oder äußere (polit.) Mächte Versklavung oder Proletarisierung droht«.

*C.* Das *neuzeitl. Engagement* der →Kirchen für das B.ntum konkretisiert sich z.B. in M. →Luthers →Katechismus, im →Kirchenlied, in rituellen Praktiken (z.B. Flur-→Prozessionen, →Festen und Feiern, etwa im Erntedankfest), in der →kath. Soziallehre, in der Gründung von →Genossenschaften (Raiffeisen, →Pietismus), B.nvereinen und »Bäuerl. Heimvolkshochschulen«, in der prot. Dorfkirchenbewegung, der »rel. →Volkskunde« und der speziellen Landseelsorge sowie in vielfältigen Initiativen und Einrichtungen der sozialen Arbeit (→Sozialarbeit, →Caritas, →Diakonie). Freil. konnte damit die *Erosion* dieser Daseinsform und die Umformung des B.n zu einem verwaltungsgesteuerten Produzenten der hochindustrialisierten Konsumgesellschaft nicht aufgehalten werden.

*Lit.:* *A. Borst:* Lebensformen im MA., Frankfurt/M./Berlin/Wien 1979. – *R. Endres/E. Fenner:* B.ntum, in: Theol. Realenzyklopädie 5, 338-350 (Lit.). – *W. Hirdt (Hg.):* Der B. im Wandel der Zeit, Bonn 1986 (Lit.). – *W. Trillhaas:* B., Bürger, Proletarier, Göttingen, 2. Aufl. 1951. – *M. Weber:* Wirtschaft und Gesellschaft. Grundriß der verstehenden Soziologie, Tübingen, 5., revidierte Aufl. (Studienausgabe) 1972, 285-288. – Auf dem Lande Leben, in: Der Bürger im Staat 33 (1983), 145-196 (Lit.). – Landpastoral, in: Lebendige Seelsorge 35 (1984), 193-287 (Lit.).

*Michael N. Ebertz*

**Bauernkrieg.** Die traditionell in diesem Begriff zusammengefaßten *Aufstände von Bauerngemeinden* in Oberschwaben, Franken, Württemberg, im Schwarzwald, am Ober- und Mittelrhein, in Thüringen, Salzburg und Tirol setzten im Januar 1525 ein und waren meist im Mai/Juni 1525 niedergeschlagen. Sie riefen in Städten Revolten hervor und zogen Prediger, Schreiber, auch Adlige als Führer an. Die Bauerngemeinden organisierten sich im Verlauf der Erhebung zu regionalen Vereinigungen, die Gewaltaktionen gegen →Klöster und Burgen lenken sollten und eine Gegengewalt gegen die militär. Gewalt der Fürsten, adligen Herren und der jenen sehr zögernd folgenden städt. Magistrate bildeten, der sie schließl. unterlagen.

*A.* Die Aktionen wandten sich *gegen die geistl. und weltl. →Elite,* deren Autorität reformator. Propaganda erschüttert hatte. Über das Abwerfen ungerechtfertigter Lasten hinaus stiegen Erwartungen, die auf Ausbildung der Rechte der Gemeinde, bes.

im Raum der Kirche (Pfarrerwahl), auch auf Aneignung von Landnutzungs- und Herrschaftsrechten zielten. Materiell-soziale, polit. und rel. Forderungen verbanden sich im begründenden Schlagwort des »göttl. Rechts«, das das Pathos des reformator. »Evangeliums« ansog. Die in Oberschwaben entstandenen, durch gebildete Anhänger der →Reformation in Memmingen redigierten »Zwölf Artikel der Bauernschaft in Schwaben«, die sich im Druck rasch im Aufstandsgebiet verbreiteten und das Handeln der Aufständischen allg. auf gleiche Ziele orientierten, bezeugen den Stand der Erwartungen, deren weitere Entwicklung die Niederlage abbrach. Höher stiegen Pläne für eine überregionale Versammlung, die die Gesellschaft nach Prinzipien der Hl. Schrift neu hätte ordnen sollen. Der angelaufene Prozeß der Aufstände zeigte eine nicht verwirklichte Spitze in Richtung einer →Revolution, die sich reformator. Ideen anverwandelte und die die polit.- soziale Praxis der Gemeinde, die bedrohte Organisation der Bauern, nach Schweizer Vorbild verallgemeinern sollte.

*B.* Der Verbund von Gemeinde und Reformation, von Aufstand gegen geistl. und adlige Herrschaft, die Erhebungen von Bauern und Städtern im geschichtl. Moment zwischen ma. und absolutist. Ordnung (→Absolutismus) und im krit. Augenblick der Reformation hat voneinander abweichende Deutungen erfahren, die noch nicht vermittelt sind: Überholt ist die Abweisung einer traditionell kath. Deutung, die den B. als Folge der Reformation sah, durch die prot. Geschichtsschreibung, die betonte, daß Reformation und »Revolution des gemeinen Mannes« (Blickle) nur gleichzeitig, doch aus ganz verschiedenen Gründen erfolgten. Doch ob reformator. Gedanken mehr als nur legitimierend wirkten, ob sie die Bauerngemeinden und die städt. Revolten inspirierten, ist noch nicht ausgemacht. Ins Politische und Religiöse überführte *wirtschaftl. und gesellschaftl. Antriebe* bestimmten jedenfalls die Erwartungen und Forderungen.
Ebenfalls noch unklar ist die Deutung der langfristigen *Folgen* des B.s, ob durch Furcht genährte Zugeständnisse von polit. Beteiligungsrechten das Bild bestimmten oder Entmachtung und finanzielle Ausbeutung. Sichere Folge war der Tod von Bauern, deren Zahl damals auf 100.000, heute etwa 75.000 geschätzt wurde. Daß →Luther dazu aufrief auch wenn dies erst geschah, als die Rache der Herren schon eingesetzt hatte , hat sein Bild stets belastet, obwohl seine Gründe, die Bedrohung der weltl. Ordnung und der Reformation, durch die reformationsgeschichtl. Forschung inzwischen deutlicher geworden sind.

*Lit.: P. Blickle:* Die Revolution von 1525, München, 2. Aufl. 1981. – *Ders. (Hg.):* Der Dt. B. (Wege der Forschung 460), Darmstadt 1985. – *H. Buszello u.a. (Hg.):* Der Dt. B., Paderborn 1984 (Lit.). – *G. Maron:* B., in: Theol. Realenzyklopädie 5, 319-338 (Lit.). – *B. Scribner:* The German Peasants War, in: *Steven Ozment (Hg.):* Reformation Europe, St. Louis 1982, 107-133 (Lit.). – *R. Wohlfeil:* Der B. 1524-26, München 1975.

*Hans-Christoph Rublack*

**Baur,** *Ferdinand Christian,* geb. 21.6.1792 in Schmiden bei Stuttgart, gest. 2.12.1860 in Tübingen. B. war der bedeutendste *Historiker* in der Theologie des 19. Jh.s. Seine zahlreichen Untersuchungen zu Entstehung und Frühgeschichte des Christentums sowie seine umfassenden Gesamtdarstellungen der Geschichte des christl. →Dogmas haben das überkommene Bild des →Christentums tiefgreifend verändert. Wegen seiner »hist.-krit. Methode« – B. hat diesen Begriff geprägt – und hier insbes. wegen seiner literarkrit. Untersuchungen zu Entstehung und →Kanon der ntl. Texte gilt B. als Begründer der modernen ntl. *Exegese.* Er hat auch der religionsgeschichtl. Erforschung der *Umwelt* des Christentums den Weg bereitet, die →Dogmengeschichte als eigene Disziplin begründet und durch Kontroversen mit seinem Tübinger kath. Kollegen J. A. Möhler die Fundamente der vergleichenden →*Konfessionskunde* mitgelegt.
B. besucht äußerst erfolgreich die traditionellen kirchl. Ausbildungsinstitutionen Altwürttembergs und studiert seit 1809 Philosophie und Theologie in *Tübingen.* Hier lehrt er von 1826 bis zu seinem Tode →Kirchen- und Dogmengeschichte, Symbolik bzw. →Konfessionskunde und →Neues Testament. Berufungen nach Berlin als Nachfolger →Schleiermachers und nach Halle werden von der in Preußen dominierenden konfessionell-luth. Kirchenpartei verhindert, weil B. als liberal und unkirchl. gilt. Auch vom württ. →Pietismus werden seine literarkrit. Nachweise, daß wichtige ntl. Texte erst im 2. Jh. entstanden sind, als Zerstörung der →Hl. Schrift abgelehnt. Doch im Gegensatz zu seinem Schüler D. F. →Strauß hat B., ein äußerst frommer Mann, hist.-krit. Forschung nicht als Medium prinzipieller Christentumskritik, sondern als Funktion einer Bestimmung des *Wesens des Christentums* verstanden, die zugleich dessen bleibende Geltung zeigen können soll.
B.s Geschichtssicht ist wesentl. von *vier Traditionen* geprägt: dem *spekulativen* Geschichtsverständnis →Schellings und →Hegels, der romant. Mythologiedebatte (→Mythos), der Theologie →Schleiermachers und der quellenkrit. Geschichtsschreibung B. G. Niebuhrs (1776-1831; →Historismus). Alle →Religionen suchten die Entfremdung zwischen Gott und Mensch aufzuheben. Diese von allen Religionen erstrebte →Versöhnung sei jedoch erst im Christentum wirkl. geworden, so daß dieses absolute Religion (→Absolutheit des Christentums) bzw. Religion der →Freiheit sei. Denn im Gegensatz zu den antiken Religionen bedeute Versöhnung im Christentum keine Preisgabe menschl. →Individualität an das Absolute, sondern Mitteilung göttl. →Freiheit an den einzelnen. Die Geschichte des Christentums sei *Freiheitsgeschichte,* an deren entscheidendem Wendepunkt, der →Reformation, individueller Freiheit auch gegen kirchl. Autorität Geltung verschafft worden

sei. Vom Leitbegriff der christl. →Autonomie des einzelnen her kann B. auch →Neuzeit und →Aufklärung als Epochen der Christentumsgeschichte deuten. Diese betont emanzipator. Sicht der Christentumsgeschichte (→Emanzipation) hat über B.s engeren Schülerkreis (→Tübinger Schulen) hinaus den *liberalen Protestantismus* entscheidend geprägt. Vom prot. polit. wie rel. →Konservatismus und vom kirchl. →Katholizismus ist sie programmat. abgelehnt worden. Auch B.s zahlreiche Kritiker haben freil. nicht bestreiten können, daß seine Theorie der Christentumsgeschichte auf einem gleichermaßen breiten wie philolog. gesicherten Quellenfundament gründet, das in der →Kirchengeschichtsschreibung der Zeit ohne Beispiel gewesen ist.

*Lit.: J. Fitzer:* Moehler and Baur in Controversy, 1832-1838, Chico (California) 1974. – P. Friedrich: *F. Chr. Baur als Symboliker, Göttingen 1975.* – W. Geiger: *Spekulation und Kritik. Die Geschichtstheologie F. Chr. Baur (Forschungen zur Geschichte und Lehre des Protestantismus 28), München 1964.* – F. W. Graf: *F. Chr. Baur, in:* H. Fries/G. Kretschmar (Hg.): *Klassiker der Theologie II, München 1983, 89-110, 443-447 (Lit.).* – P. C. Hodgson: *The Formation of Historical Theology. A Study of F. Chr. Baur, New York 1966.*

*Friedrich Wilhelm Graf*

## Beat generation

### *A. Entstehung und Erscheinung*

B.g. (engl.-amerik.: »geschlagene Generation«) war die *Selbstbezeichnung* einer – unter dem Eindruck der Kriegs- und Nachkriegszeit in den USA gegen Ende der 40er Jahre entstandenen, in den 50er Jahren sich verbreitenden und bis in die Gegenwart hinein folgenreichen – kulturell und sozial antibürgerl. →Protestbewegung, die vor allem von jungen Erwachsenen (→Jugend), vorwiegend männl. →Intellektuellen, Studenten und Künstlern, den sog. »beatniks«, getragen wurde. New York (Greenwich Village) und Kalifornien (San Francisco, Venice) bildeten die →Kultorte ihrer Orientierung und Gruppierung, als deren Wortführer Schriftsteller wie W. Burroughs (geb. 1914), J. Kerouac (geb. 1922), N. Mailer (geb. 1923), A. Ginsberg (geb. 1926), A. Warhol (geb. 1828) und G. Corso (geb. 1930) in Erscheinung traten. Insgesamt war die Ähnlichkeit ihrer Selbststilisierung bei der Suche nach einer gesellschafts- und kulturkrit. wie generationsspezif. →Identität für die B.g. charakteristischer als die Konsistenz einer best. →Welt- und Lebensanschauung. Dadurch werden personale Zuordnung und period. Abgrenzung erschwert; wie die Übergänge in der B.g. selbst stets fließend waren, so bleibt bis heute ihre genaue Bestimmbarkeit umstritten.

### *B. Kritik und Protest*

Die B.g. selbst grenzte sich radikal gegen die etablierten Werte, Konventionen und Lebensformen der amerik. Gesellschaft ab, die ihr sich normativ orientierendes Unschuldsideal durch die Barbareien industriell-technisierter →Kriege einerseits – vom Atomtod Hiroshimas und Nagasakis bis zum Napalmtod Vietnams, vom Zweiten Weltkrieg bis zu den Stellvertreterkriegen in der →Dritten Welt – ebenso verloren hatte wie durch die Seelenlosigkeit einer ideolog.-kommerzialisierten →Zivilisation des »american way of life« andererseits (→Kapitalismus). Aus der Betroffenheit über das menschenvernichtende Potential im Zweiten Weltkrieg, mit dem bes. N. Mailer (»Die Nackten und die Toten«, 1948), J. Jones (geb. 1921; »Verdammt in alle Ewigkeit«, 1951) und W. Styron (geb. 1925; »Geborgen im Schoße der Nacht«, 1951) abgerechnet hatten, entwickelte sich bald eine grundsätzl. Antikriegsbewegung (→Korea, →Vietnam), die auch eine kompromißlose Opposition gegen den kalten Krieg mit einschloß. Überdies artikulierte sich das gesellschaftl. Leiden der B.g. krit. und unkonventionell gegen die herrschende mittelständ. Wertorientierung (→Mittelstand) an Erfolg und Aufstieg (→Mobilität), Wohlstand und →Eigentum, →Konsum und Prestige, am behäbigen Sicherheitsstreben, an der spießig puritan. Lebensmoral (→Puritanismus) mit ihrem latenten Sexismus (→Sexualität) sowie an der techn. →Fortschrittsgläubigkeit und ungebrochenen Bereitschaft zum psychosozialen Rückzug ins →Private. Gerade als Ausdruck all dessen wurde weithin die etablierte Szene des weißen, angelsächs. →Protestantismus empfunden, der nicht nur zum konsumorientierten Mittelstandsethos den ideolog. konservativen Firnis beisteuerte, sondern sich selbst in der Clubexistenz der »Gemeinde der Respektablen« als moral. Erziehungsinstanz, psychotherapeut. Anpassungsanstalt und aggressionsfreie Zone bloß individualist. Selbstbesinnung anbot, um so die Fiktionen der öffentl. Gesellschaftsordnung zu bestätigen und die Alltagsbrutalität ihres repressiven Charakters notdürftig zu verdecken (so P. L. Berger, →Ideologie).

### *C. Selbstdarstellung und* Lebensgefühl

Anstelle der verweigerten Identifikation mit der herrschenden Gesellschaftskultur der Väter traten in der B.g. Imaginationen einer alternativen Lebenswelt (→Alternativbewegung), die sich durch gezielte Provokationen und →Tabuverletzungen, durch Flucht, Entziehung und ungezwungen vagabundierenden Lebensstil (→Wanderung), durch nonkonformistische-spontane Gesellungsformen (→Anpassung) und eigene neue →Mythenbildungen gleichsam als ekstat. entgrenzter Gegenentwurf in Szene setzte. Als emanzipator. Medien der Selbstdarstellung (→Emanzipation) dienten dabei neben poet. und prosa. Literatur (»Beat Poets«: A. Ginsberg: »A supermarket in California«, 1955; ders.: »Howl and other poems«, 1957, dt.: »Das Geheul und andere Gedichte«, 1959; J. Kerouac:

»On the road«, 1957, dt.: »Unterwegs«, 1959) überwiegend die neuentdeckten rhapsod. Kunstformen des →Films (mit seinen Helden Marlon Brando, James Dean, Dane Clarke, Peter Lorre, Humphrey Bogart) und der populären Musikkultur (→Pop- und →Rockmusik: Bebop-→Jazz, Rock'n' Roll, Rockabilly, Folksong). Das sich darin äußernde Lebensgefühl der B.g. zeichnete sich vor allem durch folgende Merkmale aus:

*1.* Der radikalen Ablehnung der herrschenden bürgerl. Gesellschaft (→Bürgertum) entsprach eine bewußte Kultivierung des sozialen →*Außenseitertums* und aller kulturellen Lebensweisen, die den Verdacht einer Komplizenschaft mit dem Spießertum entkräften sollten: Das Obszöne wurde ästhetisiert (vgl. Ginsberg im Gedicht »Amerika«: »Steck dir deine Atombombe in den Arsch...«; →Ästhetik); den vom Senatsausschuß McCarthys verfolgten »kommunist. Umtrieben« wurden unverhohlen Sympathien entgegengebracht; schließl. entdeckte die B.g. für sich die verpönte →Psychoanalyse und pflegte in ihrem ganzen Erscheinungsbild »einen zottigen →Individualismus, den sie der patriot. Sorte des Individualismus entgegenstellte« (R. M. Maniquis, 221).

*2.* Gegenüber dem inzwischen saturierten amerik. Mythos des »Settlements« (Ansiedlung) griff die B.g. vielfältig auf das Motiv des *»Unterwegsseins«* zurück, zu dessen Sinnbild der Tramp (Charly Chaplin), der Motorradfahrer (»Easy Rider«) oder Trucker auf der Straße oder auf dem »Highway« wurde (J. Kerouac: »On the road«, 1957). Das vagabundierende Dasein war nicht nur Ausbruch oder Flucht, sondern vor allem Inbegriff der jugendl. Unrast, die das Heil und die →Heimat des »verlorenen Amerika« (lost America) stets anderswo suchte als dort, wo man sich gerade niederzulassen anschickte (→Wanderung). Die »Straße« verkörperte »den Traum einer pikaresken Freiheit, die den bindungslosen Individuen Anmut verleiht« (Maniquis, 221).

*3.* Die B.g. suchte sich bes. von der puritan. Erblast (→Puritanismus) des moral. Zwangs, der Selbstdisziplin, der Konvention (→Moral, →Norm) durch Ausschweifung und Eindringlichkeit des eigenen Körper- und Bewußtseinerlebens zu befreien. So wurde die überkommene Geschlechterkultur im →*Kult der* →*Sexualität und des Rausches* unterlaufen: Die Tabuverletzungen ästhet. gepflegter →Homophilie und panerot. →Ekstase durch Musik, Sexualität, Narkotika (Drogen, →Sucht) und euphorisierende Dichtung sollten die chauvinist. Gewaltorgien (→Mann) der amerik. Gesellschaft entlarven.

*4. Myst.-intime Formen des rel. Erlebens* (→Mystik) der unmittelbaren Liebe und solidar. Hingabe, der rückhaltlosen Wahrhaftigkeit und ungehemmten Lebensfreude wurden schließl. im Gegensatz zur mittelständ. organisierten Religiosität der Denominationskirche (→Vereinigte Staaten) und →Sekten erfahren und brachten in ihrer Aufgeschlossenheit für fernöstl. Religionen wie ind. Lebensweisheit (→Indien) sowohl die apokalypt. Wahrnehmung (→Apokalyptik) der moderngesellschaftl. Krisenhaftigkeit als auch die Wiederentdeckung der eigenen individuellen Unversehrtheit zum Ausdruck.

*D. Tradition und Wirkung*

In allen Bestandteilen ihres Lebensgefühls knüpfte die B.g. an Traditionslinien der franz. →Romantik an (→Frankreich: A. Rimbaud, 1854-91; G. Apollinaire, 1880-1918) und des →Existentialismus (J. P. Sartre, 1905-80; A. →Camus, 1913-60), belebte zugleich aber auch wieder Themen und Motive der angelsächs.-amerik. Literatur (→Vereinigte Staaten: W. Whitman, 1819-92; D. H. Lawrence, 1885-1930). In ihrem rebell. Unbehagen an der →Moderne und in ihrer Suche nach authent. Formen des sozial-kulturellen Welterlebens sowie des künstler.-ästhet. Lebensausdrucks wirkte die B.g. freil. auch ihrerseits impulsvermittelnd und stilbildend auf nahezu alle Protest- und Alternativbewegungen bis in die Gegenwart hinein (→Hippiekultur, →Neue Religionen, →New Age). Obwohl die B.g. selbst in ihrem antimittelständ. Charakter hauptsächl. von einer bürgerl. Intellektuellenschicht getragen wurde, pflanzten sich ihr Protestpotential und Lebensgefühl im Verlauf der 60er Jahre auch außerhalb der USA in jüngere Altersgruppen (→Jugend) und untere Sozialschichten fort (→Sozialstruktur). So konnten im stark kolonialisierten Arbeitsleben der industriell-urbanen Ballungszentren (→Industrie, →Stadt, →Arbeiterkultur) sich ad hoc zusammenfindende, stark fluktuierende Gruppen von heranwachsenden Musikern, die vor allem in ekstat. Schlagrhythmen (Beatmusik) und bürgerschreckenden Starkulten (Personenkult) Ausbruch, Abweichung und →Subkultur suchten, ihrerseits eine eigene situations- und generationsspezif. Beatszene entdecken und ausleben (Beatles, Rolling Stones, Underground-Musik; →Rockmusik, →Popmusik).

*Lit.: D. Baacke:* Jugend und Jugendkultur. Darstellung und Deutung, Weinheim/München 1987. – *P. L. Berger:* The Noise of Solemn Assemblies. Christian Commitment and the Religious Establishment in America, New York 1961 (dt.: Kirche ohne Auftrag. Am Beispiel Amerika, Stuttgart 1962). – *L. Lipton:* Die hl. Barbaren, Düsseldorf 1960. – *R. M. Maniquis:* Der einzelne und die Gesellschaft in der amerik. Literatur, in: Propyläen Geschichte der Literatur, Bd. 6: Die moderne Welt. 1914 bis heute, Berlin 1988, 205-229. – *J. Tytell:* Propheten der Apokalypse. William Burroughs, Jack Kerouac, Allen Ginsberg, Wien 1979.

*Volker Drehsen*

**Bedürfnis** bezeichnet die subjektive Empfindung eines Mangels, ggf. auch einen entspr. objektiven Zustand des Organismus, und damit zugleich das Bestreben, den *Mangel aufzuheben* (zur Definition s. auch →Gefühl). In sozialphilos. Theorien sagt der Begriff etwas über den Menschen aus; in der Individualpsychologie gibt er eine Form der →Motivation an.

*A.* In der →*Sozialphilosophie* spielt B. eine Rolle im Widerstreit der fortschrittsorientierten Philosophie der →Aufklärung (die die Differenzierung von B.en begrüßt und mit ihr die Entwicklung der Kultur verbindet), der idealist. Philosophie und sozialist. Gesellschaftslehre einerseits, und einer gegenläufigen Linie von der →Romantik bis zum Neomarxismus andererseits, die die B.e *zivilisationskrit.* deutet und damit eine Kritik an der bürgerl. Gesellschaft (H. Marcuse) verbindet. Gemeinsam ist diesen unterschiedl. Bewertungen die Überzeugung, daß die B.e es sind, die die Welt auslegen (F. →Nietzsche). Man kann von dieser Voraussetzung her verstehen, daß eine sozialphilos. Interpretation der B.e nicht nur den modernen Wohlfahrtsstaat förderte, sondern zuvor schon Pate stand, als sich die Tauschgesellschaft emanzipierte und eine Wirtschaftsordnung entwickelte, die sich nicht nur an Konsumb.en orientiert, sondern von ihnen auch abhängt. Das sozialpolit. Ziel der B.befriedigung gilt liberalem Denken als *Motor* der Entwicklung der bürgerl. Gesellschaft mit der Möglichkeit individueller Selbstentfaltung; aus konservativer Sicht eher als Auslöser der Zersetzung natürl. sozialer Ordnungen eingeschätzt, sieht sie der →Sozialismus an als Faktor eines emanzipator. Prozesses auf dem Weg zu einer sozialist. Gesellschaft. Gegenwärtig müssen sich solche Urteile von der Realität eines Widerstreits von bedürfnisorientierter Produktionsweise und knappen Rohstoffreserven (→Umwelt) korrigieren lassen.

*B.* In der Motivationspsychologie ist der Begriff B. gebildet nach dem Modell organ.-physiolog. Mangelzustände, falls man B. nicht überhaupt als hypothet. Konstrukt eines letztl. physiolog. Prozesses auffassen will (vgl. C. L. Hull). In diesem Fall versucht man, die Ursachen menschl. Verhaltens auf ihre physiolog. Grundlagen hin zu untersuchen. So charakterisiert K. Lewin die motivierenden Willensakte (→Wille) als Quasib.e, die im psych. Kräftefeld des →Individuums Spannungen erzeugen, die, den organ. B.en vergleichbar, nach Abbau streben. Murray unterscheidet eine Anzahl von Grundb.en nach ihren qualitativen und energet.-quantitativen Merkmalen. In der Lerntheorie C. L. Hulls stellen B.e negative Reize für den Organismus dar. Sie tragen zur Erzeugung genereller psych. Antriebsenergie (drive) bei, die letztl. auf den Spannungsabbau hinwirkt. An die Stelle der B.forschung ist inzwischen die als objektiver eingeschätzte Verhaltensbeobachtung und die Interaktionstheorie der →Sozialpsychologie getreten.

*Lit.: J. B. Müller:* B. und Gesellschaft, Stuttgart 1971. – *U. Schönpflug:* B., in: Hist. Wörterbuch der Philosophie, Bd. I, 765-771.

*Reinhard Schmidt-Rost*

**Beethoven,** *Ludwig van,* geb. 17.12.1770 in Bonn, gest. 26.3.1827 in Wien, dt. Komponist, Sohn eines Musikers, Schüler u.a. von J. →Haydn. B. erhielt bereits in frühem Kindesalter Musikunterricht durch seinen Vater und später durch den Hoforganisten C. G. Neefe in Bonn. Ab 1783 wirkte B. als Hilfsorganist und Cembalist am kurfürstl. Hof, im April 1787 wurde er in Wien für kurze Zeit Schüler →Mozarts und übersiedelte 1792 endgültig nach *Wien.* Außer bei Haydn nahm er nun weiteren Unterricht bei J. Schenk, A. Salieri und J. G. Albrechtsberger, trat jedoch zunächst vor allem als Konzertpianist und Dirigent hervor. Insbes. seine Kunst, frei zu phantasieren, brachte ihm große Erfolge. Adlige Wiener Gönner ermöglichten ihm durch ein festes Jahreseinkommen ein von wirtschaftl. Sorgen losgelöstes Dasein, in dem er sich bald als einer der ersten freischaffenden Künstler fast ausschließl. der Komposition widmete. Bereits seit ca. 1795 überschattete B.s Leben ein Ohrenleiden, das sich bis zur völligen *Taubheit* (1818) verschlimmerte und ihn in eine stets wachsende Einsamkeit trieb (»Heiligenstädter Testament« 1802).

Als letzter großer Vertreter der →Klassik übernimmt B. die von Haydn und Mozart überlieferten Traditionen. Schon bald wandelt sich sein Stil jedoch zu einer von *individualist. Ausdruck* geprägten Musik, in der – wie in seinem menschl. Wesen – stark vorwärtsdrängende, impulsive Elemente dominieren. An die Stelle der liedhaften Geschlossenheit Mozartscher Thematik tritt bei B. eine Reduzierung des themat. Materials auf das Motiv als Keimzelle der gesamten Komposition; es entfaltet seine elementaren Kräfte meist erst in den nun stark ausgeweiteten Durchführungen. Die von B. bevorzugte Sonatenhauptsatzform wird wie auch andere konventionelle Formen somit verwandelt, z.T. in Frage gestellt. Kühne Harmonik, nuancenreiche Dynamik und eine neuartige Instrumentation führen zudem zu einer in höchstem Maße vergeistigten Tonsprache, die die Wertigkeit des Einzelwerkes steigen läßt.

So erklärt sich ein im Vergleich zu anderen Komponisten weniger umfangreich erscheinendes Oeuvre, das von der *Instrumentalmusik* beherrscht wird. Neben den 9 Sinfonien (Nr. 3 »Eroica«, Nr. 5 »Schicksalssinfonie«), 5 Klavierkonzerten und dem Violinkonzert sind vor allem 32 Klaviersonaten, 16 Streichquartette sowie seine einzige Oper »Fidelio« (1814) zu nennen.

Als ein Bekenntnis tiefer kath. Gläubigkeit zeugen B.s *zwei Messen* von einem inneren Ringen bis zu Grundsatzfragen der menschl. Existenz. Hier gelangt B. durch die schon erwähnte Auseinandersetzung mit hergebrachten Konventionen zu einer vorher nicht gekannten Ausdrucksform von Religiosität schlechthin; sein Ansatzpunkt liegt dabei in der neuen, subjektiven Ausdeutung des alten Messetextes (→Messe). Die erste Messe in C-Dur entstand 1807 zum Namenstag der Fürstin Esterhazy in Eisenstadt, die zweite in D-Dur (»Missa solemnis«) begann B. 1818, vollendete sie aber nach mehrmaligem Umarbeiten erst 1823. Die gewaltigen Ausdehnungen dieses Werkes sprengen jedoch jegl. liturg. Rahmen und weisen auf das weltl. Schwesterwerk, die 9. Sinfonie in d-Moll.

Unter den wenigen weiteren kirchl. Kompositionen ist vor allem das Oratorium »Christus am Ölberg« (1803) zu erwähnen.
Auf dem Hintergrund der →Franz. Revolution befindet sich B. als ein Repräsentant der gesellschaftl. Umbruchphase um 1800 auf dem Weg zu einem neuen bürgerl. Zeitalter. Schon zu seinen Lebzeiten war B.s Musik berühmt, und bis heute hat sie nichts von ihrer Bedeutung eingebüßt. Sie bildet seither den Maßstab für alle nachfolgenden Komponisten-Generationen.

*Lit.: C. Dahlhaus:* Ludwig van B. und seine Zeit, Laaber 1987. – *L. Dikenmann-Balmer:* B.s Missa solemnis und ihre geistigen Grundlagen, Zürich 1952. – *W. Riezler:* B., Zürich 1962. – *A. W. Thayer:* Ludwig van B.s Leben, 5 Bde., Leipzig 1908-1917. – *W. Weber:* B.s Missa solemnis, München 1903.

*Silke Nonnenkamp*

## Befreiungstheologie

*A.* Die B. ist in den Jahren 1965-70 entstanden. Seitdem hat sie sich in Lateinamerika und anderswo in verschiedenen Richtungen entwickelt. B. ist zu verstehen als eine →kontextuelle Theologie, die Sinn und Bedeutung des christl. →Bekenntnisses sowie die Zielsetzung der christl. Sendung interpretiert aus der *Perspektive* unterdrückter und ausgebeuteter →Völker, →Klassen, Rassen und – innerhalb dieser kollektiven Subjekte – des unterdrückten Geschlechts (→feminist. Theologie). Sie setzt sich auseinander mit der Geschichte und kulturellen Identität dieser »Armen«, somit mit der Wahrheit, die im sozialen und rel. Bewußtsein sowie in den Praktiken von Volksbewegungen und christl. →Basisgemeinden aufleuchtet. Sie ist von einem krit. und prakt. Anliegen getragen.

*B.* Aus prophet. *Protest* gegen Massenarmut, Abhängigkeit (→Dritte Welt), Ausbeutung und Unterdrückung will sie die Theologie von →Ideologien befreien, die Situationen von strukturellem Unrecht und struktureller →Gewalt legitimieren: von Theorien, die »Entwicklung« nur nach westl.-nordatlant. Maßstäben definieren (→Entwicklungspolitik), der Ideologie der nationalen Sicherheit und der Logik des →Kapitalismus. Ihre Kritik richtet sich zugleich gegen eine bürgerl.-koloniale und reformist. Christenheit, ferner gegen jedes Denksystem, das die befreienden Werte der Volksreligion verkennt, manipuliert oder in Verharmlosung der Widersprüche der Wirklichkeit nicht auf radikale Veränderung ausgerichtet ist. Vor allem aber versteht sie sich als Ankündigung von Gottes befreiendem Handeln in und durch die Befreiungsgeschichte der Armen und Unterdrückten. Im Licht dieser Entdeckung interpretiert sie die Bedeutung des christl. →Heils, des Lebenswegs und der Botschaft Jesu, das Wesen der kirchl. Sendung neu.

*C.* Bes. wichtige *Themen* sind: die Funktion der Armen in der Heilsgeschichte und die der ihnen zugesagten Verheißung; die →Nachfolge Jesu als Ort christl. Identität, Wahrheit und Befreiung; die →Offenbarung Gottes als eines Gottes des →Lebens, der für das Recht auf Leben und menschl. Würde eintritt in einer Gesellschaft, in der im Namen von Götzen das Leben vieler bedroht und zerstört wird; das christl. Leben, verstanden als Ort, an dem um die Aufnahme und Verwirklichung des Reichs von →Gerechtigkeit, →Freiheit und →Leben gerungen wird; die Authentizität der Kirche der Armen.

*Lit.: H. Assmann u.a.:* Die Götzen der Unterdrückung und der Befreiende Gott, Münster 1984. – *C. Boff/J. Pixley:* Die Option für die Armen, Düsseldorf 1987. – *F. Castillo (Hg.):* Die Kirche der Armen in Lateinamerika, Freiburg 1987. – *G. Gutiérrez:* Aus den eigenen Quellen trinken. Spiritualität der Befreiung, München 1986. – *R. Frieling:* B.n, Göttingen 1984. – *A. Pieris:* Theologie der Befreiung in Asien. Christentum im Kontext der Armut und der Religionen, Freiburg/Basel/Wien 1986.

*Jacques van Nieuwenhove (Übers. Hermann Häring)*

## Behinderte

*A.* Der *Begriff* B. wird offiziell erstmals im Körperbehindertenfürsorgegesetz (1957) verwendet, vom Bundessozialhilfegesetz (1961) übernommen und dort (§ 39) auch auf geistig und seel. B. ausgedehnt. Geschichtl. deutet die zunehmende Verwendung des Begriffs eine Vereinheitlichung rechtl. Ansprüche an; er ersetzt zugleich ältere, häufig entwürdigende Begriffe (z.B. Krüppel, Schwachsinnige). § 39 BSHG definiert Behinderung jeweils durch eine spezielle, nicht nur vorübergehende *Beeinträchtigung* (z.B. des Sprachvermögens); Behinderung ist mithin klar zu unterscheiden von →Krankheit. Erfüllt das Wort »Beeinträchtigung« nur beschreibende Funktion, so drückt der Begriff »Behinderung« (vermutl. unbeabsichtigt) einen gesellschaftl. Zusammenhang aus. Zu fragen ist: Wer oder was behindert wen?

*B.* Nach einer jahrtausendealten *Geschichte sozialer Ausgliederung* B.r wird erst in neuerer Zeit (ansatzweise nach dem Ersten, deutlicher nach dem Zweiten Weltkrieg) *soziale Eingliederung* (Integration) von B.n betrieben, nicht zuletzt auch durch volkswirtschaftl. Erwägungen motiviert: Selbst kostspielige Eingliederungsmaßnahmen sind durch ihren Effekt auf das Bruttosozialprodukt »billiger« als reine Versorgungsleistungen. Gesetzgeber., med., (vor)schul., berufl. und allg. soziale Maßnahmen bilden insgesamt ein *Rehabilitations*programm, das Mitte der 60er Jahre begonnen wurde und dessen Schwerpunkt lange Zeit deutl. auf dem berufl. Sektor lag. Die Existenz von B.n ist seither stärker ins öffentl. Bewußtsein getreten; von einem vertieften Problembewußtsein kann noch kaum die Rede sein. Techn. Hindernisse, individuelle und kollektive Verhaltensweisen, verinnerlichte →Normen und Einstellungen »behindern« nach wie vor eine offene Begegnung. Zukunftsweisend sind Gruppen von B.n und Nichtb.n, in denen sich Nichtb. als behindert und B. als nichtbehindert erfahren können.

*C.* Ein sinnvoller Ansatz von *theol. Verstehen* ist der aufgezeigte Doppelsinn des Wortes »Behinderung«. Sich einander behindern bzw. behindert werden ist ein Ausdruck von →Sünde; B. werden zu Sündenböcken einer →Gesellschaft von »Nichtb.n«. →Jesus aber befreit von Sünde *und* heilt (Mt 9,1-8); beides gehört also untrennbar zusammen: Die Mauer der »Behinderungen« zwischen →Mensch und Mitmensch wird – jedenfalls im Ansatz – durchbrochen. Dies hat Folgen für das Verständnis der →*Kirche*: B. und Nichtb. sind miteinander Kirche; ohne B. ist der Leib Christi behindert; B. können deshalb unmögl. Objekte oder reine Empfänger diakon. Hilfeleistungen (→Diakonie) sein. Vielmehr kann einer dem anderen zum Christus werden (→Luther). Eine entspr. Gestaltung von Rehabilitation steht weithin noch aus. Problemat., obgleich durchaus geboten, ist die *schöpfungstheol.* Fragestellung (→Schöpfung): Wenn ich als B.r ebenso Geschöpf →Gottes bin wie ein Nichtb., hat Gott also die Behinderung mitgeschaffen? Will Gott, daß Menschen behindert sind? U. Bach bejaht diese Frage unter Berufung auf Ex 4,11 (»Wer hat dem Menschen den Mund geschaffen, oder wer macht ihn stumm oder taub oder sehend oder blind? Bin nicht ich es, Jahwe?«) und Am 3,6 (»Geschieht ein Unglück in der Stadt, und der Herr hätte es nicht gewirkt?«). Doch gilt demgegenüber nicht ungleich stärker das »Steh auf und wandle!« (Mt 9,5)? Eine »richtige« Antwort gibt es nicht. Die Frage bleibt vielmehr offen im Sinne einer existentiellen Herausforderung an B. und Nichtb.: Nehmen wir uns *selbst*, so wie wir sind, als Geschöpfe Gottes an? Nehmen wir uns *einander* als Gottes geliebte – niemals minder- oder höher-wertige – Geschöpfe an?

*Lit.: U. Bach:* Kraft in leeren Händen, Freiburg 1983. – *A. Hämer:* Rehabilitation von unten, München/Mainz 1978. – *E. Klee:* Behindert, Frankfurt/M., 3. Aufl. 1981. – *G. Müller-Fahrenholz (Hg.):* Wir brauchen einander, Frankfurt/M. 1979.

*Andreas Hämer*

**Beichte.** Die B., →Sakrament der Buße und Versöhnung und viertes in der kath. Zählung der sieben *Sakramente*, hat seine ntl. Wurzel einerseits in Jesu Aufruf zur Bekehrung (Mk 1,15; vgl. 2 Kor 5,18-21), andererseits in seinem Auftrag an die Jünger, Sünden zu vergeben (Joh 20,23) sowie in der Gewalt, zu binden und zu lösen (Mt 16,19; 18,18); diese Wurzeln zeigen die Bedeutung von →Heil, →Gnade (→Rechtfertigung), →Sünde und deren soziale (kirchl.) Dimension für das Verständnis der B.

*A.* Die konkrete Form des Sakraments geht auf die *ma. Praxis* der häufigen Buße für schwere Sünden zurück, welche die kirchl. Bußpraxis (Exkommunikationsbuße) der frühen Kirche ersetzte (→Buße). Während in der kirchl. Bußpraxis der Bischof der Spender ist, wird es jetzt der Priester; auf Grund seines Empfangs entsteht die Gewohnheit, auch weniger schwere Sünden zu bekennen. Das Sündenbekenntnis (confessio), anfängl. noch von der Versöhnung (Absolution, Lossprechung) unterschieden, erhält größeres Gewicht und gibt dem ganzen Geschehen den Namen. Die Absolution durch den Priester verändert sich aus einem Bittgebet (»Gott spreche dich los...«) in eine indikative Formel (»Ich spreche dich los...«). Auf der Basis der gewachsenen Praxis, früherer Sakramententheologie und kirchl. bindender Aussagen (u.a. die Verpflichtung zur jährl. B. vor dem eigenen Priester [Laterankonzil 1215; Denzinger/S. 812]) werden auf dem →*Konzil von Trient* – in Konfrontation mit der reformator. Kritik – die Bestimmungselemente der B. umfassend festgelegt: *sakramentaler* Charakter und *Eigenständigkeit* (Unterschied zur →Taufe), die einzelnen *Elemente* (Der Büßende bereut, bekennt unter Geheimhaltung dem Priester die Todsünden [nach Zahl und Art], evtl. die tägl. Sünden, und erfüllt die auferlegte Buße; der Beichtvater spricht die Absolution), die *Art* (Gerichtsurteil) und die *Wirkung* (Sündenvergebung, Versöhnung mit Gott; DS 1667-1693; 1701-1715). In der Periode nach Trient tritt in Theorie und Praxis der richterl. Charakter der B. in den Vordergrund.
Seit Beginn des *20. Jh.s* läßt sich eine Blüte der Andachtsb. (häufige B. der tägl. Sünden) feststellen. Auf dem *2.* →*Vat. Konzils* wird eine Reform des Ritus beschlossen; das Interesse richtet sich auf das seelsorgerl. Element der B. und die soziale Dimension von Sünde, Buße und Vergebung (Sacrosanctum Concilium 72.109-110, Christus Dominus 30, Lumen Gentium 11). In der revidierten Bußordnung (1973) sind Zeichen dafür zu sehen im Gebrauch von Begriffen aus der Medizin neben den jurist. Begriffen (4.6b.7a.10a; vgl. die postsynodale Exhortatio »Reconciliatio et paenitentia« [1984] Nr. 31) und im Verweis auf den anderen zugefügten Schaden (praenotanda 5); auf dieser Linie liegen auch die neue Form der Beichtfeier und die vorsichtige Würdigung von Bußfeiern.

*B.* Seit den 60er Jahren ist von einer *Beichtkrise* die Rede: Was einmal als typ. für Katholiken galt, ist in vielen Gebieten prakt. verschwunden. Verschiedene Ursachen sind dafür zu nennen: →Säkularisation, Auflösung des Sündenbewußtseins, unzureichendes Erleben und Begleiten bei der B., Konzentration auf die individuelle Sünde, bes. auf dem Gebiet der →Sexualität. Grundsätzl. ist aber zu fragen, ob die Privatb. für den Prozeß der Versöhnung nach einer schweren Sünde eine angemessene Form bietet und ob die Andachtsb. seelsorgerl. gesehen eine nützl. oder gar die beste Art ist, mit dem tägl. Versagen umzugehen, oder ob es im christl. Leben nicht andere liturg. (Eucharistie, Bußfeier usw.) oder außerliturg. Formen gibt (Gespräche zwischen den Betroffenen, Seelsorgsgespräche; →Buße), die heutigem Umgang mit Verantwortlichkeit und Schuld besser entsprechen und als sakramental anerkannt werden können.

*Lit.: H.-P. Arendt:* Bußsakrament und Einzelbeichte. Die tridentin. Lehraussagen über das Sündenbekenntnis und ihre Verbindlichkeit für die Reform des Bußsakramentes, Freiburg u.a. 1981. – *J. Auer:* Das Sakrament der Buße, in: Kleine Kath. Dogmatik VII, Regensburg 1979, 115-193. – *Th. Schneider:* Zeichen der Nähe Gottes, Mainz 1979. – *H. Vorgrimler:* Der Kampf der Christen mit der Sünde, in: Mysterium Salutis V, 349-458. – *Ders.:* Sakramententheologie, Düsseldorf 1987, 107-219. – *H. Ziegenaus:* Umkehr, Versöhnung, Friede. Zu einer theol. verantworteten Praxis von Bußgottesdienst und B., Freiburg 1975.

*Herwi Rikhof (Übers. Hermann Häring)*

**Bekehrung.** Schon die Reich-Gottes-Predigt Jesu und die apostol. Verkündigung erheben →Buße und B. als bedingungslose Hinkehr zu Gott zur Grundforderung. Daraus ergibt sich die weitere Bestimmung der B., die in der christl. Tradition vor allem auf die individuelle Zu- und Aneignung des →Heils zielt.

*A.* Während im frühen Christentum durch Missionspredigt und vorbildl. Lebensführung vermittelte Einzelb.en die Regel sind, kommt es nach seiner staatl. Anerkennung bisweilen zu Massenb.en ganzer Völker und Stämme, die manchmal gewaltsam herbeigeführt werden. Diese Einzel- und Massenb.en können auch als →Konversion bezeichnet werden. Für das *frühchristl. Bewußtsein* schließt die durch die →Taufe sanktionierte B. die Hinwendung zu einer asket. Lebensführung ein. Da sich aber unter den Bedingungen des staatl. privilegierten Christentums der Zusammenhang von B., Taufe und Askese nicht allg. aufrechterhalten läßt, werden in der →Alten Kirche die Begriffe der B. (conversio) und der →Berufung zunehmend vom →Mönchtum in Beschlag genommen. B. wird zum Fachbegriff für den Eintritt ins Mönchtum und kennzeichnet schließl. die dauerhafte monast. Lebensform. Diese Entwicklung hält sich in der ma. Kirche durch.

*B.* Allg. hebt die Theologie bei der B. auf die *Neuschaffung* des Menschen durch Gott ab, die jedoch auch durch Begriffe wie Buße, Umkehr, Erneuerung, Wiedergeburt u.a. ausgesagt werden kann. Die →altprot. Orthodoxie bezeichnet mit B. den – durch Reue und →Glaube erfolgenden – passiv bestimmten Überschritt vom alten zum neuen Menschen. Der →Pietismus und verwandte erweckl. Bewegungen (→Erweckung) verselbständigen die B. zu einem einmaligen, zeitl. fixierbaren Ereignis in der Biographie des einzelnen, so daß die allg. Taufgnade und die bes. →Erfahrung der einmalig Bekehrten oder »Wiedergeborenen« miteinander konkurrieren. Bei separatist. Gemeinschaften biblizist. Prägung (→Sekten) bildet die B. den Eintritt in den neuen Glaubenszusammenhang; damit bezeichnet sie die Trennung von einer →Volkskirche, die als glaubensschwach und verweltlicht gilt.
Auch die *gegenwärtige Theologie* betont die in Buße und Umkehr sichtbar werdende Bedeutung der B. für den lebenslangen Prozeß des Christseins. Dabei kann das Verhältnis zwischen göttl. Aktivität und menschl. Passivität oder Mitwirkung unterschiedl. gewichtet werden. Diese unterschiedl. Gewichtung eignet sich aber ebensowenig dazu, um konfessionsspezif. Differenzen wieder aufleben zu lassen, wie die bes. in Strömungen →polit. Theologie und von →Befreiungstheologie, aber auch innerhalb des →Ökumen. Rats der Kirchen zu beobachtende Ausweitung der B. auf soziale Strukturen.

*C.* B. als durch Krisen- und Frustrationserfahrungen vorbereitete totale *Lebenswende* wird immer wieder zum Gegenstand religions- und sozialpsycholog. Untersuchungen gemacht. Obwohl sie nicht auf die für das frühe Erwachsenenalter kennzeichnende Identitätskrise eingeengt werden kann, läßt sich der Erfahrungsgehalt der B. an diesem Übergang doch gut verdeutlichen: Das mit der B. gewonnene neue Selbstverständnis stellt zwar eine Zäsur im Leben des einzelnen dar, jedoch wird seine Identität (in Rekonstruktion des alten durch das neue Selbstverständnis) auch bewahrt. Eine theol. verstandene B. ist also für die Erfahrung durchaus nachvollziehbar, wenn die menschl. Tätigkeit nicht (um der göttl. Alleinwirksamkeit willen) aus dem Vorgang der B. ausgeschaltet wird, obschon die B. ganz und gar als Geschenk Gottes betrachtet werden kann.
Geht man jedoch nicht vom inneren B.svorgang beim einzelnen aus, sondern von einer auf B. abzielenden evangelistisch-missionar. Verkündigung, dann kommt die *Grenze zur Glaubensmanipulation* (→Manipulation) in Sicht, d.h. zu dem unerlaubten Eingriff in die Persönlichkeitsstruktur eines Menschen, der zum »Missionsobjekt« degradiert wird. Eine die B. intendierende →Verkündigung muß also die →Freiheit der Persönlichkeit respektieren, andernfalls ist sie nicht mehr christl., insofern Christus selbst und nicht der Missionar die glaubensstiftende Kraft ist; und sie verstößt gegen jenes Verständnis von Religion, das die Väter unserer Verfassung bei der Gewährleistung der →Religionsfreiheit im Blick hatten.

*Lit.: W. H. C. Frend u.a.:* B., in: Theol. Realenzyklopädie 5, 439-486. – *M. Josuttis:* B. als Befreiung, in: Das missionar. Wort 25 (1972), 167-173. – *E. Wacker:* Ordo salutis. Die Heilsordnung (1898), Breklum 1960.

*Falk Wagner*

**Bekenntnis.** Im Unterschied zu Volksreligionen kennen Universal- oder →Weltreligionen B.se als einen antwortenden und anbetenden *Lobpreis* der Gottheit *und ihrer Heilszusage. Diese B.se finden sich insbes. im* →Judentum, im →Christentum und im →Islam. Doch hat Bekennen im NT nicht von Anfang an diese techn. *Bedeutung.* Bekennen heißt zunächst: zu jemandem stehen (Mt 10,32: »Wer immer zu mir sich... bekennt, zu dem werde ich mich... bekennen«), öffentl. erklären (Mt 7,23; Joh 1,20), schließl. den Glauben an →Jesus Christus öffentl. kundtun (Joh 9,22;12,42). Doch sehr früh hat sich dann der Begriff des christl. B.ses herausgebildet.

*A.* Auch das B. zu Jesus dem Christus wird im NT als Lobpreis (»Homologie«) und Antwort der →Gemeinde auf den in Jesu Tod und →Auferstehung offenbaren Gott verstanden. Das B. gründet primär im gottesdienstl. Leben, wo es außer dem Sündenb. (das bes. im MA. zur »confessio« der →Beichte verselbständigt wird; →Sünde), vorrangig als Taufb. seinen Platz hat (→Taufe). Universal-ökumen. Bedeutung gewinnt es in der Auseinandersetzung mit abweichenden (Irr-)Lehren (→Häresie), so daß es als Glaubensnorm (regula fidei) und schließl. in den christolog. und trinitar. Auseinandersetzungen der →*Alten Kirche* (→Altkirchl. Konzile) als Lehrnorm in Abgrenzung von konkurrierenden Auffassungen zur Definition des rechten Glaubens der Kirche beiträgt. In der ma. Kirche des Westens tritt seine Bedeutung als Lehrnorm allerdings zurück. Zwar gilt allg. als Regel das sog. Traditionsprinzip des Vincentius von Lerinum (gest. ca. 450), es gelte, was »überall, immer und von allen« gehalten werde. Damit war zunächst jedem Auslegungsmonopol ein Riegel vorgeschoben. Doch geraten Fragen der Lehre seit dem Hochma. immer mehr in das Kraftfeld theol. Schulen. Neben den Universitäten wächst zunehmend der Einfluß der päpstl. Autorität (→Papst). Trotz ihres universal-ökumen. Anspruchs sind B.se an ihre raumzeitl. Entstehungssituation gebunden, so daß der jeweils aktuelle B.akt für die Geltung und Auslegung der B.se grundlegend ist.
Das gilt in bes. Weise für die B.se der →*Reformation*, die – in Übernahme der altkirchl. Glaubensb.se und angesichts kirchl. Fehlentwicklungen – das B. zum →Evangelium mit der Wiederherstellung der einen kath. →Kirche verknüpfen. Diesen B.sen kommt zwar als »normierte Norm« (norma normata) bis heute ein verpflichtender Charakter zu, doch müssen sie immer neu aktualisiert und vergegenwärtigt werden. Dies geschieht mit wechselnden Akzentsetzungen zumeist im Rahmen von Säkularfeiern. Der Begriff erhält jetzt – im Gegensatz zum definierten Glaubenssatz der röm.-kath. Kirche (→Dogma) – seine spezif. ev. Bedeutung.
Seit dem 2. →Vat. Konzil ist – trotz des Anspruchs von →Papst und →Konzilien auf →Unfehlbarkeit – auch in der kath. Kirche offiziell das Bewußtsein wieder gewachsen, daß das B. der Kirche der obersten Norm der →Schrift untersteht und geschichtl. auszulegen ist. In der 2. Hälfte des 20. Jh.s kommt es in den →*Jungen Kirchen* →Asiens und →Afrikas zu eigenständigen B.bildungen, die als Zeichen der Kreativität und nicht des Konformismus zu werten sind.

*B.* Der gottesdienstl. Ursprung der Lob- und Sündenb.se zeigt, daß die inhaltl. Aussage eines B.ses nicht vom *B.akt* getrennt werden kann, der an Gott gerichtet ist. Ebenso grundlegend ist der Bezug auf die Gemeinde als Gemeinschaft von Glaubenden. Dies tritt vor allem im Credo des Taufb.ses hervor. Als *»Kurzwort«* (verbum abbreviatum, →Augustinus) oder als »Summe der Glaubenslehre« (summa doctrinae fidei, →Reformation) nimmt das B. – als zusammenfassende Auslegung und zugleich als Auslegungsregel der Schrift – lehrhafte Gestalt an, durch die eine kirchl. Gemeinschaft öffentl. definiert, wie sie sich versteht. So gibt es heute vom →Ökumen. Rat der Kirchen unterstützte Bemühungen um ein gemeinsames B. des apostol. Glaubens.
Doch ist das Bewußtsein wachzuhalten, daß das B. nicht - wie z.B. bei den konfessionellen Reaktionsbewegungen des 19. Jh.s – zum Instrument konfessioneller Verfestigung und Selbstgenügsamkeit wird (→Konfession). Denn jedes B. gründet auf dem von ihm unterschiedenen Grund des →Glaubens, Gottes Offenbarung in Jesus Christus; deshalb kann es immer auch überschritten werden. Diese Unterscheidung zwischen B. und Glaubensgrund gewährleistet, daß auch unter der Bedingung des konfessionellen →Pluralismus Einheit und Katholizität des Christentums ausgesagt und realisiert werden können.

*C.* Im Zuge der →Konstantin. Wende avanciert das B. durch die Religionsedikte der Kaiser zum *Reichsrecht.* Aber die Auseinandersetzungen um das Konzil von Chalcedon (451, →Altkirchl. Konzile) zeigen, daß der Kaiser nicht unabhängig vom kirchl. Gemeinbewußtsein diese rechtl. Fixierungen durchsetzen kann, so daß die gescheiterten Versuche, das B. allgemeinverbindl. rechtl. festzulegen, den Grund zur konfessionellen Zersplitterung des Christentums legen. Auch in der abendländ. Kirche gewinnen die altkirchl. B.se einen rechtsverpflichtenden Charakter, der nach dem Investiturstreit (11. Jh.) wesentl. durch die Autorität des Papstes bestimmt wird. Aus der bundesrechtl. Indienstnahme des luth. B.ses (→Bekenntnisschriften) entwickelt sich seine territorialrechtl. Bedeutung (→Reformation), die aber reichsrechtl. erst mit dem →Augsburger Religionsfrieden und – gleichberechtigt für Lutheraner und Reformierte – erst mit dem Westfäl. Frieden (1648) anerkannt wird. In der Neuzeit wird die staatsrechtl. Sanktionierung des B.ses allmähl. durch seine freie Wahl abgelöst, so daß der →Staat den einzelnen vor B.zwang schützt. Das B. ist so allein ein Teil der kirchenrechtl. Ordnung, der zufolge es primär für die Amtsträger verpflichtenden Charakter hat.

*Lit.: M. Brecht/R. Schwarz:* B. und Einheit der Kirche, Stuttgart 1980. – *H. Dörries:* Das B. in der Geschichte der Kirche, Göttingen, 2. Aufl. 1947. – *W. Maurer:* B.

und Sakrament I., Berlin 1939. – *G. Mensching u.a.:* B., in: Religion in Geschichte und Gegenwart 3. Aufl., Bd. 1, 988- 1009. – *G. Ruhbach (Hg.):* B. in Bewegung, Göttingen 1969.

*Falk Wagner*

**Bekenntnisschriften** sind eine späte Erscheinung innerhalb der Geschichte des →Bekenntnisses. Über Bekenntnisformeln und -symbole hinausgehend, die es auch in der →Alten und ma. Kirche gegeben hatte (Taufbekenntnisse, →Apostolikum, das Nizäno-Konstantinopolitanum, Athanasianum, Firmiter), werden sie in der →Reformationszeit zu konstituierenden Lehrschriften christl. Religionsgemeinschaften.

*A.* Im strengen Sinn als rechtl.-verbindl. Zusammenfassung der gültigen Kirchenlehre sind sie eine *Besonderheit des →Luthertums.* Die grundlegende luth. Bekenntnisschrift ist die *Confessio Augustana* (→Augsburger Bekenntnis) von 1530. Von ihrer Absicht her sind die luth. B. nicht die Glaubensaussage einer bestimmten christl. Gruppe, vielmehr zielen sie auf die Wiedergabe des einen umfassenden Glaubens. Sie entstanden nicht in der Absicht der Selbstabgrenzung und der Errichtung eines eigenen Kirchentums mit bes. Bekenntnisstand, stehen aber fakt. am Beginn des Zeitalters der Konfessionalisierung (→Konfession). In der Folgezeit haben auch nichtluth. Kirchen eigene B. hervorgebracht, auch wenn sie in diesen Gemeinschaften niemals den gleichen grundlegenden Charakter erhielten.
Die luth. B. hatten anfängl. den Zweck, die Übereinstimmung des eigenen Glaubens mit der kirchl. Tradition nachzuweisen. Der Plan, auf einem dt. Nationalkonzil in Speyer 1524 die Religionsfrage zu behandeln, ließ zunächst die sog. »fränkischen Bekenntnisse« entstehen. Die Reformatoren sahen sich verschiedentl. veranlaßt, den eigenen Glauben in bestimmten Schriften oder Artikeln zusammenzustellen bzw. ihn für die eigenen Anhänger einsichtig darzulegen (Katechismen). Noch im 16. Jh. gab es unterschiedl. Versuche, verschiedene B. zu einem *einheitl. Korpus* zusammenzufassen. Das *Konkordienbuch* von 1580 löste lokale Zusammenstellungen ab und schuf ein gesamtluth. Corpus Doctrinae. Zusammenfassungen von B. zu einem Gesamtkorpus der Lehre sind ebenfalls eine Eigentümlichkeit der luth. Kirchen, die jedoch nicht alle in gleicher Weise das Konkordienbuch übernommen haben, das folgende Schriften enthält: die Confessio Augustana in der Fassung von 1530, die Apologie von 1530/31, die Schmalkaldischen Artikel von 1537, den Großen und Kleinen Katechismus Martin →Luthers von 1528/29, die Konkordienformel von 1577.

*B.* In den →*reform.* Kirchen sind ebenfalls verschiedene B. entstanden, die jedoch nicht als bleibend gültige und verpflichtende Lehrgrundlage des eigenen Glaubens angesehen werden. Betont wird in den reform. Kirchen die Notwendigkeit zum immer neuen Bekenntnis. Reform. B. sind die Fidei Ratio, die Confessio Tetrapolitana, die Confessio Helvetica, der Genfer Katechismus, der Consensus Tigurinus, die Confessio Helvetica Posterior. Auch die Barmer Erklärung von 1934 wird zu den reform. B. gerechnet.

*C.* Die →*orthod.* Kirche kennt B., auch wenn sie ihren Glauben nicht in gleicher Weise dogmat. fixiert hat wie die westl. Kirchen. Grundlage des eigenen Bekenntnisses ist vor allem das Symbol von Nizäa-Konstantinopel wie die dogmat. Entscheidungen der sieben ökumen. →Konzile. In der →*röm.-kath.* Kirche erlangte die Professio fidei Tridentina (Tridentinisches Glaubensbekenntnis) zeitweilig bekenntnishaften Charakter.

*Lit.:* Die B. der ev.-luth. Kirche, Göttingen, 7. Aufl. 1976. – *Landeskirchenrat der Ev.-Luth. Kirche in Bayern (Hg.):* Die fränk. Bekenntnisse. Eine Vorstufe der Augsburger Konfession, München 1930. – *P. Meinhold (Hg.):* Kirche und Bekenntnis, Wiesbaden 1980. – *Ders. (Hg.):* Studien zur Bekenntnisbildung (Veröffentlichungen des Instituts für europ. Geschichte Mainz 103), Wiesbaden 1980.

*Rolf Decot*

**Belgien.** Kath. 90%; Prot. 0,4%; Orthod. 0,4%; Musl. 1,1%; Juden 0,4%; Nichtgläubige und Atheisten 7,5%. Als selbständiges Land existiert das Königreich B. erst seit 1830. Aber nur die *lange Geschichte* des Landes als Angelpunkt höchst unterschiedl. wirtschaftl., kultureller, polit. und rel. Interessenbereiche erklärt die heutigen Spannungen in B. Schon in der Römerzeit wurde das Gebiet des gall. Stammes der Belgier christianisiert. Im 4. und 5. Jh. lag B. im Zentrum des fränk. Herrschaftsbereichs; auf diese Zeit geht die heutige Teilung des Landes zurück zwischen einem nördl. fläm.sprachigen und einem südl. franz.sprachigen Teil. Im 14. und 15. Jh. entwickelte sich das Benelux-Gebiet unter der Herrschaft zuerst der Burgunder, dann der Luxemburger und schließl. der Habsburger zu einem wirtschaftl., polit. und kulturellen Zentrum ganz Europas; zu gleicher Zeit blühte die *Volksfrömmigkeit und →Mystik* insbes. unter den urbanisierten Bürgern und Bürgerinnen (Beginen-Bewegung). Die →Reformation spaltete die calvinist. gewordenen Niederlande vom kath. gebliebenen heutigen B. ab. B. blieb unter zunehmend erdrückender span. Herrschaft. Ein langsamer Niedergang setzte mit der Verlagerung der europ. Handelswege und Machtzentren ein, während B. nun ins Kreuzfeuer span., franz., niederländ. und österr. Interessen geriet. Schon unter Napoleon begann ein Prozeß des Wiederauflebens. Er gipfelte in der *Revolution von 1830,* als eine Koalition von selbstbewußten Katholiken und antiklerikalen Liberalen die aufgezwungene calvinist. Herrschaft des Königs der Niederlande beendete, eine liberalmonarch. Verfassung entwarf und →Toleranz für die kleinen, aber bedeutenden prot. und jüd. Minderheiten des Landes einführte. Nun brachen aber alte und neue Gegensätze wieder auf. Die kath. Kirche entwickelte im Kampf gegen →Säkularisierung und →Sozialismus eine starke, durch zahlreiche Laienorganisationen getragene soziale und polit. Machtstellung im Lande. Zugleich brachte sie wichtige Erneuerungsimpulse für →Theologie, →Ökumenismus und Pastoral.

*Lit.: R. Aubert:* 150 ans de vie des églises, 1830-1980, Brüssel 1985. – *K. Dobbelaere (Hg.):* Belgie en zijn goden: kerken, religieuze groeperingen en lekenbewegingen, Löwen 1985. – *J. Havet:* Le Protestantisme en Belgique, Brüssel 1960. – *E. de Moreau:* Histoire de l'Église en Belgique, 6 Bde., Brüssel, 2. Aufl. 1945-1952.

*Thomas Riplinger*

**Benediktiner, Benediktinerinnen.** Als B. im eigentl. Sinn gelten jene monast. Gemeinschaften, die nicht nur die *Benediktregel* befolgen, sondern auch zu der 1893 von Papst Leo XIII. errichteten Konföderation gehören (Confoederatio congregationum monasticorum Ordinis sancti Benedicti). Diesem »Ordo s. Benedicti« (OSB), der gegenwärtig 20 Kongregationen und einige selbständige Abteien zählt (insges. bei 10.000 Mitgl. in 336 Klöstern), steht ein Abtprimas (zugleich Abt von S. Anselmo/Rom) vor. In der ausgeprägten föderativen Struktur spiegeln sich Anfänge und Entwicklung der B.

*A.* Am Anfang stand eine an ein →Kloster gebundene Lebensweise nach der Regel des hl. Benedikt von Nursia (ca. 480/90-553/60). Regelinhalt und -absicht sind vom zeitgenöss. →Mönchtum her zu verstehen, das die verbindl. monast. Tradition in einer Regel fixieren wollte, ohne dieser damit eine ausschließl. gesetzl. Geltung zu geben. In einem mehrschichtigen Prozeß kam es im Abendland zur Übernahme der Benediktregel, die als Norm der monast. Tradition für das gesamte Mönchtum verbindl. sein sollte. Dem karoling. »Reichsabt« Benedikt von Aniane (gest. 821) kam für diese Uniformierung herausragende Bedeutung zu. So kann seit dem 9. Jh. von einem Gemeinbewußtsein der B. gesprochen werden, das in Benedikt von Nursia seinen Gesetzgeber sah. In bezug auf die *Consuetudines* (Gewohnheiten: Regelung des Alltags unter Berücksichtigung lokaler Bedürfnisse und Traditionen) scheiterten die Vereinheitlichungsbemühungen. Auf der Basis unterschiedl. Consuetudines kam es vielmehr zu *Verbandsbildungen* wie →Cluny, Gorze usw. So gab es fortan bei den B.n verschiedene rechtl. selbständige *Ordines* (im Sinn von Verbänden), von denen sich einige (bes. die →*Zisterzienser*) scharf von den übrigen B.n abgrenzten. Diese verstanden sich seit dem 13. Jh. als ein alle Unterschiede übergreifender Ordo s. Benedicti mit einem spirituellen Gemeinbewußtsein. Rechtl. Strukturen nach dem Vorbild der Zisterzienser, Prämonstratenser und bes. der Bettelorden entwickelten im Spätma. und in der Neuzeit einzelne Föderationen und →Kongregationen.

*B.* Die Differenzierung in verschiedene Consuetudinesgruppen und Ordines ergab sich notwendigerweise auch aus den kirchl. und gesellschaftl. *Funktionen der B.*, die aus dem jeweiligen soziokulturellen Kontext zu erklären waren und sind. So reicht der Bogen der Tätigkeiten vom kontemplativ-liturg. Leben über wissenschaftl. und erzieher. bis zu apostol.-missionar. Aufgaben. Die in ihrer Bedeutung kaum zu überschätzende »monast. Kultur« der B. im →MA. war in polit., sozialer und kultureller Hinsicht an die Strukturen der feudalen Gesellschaft gebunden. Deren Krisen waren darum auch solche der B. Reform und Neuorientierung wurden dabei beeinflußt von Gestalt und Selbstverständnis der jeweils neuen Orden und den rel. Bedürfnissen, worin sich eine erstaunl. Anpassungsfähigkeit der B. zeigte.

*C.* Die Geschichte der *B.innen*, d.h. der Ordensfrauen, die nach der Benediktregel leben, verläuft weithin parallel zu der der B. Bei 9.000 klausurierte Nonnen leben in ca. 470 Abteien, die meist in Kongregationen zusammengeschlossen und nur lose mit den B.n verbunden sind. Sie sind dem kontemplativen Leben verpflichtet. Auch gibt es seit dem 19. Jh. über 40 selbständige Kongregationen, die sich karitativen und erzieher. Aufgaben widmen.

*Lit.:* Atlas O.S.B., Rom 1973. – *C. Butler:* Benediktin. Mönchtum, St. Ottilien 1929. – *D. Knowles:* Geschichte des christl. Mönchtums, München 1969 (Lit.). – *G. Lunardi/A. Manconi u.a.:* Benedittine, Benedittini, in: Dizionario degli Istituti di Perfezione, Bd. I, 1260ff., 1222-1286. – *Ph. Schmitz:* Geschichte des Benediktinerordens, Einsiedeln 1942-56. – *B. Steidle (Hg.):* Die Benediktusregel, lat.-dt., Beuron, 3. Aufl. 1978.

*Isnard W. Frank*

**Beratung**

*A.* Die vielfältige und weitverzweigte Institution der B. entwickelt sich *seit Anfang des 20. Jh.s* als Antwort auf Probleme der Sicherheit des einzelnen in seinem Verhalten. Sie reagiert auf die →Erfahrung gewachsener Verhaltensmöglichkeiten, schwer überschaubarer Sachzusammenhänge, abnehmender direkter Steuerung von Verhalten durch →Institutionen und schwindender Sozialbindung. Die B. in Sachfragen der Lebensführung (z.B. Verbraucherb.) ist zu unterscheiden von der im engeren Sinne B. genannten *psychosozialen B.*, die in ihrem Verlaufsbild von best. Formen der →Psychotherapie (gezielte Kurz- bzw. Fokaltherapie) wenig verschieden ist. Ziel der psychosozialen B. ist es, die Selbständigkeit der Lebensführung beim einzelnen und in Lebensgemeinschaften zu erhöhen (»Hilfe zur Selbsthilfe«); Psychotherapie zielt dagegen auf die Befreiung von Krankheitssymptomen.

Die psycholog. →*Methoden* der B. sind so vielfältig wie die Probleme, denen sie sich zuwendet. Allerdings ist die früher weitverbreitete Form der »Trait-and-Factor-B.« (B. nach einer Erhebung von Persönlichkeitsmerkmalen durch Tests und Interviews) vielfach abgelöst durch die »klientenzentrierte B.« (C. Rogers), die durch eine »nichtdirektive« Gesprächsführung den Klienten zu einer Bewältigung seiner Probleme zu führen verspricht. Die psychodynam. B.smethode orientiert sich an Erkenntnissen der Tiefenpsychologie; verhaltensbezogene B. bemüht sich, als problemat. erkanntes Verhalten nach Grundsätzen der Lerntheorie (→Lernen) zu beeinflussen. Die B.spraxis stellt sich gegenwärtig im allg. als eine *Mischform verschiedener B.smethoden* dar; partnerzentrierte, nichtdirektive Verhaltensformen des Beraters überwiegen.

*B.* Die →*Kirchen* haben ein weitverzweigtes Netz von B.sinstitutionen aufgebaut, in der Überzeugung, daß die psychosoziale B. eine moderne Form der →Seelsorge darstellt. Das Berufsbild des →Pfarrers als *Seelsorger* orientiert sich in Theorie und Ausbildung deutl. am Typ der B. nach C. Rogers (Pastoral counseling, beratende Seelsorge). Bei der Verhältnisbestimmung von B. und Seelsorge steht die Frage nach einer unterscheidbar *rel.* Gestalt der Seelsorge, ihres Menschen- und Weltbildes, im Vordergrund. Dringlicher aber erscheint eine christl.-eth. Kritik der Lebensformen, die der psychosozialen B. zugehören: Das Interesse wird auf Krisen und Probleme fixiert; man erweckt den Eindruck, als seien psychosoziale Konflikte lösbar, ohne die strukturelle Komplexität und die Schwäche der menschl. Person zu berücksichtigen; man beschränkt die B. auf das Binnenklima der Privatsphäre; selbst die Überbewertung von Beziehungskonflikten kann problemat. sein.

*Lit.: H. Halberstadt:* Psycholog. B.sarbeit in der ev. Kirche, Stuttgart 1983. – *Kath. Bundesarbeitsgemeinschaft für B. (Hg.):* B. als Dienst der Kirche, Freiburg 1981. – *H. Niederstrasser:* Theologie und Ökonomie, Stuttgart 1972. – *H. Schröer:* B., in: Theol. Realenzyklopädie 5, 589-595.

*Reinhard Schmidt-Rost*

**Bergman,** *Ingmar.* Der am 14.7.1918 in Uppsala geb. prot. Pfarrerssohn kam vom Theater (A. Strindberg, H. Ibsen) zum →*Film* und zählt zu den Klassikern des existentiell bedeutsamen Kinos. Nach einer themat. Auseinandersetzung mit dem Generationenkonflikt (»Abend der Gaukler«, 1953) findet B. unter dem Einfluß von S. →Kierkegaard sein Hauptthema, die Sinnfrage in ihren verschiedenen Beziehungsebenen und darin explizit die Gottesfrage. Obwohl B. oft christl. interpretiert wird, handelt es sich genaugenommen um einen philos. Ansatz. In formstrengen Bildern und →Symbolen stellt B. den Menschen in einer kalten, materialist. Welt gefangen dar (Winter-, Schatten- und Gittermotiv), dabei sehnsüchtig nach →Erlösung fragend. Vor allem in seiner Trilogie (»Wie in einem Spiegel«, »Licht im Winter«, »Das Schweigen«, 1959-1963) interpretiert B. menschl. Isolation und Beziehungslosigkeit als Schweigen Gottes. Weiterhin thematisiert B. existentielle Grundfragen wie Todesangst und Liebessehnsucht (»Schreie und Flüstern«, 1972), ehel. Partnerschaft als Notwendigkeit und Aporie (»Szenen einer Ehe«, 1974), den Mutter-Tochter-Konflikt (»Herbstsonate«, 1978) sowie die verletzl. Fantasie der Kindheit als Gegengewicht zur materialist. Erwachsenenwelt (»Fanny und Alexander«, 1982).

*Lit.: J. Donner:* The films of Ingmar B., New York 1972.

*Michael Graff*

**Bergpredigt.** Die B. wirkt auf viele Menschen gerade wegen der Radikalität ihrer Forderungen, die diesen als die einzig mögl. Antwort auf die drängenden Probleme der Gegenwart erscheinen, anziehend. Sie ist die erste Rede Jesu im Mt und trägt seit dem 16. Jh. (wegen Mt 5,1 »auf einen Berg«, vgl. dagegen die Lokalisierung in Lk 6,17) allg. diesen Namen, der bei →Augustinus zum ersten Mal belegt ist.

*A.* Daß es sich bei der B. ursprüngl. nicht um eine originale Rede Jesu handeln kann, ergibt sich aus dem inhaltl. unterschiedl., sich z.T. widersprechenden Material (vgl. Mt 5,16 mit 6,1-18), der viel kürzeren und ursprünglicheren Lk-Parallele, der literar. Prägung des Stoffes (vgl. vor allem die »Antithesen« und Mt 6,1-18) und der Eigenart des Matthäus, das Redematerial Jesu in mehreren großen *Redekompositionen* zusammenzustellen. Matthäus hat diese Reden Jesu durch den jeweils gleichlautenden Abschluß (vgl. Mt 7,28; 11,1; 13,53; 19,1; 26,1) und durch 28,20 (»lehrt sie, alles zu befolgen, was ich euch geboten habe«) stark herausgehoben. Diese Betonung gilt bes. für die B. als die erste Rede Jesu im Mt. Darüber hinaus hat Matthäus die B. und die anschließenden Wunder zu einer Einheit zusammengebunden, so daß Jesus nicht nur als der vollmächtige Ausleger des Gesetzes erscheint (Messias des Wortes), sondern auch durch seine Wundertaten ausgewiesen ist (Messias der Tat).

*B.* Auf den *hist. Jesus* werden häufig die Mt und Lk gemeinsamen Seligpreisungen und die »Antithesen« 1, 2 und 4 zurückgeführt, ebenso das Doppelgebot der →Liebe (in der lukan. Fassung). Die bislang vergebl. Versuche, das Thema und das Aufbauprinzip der B. zu entdecken, bestätigen nur die Tatsache, daß Matthäus unterschiedl. Material zu einem Rede-Block zusammengefügt hat. Ein Thema, das die meisten, wenn auch nicht alle Perikopen der B. verbindet, ist das »Tun der Gerechtigkeit«. Zumindest 5,13; 7,6.12-27 lassen sich unter diesem Nenner zusammenfassen. Es geht der B. um den Weg, den der Jesusnachfolger in die Gottesherrschaft zu gehen hat. Die Gottesherrschaft wird nur durch Gerechtigkeit erlangt. Die →Gerechtigkeit unterscheidet sich aber von der Gerechtigkeit der Schriftgelehrten und →Pharisäer, denen die B. eine falsche Theorie (5,17-48) und eine falsche Praxis (6,1-18) vorwirft. Gleichwohl legt Matthäus bes. Nachdruck auf die Praxis (vgl. Mt 5,19b die ungewöhnl. Reihenfolge »tut und lehrt«; 7,23.24-27).

*C.* Entgegen weitverbreiteter Ansicht und gegen die Formulierung der Antithesen geht der *Inhalt* der B. nicht über die Aussagen des →Judentums z.Z. Jesu hinaus; bei den Juden ist auch die Feindesliebe belegt. Matthäus hat sie allerdings an den Schluß der »Antithesen« gerückt und dadurch stark betont. In 7,12 läßt er die ganze B. in der positiv formulierten →Goldenen Regel gipfeln. Damit ist das »*Liebesgebot*« auch für Matthäus die Zusammenfassung des von Jesus endgültig interpretierten Willens Gottes, wie er nach dem AT im Gesetz und den →Propheten begründet ist (7,12; 22,34-40). Diese Beurteilung des Liebesgebotes teilt Matthäus mit Paulus (vgl. Gal 5,14), ob aber Matthäus ebenso wie Paulus das Geschenk des Heils dem Tun des Menschen vorordnet, ist umstritten. Eine zutreffende Würdigung der Seligpreisungen – sie sind nicht in erster Linie eth. Forderungen, sondern stellen einen Zusammenhang her zwischen best. Haltungen oder Taten und dem Heil – sowie Mt 6,10 zeigen, daß Matthäus bei aller Betonung des menschl. Tuns der *Geschenkcharakter* des →Heils nicht fremd ist. Auch ist hier der Hinweis M. →Luthers ernst zu nehmen, daß die Predigt von der Rechtfertigung aus Glauben und die von den guten Werken zwei *verschiedene* Predigten sind, von denen jede ihre Berechtigung zu ihrer Zeit hat (Weimarer Ausgabe 32, 498).

*D.* Das die *moderne Diskussion* kennzeichnende Stichwort der *Erfüllbarkeit* der B. ist der →Alten Kirche prakt. unbekannt, wenn auch gelegentl. die Schwierigkeit, die Gebote der B. zu erfüllen, betont wird. Folgende Zweiteilung beherrscht das →*MA.*: *Die Vollkommenen* sollen und können die »Räte« der B., deren »Gebote« aber sollen *alle Gläubigen* erfüllen. Immer wieder versuchte man, in kleineren Gemeinschaften die Verbindlichkeit der ganzen B. für alle durchzusetzen. Luther reagiert darauf mit der Unterscheidung von Christperson und Weltperson (→Zweireichelehre). Die intensive Diskussion seit dem 19. Jh. führte u.a. zu vier Interpretationen: 1. Die B. enthält eine »Gesinnungsethik«, 2. eine »Interimsethik«, oder sie ist (gemäß der Auslegung des Luthertums) 3. keine Handlungsanweisung, sondern Spiegel der Sündenverfallenheit der Menschheit (→Sünde). 4. In gewissen, häufig als schwärmer. bezeichneten Krisen schließl. wird die B. als wörtl. zu nehmende eth. Weisung und als Entwurf einer neuen Gesellschaft der Liebe und des Friedens angesehen (z.B. →Tolstoi). Zwar wird in der stark durch die Frage der sog. *autonomen Moral* geprägten gegenwärtigen eth. Diskussion die Bedeutung der B. abgeschwächt, sofern ihr material-inhaltl. keine eth. Forderung mehr zugestanden wird, die nicht auch für die natürl. Vernunft prinzipiell erreichbar wäre. Zugleich aber wird betont, daß dieses log. Urteil gerade nichts besagt über die Entstehung zutreffender sittl. Normen; dafür könne die jüd.-christl. Offenbarung schwerl. überschätzt werden. Demgegenüber betont die Glaubensethik, daß sich die spezif. Eigenart des bibl.-christl. Ethos gerade am materialen Gehalt dieses weltgeschichtl. hochbedeutenden Dokuments zeigt.

*Lit.: U. Berner:* Die B. Rezeption und Auslegung im 20. Jh. (Göttinger Theol. Arbeiten 12), Göttingen, 2. Aufl. 1983. – *G. Dautzenberg:* Ntl. Ethik und autonome Moral, in: Theol. Quartalschrift 161 (1981), 43-55. – *J. Lambrecht:* Ich aber sage euch. Die B. als programmat. Rede Jesu (Mt 5-7; Lk 6,20-49), Stuttgart 1984. – *G. Strecker:* Die B. Ein exeget. Kommentar, Göttingen 1984 (Lit.). – Vgl. auch die Kommentare → Matthäusevangelium.

*Ingo Broer*

**Beruf**

*A.* Der B. bestimmt heute entscheidend die soziale Position der Menschen und ihre gegenseitigen sozialen Abhängigkeitsverhältnisse. In der Bundesrepublik gab es 1987 rund 450 anerkannte Ausbildungsb.e; nach heutigem Verständnis kann man aber auch ohne abgeschlossene Lehre einen B. haben. B. meint mehr als ein *Job*, d.h. eine zeitl. oder sachl. begrenzte Tätigkeit, die im wesentl. unter dem Gesichtspunkt des Verdienstes gewählt wird. Nicht die Tätigkeiten an sich, sondern im wesentl. die Einstellung des Betroffenen und die je konkrete Situation bestimmen darüber, ob ein B. oder ein Job ausgeübt wird. So kann »Bedienen in einer Gaststätte« sowohl B. (Kellner) als auch Job (z.B. für einen Studenten) sein. Kritiker des »Jobdenkens« übersehen oft, daß auch über die als Job erbrachte Leistung eine Eingliederung in die arbeitsteilig organisierte →Gesellschaft erfolgt und über den →Lohn die individuelle Existenz eigenverantwortl. abgesichert werden kann (dies etwa im krassen Unterschied zu einem Arbeitslosen).

*B.* B.e haben ihren Ursprung in der *Arbeitsteilung*. Für unseren Kulturkreis werden die im frühen MA. entstandenen Handwerksb.e als erste B.e angesehen; der B. ist der Sphäre des →Handwerks und damit der bürgerl. Welt des →MA.s verbunden. Entspr. den Geburtsständen bedeutete B. eine Daseinsform (→Stand). Im Mittelpunkt steht nicht der einzelne, sondern der Hof oder der Betrieb, der den Nachkommen zu erhalten ist.
In deutl. Abgrenzung zu diesen Vorstellungen von B. sah *M.* →*Luther* alle (Erwerbs-)Tätigkeiten als gleichwertig an, er gilt daher auch als Schöpfer des Begriffs B. im modernen Sinne (1 Kor 7,20). Mit seiner Auffassung, daß Gott dem Menschen seinen B. als ird. Aufgabe zuweise, trug er mit dazu bei, die B.swahl aus der alleinigen Zuständigkeit des Familienverbandes zu lösen. Dieses »von Gott berufen« bedeutet sowohl eine lebenslange Aufgabe mit Bewährungscharakter als auch die →Pflicht, seine →Berufung und damit Gottes Ratschluß gewissenhaft zu erforschen. Damit war aber auch die Basis für die Rechtfertigung einer individuellen B.swahl gegeben.

*C.* Die oben skizzierten Positionen sind für uns heute jedoch erst über den Umweg der *B.sdebatten im 19. Jh.* bedeutsam, die im Angesicht der ersten industriellen Revolution geführt wurden. Es ging dabei um die Frage, ob im Bereich der →Industrie sich B.e herausbilden können oder sollen. Über den B. glaubte man, je nach Standpunkt, die →*Arbeiterschaft* in die bürgerl. Gesellschaft ein- bzw. ausgrenzen zu können. Beispielhaft ist dafür bes. die in den Jahren 1900-1930 geführte Debatte um die Wandlung der freiwilligen, an den Bedürfnissen des →Handwerks orientierten, Fortbildungsschule zur allg. B.sschule (G. Kerschensteiner). B. und berufsständ. Eingebundensein wurden zu einem wesentl. Bestandteil der →kath. Soziallehre. Im prot. Bereich wurde der Stellenwert des B.s (B. als Berufung) am radikalsten im Zusammenhang mit den Ämtern des →*Diakons* bzw. *Diakonisse* erörtert. Im säkularisierten Gewande wurde daraus die Forderung nach der →Selbstverwirklichung des Menschen im B. (nicht in der →Arbeit), was wiederum eine freie B.swahl (vgl. für heute: Art. 12 Abs. 1 GG) zur Voraussetzung hatte. Aus der Berufung durch Gott wurde die genaue Beachtung von Eignung und Neigung. *Beamte* und *Soldaten* hatten in diesem Sinne keinen B., sie gingen zum Dienst, hatten einen *Dienstherrn*, dem sie durch ein Treueverhältnis verbunden waren. Reste dieser Auffassungen finden sich noch heute im Beamten- und Soldatenrecht. Seit dem Zweiten Weltkrieg ist die funktionale B.sauffassung von bes. Bedeutung. Sie sieht im B. zunächst einmal die erwerbsmäßige Ausübung einer durch techn.-wirtschaftl. Verhältnisse vorgegebenen →Funktion, betont aber die neben den reinen Arbeitsverrichtungen damit verbundenen extrafunktionalen Leistungen (z.B. das Arbeitsethos und die Verantwortungsbereitschaft gegenüber den meist anonymen Abnehmern). Bedeutsam ist, daß hier alle Aussagen über die Art der Tätigkeit, die einen B. ausmachen sollen, fehlen. Gesetzgebung und Rechtsprechung stützen sich heute auf diesen von seinem früheren Bedeutungsgehalt weitgehend gelösten B.sbegriff.

*D.* B. ist nicht nur ein Problem von hist. gewachsenen *Leitbildern*, sondern auch der allgemeinen techn. und wirtschaftl. Entwicklung. In der Jugend vermittelte konkrete Kenntnisse reichen heute nicht aus, um den Anforderungen eines Tätigkeitsfeldes ein Leben lang zu genügen. Der techn. →*Fortschritt* vernichtet und schafft andererseits immer wieder B.spositionen. Auch sind heute fast alle Tätigkeiten so komplex, daß einfache Arbeitsanweisungen einen ordnungsgemäßen Arbeitsablauf nicht mehr sichern (vgl. z.B. Dienst nach Vorschrift als Streikersatz). Daher betont man in den →Sozialwissenschaften die generelle Tendenz zur Verberuflichung (*Professionalisierung*). Zu all den heute übl. Tätigkeitskombinationen gesellen sich spezielle berufstyp. Wertvorstellungen, deren Einhaltung bes. interkollegial überwacht wird und oft auch nur so überwacht werden kann. Die soziale →Institution B. sichert so die für alle hochgradig arbeitsteilig organisierten Gesellschaften bestandsnotwendig erforderl. Vertrauensbasis, da für den einzelnen keine generelle Chance besteht, die Eigenschaften zu nutzender Produkte zu überprüfen.

*Lit.: K. M. Bolte u.a.:* B. und Gesellschaft in Deutschland, Opladen 1970. – *H. A. Hesse:* B. im Wandel, Stuttgart, 2. Aufl. 1972.

*Peter Albrecht*

**Berufung.** Noch in seiner säkularisierten Gestalt erinnert das Wort »Beruf« an seinen rel. Wurzelgrund, der im →»Beruf« als »B.« deutl. hervortritt (vgl. Religion in Geschichte und Gegenwart I, 1071-1081 und 1084-1089; Lexikon für Theologie und Kirche 2, 273ff. und 280-285).

*A.* B. ist im jüd.-christl. Kontext ein Grundwort, das die Konkretisierung der göttl. Erwählung im Hinblick auf einzelne und dann den einzelnen überhaupt zum Ausdruck bringt. Das griech. Grundwort *»klêsis«* (von *»kalein«* = rufen) kehrt im Grundwort für »Kirche« = *»ekklesia«* wieder, die sich als Gemeinschaft der von Gott in seine Herrschaft Gerufenen versteht (→Kirche). Die Konkretheit der B. findet ihren Ausdruck und ihre Illustration in einer Vielzahl atl. (→Abraham, →Mose, →Samuel, Jesaja, Jeremia, Amos u.a. Propheten) und ntl. (→Maria, →Apostel, →Paulus) B.sgeschichten. In diesen Fällen ist der Berufende letztl. *immer Gott;* die B.en durch Jesus sind Ausdruck seines bes. Gottesverhältnisses. Darum hat die ev. Dogmatik die B. der Bekehrung, dem Glauben und der Wiedergeburt der Sache nach strikt vorangestellt. Doch vollzieht sich die B. selbst als →Bekehrung, als Hinkehr zu →Gott und zur Annahme der bes. Verfügung über das einzelne Leben. Sie zielt auf das Finden und die Verwirklichung des eigenen Heils, christl.: auf die Lebensgestaltung im Horizont der in Jesus gegenwärtigen Gottesherrschaft, der →Nachfolge Christi.

*B.* Bei einer solchen Einschätzung der B. erscheint die Einschränkung des Begriffs auf eine sog. rel. B., die sich von der Sinndeutung des Lebensberufes abhebt und evt. gar auf die B. zu kirchl. Diensten im engeren Sinne (→Klerus, →Orden) eingeengt wird, als fragwürdig. Gewiß beruhen solche Dienste auf »B.«, doch fügen sie sich ein in den größeren Rahmen der gottgewollten Aufgaben, Dienste und Gnadengaben (→Charisma). Aus diesem Grund haben die kath. und die ev. Theologie je auf ihre Weise zwischen einer *inneren* (vom Geist Gottes gewirkten) und einer *äußeren* (durch weltl. Instanzen vermittelten) B. unterschieden. Auf dem weiteren Rahmen eines Verständnisses von »B.«, das die kirchl. Gemeinschaft und den menschl. Auftrag in und an der Welt umfaßt, sollte auch bestanden werden, wenn das Verständnis von Beruf als einer konkreten Form menschl. Sinngestaltung und Lebenserfüllung vielfach zerbrochen ist und der Beruf dann zur reinen Weise des Unterhalterwerbs und des Jobs entartet. Selbst wenn außerhalb des jüd.-christl. Bereichs (und des Islam) rel. weithin nur analog von »B.« die Rede sein kann, so läßt sich doch auch in einem weitergefaßten Horizont das *Ethos der B.* und von daher einer wahren »Berufs«-auffassung wiederherstellen. Dazu bedarf es freil. auf seiten des einzelnen der Bereitschaft, auf die an ihn aus einem größeren Lebenszusammenhang gestellten Anforderungen zu achten und die Selbstbeschränkung auf sich und sein Wohlergehen (in das in einer erweiterten Form von Egozentrik auch die Familie, Freunde und andere Lebensgefährten einbezogen sein können) zugunsten der Solidarität mit der je größeren Gemeinschaft, aber auch zugunsten der Zukunft kommender Geschlechter zu überwinden. Wesentl. ist bereits, zu erkennen, daß jedes menschl. Leben sich auf Grund von Vorgaben vollzieht, die zur Herausforderung für den einzelnen im Hinblick auf das eigene Lebensziel werden.

*C.* Auch wenn diese Ausrichtung auf den einzelnen in einem außerchristl. und außerrel. Kontext erkennbar ist, kann doch schwerl. geleugnet werden, daß die Bedeutsamkeit des einzelnen und seiner persönl. B. und Würde nirgendwo so ausgeprägt in Erscheinung tritt wie im jüd.-christl. Glauben. Es ist daher auch verständl., daß die *Unterscheidungsregeln* für die B. des Menschen durch Gott eine eigene Geschichte in der Geschichte der christl. →Spiritualität haben, die bis in die Kriterien der konkreten Berufsfindung und – prüfung hinein ihre Fortsetzung finden.

*Lit.:* Art. Beruf, in: Theol. Realenzyklopädie V, 654-674. – Art. B., ebd., 676-713.

*Hans Waldenfels*

**Beschneidung**

*A. Phänomen und Verbreitung*

B. ist ein rituell-operativer Akt, der ursprüngl. – vor allem bei den Ägyptern, Edomitern, Ammonitern, Moabitern und Israeliten – die Aufnahme meist der geschlechtsreifen Knaben (seltener auch Mädchen) in die Erwachsenengesellschaft markiert. *B.-sformen* werden als Einschneiden der Vorhaut bzw. Klitoris (*incisio*), als Entfernung der Vorhaut (*circumcisio*) oder als Aufschneiden der Harnröhre (*subincisio*) vollzogen. Häufig sind damit nicht nur fruchtbarkeitskult. →Opfer verbunden, bei denen Zeugungsvorgänge dem Schutz der Opfergottheit unterstellt werden, sondern auch lebenszykl. →Übergangsriten, die durch Einübung in Brauchtum, Ordnung und →Gesetz des jeweiligen →Stammes sowie durch Hinführung zur →Ehe die Zeit der →Kindheit beschließen. Noch heute ist die Sitte der B. aus rel., sozialen und teils auch hygien. Gründen in Asien, Afrika, Ozeanien und seltener in Teilen Amerikas verbreitet. In der arab. Welt geht die Sitte der B. auf vorislam. Zeit zurück. Sie wird im →Koran nicht erwähnt. Dennoch wird sie im →*Islam* traditionell als verdienstl. Werk anerkannt und bes. von Konvertiten als Zeichen der Aufnahme in die Glaubensgemeinschaft in Anspruch genommen.

*B. Bedeutung und Problematik*

Eine bes. Bedeutung kommt der B. im →Judentum zu, während sie im →Christentum nur beiläufig eine Rolle spielt: Das *Judentum* kennt die B.ssitte seit dem Babylon. Exil. Da die Babylonier (wie auch die Assyrer, Chaldäer und Philister) die B. nicht kannten, war sie als Zeichen des Bundesschlusses unverkennbares Merkmal der Zugehörigkeit zum auserwählten Volk Jahwes (→Israel) und hatte Bekenntnischarakter (Gen 17,9-14; Röm 4,10-12). Die B. wurde zunächst an geschlechtsreifen Knaben vorgenommen (Ex 4,25; Jos 5,2f.), später ins Kindesalter auf den achten Tag nach der Geburt vorverlegt (Lev 12,3; Lk 2,21), weil die mit dem phys. Zeichen verbundene Segenszusage bereits Kindern zugute kommen sollte. *Paulus* lehnt die B. als ein im *christl. Glauben* prinzipiell überflüssig gewordenes Gesetzeswerk ab (Röm 2,25-29; 4,9), hält jedoch prakt. einen fallweise freien Umgang mit der B.ssitte für angemessen (Apg 15,1-20; 1 Kor 7,19; Gal 5,1-6; 6,15), weil für ihn die innere B., die »B. des Herzens«, als Umkehr zu Christus entscheidend ist (Phil 3,3; Kol 2,11). Im späteren Christentum geht entspr. die ursprüngl. an die B. gebundene Segensverheißung auf die →Taufe über. Heute gilt die B. innerhalb des Christentums nur noch in der äthiop. Kirche als Vorschrift. Umstritten ist die B. in der *christl.* →*Mission:* Teils wird das vorchristl. Verständnis der B.sbräuche als Anknüpfung für übertragene Formen der →Konfirmation anerkannt (→Inkulturation), teils wird die B. als heidn. Relikt abgelehnt und durch die christl. Taufe ersetzt.

*Lit.: B. Bettelheim:* Die symbol. Wunder. Pubertätsriten und der Neid des Mannes, München 1975. – *A. E. Jensen:* B. und Reifezeremonien bei Naturvölkern, Stuttgart 1943, Neuaufl. New York/London 1968. – *J. Soetendorp:* Symbolik der jüd. Religion, Gütersloh 1963.

*Volker Drehsen*

**Besonnenheit** bezeichnet – in der *Antike* bereits bei Homer (Od 23,13.30: *sophrosyne*) jenen »gesunden Sinn«, der ein maßvolles und vernunftgeleitetes Handeln ermöglicht. Sie umfaßt die Erfüllung der Pflichten gegenüber Göttern und Menschen. Nach →Aristoteles hält die Sophrosyne die rechte Mitte zwischen Leidenschaftlichkeit und Empfindungslosigkeit. In der →Stoa sowie in der Popularphilosophie begegnen wir ihr im Rahmen der vier Kardinaltugenden *(temperantia),* wobei es bes. um die Maßhaltung und Beherrschung der Triebe des Menschen geht. Gegensatz der B. ist die Hybris (Übermut), in welcher der Mensch die ihm gesetzten Grenzen überschreitet.
Im *AT* wird die Sophrosyne als Weisheit mit der in Gott lebenden →Weisheit verbunden, um die der Mensch bittet: »Wer hat je deinen Willen erkannt, wenn du ihm nicht Weisheit gegeben und aus der

Höhe deinen hl. Geist gesandt hast?« (Weish 9,17). Bei *Philo* kommt der Sophrosyne eine ausgezeichnete Bedeutung zu, insofern sie gegen die Hauptfeinde des Menschen, gegen Begierde und Sinnenlust, kämpfen hilft. Zunehmend zeichnen sich im Rahmen asket. und leibfeindl. Vorstellungen →dualist. Tendenzen im Verständnis dieser →Tugend ab.
Im *NT* wird von den Christen gefordert: »Seid also besonnen und nüchtern, und betet!« (1 Petr 4,7). Von den Glaubensverkündern wird verlangt, sie sollten »nüchtern sein, achtbar, besonnen, stark im Glauben, in der Liebe, in der Ausdauer« (Tit 2,2). Allerdings wird im NT mit der Übernahme der griech.-hellenist. Tradition keineswegs ein pneumat.-enthusiast. Verständnis des Glaubens propagiert, sondern dualist. Strömungen werden ebenso abgelehnt wie libertinist. Forderungen.

*Lit.:* *O. F. Bollnow:* Wesen und Wandel der Tugenden, Frankfurt/M. 1958, 89-98. – *G. Kittel:* Theol. Wörterbuch zum NT VII, 1094-1102. – *J. Pieper:* Zucht und Maß, München 1947.

*Johannes Gründel*

**Bestattung.** In allen Völkern ist die B. eine symbol.-ritualisierte Form, die Grenzerfahrung des →Todes zu bewältigen. In unserem Kulturkreis wird die *kirchl. B.* von der großen Mehrheit der Christinnen und Christen gewünscht. Durch diese volkskirchl. Nachfrage an die Trauerbegleitung der Kirchen (→Volkskirche) haben sich kommerzialisierte Begräbnisfeiern nicht (wie in den USA) durchsetzen können. Die →Kirchen besitzen ein Deutungs- und Ritenmonopol in Situationen individueller →Trauer.
Funktional betrachtet hat jedes B.sritual in sich *therapeut.* (heilende) *Dimensionen:* es tröstet und beruhigt, erschließt Stabilität. Denn im B.sritual werden die Beziehungen zwischen Trauernden und dem Toten neu formuliert, indem 1. das →Ziel angegeben wird, das der Tote erreichen soll, 2. die →Gefühle der Trauernden verhandelt werden, 3. die →Angst um den Toten beruhigt, 4. dem Toten eine neue Stellung zugesprochen, 5. die Wirklichkeit des Todes öffentl. gemacht und 6. an die Gemeinsamkeit zwischen Toten und Lebenden erinnert wird (Y. Spiegel). Diese therapeut. Funktion des Rituals ermöglicht Trauerarbeit.
Die *christl.* →*Verkündigung* ist ein krit. Korrektiv und eine inhaltl. Ergänzung zum Ritual. In der Verkündigung werden die Zwiespältigkeiten des Todes, Angst und →Hoffnung ausgedrückt. →Trost und Hoffnung werden von →Gott her für die Toten und füreinander behauptet, einander mitgeteilt und vermittelt. Christen trauern nicht so wie jene, die keine Hoffnung haben (1 Thess 4,13). Diese Hoffnung gründet im Glauben der →Auferstehung. Gott knüpft im Tod lebensstiftende Beziehungen an. Dieses →Bekenntnis hat eine krit. Kraft gegen ein gesellschaftl. verhängtes →Leidens-, Schmerz- und Trauerverbot, hinter dem der Tod durch kommerzialisierte Gewöhnung verharmlost, andererseits massenweise hergestellt wird. Der über uns verhängte Atomtod fordert ein Eintreten gegen den gewaltsamen Tod und für das Lebensrecht kommender Generationen (→Krieg, →Rüstung). Darum hat das Nachdenken über die B. auch (friedens-)polit. Konsequenzen (→Frieden).

*Lit.:* *Y. Spiegel:* Der Prozeß des Trauerns, München/Mainz 1973. – *T. Stählin:* Die B., in: Handbuch Prakt. Theologie, Bd. 3, 195-205. – *P. M. Zulehner:* Heirat, Geburt, Tod, Wien, 5. Aufl. 1987.

*Andreas Heller/Paul M. Zulehner*

**Bewußtsein**

*A.* Neuzeitl. Entsprechung der traditionell philos. Begriffe »Geist«, »Idee«, »Vernunft«. So meint →*Kant* mit »transzendentalem B.« nicht eine psycholog. Gegebenheit, sondern ein Prinzip objektiver Erkenntnis. Ähnl. in der Ablehnung einer bloß psycholog. Redeweise ist →*Hegels* Versuch, das B. und seine Stufen (B., Selbstb., →Vernunft) als Formen zu begreifen, in denen der (absolute) Geist auf dem Wege zu sich selbst jeweils erscheint. Auch in der →Phänomenologie ersetzt B. die als ungenügend empfundenen Kategorien Geist und Vernunft, etwa wenn Husserl die reinen Gestalten und Wesenszüge des intentionalen (nach außen gerichteten) B.sstroms beschreiben will. Bestimmt wird das B. von der Intentionalität, durch die es nicht nur zu evidenter Erkenntnis fähig ist; es kann auch →apriori und transzendental (→Kant) Gesetze des Denkens entwerfen und in der Erinnerung Vergangenes gegenwärtig werden lassen.

*B.* Einen anderen Begriffsumfang gewinnt der Begriff in der marxschen Tradition. →*Marx* spricht vom fakt. Bewußtsein als dem Reflex der sozioökonom. Bedingungen, unter denen die Menschen existieren; als solches ist das B. ein Überbauphänomen. Es hängt aufs engste zusammen mit dem jeweiligen Stand der Produktionsverhältnisse und ist, solange diese dem hist. objektiv Möglichen nicht entsprechen, falsches B. Ihm stellt Marx das konkrete revolutionäre B. gegenüber, das in der geschichtlich-gesellschaftl. Entwicklung an der Herstellung der Einheit von Theorie und Praxis arbeitet. Beide Bedeutungen von B. werden in der Gegenwart unter dem Stichwort →*»Ideologie«* diskutiert, negativ wertend als falsches B., auf der beschreibenden Ebene als B. in Übereinstimmung mit den materiellen, sozialen und geschichtl. Verhältnissen. War der neuzeitl. B.sbegriff der Exponent einer best. Erkenntnistheorie und Schwundstufenmetaphysik, so muß der »ideologisierte« B.sbegriff eine Geschichtsphilosophie unterstellen, von deren Vorgaben aus die Entwicklung des individuellen wie gesamtgesellschaftl. B.s ablesbar wird.

*C.* Im *nichtphilos.* Zusammenhang gehört B. gegenwärtig zu den *diffusesten* Begriffen. →Psychologie und Neurobiologie arbeiten mit einem extrem formalisierten, nichtmentalist. Begriff von B. (vgl. auch die →evolutionäre Erkenntnistheorie), während umgangs- und alltagssprachl. B. als bedeutungsgleich mit Ich, →Person, →Seele aufscheint. In der Rede von B.serweiterung, neuem B. u.ä. überschneiden sich Anklänge an popularisierte Psychologismen mit einer diffusen Sinnsuche (→New Age, neuer →Synkretismus, Remythologisierung). Auch das sog. »*rel. B.*« gehört eher in diesen Zusammenhang. An ihm läßt sich zudem die Verformung des Begriffs B. verdeutlichen. In der →Religionsphilosophie des 19. Jh.s stand der Begriff für eine von den hist. Religionen unabhängige, quasianthropolog. Konstante. Als solches war das rel. B. der allen großen Religionen gemeinsame Kern, der je verschieden entfaltet dargestellt wurde. Inzwischen bezeichnet das rel. B. (bes. ausgeprägt in der sog. →freirel. Bewegung) eine Schwundstufenreligion oder ist die Rechtfertigung rel. Ersatzstoffe. Mit dem Hinweis auf ein konstantes und gleichwohl undifferenziertes rel. B. kann noch der primitivste Aberglaube mit Bedeutsamkeit aufgeladen werden.

*Lit.: R. Werth:* B. Psycholog., neurobiolog. und wissenschaftstheoret. Aspekte, Berlin/Heidelberg/New York/Tokio 1983.

*Carl-Friedrich Geyer*

**Bibel**

*A. Kirchengeschichtlich*

Die eigentl. Geschichte der B. in der Kirche begann erst nach Abschluß der ntl. →Kanonbildung (um 400), als zum →AT alle Schriften des →NT hinzugekommen waren und mit ihm eine Einheit bildeten. Diese Geschichte ist gekennzeichnet durch eine Wechselwirkung: Die B. wird in der Kirche anerkannt und ausgelegt, sie kann auf sie aber ihrerseits verändernd einwirken.

*I.* In der →*Alten Kirche* wuchs mit der Ausbreitung des Christentums der Bedarf vor allem an ntl. Handschriften, die immer wieder abgeschrieben wurden. Gleichzeitig war man auf →B.übersetzungen angewiesen. Die Kenntnis der B. wurde den Gemeinden vor allem in Gottesdienst und Unterricht vermittelt, aber auch in privater Lektüre. Die antichristl. Polemik sowie die Notwendigkeit der Abgrenzung gegenüber anderen christl. Bewegungen (z.B. →Gnosis) förderten ihre Auslegung.

*II.* Auch im →*MA.* besaß die B. hohes Ansehen. Immer neue Abschriften und Übersetzungen spiegeln ihre Wertschätzung wider. Im *frühen MA.* besaßen und lasen die B. fast nur Kleriker und Mönche, während die Gemeinde die Schrift im Gottesdienst kennenlernte; der lat. Text erschwerte jedoch das Verständnis. Der Einfluß der B. auf Kultur und Recht war aber erheblich. Auch die Reformbewegungen des *Hochma.s* stützten sich bei ihrer Kritik am Zustand der Kirche auf die B., deren Forderung der apostol. Armut sie sich zu eigen machten. Die B.lektüre durch die Laien wurde zwar nicht untersagt, aber durch das Verbot privater Erbauungsversammlungen wurde ihnen der Zugang zur B. in hohem Maße unmögl. gemacht. Im *Spätma.* förderte der Buchdruck (→Buch) →B.verbreitung und B.kenntnis. Die B.drucke kamen jedoch nur dem Adel, dem gehobenen Bürgertum und den Klerikern zugute. Zudem waren Laien, die die B. lasen, der kirchl. Hierarchie in ihrer Befürchtung des B.mißbrauchs leicht der Ketzerei verdächtig.

*III.* Die →*Reformation* brachte eine ungeheure Steigerung des B.studiums durch die Laien, nicht zuletzt dank der B.übersetzung →Luthers. Die B. wurde als in sich klar empfunden; ihre Auslegung konnte deshalb nicht von der Kirche oder vom Papst bestimmt werden. Sie gelangte verstärkt im Gottesdienst, aber auch im bibl. Unterricht und durch den →Katechismus zur Kenntnis der Gemeinde. Innerhalb der Kirchen unterschieden sich die B.ausgaben im Umfang der bibl. Bücher (→Apokryphen). Auf die hohe Bedeutung der B. in den reformator. Kirchen reagierte das →*Konzil von Trient* dadurch, daß im Dekret vom 8.4.1546 neben der Schrift die ungeschriebenen apostol. Traditionen gestellt werden; letzte Instanz bei der Schriftauslegung ist das Urteil der Kirche. Der Text der lat. Vulgata (→Bibelübersetzungen) wird für verbindl. erklärt.

*IV.* Die luth. sowie die reform. *Orthodoxie* untermauerte zu Beginn der →*Neuzeit* die Autorität der B. mit der Lehre von der Verbalinspiration (→Inspiration), die sich sowohl auf Offenbarungsinhalte wie auf den Wortlaut bezog. Die Lutherb. blieb weiterhin maßgebend, sie wurde vielfach auch mit kurzen Erklärungen gedruckt (B.werke). Eine umfassende →B.verbreitung erreichte erst der →*Pietismus.* Auf Grund der hohen B.preise setzte es sich die 1710 gegründete Cansteinsche B.anstalt zum Ziel, durch Massenproduktion preiswerte B.n herzustellen. Die in der →*Aufklärung* entstehende B.kritik stellte die Inspirationslehre in Frage und versuchte aufzuzeigen, daß die B. ein Erzeugnis menschl. Schreibens und Überlieferns sei. Eine Folge war die Erforschung der B. mit der hist.-krit. Methode. In seinem Bemühen, christl. Glauben und Bildung zusammenzuhalten, mußte sich →Schleiermacher auch mit der Stellung der B. auseinandersetzen. Großen Anstoß erregte seine Ausgrenzung des AT aus dem Kanon. Eine Rückkehr zum Biblizismus vollzog sich in der →*Erweckung.* Die B. wurde wieder mit dem →Wort Gottes gleichgesetzt, die Inspirationslehre kam neu zur Geltung. Die B.frömmigkeit drückte sich u.a. in der Gründung von B.gesellschaften aus. Die Frage nach der Bedeutung der B. angesichts des modernen Denkens und der Wissenschaft prägte das 19. Jh. Krit. B.wissenschaft und Konservativismus standen sich hier gegenüber. Nachdem die B. trotz Gebrauchs in Kirche und Unterricht mehr am

Rande der Kirche lebte, brachte die →*dialekt. Theologie* sie wieder neu zur Geltung. Heute ist die B.lektüre selbst unter Christen recht selten geworden, im Konfirmanden- und Religionsunterricht wird sie oft vernachlässigt. In der →*kath. Kirche* brachte das 19. Jh. eine Zunahme der B.lektüre, wenn auch nur offiziell genehmigte B.ausgaben mit erläuternden Anmerkungen verbreitet werden durften. Im 20. Jh. entstand nach dem Ersten Weltkrieg jedoch eine B.bewegung, die nach dem 2. →Vat. Konzil (1962-65) nicht nur verstärkt wurde, sondern auch unter ein ökumen. Vorzeichen trat. Heute arbeiten kath. und ev. Gelehrte gemeinsam an Übersetzungen (z.B. »Einheitsübersetzung«) und an der Schriftauslegung.

*Lit.: H. Karpp:* B. IV, in: Theol. Realenzyklopädie 6, 48ff. (Lit.). – *R. Schäfer:* Die B.auslegung in der Geschichte der Kirche, Gütersloh 1980.

*Beate Köster*

*B. Missionsgeschichtlich*

Obwohl die B. ursprüngl. nicht als Missionsschrift (→Mission) entstand, hat sie die Missionsidee in späterer Zeit stark beflügelt. Sie spielt deshalb in der Mission und den →Jungen Kirchen eine zentrale Rolle.

*I. Der bibl. Anstoß zur Mission* kam zunächst von den lukan. Schriften (→Apostelgeschichte) und vom »Sendungsbefehl« (Mt 28, 16-20): »Geht hin in alle Welt...!« Inzwischen wurden die Vielfalt der Missionsperspektiven im →NT sowie die Bedeutung des →AT erkannt. Es geht nicht nur um Sendung, Verkündigung und Bekehrung, sondern um die vom →Gottesdienst, der bibl. →Hoffnung und dem Liebesdienst her geprägte missionar. Präsenz der Kirche in der Welt. Dies charakterisiert vor allem die Mission der orthod. Kirchen.

*II. Die Missionsarbeit* führte zu Tausenden von →Bibelübersetzungen. Da seit →Renaissance und →Reformation die B. fast ausschließl. als gedrucktes →Buch erscheint, wurden Mission und →Schule eng verknüpft. Die B. spornte zu westl. Bildungsarbeit an und führte in vielen →Kulturen zur Verwestlichung der Kirche. In Kulturen mit eigenen →hll. Schriften wurde öfters erwogen, durch diese das AT zu ersetzen. Doch gibt es auch innerhalb des AT und NT exemplar. Neuinterpretationen der christl. Glaubenstraditionen. Nicht Reduktion und →Anpassung der B. für andere Religionen und Kulturen (→Inkulturation), sondern die Weiterführung des bibl. Traditions- und Interpretationsprozesses ist vonnöten (→Hermeneutik).

*III. In den Jungen Kirchen* wird die B. heute in einer neuen Weise gelesen, die das Leben und Theologisieren westl. Kirchen herausfordert. In der seit 1979 schnell wachsenden Kirche →Chinas hält z.B. die gemeinsame B. Glieder ganz verschiedener christl. Traditionen zusammen und führt die Protestanten zu einem eigenständigen nachkonfessionellen (→Konfession) Christsein. In lateinamerik. und asiat. →Basisgemeinden wird die B. vom Gesichtspunkt der Armen und Unterdrückten aus verstanden (→Befreiungstheologie), was zu neuen →Theologien und oft zum →Martyrium führt. Es kommt auch zur Wiederentdeckung alter Erscheinungsformen der B.: als mündl. Tradition, wo im →Erzählen und Singen Theologie wieder zur bibl. Theopoesie wird; als sichtbares Wort in der Kunst, was zur →Meditation einlädt; als →liturg. →Drama, bei dem nicht analytisch reflektiert, sondern an dem engagiert teilgenommen wird.

*Lit.: J. Blauw:* Gottes Werk in dieser Welt, München 1961. – *Ev. Missionswerk (Hg.):* Ein Wort wie Feuer: Wie Christen in der Welt die Bibel lesen, Hamburg 1985. – *A. Lehmann:* B., in: Religion in Geschichte und Gegenwart, Bd. 1, 3. Aufl., 1151f. – *H. R. Weber:* Experiments with Bible Study, Genf 1981.

*Hans-Ruedi Weber*

*C. Praktisch-theologisch*

*I.* Im kirchl. Leben erfüllt die B. eine nach wie vor *zentrale*, wenn auch zunehmend kritisch wahrgenommene und darum vielgestaltiger werdende *Funktion.* Während in den prot. Kirchen die (landessprachl.) B. von jeher eine unangefochtene, fundamentaltheol. begründete (»sola scriptura«, »allein die Schrift«) Hochschätzung genießt (verbunden mit einer erstaunl. →B.verbreitung), hat sich auf kath. Seite erst in jüngerer Zeit eine entspr. Aufwertung der B. vollzogen. Diese wurde vornehml. durch die B.bewegung vor allem des 20. Jh.s vorangetrieben, gewann nicht zuletzt im (1909 gegründeten) päpstl. B.institut Gestalt und wurde im 2. →Vat. Konzil (»Verbum Dei«) verbindl. festgeschrieben. Die bedrängende Situation des Dritten Reiches (→Kirchenkampf) hatte, durch Impulse der →dialekt. Theologie verstärkt, die B. weithin als eine unangefochtene Autorität in Fragen des →Glaubens und des Lebens erscheinen lassen.

*II.* Stand die Nachkriegszeit zunächst noch ganz im Bann dieser Erfahrungen, so machte ein seit den 60er Jahren zunehmend *krit.* werdender Umgang mit der B. die Frage nach ihrer gesellschaftl. und kirchl. Bedeutung immer mehr zum Thema. Ein gelegentl. befürchteter »Verlust der B. heute« hat sich daraus nicht ergeben. Trotz einer immer noch recht stark vertretenen biblizist. Frömmigkeit (welche die B. als die in sich geschlossene, authent. und unmittelbar anzuwendende Glaubensnorm versteht, s. auch →Fundamentalismus) macht sich dieser *Wandel* auf allen Gebieten des kirchl. Lebens bemerkbar. Das gilt für die B.stunde (und –woche), die – in reformator. und vor allem pietist. Tradition (→Pietismus) wurzelnd – heute eher an Bedeutung verloren hat und (vor allem auf →Kirchentagen und in Hauskreisen) zunehmend problemorientiert gestaltet wird. Es gilt auch für den Ausbildungsgang an B.schulen (für angehende

Gemeindehelferinnen und -helfer), der sich immer stärker ausdifferenziert und erweitert hat; ferner für das individuelle B.lesen als einer relativ selten geübten Form privater →Frömmigkeit. Daneben dürfen jedoch die einigermaßen *konstant* gebliebenen Faktoren nicht übersehen werden. So hat sich etwa die B.lesehäufigkeit als stabil erwiesen; auch an der allg. hohen (freil. vorwiegend kulturell und eth. begründeten) Akzeptanz (Annahme) der B. hat sich kaum etwas geändert, ebensowenig daran, daß für die Breite der Bevölkerung die Begegnung mit dem bibl. Wort am ehesten im Rahmen einer kirchl. →Amtshandlung stattfindet. Im ganzen gesehen wird man freil. von einem komplexer gewordenen Funktionszusammenhang von B. und →Gemeinde auszugehen haben. Entspr. gilt auch für die kirchl. →Jugendarbeit, in der sich die B.arbeit von einem grundlegenden Element der Stabilisierung kirchl. Identität und der eth. Binnenorientierung gewandelt hat zu einem – wahlweise und vielfältig gebrauchten – Mittel geistl. →Andacht sowie der Steigerung sozialer →Kompetenz. Es gilt schließl. für die →Seelsorge sowie den B.gebrauch im →Gottesdienst. Dort ist zwar die →Lesung unverändert als wesentl. liturg. Element erhalten geblieben, aber die Funktion des Predigttextes (→Homiletik) hat sich doch grundlegend geändert. Es gilt nun – wie E. Lange thematisiert und expliziert hat –, in der →Predigt eine wechselseitige Verschränkung von Text und →Situation, von →Schrift und →Erfahrung zu leisten, was redlicherweise die Rückkehr zu einem vorkrit., fundamentalist. Schriftgebrauch verbietet. Die emanzipator. Wirkung der B., die heute nicht zuletzt in der Ausformulierung von Sonderinteressen und Teilaspekten (etwa in feminst., befreiungstheol., ökumen. Kreisen) beobachtet werden kann, ist freil. bisweilen von der Gefahr des B.mißbrauchs durch gruppenegoist. Vereinnahmung begleitet. Es bleibt der prakt.-theol. Arbeit aufgegeben (→Prakt. Theologie), eine differenzierte Gestalt von (bibl.) →Hermeneutik zu entfalten, in der die lebendige Vielfalt des kirchl. B.gebrauchs (wie sie fakt. längst gegeben ist) als christl. identifiziert sowie prakt. gefördert werden kann.

*Lit.: P. Cornehl:* Die Funktion der B. für die Frömmigkeit als prakt.-theol. Problem, in: Theologia Practica 7 (1972), 124-142. – *S. Meurer (Hg.):* Erneuerung aus der B., Stuttgart 1982 (darin v.a. K.-F. Daiber u.a., 154-177). – *K. Wegenast:* B. V, in: Theol. Realenzyklopädie 6, 93-109.

*Albrecht Beutel*

### D. Pädagogisch

*I.* Wie die *Geschichte der christl. Unterweisung* (→Katechese) zeigt, stand die B. keineswegs immer in deren Mittelpunkt. Bereits im Taufunterricht (→Taufe) der urchristl. Gemeinde galten die Hauptstücke des →Glaubens – Credo (→Apostol. Glaubensbekenntnis), →Vaterunser – als wesentl. Lehrinhalte, wobei zugleich eine rigorose →Moral und ein best. →Ritus von bes. Bedeutung waren. Diese Linie wurde durch das MA. hindurch beibehalten. Unterricht und →Bildung gehörten dann zum *reformator. Programm* im 16. Jh. Selbst in der B. lesen und daraus vorlesen zu können wurde im Zuge konfessioneller Auseinandersetzungen (→Konfession) zum Privileg des prot. Gläubigen. Konnte man sich auf diese Weise doch selbst davon überzeugen, daß die umstrittenen Lehren der →kath. Kirche bibl. nicht begründet waren. Wo allerdings in der Folgezeit der →Katechismusunterricht in Konkurrenz zur B. geriet und sein didakt. Prinzip (Schlüssel zur B. und Auszug derselben zu sein) method. mißverstanden wurde, meldete sich *Kritik*. Insbes. die liberale →Reformpädagogik um 1900 betonte daher den Primat der B. im Religionsunterricht; Katechismusunterricht wurde z.T. gänzl. ausgeschaltet. Was indes einst als Fortschritt galt, sollte spätestens in der kulturpolit. Auseinandersetzung der 60er Jahre dem Verdikt verfallen.

*II.* Um das Verständnis bibl. Texte für *Kinder* im →Religionsunterricht zu erleichtern, haben sich bislang verschiedene Wege als gangbar erwiesen. Grundsätzl. werden bibl. Stücke ausgewählt. Im Anfangsunterricht dominiert die mündl. wie schriftl. Paraphrase, sind Bild und Wort einander zugeordnet. Weit verbreitet sind sog. *Kinder- und Schulb.n*, die gerade das letzte Kriterium berücksichtigen. Allerdings besteht bisher keine allg. Übereinstimmung darüber, inwieweit schwierige bibl. oder theol. Sachverhalte – z.B. Kains Brudermord, Isaaks Opferung, Jesu →Passion – einen →entwicklungspsycholog. Reifegrad voraussetzen und damit für den Unterricht geeignet erscheinen. Dem neuerl. Prinzip des Elementarisierens, z.T. in sog. Kinderbibelwochen, liegt daher auch das Bemühen zugrunde, ebenso kind- wie sachgemäß zu verkündigen.

*III.* In der ev. →*Erwachsenenbildung* und Gemeindepädagogik haben B.kreise eine lange und bewährte Tradition. Seit den 60er Jahren läßt sich eine ähnl. Entwicklung in kath. Gemeinden beobachten. B.kreise haben zudem für die ökumen. Arbeit eine hohe Bedeutung erreicht.

*Lit.: I. Baldermann:* Die B. – Buch des Lernens. Grundsätze bibl. Didaktik, Göttingen 1980. – *W. Langer (Hg.):* Handbuch der B.arbeit, München 1987. – *H. Zirker u.a.:* Zugänge zu bibl. Texten. Eine Lesehilfe zur B. für die Grundschule, Bd. I: AT, Bd. II: NT, Düsseldorf, 2. Aufl. 1986.

*Gerd Bockwoldt*

### E. Literarisch

Die vordergründige oder hintergründige Wirkungsgeschichte der B. ist auch in der Literatur des 20. Jh.s nicht meßbar. Nur einige markante Beispiele können illustrieren, wo bibl. Formen, Figuren, Stoffe und Motive in den Vordergrund literar. Rezeption getreten sind. Die theol. Reflexion dieser literar. Wirkungsspuren muß dabei von der Tatsache tiefgreifender Säkularisierung des bibl. Erbes als eines autonom gewordenen Sprachgutes ausgehen. Für Schriftsteller des 20. Jh.s ist die B. in erster Linie literar. Material, nicht Offenbarung, Stoff, nicht →Wort Gottes. Wie Literaturwissenschaftler lesen sie die B. primär als ein großes, inspirierendes Dokument der menschl. Kulturgeschichte (N. Frye, »The Great Code«, 1981). Die Interpretation der bibl. Spurenelemente hat dies zu berücksichtigen und darf Anspielungen auf bibl. Texte nicht für einen »B.glauben« vereinnahmen.

*I.* Keine der bibl. *Formen* hat eine so ungebrochene Wirkungsgeschichte im 20. Jh. – vom →Expressionismus bis zur Gegenwart – wie die Urgattung hebr. Poesie, die Psalmen. *Expressionist. Lyriker,* wie E. Stadler, K. Otten, J. R. Becher, K. Heynike, konnten für den Ausdruck ihrer rel. Sehnsüchte, visionären Hoffnungen oder tiefen Zweifel am Sinn menschl. Existenz noch vergleichsweise ungebrochen die Form des Psalms übernehmen: in direkter gebetshafter Anrede an Gott. Vor allem Expressionisten jüd. Provenienz griffen nicht selten aus ihrer eigenen Tradition heraus auf Psalmen zurück: F. Werfel, E. Lasker-Schüler, K. Wolfskehl, A. Ehrenstein. In den 20er Jahren war es vor allem B. →Brecht, der noch als Augsburger Pennäler ein Erstlingsdrama mit dem Titel »Die B.« (1914) geschrieben hatte, der an die Psalmentradition aus zwei Gründen anknüpfte: Kontinuität und Diskontinuität. *Kontinuität* stellte Brecht mit seinen »Psalmen« in der Sprechlage her, in der Tonhöhe, in der kommunikativen Form dieser uralten Gattung. Seine Lyrik wollte an Vertrautes anknüpfen, um von möglichst vielen verstanden zu werden. Die »mittlere Sprachebene« der Psalmen (zwischen Pathetik und Jargon) gab ihm die Möglichkeit, über Themen von existentieller Bedeutung verständl. und mit Ernst und Pathos zu sprechen, ohne an Trivialität oder Scheintiefe Konzessionen zu machen. Zugleich gab die überkommene Sprachform Brecht Gelegenheit, durch Verkehrung des Inhalts einen *Kontinuitätsbruch* zum rel. Welt- und Schöpfervertrauen zu signalisieren, der für ihn mit dem Ersten Weltkrieg eingetreten war. Brechts Psalmen sind deshalb in der Regel »Antipsalmen«: Psalmparodien und -satiren. In der Nachfolge Brechts sind sie nach 1945 vor allem bei P. Rühmkopf, H. M. Enzensberger, G. Kunert und J. Rennert zu finden. Der *polit. Psalm* dagegen wurde vor allem durch den nicaraguan. Dichter, Politiker und Theologen E. Cardenal wieder literaturfähig gemacht (»Salmos«, 1967) und hat in Deutschland bes. bei D. Sölle (»Die revolutionäre Geduld«, 1974; »Spiel doch von Brot und Rosen«, 1981) und K. Marti (»Leichenreden«, 1969; »Abendland«, 1980) Wirkungen erzielt. Spuren bibl. Sprache sind darüber hinaus in der →Lyrik des 20. Jh.s vor allem zu finden bei R. M. Rilke, G. Benn, M. L. Kaschnitz, I. Bachmann, N. Sachs, P. Celan, R. Ausländer.

*II.* Neben →Hiob, →Jesus, →Maria, →Judas, →Paulus haben auch zahlreiche andere *Figuren* der B. eine z.T. beachtl. literar. Wirkungsgeschichte aufzuweisen. Alles überragend an Weite und Tiefe die literar. Transformation der Geschichte von *Josef und seinen Brüdern* (Gen 37-50) durch Th. →Mann (1933-1943). Souverän den bibl. Stoff seiner eigenen mythopoet. und kulturgeschichtl. Konzeption unterwerfend und freier im Umgang mit der bibl. Vorlage als noch M. Brod mit seinem Esther-Drama (»Eine Königin Esther«, 1918) oder F. Werfel mit seinem Jeremias-Roman (»Höret die Stimme«, 1937), ist hier die bibl. Geschichte zum literar. »Absprungsbrett« für den Erzähler geworden, um jene »Brunnentiefe der Zeiten« auszuloten, »wo der Mythos zu Hause ist und die Urnormen, Urformen des Lebens gründen«. In Auseinandersetzung mit der faschist. Vergewaltigung des Mythos im Stile A. Rosenbergs (»Der Mythos des 20. Jh.s«) ging es Th. Mann darum, in der Nachfolge S. →Freuds und C. G. →Jungs, den Mythos »ins Humane umzufunktionieren« und mit den vier Josephsromanen eine »verschämte Menschendichtung« vorzulegen.

Weniger um die Deutung myth. Tiefen als um die *Deutung der eigenen Person und der Zeit* geht es anderen Autoren, die bibl. Figuren neu zu gestalten versuchen: In der Gestalt des →Mose versucht I. Drewitz (»Moses«, 1954) rel. Grundfragen auch der Gegenwart zu evozieren. In der Figur des Jeremia porträtiert der DDR-Lyriker J. Rennert seine zwiespältige Außenseitererfahrung als Künstler unter totalitären Machtverhältnissen (»Dialog mit der B.«, 1986). Im Personenpaar von →Kain und Abel entwerfen Lyriker wie R. Ausländer und W. H. Fritz Porträts von der Doppelgesichtigkeit individueller und polit. Existenz (R. Ausländer, »Ein Stück weiter«, 1979; W. H. Fritz, »Gesammelte Gedichte«, 1981). Den Stoff von König David haben insbes. Autoren jüd. Provenienz zur Spiegelung vielfacher privat-psycholog. (E. Heller, »Weiß Gott«, 1985) wie polit.-gesellschaftl. Probleme genutzt (L. Feuchtwanger, »Das Weib des Urias«, 1907; S. Heym, »König-David-Bericht«, 1972). Über Maria hinaus haben bibl. Frauenfiguren wie Maria Magdalena und →Judit Beachtung gefunden. L. Rinser macht in ihrem Maria-Magdalena-Roman »Mirjam« (1983) die Heldin zum Typus einer selbstbewußten, gebildeten und eigenständigen Nachfolgerin Jesu. R. Hochhuth spielt – angesichts des atomaren Holocaust – in seinem Drama »Judith« (1984) erneut die Möglichkeit eines Notwehrmordes (diesmal am amerik. Präsidenten) durch eine polit.-rel. motivierte Frau durch. Auch myth. Figuren wie die →Engel haben eine beachtl. literar. Wirkungsgeschichte aufzuweisen, die von F. →Kafka und R. M. Rilke bis zu N. Sachs (→Lyrik) und F. →Dürrenmatt (→Drama) reicht. In der Figur des Engels werden nicht selten archetyp. Grunderfahrungen des menschl. Selbst, die Unfaßlichkeit und Unheimlichkeit der Wirklichkeit bildl. gestaltet.

*III.* Neben den *Visionen* von einer *versöhnten Schöpfung* (→Auferstehung) und denen eines *messian. Friedensreichs* (K. Marti, »Abendland«, 1980) ist unter dem Eindruck von ökolog. mögl. Katastrophen in den 70er und 80er Jahren vor allem die *Apokalypse* als das »aktuellste aller Bücher« (R. Hochhuth) auch literar. in den Mittelpunkt gerückt. Die sprachl. eindrucksvolle neue Übersetzung der →Johannesoffenbarung durch W. Jens (»Das A und das O«, 1987) ist der vorläufige Höhepunkt eines literar. Interesses am Apokalypsestoff, das period. in der dt. Literatur wiederkehrt. Die erste literar. fruchtbare Periode der dt. Literatur war die Zeit von 1910-1925. Schon vor dem Ersten Weltkrieg registrieren S. Heym und G. Trakl in ihren Gedichten durch apokalypt. Sprache die geheimen Erschütterungen ihrer Epoche. »Weltende«-Texte (J. von Hoddis, E. Lasker-Schüler) waren en vogue. Nach dem Krieg reagierten F. Werfel mit Gedichtbänden wie »Der Gerichtstag« (1919), E. Barlach mit Stücken wie »Sündflut« (1924) und vor allem K. Kraus mit seinem monumentalen Epos »Die letzten Tage der Menschheit« (1922). Nach dem Zweiten Weltkrieg (1945-1955) versuchten christl. Autoren wie R. →Schneider (»Die letzten Tage«, 1946; »Apokalypse«, 1946) und W. Bergengruen (»Dies irae«, 1945) die polit. Weltkatastrophe bibl. zu deuten als Stunde des göttl. Zorns und Gerichts. Andere, nichtchristl. Autoren fangen in dieser Zeit in apokalypt. Sprache die Verstörungen, Absurditäten und rätselhaften Bedrohungen der Zeit ein (I. Bachmann, »Psalm«, G. Eich, »Träume«). Eine der vollendetsten Gedichte, welche die Form des Psalms mit prophet. Mahnrede angesichts einer mögl. Apokalypse verbindet, ist P. Huchels »Psalm« (aus: »Chausseen, Chausseen«, 1963). Indirekte Wirkungen der Apokalypse sind im Roman »Die letzte Posaune« (1985) von I. Merkel ebenso zu spüren wie in G. Grass »Die Rättin« (1986) und Ch. Wolfs »Kassandra« (1983) sowie »Störfall« (1986). Die Aufarbeitung der apokalypt. Bedrohung aber dient in der Literatur weder zur Bestätigung eines resignativen Pessimismus und Fatalismus noch zur Erweckung rel. Bußgefühle, wohl aber zur Bewußtmachung einer Epochenzäsur, bei der die moral. Frage neu zur Verhandlung steht, »ob es die Menschheit zukünftig geben soll oder nicht« (so schon 1955 M. Frisch in »Die chin. Mauer. Eine Farce«).
Bibl. Figuren erweisen sich so für Schriftsteller unserer Zeit nicht selten als Modellfiguren unserer Bewußtseinsgeschichte, Spiegelfiguren unseres Selbst, Archetypen unseres kollektiven Erinnerungsvermögens. Die B. ist für viele Autoren der Gegenwart ein großes Warn- und Erinnerungsbuch, ein Gedächtnisspeicher der Menschheit, in der die komplexen Lebens- und Leidensgeschichten der Menschen aufbewahrt sind.

*Lit.: R. Barthel (Hg.):* Biblical Images in Literature, New York 1975. – *N. Frye:* The Great Code. The B. and Literature, London 1981. – *P. K. Kurz:* Psalmen. Vom Expressionsmus bis zur Gegenwart, Freiburg 1978. – *K.-J. Kuschel:* Der zerbrochene Traum vom Gottesreich. Das Motiv der Apokalypse in der modernen Literatur, in: *P. Gordan (Hg.):* Säkulare Welt und Reich Gottes, Graz/Wien/Köln 1988, 80-101. – *S. Mosès:* Spuren der Schrift. Von Goethe bis Celan, Frankfurt/M. 1987. – *H. J. Schultz:* Sie werden lachen - die B. Überraschungen mit dem Buch, Stuttgart 1975. – *S. Wittschier:* Mein Engel halte mich. Das Engelbild in der zeitgenöss. Literatur, Würzburg 1988.

*Karl-Josef Kuschel*

**Bibelhandschriften.** Die Vervielfältigung von Texten war bis zur Erfindung des Buchdrucks im 15. Jh. nur durch Abschriften von Hand mögl. Je bedeutender und begehrter ein →Buch war, desto häufiger wurde es abgeschrieben. Das Schreibmaterial der Antike waren gewöhnl. Papyrusblätter (hergestellt aus dem Stengel der Papyrusstaude in Ägypten), Leder und seit dem 2. Jh. v. Chr. zunehmend auch das teure Pergament. Die *gewöhnl. Form* des Buches in vorchristl. Zeit war die Rolle; die Handschriften des →NT haben jedoch von Anfang an die damals aufkommende Form des Kodex (ineinandergelegte, in Lagen gestapelte und geheftete Blätter).

*A.* Kein Buch der Antike wurde so oft abgeschrieben wie die →Bibel. So besitzen wir von der Bibel zahlreiche – im Fall des NT über 5000 – Handschriften. Nur wenige allerdings enthalten das gesamte →AT oder NT. Die meisten dieser Handschriften stammen aus dem MA., von keiner einzigen bibl. Schrift besitzen wir das Original. Die zuverlässigste *Handschrift des AT*, auf der unsere heutigen Ausgaben basieren, ist der *Codex Leningradensis* (benannt nach seinem Aufbewahrungsort Leningrad). Er entstand in den Jahren 1008-1010 n. Chr. Rund 1000 Jahre älter sind Fragmente fast aller Bücher des AT und eine vollständige Handschrift (Lederrolle) des Propheten →Jesaja, die man in →*Qumran* gefunden hat. Die Unterschiede, die ihr Text gegenüber dem Codex Leningradensis aufweist, sind meist geringfügiger Art. Diese Tatsache beweist, wie treu und genau der Text der Hl. Schrift überliefert wurde. Denn es versteht sich von selbst, daß beim Abschreiben der Texte immer neue Fehler unterliefen, so daß keine Abschrift der anderen völlig gleicht. Die meisten Fehler jedoch betreffen die Rechtschreibung und sind für den Sinn des Textes belanglos; doch entstanden im Lauf der Zeit auch – durchaus gutgemeinte – Änderungen, Auslassungen und Zufügungen von einiger Bedeutsamkeit. Daraus ergibt sich die Aufgabe eines eigenen Wissenschaftszweiges der →Bibelwissenschaft, der sog. *Textkritik*: Sie sammelt, vergleicht und ordnet sämtl. Handschriften, notiert ihre Abweichungen voneinander (Varianten, Lesarten) und entwickelt Methoden und Kriterien, um die besten Lesarten zu bestimmen und so einen Text zu gewinnen, der dem Original möglichst nahekommt.

*B.* Für das *NT* besitzen wir einige sehr alte und zuverlässige Handschriften, so den *Codex Vaticanus* und den *Codex Sinaiticus*, beide aus dem 4. Jh. n. Chr. Außerdem wurden im vorigen und in diesem Jh. viele Papyri mit Teilen des ntl. Textes gefunden, die sich im Wüstensand Ägyptens erhalten haben. Sie lassen sich teilweise ins 3., in einem Fall sogar in die 1. Hälfte des 2. Jh.s datieren. Mit Hilfe dieses Materials und modernster wissenschaftl. Methoden war die Textkritik in der Lage, einen Text des NT zu rekonstruieren, der sich von dem der Originale nur geringfügig unterscheiden dürfte.

*C. Wissenschaftl. Ausgaben* des ursprachl. Bibeltextes verzeichnen unter dem abgedruckten Text alle bedeutsamen Varianten der Handschriften. Auch moderne →Bibelübersetzungen weisen auf wichtige Varianten in den alten Handschriften hin. Der wissenschaftl. Standardtext für das AT ist die *Biblia Hebraica Stuttgartensia* (1. Aufl., Stuttgart 1977), für das NT das *Novum Testamentum Graece* (hg. von Nestle-Aland, Stuttgart, 26. Aufl. 1979).

*Lit.: K. und B. Aland:* Der Text des NT, Stuttgart 1982. – *B. Lang:* Ein Buch wie kein anderes. Einführung in die krit. Lektüre der Bibel, Kevelaer/Stuttgart 1980, 58-72.

*Marius Reiser*

**Bibelkunst.** Der *Begriff* B. versteht die Gestaltung des Bibeltextes als Gesamtkunstwerk, das dessen Darbietung in Schriftrolle (Rotulus, bis ins 4. Jh.), Kodex oder als Druckwerk, ferner die Typographie, den Einband und insbes. die Illustration der bibl. Texte umfaßt.

*A. Seit dem 3. Jh.* gab es zahlreiche illustrierte bibl. Handschriften, von denen uns nur ein verschwindend kleiner Rest erhalten blieb. Die Fragmente der Quedlinburger Itala reichen wohl noch bis ins 4. Jh. zurück. Der Anteil jüd. Bildvorlagen an der Ausgestaltung der atl. Illustrationen, für den gute Gründe sprechen, ist in der Forschung noch immer umstritten. In der vorkaroling. Epoche bevorzugte man ornamentalen Bildschmuck, der die menschl. Gestalt geometrisiert. Die Karolingische →Renaissance (Aachener Palastschule Karls d.Gr.) führte die mittelmeerisch-frühchristl. und die iroangelsächs. Tradition zusammen und erreichte eine neue künstler. Höhe, während in →Byzanz sich die Entwicklung der Buchmalerei aufspaltete in eine mönch. Gruppe, die die Randminiatur bevorzugte, und eine aristokrat., die das Vollbild pflegte. Die *Romanik* wandte sich erneut dem Ornament zu. In der *Gotik* wurde vorzugsweise theol.-mytholog. Schrifttum in verschwender. Fülle illustriert (»Bible moralisée« mit über 5.000 Bildern). In →Frankreich und England standen die →Psalmen und die Apokalypse (→Johannesoffenbarung) im Mittelpunkt der B. Eine Sonderentwicklung repräsentiert die *Biblia pauperum* (Bibel der Armen), deren typolog. Zyklen mönch. Herkunft wohl antihäret. motiviert waren.

*B.* Mit dem Aufkommen des *Buchdrucks* am Ende des 15. Jh.s wurden Holzschnitt, Kupferstich und Radierung die bevorzugten Medien der B., die bereits in zahlreichen vorluth. Bibelausgaben begegnen. Die Luther-Bibel wird von Anfang an von Illustrationen begleitet (September- und Dezember-Testament von 1522), die auf Vorlagen von Cranach und Dürer zurückgreifen. Berühmt wurden die Bibelausgaben des Wittenberger Drukkers Hans Lufft, die eine Gesamtauflage von rund 100.000 Stück erreicht haben sollen und deren Bildstöcke auch von anderen Druckern verwendet wurden. In der Folgezeit werden auch zahlreiche textunabhängige bibl. Bilderzyklen geschaffen (J. Amann, T. Stimmer, M. Merian u.a.), die ihrerseits auf die B. zurückwirken. Vom 16. Jh. an kombinierte man bis in das 18. Jh. hinein häufig Bildvorlagen verschiedenster Künstler, die in den Text integriert wurden. Dieses Verfahren spielt auch in der Gegenwart noch eine nicht zu unterschätzende Rolle.

*C.* Mit neuer Energie widmeten sich die →Nazarener im 9. Jh. der B. (J. von Führich, F. Olivier und vor allem J. Schnorr von Carolsfeld). Weite Verbreitung gewann die Vulgata G. Dorés von 1866. Im 20. Jh. haben u.a. M. →Chagall, S. Dali und J. Hegenbarth umfassende bibl. Bildzyklen geschaffen. Neben solchen Prachtausgaben steht die sorgfältige typograph. und buchbinder. Gestaltung der Bibelausgaben, die für den Gebrauch in Kirche und →Gemeinde bestimmt sind, als wichtige Aufgabe der Bibelwerke. Ob von der Einbeziehung moderner →Medien (Diapositive, Audio- und Videotechnik) neue Impulse für die B. ausgehen werden, ist noch schwer zu beurteilen. Interessante Ansätze sind erkennbar.

*Lit.: M. Berve:* Die Armenbibel, Beuron 1969. – *W. Eule:* Zwei Jt.e Bibelbuch, Gütersloh 1960. – *H. Kunze:* Geschichte der Buchillustration in Deutschland, Leipzig 1975. – *Ph. Schmidt:* Die Illustration der Lutherbibel 1522-1700, Basel 1962. – *K. Weitzmann:* Illustrations in Roll and Codex, Princeton 1947. – *Ders.:* The Place of the Book-Illumination in Byzantine Art, Princeton 1975.

*Peter Maser*

**Bibelübersetzungen**

*A.* Im *Altertum* entstand im 3./2. Jh. v. Chr. in Alexandria eine griech. Übersetzung des hebr. AT, die *Septuaginta* (LXX). Sie war auch für die Christen Hl. Schrift. Mit der Ausbreitung des Christentums ergab sich die Notwendigkeit, die griech. Bibel zu übersetzen. Im *lat.* Sprachbereich folgte der Vetus Latina (Anfänge um 200) die *Vulgata* (383ff.), die im wesentl. auf Hieronymus zurückgeht. Sie wurde durch die Rezension Alkuins (gest. 804) zum im MA. maßgebl. Text (1592 Sixto-Clementina). Daneben traten Übersetzungen in *orient.* Sprachen, z.B. ins Syrische, Koptische, Armenische, Äthiopische.

*B.* Die *dt. B.* vor Luther beruhten auf der Vulgata. Erst die Übersetzung →Luthers (NT 1522, Gesamtbibel 1534) ging vom hebr. und griech. Urtext aus. Sie blieb für das →Luthertum ca. 200 Jahre maßgebend, im 18. Jh. traten vor allem im pietist. Umfeld Neuübersetzungen daneben. Die *kath.* Übersetzungen der Reformationszeit lehnten sich z.T. an Luther an. Das 19. und 20. Jh. brachte eine Vielzahl von Neuübersetzungen, auch in der kath. Kirche. 1979 erschien die ev.-kath. »Einheitsübersetzung«.

*C.* Die *europ. B.* können nur in Auswahl genannt werden. In *England* sollte die anhand des Urtextes erstellte »Authorized Version« von 1611 (auch »King-James-Version« genannt) die früheren Übersetzungen ablösen. Sie erschien 1881/85 als »Revised Version« und wurde in *Amerika* (rev.) 1901 zur »Standard Version«, zahlreiche andere Übersetzungen folgten. In *Frankreich* übersetzte P. R. Olivetanus 1535 die Bibel. Bes. Verbreitung und auch Übersetzungen erfuhr die »Bible de Jérusalem« (1. Aufl. 1956). In den *Niederlanden* erschien 1535 eine auf Luther basierende B., 1637 die »Statenbijbel«, die 1951 von der »Nieuwe Vertaling« abgelöst wurde. Seit 1977 gibt es eine neue kath. Übersetzung, die »Willibrord Vertaling«. Nach Luther wurde 1550 in *Dänemark* eine Bibel gedruckt, 1541 in *Schweden* (»Gustav-Vasa-Bibel«). Die *span.* B. von C. de Reina erschien 1569 in Basel. Die bedeutendste *tschech.* B. ist die »Kralitzer Bibel« (1579-94). In *Polen* erschien 1563 die »Brester Bibel«, 1632 die »Danziger Bibel«. Große Bedeutung besitzt in *Ungarn* die »Vizsoli-Bibel« (1590) von K. Karolyi (letzte Revision 1951-66). Die *russ.* sog. »synodale« Übersetzung der Bibel kam 1860/62 (NT) bzw. 1868- 75 (AT) zustande. Bis heute ist der Synodaltext allg. verbreitet.

*D. B. in nichteurop. Sprachen* entstanden mit zunehmender Missionstätigkeit seit dem 17./18. Jh. Seit dem 19. Jh. verbreiten die Bibelgesellschaften missionar. B. 1986 war die Bibel weltweit in 301, das NT in 633 und Bibelteile in 914 Sprachen übersetzt.

*Lit.:* The Cambridge History of the Bible, Bd. 2 (Hg. G. W. H. Lampe), Cambridge 1969, Bd. 3 (Hg. S. L. Greenslade), 1963. – B., in: Theol. Realenzyklopädie 6, 160ff. (Lit.).

*Beate Köster*

**Bibelverbreitung.** Bis zur Erfindung des *Buchdrucks* durch Johannes Gutenberg (geb. zwischen 1397/1400 in Mainz, gest. ebd. 1468) erfolgte die B. durch *Handschriften.* Der Buchdruck förderte das Anliegen der →Reformation, die Bibel durch Übersetzung in die Landessprache zu verbreiten. Allein in Wittenberg wurden von 1534-1626 ca. 200.000 Bibeln gedruckt. Im 17. Jh. waren in Deutschland Stern/Lüneburg und Endter/Nürnberg die maßgebenden Bibelverlage. Nicht zuletzt wegen ihres hohen Preises konnte die Bibel jedoch nicht zum Volksbuch werden. Das erreichte erst der →Pietismus, der Speners Forderung, »das Wort Gottes reichlicher unter uns zu bringen«, zu realisieren versuchte. Die 1710 in Halle gegründete *Cansteinsche Bibelanstalt* konnte durch Nutzung des Stehsatzes preiswerte Bibeln in Massenproduktion herstellen. In den ersten 100 Jahren wurden hier knapp 1 Mill. NT und ca. 2 Mill. Vollbibeln gedruckt. Im 19. Jh. wurde die B. durch eine Reihe von neu entstandenen *Bibelgesellschaften* gewährleistet. 1804 wurde die *British and Foreign Bible Society* (BFBS) gegründet, die eine außerordentl. Aktivität entfaltete. Sie errichtete Agenturen im Ausland, die z.T. selbständige Bibelgesellschaften wurden. In Amerika schlossen sich 1816 die nordamerik. Bibelgesellschaften zur *American Bible Society* zusammen. In Deutschland entstanden Bibelgesellschaften nach dem Vorbild der BFBS, z.B. 1812 die *Württ. Bibelgesellschaft,* 1814 die *Preuß.* und die *Sächs. Bibelgesellschaft,* bis schließl. jede Landeskirche eine eigene Bibelgesellschaft besaß. 1965 schlossen sich die Bibelgesellschaften der Bundesrepublik Deutschland zum *Ev. Bibelwerk* zusammen, das wiederum mit der *Dt. Bibelstiftung* 1981 zur *Dt. Bibelgesellschaft* vereinigt wurde (Sitz Stuttgart). In der *DDR* besteht ein eigenes Bibelwerk. Ein Zusammenschluß auf internationaler Ebene vollzog sich 1946 im »*Weltbund der Bibelgesellschaften*« (United Bible Societies). In der *kath. Kirche* schufen das *1.* (1869/70) und insbes. das *2.* →*Vat. Konzil* (1962/65) die Voraussetzungen für eine umfassende B. Nach ersten Ansätzen zu Beginn des Jh.s gibt es heute in aller Welt kath. Bibelwerke, die in der Regel mit den ev. Bibelgesellschaften nicht nur bei wissenschaftl. Bibelausgaben, sondern auch bei Übersetzungen und der B. zusammenarbeiten. 1986 wurde die Bibel weltweit in ca. 13,5 Mill. Exemplaren verbreitet, das NT in 11,5 Mill. und Bibelteile in 44 Mill. Exemplaren.

*Lit.:* *W. Gundert:* Geschichte der dt. Bibelgesellschaften im 19. Jh., Bielefeld 1987. – *R. Steiner:* Bibelgesellschaften, in: Religion in Geschichte und Gegenwart 3. Aufl., Bd. I, 1157-1166. – The Cambridge History of the Bible, Bd. 2 (Hg. G. W. H. Lampe), Cambridge 1969, Bd. 3 (S. L. Greenslade Hg.), 1963.

*Beate Köster*

**Bibelwissenschaft**

*A.* B. bezeichnet die Wissenschaften vom →AT und →NT, die als eigenständige Disziplinen erst in der →Aufklärung in enger Anlehnung an die hist.-krit. Methode entstanden, der die B. heute – als typ. neuzeitl., text- und geschichtsbezogene Wissenschaft – noch weitgehend verpflichtet ist. Als *hist.* Wissenschaft fragt sie zuerst und vor allem nach dem Sinn der bibl. Texte am Ort und zur Zeit ihrer Entstehung; als *krit.* Wissenschaft verteidigt sie diese Fragestellung gegenüber jegl. Bevormundung durch dogmatist. oder unsachgemäße kirchenamtl. Ansprüche. Als *text- und geschichtsbezogene* Wissenschaft steht sie in engem Austausch mit den entspr. außertheol. Wissenschaften, Methoden und wissenschaftstheoret. Bemühungen (→Geschichte, →Verstehen, →Hermeneutik, →Strukturalismus). Als Wissenschaft von der – für Glauben und Theologie normgebenden – *Schrift* hatte und hat sie für die gegenwärtige Gestalt des Glaubens eine tiefgreifende, konfessionsübergreifende Bedeutung.

*B.* Naturgemäß kannte schon die →*Alte Kirche* eine systemat. betriebene Textauslegung.

*I.* Im Rahmen mittel- und neuplaton. Voraussetzungen herrschte die von →Origenes durchgesetzte Doppelmethode der buchstäbl. (»somat.«) und der allegor. (»psych.«) Interpretation vor. Sie hat sich gegenüber der antiochen., mehr geschichtl. arbeitenden Methode durchgesetzt und nimmt - zumal in der Auslegung des AT, das auf das »Neue« hin erschlossen wird – die hinter dem geschichtl. Sinn verborgene göttl. Botschaft in den Blick. Im →*MA.* – das Theologie lange als Textauslegung betrieb (→Scholastik) – wird diese Auslegungsmethode kunstvoll entfaltet. Eine vorherrschende Stellung erreicht die Lehre vom drei-, schließl. vom vierfachen Schriftsinn: dem buchstäbl.-hist., dem moral., dem allegor. (der den Glauben), dem anagog. (der die ewige Herrlichkeit betrifft).

*II.* Von Bedeutung ist jedoch auch die verstärkte Aufmerksamkeit für den Buchstabensinn in der jüd. Exegese. Vermittelt zumal durch Hugo von St. Victor (gest. 1141), später durch den exeget. auch noch für Luther bedeutsamen Theologen Nikolaus von Lyra (1270-1349), beeinflußte sie auch die christl. Textauslegung in hohem Maße.
Hebr. Sprachkenntnisse werden – über die Aufnahme jüd. Hebraisten (z.B. David Kimchi, 1160-1235) – erst später, insbes. durch Johannes Reuchlin (1455-1522), griech. Sprachkenntnisse intensiv insbes. durch →Erasmus von Rotterdam in die christl. Schriftauslegung eingebracht. Somit reichen die Wurzeln der hist.-krit. Methode mindestens bis in die vorreformator. Zeit, dann aber bis in die →*Reformation* (M. →Luther), die sich erneut auf den Buchstabensinn konzentrierte, und zum →*Humanismus*, der die Originalsprachen der hebr. (AT) und der griech. Schrift (vor allem NT, →Apokryphen) des zweiteiligen christl. →Kanons gegen die vorherrschende lat. →Bibelübersetzung, die »Vulgata«, zur Geltung brachte. Im *17. Jh.* ist schließl. die hist.-krit. Methode aufgekommen, nachdem der jüd. Philosoph B. →Spinoza (1632-1677) den Geltungsanspruch der bibl. Schriften auf die Zeit ihrer Entstehung beschränkte und der kath. Theologe Richard Simon (1638-1712), von Spinoza inspiriert, das reformator. Schriftprinzip (→Luthertum) kritisierte. Beide wurden von je ihren Glaubensgemeinschaften heftig befehdet, was auf die tiefe Verunsicherung durch diesen neuen Ansatz hinweist.

*C.* Seit dem 18. Jh. hat sich eine *Teilung* der →»Bibl. Theologie« (so ihr ursprüngl. Name) in eine atl. und eine ntl. Fachdisziplin durchgesetzt, die trotz unterschiedl. Entwicklungen sich gegenseitig beeinflussen. In jüngster Zeit bildete sich zudem ein Fachzweig für die zwischentestamentl. Zeit heraus, der für die Entdeckung der Wirkungsgeschichte des AT, für die genauere Kenntnis des NT sowie von dessen jüd. Horizont unverzichtbar geworden ist. Als traditionelle *Einzeldisziplinen* gehören zur B. neben der inhaltl. Interpretation und Erschließung der Einzeldokumente die »Einleitungswissenschaft« (Entstehung der einzelnen Schriften sowie des AT und NT ingesamt), »Geschichte Israels«, »Geschichte des Urchristentums«, »Religionsgeschichte« sowie – als Versuch einer theol. Systematisierung der bibl. Botschaft(en) – »Theologie des Alten und des Neuen Testaments«. Gegenwärtig sind die Versuche zu einer »Bibl. Theologie« bemerkenswert.

*D.* Die hist.-krit. Methode umfaßt heute eine Reihe von Einzelschritten, in denen forschungsgeschichtl. wesentl. Fragestellungen formalisiert und ausdifferenziert werden. Dazu gehört grundlegend die *Textkritik*, die aus der Fülle der überlieferten Handschriften und alten Übersetzungen (→Bibelhandschriften; →Bibelübersetzungen) die älteste erreichbare Textgestalt mit einer Reihe hochdifferenzierter Methoden zu rekonstruieren versucht. Die *Literarkritik* fragt nach der schriftl. oder mündl. Vor- und Entstehungsgeschichte eines Textes bzw. einer ganzen Schrift. Insbes. am Pentateuch (den fünf Mosebüchern: →Genesis, →Exodus u.a.) und in den sog. synopt. →Evangelien (→Markus-, →Matthäus-, →Lukasevangelium, die in Inhalt und Aufbau voneinander abhängig sind), hat diese Fragestellung zu ausführl. Theorien über deren Quellen geführt. Im Prinzip wird aber jede Schrift nach dieser Methode befragt. Um die Vorgeschichte atl. und ntl. Texte geht es auch in der *Formgeschichte* (→Formen und Gattungen). Sie fragt danach, ob eine von ihren redaktionellen Zutaten befreite »kleinste Einheit« eine best. Form hat und einer typ. Entstehungs- oder Überlieferungssituation (»Sitz im Leben«), etwa einer Taufliturgie oder einem Lehrgespräch, entstammt. Die *Traditions-* und *Überlieferungsgeschichte* fragt nach geprägten Motiven, Vorstellungen und Stoffen, die wenigstens noch einmal andernorts in der Bibel (oder außerhalb, aber unbeeinflußt von ihr) begegnen. Sie können in der Religionsgeschichte eigenständig untersucht werden. Die *Redaktionsgeschichte* verbindet alle Einzelmethoden zur Erforschung eines Einzeltextes bzw. alle Einzeltexte einer Schrift zu deren Gesamtinterpretation, in der deren theol.-hist. Profil, literar. Form und Intention gesucht wird. Gegenwärtig werden vor allem durch die Integration sprach- und textwissenschaftl. sowie sozialwissenschaftl. und psycholog. Methoden diese herkömml. hist.-krit. Einzelmethoden weiter ausdifferenziert.

*E.* Die *Leistungen* der B. waren von Anfang an von hoher Bedeutung. Weg und Gestalt der christl. Theologie des 19. und 20. Jh.s sind ohne die B. undenkbar. Sie hat nicht nur hochdifferenzierte – fachimmanente und fächerübergreifende – Methoden entwickelt, nicht nur (zusammen mit ihren Hilfs- und Schwesterdisziplinen) ein ungeheures Detailwissen zur Bibel, deren Geschichte und Umwelten angesammelt, sondern sich von Anfang an in der theol. Diskussion eine eigenständige, *krit.* Position erarbeitet. Sie erzwang die Überprüfung eines autoritären Schriftverständnisses ebenso wie die Besinnung auf die hist. Tiefenstruktur und kulturelle Einbindung inhaltl. Glaubensaussagen. Sie inspirierte die Neugestaltung der großen Themen: zu →Gott, →Jesus Christus, →Mensch, →Welt, →Erlösung und →Reich Gottes. Sie setzte langfristig *unumkehrbare Prozesse* in Gang (z.B. die Frage nach dem Jesus der Geschichte) und führte oft zu dramat. Reaktionen (von R. Simon über die Verurteilung von A. Loisy [1857-1940] als Modernisten bis zum Streit um die →Entmythologisierung von R. →Bultmann). Zwar hat sich gezeigt, daß auch B.ler – wie A. →Schweitzer im Blick auf die Leben-Jesu-Forschung beispielhaft zeigte - von systemat. Positionen abhängig, u.U. in ihnen befangen sind. Andererseits haben gerade sie Grundsatzdiskussionen zu Glaube und Theologie in Gang gebracht. Man denke an J. Bengel, an F. Chr. →Baur, an K. →Barths Römerbrief, an M. Dibelius, an die von R. Bultmann und seinen Schülern erzielten Durchbrüche, an Neuorientierungen in der Rechtfertigungslehre, schließl. an die Rolle der B. in der kath. Theologie seit den 60er Jahren.

*F.* In der *ev. Theologie* hat die B. immer eine programmat. Stellung, im 19. und bis tief ins 20. Jh. zu Recht auch die Führung beansprucht. Inzwischen hat auch in der *kath. Theologie* eine intensive Forschung eingesetzt. Trotz der hohen Bedeutung, die der B. heute auch in der kath. Theologie zukommt und 1943 durch Pius XII. in »Divino afflante Spiritu« bestätigt wurde, ist es in bedeutenden Lehrkonflikten der vergangenen Jahre noch nicht gelungen, die Rolle der B. angemessen ins Spiel zu bringen. Wie in der ev., so ist allerdings auch in der kath. systemat. Theologie die Distanz gewachsen gegenüber dem aufklärer.-programmat. Anspruch der hist.-krit. Methode, die oft die Objektivität eines Wissens nahelegt, das es nicht geben kann. Gesellschaftskrit., befreiungstheol. und feminist. Ansätze können helfen, den Bezug zwischen existentiell-prakt. Vorverständnis und wissenschaftl. verantworteter Auslegung neu zu gewinnen.

*Lit.: H. J. Kraus:* Geschichte der hist.-krit. Erforschung des AT, Neukirchen-Vluyn, 2. Aufl. 1969. – *W. G. Kümmel:* Das NT. Geschichte der Erforschung seiner Probleme, Freiburg/München, 2. Aufl. 1970. – *J. Schreiner (Hg.):* Einführung in die Methoden der bibl. Exegese, Würzburg 1971.

*Ekkehard Stegemann/Hermann Häring (E.F)*

**Bibliodrama**

*A.* Der *Begriff* B., zusammengesetzt aus *biblíon* (Buch, hier: die →Bibel) und *drama* (Handlung, Vorgang), bezeichnet eine Methode, bibl. Texte durch Handeln zu ergründen. Das Wort ist in Analogie zu Psychodrama gebildet und seit 1967 belegt, die Methode selbst ist aus einer Vielzahl von Wurzeln (wie christl. →Laienspiel, Spiel- und Theaterpädagogik, Körperarbeit, →feminist. Theologie u.a.) seit Anfang der 70er Jahre entwickelt und praktiziert. Im Gegensatz zur therapeut. Arbeit des Psychodramas (→Psychotherapie), in der das Freispielen ungelöster biograph. Konflikte im Vordergrund steht, nimmt das B. das Ineinander und die Untrennbarkeit von rel. Tiefendimension und Lebensgeschichte zum Ausgangspunkt, Inhalt und Ziel des Prozesses. Im B. geht es um die *wechselseitige Erschließung und Auslegung* von bibl. Texten (als verdichtete →Erfahrung der Menschen mit →Gott) und der individuellen oder kollektiven Lebensgeschichte der am B. Beteiligten. Das B. kann als *ganzheitl.* →*Hermeneutik* bezeichnet werden, insofern in das Erfassen des Textes neben dem Intellekt (→Verstand) alle Dimensionen des Menschen in seiner Einheit von →Leib, →Seele und →Geist sowie seine Sozialität (→sozial) mit einbezogen sind. Letztl. geschieht im B. Begegnung: es will das dialog., spirituelle, vieldimensionale Bezogensein von Text und Mensch ermöglichen und darin für die Erschließung des →Wortes Gottes öffnen.

*B.* Im B. wird mit körperbezogenen *Methoden der Identifikation* gearbeitet. Sie setzen an der eigenen Erfahrung an, wobei die Gesamtbewegung des Prozesses stets zum Text zurückgeleitet wird. Darin liegt der spezif. Weg bibliodramat. Erschließung. Kennzeichen in der Vielfalt der Möglichkeiten sind die grundlegenden Elemente Körperarbeit, mimet. Spiel und gleichermaßen seelsorgerl. und exeget. Reflexion (→Seelsorge, →Bibelauslegung). Methoden aus der Spiel- und Theaterpädagogik, der →Humanist. Psychologie, der →Meditation u.a. bilden – je nach Qualifikation der Leiter, Interesse der →Gruppe und Eigenart des Textes – das Grundgerüst für diesen Prozeß. Der Gesamtprozeß eines B.s umfaßt mehrere Einheiten, die sich zumeist über einige Tage erstrecken. Einzelne bibliodramat. Elemente lassen sich, aus dem Gesamtprozeß herausgelöst, auch für äußere Ziele einsetzen (z.B. im →Gottesdienst, →Religionsunterricht u.a.).

*C.* Als *Material* zur bibliodramat. Bearbeitung eignen sich bevorzugt Texte aus dem →AT und →NT, die eine Handlungsstruktur aufweisen, so z.B. die Erzählung vom →Exodus, Heilungsgeschichten und Zeichenhandlungen (→Wunder) Jesu, sowie Texte, in denen die bildhafte →Symbolsprache im Vordergrund steht, z.B. →Psalmen, das →Hohelied oder →Gleichnisse Jesu. So ermöglichen in der Arbeit mit →Frauen solche Texte, in denen die

Geschichte von Frauen erzählt ist, oft erlösende Identifikation, sei es exemplar. an bibl. Frauengestalten (wie Martha und Maria in Lk 10) oder anhand spezif. Themen (wie dem Gleichnis von der verlorenen Drachme, Lk 15).

*D.* Menschen befreien sich im B. aus klischeehaftem Verständnis bibl. Texte, geraten in *lebendige Bewegung* und lernen, im Licht des bibl. Textes ihre eigene Lebensgeschichte neu zu entdecken, zu interpretieren und zu verändern. Mit B. wird in allen Praxisfeldern der →Religionspädagogik und →Katechese wie auch in der theol. und kirchl. Weiterbildung gearbeitet. Chancen und Brisanz dieses *integrativen Ansatzes* liegen in der Konfrontation des im B. Erarbeiteten mit der eigenen sowie der kirchl. Lebens- und Glaubenspraxis ebenso wie in der Auseinandersetzung mit der Schulexegese, der Schuldogmatik und einer jeden abstrakten Theologie »von oben«.

*Lit.: A. Kiehn u.a. (Hg.):* B., Stuttgart 1987. – *S. Laeuchli:* Das Spiel vor dem dunklen Gott, Neukirchen-Vluyn 1987. – *G. M. Martin:* B., in: *W. Langer (Hg.):* Handbuch der Bibelarbeit, München 1987, 305-310. – Themenheft: Bibl. Erfahrung im Spiel, in: Wissenschaft und Praxis in Kirche und Gesellschaft 68 (1979), 133-188.

*Susanne Herzog*

## Biblische Ethik

### A. Alttestamentlich

#### I. Problem und Fragestellung

Die doppelte Bedeutung des Stichworts bezeichnet bereits ein Grundproblem der Sache selbst. B.E. meint die Ethik der Bibel, aber auch eine gegenwärtige, von der Bibel her verantwortete Ethik.

*1.* Damit ist bereits der *hist. Abstand* zwischen der Entstehungszeit bibl. Texte und der Gegenwart benannt, der es unmögl. macht, bibl. Verhaltensnormen auf gegenwärtige Verhältnisse unvermittelt anzuwenden. Zu verschieden sind die ökonom. und sozialen Verhältnisse, polit. Strukturen und andere unmittelbare Lebensbedingungen. Doch auch in der Bibel selbst mit ihrer langen Entstehungszeit zeigt sich im Zuge der sich wandelnden gesellschaftl. Bedingungen ein vielfacher Wandel eth. Normen, so daß man schwerl. von »*der*« b.E. sprechen kann. So wird man immer den Kontext eth. Aussagen in der Bibel beachten müssen: Wer formuliert wem gegenüber in welcher Situation welche Forderung oder Aussage?

*2.* Dabei ist vor allem die *Fragestellung* wichtig, auf die ein bibl. Text antwortet. So ist z.B. zu beachten, daß die atl. Verurteilung der Homosexualität ähnl. manchen Speisetabus aus dem Bestreben kommt, sich von Lebens- und Kultformen der Nachbarvölker abzugrenzen und deshalb noch keine überzeitl., also auch gegenwärtig geltende sexualeth. Norm begründet. Man wird ebenso beachten müssen, daß im NT etwa das Problem der →Sklaverei als Verhaltens- und Lebensproblem thematisiert, nicht aber als Institution in Frage gestellt wird oder das Verhalten des Christen *gegenüber* dem →Staat kontrovers in den Blick kommt, nicht aber nach Kriterien christl. Verantwortung im Staat gefragt wird. Wird man deshalb mit der Berücksichtigung der Kontextualität (→kontextuelle Theologie) gegen jede biblizist. Unmittelbarkeit (→Fundamentalismus) streiten, so wird man umgekehrt gegen die Auflösung der Ethik in relativist. Beliebigkeit (oder Willkür) nach Grundlinien b.E. fragen müssen, die sich in verschiedenen Situationen je unterschiedl. konkretisieren können. Von daher ist dann nach den Perspektiven jener Grundlinien für die Gegenwart zu fragen.

#### II. Grundzüge

*1.* Eine solche Grundlinie atl. Ethik ist ihre *Gemeinschaftsbezogenheit.* Die Normen des Verhaltens beziehen sich vor allem auf den Zusammenhang und den Erhalt von Familie und Sippe, aber auch auf den Zusammenhang über Generationen hinweg. Ein zweiter Grundzug ist der *Schutz der Schwachen.* In beiden ist Solidarität, Gemeinschaftstreue (hebr. *sedākā*) ein zentraler Begriff der Ethik, der (wie auch weitere wichtige Bezeichnungen von Verhaltensnormen: →Treue, Zuverlässigkeit, →Wahrheit, →Gerechtigkeit, Geradheit) sowohl das Verhältnis zwischen Gott und Mensch als auch das zwischen Menschen bezeichnen kann. Nächstenliebe und Solidarität (Lev 19,18: »Liebe deinen Nächsten wie dich selbst« oder ebenso übersetzbar –: »Liebe deinen Nächsten, denn er ist wie du«) wurzeln in der Erfahrung des →Exodus, der Befreiung aus dem Sklavenhaus. Die *Erfahrung der Bedrückung* (vielfacher Bedrückung, die in den Geschichten vom ägypt. Sklavenhaus und dem →Exodus Gestalt gefunden haben) wird zur Forderung, andere nicht zu bedrücken (»Einen Fremdling sollst du nicht bedrücken. Ihr wißt, wie dem Fremdling zumute ist, ihr seid ja selbst Fremdlinge gewesen in Ägypten«, Ex 23,9). Die *Erfahrung der Befreiung* wird zur Grundlage der Forderung, wie Befreite zu leben. Diese Beziehung zeigt sich deutl. im Aufbau der »Zehn Gebote« (→Dekalog) in Ex 20 und Dtn 5: Alle Forderungen resultieren aus dem im ersten Gebot erinnerten Befreiungshandeln (der »Indikativ« geht den Imperativen voraus).

*2.* Eine weitere Grundlinie atl. Ethik ist die Erfahrung und Hoffnung vermittelnde Überzeugung, daß die *Folgen einer Tat* zur Tat selbst gehören (ihr inhärent sind) und daß diese Folgen auf den Täter fördernd oder schädigend zurückfallen (→Weisheit). Der Mensch ist von daher für sein Tun und damit sein (und seiner Mitmenschen und Nachkommen) Geschick verantwortl. Aus der Krise dieser Überzeugung (→Weisheit, →Hiobbuch) erwächst der Versuch, die eth. Forderungen von der Erfahrung zu lösen und in umfassenden gesetzl. Bestimmungen zu formulieren (→Gesetz).

*III. Bezug zum Neuen Testament*
Die eth. Forderungen des NT nehmen (wo sie über die vor allem in den Tugend- und Lasterkatalogen formulierten Auffassungen der Antike hinausgehen) drei Grundzüge atl. Ethik auf: die Zusammengehörigkeit von →*Glaube und Tun*, wobei (bei unterschiedl. Akzentuierung vor allem zwischen →Paulus und dem →Jakobusbrief) der Glaube das Tun mit einschließt, und die *Priorität des »Indikativs«* vor dem Imperativ, der geschehenen Befreiung vor der Forderung der Konsequenzen aus dieser Befreiung, der →Rechtfertigung vor der Ermahnung (»Paränese«) zu einer Praxis *aus* Rechtfertigung (vgl. den Aufbau der Paulusbriefe). Ist die atl. Ethik vor allem eine der Erfahrung und Erinnerung, so steht die ntl. Ethik unter dem Aspekt der Entsprechung zum *Reich Gottes*, ist also eschatolog. ausgerichtet. Die Wahrnehmung des Gottesreichs verlangt und ermöglicht dabei die radikale Absage an die Tagesordnung der Welt (→Bergpredigt).

*Lit.: F. Crüsemann:* Bewahrung der Freiheit. Das Thema des Dekalogs in sozialgeschichtl. Perspektive (Kaiser Traktate 78), München 1983. – *R. de Vaux:* Das AT und seine Lebensordnungen, Freiburg u.a., Bd. I 1960, Bd. II 1962.

*Jürgen Ebach*

*B. Neutestamentlich*

*Die* ntl. Ethik gibt es ebensowenig wie *die* ntl. Theologie. Theologie und Ethik sind aber im NT eng miteinander verknüpft. Theol. Aussagen folgen häufig eth. Anweisungen. Es gibt dabei zwar durchgehende Grundtendenzen, sonst aber eine Vielzahl von eth. Konzepten, die sich auf die Gestaltung von →Ehe, →Familie, →Eigentum, →Arbeit, →Gesellschaft und →Staat beziehen. Dabei ist zu unterscheiden zwischen erfolgter Übernahme antiker Ethik, situationsbedingter Aktualisierung, Motivation und leitenden oder inhaltl. best. eth. Anweisungen. Davon hängen Bedeutung und Aktualität einer »b.E.« im heutigen Horizont ab. Für die folgende Darstellung empfiehlt sich deshalb ein geschichtl., kein systematisierender Aufbau. Dabei soll auch die Ethik Jesu und die der Urkirche in ihren vielfachen Ausprägungen im einzelnen dargestellt werden.

*I. Jesus*
→Jesu ureigene →Verkündigung hat die Nähe und den Anbruch der Gottesherrschaft zum zentralen Inhalt.
*1.* Darin knüpft er an Vorstellungen vom baldigen Herrschaftsantritt Gottes an, die bereits im AT und im →Judentum vorhanden sind. Gott kann aber nicht vom Menschen (etwa durch Beobachtung des Gesetzes) zur Verwirklichung seiner »Herrschaft« genötigt werden. Demgegenüber verkündigt Jesus, als Gottes Bevollmächtigter und dessen letzter Gesandter, Gottes Willen: Die Herrschaft Gottes wird in der Person und im Wirken Jesu als Gnadenangebot und Ausdruck der Barmherzigkeit Gottes Wirklichkeit. Unter der Voraussetzung des zuvorkommenden unbegrenzten Heilsangebotes Gottes (Heilsindikativ) wiederholt Jesus den atl. →Dekalog, spitzt ihn aber radikal zu in dem alles regulierenden *Liebesgebot* (→Liebe), das er als »Nächstenliebe« ausweitet, also ausnahmslos auf alle Menschen bezieht. Trotz vereinzelter Parallelen zum Gebot der »Feindesliebe« außerhalb des NT wird man in der jesuan. Forderung mehr als nur eine neue Motivation (die angebrochene Gottesherrschaft) sehen. Es geht um eine inhaltl. neu bestimmte Ethik.
*2.* Jesus hat seine Ethik in Einzelfällen (im Bezug auf Ehe, Reichtum, →Armut, Staat) *konkretisiert*. Zwar bedeutete diese Weltordnung für ihn ein Provisorium. Es läßt sich aber nicht behaupten, daß er sie zu Fall zu bringen, ihr zu entrinnen suchte, oder den gegenwärtigen Stand gutgeheißen hat. Er hat eine Ethik propagiert, bei der sich das Verhalten schon in der Gesinnung erweisen muß. Seine konkreten Forderungen sind beispielhaft, betreffen den ganzen Menschen, lassen keine Zuweisung auf die private und öffentl. Sphäre, also eine *doppelte* Moral zu. Die Auslegungsgeschichte der →Bergpredigt (vgl. Lit.) bezeugt, welch weitreichende Wirkungen sie erzielt hat im Ringen um klare Einsicht in die Frage, wie verbindl. und erfüllbar sie ist.

*II. Urkirche*
Die Urkirche lebt in der Überzeugung, daß der ird. Jesus mit dem Auferstandenen (→Auferstehung) ident. ist. Deshalb ist es ihr größtes Interesse, die Botschaft Jesu und was damit eth. gesagt ist, weiterzuverkünden.
*1.* In den *frühen Gemeinden* wiesen die Jesusüberlieferung und Prophetie (→Prophet) die Richtung. Erste Zweifel über Verbindlichkeit und Erfüllbarkeit jesuan. Weisungen (z.B. bezügl. Besitztum, Apg 5,1-11) könnten aber bereits aufgetaucht sein. Auf jeden Fall beginnt man sich jetzt mit der Geltung des →Gesetzes auseinanderzusetzen. Außerdem machte sich der Einfluß der Umwelt bemerkbar, als man antike Ethik in Form von Tugend- und Lasterkatalogen (Sittenkatechismus?) aufnahm.
*2.* Die Aufnahme der Jesusüberlieferung in den *Evangelien* ist um die Transparenz jesuan. Ethik bemüht. In der Anwendung der sittl. Anweisungen Jesu ging man nicht sklav. vor. Einheitl. weiß man sich zunächst an das Liebesgebot der →Bergpredigt gebunden, das bei den Autoren jedoch unterschiedl. artikuliert und ausgeprägt wurde; des weiteren setzten sie *Akzente*, wenn etwa Mk die Leidensnachfolge, Mt das Tun des Willens Gottes (in der Betonung des Gesetzes), Lk die polit. Ungefährlichkeit des Christentums, Joh die Bezogenheit auf Christus (das Bleiben in seinem »Wort«) betonen. Beispiele einer bes. Anpassung und Aktualisierung jesuan. Ethik finden sich im Zusammenhang mit Ehe und Ehescheidung (Mt berücksichtigt jüd. Eherecht, Mk kennt auch das röm.) oder

im Blick auf die Rollen von →Mann und →Frau (vgl. die Betonung der Frau bei Lk).

*3.* Bes. Bedeutung in der Interpretation und Anwendung der Ethik Jesu kommt dem Apostel →*Paulus* zu. Auf der Basis der Tauf- und Geisterfahrung formuliert er Jesu Verkündigung vom Reich Gottes als Zusage oder Übereignung des Heils (»Heilsindikativ«), die den sittl. »Imperativ« (die eth. Anweisungen) als Umschreibung der von Jesus geforderten sittl. Gebote mit einschließt. Weil Gott den Menschen in der →Taufe aus →Gnade rettet und dieser folgl. im lebenspendenden →Geist lebt, deshalb soll er auch im Geist wandeln. Dieser Wandel steht aber nicht mehr unter dem Zeichen des Gesetzes, sondern der in Jesus Christus geschenkten →*Freiheit* für den Dienst Gottes. Diese Sicht liegt der paulin. Ethik zugrunde. Allerdings wählt Paulus in seinen konkreten Handlungsanweisungen krit. (wenn auch im Rahmen des damaligen Verstehens) aus den eth. Vorgaben aus frühester christl. Tradition (vgl. die frühen Gemeinden: Tugend- und Lasterkataloge) und aus der antiken Ethik (vgl. z.B. Phil 1,9f.; 4,8f.) aus. Obwohl für Paulus die Endzeit, in der die Schöpfungsordnung ihre Erfüllung findet, schon angebrochen ist (vgl. Gal 3,28 mit seiner Aufhebung der Unterschiede; →Eschatologie), bleibt er in seinen eth. Anweisungen (vgl. die Frauen- und Sklavenfrage; Frage nach dem Staat) hinter dieser Einsicht zurück. So kann die Ethik des Paulus nicht unbesehen übernommen werden.

*4.* Die *spätapostol. Schriften* übernehmen z.T. Paulus (Kolosser-, Epheserbrief), betonen wie Paulus die in Christus (und Christologie) begründete Ethik, wenngleich durch ihr Festhalten an (bzw. Rückkehr zu) der patriarchal. Gesellschaftsordnung (vgl. die »Haustafeln« mit den Mahnungen an die Frauen, →Kinder und →Sklaven zur Unterordnung) ein Spannungsfeld umrissen wird. Dies gilt noch viel mehr von den →Pastoralbriefen, die auf der Grundlage apostol. Tradition und in Übereinstimmung mit eth. Idealen der Umwelt Weisungen erteilen für ein christl. Familienleben und für eine geregelte →Kirchenordnung (»Haustafeln«, »Ständetafeln«, »Pflichtenkataloge«). Der wesentlichste Unterschied der Ethik aller dieser (und übrigen) Spätschriften zur Ethik Jesu, der Urkirche und des Paulus besteht in der Wende von einer durch →Charisma, Spontaneität, eschatolog. Enthusiasmus geprägten Lebenseinstellung zu einer (auf Grund der ausgebliebenen Wiederkunft als konsequent erkannten) christl. vertretbaren Weltanpassung bzw. -konformität. So kommt in den frühen und späteren Schriften des NT auch die Einzigartigkeit und Andersartigkeit des »Liebesgebotes« als Eigenart jesuan. Ethik nicht gleichermaßen zum Ausdruck, weil man die eschatolog. Dringlichkeit der Reich-Gottes-Botschaft unterschiedl. spürt. Es scheint so zu sein, daß die Wirkungsgeschichte der folgenden Jh.e bis heute nach dem Beispiel der ntl. Spätschriften ein beredtes Kapitel darstellt über eine oft recht unterschiedl. verstandene und angewandte Ethik Jesu.

*III. Gegenwart*

Wer heute nach der Verbindlichkeit *»der«* b.E. fragt, sei nochmals daran erinnert, daß es *»die«* Ethik nicht gibt. Wie sich aber innerhalb des Gefälles ntl. eth. Konzepte ein durchgehend *an Jesus orientierter* Normcharakter erkennen läßt, wird ein Christ auch heute in der Bibel Inhalt und Norm für sein Verhalten suchen. Dabei ist es vielleicht zweitrangig, ob man in der ntl. Vermittlung der Ethik Jesu ein Angebot von »eth. Modellen«, »sittl. Perspektiven«, »Handlungsprinzipien« und »Handlungsermöglichungen« oder von »sittl. ›Kriterien‹« sieht.

*Lit.: P. Hoffmann/V. Eid:* Jesus von Nazareth und eine christl. Moral, Freiburg, 3. Aufl. 1979. – *K. Kertelge (Hg.):* Ethik im NT, Freiburg/Basel/Wien 1984. – *E. Lohse:* Erwägungen zur theol. Begründung der Ethik im NT, in: Kirche, FS für Günther Bornkamm, Tübingen 1980, 401-414. – *H. Merklein:* Die Gottesherrschaft als Handlungsprinzip, Würzburg, 2. Aufl. 1981. – *R. Schnackenburg:* Die sittl. Botschaft des NT, Bd. I: Von Jesus zur Urkirche, völlige Neubearbeitung (Herders Theol. Kommentar zum NT, Ergänzungsbd. I) Freiburg 1986. – *Ders. (Hg.):* Die Bergpredigt, Düsseldorf 1982. – *W. Schrage:* Ethik des NT, Erg.-Reihe, Göttingen 1982. – *H. Schürmann:* Die Frage nach der Verbindlichkeit ntl. Wertungen und Weisungen, in: *J. Ratzinger (Hg.):* Prinzipien christl. Moral, Einsiedeln, 2. Aufl. 1975, 9-39. – *G. Strecker:* Ziele und Ergebnisse einer ntl. Ethik, in: New Testament Studies 25, Cambridge/Washington 1979, 1-15.

*Franz Georg Untergaßmair*

**Biblische Theologie.** Das nach 1950 aufgebrochene Ringen um eine B.Th. ist gekennzeichnet durch die Frage nach der Einheit der Hl. →Schrift und der bes. Bedeutung ihrer Botschaft im Verhältnis zu anderen rel. Texten. Die bisherige Forschung hat eine Fülle neuer Einsichten zutage gefördert; ein Gesamtentwurf steht noch aus.

*A.* Der *Begriff* B.Th. entstand als Folge des Schriftprinzips der →Reformation und ist erstmalig 1629 (W. J. Christmann) belegt. Mit ihm verbindet sich im 17. Jh. eine Tendenz zur Läuterung der →Dogmatik von bibelfremden Gedanken. Im 18. Jh. setzt er sich durch, um die Distanz zur Dogmatik zu begründen und die Bindung an das →Bekenntnis zu lockern. Programmat. fordert J. Ph. Gabler 1787 die Unterscheidung von bibl. und dogmat. →Theologie, wobei er der B.Th. die *hist.*, der Dogmatik die *didakt.* Aufgabe zuweist. Im 19. Jh. wird die B.Th. im Gefolge →Hegels verselbständigt und unter dem Einfluß der Religionsgeschichtl. Schule zu einer Darstellung der →Frömmigkeit der Autoren der →Bibel, wobei der →Kanon prakt. aufgelöst wird. So werden die Theologien des →AT und →NT in unserem Jh. öfter als Darstellungen verschiedenartiger theol. Konzeptionen entworfen (R. →Bultmann [1884-1976], G. von Rad [1901-1971]). Dies fordert eine Neubesinnung auf die Einheit der Schrift und ihre Einzigartigkeit heraus.

*B.* Da die neue Forderung nach einer B.Th. in mancher Hinsicht eine Kehrtwendung gegenüber den vergangenen Jahrzehnten bedeutet, gehört zur Abfassung einer B.Th. die Anerkennung des Kanons und des bes. Anspruchs der Schrift auf unser Leben hinzu. Das schließt nicht aus, daß in allen wichtigen Fragen die Umwelt der Bibel mit berücksichtigt, die Kanonfrage neu durchdacht wird. Erst im Verhältnis zur jeweiligen Situation kann die Besonderheit der Bibel richtig erfaßt, die Legitimität ihrer Aussagen ergründet werden. Darum kann in einer B.Th. die Botschaft der bibl. Autoren nicht einfach beschrieben werden. Die B.Th. hat die *Aufgabe*, in reflektierter Weise das herauszustellen, was einst gesagt wurde (H. Schlier, 1900-1978). Sie wird sich darum griffiger Leitgedanken und einer zeitgemäßen Darstellungsweise bedienen, damit in der Gegenwart klarwerde was in der Vergangenheit wichtig war, und so der Anspruch Gottes weitergegeben wird. Ein größtmögliches Einverständnis mit dem Text (P. Stuhlmacher) sollte angestrebt werden, doch steht diesem Bemühen das mehrfache Verständnis einzelner Aussagen innerhalb der Überlieferung entgegen.

*C.* Die *Einheit der Bibel* zu erfassen ist auf vielfältige Weise mögl. Drei *Modelle* seien kurz skizziert:
1. Das *Hintereinander* der beiden Testamente wird bedacht, wobei das NT als Erfüllung der Verheißung (W. Zimmerli) oder als Abschluß eines →Traditionsprozesses (H. Gese) gesehen wird.
2. Die *Gemeinsamkeiten* der beiden Testamente werden herausgestrichen; man hebt hervor, daß das Gottes- und Menschenbild, die Zuordnung von Geschenk und Forderung, von Not, →Gebet und Rettung, →Sünde und Vergebung in beiden Teilen der Bibel vergleichbar ist.
3. Die *Unterschiede* werden stärker betont. Man vermerkt, daß im AT Theologie, →Anthropologie, →Weisheit und →Recht, im NT →Christologie und Soteriologie (→Heil) vorherrschen. In jedem Fall ist die Einheit der Bibel in der Spannung zwischen Kontinuität und Diskontinuität zu sehen, die theol. Denken herausfordert.

*D.* Das größte *Hindernis* auf dem Wege zu einer B.Th. ist weniger der fehlende Konsens in vielen Details, sondern eher die zunehmende *Spezialisierung*, die eine Darstellung der großen Linien der gesamten Bibel kaum mehr ermöglicht. Vorarbeiten könnten den Weg ebnen.

*Lit.: G. Ebeling:* Was heißt »B.Th.«?, in: *ders.:* Wort und Glaube, Tübingen, 3. Aufl. 1967, 69-89. – *K. Haacker u.a. (Hg.):* B.Th. heute, Neukirchen-Vluyn 1977. – *H. Klein:* Leben, neues Leben, in: Ev. Theologie 43 (1983), 91-107. – *H. Graf Reventlow:* Hauptprobleme der B.Th. im 20. Jh., Darmstadt 1983.

*Hans Klein*

**Biedermeier, Junges Deutschland, Vormärz.** Entspr. ihrem Übergangscharakter zwischen →Klassik/→Romantik und →Realismus ist die im Spannungsfeld von →Restauration und →Revolution angesiedelte Literatur von 1815 bis zur Jh.mitte durch eine Fülle verschiedenartiger formaler und inhaltl. Positionen bestimmt, die auch im rel.-theol. Denken zu einer kontroversen Situation führte. Als Kennzeichen dieser *Umbruchsphase* erscheint nicht die Einheit, sondern die Verschiedenheit des Gleichzeitigen, die sich auch in der terminolog. Uneinheitlichkeit der literaturgeschichtl. Epochenbezeichnungen (B. [B.zeit], J.D., V.) spiegelt.

*A. Allgemein*

Die miteinander konkurrierenden Begriffe B., J.D. und V. deuten deshalb weniger auf sukzessive, in sich abgeschlossene Entwicklungsstufen der dt. Literatur als auf herrschende Tendenzen eines *widersprüchl. »Zeitgeistes«*.
In diesem relativen Sinn meint *B.* die bürgerl., unpolit.-private, stark landschaftsgebundene, oftmals heiter-melanchol. bis resignativ-pessimist. Dichtung zwischen Romantik und Realismus, die in betonter Hinwendung zu →Natur, →Geschichte und der »kleinen« Alltagswelt zugleich einer Ethik des Maßes und der Selbstbescheidung huldigte. (Der Name B. ist parodist. Ursprungs und geht zurück auf A. Kußmauls und L. Eichrodts Sammlung »Auserlesene Gedichte von Weiland Gottlieb Biedermaier«, 1855/57.)
Im Gegensatz zu der eher quietistisch-konservativen (→Quietismus) B.-Literatur verstand sich die in den 30er Jahren hervortretende Gruppierung der *Jungdeutschen* als Partei der »Bewegung«, die – den Idealen des franz. →Liberalismus und der Julirevolution (1830) verpflichtet – der polit., rel. und moral. Restauration mit einer zeitkrit., gesellschaftsorientierten und emanzipator. Literatur den Kampf ansagte, bis ihre Schriften Ende 1835 wegen Verunglimpfung des Christentums, der Sittlichkeit und der sozialen Ordnung vom Bundestag verboten wurden.
Für die im Vorfeld der dt. Märzrevolution (1848) entstehende polit. *V.-Dichtung* ist gegenüber dem liberalist., fortschrittsgläubigen J.D. eine zunehmende Radikalisierung kennzeichnend, verursacht durch eine zugespitzte polit. Situation und verstärkt durch die Entfaltung des Linkshegelianismus und einer im →Marxismus gipfelnden »Philosophie der Tat« (Kommunist. Manifest, 1848). Bei aller Verschiedenheit der Tendenzen und Positionen sind aber B., J.D. und – in geringerem Maße – V. miteinander verbunden durch die gemeinsame Grundstimmung der »Zerrissenheit«, der rel. Skepsis und eines bis an den →Nihilismus und →Atheismus reichenden »Weltschmerzes« (»Byronismus«), der nicht nur die eigentl. Weltschmerzpoeten wie A. von Platen, Ch. D. Grabbe und N. Lenau, sondern auch die über alle Schulen und Richtungen hinausragenden Dichter wie H. →Heine und G. Büchner kennzeichnete und auch Eingang in die →*Philosophie* (A. →Schopenhauer)

und →*Musik* (R. →Wagner) gefunden hat. Der »Weltschmerz« einer zwischen Resignation und Opposition zerrissenen Epoche zeigt sich vor allem als eine religionsgeschichtl. gegründete Zeitkrankheit: als Trauer des Menschen über den Schwund eines verbindl. christl. Wertsystems (→Wert) und als Leiden des Menschen an einem veräußerlichten Schein-Christentum, das mit den polit. Machthabern paktiert und zum bloßen Buchstaben verkommenen ist. Dem Gefühl der Befreiung von Vormundschaft steht die Erfahrung des Verlustes an vertrautem Sinnbestand gegenüber. In dieser – für den Prozeß der neuzeitl. →Säkularisierung charakterist. – *Ambivalenz der Zeitdiagnose* liegt zugleich die ungebrochene Aktualität des religionsgeschichtl. Befundes.

*B. Die religiöse Dichtung*

Kennzeichnend für die Periode der →Restauration war nicht nur der Aufstieg von Liberalismus und Radikaldemokratismus, sondern auch die Erneuerung der Kirchen und die Wiedergeburt traditionell christl. Religiosität. Dem Wiedererstarken der Papstkirche und der Entstehung einer *kath. Volksbewegung* (vgl. J. Görres: Athanasius; erster dt. Katholikentag 1848) entsprach auf prot. Seite die Ausbreitung eines am →Pietismus und an →Schleiermacher orientierten *Gefühlschristentums*; aber auch eine *militante geistl. Reaktion* gegen den weltl.-rationalist. Zeitgeist gehört zum Bild der Epoche (Hengstenbergs 1827 gegründete »Ev. Kirchenzeitung«; Pustkuchens christl. Travestie von →Goethes Roman »Wilhelm Meisters Wanderjahre«). In enger Bindung an Kirche und Konfession vollzog sich die Erneuerung des →*Kirchenlieds* (ev.: K. J. Ph. Spitta: Psalter und Harfe, 1833; A. Knapp; kath.: M. Diepenbrock; Ch. von Schmid), wohingegen in A. von Droste-Hülshoffs Gedichtzyklus »Geistl. Jahr« (1820/39) vor allem der Riß zwischen Gottnähe und Gottferne Ausdruck fand. Epochentypisch für die rel. Literatur der Restaurationsperiode ist jedoch weniger das geistl. B. oder ein aus christl.-konservativem Geist erwachsenes Werk (wie die Erzählungen und Romane des Pfarrer-Dichters J. Gotthelf) als eine auf die unmittelbare Lebenspraxis und Sinneserfahrung gerichtete *Seinsfrömmigkeit*, die in der Verehrung des Unscheinbaren und in der »Andacht zum Kleinen« sich der harmon. Gesetzmäßigkeit in Natur, Geschichte, Staat und Familie zu versichern suchte. Die Tendenz zur Heiligung des Gegenständlichen und zur Durchgeistigung der Lebensformen (die so verschiedenartige Dichter wie F. Grillparzer und A. von Droste-Hülshoff, N. Lenau, E. Mörike und A. Stifter miteinander verbindet) deutet nach F. Sengle auf einen letzten Versuch, gegen eine fortschreitende Säkularisierung die Einheit der christl.-universalist. Kultur zu retten: ein problemat. Unterfangen, bestätigte es doch nur, daß die Kunst als Mittlerin des Sakralen fungierte und damit in die angestammten Rechte der Religion eingetreten war.

*C. Das religions- und kirchenkritische Schrifttum der Opposition*

Der Renaissance von Kirche und Religion im Schatten des restaurativen Staates begegneten die Schriftsteller des J.D. und des V. mit einer umfassenden Kritik, die im Zeichen eines menschheitsgeschichtl. Programms der →*Emanzipation* Wahrheitsanspruch wie Rechtstitel des Christentums ihren anthropolog. und geschichtsphilos. Normen unterwarf. Im Rahmen dieser allg. Befreiungsbewegung kam der →Religions- und →Kirchenkritik eine ähnl. zentrale Bedeutung zu wie in der Epoche der →Aufklärung, auf deren Fortschritts- und Vernunftglauben sich vor allem die Jungdeutschen beriefen und deren Hauptvertreter – →Voltaire, →Kant, →Lessing – sie zum Vorbild nahmen. Wie die dt. Aufklärung war auch die Oppositionsbewegung der Jungdeutschen vorwiegend prot. geprägt, freil. nicht im Sinne eines kirchl.-orthodoxen, sondern eines *»universalen Protestantismus«*, den man als Vorstufe eines »neuen« humanitären Glaubens mit Geistesfreiheit gleichsetzte (vgl. auch Übertritt der jüd. Autoren L. Börne und H. Heine zum Protestantismus). Befördert wurde diese Umdeutung des Christentums zur *Humanitätsreligion* entscheidend durch die epochemachende Studie von D. F. →Strauß über »Das Leben Jesu« (1835/36), die mit ihrer hist.-krit. Fragestellung und ihrer Reduzierung der Religion auf den →Mythos weitgehend den jungdt. Vorstellungen entsprach. Das bekannteste literar. Plädoyer für eine solche prot.-säkularisierte Menschheitsreligion, der gegenüber der Katholizismus als Hort der Restauration und der Geistestyrannei erschien, ist Th. Mundts Roman »Madonna. Unterhaltungen mit einer Heiligen« (1835), in dem die Titelheldin vom Katholizismus zum Protestantismus konvertiert. Provozierender noch in seiner Verschränkung von erot. und rel. Thematik war K. Gutzkows im selben Jahr erschienener Roman »Wally, die Zweiflerin«. Er gab Metternich Anlaß, die Schriften der jungdt. Autoren – H. Heine, K. Gutzkow, H. Laube, L. Wienbarg und Th. Mundt – verbieten zu lassen und brachte seinem Verfasser eine Gefängnisstrafe wegen Verächtlichmachung des christl. Glaubens ein. Kampf gegen orthod. Engstirnigkeit, heuchler. Sexualethik, Klerikalismus und gegen ein (kath.) Christentum, das sich mit der Restauration und den besitzenden Klassen verbündet hat, bestimmt aber die Schriften fast aller Jungdeutschen. Wichtige weltanschaul. Grundlage war auch die Lehre von Saint-Simon (Nouveau Christianisme, 1825), vor allem in ihrer Ausdeutung durch S.-A. Bazard und B.-P. Enfantin (Doctrine de Saint-Simon, 1829/30), die durch ihre ganzheitl. Wirklichkeitskonzeption und ihren sensualist. Gehalt (vgl. Schlagwort von der »Wiedereinsetzung des Fleisches«) als Korrektiv zur spiritualist. Jenseitsreligion und zur christl. Entsagungsmoral diente. Mit dem Erscheinen von L. →Feuerbachs Schrift »Das Wesen des Christentums« (1841), in dem die christl. Religion einer anthropolog. Kritik unterworfen wurde, trat auch die im engeren Sinn literar. Kirchen- und Religionskritik in ein neues Stadium: Zielscheibe der religionskrit. Tendenzlyrik der V.-Dichter war neben der Allianz von Thron und Altar insbes. der als »ultramontan« verdächtigte →Katholizismus, und die Polemik gegen den Weiterbau des Kölner Doms, gegen »Obskuranten-« und »Jesuitentum« einte so gegensätzl. Autoren wie Hoffmann von Fallersleben und H. von Gilm, G. Herwegh, H. Heine und G. Keller. Mit dem Scheitern der Revolution von 1848/49 war auch die Bewegung des J.D. und des V. zu Ende; das religions- und theologiegeschichtl. Erbe der Zeit ist aber weitgehend unverjährt.

*Lit.: E. M. Butler:* The Saint-Simonian Religion in Germany, Cambridge 1926. – *W. Dietze:* J.D. und dt. Klassik, Berlin, 4. Aufl. 1981. – *J. Hermand (Hg.):* Das J.D. Texte und Dokumente, Stuttgart 1966 (Lit.). – *Ders. (Hg.):* Der dt. V. Texte und Dokumente, Stuttgart 1967 (Lit.). – *W. Hof:* Pessimist.-nihilist. Strömungen in der dt. Literatur vom Sturm und Drang bis zum J.D., Tübingen 1970. – *U. Köster:* Literatur und Gesellschaft in Deutschland 1830-1848, Stuttgart 1984 (Lit.). – *F. Sengle:* B.zeit, Bd. 1-3, Stuttgart 1971/72/80. – *P. Stein:* Epochenproblem »V.« (1815- 1848), Stuttgart 1974 (Lit.).

*Martin Bollacher*

## Bild

*A.* Das *frühe →Christentum* lehnte das B. ebenso entschieden ab wie das →Judentum und später der →Islam. Die Götter- und Kaiserb.er, denen rel. Verehrung zuteil wurde, waren Inbegriff des Götzendienstes, der dem Christen verboten war. →Christenverfolgungen und Martyrien wurden meist durch →Konflikte in der B.erfrage ausgelöst. Erst im *3. Jh.* lassen sich B.er in gottesdienstl. Räumen (Hauskirche von Dura Europos, um 235) nachweisen. Parallel dazu finden sich nun auch B.er im jüd. Bereich (Synagoge von Dura Europos, um 235). Inwieweit hier gegenseitige Einflußnahmen vorliegen, ist noch weitgehend ungeklärt. Mit der Ausmalung der Katakomben und der gleichzeitigen Entwicklung der Sarkophagkunst wird im 3. Jh. die Ausbildung eines christl. B.erkreises faßbar, der »hist.« B.er aus dem Leben →Jesu enthält, aber auch nichtchristl. Motive »christianisiert« (Guter Hirte, Orans, Orpheus). Von der *konstantin. Zeit* an erlebt das B. im →Kirchenbau und vor allem in der Kleinkunst eine ausgesprochene Blütezeit, die nur die Vollplastik (→Plastik) wegen ihrer engen Beziehungen zum Götterb. ausschließt. Bes. gefördert wird das B. durch das frühchristl. Pilgerwesen (Pilgerandenken aus →Palästina mit B.ern der dortigen →heiligen Stätten), die Verehrung der →Heiligen und die Übernahme von Elementen des Kaiserkultes in den →Kult der →Kirche (Bischofsb.er, Darstellung Christi und →Marias mit den Insignien imperialer →Macht). Erste theol.-philos. Ansätze zu einer regelrechten *B.ertheologie* entwickelt im 5./6. Jh. Dionysios Areopagita, dessen Werke weit nach →Byzanz hineinwirken.

*B.* Wenn die B.er auch zunächst gegen den hinhaltenden Widerstand des →Klerus und der Theologen in der Kirche heim. wurden, so setzt sich die →Volksfrömmigkeit doch so weit durch, daß alle Formen einer regelrechten B.erverehrung zu beobachten sind. Im sog. *Byzantin. B.erstreit* (Ikonoklasmus) wird im 8./9. Jh. diese Entwicklung noch einmal grundsätzl. in Frage gestellt. Dabei handelt es sich um eine umfassende gesellschaftl. Krise, nicht ohne Einwirkungen aus →Judentum und →Islam, die in mehreren Phasen und unter teilweise chaot. Zuständen schließl. zum Sieg der B.erfreunde (Ikonodulen) führt. Mit dem 844 erstmals gefeierten Sonntag der Orthodoxie wird das B. in engsten Zusammenhang mit der →Inkarnationslehre gebracht. Wer das B. Christi ablehnt, leugnet dessen →Menschheit. Die B.erfeinde (Ikonoklasten) hingegen hatten B.er Christi wegen dessen Göttlichkeit abgelehnt. Die B.erfrage wurde aber keineswegs nur auf dem Feld der Zwei-Naturen-Lehre, also der →Christologie, entschieden. Unlösbar damit verbunden waren soziale und nationale Probleme, die sich innerhalb der Kirche, aber auch im Verhältnis von →Staat und Kirche aufgestaut hatten.
Während die Orthodoxie die B.erfrage u.a. mit Hilfe der neuplaton. Urb.-Abb.-Theorie klärte (→Neuplatonismus), sicherten im *Westen* die *Libri Carolini*, um 790 im Auftrag Karls d.Gr. entstanden, den B.ern ihr Recht in der Kirche dadurch, daß sie diese als »Gefäße« des →Heiligen und als Belehrung der Leseunkundigen definierten, die zu ehren seien, aber nicht anzubeten. Christl. →Reformbewegungen, wie →Zisterzienser, Wyclifiten, Hussiten, haben sich immer wieder gegen die B.er unter Berufung auf die →Armut und die Anbetung im →Geist, wie sie bei den frühen Christen übl. war, ausgesprochen.

*C.* Die *→Reformation* beurteilte die B.erfrage differenziert. →Luther opponierte gegen die B.er, weil sie dem Irrtum Vorschub leisteten, mit ihrer Stiftung ein verdienstvolles Werk zu tun. B.erstürmern in Wittenberg (Karlstadt) und in Münster (Wiedertäufer) trat er jedoch hart entgegen und förderte die B.er bes. unter dem Gesichtspunkt der Belehrung des ungelehrten Volks. →Zwingli und →Calvin hingegen vermochten in den B.ern nur das verehrte Götzenb. zu erkennen, das auch unter sozialen Gesichtspunkten abgelehnt werden müsse. Im Bereich des →Calvinismus kam es in der →Schweiz, in →Frankreich, England, Schottland und vor allem in den →Niederlanden (Geusen 1566) zu ausgedehnten B.erstürmen, bei denen erhebl. Kunstbestände vernichtet wurden.

*D.* Die *→Franz. Revolution* verbot den B.erdienst, wandelte die Kirchen in »Tempel der Vernunft« um und zerstörte sowohl die Königsb.er als auch christl. B.werke (z.B. das Portal des Straßburger

Münsters). Die Virulenz der B.erfrage außerhalb des theol.-kirchl. Bereichs kommt im Vorgehen des →Nationalsozialismus gegen die sog. »Entartete Kunst« und im Einsatz in den osteurop. Staaten für einen »Sozialist. Realismus« zum Ausdruck.
In den Kirchen der *Gegenwart* spielt das B.erproblem insbes. im ökumen. →Dialog eine wichtige Rolle. Auch in der generellen →Frage nach den Möglichkeiten einer christl. →Kunst sehen sich Kirchen und →Gemeinden immer wieder der B.erfrage ausgesetzt.

*Lit.: W. Becker (Hg.):* Spuren des Heiligen in der Kunst heute (Neue Galerie Sammlung Ludwig Aachen), 5 Hefte, Aachen 1986. – *H. Bredekamp:* Kunst als Medium sozialer Konflikte. B.erkämpfe von der Spätantike bis zur Hussitenrevolution, Frankfurt/M. 1975. – *H. C. von Haebler:* Das B. in der ev. Kirche, Berlin 1957. – *G. Howe (Hg.):* Das Gottesb. im Abendland, Witten/Berlin 1957. – *J. Irmscher (Hg.):* Der byzantin. B.erstreit, Leipzig 1980. – *G. Ostrogorsky:* Studien zur Geschichte des byzantin. B.erstreites, Breslau 1929, Nachdruck Amsterdam 1964. – *R. Sörries:* Die Evangelischen und die B.er, Erlangen 1983. – *M. Stirm:* Die B.erfrage in der Reformation, Gütersloh 1977. – *R. Volp:* Imagines Dei. Die B.erfrage als Kriterium der Theologie, in: Theol. Literaturzeitung 108 (1983), 323-334. – *M. Warnke (Hg.):* B.ersturm. Die Zerstörung des Kunstwerks, München 1973.

*Peter Maser*

## Bildung

*A.* Der *Begriff* hat seine Wurzel in der theol.-myst. Sprache des *MA.s*: Die Gottebenbildlichkeit des Menschen (imago Dei, →Anthropologie) führt zur Nachbildung Christi (imitatio, →Nachfolge), d.h. zur Hineinbildung in das Vorbild, unter gleichzeitiger »Entbildung« von allem Kreatürlichen, was dort »Entselbstung« genannt wird. Der Begriff erscheint erstmalig in *dichter. Sprache* bei F. Klopstock (1724-1803; Bildung der →Seele) und gewinnt dann in der dt. →*Klassik*, im →Idealismus und Neuhumanismus zunehmend an moral.-philos. und päd. Qualität (Chr. Wieland [1733-1813]: B. des moral. Geschmacks; J. G. Herder [1744-1803]: B. zum Menschen; G. W. F. →Hegel: Hineinb. in den objektiven Geist). Die Zwiespältigkeit und *Mehrdeutigkeit* des Begriffs wird aber schon zur Zeit seiner ersten Hochblüte offenkundig, wenn z.B. J. W. von →Goethe im Namen der B. ein enzyklopäd. B.sprogramm kritisiert (»allg. B.... Narrenpossen«), ohne indes die Entwicklung aufhalten zu können. Dabei wurde auch →Pestalozzis volksmissionar. Gedanke einer »Elementarb.«, der »B. auch der niedersten Menschen«, letztl. als utop. diskreditiert.
F. D. E. →Schleiermachers »Reden über die Religion« (1799), gerichtet an die »Gebildeten unter ihren Verächtern«, setzen bereits eine einseitig gebildete Oberschicht voraus. Allgemeinb. wird zu einer *soziol.-jurist. Kategorie* (L. von Stein [1815-1890]: Der Staat erzieht durch B., der Staatsbürger hat ein »Recht auf B.«). Aus einer »Vielseitigkeit des Interesses« (J. F. →Herbart) und der »harmon. Ausb. aller Fähigkeiten« (W. von Humboldt) wird – unter Vernachlässigung eth. und ästhet. Komponenten – eine bürgerl. Ersatzmythologie für polit. derzeit noch vorenthaltene Rechte. Aus dem Gegensatz von Adeligen und Bürgerlichen, Gläubigen und Ungläubigen, Herrschenden und Beherrschten usw. wird ein Gegensatz der Gebildeten und Ungebildeten (F. Paulsen). Diese unzureichenden Unterscheidungen und die Einseitigkeit eines materialist. verengten Begriffs – gefördert durch Schul-, Studien- und Prüfungsordnungen des 19. und 20 Jh.s – forderten jedoch immer wieder zur Kritik heraus (F. →Nietzsche). B.sphilister und »B.skamele« waren – ganz zu schweigen von Halb- und Scheingebildeten – Menschen, die zwar viel wußten, aber häufig nicht zwischen Gut und Böse, Recht und Unrecht zu unterscheiden vermochten.

*B.* Die Wechselbeziehungen von *Gesellschaft und B.* zeigen sich nach dem polit. Zusammenbruch 1918:
1. Es kommt zu einer *Renaissance des B.sverständnisses* im Sinne einer kulturpäd. Erneuerung. So appelliert die →Reformpädagogik an das →Freiheits- und →Kulturbewußtsein der jungen Generation, der →Nation. Teils apologet., teils euphor. gehaltene Vorstellungen wirken bis in die staatl. Gesetzgebung und *Schulpolitik* hinein. Zum »Schutze der Republik« (1922) hat die Schule die »Jugend für die Mitarbeit am Volksstaat heranzubilden«. Die Richtlinien des preuß. Ministeriums für Wissenschaft, Kunst und Volksb. (1921-25) bemühen den »vielgestaltigen B.swillen«, um angesichts polit. Zerrissenheit zumindest durch »kulturkundl. Fächer« zu einer »B.seinheit« zu gelangen. An dieser »B.saufgabe« beteiligten sich sowohl neuhumanist. als auch christl. orientierte Philosophen und Pädagogen (J. Göttler [1874-1920], R. →Guardini, H. Nohl [1879-1960], M. Scheler [1874-1928], E. Spranger [1882-1963], O. Willmann [1839-1920]). An der Institution der »Hochschule für Lehrerb.« (seit 1933) werden der Idealismus ihrer Gründer sowie deren ideolog. Anfälligkeit bes. deutlich.
2. →Existentialismus, →dialekt. Theologie und die dazugehörigen päd. Bewegungen üben am bisherigen Verständnis *radikale Kritik*. Unter dem Einfluß S. →Kierkegaards und dem Aspekt »unstetiger Vorgänge« (O. F. Bollnow) konnte in der Erziehung nur die Krise, unter dem Aspekt der »Entscheidung vor Gott« nur die »Störung der B.« (G. Bohne) konstatiert werden. Ein »christl. B.sideal« war nach genuin bibl. Verständnis und reformator. Lehre schlechthin ausgeschlossen (O. Hammelsbeck).

*C.* Diese Positionen sind mehr oder weniger bis in die *Gegenwart* virulent geblieben. In einer sich positivist. verstehenden Erziehungswissenschaft der Gegenwart hat die Kritik weitgehend zur *Ausschaltung des Begriffs* B. und der damit verbundenen →Wertvorstellungen geführt. Dennoch hat das Wort (trotz unterschiedlichster Bedeutungsgehalte)

Konjunktur. Wortverschmelzungen wie Ausb., Berufsb., Fortb., B.sausgaben, -barrieren, -bilanz, -forschung, -forum, -katastrophe, -kommission, -konsum, -minister, -ökonomie, -planung, -rat, -reform, -reisen, -soziologie, -struktur, -system, -urlaub, -wege, -wesen sind ein Zeichen dafür, wie sehr der Begriff ideologisiert wurde und schließl. zu einer Chiffre der Ratlosigkeit degenerierte. Trotzdem erscheint ein Verzicht auf ihn weder realistisch noch sinnvoll. Weder sind die einzelnen Wahrheitsmomente solcher B.sideen (Pestalozzi: →Individuum und Allgemeinheit, Goethe und F. Schiller: Persönlichkeit) jemals im Gesamt konkretisiert worden, noch läßt sich die rigorose Kritik auf ev.-theol. Seite aufrechterhalten. Darüber hinaus fordern – abgesehen von offenkundigen Oberflächlichkeiten journalist. und polit. Art – die Verlegenheiten einer curricularen (→Didaktik und Methodik) und technolog. →Erziehungswissenschaft zu einer *inhaltl. Neubesinnung* heraus. Schließl. lassen neuere wirtschaftl. Entwicklungen in fast allen westeurop. Ländern, verbunden mit steigender Arbeitslosigkeit, die Identifikation von B. mit Aus- und Berufsb. zunehmend verdächtig erscheinen.

Doch ist angesichts dieser elementaren Zwänge auch eine *Chance* gegeben. B. kann auf dem Hintergrund pluralist. Wertvorstellungen avancieren zu einem fundamentalen und integrativen Schlüsselbegriff der →Moderne, in dem angesichts globaler Herausforderungen sowohl der Gedanke zweckfreien →Wissens als auch der sinnvollen →Handelns aufgehoben ist. Mit dem im Jahre 1971 erstellten negativen Votum der OECD (Organisation for Economic Cooperation and Development) über das B.swesen in der Bundesrepublik sahen dessen Befürworter die internationale Wettbewerbsfähigkeit der Nation in Frage gestellt, während seine Kritiker den Gutachtern das Recht und die Qualifikation absprachen, die dt. Verhältnisse in ihrer hist. Entwicklung überhaupt angemessen zu beurteilen.

*Lit.: Arbeitsgruppe am Max-Planck-Institut für Bildungsforschung (Hg.):* Das B.swesen in der Bundesrepublik Deutschland, Reinbek 1984. – *M. Baethge/K. Nevermann (Hg.):* Organisation, Recht und Ökonomie des B.swesens (Enzyklopädie Erziehungswissenschaft, Bd. V), Stuttgart 1984. – *G. Herdegen:* B. heute. Bedeutung und Anerkennung in der Gesellschaft. Repräsentativuntersuchung des Instituts für Demoskopie Allensbach, Bonn 1986. – *E. Lange:* Soziologie des Erziehungswesens. Eine Einführung, Stuttgart 1986. – *H. Schilling:* B. als Gottesbildlichkeit. Eine motivgeschichtl. Studie zum B.sbegriff, Freiburg 1961.

*Gerd Bockwoldt*

**Biographie** ist ein Seitenweg der Geschichtsschreibung, zugleich der →Literatur zugehörig (→Goethe: »Dichtung und Wahrheit«). Sie zielt auf die Lebensbeschreibung einer Person in ihrer Umwelt, kann aber ausgeweitet werden (Parallelb., Sammelb.). Zwischen hist. Beschreibung und fiktiver Erzählung schwankend, umfaßt sie auch die narrative Selbstdarstellung (Autob.).

*A.* Das »schwankende Charakterbild« (Schiller: »Wallenstein«) kann entweder auf tatsächl. Identität (Konsistenz und Kontinuität) oder auf Vorbildlichkeit hin untersucht werden. Als Gattung ist die B. bereits in der *Antike* entstanden, hat sich nach griech. Vorbildern vor allem bei den Römern (Plutarch, Sueton, Tacitus) entfaltet. Der B. berühmter Männer (z.B. Tradition der Kaiserb., ma. aufgenommen von Einhard, Vita Caroli Magni) steht die →Hagiographie gegenüber, die »von unten« kommt und oft mündl. vorstrukturiert ist. Im weiteren Sinne gehören hierzu auch Überlieferungen von Religionsstiftern, auch Quellen der christl. →Evangelien. Die *Heiligenvita* im engeren Sinne herrscht im →MA. vor. Kennzeichen der »Legende« ist eher die außerordentl. Vorbildlichkeit.

*B.* In der →*Neuzeit* entfaltet die B. ein säkulares Eigenleben als Gattung, die zwischen Genie- und Künstlerkult, hist. Heroisierung und Psychologisierung der Persönlichkeit ihren Weg sucht. Die Ziele der Authentizität, der schlüssigen narrativen Gestalt und der vorbildl. Wirkung kreuzen sich dabei und führen zu unterschiedl. Akzentuierungen. Neuere Beispiele der hist.-krit. B.: C. Sandburgs »Life of A. Lincoln« (1929-36); W. Churchills »Marlborough« (1933-38); C. J. Burkhardts »Richelieu« (1935-66); G. Manns »Wallenstein« (1971). Nachdem →Heilige, Herrscher, Militärs und Künstler die Tradition und die biograph. Sammelwerke dominieren, emanzipiert sich im 20. Jh. der biograph. Roman zum fiktiven »Helden«, dessen Geschick zu denken gibt. Am meisten Einfluß auf die Autob. als konfessor. B. (Confessiones) hat →Augustinus genommen (über Abälard, →Dante, Petrarca, Montaigne bis zu →Rousseau).

*Lit.: A. Dihle:* Die Entstehung der hist. B., Heidelberg 1887. – *C. Gremmels/H. Pfeifer (Hg.):* Theologie und B. Zum Beispiel Dietrich Bonhoeffer, München 1983. – *G. und A. von Klingenstein (Hg.):* B. und Geschichtswissenschaft, München 1983. – *M. von Kohli/G. Robert (Hg.):* B. und soziale Wirklichkeit, Stuttgart 1984. – *W. A. LaFleur:* B.; *J. V. Gunn:* Autob., in: The Encyclopedia of Religion, hg. von M. Eliade, New York 1987, 220ff.; 7ff.

*Dietmar Mieth*

**Biologie**

*A.* B. (griech., Wissenschaft vom Leben) ist diejenige Wissenschaft, die die Erscheinungsformen lebender →Systeme (→Mensch, →Tier, Pflanze), ihre Beziehungen zueinander und zu ihrer →Umwelt sowie die Vorgänge, die sich in ihnen abspielen, beschreibt und untersucht. Biologen und Nichtbiologen sind versucht, lebender →Materie bes. Qualität zuzusprechen. Die große *Komplexität* der Lebensphänomene, die sich in Robotern nicht simulieren läßt (→Leben), oder die psych. Vorgänge, wie sie bei Mensch und Tier auftreten

(→Psychologie), führen zu der herausgehobenen Qualifizierung des Organischen. Von daher ist – nicht zuletzt angesichts deutl. Fehlentwicklungen in →Forschung und Anwendung – auch die Scheu zu verstehen, das Lebendige mit rigider naturwissenschaftl. Methodik zu überziehen. Ebendeshalb werden gegenüber der kausal-funktionalen Interpretation immer wieder krit. Gegenakzente gesetzt, etwa der Aspekt der Gestalt und →Ganzheit (A. Portmann). Die emotionale Bedeutung des Lebendigen, vor allem aber das eth. Moment der →Verantwortung vor dem Leben spielen hier hinein.

*B.* Hat die B. innerhalb der →Naturwissenschaften eine Sonderstellung? Den Biologen wird z.B. oft teleolog. Denken vorgehalten (→Ziel). Aber es sind die Lebewesen selbst (als *Regelsysteme*, *als Produkte der Selektion* [→Darwinismus]), die die Frage »wozu« veranlassen. Für die meisten Biologen ist dies mit dem Prinzip der →Kausalität nicht unvereinbar. Gern wird die B. auch – etwa gegenüber →Physik und →Chemie – in die Nähe »hist.« Wissenschaft gerückt (→Geschichte). Dabei wird vermerkt, daß die B. ihre Untersuchungsobjekte so zu nehmen habe, wie die →*Evolution* sie hervorgebracht hat, mit aller noch unaufgeklärten Komplexität. Das Laborexperiment, bei dem unter gut kontrollierten Bedingungen eine Anordnung künstl. erstellt wird und gut reproduzierbare Ergebnisse herauskommen, ist für die B. nicht so typ. Auch ergeben sich quantitativ formulierbare Gesetzmäßigkeiten in geringerem Maße. Aber haben nicht auch die Objekte der Physik und Chemie ihre Evolution? Haftet sie nicht sogar den →Naturgesetzen selbst an? Evolution bietet sich geradezu als Hauptnenner der Naturwissenschaften an. Manche Denkformen, welche die B. hervorbrachte, lassen sich gut als Anwendungsfälle der modernen Systemtheorie und →Kybernetik erkennen. So gibt es in wissenschaftstheoret. und -method. Hinsicht einiges, was in der B. typischerweise und häufig vorkommt, aber nichts, was ausschließl. ihr vorbehalten ist.

*C.* Wenn sich biolog. Denken in anderen, den Menschen direkt betreffenden Bereichen zur Geltung bringt, wird es schnell als anmaßend empfunden und als »*Biologismus*« abgetan. Mit Recht wird auf die jeweils waltenden Eigengesetzlichkeiten hingewiesen, die sich nicht aus den biolog. Momenten ableiten lassen.

*D.* Gibt es (noch) eine *Einheit der B.?* Hat sie ein Recht auf eigenständige Existenz? Die Trennung in »Strukturwissen« (Morphologie) und »Funktionswissen« (Physiologie) bestimmt die biolog. Forschung nicht mehr. Heute geben die Experten der Grundlagenwissenschaften den Ton an, oder es gewinnen Grundlagenbereiche wie Molekulargenetik ihre eigene →Autonomie (→Genetik). »Big Science«, die an komplexem Vorgefundenen einsteigt, lebt überwiegend von med. und anderem *Anwendungsinteresse* und nicht vom Gedanken an die Einheit der B. oder wenigstens des untersuchten Gegenstandes. Das Gespräch mit →Philosophie und →Theologie wird mit *grundsätzl. Fragen* neu beginnen müssen: zur Bestimmung von Lebensbeginn und Lebensende, zur Beurteilung der Übergangsformen zu je höherer Komplexität, zur Verhältnisbestimmung von Leben und Autonomie, zu den Übergängen von »rein« organ., psych. und bewußtem menschl. Leben bis hin zu den biolog. Grundlagen einer modernen →Ethik (s.a. →Vitalismus und Mechanismus).

*Lit.: A. Portmann:* Die Tiergestalt, Basel, 2. Aufl. 1960. – *G. Vogel/H. Angermann:* dtv-Atlas zur B., Bd. 1, München, 14. Aufl. 1979.

*Bruno Gauger*

**Bischof**

*A.* Im allgemeinsten Sinne bezeichnet der Begriff B. (griech. *episkopos*) ein gegenwärtig in zahlreichen christl. Kirchen (und nur dort) vorhandenes gemeindeübergreifendes →Amt, dessen Wurzeln im Prinzip bis in die ntl. Zeit zurückreichen. Seine heutigen Aufgaben und Befugnisse variieren je nach Konfession, bedingt durch verschiedenartige geschichtl., bes. jedoch *dogmat. Voraussetzungen.* Die bloße Verwendung des B.stitels erlaubt infolgedessen keine Rückschlüsse auf das jeweils zugrundeliegende theol. Verständnis dieses Amtes, zumal auch in manchen Konfessionen ein »bischöfl.« Amt existiert, aber eine andere Amtsbezeichnung trägt. Sachl. aufschlußreicher ist deshalb, ob und in welcher Weise dieses »bischöfl.« Amt als grundlegendes Element der jeweiligen Kirchenverfassung anerkannt und gedeutet wird. Unter dieser Rücksicht lassen sich innerhalb der Christenheit grundsätzl. bischöfl. verfaßte *(→»kath.« Verfassungstypus)* und nichtepiskopale Kirchen unterscheiden. Auf Grund der Reichweite dieser Klassifikation stellt die theol. Verständigung über das B.samt tatsächl. eine unumgängl. Vorbedingung des ökumen. Erfolges dar (E. Lange). Ihre Schwierigkeit gründet darin, daß die Unterschiedlichkeit kirchl. Strukturen in teilweise grundverschiedenen Konzeptionen vom Wesen der Kirche wurzelt. So hängt die Theologie des B.samts aufs engste zusammen mit der jeweiligen Sicht der Apostolizität der Kirche und der Bedeutung der apostol. Sukzession, mit der je spezif. Zuordnung von Ortsgemeinde und Universalkirche und schließl. mit dem Verständnis des bes. Amtes im Verhältnis zum Priestertum aller Gläubigen, das zugleich auch die Beziehung des B.samts zu den übrigen kirchl. Ämtern betrifft.

*B.* Die konfessionellen Positionen lassen sich in vier Gruppen zusammenfassen:

*I.* Der *röm.-kath. Standpunkt,* verbindl. dargelegt zuletzt vom 2. →Vat. Konzil, bezieht sich auf den »*monarch.« Episkopat,* wie er sich – mit eindeutig antignost. Absicht (→Gnosis) – bis Ende des 2.

Jh.s gegenüber der noch ntl. bezeugten Ämtervielfalt überall durchgesetzt hat. Charakterist. ist die im Verhältnis zum Kreis der →Presbyter und →Diakone klar hervorgehobene Rolle des B.s, die ihn als Vorsitzenden des Presbyterkollegiums und Leiter der Gemeinde(versammlung) ausweist, von dessen Leitung, Anwesenheit oder doch wenigstens Einverständnis die Gültigkeit der Eucharistiefeier abhängt (→Abendmahl) und dem das Recht zukommt, über die (Wieder-)Zulassung zur Eucharistie zu entscheiden. Die darin sichtbar werdende zugleich sakramentale und jurisdiktionelle Amtsvollmacht (oder »Gewalt«) wird vermittelt durch die B.sweihe (bischöfl. →Ordination), die ihrerseits nur von mehreren Bischöfen vollzogen werden kann und deren stets mit der Eucharistiefeier verbundene Liturgie wesentl. den Ritus der Handauflegung beinhaltet. Er wurde offenkundig als wirksames Zeichen der apostol. Sukzession verstanden, so daß die Ordination den neuen B. gleichzeitig in die Kette seiner Amtsvorgänger einreiht und ihn in das Kollegium der amtierenden Bischöfe eingliedert.
Während nun späteren Vorstellungen zufolge die Weihevollmacht bereits mit dem →Priesteramt (sacerdotium), die Leitungsgewalt (potestas jurisdictionis) hingegen erst durch den →Papst verliehen wird, erneuert das →*Konzil* die altkirchl. Praxis und Theologie, indem es den einheitl. sakramentalen Ursprung beider Gewalten betont: Durch die B.sweihe wird die *»Fülle des Weihesakramentes«* übertragen (Lumen gentium [LG] 21). Es handelt sich also dem Konzil gemäß um ein weder aus dem Priesteramt noch vom Papsttum her ableitbares Amt eigener Art, durch das »die Bischöfe aufgrund göttl. Einsetzung (ex divina institutione) an die Stelle der Apostel als Hirten der Kirche« treten (LG 20). Die dem Weihesakrament entspringende Vollgewalt (sacra potestas) wird entspr. als »eigen, ordentl. und unmittelbar« (propria, ordinaria et immediata; LG 27) bezeichnet und im Anschluß an die traditionelle »Drei-Ämter-Lehre« Christi näherhin als Lehr- oder Verkündigungs-, Heiligungs- und Leitungsamt beschrieben (vgl. LG 25 und 26). Von der Dreistufigkeit des kirchl. Dienstamtes (Bischof, Priester, Diakon) wird ledigl. gesagt, es gebe sie »seit alters« (ab antiquo; LG 28). Das bischöfl. Lehramt kann entweder individuell oder kollegial ausgeübt werden, wobei das B.skollegium nur gemeinsam mit seinem Haupt, dem B. von Rom, handeln kann, der als B. zugleich dem Kollegium selbst zugehört. Kollegiale und primatiale Gewalt bilden demnach eine untrennbare Einheit, auch und vor allem dann, wenn sie sich gemeinsam in der höchsten und feierlichsten Form der Ausübung des Lehramts, im Ökumen. Konzil, äußert (vgl. LG 25).

*II.* Die *orthod. Auffassung* geht mit dem röm.-kath. Verständnis weitgehend konform, bes. in der konstitutiven Rolle des B.samts und der apostol. Sukzession, sie bindet es jedoch noch strenger an die *eucharist. Gemeinschaft* der Ortsgemeinde, auf die hin der B. ordiniert wird (»relative Ordination«). Da die Ortskirche kraft der Eucharistie die Kirche in ihrer Ganzheit und Fülle realisiert und repräsentiert, kann die Universalkirche einzig als Gemeinschaft von (bischöfl. verfaßten) Lokalkirchen begriffen werden, denen in rechtl. Hinsicht vollständige Autonomie zukommt (Autokephalie). Dies schließt einen universalen Jurisdiktionsprimat des röm. B.s vollkommen aus, dem allenfalls ein Ehrenprimat gebührt. Die gemeinsame Verantwortung der Ortsbischöfe für die Wahrung der Glaubens- und Sakramentsgemeinschaft zwischen den Ortskirchen wird wahrgenommen in der synodalen Praxis (→Synode), die allerdings nur in prakt. Bedürfnissen gründet, nicht im kollegialen Charakter des B.samtes. Soweit die Orthodoxie darüber hinaus Ämter mit überlokalen Funktionen und Befugnissen kennt (z.B. das Patriarchat), beruhen sie auf der freiwilligen Abtretung und Übertragung gewisser Rechte, die grundsätzl. jederzeit rückgängig gemacht werden können. Diese orthod. Sicht des B.s schließt auch ein, daß nicht er – oder das Kollegium der Bischöfe – als eigentl. Hüter der Wahrheit anzusehen ist, sondern das gesamte Gottesvolk (vgl. Enzyklika der oriental. Patriarchen von 1848), die Bischöfe also in dessen Namen handeln und sprechen.

*III.* Die →*anglik. Kirchengemeinschaft* anerkennt, wie übrigens auch die →*altkath. Kirche*, die Dreistufigkeit des kirchl. Amtes sowie den apostol. Ursprung des B.samts; sie kennt jedoch keine dogmat. verbindl. Amtslehre, sondern versteht die bewußte Wahrung der bischöfl. Sukzession als Ausdruck bes. Wertschätzung der altkirchl. Tradition. Deshalb spricht die anglik. Theologie mit Vorliebe vom »hist. B.samt« und diskutiert kontrovers, ob es zum Sein (esse), Wohlsein (bene esse) oder nur zur Fülle (plene esse) der Kirche gehört. Obschon deshalb der kirchl. Status nichtepiskopaler Kirchen grundsätzl. bejaht wird, hat bereits 1888 die 3. Lambeth-Konferenz (Konferenz anglik. Bischöfe) die Anerkennung des hist. B.samts zu einer von vier notwendigen Bedingungen von Kirchengemeinschaft erklärt (»Lambeth-Quadrilateral«), ein Standpunkt, der seither wiederholt bekräftigt und nicht zuletzt bei Unionsverhandlungen konsequent vertreten wurde. Da der Anglikanismus institutionell eher dem »kath.«, dogmatisch dagegen mehr dem »ev.« Kirchentypus gleicht, empfand er stets als »Brücke« zwischen Katholizismus und Reformation eine gesteigerte ökumen. Verantwortung.

*IV.* Die im einzelnen außerordentl. vielschichtigen Verhältnisse innerhalb der *Reformationskirchen* sind vor allem durch die Unterschiede zwischen luth. und calvinist.-reform. Tradition sowie durch mannigfache polit. Einflüsse (z.B. das landesherrl. Kirchenregiment) und Vorbilder (z.B. den Parlamentarismus) bedingt; für das dt. →Luthertum wurden bes. der Zusammenbruch des landesherrl. Summepiskopats (1918 bzw. 1919) sowie die Erfahrungen des →Kirchenkampfes und der Bekennenden Kirche folgenreich. In dogmat. Hinsicht geht die reformator. Theologie fast geschlossen – eine Ausnahme bilden etwa hochkirchl. Autoren – von der Einheit des bes. kirchl. Amtes aus. In seinem grundlegenden *Gegenüber zur Gemeinde* wird es auf göttl. Recht (ius divinum) zurückgeführt, dessen wesentl. Aufgaben jedoch (Wortverkündigung, Verwaltung der →Sakramente, →Sündenvergebung und Lehraufsicht) prinzipiell allen Gläubigen oder der gesamten Gemeinde zukommen sollen, so daß die →Berufung (vocatio) ledigl. einen Akt der Beauftragung durch die Gemeinde darstellt, durch den das Recht zur öffentl. Ausübung des Amtes zugesprochen wird. Auf Grund der substantiellen Identität von Predigt- und B.samt verneinen die Reformationskirchen den hierarch. Stufenbau des Amtes und den konsekrator. (Weihe-)Charakter der Ordination, die als feierl. und öffentl. Bestätigung der Vocatio zu einem best. Dienst in einer best. Gemeinde gedeutet wird. Die fakt. Verschiedenheit kirchl. Ämter wird auf geschichtl. Entwicklung und prakt. Erfordernisse zurückgeführt; sie beruht also einzig auf menschl. Recht (ius humanum) und kann mit Rücksicht auf organisator. Zweckmäßigkeiten geändert werden. Der dadurch ermöglichte *Gestaltungsspielraum* schlägt sich u.a. auch in der Flexibilität der Amtsbezeichnung für Träger des »bischöfl.« Amtes nieder: Neben dem B.stitel finden sich Titel wie (Landes-)Superintendent, Propst, Präses, Kirchenpräsident; als wichtigstes Element des Amtes gilt das auf eine Region bezogene Recht zu Examination, Visitation und Ordination. Lehr- und leitungsamtl. Funktionen können die Amtsinhaber in aller Regel nur gemeinsam mit anderen Verfassungsorganen (z.B. Konsistorien, Kirchenausschüssen), vor allem →Synoden ausüben, weshalb sich im dt. Luthertum der Ausdruck »synodales B.samt« (W. Maurer) eingebürgert hat.

*C.* Im bi- und multilateralen *Dialog* auf nationaler und weltweiter Ebene vielfach berührt und erörtert, wurde das B.samt am intensivsten in Gesprächen mit röm.-kath. Beteiligung behandelt, die gewisse method. Gemeinsamkeiten aufweisen: 1. die Orientierung am →NT; 2. die Rückbesinnung auf die altkirchl. Praxis; 3. Verweis auf den Willen →Luthers und →Melanchthons, das B.samt beizubehalten, und 4. die vergleichende Analyse und theol. Auswertung der pastoralen und liturg. Praxis der Konfessionen, z.B. in bezug auf die Ordination von Amtsträgern. In exeget. und hist. Hinsicht wurde dabei weitgehende Übereinstimmung erzielt, doch die dogmat. Schlußfolgerungen weichen nach wie vor voneinander ab. Auf nichtkath. Seite wird weithin die Notwendigkeit eines Amtes pastoraler Aufsicht (episkopè) im Dienste regionaler, mitunter sogar universaler Einheit (»petrin. Funktion«), auf kath. Seite die Reformbedürftigkeit der Ämterstruktur akzeptiert. Oft wird den nichtepiskopalen Kirchen die Übernahme des B.samtes empfohlen, weil die bischöfl. Sukzession als bedeutsames und wertvolles Zeichen (nicht Garantie) der Kontinuität des apostol. Glaubens Anerkennung verdiene, während die kath. Kirche umgekehrt aufgefordert wird, ihre Lehre vom »defectus ordinis« in den Reformationskirchen zu überdenken. Als künftigen Weg sieht man vor allem im kath.-luth. Dialog die wechselseitige Anerkennung der Ämter im Verein mit einer fortschreitend gemeinsamen Ausübung der Episkopè unter Beachtung des Prinzips legitimer Vielfalt und stärkerer Betonung der Apostolizität der Gesamtkirche im Verhältnis zum apostol. Amt.

*Lit.: Y. Congar (Hg.):* Das B.samt und die Weltkirche, Stuttgart 1964. – *G. Gaßmann:* Das hist. B.samt und die Einheit der Kirche in der neueren anglik. Theologie, Göttingen 1964. – *Ders./H. Meyer (Hg.):* Das kirchenleitende Amt. Dokumente zum interkonfessionellen Dialog über B.samt und Papstamt, Frankfurt/M. 1980. – *Gemeinsame röm.-kath./ev.-luth. Kommission:* Das geistl. Amt in der Kirche, Paderborn/Frankfurt/M. 1981. – *Dies.:* Einheit vor uns. Modelle, Formen und Phasen kath./luth. Kirchengemeinschaft, Paderborn/Frankfurt/M. 1985. – *Kommission für Glauben und Kirchenverfassung:* Taufe, Eucharistie und Amt (»Lima- Dokument«), in: *H. Meyer/ H. J. Urban/L. Vischer (Hg.):* Dokumente wachsender Übereinstimmung. Sämtl. Berichte und Konsenstexte interkonfessioneller Gespräche auf Weltebene 1931-1982, Paderborn/Frankfurt/M. 1983, 549-585. – *W. Maurer:* Das synodale ev. B.samt seit 1918, Berlin 1955. – *W. Sanders (Hg.):* B.samt – Amt der Einheit. Ein Beitrag zum ökumen. Gespräch, München 1983. – *I. Tempel:* B.samt und Kirchenleitung in den luth., reform. und unierten dt. Landeskirchen, München 1966.

*Heinz-Günther Stobbe*

**Bistum.** Das Wort B. ist die ma. Schöpfung einiger germ. Sprachen und bezeichnet den Gerichts- und *Verwaltungsbezirk des →Bischofs.* Die Bezeichnung wird alternierend mit Diözese verwendet (*dioikesis, dioecesis* = Verwaltung, Verwaltungsbezirk). Diözese und Eparchie, wie ein B. in den Ostkirchen bezeichnet wird, waren Verwaltungsbezirke des späten →Röm. Reiches (Diokletian. Reichsreform 297 n. Chr.). Die ältere Bezeichnung für die Teilkirche war *paroikia.*

*A.* Diözese oder B. sind heute die gängigen Bezeichnungen für die kath. Teilkirche (Ecclesia particularis, canones [cc.] 368ff.). Die →kath. Kirche besteht in und aus *Teilkirchen.* Als Teilkirchen gelten auch bistumsähnl. Organisationsformen (Territorialprälatur und -abtei, Apostol. Vikariat, Apostol. Präfektur und Administratur). Die Errichtung einer Teilkirche ist seit dem 14. Jh. dem →Papst vorbehalten, mithin auch die Teilung bestehender Bistümer. Über Aufhebung von Bistümern spricht der neue Codex Iuris Canonici (CIC) nicht mehr; es entspricht damit dem alten Brauch der Kirche, zumindest die Titel untergegangener Bistümer zu bewahren (Titularbischöfe).

*B.* Im Normalfall ist ein B. *territorial* umschrieben (Territorialprinzip). In Ausnahmefällen (unterschiedl. →Ritus- oder Volkszugehörigkeit u.ä.) können aber auch Bistümer auf Grund des Personalprinzips errichtet werden. Eine Zwitterform zwischen Personalb. und Ordensverband stellt die Personalprälatur dar, eine Schöpfung des nachkonziliaren Rechts (cc. 294-297). So wurde etwa das »Opus Dei« in den Rang einer Personalprälatur erhoben. Seine Mitglieder sind dadurch der Jurisdiktion der territorial zuständigen Bischöfe entzogen und dem eigenen bischöfl. Oberen unterstellt.

*C.* Das B. ist jene *Organisationseinheit,* die die kath. Kirche gliedert. Alle übrigen kirchl. Organisationseinheiten sind auf das B. ausgerichtet. Es ist einerseits eingebettet in eine Makrostruktur (die Weltkirche) und andererseits selbst in Mikroteilgebiete, die Pfarreien *(paroeciae)* untergliedert (→Gemeinde; →Pfarrer). Auch diese Strukturen folgen in der Regel dem Territorialprinzip. Zwischen B. und Pfarrei gibt es als Mesostrukturen noch Regionen und Dekanate. In der Regel gehört jedes B. zu einer Kirchenprovinz, der ein Metropolit (Erzbischof) vorsteht, der zugleich Bischof einer Diözese ist. Bistümer, die nicht durch einen Metropoliten geleitet werden, werden Suffraganbistümer genannt; in dieser Bezeichnung wird das frühere Recht der Bischöfe auf Wahl des Erzbischofs überliefert. Das neue(re) Kirchenrecht steht der sog. Exemtion reserviert bis ablehnend gegenüber, also der Möglichkeit, daß ein B. unmittelbar dem →Papst unterstellt ist (c. 431,§ 2). Das neue Recht sieht die Zusammenfassung mehrerer Kirchenprovinzen in Kirchenregionen vor, vornehml. auf nationaler Ebene. Derzeit stellen in vielen Teilkirchen die nationalen Bischofskonferenzen Mittelinstanzen zwischen den Teilkirchen und der Gesamtkirche dar, die die Kirchenprovinzen überkuppeln.

*D.* Neben der traditionellen territorialen Substruktur besitzt das B. eine nach Teilkirchen unterschiedl. ausgeformte und perfektionierte *Verwaltungsstruktur* (cc. 460-572). Dabei ist zwischen (den Bischof) beratenden und ausführenden Organen zu unterscheiden. Das vornehmste traditionelle Beratungsorgan ist die *B.ssynode* (→Synode), zu der nach dem neuen CIC auch →Laien zugelassen sind. Die frühere Vorschrift, wonach sie wenigstens alle zehn Jahre stattfinden sollte, wurde fallengelassen, nachdem sie in den meisten Teilkirchen ohnehin nicht durchgeführt wird. Das klass. Beratergremium des Bischofs ist das *Domkapitel,* dem in einigen Teilkirchen (so in den meisten dt. Bistümern) weitgehende Kompetenzen bei der Bischofswahl zukommen; die Errichtung von Domkapiteln ist dem Hl. Stuhl vorbehalten.
Neuere Beratungsorgane, die auch der neue CIC kennt, sind der *Priesterrat,* das aus dessen Mitgliedern durch den Bischof zusammengestellte »Beraterkollegium« sowie der Pastoral- oder *Seelsorgerat,* dem Kleriker und Laien angehören. In den meisten dt. Bistümern gibt es zudem noch einen Diözesan- oder *Katholikenrat.* Vom Recht zwingend vorgeschrieben ist ledigl. der Priesterrat. Wo Domkapitel bestehen, dürfte sich die Bestellung eines Beraterkollegiums erübrigen.

*E.* Der CIC kennt *keine Gewaltenteilung.* Deshalb ist der *Bischof* Gesetzgeber, Richter und Verwalter in seinem B. Während er seine Rechte als Gesetzgeber aber nicht aus der Hand gibt, delegiert er seine Befugnisse als Richter und Verwalter. Dementspr. untersteht dem Bischof ein *zweigeteilter Beamtenapparat,* die bischöfl. →Kurie oder das bischöfl. Ordinariat. Das Generalvikariat ist für die Verwaltung des B.s zuständig, das Offizialat für die Rechtsprechung. Seit dem Dritten Reich kennen die dt. und österr. (inzwischen auch weitere ausländ.) Ordinariate eine dritte Abteilung, das sog. Seelsorgeamt.
An der Spitze des *Generalvikariats* steht der Generalvikar, gelegentl. das »Alter ego«, das »andere Ich«, des Bischofs genannt. In größeren Bistümern kann es auch mehrere Generalvikare geben. Das neue, nachkonziliare Recht, mithin auch der neue CIC, kennt daneben die Rechtsfigur des Bischofsvikars; er ist Delegierter des Bischofs für einen Teil des B.s, eine best. Personengruppe oder einen abgesteckten Geschäftsbereich.
Dem *Offizialrat* steht der Offizial oder Judizialvikar vor. Ihm sind in jedem größeren B. Helfer (Vizeoffiziale) und Richter beigegeben. Offizial und Richter sprechen im Namen des Bischofs Recht. Offizial und Bischof sitzen gleichsam auf dem gleichen Richterstuhl. Beim Tod des Bischofs verlieren General- und Bischofsvikar, sofern sie nicht selbst (Titular-) Bischöfe sind, ihr Amt, nicht hingegen der Offizial.
In jedem B. muß ein Rat für *wirtschaftl. Fragen* errichtet werden, dessen Vorsitz der Bischof oder ein von ihm Delegierter innehat. Der Rat soll aus wenigstens drei Gläubigen (also auch →Laien) bestehen, die sich in wirtschaftl. Dingen und im staatl. Recht auskennen. Zudem muß der Bischof einen Ökonomen bestellen; auch dieser kann Laie sein.

*F.* Bei *Vakanz* (»Erledigung«) des bischöfl. Stuhls übernimmt die Leitung des B.s der dienstälteste Weih-, Hilfs- oder Titularbischof oder, falls es einen solchen nicht gibt, das Beraterkollegium (oder Domkapitel). Der oder die mit der provisor. Leitung des B.s Betrauten haben für die vom Recht vorgesehene, ordnungsgemäße Wahl eines Diözesanadministrators durch das Beraterkollegium (oder Domkapitel) Sorge zu tragen. Dieser leitet das B. bis zur Bestellung eines neuen Bischofs.
Nach dem allg. Kirchenrecht ernennt der *Papst* die Bischöfe (c. 377, § 1), doch kennen einige Teilkirchen Mitwirkungsrechte bei der Kandidatenauswahl (Vorschlags- oder Auswahlrechte der Domkapitel). Auf die Kandidatenauslese nehmen auch die Bischöfe der Kirchenprovinz sowie der päpstl. Gesandte Einfluß. Den »weltl. Autoritäten« werden nach dem neuen CIC (c. 377, § 5) dabei in Zukunft keine Rechte und Privilegien mehr eingeräumt. In Basel und St. Gallen gibt es noch die Bischofswahl durch die Domkapitel, die aber durch den Papst bestätigt werden muß. Es ist offenkundig, daß die Struktur des B.s und die dem Bischof

darin zugewiesene Machtfülle weder dem übrigen Klerus noch den »Laien« angemessene Möglichkeiten der Beteiligung an den Entscheidungsprozessen innerhalb des Verbandes einräumt. Deshalb sind langfristig tiefgreifende Konflikte um eine Neugestaltung zu erwarten, zumal die ev. Landeskirchen überzeugende Modelle entwickelt haben (→Synode).

*Lit.: H. Müller:* Diözesane und quasidiözesane Teilkirchen (Handbuch des kath. Kirchenrechts), 329-335. – *K.-E. Schlief:* Die Organisationsstruktur der kath. Kirche (Handbuch des Staatskirchenrechts der Bundesrepublik Deutschland I), 299-325. – *K. Walf:* Einführung in das neue kath. Kirchenrecht, Zürich/Einsiedeln/Köln 1984, 84-123. – *Ders.:* Kirchenrecht, Düsseldorf 1984, 172-173.

*Knut Walf*

**Blut**

*A.* Mit diesem »ganz besonderen Saft« verbinden sich nicht erst seit →Goethe Vorstellungen und Anschauungen, die die zentrale Bedeutung des B.s für das menschl. →Leben widerspiegeln. Das B. gilt nicht nur als Sitz des Lebens und der Lebenskraft, von heilenden und mag. Kräften (→Magie), vielmehr ist es →Macht- und *Lebensträger* schlechthin. Nicht nur stirbt, wer sein B. verliert; da im B. die →Seele des →Menschen vermutet wird, eignet sich auch die Kraft des erschlagenen Feindes an, wer dessen B. trinkt. Schon in der Etymologie des Wortes deutet sich der *zwiespältige Charakter* des B.s, nützl. und schädl. zugleich zu sein, an; denn B. ist ein sog. Hüllwort (abgeleitet von idogerm. *bhle:* quellen; *bhlōtō,* das Partizip Perfekt: Gequollenes), das den *Namen* der gefürchteten oder unheiml. *Sache* umschreibt, da man sich scheut, sie »bei ihrem richtigen Namen« zu nennen.

*B.* Die *Religionsgeschichte,* das →AT und →NT sowie die Geschichte des →Christentums liefern zahlreiche Belege, in denen nicht nur die Scheu vor dem B., sondern auch die als grundlegend vorgestellte Beziehung des B.s zum Leben, die einen leichtfertigen Umgang damit einerseits ausschließt, diesem andererseits aber die Fähigkeit zuschreibt, Kraft und Gesundheit (→Heil) zu fördern, zum Ausdruck kommt. Nach den sumer.-babylon. →*Schöpfungsmythen* wird der Mensch aus Erde und Götterb. erschaffen; zum »ird.« Material muß das B. eines Gottes hinzukommen, eine Vorstellung, die sich auch im →Koran findet, nach dem Allah den Menschen »aus einem B.klümpchen« (99,2) erschaffen hat.
Wie für alle antiken →Kulturen und →Religionen, in denen das B. als reinigend und sühnend, als Leben erhaltender und fördernder (B.taufe) sowie →Gemeinschaft stiftender (B.sbrüderschaft) Stoff angesehen wird, so ist auch im *AT* das B. ein Element von bes. →Heiligkeit. Eng verwandt mit dem Wasser, ist B. ein Mittel *kult. Reinigung* von hohem Rang. Darum werden →Tiere geopfert, um mit →Gott zu versöhnen (→Opfer, →Versöhnung). Unschuldig vergossenes Menschenb. schreit nach Rache (Gen 4,10; Hiob 16,18) und kann nur durch das B. des Mörders gesühnt werden (Gen 9,6; Num 35,33). B.riten haben die Aufgabe, im →Opfer die →Sünde und Schuld zu tilgen und den gestörten B.sbund mit dem Gott →Israels wiederherzustellen. Da andererseits die im B. lokalisierten Lebensgeister gefürchtet werden, wirkt B. verunreinigend (→rein und unrein) und ist der *Genuß von B.* Juden wie Muslimen (Koran 6,146f.) streng *verboten* (Gen 9,4; Lev 3,17 u.a.). Nur unter best. Voraussetzungen, die das Ausbluten des Schlachttiers sicherstellen, ist die Schlachtung von Tieren erlaubt.

*C.* Mit dem →Judentum teilt das frühe →*Christentum* die grundsätzl. Scheu vor dem B. Deshalb entbehrt auch der Verdacht des Ritualmords, vom röm. →Heidentum gegen die Christen erhoben, jeder wirkl. Begründung. Das ntl. →Bekenntnis aber, Jesu B. reinige von der Sünde (Mt 26,28; Hebr 9.14), setzt die reinigende und sühnende Wirkung des atl. Opfers sowie apotropäische (Unheil abwehrende) Kraft des →Passab.s voraus (Hebr 11,28; →Abendmahl). Das *»kostbare B.«* →Jesu Christi (Petr 1,19) und seine Bedeutung für →Glaube und Kirche, für den →Gottesdienst, das christl. Leben und die →Theologie bestimmt nicht nur die Vorstellung vom B. im →*MA.*, sondern neben der kath. auch die ev. →Frömmigkeit in der →*Neuzeit.* In der pietist. Erbauungsliteratur (→Pietismus) und im geistl. Lied (→Kirchenlied) finden sich Spuren einer B.- und Wundenfrömmigkeit, die erst in der →Aufklärung getilgt wurden. In der kath. Kirche wurde von 1849 bis zur Liturgiereform im Jahre 1969 am 1. Juli das offizielle Fest vom »kostbaren B.« gefeiert. Auch in der →Volksfrömmigkeit spielen B. und Wundmale Jesu nach wie vor eine gewisse Rolle; Andachten etwa zu den Wundmalen Christi gibt es in Diözesangebetbüchern noch heute.

*D.* Nicht nur der →Nationalsozialismus versuchte, sich mit dem Zusatz »und Boden« die ursprüngl. Bedeutung des Wortes für seine polit. Ziele wieder verfügbar zu machen, auch in so manchen neueren Begriffsbildungen (B.messe, B.macht usw.) wird auf ein →Wissen zurückgegriffen, daß nur das B. imstande sei, eine weitreichende Entscheidung über das eigene Leben, den *Pakt mit Gott,* dem →Teufel oder der B.sgemeinschaft, der eigenen →Seele zu bekräftigen und zu besiegeln, ein Wissen, das noch heute die →Zeugen Jehovas veranlaßt, auf jegl. B.transfusion zu verzichten.

*Lit.: E. Bischoff:* Das B. in jüd. Schrifttum und Brauch, Leipzig 1929. – *Ch. M. Schröder:* B.glaube in der Religionsgeschichte (Eine hl. Kirche, Sonderheft), München 1936. – *H. L. Strack:* Der B.aberglaube im alten Ägypten, in: Archiv für Religionswissenschaft 22 (Leipzig u.a. 1923/24), 58-86.

*Jörn Kroll-Mermberg*

**Böll,** *Heinrich,* geb. 21.12.1917 in Köln, gest. 16.7.1985 in Langenbroich. Kindheit und Schulzeit bis 1937 in Köln, danach ein Jahr Buchhändlerlehre in Bonn. Nach sechs Monaten Arbeitsdienst im Frühjahr 1939 Studium der Germanistik und klass. Philologie. Im Sommer 1939 Einberufung zur Wehrmacht; Kriegsdienst und Gefangenschaft bis Herbst 1945. Erste Erzählungen veröffentlicht 1947. Zahlreiche Literaturpreise; 1972 Nobelpreis für Literatur.

B. wurde über die letzten vier Jahrzehnte hinweg allmähl. zu *dem* exemplar. Autor der westdeutschen Nachkriegsliteratur, auch deshalb, weil sein umfangreiches erzähler. und essayist. Werk seismographisch die allgegenwärtigen *Nachwirkungen der Nazizeit* und des Zweiten Weltkriegs registriert. »B.s Denken ist wesentlich geschichtlich« (K. Schröter) und zugleich gegenwärtig in dem Versuch, die Wirkungen von Geschichte in aktueller Realität greifbar zu machen (z.B. sein Essay »Die Juden von Drove«). »Da wußte ich, daß der Krieg niemals zu Ende sein würde, niemals, solange noch irgendwo eine Wunde blutete, die er geschlagen hat« (»Die Botschaft«, Erzählung 1947). In Konsequenz aus dieser Einsicht engagiert sich B. in der Friedenspolitik (→Frieden) gegen die Kriegsrüstung (→Rüstung), z.B. bei der Blockade in Mutlangen 1983.

Die frühen Erzählungen (z.T. gesammelt in »Wanderer, kommst du nach Spa...«, 1950) und der frühe Roman »Wo warst du, Adam?« (1951) erzählen noch direkt Kriegsgeschehen, während die folgenden Romane »Und sagte kein einziges Wort« (1953), »Haus ohne Hüter« (1954), »Das Brot der frühen Jahre« (1955) und »Billard um halb zehn« (1959) die Hunger-, Trümmer- und Restaurationserfahrungen der Nachkriegszeit artikulieren. Die sarkastisch registrierte Realität der Wirtschaftswunderära zur Zeit Adenauers verweist B. auf die Satire, in der er in dem Band »Doktor Murkes gesammeltes Schweigen« (1958) mit klass. Beispielen hervortritt. Gegen die Entfremdung werden dort die humanen Positionen oft durch *unhero.* →*Außenseiter* vom Typus des »schwarzen Schafs« vertreten (z.B. die Erzählung »Die schwarzen Schafe«, für die B. 1951 den Preis der Gruppe 47 erhält). Gerade auch an den bei B. bes. häufig auftrefenden Frauenfiguren (Käte Bogner in »Und sagte kein einziges Wort«; Marie im »Clown«; Leni Pfeiffer in »Gruppenbild mit Dame«; Katharina Blum) vermag B. das Potential der Humanität und damit die (christl. beeinflußte) Dialektik von Macht und Ohnmacht darzustellen. Daran zeigt sich, daß B.s Satire aus verletzter Liebe entsteht.

B. hat immer erkennen lassen, daß er als engagierter Christ zu handeln und schreiben sucht, aber die Institutionalisierung des Christlichen in kirchl. Hierarchie und »Politik«, in Parteien und Interessenverbänden für verhängnisvoll hält. Folge dieser *Kritik* war sein Kirchenaustritt 1976, nach dem er sich aber freil. weiterhin als Glied des »Leibes Christi« (corpus Christi mysticum) betrachtet. Sein Plädoyer für gesellschaftl. Erbarmen gegenüber Ulrike Meinhof und ihrer militanten Gruppe brachte ihm publizist. Anfeindung ein (dazu Dokumentationsbände 1972 und 1982). Hintergrund gerade auch seines polit. Handelns ist ein Christusverständnis, das in Christus den »Menschgewordenen« in Niedrigkeit sieht und Eigenschaften wie »Zärtlichkeit und Galanterie Christi« sozial- wie kirchenkritisch deutet. In der Nachfolge von Kleist, Hebel und →Kafka, von →Dostojewski und →Camus sieht B. sich als einen Realisten der *humanen Phantasie,* als einen formversessenen Artisten der Brüderlichkeit mit den Geringsten.

*Lit.: K. Jeziorkowski:* Rhythmus und Figur. Zur Technik der ep. Konstruktion in H. B.s »Der Wegwerfer« und »Billard um halb zehn«, Bad Homburg 1968. – *K.-J. Kuschel:* Jesus in der dt.sprachigen Gegenwartsliteratur, Zürich/Köln 1978. – *W. Lengning:* Der Schriftsteller Heinrich B. Ein biograph.- bibliograph. Abriß, München, 5., überarb. Aufl. 1977. – *M. Nielen:* Frömmigkeit bei H.B., Annweiler 1987. – *M. Reich-Ranicki (Hg.):* In Sachen B. Ansichten und Einsichten, München, 6., erw. Aufl. 1977. – *K. Schröter:* Heinrich B., Reinbek 1982. – *G. Wirth:* H.B. Essayist. Studie über rel. und gesellschaftl. Motive im Prosawerk des Dichters, Köln, 2. Aufl. 1987.

*Klaus Jeziorkowski*

## Böse, das

*A.* Gemäß einem allg. Sprachgebrauch meint das B. im weiten Sinn – ähnl. wie in den roman. Sprachen: malum, il male, le mal – alles *Schlechte* und umfaßt neben dem fakt. eintretenden *»phys.«* Übel (etwa Krankheit, Naturkatastrophe) das *»moral.« Übel* (also das B. im strengen Sinn), das durch Menschen willentl. beabsichtigt oder auch ausgeführt ist. G. W. →Leibniz hat dieser Reihe das *»metaphys.« Übel* hinzugefügt, das mit der →Endlichkeit des Endlichen ident. ist. Neueren Problemstellungen und Kategoriebildungen gemäß ist das *»soziale Übel«* (strukturelles B.s: soziales Unrecht, Unterdrückungs- und gesellschaftl. bewirkte Entfremdungsverhältnisse) hinzuzufügen, das als geschichtl. Qualität weder einlinig auf naturgegebene Faktizität noch einlinig auf den freien Willen von Menschen, sondern zugleich auch auf Macht und Eigendynamik geschichtl., sich reproduzierender Verhältnisse zurückzuführen ist.

Das B. (hier in der Regel im weiten Sinn verwendet) ist ein *Beziehungsbegriff,* erscheint zunächst als Eigenschaft oder Wirkung eines Prozesses. B. ist alles, was schadet (→Augustinus). Es bedeutet im Kern Angriff auf Dasein und Leben (Heering). Wer es so erfahren und begriffen hat, kann es deshalb nur kompromißlos ablehnen, es sei denn, er will es um eines von ihm vorgezogenen Guten willen. Um seiner selbst willen kann das B. nach allg. Überzeugung nicht angestrebt werden. Es steht mit dem vorgängig als gut Erfahrenen nicht in Einklang und ist insofern als objektiv falsch zu charakterisieren.

*B.* Das Problem des B.n ist *ursprüngl. in den →Religionen* zu Hause und wird dort in →Symbolen, →Mythen und →Riten behandelt als →Tod und →Angst, als Verfehlung und Untergang, als Hindernis von →Heil und →Erlösung. In den →Weltreligionen, die es ausnahmslos thematisieren, erscheint es als überwindbarer oder überwundener, aber wahrgenommener und noch zu bekämpfender oder durchzutragender Gegenpol zu Heil. In den *dualist.* Religionen kommt ihm entweder eine göttl. Potenz oder eine eigene uneinnehmbare Domäne (etwa des Materiellen, des Weiblichen oder der →Sexualität) zu (→Dualismus, →Männerbünde). In den *monotheist.* Religionen (→Monotheismus) entspricht der Konzentration auf den Einen Gott eine Gegenkonzentration auf das Eine B., das als Gegenpol oft einen ungewollt faszinierenden Sog ausübt. Obwohl das →Christentum an den endgültigen, schon angebrochenen Sieg des Guten glaubt (K. →Barth nennt das B. deshalb das »Nichtige«), haben sich zumal an Begriff und Erfahrung des B.n in seiner westl. Ausprägung dualist. Züge geheftet, die stark mit der Spiritualisierung des christl. Heils sowie mit der Abwertung von →Leib und Sexualität zusammenhängen.
Dennoch blieb die Grundlegung des *jüd.-bibl. Erbes* auch in der späteren Tradition unberührt: Gemäß dem Schöpfungsbericht (Gen 1,1-23) ist nicht nur Gott die →Liebe (also er selber ohne auch nur den Schatten des B.n), sondern auch seine Schöpfung *sehr gut.* Das B. kommt ausschließl. durch die Schuld der Menschen in die Welt (Röm 5,12). →Sünde und Schuld werden zudem vergeben, die Menschheit in Jesus Christus versöhnt (→Versöhnung). Der »Triumph der Gnade« (Augustinus), die Beschenkung der Armen (Mt 5,3-12), der Sturz der tyrann. Throne (Lk 1,46-55), kann jetzt schon beginnen und von der *»glückl. Schuld«* (kath. Liturgie der Osternacht) singen lassen. Selbst der Tod, Grenze und unüberwindbares Problem der Menschheit und aller einzelnen, wird in Gott auf eine Weise überwunden, daß keine Bitterkeit zurückbleibt (→Auferstehung; Röm 6,9; 1 Kor 15,54).

*C.* Doch bleibt die *Versöhnung* aller, also die absolute Aufhebung des B.n am Ende der menschl. Geschichte (die Allversöhnung), eine Grenzaussage, die von Theologen (von →Origenes bis K. Barth) immer wieder erreicht, von der Gemeinschaft der im Leben stehenden Glaubenden aber *nie widerspruchslos* hingenommen wurde (→Eschatologie).

*I.* Das verweist auf die Tatsache, daß Gott ohne Schatten zwar im vorwegnehmenden →Bekenntnis gepriesen, im Blick auf diese Welt aber *nie* – weder theol. noch neuzeitl. philos. – *ohne Schatten gedacht* und erfahren werden konnte. Die Radikalisierung der Schöpfungsidee läßt Gott auch das Unheil erschaffen (Jes 54,16: die Aussage der Gegengrenze) und das Herz der Menschen verstokken (Röm 9,18); sie läßt sogar den Satan sein Werk als Dienst Gottes verrichten und den Frommen gegen Gott als seinen Todfeind protestieren (→Hiob). Denkerisch wie rel.-prakt. beginnt und endet die christl. Geschichte immer mit dem Problem, daß Gott den als seinen Sohn geglaubten Jesus von Nazaret am →Kreuz verlassen (Mk 15,34) und den Tod der Schmach hat sterben lassen. Diese Geschichte wiederholt sich bei Millionen seiner Töchter und Söhne.

*II.* Die *Dialektik* dieser Erfahrung prägt das gläubige Bewußtsein der Menschen, erscheint etwa produktiv *verarbeitet* in myst. Traditionen (z.B. bei Meister Eckhart [1260-ca.1328] oder Theresia von Avila [1515-1582]) ebenso wie destruktiv *verformt* im krieger. Einsatz zur Bekehrung der Un- oder Andersgläubigen (→Fanatismus, →Kreuzzüge, →Religionskriege). Sie wird theol. aufgenommen in der negativen Theologie oder in Luthers Erfahrung vom verborgenen Gott und führt denker. zu philos. Versuchen, von denen zumal in der Zeit des →Idealismus ganze Denksysteme geprägt sind (F. →Schelling, G. W. F. →Hegel). Einer der entscheidenden Durchbrüche zeitgenöss. *Gotteslehre* besteht darin, daß von Gott nicht mehr als dem Erhabenen alle Negativität ferngehalten wird. Als (Mit-)Leidender wird er, so der Gedanke, mit dem uns Menschen widerfahrenden B.n passiv konfrontiert (J. Moltmann u.a.).

*III.* So entscheidet sich die wirklichkeitserschließende Kraft des Glaubens nicht an der Frage, wie eindeutig die Güte Gottes abstrakt bekannt und ins Angesicht des B.n behauptet wird. Sie hängt vielmehr von der konkreten Vermittlung mit der Erklärung des B.n ab, an dem sich die →Freiheit selbst der gutwollenden Menschen bricht. Weil in rel. Perspektive wir Menschen selbst – wider Willen, aber im Zug unserer Geschichte wollend – vom B.n der Welt betroffen sind und an ihm teilhaben, können wir rel. von ihm offensichtl. nur indirekt, d.h. in →Symbolen und →Mythen, sprechen (P. Ricoeur).

*D.* In der westl. Tradition haben sich zur Bewältigung des B.n *vier Grundmodelle* herausgebildet:

*I.* Das kosmolog., *ordnungstheoret. Modell* hebt das B. in einer Gesamtordnung auf. Auch Übel und B.s haben einen Sinn, der von Betroffenen mangels Distanz und Überblick nicht entdeckt werden kann. Diese Denkfigur hat mit dem Ordnungsdenken der →Stoiker begonnen, ist durch die →Kirchenväter des Westens (Ambrosius [339-397], Augustinus) in die abendländ. Denktradition aufgenommen, durch den ma. →Aristotelismus im Rahmen einer nun diskursiv vorgehenden Theologie verstärkt worden und hat im modernen techn.-rationalen Ordnungsdenken seine säkularisierte Fortsetzung gefunden. Doch kann eine solche systemimmanente Verortung des B.n das B. nur auf quantitativ größere Zusammenhänge hin *relativieren*, verharmlosen und Teilsinne erheben und

gewinnt im Prozeß ständiger Überbietung nie eine abschließende Eindeutigkeit (→Technik). Es übersieht deshalb, daß etwa eine menschl. Person in ihrer Freiheit und Abbildhaftigkeit Gottes einen qualitativen Zusammenhang konstituiert und nicht in Systeme verrechnet werden kann. Wenn sie am B.n zerbricht, ist an ihr das Ganze der Welt in einer Weise zerbrochen, die durch keine innerweltl. höhere Ordnung mehr aufgefangen werden kann.

*II.* Das *plotin. metaphys. Modell* ordnet das B. ähnl. wie die Materie am untersten Ort des Weltganzen ein. So wird es zwar relativierend-dynam. als Beraubung an Gutem (*privatio boni*) verstanden; im Rahmen einer stat. Metaphysik aber erscheint es als ein Nichts, dem »an sich« keine Seinsqualität zukommt. Eine solche Konzeption muß, ja kann nicht im strikten Sinn dualist. sein. Sie kann aber eine dualist. Konzeption von Gott und Materie auch nicht wirksam modifizieren oder steuern, da fakt. die Materie ebenso dialekt. an der Grenze zum Nichts angesiedelt ist wie das B. selbst. Darum leitet dieses Modell eher an zu Fluchtreaktionen vor dem B.n (und zur Spiritualisierung des Guten) als zu einer offensiven Auseinandersetzung mit ihm im Blick auf Gottes Reich.

*III.* Als prägend erweist sich die *bibl.-prophet. Tradition*, der zufolge das von Menschen gewollte Übel als B.s vor Gott, als Sünde und Schuld, der Freiheit der Menschen angelastet wird. Freiheit wird also als Würde des Menschen eingefordert, und Schuldübernahme erweist sich selber schon als freiheitl. Tat. Zugleich wird sie seit Augustinus in der theol. Tradition von ihrer Lücke her angegangen. Freiheit konkretisiert sich als *Schuldfähigkeit* und tatsächl. Schuld. Die Ambivalenz dieses Ansatzes zeigt sich z.B. darin, daß der Titel »De libero arbitrio« (»Vom freien Willen«), von Augustinus verwendet, um die Schuldfähigkeit der Menschen darzulegen, von Luther abgelehnt wird, sobald →Erasmus mit demselben Titel die menschl. *Freiheitsfähigkeit* zum Positiven hin erweisen will. Der Mensch ist bei Luther, so wie schon bei Paulus, ins B. verstrickt, sobald seine Freiheit beginnt. Sie ist schon, bevor sie zu sich kommt, gefangen. Die wachsende Individualisierung (Luther) und Verinnerlichung menschl. Schuld (S. →Kierkegaard) führt unter den Voraussetzungen der →Neuzeit allerdings in eine *ausweglose* Problematik, da die →Autonomie des Menschen unter diesen Voraussetzungen kaum mehr denkbar ist. Deshalb zeigt sich an diesem Punkt das schwierigste und nahezu blockierte Gespräch zwischen neuzeitl. Philosophie und christl. →Glauben.

*IV.* Das *geschichtl. Modell* ist für die produktive Auseinandersetzung mit der neuzeitl. Philosophie entscheidend geworden. Neuansätze ergeben sich seit dem 19. Jh. durch die Entdeckung der Geschichte als eigenständiger, zwischen Individuum, →Natur und →Gemeinschaft vermittelnder Kategorie. Sie führt einerseits zur Erweiterung des metaphys. Modells der Beraubung. Das B. erscheint vor allem in der kath. Theologie nun (in einer nicht voll aufgearbeiteten Formulierung) als »Beraubung und Gegensatz«. Sie führt andererseits zur Entzerrung der individualist. Aporie Kierkegaardscher Freiheitsanalyse im Übergang von träumender Unschuld zu schuldhafter, weil sich ängstigender Entscheidung.
Neben diesen Gedanken des ausweglosen Sprungs vom Wesen in die Existenz (so auch P. →Tillich) tritt das Modell der →*Entfremdung*, dessen Opfer und Täter der Mensch selber in einem sein kann. Von dieser Voraussetzung her gelingt es auch, die bibl. – in der Gestaltung eines gerechten Gemeinwesens einerseits, in Herkunft und Zielbestimmung der Menschheit andererseits denkende – Tradition neu zur Geltung kommen zu lassen. Dies hat am Ende einer allerdings langen Entwicklung dazu geführt, daß ursprüngl. religionskrit. konzipierte Modelle (→Marxismus, S. →Freud, →Krit. Theorie) für eine theol. Analyse des B.n fruchtbar gemacht werden. Die soziale Struktur des B.n (die »Sünde der Welt«, Joh 1,29) wird von Theologen neu entdeckt (P. Schoonenberg, →Befreiungstheologie). So hat sich die Problematik des B.n auf eine Ebene zurückverlagert, die der Freiheit des einzelnen vorausgeht. Die Paradoxie eines versklavten, doch selber wollenden Willens (Augustinus, Luther), einer »gefangenen Freiheit« (Ricoeur) also, kann auf dieser Ebene wiederaufgenommen und verstanden werden.

*E.* Als Substantiv »das B.« ist der Begriff eine doppelt *abstrahierende Kategorie*, da sie nicht nur die konkreten Einzelerfahrungen von Schädlichem unter gemeinsame Merkmale zusammenfaßt (z.B. Unrecht, Schmerz, →Leiden, →Armut, →Krankheit, →Entfremdung), sondern auch diese Einzelerfahrungen noch einmal zu einem allg. B.n überhöht.

*I.* Eine solche Abstraktion gleitet nur dann nicht in aussageleere Worthülsen ab, wenn sie für die genannten Gruppierungen eine erkenntniserweiternde oder eindeutig *spezifizierende Perspektive* eröffnet. Sie kann von verschiedenen philos., anthropolog. oder weltanschaul. Ansätzen aus gewonnen werden. Anthropolog. ist etwa die Perspektive der Ichbezogenheit, des Egoismus; eth. ist etwa die Perspektive der willentl. Mißachtung von Du und Gemeinschaft, soziol. die Perspektive von →Gewalt oder sozialem Unrecht, psychosomat. das Problem von Leiden und Tod; von emanzipator. Ansätzen aus sind es Rassismus, Sexismus, Imperialismus, oder wie die »Teufelskreise« des B.n heute noch benannt werden. Für eine theol., die Wirklichkeit treffende Reflexion ist es bedeutsam, daß sie sich konsequent auf solche oder vergleichbare Perspektiven bezieht.

*II.* Von *rel. Standpunkt* aus, insbes. im Blick auf einen rettenden und liebenden Gott, ist allerdings quer durch die genannten Ansätze hin eine weitere spezif. Perspektive von Bedeutung. Für Religion und Glaube erscheint das B. näml. nicht in erster Linie als ein eth., ästhet., ont. oder soziol. Problem, sondern als ein Problem von Unheil und Heil. Deshalb nehmen es zumal die monotheist. Religionen als eine →*Macht* wahr, die zugleich im Medium der Geschichte als auch am Ursprung menschl. Freiheit wirkt. Gegen diese Macht rufen die Menschen Gott sowohl als Befreier ihrer Freiheit als auch ihrer gemeinsamen Geschichte zu Hilfe. So kann *theol.* das B. – angesichts eines personalen Gottes wird das Übel für die rel. Erfahrung immer zum B.en im strikten Sinn – verstanden werden als die auf den Tod der Welt zielende *Gegenmacht* eines Gottes, der als Leben allem Tod voraus ist und nicht erst auf das B. reagiert.
Für den *christl. Glauben* kommt es deshalb darauf an, Gott nicht von der ursprüngl. Macht des unendl. Gegebenseins zur bloßen Gegenmacht des B.n zu degradieren, sondern die ursprüngl., wenn auch verborgenen Verhältnisse wieder klarzustellen. *In Gott ist keine →Gewalt* (Diognetbrief). Aus dieser Perspektive wird auch deutl., warum der Umgang mit dem B.n nicht einschichtig dessen Abstoßung sein kann. Das B. ist gemäß dem christl. Lebenskonzept, weil und insofern es zunächst eine Dimension unserer Wirklichkeit bloßlegt, in Solidarität und als Schuldübernahme *anzunehmen* (Mt 5,39). Diese Praxis hat ihre eigene Rationalität, denn erst dann zeigen sich Qualität und Ausmaß der Machtreaktion des B.n sowie der Sinn eines unbedingten →Vertrauens in eine rechtfertigende, produktiv mächtige Instanz, ohne die gemäß christl. Überzeugung den Menschen keine endgültige Rettung bleibt.

*Lit.: K. Barth:* Kirchl. Dogmatik III/3, Zürich, 3. Aufl. 1979, 327-425. – *C.-F. Geyer:* Leid und B.s in philos. Deutungen, Freiburg/München 1983. – *A. Görres/K. Rahner:* Das B. Wege zu seiner Bewältigung in Psychotherapie und Christentum, Freiburg, 3. Aufl. 1984. – *H. Haag:* Vor dem B.n ratlos?, München 1987. – *H. Häring:* Das Problem des B.n in der Theologie, Darmstadt 1985. – *H. J. Heering:* Ober het boze als macht en als werkelijkheid, Meppel 1974. – *P. Ricoeur:* Phänomenologie der Schuld, 2 Bde., Freiburg/München 1971. – *P. Schoonenberg:* Der Mensch in der Sünde, in: *J. Feiner/M. Löhrer (Hg.):* Mysterium Salutis II, Zürich 1967, 845-941. – *H. Vetter:* Der Schmerz und die Würde der Person, Frankfurt/M. 1980.

*Hermann Häring*

**Bonhoeffer,** *Dietrich,* geb. 4.2.1906 in Breslau, hingerichtet 9.4.1945 in Flossenbürg, dt. ev. Theologe. Die Wirkungsgeschichte B.s ist unauflösl. verknüpft mit seiner Beteiligung am aktiven *Widerstand* gegen A. Hitler. Als Sohn eines Medizinprofessors studierte er Theologie, die durch die Erfahrungswelt einer großbürgerl. Gelehrtenfamilie entscheidend geprägt wurde. Wegen seiner Zugehörigkeit zum Widerstandskreis um Admiral Canaris wurde er 1943 verhaftet und im Konzentrationslager Flossenbürg hingerichtet.
In der Zeit der Gefangenschaft entstanden die *Briefe,* die, herausgegeben unter dem Titel »Widerstand und Ergebung« von E. Bethge, der sich die Erforschung des Lebenswegs seines Freundes B. zum Lebenswerk machte, zum Ausgangspunkt für dessen Wirkungsgeschichte wurden. Der Tod als →Märtyrer und seine Arbeit in der Bekennenden Kirche, zu der er sich schon früh auch krit. äußerte (z.B. wegen ihrer Zurückhaltung in der Judenfrage und dem überwiegenden Interesse an kirchl. Besitzstandswahrung), führten zu einer weltweiten Beachtung des *Werkes* von B., das Fragment geblieben ist und deshalb auch für ganz unterschiedl. Rezeptionsvergänge offensteht. Seine Wirkung liegt in einer Verbindung von drei Elementen begründet, deren innere Einheit vor allem in der Biographie selbst und weniger in einer systemat. Konzeption zu suchen ist: einer intensiven, bibl. Frömmigkeit; dem Bemühen um eine realist., theol. Durchdringung der Probleme, die sich ergeben aus den Spannungen zwischen dem modernen Bewußtsein und autonomen Weltverständnis und dem überkommenen Glauben oder der Lehre der Kirche; schließl. der konkreten kirchl. Praxis. B.s Denken konzentrierte sich auf Probleme der →Ekklesiologie und →Christologie, die sich für ihn zuspitzten in der →Ethik, in deren Erarbeitung er selbst sein Lebenswerk sah. Seine theol. Arbeit war geprägt durch seine in mehreren Auslandsaufenthalten erworbenen *ökumen. Erfahrungen,* das ihm durch R. Seeberg nahegebrachte Erbe luth. Theologie, das ihn mit K. →Barth verbindene Bewußtsein einer Krise, in der die bürgerl. Welt des 19. Jh.s und deren Religiosität sich befinde. Aber im Unterschied zur →dialekt. Theologie sah B., daß die liberalen, aufgeklärten Traditionen theol. Denkens, wie sie E. →Troeltsch und vor allem sein Lehrer A. von →Harnack repräsentierten, nicht einfach denunziert und preisgegeben werden können.

*Lit.: E. Bethge:* D.B. Eine Biographie, München, 5. Aufl. 1983. – *E. Feil:* Die Theologie D.B.s, München, 3. Aufl. 1979. – Die mündige Welt, Bd. 1-5, München 1955/69. – Internationales B. – Forum, Bd. 1-6, München 1976/85. – *T. R. Peters:* Die Präsenz des Politischen in der Theologie D.B.s, Mainz/München 1976.

*Klaus Tanner*

**Brahms,** *Johannes,* geb. 7.5.1833 in Hamburg, gest. 3.4.1897 in Wien, *dt. Komponist.* B. wuchs als Sohn eines Kontrabassisten im Hamburger Gängeviertel auf. Bereits in jungen Jahren verdiente er sich durch →Unterhaltungs- und Tanzmusik in Matrosenkneipen Geld. Seine schul. Bildung war den Umständen entspr. spärlich; eine selbsterworbene Literaturkenntnis und Bibelfestigkeit kamen jedoch seinem Schaffen zugute. Musikunterricht erhielt er zunächst bei seinem Vater, dann bei E. Marxen. 1853 machte R. Schumann durch den Artikel »Neue Bahnen«, den er in der »Neuen Zeitschrift für Musik« veröffentlichte, auf den

20jährigen aufmerksam. B. tat sich zunächst als Begleiter der Geiger Eduard Remény und später Joseph Joachim hervor, aber auch als Konzertpianist und vor allem als Komponist machte er sich bald einen Namen. Durch Joseph Joachim lernte er das Ehepaar Schumann kennen, dem er als treuer Freund zur Seite stand. Während der Krankheit Schumanns und nach dessen Tod war B. für Clara Schumann eine große Hilfe, ohne daß es aber zwischen den beiden zu einer festen Bindung kam.
Seine berufl. Laufbahn brachte B. zunächst 1858 als fürstl.-lippischen Klavierlehrer und Chormeister nach Detmold. In diese Zeit fällt seine Liebesbeziehung zu Agathe von Siebold. 1862 siedelte B. nach *Wien* über, nachdem seine Bewerbung um einen Dirigentenposten in Hamburg abgelehnt worden war. In Wien war B. von 1863-64 Dirigent der Singakademie und von 1872-75 Chordirigent der Gesellschaft der Musikfreunde. Andere öffentl. Ämter hat B. nicht bekleidet, er lebte vielmehr als freischaffender Künstler. Die Sommermonate verbrachte er meist außerhalb Wiens, in »landschaftl. anregenden Gegenden« (Herzfeld), z.B. Gmunden, Ischl, Baden-Baden und Wiesbaden.
Neben zahlreichen *Liedern, Klavierwerken und Kammermusik* erlangte B. vor allem durch seine vier *Sinfonien* hohes Ansehen. Hans von Bülow bezeichnete die 1. Sinfonie von B. als →Beethovens 10. und stellte ihn damit in die direkte Nachfolge dieses großen Meisters. Gleichzeitig widersprach von Bülow damit R. →Wagner, der seine Musikdramen als die einzig mögl. Weiterführung des Beethovenschen Erbes betrachtete.
Auch im Bereich der *→Kirchenmusik* leistete B. Großes. Seine →Motetten op. 29, 74 und 110, seine Fest- und Gedenksprüche op. 10 und seine Elf Choralvorspiele (op. posth. veröffentl. 1902) bilden einen ersten Ansatz zu einer »neuen Kirchenmusik im prot. Geist« (Wörner). Höhepunkte seines kirchenmusikal. Schaffens sind *Ein dt. Requiem* op. 45 und seine *Vier ernsten Gesänge* op. 121, beides rel., nicht jedoch liturg. Werke. Überhaupt war B.' Religiosität, obwohl sie sich am prot.-christl. Glauben orientierte, sehr persönl. geprägt und nicht an die Institution der Kirche gebunden. Das →Requiem entstand zwischen 1861 und 1868 und wurde zum ersten Mal in Bremen 1868 mit großem Erfolg aufgeführt. Den Text, der in sieben Teilen das Mysterium der Vergänglichkeit und der Auferstehung darstellt, hat B. selbst aus der Bibel zusammengestellt. Dies gilt auch für die Vier ernsten Gesänge, die B.' letztes Werk und damit in gewissem Sinne sein eigenes Requiem sind. Daß B. ein tief rel. Mensch war, zeigt sich zwar ganz bes., aber nicht ausschließl., an seinen kirchenmusikal. Werken. Auch seine weltl. Werke sind von einer tiefen Menschlichkeit und Frömmigkeit durchzogen.

*Lit.: K. Geiringer:* B., Zürich/Stuttgart 1955. – *M. Kalbeck:* Johannes B., 4 Bde., Berlin 1904-1914. – *W. Kirsch:* Rel. und liturg. Aspekte bei B. und Bruckner, in: *W. Wiora (Hg.):* Rel. Musik in nichtliturg. Werken von Beethoven bis Reger, Regensburg 1978. – *C. M. Schmidt:* Johannes B. und seine Zeit, Laaber 1983.

*Angelika Brenner*

**Brecht,** *Bertolt,* geb. 10.2.1898 in Augsburg, gest. 14.8.1956 in Ost-Berlin. Durch sein weitgespanntes literar. Schaffen, insbes. seine Theaterarbeit, zählt B. zu den bedeutendsten und einflußreichsten Schirftstellern des 20. Jh.s. Seine *frühen* antiexpressionist. *Stücke* (»Baal« 1918/19, »Trommeln in der Nacht« 1919) spiegeln ebenso wie B.s *frühe →Lyrik* den geistigen und gesellschaftl. Umbruch des Ersten Weltkriegs wider, in dessen Folge sich B. von seiner prot. Herkunft löste. Die Befreiung von den Zwängen des →Glaubens und der darauf gestützten Gesellschaftsmoral fand ihren sprachgewaltigsten Ausdruck in »B. B.s Hauspostille« (1927), einem satir.-blasphem. Gedichtzyklus im Gewand christl. Erbauungsliteratur (mit umfunktionierten Exerzitien, Legenden, →Chorälen und →Psalmen), dessen z.T. zyn.-fröhl. Entlarvung bürgerl. →Religion der Rebellion eines anarch.-vitalen Lebensgefühls entsprang. Gleichwohl zeigt B.s frühe Auseinandersetzung mit Religion eine äußerst bemerkenswerte Sensiblität für die sich im Gottesglauben aussprechenden Verstörungen und →Hoffnungen und läßt bei aller ideologiekrit. Konfrontation (→Ideologie) zwischen bibl. Jesus und kirchl. →Christentum (etwa in den »Weihnachtsgedichten« 1922/26) eine durchaus scheue Sympathie für den Nazarener erkennen. Zudem finden sich in B.s gesamtem Werk äußerst vielfältige Bezüge zur →Passionsgeschichte (z.B. das Gedicht »Christus vor dem Hohen Rat« [1915] oder das »Horenlied« in »Mutter Courage und ihre Kinder« [1939]).
Vor allem seine Hinwendung zum →Marxismus (seit 1926) führte B. (über die »Lehrstück«-Versuche hinaus) zur Konzeption des *»episch-dialekt. Theaters«*, einer neuen, antikulinar. Schauspiel- und Zuschaukunst, die gegenüber der traditionellen Einfühlungsdramatik auf der »Verfremdung« durch ep. Darstellungsstil und krit.-distanzierenden Kommentare, Projektionen und Songs beruht (Zusammenarbeit mit den Komponisten K. Weill [»Dreigroschenoper« 1928], H. Eisler und P. Dessau). Mit unterhaltender Belehrung soll so »eingreifendes Denken« (und Handeln) provoziert werden. Mit den antifaschist. Stücken und großen Dramen des Exils (»Leben des Galilei« 1938/39, »Schweyk im Zweiten Weltkrieg« 1943, »Der kaukasische Kreidekreis« 1943/45 u.a.) liegen äußerst verschiedenartige Realisationen dieser sozialrevolutionären →Ästhetik vor, die erst nach B.s Rückkehr aus der Emigration nach Dänemark, Schweden, Finnland und USA (1933-47) durch seine Modellinszenierungen mit dem »Berliner Ensemble« weltweite Wirkung entfaltete. Dagegen blieb B. als Autor neuartiger *Kurzprosa* und größtenteils fragmentar. *Romane* ein fast unbekannter Erzähler.
Im Vordergrund des *literaturtheol. Interesses* standen bislang die religionskrit. Aufklärungsstrategien

des Stückeschreibers und seine (keineswegs nur iron.-parodist.) Verwendung des Sprach- und Motivguts der (Luther-)Bibel. Die nachhaltende Wirkung seines Augsburger Bibel- und Konfirmandenunterrichts zeigt bereits der Einakter »Die Bibel« (1914), der erstmals B.s sozialethisch akzentuierte →Christentumskritik thematisiert. Nach der →»Konversion« zum Marxismus verschärft B. seine Kritik an einer idealist. Ethik des bloß guten Willens und folgenloser Güte (»Die hl. Johanna der Schlachthöfe« 1931) und problematisiert die Frage des Gutseinkönnens unter den sozioökonom. Bedingungen einer auf Ausbeutung und Konkurrenz abgestellten →Gesellschaft (»Der gute Mensch von Sezuan« 1938/40). Sein utop. Gegenentwurf einer neuen →Humanität auf Grund veränderter Herrschafts- und Eigentumsverhältnisse berührt sich dabei aufs engste mit chines. Denken, insbes. des Sozialethikers Mo-tzu; stellt doch B.s überaus produktive Auseinandersetzung mit der →Weisheit →Chinas gewissermaßen den »Wärmestrom« seines marxist. Denkens dar. Die dadurch inspirierten literar. Modelle einer *lebensprakt. Verhaltenslehre* (»Keuner-Geschichten«, »Meti. Buch der Wendungen«) wurden allerdings in ihrer Herausforderung für theol. →Ethik und →Anthropologie bislang ebensowenig entdeckt wie die Lyrik des Exils (»Svendborger Gedichte« 1939) und des Spätwerks (»Buckower Elegien« 1953). Hinsichtl. der Dialektik von →Macht und Ohnmacht, der Ungesichertheit menschl. Existenz und der Hoffnung auf den »Tag der Befreiung« wären hier Strukturen gleicher Grunderfahrungen, mithin Entsprechungen zwischen B.s atheist.-säkularer und christl.-rel. Selbst- und Wirklichkeitsauslegung, zu erschließen.

*Lit.: H. Fahrenbach:* B. zur Einführung, Hamburg 1986. – *K.-J. Kuschel:* Der andere B., in: Stimmen der Zeit 202 (1984), 629-643. – *K.-D. Müller (Hg.):* Bertolt B.: Epoche-Werk-Wirkung, München 1985 (Lit.). – *H. Pabst:* B. und die Religion, Graz 1977. – *E. Rohse:* Der frühe B. und die Bibel, Göttingen 1983. – *Y.-Y. Song:* Bertolt B. und die chin. Philosophie, Bonn 1978.

*Christoph Gellner*

**Bruckner,** *Anton,* geb. 4.9.1824 in Ansfelden, gest. 11.10.1896 in Wien, beigesetzt in der Stiftskirche von St. Florian, *österr. Komponist.* B.s Vater war Lehrer und gleichzeitig auch für die Kirchenmusik in seinem Heimatort Ansfelden verantwortl. Nach dessen Tod wurde B. vom Stift St. Florian als Sängerknabe aufgenommen. Dort sollte er zum Lehrer ausgebildet werden und erhielt dabei auch Unterricht in Violine, Klavier und Orgel. 1841 wurde er Unterlehrer in Windhag, 1845 Lehrer und 1851 Stiftsorganist in St. Florian. Er verfügte bereits über ein reiches kontrapunkt. Können und war ein ausgezeichneter Orgelimprovisator. Obwohl er schon zwei Männerchöre (ein Requiem d-Moll und eine Missa solemnis b-Moll) geschrieben hatte, trug er sich zur damaligen Zeit noch nicht mit dem Gedanken, sich als Musiker und Komponist seinen Lebensunterhalt zu verdienen. Dies änderte sich erst, als er 1855 die Stelle des Linzer Domorganisten erhielt. Er war zum Auswahlvorspiel gekommen, um zuzuhören. Als er aber aufgefordert wurde, doch auch zu spielen, übertraf er, obwohl unvorbereitet, seine Konkurrenten bei weitem. Nach einigen autodidakt. Studien nahm er nun auch Kompositionsunterricht bei Simon Sechter, einem eher konservativen Wiener Musiktheoretiker. Mit 37 Jahren unterzog er sich in Wien einer Prüfung in der alten Satzkunst, die er sehr überzeugend meisterte. Trotz all dieser Erfolge blieb B. ein sehr bescheidener, streng rel. Mensch, dem es an Selbstvertrauen eher mangelte, was sich vor allem an zahlreichen Umarbeitungen seiner Werke und an der Tatsache zeigte, daß er sich auch gegen wohlgemeinte Kürzungen seiner Sinfonien durch seine Schüler nicht wehrte.

In Linz lernte er durch den Kapellmeister Otto Kitzler vor allem moderne weltl. Musik kennen: →Beethoven, Schumann, Berlioz, →Liszt und →Wagner. Von letzterem war er bes. beeindruckt und ließ sich durch dessen Opern Tannhäuser und Tristan und Isolde zu eigenem Schaffen inspirieren. Durch diese Bewunderung für Wagner, dem er auch seine 3. Sinfonie widmete, geriet B., ohne es zu wollen, in den Parteienstreit zwischen Traditionalisten (→Brahms) und »Neudeutschen« (Wagner, Liszt), was sein Verhältnis zu Brahms stark beeinträchtigte.

1865 entstand seine erste Sinfonie in d-Moll, die er später die »Nullte« nannte. Ihr folgte die 1. Sinfonie in c-Moll 1866 und 1868 die Messen in e und in f. 1868 wurde B. als Nachfolger Sechters Professor für Orgel, Harmonielehre und Kontrapunkt am Wiener Konservatorium und gleichzeitig Organist der Wiener Hofkapelle. 1891 verlieh ihm die Wiener Universität die Ehrendoktorwürde, an der er seit 1875 das Musiklektorat innehatte. 1892 gab B. seine Ämter auf und widmete sich nur noch seinem Schaffen. Acht Sinfonien hatte er bis dahin geschrieben, über der Arbeit an der 9. Sinfonie, die er mit der Widmung »An den lieben Gott« versah, starb er.

B. hatte eine umfassende, tiefe *Beziehung zum Katholizismus.* Er verwendete in den Sonatensätzen der Sinfonien mit Vorliebe drei Themen als Symbol für die Dreifaltigkeit. Obwohl Kirchenmusiker, war B. als Komponist doch in erster Linie Sinfoniker. Es sind so gut wie keine Orgelwerke von ihm erhalten, jedoch ging er bei der Instrumentierung seiner Sinfonien immer vom Klang der Orgel aus. Im Bereich der Kirchenmusik komponierte er drei *Messen,* das →*Te Deum,* den *150. Psalm* und eine Reihe von →Motetten. Seine Messen in d und f sind Orchestermessen, die Messe in e ist dagegen für achtstimmigen Chor mit Bläserbegleitung gesetzt. Die geistl. und die weltl. Seite seines Schaffens beeinflußten sich gegenseitig. B. gilt als der Schöpfer des »modern-symphon. Messestiles« (Orel). »Ihm gelang ein liturgisch kirchenmusikal. Ausdruck auf der Grundlage der symphon. Entwicklung des 19. Jh.s« (Wörner).

*Lit.: M. Auer:* A. B. Sein Leben und Werk, Wien, 6. Aufl. 1949. – *A. Göllerich/M. Auer:* A. B. Ein Lebens- und Schaffensbild, 4 Bde., Regensburg 1922-36. – *W. Kirsch:* Rel. und liturg. Aspekte bei Brahms und Bruckner, in: *W. Wiora (Hg.):* Rel. Musik in nichtliturg. Werken von Beethoven bis Reger, Regensburg 1978. – *K. H. Wörner:* Geschichte der Musik, Göttingen, 7. Aufl. 1980.

*Angelika Brenner*

**Bruderschaften, Schwesternschaften.** Strukturgeschichtl. handelt es sich bei B. um Institutionalisierungen des Gesinnungsbegriffs Bruderschaft. Grundmodell dafür ist im christl. Raum zunächst die werdende Kirche (→Alte Kirche), dann die Geschichte des →Mönchtums, insofern sich alle Gemeinschaften des Mönchtums und der →Orden als B. und S. verstehen und oft auch aus B. entstanden sind. Gleiches gilt von den vielen B. der Erweckungsbewegungen des neuzeitl. reformator. Christentums (→Pietismus) sowie den humanist. B., etwa den →Freimaurern. Den jeweiligen B. entspricht ein inhaltl. best. *Gesinnungsbegriff*, den eine entspr. Gestaltung des individuellen und gemeinschaftl. Lebens anzieht. Zu unterscheiden davon sind die vielen B., die sich Teilzielen und -aufgaben bes. der Nächstenliebe und Frömmigkeit widmen.

Ihre Anfänge im Abendland sieht man in den frühma. *Gebetsverbrüderungen* der →Klöster. Im Verlaufe des MA.s kam es zu einem Aufschwung solcher B., die im kath. Raum bis zum Ende des 18. Jh.s das rel., kulturelle und soziale Leben weithin bestimmten. In diesen B., die sich zur persönl. und gemeinschaftl. Heiligung, zur Sorge um das Seelenheil Verstorbener, zur Verehrung von Ortsheiligen u.ä. verpflichteten, spiegeln sich die jeweiligen Formen der Frömmigkeit und Andacht, der sozialen Bedürfnisse, Nöte und Aufgaben. Indirekt verstärkten sie den sozialen Zusammenhalt und die Identität ihrer Gruppen. Spezielle Anliegen bestimmten die berufsständ. gegliederten B. Da sie meistens von →Laien gebildet und korporativ verfaßt waren, hatten sie als Bindeglied zur kirchl. →Hierarchie eine wichtige Funktion und sicherten den Laien in verschiedener Hinsicht eine kirchl. Mitsprache.

Erst der moderne →Staat als einheitl. Untertanenverband löste sie, die für das öffentl. Leben vormals eine hohe Bedeutung hatten, auf. Die noch vorhandenen sind auf kirchl.-rel. Aufgaben beschränkt. Im 20. Jh. kam es im ev. Raum zu zahlreichen *Neugründungen* von B. und S. mit verschiedenen Aufgaben und (z.T. klosterähnl.) Lebensformen. In ihrem Aufschwung spiegeln sich Erneuerung und Krise der →Volkskirche und der auf ein Territorium bezogenen Pfarrgemeinde (→Pfarrei). Gleiches gilt von vielen neuen B. und S. im gegenwärtigen Katholizismus.

*Lit.: J. Deschamps:* Les confréries au Moyen Age, Paris 1958. – *G. G. Meersseman:* Ordo fraternitatis, 3 Bde., Rom 1977. – *L. Remling:* B. als Forschungsgegenstand, in: Jahrbuch für Volkskunde und Kulturgeschichte, Neue Folge 3 (1980), 89-112. – *W. Schieder:* Brüderlichkeit, in: Geschichtl. Grundbegriffe, Bd. 1, 552-581. – *R. Stupperich u.a.:* B., in: Theol. Realenzyklopädie 7, 195-212.

*Isnard W. Frank*

**Brüderbewegung**

*A.* Die B. ist nicht mit →Brüderunität oder der Church of the Brethren (eine der hist. Friedenskirchen) zu verwechseln, sondern eine auf *J. N. Darby* (1800-1882) zurückgehende Bewegung konfessionell nicht gebundener Christen. Sie versuchen, die Einheit des Leibes Christi *jenseits* aller Kirchen und Denominationen beim allsonntägl. »Brotbrechen« am »Tisch des Herrn« zur Darstellung zu bringen. Die »zwei oder drei« (Mt 18,20) versammeln sich dort zu Anbetung, Lob und Dank unter Verzicht auf alles →Hierarchische, Institutionelle und Liturgisch-Sakramentale. Statt dessen will man den →Hl. Geist direkt wirken lassen. Auf Grund einer komplizierten heilsgeschichtl. Schau mit einer Abfolge von sog. Dispensationen (Heilsbünden) versteht sich die B. als Brautgemeinde der *Endzeit*, die sehnl. auf ihre baldige Entrückung (1 Thess 4,17) wartet. Hand in Hand mit dieser Erwartung geht ein Rückzug aus der »Welt«, für deren Probleme es keine bibl. begründbare Verbesserungsmöglichkeit gibt (Apolitismus).

*B.* In *Deutschland* wurde die B. (Plymouth-Brethren, christl. Versammlung, Offene Brüder) vor allem durch *Carl Brockhaus* (1822-1899) bestimmt. In seinem Verlag erschien die »Elberfelder Bibel« (→Bibelübersetzungen). Wegen ihrer Organisationslosigkeit wurde die Bewegung 1937 verboten, doch schlossen sich Teile der B. mit den →Baptisten 1941 zum Bund Ev.-Freikirchl. Gemeinden zusammen. Man schätzt die Mitglieder der B. weltweit auf 500.000, in Deutschland auf ca. 30.000.

*Lit.: U. Bister:* Die B. in Deutschland von ihren Anfängen bis zum Verbot des Jahres 1937, Diss., Marburg 1983. – *R. F. Coad:* A History of the Brethren Movement, London 1968. – *E. Geldbach:* Christl. Versammlung und Heilsgeschichte bei J. N. Darby, Wuppertal, 3. Aufl. 1975. – *G. Jordy:* Die B. in Deutschland, 2 Bde., Wuppertal 1979/81.

*Erich Geldbach*

**Brüderlichkeit, Schwesterlichkeit, Solidarität**

*A.* B. und Sch. bedeuten eine Haltung des gleichberechtigten, unbefragt selbstverständl., von Gefühlen der Sympathie und Empathie getragenen Zusammenhalts und sind als Forderung in (rel.) Gemeinschaften (→Orden, →Klerus, auch →Geheimbünde) entstanden, die sich nach *Analogie großer Familien* verstanden. Eine entspr. Haltung wird bisweilen auch von kirchl. Gruppierungen eingefordert, die Kirche und Gemeinde als →Gemeinschaft erfahrbar machen wollen. Sch. wird in den vergangenen Jahrzehnten vor allem von →feminist. Bewegungen angemahnt.

S. bezeichnet das *Zusammengehörigkeitsgefühl* von Individuen und Gruppen, zugleich einen Zustand, in dem sich eine Vielheit – im Blick auf Gesinnung, allg. Handeln oder einzelne Interessen – wie eine Einheit verhält. S. hat sich vor allem seit dem 19. Jh. in der →*Arbeiterschaft* als Haltung derjenigen entwickelt, die im Kampf gegen die Unterdrücker nichts zu verlieren haben. Der Begriff der S. wird seitdem in Begriffs- und Analysefeldern sozialer Probleme verwendet. Bisweilen hat er als Umschreibung der grundlegenden christl. eth. Forderung den Begriff der Nächstenliebe ersetzt.

*B.* Im Rahmen der →kath. Soziallehre wird das Sozialprinzip der S. u.a. unter Einfluß von H. Pesch, G. Gundlach, O. von Nell-Breuning und Th. Messner als »Solidarismus« formuliert. Der Begriff verweist nicht nur auf gegenseitiges Engagement und Verpflichtung von →Individuum und →Gemeinschaft, sondern auch auf die Funktion bes. Gruppen und Gemeinschaften innerhalb der →Gesellschaft in ihrer Beziehung zum →Staat. Das S.sprinzip wird durch Nell-Breuning vorgestellt als »zunächst ein Seinsprinzip (›explikativ‹) und daraus folgend zugleich ein Sollensprinzizp (›normativ‹)« (54). Als *Seinsprinzip* besagt S., daß das Wesen von Gesellschaft und sozialer Ordnung in solidar. Verhältnissen besteht, was hist. gesehen gegen Individualismus und Kollektivismus gerichtet ist. Als *Sollensprinzip* ergeben sich aus der S. Richtlinien für das menschl. Handeln. In diesem Zusammenhang wird das S.sprinzip auch oft mit dem →Subsidiaritätsprinzip in Verbindung gebracht, womit außer der sozialen auch die eth. Dimension sozialer und gegenseitiger Verantwortlichkeit von Individuum und Gemeinschaft betont wird.
Zum S.sprinzip als *Rechtsprinzip* konstatieren F. Furger und C. Strobel-Nepple im Blick auf die sozialen →Menschenrechte in der kath. Soziallehre einen »elementaren Mangel in der Konzeption«, da die Menschenrechte »zwar wesentl. als von der Gesellschaft einzufordernde Ansprüche verstanden werden, aber die gleichzeitige soziale Verantwortung als Pflicht des einzelnen gegenüber der Gemeinschaft nicht angesprochen ist und eine kommunikative Interpretation in der Gemeinschaftsverantwortung vollends noch fehlt« (74).
Wo S. als *soziale* →*Liebe* aufgefaßt wird, umfaßt sie auch B. und Sch. als eine in Jesus Christus begründete Forderung von Gemeinschaft. Vor allem unter Inspiration von →Befreiungstheologen der →Dritten Welt werden S., B. und Sch. als konkrete Kriterien für die Institutionalisierung der →Gerechtigkeit in sozialpolit. Strukturen und als Richtlinien für den Umgang mit den konfliktträchtigen Wirkungen der Option für die Armen genannt. S. verweist in diesem Sinne auch auf einen *neuen Typ von Rationalität*: auf ein Wissen, das mit dem Befreiungsengagement verbunden ist und die strukturellen Wurzeln eines Systems von →Armut und Ungerechtigkeit im Blick auf eine qualitativ andere Gesellschaft in Frage stellt.

*Lit.: F. Furger/C. Strobel-Nepple:* Menschenrechte und kath. Soziallehre, Freiburg 1985. – *F. M. Hohler:* Die Idee der Brüderlichkeit in der Kath. Sozialverkündigung seit der Franz. Revolution, München 1977. – *J. B. Metz/P. Rotländer:* Lateinamerika und Europa. Dialog der Theologen, München 1988. – *O. von Nell-Breuning:* Gerechtigkeit und Freiheit. Grundzüge kath. Soziallehre, München 1985.

*Berma Klein Goldewijk/Hermann Häring*

## Brüder-Unität

### *A. Alte Brüder-Unität*

Nach den Hussiten-Kriegen im 15. Jh. (→Hus) in Böhmen und Mähren zog sich eine kleine Gruppe ev. Christen, die sowohl die krieger. Gewalt als auch eine Einigung mit Rom abwies, in die Wälder Ostböhmens zurück. Dort lebten sie in einer Gemeinschaft, die sich ganz dem →Evangelium und vor allem der →Bergpredigt verpflichtet wußte. Die Gruppe nannte sich »*Unitas Fratrum*« (Einheit von Brüdern), woraus der dt. Name Brüder-Unität entstand. Als ihre Geburtsstunde gilt der 1. März 1457. 1467 erhielten die Brüder von der ebenfalls vorreformator. Bewegung der →Waldenser die Priesterweihe. Die B.-U. hatte damit ihre eigenen Priester und Bischöfe. Sie breitete sich rasch aus und zählte um 1500 etwa 100.000 Mitglieder, wurde aber von Anfang an heftig verfolgt und starb schließl. im Zuge der →Gegenreformation nahezu ganz aus. Ihr letzter Bischof war der als Pädagoge berühmte J. A. →Comenius (1592-1670).

### *B. Erneuerte Brüder-Unität*

*I.* Einige Überlebende der B.-U. fanden im 18. Jh. eine neue Heimat auf einem Landgut des Grafen Nikolaus Ludwig von Zinzendorf (1700-1760). Dieser eigenwillige, vom →Pietismus geprägte Theologe fand in der Betreuung der mähr. Flüchtlinge seine Lebensaufgabe: Er gründete mit ihnen 1722 den Ort *Herrnhut* in der Oberlausitz. Die Siedlung wuchs unter der inspirierenden Leitung Zinzendorfs zu einer geistl. Gemeinschaft zusammen, in der man Glauben und Alltagsleben miteinander teilte, was sich unter anderem in der Vielfalt liturg. Gottesdienste niederschlug. Die geistl. Grundlage Herrnhuts bildete eine *christozentr.* Frömmigkeit, die anders als im übrigen Pietismus weniger vom →Gesetz als vielmehr vom Evangelium bestimmt war. Gerade der fröhl. gelebte Glaube bildete einen Anziehungspunkt.

*II.* Ursprüngl. war Herrnhut als Ort gedacht, von dem aus die luth. Großkirchen neue geistl. Impulse empfangen sollten; bald kam es aber doch zu einer eigenen *Kirchengründung*. Musik war ein bedeutendes Element des kirchl. Lebens, zum Teil wurden auch Gesänge aus der Alten B.-U. übernommen. Zinzendorf selbst dichtete Lieder; es entwickelten sich reine Sing-Gottesdienste, zahl-

reiche Gesangbücher entstanden und Posaunenchöre wirkten schon in der Frühzeit Herrnhuts.
1732 entsandte der damals 500 Einwohner zählende Ort die ersten *Missionare* zu den Negersklaven in der Karibik: Das Weitergeben des gemeinsam erfahrenen Glaubens und damit die Integration von →Kirche und →Mission galt als Selbstverständlichkeit. Aus der regen Missionsarbeit entwickelte sich die weltweite B.-U., die heute 18 Provinzen in Europa, Amerika und Afrika mit über einer halben Mill. Mitgliedern zählt. Vor allem im dt. Sprachraum bekannt sind die *Losungen*: kurze Bibelworte für jeden Tag, von denen das Alttestamentliche bis heute aus einer Sammlung von 1700 Sprüchen ausgelost wird. Ursprüngl. als tägl. Zuspruch für die Einwohner Herrnhuts gedacht, erscheint das Losungsbuch jetzt in 36 Sprachen.

*III.* Von Beginn an unterhielt Herrnhut eine Reihe *ökumen. Beziehungen*, deren theol. Grundlage die Christozentrik Zinzendorfs bildete. Die B.-U. (oder Herrnhuter Brüdergemeinde bzw. engl. auf Grund ihrer Anfänge »Moravian Church«, Mährische Kirche) ist bis heute eine →*Freikirche* geblieben. Sie ist mit der →Ev. Kirche in Deutschland (EKD) assoziiert, gleichzeitig aber auch Gastmitglied der Vereinigung Ev. Freikirchen. 1948 war sie Gründungsmitglied des →Ökumen. Rates der Kirchen.

*Lit.*: *H. Beck:* Brüder in vielen Völkern, Erlangen 1981. – *H. Renkewitz (Hg.):* Die B.-U. (Die Kirchen der Welt, Bd. V), Stuttgart 1967.

*Hans-Beat Motel*

**Buber,** *Martin,* geb. 8.2.1878 in Wien, gest. 13.6.1965 in Jerusalem, jüd. Religionsphilosoph. Schon in seiner in Galizien verbrachten Kindheit begegnete B. dem →Chassidismus, dessen Lehre (»die Vollendung des Judentums«) er auf eigenständige Weise dem westeurop. Denken vermittelte und aus dem er wichtige Anregungen zu dem *»neuen dialog. Denken«* (→Dialog) erfuhr, das in der Feststellung: »Es gibt kein Ich an sich«, gipfelt. Sein bedeutet für den Menschen immer ein In-Beziehung-Sein, Teilhabe und Teilnahme am Sein. Nach B. manifestiert sich diese Teilnahme in zweifacher Weise: in der Begegnung, ausgedrückt im Grundwort Ich-Du, und in der →Erfahrung, für die das Grundwort Ich-Es steht. Der Mensch findet sein Ich erst, indem er das Du findet (→Person). Höchste Realität gewinnt das Sein in der Antwort auf das Angesprochenwerden in der Begegnung mit dem göttl. Du.
1898 schloß sich B. vorübergehend dem *Zionismus* Herzls an, den er differenziert beurteilte: Die Zusammengehörigkeit des Volkes mit dem Land Israel betrachtete er zwar zeitlebens als Grundgesetz jüd. Existenz, durch dessen Realisierung die wahre Aufgabe Israels (die Schaffung einer echten Menschengemeinschaft) erst erfüllt werden kann. Zugleich trat B. aber für Kooperation mit den Arabern und einen binationalen Staat in →Palästina ein. Diese Haltung hat B. im Staat →Israel zu einem Außenseiter werden lassen, dessen Stunde erst noch kommen wird.
Angesichts des →Holocaust hat B. unter Hinweis auf →Hiob von *Gottes verborgener Anwesenheit* gesprochen: »Nichts ist erklärt, nichts ausgeglichen, das Unrecht ist nicht Recht geworden und die Grausamkeit nicht Milde. Nichts ist geschehen, als daß der Mensch wieder Gottes Anrede vernimmt.«
Im *christl.-jüd. Dialog* ist B., der →Jesus als »meinen großen Bruder« bezeichnete, von der christl. Seite oft überfordert worden. Trotz allen »Begreifenwollens« hat er daran festgehalten, daß die Vollendung der unvollendeten →Schöpfung, das Kommen des →Messias, noch aussteht. B.s →Bibelübersetzung, die er mit F. Rosenzweig ab 1925 vorlegte (Die Schrift, neubearb. Ausgabe in 4 Bde.n, Heidelberg 1954ff.), sucht den »Geist der Rede... in seiner sprachl. Leibesgestalt« zu übertragen. Sie hat viel Bewunderung erregt, ist aber weder im Christen- noch im Judentum ernsthaft übernommen worden.

*Lit.: M. Catanne:* A Bibliography of Martin B.s Works (1895-1957), Jerusalem 1961. – *H. Kohn:* Martin B., Frankfurt/M., 4. Aufl. 1979. – *G. Wehr:* Martin B. in Selbstzeugnissen und Bilddokumenten, Reinbek 1968. – Das Werk B.s in dt. Sprache wird vom Verlag Lambert Schneider in Heidelberg fortlaufend in überarbeiteter Fassung zugänglich gemacht.

*Peter Maser*

**Buch.** Als Informationsträger und -vermittler nahezu über fünf Jt.e konkurrenzlos, muß das B. sich heute gegenüber den neuen Massenmedien →Rundfunk und →Fernsehen, den Mikroformen: Mikrokarte, -fiche, -film, und der elektron. Datenverarbeitung (EDV) und ihren Datenbanken behaupten. Entgegen allen pessimist. Prognosen haben die neuen →Medien die Nachfrage aber eher belebt als unterdrückt. Kein anderes Medium kann offenbar das *individuelle* →Bedürfnis nach →Wissen, →Bildung und →Unterhaltung, nach Orientierung, Sinnvermittlung und →Trost optimaler befriedigen als das B. Was das B. auszeichnet, inhaltl. wie gestalter., ist diese *Einmaligkeit*, die nur den Bestand des B.es sichern und die Lesekultur erhalten kann. Sie droht allerdings verlorenzugehen, wenn das B. zur →Konsumware wird und bei wachsenden Titelzahlen dem Trend zum Kurzlebigen verfällt. Ob das B. überdauert, wird wesentl. davon abhängen, wie es seine ursprüngl. Aufgabe auch heute noch wahrnehmen kann, Träger von →Kultur und →Tradition, von erinnernswerten Inhalten, von maßgebl. Aussagen über des →Menschen →Zukunft und den →Sinn seines →Lebens auf dieser Erde zu sein. (→Kommunikation; →Literatur). Der Bücherverehrer M. →Buber hatte dieses unverwechselbar Einmalige des B.es im Blick, diesen unverwüstl. Kern des B.es hinter seinem Warencharakter, als er bekannte: »Ich habe nichts von Büchern gewußt, als ich dem Schoß meiner Mutter entsprang, und ich will ohne

Bücher sterben, eine Menschenhand in der meinen. Jetzt freil. schließe ich zuweilen die Tür meiner Stube und ergebe mich einem B., aber nur, weil ich die Tür wieder öffnen kann und ein Mensch blickt zu mir auf.«

*A.* Die Herkunft des *Wortes*, urgerm. *bōhiz* (Plural), got. *bōkōs*, ahd. und mhd. *buoh*, erklärt sich aus Übertragung der Bezeichnung für Beschreibstoff auf das Schriftstück. Eine Vorform des B.es waren Holztafeln, die den Namen für den Kodex (lat. *caudex*, Baumstamm, Holzscheit) lieferten. Wie *biblos*, das griech. Wort für Papyrus, zu →Bibel wurde und lat. *liber*, Bast, die Bedeutung B. annahm, so wird aus dem *Kodex*, ins Deutsche übertragen, das B., das älteste und kulturgeschichtl. bedeutendste Medium der Überlieferung und Verbreitung geistiger Äußerungen in Wort und Bild.

*I.* Der *Begriff* dient auch zur Bezeichnung von Teilen eines größeren Werkes (die Bücher der Bibel). B. ist ferner ein altes Papiermaß. Nach Inhalt und Zweck werden unterschieden: Fach-, Sach-, Hand-, Wörter-, →Kinder-, Jugend-, belletrist. B., Kunst-, Schulb. usw. Für die Herstellung und den Vertrieb des B.es sind heute hauptsächl. Verlage und der B.handel zuständig. B.produktion, -markt und -vertrieb sind in sich vielfältig differenziert. B.klubs und -gemeinschaften suchen neue Leser zu finden, Vereinigungen und Zusammenschlüsse auf die Anliegen der Branche aufmerksam zu machen und die Lesekultur zu fördern (Börsenverein des Dt. B.handels, Vereinigung Ev. B.händler und Verb. kath. B.händler u. Verleger, VEB/VKB, usw.).

*II. Religionsgeschichtl.* ist der Begriff des B.es in mehrfacher Hinsicht von Bedeutung. Er bezieht sich nicht nur auf die Vorstellung des *himml.* oder des *Lebensb.es* (Ps 139,16; Offb 20,12; →Koran 82,10ff.), auch Texte, die mit →Tod und Sterben in Verbindung stehen, werden als B. bezeichnet, z.B. das ägypt. und tibet. Totenb. Darüber hinaus ist der Begriff mit →hll. Schriften verbunden, mit Büchern (→Kanon), die sich im Besitz der sog. B.religionen befinden und in Form einer Schriftrolle oder eines Kodex rel. und rechtl. normativen Charakter besitzen und im →Gottesdienst verlesen werden (→Lesen, Lesung). Als B.religionen werden vor allem das →Judentum, das →Christentum und der →Islam bezeichnet, in gewisser Weise auch der →Hinduismus, →Buddhismus, →Konfuzianismus und →Manichäismus. Im →Sikhismus genießt der Adi Granth, der die Schriften und Dichtungen der zehn Gurus enthält, diese bes. rel. Wertschätzung, ebenso das B. Mormon, J. Smith, dem Stifter der Gemeinde, durch einen →Engel vermittelt (→Inspiration), bei den →Mormonen. Um des B.es der Bücher willen hat →Europa lesen gelernt (»Selig ist, der da liest und die da hören die Worte und behalten, was darin geschrieben ist«, Offb 1,3), und noch das »gute B.« orientiert sich im Zeitalter seiner buchdrucktechn. Reproduzierbarkeit am Leitbild des »B.es der Bücher«. In dieser Spannung von B. in seinem emphat. Singular und Büchern im säkularisierten Plural bewegt sich, →Pluralismus; →Säkularisierung), wer das Unverwechselbare eines B.es darin zu sehen geneigt ist, daß ein B. wert ist, auch zweimal gelesen zu werden.

*B. Vorformen* des B.es sind die *Tontafel* (seit dem 3. Jt. bes. in Mesopotamien in Gebrauch), die *Rolle* (sie hat sich bis heute in der jüd. →Torarolle erhalten) und der *Kodex*, der im 2. Jh. n. Chr. aufkam und sich um 500 als B.form durchgesetzt hat. Mit dem ma. Kodex, einer Hs., die vor allem in den Schreibstuben der →Klöster angefertigt wurde, hat das B. seine bleibende äußere Gestalt gefunden. Im Hochma. überwog das geistl. Schrifttum, und erst im Spätma., als die Universitäten (→Hochschulen) entstanden und Adel und →Bürgertum neben der →Kirche zu Trägern des kulturellen Lebens wurden, nahm das weltl., das gelehrte, bildende und unterhaltende, an Umfang zu. (→ma. Literatur). Das Papier, ohne das das B. heute gar nicht vorstellbar ist, begann das Pergament zu verdrängen. Mit der Erfindung des B.drucks durch J. Gutenberg begann im 15. Jh. eine neue techn. Epoche in der Geschichte des B.es mit weitreichenden Folgen für die Gesamtgeschichte. Das B., bislang eher ein Einzelobjekt, jetzt beliebig zu vervielfältigen, verwandelte die Welt. →Reformation und →Aufklärung, das Aufkommen der →Wissenschaften und der Nationalliteratur sind durch das B. hervorgerufene Phänomene. Unter Berufung auf das B. der Bücher zerfiel im →Protestantismus die europ. Einheitskultur. Diese mit dem B. als Leitmedium im Sinne einer demokrat. Universalkommunikation und offenen →Gesellschaft ohne Zensur und Listen verbotener Bücher (Index) wiederherzustellen war das Ziel der Aufklärung, einschließl. der →Franz. Revolution. Wurde das B. bis ins 19. Jh. ausschließl. handwerkl. hergestellt, so erfaßte das industrielle Zeitalter die gesamte B.produktion. Setzmaschinen (Linotype, Monotype, Fotosatz) verdrängten den Handsatz, und EDV und Lasertechnik schufen neue Dimensionen auch in der B.technik. Das B., vor allem als billiges Taschenb., ist seitdem zur Massenware, zum Konsumobjekt mit Wegwerfcharakter geworden.

*C.* Gutenbergs Erfindung wurde von der Kirche schon früh hochgeschätzt. →Nikolaus von Kues empfahl sie dem →Papst als »hl. Kunst«, und auch M. →Luther hat den B.druck als das höchste und letzte *Geschenk Gottes* gelobt, durch das er seine Sache vorantreibe. Auf die Bücherwelt als Ganzes fällt seitdem ein wenig von dem Glanz, der einst vom B. der Bücher ausging. Im Horizont der neuen Medien und ihrer erdrückenden Informationsfülle ist nicht nur die Bibel auf dem Weg, ein B. wie jedes andere zu werden, sondern auch alle übrigen Bücher fangen an, ihr Prestige aus ihrer Gattungsverwandtschaft mit dem B. der Bücher zu gewinnen. Die Differenz zwischen →Heilig und Profan, die ursprüngl. die Bibel vor allen anderen

Schriften auszeichnete, macht sich wieder geltend zwischen sinnhaften Leseerfahrungen und den sonstigen Nachrichten aus der Nicht-B.-Welt. Der →*Protestantismus*, der Prototyp einer Medienrevolution, die den allg. Zugang zu Wort und Schrift eröffnet und das kirchl.-hierarch. Schriftmonopol gesprengt hat, hätte auf die neue Mediensituation am besten vorbereitet sein müssen. Die moderne Vermittlung des einen B.es in die tausend Bücher hat in der ev. →Theologie jedoch so gut wie keine Rolle gespielt. Die geschichtl. bedingte polem. Zuspitzung des prot. →Schriftprinzips hat im ganzen eher ein tieferes Nachdenken über das Verhältnis des einen maßgebl. B.es zu den Büchern verhindert, so daß das rel. B., dem erst in jüngster Zeit ein wachsendes Interesse vorausgesagt wurde, seinen Weg macht trotz des kirchl. und theol. Desinteresses. K. →Rahner hat die Veränderung der Rolle des B.es, vom Medium der →Verkündigung und →Lehre zum Medium der Lebensberatung, zur Kenntnis genommen: »Das B. hat, theol. gesehen, wesentl. dieselbe Funktion für die Kirche und den Christen wie die mündl. Verkündigung.« In dieser Qualität, als Medium der →Meditation und Grenzüberschreitung, als Reservat der Langsamkeit und →Muße, steht das B. nicht am Ende seiner bisherigen Geschichte, sondern am Anfang einer neuen Aufwertung. (→kirchl. Publizistik; →Populartheologie).

*Lit.: S. Bräuer:* Zur Stellung des B.es in der Theologie. Eindrücke und Beobachtungen, in: *J. Hanselmann/P. Helbich (Hg.):* Jedes Wort kann ein Anfang sein. Von den Wirkungen des gedruckten Wortes, Wuppertal 1982. – *M. Buber:* Bücher und Menschen, St. Gallen 1952. – *W. Grebe:* B., in: *S. Corsten u.a. (Hg.):* Lexikon des gesamten B.wesens, Bd. I: A- B, Stuttgart 1987, 568f. – *G. Lanczkowski u.a.:* B./B.wesen, I-III, in: *G. Krause/G. Müller (Hg.):* Theol. Realenzyklopädie 7, 270-290. – *L. Muth:* Rollenwandel des rel. B.es, in: Herderkorrespondenz 34 (1980), 468-471. – *E. Noelle-Neumann/G. Schmidtchen:* Rel. B. und christl. B.handel, Hamburg 1969. – *K. Rahner:* Zur Theologie des B.es, Leipzig 1962. – *R. Scherer:* Die Pastorale und das B., in: *F. X. Arnold u.a. (Hg.):* Handbuch der Pastoraltheologie, Bd. 2, Freiburg, 2. Aufl. 1972, 495-511. – *P. Sloterdijk:* Bessere Begründungen für das Unvermeidliche, in: Kultur-Buch-Religion. Symposion anläßl. 150jähriger theol. Verlagsarbeit des Gütersloher Verlagshauses Gerd Mohn, Gütersloh 1985, 31-37.

*Manfred Baumotte*

**Buddha,** *»der Erleuchtete«*, ist der Gründer der ursprüngl. atheist. buddhist. Religion. Seine Lebensdaten werden gegenwärtig (1988) diskutiert. Das weitgehend angenommene Jahr 486 v. Chr. für seinen Tod muß evtl. um etwa 100 Jahre zur Zeitenwende hin korrigiert werden. Als Gautama Siddhārtha im nordind. Fürstengeschlecht der Shākyas geboren, trieb es ihn angesichts der Fragen, die Alter, Krankheit, Tod und Unsterblichkeit in ihm erweckten, »in die Hauslosigkeit« des Wahrheitssuchers. Nach jahrelanger Askese geschah ihm die Erleuchtung in der Nähe des heutigen Varanasi. Danach galt seine geistig-geistl. Wirksamkeit der Verkündung seiner Lehre in der Volkssprache, der Bildung von Mönchs- und Nonnenorden sowie dem Aufbau einer Laiengemeinde, auf die die Mönche (auf Grund der Vorschrift, nur erbetteltes →Essen genießen zu dürfen) angewiesen sind. Zusammen bilden sie alle »die Gemeinde«, den *saṇgha.* Als der B. starb, fehlte eine zentrale Lehrgewalt, und das Klosterwesen war nicht hierarchisch bestimmt – was dazu beitrug, die späteren Entwicklungen des →Buddhismus zu ermöglichen. Der *dharma*, »die Lehre« des B., geht von der (zu seiner Zeit schon allg.-ind.) Wertung aus: Alles Leben sei →Leiden (einschließl. der Freuden). Die Ursache dieses Leidens definiert er als Lebensdurst, Begehren. Davon gibt es eine Befreiung, die →Erlösung: das *Nirvāṇa* (»Auslöschen, Verwehen«). Es ist das Nichtbedingte, zu dem aus dem körperl.-bewußthaft bedingten Sein hinaus die Lehre den Weg weist. Metaphys. Fragen, wie sie die Brahmanen stellten, weigerte sich der B. zu beantworten, da sie dem Erlösungsziel nicht dienten. Das geistig Revolutionäre des B. liegt in seiner Lehre vom »Nichtselbst« *(anātman)*, der Leugnung näml. eines positiv faßbaren »Wesens« des Menschen und der Welt. Dies setzte ihn in Gegensatz zu den brahman. Lehren vom »Selbst«. Der B. lehnte denn auch die ved. Offenbarung ab, und (damit untrennbar verbunden) das Kastensystem. Er benutzte auch nicht die die brahman. Kultur tragende Sakralsprache Sanskrit. Dennoch war er kein Sozialreformer, und seine Politisierung in diesem Sinne seit dem Unabhängigkeitskampf →Indiens entspricht nicht seinem Bild in der schriftl. Überlieferung. Schon zu seinen Lebzeiten begann die buddhist. Missionierung angrenzender Länder.

*Lit.: H. Bechert/R. Gombrich (Hg.):* Die Welt des Buddhismus, München 1984. – *H. W. Schumann:* Der hist. B., Köln 1982.

*Irmtraud Höhn*

**Buddhismus**

Der B., dessen ca. 300 Mill. Anhänger z.Z. etwa 6 % der Weltbevölkerung ausmachen, ist ein zu innerer →Freiheit führendes System der Selbstbeherrschung, das von Gautama, dem »Erwachten« oder »Erleuchteten« (→Buddha), in der 2. Hälfte des 6. Jh.s v. Chr. begründet worden ist.

*A. Der ursprüngliche Buddhismus*

*I.* Im Mittelpunkt der buddhist. Lehre steht die Idee der *Befreiung aus dem samsāra* (dem ständigen Kreislauf von Geburt, →Tod und weiterer Geburt), die nur durch das Aufhören der Produktion von *karma* zu erlangen ist. Karma besteht aus den angesammelten Wirkungen vergangener Taten und führt zu erneuter Existenz, die durch Leiden gekennzeichnet ist. Daher wird die Tatsache des →*Leidens* als erste der »vier edlen Wahrheiten« erklärt und bildet neben Unbeständigkeit und Nicht-Selbst eines der drei sog. »Kennzeichen«. Im gewöhnl. →Leben besteht das →Individuum aus fünf Faktoren, genannt die »fünf Gruppen des Ergreifens«: Körper, Empfindungen, Wahrnehmungen, Willensgestaltungen und →Bewußtsein. Nach dem Tod geht die individuelle Gestalt verloren, aber die karmischen Kräfte dieser fünf Faktoren setzen sich mit der Bildung eines neuen Individuums fort. Obgleich in der Lehre vom Nicht-Selbst eine ewige oder substantielle →Seele verneint wird, gibt es wegen der karmischen Kräfte einen kontinuierl. Strom der Existenz, aus dem *nirvāṇa* die einzige Rettung ist: das Verlöschen der Flamme des karma.

*II.* Während das Leiden und seine Ursache, der Lebensdurst, eine Anschauungsweise der menschl. Probleme darstellen, setzt die Formel vom »bedingten Entstehen« das Unwissen als Ursache des samsāra an die erste Stelle. Mit der *Erleuchtung,* einer Voraussetzung des nirvāna, geht das →Wissen um die ganze Kette abhängiger Existenz einher. Der sog. »mittlere Weg« zu Erleuchtung und nirvāna wird auch als *achtgliedriger Pfad* definiert, bestehend aus rechter Absicht, rechtem Entschließen, rechtem Reden, rechtem Handeln, rechtem Leben, rechter Anstrengung, rechter Achtsamkeit und rechter Sammlung. Dieser Weg verbindet das buddhist. Wissen, die sittl. Lebensführung und die →Meditation. Der Zweck des monast. Systems (→Mönch) im B. ist die Befolgung des Mittelwegs zwischen Askese und Sinnesfreuden, um auf diese Weise einen Zustand zu erreichen, in dem kein neues karma mehr produziert wird. Im B. der →Laien wird anstelle des nirvāṇa eine bessere zukünftige Existenz angestrebt. Die sechs mögl. *Bereiche der Wiedergeburt* bestehen aus der menschl. Welt, der Welt der himml. Wesen (devas), der Welt der (krieger.) Dämonen (aśuras), der Welt der →Tiere, der Welt der hungrigen →Geister und den Höllen, in denen schlechtes karma vergolten wird. In diesem Zusammenhang spielen sittl. und moral. Vorstellungen eine Rolle. Der achtgliedrige Pfad und best. Sūtren, wie z.B. die Śīgālovāda-Sutta, die die Pflicht des einzelnen gegenüber der →Gesellschaft betonen, stellen *sozialeth. Forderungen,* obwohl das Hauptziel der buddhist. Lebensform jenseits von →Sittlichkeit und →Moral liegt.

*III.* Diesem höheren Ziel dient vor allem die →*Meditation,* die hauptsächl., wenn auch nicht ausschließl., von →Mönchen praktiziert wird. In mancher Hinsicht hat die buddhist. Meditation vieles mit anderen Meditationsformen gemeinsam, wie in der Sitztechnik, Atemkontrolle und im Gebrauch von Gegenständen als Konzentrationshilfen (→Yoga). Es ist jedoch unmögl., die buddhist. Meditationspraxis von der ihr zugrundeliegenden Lehre zu trennen, wie die Pāli-Sūtren über meditative Themen klarmachen. Meditation stellt auch ein wichtiges Bindeglied zwischen Theravāda und Mahāyāna trotz aller Verschiedenheit in der Lehre dar. Das gemeinsame Ziel aller Formen buddhist. Meditation ist die Befreiung von jegl. urteilender und unterscheidender Anhänglichkeit an die verschiedenen Merkmale weltl. Existenz.

*IV.* Grundlegende →*Kulthandlungen* im B., die die Meditation ergänzen, sind das ritualisierte Rezitieren der Sūtren, das auf die Notwendigkeit der mündl. Überlieferung zurückgeht, sowie das Darbringen von Blumen, Obst und Getreide. Die Rezitation von Sūtren wird sowohl im Theravāda- als auch im Mahāyāna-B. als kult. Mittel zum Schutz gegen →Krankheit und Unglück praktiziert. Auch bei →*Bestattungen* spielt sie eine bedeutende Rolle. In Ländern des Mahāyāna-B. glaubt man – unter teilweiser Aufhebung der Karma-Idee –, daß der Verstorbene seine Buddhaschaft voll entfaltet, sofern die Totenriten korrekt ausgeführt werden.

*B. Die Entwicklung des Buddhismus*

Buddha hatte sterbend wohl keinen persönl. Nachfolger eingesetzt. Aufkommende Differenzen in der Interpretation seiner Lehre führten zur Abhaltung von →*Konzilien,* die der Aufstellung eines Schriftkanons dienen sollten. Ein erstes fand gleich nach seinem Tod in Rājagaha statt, ein zweites etwa 100 Jahre später in Vaisāli, das dritte in Pātaliputra (Patan) unter König Aśoka, der 268 v. Chr. den Thron bestieg und Missionare in verschiedene Länder einschließl. Sri Lankas entsandte.

*I.* Auf diesem dritten buddhist. Konzil nahm die *Theravāda-Schule* des B. konkrete Gestalt an, basierend auf *drei »Körben«* von Schriften und ihren Kommentaren: dem »Korb der Disziplin« (Pali: Vinaya-Pitaka), dem »Korb der Lehre« (Sutta-Pitaka) und dem »Korb der Vertiefung der Lehre« (Abhidamma-Pitaka). Diese Schule wurde auch in →Burma, →Thailand und →Kambodscha vorherrschend. In all diesen Ländern behält der B. auch heute noch einen starken sozialen Einfluß, bes. in der traditionell buddhist. Monarchie Thailands.

*II.* Andere ältere Schulen wurden schließl. vom *Mahāyāna-B.* verdrängt, der seit dem 1. Jh. v. Chr. starke Verbreitung fand. Mit dem Begriff Mahāyāna, »großes Fahrzeug«, wird angedeutet, daß prinzipiell allen Lebewesen der Weg vom samsāra ins nirvāna offensteht. Im Gegensatz dazu werden die anderen Schulen, die wie der Theravāda-B. ausschließl. auf den Lehren der alten kanon. Schriften beruhen und die vom späteren Mahāyāna vertretenen zusätzl. Lehren nicht akzeptieren, gemeinsam unter dem Schimpfwort *Hinayāna,* »kleines Fahrzeug«, zusammengefaßt. (Diese abwertende Bezeichnung sollte heute jedoch von dritter Seite nicht verwendet werden.)

*III.* Im Zentrum des großen Fahrzeugs steht das Bodhisattva-Ideal. Ein *Bodhisattva* genießt die Vollkommenheit der Einsicht, nach der alle Daseinselemente von Grund auf leer und daher ihrem Wesen

nach gleich sind. Auf dieser Grundlage kann niemand vor einem anderen ins nirvāna eintreten. Ein Bodhisattva schiebt daher das Erlangen des endgültigen nirvāna auf und leistet das *große* → *Gelübde*, alle Lebewesen mit sich zu nehmen. Der Mahāyāna-B. verbreitete sich über Zentralasien nach → China, → Korea und → Japan, Tibet und der Mongolei und auch nach Südostasien. In diesen Ländern entwickelten sich zahlreiche neue philos. und volkstüml. Formen des B., darunter bes. Ch'an oder → Zen und der esoter. B. mit seinen Zauberformeln und Mandalas.
Von bes. Interesse ist auch eine Gruppe von Schulen und Gemeinschaften, die sich auf die Bodhisattva-Gelübde des myth. Amitābha (jap.: Amida) gründen. Ihre Lehre betont die barmherzige Tat des Bodhisattva, der verspricht, alle Gläubigen in das *reine Land* des Westens zu bringen. Im Gegensatz zu bisherigen Formen des B., von denen es heißt, daß sie auf »eigener Kraft« (jap.: jiriki) basieren, wird hier eine Religion des → Vertrauens auf die »andere Kraft« (jap.: tariki) des *Amida* verkündet.

*C. Kosmologie und Buddhologie*

*I.* Die buddhist. → *Kosmologie* stützt sich auf allg.-ind. kosmolog. Vorstellungen. Der Sumeru-Berg wird als Mittelpunkt dieser Welt angesehen, die aber nur eine unter vielen ist. Nach Millionen von Jahren vergeht diese Welt, um durch darauffolgende Welten ersetzt zu werden, jede mit ihrem Buddha. Die Auffassung von dem Buddha als dem bisher letzten in einer Reihe von Weltbezwingern (*Jina*) wurde von den Jainas übernommen. Später symbolisieren die riesigen Buddhastatuen seine kosm. Stellung als → Übermensch oder großes Wesen (*Mahāpuruśa*).

*II.* In *ikonograph.* Hinsicht war der B. in den Anfängen ausgesprochen zurückhaltend. Die *Person* des Buddha fehlt z.B. bei den Reliefs des großen Stupas (Reliquienbau) von Sanchi. Statt dessen wurde er durch einen *Baum* symbolisiert, ging es um die Erleuchtung, oder durch ein *Rad*, wenn seine Lehrtätigkeit angedeutet werden sollte. Erst mit der Kunst Gāndhāras und Mathuras erschien der Buddha in wohlproportionierten *Skulpturen*, sitzend, wie bei der Erleuchtung, stehend, als Verkünder der neuen Lehre, und auf der Seite liegend, wie er ins Nirvana eintrat. Die Kunst des Mahāyāna-B. führte weitere Figuren ein, wie die vier Schutzkönige und besondere Jünger des Buddha, aber vor allem die heilbringenden *Bodhisattvas*, legendäre Gestalten, wie der für seine Barmherzigkeit bekannte Avalokiteśvara, der das Prinzip der Weisheit oder Einsicht verkörpernde Mañjuśrī und Maitreya (Pali: Metteya), der als der zukünftige Buddha einen Brennpunkt der Hoffnung auch im Theravāda-B. darstellt.
Die *tantr. Form* des B. (Tantrismus), in Tibet und anderen Gebieten der Himalaya-Berge, in der Mongolei, und, weniger direkt, im Shingon-B. Japans stark vertreten, weist weitere Überschneidungen mit dem Hinduismus und dem → Jinismus auf. Typ. für diese Richtung sind die *Maṇḍalas* (meist viereckige Zeichen- oder Heiligenbilder) und Thankas (Rollbilder), die zugleich als schemat.-graph. Darstellungen der rel. Tradition und als Hilfsmittel zu einer integrierenden Meditationserfahrung verstanden werden können.

*Lit.: E. Conze:* Der B. Wesen und Entwicklung, Stuttgart 1962. – *H. Dumoulin:* Begegnung mit dem B. Eine Einführung, Freiburg 1978. – *O. Franke:* Dīghanikāya, das Buch der langen Texte des buddhist. Kanons, in Auswahl, Göttingen 1913. – *E. Frauwallner:* Die Philosophie des B., Berlin 1958. – *H.-J. Greschat:* Die Religion der Buddhisten, München 1980. – *D. Schlingloff:* Die Religion des B., 2 Bde., Berlin 1963. – *H. W. Schumann:* B. Stifter, Schulen und Systeme, Olten 1976. – *G. Tucci:* Geheimnis des Mandala. Theorie und Praxis, Bern 1972.

*Michael Pye*

**Bürgerkrieg und Guerilla**

*A. B.* bezeichnet eine bewaffnete Auseinandersetzung innerhalb eines → Staates, die von → Gruppen gegen eine → Regierung oder von Gruppen gegeneinander aus sozialen, polit., rel. Gründen oder auf Grund von Konflikten zwischen verschiedenen Volksgruppen geführt wird. Häufig liegen einem B. Konflikte von → Klassen zugrunde, so in der engl. → Revolution und in der → Franz. Revolution von 1789 der Gegensatz von Adel (→ Feudalismus) und aufsteigendem → Bürgertum bzw. kleinem Landadel; in der Revolution von 1848 zwischen Bürgertum und entstehendem → Proletariat; im amerik. B. zwischen Sklavenhaltern im Süden (→ Sklaverei) und industriellem Bürgertum in den Nordstaaten; in Ländern der → Dritten Welt im Kampf zwischen Volk(steilen) und Kolonialherren bzw. einer heim. Unterdrückerschicht. Gleichwohl ist in einem B. das Ziel der aufständ. → Partei(en) zunächst nicht die revolutionäre Umwälzung der → Gesellschaft, sondern der Sturz einer Regierung oder Herrschaftsgruppe oder die gewaltsame Durchsetzung eigener Sonderinteressen. Völkerrechtl. gilt. B. nicht als → »Krieg«, sondern als Konflikt innerhalb eines Staates. Aufständische gelten als Hochverräter und unterliegen dem Stand-, nicht dem Kriegsrecht. Hist. gilt die Auseinandersetzung zwischen den Heeren des Königs und des engl. Parlaments unter O. Cromwell (1640-1658) als erster und »klass.« B. der → Moderne.

*B.* Als eine Form des B.s kann die *G.* (aus span. *guerilla* = kleiner Krieg) begriffen werden, näml. als zunächst verdeckte B.sführung gegen eine ausländ. Besatzungsmacht (z.B. Jugoslawiens Kampf unter Tito gegen faschist. Herrschaft), gegen die eigene, das Volk unterdrückende Regierung (z.B. in einigen Ländern Lateinamerikas nach dem Zweiten Weltkrieg, in denen mit der → Befreiungstheologie Angehörige der Kirche die christl. Soziallehre vollständig in die Theologie zu integrieren und in die Praxis umzusetzen suchten) oder gegen einen

Zentralstaat, um sich von diesem abzuspalten. Nach dem bekannten Wort Maos müsse der Guerillero sich im Volk bewegen wie der Fisch im Wasser: Die Unterstützung durch eine Mehrheit der Bevölkerung ist die Voraussetzung für einen erfolgreichen Kampf, der früher oder später in einen offenen militär. Konflikt übergehen kann.

*C.* Die sozialeth. *Beurteilung* von B. und G. hängt von der je konkreten hist. →Situation ab. Zwar gibt das →Evangelium keine gesellschaftspolit. Anweisungen, es tritt aber für die Armen, Schwachen, Unterdrückten und Ausgebeuteten ein, so daß hieraus Folgerungen für christl. Handeln auch in bürgerkriegsähnl. Lagen gezogen werden können.

*Lit.: F. R. Allemann:* Macht und Ohnmacht der G., München 1974. – *C. von Clausewitz:* Vom Kriege, versch. Ausgaben, u.a.: rororo-Klassiker 138, Reinbek, 2. Aufl. 1978; Reclams UB 9961, Stuttgart. – *W. Lacquer:* G. A Historical and Critical Study, London 1976.

*Peter Lösche*

## Bürgertum

*A.* Mit B. wird gemeinhin eine (in sich recht ungleichartig zusammengesetzte) soziale Bewußtseins- und Trägerschicht bezeichnet, der die spezif. Prägungen der bürgerl. Gesellschaft zuzurechnen sind (vgl. →Soziologie). Bes. die bürgerl. →Revolutionen vom 17. bis ins 19. Jh. suchten in England (1688), Frankreich (1789, 1830), den Niederlanden und Deutschland (1848) die bes., teilweise bereits in den ma. und frühneuzeitl. →Stadtkulturen ausgebildeten *Lebensformen des B.s* allgemeingesellschaftl. durchzusetzen. Zu ihren *Prinzipien* zählten zentral:

1. Die →*Emanzipation* einer →demokrat.-konstitutionell und rechtsstaatl.-liberal geordneten →Gesellschaft von der feudalen Herrschaftsordnung des absolutist. →Staats (→Absolutismus, →Feudalismus), die Unterscheidung der Gesellschaft vom Staat und von den Mächten, die ihn durchsetzten und legitimierten (→Feudalismus, →Kirche, →Militär).
2. Eine autonom bestimmte *(→Autonomie)*, staatsfreie Sphäre der krit. (→Kritik), literar.-publizist., in Diskursen selbstorganisierten (→Vereine), polit. →*Öffentlichkeit*, die ebenso von der bürgerl. →Privatheit im engeren Sinn (Intimbereich) unabhängig ist wie von den öffentl. Gewalten.
3. Diese bürgerl. Öffentlichkeit bildet zusammen mit den Institutionen der →Erziehung, →Bildung und des Kulturbereichs ein *freies Forum* der gegenseitigen Verständigung. Sie bekräftigt die grundlegenden Aufbauprinzipien von Gesellschaft, die allg. Moral und ihren →Tugendkatalog sowie die sozialkulturellen Welt- und Verhaltensorientierungen, was ingesamt als Grundlage der Herausbildung, Entfaltung und universalen Verbreitung der *bürgerl.* →*Kultur* dienl. ist.
4. Eine *rechtl. geschützte Sphäre* der freien (nicht feudalen) →Eigentums- und zunftlosen Marktordnung (→Marktwirtschaft), die den individuellen Freiraum und die allg. Voraussetzung für eine wirtschaftl., moral., soziale, polit., arbeitsorganisator., insgesamt rationale Lebensgestaltung bietet (→Rationalität), die Eigentums-, Produktions- und Tauschstruktur der Gesellschaft absichert sowie zugleich als Orientierungssystem dient für die Ehrbarkeitseinschätzung und Statuszuweisung, die nach Besitz und →Beruf, →Leistung und sozialem Nutzen, Fähigkeit und Vermögen (statt nach Geburt, Privileg, →Tradition und irrationaler Macht) erfolgt.

*B.* Diesen bürgerl. Grundvorstellungen einer gesamtgesellschaftl. Ordnung entsprechen best. *polit. Leitbilder und allg. Lebensideale*, die innerhalb des liberalen →Rechtsstaats geschützt und innerhalb der bürgerl. Gesellschaft verfolgt und verwirklicht werden sollen:

1. Dazu gehört der →*Individualismus* als persönl. Entfaltungsfreiheit (→Autonomie, →Freiheit) des einzelnen (vgl. auch →Aufklärung), die auf vernünftiger Einsicht und verständigem Diskurs beruht, von keiner polit.-autoritären Gewalt oder traditionalen Norm beeinträchtigt ist.
2. Hierzu zählt weiter die Weltanschauung des →*Rationalismus*: die Fähigkeit des Menschen, seine eigene Willensentscheidung und Daseinsführung nach selbstbestimmten →Tugenden und nach Gesichtspunkten der →Rationalität einzurichten und nicht minder rational regelgebunden wie diszipliniert sein eigenes Arbeits- und Wirtschaftsverhalten selbst zu gestalten (M. →Weber, →prot. Ethik).
3. Zur Grundlage der bürgerl. Lebensanschauung wurde ferner der →*Liberalismus.* Er soll den freien Zugang und die ungehinderte Entfaltung dessen garantieren, was als notwendige Erfordernisse für den Bestand, die →Ordnung und den →Fortschritt der bürgerl. Gesellschaft angesehen wird: etwa das Recht auf Selbstgestaltung der privaten Sphäre, die Publizität der Öffentlichkeit (ohne Zensur oder Repression), die rechtl. →Vertragsfreiheit, der wirtschaftl. und gesellschaftl. Leistungswettbewerb und die entspr. Risikobereitschaft, die Verfügungsgewalt über dingl. oder kapitalist. Privateigentum (auch an Produktionsmitteln) sowie die ungehemmte →Partizipation an geistig-kultureller Bildung und ihrem Fortschritt.
4. In diesen Zusammenhang gehört auch die Forderung nach dem →*Rechtsstaat.* Er soll notfalls mit staatl. Ordnungsmacht die erforderl. Sicherheitsregeln garantieren, die den freien Arbeits-, Tausch- und Wertbeziehungen der Bürger untereinander ihre Verläßlichkeit und Berechenbarkeit verleihen, andererseits aber auch diejenigen (bürger-, privat- und persönlichkeitsrechtl.) Schutzbestimmungen mit allg. Autorität ausstatten, die zur persönl. Lebensgestaltung unabdingbar sind (→privat).
5. Im Verlauf des 19. Jh.s kam schließl. das Engagement für den *Nationalstaat* hinzu (→Nation). Es

diente – vor allem in der 1. Hälfte des 19. Jh.s – der gegenüber den herkömml. Territorialstaaten entgrenzten Verbreitung der bürgerl. Kultur und Gesellschaftsform, damit aber auch der Ausweitung des wirtschaftl. Marktes. In der 2. Hälfte des 19. Jh.s stand dagegen der Ausbau eines polit. konzentriert wirksamen Marktinstruments im Vordergrund, das wirtschaftl. Monopolisierungstendenzen im Innern und entspr. Expansionsinteressen nach außen durchsetzen sollte.

*C.* Mit der fortschreitenden Entwicklung von Gesellschaft und Staat im 19. Jh. ging auch eine zunehmende *Differenzierung und soziale Pulverisierung des B.s* einher. Angesichts des Scheiterns der polit. Demokratisierungsvorstellungen (→Demokratie) des B.s in der →Restaurationsepoche spätestens seit den Karlsbader Beschlüssen von 1819, angesichts der entspr. staatspolit. Neutralisierung des bürgerl. →Liberalismus und der nationalstaatl. Machtentfaltung zugunsten einer Koalition aus ostelb. Junkertum (→Preußen), industriellem Großb. (Kaufleute, Patrizier, Bankiers, Unternehmer: »Schlotbarone«), staatl. Bürokratie und militär. →Elite (höhere Beamte und und Offiziere) sowie angesichts der zunehmenden Konzentration und Monopolisierung der Produktivkräfte und der dadurch erzeugten Hochindustrialisierung (→Industrie) des Dt. Reiches sah sich das B. vielfach desorganisierenden Entwicklungen ausgesetzt. Je mehr dabei die organisierte Bewegung der →Arbeiterschaft und des →Proletariats erstarkte (→Sozialismus, →Sozialdemokratie), je mehr diese Tendenz auch das Interesse aufgeschlossener Kreise des B.s selbst in Reaktion auf die immer dringlicher werdende →soziale Frage erregte, desto eher brach die ohnehin schon brüchige Homogenität bürgerl. Interessen auseinander: Das mit der Verbreitung der →Aufklärung größer werdende *Bildungsb.* (→Lehrer, →Pfarrer, Wissenschaftler, Publizisten, Schriftsteller, aber auch Ärzte, Ingenieure, Beamte, Offiziere, Anwälte) gab sich weitgehend mit einer polit. abstinenten Lebenshaltung zufrieden und sah sich darin durch eine in →Klassik und →Romantik zur Norm erhobenen ästhet. Kunst- und eth. Lebensvorstellung (von gesellschaftsenthobener, individualist. beschränkter, persönlichkeitskultivierender Muße- und »Genie«-Kultur) bestätigt. Daneben zeigte ein vor allem auf seine ideolog. Eigentumsrechte *(Besitzb.)* und idyllisierte Privatsphäre (»Spießbürger«, →Biedermeier) pochendes, sich gleichermaßen von →Arbeiterbewegung wie *wirtschaftl. Bourgeosie* (wohlhabendes Großb.) bedroht fühlendes *Kleinb.* ausgeprägte Neigungen zu einem starken Nationalstaat *(Nationalb.)* als übergeordneter Instanz zur Sicherung der Ordnung und Vermeidung des Risikos mit entspr. außenpolit. Expansionstendenzen. Darüber hinaus entwickelte dieses Kleinb. (kleinere Gewerbetreibende, →Handwerker, Händler, mittlere und untere Beamte, Offiziere und Angestellte) ein ideolog. Selbstbewußtsein, das vielfach kompensator. am vermeintl. gesellschaftl. Harmonie-Effekt des herrschaftsfreien Spiels der Markt- und Wettbewerbskräfte festhielt, sich dabei jedoch nicht selten – zur vermeintl. Abwehr der Großbourgeoisie von oben einem →Antisemitismus, des organisierten Proletariats von unten – einem Antisozialismus anschloß. Damit war nicht zuletzt die spätere Anfälligkeit des Kleinb.s für antidemokrat. Haltungen in der Weimarer Republik wie auch für die →Ideologie des →Nationalsozialismus vorbereitet.

*D.* Während die ursprüngl. Forderungen nach Rechtsstaatlichkeit gegenwärtig in den liberalen Verfassungen (→Grundgesetz) der westl. Demokratien abgesichert sind, bleibt nach wie vor umstritten, wann diese Entwicklung begonnen hat, die auf eine umfassende *Nivellierung der →Mittelstandsgesellschaft* nach bürgerl. Maßgabe hinauszulaufen scheint (H. Schelsky). Dabei sank einerseits ein Teil der Bourgeoisie (Unternehmer) auf den Status von Managern und Prokuristen ab, die formal zwar abhängig waren, fakt. jedoch eigendynam. eine weitgehend freie Selbstverantwortung und Dispositionsgewalt über Produktionsmittel ohne Eigentumsrechtstitel entfalteten. Andererseits geriet ein Teil der bürgerl. Kleinproduzenten vielfach in Abhängigkeitsverhältnisse einer Schicht von staatl. oder staatsähnl. Angestellten und Beamten (→Sozialstruktur). Schließl. verbürgerlichten auch immer mehr soziale Schichten und Kreise der Arbeiterschaft (→Mobilität), indem sie sich nicht nur die ursprüngl. Emanzipationsforderungen des B.s, sondern auch die *kleinbürgerl. Lebensweisen und Ideologien* zu eigen machten: etwa ein am bürgerl. Lebensglück mit umfassender Sozialsicherung und hohem Wohlstand orientiertes Gesellschaftsbild, in dem die soziale Selbstverortung weitgehend nach Gesichtspunkten von Status und Prestige vorgenommen wird. Darin verankert ist zugleich eine ausgeprägte Orientierung an Leistung, Aufstieg und Erfolg, die sich der Disziplinierung und Rationalisierung der berufl., wirtschaftl. und staatl. Ordnung – nach dem Richtmaß eines verinnerlichten Pflichtbewußtseins – bereitwillig unterstellt. Als Bereich der sozialen Selbstverwirklichung erscheint hingegen die persönl. Ausgestaltung der →Freizeit und des privaten Lebens, die Teilnahme am Konsum und an den Bildungsgütern, die als Medium der individuellen Lebenskultivierung oder in der Form berufl. Fortbildung als soziales Aufstiegselement dienen.
Es sind vor allem diese prägenden Momente einer B.swelt, die teils nur noch entfernt an ihre emanzipator. Ursprünge erinnert, teils beträchtl. denaturiert ist und deren Anschauungs- und Verhaltensweisen gegenwärtig vielfach zum Gegenstand einer krit. Gesellschaftstheorie (→Krit. Theorie) wie einer →polit. Theologie und →Ethik erhoben werden, die davon nicht selten inspiriert ist und mit zunehmender Privatisierungstendenz des →Christentums (→privat, →Öffentlichkeit) bedeutsamer wird. Bestimmend ist hier die Befürchtung, daß mit wachsender *Entpolitisierung des Bürgers*

zugleich auch die *Gefahr seiner Entpersönlichung* einhergehe. Darüber hinaus lenkt eine theol. →Kirchenkritik immer wieder die Aufmerksamkeit auf die Tendenz, daß sich mit zunehmender *Verbürgerlichung des kirchl. Handelns, Redens und Erziehens* – also der kritiklosen Orientierung ihrer eigenen Lebensformen am vorherrschenden Stil und Ethos des Mittelstands – zugleich eine gesellschaftl. und kulturelle Gettoisierung der Kirche vollziehe. Kirche wäre so unfähig, in Erfüllung ihres Auftrags zu Verkündigung und Versöhnung auf die rel. Sinnbedürftigkeiten auch der – bewußt oder unbewußt – antibürgerl. Kreise und Schichten in der modernen Gesellschaft einzugehen.

*Lit.: P. Eicher:* Bürgerl. Religion. Eine theol. Kritik, München 1983. – *U. Haltern:* Bürgerl. Gesellschaft. Sozialtheoret. und sozialhist. Aspekte, Darmstadt 1985 (Lit.). – *W. Müller:* B. und Christentum, in: *F. Böckle u.a. (Hg.):* Christl. Glaube in moderner Gesellschaft, Bd. 18, Freiburg/Basel/Wien 1982, 5-58 (Lit.). – *W. Ruppert:* Bürgerl. Wandel. Die Geburt der modernen Gesellschaft im 18. Jh., Frankfurt/M. 1983. – *J. Schlumbohm:* Die Anfänge der bürgerl. Emanzipationsbewegung im Spiegel ihrer Literatur, Düsseldorf 1975. – *F. H. Tenbruck:* Bürgerl. Kultur, in: Sonderheft 27: »Kultur und Gesellschaft«, Kölner Zeitschrift für Soziologie und Sozialpsychologie, Opladen 1986, 263-285.

*Volker Drehsen*

**Bulgarien.** Orthod. 25,6%; Kath. 0,5%; Prot. 0,4%; Musl. 10,6%; Nichtgläubige und Atheisten 24,8%.

*A. Kirchengeschichtlich*

Der im 2. Jt. v. Chr. von den indogerm. Thrakern und um 1000 v. Chr. von den Illyrern besiedelte, kulturell seit dem 7. Jh. v. Chr. von den Griechen beeinflußte Raum des heutigen B. kam im 2. Jh. unter röm. Herrschaft (Provinzen Moesia und Thracia) und gehörte seit 395 zu →Byzanz.

*I.* Das →Christentum verbreitete sich seit dem 2. Jh. (Kirchen in Achialus und Debeltum bei Burgas), bes. aber im 3. Jh. (griech. Bistümer Thrakiens unter dem Metropoliten von Herakleia, dann 381 unter dem Patriarchen von Konstantinopel). Im 6./7. Jh. besetzten Slawen und 680/81 unter Khan Asparuch die turktatar. Protobulgaren B. (*1. Bulgar. Reich* 679-1018). Später verstärkten sich die Einflüsse von Byzanz, bis schließl. Bo(go)ris I. (Michail, 852-88) nach einer vorübergehenden Wendung zur Westkirche 870 das →orthod. Christentum annahm und die bulgar. Kirche unter das →Ökumen. Patriarchat stellte, von dem sie aber schon 918 unter Simeon I. (893-927) im Rahmen der größten Machtausdehnung (924-31 Einverleibung Serbiens) des 1. Bulgar. Reiches als *autokephales Patriarchat* von Preslaw unabhängig wurde. Durch die Aufnahme von 200 aus der mähr. Mission von den Lateinern vertriebenen Schülern des Slawenapostels Methodios (Kliment, Naum, Gorazd) 885 erfuhr die bulgar. Kirche neue Impulse. Als aber das Reich zerfiel und von dem oström. Kaiser Basileios II., dem »Bulgarenschlächter«, in langen Kämpfen (1001-14) besiegt und in eine *byzant. Provinz* verwandelt wurde, erlosch auch die Autokephalie: Die Kirche B.s wurde dem Erzbistum Ochrid unterstellt.

*II.* Nach dem Aufstand unter Führung der Brüder Petar und Assen 1185 errichtete deren Dynastie das *2. Bulgar. Reich* mit der Hauptstadt Tyrnovo, das unter Kalojan (1197- 1207) und Iwan Assen II. (1218-41) zur führenden Macht auf dem Balkan wurde (Schlacht von Klokotnica 1230). Nach kurzer Annäherung an die röm. Kirche in der Folge des 4. →Kreuzzuges 1204 (Krönung Kalojans durch den Legaten Innozenz III., Kardinal Leo) erlangte B. 1235 erneut ein autokephales *Patriarchat* in Tyrnovo, das bis 1393 Bestand hatte. Allerdings verbreitete sich im 10./14. Jh. die manich. Sekte der *Bogomilen* (Paulizianer; →Mani). Nach der Schlacht bei Velbašd (heute: Kjustendil) 1330 geriet B. unter serb. Einfluß und löste sich in *Teilreiche* auf (Dobrudscha, Tyrnovo, Vidin) und wurde 1375 tributpflichtig, 1393/96 Teil des Osman. Reiches. In dieser Zeit wurden nicht nur türk. Bevölkerungsteile angesiedelt, sondern auch die *Islamisierung* B.s wurde vorangetrieben (Pomaken). Zugleich setzte – bes. nach den vergebl. bulgar. Aufständen von 1595 und 1688 – eine auch von den Türken geförderte *Gräzisierung* ein, weil das landwirtschaftl. reiche B. für den griech.-phanariot. Klerus eine Quelle hoher Einkünfte bildete, so daß die hohe Geistlichkeit ausschließl. griech. wurde. Höhepunkt dieser Entwicklung war die Aufhebung des autonomen bulgar. Erzbistums Ochrid.

*III.* Im 18. Jh. setzt die von den Klöstern (Rila und Chilandar) ausgehende *Selbstbesinnung* ein (Paisi von Chilandar 1762, Bischof Sofroni von Vratča). 1835 entstand die erste bulgar. Schule in Gabrovo. Die *nationale Bewegung* (»bulgar. Renaissance«) richtete sich dann sowohl – zuerst mehr sporad. – gegen die osman. Herrschaft wie gegen die griech. Geistlichkeit und das →Ökumen. Patriarchat. Röm. →Unionsversuche scheiterten aber im allg. Die Errichtung eines unabhängigen bulgar. Exarchates 1870/72 (bis 1913 mit Sitz in Istanbul, dann in Sofia) durch den Sultan führte schließl. einmal zur Vertreibung des griech. Klerus, andererseits zur Exkommunikation der bulgar. Orthodoxen durch Konstantinopel wegen »Phyletismus« (übertriebener Nationalismus) 1872. Allerdings unterstützte insbes. die *russ. Kirche* B. Erst der Russ.-Türk. Krieg von 1877/78 führte zu einem halbsouveränen bulgar. Fürstentum, das 1885 auch die Provinz Ostrumelien (Südb.) und endl. 1908 die volle polit. Unabhängigkeit erlangte.
Im Sept. 1944 folgte aber der Einmarsch der Sowjetarmee und damit 1946 die Proklamation der *Volksrepublik B.* 1949 wurde somit eine Trennung von →Kirche und Staat proklamiert. In kirchl. Hinsicht konnte am 22.2.1945 der Ausgleich mit

dem Ökumen. Patriarchat und die Beilegung des seit 1870 währenden →Schismas erzielt werden. Das *3. Bulgar. Nationalkonzil* erklärte daraufhin am 10.5.1953 den bisherigen Exarchen Kyrill zum Patriarchen, dessen Würde Konstantinopel auch 1961 anerkannte.

*IV. Heute* besteht die in ihrer Verfassung stark →synodal angelegte bulgar.-orthod. Kirche aus 11 Bistümern, die alle den Titel von Metropolien führen, mit etwa 3.700 Kirchen und Kapellen für ca. 2.600 Pfarreien in 58 Dekanaten, 2.300 Pfarrpriestern. In 123 Klöstern leben rund 400 Mönche und Nonnen. Zwei Bistümer gibt es für die Bulgaren im Ausland: New York für Amerika und Budapest für Westeuropa. Die *Armen.-Apost. Kirche,* die seit dem 11. Jh. in B. existiert, hat 12 Gemeinden mit 10 Priestern. Die *kath. Kirche* in B. umfaßt rund 57.000 Gläubige, wobei etwa 7.000 zur →unierten Kirche des byzant. Exarchates Sofia (seit 1926) gehören, die auf die Union von 1859-60 zurückgehen, während die lat. Katholiken der Bistümer Nikopol (gegr. 1789, Residenz in Ruse) und Sofia-Plovdiv (gegr. 1758) zumeist von den im 17. Jh. durch Franziskaner- Missionare bekehrten Bogomilen abstammen.

*B. Kulturgeschichtlich*

Die sakrale Architektur stand in B. zunächst unter dem Einfluß *byzant.-frühchristl. Kultur* (Bau von Stadtmauern, einschiffigen Kirchen, Basiliken, →Klöstern, später Kreuzkuppelkirchen). Die Monumentalmalerei verzeichnete bereits beachtl. Leistungen. In der bulgar. orthod. Kirche lebt die Tradition des alten monod. *Gesangs* fort, der allmähl. von mehrstimmigem →Chorgesang abgelöst wird. Die bulgar. *Volksmusik* enthält gregorian., byzant. und türk. Elemente. →Architektur, →Malerei und →Musik wandten sich im 19. und 20. Jh. immer mehr westeurop. Vorbildern zu.

*Lit.: A. Boschkov:* Die bulgar. Volkskunst, Recklinghausen 1972. – *R. Hootz (Hg.):* Kunstdenkmäler in B., Darmstadt 1983. – Istorija na Bŭlgarija, 5 Bde., Sofia 1979-1985. – *W. Oschlies:* Kirche und Religion in B., in: Religionsfreiheit und Menschenrechte, Graz/Wien/Köln 1983, 180-202. – *A. de Santos Otero/Fr. Heyer:* B., in: Theol. Realenzyklopädie 7, 364-375. – *D. Slijepčević:* Kirche und Staat in B., München 1957. – *G. Stadtmüller:* Geschichte Südosteuropas, München/Wien 1976. – *R. Supperich (Hg.):* Kirche und Staat in B. und Jugoslawien, Witten 1971. – *A. Tschilingirov:* Die Kunst des christl. MA.s in B., München 1979. – *W. Wassilew:* Dreizehn Jh.e B., Sofia 1979. – *St. Zankow:* Die Verfassung der bulgar.-orthod. Kirche, Zürich 1918. – *N. Zlatarski:* Istorija na blgarskata država prěz srědite věkove, 3 Bde., Sofia 1918-40.

*János Hauszmann/Nikolaus Thon*

**Bultmann,** *Rudolf,* geb. 20.8.1884 in Wiefelstede (Oldenburg), gest. 30.7.1976 in Marburg. Nach Studium in Tübingen, Berlin und Marburg wurde B. in Marburg promoviert und habilitiert. Nach kurzem Zwischenspiel in Breslau und Gießen wurde er 1921 in Marburg Professor für NT (Emeritierung 1951). Während der Naziherrschaft war er aktives Mitglied der »Bekennenden Kirche« und verfaßte u.a. eine engagierte Stellungnahme gegen die Einführung des »Arierparagraphen«.

Das leitende Interesse der Theologie B.s hat sein Schüler und Freund H. Jonas als »Kampf um die Möglichkeit des Glaubens« bestimmt. Er wollte nicht nur in seiner »Existenztheologie« dem modernen Menschen die Erfahrung des Glaubens näherbringen, sondern gab auch der ntl. Exegese eine spezif. method. Prägung (»existentiale Interpretation«).

Sein Lebenswerk ist nicht nur für die *Exegese des NT* – etwa auf Grund seiner »Geschichte der synopt. Tradition« (1921) bzw. des großen Kommentars zum →Johannesevangelium (1941) – von epochaler Bedeutung. Neben K. →Barth hat B. die Geschichte der ev. Theologie im 20. Jh. entscheidend geprägt; auch auf die kath. Theologie war sein Einfluß seit Mitte dieses Jh.s beträchtl. Mit Barth und F. Gogarten entwickelte B. in den 20er Jahren die →*dialekt. Theologie,* die – unter dem Eindruck des Ersten Weltkriegs und einer allg. Kulturkrise – lehrte, den christl. Glauben jenseits aller geschichtl.-kulturellen und psych. Erfahrung als Antwort auf das Wort des jenseitigen Gottes zu verstehen. Im Unterschied zu Barth hielt B. freil. daran fest, daß man den Glauben als existentielles Erleben beschreiben und somit auch theol. bedenken kann. Die Existenzphilosophie (→Existentialismus) seines Marburger Kollegen M. →Heidegger ermöglichte es ihm, dieses theol. Programm theoret. zu klären und begriffl. zu entfalten. Wegen dieser Anlehnung an Heideggers Philosophie ist B. häufig kritisiert worden, hat selbst freil. immer darauf bestanden, daß er mit Heideggers Daseinsanalyse eine weltanschaul. neutrale (weil formale) Einsicht in die Grundstruktur der menschl. Existenz gewinne. Diese Einsicht in die »Geschichtlichkeit« der Existenz ist für B. ident. mit dem Grundansatz der dialekt. Theologie.

Dadurch hat B. auch zu einer Vertiefung der *hermeneut. Reflexion* beigetragen (→Hermeneutik). Denn →Verstehen im eigentl. Sinne ist für ihn Selbstverstehen. Es ereignet sich in der Begegnung mit der Geschichte (vor allem der Verkündigung) und ist nicht nur ein Erkennensvorgang. Vielmehr fallen dabei Denk- und Lebensakt zusammen. Im Verstehen bringt der Mensch die Möglichkeiten des eigenen »Selbstverständnisses« vor sich und ergreift sie im existentiellen Akt. In der »existentialen Interpretation« hat B. diesen Ansatz method. fruchtbar gemacht. Sie soll die hist.-krit. Exegese (→Bibelwissenschaft) ergänzen und die Wahrheit der bibl. Texte über den »garstigen Graben« (→Lessing) der Geschichte hinweg auch gegenwärtig dem Glauben eröffnen.

In der Debatte um die →»Entmythologisierung« ist dieser positive Verstehensansatz wenig beachtet worden. Insbes. B.s Äußerungen zur →Auferstehung Jesu (Jesu sei »ins Kerygma« auferstanden) haben nachhaltigen Widerspruch gefunden, seine

Stellungnahme zur Bedeutung des hist. Jesus für den Glauben (wichtig sei allein das »Daß des Gekommenseins«) rief eine rege Diskussion hervor, die zugleich ein intensives interkonfessionelles Gespräch in Gang gesetzt und auf Problemstellungen auch der kath. Theologie nachhaltig gewirkt hat.
Das Erbe Bultmannscher Deutung ist in seinen Schülern zu einer vielfältigen und krit. Wirkung gekommen. H. Brauns krit. Reflexion auf das Gottesverständnis, G. Bornkamms vermittelnde und H. Conzelmanns exeget. Leistungen sind ebenso zu nennen wie die hermeneut. Arbeiten von E. Fuchs und der bestimmende Einfluß von G. Ebeling sowohl auf die Lutherforschung als auch auf das Programm einer hermeneut. Theologie. Auf die Bedeutung B.s für eine polit. reflektierende Theologie wurde krit. von D. Sölle hingewiesen.

*Lit.: G. Hasenhüttl:* Der Glaubensvollzug. Eine Begegnung mit Rudolf B. aus kath. Glaubensverständnis, Essen 1963. – *B. Jaspert (Hg.):* Rudolf B.s Werk und Wirkung, Darmstadt 1984. – *W. Schmithals:* Rudolf B., in: Theol. Realenzyklopädie 7, 387-396. – *Ders.:* Die Theologie Rudolf B.s. Eine Einführung, Tübingen 1966. – *D. Sölle:* Polit. Theologie. Auseinandersetzung mit Rudolf B., Stuttgart 1971. – *W. Stegemann:* Der Denkweg R. B.s, Stuttgart 1978.

*Wolfgang Stegemann*

**Bund.** Als soziol.-rechtl. und theol. Begriff kommt B. nicht nur im →Koran vor, gemäß dem Gott einen »Urbund« mit allen Menschen geschlossen hat. Der Begriff spielt vor allem in der →Bibel eine wichtige Rolle. Er bezeichnet sowohl einen Zusammenschluß von Menschen zu *gegenseitigem Beistand* und friedl. Zusammenleben (Bruderb.) wie auch ein best. Verhältnis Gottes zu →Israel, einem einzelnen Menschen oder der gesamten Menschheit und Schöpfung (Gottesb.). Rechtl., polit. und rel. Momente bilden deshalb gemeinsam das Bedeutungsfeld des Begriffs, der freil. erst im Verlauf einer längeren Geschichte seine herausragende Stellung in Israel erhalten hat. Dieser Prozeß ist im Blick auf seinen Anfang, aber auch in Hinsicht auf seine genaue Definition und die theol. Tragweite des Begriffs B. umstritten.

*A.* Im →*AT* ist B. das zentrale Bild für das Verhältnis von *Gott und Mensch* (z.B. 1 Sam 18,3), dem freil. auch andere Bilder zur Seite stehen. In formaler Hinsicht folgt in der Regel einer einseitigen Eröffnung des B.s durch Gott eine doppelseitige Verpflichtung von Gott und Mensch, so daß einerseits B. und Erwählung (→Prädestination), andererseits B. und →Gesetz korrespondierende Begriffe sind. Nach seinem materialen Sinn meint B. →Heil in einem umfassenden Sinn, der letztl. Gott und die →Schöpfung in einer unabgeschlossenen, aber endgültigen Bewegung zu geschichtl. Praxis zusammenstellt. Denn die atl. Serie von *B.sschlüssen* (Noah, →Abraham, →Mose, →David) eröffnet ein – Geschichte begründendes und bewegendes – Kooperationsverhältnis von Gott und Mensch, das in der Geschichte Iraels seinen Anfang nimmt und in der Menschheitsgeschichte sein universales Ziel hat (Jes 65,17ff.; Ez 34,25ff.). Für die Selbstdeutung Israels bleiben die Erinnerungen an jenen definitiven Anfang und der Blick auf das universale Ziel bestimmend, sofern die Propheten die Geschichte Israels im Exil als Folge eines B.sbruchs (Jes 24,5ff.), aber auch im Licht eines neuen ewigen B.es interpretierten. Er ist als *universaler Friedensb.* weder durch menschl. Ungehorsam noch durch göttl. Gericht bedroht. So geht der atl. Begriff des B.es einer Zukunft entgegen, in der sein geschichtl. Sinn durch die Entbergung seines ursprüngl. Wesens immer deutlicher wird.

*B.* Im →*NT* erscheint B. (= Testament) primär in der Bedeutung von *Neuer B.*, der seinen Grund und Anfang in der Geschichte →Jesu Christi hat, die den *Alten B.* ratifiziert und überbietet. Er nimmt seinen geschichtl. Fortgang in der →Taufe (1 Petr 3,21) und im →Abendmahl der Gemeinde (Mk 14,24), bis seine endgültige Erfüllung in der Wiederkunft Christi geschehen wird. Indem der *Neue B.* den Alten B. zunächst alt macht, unterscheidet das NT zwischen dem, was zu den geschichtl. Voraussetzungen des Neuen B.es im Alten B. gehört, und dem, was veraltet ist. Diese Unterscheidung hat die Frage der Einheit und Differenz von Altem und Neuem B. als Problem auf Dauer gezeitigt; sie stellt auch den am meisten strittigen Punkt im Dialog zwischen →Judentum und →Christentum dar.

*C.* Da damit auch die Einheit von Gottes Heilshandeln zum Problem wird, entläßt der bibl. Begriff des B.es theol. Konzeptionen aus sich, die etwa in der Bildung von »Föderaltheologien« (→Calvinismus) oder in freier gefaßten Überlegungen zur göttl. →Pädagogik (→Lessing) den B.esbegriff auf ein Reflexionsniveau heben, auf dem die Beziehung von göttl. Handeln und *menschl. Geschichte* themat. wird. In der Theologie K. →Barths, aber auch in Entwürfen einer →Bibl. Theologie, sind diese Momente einer neuen Exegese und Dogmatik verbindenden Lösung zugeführt worden, deren Möglichkeit und Gestalt freil. umstritten geblieben sind.

*Lit.: J. F. G. Goeters:* Föderaltheologie, in: Theol. Realenzyklopädie 11, 246-252. – *E. Kutsch:* B. I-III, in: Theol. Realenzyklopädie 7, 397-410. – *Ch. Levin:* Die Verheißung des neuen B.es in ihrem theologiegeschichtl. Zusammenhang ausgelegt, Göttingen. 1985. – *L. Perlitt:* Bundestheologie im AT (Wissensch. Monographien zum AT und NT, Bd. 36), Neukirchen-Vluyn 1969. – *H. Schmidt:* B., in: Bibl.- Theol Handwörterbuch zur Lutherbibel und zu anderen Übersetzungen, 68-70.

*Hartmut Ruddies*

**Bund der Evangelischen Kirchen in der DDR (BEK)**

*A.* Mit der *Gründung* des BEK zogen die acht bis dahin zur →Ev. Kirche in Deutschland (EKD) gehörigen ev. →Kirchen in der DDR die Konsequenzen aus drei Sachverhalten: 1. Die schon in den 50er Jahren infolge der Teilung →Deutschlands erschwerte Zusammenarbeit zwischen den östl. und den westl. Gliedkirchen der EKD war durch die Maßnahmen an der DDR-Staatsgrenze um Westberlin vom August 1961 auf unabsehbare Zeit unterbunden. 2. Die →Verfassung der DDR vom 6.4.1968 wurde staatlicherseits auf die Beendigung grenzüberschreitender Kirchenorganisation hin ausgelegt. 3. Die Situation der Christen und →Gemeinden in einer durch Theorie und Praxis des →Marxismus geleiteten →Gesellschaft forderte zur Konzentration auf Zeugnis und Dienst angesichts dieser geschichtl. neuen Wirklichkeit heraus. Die durch alle acht Synoden gebilligte »*Ordnung des BEK*« wurde *am 10.6.1969* in Kraft gesetzt. Bei der ersten Tagung der Bundessynode legten die Träger von EKD-Mandaten aus der DDR ihre Funktionen nieder. An die Stelle der gesamtdeutsch orientierten kirchl. Zuständigkeit trat das durch die Ordnung des BEK zum Verfassungsgrundsatz erhobene →Bekenntnis »zu der bes. →Gemeinschaft der ganzen ev. Christenheit in →Deutschland« (Art. 4/4). Organe des BEK sind die →Synode und die Konferenz der Kirchenleitungen. Kommissionen, Ausschüsse und das Sekretariat sind ihnen zugeordnet. Vorsitzender der Konferenz wurde A. Schönherr (1980 W. Krusche, 1982 J. Hempel, 1986 W. Leich).

*B.* Der BEK will die seinen Gliedkirchen durch Geschichte und Situation »vorgegebene Gemeinschaft« vertiefen und ihr *Zusammenwachsen* in Zeugnis und Dienst befördern. Das ist ihm in hohem Maße *gelungen*, obwohl 1984 der Versuch scheiterte, aus dem BEK und den DDR-Regionen der →Ev. Kirche der Union (EKU) und der →Vereinigten Ev.-Luth. Kirche Deutschlands (VELK) eine »Vereinigte Ev. Kirche« zu bilden. Die Beziehungen zum →Staat haben sich kontinuierl. entwickelt, wobei den Versuchungen einer theol. unbedachten Anpassung an und kurzsichtigen Abgrenzung gegen das System der sozialist. →Gesellschaft ständig zu widerstehen war. Die »bes. Gemeinschaft« des BEK mit den ev. Kirchen in der Bundesrepublik und seine eigenständige Mitarbeit auf ökumen. Arbeitsfeldern bewährt sich u.a. durch spezif. Beiträge zur Verantwortung für den →Frieden.

*Lit.: G. Helwig/D. Urban (Hg.):* Kirchen und Gesellschaft in beiden dt. Staaten, Köln 1987. – *R. Henkys (Hg.):* Bund der Ev. Kirchen in der DDR, Witten/Frankfurt/M./Berlin 1970. – *Ders. (Hg.):* Die ev. Kirchen in der DDR, München 1982. – *G. Krusche:* Bund der Ev. Kirchen in der DDR, in: Theol. Realenzyklopädie 7, 410-412. – *Sekretariat des BEK (Hg.):* Kirche als Lerngemeinschaft, Berlin 1981.

*Jürgen Henkys*

**Buñuel,** *Luis,* geb. 22.2.1900 in Aragón, gest. 29.7.1983 in Mexiko, Klassiker des surrealist. Films. Der Jesuitenzögling bezeichnet sich später als »Atheist von Gottes Gnaden« und attackiert oft bissig und geistreich die »hl. Trias« →Familie, →Kirche und Vaterland. B. ist Realist und Surrealist (→Surrealismus) in einem. Span. Katholizismus und Einflüsse der Pariser Zeit im Kreis vom A. Breton (1896-1966) und S. Dali (geb. 1904) bestimmen sein Lebenswerk. Grundthema ist die Erfahrung des Scheiterns, des Wollens-und-nicht-Könnens. Blasphemie (→Religionsvergehen) dient ihm zur heilsamen Provokation. Heiligmäßige Gestalten zerbrechen an der Wirklichkeit (»Nazarin«, 1958/59; »Viridiana«, 1961; »Simon in der Wüste«, 1965). Im Schlüsselwerk »L'âge d'or« (1930) finden sich alle zentralen Motive, der verzweifelte Aufstand der gewalttätigen Liebe gegen eine Gesellschaftsordnung, die existentielle Triebe zwanghaft pervertiert und unterdrückt. Ein satir. Gang durch die Dogmengeschichte (»Die Milchstraße«, 1968) thematisiert die Paradoxien bürgerl. Religion nach Art des Schelmenromans. Doch in allen Angriffen achtet der virtuose Filmhandwerker und individuelle Moralist das rel. Geheimnis (Traum, Vision, Anspruch des Evangeliums).

*Lit.: M. Schwarze:* B., Reinbek 1981.

*Michael Graff*

**Burma.** Buddh. 87,3% (fast ausschließl. Theravāda); Christen 4,2%; Musl. 3,8% (Gesamtbevölkerung 32,9 Mill.).

*A.* Der *Theravāda-Buddhismus* (»Lehre der Älteren«), seit dem 9. Jh. die dominierende Religion, setzte sich als staatstragende Kraft durch, indem er – unter Rückgriff auf ind. Traditionen – das vorbuddhist. Königtum rel. neu abstützte: Der König hat das →Charisma eines Bodhisattva (der die Erlösung aller Wesen anstrebt) durch Schaffung und Erhaltung wirtschaftl.-sozialer Ordnung (einer Art von buddhist. Wohlfahrtsstaat) zu bewähren. Sein Palast ist zugleich Zentrum des Universums. Der →Mönchsorden (Sangha), vom König geschützt und gefördert, trägt wesentl. zur Integration der Gesellschaft bei. Zur Zeit der brit. Herrschaft (seit 1824), die schließl. das Königtum liquidierte, inspirierte der →Buddhismus einen Widerstand, der jenseits des allg. Niedergangs ein neues Reich erwartete und messian. Heilbringern vertraute, die den brit. Waffen allerdings nicht gewachsen waren.
Wohl aber wurde hier dem späteren »buddhist. Sozialismus« ideolog. vorgearbeitet, der im seit 1948 unabhängigen B., nach →*Bürgerkrieg*, Parteispaltungen und Auseinandersetzungen mit ethn. →Minderheiten, die neue Marschrichtung angeben sollte. Ministerpräsident U Nu erhoffte vom 6.

Buddhist. Konzil – 1954-56 in Rangun, in Verbindung mit dem 3. Buddhist. Weltkongreß – eine rel. Erneuerung. Sein Versuch, den Buddhismus zur Staatsreligion zu erklären (1960), scheiterte freil. schon zwei Jahre danach an seinem Sturz durch General Ne Win. Indessen ist auch dessen mehr *marxist. geprägte Version* des Staatssozialismus darauf gerichtet, die buddhist. Volksmehrheit und den Sangha nicht zu provozieren, sondern sie von der Verwandtschaft buddhist. und sozialist. Wertvorstellungen zu überzeugen: Das »Rad der Lehre« des →Buddha wird umstilisiert zum »Rad der Veränderungen« nach den Prämissen des dialekt. Materialismus (→Dialektik). Die Zukunft wird zeigen, ob damit das Volk für die Bewältigung der heute vordringl. Entwicklungsaufgaben, die Konsolidierung der nationalen Einheit und die Zusammenarbeit mit andersrel. Minderheiten motiviert werden kann.

*B.* Die meisten Christen kommen nicht aus der buddhist. Bevölkerung, sondern aus den alteingesessenen Stämmen. Seit 1962 sucht das Land einen eigenen Weg zum →Sozialismus, woraus sich Spannungen zwischen dem *Staat und den Kirchen* ergaben. Kirchl. Einrichtungen wie →Schulen und Spitäler wurden verstaatlicht, ausländ. Missionare ausgewiesen. Die Kirchen haben sich nun selbständig entwickelt (9 einheim. Bischöfe, 219 Priester, 1390 Katechisten). Seit 1979 dürfen die Bischöfe wieder ins Ausland reisen.

*Lit.: H. Bechert:* Buddhismus, Staat und Gesellschaft in den Ländern des Theravāda-Buddhismus, II, Wiesbaden 1967. – *E. Sarkisyanz:* Rußland und der Messianismus des Orients, Tübingen 1955.

*Hans-Werner Gensichen/Arnulf Camps (B)*

**Buße**

*A.* Der Aufruf zur B. (Umkehr, *metanoia*; vgl. →Bekehrung) ist ein wesentl. Element der Predigt und Praxis Jesu. B. ist die Reaktion des ganzen Menschen auf die →Gnade (Menschenfreundlichkeit und Vergebungsbereitschaft) Gottes, der in Jesus gegenwärtig ist (Anbruch des Reiches Gottes); sie besagt zugleich Zuwendung zu Gott und damit Abwendung von der →Sünde. Am Aufruf Jesu sind Einladung und →Heil allerdings wichtiger als Drohung und Gericht; es geht um eine Antwort des Menschen und nicht um eine Bedingung, die Gottes Gnadenangebot vorausgeht. B. ist dann auch begriffl. vor allem auf →Glaube bezogen. Im späteren rel. (und nichtrel.) Sprechen und Handeln schob sich in den Begriff der B. immer mehr auch Schuld, Reue, Strafe, Wiedergutmachung und Sühne. So bekam der Aufruf zur B. einen düsteren Klang.

*B.* Für den Begriff der *Bußpraxis* ist auf die Unterscheidung von schweren und weniger schweren Sünden zu achten. Für die B. von weniger schweren Sünden kommen allerlei Formen eines christl. Lebens in Betracht (u.a. →Beten, Fasten, Almosen, vgl. Mt 6); diese Auffassung hat sich durch die Geschichte hin in den verschiedenen kirchl. Traditionen, wenn auch mit Unterschieden in Akzent und Konkretisierung, gehalten (z.B. individuell ausgerichtetes Fasten und die modernen Fastenaktionen). Daneben kam die »Andachtsbeichte«, in den letzten Jahren die Bußfeier in Übung (→Beichte). In diesen Rahmen gehören auch best. asket. Bußübungen (Bußprozessionen, –übungen, –kleid; →Verzicht), ferner die Buß- und Gebetstage.

*C.* Für die B. der schweren Sünden hat sich in der frühen Kirche die *kirchl. B.* (Exkommunikationsb.) entwickelt. Ausgangspunkt war der grundlegende und einmalige Charakter der →Taufe (»eine Taufe zur Vergebung der Sünden«); Anlaß war das seelsorgerl. Problem derer, die nach der Taufe durch eine schwere Sünde (u.a. Ehebruch, Mord und Glaubensabfall) ihre Beziehung zu Gott und der Glaubensgemeinschaft zerbrochen hatten und diese wiederherstellen wollten. In der Mitte des 3. Jh.s wuchs die übereinstimmende Überzeugung, daß eine »*zweite B.*« mögl. ist; auch sie ist einmalig und besteht in einem jahrelangen, strukturierten und begleiteten Prozeß des Wiedereintritts. Durch ihre hohen Ansprüche verliert diese Praxis im 5./6. Jh. an Einfluß und wird in vielen Fällen zur Sterbevorbereitung.
Im 6./7. Jh. setzt sich im Westen die *Beichte* als eine neue, in irischen Klöstern entstandene Praxis durch. Der entscheidende Unterschied zur kirchl. B. liegt nicht so sehr in ihrem privaten Charakter als vielmehr in der Tatsache, daß sie beliebig wiederholt werden kann. Im Osten entwickelt sich die Privatbeichte bei einem Mönch (der nicht Priester sein muß).

*Lit.: E. Schillebeeckx:* Jesus. Die Geschichte von einem Lebenden, Freiburg 1975, 102-240 (Lit.). – *C. Vogel:* Le Péché et la Pénitence. Aperçu sur l'évolution historique de la discipline pénitentielle dans l'Église latine, in: *Ph. Delhaye u.a. (Hg.):* Pastorale du Péché, Tournai 1961, 147-235. – *H. Vorgrimmler:* Der Kampf der Christen mit der Sünde, in: Mysterium Salutis V, 349-458. – *A. Ziegenaus:* Umkehr, Versöhnung, Friede. Zu einer theol. verantwortl. Praxis von Bußgottesdienst und Beichte, Freiburg u.a. 1975.

*Herwi Rikhof (Übers. Hermann Häring)*

**Byzanz**

*A. Geschichtlich*

B. bzw. byzant. ist die nicht unproblemat. Bezeichnung für das *Fortleben des christl. →Röm. Reiches* im östl. Mittelmeerraum (Hauptstadt Konstantinopel, ehemals Byzantium) sowie für die dort beheimatete griech.sprachige Kultur und Religiosität (→orthod. Kirchen). Das durch die Aufklärung negativ gefärbte B.bild: pompöser Staatsapparat, Intrigen und Günstlingswirtschaft, Cäsaropapismus, kulturelle Sterilität und Obskurantimus, konnte erst langsam durch die moderne Byzantinistik abgebaut werden. Man würdigt u.a. wieder den maßgebenden Beitrag byzant. Gelehrter zur abendländ. →Renaissance des 14./15. Jh.s (→Platonismus).

*I. Geschichtl.* unterscheidet man drei Epochen. Die *frühbyzant.* Periode (6.-7. Jh.), sofern von der Spätantike (4.-5. Jh.) unterschieden, beginnt mit der Wiedervereinigung des Röm. Reiches unter Justinian I. (527-565) und erfaßt die wechselhaften Kämpfe des Reiches gegen Perser, Araber, Slawen und →Germanen bis zur 2. Hälfte des 7. Jh.s, als islam. und slaw. Eroberungen das Reich auf kleine Reste in Kleinasien, auf dem Balkan und in Italien zusammendrängten. In der *mittelbyzant.* Periode (8.-11. Jh.) konnte sich das Reich konsolidieren und anschließend wieder im 10./11. Jh. in allen Richtungen ausdehnen; diese war zugleich eine Zeit der kulturellen Blüte (→Ikonen- und Wandmalerei, Kirchengesang, kirchl. und weltl. Hochschulen in Konstantinopel). Der Zusammenbruch der östl. Verteidigungslinie gegen Ende des 11. Jh.s führte zum Verlust nicht nur der syr. und kaukas. Territorien, sondern auch des anatol. Kernlandes (Rum-Seldschukenreich, →Türkei). Das 12. Jh. leitete trotz einer zeitweiligen Erholung des Reiches zur letzten, *spätbyzant.* Epoche über: die Zeit der →Kreuzzüge und der allmähl. Eroberungen durch Türken, Normannen und Italiener, Bulgaren und Serben. Bes. geschichtsträchtige Daten dieser Epoche sind die Eroberung Konstantinopels 1204 durch den von Venedig geführten 4. Kreuzzug (→Kreuzzüge) und 1453 durch die Osmanen. Die kulturelle Blüte dieser Spätzeit, aller polit. und militär. Mißerfolge zum Trotz, ist in hohem Maße durch eine intensive intellektuelle und rel. Auseinandersetzung mit dem Westen geprägt worden.

*II. Kirchen- und theol.geschichtl.* gibt es eine entsprechende Periodisierung. Das 6./7. Jh. stellt den Übergang von der →Patristik, zusammengefaßt in den Werken Maximus' des Bekenners und Johannes' Damascenus, zur byzant. Theologie dar: Während christolog. Kontroversen (→altkirchl. Konzile; →Christologie) ausklingen, kündigt sich die *Entfremdung* zwischen Rom und Konstantinopel an. Der Bilderstreit (730-850) und der Streit mit Rom (Filioque-Kontroverse des 9. und die Ritus-Kontroversen des 11. Jh.s, die zu den gegenseitigen Exkommunikationen von 1054 führten) beherrschen die mittlere Epoche. Hervorragendste Figuren dieser Zeit waren der Universalgelehrte Photius (820-891) und der Mystiker Simeon der neue Theologe (949-1022). Die spätbyzant. Zeit wurde durch die Auseinandersetzungen mit westl. Theologie und Kirchenpolitik einerseits (Konzilien von Lyon 1274 und Florenz 1437-1439) und um die myst. Theologie der »Hesychasten« (Gregor Palamas, 1296/99-1359) andererseits geprägt.

*Lit.:* *H.-G. Beck:* Geschichte der orthod. Kirche im byzant. Reich, Göttingen 1980. – *Ders.:* Kirche und theol. Literatur im byzant. Reich, München 1959. – *J. M. Hussey:* The Orthodox Church in the Byzantine Empire, Oxford 1986. – *G. Ostrogorsky:* Geschichte des Byzant. Staates, München, 3. Aufl. 1963. – *P. Schreiner:* B., München 1986.

*Thomas Riplinger*

*B. Kunstgeschichtlich*

*I.* Die →*Literatur* von B. ist formal gesehen in hohem Maß vom Vorbild der klass. →Antike und inhaltl. durch die Dominanz der →Theologie geprägt worden. Neben den theol. Traktaten, die das Erbe der →Patristik konservieren, gewinnen die →Biographien der →Heiligen (Heiligenviten) und die unterschiedlichsten →Hymnen, die in die →Liturgie in B. eingefügt werden, zunehmend an Bedeutung. Weithin unterschätzt wird immer noch der Anteil volkstüml. Erzählformen (Anekdote, →Epos, Liebes- und Spruchdichtung), die zumeist innerhalb des →Mönchtums in die theol. Literatur integriert wurden. Das literar. Erbe von B. ist insbes. in den von →orthod. Kirchen geprägten →Kulturen lebendig geblieben.

*II.* Das gilt auch für die →*Kirchenmusik* in B., deren Wurzeln die →Musik der →Synagoge und die kaiserl. Zeremonialmusik sind. Die Erforschung der Musik in B. steht noch sehr im Anfang. Beispiele weltl. Musik sind bisher kaum bekannt geworden. Das Weiterleben der Kirchenmusik von B. in den slaw. Liturgien (→orthod. Kirchen) wurde durch die Ausbildung eigenständiger Traditionen ermöglicht, die die Rekonstruktion der ursprüngl. Verhältnisse zusätzl. erschweren.

*III.* Wesentl. genauer erfaßbar ist die Entwicklung der Kunst in B. Die vorikonoklast. Phase (→Bild) bringt ihre bedeutendsten Leistungen innerhalb des →*Kirchenbaus* hervor. Durch die Vereinigung der frühchristl. Basilika mit dem zentralisierenden Kuppelbau entsteht die Kuppelbasilika, deren nie wieder erreichter Höhepunkt die Hagia Sophia in Konstantinopel (Mitte des 6. Jh.s) ist. Aber auch die Vorstufen von Kreuzkuppelkirche und der kreuzförmigen mehrkuppeligen Kirche entstehen in dieser Zeit. Die *Mosaikkunst* jener Epoche ging im Bilderstreit weitgehend verloren. Wichtige Beispiele blieben jedoch in Ravenna erhalten. Die *Buchmalerei* (Wiener Genesis, Purpurcodices aus Rossano und Sinope), einige wenige →Ikonen aus dem Katharinenkloster am Sinai und verschiedene Elfenbeinbarbeiten (Maximianskathedra, Ravenna, 5. Jh.; Diptychen [mit Reliefs geschmückte Schreibtafeln zum Gebrauch bei Hofe und in der Kirche]) geben eine Vorstellung von der Weiterentwicklung der frühchristl. Ikonographie in der →Kunst von B. In der Epoche des Bilderstreits (8./9. Jh.) wird das künstler. Schaffen vorübergehend auf profane und symbol. Motive eingeschränkt.
In der *mittelbyzant. Kunst* (843-1204), der »makedon. Renaissance«, werden die früheren Ansätze

im Kirchenbau weiterentwickelt. Künstler aus B. arbeiten in Kiew, wo sie die Grundlagen der altruss. Kunst schaffen, auf Sizilien, in Torcello und Venedig. Ihre Einflüsse reichen bis nach →Deutschland und →Frankreich. Nach der Eroberung Konstantinopels 1204 verlagert sich der Schwerpunkt der künstler. Entwicklung u.a. nach →Bulgarien und Serbien. Die *spätbyzant. Kunst* (bis 1453) verliert ihre schöpfer. Kraft und konzentriert sich auf die Verfeinerung der →Tradition (»palaiolog. Renaissance«). In →Griechenland, →Italien und auf dem Balkan wird in einer postbyzant. Phase, die bis in das 18. Jh. hineinreicht, die Nationalisierung der Kunst von B. vollendet.

*Lit.: H.-G. Beck:* Das byzant. Jt., München 1978. – *Ders.:* Byzant. Lesebuch, München 1982. – *J. Beckwith:* Early Christian and Byzantine Art, Harmondsworth 1970. – *E. Coche de la Ferté:* Byzant. Kunst, Freiburg 1982. – *A. Grabar:* Die byzant. Kunst des MA.s vom 8. bis zum 15. Jh., Baden-Baden 1964. – *R. Krautheimer:* Early Christian and Byzantine Architecture, Harmodsworth 1975. – *F. Volbach/J. Lafontaine- Dosogne:* B. (Propyläen Kunstgeschichte 3), Berlin 1984. – *E. Wellesz:* A History of Byzantine Music and Hymnography, Oxford 1949. – *E. Werner:* The Sacred Bridge. The Interdependence of Liturgy and Music in Synagogue and Church during the First Millennium, London/New York 1959. – *K. Wessel:* Reallexikon der byzant. Kunst 1ff., Stuttgart 1966ff. – *Ders.:* B. (Heyne Stilkunde 18), München 1979.

*Peter Maser*

# C

**Caecilianismus.** Der C. ist eine Reformbewegung des 19. Jh.s mit dem Ziel, der →Säkularisierung und Verflachung der kath. Kirchenmusik in jener Zeit entgegenzuwirken. Ausgehend von Deutschland, verbreiteten sich diese Bestrebungen rasch durch die neugegründeten Caecilienvereine der meisten Länder Europas bis nach Amerika. Namengeberin ist die hl. Caecilia, seit dem 15. Jh. als Schutzpatronin der Musik geläufig.

*A.* Der Gedanke, die Kirchenmusik als Dienerin der →Liturgie zu bewahren, hatte bereits Tradition. Schon im 16. Jh. wurde, ausgelöst durch das →*Konzil von Trient*, die Trennung der kirchl. von der weltl. Musikentwicklung aus liturg. Gründen gefordert. So entstanden auch im 18. Jh. »Caecilienbündnisse«, die diese Forderungen vertraten. Man sah noch bis zu Beginn des 20. Jh.s im →*Gregorian. Choral* (in den landesübl. Versionen oder in neu erforschter Originalgestalt) und in der polyphonen A-cappella-Musik des 16. Jh.s die wahre Kirchenmusik. Es war die Aufgabe der Reformbewegung, diese Musik einmal in Schrifttum (vgl. R. Schlecht, Geschichte der Kirchenmusik, 1861) und Nachkompositionen zu fördern, zum anderen aber auch dem volkssprachigen →*Kirchenlied* wieder einen angemessenen Platz innerhalb des →Gottesdienstes zuzuweisen – gegen aufklärer. und verweltlichende Tendenzen. Die instrumentale Begleitung und das Orgelspiel wurden recht liberal gehandhabt, sofern beide die Wortverkündung unterstützten. *Schriften* wie A. Thibauts »Über Reinheit der Tonkunst« (Heidelberg 1825) und K. Proskes Sammlung »Musica divina« (Regensburg 1853ff.) mit geistl. Musik der →Palestrina-Zeit leisteten Vorarbeit für die Reform. Diese fand in dem von F. X. Witt 1868 gegründeten »Allg. dt. Caecilienverein« (heute: »Allg. Caecilienverband für die Länder der dt. Sprache«, ACV) eine Organisationsform und verbreitete sich dank der Neugründungen und Zusammenschlüsse von Kirchenchören über ganz Deutschland. Neben Witt, der die Kirchenmusik der Wiener →*Klassik* für unkirchl. und liturg. nicht einsetzbar hielt, setzte sich auch Fr. X. Haberl mit einer neuen Choralausgabe für die Ziele des Vereins ein. Die päpstl. Approbation des ACV erfolgte 1870, wodurch sein offizieller kirchl. Charakter fixiert und zugleich eine auf Rom zentrierte kirchenmusikal. Gesetzgebung eingeleitet wurde.

*B.* Es entstanden viele kirchenmusikal. *Werke*, die in ihrem künstler. Wert z.T. umstritten sind. Bei Fr. →Liszt und A. →Bruckner verbindet sich der Caeciliengedanke mit der romant. Musikströmung in jeweils eigenschöpfer. Prägung. Um der Erstarrung entgegenzuwirken, ließ der Verein ab dem Beginn des 20. Jh.s alle auch zeitgenöss. musikal. Formen zu, sofern sie die Kirchenmusik als Teil der Liturgie förderten (→Kirchenmusik).

*Lit.: H. Beck:* Aufgaben für die Musikwissenschaft bei der Erforschung des C., Festschrift für F. Haberl, Regensburg 1977. – *K. G. Fellerer:* Der Cäcilienverein in Vergangenheit und Gegenwart, in: Cäcilienvereinsorgan 71 (1951). – *Ders.:* Grundlagen und Anfänge der kirchenmusikal. Organisation F. X. Witts, in: Kirchenmusikal. Jahrbuch 55 (1971), 33-60. – *J. Schwermer:* Der C., in: *K. G. Fellerer (Hg.):* Geschichte der kath. Kirchenmusik, Bd. II, Kassel 1976, 226-236.

*Annette Bronner*

**Calvin,** *Johannes* (1509-1564), der gedankl. und organisatorisch reifste Reformator, infolgedessen derjenige mit der weitesten Wirkung. C.s Glauben und Denken kann nicht nur von der dt. →Reformation her begriffen werden, obwohl er →Luther einen »Vater« nannte, mit →Melanchthon befreundet war, wichtige Elemente von →Zwingli übernahm und sein Werk als die Fortsetzung desjenigen M. Bucers verstand. Als *Reformator der zweiten Generation* sah er sein Ziel im Zusammenschluß der Bewegung gegen die Bedrohung durch die →Gegenreformation. Ein Feldzug Berns im Februar 1536 hatte die Reichsstadt *Genf* aus einer jahrelangen Savoyischen Belagerung befreit und den Reformationsschwur vom 21. Mai ermöglicht. Dieser zugleich kirchl. und demokrat.-polit. Vorgang trug zwingl. Charakter: Aufbau eines christl.-genossenschaftl. Stadtlebens, Einheit von Christen- und Bürgergemeinde. Das hatte schwerwiegende Folgen für C.s Wirken, dessen *Kirchenbild* staatsfrei war. Das wurde sofort aktuell, als er Anfang August 1536, durch Genf reisend, auf Farels Drängen dort blieb. Schon 1537 unterbreiteten die beiden dem Magistrat neue reformator. Vorschläge.

*A. Jean Cauvin* war am 10.7.1509 in Noyon (Picardie) geboren. Das strenge Collège Montaigu schulte ihn in präziser Logik und vermittelte ihm scotist. (→Duns Scotus) Grundgedanken (z.B. den gleichzeitigen Einsatz bei der Freiheit →Gottes und der Erfahrung des →Menschen), die ihn lebenslang prägten. Ab 1529 studierte er Jura und wurde Humanist. Um 1530 schloß er sich verborgenen humanist.- biblizist. Kreisen an, die von *Faber Stapulensis* herkamen. Entscheidend wurde die gründl. Lektüre →*Augustins.* Dem Bewußtsein der →*Berufung* ins Predigtamt muß eine Glaubensänderung vorangegangen sein. Autodidaktisch studierte C. Theologie. Um 1531 eignete er sich am Collège royal in Paris die bibl. Sprachen an. Als der befreundete Medizinprofessor *Niclaus Cop* 1533 als Rektor der Universität seine Antrittsrede zu halten hatte, »suggerierte« (so berichtet Beza) C. ihm diese. Sie ruft im Anschluß an die Seligpreisungen zur Annahme der Vergebung und zu friedfertigem Verhalten auf; einige Zitate aus Luthers Kirchenpostille erscheinen dabei im Rahmen eines bibl. Humanismus. Die Verfasser wurden wie alle Häresieverdächtigen als »luthériens« verfolgt und mußten fliehen. Als Flüchtling brachte C. 1535/36 in Basel die *»Unterweisung in der christl. Religion«* heraus (»Institutio religionis christianae«). Dieses Werk machte ihn mit einem Schlag berühmt. Als er 1536 von Ferrara nach Straßburg reiste, hielt Farel den Widerwilligen durch Androhung göttl. Zorns als Helfer beim Neuaufbau der Kirche in Genf fest. Die Einführung der →*Kirchenzucht* stieß auf Widerstand; als die beiden an Ostern 1538 der Gemeinde wegen sittl. Mißstände das Abendmahl verweigerten, wurden sie ausgewiesen. C. übernahm die franz. Flüchtlingsgemeinde in *Straßburg.* Dort heiratete er 1540 die von ihm bekehrte Witwe eines Täufers, *Idelette van Büren.* Er erweiterte die Institutio und schrieb einen Kommentar zum →Römerbrief. Tief beeindruckte ihn *M. Bucers* Bemühung um die Einigung der Evangelischen. Mit Bucer nahm er an den Religionsgesprächen von Hagenau, Worms und Regensburg teil (1540/41), wo er den dt. →Protestantismus kennenlernte und mit Melanchthon Freundschaft schloß. Dann kam 1541 der *Rückruf nach Genf.* In zäher Bemühung baute der Reformator nunmehr die Genfer Kirche nach einem aus dem NT abgeleiteten *Modell* auf: klare Lehre, Katechismus, lebendiger Gottesdienst mit Psalmengesang, vier Ämter: Pastoren, Älteste, Diakone, Lehrer (vom Katecheten bis zum Professor). Die →Abendmahlsfeier konnte er nur für vier Sonntage im Jahr durchsetzen. →Altäre und Bilder wurden abgeräumt, die Beichte nur als Offene Schuld fortgesetzt. Die strenge Sittenzucht hatte ihren Grund in der Sorge, öffentl. ungeahndete Gottlosigkeit ziehe Gottes Zorn herab. Die »Ordonannces« von 1541 wurden weltweit vorbildlich. Die durch den Zustrom von Glaubensflüchtlingen majorisierten »enfants de Genève« (»libertins«) bildeten zehn Jahre lang unter Führung von *Ami Perrin* eine in persönl. Feindschaft umschlagende Opposition, gegen die sich C. nur unter Rückschlägen durchsetzte. Tragisch für den ganzen Protestantismus wurde 1553 der Feuertod des span. Arztes *Michael Servet*, der die Dreieinigkeit gelästert hatte und eine pantheisierende →Mystik (→Pantheismus) vertrat. C. betrieb seine Hinrichtung (mit dem Schwert); doch erst auf Grund zahlreicher auswärtiger Gutachten, auch aus Wittenberg und Zürich, die einhellig auf Todesstrafe erkannten, verurteilte der (C. feindl. gesinnte) Magistrat Servet zum Scheiterhaufen gemäß dem von Karl V. erneuerten Reichsrecht (»Carolina«). Einen Erfolg C.s brachte 1549 die mit *H. Bullinger* in Zürich geschlossene Einigung über das Abendmahl (*Consensus Tigurinus)*; die längst empfundene Zusammengehörigkeit der oberdt. Kirchen wurde damit offiziell. Mit Begeisterung wurde 1559 die *Akademie* gegründet, Kern der Ausstrahlung über ganz Europa. Erster Rektor war *Th. Beza;* C. selbst dozierte vor Hunderten von Studenten. Doch überarbeitet und erschöpft starb er bereits am 27.5.1564, erst 54jährig.

C. sprach fast nie über sich selbst. Nach Anlage und Neigung war er ein stiller Gelehrter. Sein öffentl. Wirken empfand er als göttl. Auftrag. Das Mitleid mit den verfolgten Glaubensgenossen durchzieht alles, was er tut und schreibt. So klingen in Schriften, Predigten und Briefen zarte seelsorgerl. Töne an. Alle Besucher rühmen seine Freundlichkeit wie seine selbstverständl. Autorität. Eins seiner Losungsworte: »Es gilt, mitten durch die Verzweiflung hindurchzubrechen.«

*B.* Gerade als Theologe der Erwählung und damit der »unsichtbaren« →Kirche legte C. Nachdruck auf die *Gestaltung* des geistl. Lebens in den Gemeinden und privat. Die *Institutio von 1559*, streng durchdacht, läßt sich doch auf ganze Strekken wie ein Erbauungsbuch lesen. Im Aufbau folgt sie dem Apostolikum. Von gleicher Meisterschaft sind die *Kommentare.* Sie beziehen alle humanist. und reformator. Vorläufer ein, übertreffen diese aber an Reichtum der Fragestellung und textgebundener Klarheit der Ausführungen. Sie halten sich ans alte →Dogma, weisen aber zugleich Ansätze freier philolog. und hist. Forschung auf. Die Allegorie wird in der Hermeneutik der Bundestheologie überflüssig. C.s *Korrespondenz* beriet unzählige Männer und Frauen in ganz Europa. Seine Seelsorge kannte die heilsame Kraft strenger Forderungen.

*I.* Offenkundiger Brennpunkt in C.s Denken sind Lehre und Form der *Kirche*, heimlicher die *»myst. Vereinigung mit Christus«*, in welche alle anderen Lehrstücke, insbes. von der →Gnade, der →Rechtfertigung, der →Heiligung, den →Sakramenten und vom →Gebet einmünden. Diese Gemeinschaft ist darum so intensiv, weil sie das Gegenüber von Gott und Mensch einhält. Gott selbst entzündet in uns das *innere Zeugnis* (testimonium internum) *seines Geistes.* Denn der Mensch, obwohl in Leben und Erkennen auf den Schöpfer angewiesen, wendet sich immer wieder von ihm ab und »fabriziert« seine eigenen Götzen. Dagegen hat Gott seine Bundesgeschichte anheben lassen und uns das *Gesetz* gegeben. Die Lehre von *Christus* und vom Heil in ihm folgt dem altkirchl. Dogma von der Gottmenschheit und Anselms Formulierung der →Versöhnung. Beim *Abendmahl* werden Zwinglis Vorbehalte anerkannt, doch empfangen wir eine reale Verbindung mit der Menschheit Christi, freil. nicht in den »figurativen« Elementen Brot und Wein, sondern im Hl. Geist, der uns mit dem Erhöhten zusammenbringt.

*II.* Die →*Prädestination* ist Konsequenz und Sicherung des Gnadenzuspruchs. Sie dient der Heilsgewißheit, ist also nur von innen her, vom Glauben aus zu verstehen. »Spiegel der Erwählung« sind die Verbindung mit Christus, sogar Verfolgung und Leiden; keineswegs, wie oft unterstellt wird, wirtschaftl. Erfolg. Unermüdl. drängt C. auf persönl. *Heiligung* in Bußfertigkeit, Selbstverleugnung, Erkenntnis und Liebe. Der Einsatz für *Gottes Ehre* hat *polit. Konsequenzen.* Fürsten und Magistrate sind für das Volk da, nicht umgekehrt. Erweist sich ein Regent als gottlos und verderbl., so haben die nächst unter ihm stehenden Instanzen Recht oder Pflicht, ihn abzusetzen. Die Obrigkeit hat näml. Frieden, Leben und Eigentum der Untertanen, dazu die »wahre Religion« zu schützen, denn ohne Religion bricht die Rechtsordnung zusammen.

*C.* C. sucht die *Einheit der Kirche*; sogar mit den Katholiken verhandelte er nicht aussichtslos über die Rechtfertigung. Doch schon die Annäherung ans →Luthertum schlug in verschärfte Polemik um. Als er starb, war sein Werk nur in Genf und in der Schweiz gefestigt; im Ausland hatte von den unter seinem Einfluß stehenden Kirchen nur die Pfalz eine Ordnung in Frieden. In Frankreich, Polen und Ungarn, in Böhmen, Schottland und den Niederlanden lebten sie unter blutiger Verfolgung. Trotzdem befand sich C.s Wirkung auf dem Weg zu mächtiger Ausweitung. Seine Theologie entfaltete in vielen Ländern ihre vertiefenden und stärkenden Kräfte. Seine Kirchenordnung mit der *Verantwortung der* →*Laien* schuf durch die Flüchtlingsgemeinden in Frankreich, am Niederrhein, den Niederlanden und England Vorbilder der Glaubenstreue und Zucht. An diesem Gemeindetypus prallte die →Gegenreformation ab.
*C.s Nachwirkungen* reichen weit über den Rahmen des →Calvinismus hinaus. Die Erziehung zu Entsagung, Dienst und Selbstkontrolle führte auch im →Anglikanismus, Methodismus (→Ev.-method. Kirche) und →Baptismus den →*Puritanismus* herauf, dessen Individualismus sich auf dem Kontinent im →*Pietismus* fortsetzte. Das gemeinschaftsbezogene *Arbeitsethos* hat sich später in kapitalist. Motiven wie in sozialist. Entwürfen niedergeschlagen. Eine oft zugleich optimist. und gesetzl. Frömmigkeit hat – bes. im angelsächs. Bereich – ungezählte *Aktivitäten* erzeugt: u.a. Bibel- und →Missionsgesellschaften, Armen-, Gefangenen-, Trinkerfürsorge; der weltweite →Christl. Verein Junger Menschen (CVJM) und das in Genf gegründete →Rote Kreuz lassen bis heute ihre calvinist. Ursprünge erkennen. Im Gegensatz zu C.s Intentionen hat calvinist. Grundsätzlichkeit oft zu *Kirchenspaltungen* geführt; andererseits leitete C.s Einheitsstreben mehrfach reform. Fürstenhäuser zur Einführung der *Union* an (Hessen, Altpreußen, Pfalz, Baden u.a.). Die *ökumen. Bewegung* wurde und wird führend von überzeugten Calvinisten mitgetragen.

*Lit.: Textausgaben: J. Rogge (Hg.):* Johannes C. 1509-1564, Berlin (Ost) 1963; *W. Neuser:* C. (Kirchengeschichtl. Quellenhefte 14), Gladbeck 1964. – *J. Cadier:* C., Übers. von M. Thurneysen, Zollikon 1959. – *W. Dankbaar:* C., Übers. von H. Quistorp, Neukirchen 1959. – *P. Jacobs:* Prädestination und Verantwortlichkeit bei C., Neukirchen 1937. – *M. Jenny:* Luther, Zwingli, C. in ihren Liedern, Zürich 1983. – *Ders.:* Der reform. Beitrag zu Kirchenlied und Kirchenmusik im 16. und 17. Jh., in: Reform. Kirchenzeitung 1986, Neukirchen, 246ff. – *W. Krusche:* Das Wirken des Heiligen Geistes nach C., Göttingen 1957. – *G. W. Locher:* C. Anwalt der Ökumene (Theol. Studien 60), Zollikon 1960. – *Ders.:* Testimonium internum (Theol. Studien 81), Zollikon 1964. – *Ders.:* Streit unter Gästen. Abendmahlsdebatte (Theol. Studien 110), Zürich 1972. – *W. Neuser:* C. (Sammlung Göschen 3005), Berlin 1971. - *W. Niesel:* Die Theologie C.s, München 1938. – *W. Nijenhuis:* C., in: Theol. Realenzyklopädie 7 (1981), 568-592. – *H. Scholl:* Reformation und Politik. Polit. Ethik bei Luther, C. und den Frühhugenotten (Kohlhammer TB 616), Stuttgart 1976. – *M. Schulze:* Meditatio futurae vitae, 1901 (Neudruck Aalen 1971). – *J. Staedtke:* Johannes C., Göttingen 1969. – *Ders.:* Abendmahl III: Reformation, in: Theol. Realenzyklopädie 1 (1977), 107-122 (Lit.). – *Ders.:* C.s Bedeutung für die moderne Welt, in: *ders.:* Reformation und Zeugnis der Kirche, Zürich 1978, 77-90. – *E. Stickelberger:* C., Gotha 1931. – *F. Wendel:* C., Ursprung und Entwicklung seiner Theologie, Übers. von W. Kickel, Neukirchen 1968.

*Gottfried W. Locher*

**Calvinismus** ist die ursprüngl. von seinen Gegnern gebrauchte Bezeichnung für jene Form des →Protestantismus, die mit dem Namen von Johannes (Jean) →Calvin (1509-64) verbunden ist. Seine Anhänger bezeichneten diese Form des Protestantismus als →*reform. Kirche*, weil sie nach ihrem Verständnis durch Gottes Wort erneuert war und sich in ständiger Erneuerung befand.

*A.* Calvin teilte zwar die *Grundlehren* M. →Luthers und übernahm auch Anregungen von anderen Reformatoren (→Reformation), sein Werk ist jedoch in der →*Lehre* wie in der *Kirchenorganisation* von eigenständiger und unverwechselbarer Gestalt. Auf der mit Luther gemeinsamen Basis eines strengen Biblizismus und der →Rechtfertigungslehre entfaltete Calvin seine Grundgedanken vom →Hl. Geist, von der Erwählung und vom →Bund. Erst durch das Wirken des Geistes kann der Mensch das →Wort Gottes erfassen, das ihm die Gewißheit der Heilszusage vermittelt, die →Rechtfertigung des Menschen allein aus der →Gnade. Die grundsätzl. Freiheit Gottes, diese Gnadenwahl zu gewähren oder nicht, führt zu den Darlegungen über die »doppelte« →Prädestination, denen später eine übertriebene und auch falsche Bedeutung beigemessen worden ist. Das Zeichen der Erwählung des Menschen durch Gott ist der Bund, der mit den Patriarchen des →AT geschlossen und in Jesus erfüllt wurde. Wo das →Evangelium rein gepredigt wird, die →Sakramente in reiner Form verwaltet werden, dort ist für Calvin Kirche Christi, und zwar auch dann, wenn ihre Organisationsform nicht mit der in Genf verwirklichten Ordnung übereinstimmt, die später zum Vorbild für die reformierte Kirche in vielen Ländern geworden ist. Auch hier gibt es das gemeinsame Fundament mit Luther: das Prinzip des allg. Priestertums der Gläubigen. An der Spitze der →Gemeinde steht ein Konsistorium aus den Pastoren und Ältesten, den →Presbytern, daher die spätere Bezeichnung dieser Kirchenverfassung als Presbyterialverfassung.

*B.* In seiner *Geschichte* hat der C. zahlreiche *Verfolgungen* erfahren müssen, wenn dies auch seine großen *Erfolge* nicht verhindern konnte: Er trat einen Siegeszug durch weite Teile Europas und Nordamerikas an. Nach der Einigung mit den Anhängern des Züricher Reformators U. →Zwingli von 1549 breitete er sich in der →Schweiz aus. Es gelang ihm auch, die reformator. gesinnten Kreise →Frankreichs auf seine Seite zu bringen. In den aufständ. →Niederlanden wurde er bald zur führenden Macht. Er besiegelte die Reformation in Schottland und errang wichtige Positionen in England. Auch in Osteuropa gewann er an Boden. Kompliziert verlief seine Annahme auf dt. Boden. Dort, wenn überhaupt, ist der umstrittene Begriff der »Zweiten Reformation« anwendbar, weil die luth. geprägte reformator. Bewegung immer schon vorausgegangen war. Dabei vereinfacht die Gegenüberstellung: →Luthertum – C. die vielschichtigen Prozesse und führt sie als stat. Blöcke vor. Auf der anderen Seite ist unbestreitbar, daß es in der 2. Hälfte des 16. Jh.s im Reich zur Ausprägung *zweier prot.* →*Konfessionen* kam. Diese gegenseitige Abgrenzung führte schließl. zu einer Verfeindung, die im Dreißigjährigen Krieg ihren Höhepunkt erreichte. Erst im Westfälischen Frieden von 1648 ist der C. reichsrechtl. anerkannt worden. In Böhmen dagegen fiel er der →Gegenreformation zum Opfer, ebenso in Frankreich. Die franz. Calvinisten, die →Hugenotten, flohen ab 1685 vor den Unterdrückungsmaßnahmen Ludwigs XIV. zum größten Teil außer Landes.

*C.* Die Frage nach den dauerhaften *Wirkungen* des C. ist bis heute umstritten. Aus marxist. Sicht hat er als die →Ideologie der fortschrittlichsten Teile des →*Bürgertums* eine wichtige Rolle bei der Überwindung des →Feudalismus gespielt, bes. deutl. im Kampf der Nordniederlande gegen →Spanien. Die Frage nach der Rolle des C. bei der Entstehung der modernen →*Demokratie* ist zwar noch nicht abschließend beantwortet, doch besteht weitgehend Einigkeit darüber, daß die Lehre Calvins einen kämpfer. Zug gegen den fürstl. →Absolutismus enthielt und die von ihm geprägte Kirchenverfassung demokrat. Entwicklung günstig war. In England und Nordamerika, wo die westl. Demokratien ihren Ursprung haben, stellen Puritaner (→Puritanismus), →Presbyterianer und Kongregationalisten (→Kongregationalismus) eigene Richtungen der calvinist. Bewegung dar, deren Verhältnis zu Wirtschaft und Gesellschaft M. →Weber in seiner Studie »Die prot. Ethik und der Geist des Kapitalismus« (1904/05) untersucht hat. Darin erklärt Weber die Entstehung der kapitalist. Gesellschaft aus puritan. Religiosität und rationaler Lebensführung. Wenn auch die *Max-Weber-These* über eine Nähe von C. und Kapitalismus inzwischen wieder in den Hintergrund getreten ist, so besteht heute kein Zweifel mehr an der Rolle des C. im Zeitalter der Konfessionskämpfe auf kirchenpolit. Gebiet: Er war der aktivste Teil des europ. Protestantismus sowohl in der Durchsetzung wie in der Abwehr gegenreformator. Kräfte.

*Lit.: B. Bürki:* La sainte coene selon l'ordre de Jean Calvin 1542, in: *I. Pahl (Hg.):* Coena Domini, Freiburg/Schweiz 1983, 347-367 (Einl., Lit.). – *W. Nijenhuis:* C., in: Theol. Realenzyklopädie 7, 568-592. – *H. Schilling (Hg.):* Das Problem der Zweiten Reformation in Deutschland, Gütersloh 1986. – *J. Staedtke:* Johannes Calvin, Göttingen 1969. – *J. Witte:* C., in: Sacramentum mundi I, Freiburg 1967, 687-699.

*Gerhard Schormann*

## Calvinistische Sozialethik

### *A. Die Aktualität*

Durch ihre Leitformel *»Königsherrschaft Christi in allen Lebensbereichen«* hat die c.S. in unserem Jh. das Leben der →reform. Kirche und die →ökumen. Bewegung bestimmt. Hist. nimmt das – in der Versöhnungstat Gottes (→Versöhnung; 2 Kor 5,17-21) gründende – →Bekenntnis zur Königsherrschaft Christi ebenso früheste ntl. Formeln auf (1 Kor 12,3; Phil 2,9; Eph 2,10) wie die Heiligungslehre →Calvins (→Heiligung) und deren Fortführung im →Calvinismus. Dieses Bekenntnis erhielt in der Geschichte durch →Erweckungs-, Kampf- und Verfolgungssituationen jeweils starke Impulse. Seinen neuerl. direkten Anhalt hat es an den Thesen 1, 2 und 5 der Barmer Theol. Erklärung von 1934 (→Kirchenkampf), mit der die Bekennende

Kirche dem Totalitätsanspruch des →Nationalsozialismus begegnete. In der gegenwärtigen sozialeth. Diskussion gewann dieses Bekenntnis begründende, aber auch verwerfende Bedeutung: in der Friedensfrage angesichts des atomaren Wettrüstens (→Friede; →Rüstung), bei der Verurteilung von Rassendiskriminierung (→Rassenfrage), in der Themenstellung ökumen. Vollversammlungen, in gemeins. Erklärungen der Dt. Bischofskonferenz und des Rates der Ev. Kirche in Deutschland zur →Grundwerte- und →Ökologieproblematik – generell also in der Ethik der →Verantwortung für zentrale Lebens- und Überlebensfragen. Nicht ohne Erfolg der c.n S. scheint die neuerl. kath. Betonung der Lehre vom *königl. Amt Christi* – zugleich mit seinem priesterl. und prophet. – im 2. →Vat. Konzil und in nachfolgenden päpstl. Rundschreiben (→Christologie; →Eschatologie; auch →Calvin; K. →Barth).

*B. Methoden, Strukturen, Modelle*

*I.* Die c.S. hat *vier method. Kennzeichen:* 1. Sie folgt einer Theologie, deren Mitte Person und Werk →*Jesu Christi* ist; es ist vermittelt durch sein →Wort und seinen →Geist, weist ein in die aktive Mitgestaltung der von Gott dem Vater geschaffenen, erhaltenen und gelenkten →Welt. 2. Sie rechnet mit der gesamtgemeindl. genauen Kenntnis der bibl. →*Offenbarung*, ausgelegt und verkündigt in dynam. Beziehung zu den geschichtl. Veränderungen der →Gesellschaft. 3. Sie bedient sich einer wissenschaftl. und im →Glauben krit. gesichteten *Analyse* sozialer und wirtschaftl. Fakten. 4. Sie zielt auf ein verantwortungsbereites *Handeln*, das durch die Dialektik von gehörtem Wort und direktem Bezug zur Wirklichkeit geprägt ist und sich den geschichtl. Umständen in Dankbarkeit und Gehorsam gegen Gott ausdauernd stellt.

*II.* Ohne die tragenden Eigentümlichkeiten der →reform. Kirche (→Presbyterialverfassung, →Kirchenzucht) mit ihrer doxolog. (→Doxologie), eth., pädagog. und seelsorgerl. Bedeutung und Auswirkung ist c.S. undenkbar. Im Gesamtzusammenhang der Lebensordnung gehören hohes →*Arbeitsethos* (als Ausdruck der Glaubenstreue) sowie Werthalten der Verheißung und des Schutzes der →*Ehe* (als Urbild menschl. Gemeinschaft) zu den tragenden Elementen c.r S. Die Wiederentdeckung des →Priestertums aller Gläubigen im 2. Vat. Konzil hat die Aufmerksamkeit kath. Forscher verstärkt auf die calvinist. Lebensordnung gelenkt.

*III.* Während das Modell der Königsherrschaft Christi zu je neuer personaler Verantwortung ermutigt, ohne diese Verantworung in christl. Institutionen zu objektivieren, gibt es nach dem Konzept holländ. Theologen in der 1. Hälfte unseres Jh.s (→Niederlande) den Versuch, die Welt christl. zu durchdringen mit Hilfe von Einrichtungen, die allg. →Wohlfahrt gewährleisten (christl. →Schulen, Universitäten, →Akademien, →Medien, →Parteien), damit auch eine allg. eth. Orientierung unter den Bedingungen des Säkularismus zu erleichtern. Theol. vertraut man dabei auf die Wirksamkeit der allg. →Gnade. Vor allem im engl.-amerik. und jap. Bereich hat der Entwurf von E. Brunner (1889-1966) an Einfluß gewonnen, der das *Naturgemäße* im Zusammenleben (→Naturrecht) auf das Gottgewollte (→Dekalog) bezieht. In allen genannten Modellen ist die Spannung zwischen gebotener →Säkularisierung (Weltzuwendung) und selbstmächtigem Säkularismus (Verweltlichung) innergeschichtl. auflösbar. Jedoch bleiben für jede Form c.r S. die tragende *Grundstruktur* und die offenbarungsorientierte *Methode* notwendige Voraussetzung für jede Sekundärstruktur.

*C. Wirtschafts- und politische Ethik*

*I.* Die →*Wirtschaftsethik* innerhalb der c.n S. läßt sich charakterisieren als flexible, situationsbezogene Verantwortungsethik. Ihre ursprüngl. Genfer Maximen bleiben maßstäbl.: Freigabe der Geldwirtschaft bei gleichzeitiger sozialer Kontrolle; Zinsverträge im Sinne der natürl. Billigkeit und der Goldenen Regel (Mt 7,12) zum Nutzen der Schuldner, unter Berücksichtigung der allg. Wirtschaftslage; Verwendung des – durch innerweltl. Askese (innere Freiheit von weltl. Besitz, 1 Kor 7,31) und hohes Arbeitsethos erzielten – Mehrwertszur Beschaffung von Arbeitsplätzen; diakon. organisierte Einweisung von arbeitslosen Flüchtlingen in neugeschaffene Produktionsverhältnisse; Schutz der Gewerbe und ihres Vereinigungsrechts; Aufbau eines dynam. und bedürfnisgerechten Verantwortungsgefälles von »reich« zu »arm« (→Armut); Warnung vor revolutionärer Gleichmacherei ebenso wie vor lieblosem luxuriösem Mißbrauch von Reichtum. An eine spätere puritan.-heilsegoist. Bestätigung der eigenen →Prädestination durch wirtschaftl. Erfolg (so R. Baxter, 1615-1691) ist dabei nicht gedacht (gegen die idealtyp. Brückenverbindung zwischen Calvin [→Calvinismus], →Puritanismus und Neokapitalismus in der These M. →Webers).

*II. Die c.S. des Politischen* versteht den →*Staat* funktional als gnädige Anordnung Gottes, für die Gott Dank geschuldet wird. Er hat in der noch nicht erlösten Welt unter Androhung und Ausübung von →Gewalt für →Recht und →Frieden zu sorgen. Regierende und Regierte stehen in wechselseitiger Verpflichtung. Beide begleitet die Kirche mit dem ihr aufgetragenen Worte Gottes in krit. Wächteramt. C.S. hat seit dem Kampf der →Hugenotten eine Lehre von geordnetem Recht und charismat. Pflicht zum →Widerstand gegen gottwidrige, totalitäre Regierung ausgebildet.

*III.* C.S. versteht sich insgesamt als Aufforderung zur Wahrnehmung der Bestimmung des Menschen zur *Gottebenbildlichkeit*, als Einübung in das Lob Gottes auch im Alltag der Welt. Das in Gott zentrierte Denken der c.n S. ist auch in verweltlichter

Situation nicht als Nachteil aufzufassen, denn nur von ihm her erhält weltl. Ordnung eine innere Verbindlichkeit, die sie von äußerem Zwang unabhängig macht. C.S. bietet nicht die Lösung des Rätsels der Geschichte an, aber sie weist ein in eine endzeitl. Haushalterschaft, welche die geschenkte →Freiheit von den gottlosen Bindungen dieser Welt nutzt zu dankbarem Dienst an Gottes Geschöpfen.

*Lit.*: *K. Barth:* Rechtfertigung und Recht / Christengemeinde und Bürgergemeinde (Theol. Studien [B] 104), Zürich, 2. Aufl. 1979. – *J. Baur:* Gott, Recht und weltl. Regiment im Werke Calvins, Bonn 1965. – *A. Biéler:* La pensée économique et sociale de Calvin, Genève 1961. – *E. Brunner:* Das Gebot und die Ordnungen, Zürich, 4. Aufl. 1978. - *A. Burgsmüller/R. Weth (Hg.):* Die Barmer Theol. Erklärung, Neukirchen 1983. – *H. H. Eßer/J. Weerda:* C.S., in: Ev. Soziallexikon, 7. Aufl., 207-218 (Lit.). – *A. Ganoczy:* Ecclesia ministrans, Freiburg 1968. – *B. J. van der Walt (Hg.):* Our reformational tradition, Potchefstroom 1984.

*Hans Helmut Eßer*

**Camus,** *Albert,* geb. 7.11.1913 in Mondovi (Algerien), gest. 4.1.1960 bei Villeblevin (Yonne), franz. Schriftsteller, hat einen wesentl. Beitrag zum →Humanismus europ. Tradition geleistet. Licht, Meer, Himmel und Sonne (Noces 1939, Hochzeit des Lichts) haben den *jungen C.* geprägt. Zugleich vollzog er in seiner nordafrik. Heimat die ästhet. Umorientierung des philos. Leib-Seele-Problems von der Vertikalität philos. Abstraktheit zur Horizontalität der *leibhaften* →*Erfahrung*: Le jugement du corps vaut bien celui de l'esprit (Das Urteil des Körpers ist gleichwertig mit dem des Geistes). Eine zentrale Rolle spielt in C.s Denken das Absurde, die Erfahrung eines Vakuums im Daseinsentwurf des Menschen, das C. als →*Humanität ohne* →*Gott* versteht. In einer Sprache, die M. Proust, J. Joyce und Th. →Mann hinter sich gelassen hat, dafür die Sätze wie eine Schöpfung aus dem Nichts blockartig nebeneinanderstellt, zeigt C. das anonyme, sich selbst entfremdete, sprach- und konturlos gewordene Individuum unserer Tage (»L'Etranger«, 1942, Der Fremde). Das *Absurde* (»Le Mythe de Sisyphe«, 1942, Der Mythos des Sisyphos) bringt den Menschen vor die abgründige Situation, daß er sein Bedürfnis nach →Sinnerfüllung angesichts des widersinnigen Schweigens der Welt nur in der Revolte (»L'Homme révolté«, 1951, Der Mensch in der Revolte) erfüllt. Das Oszillierende dieser *Revolte* zwischen →Freiheit und →Gerechtigkeit unterscheidet C. von dem Exzessiven jeder Revolution, die im Angesicht von Ungerechtigkeit, Sklaverei oder Terror (»Les Justes«, 1948, Die Gerechten) aufbricht. In der Daseinsfatalität des Absurden hat die Pest (»La Peste«, 1947) eine universale Struktur und entprivatisiert so die Revolte.

In »Actuelles« (1948; Fragen der Zeit) liefert C. eine bedeutende Diagnose der Gegenwart: totalitäre Bedrohung, Kolonialherrschaft, Verdinglichung des Menschen. Konfliktfelder dieser Art zeigen für C., daß der Stärkere die mittlere Lösung »zwischen Opfern und Henkern« (Ni victimes ni bourreaux) nicht will, sondern nur die Besiegung des Gegners. C. treibt *Aufklärung*, wenn er inmitten von Anpassung und Gewalt für Freiheit und Ehrlichkeit eintritt und so das weiterfressende Unheil (limiter les dégâts) in der Gesellschaft zu begrenzen versucht. Seine Forderung lautet: Eindeutig sprechen, nicht mogeln. C. setzt dabei das Leuchten der →*Wahrheit* voraus, wenn er auf Würde, Recht und Ehre (dignité, justice, honneur) besteht.

Im Gegensatz zu Helden und Heiligen liegt für C. die Aufgabe des Menschen in der Bewältigung seiner *endl. Welt.* Die Doppelgesichtigkeit des Menschen zeigt C. in der Gegenüberstellung des tapfer kämpfenden Arztes Bernard Rieux in »La Peste« und der feigen Kanaille Jean-Baptiste Clamence in »La Chute« (1956; Der Fall). In diesem brillanten Roman (Nobelpreis 1957) steht das zwischenmenschl. Verhältnis nicht mehr unter dem Regulativ der Nächstenschaft, sondern ist zur Kumpanei (complicité) pervertiert: Unter teilnahmslosen Subjekten, deren *Schuld Unentschiedenheit,* Sicherheraushalten und Feigheit ist, funktioniert die totalitäre gesellschaftl. Hölle bereits grandios. Und aus der vorreflexiven Unschuld in der alger. Welt wird die negative Landschaft (paysage négatif) einer Amsterdamer Hafenkneipe, wo der moderne Mensch hurt und Zeitungen liest. In dieser bürgerl. Hölle der Selbstrechtfertigung, in der die Krise der Moral zugleich die Krise der Freiheit heraufführt, verbleibt das *sozialkrit. Engagement* von C. indirekt, distanziert, ironisch, niemals direkt, aggressiv oder unmittelbar. Vom Negativen ausgehend, hat C. seine Stärke bezogen und seine Zeit desillusionierter gesehen als die Fanatiker der polit. Macht, denen die Wirklichkeit verborgen bleibt.

*Lit.: A. Camus:* Théâtre Récits Nouvelles (1962) et Essais (1965), Einführungen von R. Quilliot et L. Faucon, in: Bibliothneque de la Pléiade. – *R. Gay-Crosier:* C. (Erträge der Forschung 60), Darmstadt 1976. – *A. Pieper:* Albert C., in: *O. Höffe (Hg.):* Große Denker. Leben, Werk, Wirkung, München 1984 (Lit.).

*Fritz Paepcke*

**Candomblé.** Afrobras. Religionen, insbes. die →Umbanda und die C., breiten sich vor allem im Volk und in den unteren Mittelklassen schnell aus und haben in Brasilien einen größeren Anhang als die kirchl. →Basisgemeinschaften. Bras. Religionssoziologen weisen darauf hin, daß von den 120 Mill. Einwohnern Brasiliens 30-40% regelmäßig an den Riten dieser Religionen teilnehmen.

*A.* Die C. ist ebenso wie die Umbanda eine Mediumreligion, jedoch älter. Sie hat sich seit Beginn des 19. Jh.s im bras. Kontext auf der Grundlage der →Kosmologie der *Yoruba-* und *Bantu*-Tradition entwickelt, die von afrik. Sklaven aus West- und Zentralafrika nach Brasilien mitgebracht wurde (E. Carneiro, 1948). Seitdem hat die C. nicht nur Elemente des Volkskatholizismus, sondern auch Einflüsse der indian. und spiritist. Traditionen übernommen. Während der vergangenen Jh.e waren die rel. Struktur und kulturelle Symbolik der C. für den Aufbau eines kulturellen Widerstandes und die Bildung einer sozialpolit. Identität vor allem der schwarzen bras. Bevölkerung von entscheidender Bedeutung. Die bras. →Ethnologie, →Anthropologie und →Religionssoziologie haben zur Entstehungsgeschichte und zum synkretist. Charakter der C. wichtige Forschungsergebnisse erzielt.

Die *C.-Nagô*, die vorherrschende Strömung innerhalb der C., konnte ihren sozialen und rel. Status begründen, indem sie sich auf ihre Treue gegenüber der ursprüngl. afrik. Tradition berief und die Authentizität anderer Riten und Kulte als unvollkommen, nicht original afrik. abwertete. Dabei spielte die 80jährige Tradition der afrobras. Religionsforschungen (N. Rodrigues, 1906, 1932; A. Ramos, 1937, 1942; R. Bastide, 1960, 1967) eine wichtige Rolle, da sie den Anspruch der C.-Nagô wissenschaftl. unterbaute. Deshalb wurden in der jüngeren Forschung Versuche unternommen, um auch andere zur C. gehörenden Kulte zu rehabilitieren (F. Yoshiaki, 1936). Die Umbanda dagegen verweist auf Probleme der modernen städt. Gesellschaft (D. Brown, 1974; R. Ortiz, 1978) und kritisiert nicht selten die C. als stat., nur primitiv an den schwarzen Ursprung des afrik. Kultes gebunden.

Die C. ist aber nicht nur von ihrer Entstehungsgeschichte, ihrem →Synkretismus und ihrer Selbstlegitimation her zu verstehen, sondern muß auch von ihrem eigenen *komplexen rel. Universum* und Organisationsgrad her betrachtet werden. Charakterist. für das Ritual der C. sind Gottheiten und Geister, die durch Trance eine menschl. Gestalt annehmen und in dieser Vermittlung eine bes. Kraft *(axê)* manifestieren, die Kräfte freisetzt, um bei Problemen Rat zu geben, zu heilen, neu in die Gemeinschaft zu integrieren und zu segnen. Auf dieser Linie wurden nicht nur verschiedene religionssoziol. Deutungen zum Aufbau von Ritual und Kult entwickelt, sondern auch der Einfluß sozialkultureller Veränderungsprozesse auf die Zusammenstellung der Hierarchie im Pantheon von Göttern und Geistern untersucht.

*B.* Studiert wird auch der polit. und ideolog. *Machteinfluß* der Verbände von C. und Umbanda, zumal diese jetzt – nach verschiedenen Perioden heftiger Verfolgung und Repression – von Staat *und* Kirche toleriert werden. Verwiesen wird in diesem Zusammenhang bisweilen auf die integrierende Funktion afrobras. Religionen in der heutigen Staatspolitik, bisweilen wird die Zersetzung des Staates befürchtet.

Für die *kath. Kirche und Theologie* waren die afrobras. Religionen von alters her ein Problem. Die Theologie beschränkte sich oft darauf, die ablehnende Haltung der Kirche gegenüber diesen Religionen zu verteidigen (B. Kloppenburg, 1961; Weingärtner 1969). Von ethnozentr. Vorurteilen her wurden die »schwarzen folklorist. Manifestationen« als Produkt von →Magie, Abgötterei und Synkretismus verworfen (eingebettet in ein Netz von Irrationalitäten). Nach dem 2. →Vat. Konzil änderte sich diese Haltung. Seit den 70er Jahren vertreten die bras. Bischöfe den Standpunkt, daß die Anhänger afrobras. Religionen und anderer volksrel. Formen auf der Grundlage ev. Inspiration ein krit. Bewußtsein ihrer eigenen, an den Rand gedrängten Position entwickeln. Im Hinblick auf ein solch krit. Bewußtsein, das die sozialpolit. Analyse gesellschaftl. und kirchl. Konflikte einschließt und zur aktiven Teilnahme an Volksorganisationen führt, unterscheiden sich von ihnen die kirchl. Basisgemeinschaften. Neu in diesem Zusammenhang ist, daß die Bischöfe durch die Bildung eines krit. Bewußtseins das Existenzrecht und die Erneuerung der eigenen afrik. Religion unterstützen.

Während sich die Mehrheit der C.- und Umbanda-Anhänger weiterhin offiziell Katholiken nennen, nehmen viele Mitglieder *kirchl. Basisgemeinschaften* in Brasilien an der C. und Umbanda teil, ohne darin – wenigstens für ihre eigene rel. Erfahrung – einen Widerspruch zur Religiosität der Basisgemeinschaften zu sehen. Der Grund dieser Koexistenz liegt nicht nur in der Tatsache, daß sich die Mitglieder von afrobras. Religionen aus vergleichbaren Bevölkerungsschichten wie die kirchl. Basisgemeinschaften rekrutieren, sondern auch in der Garantie der afrobras. Religionen für einen gewissen Zusammenhang mit der Frömmigkeitspraxis des Volkskatholizismus. Andererseits verschwindet sie fast immer bei längerfristiger Teilnahme an den kirchl. Basisgemeinschaften und macht einer ausgesprochen sakramentalen Praxis und Verbundenheit mit der kirchl. Institution Platz. In diesem Zusammenhang und weil das Monopol des klass.-orthod. Katholizismus durch die afrobras. Religionen zunehmend in Frage gestellt wird, betonen verschiedene bras. Befreiungstheologen gegenüber der C. und Umbanda ausdrückl. die Bedeutung eines befreiungstheol. Ansatzes.

*Lit.: R. Bastide:* O C. na Bahia, São Paulo, 3. Aufl. 1978. – *D. Brown (Hg.):* Umbanda e política, Rio de Janeiro 1985. – *E. Carneiro:* C.s na Bahia, Rio de Janeiro, 5. Aufl. 1986. – *R. Cintra:* C. e Umbanda. O desafio brasileiro, São Paulo 1985. – *R. Ortiz:* A morte branca do feiticeiro negro, Petropolis 1978. – *N. Rodrigues:* Os Africanos no Brasil, São Paulo, 5. Aufl. 1977.

*Berma Klein Goldewijk (Übers. Hermann Häring)*

## Caritas

*A.* C. (lat.: Liebe) ist im NT die umfassende Bezeichnung für die →*Liebe* als Wesen und Handeln →Gottes und als Lebensvollzug des Christen, der →Gemeinde und der →Kirche. Gottes zuvorkommende Liebe wird am dichtesten offenkundig im »Dienst« (griech.: diakonía) Jesu, dem Grundmotiv und Maßstab für alle Dienste (→Diakonie) der Christen in Kirche und Welt (z.B. Mk 10,45; Phil 2,1-8; 1 Joh 4,7-11). Eine spezif., aber von jedem Christen geforderte Verwirklichung dieses Dienstes ist die Hilfe für Menschen in Not, die »caritative Diakonie«, die im Notleidenden letztl. Christus dient (Mt 25,31-46). Sowohl im Hilfehandeln des einzelnen und der Gemeinde als auch in der verbandl. organisierten Hilfeleistung vollzieht sich die Kirche selbst, im Sinne des 2. →Vat. Konzils als »Kirche der Liebe«, als »dienende Kirche« und als »Kirche der Armen«. Entspr. der auf dem Konzil bekundeten Solidarität mit den Notleidenden und der bes. in neueren kirchenamtl. Verlautbarungen hinsichtl. der Theologie der Befreiung (→Befreiungstheologie) dokumentierten Option für die Randgruppen und Unterdrückten umfaßt der caritative Dienst sowohl die individuelle Hilfe für den Menschen in materiellen und personalen Nöten (z.B. →Krankheit, →Behinderung, →Sucht, →Einsamkeit, →Depression) als auch das Engagement für strukturelle gesellschaftl. Veränderungen: zugunsten einer Verbesserung der Lebenssituation und -qualität einzelner benachteiligter Bevölkerungsgruppen und die Beseitigung der Faktoren, die Krankheit, psych. Störungen und Unrecht hervorrufen. Bei einer solchen gesellschaftl. und polit. Diakonie muß sich die Kirche in ihren Amtsträgern und mit ihren Verbänden zum Anwalt jener machen, die keine eigene Lobby in der →Gesellschaft haben.

*B.* Bei der Verwirklichung der C. kommt der Pfarrgemeinde eine bes. Bedeutung zu; neben →Verkündigung und →Liturgie bildet die Diakonie die dritte unerläßl. *Grundfunktion der Gemeinde.* In ihnen, die bereits nach ntl. Zeugnis (z.B. Apg 2,42-46; 1 Kor 11,17-34) und nach Aussagen der »Gemeinsamen Synode der Bistümer in der Bundesrepublik Deutschland« (1971-75) eine Einheit bilden, verwirklicht sich die Gemeinde selbst. Caritative Diakonie ist also ebenso Kriterium des rel. Tuns der Gemeinde wie etwa →Gottesdienst, Spendung der →Sakramente und →Katechese und dient wie diese zu ihrem Aufbau. Sie ist sowohl den Amtsträgern als auch den →Laien gleichermaßen aufgetragen. Diese ehrenamtl. Dienste, caritat. Helfergruppen und Vereine arbeiten oft mit den 36 kath. sozialen Fachverbänden, die dem Deutschen Caritasverband (DCV; 1897 in Köln auf Grund der Initiative von Prälat L. Werthmann gegründet, seitdem Sitz in Freiburg/Br.) als Dachorganisation angehören, zusammen. Im DCV sind 24 Diözesan-C.verbände, 574 Dekanats-, Bezirks-, Orts- und Kreis-C.verbände sowie ca. 5.000 C.ausschüsse in den Pfarrgemeinden zusammengeschlossen. Der DCV ist seiner Satzung nach die »von den röm.-kath. Bischöfen in Deutschland anerkannte und legitimierte Zusammenfassung der kath. C.werke in Deutschland und untersteht ihrer Aufsicht. Sein Zweck ist es, den Geist tätiger christl. Nächstenliebe unter den Katholiken Deutschlands auszubreiten, zu stärken und zu vertiefen, die Werke der C. planmäßig zu fördern, ein geordnetes Zusammenwirken aller auf caritativem Gebiet tätigen Kräfte herbeizuführen, alle gesunden Bestrebungen der Wohlfahrtspflege zu unterstützen und die Interessen des C.verbandes bei den öffentl.-rechtl. Organen sowie bei den nichtkath. und paritát. Verbänden zu vertreten.« Die verbandl. organisierte *professionelle Hilfe* ist notwendig, um ein zeitgemäßes, sachl. und personal hinreichend ausgerüstetes Angebot bereitzustellen und damit der Herausforderung der vielfältigen Nöte fachl. qualifiziert zu begegnen und eine kontinuierl., umfassende Hilfe sowie die u.U. strukturelle Veränderungen erfordernden Maßnahmen zu gewährleisten. Sowohl die institutionell organisierte wie die spontan und ehrenamtl. geleistete Hilfe muß aus dem Geist der C. geschehen, denn sie bedeutet in den meisten Fällen das entscheidende Glaubwürdigkeitskriterium der christl. Botschaft (s. auch →Diakonie).

*Lit.: K. Deufel:* Sozialstaat und christl. Diakonie, in: Christl. Glaube in moderner Gesellschaft 15, Freiburg 1982, 121-177 (Lit.). – *P. Nordhues (Hg.):* Handbuch der C.arbeit, Paderborn 1986. – *H. Steinkamp:* Diakonie. Kennzeichen der Gemeinde, Freiburg 1985. – *R. Völkl (Hg.):* Caritative Diakonie der Kirche, Aschaffenburg 1976. – *Ders.:* Dienende Kirche. Kirche der Liebe, Freiburg 1969. – *Ders.:* C. der Gemeinde. Ntl. Grundlegung, Freiburg, 2. Aufl. 1979. – *Ders.:* Diakonie und C. in den Dokumenten der dt.sprachigen Synoden, Freiburg 1977. – *Ders.:* Nächstenliebe. Die Summe der christl. Religion? Beiträge zur Theologie und Praxis der C., Freiburg 1987.

*Matthias Hugoth*

**Caritaswissenschaft.** Die C. gehört als eigenständige theol. Disziplin zur →*Prakt. Theologie*; ihre spezif. Aufgabe besteht in der Erforschung und Behandlung der Theologie und Praxis der →Caritas in Geschichte und Gegenwart. Innerhalb der universitären theol. Ausbildung stellt der »Arbeitsbereich C. und Christl. Sozialarbeit« an der Theol. Fakultät der Universität Freiburg/Br. eine im dt.sprachigen kath. Raum einzigartige Institution dar, an der die *Forschung und Lehre* C. betrieben wird (für den ev. Bereich befindet sich eine entspr. Einrichtung der →Diakoniewissenschaft an der Universität Heidelberg). Neben den in das *reguläre Studium* integrierten Pflichtveranstaltungen für Theologiestudierende bietet der Arbeitsbereich – 1925 als »Institut für C.« gegründet – zusammen mit dem Arbeitsbereich »Christl. Gesellschaftslehre« Studierenden aller Fakultäten einen viersemestrigen Studiengang an, der zum Erwerb des »Diploms für Christl. Sozialwissenschaft und Sozialarbeit« berechtigt. Durch den Einbezug sozialwissenschaftl. Arbeitsweisen wird eine differenzierte Methodologie für die empir. Wahrnehmung der Ursachen und Erscheinungsformen von Not und die Möglichkeit der Entwicklung einer entspr. Handlungstheorie zur Fundierung caritativ-pastoralen Handelns erarbeitet. *Lernziele* sind: Vermittlung zwischen theol. Deutungsmustern und den Zuständen und Vorgängen in Kirche und Gesellschaft, bes. den Erfordernissen angesichts von Not, Unrecht und Gewalt; Begreifen und Einüben caritastheol. Argumentationsweisen (die christolog. Dimension caritativen Handelns, die gerade in ihm sich ereignende Verleiblichung der christl. Botschaft, sowie den Ort der Diakonie in der Kirche soll der Student anhand der Behandlung spezif. Fragen aus dem sozial-caritativen Praxisfeld aus theol. Perspektive erkennen und nachvollziehen lernen); Sensibilisierung für den Zustand des Nächsten, Minderung der »Berührungsängste« vor der realen Leidenswirklichkeit; Initiierung identitätsbildender Lernprozesse, die den Studenten Möglichkeiten entdecken lassen, die eigene Person als handlungsrelevant im sozialen Feld der Kirche wahrzunehmen; Schaffung von Innovationen für ein diakon.-pastoral. Handeln; Befähigung zur krit. Untersuchung der Praxis selbst.

C. will die kirchl. Aussagen über Glauben und Handeln in Verbindung mit sozialwissenschaftl. Erkenntnissen subjektbezogen kommunikabel machen; ihre handlungsrelevanten Theorien laufen auf eine Parteinahme für das Individuum und für benachteiligte Gruppen, auf eine Option für die Armen (→Armut), Hilfsbedürftigen und Opfer hinaus. Sie legt die Notwendigkeit einer Anwaltschaft dar für jene, die keine gesellschaftl. Lobby haben; sie hat Unrechtsstrukturen zu analysieren und Strategien einer polit. Diakonie zu diskutieren.

*Lit.: R. Völkl:* C., in: Lexikon der Pastoraltheologie 1972, 83. – *Ders.:* Fünfzig Jahre Institut für C., in: Caritas '75/76 (Jahrbuch des Dt. Caritasverbandes), Freiburg 1975, 199-209. – *Ders./M. Hugoth:* 60 Jahre Institut für C., in: Caritas 86 (1985), 158-168.

*Matthias Hugoth*

**Chagall,** *Marc*, geb. 7.7.1887 in Liosno bei Witebsk, gest. 28.3.1985 in St.-Paul-de-Vence, Maler und Graphiker, studierte seit 1908 an der Petersburger Akademie, 1910-1914 in Paris, erneuter Aufenthalt in →Rußland, 1923 Rückkehr nach →Frankreich, 1941-1964 in den USA, seitdem in der Provence. C.s Kunst wurzelt in der Gefühls- und Phantasiewelt des →*Chassidismus* und des russ. Milieus seiner Kindheit. Von dort stammen seine »Weltironie und vorzeitige Greisenweisheit«, seine »brennende und kummervolle Gier nach dem Mythos« (J. Tugendhold). Beeinflußt von der Kunst der →Ikonen und der russ. →Volkskunst, begegnete C., der »peintre naif« schlechthin, in Paris Kubismus und →Surrealismus. Den prinzipiellen Antirealismus seiner Werke und ihre symbol. Verschlüsselung verstand er jedoch, dem es um »surnaturel« (Übernatürliches) und weniger um »surreal« (Überreales) ging, als Tribut an das bibl. Bilderverbot. C.s spezif. Domäne ist die Farbe, mit deren Hilfe er irrationale Tiefen auszuleuchten weiß.

Im Mittelpunkt des poet. Kosmos seiner frühen Jahre steht die Gestalt seiner kongenialen Gefährtin Bella Rosenfeld, die er 1915 heiratete. Ihre Erinnerungen »Erste Begegnung« und »Brennende Lichter« bilden zusammen mit C.s Autobiographie »Mein Leben« (1921) unverzichtbare Hilfsmittel für das Verständnis von C.s Schaffen. Seit 1930 rückt die →*Bibel* in das Zentrum von C.s Kunst und wird zum Ausgangspunkt eines rel. Werks jenseits alles Konfessionellen im Spannungsbereich von →Judentum und →Christentum. Von 1931-1939 und 1952-1956 entstehen die Radierungen zur Bibel. 1938 setzt die Auseinandersetzung mit dem Thema der →Kreuzigung ein.

Nach dem Krieg übernimmt C. mehrfach den Auftrag, *Kirchenfenster* zu gestalten (seit 1960 Kathedrale von Metz, 1964 Kirche von Pocantico Hill [New York], 1967 Kirche von Tudely [Kent], 1970 Fraumünster Zürich, 1974 Vollendung der Arbeiten in Reims und 1984 der für St. Stephan in Mainz). In der glühenden Farbenpracht der Fenster der Synagoge der Jerusalemer Hadassah-Klinik (seit 1966) greift C. erneut die Wurzeln seines Judentums auf. 1973 wird in Nizza das »Musée National Message Biblique Marc Chagall« eröffnet. Als »ein unverdientes Geschenk an unser Jh.« (G. Schmidt) entzieht sich C.s Werk jeder vorschnellen rel. und ideolog. Vereinnahmung.

*Lit.: S. Alexander:* Marc C., München 1984 (Lit.). – *J. Cassou:* C., München 1966. – *A. Efross/J. Tugendhold:* Die Kunst Marc C.s, Potsdam 1921 . – *F. Meyer:* Marc C., Köln 1961.

*Peter Maser*

**Charisma**

*A. Grundstruktur der Kirche*

*I.* Der Begriff Ch. ist wesentl. von der *paul. Theologie* geprägt. Ch. meint, ausgehend von der griech. Wurzel, »das Erfreuende«, das Ergebnis des Beschenktseins des Menschen, Konkretisierung der Gnade Gottes, Befreiung des Menschen durch das jesuan. Vollmachtsgeschehen. Inhaltl. kann es sich mit den »natürl.« Begabungen des Menschen dekken, der Ursprung ist jedoch das Heilsereignis, das in den einzelnen Menschen konkret wird. Das erste Kriterium ist deshalb das *»Maß Christi«.* Diese je konkrete →Berufung ist nicht individualist. zu verstehen, sondern Ch. gibt es Paulus gemäß nur »entprivatisiert«, d.h. zum *Aufbau der →Gemeinde.* Dieses zweite Kriterium bedeutet, daß Ch. Gemeinschaft stiftet und Dienst am anderen ist. Daher nennt Paulus die Begegnung ein Grundch., also eine grundlegende Begabung des Menschen. Durch die Begegnung der Menschen untereinander, im Freiraum Christi, wird Gnade erfahren und der Mensch beschenkt; so wird ihm hier und jetzt ewiges Leben zuteil, das ebenfalls als Ch. bezeichnet wird (vgl. Röm 1,11f.; 6,23). Es gibt eine *Vielfalt* von gewöhnl. und außergewöhnl. Gnadengaben, die einer Gemeinde geschenkt sein können. Niemand ist ohne Ch., jeder trägt zur Glaubensgemeinschaft etwas bei. Daher ist die charismat. Struktur das Grundprinzip der →Kirche, denn allein diese Struktur ergibt sich aus dem Christusgeschehen und dem Wirken des →Hl. Geistes.

*II.* Durch die Herausbildung best. Dienstämter in der Kirche wurde deren *charismat. Grundstruktur* bereits im 2. Jh. zurückgedrängt. Soziol. Bedingungen veranlaßten die Kirche, statt des charismat. das hierarch. Ordnungsprinzip zu betonen (→Hierarchie). Sicher wäre es falsch, institutionelle Strukturen grundsätzl. als Widerspruch zu den Charismen zu deuten (R. Sohm; →Frühkatholizismus), aber ebenso falsch wäre es, etwa die hierarch. Struktur, die eine ird. Dimension der Kirche ist, zum göttl. Element in der Kirche zu machen; dies allein sind die Charismen. Die Charismen (so vielfältig sie sind) begründen zwar die verschiedenen Funktionen in der Kirche, sie sind jedoch grundsätzl. auf der gleichen Stufe und jeweils unmittelbar zu Christus, so daß jede »charismat. Herrschaft« ausgeschlossen ist. Jeder in der Kirche hat das gleiche Recht und die gleiche Pflicht, sein Ch. zum Nutzen anderer zu leben. Keine Gruppe darf die Ausübung der Charismen anderer unterdrücken. Auf diese Grundstruktur der Kirche, die vom Gemeinschaftsgedanken bestimmt ist und nicht vom Autoritätsverhältnis: befehlen – gehorchen, nehmen heute die →Basisgemeinden Bezug. Die →Ekklesiologie der →Befreiungstheologie versucht, die Ch. als Ordnungsprinzip der Kirche wieder voll zur Geltung zu bringen.

*Lit.: F. Böckle u.a. (Hg.):* Christl. Glaube in moderner Gesellschaft, Bd. 29, Freiburg 1982, 58ff. (Lit.). – *G. Hasenhüttl:* Ch. Ordnungsprinzip der Kirche, Freiburg 1969.

*Gotthold Hasenhüttl*

### *B. Charismatische Bewegung*

Charismatic renewal, charismat. Erneuerung (-sbewegung [CE]), ist Selbstbezeichnung einer pneumat. oder pfingstl. Erweckungsbewegung (→Erweckung), die in den 60er Jahren unseres Jh.s, von den USA ausgehend, rasch alle hist. Kirchen erreichte. Sie wurde somit zur ersten wirkl. internationalen transkonfessionellen Erweckung streng bibelbezogenen Typs und hatte Mitte der 80er Jahre bereits etwa 20 bis 30 Mill. Christen erfaßt. In einer Zeit, die durch Stichworte wie »neue Religiosität« oder »neue Spiritualität«, »Wendung nach innen«, »rel. Erfahrung«, »neues Zeitalter« (New Age) gekennzeichnet ist, wurde für die CE die *Erfahrung des Wirkens des →Hl. Geistes* im einzelnen Christen und in der christl. Gemeinschaft grundlegend. Damit holt sie ein vor allem im →Protestantismus vernachlässigtes Element wieder in die →Kirche zurück. Mit dem Begriff »charismatisch« hat sich die CE von der →Pfingstbewegung abgesetzt, von der sie ihren Anstoß erhielt und der sie frömmigkeitsgeschichtl. verbunden ist. Es geht ihr erklärtermaßen um eine geistl. Erneuerung der jeweiligen Kirche und Gemeinde (»Geistl. Gemeindeerneuerung«), nicht um die Bildung neuer Gemeinden. Die *Charismen* werden als Gaben und Befähigungen verstanden, die der Geist dem einzelnen Christen gibt, in ihm weckt oder freisetzt, wenn dieser sich Christus ganz zur Verfügung stellt (»Lebensübergabe«, →Bekehrung). Dabei spielt die Erfahrung einer punktuellen *»Erfüllung mit dem Hl. Geist«* (bei den Pfingstlern »Geisttaufe« genannt) eine wichtige Rolle. Die Charismen, die in der CE zutage treten, übersteigen nicht selten die gängigen Erfahrungsgrenzen (»übernatürl.« Gaben), z.B. Prophetie, intuitive Erkenntnis, →Heilung, Zungenreden (Glossolalie, auch →Parapsychologie). Sie werden als »Dienstgaben« verstanden: Im Zusammenwirken der Gaben aller Glieder ereignet sich »Kirche« (»Priestertum der Gläubigen«, 1 Petr 2,5). Das geschieht im Rahmen der CE bes. im charismat. Gebetskreis, in den charismat. →Gottesdiensten, aber auch in Glaubenskursen und auf Kongressen. Die CE findet ihre Gestalt im Kontext der jeweiligen kirchl. und theol. Tradition, ist also vielgestaltig. Die stärkste Beachtung, kirchl. Anerkennung, Strukturierung und priesterl. Begleitung hat sie in der kath. Kirche erfahren. Die CE wird flankiert von einer »neupfingstler.« Strömung, die von unabhängigen, stark missionierenden Gruppen vorwiegend angelsächs. Herkunft getragen wird.

*Lit.: N. Baumert:* Jesus ist der Herr. Kirchl. Texte zur kath. CE, Münsterschwarzach 1987. – *D. J. Bennett:* In der Dritten Stunde, Erzhausen 1972 (Beginn in der anglikan. Kirche). – *L. Christenson (Hg.):* Welcome Holy Spirit, Minneapolis 1987 (CE in den luth. Kirchen). – *E. D. O'Connor:* Spontaner Glaube, Freiburg 1974 (Beginn in der kath. Kirche). – *S. Großmann:* Haushalter der Gnade Gottes, Wuppertal/Kassel 1977. – *H. Kirchner* (Hg. im Auftrag des Bundes der Ev. Kirchen in der DDR): Charismat. Erneuerung und Kirche, Neukirchen 1984. – *H.-D. Reimer:* Wenn der Geist in der Kirche wirken will, Stuttgart 1987 (orientierende Darstellung). – *F. A. Sullivan:* Die CE. Bibl. und theol. Grundlagen (aus dem Amerik. 1982), Graz, 2. Aufl. 1986. – Ferner die Schriften von *A. Bittlinger und W. Kopfermann* (ev.) und *H. Mühlen* (kath.).

*H.-Diether Reimer*

### *C. Die soziologische Diskussion*

*I.* Der Begriff Ch. charakterisiert bei *M. →Weber* universalgeschichtl. Weltgestaltungsverhältnisse (→Herrschaft, →Macht) von nichttraditionaler (→Tradition) und irrational-unbürokrat. (→Rationalität), gleichwohl legitim-herrschaftl. Art. Sie gründen auf personal best. →Meister-Jünger- oder Führer-→Masse-Beziehungen. Weber übernahm diesen Begriff aus der Theologiegeschichte, wo er die geistl., unverrechtlichten und weltflüchtigen Züge des Urchristentums (*R. Sohm*) oder griech. Mönchtums (*K. Holl*) beschreiben sollte. Er modifizierte ihn jedoch für seine soziol. Analyse. Demnach ist für Weber das Ch. eine Chance für Propheten, Helden und Heilande, Macht über eine best. Gefolgschaft auszuüben, um dadurch im ganzen gesehen revolutionär oder innovativ mobilisierend zu wirken (→Innovation, →Revolution). Diese Chance beruht »auf der außeralltägl. Hingabe an die Heiligkeit oder die Heldenkraft oder die Vorbildlichkeit einer Person und der durch sie offenbarten oder geschaffenen Ordnung« (124).

*II.* Das Ch.konzept wurde bei Weber primär am Beispiel altisraelit. →Propheten entwickelt, bekam aber über seine religionssoziol. *Bedeutung* hinaus bald auch eine polit.-herrschaftssoziol., kulturanthropolog. und institutionseth. Bedeutung zum Aufweis der allg. Möglichkeiten, wie sich in gesellschaftl. und kulturell diffusen Orientierungssituationen durch das Wirken charismat. Persönlichkeiten neue Formen rationaler Lebensführung von eindeutigem Gepräge durchsetzen, um danach routinisiert, institutionalisiert und veralltäglicht zu werden (→Institution). Für Weber selbst erschloß sich im Ch.verständnis später vor allem die Frage, wie sich Entscheidungsträger unter plebiszitären, massendemokrat. und -kommunikativen Bedingungen polit. und eth. durchsetzen können. Den Hintergrund bildete ein drohender »Erstickungstod« unter der Last kapitalist. und bürokrat. organisierter Interessen im zeitgenöss. Wilhelminismus.

*III.* Die polit., kulturgeschichtl. und religionssoziol.-wertanalyt. Aspekte des Weberschen Ch.begriffs bestimmten auch seine *Rezeptionsgeschichte:* Mit ihm ließen sich einerseits hist.-soziologisch innovative, auch wertkonservative Wandlungsprozesse beschreiben, die in – oft zur Desintegration (→Integration) neigenden – Gesellschaften sowohl vormoderner als auch postkolonialer oder spätkapitalist. Prägung ausgelöst werden. Dabei wurde dem Zusammenspiel von bewährten und anerkannten, genial. Führereigenschaften, allg. verbreiteten Mangelerfahrungen krisenanfälliger Weltunvollkommenheit (→Theodizee) und der psychosozial bedingten Empfänglichkeit mögl. Gefolgschaften für heilversprechende Lösungsangebote bes. Beachtung geschenkt (vgl. A. Zingerle, 137ff.). Auf der anderen Seite knüpften an Webers Ch.konzept auch kulturdiagnost. Versuche an, die in der Analyse der Organisierbarkeit von Religion bes. die Dialektik von Schöpferkraft, Vitalität und Erneuerung sowie von institutionellen Kontinuitätsinteressen und Stabilisierungsversuchen rel. Erfahrungen und Erlebnisse zu erhellen trachteten (Th. F. O'Dea). In diesem Zusammenhang erregen neuerdings charismat. Bewegungen innerhalb der Christentumsgeschichte (Jesusbewegung, →Sektenentstehung, populist. →Fundamentalismus), aber auch vergleichbare Erscheinungen der außerchristl. Welt (→Islam), bes. Aufmerksamkeit.

*Lit.: M. Ebertz:* Das Ch. des Gekreuzigten. Zur Soziologie der Jesusbewegung, Tübingen 1987. – *D. Käsler:* Revolution und Veralltäglichung. Eine Theorie postrevolutionärer Prozesse, München 1977. – *W. Lipp:* Stigma und Ch. Über soziales Grenzverhalten, Berlin 1985. – *W. Mühlmann:* Homo Creator, Wiesbaden 1962. – *Th. F. O'Dea:* The Sociology of Religion, Englewood Cliffs, N.J. 1966. – *T. Rendtorff (Hg.):* Ch. und Institution, Gütersloh 1985. – *G. Theißen:* Studien zur Soziologie des Urchristentums, Tübingen, 2. Aufl. 1983 (Lit.). – *M. Weber:* Wirtschaft und Gesellschaft. Grundriß der verstehenden Soziologie, Tübingen, 5. Aufl. 1972. – *A. Zingerle:* Max Webers hist. Soziologie, Darmstadt 1981, 130-145 (Lit.).

*Volker Drehsen*

**Chassidismus.** Als *Chassidim* (»Fromme«) werden innerhalb des →Judentums verschiedene Gruppierungen bezeichnet:

*1.* In makkabä. Zeit wendeten sich die *»Chassidäer«* gegen hellenist. Überfremdung, traten für strenge Beachtung auch der mündl. Tradition ein und gingen schließl. in den Pharisäern auf. *2.* Der *aschkenas. C.*, der zwischen 1150 und 1250 in Deutschland verbreitet war, pflegte eine neue Auffassung der jüd. →Ethik, eine esoter. Theologie und die myst. Deutung der Gebetstexte. Unter Aufnahme älterer Traditionen lehrten *Juda he Chassid* (gest. um 1217 in Regensburg) und seine Schüler, daß das Leben eine von Gott auferlegte Prüfung sei und die Gebote dazu dienen, die menschl. Natur zu überwinden und damit Liebe zu Gott und Gottesfurcht zu beweisen. Höchste Erfüllung bedeutete die »Heiligung des Namens (Gottes)« im Martyrium. Die Theologie dieser Chassidim befaßte sich insbes. mit der Widerlegung des anthropomorphen Gottesbildes und lehrte, daß →*Gott* als Schöpfer jeder Anbetung unzugängl. sei. Diese könne nur seiner »Wesenheit« gelten. Mit dieser Vorstellung einer göttl. Emanation (Ausströmen) verband sich ein radikaler →Pessimismus gegenüber der →Schöpfung. Einem krassen Dualismus entging man jedoch dadurch, daß man dem →*Bösen* keine eigene schöpfer. Kraft zubilligte, vielmehr sah man dieses als etwas an, was aus einem göttl. Willensakt hervorgegangen ist, dessen geheimnisvolle Sinnhaftigkeit der Gelehrte ebenso zu entschlüsseln vermag wie die →Wunder und Wege Gottes überhaupt.

*3.* Auch die letzte und bedeutendste Bewegung, die den Namen C. trägt, kann als Reaktion auf das jüd. Elend dieser Zeit interpretiert werden. Sie entstand in *Podolien und Wolhynien*, wo das →Judentum unter den Pogromen der Kosaken bes. zu leiden hatte, breitete sich nach Litauen und Weißrußland aus und prägte schließl. das gesamte osteurop. Judentum. Ihr Begründer war R. Israel ben Elieser von Miedżybož, der *Baal Schem Tob* bzw.BeSchT (»Herr des guten Namens«), der etwa von 1700 bis 1760 lebte und eine Reihe bedeutender Schüler hatte, z.B. R. Dow Bär von Meseritsch, gen. der »große Maggid« (»Wanderprediger«), R. Menahem Mendel von Witebsk (der den C. nach Palästina brachte) und R. Schnëur Salman von Ljoska, der den C. mit dem Rabbinismus (→Rabbiner) zu versöhnen trachtete (Chabad-C.). Dieser C. stellt sich als eine →Erweckung dar, in der das messian.-apokalypt. Element gleichsam neutralisiert wurde. Ausgehend von der Gewißheit, daß das Göttliche allen Dingen innewohnt, erlebt der Chassid in allen Verrichtungen des alltägl. Lebens und im →Gebet die unmittelbare *Begegnung mit Gott.* Er steigert sich dabei immer wieder in einen Enthusiasmus, der ihn zu Handlungen hinreißt, die ihre nächste Parallele im Verhalten des »Gottesnarren« haben. Ohne eigentl. neue rel. Gedanken oder eine neue Theorie der myst. Erkenntnis zu entwickeln, vermag der C. altbekannte kabbalist. Ideen zu popularisieren, indem er sie durch persönl. Erfahrungen anreichert. Die charismat. Führerschaft des Zaddik (»Gerechter«) hat ihren rel. Wert nicht mehr in dessen Wissen, sondern in dessen Dasein, das die Möglichkeit einer gotterfüllten Existenz anschaubar werden läßt. Deshalb erzählt man von den großen Zaddikim *Geschichten*, und dieses Erzählen »hat etwas vom Vollzug eines rel. Ritus an sich«. Die Lehre wird in der Geschichte (Legende) aufgelöst: »Nichts ist mehr Theorie geblieben. Alles ist in eine Geschichte eingegangen« (G. Scholem). Durch die jidd. Literatur und das Schaffen M. →Bubers wurde der C. auch außerhalb des Judentums bekannt und fruchtbar.

*Lit.: M. Buber:* Die chassid. Bücher, Hellerau 1928. – *Ders.:* Die Erzählungen der Chassidim, Zürich 1949. – *S. Dubnow:* Geschichte des C., Nachdruck Königstein/Ts. 1982. – *G. Scholem:* Die jüd. Mystik in ihren Hauptströmungen, Nachdruck Frankfurt/M. 1980 (Lit.).

*Peter Maser*

**Chemie** hat die Vielfalt der Stoffe, ihr Verhalten und ihre Umwandlungen zum Gegenstand. Die chem. elementarsten Stoffe sind im Periodensystem der Elemente systematisiert, welches 1869 von L. Meyer und D. I. Mendelejew aufgestellt wurde. Alle anderen Stoffe sind aus diesen chem. Elementen aufgebaut. Die kleinsten, mit chem. Mitteln nicht veränderbaren Bausteine der Elemente sind die →Atome. Die kleinsten, ohne Änderung der stoffl. Identität nicht veränderbaren Bausteine der chem. Verbindungen sind die Moleküle. Moleküle sind aus Atomen zusammengesetzt.

*A.* Die Kenntnis des Aufbaus der Atome ermöglicht mit Hilfe der *Quantenmechanik* ein vollständiges Verständnis des Periodensystems. Die Quantenmechanik erklärt ferner die chem. Bindung zwischen den Atomen eines Moleküls. Chem. Prozesse beruhen auf elektromagnet. Wechselwirkungen in den Atomhüllen und zwischen den Atomhüllen beteiligter Atome. Atomkerne werden durch chem. Reaktionen nicht beeinflußt. Wie in der →Biologie stellt sich bereits in der Ch. das *Problem der Reduktion:* Kann die Ch. auf →Physik zurückgeführt werden? Auf der Ebene einer – vom Standpunkt der Physik – umfassend gültigen relativist. Quantenfeldtheorie (→Quantentheorie) existieren typ. chem. Begriffe wie »sauer«, »basisch«, »hart«, »weich« ebensowenig wie der für die Ch. zentrale Begriff »Molekül«. Auf diesem Niveau müßten alle im Molekül vorkommenden physikal. Elementarteilchen quantenmechan. beschrieben werden; als quantenmechan. Objekte aber hätten sie zugleich Teilchen- und Welle-Eigenschaften, wären also nicht lokalisiert. – Ein »Molekül« wird nun dadurch konstituiert, daß man vom quantenmechan. Charakter des Kerns absieht und ihn als klass., räuml. lokalisiertes Objekt behandelt, die Elektronen dagegen quantenmechan. beschreibt (»Born- Oppenheimer-Approximation«).

*B.* Die *Komplexität der Ch.* ist enorm. Sie geht nicht nur zurück auf die unbegrenzten Kombinationsmöglichkeiten (beschrieben in der »Bruttoformel« eines Stoffes) der Elemente und die Vielfalt der räuml. Anordnungen der Atome im Molekül (Stoffe mit räuml. unterschiedl. strukturierten Molekülen, aber ident. Bruttoformel heißen »Isomere«). Sie ist auch begriffl. Art und entspringt der gleichzeitigen Benutzung unterschiedl. Beschreibungsniveaus am selben Objekt. Bei einem organ. Makromolekül sind quantenmechan., klass., thermodynam. und chem. Beschreibung untrennbar verwoben. Die Übergänge zur Thermodynamik, Festkörperphysik und Biologie sind fließend.

*C.* Die Synthese von vielen Zehntausenden in der →Natur nicht vorkommender Stoffe und ihre zum Teil erfolgende techn. und med. Nutzung (→Technik) wirft die Frage nach ihrer Verträglichkeit mit der →Umwelt und dem menschl. →Organismus auf. Im Gegensatz zu spontanen Stoffmutationen in der Natur fallen bei chem. synthetisierten neuen Stoffen die aus langen Anpassungszeiträumen und durch natürl. Auslesemechanismen in der →Evolution gewonnenen Erfahrungen weg. Das gilt noch viel stärker für die Genmanipulationen in der Biologie.

*Lit.: H. Primas:* Chemistry, Quantum Mechanics, and Reductionism, Lecture Notes in Chemistry, Bd. 24, Berlin 1981.

*Eberhard Müller*

**Chiliasmus** oder *Millenarismus (chilioi/mille = tausend)* bezeichnet die Überzeugung, daß es unmittelbar vor oder nach der Wiederkunft Jesu ein *Tausendjähriges Reich* geben wird, in dem der verherrlichte Christus und die Seinen unbeschränkt herrschen.

*A.* Seine wichtigste Quelle ist *Offb 20,1-8,* ein wiederum in jüd. Tradition verwurzelter Text. Von Exegeten keineswegs übereinstimmend interpretiert, wurde er schon seit der frühchristl. Zeit von manchen Autoren – gegen die Aussageabsicht der apokalypt. Gattung – allzu wörtl. und zu universal verstanden. Seine *Auslegung* verweist auf ein konkretes, wirkl., →messian. Reich, wobei die Apokalypse mit dieser Symbolik aller Wahrscheinlichkeit nach auf die – auch an anderen Stellen des Buches betonte – Erwartung einer sehr exklusiven Begnadigung christl. →*Märtyrer* in der Endzeit (→Eschatologie) und in der Ewigkeit verweist. Der Text spricht näml. nirgendwo von einer allg. Teilnahme *aller* Gläubigen an der Herrschaft Christi. Ch. wurde dann auch nie durch eine kirchl. Lehrentscheidung als ein unverzichtbares Element der christl. Glaubenslehre akzeptiert, wohl aber von best., auch orthod. Autoren in ihr theol.

System als Ausdruck einer Form von christl. →Hoffnung aufgenommen. In best. *ketzer. Bewegungen* war und ist ein Ch. in einer so krassen Form anwesend und wird so sehr im Sinne eines schon jetzt aufzeigbaren ird. Reiches verstanden, daß er zusammen mit anderen heterodoxen Elementen in ihren Systemen von der offiziellen Kirche weder toleriert wurde noch wird.

*B.* Die wichtigsten östl. Autoren der *frühchristl. Zeit,* in deren Theologie ein ausgesprochener Ch. vorhanden ist, sind Justin der Märtyrer, Irenäus von Lyon, Methodius von Olymp und Apollinaris von Laodicea. Von →Origenes wird er abgelehnt, zweifellos im Zusammenhang mit seinen Ideen über die Allversöhnung, die umfassende Wiederherstellung aller ird. Dinge nach dem Weltende. Im Westen dagegen war in dieser Periode der Ch. nie so deutl. gegenwärtig. Tertullian hat ihn als Montanist (→Alte Kirche) vertreten. Bei Ambrosius sind Spuren zu finden. →Augustinus, der den Ch. zunächst hochschätzte, hat ihn später verworfen. Für das MA. wurde im Westen *Joachim von Fiore* (→Franziskaner) bestimmend. Zwar war in seinem eigenen geschichtstheol. System für ein tausendjähriges Zwischenreich eigentl. kein Platz, es sei denn in einem sehr spirituellen Sinn, als eine Phase des Übergangs nach der von ihm erwarteten und berechneten innerweltl., aber vollkommenen Zeit des →Hl. Geistes. Doch haben Schüler seine Theorien bis tief ins 16. Jh. hinein oft in einem drast. chiliast. Sinn verstanden, umgepolt und überliefert. Scholast. Theologen haben den Ch. abgewiesen.
*Radikale Reformatoren* (u.a. Th. →Müntzer, →Täufer) haben den Ch. übernommen. Die meisten gemäßigten Reformatoren jedoch verwarfen ihn auf Grund traditioneller Argumente. Zwar erfuhr er seit dem 17. Jh. oft in sehr vielen Formen innerhalb europ. und amerik. prot. Erweckungsbewegungen (→Erweckung) starken Auftrieb bis hin zu den →Adventisten und →Mormonen und in der Gegenwart auch der kath. →Pfingstbewegung.

*C.* Die wichtigsten heterodoxen *chiliast. Bewegungen* sind in der christl. Antike der Montanismus mit seiner radikalen und akuten Endzeiterwartung; im MA. und in der Zeit der Reformation einige franziskan. Spiritualen, taborit. Bewegungen wie die Hussiten (J. →Hus) und täufer. Sekten. Heute findet man den Ch. bei den unkrit. →fundamentalist. Strömungen und bei den →Zeugen Jehovas.
In vielfältiger Weise lebten chiliast. und joachimit. Ideen weiter bei zahlreichen Autoren und Bewegungen, vom 14. Jh. bis hin zu marxist. Theorien über den Heilsstaat, zum nationalsozialist. »Dritten Reich« und zu den gegenwärtigen Joachimiten, die das apokalypt. Tausendjährige Reich in neuem, bisweilen spirituellem, bisweilen apokalypt. Sinn interpretieren (u.a. J. Comblin, J. Moltmann, M. de Certeau).

*Lit.: E. Benz:* Ecclesia Spiritualis. Kirchenidee und Geschichtstheologie der franziskan. Reformation, Stuttgart 1934, Nachdruck Darmstadt 1964. – *P. Bissels:* Die frühchristl. Lehre vom Gottesreich auf Erden, in: Trierer Theol. Zeitschrift 84 (1975), 44-47. – *N. Cohn:* Das Ringen um das Tausendjährige Reich. Revolutionärer Messianismus im MA. und sein Fortleben in den modernen totalitären Bewegungen, Bern/München 1961. – *H. de Lubac:* La postérité spirituelle de Joachim de Flore, 2 Bde., Paris/Namur 1979- 1981. – *W. Nigg:* Das ewige Reich. Geschichte einer Hoffnung, München/Hamburg, 2. Aufl. 1967. – *A. Vögtle:* Das NT und die Zukunft des Kosmos (Kommentare und Beiträge zum A und NT), Düsseldorf 1970. – *Ders.*: Endzeiterwartung zwischen Ost und West, Freiburg 1973.

*Louis Goosen (Übers. Hermann Häring)*

**China.** Volksrepublik: Nichtgläubige und Atheisten 71,2%; Konfuz. und Taoist. 20,1% (um 1900: 79,7%); Buddh. 0,6%; Musl. 2,4% (um 1900: 5,9%), Christen 0,2% (um 1900: 0,4%), davon ca. 2/3 Kath.

*A. Landes- und missionsgeschichtlich*

Der Begriff Ch., *Chung-kuo* (»das Reich der Mitte«), umfaßt heute die *Volksrepublik Ch.* (Zhonghua renmin gongheguo) und die *Republik China* (Taiwan; Chung-hua min-kuo). Ch. ist aber mehr als ein polit., geograph. oder hist. Begriff; er beinhaltet auch die alte und komplexe chin. →Kultur (*wen*), die in der Bezeichnung Chung-hua (»kulturtragendes Volk in der Mitte der Welt«) die Haltung allem Fremden, auch dem →Christentum gegenüber, bestimmt. Ch. (mit Taiwan) hat eine Fläche von 9.596.961 qkm und über eine Milliarde Einwohner. In Zukunft sollen Hongkong (1997) und Macau der Volksrep. Ch. eingegliedert werden. 94% der Bevölkerung sind Han-Chinesen, außerdem gibt es über 50 ethn. →Minderheiten mit verschiedenen Kulturen und Glaubensvorstellungen, u.a. Hui (Moslems), Mandschuren, Mongolen, Tibeter, Thai-Völker.

*I.* Von Bedeutung für die geschichtl. Entwicklung des Christentums in Ch. waren die Dynastien T'ang (618-907), Yüan (1260-1368), Ming (1368-1644), Ch'ing (1644-1912) sowie die Gegenwart, d.h. die Zeit der von Sun Yat-sen gegründeten Republik Ch. (seit 1912, fortgesetzt nach 1949 unter Chiang Kai-shek in Taiwan) und die Zeit der von Mao Tse-tung und der Kommunist. Partei Ch.s ausgerufenen Volksrepublik Ch. (seit 1949). Es gab *vier große Versuche*, das westl. Christentum nach Ch. zu bringen.
*1.* In der *T'ang-Zeit*, als Ch. zum kulturellen Mittelpunkt in →Asien wurde und Fremdreligionen (→Manichäismus, →Judentum und Zoroastrismus) nach Ch. gelangten, kam im *7. Jh.* der →nestorian. Mönch Alopen aus Persien. Er gewann Einfluß am Kaiserhof. Überall wurden damals nestor. Klöster gebaut und vereinzelt christl. Schriften (Gloria) ins Chinesische übersetzt. Von der Entwicklung des Nestorianismus zeugt die von den →Jesuiten 1626 entdeckte Stele von Hsi-an (781). Im 9. Jh. wurde

die nestor. Kirche verboten, ihr Gedankengut ist teilweise in den rel. →Taoismus eingegangen.

*2.* 450 Jahre später, in der *Yüan-Zeit* (Ch. befand sich unter der Mongolenherrschaft), erreichten Ch. die ersten Europäer, u.a. Marco Polo und die →Franziskaner (z.B. W. van Ruysbroeck). 1294 kam Johannes de Montecorvino (1247-1328), der 1307 der erste Erzbischof von Qhanbalik (Peking) wurde. Sein Nachfolger wurde O. de Pordenone (1286-1331). Als 1368 die dem Christentum gegenüber freundl. Mongolenherrschaft zu Ende ging, endete auch diese Epoche der Christianisierung Ch.s.

*3.* Erst 1582, in der kulturell sehr bedeutenden *Ming- Zeit*, hat man einen erneuten Versuch unternommen. Mit Matteo Ricci (1552-1610) begann die bekannte Ch.mission der Jesuiten. Sein und seiner Nachfolger Ziel (u.a. J. A. Schall von Bell, J. Bouvet, F. Verbiest) war es, durch *Anknüpfung* an die chin. →Kultur und →Tradition (chin. Universismus) sowie Lebensweise (→Ethik), mit Hilfe der chin. Gelehrten, wie Hsü Kuang-ch'i (1562-1633), Yang T'ing-yün (1557-1627) und Li Chih-tsao (gest. 1630), eine wirkl. chin. Kirche zu schaffen. Es gab bedeutende Anpassungsversuche, z.B. die von M. Ricci und die der Figuristen, die jedoch durch den Ritenstreit und andere Umstände beeinträchtigt wurden und nur teilweise verwirklicht werden konnten. Der *Ritenstreit* war wesentl. eine Frage der unterschiedl. Missionsmethoden der Jesuiten, der →Dominikaner (in Ch. seit 1631), der →Franziskaner (1633) und der Augustianer (1680). Trotz der Blüte der Jesuitenmission, trotz des Engagements ihres und anderer →Orden, setzte ein kaiserl. Edikt infolge des Ritenstreits auch diesem großen Missionsversuch – der in der chin. Gesamtgeschichte ohnehin nur eine kleine Episode blieb – 1724 ein Ende. Die Auflösung des Jesuitenordens (1773) trug zur Unterbrechung der Missionsarbeit bei. Den Missionaren gelang es danach nur sporad., nach Ch. zu kommen.

*4.* Der *Neubeginn* der abendländ. Ch.mission im 19. Jh. war eng mit dem Auftreten des westl. →Imperialismus und →Kolonialismus in Ch. verknüpft. Infolge der Opium-Kriege (1839-1842) und der »ungleichen Verträge« (1842-1854) wurden für die westl. Mächte zunächst fünf Häfen geöffnet, in denen auch die Missionare frei arbeiten konnten. Mit R. Morrison (1782-1834) begann kurz vorher die prot. Missionsgeschichte in Ch. Neue kath. →Missionsgesellschaften kamen hinzu. Die kirchl. Organisation auf kath. und prot. Seite wurde stufenweise ausgebaut und zwar mit Hilfe des sog. Protektorats: Die starke Verknüpfung von →Mission und →Politik war 1884/85 ein Impuls für die chin. Bemühungen um diplomat. Beziehungen mit dem →Vatikan, führte aber zum Boxeraufstand von 1900 und dem dann immer wieder auftauchenden Fremdenhaß. Zu dieser Zeit gab es verstärkte *Anpassungsversuche*, u.a. von K. Gützlaff, J. Hudson Taylor, V. Lebbe. Auf der Seite der Chinesen bemühte man sich erstmals um eine chin. Theologie (T. C. Chao, 1918- 1956). Es entstanden erste chin. →Bibelübersetzungen (die kath. Bibel wurde jedoch erst 1953 vollständig gedruckt). Mehrere christl. Universitäten wurden gegründet. Unmittelbar vor der Gründung der Volksrepublik Ch. 1949 verzeichnete die Statistik der kath. Kirche 3,3 Mill. Katholiken, 96 Bischöfe (1946 wurde die einheim. kirchl. Hierarchie errichtet), 5700 Priester und 874 Seminaristen. Es gab etwa 1,5 Mill. Protestanten und fast 200.000 orthod. Christen. Die Zahl der Christen hat jedoch zu keiner Zeit mehr als ein Prozent der gesamten Bevölkerung ausgemacht. (Neuere offizielle Daten liegen nicht vor.)

*II.* Mit der *kommunst. Machtübernahme* 1949 begann für alle Christen in Ch. zunächst eine Zeit der Verfolgung (→Christenverfolgung), die während der von Mao Tse-tung (1893-1976) ausgerufenen und von der maost. Jugend getragenen »Kulturrevolution« (1966-1976) bes. stark war und nicht nur das Christentum betraf. Die Politik der Kommunst. Partei Ch.s war es, die Beziehungen zwischen den Kirchen in Ch. und der Gesamtkirche bzw. den Kirchen im Westen mit der Begründung zu unterbinden, das Christentum sei von den kapitalist. Imperialisten gebraucht worden, eine kulturelle →Aggression zu betreiben. Die ausländ. Missionare wurden in den Jahren 1949-1955 vertrieben.

Seit 1951 existieren die Kirchen auf der Ebene der »Drei-Selbst-Bewegung« (san zi [→Mission]) oder der »*Patriot. Vereinigung*« (ai guo hui) mit selbstgewählten →Bischöfen. Seit der neuen →Verfassung (1982), die die →Religionsfreiheit garantiert (Art. 34-36), herrscht in der Volksrepublik Ch. eine tolerantere Religionspolitik, die sich jedoch nicht auf alle Bereiche des rel. Lebens erstreckt. Staatl. Büros für Rel. Angelegenheiten sind zuständig für die Verwirklichung der Religionspolitik. Auf Grund der bedingten Religionsfreiheit wurden neue (Priester- )Seminare errichtet, →Bibel und andere Schriften werden offiziell gedruckt und christl. Stiftungen (»Amity Foundation«) gegründet. Für die →kath. Kirche stellt die Trennung von →Rom (dem Hl. Stuhl) das größte Problem dar, denn die »Einmischung« des →Papstes bleibt dem Staat weiterhin unerwünscht. Die Schwierigkeiten bei der Normalisierung der Beziehungen zwischen der kath. Kirche in Ch. und dem Hl. Stuhl sind zwar noch sehr groß, aber es gewinnt die Überzeugung an Raum, daß auch diese Probleme mit Geduld und in gegenseitigem Verständnis gelöst werden können. In Taiwan, Hongkong und Macau wird die Ch.mission intensiv weitergeführt; sie ist auf dem Wege zu selbständigen einheim. chin. Kirchen. Es sind dort bedeutende Ansätze zu einer chin. Theologie entstanden (A. B. Chang, C. S. Song), und die Kirchen bemühen sich um eine vollständige →Inkulturation.

*III.* Die Anfänge einer *orthod. Mission* in Ch. reichen in das frühe 18. Jh., wobei gute ökumen. Beziehungen zu den Katholiken bestanden (der letzte Lazaristenbischof vermachte 1838 sein Vermögen der russ. Mission). Seit dem Vertrag von Tientsin 1858 wurde die russ.-orthod. Mission intensiviert, 1883 der erste einheim. Priester geweiht. Nach der Oktoberrevolution unterstand die Ch.mission der russ. Exilkirche, seit 1945 aber wieder dem Moskauer Patriarchat, das 1950 den ersten chin. Bischof weihte und 1957 die (von Konstantinopel nicht anerkannte) →Autonomie gewährte. In der Kulturrevolution wurde auch die orthod. Kirche in Ch. zerschlagen. Derzeit erfolgen – auch von →Griechenland aus – erste Versuche eines organisierten Wiederaufbaus.

*Lit.: J. Beckmann:* Die kath. Missionsmethode in Ch. in neuester Zeit 1842-1912, Immensee 1931. – *J. Bettray:* Die Akkomodationsmethode des Paters Matteo Ricci, Romae 1956. – *A. B. Chang Ch'un-shen:* Dann sind Himmel und Mensch in Einheit, Freiburg 1984. – Ch. als Herausforderung der Kirche, Concilium 15 (1979) 6/7, passim (Lit.). – Ch. und die Kirchen, Pro Mundi Vita Bulletin 1976, Nr. 55, passim. – *J. Gernet:* Christus kam bis nach Ch. Eine erste Begegnung und ihr Scheitern, Zürich/München 1984. – *Ders.:* Die chin. Welt, Frankfurt/M. 1979 (Lit.). – *J. Glazik MSC:* Die russ.- orthod. Heidenmission seit Peter dem Großen, Münster 1954. – *W. Glüer:* Christl. Theologie in Ch., Gütersloh 1979. – Kolloquium von Löwen über Ch., Pro Mundi Vita Bulletin 1975, Nr. 54, passim. – *K. S. Latourette:* A History of Christian Missions in Ch., London 1929. – *D. MacGillivray (Hg.):* A Century of Protestant Missions in Ch. (1807-1907), Shanghai 1907. – *D. MacInnis:* Religionspolitik im kommunist. Ch., Göttingen 1974. – *R. Malek/M. Plate (Hg.):* Ch.s Katholiken suchen neue Wege, Freiburg 1987 (Lit.). – *A. C. Moule:* Christians in Ch. Before the Year 1550, New York/Toronto 1930. – *G. Rosenkranz:* Die älteste Christenheit in Ch. in den Quellenzeugnissen der Nestorianer-Texte der Tang- Dynastie, Berlin 1938. – *P. Y. Saeki:* The Nestorian Monument in Ch., London 1916. – *Ders.:* The Nestorian Documents and Relics in Ch., Tokyo 1937. – *C. S. Song:* Die Theologie des Dritten Auges, Gütersloh 1986. – *B. Willeke:* Das Werden der chin. kath. Bibel, in: *J. Beckmann (Hg.):* Die Hl. Schrift in den kath. Missionen, Schöneck-Beckenried 1966, 124-138. – *E. Wurth (Hg.):* Papal Documents related to the New Ch. 1937-1984, Hong Kong 1985.

*Roman Malek*

*B. Religionsgeschichtlich*

*I.* Das rel. Leben im traditionellen Ch. stand unter dem Einfluß von drei großen geistigen Traditionen: →Buddhismus, →Taoismus und →Konfuzianismus. Davon ist der *Konfuzianismus* nur insofern als rel. zu kennzeichnen, als er in enger Beziehung zum allg. verbreiteten Ahnenkult und zum staatl. Ritualwesen stand. Der *Buddhismus* wurde vermutl. im 1. Jh. n. Chr. eingeführt, entwickelte danach jedoch in Ch. eigenständige Formen mahāyānist. Prägung, die sich deutl. vom Theravāda-Buddhismus Südostasiens unterscheiden. Etwa gleichzeitig mit der Einführung des Buddhismus entstanden verschiedene rel. Formen des *Taoismus*, die jedoch nie die Bedeutung des Buddhismus erlangten. Seit der Sung-Zeit (960-1278) verstärkte sich die gegenseitige Beeinflussung der drei Lehren, so daß sie vor allem auf der populären Ebene vielfach als sich ergänzende Aspekte einer einzigen →Tradition aufgefaßt wurden. Die von J. J. M. de Groot geprägte Bezeichnung »Universismus« für diese synkretist. Tradition erweckt den Eindruck einer systemat. Einheit, die nicht besteht, und ist deshalb wissenschaftl. nicht gebräuchl. Neben den genannten literar. Überlieferungen haben sich in der Bevölkerung volksrel. Traditionen erhalten, die teilweise schamanist. geprägt sind, aber zahlreiche Elemente aus Taoismus und Buddhismus integriert haben.

*II.* Neben dem Buddhismus haben im Verlauf der Geschichte verschiedene *andere Religionen* Eingang in Ch. gefunden, vor allem während der T'ang-Zeit (618-907), während der sowohl muslim. (→Islam) als auch manichäi. (→Mani) und →nestorian. Gemeinden in Ch. bestanden. Davon existiert heute allein der Islam. Er ist in erster Linie unter den ethn. Minderheiten der nord westl. Provinzen verbreitet.

*Lit.: K. S. Ch'en:* Buddhism in Ch., Princeton 1964. – *W. Eichhorn:* Die Religionen Ch.s, Stuttgart 1973. – *Ch. Jochim:* Chinese religions – a cultural perspective, Englewood Cliffs 1986. – *H. Küng/J. Ching:* Christentum und chin. Religion, München 1988. – *G. Malmqvist:* Die Religionen Ch.s, in: Handbuch der Religionsgeschichte, Bd. 3, Göttingen 1975, 1-68. – *H. Seiwert:* Volksreligion und nationale Tradition in Taiwan, Stuttgart 1985. – *H. Steininger:* Religions in Ch., in: Historia Religionum, Bd. 2, Leiden 1971, 465-515.

*Hubert Seiwert*

**Chor, Chorgesang** (griech. *choros:* Tanzplatz, später Tanzlied, dann auch ausführende Gruppe); *Gruppe von Singenden* oder auch Instrumenten einer Gattung (»Bläserch.«) mit mehrfacher (chor.) Besetzung der Einzelstimmen. Nach unterschiedl. Besetzung der Sängerchöre unterscheidet man Kinder-, Mädchen-, Knaben-, Jugend-, Männer-, Frauen- und gemischten Ch. Im Idealfall ergibt sich die chor. Besetzung aus dem Text oder der Funktion des Stückes, inbes. wenn der Ch. Volksmassen oder die Gemeinde repräsentiert (z.B. Turbae-Chöre der →Passion).

*A.* Schon in den *antiken* griech. →Dramen trat zwischen den Hauptabschnitten der Ch. auf, um in Vertretung der Zuschauer die Handlung sowie deren Stimmungen und Gefühle zu kommentieren. Bezeichnet der lat. Begriff »chorus« zunächst allg. die Schar oder Menge (chorus laudantium = Menge der Lobenden), so bedeutet er spätestens seit dem 3. Jh. die Gott lobende Gemeinschaft der »himml. Heerscharen«, der auf Erden die singende Gemeinschaft der Gläubigen im →Gottesdienst entspricht.

Als am Ende der *Antike* der Kirchengesang vom Volk auf die Geistlichkeit überging, fand die räuml. Trennung von →Gemeinde und Klerikerch. (→Klerus) statt, der seinen Platz um den →Altar hatte (»Ch.raum«). Ihm allein blieb zunächst die Ausführung der Meßgesänge vorbehalten. Ab dem

12. Jh. wurden wieder →Laien (die →Bruderschaften) zum liturg. Gesang zugelassen – jedoch nur zu den frei gedichteten Laudes (Lobgesänge), nicht zum →Gregorian. Choral. Bereits in dieser Zeit sind sowohl ein- als auch mehrstimmige Ausführungen belegt. In den mehrstimmigen Vertonungen der →*Messe* seit Beginn des 15. Jh.s sind neben solist. auch chor. Partien (meist dreistimmig) belegt. Die weitere Entfaltung des Ch.klanges zeigt sich im Laufe des 15. Jh.s u.a. an der Erhöhung der Sängerzahl an der päpstl. Kapelle in Rom von 9 auf 25. Hier wurde die strenge Praxis des unbegleiteten Ch.gesangs (»*a cappella*«, d.h. wie in der Capella Sixtina) bis heute fortgesetzt. Im 16. und 17. Jh. entstand in Venedig die barocke Mehrchörigkeit (G. Gabrieli, H. →Schütz), wobei solist. oder chor. Vokalensembles verschiedenenen Instrumentalchören gegenübergestellt werden können.

*B.* Der →*Protestantismus* des 18. Jh.s ermöglichte durch Einführung der Volkssprache in den Gottesdienst vermehrt Laiengesang und somit die Gründung von Laienchören. Das Repertoire der Chöre an den Lateinschulen und den kirchl. Kantoreien umfaßte bis dahin vor allem Messen, →Motetten, →Oratorien, →Kantaten, →Passionen und →Madrigale. Zusätzl. Ch.aufgaben bot die im *16. Jh.* entstandene Gattung der →Oper. Bes. hier wie im barocken Oratorium und der Passion spielt der Ch. eine wesentl. Rolle, einerseits als Stimme des Volkes, andererseits zur Vermittlung betrachtender oder meditativer Inhalte. Seit *L. van →Beethoven* (9. Sinfonie) fand der Ch. als Höhepunkt eines Steigerungsverlaufs Eingang in die Sinfonik, was durch F. →Mendelssohn-Bartholdy (Sinfonie »Lobgesang«), Fr. →Liszt (»Faust-Sinfonie«) und bes. G. Mahler (2., 3., 8. Sinfonie) fortgeführt wurde.
Das erwachende National- und Gemeinschaftsbewußtsein durch die →Aufklärung und insbes. die →*Romantik* machte sich die Wirkung des Ch.gesangs als repräsentativen Ausdruck einer Gemeinschaft zunutze. Auch im polit. Bereich diente der Ch. der Selbstdarstellung und Kundgabe polit. Willens. Die romant. Vorstellung von »*Volksgeist*« förderte die Pflege des Volksliedes durch die Entstehung von Gesangvereinen und Sängerbünden. Im Zusammenhang mit dem →Historismus (Wiederentdeckung des barocken Ch.stils) ist auch das Aufkommen der großen Oratorienvereine zu sehen.

*C.* In der *Gegenwart* stehen den professionellen Opern- und Rundfunkchören zahlreiche Laienvereinigungen gegenüber; zu ihnen zählen neben den weltl. Gesangvereinen die Kirchenchöre beider →Konfessionen. Gerade letzteren kommt in der →Liturgie durch Weitergabe und Verkündigung von Glaubensinhalten, als Lobpreis, Anbetung, Bitte und Fürbitte, eine tragende Rolle zu (→Singen). Dadurch beteiligt sich der Kirchench. (nach kath. Verständnis) am »sakramental-liturg. Werk Christi und der Kirche«, womit er als Bestandteil der →Gemeinde und in deren Vertretung eine vorrangig dienende Funktion ausübt. Eine weitere Möglichkeit, die breitere →Öffentlichkeit zu erreichen, bietet das geistl. →Konzert. Mit der →*Ökumene* eröffnen sich neue Chancen zur Zusammenarbeit zwischen kath. und ev. Chören durch gemeinsame Konzerte und Gottesdienste; vor allem kleine Gemeinden gründen bereits ökumen. Kirchenchöre und Singkreise.
Im Gegensatz zu den traditionell orientierten Bewegungen des →Cäcilianismus im 19. Jh. und der →Jugendbewegung des 20. Jh.s zeigt die musikal. *Avantgarde* eine eher instrumentale Behandlung der Stimme. Das Experimentieren mit Sprachlauten und Stimmgeräuschen führt zu bis dahin unbekannten Klangeffekten (G. Ligeti, L. Nono, D. Schnebel).

*Lit.*: *Fr. Blume:* Geschichte der ev. Kirchenmusik, Kassel 1965. – *A. Eckhardt:* Das Männerchorwesen in der Bundesrepublik Deutschland nach 1945, Diss., Mainz 1977. – *K. G. Fellerer (Hg.):* Geschichte der kath. Kirchenmusik, 2 Bde., Kassel 1972. – *Ch.-H. Mahling:* Studien zur Geschichte des Opernchores, Trossingen/Wolfenbüttel 1962. – *H. Riehm:* Die Idee des kirchl. Ch.verbandes und die Aufgaben in der Zukunft, in: FS für Chr. Mahrenholz, Kassel 1970. – *E. Valentin:* Handbuch der Ch.musik, 2 Bde., Regensburg 1953, 1958. – *W. Wiora:* Der alte und neue Sinn des Ch.gesangs (Musikal. Zeitfragen 2), Kassel 1958.

*Wolfgang Riedel*

**Choralbearbeitung** bezeichnet die mehrstimmige kompositor. Gestaltung des Chorals im Sinne des →*Gregorian. Chorals* oder des prot. →*Kirchenliedes.* Hauptmerkmale der Ch. sind die ursprüngl. liturg. Bestimmung sowie die vollständige Durchführung und formbeherrschende Stellung der verarbeiteten Choralmelodie (C.f. = Cantus firmus). Zu unterscheiden sind die vokale und instrumentale Ch.

*A.* Die vokale Bearbeitung des Gregorian. Chorals ist überwiegend der *kath.* →*Kirchenmusik* zugeordnet. In der frühen Mehrstimmigkeit entwickelte sich die Gegenstimme zur frei ausgeschmückten Linie, während der zugrundeliegende C.f. (meist im Tenor) in lange Noten gedehnt wurde und dadurch seinen ursprüngl. Zusammenhang verlor. Eine zweite Gestaltungsmöglichkeit weist den Choral in der Überstimme in rhythm.-melod. Umgestaltung (Kolorierung) auf. Während im Bereich der Meßkomposition (→Messe, G. de →Machaut) Ch.en im strengen Sinne selten vorkommen, sind gerade die Propriumsmotetten (→Motette) im 15./16. Jh. (H. Isaac) häufig auf die dem Text entspr. Choralmelodie bezogen. Die zunehmende Bedeutungslosigkeit der Gregorianik im 17.-19. Jh. führte zum Rückgang der lat. Ch. Erst mit der Kirchenmusikreform im 19. Jh. (→Caecilianismus) und bes. der Choralreform im 20. Jh. (→Gregorian. Choral) nimmt diese Form wieder eine wichtige Stellung in der kath. Kirchenmusik ein (J. N. David, H. Schroeder).

*B.* Die vokale Bearbeitung des prot. Kirchenliedes erhielt zunächst in der *ev. Kirchenmusik* zentrale Bedeutung. Die ersten Werke dieser Gattung schuf Johann Walter (1496-1570). Schon hier zeigen sich zwei gegensätzl. Grundprinzipien der Ch.: Die polyphone Bearbeitung hebt den C.f. in langen Notenwerten gegen die bewegten Begleitstimmen ab; im schlichteren Satz laufen meist alle Stimmen rhythm. parallel (homophon) zur vorwiegend im Tenor gelegenen Melodie. Gleichzeitig entstanden auch höchst kunstvolle Formen wie die *Choralmotette* (→Motette); der nach 1600 aufkommende konzertierte Stil (→Barock) führte zum *Choralkonzert* (→Konzert). Die *Choralkantate* verarbeitet die Liedstrophen zu selbständigen Einzelsätzen (→Kantate). Auch in →Passionen und →Oratorien finden sich Ch.en (Eingangschor der *Matthäuspassion* von J. S. →Bach). Nach Bachs Tod wurde diese Gattung zur schemat. Routinearbeit, und erst mit der Bach-Renaissance des 19. Jh.s gewann sie bei F. →Mendelssohn-Bartholdy und J. →Brahms wieder an Bedeutung. Zu neuer Geltung kam die Ch. im 20. Jh. durch die Aufwertung der Kirchenmusik in der Liturgie (H. Distler, E. Pepping).

*C.* Die instrumentale Ch. ist meist für →Orgel konzipiert. Die frühesten Beispiele aus dem 14./15. Jh. sind Orgelverse zu *Kyrie* und *Gloria*, die mit gesungenen Choralversen alternierten (»Alternatimpraxis«). Dieser Gattung auf der Grundlage gregorian. Melodien stand seit dem 17. Jh. auf ev. Seite der sog. *Orgelchoral* als Bearbeitung des Kirchenliedes gegenüber, woraus sich unterschiedl. Werktypen bildeten: Die *Choralphantasie* bearbeitet die einzelnen Choralzeilen mehrfach in verschiedenen Techniken; im *Choralricercar* werden die Zeilen imitator. durchgeführt, während in der *Choralfuge* nur die 1. Choralzeile verarbeitet wird. Die *Choralpartita* besteht aus selbständigen Einzelsätzen, in denen die Liedstrophen verschieden variiert werden. Als *Choralvorspiel* bezeichnet man unabhängig von Form und Gestaltungsweise ein Vorspiel, das dem Gemeindegesang seit der 2. Hälfte des 17. Jh.s im (ev.) →Gottesdienst vorangestellt wird. Den Höhepunkt der Ch. für Orgel stellt das Werk J. S. Bachs dar. Das 19. Jh. versuchte, prot. Choral und *Sonatenform* zu verbinden (Orgelsonaten Mendelssohns). Die franz. Orgelmusik zeigt verstärkt (recht freie) Einflüsse der Gregorianik. Einen neuen Gipfel stellen M. →Regers Orgel-Ch.en dar. Im 20. Jh. entstanden zahlreiche neue Ch.en (J. N. David, E. Pepping, H. Schroeder, S. Ahrens), die der Liturgie zusammen mit dem überlieferten Bestand reiche Gestaltungsmöglichkeiten bieten. Gelegentl. wurden seit dem 15. Jh. Ch.en auch von Instrumentalgruppen ausgeführt, seit dem 16. Jh. existieren Choralsätze für Bläserensembles. Im 19. Jh. erscheinen ev. Choräle in der Konzertmusik (Mendelssohn: *Reformationssymphonie*, Ouvertüre zu *Paulus*). Choralzitate in →Oper und programmat. Musik (A. Berg, Violinkonzert: Bach-Choral) sind mehr als Symbol für Religiöses, für Glaube oder Kirche zu verstehen.

*Lit.: W. Apel:* Geschichte der Orgel- und Klaviermusik bis 1700, Kassel 1967. – *F. Blume:* Geschichte der ev. Kirchenmusik, Kassel, 2. Aufl., 1965. – *K. G. Fellerer (Hg.):* Geschichte der kath. Kirchenmusik, 2 Bde., Kassel 1972 und 1976. – *E. Kraus:* Handbuch der Orgelpraxis zum EGB/Gotteslob, Regensburg 1977. – *F. Krummacher:* Die Ch. in der prot. Figuralmusik zwischen Praetorius und Bach, Kassel 1978. – *E. Platen:* Ch., in: *M. Honegger/G. Massenkeil (Hg.):* Das Große Lexikon der Musik, Bd. II, Freiburg 1979, 135-140. – Weitere Lit. → Chor, → Orgel.

*Wolfgang Riedel*

## Christen- und Kirchenräte

*A.* Die Ch. und K. – oft auch »Konferenzen« oder, in Deutschland, »Arbeitsgemeinschaften« genannt – stellen eine der ältesten und wichtigsten Institutionalisierungsformen der modernen →ökumen. Bewegung auf weltweiter, regionaler, nationaler und lokaler Ebene dar.

*I.* Der Idee oder Entstehungsgeschichte nach gehen sie im wesentl. auf drei organisator. *Vorformen* zurück: a) die meist schon im 19. Jh. entstandenen interkonfessionellen (interdenominationellen) Personenverbände, wie z.B. die Ev. Allianz, die →Christl. Vereine Junger Männer/Menschen oder den Christl. Studentenweltbund; b) die seit dem Jh.beginn auf föderativer Basis gegründeten körperschaftl. Verbindungen von Kirchen, wie z.B. den Prot. Kirchenbund Frankreichs (1905), den Federal Council of Churches in den USA (1908) oder den Schweizerischen Ev. Kirchenbund (1920); sowie c) die nach der Ersten Weltmissionskonferenz (1910) in Edinburgh (auf Grund der Initiative des Fortsetzungsausschusses und insbes. der rastlosen Tätigkeit John Motts) in rascher Folge durch →Missionsgesellschaften und →Junge Kirchen gebildeten nationalen Missionsräte.

*II.* Die Zahl der Ch. und K. wuchs, mit period. Schüben, ständig an und umfaßt gegenwärtig 10 regionale, 80 nationale und viele lokale Institutionen in etwa 100 Ländern. Bedingt durch die Unterschiedlichkeit ihrer Entstehungsgeschichten und der jeweiligen örtl. Umstände, bieten sie ein außerordentl. *vielfältiges Erscheinungsbild*, das nur wenige allg. Züge aufweist. So haben, mit nur einer Ausnahme, sämtl. Ch. und K. die theol. Basisformel des →Ökumen. Rates der Kirchen (ÖRK) übernommen, dessen Modell generell großen Einfluß ausgeübt hat. Das zeigt sich vor allem beim Vergleich der in den Verfassungen, Satzungen oder Arbeitsrichtlinien der Ch. und K. aufgeführten Ziele: Fast überall taucht die für den ÖRK charakterist. Aufgabenstellung auf, näml. Förderung der Einheit sowie des gemeinsamen Zeugnisses und Dienstes.
Obschon ursprüngl. fast rein reformator. zusammengesetzt, sind heute in den Ch. und K. *alle* großen *Konfessionsfamilien* und die weitaus überwiegende Zahl der christl. Gemeinschaften vertreten – entweder als Vollmitglied oder im Gaststatus.

Die →röm.-kath. Kirche war 1975 in 19 nationalen Räten voll, in vielen anderen durch Beobachter beteiligt, während auf lokaler Ebene meist Vollmitgliedschaft besteht.

*III.* Die Ch. und K., untereinander und vom ÖRK rechtl. unabhängig, arbeiten in aller Regel in strikter *Abhängigkeit* von den delegierenden Kirchen, so daß ihnen gegenüber den Mitgliedskirchen keinerlei formelle Autorität zukommt, ihren Beschlüssen oder Verlautbarungen jede bindende oder rechtl. verpflichtende Wirkung fehlt. Ihre große *ökumen. Bedeutung* beruht deshalb in der Hauptsache auf der Möglichkeit, einerseits den situationsspezif. Erfordernissen besser Rechnung tragen, andererseits die örtl. →Ökumene mit kontextübergreifenden Ebenen verbinden zu können. Vor allem kleineren Gemeinschaften, die über keine oder nur schwache überörtl. Strukturen verfügen, eröffnen die Ch. und K. eine wichtige Chance zur Teilnahme an der weltweiten Ökumene, die dazu anregt, der Gefahr parochialer Selbstgenügsamkeit entgegenzuwirken.

*B.* Die *»Arbeitsgemeinschaft christl. Kirchen in der Bundesrepublik Deutschland und Berlin/West«* (ACK) ging hervor aus der »ACK in Deutschland«, die im Frühjahr 1948 nach zweijährigen Vorarbeiten und Verhandlungen in Kassel gegründet wurde. Ihr gehören derzeit 10 Kirchen als Vollmitglieder und 5 Kirchen als Gastmitglieder an, während die seit 1970 selbständige ACK der DDR 15 Mitgliedskirchen und 5 Kirchen im Beobachterstatus zählt. Die röm.-kath. Kirche nimmt in der Bundesrepublik Deutschland (seit 1974) als Vollmitglied, in der DDR dagegen im Beobachterstatus an der Arbeit teil. – Neben der aus kirchl. Delegierten zusammengesetzten Mitgliederversammlung als dem Leitungsorgan der ACK der Bundesrepublik dient ihr die bereits seit 1946 bestehende Ökumen. Centrale in Frankfurt/M. als ständige Geschäftsstelle, über die sie zugleich mit dem 1950 eingerichteten Dt. Ökumen. Studienausschuß (DÖSTA) verknüpft ist. Unterhalb der nationalen Ebene existieren in der Bundesrepublik darüber hinaus 11 regionale ACKs und eine Vielzahl lokaler Räte.

*C.* Die Existenz der Ch. und K. wirft eine Reihe kirchenrechtl. und theol.-ekklesiolog. *Probleme* auf, die im Grunde alle in die Frage nach ihrem kirchl. Status münden. In den ersten Jahrzehnten nach der Gründung des ÖRK wurde sehr stark ihr rein instrumenteller Charakter betont, während sich von den späten 60er Jahren an die Stimmen derer mehrten, die darin eine Unterbewertung sahen und die Räte stärker als Ausdrucksformen und Organe wachsender Gemeinschaft deuten wollten. Dies führte in der im Umkreis des ÖRK angesiedelten Diskussion dazu, das Phänomen der Ch. und K. mit dem Einheitsmodell der konziliaren Gemeinschaft (→kirchl. Einheitsmodelle) in Beziehung zu setzen. Im Lichte der seit der ÖRK-Vollversammlung von Uppsala (1968) im Gespräch befindl. Zielvision eines universalen Konzils der Christenheit werden die Ch. und K. inzwischen häufig als »prä-konziliare« Einrichtungen bezeichnet. Grundsätzl. hängt es in der Tat von der jeweils vorausgesetzten ökumen. Zielvorstellung ab, ob sie ledigl. als Übergangslösungen oder aber als zwar vorläufige und veränderungsbedürftige, doch dauerhafte Institutionen betrachtet werden können oder müssen.

*Lit.: Sekretariat zur Förderung der Einheit der Christen:* Die ökumen. Zusammenarbeit auf regionaler, nationaler und örtl. Ebene, eingeleitet und kommentiert von W. Bekker (Nachkonziliare Dokumentation, Bd. 56), Trier 1976. – *L. Vischer:* Ökumen. Räte – Werkzeuge ekklesialer Gemeinschaft, in: *ders.:* Ökumen. Skizzen. Zwölf Beiträge, Frankfurt/M. 1972, 216-233.

*Heinz-Günther Stobbe*

**Christengemeinschaft** ist die nicht sehr aufschlußreiche Bezeichnung einer durchaus profilierten rel. Neubildung, die christl. und nichtchristl. Gedankengut in sich vereint.

*A.* Zu Anfang unseres Jh.s – in einer Zeit also, die u.a. gekennzeichnet war durch ein liberales und universales Denken, Betonung des Geistigen, neuromant. Gefühl, Naturverbundenheit (→Jugendbewegung), Wiederentdeckung der bodenständigen dt. Kultur (→Märchen, →Sagen, Bräuche) wie auch der myst.-esoter. Dimension des Religiösen (→Mystik, →Religion) – hat *Rudolf Steiner* (1861-1925) mit zunehmendem Erfolg seine →*Anthroposophie* entfaltet und auf die verschiedenen Lebensbereiche bezogen. So kamen nach dem Ersten Weltkrieg junge ev. Theologen zu ihm mit der Frage, wie die neue »Geisteswissenschaft« auch das rel. Leben durchformen könne. In zwei Vortragszyklen trug Steiner (der als Kind vom kath. Gottesdienst stark angesprochen war) seinen Entwurf eines *kult.-priesterl. Christentums* vor, das gnost.-esoter. Züge trug (→Gnosis, →Okkultismus). Schon in den Jahren 1910-1916 war der bekannte ev. Theologe *Fr. Rittelmeyer* (1872-1938) zu Steiner gestoßen. Von dessen Schau überzeugt, wurde er nun zum Führer einer sich als *»rel. Erneuerungsbewegung«* verstehenden Strömung, die jedoch von Anfang an die Bildung einer eigenen Glaubensgemeinschaft vorsah. Mit dem Vollzug der ersten »*Menschenweihehandlung*« (Messe) und Priesterweihe im Goetheanum in Dornach/Schweiz entstand am 6.9.1922 die C. als »*Kultgemeinschaft*«.

*B.* Das will besagen: Nicht die Lehre oder die Kirchenbildung sind Basis der Gemeinschaft, sondern der →Kult. Er stammt von Steiner, und nur er ist in der C. verbindlich. Dem röm.-kath. Kultus nachempfunden, enthält er sieben →Sakramente. Große Bedeutung hat der Jahreszyklus, in dem das Heilsgeschehen mit dem Naturgeschehen (Jahreslauf) verbunden ist. Glaubensmäßige Grundlage des Kultus ist die Vorstellung eines *weltenumspannenden* Erlösungsgeschehens (nach gnost. Konzeption), bei dem das »*Christus-Geschehen*« die zentrale Rolle spielt: Im großen Gottesdienst der himml. Welt für die Erde vollbringt der »hohe Sonnengeist Christus« (Steiner) das Opfer: zum einen in der Menschwerdung (durch die Geburt des Jesusknaben vorbereitet, erfolgte die eigentl. →Inkarnation des Christus bei der Taufe Jesu im Jordan), vor allem aber im Opfer auf Golgota (Motiv des sterbenden und auferstehenden Gottes; →Mysterientheologie). Dadurch ist das Einströmen der Geist-Licht-Kräfte in die Erdennacht und die todesverfallene Menschheit ermöglicht worden (→Licht und Finsternis). Als grundlegendes Glaubensbuch gilt die →*Bibel*, die ernsthaft studiert, doch als Mysterienbuch verstanden und »geistig« gedeutet wird. Das *Glaubensbewußtsein* der Anhänger der C. ist geprägt durch die unser ird. Dasein umgreifende und durchdringende *geistige Welt* und durch die Vorstellung von der *unsterbl.* →*Seele*, die, aus dem →Jenseits kommend, nur vorübergehend auf dieser Erde weilt (Reinkarnation und Karma-Denken spielen eine Rolle; die [Kinder-]→*Taufe* wird als Einkörperungshilfe für die Seele verstanden und unterscheidet sich damit grundlegend von der bibl.-christl. Taufe). Auch ist die Überzeugung grundlegend, daß die Erlösung (d.h. die stufenförmige Mensch-Werdung) allein durch *individuelles geistiges Wachstum* geschehen kann, welches ermöglicht wird vor allem durch die Teilnahme am »Kultusgeschehen« (Aufnahme des Christus-Impulses). Schließl. ist der Blick auf die *Vollendung* gerichtet, der die Menschheit in einem weitausgreifenden Zeitbogen entgegengeht (»Weltenfortgang«, Wiederkunft Christi).

*C.* Denkmuster und Sprache sind anspruchsvoll; sie tragen die Merkmale des Jh.beginns, wirken z.T. gekünstelt. Der geistige Horizont ist, auch in kultureller und künstler. Hinsicht, weitgespannt; dementspr. hoch ist der soziale Querschnitt der Mitglieder. Großes Gewicht liegt auf der →*Seelsorge*, der sich die im Stuttgarter Priesterseminar ausgebildeten Pfarrer (→Priester, auch Priesterinnen) mit großer Hingabe widmen.
Eine *Mitgliedschaft* ist erst bei Volljährigkeit möglich. Statist. Angaben fehlen; weltweit gibt es schätzungsweise 20-30.000 Mitglieder, doch ist mit dreimal so vielen »Zugehörigen« zu rechnen. Die Leitung liegt in Händen eines »Lenkerkreises« (»Lenker« entspr. dem kath. Bischof), an dessen Spitze ein »Erzoberlenker« auf Lebenszeit steht. Sitz ist Stuttgart. – Die Bindung an anthroposoph. Gedankengut ist heute, nachdem der erste Generationswechsel vollzogen ist, nicht mehr so durchgehend wie am Anfang. Doch steht die C. nach wie vor außerhalb der Gemeinschaft der christl. Kirchen (→Ökumene). Sie stellt eine rel. Neubildung am Rande der christl. Tradition dar, wobei sie zusammen mit der Anthroposophie ein Lebensverständnis repräsentiert, das heute für viele Menschen bedeutsam geworden ist.

*Lit.: R. Frieling:* Ges. Schriften zum A und NT, 4 Bde., Stuttgart 1982-86. – *F. Rittelmeyer:* Aus meinem Leben, Stuttgart 1937, 3. Aufl. 1986. – *H.-W. Schroeder:* Zur Geschichte der C., Artikelserie in: Die Christengemeinschaft, Jahrg. 1986. – Siehe die weiteren Veröffentlichungen des Verlags Urachhaus, Stuttgart. – *K. Hutten:* Seher, Grübler, Enthusiasten, Stuttgart, 12. Aufl. 1982, 687-720 (Lit.). – *H.-D. Reimer/O. Eggenberger:* Neben den Kirchen, Konstanz, 6. Aufl. 1986, 335-361. – *W. Stählin (Hg.):* Evangelium und C., Kassel 1953.

*Hans-Diether Reimer*

## Christentum

Der *Begriff* Ch. bezeichnet alltagssprachl. die Gesamtheit jener Konfessionskirchen, kirchl. Gemeinschaften und rel. Bünde, die sich selbst auf Jesus von Nazaret und die Jesus nach seinem Tode von seinen Anhängern oder »Jüngern« entgegengebrachte Verehrung zurückführen (→Jesus Christus). *Religionswissenschaftl.* und religionsgeschichtl. dient der Begriff Ch. vorrangig zur Unterscheidung der christl. Religion von anderen →Weltreligionen.
Der *christl. Theologie* ist der Begriff ursprüngl. fremd. Zwar finden sich der griech. Begriff »christianismos« und dessen Latinisierung zu »christianismus« sowie »christianitas« vereinzelt schon bei einigen Kirchenvätern. Die dt. Begriffe Ch. und »Christenheit« sind spätestens im 12. Jh., etwa bei Walther von der Vogelweide, belegt. Auch verwenden im 16. Jh. einige Humanisten und Reformatoren *christianismus* zur Kennzeichnung des persönl. Glaubens des Frommen im Unterschied vom kirchl. →Dogma. Schließl. spielt der Begriff Ch. in der Erbauungsliteratur des dt. →Pietismus seit den 1606-1610 erschienenen weitverbreiteten »Vier Büchern vom wahren Ch.« J. Arnd(t)s (1555-1621) eine prominente Rolle. In der akadem. Theologie setzt er sich jedoch erst mit der breiten fundamentaltheol. Debatte um das *»Wesen des Ch.s«* durch, wie sie erstmals in der →Aufklärung des späten 17. und 18. Jh.s geführt worden ist und seitdem in den Theologien aller christl. Konfessionen kontinuierl. fortgesetzt wird.

*A.* »Ch.« ist ein *Reflexionsbegriff.* Die Spaltung der westl. Kirche in der →Reformation des 16. Jh.s und die mit der europ. Expansion seit der →Renaissance zunehmend intensivere Konfrontation mit Fremdreligionen (→Kolonisation, →Imperialismus) provozieren die Frage, was die verschiedenen christl. Konfessionen trotz aller Unterschiede miteinander verbindet und worin das Gemeinsame der christl. geprägten Kultur des Abendlands liegt. Der Ch.sbegriff dient der reflexiven, theoret. Erfassung dieses Gemeinsamen.

*I.* Die lat. Kirche des MA.s beansprucht ein Monopol der Auslegung der christl. Tradition. Dieses Auslegungsmonopol, wie es in Jurisdiktionsgewalt und Lehramt des →Papstes institutionalisiert ist, verliert an erfahrungsmäßiger Plausibilität, als mit der Reformation und dem Abfall der »Church of

England« von Rom (→anglik. Kirchen) in Europa eine Vielzahl einander heftig bekämpfender →Konfessionskirchen entsteht. Dieser *konfessionelle Pluralismus* und insbes. die langjährigen, brutal geführten rel. Bürgerkriege des 16. und 17. Jh.s (→Religionskriege) provozieren die Suche nach einer neuen eth. Grundlage für die polit. Gemeinwesen (→Naturrecht). Diese Grundlage kann nicht mehr von den Kirchen oder den konfessionellen Dogmatiken her definiert werden.

*1.* Im Zusammenhang der rel. Reformbewegungen des 17. Jh.s (→Pietismus) und der Entstehung der europ. →Aufklärung bildet sich in krit. Distanz zu den etablierten Kirchentümern ein neues Subjekt der Auslegung des gemeinsam Christlichen: eine freie *christl. Öffentlichkeit,* die sich primär als überkonfessionell versteht. An die Stelle des Auslegungsmonopols der Kirchen tritt ein Diskurs mündiger Christen, die die Einsicht miteinander verbindet, daß das Christliche noch mehr und anderes sei, als was die Kirchen und ihre Dogmatiker aus ihm gemacht hätten.

*2.* So gewinnt der Begriff Ch. in der pietist. →Erbauungsliteratur (→Pietismus), im →Deismus und in der dt. Aufklärungstheologie den emanzipator. Gehalt, gegenüber orthod. Rechtgläubigkeit (und der Verkehrung des Glaubens in ein bloßes Fürwahrhalten von Dogmen und Kirchenlehren) einem prinzipiellen Vorrang individueller →Frömmigkeit vor der Kirche Geltung zu verschaffen. Die Pietisten bezeichnen als Ch. die je individuelle innere Erneuerung und Wiedergeburt des Menschen sowie eine dementspr. aktive *Frömmigkeitspraxis.* Auch für engl. Aufklärer und Deisten ist Christianity ein Gegenbegriff zu Begriffen wie Kirche, Kirchenglauben, Konfession, Dogma und Kirchenlehre. J. →Locke beschreibt in seinem 1695 erschienenen Buch »The Reasonableness of Christianity as Delivered in the Scriptures« als wahres Ch. allein die *eth. Lehre Jesu* (→Bergpredigt): alle darüber hinausgehende Dogmenentwicklung und die Sonderlehren der Konfessionskirchen seien unchristlich. Die Deisten unterscheiden so zwischen Kirche und Ch., daß Ch. gleichbedeutend mit der *Vernünftigkeit* einer allg., natürl. Religion wird, also alle bloß kirchl. Religionsausübung als unvernünftig und inhuman erscheint.

Die dt. Neologen (→Rationalismus), d.h. die theol. Vertreter der Aufklärung, führen in der 2. Hälfte des 18. Jh.s eine breite Kontroverse über das sog. »Wesen des Ch.s«, das sie ausdrückl. jenseits von Kirche und Konfessionen, in der von Gottes Vatergüte und Jesu erhabenem Vorbild ermöglichten frommen *Tugendpraxis* des mündigen Christen suchen. Mit dieser programmat. Unterscheidung von Kirche und Ch. oder der Abwertung der Konfessionskirchen zugunsten der Allgemeinheit einer überkonfessionellen, vernünftig-prakt. Frömmmigkeit mündiger Christen wollen sie einer durch Überwindung des konfessionellen Partikularismus geprägten dt. *christl. Nationalkultur* den Weg bereiten. Dieser kirchenkrit. Gehalt des Ch.sbegriffs prägt im Übergang vom 18. zum 19. Jh. dann auch die süddt. kath. Aufklärung und wird durch →Idealismus und Kulturprotestantismus bis ins 20. Jh. tradiert.

*II.* Parallel mit den konfessionellen Auseinandersetzungen beginnt in der Frühen →Neuzeit die *Expansion der europ. →Kultur.* »Entdeckung« Amerikas (1492) und zunehmender ökonom. Austausch mit anderen Kulturen bewirken eine in Intensität und Qualität neue Erfahrung der Existenz fremder Religionen. Dies provoziert die Frage nach den Unterschieden der abendländ. Kultur gegenüber anderen Kulturen. In diesem Zusammenhang gewinnt der Begriff Ch. die Funktion eines *kulturdiagnost. Leitbegriffs* zur Auslegung der Identität des Abendlandes im Gegensatz zu den Fremdkulturen: das Abendland unterscheide sich von anderen Kulturen primär dadurch, daß es in →Weltbild, →Ethik, polit. Verfassung und sozialer Ordnung christl. geprägt sei. Auch hier soll der Ch.sbegriff eine Identität der abendländ. Kultur darstellen, die weder durch einzelne europ. Nationen noch durch die Kirchen zureichend repräsentiert werden kann. Dies zeigen die seit dem späten 18. und frühen 19. Jh. weitverbreiteten Begriffe wie »christl. Europa« und »christl. Abendland« (→Europa), deren Geschichte bisher erst unzureichend erforscht ist.

*B.* Die seit dem *18. Jh. geführte Debatte* um ein überkonfessionell undogmat. »Wesen des Ch.s« hat sich vorrangig auf zwei eng miteinander verbundene Problemkreise konzentriert: die Frage danach, wie ein solches Wesen des Ch.s theol. überhaupt definiert werden kann, und die Frage nach dem Verhältnis eines allg. Wesensbegriffs zur je bes. Identität der konfessionellen Kirchentümer und ihren gegensätzl. Ch.sdeutungen. In dieser Debatte sind vor allem vier Positionen wirksam geworden:

*I.* Die Theologen der Aufklärung erklären einen Großteil der traditionellen →Dogmen zu bloßen Kirchenlehren, die nur dem Interesse autoritärer Herrschaft der Kirchen über die Seelen der Gläubigen dienten und wahres, prakt. Ch. behinderten. Dieses Wesen oder Prinzip des Ch.s suchen sie entweder hist. oder religionsphilos. zu fassen. Hist. gehen sie auf einen idealisierten Ursprung der christl. Religion, die sittl. Erhabenheit des *Tugendlehrers* Jesu von Nazaret zurück, dessen humanitäre →Brüderlichkeitsethik sie zum normativen Ideal gelungener Frömmigkeit erklären. Religionsphilos. suchen sie die überkonfessionelle Allgemeinheit des Christlichen durch dessen *Vernünftigkeit* zu begründen: es sei in seinem Kern natürl. Religion, ein prakt. Vernunftglaube, der primär eine Versittlichung der gegebenen Kultur oder deren allmähl. Umformung in das →Reich Gottes, das vollkommen ethisierte Gemeinwesen moral. autonomer Persönlichkeiten, zum Ziele habe.

Diese Identifikation des recht (d.h. nicht mehr vom statutar. Kirchen- oder Geschichtsglauben her) verstandenen Ch.s mit einer allg. natürl. Religion beinhaltet zwar eine große Offenheit gegenüber anderen Religionen, die – wie etwa die Ringparabel G. E. →Lessings zeigt – zumindest Teilströmungen der prot. Aufklärung für dem Ch. prinzipiell gleichberechtigt erklären. Doch erschwert die Reduktion des wahrhaft Christlichen auf eine allg. vernünftige Menschheitsreligion eine Bestimmung der *Besonderheit* des Ch.s gegenüber anderen Religionen. Worin sich das Ch. von anderen Religionen unterscheide, können die Repräsentanten der Aufklärung nur im Rückgang auf seine geschichtl. Positivität und kirchl. Gestalt aussagen.

*II.* Religionsophilosophen und Theologen des →*Idealismus*, vor allem G. W. F. →Hegel und F. D. E. →Schleiermacher, suchen deshalb nach einer Wesensbestimmung des Ch.s, die zugleich dessen hist. Besonderheit innerhalb der Religionsgeschichte wahrzunehmen erlaubt. Die Vernunftreligion der Aufklärung sei eine rationalist., unhist. Abstraktion, die keiner Religion gerecht werde, weil es Religion immer nur in Gestalt bestimmter, positiver Religionen gebe.
*1. Hegel* sucht deshalb Vernünftigkeit und Geschichtlichkeit zu vermitteln, indem er die Religionsgeschichte als einen vernünftigen Prozeß der Realisierung des allg. Wesens der Religion rekonstruiert, der im Ch. als der sog. absoluten Religion kulminiert: das Ch. unterscheide sich von anderen Religionen gerade dadurch, daß sich in ihm das allg. Wesen der Religion, die →*Versöhnung von Gott und Mensch*, vollkommen verwirkliche. Dieser hierarch. Zuordnung verschiedener Entwicklungsstufen der Religion entspr. deutet Hegel auch die Geschichte des Ch.s: sofern das Ch. wesentl. Religion der →Freiheit sei, stelle der dem Prinzip von Subjektivität und Freiheit verpflichtete *Protestantismus* die höchste Realisierungsgestalt des Christlichen dar. Diese Abwertung des Katholizismus zu einer vormodernen, hist. überholten Stufe des Ch.s provoziert eine scharfe Kritik von seiten kath. Theologen, so daß die Debatte um das Wesen des Ch.s seit 1830 zunehmend durch neue konfessionspolit. Fronten geprägt wird.
*2.* Eine →Absolutheit des Ch.s und Höchstgeltung des Protestantismus behauptet auch *Schleiermacher.* Obgleich er in seinen »Reden über die Religion« (1799) die verschiedenen Religionen in ihrer Individualität noch als gleichberechtigt anerkennt, vertritt er in seiner »Glaubenslehre« (1821) eine Höchstgeltung des Ch.s. Es gehöre mit →Judentum und →Islam zu den höchsten, monotheist. und hier wiederum mit dem Judentum zu den sittl., auf die Idee des Reiches Gottes bezogenen Frömmigkeitsweisen. Doch im Gegensatz zu Islam und Judentum sei in ihm »alles... bezogen auf die durch Jesum von Nazareth vollbrachte Erlösung«. So bindet Schleiermacher die Frage nach dem Wesen des Ch.s an die →*Christologie* zurück. Damit macht er im 19. und 20. Jh. insoweit Schule, als die überkommene Christologie weithin zu einer Lehre vom spezif. Christlichen umgeformt wird. Diese christolog. fixierte Identität des Ch.s wird zunehmend stärker im kulturkrit. Gegensatz zur modernen Kultur ausgelegt.

*III.* Die Aufklärung und ihr prakt. Ch. stoßen schon im 18. Jh. auf den heftigen Widerstand von Kirchentheologen, die gerade in der kirchl. Verfaßtheit das Wesen des Ch.s sehen. Auf Grund der polit. Krise des aufklärer. Fortschrittsglaubens in der →Franz. Revolution setzen sich in beiden Konfessionen diese Aufklärungsgegner, unterstützt durch polit. →Restauration und →Konservativismus, gegenüber den Anhängern der Aufklärung durch. Sie betreiben eine *Rekonfessionalisierung der Theologie*, rücken die →Ekklesiologie ins Zentrum theol. Reflexion und erklären das undogmat. Ch. der Aufklärung für theol. illegitim, weil der Glaube konstitutiv an Dogma und →Bekenntnis der Kirche gebunden sei. Mit der Stärkung der konfessionellen Identität der eigenen Kirche soll diese zu einer starken Gegenmacht gegen den modernen Säkularismus ausgebaut werden. Leitbild ist dabei eine neue *Rechristianisierung* von →Politik und Kultur, die, etwa in Gestalt konfessionell gebundener christl. Parteien, die konfessionellen Gegensätze noch einmal verschärft.

*IV.* Parallel zu der in →Katholizismus und konservativem Protestantismus betriebenen Reduktion des Ch.s auf Kirche und Konfession wird im *Kulturprotestantismus* weiterhin nach einem überkonfessionell allg. Wesen des Ch.s gesucht. Für diese Debatte sind insbes. *A. von* →*Harnacks* 1900 erschienene Vorlesungen über das »Wesen des Ch.s« sowie die daran sich anschließende breite Wesensdebatte in Protestantismus, Katholizismus und Judentum repräsentativ. Diese *Debatte* endet aber mit einem für die liberalen Ch.stheoretiker negativen Resultat: Jüd. Autoren wie L. Baeck (1873-1956) und Katholiken wie A. Loisy (1857-1940) weisen darauf hin, daß sich in Harnacks der Aufklärungstheologie verpflichteter Identifikation des Wesens des Ch.s mit der reinen Religion Jesu nur der kulturprot. Machtanspruch geltend mache, allein der Protestantismus solle gegenüber Katholiken, Juden und unkirchl. Sozialdemokraten die Leitkultur des europ. Gesellschaft des 20. Jh.s sein. Harnacks Wesensbegriff wird auch im liberalen Protestantismus selbst, insbes. von E. →Troeltsch, einer radikalen Kritik unterzogen: ein aus der Historie abstrahierter Wesensbegriff sei immer subjektiv bedingt. Ein allg. verbindl., der Mannigfaltigkeit unterschiedl. Ch.sdeutungen gerecht werdender Wesensbegriff lasse sich nicht formulieren. Die Suche nach einem Wesen des Ch.s wird in den 20er Jahren deshalb von einer neuen Verkirchlichung der Theologie abgelöst.

*C.* Solche Suche nach einer dogmat. Identität der Konfessionen prägt die theol. Diskussion bis in die frühen 60er Jahre. Die konfessionellen Dogmatiken vermögen jedoch der polit. wie *kulturellen*

*Entwicklung im 20. Jh.* nicht mehr gerecht zu werden.

*I.* Primär zwei Tendenzen prägen diese Entwicklung: eine dem zunehmenden polit. *Einflußverlust Europas* entspr. Wahrnehmung der Vielfalt christl. Kirchen und Konfessionen außerhalb Europas sowie in Europa eine neue Suche nach einem tragenden *christl. Wertfundament* von Kultur und Politik, wie sie sich insbes. in der Gründung überkonfessioneller christl. Parteien oder der Institutionalisierung einer polit. Ökumene zeigt. Im Bewußtsein einer prakt. relevanten Gemeinsamkeit zwischen den Konfessionen sind die polit. Kräfte in Westeuropa den Kirchen nach 1945 voraus gewesen.

*II.* Je mehr eine eurozentr. Perspektive überwunden wird, desto stärker zeigt sich: Die pluralist. Verfassung des Ch.s resultiert nicht nur aus konfessionellen Sondertraditionen, sondern auch aus seiner kulturellen Indigenisation (→Inkulturation, →kontextuelle Theologie), der je bes. Synthese mit unterschiedl. kulturellen Traditionen und Weltbildern. Die Entdeckung einer kulturellen Eigenständigkeit des afrik., lateinamerik., asiat. Ch.s bedeutet eine Radikalisierung der von Troeltsch formulierten Einsicht, daß sich kein Wesensbegriff bilden lasse, der »das Ch.« erfassen könne. »Das Ch.« gibt es nur in der *Pluralität* seiner konfessionellen Gestaltungen und der Vielfalt unterschiedl. Synthesen christl. Frömmigkeitstraditionen mit nationalen und schichtenspezif. Kulturidealen. Darin liegt auch eine Schranke der ökumen. Dialoge (→ökumen. Bewegung): Sie sind weithin nur als Bemühen um Ausgleich zwischen den Konfessionskirchen oder als Angleichung ihres Lehrbestandes institutionalisiert und können darin weder der Komplexität kultureller Vielgestaltigkeit christl. Tradition noch der modernen Individualisierung des Glaubens gerecht werden.

*III.* Je mehr die Internationaliät christl. Tradition ökumen. bewußt wird, desto mehr wird versucht, noch einmal eine neue dogmat. Identität von Ch. und Kirchen zu formulieren. Aber die gelebten Christentümer lassen sich in solchen dogmat. Identitätskonstruktionen nicht erfassen. So besteht die in Pietismus und Aufklärung sich bildende Spannung zwischen dogmat., kirchentheol. Identitätskonstruktion und einer an *prakt. Frömmigkeit* orientierten Ch.stheorie auch noch in der Gegenwart. Je nach Standpunkt werden Inkulturation und Individualisierungen christl. Traditionen gegensätzl. beurteilt: In einer dogmat., kirchenzentrierten Perspektive erscheinen sie als illegitim. In der Perspektive der alten Wesensdebatte lassen sie sich aber als legitime Realisierungen christl. Tradition deuten: Wenn alte Wesensbestimmungen wie die Deutung des Ch.s als Religion der Freiheit und Persönlichkeit Wahrheitselemente enthalten, dann verwirklicht sich »das Wesen des Ch.s« gerade im *Prozeß der Individualisierung* christl. Traditionen.

*Lit.: H.-J. Birkner/D. Rössler (Hg.):* Beiträge zur Theorie des neuzeitl. Ch.s, Göttingen 1968. – *L. Goldmann:* Der christl. Bürger und die Aufklärung, Neuwied/Berlin 1968. – *A. von Harnack:* Das Wesen des Ch.s, Leipzig 1900. – *H. Hoffmann:* Zum Aufkommen des Begriffs »Wesen des Ch.s«, in: Zeitschrift für Kirchengeschichte 45 (1927), 452-459. – *U. Hommes (Hg.):* Gesellschaft ohne Ch., Düsseldorf 1974. – *T. Rendtorff:* Ch., in: Geschichtl. Grundbegriffe, Bd. 1, Stuttgart 1972, 772-814. – *Ders.:* Theorie des Ch.s. Hist.- theol. Studien zu seiner neuzeitl. Verfassung, Gütersloh 1972. – *D. Rössler:* Grundriß der prakt. Theologie, Berlin 1986, 78-92. – *R. Schäfer:* Ch., Wesen des, in: Hist. Wörterbuch der Philosophie, Bd. 1, Darmstadt 1971, 1008-1016. – *S. W.Sykes:* The Identity of Christianity, London 1984.

*Friedrich Wilhelm Graf*

## Christentumskritik

*A.* Während die im Gefolge der neuzeitl. →Aufklärung formulierte C. meistens mit den verschiedenen Arten der →Religions-, →Kirchen- und Moralkritik verwoben ist, tritt sie in der *vorkonstantin. Antike* selbständig auf. Indirekt klingt sie schon in der paul. Feststellung an, den Griechen sei die Predigt vom gekreuzigten Christus eine »Torheit« (1 Kor 2,23). Sieht man von volkstüml., aber weitgehend phantast. Vorwürfen ab, so wird die antike C. am gründlichsten von Celsus (um 170) und Porphyrius (um 270) vorgetragen, die freil. nur noch bruchstückhaft aus christl. Gegenschriften zu rekonstruieren ist. Außer dem Überlegenheitsanspruch des →AT bestreiten sie in hist. Hinsicht, daß die zwischen →Juden und Christen strittige Messiaserwartung auf →Jesus Christus übertragbar sei. Ihre Kritik an den →Evangelien zielt auf die hist. Unzuverlässigkeit und die widersprüchl. Überlieferung, so daß Porphyrius die Evangelisten sogar als »Erfinder« apostrophiert; ebenso verfallen Person und Lehren des →Paulus seiner Kritik. Die mittel- oder neuplaton. inspirierten philos. Einwände (→Platonismus, →Neuplatonismus) gelten vor allem der Unbeweisbarkeit des Glaubensanspruchs, dem inkonsequenten →Monotheismus und einer Reihe von Lehren, durch die das Verhältnis zwischen Gott und →Welt falsch bestimmt werde. Folgl. sei das Christentum ein anthropomorpher Mythos (→Anthropomorphismus), der die Weite des Kosmos auf den Menschen hin verenge. Daran knüpft die eth.-polit. Kritik an, die dem plebeji. und atheist. Charakter des Christentums zuteil wird, der sich aus der Entgötterung der →Natur und des →Staates herleite.

*B.* Sofern die C. der →*Neuzeit* nicht mit der →Religionskritik zusammenfällt, tritt sie in erster Linie als ideelle und Ideologiekritik in Erscheinung.

*I.* Die *ideelle Kritik*, die von innen und außen geübt wird, hebt auf den Unterschied zwischen Ursprung und Geschichte, Theorie und Praxis ab. Die moral. lautere und humane Intention Jesu sei verkehrt worden durch das institutionalisierte Christentum, das seinen Dogmatismus, Ritualismus und seine vernunftwidrige Autoritätshörigkeit in den Dienst feudaler und absolutist. Herrschaft gestellt habe. Die durch Macht- und Geldgier korrumpierte Geschichte des kirchl. Christentums, das durch Jh.e unschuldige Opfer – →Heiden, →Juden, Ketzer – blutig verfolgt hat, repräsentiert daher nach F. Overbeck (1837-1905) die »beste Schule« des →Atheismus (→Theologiekritik); ihm zufolge ist die Welteroberung des – von der weltverneinenden Enderwartung seines Ursprungs entfremdeten – Christentums in seine Eroberung durch die Welt umgeschlagen (→Imperialismus). So wird dem verweltlichten Christentum vorgehalten, es trage durch seine Integrations- und Kompensationsfunktionen zur Aufrechterhaltung der jeweils bestehenden Verhältnisse ebenso bei wie durch seine leibfeindl. Sexualmoral (→Leib, →Sexualität). Schließl. wird der jüd.-christl. Wille zur Naturbeherrschung für die gegenwärtige ökolog. Krise mit verantwortl. gemacht.

*II.* Während die ideelle Kritik meistens die Idee des Christentums gegen seine verkehrte Wirklichkeit ausspielt, wird es von der radikalen *Ideologiekritik* grundsätzl. in Frage gestellt. Das vom Christentum heraufgeführte Unglück der →Entfremdung und Entzweiung wollen *L.* →*Feuerbach* durch eine sensualist. Anthropologie und *B. Bauer* (1809-1882) durch die →Autonomie des →Selbstbewußtseins (→Hegelianismus) ablösen; und nach *K.* →*Marx* soll das Christentum, das die unmenschl. sozioökonom. Verhältnisse widerspiegelt, mit ihnen verschwinden. Für *F.* →*Nietzsche* repräsentiert das Christentum als »Sklavenaufstand in der Moral« die nihilist.-dekadente Gegenbewegung gegen die Selbstbehauptung des Lebens. Sein auf einer Scheinwelt aufbauender ohnmächtiger »Wille zum Nichts« stehe im Dienst einer lebensverneinenden »Ressentiment-Moral« der Niedrigen und Schwachen, die die vornehmen Werte der Lebensbejahung als böse diffamieren. Zu diesem Zweck werde das dem Verhältnis zwischen Gläubiger und Schuldner entstammende Schuldgefühl auf Gott übertragen, so daß er zum »Krankengott« des schlechten Gewissens werde. *S.* →*Freud* führt die Entstehung des Christentums auf ein neurot. Schuldgefühl (→Sünde und Schuld) zurück, das vom Menschheitstrauma des Vatermordes nicht loskomme, weil es den geopferten, gleichwohl als Gott verehrten Sohn an die Stelle des verdrängten Vaters treten lasse.

*C.* Die C. ist *in der Gegenwart* nicht verstummt. Sie nimmt frühere Linien auf und verweist zunehmend auf die gegenwärtige ökonom., polit., soziale und ökolog. Weltsituation, auf den immer noch herrschenden Imperialismus, Rassismus und Sexismus sowie auf deren Verwurzelung in der Geschichte eines eurozentr. Christentums. Bemerkenswert ist, daß diese C. in der Regel nicht zur Kritik an Jesus erweitert, sondern das Christentum auch von Nichtchristen an Botschaft und Lebenspraxis seiner eigenen Gründerfigur gemessen wird. Viele Elemente der Kritik werden von Theologie und christl. Gruppen in vielfältiger Weise aufgenommen und – abgesehen von den vielen Fällen kurzatmiger →Apologetik und institutioneller Blindheit – selbstkrit. verarbeitet. C. hat deshalb nicht nur zu neuen theol. Entwürfen (→polit. Theologie, →feminist. Theologie, →Befreiungstheologie) und interdisziplinärer Zusammenarbeit (→Religionspsychologie, →Religionssoziologie) geführt, sondern eine vielfältige und konstruktive Selbstkritik von Christen in Gang gesetzt, von außen kommende krit. Anfragen nach innen gewendet und im Namen der christl. Botschaft legitimiert. Zwar drängen Christen so die Bestreitung der Wahrheit des Christentums auf die Kritik an dessen angemessener Verwirklichung zurück, doch lassen sie sich zugleich an der *Wahrheitsfähigkeit ihrer Praxis* behaften, an der sich die C. der Neuzeit wesentl. entzündet hat. Entscheidend ist die Frage, ob das Christentum aus seinen rel. Impulsen heraus auf Dauer und im Blick auf die Weltsituation eine zukunftsfähige und verläßl. Lebenspraxis (→Wahrheit) entfalten kann.

*D.* Die →*Weltreligionen* befinden sich nach der Befreiung von den Kolonialmächten (→Kolonisation) allenthalben in einer Phase der Neubelebung. Der missionswissenschaftl. Optimismus nach der Jh.wende, daß die übrige Welt bald christl. sein werde, erwies sich als Illusion.

*I.* Die nachkoloniale Selbstfindung der Religionen bewirkte ein neues Gefühl für eigene →Werte (→Mission). Nur langsam rückt die Tatsache ins Blickfeld, daß die Vertreter anderer Religionen ihr jeweils *spezif. Bild vom* →*Christentum* haben. Zwar ist diese Kritik oft ähnl. undifferenziert wie das Bild vieler Christen und christl. Theologen von den anderen Religionen; bemerkenswert ist jedoch, daß die C. so unterschiedl. gearteter Religionen wie des →Buddhismus, des →Hinduismus, des →Judentums oder des →Islam u.a. *in vielen Punkten übereinstimmt.* Ihre Argumente sind nicht immer neu oder originell und haben oft eine lange geschichtl. Tradition. Einen Überblick über vergangene und gegenwärtige Diskussionen enthält G. Menschings Werk »Der offene Tempel«. Seine verdienstvolle Pionierarbeit macht zugleich auch die ungeheuren Mängel in der hist. Erforschung der Beziehungen zwischen den Religionen deutlich.

*II.* Die Kritik der Religionen am Christentum bezieht sich vor allem auf folgende Punkte: Die Christen und christl. →Kirchen gelten als *aggressiv* (→Aggression), exklusiv (→Absolutheit des Christentums) und intolerant (→Toleranz). Nicht nur die christl. Missionen, die teilweise als Handlanger des →Imperialismus gesehen werden, erscheinen in diesem Licht. Auch die christl. →Ethik besitze einen Hang zum Radikalen. So empfinden z.B. Buddhisten das *aufgerichtete* →*Kreuz* als ein aggressives →Symbol im Unterschied zum liegenden →Buddha, der Friedfertigkeit (→Frieden),

Toleranz und →Liebe ausstrahle. Dem Christentum fehle bei seiner Neigung zum *Extremen* der Sinn für den »mittleren Weg«. Es gilt als innerl. gespaltene Religion: Viele kritisieren es als depressiv machende, düstere »Karfreitagsreligion«. Islam und Judentum lehnen →Mittlergestalten ab, stellen den Menschen unmittelbar →Gott gegenüber und argumentieren daher gegen die christl. Lehre von *→Erlösung und →Trinität.* Die Verbannung der *→Sexualität* aus der christl. →Anthropologie auf Grund des Erbsündeverständnisses (→Sünde und Schuld), das Fatalismus fördere, wird angeprangert. Das Christentum gilt als Religion des »stillen Kämmerleins«, als *Rückzugsreligion,* welche die säkulare Welt (→Säkularisierung) ihren eigenen Gesetzlichkeiten überlasse.

*III. →Jesus* wird im allg. *positiv* gesehen und auf dem Hintergrund der betreffenden Tradition gedeutet. Juden und Muslime schätzen ihn sehr als Menschen; im Islam ist Jesus ein »Gesandter« (rasul) und den vorherigen Gottesboten und →Muhammad gleichrangig. Juden und Muslime lehnen jedoch die →Christologie ab. In den Traditionen →Asiens wird Jesus als myst. Weisheitslehrer (→Mystik; »Guru Jesus«) bzw. als Gott in Menschengestalt (avatar, Herabstieg) hoch verehrt (→Meister-Jünger-Verhältnis).

*Lit.: J. Kahl:* Das Elend des Christentums oder Plädoyer für eine Humanität ohne Gott, Reinbek 1968. – *T. Moser:* Gottesvergiftung, Frankfurt/M. 1976. – *W. Nestle:* Die Haupteinwände des antiken Denkens gegen das Christentum, in: Archiv für Religionswissenschaft 37 (1941/42), 51-100. – *F. Nietzsche:* Der Antichrist, in: *G. Colli/M. Montinari (Hg.):* Krit. Studienausgabe, Bd. 6, München 1980, 165-254. – *Zu D: H.-J. Loth/M. Mildenberger/U. Tworuschka (Hg.):* Christentum im Spiegel der Weltreligionen, Stuttgart, 3. Aufl. 1986. – *G. Mensching:* Der offene Tempel. Die Weltreligionen im Gespräch miteinander, Stuttgart 1974. – *O. H. Schumann:* Der Christus der Muslime (Kölner Veröffentlichungen zur Religionsgeschichte, Bd. 13), Köln/Wien, 2., durchges. und erw. Aufl. 1988. – *R. Wielandt:* Das Bild der Europäer in der modernen arab. Erzähl- und Theaterliteratur (Beiruter Texte und Studien, Bd. 23), Beirut 1980.

*Falk Wagner/Udo Tworuschka (D)*

**Christenverfolgungen** sind staatl. Maßnahmen gegen einzelne Christen, das Christentum oder die Kirche als dessen Organisationsform mit dem Ziel seiner Vernichtung. Auch Verfolgungsmaßnahmen der Kirche selbst in Verbindung mit einem »christl.« Staat gegen christl. Gruppen, die sich in Opposition zur Kirche für die wahren Christen hielten, wurden als C. empfunden und unterschieden sich in Methode und Praxis kaum von ihnen. C. hat es von Anfang der Christenheit an bis in die Gegenwart gegeben; die des 20. Jh.s ragen wegen ihrer Radikalität heraus.

*A.* Nach Maßnahmen jüd. Behörden gegen die Urgemeinde, die im als Religionsfrevel angesehenen Bekenntnis zu →Jesus Christus begründet waren, scheint der röm. Staat seit *Nero* gegen Christen vorgegangen zu sein. Ein das →Röm. Reich konsequent ablehnender Zug der frühchristl. →Apokalyptik brachte die Christen angesichts der Hinrichtung Jesu durch röm. Behörden u.U. in den Verdacht terrorist. Aktivitäten, ermöglichte es, ihnen 64 n. Chr. die Schuld am Brand →Roms zu geben, und war der Anlaß, ein erstes Mal wohl auf Rom begrenzt, aber beispielgebend, gegen Christen vorzugehen, die auf grauenhafte Weise hingerichtet wurden. Am Anfang des 2. Jh.s wurden sie auf eine Anzeige hin, nur weil sie Christen waren, also ohne den Vorwurf eigentl. Verbrechens, hingerichtet. Verdächtigungen krimineller oder moral. Natur sowie die *Verweigerung des Kaiserkultes* scheiden als unmittelbare Begründung aus, haben aber das antichristl. Klima angeheizt und zu Pogromen geführt. Ein als Christ Angeklagter, der dies bestritt und durch Opfer bewies, wurde freigelassen, der christl. Bekenner ohne weiteres Gerichtsverfahren hingerichtet.
Gezielte Maßnahmen gegen Kirche und Klerus sind bis Mitte des 3. Jh.s nicht nachweisbar. Gegen diese Rechtsunsicherheit setzten sich die christl. →Apologeten literar. zur Wehr. Im Zusammenhang des ideolog. Programms einer umfassenden Reichserneuerung auf der Basis von Tradition und Kult kam es 249/51 unter *Decius* anläßl. einer Bittsupplikation (Bittopfer), die für die gesamte Reichsbevölkerung verbindl. war und von den Christen als heidn. Opfer verweigert wurde, zur *ersten* reichsweiten C. Der (auch unfreiwillige und erzwungene) Vollzug des Opfers bewirkte Freilassung; der christl. Glaube stand nicht zur Debatte. Wenigen →Märtyrern standen allerdings viele *Abgefallene* (lapsi) gegenüber und stellten die Kirche vor neue theol. und disziplinar. Probleme (→Buße; →Kirchenzucht).
Eine zweite Phase richtete sich 257/60 unter *Valerian* gezielt gegen Kirche und Klerus; seither galt wieder der seit Anfang des 2. Jh.s bezeugte Zustand. Unter Diokletian begann aus ähnl. Motiven wie unter Decius 303 die *umfassendste* C. in der Geschichte des Röm. Reiches, die im Osten viele Märtyrer forderte, letztl. aber scheiterte und erst 311 mit dem Toleranzedikt des Galerius ihr jurist., 313 mit der Mailänder Übereinkunft zwischen Konstantin und Licinius (→Konstantin. Wende) ihr fakt. Ende fand. *Seit 324* sind mit der Alleinherrschaft Konstantins die C. im Röm. Reich *beendet,* abgesehen von gelegentl. heidn. Reaktionen einiger Usurpatoren. Außerhalb des Reiches kam es schon im 4. Jh. aus antiröm. Affekt zu blutigen C. bei Goten und Persern. Der seit dem 7. Jh. Teile des christl. Ostens erobernde →Islam verhielt sich zunächst tolerant, wachsende Diskriminierung führte aber seit dem 8. Jh. zum massenhaften Abfall vom Christentum, das zur Minderheit wurde und vielerorts ganz verschwand.

*B.* Das *europ. MA.* kennt C. in den Missionsgebieten Mittel-, Nord- und Osteuropas als heidn. Abwehrreaktion gegen die mit einer Eroberungspolitik verbundene →Mission der christl. Staaten, in denen es auch zu als Vernichtungskriege geführten Verfolgungen von →*Ketzern* (→Katharer; →Albigenser; →Hussiten; →Waldenser; →Inquisition) kam, die sich in den konfessionellen Kriegen der frühen *Neuzeit* (→Reformation; →Gegenreformation) fortsetzten. Die seit Beginn der Neuzeit oft mit der Kolonialpolitik der europ. Großmächte verbundene Mission bei den außereurop. Völkern führte bes. in den entwickelten Gesellschaften Ostasiens (→China; →Japan; →Korea) vom 16.- 19. Jh. zu blutigen C. In der →Franz. Revolution kam es zunächst zu Maßnahmen gegen die polit. und wirtschaftl. eng mit dem Ancien régime verflochtene kath. Kirche, dann zu C., die aus ideolog. und nationalist. Gründen den christl. Glauben zu liquidieren beabsichtigten, wie die Einsetzung eines »Kultes der Republik und nationalen Moral« und die systemat. Verfolgung auch der unter der Monarchie unterdrückten Nichtkatholiken zeigen.

*C.* Die Verbindung sozialrevolutionärer mit ideolog. und nationalist. Motiven bildet das *Grundmuster* aller im neuzeitl. →Europa und den von ihm ideolog. beeinflußten Ländern →Lateinamerikas und →Asiens (→Mexiko, →China, →Korea) im Gefolge revolutionärer Umwälzungen auftauchenden C. Es ist auch charakterist. für die frühe Sowjetunion und die unter ihrem Einfluß stehenden Staaten. Zwischen den (das alte Regime repräsentierenden) Kirchen und der sozialist. Staatsmacht kam es zu Auseinandersetzungen, in denen Christen Opfer von C. wurden. Ziel dieser ideolog. begründeten C. war die Liquidierung des christl. Glaubens, wie die zeitweiligen Verfolgungen auch der nie dem Zarentum verbundenen nichtorthod. Kirchen in der →Sowjetunion zeigen. Außerhalb Europas ist es im Zusammenhang einer nationalist.- islam. Renaissance seit dem Ende des 19. Jh.s zu Verfolgungen der christl. Armenier und Griechen gekommen, die nicht antieurop. oder antikolonial interpretiert werden können wie in der 2. Hälfte des 20. Jh.s gelegentl. antichristl. Maßnahmen im Zuge der Dekolonialisierung →Afrikas und Asiens. Ausschließl. ideolog. motiviert waren die antikirchl. Maßnahmen der Nationalsozialisten in Deutschland und den im Zweiten Weltkrieg besetzten Gebieten. Nachdem Versuche gescheitert waren, die Kirchen auf seine ideolog. und rassist. Ziele zu verpflichten, zielte der →Nationalsozialismus auf eine durch den Ausgang des Zweiten Weltkriegs vereitelte Vernichtung nicht nur der Kirchen, sondern des christl. Glaubens.

*Lit.: R. Freudenberger/C. Morper/K. Schäferdiek/F. Stoeßel:* C., in: Theol. Realenzyklopädie 8 (1981), 23-62.

*Hanns Christof Brennecke*

**Christian Science.** »Christl. Wissenschaft« ist die Bezeichnung einer amerik. Glaubensgemeinschaft, die weder in bibl. Tradition noch in der Gemeinschaft der christl. Kirchen steht.

*A.* »Entdeckerin« und Gründerin ist *Mary Baker Eddy* (1821-1910), die 1875 das grundlegende Lehrbuch »Science and Health«, Wissenschaft und Gesundheit, verfaßt und seit 1879/1882 ihre Gefolgschaft in jeder Hinsicht durchorganisiert hat. Nach der »Mutterkirche« in Boston tragen auch die rund 3000 »Zweigkirchen« in aller Welt die Bezeichnung »Church of Christ, Scientist«, »Kirche Christi, Wissenschafter«. Eine Statistik der Mitglieder besteht nicht. C.S. gehört in den Umkreis des amerik. »*New Thought Movement*«, in Deutschland »Neugeist-Bewegung«, hier vor allem in den 20er Jahren unseres Jh.s wirksam. Diese für die USA sehr typ. Bewegung geht zurück u.a. auch auf den »mental healer« *Phineas Parkhurst Quimby* (1802- 1866), der zuletzt in Portland/Maine wirkte. Er glaubte, die »Wissenschaft« vom mentalen (seel.-geistigen) Ursprung aller →Krankheit entdeckt zu haben, womit er zu den Vorläufern der modernen →Psychologie gehört. Von ihm wurde M. B. Eddy 1862 von langjährigen Leiden geheilt. Während New Thought und z.T. auch noch Quimby »the power of mind« propagierte (ein typ. Buchtitel von N. V. Peale lautet: »Die Kraft des positiven Denkens«), hat M. B. Eddy spätestens seit 1866/1872 den von Quimby stammenden *metaphys.* (d.h. rel.philos.) *Ansatz* konsequent aufgenommen und durchgezogen. Danach ist die »Wahrheit«, d.h. die eigentl. Wirklichkeit des Menschen und der Welt, göttl.-geistig und gut, alles Unvollkommene (evil) dagegen »menschl. Irrtum«. Die »Erkenntnis der Wahrheit« läßt nun den Irrtum (z.B. Krankheit) verschwinden. Diese (angebl. bewiesene) »Wissenschaft« wird in Gottesdiensten aus der Bibel und dem »Lehrbuch« verlesen und wird von »C.S.-practitioners« (Seelsorgern) als »*geistiges Heilen*« praktiziert.

*B.* C.S. ist in erster Linie Praxis. Ihre Bedeutung liegt in der Vermittlung einer *positiven Lebenshaltung.* Da es im Rahmen der C.S. keine Theologie und bibl. Exegese gibt, fehlt auch eine entspr. Ausbildung. Es ist kein Raum für eine krit.-klärende Diskussion und freies Schrifttum; alles ist auf die Schriften und Anordnungen M. E. Eddys festgelegt. So ist C.S. steril geworden und seit Jahrzehnten im Rückgang begriffen, zumal das Thema der rel. →Heilung mittlerweile auch von anderen Gruppen aufgegriffen wurde (→Pfingstbewegung). Auch die von M. B. Eddy 1908 gegründete bedeutende amerik. Tageszeitung »The Christian Science Monitor« hat heute nicht mehr die Weltgeltung wie ehemals.

*Lit.: H.-D. Reimer:* C.S., in: Theol. Realenzyklopädie 8, 62-64. – *H.-D. Reimer/O. Eggenberger:* Neben den Kirchen, Konstanz, 6. Aufl. 1986, 311-334 (Lit.).

*Hans-Diether Reimer*

**Christlich-demokratische Parteien**

*A.* Die Ideen- und Organisationsgeschichte der ch.-d.P. ist durch eine lange Anlaufphase gekennzeichnet. Der →anthropolog. Kern ihrer programmat. Aussagen entfaltete sich am geschichtl. Ort des revolutionären Umbruchs zur modernen Welt (→Neuzeit) im Widerspruch zur weltanschaul. →*Säkularisierung*, aber auch zum Verständnis eines allvermögenden Staates (→Staat), der sich →Kirche, →Glauben und →Gewissen unterwarf, in Bejahung der ursprüngl. geschöpfl. Kräfte des →Menschen, seines sittl. Willens und seines zur Gotteserkenntnis fähigen Verstandes. Die christl. Demokratie wurde durch Félicité Robert de Lamennais, Joseph Görres, die »abbés démocrates« und Vertreter der →Neuscholastik in →Italien und →Deutschland geistig vorbereitet. Seit dem Vormärz (→Biedermeier), gipfelnd in der parlamentar. Strategie *Ludwig Windthorsts*, begriff der →polit. Katholizismus sein Eintreten für die Rechte und Freiheiten der Kirche zunehmend als Kampf um Grundrechte. Er hielt allerdings unmißverständl. an der Ordnung und am Gesetz des Staates fest. Die Erweiterung zur *interkonfessionellen* Parteibildung unter freiwilliger Preisgabe der eigenen polit. Tradition konnte er erst erreichen, nachdem der →Nationalsozialismus seine rassistisch und kollektivistisch geprägte Weltanschauuung →totalitärer Willkür durchgesetzt und überzeugten Christen beider Konfessionen die innere Verpflichtung auf die →Grundwerte personaler Selbstverantwortung, der am christl. Kulturverständnis ausgerichteten Gemeinschaft und freiheitl. Politik unabweisbar bewußtgemacht hatte.

*B.* In →Frankreich und Italien wirkten – bedingt durch die Isolation der Katholiken in ihnen nicht günstigen staatl. Systemen – die Kräfte, die ein christl. Selbstverständnis formulierten, vor allem in Gesellschaft, Schule und Arbeitsleben. Dagegen war in →Belgien, in den →Niederlanden, in Deutschland, →Österreich und in der →Schweiz (kurzfristig in →Irland, in Italien 1919-1926) die Existenz eines organisierten →polit. Katholizismus eine wichtige Vorbedingung für das rasche Hervortreten ch.-d.P. in diesen Ländern nach 1945. Aus der zeitgeschichtl. Erfahrung des →Widerstands und der Nichtanpassung gegenüber Nationalsozialismus und →Faschismus entstanden die Democrazia Cristiana (seit 1943), der Mouvement Républicain Populaire (seit 1944), die Christl.-demokrat. und Christl.-soziale Union Deutschlands (seit 1945) und die Österreichische Volkspartei (seit 1945). Bewahrten die ch.-d.P. *traditionelle Orientierungen* auf den Gebieten der Kultur, der Erziehung und der Gestaltung des sozialen Lebens nach dem →Subsidiaritätsprinzip, so entwickelten sie – der veränderten Situation Rechnung tragend – eine nach Herkunftsländern und Koalitionsentscheidungen differenzierte, antitotalitäre und antikommunist. Einstellung, schwangen sich zur Gegenkraft der →Sozialdemokraten auf, wurden zu Trägern und Verfechtern des atlant. Bündnisses und der europ. Einigung (→Europa). Bereits 1947 (Nouvelles Equipes Internationales) begannen Bestrebungen, die Vielzahl der ch.-d.P., u.a. auch in den Niederlanden, in Belgien, Luxemburg, Dänemark, Norwegen, Finnland, Spanien, zusammenzufassen und auch mit den →konservativen Parteien (Großbritannien) zu einigen.

*Lit.: W. Becker:* CDU und CSU 1945-1950, Mainz 1987. – *G. Buchstab/K. Gotto (Hg.):* Die Gründung der Union, München 1981. – *J. N. Moody (Hg.):* Church and Society. Catholic Social and Political Thought and Movements 1789-1950, New York 1953. – *R. Morsey/K. Repgen (Hg.):* Adenauer-Studien, Bd. 1-5, Mainz 1981/85. – *J.-M. Mayeur:* Des parties catholiques à la Démocratie Chrétienne, Paris 1980. – *G. Rüther (Hg.):* Geschichte der christl.-dem. und christl.-sozialen Bewegungen in Deutschland, Teil 1-2, Köln 1986.

*Winfried Becker*

**Christlich-sozial.** »Die Kräfte des christl. Glaubens und christl. Liebe für das soziale Leben der Gegenwart fruchtbar zu machen« ist als Definition zu unklar; aber als Zielbestimmung aller hist. Erscheinungen, die unter diesem Namen auftraten, und aller Bewegungen bis auf den heutigen Tag, die in seiner Tradition stehen, ist diese Umschreibung richtig.

*A.* Der *Begriff* ch.-s. wird erstmals 1834 von F. von Baader geprägt und 1847/48 von J. H. Wichern aufgegriffen, der damit die *soziale Verantwortlichkeit* des Christentums gegen den frühen →Sozialismus (vor allem Saint-Simons) betont, der diese in Frage stellt. Ch.-s. hat als Begriff seinen *geschichtl.* Entstehungsort in der Zeit zwischen →Revolution und →Restauration, nachdem sich die →Gesellschaft, das »Soziale«, endgültig aus seinen bis dahin christl. normierten Erscheinungsformen zu lösen begann.
Dieser Entwicklung setzte *Wichern*, der in seiner Frömmigkeit der Erweckung (→Pietismus) darin nur Abfall vom Glauben sehen konnte, auf dem Wittenberger Kirchentag 1848 die »rettende Liebe« zur »christl. Wiedergeburt sozialer Verhältnisse des Volkslebens« entgegen (→soziale Frage). Auf *kath. Seite* nannten sich Arbeitervereine an Rhein und Ruhr Anfang der 60er Jahre »ch.-s.«. In ihnen war der Grund für eine eigenständige kath. →Arbeiterbewegung gelegt, in der sich das auf der Basis einer erneuerten Naturrechtslehre von W. E. von Ketteler gewonnene Verständnis für die sozialen Probleme des Industriezeitalters und die Tätigkeit des »Gesellenvaters« A. Kolping auswirkte bis hin zur 1. Sozialenzyklika Leos XIII. *»Rerum novarum«* 1891. Die ebenfalls 1848 in Erscheinung tretende Bewegung der »Christl. Sozialisten« in England war vor allem gegen das Manchestertum gerichtet und versuchte, beeinflußt vom Saint-Simonschen Gedanken der Brüderlichkeit, die sozialen Spannungen durch Arbeitergenossenschaften zu bewältigen, die über V. A. Huber bei den dt. Christl.-Sozialen bekannt wurden. Dieser Bewegung gelingt

es, ein starkes soziales Engagement in die *anglik. Kirche* einzupflanzen, von wo es in die ökumen. Bewegung weiterwirkt bis hin zu Gedanken einer »verantwortl. Gesellschaft« (Amsterdam 1948).
Eine Fortentwicklung des ch.-s. Denkens in Deutschland bringt *R. Todt* 1877, der in seinem Buch »Der radikale dt. Sozialismus und die christl. Gesellschaft« sozialist. Gedanken mit dem NT für vereinbar hält und damit die Verbindung mit dem Staatssozialismus (A. Wagner) herstellt. Dessen Forderungen gehen 1878 in das Parteiprogramm der »Christl.-sozialen Arbeiterpartei« *A. Stoeckers* ein. Stoecker erreicht allerdings mit diesem Versuch die Arbeiter kaum, und als unbedeutende Gruppe in der konservativen Partei fristet seine Gruppierung ihr Leben nur dadurch, daß Stoecker immer mehr auf die antisemit. (→Antisemitismus) Stimmung in kleinbürgerl. Kreisen setzt.

*B.* Neuen Auftrieb erhält das ch.-s. Denken durch den von Stoecker 1890 gegründeten *Ev.-sozialen Kongreß* und einen zur Beschäftigung mit sozialen Fragen ermutigenden Erlaß des Preuß. Ev. Oberkirchenrats von 1890, der aber 1895 schon wieder zurückgenommen wird. Spannungen im Kongreß führen zum Austritt Stoeckers, der darauf 1897 die Freie kirchl.-soziale Konferenz gründet. »Ch.-s.« und →evangelisch-sozial werden jetzt zur Bezeichnung unterschiedl. Gruppierungen. Ev. Arbeitervereine und →Innere Mission fühlen sich heimischer bei der Freien Kirchl.-sozialen Konferenz, die, nach dem Ersten Weltkrieg als Kirchl.-sozialer Bund von R. Seeberg weitergeführt, das sozial-diakon. Engagement der Inneren Mission in der Weimarer Zeit, auch über das von Seeberg 1927 gegründete »Institut für Sozialethik« in Berlin, wesentl. bestimmt.

*Lit.: E. I. Kouri:* Der dt. Protestantismus und die soziale Frage 1870-1919, Berlin/New York 1984 (Lit.). – *A. Kuhn:* Was heißt »Christlich-sozial«, in: Zeitschrift für Politik 10 (1963), 102-122. – *W. O. Shanahan:* Der dt. Protestantismus vor der sozialen Frage 1815-1871, München 1962. – *H.-D. Wendland:* Der Begriff Christlich-sozial, Köln/Opladen 1962.

*Manfred Schick*

**Christliche Literatur**

*A. Die »traditionelle« chr.L.* der ersten Hälfte dieses Jh.s wurde zu einem guten Teil von Schriftstellern geschrieben, die sich als Christen verstanden und sich in ihrem Werk direkt oder indirekt mit den großen Themen des christl. Glaubens auseinandersetzten. Geprägt in der →Romantik (A. W. Schlegel) als Rückruf zu einer traditionellen Identität von →Christentum, →Kirche und →Kultur, ist dieser Begriff zugleich Ausdruck der Entfremdung von Kultur und Kirche, oft benutzt als Abgrenzung gegenüber der »profanen« Dichtung. »Chr.L.« ist ein (vor allem) *gesamteurop. Phänomen* und hat bedeutende literar. Leistungen aufzuweisen, deren kultur- und kirchenkrit. Potential nicht durch eine selbstbestätigende Interpretation unterschlagen werden darf und deren ökumen. Bedeutung noch zu entdecken ist.
Die Ursprünge der chr.L. im 20. Jh. reichen zurück bis zum →Renouveau catholique *Frankreichs*, mit dem P. →Claudel, L. Bloy und Ch. Péguy eine eigene literar. Epoche einleiteten, zu der G. Bernanos, F. Mauriac und J. Green gehören. Im *engl.* und *amerik.* Sprachraum sind neben H. Belloc und G. K. Chesterton (die an Kardinal Newman anknüpfen konnten) T. S. Eliot, B. Marshall, E. Waugh, G. Greene und F. O'Conner überragende Vertreter. In *Deutschland*, wo die 1903 von C. Muth gegründete Zeitschrift »Hochland« zu einem wichtigen Forum der chr.L. wurde, zählten E. Langgässer, G. von le Fort, E. Schaper, R. →Schneider und W. Bergengruen ebenso wie der frühe H. →Böll und die frühe L. Rinser zu den bekanntesten Autoren christl. Herkunft. In *Italien* waren G. Papini, der 1921 seine »Lebensgeschichte Christi« veröffentlichte, G. Guareschi und D. Fabbri einflußreich. All diesen Schriftstellern ist eines gemeinsam: Die menschl. Existenz erscheint bei ihnen als bewegtes Drama zwischen Gott und Mensch, zwischen Schöpfer und Geschöpf; immer geht es um letzte Fragen, um Heil und Unheil (Bernanos, »Unter der Sonne Satans«, 1926), um Versagen und Gnade (le Fort, »Die Letzte am Schafott«, 1931), um Schuld und Rettung (Greene, »Die Kraft und die Herrlichkeit«, 1940).
Eine Variante der chr.L. stellt der *»Sündenroman«* (so der dt. Literaturkritiker C. Hohoff) dar, eine Gattung, die vor allem von Bernanos, Mauriac, Greene und der Norwegerin S. Undset gepflegt wurde und die in kirchl. Kreisen Diskussionen über die Frage hervorrief, ob es einem christl. Schriftsteller erlaubt sei, das →Böse darzustellen (→Sünde).
Der chr.L. zuzuzählen ist auch jene *Kirchenkritik* »von innen«, die unter Berufung auf Jesus (I. Silone, »Wein und Brot«, 1936; »Das Abenteuer eines armen Christen«, 1968), auf das Evangelium (Bernanos, »Die großen Friedhöfe unter dem Mond«, 1938; M. Pomilio, »Das fünfte Evangelium«, 1977) oder auf die kirchl. Tradition (G. Morselli, »Rom ohne Papst«, 1974; B. Moore, »Katholiken«, 1972) geübt wurde.

*B.* Diese Art der »traditionellen«, vorwiegend von christl. Inhalten und Themen und deren orthod. Darstellung bestimmten chr.L. gehört inzwischen der Literaturgeschichte an. In einer veränderten Situation haben christl. Autoren *nach 1945* diese Zwiespältigkeit von chr.L. durchschaut (R. Schneider, »Winter in Wien«, 1958; H. Böll, »Rose und Dynamit«, 1960). Eine neue Schriftstellergeneration orientierte sich eher an F. →Kafka, S. Beckett oder B. →Brecht. Metaphys. Antworten zu geben war nicht mehr Sache der Literatur. Auf Grund dieser veränderten Lage erwies sich eine Bestimmung der chr.L. nach den gängigen Kriterien (fakt. Zugehörigkeit des Autors zur Kirche; christl. Intention; rel. Thematik) als wenig hilfreich.

Schriftsteller wehrten sich zunehmend dagegen, von den Kirchen theol. vereinnahmt zu werden. Die Gesprächslage ist heute differenzierter. Theol. gesehen ist all das christl., was theoret. oder prakt. einen positiven *Bezug zu Jesus Christus* aufweist. In dem Maße, wie die Person und Sache Jesu Christi für das Verständnis eines literar. Textes von Bedeutung sind, kann man demzufolge von christl. Gehalten in der Literatur sprechen. Dieses Kriterium ermöglicht es, literar. Texte auch dann auf ihre christol. Bedeutung (→Christologie) hin zu befragen, wenn der Autor sich nicht als Christ versteht. Die theol. L.kritik sieht ihre Hauptaufgabe überdies nicht mehr darin, literar. Werke auf ihre Christlichkeit hin zu untersuchen. Das theol. Interesse an L. beschränkt sich ja nicht auf das genuin Christliche, sondern richtet sich auch auf authentische rel. Darstellungen, Erlebnisse und Erfahrungen, die in profanen Texten in säkularisierter Sprache zum Ausdruck kommen (→Gott, literar.). Dieses neue Interesse der Theologie an L. hat sich für den Dialog zwischen beiden Disziplinen in den letzten Jahren als fruchtbar erwiesen.

*Lit.: C. Hohoff:* Was ist chr.L.?, Freiburg 1966. – *G. Kranz:* Lexikon der christl. Weltliteratur, Freiburg 1978. – *E. J. Krzywon:* Was konstituiert chr.L.?, in: Stimmen der Zeit 191 (1973), 672-680. – *K.-J. Kuschel:* Jesus in der deutschsprachigen Gegenwartsliteratur, Zürich/Gütersloh 1978. – *D. Mieth:* Dichtung, Glaube und Moral, Mainz 1976. – *Ch. Moeller:* Littérature du 20ième siècle et christianisme, 4 Bde., Paris/Tournai 1954-60.

*Josef Imbach*

## Christlicher Verein Junger Menschen (CVJM)

### *A. Gründung und Zielsetzung*

Ursprüngl. von *G. Williams* (1821-1905) in London 1844 als überkonfessionelle Bibellesegemeinschaft für junge Angestellte, Lehrlinge und Arbeiter im Geist prot. *Erweckungsbewegung* nach dem Vorbild der dt. »Missionsjünglingsvereine« oder »Hilfsvereine für Jünglinge« gegründet, ist der CVJM inzwischen zu einer international-ökumen. Laienorganisation mit Verwurzelungen auf lokaler Vereinsgrundlage herangewachsen. Die von Williams zusammengefügten evangelist. (→Evangelisation, geistl. Betreuung), sozialdiakon. und (freizeit-)päd. (allg. und berufl. Bildung, Clubgeselligkeit, →Sport) Tendenzen bestimmen bis heute recht spannungsvoll die Zweckbestimmung, Aufgabenerfüllung und Zusammensetzung der Mitgliedschaft. Nach der *rasanten Verbreitung* vor allem in Europa und Nordamerika kam es bereits 1855 in Paris zu einem Zusammenschluß von 338 Vereinen aus 88 Nationalverbänden. Dieser »Weltbund« legte in der sog. »Pariser Basis« als seine Aufgabe fest, »solche jungen Männer miteinander zu verbinden, welche Jesus Christus nach der Hl. Schrift als ihren Gott und Heiland anerkennen, in ihrem Glauben und Leben seine Jünger sein und gemeinsam danach trachten wollen, das Reich ihres Meisters unter den jungen Männern auszubreiten«. Spätere Entwicklungen haben dahin gewirkt, die Mitgliedschaftsbeschränkungen abzubauen (→Frau), das Tätigkeitsspektrum zu erweitern und die geograph. Verbreitung zu fördern.

### *B. Geschichtliche Entwicklung*

Zur Verwirklichung der vielfältigen Aufgaben des CVJM-Weltbundes haben maßgebl. beigetragen: *H. Dunant* (1828-1910, Gründer des →Roten Kreuzes) sowie *J. R. Mott* (1865-1955, u.a. Gründer des christl. Studentenbundes 1895). In Deutschland kam es erst 1883 auf Anregung des amerik. Methodisten *Fr. von Schlümbach* (1842-1901) in Berlin zur Gründung eines Nationalbundes. Während der beiden Weltkriege wurde der CVJM insgesamt u.a. durch seine Hilfe für Kriegsgefangene und Flüchtlinge zunehmend in die →ökumen. Bewegung eingebunden. Seit Mitte der 50er Jahre haben sich Mitgliederzahlen und Engagement des CVJM bes. zugunsten der Länder Afrikas, Asiens und Lateinamerikas verschoben, so daß der Weltbund Anfang der 80er Jahre etwa 24 Mill. Mitglieder in 90 Nationalverbänden zählte. Durch Papst Paul VI. wurde auch Katholiken 1978 die Mitwirkung empfohlen.

### *C. Organisation und Tätigkeitsspektrum*

Das Gesamterscheinungsbild des CVJM ist von mehrfachen Spannungen geprägt:
*1. Internationalität – Regionalität:* Einerseits manifestiert sich die ökumen. Internationalität des CVJM in der zentralen Dachorganisation mit ständigem Sitz in Genf. Die Dachverbände haben jedoch keine Weisungsbefugnisse gegenüber den Ortsvereinen.
*2. Laienorganisation – Amtskirchen:* Der CVJM ist als eigene Verbandsorganisation relativ unabhängig von den pfarrerzentrierten Amtskirchen und betont übergemeindl. und interkonfessionelle Laienaktivitäten. So trägt die CVJM-Arbeit wesentl. dazu bei, im biographienahen Raum kirchl. Lebens den ökumen. Geist vor Ort zu verwurzeln und das Laienelement zu stärken.
*3. Eigenorganisation – Dienstleistungsfunktionen:* Ein Großteil der Vereinstätigkeiten ist auf organisator. Selbsterhaltung und Mitgliederwerbung gerichtet, doch ist hierbei der Übergang zu jenen »Dienstleistungsfunktionen« meist fließend, die der CVJM in den Ortsgemeinden, für die Kirche insgesamt und für die Gesellschaft erfüllt; hinzu kommt das internationale Engagement zur Förderung von Frieden, Gerechtigkeit und Erhaltung der Schöpfung.
*4. Geistl. Verbindlichkeit – »Weltoffenheit«:* Die Spannungen zwischen geistl. Verbindlichkeitsanspruch und Weltoffenheit bleiben weitgehend an der Grundlage dessen orientiert, wozu H. Dunant bereits 1855 aufgefordert hatte, näml. den »ökumen. Geist zu fördern, der Nationalitäten, Sprachen, Denominationen, ekklesiast. Probleme, Rangfolgen und Vorurteile überwindet«.

*Lit.: W. Jentsch:* Aufstand junger Christen. Weg und Wesen des Weltbundes des CVJM, Kassel 1955. – *K. Kupisch:* Der dt. CVJM, Kassel 1958. – *C. P. Shedel:* History of the World's Alliance of Young Men's Christian Associations, London 1955.

*Volker Drehsen*

## Christologie

### *A. Neutestamentlich*

*I.* Im Rahmen einer ntl. Theologie zeichnen sich für die Ch. (Lehre von →Jesus Christus) verschiedene Problemfelder ab. Die Ch. hat im NT nur einen scheinbaren Vorrang vor der Theo-logie (Lehre von Gott im engeren Sinn). Zwar spricht die Gemeinde zunächst vom Heilsgeschehen in Jesu Tod, Auferweckung und Erhöhung (1 Kor 15,3-5); der Gottesname *Kyrios* (»Herr«, Übersetzung von »Jahwe« in der Septuaginta) ist auf Jesus übertragen worden; in der Erfahrung der Glaubenden ist er der Platzhalter Gottes. Aber die veränderte Optik darf nicht darüber hinwegtäuschen, daß der *Vorrang Gottes* außer Frage steht (vgl. Phil 2,9: »Darum hat ihn Gott über alles erhöht«; 1 Kor 15,4: »Er ist am dritten Tag auferweckt«: Gott also handelt). Es verdient Beachtung, daß Jesus die Gottheit ausdrückl. nur an wenigen und zudem umstrittenen Stellen (Joh 1,1.18; 20,28; Hebr 1,8f.) zugesprochen wird, obwohl Wendungen wie »Kyrios«, →»Logos« (Wort), Gottessohn (Hoheitstitel) in diese Richtung weisen. Richtig ist jedoch, daß im NT die Bekenntnisse zu *Gott und Christus* aufs engste miteinander *verbunden* und aufeinander bezogen sind. Wer von →Gott redet, muß auch von Jesus Christus reden und umgekehrt. Die Theologie geht aber an keiner Stelle in Ch. auf, sondern bleibt ihr immer vorgeordnet.

*II.* Die Komplexität des heilsgeschichtl. und des endzeitl. (→Eschatologie) Verständnisses von Christus zeigt sich in der Spannung zwischen *Erfüllung und Vollendung:* Jesus ist im Glauben der Kirche die Mitte (und Erfüllung), heilsgeschichtl. Ablaufs, der Vergangenheit, Gegenwart und Zukunft umfaßt. Das →NT sieht in Jesus aber auch das endgültige und letzte →Wort Gottes (Hebr 1,1). Jesus verkörpert die Vollendung also in einer Person. Beide Denkweisen stehen nicht isoliert nebeneinander, sondern sind miteinander verbunden: Der zu Gott erhöhte, vollendete und den Ablauf der Geschichte lenkende Herr Jesus Christus wird am Ende der Tage als der richtende Menschensohn (Mt 10,23; 16,27f.; 19,28; 24,27.37.39; 26,64) wiederkommen. Bis dahin ist er den Menschen in seinem Geist (→Hl. Geist), im Wirken der →Kirche, in →Taufe und →Abendmahl nahe.
Hat die Überzeugung von der Endzeit für die Ch. nur eine symbol. oder aber eine *reale Bedeutung*? Oder umgekehrt gefragt: Ist die Vollendung nur Schein oder Wirklichkeit? Das Problem, wie endgültig das Heil ist, ob es also in Jesu Tod und Auferweckung ein für allemal geschehen und vollendet ist (Eph 2,4-6), wird aber von den genannten christol. Modellen eher verdeckt als beantwortet. Zugleich werden in allen Aussagen über Jesus Christus die ird.-menschl. und die göttl.-himml. Dimensionen verquickt. Das Ausschlagen des Pendels in die eine (Jesus, der Mann aus Nazaret) oder andere (Jesus = Gott) Richtung deuten nicht nur Sprach- und Verstehensschwierigkeiten an, sondern auch »Widersprüche«, die in der Sache selbst vorgegeben sind.

*III.* Die Ch. ist (als Lehre von Christus und dem in ihm gekommenen →Heil [Soteriologie]) im herkömml. Verständnis durch den →*Glauben der Gemeinde* motiviert. Das Bekennen und Verkündigen ist entscheidend durch die Ostererfahrung und das Wissen um die Gegenwart des erhöhten Herrn im Geist angestoßen worden. Der Glaube an Christus, den Herrn (»Kyrios«), →Messias und Sohn Gottes, hat sich auf einmal in vielen Stimmen und Sprachformen (Akklamation, →Doxologie, →Hymnus, Titel, Bekenntniserzählung) Ausdruck verschafft. Die Frage nach der sog. *impliziten Ch.*, d.h. nach den Ansätzen und Anstößen zum Glauben an Christus, die im Verhalten Jesu schon vor →Ostern erkennbar waren, hat ihre bes. Sprengkraft. Der Anspruch, in Jesu Reden und Handeln sei das Gottesreich angebrochen (Mk 1,15), die radikalen eth. Forderungen (→Bergpredigt), die rigorose Einberufung der Jünger in die →Nachfolge (Mt 4,18-22/Mk 1,16-20; Mt 8,18-22/Lk 9,57-62; Mt 9,9/Mk 2,14/Lk 5,27; Mt 10,37-38/Lk 14,26-27; Mt 19,27-29/Mk 10,28-30/Lk 18,28-29) sind Urgestein der weiteren Ch. Der aus dem →AT übernommene, möglicherweise myth. beeinflußte Stellvertretungsgedanke (Gottesknecht-Ch.; das Kelch- und Taufwort Mk 10,38; die Hingabe »für die vielen« im eucharist. Einsetzungsbericht [→Abendmahl] Mk 14,23 par vgl. 10,45), hat bei Paulus (2 Kor 5,21; die Adam-Christus-Typologie Röm 5,12-21; 1 Kor 15,45-49) und Johannes (Joh 13,1-6; 1 Joh 3,16: Lebenshingabe »für uns«) eine christol. Bedeutung bekommen. Die Gründe liegen in Jesu (in Wort und Tat durchgehaltener) »Proexistenz«: in seinem Eintreten für die anderen. Die Anfänge der Ch. müssen (zweifellos durch die Ostererfahrungen der glaubenden Gemeinde vertieft) in der *Geschichte Jesu selbst* gesehen werden. Der erhöhte Herr ist der ird. Jesus; Ostern hat zwar neue christol. Maßstäbe gesetzt, aber wichtige Daten sind schon vorösterl. zu erkennen. Eine bibl. Ch. müßte den einen und den anderen Aspekt ernst nehmen.

*IV.* Die Schwierigkeiten einer Verständigung über die ntl. Ch. liegen in den unterschiedl. *method. Ansätzen.* Eine unhist. Systematisierung der genannten und anderer christol. Hoheitstitel, eine analyt. Wachstumsgeschichte der einzelnen christol. Vorstellungen übersieht leicht, daß jede Ch. etwas über Jesus von Nazaret aussagen will. Es gibt freil. eine mittlere Linie: Sie sucht einerseits die Frage nach der Person und dem Werk Jesu Christi miteinander zu verbinden und andererseits die Hoheitstitel und Bekenntnisse, ausgehend von dem in Jesus begonnenen und erfahrenen Heil, für die Menschen zu verstehen. Damit wird deutl., was die vielfältigen Zeugnisse und Berichte vereint.

*V.* Die Orientierung am österl. Einheitsgrund der vielschichtigen ntl. Ch. kann und darf nicht darüber hinwegtäuschen, daß es Spannungen und *Dissonanzen* gibt. Die judenchristl.-apokalypt. eingefärbte Menschensohn-Ch. ist nur schwer mit der heidenchristl. Erhöhungs-Ch. auf einen Nenner zu bringen. Der Sohn-Gottes-Name in der joh. und paul. Verwendung reibt sich mit dem jüd. vorgeprägten Messiastitel. Die joh. Menschwerdungs-Ch. (→Inkarnation) steht in Spannung zur paul. Verkündigung vom Kreuz. Unausgeglichen stehen auch das Bild des synopt. Wundertäters (des »göttl. Menschen«) und des Lehrers (Rabbi) nebeneinander. Die wissenschaftl. Untersuchungen haben zwar gezeigt, daß es keine »reinen Formen« mit ausschließl. Anspruch gibt (vgl. die atl.-jüd. und hellenist. Einschlüsse in den Titeln »Kyrios« und »Gottes Sohn«). Christus hat *viele Namen*, und das Bekenntnis zu ihm braucht viele und verschiedene Ausdrucksformen. Die Forderung der Einheit ist in der vorgegebenen Sache der Wahrheit über Jesus begründet; aber die häret. Entwicklungen der nachntl. Zeit haben auch innerntl. Ansätze. Der →Kanon des NT hat eine diffuse Entwicklung wenigstens durchgehalten und so die Frage nach dem einenden Ursprung des vielfältigen Bekenntnisses neu gestellt.

*Lit.: H. R. Balz:* Method. Probleme der ntl. Ch., Neukirchen-Vluyn 1967. – *R. Bultmann:* Die Ch. des NT, in: *ders.:* Glaube und Verstehen I, Tübingen 1933, 245-267. – *O. Cullmann:* Die Ch. des NT, Tübingen, 3. Aufl. 1963. – *J. Ernst:* Die Anfänge der Ch. (Stuttgarter Bibelstudien 57), Stuttgart 1972. – *E. Fuchs:* Glaube und Erfahrung. Zum christol. Problem im NT, Tübingen 1965. – *F. Hahn:* Christol. Hoheitstitel. Ihre Geschichte im frühen Christentum, Göttingen 1963. – *F. J. Schierse:* Ch., Düsseldorf, 4. Aufl. 1984. – *B. Welte (Hg.):* Zur Frühgeschichte der Ch. (Quaestiones disputatae 51), Freiburg 1970.

*Josef Ernst*

## *B. Theologiegeschichtlich*

Theologiegeschichtl. stellt sich die Ch. nur bedingt als kontinuierl. Abfolge oder Entwicklung von →Bekenntnis, →Dogma oder →Theologie dar. Wichtiger sind die Umbildungen, die sich jeweils im Übergang in andere kulturelle und soziale Kontexte ergaben. Global lassen sich die Umformungen systematisieren an Hand von veränderten Grundfragen, auf die das in der Ch. formulierte Heilsangebot zu antworten hat. Eine Sonderstellung nimmt dabei der erste Übergang zur »klass. Ch.« ein. Spätere Übergänge greifen in Bestätigung oder Kritik auf sie zurück.

### *I. Vom Neuen Testament zu den ersten Jahrhunderten*

Aus der reichen (aus atl. Tradition schöpfenden und bisweilen widersprüchl.) Fülle des ntl. Materials hat sich schon in früher Zeit eine *Strukturierung* angedeutet, die nur noch unzureichend rekonstruiert werden kann. Entscheidend wird für die folgende Zeit eine dreifache Brechung: 1. Mit wachsendem Abstand von der Zeit Jesu ändert sich die *Fragerichtung.* Jesus wird selber *Thema* des →Glaubens und neben Jahwe zum Inhalt des Bekenntnisses. 2. Das Bedürfnis nach einer am Christusbekenntnis orientierten Identität der Gemeinde und deren frühe jüd. Entgrenzung führen zu einer *Ausfilterung* best. im NT angelegten Linien. So treten die Modelle des eschatolog. Propheten (Geistch.) oder der menschgewordenen →Weisheit (Sophiach.) hinter die Modelle des Messias (= Christus), des Gottessohnes, des →Logos (Joh 1,1-14) und Menschgewordenen (Phil 2,5-4) zurück. »Christus« wird sehr früh zum Eigennamen und dadurch zu einer selbstverständl. Verständigungsbasis späterer Diskussionen. 3. Diese Ausfilterung wird unumkehrbar, nachdem das *Judentum* als Kontext, ursprüngl. und revitalisierender Bezugspunkt *ausfällt.* Dadurch werden auch der narrative Zusammenhang unterbrochen, die interpretierenden Elemente von ihrem Ursprungstext abgeschnitten und in diesem Sinn verabsolutiert. Diese Umsituierung muß auch die spätere Übernahme der ntl. Ch. tiefgreifend verändern, die jetzt, von neuen Voraussetzungen her verstanden, aus hist. Perspektive verengt wird und ihrerseits die späteren Entwicklungen einlinig bestätigt. Ein erster Verfremdungseffekt ist erreicht.
Zugleich aber hat der Auszug der Ch. aus der jüd. Kultur *paradigmat. Bedeutung.* Zum ersten Mal wird die christl. Botschaft auf transkulturelle Momente hin bearbeitet und die Schrift als Bezugspunkt eigener Auslegung begriffen. Nüchtern besehen bleibt jetzt Ch. immer eine *»Mischch.«* (Ohlig), die neben internen Spannungen auch ihre kulturelle Mehrschichtigkeit auszuhalten hat.

### *II. Alte Kirche*

Seit dem 2. Jh. wird das Nachdenken über Jesus Christus verwiesen auf den Denkzusammenhang der hellenist.-philos. Tradition sowie auf den Erfahrungszusammenhang einer gnost. Religiosität. Seit dem 3. Jh. wird es zunehmend vom Interesse gesteuert, sich als universal gültige Heilslehre in den geistespolit. Kontext einzufügen und der (seit dem 4. Jh. neu propagierten) Reichsidee zu dienen. Von einer eigenen Disziplin Ch. kann (noch) keine Rede sein; denn einerseits übt das Nachdenken über Jesus Christus eine *integrative Funktion* aus für die ganze, als göttl. Weisheit verstandene Theologie, andererseits formiert sie sich entweder unsystemat. an Hand von Bibelinterpretationen oder in aktueller Widerlegung von widerstreitenden Positionen. Wichtiger als diese wissenschaftsorganisator. Frage ist ihre innere Transformation.

*1.* Seit dem 2. Jh. übernimmt das Christentum die Heilsfrage in ihrer *hellenist., weltflüchtigen Form* (Wie kann der Mensch vergöttlicht werden?), entwickelt die Antwort vom →inkarnator. Umkehrmodell her (...indem Gott Mensch wird) und setzt dazu die Kategorie des Wortes (→Logos) ein (Der göttl. Logos nimmt sich eine menschl. Natur). Die Erarbeitung des Modells führt in der östl. Reichshälfte bis zum 7. Jh. zu spannungsreichen Auseinandersetzungen, in der neben machtpolit. Fragen (Konkurrenz zwischen Konstantinopel und Alexandrien) kulturelle Voraussetzungen (antiochen. gegen alexandrin. Denken) eine Rolle spielen. Einerseits werden so objektiv mögliche, dem rationalen Diskurs standhaltende Formeln entwickelt, andererseits wird die Identität Christi konsequent *auf Gott hin* gedacht (Alexandrien), ohne *der Menschheit* Christi Abbruch zu tun (Antiochien). Das Konzil von Nizäa (325: Christus wesensgleich mit Gott) trägt um der Sehnsucht der Epoche nach Vergöttlichung willen der Menschheit Jesu ungeschmälert Rechnung und setzt die meisten vorhergehenden Entwürfe ins Unrecht; das Konzil von Chalcedon (451) stellt dem spiegelbildl. die Wesensgleichheit mit den Menschen entgegen und präsentiert durch diese Doppelung ein *Problem,* das durch die Unterscheidung von Person und Naturen zwar in ein widerspruchsfreies Begriffskonzept gegossen, aber mit seinen doppelgliedrigen Aussagen (einer jeweils unvermischten und ungetrennten göttl. und menschl. Natur bei gleichzeitiger Aufnahme in eine göttl. Person) bis hin zur letzten Synthese bei Johannes Damascenus (geb. 675) – und darüber hinaus – nie befriedigend zu Ende gedacht worden ist.

*2.* Die abstrakt kulturalist. Frage, ob in diesem Konzept das Christentum zu sehr *hellenisiert* oder der Hellenismus angemessen christianisiert wurde, ist – unbeschadet der Leistung von A. von →Harnack – wegen ihrer verborgen normativen Voraussetzungen nicht mehr sehr ertragreich. Ohne Zweifel hat die Ch. das hellenist. Denken *erweitert* (etwa durch Entwicklung der Kategorie »Person«), dessen Gottesbild modifiziert und die Inkonsequenzen des mittleren Platonismus überwunden. Zugleich aber wurde das Christusbild von einem metaphys. begriffenen und gnost. ersehnten Gott her definiert und damit *entgeschichtlicht.* So kommt diese Ch. in Schwierigkeiten, sobald die Geschichte neu entdeckt oder gar Gott nicht mehr als Ziel aller Sehnsucht begriffen wird.

*3.* Die Erforschung der klass. Ch. hat sich vornehml. auf Abfolge und Entwicklung der inhaltl. Diskussionsgänge vom Standpunkt der siegreichen Orthodoxie und damit der Sieger konzentriert. Eine differenziertere Beurteilung des Phänomens →Häresie aber könnte im Blick auf die *Einheitsbedürfnisse* des Reichs deutl. machen, daß die Logosch. Christus zugleich als *»Pantokrator«* (Allherrscher) und damit den Kaiser als dessen Abbild legitimierte. Um diesen Gesichtspunkt in seiner vollen Tragweite krit. zu werten, ist sozialgeschichtl., lokalgeschichtl. und schichtspezif. Forschung im Blick auf Gruppen zu betreiben, die sich aus dem reichsöffentl. Diskurs verabschiedeten, weil ihre Träger entweder aus dem Reichsverband ausschieden oder (wie monast. und aszet. Ch.en) nicht die Reichsöffentlichkeit als ihren Adressaten suchten.

So leistete die klass. Ch. die erste kulturelle Transformation der christl. Botschaft in einer staatstragenden und *justiziablen Weise.* Sie hat damit nicht einer an →Dogma oder →Bekenntnis sich orientierenden Theologie eine prägende Gestalt gegeben, sondern legitimierte zugleich das spätere Verlangen nach eindeutigen Lehren und Formeln.

*4.* Die klass. Ch. leistete eine bis dahin beispiellose →*Inkulturation*: Die in der bibl. Tradition geschichtl. und polit. besprochene eschatolog. Rettung ist jetzt auf eine kosmolog.-natural orientierte Ebene umgesetzt, die Heilsfrage aber nur scheinbar auf die Doppelnatur Jesu Christi hin verinnerlicht; denn in ihr wird die Gesamtstruktur der Erlösung ausgetragen, da in Christus als dem Urbild des Göttlichen das Menschliche *an sich* aufgenommen ist. Deshalb nehmen die Fragen nach Sünde und Erlösung daneben nur einen untergeordneten Raum ein.

Die *überragende Bedeutung* dieser klass. gewordenen Ch. liegt formell in ihrer ökumen. (nahezu) umfassenden Autorität, inhaltl. in ihrer einfachen Rahmenformel (wahrhaft Gott, wahrhaft Mensch), die bis in die Gegenwart hinein der Theologie ihre notwendige Spannweite offenhält und auf die nötigenfalls alle Überkomplexität der Reflexionen wieder krit. zurückgeführt werden kann. Genaugenommen ist es keine theol., sondern eine von *geistl. Erfahrung* getragene und nur im rel. Sprachspiel angemessen nachvollziehbare Formel, die um ihrer Paradoxie willen zwischen Aussage und Deutung keinen Spielraum mehr läßt. Daraus wird verständl., daß die klass. Ch. – und im Zusammenhang mit ihr die klass. Trinitätslehre – in regelmäßigen Abständen eine Renaissance erlebt, gerade in Zeiten der Erneuerung (→Reformation, →Gegenreformation, Beginn des 20. Jh.s) erstaunl. stabil und inspirierend bleibt und dem →Ökumen. Rat als Grundlage seiner Basisformel dienen konnte.

### *III. Mittelalter*

Die formale Stabilität der Ch. beim Übergang in den zweiten großen Kulturraum des Christentums täuscht leicht über die tiefgreifende Veränderung des Umfelds hinweg, auf dessen Probleme von der Ch. nun eine Antwort erwartet wird. Die personalnaturale Beschaffenheit Jesu verliert als Heilsbotschaft an Unmittelbarkeit, wiewohl die klass. Ch. mit großer Ehrerbietung, gleichsam als der wahre Glaube selber und als einzig legitimer Interpretationsrahmen des NT übernommen wird. Daraus ergeben sich vier Gesichtspunkte:

*1.* Die klass. Ch. übernimmt *die Basisfunktion* einer normativen Sprach- und Rahmenregelung, der man ledigl. neue Deutungen und Präzisierungen zuzufügen gedenkt. Damit entsteht, jetzt in

Konturen als eigener Traktat faßbar, eine neue Qualität von ungefragt vorausgesetzter, denker. aber höchst *anspruchsvoller kirchl. Lehre*, die an den institutionalisierten Orten der nun mönch., in Schulen gelehrten, später an Universitäten betriebenen Theologie professionell studiert wird. Daran entzünden sich für eine Elite Glaubenserfahrungen. Die dazu nötigen intellektuellen Leistungen machen es verständl., warum der Glaube im MA. vorrangig von seiner Erkenntnisdimension her aufgegriffen und verarbeitet wird.

*2.* Die Unterscheidung zwischen *»Person« und »Werk«* Christi hat ihre Gründe in einer veränderten, wenn auch schon im Westen der Alten Kirche vorbereiteten soteriolog. (auf das Heil gerichteten) Fragestellung (Wie kann uns Ch. aus unserer [erb]sündigen Verlorenheit retten?) und wird zu Unrecht als (nur) ergänzendes Element präsentiert. Vielmehr relativiert sie nicht nur die antike Fragestellung, sondern bahnt auch den Weg für eine *verhängnisvolle Zweiteilung* als Grundmuster der ma. Heilslehre und Ch. Wie die Aufnahme der Menschheit Jesu in die Gottheit an Gottes Gnadenentschluß (so schon die westl. Antike) bindet sie die Rettung der Menschheit an eine erlösend-sühnende Einzeltat der Genugtuung (Satisfaktionslehre), zu der kein anderer als der Gottessohn Jesus die angemessenen Voraussetzungen mitbringt. Innerhalb dieses Ausgangspunktes entwikkeln sich die Frage nach den *Voraussetzungen und der Rettung* selber auseinander, können in einer späteren Phase das eigene Handeln, aber auch Sakramente und Kirche ohne elementaren Widerstand auf Heilserwerb hin instrumentalisiert werden, so daß es im Spätma. zu einer Fiskalisierung der Heilsmittel, zu unwidersprochener Werkgerechtigkeit und dem Mißbrauch der Nachfolgeidee kommt. Kurz, die klass. Ch. ist jetzt nicht mehr Erklärung, sondern Voraussetzung der Soteriologie; die wachsende Komplexität der Gesamtfrage führt zu einer wissenschaftsorganisat. Zweiteilung von Ch. und Soteriologie.

*3.* Die übernommene und anspruchsvolle Ch. sieht sich mit einer (zunächst) bildungsarmen Kultur konfrontiert. Die dadurch mögl. Verschulung der Theologie führt dazu, daß viele »von unten« kommende volks- und *frömmigkeitsnahe Entwicklungen* nicht theol. aufgearbeitet oder in ihrer christolog. Bedeutung zur Kenntnis genommen wurden. So entwickeln sich neben der Schultheologie gelebte und erfahrene Ch.n, die – auch in ihren häret. Formen – als Gegenindikatoren der eingetretenen Engführungen zu untersuchen sind: die radikale Nachfolge Jesu in Armut, die Erfahrung myst. Vereinigung mit ihm sowie ein individualisierender Zug zur Innerlichkeit (Devotio moderna, →Mystik) und Kreuzesfrömmigkeit. Neben dem königl. Christus des Hochma.s, unter der Formel »Ein Gott, ein Christus, ein Kaiser« Identifikationsfigur des Imperiums, neben einer starken sakramentalen Christusverehrung (Heil als ein wie die gemalte Bibel anschaubares Medium) werden der Schmerzensmann, der tote Sohn der Mutter (Pieta) und das hilflose Kind in der Krippe entdeckt, mit denen sich Arme, Leidende und Kranke als Christen identifizieren können. Schließl. ist die erzählende, an Kirchenfenstern bebilderte und von Theologen wie →Thomas von Aquin ausführl. kommentierte Tradition der (»Mysterien« genannten) Ereignisse Jesu nie abgerissen, deren Identifikationsmöglichkeiten auch jetzt nicht perfekt steuerbar gewesen sind. Dies scheinen die Linien zu sein, die den Glauben innerchristolog. belebt und rel. konkretisiert haben, wenn auch nicht ohne die Folie der überkommenen Ch.

Die eigentl. beunruhigenden und das soziale Gefüge von Kirche und Reich erschütternden Entwicklungen waren dazu angetan, die Ch. überhaupt zu modifizieren, da sie unter Berufung auf den →Hl. Geist eine neue Epoche einforderten, die nicht mehr unter der Herrschaft der hierarch. Kirche stehe. Diese Herausforderungen, die indirekt auf den engen Zusammenhang von Ch. und →Ekklesiologie verweisen, wurden in die Häresie abgedrängt.

*4.* In der *→Reformation* sind die zentrifugalen Tendenzen des MA.s christolog. neu konzentriert worden. Die Heilsfrage ist – auf dem Boden der genannten Problemstellung (Rettung aus der Sünde) und unter Voraussetzung eines veränderten Gottesbildes (→Duns Scotus) – zur soteriolog. vertieften Frage nach der persönlich verbindl. *Aneignung des Heils* entwickelt. Die Verinnerlichung der Heilsfrage und die Kritik an deren Instrumentalisierung erreichen in der →Rechtfertigungsfrage und im Neuverständnis des →Glaubens (als Tat des Vertrauens) ihr Zentrum. Die neuentwickelte Lehre von den *Ämtern Christi* holt die privatisierte Christusbeziehung in die Öffentlichkeit der Verkündigung zurück und funktionalisiert damit die Ämter der Kirche (→Amt). Damit ist der gesamtkirchl. Ch. eine *dritte Schicht* zugewachsen. Die altkirchl. Ch. bildet weiterhin die umfassende Sprach- und Rahmenregelung (Luther steht der alexandrin. Ch. nahe), die ma. Soteriologie wird in verinnerlichter Form übernommen und bietet weiterhin den Problemrahmen (Luther greift ausdrückl. auf Augustinus zurück). Die in monast. Tradition entwickelte Aneignungsfrage wird radikalisiert und damit als Kritik der objektivierenden Lösungen ausgearbeitet. Unter diesen christolog. Aspekten kann Luther als Vollender des MA.s gelten.

Damit ist für die Ch. eine weitere Stufe der *Komplexität* erreicht, die sich in den christolog. Unterschieden der Reformatoren selbst, in der aufbrechenden konfessionellen Polarisierung sowie in späteren innerreformator. Auseinandersetzungen (→altprot. Orthodoxie, →Pietismus) äußert. Diese Komplexität bestimmt noch die gegenwärtige westl. Ch.

*C. Systematisch-theologisch*

Der *Begriff Ch.* bezeichnet die Lehre von Jesus Christus im Rahmen der christl. Theologie. Ihre formale Aufgabe ist es, Jesus als Inhalt und Grund des christl. Glaubens auszulegen. Inhaltl. hat sie die Rolle Jesu, des Gekreuzigten und Auferstandenen im Kommen des Reiches Gottes, also seine Beziehung zu Gott und zum Heil der Menschen, zu bestimmen. Deshalb gestaltet sich die Ch. immer von dem her, was sie inhaltl. zu →Jesus Christus zu sagen hat, und behält eine narrative Basis. Zugleich bewegt sie sich zwischen Gottes- und Heilsfrage (Soteriologie). Aus dieser Zwischenstellung erklärt sich, daß sie nie zu systemat. geschlossenen, sondern immer zu polaren Ergebnissen gekommen ist, die zwischen Göttlichem und Menschlichem (Alte Kirche), zwischen Sündigkeit und Erlösung (MA.), zwischen objektivem Angebot und subjektiver Aneignung (Reformation), zwischen Geschichte und Gegenwart (Neuzeit), zugleich zwischen Partikularität und Universalität, Humanität und universalem Sinnangebot zu vermitteln sucht. Von chronolog. Gesichtspunkten her läßt sich u.a. sprechen von einer ntl., einer altkirchl. oder reformator. Ch. Wichtiger sind konfessionelle (ev., kath.) und strukturelle Bestimmungen (hist., dogmat., spekulative Ch., Ch. von oben oder von unten, →bibl. Ch. oder Fundamentalch.).

*I. Neuzeitliches Erbe*

Die prägenden Themen der →Neuzeit, →Autonomie und →Geschichte, lösen in der Ch. eine *doppelte Bewegung* aus: Personalisierung und Historisierung der Ch. Aus beiden ergibt sich die Frage, welcher universale Anspruch bei der sich zeigenden Partikularität Jesu und seiner Person noch bleibt.

*1.* Das Programm der *Personalisierung* ist radikal, weil es nicht mehr an der überkommenen Ch. weiterbauen, sondern sie entweder (besser) rekonstruieren oder ersetzen will. Hinter der Zweinaturenlehre (Alte Kirche), der sühnenden Erlösungstat (MA.) und deren Aneignung durch Christi Werk (Ämterlehre) wird nun die als individuelles Subjekt verstandene »Person« Jesu Christi, strenggenommen: die Person Jesu selber gesucht, die durch die dogmat. Tradition überfemdet und unangemessen vergöttlicht worden sei. Dies führt nicht nur zur Kritik an Wunder- und histor. unwahrscheinl. Berichten, sondern in häufig psychologisierenden Interpretationen zu einer Fülle von neu gewonnenen *Jesusbildern* (Lehrer und Heiland, Sokrates und Hiob, Menschenfreund und Leidender, König und Hirt, später auch der Zimmermann und Arbeiter, Bruder und Freund von Menschen, von Kindern und von Frauen, schießl. Revolutionär und das bibl. Weltende herbeisehnender, gescheiterter Messias.), die entweder die Übernahme seiner Lehre oder eine Identifikation mit seiner Person ermöglichen. Die traditionell christolog. Elemente können dabei in *unbest.* Beziehung bleiben. Diese Indifferenz ist entscheidender als die Tatsache, daß die klass. Ch. zum ersten Mal seit über 1300 Jahren ausdrückl. relativiert oder abgelehnt worden ist. Allmähl. setzt sich die Kritik der Erbsündenlehre, dann die Kritik der Gottessohnschaft im Sinn der Zweinaturenlehre durch.

*2.* Diese Personalisierung führt zur *Historisierung*, der hist. Rückfrage nach dem ursprüngl. Jesus, in deren Gefolge zur hist. Rückfrage nach Gestalt und Entwicklung der Ch. überhaupt. Diese Entwicklung ist eindeutig mit der Tendenz verbunden, die Komplexität der kirchl. Lehre zu reduzieren und die Basis für eine neue und ursprüngl. Ch. zu gewinnen. Historisierende Ch. muß also nicht notwendig krit. gegen den christl. Glauben gerichtet sein. Sie beruft sich auf eine dreifache Legitimität: die Entdeckung der Geschichte als Appellationsinstanz gegenüber einer Ch., die ihre soteriolog. Überzeugungskraft verloren hat; das (durch den Umgang mit den Evangelien genährte) Vertrauen, daß in der Geschichte eine neue Vermittlung zur Unmittelbarkeit des christl. Glaubens entstehen kann; schließl. die Entdeckung, daß die Ch. beim Übergang in die Antike genau die geschichtl. Dimension eingebüßt hat, deren die Neuzeit bedarf; denn ihre Heilsfrage lautet: Wie und unter welchen (u.U. im Glauben gegebenen) Voraussetzungen können wir die Gegenwart so gestalten, daß der Weg in eine menschl. Zukunft eröffnet ist?

*3.* Personalisierung und Historisierung verleihen Jesus Christus und der Ch. – im Gegensatz zum traditionellen Selbstbewußtsein der Ch. – eine *partikulare Gestalt*, deren universale, existentiell oder öffentl. verbindl. Geltung erst aufgezeigt werden muß. Die hist. verantworteten Ch.n lassen sich seit dem →Idealismus bis in die Gegenwart an Hand der Frage klassifizieren, ob und wie dieser Anspruch aufgenommen oder eingelöst wird. Die Schlagworte vom »Jesus der Geschichte« und »Christus des Glaubens«, der »Jesulogie« oder »Ch.«, einer »Ch. von oben« oder einer »Ch. von unten« haben hier ihren Ort. Diese Frage ist der notwendige Preis der Elementarisierung, die eine hist. verantwortete Ch. anstrebt. Sie nimmt – ähnl. wie die Alte Kirche – die Aufgabe der →Inkulturation ohne klass. christolog. Rahmenbedingungen wieder auf.

*II. Christologie von unten?*

*1.* Daß die klass. Ch. in der Gegenwart als das Paradigma einer *Ch. von oben* begriffen wird, hängt wesentl. an ihrer polit. Funktion; es liegt aber auch in der Gewichtigkeit von vorausgesetzten und zu ermittelnden Größen. Im (philos. gereinigten) Hellenismus konnten Christen, wenn auch nicht ohne Einbußen (→Philosophie und Theologie), einen gemeinsamen Gottesbegriff akzeptieren, der (sozusagen »von oben«) die Verständigungsbasis aller weiteren Diskussionen bildete. In der Gegenwart bietet sich eher *Jesus* als (sozusagen »von unten«) geschichtl. rekonstruierbare und humanes Einverständnis weckende Figur an, von der her wieder das Gespräch über Gott gelernt werden kann. Deshalb erweist sich der Streit um eine Ch. von unten in einem als der Versuch, veränderten Kontext diesen umgekehrten Weg der Identifikation zu gehen.

*2.* Deshalb ist der Ch. heute eine *offene Diskussion* der Frage zuzugestehen, wie Gott von Jesus her neu gedacht, welche Beziehung der so erschlossene Gott zur Geschichte eingehen kann und wie sich diese Beziehung von den ursprüngl. Zeugnissen Jesu her darstellt. An diesem Punkt zeigt sich erneut, daß die Ch. die Spannung zwischen Geschichte und geschichtsübergreifender Bedeutung nicht aufheben kann, auch wenn letztere erst von der christl. Botschaft her zu gewinnen ist. Vor diesem Hintergrund sind auch die Diskussionen dieses Jh.s zu →Jesus Christus, →Präexistenz und →Trinität zu sehen.

*3.* Das Schlagwort der *»Ch. von unten«* umfaßt verschiedene Ansätze. Sie alle kommen darin überein, daß sie weder ein Gottesverständnis unbefragt voraussetzen noch die klass. Ch. ohne krit., vom ntl. Zeugnis her verantwortete Rekonstruktion übernehmen. Darüber hinaus achtet eine solche Ch. im engeren Sinn darauf, daß sie Person und Sache Jesu streng von einer verantwortet interpretierten Geschichte her auslegt, auch wenn ihr unter den gegenwärtigen Verstehensbedingungen keine (tatsächl. oder vermeintl.) Deckungsgleichheit mit der klass. Ch. gelingt. Ferner bezieht sie die Theorie des Glaubens auf dessen Praxis krit. zurück. Sie glaubt, das der intellektuellen Redlichkeit ebenso schuldig zu sein wie dem Versuch, die zentrale Sache des christl. Glaubens auf eine elementar überzeugende Weise in einer Epoche auszulegen, die beginnt, sich als nachchristl. zu verstehen.

*Lit.: M. Baumotte (Hg.):* Die Frage nach dem hist. Jesus. Texte aus drei Jh.en, Gütersloh 1984. – *F. Ch. Baur:* Lehrbuch der christl. Dogmengeschichte, Nachdruck Darmstadt 1968. – *U. Gerber:* Christolog. Entwürfe. Ein Arbeitsbuch I, Zürich 1970. – *H. Keßler:* Erlösung als Befreiung, Düsseldorf 1972. – *Ders.:* Sucht den Lebenden nicht bei den Toten, Düsseldorf 1985 – *K.-M. Kodalle (Hg.):* Gegenwart des Absoluten. Philos.-theol. Diskurse zur Christologie, Gütersloh 1984. – *H. Küng:* Christsein, München 1974. – *K.-H. Ohlig:* Fundamentalchristologie. Im Spannungsfeld von Christentum und Kultur, München 1986. – *W. Pannenberg:* Grundzüge der Christologie, Gütersloh 1964. – *Ders.:* Wissenschaftstheorie und Theologie, Frankfurt/M 1973. – *Th. Pröpper:* Erlösungsglaube und Feiheitsgeschichte. Eine Skizze zur Soteriologie, München 1985. – *K. Rahner:* Grundkurs des Glaubens. Einführung in den Begriff des Christentums, Freiburg 1976, 180-312. – *E. Schillebeeckx:* Christus und die Christen. Die Geschichte eines neuen Lebenspraxis, Freiburg 1977. – *Ders.:* Jesus. Die Geschichte von einem Lebenden, Freiburg 1974.

*Hermann Häring*

**Chronikbücher.** Neben dem deuteronomist. Geschichtswerk findet sich in den Ch. eine weitere Darstellung der Königszeit; sie will das deuteronomist. Geschichtswerk nicht verdrängen, sondern kommentieren.

*A.* Die Ch. sind *Geschichtsschreibung aus zweiter Hand,* die die als kanon. geltenden →Samuel- bzw. →Königebücher voraussetzt. Deren Geltung beruht auf ihrem vermuteten prophet. Ursprung; die Propheten verkünden nicht nur Gottes geschichtsmächtiges Wort, sondern sie schreiben auch als erste die Geschichte als Glaubensfundament für die Späteren auf (1 Chr 29,29; 2 Chr 9,29; 26,22). Diese Konzeption führte zu dem Titel »Samuelbücher« und der Bezeichnung »Frühere Propheten« (für Jos, Kön im hebr. Kanon), zudem zu der Übertragung von 2 Kön 18,13 20,19 in das →Jesajabuch. Ob der *Verfasser* neben dem deuteronomist. Geschichtswerk wirkl. andere Quellen gekannt hat (2 Chr 25,26; 27,7; 33,18) steht genauso in Frage wie die hist. Richtigkeit derjenigen Angaben der Ch., die über das deuteronomist. Geschichtswerk hinausgehen. Von dem Verfasser der Ch. stammen wahrscheinl. auch das →Esrabuch und das →Nehemiabuch, diese unterscheiden sich aber von den Ch., insofern sie eine selbständige Geschichtsdarstellung bieten. Die Verfassungszeit ist umstritten, die Spanne reicht vom Ende des 5. bis zum 3. Jh. v. Chr.

*B.* Die Ch. beginnen mit einem *Stammbaum,* der von Adam bis David reicht; er dokumentiert, wie Israel in der Menschheit verwurzelt ist (1 Chr 1-9). Die Geschichtsdarstellung beginnt in 1 Chr 10 mit der Niederlage des Königtums *Sauls* und stellt damit eines der Hauptanliegen der Ch., die Frage nach der polit. Selbständigkeit Israels, sofort in den Mittelpunkt. Beklagt wird deren Verlust in nachexil. Zeit in Esr 9,7; Neh 9,32-37. Staatlichkeit ist nur durch das Königtum denkbar. Da für den Verfasser allein das david. Königtum religiös eindeutig legitimiert und geschichtl. bewährt war, stellt er nur die Geschichte des Südreichs Juda, nicht die des Nordreichs →Israel dar. Züge, die dieses Königtum in ein ungünstiges Licht rücken, wie etwa Davids Ehebruch mit Batseba (→Samuelbücher), läßt der Verfasser der Ch. aus. Es ist seine *Absicht,* nachzuweisen, daß die Abhängigkeit des Staates von Fremden, die Bedrohung durch Feinde, ihre Ursache in der Schuld Israels hat, das der david. König repräsentiert, daß umgekehrt sein *Gehorsam* Gott gegenüber eine Voraussetzung für die Blüte des Staates ist. Deren Ausdruck sind die Berichte der Ch. über die Wehrbauten, Siege, Tribute und die innere Ordnung des Gemeinwesens. Hier hat die den Ch. (gegenüber dem deuteronomist. Geschichtswerk) eigentüml. Sicht der *Vergeltung* ihren Ort. Der Aussatz des Königs Usija wird durch seinen Eingriff in priesterl. Rechte erklärt (2 Chr 26,16f.), die lange Regierungszeit des (in 2 Kön 21,1ff. schlecht beurteilten) Königs Manasse wird durch das Konstrukt einer assyr. Gefangenschaft und anschließender Demütigung vor Gott erklärt (2 Chr 33,1.10ff.). Die Leitlinie der Darstellung ist der Zusammenhang von Tun und Ergehen, nicht der von Ursache und Wirkung in der Geschichte. Die Darstellung des Kultwesens nimmt in den Ch. einen gewichtigen Platz ein. Durch die

Präsenz Gottes im Tempel, der zur Zeit des Verfassers wieder besteht, ist Israels Heil in nachexil. Zeit verbürgt.

*Lit.: R. Mosis:* Untersuchungen zur Theologie des chronist. Geschichtswerkes (Freiburger theol. Studien 92), Freiburg 1973. – *P. Welten:* Geschichte und Geschichtsdarstellung in den Ch.n (Wissenschaftl. Monographien zum A und NT 42), Neukirchen-Vluyn 1973. – *Th. Willi:* Die Chronik als Auslegung (Forschungen zur Religion und Literatur des A und NT 106), Göttingen 1972.

*Udo Rüterswörden*

**Civil religion.** Die Bedeutung gemeinsamer überkonfessionell-rel. Überzeugungen für den Zusammenhalt polit. →Ordnungen ist in der →Neuzeit vor allem von Denkern der bürgerl.-revolutionären Gesellschaften Frankreichs und Amerikas thematisiert worden. So geht der Begriff einer »religion civile« auf *J. J.* →*Rousseau* zurück, und Benjamin Franklin (1706-1790) spricht von einer »public religion«. Ein Modebegriff wurde C.R. erst, seit der Soziologe *Robert N. Bellah* 1967 seinen Aufsatz »Civil Religion in America« veröffentlichte. Anhand der Inauguraladressen (Antrittsreden) amerik. Präsidenten zeigt Bellah auf, wie stark deren Deutung der amerik. →Geschichte und →Politik von rel. Begriffen und →Symbolen geprägt ist. Ereignisse, die für das Selbstverständnis der USA herausragende Bedeutung haben, wie die Unabhängigkeitserklärung und die Verfassunggebung, der →Bürgerkrieg und die Weltkriege, erführen in diesen Ansprachen eine die gemeinsamen Überzeugungen der Amerikaner formulierende Interpretation. Symbole, wie der Arlington-Friedhof, und Rituale, wie die Feiern am Memorial-Day, verliehen diesen Überzeugungen Ausdruck. Diese rel. Dimension des nationalen Selbstverständnisses mit ihren Glaubensüberzeugungen, Symbolen und Ritualen bezeichnet Bellah als C.R. Bellahs Artikel löste eine Flut von *Literatur* aus, die immer neue Phänomene amerik. C.R. entdeckte oder den C.R.s von →Japan bis Mexiko, von →Rußland bis →Malaysia nachspürte, wobei C.R. zu einem Synonym für jegl. Art von national(istisch)er →Ideologie in (pseudo-)rel. Gewande wurde. Problemgeschichtl. wie begriffsanalyt. liegt es jedoch nahe, von C.R. zum einen nur bei polit. Ordnungen zu sprechen, die auf der Idee der *Staatsbürgerschaft* beruhen, und nicht etwa auf »Rasse«, »Volkstum«, →Klasse, →Religion, →Sprache oder kultureller →Tradition (→Nation, Nationalismus). Zum zweiten müßten die polit. Ordnungsvorstellungen in einer so allg. rel. Sprache und Symbolik ausgedrückt sein, daß die →Integration und Identifikation tendenziell aller Gesellschaftsmitglieder ohne abstammungsmäßige, konfessionell-rel. u.a. →Diskriminierung ermöglicht wird. C.R. wäre somit kein Allerweltsphänomen, sondern ein Spezialfall rel. Deutung polit. Ordnungen.

*Lit.: R. N. Bellah:* C.R. in America, in: *ders. (Hg.):* Beyond Belief, New York/London, 1970, 168-189. – Concilium 9 (1973), 1-84 (Themenheft: Das Fortbestehen der Religion). – *H. Lübbe:* Die Religion der Bürger, in: Ev. Kommentare 15 (1982), 125-128. – *R. Schieder:* C.R. Die rel. Dimension der polit. Kultur, Gütersloh 1987.

*Martin Riesebrodt*

**Claudel,** *Paul,* geb. 6.8.1868 in Villeneuve-sur-Fère (Aisne), gest. 23.2.1955 in Paris, ist seit Calderón der bedeutendste Vertreter der abendländ.-kath. Dichtung. Hineingeboren in die Zeit des wissenschaftl. →Materialismus, prägte ihn die Begegnung mit Rimbaud und die Rückkehr zum Glauben in der Weihnachtsmesse von Notre-Dame zu Paris (1886). Entscheidende Jahre verbrachte er als Diplomat außerhalb von Frankreich (Nordamerika, China, Rio de Janeiro, Deutschland), ab 1921 als Botschafter in Tokio, Washington und Brüssel. Diesen Erfahrungen im Ausland entsprach C.s *universalist. Vorstellung vom* →*Menschen.* Zwischen den Kontinenten, im Leben und Denken der Menschen, machte C. die ganze Welt zu einem →Wort Gottes. »Durch Abgrenzung und Definition«, heißt es in »Art Poétique« (1903-1904), »erkennt (connaît) jedes einzelne Ding alle anderen Dinge«; »es entsteht (co-naît) mit ihnen und gewinnt so ein Wissen von sich selbst.« Jedoch nur der Mensch entdeckt mit seiner Erkenntniskraft die Einheit und Zielbestimmung der Welt, des Universums (univers [Un + Vers]).
Was C. denkt und dichtet, zeichnet sich durch barocken Schwung und zeitlose Bedeutung aus. Einen Zugang zur Sprache seiner Dichtung vermittelt ein Langvers aus der fünften Ode (1909-1911): In dem geschaffenen Wort ist die ganze Kreatur dem Menschen verschenkbar geworden. Dieses ungenannte Programm für die *Sprachkunst* von C., in dem auch die Bildkraft seiner Spiritualität beschlossen ist, enthält den Grundgedanken der →*Analogie*: Analogie als Beziehungseinheit zwischen den Namen und den Kreaturen (»Analogia nominum«, »Analogie der Namen«). Wenn im Dichten sich ein analoges Reden auf etwas hin ereignet, dann ist die *Analogia entis* (Seinsanalogie) Spiegelung des Seinsbereichs vom Menschen, so wie die *Analogia fidei* (Glaubensanalogie) Spiegelung vom christl. Glauben her ist. Der Unterschied zwischen Analogia entis und Analogia fidei liegt auch bei C. in der Beschaffenheit des je eigenen Spiegels. Das von Gott geschaffene Wort setzt die Dinge in ihr Eigensein ein. Der Dichter nennt diese Dinge Kreatur, und somit *sind* sie Kreatur. So geht nach dieser Analogieregel die Analogia entis der Analogia nominum voraus. Dabei will C. als Dichter kein apolog. Kämpfer für den Glauben sein. In seinen Werken will er nichts beweisen. Bilder, Vergleiche und Sprachgebilde, die das ganze Leben umgreifen, läßt er sich von Gott geben. Als Dichter strahlt er nur aus. Denn für C. steht fest, daß Gott alles gut gemacht hat, und so ist sein Werk (Gedichte, Oden, Bühnenwerke, philos. und poetolog. Essays oder Auslegungen) ein einziger Hymnus auf die Schöpfungswirklichkeit.

Die ersten Dramen, »Tête d'Or« (Goldhaupt, 1889), »La Ville« (Die Stadt, 1890) und »Le Repos du septième jour« (Im Ruhetag, 1896), behandeln die Themen des →Übermenschen und der Stadt ohne Gott. In »L'Annonce faite à Marie« (Die Verkündigung, 1910-1911) zeigt er, welche Macht der →Glaube über die natürl. Kräfte des Menschen hat. Das Drama wurde mit großem Bühnenerfolg in allen europ. Ländern aufgeführt. »Partage de Midi« (Mittagswende, 1905) ist die Geschichte eines Gerechten, der seine Verfehlung annimmt und seinen Untergang erlebt. Das größte und reifste Werk C.s ist »Le Soulier de Satin« (Der Seidene Schuh, 1919-1924), ein Stück mit mehr als fünfzig Szenen. Es ist das Drama eines →Gewissens, das beständig von der Stimme Gottes und der Stimme des →Bösen versucht wird. Handlungsort ist die ganze Welt; in einer Jahrzehnte überspannenden Vielfalt wechseln heilsgeschichtl.-ernste mit burlesk-kom. Szenen ab. Die Gattin (Doña Prouhèze) eines ungeliebten alten Mannes (Don Pélage) und der draufgänger. Abenteurer (Don Rodrigue) erleben und erleiden mit sich und an sich, wie sie die unerfüllbare ird. Liebe gegen das Kreuz eintauschen. C.s Wirkung hat auch darin seine bes. Note, daß er die Geistigkeit Asiens in seinem Buch »Connaissance de l'Est« (Kunde aus dem Osten, 1895-1905) in sein Werk integrierte und so nach Europa vermittelte.

*Lit.: H. U. von Balthasar:* Fünf große Oden, Einsiedeln, 3. Aufl. 1939. – *R. Grosche:* Paul C., 1928. – *H. Hatzfeld:* Rel. Aufbruch im geistigen Frankreich von heute, 1931. – *R. Lindemann:* Kreuz und Eros. P.C.s Weltbild im »Seidenen Schuh«, Wien 1956. – *J. Wilhelm:* Paul C. als dramat. Dichter, Tübingen 1956. – *E. G. Winkler:* Der Schuh der Doña Prouhèze. P.C.s Meisterwerk, in: Hochland 33/2 (1936).

*Fritz Paepcke*

**Cluny.** Die Benediktinerabtei C. im franz. Departement Saône et Loire war das Zentrum der bedeutendsten hochma. *mönch. Reform* und trug entscheidend zum Aufschwung des abendländ. →Mönchtums bei; auch gingen von C. vielfältige Impulse auf die →Frömmigkeit aus (bes. Allerseelenverehrung).
Herzog Wilhelm III. von Aquitanien gründete 910 C., verzichtete auf seine eigenklösterl. Rechte, gestand freie Abtwahl zu und stellte C. unter päpstl. Schutz. Diese *»monast. Freiheit«* führte zu Neugründungen und Klosterübertragungen, die schon bald einen Klosterverband entstehen ließen. Durch eine Reihe päpstl. Privilegien sowie die Ausgliederung aus der bischöfl. Zuständigkeit wurde der Verband zum »Corpus (Ordo) Cluniacensis«. C. bildete mit seinen vielen (in Frankreich zeitweise über 600) Klöstern einen »monast. Lehnsstaat« mit dem Abt von C. an der Spitze. Wirtschaftl. Kraft sowie polit. Einfluß sicherten C.s »monast. Freiheit« vor den Übergriffen lokaler Feudalherren. C. ging es um Erneuerung der →Benediktiner durch Reform. Denn in Lebensweise (consuetudo) und Spiritualität stand es in der Tradition Benedikts von Aniane. Auch wo C. vom Mönchtum abgelehnt wurde, forderte es zu Reaktion und reformer. Selbstbesinnung heraus. Bei den damit gegebenen Reformgegensätzen darf die gemeinsame Tradition nicht übersehen, noch auch der liturg. Ritualismus als eine bes. Eigentümlichkeit C.s überbetont werden. Die in der Handhabung flexiblen »Consuetudines« (→Benediktiner) wirkten anziehend und wurden außerhalb des Verbandes von C. in vielen Klöstern und Klosterverbänden übernommen.
Erst diese »Jungkluniazenser« im Dt. Reich (bes. Hirsau) waren Parteigänger der *»Gregorian. Reform«* und stützten im Investiturstreit die Königsopposition. C. selber war nicht reichsfeindlich. Seine »monast. Freiheit« bildete im nicht zum Reich gehörenden Raum Burgunds vielmehr eine Art Ersatz für Königsschutz und -freiheit der Klöster. So kann auch nicht von einem direkten Einfluß C.s auf die »Gregorian. Reform« gesprochen werden. Der Investiturstreit kam C. eher ungelegen. Einfluß und Bedeutung verlor C. mit der Verbreitung der →Zisterzienser. Im Verlauf des 12. Jh.s setzte ein Stillstand ein. Mit der Hinkehr C.s zum franz. Königtum war die weitere Entwicklung vorgezeichnet: C. schrumpfte zu einem auf Frankreich beschränkten Ordo unter benediktin. Regel. Eine bedeutsame Rolle spielte es nicht mehr.

*Lit.: A. H. Bredero:* C. et Cîteaux au douzième siècle, Lille 1985. – *N. Bulst u.a.:* C., Cluniazenser, in: Lexikon des MA.s, Bd. 2, 4172-4194. – *H. Richter (Hg.):* C. (Wege der Forschung 241), Darmstadt 1975 (Lit.).

*Isnard W. Frank*

**Comenius,** *Johann Amos,* geb. (28.3.1592 in Nivnice (Südmähren), gest. 15.11.1670 in Amsterdam, tschech. Theologe und Pädagoge.
Es waren die Wirren des Dreißigjährigen Krieges (→Religionskriege), die den letzten Bischof der Böhmischen Brüder (→Brüder-Unität), *Jan Comenic* (seine ersten Werke verfaßte er in tschech. Sprache), zum Weltbürger machten (u.a. Latinisierung seines Namens) und ihn an die verschiedensten Fürstenhöfe in →Europa führten (Schweden, Frankreich, Ungarn, England, Holland). Kirchenpolit. Vermittlertätigkeit wie grundlegende wissenschaftl. Werke begründeten seinen Ruhm sogar über Europa hinaus. Seine *Didactica magna* (1628 tschech., 1638 lat., 1657 überarbeitet) sowie *Janua linguarum reserata* (1631) bzw. *Orbis sensualium pictus* (1658) wurden zu Bestsellern seiner Zeit und faszinieren Sprachlehrer und Pädagogen noch heute. Mit dem Prinzip der Anschaulichkeit (Zuordnung und gegenseitige Erhellung von Wort und Bild) hat C. das Erlernen fremder →Sprachen gefördert und erleichtert. Viele Sprachlehren späterer Zeit haben ihn zum Vorbild.
Weniger gelesen und auch verstanden wurden seine *theol. Werke* (z.T. wie die *Pampaideia* erst im 20. Jh. [1935] wieder aufgefunden), die ihn über das →ökumen. Anliegen hinaus als Pansophisten

bzw. Theosophen ausweisen (→Theosophie). Dabei zeigt sich gemäß der persönl. und allg. Erfahrung seiner Zeit (mehrfacher Verlust von Familie, Habe und Heimat) durchaus eine realist., fast pessimist. Einschätzung der →Institutionen und →Stände, die durch sog. Weltweisheit ausgezeichnet sind (vgl. etwa »Das Labyrinth der Welt und das Paradies des Herzens«). Von der freudigen Bejahung einer Welt, die Wert und Bedeutung in sich trägt, und dem aufklärer. Gedanken einer positiven geschichtl. Entwicklung ist noch nicht die Rede. Vielmehr erscheinen Leben und Werk des →Menschen innerhalb der rel. Klammer, die durch →*Schöpfung und* Weltgericht gekennzeichnet ist. Was offenbar als Widerspruch erscheint (päd. Engagement und Erfolg einerseits sowie pansoph. Aussagen andererseits), gehörte für C. in einer dialekt. Weise zusammen. Gerade der christl. →Glaube begründete und inspirierte seine vielfältigen päd. und unterrichtl. Bemühungen. Ohne →Erziehung (und damit unterscheidet er sich von →Luthers Verständnis von →Vernunft und →Offenbarung) gab es für ihn keine →Erlösung. Entspr. begegnet in seinen method., auf prakt. Vollzug angelegten Werken auch die Frömmigkeit als Erziehungsziel. Dies zu erreichen wird dadurch mögl., daß C. den Begriff der →Natur in bisher nicht gekannter Weise füllt und erweitert: Sie umfaßt tatsächl. alle Bereiche des Lebens, die →Erziehung eingeschlossen, die als ein die Schöpfung Gottes fortsetzender Prozeß erscheint. So sind die *Hymnen auf die Natur* zu verstehen, der man nur zu folgen habe (auf allen Lebensstufen, von der »Mutterschul« bis zum Greisenalter), wenn →Lernen leicht sein und Freude machen solle. So ist das natürl. Lernen gottgewollt, das ganze Leben ist nach C. eine Schule.

*Lit.: G. Michel:* Die Welt als Schule. Ratke, C. und die didakt. Bewegung, Hannover/Berlin/Darmstadt/Dortmund 1978. – *K. E. Nipkow:* Bildung-Glaube-Aufklärung. Zur Bedeutung von Luther und C. für die Bildungsaufgaben der Gegenwart, Konstanz 1986. – *K. Schaller (Hg.):* C. Erkennen-Glauben-Handeln. Internationales C.-Colloquium Herborn 1984, St. Augustin 1985. – *H. Scheuerl:* Johann Amos C., in: *ders. (Hg.):* Klassiker der Pädagogik, Bd. I, München 1979, 67-82.

*Gerd Bockwoldt*

**Comic.** Mit der Aufwertung von →Trivialliteratur finden auch C.s religionspäd. Interesse. Sie gehören in der Übergangsphase vom →Kind zum Jugendlichen (→Jugend) zur Lieblingslektüre.

*A.* Die *Faszination des Mediums* basiert nicht nur auf Tempo, Witz und Knalleffekten, sondern ebenso darauf, daß sich der Leser darin →archetyp. wiederfindet. Auch Verkündigung hängt davon ab, ob sich der Adressat mit der Botschaft identifizieren kann. Deshalb ist zu prüfen, ob sich C.s als Medium der Glaubensvermittlung eignen. Wenn die Gattung C. von der hist. zufälligen Verbindung mit →Komik gelöst und weit genug definiert wird, ist sie für jede spannend erzählbare Thematik offen: C.s bestehen aus einer dynam. Bildreihung mit größtmögl. Integration des Wortes in das Bild. Dies führt zur Bevorzugung von direkter Rede, Dialog und innerem Monolog. Die Bilder bleiben ohne den Text unverständlich; die Texte wirken ohne die Bilder verstümmelt. Zusammen führen sie – angereichert mit typ. Signalen für Lautstärke, Bewegungsrichtung, –tempo usw. – zur film. Lesart der C.s. Im Prinzip müßte auch in diesem Medium erzählende Verkündigung mögl. sein.

*B. Bibelc.s:* Auf Anhieb geeignet zur Umsetzung in C.s sind die legendarisch verdichteten und novellistisch ausgestalteten *Rettungs- und Befreiungsgeschichten des AT* (u.a. Noach [→Genesis], Jona [→J.buch], Daniel [→D.buch], →David/Goliath), die von Anfang an in der populären christl. →Kunst (röm. Katakomben) bevorzugt wurden. Weil Jesusgeschichten nicht nur ein Ereignis erzählen, sondern Glauben verkünden wollen, sind diese am schwersten in eine glaubwürdige C.form zu bringen. Die bisherigen Versuche mit Jesusc.s (z.B. von Berthier/Le Soud, Thivollier/Rousseau, Scholl/Senders) wirken entweder zu salopp oder so brav, daß die Erwartungen eines jugendl. C.lesers enttäuscht werden. Für die theol. Hintergründigkeit solcher Texte müßte eine angemessene Formensprache erst noch gefunden werden. Ohne eine solche eigenständige Form bleiben Bibelc.s dramatisierte Wiedergaben äußerer Abläufe von Glaubensgeschichten. Weniger problemat. ist der Gebrauch von C.s für frei erfundene Rahmengeschichten, die den bibl. Text situieren und ihm einen aktuellen Zusammenhang geben. Die Frage bleibt: Können christl. Inhalte, speziell bibl. Erzählungen, in das Massenmedium C. transformiert werden, ohne daß die »Botschaft« nivelliert wird?

*C. Heldenc.s:* Außerdem interessiert den Theologen die weltanschaul. Seite der marktgängigen C.serien. Vor allem Heldenc.s enthalten rel. (eth., myth.) Elemente allg. Art. Tarzan z.B. findet im Einsatz für Mitmenschen, für Versöhnung und paradies. Frieden einen verbindl. Lebenssinn. Superman findet seine heilbringende Sendung in der Überwindung von Unheilssituationen, die vom bösen Gegenspieler verursacht wurden. Der ohnmächtige jugendl. C.leser befreit sich auf diese Weise vom Druck seiner Alltagswelt.

*Lit.: J. Horstmann (Hg.):* Rel. C.s, Kath. Akademie Schwerte 1981. – *J. Wermke:* C.s und Religion, München 1976. - *Dies. (Hg.):* Kerygma in C.-Form, München 1979.

*Günter Lange*

**Common sense** (engl.: »gesunder Menschenverstand«) meint das im Durchschnittsmenschen ursprüngl. Vorstellungs- und Urteilsvermögen. Es bildet die Grundlage aller Erkenntnis, die hiernach unmittelbar im Menschen liegt und nicht an Wissenschaft oder ähnl. gebunden wird.

*A.* Erkenntnis bleibt durchaus von Erfahrung abhängig. Aber →Erfahrung wird hier stark eingeengt und als *»unmittelbares Wahrnehmen«* verstanden. Dieses Wahrnehmen ist nicht weiter rückführbar, sondern stellt ein »Letztes« dar. Der Inhalt, das Wahrgenommene aber wird darin zu einer unmittelbaren →Wahrheit und ist nicht nur Abbild oder Wirkung einer ihm zugrundeliegenden →Wirklichkeit. Inhalte müssen also nicht erst nach und nach zusammengesetzt (Assoziationspsychologie) oder durch diskursives Denken gewonnen werden (→Vernunft, →Verstand). Wichtig ist hier anzumerken, daß die Vertreter des C.s. bei dieser Unmittelbarkeit stehenbleiben. Dadurch sind aber Bereiche wie etwa die →Metaphysik oder die →Transzendenz generell ausgeschlossen, da sie gerade ein Überschreiten der Unmittelbarkeit erforden würden. Vertreten wurde diese Theorie vor allem von der sog. *schott. Schule* (Th. Reid, 710-1796; J. Beattie, 1735-1803; D. Schwart, 1753-1828, u.a.). Sie knüpfte an die engl. →Moralphilosophie und →Ästhetik an. Vor allem bekämpfte sie den Skeptizismus →Humes oder →Lockes Idee der »tabula rasa«, also seine Erklärung des Erkenntnisprozesses. Doch war sie mit diesen beiden der Meinung, Erkenntnis gehe von Erfahrung aus.

*B.* Krit. merkt etwa Priestley an, daß Berufung auf den »gesunden Menschenverstand« nur »kritiklose Gewohnheit« fördere. Zudem bleiben die eigentl. und schwierigen Probleme ungelöst, wenn dieser »gesunde Menschenverstand« nicht hinterfragt und geprüft wird, weil seine Aussagen ja als unmittelbare Wahrheiten gelten. Oder, wie →Kant es, allgemeiner ausgerichtet, einmal ausdrückte: Sich auf den »gesunden Menschenverstand« zu berufen ist »beim Lichte besehen... nichts anderes, als eine Berufung auf das Urteil der Menge; ein Zuklatschen, über das der Philosoph errötet«. Andererseits wäre aber zu fragen, ob der C.s. angesichts überzogener Spekulationen – auch in der Theologie – nicht doch als ein mögl. Korrektiv ernst zu nehmen wäre.

*Lit.: H. Körver:* C.S. Die Entwicklung eines engl. Schlüsselwortes und seine Bedeutung für die engl. Geistesgeschichte vornehml. zur Zeit des Klassizismus und der Romantik, Bonn 1967. – *H. Pust:* C.S. von der zweiten Hälfte des 17. Jh.s bis zum Beginn des 18. Jh.s in: *J. Knobloch u.a. (Hg.):* Europ. Schlüsselwörter, II 1, München 1964, 105-140.

*Hermann Punsmann*

# D

**Dadaismus** (franz.: »dada«, Stammellaut für »Holzpferd«) meint eine kunst- und literaturgeschichtl. Erscheinung, die seit *1916* von *Zürich* aus in viele Länder Europas und bis nach Japan (Foujita) und New York (M. Duchamp, F. Picabia) wirkte. Wichtige Zentren entstanden in *Paris* 1919/22 (T. Tzara, L. Aragon, A. Breton, P. Eluard), *Köln* 1919/20 (M. Ernst, H. Arp), *Hannover* 1919/37 (K. Schwitters' »Merz-Kunst«) und *Berlin* 1918/20 (J. Baader, G. Grosz, R. Hausmann, Gebrüder Herzfelde, R. Huelsenbeck, F. Jung, W. Mehring).

*A.* Unter dem Eindruck der Kriegsgreuel, die in der erstmaligen Anwendung von Gelbkreuz-Gas vor *Verdun* ihren Höhepunkt fanden, errichtete *Hugo Ball* (1886-1927) seit Februar 1916 in Zürich das *»Cabaret Voltaire«* für junge Künstler. Beeinflußt von einem kosmopol. Freundeskreis in die Schweiz versprengter pazifist. Maler und Schriftsteller (H. Arp, E. Hennings, M. Janco, R. Huelsenbeck, H. Richter, T. Tzara), bevorzugten dessen Programme bald schon abstrakte, ungegenständl. Kunst (Beiträger u.a. A. Jawlensky, W. Kandinsky, P. Klee, F. Léger, H. Matisse, A. Modigliani, P. Picasso) sowie literar. Stil- und Experimentierformen wie Klangmischungen, Lautgedichte, szen. Simultanspiel, wobei Elemente des →Expressionismus, Futurismus und Kubismus verschmolzen wurden. Am 14.7.1916 traten die Gründer des D. erstmals unter diesem (Zufalls-)Namen an die Öffentlichkeit.

*B.* Schon in dem vom Krieg verschonten Zürich war neben die Tendenz zur *Abstraktion* als zweites Wesensmerkmal des eindeutig antimilitarist. D. die *Provokation* gegen etablierte Kunst und geschäftstüchtig-selbstgefälliges Bürgertum getreten. Im Chaos des *Epochenbruchs*, den das zerschlagene Berlin durchlitt, steigerte sich die dadaist. Provokation zur *Revolte* mit künstler. Mitteln. Vortragsabende, spontane Aktionen, eigene Zeitungen (»Der Dada«, »Die Pleite«, »Der blutige Ernst«) sorgten für rasche Popularisierung, zogen aber auch fanat. Ablehnung der nationalist. Presse und ihrer Leserschaft nach sich. Höhe- und zugleich Schlußpunkt des *Berliner D.* war die im Juni *1920* eröffnete und sogleich gerichtl. verfolgte *»Erste internationale Dada-Messe«*. Ab hier zerbrach der Berliner Zweig des D.

*C.* Wiederholt hat bes. Walter Mehring darauf hingewiesen, daß die Künstler des D. myst.-rel. Traditionen auf breiter Ebene aufgenommen und weiterentwickelt haben: archetyp. Zauber- und Beschwörungsformeln, frühchristl. Zungenrede (→Charisma), jüd. Kabbala ebenso wie die »Kühlpsalter« des Barockdichters Q. Kuhlmann (1651-1689). Darüber hinaus spielte die Auseinandersetzung mit Inhalten wie Erscheinungsformen des Christentums für den D. eine bedeutende Rolle: gerade auch bei denjenigen seiner Mitglieder, die sich entschieden als arel. verstanden (Balls Rückkehr zum Katholizismus 1920 stellt ein Sonderphänomen dar). Bes. deutl. wird dies bei Grosz' Zeichnungen »Gott mit uns« (1920), bei Huelsenbecks »Phantast. Gebeten« (1916/18 illustriert von Grosz, sieben Holzschnitte dazu von Arp) und seiner Annäherung an die Apokalypse des Johannes, bei Mehrings wie Tzaras Psalmenneudichtungen. Vor diesem Hintergrund erhalten dann auch die (von der D.forschung nur als Exzentrik registrierten) stark stilisierten Auftritte von Ball als →Schamane (Zürich, 23.6.1916) und von Baader als Messias während eines prot. Gottesdienstes im Berliner Dom (17.11.1918) die Bedeutung einer närr.-anarch. *Kontrastfolie* zum Ausverkauf der christl. Kirchen an den bürgerl. Militarismus 1914/18. Ebenso wie die Literaturwissenschaft die Bedeutung des Religiösen für den D. kaum gesehen hat, bleibt ihm auch die Theologie seit 70 Jahren das Gespräch schuldig.

*Lit.: H. Ball:* Die Flucht aus der Zeit, Luzern, 2. Aufl. 1946. – *R. Brinkmann:* D., in: Expressionismus. Internationale Forschung zu einem internationalen Phänomen, Stuttgart 1980, 179-207. – *R. Döhl:* D., in: *W. Rothe (Hg.):* Expressionismus als Literatur, Bern 1969, 719-739. – *H.-G. Kemper:* Vom Expressionismus zum D., Kronberg/Ts. 1974. – *W. Mehring:* Verrufene Malerei/Berlin DADA, Düsseldorf, 2. Aufl. 1983. – *H. Richter:* Dada – Kunst und Antikunst, Köln, 3. Aufl. 1973. – *K. Riha/H. Bergius (Hg.):* Dada Berlin, Stuttgart 1977. – *K. Riha (Hg.):* 113 DADA Gedichte, Berlin, 2. Aufl. 1987.

*Ulrich Kern*

**Dänemark.** Kath. 0,6%; Prot.: Luth. 95%, Bapt. 0,4%; Nichtgläubige und Atheisten 3,6%.
Nach einem ersten Vorstoß der →Mission im *8./9. Jh.* wurde das →Christentum durch die Taufe des Königs 960 seßhaft. Im 11./12. Jh. wurde die Kirche nach europ. Vorbildern organisiert (Erzbistum Lund 1102). Etwa 1800 Steinkirchen aus der Zeit vor 1300 sind in jetzigen D. noch in Brauch. Um 1200 beginnt die Missionierung (und vorübergehende Eroberung) von Rügen und Estland. Die →*Reformation* begann schon in den 20er Jahren des 16. Jh.s durch luth. Prediger (dän. Messe in Malmö 1528). Das erste dän. Bekenntnis von 1530 ist vom Bibelhumanismus geprägt (→Humanismus). Die Reformation wurde von König Christian III. 1536 eingeführt (→Kirchenordnung von Bugenhagen 1537, der auch sieben neue Superintendenten geweiht hat). Als Lehrnorm gelten (seit 1683) die drei altkirchl. →Bekenntnisse, die Confessio Augustana (→Augsburger Bekenntnis) und →Luthers Kleiner →Katechismus. Zur Zeit des →Pietismus kommt es zur Mission in Tranquebar (1705) und Grönland (1721). Das 19. Jh. war von einer kirchl. Überwindung des →Rationalismus und von umfassenden →Erweckungsbewegungen gekennzeichnet, die seit den 30er Jahren zunehmend von N. F. S. Grundtvig (1783-1872), Pfarrer, Historiker, Kirchenlieddichter, Gründer der Volkshochschulbewegung) geprägt wurde. 1861 wurden ein kirchl. Verein für →Innere Mission, 1896 der Kopenhagener Kirchenfonds (107 neue Kleinkirchen in Kopenhagen) gegründet. Durch die freie →Verfassung 1849 wurde die ev.-luth. Kirche als Kirche der überwiegenden Mehrheit der Bevölkerung als »dän. Volkskirche« konstituiert, ohne daß sie je eine eigene Verfassung erhalten hat. Vom →Parlament ist dagegen eine umfassende freiheitl. Gesetzgebung durchgeführt worden (Lösung der Gemeindezugehörigkeit; die Möglichkeit freier Wahlgemeinden; Pfarrerwahl durch die →Gemeinde 1922, →Ordination von →Frauen 1948); dies hat dazu beigetragen, daß die Erweckungsbewegungen innerhalb der Volkskirche geblieben sind.
Das 20. Jh. ist durch Entprofilierung der großen kirchl. Bewegungen des 19. Jh.s, Einfluß der →dialekt. Theologie und zunehmende →Säkularisierung gekennzeichnet. →Theol. Fakultäten an den Universitäten Kopenhagen und (seit 1945) Aarhus.

*Lit.: H. Koch/B. Kornerup:* Den danske Kirkes Historie, 8 Bde., Kopenhagen 1950ff. – *P. G. Lindhardt:* Skandinav. Kirchengeschichte seit dem 16. Jh., in: *B. Moeller:* Die Kirche in ihrer Geschichte, 3 Bde., Göttingen 1982. – *Chr. Thodberg/A. Pontoppidan Thyssen:* N. F. S. Grundtvig. Tradition und Erneuerung, Dän. Institut Kopenhagen 1983.

*Erik Kyndal*

**Danielbuch**

*A.* Das hist. und theol. äußerst umstrittene D. nimmt in der Bibel sprachl. (Dan 2,4b 7,28 ist in aramä. Sprache verfaßt), literar. und inhaltl. eine bes. Stellung ein. Der hebr. Kanon reiht es unter die »Schriften« (→AT) ein, während es in der Septuaginta und daher auch im christl. Kanon die »Großen Propheten« abschließt. *Inhaltl.* gliedert sich das D. in zwei Teile: Kap. 1-6 berichten vom weisen und gottesfürchtigen Daniel (der Name bedeutet: Gott ist Richter), der am Hofe altorientál. Herrscher – etwa des Nebukadnezar im 6. Jh. v. Chr. – Zeichen und Wunder zutreffend deutet. Dan 7-12 schildert in der Ich-Form verschiedene Visionen und Auditionen, d.h. gesehene und gehörte Offenbarungen, über den Verlauf und das Ende der Weltgeschichte. Neben dem kanon. D. gibt es noch apokryphe bzw. deuterokanon. Zusätze (→Apokryphen) zu Kap. 3, v.a. die Kap. 13 (Susanna im Bade) und 14 (Daniel und die Priester Bels; Daniel und der babylon. Drache). Weitere Erzählungen, die sich um die Gestalt des Daniel ranken, finden sich in den Schriften von →Qumran.

*B.* Über die *Abfassungs- oder Redaktionszeit* des D.s, in seiner gegenwärtigen Form erst im 2. Jh. v. Chr., ist sich die heutige Wissenschaft weitgehend einig. Während die meisten Forscher an die Verfolgungszeit unter Antiochos IV. (175-164 v. Chr.) denken (→Makkabäerbücher), könnte das genauere Datum mit Porphyrios (geb. 234 n. Chr. in Tyros) erst nach der Rückgabe des Jerusalemer Tempels im Dez. 164 v. Chr. (Chanukkafest) anzusetzen sein, vielleicht sogar erst 160 oder 159 v. Chr. unter dem Seleukidenkönig Demetrios I.:

Nach der Verfolgung, nach der Tempelreinigung und nach dem Feldzug Antiochos' V., der trotz seines Sieges abzieht, beginnt mit dem Ablauf der 70. Jahrwoche, wie es der Prophet →Jeremia einst verkündet hatte, im Herbst 163 v. Chr. die wunderbare »Endzeit« und damit das dritte Weltalter Israels.

*C. Thema* des D.s ist in diesem Falle *»die erfüllte Prophetie, die in der Endzeit aufgedeckt wird«.* Tatsächl. bildet das D. das einzige Werk der →Apokalyptik (was soviel wie »Enthüllung« bedeutet), das Aufnahme in das AT gefunden hat. Entscheidend hierfür wäre dann die Erkenntnis vom »wahren« Verlauf der Weltgeschichte geworden, und zwar gegen den äußeren Anschein gerichtet: Nur »auf Zeit« ist die Seleukidenherrschaft über Judäa wiederhergestellt; »in Wirklichkeit« ist sie bereits »gerichtet« und ihr Ende festgesetzt. Die hist. Entwicklung sollte genau diese Sicht im D. bestätigen. Theol. erweist sich Gott als der eigentl. Herr des Geschehens, der im Menschensohn (dem 160 v. Chr. gefallenen und heroisierten Judas Makkabäus?) sein ird. Reich unmittelbar errichtet.

*D.* Diese »richtige« Deutung im D. könnte auch seine gewaltige *Wirkungsgeschichte* überzeugend erklären. Der universalgeschichtl. Entwurf, die Abfolge der verschiedenen Weltreiche, die zum →Reich Gottes zwingend hinführt, erfährt in der Folgezeit immer wieder neue Identifikationen. So wird das Vierte Reich im D. selbst auf das der Seleukiden bezogen und später auf das der Römer hin aktualisiert. Als dann die Christen den röm. Staat übernehmen, erfolgt eine ideolog. Wende, da ja die Weltgeschichte nur so lange andauern kann, wie das Röm. Reich besteht. In diesem Sinne erweist sich die Lektüre des D.s als ein wichtiges Element für die Tradition des Rom-Gedankens über das Altertum hinaus (man denke nur an das »Heilige Röm. Reich Deutscher Nation«, an Moskau als das »Dritte Rom« oder an das röm. Erbe im Staatsbewußtsein der USA). Wie eine Perversion der ursprüngl. Botschaft des D.s wirkt die Darstellung des Propheten Daniel mit den Zügen Wilhelms II. am Dom von Metz zu Beginn unseres Jh.s.
Als apokalypt. Schrift des AT wirkte das D. auf vielfältige Weise auch auf die →Johannesoffenbarung ein, die Apokalypse des NT. Viele ihrer Passagen gleichen geradezu einer »Collage« nach dem D.

*Lit.: M. Delcor:* Le Livre de Daniel, Paris 1971. – *J. Ebach:* Apokalypse, in: Einwürfe 2, München 1985, 5-61. – *Th. Fischer:* Seleukiden und Makkabäer, Bochum 1980. – *E. Haag:* Die Errettung Daniels aus der Löwengrube, Stuttgart 1983. – *K. Koch:* Das Buch Daniel (Erträge der Forschung 144), Darmstadt 1980. – *A. Lacoque:* Le Livre de Daniel, Neuenburg/Paris 1976. – *O. Plöger:* Das Buch Daniel (Kommentar zum AT 18), Gütersloh 1965. – *R. Rendtorff:* Das AT. Eine Einführung, Neukirchen-Vluyn 1983, 286-291.

*Jürgen Ebach/Thomas Fischer*

**Dante Alighieri,** geb. 1265 in Florenz, gest. 14.9.1321 in Ravenna, ist einer der größten ital. Dichter und de facto der Schöpfer der ital. Sprache. Sein Hauptwerk, die *Commedia* – der die Nachwelt das Attribut »divina« (göttl.) verlieh, um die Erhabenheit von Stil und Inhalt zu kennzeichnen –, wurde im florentin. Dialekt (Volgare) geschrieben, der in der Folge zur Landessprache der Italiener werden sollte. Dieses Werk erwächst aus dem tiefen →Glauben D.s und spiegelt nicht nur die kulturellen und hist. Bedingungen der damaligen Zeit wider, sondern stellt gleichzeitig einen eigenen theol. Entwurf des Autors dar.
Die »Divina Commedia« ist in drei Abschnitte unterteilt: *Inferno* (Hölle) mit 34, *Purgatorio* (Fegefeuer) mit 33 und *Paradiso* (Paradies) mit 33 Gesängen. Das geistesgeschichtl. Erbe des Werkes ist sehr vielschichtig: Traditionen von Asketik, Mystizismus und apokalypt. →Messianismus sind in eine thomist. Grundstruktur verarbeitet, nach der der →Glaube, durch strenge intellektuelle Übungen erworben, →Wahrheit und →Licht ist. Glaube ist auch für D. rationale Errungenschaft. Das *asket. Moment* von D.s Denken besteht dabei darin, daß er in seinem Werk zeigt: die →Seele des Menschen muß sich nach und nach emporheben und sich auf dem gen Himmel gerichteten Pfad vervollkommnen, der aus der Welt der Sünde zum Licht des Paradieses führt.
D.s *Mystizismus* dagegen hängt mit seiner Auffassung der *Allmacht →Gottes* zusammen, deren ewiger Ruhm das Universum durchdringt, es erhellt und erstrahlen läßt, um so die Harmonie von Himmel und Erde zu offenbaren. Dabei ist Gott unendl. fern gedacht, als Licht der Dreifaltigkeit (→Trinität), das der →Welt erst ihren Sinn gibt. Gott ist die höchste →Weisheit, welche die Vernunft des Menschen fasziniert, und Bestimmung des Menschen ist es, sich am Ende dem göttl. →Geheimnis zu fügen. D.s Mystizismus ist also ein leuchtender, jedoch auf die Klarheit des Intellekts nicht verzichtender. Dabei kennt D. durchaus auch die →Humanität und Barmherzigkeit Gottes, die in der »Hl. Jungfrau« →Maria symbolisiert ist, »demütiger und heiliger« als jede andere Kreatur. Sie ist die barmherzige Vermittlerin Gottes an die in unermeßl. Kluft von Gott getrennten Menschen.
Der *apokalypt. Messianismus* D.s offenbart sich in seiner polem. und leidenschaftl. Kritik an der →Kirche seiner Zeit. Sie war für D. in dem Maße schuldig geworden, wie sie sich von der Urkirche entfernt hatte. Das von D. vertretene Armutsideal (Pauperismus) sollte für die Kirche zwar nicht heißen, auf eine starke Funktion in der Welt zu verzichten. Diese Funktion aber sollte die Kirche auf einer rein spirituellen Ebene ausüben – unter Verzicht auf jegl. ird. Begehren. Nach D.s Vorstellung würde diese Kirche von ihren Anhängern Kraft und Mut, Klarheit und Entschlossenheit verlangen. Die Religiosität D.s geht damit nicht vom Bild eines erniedrigten oder niedergeschmetterten →*Menschen* aus. Gottes Allmacht und Mysterium, die Autorität einer starken und geistig erneuerten

Kirche, bedeuten für ihn nicht Unterwerfung und Entsagung, sondern Hoffnung und Zuversicht. D.s poet. Wanderung in der »Göttl. Komödie«, in der er Protagonist und Erzähler einer spirituellen Reise von der Dunkelheit der Sünde zum Licht des Seelenheils ist, verfolgt das Ziel, durch ein poet., im MA. beliebtes allegor. Modell jenen Weg der Erlösung zu zeigen, den jeder Mensch durchlaufen kann und muß.

*Lit.: Textausgabe: H. Gmelin (Hg.):* Die Göttl. Komödie, 3 Bde., Stuttgart 1954-1957; *E. Auerbach:* Studi su D., Mailand 1963. – *K. Leonhard:* D. in Selbstzeugnissen und Bilderdokumenten, Reinbek 1970. – *H. Rheinfelder:* D. Beiträge zum Verständnis seines Dichtens und Denkens, Heidelberg 1970. – *Th. Spoerri:* D. und die europ. Literatur, Stuttgart 1963. – *Ders.:* Introduzione alla Divina Commedia, Mailand 1974. – *K. Voßler:* Die Göttl. Komödie. Entstehungsgeschichte und Erklärungen, 2 Bde., Heidelberg, 2. Aufl. 1925.

*Annamaria Perone (Übers. Helga Avruscio-Becker)*

**Darwinismus**

*A.* »Die Formen des →Lebens sind veränderlich! Leben ist aus Unbelebtem entstanden! Der →Mensch stammt von tier. Vorfahren ab!« Diese Postulate waren schon vor *Charles Darwin* (1809-1882) vertreten worden. Herzstück des D. ist aber seine kausale Theorie (→Kausalität), mit der das Zustandekommen der →Evolution von Lebewesen durch Variation (Veränderung) und Selektion (Auslese) erklärt werden soll; man spricht von der *Selektionstheorie* (→Evolution). 1859 legte sie Darwin in seinem grundlegenden Werk vor: »On the Origin of Species by Means of Natural Selection«. Darwin erkannte, daß Selektion Überproduktion von Nachkommen voraussetzt – hier war er von den bevölkerungsdynam. Überlegungen des Th. R. Malthus (1766-1834) inspiriert, dem zufolge die Bevölkerung schneller wächst als die Produktion der Nahrungsmittel. Als mit dem D. konkurrierende Theorie wird die zeitl. vorangehende von J. B. Lamarck (1744-1829) angesehen. Dieser behauptete den gerichteten Erwerb von Anpassung im Leben des →Individuums. Die individuell erworbenen Merkmale sollten auch bei den Nachkommen auftreten. Die Gegenüberstellung aber – hier Darwin, dort Lamarck – wird unter diesem Gesichtspunkt unscharf, weil Darwin (und auch E. Haeckel [1834-1919]) den Gedanken der Vererbung erworbener Eigenschaften noch mitschleppte. Unter anderen schloß erst A. Weismann (1834- 1914) diesen aus. Wohl um anzuzeigen, daß die Kinderkrankheiten des D. überwunden seien, sprach man in der Folgezeit von *»Neod.«*. Unter dem Namen »Synthet. Theorie« konnte in der 30er und 40er Jahren dieses Jh.s die Darwinsche Tradition – vor allem auf Grund der populationsgenet. Fortschritte (→Genetik) – ausgebaut werden.
Im sog. *Monistenbund* (E. Haeckel, W. Ostwald [1863-1932]) hatte sich der D. weltanschaul. hervorgetan. →Religion, bes. soweit sie auf →Offenbarung und entwicklungsunabhängigem →Weltverstehen beharrt, wurde Zielscheibe einer sich populär gebärdenden Kritik und verleitete →Theologie und →Kirchen zu – noch heute spürbarer - prinzipieller Abwehr darwinist. Gedankengänge (→Naturwissenschaft und Theologie, →Religionskritik, →Kreationismus). Auch für eth. Forderungen wurden darwinist. Argumente in Anspruch genommen (→Soziald.). Darwinist. Ansichten prägten auch eine Hauptströmung der →Verhaltensforschung. K. Lorenz (geb. 1903) u.a. versuchten eine sinnvolle Ausweitung evolutionärer Ansätze auf die Entwicklung des →Individuums und des Sozialverbands.

*B.* In der *Diskussion* um die Selektionstheorie ist eine Reihe von Fragen offen. Auf einige sei hier verwiesen: 1. Auf welcher *Ebene* findet Selektion statt? Nach R. Dawkins ist »fundamentale Einheit für die Selektion... nicht die Art, nicht die Gruppe und – strenggenommen – nicht einmal das →Individuum. Es ist das Gen, die Erbeinheit.« 2. Wird die Idee der →*Anpassung* nicht oft in naiver Weise überinterpretiert? Um dies zu vermeiden, wird betont, daß neue Merkmale unerwartete und überraschende Selektionsvorteile ergeben können, etwa im Sinn einer »Voranpassung« (Präadaption). Der Zusammenschluß von Teilsystemen kann zudem zu »revolutionären« neuen Systemeigenschaften führen (K. Lorenz benützt den Ausdruck »Fulguration«). Das Augenmerk richtet sich dabei auf tiefgreifende und rasche Übergänge von Lebensformen. Allerdings hat die Unterscheidung zwischen »punktualist.« und »gradualist.« Vorgängen der Evolution wohl nur relativen Wert.

*Lit.: R. Dawkins:* Das egoist. Gen, Berlin u.a. 1978. – *E. Mayr:* Die Entwicklung der biolog. Gedankenwelt, Berlin u.a. 1984. – *G. L. Stebbins/J. Ayala:* Evolution des D., in: Spektrum der Wissenschaften 9 (1985), 58-71.

*Bruno Gauger*

**David.** Die Israeliten lebten seit dem 12. Jh. v. Chr., nachdem sie in →Kanaan seßhaft geworden waren, in Stämmen, ohne die Strukturen staatl. Herrschaft. Während der militär. Bedrohung durch die Philister wurde Saul zum König erhoben. Sein Heerkönigtum, beschränkt auf ein Gebiet, das Juda nicht einschloß, hatte keinen Bestand. Das Werk des Königs D. ist ein dauerhaftes, *dynast. Königtum* und eine Personalunion zwischen den Reichen Israel und Juda in einem Herrschaftsgebiet, das vom Südrand Palästinas bis nach Mittelsyrien reichte – eine Ausdehnung, die später nie wieder erreicht wurde.

*A.* Der Sohn des Isai, in Betlehem (in der 2. Hälfte des 11. Jh.s v. Chr.) geboren, kam als junger Mann an den *Hof* Sauls, um den depressiven König durch Musik zu unterhalten (2 Sam 16,14ff.); die musikal.-poet. Begabung D.s findet in der bibl. Tradition darin Ausdruck, daß ihm →Psalmen zugeschrieben werden. Militär. zeichnete er sich in den Kämpfen gegen die Philister aus; seine Erfolge führten zum Bruch mit Saul (2 Sam 18ff.). Zum Herrn einer Gruppe von »Outlaws« geworden, trat er als Vasall in den Dienst der *Philister*. Nach dem Tode Sauls wurde er zum König von Juda, danach von Israel; Reichshauptstadt wurde das von D.s eigenen Söldnern eroberte →*Jerusalem* (2 Sam 5,6ff.), die »Stadt Davids«, die weder dem Staat Israel noch dem Staat Juda zugeordnet wurde, sondern als Besitz der Davididen eine Sonderstellung erhielt.

*B.* Die *Thronfolge* (→Samuelbücher) führte zu Wirren und einer Revolte, wobei D.s Söhne Amnon und Absalom umkamen. In hohem Alter läßt sich der greise D. schließl. bewegen, →Salomo zum Nachfolger einzusetzen; er stirbt um 970 v. Chr. In der Zeit polit. Niedergangs wurde die *Erinnerung* an den großen Herrscher D. wiederaufgegriffen (Jes 11,1ff.; Mi 5,1ff.; Hos 3,5; Jer 30,9; Ez 34,23f.; 37,24f.). Hilfe wird erwartet von dem zurückkehrenden D. oder seinem Nachfolger (vgl. 2 Sam 7; →Messias): eine Erwartung, die bis in die ntl. Zeit lebendig blieb. Deshalb ist es von Bedeutung, daß D. als Vorfahre Jesu in den Stammbäumen Mt 1,1.6, Lk 3,31 genannt wird.

*C.* In bildl. *Darstellungen* sind Hirtenstab, Schleuder, Schwert und Goliathaupt (in Erinnerung an den Kampf mit Goliat 1 Sam 17) Attribute des jungen D.; der alte D. erscheint im Königsornat, oft mit einer Harfe. Im 16. und 17. Jh. wurde der Psalmist D. Schutzpatron der Meistersinger, Sängergruppen und Musikkollegien (Ulmer Meistersingerkette 1572).

*Lit.: W. Dietrich:* Von einem, der zuviel wußte. Versuch über St. Heyms König-D.-Bericht, in: *ders.:* Wort und Wahrheit, Neukirchen-Vluyn 1976. – *H. Donner:* Geschichte des Volkes Israel und seiner Nachbarn in Grundzügen, Teil 1 (Grundrisse zum AT 4/1), Göttingen 1984, 185-215. – *R. L. Wyss:* D., Lexikon der christl. Ikonographie I, 477-490.

*Udo Rüterswörden*

**Deismus** (lat. »deus«, Gott), Sammelbezeichnung für ein rational begründbares Bekenntnis zum *Dasein* →*Gottes*, ist die »Religionsphilosophie der Aufklärung« (E. Troeltsch).

*A.* Der D. bestreitet jede übernatürl. →Offenbarung, soweit sie der Einsehbarkeit durch *natürl. Vernunft* widerspricht. Ausgehend von England im 17. Jh., greift der D. bald auf Frankreich über und erreicht Deutschland Mitte des 18. Jh.s. Abgesehen von den vielfältigen wirkungsgeschichtl. Wandlungen und prakt. Folgen, die der D. dabei zeitigt, sind schon die engl. Deisten keine fest umrissene Gruppe mit gleichsinniger Lehre, obwohl sie sich gegenüber den meist polem. Angriffen ihrer Zeitgenossen ausdrückl. als Christen verstehen. Ihr wichtigstes gemeinsames Anliegen ist die Suche nach *einer*, in allen Religionen, Konfessionen und Gemeinschaften enthaltenen →*Wahrheit*, die der →Autorität *vernünftiger* Prüfung standhält.

*B.* Für *H. von Cherbury* (1581-1648) kann Grundlage der Religion nur werden, was als ursprüngl. einleuchtend allg. Geltung beanspruchen darf. Nach ihm ist Hauptvoraussetzung menschl. Erkenntnis das innere Vermögen, →Erfahrung und Begriffe denkend auf außermenschl. Gegenstände zu beziehen. Bei diesem Erkenntnisprozeß leitet jeden Menschen ein natürl. Instinkt, der nur von einem Wesen mitgeteilt sein kann, das mit seinem Geiste Menschen wie Dinge umfaßt: von Gott. So kommt *jeder* Mensch, in dieser Wahrheitsfähigkeit *Gottes* Ebenbild, mit zwingender Notwendigkeit zu den gleichen rel. Grunderkenntnissen (deren erste und wichtigste das Dasein eines Gottes ist, dem Verehrung gebührt). Auf Grund des eingeborenen Erkenntnisinstinkts wird allen Menschen die natürl. Vernunftreligion einleuchtend und annehmbar, die bes. übernatürl. Offenbarung hingegen nicht, da sie nur einem Teil der Menschheit bekannt ist.

Nach *J. Toland* (1671-1722) kannte das ursprüngl. Christentum keine →Mysterien. Um die natürl.-vernünftige Lehre des Christentums wiederherzustellen, verzichtet er auf Offenbarung als vernunftunabhängige übernatürl. Autorität.

*A. Collins* (1676-1729) fordert als einzig zulässigen Weg zur Erschließung rel. Wahrheit unabhängige Untersuchung und Aussprache, frei von Autorität und Zwang. Er trennt zeitgebunden-zufällige Erscheinungen des Christentums (zu denen für ihn auch die ntl. Schriften zählen) von den darin enthaltenen Wahrheiten: nur diese sind, wenn vernunftgemäß, glaubwürdig.

»*M. Tindal* (1656-1733) vertritt die These, daß →Offenbarung nichts anderes ist als eine erneute Mitteilung jener sittl.-rel. Grundsätze, die seit Beginn der Schöpfung die natürl. Religion aller Menschen ausmachen. Die Bibel ist nicht für wahr zu halten, sofern ihre Lehren von Gott kommen, sondern ihre Lehren sind als von Gott kommend anzunehmen, sofern sie einleuchtend und sittl. verantwortbar sind.

*C.* Die Deisten reflektieren das Verhältnis von →*Glauben und Wissen* im Horizont des neuzeitl. Denkens, das den Menschen als autonomes Subjekt der →Geschichte (→Autonomie) versteht. Bei dieser Verhältnisbestimmung, die eine Vermittlung leisten will, kommen die Besonderheit geschichtl. Glaubensausprägungen und die Andersartigkeit von Erfahrungen zu kurz, die arational sind oder nicht nur rational gewonnen werden können. Es bleibt freil. zu prüfen, ob eine »ursprünglichere« Auffassung von →»Vernunft« diese Einwände schwächen könnte.

*Lit.: E. Hirsch:* Geschichte der neueren ev. Theologie, Bd. 1, Gütersloh, 4. Aufl. 1968. – *G. V. Lechler:* Geschichte des engl. D., Stuttgart 1841 (Reprint mit Vorw. und bibliograph. Hinweisen von G. Gawlick, Hildesheim 1965).

*Karl-Dieter Ulke*

**Dekalog** (Zehn Gebote). Der D. findet sich zweimal im AT, in Ex 20,1-17 und in Dtn 5,6-21. Daß es zehn Gebote sind, geht aus Ex 34,28 und Dtn 4,13; 10,4 hervor, nicht jedoch aus den beiden obengenannten Textstellen. Von daher ergibt sich das Problem der verschiedenen Zählweisen der Zehn Gebote: Nach der kath. und der luth. Einteilung bilden Ex 20,2-4 das erste Gebot; Ex 20,17 das neunte und zehnte. Nach orthod. und reform. Zählung ist das Verbot fremder Götter das erste, das Bilderverbot das zweite Gebot.

*A. Der Dekalog im Alten Testament*

Ein Vergleich der beiden Fassungen zeigt ihre Unterschiede, vor allem im Sabbatgebot. Die *ältere Fassung* ist, wie neuerdings festgestellt (F.-L. Hossfeld) in Dtn 5 zu finden. Sie wurde von Kreisen geschaffen, die wesentl. zum Entstehen des Buches →Deuteronomium beitrugen, von »deuteronomist.« Redaktoren. Mosaische Herkunft ist auszuschließen. Der Sinn des D.s ist nicht die gehorsame Unterwerfung unter seine Bestimmungen, sondern die Ermöglichung menschl. Zusammenlebens (→Recht; →Ethik). Die einzelnen Forderungen sind nicht individualist. mißzuverstehen: In dem Elterngebot geht es um den Schutz und die Versorgung der alten Eltern, angesprochen sind die erwachsenen Kinder; Ehebruch hat den Verkehr eines Mannes mit einer verheirateten Frau im Blick, das Vergehen ist weniger als ein sexuelles, sondern vielmehr als ein soziales aufgefaßt; in beiden Geboten geht es also um die Lebensverhältnisse in der Gemeinschaft von Familie und Dorf. In diesen Rahmen ordnen sich auch das Verbot der Tötung, der gerichtl. Falschaussage und des Diebstahls ein, das sich ursprüngl. wahrscheinl. gegen Menschendiebstahl mit dem Ziel der Versklavung richtete. Der Schluß des D.s schützt das »Haus«, das Bestandteil der israelit. Bürgerschaftsrechte ist; wichtiger als der Schutz des Eigentums ist hier, die Stellung des Vollbürgers, seine Freiheit und Selbstbestimmung zu erhalten. Der D. steht jeweils an hervorgehobener Stelle: Im Buch Deuteronomium wurde er vor Dtn 6,4, den vermutl. Anfang der ältesten Ausgabe dieses Buches gestellt; in Ex 20 steht er an der Spitze aller Gesetze, die am Sinai verkündet werden. Von daher gewinnt der D. einen grundsätzl. Charakter.
Dies wird in der →*Bergpredigt* durch Jesus aufgegriffen und im Zusammenhang mit seiner Verkündigung überboten (Mt 5,21f.; 27f.). Angesichts des in ihm gegenwärtig gewordenen Gottesreiches genügt es nicht mehr, nur so weit zu gehen, wie der D. es fordert (vgl. Mk 10,17-21; Mt 19,16-21, Lk 18,18-22, →bibl. Ethik NT). In der Katechetenbelehrung der →Alten Kirche kommt der D. durchweg nicht vor. Aufgenommen wird er dagegen im →MA. in Beichtunterricht und Beichtverhör. Dies führte schließl. dazu, daß der D. zum Gliederungsprinzip moraltheol. Abhandlungen wurde.

*B. Der Dekalog bei Luther*

*I.* Bei M. →Luther erhält der D. darüber hinaus ein eigentüml. Gewicht; mit ihm beginnen der Kleine und der Große *Katechismus*. Luthers Deutung ist auch zeitgeschichtl. bedingt. Seine Erklärungen zum vierten und fünften Gebot im Großen Katechismus sowie seine Stellung zur Obrigkeit überhaupt (→Zweireichelehre) sind nicht abzulösen von der Neuordnung des Gemeinwesens, vor allem der Beendigung der Institution der Fehde. »Und Summa, will er hiermit einen jegl. beschirmet, befreiet und befriedet haben vor jedermanns Frevel und Gewalt, und dies Gebot zur Ringmauern, Vesten und Freiheit gestellt haben um den Nächsten, daß man ihm kein Leid noch Schaden am Leib tue.« In seiner Schrift »Wie sich die Christen in Mosen sollen schicken« leuchtet bei Luther der Gedanke der *Relativität des Rechts* auf: »Die Heiden sind dem Mose (dem mosa. Gesetz) nicht schuldig gehorsam zu sein. Mose ist der Juden Sachsenspiegel.« Jedes Volk hat sein Recht, das seinen Lebensverhältnissen angemessen ist; eine Übertragung der atl. Gesetze auf die Christenheit, wie die sog. →Schwärmer sie forderten, kommt darum nicht in Betracht. Luther argumentiert dabei mit dem Anfang des D.s: »Aus dem Text haben wir klar, daß uns auch die zehn Gebote nicht angehen; denn er hat uns ja nicht aus Ägypten geführt, sondern allein die Juden.« Die Bedingtheit und beschränkte Gültigkeit der Gesetze führt Luther gerade auch anhand des D.s vor, der immerhin als ein göttl. offenbartes Gesetz galt. Für Luther ist der D. damit nicht abgetan. Seine Forderungen entsprechen – ganz entgegen dem Verständnis des AT (F. Horst) – einem natürl. Gesetz (→Naturrecht), das als Kern vielen Gesetzgebungen zugrunde liegt. »Also halt ich nun die Gebote, die Mose gegeben hat, nicht darum, daß sie Mose geboten hat, sondern daß sie mir von Natur eingepflanzet sind und Mose allhie gleich mit der Natur übereinstimmet etc.«

*II.* Von entscheidender Bedeutung ist das *erste Gebot*, »daraus alle andern quellen und gehen sollen«. Das »Wir sollen Gott fürchten und lieben« aus der Erklärung des ersten Gebots im Kleinen Katechismus wird der Erklärung der anderen Gebote betont vorangestellt; aus der Gottesfurcht und Liebe zu Gott verstehen sich auch gerade die Gebote, die sich mit dem Nächsten befassen.

*III.* Eine Paradoxie der Wirkungsgeschichte liegt darin, daß *L.* →*Feuerbachs* Religionskritik auf Luthers Erklärung des ersten Gebots im Großen Katechismus zurückgreift, vor allem auf Luthers Satz: »Ein Gott heißet das, dazu man sich versehen soll alles Guten, und Zuflucht haben in allen Nöten; also, daß einen Gott haben nichts anders ist, denn ihm von Herzen trauen und glauben; wie ich oft gesagt habe, daß allein Trauen und Glauben des Herzens machet beide Gott und Abgott.« Gerade in dem letzten Satz kann die Nähe zu einer (von Luther nicht intendierten) Projektionstheorie gesehen werden: Gott sei ein Produkt des menschl. Geistes, das eigentl. Wesen des Menschen, das der Mensch aus sich heraussetzt und für ein selbständiges, von ihm unabhängiges Wesen, eben Gott, hält, eine atheist. (→Atheismus) Theorie, die von K. →Marx aufgegriffen, aber auch von K. →Barth in die theol. →Religionskritik aufgenommen wurde.

Das erste Gebot des D.s ist eine zentrale theol. Aussage des Deuteronomiums, in dem der D. entstand. Ein gesetzl. Verständnis geht fehl; es gilt, den Geist, der sich in den Gesetzen konkretisiert, zu erfassen. So kann Luther später davon sprechen, neue D.e zu verfassen, die klarer als der mosa. sind, wie das Angesicht Christi klarer ist als das des Mose.

*Lit.: R. Hofmann:* Die Bedeutung des D.s, theol. und geschichtl., in der Sicht der kath. Moraltheologie, in: Zeitschrift für Ev. Ethik 13 (1969), 230-245. – *K. Holl:* Der Neubau der Sittlichkeit, in: *ders.:* Gesammelte Aufsätze I: Luther, Tübingen, 6. Aufl. 1932, 155-287. – *F. Horst:* Naturrecht und AT, in: *ders.:* Gottes Recht (Theol. Bücherei 12), München 1961, 235-259. – *F.-L. Hossfeld:* Der D. (Orbis biblicus et orientalis 45). – *M. Luther:* Eine Unterrichtung, wie sich die Christen in Mosen sollen schicken (Münchner Ausgabe 4), 179-191. – *Ders.:* Deutsch Katechismus (Münchner Ausgabe 3), 186-291. – *B. Reicke:* Die zehn Worte in Geschichte und Gegenwart (Beiträge zur Geschichte der bibl. Exegese 13), Tübingen 1973. – *E. Zenger:* Das Buch Exodus (geistl. Schriftl. 7), 199-215.

*Udo Rüterswörden*

**Demokratie** (griech.: Volksherrschaft) bezeichnet ursprüngl. eine Staatsform unter anderen, bei →Platon und →Aristoteles eine Entartungsform (i.S.d. Pöbelherrschaft); die positive Variante der Mehrheitsherrschaft war die Politie. Dieses schon in den Ursprüngen mit der D. verbundene »tiefe Mißtrauen gegen das Volk selbst« (K. Loewenstein) prägt die Diskussion bis heute.

*A.* D. ist inzwischen von einer Staatsform zu einem polit. *Element moderner →Verfassung* unter anderen geworden. Kaum ein polit. System wagt es mehr, die demokrat. Idee abzulehnen, nach der die Herrschaftsausübung nur dann legitim (→Legalität und Legitimität) ist, wenn sie vom →Volke ausgeht und in Übereinstimmung mit dem Volkswillen erfolgt. Noch die brutalsten Militärdiktaturen schmücken sich deshalb mit demokrat. genannten Akklamationsveranstaltungen. Es ist Aufgabe der D.theorie, Kriterien demokrat. Gesellschaften zu entwickeln.

*B.* »Es ist eine Gesellschaftsform zu finden, die mit der ganzen Kraft die Person und das Eigentum eines jeden Mitgliedes schützt und verteidigt und in der jeder, obwohl er sich mit allen zusammenschließt, dennoch nur sich selbst gehorcht und ebenso frei bleibt, wie vorher.« *Selbstregierung,* Identität von Herrschenden und Beherrschten, sind für J J. →Rousseau der Schlüssel zur Aufhebung des →Herrschaftsproblems. Selbst in einer solchen unmittelbaren D. kann auf das Mehrheitsprinzip nicht verzichtet werden, dem sich die →Minderheit zu fügen hat. Dieses Problem umgeht Rousseau mit der Konstruktion, in der Stimmenmehrheit komme der wahre Gemeinwille (volonté générale) zum Ausdruck, der auch im wohlverstandenen Interesse der Minderheit liege; wobei der wahre Volkswille nicht stets der empir. Mehrheitswille (volonté de tous) sein muß. Dieser Gedanke findet seine Fortsetzung in »Avantgarde«-Theorien z.B. des →Marxismus-Leninismus, die sich in den Einheitsparteien der »Volksd.« des »demokrat. Zentralismus« verwirklicht haben. Eine uneingeschränkte Geltung der Mehrheitsregel birgt jedoch freiheitsgefährdende, totalitäre Züge; der Unbegriff der »totalitären D.« (→Totalitarismus) findet hierin seine Wurzel. Schon J. St. →Mill erkannte deshalb, auch gegen die Mehrheit seien Freiheitssicherungen vonnöten.

*C.* Ein anderer Zugang zum D.problem hebt weniger auf den Aspekt der Selbstregierung des Volkes als auf dessen »*Souveränität* (→Staat) ab, die es als »pouvoir constituant« (konstituierende Macht) durch Verfassunggebung (→Verfassung) und durch Wahlen, Volksabstimmungen u.ä. ausübt: Abgeordnete, vielfach vereinigt in und vorgeschlagen von →Parteien, repräsentieren im Parlament (→Parlamentarismus) das Volk. Diese sind dabei sowenig »Herrscher« wie ihre Wähler »Beherrschte«. Ihnen ist ein →Amt anvertraut auf der Grundlage der Verfassung. Repräsentation bedeutet danach Wahrnehmung einer Kompetenz kraft organisationsrechtl. Kompetenzzuweisung. Diese Betrachtungsweise, die in erster Linie auf den Inhaber der Staatsgewalt abstellt, verkürzt aber das D.prinzip schnell zu einer Methode period. Führungsauslese (z.B. J. A. Schumpeter).

*D.* Eine der Kompliziertheit der Verhältnisse moderner polit. Systeme angemessene *D.theorie* muß sich von den antithet. Deutungsmustern lösen, die »Herrscher« und »Beherrschte« gegenüberstellen. Das Souveränitätsdogma hat vielfach die Vielschichtigkeit der polit. Wirklichkeit verdunkelt; »Gedankenbrücken« wie das Prinzip der Gewaltenteilung (D. Sternberger) versuchen die Tatsache, daß es mehrere und eigenständige Verfassungsfaktoren gibt, noch mit der Idee in Einklang zu bringen, es gebe eine einzige und unteilbare Souveränität. Sie setzen voraus, daß alle Staatsgewalt vom →Volke ausgehe. Aber die hochkomplexen Prozesse der Willensbildung in modernen →Gesellschaften kommen dabei ebensowenig in den Blick wie ihre Vermittlung durch Parteien und Interessenverbände, wie ihre Beeinflussung durch die Massenmedien (→Medien), die Folgeprobleme von Bürokratisierung (→Verwaltung) und dem vorrangigen Einfluß weniger, informelle Entscheidungsprozesse und vieles mehr. Eine Theorie über die D. darf jedoch das Herrschaftsproblem nicht bloß begriffl. aufheben; sie muß vielmehr Herrschaft mit individueller Selbstbestimmung, aber auch mit den Erfordernissen des modernen Leistungs- und Planungsstaates versöhnen.

*E.* In Nachfolge der Gewaltenteilungs- und Balancetheorien rückt die *Pluralismustheorie* (→Pluralismus) den gesellschaftl. Unterbau jener polit. Balancen in den Blickpunkt. Sie bevorzugt ein polit. System mit Entscheidungskompetenzen, die so weitgehend dezentralisiert sind, daß tendenziell alle polit. aktiven Gruppen auf die sie interessierenden Entscheidungsprozesse Einfluß nehmen können. Dieser Ansatz sieht sich allerdings dem Problem der Bildung von Oligarchien und Eliten ausgesetzt. Wenn Politik grundsätzl. von →Eliten initiiert wird, kann sie dann auch, so ist zu fragen, die Interessen derjenigen befriedigen, die sich selbst nicht organisieren und artikulieren können und auch keine Fürsprecher finden, und unter welchen Bedingungen ist das möglich? Es bedarf keiner eigenen Begründung, daß dieses Problem auch von einer theol. verantworteten Theorie der Demokratie aufgegriffen werden muß.

*F.* Eine grundsätzl. Kritik an der Pluralismustheorie entzündet sich an diesen Punkten und setzt auf die *Teilnahme* (→Partizipation) *aller Bürger* an den Entscheidungsprozessen, die durch Diskussion aufzuhellen sind. So sei die Herrschaft von Menschen über Menschen jedenfalls prinzipiell aufhebbar. Jedoch bleibt ungeklärt, wie sich bei der polit. Beteiligung aller Bürger zentrale Entscheidungsprozesse im polit. System überhaupt noch organisieren lassen. Denn angesichts der Anzahl und Komplexität polit. →Entscheidungen kann der einzelne Bürger gar nicht mehr alle notwendigen Informationen aufnehmen und verarbeiten. Dies gilt zumal für Planungsprozesse, in denen niemand die zukünftig Betroffenen unmittelbar vertreten kann.

*G.* Eine *systemtheoret.* (→System) orientierte D.theorie versucht vor allem, den Horizont der polit. Möglichkeiten trotz ständig notwendiger →Entscheidungen offenzuhalten. Strukturell sieht sie das in einer breiten Entscheidungsbeteiligung garantiert. Sie nimmt Elemente des Pluralismus- und des Partizipationsmodells auf und sucht eine polit. Entscheidungsebene, auf der man den Zwängen einflußreicher organisierter Interessengruppen widerstehen und zugleich diejenigen Bedürfnisse, Interessen und Probleme ausreichend berücksichtigen kann, die zuvor nicht wirksam artikuliert und organisiert wurden (F. Scharpf). In Mehrparteiend.n westl. Zuschnitts sieht man dieses nicht allein durch die stark personalisierten polit. Wahlen gewährleistet. Die Orientierung an Wahlerfolgen führt in der Regel nicht zu vielseitigen, polit. sensiblen und erneuernden Entwürfen; Politik wartet hier häufig gleichsam auf Krisen (N. Luhmann).

*H.* In Art. 20 Abs. 1 und 2 *Grundgesetz* sind D., →Rechtsstaat und →Sozialstaat eine unlösl. Verbindung eingegangen und setzen sich gegenseitig voraus. Das Volk ist *im* demokrat. Verfassungsstaat nicht mehr souverän; die Staatsgewalt ist vielmehr auf verschiedene Organe verteilt und durch Verfahrensbestimmungen und →Grundrechte gezügelt. Es ist dauernde Aufgabe der demokrat. Politik, unter sich wandelnden Verhältnissen die gesellschaftl. Voraussetzungen zu schaffen für eine Wahrnehmung der Rechte der Bürger auf Freiheit und polit. Mitwirkung. Die Forderung nach einer →»D.sierung« weiter gesellschaftl. Bereiche (→Wirtschaft, →Parteien, Bildungssystem usw.) hat in den 70er Jahren in der Bundesrepublik zu heftigen Kontroversen geführt (→Mitbestimmung).

*Lit.: W. Hennis:* Die mißverstandene D., Freiburg 1973. – *M. Kriele:* Einführung in die Staatslehre, Reinbek 1975. – *F. Scharpf:* D.theorie zwischen Utopie und Anpassung, Konstanz 1970.

*Wolfgang Meyer-Hesemann*

**Demokratie und Katholizismus.** Die →Franz. Revolution führt zum ersten folgenschweren *Zusammenstoß* von D. und kath. Kirche, da der Jakobinerstaat in seinem allumfassenden polit. Geltungsanspruch für eine eigenständige →Kirche keinen Platz mehr läßt. Erst in der 2. Hälfte des 19. Jh.s kommt es zu einer begrenzten Annäherung von D. und K., die in den Lehrschreiben Leos XIII. (1878-1903) theoret. formuliert wird. →Säkularisation und industrielle Revolution verstärken das Bemühen der kath. Kirche, einen neuen sozialen Standort zu gewinnen. Im 20. Jh., auf dem Hintergrund der Erfahrungen mit dem →Totalitarismus, läßt sich die Kirche auf ein wesensgemäßes, d.h. *theol., Verhältnis* zur modernen D. ein. Die Frage nach der Staats*form* wird zum akadem. Problem; im Vordergrund steht für den Katholiken jetzt die Frage, wie die D. beschaffen sein müsse, um →Freiheit und →Menschenwürde zu bewahren und nicht ins Gegenteil zu verkehren.

*A.* Mit den modernen →Revolutionen wird die D. zu einer geschichtl. Realität, mit der sich die Kirche auseinanderzusetzen hat. Die *Franz. Revolution* stürzt die kath. Kirche in eine existenzbedrohende Krise, da sie die Allkompetenz des polit. Willens über alle Gesellschaftsbereiche proklamiert und damit den Dualismus Kirche – Welt in einer monist. Ordnung aufhebt. Der Einspruch Pius' VI. (1775-1799) gegen die Franz. Revolution richtet sich gegen den neuen Suprematsanspruch des →Staates und nicht gegen die demokrat. Staatsform. Gleichwohl ist nach den Erfahrungen der Revolution eine Verbindung von Christentum und D. für ein halbes Jh. undiskutabel. Die Bewegung des Abbé Lamennais (1782-1854), der 1830 für ein Bündnis zwischen K. und D. eintritt, ist denn auch nicht stark genug, um gegen die laizist. D. anzukommen. Erst mit dem Zurückweichen des revolutionären Staatsmonismus und den verfassungs- und rechtsstaatl. wie auch parteistaatl.-pluralist. Veränderungen der D. schwächt sich der frontale Gegensatz zwischen kath. Kirche und D. ab. Die kath.

Kirche nähert sich dem demokrat. Staat im gleichen Maß, in dem dieser sich auf seine rechtsstaatl. *Schutzfunktionen* zurückzieht. Dem entspricht eine Neigung der Katholiken zur Minimalisierung der polit. Gewalt von der Grundrechtsseite her, vor allem in Ländern, in denen sie in der Minderheit sind.

*B.* Auch in *Deutschland* führt die Säkularisation die kath. Kirche in eine schwere Krise; der →Protestantismus gewinnt im 19. Jh. polit. das Übergewicht. J. Görres (1776-1848) ruft die Katholiken 1838 zur Sammlung gegen staatl. Übergriffe auf und legt mit seinen Forderungen den Grundstein des →*polit. K.* in Deutschland. 1848 findet der erste Dt. Katholikentag statt, und im selben Jahr fördert die Würzburger Bischofsversammlung die Herausbildung eines kirchl. Gesamtbewußtseins des dt. Episkopats. Ein Verhältnis zur D. finden die dt. Katholiken aus ihrer *Defensiv- und Minoritätssituation* heraus: früher als andere machen sie sich demokrat. Techniken (Versammlungs-, Petitions-, Pressefreiheit) zu eigen. Bis zur Mitte des 19. Jh.s weist der dt. K. eine vorindustrielle Sozialstruktur auf, obwohl die Demokratisierung des Klerus und die Entaristokratisierung des Episkopats bereits seit 1815 in vollem Gange sind. Der polit. K. wird unter Bischof W. E. von Ketteler, die Chancen der Vereins- und Pressefreiheit im Rheinland und im liberalen Süden nützend, zu einer starken öffentl. Macht, die eine betont *soziale Tätigkeit* entfaltet und damit in eine Lücke vorstößt, die der liberale Staat offenläßt (→soziale Frage). Im weiteren Verlauf des 19. Jh.s verstärkt sich diese soziale Komponente, z.T. auf Kosten des polit. Engagements.

*C.* Die Reaktion des *Papsttums* auf die veränderte Lage und auf die sich daraus entwickelnden zwei Richtungen des modernen K. – den polit. und den sozialen K. – ist nicht einheitlich. Bei den meisten Päpsten des 19. Jh.s überwiegen die Reserven gegenüber liberalen und demokrat. Prinzipien. Erst *Leo XIII.* bemüht sich um eine vermittelnde Position. Dennoch kündigt er dem noch mehrheitl. monarch. Europa seine Loyalität nicht auf. So versteht er »christl. D.« in erster Linie als Sozialbewegung (actio benefica in populum christiana). Den größten Bekanntheitsgrad erlangt seine Enzyklika »Rerum Novarum« zur Arbeiterfrage (1891), die ihn als »sozialen Papst« berühmt macht. Weitere wichtige staats- und gesellschaftspolit. Lehrschreiben Leos XIII. sind: Diuturnum (1881), über die staatl. Herrschaft; Immortale Dei (1885), über christl. Staatsverfassung; Libertas (1888), über Freiheit und Liberalismus; Sapientiae Christianae (1890), über Pflichten christl. Staatsbürger, und Au milieu des Sollicitudes (1892), über die Stellung der Katholiken zur republikan. Staatsform. Leos Lehrschreiben antworten auf den revolutionären Gedanken der unumschränkten Volkssouveränität mit der kirchl. Lehre von den zwei Gewalten und ihren getrennten Aufgabenbereichen. Im Ergebnis nähert sich Leo XIII. an Idee und Realität der modernen D. an, ohne jedoch *charakterist. Vorbehalte* aufzugeben. So weist er ein polit. Verständnis der nach 1891 in →Frankreich, →Belgien und →Italien entstehenden Bewegung der »christl. D.« ausdrückl. zurück.
Nach dem Ersten Weltkrieg *entspannt* sich die Staatsformenproblematik merklich. Pius XI. (1922-1939) und Pius XII. (1939-1958) bemühen sich um ein engeres Verhältnis zur D.; die Thematik der aristotel. Indifferenz der Staatsformen ist zu einem rein akadem. Problem geworden, denn in einer gesellschaftl. Situation, in der ohne die demokrat. Herrschaftsform Freiheit und Würde des Menschen auf keinen Fall mehr gewährleistet werden können, ist die Diskussion darüber, ob es nicht auch andere legitime Herrschaftsformen gibt, zumindest zweitrangig geworden. Dies gilt natürl. erst recht für die Zeit nach dem Zweiten Weltkrieg angesichts der vorausgegangenen Erfahrungen mit dem →Totalitarismus.

*D.* Es bleibt festzuhalten, daß die Entideologisierung des D.begriffs und die Entstehung verfassungsstaatl. Formen und Begrenzungen die Annäherung der kath. Kirche an die D. erst ermögicht hat. Gleichwohl werden noch heute die meisten westl. Verfassungen – das Grundgesetz eingeschlossen – von der Tradition des *liberalen Trennungsgedankens* geprägt. Stärkere Berührungen zwischen K. und D. hat erst der moderne Sozialstaat geschaffen. Neuere kirchl. Impulse für das Verhältnis von Kirche und D. gehen insbes. vom 2. →Vat. Konzil (1962-1965) aus. Das Konzil betont die kirchl. *Mitverantwortung* für die demokrat. Ordnung, ausgehend von der kirchl. Anwaltschaft für *alle* Menschen. Das Politische wird in neuer Weise ernst genommen und dem Christen als Aufgabe vor Augen gestellt. Das Konzil erkennt ausdrückl. die Bedeutung der kath. Laienbewegung für die gesellschaftl. und polit. Repräsentation der Katholiken an.

*Lit.: W. Becker/H. Maier/M. Spieker:* Revolution – D. – Kirche, Paderborn 1975 (Rechts- und Staatswissenschaftl. Veröffentlichungen der Görres-Gesellschaft). – *H. Maier:* Revolution und Kirche, München, 5. Aufl. 1988. – *Ders.:* Katholizismus und D. (Schriften zu Kirche und Gesellschaft, Bd. I), Freiburg 1983.

*Hans Maier*

**Demokratie und Protestantismus**

*A.* Der dt. P. bekennt sich erst heute ausdrückl. zur demokrat. Verfassung des →Staates. Die →Ev. Kirche in Deutschland (EKD) hat 1985 eine Denkschrift veröffentlicht, die unter dem Titel »Ev. Kirche und freiheitl. Demokratie. Der Staat des Grundgesetzes als Angebot und Aufgabe« eine Ortsbestimmung des P. im Verhältnis zur D. enthält. Sie ist das Resultat aus *geschichtl. Erfahrungen* dieses Jh.s: Der dt. P. stand der ersten D. von Weimar mit Zurückhaltung und Mißtrauen gegenüber. Erst durch die Erfahrungen mit dem

NS-Staat (→Nationalsozialismus) wurde der Zusammenhang zwischen der verfassungsmäßig garantierten Selbständigkeit der →Kirche und den individuellen Freiheitsrechten sowie demokrat. Machtkontrolle erkannt. Während der P. *in der Bundesrepublik* heute eine grundsätzl. Bejahung der Prinzipien liberaler D. vertritt, an denen die polit. Praxis zu messen ist, sieht sich der P. *in der DDR* zunehmend in der Rolle, entspr. Grundsätze der →Gewissens- und Meinungsfreiheit, des →Pluralismus und der Bewegungsfreiheit im sozialist. Staat einzufordern. Das Verhältnis des dt. luth. P. (→Luthertum) zur D. war insofern bis in die jüngste Gegenwart von *Spannungen* und Gegensätzen bestimmt. Doch läßt sich daraus keine wesensmäßige Gegensätzlichkeit zwischen den demokrat. Ideen der →Freiheit des einzelnen, der →Gleichheit und der Machtkontrolle durch das Volk einerseits und der →luth. Ethik mit ihrem →Rechtfertigungsglauben, der Überzeugung von der göttl. Einsetzung der Autorität des Staates und der Betonung des Dienstgedankens (→Zweireichelehre) ableiten.

*B.* Dagegen spricht der große Rückhalt, den die D. in den luth. best. Ländern Skandinaviens in diesem Jh. gefunden hat wie auch die demokrat. Grundhaltung luth. Kirchen in Nordamerika. Dennoch ist es zutreffend, daß die christl. Wurzeln der modernen D. in Westeuropa liegen, vor allem im prot. *England* des 17. Jh.s. Im Mittelpunkt der revolutionären Auseinandersetzungen stand zuerst nicht die demokrat. Staatsform, sondern der Kampf um die →Menschenrechte der →Religions- und Gewissensfreiheit, der Pressefreiheit und der bürgerl. polit. Freiheit. Erst von diesen Grundforderungen her stellte sich die Frage, welche Staatsform diese Rechte am besten zu sichern geeignet sei. Die Neigung zur D. im engl. P. ist deshalb pragmat. Natur. Der engl. →Puritanismus ist als christl. Erbe in die Begründung der *nordamerik. D.* eingegangen. Deren Leitideen sind nach 1945 mit der Vorrangstellung der USA als Schutzmacht der westl. D. weltweit zur Geltung gekommen. In Nordamerika bildete sich auch der Gedanke einer »christl. D.«, welcher der innere Kern des amerik. Sendungsbewußtseins ist, während die im kath. →Frankreich erkämpften Ideen der D. seit der →Franz. Revolution antiklerikal und religionsfeindl. bestimmt waren. Der *dt. P.* der Gegenwart hat auf eigenem Wege jetzt eine weitgehende Angleichung an den westeurop. und nordamerik. P. vollzogen, ohne dabei den Gedanken des erwählten Volkes zu übernehmen. Der bes. luth. Akzent findet sich dort, wo die ev. Christen als Bürger in der D. aufgefordert werden, ihre Mitverantwortung für die Politik als einen →Beruf zu verstehen, zu dem sie von Gott berufen sind. Nicht die natürl. Gleichheit und die individuelle Freiheit für sich, sondern in der Gestalt der selbstverantwortl. Mitwirkung im demokrat. Rechtsstaat verleiht der Bejahung der D. auch individuelle Verbindlichkeit.

Das die verschiedenen geschichtl. und theol.-kirchl. Zugänge zur D. verbindende Grundelement ist dabei das Prinzip der →*Menschenwürde*, die dem Menschen vor aller staatl. Ordnung als Gabe Gottes zukommt und die zu achten und zu schätzen Inhalt und Grenze allen staatl. Handelns markiert. In diesem Grundprinzip der Menschenwürde ist das christl. →Bekenntnis bewahrt und polit. Verantwortung übertragen, daß der →Mensch, jeder einzelne vor aller →Leistung, die er für die Gemeinschaft erbringt und die von ihm gefordert wird, Geschöpf Gottes ist. Darum kann zusammenfassend auch gesagt werden, daß die daraus fließende Idee der Menschenrechte im prot. Verständnis den gemeinsamen Bezugspunkt für die christl. Beurteilung der demokrat. Staatsform abgibt.

*C.* Für die *theol. Auslegung* des Verhältnisses zur D. können dabei hist. und systemat. vor allem folgende Gesichtspunkte namhaft gemacht werden:
1. Die Frage nach der D. als Staatsform verweist an das theol. *Verständnis des Staates.* Dieses ist in der ev. bibelorientierten Tradition sehr stark geprägt worden durch das Pauluswort aus Röm 13, wo die Obrigkeit als eine Anordnung Gottes in einem göttl. Gebot gründet, während sich die D., auf die Volkssouveränität beruft. Das Prinzip der modernen D., daß alle Gewalt vom Volke ausgeht, konnte hier als Widerspruch erscheinen, wenn damit das Gebot Gottes geleugnet werden sollte. Der Wechsel in der Begründung staatl. Autorität führt zu einer →Säkularisierung des Staates, wenn das Volk nicht mehr auf den christl. Glauben ausgerichtet ist.
2. Darum erhebt sich an dieser Stelle die Frage nach der *Rolle der Kirche.* In der von →Calvin geprägten Tradition des reform. P. steht hier das Gemeindeprinzip; die christl. Ortsgemeinde bildet den normativen Innenraum der polit. Gemeinde. Doch im Gefolge des konfessionellen Pluralismus konnte nur die Trennung von Kirche und Staat die Anerkennung demokrat. Grundrechte für jedermann gewährleisten. Die →Konfession ist dagegen eine persönl. Entscheidung des einzelnen. Der rein weltl. Staat entspricht dem luth. Konzept der weltl. Obrigkeit als einer gegenüber der Kirche selbständigen Anordnung Gottes. So hat die reformator. Unterscheidung zwischen dem geistl. und dem weltl. Regiment in der modernen D. neue Bedeutung erlangt. Die bürgerl. Rechte und Pflichten sind nicht von der konfessionellen Zugehörigkeit der Bürger zur Kirche abhängig, die Christenpflicht erweitert sich zu Rechten und Pflichten des Bürgers.
3. Die moderne D. geht von der sittl. →*Autonomie des Individuums* aus, während im Christentum das Wissen von der Sündhaftigkeit des Menschen lebendig ist, der nicht aus eigener Kraft, sondern durch die Gemeinschaft mit Gott zum Tun des Guten befähigt wird. Daraus folgt eine *Kritik* am eth. Optimismus der D.; aber die Kritik an polit. Machtausübung durch sündhafte Menschen ist

eine Aufgabe nicht nur der →Predigt der Kirche, sondern in die D. selbst eingebaut durch die zeitl. Begrenzung polit. Mandate, öffentl. Machtkontrolle und Machtbegrenzung.
4. In liberalen D.n kann es keine weltanschaul. Homogenität geben. Insofern entspricht der *Pluralismus* des P. dem lebensnotwendigen Pluralismus der D. In allen diesen Hinsichten hat sich ein Umbau der polit. →Ethik des P. vollzogen, der auch auf die Kirchen zurückwirkt. Nur eine offene Volkskirche kann nach Geist und Form der modernen D. enstprechen.

*Lit.:* Ev. Kirche und freiheitl. D., Gütersloh 1985. – *E. Jüngel/R. Herzog/H. Simon:* Ev. Christen in unserer D., Gütersloh 1986. – *T. Rendtorff:* Polit. Ethik und Christentum, München 1978. – *Th. Strohm/H. D. Wendland (Hg.):* Kirche und D., Darmstadt 1973. – *K. Tanner:* Die fromme Verstaatlichung des Gewissens. Zur Auseinandersetzung um die Legitimität der Weimarer Reichsverfassung in Staatsrechtswissenschaft und Theologie der zwanziger Jahre (Arbeiten zur Kirchl. Zeitgeschichte, Reihe B: Darstellungen, Bd. 15), Göttingen 1988.

*Trutz Rendtorff*

**Demokratisierung** umfaßt alle Bemühungen, Entscheidungen durch eine möglichst breite Beteiligung von Betroffenen zu legitimieren. Die Institutionalisierung des Parlaments und der Kampf für die allg., gleiche und geheime Wahl sind die großen Schritte zur Verfahrensd., die Gleichheit mit dem Abbau der Zensusschranken im 19. Jh. und der Einführung des Frauenwahlrechts im 20. Jh. bevorzugt. Unter der Großen Koalition (1966-69) wurden weiterreichende D.sforderungen wach, die in erster Linie auf das polit. System, auf →Parteien, →Parlamente, →Regierung, →Verwaltung und →Öffentlichkeit, unter Berufung auf →Demokratie als Lebensform auch auf die Gesellschaft im ganzen gerichtet waren.

*A.* Das Parteiengesetz (1967) eröffnete eine neue Phase der Diskussion über *innerparteil. Demokratie*, sicherte demokrat. Verfahren der Personalrekrutierung und entfachte das Bemühen um programmat. Diskussion (Grundsatzprogramm der CDU, Orientierungsrahmen der SPD), das jedoch ohne hinreichend konkrete Wahlalternative und Handlungsanweisungen (→Planung) in Ermüdung zu enden drohte. *Formen direkter Demokratie* werden gegenwärtig durch Vollversammlungen, imperatives Mandat und Rotation von den »Grünen« bzw. Alternativen in die polit. Auseinandersetzung eingebracht. Die Parlamente trugen den D.sforderungen Rechnung durch erweiterte Öffentlichkeits- und Oppositionsrechte (Anhörungen, Untersuchungsausschüsse). Von Regierung und Verwaltung wurde durch Planungssysteme eine Klärung und Darstellung der Handlungsabsichten und initiierende →Partizipation versucht. Eine größere Zahl von Wahlbeamten war eine weitere Antwort auf die D.sforderungen.

*B.* In Art und Umfang der D.sforderungen an die Gesamtgesellschaft trafen *»systemergänzende«* und *»systemüberwindende« Intentionen* zusammen. Sie fanden ihren Niederschlag in der *Ausweitung der →Mitbestimmung* in der →Wirtschaft, der Neuordnung der →Hochschulen, den Schulgesetzen, der D. der Streitkräfte und mancher Kirchen, aber auch in →Erziehung und →Pädagogik. *Grenzen* waren der D. durch begrenzte menschl. Möglichkeit (ein permanentes polit. Engagement ist die Ausnahme) und unterschiedl. Eignung der Organisations- und Entscheidungstypen gesetzt (Modelle mit gewichteter Kompetenz stellen einen Kompromiß dar). Der Vorwurf des Verlustes von Effizienz übersieht jedoch den Gewinn in der Durchsetzung von Entscheidungen. Es bleibt der Einwand, durch die Beteiligung von Betroffenen würden die übergreifenden Gesamtinteressen vernachlässigt. Zusammenfassend kann aber festgestellt werden, daß nur durch eine kontinuierl. D. der Gesellschaft die Stabilität der demokrat. Regierungssysteme gesichert zu werden vermag.

*Lit.: M. Greiffenhagen (Hg.):* D. in Staat und Gesellschaft, München 1973. – *H. Kremendahl:* Pluralismustheorie, Leverkusen 1977. – *W. Steffani:* Pluralist. Demokratie, Opladen 1980. – *F. Vilmar:* Strategien der D., Darmstadt 1973.

*Ingrid Reichart-Dreyer*

**Demut.** Mit D. verbindet sich heute die Vorstellung von Unterwürfigkeit und →Gehorsam gegenüber →Autoritäten. Dieses Verständnis ist Erbe der heidn. Antike. Für die *atl.* Frömmigkeit ist D. eine Grundhaltung des Menschen gegenüber seinem →Gott und Schöpfer; gepaart mit Gottesfurcht, zählt sie zu den Grundelementen jüd. Moral. →Paulus sieht in Jesu Haltung ein Vorbild der D., die auch der Christ einnehmen sollte (Phil 2,3.5; 1 Kor 4,7). Aus dem Glauben heraus wächst der Mut zum Dienen. Die *frühchristl.* Tradition lebt aus der Vision des bereits anbrechenden →Reiches Gottes, in dem es keine →Herrschaft und Unterdrückung mehr gibt. Im →Mönchtum gilt D. als Lehrmeisterin und Mutter aller Tugenden. In der Benediktusregel (→Benediktiner) werden zwölf Stufen der D. genannt, beginnend mit der Gottesfurcht, die zur Gottesliebe führt, welche keine Furcht mehr kennt. In der Folgezeit erscheint D. weithin losgelöst vom ntl. Kontext. Für →*Thomas von Aquin* ist D. das Fundament der moral. und theol. Tugend, da sie vor dem selbstherrl. Zugriff des Hochmuts bewahrt. *M. →Luther* sieht in der D. die Grundhaltung des Christen schlechthin, keine servile Unterwürfigkeit, sondern das Selbstgericht, in dem der Glaubende das endzeitl. Gericht Gottes (→Eschatologie) über den Hochmut und die Eigenmächtigkeit des Menschen vorwegnimmt und in der →Buße Gottes Gerechtigkeit empfängt. Gerade in einer schonungslos auf Konkurrenz aufbauenden Leistungsgesellschaft erscheint heute D. als Bereitschaft, sich in den Dienst der Gemeinschaft zu stellen, und als Ausdruck solidar. Verhaltens neu aktuell.

*Lit.: L. Gilen:* Zur Psychologie der rel. Persönlichkeit. Selbstwertstreben und D., Regensburg 1977. – *R. Kühn:* D. als »exinanitio« und »dé-création«. Zur Renaissance franziskan. Grundintentionen bei Simone Weil, in: Wissenschaft und Weisheit 45 (1982), 196-218. – *H. D. Preuß u.a.:* D., in: Theol. Realenzyklopädie 8, 459-488. – *P. Rom:* Das Mysterium der D., in: Zeitschrift für Individual-Psychologie 5 (1980), 218-220. – *O. Schaffner:* Christl. D. des hl. Augustinus. Lehre von der Humilitas, Würzburg 1959. – *K. Wengst:* D.-Solidarität der Gedemütigten, München 1987.

*Johannes Gründel*

**Denken.** Unter D. versteht man im allg. das Verknüpfen von Begriffen der sinnl. oder nichtsinnl. Welt im menschl. →Geist, wobei auch die Begriffe der nichtsinnl. Welt meist durch Abstraktion von konkreten Sinnesbildern gewonnen sind (→Sinne). Im D. wird der sinnenhafte Bereich der →Natur überstiegen, weil D. mehr ist als nur Reaktion auf Sinneseindrücke. Konkrete Einzeldinge werden in ihrer Typhaftigkeit erfaßt, und auch völlig ungegenständl. Begriffe etwa aus dem Bereich der →Logik, des →Gefühls oder der →Ethik werden gedacht und ihre Beziehung zueinander im D. geordnet. Das D. gehört demnach selber nicht zur Welt des Stoffl., auch wenn es deren Elemente in ihrem Vollzug als Eindrücke aufnimmt. Es ist vielmehr selber eine geistige Tätigkeit und gehört zur Welt des Geistes.

*A.* Die Frage, wieso unser D., wenn es die sinnl. Welt übersteigt, die gemeinten Denkinhalte tatsächl. trifft bzw. ob es zu ihren Denkinhalten tatsächl. eine Entsprechung außerhalb unseres D.s gibt, wurde in der *Geschichte* in unterschiedl. Weise beantwortet.
Bei →Platon sind die Ideen bereits aus einer *ursprüngl. Schau* bekannt, aber vergessen, und im D. werden sie wieder erinnert. →Aristoteles geht von einer *noêsis noêseôs* aus, einem übergeordneten D., das ständig alle mögl. Denkinhalte denkt. Sofern der →Mensch denkt, hat er teil an diesem D. Im →MA. sah man in →*Gott* den Garanten für die Einheit von D. und →Wirklichkeit. →Descartes suchte einen neuen Ausgangspunkt für die *Gewißheit im D.* Er fand ihn im →Zweifel als den einzigen immer mögl. Vollzug für das D., dessen es sich gewiß sein kann. Descartes ist es mögl., die These eines durch Wahrnehmungstäuschung betrügenden Gottes als widerlegt zu betrachten. Im Fortgang der Geschichte wird der →Zweifel radikalisiert. Für →Kant können wir die Dinge an sich nicht erkennen, sondern haben nur best. *Anschauungen* von ihnen.
In den →*Naturwissenschaften* wird die Erkenntnismöglichkeit des D.s inzwischen sehr begrenzt gesehen. Es könnte immer noch eine bessere Theorie geben, dann wäre die alte ungültig. Dem so gewachsenen Mißtrauen gegenüber jeder →Spekulation versuchen die →Philosophie durch pragmat. Überlegungen und die →Theologie durch Rückbesinnung auf die bibl. Texte und eine krit. Erforschung der eigenen Geschichte zu begegnen. Letztl. gehört jedoch das verantwortete Übersteigen der reinen sinnl. →Erfahrung zum unaufgebbaren Geschäft dieser beiden Disziplinen.

*B.* Das D. vollzieht sich in verschiedener Weise, etwa als *begriffsbildendes* – indem es Tatbestände der Welt aufnimmt, *schlußfolgerndes* – indem es diese Begriffe in sinnvoller Weise miteinander verbindet, oder *urteilendes* – indem es zu einer (vorläufigen) Gesamtvorstellung des durchdachten Zusammenhangs kommt.
Das D. erfüllt in seinem eigenen Vollzug verschiedene Funktionen. *Reproduktives* D. erfaßt gegebene log. Verknüpfungen einer dargebotenen Wahrheit; *diskursives* D. entdeckt neue Zusammenhänge und Einsichten aus bekannten Sachverhalten, und *schöpfer.* D. verdankt sich stärker der Intuition. Neue Einsichten im D. ergeben sich auch oft, wenn bisher gewohnte Zuordnungen und Denkverbindungen aufgegeben und eine neue Ordnung der gegebenen Begriffe versucht wird. Dies ist mögl., weil immer verschiedene Ordnungskriterien gewählt werden können (bei Gegenständen etwa: Form, Farbe, Größe, etc.).
Unser D. ist *reflexiv*, d.h., es beobachtet sich bei seinem Tun, ist sich dessen bewußt (→Bewußtsein). Gleichwohl ist D. nicht zeitlos. Es hängt von der räuml.-zeitl. Grundgegebenheit ebenso ab wie in bedingtem Maße von kulturellen Umwelteinflüssen. Man denke etwa an östl. und westl. D., an rationales (→Rationalität) und myth. (→Mythos), dem eine eigene Form der Rationalität inne ist. Ebenso hängt das D. auch von der denkenden →Person ab (erworbene und gewohnte Denkinhalte). Da das D. aber andererseits auch von den konkreten Gegebenheiten prinzipiell frei ist, ist es ein Teil des Vollzugs der →Freiheit des Menschen (»Die Gedanken sind frei«).
Das D. ist in der Tat dem *Menschen* eigentüml. Tiere haben zwar auch Gefühle, können aber nicht in unserem Sinne denken, weil sie nicht reflexiv um ihr Tun wissen und keinen Gesamtentwurf der →Wirklichkeit haben bzw. ihn nicht kennen. Maschinen wie Computer können ebenfalls nicht denken. Zwar können Expertensysteme in sehr differenzierter Art mit komplexen Fakten umgehen und oft überraschende Lösungen präsentieren. Echtes diskursives D. und Intuition sind der künstl. Intelligenz aber ebenso fremd wie Reflexion auf ihr Tun und auf einen Gesamtentwurf der Welt.

*Lit.: M. Blondel:* Das D., 2 Bde., Freiburg/München 1953 und 56. – *K. Foppa:* D., in: Hist. Wörterbuch der Philosophie, Bd. 2, Darmstadt 1972, 60-104. – *P. Hünermann:* Ort und Wesen theol. D.s, in: Zeitschrift für kath. Theologie 92 (70), 133-145. – *H. Kößler:* Glaube und D., in: W. *Arnold/H. Zeltner (Hg):* Tradition und Kritik. FS für R. Zocher, Stuttgart 1967. – *H. Krings:* Erkennen und D. Zur Struktur und Geschichte des transzendentalen Verfahrens der Philosophie, in: Philos. Jahrbuch 86 (79), 1-15. –

*H. Thielicke:* Glauben und D. in der Neuzeit: Die großen Systeme der Theologie und Religionsphilosophie, Tübingen 1983.

*Nicolaus Klimek*

**Denkschriften.** Als Denkschrift bezeichnet man in der Geistes- und Theologiegeschichte die »Darlegung einer wichtigen Angelegenheit, oft im amtl. Auftrage oder an eine Behörde gerichtet« (z.B. J. H. Wichern 1849 und verschiedentl. in der Zeit des Kirchenkampfes), oder die »Abhandlung einer gelehrten Körperschaft« (Brockhaus Enzyklopädie IV, 424). Beide Bedeutungsstränge spielen für die D. der →Ev. Kirche in Deutschland (EKD) eine Rolle.

*A.* Seit 1962 hat die EKD in Wahrnehmung des von ihr beanspruchten Öffentlichkeitsauftrags eine Anzahl von Abhandlungen herausgegeben, die sich unter dem Titel »Denkschrift« zu sozialeth. Problemfeldern (→Ethik) äußern. Auch wenn der Begriff D. als solcher eine weitere Bedeutung besitzt, so wird er doch seit dem Ende der 60er Jahre in →Kirche und →Öffentlichkeit fakt. auf die *D. der EKD* bezogen. Von 1962 bis 1987 sind 15 D. erschienen. Die erste beschäftigte sich mit der Frage der »Eigentumsbildung in sozialer Verantwortung«. Am bekanntesten ist die sog. Ostdenkschrift »Die Lage der Vertriebenen und das Verhältnis des dt. Volkes zu seinen östl. Nachbarn« (1965). Wichtig sind ferner: »Aufgaben und Grenzen kirchl. Äußerungen zu gesellschaftl. Fragen« (1970), »Leistung und Wettbewerb« (1978), »Frieden wahren, fördern und erneuern« (1981) und »Ev. Kirche und freiheitl. Demokratie« (1985). Neben den D. stehen in der EKD unter der Bezeichnung »Studie«, »Diskussionsbeitrag«, »Thesenreihe«, »Handreichung« u.ä. *weitere Abhandlungen* zu sozialeth. Problemfeldern, die mit Recht unter dem Sammelbegriff D. zusammengefaßt werden. Zu den D. im weiteren Sinne des Wortes sind alle Verlautbarungen zu zählen, die themat. in den Bereich sozialeth. Äußerungen gehören, sich an die Adresse der Öffentlichkeit wenden und umfangmäßig über kurze »Worte« und »Erklärungen« hinausgehen.

*B.* D. werden in der Regel von den in der Grundordnung der EKD (Art. 22) vorgesehenen *Kammern* bzw. Kommissionen »aus sachverständigen kirchl. Persönlichkeiten« ausgearbeitet, die »zur Beratung der leitenden Organe« gebildet werden. Die Arbeitsergebnisse werden vom Rat angenommen und unter seiner Verantwortung vom Kirchenamt der EKD publiziert. D. können im ev. Verständnis nicht die Ausübung eines kirchl. →Lehramts darstellen. →*Autorität* besitzen sie nur, insofern sie kraft des Gewichts ihrer Argumente, aber auch der Glaubwürdigkeit der →Institution Kirche zu überzeugen vermögen. Sie verstehen sich als Hilfe zur eth. Urteilsbildung und damit als Beitrag zur Klärung offener oder strittiger polit. Fragen. Die Veröffentlichung von D. ist Teil des gesellschaftsdiakon. Handelns der Kirche und unter den theol. Disziplinen vor allem auf die Sozialethik und →Prakt. Theologie bezogen. Die bes. Chancen und Aufgaben der D. liegen darin, einen nicht partei- oder interessengebundenen Standpunkt zu formulieren, dabei einen stellvertretenden Konsens für Kirche und →Gesellschaft zu gewinnen, in der öffentl. Diskussion verschwiegene oder verlorengegangene Fragen oder Lösungswege einzubringen und so unter Umständen für die »Stummen« und Übergangenen »den Mund aufzumachen« (Spr 31,8).

*Lit.:* Die D. der Ev. Kirche in Deutschland, 4 Bde., Gütersloh 1978-1981 (Einzelausgaben ebenfalls im Gütersloher Verlagshaus Gerd Mohn). – *M. Honecker:* Lehrautorität und Sachautorität in ev. D., in: *A. Auer (Hg.):* Die Autorität der Kirche in Fragen der Moral, München/Zürich 1984, 33-52. – *H. Schröer:* D., kirchl., in: Theol. Realenzyklopädie 8 (1981), 493-499.

*Hermann Barth*

**Deontische Logik.** Der Begriff der »Deontik«, von G. H. von Wright für eine bestimmte Logik (des Sollens) gebraucht, findet sich erstmals bei J. Bentham: »Deontology« steht für die Science of Morality (so der Titel des entspr. Werkes von 1834). In einem allg. Sinne ist die d.L. die Logik des Sollens bzw. der Soll-Sätze bzw. die *Logik der Normen.*

*A.* Differenzierungen innerhalb der Normenlogik haben – über diese allg. Charakterisierung hinausgehend – als Bereich der d.n L. eine *Metaebene* umrissen, die sich – von den folgenden Präzisierungen ausgehend – so umschreiben läßt: Aufgabe der Normenlogik ist die log. Analyse von Normen; Normen werden dabei verstanden als Verhaltensregeln, die entweder vorschreiben, steuern, kontrollieren oder beurteilen. Die Logik dieser Normen wird ihrerseits mit Hilfe eines (log.) Instrumentariums systematisiert: der d.n L. *im engeren Sinne.* Sie ist eine Logik von Sätzen, die von den konkreten Alltagssprachen (auch von Kunst- oder formalisierten Sprachen) unabhängig sind. Diese metasprachl. Sätze sind Sätze über präskriptive (vorschreibende, steuernde, kontrollierende, beurteilende) Sätze. Die zur d.n L. führende Formalisierung nimmt ihren Ausgang von der →*Norm* (Gebot, Verbot, Erlaubnis). Von der Norm unterschieden wird der Aussagesatz, der in diesem Fall die *Kodifikation* der Norm aussagt (im Sinne eines deskriptiven/beschreibenden über einen präskriptiven Satz). Sätze, die beschreibende Aussagen über Vorschriften (Präskriptionen) machen, sind *deont. Sätze.* Sie gehorchen einer eigenen Logik, verschieden von jener, die für die Normen selbst gilt. Sowohl die d.L. in diesem eingeschränkten Sinn wie die allgemeinere Normenlogik sind Formalisierungen des realen deont. Denkens, das durch Schlüsse begründet wird, deren Voraussetzungen und Schlußfolgerungen Normen sind, sofern sie tatsächl. gezogen werden.

*B.* Auf der Metaebene der d.n L. läßt sich nun eine weitere Unterscheidung treffen: eine Logik, die direkt auf dem Boden der Aussagenlogik aufbaut (die deont. Operatoren [Gebot, Erlaubnis, Verbot] werden nicht Handlungssätzen, sondern nur Handlungsverben zugeordnet), und eine Logik, die sich auf Aussagen im übl. Sinne bezieht. Die Verben, die eine Handlung bezeichnen, werden hier – von der Handlung losgelöst – rein als Aussagen betrachtet; Inhalt der Norm ist nicht eine Handlung, sondern ein Sachverhalt oder Zustand, der dadurch gekennzeichnet ist, daß er der Norm entspricht bzw. widerspricht. Die erste Variante der d.n L. wäre dem *Tun-sollen*-Typ zuzuordnen, die zweite dem *Sein-sollen*-Typ. Ungeachtet dieser Unterschiede fragen beide: Wie verhalten sich (darstellbar auf einer metasprachl. Ebene) Gebot, Verbot und Erlaubnis zueinander? Welche Zusammenhänge lassen sich herstellen? Wie kann man diese Zusammenhänge mit log. Gesetzen darstellen, ausdrücken oder neu formulieren?

*C.* Die beabsichtigte Formalisierung mit Hilfe log. Gesetze hat u.a. folgendes zu berücksichtigen: Log. Gesetze gelten im Fall der d.n L. immer nur relativ, bezogen auf das jeweils grundgelegte Normensystem (das zu differenzieren ist zwischen »offener« und »geschlossener« normativer Ordnung). In einer *»offenen«* normativen Ordnung gibt es Handlungen, deren deont. Status unbestimmt bleibt, d.h., zu denen die normative Ordnung nicht Stellung nimmt, während in der *»geschlossenen«* normativen Ordnung einer jeden Handlung ein best. deont. Status beigelegt werden kann. Die unterschiedl. Normeninhalte werden nach dem Konstruktionsprinzip einer log. Bedeutungslehre (Semantik) zu Sätzen allg. Art umgebildet. Problemat. und bei Vertretern der d.n L. umstritten ist die Frage, ob und wie eine Semantik für die d.L. möglich ist, ebenso wie die Frage, welche prakt. Bedeutung die d.L. für die Teilbereiche hat, die konkret mit normativen Sätzen umgehen (Rechtsleben, Sätze rel. Verbindlichkeit, Urteilsbegründungen, nicht nur im jurist., sondern etwa auch im ästhet. Bereich).

*D.* Bei dem Versuch, die *traditionellen Ethikentwürfe* (auch rel.) unter sprachphilos. Gesichtspunkten zu rekonstruieren, ist die d.L. unverzichtbar, selbst dann, wenn sich der »linguistic turn« (die Ablösung des mentalist. durch das sprachl. Paradigma) im Blick auf die Ethikdiskussion als wenig tragfähig erweisen sollte.

*Lit.: R. Hilpinen (Ed.):* Deontic Logic. Introductory and Systematic Readings, Dordrecht 1971. – *H. Lenk (Hg.):* Normenlogik. Grundprobleme der d.n L., Pullach 1974. – *P. Lorenzen:* Normative Logic and Ethics, Mannheim/Zürich 1969. - *E. Morscher/G. Zecha:* Wozu d.L.?, in: Archiv für Rechts- und Sozialphilosophie 58 (1972), 363-378.

*Carl-Friedrich Geyer*

**Depression.** Zustand, in welchem ein negativer Affekt bestimmend ist, der sich in Stimmungslage, Psychomotorik und vegetativen Funktionen ausdrückt.

*A. Depressive Verstimmungen* sind häufig und gehören zum Spektrum menschl. Erlebens und Verhaltens. Als zeitl. begrenzte →Gefühlszustände stehen sie in der Regel im Zusammenhang mit situationsbedingten Faktoren und sind von kurzer Dauer. Häufige Beschwerden und Symptome sind: Gedrücktheit, Niedergeschlagenheit, Verzagtheit, →Angst, Unruhe, Suizidgedanken (→Tötung), Antriebsminderung, Nachlassen von Konzentration und →Interesse, Ratlosigkeit, Schlafstörungen, Schweißneigung, Verlust sexuellen Interesses u.v.a. Von D. als →*Krankheit* vielfältiger Ursache wird gesprochen, wenn der Mensch nicht mehr fähig ist, ohne weiteres mit der Verstimmung fertig zu werden. Es entwickeln sich best. psychopatholog. Bilder (»Syndrome«) von bes. Intensität und einer entspr. Verlaufscharakteristik. Zum Kern depressiver Anzeichen gehören Hoffnungslosigkeit, Angst, fruchtlose Grübelei, Verlust der Genußfähigkeit, Nachlassen von Leistungsfähigkeit, soziale Rückzugstendenzen.

*B.* Die *Ursachen* depressiver Erkrankungen werden nach verschiedenen Modellvorstellungen beschrieben. Genet. Untersuchungen (→Genetik) zeigten, daß Vererbungsfaktoren für Häufigkeit und Art insbes. *endogener* (anlagedingter) *D.en* von Bedeutung sind. Die Art und Weise der Vererbung ist unklar. Die Manifestation der Erkrankung ist jedoch nicht allein von Vererbungs-, sondern auch von Umweltfaktoren abhängig. Biolog. Modelle gehen von einem Mangel oder einer Balancestörung körpereigener Überträgersubstanzen in funktionell wichtigen Hirngebieten aus und von Veränderungen der Empfindlichkeit der Rezeptoren (Strukturen für Aufnahme und Weiterleitung von Reizen) im Gehirn. Neuere Untersuchungen weisen auf einen Zusammenhang von depressiven Erkrankungen und Veränderungen rhythm. Funktionen (v.a. im circadianen Bereich [»physiolog. Uhr«, chronobiolog. Modelle]) hin; auch finden sich in depressiven Zuständen best. neurophysiolog. Anfälligkeiten, die als Hemmungs- und Rückzugstendenzen interpretiert werden.
Die persönlichkeitspsycholog. Ansätze beruhen v.a. auf der Beschreibung des *»melanchol. Typs«* (Typus melancholicus, Tellenbach 1969), der sich durch bes. Ordentlichkeit, Gewissenhaftigkeit und Pflichtbewußtsein auszeichnet. Auf S. →Freud (1917) und K. Abraham (1924) geht die psychogenet. Deutung der D. zurück. In ihr wird die Bedeutung frühkindl. Hemmungen (Ich-Entwicklung; →Identität) herausgestellt. Depressive Phänomene sind nach dieser Auffassung Regressionsvorgänge (»Rückschrittsvorgänge«) auf eine »orale« Entwicklungsstufe (narzißt. Objektbeziehung, →Selbstinteresse). Nachfolgende Konzepte gehen von ich-psycholog. Ansätzen aus, bei denen die

Wahrnehmung der eigenen Hilflosigkeit in der Erfüllung narzißt. Ansprüche zu einer Selbstentwertung führt und D.en hervorruft; dieser Mechanismus könne in allen Entwicklungsphasen auftreten. Als Hauptproblem bei depressiven Erkrankungen wird der Verlust des Selbstwertgefühls angesehen, das bei diesen Patienten von einer engen zwischenmenschl. Beziehung abhängig ist. Erkenntnis- und lerntheoret. Modelle gehen davon aus, daß Depressive Situationen verzerrt einschätzen. Nach der Lerntheorie (→Lernen) spielt der Verlust von positiven Verstärkern eine Rolle. Weitere Ursachen depressiver Erkrankungen werden in Streßreaktionen (v.a. auf Trennung und wichtige Lebensveränderungen) und negative Lebensereignisse (Life-event-Forschung) gesehen.

*C.* Die D.en werden klassifiziert in 1. *depressive Reaktionen:* akute erlebniszentrierte und behandlungsbedürftige D.; 2. *neurot. D.:* depressive Verstimmungen als Ausdruck einer abnormen seel. Entwicklung. Es kommt zu einer konflikthaften Erlebnisverarbeitung, die zeitweise oder dauernd mit einer depressiven Symptomatik einhergeht; 3. *depressive Entwicklungen:* durch Dauerbelastungen (wie Ehe- und Berufskonflikte) chron. depressive Verstimmungen; 4. *endogene D.:* auch Melancholie, psychot. D., phasenhaft und bisweilen mit Manien auftretende Verlaufsform; 5. *somatogene D.:* auch exogene D., durch organ. Erkrankungen unmittelbar oder mittelbar verursacht.

*D.* Die *Behandlung* richtet sich in erster Linie nach Intensität und Inhalt der D. Sie besteht in einer positiven stützenden Beziehung zwischen Therapeut und Patient, in vielen Fällen auch im Einsatz von Psychopharmaka und anderen körperl. Behandlungsverfahren. Ziel ist die Abwendung suizidaler Handlungen. Erst in zweiter Linie werden in der Behandlung Kriterien der Krankheitseinteilung berücksichtigt. Sie determinieren die Indikation spezieller psychotherapeut. und somat. Verfahren (z.B. Lithium Prophylaxe).
Entspr. Untersuchungen haben die Häufigkeit behandlungsbedürftiger D.en auf 3 bis 4% der Bevölkerung geschätzt. Die Rate von Suizid und Suizidversuch ist sehr hoch. Unzweifelhaft gehören Minderwertigkeitsgedanken, Schuldgefühle und Schuldgedanken (→Sünde und Schuld) zu den hervorstechendsten Inhalten Depressiver. Sie können bei der endogenen D. den Charakter eines Wahns (rel. Wahn, Schuldwahn, Versündigungswahn) annehmen. Für die christl. →Seelsorge wirft die Schuldthematik des Depressiven bes. Probleme auf, da an zentraler Stelle der Aspekt der →Hoffnung verlorengegangen ist und keine Einsicht in die Krankheit besteht.

*Lit.: S. Freud:* Trauer und Melancholie, in: Ges. Werke, Bd. X, London 1946. – *G. Hole:* Der Glaube bei Depressiven. Forum der Psychiatrie, 4, Stuttgart 1977. – *N. Hoffmann:* Depressives Verhalten, Salzburg 1976. – *P. Kielholz:* Diagnose und Therapie der D.n für den Praktiker, München 1971. – *B. Pflug:* Depressive Symptome, Stuttgart/New York 1981. – *W. Pöldinger:* Suizidalität, D. und Angst, in: *P. Kielholz (Hg.):* Depressive Zustände, Bern 1972. – *H. Tellenbach:* Melancholie, Berlin 1974.

*Burkhard Pflug*

**Descartes,** *René,* geb. 1596 in La Haye (Touraine), gest. 650 in Stockholm. D. studierte zunächst Rechtswissenschaften und lebte dann als Privatier von einem ererbten Vermögen. Ausgedehnte Reisen führen ihn durch ganz Europa. Von 1628-1649 lebte er in den Niederlanden, um dort unter dem Schutz relativer Toleranz seinen philos. und naturwissenschaftl. Forschungen nachgehen zu können. Seine *Neubegründung des Wissens* (»prima philosophia«; →Aristoteles) revolutionierte nicht nur die →Philosophie und die Einzelwissenschaften. Die mit ihr gesetzte Überwindung des ma. Wissenschaftsbegriffs (→Aristotelismus, →Scholastik) markiert, philos.geschichtl. gesehen, auch den Beginn der →Neuzeit.

*A.* Das Wissen, auf das D. in seinen Untersuchungen (Discours, 1637; Meditationes, 1641; Prinzipien der Philosophie, 1641) abhebt, ist – im Unterschied zum alteurop. →*Theoria*-Verständnis – nicht mehr ausschließl. Selbstzweck, sondern beabsichtigt auch eine Fundierung der naturwissenschaftl. Forschung. Voraussetzung, dieses Wissen zu gewinnen, ist die Zerstörung theoret. und lebensweltl. Selbstverständlichkeiten im *method.* →*Zweifel,* der alles in Frage stellt mit Ausnahme der selbstgewissen Tatsache des Zweifels am Vollzug des Denkens, von dessen Nachweis die Neubegründung des Wissens ausgehen kann. Dementspr. kann D. sogar aus der im Denken gründenden Selbstgewißheit jene →*ontolog. Gewißheit* ableiten, im Rückgriff auf die alle Wirklichkeit neu rekonstruiert werden soll: cogito, ergo sum (ich denke, also bin ich). Das wissenschaftskonstitutive →*Selbstbewußtsein* (res cogitans), das Wissen begründet, wird dualist. abgehoben von allem übrigen (mathemat. strukturiert gedachten) →Sein, dessen Qualitäten auf »bloße« *Ausdehnungs*verhältnisse (res extensa) reduziert sind. D. gelten alle Körper als Weisen der Ausdehnung, die →Seelen als Weisen des Denkens. Deshalb können die Unterschiede zwischen den einzelnen Seelen ebenso wie der Unterschied zwischen der Seele und →Gott nicht real, sondern nur Unterschiede der Seinsweise sein.

*B.* Der →Dualismus von Denken und Ausdehnung (den beiden einzigen Substanzen, die D. annimmt) dient nicht nur der Selbstbegründung (und Selbstevidenz) des Ich; er will zugleich die *Gottesidee* unumstößl. grundlegen. Das in den Augen D.' unabweisbare Argument für die Existenz Gottes stützt sich auf den Nachvollzug des je eigenen Denkens. In diesem Nachvollzug erschließt sich das allg. Wesen von »Denken überhaupt«; seine →Idee ist die »Idee Gottes«. Unter dieser Voraussetzung kann D. sogar sagen, erst das Wissen um die Existenz Gottes garantiere eindeutige und deutl. (»clare et distincte«) →Erkenntnis. Eine »cartesian.« Argumentation erkennt dem Wissen um Gott nicht nur den Vorrang gegenüber aller übrigen Erkenntnis zu. Im method. Zweifel wendet er sich zugleich von allen deduktiven Beweisgängen für die Existenz Gottes ab. In dieser Abkehr scheint aber auch die unmittelbare →*ontolog. Wahrheit* der angeborenen Ideen (Gottes, aber auch der mathemat. Grundsätze) auf, deren Kriterien ausschließl. Klarheit und Deutlichkeit sind.

*C. Innertheol.* glaubte man zu Beginn der Neuzeit, dem mit der Epochenschwelle verbundenen Plausibilitätsschwund der (rationalen) Theologie durch eine Rezeption des Cartesianismus begegnen zu können. Das Problem der rationalen Erkennbarkeit Gottes und einer von der menschl. Vernunft ausgehenden *Glaubensbegründung* schien gelöst. Der cartesian. Ansatz suggerierte die Kompatibilität von Glaube und Vernunft, wie sie im ma. →Aristotelismus ledigl. – und nicht frei von Widersprüchen – als Problem formuliert worden war. Bei näherem Hinsehen zeigt sich jedoch, daß eine konsequente Transformation des Cartesianismus in die Theologie in unaufhörl. Widersprüche führen muß. Mit D.' metaphys. Realismus läßt sich die Notwendigkeit und Unhintergehbarkeit der rel. →Offenbarung nicht zusammendenken. Zwar kann man auch den cartesian. Gott nur vom Christentum des »Individuums D.« her verstehen; absolut gesetzt hebt er aber gerade diese Voraussetzungen auf (sie sind hist. kontingente, keine von der Sache her notwendigen). Im Verhältnis zum »Gott der Philosophen« bei D. wird die christl. Offenbarung eine solche »bis auf weiteres«. Damit teilt sie das Schicksal der cartesian. »provisor. Moral«. Bezogen auf die menschl. Lebenswelt, ist diese zwar alles andere als »provisorisch«; auf der entscheidenden (prinzipiellen) Ebene (der systemat. Konstruktion) ist sie dagegen *immer schon relativiert.* Daher kann der cartesian. →Rationalismus/→Dualismus auch keine inhaltl. →Normen begründen. In seinem Kontext bestimmt sich das Verhältnis zur →*Moral* ähnl. wie dasjenige zur →*Natur.* Die cartesian. Rationalität begründet im Umgang mit der Natur wie mit dem Menschen (ethisch-moral. Ebene) eine →*Praxis,* die auf dem Wege über optimale Berechnungen in der Nutzung der wissenschaftl. Erkenntnisse ein vorgegebenes »vernünftiges« Ideal verwirklichen will – Bedingung eines geglückten und gelungenen Lebens des Menschen *(»vita cartesiana«).* Erst seine Verwirklichung würde gleichzeitig die Überführung der provisor. in die definitive Moral bedeuten, keine Individualethik, sondern gegründet auf die Vorstellung von einem *Nutzen* für die Menschen im allg. Vor allem dieser Gedanke wirkte weiter in der →Aufklärung, die dem metaphys. Rationalismus, der die Neuzeit eingeleitet hatte, bereits wieder eher fremd gegenüberstand.

*Lit.: F. Alquie:* D., Stuttgart 1962. – *Chr. Link:* Subjektivität und Wahrheit. Die Grundlegung der neuzeitl. Metaphysik durch D., Stuttgart 1978. – *K. Löwith:* Gott, Mensch und Welt in der Metaphysik von D. zu Nietzsche, Göttingen 1967. – *D. J. Marshall:* Prinzipien der D.-Exegese, Freiburg/München 1979. – *W. Röd:* D. Die Genese des cartesian. Rationalismus, München, 2. Aufl. 1982. – *R. Specht:* Innovation und Folgelast. Beispiele aus der neueren Philosophie- und Wissenschaftsgeschichte, Stuttgart-Bad Cannstatt 1972.

*Carl-Friedrich Geyer*

**Determination, Determinismus.** Im Rahmen der Logik meint Determination »Begrenzung«, »Bestimmung«, also das Gegenteil der Abstraktion. Sie erweitert den Inhalt und verkürzt damit den Umfang eines Begriffs, indem sie ihm ein bes., eingrenzendes (definierendes) Merkmal hinzufügt. Ontolog. bezeichnet die Determination die (z.B. ursächl.) Wirkung auf ein Seiendes, Gegebenes. Hier gründet auch die Nähe der Determination zum *Determinismus* (D.): die Auffassung, daß die Dinge von Ursachen bestimmt werden bzw. bedingt sind.

*A.* Diese Auffassung wird im allg. im Zusammenhang der Freiheitsproblematik (→Freiheit) diskutiert. In →Kosmologie, →Physik und →Theologie, aber auch in der neuzeitl. →Anthropologie bezeichnet D. deshalb die Lehre, entspr. einer durchgängigen und *gesetzmäßigen Bestimmtheit* der gesamten Wirklichkeit sei der Wille des Menschen – durch innere Ursachen oder durch solche, die von außen hinzutreten - stets vorherbestimmt und festgelegt. D. in diesem strengen Sinne schließt Freiheit aus. Im Blick auf seine Begründung lassen sich unterscheiden: ein ontolog. D.: Alle Geschehnisse und Handlungen sind kausal determiniert; ein normativer D.: Es lassen sich Bedingungen angeben, unter denen einer frei oder nicht frei handelt; ein ontolog.- normativer D.: Das Prinzip der Verantwortlichkeit wird ausgeschlossen. Daneben gibt es eine eingeschränkt determinist. Freiheitsdefinition, die zwischen Freiheit und kausaler Determination zu *vermitteln* sucht und deshalb Bedingungen festsetzt, die Tatsache und Umfang der individuellen Verantwortung angeben.

*B. Hist.* wurde das Problem des D. erstmals im Zusammenhang rel. Fragestellungen diskutiert. In der →*Stoa* (3. und 2. vorchristl. Jh.) war es die Frage, wie man angesichts des autonomen Individuums die Zukunft vorhersagen kann *(divinatio);* bei den *christl. Autoren* mußten subjektive Freiheit und Verantwortlichkeit (→Verantwortung) mit göttl. Vorherwissen vereinbart werden (→Prädestination: →Augustinus, Boethius). Eine philos. Lösung schien möglich, wenn man die Zukunft als eine bloß zeitl., endl. Dimension verstand: das, was der Mensch als Zukunft erfährt, sei für Gott ewige Gegenwart. →*Spinoza* versuchte den Widersprüchen durch eine begriffl. Umkehrung zu begegnen: gerade diese Notwendigkeit, der Gegensatz von →Zufall (Kontingenz), sei die wirkl. Freiheit. In der Philosophie des 17. Jh.s, vor allem in der Auseinandersetzung mit den sich entwickelnden *Naturwissenschaften*, erlebte der Begriff eine regelrechte Konjunktur. D. heißt jetzt: Eingebundensein in die unabänderl. Naturgesetze.

*C.* Dennoch gehen philos. und naturwissenschaftl. D. von *unterschiedl. Voraussetzungen* aus. So zielt der D. der Naturgesetze, den →Newton unterstellt, nicht auf eine Vorherbestimmung des Menschen, sondern auf die Gesetzmäßigkeiten, ohne die experimentelle Wissenschaft nicht widerspruchsfrei sein kann. Jedes Experiment geht implizit von einem D. aus, unterstellt aber gleichzeitig, daß das Einzelobjekt nicht definitiv ist: eine Problematik, die sich in Statistik und Serie wiederholt. →Kant reagiert in gewisser Weise darauf, indem er zwischen physikal. und moral. Zwang unterscheidet. Danach läßt sich die Determination des Willens durchaus mit Freiheit vereinbaren, man muß nur unter Freiheit die Fähigkeit verstehen, selbstgesetzte wie auch vorausgesetzte Endzwecke zu verwirklichen. Einen konsequenten D. behauptet gegenwärtig noch der dialekt. →Materialismus (→Marxismus). Er anerkennt objektive Zusammenhänge und Gesetzmäßigkeiten in der Natur; zugleich nimmt die hist.-gesellschaftl. Entwicklung einen zwangsläufigen Gang.

*Carl-Friedrich Geyer*

**Deuteronomium.** Die griech. Bezeichnung »Deuteronomium« für das fünfte Buch Mose entstand durch eine falsche Übersetzung des hebr. Ausdrucks *»Gesetzesabschrift«* in Dtn 17,18. Den Kern des D.s bildet die Gesetzesverkündigung in Kap. 12-26; er wird gerahmt durch die Schilderung der Wüstenwanderung in Kap. 1-3, die ermahnenden Kap. 4-11 (darin in Kap. 5 der →Dekalog), durch Fluch und Segen, Kap. 27-30, und den Abschluß mit Moselied und Mosesegen, Kap. 31-34.

*A.* Das jetzt vorliegende D. ist wahrscheinl. das Ergebnis eines literar. Wachstumsprozesses. Die ältesten Stücke sucht man in den Gesetzen; eine frühe Ausgabe stellte ihnen Einleitungsreden voran (beginnend mit Dtn 6,4 »Höre, Israel, Jahwe ist unser Gott, Jahwe ist einer«). Der Stil fällt durch stereotype Formulierungen auf; dadurch ist die Sonderung von Schichten innerhalb des D.s wesentl. erschwert. Auch ein so gängiges Unterscheidungsmerkmal der Literarkritik (→Bibelwissenschaft) wie der Wechsel der Anrede von der Einzahl zur Mehrzahl, der im D. sehr häufig auftritt (»Numeruswechsel«), kommt an seine Grenzen. So wurde versucht, in den Stücken mit singular. Anrede ursprüngl. deuteronom., in denen mit plural. Anrede späteres Gut zu finden. Diese Unterscheidung trägt ein Stück weit. Das spätere Gut entstammt der Bearbeitung durch den (oder die) sog. deuteronomist. Redaktor(en), der das D. aufgenommen hat in sein Gesamtwerk, das die Bücher vom D. bis zum 2. Königebuch umfaßt. So hat das D. eine eigentüml. Mittelstellung: es gehört sowohl zum Pentateuch (→Bibelwissenschaft) als auch zum »deuteronomist.« Geschichtswerk.
Die Voranstellung des D.s im deuteronomist. Werk hat *theol. Gewicht:* die Forderungen des D.s sind die Maßstäbe, an denen die weitere Geschichte Israels gemessen wird. Auch Prophetenbücher wurden von deuteronomist. Redaktoren bearbeitet (→Jeremiabuch), so daß Sprach- und Gedankengut des D.s durch diese Vermittlung im AT vielfach zu finden ist. Das D. wurde somit zu einem theol. Kristallisationskern.
Schon die →Kirchenväter gingen davon aus, daß das in 2 Kön 22 gefundene Buch das Buch des D.s sei, nach neuerer Ansicht eine Vorstufe des D.s. Sollte dies der Fall sein – die Kontroverse darüber dauert noch an –, wäre die Reform des Josia 622 v. Chr. ein zeitl. Fixpunkt für das D. Es wäre dann im Nordreich Israel abgefaßt und nach dem Zusammenbruch des Nordreichs 722 v. Chr. nach Jerusalem gebracht worden. Dies mag für Vorstufen gelten; die deuteronomisch-deuteronomist. Bewegung jedoch gilt als im Südreich beheimatet; Träger sind womögl. die *Schreiber am Jerusalemer Hof.*
Das D. ist überwiegend als *Abschiedsrede des Mose* gestaltet, die er östl. des Jordan vor der Einnahme des Westjordanlandes hält. Im Unterschied zu anderen Partien des Pentateuchs spricht nicht Jahwe selbst: das D. ist ein Gottesauftrag aus zweiter Hand, der sich an die Laiengemeinde wendet. Mit dem D. beginnt in Israel die Ära der Schriftinterpretation. Die Überlieferung wird normativ; dies verdeutlicht die Kanonsformel (»ihr sollt nichts hinzufügen, nichts weglassen«) in Dtn 4,2; 13,1.

*B.* Entstanden im Kulturland, versetzt das D. Israel zurück in die Zeit vor der Einwanderung nach →Kanaan, in einen Idealzustand, in dem die Liebe zu Gott, das Hauptgebot (Dtn 6,5), ungebrochen war. Die *Liebe zu Gott,* das Halten seiner Gebote, wird immer wieder eingeschärft; Abfall von Gott gilt als das schlimmste Verbrechen. Wer fremde Götter verehrt, wird erbarmungslos ausgerottet (13,7ff.); der Gedanke rel. →Toleranz ist dem D. völlig fremd. Das Volk wird bezeichnet als das ganze Israel, eine Gemeinschaft von Brüdern, die gemeinsam auf dem Erbbesitz wohnen. Auch der König wird ausdrückl. Bruder genannt (Dtn 17,15), seine Hofhaltung und seine obrigkeitl. Rechte werden eingeschränkt, »damit sich sein Herz nicht über seine Brüder erhebe« (Dtn 17,20).
Der Kultus wird an einer Stätte zentralisiert, die im D. nicht genannt ist, im deuteronomist. Geschichtswerk mit Jerusalem identifiziert wird; auch das Gerichtswesen hat eine zentrale Instanz der Rechtsfindung (Dtn 17,8-13). Für das Judentum wurde diese *Zentralisierung* entscheidend: außerhalb des Jerusalemer →Tempels konnte Jahwe nicht mehr durch Opfer verehrt werden.
Die Bestimmungen des D.s erwecken den Eindruck eines Israel, das in ruhigem Gleichgewicht in sei-

nem Lande, der Heilsgabe schlechthin, lebt. Das Exil kommt vorwiegend in deuteronomist. Texten vor. Nicht auf Grund seiner Eigenschaften oder Leistungen erhält Israel das Land (Dtn 7,1ff.), sondern wegen der Liebe Gottes und der Treue zu seiner Verheißung, die er den Erzvätern gegeben hatte. Die gesetzl. Forderungen sind als erfüllbar gedacht (Dtn 10,12ff., 30,11ff.).
Zentral ist der *Gedanke des →Bundes,* der seine Wurzeln im D. und im deuteronomist. Schrifttum hat. Nach einer früher verbreiteten Ansicht zeigen internationale Verträge aus dem 2. Jt. v. Chr. strukturelle Analogien zum Gesamtaufriß des D.s; es lassen sich zudem sprachl. Berührungen aufzeigen. Sowohl dieser Vergleich als auch die Herleitung der Bundesvorstellung aus diesem Bereich sind umstritten, zumal sich im AT nicht das vollständige Formular nachweisen läßt.

*Lit.: H. D. Preuß:* D. (Erträge der Forschung 164), Darmstadt 1982 (Forschungsüberblick). – *G. Braulik:* D. (Die Neue Echter-Bibel), Würzburg 1986f. – *N. Lohfink:* Das Hauptgebot (Analecta Biblica 20), Rom 1963. – *A. D. H. Mayes:* Deuteronomy (The New Entury Bible Commentary), London 1981. – *R. P. Merendino:* Das Deuteronom. Gesetz (Bonner Bibl. Beiträge 31), Bonn 1969. – *L. Perlitt:* Bundestheologie im AT (Wissenschaftl. Monographien zum A und NT 36), Neukirchen-Vluyn 1969. – *G. von Rad:* Theologie des AT I, München, 7. Aufl. 1978, 232-244. – *G. Seitz:* Redaktionsgeschichtl. Studien zum D. (Beiträge zur Wissenschaft vom A und NT 9), Stuttgart u.a. 1971. – *M. Weinfeld:* Deuteronomy and the Deuteronomic School, Oxford 1972.

*Udo Rüterswörden*

**Deutsch-christlich.** Die dt.-ch.e Bewegung ist einzuordnen in den breiten Strom des im 19. Jh. sich ausbildenden dt. →Nationalismus. Kirchengeschichtl. bedeutsam wurden diese – mitgliedermäßig nie sehr großen – Gruppen als ein auslösender Faktor für die Bildung der *Bekennenden Kirche* im prot. →Kirchenkampf nach 1933. Die in der Bekennenden Kirche aufgenommenen Themen, insbes. die Konzentration auf die →Christologie, die Frage nach dem Zusammenhang von Schöpfung und Offenbarung (→natürl. Theologie) sowie nach der Gestalt und Funktion der →Kirche sind entscheidend geprägt durch die Auseinandersetzung mit dt.-ch.en Gedanken. Systemat. ist mit der Grundorientierung dieser Bewegung die Frage nach dem Wechselverhältnis von →*Religion und Kultur* (→Inkulturation, →Synkretismus) oder von Religion und →Politik gestellt.

*A.* Auf dem Hintergrund der sozialen und polit. Krisen im dt. Kaiserreich wird *um 1890* im →Protestantismus programmat. die Forderung nach einer vertieften Synthese von dt. und christl. Gedankengut erhoben. Paul de Lagarde (1827-1891), R. →Wagner, sein Schwiegersohn H. St. Chamberlain (1855-1927) und der ev. Pfarrer A. Bonus wollen das Christentum durch *»Germanisierung«* modernisieren, als kulturelle Kraft stärken und dadurch der zunehmenden Entfremdung der breiten Massen vom christl. Glauben entgegensteuern. Die Lebenskräfte der Religion sollen entbunden werden gegen eine säkularisierte rationalist. Weltsicht, die erstarrten Kirchen und ihre überholten Lehren. Diese Reforminteressen werden überlagert von aggressivem →Antisemitismus, →sozialdarwinist. Vorstellungen und einem übersteigerten Glauben an eine bes. kulturgeschichtl. Sendung des dt. Volkes.
Nach der Kriegsniederlage und dem als »Schandfrieden« empfundenen Versailler Vertrag *radikalisiert sich* in der Weimarer Republik in weiten Teilen des dt. Protestantismus die dt.nationale Grundorientierung, und an den Rändern der Kirche organisieren sich, meistens unter der Federführung von Pfarrern, dt.-ch.e Gruppen: Der »Bund für deutsche Kirche« (1921), die »Deutschchristl. Arbeitsgemeinschaft« (1925), die »Kirchenbewegung Deutsche Christen« (1927), die »christl.-deutsche Bewegung« (1930) mit ihrem Organ »Glaube und Volk«, der sich auch Theologieprofessoren (P. Althaus [1888-1966], E. →Hirsch, H. Bornkamm [1901-1977]) anschließen. Gemeinsam ist diesen vielschichtigen Gruppen der Glaube an die Allgegenwart des *Schöpfergottes* insbes. im *Volkstum* als Offenbarungsquelle und als Nährboden lebendiger Religion. Gefordert wird die Schaffung einer Reichs- oder Nationalkirche, die das Fundament für eine »sittl. Erneuerung des Volkes« bilden soll. Teilweise wird ein praxisorientierter Jesusglaube vertreten, der frei sein soll von »jüd., dogmat. Verfälschungen« wie der paul. →Rechtfertigungslehre und dem atl. →Gottesglauben.

*B.* Die organisator. Verdichtung dieser Gruppen erfolgt mit dem Machtzuwachs der NSDAP. Da sie *Hitlers Politik* weitgehend zustimmen, kann Hitler sich ihrer vor allem in den Jahren 1932-1934 bedienen für seinen Versuch, die prot. Kirchen gleichzuschalten. Mit Unterstützung der NSDAP gründet 1932 der Pfarrer J. Hossenfelder als Sammelbecken für die dt.-ch.en Gruppierungen die »Glaubensbewegung Deutsche Christen«, die sich an den Kirchenwahlen 1932 beteiligt. Gefordert werden u.a. eine einheitl. Reichskirche, Anerkennung und aktive Unterstützung des →Nationalsozialismus in der Kirche sowie der Ausschluß »judenstämmiger« Pfarrer. Schon im November 1933, nach einer Kundgebung im Sportpalast, zerfiel die Bewegung, verlor an innerkirchl. Unterstützung und war bald auch für Hitlers Kirchenpolitik nicht mehr von Interesse. Sie wird später sogar von den Nationalsozialisten bekämpft.

*Lit.: W. Künneth/H. Schreiner (Hg.):* Die Nation vor Gott, Berlin, 3., erw. Aufl. 1934. – *K. Meyer:* Die Dt. Christen, Göttingen 1964. – *K. Scholder:* Die Kirchen und das Dritte Reich, Bd. 1, Frankfurt/M. 1977. – *H. J. Sonne:* Die polit. Theologie der Dt. Christen, Göttingen 1982.

*Klaus Tanner*

**Deutschland**

*A. Heiliges Römisches Reich Deutscher Nation (-1806)*

*I.* Die dt. Geschichte löste sich im 10. Jh. aus der Geschichte des fränk. Reiches der Karolinger und ist vornehml. als Kaisergeschichte der Ottonen, Salier und Staufer überliefert. Seit dem 13. Jh. erscheint die polit. Macht zunehmend zu den dt. Fürsten- und weiteren Reichsständen verlagert, die ihre Territorien in der →Neuzeit staatsähnl. ausbauten, jedoch bis 1806 in der *föderativen Rechtsgemeinschaft* des Reiches unter einem von den Kurfürsten gewählten, aber fast stets habsburg.-österr. Kaiser blieben. Die Namensformel »Heiliges Römisches Reich Deutscher Nation«, die im 15./16. Jh. festgeschrieben wurde, erinnert daran, daß sich nirgendwo polit. Geschichte und Religionsgeschichte so weit überschneiden wie in der dt. Geschichte:

*1.* Die *Christianisierung* der →Germanen war seit der Taufe Chlodwigs (482-511) und des fränk. Adels, der rechtsrhein. irisch-angelsächs. →Mission mit der Kirchenorganisation des Bonifatius im 8. Jh. sowie der Ausweitung in den sächs. Norden und den ostelb. Raum mit der fränk.-dt. Reichsbildung eng verknüpft. Die Hochreligion stützte sich auf »*Eigenkirchen*« der Grundherren oder ein fürstl. Laienpatronat und gewann ihre Zentren in den periodisch reform. →Klöstern und →Orden, in den im Spätma. gegründeten Universitäten und in der aufsteigenden Stadtkultur.

*2.* Die Kaiserkrönung Karls d.Gr. 800 und die dt. Wiederaufnahme dieser Tradition durch Otto d.Gr. 963 führte zu der Vorstellung, daß mit dem Kaisertum das Röm. Reich über die Franken an die Deutschen übertragen worden sei *(translatio imperii)*, rel. gestützt auf die Danielische Weltmonarchienlehre (→Danielbuch), nach der es das letzte vor dem Weltuntergang war; auf die Kaiserkrönung durch den Papst, die in der →Neuzeit durch symbol.-diplomat. Akte abgegolten wurde; auf die Kurwürde der Erzbischöfe von Mainz, Trier und Köln (Goldene Bulle 1356) und auf die Verehrung der Reichsinsignien wie Krone, Reichsapfel, hl. Lanze.

*3.* Aus dem otton. *Reichskirchensystem*, das die Bischöfe zur Staatsverwaltung heranzog, entwikkelte sich die weltgeschichtl. Besonderheit geistl. Wahlfürstentümer. Nach Investiturstreit und Territorienbildung wählten die adligen Domkapitel, doppelt kontrolliert von Papst und Kaiser, mit jedem dt. Bischof zugleich den Landesherrn. Ein Drittel der dt. Territorien wurde bis zum Ende des Reiches von Fürstbischöfen oder Reichsäbten regiert.

*II.* Die neuere dt. Geschichte bezog ihre Dynamik aus einer polit.-rel. Reformdebatte des 15./16. Jh.s auf dem Hintergrund sozialer Deklassierungen durch den Aufstieg von Territorialstaat und Handelskapital, antiröm., antifiskal. und antiklerikaler Polemik und eines starken Bedürfnisses nach →Heil.

*1.* Soweit nicht apokalypt. überformt (→Apokalyptik), meinte *»Reformation«* im Zeichen des dt. →Humanismus die Wiederherstellung alter Idealzustände in →Kultur, →Politik und →Religion, auch wenn fakt. etwas ganz anderes daraus wurde. Während die polit.-soziale Reformaton im →Bauernkrieg scheiterte, wurden im staatl. und kirchl. Bereich Teilerfolge erzielt. Die *Reichsreform* um 1500 leitete eine Institutionalisierung des Reiches ein, deren wichtigste bleibende Ergebnisse die Ausbildung des seit 1663 immerwährenden Reichstages, eine den Landfrieden stabilisierende Reichsgerichtsbarkeit und eine kollegiale Reichskreisadministration waren. Die *Kirchenreformation*, wie sie zunächst von →Luther und der Wittenberger Theologie, den Reichsstädten und von einer Volksbewegung vorangetrieben und dann vom Territorialstaat aufgenommen wurde, ist als →»Reformation« in die dt. Geschichte eingegangen und gewann darüber hinaus europ. Bedeutung und Wirkung. Es waren dt. Reichstage, auf denen das Reformationsrecht (Speyer I 1627), die Partei der »Protestierenden« (Speyer II 1629) und die →»Konfessionen« (→Augsburger Bekenntnis 1630) begründet wurden.

*2.* Der Prozeß der *Konfessionsbildung*, der in D. etwa die 100 Jahre zwischen 1530 und 1630 umfaßte, ist nicht allein als ein Phänomen der →Kirchenspaltung im Sinne eines Verlustes an Einheit anzusehen, die im Reich kaum bestanden hatte, sondern auch als Vereinheitlichung der Religion in drei konkurrierenden Ansätzen. Die älteste dt. Konfessionskirche ist die das landesherrl. oder obrigkeitl. Kirchenregiment zur Einführung ev. Predigt in Anspruch nehmende *ev.-lutherische* (→Luthertum). Wie die dt. Bischöfe Fürsten, so wurden nun auch die ev. Fürsten oberste Bischöfe ihres Landes (Summepiskopat) und bildeten in Sachsen und Nordd. wie in Teilen Südwestd.s und Frankens unter Verstaatlichung des Kirchenguts Landeskirchen mit →Kirchenordnungen, Visitationen und Konsistorialverfassungen aus, während in der Lehre nach schweren Konflikten im Konkordienbuch von 1580 der überterritoriale Zusammenschluß im Sinne einer →altprot. Orthodoxie gelang.

Die *kath. Kirche* konstituierte sich eine Generation später als moderne Konfessionskirche durch die Übernahme eines pastoralen südeurop. Reformtyps, der sich im →Konzil von Trient durchsetzte und abgrenzte. Der dt. Raum wurde zum Hauptkampfplatz der →Gegenreformation, die von den ständigen päpstl. Nuntiaturen am Kaiserhof und in Köln koordiniert und von Bayern, dann auch in den österr. Erblanden des Kaisers und in den verbliebenen geistl. Fürstentümern vorangetrieben wurde.

Die von →Calvin *reform. Konfession* (→Calvinismus), von den dt. Lutheranern erbittert bekämpft, beerbte die Reformation →Zwinglis in der aus dem Reich ausscheidenden Schweizer Eidgenossenschaft und gewann zeitweise in der Kurpfalz, in Kurbrandenburg und im rheinisch-hess. Raum dynam. Einfluß.

*III.* Die Intoleranz aller Konfessionen, die stets allein die ganze alte Wahrheit zu verkörpern glaubten, lud die Kriege der Zeit zu →*Religionskriegen* auf. So im Reich den Schmalkaldischen Krieg von 1546/47, in dem Kaiser Karl V. die ev. Reichsstände besiegte, oder den Dreißigjährigen Krieg 1618-1648, der die Gegenreformation auf einen Höhepunkt führte, bis der zum prot. Helden stilisierte Schwedenkönig Gustav Adolf eingriff. Jeder Friedensschluß aber erzwang auch eine polit.-rechtl. Regelung der Religionsfragen. Das ältere Reichskonfessionsrecht, abschließend formuliert im →Augsburger Religionsfrieden 1555, gründete bei konfliktreichen Sonderregelungen für die Reichskirche auf dem Jus reformandi (Reformationsrecht) des weltl. Landesherrn, der zwischen röm.-kath. und Augsburgischem Bekenntnis wählen und diese Wahl auch für sich und sein Land wieder umstoßen konnte. Das neue und endgültige Reichskonfessionsrecht des *Westfälischen Friedens* (1648), das die Konflikterfahrungen verarbeitete und auch die Reformierten einbezog, fixierte hingegen 1624 zum Normaljahr, auf dessen Stand künftig Ort für Ort alle konfessionellen Verhältnisse unabhängig vom Landesherrn belassen wurden. Dieses frühneuzeitl. Territorialprinzip – 1555 variabel, 1648 eingefroren – erinnert trotz aller polit. Veränderungen und Bevölkerungsbewegungen des 19. und 20. Jh.s noch auf der gegenwärtigen Landkarte an den hist. Zusammenhang zwischen Religion und Geographie.

*IV.* Die Konfessionsbildung stützte nicht nur die polit. Territorialstruktur, sondern prägte auch die dt. *Bildungs- und Kulturgeschichte*, so durch das ev. Pfarrhaus, die prot. →Kirchenmusik und die kath.-höf., oft geistl. Residenzarchitektur. Im 18. Jh. lösten der dem Protestantismus eigene →Pietismus und die →Aufklärung als in D. eng zusammenhängende Reformbewegungen die altprot. Orthodoxie ab. Die geistl. Staaten emanzipierten sich im reichskirchl. Episkopalismus oder Febronianismus (nach dem 1763 unter dem Pseudonym Febronius erschienenen Werk des Trierer Weihbischofs J. N. von Hontheim über die Grenzen päpstl. Rechte) von den röm. Bindungen, während gleichzeitig schon ihre →*Säkularisation* diskutiert und 1803 vollzogen wurde. Denn in den verlorenen Kriegen des Reiches gegen Napoleon mußten sie als Kompensation für die linksrhein. Verluste der weltl. dt. Fürsten herhalten, die von einer Deputation des Reichstages im einzelnen festgelegt wurde (Reichsdeputationshauptschluß 1803). Dem Untergang der Reichskirche folge das Reich drei Jahre später nach.

*Lit.: K. O. Freiherr von Aretin:* Das Reich, Stuttgart 1986. – *J. Burkhardt:* Frühe Neuzeit (16.-18. Jh.), Königstein 1985. – *J. Fleckenstein:* Grundlagen und Beginn der dt. Geschichte, Göttingen 1974. – *H. Fuhrmann:* D. im hohen MA., Göttingen 1983. – *B. Gebhardt:* Handbuch der dt. Geschichte, Bd. 1 und 2, Stuttgart, 9. Aufl. 1970ff., hg. von H. Grundmann (Tb-Ausgabe, München 1980ff.). – *H. Jedin (Hg.):* Handbuch der Kirchengeschichte, Bd. III/I-V, Freiburg 1966-1970 (Tb-Ausgabe 1985). – *R. Kottje/B. Moeller (Hg.):* Ökumen. Kirchengeschichte, Bd. 3: Neuzeit, Mainz 1974. – *B. Moeller:* D. im Zeitalter der Reformation, Göttingen, 2. Aufl. 1977. – *R. Vierhaus:* D. im Zeitalter des Absolutismus, Göttingen 1978. – *J. Wallmann:* Kirchengeschichte D.s seit der Reformation, Tübingen, 2. Aufl. 1985. – *E. W. Zeden:* Die Entstehung der Konfessionen, München 1965.

*Johannes Burkhardt*

### *B. Deutschland 1806-1918*

*I.* Nachdem das alte Reich mit seinen geistl. Staaten und einer Reihe kleinerer Herrschaften untergegangen war, traten an seine Stelle vergrößerte dt. Staaten, die sich 1815 mit Österreich zum *Deutschen Bund* zusammenschlossen. 1871 gründeten sie ohne Österreich das neue *Deutsche Reich*, das nun unter dem Präsidium des preuß. Königs als Kaiserreich und dt. Nationalstaat galt.
*1.* In den dt. Einzelstaaten wurde die ursprüngl. Einheit von *Staat und Konfession* zu Beginn des Jh.s hinfällig – so kamen das ev. Franken an Bayern, die rhein. Katholiken an →Preußen. Aber daraus folgte keine Trennung von →Kirche und Staat, sondern diese gemischtkonfessionellen dt. Staaten wurden nun über das Innen- oder »Kultus«-Ministerium konfessionell paritätisch regiert. Auf *ev. Seite* lief das auf eine Fortsetzung, wenn nicht Intensivierung des Landeskirchentums mit Konsistorien, Generalsuperintendenten oder auch schon ev. →Bischöfen hinaus. Der Versuch staatsverordneter *ev. Unionen* (→Ev. Kirche der Union), in Preußen zum Reformationsfest 1817 durchaus im Sinne des aufgeklärten Zeitgeistes vollzogen, scheiterte am kult. Detail (Agendenstreit 1822) und förderte kontraproduktiv die konfessionelle Pluralisierung in luth., reform. und nun auch unierte Gemeinden. Ergänzende synodale Elemente begannen erst im Gefolge der Revolution von 1848 und mit der Einführung der preuß. Generalsynode 1876 den staatskirchl. Charakter des dt. Protestantismus zu lockern, ohne ihn und seine staatstreue Mentalität aufzuheben.
*2.* Anders die *kath. Kirche*, die nach der Aufhebung der Reichskirche durch →Konkordate und Absprachen Roms mit den dt. Staaten (Bayern 1818-1918, Preußen 1821-1829) eine neue doppelpolige Rechtsgrundlage bekam, auf der röm.-kirchenamtl. Vorstellungen und Staatspolitik in schwere *Konflikte* gerieten. Das »Kölner Ereignis« der Verhaftung des Bischofs von Droste- Vischering 1837, der die kirchl. «Mischehen«-Praxis gegen die preuß. Regierung durchsetzen wollte, bezeichnet, von J. Görres (1776-1848) wirkungsvoll publizistisch aufbereitet, die Distanznahme des →*»Katholizismus«* vom Staat; der →Kulturkampf bestätigte die Konfession nach der Reichsgründung im großen Stil als selbständige, dafür freil. in neuer Qua-

lität vom aufsteigenden →Papsttum abhängige Kraft. Aus der polit. Minderheitsposition heraus entwickelte der Katholizismus früher und stärker ein konfessionelles Bewußtsein, das sich in einer konfessionellen Presse, wie dem »Mainzer Katholik«, Katholikentagen (→Kirchentage), dem kath. Vereinswesen und schließl. 1871 in der konfessionellen Parteigründung des Zentrums niederschlug. Es ist oft auf das Paradox hingewiesen worden, daß der dt. Katholizismus damit zu seiner gesellschaftl. Etablierung moderne liberale Mittel in Anspruch nahm, deren ideeller Hintergrund gleichzeitig vom Papsttum verurteilt wurde, während innerkirchl. eine gerade gegenläufig autokrat.-hierarch. Entwicklung stattfand.

*II.* Auf die in D. im 2. Drittel des Jh.s anlaufende, im letzten Drittel zum Durchbruch kommende →*Industrialisierung* mit Bevölkerungsanstieg, Pauperismus und Proletarisierung (→soziale Frage) reagierten die Konfessionen verschieden.
*1.* Die *ev. Pfarrer*, von denen etwa die Hälfte selbst aus Pfarrhäusern kam, repräsentierten einen bildungsbürgerl.-liberalen Typus. Das befähigte sie zwar, Religion »den Gebildeten unter ihren Verächtern« (Schleiermacher 1799) nahezubringen, entfernte sie aber oft von der →sozialen Frage oder führte sie an die Seite des Unternehmertums wie in dem niederrhein. Milieu, aus dem Fr. Engels kam: »Alles ist Kirche und Handel, Mission und Eisenbahn, Bibel und Dampfmaschine« (C. I. Nitzsch 1841). Hilfseinrichtungen, wie sie J. H. Wichern und Bodelschwingh schufen, Rauhes Haus und Bethel, →Innere Mission und →Diakonie, nahmen sich des sozialen Elends an, aber ein gesellschaftspolit. Problemansatz entwickelte sich erst im Pastorensozialismus des Jh.endes, der jedoch vom Staatskirchentum unterdrückt wurde.
*2.* Demgegenüber förderte die *kath.* Klerusrekrutierung vom Land oder aus klein- und unterbürgerl. Schichten einen volksnahen Typ »roter« Kapläne, Distanz zum bürgerl. →Liberalismus und eine kath. Kapitalismuskritik. Seit der Mainzer Bischof Ketteler 1864 »Das Christentum und die Arbeiterfrage« thematisiert hatte, entwickelte sich so eine →*kath. Soziallehre*, prakt. flankiert von Kolpingbewegung (→Kolpingwerk) und kirchl. Arbeitervereinen. Der Streit um die christl. →Gewerkschaften markierte freil. die Grenze und vielfach auch das Ende des kath. Engagements für die Arbeiterbewegung.

*III.* Die geistige Erneuerung des Christentums aus dem Geiste der →Aufklärung und →Romantik wurde von letzten großen →*Frömmigkeitsbewegungen* unterbaut und teilweise abgelöst. Die neupietist. »Erweckung« der rel. Erfahrung, die in Württemberg ein populäres Zentrum und an der nunmehr preuß. Universität Halle administrative Förderung fand (Fraktion Hengstenberg), verband sich vielfach mit einem neukonfessionellen →Luthertum. Doch konnte die emotional oder bibl. fundierte Neuorthodoxie (Claus Harms 1817) den liberalen Protestantismus nur zeitweise in die Defensive drängen. Die seit dem 17. Jh. begangenen Luther- und Reformationsjubiläen (1817, 1830, 1883) und Einweihungen von Lutherdenkmälern (1868 Worms: 100.000 Besucher) wurden zur Stütze der Festkultur des dt. Bürgertums.
Die kath. *Volksreligiosität* hielt sich an vom Klerus organisierte Massenwallfahrten, wie zum Hl. Rock in Trier (1840: 500.000 Pilger), spontane Marienerscheinungen, wie das »nationale Lourdes« bei Marpingen/Saar (1876), sowie an überregional propagierte gemüthafte Kultformen und Devotionalien, wie Maiandacht, Schutzengelglaube, Papstfrömmigkeit, wohl auch als Ausdruck von zeitfeindl. Protest im beschleunigten sozialen Wandel.

*IV.* Das 19. Jh. bezeichnet den Höhepunkt der dt. Bildungs-, Kultur- und Wissenschaftsgeschichte, in kreativer Auseinandersetzung damit auch der *dt. Theologie.*
*1.* Unter Aufnahme der klass. dt. Philosophie legten die ev. und kath. →*Tübinger Schulen* zu einem neuen Verständnis von Religion und Kirche den Grund, flankiert von einem Aufstieg der Kirchengeschichtsschreibung auf beiden Seiten. Die vielfachen Anregungen des »ev. Kirchenvaters« des 19. Jh.s, →*Schleiermacher*, die neue →Erlanger Theologie und die zum *Kulturprotestantismus* lenkende »Vermittlungstheologie« zur modernen Welt bezeichnen den intellektuellen Reichtum des prot. Pluralismus. Die moderne bürgerl. Kultur erschien insgesamt in D. prot. imprägniert und entwickelte dabei in Kunstreligion, Weltanschauungen und Mythen eine in der →Wagner-Kultur kulminierende religionsverwandte Kraft. Auch kath. Theologen wie G. →Hermes und A. →Günther setzten wirkungsvoll die intellektuelle Auseinandersetzung mit dem dt. Idealismus fort, aber die Debatte wurde von röm. Zensuren abgebrochen und durch einen von Mainz und Rom gestützten *Neuthomismus* geringerer geistiger Reichweite bekämpft.
*2.* Der mehrfache Verlust des intellektuellen und liberalen Flügels des *Katholizismus*, die bürgerl. Protestabspaltungen des Deutschkatholizismus und vor allem des Altkatholizismus (→altkath. Kirche) nach dem Konflikt um I. Döllinger und die →Unfehlbarkeit des Papsttums und die Abdrängung des dt. Reformkatholizismus durch den Antimodernisteneid (→Modernismus) waren ein hoher *kultureller Preis* für den kirchl., polit. und sozialen Identitätsaufbau des Katholizismus bis hin zu einem auch Kunst, Literatur und Musik erfassenden Rückzug in eine kath. Nische. Die größere Offenheit und Flexibilität des *Protestantismus* machte diesen allerdings im Zuge der Zeit auch noch anfälliger für Pastorennationalismus und schließl. für die Kriegstheologie des Ersten Weltkriegs. Denn diese Katastrophe der dt. Geschichte wurde durch die christl. gemeinte Beschwörung des Krieges als eines rel. Erneuerungs- und Gemeinschaftserlebnisses und durch profanisierte Sendungs- und Opfermystik auch zu einem Problemfall der Kirchengeschichte.

*Lit.: Vgl. A.: Gebhardt:* Bd. 3 und 4; *Jedin:* Bd. VI/1-2; *Wallmann.* – *K. O. Freiherr von Aretin:* Vom dt. Reich zum dt. Bund, Göttingen 1980. – *M. Greschat:* Das Zeitalter der Industriellen Revolution. Das Christentum vor der Moderne, Stuttgart 1980. – *H. Hürten:* Kurze Geschichte des dt. Katholizismus 1800-1960, Mainz 1986. – *K. Kupisch:* Die dt. Landeskirchen im 19. und 20. Jh. (Die Kirche in ihrer Geschichte, Bd. 4, R 2), Göttingen, 2. Aufl. 1975. – *K. E. Lönne:* Polit. Katholizismus im 19. und 20. Jh., Frankfurt/M. 1986. – *W. Loth:* Katholiken im Kaiserreich, Düsseldorf 1984. – *J. Mooser:* Arbeiter, Bürger und Priester in den konfessionellen Arbeitervereinen im dt. Kaiserreich, in: *J. Kocka (Hg.):* Arbeiter und Bürger im 19. Jh., München 1987. – *Th. Nipperdey:* Dt. Geschichte 1800-1866, München, 3. Aufl. 1985. – *K. E. Pollmann:* Landesherrl. Kirchenregiment und soziale Frage, Berlin 1973. – *W. Pressel:* Die Kriegspredigt 1914-1918 in der ev. Kirche, Göttingen 1967 (kath. *H. Misalla,* 1968). – *A. Rauscher (Hg.):* Rel.-kulturelle Bewegungen im dt. Katholizismus seit 1800, Paderborn 1986. – *K. Schatz:* Zwischen Säkularisation und Zweitem Vatikanum. Dt. Katholizismus im 19. und 20. Jh., Frankfurt/M. 1986. – *F. Schnabel:* Dt. Geschichte im 19. Jh., 4 Bde., Freiburg 1929ff. – *W. Schieder (Hg.):* Volksreligiosität in der modernen Sozialgeschichte, Göttingen 1986. – *H. U. Wehler:* Dt. Gesellschaftsgeschichte, Bd. 2: 1815-1845/49, München 1987.

*Johannes Burkhardt*

### *C. Weimarer Republik (1919-1933)*

*I.* Mit W.R. wird die polit.-staatl. Ordnung in D. von der Ausrufung der Republik (9.11.1918) bis zum Regierungsantritt Hitlers (30.1.1933) bezeichnet, obwohl die demokrat.-republikan. Verfassung, die durch die in Weimar ab 6.2.1919 tagende Nationalversammlung ausgearbeitet war, im wesentl. nur bis 1930 funktionierte. Der von SPD- und USPD-Vertretern zunächst gebildete *Rat der Volksbeauftragten* konnte auf eine im Kern demokrat. Rätebewegung aufbauen, die aus Kriegsmüdigkeit und sozialen Reformvorstellungen entstanden war. Diese radikalisierte sich jedoch in der 1. Hälfte 1919 aus Enttäuschung und wurde in bürgerkriegsähnl. Kämpfen von republikfeindl. Freikorps niedergeschlagen. Nach dem Waffenstillstand vom 11.11.1918 wurde am 28.6.1919 der *Friedensvertrag von Versailles* unterzeichnet, der auf Grund seiner vermeintl. Härte von weiten Teilen der Bevölkerung abgelehnt wurde und somit die Basis für eine auf seine Revision abzielende Reichspolitik legte. Die somit von links wie von rechts – Kontinuität der aus der Monarchie übernommenen Führungsschichten – bedrohte Republik konnte sich nur mit Mühe 1920 gegenüber dem *Kapp-Putsch* und 1923 – nach der franz. Ruhrbesetzung – gegenüber dem NS-Putsch in Bayern wie kommunist. Aufständen in Sachsen und Thüringen behaupten. Erst ab 1924 trat mit der Überwindung der Hyperinflation eine relative Stabilisierung ein, für die eine Reparationsregelung (Dawes-Plan) maßgebl. war. Nachdem schon 1922 eine Annäherung an Sowjetrußland versucht worden war (Rapallo), gelang Außenminister Stresemann 1925/26 mit den Locarno-Verträgen und D.s Eintritt in den *Völkerbund* eine kooperative Anbindung an den Westen.

*II.* Von den 15 Reichsregierungen zwischen 1919 und 1930 hatten die Parteien der Weimarer Koalition (SPD, DDP, Zentrum) bereits seit 1920 keine Mehrheit, so daß Minderheits- oder nur begrenzt von weiter rechts stehenden Parteien (DVP, DNVP) unterstützte Kabinette die Regel waren. Bereits vor dem offenen Ausbruch der Weltwirtschaftskrise gehegte Pläne zu einer *autoritäreren Verfassungsreform* konnten nach dem Sturz der SPD-geführten großen Koalition (März 1930) von den Kanzlern Brüning, von Papen und von Schleicher in parlamentsunabhängigen Präsidialkabinetten umgesetzt werden, die sich auf das Vertrauen des Reichspräsidenten (Hindenburg, 1925-34, zuvor Ebert, 1919-25) stützten. Polit. Radikalisierung, markiert durch den *Aufstieg der* NSDAP zur Massenpartei im September 1930 und soziale Verelendung – 1932 über 6 Mill. Arbeitslose –, ließen den Ruf nach einem starken Mann mit Massenbasis immer nachdrücklicher werden. Außenpolit. Revisionserfolge in der Reparations- und Rüstungsfrage (Juli/Dezember 1932) kamen zu spät, um eine Regierung Hitler verhindern zu können, der ursprüngl. einer konservativ verstandenen antiparlamentar. Wende nur die Massenbasis verschaffen sollte.

### *D. NS-Zeit (1933-1945)*

Von Beginn an verstand es *Hitler* an der Spitze seiner Bewegung (→Nationalsozialismus), die konservativen Mitglieder seiner Regierung in den Hintergrund zu drängen und im Bündnis mit den traditionellen →Eliten die Führung zu übernehmen. Das Reich wurde zu einem Führerstaat ausgebaut, der die NSDAP zur Staatspartei machte, den →Rechtsstaat in weiten Bereichen abschaffte und Adolf Hitler (ab 1934) zum unbeschränkten, wenn auch auf Kooperation und Konsens nach wie vor angewiesenen *Dikator* (→Diktatur) werden ließ. Im Sinne seiner →sozialdarwinist. Weltanschauung, die einen Aufstieg D.s zur Weltmacht anzielte, begann Hitler eine Aufrüstung großen Stils, die von den übrigen Mächten im Zuge einer Ausgleichspolitik hingenommen wurde. Kurzfristige wirtschaftl. Erfolge (Beseitigung der →Arbeitslosigkeit), Massendemagogie, die jedoch vom →Terror gegen Andersdenkende (gegen organisierte →Arbeiterbewegung, daneben →Minderheiten, zunehmend →Juden, auch Kirchen) wie nationale Erfolge nach außen begleitet waren, sorgten für eine Aufbruchsstimmung zu neuer dt. Größe. Hitlers Ziel, durch friedl. Revision (Rheinlandbesetzung, Anschluß Österreichs, der Sudetengebiete, Besetzung Böhmens und Mährens) die Voraussetzung für einen großen Krieg graduell zu schaffen, wurde mit der Erwiderung des dt. Angriffs auf →Polen durch die Westmächte (September 1939) gestoppt, der den *Zweiten Weltkrieg* einleitete. Trotz anfängl. polit. (Hitler-Stalin-Pakt) und militär. Erfolge der dt. Eroberungspolitik (Besetzung Dänemarks, Norwegens, der Beneluxstaaten, Frankreichs) scheiterte der Kriegsplan jedoch dadurch, daß er – trotz des Bündnisses mit Italien und Japan – die übrige Welt herausforderte. Mit dem gescheiterten Blitzkrieg gegen die Sowjetunion (ab Juni 1941) sowie mit dem Kriegseintritt der USA formierte sich eine übermächtige Gegenkoalition. In dieser Phase erlangten die rassenideolog. Vorstellungen der Nationalsozialisten zur phys. Vernichtung »minderwertiger« Völker, zumal von →Juden, aber auch von Slawen, im Grauen der *Endlösung* in Konzentrationslagern gleiche Priorität wie die militär. Kriegsziele (→Holocaust). Unter den Bedingungen des Krieges wie des gesteigerten Terrors bröckelte der Konsens zum Regime ab, ohne daß sich jedoch ein durchschlagender und regimeändernder →Widerstand der 14 traditionellen Eliten, der Kirchen (→Kirchenkampf) oder der Arbeiterschaft hätte artikulieren können. Im fanat. Durchhaltewillen der NS-Führung um Hitler einerseits, der alliierten Forderung nach bedingungsloser Kapitulation andererseits wurden die dt. Truppen, die noch 1943 weite Teile Europas und Nordafrikas besetzt hielten, mehr und mehr zurückgedrängt. Nach Hitlers und führender Nationalsozialisten Selbstmord *kapitulierte* die Deutsche Wehrmacht am 7./9.5.1945. Die oberste Regierungsgewalt ging auf die vier Hauptsiegermächte über. Die gezielte militär. Herausforderung des Rests der Welt durch das Deutsche Reich führte somit zusammen mit der Niederlage zugleich zum Ende eines einheitl. dt. Nationalstaates.

*Lit.: K. D. Bracher:* Die dt. Diktatur. Entstehung, Struktur, Folgen des Nationalsozialismus, München, 6. Aufl. 1979. – *K. D. Bracher/M. Funke/H. A. Jacobsen (Hg.):* Nationalsozialist. Diktatur 1943-1945. Eine Bilanz, Düsseldorf 1983. – *Dies. (Hg.):* Die Weimarer Republik 1918-1933. Politik, Wirtschaft, Gesellschaft, Düsseldorf 1987. – *K. Hildebrand:* Das Dritte Reich, München/Wien, 3. Aufl. 1987. – *E. Kolb:* Die Weimarer Republik, München/Wien 1984. – *H. Schulze:* Weimar, Berlin 1983. – *H.-U. Thamer:* Verführung und Gewalt. Deutschland 1933-1945, Berlin 1986.

*Jost Dülffer*

*E. Bundesrepublik Deutschland und Deutsche Demokratische Republik*

Die Weichenstellungen für die Gründung der Bundesrepublik und der DDR erfolgten bereits vor ihrer staatl. Etablierung im Jahre 1949. Die *alliierten Siegermächte* übernahmen formell am 5.6.1945 die vollziehende Gewalt über das in vier Besatzungszonen aufgeteilte D. und einigten sich auf der *Potsdamer Konferenz* auf Grundprinzipien ihrer D.politik. Da jede Besatzungsmacht in ihrer Zone weitgehend autonom entscheiden konnte und der Alliierte Kontrollrat als Koordinationsinstrument nur schwache Kompetenzen besaß, traten die tiefgreifenden polit. und ideolog. Differenzen schnell zutage. Während die Sowjetunion mit einschneidenden sozialökonom. Struktureingriffen ein umfassendes Entnazifizierungsprogramm – wie sie es verstand – realisierte (insbes. Bodenreform und Verstaatlichung der Großindustrie) und die im April 1946 erfolgte Fusion von KPD und SPD zur SED forcierte, fielen in den Westzonen Sozialisierungspläne bald der Verhärtung des Ost-West-Konflikts und dem amerik. Interesse an der Stabilisierung Westd.s im Sinne einer liberal-kapitalist. Gesellschaftsordnung zum Opfer. Spätestens mit dem Marshall-Plan (1947/48) zeichnete sich die *Spaltung Europas und D.s* und der offene Ausbruch des kalten Krieges ab, dessen Erscheinungsformen die äußere und innere Entwicklung beider dt. Staaten bes. nachhaltig geprägt haben. Die von den Großmächten präjudizierten Schritte zur Gründung zweier Staaten sind von den Politikern und der Bevölkerung in Westd. weitgehend bejaht und nachvollzogen worden, da es angesichts der sowjet. Bedrohung keine Alternative zu geben schien.

*I. Bundesrepublik Deutschland*

*1. Sicherheit* bildete nicht nur außenpolit. die »Staatsräson der Bundesrepublik«, sondern bestimmte auch die gesellschaftspolit. Entscheidungen und innenpolit. Optionen. Der außenpolit. vorgezeichnete Westkurs wurde innenpolit. durch wichtige sozialpolit. Maßnahmen abgesichert, die im Zeichen rasanter *wirtschaftl. Prosperität* in den 50er Jahren finanziell mögl. wurden (u.a. Lastenausgleich, sozialer Wohnungsbau, Dynamisierung der Renten) und die traumat. Erfahrungen von Unsicherheit in der Kriegs- und Nachkriegszeit auffingen. Sie trugen wesentl. zur schnellen Integration der Bevölkerung in dem neuen Staat bei. Das polit. System der Bundesrepublik war auf diese Weise bis 1966 – anders als die Weimarer Republik – von *ungewöhnl. Stabilität* gekennzeichnet. Die polit. beherrschende Figur des ersten Kanzlers, Konrad Adenauer, mit dem griffigen Wahlkampfslogan »Keine Experimente« symbolisierten Erfolg und Mentalität der zweiten dt. Republik.

*2.* Erst als eine vergleichsweise harmlose, aber dennoch als Schock empfundene Rezession 1966/67 den scheinbar naturgegebenen Fortschritt des »Wirtschaftswunders« in Frage stellte, als mit dem Wiederaufflammen des Rechtsextremismus (NPD seit 1964) und mit massiven Protesten einer wesentl. von Studenten getragenen *außerparlamentar. Opposition* Ende der 60er Jahre (Kapitalismuskritik, radikale Demokratievorstellungen, Kritik an der Wohlstandsgesellschaft) erhebl. innere Erschütterungen und Verunsicherungen hervorgerufen wurden, begann eine neue und zugleich in vieler Hinsicht auch »normale« Periode der Entwicklung der Bundesrepublik. Nach der wichtigen Übergangsphase der Großen Koalition (1966-69) unter Bundeskanzler Kiesinger wurden die grundlegenden Entscheidungen für die Westintegration aus der Frühphase von der sozialliberalen Regierung unter Willy Brandt durch die Normalisierung des *Verhältnisses zu Osteuropa* und zur DDR ergänzt.

»Mehr Demokratie wagen« bildete die Parole, unter der eine Reihe innenpolit. Reformen (bes. im Bildungsbereich) in Angriff genommen wurden. Nach Abschluß der Ostverträge und mit der Ölkrise von 1973 zeigten sich jedoch die Grenzen der mit großem Elan begonnenen Reformpolitik und die Mühen der »Normalisierung« des Verhältnisses zum Osten. Die Ost- und D.politik der Jahre 1970-72 bildete dennoch, so umstritten sie bei ihrer Durchsetzung war, seither die Grundlage, auf der auch die seit 1982 amtierenden CDU/FDP-Regierungen operieren. Das 1969 formulierte Ziel eines *»geregelten Nebeneinanders«* der beiden dt. Staaten ist weitgehend erreicht, auch wenn ein »gutnachbarl. Verhältnis« noch weit von der Realität entfernt ist.

*II. Deutsche Demokratische Republik*

*1.* Die DDR hat sich anders als die Bundesrepublik in der Tradition des antifaschist. Widerstandes als »neues D.« verstanden, jede jurist. und polit. Haftung für das Dt. Reich abgelehnt und sich in der Spannung zwischen volksdemokrat. Transformation (Anpassung an sowjet. Partei- und Staatsprinzipien) und Loyalitätsbekundungen gegenüber der dt. Nation und der Einheit D.s entwickelt. Der seit der zweiten Parteikonferenz der SED 1952 forcierte *»Aufbau des Sozialismus«* war von schweren Krisen begleitet (Arbeiteraufstand vom 17.6.1953), und erst der Mauerbau 1961 schuf mit dem sofortigen Stopp jeder Fluchtmöglichkeit die Grundlage für eine stabilere innere Entwicklung. Auf dieser Basis wurden auch größere individuelle Spielräume für die Bevölkerung mögl. Der von der Bundesrepublik stets erhobene Alleinvertretunganspruch wurde von der SED als Anmaßung zurückgewiesen; sie propagierte bis Mitte der 60er Jahre die Wiedervereinigung auf der Basis eines sozialist. D. Seit die Regierungen Kiesinger und Brandt eine neue Ost- und D.politik begannen, zog sich die SED (nach der Ablösung Ulbrichts seit 1971 unter ihrem Generalsekretär Erich Honecker) immer konsequenter (bis hin zum zeitweiligen Versuch der Schaffung einer *eigenständigen sozialist. Nation* der DDR) von ihren »nationalen« Zielen der Vergangenheit zurück und versuchte, die Zweistaatlichkeit auf der Basis völliger Gleichberechtigung und völkerrechtl. gegenseitiger Anerkennung konsequent durchzusetzen.

*2.* Ohne Zweifel sind der DDR im Innern ökonom. und sozial erhebl. *Erfolge* gelungen, so daß sie innerhalb des Warschauer Paktes als ökonom. und polit. wichtigster Verbündeter der Sowjetunion dasteht. Da anders als bei den »sozialist. Bruderstaaten« die Nation kein Medium der polit. Integration bilden kann, ist die DDR jedoch nolens volens enger mit der Bundesrepublik verbunden, mit der sie sich seit ihrer Gründung propagandist. immer wieder auseinandergesetzt hat und durch die sie überdies – über den innerdt. Handel – an den Vorteilen der Europ. Gemeinschaft indirekt teilnehmen kann. Im Zeichen der Hochrüstung der Supermächte und der daraus resultierenden Bedrohung aller europ. Staaten über ideolog. Grenzen hinweg zeigen sich seit Ende der 70er Jahre jedoch neben Abgrenzungsbemühungen auch wieder intensivere *Versuche zur Kooperation* und zur Besinnung auf Gemeinsamkeiten der dt. Geschichte.

*Lit.: Chr. Kleßmann:* Die doppelte Staatsgründung. Dt. Geschichte 1945-1955, Bonn, 4. Aufl. 1986. – *D. Staritz:* Geschichte der DDR, Frankfurt/M. 1985. – *D. Thränhardt:* Geschichte der Bundesrepublik Deutschland, Frankfurt/M. 1986.

*Christoph Kleßmann*

**Diakon, Diakonisse.** Abgesehen von der Bedeutung des Diakonats in der →Alten Kirche und seiner Erneuerung bei →Calvin und in den →reform. Kirchen als Laienamt sowie seiner Aufwertung von einer Durchgangsstufe zu einem selbständigen Weihegrad in der kath. Kirche seit dem 2. →Vat. Konzil, bezeichnen D. und D.isse *berufl. Fachkräfte* in der *→Inneren Mission* und in der *→Diakonie* seit deren Erneuerung in der 1. Hälfte des 19. Jh.s. Theodor Fliedner (1800-1864) gründete in Kaiserswerth das erste D.issenmutterhaus. Anregungen aus den →Niederlanden, das Beispiel der kath. – auf Vinzenz von Paul (1780-1845) zurückgehenden – weibl. Pflegeorden (→Kongregationen), das Vorbild Elisabeth Frys (1780-1845) in der Gefangenenfürsorge (→Gefangene) und Amalie Sievekings (1794-1859) in der Krankenpflege, schließl. Anstöße aus dem Kreis um Freiherr vom Stein (1757-1831) ließen eine Glaubens-, Lebens- und Dienstgemeinschaft mit kirchl. Einsegnung entstehen, deren strenge →Ordnung (Sendungsprinzip, Ehelosigkeit, →Arbeit ohne →Lohn) durch die Anerkennung der →Frau als vollgültige Berufsarbeiterin aufgewogen wurde (→Beruf). Mit dem Aufkommen anderer Frauenberufe etablierte sich deshalb seit 1894 daneben durch Prof. Friedrich Zimmer (1855-1919) die in ihrer verantwortl. Lebengestaltung freiere Diakonieschwester (Zehlendorfer Verband). Seit Anfang der 60er Jahre stecken viele Mutterhäuser, ohne deren Dienst die Vielfalt der diakon. Arbeit über 150 Jahre nicht denkbar war, wegen mangelnden Nachwuchses in einer Krise. Alle Schwesternschaften sind in einem Weltbund DIAKONIA zusammengeschlossen.

Der Mangel an Berufsarbeitern in der *→Erziehung* ließ Johann Hinrich Wichern (1808-1881) 1839 das erste Brüderhaus beim Rauhen Haus in Hamburg zur Ausbildung von D.en gründen. Auch diese bilden eine Glaubens- und Dienstgemeinschaft. Obwohl heute meist auch mit einer staatl. anerkannten berufl. Qualifikation versehen, wird die Zugehörigkeit zur D.enschaft erst durch die kirchl. Einsegnung erworben. D.e arbeiten in fast allen diakon. Arbeitsfeldern und stellten in der Vergangenheit weitgehend das mittlere Management diakon. Anstalten. Seit einigen Jahren öffnet sich der Beruf auch für Frauen.

*Lit.: H. Runge:* Die männl. Diakonie, Witten 1965. – *H. Schauer:* Frauen entdecken ihren Auftrag, Göttingen 1960.

*Manfred Schick*

**Diakonie** stellt sich heute dar als *»organisiertes Hilfehandeln* für, an und mit bestimmten, sozialwissenschaftl. definierten Problemgruppen im Auftrag der Kirche unter den Rahmenbedingungen des →Sozialstaats« (H. Seibert). Sie nimmt eine Aufgabe wahr, die sich in ihrem bibl. Ursprung zwar bis ins →AT zurückverfolgen läßt (Gebot der Nächstenliebe, Lev 19,18), aber erst im Heilshandeln Jesu, der »gekommen ist, zu dienen und sein Leben hinzugeben zum Lösegeld für viele« (Mk 10,45 par.), unter seinen Jüngern wie ein Diener (griech.: *diakonos*) sein wollte (Lk 22,27) und die Art der Begegnung mit den Elenden dieser Welt zum Urteil über das ewige Heil werden läßt (Mt 25,31-46), eine neue Dimension menschl. Miteinanders in der →Gemeinde erkennen läßt. Als Maßstab kirchl. Leitungsverantwortung in der sozialen Dimension (Mk 10.43 par.) geht sie auch über christl. Liebestätigkeit, für die der Begriff oft synonym steht, hinaus und wird zu einer *Grundfunktion von →Kirche* überhaupt.

*A.* In der missionar. Ausstrahlung der *ersten christl. Gemeinden* stand die neue Solidarität mit den Armen (→Armut), die vor allem mit der Feier des →Abendmahls verbunden war (1 Kor 11,17ff.), der →Verkündigung kaum nach. Schon früh entwickelt sich eine organisierte Struktur von D. Das Amt des →Diakons und der →Diakonisse entsteht; der Diakon bleibt dem →Bischof lange gleichgeordnet und wird erst spät dem →Priesteramt untergeordnet; die Diakonisse, zuerst aus dem Stand der Witwen, dann immer mehr aus dem der Jungfrauen kommend, wird von der sich entwikkelnden klösterl. Kultur verdrängt. Diese wird dann im →MA. immer mehr zum Träger der D., insbes. die Ritter- und Bettelorden und zahlreiche sich an deren Idealen orientierende →Bruderschaften tun sich hier hervor, können aber das Massenelend der zunehmenden Stadtkultur mit ihrem Wechsel von der Natural- zur Geldwirtschaft nicht beheben.

*B.* Die →*Reformation* versucht im →Luthertum das Institut der gemeindl. Armenkasse, das als ein Stück öffentl. Fürsorge immer nebenher bestand (wobei die Trennung von Bürger- und Christengemeinde erst einer späteren Zeit vorbehalten bleibt), wieder zu einer Gemeinded. umzugestalten; in den →reform. Kirchen, vor allem in den →Niederlanden, wird das Diakonenamt als Leitungsamt für die sozialen Belange der Gemeinde wieder erneuert. Ohne daß es schon zu einer Trennung von öffentl. und privater Fürsorge kommt, mahnt Philipp Jakob Spener (1635-1705) die Gemeindeglieder an ihre diakon. Pflicht, die in der → Altprotest. Orthodoxie weitgehend den kommunalen Stellen überlassen blieb, und begründet den →Pietismus, in dem sich herzl. Glaube und Hilfe für den Nächsten wieder verbinden. August Hermann Francke (1663-1727) errichtet auf dem Boden dieser neuen Frömmigkeit das erste große, unabhängige Anstaltswerk der D. in Halle. Nikolaus Ludwig Graf von Zinzendorf (1700-1760) gestaltet in Herrnhut die neue diakon. Gemeinde (→Brüder-Unität), die wie das Werk Fanckes in der Mission weltweite Ausstrahlung gewinnt. Auf kath. Seite hat schon vorher Vinzenz von Paul (1581-1660) der Armenpflege neue Impulse gegeben. Mit dem Ziel der *nachtridentin. Erneuerung* der Kirche (→Konzil von Trient) hat er ihr das volksmissionar. Element beigegeben und den Diakonat der →Frau (»Barmherzige Schwestern«) wiederentdeckt und mit beidem auf die Erneuerung der D. im 19. Jh. im Umfeld der →Erweckung eingewirkt. Der diakon. Impuls des Pietismus ging vor allem über die Deutsche Christentumsgesellschaft in Basel an die süddt. Rettungshäuser über. Von diesen hat das 1820 von Christian Heinrich Zeller (1779-1860) in Beuggen (Baden) gegründete eine hervorragende Bedeutung gewonnen, weil dort das auf →Pestalozzi zurückgehende Familienprinzip in der Erziehung in die pädagog. Vorstellungen der Erweckung umgeformt wurde und von dort beispielgebend auf das von Johann Heinrich Wichern (1808-1881) 1833 in Hamburg gegründete Rauhe Haus wirkte.

*C.* Unter den vielen diakon. Initiativen der Erwekkung, angefangen bei dem im elsäss. Steintal wirkenden, aufklärer. und erweckl. Gedankengut verbindenden Vater der Kleinkinderschulen Johann Friedrich Oberlin (1740-1826), dem die Waisen der Befreiungskriege im Lutherhof in Weimar sammelnden Johannes Falk (1768-1826) bis zu Adalbert Graf von der Recke-Volmerstein (1791-1864), der zuerst das Elend der geistig →Behinderten sah, ist die Gründung des *ersten Diakonissenmutterhauses* 1836 in Kaiserswerth durch Theodor Fliedner (1800-1864) von bes. Bedeutung. Der (Wieder-)Anerkennung der Frau als diakon. Berufsarbeiterin folgte die Gründung des ersten Brüderhauses für die Ausbildung von Diakonen durch J. H. Wichern 1839. Der diakon. Aufbruch fand seine organisator. Zusammenfassung in der →*Inneren Mission*, die sich zwar als kirchl. Werk verstand, aber außerhalb der verfaßten Kirche blieb, auch als diese sich vom →Staat trennte. Selbst der Versuch einer unmittelbar von der Kirche getragenen D. im Ev. Hilfswerk nach dem Zweiten Weltkrieg endete in der wieder vereinsrechtl. gestalteten Fusion von Hilfswerk und Innerer Mission im Diakon. Werk der Ev. Kirche in Deutschland (EKD).

*Lit.: H. Krimm (Hg.):* Das diakon. Amt der Kirche, Stuttgart, 2. Aufl. 1965. – *P. Philippi:* Christozentr. D., Stuttgart, 2. Aufl. 1975 (Lit.). – *H. Seibert:* D. – Hilfehandeln Jesu und soziale Arbeit des Diakon. Werks, Gütersloh, 2. Aufl. 1985. – *G. Uhlhorn:* Die christl. Liebestätigkeit, Stuttgart, 2. Aufl. 1895 (Neudruck 1959).

*Manfred Schick*

**Diakoniewissenschaft** hat die Erforschung und Darstellung des sozialen Handelns der Kirche zum

Gegenstand. Unter den theol. Disziplinen versucht sie unter dem Begriff *Diakonik* Eigenständigkeit zu gewinnen. Der sekundäre Charakter der Liebestätigkeit als Frucht der →Rechtfertigung im reformator. Verständnis, die Organisation der →Diakonie außerhalb der verfaßten Kirche seit den Anfängen der →Inneren Mission und die traditionelle Selbstbeschränkung der →Prakt. Theologie auf die herkömml. Praxisfelder des →Pfarrers haben es der D. bis heute schwergemacht, eine eindeutige Anerkennung in der akadem. Theologie zu gewinnen, obwohl die Forderung danach schon auf Johann Hinrich Wichern (1808-1881) zurückgeht und seither von seiten der diakon. Praxis wiederholt wird. Diakonik wurde meistens der Seelsorgelehre (Poimenik), seltener der Lehre von der Leitung der Kirche (Kybernetik) zugeordnet, obwohl ihre bibl. Erwähnung sie unmittelbar in diesen Kontext stellt (Mk 10,43 par.). Der Gedanke des →Sozialstaats seit der Weimarer Republik von 1918, der immer mehr seine eigene Verpflichtung zur sozialen Hilfe erkennt (→Sozialpolitik) und das Verhältnis von Staat und Kirche auch im sozialen Bereich verändert hat, und vor allem die Etablierung humanwissenschaftl., säkularer Theorien der Hilfe und ihre oft wenig reflektierte Übernahme in die Handlungsfelder der Diakonie seit dem Zweiten Weltkrieg machen die Entwicklung einer eigenen *Theorie der Diakonie* immer notwendiger, aber auch schwieriger. Der Dialog mit den Humanwissenschaften hat zwar begonnen und auch das eine oder andere Einzelergebnis gebracht, aber ein überzeugender Ansatz einer umfassenden Theorie der Diakonie läßt noch auf sich warten. Von bes. Bedeutung ist die Frage nach dem Subjekt der Diakonie, das zunehmend in der →Gemeinde selbst gesehen wird und damit diakon. Handeln zu einem Kennzeichen der Kirche selbst werden läßt, wobei dann allerdings das Problem weitgehend verlagert wird auf das Verständnis verantwortl. Gemeinde.

An den →Hochschulen ist Diakonik – und die ihr analoge →Caritaswissenschaft auf kath. Seite – immer noch selten vertreten. Neben dem »Diakoniewissenschaftl. Institut« an der →Theol. Fakultät in Heidelberg in der Nachfolge des 1927 von Reinhold Seeberg (1859-1935) gegründeten »Instituts für Sozialethik und Wissenschaft von der Inneren Mission« sind das Caritaswissenschaftl. Institut in Freiburg/Br. und das Institut für »Sozialethik und Diakonie« an der Universität in Helsinki/Finnland zu nennen.

*Lit.: J. Albert:* Soziale Kultur des Kreuzes, in: Weltweite Hilfe 31 (1981), Sonderteil, 1-10. – *Ders./P. Philippi:* Diakonie III: D./Diakonik, in: Theol. Realenzyklopädie, Bd. 8, 556-660. – *K.-F. Daiber:* Grundriß der Prakt. Theologie als Handlungswissenschaft, München/Mainz 1977. – *H. Wagner:* Die Diakonie, in: Handbuch der Prakt. Theologie, Bd. III, Berlin 1978, 263-318.

*Manfred Schick*

**Dialektik**

*A.* D. meint ursprüngl. Überredungskunst; bei →*Platon* allg. die philos. Methode im Unterschied zu anderen »wissenschaftl.« Verfahren. Auf diesen sehr weiten und unspezif. Wortgebrauch folgt eine zunehmende Einengung und Präzisierung, die dann wieder einer relativen Beliebigkeit im Umgang mit dem Begriff D. weicht. Bei den *Sophisten* meint D. insbes. das Spiel mit den Argumenten nach Nützlichkeitserwägungen. Platon identifiziert D. mit seiner Metaphysik (»Epoptie«) und grenzt sie ab vom Alltagswissen (»doxa«) und von den Wissenschaften, die der Philosophie nachgeordnet sind. Von der ursprüngl. Wortbedeutung der D. (Überredungskunst) ist auch das Verständnis der D. im *MA.* (→Scholastik) bestimmt. Der theoret. Beweisgang (das *diskursive* Wissen) schreitet wie ein wirkl. Gespräch voran und kennzeichnet in Aufbau und Funktion die ma. »Quaestio« und »Disputatio«. Daneben bezeichnet die D. immer auch die allg. →Logik der Vernunftschlüsse. Diese Verschränkung von D. und →Rhetorik bleibt bis hin zu →Descartes bestimmend. Ein genauerer Wortgebrauch deutet sich bei →*Kant* an. Als Kritik am »dialekt. Schein« bezeichnet sie ein Verfahren der Vernunft, in dem sie von Bekanntem auf Unbekanntes schließt, aber dabei den Schein mit der objektiven Wirklichkeit verwechselt, sich in Widersprüche verwickelt (in den drei Arten mögl. transzendentaler Urteile: Paralogismus, Antinomie, →Ideal). Diese Widersprüche sind nicht zufällig, sondern entspringen dem Gebrauch der Vernunftbegriffe mit innerer Notwendigkeit. Das Illusionäre dieser Vernunftschlüsse wird durch die transzendentale D. demonstriert.

*B.* Neben diesem und dem traditionellen Verständnis von D. nennt Kant noch eine weitere Bestimmung, die bereits auf Hegel verweist: Die D. zwingt die Vernunft, in der Kritik ihrer Widersprüche *sich selbst zu überschreiten.* D. wird zum Motor eines (Erkenntnis-)Fortschritts. →*Hegel* bezieht ähnl. wie Platon, wenngleich differenzierter, die D. und Philosophie unmittelbar aufeinander. D. ist nicht bloß Form oder Methode, sondern bezeichnet »die Sache selbst«. Die Wirklichkeit (und die Begriffe, durch die Wirklichkeit erfaßt wird: die Ideen) wird als dialekt. Bewegung verstanden: Jeder gesetzte Begriff (These) trifft auf seinen Gegensatz (Antithese), beide werden in einem höheren Dritten, der Synthese, aufgehoben. Dabei hat »aufheben« einen dreifachen Sinn: die Verneinung (Negation), die Erhebung (Elevation) und die Bewahrung (Konservation). In diesem dialekt. Dreischritt manifestiert sich der »Gang des Geistes«; seine Entäußerung in die Welt und seine Rückkehr zu sich selbst (als absoluter Geist, Idee). Auf diese »Geistesgeschichte« wird die wirkl. Geschichte bezogen; sie bleibt ersterer allerdings nachgeordnet, die D. ist also zuerst das Entfaltungsschema von Begriffen, Ideen, Verstandesbedingungen in einem weiten Sinn, und erst in abgeleiteter Weise Schema des natürl. bzw. hist. Prozesses. Erst im dialekt. Materialismus (Diamat: →Marx, →Lenin) wird das, was bei Hegel noch abgeleitet, sekundär ist, zum Dominierenden. D. ist hier die →*Wissenschaft* von den allg. Entwicklungsgesetzen der Natur, der menschl. Gesellschaft und des zum Überbauphänomen entmachteten Denkens (materialist. Realdialektik).

*C.* In Weiterentwicklungen dieses Ansatzes (z.B. bei Stalin) verblaßt D. zum macht- und ideenpolit. »Kampf der Gegensätze«, wird aber, an der Hegelschen Tradition gemessen, etwa dort *undialekt.*, wo die Grenzen zum Darwinismus verschwimmen. In den Auseinandersetzungen zwischen den unterschiedl. Marxismen und Sozialismen schließl. wird D. zu einem *(Kampf-)Begriff* von nichtssagender Allhaltigkeit. Gegen diese Ausuferung wie gegen Hegels identitätsphilos. D. ist der D.-Begriff der *»Krit. Theorie«* (Horkheimer, Adorno, Marcuse, Habermas) gerichtet, bes. bei Adorno den Voraussetzungen einer negativen Geschichtsphilosophie verpflichtet. Während sich Hegels D. an der Synthese (»Identität«) orientierte, liegt hier der Akzent auf dem Nichtidentischen, auf der Unauflöslichkeit des Besonderen (*Mikrologie* als philos. Verfahren). Das Ganze – die Synthese – ist nicht mehr (wie bei Hegel, aber auch bei Marx) das Wahre, sondern das Falsche. Es ist zu verneinen, weil es unmöglich ist, →»Versöhnung zu denken«. Nicht das Besondere, Aparte (das Hegel ins Allgemeine überführen wollte), ist widersprüchlich. Es wird widersprüchlich, wenn es sich als Identisches kostümiert. Dieser falschen Identität entspricht in Wirklichkeit die *Herrschaft*, die vom krit. Denken (das das Antithetische begünstigt) abzulehnen ist.

*D.* Ähnl. Überlegungen, die sich z.T. an →Kierkegaard und dessen Hegelkritik anlehnen, bestimmten das Verständnis von D. in der →*dialekt. Theologie.* Dialekt. wäre demnach die Theologie, die versucht, Gottes Wahrheit jenseits aller menschl. Bestimmungen (jenseits von Positivität und Negativität) zu denken, im Bewußtsein dessen, daß die menschl. Vernunft das ganz Andere nur unangemessen denken kann.

*Lit.: W. Becker:* Idealist. und materialist. D., Stuttgart, 2. Aufl. 1972; – *R. Bubner (Hg):* Hermeneutik und D., Tübingen 1970. – *C.-F. Geyer:* Aporien des Metaphysik- und Geschichtsbegriffs der Krit. Theorie, Darmstadt 1980. – *R. Heiss:* Wesen und Formen der D., Köln/Berlin 1959. – *P. Pfafferott:* Politik und D. am Beispiel Platons, Saarbrücken/Kastellaun 1976. – *A. Sarlemijn:* Hegelsche D., Berlin/New York 1971. – *G. Sauter:* Die dialekt. Theologie und das Problem der D. in der Theologie, in: Studium Generale 21 (1968), 887-915. – *R. Simon-Schaefer:* D. Kritik eines Wortgebrauchs, Stuttgart 1973.

*Carl-Friedrich Geyer*

**Dialektische Theologie**

*A.* Der Begriff d.Th. dient seit 1922 zur Bezeichnung einer Gruppe damals jüngerer prot. Theologen, die seit 1913/14 mit einem zunehmend radikaleren *Protest gegen* den theol. →*Liberalismus* ihrer akadem. Lehrer hervortreten und 1923 die Zeitschrift »Zwischen den Zeiten« gründen bzw. entscheidend mitprägen. Der Begriff ist keine Selbstbezeichnung und wird zunächst parallel mit den Begriffen »Theologie der Krise« und »Theologie des Wortes Gottes« gebraucht. Prominenteste Vertreter der d.nTh., der einflußreichsten theol. Bewegung unseres Jh.s, sind neben den Schweizer reform. Theologen K. →Barth (1886-1968), E. Thurneysen (1888-1974) und E. Brunner (1889-1966) die dt. Lutheraner F. Gogarten (1887-1967) und R. →Bultmann (1884-1976). Persönl. Beziehungen und theol. Austausch innerhalb der *Gruppe* sind wegen der mangelnden Erschließung der Nachlässe erst zum Teil geklärt. Auch sind die Beiträge von G. Merz (1892-1959) und H. Barth (1890-1962) zur d.nTh. bisher noch nicht zureichend erforscht.

*B.* Tiefgreifende theol., kirchenpolit. und gesellschaftspolit. *Gegensätze* zwischen den d.n Theologen führen nach der nationalsozialist. Machtergreifung 1933 zum Ende von »Zwischen den Zeiten«. Diese Gegensätze lassen erkennen, daß der verbindende Grundkonsens innerhalb der Gruppe primär in der gemeinsamen Frontstellung gegen den prot. Liberalismus und erst sekundär auch in positiven inhaltl. Gemeinsamkeiten zu suchen ist.

*I.* In Übernahme des Schweizer →Rel. Sozialismus vertreten Barth, Thurneysen und Gogarten schon vor Ausbruch des Ersten Weltkrieges einen radikalen Antiliberalismus, der sich keineswegs nur gegen den rel.-theol. Liberalismus, sondern auch den parteipolit. Sozialliberalismus F. Naumanns (1860-1919; →christl.-sozial, →ev.-sozial) richtet. Die d.Th. ist insoweit keine krit. Reaktion auf den Ersten Weltkrieg. Sie ist Teil einer von bildungsbürgerl. →Intellektuellen getragenen, in allen Kulturwissenschaften schon vor 1914 proklamierten *antihist.* →*Revolution*, die sich gegen die als materialistisch, dekadent, verlogen und hohl erfahrene bürgerl. Kultur richtet: Bourgeoiser Individualismus soll durch neue Gemeinschaftsbindungen, kapitalist. Konkurrenzwirtschaft durch eine Gemeinwohlökonomie und der vom modernen →Historismus erzeugte Wertrelativismus durch starke, übergeschichtl. Autorität überwunden werden.

*II.* Diese hohe Übereinstimmung mit dem Zeitgeist zeigt sich vor allem in der Intensität, mit der alle d.n Theologen die *Modernitätskritik* (→modern) von S. →Kierkegaard, F. Overbeck (1837-1905) und F. →Nietzsche aufnehmen. Gleichwohl ist die d.Th. keine antimodernist. Bewegung. Ihre antibürgerl. Modernitätskritik und antiakadem. Polemik

gegen den etablierten Theologiebetrieb sind selbst moderne Phänomene: durch Aufnahme der →Religionskritik, gezielte Hervorhebung der →Eschatologie, Betonung der →Transzendenz Gottes, Konzentration auf die →Christologie und Insistieren auf der Schriftgebundenheit der Theologie suchen die d.n Theologen einer prinzipiellen Eigenständigkeit des →Glaubens gegenüber allen Weltanschauungen und einer Autonomie der →Kirche gegenüber Staat und →Gesellschaft Geltung zu verschaffen.
Modern ist die d.Th. darin, daß sie Theologie als *radikale →Ideologiekritik* versteht und im Gegensatz zu allen Kulturtheologien die für die neuzeitl. Gesellschaftsgeschichte grundlegende Differenzierung und →Pluralisierung von →Kultur und Gesellschaft theol. zum Thema macht.

*C.* Dies geschieht vor allem durch Neubestimmung des *Grundbegriffs* neuzeitl. Denkens, des Begriffs der →*Autonomie*. Die liberale Theologie des Kulturprotestantismus habe nicht →Gott, sondern den frommen →Menschen zu ihrem Thema gemacht und so nur den Macht- und Selbstbehauptungswillen des →Bürgers überhöht. Emphatisch betonen die d.n Theologen demgegenüber die Souveränität Gottes und die Unverfügbarkeit seiner *Selbstoffenbarung* in Jesus Christus. Diese »radikale Autonomie Gottes« (T. Rendtorff) müssen sie jedoch davor schützen, selbst wieder nur in eine Funktion sündhafter menschl. Selbstbehauptung verkehrt zu werden. Alle d.n Theologen betonen deshalb die Notwendigkeit *dialekt. Redens von Gott*: Durch immer neue dialekt. Relativierung jedes positiven theol. Satzes soll verhindert werden, Gott erneut in ein bloßes Gedankending, einen ideolog. Götzen zu verwandeln. Dabei beschreiten sie dann *unterschiedl.* Wege. Barth formt die überkommene →Trinitätslehre zu einer Theorie der absoluten, allein durch sich selbst bedingten Subjektivität Gottes um. In engem Kontakt mit dem →Existentialismus konzentrieren sich Brunner, Bultmann und Gogarten auf Analysen der Geschöpflichkeit des Menschen (→Schöpfung), die Brunner, Gogarten und verschiedene Schüler Barths seit Mitte der 20er Jahre in einer Fundamentalopposition gegen die parlamentar. →Demokratie von Weimar konkretisieren.
Wie im Prozeß der Auflösung der d.n Th. theol. und polit. Motive im einzelnen miteinander verbunden sind, wird derzeit noch kontrovers diskutiert. Doch besteht ein breiter Konsens darüber, daß sich Ende der d.n Th. und Beginn des →Kirchenkampfes nicht rein innertheol. verstehen lassen.

*Lit.: Chr. Gestrich:* Neuzeitl. Denken und die Spaltung der dialekt. Theologie, Tübingen 1977 (Lit.). – *F. W. Graf:* Die antihist. Revolution in der prot. Theologie der zwanziger Jahre, in: *J. Rohls/G. Wenz (Hg.):* Die Vernunft des Glaubens, Göttingen 1988. – *W. Härle:* D.Th., in: Theol. Realenzyklopädie 8, 683-696 (Lit.). – *E. Jüngel:* Barth-Studien, Zürich u.a. 1982. – *M. Kwiran:* Index to Literature on Barth, Bonhoeffer and Bultmann (Theol. Zeitschrift, Sonderbd. 7), Basel 1977 (Lit.). – *T. Rendtorff:* Kirche und Theologie, Gütersloh 1966. – *Ders.:* Radikale Autonomie Gottes, in: *ders.:* Theorie des Christentums, Gütersloh 1972, 161-181. – *H. Renz/F. W. Graf (Hg.):* Umstrittene Moderne, Gütersloh 1987. – *G. Sauter:* Die »dialektische Theologie« und das Problem der Dialektik in der Theologie, in: *ders.:* Erwartung und Erfahrung. München 1972, 108-146. – *A. Schwan:* Geschichtstheol. Konstitution und Destruktion der Politik, Berlin 1976.

*Friedrich Wilhelm Graf*

**Dialog.** Der *Begriff* D. meint im Gegensatz zum Monolog zunächst ein Gespräch im bes. Sinne der Erörterung und ist somit gegen das Gespräch bloßer Konversation abzugrenzen. Das in den D. mündende Fragen (→Frage) des Sokrates darf geradezu als Beginn unserer abendländ. →Philosophie angesehen werden. In den D.en →Platons wird dieses in die →Sprache eingewobene Spiel von Frage und Antwort in kunstvoller Weise zur platon. →Dialektik ausgeformt.

*A.* Demgegenüber birgt der heute in aller Munde geführte D.begriff eine neue inhaltl. Füllung, die ihren Grund z.T. in einer *D.praxis* findet, die sich in den unterschiedlichsten Räumen der →Gesellschaft niedergeschlagen hat. So z.B. in der →Politik, die in dem grundsätzl. auf Konsensbildung (→Konsens) angelegten D. ein wichtiges Mittel zur Bewältigung von →Konflikten sucht. Für den nicht zu übersehenden Wert des D.s in weiten Teilen der →*Kirche(n)* stehen die Versuche, einen einseitigen Konfessionalismus zu überwinden. Neben interkonfessionellen Gesprächen (→Konfession) zeugt hiervon auch der D. zwischen dem →Christentum und den →Weltreligionen (→Religionsgespräche) sowie den →Weltanschauungen. Manifest geworden ist diese D.praxis durch das 2. →Vat. Konzil, das auf den D. nicht nur nach außen befördernd wirkte, sondern auch zu einer Auflokkerung hierarch. Strukturen (→Hierarchie) innerhalb der →röm.-kath. Kirche führte, und das D.programm des →Ökumen. Rates der Kirchen (→Ökumene). Neben dieser Öffnung der Kirchen hat das erneuerte und vertiefte D.verständnis ebenfalls Konsequenzen für weite Bereiche der *Theologie*, so z.B. auch für die →Prakt. Theologie, ergeben. Auf dem Gebiet der →Seelsorge und →Beratung erfolgten sie etwa unter Berücksichtigung einer gesprächsorientierten →Psychologie, die dem Gespräch eine bes. Heilkraft (→Heilung) zuerkennt (→Psychotherapie, →Psychoanalyse).

*B.* Die Entwicklung gegenwärtiger D.praxis verweist nahezu überall hinter sich zurück auf die neuerwachten Bemühungen um ein *personales Denken* (→Personalismus), in dem es zu der bes. Ausgestaltung einer Philosophie des D.s, der Dialogik, gekommen ist. Dieser neuen D.-Philosophie, als deren Hauptvertreter vielen M. →Buber gilt, geht es um die grundlegende Bedeutung des »Dialogischen« für die menschl. Existenz (vgl. →Existentialismus), die ohne die immer schon gegebene Beziehung zum »Anderen« nicht gedacht werden kann. Insofern hier von einem Primat (Vorrang) dialog. »Ich-Du-Beziehung« bzw. kommunikativer Begegnung (→Kommunikation) im Sinne einer Sozialontologie (→Ontologie, →Soziologie) gesprochen wird, ist das »Dialogische« grundlegend für jedes, auch das erkennende Weltverhältnis (→Erkennen, →Welt). Jeder wirkl. D. verweist über sich selbst hinaus auf ein »Zwischen« von »Ich und Du«, das als ein vom bzw. im D. geschaffener, beiden gemeinsam gewordener →Sinn zu verstehen ist und das beide Partner (→Partnerschaft) *verwandelt*. Darum aber kann in den D. nur eintreten, wer grundsätzl. bereit ist, aus dem D. anders hervorzugehen, als er hineingegangen ist. Das aber heißt für alle Bereiche menschl. Handelns, für die Begegnung einzelner ebenso wie z.B. für den D. der Religionen, die eigenen Absolutheitsansprüche (vgl. →Absolutheit des Christentums, →Mission) vom anderen her krit. befragen und damit begrenzen zu lassen, ohne jedoch deshalb positionslos werden zu müssen. Nur wo sich die grundsätzl. Bereitschaft zu solcher Offenheit findet, scheint →*Friede* mögl., lassen →Vorurteile sich abbauen. So aber auch erscheint der D. eher als ständige Aufgabe denn als bereits eingeholte →Wirklichkeit. Er gehört somit zum dauernden Sollbestand (→Ethik) der Menschheit (→Mensch).

*Lit.: J. Heinrichs:* D., in: Hist. Wörterbuch der Philosophie, Bd. 2, Basel/Darmstadt 1972, 226-229 (Lit.). – *J. Heinrichs/G. Sauter:* Dialogik, in: Theol. Realenzyklopädie 8, 697-709 (Lit.). – *H. Krüger u.a. (Hg.):* Ökumene-Lexikon, Frankfurt/M. 1983. – *M. Mildenberger:* Denkpause im D., Frankfurt/M. 1978. – *K. Stierle/R. Warning (Hg.):* Das Gespräch, München 1984. – *H.-J. Thilo:* Gespräch, in: Theol. Realenzyklopädie 13, 147-151 (Lit.). – *B. Waldenfels:* Das Zwischenreich des D.s, Den Haag 1971 (Lit.). – Vgl. auch Lit. zu →Personalismus.

*Hans-Ulrich Pippert*

## Didaktik und Methodik

*A.* Es mag an der antik-klass. Bedeutung des *Begriffs* D. als Bezeichnung einer literar. Gattung gelegen haben, daß der päd. Sinn mit ihm nur zum Teil und auch nur zuzeiten verbunden erscheint. So hat sich z.B. (gegenüber der weit häufigeren Verwendung des Begriffs im bibl. Sprachgebrauch) für Unterrichtszwecke, wie man weiß, der Begriff →*Katechese* (griech. *katächein*) durchgesetzt. Wo *Didache* begegnet, handelt es sich mehr oder weniger um eine kanonartig inhaltl. gefüllte Lehre. Von daher gesehen bedeutet es keineswegs eine Einengung, wenn man in der jüngsten Geschichte der Pädagogik darunter eine Theorie des Lehrplans, der Bildungsinhalte, eine Bildungslehre (O. Willmann [1839-1920], E. Weniger [1894-1961]) versteht. Ihren umfassendsten und seitdem nie wieder erreichten Sinn erfuhr die D. bei J. A. →Comenius, dessen *Didactica magna* nur unzureichend mit »Große Unterrichtslehre« übersetzt ist. Tatsächl. verstand Comenius darunter die Erziehung und Unterweisung aller Generationen, mit der »allen alles« gelehrt wurde, auch die Frömmigkeit, für die er ebenfalls method. Zugänge aufzeigte.

*B.* Die traditionell am stärksten vertretene Theorie der *Bildungsgehalte* war allerdings stets der Gefahr des enzyklopäd. Mißverständnisses (→Enzyklopädie) ausgesetzt. Auch der Verweis bzw. die Beschränkung auf den Kanon des Klassischen und der Allgemeinbildung änderte daran nur wenig.

*I.* Deshalb bedeutete die von W. Klafki (geb. 1927) u.a. in den 50er Jahren vorgeschlagene »*didakt. Analyse*« einen großen Fortschritt. Unter den Kategorien des Fundamentalen, Elementaren, Exemplarischen, Typischen und Repräsentativen wurde der Stoff neu gesichtet. Dies führte gleichermaßen zu einer Entlastung von Lehrern und Schülern wie auch zu einer Revision der Lehrpläne. Allerdings wurden daneben im Verständnis von D. auch andere Modelle wirksam.

*II.* So intendiert die sog. *Informationstheorie* unter Ausschluß moral. und sinnerfassender Fragestellungen Eingriffe in Lernprozesse (F. von Cube u.a.). Die formale Effektivität und Information soll über Verhaltenssteuerung gesteigert werden. Nicht von ungefähr ergibt sich dabei eine Anlehnung an Experimente im Tierbereich und an techn. Automatismus.

*III.* Das sog. *lerntheoret. Modell* (P. Heimann, W. Schulz u.a.) versucht, zwischen *I.* und *II.* zu vermitteln. Zum einen bestimmt Lernen und nicht →Bildung das Konzept, zum andern werden Ziele, Inhalte und Wege des Unterrichts voneinander abhängig gesehen. Sie schließen sich gegenseitig ein.

*IV.* So betrachtet ist es nur noch ein kurzer Schritt zur sog. *Curriculumtheorie*, mit der seit Ende der 60er Jahre (erstmalig wieder seit Comenius und unter Aufnahme eines barocken, inzwischen aber in Vergessenheit geratenen Begriffs [s. D. G. Morhofs »Polyhistor«, 2 Bde., 1688-92]) das Gesamtgefüge unterrichtl. Faktoren berücksichtigt und diese in Übereinstimmung gebracht werden sollten.
*1.* Man wollte den Bedürfnissen der Schüler, den Anforderungen der Wissenschaften sowie den gesellschaftl. Interessen in neuer Weise gerecht werden. Während bislang von Lehrern und Schülern die *Lehr- und* Lernziele zumeist kritiklos vorausgesetzt und übernommen wurden, konzentrierte sich die Curriculumdiskussion bes. auf die Frage, wie diese gefunden und bestimmt werden können. Fortan sollten dgl. Probleme nicht mehr in der Grauzone der Anonymität, sondern öffentl. (in sog. Curriculumräten oder –parlamenten) erörtert werden, um auf diese Weise eine weitgehende Übereinstimmung zu erreichen. Die sog. *Operationalisierung* der Lernziele, wie sie sich in überprüfbaren Verhaltensweisen und –bereitschaften zeigen sollte, wird zur erklärten Absicht der neuen Konzeption. Kurz, man wollte durch die »Antizipation

der Zukunft« (H. Blankertz) das stets gegenwärtige aktuelle Defizit der Schule ausgleichen.
*2.* Widerstände, Mißverständnisse, Überforderungen wie Inkonsequenzen der Theorie selber haben bislang kein einheitl. und allgemeinverbindl. *Verständnis* aufkommen lassen. Im Gegenteil, die Übernahme des Begriffs auch durch Kultusbehörden hat nicht nur bei gesellschaftspolit. orientierten Kritikern den Verdacht bestärkt, daß unter dem Etikett des Fortschrittlichen veraltete Positionen festgeschrieben werden könnten.

*V.* Als Ergebnis der bisherigen wissenschaftstheoret. Diskussion läßt sich ein *Vorrang der D.* gegenüber der M. feststellen. Letztere, einst berühmt-berüchtigte Domäne der Herbartianer (J. F. →Herbart), aber auch vieler Schulpraktiker bis in die Gegenwart, ist zwar wichtig (vgl. etwa das sechsteilige Stufenschema *H. Roths* [1906-1983]: Motivation, Schwierigkeit, Lösung, Tun und Ausführen, Behalten und Einüben, Übertragen), sie hat aber eine dienende Funktion und so nur einen relativen Wert. Abgemildert wird gegenwärtig aber auch in einem dialekt. Verständnis – zumeist nur mit dem Begriff D. umrissen – das gegenseitige Abhängigkeitsverhältnis von D. und M. betont.

*VI.* In der auf ein Fach, z.B. den →*Religionsunterricht*, bezogenen D. erscheinen alle Probleme der Allg. D. gleichsam gebündelt wieder. Durch den Bezug zur →Theologie und →Erziehungswissenschaft gewinnen sie an prakt. Bedeutung.

*Lit.: K. Aschersleben:* D., Stuttgart/Berlin/Köln/Mainz 1983. – *H.-K. Beckmann:* D. und M., in: *W. Spiel (Hg.):* Die Psychologie des 20. Jh.s, Bd. XI, Zürich 1980, 779-805. – *H.-D. Haller/H. Meyer (Hg.):* Ziele und Inhalte der Erziehung und des Unterrichts (Enzyklopädie Erziehungswissenschaft, Bd. III), Stuttgart 1986. – *J. Hofmeier:* Kleine Fachdidaktik Kath. Religion, München, 3. Aufl. 1985. – *G. Otto/W. Schulz (Hg.):* Methoden und Medien der Erziehung und des Unterrichts (Enzyklopädie Erziehungswissenschaft, Bd. IV), Stuttgart 1985. – *H. Schmidt:* Religionsdidaktik. Ziele, Inhalte und Methoden rel. Erziehung in Schule und Unterricht, 2 Bde., Stuttgart/Berlin/Köln/Mainz 1982/1984.

*Gerd Bockwoldt*

**Diktatur** bezeichnet vor allem ein Problem des neuzeitl. →Staates. Seitdem die Souveränität zu seinem Kennzeichen wurde (Bodin), übt er zwar die *Hoheitsrechte* (z.B. im Bereich der Justiz, des Militärs und der Finanzen) aus; deren Ausübung delegiert die *Gewaltenteilung* (Montesquieu, 1689-1755) aber in die Zuständigkeit verschiedener Staatsorgane, die durch *Grundrechte* eingeschränkt werden. Die D. faßt diese Hoheitsrechte zusammen, überschreitet sie und besetzt dabei eine Position der Entscheidung, die aller rechtl. Regelung enthoben ist.

*A.* Welche *Gründe* werden zur Rechtfertigung einer D. ins Feld geführt? Vor allem ist es der *Ausnahmezustand*, der durch einen Staatsnotstand heraufgeführt wird. Der umstrittene Staatsrechtler C. Schmitt (1888-1985) kennt eine kommissar. D., die den vorhergehenden Zustand wiederherstellen will, und eine revolutionäre, die einen neuen Zustand anstrebt. Die berühmte Formel von der »*D. des* →*Proletariats*« (K. →Marx) gehört zur zweiten Form. →Lenins Rätesystem hat allerdings deren ursprüngl. Sinn verfehlt, wollte doch Marx die von ihm als unfertig eingestufte bürgerl. →Freiheit (Gewaltenteilung und →Rechtsstaat) durch Freiheit von Ausbeutung und Selbstbestimmung erst verwirklichen. Das *Proletariat* als weltgeschichtl. letzte und dann auch umfassendste →Klasse konnte seine D. nur in gleichberechtigte →Herrschaft aller mit allen einmünden lassen. Da die etablierten marxist. Systeme dieses Ziel verfehlten, gilt R. Luxemburgs Ermahnung, die D. des Proletariats im Kontext breitester →Öffentlichkeit und als umfassende →Demokratisierung anzustreben, bis heute. Neben dem Staatsnotstand (den die Verfassungen regeln können) sind soziale *Tendenzen zur D.* hin zu beobachten. Was Marx zum Konzept der D. des Proletariats veranlaßte, ist ein Problem des heutigen Staates: Die Rechtlichkeit des Staates wird durch die →*Macht der* →*Wirtschaft* bedroht: Machtkonzentration höhlt die Wirkung der Gewaltenteilung aus, polizeistaatl. Maßnahmen bedrohen den Rechtsstaat, die Ohnmacht der einzelnen wird durch Kontrolle und Monopolisierung der Entscheidungen bei →Eliten erhöht.

*B.* D. war über Jh.e ein eher hist. Thema, das hinter dem des *Tyrannen* zurückstand. Das Widerstandsrecht erlaubte oft die Tötung eines Tyrannen ohne Rechtstitel, der die Herrschaft usurpiert hatte (z.B. →Thomas von Aquin oder die reform. Monarchomachen des 16. Jh.s, die den Herrscher an einen Vertrag mit den Untertanen gebunden sahen). Erst mit der →Franz. Revolution bzw. mit dem Staatsstreich Napoleons III. (1808-1873) wurde es ein aktuelles Thema. Weil den Kirchen die Franz. Revolution durchweg unheiml. erschien, zogen sie die Zentralgewalt eines Monarchen vor; weil sie jedoch meist staatl. Gewalt mit Personen identifizierten und in den als bedrohl. empfundenen Umbrüchen der →Neuzeit eine starke, bewahrende und ordnende Hand suchten, waren sie z.B. gegenüber Hitlers D. ohnmächtig. Erst die Erfahrungen des →Nationalsozialismus öffneten sie vorbehaltlos dem Gedanken des *Rechtsstaates.* Weil das bibl. Zeugnis Christen lehren kann, Recht unter Menschen in gewisser Analogie zu Gottes lebensförderl. Gerechtigkeit zu gestalten, ist eine christl. Rechtfertigung der D. nicht denkbar.

*Lit.: H. Heller:* Rechtsstaat oder Diktatur?, Tübingen 1930. – *W. I. Lenin:* Staat und Revolution (1917), in: Werke 25, 1960, 393-507. – *K. Marx:* Der 18. Brumaire des Napoleon Bonaparte (1852), in: Karl Marx/Friedrich Engels: Werke 8, 111-207. – *Ch. de Montesquieu:* De l'Esprit des Lois, 1748 (dt.: Vom Geist der Gesetze, Tübingen 1951). – *F. Neumann:* Demokrat. und autoritärer Staat, Frankfurt/M./Wien 1967. – *C. Schmitt:* Die D.

Von den Anfängen des modernen Souveränitätsgedankens bis zum proletar. Klassenkampf, Berlin 1964.

*Christofer Frey*

**Dilthey,** *Wilhelm,* geb. 19.11.1833 in Biebrich bei Wiesbaden, gest. 1.10.1911 in Seis bei Bozen, dt. Geistes- und Kulturhistoriker und Philosoph. Seit 1866 Professor in Basel, Kiel und Breslau, ab 1882 in Berlin. D.s Name ist verknüpft mit der Lebensphilosophie des 19. Jh.s, der Fundamentalontologie und philos. →Hermeneutik M. →Heideggers und H. G. Gadamers, deren Anreger er war, vor allem aber mit dem Versuch, eine erkenntnistheoret.-methodolog. Grundlegung der →Geisteswissenschaften zu leisten, auch wenn seine diesbezügl. Ansätze (»Einleitung in die Geisteswissenschaften«, nur 1 Bd., 1883 erschienen; »Der Aufbau der geschichtl. Welt in den Geisteswissenschaften«, 1910) fragmentar. blieben.

Sein Beitrag zur *Theorie der Geisteswissenschaften* läßt sich unter den Aspekten: Gegenstandstheorie, Methodologie und Erkenntnistheorie beschreiben. *Gegenstand* der Erforschung der menschl.-geschichtl. Welt sind Phänomene, die sich neben allem Gesetzmäßigen und Typischen, das sie haben mögen, durch ein Eigenes und Eigenwertiges auszeichnen. D. sieht deren Vielfalt, und sie wird ihm unhintergehbar, weil er sie weder in naturwissenschaftl. Gesetze (wie vielfach in der →Soziologie und →Psychologie seiner Zeit, gegen die er sich wendet) noch in einen übergreifenden hist. Sinnzusammenhang (wie →Hegel) einordnen mag. Diese immanente Phänomenalität nennt D. →»Leben« und begründet damit die individualist. Variante des →Historismus. *Methodolog.* formulierte D. den folgenschweren Zwiespalt von →Verstehen und Erklären (→Erklärung). Dabei schwankte er zwischen einer psycholog. (Ideen über eine beschreibende und zergliedernde Psychologie, 1894) und einer objektiven Auffassung der Verstehensmethode, betonte aber – in krit. Wendung gegen die →Metaphysik – die geisteswissenschaftl. Empirie. *Erkenntnistheoret.* ging D. von →Kant aus, führte ihn aber weiter. Hatte Kant sich noch weitgehend am Paradigma der Naturwissenschaften orientiert, so war nun die erkenntnistheoret. Grundlegung der hist. (oder Geistes-) Wissenschaften fällig, die sich inzwischen entwickelt und ausgeprägt hatten. Im Gegensatz zu Kants Vernunftkritik historisiert D. in seiner »Kritik der hist. Vernunft« die →transzendentale Subjektivität und gerät dadurch sowie auf Grund seiner Ablehnung aller metaphys. Dogmatik (auch im eth. Sinne) in die Nähe des hist. Relativismus. In welchem Verhältnis sich seine »Kritik der hist. Vernunft« zur Kantischen Vernunftskritik befindet, wird deutl., wenn man die doppelte Interpretationsmöglichkeit des objektiven bzw. subjektiven Genitivs, der die Vernunft als Richterin ihrer selbst inthronisiert, betrachtet. D. hypostasiert »das Leben« zu einer Größe, die dem aufgezeigten Gegensatz von erkenntnisbegründender Subjektivität und materieller Gegensätzlichkeit noch vorausgeht und gleichzeitig mit beiden ident. ist. So entgeht er dem Dilemma: Er interpretiert nicht nur die Phänomene der menschl.-geschichtl. Welt, sondern auch die erkennende Vernunft mit dem Lebensbegriff: »Leben erfaßt hier Leben.« Der Lebensbegriff – um die Jh.wende das alles beherrschende Thema der Philosophie – greift gegen jeden Naturalismus, aber auch gegen den (wie man fand) einseitigen Intellektualismus der »reinen Vernunft« auf eine tiefere Schicht des Fühlens, auf eine Ebene neuer Unmittelbarkeit und zugleich auf die Kategorie der Ganzheit zurück.

Die Bedeutung D.s für weite Bereiche der Geisteswissenschaften und (teilweise auch) der Sozialwissenschaften kann kaum überschätzt werden; seit den 70er Jahren mündet der nie abgerissene Traditionsstrang in eine Vielzahl neuer und unterschiedl. Ansätze, sich mit seinem Werk zu beschäftigen. Das Problem des Verhältnisses von Theologie und Religion bei D. ist systemat. noch kaum erforscht. Aus einer alten Pastorenfamilie kommend, hatte er ein Studium der Theologie abgeschlossen, sich in Auseinandersetzung mit dem »Doktrinarismus« der akadem. Theologie jedoch zur Philosophie hingewandt. D. verfaßte eine große Anzahl rel.- und theologiegeschichtl. Arbeiten, deren bekannteste die bis heute maßgebl. Biographie Schleiermachers ist. Das Verhältnis von Historismus und Christentum wäre bes. im Blick auf E. →Troeltsch weiterer Untersuchung wert.

*Lit.: O. F. Bollnow:* D., Schaffhausen, 4. Aufl. 1980. – *J. Johach:* Handelnder Mensch und objektiver Geist, Meisenheim 1974. – *H.-U. Lessing:* Die Idee einer Kritik der hist. Vernunft, Freiburg 1984. – *F. Rodi/H.-U. Lessing (Hg.):* Materialien zur Philosophie Wilhelm D.s, Frankfurt/M. 1984. – *H. Schnädelbach:* Geschichtsphilosophie nach Hegel, Freiburg 1974.

*Volker Steenblock*

**Diskriminierung**

*A. Wertneutral* beinhaltet D. die Unterscheidbarkeit und *Unterscheidung* von irgendwelchen Objekten nach best. Merkmalen. D. meint im *wertend-normativen* Sinne aber auch Einstellungen oder Verhaltensweisen, die andere Menschen nicht respektieren, sie herabsetzen, verächtl. machen oder benachteiligen, und zwar in ungleicher Weise, die gemäß den gesellschaftl. →Normen und →Werten zu mißbilligen ist. D.en erfolgen auf Grund best. meist unreflektierter und z.T. auch unbewußter Wertvorstellungen und sind weniger rational als emotional. Die UNO bezeichnet jenes Verhalten als diskriminierend, das auf Unterscheidungen der Menschen nach natürl. oder sozialen Kategorien beruht, die weder zu den individuellen Fähigkeiten und Verdiensten noch zum konkreten Verhalten individueller Personen in irgendeiner begründbaren Beziehung stehen.

*B.* D. beruht auf einem den Diskriminierten selbst fremden Geltungssystem mit Typisierungsmustern, nach denen Verhalten bewertet wird. Es sind

Muster, die nicht aus Umgang oder →Erfahrungen mit den Diskriminierten folgen. Die mit D. verbundenen Benachteiligten beziehen sich nicht nur auf best. Positionen oder →Rollen, die der Diskriminierte einnimmt, sondern auf das →Individuum als Ganzes. D.en erfolgen zumeist auf Grund best. Merkmale wie Rasse (→Rassenfrage), Geschlecht (→Sexualität), →Alter, →Religion, polit. Anschauung usw.

*C.* Bes. *soziale →Minderheiten* und →Gruppen, denen gegenüber sich der Diskriminierende in einer Machtposition befindet, erfahren bewußte oder unbewußte D. Die diskriminierten Gruppen werden in eine →Außenseiterposition gedrängt, was bei ihnen häufig das Gefühl der Zusammengehörigkeit aufkommen läßt und den Zusammenhalt der Gruppe fördert. Bewußte D. kann als Mittel zur Erringung und Verfestigung von Machtpositionen und von sozialen Chancen und Einflußmöglichkeiten benutzt werden. Unbewußte oder auf →Vorurteilen beruhende D. dient auch der Projektion von Schuldgefühlen auf andere (Sündenbockfunktion).

*Lit.: M. Rehbinder:* Die D.: Ihre Ursachen und ihre Bekämpfung, in: Kölner Zeitschrift für Soziologie und Sozialpsychologie 15 (1963), 6-23.

*Siegfried Lamnek*

**Dispens**

*A.* →Gesetze gelten grundsätzl. allg. und sind abstrakt formuliert; deshalb können sie die konkrete Lebenswirklichkeit nicht immer hinreichend berücksichtigen. Einer sich hieraus ergebenden Härte versucht die D. abzuhelfen. Insbes. in der kanon. Rechtsordnung (→Kanon. Recht) spielt D. eine große Rolle und bezeichnet die *Aufhebung der Verpflichtungskraft* eines (rein kirchl.) Gesetzes, die für den Einzelfall von der zuständigen Autorität gewährt wird (für die kath. Kirche s. c. 85 Codex Iuris Canonici [CIC]); das Gesetz selbst jedoch bleibt bestehen. In der kath. Kirche kann außer dem →Papst auch der Diözesanbischof (→Bistum) von allg. und partikularen Gesetzen dispensieren, sofern dies zum geistl. Wohl der Gläubigen beiträgt; als Beispiel hierfür kann die D. von der kirchl. Eheschließungsform bei der rel.- und bekenntnisverschiedenen Ehe angegeben werden (vgl. cc. 1127, 1129 CIC). Die D. von best. Gesetzen ist dem Apostol. Stuhl (→Papst; →Kurie) vorbehalten (c. 87 CIC); dies gilt z.B. für die Befreiung von der Zölibatsverpflichtung. Für jede D.erteilung muß ein gerechter und *vernünftiger Grund* gegeben sein (c. 90 § 1 CIC), weil durch die D. das dem →Gemeinwohl dienende Gesetz zugunsten eines einzelnen durchbrochen wird.

*B.* Obwohl D.en ihren guten Sinn haben können, dürfen Gefahr und Mißbrauch einer ausufernden D.praxis nicht übersehen werden. Vor allem dürfen sie nicht zum Herrschaftsinstrument der D.ierenden werden. In jedem Fall sollten D.en nur in begründeten Ausnahmefällen gegeben werden. Am Recht der D. wird das kath. Kirchenverständnis und das Rechtsverständnis des kanon. Rechts bes. deutl., während es im *ev.* →*Kirchenrecht keine Bedeutung* hat.

*Lit.: H. Heimerl/H. Pree:* Kirchenrecht. Allg. Normen und Eherecht, Wien/New York 1983, 72-76. – *J. Lederer:* Der D.begriff des kanon. Rechts, München 1957.

*Peter Krämer*

**Döblin,** *Alfred,* geb. 10.8.1878 in Stettin, gest. 26.6.1957 in Emmendingen/Baden. Literaturhist. besteht kein Zweifel über den hohen Rang, der D. als avantgardist. Erzähler des →Expressionismus und Autor des bedeutendsten dt. Großstadtromans (»Berlin Alexanderplatz«, 1929) zukommt, oder über die befruchtende Wirkung seiner Kunst (z.B. auf →Brecht und Grass). Noch heute ist aber D.s Leistung als *radikaler Denker* umstritten oder unbekannt geblieben, zumal sein riesiges, vielfältiges Werk erst jetzt in vollem Umgang zugängl. wird, oder auch, weil sein dichter. Werk sowie seine Essayistik (zu Medizin, Kunst, Literatur, Musik, Politik, Gesellschaft, Philosophie und Religion) ein ständiges Streitgespräch mit sich und seinen Lesern darstellt. Es liefert oft widersprüchl. Denkansätze, die häufig zu Mißverständnissen und Ablehnung führten.
Der *theol. Auseinandersetzung* bietet sich D.s Werk an als Sammelbecken wichtiger geistiger Strömungen: D. setzte sich u.a. auseinander mit →Taoismus (Die drei Sprünge des Wang-lun, 1915), →Buddhismus (Buddho und die Natur, 1921), →Judentum und →Christentum (Der unsterbl. Mensch, 1946; Der Kampf mit dem Engel, entst. 1950-52) sowie mit →Nietzsche (Zu Nietzsches Morallehren, 1903), →Marx (Wissen und Verändern, 1931), →Spinoza (Das Ich über der Natur, 1928), →Augustin, →Thomas von Aquin (Der unsterbl. Mensch, 1946; November 1918. Tetralogie, 1938, 1948-1950), J. Tauler (November 1918. Karl und Rosa, 1950 [→Mystik]) und →Kierkegaard (Hamlet oder Die lange Nacht nimmt ein Ende, 1956). Seine mitleidende Sorge um den Menschen blieb gleichrangig mit der rel.-metaphys. Komponente seiner Denk- und Argumentationsweise. Armer jüd. Abkunft, erlebte D. als *Arzt* in Berlin die Ungerechtigkeiten der wilhelmin. Klassengesellschaft und griff sie schonungslos an. Im *Exil* (1933-1945) gelangte er zur Erkenntnis, daß Christus, der zu Unrecht Verurteilte, der gepeinigte Gott in Menschengestalt, der bitteren Wirklichkeit unserer gewaltsamen Weltära eine frohere, realistischere Heilslehre bietet als jede nur auf ird. Glück gerichtete biolog. oder sozialökonom. →Utopie. 1941 wurde D. im amerik. Exil *Katholik,* doch blieb er stets ein Fragender und Suchender. Sein undogmatisch ökumen., christozentr. Glaube, sein pazifist. Widerstand gegen jegl. Totalitarismus machen ihn zu einem der unbequemsten und aktuellsten Schriftsteller unseres Zeitalters.

*Lit.: H. Kiesel:* Literar. Trauerarbeit. Das Exil- und Spätwerk A. D.s, Tübingen 1986. – *I. Schuster (Hg.):* Zu A. D., Stuttgart 1980 (Lit.). – *D. Sölle:* Einübung ins Christentum bei A. D., in: *dies.:* Realisation, Darmstadt/Neuwied 1973, 281-367. – *M. Weyembergh-Boussart:* A. D. Seine Religiosität in Persönlichkeit und Werk, Bonn 1970.

*Anthony W. Riley*

**Dogma** (griech.: »was als richtig erschien«) meint ursprüngl. philos. Meinung, Lehre, aber auch Verordnung (Lk 2,1: Edikt), im Blick auf die Apostelzusammenkunft in Jerusalem Beschluß (Apg 6,4).

*A.* Im Christentum bewegte sich der Begriff von Anfang an zwischen unaufgebbarer Glaubenslehre und bindend festgelegtem Glaubenssatz. Er ist heute im kath. Raum am schärfsten umrissen und bezeichnet seit dem 19. Jh. eine Lehre oder Satzaussage, in der die →Kirche (d.h.: das →Lehramt) einen Aussageinhalt endgültig und allg. verbindl. so zu glauben vorschreibt, daß deren Leugnung *Irrlehre* (→Häresie) bedeutet. Entscheidend sind also ein materiales und ein formales Element: Die Übereinstimmung der Aussage mit einer Offenbarungswahrheit, die autoritative Festlegung durch eine (letzt)verbindl. lehrende Instanz. Auf Grund dieser autoritativen Unbedingtheit ist »dogmat.« im allg. Sprachgebrauch oft gleichbedeutend mit autoritär, unbelehrbar, weder fähig zum →Dialog noch gewillt zum Argument.
Ein zweiter, nie vergessener und ökumen. verbindender Bedeutungsstrang meint noch immer die unaufgebbare Glaubenslehre (E. Schlink). Er betont, daß man Anzahl und genauen Inhalt der »Dogmen« nie angeben kann.

*B.* Der Sache nach finden sich schon früh *zentrale →Bekenntnissätze* und Glaubensbekenntnisse (»Glaubensregel«, z.B. →Apostol. Glaubensbekenntnis). →Synoden und →Konzile schmieden zusätzl. mit Sanktionen verbundene Lehraussagen zu knappen, oft mit Anathem belegten Sätzen zusammen. In ihrem Verbindlichkeitsanspruch spiegelt sich jeweils das kirchl. Autoritätsverständnis wider, das sich im MA. des Westens zunehmend auf die päpstl. Vorherrschaft konzentriert. Die *→Reformation* lehnte das Anliegen festumrissener Aussagen nie ab, übernahm zudem den gesamten Bestand der von der →Alten Kirche festgelegten Glaubensentscheidungen. Nach den enttäuschenden Erfahrungen M. →Luthers mit Rom zu prinzipiellen Einsichten gebracht, bestritt man den unbedingten Lehranspruch von Papst und kirchl. Hierarchie, gegen die weder im Namen der Schrift noch im Namen eines allgemeinkirchl. Glaubensbewußtseins appelliert werden konnte. Man sprach jetzt von →»Bekenntnis«, das auf Gottes Wort antworte. Die →altprot. Orthodoxie übernahm wieder den Begriff des D.s, der im ev. Raum aber nie mehr heim. wurde, da schon die Theologie der →Aufklärung das D. nicht nur formell ablehnte, sondern in hist. Forschung auf seinen vernünftigen Kern hin untersuchte, um die prakt. Funktion der Religion zu erhellen. In dieser Epoche wird der Sinn für den Unterschied von Bekenntnis und D. prinzipiell geschärft: Bekenntnis kann niemals Zustimmung bedeuten zu einem D. als solchem.
Im 19. Jh., wo ein rationalist. und satzhaftes Wahrheitsverständnis sich auch der *kath. Theologie* bemächtigte, setzte sich der strikte Sprachgebrauch mit seiner Konzentration auf einzelne Glaubensformulierungen durch. Die Problemstellung verschärfte sich zudem durch den auf dem 1. →Vat. Konzil formulierten Anspruch konziliarer oder päpstl. →Unfehlbarkeit. Demgemäß gilt als D.: erstens, was von der Kirche allg. und über einen längeren Zeitraum als feste und öffentl. gültige Lehre verkündigt, zweitens, was in einer feierl. Lehrentscheidung von Papst oder Konzil *irreformabel* als authent. Auslegung der →Offenbarung definiert wird.
In der *→orthod. Kirche* ist zwar in der Schultheologie der Begriff des D.s ebenfalls heim. geworden, aber genuin liegt der Akzent nicht auf einzelnen Lehrsätzen, sondern in der gemeinsamen Überzeugung der Kirche, wie sie im *Glaubensbekenntnis* der Konzilien von Nizäa (325) und Konstantinopel (381) dargelegt ist (»Nicäno-constantinopolitanum«). Es wird daher auch als »Symbolon« (griech. Übereinkunft, aber auch: Kenn- oder Wahrzeichen) des orthod. Glaubens gekennzeichnet. Die in ihm wie in den Entscheidungen der ökumen. Konzilien ausgebreiteten Glaubenswahrheiten werden primär durch ihre liturg. und hymn. Entfaltung vermittelt und »in rechtem Lobpreis« (= Orthodoxia) gefeiert. D. der orthod. Kirche ist somit das vom Kirchenvolk gehütete Gesamt der Glaubenslehre, nicht der einzelne Lehrsatz.

*C.* Doch hatten seit Beginn des 19. Jh.s hist. Forschungen und das aufkommende Geschichtsbewußtsein die Problemstellung verschoben: Wie konnte trotz ständiger Entwicklungen und Verschiebungen die behauptete Identität mit der Offenbarung gewahrt bleiben? Die Fragestellung wird später unter dem Begriff der »*Dogmenentwicklung*« zusammengefaßt, zu der von Vertretern der kath. →Tübinger Schule (J.S. Drey, J.A. Möhler, J.E. Kuhn), von Vertretern des →Modernismus und schließl. von Theologen des 20. Jh.s (J. R. Geiselmann, K. →Rahner) – durchaus im Gleichklang mit ev. Fragestellungen – verschiedenste Theorien vorgelegt wurden: es gehe um Explikation, organ. Wachstum, die Dialektik des Geistes oder um die endl., nie erschöpfende Aussage eines unendl. Geheimnisses. Seit dem 2. →Vat. Konzil kann das Problem als entschärft gelten, da jetzt die Wahrheit als geschichtl. verfaßt gelten darf.

*D.* Unerledigt sind Bedeutung und Geltung von Dogmen jedoch in der *ökumen. Diskussion.* Zwar schien ein besseres Verständnis mögl., nachdem erfahrungsbezogene Erklärungen (→Schleiermacher: Glaubenssätze als »Ausdruck christl. frommer Gemütszustände«), hist., religionsgeschichtl. oder eth. Relativierungen einer Kritik unterzogen wurden und K. →Barth statt dessen auf die Übereinstimmung von kirchl. Verkündigung und Offenbarung abhob (Kirchl. Dogmatik I/1, 280). Mit dieser Bestimmung könnte ein ökumen. Einverständnis erzielt werden. Zwar kann die *Übersteigerung* eines papstzentrierten Dogmenverständnisses bis hin zu Pius XII. (1950: »Aufnahme Marias in den Himmel« als Akt der Frömmigkeit) als überwunden gelten; doch bleibt die klass. Frage nach der Zuordnung von *Schrift und Kirche*, in der die offizielle kath. Theologie das Anliegen der Reformation noch immer nicht hinreichend akzeptiert hat. Die diesbezügl. *Anfragen* der 70er Jahre (u.a. H. Küng) wurden nach einer längeren Diskussion autoritativ abgewiesen statt inhaltl. aufgearbeitet und beantwortet.

*Lit.: W. Kasper:* D./Dogmenentwicklung, in: Neues Handbuch theol. Grundbegriffe, Bd. 1, München 1984, 176-193. – *H. Küng:* Unfehlbar? Eine Anfrage, Zürich 1970. – *W. Pannenberg:* Was ist eine dogmat. Aussage?, in: *ders.:* Grundfragen systemat. Theologie I, Göttingen 1967, 159-180. – *K. Rahner:* Zur Frage der Dogmenentwicklung, in: *ders.:* Schriften zur Theologie, Bd. 1, Einsiedeln, 6. Aufl. 1962, 49-90. – *G. Sauter:* D. – ein eschatolog. Begriff, in: *ders.:* Erwartung und Erfahrung, München 1972, 16-46. – *E. Schillebeeckx:* Offenbarung und Theologie, Mainz 1965. – *E. Schlink:* Die Struktur der dogmat. Aussage: Der kommende Christus und die kirchl. Traditionen, Göttingen 1961. – *D. Staniloae:* Orthod. Dogmatik (Ökumen. Theologie 12), Einsiedeln/Köln 1981.

*Hermann Häring*

## Dogmatik

### *A. Begriff und Ursprung*

*I.* Der *Begriff D.*, Kurzform für »dogmat. Theologie«, bezeichnet – analog zur Begriffsverwendung etwa in der →Rechtswissenschaft – diejenige theol. Disziplin (sowie die entspr. Gesamtdarstellungen und Lehrbücher), die beansprucht, die in einer best. Kirche oder kirchl. Gemeinschaft jeweils tradierte christl. Lehre umfassend und in ihrem verbindl. Charakter darzustellen. Sie hat ihre Wurzeln in der spätantiken und ma. Theologie, ist im strengen Sinn aber eine neuzeitl. Erscheinung.

*1.* Die D. bezieht ihre Daseinsberechtigung aus dem *assertor.* (fest behauptenden, vorbehaltlos bekennenden) *Charakter* des christl. Glaubens und grenzt sich damit von den hist. und religionswissenschaftl. orientierten Teildisziplinen ebenso ab wie von praktolog. und angewandten Disziplinen. Von der →*Systemat. Theologie* unterscheidet sie sich dadurch, daß sie sich der Entfaltung der verbindl. Lehre widmet und einen additiven Charakter der verhandelten Themen in Kauf nehmen kann, wohingegen sie systemat. Theologie das Problem der wissenschaftl.-theol. Selbstbegründung und inneren Einheit aufgreift und damit eine explizit reflexive Wissenschaft zu sein beansprucht. Während an den kath. Fakultäten meist (in Übereinstimmung mit kirchl. Vorschriften) Lehreinheiten für D., oft für D. und Dogmengeschichte, eingerichtet sind, kennen die ev. Fakultäten in der Regel Lehreinheiten für Systemat. Theologie. Daß die Fächer (theol.) →Ethik oder Moraltheologie und Sozialethik bisweilen eine eigene Disziplin darstellen, ist nur hist. oder pragmat. zu begründen. Inwieweit eine gegenseitige Integration wissenschaftstheoret. erstrebenswert ist, wird derzeit kontrovers diskutiert.

*2.* Die Begriffe »dogmatisch« oder »dogmatist.« werden oft in abwertendem Sinn von unbelehrbar behauptend, dem Gespräch entziehend verwendet. Diese *Polemik* hat ihre Entsprechung im von Dogmatikern bisweilen undifferenziert oder autoritär vorgetragenen Anspruch, Kirchenlehre könne von der menschl. →Vernunft nicht erfaßt, also auch nicht kritisiert werden. Die normativen Bezugsgrößen (»loci« oder Erkenntnisquellen) der D. sind je nach konfessioneller oder theol. Position die →Offenbarung, die Hl. Schrift, kirchl. gültige →Dogmen oder die kirchl. →Lehre, die einander je unterschiedl. zugeordnet werden. Seit der Aufklärung gelten, insbes. im Protestantismus, darüber hinaus auch Vernunft und frommes Selbstbewußtsein als neuentdeckte Kriterien. Die Art der Verbindlichkeit, die den behandelten Lehren zugeschrieben wird, bemißt sich nach konfessionellen oder theol. Positionen.

*II.* Die *Wurzeln dogmat. Theologisierens* sind in den Gesamt- und späteren themat. Teildarstellungen der christl. Glaubenslehre zu suchen, die best. Fragestellungen einen *systemat. Ort* zuweisen und sich so vom unmittelbaren Zusammenhang einer fallweisen Schriftaus- oder Ketzerwiderlegung lösen, auch wenn beide bisweilen von hohem begriffl. und spekulativen Niveau sind.

*1.* Als Urvater (wenn auch nicht ohne selber Ahnen zu haben) kann neben →Augustins »De doctrina christiana« *Johannes Damascenus* (gest. um 750) gelten, dessen »Quelle der Erkenntnis« im dritten Teil (»Darlegung des orthod. Glaubens«) die christl. Lehre in einer Anordnung darlegt, die heute noch nachwirkt (→Gott; →Schöpfung und Vorsehung; Inkarnation; →Christologie, →Sakramente, →Sündenlehre...; →Eschatologie). Erst im 12. Jh. entstehen vergleichbare, allerdings epochemachende Konzeptionen im Westen, die von dem Griechen nach dessen Bekanntwerden im Westen inspiriert sind: *Petrus Lombardus* (1095-1160) schreibt in einer vergleichbaren Anordnung zwischen 1142 und 1158 seine »Sentenzen«, die bis ins 16. Jh. kommentiert werden und damit den themat. Aufriß der Theologie bestimmen (→Scholastik). Zu nennen sind ferner Alexander von Hales (1185-1245) und →*Thomas von Aquin,* der in seiner Einteilung der (nicht vollendeten) Summa bei den Genannten in die Schule geht, ohne dabei seine eigene heilsgeschichtl. Konzeption von Ausgang und Rückkehr zu verleugnen. Sein Aufteilungsschema kehrt vom 16. Jh. an in der – zuvor am Lombarden orientierten – kath. Theologie verstärkt zurück und bestimmt unmittelbar die spä-

tere Struktur der D. Diese frühen Theologieformen können aber nur bedingt D. genannt werden. Dafür gibt es vor allem zwei Gründe.
*2.* Die Theologie des beginnenden Hochma.s hat sich *method.* noch *nicht differenziert.* Zwar gibt es eine Methodenentwicklung. Während J. Damascenus das auf den Konzilien niedergelegte Glaubensbekenntnis (Symbolum) als den in der Liturgie zu preisenden Glauben der Kirche darlegt und zu diesem Zweck seine theol. Vorgänger überbordend zitiert, wenn nicht gar kompiliert, hat sich bei P. Lombardus in Wiedergabe und Auslegung von Schrift und Vätern schon das scholast. Prinzip des Arguments und Gegenarguments durchgesetzt (→Scholastik). →Thomas von Aquin nimmt nicht nur eklekt., sondern begriffs- und systembildend auf →Aristoteles Bezug. Später schiebt sich die Bedeutung der lehramtl. Beurteilungen auch des MA.s in den Vordergrund. Aber jeweils geht es um die (eine) Methode der Theologie als eine in philos. Kategorien vollzogene Auslegung von →Schrift und Tradition, so daß sich keine dogmat. »Sonder«methode begründet. Diese unreflexe Undifferenziertheit wird erst durch das hist. Bewußtsein der Humanisten, später dann durch die Emanzipation der →Philosophie durchbrochen.
*3.* Die Theologie ist – abgesehen von der Kanonistik – noch in *keine theol. Fachdisziplinen* aufgeteilt. Zwar bilden sich – vor allem seit dem 13. Jh. – eigene Themenkomplexe der theol. Behandlung, insbes. kanonist. Art heraus, aber bis in die →Neuzeit hinein sorgt diese Art von Theologie für den gesamten materialtheol. Bereich. Deshalb braucht sich keine dogmat. Theologie als Sonderdisziplin konstituieren, die sich in ihrem Formalobjekt oder Aussageziel von anderen Disziplinen abgrenzt. Andererseits nimmt sie schon das Selbstbewußtsein heutiger D. vorweg, die beansprucht, das Ganze der Theologie zur Sprache zu bringen.

*B. Katholische Dogmatik*

*I.* Während die ev. Theologie nach dem reformator. Durchbruch vom Bewußtsein eines Neubeginns ausgehen kann, der später auch die D. als Neuansatz provoziert und erfahren läßt, gibt es in der kath. Theologie eine längere Phase des allmähl., von der ev. Theologie teils inspirierten, teils erzwungenen *Übergangs.* Schon seit dem Ende des 13. Jh.s setzt aus Gründen äußerer und innerer Kirchenordnung eine *themat. Differenzierung* ein. Während im Schulbetrieb P. Lombardus kommentiert wird, erscheint – nachdem die Kanonistik sich schon im 12. Jh. zu emanzipieren beginnt – der erste systemat. Kirchentraktat (Jakob. von Viterbo, »De regimine christiano«, 1301) erst eineinhalb Jh.e später, die »Summe über die Kirche« des Johannes von Torquemada (1453). Damit hat sich neben der »allg.« Theologie der erste ihrer Strukturteile verselbständigt. Eine innere Umformung setzt dann im 16. Jh. ein. Die *Reformatoren* provozieren nicht nur Streitschriften, sondern auch *umfassendere,* in sich geschlossene systemat. *Abhandlungen* zu Fragen von →Gnade, →Freiheit, →Rechtfertigung und →Prädestination (J. Driedo [1548], J. Fabri [1539], R. Pole [1569], R. Smith [1563, 1554], Franz von Vitoria, [1567]) sowie von Kirche und →Sakrament (J. Clichtoveus [1526, 1527], J. Latomus [1523], T. Smeling [1538], J. Hessels [1562,1566]). In Reaktion auf reformator. Theologie setzt – noch vor Beginn des →Konzils von Trient – die Reflexion über die normativen Erkenntnisquellen der kath. Theologie ein: J. Driedo veröffentlicht 1533 einen Traktat über »kirchl. Schriften und Dogmen«. 1543 (also 22 Jahre nach Melanchthon) erscheint eine Abhandlung »De locis theologicis« und schafft damit eine Brücke zu dem hochbedeutenden Werk des Melchior Cano (1509-1560), dessen 1546 begonnenes, 1563 gedrucktes gleichnamiges Werk »über die theol. (Fund-)Orte« über 30mal, zuletzt 1890 neu aufgelegt wird. Das Werk stellt eine umfassende Untersuchung über Erkenntnisquellen und normative Struktur der Theologie dar, beleuchtet also Fragen, die später als Einleitungsfragen behandelt oder in der Fundamentaltheologie aufgegriffen werden. Zugleich sind die Grundlagenfragen, die nach kath. Verständnis D. als D. begründen, nun systematisiert. Hinzu kommt, ebenfalls durch die konfessionellen Kontroversen erzwungen, in allen Sprachräumen eine starke Zuwendung zur »positiven«, d.h. hist. argumentierenden, Theologie.

*II.* Die Entstehungsgeschichte der *Begriffe »dogmatisch« und «D.«* ist – zumal innerhalb der kath. Theologie – noch weitgehend ungeklärt. 1522 schreibt J. Fabri gegen »einige Dogmen des Martin Luther«, faßt Dogma also unabhängig von ihrem häret. oder orthod. Charakter als feste Meinung auf. 1559 expliziert R. Tapper die in seinem Jh. umstrittenen »kirchl. Dogmen«. →Häresie wird also traditionell als Abfall vom Dogma begriffen. Eine weitere Variation bietet der Jesuit D. Petavius, spricht 1652 (1680 von L. von Thomassin gefolgt) von »Theol. Dogmen«. 12 Jahre später erscheint das Werk der ev. Theologen R. und J. Hildebrand, in dem nun zum ersten Mal von »Dogmat. Theologie« die Rede ist.
Nach den umfassenden Werken von F. von Vitoria (gest. 1546), Dominicus Soto (1495-1560) und schließl. F. Suarez (1548-1619) und unter Voraussetzung der inzwischen in inner- und zwischenkonfessioneller Auseinandersetzung geleisteten Detailarbeit sowie in apologet. Reaktion auf die Emanzipation der Philosophie vom Anspruch des Glaubens nimmt die kath. Theologie im 17. Jh. neben und in den Thomasauslegungen ihres Schulbetriebs das Gesamt des Thologie wieder intensiv in philos. Reflexion in den Blick (L. Lessius[gest. 1623], A. Tanner [gest. 1632], C. Wiggers [gest. 1628]) und beginnt umfassende Entwürfe und »Kurse« zu verfassen (F. Bonae Spei [1662], M. Grandin [1692], M. de Esparza [1666], die Karmeliter von Salamanca [1630-1701], A. Reding [1687]). Im 18. Jh. hat sich dann im kath. Raum auch eine *method. Differenzierung* durchgesetzt, da jetzt

»dogmat.« gegen »hist.« oder »positiv« (zum ersten Mal Juénin 1696, dann A. Boucat um 1710), dann gegen »moral.« (der Historiker A. Natalis, 1703, dann F. Henno, 1719) abgesetzt wird.

*III.* Gleichzeitig setzt sich der Begriff auch zur Bezeichnung der Schultheologie durch, wenngleich nicht in der Ausschließlichkeit wie in der ev. Theologie. Mitte des 18. Jh.s kann D. als die *klass. Form* einer unmittelbar der Erklärung der Glaubenslehre verpflichteten Theologie gelten.
*1.* Der *Aufbau* hat sich nach wie vor als stabil erwiesen. Im Rahmen der philos. Tradition und zum Nachteil der christl. theol. Geschlossenheit wird allerdings – nach knapper Begründung der Grundlagenfragen – der (vorwiegend bibl. und patrist. argumentierenden) Lehre vom *Dreipersönl. Gott* ein (vorwiegend philos., bald mehr cartesian. als aristotel. argumentierendes) Lehrstück von der Existenz und dem Wesen des *Einen Gottes* vorangestellt (I). Es folgt die Lehre von Schöpfung und Sünde[nfall] (II). Ebenfalls zweigeteilt erscheint die Lehre von Jesus Christus (Person und Werk, III). Die Lehre von den drei Ämtern Christi findet Ende des 18. Jh.s in die kath. D. Eingang. Ein vierter, der umfangreichste Teil, ist den Lehren von der →Gnade (als Unterteil die in Trient verhandelte Lehre von der Rechtfertigung), der Kirche, den Sakramenten im allg. und im besonderen sowie in der Regel Maria gewidmet (IV). Der letzte Teil behandelt die »Letzten Dinge«: Gericht, Himmel, Hölle, Fegefeuer, jeweils aufgeteilt in eine individuelle und in eine allg. →Eschatologie (V). Die Argumentation folgt jeweils einer allg. gültigen Anordnung: Einer meist thesenhaft zusammenfaßenden Aussage des zu behandelnden Glaubenssatzes und Angaben über den Grad seiner Verbindlichkeit folgen die lehramtl. Begründungen (Zitate von Konzilien und offiziellen Dokumenten), das Schriftargument, die Argumente der Kirchenväter sowie weitere Argumente und nähere Erklärungen. Neben Gesamtd.en erscheinen in der Folgezeit ungezählte dogmat. Traktate zu Einzelfragen.
*2.* Die D. übernahm seit der Zeit ihrer Entstehung und bis zur Entwicklung der →Fundamentaltheologie im 19. Jh. den »harten Kern« dessen, was – seit der Gegenreformation in profilierter Weise – unter kath. Theologie und Glaubenslehre verstanden wird. Trotz ihrer materialen Stabilität und ihres Anspruchs auf eine kirchl. verbürgte Verbindlichkeit reagiert sie deshalb auf innertheol., kirchen- und theologiepolit. *Entwicklungen* sensibel. Das 18. Jh. hinterläßt die Spuren der →Aufklärung. Die Neukonzeption der kath. →Tübinger Schule (systemreflexes organolog.-geschichtl. Denken) läßt sich etwa in der »kath. D.« von J. Ev. Kuhn (1806-1887) sowie der »christl. D.« von F. A. Staudenmaier (1800-1856) entdecken. Doch bleiben sie angesichts der aufkommenden Restauration mit ihrem der Moderne ablehnend gegenüberstehenden →Katholizismus nur von kurzer Wirkung. Erfolgreicher sind aus Gründen des neuscholast. Siegeszugs die D.en des Mainzer Theologen H. Klee (1800-1840), des Neuscholastikers J.-B. Heinrich (1816-1891), des spekulativen Theologen M. J. Scheeben (1835-1888) sowie des originellen und eigenständigen, als Rationalist und Protestant verdächtigten H. Schell (1850-1906). Weitere D.en dieser bis in die 40er Jahre unseres Jh.s hineinreichenden Periode (H. Hurter [1857-1914], F. Diekamp [1846-1943], J. Pohle [1852-1922]), der wegen seiner handl. Knappheit immer noch gelesene H. Ott, sind vielfach herausgegebene und später überarbeitete Monumente ihrer neuzeitl., geschichtsdistanzierten Konzeption, haben aber keine originell weiterführenden Wirkungen im dogmat. Denken der kath. Theologie gezeitigt, sondern den Eindruck der D. als einer im Namen des unveränderl. Glaubens ungeschichtl. Wissenschaft eher verstärkt.

*IV.* Allerdings hatte die aufkommende Zeit der →Neuscholastik eine unerwartete Wirkung. In paradoxer Modernität hatte sich näml. die *geschichtl. Rückfrage* gerade im Widerstand akzentuiert, so etwa in der »Theologie der Vorzeit verteidigt« (erschienen 1853-1870) von M. Kleutgen (1811-1883). Eine bleibende Wirkung erzielte das von H. Denzinger (1819-1883) 1854 erstmals veröffentlichte und immer wieder überarbeitete und seit 1977 in der 36. Aufl. vorliegende »Enchiridion symbolorum« (zit. als Denzinger, D. oder DS), das ein für allemal die Unveränderlichkeit des Glaubens belegen und stabilisieren sollte, aber bis heute augenfällig dessen Geschichtlichkeit demonstriert. Gerade die Neuscholastik wird mit ihrem anbefohlenen Thomismus zum Auslöser nicht nur einer intensiven Thomasforschung, sondern auch einer intensiven Erforschung der Kirchenväter sowie der ma. Theologie. Diesen inneren Widerspruch sucht man von Rom aus in der →Modernismuskrise autoritär zu lösen, ohne jedoch langfristig hist. Forschung und deren Auswirkung zu verhindern (u.a. →Nouvelle théologie).

*V.* Die →*Modernismuskrise* hat zunächst lähmende Auswirkungen auf die dogmat. Theologie, die sich gut vier Jahrzehnte lang nicht mehr unbefangen die exeget., hist. und anthropolog. Ergebnisse anderer Wissenschaften zu eigen machen und auf die Verantwortbarkeit eines assertor. behauptenden Glaubens hin reflektieren kann. Um so höher ist die – bei aller dogmat. Vorsicht – Leistung der »Kath. D.« von *M. Schmaus* (5 Bde., 1933-1955) einzuschätzen, der die kath. D. in erstaunl. Maße von einer unverständl. Fachsprache lösen und (als Gründer und Leiter des M.-Grabmann-Instituts) mit einer Vielzahl von theologiegeschichtl. Material aus der Alten Kirche und der ma. Theologie anreichern konnte.
Die 1965-1976, also nach Beginn des 2. Vat. Konzils erschienene, von vielen Autoren gemeinsam erarbeitete D. *»Mysterium Salutis«* weiß sich nicht nur einem heilsgeschichtl. Schema, sondern zugleich der Verarbeitung von exeget., geschichtl.

und anthropolog. Forschung verpflichtet. Seine Bedeutung liegt mehr in der Sammlung und Präsentation wichtigen dogmat. bedeutsamen Standardwissens als in seiner log. zwingenden Geschlossenheit, auf die wegen des Nachdrucks auf geschichtl. Ereignisse und Entwicklungen auch nicht der erste Akzent zu legen war.
Weitere D.en, vor allem die von J. Auer und J. Ratzinger geschriebene Reihe einer »Kleinen kath. D.«, nehmen theologiegeschichtl. Entwicklungen zwar umfassend zur Kenntnis, doch werden die Spannungsfelder zwischen D. und Geschichte weit eindeutiger wieder von dogmat. Interesse her beschrieben und bisweilen vermutl. vorschnell aufgehoben.

*C. Evangelische Dogmatik*

Weil die Theologen der →*Reformation* keine Sonderlehren zu entfalten, sondern die wahre christl. Lehre zu vertreten beansprucht haben, haben sie ihre reformator. Theologie notwendig auch in Gestalt dogmat. Lehrentwürfe zur Darstellung bringen müssen.

*I. M.* →*Luther* selbst hat seine grundlegende theol. Einsicht in die →Rechtfertigung des Menschen zwar nicht in einer systemat. Theorie entfaltet. Doch schon 1521 entwirft *Ph.* →*Melanchthon* in seinen als bloße Einführung in die Heilige Schrift verstandenen »Loci communes rerum theologicarum« (Grundwahrheiten der Theologie) Grundzüge eines prot. Lehrsystems. Für die Darstellung theol. Gehalte ist dabei ein starkes soteriolog. Interesse kennzeichnend: »Das heißt Christus erkennen: seine Wohltaten erkennen«, heißt es 1521 in den 1535, 1543 und 1559 neu bearbeiteten Loci communes, die als erste prot. D. gelten. Der grundlegende Lehrtext des reform. Flügels der Reformation ist *J.* →*Calvins* erstmals 1536 veröffentlichte, in fünfter und letzter Fassung 1559 erschienene »Institutio religionis christianae«.
*1.* Zu einer weiteren systematisierenden Darstellung ihrer Lehre werden die Theologen der Reformation vor allem durch die Auseinandersetzung um die reichsrechtl. Anerkennung der reformator. Bewegung gezwungen. Vor allem für die Verteidigung und Legitimierung der Protestanten auf den Reichstagen entstehen sog. →*Bekenntnisschriften,* deren bekannteste das 1530 wesentl. von Melanchthon verfaßte →Augsburger Bekenntnis sowie dessen »Apologia« von 1531 sind. Rückbezug auf diese Bekenntnisschriften ist ein konstitutives Merkmal der Geschichte prot. D.
Je mehr sich im späten 16. Jh. prot. Territorien konsolidieren, eigene prot. Universitäten gegründet werden und die Ausbildung des Pfarrstandes (→Pfarrer) geordnet werden muß, desto stärker wird das Bedürfnis zur Ausbildung eines zusammenfassenden *theol. Lehrsystems.* Seit 1580 publizieren die sog. D.er der →altprot. Orthodoxie, d.h. an prot. Universitäten im obrigkeitl. Dienst lehrende Lutheraner wie M. Chemnitz (1522-1586), Aeg. Hunnius (1550-1603), L. Hutter (1563-1616), B. Mentzer (1565- 1627), J. Gerhard (1582-1637), G. Calixt (1586-1656), B. Meisner (1587-1626), A. Calov (1612-1686), J. Musäus (1613-1681), J. A. Quenstedt (1617-1688), J. F. König (1619-1664) und D. Hollatz (1648-1713) sowie Reformierte wie W. Amesius (1576-1633), W. Musculus, A. Polanus von Polansdorf (1561-1610), J. Wolleb, B. Keckermann, M. F. Wendelin, G. Voet (1589-1676), J. Coccejus (1603-1669) und J. H. →Heidegger (1633-1698), umfassende dogmat. Lehrentwürfe. Das begriffl. Instrumentarium zur Entfaltung der prot. Lehre wird dabei, in Anlehnung an die scholast. Schultradition, vor allem der →aristotel. →Metaphysik entlehnt.
*2.* Die theol. Gehalte werden zumeist nach einem *heilsgeschichtl.* Schema geordnet. Vor dieser materialen D. wird in sog. *»Prolegomena«* Rechenschaft über die Erkenntnisquellen und Autoritätsgrundlagen des Lehrsystems abgelegt. Dabei ist für die prot. Tradition bezeichnend, daß nicht die Lehre von der →Kirche, sondern die Lehre vom →Wort Gottes oder der Hl. Schrift das Zentrum dieser Grundlagenreflexion der Theologie bildet. Die Gesamtaufgabe der Theologie wird von einem *prakt. Bezug* auf das polit.-kirchl. Gemeinwesen her definiert. Gerade theol. D. hat für den Altprotestantismus dabei eine prakt. Orientierungsfunktion: Als sapientia eminens practica (»eminent prakt. Weisheit«) werden mit ihr nicht nur die normativen Leitbilder für das Verhalten des einzelnen Christen in der Welt, sondern zugleich die verbindl. Grundlagen für die polit.-soziale Ordnung des Gemeinwesens beschrieben. Jedes dogmat. Lehrstück (»locus« genannt) enthält einen eigenen Abschnitt »de usu«, so daß Ethik ursprüngl. ein integraler Teil der D. ist.
*3.* In der Entfaltung des Lehrbestandes gibt es wegen der unterschiedl. Anschauungen über →Prädestination, →Christologie und →Abendmahl *erhebl. Differenzen* zwischen altluth. und altreform. D.ern. Die *altluth.* D.er folgen zumeist der sog. Lokalmethode. Die Abfolge der Lehrstücke (loci) ist in Anlehnung an Melanchthon dabei von einem soteriolog. Interesse gepägt: Den Prolegomena folgen im wesentl. drei Hauptteile, näml. zunächst die *Gotteslehre* und die Lehre von der *Erbsünde,* dann der Begründungszusammenhang des menschl. *Heils in der Christologie* sowie schließl. der Realisierungszusammenhang des Heils, d.h. die systematisierte Darstellung jener Vermittlungsvorgänge, durch die der einzelne den Glauben zu erlangen vermag und die *Kirche* sich bildet oder erhält. Den Abschluß der D. bildet die →*Eschatologie,* d.h. die Darstellung des zukünftigen Schicksals des einzelnen wie der Welt insgesamt. In der *reform.* Tradition findet sich auf Grund der zentralen Stellung, die der Vorstellung eines →Bundes Gottes mit seinem auserwählten Volk zuerkannt wird, seit Coccejus ein sog. *föderaltheol.* Ordnungsschema, für das die Vorstellung einer in Jesus Christus besiegelten Erneuerung des ursprüngl. Bundesschlusses leitend ist. Altrefor-

mierte und altluth. D.er stimmen aber in der Betonung des konstitutiven Schriftbezugs der D. überein, so daß weite Teile der materialen D. als Zusammenstellung von Schriftbelegen und deren Auslegung gestaltet werden. Diese ursprüngl., für die prot. Hochschätzung der Bibel kennzeichnende Einheit von D. und Exegese wird in den Prolegomena durch eine eigene Lehre von der *göttl.* →*Inspiration* der Hl. Schrift als der maßgebl. Erkenntnisquelle theol. Reflexion begründet.

*II.* Trotz dieses Schriftbezugs, der Einheitlichkeit der metaphys. Grundlagen und des gemeinsamen Rückbezugs auf die reformator. Theologie bzw. die Bekenntnisschriften sind die D.er der altprot. Orthodoxie nicht nur in heftige kontroverstheol. Auseinandersetzungen mit röm.-kath. Theologen, sondern zunehmend auch in interne Lehrstreitigkeiten verwickelt gewesen. Dies führt seit dem frühen 17. Jh. zur Bildung einer *Reformorthodoxie,* die wieder auf Reduktion und Elementarisierung des allzu differenzierten, begriffsscholast. komplizierten Lehrbestandes zielt. Zugleich entsteht in den rel. Reformbewegungen des Jh.s, insbes. im →*Pietismus,* eine Kritik an der Verselbständigung der Lehre gegenüber dem Leben. Die polit. Obrigkeiten fühlten sich zunehmend weniger an Schrift und Bekenntnis gebunden, so daß für eine neue prakt. Geltung der christl. Tradition gekämpft werden müsse. Führende Theologen des Pietismus wie Ph. J. Spener (1635- 1705), A. H. Francke (1663-1727), N. L. Graf von Zinzendorf (1700-1760) veröffentl. deshalb keine D.en mehr, sondern Schriften zur Reform von Kirche und Gemeinwesen sowie →Erbauungsliteratur für den einzelnen Christen.

*III.* Die →*Aufklärung* bedeutet nicht, wie häufig suggeriert wird, eine prinzipielle Destruktion der überkommenen D. Vielmehr wird innerhalb der D. der Schwerpunkt verlagert: Die universellen Begründungsprobleme der Theologie, die traditionell in den Prolegomena verhandelt worden sind, werden zum zentralen Thema theol. Reflexion.
*1.* Aufgeklärte Autoritätskritik und der Anspruch auf rationale Vernünftigkeit aller theol. Aussagen führen zu einem Umbau der Prolegomena: Auf dem Hintergrund der hist.-krit. Bibelforschung wird die alte Lehre von der göttl. Inspiration oder unbedingten Autorität der Schrift in eine Lehre vom *Verhältnis von* →*Vernunft und* →*Offenbarung* umgewandelt sowie die beanspruchte allg. menschl. Plausibilität christl. Tradition über den Religionsbegriff zu entfalten versucht. Dieser Wandel in den Autoritätsgrundlagen theol. Reflexion führt auch zu einer neuen Gestalt der Darstellung materialer dogmat. Gehalte: Die alte →Ontologie, die auf für sich bestehenden, d.h. subjektunabhängigen, Wesenheiten basiert ist, löst sich zunehmend auf. Das polit.-kulturelle Leitbild der Aufklärung, der mündige, *prakt.-vernünftige Bürger,* tritt auch ins Zentrum der D., so daß alle Lehrgehalte in Hinblick auf das sie erkennende oder auch tätig realisierende christl. Individuum reformuliert werden.
*2.* Terminolog. läßt sich diese »Wende zum Subjekt« daran erkennen, daß Lehrdarstellungen seit der 1759 erscheinenden »Ev. Glaubenslehre« des von Pietismus und Chr. Wolffs rationaler Metaphysik geprägten Halleschen D.ers *S. J. Baumgarten* (1706-1757) zunehmend unter dem Titel »Glaubenslehre« entfaltet werden. Das Interesse an der Stärkung individueller →Autonomie führt einerseits zu einer *massiven Kritik* all jener dogmat. Lehrstücke, die der Selbständigkeit des Menschen keine Entfaltungsmöglichkeiten lassen, insbes. der Erbsündenlehre und dem Satisfaktionsdogma. Dogmat. Kirchenlehre gilt als ein autoritärer Dogmatismus, der dem Interesse an Mündigkeit und freier Einsicht nicht gerecht werden könne. Um individueller Freiheit willen werden traditionelle dogmat. Gehalte andererseits umgestaltet zu Hilfsmitteln der Beförderung von →Moral und →Sittlichkeit. Diese Entwicklung läßt sich exemplar. ablesen an den sog. »prakt. Glaubenslehren« der Neologie und des theol. →Rationalismus sowie der Religionsschrift I. →Kants.

*IV.* Die Politisierung der Aufklärung in der →Franz. Revolution läßt die aufgeklärte Vernunft als abstrakt, inhaltsleer und potentiell terrorist. erscheinen. Alle Positionen prot. D. im frühen 19. Jh. verbindet deshalb eine *Kritik des aufgeklärten Rationalismus* sowie die Suche nach einer tieferen, hist. Dimension der Wirklichkeit. Drei Positionen sind bes. wirkungsmächtig geworden: spekulative Theologie, Schleiermacher, luth. Konservatismus.
*1. Spekulative Theologen* wie C. Daub (1765-1836), Ph. K. Marheineke (1780-1846) und R. →Rothe (1799-1867) verwandeln unter dem Einfluß von →Schellings und →Hegels Idealismus D. in *christl. Gescchichtsspekulation.* Mit einer solchen rationalen, vorrangig auf die wissenschaftl. Öffentlichkeit bezogenen Geschichtstheologie sollen die Fortentwicklung der Kirche, das Handeln des einzelnen und der Gesamtzusammenhang der Kultur theol. so normiert werden, daß kultureller →Fortschritt als Annäherung an das →Reich Gottes gestaltet werden kann. Zentrales Lehrstück dieser spekulativ-theol. Geschichtsd.en ist die →Trinität, die als Lehre von der absoluten Subjektivität Gottes oder als Theorie der Selbstrealisierung des Absoluten im Prozeß seines Andersseins in Welt und Geschichte (→Inkarnation, →Versöhnung) konzipiert wird.
*2.* Demgegenüber hat →*Schleiermacher* die Trinitätslehre in den Anhang seiner erstmals 1821/22, in zweiter, veränderter Auflage 1830/31 erschienenen Glaubenslehre »Der christl. Glaube nach den Grundsätzen der ev. Kirche im Zusammenhange dargestellt« verwiesen. Denn Schleiermacher versucht den Wahrheitsgehalt der dogmat. Überlieferung gerade dadurch sicherzustellen, daß er überkommene dogmat. Lehraussagen als Beschreibungen *frommer Gemütszustände* versteht. Glaubenslehre, die für Schleiermacher zusammen mit der Sittenlehre integraler Teil »Dogmat. Theologie« ist,

sei nicht Darstellung überzeitl. Kirchenwahrheit, sondern Reflexion auf die gegenwärtige geschichtl. Selbst- und Weltwahrnehmung christl. Subjektivität.

Diese Orientierung am christl. frommen Selbstbewußtsein, dessen rel. Grundbeziehung sich vor allem als Gefühl schlechthinniger Abhängigkeit erschließe, bestimmt auch die Gliederung der Glaubenslehre: weil christl. Selbstbewußtsein wesentl. durch den *Gegensatz von Sünde und Gnade* geprägt sei, seien alle dogmat. Aussagen über dieses Selbstbewußtsein nach diesem Gegensatz zu ordnen. Mit dieser Orientierung am frommen Subjekt wird der Kirchenbezug von Glaubenslehre, die Schleiermacher in seiner Enzyklopädie zu einem Fach der hist. Theologie erklärt, aber nicht negiert: denn Frömmigkeit treibe zu *Gemeinschaftsbildung*, d.h. zu Kirche, und Theologie sei eine positive, d.h. eine auf den Zweck der Kirchenleitung bezogene, Wissenschaft. Mit diesem Ausgleich zwischen frommer Individualität und Kirchenbezug ist Schleiermacher zum Kirchenvater einer reformorientierten, für die Union von Lutheranern und Reformierten eintretenden Mittelpartei im neueren Protestantismus geworden, die die Entwicklungsfähigkeit traditioneller D. und die Vermittelbarkeit von christl. Tradition und moderner Kultur stark betont hat.

*3.* Das für solche →Vermittlungstheologie grundlegende Interesse an Integration und Synthese wird von jenen Kräften im Protestantismus des 19. Jh.s bekämpft, die die Geltung der kirchl. Lehrtradition durch Stärkung der konfessionellen Identität oder durch Abgrenzung von der modernen Kultur zu wahren versuchen. Durch eine umfassende Wiederbelebung der klass. Bestimmung von D. als Darstellung verbindl. Kirchenlehre sollen insbes. der Geltungsanspruch der christl Tradition für die gesamte Kultur befestigt und ein gesamtkultureller Führungsanspruch der Kirche abgestützt werden (→Kultur). Im *luth. Konfessionalismus* wird D. deshalb in einem emphat. Sinne zur kirchl. D.: Je mehr Kultur und Gesellschaft sich differenzieren und somit kirchl. Machtansprüche relativiert werden, desto stärker wird das Bedürfnis nach einer fest formulierten Identität eines alle Kirchenmitglieder unbedingt bindenden Lehrkonsenses betont. D. soll deshalb durch Unterscheidung von wahrer und falscher Lehre (→Häresie) der jeweiligen Konfessionskirche zu lehrhafter Geschlossenheit verhelfen. Ihr primärer Adressat ist deshalb nicht die Wissenschaft, sondern die Kirche.

*V.* Der für die europ. Gesellschaftsgeschichte seit Aufklärung und industrieller Revolution grundlegenden kulturellen Relativierung der Kirchen entspricht innerhalb der Theologie eine wachsende *Relativierung der D.* Zwar veröffentlichen dt. prot. Theologen im 19. Jh. mehr als 130 Gesamtentwürfe theol. D. Doch machen →Religionsphilosophie, Religionspsychologie, Religionsgeschichte, die schnell expandierenden selbständigen hist. Disziplinen in der Theologie und die →Prakt. Theologie der D. ihren alten Anspruch als theol. Leitwissenschaft streitig.

*1.* Im ausgehenden 19. und frühen 20. Jh. bietet die dogmat. Szenerie im dt. Protestantismus deshalb ein widersprüchl. Bild: Im Zuge einer zunehmenden *Historisierung* des wissenschaftl. Weltbildes und der damit sich vollziehenden Relativierung aller übergeschichtl. Geltungsansprüche nimmt die gesamttheol. Orientierungskraft der D. schnell ab, obgleich zahlreiche D.er durch Neuentwürfe noch einmal eine übergeschichtl. Verbindlichkeit der tradierten oder von der Glaubenserfahrung des einzelnen her modernisierten Kirchenlehre zu sichern suchen. *Zentrales Thema* der Theologie des späten 19. und frühen 20. Jh.s ist das Verhältnis von D. und Geschichte oder »dogmat. und hist. Methode« (E. →Troeltsch) in der Theologie. Um einer konsequenten Öffnung der Theologie gegenüber dem Historismus willen proklamiert →Troeltsch selbst zwar nicht das Ende der D., bestreitet aber ihren Wissenschaftscharakter: D. sei eine *prakt. orientierte*, allein durch Zwecke der Ausbildung von →Pfarrern begründete Disziplin der Theologie, die nicht kirchl. Lehrsetzungen oder ein aus der Bibel geschöpftes normatives Lehrsystem, sondern allein die je individuelle →*Frömmigkeit* des einzelnen darlegen und dann mit der Tradition der jeweiligen Konfessionskirche soweit mögl. vermitteln soll. Die prot. Kirchen müßten auf Grund ihres Gegensatzes zum röm.-kath. Kirchenverständnis einen Pluralismus individueller *Privatdogmatiken* ertragen können.

Für theol. konservative Lutheraner und eine primär durch die Schule A. →Ritschls vertretene *Mittelpartei* im Protestantismus der Jh.wende dient D. demgegenüber gerade dazu, den fakt. →Pluralismus individueller Frömmigkeitsweisen in der Kirche normativ zu begrenzen: D. soll jenes Glaubenswissen darstellen, dem ein Glied der Kirche unbedingt zustimmen müsse. Tendieren die Konservativen dazu, dieses Glaubenswissen als geschichtl. unveränderl. zu bestimmen, so vertritt die Mittelpartei eine geschichtl. Veränderlichkeit dieses Wissens. Für sie hat D. deshalb vorrangig die Aufgabe, den aktuellen, geschichtl. bes. Konsens in der Kirche zu normieren.

*2.* Die durch den →Historismus verstärkte Erfahrung eines grenzenlosen →Relativismus und die kulturpessimist. Infragestellung bildungsbürgerl. Werte führen in allen Lagern der Theologie der 20er Jahre zur Suche nach solcher *theol. Verbindlichkeit*, die keiner geschichtl. Relativierung mehr unterliegen können soll. So polit. und theol. gegensätzl. Theologen wie P. →Tillich, E. →Hirsch, K. →Barth und F. Gogarten stimmen darin überein, für die Theologie einen übergeschichtl. Denkort zu fixieren. Barth versucht dies in seiner 1932-1967 veröffentlichten, trotz ihres voluminösen Umfangs Fragment gebliebenen »Kirchlichen D.« durch Rekonstruktion der Trinitätslehre als Lehre von einer an keine externen Voraussetzungen gebundenen, absolut autonomen Subjektivität Gottes, Tillich in seiner 1951-1963 erscheinenden »Systemat.

Theologie« durch Erneuerung von Ontologie. Der Begriff D. gewinnt seit den 20er Jahren im dt. Protestantismus deshalb eine neue, *antihist.* Bedeutung: er bezeichnet nun primär eine Gestalt theol. Denkens, das seinen Ausgang von einem Jenseits der Geschichte aus nehmen zu können beansprucht. Dieses Programm einer Überwindung des Historismus durch D. bedeutet fakt. freil. nur die Verdrängung all jener Probleme, in die das moderne geschichtl. Denken die traditionelle Metaphysik und damit auch die überkommene D. gestürzt hat.

*D. Zur gegenwärtigen Diskussion*

*I.* Wie wenig die Grundprobleme im Verhältnis von D. und Geschichte geklärt sind, zeigt sich seit den 60er Jahren in einer Aufwertung der sog. →*Fundamentaltheologie* und der wissenschaftstheoret. Grundlegungsfragen innerhalb der Theologie (→Wissenschaftstheorie). Die Fundamentaltheologie, in der kath. Theologie auf Grund eines anders best. Verhältnisses von Theologie und Philosophie schon seit dem 19. Jh. als eigene Disziplin eingerichtet, hat inzwischen eine interkonfessionell gemeinsame Entlastungsfunktion übernommen. Sie soll angesichts eines schwindenden Plausibilitätsverlustes des kirchl. verfaßten Christentums Theologie metatheol. reflektieren und die wissenschaftstheoret. Bestimmung von Theologie wieder in den Rahmen allg. Wissenschaftstheorie zurückführen. Es fällt auf, daß sie im Gespräch zwischen verschiedenen, dogmat. zu bestimmenden Auffassungen von Glaube, kirchl. Lehre und Theologie – so etwa in interkonfessionellen Gesprächen – nur zurückhaltend zur Kenntnis genommen wird.

*II.* Allerdings ist von kath. Seite in der Fundamentaltheologie seit Beginn des 19. Jh.s auch die Frage nach Ursprung und Legitimität der (kath.) Kirche und ihrer *Lehrautorität*, damit auch des Existenzrechts von dogmat. Theologie untergebracht. Die Vermutung, Kirche und Lehramt ließen sich vordogmat., also vor dem Richterstuhl einer allg. Vernunft absichern, hat sich allerdings nicht bestätigt. Eine theoret. Verhältnisbestimmung von behauptender Glaubensaussage und hist. relativierenden Informationen zeigt vielmehr, daß keine andere Disziplin der D. ihre Aufgabe abnehmen kann, in *eigener Verantwortung* (und fallweise) Glaubensaussagen zu behaupten und ihre Behauptung zu begründen. Sie muß also sagen können, warum sie best. Aussagen im Rang dogmat. Behauptungen beläßt und wie sie diese auf – hist., soziol., ideologiekrit. – relativierende Interpretationen bezieht. Damit ist das Grundproblem gegenwärtiger D. immer noch die Verhältnisbestimmung von Geschichtlichkeit, Dialogfähigkeit und verbindl. Glaubensaussage, das zudem deshalb unterschiedl. zu lösen ist, weil auch die *Verbindlichkeit* von Aussagen unterschiedl. begriffen wird (→Bekenntnis, →Dogma, →Unfehlbarkeit, →Wort Gottes, →Theologie, →Wissenschaftstheorie). Von kath. Seite läßt sich angesichts dieser Frage auf drei Gesichtspunkte verweisen.

*1.* Verbindl. Glaubensaussagen wurden von geschichtl. und soziol. Erkenntnissen, neuerdings von →kontextuellen Theologien aus ständig in Frage gestellt. Daß die D. – zumal angesichts eines wachsendes Kontaktverlustes mit neuzeitl. Kultur – abwehrend reagierte, war verständlich. Allerdings hat sich auch gezeigt, daß sie langfristig gerade dort aus den Konflikten *gestärkt hervorging*, wo sie diese ohne Überheblichkeit und selbstkrit. aufnahm, auch wenn sie ihre Fortschritte meist ebenso in Auseinandersetzung mit nichtkath. Positionen wie mit der Lehrautorität der eigenen Kirche erringen mußte. Es gilt, das Bewußtsein dieser Erfahrungen zu stärken. D. kann, so die theol. Folgerung, nur auf der Basis einer »metadogmat.« Haltung (J. Nolte) fruchtbar betrieben werden, die dogmat. Reden gerade nicht verabschiedet, aber nicht zu einem dogmatist., von der Angst um Selbsterhaltung fixierten Denken verkommen läßt. Wissenschaftsorganisator. bedeutet dies: D. bleibt nur lebensfähig im Rahmen systemat., sie ständig nach theologieimmanenten Prinzipien befragender Theologie und im Rahmen einer Fundamentaltheologie, die neue Fragen aus Wissenschaften und allg. Bewußtsein aufgreift und die D. zu produktiv-dialogfähiger Produktion veranlaßt.

*2.* Daß Geschichte und behauptende Aussage aufeinander zu beziehen sind, daß also auch verpflichtende Glaubenslehre dem geschichtl. Urteil auszusetzen ist, wird auch von kath. Theologen kaum mehr bestritten. Doch besteht die Gefahr, daß der Begriff der *Geschichtlichkeit selber ungeschichtl.* (transzendentaltheol., organolog., im Rahmen harmonisierender Entwicklungsmodelle) behandelt wird. Demgegenüber hat die D. ständig einen method. Vorbehalt einzubauen. Sie kann nie wissen, ob das, was sie heute als verbindl. Glaubenslehre behauptet, morgen noch in dieser Form behauptet werden kann. Diese Position läßt zwar auf die Bereitschaft zu Selbstrelativierung, aber auf keinen →Relativismus schließen. Sie geht vielmehr davon aus, daß (gut thomist.) Maß der Glaubensaussage die Sache (»res«), nicht deren Aussageform (»enuntiabile«), daß also der (nur metaphor. gültige) Unterschied zwischen Glaubenssache und deren sprachl. »Gewand« immer erst im nachhinein festgestellt werden kann.

*3.* Kath. Theologie hebt grundlegend darauf ab, daß die D. sich nur als (wissenschaftl. sich verantwortende) *Auslegerin*, nicht als Produzentin *kirchl. verbindl. Glaubenslehre* versteht, auch wenn sie in der Entwicklung und Prägung des kirchl. Glaubensbewußtseins in der Vergangenheit – zumal im Rahmen eines intellektuell geprägten Glaubensverständnisses und im Lebenszusammenhang einer klerikal verfaßten Kirche – eine formende Rolle gespielt hat. D. bezieht sich gerade in ihrem dogmat. Anspruch auf die Kirche. Das innerkath. gegenwärtig ungelöste Problem bezieht sich auf die Frage, wie innerhalb von »Kirche« die normativen Quellen der Offenbarung (Schrift), die Gesamtheit der Glaubenden und das hierarch. »kirchl. Lehramt« aufeinander zu beziehen sind, wie also sachgemäß zwischen dem »Glaubenssinn« *(sensus fidei)* und dem »Sinn der Gläubigen« *(sensus fidelium)* zu vermitteln ist.

In jedem Fall hat die D. in hermeneut. verantworteter Weise auch die Frage zu stellen, inwieweit formal verbindl. Lehre auch inhaltl. von Schrift und Tradition gedeckt, vor einem allg. Wahrheitsbewußtsein verantwortbar ist und auf eine Praxis der Nachfolge Christi (d.h. auch der Liebe und der partnerschaftl. Kommunikation) bezogen werden kann. In diesem Zusammenhang ist dafür zu sorgen, daß (in wohlverstandener Übereinstimmung mit dem 1. Vat. Konzil) kirchl. verbindl. Lehren nicht unabhängig von (der öffentl. Meinungsbildung in) der Gesamtkirche stattfindet. Zum Schutz dieses Gesamtzusammenhangs hat die dogmat. Theologie eine Funktion eigenen Rechts und ist dabei ihrem eigenen wissenschaftl. Gewissen verpflichtet.

*4.* Angesichts des nicht auszuräumenden Verdachts, daß alle krit. Positionen innerhalb der (kath.) Theologie und Kirche letztl. zu einem den Glauben untergrabenden Relativismus führen und den behauptenden Charakter des christl. Glaubens untergraben, ist auf die Beziehung zwischen Theorie und *christl. Glaubenspraxis* zu verweisen. Zur Kirchlichkeit der Theologie gehört es, daß sie sich als Reflexion christl. Lebenspraxis versteht und von daher ihre letzte, umfassende *Eindeutigkeit* erhält. Das Kriterium der zu lehrenden Orthodoxie tritt so in den Rahmen der zu lebenden Orthopraxie. Dieser Gesichtspunkt wird neuerdings durch emanzipator. Theologien (→Befreiungstheologie, →feminist. Theologie) neu in Anschlag gebracht.

*III.* Die *prot. Theologie der Gegenwart* entbehrt einer Übereinstimmung über Begriff und Aufgabe der D.: Sowenig das neuzeitl. Grundproblem des Verhältnisses von D. und Geschichte geklärt ist, so wenig einheitl. werden auch die Frage nach der Wissenschaftlichkeit der D. sowie das Verhältnis von dogmat. Theologie und Lehre der Kirche bestimmt. Darin drückt sich nur die Übereinstimmung prot. Theologie mit der modernen wissenschaftl. Diskussion um Wahrheitstheorien aus. Auch D. kann nicht mehr als nur eine Formulierung von Hypothesen leisten: sie hat keinen privilegierten Zugang zu irgendeiner substantiellen Wahrheit. Aus diesem hypothet. Charakter aller dogmat. Aussagen resultiert der Pluralismus dogmat. Entwürfe. In diesem breiten Pluralismus unterschiedl. Konzeptionen von D. lassen sich jedoch einige gemeinsame Grundelemente benennen, die für prot. Theologie, teils in ausdrückl. Differenz zur kath. Tradition, grundlegend sind.

*1.* Keine christl. Kirche vermag ohne Lehre oder ein best. tradierbares Glaubenswissen zu bestehen. Gleichwohl ist Lehre kein zentrales Definitionselement von Kirche. Kirche existiert nicht auf Grund eines Lehrkonsenses, sondern auf Grund der je aktuellen *Selbsterschließung Gottes* durch seinen Geist. Wird Kirche ausschließl. durch das Handeln Gottes konstituiert, kann Lehre niemals mehr als nur ein sekundäres Werk des Menschen sein. Für jede prot. dogmat. Reflexion auf die Lehre der Kirche ist deshalb die theol. Fundamentalunterscheidung von *opus Dei* und *opus hominum* (Gotteswerk und Menschenwerk) konstitutiv.

*2.* Seit Schleiermacher wird – mit Ausnahme der spekulativen Tradition prot. Theologie – D. vom Bezug auf eine best. Kirche und der in dieser tradierten Lehre her verstanden. Eine *»Funktion der Kirche«* sei, so die Argumentation K. →Barths, D. aber gerade dadurch, daß sie sich als eine gegenüber jeder empir. Kirche selbständige *krit. Instanz* verstehe. D. soll nicht das in einer best. Kirche tradierte Glaubenswissen systematisierend darstellen, sondern kirchl. Lehre daraufhin analysieren, inwieweit sie in allen ihren Bezügen der Grundunterscheidung zwischen Handeln Gottes und Handeln des Menschen entspricht. Diese krit. Funktion theol. D. läßt sich konstruktiv so beschreiben: D. soll die Differenz zwischen dem Verkündigungsauftrag der Kirche und dieser selbst offenhalten. Sie hält damit zugleich die für prot. Tradition konstitutive Differenz von individuellem Glauben und kirchl. Lehre offen.

*3.* Der Grundunterscheidung von Gottes Werk und Menschenwerk entspr. kann D. eine konstruktive Aufgabe für Formulierung und Tradierung der Lehre einer *Konfessionskirche* gewinnen. Sie soll dazu beitragen, den für alle Kirchen notwendigen Bedarf an praktisch relevantem Konsens zu erzeugen. Dieser Beitrag theol. D. zur Konsensbildung innerhalb einer Kirche spielt in der deutschsprachigen prot. Theologie *seit 1945* eine prominente Rolle, weil der dt. Protestantismus seit dem frühen 19. Jh. durch einen Pluralismus heterogener Frömmigkeitstraditionen geprägt ist, die daraus resultierenden, durch polit. Gegensätze noch verstärkten Integrationsprobleme auf Grund seines Kirchenverständnisses und seiner synodalen Kirchenstrukturen aber nicht autoritativ von oben lösen darf und kann. Der Beitrag theol. D. zur Konsensbildung in der Kirche besteht in erster Linie in der der Grundunterscheidung von Gottes Handeln und menschl. Handeln entspr. Einsicht, daß solcher Konsens nicht ein für allemal mit gleichsam übergeschichtl. Verbindlichkeit gegeben, sondern je neu zu gewinnen und wie alles Menschenwerk fehlbar ist, folgl. bleibend für Kritik und Revision offenbleiben muß.

In der Perspektive der offiziellen kath. Kirchenlehre wird das für prot. D. grundlegende Insistieren darauf, daß alle kirchl. Lehre oder Konsensbildung ein *prinzipiell fehlbares*, geschichtl. Werk des Menschen sei, häufig als Verzicht auf den – für alle dogmat. Theorie unhintergehbaren – Anspruch auf Wahrheit kritisiert. Geschichtl. Relativität kirchl. Lehre und Pluralismus dogmat. Entwürfe bilden aber keinen Gegensatz zum Anspruch auf Wahrheit: denn die behauptete Wahrheit des christl. Glaubens erweist sich gerade darin, daß sie je *neuer Konkretion* und Aktualisierung *fähig* ist. Diese Wahrheit geht aber in keiner ihrer vielen dogmat. Auslegungsgestalten differenzlos auf. Wo solche unmittelbare Übereinstimmung von Wahrheitsanspruch des Glaubens und dogmat. Theorie beansprucht wird, erneuert prot. D. vielmehr die reformator. Grundeinsicht, daß die Konstitution des Glaubens allein ein Werk Gottes sei, dem menschl. Werke in Theologie und Kirche immer nur unangemessen entsprechen können.

*Lit.: C. Andresen (Hg.):* Die Lehrentwicklung im Rahmen der Ökumenizität (Handbuch der Dogmen- und Theologiegeschichte Bd. 3), Göttingen 1984. – *J. Auer/J. Ratzinger:* Kleine kath. D., 9 Bde., Regensburg 1970ff. – *H.-J.Birkner:* Das Verhältnis von D. und Ethik, in: *A. Hertz u.a. (Hg.):* Handbuch der christl. Ethik, Bd. 1, Freiburg/Gütersloh 1978, 281-296. – *U. Browarzik:* Glauben und Denken. Dogmat. Forschung zwischen der Transzendentaltheologie Karl Rahners und der Offenbarungstheologie Karl Barths, Berlin 1970. – *E. Dublanchy:* Art. Dogmatique, in: Dictionnaire de théologie catholique IV, Paris 1911, 1522-1574. – *G. Ebeling:* D. des christl. Glaubens I-III, Tübingen 1979. – *E. Farley:* Ecclesial Reflection. An Anatomy of Theological Method, Philadelphia 1982. – *J. Feiner/M. Löhrer (Hg.):* Mysterium Salutis. Grundriß heilsgeschichtl. D., 5 Bde., Einsiedeln 1965-1976, Erg.Bd. 1981. – *H. Feld u.a.:* Grund und Grenzen des Dogmas. Zur Funktion von Lehrsätzen, Freiburg 1973. – *H. Fischer:* Systemat. Theologie, in: *G. Strecker (Hg.):* Theologie im 20. Jh. Stand und Aufgaben, Tübingen 1983, 289-388. – *W. Härle/E. Herms:* Deutschsprachige prot. D., in: Verkündigung und Forschung 27 (1982), Heft 2; 28 (1983), Heft 1. – *G. Hasenhüttl:* Krit. D., Graz 1979. – *W. Kasper:* Die Methoden der D. Einheit und Vielfalt, München 1967. – *H. Heppe/E. Bizer:* Die D. der ev.-reform. Kirche, Neukirchen 1958. – *E. Herms:* Theorie für die Praxis, München 1982. – *E. Hirsch:* Hilfsbuch zum Studium der D. Die D. der Reformatoren und der altev. Lehrer quellenmäßig belegt, Berlin, 4. Aufl. 1964. – *K. Lehmann:* Die dogmat. Denkform als hermeneut. Problem. Prolegomena zur Kritik der dogmat. Vernunft, in: Ev. Theologie 30 (1979), 469-487. – *W. Löser u.a. (Hg):* Dogmengeschichte und kath. Theologie, Würzburg 1985 – *J. Nolte:* Dogma in Geschichte. Versuch einer Kritik des Dogmatismus in der Glaubensdarstellung, Freiburg 1971. – *W. Pannenberg:* Systemat. Theologie I, Göttingen 1988. – *K. Rahner:* Grundkurs des Glaubens: Einführung in den Begriff des Christentums, Freiburg 1976. – *C. H. Ratschow:* Luth. D. zwischen Reformation und Aufklärung, Teil 1 und 2, Gütersloh 1964 und 1966. – *O. Ritschl:* Das Wort dogmaticus in der Geschichte des Sprachgebrauchs bis zum Aufkommen des Ausdrucks theologia dogmatica, in: Festgabe für J. Kaftan, Tübingen 1920, 260-272. – *G. Sauter:* D. I, in: Theol. Realenzyklopädie 9, 41-77. – *E. Schlink:* Ökumen. D., Göttingen, 2. Aufl. 1985. – *H. Schmid:* Die D. der ev.-luth. Kirche dargestellt und aus den Quellen belegt, Gütersloh, 7. Aufl. 1893. – *D. Staniloae:* Orthodoxe D., Zürich 1985. – *D. Tracy:* The Analogical Imagination. Christian Theology and the Culture of Pluralism, London 1981.

*Friedrich Wilhelm Graf/Hermann Häring*



**Dominikaner, Dominikanerinnen**

*A. Gründer* der D. (offizielle Bezeichnung: Predigerorden, Ordo Fratrum Praedicatorum, Abk. O.P.) war der hl. Dominikus (geb. n. 1170 zu Caleruega/Altkastilien). Als Kanoniker des Domstiftes Osma begegnete er mit seinem Bischof Diego in Südfrankreich →Katharern. Beide begannnen mit der Predigt in freiwilliger Armut. Nach Diegos Tod (1207) setzte Dominikus die Tätigkeit fort und wurde mit seinen Gefährten 1215 vom Bischof von Toulouse zum Diözesanprediger bestellt. Am 22.12.1216 wurde die erste Niederlassung in Toulouse vom Papst bestätigt. Beim Tod des Dominikus (6.8.1221) waren *Gestalt* und *Zielsetzung* des Ordens in den Umrissen ausgebildet. Dafür waren verschiedene ineinandergreifende Anliegen und Möglichkeiten der Zeit ausschlaggebend: 1. die monast. Tradition des regeltreuen Lebens; 2. die →Nachfolge Jesu als Wanderprediger in apostol. →Armut der zeitgenöss. rel. Bewegung; 3. der intellektuelle Aufbruch mit der Forderung nach method. Schulung; 4. die neuen rel.-kirchl. Bedürfnisse der städt. Bevölkerung; 5. die →Ekklesiologie, die es dem →Papst als Universalbischof ermöglichte, Predigtauftrag ohne Ortsbeschränkung zu erteilen. Deren Bündelung führte zu den drei Merkmalen des Ordens: 1. gemeinsame Besitzlosigkeit (Besitzfähigkeit beschränkt auf Kirche und Kloster; Besitzverbot seit Ende des 13. Jh.s vielfach durchbrochen, 1475 aufgehoben); 2. ortsunabhängiger Personenverband mit korporativer Struktur (Konvents-, Provinz-, Generalkapitel; die Oberen als auf Widerruf gewählte Mandatare); 3. Einbindung von →Seelsorge und Studium in die monast. Lebensweise (Aufbau einer Studienorganisation, die mit den Universitäten verbunden war). Diese Merkmale prägten alle *Bettelorden* (→Franziskaner, Augustinereremiten, Karmeliter u.a.).

*B.* Die *Verbreitung* erfolgte im MA. ausschließl. in den Städten. Durch die →Reformation im Bestand empfindl. geschwächt, verlagerte sich der Schwerpunkt in die roman. Länder. Die Klosteraufhebungen vom 18. zum 19. Jh. ließen nur noch kümmerl. Reste übrig. Erst seit der Mitte des 19. Jh.s kam es wieder zu einem Aufschwung; die frühere kirchl. Bedeutung erlangten die D. jedoch nicht mehr. Gegenwärtig ist der Orden in 49 Provinzen gegliedert mit ca. 7.000 Mitgliedern. Die Tätigkeit der D. im MA. war von Wissenschaft und städt. Seelsorge geprägt. Über →Thomas von Aquin kam es zur Ausbildung einer Ordenstheologie (→Thomismus); für die Seelsorge wurde eine umfangreiche Literatur von D.n geschrieben; herauszuheben ist das Schrifttum der →Mystik. Seit dem Spätma. wurden in →Bruderschaften bes. →Andachten verbreitet; in Ansätzen bereits der *Rosenkranz*, der dann in der →Neuzeit weiteste Verbreitung fand. Auch spielte die Bekämpfung der →Häresie durch die →Inquisition eine wichtige Rolle. Die starke Präsenz der ma. D. in Griechenland und im Vorderen Orient diente vorwiegend der Latinisierung der

Ostkirchen. In der Neuzeit folgte die missionar. Tätigkeit den span. und portug. Eroberungen und stellte sich in den Dienst der Latinisierung der Eingeborenen (Widerstand gegen Ausbeutung durch Las Casas). Die Tätigkeit der D. in der Gegenwart wird von den in den einzelnen Ländern sehr unterschiedl. Möglichkeiten und Bedürfnissen bestimmt.

*C.* Wie um andere Orden bildeten sich auch um die Klöster der D. im MA. weitere Gemeinschaften. Dazu zählten die *Tertiaren* (3. Orden), heute »*Dominikanische Laiengemeinschaften*« genannt. Die regulierten Gemeinschaften von *Frauen* gehen z.T. auf ma. Tertiarengründungen zurück; zum größten Teil handelt es sich jedoch um Gründungen des 19. Jh.s für päd. und karitative Tätigkeiten. Z.Z. gibt es davon ca. 40 selbständige Klöster und über 130 Kongregationen mit ca. 50.000 D.innen. Noch auf die Frauenseelsorge des hl. Dominikus gehen die Anfänge des 2. Ordens zurück, den klausuriert lebende Nonnen bilden. Die meisten Klöster entstanden im Zusammenhang mit der rel. Frauenbewegung des MA.s und verdanken ihre rechtl. und geistl. Verbindung mit den D. päpstl. Befehlen sowie lokalen Zufälligkeiten. Derzeit gibt es noch ca. 200 Konvente mit ca. 5.000 Nonnen. Verschiedene dieser Klöster sind rechtl. nicht dem Orden unterstellt, sondern bischöfl. oder päpstl. Rechts; noch mehr gilt das von den Kongregationen der D.innen.

*Lit.: G. Bedouelle:* Dominikus (dt. Übersetzung), Graz 1984. – *W. A. Hinnebusch:* The History of the Dominican Order. Origins and Growth to 1500, 2 Bde., New York 1965/73. – *L. A. Redigonda/I. Venchi:* D., D.innen, in: Dizionario degli Istituti di Perfezione, Bd. III, 780-815; Bd. IV, 923- 970. – *A. Walz:* Compendium Historiae Ordinis Praedicatorum, Rom, 2. Aufl. 1948 (Lit.).

*Isnard W. Frank*

**Dostojewski,** *Fjodor Michailowitsch,* geb. 30.10. (11.11.)1821 in Moskau, gest. 28.1. (9.2.)1881 in St. Petersburg. Nach Besuch der Petersburger Militäringenieurschule (1837-1843) lebt D. ab 1844 als freier Schriftsteller meist in dürftigen, oft notvollen Verhältnissen. Erste literar. Anerkennung erfährt sein Roman »Arme Leute« (1846). 1849 wird D. wegen Zugehörigkeit zu einem geheimen sozialist. Kreis zum Tode verurteilt, auf dem Schafott aber zu vier Jahren Zuchthaus und anschließendem Dienst als Gemeiner in Sibirien begnadigt. In dieser Zeit wandte er sich vom →Sozialismus ab.
Erst 1859 aus der Armee entlassen, verarbeitete D. seine Erfahrungen 1861 in »Memoiren aus einem toten Hause« und »Die Erniedrigten und Beleidigten«. In den folgenden großen Romanen ebenso wie in seiner Publizistik stellt D. den – durch soziale Not und durch negative Strömungen der aus Westeuropa kommenden →Aufklärung – gefährdeten russ. Menschen dar und zeigt einen Weg der Rettung (»Schuld und Sühne«, 1866). Sie lag seiner Überzeugung nach darin, daß der russ. Adel und die russ. Intelligenz zur russ. Erde, zum russ. Volk und damit zu dessen wertvollstem Besitz zurückkehre: zu dem von ihm rein bewahrten *Bild Christi* (»Der Idiot«, 1868). Während die Frage nach der Existenz Gottes D. sein Leben lang quälte (»Die Dämonen«, 1870/71), war ihm die Gestalt Christi immer Gegenstand tiefer, fast schwärmer. Verehrung und Liebe – in Leben und Werk. Dabei sparte D. die Zwiespältigkeit seines eigenen Lebens nicht aus: Spielsucht und wegen Schulden erzwungene Auslandsaufenthalte finden literar. Verarbeitung im Roman »Der Spieler«, 1868.
Vor allem in seinen letzten Werken stellte D. den Konfessionen des Westens (→Katholizismus, →Protestantismus), die das Bild Christi verraten oder verloren hätten, die russ. Orthodoxie (→Rußland) gegenüber (»Die Brüder Karamasow«, 1880). Unter orthod. Kirche aber verstand D. weniger die verfaßte Kirche, als vor allem das *Christentum des russ. Volkes,* in dem es »überhaupt keinen Mystizismus, sondern einzig und allein Menschenliebe, allein das Bild Christi« gebe, »mindestens« sei »dies die Hauptsache«. Das kult., dogmat., institutionelle Christentum der →orthod. Kirche wird unter dem Einfluß der Geistesbewegung des 18. und 19. Jh.s von D. gleichsam aufgebrochen. Hinter die verkrusteten Objektivationen des rel. Bewußtseins geht er auf die rel. Existenz selbst zurück und schafft ein neues, in sich geschlossenes rel. System, das man als Synthese aus einem überkonfessionellen →Christentum, der Philosophie der Aufklärung und dem dt. →Idealismus bezeichnen kann.
Auch das rel. Bewußtsein des 20. Jh.s hat D. in einer Weite und Tiefe beeinflußt wie kaum ein anderer Schriftsteller nach der Epoche des dt. Idealismus. Seine intensive *Wirkung* ist in Protestantismus wie kath. Theologie in der 1. Hälfte des 20. Jh.s zu spüren. So ist die →»dialekt. Theologie« *K.* →*Barths* (»Römerbrief«, 1918) und *E. Thurneysens* (»Dostojewski«, 1921) ebensowenig ohne D.s tiefgreifende literar. Gestaltung der Abgründigkeit und Erlösungsbedürftigkeit des Menschen zu denken wie die Erneuerung der kath. Theologie bei *R.* →*Guardini* (»Rel. Gestalten in D.s Werk«, 1947) und *Th. Steinbüchl* (»D. Sein Bild vom Menschen und vom Christen«, 1947). Vor allem mit seiner Erzählung »Der Großinquisitor« (in: »Die Brüder Karamasow«) hat D. den literar. Archetyp einer kirchen- wie gesellschaftskrit. Jesusdarstellung geschaffen (Christus redivivus; der wiederkehrende Christus), die eine literar. ebenso meisterhafte wie theol. tiefe Herausforderung an jede Form kirchl. Macht darstellt.

*Lit.: A. Boyce Gibson:* The religion of Dostoevsky, Philadelphia (USA) 1973. – *L. Müller:* D. Sein Leben, sein Werk, sein Vermächtnis, München 1982 (Lit.). – *Ders:* Kommentierte Ausgabe des »Großinquisitors«, München 1985 (Lit.). – *Ders.:* Die Religion D.s, in: Von D. bis Graß. Schriftsteller vor der Gottesfrage (Herrenalber Texte 71), Karlsruhe 1986, 30-59. – Russ. Gesamtausgabe seiner Werke in 30 (bisher erschienen 29) Bde.n, Leningrad (seit 1972).

*Ludolf Müller/Karl-Josef Kuschel*

**Doxologie** meint die *rühmende Anerkennung* der Herrlichkeit (griech. *doxa*) →Gottes, die sich in den monotheist. (→Monotheismus), aber auch in anderen →Religionen findet. In der bibl. und christl. →Tradition steht sie in der Regel am Ende eines →Gebets und besteht aus folgenden Grundelementen: Benennung des Empfängers, doxolog. Prädikat, Ewigkeitsformel, Akklamation (»Amen«). Im Unterschied zum Dank- und Bittgebet tritt bei der D. das Ich gegenüber der ewigen Herrlichkeit Gottes in den Hintergrund. D. ist immer zugleich Lobopfer (E. Schlink); insofern hat sie kultkrit. Bedeutung (→Kult).

*A.* Aus atl. *Vorformen* (z.B. Ps 90,2) *entwickelt* sich im →Judentum die eigentl. D., die dann auch in →Predigten, Abhandlungen und Briefen vorkommt. In den ntl. Briefen ist sie oft bezeugt. Neben der monotheist. D. treten folgende *Typen* der christolog. gewandelten (→Christologie) D. auf: Gott wird »Vater unseres Herrn Jesus Christus« genannt; eingeführt wird die Formel »durch Christus« (eindeutig erst im außerbibl. Schrifttum); die D. wird direkt auf Christus ausgerichtet (Apk 5,13). Aus den beiden letzteren entwickelt sich die *trinitar.* (dreifaltige; →Trinität) D., die sich in der Liturgie durchsetzt. Während im Osten seit dem 4. Jh. die gleichordnende D. (»Vater und Sohn und Hl. Geist«) die Regel wird (Basilius d.Gr., gest. 379), hat sich im Westen die schon bei Hippolyt von Rom (gest. 235)) bezeugte heilsgeschichtl. D. (»durch Christus im Hl. Geist«) erhalten. Neben der D. des →Vaterunsers und der Schlußd. des Eucharist. Hochgebets (→Abendmahl) kennt die Liturgie des Westens die »*Kleine D.*«, das »Gloria Patri« (Ehre sei dem Vater), die an die →Psalmen und Responsorien (Antwortgesänge) angefügt wird. Die »*Große D.*« ist das »Gloria in excelsis Deo« (Ehre sei Gott in der Höhe), ein altchristl. →Hymnus (im Osten werden damit verschiedene Fassungen des Gloria bezeichnet). Die *Schlußstrophen* der Hymnen in der lat. Liturgie werden ebenfalls D. genannt.

*B.* In der D. erkennen wir das unabhängig von uns existierende, →transzendente Wesen →Gottes an. Dieses Lob Gottes um seiner selbst willen ist *unverzichtbar* und für jedes christl. Beten von zentraler Bedeutung. Heute wird der Zusammenhang zwischen D. und dem *dogmat.* Reden über Gott zunehmend erkannt (E. Schlink). Allerdings ist das Verhältnis von doxolog. und theol. Sprechen noch nicht genügend geklärt, zumal die neuzeitl. Theologie zunehmend eine dogmenkrit. Funktion übernommen hat. Die Bedeutung solcher Neuansätze für die *ökumen.* Theologie liegt in der Chance, auf Grund gemeinsamer doxolog. Aussagen neu zu einem gemeinsamen Sprechen über Gott zu gelangen (G. Wainwright). Die selbstlose Preisung Gottes verbindet das Christentum überdies mit anderen, zumal den monotheist. Religionen, wobei sie eine krit. Instanz gegenüber einer in Funktionalität sich erschöpfenden Kultur darstellen kann.

*Lit.: A. Gerhards:* La doxologie, un chapitre définitif de l'histoire du dogme?, in: *A. M. Triacca/A. Pistoia (Hg.):* Trinité et liturgie, Rom 1984, 103-118. – *J. A. Jungmann:* Die D. am Schluß der Hochgebete, in: *Th. Maas-Ewerd/K. Richter (Hg.):* Gemeinde im Herrenmahl, FS für E. J. Lengeling, Einsiedeln 1976, 314-322. – *E. Schlink:* Ökumen. Dogmatik, Göttingen 1983, 34f.; 64f.; 725-742. – *G. Wainwright:* Doxology, London, 2. Aufl. 1982.

*Albert Gerhards*

**Drama**

*A.* Dem *christl. D.* gelang es, nach 1945, noch einige bedeutende Versuche in der Nachfolge von *P. →Claudel* (»Der seidene Schuh«, 1929), *T. S. Eliot* (»Mord im Dom«, 1935) und *G. Marcel* (»Ein Mann Gottes, 1925) vorzulegen: *F. Hochwälder* (geb. 1911) schilderte in »Das heilige Experiment« (1947) die Tragödie des Jesuitenstaats in Paraguay, R. →Schneider die des →Papstes Cölestin V., der an der polit. Machtrolle des ma. Papstamts scheiterte (»Der große Verzicht«, 1950), und St. Andres (1906-1970) stellte in »Gottes Utopia« (1950) das D. der inneren Wandlung eines ehemaligen Mönchs und polit. Freiheitskämpfers vor, dem der Durchbruch von einer weltl.-sozialpolit. zur »wahren«, transzendenten Utopia-Vorstellung gelingt. Schon diese letzten großen Versuche christl. D.tik aber setzten sich krit. ab von einem christl. Dramenverständnis in der Tradition des barocken →Welttheaters oder des ma. →Mysterienspiels, wie es Claudel und (mehr säkular gewendet) *H. von Hofmannsthal* (»Jedermann«, 1911) im 20. Jh. wiederbelebt hatten. R. Schneider brachte die *Kritik* an der traditionell christl. D.tik mit den Sätzen auf die Formel: »Es ist fatal, wenn ein Dichter soviel weiß wie Gott; wenn er sich auf das Geheimnis der Geschichte, auf das Mysterium der Fügung versteht« (»Winter in Wien«).

*B.* Epoche machten denn auch in der dt. Literatur der *50er Jahre* Dramen, denen von der Form her rel. Traditionsspuren noch anzusehen waren, die diese aber – der →Lyrik vergleichbar – aufgriffen, um einen *radikalen Bruch* mit den christl. Erlösungs- und Schöpfungsvertrauen zu signalisieren. So steht *W. Borcherts* (1921-1947) Stück »Draußen vor der Tür« (1947) ebenso in der Tradition des »allegor. Mysterienspiels« (Th. Koebner) wie *M. Frischs* (geb. 1911) »Nun singen sie wieder« (1946). Der Bruch mit allem christl. Gott- und Weltvertrauen wird dort sichtbar, wo Gott bei Borchert als hilfloser Greis erscheint, sich die Anklagen des Kriegsheimkehrers ohnmächtig anhören muß (»Warst du in Stalingrad lieb, lieber Gott?«) und die Grundfrage des verstörten und entwurzelten Menschen nicht mehr beantwortbar ist (»Gibt keiner Antwort?«). Das »Jenseits« in Frischs Erstlingsd. ist nicht mehr eine erfüllte Transzendenz, sondern ein dramat. effektvoll arrangierter »Zwischenraum«, in dem die verpaßten Chancen des Lebens auf Erden krit. gespiegelt werden können.

Ein Umfunktionieren der Form des *Welttheaters* liegt auch in Frischs D. »Die chin. Mauer« (1955/57) vor, in dem angesichts der Existenz von Atombomben die bisherige Art, Politik und Geschichte zu machen, radikal in Zweifel gezogen und eine moral. Entscheidung darüber gefordert wird, »ob es die Menschheit geben soll oder nicht«. Explizit Theater als Welttheater will vor allem *F. →Dürrenmatt* (geb. 1921) vorstellen (grundlegend Theoretisches in: »Theaterprobleme«, 1955). Da die Welt für ihn freil. groteske Züge hat, »im Werden, im Umsturz« begriffen und »am Zusammenpakken« ist, kann auf der Bühne nicht mehr die Tragödie, sondern nur noch die Komödie eine solche Welt widerspiegeln: »Wer so aus dem letzten Loch pfeift wie wir alle, kann nur noch Komödien verstehen« (»Romulus der Große«, 1948). Der Effekt des Komischen und Lachhaften ist bei Dürrenmatt aber nicht ohne den verborgen anwesenden Hintergrund des →Absoluten zu verstehen. Dürrenmatts Komödien, bei denen dem Zuschauer das Lachen im Halse steckenbleibt, sind »christl. Komödien« (H. J. Baden) insofern, als das Grotesk-Lachhafte durch einen Zusammenprall von Ideal und Realität, von Fiktion (auf Weltverbesserung) und Faktizität (die durch Scheitern best. ist), von Relativem und Absolutem entsteht (»Es steht geschrieben«, 1947; »Die Ehe des Herrn Mississippi«, 1952; »Ein Engel kommt nach Babylon«, 1954). Gerade christl. Figuren werden bei Dürrenmatt entweder in ihrer narrenhaften Überspanntheit bei der Suche nach dem Absoluten gezeigt (die prot. Wiedertäufer; der »letzte Christ« Graf Überlohe in »Die Ehe des Herrn Mississippi«) oder in ihrer verbürgerlichten, beschränkten Harmlosigkeit (der Obertheologe Utnapischtim in »Ein Engel kommt nach Babylon«; der opportunist. Pfarrer in »Besuch der alten Dame«; der trottelhafte Missionar Rose in »Die Physiker«; der harmlose Pfarrer Lutz in »Meteor«).

*C.* All diese Stücke sind nicht rel. zu vereinnahmen, wohl aber rel. höchst relevant (→Literatur). Sie werfen Grundfragen nach dem Sinn menschl. Existenz in einer abgründig gewordenen Welt auf und verweisen auf einen wie immer kategorial zu umschreibenden transzendenten Horizont. Der mit seinen selbstproduzierten Katastrophen konfrontierte Mensch wird provoziert, die Sinnfrage neu zu stellen. Deutl. kommt diese sowohl im »*Absurden Theater*« und im *Parabelstück* zum Ausdruck, die für die D.tik der 50er und 60er Jahre charakterist. wurden. Überragende Bedeutung auch für die dt. Literatur hatte dabei S. Becketts Stück »Warten auf Godot« (1952), das in einzigartiger Verdichtung die paradox-absurde Grundsituation des Menschen spiegelt. Hinter der Chiffre Godot verbirgt sich dabei eine vieldeutige rätselhafte Wirklichkeit, die den Menschen undurchschaubar bleibt. Godot ist hier ebenso ein unentzifferbares Rätsel wie die Chiffre der »aschgrauen Suppe« in *G. Grass'* (geb. 1927) absurdem Stück »Böse Köche« (1957) oder die unentwirrbare Figur des »Gurícht« (von der das Menschengeschlecht angebl. stammen soll) in *W. Hildesheimers* (geb. 1916) absurdem D. »Verspätung« (1961). Die Tradition des absurden Theaters (grundlegend W. Hildesheimers Rede »Über das absurde Theater«, 1960) wird gegenwärtig vor allem von dem Österreicher *Th. Bernhard* (geb. 1931) mit Stücken wie »Minetti« (1976) oder »Der Weltverbesserer« (1980) fortgeführt. Im *Parabelstück* dagegen wurde auf exemplar. Weise vor allem das Grundproblem der Schuld zu thematisieren versucht. Überragende Beispiele: *F. Dürrenmatts* »Besuch der alten Dame« (1956) und »Die Physiker« (1962) sowie *M. Frischs* »Biedermann und die Brandstifter« (1958) und »Andorra« (1961). In modellartigen, lehrhaften Experimenten werden Menschen (im Stück und im Zuschauerraum) mit archetyp. Verhaltensformen konfrontiert, die entweder zur Aufdeckung verdrängter Schuld (»Der Besuch der alten Dame«) oder zur Bewußtmachung neuer Schuld führen (das Vernichtungswissen der Physiker), entweder zur Aufdeckung psycholog., sozialer und polit. Mechanismen, die Menschen anfällig machen für totalitäre Scharlatane (»Biedermann und die Brandstifter«), oder zur Stigmatisierung von Außenseitern (»Andorra«).

*D.* Zu Beginn der *60er Jahre* kommt es zu einer immer stärkeren Auseinandersetzung mit gesellschaftl., geschichtl. und polit. Problemen im D. (grundlegend M. Frischs Rede »Öffentlichkeit als Partner«, 1958). Eine neue Form wird nötig: das *polit.-dokumentar. Theater.* Seinem Stück »Der Stellvertreter« (1963), einer Mischung von klass. Tragödie im 5-Akte-Schema und Mysterienspiel (die Dämonisierung des KZ-Arztes im letzten Akt), legt *R. Hochhuth* (geb. 1931) präzise hist.-dokumentar. Studien über das Verhalten des Vatikans in der Judenfrage zugrunde. Papst Pius XII. wird hier zum Prototyp eines moral. Versagers, der aus Gründen eigennütziger Kirchenräson den Notschrei der in KZs Ermordeten überhörte und so zum Verräter an der Nachfolge Christi wurde. Die Frage des richtigen moral. Verhaltens des Verantwortung tragenden einzelnen im Zeitalter kollektiver Verblendung ist hier (im Gegensatz zu Dürrenmatt) ebenso neu aufgeworfen wie in *H. Kipphardts* (1922-1982) Dokumentarstück über den amerik. Physiker und »Vater der Atombombe« J. R. Oppenheimer (»In der Sache J. Robert Oppenheimer«, 1964), der am Ende eingestehen muß, »die Arbeit des Teufels« getan zu haben. Diesem Stück lagen Protokoll-Materialien aus dem Verfahren gegen Oppenheimer (1954) ebenso zugrunde wie dem Auschwitz-Dokumentarstück »Die Ermittlung« (1965) von P. Weiss Akten des Frankfurter Auschwitz-Prozesses. P. Weiss (1916-1982) gab diesem Stück den Untertitel »Ein Oratorium«. Eine krit. Abrechnung mit einer repressive Systeme stützenden Kirche vollzieht der Marxist P. Weiss darüber hinaus in Stücken wie »Die Verfolgung und Ermordnung des Jean Paul Marat« (1964) und »Gesang vom lusitan. Popanz« (1967). Eine gesellschaftspolit. und soziol. Aufarbeitung verratener Utopien versuchen darüberhinaus *P. Weiss* in »Hölderlin« (1970), *T. Dorst* (geb. 1925) in »Toller« (1969) und »Sand« (1971) sowie *D. Forte* (geb. 1935) in »Martin Luther und Thomas Münzer oder die Einführung der Buchhaltung« (1970).

*E.* Neben dem polit.-dokumentar. Theater etablierte sich *Ende der 60er Jahre* eine neue Tradition des zeit- und gesellschaftskrit. *Volksstücks*, das – meist Dialektsprache verwendend – die »enge Welt« der Ohnmächtigen und Unterprivilegierten zeigte, deren Geschichte als D. des Wirklichkeitsverlusts, der Unfähigkeit zu Glück und Identität, der Bewußtseinsverharschung und Sprachohnmacht erzählt wird. *M. Sperr* (geb. 1944) zeigt in »Jagdszenen aus Niederbayern« (1966) und »Landshuter Geschichten« (1967) die repressiven Mechanismen einer provinziellen Kleinwelt, die nicht mehr als idyll., sondern als unheiliger Ort der hilflosen Gewalt und Intoleranz dargestellt wird. In der Nachfolge von O. von Horvath (1901-1938) und M. Fleisser (1901-1974) schreiben der frühe *R. W. Fassbinder* (»Katzelmacher«, 1969), der Österreicher *W. Bauer* (geb. 1941; »Magic Afternoon«, 1968), vor allem aber *F. X. Kroetz* (geb. 1946) schonungslos realist., milieu- und sprachkrit. Stücke, welche die Deformation meist jugendl. Figuren im gesellschaftl. Machtkampf spiegeln. Kroetz ist dabei der größte Virtuose in der Verwendung auch rel. oder bibl. Sprach- und Motivspuren. Die Sprachohnmacht seiner (meist dem kath. Bauern- oder Arbeitermilieu entstammenden) Figuren (»Wildwechsel«, 1971; »Heimarbeit«, 1971) ist eine einzige Kritik an der sprachsklerot. Versteinerung auch der rel. Sprache, welche die Individualität einer Person in Sprachstereotypen ersticken läßt (vor allem »Maria Magdalena«, 1974). In »Bauern sterben« (1984), einer »modernen Passion« (Kroetz), wird das Gekreuzigte zum Symbol von →Entfremdung und Erlösungssehnsucht von Menschen überhaupt.

*F.* Rel. relevante Grundfragen menschl. Handelns und Verhaltens werden insbes. von solchen Stükken angestoßen, in denen das Erbe des *antiken oder bibl. Mythos* krit. rezipiert und polit. funktionalisiert wurde. Vor allem in der DDR-D.tik ist seit den 60er Jahren eine Auseinandersetzung mit dem griech. Mythos offenkundig. *H. Müllers* (geb. 1929) »Herakles 5« (1966) und »Philoktet« (1968) ist hier ebenso einschlägig wie *P. Hacks* (geb. 1928) Heraklesstück »Omphale« (1969). Von bes. Interesse ist darüber hinaus Hacks »Komödie der Menschwerdung«, ein Stück über die bibl. Schöpfungsgeschichte unter dem Titel »Adam und Eva« (1973). Als sozialist. Autor macht sich Hacks, der es »als eine Aufgabe der marxist. Kunst« betrachtet, »das Christentum vor den Christen zu retten«, an den bibl. Geschichten vom Paradies, dem Sündenfall und der Vertreibung aus dem Paradies den entwicklungsgeschichtl. nötigen Schritt der Menschheit von der Natur zur Geschichte klar. Dieses heitere Stück von der Menschwerdung als Prozeß der Subjektwerdung des Volkes bei der Gestaltung seiner eigenen Geschichte steht dabei in krassem Gegensatz zum D. »Pfarrer Koldehoff« (1978) des ehemaligen DDR-D.tikers *H. Lange* (geb. 1937), in dem ein prot. Pfarrer zum Prototyp einer Lebens- und Weltverzweiflung wird.

Myth. und rel. Spuren als Gegenbilder zu einer eindimensionalen, banalen bürgerl. Alltagsrealtität sind vor allem im Werk von *P. Handke* (geb. 1942) und *B. Strauss* (geb. 1944) präsent. Handke, der mit sprachkrit. Stücken wie »Publikumsbeschimpfung« (1966), »Kaspar« (1967) und »Das Mündel will Vormund sein« (1969) zunächst den Prozeß von »Sprechfolterungen«, die Geschichte unterwerfender Egalisierung, Individuationsauslöschung und Anpassungsexerzitien beschrieb, greift in einem seiner letzten Stücke »Über die Dörfer« (1981) zum hohen Ton pathet. Beschwörung des Heiligen und Göttlichen. B. Strauss, der mit Stükken begann, in denen Beziehungskrisen zwischen Menschen im Vordergrund standen, die Kälte in der Kommunikation zwischen Figuren, der stille Wahnsinn der Einsamkeit (»Trilogie des Wiedersehens«, 1977; »Groß und Klein«, 1978), läßt in den letzten Stücken transzendente Einbrüche in die Welt der beziehungslosen Verstörung zu (Gebetssprache in »Kalldeway Farce«, 1981). Vor allem in »Der Park« (1983), einer Variation von Shakespeares »Sommernachtstraum«, hält Strauss der Unfähigkeit des Menschen, Glück und Lust zu empfinden, zitathaft die Vision eines paradies. Festes entgegen, wie es →Augustinus im »Gottesstaat« beschrieben hat: »Da werden wir feiern und schauen, schauen und lieben, lieben und preisen.«

Die theol. Möglichkeiten im Gespräch mit der modernen D.tik sind noch unausgeschöpft (H. Sierig). Eine »Theologie der Komödie« ist ebensowenig geschrieben wie eine »Theologie der Tragödie«, welche die Tragödienunfähigkeit der zeitgenöss. Literatur in ihren geistigen Grundlagen reflektiert hätte. Eine theol. Poetik des D.s hätte die inneren Spannungsgefüge, die dialekt. Grundkonzeption und das dialog. Wesen des D.s nicht heilsgeschichtl. zu verzwecken (H. U. von Balthasar »Theodramatik«), sondern zur Erhellung anthropolog. Grundsituationen des zeitgenöss. Menschen ernst zu nehmen. »Der Zusammenstoß der Gegensätze und das Geheimnis seiner Führung dahinter, die man aber wieder nicht versteht, läßt sich eben nur im D. sagen« (R. Schneider).

*Lit.: H. J. Baden:* Theologie der Komödie. Dürrenmatt und das Christentum, in: *ders.:* Poesie und Theologie, Hamburg 1971, 5-32. – *R.-P. Carl:* Dokumentar. Theater, in: *M. Durzak (Hg.):* Die dt. Literatur der Gegenwart. Aspekte und Tendenzen, Stuttgart 1971, 99-127. – *M. Dietrich:* Das moderne D. Strömungen, Gestalten, Motive, Stuttgart 1963. – *M. Esslin:* Das Theater des Absurden, Frankfurt/M. 1964. – *M. Kesting:* Das dt. D. vom Ende des Zweiten Weltkriegs bis Ende der sechziger Jahre, in: *M. Durzak (Hg.):* Dt. Gegenwartsliteratur, Stuttgart 1981, 107-136. – *Th. Koebner:* Tendenzen des D.s, in: *ders.:* Tendenzen der dt. Gegenwartsliteratur, Stuttgart 1984,

287-349. – *K.-J. Kuschel:* Die Krise des Homo faber. Aspekte der Technikkritik und der Verantwortung des Wissenschaftlers in der modernen Literatur, in: *J. Splett/ A. Buch (Hg.):* Wissenschaft-Technik-Humanität, Frankfurt/M. 1982, 136-174. – *O. F. Riewoldt:* Zum D. und Theater der siebziger Jahre in der BRD, in: *M. Durzak (Hg.):* Dt. Gegenwartsliteratur, Stuttgart 1981, 137-165. – *H. Sierig:* Narren und Totentänzer. Eine theol. Interpretation moderner Dramatik, Hamburg 1968.

*Karl-Josef Kuschel*

**Dritte Welt.** Über den Ursprung des *Begriffs* D.W. streiten sich Angelsachsen (Third World) und Franzosen (tiers monde). Claude Bourdet verwendet ihn 1949 für die bald unabhängig werdenden →Kolonien. Im Englischen hat *Third Camp* Vorkriegsursprung, stammt aus trotzkist. Debatte und meint Opposition gegenüber privatem und kollektivem →Kapitalismus. Nach dem Zweiten Weltkrieg wurde der Begriff von sozialist. Parteien für ihren Mittelweg beansprucht. Im Kalten Krieg standen sich Erste Welt (Westen) und Zweite Welt (kommunist. Osten) feindl. gegenüber.

*A.* Als *dritte, »blockfeie« Kraft* und damit als neuer polit. Block formierten sich 1955 in Bandung (Indonesien) bereits unabhängig gewordene Entwicklungsländer sowie Oppositionsparteien in Kolonien und Befreiungsbewegungen als *Blockfreie.* Diese Bewegung existiert bis heute und spielt als Block vor allem innerhalb der UNO eine wichtige Rolle. Große Sprecher waren die Staatschefs Nehru (Indien), Nasser (Ägypten), Sukarno (Indonesien) und Tito (Jugoslawien). Ab 1960 wurden afrik. und karib. Kolonien unabhängig. Zum Aufbau einer Nationalwirtschaft und Ausbau ihrer Unabhängigkeit brauchten sie Hilfe. So bürgerte sich für sie der Begriff »Entwicklungsland« ein; alle zusammen nannte man einfach D.W. Unter dem Argentinier Raul Prebisch gründeten 1964 die Entwicklungsländer die UNCTAD (eine UN-Organisation für Handel und Entwicklung), um bessere Handelsbedingungen, gerechtere Rohstoffpreise und eine neue Weltwirtschaftsordnung insgesamt zu erhalten. Obwohl heute zur Gruppe 123 Länder gehören, nennen sie sich innerhalb der UNCTAD gemäß der Zahl der Gründungsländer immer noch *»Gruppe 77«*. Sie konfrontieren die Industrieländer direkt mit ihren Forderungen.

*B.* Obwohl diese Entwicklungsländer gegenüber den Industrieländern als einheitl. Block auftreten, sind sie untereinander geograph., kulturell, polit. und wirtschaftl. sehr verschieden. Deshalb entstanden im Laufe der Geschichte neue Unterteilungen und somit auch neue Kürzel:
Die LDC *(less developed countries)*, d.h. »Entwicklungsländer« mit niedrigem Lebensstandard, schlechtem Schul- und Gesundheitswesen sowie geringer Produktivität;
die LLDC *(least d.c.)*, also die »am wenigsten entwickelten«, die ärmsten Länder. 1971 umfaßte diese Gruppe gemäß einer ersten Liste der UNO 25 Länder, 1978 30 Länder. Gemäß den vorgegebenen Kriterien liegt ihr Butto-Inland-Produkt (BIP) unter 100 $, die Industrialisierung unter 10% des BIP; höchstens 20% der über 15jährigen sind alphabetisiert. Zu ihnen gehören 20 Länder aus Afrika, 9 aus Asien/Ozeanien, eines (Haiti) aus Lateinamerika.
Die MSAC (*most seriously affected c.*), also die »am meisten (von der Erdölkrise) betroffenen Länder« (UNO 1974). Zu ihnen gehören 45 Länder.
Weitere Gruppierungen kommen hinzu: 20 Binnenländer (*Land- Locked* d.c., von denen 5 zu den LLDC gehören), 54 Inselstaaten (*Island* d.c., vor allem Staaten der Karibik, mit bes. ökolog. und wirtschaftl. Problemen und taifunanfällig), etwa 30 neu industrialisierte oder »Schwellenländer« (*NIC*: keine formelle Gruppe, Staaten mit steigendem Pro-Kopf-Einkommen, Industrie- und Energie-Anteil).

*C.* Diese Kategorisierungen sind im bi- und multilateralen Bereich der Entwicklungshilfe wichtig, um auf die unterschiedl. Bedürfnisse mit »maßgeschneiderten Instrumenten« (BMZ) zu reagieren. An Kritik an diesen Einteilungen fehlt es nicht; denn die Kriterien sind rein quantitativ, basieren möglicherweise auf fragl. Statistiken, sagen also über die *konkreten Verhältnisse* innerhalb einzelner Entwicklungsländer wenig aus. Klassen-, Kasten-, Minderheitenprobleme werden ebensowenig erfaßt wie bes. gesellschaftl. Strukturen, soziale oder kulturelle Bedürfnisse. →Kirchen und →Theologie können diesen Zustand nicht auf sich beruhen lassen. Denn zum einen tragen die traditionell christl. Länder (Mit)verantwortung (→Kolonisation, →Industrie), zum andern sind gerade die Religionen aufgerufen, die quantitativ-ökonomist. Sicht des Problems der Entwicklungsländer auf anthropolog., soziale, kulturelle Aspekte hin zu durchbrechen (→Mission, →Inkulturation). Immerhin hat man gelernt, die Mission nicht mehr auf rel. verinnerlichte Bereiche zu beschränken. So tritt im kirchl. Bereich der Begriff der D.W. meist (leider unkritisch) anstelle des einstigen Begriffs der Missionsländer. So nennt sich denn auch eine krit. Theologengruppe aus Lateinamerika, Asien und Afrika: *Ecumenical Association of Third World Theologians* (EATWOT, gegr. 1976 in Daressalam/Tansania mit Gutiérrez, Balasuryia, Mbiti u.a.).

*D.* Daß die sozialen Weltprobleme kaum eingrenzbar sind, zeigt die Tatsache, daß man inzwischen auch von einer *Vierten Welt* spricht. Zu ihr gehören die zuwenig beachteten und oftmals verfolgten Minderheiten wie →Sinti und Roma, Kurden, →Indianer. Jedoch gibt es den Begriff auch als *Programm*: 1966 wurde von alternativen Gruppen (→Alternativbewegung) die Organisation *»Resurgence«* (mit dem Untertitel »Journal of the Fourth World«) gegründet. Im Gegensatz zur »großen« und erfolglosen →Entwicklungspolitik wollen sie anders handeln: qualitativ, dezentralisiert, klein, organisch und ökologisch, treu der Devise ihres

Mitbegründers E. F. Schumacher: »Small is beautiful.«

*Lit.: Besters/Boesch (Hg):* Entwicklungspolitik. Handbuch und Lexikon, Stuttgart/Mainz 1966. – *Al Imfeld:* Entwicklungspolitik. Eine annotierte Bibliographie, Wuppertal 1978. – Jahrbuch Dritte Welt, hg. von Dt. Übersee-Institut, Hamburg; jährl. bei C. H. Beck, München. – Zeitschrift: epd Entwicklungspolitik, 14tägig, Frankfurt/M.

*Al Imfeld*

**Dualismus.** Nach Jh.en christl. motivierter (Irenäus von Lyon) Ablehnung dualist. Denkens (z.B. F. Ch. →Baur) ist der D. nach ersten zurückhaltenden Sympathiebekundungen (z.B. bei A. von →Harnack) wieder zu einem *Problem* geworden: Es gibt einen Neokatharismus (Simone Weil; →Katharer) oder die exeget. Tendenz, dualist.-gnost. Gedankengut in der ntl. Literatur verankert zu finden (→Gnosis), und schließl. die modernen Bekenntnisse zu →Hexentum und →Magie.

*A.* D. bedeutet grundsätzl., daß Götter-, →Geister- und materielle →Welt von Natur in einen guten und in einen bösen Teil zerfallen. Er formte sich im Laufe der Geschichte in verschiedenen Lehren von der Entstehung der Götter und der →Schöpfung aus (absoluter und metaphys. D.). Er ist zu unterscheiden von den vielfältigen Formen relativer Dualismen, die z.T. dann entstehen, wenn versucht wird, zwischen einzelnen Positionen des absoluten D. zu vermitteln (z.B. in China: Yin-Yang in polarer Ergänzung zueinander), oder wenn der Begriff D. ganz allg. für eine Zweiheit verwendet wird, wie z.B. sittl. →*Gutes und* →*Böses,* ohne Aussage über ein zwingendes Verhältnis zwischen den beiden Polen (sog. »sittl. D.«). Den philos. wie theol. Gegensatz zum absoluten und theol. D. stellt der →Monismus dar.
Dualist. Systeme sind bei Völkern *aller Zeiten* festzustellen, in Ägypten Horus – Seth; in Mesopotamien Marduk und die weibl. Chaosgottheit Tiamat; in Griechenland sehen Orphik und →Platonismus den →Leib als »schlechtes« Gefängnis der »guten« →Seele. Eine der geistesgeschichtl. wirksamsten und am konsequentesten durchgeführten dualist. Systeme ist der D. des alten *Iran* (→Zurvanismus). An ihm ist mit bes. Klarheit zu erkennen, daß sie vorzügl. im Bereich männerbünd. strukturierter Gruppierungen beheimatet sind (→Männerbünde), wenn nicht gar dort grundsätzl. ihren eigentl. Ursprung besitzen.

*B. Inhaltl.* bedeutet D. näherhin, daß im Anfang zwei gleich ursprüngl. Prinzipien existieren (möglicherweise gedacht als aus einem einheitl., aber funktionslosen Prinzip). Diese bringen je eine ihm eigene Schöpfung hervor. Dabei wird häufig, wie z.B. im Zurvanismus, das weibl. Feuchte-Kalte-Dunkle der bösen, das männl. Trockene-Warme-Feurige der guten Schöpfung zugeteilt. Dies hat für das prakt. Leben des Dualisten zwei Auswirkungen: asket. Abwendung von allem, was Teil der »bösen« Schöpfung ist (Weibfeindlichkeit, Enkratismus, Weltflucht bis hin zu Leibfeindlichkeit und Tendenzen zur Selbstverstümmelung), und sittl. Libertinismus (z.B. im →Manichäismus und der Erlebniswelt des jungen →Augustinus).
Zugleich entwickeln dualist. Systeme Ansichten von der Verderbtheit der natürl. Fähigkeiten. So wird eine Lehre von der Verderbtheit des Verstandes entwickelt (z.B. Platonismus im Gegensatz zum →Aristotelismus, den späten Augustinus, →Nominalismus im Gegensatz zum →Realismus), gewöhnl. gekoppelt mit der Leugnung des freien →Willens (→Determinismus, →Prädestination, Erbsünde).

*C.* Damit lassen dualist. Lehrsysteme die Tendenz erkennen, dem einzelnen wie auch Gruppen die Möglichkeit wie die Motivation zu nehmen, durch rationale Erarbeitung →Weltanschauungen zu entwickeln (Verderbtheit des Verstandes) und auf Grund moral. →Verantwortungsbewußtseins durchzusetzen (Verderbtheit der Willenskraft), die in krit. Absicht die →Transzendenz berücksichtigen. Damit erweisen sich diese Lehrsysteme als stabilisierende Herrschaftssysteme, d.h. als nützl. für diejenigen, die in der Welt (→Immanenz) tatsächl. →Macht in Händen halten und nicht bereit sind, diese im Blick auf Humanität und Transzendenz hinterfragen zu lassen. Dies bedeutet aber, daß dualist. Systeme ihren Ursprung in Kreisen haben, die an der Stabilisierung moral. nicht gerechtfertigter Machtausübung interessiert sind (→Interesse, →Männerbünde).

*Lit.: M. Boyce:* A History of Zoroastrianism, 2 Bde., Leiden/Köln 1975/1982. – *Ch. Elsas:* Neuplaton. und gnost. Weltablehnung in der Schule Plotins, Berlin/New York 1975. – *R. C. Zaehner:* Zurvan. A Zoroastrian Dilemma, Oxford 1955.

*Helmut Waldmann*

**Dürrenmatt,** *Friedrich,* geb. 5.1.1921 in Konolfingen (Bern), Dramatiker, Erzähler, Essayist. Studium der Philosophie in Zürich und Bern. Lebt in Neuchâtel. In D.s Werk begegnet ein in beiderlei Wortsinn »merk-würdiger Protestant«, der gegen jedweden, profanen wie rel., Anspruch auf absolute Macht und Wahrheit protestiert. Eine Schlüsselstellung nimmt seine 1952 unter dem Titel »Die Stadt« erschienene *frühe Prosa* ein, die mit »Weihnachten« beginnt und mit »Pilatus« endet. Hier setzt sich der Pfarrerssohn mit seinem Vater auseinander, wobei die Vater-Sohn-Beziehung zum Gleichnis für die Beziehung Schöpfer-Geschöpf (→Schöpfung) wird, mit der die Bibel und mit der »das Drama« beginnt.
D.s Werk ist von Anfang an von →*Kierkegaard* und vom frühen *K.* →*Barth* bestimmt. Immer wieder konfrontiert er die Theologie mit den gegensätzl. Impulsen ihrer eigenen Tradition. So stellt er in seinem ersten Prosastück der traditionellen Weihnachtsvorstellung den Gegenentwurf einer Weihnacht im Horizont des Gerichtstages Gottes

und seiner →Passion entgegen. Sein Protest ist nicht derjenige eines Agnostikers. Er spiegelt vielmehr die Auseinandersetzung wider, die Kierkegaard in den »Philosophischen Brocken« mit →Hegel geführt hat. Wo nur die →Logik regiert, wo die →Dialektik zwischen Glaube und Zweifel nicht mehr spielt, da bleibt kein Raum für das freie Handeln Gottes. Während bei →Kafka die Gnade nie ankommt, fällt sie bei D. immer wieder als Zufall, als Panne, als Unheil auslösendes Gericht ein. Damit wird alles gnadenlose Planen des Menschen als ein Hochmut entlarvt, der im Zeichen des Turmbaus von Babel steht; die Wahrheit wird zum Lachen gebracht, damit »aufleuchte Seine Herrlichkeit, genährt durch unsere Ohnmacht«. Nur Narren und Irre, die im kierkegaard. Sinne gelernt haben, sich recht zu ängstigen, können den Einfall des Schrecklichen erfahren als die Möglichkeit der abgründig tiefen Gnade Gottes.
So erweisen sich D.s Komödien und seine Prosa, bis hin zu seinem theol.-philos. Essay über Israel mit dem Titel *»Zusammenhänge«*, als die Darstellung der Krise allen menschl. Denkens und Tuns und damit als Anstoß zur Frage, »ob denn wirkl. Gottes Gnade in dieser endl. Schöpfung unendlich sei, unsere einzige Hoffnung«.

*Lit.: A. Arnold:* Zu Friedrich D., Stuttgart 1982. – *E. Weber:* Friedrich D. und die Frage nach Gott, Zürich 1980.

*Emil Weber*

**Duns Scotus,** *Johannes.* Neben →Thomas von Aquin gehört S. (ca. 1270-1308) zu den Hauptvertretern der hochma. →Scholastik. Aus seiner Biographie sind nur wenige Daten bekannt. Sicher ist zunächst seine brit. Herkunft; nach seinem Eintritt in den →Franziskanerorden wirkte S. als theol. Lehrer in *Oxford, Paris* und vermutl. in *Köln,* wo er am 8.11.1308 starb. Zu seinem umfangreichen Werk gehören das sog. Opus Oxoniense, ein theol. Kommentar zu den Sentenzen des Petrus Lombardus, sowie philos. Schriften.
Auf dem Gebiet der →Theologie setzt S. vor allem die Tradition →Augustins fort. Dazu gehört die vorrangige Bedeutung des →Willens für den Gottesbegriff sowie für die Beschreibung des menschl. Gottesverhältnisses überhaupt. Das Wesen →*Gottes* ist nicht wie bei Thomas nach dem Modell der intellektuellen Einsicht in die Notwendigkeit des Guten gedacht, sondern nach dem Modell des *absolut* freien, an keine Norm gebundenen Willensentschlusses. Zwar hat Gott sich an die Erhaltung und Durchführung seines Schöpfungs- und Heilsplans gebunden, aber dies ist ein frei gewollter, willkürl. Entschluß Gottes, der ebenso auch hätte anders ausfallen können. Die Zuwendung Gottes zum Menschen ist somit allein im gnädigen Ratschluß Gottes begründet. Diese starke Hervorhebung des grundlosen Willensentschlusses Gottes ist in der theol. Forschung einerseits positiv als Nähe zum bibl. Gottesgedanken gewürdigt worden, andererseits hat man darin die Auflösung des geschlossenen dogmat. Systemdenkens der Scholastik mit seiner engen Verbindung von Philosophie und Theologie gesehen. Tatsächl. macht sich bei S. eine Tendenz bemerkbar, die Logik philos. Beweisführung und die Zustimmung zu den kirchl. anerkannten Glaubensinhalten streng zu unterscheiden. Die Wahrheit von Glaubensaussagen wird nicht durch philos. Beweisführung, sondern allein durch die Autorität kirchl. Überlieferung (→Tradition) verbürgt. Dieser Befund hat seinen Grund nicht zuletzt in der →Erkenntnistheorie des S. Da die intellektuelle Einsicht nicht von der →Erfahrung abgelöst werden kann, beruht alle *Erkenntnis auf Erfahrung* und dem sinnl. Eindruck von Objekten. Diese streng an der Erfahrung orientierte Bestimmung der Erkenntnis ist bis in die Neuzeit hinein wirksam geblieben und hat ihren Höhepunkt in der Philosophie →Kants gefunden.

*Lit.: H. Blumenberg:* Säkularisierung und Selbstbehauptung, Frankfurt/M., 2. Aufl. 1974. – *E. Gilson:* Johannes Duns S., Düsseldorf 1959. – *L. Honnefelder:* Duns S./Scotismus, in: Theol. Realenzyklopädie 9, 218-240. – *W. Pannenberg:* Die Prädestinationslehre des Duns S. im Zusammenhang der scholast. Lehrentwicklung, Göttingen 1954. - *O. Schäfer:* Bibliographia de vita, operibus et doctrina Iohannis D. Scoti, Rom 1955.

*Achim Dunkel*

# E

**Ehe** ist die (in unterschiedl. →Gesellschaften unterschiedl.) geregelte Form des Zusammenlebens von →Mann und →Frau in umfassender →Gemeinschaft. Für die abendländ. Welt hat sich die Form der grundsätzl. auf Lebensdauer geschlossenen Einehe durchgesetzt (Monogamie) im Unterschied zur Polygamie, bei der zumeist – z.B. im Orient, teilweise noch im AT – ein Mann mehrere Frauen »hat«).
*A.* Obwohl die E. immer noch von vielen Menschen als Lebensform gewählt wird (1983 gab es in der Bundesrepublik 369.963 Eheschließungen = 6,0 Eheschließungen pro 1000 Einwohner; 1960 waren es noch 9,4, 1978 nur 5,4 Eheschließungen pro 1000 Einwohner), ist auch von einer *Krise der →Institution E.* zu reden. Diese Krise zeigt sich vor allem in der steigenden Zahl der Ehescheidungen (1960 wurden 35,7 und 1983 80,6 von 10.000 Ehen geschieden; 17,3 % der Eheschließenden des Jahres 1983 waren bereits einmal geschieden) und in der Zunahme von Lebensformen, die man als »Ehen ohne Trauschein« bezeichnet. (Zahlen sind

hier schwer zu greifen. Schätzungen für die Bundesrepublik bewegen sich zwischen 10 % und 20 % der 18-30jährigen. Dabei muß man unterscheiden zwischen Beziehungen, die sich als »vorehelich« verstehen, Beziehungen, die aus pragmat., meist finanziellen Gründen den Weg der Eheschließung nicht gehen, sowie Beziehungen, die die E. grundsätzl. ablehnen, weil die Partner in ihr eine einengende bürgerl. Lebensform sehen.) Die Ursachen der Krise der E. sind vielfältig: die Auflösung der Großfamilie; die Verringerung der gemeinsamen Aufgaben der Ehepartner durch die Trennung von →Arbeit und →Freizeit; das Nachlassen des gesellschaftl. Drucks zu traditionsgeleitetem Verhalten; die hohen, Enttäuschungen provozierenden →Glückserwartungen; die Entwicklung des Eheverständnisses zur »Liebesehe«. Gab es in früheren Jh.en die E. als Institut, für das die →Liebe nicht grundlegend war, so ist heute auf dem Weg über die →Romantik, die die Institution E. mit dem Ideal der Liebe zu verknüpfen suchte, ein Ideal von Liebe und →Partnerschaft entstanden, für das die institutionelle Bindung zweitrangig erscheint.

*B. Christl.* →Ethik hat die in der Krise der E. zum Ausdruck kommenden Probleme und Anfragen ernst zu nehmen. Sie nimmt einerseits zur Kenntnis, daß die E. immer eine Institution im Wandel gewesen ist und daß es auch früher Formen eines Zusammenlebens von Mann und Frau außerhalb der rechtl. geregelten Formen gegeben hat (vgl. in früheren Zeiten die Situation von →Sklaven und Tagelöhnern, die nicht heiraten durften oder konnten); sie weist andererseits zur Begründung der E. auf die Bedeutung von Verläßlichkeit und im Zusammenhang damit auf die Bedeutung des Institutionellen hin: »Nicht eure Liebe trägt die E., sondern von nun an trägt die E. eure Liebe« (D. Bonhoeffer in einer Traupredigt aus dem Mai 1943).

*I. Theol. Deutungsmuster* orientieren sich entweder am →Schöpfungsauftrag Gen 2,18 und interpretieren die E. als einen durch Gottes Schöpfungswillen gegebenen »Stand« und →»Beruf« (M. →Luther), in dem sich Mann und Frau zu gegenseitiger Hilfe und Freude und zur Aufzucht von Kindern er-gänzen; oder sie interpretieren die E. als exemplar. Form mitmenschl. Füreinanders vom Bundesgedanken her christolog. (in Anknüpfung an Eph 4,22ff.; →Bund).

*II.* Die gegensätzl. Interpretationen in der luth. Tradition (die E. als »weltl. Ding«) und in der kath. Kirche (die E. als →»Sakrament«) haben sich im →Dialog zwischen den →Konfessionen einander angenähert, wirken sich aber weiterhin (z.B. auf die Beurteilung der Ehescheidung) aus: Grundsätzl. betonen alle christl. Kirchen die *Unauflöslichkeit* der E. Die ev. Ethik gesteht aber zu, daß eine Ehescheidung eine verantwortl. Konsequenz aus einem nicht mehr heilbaren Scheitern einer E. sein kann; sie kann in solchen Fällen auch das Eingehen einer neuen E. akzeptieren. Der kath. Kirche ist von ihrem sakramentalen Verständnis der E. her eine solche Haltung bislang nicht mögl. Zunehmend wird dort allerdings von der (unter best. Voraussetzungen gegebenen) Möglichkeit Gebrauch gemacht, eine E. zu annullieren, d.h. für – von Anfang an! – ungültig und nicht bestehend zu erklären und so fakt. ein Auseinandergehen zu ermöglichen.

*III.* Die *konfessionsverschiedenen E.n* haben durch die Fluktuation der Bevölkerung stark zugenommen. Die kirchenrechtl. Erschwerungen dieser noch in den 50er Jahren von den Kirchen mißtrau. beurteilten E.n sind durch ökumen. Zusammenarbeit weitgehend reduziert worden: Die kath. Kirche hat die Befreiung vom »Ehehindernis« der Konfessionsverschiedenheit und die Befreiung von der »Formpflicht« (Pflicht zur kath. →Trauung) erleichtert.

*C.* Der *Zölibat*, die freiwillige Ehelosigkeit von Priestern und Ordensleuten, galt im →MA. als bes. hervorgehobener geistl. Stand. Luther hat demgegenüber die Bedeutung des Ehestandes herausgestellt und die kirchenrechtl. Verbindung von Zölibat und Priesteramt kritisiert. An dieser Verbindung hält trotz kontroverser Diskussion die kath. Kirche weiterhin fest.

*Lit.:* *W. Kasper:* Zur Theologie der christl. E., Mainz 1977. – *D. Schellong:* Die Krise der E. und die Weisheit der Theologie, in: Entwürfe 1 (1983), 14-89. – *H.-J. Thilo:* E. ohne Normen?, Göttingen 1978.

*Karl-Heinrich Lütcke*

**Ehre und Prestige.** E. wird im modernen Sinn bestimmt als *Achtung* der eigenen wie fremden →Person auf Grund der gemeinsamen →Menschenwürde. Mit dem Mißbrauch der nationalen E. in beiden Weltkriegen und in der nationalsozialist. Propaganda hat der E.begriff seinen bewußtseinsbildenden Wert weitgehend verloren. Folgt man W. Kluxen, so hat der Begriff »*Ethos*« als Inbegriff der maßgebl. normativen Erwartung an das Verhalten des einzelnen zu sich selbst und zu anderen sowie an das Handeln sozialer Gruppen den E.begriff abgelöst.

*A.* In der Sozial- und Begriffsgeschichte variiert das Verständnis von *E.* in vielfacher *Zuordnung* der personalen (»Würde«, »Ehrenhaftigkeit«, »innere E.«), der sozialen (»Ansehen«, »Anerkennung«, »äußere E.«) sowie der soziostrukturellen (»Standese.«, »Satisfaktionsfähigkeit«, »ebenbürtige Heirat«; →Sozialstruktur) Dimension. »E.« steht wie auch »Reputation« und »P.« immer in Spannung zwischen subjektiver Befindlichkeit und gesellschaftl. Erwartungen. Nach der Aristotelischen Tradition (→Aristotelismus) ist darin das *rechte Maß* einzuhalten. Im Stolz, Hochmut, Eitelkeit u.a. verliert der Mensch die Mitte. Aus dem moral. Wert des Menschen als Vernunftwesen geht nach dem Denken der →Aufklärung die E. des Menschen hervor. Zugleich verpflichtet sie ihn, seinem Wesen gemäß zu handeln. Sozialgeschichtl. bildet dieser E.begriff eine Gegenposition zur auf Geburt oder Privilegien gegründeten Ständeordnung. Damit wurde die Ehrlosigkeit für unterständ. →Schichten (insbes. für best. berufl. Tätigkeiten) außer Kraft gesetzt; Standes- wie Zunftschranken wurden eingerissen. Der →»kategor. Imperativ« und die Bestimmung des Menschen als Zweck an sich selbst bei →Kant bilden das philos. Spiegelbild zu diesem E.begriff.

*B.* Der Begriff *P.* tritt im letzten Viertel des 19. Jh.s an die Stelle des Begriffs Reputation, der – anders als bei der ständ. E. des →MA.s – das Maß des Ansehens repräsentiert, das vom Herrscher oder von der höf. Gesellschaft zugewiesen worden ist und das, wie N. Elias gezeigt hat, immer wieder erworben werden mußte.
Mit P. wird die Wertschätzung bezeichnet, die best. Personen und →Gruppen zugesprochen oder einer best. sozialen Position zugeordnet wird. P. ist also kein soziales Phänomen, das unabhängig von den sozialen Beziehungen besteht, sondern aus den Meinungs- und Verhaltensäußerungen zu erschließen. P. kann einerseits Folge sozialer Ungleichheit in Einkommens-, Bildungs- und Einflußunterschieden und des sich daraus ergebenden Zugriffs auf knappe Güter (P.objekte, demonstrativer →Konsum) sein. Andererseits kann von P. Einfluß auf →Macht- und →Wirtschaftsprozesse ausgehen. Nach der *funktionalen* These der Ungleichheit bedarf es dieser differenzierenden Belohnung, um die Funktionsfähigkeit der Gesellschaft in Gang zu halten. Dagegen führt die *kulturelle* These die unterschiedl. Wertschätzung auf einen der jeweiligen →Kultur eigenen Bewertungsprozeß zurück.

*Lit.: M. Bolte/St. Hradil:* Soziale Ungleichheit in der Bundesrepublik Deutschland, Opladen 1984. – *N. Elias:* Die höf. Gesellschaft, Frankfurt/M. 1983. – *W. Kluxen:* Ethik und Ethos, in: Handbuch der christl. Ethik, Bd. 2, Freiburg 1978, 518-532. – *W. Korff:* E., P. und Gewissen, Köln 1966. – *E. Zunkel:* E., in: Geschichtl. Grundbegriffe, Bd. 2, Stuttgart 1975, 1-63.

*August Stiegler*

**Eid**

*A.* Wahrheit und pflichtgemäßes Verhalten (→Pflicht) werden in allen Kulturen durch Eid(schwur) bekräftigt. Wo Zeugen fehlen, wird der Reinigungseid (ordal) geleistet. Völkerkundl. (→Ethnologie) und →religionsgeschichtl. bedeutet der mit öffentl. Wort-Zeichen-Handlungen verbundene Schwur die *Setzung eines Pfandes.* Eidgeber und Eidnehmer berufen sich auf einen jenseitigen Eidwächter (Schwurgott). An diesen verfällt das mit dem Schwur gesetzte Pfand (Leben, Ehre, »ewige Seligkeit«) im Fall von Eidbruch, Falsch- oder Meineid. Die Kraft von Schwur und →Gelübde liegt in der Furcht vor einem rächenden →Gott als Eidwächter. Im Wort »schwören« steckt ebenso wie im →Gebet der *Bezug auf Gott* und wie beim Gelübde die bedingte Selbstverfluchung. Neuzeitl.-atheist. Systeme ersetzen den jenseitigen Eidwächter durch das Staatsvolk. Das Strafrecht der Deutschen Demokratischen Republik verzichtet auf den Zeugeneid (Strafprozeßordnung DDR, 1974, § 230).

*B.* →*AT und* →*NT* kennen den Schwur. Gott schwört bei sich selbst (Gen 22, 16; Am 6, 8; Hebr 6, 13). Trotz Eidkritik in der →Bergpredigt Mt 5, 33-37 gab es nie eine übereinstimmende Eideslehre. Nach →kanon. Recht ist der Eid als »Akt der Gottesverehrung« jedermann zumutbar. Eide sind nach dem Verständnis der Schwörenden zu interpretieren. Kein Schwur darf sich gegen Gottes Gebote richten (cc. 1199- 1204 Codex Iuris Canonici [CIC]). Reformator. Theologie billigt im Rahmen der →Zweireichelehre staatl. Eidesforderungen. Weder in Zustimmung zur biblizist. (→Fundamentalismus) Eidkritik von →Mennoniten und →Quäkern noch mit philos.-psycholog. Begründung haben die Kirchen in der Bundesrepublik Deutschland 1972 gemeinsame Vorschläge zur Eidreform erarbeitet. Demnach soll Gott kein Druckmittel des Staates gegen dessen Bürger sein. Die Wahl zwischen Schwur und gleichberechtigter weltl. Beteuerungsformel soll freigestellt sein.

*C.* Mit seiner Entscheidung vom 11. April 1972 hat das Bundesverfassungsgericht nur für den Zeugeneid, ohne Amts- und Diensteide einzubeziehen, das Schwören zum rein weltl. Akt erklärt. Zugleich dürfe der Eid weiter rel. verstanden und deshalb aus Glaubens- und Gewissensgründen verweigert werden (Bundesverfassungsgericht 33,23). Das Bundesverfassungsgericht löst den Eid aus seiner bisherigen Tradition und relativiert rel. und weltl. Eidverständnis. Die Bindung an Recht und Gesetz kann jeden Schwur ersetzen. Eid(schwur) als bedingte Selbstverfluchung widerspricht einem christl. Gottesverständnis.

*Lit.: E. Friesenhahn:* Der polit. Eid (mit einem Vorwort zum Neudruck), Bonn/Darmstadt 1979 (Lit.). – *G. Giesen:* Die Wurzel sb' »schwören« im AT, Bonn 1981. – *M. Honecker/K. Roxin/W. Schick:* Eid, in: Ev. Staatslexikon, Berlin, 3. Aufl. 1987, 664-672. – *U. Wolff:* Abschied von Hippokrates, Berlin 1981 (Lit.).

*Hartmut Heinrici*

**Eigengesetzlichkeit**

*A.* E. bedeutet in der Antike *polit. Selbstbestimmung* oder -gesetzgebung. Die neuzeitl. Philosophie verbindet E., ausgehend von der Stellung des →Menschen als eines →Subjekts (→Descartes), mit dem Begriff der →Freiheit (→Autonomie). Der Gedanke des Ordo (→Struktur) trat zurück; der Mensch bestimmt sich als Vernunftwesen selbst. Auf der prakt. Vernunft (→Kant) beruhen Freiheit und eigene Gesetzgebung, die theoret. Vernunft erkennt die Gesetze der →Natur. →Naturwissenschaft und →Technik entwickeln sich rasch;

die →Wissenschaften gewinnen eine von der sittl. Ordnung losgelöste Sachwirklichkeit. Die Eigenwerte und -zwecke der einzelnen Bereiche der →Kultur haben ihre eigene Gültigkeit. Die Ableitung der Moral aus dem Willen Gottes (Gottesgesetzlichkeit, *Theonomie*) würde die E. des Menschen (Selbstgesetzlichkeit, *Autonomie*) verletzen. Der Soziologe M. →Weber (1864-1920) verbindet mit dem Begriff E. die Geltung sozialer oder idealer Sachverhalte gegenüber einer christl. (eth.) Deutung gesellschaftl. Ordnungen. Zum Unterschied vom formal verstandenen Autonomiebegriff als freier Selbstbestimmung durch die Vernunft ist der Gedanke der E. geeignet, inhaltl., mit wissenschaftl.-empir. Methode erarbeitete *Gesetzmäßigkeiten* zu bezeichnen. Das Problem ist dann, den Fehler des Szientismus zu vermeiden und diese Aussagen in einen weltanschaul. Gesamtbezug zu stellen.

*B.* Im *christl. Denken* kam es zur Aufwertung der menschl. Freiheit (Autonomie im christl. Kontext), aber nicht zur Absolutsetzung der E. oder zur doppelten →Moral. Die Sachgesetze der verschiedenen Kulturbereiche haben ihre (relative) Gültigkeit, insofern dem Menschen in den »ird. Wirklichkeiten« (Sach- ebenso wie gesellschaftl. Bereiche, z.B. ökonom. Gesetzmäßigkeiten) Gesetze und Eigenwerte begegnen, »die der Mensch schrittweise erkennen, gebrauchen und gestalten« müsse (2. →Vat. Konzil, Gaudium et spes 36). Weltgestaltung als Aufgabe des Menschen ist eingebunden in sittl. Ordnung. Für das *Verhältnis von →Kirche und →Welt* sind recht verstandene E. der Dinge, die Sachkenntnis und -richtigkeit, die eigene →Methode von Wissenschaft und Technik sowie die menschl. →Erfahrung ebenso wichtig wie der Auftrag der Kirche, im Licht des →Evangeliums auf die unverlierbaren →Werte und sittl. Prinzipien hinzuweisen.

*Lit.:* Vatikanum II, Gaudium et spes, Nr. 33-37. – *M. Honecker:* Das Problem der E., in: Zeitschrift für Theologie und Kirche 73 (1976), 92-130. – *W. Kern/Ch. Link:* Autonomie und Geschöpflichkeit, in: Christl. Glaube in moderner Gesellschaft 18, Freiburg 1982, 101-148. – *J. Messner:* Kulturethik, Innsbruck 1954. – *F. H. Tenbruck:* Die unbewältigten Sozialwissenschaften, Graz 1984. – *W. Weber:* Wenn aber das Salz schal wird..., Würzburg 1984.

*Rudolf Weiler*

**Eigentum** ist ein von der Rechtsordnung bestimmtes (abstraktes) Zuordnungsverhältnis von Sachen und vermögenswerten Rechten zu Personen, das die rechtl. wirksame Verfügung über die →Güter regelt. Es bezeichnet ein Rechtsverhältnis, während mit Besitz die tatsächl. →Herrschaft bestimmt wird. Die ökonom. Definition von E. geht von der fakt. Verfügung über knappe Güter aus.

*A.* E. ist im Grundgesetz der Bundesrepublik Deutschland als *Grundrecht* festgeschrieben. Art. 14 GG schützt das E. des Bürgers (Rechtsstellungsgarantie) und das E. als Rechtsinstitut (Einrichtungsgarantie). Einer eigentumsfeindl. Wirtschaftsverfassung steht das Grundgesetz entgegen. Die Bestimmung des Inhalts und der *Schranken* des E.s setzt einen Gesetzgebungsakt voraus. E. dient nicht nur dem individuellen Gebrauch, sondern zugleich dem →Gemeinwohl (Sozialbindung des E.s). Deshalb ist Enteignung zulässig, wenn sie dem Wohl der Allgemeinheit dient. Auch sie bedarf der gesetzl. Grundlage. Der Eigentümer ist zu entschädigen.

*B.* Einer der Lösungsansätze der →sozialen Frage war die Bildung von *E. in Arbeitnehmerhand.* In der E.slosigkeit sah man einen der Gründe der Verelendung (→soziale Frage). Für die Kräfte, die sich für eine Sozialreform einsetzten, war breitgestreute E.sbildung eines der wichtigsten Instrumente. Dieser programmat. Entwurf hat bis heute, insbes. unter dem Gesichtspunkt einer gerechten Verteilung des E.s an Produktionsmitteln, seine Problemlösungsqualität nicht verloren. Mit der E.sbildung in möglichst breiter Streuung verbindet sich die Erwartung, die Verantwortlichkeit für die Güter der Erde sowie für →Staat und →Gesellschaft werde sich erhöhen und der Konzentration wirtschaftl. Macht werde entgegengewirkt. In der →Mitbestimmungsdiskussion wird es u.a. als fremdes Ordnungselement angesehen, daß in den Entscheidungsorganen des Unternehmens Vertreter der Arbeitnehmer Mitentscheidungsrecht haben sollen, ohne durch das E.srecht entspr. legitimiert zu sein.

*C.* Die *Organisation des E.s* ist Thema jedes staatspolit. Konzepts. Die Befürworter des *Private.s* weisen darauf hin, daß dadurch der Handlungsspielraum des einzelnen erweitert werde. Zudem verleihe es Sicherheit und Prestige (→Ehre und Prestige). Die Erwerbsmöglichkeit von E. motiviere zur Teilnahme an den gesellschaftl. Leistungsprozessen. Dagegen vermerkt die Kritik am Private. die desolidarisierenden Tendenzen dieser Institution – die Unterstützung der Habgier, die Betonung des Privaten sowie die vom E. ausgehende Einfluß- oder Verfügungsmacht in →Politik und →Wirtschaft. Mit der Abschaffung des E.s oder mit der Übertragung des E.s auf eigentumsgesellschaftl. Instanzen verbindet sich die Erwartung, daß Mensch und Gesellschaft eine neue Humanität gewinnen, wenn die E.sverhältnisse verändert werden.
Zwischen E.sordnung und Wirtschaftsordnung besteht ein enger Zusammenhang. In der →*Marktwirtschaft* ist Private. an Produktionsmitteln Voraussetzung für die Funktionsfähigkeit eines dezentralen Entscheidungssystems. Hinzu kommen Wettbewerb und soziale →Gerechtigkeit (im Sinne der Einlösung der Sozialbindung des E.s), die zu den konstitutiven Ordnungselementen einer sozialen Marktwirtschaft gehören.

*D.* Nach *christl.* Überzeugung kommt nur →Gott als dem Schöpfer der →Welt das E. im absoluten Sinn (auch Obereigentum genannt) zu. Jede andere Art von E. ist deshalb abgeleitet und relativ, jede fakt. E.sverteilung vorläufig, verbesserungsfähig und reformbedürftig. E.(- sgebrauch) muß der *ganzen →Schöpfung,* auch im Hinblick auf die →Zukunft, dienen (Gemeingebrauchsmaxime oder Usus communis der Erdengüter). Das scholast. →*Naturrecht* sieht den Usus communis der Erdengüter am besten durch Private. verwirklicht, u.a. deshalb, weil der Eigentümer mit den Gütern pflegl. umgeht, der Mensch dadurch Eigenverantwortung übernehmen kann (was wiederum Ausdruck seiner Personwürde ist) und die Zuständigkeiten für die Güter durch E. geklärt sind (→Friedensfunktion des E.s). Der Staat hat allerdings die Aufgabe, zur Verwirklichung des Gemeinwohls steuernd einzugreifen. Denn nach der →kath. Soziallehre hat das E. eine Individual- und der Sozialnatur.

*Lit.: R. Brandt:* E.stheorien von Grotius bis Kant, Stuttgart 1974. – *W. Kerber:* Perspektiven zur E.sfrage, in: *A. Hertz u.a. (Hg.):* Handbuch der christl. Ethik, Bd. 2, Freiburg 1978, 371-382. – *O. Klug:* Katholizismus und Protestantismus zur E.sfrage, Reinbek 1966. – *J. Kromphardt:* Konzeptionen und Analysen des Kapitalismus, Göttingen 1980. – *A. Künzli:* Mein und Dein. Zur Ideengeschichte der E.sfeindschaft, Köln 1986. – *J. Messner:* Das Naturrecht, München, 4. Aufl. 1960. – *D. Schwab:* E., in: *O. Brunner u.a. (Hg.):* Geschichtl. Grundbegriffe. Hist. Lexikon zur polit.-sozialen Sprache in Deutschland, Bd. 2, Stuttgart 1975, 65- 115.

*August Stiegler*

**Einsamkeit.** Die objektive Befindlichkeit des Alleinseins ist zu unterscheiden von einer psych. erfahrenen E. Ein objektiv nicht einsamer Mensch kann sich ja einsam fühlen; ein vollständig isolierter Mensch wird allerdings im allg. auch dann als einsam bezeichnet, wenn er sein Alleinsein positiv erlebt.

*A.* E. stellt einen *Eingriff* in die menschl. Lebensweise dar, die auf Gemeinschaft ausgerichtet und angewiesen ist. Als Zustand der Entbehrung hat sie im Kleinkindalter traumat. Wirkung und kann zu seel. Fehlentwicklungen führen. Dem Heranwachsenden und Erwachsenen bietet sie jedoch die Möglichkeit zu seel. und geistiger Reifung und ist in diesem Sinn in vielen →Kulturen und →Religionen und in mancherlei Organisationsformen genutzt worden. Eigenständigkeit und E. bedingen sich gegenseitig.

*B. Massenhafte E.* konstatieren die Sozialwissenschaften als Folge veränderter Lebensbedingungen in den Industriestaaten der westl. Welt. Vereinsamung ist aber nicht nur durch die Industrialisierung und die damit verbundene Bevölkerungswanderung zu einem Problem geworden; Entwicklungen des sozialen Lebens lassen die Bindung von Menschen an Bezugsgruppen weniger lebensnotwendig erscheinen und darum verkümmern (vgl. ausgedehnte Konsummöglichkeiten, Einbeziehung von Bindungen in das Konsumangebot, hohe →Mobilität, ausgedehnte Sozialfürsorge und Gesundheitsversorgung, Teilnahme an der indirekten Öffentlichkeit der →Medien); neue Gruppen von Einsamen (z.B. Hochbetagte über 85 Jahren) haben sich gebildet. Die in der Wahrnehmung von Mobilität erfahrene Weite der Räume und der Eindruck menschl. Schwäche angesichts übermächtiger techn. Apparaturen (bis hin zur atomaren Rüstung) verstärken das Gefühl der Vereinsamung des einzelnen in der Masse und der Außensteuerung durch anonyme Mächte (D. Riesman).

*C.* Die prinzipielle E. der Individualität des modernen Menschen sucht sich ihre positive Lebensform im →*Dialog* der gleichberechtigten Kommunikationspartner (D. v. Oppen); zur Teilnahme an diesem Dialog bedarf es allerdings einer »kommunikativen Kompetenz«, d.h. eines Vermögens zur Kommunikation (J. Habermas). Als Hilfe für diejenigen, die sich in ihrer tatsächl. und als bedrängend erlebten E. psych. und phys. nicht helfen können, ersetzen nicht selten diakon. Einrichtungen (→Diakonie, →Caritas) die traditionellen Gemeinschaftsformen der Familie, der Nachbarschaft, des Vereins.

*E.* Krit. Soziologen werfen dem etablierten *Betrieb ihrer Wissenschaft* vor, die E. des Individuums systemat. festzuschreiben, indem sie die Lebensbedingungen des einzelnen statist. exakt feststelle, ohne nach dem überindividuellen Sinn von sozialen Lebensordnungen zu fragen.

*Lit.: W. Bitter (Hg.):* E. in med.-psycholog., theol. und soziol. Sicht, Stuttgart 1967. – *D. Riesman:* Die einsame Masse, dt. Reinbek 1963. – *R. Sennett:* Verfall und Ende des öffentl. Lebens, Frankfurt/M. 1983. – *U. Tworuschka:* Die E. Eine religionsphänomenolog. Untersuchung, Bonn 1974.

*Reinhard Schmidt-Rost*

**Einstein,** *Albert,* geb. 14.3.1879 in Ulm, gest. 18.4.1955 in Princeton (New Jersey), Begründer der Speziellen und Allg. →Relativitätstheorie, entscheidender Mitbegründer der →Quantentheorie. 1896-1900 Studium der →Physik und →Mathematik an der Eidgenöss. Techn. Hochschule (ETH) Zürich, 1902 Patentamt in Bern, 1909 Professor an der Universität Zürich, 1911 in Prag, 1912 an der ETH Zürich, 1914 an der Preuß. Akademie der Wissenschaften und Universität Berlin, dazu seit 1917 erster Direktor des neugeschaffenen Kaiser-Wilhelm-Instituts für Physik, 1922 Physiknobelpreis, 1932 Institute for Advanced Study Princeton, 1933 – nach der Machtergreifung durch die →Nationalsozialisten – Rücktritt vom Posten in der Preuß. Akademie der Wissenschaften, Emigration in die →Vereinigten Staaten, 1939 Brief an Präsident Roosevelt zum Bau einer Atombombe, 1952 israel. Kabinett trägt E. das Amt des Staatspräsidenten an, er lehnt ab.

In der *Speziellen Relativitätstheorie* (1905) postuliert E. die Unabhängigkeit der →Naturgesetze von der Wahl des Inertialsystems (Trägheitssystems), insbes. die Konstanz der Lichtgeschwindigkeit. Die Folge ist eine Verschmelzung von →Raum und →Zeit zu einer untrennbaren Einheit, math. realisiert durch Lorentz-Transformationen. Der Begriff der Gleichzeitigkeit räuml. entfernter Ereignisse wird kritisiert, →Newtons Annahme einer Fernwirkung sowie seine Vorstellung eines absoluten Raumes und einer absoluten Zeit überwunden. Darüber hinaus ergibt sich die Äquivalenz von Masse (m) und Energie (E), E = mc2, (c: Lichtgeschwindigkeit), die ein Vierteljh. später erstmals empir. bestätigt wird. Nach M. Planck »übertrifft« die E.sche Zeitauffassung »an Kühnheit alles, was bisher in der spekulativen Naturforschung, ja in der philos. →Erkenntnistheorie geleistet wurde«.

In der *Allg. Relativitätstheorie* (1915) erweitert E. die Forderung nach Forminvarianz der Grundgleichungen auf den Fall der Transformation auf beschleunigte Bezugssysteme. Die empir. sehr gut bestätigte Äquivalenz von träger und schwerer Masse wird zum Postulat erhoben und gestattet die Ersetzung eines Gravitationsfeldes durch ein Feld geeigneter Koordinatentransformationen: Geometrisierung der Kraft. Ausgehend vom Allg. Relativitätsprinzip, schuf E. eine völlig neue Gravitationstheorie. Die resultierenden Feldgleichungen sind bisher uneingeschränkt empir. bestätigt, im Gegensatz zur Newtonschen Theorie: Perihelverschiebung der Bahn des Planeten Merkur, Lichtablenkung im Schwerefeld der Sonne, Rotverschiebung in Gravitationsfeldern usw. E.s Versuche, eine einheitl., über die Gravitationstheorie hinausgehende Feldtheorie aufzustellen (ab 1920), blieben erfolglos.

E.s Arbeit über *Brownsche Bewegung* (1905) verhalf der Vorstellung vom atomaren Aufbau der Materie vollends zum Durchbruch. Hier leitet er die Gesetzmäßigkeit der Zufallsbewegung eines kleinen Makroteilchens ab, welches den Stößen ungeordnet fluktuierender Mikroteilchen ausgesetzt ist (Beispiel: Wärmebewegung eines in Wasser suspendierten Blütenpollens – von Robert Brown 1827 entdeckt). Diese Arbeit enthält die erste Form eines Fluktuations-Dissipations-Theorems und ist ein Pionierbeitrag auf dem Gebiet stochast. Prozesse.

E.s Beiträge zur *Quantentheorie* (ab 1905) füllten Plancks theoret. Konzept des Wirkungsquantums mit physikal. Realität. Sie führten zum Photonenkonzept des elektromagnet. Feldes (Welle-Teilchen-Dualismus). E. initiiert die Quantentheorie des Festkörpers durch eine Berechnung der spezif. Wärme (1906). 1925 entdeckt er die »Bose-E.-Kondensation«, den einzigen, durch ausschießl. quantenmechan. Korrelationen induzierten thermodynam. Phasenübergang, verantwortl. für Suprafluidität (flüssiges Helium verliert bei −271°C die innere Reibung), Supraleitung (Verschwinden des elektr. Widerstands), Laser.

E. lehnt die statist. Interpretation der Quantenmechanik ab, obgleich er deren log. Konsistenz zugesteht: →Gott würfelt nicht. Er will an der physikal. Denkbarkeit real existierender Einzelobjekte, anstelle statist. Ensembles, festhalten. Seine Versuche, die Unvollständigkeit der Quantenmechanik zu beschreiben (1927, 1935), fördern ihren holist. Charakter zutage (→Ganzheit). Heute ist die Schlußfolgerung zwingend, daß es nur ein einziges, real existierendes Objekt gibt: die →Natur. Teilobjekte »bestehen« nur kraft Definition und sind notwendig (quantenmechan.) korreliert. – Mit E. sind die der theoret. Physik zugrundeliegenden »Begriffe und Prinzipien freie Erfindungen des menschl. Geistes« und bilden »den unvermeidl., rational nicht erfaßbaren Teil der Theorie«.

*Lit.: A. Einstein:* Aus meinen späten Jahren, Stuttgart 1979. – *B. Hoffmann/H. Dukas:* Albert E., Schöpfer und Rebell, Dietikon-Zürich 1976. – *A. Pais:* »Raffiniert ist der Herrgott...«. Albert E., eine wissenschaftl. Biographie, Braunschweig 1986. – *P. Schilpp (Hg.):* A. E.: Philosopher – Scientist, Tudor/New York 1949.

*Eberhard Müller*

**Ekklesiologie**

*A. Begriff und Problemkreise*

*I.* E., von griech. *ekklesia* und *logos*, ist ein Spezialbegriff der →Dogmatik zur Bezeichnung der *Lehre von der →Kirche.* Jede Kirchenlehre muß vorrangig zwei Problemkreise behandeln: die theol. Identität der sog. *unsichtbaren Kirche*, d.h. der Kirche als Gemeinschaft der Heiligen *(communio sanctorum)* im Sinne des dritten Artikels des Glaubensbekenntnisses, und eine Bestimmung des Verhältnisses der empir., sichtbaren Kirche(n) zur »Welt« oder zur Kultur. Für die Lehre vom theol. Wesen der Kirche ist die Klärung des Verhältnisses von Kirche und →Reich Gottes grundlegend. Demgegenüber steht im Zentrum der Lehre von der *sichtbaren Kirche* eine Klärung ihrer sozialen Ordnungsstrukturen sowie die Bestimmung ihres Verhältnisses zu anderen Ordnungsmächten, insbes. zu den polit. Obrigkeiten. Deshalb spiegeln sich in der E. sehr viel stärker als in anderen dogmat. Lehrstücken die tiefgreifenden sozialen *Wandlungsprozesse* in der Geschichte des Christentums (→Kirche und Staat; →Kirche und Gesellschaft). Dabei ist bis zur Epochenschwelle der →Aufklärung in allen christl. →Konfessionen die Idee einer rel. Einheitskultur leitend gewesen. Konfessionelle Unterschiede haben sich nur insoweit ergeben, als das Verhältnis der Kirche zu anderen Ordnungsmächten unterschiedl. bestimmt worden ist.

*II.* Mit der Ausbildung der modernen *bürgerl. Gesellschaft,* wie sie sich seit →Aufklärung und →industrieller Revolution vollzieht, ist die E. vor prinzipiell *neue Probleme* gestellt worden. Die alte Leitidee einer rel. Einheitskultur läßt sich seit dem

18. Jh. nicht mehr aufrechterhalten. Auf Grund der christl. Prägung der europ. Kulturgeschichte verliert zugleich die alte Unterscheidung von Gläubigen und →Heiden ihre Plausibilität. So wird die Existenz eines Christentums außerhalb der institutionell verfaßten Kirchen zu einem Grundthema der E. Dabei haben auch die alten konfessionellen Gegensätze zwischen Katholizismus und Protestantismus eine neue Qualität gewonnen. Diese Gegensätze im Kirchenverständnis und in der Stellung der Kirche innerhalb der modernen →Kultur lassen sich an zwei Grundproblemen der E., dem Verhältnis von unsichtbarer und sichtbarer Kirche und dem Weltbezug der Kirche, verdeutlichen.

*B. Katholische Kirchenlehre*

Für kath. Kirchenlehre ist eine starke Hochschätzung der sichtbaren Kirche als Institution der Heilsvermittlung grundlegend. E. bildet deshalb, im Unterschied zur prot. Theologie, das Zentrum und organisierende Prinzip theol. Dogmatik. Kirche sei nichts Geringeres als das Corpus Christi mysticum, »der in der Zeit bis zur Vollendung der Welt fortlebende und fortwirkende Christus« selbst (M. Schmaus). Kirche wird als →Sakrament, d.h. als »Zeichen«, wenn auch ausschließl. »Werkzeug« der Teilhabe an der Gemeinschaft mit Gott (Lumen gentium, Nr. 1), verstanden.

*I.* Kath. E. behandelt nicht nur Wesen und Eigenschaften, sondern auch die *institutionelle Gestalt* und Ordnung der Kirche. Auf Grund der Tendenz zur Identifikation von sichtbarer und unsichtbarer Kirche wird die überkommene institutionelle Gestalt mit hoher theol. Verbindlichkeit ausgestattet. Durch die starke Betonung der rechtl. Verfassung der Kirche (→Kirchenrecht) soll vor allem eine lehrmäßige Geschlossenheit der Weltkirche einschließl. einer einheitl. Ethik sichergestellt werden. Doch je stärker best. Ordnungsstrukturen oder die hierarch. Ämter der Kirche (→Amt) theol. legitimiert werden, desto unveränderlicher werden solche Ordnungen.

*II.* Kath. E. nimmt für die sichtbare Kirche eine *eth. Führungskompetenz* gegenüber der Welt in Anspruch: Kirche sei zentrale Institution der Auslegung eines allein rel. begründbaren →Naturrechts und müsse die von ihr aus Gottes →Offenbarung erkannten unbedingt verbindl. →Normen menschl. Zusammenlebens auch für Staat und Gesellschaft verpflichtend machen.
In zahlreichen europ. Gesellschaften haben Staat und Gesellschaft seit der →Franz. Revolution die alten Herrschaftsansprüche der kath. Kirche abgelehnt. So ist es zu vielfältigen *polit. Konflikten* zwischen Staat und Kirche gekommen. Dabei hat die kirchl. →Hierarchie ihre Autorität, insbes. den Primat des →Papstes und die Ansprüche auf eine eth. Führung von Staat und Gesellschaft durch die Kirche noch einmal verstärkt (1. →Vat. Konzil). Die kath. Kirche des 19. Jh.s reagiert auf die Demokratisierung der polit. Institutionen und die Pluralisierung der Kultur wesentl. durch *Abgrenzung*: Liberale, modernitätsoffene Strömungen werden aus der Kirche ausgegrenzt und durch ein dichtes Vereinswesen oder eigene polit. Parteien wie das »Zentrum«, geschlossene kath. Milieus innerhalb der als unsittl. und feindl. erfahrenen zunehmend pluralistischeren Kultur, stabilisiert. Daraus resultieren schon im 19. Jh. vielfältige Spannungen zwischen Amtskirche und →*»polit. Katholizismus«*: Zur Durchsetzung der Interessen der kath. Bevölkerungsgruppe ist der »polit. Katholizismus«, wie er sich in Deutschland etwa in der Zentrumspartei organisiert, sehr viel stärker als die hierarch. Kirche zur Anpassung an die moderne Kultur und zur Aufnahme der →Demokratie gezwungen. Nach der Revolution 1918/19 erweist sich das Zentrum deshalb als eine der tragenden polit. Kräfte der Weimarer Republik.

*III.* Auf Grund der Auflösung geschlossener konfessioneller Milieus und der tiefgreifenden polit.-kulturellen Gegensätze zwischen Erster, Zweiter und Dritter Welt wird die kath. Weltkirche seit 1945 in sich *zunehmend pluralistischer.* Das 2. →Vat. Konzil, das diesen Wandel hat aufnehmen und zugleich theol. kanalisieren sollen, rückt deshalb einen stärker *dynam. Begriff der Kirche* als Volk Gottes in den Vordergrund, der aber den alten Begriff des Corpus Christi mysticum nicht ablösen, sondern ergänzen soll. Dabei werden nun das *kollegiale Zusammenwirken* von Papst und Bischöfen, der Dienstcharakter der Ämter und die Mitverantwortung der →Laien betont. Der überkommene (aus der engen Verknüpfung von sichtbarer und unsichtbarer Kirche resultierende) Ausschließlichkeitsanspruch, allein die röm.-kath. Kirche sei wahre Kirche Jesu Christi, wird insoweit problematisiert, als auch in Hinblick auf andere Konfessionen von Kirchen oder kirchl. Gemeinschaften gesprochen und der Sehnsucht nach Einheit der Christenheit Ausdruck gegeben wird. Doch sind durch das Konzil die großen inneren Spannungen in der Weltkirche kaum gemindert, sondern, wie etwa die in den letzten Jahren geführten Auseinandersetzungen um die →Befreiungstheologie und die Einstellung des röm. →Lehramts gegenüber dem ökumen. Dialog gezeigt haben, eher noch verstärkt worden. Dieser die röm.- kath. Kirche der Gegenwart fakt. bestimmende polit., eth. und lehrmäßige →Pluralismus kann in der Perspektive der kirchenamtl. E. aber nur als illegitim wahrgenommen werden. So sind verbindl. theol. Selbstdeutung der kath. Kirche und ihre tatsächl. soziale Verfassung weithin unvermittelt.

*C. Evangelische Kirchenlehre*

*I.* Die für den Protestantismus grundlegende Theologie der Reformatoren wendet sich gegen Herrschaftsansprüche der spätma. Kirche über die Seelen der Gläubigen. →Luther, der das Kirchenrecht

verbrennt, *begrenzt* deshalb *die Ansprüche der Kirche* gegenüber dem Individuum vom frommen Christen her. Für diese Begrenzung sind drei Elemente grundlegend: die Anerkennung einer direkten Beziehung des einzelnen Frommen zu Gott; die strikte Unterscheidung zwischen Verkündigungsauftrag und Sozialgestalt der Kirche; eine pragmat. Indifferenz gegenüber Ordnungsproblemen. Zwar bleibt die Kirche auch unter den Bedingungen reformator. →Christologie und Rechtfertigungslehre (→Rechtfertigung) eine notwendige Bedingung der Heilsaneignung (→Heil), aber dies betrifft allein ihre Funktion, Ort der Verkündigung des →Evangeliums und der Darreichung der Sakramente zu sein. Nur Wort und Sakrament konstituieren Kirche.
Deshalb ist in den altprot. →Bekenntnisschriften darauf verzichtet worden, irgendeine best. Sozialgestalt der Kirche gegenüber möglichen anderen Ordnungen zu privilegieren. Das →Augsburger Bekenntnis bestimmt Kirche schlicht als *»Versammlung aller Gläubigen«* (Confessio Augustana VII). So kennt sie nur ein theol. Kriterium für die Ordnung der sichtbaren Kirche: Kirche muß so geordnet sein, daß der Vollzug ihrer Aufgabe (Wortverkündigung und Darreichung der Sakramente) nicht verhindert wird. Dies bedeutet in Verbindung mit der reformator. Lehre vom Priestertum aller Gläubigen: Irgendwelche *Ämter* der Kirche sind *kein* gegenüber den konstitutiven Kennzeichen der Kirche, Wort und Sakrament, *eigenständiges Definitionselement von Kirche.* Diese Position ist auch da festgehalten worden, wo Reformatoren und Dogmatiker des Altluthertums über die zwei konstitutiven *notae ecclesiae* hinaus noch weitere *notae* einschließl. des Predigtamtes entwickelt haben.

*II.* Mit der →*Zweireichelehre* erkennen Reformation und Altprotestantismus der polit. Obrigkeit und den Ständen des Gemeinwesens eine eigene theol. Würde zu. Eine hierokrat. Herrschaft der Kirche über die Welt wird von einer relativen *Autonomie der weltl. Lebensgebiete* abgelöst, die ihr theol. Fundament in der rel. Hochschätzung des weltl. →Berufs des Menschen hat: →Gottesdienst vollziehe sich nicht allein in der Kirche, sondern primär in der tätigen Annahme und Gestaltung des Standes, in den Gott mich gestellt habe. Für Reformation und Altprotestantismus bedeutet diese theol. Aufwertung der Eigenständigkeit der Welt (d.h. der polit. Institutionen und sozialen Stände) aber keine Preisgabe des überkommenen Ideals einer rel. Einheitskultur. Doch hat der Protestantismus durch Beschränkung der Kirchenherrschaft, Betonung der Unabhängigkeit der weltl. Institutionen von der Kirche und Stärkung der einzelnen Frommen gegenüber der kirchl. Institution dem epochalen Wandel hin zur modernen pluralist. Individualitätskultur zumindest indirekt den Weg bereitet. Dabei sind freil. auch die problemat. Folgen seiner rel. Aufwertung der Welt unübersehbar: Indem eine eigene Würde der Welt anerkannt wird, wird auch die *Autorität der polit. Obrigkeit rel. verstärkt.* In Verbindung mit dem landesherrl. Kirchenregiment fördert dies im dt. Luthertum Tendenzen zu einer autoritären »Staatfrömmigkeit«.

*III.* Bis zum *Beginn des 19. Jh.s* spielt die E. in der prot. Dogmatik nur eine untergeordnete Rolle. Erst seitdem infolge von →Absolutismus und Auflösung der altständ. Gemeinwesen die überkommene enge Bindung der dt. prot. Kirchentümer an die polit. Obrigkeit problemat. und eine neue Selbständigkeit der Kirche gegenüber Staat und Gesellschaft gefordert wird, treten Fragen nach theol. Begriff und sozialer Gestalt der Kirche allmähl. in den Vordergrund. Dabei bleibt der Begriff des →*Reiches Gottes* der Leitbegriff der E. Aber dieser Begriff wird seit der Aufklärung gegensätzl. ausgelegt: er wird einerseits im Sinne einer synthet., an einer Harmonie von Christenum, Kirche und Kultur orientierten Kulturtheologie eth. transformiert, so daß Höherentwicklung und Versittlichung der Kultur zur Annäherung an das Reich Gottes werden. Er wird andererseits im Sinne einer prinzipiellen Differenz von Kirche und Kultur ausgelegt und bezeichnet dann den bleibenden eschatolog. Gegensatz zwischen den Idealen des Christentums und der gegebenen bürgerl. Kultur.
Diese gegensätzl. Auslegungen des Verhältnisses von Kirche und Reich Gottes sowie die darin eingeschlossenen alternativen Bestimmungen des Ortes der Kirche innerhalb der modernen Kultur spiegeln *konkurrierende polit. Einstellungen* gegenüber dem Prozeß gesellschaftl. Modernisierung. Der dt. Protestantismus hat bis in die Gegenwart weder einen Konsens in der Frage nach der christl. Legitimität von →Aufklärung und moderner Kultur (→Neuzeit) noch eine Übereinstimmung über das Selbstverständnis der Kirche und deren Sozialgestalt innerhalb der modernen pluralist. Kultur zu erzielen vermocht.

*IV.* Für das *19. Jh.* lassen sich zwei Grundpositionen unterscheiden: liberaler Kulturprotestantismus und konservatives Luthertum (→Konservatismus). Die *Kulturprotestanten*, die die moderne Kultur als eine legitime Folge des Christentums ansehen, vertreten zumeist einen sehr spiritualist. Kirchenbegriff, so daß Kirche und moderne Welt positiv aufeinander bezogen werden können. Im Interesse der Autonomie der rel. Persönlichkeit werden ein Frömmigkeitspluralismus innerhalb der Kirche anerkannt, die Mündigkeit der Gemeinde gegenüber dem Predigtamt betont und die innerkirchl. Verbindlichkeit der Bekenntnisschriften stark relativiert. In Übereinstimmung mit der liberalen Nationalstaatsbewegung wird häufig die Überwindung des landeskirchl. Partikularismus zugunsten einer Reichskirche gefordert.
Demgegenüber verstehen die *konservativen Lutheraner* die Kirche als eine starke Gegenmacht zu der von ihnen als unchristl. erlittenen modernen Kultur. Um die Identität der sichtbaren

Kirche gegenüber der →Welt zu stärken, betonen sie den Gemeinschaftscharakter der Kirche sowie die Autorität des Predigtamtes gegenüber der Gemeinde und suchen durch neue Kirchenordnungen einheitl. Lehre oder eine rechtl. Verbindlichkeit von Schrift und Bekenntnis sicherzustellen. Intensiver als die Liberalen nehmen sie den krisenhaften Charakter gesellschaftl. Modernisierung, insbes. die sog. soziale Frage wahr. Kirche wird gerade deshalb als eine starke Institution konzipiert, um das Proletariat vor dem verderbl. Einfluß der atheist. Sozialdemokratie zu retten.

*V.* Die Trennung von Kirche und Staat 1918/19 und die Übernahme der Regierungsverantwortung durch die z.T. antikirchl. Sozialdemokratie werden im dt. Protestantismus primär als Sieg von Säkularismus und Unchristlichkeit erfahren. Lutheraner, aber auch Vertreter des Rel. Sozialismus, proklamieren einen *eth. Führungsanspruch der sichtbaren Kirche*: nur eine starke Volkskirche könne dem durch Wertezerfall und Parteienstreit geprägten Gemeinwesen wieder zu einem allgemeinverbindl. sittl. Fundament verhelfen. Vertreter der →dialekt. Theologie wie K. →Barth und F. Gogarten lehnen diese Hochschätzung der sichtbaren Kirche als katholisierend ab. Aber auch sie erklären die Kirche zur eth. Avantgarde: dem Maß ihrer ausschließl. Bindung an das Wort Gottes entspr. habe die aktualistisch, vom Ereignis der Verkündigung her best. Kirche eine prophet. Führungskompetenz gegenüber der Welt.
Auch der →*Kirchenkampf* der 30er Jahre ist primär ein Streit um die Selbständigkeit der Kirche. Die Dt. Christen wollen die Landeskirchen zu einer völk. Reichskirche vereinigen, an deren Spitze, analog zum nationalsozialist. Führerprinzip, ein Reichsbischof stehen soll. Angesichts ideolog. Überfremdung und staatl. Eingriffe in die Kirche verteidigt die Bekennende Kirche demgegenüber eine prinzipielle, christolog. begründete Autonomie der Kirche. Dabei wird der *Kirchenbegriff* so weit *dogmat. aufgeladen*, daß jede Vermittlung zwischen einem theol. und soziol. Begreifen der Kirche, wie es D. →Bonhoeffer noch 1930 gefordert hat, als theol. illegitim gilt. Zwar wird in der Theol. Erklärung von Barmen Kirche als eine durch die Gegenwart Christi konstituierte »Gemeinde von Brüdern« bestimmt, die ihre exklusive Bindung an ihren Herrn auch in »ihrer Ordnung« zu bezeugen habe (These III), aber der Bekennenden Kirche (BK) gelingt es nur in Ansätzen, ihr dogmat.-christokrat. Kirchenverständnis und die Forderung nach einem christozentr. ev. Kirchenrecht in einer best. Sozialgestalt von Kirche zu konkretisieren. Einige Vertreter des sog. radikalen Flügels der BK lehnen die →Volkskirche zugunsten einer Freiwilligkeitskirche der wenigen wahrhaft Bekenntnistreuen ab. Doch die Mehrheit der BK hält ausdrückl. an der Volkskirche fest.

*VI.* Auch der Protestantismus in der Bundesrepublik ist durch dauernde Auseinandersetzungen über die *Sozialgestalt der Kirche* bestimmt. Dabei stehen sich idealtypisch verkürzt *zwei Kirchenmodelle* gegenüber: eine offene Volkskirche, die ihre vielfältigen Verflechtungen mit Gesellschaft und Staat kritisch akzeptiert und einen breiten Pluralismus von Frömmigkeitsstilen und Theologien als legitim erachtet, sowie eine geschlossene, durch hohe rel. wie polit. Homogenität gekennzeichnete Kirche, die ihre Identität vorrangig aus dem Gegensatz zur modernen bürgerl. Gesellschaft gewinnt und sich angesichts der unübersehbaren Krisen des Modernisierungsprozesses (→Ökologie) als Avantgarde von Umkehr und rel. Erneuerung der gesamten Kultur versteht. Dieser ekklesiolog. Gegensatz, der vor allem in Auseinandersetzungen über die polit. Verantwortung der Kirchen zutage tritt, zeigt sich auch in kontroversen Einstellungen prot. Theologen gegenüber dem *ökumen. Dialog*: Durch ökumen. Verständigung suchen die Vertreter einer volkskirchl. orientierten E. den beiden Großkirchen vorrangig zu einem pragmat., an den Bedürfnissen der Individuen orientierten Umgang mit der allmähl. Auflösung der alten konfessionellen Milieus zu verhelfen, wie sie etwa in der wachsenden Zahl von Mischehen und im Schwund kirchl. Bindung sichtbar wird. Demgegenüber geben die Kritiker der Volkskirche dem Diskurs mit der röm.-kath. Kirche primär eine kulturellpolit. Zielsetzung: Durch Verständigung zwischen den Kirchen sollen deren polit. Einflußchancen vergrößert und die Kirchen zu starken Gegenmächten gegen die moderne, als weithin unchristl. erlittene pluralist. Kultur umgeformt werden.

*Lit.: Zu B: L. Boff:* Kirche: Charisma und Macht. Studien zu einer streitbaren E., Düsseldorf 1985. – *Y. M. Congar:* Der hl. Geist, Freiburg 1982. – *L. Grane:* Die Kirche im 19. Jh., Göttingen 1987. – *E. Iserloh:* Kirche – Ereignis und Institution, Münster 1985. – *F. X. Kaufmann:* Kirche begreifen, Freiburg 1979. – *H. Küng:* Die Kirche, München 1977. – *P. E. Persson:* Repraesentatio Christi, Göttingen 1966. – *K.-E. Lönne:* Polit. Katholizismus im 19. und 20. Jh., Frankfurt/M. 1986. – *J. Ratzinger:* Das neue Volk Gottes, Düsseldorf 1969. – *M. Schmaus:* Kath. Dogmatik IV, München 1952. – *Zu C: D. Bonhoeffer:* Sanctorum Communio. Eine dogmat. Untersuchung zur Soziologie der Kirche, München, 4. Aufl. 1969. – *F. W. Graf:* Vom Munus Propheticum Christi zum prophet. Wächteramt der Kirche?, in: Zeitschrift für Ev. Ethik 32 (1988), 88-106. – *E. Herms:* Luthers Auslegung des Dritten Artikels, Tübingen 1987. – *M. Honecker:* Kirche als Gestalt und Ereignis, München 1963. – *W. Huber:* Kirche und Öffentlichkeit, Stuttgart 1973. – *Ders.:* Kirche, Stuttgart 1979. – *W. Lohff/L. Mohaupt (Hg.):* Volkskirche – Kirche der Zukunft?, Hamburg 1977. – *K. Meier:* Volkskirche 1918-1945, München 1982. – *J. Moltmann:* Kirche in der Kraft des Geistes, München 1975. – *W. Pannenberg:* Thesen zur Theologie der Kirche, München 1970.- – *Ders.:* Ethik und E., Göttingen 1977. – *T. Rendtorff:* Kirche und Theologie. Die systemat. Funktion des Kirchenbegriffs in der neueren Theologie, Gütersloh, 2. Aufl. 1970. – *Ders.:* Christentum außerhalb der Kirche, Hamburg 1969. – *P. Tillich:* Kirche und humanist. Gesellschaft, in: *ders.:* Die rel. Substanz der Kultur (Gesammelte

Werke IX), Stuttgart 1968. – *E. Wolf:* Barmen. Kirche zwischen Versuchung und Gnade, München, 2. Aufl. 1970.

*Friedrich Wilhelm Graf*

**Ekstase** (von griech. *ekstasis,* außer sich sein) meint einen schwer beschreibbaren psychosomat. Zustand (→Psychologie), gewöhnl. beschrieben als eine →Erfahrung, in der das normale Ich-Bewußtsein abwesend und die personale →Identität aufgehoben ist. Weil →Religion auf das *Übersteigen* des alltägl. Innerweltlichen gerichtet ist (vgl. die Wortbedeutung von →Transzendenz), wird E. oft als ein Aspekt der Religion betrachtet; auch sie hebt hinaus über Zeit und →Raum und gilt oft als Höhepunkt rel. Erfahrung. E. wird häufig (mit einer ihr eigenen Ungenauigkeit) als Verzückung, Entrückung, als *Rausch,* Trance, Besessenheit, Enthusiasmus oder Begeisterung beschrieben. Dies deutet an, daß die E. sowohl durch einen langwierigen Prozeß wachsender Entrückung als auch kurzfristig durch halluzigene Stoffe (Rauschmittel) erreicht werden kann. Die E. ist jedoch nach →Ziel und Inhalt nicht mit einem Drogenrausch gleichzusetzen. Die →Weltreligionen sind hier in der Regel auch vorsichtig.
Als *Weg* ist E. im →*Schamanismus* bekannt. Der Schamane begibt sich auf den Weg zur Geisterwelt (→Geister und Dämonen), wird der normalen Welt entrückt, um schließl. in E. eine oft verschlüsselte Botschaft zu empfangen, die anschließend gedeutet wird (Orakel). Die schamanist. E. wird oft auch als eine Neugeburt zu einer höheren Existenzform beschrieben, die Verkehr mit den Geistern ermöglicht und dadurch dem Ekstatiker divinator. (von göttl. Eingebung geleitete) oder therapeut. Fähigkeiten vermittelt. E. äußert sich oft auch in einem Rausch, der zu einer Orgie führen kann, in der gesellschaftl. Unterschiede vorübergehend aufgehoben werden. Analog zur E. gibt es den Enthusiasmus, der von (einem) →Gott erfüllt und begeistert ist. In der →*Mystik* ist oft die Rede vom Weg der Selbstentleerung, hin zur angestrebten Vereinigung mit dem →Absoluten oder zur →Kommunikation mit dem als →Person erfahrenen Gott. Beide werden als eine unsagbare Beglükkung empfunden. Abgesehen von individueller Veranlagung kennen die meisten Religionen systematisierte Techniken zur E. Psycholog. betrachtet bilden E., Rausch und Enthusiasmus uneindeutige Phänomene, weil sie nur schwer vom psych. Abnormalen zu unterscheiden sind. Sie berühren auch die Grundfrage nach Möglichkeit und Inhalt rel. Erfahrung. Die christl. →Theologie legt Wert auf die →heilsvermittelnde Gestalt →Jesu Christi, die ekstat. Erfahrungen keineswegs ausschließt und unzulässig macht, wohl aber sensibel ist für die Gefahr, »der Herren eigenen →Geist« für den Geist Christi zu halten, was z.B. im Schwärmertum (→Täufer) und in der →Pfingstbewegung leicht mögl. ist.

*Lit.: H. Cancik (Hg.):* Rausch-E.-Mystik. Grenzformen rel. Erfahrung, Düsseldorf 1978.

*Alphons van Dijk*

**Elemente** bedeuten Grundbestandteile, in der griech. →Wissenschaft auch erste Grundsätze (Axiome). In der griech. Naturlehre sind E. die *vier Grundstoffe,* aus denen die Dinge bestehen: Wasser, Feuer, Erde, Luft, denen →Aristoteles und →Platon noch den Äther hinzufügen.

*A.* Der *Verehrung* dieser Nature. ist eine alte und weitverbreitete rel. Erscheinung. In den kosmolog. Vorstellungen der Chinesen, Inder, Griechen und →Juden (Kabbala) hat sie sich bereits dahingehend entwickelt, daß alles →Sein und →Leben auf best. unwandelbare Grundbausteine (auch hier meistens die vier genannten) zurückgeführt wird. In die christl. Welt gelangte diese Lehre durch arab. Vermittlung, wurde in der *Alchemie* des MA.s um die E. Salz, Schwefel und Quecksilber ergänzt, dann aber im 17. Jh. durch *R. Boyles* (1627-1691) Definition des E.s überwunden (→Chemie, →Materie).

*B.* Davon unberührt bleibt die *symbol. Interpretation* (→Symbol) der E. *in den →Religionen.* Auf Grund ihres doppelten Charakters als Materie und als Abbild des Göttlichen stellen sie eine Möglichkeit der Begegnung und Vereinigung von →Gott und →Mensch in der →Welt dar. Auf diesem Hintergrund können auch die Zeichenhandlungen Jesu verstanden werden, der dem Sturm Einhalt gebietet (Mk 4,35- 41) und über dem Wasser wandelt (Mk 6,45-52), der Wasser in Wein verwandelt (Joh 2,1-11), von Strömen lebendigen Wassers spricht (Joh 7,38) und sich das Licht der Welt nennt (7,12). Verwendung finden die E. in →Liturgien christl. Kirchen (→Sakrament): im Gebrauch des Wassers (Weihwasser, →Taufe), in der →Symbolik der Asche, in der Weihe des »Gottesackers«, beim Begehen hl. Wege (→Prozession), beim Anhauchen im Taufritus, dem Feuer in der Osternacht. Zentrale Bedeutung haben schließl. die »E.« Brot und Wein bei der Feier des →Abendmahls.

*Lit.: D. Forstner:* Die Welt der christl. Symbole, Innsburg u.a., 3. Aufl. 1977. – *W. Kirfel:* Die fünf E., Walldorf 1951. – *H. Timm:* Das Weltquadrat. Eine rel. Kosmologie, Gütersloh 1985.

*Heinz-Jürgen Loth*

**Elite.** Gruppe der →Personen, die in einer →Gesellschaft oder einem ihrer Teilsysteme herausgehobene Positionen innehaben und denen bes. →Leistungen oder maßgebl. Einfluß auf gesellschaftl. bedeutsame Entscheidungen zugeschrieben werden (*Leistungs-* oder *Funktionse.n*; *Machte.n* oder Führungsschichten, auf lokaler Ebene oft: *Honorationen*). Andere Gruppen können konkurrierend für sich selbst den Status einer (Gegen-)Elite beanspruchen, etwa als »geistige E.« (→Intellektuelle). Die Hervorhebung von E.n kann mit den Prinzipien der →Demokratie in Spannung treten und tut dies oft. In der →Soziologie steht die

Unterscheidung von E.n und →Massen regelmäßig in Spannung zur Untersuchung der →Sozialstruktur und ihrer Dynamik nach →Klassen und →Schichten. Von bes. Interesse sind für die E.bildung jeweils best. *Auslesekriterien* (Abstammung, Besitz, →Bildung, »Leistung«) sowie die Strukturen und Prozesse der Entstehung, Gliederung, Abschließung, Ideologiebildung und gegebenenfalls des Zerfalls von E.n und Gegene.n.

*Lit.: T. Bottomore:* E. und Gesellschaft, München 1966. - *H. P. Dreitzel:* E.begriff und Sozialstruktur, Stuttgart 1962. – *H. D. Lasswell u.a. (Hg.):* The comparative study of elites, Stanford 1952. – *K. Lenk:* Polit. Soziologie, Stuttgart 1982. – *K. Mannheim:* Mensch und Gesellschaft im Zeitalter des Umbaus, Leiden 1935, Nachdruck Darmstadt 1958.

*Constans Seyfarth*

**Eltern.** Der *Begriff* E. ist konstituiert durch den des Kindes. In der biolog. Fachsprache begegnet der Singular »Elter«. Sofern ein E.teil ausfällt, spricht man neuerdings von Alleinerziehenden. E. bilden mit einem oder mehreren →Kindern eine →Familie. Die Bezeichnung »Gattenfamilie« setzt Kinderlosigkeit – erwünscht oder schicksalhaft – voraus.

*A.* In der wissenschaftl. Pädagogik ist, abgesehen von den wichtigen Erkenntnissen →Pestalozzis und F. Fröbels (1782-1852), die *Bedeutung der E.* und der familiären Erziehung bis in die jüngste Gegenwart vernachlässigt worden. Dagegen hat das *E.recht* in →Kirche und →Staat Tradition. Von kath. Seite hat man sich seit der Liberalisierung des Schulwesens Ende des 19. Jh.s immer wieder auf das →Naturrecht der elterl. →Erziehung berufen, womit man zugleich ein starkes Engagement für die rel. Erziehung verband. Die Weimarer Verfassung (1919) sah bereits die Beteiligung der E. am demokrat. Schulwesen (E.beiräte) vor und nahm im Blick auf den →Religionsunterricht Rücksicht auf deren Einstellung. Im Grundgesetz (1949) sind in Art. 6 Abs. 2 ausdrückl. »Pflege und Erziehung« als das »natürl. Recht« und die »zuvörderst... obliegende Pflicht« der E. definiert. Desgleichen sichert auch die Allg. Erklärung der →Menschenrechte (1948) in Art. 26 Abs. 3 den E. das Recht zu, »in erster Linie« die »Art der Bildung« für ihre Kinder zu bestimmen.
Die *Mitwirkung* von gewählten E.vertretern bei Schulklassen, in der Schule insgesamt, auf Kreis-, Landes- und Bundesebene, ist inzwischen zu einer ständigen und bewährten Einrichtung geworden, auch wenn ihre Zuständigkeit im einzelnen unterschiedl. geregelt ist. Von der Information und Anhörung, der Organisation von Schulfesten, Spenden und Klassenfahrten bis zur Mitsprache und →Mitbestimmung über Inhalte und Ziele des eigentl. Unterrichts sowie der schul. Erziehung spannt sich der Bogen elterl. Beteiligung. Es handelt sich dabei in gewisser Weise um Schutzbestimmungen gegenüber dem Schulmonopol (→Schule) des Staates, das dieser mit der allg. Schulpflicht ausübt.

*B.* Das *Erziehungsverhalten der E.* ist grundsätzl. abhängig von mehreren Faktoren. Dazu gehören ihre eigene phys. und psych. Konstitution, die tatsächl. und vermeintl. →Rollenerwartungen, wie sie von Staat, →Gesellschaft, Schule, Kirche, Berufswelt, anderen E., Gruppen und Mächten ausgehen. Vater und Mutter haben selbst jeweils E. und Geschwister, gehören einer →Konfession an, stehen evtl. beide im →Beruf, haben Nachbarn usw. Hierbei können sich durchaus Rollenkonflikte ergeben, die wiederum Rückwirkungen auf das Verhältnis zum Kind haben. Hinzu kommen noch standesbedingte und nicht zuletzt national- und kulturtyp. Unterschiede.

*C.* Die *gegenwärtige Situation* der dt. Familie und damit die Rolle der E. wird häufig als Strukturkrise beschrieben. Dies ist insofern berechtigt, als die *Klein- bzw. Kleinstfamilie* zur Regel geworden ist, Arbeitswelt und Familienwohnung nicht nur räuml. getrennt, sondern zumeist auch ohne inneren lebensgeschichtl. wirksamen Bezug sind. Diese Struktur der Familie, die sich zur Gesellschaft dysfunktional entwickelt, läßt sich aber auch positiv interpretieren, sobald man die Gesellschaft der Kritik unterzieht und als nicht familienfreundl. – Symptome dafür gibt es genug – interpretiert. Indirekt kann sogar die auf ihren Kern reduzierte Kleinstfamilie auf die größere Gruppe und die Gesellschaft im ganzen erneuernd zurückwirken. Sie erscheint sicher auch von vielen Aufgaben und Funktionen entlastet, wenn man bedenkt, was früher etwa noch zum »Hausregiment« (M. →Luther) und zur Hauswirtschaft außer vielen Kindern gehörte.
So wird die tatsächl. gewonnene →Freizeit nicht nur zum Angebot an die E., ihre eigene frühere →Sozialisation zu ergänzen, zu korrigieren, indem sie z.B. mit den Kindern spielen, sich an den Schularbeiten beteiligen, sondern auch zum *Freiraum,* die *personalen Beziehungen* untereinander enger zu gestalten. Wenn man einmal absieht von psychoanalytischen Detailfragen und psychopatholog. Fehlformen, die in diesen Konstellationen mögl. sind (sog. Übertragung, Kompensation eigener Mängel usw.), bieten die überschaubar gewordenen Verhältnisse auch Chancen der sittl. und rel. Erneuerung.

*D.* Insbes. die *frühkindl.* →*Sozialisation* ist (nicht nur nach religionspäd. Erkenntnissen) grundlegend für späteres rel. Verhalten. Psychoanalyt. und tiefenpsycholog. Forschungen haben gerade unter veränderten gesellschaftl. und familiären Verhältnissen wissenschaftl. untermauert, was etwa Pestalozzi (Wie Gertrud ihre Kinder lehrt, 13. Brief) intuitiv und durch erlittene →Erfahrung wußte, daß näml. der →Glaube an den mächtigen und gnädigen →Gott ein Verhältnis des *Urvertrauens* zwischen E. und Kind voraussetzt. So wird auch

das einseitige *Rechtsgefälle* im E.-Kind-Verhältnis zumindest ansatzweise durch ein neueres Verständnis korrigiert. In den Aktivitäten der Kinderschutzbünde wie einer veränderten Rechtsprechung gewinnen die Vorstellungen von den Grundrechten des Kindes sichtbaren Ausdruck.
Dafür gibt es u.a. auch eine *ntl. Motivation*, z.B. Lk 2,49: »Wußtet ihr nicht, daß ich sein muß unter denen, die meines Vaters sind!«; Mk 3,35: »Wer Gottes Willen tut, der ist mein Bruder und meine Schwester und meine Mutter«; Eph 6,4: »Ihr Väter, reizt eure Kinder nicht zum Zorn...« Leider haben diese Ansatzpunkte bisher offenbar keine große Wirkungsgeschichte gezeigt; doch können sich daraus zukünftige Aufgaben für christl. E. ergeben. Nicht von ungefähr erfährt die E.beratung durch psycholog. Dienste, gerade in kirchl. Trägerschaft, regen Zuspruch. E.seminare, angeboten durch Staat, Kirche, Verbände, dienen dem gleichen Zweck. Sog. E.zeitschriften (z.T. mit hoher Auflage) können sowohl eine informative, unterstützende Funktion ausüben als auch auf pseudowissenschaftl. Art (»Das braucht Ihr Kind, um in der Schule mitzukommen« usw.) dem eigenen kommerziellen Profit frönen. So kann den E. auch nicht die →Verantwortung dafür abgenommen werden, welchen Ratschlägen sie folgen.

*Lit.: G. Dietrich:* Erziehungsvorstellungen von E. Ein Beitrag zur Aufklärung der subjektiven Theorie der Erziehung, Göttingen/Toronto/Zürich 1985. – *V. Eid/L. Vaskovics (Hg.):* Wandel der Familie – Zukunft der Familie, Mainz 1982. – *H. Lukesch:* Elterl. Erziehungsstile. Psycholog. und soziol. Bedingungen, Stuttgart/Berlin/Köln/ Mainz 1976. – *A. Schmitt-Kammler:* E.recht und schul. Erziehungsrecht nach dem Grundgesetz, Berlin 1983.

*Gerd Bockwoldt*

**Emanzipation.** Der Begriff dient im Laufe seiner neuzeitl. einsetzenden Bedeutungsgeschichte zur Bezeichnung rechtl., polit.-sozialer und pädagog. Bestrebungen, deren gemeinsames Ziel →Selbstverwirklichung und Befreiung von Fremdbestimmung und Unterdrückung ist. In dieser umfassenden Bestimmung ist E. zu einem allg., dynam. Prinzip der (Um-)Gestaltung der →Gesellschaft geworden. Im Begriff der E. bekommen die klass. Kategorien neuzeitl. Denkens, wie →Aufklärung, →Autonomie, Mündigkeit, →Individualität, →Freiheit und →Gleichheit, einen krit. und polit.-prakt. Sinn; bes. im 19. Jh. kommt es zu konkreten E.sbewegungen. Unverkennbar ist dabei die Tendenz zur →Säkularisierung oder zur Ablösung von traditionellen Inhalten christl. Gesellschaftsauffassung und →Anthropologie. Im Gefolge dieser Ablösung gewinnt der Begriff der E. bei K. →Marx schließl. die umfassende Bedeutung der E. des Menschen selbst von aller Entmenschung. Trotz der säkularisierenden Tendenz des E.sbegriffs ist E. auch zu einem Zentralbegriff christl. Gesellschaftsethik geworden.

*Lit.: C. Koepcke:* Wege zur Freiheit. Emanzipator. Bewegungen der Neuzeit, München/Wien 1979. – *W. Offele:* E. und Religionspädagogik, Zürich/Köln 1972.

*Achim Dunkel*

**Empfindsamkeit.** Die E. entfaltete sich in →*Deutschland* nach 1750. Zunächst wurde sie noch »Zärtlichkeit« genannt. Nach Erscheinen von L. Sternes (1713-1768) »Sentimental Journey« (1768), die nach →Lessings Vorschlag das vorher vereinzelt nur gebrauchte Attribut einer »empfindsamen« Reise erhielt, breiteten sich Begriff und Tendenz mit großer Geschwindigkeit aus. 1774, mit dem Erscheinen von →Goethes »Werther«, war der Höhepunkt erreicht.

*A.* Das Zeitalter der Vernunft war auch ein Zeitalter der →Moral; →Tugend und E. galten als ident. Der Forderung nach einem »Gleichgewicht von Kopf und Herz« entsprechend, sollten nun auch die Empfindungen aufgeklärt werden. Von K. D. Küster stammt die *Definition*, E. bezeichne »die vortrefliche und zärtliche Beschaffenheit des Verstandes, des Herzens und der Sinnen, durch welche ein Mensch geschwinde und starke Einsichten von seinen Pflichten bekömmet, und einen würksamen Trieb fühlet, Gutes zu thun.« (Sittl. Erziehungs-Lexicon, 1. Probe, 1773). Doch äußerten nun auch die ersten Kritiker Bedenken gegen diese zunächst eher literar., nun auch ins gesellschaftl. Leben eindringende Strömung. Als kollektive Tendenz, die für eine soziale →Gruppe typ. ist und ein relativ stabiles Vorstellungssystem ausgebildet hat, gehört die E. zu den *kollektiven Mentalitäten des 18. Jh.s.*

*B.* E. tritt schon vor 1700 in *England und →Frankreich* in Erscheinung und wird durch die »Moralischen Wochenschriften«, das »Bürgerliche Trauerspiel« in England und Frankreich, nach 1750 immer intensiver auch durch den →Roman verbreitet. Die früher in Deutschland unangefochten vertretene These, die E. sei als *säkularisierter →Pietismus* zu verstehen, läßt sich nur unter starken Einschränkungen aufrechterhalten. Gewiß förderte die neue und gefühlsbetonte Frömmigkeitspraxis die Bereitschaft, eine gegenüber der rhetor. orientierten Barockliteratur der starken Affekte nun maßvollere, »zärtlichere« Literatur zu übernehmen. Untersuchungen des Frühwerks der entspr. Autoren haben gezeigt, daß von einer pietist. →Sozialisation nur selten gesprochen werden kann; die Übernahme der empfindsamen Tradition war literar. vermittelt. So z.B. bei Ch. F. Gellert (1715- 1759), F. G. Klopstock (1724-1803) und →Jean Paul. Als *ideengeschichtl. Ursprung* der europ. E. gilt heute allg. die *Theorie des* »Moral Sense«. Sie wurde vor 1700 u.a. als Reaktion auf Th. →Hobbes' →Anthropologie des Egoismus von engl. und schott. Philosophen entwickelt. Die Lehre vom moral. Gefühl setzt voraus, daß jedem menschl. Herzen ein »natürl. Gesetz« als Richter über →Gut und →Böse eingeschrieben sei. F. Hutcheson (1694-1747) und D. →Hume bestätigten ausdrückl. die Vernunft als Regulativ; Shaftesbury (1671-1713) verstand den Menschen als ein von Natur mit »benevolence« (Wohlwollen) begabtes, geselliges Wesen, das seine Empfindungen – unter Leitung der Vernunft – nicht zu unterdrücken brauche. Für Adam Smith (1723-1790) war »Sympathie« als Mitgefühl mit jeder Art von Affekten das →Prinzip der Moral.

*C.* In England und Frankreich zeigten sich *Bürgerliche und Adlige* der neuen Verhaltensnorm gegenüber offen, während in Deutschland, bedingt durch den erst im späteren 18. Jh. gestiegenen Bildungsstand des Adels, die empfindsame Tendenz zunächst eine überwiegend bürgerl. Mentalität war. Von Beginn der 70er Jahre an ist die E. eine Modeerscheinung und greift auch auf einzelne Höfe über (z.B. Darmstadt, Emkendorf). Die empfindsame Tendenz hat während mehrerer Jahrzehnte Verhalten und Mentalität geprägt. Auf ihre *Ausbreitung* wurden schon in Jh.rückblicken um 1800 affektive Verfeinerung und »Weichherzigkeit« zurückgeführt. In der Rechtsprechung, der Sorge für die Armen (→Armut), selbst im nun aufkommenden Tierschutz sind Wirkungen der E. zu entdecken. Im Religionsunterricht wurde zur E. erzogen: Wenn Gott »höchste Liebe« ist, kommt ihm »die höchste Zärtlichkeit« zu; er ist »nichts, als lauter Zärtlichkeit im unendlichen« (M. Ringeltaube, Von der Zärtlichkeit, 1765). Wo Gewissen und moral. Gefühl nach der Vorschrift Gottes sprechen, findet sich »wachsame und edle E.« – »der empfindsame Gott und Heilland« (Küster) wurde gegen Ende des 18. Jh.s auch im kath. Süddeutschland gepredigt. Die Lektüre der großen empfindsamen Romane von S. Richardson (1689-1766), J. J. →Rousseau, Gellert, S. La Roche (1731-1807), Goethe, J. M. Miller (1750-1814) und F. H. Jacobi (1743- 1819), der Gedichte von Klopstock, der Dichter des Göttinger Hains und zahlreicher heute vergessener kleiner Autoren – nicht zuletzt der Verfasser von →Kinder- und Jugendliteratur – führte zu einem *neuen Lesertypus:* Identifikation und über die betonte Emotionalität gesteigerte Phantasietätigkeit beim Lesen haben die Rezeptions- und Produktionsbedingungen der »schönen« Literatur verändert. Die in den 70er Jahren schnell um sich greifende →Mode der E., von den Zeitgenossen als »Empfindelei« gebrandmarkt, ging als »Sentimentalität« in die nun entstehende →Unterhaltungsliteratur ein und blieb bis heute eines ihrer wirksamen Elemente. Die »wahre« E., von der »Tatenreichtum« für die ganze →Gesellschaft erwartet wurde, war als kurzlebige Tendenz eine schöne →Utopie.

*Lit.: W. Doktor:* Die Kritik der E., Bern/Frankfurt/M. 1975. – *G. Jäger:* E. und Roman, Stuttgart/Berlin/Köln/Mainz 1969. – *L. Pikulik:* Leistungsethik contra Gefühlskult. Über das Verhältnis von Bürgerlichkeit und E. in Deutschland, Göttingen 1984. – *G. Sauder:* E., Bd. 1, Stuttgart 1974 (Lit.); Bd. 3, Stuttgart 1980.

*Gerhard Sauder*

## Empirische Methoden

*A.* Empir. (griech.: auf →*Erfahrung* gründende) →M. sind die Verfahrensweisen und Techniken erfahrungswissenschaftl. →*Forschung*, welche die Gewinnung und Auswertung (Analyse) von *Daten* über Erscheinungen der →Wirklichkeit ermöglichen sollen. Im Unterschied zur →Metaphysik und zu mehr am →Verstehen ausgerichteten Weisen des →Erkennens in den →Geisteswissenschaften (→*Hermeneutik*) sowie auch zu allen formalen Disziplinen (→Logik, →Mathematik) wird in der neuzeitl. →Naturwissenschaft sowie in den modernen →*Sozialwissenschaften* der Anspruch erhoben, auf dem Weg sinnl. Erfahrung (→Empirismus) zu mehr oder minder abgesichertem, *überprüfbarem* →Wissen über reale Sachverhalte der belebten oder unbelebten Welt zu gelangen (→Erkenntnistheorie, →Realismus). E.M. stellen ledigl. präzisierte, systematisierte sowie instrumentell verfeinerte Fassungen *alltägl.* Wege der *Informationsbeschaffung* dar: des Fragens, Beobachtens, Lesens.

*B.* Zu unterscheiden sind erstens die *Basisverfahren* der *Datengewinnung* (Meßverfahren): *Befragung* von Menschen (Untersuchungspersonen: mündl. oder schriftl., offene Fragen ohne oder geschlossene Fragen mit Antwortvorgaben), *Beobachtung* (systemat. oder unsystemat., offen oder verdeckt, teilnehmend oder nichtteilnehmend) und *Inhaltsanalyse* (systemat. Auswertung von meist schriftl. Dokumenten [Texten]). Die Basisverfahren sind zweitens innerhalb umfassenderer *Forschungsanordnungen* (»designs«) anwendbar: dem systemat. *Experiment* (mit mehrfacher Messung, Kontrollgruppe und Variablenmanipulation durch den Forscher), der *Soziometrie* (Verfahren zur Messung von Sympathie-, Präferenz- o.ä. Strukturen in menschl. Kleingruppen), der *Umfrageforschung* (Demoskopie), neuerdings auch der *biograph. Methode* (Rekonstruktion von Lebensgeschichten) sowie der *Handlungs-*(Aktions-)*Forschung* (→Theorie und Praxis). Drittens werden die gewonnenen Daten mit Hilfe der *Auswertungs-* und *Analysemethoden* der Statistik in übersichtl. Form beschreibend dargestellt sowie nach feststellbaren Zusammenhängen zwischen zwei oder mehr Untersuchungsgrößen (Merkmalen, Variablen) untersucht (→Kausalität).

*C.* Die neuere →*Wissenschaftstheorie* hat erwiesen, daß das (naiv-empirist.) Postulat einer voraussetzungsfreien »theorielosen« Erfahrung von Wirklichkeitsgegebenheiten, die in sog. »Protokollsätzen« abgebildet werden könnten, nicht aufrechterhalten werden kann. Vielmehr durchdringen sich Theorie und Empirie schon in den Begriffen der Sprache unauflösl. (→Analyt. Philosophie). Andererseits sind zumindest in den Sozialwissenschaften die meisten theoret. interessanten Größen nicht direkt beobachtbar (verdeckte Variable, theoret. Konstrukte), müssen vielmehr erst in sog. *Indikatoren* (beobachtbare Ersatzgrößen) übersetzt wer-

den, deren Messung dann präzise vorgeschrieben werden soll (*Operationalisierung*).
Das aus der experimentellen bzw. naturwissenschaftl. Forschung übernommene Ideal der maximalen *Standardisierung* (Vergleichbarkeit) der Bedingungen zwischen unterschiedl. Erhebungssituationen (d.h. Kontrolle der potentiellen Störfaktoren) sowie der informativeren *quantitativen Meßniveaus* ist in den Sozialwissenschaften letztens nicht unangefochten geblieben. Statt dessen wurde häufig eine größere *»Lebensnähe«* und Berücksichtigung des *sozialen Kontexts* gefordert (Kontroversen über Labor- oder Feldforschung, qualitative oder quantitative, hypothesentestende oder explorative Ansätze).

*Lit.: H. von Alemann:* Der Forschungsprozeß, Stuttgart, 2. Aufl. 1984. – *J. Friedrichs:* Methoden empir. Sozialforschung, Opladen 1980. – *H. Kromrey:* Empir. Sozialforschung (UTB 1040), Opladen, 3. Aufl. 1986. – *R. Mayntz u.a.:* Einführung in die Methoden der empir. Soziologie, Opladen, 2. Aufl. 1971.

*Walter Spöhring*

## Empirische Theologie

*A.* Begriff und Interesse einer e.nTh. ergeben sich *aus der Entwicklung der → Prakt. Theologie* im dt., angelsächs. und niederländ. Sprachgebiet.

*I. Inhaltl.* gehen die Wurzeln der e.nTh. zurück bis *F. → Schleiermacher,* der in seiner »Kurzen Darstellung« (1830) unter die hist. Theologie das Fach »Kirchl. Statistik« aufnahm. Es hatte zum Ziel, wissenschaftl. Erkenntnis zu verarbeiten und zu vermitteln im Blick auf den gesellschaftl. Zustand der Kirche (§ 95), und zwar nach ihrer »inneren Beschaffenheit und den äußeren Verhältnissen«: in ersterer unterscheidet er »den Gehalt, der sich darin nachweisen läßt, und die Form, in welcher sie besteht« (§ 232). In einem persönl. Brief an A. D. Twesten schrieb er, daß »kirchl. Statistik« auch unter die Prakt. Theologie subsumiert werden könne, so wie z.B. sein Schüler C. I. Nitzsch dieses Fach unter die Prakt. Theologie eingeordnet habe. Am *Ende des 19. Jh.s* sind P. Drews, O. Baumgarten und F. Niebergall bekannt als Verteidiger der e.nTh., ohne allerdings das Wort zu gebrauchen. Vor allem Drews übernimmt die enzyklopäd. Dreiteilung Schleiermachers in hist., philos. und Prakt. Theologie, aber er bildet die Prakt. Theologie prinzipell in eine induktive, empir.-analyt. Disziplin um. Er bemüht sich, die empir. »Kirchenkunde« und »rel. Volkskunde« als Basis der Prakt. Theologie zu entwickeln, und will damit die empir. »Konfessionskunde« und »Verfassungskunde«, die nach dem Plädoyer Schleiermachers für »kirchl. Statistik« auseinandergefallen sind, innerhalb der Prakt. Theologie miteinander verbinden. Dabei spielen empir.-analyt. Methoden und statist. Techniken eine führende Rolle.

*II. Terminolog.* gehen die Wurzeln der e.nTh. auf die *frühe* Schule von Chicago in den ersten Jahrzehnten des 20. Jh.s zurück. Das Wort taucht zum ersten Mal auf, als D. Macintosh 1919 seine »Theology as an empirical science« verfaßt, in der er die individuelle rel. Erfahrung beschreibt. Die *eigentl. Stifter* der Schule von Chicago, S. Mathews und S. Case, benutzen die empir.-analyt. Methoden und Techniken systemat., um die sozialen Faktoren der rel. Praxis zu studieren. Neben den individuellen und sozialen Aspekten des rel. und kirchl. Lebens richtet sich die e.Th. auf Wirkung und Einfluß von Religion im klin. Umfeld. So plädiert A. Boisen in den 30er Jahren für die Entwicklung einer klin. Theologie als e.nTh. Als Nachfolger und Kritiker des empir.-analyt. Ansatzes präsentieren sich die *späteren Generationen* der Schule von Chicago. Wieman, Loomer, Wiliams, Meland betreiben ihre e.Th. unter dem Paradigma der → Prozeßphilosophie von A. N. Whitehead und Ch. Hartshorne, wohingegen P. → Tillich, L. Gilkey und J. Sittler auf die existentiale Phänomenologie von J.-P. Sartre, M. → Heidegger und M. Merleau-Ponty sowie sprachanalyt. Einsichten zurückgreifen. Der Begriff e.Th. verweist deshalb in den folgenden Phasen der Schule von Chicago auf eine Vielfalt von Ansätzen und muß jeweils definiert werden (Meland 1969).

*III.* In den 70er und 80er Jahren meldet sich das Interesse an empir.-analyt. Methoden in der Theologie zurück: *A. Hollweg* (1971) schafft mit seiner empir. interpersonalen Theologie eine Verbindung zwischen den Entwicklungen in den Vereinigten Staaten und Deutschland, wobei er sozialpsycholog. und theol.-anthropolog. Einsichten aufeinander bezieht. *Y. Spiegel* (1974) hält ein wichtiges Plädoyer für den Gebrauch sozialwissenschaftl. Methoden und Techniken durch die Theologen selbst. *V. Drehsen* (1988) bietet eine interessante Rekonstruktion der Geschichte der Prakt. Theologie im Blick auf ihren empir.-analyt. Ansatz. Quer dazu findet eine Diskussion über den normativen Charakter der e.nTh. statt, die sich in der Alternative einer empir.-krit. oder einer krit.-empir. Theologie (J. A. van der Ven 1988/1989) zusammenfassen läßt. Inzwischen werden in *mehreren Instituten* für Prakt. Theologie im angelsächs. und dt. Sprachgebiet empir.-theol. Forschungsprogramme entwickelt und durchgeführt. Schließl. sind sowohl die Buchreihe »Theologie en Empirie« (seit 1985) als auch das »Journal of Empirical Theology« (seit 1988) ein Zeichen für die empir.-theol. Aktivitäten im niederländ. Sprachgebiet seit der Errichtung von Lehrstühlen für Prakt. Theologie im Jahre 1964.

*B.* Der Begriff der e.nTh. läßt sich aus wissenschaftstheoret., wissenschaftsorganisator., methodolog. und inhaltl.-begriffl. Perspektive definieren.

*I.* Aus *wissenschaftstheoret. Perspektive* läßt sich der empir.-analyt. Ansatz der e.n Th. von deren Material- und Formalobjekt aus rechtfertigen. Auszugehen ist von der Verhältnisbestimmung der Prakt. Theologie zu den übrigen theol. Disziplinen, insbes. zur Exegese, →Kirchengeschichte, →Dogmatik und →Moraltheologie. Dabei gilt es zu zeigen, daß die Prakt. Theologie keine angewandte (bibl., hist., dogmat., eth.) Theologie sein kann oder darf, wenn sie ihr *Materialobjekt* – die Beschreibung, Erklärung und Wertung der heutigen rel. Praxis in Kirche und Gesellschaft – nicht verleugnen will. Dazu macht sie vom innerhalb der empir. Wissenschaften entwickelten Instrumentarium Gebrauch, das subjektive Willkür und Wunschdenken in der Wahrnehmung heutiger Wirklichkeit verhindert und Glaubwürdigkeit (Reliabilität), Gültigkeit (Validität) und intersubjektive Kontrollierbarkeit garantiert.

Was die Beziehung der Prakt. Theologie zu den Sozialwissenschaften angeht, so gilt es zu zeigen, was in vergleichbarar Weise auch hier gilt: Die Prakt. Theologie kann und darf keine angewandte (psycholog., soziol., päd.) Sozialwissenschaft sein, wenn sie ihr *Formalobjekt* nicht verleugnen will, die Perspektive näml., unter der die heutige rel. Praxis in Kirche und Gesellschaft erforscht wird: der Glaube an und die Hoffnung auf die Ankunft des →Reiches Gottes. Das empir. Instrumentarium wird von einem krit.-ekklesiolog. Bezugsrahmen aus in Anwendung gebracht, in dem die Kirche sich auf die Ankunft des Reiches Gottes in der Unheils- und Heilsgeschichte der Gesellschaft öffnet.

*II.* Aus *wissenschaftsorganisator.* Perspektive stellt sich die Frage nach den strukturellen Aspekten im Verhältnis von Theologie und Sozialwissenschaften innerhalb der e.nTh. Dabei ist von drei Modellen, dem multidisziplinären, dem interdisziplinären und dem intradisziplinären, auszugehen. Das *multidisziplinäre* Modell wird durch zwei Phasen charakterisiert. In der ersten Phase beschreiben und fassen Theologen die Ergebnisse einer empir. Untersuchung zusammen, die nicht von ihnen selber, sondern von Sozialwissenschaftlern durchgeführt ist. In der zweiten Phase reflektieren sie die Ergebnisse und werten sie in theol. Perspektive und Begrifflichkeit aus. Das *interdisziplinäre* Modell kennt drei Phasen. In der ersten Phase arbeiten Theologen und Sozialwissenschaftler ständig und gewissenhaft zusammen, um theol. Fragestellungen und theol. Begrifflichkeiten zu entwikkeln. In der zweiten Phase kümmern sich Sozialwissenschaftler großenteils allein um Entwicklung und Anwendung des empir. Instrumentariums zur Erhebung, Sammlung und Verarbeitung von Daten. In der dritten Phase reflektieren Theologen und Sozialwissenschaftler wieder zusammen über die Forschungsergebnisse und werten sie aus.

Im *intradisziplinären Modell* ist von solchen wissenschaftsorganisator. Fragen keine Rede. Die empir.-theol. Forschung ist von Anfang bis Ende in Händen von Theologen selbst, auch wenn sie nötigenfalls den Rat empir. Methodologen anderer Fakultäten einzuholen und zu schätzen wissen. Theologen entwickeln selber ihre theol. Fragestellung. Sie entwickeln selber das empir.-theol. konzeptuelle Modell, das die Variablen und deren gegenseitige Beziehungen innerhalb der theol. Fragestellung erarbeitet; sie operationalisieren selber die theol. Konzepte in den Begriffen eines beobachtbaren und meßbaren Verhaltens; sie tragen selber Verantwortung für die Erhebung von Daten; leiten selber die statist. Verarbeitung, Konstruktion und Analyse der Daten; werten sie schließl. selber in den Begriffen ihres empir.-theol. konzeptuellen Modells und der theol. Fragestellung aus. In diesem Modell wird das theol. Instrumentarium (das in seiner klass. Form sprachwissenschaftl., hist., hermeneut. und philos. Methoden und Techniken umfaßt) innerhalb der Theologie selbst – deshalb: intradisziplinär – im empir. Sinn ausgeweitet.

*III.* Aus *methodolog.* Perspektive stellt sich die Frage nach den empir. Methoden und Techniken der e.nTh. Die beiden Hauptgruppen *empir. Designs*, das Survey- und das experimentelle Design, werden auch in der e.nTh. angewendet. Manche fügen als weiteres Design die Aktionsforschung hinzu, die andere zum ersten der genannten Designs zählen. Ferner kommen *quantitative und qualitative* Methoden empir. Forschung in Betracht. Der Unterschied zwischen beiden Arten bestimmt sich nicht nach dem evtl. zahlenmäßigen Charakter der Daten, auch nicht nach deren evtl. statist. Verarbeitung, sondern danach, ob bei der empir. Untersuchung die Perspektive der Beobachter oder die der Teilnehmer angewendet wird. Der qualitative Ansatz ist gekennzeichnet durch: Datenerhebung aus der Perspektive der teilnehmenden Forschungspopulation (also nicht aus der Perspektive des beobachtenden Forschers); Datenkodierung aus dieser Perspektive; die Anwendung induktiver Analysemethoden, um das Rohmaterial von innen her zu verstehen; und schließl. die Anwendung eines offenen Designs. Die Anwendung statist. Methoden ist dabei nicht ausgeschlossen, wird vielmehr in der qualitativen Forschung immer mehr eingesetzt. Quantitative und qualitative Methoden schließen sich vor diesem Hintergrund nicht aus, sondern ergänzen einander.

*IV.* Die *inhaltl.-begriffl. Perspektive* betrifft Art und Herkunft der *Hauptbegriffe der e.nTh.* Zwar behalten die traditionelle Einteilung der Prakt. Theologie in Kerygmatik, →Homiletik, Poimenik, →Katechetik, →Liturgie, Kirchenaufbau und →Diakonie sowie deren Hauptbegriffe ihren relativen Wert; quer zu dieser Einteilung aber verdient eine Anzahl anderer grundlegender Begriffe Interesse, die in dem oben angedeuteten Material- und Formalobjekt mitgegeben sind. Vom Materialobjekt her gesehen, sind dies rel. Praxis, rel. →Kommunikation und pastorales Handeln, dies im Blick auf kulturelle und strukturelle Aspekte im – von Modernisierung und →Säkularisierung geprägten – Kontext von Kirche und Gesellschaft. Vom Formalobjekt her gesehen, stehen die zentralen Themen krit. Ekklesiologie im Zentrum des Interesses, die selbst wieder in eine krit. Sündenlehre, Soteriologie und Eschatologie eingebettet sind.

*Lit.: V. Drehsen:* Neuzeitl. Konstitutionsbedingungen der Prakt. Theologie, Gütersloh 1988. – *W. Hermann/G. Lautner:* Theologiestudium, München 1965. – *A. Hollweg:* Theologie und Empirie, Stuttgart 1971. – *E. Hübner:* Theologie und Empirie der Kirche, Neukirchen 1985. – *J. A. Martin:* The future of empirical theology, in: Religious Studies 8 (1972), 71-76. – *B. E. Meland:* The future of empirical theology, Chicago 1969. – *F. Schleiermacher:* Kurze Darstellung des theol. Studiums, hg. von H. Scholz, Leipzig 1910. – *Y. Spiegel:* Prakt. Theologie heute als empir. Theologie, in: Prakt. Theologie, München 1974, 206-224. – *D. Stollberg:* Therapeut. Seelsorge, München 1969. – *J. A. van der Ven:* Practical theology from applied to empirical theology, in: Journal of Empirical Theology, 1 (1988), 5-27. – *Ders.:* Toward a critical-empirical Theology, in: Proceedings Symposium on Practical Theology, Ottawa 1988. – *M. Vian:* Introduction aux études pastorales, Montreal 1987.

*Johannes A. van der Ven (Übers. Hermann Häring)*

**Empirismus** ist begriffl. abgeleitet vom griech. *empeiria:* (bloße) →Erfahrung, Fertigkeit. Philos. ist der E. eine *erkenntnistheoret. Strömung*, die die äußere und innere Erfahrung als Quelle aller Erkenntnis behauptet. Der Erfahrungsbegriff geht hier über die einfache Sinneswahrnehmung hinaus; wo dies nicht geschieht, wird der E. zum »Sensualismus«. Aus der Erfahrung als dem Ausgangspunkt wird auf induktivem Wege Wissen gewonnen und dies bleibt von Erfahrung abhängig. Von solchen Voraussetzungen her stellt der E. eine Gegenposition zum klass. →Rationalismus dar, der bei seinem deduktiven Denken von der Vernunfterkenntnis bzw. »angeborenen Ideen« →Descartes ausgeht. E. und Rationalismus gemeinsam ist ihre Hinwendung zum Subjekt.

*A.* Empirist. Positionen oder *Vorformen* finden sich bereits in der →griech. Philosophie: →Kant ordnet →Aristoteles hier ein, Epikureismus und →Stoa könnte man nennen. Bes. hinzuweisen wäre im MA. auf R. Bacon (um 1214-um 1294) und den Nominalismus eines →Ockham. Wie die beiden Letztgenannten waren die Hauptvertreter der *klass. Phase* des E. im 17. und 18. Jh. ebenfalls Engländer: zunächst F. Bacon (1561-1626) und →Hobbes, dann vor allem →Locke, G. Berkeley (1684-1753) und →Hume. Zwar gehen alle übereinstimmend von der Erfahrung als Grundlage der Erkenntnis aus, doch wird dieser Gedanke nicht immer in derselben Weise interpretiert oder weitergeführt. Locke etwa versteht in Ergänzung von F. Bacon (und in teilweiser Anlehnung an →Descartes) Erfahrung als etwas im Bewußtsein Gegebenes, was aber nicht »angeboren«, sondern induktiv durch Einzelerfahrungen gewonnen ist.

*B.* Neben der Erkenntnisproblematik nehmen bei vielen Vertretern des E. »rel.« und »eth.« Themen einen breiten Raum ein. So will etwa Hume in den »Prinzipien der Moral« eine *»natürl. Moral«* von der Erfahrung her aufbauen und dabei die Ethik von metaphys. bzw. rel. Begründungen lösen. Kriterium ist bei ihm allein die Nützlichkeit, in bezug auf sich selbst die Lust, in bezug auf andere die Sympathie. Dadurch kommt er in seiner Ethik in die Nähe von Eudämonismus oder gar Hedonismus, von Ethiken also, die Glückseligkeit oder gar (sinnl.) Genuß bzw. Lust als höchste Ziele menschl. Strebens ansehen.
In ähnl. Weise geht man allg. auch im Hinblick auf *Religion* vor. Sie wird nicht dogmat. vorausgesetzt, sondern der Kritik durch die Vernunft unterworfen. Aber für Hume ist ein Schluß von der Erfahrungsebene auf eine →transzendentale Ebene (Gott) unzulässig. Trotzdem wird konkrete Religion nicht einfach verworfen. Locke bescheinigt dem Christentum, von allen Religionen noch am ehesten mit der →Vernunft in Einklang zu stehen. Hume jedoch hält Religion für das Handeln eines denkenden Menschen eigentl. für überflüssig: die notwendigen Motive ergäben sich aus der Vernunft. Dafür seien die Menschen jedoch nicht empfängl. Deshalb sei Religion aus der →Angst und →Hoffnung des Menschen gegenüber der unbeherrschbaren Natur entstanden und habe sich erst allmähl. vom Polytheismus zum →Monotheismus entwickelt. Hume vertritt in bezug auf die Religion also einen »hist.- psycholog. Relativismus«. Dies schließt für ihn übrigens einen vernünftigen Urheber der Welt nicht strikt aus. Aus einer derartigen Sicht von Religion, die über konfessionelle Grenzen hinausgeht, ergibt sich beinahe zwangsläufig die notwendige Forderung nach →*Toleranz.*

*C.* Der E. fand eine breite *allg. Wirkung*, bes. im angelsächs. Raum. Vor allem lassen sich aber Auswirkungen in verschiedenen Positionen u.a. des →Positivismus, des →Materialismus, des Wiener Kreises und, teilweise mit dessen Weiterentwicklung, der →analyt. Philosophie, feststellen. Bes. hinzuweisen ist hier auf den log. E./Positivismus bzw. →Neopositivismus. Letztere gehen allerdings auch auf Elemente des Empiriokritizismus, einem System der »reinen Erfahrung«, zurück. Darüber hinaus hat sich der E. aber auch gesamtgesellschaftl. als eine Art Grundhaltung durchgesetzt. Dies geschah nicht zuletzt auf dem Hintergrund eines immer differenzierteren Denkens einerseits und der starken Entwicklung der Naturwissenschaften andererseits. Letzteres wird durch den E. forciert und dient gleichzeitig als dessen ständige Rechtfertigung. Sicherl. wäre – etwa im Hinblick auf seine Metaphysikfeindlichkeit – nach einer erkenntnistheoret. Naivität des E. zu fragen. In der Theologie erweist sich der E. jedoch als notwendiges Gegengewicht zur →Spekulation und ist unabdingbar bei der notwendigen Differenzierung neuzeitl. theol. Denkens: Welt und Geschichte erhalten erst durch ihn einen angemessenen Platz und ihr notwendiges Gewicht.

*Lit.: M. Benedikt:* Der philos. E., Freiburg 1977. – *G. Gawlik (Hg.):* E., Stuttgart 1980. – *E. Zilsel:* Probleme des E., in: *ders. und W. Krohn (Hg.):* Die sozialen Ursprünge der neuzeitl. Wissenschaft, Frankfurt/M. 1976.

*Hermann Punsmann*

**Endlichkeit** kommt allen Dingen zu, denen ein (endl.) Maß zukommt, die also an keiner Stelle über alle Grenzen einer mögl. Bestimmung wachsen. Darum hat alles Endliche seine →Grenze. Doch ist damit die E. noch nicht eindeutig bestimmt. Ihm kann die endlose Erstreckung von Raum oder Zeit oder das Unendliche selber gegenüberstehen, das überhaupt keinem (quantitativen) Maß mehr unterliegt.

*A.* Als Anfang und Zu-Ende-Gehen menschl. Lebens sowie als Begrenztheit menschl. Wissens und Machens gehört E. zu den unausweichl. Grunderfahrungen menschl. →Existenz. Möglich werden die menschl. E.serfahrung wie das Bewußtsein um die menschl. E. nur dadurch, daß der Mensch es vermag, seine eigenen Grenzen zu übersteigen (→Transzendenz): Die vielfältigen leidvollen Erfahrungen des Lebens werden als nicht sein sollende erfaßt; die immer nur bruchstückhaften Glückserfüllungen als dauerhaft und unvergängl. erhofft; →Wahrheit, →Verantwortung und die Frage nach dem →Sinn des Lebens gelten als verankert in einer absoluten Wahrheit, in einem absoluten Wert und in einem nicht nochmals hinterfragbaren Sinn (→Absolute).

*B.* Aus christl.-theol. Sicht gehört zur E. die Einsicht in die Nicht-Notwendigkeit (*Kontingenz*, →Modalität) menschl. Daseins und wirft somit die Frage nach einem notwendig Seienden auf, das den Gesetzen der E. nicht unterworfen ist. Bedeutsamer jedoch scheint die Frage, wie menschl. E.serfahrung überhaupt mögl. ist. Es gibt gute – wenn auch nicht log. streng zwingende – Gründe für die Annahme, daß →Wissen und →Erfahrung des Menschen um seine E. nur mögl. ist auf Grund eines unausdrückl. »Wissens« von Unendlichkeit, das in der E.serfahrung mitgegeben ist. Diese unthemat. Unendlichkeits-»erfahrung« (deren sich der Mensch nur in der Reflexion auf die Bedingung der Möglichkeit seines E.swissens bewußt wird) kann allerdings nicht durch eine bloß endlose Aneinanderreihung von wiederum nur Endlichem zustandekommen, sondern meint das →Geheimnis der Unendlichkeit →Gottes, das sich der an Raum und Zeit gebundenen menschl. Vorstellungskraft grundsätzl. entzieht.

*C.* Wissen und Erfahrung um die eigene Endlichkeit werden als Begrenztheit und →Grenze, vor allem personaler Bezüge, wie aber auch des eigenen Daseins, als schmerzl. und deshalb als *existentiell bedeutsam* empfunden. Aus diesem Grund fehlt in wohl keiner →Weltanschauung die Auseinandersetzung mit dem Thema menschl. (und gesamtweltl.) E. Wie der Mensch mit der E. seines Daseins und seiner Welt fertig wird, ob in einer utop. →Zukunft als unproblemat. erhofft oder in der stillen Resignation eines nicht mehr erklärbaren »Faktischen« als einfach hinzunehmend erachtet oder in der rel. Überzeugung einer weltjenseitigen Unendlichkeit begründet geglaubt, unterliegt der freien, persönl. zu verantwortenden Entscheidung.

*D.* Der Begriff und das mit *Unendlichkeit* Gemeinte wurde in der Geschichte der Philosophie des öfteren ausdrückl. reflektiert. Als letzter großer Philosoph der Unendlichkeit gilt →*Hegel*, der in seiner »Wissenschaft der Logik« – die Subjektwendung →Kants aufnehmend – die →Metaphysik rehabilitiert. Nach Hegel ist die E. durch seine →Grenze zum Anderen charakterisiert. Mit dieser Grenze ist auch deren grundsätzl. Überschreitung und somit das Unendliche gedacht. Wird das Unendliche jedoch nur als Überschreitung des Endlichen gedacht, so steht es zum Endlichen in einem negativen Bezug, ist selbst nur das Andere zum Endlichen (und umgekehrt). Damit wäre das Unendliche durch das Endliche begrenzt und selbst endl. Dies nennt Hegel die »schlechte Unendlichkeit«, die sich aus dem endlosen Fortschreiten einer ständigen Überschreitung des Endlichen ergibt. Die »wahrhafte Unendlichkeit« – obwohl mit dem Gedanken der E. bereits prinzipiell mitgedacht – muß so entfaltet werden, daß die Unendlichkeit nicht mehr an Anderes grenzt, sondern die Grenze in sich hineinnimmt und auf diese Weise aufhebt. Die damit erreichte Bestimmung nennt Hegel »Fürsichsein«, wodurch er auf einer relativ frühen Stufe der Logik die Grundstruktur der höchsten Wirklichkeit, näml. des →Geistes, entwickelt. »Das Selbstbewußtsein ist so das nächste Beispiel der Präsenz der Unendlichkeit«.

*E.* Wenngleich auch *Vergänglichkeit* nicht selten als Erweis der E. angeführt und erfahren wird, so sind E. einerseits und Vergänglichkeit andererseits doch nicht ident. Vergängl. ist, zumindest nach christl. Auffassung, alles, was nur den Bestimmungen von →Raum und Zeit unterliegt. Insofern jedoch dem Menschen als →Person (→»Seele« und verklärte Leiblichkeit [→Leib]) auch nach seinem →Tod durch →Gott und dessen Heilswirken in →Jesus Christus ewige und unvorstellbare Bleibendheit verheißen ist (die nicht mehr den Gesetzen von Raum und Zeit unterliegt), und diese Bleibendheit als Zustand der »Anschauung Gottes von Angesicht zu Angesicht« bildhaft beschrieben wird, bleibt der Mensch zwar endl. (da die E. des Menschen auch in der Ewigkeit Gottes nicht zur Unendlichkeit Gottes wird), dennoch aber auch (in seiner geistig-vergeistigten Personalität) unvergängl.

*Lit.: H. Döring/F.-X. Kaufmann:* Kontingenzerfahrung und Sinnfrage, in: Christl. Glaube in moderner Gesellschaft, Teilbd. 9, Freiburg/Basel/Wien 1981, 5-67. – *G. Haeffner:* Unendlichkeit, in: *K. Rahner (Hg.):* Herders

Theol. Taschenlexikon, Bd. 7, Freiburg 1973, 373-375 (Lit. in Bd. 8). – *A. Keller:* Zeit, Tod, Ewigkeit. Der Tod als Lebensaufgabe, Innsbruck/München 1981. – *F.-J. von Rintelen:* Philosophie der E. als Spiegel der Gegenwart, Meisenheim a.Gl., 2. Aufl. 1960. – *K.-H. Weger:* Der Mensch vor dem Anspruch Gottes. Glaubensbegründung in einer agnost. Welt, Graz/Wien/Köln 1981. – *B. Welte:* Im Spielfeld von E. und Unendlichkeit, Frankfurt/M. 1967.

*Karl-Heinz Weger/Josef Schmidt (D)*

**Energie.** Wir benötigen E. zum Leben, Heizen und Kühlen, zum Antrieb von Motoren, für chem. Prozesse und Licht in Form von Nahrung, Wärme, Treibstoffen, mechan. und elektr. E. Die Ausbeute der E. bei Bereitstellung und Nutzung hängt ab vom E.aufwand für Bau, Betrieb und Entsorgung der E.anlagen sowie vom – physikal. beschränkten – Wirkungsgrad der Umwandlung, z.B. von Wärme in elektr. E. Bei Kohle- und Kernkraftwerken beläuft sich der E.aufwand auf etwa 1/4 der bereitgestellten E.menge, der Wirkungsgrad für Stromerzeugung auf etwa 40%. E.formen können verändert werden, nicht aber die Menge der E.

A. Der *E.bedarf* beträgt derzeit jährl. weltweit etwa 10 Terawattjahr (TWa, = $10^9$ Kilowattjahr), in der Bundesrepublik Deutschland etwa 0,35 TWa. Pro Kopf beträgt der durchschnittl. Verbrauch weltweit 2 Kilowattjahr (davon als Nahrung 0,2 kWa), in den USA 12, in der Bundesrepublik 5, in Japan 3, in Indien 0,4. In der Bundesrepublik teilt sich der Bedarf auf in: 38% Heizen, 35% Prozeßwärme, 20% Treibstoffe, 7% Strom. Diese E. wird zu 34% von der Industrie, zu 27% von Privathaushalten, zu 22% durch Verkehr und zu 17% von Kleinverbrauchern genutzt (1 SKE = 1 Mrd. t Steinkohleneinheiten).

B. Folgende E.quellen stehen zur Verfügung:

| E.träger | weltw. Vorräte | jährl. weltw. Verbrauch | Deckung Bedarf der BRD (Prim.-E.) |
|---|---|---|---|
| Kohle | 10000 × $10^9$ t SKE | 3 SKE | 28% |
| Erdöl | 500 × $10^9$ t SKE | 4 SKE | 42% |
| Erdgas | 300 × $10^9$ t SKE | 2 SKE | 17% |
| Sonne | 1 kw/m² max. Einstrahl., in BRD: 1000 kwh/m² × Jahr | | |
| Solarzellen | | | (Imp. v. sol. Wass.st.?) |
| Solarwärme-kollektoren | | | (10 bis 20)% |
| Solarwärme-kraftwerke | | in Zukunft maximal | (Import von solar. Wass.st?) |
| Biomasse | | | (5 bis 10)% |
| Wärmepumpen | | | (2 bis 4)% |
| Wind | | | 1% |
| Wasserkraft | 1,2 TWa | 0,16 TWa | 1% |
| Kernspaltung (Uran + Thorium) | 2 × $10^9$ t | 4 × $10^4$ t | 4% |

**Kernfusion:** wenn überhaupt frühestens in 50 bis 100 Jahren verfügbar.

C. *Umweltbelastung und Schadensrisiken* werden bei Bereitstellung, Umwandlung und Nutzung von E. immer verursacht. Die Freisetzung von Wärme durch E.nutzung beträgt weltweit 0,1 Promille der Sonneneinstrahlung, übersteigt diese in Ballungsgebieten der Bundesrepublik im Winter. Beim Verbrennen fossiler Brennstoffe belastet die Freisetzung von Schwefel- und Stichstoffoxiden, Kohlenmonoxid und Kohlenwasserstoffen Gesundheit und Natur im Umkreis von wenigen 100 bis 1000 km. In der Bundesrepublik werden dadurch einige 1000 Todesfälle pro Jahr bewirkt und das Waldsterben gefördert. Die unvermeidbare Freisetzung von Kohlendioxid (CO 2) führt weltweit zum Anstieg des CO 2-Gehalts in der Luft. Damit wird die Wärmeisolation der Luft verstärkt. Bei weiterer gleicher Nutzung fossiler Brennstoffe wird sich der CO 2-Gehalt in 50 bis 100 Jahren verdoppeln. Dadurch sind zu erwarten: ein Anstieg der mittleren Temperatur auf der Erde um einige Grade, eine Ausbreitung der äquatorialen Trockenzonen in Europa bis in den Mittelmeerraum und ein Anstieg der Meere bis um mehrere Meter. Beim Betrieb von Kernreaktoren beträgt die Strahlenbelastung durch freigesetzte Radioaktivität normal weniger als 1 Promille der natürl. Strahlenbelastung. Schadensausmaß und Häufigkeit eines großen Unfalls bei Druck- und Siedewasserreaktoren entsprechen in der Bundesrepublik dem eines großen Erdbebens. Bei inhärent sicheren Hochtemperaturreaktoren mit beschränkter Leistung wären solche Unfälle prinzipiell ausgeschlossen.

*Lit.: J. Fricke:* E., München 1984. – *K. Heinloth:* E., Stuttgart 1983.

*Klaus Heinloth*

**Engel**

*A. Dogmatisch*

Die E. gelten in volkstüml. christl. Traditionen als überirdisch geistige Wesen mit übermenschl. Kräften (→ Geister und Dämonen). Neben den gefallenen E.n (→ Teufel) sind es die guten und schützenden E., die in der Frömmigkeit aller Jh.e eine große Rolle gespielt haben. Aus einer exeget. und systemat. verantworteten Sicht ist auf vier Gesichtspunkte zu verweisen.

*I.* Die E. markieren das Problem der Kontaktaufnahme → Gottes mit dem Geschöpflichen (Botenangelologie). Durch den E. Gottes tritt Gott, den die Himmel nicht fassen können, mit dem Geschöpflichen, das nicht überall zugleich sein kann, gezielt und konzentriert in Beziehung. Der E. Gottes ist ein *Bote Gottes.* Im → AT durchgehend, aber auch im → NT werden die Ausdrücke »E.« und »Bote« gleichbedeutend gebraucht. In diesen Boten *vergegenwärtigt sich* Gott best. Menschen in best. Situationen. Deshalb können einige Texte des AT Gott und den E. Gottes auch identifizieren (Gen 16, Ri 6, Ri 13 u.ö.).
Während Menschen sich durch Boten gleichsam vervielfachen, an mehreren Orten zugleich präsent werden können, bedeutet Gottes Gegenwart in den E.n eine Selbstzurücknahme, eine *Selbstverendli-*

*chung.* Der allgegenwärtige Gott zieht sich in dieser →Offenbarung zusammen, konzentriert sich auf eine geschöpfl. Situation. Diese Selbstverendlichung Gottes wird nie auf Dauer gestellt und nie konkret wiederholt. Deshalb ist es den E.n wesentl., zu verschwinden und nicht wiederzukommen. E. werden nicht seßhaft und sterben nicht. Sie sind nicht »natürl.« im Sinne von naturwissenschaftl. faßbaren und meßbaren Sachverhalten. Ihre Realität ist die des *einmaligen Ereignisses.* Mit dem Auftreten eines E.s werden die Grenzen der sog. natürl. Sicht der Dinge »verschoben« oder »in Frage gestellt«. Der E. Gottes erscheint inmitten von Schwierigkeiten, Spannungen in den natürl. Lebensverhältnissen, *inmitten von Bedrohung,* Verrat, Hoffnungslosigkeit, Unterdrückung und Krieg. Er ermöglicht eine Infragestellung und Ablösung der alten Wirklichkeitswahrnehmung durch eine neue, die dann mehr oder weniger direkt zu einer Wirklichkeitsveränderung führt (z.B. Ri 6); oder er begleitet in Situationen ständiger Gefahr und unsicherer Erwartung (z.B. Ex 14,19; 23,20; 32,34). Anhaltende Bedrohung des gemeinsamen Lebens und anhaltende spannungsreiche Wirklichkeitserfahrungen sind Anlaß für den Eintritt des E.s ins menschl., ird. Leben. Überraschende Geburtsverheißungen (bes. dort, wo die repräsentative Welt die familiäre Welt ist, z.B. Gen 16; Lk 1) oder polit. Rettungsverheißungen sind charakterist. für das Auftreten des E.s. Gegenwart und Zukunft werden nun neu sichtbar und anders gestaltbar.

*II.* Die E. lassen die Fülle der himml. *Herrlichkeit Gottes* vorstellbar werden (Hofstaatangelologie). Die Macht und Herrlichkeit Gottes wird (in ihrer Unfaßbarkeit!) gespiegelt durch einen den Thron Gottes umgebenden Hofstaat. Die E. um Gottes Thron sind unübersehbar zahlreich (z.B. Dan 7,10). Sie können ferner als Repräsentanten von →Völkern, von →Staaten, Epochen oder von →Gemeinden gelten, die ihrerseits Zentren der →Macht darstellen (z.B. Dan, Apk). Sie sind nicht nur aufmerksam auf Gott konzentriert, sondern »dienen« ihm, sind bereit, von Gott über sich verfügen zu lassen. Vor allem demonstrieren und realisieren sie die Macht und Herrlichkeit Gottes im *Gotteslob,* in der Verherrlichung. Diese Verherrlichung ist nicht nur als Anerkennung einer best. Tat Gottes, als Zustimmung zu ihr oder als Dank dafür anzusehen. In der lobpreisenden Verherrlichung weisen himml. (wie ird.) Wesen vielmehr über ihre eigene Wahrnehmung Gottes, über alle mit Gott gemachten →Erfahrungen und damit auch über sich selbst hinaus. Das Gotteslob der E. ist anstekkende Aufforderung zum Lob (z.B. Ps 148,2) und geht über alle dem Lobenden vertrauten Erfahrungsbereiche hinaus.

*III.* Die E. drücken in der Gestalt der Sarafen und Cheruben die *Unzugänglichkeit Gottes* selbst, die Unheimlichkeit der direkten Annäherung an seine himml. Präsenz für die →Menschen aus. Die Sarafen (mit Löwenleibern und Flügeln) sind mehrgeschöpfl. Gestalten, sie lassen Elemente des Irdisch-Geschöpflichen erkennen, das aber in auf Erden unerlebter, ja unerlebbarer Weise zusammengefügt ist. Die E. im Himmel stellen also eine Macht- und Wirklichkeitsverbindung und –fülle dar, der gegenüber die ird. natürl. und kulturelle Geschöpflichkeit als arm, als Minderung, als Reduktion erscheinen muß. Nur in der Verherrlichung Gottes können die Menschen sich in die Verhältnisse des Himmels schon jetzt einbringen.

*IV.* Eine Verbindung der »Botenangelologie« und der »Hofstaatangelologie« findet sich Lk 2, indem die Geburt Jesu nicht nur von einem »E. des Herrn« angekündigt wird, sondern auch mit dem E. die »Menge der himml. Heerscharen« erscheint. Die Offenbarung Gottes *in →Jesus Christus* überbietet und unterbietet die Vergegenwärtigung Gottes durch die E. In einer auch vom ewigen Gotteslob der himml. Heerscharen nicht ausgeschöpften Fülle hat Gott sich offenbart – aber doch zugleich in einem fleischl., vergängl. und sterbl. Menschen. Doch auch angesichts dieser Offenbarung wird noch von der Gegenwart der E. gesprochen. Sie sind nun *begleitende Wesen,* die den Übergang von der himml. in die ird., von der ird. in die himml. Wirklichkeit kenntl. machen.

*Lit.: K. Barth:* Kirchl. Dogmatik III/3, § 51. – *Thomas von Aquin:* Summa Theologica I q 50-64. – *M. Welker:* Über Gottes E., Jahrbuch für Bibl. Theologie 2, 1987, 194-209. – *C. Westermann:* Gottes E. brauchen keine Flügel, Stuttgart, 2. Aufl. 1980.

*Michael Welker*

### *B. Kunstgeschichtlich*

*I.* E. begegnen in der *frühchristl. →Kunst* zunächst als flügellose Jünglinge, bis am Ende des 4. Jh.s unter dem Einfluß der →Liturgie der geflügelte männl. E. üblich wird. E. treten u.a. bei der Verkündigung der Gottesmutter, der Geburt, →Auferstehung und Himmelfahrt Christi auf als »angelus interpres« (erklärender Bote). Als Assistenten finden sie sich im Epiphaniebild (→Erscheinung) und bei der →Taufe Christi. Die ikonograph. Vielfalt der E.darstellungen geht auf die →Hierarchienlehre des Dionysius Areopagita zurück, nach der die E.hierarchien in drei Dreiergruppen die Verbindung zwischen Himmel und Erde herstellen. Die Kleidung der E. ist von ihren Funktionen bestimmt (Waffenrüstung, Botenstab, Priester- und Diakonengewand). In der Kunst von →Byzanz und der →Ikonenkunst gewann die Darstellung der sechsflügeligen »Cherubim« (nach Ez 1,24f. und Offb 4,6- 11) und der »Seraphim« (nach Jes 6) in der Kuppelzone des Kirchenbaus kanon. Geltung. Komplizierte dogmat. Aussagen verbinden sich mit dem Bild des Christus-E.s in der »Weisheit Gottes« und (in Anlehnung an Gen 18) mit der E.darstellung im orthod. Bild der →Trinität.

*II.* Erst im *15. Jh.* entwickelt sich in →Italien durch Mißdeutung der antiken Gewandung der E. der sog. Mädchen-E., der sich im ausgehenden →Barock bes. Beliebtheit erfreut. Giotto und Donatello führten den nackten Kinder-E. (»putto«) ein. Er ist auf antike Vorlagen (Eroten) zurückzuführen, während der bekleidete Kinder-E. der dt. Frühgotik möglicherweise auf vorchristl. und jüd. Vorbilder verweist. Die geflügelten E.sköpfe, die in Italien seit dem 14. Jh. und nördl. der Alpen seit dem 15. Jh. zu belegen sind, finden sich auch schon auf frühchristl. liturg. Fächern (sog. Rhipidien), wie sie bis heute in der orthod. Liturgie Verwendung finden. Als Ergebnis der →Reformkonzile des 16. Jh.s und der von ihnen geförderten Schutz-E.-Verehrung entsteht ein neuer Bildtyp, der bis in die →Romantik hinein gepflegt wird.

*III.* Im 19. Jh. gehen die traditionellen E.vorstellungen weithin verloren, das E.bild wird konventionell oder gerät zum Kitsch. Anfang des 20. Jh.s wurde deshalb die Forderung »Keine E. in der Kunst« erhoben, die tiefgehende Wirkung gehabt hat. Um so eindrucksvoller sind die E.darstellungen solcher Künstler des 20. Jh.s, die sich einer engeren konfessionellen Zuordnung entziehen. E.gestalten voll jenseitiger Entrücktheit und geistiger Kraft sind →Barlachs »Schwebender« in Güstrow (1927) und sein »Geistkämpfer« in Kiel (1928). Mit heiter-poet. Darstellungen vergeßl., zweifelnder und altkluger E. weist P. Klee auf die Menschenhaftigkeit dieser Himmelswesen hin. Sein »Angelus Novus« faszinierte Walter Benjamin, der 1922 eine Zeitschrift gleichen Namens ankündigte, die jedoch niemals erschien. Eine bes. Rolle spielen E. in der Kunst →Chagalls, der dieses Motiv in vielfachen Variationen benutzt hat. E. begegnen bei ihm als Inspirationsfiguren, als Hinweis auf das Reden Gottes, in der Bibelillustration und im grandiosen Bild des »E.sturzes« (1923-1933/1947) als Sinnbild des Zustandes dieser Welt.

*Lit.:* E.darstellungen aus zwei Jt.en (Ausstellungskatalog), Recklinghausen 1959. – *H. W. Hegemann:* Der E. in der dt. Kunst, München, 2. Aufl. 1950. – *L. Heiser:* Die E. im Glauben der Orthodoxie, Trier 1976. – *F. Meyer:* M. Chagall. Der E.sturz, Stuttgart 1964. – *A. Rosenberg:* E. und Dämonen, München 1967. – *M. Tatiċ-Duriċ:* Das Bild der E., Recklinghausen 1962. – *P. L. Wilson:* E., Stuttgart 1981. – *P. L. Wilson:* Angels, New York 1980.

*Peter Maser*

**Entfremdung**

*A.* Der *Begriff* der E. ist als sozialwissenschaftl. Kategorie stark mit der von *K.* →*Marx* entwickelten Konzeption verknüpft: ein Zustand, in dem »die eigene Tat des Menschen ihm zu einer fremden, gegenüberstehenden Macht wird, die ihn unterjocht, statt daß er sie beherrscht« (Marx, Dt. Ideologie, 1. Teil).

*I.* Zwar durchzieht die Problematik von E. die gesamte abendländ. *Geistesgeschichte,* doch eher als philos.-anthropolog. oder theol. Kategorie, etwa E. als Folge vergebl. Annäherung an →Gott, oder aber als Selbste. durch die →Dialektik zwischen handelnden →Subjekten und entäußerter Objektwelt *(→Hegel),* die in der prinzipiellen Natur menschl. →Arbeit zum Ausdruck kommt: *Arbeit* überwindet die Kluft zwischen Subjekt und Objekt durch Entäußerungen, fixiert sie andererseits aber durch Verdinglichung der Arbeitsprodukte.

*II.* Andere Denker vor Marx sahen die Wurzeln menschl. E. in der →*Religion:* Die Projektion idealer Vorstellungen in ein rel. Objekt (Gott) entfremdet, da sie deren Verwirklichung in der Welt verhindert *(→Feuerbach).* Religion ist entäußertes menschl. →Selbstbewußtsein, und mit der Erkenntnis dieser E. aufgehoben: Die →Anthropologie ersetzt die →Theologie.

*III.* Marx verknüpft, zunächst anschließend an Hegel und Feuerbach, die E. mit drei gesellschaftl.-hist. Prozessen: dem *Warencharakter* der Arbeit, *der gesellschaftl. Arbeitsteilung* und dem *Privateigentum.* In der Wirklichkeit →kapitalist. Produktion wird so der arbeitende Mensch von der Arbeit selber entfremdet: diese, weil selber Ware, wird etwas Äußerliches, Wesensfremdes. Darüber hinaus werden die produzierten Waren zu entfremdeten, weil unkontrollierbaren Gewalten. Konsequenterweise bedeutet für Marx die Abschaffung der Warenproduktion und des Privateigentums die Aufhebung aller E.

*B.* Der heute gebräuchl., *allg. E.sbegriff* (auch Alienation genannt) bezeichnet insgesamt einen Prozeß, in dem Menschen (als Gattung oder als Idividuen) von einem vorhandenen oder vorgestellten Normal- bzw. Idealzustand durch innere oder äußere Einflüsse abgewichen oder abgetrennt sind. Dabei lassen sich sozialphilos., soziol., sozialpsycholog. folgende Akzente unterscheiden: 1. E. als *Machtlosigkeit* von →Individuen, ihren →Willen sozial durchzusetzen (hier ist z.B. auch M. →Webers These vom »Gehäuse der Hörigkeit« bürokrat. →Herrschaft anzusiedeln); 2. E. als *Normlosigkeit* (Anomie), als E. des Individuums von verbindl. sozialen Regelungen (E. Durkheim); 3. E. als *Isolierung* von zentralen sozialen →Werten und →Institutionen, mit der Chance, Gegenvorstellungen und Handlungskonzepte (z.B. eine →revolutionäre Ideologie) zu entwickeln; 4. E. als *Selbste.* im sozialpsycholog. Sinne (→Fromm). Generell dient der moderne E.sbegriff dazu, negative Entwicklungen sozialer Strukturbedingungen auf die Individualität und →Identität des Mensch zu reflektieren und zu erklären.

*C.* Dabei ist das E.skonzept auch auf die soziale Gestalt von Religionen und deren entfremdende Wirkungen gegenüber individueller Religiosität anzuwenden. Diese *rel. E.* zeigt sich in der Distanzierung gegenüber allzu dogmat. Ansprüchen christl. Kirchen und einer wachsenden freien rel. Szene aller Schattierungen. Der alltägl. Umgang mit Religion in allen Ausformungen spiegelt andererseits auch den Versuch des Menschen, mit entfremdenden sozialen Zuständen umzugehen.

*Lit.: R. Blauner:* Alienation und Freedom, Chicago 1964. – *W. Bukow:* Kritik der Alltagsreligion, Frankfurt/M. 1984. – *E. Fromm:* Der moderne Mensch und seine Zukunft, Frankfurt/M. 1967. – *J. Israel:* Der Begriff E., Reinbek 1972. – *P. Ludz:* Alienation als Konzept in den Sozialwissenschaften, in: Kölner Zeitschrift für Soziologie und Sozialpsychologie 27 (1975), 1-32. – *A. Schaff:* Marxismus und das menschl. Individuum, Reinbek 1970.

*Ingo Mörth*

**Entmythologisierung.** Der Begriff E. ist eng mit dem Namen R. →Bultmanns verknüpft. Sein programmat. Vortrag über »Neues Testament und Mythologie« (1941) hatte eine lebhafte Debatte ausgelöst, die streckenweise Züge eines Bekenntnisstreites trug.

*A.* R. Bultmann geht davon aus, daß das Weltbild des NT - und dementspr. die Darstellung des Heilsgeschehens – vorwissenschaftl., myth. ist. Mit dem modernen, naturwissenschaftl. →Weltbild aber sei immer schon die *Kritik* des Mythischen gegeben. Demgemäß könne die myth(olog). Deutung des Heilsgeschehens (etwa des Todes Jesu mit Hilfe von Opfervorstellungen) nicht mehr erneuert werden. Freil. geht es Bultmann nicht nur um den Gegensatz zweier Weltbilder, sondern um die prakt. Welt- und Lebenserfahrung des modernen Menschen. So ist seine berühmte Formulierung zu verstehen: »Man kann nicht elektr. Licht..., in Krankheitsfällen moderne med. und klin. Mittel in Anspruch nehmen und gleichzeitig an die Geister- und Wunderwelt des Neuen Testaments glauben« (S. 18). Anders als in früheren Epochen, in denen die myth. Aussagen des NT einfach ausgeschieden wurden, geht es Bultmann um deren Interpretation. Zwar rede der →Mythos von der →Wirklichkeit des Menschen, tue das aber nicht in einer dieser Wirklichkeit angemessenen Weise. Der Mythos ist für Bultmann metaphor., d.h. bildhafter, so aber unangemessener – näml. objektivierender (nicht: sich in symbol. Bildhaftigkeit darstellender) – Ausdruck der Existenzerfahrung. Um den wahren Sinn des Mythos freizulegen, bedarf es demnach einer *Deutungsmethode*, die die mytholog. Aussagen auf ihren Wirklichkeitsgehalt hin befragt. E. heißt also einerseits Kritik des vor-wissenschaftl. Weltbildes, andererseits auch Rückgang in den wahren Sinn des myth. Redens. Sie ist ein hermeneut. Verfahren, das die bibl. Aussagen ent- mythologisiert. Wenn man diesen Vorgang positiv ausdrücken will, so geht es – im Anschluß an M. →Heideggers Daseinsanalyse – um »existentiale Interpretation«.

*B.* Das NT selbst gibt schon eine entmythologisierende Interpretation an die Hand. Nicht nur widersprechen sich einzelne mytholog. Deutungen des Heilsgeschehens im NT, vielmehr hat die mytholog. Rede eigentlich den Sinn, die *Bedeutsamkeit* der hist. Gestalt Jesu von Nazaret als Heilsgestalt und Heilsgeschehen zum Ausdruck zu bringen. Bes. umstritten ist Bultmanns E. der →Auferstehung Jesu. Danach ist die Auferstehung kein hist. Vorgang, wonach ein ehemals toter Mensch wieder in das Leben zurückgekehrt sei. Vielmehr bringt sie (in mytholog. Weise) die Bedeutsamkeit des →Kreuzes zur Sprache. So wird die Auferstehung streng von der →Rechtfertigung her gedeutet. Es geht in ihr um die Frage, ob der Mensch im Kreuz Jesu das befreiende Gericht über sich selbst anerkennen will. So haben, anders gesagt, die Auferstehungsberichte den Sinn, den Glauben der ersten Christenheit an den Auferstandenen zu konkretisieren: Gott hat den Gekreuzigten zum Herrn erhöht. Im →Glauben geht es nicht um das Fürwahrhalten einer Legende, sondern um ein neues Selbstverständnis, das es zu ergreifen gilt, und in dem der Glaubende Christus und Gott als den Herrn anerkennt.

*C.* Das Programm der E. hat mit einer bis dahin unbekannten *Konsequenz* das Problem ausformuliert, daß auch die als Wort Gottes geglaubte Botschaft des NT weltanschaul. bedingt und im Kontext eines best., für uns nicht mehr tragfähigen →Weltbildes formuliert ist. Unabhängig von seinem existentialontolog. Lösungsvorschlag hat Bultmann die Theologie langfristig dazu gezwungen, die Sache des christl. Glaubens neu zu formulieren oder sich Rechenschaft zu geben über die Eigenart, die Möglichkeiten und die Grenzen des bibl. (und rel.) Redens von Gott, Mensch und der Wirklichkeit im ganzen. Dies hat im ev., mit Verzögerung im kath. Raum zu großen Verunsicherungen, aber auch zu fruchtbaren hermeneut., später soziopolit. orientierten Neuansätzen geführt.
Nahezu 50 Jahre später ist dieser Anspruch Bultmanns noch nicht allg. eingelöst. Die *Diskussionslage* hat sich allerdings durch eine anthropolog., religionswissenschaftl. und sprachtheoret. untermauerte Aufwertung des Mythos *verändert*. Recht verstanden ist der Mythos gerade keine objektivierende Redeweise. Er kann vielmehr verstanden werden als die sprachl. Vermittlung einer ganzheitl. Wirklichkeitserfahrung, die Menschen an bleibende Sinninstanzen bindet und daher eine handlungsorientierende und handlungssteuernde Funktion ausübt. Dennoch bleibt E. nach wie vor geboten, da auch Mythen gegen krit. Denken nicht gefeit sein dürfen, also auf die ihnen eigene Rationalität zu befragen sind. Deshalb kann das Programm der E. gesehen werden als eine Variante der bleibend notwendigen →Ideologiekritik.

*Lit.: R. Bultmann:* NT und Mythologie, in: *H. W. Bartsch (Hg.):* Kerygma und Mythos, Hamburg-Volksdorf 1948, 15-48. – *H. Jonas:* Im Kampf um die Möglichkeit des

Glaubens, in: Gedenken an R. Bultmann, Tübingen 1977, 41-70.

*Wolfgang Stegemann/Hermann Häring (C)*

**Entscheidung.** Von Entscheidung sprechen wir, wenn ein →Mensch unter mehreren ihm zur Verfügung stehenden *Handlungsalternativen* eine zu wählen hat. Der Wählende kann auf Grund des Bewußtheits- und Informationsgrades die E. in bezug auf sein →Ziel mit Gewißheit als richtig erkennen; öfter jedoch müssen wir E.en in einer →Situation der Ungewißheit über die Verknüpfung von Mittel und Ziel treffen. In diesem Augenblick das Vernünftigste zu tun verlangt →Klugheit und setzt nicht selten den Mut zum Risiko voraus.

*A.* Der Begriff des Vernünftigen oder der →Rationalität – als Verknüpfungsprinzip zwischen einer gegebenen Menge an →Information und ihrer Verwertung im Sinne größtmögl. Nutzens – ist in den Berechnungen (Kalkülen) der *math. E.stheorien* formalisiert und für sozialwissenschaftl. →Wahrscheinlichkeitsberechnungen fruchtbar gemacht worden. Das Problem der inhaltl., insbes. *eth. Bewertung* des in der E. verfolgten Ergebnisses, also die Frage nach der Vernünftigkeit nicht der Wahl der Mittel, sondern der Wahl der Ziele, ist in dieser Betrachtungsweise nicht berührt. Insbes. erhebt sich seit jeher die philos. Frage, ob die letzten Ziele unseres →Handelns überhaupt vernünftig festgelegt werden können oder ob sie nicht auf einer prinzipiell →irrationalen Wahl beruhen und E. somit den Grundzug der von uns gestalteten →Wirklichkeit ausmacht. Der *philos.* Dezisionismus behauptet dies und ist sowohl in der →Religionsphilosophie (→Kierkegaard), im →Existentialismus (Jaspers, Sartre), in der →Theologie (→Barth, →Bultmann, Gogarten) und in der polit. Theorie (Carl Schmitt) in unserer Zeit vertreten worden. In der →Wissenschaftstheorie und Wissenschaftsgeschichte ist die dezisionist. Auffassung der Natur wissenschaftl. →Theorien weitgehend anerkannt.

*B.* Die Bedeutung der E. für unser →Leben ergibt sich aus der *Begrenztheit unseres →Wissens;* die E. zum allem Wissen vorangehenden Welt- und Erkenntnisprinzip zu verabsolutieren heißt jedoch zu behaupten, unser Wissen sei Inbegriff aller Rationalität. Insofern unsere Erkenntnis aber auf Geistprinzipien (→Geist) verweist, die die Welt konstituieren und menschl. Begrenztheit übergeordnet sind, ist auch der E.scharakter unseres Lebens mit dem Vertrauen auf einen objektiven Maßstab unseres Handelns vereinbar.

*Lit.: O. Höffe:* Ethik und Politik, Frankfurt/M. 1979. – *Ders.:* Strategien der Humanität, München/Freising 1975. – *K. Jaspers:* Philosophie, 3 Bde., Heidelberg/Göttingen, 2. Aufl. 1956. – *R. Jeffrey:* Logik der E., Wien/München 1957. – *Ch. von Krockow:* Die E., Stuttgart 1958. – *F. von Kutschera:* Einführung in die Logik der Normen, Werte und E.en, Tübingen/München 1973.

*Walter Schweidler*

**Entwicklungspolitik**

*A.* Die →Kolonien wurden von den »Mutterländern« stets als ihr Hinterland angesehen und je nach Nützlichkeitserwägungen behandelt. Zur Entwicklungshilfe und E. wurde diese Tätigkeit erst nach deren Entlassung in die Unabhängigkeit, vor allem *nach 1960* (→Dritte Welt).

*I.* Nach dem Zweiten Weltkrieg hatten die Amerikaner →Europa mit dem *Marshall-Plan* wieder aufgebaut. Aus der Not- wurde Aufbauhilfe und aus der Auslands- die Entwicklungshilfe. Terminolog. Übergänge sind fließend. Hist. bedeutsam ist Präsident Trumans Antrittsrede 1949. In Punkt 4 fordert er für die Entwicklungsländer ein Programm, genau wie nach dem Krieg für Europa. Die Motive waren humanitärer, polit., wirtschaftl. und strateg. Art. Präsident *J. F. Kennedy* nahm diesen »Missionseifer« auf und glaubte, mit einem Sonderprogramm die Unterentwicklung innerhalb eines Jahrzehnts zum Verschwinden bringen zu können. Der Ökonom Walt Rostow veröffentlichte *The Stages of Economic Growth* mit dem Untertitel »ein nichtkommunist. Manifest«. Nach ihm stand die ganze Welt vor dem *take-off*, es bedurfte bloß eines Anstoßes (big push). Entwicklungshilfe sollte das sein.

*II.* Parallel zum Optimismus der Vereinigten Staaten handelte multilateral die *UNO.* Schon in der Präambel von 1945 steht die Verpflichtung, allen Völkern »sozialen Fortschritt« und einen »höheren Lebensstandard in größerer Freiheit« zu bringen. Dazu wurden verschiedene *Sonderprogramme* und *Institutionen* (ECOSOC, FAO, später UNCTAD und UNIDO) entwickelt. Die 60er Jahre wurden zum Entwicklungsjahrzehnt erklärt: Auch die UNO glaubte, mit bes. Anstrengung und koordiniert könnte die Armut in einem Jahrzehnt verschwinden.

*III.* Die Ernüchterung kam am Ende des Jahrzehnts. Verschiedene Reports (Pearson, Tinbergen, Jackson, FAO und ILO) gaben ihrer *Ernüchterung* Ausdruck und forderten ein zweites Entwicklungsjahrzehnt. Kennedy gründete 1961 das *Peace Corps,* das zum Vorbild vieler ähnl. Organisationen der Entwicklungshilfe wurde. Junge Menschen zogen in alle Welt. 1968 arbeiteten laut Pearson 200.000 Entwicklungshelfer und Experten in der sog. Dritten Welt. Allerdings war Entwicklungshilfe schon unter Präsident Truman zugleich ein Mittel im kalten Krieg; »der große Bruder soll mit Großzügigkeit die Größe seines Systems bezeugen« (Truman). Für Kennedy war es ähnlich: Kuba hatte ihn wachgerüttelt. Daher schuf er für Lateinamerika die *Allianz für den Fortschritt.* Die Unterzeichnung des Vertrags 1961 war der Beginn eines Großangriffs auf die Armut in Lateinamerika. Die *Kirchen* zogen mit. Als Beispiel und in diesem Geist wurde in der Bundesrepublik das kath. Hilfswerk Adveniat gegründet. Auf kath. Seite gab das

2. →Vat. Konzil unter den Päpsten →Johannes XXIII. und Paul VI. zudem neue theol. Impulse. →Mission wurde nun in enger Verbindung mit entwicklungspolit. Arbeit gesehen. Die Enzyklika *Populorum Progressio* (1968) stellte E. dem Frieden gleich. Sie war ein Manifest zur Vereinigung der Gegensätze spiritueller und materieller Arbeit. Ähnl. Impulse gingen von einer Erklärung des Weltkirchenrates 1966 aus und fanden Widerhall auf der ÖRK-Konferenz in Uppsala (1968).

*IV.* Nach 20 Jahren e.r Arbeit unternahm die *Brandt-Kommission* einen Rückblick und mußte trotz allem feststellen, daß die Reichen reicher und die Armer ärmer geworden sind. Mit großer *Skepsis* wird deshalb heute e.e Arbeit geleistet. Der Londoner Ökonom P. T. Bauer, Warner seit Beginn, stellte 1984 grundsätzl. fest: »Solche Hilfe ist für die E. nicht erforderlich. Sie hat mehr dazu beigetragen, die E. zu blockieren, als sie zu fördern.«

*B.* Traditionell glaubte man an Wachstum und an eine Theorie des *Trickling-down* (von oben nach unten abfallen): Als Beispiele dienten Taiwan, Korea, Rhodesien. Aus Lateinamerika kam Widerspruch: Unterentwicklung sei auf koloniale, geschaffene Strukturen und Abhängigkeiten zurückzuführen. Die *Interdependenz-Theorien* von G. Frank und S. Amin setzten sich durch. Galtung und Senghaas fordern deshalb einen Abkoppelungsprozeß und verweisen auf Japan und China. In Afrika wurde zudem durch Gestalten wie Nyerere (Tansania), Kaunda (Sambia), Sekou Touré (Guinea) und Nkrumah (Ghana) eine *neue Form des →Sozialismus* entwickelt. Die Marxisten schließl. sehen jede Unterentwicklung im →Kapitalismus begründet; daher könne nur eine Revolution sie beseitigen. In der UNO wurde mit der *NIEO* (Neuen Weltwirtschaftsordnung) ein *Kompromiß* geschaffen: Man verbindet Strukturveränderungen mit einer gezielten Preis- und Handelspolitik. Von hoher Bedeutung sind jedoch auch die Alternativen und Kleinmodelle zur *»Selfreliance«* (auf eigenen Füßen stehen), die heute von verschiedener Seite gesucht werden. In diesem Zusammenhang können die lateinamerik. →Basisgemeinden als neuer Ansatz gelten.

*Lit.: Besters/Boesch (Hg.):* E. Handbuch und Lexikon, Stuttgart/Mainz 1966. – *Al Imfeld:* E. Eine annotierte Bibliographie, Wuppertal 1978. – Jahrbuch Dritte Welt, hg. vom Dt. Übersee-Institut, Hamburg, jährl. bei C. H. Beck, München. – Zeitschrift: epd E., 14tägig, Frankfurt/M.

*Al Imfeld*

**Entwicklungspsychologie**

*A.* Die E. erforscht die Veränderungen der Fähigkeiten und Verhaltensweisen eines Menschen (und von Menschen untereinander) im Verlauf des Lebens.

*I. Zielsetzung* und Konzeption sind von der Auffassung von →Psychologie sowie vom Verständnis von Entwicklung abhängig. Als gegen Ende des 19. Jh.s sich ausbildende eigenständige Disziplin ist die E. durch die Evolutionstheorie (Darwin, Spencer) einerseits und durch den seit der →Aufklärung in →Philosophie und Pädagogik einflußreichen Entwicklungsgedanken (→Rousseau, →Pestalozzi, Herder, →Kant, →Fichte, →Hegel) andererseits beeinflußt. Es haben sich verschiedene Forschungstraditionen ausgebildet, denen unterschiedl. Menschenbilder und Entwicklungskonzepte zugrunde liegen und die auf verschiedene Methoden und Modelle für ihre Beobachtung, Beschreibung, Analyse und Erklärung der menschl. Entwicklung zurückgreifen.

*II.* Während die E. lange Zeit am biolog. Wachstum orientiert war und sich dementspr. vor allem mit der Erforschung des Kindes- und Jugendalters befaßt hat, wird in neueren Ansätzen Entwicklung umfassender bestimmt als *aktive Auseinandersetzung* mit der jeweiligen Lebenssituation. Neue Teilgebiete werden erschlossen, wie z.B. die Bedeutung krit. Lebensereignisse oder die Veränderung psych. Prozesse im →Alter. Die E. wird zur Lebenslaufforschung.

*III.* Gegenüber eingrenzenden Erklärungsmodellen, die meinen, die Entwicklung sei entweder durch biolog. Reifungsvorgänge (endogen) oder durch die Umwelt (exogen) bestimmt, geht ein entwicklungspsycholog. »Konstruktivismus« von der Grundannahme aus, daß der Mensch seine *Handlungsfähigkeit* in aktiver, seinen inneren Strukturen entspr. Auseinandersetzung mit der Umwelt konstituiert und ausbildet. Er nimmt an, daß das Handeln der Menschen von Tiefenstrukturen gesteuert wird, die kulturunabhängig sind und in stufenweiser Aufeinanderfolge immer komplexer werden. Deshalb wird versucht, die Einzelkompetenzen zu bestimmen, die Handlungsfähigkeit ausmachen. Man will sie in ihrer Entwicklungslogik rekonstruieren und sie in Entstehung und Funktion einander zuordnen.

*IV.* Im Rahmen dieses Forschungsprogramms wurde zunächst eine Reihe von weithin geteilten *Grundannahmen* ausgearbeitet zur Entwicklung der Strukturen des Denkens (Piaget) und des moral. Bewußtseins (Kohlberg). Seit einiger Zeit wird die Entstehung des sozialen Verstehens (der »Interaktionskompetenz«) schwerpunktmäßig erforscht. Das auf die Entwicklung der Denkfähigkeit konzentrierte Paradigma wird dabei durch andere Theorietraditionen mit dem Ziel erweitert, zu einer erklärungsträchtigen Theorie der Ich-Entwicklung insgesamt zu gelangen. Eine Rolle spielen dabei vor allem die Ich-Identität (ein sozialpsycholog. Konzept: Mead, Symbol. Interaktionismus) sowie die Reifungskrisen (ein psychoanalyt. orientiertes Konzept: →Freud, Erikson). Gemeinsam ist diesen Entwürfen ein stufenförmig verlaufendes

Entwicklungsmodell. Ferner liegt ihnen ein Entwurf einer »normalen« Persönlichkeitsbildung zugrunde, der die bewußte Fähigkeit zur Teilnahme an Prozessen der Interaktion und Kommunikation als Ziel der Entwicklung begreift.

*V.* Der »Konstruktivismus« impliziert also eine *Theorie des Subjekts.* Es gilt als von Anfang an autonom handlungsfähig. Damit wohnt dem Konstruktivismus eine normative Dimension inne, die sich aus der Zielrichtung der Entwicklung ergibt. Diese Richtung wird zum Maßstab päd. bzw. therapeut. Interventionen erklärt. Sie müssen demnach darauf gerichtet sein, eine immer selbständigere Entwicklung zu ermöglichen. Darüber hinaus müssen die sozialen Bedingungen eine Entwicklung zur komplexesten Stufe des Ich (Ich-Identität) begünstigen.

*B. I.* Die →*Theologie* (vor allem →Religionspädagogik und Pastoralpsychologie) greift häufig auf Erkenntnisse der E. zurück, um anwendbare Kriterien für die Ausbildung einer »reifen Religiosität« zu erhalten, mit ihrer Hilfe mögl. Fehlentwicklungen zu erkennen und zu vermeiden. Allerdings dürfen nicht nur jene psycholog. Ideen übernommen werden, die sich in einen normativ vorgegebenen theol. Kontext einordnen und sich in der pastoralen bzw. religionspäd. Praxis »effektiv« zur Anwendung bringen lassen, weil so die Herausforderung zu krit. Selbstreflexion nicht wahrgenommen wird.

*II.* Im Vergleich mit Psychoanalyse und humanist. Psychologie steckt die theol. Auseinandersetzung mit den beschriebenen Ansätzen erst in den Anfängen. Umgekehrt haben diese sich in den letzten Jahren verstärkt der rel. Dimension zugewendet, die in der handelnden Deutung und Aneignung von Welt mitwirkt: Mit Hilfe des entwicklungstheoret. Ansatzes hat man versucht, Stufen des »Glaubens« (Fowler) bzw. des rel. Urteils (Oser) zu rekonstruieren. Im Rahmen eines komplexen theoret. Modells stellte R. Kegan dar, wie sich den Stufen der Ich- Entwicklung entsprechend eine rel. Grundproblematik einstellt. Der Übergang von einer Stufe zur nächsten ist jeweils mit *Sinnverlust* verbunden und nötigt dazu, eine neue Form von Sinn zu begründen (»Sinnkonstitution«).

*III.* Die entwicklungspsycholog. Entwürfe lassen uns besser verstehen, daß die Erkenntnis und Praxis des Glaubens zusammenhängen mit der jeweiligen (entwicklungsmäßig bedingten) Bildung von emotionalen, sozialen und kognitiven Strukturen, daß der Glaube also selbst einer Dynamik unterliegt. Indem die Theologie sich auf diese Sichtweise einläßt, vermag sie ihrerseits einen Beitrag zum Verstehen der menschl. Entwicklung als einem krisenhaften Transformationsprozeß zu leisten. Unausweichl. drängt sich näml. die Frage auf, wie angesichts erfahrener und erlittener Negativitäten (z.B. →Leiden, individuelle oder soziale Behinderungen) eine Entwicklung mögl. ist, wie also ein entspr. Vermögen beschaffen sein müßte, das vor Überforderung und Verzweiflung auf Grund einer als bedrohl. empfundenen Forderung, immer selbständiger werden zu müssen, bewahrt. Aus der ihm innewohnenden Hoffnung auf Vollendung heraus vermag der christl. Glaube eine Handlungskompetenz grundzulegen, die uns befreit vom Zwang, uns nicht bloß auf die bestmögl. Entwicklung des eigenen Ich zu fixieren.

*Lit.: R. Döbert/J. Habermas/G. Nunner-Winkler (Hg.):* Entwicklung des Ich, Köln 1977. – *B. Grom:* Religionspäd. Psychologie, Düsseldorf/Göttingen 1981. – *K. E. Nipkow:* Grundfragen der Religionspädagogik, Bd. 3, Gütersloh 1982, bes. 46-56. – *R. Oerter/L. Montada u.a.:* E., München/Wien/Baltimore 1982. – *H. Peukert:* Wissenschaftstheorie – Handlungstheorie – Fundamentale Theologie, Frankfurt/M. 1978. – *H. Schmidt:* Religionsdidaktik, Bd. 2, Stuttgart 1984, bes. 25-61 (Lit.).

*Norbert Mette*

**Enzyklopädie.** Der heute fast ausschließl. für Lexika, Nachschlagewerke und Gesamtdarstellungen aller Art gebrauchte *Begriff* bedeutete ursprüngl. soviel wie Einheit, *Zusammenfassung* und systemat. Ordnung des Wissens oder eines bestimmten Teils davon.

*A.* Im antiken Griechenland wurde mit E. *(enkyklios paideia)* zunächst der mus. Unterricht (bestehend aus Rhythmus, Harmonie/Melodie, →Logos im Sinn von Rede) bezeichnet, der den jungen Griechen zu einer gut erzogenen Persönlichkeit bilden sollte. Schon seit der Mitte des 5. Jh.s v. Chr. traten neue Fächer hinzu und sprengten die anfängl. Einheit der mus. Erziehung, so daß mit dem 1. Jh. v. Chr. jener Kreis der Wissenschaften (orbis doctrinarum) der propädeut., allgemeinbildenden Disziplinen ausgebildet war, der seit der Spätantike und im frühen MA. als das System der *sieben freien Künste* bekannt war. In dem Maße, wie der Wissensstoff anwuchs und diesen Fächerkanon auflöste (zuerst im 13. Jh. durch die Aufnahme der Philosophie des →Aristoteles), wurde es notwendig, die Wissenschaften neu zu ordnen; dies geschah seit dem 16. Jh. zunehmend mit dem Begriff E. (den humanist. Gelehrte in der Wortform »encyclopaedia« geprägt hatten). So haben →Leibniz, Baumgarten (1714-1762), →Kant, die →Romantik (Novalis, Fr. und A. W. Schlegel), →Hegel, Comte (1798-1857) u.a. immer wieder Klassifikationen der Wissenschaften vorgelegt, häufig in Kritik an den überlieferten Gliederungen und verbunden mit einer Neubestimmung des Wissenschaftsbegriffs. Diese nennt man *formale* oder philos. E. im Unterschied zur *materialen* E., die eher den gesamten *Inhalt* eines Wissensgebietes im Überblick darbietet. Neben den *allg. E.n,* die den ganzen Umfang des Wissens behandeln, entwickeln sich seit der Mitte des 18. Jh.s für die einzelnen Universitätsfächer spezielle E.n, die dem Studierenden eine Einführung in sein Fach und eine Übersicht über dessen Unterdisziplinen geben wollen. Solche *Fach-E.n* existieren bis zu Beginn des 20. Jh.s in großer Zahl für die →Theologie, →Rechtswissenschaft, →Medizin, aber auch für die →Philosophie, Philologie und kleinere Fächer.

*B.* Der Übergang von einer systemat. zu einer nur noch *alphabet. Anordnung* des Wissens vollzieht sich mit der von Diderot und d'Alembert herausgegebenen »Encyclopédie« (1751-72), in der zwar noch eine systemat. Klassifikation beabsichtigt und erkennbar ist, die aber aus prakt. Gründen (leichtere Benutzbarkeit) die einzelnen Artikel alphabet. sortieren muß. Daß sich dieses Prinzip im 19. Jh. mehr und mehr ausbreitet, zeigt an, daß das schnelle Anwachsen des Wissens und die damit verbundene immer erneute Revision der Erkenntnisse es unmögl. machen, die Wissenschaften in ein *einheitl. Schema* zu fassen. Wo dies dennoch versucht wird (im →Positivismus Comtes und zuletzt im Log. Positivismus Carnaps und Neuraths), geschieht es oft unter Ausschluß all jener Fächer, die sich nicht, wie z.B. die Theologie, auf den engen Begriff der Naturwissenschaften reduzieren lassen. Da solche Bemühungen jedoch keinen Erfolg hatten, zeigt sich, daß sich nicht alle Fächer unter einen einheitl., rigiden Wissenschaftsbegriff subsumieren lassen.

*Lit.: U. Dierse:* E., Bonn 1977. – *M. Henningsen:* E., in: Archiv für Begriffsgeschichte 10 (1966), 271-362, und 11 (1967), 241-245. – *G. Hummel:* E., in: Theol. Realenzyklopädie 9 (1982), 716-742. – *W. Pannenberg:* Wissenschaftstheorie und Theologie, Frankfurt/M. 1973.

*Ulrich Dierse*

**Epheserbrief.** Dieses auf das Thema Kirche konzentrierte Schreiben hat nicht nur im Katholizismus eine hohe Bedeutung. Es hat auch in der ev. Theologie, in einem stärker an der Kirchenfrage interessierten Jh., sowie in der ökumen., lange auf die Kirchenfrage konzentrierten Bewegung, viel Beachtung gefunden. Trotz der offensichtl. briefl. Form, in die es gekleidet ist, stellt das Schreiben eher eine *Abhandlung* oder eine Predigt dar. Konkrete Züge fehlen fast völlig. Ursprüngl. ist der Brief wohl nicht an an die Epheser adressiert, da die ältesten Handschriften nur »die Heiligen und Gläubigen in Jesus Christus« als Empfänger nennen. Schließl. zeigt der E. eine nahe Verwandtschaft mit dem →Kolosserbrief, der bei der Abfassung womögl. als literar. Vorlage benutzt wurde.
Wie dieser hat auch der E. nach den Eröffnungsversen (1,1f.) einen klaren *zweiteiligen Aufbau*: Kap. 1-3; 4-6. Der erste, *theol. Teil* hebt mit einem Lobpreis (1,3-14) an und konzentriert sich auf die Darlegung des durch →Jesus Christus erschlossenen Zugangs zu →Gott in der Schaffung eines »neuen Menschen« und der Einheit der Kirche aus Juden und Heiden. Dies wird als ein »Geheimnis« verstanden, das Paulus offenbart, von ihm verkündigt und ausgelegt wird. Der zweite, *ermahnend eth. Teil* dringt zunächst auf einen Lebenswandel, in dem diese Einheit der Kirche in der Vielfalt der Dienste sichtbar wird. Die Glaubenden aber müssen als neue Menschen von ihrem alten (heidn.) Lebenswandel abkehren. »Haustafeln« (→Ethik) über das Verhalten der Eheleute, der Kinder und Väter sowie der →Sklaven und Herren schließen sich an. Eine allg. Mahnung zum Kampf gegen die Macht des →Bösen beschließt diesen Teil, der in gewissermaßen gegenläufiger Abfolge zum theol. Teil entfaltet wird.
Die sprachl., literar. und theol. *Eigenart* des E.s legt eine Verfasserschaft des →Paulus nicht nahe. Die auf die Person des Paulus bezogenen Abschnitte (3,1-9; 4,1; 6,19f.) lassen zudem eine Idealisierung des Apostels ähnl. der in den →Timotheusbriefen und im →Titusbrief erkennen. Man vermutet eine *Abfassungszeit* um 90 n. Chr., manchmal – wegen 6,10ff. – um 96 n. Chr. (Domitian. Verfolgung). Anlaß dieses im Geist der Paulus verfaßten Schreibens könnte eine innerkirchl. Krise (der Leitung, des Zusammenlebens von Juden- und Heidenchristen) sein.

*Lit.: H. Conzelmann:* Der Brief an die Epheser, in: *J. Bekker u.a.:* Die Briefe an die Galater, Epheser, Philipper, Kolosser, Thessalonicher und Philemon (Das NT Deutsch 8), Göttingen, 4. Aufl. 1976, 86-124. – *R. Schnackenburg:* Der Brief an die Epheser (Ev.-Kath. Kommentar 10), Zürich-Neukirchen 1982.

*Ekkehard Stegemann*

**Epos**

*A.* Die versgebundene nicht-lyr. und nicht-dramat. *Großdichtung* findet sich vor allem in den Literaturen der indoeurop. Sprachfamilien.

*I.* Nach der Art der *Überlieferung* unterscheiden wir zwischen *mündl.* E., *verschriftlichtem* E. und *Buchepos.* Ersteres ist an den ausgebildeten *Vortragenden* gebunden, der relativ frei über Stoff und Form verfügt (Wortwahl, Strophen- und Episodenbestand) und so unter Zuhilfenahme von geprägten Formeln, Wiederholungsversen u.ä. bei jedem Vortrag das E. in gewissem Sinn neu schafft. Das verschriftlichte E. entsteht an der Epochengrenze von früher zu voller *Schriftlichkeit;* in ihm sind oft mündl. Vorstufen (Lieder) verarbeitet und unter einem übergeordneten Gesichtspunkt organisiert. Es wird anonym oder unter einem legendären Dichternamen tradiert, setzt jedoch für seine Entstehung eine Dichterpersönlichkeit oder eine Dichterschule voraus. Das Buche. ist das von einem Autor vor allem zum Zweck des *Lesens* geschaffene E.

*II. Inhaltl.* unterscheiden wir – je nach Überwiegen des einen oder des anderen Elements – das *erzählende* E. vom *belehrenden* E. Ersteres umfaßt das mytholog. E., das mytholog. Heldene., das hist. Heldene., das Herrschere., das Legendene., das Geschichtse., das chronikalische E. u.ä.m. Auch das belehrende E. tritt in mannigfaltiger, oft nur schwer kategorisierbarer Ausprägung auf. Formal betrachtet unterscheidet sich das erzählende Lehre. vom darstellenden und dieses wiederum vom allegor. Lehre. Inhaltl. betrachtet lassen sich folgende Gruppen bilden: Lehre. der Weltanschauung, der Verhaltensnormen und der Sachkunde. Beide Großbereiche, der belehrende wie der berichtende, existieren von Anfang an nebeneinander. Neben dem Weltentstehungse. *Enuma Elisch* steht der aus sumer. Einzelliedern komponierte altbabylon. →*Gilgamesch*, so wie später Hesiod neben Homer, Lukrez neben Vergil und Thomasin neben Wolfram von Eschenbach stehen werden.

*B.* Für die *Analyse einer Kultur* ist die Frage des Vorhandenseins oder Nichtvorhandenseins des E., der Unterschied zwischen mündl.-sänger. und schriftl. Ausformung, die Frage, ob ein E. in der Gelehrtensprache oder in der Umgangssprache einer Kultur abgefaßt wurde, von Bedeutung. Wichtig ist auch die Sonderstellung des verschriftlichten (Helden-)E., das am Ende der Frühphase einer Kultur deren Lebensformen und – überzeugungen rückblickend zusammenfaßt und – zumeist krit. – reflektiert. Deshalb rufen die frühen anonymen Epen häufig den Eindruck des Aufbegehrens hervor, im sozialen Bereich ebenso wie im rel. Auch die in der vollen Schriftlichkeit entstandenen Buchepen verraten nicht selten eine best. Tendenz, wollen etwas »beweisen«, etwa die Bedeutung des eigenen Volkes und seiner Kultur, die *Kulturfähigkeit* der eigenen Religion, die Kulturfähigkeit der eigenen Sprache, die Vorbildlichkeit der eigenen Gesellschaftsschicht und ihrer Kultur oder die Notwendigkeit einer literar. und/oder weltanschaul. Erneuerung. Dies hängt damit zusammen, daß das E., transsubjektiver als das lyr. Gedicht und verbindlicher als die Erzählung, von Haus aus konsensgebunden und konsensbildend ist. Aus dem Rückgang des weltanschaul., gefühlsmäßigen und literar. Konsensus in der modernen Gesellschaft erklärt sich auch, warum die Versuche einer Erneuerung des E. in der westl. Welt seit dem ausgehenden 18. Jh. zum Scheitern verurteilt waren.

*C.* Mit der *christl. Theologie* weist das E. verschiedene Berührungspunkte auf. Das →*Gilgamesch-E.* wirkte auf die Sintfluterzählung der →Genesis ein. Das antike mytholog. E., Gegenstand des Grammatikunterrichts, galt der *Alten Kirche* quasi als Bibel des Heidentums und rief indirekt die lat. Bibelepik hervor. Auch das dogmat. und das allegor. Lehrepos eines Prudenz (348 bis um 405, *Apotheosis* [Dreifaltigkeitslehre], *Hamartigenia* [über den Ursprung des Bösen], *Psychomachia* [Überwindung der heidn. Laster durch die christl. Tugenden]), eines Kommodian (5. Jh.?, *Carmen apologeticum* [Rechtfertigung des Christentums gegenüber Heiden und Juden]) u.a. ist Teil der kulturellen Auseinandersetzung zwischen altem und neuem Glauben. Lat. und volkssprachige Bibelepik durchzieht dann das ganze westl. *MA.*, wobei einerseits die rel.-theol. Stoffe – in christl.-lat. Epik vorgebildet – den Volkssprachen den Zugang zur dichter. Großform eröffnen, und andererseits die volkssprachige Epik die Glaubenswahrheiten und ihre theol. Durchdringung dem Laienpublikum nahebringt. Mit →Dante erreicht die Verbindung von E. und Theologie ihren Höhepunkt, aber noch nicht ihr Ende. Spenser (1552-1599, *The Faerie Queene* [Tugendlehre im Gewand von Ritterabenteuern]) bedient sich im 16. Jh. dieser Gattung, um die Wahrheit der reformator. Lehre zu erweisen, und noch im 18. Jh. greift Klopstock *(Der Messias)* auf die Bibel als Epenstoff zurück, kurz bevor sich in der Franz. Revolution zeigt, daß der abendländ. Konsensus über die Allgemeingültigkeit der christl. Religion zerbrochen ist.

*Lit.:* *W. Haug:* E., in: Enzyklopädie des Märchens 4, Berlin/New York 1984, 73-96. – *V. Mertens/U. Müller (Hg.):* Epische Stoffe des MA.s, Stuttgart 1984. – *M. Murrin:* The Allegorical Epic, Chicago/London 1980. – *F. J. Oinas (Hg.):* Heroic Epic and Saga, Bloomington/London 1978. – *R. Schönhaar:* E., in: Metzler Literaturlexikon, Stuttgart 1984, 127-129 (Lit.). – *K. Thraede:* E., in: Reallexikon für Antike und Christentum 5, Stuttgart 1962, 983-1042.

*Benedikt Konrad Vollmann*

**Erasmus von Rotterdam,** *Desiderius,* eigentl. Gerhard Gerhards, geb. 1469 (1466?) in Rotterdam, gest. 1536 in Basel, geweihter Priester, Doktor der Theologie (1506) und gelehrter Schriftsteller, galt seiner Zeit als »der König der Humanisten«. Im Geist der *Devotio moderna* (→Mystik) erzogen, wandte er sich nach seinen Pariser Studienjahren (seit 1495) in England (1499-1500) und in →Italien (bis 1509) dem →*Humanismus* zu und ließ sich in Löwen, in Freiburg i.Br. und in Basel (1521-1529; 1535/36) nieder. Vielbewunderter Meister der lat. und griech. Sprache, verband er Geist und Ethos der klass. →Antike mit der →Morallehre →Jesu zu einer »Philosophia Christi«, mit der er in geistreicher Zeitkritik die Überheblichkeiten der →Hierarchen, der →Scholastiker und der Gewohnheitschristen angriff, um die →Kirche von innen her durch →Erziehung zu reformieren. Seine Sammlung antiker Sprichwörter (Adagia, 1500), seine Tugendlehre (Enchiridion militis Christiani [Handbüchlein des christl. Soldaten], 1503), seine Editionen des →NT (Novum Instrumentum, 1516; Nachdruck 1986) und der →Kirchenväter, seine philolog.-krit. und zugleich spiritualisierende →Schriftauslegung (Ratio verae theologiae, 1519) ließen den einzelgängerischen, aber von allen Gebildeten →Europas neidlos gefeierten Gelehrten zur »geistigen Großmacht seiner Zeit« werden.
Seit 1518 wirkte die *luth. Bewegung* seinem Einfluß entgegen. Über der Grundfrage der menschl. Willensfreiheit kam es zwischen E. (De libero arbitrio, 1524) und →Luther (De servo arbitrio, 1525) zum Bruch, der das Lager der Humanisten entzweite. E. rückte inzwischen von seiner →Kirchenkritik ab. In seinem Ecclesiastes sive concionator evangelicus (1535) hinterließ er eine aus der bibl. Tugendlehre und der antiken →Rhetorik

geschöpfte prakt. Theologie (I: Von der Trinität; II: Vom Gesetz; III: Von den Tugenden), die sich mit ihrer gewollt altkirchl. Katholizität von der Scholastik ebenso fernhielt wie von den →Dogmen der luth. Reformation und des vortridentin. →Katholizismus – und sich ebendeshalb um ihre Wirkung brachte. Auf dem Gebiet der klass. und der bibl. Philologie wirkten seine Anstöße jedoch fort. Seinem Ruf nach →Bildung, →Moral und →Vernunft öffnete sich später das Zeitalter der →Aufklärung. Sein *Handbüchlein* hatte eine nachhaltige Wirkung. Während E., als Theologe von keiner der großen Konfessionen ernst genommen, lange Zeit nur als der große Philologe und Humanist anerkannt war, wurde er in den 1960er Jahren als Theologe mit eigenem Profil wiederentdeckt und gewürdigt. Neues Interesse haben seine Schriften Querela pacis (Klage des Friedens, 1517) und De sarcienda ecclesiae concordia (Über die Wiederherstellung der kirchl. Einheit, 1533) gefunden. Immer wieder diskutiert, wenn auch nicht eindeutig beantwortbar ist die Frage, wie sich die Kirche und Europa entwickelt hätten, wenn Ansatz und Einfluß des E. nicht zwischen Reformation und →Gegenreformation zerrieben worden wären.

*Lit.: C. Augustijn:* E. von R., München 1986. – *W. P. Eckert:* E. von R., 2 Bde., Köln 1967. – *G. Faludy:* E. von R., Frankfurt/M. 1970. – *E.-W. Kohls:* Die Theologie des E., 2 Bde., Basel 1966.

*Gustav Adolf Benrath*

**Erbauung**

*A.* »E.«, in seinem metaphor. Gebrauch vom NT (→Metaphorik) eingeführt, ist ein für das Verständnis von →Kirche zentraler Begriff (→Ekklesiologie), der das Wechselspiel von Teil und Ganzem betrifft. Er wurde im Laufe seiner Geschichte zunehmend auf psycholog. Aspekte *reduziert* sowie durch einen inflationären und unpräzisen Gebrauch verdorben. Sein ursprüngl., pointierter Sachgehalt bleibt aber einer theol. Reflexion über →Gemeinde *unaufgebbar.*

*I.* Im *NT* bezeichnet E. die von →Gott und →Christus durch →Apostel, →Propheten und jeden Christen beförderte Mehrung und Stärkung der Gemeinde sowohl in ihrer Einheit als auch hinsichtl. ihrer einzelnen Glieder. Sie vollzieht sich in der christl. →Verkündigung, aber auch durch die zeugnishafte Existenz des einzelnen. Daneben beginnt die Metaphorik des Begriffs schon im NT zu verblassen. E. meint dann einfach: stärken, ermuntern. Durch die terminol. Angleichung der Vulgata (der verbreitetsten lat. →Bibelübersetzung der →Antike und des →*MA.s*) begünstigt, bewegt sich die altkirchl. und ma. Erörterung in dem ntl. abgesteckten Begriffsrahmen. Das gilt auch für →*Luther*, der das Wort freil. sparsam und nach 1525 fast gar nicht gebraucht. In seiner Bibelübersetzung gibt er die griech. Vokabel als »bauen«, »erbauen« oder »bessern« wieder.

*II.* Noch im *16. Jh.* setzt, zögernd zunächst, eine *Erweiterung* und Ausgrenzung der Bedeutung ein; der Prozeß verstärkt sich im 17. Jh. zu einer Akzentverschiebung in Richtung auf den Glauben des einzelnen. Der programmat. Gebrauch des →*Pietismus,* dem E. als Leitbegriff seines theol. (Neu-)ansatzes dient (Ph. J. Spener [1635-1705], A. H. Francke [1663-1727]), bleibt trotz seiner unverkennbaren Gewichtsverlagerung noch auf das ntl. Wortfeld bezogen. Doch der – in den pietist. E.sformen (collegia pietatis) angelegte – »Keim sozialpsychol. Verweltlichung« (G. Krause) trägt, durch den inflationären Gebrauch der Vokabel beschleunigt, im *18. Jh.* zu einer subjektivist. Verengung des Begriffs bei; E. wird nun ganz ins Psychologische umgedeutet und privatist. *verweltlicht.* Alle theol. Versuche, in pointiertem Sinn von E. zu reden, konnten an diesem seitdem herrschenden, reduzierten Sprachgebrauch nichts ändern. Das gilt für →Schleiermacher, der E. zu einem Leitbegriff kirchenleitender Tätigkeit erhebt, für →Kierkegaard sowie – mit spezif. Einschränkungen – für Prakt. Theologen wie C. I. Nitzsch, Th. Harnack, E. Ch. Achelis und F. Niebergall. Neuerdings hat sich vor allem K. →Barth um eine umfassende theol. Bestimmung von E. bemüht. Prakt.-theol. Konsequenzen haben sich daraus vorläufig nicht ergeben. Die gegenwärtige theol. Reflexion scheint vor der als verschlissen, ja ärgerl. oder lächerl. empfundenen Vokabel weithin *kapituliert* zu haben: Allenfalls von Gemeindeaufbau ist heute die Rede, einer nicht unproblemat., weil hinsichtl. ihres →Subjekts wie auch ihres An- und Fortdauerns undeutl. bleibenden Variante.

*B.* E.sliteratur bezeichnet alle betrachtenden Schriften und Dichtungen zur Förderung und Pflege privater rel. E. Sie darf als wesentl. Quelle der Geschichte von →populärer Theologie und →Frömmigkeit gelten, auch wenn sie theol. und vor allem interdisziplinär längst nicht hinreichend erforscht ist.

*I.* Seit jeher hat es eine rel. Literatur gegeben, die sich nicht an die gottesdienstl. Gemeinde, sondern allg. an christl. Leser wandte und dabei eigene Ausdrucksformen entwickelte. Zu popularexeget. Schriften (→Schriftauslegung) kamen zunächst unterweisende (Protreptikos, Consolatio: Ermunterungs- und Trostschriften) und erzählende Werke (Hagiographie; Märtyrerakten; Autobiographie: am bekanntesten und wirksamsten die »Confessiones« →*Augustins.*). Dagegen hat das MA. so gut wie *alle Formen* der E.sliteratur ausgebildet: Neben den »Stundenbüchern« stehen Beichtspiegel zur Vorbereitung auf die →Beichte, Sterbebüchlein mit Betrachtungen über Sterben und →Tod (Ars moriendi: die Kunst des Sterbens), Anweisungen zum geistl. Leben sowie meist myst. geprägte →Passionsschriften (→Mystik). Am verbreitetsten war die »Imitatio Christi« (Nachfolge Christi) von *Thomas von Kempen* (1379-1471),die →Gebete und →Meditationen über inneres Leben und Altarsakrament (→Abendmahl) enthält. Auch *Luther*, einer der meistgelesenen rel. Schriftsteller seiner Zeit, hat zu fast allen einschlägigen Themen E.sschriften (Sermone) hervorgebracht, vor allem aber die Bibel selbst als das eine, klass. E.sbuch des Christentums erneuert. »Lutherbibel« und →Gesangbuch stellen fortan die beiden elementaren, in jedem ev. Haus vorhandenen E.sschriften dar.

*II.* Während die *herkömml. E.sliteratur* (z.B. →Erasmus von Rotterdam) in →Gegenreformation (Ignatius von Loyola [→Jesuiten]), École Française (Franz von Sales, P. de Bérulle), Orthodoxie (→altprot. Orthodoxie; J. Arnd, J. Gerhard) und Pietismus (J. J. Rambach, A. Bengel) eine letzte große Blüte erlebte, wurden ihre formalen und themat. Elemente im 18. Jh. zunehmend in die *säkulare*, von christl. Funktion und Sinndeutung gelöste Dichtung überführt (exemplar. etwa in →Goethes »Werther«). Die *Erneuerungsversuche* des 19. Jh.s (mit zahlreichen Neuauflagen »klass.« E.sbücher durch die Erweckungsbewegung) sind – trotz ihrer breiten volksmissionar. Wirkung – auch als Ausdruck rel. Verunsicherung zu verstehen. Das Versiegen herkömml. E.sliteratur konnten sie, im ganzen gesehen, nicht verhindern. Heute lebt diese vor allem in Kleinformen fort, die auf den Tag bezogen sind (Kalender, Bibellesen, Losungsbücher mit erstaunl. hohen Auflagen), ferner in Spruchkarten und Traktaten, auch in kirchl. Zeitschriften, Textsammlungen von Rundfunk- und Fernsehpfarrern (A. Sommerauer, J. Kuhn) sowie in Predigtbänden.

*Lit.: F. Bartsch/F. Heiler:* E.sliteratur, in: Religion in Geschichte und Gegenwart, 3. Aufl., Bd. 2, 540-547. – *G. Friedrich/G. Krause:* E., in: Theol. Realenzyklopädie 10, 18-28. – *H.-H. Krummacher:* E., in: Hist. Wörterbuch der Philosophie, Bd. 2, 601-604. – *J. Procopé/R. Mohr/H. Wulf:* E.sliteratur, in: Theol. Realenzyklopädie 10, 28-83. – *A. Schöne:* Säkularisation als sprachbildende Kraft, Göttingen 1958.

*Albrecht Beutel*

**Erfahrung**

*A.* Der Begriff der E. ist zu einer *Schlüsselkategorie der →Moderne* geworden, dessen Bedeutung bis in die alltägl. Lebenswelt reicht. Denn in ihm sind die Ansprüche vereint, von denen unsere Gegenwart meint nicht absehen zu können: äußerste →Objektivität und innerste Subjektivität (→Subjekt), allg. Kontrollierbarkeit (→Empirismus) und individuelle Authentizität, →Wahrheit und →Gewißheit. Wie E. zustande kommt, wird freilich gegensätzl. beantwortet. Auf der objektiven Seite setzen die *empirist. Theorien* an, die aus der Wirklichkeit des Erfahrenen analytisch die Bedingungen der E. erheben wollen (→Locke, →Hume). Es ist die Außenwelt, die die E. prägt – und auch diejenigen bestimmt, die E.en machen. Auf der anderen Seite stehen die *→transzendentalen Theorien*, die die Möglichkeit von E. in der Fähigkeit des Subjektes von E. begründet sehen, sofern dieses in der Lage ist, Verschiedenes synthetisch zu verknüpfen (→Kant, →Fichte). Hier wird darauf bestanden, daß es erst ein Subjekt geben muß, das E.en macht, bevor man über E. überhaupt reden kann. In unserem Jh. sind verschiedentlich Versuche unternommen worden, einen E.sbegriff zu formulieren, der sich der Zweipoligkeit von Subjekt und Objekt entschlägt (→Heidegger, Whitehead), die neuerdings starke Beachtung finden (→Strukturalismus, →Systemtheorie). Aber auch diese Theorien müssen mindestens nachträgl. auf die lebensweltl. Vorstellungsweisen zurückkommen. Bislang spricht für die transzendentalen Erklärungen noch immer eine höhere Schlüssigkeit. Das gilt insbes. für die Theorie →Hegels, der darzulegen verstand, wie sich der Sachgehalt von E.en und der Aufbau eines Subjektes der E. miteinander vermitteln. Seit Hegel ist der Begriff der E. mit einem zeitl. Index versehen, ohne daß es gelungen wäre, diese Konzeption von E. mit den sich entwickelnden Naturwissenschaften zu verknüpfen. Diese haben sich vielmehr auf die empirist. Ansätze gestützt und diesen dadurch eine prakt. Überlegenheit gesichert. Davon zehrt die umgangssprachl. Verwendung: Die Berufung auf E. beansprucht fraglose →Unmittelbarkeit. Erst in jüngster Zeit zeigen sich auf den Spuren philos. Kritik (Adorno, →Krit. Theorie) und naturwissenschaftl. Methodenreflexion (C. F. von Weizsäcker) Tendenzen, die Selbstabschottung transzendentaler und empirist. E.sbegriffe zu überwinden. Dadurch wird die geschichtl. Dimension von E. begriffl. zugänglich.

*B.* Im Begriff *rel. E.* ist die Einheit von göttl. →Wahrheit und menschl. Gewißheit gemeint. Nach Hegels Einsicht steht jegl. E. des Menschen in Verbindung mit der Gewißheit seiner selbst. In der rel. E. geht es nun insbes. und ausgesprochenermaßen um die Begründung derselben, die aus dem Verhältnis von →Gott und →Mensch resultiert. Diese rel. Konstitution ist zu denken als Kritik eines vermeintl. natürl., unmittelbar über Selbstvertrautheit und Welterschlossenheit aufgebauten E.svermögens. Ein solches unmittelbares Verhältnis wird verwandelt in ein Selbstverständnis, das sich als von Gott herkommend und auf die Welt zugehend begreift (→Rechtfertigung). In dieser Verwandlung (→Versöhnung) geht Gott dabei selbst so auf den Menschen zu, daß er Subjekt ist (→Christologie) und Subjekt bleibt (→Trinität). Indem der Begriff der rel. E. sich in diesen Rahmen einstellt, erweist er sich als theol. Grundbegriff.

*C.* In der gegenwärtig diskutierten Vielfalt der E.sbegriffe bietet der Begriff rel. E. eine *Interpretation* an, die es erlaubt, die gegensätzl. Auffassungen aufeinander zu beziehen. Er nimmt den Impuls des Empirismus auf: E. hat eine Herkunft, die nicht im menschl. Subjekt liegt. Er verbindet dieses Anliegen aber mit der Grundanschauung des Transzendentalismus, der an der spezif. Aktivität (→Freiheit) des Subjektes festhält. Die Verbindung besteht darin, daß Abhängigkeit und Freiheit vorgestellt werden als aus einem gemeinsamen Grund hervorgehend, der seinerseits nicht von der Art einer anonymen Geschichte des Seins oder eines bewußtlosen ontolog. Prozesses ist, sondern ein lebendiges Subjekt: Gott selbst.

*Lit.: D. Lange:* E. und die Glaubwürdigkeit des Glaubens, Tübingen 1984. – *H. Wißmann/E. Herms/U. Köpf/J. Track:* E., in: Theol. Realenzyklopädie 10, 83-141 (Lit.).

*Dietrich Korsch*

**Erkennen** ist der Prozeß, in dem das (für →Wirklichkeit offene und sie entwerfende) →Subjekt – ausgehend von seinem Vorverständnis und bezogen auf Verständigung mit anderen Subjekten (Konsenstheorie) sowie auf die log. Ordnung gegebener und mögl. Wirklichkeitsbestimmungen (Kohärenztheorie) – mit dem →Wirklichkeit repräsentierenden →Objekt in Begriff, Urteil und Schluß übereinkommt (Korrespondenztheorie) und so Wirklichkeit fortschreitend *versteht.* Umstritten sind heute wie in der Vergangenheit die Reichweite menschl. E.s und die Möglichkeit seiner Begründung. Eine Typologie der Antworten auf diese Fragen läßt das Grundproblem deutl. werden, das sich dem Verstehen menschl. E.s stellt.

*A.* Eine extreme negative Antwort auf die erste Frage gibt der →*Skeptizismus.* Er bezweifelt grundsätzl. die Möglichkeit wahrer Erkenntnis, schließt also immer auch die These von der Unerkennbarkeit Gottes (→Agnostizismus) ein. Die positive Gegenthese vertritt der →*Rationalismus.* Nach ihm ist die Vernunft der sicheren Erkenntnis evidenter Grundbegriffe fähig, die ihr angeboren (so bei →Platon) oder intuitiv gegeben sind (Intuitionismus; angeboren und intuitiv bei →Descartes). Von diesen Grundbegriffen kann die Vernunft ein System sicheren Wissens ableiten. Dagegen läßt der →*Empirismus* nur sinnl. →Erfahrung als Erkenntnisquelle gelten. Das hat zur Folge, daß alles Nichterfahrbare nur mit minderer Gewißheit erkannt werden kann (z.B. bei →Hume der im Rationalismus sichere Begriff der →Kausalität) oder als unerkennbar gilt (→Positivismus). Eine mittlere Position nimmt der →*Realismus* ein. Anders als der Skeptizismus hält er wahre Erkenntnis für mögl., bestimmt diese aber (im Unterschied zum Rationalismus) als endl. Erkenntnis, deren Grenzen er jedoch nicht (wie grundsätzl. der Empirismus) mit den Grenzen des in sinnl. Erfahrung Gegebenen identifiziert. Zwar bleibt (im Unterschied zum Rationalismus) die erkennende Vernunft dauernd auf sinnl. Anschauung bezogen, in dieser Beziehung erfaßt sie jedoch den Allgemeinbegriff (→Universalien) und mit ihm das →Wesen des Erfahrungsgegenstandes. Auch zur Erkenntnis des endl. Geistigen und des unendl. Geistes, also Gottes, muß sich die menschl. Vernunft notwendig den Anschauungsgegebenheiten zuwenden. Sie gelangt so zu wahrer, aber (nur) analoger Erkenntnis (→Analogie). Unmögl. ist das E. des Einzelgegenstandes (→Individuum).

*B.* In der hier versuchten Verbindung der beiden Stämme menschl. E.s, Sinnlichkeit und Vernunft, liegt das *Hauptproblem* jeder Erkenntnislehre. Neuzeitl. formuliert ist es das Problem, wie die *Trennung von Subjekt und Objekt* überwunden werden kann (→Erkenntnistheorie). Denn in den klaren Gegebenheiten der Anschauung ist der äußere Gegenstand anwesend, während die unmittelbaren Einsichten der Vernunft auf die Produktivität des Subjekts verweisen. Allerdings ist das Ergebnis des Erkenntnisprozesses nicht reine Gegebenheit des Objekts oder reines Produkt des Subjekts, ebensowenig ist das eine oder andere zu wahrer Erkenntnis erforderl. Das Ergebnis des Erkenntnisprozesses ist ein subjektiv-objektiv Neues, *mehr als die Summe* seiner Momente, objektive Gegebenheit und subjektive Produktion. Dieses Mehr versucht die realist. Tradition in den →Universalien zu fassen; es ist nach dem Hervortreten der Subjekt-Objekt-Trennung thematisiert mit →Kants synthet. Urteilen a priori; es ist das Ziel der an Kant anknüpfenden Versuche, diese Trennung aufzuheben (→Erkenntnistheorie, →Idealismus, →Transzendentalphilosophie). Allerdings steht jedes E. unter individuellen, naturalen, sozialen, geschichtl. und sprachl. Bedingungen. Zwar ist die Wirkung der genannten Bedingungen immer geleitet durch die Logik dieser subjektiv-objektiven Wahrheit, die sie zu ihren Bedingungen macht. Prinzipiell können deshalb eingrenzende Faktoren durchschaut und relativiert werden. Dennoch verbietet es sich, die jeweilige Erkenntnis als endgültigen Ausdruck der subjektiv-objektiven Wahrheit aufzufassen.

*Lit.: Aristoteles:* Über die Seele, III. Buch, 4.-8. Kap. – *J. Habermas:* Erkenntnis und Interesse, Frankfurt/M. 1968. – *G. W. F. Hegel:* Phänomenologie des Geistes, Vorrede. - *H. Krings/H. M. Baumgartner:* E., Erkenntnis, in: Hist. Wörterbuch der Philosophie, Bd. 2, 643-662. – *K. Rahner:* Geist in Welt, München, 2. Aufl. 1957. – *Thomas von Aquin:* Quaestiones disputatae de veritate, 1, 2, 8-10. – Summa Theologiae, I, 14- 54-58, 79, 89-89.

*Wolfgang Göbel*

**Erkenntnistheorie** ist die Grunddisziplin neuzeitl. Philosophie. Mit der Erhellung der Bedingungen, unter denen eine Erkenntnisbeziehung zwischen →Subjekt und Objekt gelingen kann, will sie die Möglichkeit menschl. →Erkennens begründen.

*A.* Eine Erkenntnislehre, die nach dem Wesen des Erkennens fragt, nach seiner Entstehung, seiner Möglichkeit und seiner Grenze, hat es – zumindest in Ansätzen – in der Philosophie immer gegeben. Im Unterschied dazu setzt die Ausbildung der E. im spezif. Sinn das Bewußtsein einer Trennung von erkennendem Subjekt und zu erkennendem Objekt voraus, die als philos. Grundproblematik wahrgenommen wird. Deutl. wird diese

*Ausgangslage* bei →Descartes. Er versucht, die Beziehung der klaren und evidenten Vorstellungen des Denkens (»res cogitans«) auf seine Gegenstände, insbes. auf die Körperdinge (»res extensae«) zu sichern. Dieser Versuch zielt auf die method. Begründung aller wahren Erkenntnis. Die theoret. Philosophie →Kants erneuert und vertieft Verständnis und Lösung des Problems. Kant geht mit seiner →transzendentalen Frage zurück auf die subjektiv →aprior. Voraussetzungen menschl. Erkenntnis und bestimmt das Verhältnis dieser Voraussetzungen zur notwendigen sinnl. Affektion durch die Gegenstände. Damit klärt sich die Reichweite dieser Erkenntnis, z.B. ihre mögl. →Objektivität, die jedoch bei der immer nötigen, aber auch immer subjektiv formierten sinnl. Anschauung nicht für die Darstellung der Gegenstände, wie sie an sich sind (der Dinge an sich), gelten kann. Mit seinem Ansatz wurde Kant zum Begründer der →Transzendentalphilosophie im strengen Sinne, die beim frühen →Fichte ihre bes. konsequente Ausprägung gefunden hat. Kants Ansatz bestimmt weitgehend die vielfältigen Versuche des 19. Jh.s, die Trennung von Subjekt und Objekt zu überwinden. Was aber bei Kant als Vernunftkritik mit den philos. Sachfragen eng verbunden war, wird nun zu einer selbständigen philos. Disziplin, für die der Name E. (1862 von E. Zeller) geprägt und geläufig wird. Sie beansprucht, Grundlegungswissenschaft für alles Erkennen und jede weitere Wissenschaft zu sein.

*B.* Diese E. hat ihr Problem, die Subjekt-Objekt-Trennung, nicht lösen können. Heute wird es im allg. hinterfragt. Ausgehend von den *geschichtl. und sprachl. Bedingungen* jeden Erkennens, verweist man darauf, daß in geschichtl. Verstehen und sprachl. Verständigung Subjekt und Objekt immer schon vermittelt sind (H. G. Gadamer, →Hermeneutik; der spätere →Wittgenstein, →Sprachphilosophie); oder man sieht eine solche Vermittlung immer schon in den im Handeln bewährten, unter den Handlungspartnern (intersubjektiv) gültigen Meinungen mitgegeben, auch wenn diese Vermittlung der Verständigung der Handelnden nachgeordnet sein kann (→Pragmatismus). Mit diesen auf Geschichte, Sprache und Praxis bezogenen Ansätzen wird die Kritik →Hegels an der Erkenntniskritik fortgeführt. Schon er verweist darauf, daß man nicht vor allem Erkennen bestimmen kann, was Erkennen ist. Dieses Bestimmen ist selbst schon Erkennen. So geht der erkenntniskrit. Begründung der Vermittlung von Subjekt und Objekt ebendiese Vermittlung schon voraus. Nach Hegel ist darin, wie in allem Erkennen, die Wirklichkeit des →Absoluten präsent, das als ontolog. Einheit von Subjekt und Objekt durch seine Logik diese Vermittlung strukturiert. Die damit angesprochene ontolog. Dimension (→Ontologie) wird neu thematisiert werden müssen, wenn man die reklamierten fakt. Vermittlungen auf den Ebenen →Geschichte, →Sprache und →Handeln zu Ende denken will.

*C.* Weitere Beiträge zur E. kommen heute von *außerphilos.* Disziplinen. Die →evolutionäre E. sieht eine zumindest teilweise Übereinstimmung zwischen dem Denken und der Wirklichkeit darin begründet, daß der Denkapparat des Menschen als Produkt der Evolution wie seine anderen Organe der Wirklichkeit angepaßt sein muß (K. Lorenz). Die genet. E. geht vor allem der Psychogenese des Erkennens nach (J. Piaget).

*Lit.:* *C. F. Gethmann:* E., in: Hist. Wörterbuch der Philosophie, Bd. 3, 683-690. – *G. W. F. Hegel:* Phänomenologie des Geistes, Einleitung. – *I. Kant:* Kritik der reinen Vernunft, Vorrede zur zweiten Ausgabe. – *K. Lorenz:* Die Rückseite des Spiegels, München 1973. – *J. Piaget:* Einführung in die genet. E., Frankfurt/M. 1973. – *R. Riedel:* Biologie der Erkenntnis, Berlin/Hamburg 1980 (Lit.). - *H. Vaihinger:* Über den Ursprung des Wortes »E.«, in: Philos. Monatshefte XII (1876).

*Wolfgang Göbel*

**Erklärung.** Umgangssprachl. meint E. z.B. die Mitteilung eines sachkundigen Menschen, die uns hilft, einen unklaren Sachverhalt zu verstehen. Ganz allg. bezeichnet E. also die nähere Erläuterung und Deutung eines Sachverhaltes. In der wissenschaftstheoret. Fachdiskussion ist der Begriff E. jedoch (ebenso wie der des →Verstehens) in das Spannungsfeld von Geisteswissenschaften und →Naturwissenschaften geraten: Warum ein Apfel zu Boden fällt, können wir mit Hilfe des Gesetzes der Schwerkraft »erklären«. Nicht so Phänomene der menschl.-geschichtl. Welt. Diese müssen wir – nach Auffassung vieler Geisteswissenschaftler – verstehen (→Hermeneutik). Inwieweit man auch Erscheinungen der menschl.-geschichtl. Welt »erklären« kann, war und ist umstritten.

*A.* Wissenschaftl. gesehen erklärt man etwas durch den Nachweis zugrundeliegender →Kausalität. Will man die Verursachung eines Phänomens durch ein anderes empir. und überprüfbar behaupten, so muß die (zeitl.) Folge dieses Phänomens für unsere Beobachtung stets wiederholt und wiederholbar sein, also eine *Gesetzes-Aussage* (einen All-Satz) ermögl.: (»Immer wenn..., dann...«). Wie wir an solche Gesetze gelangen, ist umstritten: ob durch Induktion, so der →Neopositivismus, oder, wie der →Krit. Rationalismus meint, durch »kühne Vermutungen«. Das sog. Induktionsproblem besteht darin, daß aus noch so vielen bestätigenden Beobachtungen auf das jeweils erneute Eintreffen des Beobachteten nicht zwingend geschlossen werden kann (auch »Humesches Problem«, →Hume). Zwingend ist jedoch der deduktive Schluß, der von einer gesetzmäßigen Folge auf B schließen kann, wenn A gegeben ist.

*B.* Auf Grund dieser Tatsache haben C. G. Hempel und P. Oppenheim, aufbauend auf mehreren Vorläufern, die Erklärung durch das sog. »deduktiv-nomolog. Schema« (DN-Schema, auch HO-Schema) formuliert und präzisiert. Es besagt, daß sich auf Grund von Einzelaussagen (Ausgangs-

oder Antezedensbedingungen) einerseits und universeller Gesetzesaussagen andererseits das zu erklärende Phänomen ableiten, »erklären« läßt. Weil also die beiden obenerwähnten, einander folgenden Phänomene durch ein beide übergreifendes Gesetz in Verbindung gebracht werden, heißt das DN-Schema im Englischen auch »covering-law-model«. Seine Schwierigkeiten liegen vor allem im erforderl. universellen Charakter der Gesetzesaussagen: »Alle Schrauben in diesem Auto sind rostig«, erklärt eben nicht, warum eine bestimmte Schraube rostig ist, weil dieser Satz nur einen eingeschränkten Geltungsbereich hat. Ferner bleibt die Benutzung »induktiv-statist.« Gesetze (IS-Schema) problemat. Die Reichweite des wissenschaftl. Konzepts der Erklärung im Gesamtspektrum der Wissenschaften ist schwierig einzuschätzen. So weist der herausgearbeitete Unterschied von E. und Verstehen darauf hin, daß nach Ansicht mancher Autoren gerade die Geisteswissenschaften (insbes. auch die →Theologie) ihre Gegenstände nicht von (vermeintl. oder mit Recht behaupteten) Ursachen her erklären können. Dieser Selbstbescheidung kann dann die Erwartung gegenübertreten, daß das Nichterklärbare, weil nicht »Vorhandene«, sehr wohl zum Wahrheitsbestand unserer Wirklichkeit gehören und unsere Seinsverfassung entscheidend prägen kann (→Hermeneutik).

*Lit.: A. Beckermann:* Gründe und Ursachen, Kronberg 1976. – *Ders. (Hg.):* Analyt. Handlungstheorie, Bd. 2 (Handlungserklärungen), Frankfurt/M. 1977. – *C. G. Hempel:* Aspects of Scientific Explanation, and Other Essays in the Philosophy of Science, New York 1965. – *O. Schwemmer:* E., in: Enzyklopädie Philosophie und Wissenschaftstheorie, Bd. 1, Mannheim 1980, 578-584.

*Volker Steenblock*

**Erlanger Theologie**

*A.* Der Ausdruck E.Th. (auch Schule, Kreis o.ä.) hat sich in der Theologiegeschichtsschreibung schon seit den 1850er Jahren zur Kennzeichnung einer Gruppe (bes. systemat.) Theologen eingebürgert, die *zwischen ca. 1833-1894* für zwei Generationen das Gesicht der Erlanger Theol. Fakultät bestimmen. Es sind Vertreter eines durch die Erweckungsbewegung (A. Tholuck) einerseits, durch →Schleiermacher und den dt. →Idealismus andererseits geprägten Neu-→Luthertums. Eine weiterreichende Bedeutung gewinnt die E.Th. zuerst durch die »Zeitschrift für Protestantismus und Kirche«, die die Vertretung und Verbreitung eines kirchen- und bekenntnisgebundenen *luth. Protestantismus* zum Ziel hat, der sich vom →Katholizismus und von Positionen eines kirchenkrit. und freien →Protestantismus (→Rationalismus, pietist. Separatismus, freie akadem. Theologie) absetzt.

*B.* Die *theol. Intention* der E.Th. läßt sich am deutlichsten bei J. Ch. K. von Hofmann (1810-1877) und F. H. R. von Frank (1827-1894) greifen. Grund, Inhalt und Ziel der Theologie ist für sie der Tatbestand des gegenwärtigen Christseins in der Gestalt des rel.-sittl. Bewußtseins. Der (an →Schleiermacher anknüpfenden) Theorie des frommen Selbstbewußtseins wird in erweckungstheol. Akzentuierung inhaltl. die →Erfahrung der Wiedergeburt und der →Bekehrung, zur positiven Tatsache erklärt, zugrundegelegt. Während die »Wiedergeburt« darauf abhebt, daß wir passiv, also aus reinem Geschenk Christen sind, zielt »Bekehrung« auf dessen selbsttätige Verwirklichung. Nach von Hofmann werden auf dem Boden der →Bibel (»Schriftbeweis«) die Tatsachen wiedererkannt und bestätigt, die schon für die Erfahrung der wiedergeborenen Subjektivität leitend sind. Frank schließt in seinem dreigliedrigen »System der christl. Gewißheit«, »Wahrheit« und »Sittlichkeit« von der Wiedergeburts- und Bekehrungsgewißheit auf die objektiven Gegebenheiten zurück, durch die jene Gewißheit bewirkt ist, wie umgekehrt der als Generation (Schöpfung), Degeneration (→Sünde) und Regeneration (Erlösung) sich vollziehende Prozeß des Werdens der Glaubensobjekte die Tatsache der selbstgewissen Subjektivität begründet. Als Wegbereiter und Vertreter einer →Christologie der Kenosis (Selbstentäußerung; Phil 2,7) sind bes. G. Thomasius', aber auch Hofmanns und Franks Ansätze auch noch für die gegenwärtige dogmat. Arbeit von Bedeutung.

*Lit.: H. Edelmann:* Subjektivität und Erfahrung. Der Ansatz der theol. Systembildung von F. H. R. von Frank im Zusammenhang des »E.Kreises«, Theol. Dissertation, München 1981. – *F. W. Kantzenbach:* Die E.Th., München 1960.

*Falk Wagner*

**Erlebnis** bezeichnet einen *seel. Aufnahmevorgang*, bei dem das →Individuum Eindrücke seiner inneren Welt und der Außenwelt bewußt wahrnimmt. Der Gebrauch des Begriffs richtet sich gegenwärtig vielfach polem. gegen die aufgliedernde und die rational abstrahierende wissenschaftl. Betrachtung einzelner Empfindungen und nimmt Stellung für eine ganzheitl. Auffassung der Lebenswelt.

*A.* Zunächst gilt E. nur als Voraussetzung für begriffl. Ordnungsvorgänge bei der Bildung von →Erfahrung. Dann geht der E.begriff als Grundkategorie ein in eine Theorie des →Bewußtseins und →Selbstbewußtseins (H. Lotze) und daran anknüpfend in eine Theorie der →Geisteswissenschaften (W. →Dilthey). E. bezeichnet dann ein *sinnhaftes Verstehen*, das psych. Geschehen überhaupt erst dem Bewußtsein erschließt, und wird den naturalist. Assoziations- und Bedürfnistheorien einer naturwissenschaftl. orientierten →Psychologie entgegengestellt. »Verstehen« erschließt dann die Bedeutung der Erlebnisse wie des ganzen Aufbaus der geschichtl. Welt und wird unterschieden vom hypothet.-konstruierenden »Erklären« der natürl. gegebenen →Welt (→Phänomenologie).

*B.* Die Frage, ob wir über Bewußtseinsvorgänge wissenschaftl. Aussagen formulieren können, führte in der *psycholog. Theoriebildung* zu einer scharfen Trennung zwischen Verhalten und Erleben. Der strenge Behaviorismus (behavior, amerik., Verhalten) ließ überhaupt nur beobachtbare Aktivitäten des lebenden Organismus, das Verhalten, als wissenschaftl. Datenmaterial gelten, während vor allem die Tiefenpsychologie, obwohl naturwissenschaftl. Denkweise verpflichtet, die Erlebnis-Produktion ihrer Patienten mehr und mehr geisteswissenschaftl.-hermeneut. bearbeitete. Die E.psychologie (H. Rohracher) versucht den strikten Gegensatz in der Grundlegung der Psychologie zwischen Verhalten und Erleben aufzuheben; sie bearbeitet nur solche Bewußtseinsdaten, für die sie eine physiolog. Entsprechung erschließen kann. Die Annahme einer rel. Dimension des Erlebens bildet in →Religionspsychologie und →Religionswissenschaft eine Forschungsgrundlage.

*Lit.: K. Cramer:* Erleben und E., in: Hist. Wörterbuch der Philosophie, Bd. 2, 702-711. – *H. Rohracher:* Einführung in die Psychologie, Wien, 13. Aufl. 1987.

*Reinhard Schmidt-Rost*

## Erlösung

### *A. Religionsgeschichtlich*

E. ist der *Vorgang der »Befreiung«* aus einem existentiellen Notstand zu einem Zustand ersehnter →Freiheit. Als urmenschl. Erleben von Not und Elend und der Sehnsucht, daß diese enden, läßt sich die →Hoffnung auf E. in der Menschheitsgeschichte sowohl rein rel. (Christentum, Hinduismus, Buddhismus, Jinismus) als auch in Verbindung mit nationalen und sozialen Heilslehren (→Messianismus des Judentums, Nativismus im heutigen Afrika) sowie ausschließl. im Sinne sozial-polit. →Ideologien (wie →Marxismus, polit. Programme) durchgehend nachweisen.

*I.* E. ist überall *nicht* vonnöten, wo die Weltordnung (in deren Mitte der Mensch sich sinngebunden erfährt) oder die gottgeschaffene Welt fraglose Wirklichkeit ist oder aber durch Riten oder Gesetzeserfüllung in Ordnung gebracht werden kann (wie in den →Stammesreligionen, dem orthod. Judentum, in Christentum und →Islam).
Ist aber die Stellung des Menschen durch eine neue Bewußtseinslage, durch neue Erkenntnisse und soziale Umwälzungen in der →Welt und im →Kosmos nicht mehr klar definierbar und damit die Erfahrung von Chaos, Ungeordnetheit, überwältigender Vielfalt der Phänomene, von Finsternis als Ausdruck der Erkenntnis- und Wahrheitsferne, von Beziehungsunfähigkeit auf ein sinnstiftendes Gut gegeben, so tritt die Hoffnung auf E. aus diesem Notstand klar hervor. Sie wird von *E.sgestalten* erfüllt. Diese stellen eine neue →Ordnung zwischen Mensch und Kosmos oder dem Göttlichen her (und werden insofern oft als →Mittler angesprochen), so daß statt Chaos erneut die Struktur erkennbar und als Beziehungsgröße das Selbstverständnis des Menschen spirituell bestimmen kann. Die *E.slehren* beinhalten die Beschreibung der Einheit der Phänomene, sie bringen das Licht der Erkenntnis und →Wahrheit und erlauben wie fordern vom Menschen, ihr reales Leben danach auszurichten.

*II.* Die →*Weltreligionen*, die von der *E.sbedürftigkeit* des Menschen ausgehen, stehen dabei ununterbrochen im Laufe ihrer Geschichte im Spannungsfeld zwischen einem nur bedingt werthaft beschriebenen Leben im »Diesseits« und einem als eigentl. Gut gewertetem Seelenleben (→Seele), das sich erst im →Jenseits voll erfüllt. Es führte im Extrem zu strengster Askese (→Verzicht) und zur gesellschaftl. Absonderung (→Kloster), was innerhalb dieser Religionen immer wieder zu Gegenbewegungen geführt hat.

*III.* In den frühen Religionen ist die Definition der menschl. Not noch eng mit Naturvorgängen verknüpft, wie dem Gedeihen, Wachstum, →Tod, Wiedererstehen in den vorderasiat. Gott-Erlösergestalten Osiris und Adonai. Mit der neuartigen Bestimmung der *Seele* als unsterbl. Wesen ist die Unfreiheit an die körperl. Gebrechlichkeit, an alles Vergängliche gebunden (→Buddha) und führt zu der schon angedeuteten Entwertung des natürl., mit dem Tod endenden Lebens. In späteren Entwicklungsformen (bes. deutl. in Christentum und Hinduismus) verschiebt sich der Akzent auf innerpsych. Notzustände, die eth. Blindheit, das Unvermögen, zwischen wahrem und unwahrem Leben unterscheiden zu können, auf Gottesferne als Verfehlung des Lebenssinns.
Die Lehren der Erlösergestalten bestimmen die Art des *E.szieles* (ein polytheist., monotheist., monist. Göttliches, oder auch ein E.sgut, das nur negativ beschrieben ist). Das Leben dieser Gestalten wirkt exemplar. und wird damit zum Vor-Bild für die Art der E.smittel, die der Gläubige anzuwenden hat, um schließl. die endgültige E. seiner Seele im Jenseits zu erlangen. Rel. gesuchte Freiheit ist also immer gebunden an eine freiwillige und unbedingte Entscheidung des Menschen für eine rel. Lehre, die ihm Ausdruck angenommener sinnstiftender Wahrheit und letzter Wirklichkeit ist. In diesem Sinne erlaubt es der →Hinduismus dem einzelnen, sich die seinem rel. Verständnis entspr. Religionsform selbst zu suchen.

*IV.* Im →*Christentum* bedarf der →Mensch wegen seiner →Sünden- und Todesverfallenheit der E. Diese kann er erlangen durch die göttl. Erlösergestalt Christus, dem der Gläubige ebenbildl. zu werden bestrebt sein soll. »Am Ende der Zeiten« erwartet ihn die ewige E. als Bei-Gott-Sein oder die ewige Verdammnis (→Versöhnung, →Eschatologie). Die →Auferstehung als Wiederherstellung auch der körperl. Identität der Toten und die Erstehung einer »Neuen Welt« sind ein letztl. weltbejahendes Element (jüd.-pers. Ursprungs), das gerne übersehen wird und die oriental. Religionen scharf von den asiat., ind. unterscheidet, welche die Spiritualität des Seelenselbst radikal setzen. Zugleich ist im Osten die Bedeutung der geschichtl. Einmaligkeit Jesu nicht verständl., weil die dortige grundsätzl. myst. Religiosität (→Mystik) ein gänzl. Unwirksamkeit der Kategorie →Zeit für die Gewinnung des Heils lehren muß.

*V.* Alle in Indien entstandenen Religionen gehen vom Notstand aus, der als Leben (= Leiden = Wiedergeburt = Unerlöstheit) gewertet wird. Damit ist die endgültige E. in jedem Fall ein Jenseits, das sich sozial in der großen Zahl von jenseits der Gesellschaft lebenden Wahrheitssuchern und Lehrern (Gurus) geistl. Lebens zeigt.

1. Im →*Buddhismus* ist der E.szustand ident. mit dem »Erlöschen« (Nirvānā) alles dessen, was hier →Leben, →Bewußtsein und →Sein genannt wird. Er wird im frühen Buddhismus nur durch ein mönch. Leben ermöglicht (erstaunlicherweise gab es auch Nonnenklöster); im späteren Buddhismus wird er um der noch im Geburtenkreislauf befangenen Menschen willen hinausgezögert.

2. Im →*Jinismus* bedeutet E. die Isolierung des eigenen Seelenselbst von allem Empirischen. Sie erfordert Askese, ein Mönchsleben, und ist *Selbste.* im Sinne einer sonst nirgends gesuchten unsterbl. Realität, die nur das jeweils eigene Seelenselbst betrifft. Der E.szustand hebt deren Pluralität nicht auf.

3. Im sehr variantenreichen →*Hinduismus* lassen sich eine monist. und eine theist. Strömung feststellen, die auch vermischt vorkommen. Die religionsphilos., streng monist. Strömung sucht die E. als ein Auf- oder Eingehen ins Göttliche, das endgültig erst mit dem Tode geschehen kann. Die theist. will zu einer E. des individuellen Seelenselbst führen, dessen Identität auch im Jenseits erhalten bleibt. Die E.smittel reichen hierbei von mönch. Askese (z.B. →Shankara) über die innerweltl. zu lebende absolute Gottesliebe (bhakti) bis hin zu einer Weltfrömmigkeit, die in völlig selbstlosem Handeln wirkt (wie es z.B. Mahatma Gandhi in neuerer Zeit vorlebte).

*VI.* Die schon mit der →Reformation sich verbreitende Verinnerlichung des rel. Lebens im Westen und die schließl. Psychologisierung des Seelenbegriffs haben zum Phänomen der →*Neuen Religionen* entscheidend beigetragen.

*Lit.: O. Fröbe-Kapteyn (Hg.):* Gestaltung der E.sidee in Ost und West, Zürich 1986. – *H. Huber:* Tod und Auferstehung (Studia Ethnographica Freiburgensia 8), Freiburg 1979. – *H. Schaer:* E.svorstellungen und ihre psycholog. Aspekte (Studien aus dem C. G.-Jung-Institut, Zürich, 2), Zürich 1950. – *L. Scheffczyk (Hg.):* E. und Emanzipation (Quaestiones disputatae 61), Freiburg 1973.

*Irmtraud Höhn*

*B. Systematisch-theologisch*

Noch weniger als andere Grundthemen des christl. →Glaubens kann sich der Glaube an E. der Berührung und Durchdringung mit allg. menschl. Erfahrungen von →Leiden und Befreiung entziehen. Die Lehre von der E. hat sich dafür als bes. durchlässiges Feld erwiesen, als Anstoß zu einer umfassenden *Neuauslegung* des Glaubens und des kirchl. Handelns. Je mehr sich die Glaubenspraxis im Kontext best. Strukturen begreift (→kontextuelle Theologie), desto weniger läßt sich der christl. E.sglaube gegen innergeschichtl. Befreiungsbewegungen ausspielen. Die bleibende krit. Unterscheidung zwischen E. und →Emanzipation ist in dialog. Verständigung und innerhalb einer umfassenden prakt. Solidarität auszutragen.

*I.* Der Begriff in seiner heutigen verallgemeinernden abstrakten Bedeutung, als Sammelbegriff für die verschiedenen Heilstaten Gottes und Heilserfahrungen des Menschen, kommt so nur selten *in der Bibel* vor. Anders und konkret handelt aber der atl. »goel« eintretend und auslösend für die verschuldeten Verwandten (Jes 41,14; 43,14 usw.). E. wird in konkreten Rettungstaten erzählt: von der Herausführung aus Ägypten (Ex 6,6), von der Rettung aus dem Totenreich (Ps 49,16), von der Heimführung aus der Gefangenschaft (Jes 43,1), als endzeitl. Rettung vor dem →Bösen (Mt 6,13). Noch das Substantiv »E.« (apo-lytrosis) bleibt auf *konkrete* messian. (Lk 1,68) oder *eschatolog. Errettung* (Lk 21,28) bezogen; auch kult. Bedeutung schwingt mit (Hebr 9,12). Für ein bibl. E.sverständnis (Soteriologie) müßte man weit über den lexikal. Befund hinaus die verschiedenen konkreten Noterfahrungen und Befreiungstaten zusammenfassen, um einen leeren Sammelbegriff zu vermeiden.

E. geschieht durch die jesuan. Heilungen als Zeichen des *Reiches Gottes*, durch die Austreibung der Dämonen aus Besessenen, durch Zuwendung zu den Hungernden und Ausgeschlossenen (Synoptiker); durch den Erweis und die Gewährung von Gerechtigkeit in Jesu →Tod und Auferweckung (→Paulus); durch den Anbruch des Lichts in der Finsternis und den Übergang aus dem Tod ins Leben (johanneisch); durch den Einbezug der Glaubenden in den neuen Lebens- und Machtbereich des Leibes Christi (Eph, Kol). Im übrigen greift das NT auf die in der jüd. und in den umgebenden hellenist. Religionen vorgefundenen Kategorien von Unheil und Heil zurück, nicht ohne sie krit. zu läutern, eth. zu personalisieren und christolog. zu konkretisieren.

*II.* Eigentl. *E.slehren* entstehen in der →Alten Kirche: im östl. Kulturraum die naturhafte Lehre von der Vergöttlichung (Athanasius), im Westen die mehr jurid. Lehre von der Genugtuung (systematisiert bei Anselm von Canterbury). Diese ausgebildeten E.ssysteme ziehen auch die *älteren E.skategorien* an sich, so die ähnl. rechtl. geprägten E.srituale des AT (Sühneopfer, Stellvertretung).

Entspr. verlagert sich die Aufmerksamkeit und die Situierung des entscheidenden E.sgeschehens mehr auf die seinshafte Einigung von göttl. und menschl. Natur in der →Inkarnation oder auf die lebensbeendende satisfaktor. (sühnende) Opfertat des Todes Jesu. Die →*Aufklärung* relativiert den Unheilszustand mehr auf Nichtwissen und die E. mehr auf rel.-sittl. Belehrung und Beispielhaftigkeit. Die Reduktion auf geistig-seel., jenseitig-gnadenhafte E. wird in der →Neuzeit durch →Teilhard de Chardin von der Inkarnation Christi und seiner eschatolog. Verklärung (Punkt Omega) aus auf den materiell-leibl.-lebensgeschichtl.-prakt. Menschen im Kosmos ausgeweitet.

Die →*Befreiungstheologie* geht erst als eine nachfolgende Reflexion aus dem solidar. Mitleiden und aus dem befreienden Kampf der Armen gegen Ausbeutung und Unterdrückung hervor (→Armut). Gegen den Vorwurf der materialist. Reduktion oder der klassenkämpfer. Gewaltsamkeit kann sich die Befreiungstheologie auf das unverkürzte messian. Handeln Jesu berufen. Als E.staten werden dabei alle konkreten Heils- und Befreiungstaten Jesu in seinem Leben erschlossen, E. bleibt dann nicht punktuell und isoliert an Inkarnation gebunden, geht aber auch über den Tod hinaus auf die Auferweckung aus allen Gestalten des Todes. Gegenüber den bibl. und vorneuzeitl. E.sverständnissen erhält die Eigenverantwortung des Menschen und die *polit. Komplizität* oder Solidarität eine größere Bedeutung, ohne daß E. aufhört, nach wie vor begründend, ermöglichend, beanspruchend und vollendend Werk Gottes zu sein.

*III.* Praxis und Theorie des E.sglaubens richten sich zwar auf einen umfassenden und übergreifenden Horizont, etwa des →Reiches Gottes, der Auferweckung der Toten (→Auferstehung), aber sie bewegen sich auf konkreten Schau- und Aktionsplätzen. Leiden und Befreiung geschehen konkret; sie sind konkret zu teilen, zu bedenken und verändernd zu überwinden. Dennoch ist der universale *Verheißungshorizont* nicht zu verlieren: auch die konkreten Taten des heilenden und sich zuwendenden Jesus richten sich in einer tieferen Intention auf das Reich Gottes und entspringen der Freiheit der Söhne Gottes. So ist auch die Transzendenz christl. E.shandelns und -glaubens in der je praktizierten Solidarität des Mitleidens und Mithandelns zu erweisen: Die Vision braucht Konkretionen, die Konkretionen brauchen die Vision.

*Lit.: W. Brändle:* Rettung der Hoffnungslosen. Die theol. Implikationen der Philosophie Theodor W. Adornos, Göttingen 1984. – *G. Greshake:* Gottes Heil – Glück des Menschen. Theol. Perspektiven, Freiburg 1983. – *Th. Pröpper:* E.sglaube und Freiheitsgeschichte. Eine Skizze zur Soteriologie, München 1985. – *K. Rahner (Hg.):* Befreiende Theologie. Der Beitrag Lateinamerikas zur Theologie der Gegenwart, Stuttgart 1977. – *E. Schillebeeckx:* Christus und die Christen. Die Geschichte einer neuen Lebenspraxis, Freiburg 1977, bes. 627-822. – *D. Wiederkehr:* Glaube an E. Konzepte der Soteriologie vom NT bis heute, Freiburg 1976.

*Dietrich Wiederkehr*

## Eros, Erotik

*A. Eros* (E.) bezeichnet im antiken Griechentum die leidenschaftl., begehrende Liebe im Unterschied zur »philia«, der freundschaftl.-fürsorgenden Liebe. Mytholog. Darstellungen (→Mythos) machen auf das schillernde, schwer faßbare Wesen des E. aufmerksam: Zum einen ist er die Kraft, die den ursprünglich ganzheitl. geschaffenen, dann aber in zwei Hälften zerrissenen Menschen wieder zur Ganzheit vereinigen will; zum anderen ist er der Sohn der unscheinbaren, bedürftigen Penia (Armut) und des gewaltigen, unheiml. Jägers Poros. Das beziehungsstiftende, auf Einheit und Verschmelzung zielende Wesen des E., seine stürm.-vitale Kraft wie seine Zerbrechlichkeit und Verletzlichkeit klingen in diesen Mythen an.

*B.* Erotik (Ek.) ist von der →Sexualität nicht zu trennen, wohl aber zu unterscheiden. »Die sexuelle Aktivität des Menschen ist nicht notwendigerweise erot. Doch ist sie es stets dann, wenn sie nicht rudimentär ist, wenn sie nicht einfach animal. ist« (Bataille 1963, S. 25). Diese über das Tierische hinausgehende Dimension läßt sich bezeichnen als das Spielerische, das Lustvolle, das Ästhetische (→Ästhetik). Ek. bezeichnet somit die spieler.-lustvoll erlebte und ausgelebte *Sehnsucht* nach der *Überwindung von Trennung* und Diskontinuität. Der Wunsch nach Nähe und Verschmelzung wird immer wieder gebrochen durch die Realität des Getrenntseins, der Distanz. Diesen Unterschied bewußt zu erleben macht das eigentl. Lustvolle der Ek. aus. Ek. ist dann auch nicht nur eine Dimension der Sexualität, sondern des ganzen menschl. Lebens; dementspr. ist sie in der darstellenden →Kunst, in →Literatur und →Musik. Auch im Bereich von →Religion und →Glaube spielen Hingabe und der Wunsch nach Verschmelzung mit →Gott oder dem →Heiligen eine große Rolle. In der Jesus- und Marienfrömmigkeit (→Maria), in der →Mystik und der Heiligenverehrung kommt bes. zum Ausdruck, was in jedem Glauben, sofern er nicht auf reine Vernünftigkeit beschränkt ist, von Bedeutung ist.

*C.* Bereits im Griechentum hat eine Tendenz zur *Vergeistigung* der Liebe eingesetzt (→Aristoteles); das frühe Christentum hat diese Tendenz, trotz der erot. Elemente im AT (z.B. das →Hohelied) und in der Person und Verkündigung Jesu (z.B. Lk 7,36-50), aufgenommen und zu einer prinzipiellen Entgegensetzung von *»eros« und »agape«* verschärft (→Liebe). E. bekommt in dieser Polarisierung den Charakter der begehrl.-fleischl. Liebe, Agape bezeichnet demgegenüber die selbstlose, reine Liebe, die letztl. nur von →Gott ausgesagt werden kann. Es ist folgerichtig, daß die →Ehe von der Kirche lange Zeit hindurch als rechtl. Institut mit dem Zweck der Fortpflanzung definiert wurde; die personalen Aspekte der Sexualität wurden nicht wahrgenommen. Die *negative Einschätzung* von E. und Ek. von seiten der Theologie und Kirche (vgl. das einflußreiche Buch von Nygren 1930) ist bis in die Gegenwart hinein zumindest insgeheim bestimmend geblieben. Die beklagte Sexualisierung des Alltags (Sexwelle) ist z.B. Folge dieser Ausgrenzung des E.: Was als böse und niedrig abgewehrt und abgewertet wird, entzieht sich der Möglichkeit zur Gestaltung.

*D.* Die →*Psychoanalyse* hat die Bedeutung des E. als zentraler Triebkraft des Lebens (Libido) wiederentdeckt. Sie legte damit die Grundlage für eine neue Wertschätzung der Körperlichkeit, der Sinnlichkeit des Menschen. Diese Wertschätzung ist als Befreiung von gesellschaftl.-moral. Zwängen zu verstehen, aber auch als Versuch, die Zersplitterung des technisierten Lebens durch eine neue Ganzheitlichkeit zu überwinden (→Ganzheit). Vor diesem Hintergrund ist es wieder mögl., die strukturelle *Verwandtschaft* zwischen Religion und Ek. wahrzunehmen: In beiden geht es um die Sehnsucht nach der Überwindung von Trennung und Diskontinuität, es geht um Liebe und Hingabe, um eine Leidenschaft des ganzen Menschen.

*Lit.: G. Bataille:* Der heilige E. (1963), Darmstadt 1986. – *A. Grabner-Haider:* E. und Glaube, München 1976. – *P. Kutter:* Die menschl. Leidenschaften, Stuttgart 1978. – *K. Ledergerber:* Die Auferstehung des E., München 1971. – *A. Nygren:* E. und Agape, Gütersloh 1930.

*Michael Klessmann*

**Erscheinung**

*A. Das philosophische Problem*

Im alltägl. Sprachgebrauch, also vorphilos., bezeichnet E. alles, was der *sinnl. Wahrnehmung* unmittelbar gegeben ist. Wo darüber hinaus die Bedingungen objektiv geistiger Erkenntnis bzw. die log. und ontolog. Grundlagen des Erkennens bedacht werden, werden die sinnl. Wahrnehmungen und die ihnen zugrundeliegenden E.en zu etwas Abgeleitetem, Flüchtigem.

*I.* Das Problem der E. wird diskutiert im Rahmen einer dualist. →*Metaphysik.* Deren unterschiedl. Ansätze stimmen (etwa bei →Platon, Berkeley, →Kant) darin überein, daß sie die Möglichkeit einer »Erkenntnis ohne weiteres« (die »intentio directa«) in Zweifel ziehen oder zumindest zum Problem machen. Die Hinwendung zu den E.en wird zu einer *abgeleiteten Art des Erkennens.* Die »wahre Wirklichkeit« liegt jenseits der Welt der E.en, sei es als den Sinnen unzugängl. →Ideenwelt (dem Urbild der in den sinnl. wahrnehmbaren Dingen manifesten E.en: Platon), sei es als »Ding an sich« (unerkennbar, aber dennoch denknotwendig, da andernfalls die E. ohne etwas wäre, was da erscheint: Kant).

*II.* Rein begriffl. verweist →Kants Trennung zwischen E. und »Ding an sich« (Phainomenon – Noumenon) bereits auf die →*»Phänomenologie«* vor ihrer spezif. Ausarbeitung als philos. Richtung durch →Husserl (in einem allg. Sinne die »Lehre von den E.en«). Allerdings ist die »Phänomenologie« des 20. Jh.s die exakte Umkehrung des erkenntnistheoret. Phänomenalismus (Kant), der die theoret. Erkenntnis auf die E.swelt einschränkt. Erscheinen heißt dabei: von den Formen des erkennenden Bewußtseins gegeben (→Raum, →Zeit, Kategorien). Für Husserl dagegen ist die Phänomenologie »Wesenswissenschaft«; gerade das Beharren auf den Phänomenen, ihr method. Erfassen durch unmittelbare →*Intuition* und die Einklammerung der metaphys. Frage nach dem Wesen (»Epoché«) ermöglichen in der Weise die »Wesensschau«, daß im Zur-Gegebenheit-Bringen dessen, was Wahrnehmung an sich ist, das Wesen der Wahrnehmung zutage tritt.

*B. Erscheinung in den Religionen*

*I.* Wo man im Zusammenhang von Religion, Religionsgeschichte oder Religionspsychologie von E. spricht, hat die Bezeichnung Anteil an der Spannung zwischen Subjektivem und Objektivem, →Offenbarung und Wesen (der Gottheit). Die E. *einer Gottheit* (Theophanie, Epiphanie) ist ihre *Offenbarung* gegenüber den Verehrern. Dabei kann die Gottheit indirekt erscheinen (als bibl. Beispiel Dtn 4,12), ihre E. kann in der Form oder unter Begleitung von Naturereignissen erfolgen (1 Kön 19; Hab 3), sie kann sich in Zeichen und →Wundern manifestieren. So hat das E.sfest am 6. Januar (»Epiphanias«, »Epiphanie«) seinen Grund in der Manifestation der Macht Jesu Christi in Wundern, vor allem im Weinwunder zu Kana (vgl. Joh 2), und wurde wegen der Parallele dieses Wunders zu Mysterien des Weingottes Dionysos an dessen Tag begangen.

*II.* Als E. einer Gottheit können in der Religionsgeschichte auch andere Gottheiten verstanden werden (vgl. die Bezeichnung »Angesicht Baals« oder »Name Baals« für die karthag. Tinnit bzw. die phönik. Astarte), ja in der ägypt. Religion können alle *Gottheiten als E.sformen* der einen Gottheit begriffen werden. In jedem Fall wirkt die E. einer Gottheit als machtvoller, bestärkender oder (ver)störender Einbruch in die Lebenswelt.

*III.* Ein Nachklang dieses Bedeutungsgehaltes liegt vor, wo man heute den Begriff E. im Zusammenhang mit →*»Geistern«*, mit »Übersinnlichem« (z.B. »Ufos«) verwendet. Noch dieser Sprachgebrauch verbindet die religionsgeschichtl. Erfahrung mit dem philos. Problem des Verhältnisses von E.en und Dingen, Subjektivem und Objektivem.

*Lit.: H. Barth:* Philosophie der E. Eine Problemgeschichte, Bd. 1: Altertum und MA., Basel, 2. Aufl. 1966; Bd. 2: Neuzeit, 1959. – *E. Hornung:* Der Eine und die Vielen.

Ägypt. Gottesvorstellungen, Darmstadt 1971 (3. Aufl. 1983). – *J. Jeremias:* Theophanie. Die Geschichte einer atl. Gattung (Wiss. Monographien zum A und NT 10), Neukirchen-Vluyn 1965 (2., überarb. und erw. Aufl. 1977).

*Jürgen Ebach/Carl-Friedrich Geyer*

**Erstkommunion.** Die altchristl. Praxis der *Kinderkommunion* – »Kommunion« (lat.: Gemeinschaft) meint den Empfang von Brot (und Wein) im →Abendmahl – wird 1910 durch Pius X. (Dekret »Quam singulari«) wieder aufgegriffen. Allerdings geht sie jetzt der Spendung der →Firmung voraus. Eine Neuorientierung der Vorbereitung zur E. setzt ein. Ihr Ziel besteht darin, das kirchl. Wissen von →Glaube und →Moral individuell verfügbar zu machen. Denn E. ist »privatisierte Kommunion« und findet in der Regel am »Weißen Sonntag« (1. Sonntag nach Ostern) statt. In der Folge des 2. →Vat. Konzils wird die E. in die →*Gemeinde* verortet. Es geht nicht mehr darum, den →Leib Christi (privat) zu empfangen, sondern durch das rituelle →Essen selbst eingefügt zu werden in den Leib Christi, die →Kirche. In einem umfassenden gemeindekatechet. Bemühen (→Katechese) versucht man in organisator. (Elternabende, Kleingruppen), inhaltl. (Begleitmaterial, Katechese der Katecheten) und personeller (»Tischmütter« und »Tischväter«) Hinsicht, diese gläubige Dimension ausdrückl. zu machen. Motivation, Ziele und Inhalte der Gemeindekatechese werden daraufhin ausgerichtet. Die E., die so als Initiationssakrament in die Gemeinde als Familie →Gottes gestaltet ist, steht in Spannung zur E. als kommerzialisiertem, bürgerl. Fest der Kinder in der →Familie.

*Lit.: D. Emeis/K. H. Schmitt:* Handbuch der Gemeindekatechese, Freiburg 1986. – *R. Sauer:* Curriculum eucharist. Erziehung in Gemeinde und Schule, in: Katechetische Blätter 104 (1979), 409-417.

*Andreas Heller/Paul M. Zulehner*

**Erwachsenenbildung.** Mit dem Programm eines lebenslangen →Lernens, wie es nicht nur im *Strukturplan für das Bildungswesen* (1970) zum Ausdruck kommt, wird in der modernen Leistungsgesellschaft den rasch wechselnden ökonom. Bedingungen wie Arbeitsanforderungen (→Arbeit) Rechnung getragen. Flexibilität und →Mobilität erscheinen als Kriterien einer funktionierenden, auf Wachstum angelegten Volkswirtschaft (→Wirtschaft).

*A.* Die Forderung nach einer Bildung für Erwachsene ist *im 19. Jh.*, und zwar in ganz →Europa, vor allem in den wirtschaftl. Notständen der damaligen Zeit begründet. Die dt. achtklassige, auf den Dörfern noch weniger gegliederte Volksschule, an die sich keine Berufsschule mehr anschloß, reichte in keiner Weise aus, um den Anforderungen einer wachsenden Industriegesellschaft (→Industrie) gerecht zu werden. Es bedurfte allerdings erst der polit. Wende *nach 1918*, um *Volksbildung* zu legitimieren und zu institutionalisieren. Daß dies trotz wirtschaftl. Not (Inflation, Reparationen) und polit. Instabilität in den 20er Jahren geschehen konnte, ist eines der bleibenden Verdienste der Weimarer Demokratie (→Deutschland). Zugleich wird an diesen Rahmenbedingungen deutl., wie notwendig sich polit. Inhalte und Zielsetzungen mit dieser Arbeit verbinden mußten. Trotzdem weisen die allenthalben in Deutschland nach dän. Vorbild (N. F. Grundtvig, 1783-1872) entstandenen *Volkshochschulen* (seit 1920) ein höchst differenziertes, möglichst viele Lebensbereiche abdeckendes Lehrangebot aus, mit graduellen und qualitativen Unterschieden, je nach ländl. und städt. Strukturen, mit denen sich zunächst und zumeist der Gedanke der E. verbindet.
*Nach dem Zweiten Weltkrieg* fand diese Form der E., nicht zuletzt begünstigt durch z.T. hervorragende »Volksbildner«, in der Öffentlichkeit wiederum breiten Zuspruch, bis dann in den 60er Jahren auch hier wirtschaftl. und kulturelle Sättigung (u.a. durch das →Fernsehen) die Entwicklung rückläufig gestaltete. Das gleiche gilt für die sog. universitäre Außenarbeit, mit der wissenschaftl. Fragen und Ergebnisse popularisiert wurden.

*B.* Mit der Feststellung, die E. bleibe mit der *demokrat. Gesellschaft* »untrennbar verbunden«, um gegenüber den Ansprüchen von Wissenschaft und Technik im Namen der Menschlichkeit »Lebenshilfe« zu vermitteln, hat der Dt. Ausschuß für das Erziehungs- und Bildungswesen 1960 programmat. die Aufgabe für die Zukunft benannt.

*I.* Natürl. ist eine *berufsbezogene* Weiterbildung nötig, mit der Kenntnisse ergänzt und Fertigkeiten verbessert oder gänzl. neu erworben werden, ebenso polit. Schulung, die best. einseitigen Interessen dient. Darüber hinaus erfordert die geistige Situation der Gegenwart jedoch eine E. eigener Art. In einer mit Überlebensproblemen konfrontierten →Gesellschaft, in einem allenthalben bedrohten Ökosystem (→Ökologie) kann es nicht allein Aufgabe der traditionellen →Schule und Pädagogik sein, nach Hilfen und Lösungen zu suchen. Eine *Andragogik*, die von der Voraussetzung ausgeht, daß die Probleme alle betreffen, wird sich bes. der eth. Herausforderung zu stellen haben. Daß dabei andere psych. Bedingungen als bei →Kindern zu berücksichtigen sind, dürfte mehr als nur den sog. päd. Takt erfordern. Dies wird um so deutlicher, wenn der erlernte und einst sehr sinnvolle →Beruf von →Arbeitslosigkeit bedroht ist.

*II.* Der bes. *kirchl. Dienst* an der weitgehend interdisziplinär verantworteten Arbeit (z.T. in eigenen →Akademien) müßte darin bestehen, über kollektive Erkenntnisse und prakt. Anleitungen hinaus den →*seelsorgerl. Aspekt* am einzelnen wahrzunehmen angesichts der Möglichkeiten und Grenzen in einer gewandelten Welt. Den christl. Kirchen, die E. seit eh und je im Rahmen der Gemeindekatechese bzw. –pädagogik (→Katechese) als direkte und indirekte →Verkündigung betreiben (Frauenhilfe, Männerarbeit, Verbände, Bibelstunde, →Diakonie, psych. Beratung usw.), kommt in diesem Zusammenhang noch eine bes. Aufgabe zu. Ihr Wächteramt, mit dem sie seit langem die brennenden polit.-ökonom. und gesellschaftl. Probleme begleitet (→Denkschriften, Stellungnahmen der dt. Bischofskonferenz, Enzykliken), könnte durchaus um die Funktion bereichert werden, zwischen unterschiedl. Auffassungen und Interessen zu vermitteln.

*Lit.: K. Kürzdörfer (Hg.):* Grundpositionen und Perspektiven in der E., Bad Heilbrunn 1981. – *W. Lenz:* Lehrbuch der E., Stuttgart/Berlin/Köln/Mainz 1987. – *F. Pöggeler (Hg.):* Handbuch der E., 8 Bde., Stuttgart/Berlin/Köln/Mainz 1973/1985. – *E. Schmitz/H. Tietgens (Hg.):* E. (Enzyklopädie Erziehungswissenschaft, Bd. XI), Stuttgart 1984.

*Gerd Bockwoldt*

**Erweckung.** Die mit E. bzw. Erweckungsbewegung bezeichnete Sache – näml. ein »Erwachen« der dem Gewohnheitschristentum verfallenen Kirchenmitglieder – hat es in der Geschichte der Kirche immer wieder gegeben, nur wurde sie als Frömmigkeitsbewegung (→Frömmigkeit), *Glaubensaufbruch, -welle* u.ä. beschrieben und im Zusammenhang der vielgestaltigen christl. Glaubensgeschichte gesehen und dargestellt.

*A.* Der Begriff E. ist im →Protestantismus heimisch: Im 18. Jh. noch individualist. verstanden – »E. zum Glauben an den Herrn Jesum Christum« (J. K. Lavater) –, gewann er dann die Bedeutung von »E.sbewegung« (EB), in der die Christen – u.a. durch →Evangelisation – wieder zum lebendigen bibl.- reformator. Glauben zurückfinden sollen. Bis heute wird E. als ein *Sammelbegriff* für alle derartigen Strömungen in den prot. Kirchen seit dem →Pietismus verwandt; er umfaßt damit eine breite und starke antiliberale Richtung. Eine entspr. bibl., auf den persönl. Glauben bezogene Theologie wird als »E.stheologie« bezeichnet. Starke Bekehrungswellen auf dem Missionsfeld (Heidenbekehrung; →Mission) werden im uneigentl. Sinn zuweilen ebenfalls »E.« genannt.

*B.* Mit der jüngsten Glaubensbewegung, dem »charismatic renewal« (Charismatische Erneuerungsbewegung, seit 1960; →Pfingstbewegung) ist der Begriff »Erneuerung« bes. hervorgetreten. So läßt sich im Blick auf die ganze Kirche unterscheiden zwischen 1. Strömungen der Weckung und *Erneuerung* des Glaubens und kirchl. Lebens, die sich sowohl gegen die Herrschaft eines konservativen Formalismus wie auch eines →Rationalismus, →Säkularismus und Glaubensverlustes in der Kirche wenden. Sie werden vielfach von Theologen getragen, wirken längerfristig; auch gehobene Kreise können von ihnen ergriffen werden. 2. *Spezielle Erweckungen*, zu denen es oft am Beginn solcher Erneuerungsströmungen oder auch in ihrem Verlauf kommt: plötzl. Glaubensaufbrüche, die das Volk ergreifen und stark emotionale, die Gläubigen auch erschütternde Züge tragen. Sie sind jeweils geprägt von bestimmten *rel. Leitvorstellungen*, die sich einseitig in den Vordergrund schieben können, etwa Buße und Umkehr (→Bekehrung), Gotteshingabe (→Mystik), Jesus-Nachfolge, Gottesgerechtigkeit (eth. →Rigorismus) und →Heiligung, (→Dualismus), die wahre Lehre (Bibelglaube; →Fundamentalismus), die wahre Kirche, das Nahen bzw. die Verwirklichung des →Reiches Gottes, die Wiederkunft Christi (→Eschatologie, →Apokalyptik). Bisweilen herrschen bes. Gottes- oder Geisteserfahrungen vor (→Erfahrung). In →evangelikalen Kreisen erwartet man immer wieder »die große E.«, die als endzeitl. Geistesausgießung (»Spätregen«) verstanden wird.

*C.* Die verschiedenen E.swellen in den →Vereinigten Staaten stellen den klass. Typ der EB dar. Gleichzeitig mit dem ersten Great Awakening 1734-44 in den Vereinigten Staaten entstand in England die methodist. EB (→Ev.-methodist. Kirche). Zu vergleichen ist auch die amerik. »Adventbewegung« (→Adventisten). Eine *Heiligungsbewegung* (→Heiligung als »Befreiung vom Zwang zum Sündigen« verstanden [→Sünde]) wirkte seit den 1860er Jahren von den Vereinigten Staaten aus (Ch. G. Finney als großer E.sprediger) über England (1875ff., R. P. Smith, Keswicker Konferenzen) bis nach *Deutschland*. Hier hatte sich unter Einwirkung der angelsächs. EB.en ein »*Neupietismus*« gebildet, der 1897 im »Dt. Verband der Gemeinschaftspflege und Evangelisation« (Gnadauer Verband) eine Spitzenorganisation für viele regionale Gemeinschaftsverbände und -werke erhielt. EBen gab es auch in Afrika, Indonesien (z.B. die »große Reue« auf Nias), auf Madagaskar und in anderen Missionskirchen. Eine EB bes. Typs, die neben den traditionellen Kirchen wirksam wurde und zu vielen Sonderbildungen führte (→Sekte), war die zu Beginn des 20. Jh.s einsetzende →Pfingstbewegung.

*D.* Jede E. bedeutet für die traditionelle Kirche und Gemeinde eine starke *Herausforderung*, denn es geht ihr nicht nur um die Verlebendigung eines Glaubens, der immer schon vertreten wurde; vielmehr wird dieser Glaube von dem neuen, entschiedenen (vielfach auch einseitigen und übertriebenen) Glauben in Frage gestellt. Deshalb ist das akute Problem einer jeden E. die Bewahrung der kirchl. Einheit in der konkreten Gemeinde und Kirche.

*Lit.: G. A. Benrath/R. Deichgräber:* E./Erweckungsbewegungen I-III, in: Theol. Realenyzklopädie 10, 205-227 (Lit.). – *E. Beyreuther:* Die Erweckungsbewegung, Göttingen, 2. Aufl. 1977. – *U. Gäbler/G. Wenz/E. G. Ernst:* Erweckungsbewegung/Erweckungstheologie, in: Ev. Kirchenlexikon 1, 1986, 1081-1096.

*Hans-Diether Reimer*

**Erzählen.** Im E. findet eine Mitteilung zwischen Menschen statt, die sich der Unterschiedlichkeit und Unvergleichlichkeit menschl. Erfahrung bewußt ist. Die einfachen, mündl. gewachsenen Formen des E.s (→Märchen, →Sage, Legende, →Gleichnis, Parabel, Fabel u.a.) weisen aber schon darauf hin, daß E. entweder durch Wiederholung oder durch bewußte Gestaltung zu einer Formung tendiert. Überlieferung und Kunst erscheinen als gestalter. Kräfte.

*A.* Die anthropolog. Bedeutung des E.s schließt eine rel. und eth. ein: Einmaligkeit und Allgemeingültigkeit sind nicht log., sondern nur analog zu denken, und diese *Entsprechung* zwischen dem unauswechselbar Einmaligen und nicht Wiederholbaren einerseits sowie allg. Betroffenheit und Nachfolgemöglichkeit andererseits wird durch das E. und die sich dabei bildende *Erzählgemeinschaft* geschaffen. In diesem Sinne ist jüd.-christl. →Offenbarung ein Geschehen geschichtl. Selbstmitteilung; erzählt wird die Geschichte glaubender Menschen mit Gott. Im Gedächtnis dieser lebendigen Überlieferungen des E.s stellt sich die Entsprechung (Bewußtsein von Unterschiedlichkeit und Betroffenheit zugleich) wieder her, so daß das E. auch liturg. Formen und rel. Sondergut (→Hagiographie) herausbildet.

*B.* Wesentl. Elemente der *jesuan. Gotteserfahrung und Handlungslehre* bevorzugen neben der provokativen →Rhetorik das E. (vgl. die berühmten Gleichnisse vom barmherzigen Vater und vom barmherzigen Samariter). Dies macht deutl., wie unbeliebig und unauswechselbar diese Mitteilungsform für eine Erfahrung als Offenbarung ist, die weder kognitiv noch normativ, weil eben nicht diskursiv in »Lehre« aufgelöst werden kann. Überlieferung, Tradition kann es daher ohne E. nicht geben; die Identität von Kirche bildet sich in der Kontinuität und Konsistenz von E.; rel. und sittl. Lebensstil werden eher durch E. als durch Lehren weitergegeben. Diese hohe Bedeutung des E.s darf nicht verdecken, daß es mißbraucht, weil manipuliert werden kann: z.B. statt der →Liebe die →Gewalt, statt des Vaters der Unterdrücker usw. Die Erschließung eigener Erzähltraditionen im Kontext des Glaubens bedeutet auch für christl. Gruppen (etwa für →Frauen) ein emanzipator. Geschehen.

*Lit.: R. Chambers:* Story and Situation. Narrative Seduction and the Power of Fiction, Minnesota 1984. – *J. P. Faye:* Theorie des E.s, Frankfurt/M. 1977. – *E. Lammert:* Bauformen des E.s, Stuttgart, 3. Aufl. 1968. – *A. MacIntyre:* Der Verlust der Tugend, Kap. 15: Die Tugenden, die Einheit des menschl. Lebens und der Begriff von Tradition, Frankfurt/M./New York 1987, 273. – *J. Meyer zu Schlochtern:* Glaube-Sprache-Erfahrung, Bern/Frankfurt/M. 1978. – *D. Mieth:* Moral und Erfahrung, Freiburg (Schweiz)/Freiburg/Br., 3. Aufl. 1983. – *B. Wacker:* Narrative Theologie?, München 1977.

*Dietmar Mieth*

## Erziehung

### *A. Wort- und Begriffsgeschichte*

*I.* Als mit der Grundlegung der wissenschaftl. Pädagogik zu Beginn des 19. Jh.s F. D. E. →Schleiermacher (Vorlesung über Pädagogik, 1826) erklärte, daß das, »was man im allg. unter Erziehung« verstehe, als »bekannt vorauszusetzen« sei, mochte dies angesichts überschaubarer Verhältnisse und einer noch wenig differenzierten Literatur als legitim erscheinen. Spätestens O. Willmanns (1839-1920) detaillierte Ausführungen über die »Fundamentalbegriffe der Erziehungswissenschaft« (1908) jedenfalls widerlegen die eigene Eingangsthese, wonach »jedermann« wisse, »was Erziehung ist«, und lassen sie als provokator. Problemanzeige erscheinen. Aber auch Schleiermacher muß bereits eine lange Tradition der Deutungen und Definitionen voraussetzen, wobei den zeitgenöss. systemat. Abhandlungen von A. H. Niemeyer 1754-1828) und F. H. Ch. Schwarz (1766-1837) ein bes. Gewicht zukommt. Zudem ergänzten philolog.-etymolog. Erkenntnisse das damalige päd. Wissen. Man wird also Schleiermachers Feststellung eher dialekt. begreifen müssen, ähnl. →Luthers Ehrerbietung vor einem 7jährigen Kind, dem er ein angemessenes Verständnis von →Kirche zugebilligt hatte (Schmalkald. Artikel).

*II.* Geht man vom modernen Sprachgebrauch aus, so begegnet E. häufig in der Verbindung mit →*Bildung.* Auch wenn diese Formel meist undifferenziert erscheint, kommt dadurch doch ein sich gegenseitig ergänzendes Verständnis beider Begriffe zum Ausdruck. Danach bezeichnet E. etwas Primäres, das, was not tut, was jeder braucht, um erwachsen zu werden, während Bildung sich auf bes. geistige Güter bezieht, zumindest aber eine E. auf höherer Ebene, in geistig-moral. Sinne meint. In dieser Redewendung sind dann summar. die verschiedensten Teilaspekte des Pädagogischen aufgehoben.
Diese *begriffl. Zweigleisigkeit* läßt sich zurückverfolgen bis in die →*Mystik* (J. Tauler [gest. 1361], H. Seuse [1295-1366], Meister Eckhart [um 1260-um 1328]). Bis dahin konnte man mit *ziehen* (ahd. *ziohan*) im dt. Sprachgebiet im vordergründigen phys. Sinne das leibl. Hegen und Pflegen, das Nähren, Füttern und Großmachen von Kindern – allerdings ebenso das von Tieren und Pflanzen – bezeichnen. Darüber hinaus können damit auch die Wechselbeziehungen zwischen →Gott und →Mensch (Notker d. Stammler, gest. 912) umschrieben werden. Bei *Wolfram von Eschenbach* (gest. um 1220) meint *ziehen* schließl. die geistig-seel. Entwicklung bzw. den Einfluß darauf.

*III.* Mit dieser Beschränkung des Begriffs *erziehen* auf den menschl. Bereich ist zugleich eine bedeutungsgeschichtl. interessante wie wirkungsgeschichtl. weitreichende *Präzisierung* verbunden. Zwar noch durch das Moment der Bewegung mit *ziehen* verbunden, beinhaltet die steigernd-verstärkende Vorsilbe *er* (ahd. *ur*) im Mittelhochdt. aber auch den Erfolgscharakter. So wie z.B. erfinden, erkennen, erleben mehr ist als finden, kennen und leben, gewinnt auch erziehen – jetzt ohne →Analogie in der Pflanzen – und Tierwelt – an inhaltl. Gewicht. Im Begriff schwingen mit die Vorstellungen von dem anvisierten Ziel bzw. dem *Resultat*. Entspr. ist noch heute unser umgangssprachl. Verständnis vom Substantiv E., das sowohl den Prozeß als auch dessen Produkt meinen kann. Daneben gibt es allerdings auch Interpretationen, wonach das Tun des Erziehers, die soziale Interaktion, das Gesamt der erzieher. Verhältnisse zwischen Erzieher und Zögling vorrangig sind.

*B. Grundstrukturen erzieherischen Handelns*

*I.* Je nachdem, wie umfassend man das Phänomen begreift, lassen sich seine *Anfänge* bis in die vorgeschichtl. Zeit zurückverfolgen. Vollends mit den ersten sprachl. Quellen (Mesopotamien, →Ägypten) sind geläufige Grundstrukturen erzieher. Handelns überliefert. Sie machen die E. zu einem kulturellen Indiz ersten Ranges, auch wenn sie nach heutigen Begriffen konservativ, autoritär, standesgebunden und rein pragmat. erscheint.

*II.* Die durch die →E.swissenschaft seit längerem eingebürgerte Unterscheidung von *intentionaler* und *funktionaler* E. verweist auf die Komplexität des Phänomens. Die Erkenntnis, daß bereits »erzogen« wurde, ehe die E. beginnt, daß diese *nie voraussetzungslos* sein kann, müßte unaufgebbares Korrektiv aller päd. Praxis und Überlegung sein. Die beliebige Aufzählung erzieher. Handlungen (vorleben, vormachen, Beispiel geben, zeigen, hinweisen, darbieten, beschäftigen, beauftragen, belehren, befragen, beantworten, Mut machen, beraten, warnen, strafen, begutachten, abwehren, unterstützen – mit jeweils zu ergänzendem Objekt) zeigt deutl. das *breite Spektrum* vorgegebener Lebensverhältnisse und erzieher. Ausgangspositionen. Oft sind direkte erzieher. Handlungen eingeschlossen, ohne daß sie den Beteiligten bewußt werden. Dem Ackerbau und dem Handwerk entnommene Bilder – am bekanntesten sind die des Gärtners und Bildhauers – dienen der Veranschaulichung.
Insofern findet die Sinnhaftigkeit von best. E.smitteln und -ziele ihr Maß an den anthropogenen (→Anthropologie), psych. und nicht zuletzt gesellschaftl. *Voraussetzungen*, die festzustellen eine der wichtigsten Aufgaben erziehungswissenschaftl. Grundlagenforschung ist. Die sich dabei ergebende *Problematik* besteht darin, daß die Erzieher oft in Unkenntnis der Befunde – oder durch zeitl. Abstand von ihnen getrennt – handeln müssen. Der Wert erziehungswissenschaftl. Erkenntnisse für Voraussagen oder deren tatsächl. Hilfe ist dadurch häufig gemindert.

*C. Probleme der Erziehung heute*

*I.* In unserer gegenwärtigen desintegrierten Gesellschaft, die dem Fetisch des Leistungsdenkens erlegen ist, sind die Forderungen und Erwartungen an die E. derart gesteigert, daß ihr Erscheinungsbild deutl. *patholog. Züge* aufweist, ob nun im Primärbereich der →Familie, im Sekundarstadium der →Schule oder in der Berufswelt. In diesem Zusammenhang können der Verweis auf die E.sbedürftigkeit und die daraus entspringende Notwendigkeit erzieher. Handelns verklärt und zum Instrument polit. Indoktrination werden. Der *Glaube an die Machbarkeit* der E. überfordert häufig Erzieher wie zu Erziehende und kann auf beiden Seiten →Aggressionen freisetzen. Solange noch ein harmon. Ergänzungsverhältnis von funktionaler und intentionaler E. vorausgesetzt werden konnte, mochte die zweckgebundene, zielgerichtete E. durchaus dem »Gange der Natur« (J. A. →Comenius, W. Ratke, 1571-1635) folgen. Was päd. Weisheit (u.a. J. F. →Herbart) an Umgang, Gewöhnung und Hineinwachsen entdeckte, ließ Erzieher *bescheiden* auftreten. Diese Eigenschaft und Fähigkeit ist heute nur noch selten anzutreffen. Angesichts des »gläsernen« und verplanten Menschen ist eine sog. negative E. (J. J. →Rousseau) in der päd. Provinz kaum mehr vorstellbar, geschweige denn durchzusetzen. Ist sie auch wünschenswert?

*II.* Der *Verzicht auf jedwede E.*, wie in der gegenwärtigen Diskussion vielfach gefordert, wird denn auch grundsätzl. verschieden begründet. Einmal ist es die offensichtl. Ohnmacht erzieher. Maßnahmen gegenüber polit., gesellschaftl., ökonom. und technolog. Trends, die viele Erzieher, →Eltern und →Lehrer resignieren läßt. Zu viele bekannte und geheime *Miterzieher* machen die E. zu einer Sisyphusarbeit. Zum anderen ist es (in geradezu entgegengesetztem Sinne) der erfolgreiche *Mißbrauch der E.* für artfremde, egoist., jedenfalls nicht dem Interesse der Kinder dienende Zwecke, die manche zurückschrecken läßt. G. B. Shaws berühmt – berüchtigtes Wort von der E. als der organisierten Verteidigung der Erwachsenen übt in diesem Zusammenhang eine nur scheinbar ideologiekrit. Funktion aus. Aus dieser Position wird dann dazu aufgerufen, nicht nur den Begriff, sondern auch die E. schlechthin abzuschaffen, wie immer auch das zu realisieren sei. Bemerkenswert ist dabei, daß derartige Töne nicht gänzl. im leeren Raum verhallen, sondern auf Zustimmung und Resonanz in der Öffentlichkeit stoßen.
Wer allerdings das sog. »*Dt. Kindermanifest*« (1981) ernst nehmen will, das katalogartig Rechte der Erwachsenen ebenso für Kinder fordert (z.B. Wahl des Lebenspartners, Trennung von demselben, freie Wahl des Namens, des Wohnortes, Vertragsmündigkeit, Arbeit gegen Entgelt, Selbstbestimmung über Sexualleben und Nachkommenschaft usw.), wird die einst provokator. Positionen der antiautoritären E. (vgl. etwa *Summerhill*) als päd. Nostalgie empfinden.

*D. Erziehung und christlicher Glaube*

Auch wenn sich im Zeitalter der Angst und schwindender →Normen zunehmende Skepsis gegenüber dem →Sinn und Erfolg von E. breitmacht, kann sich der Christ als Erzieher nicht seiner →Verantwortung entziehen. Der geforderte *Mut zur E.* schließt dann allerdings ein, daß traditionelle Paradigmen wie u.a. Lieben und Strafen, Führen und Wachsenlassen, Aussetzen und Bewahren eine neue Qualität gewinnen. Wie sich →Glaube und Erziehung zueinander verhalten, ist nicht nur eine theoret. Frage, sondern vor allem auch eine prakt. Aufgabe.

*Lit.: W. Brezinka:* E. in einer wertunsicheren Gesellschaft. Beiträge zur Prakt. Pädagogik, München/Basel 1986. – *Ders.:* Glaube und E. Die pragmat. Deutung von Glaubensüberzeugungen als erziehungsphilos. Problem, in: Päd. Rundschau 41 (1987), 145-166. – *A. Exeler:* Jungen Menschen leben helfen. Die alten und die neuen Werte, Freiburg/Basel/Wien 1984. – *H. Scheuerl:* Geschichte der E. Ein Grundriß, Stuttgart/Berlin/Köln/Mainz 1985. – *J. Thiele/R. Becker (Hg.):* Chancen und Grenzen rel. E., Düsseldorf 1980.

*Gerd Bockwoldt*

**Erziehungswissenschaft.** Die Wissenschaft von der Pädagogik hat lange gebraucht, sich aus der Abhängigkeit von →Theologie und →Philosophie zu befreien. Als zumindest äußerl. sichtbares Zeichen gilt seit Mitte der 60er Jahre ein Verständnis, das den Begriff der E. kultiviert. Sogar →Hochschulen, ehemals »Pädagogische Hochschulen« genannt, haben sich der neuen Sprachregelung unterworfen. Was ist gemeint, was hat sich geändert?

*A.* Als *J. Fr.* →*Herbart* den eigenen Forschungskreis der Pädagogik mit »einheim.« Begriffen begründete, setzte er zwar ähnl. wie F. D. E. →Schleiermacher die →*Ethik* – bei ihm jetzt →Prakt. Philosophie genannt – als Bezugsgröße voraus, wobei sich ihr Verhältnis zur Pädagogik jedoch als dialekt. erwies: Philosophie und Pädagogik, Theorie und Praxis erhellten sich gegenseitig und ermöglichten erst so päd. Entscheidungen. Wo dieses Verständnis in Vergessenheit geriet, mußte immer wieder auf die *Eigenständigkeit der Pädagogik,* selbst noch in der jüngeren Vergangenheit (E. Weniger, 1894-1961), zurückgegriffen werden.

1. Insbes. unter dem Anspruch von Wissenschaftlichkeit wurde die voraussetzungslose, *wertfreie E.* postuliert, die wie andere Disziplinen Phänomene sichten, analysieren und dabei Gesetzmäßigkeiten oder Regeln entdecken konnte, um daraus Voraussagen für die zukünftige Praxis zu gewinnen (wenn so – dann so).

2. Die von der *marxist.-leninist. Pädagogik* erhobene Kritik an der angebl. bürgerl.-kapitalist. Erziehungsideologie fällt auf sie selbst zurück. Beachtenswert ist dabei, daß ihre Vertreter von der Erziehungspraxis weniger erwarten als westl. Pädagogen. Denn polit. Veränderungen können eben nur mit polit. Mitteln erreicht werden.

*B.* Die zunächst mit *W.* →*Dilthey* Ende des 19. Jh.s beginnende und als geisteswissenschaftl. bezeichnete Pädagogik ist zu verstehen als Emanzipation von philos. *Erziehungslehre* und sehr bald auch als Abgrenzung gegenüber der Methodologie der →Naturwissenschaften, da der genuin hermeneut. Begriff des →Verstehens (gegenüber dem des Erklärens in den Naturwissenschaften; →Hermeneutik) die Besonderheit kultureller (H. Rickert, 1863-1936) oder geistig-personaler Phänomene erfaßte. Insbes. die Geschichtlichkeit des Menschen und seine kulturellen Leistungen wurden (nicht nur im Bereich der Pädagogik) zum Gegenstand und Deutungsschema geisteswissenschaftl. Bemühungen. Die Wirklichkeit der Erziehung, der man dadurch glaubte auf der Spur zu sein, war damit aber eine historische. Sie mußte reproduziert werden, womit sich hohe Anforderungen für →Lehrer und Erzieher verbanden. Nur der beherrschte die Kunst der Hermeneutik, der selber künstler. veranlagt war.

Spätestens in den *60er Jahren* vollzog sich die sog. *empir. Wende* in den meisten europ. Ländern. Damit trat auch in der Bundesrepublik Deutschland eine soziol. und sozialwissenschaftl. orientierte Pädagogik das Erbe ihrer anscheinend gescheiterten Vorgängerin an. Polit., gesellschaftl. und ökonom.-techn. Veränderungen bewirkten auch ein neues Verständnis der E. und ihrer Grundlagen. Man wertete nicht mehr, sondern griff positivist. auf *nachprüfbare Tatsachen* zurück und gab sich somit mit erfahrungswissenschaftl. konstatierbaren Kausalmechanismen zufrieden. Die Frage nach dem →Sinn von Inhalten und Zielen blieb ausgeklammert. Dieser Ansatz, der zunächst eine größere Verbindlichkeit und einen breiteren Konsens bei Theoretikern und Praktikern bewirken sollte, schloß jedoch *Probleme* ein. Sie wurden erst später virulent, als man sich über die zunehmende Theoriescheu der Pädagogen oder Erzieher zu wundern begann. Eine auf Technologie und Strategie abzielende E. mußte die →Erfahrung ihrer eigenen Isolation machen. Die Basis – d.h. Erzieher und Zöglinge, Lehrer und Schüler – versagte ihre Gefolgschaft. Der Befund ist weniger wissenschaftstheoret. legitimierbar als unter sozialkrit. Gesichtspunkten interessant. Dabei fragt sich, ob eine neuere, unter *christl. Vorzeichen* operierende E., die einen Ausweg aus dem Dilemma suchte, mehr sein kann als der Rückfall in überholte Vorstellungen und Strukturen.

*Lit.: W. Brezinka:* Von der Pädagogik zur E. Eine Einführung in die Metatheorie der Erziehung, Weinheim/Basel, 2. Aufl. 1972. – *Ders.:* Grundbegriffe der E. Analyse, Kritik, Vorschläge (UTB 332), München/Basel, 4., verb. Aufl. 1981. – *H. Gudjons/R. Teske/R. Winkel (Hg.):* Erziehungswissenschaftl. Theorien, Hamburg 1986. – *J. Oelkers/H.-E. Tenorth (Hg.):* Pädagogik, E. und Systemtheorie, Weinheim/Basel 1987. – *F. Pöggeler (Hg.):*

Perspektiven einer christl. Pädagogik. Aufforderung zu einer neuen Initiative, Freiburg/Basel/Wien 1978.

*Gerd Bockwoldt*

**Eschatologie**

Der vom griech. *eschaton*, d.h. Ende, abgeleitete Begriff E. entstammt der Schulsprache der prot. →Dogmatik. Seit dem 17. Jh. bezeichnet er hier die sog. *Lehre von den Letzten Dingen*, d.h. den Abschluß der Heilsgeschichte. Dieses heilsgeschichtl. Denken umfaßt von alters her zwei Themenkreise: die Frage nach der Bewahrung und dem Ergehen des einzelnen nach seinem Tode sowie die Frage nach der Zukunft der Geschichte insgesamt.
Die traditionelle dogmat. Lehre von den Letzten Dingen behandelt deshalb vorrangig vier *Vorstellungskomplexe:* menschl. →Tod, →Auferstehung von den Toten, Gottes letztes Gericht mit endgültiger Verdammnis der Gottlosen (Hölle) und Rettung der Seligen zum ewigen Leben sowie das gottgewirkte Ende der phys. Welt. Diese dogmat. Vorstellungen sind Auslegungselemente einer die Schriften des AT und NT prägenden spezif. rel. Zeit- und Geschichtsdeutung.

*A. Altes und Neues Testament*

Visionen vom Ende der Welt und die Sehnsucht, daß der Tod kein endgültiges Ende des Lebens, sondern nur Durchgang zu höherem Leben sei, prägen die rel. Traditionen nahezu aller Kulturen.

*I.* Doch das *vorexil.* →*Judentum* kennt weder die Vorstellung eines absoluten Endes der →Geschichte noch eine →Unsterblichkeit des Menschen. Erst angesichts polit. Ohnmacht im Exil werden Hoffnungen auf eine bessere Zukunft, wie sie die ältere →Prophetie bestimmen, mit der rel. Umwelt entlehnten Endzeiterwartungen verbunden. Im →*Danielbuch* findet sich im Zusammenhang einer Geschichtsspekulation, der zufolge die bisherige Geschichte durch Sünde und Verderbnis bestimmt sei und nach einem katastrophalen Weltenende ein neuer Äon, das Reich des Menschensohnes, komme, dann auch die Vorstellung von der Auferstehung der Gerechten (Dan 12). Durch solche →Apokalyptik bestärkt sich die kleine Gemeinde der Frommen in ihrer Absonderung von der großen Masse des Volkes, das Gottes →Bund untreu geworden sei. Diese Unterscheidung zwischen wahren Gerechten und Frevlern wird in die jenseitige Welt hinein verlängert: So wie jene an dem als Wiederkehr des paradies. Urzustandes vorgestellten →Reiche Gottes teilhaben werden, werden diese im Jüngsten Gericht zu ewigen Höllenstrafen verdammt werden.

*II.* Die *NT-Überlieferung* ist in allen ihren Teilen durch ein breites, von heterogenen Traditionen geprägtes Spektrum eschatolog. Vorstellungen bestimmt. Dabei wird das eschatolog. Gottesreich teils als noch ausstehend, aber bald kommend (futur. E.), teils als bereits gegenwärtig (präsent. oder realisierte E.) gedeutet. Schon in *Jesu Predigt* steht die Ankündigung eines bald hereinbrechenden Reiches Gottes neben einer Inanspruchnahme dieses Gottesreiches als einer Realität, die in Jesu Wirken bereits gegenwärtig ist. Für die E.n des Urchristentums ist die Deutung von Jesu *Auferstehung* als Anbruch des Endes und Anzeichen seiner baldigen, die endgültige Aufrichtung seiner Herrschaft bringenden Wiederkunft (Parusie) zentral. Auch diese urchristl. E.n sind durch die Spannung zwischen »Schon« und »Noch nicht«, zwischen bereits realer Teilhabe am →Heil und noch ausstehender vollkommener Gemeinschaft mit Gott geprägt. Die E. des →*Johannesevangeliums* hat einen stark individualist. Grundzug: Nicht die Zukunft von Welt, Menschheit und christl. Gemeinde, sondern das Heil des einzelnen Frommen steht in ihrem Zentrum. Dieses Heil sieht das Johannesevangelium darin, daß der Fromme in einem intimen Verhältnis zu seinem »Hirten« Jesus lebt und durch diesen schon hier und jetzt am göttl. Leben teilhat.

*B. Antike und Mittelalter*

Für Tradierung und Fortentwicklung eschatolog. Vorstellungskomplexe im altkirchl. und ma. Christentum ist die Erfahrung grundlegend, daß sich die für das Urchristentum grundlegende Parusieerwartung (noch) nicht erfüllt hat.

*I.* Unter dem Einfluß der →griech. Philosophie, insbes. des →Platonismus, suchen die Theologen der →*Alten Kirche* deshalb den hohen geschichtl. Erwartungsdruck der urchristl. E.n abzuschwächen. So werden eschatolog. Vorstellungen zu einer Lehre von der →*Unsterblichkeit der* →*Seele* umgeformt, die erst im →Jenseits, durch die Befreiung von Leib und Körperwelt, wahrhaft zu sich selbst gelange. Seit der polit. Durchsetzung des Christentums und seinem Wandel zur Staatsreligion des röm. Weltreiches dienen eschatolog. Vorstellungen dann auch zur ideolog. Absicherung kulturell-polit. Machtansprüche der →Kirche. Vor allem →*Augustinus* entwickelt eine theol. Geschichtsdeutung, der zufolge im Sieg der Kirche partiell schon das Gottesreich vorweggenommen sei: eine tausendjährige Herrschaft der Kirche bilde die letzte Epoche der Geschichte vor dem Anbruch der Ewigkeit (→Chiliasmus).

*II.* Zu keinem Zeitpunkt der Christentumsgeschichte hat sich die eschatolog. Grundspannung zwischen *Verheißung* und *Erfüllung* aber kirchentheol. neutralisieren lassen. Die Geschichte der E. in der *ma. Kirche* ist deshalb durch eine doppelte Entwicklung geprägt.
1. Einerseits wird auf der *Ebene der Kirchentheologie* die E. des frommen Individuums weiter ausgebaut; man versucht, das dem Christen nach seinem Tode widerfahrende Schicksal zu systematisie-

ren, indem man die verschiedenen Stadien der Annäherung an Gott differenziert. Ausführl. Beschreibungen und die Dogmatisierung der den Sünder erwartenden ewigen *Höllenstrafen*, die Dogmatisierung der Lehre von einem die Seele reinigenden *Fegfeuer* (Konzil von Lyon, 1274; Denzinger/S. 856), sowie eine zunehmend reichere Metaphorik in der Darstellung der dem schließl. Erlösten gewährten himml. *Seligkeit* lassen das Interesse erkennen, populäre, nur z.T. aus christl. Traditionszusammenhängen gespeiste Frömmigkeit in Lehre und Frömmigkeitspraxis der Kirche zu integrieren. Indem Volksfrömmigkeit kirchl. integriert und damit auch diszipliniert wird, wird zugleich der Monopolanspruch der Kirche bekräftigt, allein über die Mittel zur Erlangung des jenseitigen Heils zu verfügen: Je größer die dem Sünder drohenden Höllenstrafen und je furchtbarer das Fegfeuer dargestellt werden, desto abhängiger wird er von der Kirche als exklusiver Heilsanstalt (»außerhalb der Kirche kein Heil«). Der Stärkung der Macht der Kirche dient auch die von Benedikt XII. (1336) kanonisierte Lehre, daß die Visio beatifica, die selige Schau Gottes, bei den völlig Geläuterten schon unmittelbar nach ihrem Tode, also bereits vor dem Endgericht, eintritt. Damit wird die totale Unterordnung unter die Gewalt der Kirche gleichbedeutend mit der Möglichkeit, dem Gericht zu entgehen. Zwar bildet sich im Gefolge dieser Lehrentscheidung die Überzeugung heraus, daß dem allg. Gericht jeweils ein bes. Gericht vorausgeht, auch die Kirche also Gottes Gericht nicht vorwegnehmen könne, doch Benedikts Lehrentscheidung prägt die Entwicklung der individuellen E. im Katholizismus bis ins 20. Jh.: Läuterung und Vollendung der Seele treten in der kath. Tradition gegenüber der Hoffnung auf Auferstehung in den Vordergrund.

*2.* Andererseits kennt das MA. seit dem 12. Jh. zahlreiche chiliast. Bewegungen, für die eine kirchen- wie obrigkeitskrit. Auslegung eschatolog. Vorstellungen grundlegend ist. →*Chiliasmus* prägt insbes. die Mönchstheologie des Joachim von Fiore (1130-1202), der Augustins Vorstellung einer tausendjährigen Herrschaft der Kirche in ein vom Mönchtum getragenes endgeschichtl. neues »Zeitalter des Geistes« umformt und damit einer Ablösung rel. Erneuerungshoffnungen von der Institution der Kirche den Weg bereitet. Fiores Geschichtsspekulation wird nicht nur in zahlreichen Protestbewegungen städt. Unterschichten und Volksaufständen wirksam, sondern prägt auch die Taboriten sowie die radikale →Reformation der →täufer. Bewegungen des 16. Jh.s (Th. →Müntzer).

*C. Reformation und Aufklärung*

*I.* Für die wesentl. von →Luther, →Calvin und →Zwingli geprägte *reformator. Bewegung*, die stark von apokalypt. Erwartungen geprägt ist, und den Altprotestantismus (→altprot. Orthodoxie) ist deshalb eine radikale Kritik des →Chiliasmus grundlegend. In der Lehre von Christi Wiederkehr zum Gericht folgt die Reformation weitgehend altkirchl. Vorstellungen vom Jüngsten Tag, allg. Totenauferweckung, Rettung der Seligen und ewiger Verdammung der Gottlosen. Obgleich die Lehre von der →*Rechtfertigung* ein Gefälle zur Apokatastasis, der Annahme einer gnädigen Rettung auch der an sich Verdammten, hat (→Origenes), lehnen die Reformatoren eine Apokatastasis mit der kirchl. Tradition als häret. ab. Doch deuten sie die Rechtfertigung als eine *Vorwegnahme des Gerichts*, durch die im Geiste schon jetzt ewiges Leben geschenkt werde. So verwerfen sie auch die Fegfeuerspekulationen, die seit der →Gegenreformation in der röm.-kath. Frömmigkeitspraxis um der Abgrenzung von den Protestanten willen zeitweilig zum zentralen Inhalt spezif. kath. E. aufgewertet werden.

*II.* Die →*Aufklärung* bewirkt angesichts der Erfahrung einer prinzipiell neuen Dynamik geschichtl. Wandels eine umfassende Historisierung des menschl. Denkens, die auch die überkommene E. tiefgreifend verändert. Indem die alte Differenz von Weltgeschichte und Heilsgeschichte zunehmend aufgelöst wird, werden die alten Vorstellungen einer jenseitigen, himml. Welt und Geschichte zu Symbolen für das Ziel eines innerweltl. Fortschritts umgeformt, der von den Menschen tätig zu verwirklichen ist. Solche *Verdiesseitigung* der E. zeigt sich bes. deutl. am Begriff des →Reiches Gottes. Er wird nun, etwa in der Religionsphilosophie I. →Kants, gleichbedeutend mit einem eth. Gemeinwesen, dessen Bürger sich ausschließl. in vernünftiger →Autonomie oder nach Tugendgesetzen regieren. Mit dieser eth. Aufladung des Reichsgottesbegriffs wird Geschichte als ein Prozeß der *moral. Vervollkommnung* sowohl des einzelnen als auch der menschl. Gattung gedeutet: das Reich Gottes sei das Reich vollkommener Sittlichkeit (→Moral), das humanitäre Ideal reiner Tugendherrschaft, das sich im Fortschritt von Bildung und Kultur schrittweise verwirklicht.

Dieser eth. Typus modernen eschatolog. Denkens ist bis ins 20. Jh. vor allem für solche Theologen repräsentativ, welche die Aufklärung und den Prozeß der Modernisierung von Kultur und Gesellschaft (→Neuzeit) für christl. legitim erachten und deshalb harmonist. *Kulturtheologien* entwerfen, die einer Übereinstimmung von christl. Tradition und moderner Kultur verpflichtet sind. Doch kann er nicht als Ausdruck einer allg. Verbürgerlichung der Theologie gelten. Denn eine Ethisierung des Reiches Gottes oder die Umformung der E. in einen geschichtstheol. Fortschrittsglauben findet sich auch in antibürgerl. Strömungen des Protestantismus, wie insbes. im →Rel. Sozialismus.

*D. 19. und 20. Jahrhundert*

*I.* Je mehr der krisenhafte Charakter des Prozesses gesellschaftl. Modernisierung zutage tritt, desto stärker setzt sich in der Theologie des *19. Jh.s* ein zweiter, *kulturkrit. Typus* moderner E. durch.

Unter dem Eindruck der Schrecken der →Franz. Revolution aktualisieren vor allem theol. Repräsentanten der polit. →Restauration die alten Vorstellungen vom göttl. Weltgericht mit der Errettung der Frommen und der Verdammung der Sünder. Dabei gewinnt die E. primär die Funktion, krit. Distanz gegenüber einer als unchristl., unsittl. und atheist. erfahrenen Gegenwart zu ermöglichen: nicht diese schlechte Welt, die moderne →Gesellschaft, sei von Gott gewollt, sondern eine völlig andere Welt, die durch neue Bindung an Gottes Gesetz, Aufhebung von →Autonomie in Theonomie (→Eigengesetzlichkeit, →Mensch) sowie Vorherrschaft der Kirche über die Kultur geprägt sei. Im Gegensatz zum Fortschrittsglauben jener modernitätsoffenen, rel. liberalen Theologen, die E. in Reichgottesethik aufheben, wird E. hier also in einem geschichtstheol. *Verfallsschema* gedeutet: die moderne Kultur bedeute gegenüber dem alteurop. Ideal einer rel. Einheitskultur keinen Fortschritt, sondern Verfall und Niedergang. Deshalb sind es im Katholizismus wie im Protestantismus des 19. Jh.s gerade rel. traditionalist., polit. konservative Theologen, die solche kulturkrit. E. ins Zentrum der Theologie rücken.

*II.* In den späten 80er und 90er Jahren des 19. Jh.s findet in der prot. Theologie eine *eschatolog. Revolution des theol. Denkens* statt. Vertreter der →Religionsgeschichtl. Schule, insbes. J. Weiß (1892) und A. →Schweitzer (1906), erkennen, daß *Jesu Verkündigung* des nahe hereinbrechenden Reiches Gottes in ihrem Kern apokalypt. sei: Jesus habe das Gottesreich als rein überweltl. verstanden und in der Erwartung gelebt, daß es noch in seiner Generation durch eine kosm. Katastrophe hereinbreche. Damit ist nicht nur dem eth. Typus eschatolog. Denkens die exeget. Basis entzogen. Vielmehr führt diese sog. »*konsequente E.*«, die Einsicht in die Zentralstellung apokalypt. Reich-Gottes-Erwartung im Urchristentum, auch dazu, daß die E. einen neuen gesamttheol. Stellenwert erhält: sie müsse, so E. →Troeltsch 1890, ins Zentrum der Dogmatik rücken. Vor allem in der antihist. Theologie der 20er Jahre wird die E. deshalb zum bevorzugten Medium der Darstellung eines spezif. theol. Wirklichkeitsverständnisses.

*III.* Grundlage dieses Wirklichkeitsverständnisses ist eine Kritik der im 18. und 19. Jh. vollzogenen Umformung der E. in fortschritts- oder verfallsorientierte Geschichtstheologie.

*1.* Sowenig die E. nur das Ende der Geschichte des einzelnen Menschen oder der menschl. Gattung bezeichne, so wenig sei sie auch als lineares Geschichtskontinuum oder als eine im Sinne von Fortschritt oder Niedergang zielgerichtete geschichtl. Entwicklung zu deuten. E. bedeute keine Qualität der Geschichte, sondern genau umgekehrt eine prinzipielle *Überwindung von Geschichte* und hist. Relativitätserfahrung: die Erschließung eines übergeschichtl. Ortes des Denkens und Handelns. Indem der Mensch im Glauben seine Endlichkeit annehme und des Gerichts über alle menschl. Kultur inne werde, werde er von der tötenden Macht der Vergangenheit befreit und zu souveräner Distanz gegenüber der gegebenen Kultur befähigt. So erschließt E. die Möglichkeit eines unbedingten, durch radikale Vergleichgültigung geschichtl. Bedingtheiten konstituierten Handelns.

*2.* In dieser Betonung der *existentiellen Gegenwärtigkeit* der E. stimmen in den 20er Jahren →dialekt. Theologen, Rel. Sozialisten wie P. →Tillich und konservative Lutheraner wie P. Althaus überein. Insbes. R. →Bultmann transformiert unter dem Einfluß der Existentialontologie M. →Heideggers den alten heilsgeschichtl. →Dualismus von Diesseits und Jenseits in einen individuellen *Entscheidungsdualismus*: eschatolog. Existenz werde durch die hier und jetzt gebotene Entscheidung für das wahre christl. Selbstverständnis, für den Glauben, realisiert.

*3.* Die exeget. Stimmigkeit dieser sog. »aktuellen E.« wird in den 30er Jahren vor allem von Ch. H. Dodd bestritten, der die sog. »*realized eschatology*« vertritt: Sein eigenes Wirken sei für Jesus gleichbedeutend mit dem Hereinbrechen des Gottesreiches gewesen. Diese Position, die in der dt. Theologie vor allem von J. Jeremias fortentwickelt wird, wird in der ntl. Exegese seit den 60er Jahren ebenso bestritten wie die ihr entgegengesetzte Position von Weiß und Bultmann. Grundkonsens der neueren Exegese ist die Annahme, daß Jesus mit großer Wahrscheinlichkeit sowohl ein gegenwärtiges als auch ein zukünftig kommendes Reich Gottes vertreten hat.

### *E. Gegenwart*

*I.* Auch die E.diskussion in röm.-kath. wie prot. Systematik läßt seit den 60er Jahren eine zunehmend stärkere Abwendung vom Entscheidungsexistentialismus der Theologie der 20er Jahre erkennen. Neue kulturelle Herausforderungen des Christentums, insbes. in der →Dritten Welt, führen zu einer *Wiederentdeckung der Geschichtstheologie* und zur Neubetonung eines engen Zusammenhangs von Ethik und E. In der deutschsprachigen Theologie wird diese Entwicklung vor allem durch die theol. Arbeit von W. Pannenberg, J. Moltmann und J. B. Metz repräsentiert. Moltmann und Metz orientieren sich dabei am marxist. Geschichtsmessianismus E. Blochs, wohingegen Pannenberg vorrangig an die Tradition der Geschichtsphilosophie G. W. F. →Hegels anknüpft. Hier wie dort rückt nun der Begriff des Reiches Gottes wieder ins Zentrum der Theologie. Den neuen exeget. Einsichten entspr., daß für Jesus das Reich Gottes sowohl gegenwärtig als auch zukünftig ist, wird das Reich Gottes dabei doppelt bestimmt: es bezeichnet einerseits das Ziel der Geschichte, das Höchste Gut rel. Ethik. Im Gegensatz zur Geschichtstheologie des 18. und 19. Jh.s wird es andererseits auch als ein Jenseits menschl. Geschichte gedacht, so daß es krit. Distanz gegenüber jeder gegebenen Kultur ermöglicht. Diese Distanz gegenüber der modernen bürgerl. Gesellschaft wird in den verschiedenen Programmen einer →polit. Theologie, Theologie der →Revolution, Theologie der →Hoffnung oder Theologie der Universalgeschichte dann zwar polit. gegensätzl. ausgelegt, doch im Grundmotiv, der Orientierung der Ethik an der E. und der kulturkrit. Auslegung des Reichsgottesbegriffs, gibt es zwischen den neuen Geschichtstheologien einen elementaren Konsens.

*II.* Auch diese neueren Geschichtstheologien lassen freil. die *Grundschwierigkeit geschichtstheol. Denkens erkennen*: Je mehr theol. Reflexion das sog. Ganze der Geschichte in den Blick zu nehmen versucht, desto größer ist die Gefahr, daß sie den einzelnen und sein Schicksal aus dem Blick verliert. Gerade theol. konservative Dogmatiker haben in den letzten Jahren deshalb mehrfach auf ein krit. Eigenrecht der dogmat. Tradition gegenüber globaler, polit. motivierter Geschichtsspekulation hingewiesen: zentrales Thema der E. sei die Bewahrung des einzelnen.

*Lit.: R. Bultmann:* Geschichte und E., Tübingen, 3. Aufl. 1979. – *P. Cornehl:* Die Zukunft der Versöhnung, Göttingen 1971. – *G. Delling:* Zeit und Endzeit, Neukirchen 1970. – *Ev. Kirche der Union (Hg.):* Die Bedeutung der Reich-Gottes-Erwartung für das Zeugnis der christl. Gemeinde, Neukirchen 1986. – *L. Goppelt:* Theologie des Neuen Testaments, hg. von J. Roloff, Göttingen, 3. Aufl. 1978, 94-127. – *E. Feil/R. Weth (Hg.):* Diskussion zur Theologie der Revolution, München/Mainz 1970. – *F. W. Graf:* Theonomie, Gütersloh 1987. – *S. Hjelde:* Das Eschaton und die Eschata. Eine Studie über Sprachgebrauch und Sprachverwirrung in prot. Theologie von der Orthodoxie bis zur Gegenwart (Beiträge zur Ev. Theologie 102), München 1987 (Lit.). – *W. Jaeschke:* Die Suche nach den eschatolog. Wurzeln der Geschichtsphilosophie (Beiträge zur Ev. Theologie 76), München 1976 (Lit.). – *H. Küng:* Ewiges Leben?, München 1982. – *B. Lannert:* Die Wiederentdeckung der ntl. E. durch Johannes Weiß, 2 Bde., Diss. theol., Heidelberg 1988. – *K. Löwith:* Weltgeschichte und Heilsgeschehen. Die theol. Voraussetzungen der Geschichtsphilosophie, Stuttgart, 5. Aufl. 1967. – *W.-D. Marsch (Hg.):* Diskussion über die »Theologie der Hoffnung«, München 1967. – *J. Moltmann:* Theologie der Hoffnung, München 1964. – *W. Pannenberg:* Theologie und Reich Gottes, Göttingen 1971. – *O. Plöger:* Theokratie und E., Neukirchen 1959. – *K. Rahner:* Zur Theologie der Zukunft, München 1971. – *J. Ratzinger:* E. – Tod und ewiges Leben, Regensburg 1977. – *T. Rendtorff/H. E. Tödt:* Theologie der Revolution, Frankfurt/M. 1968. – *T. Rendtorff:* Ethik I, Stuttgart 1980, 143-148. – *H. Renz/F. W. Graf (Hg.):* Troeltsch-Studien I, Gütersloh 1982. – *G. Sauter:* Zukunft und Verheißung, Zürich, 2. Aufl. 1973. – *Ch. Walther:* Typen des Reich-Gottes-Verständnisses. Studien zur E. und Ethik im 19. Jh., München 1961.

*Friedrich Wilhelm Graf*

**Esrabuch.** Von dem Autor der →Chronikbücher verfaßt, schildern das E. und →Nehemiabuch, die ursprüngl. zusammengehören, die nachexil. Geschichte Israels. Das E. ist nach Esra, dem aus hohepriesterl. Geschlecht (Esr 7,1-6) stammenden »Schreiber des Gesetzes des Himmelsgottes« (Esr 7,12), benannt, von dem in Esr 7-10 und Neh 8-10 berichtet wird. Mit dem »Gesetz« ist das →Deuteronomium, vielleicht der Pentateuch gemeint; der Titel führte zu der Annahme, Esra sei an dessen schriftl. Fixierung maßgebl. beteiligt gewesen. Das (hist. fragwürdige) Edikt des pers. Königs Kyros (Esr 1,2-4; vgl. 6,3-5) bestimmt den Wiederaufbau des Jerusalemer Tempels; der Neubeginn des Kultes und die Behinderungen beim Tempelbau werden in Esr 3f. geschildert. In aramä. Sprache ist eine Sammlung von offiziellen Schreiben über die Bewilligung des Wiederaufbaus erhalten (Esr 4,8-6,18). Die durch Esra auf Grund der gesetzl. Bestimmungen (Dtn 7,1ff.; 23,3) betriebene rigorose Auflösung der Mischehen, ein wesentl. Problem in nachexil. Zeit, wird in Esr 9f. dargestellt. Durch sein Eintreten für das Gesetz (vgl. Neh 8f.) wurde Esra in der späteren jüd. Tradition Mose an die Seite gestellt.

*Lit.: A. H. J. Gunneweg:* Esra (Kommentar zum AT XIX/1), Gütersloh 1985.

*Udo Rüterswörden*

**Essen und Trinken.** Was Menschen e. und t., wann sie es tun und mit wem sie es tun, bestimmt ihre *kulturelle Identität* und ist Ausdruck des Gefüges der einer →Gruppe gemeinsamen Wertvorstellungen. Die untrennbare Beziehung zwischen symbol. (myth., rel., ideolog.) und sozialen Erfahrungen wird hier bes. deutlich.

*A.* So gelten in manchen →Stammesreligionen *Speisetabus*, die es verbieten, ein best. →Tier oder eine Pflanzenart entweder an best. Tagen oder überhaupt zu essen. Im →*AT* und bei den Muslimen gelten zahlreiche →Tabus hinsichtl. des Verzehrs von Tieren (am bekanntesten: von Schweinefleisch). Kein Lebensstil aber macht die Bedeutung von E. und T. derart einsichtig wie das *System* von Speiseregeln *der Hindus* (→Hinduismus): Schon Auswahl und Zubereitung der Speisen unterliegen den Regeln des rituell →Reinen und Unreinen. Als »rein« gilt nur die vegetar. Mahlzeit, die infolgedessen der höchsten Kaste vorgeschrieben wird. Angehörige niedrigerer Kasten dürfen für höhere Kasten nicht kochen. Die Gemeinschaft derer, die zusammen essen, muß demselben rituellen Reinheitsstand angehören. Ein orthod. lebender Hindu soll beim E. und T. auch die Gemeinschaft mit Nichthindus meiden.

*B.* Das E. und T. als *sakrale Handlung* spiegelt andere Wertsetzungen wider: Die sozial gültigen Tabus sind außer Kraft gesetzt, die damit verbundene Kraftaufnahme geht weit über sonstige Menschenkraft hinaus. So werden gemeinschaftskonstituierend bei einem Opfermahl Speisen, die vorher Göttern oder einem Gott geweiht worden waren, genossen (von Fleisch bis Reis, von Wein bis Wasser); in frühester Zeit konnten auch Menschen das so konsekrierte Mahl sein. Die an die Pilger in

einem Tempel verteilten *Opferspeisen* können von allen Hindus ohne Kastenbeschränkung entgegengenommen werden (die rituell »Unberührbaren« noch immer oft ausgeschlossen!).
Eine Sonderform stellt die *Theophagie*, »das Essen des Gottes«, dar, wobei der Gott, der symbol. in eine best. Speise eingegangen ist, die ihn so Verzehrenden mit höheren Kräften begabt. Hierzu gehören die Menschenopfer im alten Mexiko, der Verzehr von rohem Ziegenfleisch im Dionysoskult der alten Griechen. Meist jedoch wird der Gott in einer Gestalt aus Teigmasse oder Brot genossen (Stammesreligionen, →Ägypter, Griechen, →Germanen, →Christentum, →Abendmahl).
Unreine Speisen hält man deshalb für schädigend, weil sie im Menschen Kräfte freisetzen können, die sein Leben ungünstig beeinflussen.

*C.* Das *Fasten*, das dem Körper die Nahrung entzieht, wird vielfach als ein mag. Akt zur Erzeugung geistiger Energien angesehen. So fastet jeder Muslim im Monat Ramadan, kann man besondere persönl. rel. Ziele durch ein Fastengelübde im →Hinduismus erreichen, dürfen buddhist. Mönche nach 12 Uhr keine feste Speise mehr zu sich nehmen, dient *freiwilliges Fasten* der Reinigung der →Seele im →Christentum. Bei den Jainas gilt sogar das Sterbefasten als würdigste Todesart für einen Heiligen.
*Berauschende Getränke* sollen von Hindus, Jainas, Buddhisten und Muslimen, bei einigen jüd. und christl. Sekten gänzl. gemieden werden, da sie die geistige Klarheit stören und somit heilsmindernd wirken. Es ist geschichtl. aber immer wieder auch eine Verbindung des Unreinen oder Tabuisierten mit dem →Heiligen möglich. So wurden rauscherzeugende Getränke von den alten Griechen im Dionysoskult, von den ved. Indern beim Vollzug der Opfer, von den tantr. Buddhisten und Hindus bei speziellen (allerdings öffentl. übel beleumundeten) Zeremonien verwandt. In diesen Kreis gehört auch die Anwendung von Giften und Drogen (→Psychedelik), um unter rituell festgelegten Bedingungen Verzückungszustände hervorzurufen.

*D. Neuzeitl. Moden*, die E. und T. mit einer Ideologie verbinden, d.h., wo es entweder Zeichen der Zugehörigkeit zu einer best. Gruppe signalisiert (Bhagwansekte, europ. Buddhisten, nicht religionsspezif. Vegetarier, die damit ihrer Achtung vor dem Lebendigen Ausdruck geben) – oder aber rein säkular eine Selbstdarstellung des eigenen sozialen Prestiges (Gourmand u.ä.) ist, basieren also auf uralten Verhaltensformen. Seit Tschernobyl hat E. und T. seine elementarste Bedeutung als Gesundheitsgarant in Verbindung mit menschl. Urängsten vor der schuldhaft gestörten Welt-/Natur-Ordnung (die einst zu den Tabus führten) wiedererlangt.

*Lit.: M. Douglas:* Ritual, Tabu und Körpersymbolik. Sozialanthropolog. Studien in Industriegesellschaft und Stammeskultur (Suhrkamp Tb. Wissenschaft 353), Frankfurt/M. 1981. – *H. von Glasenapp:* Glaube und Ritus der Hochreligionen in vergleichender Übersicht (Fischer Tb. 346), Frankfurt/M. 1966. – *G. Mensching:* Die Religion. Erscheinungsformen, Strukturtypen und Lebensgesetze, Stuttgart 1969.

*Irmtraud Höhn*

**Esterbuch.** Das E., eine der *Megillot* (»Schriften«) des atl. Kanons, entstanden wohl im 3./2. Jh. v. Chr., spielt im Diasporajudentum in pers. Umgebung. Die Jüdin Ester wird Hauptfrau des Perserkönigs Ahasveros (Xerxes). Mit ihrem Vormund Mardochai vereitelt sie den Plan des Ministers Haman zur Vernichtung aller Juden im Land. Die Juden werden gerettet und können ihrerseits alle Feinde töten. Zum Dank für die Rettung wird das Purimfest begangen, das bis heute im Judentum als Freudenfest (mit karnevalähnl. Zügen) gefeiert wird. Trotz des Kolorits der Perserzeit geht das E. auf kein hist. Ereignis zurück. Vielmehr ist es Festlegende des Purimfestes und Novelle über die Gefährdungen und Bewahrungen des Diasporajudentums. Dem Stoff liegen wohl Mythen zugrunde (Namensentsprechungen zu babylon. und elamit. Göttern: Ester-Ischtar, Mardochai-Marduk, Haman-Humuni). Ähnl. der →Josefsgeschichte handelt auch im E. Gott verborgen, durch das höchst ird. Geschehen hindurch.
Der Leser, den die Gewalt im E. befremdet, sollte bedenken, daß die Genugtuung der Opfer über den Untergang der Mörder vom Triumph der Mörder über den Tod der Opfer ebensoweit entfernt ist wie wir alle von einer Zeit, in der beide Arten von Freude verschwunden sind.

*Lit.: G. Gerlemann:* Esther (Bibl. Kommentar AT 21), Neukirchen-Vluyn, 2. Aufl. 1982. – *R. Rendtorff:* Das AT. Eine Einführung, Neukirchen-Vluyn, 2. Aufl. 1985, 283-286. – *F. Thieberger (Hg.):* Jüd. Fest – Jüd. Brauch, Berlin 1936 (Nachdruck Berlin 1976), 364ff.

*Jürgen Ebach*

**Ethik (und Sozialethik)** bildet, als Disziplin betrachtet, ein Teilgebiet der →*Prakt. Philosophie*, zu der ferner Staats-, Rechts- und →Sozialphilosphie gehören. Nach der Gewichtigkeit der Themenstellungen (also insbes. der Fragen nach dem →Guten und →Bösen, nach dem →Glück, dem →Gewissen, nach →Sünde und Schuld, →Lohn und Strafe, nach dem →Sinn des Lebens und dem richtigen Tun) gehört E. jedoch in den innersten Kern und an den elementarsten *Anfang allen Philosophierens* und auch des rel. Nachdenkens über die Stellung des menschl. →Individuums in der Wirklichkeit. Der Versuch, Wissen zu erlangen nicht nur über das, was ist, sondern auch über das, *was sein soll und gut ist*, gründet – seitdem ihn Sokrates (gest. 399 v. Chr.) und →Platon (427- 347 v. Chr.) in die rational argumentierende Form gebracht haben, die ihn bis heute bestimmt – auf der Bereitschaft, die tiefsten persönl. Überzeugungen zum Gegenstand einer mit objektivem Anspruch auftretenden →*Wissenschaft* zu machen. Die →Entscheidung über das allg. Fundament der auf rationale Praxis ausgerichteten Wissenschaft fällt letztl. immer auf der Ebene, die die E. zu ihrem paradigmat. Gegenstand hat.

*A. Ethik als praktische Wissenschaft*

*I.* Den *Gegenstand* der E. bestimmen die Fragen, die auch den Inhalt der →Moral ausmachen; es handelt sich, grob überblickt, um Fragen nach dem guten, glückl. Leben (→Glück), nach dem guten, dem sittl. gebotenen →Handeln und nach dem guten, sich selbst gerecht werdenden →Menschen. Die E. versucht diese Fragen so zu beantworten, daß moral. Überzeugungen, Urteile und Aussagen in bezug auf ihren Sinn und ihren Anspruch rekonstruiert, begründet und gegebenenfalls kritisiert (→Moralkritik) werden können. E. unterscheidet sich von natur- und sozialwissenschaftl. Beschäftigung mit moral. Gegebenheiten dadurch, daß sie selbst *normativ verfaßt* ist: Sie fragt nicht, was für richtig gehalten wird, sondern was richtig ist. Sie unterscheidet sich aber von der →*Moral* selbst dadurch, daß sie das als geboten Erkannte wissenschaftl. so zu *begründen* hat, daß die Berechtigung oder Nichtberechtigung moral. Urteile über alle zeitl., kulturellen und gesellschaftl. Bedingungen hinweg festgestellt und die fakt. unterschiedl. moral. Standards der Menschen auf die ihnen gemeinsamen und dafür konstitutiven →Prinzipien zurückgeführt werden können. Es ist daher unmögl., E. ohne die beständige Auseinandersetzung mit dem →*Zweifel* daran zu betreiben, ob eine solche Art von Wissenschaft überhaupt mögl. sei; der ihr zugrundeliegende Wissenschaftsbegriff ist tief in der antiken →Kultur verwurzelt.

*II.* Um den zu ihm gehörenden *Begriff der Praxis* zu verstehen, muß die neuzeitl.-abendländ. Wissenschaftskonzeption, in der Praxis und →Theorie sich weitgehend gegensätzl. bestimmen, vor diesem antik-griech. Hintergrund gesehen werden.

*1.* In den Schriften *Platons* wird immer wieder Anlauf genommen, um ein →Wissen zu erreichen, das den Menschen instand setzt, höchste Einsicht und vollständige Klarheit über das gebotene Handeln zu identifizieren. Prinzip alles Wirklichen ist das schlechthin →Gute, Ziel allen Handelns ist das einzig eigentl. Wirkliche, und auf diese Einheit zielt menschl. Sein. Eth. Reflexion wird in ihrer Eigenständigkeit von →*Aristoteles* (384-322) begründet, und zwar im Zuge der Relativierung dieser Platonischen Konzeption. Das Leben im Zustand höchster Einsicht wäre göttl.; menschl. Nachdenken kann nicht erwarten, zur vollständigen Vermittlung theoret. Wissens mit den Erfordernissen prakt. Tuns zu kommen. Daher muß es eine eigene, aus *Lebenserfahrung*, umfassenden empir. Kenntnissen und persönl. sittl. →Verantwortung gespeiste Weise des Nachdenkens geben, die uns mit unserem Leben richtig umzugehen und uns unserem Lebensziel so weit wie auf Grund der Umstände mögl. anzunähern hilft. Nicht theoret. Einsicht, sondern Verbesserung unseres Lebensvollzugs ist also ihr Erkenntniskriterium; Ursache der Trennung aber ist nur die Begrenztheit unseres Geistes, der Sache nach – und also für einen höheren Geist als den unseren – sind Einsicht und Selbstvollzug vereint.

Darum hat eth. Reflexion nicht nur das Verhältnis von →Theorie und Praxis, sondern auch das von Praxis und *Poiesis* zu berücksichtigen: letzterer Ausdruck meint die konkreten, auf ein vom Herstellungsprozeß getrenntes Resultat oder Werk gerichteten, z.B. handwerkl. oder künstler. Tätigkeiten. Praxis ist eine Dimension, die auch zu all diesen Tätigkeiten, aber darüber hinaus zum menschl. Leben als Ganzes gehört, seinen Bezügen zur Wirklichkeit in ihrer Selbständigkeit und Unverfügbarkeit gegenüber menschl. Gestalten. Was man aus sich macht, findet seine Rechtfertigung nicht in einem Endprodukt, nicht in einer Steigerung des eigenen Einflusses und auch nicht in momentanen Zuständen und Befindlichkeiten; die Rechtfertigung eines gelungenen menschl. Lebens liegt in ihm selbst und damit in dem gesamten Prozeß, in dem es sich vollzieht. E. fragt in diesem Sinne nach den Voraussetzungen des individuellen Menschen, ein gelungenes Leben zu führen; Ökonomie und →Politik treten mit gleicher Intention, aber in Anwendung auf die kollektiven menschl. Verhältnisse, daneben.

*2.* In der wesentl. von *Th.* →*Hobbes* (1588-1679) und *R.* →*Descartes* (1596-1650) ausgegangenen neuzeitl. Wissenskonzeption wird der Bezug von Einsicht und Handeln grundsätzl. anders gesehen. Zwar muß E. – in Ermangelung vollständiger theoret. Orientierung – auch hier prakt. Fragen behandeln; aber das diesen Mangel überwindende Wissen ist nicht mehr das eines höheren Geistes, sondern die Aufgabe unserer empir. und log.-math. gegründeten *Einzelwissenschaften.* Praxis ist verantwortl., wenn sie bereits erreichtes theoret. Wissen anwendet. Nur weil und insoweit dieses sich in unabgeschlossenem Zustand befindet, müssen wir →Entscheidungen im Zustand der Ungewißheit treffen, also rational wählen. Die Wissenschaft vom menschl. Leben als Ganzes könnte unter dieser Voraussetzung nur eine theoret. sein; das eigentüml. Feld prakt. Reflexion bildet vielmehr die Beurteilung menschl. *Handlungen.* E. fragt nicht mehr zuerst nach der dem Ziel des Menschen am nächsten kommenden Weise zu leben, sondern nach den Merkmalen einer Handlungsweise, die der *Verantwortung* gegenüber mir selbst und meinen Mitmenschen gerecht wird. Die Voraussetzung eth. Begründbarkeit moral. Handelns besteht nicht mehr in einem Ziel, an das wir gebunden wären, sondern gerade in der →*Freiheit* gegenüber äußeren Determinanten (→Determination). Eth. Maßstäbe müssen gewonnen und gemessen werden an der Erhaltung und mögl. Erweiterung der Freiheit zu handeln. Freiheit wird zum Prinzip der E.

*3. I.* →*Kant* (1724-1804) begründet den Inhalt der E. und sogar den »Primat« der prakt. Vernunft, indem er Freiheit selbst zum eigentl. Thema der →Prakt. Philosophie und zum Inbegriff der Antwort auf die eth. Frage nach dem Kriterium sittl. Handelns macht. Sittl. geboten und also im objektiven Sinne moral. ist die Handlung, in der der *freie* →*Wille* des Handelnden sich selbst begründet, d.h.: sich selbst Gesetz wird. Damit ist ein eigener Zusammenhang von Gesetzmäßigkeit eröffnet, der neben den kausal begründeten Bereich der Natur (→Kausalität) tritt und durch den die Bewertung von Handlungen erst mögl. wird. Nicht die Ursachen, Motive oder Ergebnisse unserer Handlungen, sondern die Grundsätze (»Maximen«), aus denen heraus sie getätigt werden (letztl. also die Einstellung, die wir in der rationalen Rekonstruktion unseres Handelns zu diesem einnehmen müssen), entscheiden über ihre sittl. Qualität. Die →*Vernunft*, vor deren Forum die Rekonstruktion geschieht, muß demgemäß auch die Quelle allen wahrhaft menschl. Handelns sein. Sie ist der Zweck, den wir verwirklichen, wenn wir frei handeln. Freies Handeln ist vernünftiges und damit für alle Menschen verbindl. Handeln; Inbegriff der Voraussetzungen eth. Handlungsbeurteilung ist darum der →*kategor. Imperativ*, wonach man so zu handeln habe, daß man wollen könne, daß der Grundsatz, aus dem man handelt, zugleich Prinzip einer für alle Menschen gültigen Gesetzgebung werde. Der Begriff der Praxis und das Projekt einer prakt. Wissenschaft in ihrer spezif. neuzeitl. Form (näml. als Handlungsbegründung) wird so gebunden an den →Optimismus eines zu vernünftiger Einheit zusammenwachsenden, den individuellen Egoismus, alle sozialen und kulturellen Bedingtheiten im Prinzip hinter sich lassenden Menschengeschlechtes (→Humanität).

*III.* Der *Wissenschaftscharakter* der E. ist – ungeachtet der grundlegenden Wandlung in der Bestimmung ihrer Prinzipien – in der Antike wie in der →Neuzeit ähnl. gesehen worden.
*1.* Es müsse, so hebt Aristoteles am Anfang seiner »Nikomach. E.« hervor, »bereits über eine edle Grundgewöhnung verfügen«, wer Nutzen haben wolle von der wissenschaftl. Erörterung des Edlen, Guten und Gerechten. Wer nicht von seiner eigenen Beurteilung her gutes und schlechtes Leben unterscheiden kann, dem kann die Fähigkeit dazu nicht durch E. im Sinne eines Beweises geliefert werden, so wie man bereits moral. empfunden haben und entspr. unabhänig von äußeren Lohn- oder Straferwartungen nur im Sinne des Richtigen gehandelt haben muß, will man verstehen, wovon beim kantischen Begriff der Freiheit die Rede ist. E. kann *Moral* weder ersetzen noch erzwingen; sie *setzt sie voraus*, durchdringt ihre Prinzipien und führt den moral. Menschen zur Erhellung über die Berechtigung und Begründbarkeit seiner Überzeugungen. Mit der dem Menschen immer mögl. freien Entscheidung gegen das sittl. Gebotene bleibt die eth. Durchdringung des Moralischen stets konfrontiert; sie wird dadurch jedoch nicht widerlegt. Da der Mensch also in Freiheit schlecht handeln kann – und darin ist Platon nicht zuzustimmen, dem zufolge das Schlechte prinzipiell die Folge des Irrtums sei –, ist der E. als einer prakt. (d.h. auf menschl. Praxis bezogenen) Wissenschaft eine prinzipielle Grenze gesteckt: Das →Böse ist eth. nicht erklärbar.
*2.* Aber auch im Positiven bleiben eth. Erkenntnisse immer auf den Zusammenhang moral. gegründeter Praxis angewiesen. E. kann Auskunft über die Berechtigung moral. Prinzipien geben, deren konkrete *Umsetzung* in den verantwortl. *Lebenszusammenhang* kann sie dem handlenden Individuum nicht abnehmen. Log. Ableitungen des im Einzelfall jeweils gebotenen Handelns aus den erkundeten Grundlagen kann sie nicht geben. Insofern ist Prakt. Wissenschaft nicht exakt. Sie hat den Sinn, das in jedem Menschen angelegte moral. Vermögen zu aktualisieren. Dazu gehört aber gerade die Aufklärung darüber, daß es auf den Menschen in der →Autonomie seiner Persönlichkeit wesentl. ankommt.
*3.* Überhaupt bleibt E. angewieesen auf eine grundsätzl. *Verbundenheit der Menschen* untereinander, die sie nicht mehr ableiten kann, sondern voraussetzen muß und die im Kriterium der Universalisierbarkeit eth. Aussagen zum Ausdruck kommt. →Moral, Sitte, Ethos können auf best. menschl. Gemeinschaften beschränkt sein und sind es fakt. auch; eth. Aussagen hingegen erheben prinzipiell den Anspruch, für jeden verständigen Menschen einsehbar zu sein. Auch wo man zu dem Ergebnis kommt, daß ein best. moral. Grundsatz nur unter best. (hist., sozialen usw.) Bedingungen Gültigkeit hat, erhebt doch die Begründung dieser Theorie Anspruch auf allg. Gültigkeit. Wo das →Verstehen auch der letzten Begründungen eth. Aussagen gebunden bleibt an partielle Voraussetzungen (rassischer, nationaler, sozialer Art), liegt nicht mehr E. vor, sondern →Ideologie.

*B. Konzeptionen, Typen und Teilgebiete der Ethik*

*I.* Was bedeutet für den Menschen ein gelungenes Leben; wann ist eine menschl. Handlung sittl. geboten? Auf diese prinzipiellen Fragen hat man auf eine philosophiegeschichtl. wirkungsträchtige und heute noch aktuelle Weise in grundlegenden *Konzeptionen* geantwortet. Es lassen sich vor allem die folgenden nennen:
*1.* Die *Tugendethik*, zunächst von Aristoteles systemat. ausgearbeitet, stellt auf grundsätzliche charakterl. Dispositionen ab, die einen Menschen, wenn er sie erwirbt, zu einem vollgültigen Exemplar seiner Gattung machen: →Besonnenheit, →Tapferkeit, →Wahrhaftigkeit, Hochsinnigkeit in umfassender Weise. →Gerechtigkeit wird bei Aristoteles wie schon bei Platon im Wesen als →Tugend bestimmt. Der erkennntnismäßige Umgang mit diesen Charaktereigenschaften und den Bedingungen ihrer Vermittlung gründet auf dem Begriff der →Klugheit.
*2.* Die *Gesetzesethik*, die am umfassendsten →Thomas von Aquin mit der Tugendlehre verbunden hat, versucht den Zusammenhang zwischen Ursprung, Ziel und Möglichkeiten der menschl.

→Person als Grund moral. Einsicht zu denken. →Sittlichkeit bedeutet auch einen Akt des →Gehorsams gegenüber dem göttl. Gesetz und seinen →Normen, die die →Ordnung des Kosmos mit der des Menschen verbinden (→Naturrecht).

*3.* Die *Pflichtethik*, paradigmat. von Kant entwikkelt, findet den Ausgangspunkt der Verwirklichung des Sittengesetzes im Bewußtsein moral. Verpflichtung: in dem – allem äußeren Sein gegenüberstehenden und auf der Basis der Vernunft die Menschen verbindenden – Sollen, das ohne denkbare Ausnahme (→Rigorismus) gebietet, die Menschen als Zweck in sich selbst zu behandeln und ihn niemals bloß zum Gegenstand eigener Interessen zu machen (→Lüge, →Manipulation).

*4.* Hingegen versteht die *Nutzenethik* (→Utilitarismus) sich gerade als Versuch, die auch aller Moral zugrundeliegenden Eigeninteressen des menschl. Individuums mit Hilfe best. Verfahren (→Fairneß, →Goldene Regel, →Kompromiß) zu einem Ausgleich zu bringen, dessen Inhalt dann zugleich als Richtschnur gebotenen Handelns betrachtet wird. E. spielt für sie nur die Rolle einer vermittelnden Instanz zwischen den – eth. Reflexion nicht weiter zugängl. – individuellen Präferenzen der Menschen, deren genauere Erforschung der empir. und nicht normativen Wissenschaft zugewiesen wird (→Relativismus).

*5.* Die *Werteethik* wiederum (M. Scheler, 1874-1928; N. Hartmann, 1882-1950) setzt den Grund moral. Verpflichtung nicht in erster Linie im →Subjekt bzw. in den →Interessen des menschl. Individuums an, sondern in objektiven, aber nicht sinnl. erkennbaren, sondern nur sittl. erfühlbaren →Strukturen der Wirklichkeit, eben den →Werten. Sie geht von der Voraussetzung aus, daß die →Grundwerte von allen Menschen gleichermaßen erfaßt und auf dieser Basis die Begründung von Moralität und die Bewertung menschl. Handelns geleistet werden können. Unüberwindbare Gegensätze müssen dann auf »Wertblindheit« oder allenfalls trag. Konfliktsituationen zurückgeführt werden, womit freil. die Dialektik von eth. Subjektivität und Objektivität sich wiedereinstellt.

*II.* Von *Typen* eth. Reflexion kann gesprochen werden, wenn die genannten und ihnen verwandte oder sie verbindende Konzeptionen nach allgemeineren philos. Kriterien eingeteilt werden, die über den eth. Aspekt hinausgehen, seine Gestalt aber bestimmen.

*1.* Eudämonistisch ist der eth. Ansatz, der das Glück (griech.: *eudaimonia* = Glück) als Ziel des Menschen betrachtet. Aristoteles nimmt das tugendhafte Leben als den Weg zu diesem Ziel und stellt die Tugendethik in seinen Dienst, während hingegen Kant die Pflicht auch und gerade im Gegensatz zu menschl. Glückserwartung als Prinzip moral. Handelns herausstellt. Eudämonistisch, jedoch unter der Voraussetzung eines ganz anders gefaßten Glücksbegriffs, ist das Prinzip des *Hedonismus*, wonach alles menschl. Tun auf das Erreichen best. subjektiver →Gefühle bzw. Zustände, also auf das Erzielen von →Freude und Lust und das Vermeiden von Unlust und →Leid, gerichtet sei. Hedonistisch verfaßt sind etwa die ursprüngl. Varianten der Nutzenethik (J. Bentham, 1748-1832; J. St. →Mill, 1806-1873), aber auch neuere in die Richtung des →Anarchismus gehende Standpunkte wie der von M. Stirner (1806-1856) oder H. Marcuse (geb. 1898).

*2.* Idealistisch ist am treffendsten die Einstellung sowohl Platons als auch J. G. →Fichtes (1762-1814) zur E. zu nennen: Philosophie selbst ist für beide die Antwort auf die Frage nach dem richtigen Leben, so daß die Antwort auf die Probleme der E. im Vollzug des Aufstiegs zum absoluten Prinzip allen Wissens gegeben wird, aber immer auch von diesem Aufstieg abhängig und auf ihn relativ bleibt. E. ist eine der Weisen der Vermittlung des →Absoluten mit der begrenzten Einsichtsfähigkeit der Menschen; vollendet wäre diese Vermittlung und damit auch die E. im Grunde erst mit der Vollendung des ganzen Menschengeschlechtes als solchen. Ähnl. strukturiert ist das philos. Konzept B. de →Spinozas (1632-1677), innerhalb dessen die Erfüllung der Tugend und der Inhalt des Glücks im Eingehen in die Einheit →Gottes gefunden wird.

*3.* Eine Weiterführung des *transzendentalphilos.* Ansatzes von Kant ist die Diskursethik (J. Habermas), die es zum Kriterium sittl. Entscheidungen macht, daß diese in einem Verfahren idealer →Kommunikation den →Konsens aller von ihnen betroffenen Menschen finden könnten.

*4.* Materialistisch sind Standpunkte, in denen man versucht, eth. Folgerungen aus einer Auffassung vom Menschen als Produkt biolog. oder gesellschaftl. Kausalursachen zu ziehen, etwa in neuerer Zeit in evolutionist. Theorien (→Evolution). Allerdings wird dabei die Erkenntnis auf fakt. Beobachtung beschränkt, zugleich werden daraus Sollensforderungen abgeleitet. Dieser Widerspruch kann von den Theorien nicht gelöst werden.

*5.* In den Zusammenhang der Typisierung von E. gehört die Unterscheidung zwischen *Gesinnungs-* und *Verantwortungsethik*, die vor allem auf M. →Weber (1864-1920) zurückgeht. Richtig ist, daß etwa die Pflichtethik oder E. im Sinne eines umfassenden Liebesgebots auf die innere Gesinnung des Menschen, die Nutzenethik hingegen typischerweise auf die Folgen von Handlungen abstellen. Doch durchdringen sich die subjektive und die objektive Seite unweigerl., so daß die Verabsolutierung jeweils nur des einen Aspekts zu künstl. Überspitzung führen würde: In Wirklichkeit ist sie in den genannten Ansätzen auch nicht gegeben. Wichtig ist die genannte Unterscheidung eher für die Beurteilung der *Anwendbarkeit* von E. in best. Feldern menschl. Daseinsbewältigung wie auch zur Klärung des Charakters eth. Aussagen überhaupt.

*6.* Im letzteren Sinne eth. Aussagen selbst zum Gegenstand prakt. orientierter Philosophie zu machen ist das Projekt der vor allem in der →Analyt. Philosophie entwickelten →*Metaethik.* Aus der Klärung des Status und der Bedeutung von

Moralaussagen wird zumindest eine Klärung der eth. Problemlagen angezielt.
*7.* Auf *log.* Ebene hat sich durch best. Spezialuntersuchungen der Spiel- und Entscheidungstheorie sowie im Entwurf der →Deont. Logik (→Norm) eine formalisierte Analyse eth. bedeutsamer Zusammenhänge herausgebildet, deren Anwendung über das Gebiet eher theoret. orientierter Handlungs- bzw. Sprachtheorie hinaus aber noch ungeklärt ist.

*III. Teilgebiete* der E. lassen sich nicht im Sinne von *Disziplinen* unterscheiden. Prakt. Wissenschaft setzt sich nicht aus gegenstandsmäßig definierten Teilen zusammen, sondern entfaltet sich in die Anwendung auf jeweils zeitgebundene Interessengebiete.
*1.* Am eigenständigsten ist mit den allg. Prinzipien der E. die *Sozialethik* verbunden; sie ergibt sich aus der Anwendung eth. Prinzipien auf den Umgang des Individuums mit seiner →Gemeinschaft und deren →Institutionen. Die wichtigste Kategorie der Sozialethik bietet der Gedanke des →Gemeinwohls, der in allen wichtigen Konzeptionen und Typen eth. Reflexion Gegenstand grundlegender Interpretation ist. Die Lehre von den sozialen →Tugenden und gesellschaftl. Ordnungsprinzipien wie →Subsidiarität und Solidarität geht hingegen oft bereits in konkrete – an eth. nicht mehr universell begründete Morallehren gebundene – polit. Programmatik über, bis hin zu Fragen der →Sozialpolitik, der sozialen →Gleichheit, des →Arbeitslohns, der Arbeitsbedingungen, von →Armut und Reichtum.
*2.* Hier schließt die →*Wirtschaftsethik* an, die die Funktionen des Marktes (→Marktwirtschaft) und der →Güter sowie Fragen wie die der Gestaltung des Produktionsprozesses, der →Planung und →Mitbestimmung in eth. Perspektive zu sehen versucht.
*3.* Aktuelle Probleme wie die der Gentechnologie (→Genetik), des med. Umgangs mit mögl. Lebensverlängerung, des →Umweltschutzes usw. haben zu Projekten *med., ökolog.* (→Ökologie) und der *Wissenschaftsethik* geführt. Freil. gilt auch hier, daß man mit dem Anspruch wissenschaftl. E. bisweilen allzu schnell auftritt, wo vielmehr polit. Programmatik oder ideolog. Interessenvertretung vorliegt.

*C. Christliche Ethik*

*I.* Christl. E. ist *keine eigene eth. Konzeption* und auch kein sich aus einer best. christl. Philosophie ergebender Typus eth. Reflexion.
*1.* Die abendländ. E. seit der Zeit der →Patristik ist christl. geprägt, wie andererseits für die geistige *Durchdringung* des christl. Glaubens die Prakt. Philosophie in allen ihren grundsätzl. Konzeptionen bedeutsam geworden ist. Dies liegt zum einen an dem prinzipiellen Verwiesensein der E. auf die gelebte Moral, auf Sitte und Ethos einer durch das Christentum geprägten →Kultur und Gesellschaft. Zum anderen verdankt jedoch die Reflexionsstruktur der E. ganz wesentl. christl. Denkprinzipien ihre nachantike Gestalt. Der dem Projekt prakt. – und dennoch allgemeingültiger, wissenschaftl. – Erkenntnis zugrundeliegende Gedanke des absolut Guten, das Erkennen und Handeln verbindet, fand in der christl. Vorstellung von Gott und der in Kindschaft und *Ebenbildlichkeit* ihm gegenüber *geeinigten Menschheit* einen neuen, für alles Denken konstitutiven Halt. Das Platonisch-Aristotelische Ideal des der Schau der Wahrheit gewidmeten Lebens wurde in die christl. Lehre von der beseligenden *Schau Gottes* als Vollendung des menschl. Lebens transformiert. Die Augustinische Konzeption des Gegenübers von *Gottes- und weltl. Staat* wurde zur Stütze der Selbständigkeit prakt.-eth. gegenüber beschreibend-jurist. Staats- und Gesellschaftslehre.
*2.* Selbstverständl. gibt es spezif. Höhepunkte christl. gegründeter, d.h. unmittelbar in einen theol. Zusammenhang eingebundener, E., wie in den mit *Abaelard* (1079-1142) anhebenden eigenständigen eth. Entwürfen der Scholastik, gipfelnd in der Verbindung von Tugend- und Gesetzesethik durch *Thomas von Aquin* (1225-1274); deren gedankl. Struktur und Begründungsanspruch unterscheidet sich im Wesen aber nicht von der allg. Problematik, vor die sich philos. E. gestellt sieht. Wie kontraproduktiv eine allzu direkte Zuflucht zu christl. E.-Prinzipien wie dem des natürl. Sittengesetzes ausfallen kann, hat sich anhand best. straf- und familienrechtl. Urteile dt. Gerichte während der →Naturrechts-»Renaissance« nach dem Zweiten Weltkrieg gezeigt.

*II.* Ungeachtet ihrer allgemeinphilos. Grundlagen ist christl. E. trotzdem eine *eigenständige Größe*, weil sie innerhalb der christl. Glaubensdurchdringung eine ganz andere bewußtseinsgestaltende und institutionelle Rolle spielt als Philosophie und E. im allgemeinen.
*1.* Zwar muß sich das christl. Denken immer mit Hilfe der jeweils bestgeeigneten philos. Konzeptionen auslegen, zugleich muß es aber auch bereit sein, sich sowohl mit anderen Denkweisen auseinanderzusetzen als auch den übernommenen Begriffsapparat für die theol. Erfordernisse umzusetzen. Nicht nur die wissenschaftl. →Dogmatik, Dogmengeschichte und →Fundamentaltheologie, sondern auch die Praxis der →Verkündigung, der →Beichte wie auch der Stellungnahme in öffentl. Fragen sind in den Fragen der Glaubensdurchdringung angewiesen auf den Beitrag der E. zu Konsens und konstruktiver Entfaltung. Deshalb definiert sich christl. E. weniger durch die Eigenständigkeit ihrer philos. Prinzipien als durch ihre *gestaltende Funktion* in der Darstellung, Verkündigung und auch kontroversen Vertretung christl. Moral.
*2.* Wie allg., so gilt auch im christl. Bereich, daß E. *gelebte Sittlichkeit* nicht zu ersetzen vermag. Was eth. zu begründen ist, muß unabhängig von aller E. schon da sein. Für all das, was in diesem Sinne

schon vorhanden ist, gibt es nun aber im christl. Bereich ja immer schon eine wissenschaftl. Explikation, näml. die →Theologie. Christl. E. kann daher an wesentl. reflektiertere und einheitlicher begriffene Tatbestände anknüpfen, wird aber auch für deren lebendige Erfüllung entschiedener in die Pflicht genommen als rein philos. Denken.

*III.* Die *Eigenart christl. E.* erwächst daher in ihrem Verhältnis zur theol. Durchdringung der göttl. →Offenbarung. Die Entfaltung christl. Moral ist zunächst einmal Aufgabe der Exegese und verschiedener Disziplinen systemat. Theologie. Erst wo es um Moralbegründung und vor allem auch um die Auseinandersetzung mit neuen Fragen geht, ist E. gefordert, im Zusammenhang mit der vorhandenen Entfaltung die *Prinzipien der christl. Moral* darzulegen.

*1.* Es geht natürl. nicht an, in diesem Prozeß eine ständige exakte *Trennung* des theol. und des philos. Aspektes zu fordern. Doch dürfte auch ein völliges *Aufgehen* dessen, was man in der Geschichte der Theologie als Moraltheologie verstanden hat, in christl. E. keine Garantie bieten für eine produktivere Verbindung von Moralbegründung und Moralentfaltung. Auch und gerade unter ökumen. Aspekt kann eine theol. Disziplin, die auf eine Entfaltung und – im Sinne D. F. →Schleiermachers (1768-1834) – hermeneut. Durchdringung des Glaubens gerichtet ist, die Integration *hist.* (etwa der um den Probabilismus zentrierten Moralsysteme und ihrer Diskussionen in der →Kasuistik) und ganz *aktueller* Fragestellungen (die man allzu schnell in ihrem »eth.« Aspekt zu erfassen sucht) erlauben und somit den Weg weisen zu einer ständig erneuerten und den Gegenwartsfragen angemessenen *christl. →Anthropologie.*

*2.* Gerade eine solche Disziplin würde jedoch dialekt. in die Entfaltung ideologieverdächtiger (oder zumindest rein philos.) Standpunkte umschlagen, wenn sie das Verhältnis von *augenblickl. Lage* von Mensch und Gesellschaft zum wesenhaften Ziel und den *äußersten Möglichkeiten* des Menschen, die allein seinem Leben Sinn geben, aus den Augen verlöre. Dieses Verhältnis aber wäre nur innerhalb einer im Dialog mit den ewigen Wahrheiten erwachsenden, philos. fundierten christl. E. zu durchdringen. Nur auf Grund dieser Durchdringung wäre die Einheit von Moral, Exegese und Dogmatik im höchsten Vernunftmaßstab zu leisten. Nur hier könnte das Verhältnis zwischen Moralbegründung und Moralentfaltung selbst noch einmal zur theol. Durchdringung aufbereitet werden. Denn christl. E. nimmt zwar nicht ihre inhaltl. Begründungen, aber zumindest ihr heurist. und darüber hinaus auch ihr *erkenntnisleitendes Prinzip* aus der durch die Offenbarung gesicherten Einsicht in die Unvollkommenheit und mögl. Vervollkommnung des aktuell existierenden Menschen.

*3.* Was für alle E. vorausgesetzt bleibt, das →*Vertrauen* näml. in die in sich gute Konstitution der Wirklichkeit und die darauf beruhende prinzipielle →Rationalität ihres Vollzugs, kann vor der christl. E. zwar ebenfalls nicht beweismäßig aufgezeigt werden; aber auf Grund ihrer Verwurzelung in der theol. Durchdringung der Offenbarung hat sie eine klarere Position gegenüber ihren →*Grenzen* (also gegenüber dem, was sie nicht mehr als E. zu durchdringen vermag). Die Einsicht, daß hier weit mehr als auf dem Gebiet der Moralentfaltung die Grundfragen der Selbstverständigung christl. Denkens liegen, ist auch ein Beitrag zur Beförderung der Rationalität des ökumen. Gesprächs.

*Lit.: F. Böckle:* Fundamentalmoral, München 1977. – *J. Derbolav:* Abriß europ. E., Würzburg 1983. – *H.-G. Gadamer:* Die Idee des Guten zwischen Plato und Aristoteles, Heidelberg 1978. – *O. Höffe:* Einführung in die utilitarist. E., München 1975. – *H. Jonas:* Das Prinzip Verantwortung, Frankfurt/M. 1979. – *W. Kluxen:* Philos. E. bei Thomas von Aquin, Hamburg 1980. – *W. Korff:* Norm und Sittlichkeit, Mainz 1973. – *R. Lauth:* E., Stuttgart 1969. – *W. Pannenberg:* Was ist der Mensch?, Göttingen/Zürich, 5. Aufl. 1976. – *Ders.:* E. und Ekklesiologie, Göttingen 1977. – *G. Patzig:* E. ohne Metaphysik, Göttingen 1971. – *A. Pieper:* E. und Moral, München 1985. – *M. Rhonheimer:* Natur als Grundlage der Moral, Innsbruck/Wien 1987. – *M. Riedel:* Rehabilitierung der prakt. Philosophie, 2 Bde., Freiburg 1972/74. – *H.-H. Schrey:* Einführung in die E., Darmstadt 1972. – *W. Schulz:* Philosophie in der veränderten Welt, Pfullingen 1972. – *J. Seifert:* Was ist und was motiviert eine sittl. Handlung?, Salzburg 1976. – *J. Simon:* Freiheit, Freiburg 1977 (Textsammlung). – *R. Spaemann:* Moral. Grundbegriffe, München 1987. – *Ders. (Hg.):* E.-Lesebuch, München 1987 (Lit.). – *Ders.:* Einsprüche. Christl. Reden, Einsiedeln 1977. – *Ders.:* Das Natürliche und das Vernünftige, München 1987. – *W. Trillhaas:* E., Berlin, 3. Aufl. 1970.

*Walter Schweidler*

**Ethnologie.** Ganz allg. gesehen liegt die Aufgabe der E. in der Empirie und →*Theorie ethn. Gemeinschaften*, insbes. schriftloser und schriftferner Stämme, →Völker und →Gruppen. Die Wurzeln dieser Wissenschaft, die seit der 2. Hälfte des 19. Jh.s zur Universitätsdisziplin aufstieg, lassen sich – weit über die Epoche des neueurop. →Kolonialismus und das »Zeitalter der Entdekkungen« hinaus – bis in die Antike (Herodot, 5. Jh. v. Chr.) zurückverfolgen.

*A.* Nachdem nicht nur die Zweifel daran überwunden sind, daß die von der E. studierten »primitiven Wesen« der Gattung →Mensch zuzurechnen sind, sondern sich (gegen die Vorbehalte der biolog. bzw. phys. →Anthroplogie) auch die Auffassung der prinzipiellen Gleichwertigkeit der unterschiedl. Menschengruppen durchgesetzt hat, fällt die *Abgrenzung* gegenüber der biolog. Ethologie (→Verhaltensforschung) leichter als gegenüber einigen anderen Nachbarwissenschaften. In der Tat sind die Grenzen des Gegenstandsbereichs der E. immer unschärfer geworden, zumal die außereurop. Stammeskulturen als deren klass. Objekte selbst in →Weltreligionen, Nationalstaaten und Industriegesellschaften umgebildet sind. Die ohnehin in zahlreiche nationale Richtungen, intra- und

internationale Schulen (insbes. →Evolutionismus, Kulturgeschichte, Funktionalismus) und geograph. abgesteckte Sonderinteressen fragmentierte E. fächert sich durch den »Kulturkontakt« mit den Nachbarwissenschaften auch *theoret.* und *method.* weiter aus und bildet mit ihrer Hilfe sozusagen exot. Unter- und Zwischenformen (»Ethnosciences«) aus (Ethnobiologie, -demographie, -historie, -linguistik, -medizin, -mineralogie, -musikologie, -psychiatrie, -soziologie usw.). So beschäftigt sich etwa die Ethnomedizin mit dem sozialen und symbol. Kontext von →Krankheit, ist die Ethnolinguistik mit allen mündl. Traditionen (→Märchen, →Sagen, →Mythen, →Witzen) befaßt, die etwa mit den Methoden des →Strukturalismus aufgeschlüsselt und im Blick auf ihre gesellschaftl. →Funktionen betrachtet werden.
Strittig ist auch, ob und inwieweit *traditionsbestimmte →Schichten* (ethn. →Minderheiten und →Subkulturen) in europ. Hochkulturen und Industriegesellschaften – etwa in Anknüpfung an die sog. »E. bäuerl. Gesellschaften« (R. Redfield) – in den Objektbereich der E. mit einzubeziehen sind; damit sind nicht nur »Domänen« der Sozialgeschichte und →Soziologie, sondern auch der →Volkskunde berührt. Nicht von ungefähr hat sich diese die Bezeichnung »Europ. E.« zugelegt (z.B. in Marburg) oder läßt sich zumindest unter diese international verständl. Sammelbezeichnung einordnen.

*B.* Intensiv diskutiert wird in der E. auch ihre *wissenschaftstheoret. Stellung:* E. als »Geschichtswissenschaft«, welche – unter weitgehendem Verzicht auf eine explizite theoret. Fragestellung – insbes. den individuellen Unterschieden zwischen den Kulturen Beachtung schenken sowie die einzigartigen Strukturelemente und -kombinationen detailliert monograph. beschreiben soll; oder E. als →»Soziologie«, welche vergleichend allgemeine theoret. Schlußfolgerungen, Gesetze, Strukturen und Entwicklungslinien herauszuarbeiten hat, im Extremfall unter Verzicht auf direkten Kontakt mit den Objekten. Für die theoret. Disziplin wird zunehmend der Begriff der »E.« im engeren Sinn reserviert, während für die auf Feldforschung gestützte Beschreibung »*Ethnographie*« Verwendung findet. Auch damit wird der Trend erklärl., »E.« und die aus unterschiedl. nationalen Wissenschaftstraditionen stammenden Bezeichnungen »Sozialanthropologie« (Großbritannien) und »Kulturanthropologie« (Nordamerika) gleichbedeutend zu verwenden; denn sie suchen auf der Basis einer weitgehend theoriegesteuerten Problemstellung und mit der Methode des interkulturellen Vergleichs ausgewählte Aspekte der »primitiven« Gesellschaften zu begreifen und von hier aus auch Vorgänge in modernen komplexen Gesellschaften zu interpretieren.

*C.* Wissenschaftsintern stellt damit die E. eine kaum zu unterschätzende *Erkenntnisquelle* dar. Sie dient der allg. Reflexion auf die Natur des Menschen als Kulturwesen, insbes. auch weiterführenden Überlegungen der philos. →Anthropologie, die sich diese Reflexion zum Thema gemacht hat (z.B. M. Scheler [1874-1928], A. Gehlen [1904-1976], H. Plessner [1892-1985]). Handlungspraktisch werden die Ergebnisse der E. langfristig zwei *Tendenzen* befördern: Einerseits verliert der Ethnozentrismus seine Legitimation, andererseits werden kulturelle Erscheinungen und Überzeugungen grundsätzl. relativiert, ohne vor der rel. Sphäre oder vor den Auffassungen über die →Institutionen im Primärbereich (→Ehe, →Familie und Verwandtschaft) haltzumachen. Damit sind →Theologie und →Ethik im Blick auf die Frage nach →Wahrheit und Geltung vor neue Aufgaben gestellt.

*Lit.: I. Chiva/U. Jeggle (Hg.):* Dt. Volkskunde – Franz. E., Frankfurt/M./New York/Paris 1987. – *E. E. Evans-Pritchard:* Hexerei, Orakel und Magie bei den Zande, Frankfurt/M. 1978. – *Ders.:* Theorien über primitive Religion, Frankfurt/M. 1968. – *H. G. Kippenberg/B. Luchesi (Hg.):* Magie, Frankfurt/M. 1978. – *B. Malinowski:* Magie, Wissenschaft und Religion. Und andere Schriften, Tübingen 1973. – *W. Mühlmann:* Rassen, Ethnien, Kulturen, Neuwied/Berlin 1964. – *E. W. Müller u.a. (Hg.):* E. als Sozialwissenschaft, in: Kölner Zeitschrift für Soziologie und Sozialpsychologie, Sonderh. 26 (1984) (Lit.). – *H. Nixdorff/Th. Hauschild (Hg.):* Europ. E., Berlin 1982. – *C. A. Schmitz (Hg.):* Religionse., Frankfurt/M. 1964. – *J. Stagl:* Kulturanthropologie und Gesellschaft. Eine wissenschaftssoziol. Darstellung der Kulturanthropologie und E., Berlin, 2. Aufl. 1981.

*Michael N. Ebertz*

**Europa.** Geogr. ist E. eine Halbinsel →Asiens, was sich an der Schwierigkeit zeigt, seine Ostgrenze festzulegen, auch unabhängig von ideolog. Vorentscheidungen. Hingegen hat E. als einziger Kontinent seinen Namen von seinen eigenen Bewohnern erhalten, die ihrerseits alle anderen Kontinente benannten.

*A.* E. konstituiert sich also hist., und zwar im wesentl. während des MA.s, aus der Symbiose der Völker german., roman. und slaw. Sprache, gemeinsam geprägt vom lat., zum geringeren Teil vom griech. Christentum und dem Erbe der griech.-röm. →Antike, die ihrerseits das ursprüngl. asiat. Christentum schon kulturell überformt hatte. So sind zu Beginn der →Neuzeit »Christenheit« und »E.« ident. Auf kultureller Grundlage entstand früh ein Einheitsbewußtsein, das sich aber polit. nie voll durchsetzen konnte. Vom 15. Jh. bis zum Zweiten Weltkrieg war dieses christl. E. in ständiger, wenn auch nicht kontinuierl. *Expansion* über die gesamte Erde begriffen. Während dieser Zeit haben sich nacheinander 85 % der Erdoberfläche mit ihrer Bevölkerung unter europ. Herrschaft befunden, Ausnahmen gab es nur in Asien (China, Japan, Korea, Thailand, Iran), doch gerieten auch diese Länder unter europ. Einfluß. Die Ursachen der langanhaltenden europ. Überlegenheit sind komplex und nicht auf eine Einzelursache rückführbar, etwa auf →Missionsgeist oder Kapitalismus. Folgende *Faktoren* haben eine Rolle gespielt: geringere Häufigkeit von Naturkatastrophen; günstigere Nahrungs- und Energiebilanz durch Verbindung von Ackerbau und Viehzucht; produktive Herausforderung durch ständigen geogr. wie polit. →Pluralismus sowie (im lat. Bereich) den Dualismus von →Kirche und Staat; Möglichkeit, Besitz anzuhäufen dank später Eheschließung; rechtl. geschütztes Privateigentum; →Marktwirtschaft; →Naturwissenschaft und →Technik; →Kapitalismus und →Industrie; Entstehung von modernen Nationalstaaten; der Missionsauftrag des Christentums mit seinen späteren säkularisierten Ausläufern. Vernetzungen zwischen den Faktoren und Rückkopplungen mit dem Expansionsprozeß gehören dazu. Sie bündeln sich zu vier zu beobachtenden *Expansionsmotiven:* Profitstreben, sozialer Ehrgeiz, Machtwille, Missionseifer. In ihrem Gefolge exportiert E. allerdings die Errungenschaften, die ihm Vorsprung gegeben hatten, und verliert damit diesen Vorsprung. Doch ist dadurch eine einheitl. Kommunikationsstruktur und Kultur der Welt zustande gekommen. Zumindest ist die materielle und polit. Kultur heute überall eindeutig europ. Ursprungs.

*B.* Anders das soziale und geistige Leben. Zwar ist Englisch die informelle Weltsprache geworden; Französisch, Portugiesisch, Russisch und Spanisch sind heute die Muttersprache halber Kontinente. Zwar ist offiziell Lateinamerika vollständig und Afrika 1984 zu 45,4 % christl., und allerorten gibt es →Marxisten oder wenigstens →Sozialisten. Es fehlt aber auch nicht an *kulturellen Reaktionen* bis hin zur Missionierung E.s durch →buddhist., →hinduist. und →islam. Gruppen. Die Christen ihrerseits stehen seit dem 16. Jh. vor der Frage, ob ihr →Glaube anders als durch kulturelle Übermacht zu verbreiten ist, ob er andernfalls überhaupt noch Christentum bleibt, ob nicht z.B. geistige Fundamentalstrukturen Ostasiens mit dem christl. Prinzip der →Freiheit und →Personalität von →Gott und →Mensch vereinbar sind. Wie seinerzeit die →Judenchristen müssen die Europäer heute zusehen, was andere aus der Frohbotschaft machen. Das ergibt sich u.a. aus der Reaktion auf die europ. Expansion, deren Errungenschaften von ihren Empfängern immer noch teuer bezahlt werden, ohne daß sich das europ. Christentum dem Verdacht auf Komplizenschaft entziehen kann.

*Lit.: C. Dawson:* Die Religion im Aufbau der abendländ. Kultur, Düsseldorf 1953. – *R. H. Foerster:* Europa. Geschichte einer polit. Idee, München 1967. – Handbuch der europ. Geschichte, 7 Bde., Stuttgart 1968-1987. – *E. L. Jones:* The European Miracle, Cambridge 1981. – *P. Meinhold:* Die Begegnung der Religionen und die Geistesgeschichte E.s, Wiesbaden 1981. – *W. Reinhard:* Geschichte der europ. Expansion, 4 Bde., Stuttgart 1983ff.

*Wolfgang Reinhard*

**Evangelien.** Unter den E. verstehen wir gewöhnl. nur die vier *kanon. E.* nach →Matthäus, →Markus, →Lukas und →Johannes. Aber auch unter den ntl. →*Apokryphen* finden sich E. wie das Nazaräer-, Hebräer-, Petrus-, Philippus- und Thomasevangelium, das sog. Protevangelium des Jakobus oder das erst im 8./9. Jh. entstandene Pseudo-Matthäusevangelium. Diese E. sind meistens nur fragmentar. erhalten. Sie stammen zum Teil aus gnost. Kreisen (→Gnosis), setzen die kanon. E. voraus (→Kanon) und enthalten, von einzelnen Stücken des Thomasevangeliums vielleicht abgesehen, keine selbständigen alten Überlieferungen. Vor dem Hintergrund dieser E. hebt sich der hist., literar. und theol. Wert der kanon. E. leuchtend ab. Sie sind wie das ganze NT griech. abgefaßt (→Sprache, NT).

*A.* Der Gebrauch des Wortes →Evangelium als *Buchbezeichnung* und im Sinn einer literar. Gattung ist wohl durch die Überschrift des →Markusevangeliums »Anfang des Evangeliums von Jesus Christus, dem Sohn Gottes« (Mk 1,1) angeregt und seit dem 2. Jh. bezeugt. Auch der Gebrauch der Überschriften »Evangelium *nach* Matthäus, *nach* Markus usw.« scheint im 2. Jh. aufgekommen zu sein. Diese Überschriften dienen einerseits zur Unterscheidung der E. und bringen andererseits zum Ausdruck, daß es sich zwar um vier verschiedene Darstellungen, aber immer um ein und dasselbe Evangelium handelt. Auch die Evangelistensymbole (meistens Mensch für Matthäus, Löwe für Markus, Stier für Lukas, Adler für Johannes) sind bereits im 2. Jh. bezeugt. In dieser Zeit gab es aber auch die ersten Versuche, das *»viergestaltige Evangelium«* dadurch zu vereinheitlichen, daß man die vier E. zusammenarbeitete und daraus eine einzige, fortlaufende Erzählung schuf (sog. E.harmonie). Die älteste E.harmonie, die auch apokryphes Material aufgenommen hat, Tatians Diatessaron (um 170), wurde zur Hauptquelle des dt. Heliand (um 830).

*B.* Die ältesten Zeugnisse über die *Verfasser* des →Matthäus- und des Markusevangeliums stammen von Papias von Hierapolis (um 130), über den Verfasser des →Lukasevangeliums und der →Apostelgeschichte sowie den Verfasser des →Johannesevangeliums von Irenäus von Lyon (um 180). Sie sehen in Matthäus und Johannes die →Apostel, in Markus den Dolmetscher des →Petrus und in Lukas den Begleiter des →Paulus. Diese Zeugnisse sind von unterschiedl. Wert und umstritten. Weitgehende Einigkeit besteht in der krit. Forschung jedoch darüber, daß kein Evangelium unmittelbar von einem Apostel verfaßt ist, auch wenn die verwendeten Überlieferungen alt und zuverlässig sind und insofern »apostol. Autorität« beanspruchen können. Um diese »apostol. Autorität« der E. geht es aber letztl. auch den altkirchl. Zeugnissen.

*C.* Unter den vier kanon. E. zeigt das *Johannesevangelium* in Sprache und Ausdrucksweise, bes. aber in der Redeweise Jesu, einen ganz eigentüml., von den übrigen drei verschiedenen Charakter. Diese drei wiederum erweisen sich als untereinander eng verwandt. Sie erzählen großenteils dieselben Geschichten, oft mit denselben Worten und in derselben Reihenfolge. Viele Worte und →Gleichnisse Jesu begegnen in allen drei E., teils in wörtl. Übereinstimmung, teils mit charakterist. Unterschieden. Dies wird durch eine sog. Synopse (»Zusammenschau«), in der die parallelen Texte in Spalten nebeneinandergestellt sind, bes. deutlich. Darum nennt man diese drei E. auch »*synopt. E.*«. Ihre Verwandtschaft muß durch eine gegenseitige literar. Abhängigkeit erklärt werden. Das älteste Evangelium ist das Markusevangelium. Dieses diente Matthäus und Lukas als Quelle und Grundlage ihrer E. Daneben benutzten Matthäus und Lukas aber eine weitere gemeinsame Quelle, wie Übereinstimmungen zwischen beiden im nichtmarkin. Stoff zeigen. Diese weitgehend rekonstruierbare Quelle wird in der →Bibelwissenschaft, da sie fast nur Worte Jesu (»Logien«) enthält, »Logienquelle« oder einfach »Q« genannt. Diese Erklärung der literar. Abhängigkeits- und Quellenverhältnisse unter den Synoptikern, die sog. »Zweiquellentheorie«, hat sich allg. durchgesetzt. Andere Theorien, die etwa das Matthäusevangelium als ältestes betrachten und das Markusevangelium als Auszug aus diesem und dem Lukasevangelium, werden nur von sehr wenigen Forschern vertreten.

*D.* Auch wenn die E. nicht in erster Linie Biographie, sondern *Glaubenszeugnis* sein wollen, verdanken wir fast ausschließl. ihnen, was wir über →Jesus Christus, sein Leben, Wirken und Sterben wissen. Sie wurden von den Schriften des NT am meisten *gelesen und kommentiert.* Sie haben das christl. Leben bis heute immer neu befruchtet und auch immer wieder zur Kritik an Strukturen herausgefordert, die dem Geist des Evangeliums widersprechen. In der →ma. Kunst spielen nicht nur die kanon. E. eine Rolle; viele ihrer Darstellungen und Motive sind den apokryphen E. entnommen. Das gilt noch mehr von den →Ikonen. Eine neuere Entwicklung seit dem 19. Jh. ist die Produktion und Verbreitung angebl. alter, von der Kirche unterdrückter E. und Schriften. Selbst in diesen abseitigen Trieben beweisen die E. noch ihre Lebenskraft.

*Lit.: M. Hengel:* Die E.überschriften (Sitzungsberichte der Heidelberger Akademie der Wissenschaften. Philos.-hist. Klasse 1984,3), Heidelberg 1984. – *F. G. Schierse:* Einleitung in das NT, Düsseldorf, 3. Aufl. 1984. – *W. Schneemelcher (Hg.):* Ntl. Apokryphen, I. Bd.: E., Tübingen 1987. – *A. Wikenhauser/J. Schmid:* Einleitung in das NT, Freiburg, 6. Aufl. 1973.

*Marius Reiser*

**Evangelikal.** Dieses kirchenpolit. Reizwort ist je nach Standort des Benutzers positiv oder negativ besetzt. Ursprüngl. als engl. Übersetzung des dt. »evangelisch« gebraucht (EKD = Evangelical Church of Germany; Evangelical Alliance = Ev. Allianz), ist es inzwischen aber als »evangelikal« eingedeutscht und bezeichnet eine mosaikartige und deshalb schwierig zu definierende Frömmigkeitsbewegung innerhalb der ev. Christenheit.

*A. Historische und theologische Bedeutung*

*I. Hist.* sind →Puritanismus, →Pietismus, die →Ev.-methodist. Kirche und die Große Erweckung in Nordamerika Vorläufer. Dazu kommen die *low church party* in der →anglik. Kirche, die →Freikirchen, die Heiligungs- und Gemeinschaftsbewegung und die Ev. Allianz. Es lassen sich von den Ursprüngen her mehrere evangelikale Typen unterscheiden, je nachdem ob sie mehr individuell (Seelenheil), pfingstl. (Sprachrede, →Pfingstbewegung), sozial (z.B. →Wirtschaft, →Frieden) oder eschatolog. (mit bes. Bibelinterpretation wie in der *Scofield Reference Bible*) ausgerichtet sind.

*II. Theol.* lassen sich folgende Kennzeichen anführen: 1. Die →*Bibel* ist normative Autorität, weil sie vom →Hl. Geist »inspiriert« ist (→Inspiration). Über die Art der Inspiration und Irrtumslosigkeit (oder »Unfehlbarkeit«) der Schrift gehen die Meinungen auseinander. 2. »Ewige Errettung« wird dem Menschen nur durch persönl. Glauben an →Jesus Christus zuteil. Daher wird auf →*Bekehrung*, Wiedergeburt und →Heiligung sowie auf →Evangelisation (auch Großevangelisation mit bes. Erweckungstechniken) und →Mission (Glaubensmissionswerke) das Schwergewicht gelegt. 3. Die *Wiederkunft* Christi wird wörtl. erwartet. 4. *Gemeinschaft* wird mit Gleichgerichteten gepflegt. Diese Positionen gehen mit *Abgrenzungen* einher: Gegen hist.-krit. Bibelforschung, gegen »Grundlagenkrise« der Mission, gegen »Säkularökumenismus«, gegen die Bedrohung der sittl. Ordnung, gegen Situationsethik, gegen Gemeinschaft mit Personen und Kirchen, die die evangelikalen Überzeugungen nicht teilen. Von daher rührt die krit. Distanz zum →Ökumen. Rat der Kirchen und trotz der Dialoge zur →röm.-kath. Kirche.

*III.* Aus den hist. und theol. Gesichtspunkten lassen sich drei *Verwendungsweisen* des Begriffs herleiten: 1. E. bezeichnet *Christen*, die obige theol. Merkmale akzeptieren, 2. E. bezeichnet *Bewegungen* und Kirchen, die (auf Grund best. Traditionen und Erfahrungen) eine gemeinsame Richtung oder Tendenz vertreten, aber nicht unbedingt organisator. untereinander verzahnt sind: Pfingst- und Friedenskirchen, Missouri-Lutheraner, Southern Baptist Convention, die Heiligungs- und Gemeinschaftsbewegung, charismat. Gruppen, ein best. Prozentsatz der Mitglieder in den großen Denominationen. 3. Innerhalb dieser Tendenz bezeichnet er Personen und Organisationen, die bewußt »evangelikal« sind und mittels komplizierter Infrastrukturen eine *transkonfessionelle* Koalition (d.h. eine Koalition über die Konfessionen hinweg) bilden.

*B. Die Arbeitsweise der Evangelikalen*

Die Akzente evangelikaler Arbeit sind sehr verschieden. In *Nordamerika* gibt es zahlreiche evangelikale Organisationen, die sich an einzelne Bevölkerungsgruppen wenden, etwa an Geschäftsleute, Psychologen, Naturwissenschaftler, Schüler, Studenten oder Athleten. Im allg. bewegt man sich im polit.-wirtschaftl. Rahmen. In Lateinamerika dagegen setzt man sich für sozialpolit. Veränderungen ein (z.B. R. Padilla). In *Asien und Afrika* sind Kirchen aus evangelikalen Missionen entstanden. Sie versuchen, gegenüber dem →Islam oder anderen vorherrschenden Religionen die universale Gültigkeit des Evangeliums zu verteidigen. In *Europa* will man Einfluß gewinnen durch parakirchl. Organisationen (sog. Parallelstrukturen) mit Programmen, Konferenzen, Gemeindetagen, Arbeitsgemeinschaften und Arbeitskreisen, publizist. Aktivitäten, Pressediensten und Medien (z.B. idea-Evangeliumsrundfunk Wetzlar, Verlagskooperationen wie ABCteam und TELOS), mit eigenen Schulen, Seminaren und Studienhäusern.

*C.* Weltweit sind die Evangelikalen seit 1951 in der *World Evangelical Fellowship* (WEF) *organisiert. Billy Graham* und seine *Evangelistic Association* haben mit der Durchführung des Ersten Weltevangelisationskongresses 1966 in Berlin und des Internationalen Kongresses für Weltevangelisation 1974 in Lausanne richtungweisend gewirkt. Das Lausanner Fortsetzungskomitee, die WEF und die Ev. Allianz sind Kristalisationspunkte der evangelikalen Bewegung.

*Lit.: W. A. Elwell (Hg.):* Evangelical Dictionary of Theology, Grand Rapids 1984. – *E. Geldbach:* Evangelikalismus, in: *R. Frieling (Hg.):* Die Kirchen und ihre Konservativen, Göttingen 1984, 53-83. – *E. Geldbach u.a. (Hg.):* Ev. Gemeindelexikon, Wuppertal 1978. – *R. F. Lovelace:* Theologie der Erweckung, Marburg 1984. – *G. Marsden:* Evangelicalism and Modern America, Grand Rapids 1984. – *J. R. Stott:* Einheit der Evangelikalen, Gießen 1975.

*Erich Geldbach*

**Evangelisation, Volksmission**

Unter E. (von griech. »euangelizomai«: die gute Nachricht verbreiten) werden alle Bemühungen zusammengefaßt, außerhalb der regelmäßigen kirchl. →Verkündigung in →Predigt und →Gottesdienst das Evangelium in Erfüllung des kirchl. →Öffentlichkeitsauftrags vor allem *unter Distanzierten und Entfremdeten* auf eine deren Verständnis angemessene elementare Weise zu verbreiten. E. ist also eine bes. Art der →Mission im bereits christianisierten Kontext und wird meist in nationaler Einschränkung auch »V.« genannt. Aus Einsicht in den begrenzten Wirkungsgrad der kirchl. konventionellen Verkündigungs*mittel* zielt sie darauf, diese durch Abbau vorhandener →Kommunikationsbarrieren zu *ergänzen* und zugleich die unter →volkskirchl. Verhältnissen bestehende Kluft zwischen nomineller →Kirchenmitgliedschaft und best. Vorstellungen von christgemeindl. Bewußtsein und Partizipation zu überbrücken, indem sie die Verkündigungs*inhalte* elementarisiert und veranschaulicht.

*A.* Im *kath. Bereich* entstand die V. im Zuge der nachtridentin. Reformen als eine auf die Erneuerung von Predigt, →Seelsorge und →Liturgie, von →Laienapostolat und allg. kirchl.-sittl. Lebenswandel zielende Pastoralbewegung, die bes. auf Fernstehende zugeschnitten war. Belebende Impulse erhielten E. und V. seit der *Mitte der 40er Jahre*, als vor allem in →Frankreich die Entdeckung der →Volksfrömmigkeit Anknüpfungspunkte bot zur das gesamte Volksmilieu – über Bourgeoisie, Mittelklasse und →Eliten hinaus – umgreifenden Stärkung des kath. Gemeinschaftslebens nach familiärem Vorbild. Durch →Basisgemeinden, →Arbeiterpriester und Intensivierung des Pfarreiwie →Wallfahrtslebens sollten speziell jene »Festtagschristen« und »Gelegenheitskatholiken« mehr ins Kirchenleben eingebunden werden, deren weitverbreitete rel. Minimalpraxis bereits die Frage provozierte, ob Frankreich als kath. Stammland zum Missionsgebiet geworden sei. Das Konzilsdekret »Ad gentes« (2. →Vat. Konzil) nahm den Gedanken, Mission nicht nur für →»Heiden«, sondern als E. auch für christl. Glaubensbedürftige, nichtpraktizierende oder kirchenentfremdete Katholiken (Reevangelisierung) zu betreiben, ebenso auf wie die 2. Röm. Bischofssynode von 1974. *Paul VI.* bekräftigte in seinem Lehrschreiben »Evangelii nuntiandi« (Über die E. in der Welt von heute, 8.12.1975), daß →Kirche bes. in ihrer Laiengestalt zugleich Subjekt wie Adressat von E. und V. sei, durch die das Evangelium vor allem auch in seiner humanisierenden Praxis an allen Weltorten heim. werden sollte. Dieser Universalanspruch hat nicht zuletzt durch die pastoralen Weltreisen von *Johannes Paul II.* und ihre umfangreiche Medienpräsenz einen augenfälligen Ausdruck gefunden.

*B.* Die ebenso weltumspannend auf Verbreitung wie auf die Intensivierung glaubensmäßiger Lebensgestalten dringende Dimension der E. findet im *ev. Bereich* bes. seit Ende des Zweiten Weltkriegs in der →*ökumen. Bewegung* ihre Entsprechung. Nicht nur besaß der →Ökumen. Rat der Kirchen eigens eine Abteilung für »Weltmission und E.« (heute für »Fragen der Verkündigung«); überdies haben sich auch die ökumen. Volksversammlungen (Evanston 1953, Neu Delhi 1961, Uppsala 1968, Nairobi 1975) und die Weltmissionskonferenzen (Bangkok 1972) wiederholt mit Problemen der E. sehr ausführl. befaßt. Aus diesem Zusammenhang ist eine Reihe von Studien hervorgegangen (Eine theol. Besinnung über die E., 1959; Mission als Strukturprinzip, 1965; Erneuerung in der Mission, Sektion II in Uppsala 1968; Die Kirche für andere und Die Kirche für die Welt im Ringen um Strukturen missionar. Gemeinden, 1967), die vor allem zwei Gesichtspunkte akzentuieren: Zum einen wird mit der Maxime »Mission ist nicht eine Funktion der Kirche, sondern *Kirche ist eine Funktion der Mission* Gottes« dem Mißverständnis vorgebeugt, es könne sich bei den Anstrengungen um E. um eine »schlecht getarnte Rückgewinnung kirchl. Einflusses« in der Welt handeln (J. C. Hoekendijk). E. wird vielmehr als ein wesentl. Teil jener permanenten Selbstreformierung der Kirche angesehen, die sie zu sein befähigt, was sie andererseits sein soll: nicht Selbstzweck, sondern Dienstgemeinschaft für die Welt, die mit der Botschaft vom Kommen Jesu zugleich den Anbruch der endzeitl. Gottesherrschaft proklamiert, die den Armen, Kranken und Unterdrückten →Erlösung und Befreiung verheißt. E. zielt hier nicht auf weltenthobene kirchl.-fromme Selbsterbauung, sondern über das individuelle →Heil hinaus auf die Bekanntgabe des »Schalom« Gottes (→Frieden) als Lebensbereich des ganzen, geistl., leibl. und sozialen Menschen in seiner Umwelt (→kontextuelle Theologie).

*C.* Mit dieser Akzentuierung steht die ökumen. E.skonzeption in Spannung zu →*evangelikalen Vorstellungen*, die sich u.a. auf den Weltevangelisationskongressen (Lausanne 1974, Pattaya 1980) kundgetan haben. Im Mittelpunkt stehen hier individuell-persönl. glaubensweckende (→Bekehrung) und -bestärkende (→Erbauung) Methoden und Strategien der Evangeliumsverkündigung, deren Resultate in eindeutigen Bekenntnis- und entschiedenen Glaubensgemeinschaften (→Nachfolge) ihren Lebensausdruck finden sollen. Dem Universalitäts- und *Öffentlichkeitsanspruch* der E. sucht man hier dadurch Rechnung zu tragen, daß einerseits auf Massenveranstaltungen unter problemat. Rückgriff auf nahezu alle werbetechn., propagandamäßigen und massenmedialen Möglichkeiten der Kommunikation bes. Wert gelegt wird. Andererseits wird den durch E. Gewonnenen die Funktion einer Art Keimzelle zugedacht. Je nach eigener Kraft verpflichten sie sich ihrerseits wieder dem E.sdienst und zum Beitrag am Wachstum gleichgesinnter →Gemeinden. So knüpfen evangelikale Konzeptionen teils an Überlieferungen der Große.en und Bekehrungsfeldzüge an, wie sie im 19. Jh. vor allem engl. →Methodisten (→Großbritannien) angesichts der durch Industrialisierung, Verelendung und soziale Spannungen auffällig gewordenen Entkirchlichungstendenz entwickelt haben, teils an dt. Traditionen der →Inneren Mission, der →Erweckungsbewegung und der volksmissionar. Gemeindeaufbauprogramme (E. Sulze, Th. Christlieb, G. Hilbert), die durch eine Vielzahl bes. Arbeitsformen (Zelt-, Pilger-, Stadtmission) außerhalb des kirchl. Gemeindelebens (freil. zu dessen Belebung und Bereicherung) der zunehmenden Kirchendistanz und kirchl. Heimatlosigkeit bes. in Massenstädten, industriellen Ballungsgebieten und sozialen Brennpunkten entgegenzuwirken suchten. Solche Bemühungen verstanden sich meist – wie auch heute evangelikale E.skonzeptionen – als Ergänzung und Überbietung der geistl. →Volkskirchensubstanz: »Die Volkskirche ist für die Freiwilligkeitskirche der Boden, auf dem sie ruht und den sie zu bearbeiten hat; die Freiwilligkeitskirche dagegen ist das Ziel, das der Volkskirche gesetzt ist« (G. Hilbert). Die z.T. gleichen Überlieferungskontexte haben nach 1945 auch bei der Gründung landeskirchl. Ämter für V. Pate gestanden.

*Lit.: L. Bertsch/F. Schlösser (Hg.):* E. in der Dritten Welt. Anstöße für Europa, Freiburg 1981. – *M. Herbst:* Missionar. Gemeindeaufbau in der Volkskirche, Stuttgart 1987. – *J. Ch. Hoekendijk:* Die Zukunft der Kirche und die Kirche der Zukunft, Stuttgart 1964, 85-108. – *H.-J. Margull:* Theologie der missionar. Verkündigung. E. als ökumen. Problem, Stuttgart 1959. – *P. Scharpff:* Geschichte der E. Dreihundert Jahre E. in Deutschland, Großbritannien und USA, Gießen, 2. Aufl. 1980.

*Volker Drehsen*

**Evangelisch.** Der Begriff ev. benennt gegenwärtig vor allem eine best. Gesinnung oder eine konfessionelle Ausrichtung von Kirchen und kirchl. Einrichtungen. Je nach Absicht wird er dabei sachbezogen übergreifend oder konfessionell eingrenzend verwendet. Das war nicht immer so.

*A.* Als *Namensbezeichnung von Kirchen* näml. begegnet ev. erst relativ spät. Wegen seiner Beschlagnahme durch Bauern im Bauernkrieg (1525) und durch Täufer kommt ev. als Etikett in Mißkredit. Es erfuhr auch wegen seines Ausschließlichkeitsanspruchs für nur eine Glaubenspartei von der röm.-kath. Seite heftige Kritik, so daß sich »lutherisch«, »der Augsburger Konfession angehörig« und vor allem »protestantisch« (nach der Speyrer Protestation 1529) durchsetzt. Ev. taucht dann immer dort auf, wo innerhalb des Protestantismus konfessionelle Grenzen überwunden werden sollen. Schon Bucer schlug 1530 ev. für die Gemeinschaft der Lutheraner und der Reformierten vor, aber ebenso erfolglos wie zum Westfälischen Frieden (1648) der Große Kurfürst.
Der Versuch, mit dem Begriff ev. auf eine gemeinsame Sache zu lenken, gelang erstmals reichsrechtl. 1653, als man den neuen polit. Zusammenschluß der prot. Kurfürsten, Fürsten und Stände »Corpus Evangelicorum« nannte. Infolge der →Aufklärung (die mit dem Toleranzgedanken zur Abschwächung der konfessionellen Gegensätze beitrug) wie der aufkommenden Einigungsbestrebungen schlug König Friedrich Wilhelm III. für die *Unionsbildung* aus Lutheranern (→Luthertum) und →Reformierten in Preußen (zum Reformationsjubiläum 1817) die Bezeichnung »Ev.-Christl. Kirche« vor. 1821 ersetzte die Preuß. Regierung die Bezeichnung »Protestanten« durch »Evangelische«. Hier und bei den weiteren Unionsbildungen meint der Begriff folglich: *nicht konfessionell gebunden.* Als gemeinsamer Bezugspunkt findet er sich in dem Namen prot. Kirchen (einschließl. der Freikirchen) und ihrer Institutionen, Werke, Vereine und Verbände und wird meist durch ein Beiwort konfessionell näher spezifiziert (z.B. Ev.-Luth., Ev.-Reformierte Kirche, Ev. Kirche Augsburg. und Helvet.

Bekenntnisses; im engl. Sprachraum z.B. Evangelical Baptist, Ev. Methodist, Ev. United Brethren Church). Etwa ein Drittel der über eine *Milliarde Christen* gehören zu solchen ev. Kirchen.

*B.* Ev. leitet sich ab von dem griech. Wort *euangelion* (mittellat. *evangelium*), der *»Frohen Botschaft«* von Jesus Christus (→Evangelium), will also auf diesen Bezugspunkt verweisen. Ev. zu leben bedeutet dann, in der Nachfolge Jesu Christi zu leben. In bes. Weise unterstellen sich die Ordensleute dem Nachfolgeruf, indem sie seine Zusammenfassung in den sog. drei →»ev. Räten« (Armut, Jungfräulichkeit, Gehorsam) zur alleinigen Grundlage ihrer Lebensgestaltung machen. Zur weiteren inhaltl. Beschreibung von ev. lassen sich die vier »sola« (allein) – Aussagen aus der reformator. Tradition nennen: allein aus Gnade, allein Christus, allein im Glauben, allein die Hl. Schrift. Von daher ergeben sich die typ. Merkmale (bisweilen Überspitzungen) dieser Tradition: Betonung des Wortes (Rationalität), des eigenen Gewissens (Individualismus), der Freiheit eines Christenmenschen (Liberalismus), der Relativität und Vielfalt organisator. Strukturen (Partikularismus), Entklerikalisierung der Welt (Säkularismus). Die oft polem. Verwendung von ev. als Gegenbegriff zu kath. tritt heute zurück. Dabei ist zu beachten, daß »ev.« nicht wie »kath.« zu den vier Merkmalen der →Kirche gehört. Von der Sache her werden beide Bezeichnungen in zunehmendem Maße von allen Kirchen beansprucht. Im interkonfessionellen Rahmen ist ev. aber die Bezeichnung für alle prot. Christen, Vereine, Kirchen und deren Einrichtungen geblieben, während »ökumenisch« sich auf alle Kirchen bezieht. Ev. ist im dt. Sprachraum zudem vom jüngeren Begriff →»evangelikal« zu unterscheiden. Ein neu sich anbahnender und konfessionell nicht mehr vereinnehmender Gebrauch des Begriffs kann am besten mit »evangeliumsgemäß« wiedergegeben werden.

*Lit.: G. Beetz (Hg.):* Evangelisch sein (Im Lichte der Reformation, Jahrbuch des Ev. Bundes 24), Göttingen 1981. – *E. Kinder:* Was ist eigentlich ev., Stuttgart 1961.

*Andreas Karrer*

**Evangelisch-methodistische Kirche (EmK)**

*A.* Der *Methodismus* ist eine Frömmigkeitsbewegung des 18. Jh.s, der seine Akzente unter anderen gesellschaftl. und kirchl. Umständen als der →Pietismus empfing. Ausgelöst wurde die Bewegung durch den anglik. Pfarrer *John Wesley* (1703-1791) in England, der aus den Schriften M. →Luthers und durch die Begegnung mit dt. Herrnhutern die reformator. Botschaft neu hörte. Ein Teil dieser angelsächs. Erweckungsbewegung mündete 1784 in eine selbständige Kirchenbildung, als sich die Trennung Amerikas von England auch im Bereich der Kirchen auswirkte. Nach Wesleys Tod war auch in England die Trennung unvermeidlich (1795).

*B.* Grundanliegen der EmK ist die Mission in der Einheit von *Evangelisation und →Diakonie.* Sie führte nicht nur zu einem »nachreformator. Kirchenaufbau unter der ausschließl. Herrschaft der geistl. Prinzipien von Verkündigung und Seelsorge« (M. Schmidt), sondern auch zu einem erneuerten →Missionsverständnis. Man begriff sie als eine Aufgabe an bereits Getauften, näml. als eine geistl. Erneuerung, die zu einem bewußten christl. Leben führt (→»Heiligung«). Außerdem nahm man Traditionen der →Reformation und der →Alten Kirche auf (z.B. das »konziliare Prinzip« [→Konzil] in den »Konferenzen«). Die diakon. Verantwortung wurde auch im gesellschaftl. Umfeld (→Sklaverei, Gefängnisreform u.a.) aus den Kräften des neuen Lebens verwirklicht.

*C.* Die methodist. Kirchen bilden mit ihren fast 52 Mill. Mitgliedern und Angehörigen in etwa 70 Ländern eine der großen ev. Kirchenfamilien. In der Bundesrepublik gibt es 460, in der DDR 298, in der Schweiz und in Österreich 190 Gemeinden. Sie waren von Anfang an *ökumenisch* offen, was zu immer neuen Unionen zwischen Kirchen methodist. Tradition, aber auch mit anderen Kirchen (in Belgien, Italien und andernorts) führte. Im →Ökumen. Rat der Kirchen haben die Methodisten immer eine aktive Rolle gespielt; sie stellten jeweils einen der Präsidenten und zuletzt nacheinander die beiden Generalsekretäre (Philipp Potter, 1972-1984; Emilio Castro).

*D.* In *Deutschland* sind methodist. Kirchen seit der Mitte des 19. Jh.s aktiv. Rückwanderer, die methodist. Kirchen (u.a. der von Jacob Albrecht begründeten Ev. Gemeinschaft) begegnet waren, brachten diese Kirchen nach hier. Die Staatskirchen hatten damals kein Verständnis für eine »Mission« der Methodisten in diesem Land. Es gab viele zwischenkirchl. Probleme. Die Weimarer Republik gestand auch den Methodisten kirchl. Rechte zu. Neben den schon tätigen Diakonissen-Krankenhäusern konnten nun auch andere diakon. Arbeiten in Angriff genommen werden, die seitdem stets eine Ausweitung erfuhren. Während des »Dritten Reiches« ging es mehr um das Überleben einer Minderheitenkirche als um eine Auseinandersetzung mit dem Staat. Nach dem Krieg halfen die Methodisten über ihre weltweite Struktur der ev. Christenheit zu neuen Auslandskontakten. Sie wirkten im Hilfswerk der Ev. Kirchen und in der Bildung der Arbeitsgemeinschaft christl. Kirchen mit. Seit der Vereinigung der Ev. Gemeinschaft und der Methodistenkirche 1968 trägt die Kirche im deutschsprachigen Europa (Bundesrepublik Deutschland, DDR, Schweiz, Österreich) den Namen »Evangelisch-methodistische Kirche« (weltweit: United Methodist Church). Gegenwärtig entdeckt die EmK ihr Erbe neu, um es im ökumen. Gespräch fruchtbar zu machen. Bischöfe in Mitteleuropa sind z.Z. Dr. Rüdiger Minor (Dresden), Franz Schäfer DD (Zürich) und Hermann Sticher (Frankfurt/M.).

*Lit.: M. Schmidt:* John Wesley, I. und II., Zürich/Frankfurt/M. 1953/1966. – *K. Steckel/C. E. Sommer (Hg.):* Geschichte der Ev.-methodist. Kirche, Stuttgart 1982 (Lit.). – *K. H. Voigt:* Warum kamen die Methodisten nach Deutschland?, Stuttgart, 4. Aufl. 1984.

*Karl Heinz Voigt*

**Evangelisch-sozial.** Der Begriff wird vor allem mit dem Ev.-soz. Kongreß in Verbindung gebracht, den *A. Stoecker* 1890 mit A. Wagner und L. Weber nach dem Auslaufen des Sozialistengesetzes und den sozialpolit. (Februar- )Erlassen Wilhelms II. gegründet hat. In diesem jährl. tagenden Kongreß diskutierten die führenden Vertreter der theol. und nationalökonom. Wissenschaft die sozialen Probleme der Zeit. Schon bald kam es zu Spannungen zwischen »Alten« und »Jungen« und 1896 zur *Spaltung.* Der Gründer Stoecker, dessen polit. Karriere durch Intrigen in der Konservativen Partei und durch ein Telegramm des Kaisers (»Christl.-sozial ist Unsinn«) beendet wurde, schied aus und gründete darauf die Freie kirchl.-soziale Konferenz. Die *»Jungen«* – das war der Kreis um F. Naumann und die Vertreter der Schule A. →Ritschls (A. von →Harnack, W. Herrmann u.a.) – gaben, bestimmt durch die individualist. Engführung der Ritschlschen Berufsethik und beeinflußt von der strikten Trennung von Kirche und Recht bei R. Sohm, der →Eigengesetzlichkeit des sozialen Lebens mehr Raum. Maßgebl. waren dafür die Eindrücke Naumanns von einer Palästinareise, die ihn von der Vorstellung Jesu als eines sozialen Revolutionärs Abstand nehmen und bei den Kräften einer modernen industriestarken Nation Zuflucht suchen ließen (»Demokratie und Kaisertum«). Mit einer eigenen Partei, dem National-sozialen Verein, scheiterte er – sie wurde ein Anhängsel der Fortschrittspartei –, aber die Öffnung des →Liberalismus für soziale Ideen läßt sich auf ihn zurückführen. Der Kongreß und die von ihm herausgegebene *Zeitschrift* »Evangelisch-sozial« (seit 1904) wurden vor allem unter seinem zweiten Vorsitzenden A. von Harnack (1902-1912) zu einem angesehenen Diskussionsforum für soziale Fragen im liberalen →Protestantismus. Sozialpolit. eignete er sich die Forderungen des Staatssozialismus A. Wagners an, ohne dessen konservatives Staatsverständnis zu übernehmen. In der Weimarer Zeit öffnete sich der Kongreß der →dialekt. Theologie und rel.-sozialen Gedanken. 1933 war die letzte Tagung; 1941 stellte die Zeitschrift ihr Erscheinen ein. Wiederbelebungsversuche nach dem Kriege durch den letzten Generalsekretär J. Herz blieben erfolglos.

*Lit.: E. I. Kouri:* Der dt. Protestantismus und die soziale Frage 1870-1919, Berlin/New York 1984. – *M. Schick:* Kulturprotestantismus und soziale Frage, Tübingen 1970.

*Manfred Schick*

WBC

**Evangelische Kirche der Union (EKU)**

*A.* Die EKU (so ab 1.4.1954, früher: Ev. Kirche der altpreuß. Union, Abk. APU) ist eine auf den preuß. König Friedrich Wilhelm III. zurückgehende *institutionelle Vereinigung der reformator. Konfessionen* (→Reformation; →Luthertum; →Calvinismus) auf dem Gebiet Preußens (vor 1866). Durch sie sollte »die reform. Kirche nicht zur luth. und diese nicht zu jener übergeh(en), sondern beide Eine neue belebte, ev.-christl. Kirche im Geist ihres Heiligen Stifters werden« (so die königl. Kabinettsorder vom 27.9.1817). Besiegelt wurde diese Unionsabsicht auf Betreiben F. D. E. →Schleiermachers durch eine gemeinsame Abendmahlsfeier reform. und luth. Pfarrer und Gemeindemitglieder zum Reformationsjubiläum 1817 in Potsdam und Berlin. Zur angestrebten *Konsensunion* ist es aber in Preußen, anders als z.B. in Baden (1821), nicht gekommen. Es blieb auf Grund innerer Widerstände bei einer konföderativen *Verwaltungsunion* (vgl. Kabinettsorder vom 28.2.1834). Von Anfang an bestand und besteht indessen ein Gefälle von den mehr luth. geprägten Ostprovinzen Preußens zu den Westprovinzen, in denen mehr Bereitschaft zu fakt. und tendenzieller Konsensunion bestand.

*B.* Vor 1933 bildete die APU mit über 16 Mill. Mitgliedern die weitaus größte ev. →*Landeskirche* in Deutschland. Im →Kirchenkampf nach 1933 wurde sie, begünstigt durch ihre zentralist. Leitungsstruktur (Generalsynode, Kirchensenat und dem Ev. Oberkirchenrat in Berlin an der Spitze), von den Deutschen Christen gleichsam im Handstreich usurpiert. Doch zugleich entstand in ihrer Mitte ein an der Barmer Theol. Erklärung (1934) orientierter kirchl. *Widerstand,* der sich in Bekenntnisgemeinden und -synoden und in der Leitung durch »Bruderräte« einen wegweisenden Ausdruck verschaffte.
Auf dem Grunde dieser Tradition kam es zur Neugründung der APU/EKU nach 1945. Bedingt durch die *polit. Teilung* →Deutschlands, hat sich die EKU 1972 in zwei Bereiche (Bereich Bundesrepublik Deutschland und Berlin-West sowie Bereich DDR) mit je eigenen Organen (Synoden, Räte, Kirchenkanzleien) gegliedert. Die Bereiche sind jedoch kirchengesetzl. zu ständiger Konsultation und gegenseitiger Abstimmung verpflichtet. Im westl. Bereich gehören gegenwärtig zur EKU die Ev. Kirchen in Berlin-Brandenburg (Berlin-West), im Rheinland und von Westfalen; im Bereich der DDR die Ev. Kirchen Anhalts (seit 1960), in Berlin- Brandenburg, des Görlitzer Kirchengebietes, Greifswald, der Kirchenprovinz Sachsen (Magdeburg). Der westl. Bereich der EKU ist Gliedkirche der →Ev. Kirche in Deutschland (EKD).

*C.* Der *Verfassungsauftrag* der EKU lautet nach Art. 4 und 6: »Die EKU und ihre Gliedkirchen fördern ihre Gemeinschaft« sowie »die Einheitlichkeit der Ordnungen und Dienste der Gliedkirchen«. Das geschieht nicht nur durch ein (dem westl. Bereich) gemeinsames Dienstrecht für Pfarrer, Diakone, Kirchenmusiker und andere kirchl. Mitarbeiter sowie durch einheitl. Ordnungen für die Gottesdienste (Agende I und II der EKU), sondern auch durch eine gut koordinierte theol. und ökumen. Arbeit. Bedeutsam für das theol. Selbstverständnis der EKU und ihrer Gliedkirchen wurden außer den Interpretationen der 2., 3. und 5. These der Barmer Theol. Erklärung (1974/1980/1985) durch den Theol. Ausschuß die Voten »Zum Verständnis des Todes Jesu« (1968), »Zu Karl Barths Lehre von der Taufe« (1971), zu »Gemeinde/Amt/Ordination« (1970). Auf konfessionellem und ökumen. Gebiet fördert die EKU die Durchführung von Lehrgesprächen (Arnoldshainer Abendmahlsthesen, Leuenberger Konkordie und Folgegespräche, im Bereich DDR: z.B. Kirchengemeinschaft und polit. Ethik, 1980). Sie verwirklicht weltweite Kirchengemeinschaft (z.B. mit der United Church of Christ in den USA) und beteiligt sich an Kirchenunionsverhandlungen. Sie setzt sich für die Kirchwerdung der EKD ein. Zu diesem Zweck entstand durch eine Initiative der EKU die →Arnoldshainer Konferenz.

*Lit.: W. Elliger u.a.:* Die Ev. Kirche der Union, Witten 1967. – *E. Foerster:* Die Entstehung der Preuß. Landeskirche..., 2 Bde., Tübingen 1905/1907. – *J. W. Grant (Hg.):* Die unierten Kirchen, Stuttgart 1973, 29ff. – *W. Niesel:* Kirche unter dem Wort. Der Kampf der Bekennenden Kirche der altpreuß. Union 1933-1945, Göttingen 1978. – *F. Schlingensiepen:* Union und Ökumene. 150 Jahre EKU, Berlin 1968. – *K. Wappler:* Der theol. Ort der preuß. Unionsurkunde, Berlin (Ost) 1978.

*Wilhelm Hüffmeier*

**Evangelische Kirche in Deutschland (EKD).** Die EKD ist der Zusammenschluß der 17 weithin selbständigen luth., reform. und unierten →Landeskirchen in der Bundesrepublik Deutschland und Berlin/West. Als achtzehnte Gliedkirche gehört die →Ev. Kirche der Union (EKU) dazu. Angeschlossen sind die Europäisch-Festländische Brüder-Unität und der Bund ev.-reform. Kirchen Deutschlands. Von der Gesamtbevölkerung waren Ende 1984 25,3 Mill. oder 41,5% evangelisch. Es gibt mehr als 10.600 rechtl. selbständige Kirchengemeinden, rund 16.500 Pfarrstellen und 16.300 Pfarrer (9% sind Pfarrerinnen). In Kirche und →Diakonie sind insgesamt rund 250.000 Mitarbeiter tätig.

*A.* Die von der Kirchenversammlung am 13.7.1948 in Eisenach verabschiedete und bis heute nur wenig modifizierte *Grundordnung* kennzeichnet die EKD als *eine* Kirche, weist jedoch ihre Organisation als föderiert strukturiert aus. Diese innere Spannung charakterisiert die EKD auch nach der 1969 erfolgten Konstituierung des Bundes der Ev. Kirchen in der DDR und der 1976 gescheiterten Strukturreform. Allerdings ist auf der Basis der Leuenberger Konkordie von 1973 eine theol. *qualifiziertere Kirchengemeinschaft* entstanden bzw. im Werden. Die bestehende Gemeinschaft der ev. Christenheit hat in jüngster Zeit in der verbindl. Revision des →NT nach der Übersetzung M. →Luthers von 1984, der Erklärung der Abendmahlsgemeinschaft mit den →Altkatholiken 1985 und den Lehrgesprächen mit der →röm.-kath. Kirche über die Verwerfungen im 16. Jh. ihren Ausdruck gefunden. Die »bes. Gemeinschaft« mit dem Bund der Ev. Kirchen in der DDR wird durch ständige Kontakte gepflegt. Zum 40. Jahrestag des Kriegsendes 1985 wurde ein gemeinsames Wort zum Frieden verfaßt.

*B.* Zu den *Aufgaben* der EKD gehört nicht nur die Gemeinschaft nach innen, sondern auch die Förderung des einheitl. Handelns auf allen Gebieten des *öffentl. Lebens.* Die Beteiligung am Zeitgespräch der Gesellschaft geschieht vor allem durch Kundgebungen und →Denkschriften. Aus jüngster Zeit z.B.: »Verantwortung wahrnehmen für die Schöpfung« (gemeinsam mit der Dt. Bischofskonferenz) und »Ev. Kirche und freiheitl. Demokratie«. Die EKD arbeitet intensiv in der Ökumene mit (→Ökumen. Rat der Kirchen, Konferenz Europ. Kirchen, Gespräche mit Orthodoxen und Partnerschaften in Südafrika und Lateinamerika). Präsident Dr. Heinz-Joachim Held ist derzeit Moderator des Zentralausschusses des ÖRK. Rund 160 Pfarrer sind in deutschsprachigen Gemeinden in aller Welt tätig.

*C.* Die kirchenleitenden *Gremien* sind Synode, Kirchenkonferenz und Rat. Die *Synode* hat 120 Mitglieder und wird für 6 Jahre gebildet. Präses ist seit Mai 1985 Dr. Jürgen Schmude. Die *Kirchenkonferenz* ist ein Beratungsgremium der Leitungen der Gliedkirchen in allen gemeinsam berührenden Aufgaben. Der 15 Mitglieder umfassende *Rat,* der monatl. tagt, soll für die Zusammenarbeit sorgen und den ev. Standpunkt auch in der öffentl. Diskussion zur Geltung bringen. Vorsitzender ist seit November 1985 Bischof Dr. Martin Kruse, Berlin. Die Verwaltungsarbeit geschieht im Kirchenamt der EKD mit Sitz in Hannover. Es gibt drei Hauptabteilungen: »Recht und Verwaltung« (Präsident Walter Hammer), »Theologie und öffentl. Verantwortung« (Präsident Dr. Hartmut Löwe), »Ökumene und Auslandsarbeit« (Präsident Dr. Heinz-Joachim Held). Der Bevollmächtigte des Rates in Bonn ist seit 1977 Prälat Heinz-Georg Binder, seit 1985 auch Militärbischof. Für best. Aufgaben beruft der Rat Beauftragte und Sachverständige in Kammern und Kommissionen. Der EKD-Haushalt (1986 rund 360 Mill. DM) wird durch ein Umlageverfahren finanziert und von der Synode beraten und beschlossen. Die *Werke der EKD* sind: das Diakonische Werk (Stuttgart), das Ev. Missionswerk (Hamburg) und das Gemeinschaftswerk der Ev. Publizistik (Frankfurt).

*Lit.:* Adressenwerk der ev. Kirchen 1981, Frankfurt/M. 1981. – Amtsblatt der EKD (seit 1947). – *H. Brunotte:* Die Ev. Kirche in Deutschland. Geschichte, Organisation und Gestalt der EKD, Berlin 1964. – *D. Dahrmann (Hg.):* Das Recht der EKD, Hannover, 4. Aufl. 1978. – Die Denkschriften der EKD, I/1-III (Gütersloher Tb./Siebenstern 413-416), Gütersloh 1982ff. – *S. Grundmann/E. Wilkens:* EKD, in: Ev. Staatslexikon, Stuttgart, 2. Aufl. 1975. – *W.-D. Hauschild:* EKD, in: Theol. Realenzyklopädie 10, 656-677. – *J. Hanselmann/H. Hild/E. Lohse (Hg.):* Was wird aus der Kirche, Gütersloh 1984. – *H.-W. Heßler (Hg.):* Protestanten und ihre Kirche, München/Wien 1976. – *H. Hild (Hg.):* Wie stabil ist die Kirche?, Gelnhausen/Berlin 1974. – *F. Merzyn (Hg.):* Kundgebungen, Worte und Erklärungen der EKD 1945-1959, Verlag des Amtsblattes der EKD, Hannover o.J. – Protokolle der Synoden der EKD (seit 1948), hg. vom Kirchenamt der EKD, Hannover.

*Rolf Koppe*

## Evangelische Räte

*A.* E.R. bezeichnen in der kath. Kirche Evangeliumsworte, die gemäß traditioneller Interpretation dem Christen nicht als Pflicht auferlegt, aber als »Räte« anempfohlen sind, falls er sich zu ihrer Erfüllung berufen weiß: →*Armut* (z.B. Mk 10,17-22, bes. 21: »Geh hin, verkaufe alles, was du hast, und gib es den Armen«), *Keuschheit* (z.B. Mt 19,22: »...es gibt Eunuchen, die sich selbst verschnitten haben um des Himmelreiches willen«; Mt 10.29: Wer seine Familie um des Himmelreiches willen verlasse, erhalte hundertfachen Lohn) und →*Gehorsam* (Lk 14,11: »Wer sich selbst erhöht, wird erniedrigt werden, und wer sich erniedrigt, wird erhöht werden«). Diese drei Formen des auf Besitz, menschl. Beziehungen und Selbstverfügung verzichtenden Lebensstils sind bisweilen als Zwei-Stufen-Moral und heilsegoist. interpretiert worden. In der asket. Tradition wurde jedoch immer darauf hingewiesen, daß die e.nR. im Zusammenhang des Aufrufs zur →Nachfolge Christi stehen. Der Gedanke der e.nR. hängt eng mit den drei gleichnamigen, im christl. Mönchtum zentralen *Ordensgelübden* zusammen. Der Rat der Keuschheit wird als innere Haltung in der Regel vom Zölibat als im Prinzip rein rechtl. – wiewohl ebenfalls eine innere Bejahung erfordernde – Verpflichtung zur Ehelosigkeit unterschieden.

*B.* Die e.nR. stellen kein spezif. christl. Erbe dar, sondern sind auch in den →Mönchstraditionen anderer Religionen anzutreffen. In der christl. Tradition haben sie als Verwirklichung der *Nachfolge* Christi zumal in der Neuzeit auch verinnerlichende, auf Laienfrömmigkeit bezogene Interpretationen erfahren. In anthropolog. Systematisierung werden sie dann als drei fundamentale Dimensionen menschl. Verwirklichung in der Dialektik von →Verzicht und Erfüllung angesprochen. Die Kirchen der →Reformation haben die e.nR. auf Grund der Erfahrungen des 16. Jh.s als Zeichen des Asketismus und der Werkgerechtigkeit abgelehnt.

*C.* Nach einer allg. Krise des Ordensleben hat in den vergangenen Jahren eine Aufwertung der e.nR. begonnen. Sie werden jetzt nicht mehr vorrangig als Zeichen grundsätzl. →Weltdistanz interpretiert (»...weil die Gestalt der Welt vergeht«, 1 Kor 7,30-33), sondern als Zeichen und Akt der *Solidarität* (Mk 10,21: »... und gib es«) mit den Armen, Einsamen, Unterdrückten sowie als kompromißlose Kritik an kapitalist., sexist. und imperialist. bedingten Strukturen der Welt. In der Erkenntnis, daß in den Armen das Mysterium Gottes gegenwärtig sei (Y. Congar), könne der Beginn einer grundlegenden Erneuerung der Kirche gesehen werden.

*Lit.:* *A. Böckmann:* Prüfstein Armut. Die Herausforderung des Ordenslebens heute, Freiburg 1982. – *K. S. Frank (Hg.):* Askese und Mönchtum in der Alten Kirche, Darmstadt 1975. – *J. B. Metz:* Zeit der Orden. Zur Mystik und Politik der Nachfolge, Freiburg 1977.

*Hermann Häring*

## Evangelium

*A.* Unser dt. Wort E. folgt der latinisierten Form des griech. Wortes »*euangelion*« (Frohe Botschaft). Im übl. Sprachgebrauch wird es zum einen für die christl. Botschaft selbst (etwa im Gegensatz von »Gesetz und E.«), dann aber auch für die →Evangelien als Schriften verwendet. Letztere Bedeutung kam freil. erst im 2. Jh. auf; denn zunächst bezeichnete E. nicht eine Schrift, sondern die Heils*botschaft* von →Jesus Christus. Ein Doppeltes war dafür maßgebend: Das Substantiv »euangelion« war *der* griech. Ausdruck für die Siegesbotschaft, aber auch für polit. und private Freudenbotschaften. Das Verb »euangelizein« (eine frohe Botschaft verkünden) hingegen kennzeichnete im Anschluß des Jes 52,7; 61,1 die Wirksamkeit jener Boten, die Gottes endzeitl. Frohbotschaft Israel und den Völkern verkünden sollten. Dementspr. bezeichnete das Wort E. in der Urchristenheit zunächst jene *Botschaft* von Gottes Herrschaft (→Reich Gottes), die Gott in der Geschichte seines Volkes verheißen (Röm 1,2) und die in Jesu Leben und Wirken ihren Anfang genommen hatte (Mk 1,1.15). Dieser Botschaft dann die Form einer größeren (und nicht nur [wie Apg 10,37-41] einige Verse umfassenden) zusammenhängenden Darstellung des öffentl. Wirkens Jesu zu geben war das bes. Werk des Verfassers des →Markuse.s. Er schuf damit die *literar. Gattung* E. (→Formen und Gattungen).

*B.* Beachtenswert ist hierbei freil., daß die einzelnen ntl. Schriftsteller das E. sehr unterschiedl. zu akzentuieren vermögen: Besteht das E. beispielsweise für die Evangelien darin, daß das Reich Gottes in Jesu Person und heilschaffendem Wirken gegenwärtig wurde (Mk 1,15; Mt 12,28; Lk 4,21; 10,9.23f.), so besteht das E. für →Paulus darin, daß →Gott Jesus Christus »zum Erweis seiner Gerechtigkeit öffentl. als Sühneort in seinem Blut eingesetzt« (Röm 3,25) und somit die Geltung des Gesetzes beendet hat (Röm 10,4). Und entspricht nach Paulus nur der Mensch dem E., der glaubt, daß ihm in Jesus Christus *Gottes* →Gerechtigkeit geschenkweise zuteil wird (Röm 1,16f.), so wird nach →Matthäus nur der dem »E. vom Reich (Gottes)« (Mt 4,23; 9,35) gerecht, der in seiner *eigenen* Gerechtigkeit »wesentl. weiter geht als die Schriftgelehrten und Pharisäer« (5,20). D.h., das E. läßt sich schon nach dem Zeugnis des NT keinesfalls in eindeutigen, für alle Zeit verbindl., einklagbaren *Formeln* fassen. Insofern gilt auch heute noch die 1951 von E. Käsemann getroffene Feststellung: »Allein das E. begründet die eine Kirche in allen Zeiten und an allen Orten. Die Frage jedoch, was das E. sei, kann nicht mehr der Historiker durch eine Feststellung beantworten, sondern nur der Glaubende, vom Geist überführt und auf die Schrift hörend, entscheiden, so daß es auch die Einheit der Kirche nie vorfindl. und immer nur für den Glauben gibt« (223).

*Lit.: E. Käsemann:* Begründet der ntl. Kanon die Einheit der Kirche?, in: *ders.:* Exeget. Versuche und Besinnungen, Göttingen 1967, 214-223. – *G. Strecker:* Das E. Jesu Christi, in: *ders. (Hg.):* Jesus Christus in Historie und Theologie, FS für H. Conzelmann, Tübingen 1975, 503-548. – *P. Stuhlmacher (Hg.):* Das E. und die Evangelien, Tübingen 1983 (Lit.).

*Meinrad Limbeck*

**Evolution**

*A.* Aussagen der E.slehre haben zum einen konstatierenden Charakter: »Leben ist aus Unbelebtem entstanden«; »die Lebensformen sind einem Wandel unterworfen, die eine Form ging aus der anderen hervor.« Der geistesgeschichtl. Sprengstoff solcher Feststellungen erwies sich in klass. Kontroversen um →Schöpfung und die Besonderheit des Lebendigen. Die Herleitung des →Menschen von affenartigen Vorfahren wurde als eine der größeren Kränkungen der Menschheit erlebt (S. →Freud). – Aussagen zur E.stheorie haben zum andern auch erklärenden Charakter: Es wird versucht, Entstehung und Veränderung von Lebewesen zu beschreiben und – kausal – nachzuvollziehen. Die »Kühnheit« dieses Versuchs ergibt sich aus der Kompliziertheit von Lebewesen und daraus, daß sie überaus zweckmäßig organisiert zu sein scheinen (»angepaßt«, →Biologie). Wie können auf nicht beabsichtigte Weise »ohne →Schöpfung« in einem gemeingängigen und vorwissenschaftl. Sinn (entspr. dem naturwissenschaftl. Paradigma) solche Gebilde entstehen? Als Erklärungsansatz entwarf Darwin (1809-1882) den Mechanismus mit *Variation* und Selektion (→Darwinismus). Diese Selektionstheorie sieht ein gerichtetes und ein ungerichtetes Moment im E.svorgang. Ungerichtet ist die Variation (Änderung) von Erbanlagen (und der durch sie bestimmten Merkmale). Gerichtet ist die Selektion (Auslese): Über den Einfluß des Merkmals auf Überleben und Fortpflanzung seines Trägers wird die Fortpflanzung des Gens (sein Auftreten in Folgebevölkerungen) gefördert oder gehemmt. Seit je mußte sich die Selektionstheorie mit dem Vorwurf der *Tautologie* herumschlagen: Sie behaupte nur das »Überleben des Überlebenden«. Doch ist sie in sich stimmig, und eine alternative Hypothese läßt sich kaum finden. Darum sollte geprüft werden, ob sie für die Entstehung des Lebens und die Abundanz (Fülle) der Lebensphänomene wirkl. eine Erklärung bieten kann. Biochem. Modelle – genannt seien die Untersuchungen von M. Eigen – und evolutionsstatist. Überlegungen der Populationsgenetik sollen derzeit eine solche Abschätzung liefern.

*B.* Es erscheint verlockend, das E.sdenken über die Stammesgeschichte hinaus *auszudehnen.* Dies wird von der evolutionär ausgerichteten →*Verhaltensforschung* getan. Man versucht, →Leben wesentl. als erkenntnisgewinnenden Prozeß (»→Lernen«) – vom blinden Anpassungsvorgang bis zum bewußten →Erkennen – zu beschreiben (K. Lorenz [geb. 1903], R. Riedel). Auch über die →Biologie hinaus ist E. ein viel gebrauchter Begriff, sei es für die *Geschichte des Universums* oder eines seiner Teilsysteme. Das Zustandekommen von →Ordnung (»negativer Entropie«) bietet sich auch hier als leitender Gesichtspunkt an. Das Leben erscheint physikal. (thermodynam.) als Fall, bei dem höhere Ordnungsgrade erreicht werden (unter →Energiezufuhr und auf Kosten eines Ordnungsverlustes des umgreifenden Gesamtsystems). Allerdings sehen die Fachleute den populären Gebrauch der Begriffe Ordnung und →Information in Verbindung mit »negativer Entropie« z.T. ungern.

*C.* Evolutionäre Argumente kommen mitunter auch in *eth. Diskussionen* vor (→Ethik). Mit den Produkten und Stufen der E. – etwa der des →Menschen – werden dann best. →Werte in Beziehung gesetzt. K. Lorenz' Schlagwort von der »Sacculinisierung« des Menschen (Sacculina ist ein parasitisch »degenerierter« Krebs) sei zitiert, um auf bedenkl. Seiten solcher Argumente hinzuweisen.

*Lit.: W. Ashby:* Einführung in die Kybernetik, Frankfurt/M. 1974. – *H. Haken:* Synergetik, Berlin u.a. 1982. - *K. Lorenz:* Die Rückseite des Spiegels, München, 5. Aufl. 1981. – *Ders.:* Der Abbau des Menschlichen, München 1983. – *R. Riedl:* Die Strategie der Genesis. Naturgeschichte der realen Welt, München/Zürich 1976. – *W. Stegmüller:* Hauptströmungen der Gegenwartsphilosophie, Bd. 2, Stuttgart, 6. Aufl. 1979.

*Bruno Gauger*

**Evolutionäre Erkenntnistheorie.** Die e.E. (K. Lorenz, R. Riedl, G. Vollmer, F. M. Wuketits u.a.) will auf der Grundlage der →Evolutionstheorie (→Darwinismus) bestimmte Fähigkeiten bzw. Strukturen des menschl. →Erkennens erklären. Unter ihren Vertretern wie Kritikern ist jedoch umstritten, ob sie eine philos. oder biolog. Erkenntnistheorie ist. Wegen ihrer philos. Ansprüche und mögl. philos. Konsequenzen hat sie eine breite philos. Diskussion ausgelöst.

*A.* Ontolog. und erkenntnistheoret. geht die e.E. aus von einem »*hypothet. Realismus*«. Neben der prinzipiellen Unsicherheit und Vorläufigkeit unserer Erkenntnis setzt sie die Existenz einer bewußtseinsunabhängigen, gesetzl. strukturierten und zusammenhängenden Welt voraus, an die sich unser Erkenntnisapparat im Laufe eines phylogenet. (stammesgeschichtl.) Erfahrungsprozesses angepaßt haben soll. Die e.E. betont zwar, daß sie →Kants Annahme erkenntnisnotwendiger, aprior. Strukturen des Subjekts würdige, deutet sie jedoch biolog. um, indem sie »a priori« mit »*angeboren*« gleichsetzt. Zwar seien unsere Erkenntnisstrukturen (→Kategorien wie Kausalität usw., Anschauungsformen von →Raum und Zeit) ontogenetisch →a priori, d.h. für die e.E.: unabhängig von jeder *individuellen* Erfahrung. Phylogenet. seien sie a posteriori, d.h. in einem *stammesgeschichtl.* Erfahrungsprozeß entstanden. Ohne die realitätsgerechte Wiedergabe (Rekonstruktion) äußerer Strukturen im Subjekt wäre ein Überleben nicht mögl. gewesen. Das Ergebnis des evolutionären Anpassungsprozesses ist daher die – objektive Erkenntnis ermöglichende – »Passung« oder »Übereinstimmung« subjektiver Erkenntnisstrukturen und objektiver Strukturen der Welt bzw. des »*Mesokosmos*« (Welt der mittleren Dimensionen, »kognitive Nische« des Menschen). Derart soll die philos. Frage nach der Möglichkeit von Erkenntnis mit den Mitteln der →Biologie beantwortet werden. Gleichzeitig soll die Annahme dieser »kognitiven Nische« des Menschen die Grenzen und Fehlleistungen unseres Erkennens erklären.
Die e.E. geht dabei von einer bestimmten Deutung der →Evolution aus: Die Evolution des Lebendigen selbst, vom Einzeller bis zum Menschen, ist für die e.E. ein »erkenntnisgewinnender« Prozeß. Auf Grund dieser Verwandtschaft des Menschen mit anderen Lebewesen kann die e.E. eines ihrer Hauptziele darin sehen, durch die Untersuchung vormenschl. Erkenntnisformen Aufschluß über unsere eigenen kognitiven Leistungen zu gewinnen. Gleichzeitig ergeben sich aus dem Verständnis des Menschen von der Evolution des Lebendigen her weitreichende anthropolog. (Dezentrierung des menschl. Subjekts) und erkenntnistheoret. Konsequenzen. Mit der Herausstellung der hist. Zufälligkeit, der stammesgeschichtl. Relativierung des Apriorischen, bestreitet die e.E. die Möglichkeit →synthet. Urteile a priori und begründet darin zugleich – gegen Kant gerichtet – ihren Anspruch auf eine »wahrhaft kopernikan. Wende in der Erkenntnistheorie« (Vollmer).

*B.* Die – nicht in allen Punkten berechtigte – *Kritik an der e.E.* richtet sich sowohl gegen ihre naturwissenschaftl. als auch ihre philos. Voraussetzungen und Ansprüche. Gegen die Einlösbarkeit ihres naturwissenschaftl.-erklärenden Anspruchs werden prinzipielle log. bzw. methodolog. Argumente (u.a. Zirkularität) als auch einzelwissenschaftl. Argumente (u.a. die Rolle *individueller* Erfahrung für die Entwicklung kognitiver Strukturen) angeführt. Die Diskussion um die philos. Voraussetzungen und Ansprüche der e.E. zentriert sich um den hypothet. Realismus, die Kant-Interpretation der e.E., das Verhältnis von Entstehung und Geltung, die Beziehung zwischen biolog. und kultureller Evolution, den Erkenntnis- und Wahrheitsbegriff der e.E. sowie ihr Selbstverständnis als »Erkenntnistheorie« u.a. Die e.E. wird die philos. Erkenntnistheorie aus verschiedenen Gründen nicht ersetzen können, wohl aber in *Verbindung mit anderen Disziplinen* (→Entwicklungspsychologie, Kulturanthropologie u.a.) sinnvoll ergänzen können und müssen.

*C.* Seit der im 19. Jh. beginnenden Betrachtung des Menschen unter evolutionstheoret. Gesichtspunkten (Darwin, Spencer u.a.) hat es nicht an *rel. und theol.* motivierten Einwänden verschiedenster Art gegen ein evolutionsbiolog. begründetes Menschenbild gefehlt. Bedenken richteten sich sowohl gegen die allg. Annahme einer *Abstammung des Menschen* von nichtmenschl. Vorfahren, die im Gegensatz zum bibl. Schöpfungsbericht steht, als auch gegen die Erklärung einzelner Eigenschaften des Menschen (Moralität, Religiosität u.a.) als Ergebnis einer Evolution bzw. natürl. Selektion. Einige dieser Einwände können inzwischen auch von seiten der Theologie als überholt gelten (→Evolution), zumal auch die Naturwissenschaft das antirel. Pathos einer früheren Epoche kaum mehr teilt (→Naturwissenschaft und Theologie). Doch ist der Theologie eine umfassende Aufarbeitung der aufgeworfenen Fragen noch nicht gelungen.

*Lit.: D. T. Campbell:* Evolutionary Epistemology, in: *P. A. Schilpp (Ed.):* The Philosophy of Karl Popper, Bd. I, La Salle/Illinois 1974, 413-463 (Lit.). – *E.-M. Engels:* Die e.E. in der Diskussion, in: Information Philosophie, Hefte 1 und 2 (1985), 56-63 und 49-68 (Lit.). – *K. Lorenz:* Die Rückseite des Spiegels, München/Zürich, 4. Aufl. 1983. – *K. Lorenz/F. M. Wuketits (Hg.):* Die Evolution des Denkens, München/Zürich 1983. – *W. Lütterfelds (Hg.):* Transzendentale oder evolutionäre Erkenntnistheorie?, Darmstadt, 1987. – *K. Popper:* Objektive Erkenntnis. Ein evolutionärer Entwurf, Hamburg, 3. Aufl. 1984. – *R. Riedl:* Biologie der Erkenntnis, Berlin/Hamburg, 3., durchges. Aufl. 1981. – *R. Riedl/F. M. Wuketitis (Hg.):* Die e.E., Berlin/Hamburg 1987. – *G. Vollmer:* e.E., Stuttgart, 4., durchges. Aufl. 1987. – *Ders.:* Was können wir wissen?, Bd. I: Die Natur der Erkenntnis, Bd. II: Die Erkenntnis der Natur, Stuttgart 1985 und 1986.

*Eve-Marie Engels*

**Existentialismus** umfaßt unterschiedl. philos. Richtungen, die unter bewußter Distanzierung von früherer Philosophie nicht nach irgendeinem →»Wesen« der Dinge fragen, sondern auf die jeweilige »Existenz« konkreter Menschen zielen. Dabei werden →Subjektivität und →Zeit bzw. →Geschichte aneinander gebunden und wechselseitig voneinander abhängig gemacht. Unter solchen Voraussetzungen kann Philosophie immer nur zu vorläufigen Aussagen kommen und nie als abgeschlossen betrachtet werden. Dasselbe gilt auch bereits für den Begriff »Existenz« selbst. Er hat keine festumschriebene Bedeutung, auf die man sich bei Bedarf zurückziehen könnte. Vielmehr ist der Begriff eher als »Möglichkeit« zu charakterisieren, die der Mensch erreichen oder verfehlen kann.

*A.* Vorläufer des E. ist vor allem →*Kierkegaard:* Da es ihm um »existentielle« Probleme geht, reicht ein »objektives« Denken nicht aus, da dies an Begriffen und nicht an Menschen orientiert ist; dagegen ist der »subjektive Denker als Existierender an seinem Denken interessiert, er existiert ja darin«.

*I. In Deutschland* wird der E. vor allem mit den Namen M. →Heidegger und K. Jaspers verbunden. *Heidegger* selbst verwahrt sich allerdings gegen diese Einordnung, und sie wird heute teilweise entsprechend zurückgenommen.

*II.* K. Jaspers (1883-1969) kam von der Psychiatrie her zur Philosophie. In den letzten Jahrzehnten seines Lebens erregte er mehrmals durch Stellungnahmen zu konkreten Gegenwartsfragen Aufsehen. Dies liegt durchaus im Rahmen seines Denkens, das den Rahmen rein akadem. Philosophie durchbrechen will. Allerdings kann auch diese Philosophie immer nur einen Teil des Menschen begreifen: Der Mensch ist mehr, als er von sich weiß und wissen kann, und nie in einem abgeschlossenen System zu fassen. Dabei wird der einzelne Mensch nicht isoliert, sondern in einer Art →Kommunikation mit anderen gesehen, die an die *letzten Existenzgründe* geht und noch nicht einmal mit →»Liebe« zu fassen ist. Von daher sind Menschen voneinander abhängig, Existenz ist in dem Sinne geschichtlich. Genausowenig wie die »Existenz« ist das umfassendere →»Sein« gänzl. zu begreifen. Alles Sein ist zum einen vom subjektiven Denken abhängig und steht zugleich unabhängig davon in einem umfassenderen Sein, das nie ganz erfaßt werden kann. Dieses »Umgreifende« (Jaspers) umgibt den Menschen wie ein Horizont. Aber auch jedes Erkennen der Welt hat irgendwo seine →Grenzen. Hier stößt man auf das »Umgreifende aller Umgreifenden« (Jaspers) bzw. die »*Transzendenz*«. Diese wird jedoch nur in →Symbolen und in unterschiedl. Weise transparent. Am tiefsten geschieht es durch die Grenzsituation des Scheiterns, durch das hindurch die Erfahrung vollen Seins und der Transzendenz stehen. Hier liegen Anklänge an →Theologie und rel. Denken, wenn Jaspers selbst dieses auch nicht dahingehend ausführt.

*B.* Zieml. unterschiedl. hiervon zeigen sich zwei ihrerseits verschiedene Vertreter des *franz. E.:* auf der einen Seite der »christl. E.« eines Marcel, der diese Bezeichnung allerdings in seiner späteren Phase zurückwies; auf der anderen Seite der atheist. E. eines Sartre.

*I.* Auch in *G. Marcels* (1889-1973) Philosophie findet sich wiederum die Zurückweisung des abstrakten und unverbindl. Denkens. Er sieht sich im Gegensatz zu dem →Descartesschen Ansatz. Ausgangspunkt sind der konkrete Mensch und seine alltägl. →Erfahrung. Diese kann in der Philosophie nicht mit Hilfe der übl. Methoden und über gedachtes Denken, sondern nur über subjektiv denkendes Denken bewußtgemacht werden. Der Frage der menschl. Existenz nähert Marcel sich über die Unterscheidung von *»Haben« und »Sein«*. Was der Mensch (im Besitz) »hat«, bleibt ihm letztl. äußerl. und führt zur →Entfremdung. Das demgegenüber bleibende »Sein«, die »Existenz«, läßt sich nur negativ fassen als das, was nicht durch die Kategorie des »Habens« abgedeckt wird. Marcel spricht hier vom →Mysterium, das nicht über den Verstand, aber doch durch Erfahren offenbar wird. Dies geschieht jedoch nicht über isolierte Individuen, sondern im Miteinander, im Kontakt mit der Du. Von einem theist. Standpunkt aus (→Theismus) bejaht Marcel ein außermenschl. Sein, das in seiner Tiefe nur gläubig erreicht werden kann. Dies gilt auch für die Seinswirklichkeit →Gottes.

*II.* Den Existentialisten *J.-P. Sartre* (1905-1980) zu fassen ist schwierig, da sowohl seine Philosophie sich entwickelt als auch seine (polit.) Aktionen ihre Stoßrichtungen ändern: man denke etwa an seine Selbstkritik in den »Wörtern« (Les mots, 1964). Sartres Philosophie ist immer leidenschaftl. *engagierte* Philosophie und nicht ein von aller Wirklichkeit losgelöstes Gedankengebilde. So finden sich neben theoret. Abhandlungen zahlreiche Romane und vor allem Dramen. In ihnen geht es immer um den Menschen, den er (wieder) zu sich selber führen will, weil er – etwa durch die →Religion – entfremdet ist.

*1.* Hier ist das *Freiheitsverständnis* Sartres von Bedeutung. Der Mensch erfährt sich als Befreiter bzw. in →Freiheit gestellt. Allerdings vollzieht sich diese Freiheit jeweils im Leben des Menschen, sie ist nie als solche gegeben: »Ich *bin* meine Freiheit.« Diese Freiheit kommt aus dem Selbststand der Person und bedeutet insofern den Selbstvollzug des Menschen. Sie vollzieht sich jedoch nicht allein, sondern in einem allen Menschen gemeinsamen Freiheitsraum, der geschichtl. geworden und auch nicht fest planbar ist. Hier hat Sartre später noch die →»Gesellschaft« als Komponente eingefügt.

*2.* Es gibt auch *»den Menschen«* nicht. »Mensch« muß jeder immer werden durch seine Freiheit hindurch, und das ist nie festlegbar. Noch etwas weiter gedacht, vertritt auch der späte Sartre, daß es eben nicht darauf ankommt, was man aus dem Menschen gemacht hat, sondern was er seinerseits daraus macht. Hier steht Zukunft in der eigenen Verfügung. Da taucht nun auch bei Sartre das Phänomen der →*Angst* auf: die Angst vor dem Ungewissen. Dies ist vom Prinzip her eine Angst, die für immer bleibt: Der Mensch bleibt im *Risiko*

einer freien, aber auch von nirgendwoher garantierten Existenz. Das Leben wird zu einem dauernden Prozeß einer Desillusionierung.
*3.* Die Relativität wird von Sartre auf die Spitze getrieben, wenn er auch noch die *Philosophie* relativiert, die ihm das »Sein« in dieser Weise gelichtet hat: aber er findet in einer späteren Phase in ihr eben keine Rückendeckung und keine »Erlösung« mehr. So überschreitet er gewissermaßen die Philosophie, beseitigt sie aber nicht. Zu fragen bleibt, ob Sartre nicht letztl. doch einem reflexiv-stat. Freiheitsverständnis verhaftet bleibt. Anzumerken wäre außerdem, daß er tausend Advokaten auf den Plan ruft, aber keinen Bruder (Camus).

*C.* Bei allem unterschiedl. Denken durchzieht doch das Problem der Existenz konkreter Menschen den E. durchgängig. Insgesamt übte der E. eine starke Wirkung auf die Wissenschaft allg. wie auch auf die *Theologie* im bes. aus: man denke nur an R. →Bultmann, G. Ebeling oder F. Gogarten im prot., an K. →Rahner im kath. Bereich. Die eigentl. Blütezeit des E. dürfte heute vorüber sein. Bedeutsam bleibt jedoch die Herausarbeitung der Bedeutung des (einzelnen) Menschen und seiner →Freiheit. Theol. wären damit jedoch noch genauer Aspekte wie →Gnade, →Heil(sgeschichte), menschl. Freiheit und göttl. →Prädestination zu vermitteln.

*Lit.: O. F. Bollnow:* Existenzphilosophie, Stuttgart, 8. Aufl. 1978. – *H. Fahrenbach:* Existenzphilosophie und Ethik, Frankfurt/M. 1970. – *D. Ghise:* Der franz. E. und die Probleme der Ethik, Bukarest 1978. – *W. Janke:* Existenzphilosophie, Berlin/New York 1982. – *E. Levinas:* Existence and Existents, The Hague 1978. – *J. Speck (Hg.):* Jaspers, Heidegger, Sartre, Camus, Wust, Marcel, Göttingen 1982. – *F. Zimmermann:* Einführung in die Existenzphilosophie, Darmstadt 1977.

*Hermann Punsmann*

**Exodus.** Das Buch E. ist die *zweite Schrift des Pentateuchs* (d.h. der fünf Bücher Mose, →Bibelwissenschaft). Ihr Inhalt ist klar *gegliedert*: Nach der →Genesis, in der einzelne Personen und ihre Familien im Vordergrund stehen, setzt mit E. die Volksgeschichte ein (1,17), die mit dem Auszug aus →Ägypten beginnt (1,1-15,21) und mit dem Zug zum Sinai (15,22-17,16; retardierend 18) fortgesetzt wird, wo eine Theophanie (→Erscheinung) mit der Proklamation des →Dekalogs (19,1-20,21) das grundlegende Geschehen ist. Es folgen eine Rechtssammlung (»Bundesbuch« 20,22-23,33), ein Bundesschluß zwischen Gott und Volk (24), schließl. kultgesetzl. Materialien, die in Anordnung (25-31) und Ausführung (35-40) aufgeteilt und in 32-34 durch Erzählungen (»Goldenes Kalb«) und weitere Rechtssetzungen unterbrochen werden. *Forschungsschwerpunkte* sind die hist. Probleme um →»Israels« Aufenthalt und Auszug aus Ägypten, die Deutung des Gottesnamens Jahwe in 3,14f., der Passabericht (11-13, →Passa), die Rettung am »Schilfmeer« (14-15), die Verbindung von E. und Sinai sowie die ursprüngl. Funktion(en) →Moses.

*A.* Der lat. Name E. (»Auszug«) verdankt sich der Kapitelfolge 1-15, läßt aber *Anlaß und Durchführung des Auszugs* unberücksichtigt. Die hebr. Bezeichnung *»weelläh schemot«* (und dies sind die Namen) zitiert den Anfang des Buches. 1,8ff. berichten von Bedrückungen der Israeliten, von Fronarbeiten bei dem Bau von Pitom und Ramses (1,11: der einzige Hinweis für die Datierung des Auszugs im 13. Jh. unter Ramses II. oder unter Merenptah), von Zwangsarbeiten auf dem Felde (1,14) und von dem Plan, die männl. Nachkommen zu töten (1,15ff.). In diesem Zusammenhang tritt zum ersten Mal →Mose auf, dessen Geburt, Gefährdung und Bewahrung 2 und dessen Beauftragung 3,4 und 6 erzählen. Seine Verhandlungen mit dem Pharao, durch die er den Auszug vorbereiten will, scheitern (5). Erst eine Reihe von Plagen (7-12), die in der Tötung der ägypt. Erstgeburten gipfeln (11f.), ermöglicht den Auszug, der die Ägypter in Bewegung setzt. Sie aber scheitern bei der Verfolgung der Israeliten, als sie bei der Durchquerung des (nicht näher lokalisierten »Schilfmeeres«) von Wassermassen (in zwei Versionen berichtet) erfaßt werden (14f.).
Dieser Auszug wird in der exeget. Literatur wegen seiner häufigen Erwähnung im AT zuweilen als »Urbekenntnis Israels« verstanden, sollte aber eher (ohne Anspielung auf die Zeit der Entstehung) als das »*Grundbekenntnis Israels*« bezeichnet werden, das auch die Forderungen des →Dekalogs begründet (Ex 20,2). Seine Ausdeutungen liefern im E. geprägte, bekenntnisartige Formulierungen, die Ägypten als »Haus der Knechtschaft« (13,3.14; 20,2) verstehen und Jahwe als den eigentl. Retter feiern: Er hat das Volk »mit starker Hand« (13,3.14.16) herausgeführt. Was für das Gesamtgeschehen gilt, trifft auch für die Rettung am »Schilfmeer« zu; denn sie wird allein Jahwe zugeschrieben (14,27; 15,21), der sich so sein Volk »erwirbt« (15,16) bzw. »(als Eigentum) auslöst« (15,13). So ist der Auszug Befreiung, bei der das Volk keine militante Aufgabe hat. Es schreit in der Not zu Jahwe um Hilfe (2,23) und zeigt schließl. angesichts der Befreiung seine Ehrfurcht (14,31). Mose kommt nur indirekt als Initiator zum Vorschein, wenn sich gegen ihn der Zorn des Volkes richtet, das verbittert ist, als es durch die wasser- und nahrungsarme Wüste wandert, weil es an die »Fleischtöpfe Ägyptens« zurückdenkt (16,2; 17,3). Das Motiv der Befreiung kann zurücktreten, wenn später dann im →Jeremiabuch, im →Ezechielbuch und bei →Deuterojesaja ein »neuer« E. der exilierten Israeliten angekündigt wird (Jer 23,7f. = 16,14f.; Ez 20,32-44; Jes 43,14-21; 48,20-22; 52,9-12).

*B.* In der ntl. Überlieferung hat der E. bis auf den →Hebräerbrief (3,7-4,13; 8,9; 11,22f.) und die →Apostelgeschichte (vor allem 7 und 13) kaum *Nachhall* gefunden. Anders im →Judentum, in dem das E.geschehen mit Dtn 7,18f. als machtvolle Befreiungstat Jahwes lebenslang (so schon Dtn 16,3) lebendig bleibt: durch das zweimal tägl. zu betende »Schema Jisrael« und durch die Feier des →Passafestes. Nach der rabbin. Vorstellung, daß eine *Magd* am »Schilfmeer« etwas gesehen hat, was weder der Prophet Jesaja noch der Prophet →Ezechiel sahen, ist das Geschehen um den Auszug eine Grundoffenbarung. In der Haggada (→rabbin. Literatur) wird es als in der Gegenwart erfahrbare Befreiungstat verstanden, für die die Vergangenheit vorausbildende Bedeutung hat.

*C.* Dieses Verständnis schlägt sich auch in *zeitgenöss. Aufnahmen* des E. als einer Chiffre nieder, die der konkreten Bündelung der atl. Motive entbehren kann. Der »Exodus-Gott« wird dann als Inbegriff der Abwendung von dem gedacht, was am Heil hindert, als Zeichen der Freisetzung heilstiftender Wirklichkeit (E. Bloch); oder die Kirche wird als »Exodus-Gemeinde« verstanden, die gegenwärtige Heilssetzungen durch die Hereinholung zukünftiger Möglichkeiten mobilisiert (J. Moltmann); oder die Geknechteten in Lateinamerika werden in solidar. Verbindung mit den Israeliten des E. gesehen und in die Situation der Befreiung versetzt (G. Gutiérrez). Bei aller Verschiedenheit, das »Prinzip Hoffnung« begründet und verbindet alle Arten des »Auszugs«: den E. aus →Ägypten, den »neuen« und den »neuesten« E.

*Lit.: E. Bloch:* Das Prinzip Hoffnung, 3 Bde., Frankfurt/M. 1959. – *Ders.:* Atheismus im Christentum. Zur Religion des E. und des Reichs, Frankfurt/M. 1968. – *G. Gutiérrez:* Theologie der Befreiung, München, 7. Aufl. 1984. – *H.-J. Kraus:* Das Thema »E.«. Krit. Erwägungen zur Usurpation eines bibl. Begriffs, in: Ev. Theologie 31 (1971), 608-623. – *J. Moltmann:* Theologie der Hoffnung, München, 11. Aufl. 1980. – *G. Sauter:* »E.« und »Befreiung« als theol. Metaphern, in: Ev. Theologie 38 (1978), 538-559. – *W. H. Schmidt:* E. (Bibl. Kommentar AT 2) Neukirchen-Vluyn 1974ff. – *Ders.:* E., Sinai und Mose, Darmstadt 1983 (Lit.). – *P. Weimar/E. Zenger:* E. Geschichten und Geschichte der Befreiung Israels, Stuttgart, 2. Aufl. 1979.

*Rüdiger Liwak*

## Exorzismus

*A.* Vom griech. *exorkizein,* schwören auf, beschwören, d.h. jemanden oder eine Sache durch →Eid zu etwas verpflichten. Der Begriff hat somit auch die Bedeutung, Übernatürliches (Götter, →Geister und Dämonen) *herbeizurufen,* z.B. zur →Heilung. Als Beschwörung meistens gedeutet als *Beseitigung* oder *Abwehr* numinoser Einflüsse, was eine Anwesenheit solcher Einflüsse, oft insbes. als Besessenheit, voraussetzt. E. findet sich in den meisten Religionen, als Austreibung z.B. von Tiergeistern, →Teufeln, Ahnengeistern oder göttl. Wesen (→Schamanismus), begleitet von der Ansicht, daß Wort und Ritual des Beschwörens, wenn »richtig« gehandhabt, unmittelbar wirksam sind. Beschwörung bedeutet eine Bewältigung des dem →Menschen übergeordneten und Schrecken einflößenden Göttlichen.

*B.* Erst unter dem Einfluß *jüd.-christl.* Teufels- und Dämonenvorstellungen ist E. zu einer eindeutigen Beschwörung von *gottfeindl.* Erscheinungen geworden. Obwohl das →AT ihn im eigentl. Sinne wegen Jahwes Ausschließlichkeitsanspruch nicht kennt (Dtn 18,10f.), ist das Phänomen doch vertreten und im antiken und rabbin. →*Judentum* weitgehend praktiziert (1 Sam 18,7f.; Jes 8,19). Im →*NT* findet man das Wort E. als »vereidigen« (Mt 26,63) und in der verbreiteteren Bedeutung von Geisterbeschwörung z.B. in Apg 19,13. Jesu eigene Dämonenaustreibungen erscheinen jedoch ohne die im rabbin. Judentum übl. Beschwörungsformeln; die Geister gehorchen dem einfachen Befehl (Mk 1,25). Dabei wird eher das Wort »austreiben« als »beschwören« gebraucht (Mt 12,28).
Bei den →*Aposteln* ist die Rede von Teufelsaustreibungen »im Namen →Jesu Christi« (Apg 3,6; 4,7), wobei an eine von Jesus verliehene →Macht gedacht ist. Dies setzt sich im frühen →*Christentum* fort; es entwickeln sich Ritualformeln. Die seitdem aufkommende Verbindung von E. und →Taufe ist heute noch bemerkbar an den im Taufritus vorhandenen exorzist. Formeln. Im 3. Jh. ist ein festes Exorzistenamt bekannt, das in der *kath. Kirche* als eine der niederen →Klerikerweihen als Relikt bestand und 1973 abgeschafft wurde. Nach dem gegenwärtigen kath. Kirchenrecht darf ein E. nur mit Erlaubnis der Ortsbischofs vorgenommen werden (c. 1172 CIC).

*C.* Die *kath.* →*Liturgie* verzeichnet Exorzismen als →Sakramentalien in der Form einer Bitte um die Kraft der →Gottesherrschaft zur Abwehr dämon. Kräfte (»Kleiner E.«). Das *Rituale Romanum* (offiz. Sammlung geltender Riten) kennt noch heute den »Großen E.«, der bei »erwiesener« Besessenheit und nur mit bischöfl. Erlaubnis durchgeführt werden darf. Er wird noch vereinzelt vorgenommen, steht aber psycholog. in zweifelhaftem Licht, weil er die reale Existenz des Teufels vorauszusetzen scheint. Er steht zudem einem neuen Verständnis der E.formeln im Wege, nach welchem diese einen radikalen Existenzwandel und eine Hinwendung zur →Gnade der in Christus geschehenen Befreiung von den Mächten zum Ausdruck bringen.

*Lit.: O. Böcher u.a.:* E., in: Theol. Realenzyklopädie 10, 747-761. – *H. Haag:* Teufelsglaube, Tübingen, 2. Aufl. 1980, 114-128. – *K. Thraede:* E., in: Reallexikon für Antike und Christentum 7, 44-117. – *G. Zacharias:* Das Böse, München 1972.

*Alphons van Dijk*

## Expressionismus

### A. Kunstgeschichtlich

*I.* Der *Begriff* wurde 1911 von H. Walden als Bezeichnung für die fortschrittl. künstler. Tendenzen der Zeit geprägt. Heute versteht man unter E. den subjektiven, antitraditionellen Stil in der 1.

Hälfte des 20. Jh.s, in dem Farben und Formen zu Ausdrucksträgern innerer Spannungen oder best. Protests gemacht wurden. Bes. Bedeutung erlangte der E. auch in der Graphik (Holzschnitt) und in der →Plastik. Als spezif. dt. Kunstrichtung ist der E. nur als Antwort auf die gesellschaftl. Entwicklung in Deutschland seit 1880 zu verstehen, als Protest gegen →Materialismus, →Positivismus und die moderne →Zivilisation. Die Bezeichnung des E. als vorreligiös ist problematisch, weil ein eigentl. »Glaubensbekenntnis« der ihm verpflichteten Künstler nicht festzustellen ist. Vielleicht sollte man im Blick auf deren Heilsbewußtsein, Spiritualismus, Gruppenbildung und zumeist auftragslose Beschäftigung mit rel. Themen den E. besser als quasirel. qualifizieren.

*II.* Aus dem Kreis der Künstlergemeinschaft »Die Brücke« (seit 1905 in Dresden, 1911 in Berlin) haben sich vor allem E. →Nolde und K. Schmidt-Rotluff (»Ist euch nicht Kristus erschienen«, 1918) intensiv mit christl. Motiven auseinandergesetzt. In W. Kandinsky, der dem losen Kreis um den »Blauen Reiter« führend zugehörte, wird – unter Verarbeitung theosoph. Gedanken (→Theosophie) – die Überleitung vom E. zur →abstrakten Kunst faßbar. Das Spätwerk P. Klees, der in seinen Schriften die Analogie zwischen dem Künstler und Gott, zwischen →Kunst und →Schöpfung unterstrich, ist auf Grund seiner poet. Abstraktion kaum eindeutig zu entschlüsseln. In der Plastik behauptet (neben dem umfangreichen Schaffen E. →Barlachs) W. Lehmbruck eine selbständige Position. Seine Gestalten, die auf jede direkte Bezugnahme auf die christl. Ikonographie verzichten, verkörpern menschl. Grundsituationen mit hohem rel. Gehalt. In der →Architektur hat der E. sich nur am Rande ausgewirkt und eigentl. niemals durchgesetzt. Neben R. Steiners aus dem Geist der →Anthroposophie entwickelten Goetheanum in Dornach (1924/28) sind hier die Bauten von B. Taut, D. Böhm und des frühen O. Bartning Beispiele eines »kühnen E.«, »der in seiner Exaltation heute auch schon hist. wirkt« (G. F. Hartlaub). P. →Tillich hat den E. als antibürgerl. Protestbewegung gegen die sich in der bürgerl. Gesellschaft absolut setzende Endlichkeit gedeutet. »Im E. zeigt sich der Durchbruch durch die in sich ruhende Form des Daseins. Nicht eine jenseitige Welt wird dargestellt, wie in der Kunst der Alten, sondern ein Hinausgehen der Dinge über sich selbst ins Jenseitige.« Diese Überwindung des Individualismus (→Individuum), dieser Durchbruch zur Transzendenz und Hinweis auf das Ewige, der an jedem →Symbol geschehen und aufgezeigt werden könne, verleihe dem E. »einen myst.-rel. Charakter«. Auch für das Frühwerk K. →Barths, in dessen Theologie der Krise die Religion zuerst das Nein über die Zeit, die Erschütterung der Gegenwart, bedeutete, wird man die Einwirkung des E. nur schwer überschätzen können.

*Lit.: G. F. Hartlaub:* Kunst und Religion, Leipzig 1919. – *W. Kandinsky:* Über das Geistige in der Kunst, München 1912. – *B. S. Myers:* The German Expressionists, New York 1957. – *G. Perkins:* Contemporary Theory of Expressionism, Bern/Frankfurt/M. 1974. – *L. Richard (Ed.):* Phaidon Encyclopedia of Expressionism, New York 1978. – *P. Selz:* German Expressionist Painting, Berkeley, 3. Aufl. 1974. – *P. Tillich:* Die rel. Lage der Gegenwart (1926), in: *ders.:* Gesammelte Werke, Bd. 10, Stuttgart 1968, 31-46. – *P. Vogt:* E., Köln 1978.

*Peter Maser*

*B. Literarisch*

*I. Religiöse Bedeutung*

Die eminente theol. und rel. Qualität des E. blieb von Kirche und Theologie unerkannt (Ausnahmen: K. →Barth, P. →Tillich). Der Vorwurf unverbindl. Spiels mit säkularisierten »Versatzstücken« positiver Offenbarungsreligionen traf nicht auf ihn zu, sondern ihm vorausgegangene Stilbewegungen (Neoromantik, →Symbolismus, →Jugendstil). Das existentielle Ernstnehmen altjüd. und christl. Gestalten, Motive und Werte (z.B. →Demut, →Liebe, Opfer, →Leiden) vor allem im *Hoch- oder Kriegse.* bedeutete den *Bruch mit vager Religiosität* und ist im Horizont einer *negativen Theologie (Theologie des Unsagbaren)* zu sehen, undenkbar ohne F. →Nietzsches »nihilist.«, nach K. Jaspers keineswegs christl. indifferente Zeitdiagnose »Gott ist tot«. Kirchl.-konfessionell unabhängig, christl. Amtskirche und jüd. Orthodoxie (»Tempel«) schärfster Kritik unterziehend, belebten zahlreiche Dichter unter dem Eindruck einer →apokalyptisch erlebten Gegenwart (»Weltende«, »Jüngster Tag«, »Gericht«, »Sintflut«) entscheidende theol. Komplexe des →Christentums und →Judentums auf literar. Terrain neu.

*II. Themen und Figuren*

Durchgehend feststellbar ist eine *gnost. Scheidung* (→Gnosis) in absolut negative »Irdischkeit« (die »Systeme« →Staat, →Kirche, Maschinenarbeit [→Arbeit], →Militär, →Wissenschaft, Geldherrschaft, →Rationalismus) und absolut positiven Heilszustand (»neue Erde«, »neue Kirche«, »neuer Staat«, »Reich«, »Heimat«), in Ungeist und »Geist«, »Licht« und »Finsternis«). Radikale *Negation* und *utop. Erwartung* (→Utopie) führen zu einer Zweiteilung der Wirklichkeit ohne vermittelnde Instanzen. »Alter Adam« und »neuer Mensch« lauten die *anthropolog. Leitbilder*, ihnen entsprechen »Haß« und »Liebe«, »Feindschaft« (Krieg) und »Freundschaft« (Friede), Egoismus und »Du«- bzw. »Wir«-Bezug. Die *Menschenwelt* besteht weithin aus: 1. *Defizienzfiguren,* wie Bettler, Irrer, Kranker, Krüppel, Greis, Mörder, Häftling, Soldat, Erniedrigte und Geknechtete aller Art, denen im dialekt. Umschlag das Himmelreich sicher ist; 2. *Lichtgestalten* und *Heilstypen,* wie Erlöser, Retter, Befreier, Revolutionär, Märtyrer, Heiliger, Prophet, Dichter, Mutter, Kind, Mädchen, Jüngling; 3. *Negativgestalten,* wie Herrscher, Familientyrann, Plutokrat, Beamter (Richter, Poli-

zist, Lehrer, Offizier, Amtsarzt), Priester, Pfarrer und staatsfrommer Wissenschaftler. In eth. Hinsicht bilden diese drei Gruppen Typen des nur scheinbar verworfenen, des reinen und des satan. Menschen aus.
Auf der *Handlungsebene* entspricht dem gutes und schlechtes »Geschehen«, d.h. 1. *Erlösungs-, Befreiungsvorgänge,* 2. *Verkerkerungs-, Vernichtungsereignisse,* ein unaufhaltsam Verfall und Tod zueilendes Prozeßgeschehen (G. Trakl, G. Heym, G. Benn, F. →Kafka). Gutes Geschehen trägt »Wunder«-Charakter, bricht psycholog. unerklärbar und unversehens herein, führt zu häufig ekstat. Erweckungen, Wandlungen, zu Umkehr, Neugeburt, diesseitiger →Auferstehung, zu Erfüllung, Entfaltung, Aufbruch, zu Schulderkenntnis, Sühneopfer, Versöhnung. Ein *Zustand des Wartens,* qua Sehnsucht nach Ausbruch aus dem ird. Gefängnis, geht solchen Zentralbegebenheiten oft voraus: der Mensch als »Einschlagstrichter« für »das ganze Andere« (K. Barth). »Bewegung« und »Werden«, konträr aller »Starre« und stat. Ordnung (»Gesetz«, Dogma, »System«), sind die höchsten Werte des formal, stilist. überaus uneinheitl. E.

*III. Messianischer Spätexpressionismus*
Der starke Anteil *jüd. Autoren* äußert sich in einer dichter. Mystik (P. Adler, S. Kronberg, A. Nadel, E. Frisch, M. →Buber) wie, gegenläufig, in einem extrem willensbetonten *»Aktivismus«* mit konkreten polit.-gesellschaftl. Zielen, der, auf der Diesseitsgerichtetheit mosa. Religion fußend, zur sofortigen Errichtung eines ird. →*Paradieses* aufruft (L. Rubiner, A. Wolfenstein, K. Hiller): Revolution als restitutio in integrum, Wieder-Holung eines ursprüngl. Eden. Der *messian. Späte.* um 1918/19 erhofft eine vom »Brudertum« der Güte und Hilfe geprägte, vom Erzübel »Gewalt«-Herrschaft endgültig befreite *»Gemeinschaft«* (L. Frank, I. Goll, J. R. Becher). Mit dem Erlöschen solcher eschatolog. Hoffnungen infolge der innenpolit. Entwicklung (inneres wie äußeres Scheitern der Novemberrevolution 1918, soziale Restauration) zerfiel der E., der sich in knapp 10 Jahren von einer Literaturrevolution zur umfassenden Kulturbewegung mit hohem Utopiepotential ausgeweitet hatte.

*Lit.: C. Eykman:* Denk- und Stilformen des E., München 1974. – *R. Hamann/J. Hermand:* E., München 1976. – *W. Rothe (Hg.):* E. als Literatur, Bern/München 1969. – *Ders.:* Tänzer und Täter. Gestalten des E., Frankfurt/M. 1979. – *Ders.:* Der E., Frankfurt/M. 1977. – *S. Vietta/H.-G. Kemper:* E., München 1975 (Lit.).

*Wolfgang Rothe*

**Ezechielbuch.** Dem Leser des E.s steht der Prophet Ezechiel (Luther: Hesekiel) in einigen Abschnitten fremd, in anderen wieder vertraut gegenüber:

*A.* Im neuzeitl. Sinne irrational wirken seine *Visionen* (1,13,15; 8-11; 37,1-14 u.a.) und seine *Zeichenhandlungen* (4,1-5,17 u.a.), die er auf Anordnung Jahwes ausführen soll, um künftiges Geschehen gegenwärtig erfahrbar zu machen. Daß er nach seiner Berufung und nach dem Tod seiner Frau tagelang starr sein soll (3,15; 24,17), daß er eine Zeitlang auf der rechten und linken Körperseite liegen (4,47) und mit Beben essen und trinken (12,18) muß, hat ihm patholog. Diagnosen (Katalepsie, Schizophrenie) eingetragen, ohne daß die antike Anschauung berücksichtigt wird, nach der die Vergangenheit bzw. die Zukunft (→Magie) im rituellen Vollzug noch einmal bzw. schon jetzt erlebt werden kann. Vor allem die Visionen mit ihren *bizarren Bildern* haben seit der frühen Kirchgengeschichte (Synagoge zu Dura Europos, einer antiken Stadt am Westufer des Euphrat) zu zykl. Darstellungen in der christl. *Ikonographie* (z.B. Unterkirche von Schwarzrheindorf, 12. Jh.) angeregt, insbes. die Vision von der Wiederbelebung der Totengebeine (37,1-14), die in der *bildenden Kunst* eindrucksvoll auf der von B. Elkan gefertigten Menora, dem siebenarmigen Leuchter vor dem israel. Parlament in →Jerusalem, und in der *Musik* bei F. →Liszts »Ossa arida« verarbeitet ist.
Durchaus rational wirkt Ezechiels Angriff auf den bis zu seiner Zeit (vgl. 16; 23) unangefochtenen Grundsatz der *»kollektiven Schuld* (→Sünde) und ihrer Haftung über Generationen hin (»Die Väter essen saure Trauben und den Söhnen werden die Zähne stumpf«, 18,2). Kap. 18 bestimmt dagegen für jede neue Generation, sogar für jeden einzelnen, eine *Eigenverantwortung.* Der Zusammenhang zwischen Tun und Ergehen wird individualisiert (vgl. 14,12ff.; 33), was angesichts neuester »Erfahrungen« (die spätere Generationen die Folgen gegenwärtiger Umwelt»sünden« tragen sehen) auch wieder zu dogmat. erscheint. Die Tendenz zur Individualisierung kann allerdings auch im Zusammenhang mit den kollektiven Hoffnungen des E. (34,11ff.; 36,16ff.; 37) verstanden werden, die allem Individualismus die Spitze nehmen.

*B.* Wie alle →Propheten ist Ezechiel in die →Geschichte verstrickt; wie viele der Propheten tritt auch er in einer bewegten und höchst gefährdeten Situation auf. Die Datierungen, die einer Reihe von Worten vorausgehen (1,1f.; 3,16 u.ö.), erlauben eine recht genaue *geschichtl. Einordnung.*

*I.* Er wurde 593 v. Chr. berufen und hat danach ungefähr 20 Jahre lang gewirkt. 597 v. Chr. hatten die Babylonier →Jerusalem zum ersten Mal erobert und einen Teil der Bewohnerschaft deportiert, unter ihnen auch Ezechiel, der nach 1,13 Priester war. Sein Amt *unter den Deportierten* ist das eines Wächters, der seine Zeitgenossen vor einer (abwendbaren) Gefahr warnt (3,16-21; 33,19), aber darin erschöpft sich nicht seine Aufgabe: Er spricht zwar mit seinen verbannten Volksgenossen (14; 20), beschäftigt sich aber zunächst in recht ausführl. Aufzeichnungen, nicht mehr in kurzen Sprüchen (→Formen und Gattungen), vor allem mit dem weiteren Schicksal Jerusalems. Ezechiel nimmt trotz der Katastrophe von 597 v. Chr. eine weitere Eroberung der Stadt durch die Babylonier in Zeichenhandlungen (3,22-5,17; 21,11f.23-29; 24,15-24) vorweg. Der Zusammenhang zwischen Tun und Ergehen hat sich noch nicht vollständig ausgewirkt. Zudem provozieren *illegitime Kulte*, von denen er in einer Art parapsycholog. Reise (»Entrückung« nach Jerusalem) erfährt, erneut das Gericht über die Stadt (8-11); deren Schuld und Schicksal veranschaulicht er auch in eindrucksvollen Bildreden (15; 16; 23 neben Samaria, der ehemaligen Hauptstadt des Nordreichs; 24,1-14).

*II.* So wichtig in Ezechiels Kritik auch die kult. Verfehlungen (vgl. auch 6; 8; 13f.; 43,7ff.) sind, die schon in der Wüstenzeit mit der Übertretung des ersten Gebots und des Sabbatgebots beginnen (20), so entschieden geißelt er daneben konkrete *gesellschaftl.-soziale Mißstände* (vgl. 34), greift die Einflußreichen (Priester, Beamte, Propheten, vgl. 13) an (22) und deren ersten Repräsentanten, den jüd. König, dem er im doppelten Sinne Vertragsbruch (gegenüber dem babylon. König Nebukadnezar und gegenüber Jahwe: 17, vgl. 19) vorwirft. *Jerusalem* wurde wie vorausgesagt noch einmal *erobert* (587/86); die Mitteilung darüber wird auf die notwendigste Information eines aus der Stadt Geflohenen reduziert (33,21: »Die Stadt ist genommen«). Dem Propheten geht es nicht darum, eingetretene Ankündigungen als Beweise seiner Autorität und Ernsthaftigkeit nachträgl. zu demonstrieren, obwohl Fristenverzögerungen gerade seine Glaubwürdigkeit erschüttert haben müssen (12,21-25.26-28).

*C.* Im E. ist Unheil ohne Heil nicht denkbar, Jahwes Fürsorge stand am Anfang der Geschichte seines Volkes (16; 20; 23); in der Sorge für die Wiederaufrichtung seiner pervertierten Ordnungen gründen das Ende (5,7-10) und der neue Anfang (36,26ff.) des Volkes in seinem von Jahwe geschenkten Lande. Erst mit der Notiz über den Untergang Jerusalems (33,21) wird der Weg für *ausführl. Heilserwartungen* (34-39.40-48) wirkl. frei, auch wenn schon einzelne Worte in 11,14-21; 16,53-63; 17,22-24; 20,39-44 die Wiedergutmachung im Lande →Israel ankündigen.
Die Endredakteure haben Erinnerung und Hoffnung (die im Buche selbst jeweils als Erwartung formuliert sind) in einem dreiteiligen Komplex zum Ausdruck gebracht: 1-24 enthalten im wesentl. *Unheilserwartungen* über *Jerusalem* und Juda, 25-32 Unheilserwartungen über fremde *Völker* (die mit dem Heil für Israel zusammenfallen, vgl. 28,20-26) und 33-48 *Heilserwartungen* für Israel. Sie verwirkl. sich in einem neuen →David (34,23f.), einem Friedensbund zwischen Jahwe und seinem Volk (34,25ff.), in der Reinigung Israels für den Kult (36,16ff.), im neuen Leben, in der Heimkehr des Volkes (mit der Wiedervereinigung von Nord- und Südreich [37]) und schließl. im neuen Tempel (40-48, sog. Verfassungsentwurf Ezechiels).

*D.* Ezechiel ist im Laufe der *Wirkungsgeschichte* von zahlreichen Interpretationen beschlagnahmt worden. Er wurde als Prediger und Seelsorger, als Religionsphilosoph und Priesterideologe, als phantasievoll-pathet. Poet und priesterl.-steifer Literat, nicht zuletzt als Wegbereiter eines gesetzl. →Judentums verstanden. Diese Vielfalt hat in der Forschung immer wieder zu Abgrenzungen in Textstücke geführt, denen die Etikette »echt« und »unecht« angehängt wurden. Solche Urteile, vereinzelt vorgebracht, verschließen sich aber gegenüber einem *Formen- und Gedankenreichtum*, der aus unterschiedl. uns nicht mehr (immer) bekannten Hörer- und Lesererwartungen sowie aus verschiedensten Situationen und Zusammenhängen (→Israel/Exil) geboren ist. Der Priesterprophet Ezechiel kennt die Traditionen seines Volkes und schöpft die Darstellungsmöglichkeiten umfassend aus. Wenn er dabei immer wieder auf »Gesetze und Ordnungen« zu sprechen kommt (allein in 5,7-10 zwölfmal), dann will er seinen Hörern keine Gesetzesfesseln anlegen; denn jene »Gesetze und Ordnungen« beruhen auf einer Erkenntnis, die Leben nicht verweigert, sondern ermöglicht (11,14ff., s. V. 19f.; 36,16ff., s. V. 27).

*Lit.: H. F. Fuhs:* Ezechiel (Die Neue Echter-Bibel), Würzburg 1984. – *K. Koch:* Die Profeten II: Babylon.-pers. Zeit, Stuttgart u.a. 1980, 89-123. – *B. Lang:* Ezechiel (Erträge der Forschung 153), Darmstadt 1981. – *W. Neuss:* Das Buch Ezechiel in Theologie und Kunst bis zum Ende des 12. Jh.s, mit bes. Berücksichtigung der Gemälde in der Kirche zu Schwarzrheindorf, Münster 1912. – *E. Zimmerli:* Ezechiel (Bibl. Kommentar AT 13/1 u. 2) Neukirchen-Vluyn, 2. Aufl. 1979. – *Ders.:* Ezechiel. Gestalt und Botschaft (Bibl. Studien 62), Neukirchen-Vluyn 1972.

*Rüdiger Liwak*

# F

**Fairneß** bezeichnet ein Grundelement für die Idee einer ausgleichenden →Gerechtigkeit in nichtinstitutionellen und institutionellen Zusammenhängen. Er ist dem Begriff der Unparteilichkeit eng verwandt und bringt – wiewohl von der →Gleichheit zu unterscheiden – eine *gleiche Behandlung aller* in allen moral.-eth. bedeutsamen Bereichen mit sich.

*A.* Ein Sinn für F. dürfte aus frühen *Kindheitserfahrungen* herrühren, konkret: aus der Situation von Bruder oder Schwester innerhalb der →Familie. Ein →Kind empfindet es als nicht fair, wenn sein Bruder oder seine Schwester bevorzugt behandelt wird. Und eben auf diese psychosoziale Basis stützt sich die moral.-eth. Vorstellung von F. Die faire Behandlung aller zu einer →Gemeinschaft gehörigen vollberechtigten Mitglieder, sei es in der →Familie oder in der →Schule oder in gesellschaftl. Gruppierungen der unterschiedlichsten Art, bis hin zum gesamten Menschengeschlecht, erhält auf Grund derartiger Erfahrungen einen verbindl. Charakter (→Goldene Regel). Die Forderung des Fair play im →Sport repräsentiert im Laufe dieses Prozesses ein frühes Stadium. Vom moral.-eth. Standpunkt aus betrachtet (→Moral, Sitte, Ethos), müssen auch Gesetze und Institutionen fair sein und auf faire Weise verwaltet werden.

*B.* Das Prinzip der F. bildet die Basis in den Schriften zur →Gesellschaft und →Ethik von John Rawls (geb. 1921). Weniger häufig wird dies allerdings im Rahmen *theol. Ethik* erörtert, obwohl sich bei →Thomas von Aquin in dessen Ausführungen über die Gerechtigkeit zumindest implizite Aussagen darüber finden. Bedenkenswert ist, ob die Idee der F. es im Blick auf die gesamte →Menschheit nicht erforderl. macht, die allumfassende Vaterschaft Gottes anzuerkennen.

*Lit.: J. Rawls:* Eine Theorie der Gerechtigkeit, Frankfurt/M. 1979. – *Ders.:* Gerechtigkeit als F. (Prakt. Philosophie, Bd. 6), Freiburg 1977.

*Brian Hebblethwaite*

**Familie.** Die F. ist ebenso wie der →Mensch eine Abstraktion, der keine anschaul. Erscheinung entspricht. Konkret begegnet einem nicht ein Mensch, sondern ein →Mann, eine →Frau oder ein →Kind. Ebensowenig trifft man eine F. an, vielmehr findet das, was das Wesen von F. ist, in dieser oder jener erfahrbaren Form einen anschaul. Ausdruck.

*A. Soziologisch*

*I.* F.n sind →Institutionen zur Weitergabe des →Lebens über die Generationenschranke hinweg. Sie dienen der Fortdauer einer durch ihre spezif. →Kultur identifizierbaren →Gesellschaft über die begrenzte Lebenszeit der konkreten Einzelperson hinweg. Stets ist die Lösung dieser Aufgabe sowohl ein *naturales oder körperl.* als auch ein *kulturelles oder geistiges* Problem. Daher entscheiden sich in der F. Leben und Tod jener menschl. *Bevölkerung*, die durch eine spezif. Kultur oder Subkultur bestimmbar sind. Das Überleben best. Bevölkerungen oder Gesellschaften als Kulturträger hängt somit von zweierlei ab: Es muß erstens eine ausreichend große Zahl von Personen geben, die als Nachfolgegeneration für die Fortsetzung der Aufgaben ihrer Vorgänger in Frage kommen, die unterscheidenden Merkmale der Kulturzugehörigkeit müssen zweitens in einem Übertragungsverfahren (nach dem Lehrer-Schüler-Modell) von den älteren an die jüngeren Menschen weitergegeben werden. Das Fehlen *einer* dieser beiden Voraussetzungen reicht aus, um das Ende der betreffenden Bevölkerung zu bewirken. Das Hervorbringen von Kindern als körperl. Zeugungs- und Geburtsakt ist die eine, das Überliefern von zentralen Inhalten der jeweiligen Kultur die zweite Kernfunktion der F. Manche F.nsoziologen sprechen von der Reproduktionsfunktion, wenn es um das körperl. Hervorbringen, und von der Sozialisationsfunktion, wenn es um die Enkulturation von Nachwuchs geht (→Inkulturation).

*II.* Moderne *Industriegesellschaften* (→Industrie) zeichnen sich dadurch aus, daß sich in ihnen →Öffentlichkeit und der Bereich des →Privaten als verschiedenartige Sphären sozialen Handelns herausgebildet haben, so daß der Mensch nicht umhin kann, sich für jeden der beiden Bereiche je angemessene – also unterschiedl. – Umgangsformen anzueignen. Unter industriegesellschaftl. Bedingungen beziehen sich die sozialen Wechselwirkungen in F.n der unterschiedl. Typen übereinstimmend auf jenen Ausschnitt aus dem *Privatbereich*, in dem es den Beteiligten darauf ankommt, das Miteinander von Personen beiderlei Geschlechts und aus zwei oder mehr verschiedenen Generationen dauerhaft zu stabilisieren.

*III.* Jeder *Kultur* stellt sich die Aufgabe, der Begegnung zwischen der männl. und der weibl. Form des Menschseins und der Begegnung zwischen den Generationen Gestalt zu geben. Das Koordinatenkreuz der F. bilden die zwei Dimensionen Mann – Frau und Jung – Alt. Am Ursprung dieses Achsenkreuzes, im Schnittpunkt beider Dimensionen, liegen die verschiedenen Aspekte des Themas F.: Weitergabe des körperl. Lebens, Überlieferung der Kultur, →Sexualität, →Sozialisation, Vaterschaft und Mutterschaft als Formen sozialen Handelns, Eltern-Kind- und Geschwisterbeziehungen.

*Lit.: D. Claessens:* F. und Wertsystem, Berlin 1962. – *V. Eid/L. Vaskovics (Hg.):* Wandel der F. – Zukunft der F., Mainz 1982. – *H. J. Helle:* F. – zwischen Bibel und Kinsey-Report, Osnabrück 1974. – *Ders.:* Aufsätze zur F.nsoziologie (Soziologenkorrespondenz, Bd. 11), München 1985. – *R. D. Hess/G. Handel:* F.nwelten. Kommunikations- und Verhaltensstile in F.n, Düsseldorf 1975. – *R. König:* Materialien zur Soziologie der F., Bern 1946. – *Ders.:* Die F. der Gegenwart, München 1966. – *F. Neidhardt:* Die F. in Deutschland, Opladen 1966. – *H. Schelsky:* Wandlungen der dt. F. in der Gegenwart, Stuttgart 1953. – *G. Wurzbacher:* Leitbilder gegenwärtigen dt. F.nlebens, Stuttgart 1952.

*Horst J. Helle*

*B. Ethisch*

*I.* Wie die F. eth. zu bewerten sei, hängt von Vorentscheidungen ab, die sich sowohl im *theol.* als auch im *humanwissenschaftl.* Bereich widersprechen können. Im theol. Raum sind die extremen Positionen durch die Frage umrissen, ob die F. eine *Ordnung* →*Gottes* ist, eine »Setzung auf Dauer« und somit eine »Rechtsrealität, die auch dem →Staat voraus ist und deshalb zu schützen ist« (J. R. Ratzinger), oder eine →*Kulturerscheinung* in der »Geschichtlichkeit aller Lebensgestaltung« (W. Lohff), ein unterschiedl. gestaltbares »*Mandat*« (D. →Bonhoeffer). Damit sind zwei gegensätzl. Positionen umrissen, von denen die beiden großen christl. →Konfessionen vorrangig geprägt sind: Im kath. Verständnis wird die F. oft von der »Seinsordnung« her gesehen (→Naturrecht), nach ev. Sicht ist sie eher, wenn auch nicht ausschließl. (vgl. die »Schöpfungsordnungen« bei P. Althaus; →Struktur, Ordnung), eine »Sollensordnung« (H. Echternach). Eine vergleichbare Polarität besteht ebenso zwischen den humanwissenschaftl. Vertretern eher »naturalist.« und eher »kulturist.« Richtungen: F. wird z.T. als »biolog. Grundstruktur« (M. P. D. Meijering), z.T. als Reflex der Produktions- und Herrschaftsverhältnisse (W. Reich, M. Horkheimer u.a.) eingestuft. Vermittelnde Positionen betonen soziol. die gegenseitige Beeinflussung und Begrenzung naturalist. und kulturist. F.nstrukturen, theol. das Spannungsfeld von Schöpfungsvorgabe und jeweiliger Gestaltungsaufgabe. Das spannungsvolle Verhältnis von →Religion(en) bzw. Konfessionen und F. ist darüber hinaus Gegenstand religionsvergleichender Untersuchungen, in denen die grundlegende Bedeutung der Religion(en) für die Gestaltungsfragen der F. dargestellt wird.

*II.* Im →*NT* setzt sich →Jesus dreifach mit jüd. F.nrecht und seiner Praktizierung auseinander: Obwohl die Tradition der *Elternehrung* (Ex 20,12) nach Lk 2,49 einen auffälligen Bruch erfährt, setzt er sie entgegen der pharisäi. Aufweichung (Mt 15,5f.) wieder in Geltung. Er verschärft das traditionelle *Ehebruchsverbot* (Ex 20,14) erhebl., indem er zum einen das Begehren dem Tun gleichstellt und zum anderen den Ehebruch bei →Mann und →Frau gleich bewertet (Mk 10,11f.; Mt 5,27f.). Er hebt das Gesetz, das die *Scheidung* erlaubt (Dtn 24,1), konsequent auf, stellt Scheidung und Ehebruch auf eine Stufe, bewertet beides als →Sünde und behauptet, daß das Verhältnis der →Verantwortung auch bei korrekt vollzogener Scheidung fortdauert (Mk 10,12 u.ö.; Mt 5,32). Gleichwohl steht der Wille Gottes noch *über* den familiären Bindungen (vgl. Mk 3,31-34, wo die →Gemeinde zu Jesu »Wahlverwandtschaft« erklärt wird). Im →Urchristentum durchdringen sich eine ausgeprägte F.nkultur und ein Bewußtsein der Gottesf.: Die F. wird in Ehren gehalten, geschützt und steht zugleich als etwas Relatives unter »eschatolog.« Vorbehalt (z.B. 1 Kor 7,29-34; 29: »Damit auch die, welche Frauen haben, so seien, als hätten sie keine«; →Eschatologie). Das familiäre Miteinander wird zum →Symbol für das christl. Sozialverhalten überhaupt; was in der F. gilt, soll auch in der neuen Sozialform »christl. Gemeinde« gelten und umgekehrt (z.B. 1 Tim 5,1f.). Die urchristl. F.nethik betont das Recht des jeweils Schwächeren (vgl. Eph 4 und 5); die Machtfrage wird durch ein Ermahnungssystem (sog. Paränese) gelöst, das die *gegenseitige Angewiesenheit* und *wechselseitige Untergebenheit* (z.B. Eph 5,21) – in →*Liebe* (5,25) – betont: weil so die Jesusbeziehung sich in Menschenbeziehung spiegelt.

*III.* Unter Berücksichtigung aller sozialgeschichtl. Veränderungen der F. läßt ein christl. F.nethos die F. heute als den Ort sehen, wo 1. die *Beteiligung an Gottes Schöpfungswerk* konkret werden kann; 2. *Liebesfähigkeit* vom Kleinkindalter an entwikkelt werden kann; 3. erlernt werden kann, wie →Konflikte und →Aggressionen ausgetragen und gelöst werden können, ohne den einzelnen und das Ganze zu zerstören, wo *Vergebung* gewährt und erfahren werden kann; 4. angstfreies *Geben und Nehmen, Gelten und Geltenlassen* eingeübt werden können; 5. Menschen miteinander und aneinander *reifen* (F. = »reifendes Wir«, F. Künkel); 6. sich →*Individualität* und »*Gesellschaftsfähigkeit*« miteinander entwickeln; 7. in menschl. Beziehungen übergreifender →*Lebenssinn* abgebildet und erfahren werden kann; 8. am Ende auch das *Einander-Lassen* und *-Loslassen* eingeübt werden können.

*Lit.: S. Keil:* F., in: Theol. Realenzyklopädie 11, 1-23 (Lit.). – Ethik der Religionen – Lehre und Leben, Bd. 1, München/Göttingen 1984 (Lit.). – *G. Kehrer:* Religion und F., in: *B. Gladigow/H. G. Kippenberg (Hg.):* Neue Ansätze in der Religionswissenschaft, München 1983, 75-95.

*Horst Seibert*

**Fanatismus** wird von drei lat. Wörtern abgeleitet: *fanum* (das Heilige, Heilbringende, der geweihte Gegenstand, Ort), *fanaticus* (von einer Gottheit in rasende Begeisterung versetzte Person), *fanari* (umherrasen). F. ist die Haltung bzw. der Zustand einer Person oder Masse, gekennzeichnet durch methodisch und inhaltl. unproportionierten und *rücksichtslosen Einsatz für* irgendwelche →*Werte*, Grundsätze, Ideale, Ideen, die als absolut, unantastbar, heilig angesehen werden. Solche Menschen werden mit dem recht schillernden Begriff »fanatisch«, »Fanatiker« charakterisiert. F. gesellt sich oft mit der Fähigkeit zum Fanatisieren, sich gegenseitig, andere Personen, eine Masse zum F. anzustacheln.

*A.* F. kennt in Geschichte und Gegenwart bei Völkern und Einzelpersonen vielerlei *Nuancen* der Intensität und Erscheinung. F. manifestiert sich darüber hinaus entweder als eine anthropolog. zentrale oder als eine Randeigenschaft des Menschen. In beiden Fällen kommt F. sowohl als Alltagsphänomen als auch als psych. Krankheit vor. F. ist stets gekennzeichnet durch *Vereinfachungen und Verallgemeinerungen*, die mit einer maßlosen Intensität der Triebe, →Gefühle, Gedanken und mit einer amoral. Skrupellosigkeit in der Wahl von Mitteln und Methoden vertreten und verteidigt werden, die als wahr, heilig, unantastbar gelten. Fanatiker finden stets etwas, was ihr →Bedürfnis nach dem →Absoluten und nach Absolutheitsansprüchen zu befriedigen scheint. Dieses Etwas ist weitgehend austauschbar und in jedem Lebensbereich des Menschen, nicht zuletzt im Bereich des Religiösen, des Kirchlichen und des (vermeintl.) Christlichen auffindbar.

*B.* Kein Mensch ist vor fanat. Überfällen aus seiner Mitwelt oder aus seinem Unbewußten gefeit. Die Fähigkeit des Menschen, etwas *Absolutes* zu vertreten, verschafft ihm einerseits die Möglichkeit, sich mit Idealismus für etwas zu begeistern, bedeutet andererseits für ihn die *Dauergefahr*, unbeherrscht und starr die Wirklichkeit durch F. zu pervertieren. *Mangel an Selbstvertrauen*, Verlangen nach Geborgenheit, Heiligkeit, Sicherheit und Unantastbarkeit (→Tabu), Affekt- und Beziehungsstörungen, übersteigerte Wertbedürfnisse gerade im geschichtl. und gesellschaftl. Wandel der →Normen und Werte, Kompensationsbedürfnisse und Sendungsbewußtsein können F. bewirken.

*C.* →*Erziehung* zu wirklichkeitsoffenem Menschsein, Unterscheidung der Geister wirken vorbeugend. Das *Gleichgewicht* in der Person und in der Bewertung der Wirklichkeit wiederherzustellen ist Aufgabe der mitmenschl. Begegnung, der Humanwissenschaften und bes. der →Psychotherapie, der Pastoraltheologie und der Vielfalt der pastoralen Aktivitäten.

*Lit.: W. Dantine:* Der Heilige und der unheilige Geist, Stuttgart 1973. – *E. Hoffer:* Der Fanatiker, Reinbek 1965. – *J. Rudin:* F., Olten/Freiburg 1965. – *A. M. J. M. Herman van de Spijker:* De Heilige Schrift als bron van fanatisme?, in: Schrift in veelvoud, FS für J. J. A. Kahmann, Boxtel 1980, 262-279.

*A. M. J. M. Herman van de Spijker*

## Faschismus

*A.* Der *Begriff* F. kommt aus dem ital. *fascismo* (fascio = Rutenbündel mit Beil, von den Liktoren den röm. Konsuln und Prätoren vorangetragen) und bezeichnet zunächst eine seit Ende des 19. Jh.s in Italien auftretende agrarrevolutionäre Bewegung. 1919 übernahm Mussolini das Wort für die »fasci di combattimento« (Kampfbünde), die er gründete. Der Begriff wurde nach 1922 auf das Herrschaftssystem *Mussolinis*, später auf strukturell verwandte Parteien und Regime übertragen. In den erbitterten polit. Auseinandersetzungen der Zwischenkriegszeit gewann er eine polem. Qualität, die ihm z.T. bis heute anhaftet.

*B.* Die faschist. Bewegung in *Italien* formierte sich nach dem Ersten Weltkrieg sowohl als von G. d'Annunzio (1863-1938) wortgewaltig geschürter Protest gegen die unzulängl. Erfüllung der ital. Kriegsziele in den Versailler Friedensverträgen wie auch als Gegenterror gegen die häufig terrorist. Regsamkeit der ital. Kommunisten. Die Bewegung, seit 1921 als Partei organisiert, bildete einen Wehrverband ehemaliger Frontkämpfer (Schwarzhemden), mit denen Mussolini 1922 den »Marsch auf Rom« durchführte. Der König ernannte Mussolini zum Regierungschef. Durch rücksichtslosen Einsatz von Propaganda und Parteiterror (1924 Ermordung des sozialist. Abgeordneten Matteotti) wurde Italien in der Folgezeit zu einem *faschist. Staat* umgestaltet, der in der Theorie vollständig von der Partei und ihrem »Duce« (Führer) beherrscht wurde, in Wirklichkeit jedoch weitgehend selbständig neben der Partei erhalten blieb. Die Ereignisse in Italien wurden vielfach bestimmend für die Vorstellungen faschist. Bewegungen in anderen europ. Ländern, z.B. in Deutschland (→Nationalsozialismus), Ungarn, Rumänien, Frankreich, Belgien, England, Spanien und der Schweiz. Umstritten ist, ob Regime der Nachkriegszeit wie in Argentinien (Peron), Ägypten (Nasser), Chile (Pinochet) und anderen Ländern faschist. waren bzw. sind.

*C.* Gleichzeitig mit dem Auftreten einer faschist. Bewegung und Partei und in enger Abhängigkeit von deren polit. Entwicklung entstand eine breite Diskussion über die *Theorie* des F., häufig angesiedelt in der Nähe der polit. Auseinandersetzung mit ihm. Verstand sich der ital. F. als *antiindividualist.*, *antiliberale, antisoziale* Erneuerungsbewegung mit Betonung von →Familie, →Volk, →Staat, →Geschichte und →Religion zur Bewältigung des Lebenskampfes, so begreift die orthodox-marxist. Theorie den F. als reaktionäre Waffe des Großbürgertums, das sich die ökonom.-psycholog. Krise des Kleinbürgertums und der Arbeiter zunutze macht und beide so geschickt organisiert, daß dadurch die Macht dies Kapitals gestärkt wird. Die liberalen Theorien sehen ihre Überzeugung von der Möglichkeit menschl. Rationalität durch den F. wie durch den Bolschewismus in Frage gestellt und entwickelten das Konzept des »Totalitarismus«, bezogen auf den Etatismus des F. und sein Streben nach einer Allmacht des Staatlichen. Die phänomenolog. Theorie des F. sieht die Erscheinung von folgenden Kennzeichen geprägt: Entstanden in einer Krise des parlamentar. Systems als Vereinigung von Kriegsteilnehmern zur Sinngebung des Krieges in verbreiteter Kriegsverneinung, bekämpfte der F. den →Marxismus, zu dem er jedoch auch in eigentüml. Nähe stand. Er führte den *imperialist. Nationalismus* weiter und entwikkelte rasch eine Ideologie, obwohl er sich als »untheoret.« verstand.

*Lit.: E. Nolte (Hg.):* Theorien über den F. (Neue Wissenschaftl. Bibliothek), Köln, 3. Aufl. 1972. – *Ders.:* Der F. in seiner Epoche, München 1963. – *W. Wippermann:* F.theorien (Erträge der Forschung 17), Darmstadt 1976.

*Volkmar Wittmütz*

## Fastnacht

*A.* In schwäb.-alemann. Gebieten »Fasnacht« oder »Fasnet«, in Bayern und Österreich »Fasching« und im Rheinland »Karneval« genannt, bezeichnet F. (in dieser Ausdrucksweise insbes. in und um Mainz und in Hessen gebräuchl.) ein in seinen regionalen, lokalen, überlieferungs- und herkunftsmäßigen, schichten-, geschlechts- und altersspezif. Unterschieden überaus vielschichtiges, in seiner Grundstruktur gleichwohl einzigartiges *jährl. Festgeschehen* (→Feste und Feiern) vor der Fastenzeit, allerdings zeitl. unterschiedl. ausgedehnt und rhythmisiert sowie mit schwankendem Beginn. Kollektive und öffentl. Veranstaltungen mit bes. →Sitten und Gebräuchen der Körperpräsentation (Verkleidung und Rollenwechsel; →Kleider und Masken; →Rolle), der Interaktion (→Tänze, Umzüge und Spielhandlungen: z.B. Übernahme der Stadtgewalt, das Eindringen in Privathäuser) und der →Kommunikation (z.B. Schnurren; Narrenblätter) symbolisieren handelnd die *Umkehr der natürl. und sozialen Ordnung* – potentiell – aller Dinge, spielen »verkehrte Welt« und bringen so den elemantaren Sinn von F. zum Ausdruck: »daß alles auch ganz anders sein könnte« (N. Schindler).

*B.* Derzeit fehlt in den Kulturwissenschaften der →Volkskunde und →Soziologie eine anthropolog. und sozialgeschichtl. fundierte komplexe *F.stheorie*, welche die Rückführung der F. auf (von der Kirche bekämpfte) heidn. Fruchtbarkeitskulte und →Geisterbeschwörungen in kelt., germ. und spätantiken »Vorzeiten« ebenso zu überwinden (gegebenfalls zu integrieren) vermag wie die jüngst diskutierte theologisierenden These, die F. als eine – am Zweistaatenmodell des hl. →Augustinus orientierte – christl.-kath. Institution mit katechet.-strateg. Absicht begreift (D.-R. Moser). Eine komplexere Theorie der F. dürfte freil. die unterschiedl. konfessionellen *Domestizierungsversuche* ebensowenig übersehen wie die von den F.svereinigungen betriebenen Uniformierungen und Regulierungen; auch nicht die Tatsache, daß sehr viele städt. F.svereine ihre Mitglieder hauptsächl. aus nur einer *sozialen Schicht* rekrutieren (vgl. F.-J. Grosshennrich), was darauf hinweist, daß F. selbst in der »fünften Jahreszeit« nicht die gesamte Ordnung des Alltags (→alltägl. Lebenswelt) außer Kraft zu setzen vermag.

*Lit.: F.-J. Grosshennrich:* Die Mainzer F.svereine, Wiesbaden 1980. – *J. Heers:* Vom Mummenschanz zum Machttheater. Europ. Festkultur im MA., Frankfurt/M. 1986. – *D.-R. Moser:* Perikopen- und F.sforschung, in: Jahrbuch für Volkskunde N.F. 6 (1983), 7-52. – *H. Moser:* Kritisches zu neuen Hypothesen der F.sforschung, in: Jahrbuch für Volkskunde, N.F. 5 (1982), 9-50. – *N. Schindler:* Karneval, Kirche und die verkehrte Welt, in: Jahrbuch für Volkskunde N.F. 7 (1984), 9-57 (Lit.) – *B. Scribner:* Reformation, Karneval und die »verkehrte Welt«, in: *R. von Dülmen/N. Schindler (Hg.):* Volkskultur, Frankfurt/M. 1984, 117-152. – *H. Sund (Hg.):* F. in Geschichte, Kunst und Literatur, Konstanz 1984.

*Michael N. Ebertz*

**Faust.** Der hist. *Johann Georg F.* (ca. 1480-1540) war Astrologe, Wahrsager, Heilkundiger, Alchemist und Magier. Geboren in Knittlingen stirbt er bei einem Laborunfall in Staufen/Breisgau. Die schreckl. zugerichtete Leiche bewirkt rasch wachsende Sagenbildung. Deren Ergebnis wird 1587 erstmals literarisch: Die »Historia von D. Johann Fausten« zeigt einen abenteuernden lebensgierigen Mann, der sein Seelenheil dem Teufel verkauft hat. Dank des Rezepts aus Zuckerbrot und Peitsche, aus saftigen Geschichten und schriller Warnung stellt das F.buch von 1587 die Stammutter einer bis heute reichenden Erbschaft in Literatur, Kunst und Musik dar. An Menge und Bedeutung übertrifft das F.thema jede andere Stofftradition. Marlowe, →Goethe, Th. Mann in der Literatur; Carnelius, Kaulbach, Dali in der Malerei; Berlioz, Gounod, Reutter in der Musik – sind nur die prominentesten Beispiele aus einem Korpus, das längst über 20.000 Titel auch der Sekundärliteratur umfaßt.

Der Motivkern bleibt über die *Rezeptionsgeschichte* weiterhin konstant: Ein Mensch will mehr Macht, Wissen, Sinnen- und Lebensgenuß, als ihm von sich aus zu erreichen mögl. ist. Die Hölle verschafft ihm das Gewünschte, sein Ende aber ist zweifelhaft. – Daß der F. Goethes gerettet wird, bleibt allen Interpretenmühen zum Trotz ein Paradoxon, das sich allenfalls mit dem hier freil. prekären Gnadenbegriff (R. →Schneider) auflösen läßt.

*Lit.: H. Henning:* F. in fünf Jh.en. Ein Überblick zur Geschichte des F.-Stoffes vom 16. Jh. bis zur Gegenwart, Halle/Saale 1963. – *G. Mahal:* F. Leben, Wirken und Zeit des großen dt. Magiers, Bern/München 1980. – Diverse Publikationen des F.-Archivs, Knittlingen.

*Günther Mahal*

**Feindschaft**

*A.* F. bezeichnet einen Zustand, in dem sich einzelne →Menschen, →Gruppen oder →Völker in unversöhnl. →Haß und tiefem Mißtrauen gegenüberstehen. →Vorurteile und/oder →Ideologien schaffen *Feindbilder* und Sündenböcke und tragen so dazu bei, einen Zustand gegenseitiger Feindseligkeit aufrechtzuerhalten. Je labiler, mit Gefühlen der Unterlegenheit und Kränkung erfüllt, der innere Zustand eines einzelnen oder einer Gruppe ist, desto stärker wird das, was an einem selbst als hassenswert erscheint, auf den Gegner oder die andersartige Minderheit übertragen. Ein solches Feindbild stärkt den inneren Zusammenhalt, verdeckt die eigene Schwäche und Unsicherheit und liefert letztl. die Rechtfertigung für gewalttätige Aktionen (die »gute« Abwehr gegen die aggressiven »Bösen«). Vor allem in einem Klima von →Autoritätshörigkeit, →Gehorsam und →Anpassung, in dem der einzelne nur in geringem Maß krit. Ich-Stärke und Selbstverantwortung entwikkeln kann (→Entwicklungspsychologie), gedeihen Vorurteile und Feindbilder.

*B.* Das Gebot der Feindesliebe im →Christentum hat häufig zu einer heuchler. *Unterdrückung aggressiver Impulse* geführt und doch selten den Aufbau von Vorurteilen und Feindbildern verhindert. Es hat entscheidend zur Abwertung und Verurteilung aggressiver →Gefühle beigetragen und damit die Illusion verstärkt, als ob menschl. Beziehungen ohne das ständige Miteinander von Antipathie und Sympathie, Ärger und →Liebe sein könnten. Das hat zur Folge, daß in den westl. →Gesellschaften einer oberflächl. zur Schau getragenen Freundlichkeit eine zunehmende tatsächl. Brutalisierung und →Gewalttätigkeit gegenübersteht. Dabei hat die christl. →Anthropologie mit ihrer Betonung auf →Entfremdung des Menschen die Möglichkeit, das Miteinander widerstreitender Gefühle und Impulse realist. anzunehmen. Gerade ihre Verleugnung führt zur Verdrängung, zur Projektion auf →Minderheiten oder vermeintl. Feinde und macht sie dadurch um so gefährlicher.

*C.* Der christl. →Glaube sollte dazu anleiten, einerseits Feindbilder und die entspr. Ideologien zu entlarven und zu relativieren, andererseits →Aggressionen in Beziehungen spieler.-konstruktiv auszuagieren, statt sie zu verdrängen. Darüber hinaus kann *Nächstenliebe*, verstanden als Fähigkeit, sich in die →Ängste und Sicherheitsbedürfnisse des anderen einzufühlen und ihnen im eigenen Verhalten Rechnung zu tragen, dazu beitragen, Traditionen der F. und des Hasses zwischen Gruppen und →Nationen zu überwinden.

*Lit.: S. →Aggression, →Haß.*

*Michael Klessmann*

**Feministische Theologie.** Von ihren eigenen Voraussetzungen her profiliert sich f.Th. als Theorie einer Bewegung. Dahinter verbirgt sich die Entstehungsgeschichte f.rTh. als Bewegung von Frauen im ökumen. Kontext, als Frauenordinationsbewegung sowie als durch die Frauenbewegung inspirierte wissenschaftl. Disziplin. F.Th. ist sowohl Sprachrohr einer Bewegung als auch wissenschaftl. →Theologiekritik. *Zielsetzung* jeder f.nTh. wie der Frauenbewegung insgesamt ist die Überwindung des Patriarchats, das den »kleinen Unterschied« zu einer sozialen, kulturellen und rel. Kategorie werden läßt, welche die Frauen ausgrenzt und abwertet (→Frau; →Mann).

*A.* Im Kontext *ökumen. Bewegung* dokumentieren die Vollversammlungen des →Ökumen. Rates der Kirchen schon seit 1948 eine beeindruckende Tradition von Appellen zur Befreiung der →Frau. Wichtig für die Entwicklung f.rTh. in Europa wurde diese Organisation, da sie als Forum für internationale Frauenkonferenzen diente. Auf der ersten internationalen europ. Konsultation christl. Frauen 1978 »Auf der Suche nach einer f.nTh.« stellten f. Theologinnen wie C. J. M. Halkes und E. Moltmann-Wendel f.Th. als eine Neukonzeption von Theologie vor. F.Th. tritt als explizite Theologie von Frauen für Frauen erst gegen Ende der 70er Jahre in Europa in Erscheinung, zu einem Zeitpunkt, als christl. gesinnte und engagierte Frauen nicht mehr nur als Einzelkämpferinnen auftreten mußten, sondern als (Vor- )Kämpferinnen einer Bewegung. Seit Beginn der 80er Jahre gibt es erste Versuche, f.Th. als universitäre Fachdisziplin zu institutionalisieren. Über die Kämpfe um ihre Präsenz als theol. Frauenforschung hinaus versteht sich f.Th. als Theologie- (R. Radford Ruether), Kultur- (Halkes) und Wissenschaftskritik (E. Schüssler-Fiorenza).

*B.* Als *Theologiekritik* diskutiert f.Th. die Bedeutung männl. Gottesbilder (M. Daly), verschwiegene Frauentraditionen in der →Bibel (B. Brooten), Ansätze einer neuen Mariologie (Radford Ruether, Halkes), Profile einer weibl. Spiritualität (E. Sorge), den Stellenwert der Person Jesu für die Frauen (L. Schottroff), Ansätze einer ganzheitl. →Anthropologie (C. Mulack). In der *bundesrepublikan. Diskussion* sind die Suche nach matriarchalen Weiblichkeitskonzepten (H. Göttner-Abendroth) sowie der Vorwurf →Antisemitismus (M. Wackers Kritik an G. Weiler, Schlangenbrut, Heft 16-18) als neuralg. Punkte der Binnendiskussion hervorzuheben. Auffallend ist hier eine bevorzugte Übernahme der →Jungschen Psychologie (M. Kassel) für das Formulieren der Vision einer »Gemeinschaft von Männern und Frauen«, die jedoch nicht von allen Theologinnen geteilt wird. Die nordamerik. Diskussion geht mit ihrer Orientierung auf hermeneut. Grundsatzprobleme sowie der Einbindung von Rassen- und Klassenproblemen darüber hinaus. In den Niederlanden ist die Bevorzugung ideologiekrit. Ansätze, die Rezeption postmoderner philos. Positionen (J. Lacan, L. Irigaray) sowie eine interdisziplinäre Ausrichtung zu beobachten

Die Nachzeichnung des *wissenschaftskrit.* Charakters f.rTh. steht in Europa – wo Frauen noch kaum Zugang zu theol. Forschung haben – noch in den Anfängen (H. Meyer-Wilmes). Über die Rezeption interdisziplinär geführter Methodologiediskussionen (Mies, Harding, Fox Keller) sowie der hermeneut. Reflexion hist. Bibelforschung (Schüssler- Fiorenza) beginnt sich f.Th. als Wissenschaftsdisziplin zu formieren. Einig sind sich f. Theologinnen in der Aufnahme gesellschafts- und kulturkrit. Dimensionen f.rTh., die je nach Position/Tradition explizit (R. Rieger, Halkes, C. Schaumberger, S. D. Welch) oder implizit formuliert werden (D. Sölle, Moltmann-Wendel). Die *Vielfalt* und Verschiedenheit f.rTh. verweist auf das Anwachsen eines krit. Frauenbewußtseins und dokumentiert einen Prozeß zunehmender Ausdifferenzierung.

*C.* Ein Blick auf die Situation f.rTh. im *internationlen Vergleich* zeigt ein deutl. Gefälle bezügl. der *Verankerung* an den Universitäten und in den Kirchen. In der Spannung von →Autonomie und Integration gibt →Integration gibt es in den USA und den Niederlanden erste organisierte Ansätze einer egalitären Frauenkirche, die sich größtenteils unabhängig von der Amtskirche etabliert. In der Bundesrepublik reduziert sich der organisator.

Zusammenhalt auf Netzwerke und internationale Konferenzen. Die universitäre Verankerung f.rTh. ist in den USA und den Niederlanden über die Einbindung von Theologinnen in Zentren für Frauenstudien fast vollständig gelungen (wenn auch zeitl. befristet), in der Bundesrepublik Deutschland ist diese von der Bereitschaft der wenigen Theologieprofessorinnen abhängig, f. Inhalte in Forschung und Lehre zu thematisieren.

*Lit.: B. Brooten/N. Greinacher (Hg.):* Frauen in einer Männerkirche, München 1982. – *M. Daly:* Jenseits von Gott Vater, Sohn und Co., München 1980. – *E. Fox-Keller:* Liebe, Macht und Erkenntnis, München 1986. – *H. Göttner-Abendroth:* Die Göttin und ihr Heros, München 1980. – *C. Halkes:* Gott hat nicht nur starke Söhne, Grundzüge einer f.n.Th. (Gütersloher Taschenbücher/Siebenstern 371), Gütersloh, 5. Aufl. 1987. – *M. Kassel (Hg.):* F.Th., Stuttgart 1988. – *H. Meyer-Wilmes:* F.Th. als theol. Frauenforschung, in: *I. Cremer/D. Funke (Hg.):* Diakon. Handeln, Freiburg 1988. – *E. Moltmann-Wendel:* Das Land, wo Milch und Honig fließt. Perspektiven einer f.n Th. (GTB Siebenstern 486), Gütersloh, 2. Aufl. 1987. – *C. Mulack:* Jesus der Gesalbte von Frauen, Stuttgart 1987. – *R. Radford Ruether:* Sexismus und die Rede von Gott. Schritte zu einer anderen Th. (GTB Siebenstern 488), Gütersloh 1985. – *Dies.:* Frauenbilder – Gottesbilder. F. Erfahrungen in religionsgeschichtl. Texten (GTB Siebenstern 490), Gütersloh 1987. – *R. Rieger:* Frauen-Arbeit und f.Th., in: *M. Maaßen/C. Schaumberger (Hg.):* Handbuch F.Th., Münster 1986. – *C. Schaumberger (Hg.):* Weil wir nicht vergessen wollen..., Münster 1987. – *L. Schottroff:* Jesus und die Frauen, in: *L. Siegele-Wenschkewitz (Hg.):* Verdrängte Vergangenheit, die uns bedrängt, München 1988. – *E. Schüssler-Fiorenza:* Brot statt Steine, Freiburg 1988. – *D. Sölle:* Das Fenster der Verwundbarkeit, Stuttgart 1987. – *E. Sorge:* Religion und Frau, Stuttgart 1985. – *M. Wacker (Hg.):* Der Gott der Männer und Frauen, Düsseldorf 1987. – *G. Weiler:* Ich verwerfe im Lande die Kriege, München 1984. – *S. D. Welch:* Gemeinschaften des Widerstandes und der Solidarität, Freiburg 1988.

*Hedwig Meyer-Wilmes*

**Fernsehen.** Das F. hat sich seit seiner regelmäßigen Einführung in der Bundesrepublik Deutschland zu einem Medium mit hoher *Nutzungsintensität* entwickelt; Zuschauerzahlen von 15-25 Mill. sind für einzelne Sendungen keine Seltenheit. Demzufolge unterliegt das F. aufmerksamer gesellschaftl., vor allem polit. Kontrolle.

*A.* Wegen sendetechn. Beschränkungen (Frequenzknappheiten bei Ausstrahlung durch die Luft) für die bisher beiden einzigen Fernsehveranstalter (»Arbeitsgemeinschaft öffentl.-rechtl. Rundfunkanstalten in Deutschland«, ARD: 9 Landesfunkhäuser mit ersten und dritten Programmen, sowie das »Zweite Deutsche Fernsehen«, ZDF, als Länderverbundanstalt) sind durch die Bundespost als Kompetenzträger für den sendetechn. Bereich (→Rundfunk) *Kabelnetze* (»Verkabelung«) für zukünftig ausreichend viele Programmkanäle in Auftrag gegeben worden, wobei das Netz ständig erweitert wird. Im Zusammenhang mit Urteilen des Bundesverfassungsgerichts (zuletzt 1981) ist durch diese sendetechn. Basisverbreiterung das bisherige System in Bewegung geraten. Seit 1984 sind – vorerst regional begrenzt – privatrechtl. organisierte *Programmanbieter* Nutzer der durch die Verkabelung entstandenen Kanalkapazitäten. Das Ausmaß sowie die techn. Gestaltung der Verkabelung (Kupfer- oder Glasfaserkabel) war polit. heftig umstritten. Der Prozeß der Veränderungen im Bereich der Programmanbieterstruktur muß als noch nicht abgeschlossen gekennzeichnet werden.
Mit der Verkabelung sind im Zusammenhang mit den in den Privathaushalten vorhandenen Bildschirmgeräten nun auch *andere Nutzungen* mögl. geworden: »Video-Text« und »Bildschirm-Text« (btx), »Bild-Telefon« u.a. Dabei liefert »btx« Information über das öffentl. Fernsprechnetz: Die telefon. angewählte Bildschirm-Text-Zentrale überträgt auf den Bildschirm Katalogauszüge, Bankauskünfte und dergleichen. Zusatzgeräte ermöglichen einen sog. »Dialog-Verkehr«, so daß auch im privaten Bereich ein Stil techn. →Kommunikation mögl. wird, wie er in →Organisationen der →Wirtschaft und →Verwaltung durch Bildschirm-»terminales« von Groß- und Kleinrechenanlagen in den letzten Jahren eine explosionsartige Verbreitung gefunden hat.

*B.* In Zusammenhang mit den Massenmedien überhaupt (→Medien), vor allem aber bezügl. des F.s und der Ausweitung der Zahl von Programmanbietern steht verstärkt die Frage der *Wirkung* des F.s im Vordergrund (→Video). Dabei konzentriert sich sowohl die Kommunikationsforschung als auch die allg. öffentl. Diskussion auf zwei Problemfelder: Wirkung auf →*Kinder* (vor allem von →Gewalt und Sexdarstellungen) sowie Möglichkeiten *parteipolit. Einflußnahme* auf die Bürger. Wegen größter Schwierigkeiten empir.-methodolog. Art, die u.a. im Wesen der Kommunikation begründet liegen, gibt es im Bereich der Wirkungsforschung nach wie vor keine befriedigenden, allseits akzeptierten Erkenntnisse. Unstrittig ist, daß neben der Gestaltung der Aussage und der Menge des Konsums als Wirkungsfaktor auch die Eingebundenheit des Zuschauers in meinungsmitbestimmende Bezugsgruppen (→Gruppe) zu berücksichtigen ist. Die dort vorhandenen Meinungen, Haltungen und Interessen bestimmen beim Zuschauer die Abläufe der selektiven Wahrnehmung, deren Mechanismen ihn vor allzu starker und plötzl. Verunsicherung bei der Aufnahme der Information und der Wahrnehmung von Problemen schützen.
In jedem Falle sind die Wirkungs*bedingungen* von – über Massenmedien verbreiteten – Bewußtseinsinhalten andere als in einer direkten, menschl. Kommunikation, die ja – im Unterschied zu F., →Rundfunk und →Zeitung – durch das Prinzip der unmittelbaren gegenseitigen Orientierung gekennzeichnet ist.

*C.* Insgesamt wird von Kritikern der Medienneuordnung für die Zukunft eine noch höhere Nutzung des F.s (bisher schon 10 Stunden pro Woche durchschnittl.) erwartet sowie wegen der *Konkurrenz* zwischen öffentl.-rechtl. Anbietern und privatrechtl. orientierten Veranstaltern (vermutl. wenige Unterhaltungskonzerne) eine *Verflachung* des Programmniveaus unter Annäherung an Verhältnisse in den →Vereinigten Staaten befürchtet. Sicher scheint zu sein, daß jeder, der massenmedial verbreitete öffentl. Aufmerksamkeit erreichen möchte, sich noch mehr den Gesetzlichkeiten fernsehgerechter Präsentation dramaturg. (und damit zum Teil auch inhaltl.) wird anpassen müssen. Dies geschieht in den USA z.B. im rel.-kirchl. Bereich schon durch die sog. »TV-Churches«, die allein über Bildschirmprogramme Hörergemeinden schaffen, ohne darüber hinaus auf den Aufbau persönl. Kontakte abzuzielen.

*Lit.: M. Buß:* Die Vielseher, Frankfurt/M. 1985. – *Deutsche Forschungsgemeinschaft:* Medienwirkungsforschung in der Bundesrepublik Deutschland, Weinheim 1986. – *M. Kunczik:* Kommunikation und Gesellschaft. Theorien zur Massenkommunikation, Köln/Wien 1984. – *Ders.:* Gewalt im F., Köln/Wien 1975. – *N. Postman:* Wir amüsieren uns zu Tode, Frankfurt/M. 1985. – *M. Schenk:* Medienwirkungsforschung, Tübingen 1987.

*Andreas Feige*

**Feste und Feiern** repräsentieren in kulturanthropolog. und soziolog. Sicht *»totale soziale Tatbestände«,* die – analog zum Gabentausch – rel., ästhet. und wirtschaftl. →Funktionen verflechten und so helfen, →»Gesellschaft und ihre Institutionen in ihrer Totalität in Gang (zu) halten« (M. Mauss). Allg. zeichnen sie sich aus durch spezif. zeitl. Strukturen, soziale Trägerschaften, symbol. Gegenstände und rituelle Praktiken.

*A.* Prägendes Merkmal von F.n und F. ist eine *exponierte Zeitlichkeit.* »Ein Fest hat einen Zeitpunkt und ist ein Zeitpunkt. Ein Festtag ist ein Element der Zeit« (R. Hubert). F. und F. *unterbrechen* die Kontinuierlichkeit der →Zeit, strukturieren den kollektiven und individuellen Lebensvollzug (jahres- und lebenszykl. Passagen) und machen Zeit erfahrbar. Zugleich transzendieren sie den Alltag, indem sie eine transhist., »myth.« Zeit (→Mythos) neu aktualisieren und period. das kollektive *Andenken* an bedeutende, identitätsstiftende Ereignisse reproduzieren (Geburt Christi, →Revolution, Nationengründung usw.). Diese zykl. Neubelebung myth. Zeiten trägt die zwiespältigen Züge eines befreienden und neu schöpfer. Eintauchens in einen amorphen Ursprung (Chaos) und zugleich eines rituellen *Erneuerns* der aus ihm hervorgegangenen kosm. und kulturellen →Ordnung.

*B.* F. und F. zeigen sich stets im kollektiven Handeln konkreter sozialer →Gruppen und spiegeln so die sozialen und hist. Besonderheiten des kollektiven Lebens wider. *Träger* von F.n und F. können rel. Gemeinschaften (Kirchenjahr, →Jahr), polit. Einheiten (Nationalfeiertage), soziale Bewegungen (1. Mai), Ortsgemeinden (Kirmes), Vereine (Jubiläen), Nachbarschaft (Straßenfeste) bis hin zur →Familie sein, die mittlerweile zu einem zentralen Kristallisationspunkt von F.n und F. geworden ist (kirchl. →Amtshandlungen, →Weihnachten, →Übergangsriten, →Volksfrömmigkeit).
In F.n und F. setzen sich die sozialen Trägergruppen selbst »in Szene« und erneuern rituell ihre *kollektive →Identität* und ihren Zusammenhalt. So sorgt etwa an *Weihnachten* ein ganzer Komplex von ungeschriebenen und zumeist unbewußten Verhaltensmustern dafür, diesen Sinn handelnd zu sichern. Hierzu gehört die Regel des häusl. Aufstellens eines Baumes (heute →Symbol der kindzentrierten und vollständigen Kernfamilie; denn Eheleute ohne Kinder stellen »in der Regel« keinen Baum auf); die Versammlungsregel zur Überreichung von Geschenken; Geschenke-, Auswahl-, Gegenseitigkeits- und Stufungsregeln; Mahlzeitenregeln, Besuchsregeln (Verwandte, Familiengräber, →Gottesdienst).

*C.* Die symbol. und *rituelle Einbettung* zeigt jene Zwiespältigkeit in bes. Maße: Elemente der Zerstreuung, Ausgelassenheit und Überschreitung alltägl. Konventionen gehen oft einher mit einer ausgeprägten normativen Regulierung und Ritualisierung des Handelns. F. und F. haben in der Regel einen »ernsten« *Anlaß* in der schicksalhaften Verbundenheit der Feiernden, können jedoch im Vollzug zum *Selbstzweck* werden. Die Spontaneität, die intensivierte soziale Teilhabe und Erlebnisqualität können den »Anlaß« – ebenso wie die den Alltag prägenden sozialen Zwänge – vergessen machen (so z.B. Fastnacht oder Kirchweih). Auch rel. F.und F. im engeren Sinne haben nach E. Durkheim einen ausgeprägt »rekreativen« Stellenwert: Ritual ist immer auch »Schau-Spiel«, wendet sich ebenso an Homo ludens wie an Homo religiosus (an den spielenden wie an den rel. Menschen). Zugleich erlauben F. und F. die ritualisierte (erlaubte und geordnete) *Überschreitung* von Verboten (S. →Freud) und bewirken die damit einhergehende Bestätigung und Erneuerung des Normativen. Hierbei werden alltägl. Gegenstände (Mahl, Gaben, Bekleidung usw.) und Verrichtungen (→Essen, Trinken, →Tanzen usw.) zu einem den Alltag transzendierenden Erlebnis verdichtet: Am Festtag wird *alles* »festlich«.

*D.* Im Rückgriff auf M. →Weber ist idealtypisch eine *Unterscheidung* von F.n und F. als zwei, freil. oft ineinander übergehende Formen von Vergemeinschaftung und Vergesellschaftung überlegenswert. Das *Fest* ließe sich dann als weitgehend offen geregelte Vergemeinschaftung charakterisieren, »in der aktuelles, in seiner gesteigerten Form, ekstat. Handeln institutionalisiert ist«; *Feier* hingegen könnte auf eine weitgehend geschlossen geregelte, d.h. bis ins Detail durchorganisierte, Form der Vergesellschaftung zielen, »in der wertrationales Handeln institutionalisiert ist«, unter Berufung auf eine leitende Wertidee oder Weltanschauung. Während das Fest – am reinsten z.B. ein Stadtfest, →Fastnacht oder eine Party – auf vorübergehende

»Aufhebung der alltägl. Wirklichkeit« gerichtet ist, dient die Feier – am reinsten etwa ein hierzulande übl. →Gottesdienst oder ein Begräbnisritus – der »Reflexion der alltägl. Wirklichkeit« (W. Gebhardt), dies in theol. Interpretation allerdings so, daß Aufbrüche daraus gewonnen werden können, um bereits im Hier und Jetzt die dereinst vollendete »myth. Zeit« zu erfahren.

*E.* Vertreter eines modernen Kulturpessimismus – etwa in der Spielart der →Säkularisierungstheorie – beschwören heute gerne einen mit der Erosion rel. Bindungen einhergehenden Niedergang von F.n und F. bzw. deren Sinnentleerung in Gestalt einer Privatisierung und Kommerzialisierung. Sie übersehen dabei deren – gerade im Weihnachtsfest zum Ausdruck kommende – Vitalität und Kraft zur Innovation.

*Lit.: W. Gebhardt:* Fest, Feier und Alltag, Frankfurt/M./Bern/New York/Paris 1987 (Lit.). – *H. Hubert/M. Mauss:* Mélanges d'histoire des religions, Paris, 2. Aufl. 1929. – *F. A. Isambert:* Le sens du sacré, Paris 1982. – *G. M. Martin:* Fest und Alltag, Stuttgart/Berlin/Köln/Mainz 1973. – *M. Mauss:* Die Gabe. Über Formen und Funktionen in der archa. Gesellschaft, Frankfurt/M. 1968. – *H.-J. Simm (Hg.):* Das Fest, München/Wien 1981.

*Franz Schultheis/Michael N. Ebertz*

**Feudalismus.** Im rechtshist. Sinn bezeichnet F. das *Lehnwesen* und die damit verbundenen Einrichtungen. In einem erweiterten Sinn wird F. als Typenbegriff für best. Gesellschaftsordnungen und als Epochenbezeichnung, bisweilen nur noch als polit. Schlagwort gebraucht.

*A.* Als *rechtshist. Begriff* ist der F. nur den Grundlinien nach zu beschreiben; denn die starken zeitl. und lokalen Wandlungen der gemeinten Sache vom Frühma. bis ins 18. Jh. lassen es nicht zu, von *dem* F. zu sprechen. Er ist mit seiner Verfügung von Herrschafts- und Machtmitteln nur im jeweiligen polit., sozialen und ökonom. Kontext zu bestimmen. F. wird vom mittellat. *feudum* (feodum) abgeleitet, wahrscheinl. zusammengesetzt aus *fehu-ôd* (fehu = Vieh; *ôd* = Fahrhabe, Gut). Im Gegensatz zum *alleudium* (Allod = Eigengut) bezeichnet *feudum geliehenes Gut*. Seit dem 11. Jh. breitete sich *feudum* in dieser Bedeutung in Europa aus und meinte das dingl. Substrat einer bes. Personenbeziehung. Diese entwickelte sich in fränk. Zeit aus der Königsgefolgschaft. Adelige begaben sich als Vasallen (ursprüngl. Knecht) in ein bes. Treue- und Dienstverhältnis zum König und wurden dafür aus Königs- oder Kirchengut mit einem *beneficium* (Wohltat), dem *feudum*, belohnt. Diese Kommendation bedeutete nicht einfach Unterordnung, sondern begründete ein *Vertragsverhältnis* auf Gegenseitigkeit. Für militär. und administrative Aufgaben wurde in karoling. Zeit dieser F. ausgeweitet, bis er alle Bereiche von Hoheit und Machtausübung erfaßt hatte. Die auf solche Weise an Herrschaft teilhatten, bildeten als Standesgenossen des Königs die polit. *Führungsschicht* und gesellschaftl. Elite, im Dt. Reich dann den Reichsfürstenstand. Während in England und →Frankreich über die Vasallität (Gefolgschaft) der köngl. Lehnsstaat ausgebaut wurde, lief die Entwicklung im Dt. Reich auf eine Schwächung des Königs hinaus. Das Leben verselbständigte sich; aus dem Vasallen- wurde ein Herrenrecht, das zum Auf- und Ausbau eigener lehnsrechtl. Personenherrschaft benutzt wurde. Von der Verselbständigung der Reichslehen (durch Erblichkeit und Lehnszwang) wurde nach dem Wormser Konkordat (1122) auch die Reichskirche erfaßt. Die verschiedenen und unterschiedl. personen- und sachenrechtl. Beziehungen wurden seit dem 12./13. Jh. in Lehnsbüchern aufgezeichnet und blieben im Dt. Reich als eine Art Verwaltungsrecht bis zu dessen Ende in Geltung.

*B.* Als *politikwissenschaftl. und soziol. Begriff* wurde F. seit dem 17. und 18. Jh. als Bezeichnung der ma. Gesellschaftsordnung und *Adelsherrschaft* überhaupt verwendet. Geringschätzig wies man auf die privilegierte Gruppe der Herrschenden und der unterdrückten Beherrschten hin. Die Geschichtsphilosophie setzte diese Deutung fort und sah im F. eine von Leibeigenschaft, Unterdrückung und Gewalt geprägte und zu überwindende Epoche der menschl. Freiheitsgeschichte. Der →Marxismus verallgemeinerte in Fortführung dieser Sicht den Begriff derart, daß jedes Abhängigkeitsverhältnis ländl.-bäuerl. Art als F. bezeichnet werden konnte. Vollends undeutl. wird der Begriff, wo er zur Bezeichnung eines aufwendigen Lebensstiles verwendet wird.

*Lit.: M. Bloch:* Die Feudalgesellschaft, Zürich 1984. – *O. Brunner:* F., in: Geschichtl. Grundbegriffe, Bd. II, Stuttgart 1975, 337-350 (Lit.). – *F. L. Ganshof:* Was ist das Lehnswesen, Darmstadt, 6. Aufl. 1983. – *H. Mitteis:* Lehnrecht und Staatsgewalt, Weimar 1933 (Nachdruck Darmstadt 1974).

*Isnard W. Frank*

**Feuerbach,** *Ludwig,* geb. 28.7.1804 in Landshut, gest. 13.9.1872 in Nürnberg. F.s Werk markiert in theol., mehr noch in philosophiegeschichtl. Sicht eine *Wende im Denken* des 19. Jh.s. Diese Entwicklung spiegelt sich auch in seiner Biographie: von der Jugendreligiosität und der aus ihr erwachsenen Neigung zum Theologiestudium über die Enttäuschung durch die zeitgenöss. Theologie zum Prinzip der Vernunft in →Hegels Philosophie und – nach dem Bruch mit Hegel – zum Gedanken des →Menschen und schließl. der →Natur sowie zum →Materialismus und Sensualismus.

Unter dem Einfluß, aber entgegen der Intention der idealist. Philosophie (→Idealismus) versteht F. das Christentum als Religion des reinen Selbst, in der zwar die →Person, nicht aber die →Natur und die Vernunft erlöst seien. Schon in dieser vom Vernunftprinzip bestimmten Periode entwirft F. in den anonym erschienenen »Gedanken über Tod und Unsterblichkeit« (1830) die Methode seiner

Kritik: die *Vertauschung von Subjekt und Prädikat* in rel. Aussagen, so daß als eigentl. Gehalt z.B. des Satzes: »Gott ist die Liebe« der Satz erscheint: »Die Liebe ist göttlich.« Entgegen →Hegels Annahme, daß die Religion im Denken gründe, sieht F. das Wesen der Religion in Phantasie und Gemüt sowie - in wörtl. Anknüpfung an →Schleiermacher – im Gefühl. Er zieht daraus die Konsequenz, daß Gott dann nichts als das *Wesen des Gefühls* sei. Diese Position entfaltet F. nach seinem Bruch mit Hegel in seinem Hauptwerk »Das Wesen des Christentums« (1841). F.s Kritik beschränkt sich im wesentl. auf die Analyse des Ursprungs der Religion. Sie findet ihn in der Entäußerung des Wesens des Menschen, die in der Religion selbst nicht durchschaut wird. Als Geheimnis der spekulativen Philosophie enthüllt F. die Theologie und als deren *Geheimnis die →Anthropologie*. Er reduziert damit den Gottesgedanken auf das Gattungswesen des Menschen, zugleich erhebt er dieses zur Gottheit. Seinen eigenen Standpunkt versteht F. deshalb nicht als →Atheismus, sondern als »Anthropotheismus« (Vermenschlichung Gottes). Neben der »*Projektion* des menschl. Wesens (und in wenig geklärtem Verhältnis zu ihr) nennt F. als weitere Ursprünge der Religion den Wunsch und, von seiner Schrift »Das Wesen der Religion« (1846) ab – wiederum in wörtl. Anknüpfung an Schleiermacher –, das *Gefühl der Abhängigkeit* von der Natur. Die »Vorlesungen über das Wesen der Religion« (1848/49) und die »Theogonie« (1857) suchen diese Deutung ausführl. zu belegen.

F.s anthropozentr. Religionskritik hat die Theologie vor eine radikal neue Situation des Verständnisses der Religion und der Begründung einer Rede von Gott gestellt. Doch ist seine *Kritik* nicht ledigl. destruktiv. Sie entwirft ein Programm der →Emanzipation und *Humanisierung* des Menschen durch Rückholung der Projektion des Wesens des Menschen in das Jenseits seiner selbst: Nach der Kritik des zur Gottheit vergegenständlichten Wesens des Menschen werde der Mensch zum Gott (»homo homini Deus«) statt zum Wolf des Menschen (»homo homini lupus«). Der gängige Einwand gegen F.s Kritik, die bloße Enthüllung der Projektionsstruktur oder der Übereinstimmung Gottes mit den Wünschen des Menschen beweise nichts gegen die Existenz Gottes, übergeht F.s Voraussetzung, daß alle traditionellen Stützen des Christentums – als letzte die Philosophie Hegels – ihre Tragkraft eingebüßt haben. Radikale Einwände richten sich dagegen, daß F.s Rede vom Wesen des Menschen und seine Orientierung an der Natur die Geschichte und insbes. die gesellschaftl. Verhältnisse außer acht lasse (K. Marx, F. Engels) oder daß diese Rede selbst noch ein undurchschautes rel.-metaphys. Relikt sei (M. Stirner).

*Lit.: S. Rawidowicz:* Ludwig F.s Philosophie, Berlin 1931, 2. Aufl. 1964. – *H.-M. Sass:* Ludwig F., Reinbek 1978. - *U. Schott:* Die Jugendentwicklung Ludwig F.s bis zum Fakultätswechsel 1825, Göttingen 1973.

*Walter Jaeschke*

**Fichte,** *Johann Gottlieb,* geb. 19.5.1762 in Rammenau in der Oberlausitz, gest. 29.1.1814 in Berlin. Besuch der »Fürstenschule« Pforta bei Naumburg, Studium der Theologie in Jena und Leipzig. Als Hauslehrer befaßte er sich mit der krit. Philosophie I. →Kants. In seiner Schrift »Versuch einer Critik aller Offenbarung« (1791) untersucht er die Möglichkeitsbedingungen von →*Offenbarung* auf dem Hintergrund der Möglichkeit von →Religion. Dabei stellt sich ihm die Frage, wie sich die →Autonomie der menschl. →Vernunft mit dem Sittengesetz vereinbaren läßt, das jedes Handeln kategor. bestimmt. Die Vernunft leitet ihren prakt. Maßstab aus Gottes Offenbarung, dem Prinzip des moral. Willens, ab. Der – zunächst Kant zugeschriebenen – »Critik« verdankt F. seine Berufung an die Universität Jena (1794). In der »Grundlage der gesammten Wissenschaftslehre« (1794/95) entwickelt F. den Gedanken des *Reflexionsbewußtseins,* das in beständiger, method. Selbstkontrolle die Form und das Prinzip seines Reflexionsaktes rekonstruiert. Die Reflexion wendet sich auf sich selbst zurück, so daß der Reflektierende im Reflexionsakt zugleich die Bedingungen mitreflektiert, unter denen der Akt steht. F. sieht das Bewußtsein so als einen Akt, der sich selbst auf sein Prinzip hin durchschaut (»intellektuelle Anschauung«). Dabei erkennt der Reflektierende zugleich, daß ihm – vermittelt durch die formale Struktur des Bewußtseins – materiale Inhalte begegnen. Anschauung, Vorstellungen sowie die Reflexion darüber werden zu konkretem Realitätswissen gestaltet. Diese Tätigkeit nennt F. *»productive Einbildungskraft«* des Bewußtseins.

F.s philos. Konzept ist also →transzendental, da es die objektive Welt dem Bewußtsein nicht absolut voraussetzt, ohne dadurch das Bewußtsein zum Ursprung der Wirklichkeit zu machen (→Apriori). Die Wirklichkeit muß im Wissensakt formal durch das Bewußtsein nachgebildet werden, so daß wir von der Wirklichkeit nur ein Wissensbild haben. Das Vermögen, transzendentales Wissen zu erzeugen, nennt F. →Vernunft oder »Thathandlung«. Der Verwechslung dieses Vernunftbegriffs mit F.s Gottesbegriff brachte ihm 1798 den Vorwurf des →Atheismus ein. Gott werde durch die Leistung der Vernunft entmachtet und zu deren abhängigem Konstrukt; Gott werde zum Deduktionsgrund für das Sittengesetz und dessen Anspruch; die Vernunft werde mit göttl. Möglichkeiten ausgestattet. F. gelang es nicht, sich gegen den aus dem Umkreis seines Gegners F. Nicolai (1733-1811) stammenden Vorwurf zu wehren. Er kostete ihn – nicht zuletzt unter Mithilfe →Goethes – 1799 seinen Lehrstuhl in Jena.

In der Zeit bis zu seiner Berufung nach Erlangen (1805) entwickelte F. die *Wissenschaftslehre* zur »Ersten Philosophie«. Die Gesamtheit der Vernunftwirklichkeit wird durch Reduktion auf ihr absolutes, rechtfertigendes Erstes Prinzip zurückgeführt und durch Deduktion als dessen Erscheinung entfaltet und begründet. Gehalten wird die Wissenschaftslehre durch die Wahrheits- und Gotteslehre. Gott als reines, innerlich eines Absolutes, ist das unhinterschreitbare und alle Vernunfttätigkeit aufhebende Prinzip, das den gesamten Erscheinungszusammenhang von Vernunft und Wirklichkeit eröffnet. F. entwickelt als erster eine vollständige →Transzendentalphilosophie, die alle nachfolgenden Systembildungen des 19. Jh.s bestimmte (→Schelling, →Hegel, →Schleiermacher). In seiner Moralphilosophie thematisierte F. den *Freiheitsgedanken* in neuer Form. Freiheit ist der Akt vernünftig reflektierter Selbstbestimmung. Durch die ihrer Möglichkeiten bewußte Willensentscheidung bestimmt der einzelne sich auf der Grundlage der allg. Vernunft und, indem er dem Aufruf Gottes zur Wahrheit entspricht, zum Individuum in sittl. Verantwortung. Bezugspunkt aller Verantwortlichkeit aber ist *Gott*, der im Vernunftaufruf (»Sollen«) die freie Entscheidung zur →Liebe und zum →Glauben zugleich ermögl. und hervorruft. So geht die vernünftige Moralität des Individuums zum begründeten rel. Glauben über. Bis heute beurteilt man das erste prinzipiell vollständige System der Transzendentalphilosophie eher zurückhaltend, obwohl es durch seine Erkenntnistheorie, seine Logik, seine Moralphilosophie wesentliche Anregungen zum wissenschaftl. Selbstverständnis der Philsosophie und Theologie zu geben vermag.

*Lit.: J. G. Fichte:* Gesamtausgabe der Bayer. Akademie der Wissenschaften, hg. von R. Lauth u.a., Stuttgart-Bad Cannstatt 1962ff. – *W. G. Jakobs:* Johann Gottlieb F., Reinbek 1984 (Lit.). – *J. Widmann:* Johann Gottlieb F., Berlin/New York 1982.

*Christoph Riedel*

**Fideismus** (von *fides,* Glaube) ist der Standpunkt, dem zufolge der Zugang zur Wirklichkeit des Glaubens nicht über rationale Reflexion oder Argumentation (→Vernunft), sondern ausschließl. durch die unmittelbare Einwirkung des Glaubens, eines *Gefühls* oder auf die *Autorität* einer (Ur-)Offenbarung oder einer (Glaubens-)Tradition hin erreicht wird.

*A.* Im allg. Sinn ist die Grundhaltung von W. von →Ockham (1290-1349), B. →Pascal (1623-1662), J. G. Hamann (1730-1788) und S. →Kierkegaard (1813-1855) fideist. zu nennen. Das 19. Jh. ist gekennzeichnet durch eine zunehmende Spannung zwischen einer rationalen Behandlung von Religion (Frucht der →Aufklärung) und (als erste Reaktion darauf) einer mehr gefühlsmäßigen Haltung gegenüber Religion und Glauben. *F. →Schleiermachers* (1768-1834) Bestimmung der Religion als »Anschauung und Gefühl« in seinen bahnbrechenden Reden »Über die Religion ... an die Gebildeten unter ihren Verächtern« (1799) ist eine scharfe Reaktion gegen den Rationalismus vieler Anhänger der Aufklärung und hat ein Klima geschaffen, in dem der F. aufblühen konnte. Doch wird F. nicht als Ehrentitel einer best. Strömung beansprucht; meistens dient der Begriff in polem. Zusammenhängen als abwertende Positionsbestimmung.
Fideist. nannte man in der kath. Theologie des 19. Jh.s die *franz. Theologen* Ph. O. Gerbet (1798-1879), A. Bonnety (1798-1879) und vor allem L. Bautain (1796-1867). Im Streit um den rechten Zugang zum Glauben (→Apologetik, →Fundamentaltheologie) wurde ihre – antirationalist. und antisubjektivist. – Theologie als extreme Reaktion auf den →Rationalismus verurteilt. Theologiegeschichtl. ist dieser F. Teil des Traditionalismus, einer ebenfalls antirationalist. Strömung, die aber nicht auf Frankreich beschränkt blieb. Der zweite hist. Kontext, in dem der Begriff auftauchte, ist die Theologie der franz. Theologen A. Sabatier (reform., 1839-1901) und E. Ménégoz (luth., 1838-1921). Ihr Standpunkt richtete sich eher gegen die Notwendigkeit von Glaubensformulierungen als gegen einen rational verantworteten Zugang zum Glauben. Sie verstanden sich als die konsequenten Fortsetzer des »sola fide« (»Allein durch Glauben«, M. →Luther). Selbst interpretierten sie ihren Standpunkt als »Symbolofideismus«.

*B.* In der *gegenwärtigen Theologie* sind eine wachsende Betonung der unmittelbaren Erfahrung sowie die Abkehr von einer allzu intellektuellen Erhellung des Glaubens zu beobachten. Von kath. Seite spielt die Reaktion gegen den neuscholast. Extrinzesismus (→Neuscholastik) sowie der intellektualist. Zuschnitt des traditionellen →Katechismus eine wichtige Rolle. K. →Rahner spricht in diesem Zusammenhang sogar von einer »fideist. Mode«. Diesen Tendenzen stehen allerdings die Gefahren des →Fundamentalismus, eines Offenbarungspositivismus gegenüber. Darum ist ein gutes Verhältnis zwischen fideist. und rationalem Zugang zum Glauben in der Gegenwart unerläßl.

*Lit.: N. Hötzel:* Die Uroffenbarung im franz. Traditionalismus, München 1962. – *P. Poupard:* F., in: Sacramentum mundi, Bd. 2, Freiburg 1968, 23-26.

*Nico Schreurs (Übers. Hermann Häring)*

**Film**

*A.* Bereits in der Anfangsphase des F.s werden gern *bibl. Stoffe* verarbeitet; ca. 40 *Jesusf.e* sind allein in der Stummfilmzeit nachweisbar. Der F. stellt so etwa eine moderne Armenbibel des audiovisuellen Zeitalters dar. Dabei stellen sich Probleme der Literaturverfilmung und der Exegese. Publikumswirksame Hollywoodwerke (»Die Zehn Gebote«, 1923; »König der Könige«, 1927) prägen nachhaltig den Kinogeschmack. Erst mit →Pasolinis »Il vangelo secondo Matteo« (1965) entwickelt sich die *direkte Jesusdarstellung* zum eigenständig kreativen Kunstwerk. Das Musical »Godspell« und die →Rockoper »Jesus Christ Superstar« sind

Adaptionen im Gefolge der Jesuswelle der 70er Jahre; F. Zeffirelli (1976) erreicht in bildhafter Opulenz ein breites Fernsehpublikum. Kirchl. Reaktionen reichen jeweils von begeisterter Zustimmung bis zu krit. Distanz. *Indirekt* wird die Gestalt Jesu thematisiert bei C. Th. Dreyer (»Ordet«, 1954), R. Bresson (»Zum Beispiel Balthasar«, 1965), L. →Buñuel (»Nazarin«, 1958/59) und L. Schepitko (»Die Erhöhung«, 1976). Das Genesis-Project (USA) orientiert sich fundamentalistisch am Wortlaut der Bibel und versucht sich an einer Gesamtverfilmung der Schrift von etwa 225 Stunden Länge.

*B.* Markante *Figuren des Glaubens* aus Geschichte und Literatur werden wie alle großen Gestalten zum F.stoff. Bereits 1917 verfilmt die kath. Leo-Film-Gesellschaft »Das Leben der Hl. Elisabeth«. C. Th. Dreyers »La passion de Jeanne d'Arc« (1928) löst zahlreiche entspr. F.e aus (z.B. R. Bresson). R. Rosselini (1949), P. P. →Pasolini (1965) u.a. verfremden die Gestalt des →*Franz von Assisi.* Aber auch das Leben →*Muhammads* oder der Weg *Gandhis* werden aufgegriffen bis hin zum Papstf. von K. Zanussi (1981). Das Konzept reicht von psycholog. Studien über anspruchsvolle Heldenf.e bis hin zum Trivialstück.

*C.* Wie in der gesamten Gegenwartsliteratur überwiegen *Darstellungen des →Bösen, Bedrohlichen, Unheimlichen.* Viele F.genres leben von der Dimension des Schrecklichen und Irrationalen. Wunder und Visionen, →Zauber und →Magie werden oft extrem realist. dargestellt mit den filmtechn. Hilfsmitteln Trick, Doppelbelichtung, Überblendung, Schnitt. Liebevoll-naiv gestaltet das »Geheimnis des Marcellino« (1954) das myst. Erlebnis eines Kindes. Im *phantast. F.* bis hin zum *Horrorf.* erlebt sich der Mensch dämon. Mächten ausgeliefert, wobei die dunklen Gestalten und Impressionen oft im Mechanismus von Verdrängung und Projektion des Bösen dargestellt werden. →Hexen, →Teufel, Vampire, Tiermenschen und Gespenster überschatten die Welt und verweisen auf eine vielschichtige Wirklichkeit. Als meisterhaftes Vorbild gilt F. Murnaus »Nosferatu – Eine Symphonie des Grauens« (1922). Neue Märchen und Mythen entstehen (z.B. »E.T.«), bes. im *Science-Fiction-F.* (z.B. »Die unheiml. Begegnung der Dritten Art«, 1977), erfolgreiche Werke im Gefolge einer Welle der Irrationalität der 80er Jahre. In *Kriminalf.en* und *Thrillern* bricht inmitten der scheinbar wohlbehüteten Ordnung das Unheimliche auf (A. Hitchcock); *Katastrophenf.e* suggerieren die grauenvolle Endzeit (z.B. »The Day After«, 1983). Im Gegensatz zur christl. Verkündigungspraxis dominiert das Diabolische oft über Zusagen der Erlösung; Hölle und Teufel scheinen leichter darstellbar zu sein als Himmel und →Engel, eine zunehmende Tendenz angesichts der Nukleargefahr und der erkennbaren Umweltzerstörung. Neben diesen vorwiegend kommerziellen Produktionen suchen vor allem I. →Bergman und A. Tarkowski theol. Fragen wie Schuld (→Sünde) und →Erlösung, Geborenwerden und Sterbenmüssen, Sinn und Geschichte dramaturg. zu gestalten. Bei Bergman ist eine negative Theologie erkennbar (Gott als geheime, leere Mitte des Suchens und Handelns); Tarkowski stellt in Metaphern von starker visueller Kraft und poet. Schönheit Welt als transzendentes Geheimnis dar (»Stalker«, 1979; »Nostalghia«, 1983; »Das Opfer«, 1985).

*D.* Unübersehbar ist die Zahl moral. F.e im Wirkkreis christl. bzw. humanist. Ethik und in der *Tradition der bibl. Befreiungsgeschichte.* Gerade realist. und Dokumentarf.e greifen häufig konkrete Unheilssituationen auf und machen sich zum Anwalt der Unterdrückten. Grundfragen der menschl. *Existenz* werden thematisiert: Einsamkeit und Beziehungsnot (z.B. I. Bergman, R. W. Fassbinder), Schuld und →Verantwortung (z.B. Kurosawa, »Rashomon«, 1950), Liebe und Trennung (meisterhaft bei M. Carné, »Die Kinder des Olymp«, 1944), die Frustration des Gütigen in einer harten Welt (z.B. bei Woody Allen), die Gewissenskonflikte (z.B. »Die zwölf Geschworenen«, 1957). *Sozialkrit.* Emanzipationsinteresse thematisiert Armut (oft im ital. Neorealismus), wirtschaftl. Konflikte (klass. in »Salz der Erde«, 1953), Leben und Leiden von Minoritäten bzw. benachteiligten Völkern und Gruppen (authent. F. der Dritten Welt, Frauenf., engagierte F.e auf seiten von Außenseitern, Krüppeln, Schwachen, Underground-F.); *geschichtskrit. Verfilmungen* setzen sich mit →Imperialismus und →Faschismus auseinander, mit Gewaltstrukturen im eigenen Land (Polen: A. Wajda; Türkei: I. Güney), in Deutschland bes. mit dem NS-Regime und dem Schicksal der Juden (z.B. H. Käutner, gesellschaftskritisch; H. J. Syberberg, ästhetisch; »Holocaust«, publikumswirksam; unter explizit rel. Vorzeichen I. Gyöngyössy, »Hiobs Revolte«, 1984). Vorbild für den *revolutionären F.* wird S. M. Eisensteins »Panzerkreuzer Potemkin«, 1925). Grundmuster zahlreicher F.e ist das *David-Goliat-Motiv*, so bei Charles Chaplin (z.B. »The Kid«, 1921). Kulturpessimist. Ansätze thematisieren die Zerstörung archa. Lebens bzw. die Ausbeutung der Natur (F. Rosi, E. Olmi, M. I. Lehmuskallio, W. Herzog) als Plädoyer für Schöpfung und Überlieferung.

*E.* Von ernsthaften Ausnahmen abgesehen (z.B. Bresson, »Tagebuch eines Landpfarrers«, 1950), wird *Kirche* als Institution mit ihren Amtsträgern meistens beiläufig karikiert oder humorvoll bis lächerl. dargestellt bzw. in zynisch oder blasphem. Weise angegriffen (z.B. L. →Buñuel und H. Achternbusch). *Priestergestalten* wie Don Camillo und Pater Brown und der Typ der sündigen *Nonne* beherrschen das Kommerzkino. Sakralraum und kirchl. Kunst (Ikone, Kirchenmusik u.a.) dienen allerdings oft als Metapher für Erlösung und Transzendenz (z.B. Schlußsequenzen bei R. M. Fassbinder). Kirchen selber beginnen den F. als Mittel der Selbstdarstellung zu entdeckten. In Zusammenarbeit mit Theologen und Kirchen entstehen Fernsehserien (»Warum Christen glauben«, 1978/79 und »Credo«, 1986/87), wobei inhaltl. Vorgaben die Dramaturgie stark beeinflussen.

*F.* Im Zug einer ästhet. Neubesinnung und im Interesse einer *erzählenden Theologie* bzw. Ethik werden F.stoffe und F.sprache für Theologie und Verkündigung relevant. Dabei korrespondieren Montagetechnik und eine vielschichtige Geschichtsbetrachtung (Vermittlung von Subjekt und Objekt, Diesseits und Jenseits). Die Mischung aus Realität und Fiktion erlaubt eine dichte Nähe zu →Mythos, →Traum und →Utopie. Das filmdramaturg. Prinzip der Bewegung entspricht dynam. Grundmotiven der Bibel (z.B. Exodus und Umkehr). Die Kameraperspektive erlaubt Identifikation mit dem Nächsten; der szen. Kontext ordnet Schöpfung und Geschichte einander zu.

*Lit.: U. Gregor/E. Patalas:* Geschichte des F.s, München 1973. – *U. Gregor:* Geschichte des F.s ab 1960, München 1978. – Lexikon des Internationalen F.s, Reinbek 1987. – *J. Monaco:* F.verstehen, Reinbek 1980.

*Michael Graff*

**Finnland.** Prot. 92,5%; Orthod. 1,2%; Kath. 0,1%; Nichtgläubige und Atheisten 5,5%. Die Finnen bilden zusammen mit den Lappen und Esten die westlichsten Ausläufer der finn.-ugr. Sprach- und Kulturgemeinschaft, deren Ursprung im Uralgebiet um 6000 bis 4000 v. Chr. anzusetzen ist. Um 1000 n. Chr. begann die schwed. Monarchie F. von Westen her an →Schweden anzugliedern. Die Vorherrschaft Schwedens dauerte bis 1808. F. gehörte von 1808 bis 1917 als autonomes Großfürstentum zu →Rußland. Seitdem ist F. selbständige Republik.

*A.* Die Suche nach einer gemeinsamen *finn.-ugr. Urreligion* stellt einen Testfall für die vergleichende →Religionswissenschaft dar. Fest steht, daß die rel. Vorstellungen dieser Völker sehr stark von den Religionen ihrer german., slaw. und türk. Nachbarn sowie durch jeweils verschiedene Lebensbedingungen beeinflußt waren. Hist. Quellen sind spärl., spät und (wie die in neuerer Zeit gesammelten mündl. Überlieferungen) oft von christl. oder islam. Einflüssen überlagert.
Das westl. →*Christentum* kam im Zuge der Vorherrschaft Schwedens im 12. Jh. nach F.; etwa gleichzeitig faßte die orthod. Mission in den östl. Teilen Fuß. Bes. waren die →Dominikaner tätig; ihr Ritus setzte sich als Landesliturgie durch. Schon im MA. waren die Bischöfe von Turku Männer des Landes gewesen. Ab 1527 begann die →*Reformation,* eingeführt vom schwed. König Gustav Wasa und dem luth. Bischof Martin Skytte. Der eigentl. Reformator F.s war aber *Mikael Agricola* (um 1510-1557), der 1536-1539 bei →Luther in Wittenberg studiert hatte und 1554 Bischof wurde. Seine finn. Übersetzung des NT erschien 1548 (die ganze Bibel erschien in F. erst 1642). Es setzte sich eine streng *luth. Orthodoxie* durch, deren Erziehungsarbeit im Laufe des 17. Jh.s dem Volk das Lesen beibrachte. Seit Ende des 17. Jh.s breitete sich der →Pietismus unter dt. Einfluß aus. Seit dem 19. Jh. wirkten mehrere →Erweckungsbewegungen stark auf das kirchl. Leben ein. Führende Figuren der Erweckungsbewegung waren der Landwirt Paavo Ruotsalainen, der Pfarrer L. L. Laestadius und der Pfarrer F. G. Hedberg.
Die luth. und orthod. *Kirchen* haben heute den Status staatskirchl. Körperschaften. Das Land ist in acht luth. Bistümer unterteilt. Seit 1817 hat der Bischof von Turku die Erzbischofswürde. Es gibt außerdem kleine freikirchl. und röm.-kath. Kirchengemeinschaften. Die orthod. Kirche zählt etwa 50.000 Mitglieder.

*B.* Als F. 1808 an Rußland fiel, wurden die rel. Volksbewegungen zum Träger des nationalen Bewußtseins. Um 1835/36 gab Elias Lönnrot (1802-1884) das finn. Nationalepos »Kalevala«, eine Sammlung alter Heldenlieder, heraus. Der größte Klassiker der *finn. Literatur* ist Aleksis Kivi (»Die sieben Brüder«). Frans Eemil Sillanpää (1888-1964) erhielt 1939 den Literaturnobelpreis (»Silja, die Magd«). Bekannte Architekten sind Eliel Saarinen (gest. 1950, verschiedene Arbeiten auch in den Vereinigten Staaten) und Alvar Aalto (gest. 1976, u.a. Opernhaus Essen entworfen). Ein reges *Musikleben* kennzeichnet die finn. Kultur; der bekannteste Komponist ist Jean Sibelius (gest. 1957).

*C.* Infolge des Ersten Weltkriegs erhielt F. 1917 die Unabhängigkeit. Im Winterkrieg 1939-1940 stoppten die Finnen die angreifende Sowjetarmee, aber beim Friedensschluß wurde ein großer Teil Kareliens abgetreten. Den »Fortsetzungskrieg« (1941-1944) führte F. auf seiten Deutschlands. Im Frühjahr 1944 wurde die Großoffensive der Roten Armee westl. von Wiborg zum Halten gebracht, *Karelien* aber im Friedensvertrag an die Sowjetunion *abgetreten.* Der »Vertrag über Freundschaft, Zusammenarbeit und gegenseitigen Beistand« mit der Sowjetunion von 1948 hat die bilateralen Beziehungen beider Länder konsolidiert. Inzwischen ist der Übergang von der Agrargesellschaft zum *industrialisierten Gemeinwesen* vollzogen, die soziale Sicherheit ist hoch. Neben der Universität Helsinki (anfangs Turku, 1640 gegründet) mit einer theol. Fakultät gibt es sieben weitere Universitäten.

*Lit.: J. Gummerus:* Michael Agricola, der Reformator F.s, o.O. 1941. – *B. Krug:* Die Rechtfertigungslehre in der finn. Erweckungsbewegung im 19. Jh., Düsseldorf 1957. – *P. G. Lindhardt:* Skandinav. Kirchengeschichte seit dem 16. Jh. (Die Kirche in ihrer Geschichte, Bd. III, M3), Göttingen 1982. – *V. Purmonen:* Orthodoxy in Finland, Kuopio 1981. – *G. Sentzke:* Die Kirche F.s, Göttingen 1963. – *J. Sihvo:* Religiousness in Finland, Tampere 1979.

*Pentti Laasonen/Thomas Riplinger*

**Firmung** (lat.: *confirmatio*) gilt nach kath. und orthod. Lehre als das *zweite der sieben*, von Christus eingesetzten →*Sakramente* und gehört zusammen mit →Taufe und Eucharistie (→Abendmahl) zu den Sakramenten der christl. *Initiation.*

*A.* Die F. wird in der kath. Kirche von einem →Bischof (oder einem eigens bevollmächtigten →Priester) gespendet unter Auflegung der Hand und durch Salbung mit Chrisma (geweihtes Salböl) auf die Stirn. Dabei werden die Worte gesprochen: »Sei besiegelt durch die Gabe Gottes, den Hl. Geist.« Der früher darauffolgende »gelinde Backenstreich« ist bei der Erneuerung der liturg. Form (1971) weggefallen. Wie Taufe und →Ordination verleiht die F. ein »unauslöschl. Merkmal«, kann also *nur einmal empfangen* werden. →Luther und die Kirchen der →Reformation lehnen die Sakramentalität, nicht aber den Vollzug einer kirchl. Handlung ab (→Konfirmation).
Die F. hat sich aus einem die Taufe *abschließenden Salbungsritus* entwickelt, der im 3. Jh. erstmals bei Tertullian (gest. n. 220), Hippolyt (gest. 235) und Cyprian (gest. 258) bezeugt ist, dem aber keine eigenständige sakramentale Wirkung zugeschrieben wird. Eine *Sonderentwicklung des Westens* setzt ein, als beim Aufkommen der – möglichst schnell nach der Geburt zu spendenden – Säuglingstaufe das Recht der abschließenden Taufriten beim Bischof verbleibt. Von einer Predigt des Faustus von Reji im 5. Jh. abgesehen, wird dieser Ritus erst im 12. Jh. als eigener sakramentaler Vollzug ausgelegt und theol. gegenüber der Taufe als Sakrament der Geistesgabe »zur Kräftigung« (Petrus Lombardus, 1095-1160) und als →Übergangsritus zum Wachstum des Menschen ins »Vollalter Christi« (→Thomas von Aquin) begründet. Seit dem 13. Jh. gelten – ähnl. wie für den Empfang der Eucharistie – etwa 7 Jahre als Mindestalter. Mit der Einführung der Kinderkommunion durch Pius X. (1910; →Erstkommunion) wird die F. einer früher beginnenden Tendenz gemäß, aber in Umkehrung der klass. Reihenfolge, erst nach dieser gespendet. Damit ist ihr (der Konfirmation vergleichbar) der Charakter einer Initiation ins Erwachsenenalter, zum eigenständigen Zeugnis für Christus sowie zur selbst vollzogenen Integration in die christl. →Gemeinde eigen.

*B.* In der →*orthod. Kirche* ist die F., hier *Myronsalbung* oder Chrisma genannt, weiterhin unmittelbar mit der Taufe verbunden: »Wie die ntl. Kirche, obschon durch das Kreuz und die Auferstehung begründet, erst durch →Pfingsten charismat. mobilisiert wurde, so wird auch der einzelne erst durch die F. die *Früchte des Hl. Geistes* tragen, obwohl er schon durch die Taufe in die Heilsgemeinde eingegliedert wurde« (St. Harkianakis). Der Täufling wird dabei an Stirn, Augen, Nasenflügeln, Ohren, Mund, Brust, Händen und Füßen mit den Worten »Das Siegel der Gabe des Hl. Geistes. Amen!« gesalbt. Das verwandte Öl, das nach dem Vorbild von Ex 30,23 mit vielen aromat. Stoffen vermischt ist, wird von den Oberhäuptern der autokephalen orthod. Landeskirchen – meist am Gründonnerstag – bereitet und unter Anrufung des Hl. Geistes geweiht, die eigentl. F. aber stets vom taufenden Priester vollzogen. Vielfach ist die F. auch heute der übl. sakramentale Akt bei →Konversionen zur orthod. Kirche, vor allem von Protestanten.

*C.* Trotz eindeutiger lehramtl. Aussagen des Konzils von Florenz (1439-1445; →Reformkonzile; Denzinger/S. 1310, 1317f.) und des →Konzils von Trient (DS 1628-1630) kann die F. theol. kaum als eigenständiges Sakrament, wohl aber als *»Vollendung«* der in der Regel notwendig bruchstückhaften, weil im Säuglingsalter gespendeten Taufe gerechtfertigt werden. So fügt sie der Taufe keine qualitativ neue Dimension hinzu, da die Geistausgießung und Berufung zum Zeugnis für Christus von der Gabe her schon durch die Taufe in ungeschmälertem Umfang vollzogen sind. Damit erfüllt die F. eine Funktion, die – meist mißverstanden – in Apg 8,14-17 (vgl. auch 19,1-7 und 10,44-48) im Blick auf die Christen von Samaria angedeutet ist: Nicht um eines neuen Sakraments willen mußten diesen Christen die Hände aufgelegt werden; vielmehr war deutl. zu machen, daß eine Taufe ohne Geistempfang für Christen ein Unding, deshalb schleunigst zur vollgültigen christl. Taufe zu ergänzen ist. In dieser Spannung kehrt die Problematik von Volkskirche und entschiedenem Christsein zurück.

*D.* Die F. wird in den deutschsprachigen Ländern im Alter von etwa 12 Jahren gespendet. Methoden der katechet. und pastoralen *Vorbereitung* sind – ähnl. wie bei der Konfirmation – im Blick auf Lebenssituation und Lebensalter der Firmlinge ausführl. durchdacht und diskutiert (Vorbereitung in kleinen Gruppen, Beteiligung der Gemeinde, gemeinsame Aktionen). Es gibt traditionell theol. Gründe, bei einem Firmalter von etwa 7 Jahren die klass. Reihenfolge der Initiationssakramente wiederherzustellen; gegenwartsbezogene Gründe sprechen jedoch dafür, bis zum beginnenden Erwachsenenalter zu warten, in dem eine existentiell und längerfristig tragfähige Entscheidung in der Regel wieder möglich wird.

*Lit.: J. Amougou-Atangana:* Ein Sakrament des Geistempfangs? Zum Verhältnis von Taufe und F., Freiburg 1974. – Gemeinsame Synode der Bistümer in der Bundesrepublik Deutschland: Schwerpunkte heutiger Sakramentenpastoral, Freiburg 1976, 238-275, bes. 245-248. – *H. Küng:* Was ist F.?, Zürich 1976 – *S. Regli:* Das Sakrament der F., Freiburg/Schweiz 1975. – *Th. Schneider:* Gott ist Gabe, Freiburg 1979.

*Hermann Häring*

**Florenski,** *Pawel Alexandrowitsch,* geb. 21.1.1882 in Tbilissi, gest. 15.12.1943 in der Verbannung, 1956 rehabilitiert. 1900-1904 Studium der Mathematik und Philosophie an der Universität Moskau, 1904-1908 Theologiestudium an der Geistl. Akademie Moskau, anschließend dort Lehrtätigkeit, nach 1917 Verbleiben im Priesterstand, Arbeiten über Naturwissenschaften, Technik, Kunst und Theolo-

gie, Mitarbeit im Staatl. Komitee für Elektrifizierung u.a. Gremien. F., ein Gelehrter von universaler Bildung, stellt nach →Solowjów (den er z.T. krit. beurteilt) Höhepunkt und vorläufigen Abschluß des »russ.-orthod. Gedankens« dar.
F.s Absicht war es, die Integrität von gedankl.-intelligibler und materieller Welt mit Hilfe einer →*Metaphysik der Alleinheit* durch Synthese der Gegensätze in ihrer Widersprüchlichkeit (nicht dialekt.) zu beweisen. Die Einheit der →Schöpfung sieht er in ihrem sophian., d.h. in Gottes →Weisheit verankerten, Wesen begründet, das er christolog.-anthropolog. (im Gottmenschen Christus), im Blick auf die Lehre von Maria und den Engeln sowie trinitätstheol. entfaltet und in der Kirche mit ihren →Sakramenten (vor allem der →Liturgie) konkretisiert sieht. Seine Metaphysik bleibt nicht abstrakt, sondern ist auf »gegenständl. Anschauung« angelegt. Damit gewinnt die *materielle Welt* einen ontolog. (aber nicht unbedingt semant.) *Symbol- und Zeichencharakter*, wie er sich am deutlichsten in einer entspr. →*Ästhetik des Kultus* bei F. ausdrückt.
F.s Symbolik hat auf E. Cassirer, C. G. →Jung, Wjatsch. Iwanow u.a. sowie auf die →Ikonensemiotik B. A. Uspenskis eingewirkt. Krit. betrachtet besitzt das Werk F.s bedeutsame Elemente zu einer →*ökumen. Theologie*. Sofern veröffentlicht, findet es in der Sowjetunion eine breite rel. und – soweit es sich auf seine naturwissenschaftl.-philos. Arbeiten bezieht – nichtrel. Leserschaft, wobei die Grenzen nicht immer deutl. sind. Über diese Grenzen hinweg gilt F. als einer der bedeutendsten rel. Denker der Neuzeit.

*Lit.: S. S. Chorushi:* F., Pawel A., in: Große Sowjetenzyklopädie 27, Moskau, 3. Aufl. 1977, 496 (russ.). – *R. A. Galzewa:* F., Pawel A., in: Enzyklopädie der Philosophie 5, Moskau 1970, 377-379 (russ.). – *H.-J. Ruppert:* Vom Licht der Wahrheit. Zum 100. Geburtstag von P.A.F., in: Kerygma und Dogma 28 (1982), 179-214 (Lit.). – *M. Silberer:* Die Trinitätsidee im Werk von Pavel A. F., Würzburg 1984 (Lit.). – *B. A. Uspensky:* The Semiotics of the Russian Icon, Lisse 1976.

*Konrad Onasch*

## Formen und Gattungen

### *A. Alttestamentlich*

#### *I. Zur Forschungsgeschichte*

Wer über →Sprache nachdenkt, weiß um die sprachschöpfer. Möglichkeiten, aber auch um Konventionen und Traditionen, die die Sprachverwendung leiten. In der bibl. Wissenschaft hat das die sog. *formgeschichtl. Forschung* berücksichtigt, die an die Forderung J. G. Herders anknüpfte, die atl. Schriften nach ästhet. Gesichtspunkten zu betrachten, und neben das Verfahren einer geschichtl. orientierten Forschung das method. Postulat eines Textvergleichs stellte, der die prägenden Bestandteile vergleichbarer Texte erarbeiten sollte. Ausgangspunkt waren vor allem die →Psalmen, die schon im Kanonisierungsprozeß (→Kanon) mit ebenfalls poet., also formal verwandten, Schriften zusammengestellt worden waren und im 19. Jh. zum ersten Mal von *H. Graetz* nach inhaltl.-sachl. Kriterien differenziert wurden. Bahnbrechend war im 20. Jh. *H. Gunkel*, der das gesamte AT in seine Untersuchung einbezog und dabei nach den sozialen Bezügen der Texte (Sitz im Volksleben/Leben) sowie nach dem mündl. und schriftl. Überlieferungsprozeß fragte. Damit schuf er eine Voraussetzung zu einem sachgemäßen Textverständnis, das Situation, Ort und Zeit einer sprachl. Äußerung beachtet. Standen prot. Exegeten der neuen exeget. Methode aufgeschlossen gegenüber, so blieben kath. Exegeten zunächst zurückhaltend. In neuerer Zeit werden allerdings gerade im prot. Raum, d.h. in fundamentalist. Kreisen der USA, ablehnende Reaktionen artikuliert.

#### *II. Texttypen im Alten Testament*

Im Verlauf der Forschungsgeschichte dieses Jh.s ist eine recht große Anzahl von geprägten Texttypen und sozialen Verwendungsbereichen erarbeitet worden:
*1.* In der *alltägl. Lebenswelt* der Familien-, Sippen- und Stammesgemeinschaft sind profane Lieder verwurzelt, wie Arbeitslied (Neh 4,4), Liebeslied (→Hohelied Salomos), Spottlied (Jes 23,15ff.), Prahllied (Gen 4,23f.), Leichenlied (2 Sam 1,19-27; 3,33-34), daneben Sprichwörter (→Sprüche Salomos), Rätsel (vgl. Ri 14,12-18) und Stammessprüche (Gen 49, Dtn 33; Ri 5), nicht zuletzt eine Vielzahl von Erzählungen, die sich vor allem in →Sagen ([→Genesis], in denen das Allgemeine und Typische, nicht das Historisch-Einzelne vorherrschend ist) und in Legenden (in denen rel. hervorragende Personen [Dan 1-6] und Orte [Gen 28,10-22] im Mittelpunkt stehen) niedergeschlagen haben.
*2.* Lieder sind auch aus *kult. Verwendung* bekannt: In den →Psalmen finden sich Klagelieder des einzelnen, Klagelieder des Volkes, Hymnen, Zionslieder, Danklieder und Vertrauenslieder. Erzählungen haben mit dem *Königtum* eine weitere Institution als Träger. Aus ihr kommen Listen (2 Sam 8,16-18; 1 Kön 4,2-6), Annalen (vgl. 1 Kön 14, 19 u.ö.) und vor allem umfangreiche Erzählungen wie die Geschichte vom Aufstieg →Davids (1 Sam 16-2 Sam 5) und die Geschichte von der Thronnachfolge Davids (2 Sam 7; 1 Kön 2); wahrscheinl. ist dort auch der als Novelle bzw. Lehrerzählung bezeichnete Zusammenhang Gen 37-50 entstanden, der das Idealbild des erfolgreichen Aufsteigers am Königshof zeichnet. Schließl. sind einige Weisheitssprüche im höf. Bereich beheimatet (Spr 14,35; 16,12-15 u.a.), offenbar auch die sog. Königspsalmen (Ps 2.18.20 u.a.).
*3.* Neben dem *Rechtsbereich*, aus dem sich kasuist. formulierte Rechtssätze (wenn... dann, vgl. Ex 21-23) und Verbote, kategor. Vorschriften ohne Strafmaß (Ex 22,17-30) hervorheben, hat noch die *Prophetie* eigene Textprägungen neben den auch in ihr verhafteten Erzählungen (1 Kön 13; 17- 19 u.a.) vorzuweisen: Berufungsberichte (Jes 6; Jer 1; Ez 1-

3), Zeichenhandlungen (Jes 8,1-4, →Ezechielbuch), Visionsberichte (Am 7,1-8; 8,1-2 u.a.), Unheilsworte (z.B. 1 Kön 21,19), Heilsworte (z.B. Hos 2,16ff.), Mahnworte (z.B. Joel 2,13), Diskussions- bzw. Disputationsworte (Am 3,3ff. u.a.), Klagen (z.B. Am 5,16f.) und Worte gegen fremde Völker (z.B. Jes 13-23). Es wird deutl., daß das AT mehr ist als eine Sammlung geschichtl. Informationen. Das bedeutet keine Relativierung, sondern eine wesentl. Bereicherung.

*III. Ertrag der Forschung*

Der Überblick zeigt, daß Texttyp und Interaktionsbereich nicht so eng verbunden sind, wie es die ältere formgeschichtl. Forschung annahm. Über die Terminologie besteht kein Konsens, zuweilen werden die Begriffe Form und Gattung gleichbedeutend verwendet. Differenzierend kann *Form* als individuelle Gestalt und *Gattung* (Textsorte) als hinter ihr stehendes prägendes Textmuster verstanden werden. Nur selten, wie im Falle des *maschal* (Spruch) benennt das AT selbst einen Texttyp; in der Regel sind die F. eine idealtyp. Konstruktion der Forschung, die ihre Klassifikationen aus den vorherrschenden Faktoren bezieht. Um diese zu erarbeiten, müssen grammat., semant. und kompositor. Beobachtungen kombiniert werden. Nur durch die Beachtung der sprachl. Gestalt (bei den Satzformen in Prosa und Poesie angefangen) werden Funktionen und Wirkungen der Texte erschließbar. Ihre F., die nicht vom Inhalt getrennt sind (weil in ihnen Ausdruck und Bedeutung zusammenkommen), müssen im Vergleich erfaßt werden (Formkritik), bevor man sie geschichtl. einordnen kann (Formgeschichte). Das gilt auch für die G. (Gattungskritik und Gattungsgeschichte). Eine relative Chronologie ist durch das Postulat der am Anfang stehenden »reinen« Form kaum zu stützen, weil damit zu rechnen ist, daß Störungen und Verfremdungen der F. die Erwartungen der Hörer/Leser durchkreuzen sollen. Schon eher kann eine zeitl. Folge von zunächst kleineren Einheiten zu späteren größeren Kompositionen angenommen werden. F. und zugehörige Situationen werden prakt. nicht im Zirkelschluß gewonnen, weil inzwischen ein hinreichend differenzierter institutioneller Rahmen und eine Vielzahl von F. erschlossen sind, die weitere Zuordnungen ermöglichen und über die traditionelle literaturwissenschaftl. Einteilung in die Grundgattungen →Lyrik, →Epos und →Drama hinaus ein differenziertes Verstehen der Texte fördern.

*Lit.: O. Eißfeldt:* Einleitung in das AT, Tübingen, 4. Aufl. 1976. – *H. Gunkel:* Die Psalmen (Handkommentar zum AT 2,2), 1902, 9. Aufl. 1977. – *Ders.:* Die israelit. Literatur, 1925, Nachdruck Darmstadt 1963. – *K. Koch:* Was ist Formgeschichte? Methoden der Bibelexegese, Neukirchen-Vluyn, 5. Aufl. 1988. – *H.-P. Müller:* Formgeschichte/Formkritik I. AT, in: Theol. Realenzyklopädie 11, 271-285 (Lit.). – *A. Ohler:* G. im AT. Ein bibl. Arbeitsbuch, Bd. 1, Düsseldorf 1972; Bd. 2 1973. – *R. Rendtorff:* Das AT. Eine Einführung, Neukirchen-Vluyn, 2. Aufl. 1985, 80-136. – *W. Richter:* Exegese als Literaturwissenschaft, Göttingen 1971. – *J. Scharbert:* F. und G. im AT, in: *J. Schreiner (Hg.):* Einführung in die Methoden der bibl. Exegese, Würzburg 1971, 194-230.

*Rüdiger Liwak*

## *B. Neutestamentlich*

*I. Grundsätzliches*

Trotz aller Unterschiede in Form und Gattung ist den Schriften des NT eines gemeinsam: Es handelt sich bei ihnen um literar. Äußerungen von Menschen, denen es auf Grund des Osterereignisses (→Ostern) unmögl. war zu schweigen (Apg 4,20), da sich ihnen seitdem alles in einem neuen Licht zeigte. Diese neue Sicht war allerdings nicht selbstverständlich. Sie mußte nicht nur gegenüber allen Außenstehenden, sondern auch innerhalb der eigenen Gemeinschaft immer wieder begründet und verteidigt werden. Wir haben im ntl. Schrifttum also *engagierte Glaubenszeugnisse* vor uns, deren F. sich mehr oder minder selbstverständl. aus dem Lebensvollzug der ersten christl. Gruppen und Gemeinden ergaben: der →Predigt und dem →Gottesdienst, der Gemeindeordnung, der →Apologetik und der theol. Reflexion (→Theologie). Diese F. zu erforschen hatten sich, angeregt durch die Arbeiten von H. Gunkel (s.o.), zu Beginn unseres Jh.s vor allem *K. L. Schmidt*, M. Dibelius und *R.* →*Bultmann* zum Ziel gesetzt, die damit zu den Begründern der sog. formgeschichtl. Methode wurden, d.h. jener Methode, die mit Hilfe der Form[en]kritik zunächst die erkennbaren *Einzeltexte* innerhalb des ntl. Schrifttums analysiert und dabei strukturell ähnl. F. aufsucht, um dann durch den Vergleich dieser literarisch voneinander unabhängigen F. die *(theoret.* Größe der) verschiedenen G. (Text*typen*, die die einzelnen Texte in spezif. Situationen jeweils gleichermaßen formen und prägen) zu bestimmen, die ihrerseits wichtige Einblicke in die Situationen erlauben, die für die Ausgestaltung des urchristl. Glaubens von bes. Bedeutung waren. Die geschichtl. *Entwicklung* dieser F. und G. darzustellen ist dann Aufgabe und Ziel der Form[en]- bzw. Gattungsgeschichte.

*II. Evangelien*

Ostern bedeutete für Jesu Jünger: Gott hat Jesus von Nazaret gerechtfertigt in seiner Lehre, mit der er sich an sein Volk gewandt, und in seinem Verhalten, mit dem er bei den führenden Kreisen seines Volkes Anstoß erregt hatte. Beides durfte also keinesfalls der Vergessenheit anheimfallen. Jesu Botschaft mußte *weiterverkündigt* und Jesu Verhalten auch in der Zukunft als Vorbild und Korrektiv den Menschen vor Augen gestellt werden.

*1.* So finden sich in jenen Schriften, die Jesu öffentl. Wirken zum Inhalt haben, vor allem jene *Redeformen*, deren sich Jesus im Rahmen der atl.-jüd. Tradition selbst bedient hatte: Gleichnisse (Mk 4,26-29; Mt 13,33.44.45f.), prophet. Worte (Mt 11,5-6; Lk 6,20f.), Weisheits- und Gesetzesworte (Mt 10,16; Lk 10,7 Mt 5,34.36; Mk 7,15.20-22) sowie Diskussions- und Disputationsworte (Mk

9,38-40; 10,35-45; 12,18-27). Eine Besonderheit des Redestoffes stellen die »Ich«-Worte dar, in denen Jesus in prägnanten Formulierungen von der Aufgabe seiner Sendung spricht (Mk 2,17; Mt 10,35).

*2.* Die F., in denen von Jesu öffentl. *Wirken* erzählt wird, sind weithin durch die Geschehnisse in Jesu Leben bestimmt: Wunderberichte erzählen von seinem heilenden Tun (Mk 1,30f.40-45), Streitgespräche von seinen Auseinandersetzungen mit den Schriftgelehrten und Pharisäern (Mk 12,13-17.18-27.28-34.35-37), Paradigmen stellen das Beispielhafte eines einzelnen Vorfalls für den christl. Glauben heraus (Mk 1,16-20; 2,23-28). Eine Besonderheit im Erzählstoff stellt die Leidensgeschichte (→Passion) dar.

*3.* Für die Zusammenstellung des so überlieferten Rede- und Erzählstoffes bildeten zwei chronolog. fixierte Ereignisse aus Jesu Leben den *Rahmen*: die Taufe durch Johannes (Mk 1,9-11) sowie Leiden und Kreuzigung (Mk 14,43-15,41) bzw. die den Jüngern offenbarte Auferweckung Jesu (Mk 16,1-8). Die so entstandene literar. F. bildete den Ausgangspunkt für die in der Folge durch Geburtslegenden und Ostergeschichten erweiterte G. *»Evangelien«*.

*III. Briefe*

Die Sorge um neugegründete oder in ihrem Glauben angefochtene christl. Gemeinden führte schon sehr früh dazu, daß »das Evangelium Gottes« (Röm 1,1) auch in Briefen zunächst sehr persönl. Art, dann aber auch in eher allg. gehaltenen Episteln (Lehrschreiben) formuliert wurde. Hierbei kamen freil. andere F. zur Verwendung: Lieder und Hymnen (Phil 2,6-11; 1 Tim 3,16), Glaubensbekenntnisse (Homologien: 1 Kor 8,6; 12,3) und Glaubensformeln (Röm 1,3f.; 8,34; 1 Kor 15,3-5; Gal 1,1) erinnern die Adressaten an das gemeinsame, vor allem im →Gottesdienst erneuerte Glaubensfundament; gezielte Schriftauslegung (Röm 4,1-22; Gal 3,6-18) soll im Anschluß an jüd. F. der Schriftauslegung den bisherigen Glauben erweitern und vertiefen; Tugend- und Lasterkataloge (Gal 5,19-23; Kol 3,5-8.12-14; 1 Tim 1,9f.; 4,12) sowie Haustafeln (Eph 5,22-6,9; 1 Petr 2,13-3,12), deren F. sich bereits in der Umwelt unter dem Einfluß der kynisch-sto. Philosophie (→Stoa) ausgebildet hatten, mahnen zur rechten Lebensführung im Alltag.

*IV. Apokalypsen*

Diese Schriften haben die *»Enthüllung«* (apokalypsis) von Geheimnissen, insbes. des bisherigen und kommenden Weltenlaufs, zum Inhalt, um so die Eingeweihten angesichts bevorstehender Leiden und Bedrängnisse im Blick auf den siegreichen Ausgang »der Sache Gottes« zu ermutigen und zu trösten; sie finden sich nur im geringen Maße (Mk 13,3-27; Apk), obgleich sie in der jüd.-hellenist. Umwelt sehr verbreitet waren (→Apokalyptik).

*Lit.: K. Berger:* Formgeschichte des NT, Heidelberg 1984. – *R. Bultmann:* Die Geschichte der synopt. Tradition, Göttingen 1921, 5. Aufl. 1964. – *M. Dibelius:* Die Formgeschichte des Evangeliums, Tübingen 1919, 3. Aufl. 1959. – *A. Dihle:* Die Evangelien und die griech. Biographie, in: *P. Stuhlmacher (Hg.):* Das Evangelium und die Evangelien, Tübingen 1983, 383-411. – *H. Köster:* Formgeschichte/Formkritik II, in: Theol. Realenzyklopädie 11, 286-299 (Lit.). – *G. Lohfink:* Jetzt verstehe ich die Bibel, Stuttgart, 12. Aufl. 1983. – *E. Lohse:* Entstehung des NT, Stuttgart 1972, 18-31. 66-75. – *K. L. Schmidt:* Der Rahmen der Geschichte Jesu, Berlin 1919 (Darmstadt 1964). – *J. Schreiner:* F. und G. im NT, in: *ders. (Hg.):* Einführung in die Methoden der bibl. Exegese, Würzburg 1971, 232-260.

*Meinrad Limbeck*

**Forschung** meint alltagssprachl. eine bewußte Suche nach neuen Erkenntnissen. Der Begriff wird dabei unterschiedslos in allen Bereichen verwendet. Die wissenschaftl. Forschung erfolgt mit bzw. im Rahmen festgelegter →Methoden. Sie hängt dadurch von der jeweiligen →Wissenschaft ab, in der sie erfolgt bzw. mit deren Methoden sie arbeitet, ohne deshalb im Ergebnis von dieser völlig festgelegt sein zu müssen. Es kann in dieser Hinsicht nur von einem F.spluralismus gesprochen werden, nicht aber von »der« F. allg. (→Methode).

*A.* Einige *prinzipielle Einschränkungen* müssen jedoch bedacht werden. So beschränkt sich bei einem positivist. (→Positivismus, →Neopositivismus) *Wissenschaftsverständnis* F. auf den Bereich des empirisch Faßbaren und seine Gesetzmäßigkeiten; Bereiche wie die →Metaphysik bleiben ebenso ausgeschlossen wie die (philos. oder theol.) →Spekulation. Des weiteren kann die Frage nach der Angemessenheit einer Methode F.smöglichkeiten begrenzen, etwa dann, wenn der Bereich des Sozialen und Geistigen nicht als mit naturwissenschaftl. Methoden erfaßbar gilt (→Dilthey, M. →Weber, →Verstehen). F. kann auch durch ihre *äußeren Ziele* bestimmt und eingegrenzt werden: So geht es der →Krit. Theorie in der F. nicht um Erkenntnis allg., sondern um eine Analyse und vor allem Kritik bestehender gesellschaftl. Verhältnisse. In der Aktionsf. und Handlungsf. wird F. ausdrückl. Teil eines Programms zur Änderung sozialer Verhältnisse. In einem solchen sozialpolit. Programm ist der jeweilige Forscher dann nicht nur Beobachter, sondern zugleich aktiver Teilnehmer.

Genau anders gelagert ist die *Grundlagenf.*, bei der F. von außerwissenschaftl. Zwecken frei bleiben soll und als »reine«, »zweckfreie« F. bezeichnet werden könnte. Sie ist von der Anwendungsf. zu unterscheiden, insofern sie nicht auf mittelbare Anwendung ausgerichtet ist, obwohl ihre Ergebnisse oft sogar in erhebl. Umfang angewendet werden. Des weiteren kann es in der Grundlagenf. um eine Analyse wissenschaftl. Prinzipien gehen, so etwa beim Grundlagenstreit in der Philosophie der →Mathematik seit Beginn des 20. Jh.s (Logizismus, →Konventionalismus, Intuitionismus u.a.), der bis heute noch nicht zu einem Ende gekommen ist.

*B.* F. kann sich nicht mit bereits vorliegenden Erkenntnissen bzw. vorhandenem Wissen begnügen. Sie strebt vielmehr Erkenntnisse an, die gerade darüber *hinausgehen,* und gewinnt erst dadurch ihre eigentl. Qualität. →Russell unterscheidet deshalb zwischen »knowledge by acquaintance« und »knowledge by description«; K. Lorenz führt dies weiter zur Unterscheidung von »Beschreibung(lehren) der Gegenstände« und »Kennen(lernen) der Gegenstände«, also zwischen »Darstellung« und F. Diese Unterscheidung bringt F. in die Nähe von »*Erfindung*«. Deren Kennzeichen ist das »Neue«, sei es nun entstanden durch eine neue Verbindung bekannter Größen oder durch schöpfer. →Phantasie. Sie ist der »große Faktor des Fortschritts« (G. Tarde, 1843-1904). Allerdings ist F. dieser Art nur begrenzt planbar und wenigstens teilweise durch den Aspekt des Zufalls geprägt. Klages spricht im Unterschied zum methodolog. Rationalismus hier vom methodolog. Irrationalismus des F.svollzugs.

Dies weist auf die *Heuristik.* Sie gewinnt Verfahren, Annahmen, Prinzipien u.ä., um method. zu neuen Erkenntnissen zu gelangen. In der Theologie ist sie als →Hermeneutik – vor allem als bibl. Hermeneutik sowie als Hermeneutik hist., lehramtl. oder jurist. Texte – bedeutsam. Sie beinhaltet die für die Auslegung geltenden Regeln. Prinzipiell unterscheiden sich diese Regeln im allg. theol. wissenschaftl. Bewußtsein prot. und kath. Theologen nicht, wiewohl nach offizieller kath. Lehre das Lehramt und lehramtl. Entscheidungen, darüber hinaus das allg. Glaubensbewußtsein einen auch explizit verbindl. Bezugsrahmen der Auslegung bilden. Prinzipiell gilt – wie erst recht für die Kirchen reformator. Tradition – für formelle Glaubensaussagen die Schrift als letzte Wahrheitsnorm, von der lehramtl. Verbindlichkeiten abgeleitet sind.

*C.* Gerade an diesem letzten Punkt taucht die Frage nach der *Freiheit der F.* auf. Sie kann f.simmanent gesehen und am Postulat der Wertfreiheit festgemacht werden. Die F. hat »rein«, objektiv zu sein; Seins- und Sollenaussagen sind in der F. zu trennen. Diese bereits im Werturteilsstreit (von M. →Weber gegen G. Schmoller [1838-1917]) erhobene Forderung ist bis heute umstritten. Das Problem der Freiheit der F. kann zusätzl. nach »außen« verlagert werden und auf äußere Einflüsse abstellen. Theoret. ist diese Freiheit im allg. kaum bestritten. Virulent wird die Frage immer dann, wenn zentrale Interessen von F.strägern (etwa des →Staates oder der sie finanzierenden →Wirtschaft, eines falsch verstandenen Gemeinwohls oder sog. nationaler Interessen) berührt werden.

Virulent wird die Frage auch im Konflikt von Wissenschaft und F. mit kirchl. Lehre, vor allem dann, wenn sie als verbindl. Inhalt eines kirchl. →Bekenntnisses oder →Dogmas gilt. Die abstrakte Lösung, die eine Wahrheit könne der anderen nicht widersprechen, wird dem Problem konkret geschichtl., kontextbezogener und engagierter Wahrheitfindung und -formulierung nicht gerecht. Zudem steht theol. F. schon vom Selbstverständnis der Theologie her in verschiedensten Spannungsfeldern. So kann sie sich auf Grund der spezif. Definition von →Wirklichkeit im Bereich des →Glaubens weder auf empir. Faßbares beschränken, noch die objektivierbaren Dimensionen menschl. Wirklichkeit (Geschichte, Erfahrung, soziale und polit. Verhältnisse) um höherer Ziele willen ausklammern. Dem entspricht eine spezif., prinzipiell nicht eingrenzbare Breite des F.sinstrumentariums, für das es im Augenblick allerdings keine herrschende Meinung gibt.

*D.* Nicht zuletzt aus Gründen der Traditions- und Bestandssicherung besteht in Kirchen die Gefahr, den »Erfindungs«aspekt von F. zu vernachlässigen zugunsten überlieferter Wissenbestände bzw. deren weiterer Überlieferung. Da jedoch sowohl Glaube als auch Mensch und Gesellschaft offene Größen darstellen, muß die F. ihrem Programm nach ebenso offen bleiben, soll sie Bedeutung besitzen oder behalten. Gemäß alter Erfahrung kann die ursprüngl. Botschaft nur bewahrt und wissenschaftl. und rel. angemessen begleitet werden, wenn sie sich in je neuen Konstruktionen der Wirklichkeit äußern kann, in denen Phantasie und Rationalität in gleicher Weise zur Geltung kommen. Deshalb sind auch in der theol. F. Konflikte in aller Regel nicht Zeichen unbedachten F.shandelns, sondern ungebrochener Vitalität.

*Lit.: F. Haag u.a. (Hg.):* Aktionsf., München 1972. – *J. Habermas:* Technik und Wissenschaft als Ideologie, Frankfurt/M. 1968. – *Th. S. Kuhn:* Die Struktur wissenschaftl. Revolutionen, Frankfurt/M. 1967. – *J. Lakatos/ A. Musgrave (Hg.):* Kritik und Erkenntnisfortschritt, Braunschweig 1974. – *H. Lenk:* Zwischen Wissenschaftstheorie und Sozialwissenschaft, Frankfurt/M. 1986. – *K. R. Popper:* Logik der Forschung, Tübingen, 7. Aufl. 1981. – *B. A. Serbrjannikov:* Heurist. Prinzipien und log. Kalküle, München 1974. – Weitere Lit. s. → Methode, → Methodologie, → Wissenschaft.

*Hermann Punsmann*

**Fortschritt** (lat. *progressus, profectus,* franz. *progrès,* engl. *progress*): seit Ende des seit Ende des 18. Jh.s grundlegender Begriff moderner Geschichtsphilosophie und -theorie.

*A.* Ein *Bewußtsein einzelner F.e* (in →Technik, →Handwerk, →Wissenschaften) gibt es zumindest seit dem 5. Jh. v. Chr. Von →Augustinus (354-430) wird das Konzept eines geschichtsüberschreitenden F.s entwickelt, der die geschichtl. Welt in der erlösten aufhebt; dieser Gedanke wird für die ma. Geschichtstheologie von großer Bedeutung. Seit dem 17. Jh. gewinnt mit den Fortschritten von →Naturwissenschaften und →Technik ein Bewußtsein des Fortschreitens zum Besseren und des Neuen der eigenen Epoche an Boden, so z.B. in F. Bacons (1561-1626) »Novum organum« von 1620.

*B.* Im Jahrzehnt vor der →Franz. Revolution verdichten sich die Vorstellungen von einzelnen empirisch wahrnehmbaren F.en (der »mechan.« und »schönen Künste«, des Handels und Wohlstands, der Wissenschaften) zum *Kollektivsingular »F.«*, der mit dem *Kollektivsingular »Geschichte«* in Beziehung tritt (Koselleck). *Die* Geschichte *der* Menschheit wird jetzt, im Ausgang der Aufklärungsepoche, als Aufwärtsentwicklung konstruiert. *Der* F. *der* Geschichte gilt als ein einheitl., allg., zeitl. gerichteter, unumkehrbarer und virtuell unendl. Prozeß, dem anthropolog. die Perfektibilität, die Vervollkommnungsfähigkeit des Menschen entspricht. Zukunfts- und F.sgewißheit der Aufklärung werden bes. deutl. in M.-J. de Condorcets (1743-1794) »Entwurf einer hist. Darstellung der F.e des menschl. Geistes« von 1795. Die Geschichte wird von Condorcet als Abfolge von sich beschleunigenden F.en gedacht; für die Zukunft stellt er eine Reihe von F.sprognosen, von denen sich viele inzwischen bestätigt haben. →Kant (1724-1804) kritisiert F.spessimismus wie -optimismus; in Mathematik und Naturwissenschaften gibt es unzweifelhafte F.e, für Politik, Kultur und Geschichte läßt sich ein F. begründet postulieren. F. ist damit nicht allein als hist. Kategorie, sondern zugleich als ein Postulat der prakt. Vernunft gefaßt. →Hegel bestimmt F. als Prozeßkategorie, im Sinne eines Strukturprinzips der Universalgeschichte, die »F. im Bewußtsein der Freiheit« ist.

*C.* Das idealist. Konzept eines einlinigen, universalen, unwiderrufl. F.s als F. der Selbstbewußtwerdung des Geistes wird seit der *Mitte des 19. Jh.s* immer wieder kritisiert. Es kommt zur *F.skritik*. Für K. →Marx (1818-1883) und F. Engels (1820-1895) vollzieht sich F. über eine Dialektik von sich entfaltenden Produktivkräften und ungleichzeitig werdenden Produktionsverhältnissen; Klassenkämpfe gelten als Vehikel hist. F.s. F.sskeptische Auffassungen formulieren A. →Schopenhauer (1788-1860), J. Burckhardt (1818-1897), G. Sorel (1847-1922). F. →Nietzsche (1844-1900) polemisiert gegen die aufklärer. F.ssicherheit. Insgesamt bleibt aber das 19. Jh. die Epoche des europ. F.sglaubens, der an der stürm. Entwicklung von Wissenschaften, Technik und Industrie seine Evidenzbasis zu haben glaubt.
Im *20. Jh.* stellen beispielsweise M. →Heidegger (1889- 1976) und K. Löwith (1897-1973) einen losgelassenen, am Modell selbstherrl. techn. Verfügungsmacht über natürl. Grundlagen der menschl. Existenz orientierten F. in Frage. In W. Benjamins (1892-1940) Thesen »Über den Begriff der Geschichte« (1940) erscheint der F., wie ihn die traditionelle und die vulgärmaterialist. Geschichtsauffassung konzipieren, geradezu als Katastrophe. Benjamins F.skritik verschmilzt materialist. mit messianisch-theol. Motiven und setzt F. und Geschichte in Beziehung zu einem messianisch aufgeladenen Begriff von »Jetztzeit«, aus deren Konstellationen das emphat. gedachte »Neue« entspringen soll. Für M. Horkheimers (1895-1973) und Th. W. Adornos (1903-1969) »Dialektik der Aufklärung« verbleibt aller bisherige F. im Bann einer Dialektik der Naturbeherrschung, die als Selbstbeherrschung beginnt und sich mit dem Siegeszug der »instrumentellen Vernunft« zu einer immer umfassenderen Herrschaft über Natur und Menschen auswächst (→Krit. Theorie). Auch E. Bloch (1885-1977) geht es darum, fortschreitende Ausbeutung und Beherrschung innerer und äußerer Natur zu kritisieren, wenn er »Differenzierungen im F.sbegriff« vornimmt. In der neueren Theologie wird die Reflexion auf Ambivalenzen in Begriff und Sache des F.s vielfach aufgenommen, sei es im Anschluß an Heidegger (K. →Rahner), Benjamin (J. Ebach), Horkheimer/Adorno (J. B. Metz), Bloch (J. Moltmann) oder Karl →Barth (H. Gollwitzer, D. Schellong).

*D. Preisgabe des F.sbegriffs?* Im Zeitalter der →Franz. Revolution schienen die F.e der theoret. Vernunft, der Naturerkenntnis und der Naturbeherrschung unausweichlich auch F.e in der Gestaltung der menschl. Lebensverhältnisse, der Rechtszustände und der polit. Institutionen mit sich zu bringen, bis dahin, daß »der« F. »der« Geschichte sicher zu sein schien und »die« Geschichte überhaupt als F. bestimmt wurde. Diese Selbstgewißheit der Moderne ist im 20. Jh. gründl. zerstört. Gerade an naturwissenschaftl.-techn. F.en, z.B. an den »F.en« der Gentechnologie oder der →Rüstungsforschung, wird heute in neuer Weise das Prekäre sichtbar. Das ökolog. Gleichgewicht der Biosphäre scheint bedroht zu sein; die Angst vor einem Nuklearkrieg ist weit verbreitet; eine »Kolonialisierung der Lebenswelt« (J. Habermas) scheint anzustehen; die innere Zusammensetzung von Subjektivität verändert sich offenbar. Angesichts derartiger Probleme wird gegenwärtig oft der Begriff des F.s verabschiedet, so etwa – im Anschluß an Nietzsche – von Theoretikern einer »Postmoderne« wie J.-F. Lyotard. Aber es bleibt problemat., die Kategorie des F.s einfach preiszugeben, wie auch, sie im Sinne eines unreflektierten F.soptimismus weiterzuverwenden. Der Gedanke des F.s steht für die *Möglichkeit* einer menschenwürdigeren Gestaltung der Lebensverhältnisse. Dieser Gedanke bleibt aktuell, solange die Notwendigkeit einer solchen Gestaltung bestehen bleibt. Das aber kann nicht heißen, daß das weithin am Paradigma einer »instrumentellen Vernunft« orientierte F.smodell der europ. Zivilisation planetar. maßgebend sein muß.

*Lit.: H. P. Dreitzel (Hg.):* Sozialer Wandel – Zivilisation und F. als Kategorien der soziol. Theorie (Soziol. Texte 41), Neuwied/Berlin 1967. – *K. H. Haag:* Der F. in der Philosophie, Frankfurt/M. 1983. – *R. Koselleck/Chr. Meier:* F., in: *O. Brunner u.a. (Hg.):* Geschichtl. Grundbegriffe, Bd. 2, Stuttgart 1975, 351-423. - *H. Kuhn/F. Wiedmann (Hg.):* Die Philosophie und die Frage nach dem F., München 1964 (mit Texten von Adorno, Löwith u.a.).

*Norbert Rath*

**Frage.** Der F.form entspricht in der Aussageform die Behauptung, die in der →Logik seit →Leibniz →Urteil genannt wird. Die F. ist also das *Korrelat zum Urteil.*

*A.* Texte der Philosophie lassen sich ihrer literar. Form nach aufteilen in darstellende, beschreibende und untersuchende sowie in solche Texte, die der Form der F. verpflichtet sind. Diese orientieren sich – wie die platon. Dialoge (→Platon) – am *Modell von Frage und Antwort.* Zu dieser Gruppe zählen auch auslegende (exeget.) Schriften, die Anfragen an einen (häufig kanon., →Kanon) Text formulieren oder Deutungen von Texten in Frage- und Thesenform problematisieren. Dazu gehören ferner alle jene Argumentationsformen, die sich an rhetor. und didakt. Denkgewohnheiten orientieren (→Rhetorik, →Didaktik), vor allem die ma. →Scholastik, die die *quaestio* (Frage) als ihre genuine Textform hervorgebracht hat. In der quaestio wird nach streng method. Regeln nach jeder mögl. vorgebrachten Behauptung gefragt. Ihre Wurzel hat diese Form in der →Schriftauslegung (Anfragen an den Text, an die einschlägigen Autoritäten, Abwägen der Argumente und Gegenargumente, die Schlußfolgerung). Eine These führt in das jeweils diskutierte Problem ein *(disputatio).*

*B.* Die Philosophie greift die F. aber nicht nur method. auf, sie macht sie auch (in einem weiten Sinn) *ontolog.* zum Problem. In solchen Ansätzen gehört das F.n zum »Wesen« des Menschen, zu seiner Vernunft, seinem Dasein, seiner Verfassung als Natur- wie als Geistwesen; fragen zu können erscheint als *Bedingung des Menschseins.* In einer solchen Weise argumentiert man vor allem in neuzeitl. Versuchen, die Metaphysik zu begründen. Schon →*Kant* argumentierte ähnlich; mit seiner Kritik am Wissenschaftsanspruch der Metaphysik räumt er zugleich ein, daß die Vernunft des Menschen – aus gleichsam inneren Gründen heraus – von F.n »belästigt« ist, die sich (obgleich streng wissenschaftl. unbeantwortbar) immer wieder einstellen (»ontolog.« hätte hier die Bedeutung von »quasianthropolog.«). Solchen F.n gesteht Kant den Status transzendentaler Ideen bzw. regulativer Prinzipien zu (die F. nach →Gott, →Freiheit und →Unsterblichkeit). Von anderen Voraussetzungen aus spricht →*Heidegger* vom F.n als der Seinsweise des Denkens.

*C.* Im Rückgriff auf ihn und die →Scholastik versuchte *K.* →*Rahner* die thomist. Metaphysik so zu rekonstruieren, daß sie mit dem philos. Transzendentalismus (→transzendental) vereinbar ist. Dabei stützte er sich auf den method. Ansatz der »*Seinsfrage*«, die sowohl unter anthropolog., ontolog. und transzendentalphilos. Gesichtspunkten entfaltet wird. Dabei erscheint das »F.n-Können« des Menschen als letzte, nicht weiter rückführbare irreduzible Eigenschaft (Aussage, die nicht mehr weiter rückgeführt werden kann); aus dem F.n- Können folgt die Unvertretbarkeit jedes einzelnen. In der F. erschließt sich dem Menschen so das Sein; in ihr weiß er um sein eigenes Wesen, um das Ganze und schließl. um Gott als den Grund des Ganzen. *E. Bloch* kommt, ebenfalls ausgehend von der Frage, zu gänzl. anderen Schlußfolgerungen. Wie in den Anfängen der Philosophie verbinden sich bei ihm unmittelbares F.n und *Sichwundern* mit dem Versuch, aus dem Gewohnten und Vertrauten (aus dem »bloßen Bin«), aber auch aus dem schlechten Bestehenden herauszutreten. Dadurch daß der Mensch – im Unterschied zu allen anderen Wesen – fragen kann, befindet er sich immer schon jenseits des bloß Faktischen. Dadurch daß er in F. stellt, ermöglicht er die →Utopie und deren Verwirklichung; denn die Utopie entzündet sich als Idee am »schlechten Bestehen«, das in F. gestellt wird.
Verwandte Motive greift die →Transzendentaltheologie auf; die Frage wird ebenfalls verstanden als »transzendentale« Bedingung der Möglichkeit menschl. Existenz, die den Menschen auszeichnet; so wird die F. zum Indiz dafür, daß der Mensch über sich hinausgreift. Dieser *Ausgriff* kann dann gedeutet werden als Hinordnung auf Gott.

*Carl-Friedrich Geyer*

**Frankreich.** Kath. 76,4%; Prot. 2,8%; Orthod. 0,8%; Altkath. 0,4%; Juden 1,1%; Musl. 3,0%; Nichtgläubige und Atheisten 15,4%.

*A. Allgemein*

Während sich die überwiegende Mehrheit der Franzosen offiziell zum Christentum und zur Kirche bekennt, nimmt nur ein geringer Prozentsatz regelmäßig am kirchl. Leben teil (im Durchschnitt etwa 25%, in einzelnen Gebieten 11%, in der Altersgruppe 25-34 nur 2%). Obwohl ähnl. Verhältnisse auch in anderen Ländern zu beobachten sind, hat sich die franz. Kirche in der Zeit nach dem Zweiten Weltkrieg mit ihnen in beispielloser Weise auseinandergesetzt. Eine heftige Diskussion über Ursachen und Folgen dieser »*Entchristlichung*« setzte ein; man fragte, ob die vielen nominellen Gläubigen als Christen oder als Heiden zu behandeln seien, und zog Konsequenzen für Katechese und Sakramentenspendung. Bes. Aufmerksamkeit genossen im Rahmen der danach einsetzenden Aktivitäten die Sektoren der →Gesellschaft, die der Kirche am meisten entglitten waren: die Armen (→Armut), die →Arbeiter und die techn. und kulturelle Intelligenz (→Elite). Damit leistete die kath. Kirche F.s bedeutende Vorarbeit für die Erneuerung der röm.-kath. Weltkirche seit dem 2. →Vat. Konzil.

*I.* Über den *Anfang der Kirche* im galloröm. F. berichten keine Quellen, aber schon um die Mitte des 2. Jh.s gab es eine bedeutende Gemeinde in Lyon. Im *4./5. Jh.* breitete sich die Kirche in Anlehnung an die röm. Provinz- und Städteorganisation aus und wurde durch die Eroberung des Landes durch die arian. Goten und heidn. Franken nur unwesentl. erschüttert. Gall. Bischöfe spielten eine führende Rolle in den theol. Konflikten dieser Zeit (Arianismus, Priscillianismus, Pelagianismus; →Christologie, →Gnade), und ihre →Synoden wurden richtungweisend für die theol. und kanon. Entwicklung des Westens. Mit der →Bekehrung des Frankenkönigs *Chlodwig I.* (496) wurde die Christianisierung abgeschlossen. Die Abhängigkeit des →Klerus von der polit. Macht rief die Gefahr eines kulturellen und sittl. Verfalls hervor. Erst *im 8. Jh.* setzten unter Pippin III., d.J. (751-768) und Karl d.Gr. (768-814) Reformversuche ein, die unter den späteren Karolingern wieder an Kraft verloren. Darüber hinaus verwüsteten Araber und Wikinger Klöster und Kirchen.

Ein *Neubeginn* zeichnete sich im *10./11. Jh.* ab, als die Normannen nach der Eroberung der Normandie zum Christentum übertraten. Die Ideale christl. Ritterlichkeit und der →Kreuzzugsfrömmigkeit trugen dazu bei, den →Adel zu zähmen. Unter dem neuen Königshaus der Kapetinger (ab 987) setzten sich *Reformen* des Klerus und des →Mönchtums durch: neue →Orden entstanden. In den Klöstern und Kathedralen Nordfrankreichs blühten Kunst (Gotik; →ma. Kunst) und →Wissenschaft (→Scholastik). Die Königsstadt Paris wurde zu ihrem Zentrum. Unter dem hl. Ludwig IX. (1226-1270) und seinen Nachfolgern erreichte die *Allianz* zwischen →Kirche und Staat ihren Höhepunkt, bis Papst Bonifaz VIII. (1294-1303) im Kampf mit Philipp dem Schönen (1285-1314) unterlag und der Nachfolger Bonifaz' die päpstl. Kurie nach Avignon verlegte. Erst 70 Jahre später kehrte der Papst nach Rom zurück. Auch danach geriet die franz. Kirche zunehmend unter königl. Kontrolle. Während des Hundertjährigen Krieges mit England (1337-1453) verschmolzen nationale und rel. Bewußtseinselemente zu einem Gefühl *nationaler Berufung* (Jeanne d'Arc, verbrannt 1431).

*II.* Um die *Mitte des 16. Jh.s* breitete sich der →Calvinismus in F. aus; die Verfolgung ihrer Anhänger (→Hugenotten) setzte 1547 ein und löste einen Bürgerkrieg (1562-94) aus. Der Konfessionswechsel und die Thronbesteigung Heinrich IV. im Jahre 1593 festigten den →Katholizismus, führten aber auch zur Tolerierung des →*Protestantismus* (1598 Edikt von Nantes, aufgehoben 1685). Unter Ludwig XIV. (1643-1715) wurden die Protestanten wieder als staatsfeindl. bekämpft: einige Protestanten wechselten unter Druck die →Konfession (→Konversion), ein Teil ging in den Untergrund, viele wanderten aus. Erst kurz vor der Revolution erhielten sie wieder die Freiheit, und in der Zeit danach konnten sie neue Mitglieder gewinnen. Seit 1905 sind die wichtigsten prot. Kirchen in einer Föderation vereinigt.

*III.* Das *17. Jh.* war eine *Blütezeit* der kath. Kirche, ausgezeichnet durch Erneuerung der →Theologie, Spiritualität, →Seelsorge und →Caritas und getragen von einer Fülle vorbildl. Männer und Frauen. Zugleich aber barg die Unterordnung der Kirche unter den Staat (Gallikanismus) erhebl. *Gefahren* in sich, die sich in den Streitigkeiten um →Jansenismus und →Quietismus und in der Unterdrükkung der Orden manifestierten. Die *Verweltlichung der Kirche* und das Versagen der Theologie im Dialog mit der modernen →Wissenschaft und →Philosophie entfremdeten die →Intellektuellen, die ihrerseits im Namen der →Aufklärung einen humanist. Vernunftglauben (→Deismus) oder aber einen Indifferentismus propagierten. Der Klerus spaltete sich in einen adligen hohen Klerus und einen proletarisierten niederen Klerus auf.

Die →*Revolution von 1789* spaltete die Gesellschaft und die Kirche und machte aus vielen Gläubigen Märtyrer. Während der größere Teil der Kirche zu den konservativen Gruppen der Gesellschaft hielt (→Konservatismus), die →Demokratie ablehnte und →Restauration betrieb, versuchten andere sich den Progressiven anzunähern (Politik des »Ralliement«, Sozialkatholizismus). Immer wieder wurden letztere jedoch von antiklerikalen und antirel. Kräften abgewiesen (laizist. Gesetzgebung 1898-1906) oder durch kirchl. Maßregelung zurückgerufen (Antimodernismus [→Modernismus]).

Unterdessen ging die Entchristlichung auf dem Land und im städt. Proletariat weiter. Eine Entkrampfung brachte erst die Zeit nach dem *Ersten Weltkrieg.* Die päpstl. Verurteilung der konservativen, monarch. gesinnten Action Française (1926) untergrub den Einfluß der Integristen. Die Katholiken akzeptierten die *Trennung von Kirche und Staat* (seit 1905 gesetzl.) und engagierten sich in Mittel- und Linksparteien, in der →Gewerkschaftsbewegung und in der Résistence (Widerstand). Kath. Schulen erhielten staatl. Unterstützung. Verschiedene Formen der kath. Aktion aktivierten die →Laien auf den kulturellen, polit. und sozialen Sektoren der Gesellschaft. So brachten die liturg. und homilet. Erneuerung (→Liturgie, →Predigt) sowie neue Formen der →inneren Mission, u.a. die →Arbeiterpriester, die Kirche den Menschen näher.

*Lit.: A.Latrielle u.a.:* Histoire du catholicisme en France, 3 Bde., Paris 1957-1962. – *R. Mandrou u.a.:* Histoire des Protestants en France, Toulouse 1977. – *H. Mischler:* Die Situation des Klerus in F., Speyer 1983. – *M. T. Moser:* The evolution of the option for the poor in France 1880-1965, Lanham Md. 1985. – *J. P. Richardot:* Le peuple protestant français aujourd'hui, Paris 1980. – *O. E. Strasser-Bertrand:* Die ev. Kirche in F. (Die Kirche in ihrer Geschichte, Bd. 3, Lfg. M2), Göttingen 1973.

*Thomas Riplinger*

### *B. Die geistige und kirchliche Situation im 20. Jahrhundert*

*I.* Das *erneuerte Weltverständnis* der Kirche in F. läßt sich wie folgt kennzeichnen: 1. Den Nichtchristen gegenüber wird weniger eine →Apologetik des Glaubens als eine Religion des →Lebens und *Zeugnisses* (Témoignage) praktiziert. 2. Die Christen fühlen sich stark genug, im →*Dialog* mit Ungläubigen gemeinsame Horizonte zu finden (R. Garaudy, De l'Anathneme au dialogue, 1965) oder sich wissenschaftl. mit K. →Marx auseinanderzusetzen (J.-Y. Calvez, La Pensée de Karl Marx, 1956). Nichtchristen bauen christl. Kirchen (Le Corbusier in Ronchamp) oder statten sie künstlerisch aus (Vence, Audincourt). Weil Einheit wesensmäßig vielförmig ist, erweist sich diese Zusammenarbeit von Christen und Nichtchristen als →Solidarität in der Multiplexität. 3. Der in jh.elangem Ringen erworbene →*Toleranzbegriff* sprengt seine bisherigen Grenzen und gewinnt neuartiges Terrain: Ohne Rücksicht auf ihre parteipolit. Einstellungen und Bindungen sind die lebendigsten Laien in F. *antiklerikal* und leidenschaftl. Verfechter der Trennung des Kirchlich- Religiösen vom weltl. Bereich. 4. Das Überraschendste ist die Fruchtbarkeit des schlechten Gewissens und die Angst, außerhalb einer *krit. Solidarität* dem Pharisäertum zu verfallen. Damit hängt die Abkehr von der Gleichsetzung von Kirche und jegl. Form von →Kultur und →Zivilisation zusammen. 5. Die Christen sind gewillt, sich gegen den →Kommunismus als →Ideologie abzuschirmen, ohne jedoch die *Strukturen der westl. Welt* gutzuheißen. Kirchl. Glaubensverständnis (Sens de l'Eglise) heißt, daß nicht nur vereinzelte Vertreter der intellektuellen Elite der Meinung sind, es gehe in →Europa nicht darum, eine bestehende Ordnung zu erhalten, sondern eine Ordnung anzustreben, die noch nicht erreicht ist.

*II.* Als Zentrum von →Aufklärung und →Zivilisation zeigt sich F. am *Ende des 19. Jh.s* dem Glauben gegenüber weder indifferent noch skeptisch-tolerant, sondern kämpferisch- feindl., bis die Kirche nicht nur breite Massen des Volkes, sondern auch die Unterstützung des Staates verliert. Mit dem Gesetz vom 9.12.1905 über die *Trennung von →Kirche und Staat* gab die Kirche ihre einzigartige Privilegierung im Staate auf. Diese Trennung sprengte eine Enge, die zur Gleichsetzung von polit. Herrschaftsanspruch und Klerikalismus geführt hatte (Dreyfus-Affäre und die Spaltung in Dreyfusards und Antidreyfusards). Seitdem haben die beiden Kirchen ihre Gläubigen angehalten, in weltl. Bereichen ohne jegl. polit. Machteinfluß zu wirken und den Universalitätsanspruch der Kirche in ein Verhältnis der *Partnerschaft* von Christen und Nichtchristen umzupolen. Diese Freiheit der Christen gegenüber dem polit. →Pluralismus im →Staate wird mit dem dehnbaren Begriffswort *Laïcité* bezeichnet, in dem die Komponenten Neutralität, Trennung und Toleranz zusammentreten. Andererseits ist die Unterscheidung von weltl.-profanem und kirchl.-rel. Bereich (Ordre temporel/ spirituel) der Hintergrund, vor dem das neue Weltverständnis von Christen und Nichtchristen in F. zu sehen ist.
Schockartig setzt in der Kirche ein neuer Mut zur Wirklichkeit ein. Die von *Ch. Maurras* (1868-1952) begründete, von nationalist. Ordnungsvorstellungen gekennzeichnete Action française wurde 1926 kirchl. verurteilt. Im selben Jahr rief Papst Pius XI. die →Laien zur Mitarbeit am apostol. Werk der Kirche auf (Action catholique générale), mit dem das *Laienapostolat* der Jungarbeiter (J.O.C., 1925), der christl. Landjugend (J.A.C., 1929) und der Studierenden (J.E.C., 1930) eng verbunden ist. Diese Bewegungen sehen in der fortschreitenden Entchristianisierung nicht ein verborgenes Übel, sondern eine Lebenskrise der Kirche. Method. besteht die Verwirklichung dieses Apostolats darin, in Fabrik, Bauernhof und Hochschule Erscheinungsformen des Kirchlichen zu sehen und im Zusammen mit Nichtchristen dort das Feld ihrer christl. Bewährung zu erfahren: la foi conditionnée par le milieu (milieubedingter →Glaube). *Belastend* entstand in dieser Situation das theol. Problem, in welchem Beziehungsverhältnis →Laien zu →Bischof und →Priester stehen: Ist das kirchl. *Mandat der Laien* ein inhaltl. begrenzter Auftrag (Tâche confiée) oder aber der Erweis eines kirchl. Grundvertrauens in die Selbstverantwortung und Mündigkeit der Laien (Confiance faite) in einer relativ kirchenfeindl. Republik?

*III.* In der Zeit vor und *nach dem Zweiten Weltkrieg* hatte das theol. Denken in F. neue Denkmodelle entwickelt (→Nouvelle théologie):
*1.* Der →Dominikaner *M.-D. Chenu* entdeckte die Zeitlichkeit der christl. Natur des Menschen. Der Primat liegt nicht mehr in dogmat. Sätzen, sondern in der Entwicklung und im Gang der Geschichte, weil die Allgegenwart des Glaubens auch die *Geschichte* der Menschheit umgreift. Damit ist die geoffenbarte Wahrheit →Mysterium und keine Grundlage für log. Schlußverfahren der →Dogmatik. Ein solches Mysterium entzieht sich jedoch der rationalen Durchsichtigkeit; es verpflichtet den Menschen, seine Begriffe ständig im Leben der Kirche zu revidieren.
*2.* Von der →Natur führt kein Weg zur Übernatur, aber die *Übernatur* hat in der Natur eine wirkl. Voraussetzung. Der Jesuit *H. de Lubac* (»Le Surnaturel«, 1946) beläßt den zeitl. Ordnungen ihre Selbständigkeit. Wenn er in der *gratuité* das ungeschuldete Geschenk der Gnade darstellt, gibt er damit nicht zu, daß die Natur ihr eigentl. Ziel in sich selbst hat. Indem de Lubac die starre Ordometaphysik zweier in sich geschlossener Bereiche von Natur und Übernatur mit Argumenten aus der Tradition überwindet, soll in der Kirche und ihrem Leben der Ort der Konkretion des Ganzen zu finden sein.
*3. M. Blondel* (1861-1949) geht nicht von der autoritären Überordnung des Geistlichen über das Weltlich-Profane aus, sondern von der Idee der *Sozialität* (»La Philosophie et l'Esprit chrétien«, 1944). Das neue Ideal des Christentums ist nicht manichäisch, denn christl. Wirklichkeit verdeutlicht sich in hist. Zusammenhängen. Das Verhältnis von Kirche und Welt steht im Spannungsfeld von Geistlich-Zeitlich, Innerlich-Äußerlich, Übernatürlich-Natürlich, Leben und Institution. Sein

für die Welt ist Freiheit für den anderen. Der Weg nach innen erschließt das Mysterium, der Weg nach außen führt in eine plurale Welt.

*IV.* Zu den Problemstellungen, von denen *A. Dansette* ausgeht, gehört die Feststellung, daß der »Katholizismus seine Katholizität verloren hat«. Gemeint ist *Katholizität* nicht als dogmat. Gehalt der Kirchengemeinschaft, sondern als deren realempir. Erscheinung des Lebens in der modernen Welt. Die Sozialanalysen der Kirche von *G. Le Bras* bestätigen diese Diagnose. Diese für das sorglose F. des bürgerl.-kirchl. Wohlstands schockierenden Analysen werden durch den Bericht der beiden Priester *Godin* und *Daniel* über das franz. *Arbeiterproletariat* ergänzt: »La France pays de mission?« (1942), in dem es heißt, daß die Grenzen der heidn. Arbeiterschaft und der traditionellen Pfarreien undurchlässig geworden sind.
Solche Erkenntnisse führten zur Bewegung der →*Arbeiterpriester* (Prêtre-ouvrier) und zur Forderung nach neuen theol.-pastoralen Methoden. Voraussetzung für diese Wende sind die beiden Hirtenbriefe »Essor ou déclin de l'Eglise« (1947) und »Le Prêtre dans la cité« (1949) des Pariser Kardinals *Suhard,* dem es um die Versöhnung der breiten nichtchristl. Volksmassen mit der Kirche ging, einer Kirche, die diesen als feindl., reaktionäre polit. Interessengemeinschaft erscheinen mußte. Was in der *Mission de Paris* (1943) für die →Seelsorge im Arbeiterproletariat gedacht wurde, hat exemplar. Bedeutung und geht als Sauerteig in das Ringen aller unerlösten Völker ein. Jeder soll dem anderen ein *frère universel* (Mitbruder für alle) werden, und der Priester mit den entfremdeten Massen, für die er bisher nur ein Fremder gewesen war, eine Schicksalsgemeinschaft (naturalisation) eingehen. Denn der Priester-Arbeiter *ist* Arbeiter und will von der Kirche nicht anders als von der Arbeiterschaft akzeptiert werden. Die Bewegung der »Arbeiterpriester« wurde zwar kirchl. verboten (1954), wirkte jedoch ins 2. →Vat. Konzil hinein.
Auch *literar. und philos.* ist F. in diesem Bereich das große Experimentierfeld gewesen. *J. Maritain* (1882-1973) unterschied im *Humanisme intégral* (1936) zwischen der Offenbarung als Ganzheit und der zeitl. begrenzten Ausprägung einer christl. →Zivilisation. →*Christentum* und Christsein (Chrétienté) seien daher nicht gleichzusetzen. Christsein entsprach für Maritain einem weltl.-profanen Verständnis und nicht dem Nebeneinander von Glauben und Unglauben. So stellte sich für Maritain unter diesen Voraussetzungen die erregende Frage, in welche richtungweisende Einheit die Zivilisation des 20. Jh.s zu leiten sei.

*V.* Maritain zur Seite stand *E. Mounier* (1905-1950). Mounier war Erzieher, Herausgeber der Monatsschrift »Esprit« (seit 1932) und Wortführer für eine zeitgemäße Form der →*Gerechtigkeit.* In Sondernummern von »Esprit« wurden Probleme wie Kolonialismus und der anwachsende →Faschismus, die Volksfront ebenso wie →Kapitalismus leidenschaftl. und besonnen behandelt. Inmitten klägl. Verzweiflung hat Mounier die gewaltige Stimme von *Ch. Péguy* (1873-1914) gehört. In der Zeit der Dreyfus-Affäre hatte Péguy an der Seite von J. Jaurès das Leitbild einer rel.-sozialist. Republik vor Augen: »Cahiers de la Quinzaine« (ab 1900). Mouniers Ziel, das durch «Esprit« bis heute eine große Wirkung in F. und im freien →Europa hat, ist die Unterscheidung des Geistlich-Religiösen und Politischen. »Esprit« ist das Organ des →Personalismus, den Mounier begründet hatte. Der →*Personalismus* will den einzelnen von den individualist. Irrtümern und die →Gesellschaft von den kollektivist. Fehlhaltungen befreien, weil →Erkenntnis und Tat eine Einheit bilden, wobei Erkenntnis zur Tat wird und die Tat den Menschen auf die Solidarität mit den Mitmenschen verweist. So ist Mounier Anwalt des Lebens *(Témoignage)* und Helfer der Nichtchristen *Présence),* um die Kirche in der Welt der Menschen sichtbar zu machen.

*VI.* Die Zeit von *1945 bis zum 2.* →*Vat. Konzil* ist die Glanzperiode, in der die franz. Theologie eine unvergleichbare Anziehungskraft mit starker Ausstrahlung nach Spanien und Italien ausgeübt hat. Seitdem bewegt sich der franz. Katholizismus zwischen allg. Mißbehagen, resignativem Beharren und vorsichtiger Bewegung.
*1.* Das 2. Vat. Konzil macht auch in F. einen erhebl. *Wandel* deutlich. Die Ordenshochschulen der Jesuiten in Lyon-Fourvière und Chantigny sowie die Dominikanerfakultät Le Saulchoir bei Paris ermögl. zwar hochrangige theol. Forschung, aber es fehlen junge kreative Theologen. Seit 1960 wird der Rückgang des Priesternachwuchses besorgniserregend. Mehrere große Priesterseminare werden geschlossen, andere haben Zukunftschancen, weil die Mehrzahl der Studierenden nicht mehr das Priestertum anstrebt.
*2.* Es entwickeln sich neue Formen dessen, was man in F. *spiritualité* nennt (Verbindung von theol. Reflexion und christl. Praxis) und was über die individuelle Frömmigkeit hinausgeht. Schriftsteller wie Ch. Péguy, P. →Claudel und G. Bernanos verarbeiten theol. Erkenntnisse literar. und verschaffen ihnen große Resonanz. In der *École biblique de Jérusalem* wird der Rückstand der kath. Schriftexegese aufgeholt, die Theologie der →Kirchenväter wird neu entdeckt und herausgegeben (»Sources chrétiennes«). Der Personalismus von E. Mounier (1905-1950) wirkt weiter und wird theol. verarbeitet; beeindruckend ist die Ausstrahlungskraft des Jesuiten P. →Teilhard de Chardin (1881-1955). Sein Hauptwerk »Le Phénomène humain« (1955; Die Erscheinung des Menschen), zunächst kirchl. umstritten, findet weltweite Beachtung und Anerkennung. Die Theologie der ird. Wirklichkeit führt zur vertieften Reflexion über die →Welt, die →Arbeit, die →Kultur und den christl. Sinn des menschl. Leibes. Hier leistet u.a. der Dominikaner Chenu weiterhin Pionierarbeit (→Nouvelle théologie).

*3.* Die *Mission de France* wollte das Zeugnis des Evangeliums durch soziale und polit. Solidarität sichtbar machen. Sie betrieb Mission in der bewußten Achtung vor dem Unglauben und sah in ihm das Kriterium für die Authentizität einer pastoralen Tätigkeit (→Arbeiterpriester). Inzwischen ist die Mission de France ein Projekt der franz. Bischöfe.
*4.* Eine allg. *Indifferenz* beherrscht das geistig-soziale Klima im gegenwärtigen F. Es wächst das Bewußtsein, daß es sich weniger um einen reflektierten Atheismus oder um den entschlossenen Bruch mit der Kirche handelt als um eine allg. spirituelle Entkräftung infolge eines weithin praktizierten Materialismus und der reduzierten Sicht auf ausschließl. techn. Funktionieren. Kennzeichnend ist ein utilitarist. aporet. und auswegloser Agnostizismus, der mit rel. Analphabetismus in Schulen und Hochschulen Hand in Hand geht. Andererseits meldet sich das Bedürfnis nach fundamentalist. und pietist. Orientierungen, die auf eine utop. Welt hinzuführen scheinen.
*5.* Seit 1974/5 bahnt sich eine gegenläufige Tendenz an. Man nimmt Abstand von →Ideologien und stellt wieder Fragen nach Sinn von Leben und Wirklichkeit. In Betrieben und Hochschulen bilden sich Arbeitsgruppen zu Fragen der →Ethik; man diskutiert dort über Probleme der →Medizin, der audiovisuellen →Kommunikation (→Medien) oder über →Normen und Regelungen zur Entwicklungskontrolle. Die technolog. Veränderungen in der Gesellschaft, Arbeitslosigkeit, das Gefühl der Instabilität sowie die Suche nach Sicherheit und →Identität verstärken eine solche Tendenz.
*6.* Angesichts der explosiv fortschreitenden →Säkularisierung lernen Basisgruppen erneut, daß der Glaube *Integrationskraft* hat, um komplexe Zusammenhänge durchsichtig zu machen. Die Leitfrage ist die nach dem Sinn von Zeit; man will wissen, wie die Botschaft des Evangeliums und der Kirche in den Kulturen und Gesellschaften von Europa und den Drittländern Wurzel fassen kann. Schockierend wirkt die Frage: »Älteste Tochter der Kirche, was ist aus deinem Taufversprechen geworden?«, die Papst Johannes Paul II. am 1.6.1980 an die Kirche von F. gerichtet hatte. Diese Frage wird nicht verschüttet, sondern mit der Theologie der →Inkulturation überdacht: nicht Anpassung an den jeweiligen Zeitgeist, sondern Durchdringung der Kulturen und Gesellschaften mit den Inhalten der christl. Botschaft. Wie einerseits die Kultur dem Glauben ihre Ausdrucksmittel anbietet, so gestaltet andererseits der Glaube die Kultur mit.

*Lit.: A. Dansette:* Histoire religieuse de la France contemporaine, Paris, Bd. I 1948, Bd. 2 1951. – *C. Frey:* Mysterium der Kirche – Öffnung zur Welt, Göttingen 1969. – *P. Hartig (Hg.):* F.kunde, Frankfurt/M. 1962. – *H. Maier:* Revolution und Kirche. Studien zur Frühgeschichte der christl. Demokratie 1789-1850, Freiburg 1959.

*Fritz Paepcke*

**Franz von Assisi** wurde um 1181/82 in Assisi geboren und wuchs im Milieu des gehobenen Bürgertums auf. Für den kaufmänn. Beruf des Vaters ausgebildet, führte der junge F. ein aufwendiges Leben, das mit der Gefangennahme vor Perugia (1202) ein jähes Ende fand. Nach Freilassung und Genesung von schwerer Krankheit setzte in einem langwierigen *Bekehrungsprozeß* die Neuorientierung seines Lebens ein. Sie zeigte sich in seiner Zuwendung zu den Aussätzigen, der Reparatur verfallener Kapellen sowie einer eremit.-asket. Lebensweise. Der Konflikt mit der Familie führte vor dem Bischof der Stadt zum Bruch. Für die Klärung seines weiteren Lebens war wohl der Text von Mt 10,1-14 (das Tagesevangelium vom 24.2.1208 oder 1209) entscheidend, den er fortan wörtl. befolgen wollte.
Bald sammelten sich *Gefährten* um ihn, die eine Bruderschaft der »Büßer von Assisi« bildeten. Ihre Lebensweise und Bußpredigt ließ sich F. 1209 (oder 1210) von Papst Innozenz III. mündl. bestätigen. Die Gemeinschaft, deren Lebensweise mit einer in der Praxis erprobten und weiterentwickelten Regel festgelegt wurde, wuchs rasch. Die damit verbundenen Ansätze zur Ordensbildung der →Franziskaner scheinen zu Spannungen mit F. geführt zu haben. Der häufigen Krankheiten und seiner Auffassung von demütiger Dienstbarkeit wegen glaubte er der Leitung nicht mehr gewachsen zu sein und trat diese zwischen 1217/20 an einen Vikar ab. Die erfolglose Predigt vor dem Sultan (1219) und zunehmende Krankheit (Magen- und Augenleiden) verstärkten in F. die eremit.-asket. Ausrichtung seiner Frömmigkeit. Häufig zog er sich in die *Einsamkeit* von Klausen zurück. Im Spätsommer 1224 empfing er auf dem La Verna die Stigmata (Wundmale). Am Abend des 3.10.1226 verstarb F. in der Porziuncola bei Assisi. Bereits 1228 wurde er von Papst Gregor IX., der als Kardinal seit 1214/15 Protektor der Gemeinschaft und F. persönl. tief verbunden war, heiliggesprochen.
F. war eine Persönlichkeit von einmaliger *Originalität*, ausgestattet mit reichen Gaben des Gemütes. Eine tiefe Naturfrömmigkeit, auf die im Sinne einer »Ehrfurcht vor dem Leben« (A. →Schweitzer) in der gegenwärtigen Umweltkrise in vielfältiger Weise Bezug genommen wird, gehörte zu seinem Wesenszug, die, wie der Sonnengesang ahnen läßt, an eine kosm. →Mystik rührte. Seine Frömmigkeit war kirchl. und von der Leben-Jesu-Frömmigkeit der Zeit geprägt. Dazu gehörte auch die Zuwendung zu den Armen und Ausgestoßenen als Stellvertreter Jesu. →*Armut* war so Ausdruck einer rel. zu verstehenden radikalen →Nachfolge Jesu. Auf die Menschen seiner umbr. Heimat machte F. einen tiefen Eindruck, der in der Legendenbildung bes. durch die Fioretti, einer zu Beginn des 14. Jh.s entstandenen Sammlung von Worten und Taten des F., einen ungewöhnl. starken Widerhall fand. Von keinem anderen Heiligen des MA.s gibt es eine so umfangreiche *Legendensammlung* wie von F. In den Legenden spiegelt sich allerdings auch der bald nach F. Tod einsetzende Streit um die

richtige franziskan. Lebensweise. Jede Biographie von Thomas von Celano (1228) über Bonaventura (1266) bis zu den Sammlungen des »Speculum perfectionis« (Beg. 14. Jh.) deutet und wertet F. von einer best. Sicht her. Darüber brach in der F.-Forschung seit Ende des 19. Jh.s der Streit um die »franziskan. Frage« aus. Diese hat, soweit sie konfessionell bedingt war, inzwischen an wissenschaftl. Schärfe verloren, dafür aber an polit.-prakt. zugenommen. Unter kirchen- und gesellschaftskrit. Vorzeichen wird in der gegenwärtigen F.- Literatur F. meist als Vorbild einer *polit. Mystik* gedeutet. Nicht mehr der Gegensatz von ev. →Charisma und kirchl. Institution wird an F. abgehandelt, sondern die polit. Relevanz des Evangeliums.

*Lit.: S. Clasen:* Legenda antiqua des hl. F., Leiden 1967 (Lit.). – *K. Esser:* Anfänge und ursprüngl. Zielsetzungen des Ordens der Minderbrüder, Leiden 1966 (Lit.). – *A. Fortini:* Nova Vita di S. Francesco d'Assisi, 4 Bde., Assisi 1959. – *I. W. Frank:* F. von A., Düsseldorf 1982. – *L. Hardick/E. Grau (Hg.):* Die Schriften des hl. Franziskus von Assisi, Verl, 6. Aufl. 1980. – *L. Lehmann:* Tiefe und Weite. Der universale Grundzug in den Gebeten des F. von A., Werl 1984. – *R. Manselli:* Franziskus, Zürich 1984 (Lit.).

*Isnard W. Frank*

**Franziskaner, Franziskanerinnen**

*A.* Gemeinsamer Ursprung aller F. ist die Bruderschaft der »Büßer von Assisi« des →*Franz von Assisi*, die sich zwischen 1210/20 zur Gemeinschaft der Minderbrüder entwickelte. Der damit verbundene Prozeß der Ordensbildung fand über die »nichtbullierte Regel« in der 1223 von Papst Honorius III. bestätigten »Bullierten Regel« einen ersten Abschluß. Die Wandlung der F. zum größten, erfolgreichsten und am weitesten verbreiteten ma. *Bettelorden* war von den gleichen Faktoren bestimmt, die für die →Dominikaner galten. Wie sie waren auch die F. ein *korporativ* strukturierter ortsunabhängiger Personenverband; Studium und →Seelsorge waren in die regulierte asket. Lebensweise eingebunden; es galt die (allerdings radikaler verstandene) gemeinsame *Besitzlosigkeit. Der* Klerikalisierung und Intellektualisierung, die mit der städt. Seelsorge verbunden waren, wurde früh Widerstand geleistet, der vor allem von mittelital. Einsiedlergruppen der F. ausging. In deren Umfeld pochte man auf eine einfache und ursprüngl. Lebensweise.
Mit der Formel vom »usus pauper« (bloßes Nutzungsrecht) gelang es Bonaventura (gest. 1274), den prakt. *Armutsstreit* zu beenden und noch einmal eine breite Identität der F. herzustellen. Bei den Spiritualen, einer Richtung, die auf Bewahrung bzw. Wiederherstellung der ursprüngl. Gestalt bestand, flammte das Identitätsproblem am Ende des Jh.s unter Einfluß von Gedanken des Joachim von Fiore erneut auf und führte zur Verfolgung der Spiritualen. Seit Ende des 14. und im Verlauf des 15. Jh.s bildeten sich *Reformgruppen*, die sich 1517 von den Konventualen, wie man jetzt die reformunwilligen F. nannte, trennten. Als »Ordo Fratrum Minorum Conventualium« (*Minoriten*, Konventualen genannt) bilden diese seither einen eigenen Orden (ca. 4.000 Mitglieder). Die F. genannte Reformgruppe bildet den »Ordo Fratrum Minorum (de observantia regulari)«, der sich im Verlaufe der Neuzeit in verschiedene Richtungen spaltete. Erst 1895 wurden diese von Papst Leo XIII. wieder zusammengefaßt (ca. 20.000 Mitglieder). Von dieser Union unberührt blieben die verschiedenen im Verlaufe der Neuzeit entstandenen Gruppen, von denen die *Kapuziner* die bekanntesten sind (ca. 12.000 Mitglieder).

*B.* Die *Tätigkeit* der F. war im MA. vor allem auf die *städt. Seelsorge* ausgerichtet. Sie waren führend im Erbauungsschrifttum und in der scholast. Theologie (Bonaventura, →Duns Scotus, →Ockham). Ihre beachtl. missionar. Aktivitäten reichten bis nach Ostasien; in der Neuzeit spielten sie im Gefolge der portug. und span. Expansion in der →*Mission* eine wichtige Rolle. In den verschiedenen Reformen, Abspaltungen und Neugründungen spiegelte sich immer auch im Zusammenhang mit Tätigkeit und Lebensstil die Frage nach der franziskan. Identität; nach dem 2. →Vat. Konzil bes. in einer deutl. Zuwendung zu den *Armen*, mit der auch die →»Befreiungstheologie« (L. Boff) zusammenhängt.

*C.* Mehr als um andere →Orden bildeten sich um die F. *Tertiaren* (3. Orden), franziskan. Laiengemeinschaften, aus denen sich bes. im 19. Jh. viele selbständige Kongregationen bildeten; derzeit ca. 11 Männer- und 270 Frauenkongregationen (über 100.000 Mitglieder). Den 2. Orden bilden die kontemplativ ausgerichteten klausurierten F.innen mit den *Klarissen* als Hauptzweig, die ihren Ursprung auf die hl. Klara von Assisi (gest. 1256) zurückführen (in 46 Klosterföderationen bei 20.000 Mitgliedern).

*Lit.: K. Esser:* Anfänge und ursprüngl. Zielsetzungen des Ordens der Minderbrüder, Leiden 1966 (Lit.). – *L. di Fonzo u.a.:* Francescane, Francescani, Frati Minori, in: Dizionario degli Istituti di Perfezione, Bd. IV, 174-216, 464-511, 823-838 (Stat., Lit.). – *L. Iriarte:* Der Franziskanerorden, Altötting 1984 (Lit.). – *T. Lombardi:* Storia del Francescanesimo, Padua 1980 (Lit.).

*Isnard W. Frank*

**Französische Revolution.** Die F.R. (1789-99) führte zu einer totalen Umwälzung der polit. und sozialen Verhältnisse →Frankreichs. Wenn dabei auch die bes. franz. Situation beachtet werden muß, ist die Einbindung in die gesamteurop. Entwicklung nicht zu übersehen, in der über →Aufklärung und Reformen das →Bürgertum zur entscheidenden polit., wirtschaftl. und kulturellen Kraft wurde und den neuen Nationalstaat schuf. Diese Umwälzung wurde in der F.R., der bürgerl. Revolution schlechthin, sowohl nach- als auch vorausgeholt.

*A.* In ihrem Verlauf ist das spannungsreiche Gegeneinander der einzelnen Parteien zu beachten. Sieger blieb das *Besitzbürgertum*, dessen polit., wirtschaftl. und geistige Bedürfnisse auch Funktion und Stellung von Religion und Kirche in der *Zivilkonstitution* (12.7.1790) neu bestimmt hatten. Dieses Meisterwerk legislativer und administrativer Konstruktion mit bedeutsamen Strukturreformen (Anpassung der kirchl. Organisation an die staatl.; Beschränkung auf Pfarrseelsorge; Wahl der Bischöfe und Pfarrer; staatl. Budget für Kult und Pfarrer usw.) ist im Zusammenhang mit der Verfassung zu sehen, die von der Constituante (Verfassunggebende Versammlung) ausgearbeitet wurde. Im Schwur vom 17.6.1789 hatte sich der Dritte Stand, unterstützt von reformwilligen Adeligen und bes. den Pfarrern (unter Führung des Abbé Sieyès), zum Repräsentanten der Nation erklärt. Mit dieser jurist. Revolution war das Ancien régime, die alte Herrschaftsform, im Prinzip liquidiert. Die Erklärung der →Menschenrechte, die Abschaffung der Feudalrechte (→Feudalismus) und des Kirchenzehnten, die →Säkularisierung der →Orden und die Nationalisierung des Kirchengutes nahmen der Kirche ihren bisherigen rechtl. und wirtschaftl. Sonderstatus. Der Funktion und Stellung nach kam es zu einer Einschmelzung von →Klerus und Kirche in die Nation. Insofern war die Zivilkonstitution sowohl letzte Konsequenz des kirchenpolit. *Gallikanismus* als auch dessen Aufhebung. Trotz konservativen Widerstandes und päpstl. Verurteilung (11.3.1791) war in kurzer Zeit die Konstitutionelle Kirche etabliert. Mit gesetzl. Maßnahmen (Eid auf die Konstitution; Strafen für die Eidverweigerer) versuchte die Regierung die mit der Reaktion verbundene »Röm. Kirche« zu unterdrücken.

*B.* Durch innere und äußere Schwierigkeiten bedingt, wurden ab Herbst 1792 die Gemäßigten von den Radikalen überspielt (Abschaffung der Monarchie: 21.9.1792; Hinrichtung des Königs: 21.1.1793). Mit dem Staatsstreich der Jakobiner im Sommer 1793, der zur Terrorherrschaft der verschiedenen Jakobinerrichtungen bis zum Sommer 1794 führte, wurde gewalttätig die Abschaffung des Priestertums und des Christentums betrieben und eine *Zivilreligion* als geistig-kulturelles Band der nationalen Einheit vorgeschrieben. Nach dem Sturz Robespierres (27.7.1794) kam wieder das gemäßigte Bürgertum ans Ruder. Das erste Direktorium strich zwar das Kultbudget, gestand jedoch →Religionsfreiheit zu. Im Ansatz wurde also eine *Trennung von Staat und Kirche* vollzogen. Von der allg. Revolutionsmüdigkeit und konservativen Besinnung profitierte mehr die Römische als die Konstitutionelle Kirche. Napoleon trug dieser Entwicklung schließl. Rechnung. Das →Konkordat vom 15.6.1801 band die Kirche wieder in eine Nation und den Staat ein. Im Gegenzug erkannte der Papst die auf der Basis der Zivilkonstitution reorganisierte Kirche an.

*C.* Die F.R. blieb für den franz. und europ. Katholizismus ein Trauma, das in Frankreich dessen restaurative und legitimist. Ausrichtung im 19. Jh. bestimmte. Der bürgerl.-liberale →Protestantismus der Aufklärung in Deutschland bestimmte sein Verhältnis zur →Neuzeit im Spannungsfeld von F.R. und →Reformation. Der Streit über die *Gründe und Folgen* der F.R. wird als Streit über die Folgen der Reformation geführt und steht im Zentrum der konfessionspolit. Auseinandersetzung nicht nur im Zeitalter der →Restauration, sondern auch der neueren Christentumsgeschichte.

*Lit.: K. D. Erdmann:* Volkssouveränität und Kirche, Köln 1949. – *A. Latreille:* L'Église catholique et la Révolution française, 2 Bde., Paris 1946-50 (Lit.). – *H. Maier:* Revolution und Kirche, München, 3. Aufl. 1973. – *R. E. Reichart:* F.R., in: Theol. Realenzyklopädie 11, 401-417 (Lit.). – *E. Schmitt (Hg.):* Die F.R. (Wege der Forschung 293), Darmstadt 1973 (Lit.).

*Isnard W. Frank*

## Frau

### A. Religionsgeschichtlich

*I.* Die *Stellung der F. in den →Religionen* erscheint deutl. unter der des →Mannes, was in aller Regel als Widerschein des gesellschaftl. Vorrangs des Mannes interpretiert wird (Patriarchat). Doch sind hier zwei Problemkreise zu unterscheiden: die F. als rel. →Subjekt und ihre Befähigung, rel. Ämter innezuhaben. Als rel. Subjekt besitzt die F. in den meisten Religionen die Chance des Heilsgewinns. Der »frauenfeindl.« Position liegt in der Regel ein älterer Vorstellungskomplex zugrunde, der die F. ihrer geschlechtsspezif. Physiologie wegen (Menstruation, Schwangerschaft, Geburt, Klimakterium) als mit mag. Zauberkraft (→Magie) ausgestattet betrachtet. Diese gefährl. »Mana«-Kraft erfordert ein rituelles Meideverhalten (→Tabu), um die schädigende Wirkung zu neutralisieren (Unheil abwendende →Riten). Dieser Bereich der fraul. Physiologie wirkte sich auf die →Kultfähigkeit der F. aus (→AT, Reinheitsvorschriften des 3. Buches →Mose); erst später, vor allem in der Abweisung heidn. Vorstellungen und Kulte durch das →Christentum, wurden diese Tabus eth. interpretiert.

*II.* Die *Amtsunfähigkeit der F.* ist menschheitsgeschichtl. erst jüngeren Datums, wenngleich ein allg. Verlaufsmodell, das im Matriarchat beginnt (Bachofen: Das Mutterrecht, 1861; jüngst populärwissenschaftl. H. Göttner-Abendroth: Die Göttin und ihr Heros, 1980), nicht schlüssig zu erweisen ist. Vorgeschichtl. Befunde, vor allem im Zusammenhang mit dem Kult der »Großen Mutter«, anderer Muttergöttinnen und der Mondgöttin, lassen die Vermutung matriarchal. Strukturen plausibel erscheinen. Urtüml. frauliche rel. Funktionen haben die jüngeren Religionen überlebt und/oder wurden im Untergrund von Randgruppen weitertradiert: in der Heil- und Zauberpraxis der »weisen

F.«, deren Gestalt zur →Hexe absank; als Seherin und Weissagerin; als solche nähern sie sich den Funktionen der Schamanin (→Schamanismus). Die Griechen kannten Orakelpriesterinnen, von denen die Pythia von Delphi zwar die bekannteste, aber längst nicht die einzige war; ähnl. Funktionen übten die Sibyllen im graecoital. Raum aus und beeinflußten selbst das →Judentum und Christentum. Fraul. Tempeldienst konnte zweierlei Ausprägungen annehmen, die F. Heiler unter der Kategorie des »Keuschheitsopfers« zusammenfaßte: als Sakralprostitution und als geweihte Jungfrau (Sakralvirginität). Beide Ausprägungen finden sich sowohl in naturvölk. wie in Hochreligionen.

*III.* In allen Hochreligionen ist die Amtsfähigkeit der F. mehr oder minder stark beschnitten, am wenigsten neuerdings im prot. Christentum (→Amt). Im Judentum, Zarathustrismus (→Parsismus) und im →Islam ist sie auch vom aktiven rel. Vollzug ausgeschlossen. Im →Buddhismus und im →Jinismus wie auch im Christentum steht ihr der Weg eines bes. qualifizierten rel. Lebens als Nonne (→Ordenswesen) offen. Eine deutl. *Anhebung der Position* der F. im Islam brachte die islam. Mystik (Sufismus). Seit dem 20. Jh. bemüht man sich in den großen Weltreligionen um eine Neuinterpretation der einschlägigen rel. Traditionen. Im Christentum kam es bes. in Kontakten mit dem Feminismus zum Entwurf einer →feminist. Theologie, aus der heraus das patriarchalist. Gottesbild des Christentums revidiert werden soll.

*Lit.: G. Dautzenberg u.a. (Hg.):* Die F. im Urchristentum, Freiburg 1983. – *F. Heiler:* Die F. in den Religionen der Menschheit, Berlin/New York 1977 (Lit.). – *M. Mead:* Male and Female, Westport/Conn. 1977. – *K. Thraede:* F., in: Reallexikon für Antike und Christentum 8, Stuttgart 1969, 197-269 (Lit.).

*Klaus-Josef Notz*

*B. Theologisch-ethisch*

*I.* Die Familienstruktur in der *patriarchal. Welt des →AT* ergab sich aus den sich verändernden ökonom. und sozialen Bedingungen. Die F. unterstand rechtl. dem →Mann; sie hatte mit ihm die Großfamilie zu versorgen. Ihr Wert und Ansehen hingen von ihren Fähigkeiten ab (Spr 31,10-31), vor allem davon, ob sie Kinder (Söhne) gebar. Viele Texte belegen die Einehe. Doch gab es Bigamie bis in die Spätzeit. Gegen Scheidung waren F.en schutzlos. Die →Kultpflicht des Mannes schloß die F.en ein (Zugang zum Heiligtum; Gebete), mit rückläufiger Tendenz schon im Frühjudentum. In der →Synagoge wirkten nur Männer. →Israel, das seine Geschichte, im Unterschied zur Umwelt, als Handeln →Gottes mit seinem Volk verstand, hat in schweren geschichtl. Erfahrungen sein Gottesbild vertieft, von daher auch das Verständnis grundlegender menschl. Beziehungen. Die Verschiedenheit von Mann und F. als Ebenbild Gottes deuten die *Schöpfungsberichte* als das Aufeinander-angewiesen-Sein beider in Erfüllung des →Schöpfungsauftrags. Diese Sicht als Grundfrage des Menschseins wurde später, abgeleitet vom Sündenfall Gen 3, durch die Lehre vom Vorrang des Mannes und prinzipieller Unterordnung der F. verdrängt, obwohl der erste sog. jahwist. Schöpfungsbericht die F. nicht als untergeordnete darstellt (Gen 2,24: Der Mann verläßt Vater und Mutter, um seiner F. anzuhangen). Gottes Strafbestimmungen, bes. Gen 3,16c, wurden als Schöpfungsordnung interpretiert und die Minder-Wertigkeit der F. mit Gen 2,22 und 3,6 begründet. Für die Heilsgeschichte im AT haben aber auch F.en Bedeutung (Sara, Rut, Tamar, Debora, Ester, Judit, Hulda). Die →Propheten verheißen: Gottes Geist wird auf Männer und F.en ausgegossen (→Joel; Jer).

*II.* Das →*NT* zeigt, daß *Jesus* in Lehre und Verhalten die Vorbehalte gegenüber F.en durchbrach (Gespräche mit F.en; Heilungen; →Gleichnisse). Zu Jesu Jüngern gehörten F.en (Mk 15,40; Lk 8,1f.; 22ff.; Mt 27,54; Joh 20,11f.). Nach den Paulusbriefen wirkten in der Urchristenheit F.en mit als Patronin, Prophetin, Missionarin, Diakonin, Apostolin. In Konflikten (1 Kor 11) argumentierte er gegen die hellenist. Gleichstellung von F.en. Heute ist zu fragen, ob das negative Urteil über ein Mitwirken der F. im Gottesdienst wirkl. paulinisch ist. Grundsätzl. bezeugt er die gleiche Begnadigung von Mann und F. (Gal 3,26-28). Die Weisungen der »Haustafeln« stützten sich nachweisl. auf konservative Richtungen antiker →Ethik.

*III.* Im *2. und 3. Jh.* wurden F.en unter dem Einfluß asket. Bewegungen aus den →Ämtern verdrängt (Lehrverbote für F.en). Sie durften nur noch in prakt. Aufgaben mitwirken. Die in der →Taufe begründete →Gleichheit von Mann und F. verstand man nur noch vergeistigt. In der *Ostkirche* blieb das Amt der →Diakonisse verblaßt lange erhalten, damit eine Würdigung der F. in der Gemeinde. Die Minderbewertung von F.en stand im Gegensatz zu deren Bedeutung im Leben der Kirche (vgl. Quellen zur Christenverfolgung; Cyprian). In der *Theologie* führten leibfeindl. Bewegungen zur Verdrängung der Geschlechtlichkeit als Ausdruck der →Sünde. Jungfräulichkeit galt als höchstes Gut. Als Ordensf.en (Bräute Christi) fanden F.en hohe soziale Anerkennung. Im *MA.* bestimmten widersprüchl. Faktoren Stellung und Leitbild der F. (Antifeminismus in Theologie und Kirche; erot. →Kultur des Minnesangs; rel. und bürgerl. F.enbewegungen). Nach Einführung des Priesterzölibats (11. Jh.) verschärfte sich infolge sexualeth. Zuspitzung des Sündenbegriffs die Ungleichheit der Geschlechter. Nach →scholast. Hexenlehre waren F.en stärker der Sünde verfallen oder vom →Teufel gefährdet. Asket. Sorge, Zynismus und Aberglaube waren Quellen für den zunehmenden Hexenwahn (→Hexen). Durch päpstl. Bulle erhielt die Hexenlehre 1484 Rechtskraft und legitimierte Hexenverfolgungen, Folterung und Verbrennung von F.en. Trotz der Marienverehrung (→Maria), die ein Gegengewicht zur Diffamierung der Weiblichkeit bildete, bedurfte es bes. Taten oder Gelübde, damit man F.en als gleichwertig anerkannte.

*IV.* Mit der Lehre vom Priestertum aller Gläubigen wandte →*Luther* sich gegen Theorie und Praxis der spätma. Kirche, vor allem das Amtsverständnis. Nach der Menschwerdung Gottes in Christus (→Magnifikat, Weimarer Ausg. 7,540-604, zu Lk 1,46-56) könne es keine Minderbewertung der F. mehr geben. Durch die Taufe sind F.en gleichwertige Glieder der Kirche. Damit war die Vorherrschaft des Mannes in Frage gestellt. Nach Luthers Schöpfungsverständnis sind Mann und F. »Gottes Kreatur«, in ihrer Verschiedenheit aufeinander angewiesen, Pflege und Erziehung der Kinder gemeinsame Aufgabe, nicht F.enarbeit. Das →Konzil von Trient blieb mit seiner Bestätigung der scholast. Ehelehre und der dogmat. Erklärung, das ehelose Leben habe den Vorrang vor der Ehe (sess. XXIV), bei der ma. Sicht von Menschsein und Geschlechtlichkeit. So gab es nur ansatzweise soziale Veränderungen. Wandlungen in der Stellung von F.en gingen von angelsächs. →Freikirchen aus (→Methodisten; →Quäker). Im frühen →*Pietismus* bestimmte durch Zinzendorf die reformator. Lehre von gleicher Begnadigung (Gal 3,26-28) Aufbau und Leben der Gemeinden (statt Überordnung des Mannes Nebeneinander von Brüdern und Schwestern). F. →Schleiermacher wandte sich gegen die »große Ungleichheit« (Mann das Haupt der F.), die immer neu, von Christi Verheißung absehend, aus Eph 5,21-31 u.a. abgeleitet werde. »Befreiende Liebe« müsse in der Mann-F.-Beziehung Herrschen und Unterordnen überwinden.
Infolge der techn.-industriellen Entwicklungen verloren F.en im *19. Jh.* Aufgaben, Erwerbsquellen und Mitsprache in ökonom. und sozialen Fragen. Als billige Arbeitskräfte wurden sie in Fabriken und Heimarbeit ausgebeutet. Die radikale Umgestaltung gesellschaftl. notwendiger Arbeit spaltete die Lebenswelt auf in getrennte Bereiche: Produktion und Politik als »Männerwelt«, →Familie, Haushalt, →Erziehung der Kinder als »F.enwelt«. Durch diese Trennung in produktive und reproduktive Arbeit stellte sich neu die Frage nach Rolle und Verantwortung der F. Die F.enbewegungen des 19. Jh.s kämpften für F.enrechte auf Arbeit und gerechten *Lohn, Bildung und Mitbestimmung.* Th. Fliedner und W. Löhe gaben, anknüpfend ans frühe Diakonissenamt, unverheirateten F.en Aufgaben, Ausbildung und Sicherheit in der Mutterhausdiakonie. Amalie Sieveking u.a. gründeten F.envereine zur Hilfe für Benachteiligte (»Emanzipation in christl. Sinn«). Die Aktivitäten von Schwesternschaften und F.envereinen bewirkten strukturelle Wandlungen in Kirche und Gesellschaft. In den Ordnungstheologien (Ende des 19., Beginn des 20. Jh.s) wurde den Über- und Unterordnungsverhältnissen in →Ehe, Familie und Arbeitswelt aber eine Verbindlichkeit zugeschrieben, die Gleichheit der Partner ausschloß. Die Bestimmung der F. liege in Ehe und Mutterschaft. Auf die vielschichtige F.enfrage unter veränderten Lebensbedingungen gingen die Kirchen in Sorge vor der F.enemanzipation nicht ein. Was in der →Gesellschaft nach langem Kampf errungen wurde – Rechtsfähigkeit der F.; aktives und passives Wahlrecht (1919) –, fand in theol. Ethiken kaum seinen theol.-eth. Niederschlag. Der NS-Mutterschaftsideologie und NS-Bevölkerungspolitik (Mutterkreuz als »Geburtenprämie«) traten nur einzelne entgegen. Auf Grund des Bewußtseinswandels nach 1945 bekannten die Kirchen bei ihren ökumen. Zusammenschluß in Amsterdam 1948, daß »Männer und F.en als verantwortl. Menschen miteinander (in gegenseitiger Achtung) Gottes Willen zu vollführen« haben.

*V.* Die Darstellung der F. in der Theologie orientiert sich heute meist an der *Gleichberechtigung* mit dem Mann, ohne die Geschlechtsunterschiede zu nivellieren. Sozialgeschichtl. Forschungen vertieften das Verständnis bibl. Texte in ihrer hist. Bedingtheit und schärfen den Blick für die Geschichte der Glaubenserkenntnis im AT und NT. Dagegen wenden sich weiter Denkrichtungen, die in der prinzipiellen Unterordnung der F. unter den Mann ein unwandelbares →Gebot Gottes sehen. Impulse zur Anerkennung der F. als Partnerin und selbstverantwortl. Person gingen von der →feminist. Theologie aus, zunächst in den USA, dann auch in Europa. Kontroverse Debatten über Rolle und Aufgaben der F. in der Kirche haben zu vielen theol. Studien veranlaßt, die die Bedeutung der F. für die Heilsgeschichte belegen, damit eine Abkehr von patriarchal. geprägter Bibelinterpretation ermöglichen. Zugespitzt stellt sich die Frage nach der Partnerschaft von Mann und F. im Problem der →Ordination von F.en. Seit dem 1.1.1978 sind in der Ev. Kirche in Deutschland und deren Gliedkirchen *Pfarrerinnen* rechtl. den Pfarrern gleichgestellt. Durch amtl. berechtigte Mitsprache von F.en in der →Theologie kamen neue Akzente in die Diskussion des Menschseins als Mann und als F., die Schwächen der theol. →Anthropologie aufdeckten. Die Praxis der Kirche zeigt, daß noch immer unaufgeklärte Vorbehalte gegenüber dem weibl. Geschlecht erschweren, die in der →Ökumene erstrebte Gemeinschaft von Männern und F.en zu verwirklichen.

*Lit.: K. E. Børresen:* Subordination and Equivalence. The Nature and Role of Women in Augustine and Thomas Aquinas, Oslo/Washington 1981. – *F. J. Buydendijk:* Die F., Köln 1953. – *F. Crüsemann/H. Thyen:* Als Mann und F. geschaffen (Reihe Kennzeichen 2), Gelnhausen 1978. – *A. Dihle:* Ethik, in: Reallexikon für Antike und Christentum 6 (1966), 646-796. – *E. S. Gerstenberger/W. Schrage:* F. und Mann (Reihe bibl. Konfrontationen), Stuttgart 1980. – *E. Gössmann:* Das wohlgelahrte F.enzimmer (Archiv für philos.- und theol.geschichtl. F.enforschung, Bd. 1), München 1984. – *M. Heinsius:* Das unüberwindl. Wort. F.en der Reformationszeit, München 1951. – *M.-S. Heister:* F.en in der bibl. Glaubensgeschichte, Göttingen, 2. Aufl. 1986. – *Kirchenkanzlei der EKD Hannover (Hg.):* Die F. in Familie, Gesellschaft und Kirche, Gütersloh 1979. – *E. Moltmann-Wendel:* F.enbefreiung. Bibl. und theol. Argumente, München 1978. – Ordination of Women in ecumenical perspektive (Klingenthal Consultation), Hg.: Commission of Faith and Order, Genf 1979. – *G. Scharffenorth/K. Thraede:* Freunde in Christus werden. Die Beziehungen von Mann und F. als Frage an Theologie und Kirche (Reihe Kennzeichen 1), Gelnhausen 1977. – *G. Scharffenorth/E. Reichle:* F. VII, in: Theol. Realenzyklopädie 11, 443-467. – *Sheffield Report (Hg.):* Worldcouncil of Churches, Philadelphia 1982. – *K. Stendhal:* The Bibel and the Role of Women, Philadelphia 1966. – Themenhefte Concilium: Die F.en in der Kirche 12/1 (1976); 16/4 (1980).

*Gerta Scharffenorth*

**Freidenker**

*A.* Nachdem das Postulat der →Freiheit in den Verfassungen der meisten neuzeitl. Staaten als Freiheit der Person, des →Gewissens, des Glaubens, der Religion festgehalten ist (→Religionsfreiheit, →Menschenrechte), sind dem F.tum als einer Bewegung, die sich im weitesten Sinne für die Freiheit des Denkens engagiert, weitgehend die Grundlagen entzogen. Die Bezeichnung F. geht zurück auf den engl. Ausdruck »*Free-Thinker*«, womit diejenigen bezeichnet wurden, denen es um eine vernunftgemäße (→Vernunft), widerspruchsfreie Erklärung des Christentums ging (→Liberalismus). Neben John Toland (1670-1722) zählt der Locke-Schüler Anthony Collins (1676-1729) zu den bedeutenden Exponenten der Bewegung. Verbindungen bestehen zu den franz. F.n (»Esprits forts«; »Libres penseurs«), zu denen einige der Enzyklopädisten (D. Diderot, P.H.Th. d'Holbach; →Enzyklopädie) und später die Hauptvertreter der franz. →Aufklärung (→Voltaire) zu rechnen sind.

*B.* In *Deutschland* war das F.tum von Denkern und Autoren aus dem bürgerl. Bereich getragen und blieb fast ausschließl. auf die prot. Gebiete beschränkt. Mehrere Traditionslinien wirkten hierbei zusammen: antidogmatist. Kritik (auch →Freirel. Bewegung), pantheist. →Monismus (→Spinoza), →Deismus, pietist. orientierter →Subjektivismus (Th. L. Lau, J. K. Dippel, J. Chr. Edelmann). Im 19. Jh. wirkten die F. einerseits durch das von ihnen vertretene und popularisierte mechanist. →Weltbild (K. Voigt, L. Büchner, J. Moleschott, E. Heckel u.a.), andererseits in Verbindung mit der →Christentums- und →Religionskritik eines →Feuerbach und D. F. →Strauß. Während sich das F.tum im bürgerl. Bereich als Reformbewegung der *Gebildeten* zunehmend privatisierte, entfaltete sich im Zusammenhang mit der →*Arbeiterbewegung* (die sich auf die Theorien von K. →Marx stützte; →Marxismus) eine bedeutende freidenker.-sozialrevolutionäre Richtung. Durch proletar.-vereinsmäßige Organisation des freien Denkens sollten Religion und Kirche durch Aufklärung überwunden werden. Bes. Bedeutung gewann hierbei der *Verein für Feuerbestattung* (1905), einer der zahlreichen Zusammenschlüsse des F.tums, zu denen es sowohl in der bürgerl. (ab 1880) als auch in der proletar. Tradition der Bewegung (ab 1908) kam. Der Höhepunkt war in den 20er Jahren erreicht. 1932/33 wurden die kommunist. und proletar. F.organisationen aufgelöst. Neugründungen nach dem Krieg blieben von geringer Bedeutung.

*Lit.: J.-Chr. Kaiser:* Arbeiterbewegung und organisierte Religionskritik. Proletar. F.verbände in Kaiserreich und Weimarer Republik, Stuttgart 1981. – *Verband proletar. F. Deutschlands (Hg.):* Was wollen die proletar. F.?, Berlin o.J. (1931). – *R. Wild:* F. in Deutschland, in: Zeitschrift für Hist. Forschung 6 (1979), 253-285.

*Volker Pitzer*

**Freiheit** ist mehr noch als →Gleichheit und →Brüderlichkeit ein Schlüsselwort der →Neuzeit, aber auch »der christl. Glaube versteht sich authent. als Anfang einer F., wie sie die Welt noch nicht gesehen hat« (J. Moltmann).

*A.* Das *griech. Denken* bezieht F. zunächst nur auf das Leben innerhalb der »Polis«. →Aristoteles (384-322 v. Chr.) definiert F. als »leben, wie einer will«, wobei F. dem aktiven Bürger vorbehalten ist. Die »von Natur aus« untergeordneten →Frauen, →Kinder, Sklaven und »Barbaren« stehen außerhalb. Doch beginnt bei Aristoteles auch die Reflexion auf die Vorbedingungen individueller menschl. F. Damit ließ sich F. auch außerhalb der Grenzen der »Polis« thematisieren.
Für das Verständnis des *AT* ist die Wirklichkeit der *Befreiung* von großer Bedeutung: Der Bericht von einem Gott, der sein Volk aus der →Sklaverei befreit, prägt die Geschichte →Israels als eine Befreiungsgeschichte. Im *NT* ist es vor allem →Paulus, der F. als Sache der →Gnade Gottes in Jesus Christus thematisiert. Die »F. der Kinder Gottes« (Röm 8,21) ist Hinweis auf das authent. Leben, wozu uns Jesus Christus von aller →Entfremdung und Verknechtung befreit hat. Durch ihn sind wir befreit *von* der Angst vor versklavenden Mächten (Paulus, Eph, Kol, Hebr) und *zum* Dienst an der →Gerechtigkeit (Röm 5-7). Dann, so der →Jakobusbrief, leben Christen gemäß dem »Gesetz der F.« (Jak 1,25). In F. zu leben heißt, in der →Liebe zu leben. Der Anfang der →Nachfolge Jesu macht das →Reich Gottes gegenwärtig und befreit Menschen von Armut, Krankheit, Ausschluß und Tod (→Evangelien).

*B.* In der *nachbibl. Zeit* wird die Frage nach der F. individualisiert, die Spannung von göttl. Macht und menschl. F. zur zentralen Frage. Dabei bildet →Augustinus (354-430) einen ersten Höhepunkt. Von seiner Frage nach dem Ursprung des →Bösen her gesteht er dem individuellen menschl. Willen zwar F. zu, doch könne allein die göttl. →Gnade das Individuum zum Tun des Guten befreien.
→*Thomas von Aquin* (1225-1274) versucht, zwischen individueller F. und göttl. Gnade umfassend zu vermitteln. Im Anschluß sowohl an Aristoteles als auch an Augustinus betrachtet er die metaphys. Wurzeln des freien →Willens als echt menschl. und auf das Gute (→Gemeinwohl, »bonum com-

mune«) gerichtet. In dieser Zielgerichtetheit betont er zugleich den Vorrang der göttl. Gnade. Gott selbst ist Quelle von wahrhaft menschl. F. und als »der Gute« zugleich ihr Ziel. Mögl. wird diese Konzeption durch den Gedanken, daß F. in der Teilnahme an einer auf das Gute gerichteten natürl. Ordnung besteht. Mit dem Zerfall der ma. Welt verliert diese Idee allerdings ihre Überzeugungskraft.

*C.* So richtet sich im Gefolge die Aufmerksamkeit auf die Problematik der (Gott und Welt gegenüberstehenden) F. des →*Individuums.* Der Konflikt zwischen →Erasmus (1466-1536) und →Luther (1483-1546) bestimmt jh.elang die Diskussionen zwischen Katholizismus und Protestantismus.
Erasmus besteht 1524 in seiner Schrift über den »freien Willen« (»De libero arbitrio«) darauf, daß der Mensch aus verschiedenen Handlungsalternativen frei das Gute wählen kann. In der Folgezeit aber unterscheidet die *kath. Theologie* immer schärfer zwischen natürl. F. und übernatürl. Gnade. Tendenziell wird dadurch die Reflexion über die menschl. F. entweder der Philosophie überlassen oder durch den Hinweis auf das kirchl. Lehramt (→Lehre) aufgefangen. Erst nach dem 2. →Vat. Konzil wird die Problematik der F. theol. wiederaufgenommen.
Unter Berufung auf Paulus und Augustinus verwirft *Luther* 1525 in seiner Schrift über den »versklavten Willen« (»De servo arbitrio«) den Gedanken, daß der freie Wille zum Finden der Liebe Gottes überhaupt etwas beitragen könne. Allein durch Gottes Gnade von jeder Eigenliebe befreit, sei »der Christenmensch... ein dienstbarer Knecht aller Dinge und jedermann untertan«. Aber gleichzeitig ist er auch »ein freier Herr über alle Dinge und niemand untertan« (Von der F. eines Christenmenschen, WA 7,49). Damit ist ein für den Protestantismus bleibendes Dilemma vorgezeichnet: entweder Lokalisierung der F. im Innern und Anpassung an die äußere Unf. oder Kritik an jeder Form von Unf.

*D.* Nach der →*Renaissance* rückt auch im polit. Denken die F. des Individuums in den Mittelpunkt. Die amerik. »Declaration of independence« (1776) und die franz. »Déclaration des droits de l'homme et du citoyen« (1789) sind dafür die wichtigsten Zeugnisse (→Menschenrechte). Aber schon *Th.* →*Hobbes* (1588-1649) machte die Aporie des modernen polit. F.sgedankens deutlich. Für ihn ist jeder Mensch von Natur aus frei, zu tun, was er für nötig hält, um sich selbst zu behaupten. Den Drang zur Selbstbehauptung sieht er als Naturgesetz. Damit aber nicht jeder seinen Überlebenskampf gegen alle anderen führt, müssen sich alle einem mit absoluter Autorität ausgestatteten →Staat unterwerfen. So führt absolute F. zu absoluter Unterwerfung. Bei *J. S.* →*Mill* (1806-1873) kommt dieselbe Aporie zur Sprache, doch betont er vor allem, die Staatsmacht stehe im Dienst der Entfaltung der persönl. F. des souveränen Individuums. *J.* →*Locke* (1632-1704) versucht, die Aporie dadurch zu umgehen, daß er die F. als von Natur aus eingeschränkt betrachtet durch das Verbot, den anderen in seinem fundamentalen Recht auf Leben, Gesundheit, Bewegungsf. und →Eigentum zu schädigen. Diese Grundrechte sind durch den Staat zu schützen. So wird die Notwendigkeit des Staates herausgestellt, Staatsabsolutismus aber ausgeschlossen. Doch weil auch Locke F. als ein vorgesellschaftl. Recht betrachtet, bleibt sie mit jeder Form sozialen Lebens in einem Konkurrenzverhältnis.

*E.* Der *dt.* →*Idealismus* versucht, die rel. betrachtete, geschenkte F. mit dieser modernen, auf menschl. →Autonomie gegründeten sozialen und polit. F. zu vermitteln. Gemäß *I.* →*Kant* (1724-1804) ist Voraussetzung aller sozialen und polit. F. die Pflicht, auf eine Weise zu handeln, die zum allg. Gesetz erhoben werden kann. Die Existenz dieses allg. Gesetzes in der menschl. Vernunft verweist auf eine unbedingte sittl. F., eine Wirklichkeit, die letztl. nur rel. thematisiert werden kann. Die unbedingte individuelle F. ist die F., das allg. Gute zu tun. *G. W. F.* →*Hegel* (1770- 1831) ordnet diese Gedanken in eine umfassende religionsphilos. Schau der Weltgeschichte ein. Das →Christentum ist »die Religion der F.« schlechthin. Denn durch →Jesus Christus ist deutl. geworden, daß der Mensch unendl. →Wert hat, bestimmt zur Integration in das göttl. Wesen und damit auch zur Überwindung aller Abhängigkeit. Diese Bestimmung wird verwirklicht, indem die Menschheit in den aufeinanderfolgenden Gestalten von →Recht, →Sittlichkeit und Staat immer mehr zum Bewußtsein gelangt, daß dies Schöpfungen des Geistes sind, an dem der Mensch selbst teilhat. So ist Geschichte »der Fortschritt im Bewußtsein der F.« (Die Vernunft in der Geschichte).

*F.* A. Smith (1723-1790) zeigt, wie sehr F. in einer kapitalist. Gesellschaft eine *ökonom. Dimension* hat und auf das Recht verweist, zu handeln, zu kaufen und zu verkaufen, in Dienst zu nehmen und in Dienst genommen zu werden. F. wird zur Bedingung einer gesunden Ökonomie. *K.* →*Marx* (1818- 1883) betont demgegenüber das →Interesse und Verlangen nach Befreiung. Unter den gegebenen Umständen verschleiert das Sprechen über F. die fakt. Unf., wird also zur →Ideologie. Erst wenn aller gesellschaftl. Zwang und damit jede gesellschaftl. Ungleichheit abgeschafft sind, wird ein Reich der F. möglich, in dem die F. des einen Vorbedingung ist für die F. des anderen. Den Widerstand der Fabrikarbeiter gegen ihre Unf. im →Kapitalismus betrachtet er als Ankündigung des mit Notwendigkeit kommenden *Reichs der F.* Seit dem Pontifikat *Leos XIII.* (1878-1903) haben die Päpste in ihrer →kath. Soziallehre gegenüber dem →Liberalismus und →Sozialismus den thomist. F.sbegriff vertreten. Dabei sprachen sie der hierarch. Kirche bei der Definition des höchsten zu erstrebenden Gutes hohe Kompetenz zu.

*G.* Nicht Marx' geschichtsphilos. →Determinismus, sondern der Gedanke, daß F. im *Widerstand gegen* bestehende *Unf.* gegenwärtig ist, gewann auf Widerstandsbewegungen großen Einfluß. Regelmäßig verband sich dieser Gedanke auch mit der bibl. Idee des →Exodus und des →Reiches Gottes, wie Jesus es verkündigte. Am meisten ausgearbeitet ist dies gegenwärtig in der sog. →*Befreiungstheologie*, die der F. – schon von Paulus eingefordert – ihre zentrale Stellung im christl. Glauben zurückgibt. Für die Befreiungstheologie ist der Gott des →Heils gegenwärtig im Widerstand der Armen gegen →Leiden und Unterdrückung. Teilnahme am Kampf um Befreiung heißt Zugang zur Erkenntnis des Gottes der F. Die Teilnahme bedeutet, selbst schon zu F. befreit zu sein (Gal 5,1).

*Lit.: J. Baur:* F. und Emanzipation. Ein philos.-theol. Traktat, Stuttgart 1974. – *E. Coreth:* Zur Problemgeschichte menschl. F., in: Zeitschrift für kath. Theologie 94 (1972), 257-289. – *H. Kessler:* Reduzierte Erlösung? Zum Erlösungsverständnis der Befreiungstheologie, Freiburg/Basel/Wien 1987. – *R. Mehl:* F., in: Theol. Realenzyklopädie 11, 511-533. – *O. H. Pesch:* Frei sein aus Gnade. Theol. Anthropologie, Freiburg/Basel/Wien 1983. – *T. Pröpper:* F., in: Neues Handbuch theol. Grundbegriffe, Bd. 1, 374-403. – *T. Rendtorff:* Emanzipation und christl. F., in: Christl. Glaube in moderner Gesellschaft 18, Freiburg 1982, 149-179. – *J. Schlumbohm:* F.sbegriff und Emanzipationsprozeß. Zur Geschichte eines polit. Wortes, Göttingen 1973.

*Erik Borgman/Anton van Harskamp*

## Freikirchen

*A.* Erst 1843 wird das Wort erstmals in Schottland gebraucht, als 200 Pfarrer unter Führung von Th. Chalmers (1780-1847) aus Protest gegen Patronatsrechte und gerichtl. Eingriffe die *Church of Scotland* verließen und die *Free Church* gründeten. Das Beispiel verdeutlicht ein grundlegendes *Strukturmerkmal*: Im Gegensatz zu Staats-, →Landes- und/oder →Volkskirchen stellen die F. die Dekkungsgleichheit von Christengemeinde und Bürgergemeinde in Frage, damit auch die Ehe von Thron und Altar und die rel. Einförmigkeit eines Territoriums, die nur durch Anwendung von kirchl. und/oder obrigkeitl. Zwang erreicht werden kann. Die F. fordern →Freiheit zur Entfaltung für sich und andere, auch für die nicht Glaubenden. So wurden die F. Vorkämpfer für →Religions- und Glaubensfreiheit (z.B. der →Quäker William Penn in Pennsylvania).

*B.* Während in Deutschland diejenigen Kirchen als →»Sekten« abqualifiziert wurden, die nicht im Westfäl. Frieden einbezogen waren (so noch z.B. in Eisenach 1855 mit Nachwirkungen im Volksbewußtsein bis zur Gegenwart), gebrauchten die F. den wertneutralen Begriff »*Denomination*« (Benennung): Alle christl. Gemeinschaften sind wie Zweige (Denominationen) an dem einen großen Baum der Kirche (»branch theory«). Im Rahmen der vielen kirchl. Gebilde betont man so die Einheit im Wesentlichen und die Gleichheit aller, ohne zwischen Kirche und Sekte zu unterscheiden. Auf dieser Grundlage wurden die →Vereinigten Staaten das Land des F.tums.
Das F.tum tritt im *Täufertum* der Reformationszeit (→Mennoniten, →Täufer) und im engl. →Puritanismus (→Kongregationalisten, →Presbyterianer, →Baptisten, →Quäker) zutage. Im 18. Jh. kam die Erweckungsbewegung des Methodismus (→Ev.-methodist. Kirche) hinzu, die sich (entgegen der Absicht J. Wesleys) zur eigenen Kirche entwickeln mußte. Ähnliches gilt für die →Brüder-Unität (Moravian Church) Zinzendorfs. Im 19. Jh. entstanden die →Heilsarmee, die Freien ev. Gemeinden, die →Brüderbewegung, die Disciples of Christ, der →Adventismus, die Kirche des Nazareners und die →Pfingstbewegung. In Deutschland gibt es seit 1926 die *Vereinigung Evangelischer Freikirchen* (VEF). Nach Charakter und Art ihrer Entstehung sind von den »klass.« F. zwei »konfessionelle« F. zu unterscheiden, die →Altlutheraner (→Selbständige Ev.-Luth. Kirche) und die Altreformierten.

*C.* Die F. verlangen eine (freiwillige) *Entscheidung* zur Mitgliedschaft (→Bekehrung). Die Laienmitarbeit (Priestertum aller Gläubigen) ist weit entwikkelt, das Verantwortungsbewußtsein der Glieder groß (oft werden 10% des Einkommens gegeben: Haushalterschaft; der Gottesdienstbesuch liegt bei 75%). Maßnahmen der →Kirchenzucht können aus seelsorgerl. Gründen Anwendung finden. Freiwilligkeit und evangelist.-missionar. sowie *diakon.* Anstrengungen (→Heiligung) sind wie zwei Seiten einer Medaille. Jugendarbeit und christl. Erziehung (Sonntagsschule, Gemeindebibelschule) sind wichtige Arbeitszweige.
Freikirchl. Gemeinden sind wegen ihrer Überschaubarkeit (in der Regel weniger als 300 Mitglieder für einen Pastor) anziehend. Es können leicht intensive *Kontakte*, aber dadurch auch Spannungen entstehen. F. waren oder sind häufig Kirchen der »kleinen Leute« (Kleinbürgertum), so daß es bei sozialem Aufstieg zu Übertritten in »respektablere« Kirchen kommen kann.

*D. Ökumen.* bedeutsam ist neben der Entwicklung der »Zweigtheorie« (s.o.) der Umstand, daß die moderne →Mission entscheidende Anstöße von den F. erhielt und die meisten →»Jungen Kirchen« freikirchl. strukturiert sind. Die Anfänge der →ökumen. Bewegung im Rahmen der Evangelischen Allianz (1846), der christl. Jugend- und Studentenarbeit und des →Ökumen. Rats der Kirchen sind wesentl. aus freikirchl. Ansätzen erklärbar (z.B. *John Mott*).

*Lit.: E. Geldbach:* Die F. in Deutschland, in: *W. Horkel (Hg.):* Christl. ABC heute und morgen, Bad Homburg 1980, 47-68. – *F. H. Littell:* Von der Freiheit der Kirche, Bad Homburg 1957. – *H.-B. Motel (Hg.):* Glieder an einem Leib, Konstanz 1975. – *G. Westin:* Der Weg der freien christl. Gemeinden, Kassel 1956.

*Erich Geldbach*

**Freimaurer,** engl. *Free-Masons* (das Wort urkundl. erstmals 1376) sind Mitglieder von *F.-Logen.* Die F. stehen in der Tradition der ma. Dombauhütten, von denen sie Begriffe, Formen und →Symbole übernommen haben.

*A.* 1717 entstand in London durch Zusammenschluß von vier Bauhütten die erste engl. Großloge. Sechs Jahre darauf erschien die »Andersonsche Konstitution«, die heute noch für die weltweite F.ei grundlegend ist. Die *erste dt. Loge* wurde 1737 in Hamburg gegründet. Sogleich setzte der Kampf gegen die sich rasch ausbreitende Geheimgesellschaft ein (→Geheimbünde), die sich dem neuen humanist.-deist. Geist verschrieben hatte (→Humanismus; →Deismus). Sie vereinigte Männer ohne Ansehen der →Nation, der Rasse, der →Religion und des →Standes und verpflichtete sie (u.a. durch die Feier geheimer Riten; →Ritus) zu geistiger Vertiefung, sittl. Reifung, →Toleranz und edler Menschlichkeit, zur Geheimhaltung der F.-Lehren und -Bräuche. Damit war eine die Mitglieder primär verpflichtende quasirel. *Weltanschauungsgemeinschaft* entstanden, der gegenüber die kirchl. und völkisch-nationale Gemeinschaft an die zweite Stelle rückte. Argwohn, üble, weitgehend ungerechtfertigte Verdächtigungen und Verfolgungen waren die Reaktion von Staat und Kirche. »Bis heute ist das F.-Problem in erster Linie ein Problem des Anti-Freimaurertums« (Haack). Die erste Bannbulle gegen die F. erließ Papst Klemens XII im Jahr 1738. Trotz starker innerer Gegentendenzen hält die kath. Kirche noch immer fest an der Unvereinbarkeit der F.ei mit der kirchl. Lehre. Auch strengere prot. Kreise lehnen die F.ei ab. Im NS-Regime (→Nationalsozialismus) galt sie als Organ der »geheimen überstaatl. Mächte«, die auf Unterminierung aller staatl. Ordnung aus seien. Daher wurde sie 1933/35 verboten, 1945 wieder zugelassen.

*B.* Im Jahr 1958 kam es in der Bundesrepublik zum *Zusammenschluß* der drei in Deutschland beheimateten Lehrarten: die Großloge der »Alten, freien und angenommenen Maurer (AFAM)«, humanitär ausgerichtet, erst nach 1945 entstanden; die »Große Landesloge der F. von Deutschland (GLL F.v.D.)«, streng christl.; die »Große National- Mutterloge ›Zu den drei Weltkugeln‹« (3 WK), christl. orientiert, eine preuß. Gründung. Des weiteren ist in Deutschland eine Reihe von ausländ. Logengruppierungen vertreten. Neben den männl. Logen gibt es (irreguläre) gemischte und auch rein weibl. Logen. Man schätzt insgesamt ca. 6 Mill. F., davon über 4 Mill. in den USA.

*Lit.: E. Lennhoff/O. Posner:* Internationales F.lexikon (1932), Wien 1980. – *U. von Merhart:* Weltfreimaurerei, Hamburg 1969. – *P. Naudon:* Geschichte der F.ei, Frankfurt/M. 1982. – *W. Quenzer:* F., in: Theol. Realenzyklopädie 11, 564- 567 (Lit.). – Humanität. Das dt. F.-Magazin, zweimonatl., 1974ff.

*Ekkehard Hieronimus*

**Freireligiöse Bewegung.** Als »freireligiös« bezeichnet man im weiteren Sinn eine Haltung, die sich zur rel. Bindung des Menschen bekennt, diese aber »frei«, nach individuellem Gewissensentscheid, wählen (→Gewissen, →Religionsfreiheit) und auch von »zufälliger« hist. Ausprägung des Religiösen, von dogmat. Zwang und institutioneller Bevormundung »frei« leben möchte.

*A.* Menschen mit dieser »aufgeklärten« Haltung (→Aufklärung) schlossen sich im 19. Jh. zusammen und begründeten damit die F.B. im engeren Sinn. Ihre Wurzeln liegen im Umfeld der Revolution von 1848. Infolge der konservativen Reaktion der Kirchen auf das Zeitalter der Aufklärung waren in beiden großen Konfessionen frühliberale Bewegungen aufgebrochen: Deutschkatholiken (1844, J. Ronge) und Lichtfreunde (1841, L. Uhlich) organisierten sich im Widerstand gegen diese Reaktion, näherten sich schnell einander an und schlossen sich 1859 zum »*Bund Freireligiöser Gemeinden Deutschlands*« (BFGD) als Religionsgemeinschaft zusammen. Er wurde 1949 in zehn Gebietskörperschaften mit einer Zentrale in Hannover als Körperschaft des öffentl. Rechts neu organisiert.
1924 kam es im »*Volksbund für Geistesfreiheit*« zu einer Verbindung mit den bürgerl. →Freidenkern unter Führung von G. Tschirn. Freidenkertum und Freireligiosität blieben als zwei Pole einer Grundströmung bis heute spürbar. Auch im internationalen Engagement sind diese Pole zu spüren: Der BFGD ist seit 1952 Mitglied der »International Humanist and Ethical Union«, Utrecht, in der jede Art von Offenbarungsreligion (→Offenbarung) abgelehnt wird. Gleichzeitig (seit 1958) ist ein Arbeitskreis überwiegend südwestdt. freirel. Gemeinden in der »International Association for Religious Freedom« (IARF) mit Sitz in Frankfurt/M. vertreten, einer interkonfessionellen und interrel. Vereinigung, in der auch christl. Gruppen (z.B. »Bund für freies Christentum«) und Einzelpersonen mitarbeiten.

*B.* In der F.B. verband sich von Anfang an *Wissenschaftsgläubigkeit* mit unterschiedl. theol. und philos. Elementen, hauptsächl. in Auseinandersetzung mit der Lehre der Kirchen beider Konfessionen (→Christentumskritik). Die durch das christl. Gegenüber vorgegebene Thematik (→Gott, Christus, →Glaube, verantwortl. →Handeln) blieb dabei weitgehend erhalten. Der Zurüstung und Hilfe für das Leben in humanitärer Verantwortung dient die freirel. *Gemeinde.* Ihr Leben vollzieht sich, entspr. der Praxis der christl. Kirchen und Gemeinden, im wesentl. in Feierstunden, Weihestunden zu den »*Festen des Lebens*« (z.B. Jugendweihe), Gedenktagen und Festen im Jahreszyklus (→Jahr) oder aus bes. Anlaß, in →Amtshandlun-

gen, Vorträgen, Unterricht und →Erwachsenenbildung, in Kreisen, Arbeitsgruppen, Sozialdiensten. Mancherorts steht für die Arbeit eine Erbauungs- oder Weihehalle bzw. ein Gemeindezentrum zur Verfügung.
Mit etwa 50.000 Mitgliedern in ca. 230 Gemeinden in der Bundesrepublik Deutschland spielt die F.B. als Gruppierung heute zwar keine große Rolle mehr, dennoch kommt ihr zusammen mit den verwandten Gruppen und im Rahmen weltweiter Organisationen eine gewisse Bedeutung zu.

*Lit.: K. Becker:* Freigeistige Bibliographie, Stuttgart o.J. (1974). – Die Freirel. Bewegung, Selbstverlag (Druck Mainz) 1959. – *F. Heyer/V. Pitzer:* Religion ohne Kirche, Stuttgart, 2. Aufl. 1979 (Lit.). – *F. Pitzer:* Freirel. Bewegung(en), in: Theol. Realenzyklopädie 11, 567-572 (Lit.). – Zeitschriften: Der Humanist, Ludwigshafen. – Freie Religion, Mannheim.

*Volker Pitzer*

## Freizeit

*A.* Stößt man auf das Wort F., so ist der Zusammenhang stets sorgfältig zu beachten, denn es benennt keinen eindeutig umschriebenen Sachverhalt und wird selten wertfrei genutzt. Angaben wie Lesen, Musikhören, Basteln, Sporttreiben umfassen jeweils sehr unterschiedl. Sachverhalte, und zur Vorsicht mahnen auch Unterscheidungen wie F.sportler, Amateursportler, Berufssportler. Es gibt keine Übereinstimmung darüber, welche Aktivitäten uneingeschränkt als F. anzusehen sind. In der Literatur finden sich folgende typ. *Definitionen:* F. als Restgröße nach Abzug der auf Erwerb und Regeneration (Essen, Schlaf, Körperpflege) gerichteten Tätigkeiten, F. als die Summe von einzeln ausgewiesenen F.aktivitäten; F. als diejenigen Tätigkeiten, die sich nicht notwendig aus zentralen funktionalen →Rollen ergeben; F. als Bedeutungszuschreibung durch das →Individuum, gleich welche Tätigkeiten betroffen sind. Einig ist man sich darüber, daß es bisher nicht gelungen ist, method. befriedigende Ergebnisse weder über die Gesamtheit der F. noch über die Häufigkeit und die Dauer der Ausübung einzelner Aktivitäten zu erhalten. Wegen der erhebl. Unterschiede ist es im Normalfall nicht mögl., Ergebnisse verschiedener Studien einfach einander gegenüberzustellen und daraus Aussagen abzuleiten.

*B.* Der Begriff F. war zunächst eng mit dem Phänomen der *Industrialisierung* (→Industrie) verbunden und bekam daher seine noch heute andauernde Wertgeladenheit. Kreise der →*Arbeiterbewegung*, auch K. →Marx und A. Bebel (1840-1913), forderten eine Verkürzung der Arbeitszeit auch deswegen, damit die →Arbeiter Gelegenheit erhalten, sich zu bilden. Die →*Entfremdung* sollte dagegen erst in der Zukunft, dem Kommunismus, aufgehoben werden. Anders sahen das eine Reihe von Vertretern der Kulturphilosophie, ganz bes. auch aus dem christl. Lager. Sie wollten die – in ihrer Sicht mit den neuen industriellen Arbeitsvollzügen einhergehende – Entfremdung der Arbeit dadurch kompensieren, daß die F. zur Zeit der *individuellen →Selbstverwirklichung* würde. Für beide Lager war die F. jene Zeit, die für das Menschsein wesentl. war, und konsequent wurde deren sinnvolle Verwendung zu einem Anliegen, das dann willig auch von anderen gesellschaftl. Gruppierungen aufgegriffen wurde. Nichtstun wurde (wie schon einmal im Pietismus) zu einer →Sünde, und F.aktivitäten, denen nicht ein höherer Wert nachgesagt werden konnte (z.B. am Strand liegen, Erholung), gerieten in Verruf. Diese Ambivalenz trifft auch für eine Reihe ähnl. Begriffe zu. So ist Geselligkeit grundsätzl. Ausdruck der Sozialität des Menschen (→sozial). Trotzdem werden manche ihrer Darstellungsformen (z.B. »Kneipe«) als überwiegend konsumtiv angegriffen.

*C.* Die *Trennung* von F. und Arbeitswelt ist auch noch heute eine gängige Vorstellung, und beide Teile werden oft noch gegeneinander ausgespielt. Aus sozialwissenschaftl. Sicht erheben sich dagegen Bedenken, weil beide Bereiche vergleichbaren Strukturbedingungen unterliegen und nur in Ausnahmefällen voneinander zu scheiden sind. So finden sich z.B. in den Bereichen, die umgangssprachl. als »Hobby« bezeichnet werden (F.aktivitäten, die sich durch Regelmäßigkeit, Planung und hohe Intensität kennzeichnen lassen), im Hinblick sowohl auf die Auswahl der Aktivitäten als auch auf die Ansprüche an die Qualität der Ausübung inhaltl. ähnl. Zuschnitte, wie sie berufl. bedingte Arbeitsvollzüge aufweisen. Dennoch kann das Hobby als Ausgleich für fremdbestimmte Arbeit empfunden werden.
Auch eine Trennung von F.- und *Warenwelt*, gar noch im Sinne einer Gegenwelt, ist aus sozialwissenschaftl. Sicht nicht zu vertreten. Somit ist auch eine undifferenzierte Kritik an der Vermarktung (besser: Kommerzialisierung) von F.aktivitäten unangemessen. Ansatzpunkt zu krit. Hinterfragen muß die Betrachtung des jeweiligen Vorgehens im konkreten *Einzelfall* sein. In dieser Hinsicht unterliegt das Bedürfnis nach F. keinen anderen Marktvoraussetzungen als z.B. die Bedürfnisse nach Nahrung und Schlaf.

*Lit.: H. Giesecke (Hg.):* F.- und Konsumerziehung, Göttingen, 3. Aufl. 1972. – *B. Nauck:* Konkurrierende F.- Definitionen und ihre Auswirkungen auf die Forschungspraxis der F.-Soziologie, in: Kölner Zeitschrift für Soziologie und Sozialpsychologie 35 (1983), 274-303. – *W. Opaschowski (Hg.):* F.pädagogik in der Leistungsgesellschaft, Regensburg, 3. Aufl. 1977. – *J. Pieper:* Muße und Kult, München, 7. Aufl. 1965.

*Peter Albrecht*

**Freud,** *Sigmund*, geb. 6.5.1856 in Freiberg (Mähren), gest. 23.9.1939 in London, *Begründer der →Psychoanalyse.* Sohn unbemittelter jüd. Eltern; die jüd. Lebenshaltung war eher äußerl., ließ F. jedoch mit bibl. Überlieferungen (Mose) und rel. Praktiken vertraut werden. 1860 zog die Familie

nach Wien um; dort hat F. bis 1938 gelebt. Nach Abitur und Medizinstudium arbeitete er zunächst in der Neuropathologie. Angeregt durch einen Studienaufenthalt bei dem Pariser Neurologen und Psychiater Charcot und, später, durch die Zusammenarbeit mit Josef Breuer, wandte er sich jedoch zunehmend von den physiolog. Ursachen von »Nervenkrankheiten« ab und deren psych. Aspekten zu. So kam er zu der Annahme, daß Hysterie das Ergebnis vergessener, vorwiegend sexueller Traumata (»Verwundungen«) sei; Heilung sei durch affektgeladenes Wiedererinnern des ursprüngl. Traumas mögl.
1886 eröffnete F. eine Praxis als Facharzt für Nervenleiden. 1887 heiratete er Martha Bernays; mit ihr hatte er drei Töchter und drei Söhne. F. ersetzte bald das Verfahren der Hypnose durch die sog. freie Assoziation und die *Traumarbeit* (→Traum). Mit ihrer Hilfe entdeckte er bei seinen Patienten und in seiner intensiven Selbstanalyse nach und nach die Dynamik und Struktur unbewußter seel. Kräfte, die das individuelle Verhalten bestimmen, deren Bewußtwerdung jedoch auf Grund der herrschenden Wert- und →Normvorstellungen nur schwer mögl. ist. Die Entfaltung dieses Ansatzes, die differenzierte Darstellung psych. Kräfte und Strukturen und die Kritik der bürgerl. →Gesellschaft mit ihren zwanghaften moral. und rel. Wertvorstellungen bilden das Hauptwerk F.s. Mit seiner Betonung der Bedeutung sexueller Triebregungen für die Entstehung psych. Probleme stieß F. auf verbreitete Ablehnung; sie wurde verstärkt durch den Antisemitismus im öffentl. Leben Wiens.
Nach anfängl. Isolierung sammelte F. eine Anzahl *Schüler* um sich; vor allem im Ausland (Schweiz, USA) erfuhr er zunehmende Anerkennung. Seine bedeutendsten Schüler A. Adler und C. G. →Jung trennten sich jedoch wieder von ihm (1911 bzw. 1913), weil F. im Blick auf die psychoanalyt. Theorie grundsätzl. Abweichungen nicht hinnehmen konnte. In den 20er Jahren erkrankte F. an einem quälenden Gaumenkrebs. Nach Hitlers Invasion in Österreich emigrierte F. nach London; er starb dort 1939.
F. hat ein umfangreiches, auch literar. hochqualifiziertes wissenschaftl. Werk hinterlassen. Seine Wirkungsgeschichte für das 20. Jh. ist kaum zu überschätzen, da er enorme Veränderungen in den Humanwissenschaften, einschließl. der Theologie, und im Selbstverständnis des modernen Menschen ausgelöst hat (s. auch →Psychoanalyse).

*Lit.: Textausgabe: S. Freud:* Studienausgabe, 10 Bde., Frankfurt/M. 1969ff. – *H. Glaser:* Sigmund F.s zwanzigstes Jh., München/Wien 1976. – *E. Jones:* Das Leben und Werk von Sigmund F., 3 Bde., Bern/Stuttgart 1960ff. – *M. Schur:* Sigmund F., Leben und Sterben, Frankfurt/M. 1973.

*Michael Klessmann*

**Freude und Lust** gehören zu den ursprüngl. affektiven Erlebensweisen eines →Menschen. Beide fordern diesen im Laufe seiner Daseinsentwicklung zu einer individuellen Gestaltung heraus. Die Unterschiedenheit und Bezogenheit der zwei Begriffe wird dadurch bestimmt, daß der der F. eher eine allg. *Gestimmheit* ausdrückt, während der der L. die körpernähere *Empfindung* widerspiegelt und zudem einem mehrdeutigen Sprachgebrauch unterworfen ist. Auf eine Sache oder einen Handlungsvollzug L. zu haben ist demnach etwas sehr anderes, als vom bloßen L.gewinn her zu einer Tat motiviert zu sein.

*A.* Die *eth.* Bewertung und Differenzierung hat bei dieser Zwiespältigkeit ihren Ansatzpunkt. In der entspr. Diskussion können F. und L. dann entweder zu Spannungspolen oder aber zu einander ergänzenden Faktoren erklärt werden. Vorwiegend in Spannung stehen sie vor allem dort, wo im Zusammenhang einer langen (christl.) Tradition das L.erleben von seiner eruptiven (und die sog. vernünftigen Reaktionen situativ relativierenden) Qualität her Ängste auslöst. Eine mit der Geschichte des →Christentums problemhaft verbundene Leibfeindlichkeit (→Leib) sowie die überzogene Fixierung des Begriffs der →Sünde an die sexuelle Begierde sind die Folgen. So wird reine, und d.h. geistige, F. zum Gegenteil von dumpfer, und d.h. körperl., L. erklärt. Daß solche einseitigen Auffassungen – zumal wenn sie gesellschaftl. sanktioniert werden – zu Verdrängungsmechanismen führen und damit seel. und körperl. Schäden hervorrufen können, hat am deutlichsten die →Psychoanalyse aufgewiesen. Dabei ist das L.-Unl.-Prinzip, das sie als basalen Steuerungsfaktor menschl. Verhaltens annimmt, gerade nicht mit der Propagierung einer hedonist. Lebensweise zu verwechseln. Der bewußte Verzicht auf (unmittelbare) L.befriedigung ist sehr wohl von deren Verdrängung, aber auch von bloßer Genußkultivierung zu unterscheiden. Vielmehr gilt Verzicht um eines höheren (Entwicklungs-)Zieles willen als sehr wohl zumutbar und wird – unter dem Vorzeichen der gezielten Sublimierung – zur Aufgabe für den einzelnen und für die Gemeinschaft. Je besser diese Aufgabe gelöst wird, desto selbstverständlicher werden die Erlebnisse von F. und L. einander ergänzen. Ist F. näml. letztendl. abhängig von einem geglückten Beziehungserleben und dessen Auswirkungen auf →Identitätsgefühl und Schaffenskraft, so kann sie L. in deren mehrfachem Wortgebrauch umschließen.

*B. Theol.* gesehen wird menschl. F. immer gleichzeitig als Gabe und als grundlegend für die Gottesbeziehung selbst aufgefaßt. Zwar stehen F. und L. unter ird. Bedingungen immer wieder in Gefahr auseinanderzufallen. Sie werden als »Schadenf.« oder als (in einer →Sucht) verabsolutiertes L.erleben pervertiert und drücken damit Beziehungsstörungen aus. Es gehört jedoch zur christl. →Hoffnung, daß beide Erlebenselemente unter den eschatolog. Bedingungen unmittelbarer Gottesnähe (und das bedeutet unter endgültigem Ausschluß von F.- und L.losigkeit!) in eins fallen.

*Lit.:* *O. F. Bollnow:* Das Wesen der Stimmungen, Frankfurt/M., 5. Aufl. 1974. – *S. Freud:* Formulierungen über die zwei Prinzipien des psych. Geschehens, in: *ders.:* Ges. Werke, Bd. 8, Frankfurt/M., 4. Aufl. 1964, 230ff. – *Ders.:* Jenseits ders L.prinzips, in: *ders.:* Ges. Werke, Bd. 3, a.a.O., 1f. – *J. Moltmann:* Die ersten Freigelassenen der Schöpfung, München 1971. – *E. Otto/T. Schramm:* Fest und F., Stuttgart/Berlin/Köln/Mainz 1977. – *K. Winkler:* F., in: Ev. Kirchenlexikon 1, Göttingen, 3. Aufl. 1986.

*Klaus Winkler*

**Freundschaft**

*A.* F. ist eine freiwillige, damit zwar unerzwingbare, doch sozial und kulturell weitgehend vorgeformte, unbefristet eingegangene und meist den einzelnen auf der ganzen Breite seiner →Person umfassende *Wechselbeziehung* mehrerer Menschen, die sich auf der Grundlage von Sympathie und →*Vertrauen*, Hilfs- und Opferbereitschaft, Solidarität und Diskretion zusammenschließen. Von Sozialbeziehungen ähnl. Typs unterscheidet sich F. einerseits durch das Fehlen konstitutiver Interessenbezogenheit, Rollenfestlegung, Zweckbestimmung und Leistungserwartung (→Verein, Kollegenkreis), andererseits durch die relative Indifferenz gegenüber Zusammenführungen durch Zwang (Kameradschaft), Triebimpulse (→Ehe), räuml. Nähe (Nachbarschaft) oder natürl. Verwandtschaft (Eltern- und Geschwisterliebe).

*B.* F. hat ihren bedeutsamen Ort in institutionell unbest. oder unterbest. Bereichen des gesellschaftl. und kulturellen Lebens (→privat) und kann hier sowohl als *Grenzfall* der →Subjektivität (Darstellung der Individualität durch intim-kommunikative Formen der Selbst- und Fremderschließung) wie auch als Grenzfall der →Gesellschaft (»ideale eth. Lebensform im Kleinen« [N. Hartmann]) auftreten, welche die bestehenden Verhältnisse fakt. überbietet oder normativ überwinden soll:

*1.* Im ersten Fall erscheint F. als Überwindung der Grenzen, die das verschlossene *Individuum* sonst selbstgenügsam in seiner Ergänzungsbedürftigkeit beließen. Dabei werden überschreitende Wirkungen der F. entweder als eine Sozialität eingeklagt, die Tugend erst ermöglicht (klass.-antikes Ideal der Gastf., christl. Nächstenliebe, F.sideale in →Renaissance, →Barockliteratur, →Pietismus und →Aufklärung; vgl. G. E. →Lessing: »Damon oder die wahre F.«, 1747), oder als individualitätsbereichende Glückserfahrung und natürl. Geselligkeitsanlage des Menschen geschildert (F. Schiller, J. W. →Goethe, J. →Paul, F. Schlegel, F. →Schleiermacher: »Versuch einer Theorie des geselligen Betragens«, 1789; neuerdings: K. Jaspers, E. Binswanger). Die Ergänzung und Erfüllung des Individuums durch Erweiterung seines eth. wie existentiellen Erfahrungshorizonts in der geselligkeitsintensiven Wechselbeziehung der F. erhellen zugleich deren päd. Wert.

*2.* Im zweiten Fall treten literar.-philos. Werbung und kulturelle Verwirklichung von F. in Reaktion auf problemat. *Sozialstrukturen* auf. In Kulturen mit niedrigem Integrationsgrad etwa ist F. häufig sakral institutionalisiert; bes. in zersiedelten oder nomadisierenden Lebensverhältnissen ist F. – neben anderen Formen der Patenschaft und künstl. Verwandtschaft – als Verpflichtung zu Bestand, Bestattung und evtl. Blutrache sozial geregelt (z.B. bei →Germanen und sog. Naturvölkern). Die F. übernimmt hier Ordnungs- und Befriedungsfunktionen, sofern andere Stabilisierungsfaktoren noch nicht oder nicht mehr greifen. Dies tritt vor allem ein, sobald in komplexeren Gesellschaften *Individualisierungsschübe* einzelne massenhaft aus überkommenen Sozialbindungen entlassen (→sozialer Wandel): So war das klass.-antike Ideal der F. bei →Aristoteles und Cicero auch eine Reaktion auf die Folgen der sozialen Diffusion und Differenzierung, die durch die Erweiterung des Staatsgebiets entstanden waren; die humanist. Gelehrten kompensierten ihren Status als freischwebende Intelligenz.

Insbes. aber geht bei der Entstehung und Entfaltung der *bürgerl. Gesellschaft* ca. 1750-1850 (→Bürgertum) mit ihrer zunehmenden →Mobilität, Berufsdifferenzierung und Bildungsverbreitung das pathet. F.slob mit massiver →Einsamkeitserfahrung einher. Dies führt nicht nur – neben Sozietäten, Vereinen usw. – zum explosionsartigen Auftreten von F.sbünden auf kulturellem, polit., gesellschaftl. und rel. Gebiet, sondern läßt das Motiv der F. auch zentral in die literar.-philos. Programmatik der →Empfindsamkeit, des →Sturm und Drang, der →Klassik und →Romantik eingehen (F.skulte). So wird eine weitere Kulturbedeutung der F. deutl.: Über die kompensator.-integrative Funktion hinaus wird sie inmitten der zerfallenen Ständegesellschaft zu einer Art unentfremdeten, utop.-experimentellen oder subversivgeheimbündler. Spielraums (→Utopie, →Geheimbünde), zum *schöpfer. Kristallisationskern* und ästhet.-fiktionalen »Vorschein einer richtiggestellten Wirklichkeit« (G. Ueding, 698). Der Neukantianer *H. Cohen* (1842-1918) sah später darin exemplar. eine »allg. Signatur des geistigen Verkehrs, wie sie für Zeitalter charakterist. ist, denen ihre jeweilige Kultur mißbehagt und die das Vorgefühl einer Umwandlung der Dinge haben. In solchen Zeiten klammert man sich an das Urgefühl der F.« (nach A. Müller u.a., 1113f.).

*3.* In all diesen Perspektiven zeigt sich, wie F. auch als höchst individualisierte Lebensform in unterschiedl. Graden der Institutionalisierung und Selbstorganisierung noch *gesellschaftl. verflochten* ist. Dabei fallen der F. soziale, kulturelle und individuell-persönl. Funktionen zu, die im Einzelfall hinzielen auf zwischenmenschl. Ergänzung, auf Linderung und Bewältigung von Konflikten, auf Partizipation und Orientierung, auf Überwindung von →Einsamkeit, aber auch auf subversive oder experimentelle Distanz zur Gesellschaft. Ständig liefen solche F.sbünde dabei Gefahr, sich in weltflüchtig-idyll. Enklaven abzuschließen, in denen privat-intime Harmoniesehnsüchte den kulturprakt. Charakter von F. überrollten und nur noch implizit die Opposition zu den gesellschaftl. Bedingungen zu erkennen gaben, denen sich F. jeweils nach Ausmaß und Art verdankt (so schon bei F. G. Klopstock, später vor allem bei A. Stifter und W. Raabe).

*C.* Die unterschiedl. und widersprüchl. Merkmale der F. sind auch in der Geschichte des *bibl.-christl.* Selbstverständnisses wirksam geworden. Hier wird mit ihnen jene umfassende, persönl. sympathet. Beziehung Gottes (Ex 33,11) und Jesu (Joh 15,13-15) zum Menschen beschrieben, die sich ungeachtet von Belastungen als verläßl. erweist, als kontinuierl. Begleitung des Menschen sowie stellvertretende Verantwortung: ein F.sbeweis, der sich in göttl. Machtverzicht äußert. Die *Menschenfreundlichkeit Gottes* (Tit 3,4) kennt keine Gründe der Diskriminierung und ermöglicht es dadurch dem Menschen, im F.sverhältnis zu Gott eine →Identität zu entwickeln, die von jedem Zwang zur Selbstbehauptung und Selbstdurchsetzung entlastet ist. Dieses F.sverständnis diente in der Christentumsgeschichte immer wieder als Regulativ zur Ausgestaltung personaler Gesellungsformen, als Leitbild christl. Gemeindebildung allg., aber auch besonderer spiritueller Lebensgestalten (→Orden, →Bruder- und Schwesterschaften, →Sekten, Konventikel). Durchgäng versteht sich die christl. F. dabei als eine Sozialform, deren integrierender Impuls Wollen und Können derer übersteigt, die in der F. zusammengeschlossen sind. In solcher F. scheint *Gottes F. selber* auf, zugleich ist sie auf Gott hin überholbar. Solange diese Spannung nicht deutl. ist, ist dieses »Einssein in der Lebensanschauung« (S. →Kierkegaard) nicht gegen Tendenzen zur Selbstabschließung gefeit, sosehr sie auch individuelle Selbstaufopferung und Selbstverleugnung ermöglichen kann.

*Lit.: R. Brain:* Freunde und Liebende. Zwischenmenschl. Beziehungen im Kulturvergleich, Frankfurt/M. 1978. – *R. Eglinger:* Der Begriff der F. in der Philosophie, Diss., Basel 1916. – *A. Müller/A. Nitschke/Ch. Seidel:* F., in: Hist. Wörterbuch der Philosophie, Bd. 2, 1105-1114 (Lit.). – *W. Rasch:* F.skult und F.sdichtung im dt. Schrifttum des 18. Jh.s vom Ausgang des Barock bis zur Aufklärung, Halle 1936. – *G. Simmel:* Brücke und Tür, Stuttgart 1957, 17-28. – *F. H. Tenbruck:* F. Ein Beitrag zu einer Soziologie der persönl. Beziehungen, in: Kölner Zeitschrift für Soziologie und Sozialpsychologie 16 (1964), 431-456. – *G. Ueding:* Klassik und Romantik. Dt. Literatur im Zeitalter der Franz. Revolution 1789-1815 (Bd. 4: Hansers Sozialgeschichte der dt. Literatur vom 16. Jh. bis zur Gegenwart, hg. von R. Grimminger), München/Wien 1987.

*Volker Drehsen*



**Frieden**

*A.* Der F. ist zum gefährdetsten *Gut der →Menschheit* geworden. Die Krisensituation, in die ein friedl. Zusammenleben der Menschen inzwischen geraten ist, ergibt sich aus regionalen Kriegen zwischen →Nationen und aus lokalen revolutionären und krieger. Auseinandersetzungen, hier zumeist mit dem Ziel der Befreiung des Menschen und der →Gesellschaft von →Herrschaftsschichten, die den einzelnen und ihre eigenen Gesellschaften unterdrücken und ausbeuten. F.ssicherung in weltweiten Dimensionen ist zur *Existenzfrage* der Menschheit geworden. Mehr denn je hängt die Zukunft der Menschheit von unseren gemeinsamen Entscheidungen ab. Die ganze Erde ist bedroht. Diese Tatsache erfordert eine neue und grundlegende eth. Überlegung.

*B.* F. ist der Kerngehalt des von →Jesus verkündeten Heilsangebots Gottes als →»Reich Gottes« (→bibl. Ethik, →Bergpredigt). Bereits die *Schriften des →AT* sprechen immer wieder vom »F.sbund«, den Gott mit seinem Volk schließt: »Ich schließe mit ihnen einen F.sbund; es soll ein ewiger Bund sein. Ich werde sie zahlreich machen. Ich werde mitten unter ihnen für immer mein Heiligtum errichten» (Ez 37,26; →Bund). Wenn das Volk Gott unter sich wohnen läßt, kann auch F. unter den Menschen wachsen. Die Attribute des göttl. Heilsangebots, Barmherzigkeit, Vergebung und →Versöhnung, sind zugleich Kriterien eines menschenwürdigen Zusammenlebens. Die Vollendung dieses F.s mit Gott und der Menschen untereinander trat immer wieder in den Visionen des AT hervor: »Dann schmieden sie Pflugscharen aus ihren Schwertern und Winzermesser aus ihrer Lanze. Man zieht nicht das Schwert, Volk gegen Volk, und übt nicht mehr für den Krieg« (Jes 2,4; →Eschatologie). In dem F., den Gott dann auf ewig schenkt, »begegnen einander Huld und Treue; Gerechtigkeit und F. küssen sich. Treue sproßt aus der Erde hervor; Gerechtigkeit blickt vom Himmel hernieder« (Ps 85,11f.). Die *Geburt Jesu* wurde den Menschen verkündet mit der Verheißung von »F. auf Erden den Menschen, die guten Willens sind« (Lk 2,14). Jesus selbst, der »unser Friede ist« (Eph 2,14), verkündete das Reich Gottes als Reich des F.s mit der Aufforderung zur Umkehr (→Buße), worauf den Menschen Vergebung und →Heil zukommen würden. Wie bei den →Propheten des Alten Bundes haben in Jesu Botschaft die Forderungen der Umkehr und das Heilsangebot Gottes eine entscheidende soziale Dimension: Wie Gott uns vergibt und uns in →Liebe annimmt, so haben auch wir einander zu vergeben und uns anzunehmen. Gottes Vergebung und Liebe offenbaren sich in Empathie und Solidarität unter den Menschen. Jesus hat diese Liebe vor allem zu den Schwachen und Verachteten, Armen und Kranken als Ausdruck des Lebens im Reich Gottes vorgelebt. Diese Liebe zu den Menschen fand im →Kreuzestod ihren Höhepunkt. So konnte er seinen Nachfolgern gebieten, einander zu lieben, wie er sie geliebt habe (Joh 15,12). Weil Gott uns in dem auferstandenen Christus F. geschenkt hat, sind wir aufgerufen, nicht nur selbst F. zu haben, sondern in unserer Welt F. zu stiften.

*C.* Ein *vierfaches Praxisfeld christl. F.sethik* als Überlebensethik im »Raumschiff Erde« ist erkennbar:

1. F. im *Wohlstandkonflikt* hochentwickelter Industriegesellschaften: Hier zeigt sich der Unfriede in einer zunehmenden Scherenbewegung von →Armut und Reichtum als Folge kapitalist. Wirtschafts- und Gesellschaftsordnung (→Kapitalismus). Die Frage, die einmal um die Jh.wende alle →Sozialwissenschaften beschäftigte, ob der »kapitalist. Geist« ein Geist des Unfriedens ist, hat eine neue Interpretation erfahren. Wenn Solidarität und Empathie als uneinholbare →Utopie des »neuen Menschen«, so wie ihn die →Schrift fordert, nicht nur erfahren, sondern auch empfunden wird, dann greift die bibl. Forderung der Umkehr bis tief in das vorhandene Bewußtsein der Menschen. F. würde hier bedeuten, eine »asket. Kultur« (C. F. von Weizsäcker) als den christl. Beitrag für F. und →Gerechtigkeit zu ersinnen, und zwar als bewußte Alternative zur Wohlstandsgesellschaft und ihrem kapitalist. Geist.

2. F. im *Nord-Süd-Konflikt* wurde bereits mit dem neuen Inhalt »Entwicklung« charakterisiert (→Dritte Welt). Immer noch jedoch ist das Erbe imperialist.-kolonialist. Weltaufteilung wirksam. Der Neokolonialismus stellt sich als eine neue Form des »Krieges gegen den Menschen« (Johannes Paul II.) dar, und eine neue internationale Gesellschafts- und Wirtschaftsordnung stößt an die Grenzen des nationalen →Imperialismus und eines verengten egoist. Bewußtseins breiter Schichten innerhalb der Wohlstandgesellschaft.

3. Als noch zu lösende Aufgabe, die immer dringlicher wird, gilt es, F. im →*ökolog. Konflikt* zu stiften. Das exponentielle Wirtschaftswachstum der Industrienationen steuert auf einen Krisenpunkt zu, der die ökolog. Grundlagen »umkippen« läßt. Die »Grenzen des Wachstums« liegen nicht nur in begrenzten Ressourcen; im Blick auf die Entropievermehrung (→Evolution) weisen die →Naturwissenschaften in neueren Diskussionen darauf hin, daß die Umwelt nur begrenzt belastbar ist.

4. Der F. im *Ost-West-Konflikt* zeigt zunehmend die existentiellen Gefahren der Rüstungsspirale und die Vernetzung von →Rüstung, →Krieg und Hunger in der Welt auf. Eine christl. Option für den Pazifismus zum Überleben findet mehr und mehr Anhänger. Hierzu sind auch die kleinsten Schritte auf verschiedenen Ebenen und Handlungsfeldern (vgl. u.a. sozialer →Friedensdienst) von Bedeutung. Zur Stärkung des Vertrauens sind Vorleistungen nötig. Möglichkeiten der Zusammenarbeit sind auszuloten, anderen Regierungen und Völkern ist grundsätzl. Lernfähigkeit in Richtung auf gewaltfreie Konfliktregelung zuzugestehen.

*Lit.: W. Dreier:* Sozialethik, Düsseldorf 1983. – *P. Eicher (Hg.):* Das Evangelium des F.s, München 1982. – *Institut für Theologie und Frieden (Hg.):* Bibliographie Theologie und Frieden, Bde. 1.1 und 1.2, Köln 1984. – *W. Jens (Hg.):* In letzter Stunde. Aufruf zum F., München 1982. - *Kirchenamt der Ev. Kirche in Deutschland (Hg.):* Frieden wahren, fördern und erneuern. Eine Denkschrift der EKD, Gütersloh, 6. Aufl. 1984. – *Chr. Graf von Krokkow:* Gewalt für den F.?, München 1983. – *R. Wischnath (Hg.):* Frieden als Bekenntnisfrage. Zur Auseinandersetzung um die Erklärung des Moderamens des Reform. Bundes »Das Bekenntnis zu Jesus Christus und die Friedensverantwortung der Kirche«, Gütersloh, 3. Aufl. 1985. – Das Überleben sichern. Bericht der Nord-Süd-Kommission mit einer Einleitung des Vorsitzenden W. Brandt, Köln 1980.

*Wilhelm Dreier*

## Friedensdienst, sozialer

*A.* Mit Sozialer Friedensdienst (SFD) bezeichnet man die Versuche einer bes. *prakt. Ausgestaltung des →Zivildienstes* im Bereich der Kirchen und ihrer Wohlfahrtsverbände. Grundgedanke des SFD ist es, dem anerkannten Kriegsdienstverweigerer im Zivildienst die Möglichkeit zu geben, einzelne Aspekte seiner Friedensvorstellungen in konkretes →Handeln umzusetzen. Damit ist ein sich wechselseitig bedingender Prozeß von prakt.-sozialer Arbeit und theoret. Reflexion gemeint, der den Beteiligten soziales →Lernen ermöglicht. Mit diesem Angebot nehmen die Kirchen und ihre Verbände die Entscheidung der Kriegsdienstverweigerer ernst und eröffnen im Zivildienst Lernbereiche, die im Zusammenhang mit den Motiven zur Kriegsdienstverweigerung stehen. Dabei muß allen Beteiligten bewußt sein, daß ein Friedensdienst (z.B. als Überwindung militär. Verteidigung) im staatl. reglementierten Zivildienst nicht mögl. ist.

*B.* Im Zentrum des SFD steht der *Begriff des Sozialen Lernens.* Von daher bestimmen sich sowohl die Arbeitsfelder (direkter Dienst am Menschen) als auch die Ziele einer kontinuierl. fachl. und persönl. Begleitung. Der SFD bezieht demgemäß alle Partner in das Soziale Lernen ein: Zivildienstleistende, Klienten (betreute Personen) und Mitarbeiter der Dienststellen. Ingesamt zielt diese Lern- und Arbeitsform auf eine →Gesellschaft, die sich durch solidar. Verhalten auszeichnet. Es liegt in der Konzeption des SFD, Interessengegensätze im Rahmen der sozialen Arbeit aufzugreifen, sie nicht als Unglück zu beklagen, sondern Problembewußtsein für gesellschaftl. Konfliktursachen zu fördern und nach gemeinsamen Lösungen zu suchen. Konkret bedeutet dies u.a., daß den Zivildienstleistenden eigenes und fremdes soziales Verhalten bewußt wird. Sie haben die Möglichkeit, →Konflikte auf ihre Bedingtheiten individueller und gesellschaftl. Art zurückzuführen; sie lernen, zusammenzuarbeiten und eigene Vorstellungen und Konzepte an der sozialen Wirklichkeit zu überprüfen. Dazu gehört, daß die Zivildienstleistenden fachl. Kenntnisse erwerben und weitgehend selbständig und verantwortl. arbeiten können.

*C.* Diesen Zielvorstellungen gemäß kommen nur solche *Einsatzbereiche* in Frage, die die Arbeit der Zivildienstleistenden nicht auf Hilfstätigkeiten beschränken, sondern ein intensives Eingehen auf die Bedürfnisse der zu Betreuenden gewährleisten. Eine fachl. Anleitung und Aufsicht muß ebenso sichergestellt sein wie die Einbeziehung des Zivildienstleistenden in das Mitarbeiterteam und regelmäßige Dienstbesprechungen. Darüber hinaus ist zur Verarbeitung der sozialen Erfahrungen – die mit dem Dienst verbunden sind und denen sich der Zivildienstleistende als Person stellen muß – und zur Überprüfung der Friedensbedeutung des eigenen Handelns eine pädagog. Begleitung notwendig. Durch das Angebot von Seminarveranstaltungen (Tages- und Wochenseminare), die Teil des Dienstes sind, wird ausreichend Gelegenheit geboten, die Probleme des Einsatzes der Zivildienstleistenden im SFD sowie Fragen des →Friedens und der Konfliktforschung zu bearbeiten. Dafür und zur Lösung von Konflikten, also zur Gewährleistung eines qualifizierten Einsatzes in den verschiedenen Arbeitsfeldern, steht den Zivildienstleistende ein hauptamtl. Praxisberater zur Verfügung.

*D.* Die vorliegenden *Erfahrungen* sind ermutigend, wenngleich offenkundig einer breiten Übernahme dieses Ansatzes nicht nur finanzielle Gründe entgegenstehen. Da ein so verstandener Zivildienst nicht als lästige Alternative erscheint, geraten die bestehenden SFD immer wieder in Auseinandersetzungen mit der staatl. Zivildienstverwaltung, aber auch von seiten der Zivildienstleistenden wird das Konzept des SFD als harmonisierungs- und beschönigungsverdächtig in Frage gestellt. Trotz dieser Herausforderungen finden sich für den Zivildienst als SFD, in kirchl. Erklärungen dargelegt, stichhaltige Begründungen, hingegen kann es für die Mitwirkung an einem bloßen Ersatzdienst keine kirchl. Rechtfertigung geben.

*Lit.: Diakon. Werk der EKD (Hg.):* Z. in Kirche und Diakonie, Stuttgart/Frankfurt/M. 1987. – *Ev. Arbeitsg. zur Betreuung der KDV – EAK (Hg.):* Zivildienst als »lästige Alternative«. Wird die F.bereitschaft der KDVer mißbraucht?, Bremen 1987.

*Gerhard A. Hoffmann*

**Friedensforschung**

*A.* Wissenschaftl. Forschung, die sich den Bedingungen für ein friedl. Zusammenleben der Menschheit widmet, wird seit *Ende der 50er Jahre* als F. bezeichnet. Damals begannen einzelne Wissenschaftler in den skandinav. Ländern, den →Niederlanden, den →Vereinigten Staaten und →Kanada angesichts eines drohenden atomaren →Krieges zwischen den Weltmächten sich ausdrückl. mit der Forschung für den →Frieden zu engagieren und sich als Friedensforscher zu exponieren. Krieg ermöglichte nun die Zerstörung allen →Lebens; das gab ihm und damit seiner Erforschung eine bisher nicht dagewesene Qualität. Während der 60er und 70er Jahre nahm nicht nur in den westl. Ländern, sondern auch in Ländern des Warschauer Paktes und der →Dritten Welt das Interesse an F. mit jeweils eigenen Akzenten zu.
F. wird vor allem von Politologen, Völkerrechtlern, Psychologen, Historikern und Erziehungswissenschaftlern betrieben; im Zusammenhang mit der wissenschaftl.-techn. Führung und den unbegrenzbar erscheinenden Folgen von Kriegen haben sich auch Mediziner und Naturwissenschaftler als Friedensforscher hervorgetan. Auf Grund derartiger *Multidisziplinarität* und verschiedenartiger (z.B. negativer oder positiver) Inhalte des Begriffs »Frieden« gehen die Auffassungen über Erkenntnisziel, Forschungsgebiet, Problemstellung und Praxisbezug von F. notwendigerweise auseinander.

*B.* Unter den Problemen, die die F. untersucht, befindet sich seit ihren Anfängen an erster Stelle der *Ost-West-Konflikt* mit seinen vielfältigen Ursachen, Entwicklungen, Wirkungen und deren aktuellen Erscheinungsformen, wie z.B. →Ideologien, Feindbilder, →Rüstungsdynamik, Abschreckungsstrategien, Rüstungskontrollverhandlungen, Abrüstungsregelungen, →Sicherheit, Entspannung, Wirkung von Kernwaffeneinsätzen. Eine große Zahl von Studien hat sich dem zweiten globalen Gegensatz, dem *Nord-Süd-Verhältnis*, und der Lage der Entwicklungsländer (→Entwicklungspolitik) selbst gewidmet, und zwar sowohl krieger. Konflikten und ihren Begleitumständen wie Interventionen, →Bürgerkrieg, Militarisierung und Waffenhandel als auch den direkten und indirekten Formen der →Gewaltanwendung, wie →Terror, Apartheid, Unterdrückung von →Minderheiten, wirtschaftl. Ausbeutung und →sozialer Verelendung. *Internationale Konferenzen*, →Organisationen und Abkommen über Ost-West- oder Nord-Süd- oder andere zwischenstaatl. Beziehungen (→Internationalismus) sind ein fester Bestandteil von F. Doch befaßt sich die F. auch mit innerstaatl., gesellschaftl. Phänomenen wie →Aggressionsverhalten, →Vorurteilen, Militarismus, Rüstungshaushalten und -industrien. Ein vierter Forschungsbereich umfaßt, unbeeinflußt von aktuellen Ereignissen, die systemat. Untersuchung von *hist.* Kriegsursachen, Kriegsverläufen, Rüstungswettläufen und Militärallianzen, um den mögl. Zusammenhang von best. Faktoren und Konstellationen auf empir.-analyt. Grundlage zu ermitteln.

*C.* Eine spezif. pädagog.- und *handlungsorientierte F.* richtet sich unmittelbar an gesellschaftl. →Gruppen, Friedensbewegung, →Gewerkschaften, →Lehrer, Wehrdienstpflichtige mit Aktionsmodellen von alternativer oder sozialer Verteidigung, gewaltlosen Widerstandsformen, Erziehung zum Frieden und Umkehrung von Rüstungs- in Zivilproduktion. F. ist darum mehr als Konfliktforschung, und nicht jeder Konflikt ist Gegenstand von F. *F.sprojekte* sind in der Forschungspraxis meist von Forschungsvorhaben herkömml. Disziplinen wissenschaftstheoret. oder method. ununterscheidbar, und alle Bemühungen um eine Theorie der F. führten zu keinen spezif. und brauchbaren Kriterien. Das Dilemma der F. ist, daß sie prakt. und anwendbar sein muß und als Aufklärungswissenschaft doch nur undeutl. Adressaten im machtfreien Raum der →Öffentlichkeit besitzen kann, solange der polit. Realismus der Staatsführungen ihr den Zugang zur Politikberatung verschließt.

*Lit.: D. Eberwein/P. Reichel:* Friedens- und Konfliktforschung, München 1976. – *M. Funke (Hg.):* F., Bonn/München, 2. Aufl. 1975. – *D. Senghaas (Hg.):* Krit. F., Frankfurt/M. 1971.

*Kurt Tudyka*

## Frömmigkeit

### A. Begriff und Problematik

*I.* »Fromme Worte sind Menschenworte«, schrieb K. →Barth 1927 und hielt dem entgegen: »Dogmatik besteht grundsätzl. in nichts anderem, als in einer Reihe von Konfrontierungen des frommen Menschenwortes mit dem ihm überlegenen und unzweideutig gegenüberstehenden Gotteswort« (Die christl. Dogmatik im Entwurf I, München 1927, 431; 433). Wird hier aus theol. Sicht im Interesse der Autonomie →Gottes jeder rel. Ausdruck als F. abgewertet, da sich Gottes Wort um seiner Eindeutigkeit willen an keine empir. Bedingungen zurückbinden läßt, so geschieht dasselbe aus nichttheol. Sicht gewöhnl. mit den empir. relativ eindeutigen Erscheinungen von Kirchlichkeit, die als Inbegriff von F. gilt und allg. als *unverträgl. mit neuzeitl. Emanzipationsansprüchen* abgelehnt wird. Denn diese F. gilt hier »als eine beengende Größe,... nicht aber als die Instanz, die in der Geschichte des allg. und des persönl. Lebens jenen Raum bereitstellt, in der die innere Freiheit des einzelnen und die Freiheit aller realisiert werden könnte« (A. Feige, Erfahrungen mit Kirche, Hannover 1982, 155). So wird F. im ersten Fall als »Religion« zum Inbegriff einer theol. illegitimen Selbstbestimmung des Menschen, im andern Fall (gerade in ihrer Kirchengestalt) zum Inbegriff objektiver Fremdbestimmung. Beidemal aber – in ihrer Weltanpassung wie in ihrer Weltdistanz – wird die F. als absonderl. Wirklichkeit beschrieben, die als eigene, in sich stehende Größe nicht in Betracht kommt. Mit individueller Glaubensbestimmtheit einerseits und allg. Kulturwüchsigkeit andererseits wird jeweils nur ein Ablehnungsgrund angeführt, obwohl beide aufeinander bezogen sind.

*II.* Mit F. ist eine der Motivation und Grundeinstellung des Glaubens entspr. *sichtbare Lebensgestaltung* gemeint: die »glaubwürdige Leibhaftigkeit« von Religiosität (G. Heinz- Mohr, 233), in der persönl. Aneignung und sozialkulturelle Ausgestaltung eng beeinander liegen. Ohne persönl. Aneignung, also die unmittelbar-innerl. Erfahrung und freie Produktivität, bliebe Glaube äußerlich. Erst durch die sozial-kulturelle Ausgestaltung aber, also die Verbindung des Religiösen mit dem Leben der Umwelt, gewinnt F. ein geschichtl.-gesellschaftl. mannigfaltiges Profil. So konnte E. →Troeltsch in der F. »die Religion als lebendige und schöpfer. Kraft« sehen (Christl. Welt 1898, 652) und siedelte damit den Begriff im Zwischenbereich von abstrakt-allg. Religiosität und beschränkt-konkreter Kirchlichkeit an. Heute wird F. gleichermaßen als »der sichtbare und beschreibbare Reflex des Glaubens im sozialen Verhalten« wie als »die subjektive, auch emotionale Seite der Religiosität« beschrieben (S. von Kortzfleisch, 655). Darin kommen unterschiedl. Begründungen zum Ausdruck, unter denen F. sozialisiert, tradiert und verwirklicht wird. Sie können nicht ohne Rücksicht auf ihre kultur-, sozial- und religionsgeschichtl. Verflechtungen begriffen werden.

### B. Katholisches und reformatorisches Frömmigkeitsverständnis

*I.* Im *vorreformat.* Verständnis ist F. zunächst die nach dem Vorbild mönch. Ordensregeln (mit den →ev. Räten) festgeschriebene Lebensform, die als äußere Seite der inneren Gestalt von Spiritualität sichtbar wird (→Thomas von Aquin) und sich vorrangig unter Inspiration der →Ordensgemeinschaften vielgestaltig ausprägt, zugleich eine am Ordensideal orientierte priesterl. F. entstehen läßt. Im Spätma. bildet sich eine Spannung heraus zwischen den bes. monast. F.shaltungen und einer eigenen Laienf., die in der devotio moderna zu einer breiten F.sbewegung anwächst (»Nachfolge Christi« des Thomas von Kempen; →Mystik) und später etwa durch Vermittlung des »Enchiridion militis christiani« (1503) des →Erasmus von Rotterdam bis weit in die Epoche der →Gegenreformation hinein ausstrahlt. Seit dieser Zeit bilden sich in der *kath. Kirche* neue F.sformen aus (→Geistl. Übungen des Ignatius von Loyola, Oratorium des Ph. Neri), wie die späteren Jh.e vor allem in den roman. Ländern neue, stark individuell und sakramental ausgerichtete F.sstile entwickeln (Franz von Sales). Die Geschichte der kath. F. ist insgesamt durch den Versuch geprägt, in F. jene Motivlage zu sehen, die den Gläubigen zur rel.-eth. bestimmten Teilnahme am Kultur- und Gesellschaftsleben befähigt.

*II.* Die spätma., sich selbst begründende Laienf. hat sich, weitgehend unabhängig vom monast. Vorbild, aus der ma. Berufsethik heraus entwickelt (A. Auer), woran die Reformation unmittelbar anknüpfen konnte. Tatsächl. wurde der *Begriff* (vom ahd.-got. *»frumkeyt«*, früher je nach Zusammenhang *religio, pietas, devotio*) erstmals mit →Luthers Bibelübersetzung in den dt. Sprachgebrauch eingeführt und mit rel. Bedeutungselementen versehen: *Luther* verstand darunter das »rechtschaffene Leben in den Ordnungen der Welt«, in dem allein sich – geregelt durch die Ständeordnung *(iustitia civilis)* – der Heilsstand *(iustitia christiana)* sichtbar zeigte. F. diente so als alltagseth. Begriff, bei dem sich der rel. Sinn im Tun dessen erschöpfte, was »dem allg. Nutzen frommt«: Vor allem die Ausübung des →Berufs war für den einzelnen die Gestalt, in der er seiner →Berufung nachfolgte. In diesem Verständnis äußert sich eine individuell-rel. »Gewissen-haftigkeit«, die sich weder durch christl. Traditionstreue (fides historica) und kirchl. Institutionsbindung (sakramental-hierarch. Amtskirche) noch durch Befolgung bes. der Ev. Räte oder anderer verselbständigter Sittlichkeitsformen (wie z.B. Schwärmertum) ersetzen ließ. So waren für Luther im eth. Berufsverständnis ein kirchenkrit. und ein weltgestalter. Moment zusammengekommen: persönl. Überzeugung und soziale Objektivation.

*C. Neuzeitliche Konzeptionen*

*I.* Nach dem Auseinanderfall von kirchl. und weltl. Lebensbezügen spätestens seit dem 17. und 18. Jh. (→Säkularisierung) wurde das reformator. F.sverständnis problemat.: Der →*Pietismus* wendete diese Kluft zwischen Religion und Welt alternativ, definierte F. hauptsächl. als Oppositionsbegriff: eingeschränkt auf seine individuell-verinnerlichten bis psych.-sentimentalen Seiten, in Sprache und Habitus jedoch als unverwechselbar rel. erkenntlich, wenn auch vielfach in Distanz zur »verweltlichten« Kirche im Konventikel (collegia pietatis) auf der Suche nach einer eigenständigen Gemeinschaftsform. Hier wurde F. sichtbar als (subjektbestimmt und weltdistanziert) *gelebte* Religion, die sich sowohl gegen die *organisierte* Religion (Kirche) als auch gegen die *gelehrte* Religion (herrschende Theologie) sichtbar absetzte und ihr eigenes Profil in Gegensatzbestimmungen fand wie: Herz – Verstand, Laie – Pfarrer, Glaube – Theologie, Gotteskind – Weltkind usw. Vergleichbare Erscheinungen der Verinnerlichung und Entgegensetzung sind in Strömungen der kath. Kirche etwa in der mehr pastoral orientierten »*Franz. Schule*« oder der mehr für Elemente der Volksfrömmigkeit geöffneten Herz-Jesu- und Herz-Mariä-Verehrung zu beobachten, wenngleich sich hier der Bezug zur Kirche als sozialer Gestalt weniger in Entgegensetzung als in reformer. Impulsen zeigt.

*II.* Dagegen suchte →*Schleiermacher* die Entflechtung von Religion und Welt durch eine begriffl. Unterscheidung nachzuvollziehen, welche die gelebte Differenz überwinden sollte: F. war für ihn in der anthropolog. Dimension »*Gefühl*« verwurzelt. Vorgängig zur Aufteilung in unterschiedl. und verselbständigte Bereiche des Erlebens war es die Erfahrung, schlechthinnig abhängig, d.h. von Gott bestimmt zu sein. Diese Erfahrung verband sich mit den Lebensäußerungen des Wissens (→Metaphysik) und des Handelns (→Moral) und fand so ihren Ausdruck, um jeweils hist.-konkret zugleich ihre individualitätsfördernde wie gemeinschaftsstiftende Kraft zu entfalten. Sichtbare F. erschien bei Schleiermacher als notwendiges Resultat je individueller, theoret. und prakt. Vermittlung. Sie gelingt, je integrationsfähiger sich beim einzelnen Subjekt die →Bildung (als Medium von Verstehen und Kommunikation) erweist (»Bildungsf.«).

*III.* Dieser Versuch Schleiermachers, F. von der (vermeintl. eindeutigen, in Wirklichkeit aber hist. kontingenten) Glaubenslehre und der institutionell-rel. Kirchenorganisation zu lösen, hat sich freil. im 19. Jh. nicht durchgesetzt. Während die *Erweckungsbewegung* tendenziell Elemente der Verinnerlichung auf Kosten ihrer Kulturwüchsigkeit betonte (F. wird zur privatorganisierten »Seelengestimmtheit«), stellte der *Konfessionalismus* auf Kosten der Chancen zu Individualisierung und Differenzierung die objektive Bestimmtheit der Kirchengestalt in den Vordergrund. Beide erreichten zusammen, daß ein beträchtl. F.spotential aus dem kirchl.-theol. Bereich verdrängt wurde: In seinen bürgerl. und proletar. Emanzipationsgestalten wurde es nicht wahrgenommen, geschweige denn anerkannt, vielmehr in den Bereich einer »Welt-« (J. W. →Goethe, E. Spranger), Privat- und außerkirchl. Gemeinschaftsf. abgedrängt.

*IV.* Unter dem Eindruck von Entkirchlichung (→Säkularisierung) und →sozialer Frage bildeten sich zum *Ende des 19. Jh.s* sowohl im Katholizismus (→Modernismus, →kath. Soziallehre) als auch im Protestantismus (Kulturprotestantismus, →ev.-sozial) programmat. Richtungen heraus, die versuchten, den veränderten individuellen Sozialisationsbedingungen wie auch den unterschiedl. Verwirklichungschancen von F. Rechnung zu tragen. Zunächst registrierten sie theol. die Verinnerlichung und Objektivation, die rel. Erfahrung und die Äußerungen im sozialkulturellen Gesamtleben, von denen die F. konkret bestimmt war. Dann nahm man die F. aber auch kirchl.-gestalterisch auf: F. erschien nunmehr als eine – in ihrem unterschiedl. Kirchenbezug erst näher zu bestimmende – *Gestalt von Religion.* Zu ihrer angemessenen Wahrnehmung und Analyse genügten volksmissionar. Integrationsprogramme (→Evangelisation) nicht, vielmehr wurde überdies eine breitangelegte psycholog. und sozialwissenschaftl. Forschung nötig, wollte man F. in ihrem ganzen Erscheinungsspektrum sowie in ihrer fakt., differenziert alltagsweltl. und lebensgeschichtl. Bedeutung erfasssen. Diese sowohl empir. als auch theoret. Wahrnehmung der F. zielte darauf, ihre ursprüngl. Einheit von Denken, Handeln und Erfahrung zurückzugewinnen, aus der sich Kirche und Theologie, wie auch immer, erst als sekundäre Lebensgestalten abheben.

*D. Spiritualität und Frömmigkeit*

Um sich von den weitverbreiteten abwertenden Konnotionen von F. (konventionelle Kirchlichkeit oder privatist. Innerlichkeit) abzugrenzen, hat es sich in jüngster Zeit eingebürgert, den Begriff der F. durch den der *Spiritualität* zu ersetzen: In ihm sollen sich polare Momente *wechselseitig ergänzen*: einerseits eine authent., nicht fremdbestimmte, erfahrungs- und emotionsbezogene statt extrem intellektualisierte Subjektivität, andererseits eine phantasievolle, nicht geregelt vorgegebene, eine universale statt partikulare, eine altruist. statt (gruppen-)egoist. orientierte Gestaltung von Gesellschaft und Kultur. Ob dabei fundamentalist. oder ökumen. ausgerichtet, zielt Spiritualität gleichermaßen auf die Wiederentdeckung und Neuformung elementar-humaner, alltägl. und biograph. Lebensvollzüge, deren rel. Dimensionen durch den nivellierten Universalismus der →Technik, →Wirtschaft und Bürokratie einerseits, durch die darin eingepaßten und selbst routinisierten Kirchen andererseits überschattet und entfremdet zu werden drohen. F. ist demnach weniger die Behauptung und Bewährung dessen, was man rel. *hat*, als vielmehr das, was den Herausforderungen krit. Welt- und Kulturprobleme aus dem rel. zur F. verinnerlichten Potential entgegengehalten zu werden vermag; gerade darin erweisen sich Spiritualität und F. als sichtbare Gestalten rel. Sinnkonstitution in der geschichtl.-gesellschaftl. Lebenswelt.

*Lit.: A. Auer:* Weltoffener Christ, Düsseldorf, 4. Aufl. 1966. – *H. U. von Balthasar:* Spiritualität, in: *ders.:* Verbum Caro. Skizzen zur Theologie, Bd. I, Einsiedeln 1960, 226-244. – *V. Drehsen:* Prot. F. im neuzeitl. Strukturwandel der Öffentlichkeit, in: *A. Falaturi/M. Klöcker/U. Tworuschka (Hg.):* Religionsgeschichte in der Öffentlichkeit, Köln/Wien 1983, 78-113. – *Ders.:* Neuzeitl. Konstitutionsbedingungen der Prakt. Theologie. Aspekte der theol. Wende zur sozialkulturellen Lebenswelt christl. Religion, Gütersloh 1988. – *H. J. Greschat/M. Seitz/F. Wintzer:* F., in: Theol. Realenzyklopädie 11, 671-688. – *H. R. G. Günther:* Idee einer Geschichte der F., Tübingen 1948. – *H.-G. Heimbrock:* F. als Problem der Prakt. Theologie, in: Prakt. Theologie 71 (1982), 18-32. – *G. Heinz-Mohr:* Praxis Pietatis, in: *A. Seeberg/H. Zahrnt (Hg.):* Abschied vom Christentum, Hamburg, 2. Aufl. 1967, 229-248. – *S. von Kortzfleisch:* F. in dieser Zeit, in: Luth. Monatshefte 1 (1972), 654-658. – *R. Leuenberger:* F. als theol. Problem, in: Theologia Practica 2 (1967), 110-118. – *T. Rendtorff:* Christentum außerhalb der Kirche, Hamburg 1969. – *D. Rössler:* F. als Thema der Ethik, in: *A. Hertz u.a. (Hg.):* Handbuch der christl. Ethik, Bd. 2, Freiburg/Gütersloh, 2. Aufl. 1979, 506-517.

*Volker Drehsen*

**Fromm,** *Erich,* geb. 23.3.1900 Frankfurt/M., gest. 18.3.1980 in Muralto bei Lugano. Aus orthod. jüd. Tradition kommend, lernte F. als promovierter Soziologe (1922 in Heidelberg) die →Psychoanalyse S. →Freuds kennen, wurde selbst *Psychoanalytiker* (1925-1930) und entwickelte eine eigenständige analyt. →*Sozialpsychologie* als Kombination von marxist. →Soziologie und Psychoanalyse. Von 1930-1938 Mitglied der sog. Frankfurter Schule (→krit. Theorie), 1933 Emigration nach USA, von 1950 bis 1974 Hauptwohnsitz in Mexico, dann bis zu seinem Tod in der Schweiz. Zu den ca. 20 Buchveröffentlichungen gehören »Die Furcht vor der Freiheit« (1941) und »Haben oder Sein« (1976); weltweit bekannt wurde F. durch »Die Kunst des Liebens« (1956). Ferner wichtige Schriften zur Sozialpsychologie, →Religion, →Politik, →Gesellschafts- und →Aggressionstheorie (vgl. Gesamtausgabe in 10 Bänden, Stuttgart 1980/81).

F. ist Vertreter eines humanwissenschaftl. begründeten →*Humanismus* mit einem nichttheist., an der →Mystik orientierten Religionsbegriff und einem konsequent säkularen →Weltbild. Von bleibender wissenschaftl. Bedeutung ist seine Entdekkung einer analyt. Sozialpsychologie, die den Menschen als gesellschaftl. Wesen ernst nimmt und nach dem Unbewußten des Menschen als gesellschaftl. Wesens fragt. Zur Erforschung des gesellschaftl. Unbewußten entwickelte F. eine eigene Methode mit Hilfe des Freudschen Charakterbegriffs. Er fand und beschrieb verschiedene Orientierungen des »*Gesellschaftscharakters*«: *In den 30er Jahren den »autoritären Charakter«, in den 40er Jahren den* »Marketing-Charakter« und in den 60er Jahren den »nekrophilen Charakter« (der sich von allem Toten und Leblosen, Berechenbaren und Verdinglichten angezogen fühlt), und wies jeweils den Zusammenhang von wirtschaftl. und gesellschaftl. Erfordernissen einerseits und psych. →Leidenschaften gesellschaftl. Größen andererseits auf. Seine theoret. Einsichten zum gesellschaftl. Unbewußten fanden in zwei Felduntersuchungen (bei dt. Arbeitern und Angestellten vor Hitler und bei mexikan. Bauern) ihre Bestätigung. Der Ansatz beim gesellschaftl. Unbewußten führte F. auch zu einer Revision der Freudschen Triebtheorie und zur Begründung einer humanist. Psychoanalyse.

*Lit.: R. Funk:* Mut zum Menschen, Stuttgart 1978. – *Ders.:* Erich F. (rororo-Bildmonographie 322), Reinbek 1983. – *B. Görlich (Hg.):* Der Stachel Freud, Frankfurt/M. 1980. – *A. Reif:* Erich F., Wien 1978.

*Rainer Funk*

**Frühkatholizismus.** Sowohl der Begriff selbst wie seine inhaltl. Bestimmung und seine hist. Datierung sind umstritten. Aus dem Wortsinn ergibt sich: Es geht der Sache nach zunächst um die Entstehung des →Katholizismus als geschichtl. Größe und konfessioneller Realität. Als Kennzeichen des in den ersten Jh.en einsetzenden F. gelten die *Ausbildung* und wachsende Heilsbedeutung *kirchl. Strukturen* und Institutionen (→Amt, →Sakramente, kirchl. →Lehre, →Dogma). Der Begriff ist entstanden als prot. Kampfbegriff, der auf die Verflachung oder gar Verfälschung des christl. Glaubens hinweisen sollte. Die früher verwendete Bezeichnung »Altkatholizismus« ist, wohl wegen ihrer Doppeldeutigkeit (→altkath. Kirche), weithin durch »F.« ersetzt worden.

*A.* Mit Nachdruck gestellt wurde die Frage im 19. Jh. zunächst durch *F. Chr.* →*Baur* auf dem Hintergrund einer hegelschen Geschichtsphilosophie. Für ihn ist der Katholizismus eine hist. notwendige, wenngleich geistesgeschichtl. überholte Synthese aus Judaismus und Paulinismus (→Paulus), die in der frühesten Geschichte des Christentums grundgelegt ist. Durch das Studium seiner Entstehung erschließt sich sein »Prinzip«, das Verstehen dieser hist. Verhüllung enthüllt zugleich die dahinterstehende christl. »Idee«. Obwohl die Fragerichtung Baurs das ganze Jh. prägte, folgte man doch nicht seiner konkreten Lösung. So sah A. →Ritschl den eigentl. Boden des Katholizismus im Heidenchristentum. Bei *A. von* →*Harnack* liegen Wesen und Ursprung des Katholizismus in der im →Dogma repräsentierten, dem Anspruch nach unauflösbaren Verbindung von →Hellenismus und →Evangelium.
Das unstrittige Verdienst dieser Historiker ist es, daß sie mit ihrer krit. Fragestellung den Blick für die *differenzierte* und spannungsreiche *Geschichte* der frühen Christenheit frei gemacht und Grundlegendes zu deren Erhellung beigetragen haben. Ihr gemeinsames Anliegen dabei war es, aus der Geschichte selber ein Kriterium zum Verstehen und zur Kritik dieser Geschichte zu erheben, die Geschichte also durch die Geschichte zu überwinden. Bei der Kontroverse Harnacks mit dem Kirchenrechtler *R. Sohm* klingt die Krise dieses →Historismus an: Sohm betont das exklusiv theol. Selbstverständnis der frühen Christenheit, die eben auch die geschichtl. Bedingungen ihrer Existenz theol. gedeutet habe. Der Ursprung des Katholizismus liege darin, daß man nicht mehr zwischen sichtbarer und unsichtbarer Kirche unterschieden habe, woraus das »göttl. Recht« resultierte.

*B.* Mit neuer Vehemenz und theol. Brisanz wurde der F. dann nach dem Zweiten Weltkrieg im Umkreis der Bultmannschule (R. →Bultmann) vor allem durch *E. Käsemann* thematisiert. Während im 19. Jh. die Entwicklung zum F. erst in späteren Jh.en angesetzt wurde, ging es jetzt um den F. im NT selber, der im Widerspruch stehe zur *Mitte der Schrift.* Lokalisiert wird solcher F. in Schriften wie dem 2. →Petrusbrief, dem →Jakobusbrief, den Pastoralbriefen; aber auch das Doppelwerk des Lukas (→Lukasevangelium und →Apostelgeschichte) steht im Mittelpunkt der Diskussion. Die Frage nach der dogmat. Bedeutung des →Kanons und nach der Einheit der Schrift ist damit unabweisbar. Dabei geht es Käsemann nicht um eine Revision des fakt. Kanons. Ein solches Vorhaben würde gerade dem Mißverständnis Vorschub leisten, man könne das →Evangelium in reiner Form haben, es lasse sich aus der Angefochtenheit christl. Existenz und Geschichte isolieren. Unverzichtbar ist vielmehr eine *bibl.* →*Hermeneutik,* wie sie Käsemann bei Paulus vorgebildet findet. Die Schrift muß von einer best. Voraussetzung und auf ein best. Ziel hin interpretiert werden: von →Jesus Christus aus und auf ihn hin. Nicht eine Lehre, ein Prinzip oder eine Idee sind Mitte der Schrift, sondern er selbst.

*C.* Insgesamt hat die Diskussion um den F. deutl. gemacht, daß auch die →Alte Kirche, das »Urchristentum«, ja das NT Anteil hat an der *Vieldeutigkeit* menschl. und christl. Geschichte überhaupt. Das Evangelium erschließt sich auch aus der frühchristl. Geschichte nicht unmittelbar, sondern nur, sofern sie von ihrer Mitte her interpretiert wird. Auf diese Mitte hin wird sich jede konfessionelle Hermeneutik befragen lassen müssen.

*Lit.: E. Käsemann (Hg.):* Das NT als Kanon, Göttingen 1970. – *H.-J. Schmitz:* F. bei Adolph von Harnack, Rudolf Sohm und Ernst Käsemann, Düsseldorf 1977 (Lit.). – *H. Wagner:* An den Ursprüngen des frühkath. Problems, Frankfurt/M. 1973.

*Hermann-Josef Schmitz*

**Fundamentalismus**

*A.* Das Wort bezeichnet eine im nordamerik. Protestantismus entstandene Bewegung, die sich zunehmend extrem konservativ (→Konservatismus) und militant gibt. Ihre *Wurzeln* sind die Eschatologie (Endzeitlehre) der →Brüderbewegung (vgl. die 1909 herausgegebene *Scofield Reference Bible*) mit ihrer apolit. Haltung (Apolitismus), die Heiligungsbewegung mit dem Ruf nach persönl. →Heiligung, die Evangelisationsbewegung und deren →Missionsgesellschaften sowie die Gründung von Bibelschulen (z.B. Moody Bible Institute). Zur Abwehr der krit. →Bibelwissenschaft, zur Bekämpfung mancher Erkenntnisse moderner →Naturwissenschaften (bes. der →Evolutionstheorie) und zum allg. Kampf gegen vermeintl. Gefahren des →Liberalismus und →Modernismus entstand in den Jahren 1910-1915 eine Schriftenreihe: »The Fundamentals. A Testimony to the Truth«. Als unaufgebbare »Fundamentalien«, d.h. Grundlagen des Glaubens, galten: 1. Die wörtl. →Inspiration der Bibel und damit ihre Fehlerlosigkeit; 2. die →Jungfrauengeburt; 3. das stellvertretende Sühnopfer (→Kreuz); 4. die leibl. →Auferstehung; 5. die unmittelbar bevorstehende Wiederkunft Jesu Christi. Daraus leiten sich weitere Glaubenssätze (z.B. Göttlichkeit →Jesu Christi, Sündhaftigkeit der menschl. Natur [→Sünde], →Heil und →Rechtfertigung durch den Glauben) ab.

*B.* Nach dem Ersten Weltkrieg kam es zur Gründung der »*World's Christian Fundamentals Association*« und zum Kampf um Schlüsselstellungen in den Denominationen. 1925 fand in Dayton (Tenn.) der vielbeachtete *Affenprozeß* (*Scopes Trial*) statt, worauf der F. an Ansehen verlor und sich mehr zu einer aggressiven Kampftruppe mit ausschließender Rechtgläubigkeit entwickelte. Zu den genannten Fundamentalien gesellten sich nun auch Patriotismus, freie →Wirtschaft (damit Antikommunismus), Antiromanismus und Antiökumenismus als Syndrom. Wortführer wurde *Carl*

*McIntire* (geb. 1906). Er gründete 1941 gegen den Nationalrat der Kirchen den *»American Council of Churches«* und 1948 in Amsterdam gegen den →Ökumen. Rat der Kirchen den »*International Council of Christian Churches*«. Um sich von dem F. abzugrenzen, schufen die →Evangelikalen einen eigenen Dachverband. Trotz fließender Übergänge tut man also gut daran, zwischen Evangelikalismus und F. zu *unterscheiden.*
Seit Beginn der 80er Jahre läßt sich ein Erstarken *konservativer* Strömungen feststellen; davon profitiert auch der F. etwa in Gestalt mehrerer Fernsehprediger (vor allem Jerry Falwell) oder der *Moral Majority.* In Deutschland zeigen die Bekenntnisbewegung »Kein anderes Evangelium« und andere Organisationen mit biblizist. Ausrichtung, in Basel vor allem die Freie Ev.-Theol. Akademie (FETA), fundamentalist. Tendenzen, z.T. gefährlicher Art, denn grobe Verurteilungen lassen für den →Dialog keinen Raum mehr zu.

*Lit.: J. Barr:* F., München 1981. – *L. Gasper:* The Fundamentalist Movement, Den Haag 1963. – *E. Geldbach:* Evangelikalismus, in: *R. Frieling:* Die Kirchen und ihre Konservativen, Göttingen 1984, 53-83. – *G. M. Marsden:* Fundamentalism and American Culture, New York 1980.

*Erich Geldbach*

**Fundamentaltheologie**

*A.* F. wird heute in der kath. wie zunehmend auch in der ev. Theologie angesehen als theol. Wissenschaft vom Grund und von der Begründung des Glaubens. Als *theol.* Disziplin bringt die F. die Wirklichkeit Gottes als Grund allen Glaubens zur Sprache und fragt, wie Gott sich selbst zur Sprache bringen kann und tatsächl. bringt, also nach →*Offenbarung* als der Selbstmitteilung Gottes in der →Geschichte. Ferner fragt die F. nach der Vermittlung der Offenbarung im Mittler und Vollender →Jesus Christus und nach der Gemeinschaft der Glaubenden im →Hl. Geist, nach der →Kirche. Als theol. *Wissenschaft* muß die F. nicht nur die Fundamente des Glaubens in den Blick nehmen, sondern diese auch begründen angesichts der Fülle von Welt- und Daseinserfahrung, von →Wissen und →Weisheit der Völker und →Religionen, d.h. im Sinne seiner menschl. *Verantwortbarkeit.* Sie darf nicht auf ihre Beziehung zur →Vernunft beschränkt, sondern muß hinsichtl. des ganzen Daseins gesehen werden. Insofern gehört zur Verantwortung des Glaubens das Antwortgeben auf das, was die Menschheit in Hoffnung und Ängsten bewegt, ebenso wie die *Rechtfertigung* des Glaubens gegenüber seiner Infragestellung und die Verteidigung seiner Berechtigung angesichts der Bestreitung.

*B. Hist.* stand die *Apologie* (Verteidigung) am Anfang der theol. Wissenschaft. Aus der →Apologetik hat sich die F. entwickelt.

*I.* Die →Apologeten des frühen Christentums haben ihre Verteidigung des Glaubens vor allem nach außen gerichtet. Dies entsprach der geschichtl. Situation der Begegnung von →Evangelium und →Welt, deren Wissen und Religiosität mit dem universalen Anspruch des Christentums vermittelt werden mußte. Ein oft rein negatives Verständnis von Apologetik wäre deswegen nicht nur hist. ungerechtfertigt, sondern vergäße, daß der Glaube ständig, ja zunehmend nach außen verteidigt werden muß. Die Apologetik richtete und richtet sich zwar nach außen, nicht aber ohne eine Dimension nach innen einzuschließen, da die Verteidigung nach außen in der Rechenschaft auch eine Antwort nach innen umfaßt und ständig neu hervorbringt. Im Kontext von →Religion, →Kultur und →Wissen der Umwelt wollten die Apologeten die Wahrheit des Evangeliums und die Vernunftgemäßheit der christl. Botschaft herausstellen. Je mehr dann der Aspekt der Vernunftgemäßheit in den Vordergrund trat und danach gefragt wurde, was an den göttl. Geheimnissen der auf sich selbst gestellten menschl. Vernunft zugängl. sei, desto mehr wurde die Apologetik zu einem Instrument des – mit der bloßen →Vernunft zu führenden - Beweises für die Tatsache einer göttl. Offenbarung und rückte somit von einer umfassenden Verteidigung und Rechenschaft ab. Im Brennpunkt stand dann die *Glaubwürdigkeit* der Offenbarung, welche sich auf äußerl. feststellbare Kriterien stützte und die göttl. Herkunft legitimierte.

*II.* Die im 19. Jh. sich bildende Bezeichnung »F.«, die durch das 1. Vat. Konzil verstärkt wurde (»die rechte Vernunft erweist die Fundamente des Glaubens«, Denz.-Sch. 3019), enthält in ihrer klass. Form hauptsächl. drei Themenkreise: den Erweis der →Religion, des christl.→Glaubens und der kath. →Kirche (demonstratio religiosa, christiana und catholica).
*1.* Die *demonstratio religiosa* entfaltet die Notwendigkeit und Glaubwürdigkeit der Religion; dazu gehört zunächst die Gottesfrage einschließl. ihrer erkenntnistheoret. Fragestellungen: die Zugänglichkeit Gottes von der Welt her; ferner die grunsätzl. Offenheit und Verwiesenheit des →Menschen als Individuum und Gemeinschaftswesen auf Gott hin, welcher menschl. Grundbestimmung (Existential) eine übernatürl. Offenbarung als Entsprechung entgegenkommt; hiermit wird die religionsphilos. Komponente der F. angesprochen.
*2.* Die *demonstratio christiana* behandelt die Tatsächlichkeit und Glaubwürdigkeit der bibl. Offenbarung, die in →Jesus Christus vollendet wurde; als göttl. Gesandter verkörpert er das Zugehen Gottes auf die Welt (→Inkarnation): In der atl. Verheißung angekündigt, bringt er im NT die Erfüllung und wird durch →Wunder und →Auferstehung bestätigt.
*3.* Die *demonstratio catholica* will die geschichtl. Kontinuität der röm.-kath. Kirche mit der Absicht Jesu Christi aufweisen; dazu gehören die Behandlung der »Merkmale« der Kirche (Einheit, →Hei-

ligkeit, Katholizität und Apostolizität) als bleibender Erkennungszeichen, die Bedeutung dieser Kirche in ihrer geschichtl. Existenz, wodurch sie als von Gott für die Menschen gewollt erkannt werden kann, aber auch die Aussagen zu →Unfehlbarkeit und dem Vorrang (»Primat«) des Petrusamtes (→Papst). Dem schloß sich meist eine theol. Erkenntnis- und Prinzipienlehre an, welche von den »Quellen der Offenbarung« und den »loci theologici«, den theol. »Fund-orten«, handelte, aus denen die Theologie ihre Argumente zur Bekräftigung und Verteidigung des Glaubens gewinnt. Im Brennpunkt stand die Tatsächlichkeit der göttl. Offenbarung, deren Inhalt wegen ihrer Herkunft als wahr gelten muß.

*III.* Aus dem Ungenügen an solch »objektiver Apologetik« entwickelte sich vor allem unter dem Einfluß von M. Blondel (1861-1949) eine »subjektive Apologetik«, welche den *Menschen als Adressaten* der Offenbarung und als Träger des Glaubens zum Ausgangspunkt nahm. Zwar hatten in der Geschichte Männer wie →Augustinus und →Pascal den subjektiv-personalen Charakter des Glaubens mitbedacht, vor allem hatte →Newman die Konvergenzargumentation entwickelt. Jetzt aber wird hier das Menschsein als Ausrichtung auf die Wirklichkeit Gottes erfaßt; beide entsprechen sich als absolut-notwendig für den Menschen und ungeschuldet-frei von seiten Gottes. Die Idee des Übernatürlichen (→Supranaturalismus) als des unerreichbar Notwendigen ist eine aprior. (allem anderen vorausgehende) Bestimmung des Menschen, die es ihm ermöglicht, das Angebot durch Gott zu erkennen und anzunehmen. Es entsprechen sich also menschl. Heilsverlangen und übernatürl. Offenbarung, die nicht unverhofft, sondern als gnadenhafte Entsprechung auf den Menschen zukommt. Auf dieser Grundlage konnte eine *Immanenzapologetik* erarbeitet werden, welche die subjektiven Faktoren der Be-wahrheitung des Glaubens aus seiner Be-währung mitbedenkt. Hinzu traten dann Versuche, die objektive und subjektive Apologetik zu einer *integralen Apologetik* zu verbinden, wie es A. Lang mit seiner F. (1953) anstrebte, die lange als einziges Handbuch vorlag.

*C.* Die *gegenwärtige Lage der F.* wird einerseits gekennzeichnet durch eine Vielzahl von Ansätzen und Methoden, andererseits durch eine verstärkte Tendenz zu systemat. Veröffentlichungen, welche die inhaltl. Seite betonen.

*I.* Im dt. Sprachraum beherrschend erscheint nach wie vor der von K. →Rahner entwickelte *transzendental-anthropolog.* Ansatz (→transzendental), der bei den Voraussetzungen des Glaubens beginnt. Der Mensch wird begriffen als Offenheit für Gott und als »Hörer des Wortes«, der in all seinem Suchen und Ahnen stets schon auf ein Weltüberschreitendes verwiesen ist. Deshalb kommt die Offenbarung nicht auf ihn zu als eine Fremdbestimmung, sondern als Ent-sprechung und Erfüllung. Letztl. geht es um die größtmögl. Nähe und Einheit von Gott und Mensch bei bleibender Verschiedenheit. Im Grunde müßte jede theol. Disziplin – wie Rahner forderte – eine fundamentaltheol. Dimension haben, indem sie die Wahrheit des Glaubens auf das Heute der menschl. Existenz, ihres Fragens und ihrer Fraglichkeit hin, aber auch auf ihre Sinnhaftigkeit hin auslegt (→Sinn). Im wesentl. diesem Gedanken folgend, entwickelte auch H. Fries seine *transzendental-theol. F.* Diese will vor allem das aller Theologie als Glaubenswissenschaft Vorausliegende, alles einzelne Transzendierende, in den Blick nehmen: darum hat sie es mit *Offenbarung* zu tun. Deswegen ist F. transzendentale Grund- und Begründungswissenschaft, welche nicht nur im Gespräch steht mit Philosophie und Geschichte, sondern auch mit den Sinnträgern der Gegenwart sowie deren Verneinern.

*II.* Den Entwurf einer *hermeneut. F.* legte E. Biser vor. Sein Anliegen ist es, den Glauben nicht außerhalb seiner selbst, sondern aus sich selbst heraus zu begründen. Die Gewißheit kann nicht aus einer äußerl. Ableitung stammen, sondern aus der Einsicht in die Glaubwürdigkeit des Glaubens selbst. Nur so sei zu erreichen, daß der Glaube nach der Art seines eigenen Verstehensaktes, also hermeneut., begründet werde und so beim Menschen ankommen könne. Nur ein Reden von Gott, das aus dem Vermögen einer von Jesus gestifteten Mitmenschlichkeit stammt, kann einen entscheidenden Glaubensanstoß geben. Der Glaube erschließt sich erst dann in seiner Tiefe, wenn die Identität von Botschafter und Botschaft, von Helfer und Hilfe, wie sie in Jesus gegeben ist, ausdrückl. mitbedacht wird.

*III.* Für eine *prakt. F.* setzt sich J. B. Metz ein. Aus der – in einer transzendentalen Lehre vom Menschen leicht unterbetonten – gesellschaftl. Verfaßtheit des Menschen einerseits und der Erfahrung seiner Unterdrückung in konkreter Geschichte andererseits soll F. die Perspektiven aufzeigen, durch welche menschl. Handeln dem Anspruch des Christlichen gehorchen und seine Botschaft angesichts der Leidens- und Schuldgeschichten glaubwürdig vertreten kann. In dieser Hinsicht berührt sich prakt. F. mit den Anliegen von →polit. Theologie und →Befreiungstheologie, wobei die Befreiung aus dem Tod durch ausdrückl. Hinweise auf die Toten als Opfer der Geschichte einbezogen wird. Die *Verantwortung der →Hoffnung* endet nicht bei deren gesellschaftl. Bedeutung, so sehr die wahre Lehre (Orthodoxie) an die Praxis gebunden bleibt, vielmehr bleibt über alle Geschichte hinweg eine gefährl. Erinnerung in der Solidarität mit den Leiden und Hoffnungen der Vergangenheit. Gerade darin dient sie deren Zukunft.

*IV.* Für eine *kontextuelle F.* tritt H. Waldenfels ein. Der »Text« (die Rede Gottes des Vaters durch seinen Sohn und als kirchl. Glaube) wird entfaltet im »Kontext« von Welt und →Wissenschaft, →Religionen und Weisheit der Völker. So erhalten sowohl sein geschichtl. Werden als auch seine gegenwärtige Gestalt ihre Bedeutung. Dabei entfaltet die F. für die verschiedenen Gesprächssituationen unterschiedl. *Modelle:* Dem Widerspruch antwortet die Apologetik, dem Unverständnis die Hermeneutik, der Unaufmerksamkeit die Dialogik.

*V.* Die *wissenschaftstheoret. Dimension* der F. haben u.a. H. Peukert und W. Pannenberg behandelt. Peukert hat in Entsprechung zu den modernen Formal-, Natur- und Humanwissenschaften für die fundamentaltheol. Reflexion den Zugang zu ihrem Gegenstand im Kontext kommunikativen Handelns bestimmt: Über die →Erfahrung dieser Wirklichkeit und ihre spezif. Eigenheit ist Auskunft zu geben und über die Bedingung der sprachl. Mitteilung ist zu reflektieren.

Die *ökumen. Dimension* der F. ergibt sich aus der gemeinsamen Herausforderung des christl. Glaubens von heute. Hier stehen also nicht konfessionelle Gegensätze oder Übereinkünfte im Vordergrund, sondern das Ganze christl. Theologie. Die F. muß das Fundament des Glaubens angesichts überwältigender Infragestellung glaubwürdig darlegen. Sie muß aufzeigen, was mit Gott, Christus, Glaube, Kirche gemeint ist und warum der Mensch ihrer bedarf. Das Fach F. innerhalb der *ev. Theologie* (mit Vertretern wie W. Pannenberg, G. Ebeling, W. Joest, H. Beintker, F. Hahn, G. Sauter) bestätigt diese Auffassung. Dem Kern der Sache nach ist die F. innerhalb der ev. Theologie in der *Enzyklopädie* und *Apologetik* vorbereitet und nimmt diese in sich auf.

*D.* Der *heutigen Herausforderung* kann eine F. nur dann begegnen, wenn sie

1. eine *fundamentale* Theologie bleibt: Sie muß den *Grund* des Glaubens – Gott und seine Offenbarung als Selbstmitteilung in der Geschichte – zur Sprache bringen, das Christusereignis und die gemeinschaftl. Dimension des Glaubens im Hl. Geist mit der konkreten Kirche vermitteln. Dabei darf sie das Subjekt des Glaubens, den Menschen als Gemeinschaftswesen, nicht aus den Augen verlieren.

2. Deswegen muß F. eine *theol. Anthropologie* sein: Einerseits muß sie das Menschsein in einer doppelten Hörerschaft ernst nehmen: als Hörer des Wortes Gottes und als Hörer der Worte der Welt. Andererseits muß sie das Angesprochensein und die Ansprechbarkeit des Menschen durch Gott vermitteln mit seiner Situation als gesellschaftl. Wesen, in der er Hörer vieler Worte ist.

3. Darum ist F. notwendig eine *dialog. Theologie.* Gesprächspartner der F. sind nach wie vor die →*Philosophie*, die das »Ende der Metaphysik« der Sache nach überlebt zu haben scheint und in der Sinnfrage neue Horizonte von Verstehen und Entsprechung eröffnet; ferner die *Weltreligionen*, angesichts deren das Christentum Antwort geben muß auf die Frage nach dem bes. Heilsweg in Jesus Christus (F. als Theologie im Gespräch mit den Religionen und als Theologie der Religionen [→Religionstheologie]); die *modernen Ideologien*, Human- und Naturwissenschaften, deren Anspruch und Ergebnisse nicht ignoriert werden dürfen; *Literatur und Kunst*, insofern sie Menschsein auslegen, Anknüpfungspunkte für den Glauben bieten und wahre Sinndimensionen des Menschseins offenlegen; schließl. *Wissenschaftstheorie* und Linguistik, insofern sie nicht nur dem Anspruch der Theologie als Wissenschaft und sinnvoller Rede von Gott entgegentreten, sondern auch der Selbstbesinnung neue Impulse gegeben haben. Solch vielfältiger Dialog kann nur in einem *Team* geführt werden und darf nicht zur *Zerstückelung der F.* führen. Die Ergebnisse der F. im Gespräch mit der Welt müßten vielmehr so zusammengefaßt werden, daß daraus mehr als die Aufzählung einzelner Beiträge resultiert. Zu ergänzen ist dieser Dialog mit der Welt deshalb durch einen innertheol. Dialog. Die Versuche, eine *Kurzformel des Glaubens* oder einen *Grundkurs* zu erarbeiten, haben dazu schon einen Beitrag geleistet.

4. Schließl. wäre die Betonung der dialog. Dimension der F. unzureichend, wenn sie nur als Theologie im Gespräch mit der Welt und als innertheol. Dialog verstanden würde. Deswegen gehört zur F. eine *spirituelle Dimension* als Gespräch mit Gott als dem Grund des Glaubens. So notwendig die Hervorhebung des Menschen als des Subjektes des Glaubens und als Adressaten der Offenbarung ist und bleibt, so dringl. erscheint die Betonung der Ansprechbarkeit Gottes durch den Menschen und des →Gebetes als Ant-wort auf das Angesprochensein durch Gott.

Auch die heutige Aufgabe der F. wird 1 Petr 3,15 in der gültig bleibenden Form bezeichnet: »Seid allzeit bereit, jedermann Antwort zu geben, der euch nach dem Grund eurer lebendigen Hoffnung fragt.« Die gestellte Aufgabe muß je neu erfüllt werden, weil nicht nur die Fragen anders und neu sind, sondern weil Gottes Anfragen an die sich ändernde Welt und ihr Selbstverständnis neue Antworten erfordern.

*Lit.: E. Biser:* Glaubensverständnis. Grundriß einer hermeneut. F., Freiburg/Basel/Wien 1975. – *G. Ebeling:* Beiträge zur F., Soteriologie und Ekklesiologie, Tübingen 1975. – *Ders.:* Erwägungen zu einer ev. F., in: Zeitschrift für Theologie und Kirche 67 (1970), 479-524. – *P. Eicher:* Offenbarung, München 1977. – *H. Fries:* F., Graz/Wien/Köln 1985. – *W. Joest:* F., Stuttgart 1974. – *W. Kern u.a. (Hg.):* Handbuch F., Bd. I-IV, Freiburg/Basel/Wien, Bd. I, II 1985, III 1986, IV 1988. – *P. Knauer:* Der Glaube kommt vom Hören. Ökumen. F., Graz/Köln 1978. – *A. Kolping:* F., 3 Bde., Münster 1968/1974/1981. – *A. Lang:* F., 2 Bde., München, 4. Aufl. 1967/68. – *R. Latourelle:* Théologie de la révélation, Brüssel/Paris/Montreal, 3. Aufl. 1969. – *J. B. Metz:* Glaube in Geschichte und Gesellschaft, Mainz, 4. Aufl. 1984. – *Ders.:* Apologetik, in: Sacramentum mundi, Bd. I, 266-276. – *W. Pannenberg:* Grundfragen systemat. Theologie. Gesammelte Aufsätze, 2 Bde., Göttingen, 2. Aufl. 1971/1980. – *H. Petri:* Die Entdeckung der F. in der ev. Theologie, in: Catholica 33 (1979), 241-261. – *Ders.:* F. im Umbau, in: Theologie und Glaube 69 (1979), 95-105. – *H. Peukert:* Wissenschaftstheorie - Handlungstheorie – Fundamentale Theologie, Frankfurt/M. 1978. – *Ders.:* F., in: Neues Handbuch theol. Grundbegriffe, Bd. 2, 16-25. – *K. Rahner:* Hörer des Wortes, München 1963. – *Ders.:* Einige Bemerkungen zu einer neuen Aufgabe der F., in: *ders.:* Schriften zur Theologie, Bd. XII, Einsiedeln 1975, 198-211. – *Ders.:* Grundkurs des Glaubens, Freiburg/Basel/Wien, 11. Aufl. 1980. – *J. Ratzinger:* Theol. Prinzipienlehre, München 1982. – *M. Seckler:* Ev. F. Erwägungen zu einem Novum aus kath. Sicht, in: Theol. Quartalschrift 155 (1975), 281-299. – *G. Söhngen:* F., in: Lexikon für Theologie und Kirche,2. Aufl., Bd. IV, 452-459. - *H. Wagner:* Einführung in die F., Darmstadt 1981. – *Ders.:* F., in: Theol. Realenzyklopädie, Bd. XI, 738-752. – *H. Waldenfels:* Kontextuelle F., Paderborn 1985.

*Heino Sonnemans*

**Funktion.** Sprachl. vom lat. *functio:* Verrichtung hergeleitet, findet sich der Begriff der F. in vielen Bereichen und Bedeutungen. So kann er ganz allg. die Tätigkeit und Verpflichtung einer Person oder Institution, ebenso eine soziale Position bezeichnen. In der Mathematik kann er z.B. eine veränderl. Größe (Variable) bedeuten. In der Soziologie hat er sich vor allem seit E. Durkheim (1858-1917) durchgesetzt. Hier meint F. allg. den *Beitrag eines Teiles zum Ganzen.* In der neuen Soziologie bekommt er eine abstraktere Bedeutung und wird mit dem Begriff der →Struktur und dem des →Systems (→Systemtheorie) zusammengebracht (Parsons, Merton, Luhmann). Hier bezeichnet F. dann »die Leistung eines Elements für die Herbeiführung oder Erhaltung eines bestimmten Systemzustandes eines anderen Elements im System« (Matthes).

*A.* Der Begriff der F. steht im Gegensatz zu dem philos. Begriff der →Substanz. Bezeichnet Substanz etwas »In-sich-Stehendes«, so geht es bei der F. um eine *Beziehung.* Von daher ergeben sich bei beiden auch unterschiedl. Probleme, Fragestellungen und Argumentationsmuster. Bei der Substanz interessiert etwas »an sich«. Hier ist ein kausales Prinzip der →Erklärung am Platze. Beim funktionalen Erklärungsprinzip interessiert etwas nur, *soweit* es in Beziehung zu etwas anderem steht. So untersuchen schon Durkheim oder M. →Weber bei der →Religion nicht deren »Wesen«, sondern deren Bedeutung für die →Gesellschaft. An diesem Beispiel wird auch sofort die mögl. Grenze funktionaler Erklärung deutl. und damit ein häufiger Ansatz für Kritik. Sie kann etwa in dem Vorwurf bestehen, Aussagen über Gott, Christus u.a. würden auf ein bloßes Wirken reduziert. Theologie werde hier zu F.alismus oder funktionalist. Denken uminterpretiert. Dabei wird allerdings die immanente Grenze funktionaler Argumentation nicht beachtet und Nicht-Vergleichbares (etwa Substanz und F.) miteinander verglichen. Das obenerwähnte Beispiel deutet weiterhin implizit bereits an: Etwas ist erst von einem bestimmten Bezugspunkt oder Ziel her bzw. in einem bestimmten *Bezugsrahmen* funktional. So hat der ältere Funktionalismus einen anthropolog. Bezugsrahmen (menschl. Bedürfnisse) oder die Soziologie einen gesellschaftl. (Bestand, Wandel und Integration von Gesellschaft etwa). In solch einem Bezugsrahmen können meist mehrere Phänomene oder Sachverhalte funktional sein im Hinblick auf einen bestimmten Bezugspunkt/Ziel: Im Hinblick auf Ernährung kann sowohl Jagd als auch Ackerbau funktional sein. Wo dies der Fall ist, spricht man von *»funktionalen Äquivalenten«.* Hier ist auf eine weitere Variante hinzuweisen, die gerade im Verlauf der Entwicklung der modernen Gesellschaft entstanden ist: die *»funktionale Differenzierung«.* Bekanntestes Beispiel ist die Arbeitsteilung: Während früher die lebensnotwendigen Arbeiten an einer Stelle erledigt wurden, gibt es heute für die verschiedenen Arbeiten verschiedene Stellen und Zuständigkeiten. Oder während früher die Familie für die Erziehung zuständig war, muß sie diese F. heute mit Kindergarten, Schule etc. teilen.

*B.* Unbeachtet ist bislang geblieben, daß eine Beziehung positiv *(»funktional«),* aber auch negativ *(»dysfunktional«)* sein kann. Merton hat diese Unterscheidung eingeführt. Damit ist natürl. nur eine formale Unterscheidung gemacht und über deren inhaltl. Füllung noch nichts ausgesagt. Die Entscheidung wäre wohl in jedem Einzelfall zu treffen und generell nicht mögl. Ebenfalls von Merton stammt die Unterscheidung von *latenten* (verborgenen, nicht gewollten) und *manifesten* (offenbaren, gewollten) F.en. So kann etwa die Sicherung der Ernährung eine manifeste F. der Jagd in einfachen Gesellschaften sein: latent kann aber hinzukommen, daß dies den Zusammenhalt der Gruppe oder Gesellschaft fördert. Der Begriff der F. geht noch weiter in die Bereiche von Autorität und Herrschaft. H. Hartmann entwickelt – ausgehend von einer Diskussion der M. Weberschen Herrschaftstypen – den Typus *»funktionaler Autorität«.* Er versteht sie als offenkundige Sachverständigkeit in einem wichtigen Bereich.

*Lit.: W. L. Bühl (Hg.):* F. und Struktur, München 1975. - *E. Cassirer:* Substanzbegriff und F.sbegriff, Berlin 1910, Nachdruck Darmstadt 1969. – *R. Dahrendorf:* Struktur und F. Talcot Parsons und die Entwicklung der soziolog. Theorie, in: *ders.:* Pfade aus Utopia, München, 3. Aufl. 1974, 213-242. – *H. Hartmann:* Funktionale Autorität, Stuttgart 1964. – *P. Lorenzen:* Einführung in die operative Logik und Mathematik, Berlin/Göttingen/Heidelberg, 2. Aufl. 1969. – *N. Luhmann:* F. und Kausalität, in: *ders.:* Soziolog. Aufklärung, Köln/Opladen 1970, 9-30. – *H. Rombach:* Substanz, System, Struktur. Die Ontologie des Funktionalismus und der philos. Hintergrund der modernen Wissenschaft, Freiburg, 2. Aufl. 1981.

*Hermann Punsmann*

# G

## Galaterbrief

*A.* Wegen seines polem. Charakters hat dieser unbestritten echte Brief des →Paulus streitbaren Bewegungen im Christentum immer wieder als Grundlage gedient. Der G. ist ein *Rundschreiben* »an die Gemeinden Galatiens« (1,2), die entweder in der Landschaft Galatien (heute Ankara und Umgebung) oder in den Städten Ikonium, Lystra und Derbe (also im Norden oder im Süden der 25 v. Chr. gegründeten röm. Provinz) gesucht werden. Obschon wir in Apg 13f. von einer Gemeindegründung durch Paulus in diesen südgalat. Städten hören, wird oft die nordgalat., also die »Landschafts«-Hypothese bevorzugt, da eigentl. nur die →Kelten als Bewohner der *Landschaft* Galatien als »Galater« (3,1) ansprochen werden können. Abfassungszeit (nach 50 n. Chr.) und -ort (Ephesus?) sind unbekannt.
*Anlaß* ist das Verhalten gewisser Leute (»Unruhestifter»; 1,7; 5,10), die nach dem Abschied des Paulus von den Gemeinden den galat. Heidenchristen (vgl. 4,8ff.) nahegelegt haben, als Proselyten dem →Judentums beizutreten (vgl. 6,11ff.), sich also unter umfassender Berücksichtigung des von →Mose erlassenen Gesetzes einer dezidiert *judenchristl.* Lebensweise (→Beschneidung, Speisegebote) als einer vollkommeneren Form des Glaubens anzuschließen (vgl. 4,8ff.). Dieses Ansinnen hat ein durchaus positives Echo gefunden (vgl. 4,21; 5,2f.), so daß Paulus die Galater schon im Begriff sieht, von seinem Evangelium zu einem anderen zu »desertieren« (vgl. 1,6ff.). Mit dem Brief versucht er, die Galater von ihrem Vorhaben abzubringen.

*B.* In einem »Exkurs« (1,13-2,21) in die Geschichte seiner *Berufung* legt Paulus zunächst dar, daß er als von Gott unmittelbar berufener →Apostel das →Evangelium unter den →Heiden wahrhaftig ausgerichtet hat, was ihm auch von den »Säulenaposteln« der judenchristl. Gemeinden bestätigt wurde. Legitimität verleihen ihm dabei der →Geist und seine Wirkung (2,8f.). Ebendarauf beruft er sich auch bei den Galatern. Die Argumentation in 3,1-4,31 zielt darauf, das veränderte Verhalten der Galater (4,9f.) und ihre intendierte Proselytenidentität als Rückfall hinter den schon im Glauben erreichten Stand der →Abrahams- und Gottessohnschaft zu erweisen. Der bei den Galatern schon wirksam gewordene Geist soll das zeigen. Eine entspr. Auslegung der →Hl. Schrift liefert den Beweis. In der Ermahnung (5,1-6,10) warnt Paulus noch einmal: »Für die Freiheit hat uns Christus frei gemacht; darum steht fest und laßt euch nicht wieder unter ein Joch der Knechtschaft bringen« (5,1). Zugleich fordert er aber eine den Geistwirkungen (→Charisma) entspr. Verhaltensweise. Was Paulus hier fordert, nötigt dazu, die sich an den G. heftende Parole von der paul. (d.h. christl.) Gesetzesfreiheit zu differenzieren.

*C.* Die Konfrontation zwischen →Petrus und Paulus, dem er »ins Angesicht widerstand« (2,11), hat angesichts des Nachfolgers Petri in Rom die Phantasie immer wieder beflügelt. Aus der Auslegung dieser Stelle ließ sich lange Zeit auf die Konfessionszugehörigkeit der Ausleger schließen. Gerade wegen seines ansteckenden *Freiheitspathos* ist der Brief nicht einfach zu interpretieren. Umstritten ist bisweilen die genaue Interpretation der Vorgänge, auf die Paulus reagiert, aber auch der genaue Stellenwert seiner bibl. Argumentation. Zu warnen ist angesichts der Ermahnung davor, die Parole von der Gesetzesfreiheit undifferenziert als →Freiheit von aller Bindung oder als Freiheit im Sinne einer undialekt. Aufklärung auf andere Situationen zu übertragen. Das Dokument selber muß zudem krit. auf Töne abgefragt werden, die später eine *antisemit. Wirkung* erzeugten (»durch das Gesetz dem Gesetz gestorben« [2,19]; »Fluch des Gesetzes« [3,13]; »Sklaven« und »Freie« [4,3]). Krit. ist Paulus zu befragen, ob er nicht – evtl. in bewußter Übernahme der Stilmittel antiker Rhetorik – »übertrieben« hat. Allerdings wird mit solchen Fragen auch ein differenziertes Verständnis dessen nötig, was Paulus mit seiner Lehre von der →Rechtfertigung versteht. Umstritten ist näml. noch immer, ob sie oder der *Ruf zur* Einheit und Liebe den Mittelpunkt des Briefes bildet, deren Bruch Abfall vom Evangelium bedeutet und deshalb von Paulus gegeißelt wird. Das allerdings wäre ein Programm, das von den Kirchen auch heute noch nicht hinreichend eingelöst ist: »Da ist kein Unterschied zwischen Jude und Grieche, zwischen Sklave und Freiem, zwischen Mann und Frau; denn ihr alle seid einer in Christus Jesus« (3,28). In diesem einenden und vorbehaltlosen Vertrauen kann die Wurzel der sprengenden Forderung des Paulus gesehen werden. »Es wäre deshalb töricht, ein Leben der Unordnung und Verwirrung zu befürchten, sobald dieser Geist der Freiheit radikal ernst genommen würde, vielmehr offenbarte sich dann in Wahrheit Jesus Christus als des Gesetzes Ende, die Liebe aber als seine Erfüllung.« (E. Limbeck, 107).

*Lit.: J. Becker:* Die Briefe an die Galater, Epheser, Philipper, Kolosser, Thessalonicher und Philemon (Das NT Deutsch 8), Göttingen 1976. – *U. Borse:* Der Brief an die Galater (Regensburger NT), Regensburg 1984. – *H. Feld:* Papst und Apostel in der Auseinandersetzung um die theol. Lehre. Die theol. Bedeutung von Gal 2,11-14 für das Petrusamt in moderner und alter Auslegung, in: *ders. u.a.:*

Grund und Grenzen des Dogmas, Freiburg 1973, 9-26. – *M. Limbeck:* Von der Ohnmacht des Rechts, Düsseldorf 1972. – *D. Lührmann:* Der Brief an die Galater (Züricher Bibelkommentare NT 7), Zürich 1978. – *F. Mussner:* Der G. (Herders Theol. Kommentar zum NT), Freiburg, 3. Aufl. 1977.

*Ekkehard Stegemann/Hermann Häring (C)*

**Galilei,** *Galileo,* geb. 15.2.1564 in Pisa, gest. 8.1.1642 in Florenz. Der Sohn eines Kaufmanns und Musiktheoretikers wächst in Pisa auf, mit 10 Jahren Umzug nach Florenz. G. besucht eine Klosterschule, wird aber vom Vater in ein med. Studium gedrängt, das er 1581-85 in Pisa ohne Abschluß absolviert. Ab 1585 geht G. seinen eigenen Weg, schließt sich bekannten Mathematikern an und entwickelt seine naturwissenschaftl. Begabung, die ihm 1589 eine →*Mathematikprofessur* in Pisa einbringt. 1592 vertauscht er diese mit Padua, wo er bis 1610 bleibt und ein berühmter Gelehrter wird. 1610 Rückkehr nach *Florenz,* das, unterbrochen durch mehrere Aufenthalte in Rom, für den Rest seines Lebens die Heimat bleibt.

Bis 1609 arbeitet G. über Mechanik, Fallbewegungen und andere physikal. Themen. Mit dem Aufkommen des Fernrohrs tritt die →*Astronomie* in den Vordergrund. G. beobachtet damit wie kein anderer die Himmelserscheinungen und entdeckt z.B. Jupitermonde und die Venusphasen im Sonnenumlauf vergleichbar den Mondphasen im Erdumlauf. Diese Erkenntnisse dienen dem streitbaren, redegewandten und ehrgeizigen G. in seinem Bemühen, Argumente für das heliozentr. (um die Sonne als Mittelpunkt zentrierte) Weltsystem zu finden. Nicht zuletzt durch diese aufreibende Auseinandersetzung, in der G. durch naturwissenschaftl., philos. und theol. Thesen die Grenzen dessen überschreitet, was von →Kopernikus in Gesellschaft und Kirche akzeptiert wurde, werden die Schriften von Kopernikus 1616 ebenso wie die Lehre vom kopernikan. System verboten. Den Höhepunkt erreicht dieser *Konflikt* 1632 mit dem Erscheinen des »Dialogs über die beiden Weltsysteme«, dem Hauptwerk G.s über das kopernikan. System. Darin fordert G. u.a. eine Berücksichtigung der experimentellen Naturwissenschaft in →Schriftauslegung und →Philosophie und eine Abkehr von der widerspruchslosen Autorität des →Aristotelismus, womit er die herrschenden Grundlagen des kirchl. Machtanspruchs antastet. G. will das *heliozentr. Weltsystem* durchsetzen und beweisen; das letztere wird allerdings erst im 19. Jh. mit der Fixsternparallaxe gelingen. 1633 kommt es zu einem Prozeß der →Inquisition, die G. zur Widerrufung des Kopernikanismus und zu einer Verbannung verurteilt, die aber den Spielraum G.s nicht übermäßig einschränkt.

In den letzen Lebensjahren wendet sich G. wieder der →Physik zu und veröffentlicht 1638 die »Unterredungen über zwei neue Wissenszweige«, dem wichtigsten naturwissenschaftl. Werk. Hier leistet G. für Bewegungen auf der Erde, das →Kepler für die Himmelsbewegungen erbracht hat. Er idealisiert natürl. Vorgänge, um sie zum Gegenstand experimentellen Beweises zu machen und sie in mathemat. Gesetzen zu erfassen. Beides wird zur Bedingung naturwissenschaftl. →Wahrheit, die dabei allerdings die unmittelbare Anschauung und die Einordnung in den Zusammenhang mit der Gesamtwirklichkeit verlieren kann. G. findet auf diesem Weg die korrekten *Fallgesetze* und ein vorläufiges *Trägheitsprinzip,* die später →Newton zur universellen mechanist. Physik erweitert wird.

*Lit.: W. Brandmüller:* G. und die Kirche, Regensburg 1982. – *F. Hund:* Geschichte der physikal. Begriffe, Teil I: Die Entstehung des mechan. Nuturbildes, Mannheim, 2. Aufl. 1978, 78-103. – *C. F. von Weizsäcker:* Die Tragweite der Wissenschaft, Stuttgart, 5. Aufl. 1976, 96-118.

*Frank Badel*

**Ganzheit** bezeichnet das Ganzsein einer Mannigfaltigkeit, die durch inneren Funktionszusammenhang (wie bei Lebewesen und sozialen →Systemen) und/oder durch Zusammenschau (wie bei der Gestaltwahrnehmung und der G.smethode) der Elemente als Einheit wirkt.

*A.* G. tritt einerseits schon vorwissenschaftl. in den Blick, andererseits erst in Überwindung mechanist., kausal-analyt. →Wissenschaft. *Vorbild* für objektive und subjektive G. scheint der →*Mensch* selbst zu sein als »zentrierte G.« (P. →Tillich): der unversehrte →Leib und die nicht zerrissene →Seele. Deren beider Einheit ist selbst das eigentl. Problem der G. des Menschen, insbes. im Hinblick auf den →Tod als mögl. Vollender der G. (K. →Rahner), Ermöglicher »höherer« G. oder als deren Zerstörer. Anscheinend kann diese G. wieder nur ganzheitl. erfaßt werden, wie denn auch der Mensch sich wesentl. durch ganzheitl. Verstehen (z.B. des leibgebundenen Ausdrucks anderer oder von Situationen) im sozialen und ökolog. Lebenszusammenhang orientiert.

*B.* Durchweg wird G. *positiv* bewertet als das, was Sein, Fortbestand, →Leben und Gesundheit, Geborgenheit, →Sinn und Faßlichkeit ermöglicht. Entspr. ist die Rolle der G.svorstellung in den verschiedenen Erfahrungsbereichen: in der Philosophie (vgl. die Seinsg. bei Parmenides oder die dialekt. G. bei →Hegel, die der log. G. des Schlusses nachempfunden ist), in der →Medizin (vgl. die dem »östl.« Denken zuneigende G.smedizin), in der →Pädagogik (vgl. die G.smethode), in der →Psychologie (vgl. die G.spsychologie von F. Krueger und A. Weller), in der Gesellschaftstheorie (vgl. die »totalisierende« Praxis bei K. →Marx und J.-P. Sartre) und der →Naturphilosophie (vgl. den Holismus von J. Ch. Smuts).

*C.* Diese traditionellen Thematiken der G. sind heute weitgehend in der →Systemtheorie aufgegangen; denn hier erscheinen sie – unter der neuen wissenschaftl. Leitvorstellung der Selbstorganisation materieller und sinnhaft-sozialer G.en –

einer an der →Kybernetik orientierten Behandlung zugänglich. G.en sind durch ihren selbstorganisator. Umweltbezug *offene Systeme*, die sich selbst erhalten und reproduzieren: Für physikal. G. vgl. die Theorie »dissipativer Strukturen« von I. Prigogine (→Energie streuende Strukturen jenseits des thermodynam. Gleichgewichts); für organism. die der »Hyperzyklen« von M. Eigen, für Wahrnehmung, Sprache und Lernen die »Kognitionsbiologie« (→evolutionäre Erkenntnistheorie) von H. Maturana, für psych. und soziale Sinnsysteme die Theorie N. Luhmanns und für holist.-spirituelle G. die von E. Jantsch.

*D.* Übrig geblieben scheinen neben myst.-spirituellen G.svorstellungen ledigl. solche myth.-rel. und *tiefenpsycholog.*, die sich auf die menschl. Grunderfahrung der Abtrennung vom anderen und der Spiegelung in ihm beziehen. →Platon erzählt (im »Gastmahl«) den *Mythos* von der ursprüngl. G. der Menschen in Kugelgestalt. Seit ihrer Trennung in Kugelhälften ist es die Differenz zusammengehörender Elemente, mit der die soziokulturelle Evolution arbeitet. G. bleibt →*Ideal*. Im Sinne alchemist. Androgynität (G. von Mann und Frau) sieht C. G. →Jung bei der Selbstzentrierung seel. G. »archetyp.« (anfängl. prägende) Muster am Werk. J. Lacan unterstellt im Anschluß an S. →Freud der Ich-Bildung die G.shalluzination aus der Begegnung mit dem eigenen Spiegelbild. Und J.-P. Sartre nennt die G. des (in sich gegründeten) An-sich-Seins das »unmögl.« Ideal der menschl. Existenz, sie richtet sich, wie er sagt, umsonst zugrunde, um →Gottes G. als causa sui (Selbstverursachung) entstehen zu lassen (vgl. »Das Sein und das Nichts«).

*E.* Auf der Basis einer Mannigfaltigkeitslehre (insbes. des chaot. Mannigfaltigen und seiner G.) und einer entspr. Theorie der Subjektivität entwickelte H. Schmitz eine Phänomenologie ganzheitl.-leibhaftigen Daseins, in der die sartresche Paradoxie der G. vermieden wird.

*Lit.:* Ganzes/Teil bis Ganzqalitäten, in: Hist. Wörterbuch der Philosophie, Bd. 3, 3-23. – *R. Jäckle:* Gegen den Mythos ganzheitl. Medizin, Hamburg 1985. – *E. Levinas:* Totalité et Totalisation, in: Encyclopaedia Universalis, Bd. 16, Paris 1976, 192-194. – *H. Schmitz:* System der Philosophie, 5 Bde., Bonn 1964-1980.

*Günter Schulte*

## Gebet

*A.* Das G. ist eine zentrale rel. und in den Religionen beheimatete Erscheinung. Es hat in seiner Ausgestaltung an der jeweiligen kulturellen Form seiner Religion teil und bestimmt sich in seiner Interpretation an der Vorstellung des jeweils verehrten göttl. Wesens. Im Kern kann es beschrieben werden als die mit begleitenden Worten und Handlungen verbundene *Anrede und Anrufung* einer als Person vorgestellten Gottheit oder einer anderen, in Verbindung mit ihr gedachten (»heiligen«) Person (→Heilige).

*I.* Strukturell kann unterschieden werden zwischen dem spontanen (in der Regel individuellen) und dem an best. *Texte und Gesten gebundenen* G. Obwohl letzteres auch individuell geübt werden kann (z.B. das →Psalmg. in Judentum und Christentum, kürzere, leicht im Gedächtnis zu behaltende G.e [→Vaterunser], kurze »Stoßg.e« sowie längere G.stexte, die aus kurzen, nach best. Regeln zu wiederholenden Grundtexten zusammengesetzt sind [Rosenkranzg.]), hat es seinen ursprüngl. Ort im gemeinschaftl. →Gottesdienst (→Liturgie, →Kult). Charakterist. für best. Religionen sind bisweilen *G.szeiten* (→Tag) und best. *G.srichtungen*: →hll. Stätten und →Tempel; Jerusalem für Juden und (in »orientierten« Kirchen) Christen; Mekka für Muslime. Ferner gibt es verschiedenste, ineinander übergehende *G.sformen* mit großen Randunschärfen, von (nicht unbedingt rel.) Kontemplation und →Meditation, von G.sversenkung in wortlosen myst. Erfahrungen über innerlich wiederholte Texte, das wörtl., in Andacht und Ehrfurcht gesprochene G. bis hin zu mechan. mag. Wiederholungen von Worten, die aus sich heraus ihre Wirkung haben, bis hin zum guten oder bösen →Zauber. Die G.skulturen der Religionen haben zur Gestaltung von Poesie und Musik Wesentliches beigetragen.

*II.* In der *christl. G.stradition* werden – sowohl im liturg. öffentl. wie im privaten G. – drei G.sarten unterschieden: das Lob-, das Dank- und das Bittg. Das *Lobg.*, in dem Gottes Größe gepriesen wird, gilt als die in ihrer Selbstlosigkeit und unbedingten Gottbezogenheit höchste Stufe des G.s, in der Gott am unvermitteltsten und selbstvergessensten als »Du« wahrgenommen und angesprochen wird. Die Frömmigkeitstraditionen weisen darauf hin, daß dieses Lob einer menschl. gläubigen Grundhaltung entspreche, von der Liturgie und Leben grundlegend geprägt seien. Von der preisenden →»Doxologie« her werden in den orthod. Kirchen die Liturgie, der Glaube, aber auch die Theologie begriffen. Im *Dankg.* gedenkt die bibl. Tradition zunächst der »großen Taten Gottes«, durch die Israel gerettet und (so die christl. Weiterführung) die Welt in Christus erlöst wird. Ihm schließt sich der Dank für die weiteren, in Geschichte, Gemeinschaft und eigenem Leben erfahrenen Wohltaten an. Auch mit dem Dankg. verbindet sich in der Tradition der Hinweis auf eine gläubige, dankbare Grundhaltung, die aus dem christl. Glauben erwachsen und die Einordnung auch erfahrenen →Leidens einschließen kann.

Das *Bittg.* ist in der atl. und ntl. sowie der späteren Tradition verankert. Angesichts der Vorsehung Gottes und neuzeitl. Fragestellungen ist diese G.sform die umstrittenste. In jedem Fall ist der →anthropomorphen Vorstellung zu wehren, als könne das Bittg. Gottes Handeln im Sinn der →Kausalität beeinflussen. Das NT hingegen spricht vorbehaltlos vom Erfolg des Bittg.s (»Bittet, und ihr werdet empfangen«, Mt 7,7). Ein angemessenes christl. Verständnis des Bittg.s muß davon ausgehen, daß Menschen oder die →Kirche die Souveränität Gottes weder beeinflussen noch seine Freiheit bestimmen können, ferner daß das Bittg. - ebenso wie die Klage und der Protest gegen Gott (→Hiob) - für den Menschen die äußerste (und »objektivste«) Form darstellt, seine Situation in *rel.* →*Unmittelbarkeit* und →Sprache Gott vorzutragen, schließl. daß beim rel. gereiften Bittg. die Weise der Erhörung selbst in die Hand Gottes gelegt und der Umgang mit ihm als Weg eigener einzuübender Ergebenheit in Gottes Willen begriffen wird. Es bleibt allerdings stete Aufgabe in der Begleitung von Liturgie und G., das Bittg. ebenso vor magisierenden Instrumentalisierungen wie vor dem Mißverständis zu schützen, als sei es Handlungsersatz. »Bete und arbeite« hat sich dagegen als eine nüchtern christl. Maxime des Benedikt von Nursia (→Benediktiner) erwiesen.

*Lit.: G. Bachl:* Thesen zum Bittg., in: *Th. Schneider/L. Ulrich (Hg.):* Vorsehung und Handeln Gottes, Leipzig 1988, 192-210. – *F. Heiler:* Das G. Eine religionsgeschichtl. und religionspsycholog. Untersuchung, München, 5. Aufl. 1923, Neudruck 1969. – *H. Küng u.a.:* Christentum und Weltreligionen, München 1984. – *M. Mott:* Der Berg der sieben Stufen, Zürich 1985. – *H. Schaller:* Das Bittg., Einsiedeln 1979. – *Ders.:* G. , in: Neues Handbuch theol. Grundgebriffe II, München 1984, 26-34. – *E. Schlink:* Ökumen. Dogmatik. Grundzüge, Göttingen 1983, 725-742.

*Hermann Häring*

*B.* G. ist bewußtes Wahrnehmen der *eigenen Gottesbeziehung* als ausdrückl. Anrede an →Gott. Darin werden Selbst- und Welterfahrung miteinander vermittelt. Da wir uns im G. unvertretbar auf Gott selbst einlassen, kommen in ihm zwei gegenläufige Vollzüge zur Deckung: Unser Inneres – Zentrum von welthafter Lebenskonkretion – artikuliert sich vor Gott; zugleich wird Gott uns gegenwärtig, in der Erfahrung näml., daß er sich uns erschließt, indem wir aus uns heraustreten.

*I.* G. ist *Selbstbegegnung.* Die Sprache des G.s, von kollektiven G.svollzügen vorgeprägt, wird nur authent. in selbstverantwortet-eigenem Reden zu Gott. Nur wer sich selbständig mit der rel. →Tradition identifiziert, gewinnt persönl. Unmittelbarkeit zu Gott. Andererseits schafft ein solches G. durch seine vorgeprägte Sprache Distanz zur eigenen Unmittelbarkeit und führt so zu einer neuen, durch das Gottesbewußtsein vermittelten Weise von Selbsterfahrung. Betend kommen wir also auf unser Selbst von einem Außen her zurück, das nicht endl.-fremd, sondern der Ort ist, aus dem wir in →Freiheit bei uns selbst sind. Darum übersteigt das G. die falsche Alternative: →Meditation oder Gespräch. Sich selber durchsichtig zu werden vor Gott, indem man sprachl. sich vor Gott wirkl. wird, ist inneres Ziel des G.s: »Betet ohne Unterlaß« (1 Thess 5,17). Als Bitte, Lob und Dank ist G. nicht, wie die psycholog. →Religionskritik sagt, Regression, sondern eine Weise, im Licht der unverfügbaren Freiheit Gottes frei mit sich umzugehen. Unter den Bedingungen des christl. →Glaubens verwandelt sich das G. aus einer vielgestaltigen, rein kult. Praxis neben anderen in die Grundform *personhafter Frömmigkeit:* Herzschlag gelebten Gottesglaubens. Grundlegend dafür ist das Gottesverhältnis Jesu, der – die reiche G.stradition des AT weiterführend – die Authentizität des Beters wesentl. (Mt 6,5-15; 7,7-12) und das eine auf ihn zurückgehende G. (→Vaterunser) zur Mitte und Norm christl. Betens gemacht hat.

*II.* G. ist *Gottesbegegnung.* Gelingendes G. ist nie selbstverständl., sondern als spannungsreicher Vollzug ständig vom Scheitern bedroht. Da das Geheimnis des G.s darin besteht, daß Gott und wir zugleich aktiv sind, existiert es nur als unverfügbare Einheit eines Widerspruchs. Es ist ganz menschl. Tun (*wir* reden im Fragen und Vernehmen von Antwort) und doch ganz Gottes Tun an uns. Es ist nur wirkl. als Ringen des Beters um Gottes Nähe und wird nur wahr als Empfangen seines freien Sichvergegenwärtigens. In ihm wandelt sich unsere einseitig anhebende Bewegung auf Gott zur wirkl. Gemeinschaft mit Gott selber. Ernsthaftes G. ist so stets auch (betender) Umgang mit seinen eigenen Schwierigkeiten oder Kampf um seine Möglichkeit. Dabei dient jeder bloß menschl. Versuch zur Überwindung dieses wesentl. Widerspruchs dazu, ihn nur zu verschärfen. Zur uns unerschwingl. Lösung des Widerspruchs kann es allein im →Glauben kommen: als inneres Überführtwerden von Gottes →Liebe, seinem Willen in unserer Menschlichkeit bei uns zu sein. G. kann darum auch als *Erfahrung des →Hl. Geistes* verstanden werden (Röm 8,26f.): daß Gott unser tastendes Suchen nach ihm zum Ort seines Kommens zu uns gnädig werden läßt. Beides gründet im Glauben an die Menschwerdung Gottes in Christus, der als Stellvertreter Gottes beim Menschen und des Menschen bei Gott das persongewordene G. selber ist und so das unsere ermöglicht. Christl. G. ist daher schon strukturell immer ein »G. im Namen Jesu« (Joh 16,23f. u.ö.; Eph 5,20; Kol 3,17).

*Lit.: H.-M. Barth:* Wohin – woher mein Ruf?, München 1981. – *W. Bernet:* G. (Themen der Theologie 6), Stuttgart/Berlin 1970. – *G. Ebeling:* Dogmatik des christl. Glaubens, Bd. 1, Tübingen 1979, 192-244. – *E. Hirsch:* Der Sinn des G.s, Göttingen, 2. Aufl. 1928. – *K. Rahner:* Von der Not und dem Segen des G.es, Freiburg, 12. Aufl. 1985. – *C. H. Ratschow u.a. (Hg.):* G., in: Theol. Realenzyklopädie 12, 31-103. – *R. Schäfer:* Gott und G., in: Zeitschrift für Theologie und Kirche 65 (1968), 117-128.

*Joachim Ringleben*

**Gebrauchskunst.** Sammelbegriff für künstler. Tätigkeitsbereiche wie Kunsthandwerk, Kunstgewerbe, angewandte oder dekorative Kunst, auch Kunstindustrie, industrielle Formgestaltung und Design, die professionell betrieben werden, also nicht der →Volkskunst zuzurechnen sind, wenn die Grenzen im Einzelfall auch oft schwer zu bestimmen sind.

*A.* Von ihren Ursprüngen her ist →Kunst zunächst immer G. im *Dienst von* →Magie und →*Religion* gewesen. Bis in das 15./16. Jh. hinein bleibt die →Kirche die alles überragende Mäzenin, die Kunst in allen Bereichen in Auftrag gibt und deren inhaltl. Aussagen festlegt. Extremes Beispiel einer solchen »kirchl. G.« sind die →Ikonen, die bis in alle Einzelheiten ihrer Ikonographie der kirchl. Kontrolle unterliegen. Die Entstehung einer endgültig *säkularisierten Kunst* im Zeitalter von →Humanismus und →Renaissance wird begleitet von der Entwicklung neuer künstler. Techniken in Graphik und →Buchherstellung, die die massenhafte *Verbreitung* manufakturmäßig hergestellter G. ermöglichen. Die Bedeutung dieser neuen Formen von G. für die rel., polit. und soziale Agitation wird im Zeitalter der →Reformation rasch erkannt (Flugblätter). Bei einer zunächst grundsätzl. krit. Haltung gegenüber dem →Bild gewinnt M. →Luther diesem unter dem Gesichtspunkt der G. dann doch zunehmend positive Elemente ab. Die reformator. und gegenreformator. *Bildpropaganda* schafft der G. in Schichten Abnehmer, die bis dahin als Kunstkonsumenten nicht in Erscheinung getreten waren. Bis in das 19. Jh. hinein bleibt der Künstler in der Regel jedoch Schöpfer und ausführender Handwerker zugleich.
Erst die Möglichkeiten der industriellen Reproduktionstechniken lösen diese Verbindung allmähl. auf. Die *Massenproduktion* von G., die sich dem Geschmack breitester Volksschichten anzupassen versucht, bringt das Problem des →rel. Kitsches hervor, das in der Graphik, der →Kirchenausstattung und der Friedhofskunst bes. virulent wird. Schon im 19. Jh. setzten aber auch intensive Bemühungen um die Einhaltung best. Qualitätsstandards im Hinblick auf die industriellen Fertigungsmöglichkeiten von G. ein (K. F. Schinkels Bemühungen um »Veredelung des Geschmackes«). Die Wiederaufnahme hist. Stile (→Klassizismus, Neoromanik und -gotik) ist auch unter diesem Gesichtspunkt zu sehen.

*B.* Im Zusammenhang mit den →Liturg. Bewegungen des 20. Jh.s erfuhr auch die kirchl. G. eine tiefgreifende *Erneuerung.* Die heute gültigen Standards hinsichtl. der Materialien, der kunsthandwerkl. Ausführung und vor allem der theol. Durchdringung der kirchl. G. stammen zu einem erhebl. Teil, auch wenn das oft nicht mehr bewußt ist, aus dem Bemühen um eine Erneuerung des →Gottesdienstes. Die künstler. Erneuerungsbewegungen im profanen Bereich, wie sie z.B. im Bauhaus in Weimar/Dessau 1919 Gestalt gewannen, verbanden sich in oft spannungsvoller Weise mit parallelen innerkirchl. Bestrebungen.
Trotz aller Reformen und in Vorschriften zusammengefaßten Qualitätsstandards ist der Anteil einer unkontrollierten rel. G. immer noch sehr bedeutend (z.B. Votiv- und →Wallfahrtsbilder, Krippenkunst). Das macht darauf aufmerksam, in welchem Maße die *Popularisierung* einer qualitätvollen G. gerade auch in der →Gemeinde und im kirchl. Raum *als Daueraufgabe* zu begreifen ist. Geht es hierbei doch zuerst gar nicht so sehr um die Durchsetzung künstler. Qualitäten, sondern vielmehr um innere Einstellungen, die sich auch im Verhältnis zu den unterschiedl. Möglichkeiten von G. ausdrücken.

*Lit.:* Laufende Berichterstattung zur kirchl. G. in: Kunst und Kirche. Ökumen. Zeitschrift für Architektur und Kunst, Darmstadt.

*Peter Maser*

**Geburtenregelung.** Unter G. wird *Empfängnisverhütung* einerseits, *Familienplanung* andererseits verstanden. Es geht um verantwortl. Elternschaft, die das Ja zum →Kind ebenso einschließt wie den bewußten Entschluß, auf (weitere) Kinder zu verzichten. Dabei handelt es sich nicht nur um die private Entscheidung eines Paares in gegenseitiger →Verantwortung und vor →Gott, sondern diese →Entscheidung hat *polit.* Bedeutung: Zu bedenken ist ebenfalls das starke Anwachsen der Weltbevölkerung bei gleichzeitiger Ressourcenverknappung. Hier nur von der abnehmenden Geburtenzahl in der Bundesrepublik Deutschland auszugehen hieße, einseitigem Wohlstandsdenken und wohl auch Rassismus zuzuneigen und die Gesamtheit der »einen Welt« (→ökumen. Bewegung) aus den Augen zu verlieren.

*A.* Das *bibl.* Gebot der Fruchtbarkeit (Gen 1,28) hatte seinen Sinn in einer agrar. →Gesellschaft. Im →NT wurden zu Zeiten der Naherwartung die Anforderungen an die →Familie relativiert. In der →*kath. Kirche* sind derzeit zwei Anschauungen vorherrschend: 1. In der päpstl. Enzyklika »Humanae Vitae« von 1968 wird ausdrückl. nur eine »natürl.« Empfängnisverhütung gestattet (Enthaltsamkeit, Beachtung empfängnisfreier Tage). 2. Ausgehend von den Überlegungen des 2. →Vat. Konzils, wird verantwortete Elternschaft der Methodenfrage vorangestellt, d.h., die Partner sind ihrem →Gewissen verantwortl. In der →*ev. Kirche* wird eine unterschiedl. Wertung natürl. und künstl. Methoden abgelehnt. G. muß, nach sachverständiger Beratung, partnerschaftl. verantwortet werden.

*B.* Als *Methoden* der Empfängnisverhütung werden genannt: die Zeitwahlmethoden (nach Knaus-Ogino, Temperaturmessung, Billingsmethode), die in hohem Maße unsicher sind; 2. mechan. Methoden (Kondom, Scheidenpessar), 3. medikamentöse Methoden (Pille, Minipille, Dreimonatsspritze). 4. Nidationshemmende Methoden (Spirale, Pille danach) sind in der eth. Bewertung umstritten, weil sie nicht die Befruchtung, sondern die Einnistung des Eis verhindern. Es entsteht die Frage nach dem Beginn →personaler Existenz, von der jedoch nicht vor der sog. axialen Differenzierung (ca. 14

Tage nach der Empfängnis) zu sprechen ist. 5. Die Sterilisation des →Mannes oder der →Frau bedarf, weil sie in der Regel nicht rückgängig gemacht werden kann, der eingehenden Überlegung und Zustimmung beider Partner. Bei erfülltem Kinderwunsch kann sie nach Güterabwägung in die Überlegungen mit einbezogen werden. →Schwangerschaftsabbruch ist keine Methode der G.

*C.* Auch andere Religionen setzen sich mit dem Problem der Empfängnisverhütung auseinander. So wird sie im →*Islam* heute vor allem unter bevölkerungspolit. Gesichtspunkt erörtert. Zum Schutze der Gesundheit der Frau und um wirtschaftl. Not vorzubeugen, erlauben verschiedene islam. Länder Empfängnisverhütung. Wird jedoch in einer zahlreichen Nachkommenschaft die einzige Sozialversicherung gesehen, gilt G. eher als unislamisch.

*D.* Das *Problem der G.* ist mit eth. und method. Überlegungen heute nicht vollständig erfaßt. Immer deutlicher werden im Hinblick auf Empfängnisverhütung, aber auch in bezug auf unerfüllte Kinderwünsche, die Mängel in der *Kommunikation* von Partnern. Zwar wird die Verantwortung für die Verhütung wie auch für Kinder zunehmend von Frauen *und* Männern übernommen, doch bleiben Sprach- und Ausdrucksschwierigkeiten im Bereich der →Sexualität trotz techn. Fortschritte bestehen. Der verantwortl. G. muß ein rechtzeitiges Einverständnis der Partner über ihre Einstellung zum Kind bzw. über Empfängnisverhütung und deren Methoden vorausgehen. Zunehmend werden Fragen nach mögl. Elternschaft bei *Unfruchtbarkeit* akut. Außerkörperl. Befruchtung und Fremdschwangerschaft werden von den Kirchen zurückhaltend beurteilt, da die Entstehung menschl. Lebens an die leib-seel. →Ganzheit der Partner gebunden bleiben soll.

*Lit.: F. Böckle:* Med.-eth. Aspekte, in: Handbuch der christl. Ethik, Bd. 2, 36-53. – *J. Gründel:* Empfängnisregelung und Bevölkerungspolitik, a.a.O., 148-160. – Informationsschriften der Bundeszentrale für gesundheitl. Aufklärung, Köln. – *M. Tworuschka:* Islam, in: Ethik der Religionen, Bd. 1: Sexualität, München/Göttingen 1984, 128- 35. – Von der Würde werdenden Lebens (Texte der Ev. Kirche in Deutschland 11), Hannover 1965.

*Sieglinde Klemm*

## Geduld und Gelassenheit

### *A. Geduld*

Im →AT meint G. jene Grundhaltung des Volkes →Israel und der einzelnen Gläubigen, die Ausdruck der Vertrauens auf →Gott ist: Ausdauer in der Bedrängnis und »Harren auf Gott« (Jer 14,8; 17,13), der treu zu seinem →Bund steht. Hiob ist Vorbild für menschl. Vertrauen auf Gott in der größten Not (→Hiobbuch). →Paulus ermahnt zur Standhaftigkeit in der Trübsal (Röm 12,1) und im Leiden (2 Thess 1,4). Angesichts der messian. Verheißungen zählt G. zu den Grundhaltungen des Christen. Da die bald erwartete Wiederkunft des Herrn ausbleibt, rückt diese →Tugend in den Spätschriften des →NT in den Vordergrund (1 Tim 6,11; 2 Tim 3,10; Tit 2,2; Offb 2,2f.). Tertullian, Cyprian und →Augustinus handeln in eigenen Schriften über die G. (patientia). Gregor d.Gr. sieht in der G. Christi ein Vorbild für alle, die die →Nachfolge des Herrn antreten und damit Gottes G. nachahmen. Er grenzt diese christl. G. als Gnadengeschenk scharf ab von der G. der Heiden. →Thomas von Aquin ordnet die G. als Teilpunkt der →Tapferkeit zu; G. macht diese mögl., beseitigt Traurigkeit und Resignation, öffnet den Menschen für das →Gute. Rechte G. bezieht sich nicht auf zeitl., sondern auf die ewigen Güter und setzt Gottes Gnade voraus. So erweist sie den Sieg des Glaubens über den Unglauben. Für M. →Luther bedeutet G. und Gelassenheit, an Gottes Liebe zu glauben trotz der Erfahrung dieser Welt und der →Sünde. Die vom →Marxismus beeinflußten Philosophien stehen der G. negativ gegenüber. Sie sehen darin eine passive Dulderhaltung, die dem Weltauftrag des Menschen zuwiderfährt.

### *B.* Gelassenheit

Vom Standpunkt des christl. Glaubens aus läßt sich Gel. verstehen als die rechte Haltung gegenüber den zeitl. Gütern angesichts der Vergänglichkeit, als eine Einübung auf das letzte Lassenkönnen dieser Welt im →Tode. Eine solche Gel. darf nicht von Weltflucht, Gefühlskälte oder Interesselosigkeit begleitet sein, hat auch nichts gemein mit der Unerschütterlichkeit des Stoikers (→Stoa). Vielmehr geht es darum, das Vergängliche nicht zum Unvergänglichen zu machen und sich dieser Welt nicht auszuliefern. Gel. heißt, sich nicht ängstl. zu sorgen; sie bewahrt vor Illusionismus, behält den Wirklichkeitsbezug bei. So kann sie den Menschen für das →Geheimnis der →Transzendenz öffnen. Da das Vergängliche als solches erfaßt wird, richtet sich die Hoffnung auf das Bleibende und Unvergängliche, letztl. auf →Gott. So befreit sie den Menschen von den Mächten dieser Welt; sie ist tapfere Zuversicht.

*Lit.: O. F. Bollnow:* Die Tugend der G., in: Die Sammlung 7 (1952), 296-304. – *M. Heidegger:* Gel., Pfullingen 1959. – *D. Lang-Hinrichsen:* Die Lehre von der G. in der Patristik und bei Thomas von Aquin, in: Geist und Leben 24 (1951), 209-222; 284-299. – *J. B. Lotz:* Von der G., in: Geist und Leben 39 (1958), 161-165. – *K. Rahner/B. Welte (Hg.):* Mut zur Tugend. Von der Fähigkeit, menschl. zu leben, Freiburg 1979. – *M. Skibbe:* Die eth. Forderung der Patientia in der patrist. Literatur von Tertullian bis Pelagius, Diss., Münster 1965. – *K. Wennemer:* Die G. in ntl. Sicht, in: Geist und Leben 36 (1963), 36-41.

*Johannes Gründel*

**Gefangene** zu *besuchen* (Mt 25,36), mehr noch: sie zu *befreien* (Lk 4,18) gehört zu den Grundmotiven christusgemäßer Praxis. Dies gilt nicht nur, weil unter den G.n →Heilige sind, sondern betrifft auch die nach geltendem Recht wegen ihrer Schuld Inhaftierten. Das Handeln der →Kirche hat sich seit jeher mehr an Mt (»besuchen«) als an Lk. (»befreien«) gehalten. Die *Anzahl* der G.n in der Bundesrepublik Deutschland steigt seit 1979 ständig. Am 1.1.1986 waren 50.225 Menschen – darunter 9,75% Ausländer, 3,7% →Frauen, 11% →Jugendl. – in 169 bundesdt. Justizvollzugsanstalten inhaftiert (Zahlen vgl. Statist. Bundesamt 1986).

*A.* Neuere *Kriminologie* sucht die *Ursachen* der Straffälligkeit nicht mehr nur im selbst zu verantwortenden Handeln der Bestraften, sondern in Strukturen der →Gesellschaft. In ihr besteht eine Kluft zwischen allg. anerkannten kulturellen Werten und Zielen (→Leistung, Erfolg, Wohlstand) und dem Zugang zu legalen Mitteln, diese Ziele zu erreichen. Solche Diskrepanz zwingt die Benachteiligten u.a. in die →Kriminalität (Mertons Anomietheorie). Noch weiter geht die Zuschreibungstheorie (labeling approach): Nicht die G.n sind kriminell, sondern die Gesellschaft, die durch ihre legislativen und exekutiven Instanzen (→Parlament, →Polizei, Justiz) ausgewählte gesellschaftl. Gruppen kriminalisiert (d.h. zu Straffälligen macht). Wenn die Kirchen in ihrer →*Seelsorge* diese Erkenntnisse ernst nehmen, werden sie G. nicht zur Konformität erziehen wollen, sondern versuchen, sie einem weiteren Kriminalisierungsprozeß zu entziehen. Sie vertreten dann G.n *und* der sie verurteilenden Gesellschaft gegenüber menschheitl. Werte, die dem Geist der →Bergpredigt Jesu entsprechen (Mt 5,38-45). Dabei verliert das Schuld- Straf-Recht seine theol. →Legitimation (→Sünde und Schuld). Für G. und Nichtg. wird eine integrative →Sozialisation erstrebt, in der die Annahme des Schattens (Vergebung der →Sünden) für alle mögl. wird. Dazu muß Seelsorge an G.n vielseitig konfliktfähig sein (→Konflikt).

*B.* G.nseelsorge ist *Aufgabe der* ganzen christl. →*Gemeinde.* G.nseelsorge wird wahrgenommen in →Gottesdiensten, Einzel- und Gruppengesprächen, Freizeiten, Familienhilfen und Öffentlichkeitsarbeit inner- und außerhalb des Gefängnisses. Zur Verbesserung ihrer Arbeit haben sich die speziell bestellten kath. und ev. G.nseelsorger in je eigenen Regional- und Bundeskonferenzen zusammengeschlossen.

*Lit.: P. Brandt:* Die ev. Strafgefangenenseelsorge, Göttingen 1985 (Lit.). – *U. Kleinert (Hg.):* Strafvollzug, München/Mainz 1972 (Lit.). – *Ders.:* Seelsorger oder Bewacher, Reinbek 1977.

*Ulfrid Kleinert*

WBC

## Gefühl

*A.* Die *Grundbegriffe* zur Bezeichnung seel. Vorgänge (→Bedürfnis und →Erleben bzw. Erleben und Verhalten) stehen nicht so sehr für verschiedene Teilbereiche als vielmehr für verschiedene Betrachtungsweisen des psych. Geschehens; G. bezeichnet einen subjektiven Bewußtseinszustand, der, durch äußere oder innere Reize ausgelöst, ggf. an Gesten, Worten oder an physiolog. Veränderungen (z.B. Erröten) erkennbar wird. Bedürfnis bezeichnet demgegenüber einen biophysiolog. oder ähnl. vorgestellten psycholog. Zustand, der Verhalten auslöst oder Verhaltensbereitschaften herstellt, während Erlebnis den Vorgang der inneren Aufnahme innerer und äußerer Reize meint. An der Veränderung des wissenschaftl. Sprachgebrauchs von Erlebnis zu Verhalten und Erleben zeigt sich eine Entwicklung, die dem Gefühlsbegriff ähnl. widerfahren ist: Was ursprüngl. ein zentrales Erkenntnisvermögen bezeichnete, wurde zusehends relativiert, bis hin zu einer nicht mehr definierbaren, vielmehr nur noch in Äußerungen zu erfassenden Erlebens- und Verhaltenskategorie, »den Gefühlen«.

*B.* Die wachsende Bedeutung des Gefühlsbegriffs im *neuzeitl. Denken* seit dem 18. Jh. erklärt sich daraus, daß der einzelne in seinem →Selbstbewußtsein und seiner Zuwendung zur Welt verselbständigt wurde. Das →Individuum erfährt sich im Denken und Fühlen. Auf J. N. Tetens (1776) wird die in der philos. Psychologie des 19. Jh.s verbreitete Unterscheidung von drei Seelenvermögen als den Grundlagen aller Erkenntnistätigkeit zurückgeführt: G., vorstellende Kraft und Denkkraft. *I.* →*Kant* differenziert zwischen der Erkenntnis als dem Vermögen, das Wahre vorzustellen, und dem G. als dem Vermögen, das Gute zu empfinden (1763), analysiert aber auch verschiedene Arten des G.s, z.B. das G. des Erhabenen und Schönen, das G. des Mitleids, das G. der Ehre und dessen Folge, die Scham. Ehe die moderne Psychologie diese Linie einer analysierenden und klassifizierenden Unterscheidung verschiedener Gefühle weiterführte, wurde das G. als Organ der selbständigen Auseinandersetzung des Individuums mit seiner Umwelt umfassend anerkannt: als Erkenntniskraft des Philosophen (F. H. Jabobi) wie des gestaltenden Genies (J. W. von →Goethe) oder als produktive Kraft des Künstlers (F. →Hölderlin). In diesem prinzipiellen Sinn legte auch *D. F. E.* →*Schleiermacher* den G.sbegriff seiner Religionstheorie zugrunde (Religion als das G. der schlechthinnigen Abhängigkeit). Die geistige Verselbständigung des Individuums, die sich in der Hochschätzung des G.s abbildet, führt jedoch unvermeidl. zur Kritik am G. als der bloß subjektiven Zuwendung zur Welt. *G. W. F.* →*Hegel* stellt das G. dem Denken nicht mehr (im Sinne der →Aufklärung) als Gegensatz gegenüber, sondern begreift es nur noch als die unterste Stufe des Geistes, als unmittelbares Selbstbewußtsein. Die Entwertung der philos. Kategorie endet, nicht beeinflußt von den sozialen Entwicklungen im Zeitalter der Industrialisierung, bei *F. →Nietzsches* Kritik am Mißbrauch der schönen G.e als narkotisierenden Genußmitteln. Der Versuch F. Kruegers (1928), G. als mütterl. Ursprung der übrigen Erlebnisarten und deren ergiebigen Nährboden zu bestimmen, gehört zu denjenigen Rekonstruktionsversuchen, die sich bemühen, das Recht der Individualität gegen den Geist der analyt. →Naturwissenschaften und die techn. Verwertung psycholog. Einsichten zu retten.

*C.* G.e sind als Bewußtseinszustände nur dem Erleben des einzelnen zugänglich; ihre Wirkung wird erschlossen aus mündl. geäußerten, motor. oder physiolog.-biochem. Reaktionen bzw. aus Gesten und Ausdrucksformen. Sie dienen der *empir. →Psychologie* als Erklärungsbegriff für beobachtbares Geschehen, d.h. als »hypothet. Konstrukte«. Die einzelnen G.sbegriffe bieten jeweils eine zusammenfassende Bewertung äußerer und innerer Reize, sie bezeichnen Aktivierungsvorgänge und komplexe organisierte Verhaltensabläufe, die z.T. aus der Stammesentwicklung bestimmt sind, z.T. von sozialen und kulturellen Faktoren hervorgerufen oder verändert werden. W. Wundt klassifizierte die Gefühlsprozesse nach den drei Dimensionen »Lust-Unlust«, »Erregung-Beruhigung« und »Spannung-Lösung«. Experimenteller Untersuchung sind G.e aus verfahrenstechn. sowie aus eth. Gründen kaum zugänglich. Erforscht werden aber dennoch in therapeut. Interesse vor allem →Angst und Furcht und die entspr. neurophysiolog. Prozesse.

*Lit.: O. Ewert:* G.e und Stimmungen, in: Handbuch Psychologie 2 (1965), 229-272. – *U. Franke u.a.:* G., in: Hist. Wörterbuch der Philosophie, Bd. 3, 82-96.

*Reinhard Schmidt-Rost*

## Gegenreformation

*A.* Trotz einer gewissen Einseitigkeit ist der *Begriff* der G. zur Bezeichnung der Periode 1555-1648 für Deutschland begrenzt brauchbar; anderswo gelten andere Epochengrenzen. Der Jurist J. S. Pütter hatte im 18. Jh. obrigkeitl. Rekatholisierungsmaßnahmen so bezeichnet, L. von Ranke diese zum Kennzeichen des Zeitalters gemacht; wie Pütter verwendete er den Plural G.en, erst M. Ritter ging zum Singular über. G. Droysen machte im →Kulturkampf eine antikath. Waffe daraus, obwohl W. Maurenbrecher erkannt hatte, daß dieser polit. Begriff der inneren Erneuerung der alten Kirche nicht gerecht wird. H. Jedin führte daher den Begriff *Kath. Reform und G.* ein. Zusätzl. hat E. W. Zeeden auf die Parallelität der Vorgänge bei allen Konfessionen hingewiesen. Das dialekt. Schema: Reformation (These) – G. (Antithese) – neutraler Staat (Synthese) scheint sich von selbst zu verstehen, ist aber falsch. Es liegt deshalb nahe, für diese Epoche erneut die Bezeichnung *Konfessionelles Zeitalter* einzuführen und die Kath. Reform und G. als Teil eines generellen *Konfessionalisierungsprozesses* zu betrachten.

*B. Vorreformator. Wurzeln* der kath. Erneuerung liegen in der Reform der span. Kirche im Zeitalter der *Kath. Könige* und in z.T. humanist. inspirierten frommen Gruppen Italiens. Gegen eine apologet. Überbewertung ist aber festzustellen, daß erst die Angst vor der →Reformation solchen Impulsen allmähl. eine breitere Wirkung verschafft hat. Die konsequent altkirchl. Haltung span. Könige und bayer. Herzöge ist dabei bes. wichtig, weil der Klerus sich lange passiv verhalten hat. Papst Paul III. bringt 1535/36 erstmals Reformer ins Kardinalskollegium. Seit 1542 wird die vermittelnde Richtung des sog. *Evangelismus* zugunsten der Orthodoxen ausgemerzt. Entscheidend werden das *→Konzil von Trient* (1545-1563) und die Übernahme seiner Beschlüsse durch das →Papsttum, bes. durch Pius V., Gregor XIII., Sixtus V. (1566-1590). Trotz neugegründeter Orden (*→Jesuiten* 1534- 1540) machte die Reform nur langsam Fortschritte; im Reich, in den Niederlanden, in Frankreich und Osteuropa, wo sich rel. Momente mit Verfassungsproblemen und dem Kampf gegen die span. Machtpolitik verbinden, führen Konflikte zu Verzögerungen bei ihrer Durchsetzung. Unterdessen geht der Reformimpuls in Rom verloren, während er z.B. in Frankreich erst Ende des 17. Jh.s den Höhepunkt erreicht; das →Barockzeitalter gehört nicht nur hier zur G.

*C.* Es ist das *Ziel* der G., eine kirchl. Gruppendisziplin herzustellen, damit auch die alte Kirche →Konfession werden kann. Das *Verfahren*, um dieses Ziel zu erreichen, ist die kirchl. *Kontrolle* des Denkens, der Kommunikation, des Lernens, des Betens, der Lebensführung. Kontrollierbar wird dies alles, sobald klare Glaubensformeln und Verhaltensvorschriften als Maßstab vorhanden sind. Ein Aufschwung, aber auch eine *Verengung der →Theologie* gehört zur planmäßigen Propaganda für neue →Normen; Zensur und Index sind die Negativseite. Gymnasial- und Hochschulbildung werden ausgebaut und modernisiert, aber streng auf die Ausbildung von Multiplikatoren ausgerichtet. Der →Humanismus verkommt zum Instrument der Indoktrination. Spezif. kath. Kultformen (→Sakraments- und →Heiligenkult) werden gezielt entwickelt, bildende Kunst, Literatur (Jesuitendrama und -poesie) und Musik dafür in Dienst genommen. Visitationen und Polizeimaßnahmen sollen den Alltag disziplinieren. Die Auffassung, daß gegenreformator. Rigorismus in einer Art Selbstamputation zum wirtschaftl. und kulturellen Niedergang Südeuropas geführt habe, ist heute allerdings überholt.
Die *Werkzeuge* zur Durchsetzung der G. sind zunächst die zu diesem Zweck gegründeten *Orden*, insbes. die Jesuiten; trotz Nuntien, →Synoden, Visitationen und dgl. holt der Weltklerus aber nur langsam auf. Am wichtigsten ist jedoch die Mitwirkung der absolutist. *Fürsten* (→Absolutismus), die

durch die G. die Möglichkeit bekommen, ihre Untertanen ideolog. gleichzuschalten und zu disziplinieren, und sich darüber hinaus die Kontrolle über kirchl. Macht- und Geldmittel aneignen können. Deshalb ist das *Ergebnis* der G. eine langsame Verkirchlichung der Massen, die bisweilen auf Staatsfrömmigkeit hinausläuft, auf eine von Kirche und Staat gemeinsam bewirkte *soziale Disziplinierung*, die eine wichtige Voraussetzung der Industriegesellschaft darstellt.

*Lit.: J. Delumeau:* Le catholicisme entre Luther et Voltaire, Paris 1971 (Lit.). – *H. Jedin:* Kath. Reformation oder G.?, Luzern 1946. – *Ders.:* Kath. Reform und G., in: *ders. (Hg.):* Handbuch der Kirchengeschichte, Bd. IV, Freiburg 1967, 447-687. – *W. Reinhard:* G. als Modernisierung?, in: Archiv für Reformationsgeschichte 68 (1977), 226-251. – *Ders.:* Zwang zur Konfessionalisierung?, in: Zeitschrift für hist. Forschung 10 (1983), 257-277. – *M. Ritter:* Dt. Geschichte im Zeitalter der G. und des Dreißigjährigen Krieges, Bd. I-III, Stuttgart 1889-1908 (Nachdruck Darmstadt 1962). – *K. D. Schmidt:* Die kath. Reform und die G., in: *B. Moeller (Hg.):* Die Kirche in ihrer Geschichte, Bd. III, Göttingen 1975. – *E. W. Zeeden (Hg.):* G. (Wege der Forschung 311), Darmstadt 1973.

*Wolfgang Reinhard*

**Geheimbünde.** Sammelbezeichnung für Vereinigungen, die zwar nach Entstehung, Ausrichtung und Organisationsform voneinander zu unterscheiden sind, sich aber darin gleichen, daß best., jeweils für sie *charakterist.* »Geheimnisse« keinem Außenstehenden bekanntgemacht werden dürfen. Die Geheimhaltung kann sich dabei auf alle sie betreffenden Elemente erstrecken, wie Namen und Zahlen der Mitglieder, →Ziele, Aktivitäten, Versammlungsorte, →Rituale, Dokumente usw. oder auch nur auf einige der genannten Aspekte. Da die G. nicht auf best. Zeitepochen, Länder oder Kulturkreise beschränkt waren oder sind, können sie wohl als der allg. Menschheits- und Kulturgeschichte zugehörige soziol.-rel. Phänomene bezeichnet werden.

*A.* Die einzelnen G. bilden, gemäß ihrer Ausrichtung bzw. Zielsetzung, *unterschiedl. Kategorien*, wobei es auch Mischformen geben kann. G. mit rel.-mag. Absicht, hier verstanden als die Überlieferung geheimer rel.-mag. Erfahrungen, Erkenntnisse und Verheißungen, finden sich heute etwa unter den *afro-bras. Kulten* (Macumba, Candomblé), auf Haiti (Voodoo) sowie unter Naturvölkern in →Afrika und der Südsee. Auch moderne Satanskulte wären hier zu nennen. Im Altertum standen solche G. in enger Verbindung bes. zu den Mysterienreligionen des östl. Mittelmeerraumes.
Eine andere Kategorie bilden polit.-weltanschaul.-*revolutionär* ausgerichtete G., die von der Gegnerschaft zu gerade herrschenden sozial-polit. Verhältnissen oder auch zu best. Völkern, Rassen (→Rassenfrage), →Klassen und →Konfessionen geprägt waren bzw. noch sind. Bespiele aus neuerer Zeit (Anfang und Mitte des 19. Jh.s): Die ir. Fenier (antibrit.) und die ital. Carbonari (antifranz.); um die Jh.wende die Boxer in China (antieurop.) oder der auch heute noch aktive Ku-Klux-Klan in den →Vereinigten Staaten (antikath., rassist.).
G. einer dritten Kategorie haben sich von einst gegen Fremdherrschaft und Unterdrückung kämpfenden zu rein *kriminellen* →*Organisationen* gewandelt, wie etwa die Mafia (Sizilien), die Camorra (Neapel) und bes. die Triaden aus →China, einer der zahlenmäßig größten G. der Welt, der heute in Hongkong und den Chinatowns amerik. und europ. Großstädte operiert.
→*Freimaurer* verstehen sich selbst nicht als Geheimbund, sondern als »geschlossene Gesellschaft«, deren eigentl. »Geheimnisse« im individuell-subjektiven Erleben von Ritual und Symbolik liegen.

*B.* G. sind, bis auf wenige Ausnahmen (z.B. griech. Mysterien- oder bras. Kulte), als *Männerbünde* konzipiert, deren Grundstruktur meistens →hierarch. ist: Die einzelnen Mitglieder stehen auf verschiedenen Stufen der Erkenntnis bzw. gehören zu unterschiedl. Graden der *Einweihung.* Theoret. hat aber jeder die Möglichkeit, einmal die höchsten Stufen zu erreichen. An der Spitze fungiert, den Mitgliedern als Person bekannt oder auch nicht, ein »Hoherpriester«, »Großmeister«, »Ipsissimus« o.ä. Die Aufnahmerituale der G. unterscheiden sich entspr. ihrer Zugehörigkeit zu den einzelnen Kategorien. Bei den Naturvölkern handelt es sich dabei meist um Mannbarkeitsriten, verknüpft mit phys. Mutproben, bei westl. G. im wesentl. um die Einweihung in ihre Ziele und Strukturen, verbunden mit der Übergabe geheimer Zeichen, Handgriffe, Paßworte oder Gegenstände. Einen festen Bestandteil der Initiation und damit ein charakterist. Merkmal von G. bildet der vom Neuling abzulegende →Eid, mit dem er absolute Treue schwört und sich unter Androhung harter Strafen (bis hin zum Verlust des →Lebens) verpflichtet, die Geheimnisse zu bewahren.

*Lit.: K. Frick:* Licht und Finsternis. Gnost.-theosoph. und freim.-okk. G., 2 Bde., Graz 1975-1978. – *N. McKenzie (Hg.):* Geheimgesellschaften, Genf 1969. – VMA-Vertriebsgesellschaft: Die großen G., Wiesbaden 1975.

*Rüdiger Hauth*

**Gehorsam**

*A.* Der dt. Begriff G. hebt auf das Hören ab, meint aber nicht bloß Wahr- und Zur-Kenntnis-Nehmen, sondern ein gewissermaßen *existentiell-intensives Hören*, durch das sich ein Mensch vom Gehörten so betreffen läßt, daß er es annimmt und sich zu eigen macht. Dieses Hören bedeutet also ein Sichöffnen und ein Sichbindenlassen.

*I.* G. ist ein *notwendiges Grundverhalten*, für das sich mindestens zwei sachl. zusammengehörige Argumente anführen lassen:
*1.* Jeder Mensch ist *ergänzungsbedürftig*, angewiesen auf neue Erfahrungen, auf Korrekturen seines

bisherigen Wissens, seiner bisherigen Einstellungen, auf neue Herausforderungen seines Handelns. In diesem Sinne sind Menschen darauf angewiesen, aufeinander zu hören und sich »etwas sagen zu lassen«. Dies gilt selbstverständl. nicht nur für Kinder, soweit ihnen noch Erfahrung und eigenes Urteil mangeln, das gilt allg., insofern Menschen immer auf gegenseitige kompetente Erfahrungsvermittlung und Führung angewiesen bleiben. Solcher Austausch ist für die eigenständige Entfaltung des einzelnen lebenslang von entscheidender Bedeutung.

*2.* Menschen sind dort auf eine führende →Autorität angewiesen, wo es um das gemeinsame *Erreichen eines →Ziels* geht. Sehr vieles, dessen wir für das allg. Wohl geistig/geistl., aber auch materiell bedürfen, kann nur im Zusammen-Handeln gelingen. Das Mit- und Füreinander bedarf der Führung: der Inspiration, der →Planung und der →Organisation. Daher ist im Interesse der Gemeinschaft (Staat, Kirche, Familie, Betrieb usw.), d.h. natürl. zugleich im Interesse des Einzelwohls, kooperative Einordnung, also G., nötig.

*II.* Nun ist aber zu unterscheiden zwischen fremdbestimmt-autoritärem und selbstbestimmt-mündigem G.

*1.* Bei *autoritärem G.* fixiert sich ein Mensch starr auf →Normen, Anweisungen und Befehle. Er ist unfähig, zumindest aber unwillig, z.B. zu Mitmenschen, zu Situationen, zur sozialen und sachhaften Wirklichkeit eine genuine Beziehung aufzunehmen. Vielmehr nimmt er Wirklichkeit nur *durch das Raster von Normen und Gesetzen* wahr, wird ihr nicht selbst gerecht; er vollstreckt nur das Gebotene, ohne zu fragen, ob es berechtigt und sachgemäß ist, ob es gut oder schlecht ist. Er kann die Norm oder eine Anordnung nicht in ihrer Sinnhaftigkeit nachvollziehen; sein G. ist dann wesentlich unpersönl. und lenkbar (z.B. polit.), trägt nicht nur nichts zur persönl. Entfaltung bei, sondern hindert sie eher. Auch ist ein solcher G. wenig produktiv, er begnügt sich mit dem Status quo und bewirkt nicht dessen Verbesserung.

*2.* Mündiger G. beruht fundamental auf der *Einsicht,* ergänzungsbedürftig und um des gemeinsamen Wohls willen zur kooperativen Einordnung verpflichtet zu sein. Diese Einsicht setzt aber *Wahrnehmungsfähigkeit und Sensibilität* voraus: erfassen zu können, was ein Mitmensch in seiner Lage braucht, wessen die soziale Wirklichkeit bedarf. Nur insofern Normen und Anordnungen prinzipiell auf die eigene Einsicht bezogen und so nachvollzogen werden können, ist der Autorität zu folgen und ist G. erlaubt. Daher ist es notwendig, Kindern und jungen Menschen wenigstens ansatzweise solche Einsicht und solchen Nachvollzug zu ermöglichen. Andernfalls bleiben sie als Erwachsene autoritätsfixiert und finden nicht zu einem mündigen G. Nur wo eigene Einsicht und Nachvollzug prinzipiell mögl. sind, ist G. selbstbestimmt und daher menschenwürdig. Er ist dann (als →Tugend) Ausdruck und Vollzug der Persönlichkeit, die sich aus freiem Willen ergänzen oder zur Mitarbeit bestimmen läßt.

*III.* Je komplexer und komplizierter aber die *soziale Wirklichkeit* heute wird, desto schwieriger sind oft eigene Einsicht und Nachvollzug.

*1.* Es ist natürl. sinnvoll und erlaubt, G. auch im Vertrauen auf die bessere Kompetenz einer Autorität oder eines anderen Menschen zu leisten. Doch muß dieses →*Vertrauen gerechtfertigt* sein und darf nicht blind oder aus Bequemlichkeit erwiesen werden. Allg. besteht also die Pflicht, Menschen so zu bilden und polit. und sozial so zu unterrichten, daß sie nicht nur nicht zu einem blinden Vertrauen entmündigt, sondern zu weitestgehender Fähigkeit und Möglichkeit eigener Einsicht und eigenen Urteils ermächtigt werden. Sonst kommt es zu einer Experten- und Technokratenherrschaft und zu billiger Lenkbarkeit der »Nichtkompetenten«.

*2.* Von daher ist leicht einzusehen, daß es einen engen Bezug des G.s zum →*Gewissen* gibt. Autoritär und daher menschenwürdig und sittl. schlecht wäre es, vom Gewissen her G. um seiner selbst willen zu fordern. Gewissenspflicht ist G. nur auf Grund der Einsicht eines Menschen, er müsse sich aus vernünftigen Gründen etwas sagen lassen und er sei zu einer verbindl. Mitarbeit um des gemeinsamen Wohls willen verpflichtet. Zugleich ist er aber im Konfliktfall seinem eigenen Gewissen zum G. verpflichtet: Wenn ein Mensch zur Einsicht kommt, eine Anordnung, eine Norm, ein Befehl seien generell oder in einem best. Zusammenhang nicht richtig oder gar unrecht, ist er moral. dazu verpflichtet, den *G. zu verweigern.* Ihm bleiben dann die Möglichkeiten, Einspruch zu erheben oder aber auch zu widerstehen (z.B. in zivilem Ung.).

*B. Im christl. Kontext* ist G. primär auf das Verhältnis zu Gott zu beziehen. Dies wird in nachhaltiger Weise sehr häufig im AT betont. Im NT wird auch das Verhältnis Jesu zum Vater wesentl. als G. beschrieben (vor allem im →Johannesevangelium).

*I.* Es geht daher für den Christen darum, den *Willen Gottes* zu tun. Hier ist ein bedingungslos-existentieller G. deshalb mögl. und sinnvoll, weil in der Glaubensentscheidung dieser Gott als ganz und gar gut, weil er als absoluter *Garant der Gerechtigkeit und Liebe* erkannt wird. Aber auch schon die Tatsache, daß die Glaubensentscheidung nicht blind-autoritätsfixiert erfolgen soll, sondern bewußt und mündig, verweist darauf, daß der G. Gott gegenüber ein selbstbestimmter, ein aus freiem Willen vollzogener ist. Und weiterhin ist die freie Selbstbestimmung des Menschen ja deshalb wichtig, weil er in seiner jeweiligen Wirklichkeit erfassen und bestimmen muß, was der Wille Gottes ist: was hier und jetzt gerecht ist und der Liebe entspricht. Dafür gibt das *Verkünden und Handeln Jesu* freil. entscheidende Hinweise, am intensivsten dadurch, daß die Nächstenliebe der

Gottesliebe gleichgestellt wird: Es geht darum, dem Nächsten in *seiner* Situation gerecht zu werden, sich von ihm bestimmen zu lassen. Wenn sich alle in diesem Sinne einander »g.« sind, wenn sie sich in mündiger Weise nicht autoritär auf Normen fixieren lassen, sondern erfinderisch und sensibel miteinander umgehen, entspricht das der besseren Gerechtigkeit Gottes.

*II. G. in der →Kirche* hat einen eigenen Sinn dadurch, daß alle aufeinander angewiesen sind, wenn es darum geht, sich gegenseitig den →Glauben zu bezeugen und krit. und stimulierend die →Erfahrungen mit dem Handeln aus Glauben mitzuteilen. Gerade hier wird deutl., wie sehr es auf die Kompetenzen (→Charismen) und mündigen *Entscheidungen der einzelnen* Christen ankommt, wenn das gemeinsame Werk immer neuer Intensivierung und prakt. Realisierung des Glaubens gelingen soll. Sich bestimmen zu lassen *und* mitzubestimmen: beides gehört im G., gerade auch in der intensiven Form des Ordensg.s, zusammen. Und hier hat der dialog. Glaubensg. gegenüber der geistl. Autorität seinen sinnvollen Ort. Sie dient ja der kirchl. Einheit, hat die Aufgabe, immer neu an die Sache Jesu zu erinnern, den Glauben ideologiefrei zu erhalten und auf eine ihm entspr. Lebenspraxis zu drängen.

*Lit.: A. K. Ruf:* Konfliktfeld Autorität. Zur Ethik eines dialog. G., München 1974. – *D. Sölle:* Phantasie und G. Überlegungen zu einer künftigen christl. Ethik, Stuttgart/Berlin 1968. – *G. Virt:* G., in: Lexikon der christl. Moral, Innsbruck/Wien/München 1976, 566-574.

*Volker Eid*

## Geist

### A. Systematisch

Der *Begriff* G., einer der zentralen Begriffe der abendländ. →Philosophie und der christl. →Theologie, wird in wenigstens drei verschiedenen *Bedeutungen* gebraucht: 1. Hauch, Atem, Lebensodem (im AT hebr. *ruach;* griech. *pneuma;* lat. *spiritus*), daraus abgeleitet dann als Lebensprinzip; 2. nichtkörperl. Wesen (→Geister und Dämonen); 3. Denkfähigkeit, Intelligenz und auch →Bewußtsein (griech. *logos, nous;* lat. *animus*). Während der →Materialismus die Realität des Geistigen überhaupt leugnet und der →Positivismus die Verwendung des Begriffs G. als empir. nicht begründet ablehnt, behauptet der *Spiritualismus*, daß allein das Geistige wirkl., die Materie aber nur eine Erscheinung desselben sei; bedeutende Vertreter dieser philos. Richtung waren →Leibniz und der dt. →Idealismus.

### B. Historisch

*I.* Im *AT* bedeutet *ruach* ursprüngl. Hauch, Wind und dann Lebensprinzip, eine lebensspendende Kraftwirkung →Gottes. Bedeutsam wird der G. auch in der →Erfahrung des geschichtl. Handelns Gottes, und zwar als charismat. (→Charisma) G., der die →Propheten inspiriert. Daneben kennt das AT auch noch den bösen G., der später zu Satan personifiziert wird (→Teufel). Im *NT* erscheint G., neben der Weiterführung atl. und griech. Elemente, darüber hinaus bes. bei →Paulus als G. Gottes, als Gnadengabe, die dem Menschen zuteil wird. Dies verselbständigt sich dann zur Vorstellung vom →Hl. G. als transzendentem, personenhaftem Geistwesen.

*II.* In der *→griech. Philosophie* wird zuerst bei Anaxagoras (ca. 500-428 v.Chr.) der »nous« als Prinzip der Welt angesehen, der durch Ordnung und Bewegung der Elementarteile den geordneten Kosmos entstehen läßt (→Kosmologie). Bei →Platon ist der G. das oberste Erkenntnisvermögen der →Seele, der die ewigen Urbilder (Ideen) schaut; dabei kann der G. die Dinge nur erkennen, weil er sich an die Ideen wiedererinnert, die er in einem früheren Leben geschaut hat. Demgegenüber betont →Aristoteles die Bedeutung der sinnl. Wahrnehmung für die Erkenntnis des G.es. Da der G. alles, was er erkennt, potentiell selber ist, denkt er durch das Denken von anderem sich selbst und ist so das sich selbst denkende Denken (»noesis noeseos«). Die →Stoa sieht den menschl. G. als Teil eines allesdurchdringenden, allg. Weltgeistes, des göttl. pneuma. Die *→ma. Philosophie* greift im wesentl. auf (neu)platon. und aristotel. Auffassungen zurück, wobei allerdings im Rahmen der christl. Schöpfungstheologie (→Schöpfung) der Unterschied zwischen geschaffenem G. (menschl. G., →Engel) und dem ungeschaffenen göttl. G. eine wichtige Rolle spielt.

*III.* In der *→Neuzeit* wird der G. auf dem Hintergrund einer strikten Trennung von G. und →Materie, →Subjekt und →Objekt und im Gegensatz zur bis dahin vorherrschenden stoffl. Bestimmung vorwiegend als →Bewußtsein, als →Subjektivität verstanden. →Descartes ist dafür ein erster und wirkungsreicher wie typ. Vertreter. Er behauptet einen schroffen Dualismus von G. (»res cogitans«) und Materie (»res extensa«) und versucht, von dem als →Selbstbewußtsein verstandenen G. her sein philos. System aufzubauen. Über →Leibniz und →Kant erreicht die neuzeitl. Geistmetaphysik ihren Höhepunkt im dt. Idealismus und bei →Hegel. Dieser sieht die gesamte Wirklichkeit als Bewegung des G.es, über die Stufen des subjektiven G.es (Seele), objektiven G.es (Recht, Staat, Moral usw.) bis hin zum absoluten G. in den Gestalten von Kunst, Religion und Philosophie. Das Aufkommen des Materialismus und des Positivismus beenden nach Hegel die spekulative Geistmetaphysik. Der Begriff des G.es bleibt dann noch wichtig in der modernen →Anthropologie, so im Rahmen des Leib-Seele-Problems, und in den →Geisteswissenschaften, wo seit →Dilthey etwa das Problem des Verhältnisses von G. und Geschichte diskutiert wird. In der neueren Theologie (bei K. →Rahner) wird G. charakterisiert durch die Offenheit auf das →Sein und so letztl. durch eine Bewegung zu →Gott hin.

*Lit.: L. Oeing-Hanhoff u.a.:* Geist, in: Hist. Wörterbuch der Philosophie, Bd. 3, 154-204. – *K. Rahner:* Geist in Welt, München, 3. Aufl. 1964.

*Thomas Dewender*

**Geister und Dämonen**

*A. Systematisch*

*I.* G. und D. sind begriffl. nicht klar zu trennen. Beide werden in einem *Zwischenbereich* zwischen Göttern und Menschen angesiedelt (→Mythos) und besitzen keine Individualität. Im allg. sind die G. mehr naturverbunden (Erd-, Wasser-, Baumg., Feen) oder halten sich als Spuk- und Ahneng. an unheiml. Orten auf, von wo aus sie mit den Lebenden in Kontakt treten können (→Parapsychologie; →Spiritismus), während die D. mehr rel. Bedeutung haben. Beiden gemeinsam ist ihre ursprüngl. Ambivalenz. Sie können dem Menschen *nützen oder schaden*, Schutz- oder Quälg. sein. Allerdings setzte sich, nicht zuletzt unter dem Einfluß des gnost. →Dualismus (→Gnosis), die negative Komponente durch. Das Unberechenbare, Verhängnisvolle schob man gern einem Dämon zu, der damit zu einer unpersönl. Schicksalsmacht (fatum, →Schicksal) wurde. Dahinter stehen, psycholog. gesehen, unbestimmte Ängste vor dem Irrationalen im menschl. Leben wie Unglück, →Krankheit, →Tod, Katastrophen (→Angst und Furcht).

*II.* Trotz des offiziellen Bekenntnisses zur Einzigkeit Jahwes (Dtn 6,4; →Gott) glaubten die *Israeliten* an eine Vielzahl dämon. Mächte, vor allem an Krankheits- und Schadensd., degradierte heidn. Götter, Feld- und Wüstend. Manche D. stammten noch aus vorjahwist. Zeit (»der Verderber«, Ex 12,21-23; Asasel, Lev 16,1-10), andere kamen aus der kanaanä. und babylon. Umwelt hinzu (z.B. Lev 17,7; 19,9; Jes 13,21). Vom Ringen um die monotheist. Idee (→Monotheismus) zeugt der Versuch, D. durch *Jahwe* selbst zu ersetzen (z.B. Gen 32,25-32; Ex 4,24-26) oder Vorstellungen von D. in den Jahweglauben zu integrieren (z.B. Lev 14,2-9). In →*Qumran* wurden die D., dem dualist. Weltbild entsprechend, mit dem Geist Belials identifiziert. Damit wurden sie zugleich zu moral. Verführern und übernahmen eine Entlastungsfunktion für die Gottheit. Im späteren →*Judentum* erlangte der D.glaube eine noch größere Bedeutung, z.B. in den Henochbüchern, wo der Fall der →Engel als Ursprung der D. gilt. Im →*NT* bilden die Schadensd. und Satan *ein* Reich (Mk 3,22-30 par.; Lk 10,17-20). Allerdings übernimmt nun der →Teufel mehr und mehr die Rolle des Verführers, während die D. als »unreine G.« dem Menschen durch Krankheiten schaden oder als kosm. »Mächte« (1 Kor 15,24; Kol 2,15; Eph 2,2; 6,10-17) den Glauben an →Jesus Christus gefährden. *Jesus* selbst trieb D. aus, d.h., er heilte Kranke und Besessene (Mk 1,34; 5,1-20 par.; 7,26.29 u.ö.). Darin offenbarte sich nach seinem eigenen Verständnis das befreiende Heilswirken Gottes (Lk 11,20). In Jesu Namen wirkten auch seine Jünger exorzistisch.

*III.* Die *christl.* →*Kirche* setzte die D. immer voraus. War bei den Vätern die Dämonologie Teil der Heilslehre (Wovon werden wir erlöst?), so verlagerte sich das Interesse später auf die Bekämpfung von Teufel und D. Die kath. Dogmatik stützt ihre D.lehre auf die Legende von den gefallenen →Engeln (2 Petr 2,4; Jud 6; Joh 8,44). Das 4. Laterankonzil (1215) stellte fest, der Teufel und die anderen D. seien ihrer Natur nach gut geschaffen, aber durch sich selbst böse geworden. Sie tun alles, um sich den Menschen zu unterwerfen. Die schlimmste Form, den Menschen zu beherrschen, ist die Besessenheit, die durch →Exorzismus zu beseitigen ist. Für die moderne ev. Theologie (z.B. D. Sölle) haben die D. nur noch die Funktion, auf die übermenschl. Dimension des →Bösen hinzuweisen. Aber auch die kath. Kirche ist in der Beurteilung des Dämonischen zurückhaltender geworden.

*Lit.: O. Böcher:* D.furcht und D.abwehr (Beiträge zur Wissenschaft vom A und NT 90), Stuttgart 1970. – *A. Cole u.a.:* G. (D.), in: Reallexikon für Antike und Christentum 9, 546-688. – *H. Haag:* Teufelsglaube, Tübingen, 2. Aufl. 1980. – *W. Kasper/K. Lehmann (Hg.):* Teufel – D. – Besessenheit, Mainz 1978. – *K. Thraede:* Exorzismus, in: Reallexikon für Antike und Christentum 7, 44-117. – *P. Volz:* Das Dämonische in Jahwe, Tübingen 1924.

*Katharina Elliger*

*B. Religionsgeschichtlich*

Religionsphänomenolog. betrachtet bilden G. zwischen den jeweils lebenden Menschen und den Göttern eine Sphäre, in der sie eine begrenzte Macht besitzen, die sie für die Menschen auf förderl. oder nachteilige Weise einsetzen können. Seit jeher ist z.B. die Rede von Erd-, Wasser- und bes. Ahneng.n als Wesen, die gepflegt werden sollen, damit sie ihr Wohlwollen nicht von dem Menschen zurückziehen. G.glaube, der in der Geschichte aller Religionen vorkommt, ist eine bes. Erlebnisform des →Heiligen, das als vielgestaltig und schimmerhaft personal gedacht wird. Bes. die ambivalenten oder gar bösen G. werden oft mit D. gleichgesetzt. Religionsgeschichtl. stammt der Begriff *Dämon* aus der griech. →Religion (von *daimon,* göttl. Macht, →Gott, Halbgott). Sokrates sprach vom Dämon als von einem jedem Menschen zugeordneten Schutzwesen; Heraklit bezeichnete den Charakter des Menschen als Dämon (→Hellenismus; →griech.-röm. Philosophie). Unter dem Einfluß des gnost. →Dualismus und der jüd.-christl. Ablehnung des Götterkultes wurden D. zu negativen Wesen, zwar immer noch übermenschl., aber keineswegs mehr verehrungswürdig. Dies ist ein religionsgeschichtl. Beispiel der Degradierung von Göttern zu D., wenn eine neue Religion eine bereits vorhandene besiegt. Im →AT werden D. zu Repräsentanten einer bedrohl. Welt (Ps 91,6; Jes 13,21). Darin ähneln sie den *Asuras* im →Hinduismus und den *Djinn* im →Islam; oft aber können ihre dämon. Kräfte dem Gott oder dem →Heil unterworfen und zum Positiven gewendet werden. Das →NT betrachtet D. als Urheber von Krankheiten und Besessenheit (unreine G.), als unreflektiert vorgestellte und nicht ontolog. aufgefaßte Widersacher des Gottesreiches in →Jesus, als Satansengel, die in dieser Welt ihr bereits dem endgültigen Gericht verfallenes Unwesen treiben. Die traditionelle kath. →Dogmatik und die →altprot. Orthodoxie betrachten D. in Anlehnung an Gen 6,1-4 als von Gott abgefallene →Engel. Die →Aufklärung protestierte gegen den G.- und D.glauben (Hexenprozesse) als Aberglauben und machte damit trotz ihres →Rationalismus den Weg frei, sie nach bibl. Verständnis weniger als kosmo-ontolog. Wesen, sondern mehr als literar. Ausdruck der menschl. Auflehnung gegen das auf die Endzeit gerichtete Heilshandeln Gottes zu sehen. Nach den erschütternden Erfahrungen des 20. Jh.s sollte das Dämonische aber nicht »nur« symbolisch verstanden werden; es kann vielmehr zu einem realist. Menschenbild und Weltverständnis beitragen, indem es darauf hinweist, daß der über sich und seine Welt vollends aufgeklärte Mensch dazu neigt, sich zum Maß aller Dinge zu machen, und von der Dämonie besessen ist, die Welt zu beherrschen.

*Lit.: E. von Petersdorf:* Dämonologie, 2 Bde., Stein am Rhein, 2. Aufl. 1982.

*Alphons van Dijk*

## Geisteswissenschaften

A. Obwohl der *Begriff* vereinzelt schon seit dem späten 18. Jh. nachweisbar ist und man, wie I. Berlin, eine Vorform der G. schon in G. B. Vicos (1668-1744) Theorie sehen kann, daß der Mensch in der Geschichte einer von ihm selbst geschaffenen Welt begegne, haben die G. erst mit W. →Diltheys »Einleitung in die G.« (1883) und seinen übrigen Entwürfen zu diesem Thema ihre früheste systemat. Grundlegung erhalten. Der Streit um die eigenständige Existenz der G. und ihren Wissenschaftscharakter dauert jedoch bis heute an. Von vielen, z.B. vom →Positivismus, werden Selbständigkeit und Begriff der G. abgelehnt. Die *Unsicherheit* in der Theorie der G. zeigt sich auch in ihrer Bezeichnung: Im Dt. spricht man auch von »Kulturwissenschaften«, im Engl. nennt man sie »human studies« oder »human sciences«, im Franz. »sciences humaines«. In sozialist. Ländern werden die Disziplinen der G. meist unter dem Begriff »Sozial-« oder »Gesellschaftswissenschaften« zusammengefaßt. Auch für Dilthey selbst war der Begriff G. nur ein Hilfsterminus; er nannte sie auch die »moralisch-polit.« oder Wissenschaften der »geschichtl.-gesellschaftl. Wirklichkeit«. Es ist unbestritten, daß die G. nicht wie die →Naturwissenschaften ein systemat. Ganzes bilden. So kann etwa die →Psychologie eine geisteswissenschaftl. oder naturwissenschaftl. Grundlegung erfahren, je nachdem, ob sie sich (wie bei Dilthey und seinen Nachfolgern) im Ausgang vom ganzen Menschen und seinen Lebensverhältnissen versteht oder eher experimentell quantifizierend vorgeht. Auch →Ökonomie und →Soziologie richten sich oft eher am Methodenideal der Naturwissenschaften aus.

*B.* Die G. sollen sich also von den exakten →*Naturwissenschaften* unterscheiden und sind entstanden in Reaktion auf deren erfolgreichen Aufstieg im 19. Jh. sowie ihre damit notwendig gewordene Ausgliederung aus dem ursprüngl. System der Philosophie. Trotzdem besteht zwischen Natur- und G. keine strikte Grenze. Da allem Geschichtlichen die Natur zugrunde liegt, bilden die Naturwissenschaften das Fundament der G. In diesen gibt es deshalb einen gewichtigen Teilbereich, in dem method. exakt und nach objektiven Kriterien verfahren wird (in der Geschichte z.B. die sichere Feststellung von Daten, in der Philologie die krit. Textedition, in der Theologie hist.-krit. Methoden). Die G. gehen aber darüber hinaus und erforschen die geistigen Tatsachen (z.B. das Wollen der geschichtl. Handelnden, den Sinn eines Textes, die Bedeutung beider im Zusammenhang hist. Entwicklungen) und die in der Geschichte Gestalt gewinnenden »Objektivationen« des Geistes, wie etwa →Gesellschaft, →Staat, →Recht, →Religion, →Kunst. Diese können nicht wie die Tatsachen der mechan. Naturordnung im Experiment isoliert und erklärt und auf jene reduziert werden, sondern müssen von innen heraus, in *ihrem Sinn und ihrer Intention* verstanden und – da es sich um fremde, hist. fernliegende Gebilde handelt – verständl. gemacht werden. Aber zugleich sind sie dem Interpreten auch nah und müssen ihm zugängl. sein; denn in den G. erfährt und versteht sich der Mensch selbst, weil er in die *geschichtl. Vorgänge* ein Streben verlegt, das seinem eigenen Leben (Denken, Fühlen und Wollen) analog ist. Die G. stehen deshalb der Fülle und Konkretheit des Lebens näher als die hiervon abstrahierenden Naturwissenschaften. Die Natur begreift der Mensch als von sich unabhängig. Sie muß ihm fremd bleiben. Der Unterschied zwischen Natur- und G. ist demnach nur z.T. einer der Methoden (so im →Neukantianismus W. Windelband und H. Rickert) und wesentl. nicht der zwischen natürl. und geistigen Objekten, denn der Mensch ist eine Einheit von beiden. Sie unterscheiden sich nach den verschiedenen *Inhalten* dieser Objekte: geistiger, die sich durch die innere →Erfahrung konstituieren, und physischer, die durch äußere, sinnl. Erfahrung wahrgenommen werden.

*C.* Zwar liegt nach Ausweis der Wissenschaftsgeschichte den Naturwissenschaften ebenfalls ein bestimmtes, hist.-gesellschaftl. bedingtes Weltverständnis zugrunde, doch bleibt der fundamentale Unterschied zwischen Natur- und G. bestehen: Die Vorgänge der Natur sind dem Forscher äußerl.

oder werden als solche angesehen. In den geistigen Tatsachen dagegen *erkennt der Mensch sich* wieder, nähern sich Subjekt und Objekt der Forschung einander an, ohne aber ident. zu werden. Hierin ist auch die Funktion der G. in der modernen Welt zu sehen: Je abstrakter und geschichtsloser die moderne Welt ist, um so mehr bedarf sie der Ergänzung der G., in denen der Mensch nicht auf Naturgesetzlichkeiten reduziert wird, sondern seine gesamte hist. und lebensweltl. Praxis zur Sprache kommt. Auch die Theologie ist in diesem Sinn den G. zuzuordnen.

*Lit.: I. Berlin:* Die Trennung der Natur- und G., in: *ders.:* Wider das Geläufige, Frankfurt/M. 1981, 158-195. – *O. F. Bollnow:* Studien zur Hermeneutik I, Freiburg/München 1982. – *L. Geldsetzer:* Die G. – Begriff und Entwicklung, in: *H. Rombach (Hg.):* Wissenschaftstheorie I, Freiburg 1974, 141-151. – *J. Ritter:* Die Aufgabe der G. in der modernen Gesellschaft, in: *ders.:* Subjektivität, Frankfurt/M. 1974, 105-140. – *F. Rodi:* Über einige Grundbegriffe einer Philosophie der G., in: Dilthey-Jahrbuch 1 (1983), 13-38. – *E. Rothacker:* Logik und Systematik der G., München/Berlin 1926.

*Ulrich Dierse*

**Geistliche Übungen** (Exerzitien, Rüsttage) als klar umgrenzte und fest strukturierte Zeiten rel. Einübung finden sich in allen →Religionen.

*A.* Im christl. Raum sind sie eng verknüpft mit den *Exerzitien*, denen die →Jesuiten (Ignatius von Loyola, gest. 1556) nicht zuletzt ihre große Wirksamkeit verdanken. Sie sind Vorbild und Beispiel für vieles Ähnliche – bis zu den heute beliebten »Wüstentagen« (in Anlehnung an Charles de Foucauld, gest. 1915): In vier Wochen (30 Tagen) wird der Exerzitant zunächst zu sich selbst geführt (1. Woche) und meditiert (→Meditation) dann 4-5mal am Tage eine Stunde lang das Leben (2. Woche), den Gang zum →Tod (3. Woche) und die Herrlichkeit der →Auferstehung (4. Woche) →Jesu Christi. Alle Übungen stehen unter dem Anspruch der →Nachfolge Jesu im Raum der →Kirche. Ignatius legt Wert auf die völlige Entscheidungsfreiheit des Übenden (nur der Geist Gottes, nicht die Anweisungen des Exerzitiengebers dürfen führen) und gibt ihm zugleich – bei aller äußeren Strenge – →Freiheit in der Weise des Meditierens, damit der »Erfahrungsgrund« der Entscheidung möglichst tief reiche.

*B.* Eine Grundfrage an die »Exerzitien« gilt allen entspr. »g.nÜ.«, welcher rel. Herkunft sie sein mögen: Kann der Mensch eine (die) *Grundentscheidung* seines Lebens auf ein Datum gleichsam kategorial (also in Raum und Zeit) *fixieren*? Die ignatian. Exerzitien leben aus der christl. Überzeugung, daß jeder Mensch auch im kategorialen Bereich zur Lebensentscheidung aufgerufen ist (zur »Wahl« des Lebensstandes), geben dem Übenden eine möglichst breite Erfahrungsbasis und lassen zuletzt noch – wenn die →Erfahrung selbst nicht zur Entscheidung durchbricht – Raum für das Kalkül der →*Vernunft.* Doch grundsätzlicher als dies alles ist die Überzeugung, daß Erfahrung und Entscheidung vor dem freien →Gott geschehen (und nicht vor einem anonym und damit unfaßbar bleibenden Etwas), der nicht gezwungen werden kann (»cogere Deum« [»Gott zwingen«] ist ein Axiom nichttheist. →Mystik [→Theismus]), sondern den Menschen in seiner geschichtl. →*Verantwortung* bejaht und ihm dort begegnet.

*C.* Die andere Frage nach dem *Weltbezug* der g.nÜ. erledigt sich in den ignatian. Exerzitien schon dadurch, daß er – in dieser Konsequenz erst- und einmalig – alle Meditationen (»contamplacion« [Betrachtung bzw. Beschauung] genannt) auf den hist., aber dogmat. als Gott und Mensch geglaubten Jesus richtet, dessen Dasein die göttl. Wirklichkeit unter den Menschen wirksam werden ließ.

*Lit.: Übersetzungen der g.nÜ.: A. Haas,* Freiburg 1966; *P. Knauer,* Graz/Wien/Köln 1978; *H. U. von Balthasar,* Einsiedeln 1966. – *H. Rahner:* Ignatius als Mensch und Theologe, Freiburg 1964. – *A. Ravier:* Ignatius von Loyola gründet die Gesellschaft Jesu, Würzburg 1982. – *J. Stierli:* Ignatius von Loyola. Gottsuchen in allen Dingen, Olten 1981. – *M. Zechmeister:* Mystik und Sendung. Ignatius von Loyola erfährt Gott, Würzburg 1985.

*Josef Sudbrack*

**Geld**

*A.* Obwohl der Gebrauch von G. oder g.artigen Tauschmitteln seit Jt.en bei fast allen Völkern nachweisbar ist, tritt das G. seine universale Karriere erst in der modernen kapitalist., d.h. durch die Freiheit des Produktionsmitteleigentums und des Arbeitsvertrages best., →Wirtschaft an (→Kapitalismus); diese kann daher geradewegs durch die auf G.zahlungen bezogenen Handlungen definiert werden.

Während die klass. Theoretiker der polit. Ökonomie von A. Smith (1723-1790) bis K. →Marx die Verwendung des G.es auf der Basis einer Arbeitswerttheorie zu bestimmen versuchen (→Marxismus, →Liberalismus), geht die gegenwärtige *Volkswirtschaftslehre* (→Wirtschaftswissenschaft) von den gegebenen Funktionen des G.es aus, das kraft staatl. Setzung akzeptiert ist. Seine Funktion als *Tauschmittel* garantiert den Tausch von Gütern und Leistungen, der gegenüber der →Zeit, dem Ort, den Sachen und Personen indifferent ist. Seine Funktion als *Wertmesser* ermöglicht es, Güter und Leistungen durch ihren Bezug auf denselben Wertmaßstab miteinander zu vergleichen; seine Funktion als Mittel der *Wertaufbewahrung* gewährleistet die Akkumulation (Anhäufung) der Kaufkraft in Form von Sparguthaben, Wertpapieren und Sachwerten.

Die *funktionalist. G.theorie* interessiert jedoch nicht die Frage, auf Grund welcher ökonom. Bedingungen der →»Wert« des G.es gegen den Wert der →Güter ausgetauscht werden kann. Die Funktionen des G.es werden in der Zirkulations-

sphäre des Marktes verortet, ohne daß ihre Verankerung in der Produktionssphäre thematisiert wird.
Auch die *soziol.* G.theorie bewegt sich im Rahmen dieser funktionalen Sichtweise. Während M. →Weber die formale →Rationalität des egalisierenden (gleichmachenden) und depersonalisierenden G.mechanismus als Ausdruck der eigengesetzl. Marktvergesellschaftung akzentuiert, bemüht sich die soziol. →*Systemtheorie*, die Funktionen des G.es auf der Basis einer Theorie symbol. verallgemeinerter Mittel der →Kommunikation zu entfalten. Anders als T. Parsons, der die Medien aller Sozialsysteme nach dem Vorbild des G.es bestimmt, geht N. Luhmann von dem Problem der Kommunikation überhaupt aus, um das G.medium als funktionsspezif. Eigenheit des Wirtschaftssystems zu erfassen. Alle wirtschaftl. Tätigkeiten laufen als – durch G. kommunizierte – Tauschprozesse so ab, daß Zeitpunkte, Sachen und Personen vergleichsgültig sind und als Mittel einer allgegenwärtigen Mitteilbarkeit (Kommunikabilität) des G.es erscheinen. Das G., dem – selber wirtschaftl. universelles Mittel – alles andere zum Mittel wird, stellt so seine Allmacht als »god term« unter Beweis.

*B.* Die universale Mitteil- und Verwertbarkeit des G.es, das in der reflexiven Gestalt des Zinses und Kapitals »schöpfer.« sich selbst verwertet, löst seit der Antike eine vor allem von →Aristoteles ausgehende *G.kritik* aus, der sich auch die ma., reformator. und spätere kath. →Theologie verpflichtet wissen. Obwohl angesichts der Allgegenwart des G.es niemand auf seinen Gebrauch verzichten kann, schwankt seine philos.-theol. Beurteilung zwischen den Extremen, die durch die Stichworte: »geprägte Freiheit« und »geronnene Gewalt« markiert werden. Für seine gegenwärtige *Beurteilung* sind jedoch weder seine im einzelnen umstrittenen kult.-rel. Ursprünge noch sein mögl. Zusammenhang mit mag. Praktiken entscheidend, die seine Selbstverwertung als Fortsetzung der Alchemie mit anderen Mitteln erscheinen lassen (→Goethe). Vielmehr zieht die fakt. universale Mitteilbarkeit des G.es eine G.stufe des Bewußtseins nach sich, die weit über die Ökonomie hinausreicht; sie beruht auf verabsolutierten Kommunikationsabläufen, die jede inhaltl. Bestimmtheit gleichgültig macht. Auch die Sachen, Vorstellungen und Personen, die nicht direkt mit G. kommunizieren, werden wie Waren auf ihre allg. Tausch- und Mitteilbarkeit reduziert. Die alles bestimmende und zum Mittel herabsetzende Kommunikabilität des G.es konkurriert dann (wie insbes. schon M. →Luther gesehen hat) mit der alles bestimmenden Wirklichkeit →Gottes.

*Lit.: H. Chr. Binswanger:* G. und Magie, Stuttgart 1985. - *G. Lanczkowski/M. Honecker:* G., in: Theol. Realenzyklopädie XII, 276-298 (Lit.). – *B. Liebrucks:* Über den log. Ort des G.es, in: *ders.:* Erkenntnis und Dialektik, Den Haag 1972, 265-301. – *G. Simmel:* Philosophie des G.es, Berlin, 7. Aufl. 1977. – *F. Wagner:* G. oder Gott?, Stuttgart 1985 (Lit.).

*Falk Wagner*

**Gelübde.** Unter G. versteht man ein →Gott mit Wissen und freiwillig gemachtes *Versprechen*, ihm gegenüber als Zeichen bes. Verehrung etwas Geschuldetes oder darüber Hinausgehendes zu tun oder zu unterlassen.

*A.* Die Praxis des G.s ist in nahezu allen Religionen belegt (→Mönch, Mönchtum). Das →*AT* enthält viele Belege dafür, daß in →Israel die Praxis des G.s bekannt war. Äußerer Anlaß waren individuelle und soziale Notlagen (Ps 61, 6), aber auch bes. rel. Leistungswille. Der erste Motivkomplex war von solcher Bedeutung, daß das G. geradezu durch zwei Komponenten gekennzeichnet erscheint: Versprechen und Bedingung (Gen 28, 20ff.; Ri 11,30f.; 1 Sam 1,11; Ps 132,3ff.). Die →Propheten suchten Mißbräuchen zu wehren, ohne das G. an sich abzulehnen (Jer 44, 25; Mal 1,14; Hos 14,3; Nah 2,1). Im →*NT* werden verschiedene Formen des G.s bezeugt (Lk 21,5; Apg 21,23; 23,12ff.). Jesus selbst wandte sich scharf gegen verfehlte Praktiken (Mk 7, 9-13).

*B.* Das Ablegen von G.n scheint in den →*urchristl. Gemeinden* unbestrittene Übung gewesen zu sein (Apg 18,18) und fand durch sog. Enthaltungsbewegungen und durch das →Mönchtum Verbreitung. In der *ma.* Theologie erfuhr es eine systemat. theol. Durchdringung und Rechtfertigung (vgl. →Thomas von Aquin, S.th. 2 II q.88). Auf Grund der ablehnenden Haltung durch *M.* →*Luther* wurde in der ev. →Ethik die Praxis des G.s aus grundsätzl. Erwägungen einer scharfen Kritik unterzogen: es könne kein »Werk« geben, das nicht an Gottes Gebote gebunden wäre. So gilt letztl. allein das Taufg. (→Taufe). In der kath. Moraltheologie (→Ethik) gilt das G. als sittl. berechtigt. Lehramtl. Dokumente und Theologen erkennen die Praxis sittl. verpflichtender G. an (vgl. DS 1622; 2203; 2692).

*C.* Da ein G. auch die kirchl. Gemeinschaft tangiert, ist es durch das →kanon. Recht in verschiedenen Normen geordnet und spezifiziert. Danach ist es öffentl. (d.h. im Namen der Kirche von einem rechtmäßigen Oberen entgegengenommen) oder privat; feierl. (d.h. als solches von der Kirche anerkannt); persönl. (Versprechen einer persönl. Leistung) oder dingl. (Versprechen einer Sachleistung) oder gemischt (also persönl. und dingl. Art) (c. 1192 Codex Iuris Canonici). Über seine persönl. Verpflichtung hinaus entfaltet das öffentl. G. weitere rechtl. Wirkungen, vor allem das in einem klösterl. Verband abgelegte *»ewige« G.* (vgl. cc. 654, 655, 668, 1088 CIC). So unterschiedl. die Positionen der verschiedenen →Konfessionen in Theorie und Praxis auch immer noch sind, so sind doch die ehedem unversöhnl. Antithesen meist einer differenzierteren Betrachtung gewichen.

*Lit.:* *R. Ginters:* Versprechen und Geloben, Düsseldorf 1973. – *B. Häring:* Frei in Christus, Bd. 2, Freiburg/Basel/Wien 1980, 88. – *N. Ruf:* Das Recht der kath. Kirche, Freiburg/Basel/Wien, 2. Aufl. 1983, 301f.

*Alfred Hierold*

## Gemeinde

### *A. Evangelisch*

*I. AT und NT* zeigen eine Fülle von G.bildern und G.vorstellungen: →Volk, Haus, →Familie, →Leib, wanderndes Gottesvolk. Diese Vielzahl erschwert Orientierung. Gemeinsame Grundkennzeichen zu suchen hilft weiter. Der →Glaube an den dreieinigen →Gott stellt Menschen in eine →Geschichte und weist in eine Beziehung zu anderen Glaubenden. So wird G. zu einem zentralen Begriff christl. Glaubens. G. ist *Lebensraum*, Ort menschl. Nähe und Hilfe zur Kontinuität. G. entsteht durch die →*Verkündigung* des →Evangeliums in →Wort und →Sakrament. In ihr bilden sich verschieden profilierte →Ämter und Funktionen. Deren Verhältnis zu anderen G.gliedern ist spannungsreich. Diese Spannung darf nicht zugunsten einer hierarch. Überordnung der Ämter aufgelöst werden.

G. verwirklicht sich in einer best. geschichtl. und gesellschaftl. Situation. Die →Kirchengeschichte zeigt *vielfältige G.bildungen*: G.n haben sich als Teile staatl. Verwaltungsgliederung entwickelt oder waren Heimat und Stütze von →Minderheiten. Intensiv zusammenlebende Primärgruppen stehen eher rationalen Zweckverbänden gegenüber. Die →Taufe gliedert in die G. ein. Die aktuelle Zugehörigkeit bestimmt sich nach dem Wohnort, auf Grund persönl. Nähe oder durch best. Glaubensinteressen.

Grundlegend ist die Rückbindung an den sich offenbarenden Gott und die Gemeinschaft der Verschiedenen, die sich im Lob Gottes und im Dienst am Nächsten und der Welt äußert. Ihr Mitgliederbestand ist prinzipiell unabschließbar, weil sich Glaube nicht objektivieren läßt. Der Wandel ihrer Formen durch wechselnde Herausforderungen ist Wesensmerkmal.

*II.* Die ev. Kirchen in der *Bundesrepublik* sind, bedingt durch die Austritte und den Geburtenrückgang, langsam sich verkleinernde →Volkskirchen. Das Netz ihrer Ortsg.n ist dicht, ihre Struktur ist weit entwickelt (Gebäude, Räume, Materialien). Berufsbilder sind differenziert: Pfarrer, Verwaltungsmitarbeiter, G.diakone, Religions- und G.pädagogik, Sozialdiakonie (→Religionspädagogik, →Diakonie). Eine steigende Zahl von G.gliedern arbeitet ehrenamtl. mit.

*1.* Im Zug des gesellschaftl. Wandels hat sich daneben eine *überörtl. Struktur* entwickelt. Teils wird sie als Ergänzung der Einzelg.n verstanden (z.B. →Jugendarbeit im Dekanatsbezirk), teils ist sie auf der Ebene der Landeskirche angesiedelt (z.B. Ämter für →Industrie und →Sozialarbeit, Ev. →Akademien). Diese weite Ausdifferenzierung ist inhaltl. und organisator. schwer zu durchdringen. Identitätskrisen und Konflikte sind die Folge. Eine Rückkehr zur klass. Ortsg. mit dem sonntägl. →Gottesdienst als Mittelpunkt erscheint in den wenigsten Fällen noch möglich. Identitätsbildung von den Grundkennzeichen her ist erfolgversprechender. Um so wichtiger ist die Verbindung verschiedener Sozialformen von G. untereinander.

*2.* In diesem Konzept vernetzter G.bildungen behalten die *Ortsg.n* einen wichtigen Platz. Auf sie kommt ein erhebl. Strukturwandel zu. Sie müssen sich von einer traditionell abgestützten Sozialform des christl. Glaubens zu einer aktiven Form entwickeln. Bes. Aufmerksamkeit verdient die Ausbildung *missionar.* Kompetenz, die Weitergabe des Glaubens an die nachwachsende Generation und die Präsenz im Raum der örtl. →Öffentlichkeit. Eine doppelte Aufgabe ist zu lösen: die Aufarbeitung der Differenzierung der Nachkriegsjahre und die Gewinnung neuer Ausstrahlungskraft in einer sich verändernden Situation.

*3.* Vielfältige *G.entwürfe* versuchen den Weg in die →Zukunft zu gestalten. Intensive Konzepte konzentrieren durch Besinnung auf Innerlichkeit. Offene Konzepte versuchen, die Vielfalt konziliar zu gestalten. *Erneuernde G.bildung* ist nötig: →Basisgemeinden, intensiv lebende →Gruppen und ortsgemeinde-übergreifende Versuche, sich den Herausforderungen unserer Zeit zu stellen. Einzelne Zielgruppen bedürfen der bes. Aufmerksamkeit (in den nächsten 5-10 Jahren die Gruppe der jungen Erwachsenen zwischen 18 und 28, die Alleinlebenden und die »jungen Alten« zwischen 55 und 65).

Zur Unterstützung dieser Klärungs- und Innovationsprozesse haben sich vielfältige Formen von G.- →Beratung ausgebildet.

*Lit.:* *M. Herbst:* Missionar. G.aufbau in der Volkskirche, Stuttgart 1987, 457-477. – *H. Lindner:* Programme – Strategien – Visionen. Eine Analyse neuerer G.aufbaukonzepte, in: Pastoraltheologie 76 (1986), 210-229.

*Herbert Lindner*

### *B. Katholisch*

Mit G. werden jene Gemeinschaften von Gläubigen bezeichnet, die Leben, Sterben und →Auferstehung →Jesu Christi in →Wort (→Verkündigung, →Bibel), Zeichen (Eucharistie [→Abendmahl], →Sakramente) und Praxis (→Diakonie, →Caritas) gegenwärtig halten. Indem christl. Männer, Frauen und Kinder dem Lebenszeugnis der ntl. Überlieferung glauben, folgen sie Jesus Christus nach (→Nachfolge) und bilden G. als die Familie →Gottes.

*I.* G. ereignet und institutionalisiert sich immer in einer konkreten Geschichte und Gesellschaft. In unseren pluralen Gesellschaften (→Pluralismus) schwindet die selbstverständl. Zugehörigkeit zur →Volkskirche (Pfarrzugehörigkeit, Pfarrbann, Pfarrei). Der →Glaube verliert seine Plausiblität und muß neu kontextualisiert, d.h. in die jeweiligen gesellschaftl. Lebensverhältnisse buchstabiert, werden. *Neue Organisationsformen* entstehen. Zumal für die Erschließung des christl. Erbes an die nächsten Generationen braucht es pluriforme (mehrgestaltige) G.n verschiedener überschaubarer christl. Lebenseinheiten (→Basisgemeinden).

*II.* Eine bibeltheol. Orientierung u.a. an den Lebensformen der *frühchristl. Kircheng.* setzt ein. Christinnen und Christen als gesellschaftl. →Minderheit feierten in den Häusern das Herrenmahl, führten einander in die G. ein (Katechumenat), nicht nur die Amtsträger entfalteten eine missionar.-diakon. Aktivität. In der G. als »Kontrastgesellschaft« (G. Lohfink) verwirklichten alle Christen ihre »geistl. →Berufung«, zu verkünden, missionar. zu sein, kirchl. und in Person Christi und der Kirche zu handeln: Diese Berufung zur Teilnahme am Grundamt der →Kirche (K. →Rahner) steht im Gegensatz zum hist. gewachsenen »pastoralen Grundschisma« (J. P. Audet), jener tiefen Kirchenspaltung in Subjekte und Objekte, in Spender und Empfänger, in →Klerus und →Laien, die bis heute in den Pfarreien nachwirken.

*III.* Das 2. →Vat. Konzil leitet eine Kritik an der Pfarrer-(Klerus)Zentrierung der →Seelsorge in den Pfarreien ein. Ein *Perspektivenwandel* wird gefordert: von der Pfarrei als administrativer zur G. als theol. Größe. Übersehen wird dabei, daß die Pfarrei geschichtl. lange Zeit theol.-missionar. verstanden wurde. Zudem wird die Bedeutung der G. in der G.gesellschaft intensiver bedacht. G. als sichtbares Zeichen und Werkzeug der Einheit zwischen Gott und den Menschen teilt die Vorlieben (Optionen) Gottes für die Armen und Unterdrückten (→Armut, →Befreiungstheologie). Diese *G.berufung* verwirklicht sich in einer Spannung zwischen →Mystik und →Politik. Verwurzelt in das Lebensgeheimnis Gottes, führt sie Menschen in das Geheimnis der unbedingten Annahme durch Gott ein und betreibt so Mystagogie (→Messe). Aus dieser myst. Gottesberührung erkennen Christen auch ihre persönl. und polit. Berufung: Gottes Engagement für die Schwachen dieser Welt (→Gesellschaft) zu teilen. Durch diese kirchenstiftende (ekklesiogene) Praxis einer geschwisterl. G. entsteht die Kirche eher als durch die bloße Vermehrung der Zahl der →Priester. Der heute in vielen Ortskirchen feststellbare Priestermangel erweist sich primär als ein G.mangel. Denn aus lebendigen G.n entstehen immer jene Begabungen (→Charismen), die diese zum Leben brauchen.

*Lit.: J. P. Audet:* Priester und Laien in der christl. G., Freiburg 1970. – *K. Lehmann:* G., in: Christl. Glaube in moderner Gesellschaft, Bd. 29, Freiburg 1982, 5-65. – *G. Lohfink:* Wie hat Jesus G. gewollt?, Freiburg, 5. Aufl. 1984. - *P. M. Zulehner u.a.:* »Sie werden mein Volk sein«, Düsseldorf, 3. Aufl. 1987.

*Andreas Heller/Paul M. Zulehner*

## Gemeinschaft

*A.* Das *Konzept* der G. spielt vor allem in der älteren Sozialphilosophie und →Soziologie eine bedeutende Rolle. G. meint im wesentl. alle sozialen Lebensformen, in denen die innere, emotionale Nähe und *Verbundenheit der Gruppenmitglieder* und die Unmittelbarkeit und Intensität des Kontaktes zwischen ihnen im Vordergrund steht. Zuerst von F. →Schleiermacher vom Begriff der →Gesellschaft unterschieden, ist die G. von *F. Tönnies* (1855-1936) zu einem bis heute fruchtbaren Konzept ausformuliert worden. Tönnies stellt G. und Gesellschaft antithet. gegenüber, indem er die psycholog. Grundlagen der Gruppenbildung und -erhaltung als »Wesenwillen« (in der G.) und »Kürwillen« (in der Gesellschaft) idealtyp. unterscheidet. Damit ist die der G. zugrundeliegende Bindung letztl. irrational, während in sozialen Beziehungen vom Typ Gesellschaft (zweck)rationale Perspektiven vorherrschen. Grundlage der G. ist, trotz institutionell-gesellschaftl. Verankerungen, das »Wirbewußtsein« im einzelnen. Tönnies unterscheidet 3 Typen von G.: *Verwandtschaft, Nachbarschaft* und *Freundschaft.* Spätere Autoren, wie G. Simmel, Th. Geiger, A. Vierkandt und Th. Litt setzten sich intensiv mit Tönnies' Konzept auseinander und betonten, daß in jeder sozialen Gruppierung Elemente von »gemeinschaftl.« oder »gesellschaftl.« Bindung in unterschiedl. quantitativer Ausprägung nachzuweisen sind und daß demgemäß G.sbildungen auch auf der Grundlage äußerer →Situationselemente und geistiger Inhalte mögl. sind, wie z.B. Glaubensg.en oder Notg.en. G. und Gesellschaft als zwei einander überlagernde und durchdringende soziale Beziehungsformen liegen auch den sozialpsycholog. Unterscheidungen zwischen primären und sekundären →Gruppen, emotionalem und sachbezogenem Gruppenführer, oder der organisationssoziol. Konzeption einer informellen und einer formellen →Organisationsstruktur zugrunde.

*B.* Auch die *Sozialformen der Religion* lassen sich gemäß der Typologie G. – Gesellschaft analysieren. Schon die grundlegende Unterscheidung von *E. →Troeltsch* zwischen →Kirche, →Sekte und →Mystik beinhaltet auch die Dimension der größeren oder geringeren emotionalen Verbundenheit und gemeinschaftl. Gruppenbildung. Auch der Begriff der »Religions*gemeinschaft*« selber spiegelt die gemeinschaftsorientierte Einheit der Mitglieder im Glauben als Idealbild rel. Gruppenbildung wider. Die Geschichte organisierter Religion kann so auch als Geschichte der Spannung zwischen zweckrationaler →Organisation (gesellschaftl. Dimension) und spiritueller Verbundenheit (gemeinschaftl. Dimension) geschrieben werden: So versuchten z.B. immer wieder rel. →Orden, das Prinzip G. – oft in bewußter Abgrenzung zur Weltkirche – stärker zu verwirklichen, ebenso wie viele neue rel. Gruppen (z.B. viele sog. Jugendsekten) emotionale Geborgenheit, Liebe und Wärme einer engen »Quasiprimärgruppe« anzubieten versuchen und gerade deshalb bei rel.-emotional bedürftigen →Jugendlichen Anklang finden.

*Lit.: L. Clausen u.a. (Hg.):* Tönnies heute, Mühlau 1985. – *R. König:* Die Begriffe G. und Gesellschaft bei F. Tönnies, in: Kölner Zeitschrift für Soziologie und Sozialpsychologie 7 (1955), 348-420. – *Th. Litt:* Individuum und G., Leipzig 1926. – *H. Schempp:* G.ssiedlungen auf rel. und weltanschaul. Grundlage, Tübingen 1969. – *F. Tönnies:* G. und Gesellschaft (zuerst 1887), Leipzig, 3. Aufl. 1935 (8. Aufl. 1953). – *B. Wilson:* Sects and Society, London 1961.

*Ingo Mörth*

**Gemeinwohl.** Da das Zusammenleben der →Menschen im Gegensatz zu dem der →Tiere nur zum geringen Teil durch Instinkte geregelt ist und deshalb eine große Bandbreite von Gestaltungsmöglichkeiten aufweist, muß jede Lehre von der →Gesellschaft und vom →Staat ebenso wie jede konkrete →Politik zwischen dem Wohl des einzelnen, dem Wohl aller und möglicherweise überdies dem Wohl des Gemeinwesens (falls es seinem Sein nach mehr als die Summe aller ist) abwägen.

*A.* Der schon bei →Platon angedeutete, bei →Aristoteles voll entfaltete Begriff des G.s *(to koiné symphéron, bonum commune)* sucht diesen Gegensatz dadurch aufzulösen, daß er einerseits zwischen den bloß subjektiven Wünschen und dem objektiven Wohl des einzelnen (welches freil. das subjektive →Glück beinhaltet) unterscheidet, und andererseits dem Gemeinwesen die Aufgabe zuweist, das objektive Einzelwohl zu schützen und zu fördern. Der Begriff stellt also weniger darauf ab, was der einzelne auf Grund seiner zufälligen Biographie wünscht, als darauf, *was ihm guttut* (ähnl. wie z.B. ein med. Eingriff schmerzl., aber lebensrettend sein kann). Dafür, was dem einzelnen guttut, kann freil. nicht das Gemeinwesen der *Maßstab* sein; der letztere muß vielmehr in etwas gesucht werden, was den einzelnen und das Gemeinwesen zugleich eint und übersteigt. Deshalb ist die hist. wirksamste Umschreibung des G.s jene von →Thomas von Aquin geworden, der das *letzte Ziel* jegl. Strebens – und insofern das G. schlechthin – in →Gott sieht. Das den einzelnen auf lange Sicht einzig beglückende Wohl des Menschen ist dessen objektive Vollendung, deren Inbegriff Gott selbst ist. Das Gemeinwesen erfüllt seinen Zweck, wenn es allen ermöglicht, diese Vollendung zu erreichen, wobei es im Zweifelsfall darauf bestehen muß, daß das allgemeinere Wohl das verpflichtendere ist (z.B. Überleben mehr als Wohlstand). Deshalb setzt einerseits eine sinnvolle Verwendung des Begriffs G. eine in ihren Grundzügen erkennbare *objektive* →*Ordnung* der →Schöpfung voraus; je skeptischer eine →Philosophie ist, desto weniger vermag sie mit dem Begriff des G.s etwas anzufangen. Andererseits bleibt jeweils offen, wie im Einzelfall das G. zu erkennen und nach welchen Maßstäben es zu beurteilen sei.

*B.* Diesbezügl. haben sich in der →*Neuzeit* zwei Traditionen herausgebildet: Nach der einen ist der Maßstab das →Naturrecht; nach der anderen muß man mit einem fiktiven Modell arbeiten, bei welchem Menschen sich über das Gemeinwesen einigen, ohne im voraus zu wissen, welche Stellung sie in ihm einnehmen werden (Gesellschaftsvertrag, →Rousseau, →Staat). Sofern der »Gesellschaftsvertrag« ein Weg sein könnte, das Vernünftige und damit das Naturrecht ausfindig zu machen, schließen diese beiden Traditionen einander nicht notwendig aus. Der entscheidende Maßstab bleibt freil. die nie einfache Synthese zwischen der →*Liebe* als der letzten und umfassendsten Vollendung des einzelnen und der – im →Gesetz niedergelegten und auf Grund von Billigkeits-(Zumutbarkeits-)Erwägungen gedeuteten – →*Gerechtigkeit,* die das G. zu ihrem Ziel hat. Soll der Begriff des G.s nicht eine Leerformel bleiben, ist er deshalb mit dem jeweiligen Menschen- und damit auch Gesellschaftsbild der Epoche verbunden, die sich an seine Konkretisierung macht. Da es diesbezügl. auch unter gläubigen Christen in gewissem Umfang legitime Meinungsverschiedenheiten geben kann, die ohne weitere hist. Erfahrung nicht immer verbindl. überwunden werden können, haftet dem Begriff der G.s ungeachtet seiner großen Bedeutung eine gewisse Verschwommenheit an.

*Lit.: K. Hartmann:* Polit. Philosophie, Freiburg 1981. – *O. von Nell-Breuning:* Einzelmensch und Gemeinschaft, Heidelberg 1950. – *W. Schneiders:* Naturrecht und Liebesethik, Hildesheim 1971.

*Nikolaus Lobkowicz*

**Genesis.** Das erste Buch der hebr. Bibel (→AT) heißt nach seinem ersten zentralen Thema in der lat. Bibel G. (Schöpfung). Die G. bildet den ersten Teil der in den fünf Mosebüchern (Pentateuch) dargestellten Geschichte von der Erschaffung der Welt bis zum Tod des Mose. Dabei ist die Schöpfungsgeschichte nur der erste Teil der G. (1,1-2,4a); es folgen die weiteren Teile der →Urgeschichte in Gen 1-11 (u.a. →Paradiesgeschichte, →Kain und Abel, Sintflut, Turmbau zu Babel), dann als zweiter großer Teil der G. die Vätergeschichten um →Abraham (Gen 12-25), Isaak (25f.) und Jakob (27-36), schließl. die Josefsgeschichte (37-50, →Josef). Wie die weiteren Mosebücher ist auch die G. aus verschiedenen Quellen zusammengesetzt (→Bibelwissenschaft) und enthält Texte verschiedener →Formen und Gattungen (vgl. zu den einzelnen Abschnitten des Buches die Artikel →Urgeschichte, →Schöpfung, →Abraham, →Josef).

*Lit.: G. von Rad:* Das erste Buch Mose (Das AT Deutsch 2-4), Göttingen. – *J. Scharbert:* G. 1-11 (Die Neue Echter-Bibel 5), Würzburg 1983. – *C. Westermann:* G. (Bibl. Kommentar AT 1/1-3), Neukirchen-Vluyn 1974-1982. – *Ders.:* Schöpfung (Themen der Theologie 12), Stuttgart 1983.

*Jürgen Ebach*

**Genetik**

*A.* Mit G. wird die *Lehre von der Vererbung* bezeichnet. Lebewesen sind »selbstreproduktiv«. Sie sondern »Keimplasma« (Keimzellen) ab, in welchem die Hervorbringung des neuen →Individuums »programmiert« ist (man spricht von »genet. →Information«). »Traumziel« ist die volle Aufklärung des Wegs vom »Gen« hin zum Merkmal, des Wirkungsgefüges der Gene. Eine bescheidenere Möglichkeit eröffnet sich beim Beobachten der Erbgänge von Merkmalen (»von den Eltern zu den Nachkommen«). Wählt man geeignete Merkmale, so stellt man fest, daß sie »mendeln«, d.h., den von *G. Mendel* (1822-1884) gefundenen statist. Gesetzen folgen: Die Merkmale der Eltern oder ein »Kompromiß« aus beiden Merkmalen treten bei den Tochterindividuen mit charakterist. Häufigkeiten wieder auf, so etwa, wenn Mendel zwei Erbsenrassen mit gegenseitig sich ausschließenden Merkmalen (grüne bzw. gelbe Samen) kreuzte. Offenbar verhalten sich Gene – die hier nur ganz abstrakt gefaßt sind – als bausteinchenhafte Elemente. In – auch math. – ausgearbeiteter Form fügt sich die Mendelsche G. in die *»Populationsg.«* ein. In Verbindung mit der Selektionstheorie trägt sie zur Klärung evolutionärer Fragen bei (→Evolution, →Darwinismus). (Leider gelangten die Mendelschen Gesetze erst seit 1900 in die Diskussion.) Eine der wesentl. Schlußfolgerungen aus der Mendelschen G. für die Evolutionslehre war, daß es keine Vererbung erworbener Eigenschaften gibt. (Waddington zeigte Fälle auf, in denen eine solche »lamarckist.«, d.h. individuell erworbene, Vererbung nur vorgetäuscht wird.) Bei der Vereinigung von Erbgut im Rahmen der geschlechtl. Fortpflanzung bleiben die Gene als Einheiten erhalten: Gene treten als evolutionäre »Einzelkämpfer« auf (Dawkins). Eine wichtige Spezifizierung gelang, als man Gene auf den Chromosomen des Zellkerns orten konnte (Chromosomeng.).

*B.* Den Durchbruch in der Aufklärung der Genwirkung brachten dann *biochem. Methoden* (Molekularg.). Mit der Desoxyribonukleinsäure konnte das Gen molekular identifiziert werden. Der »genet. Code« gibt an, welches Enzymeiweiß durch welches Genmolekül determiniert wird (Enzyme dienen der Steuerung biochem. Reaktionen). Trotz dieses Erkenntnisgewinns tut sich damit erst das riesige Problemfeld der Genregulation auf: Wie wird das richtige Enzym im richtigen Moment (und am richtigen Ort) bereitgestellt? Auch gegen die weiter fortschreitende Aufschlüsselung – in den letzen Jahren hauptsächl. an Mikroorganismen – ist doch zu betonen, daß vorerst »Aufschluß« an relativ einfachen Modellen gewonnen wurde.

*C.* Die genet. Forschung eröffnet Möglichkeiten für *Eingriffe in →Mensch und →Natur.* Popularität erlangte das Schlagwort vom »Klonen«, d.h. dem Herstellen von Individuen gleichen Erbgutes, wie es natürlicherweise bei eineiigen Zwillingen vorkommt. Gegenüber solchen eher reproduktionstechn. Eingriffen versucht die Gentechnologie typischerweise fremde Erbinformation – etwa von Mikroorganismen – in Erbprogramme einzuschleusen. Die Gefahr des Mißbrauchs und der Verantwortungslosigkeit wird von vielen gesehen. Die Forschungen spielen sich in bislang öffentl. wenig kontrollierten Zentren ab. Der »Segen«, den die genet. →Manipulation (→Medizin, Pflanzenzüchtung, biolog. Waffen) bringen kann, ist noch nicht abzuschätzen (→med. Ethik, →Naturwissenschaft und Theologie).

*Lit.: G. Czihak u.a. (Hg.):* Biologie, Berlin u.a., 3. Aufl. 1981. – *R. Dawkins:* Das egoist. Gen, Berlin u.a. 1978. - *J. Scharioth/R. von Gizycki (Hg.):* Chancen und Gefahren der Genforschung, München/Wien 1980. – *C. H. Waddington:* Die biolog. Grundlagen des Lebens, Braunschweig 1966. – *E. L. Winnacker:* Gene und Klone, Weinheim u.a. 1984.

*Bruno Gauger*

**Geowissenschaften**

*A.* Die Geologie (G.) ist ihrem *Wesen* nach Erdgeschichtsforschung, genauer formuliert: erdgeschichtl. Urkundenforschung. Ihre geschichtl. Entwicklung reicht von ihren Anfängen über erste allg.-geolog. Naturbetrachtungen bis in die Antike zurück und erlebte nach jh.langer Stagnation erst im späten →MA. im Zuge einer allg. Neubesinnung über die Rätsel des →Lebens eine geistige Wiedergeburt. Im 18. und 19. Jh. erzwang eine Fülle von Entdeckungen den stetigen Aufstieg der G. zur anerkannten →Wissenschaft. Die weltweit notwendige Erschließung von Rohstoffreserven, aber auch ein verändertes →Umweltbewußtsein verschafften ihr schließl. in unserem Jh. eine Schlüsselposition im Bereich der naturwissenschaftl. Forschung.
Das *Hauptziel* der G. wird von dem Bemühen geprägt, die Entstehungsgeschichte unseres Planeten und seines Lebens von der Frühzeit der Erde über die erdgeschichtl. Entwicklung hinweg bis hin zur Gegenwart aufzuhellen. Dies bedeutet – mit Hilfe mechan.-physikal., chem. und biolog. Methoden – eine Rekonstruktion früherer Umweltverhältnisse, also ehemaliger Zustände in Form von Festländern, Meeren, Gebirgen, Wüsten, Flüssen, Seen und Klimaten sowie der Pflanzen- und Tierwelt, die alle im Baumaterial der Erdkruste, den Gesteinen, in manigfaltiger Form »urkundl.« belegt sind. Zu diesem Zweck erforscht die G. alle direkt erfaßbaren Bereiche der Erdrinde, wie natürl. Aufschlüsse (Steinbrüche, Bergwerke), oder versucht durch Tiefenbohrungen und indirekt auf geophysikal. Wege Rückschlüsse über die Eigenschaften der Gesteine, den Aufbau der Erde und ihres Werdegangs zu erhalten. Dabei ist das spezif. »Geologische« dieser Wissenschaft und ihrer Methodik der »Zeitbegriff«, der sich aus dem real vorgefundenen »räuml.« Bild der Erdkruste entwickelte.

*B.* So »übersetzt« das Auge des Geologen aus den räuml. unter- und übereinanderliegenden Gesteinsschichten ein zeitl. Vor- bzw. Nacheinander, wobei das Obere, das »Hangende«, im Normalfall jünger sein muß als das Untere, das »Liegende«. Geolog. werden derartige Gesteinsfolgen, die in einem gewissen *Zeitraum* und unter typ. Bildungsbedingungen entstanden, als *Formationen* bezeichnet und zeitl. in einzelne Stufen gegliedert, die vom Präkambrium (mehr als 2.500 Mill. Jahre) bis zum Quartär (2 Mill. Jahre) aufgeschlüsselt sind. Darüber hinaus erfolgte eine Zusammenfassung einzelner Formationsgruppierungen in fünf *geolog. Zeitalter*, das Archaikum (mehr als 2.500 Mill. J.), Eozoikum (2.500 Mill. J.), Paläozoikum (570 Mill. J.), Mesozoikum (225 Mill. J.) und Neozoikum (67 Mill. J.). Durch dynam. Vorgänge unterschiedlichster Art kann die ursprüngl. gleichmäßige Lagerung der Gesteinsfolgen gestört, d.h. gebogen, zerbrochen oder gefaltet sein. Mit Hilfe der *Tektonik* wird es aber mögl., die zeitl. Ordnung im Schichtengewirr sicherzustellen und Rückschlüsse auf die ehemaligen Bewegungsvorgänge zu erhalten. Zusätzl. liefern erhaltende Lebensreste in den *Sedimentgesteinen*, die sog. »Leitfossilien«, wichtige Zeitmarken, um das relative Alter einer best. Gesteinsschicht bestimmen zu können und mit ihrer Hilfe auch ein »Früher« oder »Später« best. Prozesse zu fixieren. Erst vor 5-6 Jahrzehnten gelang der Geochronologie (geolog. Zeitenlehre) durch radioaktive Arbeitsmethoden auch eine absolute Zeitbestimmung erdgeschichtl. Perioden und der Lebensentwicklung.

*C.* Die Erforschung endogener und exogener Kräfteeinwirkungen innerhalb und außerhalb der Erde sowie eine Analyse entstandener Stoffe und Formen sind das Arbeitsfeld der *allg. G.* Dagegen versucht die *hist. G.* diese Erkenntnisse mit Hilfe der Formationskunde in eine zeitl. Ordnung zu bringen. Schließl. werden die Ergebnisse beider Fachrichtungen durch die *angewandte G.* prakt. verwertet und weiterentwickelt.

*Lit.: R. Brinkmann:* Abriß der Geologie, 2 Bde., Stuttgart 1961. – *E. Fraas:* Der Petrefaktensammler, Stuttgart 1972. – *R. Kettner:* Allg. Geologie, 4 Bde., Berlin 1958. – *G. Wagner:* Einführung in die Erd- und Landschaftsgeschichte, Öhringen 1960.

*Wolf-Dietrich Langbein*

**Gerechtigkeit** als →*Tugend* setzt die *Beziehung zu anderen Menschen* voraus. Bereits in der griech. Antike sieht →Platon in der G. jene vollkommene Tugend, in der alle anderen zusammengefaßt sind. Für →Aristoteles bezeichnet G. das, was für andere gut und nützl. ist, was dem einzelnen wie der gesamten Gemeinschaft zugute kommt. Aristoteles widmet das 5. Buch seiner Nikomachischen Ethik der G. und unterscheidet zwischen einer austeilenden und einer ausgleichenden G.; sie ist nicht so sehr Tugend des einzelnen, sondern gewährleistet innerhalb der →Gesellschaft und der interpersonalen →Kommunikation eine objektive Ordnung. Als austeilende oder ausgleichende und korrigierende G. versucht sie, jedem das ihm Gebührende zuzuteilen. Unter Berücksichtigung der fakt. vorhandenen Ungleichheiten geschieht diese Verteilung nach proportionaler Gleichheit. G. zählt zu den vier Kardinaltugenden. Auch die christl. Tradition übernimmt die antike Lehre von der G.

*A.* Im →*AT* wird →Gott als der Gerechte bezeichnet, weil er den →Bund mit seinem erwählten Volk in →Treue einhält. Dabei äußert sich seine G. gegenüber den Feinden Israels und gegen die Sünder als Strafe, wobei niemals der Böse an sich verfolgt wird, sondern nur insoweit, als er sich seinem konkreten Ziel, dem Heil des Volkes Israel, entgegenstellt. G. hat dem Recht Geltung zu verschaffen: »Ich bin Jahwe, der Gnade und Recht und G. auf Erden übt« (Jer 9,24). Jahwe steht den Armen in ihrem Rechtsverlangen bei. In einer Ausweitung wird auch die rettende Heilstat Gottes als G. umschrieben (Jes 46,12). Hiervon abgeleitet ist die G. des Menschen, die umfassender ist als die aristotel. Umschreibung. Sie umschließt auch Redlichkeit, Rechtschaffenheit und Heiligkeit. →David erscheint als gerecht, weil er Saul verschont (1 Sam 24,18). Der Gerechte lebt Gott zum Wohlgefallen. In der nachexil. Zeit bezieht sich G. stärker auf die Beobachtung des mosai. Gesetzes.
Im →*NT* steht die G. in der Verkündigung Jesu an zentraler Stelle. Die Seligpreisung der Armen provoziert angesichts der ungerechten Beziehungen und Güterverteilung unter den Menschen den Anbruch des messian. Reiches, in welchem den Schwachen ihr Recht zukommen und den Armen G. verschafft wird (Mt 5,3ff.). Jesus spricht von der *neuen G.* im Vergleich zur G. der Schriftgelehrten und Pharisäer (Mt 5,20; Eph 4,24). Sie umfaßt die innere Gesinnung und ist Gnadengeschenk Gottes (Mt 5,6).

*B.* Im →*MA.* hat →Thomas von Aquin aristotel. Gedankengut übernommen. Als Grundformen der G. nennt er die Tauschg., die legale G. und die zuteilende G. Wo diese drei Grundverhältnisse oder Strukturen des Gemeinwesens in Ordnung sind, herrscht G. Dabei bleiben bei Thomas die menschl. Natur und das davon abhängige Naturrecht veränderlich. Die teleolog. Ausrichtung und die Vernunft spielen für die Erkenntnis des Richtigen eine entscheidende Rolle. Das rein innerweltl. G.sverständnis wird von Thomas theol. im Wesen Gottes verankert. Gottes Wille ist nicht Willkür.
Der G. liegt das →Recht voraus. *Aufgabe* der G. ist es, einem jeden zu geben, was sein ist. Die G. ordnet das Beziehungsverhältnis des Menschen zu seinen Mitmenschen und zu Gott. Die klass. *drei Grundformen* der G. als ausgleichende oder Tauschg. *(iustitia commutativa),* als austeilende G. *(iustitia distributiva)* und als Gemeinwohlg. *(iustitia legalis)* sind charakterisiert durch die jeweils unterschiedl. Gestalt des Geschuldeten und des

Subjekts. Thomas von Aquin rechnet auch die *religio* unter die Tugend der G., insofern der Mensch durch seinen Glauben, durch Gebet und Opfer dem Ruf Gottes die geschuldete Antwort gibt (→Pietät, →Religion).

*C.* In der →*Neuzeit* hat bes. →Hegel die G. auf die bürgerl. →Gesellschaft bezogen, die selbst nicht zu einer gerechten Macht findet. Nach →Kant kann zwar kein Mensch vollkommen moral. gut sein, doch gibt es eine vollkommene G. Darum fordert er vom Strafrecht, daß der jeweiligen Tat auch die gleiche Strafe zugewiesen werden müsse. J. Rawls versuchte, →Moral und G. aneinander zu binden. Gleiche Rechte und gleiche Pflichten sind für alle gefordert. Ungleichheiten werden nur zum Wohl aller, bes. der Schlechtergestellten, zugelassen (→Fairneß). Weder ein individualist. oder egoist. noch ein pragmat. Ansatz vermittelt eine Lösung des G.sprinzips.

*Lit.: W. Arndt:* Philos. Aspekte der G., in: Universitas 38 (1983), 67-78. – *W. Kaufmann:* Jenseits von Schuld und G. Von der Entscheidungsangst zur Autonomie, Hamburg 1974. – *H. Kohlenberg:* Das Dilemma der G., in: Wissenschaft und Weltbild 30 (1978), 194-197. – *J. Pieper:* Das Viergespann. Klugheit-G.-Tapferkeit-Maß, München 1964. – *J. Rawls:* Theory of justice, Oxford 1972. – *E. und E. Reichwald:* Einige Probleme der eth. Forschung zum Inhalt der Kategorie »G.«, in: Wissenschaftl. Zeitschrift der M.-Luther-Universität Wittenberg 31 (1982), Heft 6, 19-26. – *P. Stuhlmacher:* Versöhnung, Gesetz und G., Göttingen 1981. – *J. Tammelo:* Philos. Überlegungen zu einer jurist. Theorie der G., in: Salzburger Jahrbuch für Philosophie 23/24 (1978/79), 229- 235.

*Johannes Gründel*

**Gerhardt,** *Paul(us),* geb. 12.3.1607 in Gräfenhainichen, gest. 27.5.1676 in Lübben. G.s bis heute andauernder Ruhm beruht auf den 120 geistl. Liedern. Im Druck erschienen sie seit 1647 in Joh. Crügers »Praxis Pietatis Melica«, dann seit 1667 in Joh. Georg Ebelings »Pauli Gerhardti Geistl. Andachten« mit ein- bzw. mehrstimmiger Vertonung. Seit der Wende zum 18. Jh. wurden sie in die ev. Gesangbücher, seit Mitte des 18. Jh.s auch in kath. übernommen. Neben M. →Luther ist G. der im ev. Kirchengesangbuch am stärksten vertretene Liedverfasser. G. hat weder Lieder noch Predigten selbst veröffentlicht. Ohne literar. Ehrgeiz, ohne Zugehörigkeit zu einer Dichtergesellschaft, ist G. mit seinem unauffälligen, nur lückenhaft dokumentierbaren Leben ein luth. Seelsorger und dichtender Theologe, der seit der Kindheit in Sachsen, Ausbildung an der Fürstenschule in Grimma und an der Universität Wittenberg auf der dortigen Reformorthodoxie fußt und deshalb auch die Verbindlichkeit der Konkordienformel beansprucht. Das begründet seine Auseinandersetzung mit dem brandenburg. Kurfürsten, der seit 1662 nicht ohne machtpolit. Gründe für den Ausgleich zwischen Lutheranern und Calvinisten eintrat. Nach Amtsenthebung und Arbeitslosigkeit erhielt G. sein letztes geistl. Amt in Sachsen-Merseburg.

G.s Lieder verwenden rund 50 verschiedene Strophenformen, teils in Anlehnung an bekannte Melodien, teils aus eigener poet. Erfindung, die auf der Höhe seiner Zeit steht. Die →Bibel, vorwiegend die →Psalmen, bildet die Mehrzahl der Textvorlagen; dazu treten Nach- oder Umdichtungen lat. oder dt. Texte, ferner von Gebeten aus Joh. Arndts »Paradiesgärtlein«. G.s Lieder umschreiben die Vorlagen, deuten sie aus und nutzen sie bei unerschütterl. Glaubenszuversicht zu Gefühlsbewegung, Andachtserweckung und Erbauung, im Gemeindegesang wie in der Hausandacht.

*Lit.: G. Dünnhaupt:* Bibliograph. Handbuch der Barockliteratur, Teil I, Stuttgart 1980, 659-665. – *R. Eckart (Hg.):* P.-G. Urkunden und Aktenstücke zu seinem Leben und Kämpfen, Glückstadt 1907. – *J.-U. Fechner:* P.G.s Lied. Tradition und Innovation, in: Literaturwissenschaftl. Jahrbuch der Görres-Gesellschaft NF 17 (1976), 1-21. – *Ders.:* P.G., in: *M. Greschat (Hg.):* Gestalten der Kirchengeschichte, Bd. 7, Stuttgart 1982, 177-190. – *H. Hoffmann (Hg.):* P.G. Dichter – Theologe – Seelsorger. 1607- 1676, Berlin 1978. – *M. Jenny/E. Nievergelt (Hg.):* P.G. Weg und Wirkung, Zürich 1976. – *H.-H. Krummacher:* P.G., in: *H. Steinhagen/B. von Wiese (Hg.):* Dt. Dichter des 17. Jh.s, Berlin 1984, 270-288. – *H. Petrich:* P.G., Gütersloh 1914. – *H. Reinitzer:* Die Interpretation vor der Textkritik. Vorüberlegungen zu einer neuen hist.-krit. P.G.-Ausgabe, in: *ders. (Hg.):* Textkritik und Interpretation, FS für K. K. Polheim, Bern u.a. 1987, 143-160.

*Jörg-Ulrich Fechner*

**Germanen**

*A. Geschichtlich*

*I.* Mit dem Sammelnamen *Germani* benannten röm. Geschichtsschreiber Völkerschaften, die sich durch Sprache, Recht und Gewohnheiten von benachbarten Volksstämmen (Ethnien), insbes. den →Kelten, unterschieden. Der Name sei, behauptet Tacitus, jung und zuerst denen gegeben worden, die den Rhein, die Grenze zwischen Galliern und G., überschritten (die sog. Germani cisrhenani). So deutl. die Sicht der Römer an der Rheinlinie war, so sehr verschwammen ihnen die Grenzen des Germanischen nach Osten und Norden. Den G.namen der röm. Geschichtsschreibung übernahmen in der Folge germanist. →Sprachwissenschaft und frühgeschichtl. →Archäologie, um die ihnen je eigenen Sachverhalte zu bezeichnen: genet. verwandte Sprachen und formenkundl. beschreibbare Kulturprovinzen. Die Kontroverse um das Verhältnis dieser fachbezogenen G.begriffe zueinander hat bis heute nicht zu einem allg. akzeptierten Ergebnis geführt. Insbes. drei Ausgangspunkte haben die Diskussion bestimmt und zugleich belastet: die romant. Idee, Sprache und Volk seien ident., die Annahme G. Kossinnas, archäolog. Kulturprovinzen deckten sich jeweils mit best. Ethnien, und die auf den Schweden O. Montelius zurückgehende These, archäolog. Kontinuität entspräche einer Bevölkerungskontinuität.

*II.* Mit einer gewissen Wahrscheinlichkeit darf heute angenommen werden: Die *Ethnogenese* der G. vollzog sich in Verbindung mit der sog. Jastorfkultur, die sich zwischen Aller und Oder in der jüngeren Hallstattzeit (600-500 v. Chr.) ausgebildet und während der La Tène-Zeit (500-5) nach Süden ausgebreitet hat. Im 1. Jh. v. Chr. griffen Kimbern/Teutonen und Sweben (ein stammesübergreifender Verband, der das innergerm. Geschehen wesentl. bestimmt hat) weit nach Süden und Westen aus. Sie weckten zuerst das röm. Interesse an der nördl. Randkultur. In der älteren Kaiserzeit werden fünf große Kulturprovinzen erkennbar. Demnach wird von Rhein-Weser-G., Nordseeg., Elbg., Nordg. und Oder-Warthe-G. gesprochen. Umstritten ist insbes. das westl. Gebiet zwischen Weser-Aller-Saale und dem Rhein: ob germ., kelt. oder zwischen germ. und kelt.? Eine gewisse Übereinstimmung mit den (dann später das völkerwanderungszeitl. Geschehen bestimmenden) Großstämmen der Franken (an Rhein und Weser), Sachsen (Nordseeküste) und Sweben (Elbegebiet) wird deutl. Umstritten bleiben aber die Zuordnungen zu den Gruppierungen, die etwa Plinius und Tacitus bezeugen: die Mannus-Stämme (Ingaevones, Erminonen, Istaevones), zu denen Plinius noch zusätzl. Vandili und Peucini nennt. Auch die Sprachgeschichte glaubt eine Gliederung, die sich an den gen. Kulturprovinzen orientiert, zugrunde legen zu können (unter Aufgabe des alten Begriffs des »Westgermanischen«).

*III.* Neue Erkenntnisse verspricht die sog. *Alteurop. Hydronymie,* die Erforschung der Gewässernamen, die einzelsprachl. nicht erklärbar sind, d.h. einer älteren indogerm. Sprachstufe angehören müssen. Ihr zufolge vollzog sich – nach Ausweis der alten Namen, der Grammatik und des Wortschatzes – die Ausbildung des Germanischen in der Nachbarschaft des *Baltischen.* In einer Ost-West-Bewegung entfernte es sich – mehr und mehr ausebbend – vom eigentl. balt. Kontinuitätszentrum. Skandinavien scheint demnach zwar Anteil am alteurop. Namensschatz zu haben, nicht aber im Ausbreitungszentrum des Germanischen selbst gestanden zu haben. Die germ. Epoche endet zu der Zeit, da die Großstämme der Völkerwanderungszeit in Erscheinung traten. Eine Bestimmung der kulturellen Individualität dieses Germanischen (nach dem ihm eigenen Lebens- und Formgefühl) leidet unter der Unzulänglichkeit der dafür vorhandenen Quellen und Zeugnisse, die so disparater Art sind wie etwa die tacite. *Germania* auf der einen Seite und die altisländ. *Edda* sowie die *Sagas* auf der anderen Seite. Die Frage, ob Germanisches über die Völkerwanderungszeit in das christl.-antik best. →MA. hineingewirkt habe (z.B. im Bereich von →Recht, →Religion, Sozialordnung – mit speziellen Erscheinungen wie Gefolgschaftswesen, Eigenkirchenwesen, Brauchtum), wird heute eher ablehnend beantwortet.

*Lit.: H. Beck/J. Junkuhn/R. Wenskus:* Reallexikon der Germ. Altertumskunde, Berlin, 2. Aufl. 1973ff. – *H. Beck (Hg.):* G.probleme in heutiger Sicht, Berlin 1986.

*Heinrich Beck*

### B. Religionsgeschichtlich

*I.* Eine einheitl. germ. →Religion hat es nie gegeben; es lassen sich ledigl. einige gemeinsame Züge der Religionen der germ. Stämme fassen. Dabei müssen wir uns hüten, partikulare Besonderungen zu verallgemeinern, da den germ. Stammesreligionen nicht die hist. Chance gegeben war, zu einer umfassenden Volksreligion zusammenzuwachsen. Des weiteren verbietet die *mangelhafte Quellenlage* eine verallgemeinernde Darstellung, die auch nicht durch Vergleiche oder Parallelisierungen mit besser dokumentierten indogerm. »Schwester«religionen gewonnen werden kann, da jede dieser Religionen ihre eigene Geschichte und »Entwicklung« hat. Ebensowenig sinnvoll ist es, durch Rückübertragung späterer Vorstellungen, etwa aus →Sage und →Märchen, die germ. Religion besser erschließen zu wollen. An Quellen stehen wenige archäolog. Zeugnisse, einige antike Fremdberichte, späte christl. Zeugnisse und Eigenzeugnisse aus der Endzeit germ. Religiosität (bes. Nordg.), aus einer Untergangssituation also, zur Verfügung. Diese Quellen dürfen zudem ihrem Herkunftsbereich (Nord-, Ost-, Süd-, Westg.) nicht durch Verallgemeinerung entrissen werden. Als *allg. Züge* lassen sich dennoch festhalten: Für die germ. Religion in vorgeschichtl. Zeit sind als sicher nur Toten- und Opferkult belegt, die Annahme von Ahnenkult scheint bereits fraglich. Das →Sterben wurde verstanden als Übergang in eine andere Existenz (Grabbeigaben), wobei die Verstorbenen ihrer jeweiligen Sippenzugehörigkeit gemäß in Berge oder Hügel (bzw. künstl. Hügel: Dolmen) eingingen. Selbst die späte Vorstellung von Walhall, dem Kriegerparadies, bewahrt den Sinn eines ird. Sippenraumes.

*II.* Wie in allen Stammesreligionen ist Religion auch bei den G. nicht unterschieden von →Sitte und →Gesetz, sondern integraler Bestandteil der *soziopolit. →Ordnung,* der die Denkstruktur des Werdens in der Spannung von Gewordenem (urd) und Zukünftigem (skuld) zugrunde liegt. Religion meint die natürl. Ordnung, ê: das, was immer sein wird und immer gewesen ist. Als ihre Grundstruktur läßt sich deshalb die Erhaltung, Wiederherstellung oder Vermehrung des →Heils für den einzelnen und die →Gemeinschaft im Hier und Jetzt feststellen; dazu diente auch der →Kult, der die menschl. Seite des vertragl. gedachten Verhältnisses zu den höheren Mächten ausmachte. Die Götter waren Funktionsgestalten des →Heiligen, weniger als Persönlichkeiten, mehr in ihren Funktionen differenziert. Sie waren menschl. gedacht, was auch ihr Verhältnis zu den Menschen als fulltrúi (Bundesgenosse, vollkommener Freund) bestimmt. Auch sie sind dem Prinzip von Werden-Vergehen-Werden unterworfen. Dieses Eingebundensein in ein Werdeprinzip meint auch einer der zentralen Glaubensaspekte: das →*Schicksal* des einzelnen in seiner Eingebundenheit in die Sippe, weshalb Orakel neben Opfern Zentrum des Kultes bildeten, verbunden mit Spruch und Schwur. Kult- und Rechts- (Thing-)gemeinde waren identisch; oberster Kultherr war der Stammesfürst. Auch das sich später verselbständigende Priestertum galt immer als öffentl. →Amt. Deshalb meint althochdt. ēwarto (Priester) nichts anderes als »der die Ordnung wartet« (Kultfunktion!). Heilig, dem Heil zugehörig, war die gesamte Thinggemeinde, ihr Recht und Gesetz. Neben der *Thinggemeinde* scheint es in späterer Zeit Kultbünde unter der Führung rel. Spezialisten beiderlei Geschlechts gegeben zu haben. Die →Feste des Kultkalenders hatten kosm. Charakter, auch die für Stammesreligionen typ. →Übergangsriten sind bezeugt. Da sich die Identität von polit. und rel. Gemeinschaft bis in die Spätzeit durchgehalten hat, vollzog sich die Christiansierung sippen- und stammesgebunden, was z. B. im »Heliand«, einer altsächs. Evangelien-Nachdichtung in Stabreimung, seinen literar. Ausdruck fand. Diese Stammesgebundenheit lebte im Eigen- und Staatskirchenwesen wieder auf. Durch die Christianisierung verschwand die germ. Religion recht schnell. Ihre letzten Überreste wurden durch Inquisition und Hexenverfolgung ausgelöscht. Das späte MA. wußte so gut wie nichts mehr über germ. Traditionen und war vor allem darum bemüht, die adamist. Abstammung der G. nachzuweisen. Erst die →Romantik entdeckte das germ. Altertum wieder, schuf aber zugleich in Anlehnung an Lohenstein u.a. das Bild des »Bühnengermanen«, der dann zu Beginn des 20. Jh.s Pate stand bei den Zurückgewinnungsversuchen »germ.« Religiosität (Lanz von Liebenfals, Bonus, Dinter, Rosenberg u.a.; Nordische Glaubensgemeinschaft, Bund Wodan, Neutemplerorden, Gemeingerm. Glaubensgemeinschaft, Deutschkirche u.a.). Alle diese Gruppierungen sind heute allerdings bedeutungslos.

*Lit.: W. Baetke:* Die Religion der G. in Quellenzeugnissen, Frankfurt/M. 1937. – *Ders.:* Das Heilige im Germanischen, Tübingen 1942. – *W. Grönbech:* Kultur und Religion der G., 2 Bde., Nachdruck, Darmstadt 1954. – *J. de Vries:* Die geistige Welt der G., Darmstadt 1954.

*Rainer Flasche*

**Gesangbuch.** Das G. als planvoll gesichtete *Sammlung von volkssprachigen →Kirchenliedern* zum Gebrauch der im →Gottesdienst versammelten Gemeinde ist eine Neuschöpfung der luth. →Reformation des 16. Jh.s.

*A. Vorläufer* sind einerseits die lat. Hymnare und Antiphonare des →MA.s als Rollenbücher für den priesterl. oder mönch. →Chorgesang, andererseits die oft mundartl.-dt. Liederhandschriften aus den Kreisen der →Bruderschaften und Nonnenklöster für die private →Erbauung. Der Einblattdruck ist eine erste Gestalt des *refomator. G.s* mit einer großen publizist., volksmissionar. Breitenwirkung (1523). Rührige Verleger und Drucker fassen Liedblätter in kleinen Heften (Achtliederbuch 1524) oder in »Handbüchlein« mit halbamtl. Vorreden (Erfurter Enchiridien 1524) zusammen. Ein nächster Schritt ist das Chor.-G. (J. Walter 1524 mit mehrstimmigen Liedsätzen in Stimmbüchern, M. →Luthers 1. Vorrede), das der Einführung der neuen Lieder im Gottesdienst und der Musikpflege in Haus und Schule dienen soll. Schließl. entsteht das Gemeinde.-G., das wegen der großen Nachfrage in vielen Städten zusammengestellt und gedruckt wird (Wittenberg 1526). Das umfangreichste luth. G. der Frühzeit ist das von V. Babst (Leipzig 1545) mit Luthers 3. Vorrede und schmückenden Holzschnitten. Die wichtigsten Gesangbücher aus einer großen Vielfalt erscheinen in Rostock 1525/31 (Vorrede J. Slüter) für den niederdt. Bereich, in Straßburg ab 1525 (das großformatige Folianten-G. für den Gesang der Schüler 1541, Vorrede von M. Bucer); ferner das G. der Böhm. Brüder (M. Weiße 1531, J. Horn 1544, P. Herbert 1566; das erste volkssprachige G. überhaupt ist das tschech. Brüder.-G. 1501) und in Konstanz ab 1533/34 ein in Zürich gedrucktes G. Einziges G. für den *reform.* Bereich ist der franz. Genfer Psalter (1562), der bald in viele Sprachen übersetzt wird (holländ., engl., dt. durch A. Lobwasser 1573). Die mehrstimmige Ausgabe von C. Goudimel (1565), für das häusl. Musizieren bestimmt, läßt in der reform. Schweiz und in Frankreich den vierstimmigen Gemeindegesang erblühen. Die *kath.* Gesangbücher sind Reaktion auf den Erfolg der ev. Singbewegung; es werden ma. Liedgut, Mariengesänge, Neudichtungen und überarbeitete ev. Lieder angeboten (M. Vehe 1537, J. Leisetritt 1567). Die Kreise der →*Täufer* sammeln ihr Liedgut im »Ausbund geistl. Lieder« (1584), der später bes. von nach →Amerika ausgewanderten Gruppen immer wieder aufgelegt wird.

*B.* Trotz des Einheitsstrebens der *luth. Orthodoxie* (→altprot. Orthodoxie) im 17. Jh. bleibt das G. gemäß den fürstl. Territorialherrschaften regional vielfältig. Neue Liedschöpfungen, in erster Linie für die persönl. Erbauung bestimmt, erscheinen in Liedsammlungen von Dichtern (J. Rist/J. Schop 1641ff., P. →Gerhardt/J. G. Ebeling 1667), in einfach gesetzten, homophonen Vertonungen der Kantionalien (M. Vulpius 1609, J. H. Schein 1627, G. Vopelius 1682) oder in Privat-Gesangbüchern (J. Crüger »Praxis pietatis melica« 1644 mit 44 Aufl.). Da die meisten Gesangbücher ohne Noten gedruckt sind, kommt für die Begleitung der Gemeinde durch die →Orgel die Gattung der »Choralbücher« auf mit Melodie und beziffertem Baß (erstes gedrucktes Beispiel von D. Speer 1692). Der →*Pietismus* weitet das Liedgut aus (von 1700 an benützt man Nummerntafeln in der Kirche, wo man früher auswendig gesungen hat). Die Gliederung des G.s geschieht nicht mehr nach der liturg. Verwendung, sondern nach der begriffl. dogmat. Lehre. Weitverbreitet sind: J. A. Freylinghausen

»Geistreiches G.« (1704/14, vollst. Ausgabe 1741 mit 1582 Liedern); J. Porst »Berliner G.« (1708, auch im Pommern und Schlesien); G. Tersteegen seit 1736 für die reform. Rheinlande; Graf N. L. von Zinzendorf seit 1725 für die Herrnhuter Brüdergemeine (→Brüder-Unität) in aller Welt (z.T. erst von Chr. Gregor 1778 dem gemeindl. Gebrauch nutzbar gemacht). Die →*Aufklärung* bedeutet einen tiefen Einschnitt: Die alten Lieder werden aus ästhet., sprachl. und theol. Gründen ohne hist. Verständnis umgedichtet und oft gegen den Widerstand der altgläubigen Gemeinden eingeführt (J. S. Diterich Berlin 1765, G. J. Zollikofer 1766 u.a.; kath. Singmessen von F. S. von Kohlbrenner, I. Franz, K. A. von Mastiaux 1810). Die *Restaurationsbewegung* des 19. Jh.s (E. M. Arndt 1819: »Von dem Wort und dem Kirchenliede«) fordert die Rückkehr zu den Quellen und die regionale, dann die ökumen. Vereinheitlichung des G.s. Vorbildl. Privat-Gesangbücher bereiten den Weg (K. von Raumer 1831, Chr. C. von Bunsen 1833, A. Knapp 1837). Die Eisenacher Kirchenkonferenz (1853) wählt 150 in Text und Melodie verbindl. Kernlieder aus, erreicht aber nur das einheitl. Landeskirchen-G. Das Dt. Ev. G. (DEG) für die Auslandsgemeinden 1915 wird schon von zahlreichen Landeskirchen als Hauptteil übernommen.

*C.* Aber erst das in *neuerer Zeit* aus Singbewegung und Kirchenkampf erwachsene Ev. Kirchen-G. (EKG) 1950 bringt für den Stammteil (dem sich jeweils Regionalteile anschließen) eine wirkl. Einheit der Kirchen in der Bundesrepublik, DDR und in Österreich (394 Texte, 236 Melodien, Schwerpunkt von Reformation bis →Barock). Auf kath. Seite setzt die Überwindung der Aufklärung später ein (H. Bone 1847, G. M. Dreves 1886, →Cäcilianismus); 1916 werden erste Einheitslieder für die Diözesen bestimmt. Das einheitl. G. »Gotteslob« 1975 hat viele ev. Lieder über die Arbeitsgemeinschaft ökumen. Liedgut (AÖL) übernommen. Neue Lieder nach 1950 erscheinen in großer Fülle in kirchenamtl. Beiheften und in privaten Liedsammlungen.

*Lit.: K. G. Fellerer (Hg.):* Geschichte der kath. Kirchenmusik, Bd. I/II, Kassel 1972/76. – *Ph. Harnoncourt:* Gesamtkirchl. und teilkirchl. Liturgie, Freiburg 1974, 249-462. – *Chr. Mahrenholz:* G., in: Musik in Geschichte und Gegenwart, Bd. IV, 1876-89 (Abb.). – *Ders.:* Das Ev. Kircheng., Kassel 1950. – *I. Röbbelen:* Theologie und Frömmigkeit im dt. ev. luth. G., Göttingen 1957. – *M. Rößler:* Das G., Fundament und Instrument der Frömmigkeit, in: Zeitschrift für Theologie und Kirche 1982, 107-126. – Werkbuch zum Gotteslob, Bd. I-VIII, Freiburg 1975ff.

*Martin Rößler*



## Geschichte

*A.* Von »der G.« kann man noch nicht lange sprechen. Erst seit dem *ausgehenden 18. Jh.* ordnet der Begriff die Vielzahl des Geschehenen auf einen umfassenden Prozeß in der Zeit hin. Grundlegende Thesen Kosellecks pointieren das sprachgeschichtl. an der Herausbildung eines absoluten Kollektivsingulars G. – ursprüngl. hieß es im Plural »Die Geschichte sind...« – statt einzelner G.*n* von etwas. Statt des alten griech.-lat. Wortes »historia« (für die »Kenntnis« von Begebenheiten) bezeichnete nun der neue G.sbegriff (neben dem objektiv geschehenden Prozeß) auch die subjektive Seite des *Wissens* um ihn. G. wurde im Bündnis mit der Kategorie des →Fortschritts, dem Gedanken der →Entwicklung und zeitl. Bewegungsbegriffen zum unüberbietbaren Leitprinzip moderner Wirklichkeitserfahrung und Sinnorientierung.

*B.* Ein solcher *Paradigmawechsel* zu einer Vergeschichtlichung und Verzeitlichung der Welt bleibt in *drei* strukturalen Aspekten bestimmend:
*1.* G. gilt als *qualitative Veränderung* in der Zeit: Die alte Historie galt als Lehrmeisterin einer stets rechten Lebensführung (Historia magistra vitae), lieferte Exempel für immer gültige Verhaltensregeln. Diese von Thukydides und Cicero bis ins 18. Jh. vorherrschende exemplar. Denkform rechnete mit einer letztl. gleichbleibenden Welt, in der es allenfalls Variationen, Wiederholungen und zu korrigierende Verfallsepochen gab. Die moderne G.sauffassung gründet hingegen – auch wenn Analogien mögl. bleiben – in der Entdeckung der Andersartigkeit der Vergangenheit und der qualitativen Verschiedenheit der Zeiten. Das innere Zeiterleben, in dem jede Vergangenheit *unwiederbringl.* verloren ist und jede Zukunft voller neuer Möglichkeiten steckt, verband sich seit dem 18. Jh. mit der Erfahrung eines beschleunigten gesellschaftl. Wandels. Seitdem kann G. als ein von der Vergangenheit über die →Gegenwart in die →Zukunft gerichteter qualitativer Veränderungsprozeß verstanden werden. Die Erfahrung geschichtl. Unterschiedenheit erlaubt die Bildung hist. Epochen, die Herstellung von Entwicklungs- und Wirkungszusammenhängen, die krit. Relativierung der Gegenwart und den Appell an eine alternative Zukunft.
*2.* G. gilt als *Akkumulation von Erfahrungen*: Anders als die folgenlos gedachten Wiederholungen können sich unterscheidende hist. Erfahrungen in der Zeit summieren. →Hegel hat 1807 am Schluß der »Phänomenologie des Geistes« an der Reihe seiner Zeitgeister, deren »jeder das Reich der Welt von dem Vorhergehenden übernahm«, die Dialektik des durch gleichzeitige Bewahrung *überlegenen Neuanfangs* (in der Schulsprache als dreifache »Aufhebung« bekannt) als Weg in die »begriffene G.« proklamiert. Fortan wurde bewußt, daß keine Generation bei Null anfängt, sondern eine durch menschl. →Arbeit bereits eingerichtete Welt übernimmt, ebendarum aber zu

den gesellschaftl. Ressourcen, polit. Institutionen und Bildungspotentialen stets etwas hinzufügen kann. Pointiert setzt die Ökonomie seither auf das produzierte Mehr in der Zeit (→Wirtschaft); die Grenzen des Wachstums widerrufen nicht das akkumulative geschichtl. Prinzip, sondern seine Verdinglichung. Denn die Fähigkeit der Menschen, zur Aufbewahrung der Erfahrung im nacheinander, die jeder Gegenwart die Chance gibt, mehr zu wissen und zu können als alle Vergangenheit, begründet die *zieloffene Gerichtetheit* der G., die Möglichkeit geschichtl. Fortschritts und die →Hoffnung auf einen unabgeschlossenen Lernprozeß der Menschheit.

*3.* Die Frage nach dem →*Subjekt des G.sprozesses* wird gestellt: Seit der Entdeckung des Alters der Welt und der Evolution kann man auch der →Natur G. zusprechen. Von dem gemeinsamen Veränderungsprozeß hebt sich jedoch die G. der Menschen als Zusammenhang intentionaler und reflexiver Interaktionen (→Rolle) durch die Zeit ab. In Ermangelung eines dem individuellen Ich entspr. Subjekts, das Menschen und Zeiten umgreifen müßte, wird die G. dabei heute *ohne verantwortl. Träger* gedacht: Der Geschichtsprozeß selbst ist das geheime Subjekt. In der geschichtl. Praxis vertreten zur Entlastung geschichtl. gesellschaftl. Gruppen wie die Völker, Klassen, Kirchen oder reine Zeitkonstrukte (vom Zeitgeist bis zum Trend) die Stelle des Subjekts. Die Rede von der *Menschheitsg.* nimmt die einheitsstiftende Sinnkategorie (→Sinn) eines werdenden Gattungssubjektes vorweg; geschichtsphilos. ist dies die →Utopie einer – auch alles Vergangene in seinem Anderssein in sich schließenden – Intersubjektivität, polit.-didakt. ein Appell an die Menschen, die G., die sie machen, besser in ihre Gewalt zu nehmen.

*C.* Die Ableitung dieser modernen G.sauffassung aus der unumkehrbaren Zeitstruktur der →Offenbarungsreligionen – lineare Heilsg. gegenüber griech.-kreisfrömigem Denken – greift der heutigen G.stheorie zu kurz. Denn hist. ist der moderne G.sbegriff »gegen die christl. Enderwartung gebildet« (R. Koselleck), u.a. deshalb, weil die bis ins 17. Jh. herrschende Vorstellung, in einer Endzeit zu leben, qualitative Veränderungen und Verbesserungen innerhalb der G. gerade nicht erwarten ließ. Anders als die außengelenkten Heilszeiten gehen zudem geschichtl. Epochen auseinander hervor. Die *Zeitgerichtetheit* des modernen G.sprozesses gründet vielmehr in der beschriebenen neuartigen innovativen, akkumulativen und reflexiven Struktur, die *ohne außergeschichtl. Instanz* oder Endvorgabe gedacht werden kann. *Heilsg.* und *G.stheologie* haben sich seither nach bedeutenden Grenzgängen der idealist. Philosophie (→Idealismus), reaktiviert noch einmal in der Schule von W. Pannenberg, weitgehend auf den Diskussionszusammenhang von →Kirchengeschichte verlagert. Im umfassenden Sinn von G. liegen die theol. Kommunikationschancen nicht in neuen Gesamtdeutungen der geschehenen G., sondern in einer Orientierung auf die ausstehende, mit Sinnbedarf geschehende G. So könnte eine heute auch theol. geöffnete Zukunftsperspektive in einer geschichtl. Situation zwischen neuer Bedrohung und neuer Hoffnung dazu beitragen, der am »Ende der G.« angesiedelten *rel. Bildersprache* einen Sinn abzugewinnen, der im Gegenzug zur unausweichl. Enderwartung der Vormoderne, auf die neue Dimension der *Selbstverantwortung* der Menschen für die Fortsetzung ihrer G. verweist.

*Lit.: K. Bergmann (Hg.):* Handbuch der G.sdidatik, 2 Bde., Düsseldorf, 2. Aufl. 1985. – *J. Burkhardt:* Strukturelemente der neuen hist. Wissenschaften, in: *A. Nitschke (Hg.):* Verhaltenswandel in der Industriellen Revolution, Stuttgart 1975, 75-91. – *E. H. Carr:* Was ist G.?, Stuttgart 1963. – *R. Koselleck:* Vergangene Zukunft. Zur Semantik geschichtl. Zeiten, Frankfurt/M. 1979, 4. Aufl. 1985. – *K. Löwith:* Weltg. und Heilsgeschehen, Stuttgart 1953. – *W. Pannenberg (Hg.):* Offenbarung als G., Frankfurt/M., 4. Aufl. 1971. – *R. Schaeffler:* Einführung in die G.sphilosophie, Darmstadt 1980. – *W. Schulz:* Philosophie in der veränderten Welt, Pfullingen 1972, 470-627.

*Johannes Burkhardt*

## Geschichtswissenschaft

*A.* Nach einer propädeut.-hilfswissenschaftl. Vorgeschichte hat sich die G. im 19. Jh. als neue *Leitwissenschaft* an den Universitäten eingerichtet. Zwei hist. Komponenten wurden für sie bestimmend: 1. die *Geschichtsschreibung*, die sich in der →Aufklärung, räsonierend, zeitvergleichend und das Geschehen als Prozeß begreifend, über die gleichförmigen Annalen, Chroniken, Historien und Kompendien erhob, und 2. die *Forschungsmethode*, die zur Rekonstruktion von nicht mehr verfügbarer Vergangenheit systemat. erhaltene Zeugnisse sammelte und mit geregelter hist. Quellenkritik den Wirklichkeitszusammenhang dahinter zu erschließen suchte. In der Gestalt L. von Rankes (1795-1886) fanden diese historiograph. und die forschungsmethod. Neuerung in klass. Form zusammen. Der *staatsbezogene* Inhalt der sich öffnenden Archive und die Verlagerung des bürgerl. Fortschrittsinteresses auf den werdenden Nationalstaat (→Nation), repräsentiert im Engagement J. G. Droysens (1808-1884), gab dem Fach eine bleibend etatist. Richtung, die eine selbständige Kulturgeschichte (J. Burckhardt, 1818-1897), Sozialgeschichte (K. Lamprecht, 1856-1915), Wirtschaftsgeschichte an den Rand drängte. Die breit betriebene Geschichte der »großen Politik« hinterließ der G. ein unverzichtbares Fundament, verlor aber ihre im Bündnis mit dem →Historismus überzogene Geltung in der Katastrophe von 1945.

*B.* Nach einer Zeit der Geschichtsmüdigkeit und des Theoriedefizits ist die dt. G. in eine der *ergiebigsten Phasen* ihrer Geschichte eingetreten. Denn jenseits heftiger Richtungskämpfe der 1960er und 70er Jahre wird deutl., daß der Wettbewerb weiterentwickelter Traditionsbestände mit durchgreifenden Neuansätzen zu einer Steigerung des – zunehmend auch integrativ genutzten – hist. Erkenntnispotentials geführt hat. Die weitere polit. Geschichte interessierte sich verstärkt für »innenpolit.« Themen, wie →Stände, →Parteien, →Konfessionen, →Verfassung, →Grundrechte, begann aber unter friedensproblemat. Perspektiven (→Frieden) auch den diplomat.-militär. Quellenbestand neu zu nutzen. Die machtbewußte Fixierung auf die Episode eines dt. Nationalstaates wurde krit. aufgearbeitet; unter Beachtung der alteurop. Herkunft, des Völkerrechts und der europ. Expansion wurde sie in die größere Einheit →Europa eingebettet oder von der neubegründeten Frühneuzeitforschung – im sprunghaft angestiegenen Interesse an den Reichsinstitutionen und Territorien – föderativ neu verstanden. Strukturale (→Strukturalismus), raumbezogene, demograph. und ökonom. Perspektiven und bes. Themen wie →Stadt- oder →Bildungsgeschichte verbinden Alte, Mittlere und Neuere Geschichte. Zur Landesgeschichte tritt eine methodisch andersartige Regionalgeschichte; Themen der Kirchengeschichte werden neu integriert.

*C.* Der stärkste neue Impuls ging von einer themat. wie method. Öffnung zu den →*Sozialwissenschaften* aus, angeregt von einem engagiert gegenwartsbewußten hist. Erkenntnisinteresse, der »Annales-Schule«, der sozialökonom. Theoriebildung und vor allem von der hist. Soziologie. Programmat. zugespitzt zur »hist. Sozialwissenschaft« (H.-U. Wehler), wurde eine heute weit verstandene Gesellschaftsgeschichte vom neuzeitl. Prozeß der Industrialisierung und einer umfassenden Modernisierung (→Industrie, →Moderne) her angegangen, die auch quantifizierenden Methoden ein breites Arbeitsfeld bietet. Die Bedeutung von Untersuchungen zu →*Sprache und* →*Bewußtsein* betont die vom Umbruch einer sozialgeschichtl. »Sattelzeit« (R. Koselleck) um 1800 ausgehende Begriffsgeschichte. Ein *kulturanthropolog.* Interesse, das hist. Lebensformen und Verhaltensorientierungen, den Mentalitätenwandel und den Zivilisationsprozeß zu erschließen sucht, unterzieht Existentielles und Volkskundliches wie Geburt, Kindheit, Körper, →Familie, Arbeitsleben, Festkultur, →Tod und →Jenseitsbezug einer Vergeschichtlichung und findet in den Konzepten der Alltagsgeschichte (→alltägl. Lebenswelt) und der Frauengeschichte einen pointierten Zugriff.
An den Rändern der Zeitgeschichte, deren Aktualitätsschwelle sich von 1917 auf 1945 verlagert, und in der Diskussion um einen »*dt. Sonderweg*« fand die G. das stärkste publizist. Echo, namentl. seit der Fischer-Kontroverse um eine höher zu veranschlagende dt. Schuld am Ersten Weltkrieg. Der seit 1986 geführte, fragwürdig bezeichnete »Historikerstreit« um eine forcierte hist.-polit. Einordnung der Judenpolitik im Zweiten Weltkrieg (→Judentum) verweist auf die Problematik des Verhältnisses von →Politik und G.

*D.* Den neuen Aufstieg der G. repräsentiert nicht zuletzt eine reichhaltige *Theoriediskussion* hohen Ranges, die geschichtsphilos.-hermeneut. →Tradition und theoret. Durchdringung der Fachgrundlagen mit bedachter Aufnahme der wissenschaftstheoret. Diskussion und sozialwissenschaftl. Methoden verbindet. Eine verblüffende Wende der Theorie von der Forschungsmethode zur Geschichtsschreibung oder eigentl. zur Annäherung dieser beiden hist. Komponenten der G. findet im Begriff der *Narrativität* (→Erzählen) sein akzentuiertes Programm (vgl. Rüsen). Wenn tatsächl., wie die explikator. Auslegung der Narrativitätstheorie besagt, die Erzählung von dem, was alles nötig war, um von einem Zustand in der Zeit zu einem völlig anderen zu gelangen, eine eigene Art des Erklärens darstellt, dann hat die G. bei aller method. Integrationskraft im Veränderungsprinzip der Geschichte selbst auch ihr Theoriezentrum gefunden.

*Lit.: P. Barcelo (Hg.):* Grundkurs Geschichte, Königstein/Ts. 1982ff. – *K. Bergmann/R. Schörken (Hg.):* Geschichte im Alltag, Alltag in der Geschichte, Düsseldorf 1982. – *P. Borowsky/B. Vogel/H. Wunder:* Einführung in die G., 2 Bde., Opladen 1975. – *O. Brunner:* Neue Wege der Verfassungs- und Sozialgeschichte, Göttingen, 2. Aufl. 1968. - *Ders. u.a. (Hg.):* Geschichtl. Grundbegriffe. Hist. Lexikon der polit.soziol. Sprache in Deutschland, Bd. 1ff., Stuttgart 1982ff. – *M. Erbe:* Zur neueren franz. Sozialgeschichtsforschung, Darmstadt 1979. – *K. Hildebrand:* Geschichte oder Gesellschaftsgeschichte? Die Notwendigkeit einer polit. Geschichtsschreibung, in: Hist. Zeitschrift 223 (1976), 328-357. – *E. Jäckel/E. Weymar (Hg.):* Die Funktion der Geschichte in unserer Zeit, Stuttgart 1975. – *G. G. Iggers:* Dt. G., München 1975. – *Ders.:* Neue G., München 1978. – *J. Kocka:* Sozialgeschichte. Begriff, Entwicklung, Probleme, Göttingen 1977. – *R. Koselleck u.a. (Hg.):* Theorie der Geschichte, 5 Bde., München 1977-1987. – *Th. Nipperdey:* Gesellschaft, Kultur, Theorie, Göttingen 1976. – *K. Repgen:* Methoden- oder Richtungskämpfe in der dt. G. seit 1945?, in: Geschichte in Wissenschaft und Unterricht 30 (1979), 591-610. – *J. Rüsen:* Hist. Vernunft (Historik I). Die Prinzipien der hist. Forschung (II), Göttingen 1983-1986. – *W. Schieder/V. Sellin (Hg.):* Sozialgeschichte in Deutschland, 4 Bde., Göttingen 1986-87. – *W. Schulze:* Einführung in die neuere Geschichte, Stuttgart 1987. – *H.-U. Wehler (Hg.):* Dt. Historiker, 10 Bde., Göttingen 1971ff. – *Ders.:* Dt. Gesellschaftsgeschichte, Bd. 1-4, München 1987ff.

*Johannes Burkhardt*

## Gesellschaft

### *A. Definition und Problembereich*

*I.* G. ist ein für alle Sozialwissenschaften *zentraler* Begriff, und dementspr. *vieldeutig* und unterschiedl. akzentuiert das damit verbundene Bedeutungsfeld. Jede Konkretisierung des G.sbegriffs spiegelt die unterschiedl. Problemstellungen, ideolog. Grundlagen und Erkenntnisinteressen verschiedener Spezialwissenschaften (von der Sozialanthropologie bis zur polit. Ökonomie) ebenso wider wie die verschiedenen Auffassungen und Lehrmeinungen innerhalb dieser Wissenschaften, insbes. auch der →Soziologie, die ja oft als G.swissenschaft definiert wird. Ganz allg. bezeichnet G. die Tatsache der gegenseitigen Verbundenheit von Lebewesen (so gibt es z.B. auch eine Pflanzensoziologie innerhalb der Botanik); auf Menschen bezogen, ist mit G. zunächst das *Insgesamt ihrer sozialen Beziehungen* gemeint, durch die 1. →Bedürfnisse befriedigt werden, die 2. mehr oder weniger auf Dauer gestellt sind und die 3. miteinander zu einem Rahmen verknüpft sind, der der Person →Orientierung und Handlungsmöglichkeiten vermittelt.

*II.* Dieser G.sbegriff sieht allerdings von der Tatsache ab, daß das Netzwerk sozialer Beziehungen nur in best. soziokulturellen und hist. Konkretionen, daß G. nur als best *G.sformation* existiert. Der Begriff G.sformation wurde innerhalb des →Marxismus für eine durch ihre Produktionsverhältnisse geprägte G. verwendet, wurde jedoch inzwischen auf die teilweise davon unabhängige Formierung auch anderer Beziehungskomplexe ausgedehnt. Dieser hist. konkrete G.sbegriff bezeichnet dementspr. eine Gruppierung von Menschen, die sich auf längere Zeit mit best. →Institutionen, →Organsiationsformen und →Kulturmustern aufeinander bezieht und dabei eine best. Regelung der *Verteilung von →Arbeit und Macht* zwischen den Geschlechts-, Alters- und Produktionsgruppen (→Klassen) ausbildet. Dies schließt den Plural ein: es gibt nur G.en: die röm. Sklavenhalterg., die indian. Stammesg., die byzant. G., die bürgerl. G., die moderne amerik. G., die westdt. G. usw.

*III.* G.en waren in *früheren* hist. Epochen geograph. und kulturell relativ autarke Formationen, in denen alle für das Zusammenleben wichtigen individuellen und gemeinsamen Funktionen und Bedürfnisse unmittelbar in lokalen Kreisläufen erfüllt waren und deren *gesellschaftl. →Identität* klar erkennbar und bewußt war. Die *moderne* G. läßt sich infolge der zunehmenden weltweiten Verflechtung ökonom., sozialer und kultureller Inhalte, Institutionen und Beziehungen (insbes. in und durch Weltwirtschaft und Massenmedien) weder räuml. noch kulturell-zivilisator. eindeutig abgrenzen. Auch die polit., nationalstaatl. Grenzen von G.en verlieren zunehmend ihre Bedeutung.

*B. Grundfragen der Gesellschaftsentwicklung*

*I.* Der *Ursprung* gesellschaftl. Organsiation war ein Thema, das →Philosophie und Politiktheorie stark beschäftigte. Oft wurde und wird ein erster *G.svertrag* angenommen, der die Arbeits- und Machtverteilung und andere Organisationsgrundlagen, z.B. der sozialen Kontrolle, auf der Basis eines →Konsens regelt. Dies trifft empir. auf neuzeitl. G.sgründungen z.B. durch Siedler oder Emigranten durchaus zu (→Wanderung), der gattungsgeschichtl. Ursprung einer komplexen sozialen Ordnung der G. ist damit aber nicht erklärbar. Dabei ist die Wechselwirkung zwischen Produktionsgrundlagen (insbes. der Ubergang zur seßhaften Ackerbaug.), polit. →Institutionen (insbes. der Ausbildung territorialer →Herrschaft) und rel.-kulturellen Vorstellungen (Ausformulierung von Grundlagen gesellschaftl. →Identität z.B. in Schöpfungsmythen und einer rel. begründeten Repräsentation dieser Identität) maßgebl. wobei verschiedene G.stheorien jeweils einen der oben angegebenen Faktorbereiche stärker betonen.

*II.* Unumstriten ist allg., daß der Mensch als →Person ohne die G. als *Bezugsrahmen* nicht existieren kann. Diese anthropolog. Bestimmung ist jedoch nicht die Ursache von G. Abstrakte, sozialphilos. oder sozialeth. orientierte G.stheorien tendieren dazu, hist. bestehende G.sformationen und Herrschaftsverhältnisse zu verabsolutieren und (da sie ja die Grundfunktion der sozialen Einbindung von Individuen erfüllen) zum Inbegriff von G. schlechthin zu machen, etwa auch in best. christl.-theol. G.slehren von der Verkörperung göttl. Ordnungsprinzipien (→Naturrecht).

*III.* Mit der *bürgerl. →Revolution* verschoben sich dann auch die Akzente einer allg. G.stheorie: Das Idealbild einer →liberalen, sich selbst organisierenden G. wurde entfaltet, und G. nicht mehr als präexistente Ordnung, sondern als gestaltbarer Rahmen begriffen. Gegen die Realität einer nur für herrschende Klassen gegebenen Gestaltungskompetenz wurde dann auch die marxist. G.stheorie einer *Klasseng.* formuliert, die es zur →kommunist. G. weiterzuentwickeln gilt. Andererseits wurde im epochalen Umbruch zur modernen →industriellen G. die G. als überschaubares Ganzes, in dem Individuen unmittelbar aufeinander bezogen sind (idealtyp. in der alten agrar.-dörfl. Lebensordnung), als Idealbild betont und von F. Tönnies (1855-1936) mit dem Begriff der →Gemeinschaft gegen die abstrakte, unpersönl. G. der →Neuzeit pointiert dargestellt.

*C. Variationen moderner Gesellschaftsbegriffe*

Insgesamt geht die weitere Entwicklung eines soziol. Gesellschaftsbegriffs parallel mit der Entwicklung der modernen abendl. Industriegesellschaft. G. als dynam. Gleichgewichtssystem aus molekülhaft gedachten Individuen (V. Pareto), G. als Zusammenhang allg. sozialer Formen (G. Simmel), G. als eigenständige soziale Tatsache mit einem Kollektivbewußtsein (E. Durkheim), all diese Ansätze versuchen, die zunehmende Komplexität, Differenzierung und Entpersönlichung gesellschaftl. Prozesse in der modernen G. begriffl. zu fassen. Systemat. ausformuliert ist diese Linie (die bei Simmel und M. →Weber noch an das gesellschaftl. →Subjekt rückgebunden bleibt) in der strukturfunktionalen G.stheorie u.a. von T. Parsons, der seinen für den G.sbegriff stehenden Begriff des *sozialen →Systems* völlig von konkret handelnden Menschen abstrahiert und nur noch aufeinander abgestimmte →Normen, →Rollen, Institutionen und Organisationen analysiert. Einen Schritt weiter geht noch die moderne soziol. →*Systemtheorie* insbes. von N. Luhmann, der als Ausgangspunkt der G.sanalyse nicht mehr die Binnenstruktur gesellschaftl. Teilsysteme, sondern das Verhältnis des G.ssystems insgesamt zur komplexen →Umwelt, deren Komplexität vorläufig in den Regelungen der G. reduziert wird, in den Mittelpunkt stellt. Ebenso wie die moderne G. zur konkret nicht mehr eindeutig abgrenzbaren, vielfach segmentierten, unüberschaubaren Realität sozusagen »verschwimmt«, erreicht auch die allg. G.stheorie, die G. von einer »Nichtg.« unterscheiden will, einen immer schwieriger nachvollziehbaren Grad der Abstraktion. Dagegen versuchen krit. Ansätze der G.stheorie (z.B. H. Marcuse, J. Habermas) wieder stärker die Wirkungen der hist.-konkreten G. auf die betroffenen Individuen zu erfassen: welche →Entfremdung und Repression sichtbar wird, welche →emanzipator. Möglichkeiten für das G.smitglied erkennbar sind und wie diese Möglichkeiten genutzt werden könnten. Dem Gedanken, wie Menschen in und mit einer G. leben, sind auch G.stheorien verpflichtet, die den gesellschaftl. Alltag, das Alltagsbewußtsein der Menschen und ihre intersubjektive Sinnkonstruktion als Grundelemente der G. betonen. G. konstituiert sich aus dieser Perspektive als Teil der *Lebenswelt* handelnder Menschen und nicht als abstraktes Ganzes. Die Festlegung auf ein best. G.skonzept in der Soziologie bedingt dann auch die Art und Weise, wie verschiedene soziale Phänomene erfaßt und erklärt werden. Gerade die →Religionssoziologie ist ohne Blick auf die ihren Ansätzen zugrundeliegenden G.stheorien nicht überschaubar.

*Lit.: P. Berger:* Zur Dialektik von Religion und G., Frankfurt/M. 1973. – *Ders./Th. Luckmann:* Die gesesellschaftl. Konstruktion der Wirklichkeit, Frankfurt/M. 1969. – *M. Eder:* Die Entstehung staatl. organisierten G., Frankfurt/M. 1976. – *E. Engelberg u.a. (Hg.):* Formationstheorie und Geschichte, Köln 1978. – *J. Habermas:* Theorie des kommunikativen Handelns, 2 Bde., Frankfurt/M. 1981. – *N. Luhmann:* Theorie sozialer Systeme, Frankfurt/M. 1984. – *I. Mörth:* Die gesellschaftl. Wirklichkeit von Religion, Stuttgart 1978. – *T. Parsons:* The Social System, Clencoe/Ill. 1951. – *G. Simmel:* Soziologie, Berlin, 4. Aufl. 1958. – *M. Weber:* Wirtschaft und G., 2 Bde., Köln 1964.

*Ingo Mörth*

**Gesetz.** Der *Begriff* des G.es bezeichnet eine normative Ordnungsstruktur, die in nahezu allen →Religionen als Ausdruck göttl. Willens gedeutet worden ist. Für die christl. Tradition ist in Rezeption wie Abgrenzung das jüd. G.esverständnis prägend geworden.

*A. Im AT* meint »G.«, hebr.: *tora,* sowohl die vom Priester mündl. verkündete moral., kult. und rechtl. Weisung als auch schriftl. fixierte Sammlungen von G.en wie →Dekalog, Bundesbuch, Heiligkeitsgesetz und →Deuteronomium. Diese G.essammlungen umfassen hauptsächl. Bestimmungen für →Kult und →Priester sowie aus der Rechtssprechungspraxis »im Tor« abstrahierte kasuist. Rechtsnormen. Einen eigenen Typus des G.es stellen apodikt., kurze Gebote oder Verbote, wie insbes. die *»Zehn Gebote«,* dar. Weil alle G.e als von Jahwe gegebenes Gottesrecht gelten, unterliegen ihnen auch die Könige. Zentrale Forderungen des Rechts sind die Solidarität mit Schwachen und die prakt. Anerkenntnis von Jahwes Herrschaft durch Nächstenliebe. Nach dem Verlust der Eigenstaatlichkeit und der Zerstörung des Tempels wird G.estreue zum Inbegriff rechter →Frömmigkeit des Gottesvolkes und zum zentralen Merkmal seiner Auserwählung (→Bund). Das G. *wird zum Heilsweg,* dem entscheidenden Medium der Erlangung von Gottesgemeinschaft. Doch wird die für christl. Traditionen maßgebende pauschale Charakterisierung jüd. Frömmigkeit als pedant. Legalismus dem →Judentum nicht gerecht.

*B.* Der Jude *Jesus von Nazaret* hat die →Tora nicht verworfen, sondern deren wahren Sinn freizulegen beansprucht. So werden einerseits der Verbindlichkeitsanspruch des G.es gestärkt, andererseits blinder G.esgehorsam abgelehnt und um des Nächsten willen die Übertretung einzelner Gebote wie z.B. des Gebots der →Sabbatheiligung erlaubt.
Die Verbindlichkeit der Tora für die Christen steht im Zentrum der in der Urgemeinde geführten *Auseinandersetzungen* zwischen Judenchristen und Heidenchristen. Dabei macht der zum →*Paulus* gewordene Jude Saulus das G. zu einem zentralen Auslegungshorizont für das Verständnis des Heilshandelns Gottes in →Jesus Christus. →Kreuz und →Auferstehung bedeuteten das Ende des Gesetzes, weil sie dessen Sinn erfüllt, d.h. Gottesgemeinschaft ermöglicht, hätten. Gerade indem Christus das G. erfüllt und überwunden habe, zeige sich dessen bleibende Bedeutung für den Christen. Dieser erfahre am G. seine Sündhaftigkeit und damit sein Unvermögen, aus eigener Leistung zur Gottesgemeinschaft zu gelangen. →*Gerechtigkeit* vor Gott wird also nicht mehr durch Treue gegenüber dem G., sondern durch eine allein in der Bindung an Christus mögliche Einsicht in Gottes gnädigen Schöpferwillen konstitutiert.

*C.* Der Wandel des alten Christentums von einer jüd. Sekte zur *Staatsreligion* des röm. Weltreichs führt zu einer *Aufwertung* des theol. Stellenwerts des G.esbegriffs. Die Rezeption der griech. Philosophie, insbes. des →Naturrechts der →Stoa, führt zu einer neuen Universalisierung des G.esverständnisses. Nicht die am Heil des einzelnen orientierte rel. Erfassung des G.es, sondern dessen *kosm. Ordnungsfunktion* steht nun im Vordergrund. Daß Gott wesentl. Garant einer guten, vernünftigen →Ordnung der Welt ist, hat auch einen konkreten polit. Sinn: Die Verbindlichkeit der polit. Ordnung soll rel. begründet und darin zugleich begrenzt werden. Der G.esbegriff wird deshalb so differenziert, daß alle konkreten polit.-sozialen Ordnungsprobleme in Gemeinwesen und Kirche auf das von Gott in seiner Schöpfung gegebene G. – das aus dem göttl. G. *(lex divina)* entstammende ewige G. *(lex aeterna)* – zurückbezogen werden können. Die klass. Gestalt dieser G.estheologie hat →Thomas von Aquin entwickelt.

*D.* Auf Grund der Erneuerung des paul. →Rechtfertigungsglaubens in der →*Reformation* tritt zunächst der im engeren Sinne rel., auf das Heil des einzelnen bezogene Gehalt des G.esverständnisses wieder in den Vordergrund. →Luther erklärt die rechte Unterscheidung von *G. und →Evangelium* zu der zentralen Aufgabe christl. Theologie. G. und Evangelium gelten als zwei unterschiedl. Weisen des einen Willens Gottes. Die krit. Analyse einer dem Weg der G.esgerechtigkeit folgenden Suche nach Heil dient Luther zur Darstellung jener Glaubensgerechtigkeit, die der Mensch allein als Geschenk Gottes empfangen könne: An dem von Gott gegebenen G. erfahre der Mensch seine totale Sündhaftigkeit, also sein Angewiesensein auf jene gnädige Zuwendung Gottes, die allein im Evangelium offenbar werde.
Als auf Grund der →Kirchenspaltung prot. Territorien entstehen, gewinnt notwendig wieder die *polit. Ordnungsfunktion* der G.eslehre an Gewicht. G. sei nicht nur Spiegel für die Selbsterkenntnis des Menschen als Sünder, sondern, insbes. in Gestalt des Dekalogs, auch ein Riegel gegen das →Böse. Je mehr die polit. Autorität des G.es betont wird, desto wichtiger wird wieder die Frage nach dem Verhältnis der →Freiheit des Christen vom G. zur bleibenden Verbindlichkeit von Recht und G. Beginnend mit →Melanchthon, entwickeln die altprot. Dogmatiker deshalb eine Lehre vom sog. *»dritten Brauch des G.es«:* Auch für die begnadeten Sünder bleibe das G. eine wichtige Orientierungshilfe. Auch in der nachreformator. röm.-kath. Theologie gewinnt die G.eslehre, in Fortführung von Thomas' Unterscheidungen, primär die Funktion der Stabilisierung der polit. Ordnung konfessionell geschlossener Gemeinwesen.

*E.* Die Entstehung der modernen →Naturwissenschaften und die durch die Konfessionskriege provozierte Ausbildung des modernen humanen Vernunftrechts relativieren das traditionelle Auslegungsmonopol der Theologen für den G.esbegriff. Ein dem Prinzip math. Klarheit und prakt. Berechenbarkeit verpflichtetes *neues Wissenschaftsideal* führt auch zu einem neuen G.esverständnis (→Naturgesetz): Selbst die prakt. Philosophie (→Ethik) und die Ordungsprobleme menschl. Zusammenlebens sollen nun »more geometrico« behandelt werden (G. W. →Leibniz). Die Durchsetzung des math.-naturwissenschaftl. Wirklichkeitsverständnisses und der Rationalismus der prakt. Philosophie, der in →Kants Programm moral. →Autonomie kulminiert, führen dazu, daß der Begriff des G.es zunehmend in eine Mannigfaltigkeit einzelwissenschaftl. G.esbegriffe aufgelöst wird und der alte *Integrationsanspruch* der theol. G.eslehre *ortlos* zu werden scheint.
Doch wird in beiden Konfessionen seit dem frühen 19. Jh. der alte *Universalitätsanspruch* des theol. G.esverständnisses festgehalten. In der röm.-kath. Theologie geschieht dies vorrangig durch eine *Naturrechtslehre*, mit der für →Staat und →Kultur allgemeinverbindliche sittl. →Normen und →Werte gewonnen werden sollen. Demselben Interesse dient innerhalb des Protestantismus, insbes. im dt. Kulturluthertum, die Entwicklung einer Lehre von den *Schöpfungsordnungen.* Dieses dem Schöpfungsbegriff verpflichtete Ordnungsdenken stößt seit den späten 20er Jahren auf die Kritik K. →Barths und seiner Schule, die theol. Universalintegration christolog., durch Vorordnung des Evangeliums vor das G., zu begründen verlangen. Die intensiven innertheol. Auseinandersetzungen um die Frage, wie sich der alte Integrationsanspruch theol. G.esdeutung unter den Bedingungen moderner gesellschaftl. Differenzierung (→Neuzeit) aufrechterhalten läßt, können aber nicht darüber hinwegtäuschen, daß die Theologie die vielfältigen *Eigengesetzlichkeiten der modernen Kultur und Wissenschaften* nicht mehr in eine solche rel. Gesamtdeutung der Welt aufzuheben vermag, der auch außerhalb ihrer eigenen Sprachspiele wirklichkeitserschließende Kraft zuerkannt würde.

*F.* Bes. deutl. zeigt sich diese mangelnde Integrationskraft gegenüber dem naturwissenschaftl. G.esverständnis. Fakt. vollzieht sich damit auch im Medium des scheinbar universellen G.esbegriffs jene *Individualisierung christl. Sprachsymbole*, die für die neuzeitl. Geschichte des Christentums grundlegend ist. G. und Evangelium können nicht mehr zu Grundbegriffen einer normativen →Ontologie gemacht werden. Lebensweltl. Plausibilität gewinnen sie nur insoweit, als sie als Deutungsmuster individueller →Gewissenserfahrung rekonstruiert werden: Sie erschließen die Möglichkeit einer Vergewisserung des Menschen, in der die Erfahrungen des Scheiterns nicht verdrängt, sondern als wichtiges Element der Identitätsbildung verarbeitet werden.

*Lit.:* *K. Berger:* Die G.esauslegung Jesu. Ihr hist. Hintergrund im Judentum und im AT, Neunkirchen-Vluyn 1972. – *G. Klein u.a.:* G. III-VI, in: Theol. Realenzyklopädie 13, 58-126 (Lit.). – *E. Kinder/K. Haendler (Hg.):* G. und Evangelium. Beiträge zur gegenwärtigen theol. Diskussion, Darmstadt 1968. – *W. Kluxen:* Philos. Ethik bei Thomas von Aquin, Hamburg, 2. Aufl. 1980. – *W. Pannenberg/A. Kaufmann:* G. und Evangelium, München 1986. – *W. Peters:* G. und Evangelium, Gütersloh 1981. – *R. Smend/U. Luz:* G., Stuttgart u.a. 1981. – *E. Troeltsch:* Die Soziallehren der christl. Kirchen und Gruppen, Tübingen 1912. – *H. Welzel:* Naturrecht und materiale Gerechtigkeit, Göttingen, 5. Aufl. 1980.

*Klaus Tanner*

**Gesinnung und Erfolg**

*A.* E. bezeichnet im alltägl. Sprachgebrauch das beabsichtigte positive Ergebnis einer Handlung. In der →Ethik bezieht man sich mit diesem Wort auf die *tatsächl.* Wirkungen (Folgen) einer Handlung, ob beabsichtigt oder nicht, ob gut oder schlecht. Das sittl. und rechtl. Bewußtsein pflegt die →Sittlichkeit von Handlungen zunächst *nach dem E. zu beurteilen*; es geht vor allem darum, daß die fundamentalen Rechte des anderen (auf sein Leben, sein Eigentum usw.) nicht verletzt werden; das wäre der Standpunkt einer E.sethik, dem im →Recht das Prinzip der E.shaftung entspricht. Die Beobachtung, daß Menschen unwissend und ohne Absicht schweren Schaden anrichten können, daß andererseits Wohltaten im Egoismus ihre Wurzel haben können (vgl. Mt 6,2-4: Almosengeben, »um von den Menschen gesehen zu werden«), führt zum entgegengesetzten gesinnungseth. Standpunkt, nach dem nicht die äußeren Wirkungen, sondern die *innere Einstellung*, Haltung, die →Moralität einer Handlung ausmacht (das →Gute). Die Erzählung vom Scherflein der Witwe (Mk 12,41-44) zeigt, daß auch bei geringster äußerer Wirkung einer Handlung ihr doch auf Grund der sie hervorbringenden G. ein weit höherer Wert zukommen kann als einer äußerl. viel wirkungsvolleren, die aber gesinnungshaft hinter ihr zurücksteht. Somit vertritt das →NT eine G.sethik, nach der die G. den sittl. →Wert der Handlung ausmacht. G. meint hier die innere Haltung, die freie Entschiedenheit, aus der die guten oder schlechten Handlungen folgen (wie die Früchte eines Baumes; vgl. Mt 7,17). Dagegen wird oft eingewandt, das ntl. Ethos etwa der →Bergpredigt sei keine reine G.sethik, es ziele auf das Tun. Damit dürfte der gesinnungseth. Standpunkt mißverstanden sein. Er erklärt nicht den E. (damit das Tun) für unwichtig. Im Gegensatz von G.s- und E.sethik geht es nur um das Kriterium der *Moralität*, nicht der →Legalität. Auf die Frage, was macht eine Handlung (den Menschen) gut, antwortet die G.sethik: allein die gute G., allein »ein guter →Wille« (→Kant). Die G. (der →Liebe) wäre aber nicht echt, wenn ihr die Folgen (der E.) des Tuns gleichgültig wären. Sie ist wesenhaft auf den *beabsichtigten* E. bezogen, aber nicht vom tatsächl. E. abhängig. Der E. ist nach einer teleolog. Theorie (→Verantwortung) Kriterium der Legalität, des sittl. Richtigen. Der gesinnungseth. Standpunkt unterscheidet deutl. Moralität und Legalität, während reine E.sethik die Sittlichkeit auf den Bereich der Legalität reduziert.

*B.* Im Gegensatz zu »Verantwortungsethik« (M. →Weber) bezeichnet »G.sethik« eine deontolog. Normierungstheorie (→deont. Logik), nach der sich (wenigstens in einigen Fällen) die sittl. Richtigkeit des Handelns nicht nach den Folgen bestimmt, man diese vielmehr →Gott anheimstellen soll. Die Bezeichnung »G.sethik« erklärt sich hier wohl aus der Tatsache, daß man etwa einer deontolog. verstandenen Gewaltlosigkeit die sie tragende G. ansieht. Das gilt aber nur, wo der G.sethiker selber die negativen Folgen zu tragen hat. Wo, wie im Fall polit. Handelns, andere zahlen müßten, verbietet sich (nach M. Weber) das Handeln gemäß einer gesinnungseth. Maxime.

*Lit.: H. Reiner:* G.sethik und E.sethik, in: Archiv für Rechts- und Sozialphilosophie 40 (1952/53), 520-533. – *M. Scheler:* Der Formalismus in der Ethik und die materiale Wertethik, Bern, 5. Aufl. 1966, 127-172. – *M. Weber:* Politik als Beruf, in: *ders.:* Ges. polit. Schriften, Tübingen, 2. Aufl. 1958, 493-547.

*Werner Wolbert*

**Gewalt, Gewaltlosigkeit.** In den meisten europ. Sprachen, vorab im Griech., Lat. und Dt., lassen sich *Erscheinung* und *Begriff* von Gewalt (G.) und Gewaltlosigkeit (Gl.) nicht eindeutig abgrenzen (»definieren«) gegenüber →Macht, →Herrschaft oder Zwang. In einem sehr engen Sinne bezeichnet G. die Androhung oder Zufügung einer phys. Verletzung des →Lebens oder der körperl. Unversehrtheit. Geschieht derartiges zwischen →Menschen in einem rechtl. geordneten Gemeinwesen, so muß man unterscheiden, ob die G.mittel a) gegen den freien →*Willen* des Betroffenen und b) gemäß dem geltenden →*Recht* eingesetzt werden. Man muß also im Ansatz zwischen einer widerrechtl. G. und einer (Staats-, aber auch Bürger-)G. im Dienste des Rechtes unterscheiden.

*A.* Der Ausbildung des sog. *staatl. G.monopols* in den europ. Staaten liegt die Idee zugrunde, daß das natürl. G.vermögen jedes Menschen nur gebändigt werden kann, wenn jeder einzelne für sich auf gewaltsame Selbsthilfe verzichtet, soweit der →Staat die Einhaltung des gleichen Rechtes für alle garantieren und notfalls erzwingen kann. Die dem allg. Recht unterworfene Staatsgewalt (→Rechtsstaat) dient dem Schutz der gewaltlosen Bürger vor fremder G.

*B.* Im Gesamtzeugnis der *bibl. Schriften* und ihrer Auslegung lassen sich *vier* markante Einstellungen zu G. und Gl. erkennen: a) Die Gewaltsamkeit der →Natur wie des Menschen gehören zur →Struktur der ird. →Welt. Es gelingt stets nur provisor., die Macht des →Bösen in Schach zu halten. b) Das Geschick der atl. →Propheten wie Leben und Tod des →Jesus von Nazaret zeigen, daß →Gott sein Reich ohne G. errichtet, ja, sich dem →Leiden unter der G. dieser Welt ohnmächtig aussetzt. c) Juden und Christen können mit notfalls gewaltsamen Mitteln der G. wehren, wenn dies rechtmäßig und um des Nächsten willen geschieht (Röm 13,1-7; 1 Petr 2,13f.). d) G. zum Zweck rel. Selbstbehauptung muß verworfen werden (Röm 12,19-21; 1 Petr 2,19-24).

*C.* Eine abstrakte, kontextfreie eth. Urteilsbildung bezügl. G. und Gl. ist nicht mögl. Im Kern stimmen heute die großen →Weltreligionen in der strengen Ablehnung von Folter, Geiselnahme und der vorsätzl. →Tötung Unschuldiger überein. Am umstrittensten sind die Fragen militär. Verteidigung und revolutionärer (gewaltsamer) Gesellschaftsveränderung (→Revolution). Ein Notwehrrecht mit der G. als letztem Mittel wird zwar noch in der Regel akzeptiert, jedoch möglichst eingeschränkt zugunsten von Aktionen gewaltfreien →Widerstandes. Unbedingte Gewaltlosigkeit (vgl. M. Gandhi) lebt in den Hist. Friedenskirchen (→Mennoniten, →Brüderbewegung, →Quäker) und findet zunehmend Anhänger. Als inhaltl. Kriterium für ein legitimes Recht auf äußerstenfalls gewaltsame →Notwehr gilt zumeist die andauernde und schwere Verletzung von →Menschenrechten.

*Lit.: A. Carter u.a.:* Non-violent Action: Theory and Practise. A. Selected Bibliography, London, 2. Aufl. 1970. – *F. Engel-Janosi u.a. (Hg.):* G. und Gl. Probleme und Gestalten des 20. Jh.s, München 1977. – Ev. Kirche und freiheitl. Demokratie. Der Staat des Grundgesetzes als Angebot und Aufgabe. Eine Denkschrift der EKD, Gütersloh 1985. – *K.-G. Faber/K.-H. Ilting/Ch. Meier:* Macht, G., in: Geschichtl. Grundbegriffe, Bd. 3, Stuttgart 1982, 817-935. – G. und G.anwendung in der Gesellschaft. Eine theol. Thesenreihe zu sozialen Konflikten, erarb. von der Kammer der EKD für öffentl. Verantwortung, Gütersloh 1973. – *W. Lienemann:* G. und G.verzicht. Studien zur abendländ. Vorgeschichte der gegenwärtigen Wahrnehmung von G., München 1982. – *N. Lohfink (Hg.):* G. und Gl. im AT, Freiburg/Basel/Wien 1983. – *S. Papcke:* Progressive G. Studien zum sozialen Widerstandsrecht, Frankfurt/M. 1973. – *H.-H. Schrey:* G., Gl. I, in: Theol. Realenzyklopädie 13, 168-178.

*Wolfgang Lienemann*

## Gewissen

*A.* Mit dem Substantiv G. wie mit seinen Ableitungen bezieht man sich auf den →Menschen, insofern er einem *sittl. Auftrag* untersteht (→Sittlichkeit). Dabei läßt sich G. in seinem unspezif. Gebrauch durch gleichwertige sittl. Wertungswörter ersetzen. Ein »g.loser« Mensch ist nicht etwa ein Mensch ohne G., sondern einer, der (dauernd) gegen sein G., d.h. sittl. schlecht, handelt (das →Böse). »G.sgründe« sind sittl. Gründe. G. bezeichnet aber auch das sittl. Erkenntnisvermögen (etwa in »G.sbildung«): die prakt. →Vernunft, d.h. die Vernunft, sofern sie urteilt über Gut und Böse, Richtig und Falsch. Das G. in diesem Sinn urteilt über die →Handlungen eines jeden Menschen nach dem gleichen Maßstab.

*B.* In anderer Bedeutung ist das G. innerer Gesetzgeber und Richter nur für den einzelnen. »Mein G.« klagt *mich* an, nicht einen Hitler oder Stalin. Die Rede vom G. hat hier einen forens., richterl. Sinn (→Verantwortung). Als vorausgehendes G. ist es Gesetzgeber, das mir eine best. Handlung aufträgt. In der →Scholastik dagegen meint »conscientia moralis« nicht die Instanz, die befiehlt, sondern den Spruch, das Urteil über das hier und jetzt Gebotene (»iudicium ultimo-practicum«). Als nachfolgendes G. richtet das G. den Menschen, klagt es an bzw. tröstet, spricht frei. Vor allem im →Erlebnis des anklagenden G.s erscheint die Stimme des G.s als eigene (»*mein* G.«) und zugleich fremde (»klagt *mich* an«). Somit scheint im Menschen ein *doppeltes Ich* gegeben, anklagendes und angeklagtes, gesetzgebendes und gehorchendes Ich. Auf die Frage, ob und wie eine solche Selbstgesetzgebung (→Autonomie) mögl. ist, sind unterschiedl. Antworten denkbar. Da der G.sspruch in bezug auf das sittl. Richtige (nicht auf das sittl. Gute) irrig sein kann, ist es nicht unmittelbar als Stimme Gottes aufzufassen. Falls der Mensch durch sein G. jeweils vor seiner freien Selbstbestimmung mit der sittl. Forderung konfrontiert sein sollte (so der metaeth. Kognitivismus, →Metaethik), ist die Forderung sittl. Güte letztl. auf Gott als Urheber zurückzuführen. Andernfalls folgte die Stimme des G.s aus einer souveränen →Entscheidung des Menschen für sittl. Güte, das »Du sollst« ginge auf ein »Ich will aus freiem Entschluß« zurück (metaeth. Dezisionismus).

*C.* Versteht man das G. als *Stimme der Mitmenschen*, der →Gesellschaft im Menschen, setzt man es mit dem Über-Ich gleich und erklärt es als Ergebnis einer Internalisierung von außen an den Menschen herangetragener Forderungen (→Freud). Die Gleichsetzung von G. und Über-Ich erscheint plausibel, solange beide Instanzen dasselbe fordern (zumal G.sbildung auch durch das Über-Ich geschieht). Die Berufung auf das eigene G. hat aber ihren »Sitz im Leben« gerade dort, wo ein einzelner mit seinem sittl. Urteil gegen die →Autorität, gegen die Mehrheit, die herrschende Meinung steht. Weil er sich der Stimme seines eigenen G.s unbedingt verpflichtet weiß, muß er *G.sfreiheit* fordern, d.h., er darf nicht gezwungen werden, gegen sein (auch irriges) G. zu handeln. Zwang wäre für ihn subjektiv Verführung zur →Sünde. Wäre das G. nur die Stimme der Mitmenschen in mir, ließe sich der Vorrang des eigenen G.s vor der Stimme der anderen nicht begründen.

*D.* In den späten Schriften des →NT meint G. nicht das gesetzgebende Ich, sondern den Adressaten der sittl. Forderung, das freie →Subjekt; G. ist insofern gleichbedeutend mit →»Gesinnung« und »Herz«. Nur als freies Subjekt kann der Mensch sich beflecken (Tit 1,15), kann er gereinigt werden (Hebr 9,14). Diese Bedeutung liegt auch in dem Ausdruck »G.serforschung« vor oder wo man sagt, jemand habe einen Mord »auf dem G.«.

*Lit.: M. Kähler:* Das G., Nachdruck Darmstadt 1967. – *H. Reiner:* G., in: Hist. Wörterbuch der Philosophie 3, 574-592. - *B. Schüller:* Die Begründung sittl. Urteile, Düsseldorf, 2. Aufl. 1980, 40-57.

*Werner Wolbert*

WBC

**Gewohnheitsrecht**

*A.* Gewöhnung ist, biolog. und psycholog. gesehen, die bei allen Lebewesen zu beobachtende Einstellung auf dauernde Reize der Umwelt. Man gewöhnt sich an Orte, Heim, Revier, Landschaft, Mitmenschen, einen Rang, an Beruf, Wege, Spielregeln. Sozial anerkannte Sitten bilden deshalb die *Grundlage für das Leben* des einzelnen und sind die Basis des gesellschaftl. gültigen Wert- und Handlungssystems. Von daher kann es nicht überraschen, daß die Forschung allg. zugibt, daß das Recht der Frühzeit aller Völker weitgehend Gewohnheitsrecht war. Bei den Römern z.B. war die Gewohnheit die Grundlage des Staates schlechthin (→Röm. Reich). Auf ihr beruhten grundlegende Einrichtungen des Privatrechts wie →Eigentum, →Ehe, Kauf, Verkauf und viele andere Erscheinungen, die nicht erst von dem Zwölftafelgesetz (ca. 451 v. Chr. geschaffen) geregelt worden sind, sondern als bereits bestehend vorausgesetzt wurden.

*B.* In der heutigen Zeit spielt das G. nicht mehr die Rolle, die ihm in früheren Epochen der Rechtsentwicklung zukam. Von großer Bedeutung ist es allerdings im *Völkerrecht.* In diesem Zweig des Rechts hat weder das gesetzte noch das durch die Gerichte entwickelte Recht bisher die Oberhand erlangt, und viele der allg. anerkannten Regeln gründen sich ledigl. auf die internationalen Gewohnheiten der Staatengemeinschaften.

*C. M.* →*Luther* maß dem G. hohe Bedeutung bei. Man sollte es möglichst allmähl. wachsen lassen und nicht zu früh mit Rechtsgeltung schriftl. festlegen. Innerhalb des sich entwickelnden ev. →Kirchenrechts kam es durch G. zur Weitergeltung von Normen des hergebrachten →kanon. Kirchenrechts, die den reformator. Erkenntnissen nicht widersprachen. Das betraf insbes. das Pfarrstellenbesetzungs- und Pfründenrecht, aber auch Bestimmungen über ev. Klöster und Stifte (A. Stein). Im heutigen ev. Kirchenrecht spielt zwar das G. eine geringere Rolle, doch regelt insbes. das örtl. kirchl. G. auch heute noch best. gottesdienstl. Handlungen, Kleidungen, Stitten und Lebensordnungen.

*D.* Auch die *kath. Kirche* kennt neben dem Gesetz als zweite Rechtsquelle das G. Dies wird in den cc. 23-28 Codex Iuris Canonici behandelt. Weil die kath. Kirche hierarch. verfaßt ist, kann aus einer tatsächl. und ununterbrochenen Übung nur dann G. werden, wenn ihr der Gesetzgeber irgendwie seine Zustimmung erteilt. Bei einer Gewohnheit gemäß dem Gesetz (consuetudo secundum legem) erübrigt sich eine solche Zustimmung. Ihre Rechtskraft steht und fällt mit dem Gesetz. Es kann aber auch G. geben in einem Bereich, der nicht gesetzl. geregelt ist (consuetudo praeter legem), oder sogar G., das von einer bestehenden gesetzl. Regelung abweicht (consuetudo contra legem). In diesen beiden Fällen ist die wichtigste Form der Zustimmung der allg. Legalkonsens, d.i. die vorgängige und ausdrückl. Erklärung des Gesetzgebers, unter welchen Voraussetzungen einer Gewohnheit rechterzeugende Kraft zukommt. Es gibt äußere *Voraussetzungen* (passive Gesetzesfähigkeit und ununterbrochene Übung) und innere Voraussetzungen (Vernünftigkeit und Verpflichtungswille). *Passiv gesetzesfähig* ist ein Personenkreis, wenn er so groß und beständig ist, daß er auch Empfänger eines Gesetzes sein kann. Eine Übung gilt als *ununterbrochen,* wenn sie während eines Zeitraumes von 30 Jahren tatsächl. und gleichmäßig durchgehalten wurde. Eine Gewohnheit ist *vernünftig,* wenn sie – wie ein Gesetz – sittl. gut, gerecht und für das Gemeinschaftsganze möglich ist. Der *Verpflichtungswille* der Gemeinschaft ist vorhanden, wenn sich diese bewußt ist, daß es sich bei der entspr. Übung um die Bildung einer Rechtsnorm handelt, die die Gemeinschaft verpflichtet.

*Lit.: H. Heimerl/H. Pree:* Kirchenrecht. Allg. Normen und Eherecht, Wien/New York 1983, 50-53. – *R. Potz:* Die Geltung kirchenrechtl. Normen, Wien 1978, 241-247. – *A. Stein:* Freiheit und Bindung im ev. Agendenrecht der »Gottesdienste neuer Gestalt«, in: Zeitschrift für ev. Kirchenrecht 26 (1981), 279-294. – *Ders.:* Ev. Kirchenrecht. Ein Lernbuch, Neuwied/Darmstadt 1980, 32-33, 38-40.

*Reinhold Sebott*

**Gilgamesch-Epos.** Um Gilgamesch, den Helden des berühmtesten altoriental. Literaturwerks, König der sumer. Stadt Uruk um die Mitte des 3. Jt.s, rankten sich Sagen- und Mythenkreise, die (nach sumer. und altbabylon. Vorstufen) im 12. Jh. v. Chr. von Sinleqqe-unninni zu einem Zwölftafelepos gestaltet wurden.

*A. Hauptthema* des G. ist *die Suche nach dem ewigen Leben.* Gilgamesch ist zu Beginn des G. konkurrenzloser Herr von Uruk. Als ebenbürtigen Partner erschaffen die Götter in einer punktuellen Wiederholung der Menschenschöpfung den Enkidu. Er durchläuft die Stationen der Menschwerdung. Zuerst wild, selbst fast ein Tier und mit den Tieren lebend, wird er durch die Begegnung mit einer Frau zum Menschen, wonach er den Tieren fremd wird. Gilgamesch und Enkidu werden nach einem unentschiedenen Kampf zu Freunden und bestehen gewaltige Abenteuer. Sie töten den Riesen Chumbaba, den Wächter des Zedernwaldes. Die Göttin Ischtar begehrt Gilgamesch, der sie jedoch höhn. abweist (ein altes Motiv der ihre Liebhaber schädigenden aggressiven Liebesgöttin, zugleich ein früher Beleg für eine Götterpolemik bei gleichzeitiger Anerkennung ihrer Existenz). Ischtar will sich mit Hilfe des Himmelsstieres rächen, den die Helden jedoch töten. Enkidu stirbt (zur Strafe?); der trauernde Gilgamesch will den Tod des Freundes nicht wahrhaben und macht sich auf die Suche nach dem ewigen Leben. Dabei trifft er den Fluthelden Utnapischtim, der nach der »Sintflut« das ewige Leben erhielt. Hier (Tf. 11) erzählt das G. (auf älteren Vorlagen basierend und mit zahlreichen Berührungen zu Gen 6-9 →Urgeschichte) von der Flut. Schließl. findet Gilgamesch das Kraut des ewigen Lebens, doch (dramat.-resignative Pointe) eine Schlange raubt es (die sich dann häutet = verjüngt). Gilgamesch muß begreifen, daß ewiges Leben den Menschen nicht beschieden ist. Eine 12. Tafel schildert *das Reich der Toten,* die (atl. Vorstellungen verwandt) als kraftlose Schatten in der Unterwelt »leben«. So durchzieht ein geradezu melanchol. Zug das G., das nicht zuletzt deshalb über eine Schilderung von Heldentaten und Helden- und Götterreden weit hinausreicht.

*B.* Das G. war bereits im →Alten Orient weit verbreitet (u.a. hethit. Fassungen; Textfunde in Palästina). Auch wenn man es nicht mit dem »Panbabylonisten« *P.Jensen* für die Wurzel der gesamten *Weltliteratur* halten sollte, so ist doch seine überragende Bedeutung in der Literaturgeschichte nicht nur des Altertums hervorzuheben.

*Lit.:* Übersetzungen von *H. Schmökel,* Stuttgart 1966; A. Schott/W. von Soden, 1958 (Reclams Universal-Bibliothek 7235/5a). – *P. Garelli:* Gilgamesh et sa légende, 1960 (Lit.). – *P. Jensen:* Das G. in der Weltliteratur I, 1908; II, 1928/9. – *K. Oberhuber (Hg.):* Das G. (Wege der Forschung 215), Darmstadt 1977.

*Jürgen Ebach*

**Glasmalerei.** Herstellung farbiger Fenster mit figürl., ornamentalen oder abstrakten Darstellungen für sakrale, aber auch profane Räume. Das Bild wird zusammengesetzt aus einzelnen, formgerechten, in der Masse oder durch farbige Überfänge gefärbten Glasstücken, die durch Bleiruten zusammengehalten werden. Die Bleiruten geben die Hauptkonturen der Darstellung, die Binnenzeichnung wird mit Schwarzlot ausgeführt. Farbnuancierungen erreicht man durch Überfanggläser, Ausschliffe und Ausradierungen sowie das Silbergelb.
Über die einzelnen Arbeitsgänge der G. berichtet bereits *um 1100* der Benediktiner Theophilus in der »Schedula diversarum artium«. G. der beschriebenen Art begegnet nur im christl. Kulturkreis, Vorstufen gab es in der →Antike und in →Byzanz. Früheste Zeugnisse stammen wohl noch aus dem 9. Jh. (Kloster Lorsch). Die »Prophetenfenster« des Augsburger Doms (nach 1100) sind Reste eines umfassenderen Zyklus. Die vorgot. G. ist in →Frankreich verhältnismäßig reichhaltig erhalten geblieben (St. Denis, Chartres, Le Mans, Bourges u.a.). Ihren eigentl. Höhepunkt erlebt die G. in der *Gotik,* wo sie als integraler Bestandteil der →Architektur die vollständige Diaphanie (Lichtdurchlässigkeit) der Wandgestaltung überhaupt erst ermöglichte und zum angemessenen künstler. Mittel myst. Denkens wurde. Bes. Schwerpunkt der got. G. sind Frankreich, England, wo das meiste in der →Reformation verlorenging, und →Deutschland. In den übrigen europ. Ländern ist die G. niemals wirkl. heimisch geworden. Seit dem *15. Jh.* schloß sich die G. immer stärker der Tafelmalerei an, deren bekannteste Meister nun auch Entwürfe für G. lieferten. Seit dem späten 17. Jh. setzte der Verfall der G. ein, der auch durch neogot. Bestrebungen (G. in Museen, Schlössern usw.) nur teilweise aufgehalten werden konnte. Erst *im 20. Jh.* ist die G. durch den →Expressionismus bedeutungsvoll erneuert worden, so daß sie heute wieder als ein führendes Gestaltungsmittel im Sakralbau gilt. Neben zahlreichen gegenständl. und abstrakten Entwürfen hervorragender Künstler dieses Jh.s haben bes. die Arbeiten von M. →Chagall in Zürich, New York, Mainz und Jerusalem das Bild der modernen G. geprägt. In der sozialist. Staatskunst wird die G. gerne eingesetzt, um den Repräsentationscharakter öffentl. Räume propagandist. zu unterstreichen.

*Lit.:* Corpus vitrearum medii aevi (ab 1956). – *J. L. Fischer:* Handbuch der G., Leipzig, 2. Aufl. 1937. – *E. Froedl-Kraft:* Die G., Wien/München 1970.

*Peter Maser*

## Glaube

### *A. Religionsgeschichtlich*

*I.* Zu den meistgebrauchten Wörtern über →Religion(en) gehören die *Worte G. und glauben* mit ihren zahlreichen Zusammensetzungen. Umgangssprachl. umfaßt G. ein Bedeutungsspektrum vom unentschiedenen →Zweifel über bloßes Meinen bis hin zu höchster Gewißheit und sicherem →Wissen. Vor allem ist G. ein Wort der *rel. Sprache.* Es charakterisiert das »Innenleben des rel. Menschen« (K. Beth) in bezug auf ein personal vorgestelltes göttl. Gegenüber. Im Unterschied zur →Mystik kommt der *Du-Bezogenheit* des G.ns insbes. in →prophet. Religionen Bedeutung zu. Daß sich in den Religionen »zwar Momente des christl. G.nsbegriffs, aber keine ausdrückl. Erfassung des Gottesverhältnisses unter diesem Begriff« (J. Track) finde, stellt ein christl.-theol. →Vorurteil dar. Zwar sind Begriff und Sache durchaus nicht für alle Religionen von gleich zentraler Bedeutung; doch neben dem Christentum können mit G. Mensching auch einige andere als (prophet.) »*G.nsreligionen*« bezeichnet werden: →Judentum, →Islam, Zoroastrismus, Shin – Buddhismus, Strömungen des Vishnuismus (→Hinduismus).

*II.* Von großer Bedeutung ist G. für die westsemit. Religionen, insbes. für die *israelit.-jüd.* Tradition: »Emuna« lautet hier das Grundwort, welches Festigkeit, →Treue, →Vertrauen, Aushalten, G. bedeutet. Die Wurzel »aman« bedeutet »fest, zuverlässig sein« oder »als fest, zuverlässig erklären«. M. →Buber hatte versucht, die jüd. Emuna als eine »Glaubensweise« von der christl. »pistis« (griech.) zu unterscheiden, ist damit jedoch auf Kritik gestoßen.
G. ist auch ein Schlüsselwort des *Islam:* Alle Menschen gehören auf Grund ihres in der →Schöpfung

eingepflanzten →Monotheismus (dīn al-fiṭrah) zum »großen →Bund« Gottes. Zu den oft gebrauchten Wörtern im →Koran gehören die Ausdrücke für G. und Unglaube: »āmana« enthält Elemente der →Sicherheit und Geborgenheit angesichts der ständigen Gegenwart Gottes, der sich »zur Barmherzigkeit verpflichtet hat« (Sure 6, 12.54). Das Gegenteil »kafara« bedeutet nicht so sehr den Unglauben im Sinne von nicht glauben (können), sondern das bewußte Verleugnen der Wirklichkeit Gottes.

Im indoeurop. Bereich ist G. das wesentl. Kennzeichen für die Beziehung zwischen Gott und Menschen. Im *Zoroastrismus* bedeutet die Wurzel »var-« wählen, d.h. eine Entscheidung treffen zwischen →Gut und →Böse. So wie die beiden uranfängl. →Geister ihre Wahl trafen, so stellte auch der »Priester-Prophet« (K. Rudolph) Zarathustra jedes →Individuum vor die Wahl der Entscheidung.

Im *Hinduismus* wird in der philos. und rel. Literatur für G. das Wort »śraddhā« verwendet. Auf allen Heilswegen ist »śraddhā« als vorbereitende Haltung erforderl. Neben einer »intellektuellen śraddhā« gibt es die »rituelle śraddhā«, ohne die die kultisch-rituellen Handlungen (→Ritus) unwirksam sind.

Im →*Buddhismus* ist G. nicht die höchste →Erkenntnisform. Trotz vielfacher Abwertung des G.ns im modernen apologet. Buddhismus als niederer und mangelhafter Form des Wissens, wie es die theist. Religionen kennen (→Theismus), hat für den Buddhismus der G. trotzdem seine Bedeutung: »Saddhā« bedeutet das in den →Buddha gesetzte Vertrauen, weil dieser den Heilsweg erfolgreich vorangeschritten ist. Der Buddhist glaubt an das »dreifache Kleinod«: Buddha, Dhamma, Sangha. »Saddhā« bewirkt eine innere Gemütsruhe, ein felsenfestes Sicherheitsgefühl. Es ist aber nur der erste Schritt auf dem Heilsweg. Der »in den Strom Eingetretene« steht schon jenseits allen Zweifels. →Heil verwirklicht sich erst in der Erwachung (bodhi), nicht schon im G.n.

Im japan. *Shin-Buddhismus* (→Buddhismus), insbes. in seiner Prägung durch Shinran Shonin (1173-1262), gilt nach dem 18. Gelübde der »fröhl. G.«, der ohne den geringsten Zweifel ist, als unverdientes Geschenk der →Gnade Amida Buddhas, zusammen mit dem »Herzen der Wahrheit« und dem »Wunsch, im reinen Land wiedergeboren zu werden«.

*III.* In einigen buddhist. und hinduist. Lehrrichtungen wird das Verhältnis von *Glaube und Werke* (→Leistung und Verdienst) in analoger Weise wie im →Protestantismus diskutiert. Auch wenn H. Fricks klass. Herausarbeitung des kath.-prot. Zwiespalts als »typolog. Urphänomen« der heutigen Verhältnisbestimmung beider →Konfessionen nicht mehr gerecht wird, so hat dieses Paradigma dennoch für die Religionsgeschichte heurist. Wert. Seine Brauchbarkeit erweist es auch bei der Gegenüberstellung des »Affen-« und »Katzenwegs« im Vishnuismus (→Hinduismus). »Denn in Gefahr klammert sich das Affenjunge selber an seine Mutter und wird, indem diese sich rettet, durch Mitwirkung mit gerettet. Die Katze aber nimmt ihre gefährdeten Jungen ins Maul, ohne daß diese selbst etwas wirken oder wollen.« Unglaube als Ergebnis von →Religionskritik ist kein Produkt erst der neuzeitl. →Aufklärung, sondern findet sich als Agnostizismus, →Skeptizismus, →Naturalismus und →Rationalismus schon im alten →Indien, →China, →Griechenland und Rom.

*Lit.: W. Cantwell-Smith:* Faith and Belief, Princeton, New Jersey/Guildford, Surrey 1979. – *W.-D. Just:* Rel. Sprache und analyt. Philosophie, Stuttgart 1975. – *G. Mensching:* Luther und Amida Buddha, in: *H.-J. Klimkeit (Hg.):* Topos und Typos, Bonn 1971. – *T. Oguro:* Der Rettungsgedanke bei Shinran und Luther, Hildesheim u.a. 1985. – *J. Thrower:* The Alternative Tradition. A Study of Unbelief in the Ancient World, The Hague 1980. – *G. Widengren:* Religionsphänomenologie, Berlin 1969, 82-90.

*Udo Tworuschka*

*B. Systematisch*

Der Begriff G. wird angesichts seiner Bedeutungsbreite sowie seines christl. oft appellierenden Gebrauchs häufig mißverstanden, unscharf verwendet oder mißbraucht. Darüber hinaus spiegeln sich in ihm grundlegende Mißverständnisse und Verengungen, unter denen das Christentum gegenwärtig wahrgenommen wird. Das ist nicht verwunderlich; denn mit dem Begriff des G.s wird das Christentum umfassend von seiner normativen Seite, zugleich in seiner inhaltl. und in seiner existentiellen Dimension bezeichnet. »Christl. G.« bezeichnet die christl. →Verkündigung, →Lehre, →Tradition, das christl. →Bekenntnis oder umfassend den christl. Lebensentwurf; emphat. verwendet bedeutet »glauben« eigenständige G.sentscheidung wie gehorsame »G.s«unterwerfung. Zugleich spiegeln sich im Begriff des G.ns zentrale theol. Diskussionen der Geschichte des Christentums zu Möglichkeiten der Glaubenserkenntnis, des Heilserwerbs und seiner sozialen Dimension wider.

*I.* G. ist in der Bibel eine *ganzheitl. Kategorie*, zeigt sich im AT nicht als zentrale, wohl aber als eine der *Schlüsselkategorien*, die – in mehreren Begriffen benannt – das Verhältnis des Menschen zu Gott bestimmt: fest und sicher stehen, (ver)trauen, hoffen, harren, sich bergen.

*1.* Diese Haltung ist getragen von der *geschichtl. Erfahrung* Israels, daß allein das Vertrauen auf Jahwes Treue untrügl. ist. Sie wird in später oft aufgegriffenen Spitzenaussagen zusammengefaßt: »Glaubt ihr nicht, so bleibt ihr nicht« (Jes 7,9); »Wer glaubt, wird nicht zuschanden werden« (Jes 28.16; Hab 2,4). Damit ist der ntl. Begriff des G.ns vorgeprägt. G. eröffne das Heil (Röm 10,11); wer glaube, werde nicht sterben (Joh 11,26) und auch ohne Werke gerettet (Röm 3,28). G., verstanden als *unbedingtes* Vertrauen auf Gott, kann Berge versetzen (Mk 11,20-25). Dazu bedarf es nicht eines neuen Normen-, Ritual- oder Lehrsystems, sondern – wie sich etwa an der →Bergpredigt zeigen läßt – der im G.n Jesu verwirklichten Radikalität. Der Begriff G. wird bald schon zur *Gesamtbezeichnung* der neuen Lehre und Lebenspraxis herangezogen (Apg 14,22; Röm 1.,12 u.ö.), zumal sich die frühe Kirche ihrer *Entgrenzung* aus dem jüd. Volk bewußt wird und deshalb auf eine universale Grundkonstante zurückgreift: Dieses Vertrauen ist *jedem* Menschen möglich. Die darin erfahrene Befreiung (Gal 5,1) wirkt nicht schon in der Zugehörigkeit zu einer Tradition, sondern in deren Relativierung vom Standpunkt der völligen Übereignung an Gott.

*2.* Allerdings lebt auch dieses Vertrauen aus gemeinsamen →*Erfahrungen:* mit Gottes Handeln in der Geschichte Israels, mit *Jesu Lebenspraxis* und dem in Christus ergangenen Wort in der Geschichte der frühen Kirche. Die als neu erfahrene Radikalität entzündet sich am Wort, das Jesus im Namen Gottes verkündet und verschieden aufgenommen wird (Gleichnis vom Sämann: Mt 13,1-10). G. kommt deshalb für Paulus *vom Hören* (Röm 10,14-17). Zugleich kommt es darauf an, daß der gemeinschaftl. G., mit dem Munde bekannt, auch mit dem Herzen angenommen wird (Röm 10,9). In diesen personal ganzheitl. Zusammenhängen verweist Paulus auf →Abraham als den »Vater des G.ns«, der im Vertrauen auf Gott seine Heimat verließ (Gen 15,6; vgl. Röm 4,3; Gal 3,6). G. erhält Sinn, wenn er sich in Situationen des entschiedenen Durchbruchs realisieren und verantworten kann.

*II.* Deshalb muß die Entscheidungssituation des G.ns erkennbar und beschreibbar sein, d.h. als *Lebenswissen weitergegeben* werden können. Das geschieht in erster Linie durch Bericht und Bekenntnis, die zum Ausgangspunkt je neuer Auslegungen und Begründungszusammenhänge werden und dadurch Wissen produzieren. G. vermittelt sich als *Annahme von Wahrheit.*

*1.* Schon im Rahmen der hellenist. Kultur stellt sich die Frage nach dem *Anteil des Erkennens* am G.n, die zunächst mit Modellen der Ergänzung, der Erziehung und Erleuchtung gelöst wird. →Augustinus entwickelt ein differenziertes Beziehungsgefüge: Einerseits zielt alles G.n, das in sich Stückwerk bleibt, auf ein Erkennen, das erst im Himmel erfüllt wird. Andererseits bleibt unter den Bedingungen dieser →Welt der G. das unübertreffl. Medium der Wahrheit: Gottes Wort wird auf Autorität der →Kirche hin angenommen, während das »reine« und voraussetzungslose Wissen nur zu willkürl. Entscheidungen oder zu unüberwindl. Skepsis reicht.

*2.* Die Diskussionen des MA.s stellen die Unableitbarkeit des G.ns sowie die Unerzwingbarkeit der Zustimmung zu ihm heraus. Zugleich legt etwa →Thomas von Aquin allen Nachdruck darauf, daß der G. als Wissenssystem *rational vernünftig und verantwortbar* sein muß. G. wird zu einem Akt, in dem der Verstand der – als Mitteilung von Inhalten begriffenen – →Offenbarung Gottes in einem Akt rationaler Erkenntnis seine Zustimmung gewährt. In der →Neuzeit hat dieser auf Erkennen bezogene Ansatz allerdings zu rationalist. Verengungen geführt (→Neuscholastik; →Thomismus).

*3.* Nachdem in der →Aufklärung der christl. G. nach Maßgabe menschl. Rationalität als vernünftiger G. rekonstruiert worden ist, verliert seit Beginn des 19. Jh.s die These von der Vernünftigkeit des (kirchl.) G.ns an *Plausibilität,* da →Wissen jetzt als in sich selbst begründetes, autonom rekonstruierbares, von →Geschichte und →Autoritäten prinzipiell unabhängiges System gedacht wird. Hermeneut. und wissenschaftstheoret. ist dieser Ausgangspunkt inzwischen zwar überholt, doch gilt das Wissenssystem der Wissenschaft im Gegensatz zu dem der Religion weithin als unbefragt richtig. Deshalb kommt es in gegenwärtigen Diskussionen darauf an, die *Eigenart rel.* gegenüber der des wissenschaftl. Wissens darzulegen. So läßt sich fragen, welche *Grundsituation* von Mensch und Wirklichkeit im G.n erschlossen wird und zu verantworten ist. G.nswissen ist wahr, wenn und insofern es die menschl. Grundsituation des sich selber gegebenen Seins, also der kontingenten Faktizität zuverlässig erschließt (→Wahrheit). P. →Tillich spricht im Blick darauf von der Methode der Korrelation.

*III.* G. beinhaltet als Anerkennung des eigenen Ursprungs eine *existentielle Dimension.*

*1. Paulus* setzt sich mit einem paradigmat. G.nsproblem auseinander: Der im →Judentum über lange Zeiträume hin entwickelte Lebensstil (→Tora) verliert in einem neuen soziokulturellen Zusammenhang seine Unmittelbarkeit. Wo er nicht mehr als Folge des Vertrauens auf Gott überzeugt, wird er zwecks Legitimation als *Bedingung* für dieses Verhältnis angemahnt (→Gesetz). Paulus verachtet die Tora nicht, aber er ordnet sie – Folge einer neuen Vertrauensradikalität in Jesus Christus – konsequent in den Vertrauensbezug zu Gott ein. Seine Frage lautet nicht mehr: Welcher Weg ist zu gehen, um zu Gott zu kommen?, sondern: Wie wird das neugewonnene Vertrauen zu Gott in der Lebenspraxis Wirklichkeit? Darin stimmt Paulus mit vielen jüd. Interpretationen seiner Zeit überein. Neu ist, daß er sich dabei auf die Botschaft von Jesus Christus als den Raum seiner rel. Durchbruchserfahrung (→Bekehrung) beruft. Diese Position wird unter neuen Bedingungen zunächst von *Augustinus* aufgegriffen, der – unter den Bedingungen antiker →Anthropologie und in Auseinandersetzung mit Pelagius – den Menschen alle Fähigkeit abspricht, ihr Heil aus eigener Kraft zu bewerkstelligen. Die Kirche wird deshalb zur vermittelnden Trägerin des Heils. Der später daraus erwachsende Mißbrauch zeigt die Mißverständlichkeit dieser Position.

*2.* Schon der Jakobusbrief weist darauf hin, daß das volle Vertrauen auf Gott nicht zu untätigem und unsolidar. Verhalten führen darf. Der G., jetzt verstanden als Lebenshaltung, müsse sich *bewähren* und als Tat erweisen. Nicht ohne Grund gilt auch für Paulus nach Glaube und →Hoffnung die →*Liebe* als das einzige, was »bleibt« (1 Kor 13). Das MA. hat dementspr. zur Kritik eines unverbindl. Für-wahr-Haltens die Echtheit des G.ns – jetzt vorrangig der Erkenntnisfunktion zugeordnet – an die Tat der Liebe gebunden (*fides caritate formata*). Diese Position kann im Rahmen ihrer eigenen Voraussetzungen nicht als christl. unangemessen, wohl aber als kulturell bedingt beurteilt werden.

*3.* Im Spätma. verdeckt ein weithin verflachtes Sakramentsverständnis, verbunden mit einer fiskalisierten Bußpraxis, den ursprüngl. G.nsbegriff und läßt die Kirchenpraxis in eine kirchenzentrierte Leistungs- und Belohnungshaltung zurückfallen. →Luther macht deshalb – zur Kritik an einem jetzt heilsegoist., die Tat der »Liebe« verrechnenden Handeln – ursprünglicher darauf aufmerksam, daß aller Leistung (»Werk«) eine Haltung des vorbehaltlosen *Vertrauens auf Gott vorausgehen* muß (*caritas fide formata*). Die Liebe muß also als Tat des Vertrauens verstanden werden, das ausdrückl. einzufordern ist, weil die Menschen auf Grund einer verkehrten Grundhaltung (→Sünde) aus sich heraus zu keiner Zuwendung zu Gott mehr fähig seien. G. heißt deshalb unter diesen konkreten Umständen Gott zuzutrauen, daß er uns trotz unserer Sünde zum G.n befähigt, uns also *vorgängig zu aller eigenen Leistung* rechtfertigt (→Rechtfertigung). Die darin eingeschlossene Kritik aller Leistungsideologie ist in der Moderne allerdings kaum fruchtbar geworden.

*IV.* Zur Wissens- und Entscheidungsdimension des G.ns kommt wesentl. eine *kommunikative*, sozial orientierte *Grundoption* hinzu. Die *kath. Tradition* mit ihrem Interesse für den Erkenntnischarakter des G.ns sieht sich heute einer Situation gegenüber, die den G.n als allg. verbindl. Lebenswissen nicht mehr akzeptiert. Entgegen seinem eigenen Selbstverständnis wird G. zu einer Wissensoption neben anderen, teils im Namen der Wissenschaft, teils im Namen anderer Religionen agierenden Optionen. Die *prot. Tradition* mit ihrem Interesse am Entscheidungscharakter des G.ns aber kann nicht hinreichend dem Verdacht entgegenwirken, der Vorrang der göttl. Gnade werde auf Kosten der rel. Selbständigkeit des Menschen gegenüber Gott betont.

*1.* Die Gründe für beider Scheitern (gesellschaftl. Differenzierung, Konfessionalismus, einseitig modernitätskrit. Strukturen der Sozialisation und Argumentation) lassen sich in einem *undialog. Wahrheitsanspruch* zusammenfassen, der den G.n entweder als bewiesene Wahrheit oder als heilsnotwendigen Entschluß erscheinen läßt. Demgegenüber eignet dem G.n eine kommunikative und damit soziale Struktur, die dem (Lebens-)Wissen einerseits und der (Lebens-)Entscheidung andererseits vorausgeht, sie erst ermöglicht, angemessen besprechbar und sie in ihrer Bedingtheit kritisierbar macht. Die Kirchlichkeit des G.ns setzt allerdings eine als G.ns*gemeinschaft* begriffene Kirche voraus und darf nicht autoritär mißbraucht werden, da sie aus dem allg. Priestertum der Gläubigen ihre Legitimation bezieht.

*2.* G.n ist im ntl. Sinn ein unhintergehbar individueller Akt, realisiert sich aber nur vor dem Hintergrund seiner *sozialen Identifikation.* Niemand entscheidet sich für Gott schlechthin, ohne diese Entscheidung an gemeinsamen menschl. Erfahrungen erkenntlich zu machen und zu verwirklichen. Deshalb bleibt »Glauben« grundlegend an Traditionen und Zielen, Gemeinschaften und Institutionen, an Erfahrungen und von außen kommenden Vorgaben orientiert, lebt also in einem Gesamtrahmen von sozialem Wissen, Wollen und Handeln. G. hat deshalb jeweils eine kulturell und *gesellschaftl. bedingte Gestalt,* weshalb zumal in der Neuzeit dem kirchl. ein (wenn auch diffuser) allg. christl. G. gegenübertritt.

*V.* Der komplexen Diskussionslage wie den verschiedenen konfessionellen Traditionen gemäß legt es sich nahe, G. in dreifacher Weise zu bestimmen: Im weitesten Sinn kann G. umschrieben werden als die sozial situierte, Lebensoption und Lebenswissen umfassende Gesamtheit einer *Lebenspraxis,* die ihre Wahrheit in einem Göttlichen begründet weiß, dem sie sich umfassend verdankt. In präzisierendem Sinn meint G. die Haltung gegenüber einem Gott, demgegenüber *vorbehaltloses Vertrauen* berechtigt, sinnvoll und deshalb geboten ist. Im spezif. christl. G.nsverständnis erscheint dieses Vertrauen als eine Haltung, die nur Gott selber ermöglichen kann, so daß das *Vertrauenkönnen* selber eine Frage des Vertrauens ist. Die Kraft eines solchen G.ns ruht darin, daß er den Mut hat, sich auf die Wirklichkeit selber einzulassen und in seiner so gewonnenen Rationalität keiner äußerl. bestätigenden Zeichen mehr bedarf. Deshalb kann die krit. und wirklichkeitserschließende Kraft des christl. G.ns nicht auf die Vorgaben einer geistl. oder weltl. Institution reduziert werden.

*Lit.: P. Althaus:* Die Theologie Martin Luthers, Gütersloh, 2. Aufl. 1963. – *G. Ebeling:* Jesus und G., in: *ders.:* Wort und Glaube II, Tübingen 1969, 203-245. – *Ders.:* Das Wesen des christl. G.ns, Tübingen, 4. Aufl. 1977. – *G. Greshake:* Gnade als konkrete Freiheit. Eine Untersuchung zur Gnadenlehre des Pelagius, Mainz 1972. – *O. H. Pesch:* Hinführung zu Luther, Mainz 1982, 154-175. – *Ders.:* Theologie der Rechtfertigung bei Martin Luther und Thomas von Aquin, Mainz, 2. Aufl. 1987. – *H.-J. Pottmeyer:* Der G. vor dem Anspruch der Wissenschaft, Freiburg 1968. – *M. Seckler/C. Berchtold:* G., in: Neues Handbuch theol. Grundbegriffe II, München 1984, 91-109. – *V. Weymann:* G. als Lebensvollzug und der Lebensbezug des Denkens. Eine Untersuchung zur G.nslehre Fr. Schleiermachers, Göttingen 1977.

*Hermann Häring*

**Glaube und Wissen.** Das heute als Spannung und öfter als Gegensatz beurteilte Verhältnis von G. und W. hat eine wechselvolle Geschichte, welche sich einerseits als Emanzipationsbewegung des Wissens aus dem Glauben, der →Vernunft aus der →Religion, beschreiben läßt und die andererseits stets neue Zuordnungen und Abgrenzungen beider hervorbrachte. So läßt sich schon bei den Vorsokratikern eine *Lösung des →Logos aus dem →Mythos* erkennen, als Selbständigkeit des Wissens neben und gegen Mythologie, während bei →Platon die Zuordnung beider tragend ist: Ohne den Logos kommt der Mythos nicht zur Vollendung, ohne den Mythos erreicht der Logos nicht das letztmögl. Ziel.

*A. Geschichte*

*I.* Bei der Begegnung von →Evangelium und Philosophie in der →*Alten Kirche* (s. auch →Philosophie und Theologie) wird das Verhältnis beider durch Abgrenzung einerseits (Tertullian, [gest. n. 220]) und Durchdringung andererseits (Justin [gest. 165], →Origenes [gest. n. 254], Clemens von Alexandrien [gest. v. 215]) bestimmt (→Kirchenväter). Der sich herausbildende Versuch, beide einander zuzuordnen und zu einer Synthese zu bringen, konnte das Evangelium als *»wahre Philosophie«* bezeichnen und führte mit verschiedenen Akzentsetzungen zu einer christl. →Weisheit, welche den Glauben denkend darlegt. Eine Trennung von Philosophie und Theologie wird nicht vorgenommen. So nehmen →Augustinus und ihm folgende Denker zwar den *Glauben als Basis des Erkennens* (»glaube, damit zu erkennst« [Sermo 43,9]), doch in rationaler Verantwortung; deswegen geht dem Glauben zugleich ein Erkennen voraus (»erkenne, damit du glaubst« [ebd.]). In diesem Sinne stellt Anselm von Canterbury (gest. 1109) den Leitsatz auf: »Der Glaube verlangt nach Einsicht« (Proslogion, Vorwort). Das Denken entfaltet sich im Glauben und bringt die Einsicht in den Glauben (intellectus fidei) hervor.

*II.* →Thomas von Aquin dagegen unterscheidet G. und W., Theologie und Philosophie, →Offenbarung und natürl. Erkenntnis deutl. als *verschiedene Erkenntnisebenen.* Die Eigenständigkeit des Wissens und der Vernunft, welche durch die krit. Übernahme des →Aristoteles eingeleitet wurde (→Aristotelismus), und deren Berechtigung folgen nach ihm aus der Schöpfungsordnung (→Schöpfung). Das Wissen ist dem Glauben, die Philosophie der Theologie zwar untergeordnet, nicht aber auf Grund einer äußeren Autorität, sondern wegen des Vorrangs der göttl. →Wahrheit. Die Verschiedenheit von G. und W. drängte von sich aus zur *Selbständigkeit* (→Autonomie). Mit →Descartes setzt die Selbstreflexion von →Vernunft als einzig mögl. Basis gesicherter Erkenntnis ein: mit betoner Verschiedenheit und Selbständigkeit, jedoch bei gegenseitiger Zuordnung und ohne mit dem Glauben in einen Gegensatz zu geraten.

*III.* Die Reflexion auf das →Subjekt führt bei →Kant zu einem »philos. Glauben«. Wenn Kant das Wissen aufheben will, um dem Glauben Platz zu verschaffen (KrV, Vorrede zur 2. Aufl.), heißt das: Gott ist nicht Gegenstand des Wissens der »theoret. Vernunft«, er ist vielmehr die reale Voraussetzung sittl. Handelns, eine Forderung (Postulat) der *»prakt. Vernunft«.* Der Glaube denkt das Unbedingte als reale Voraussetzung der sittl. Wirklichkeit. Das Dasein Gottes wird in diesem Vernunftglauben als hinreichend gesichert angenommen, doch steht dieser Glaube im Gegensatz zum Kirchen- bzw. Offenbarungsglauben. Die nachfolgende Entwicklung ist gekennzeichnet durch die *Aufhebung* des Glaubens in das Wissen, der Religion in die Philosophie bei →Hegel, durch →Religionskritik und die Aufhebung von Religion in die →Anthropologie bei →Feuerbach, dessen Auffassung vom unendl. Wesen des Menschen eine radikale Verendlichung erfährt.

*B. Problemlage der Gegenwart*

*I.* Die Theologie muß, gerade auch im Blick auf die belastete Geschichte des Verhältnisses von →Glaube und (Natur-)Wissenschaft, die Beziehung neu definieren und – in der Auseinandersetzung mit der Philosophie, Sprachwissenschaft und Wissenschaftstheorie – die Möglichkeit sinnvoller Rede von Gott neu erschließen. Hierbei sind *dualist. Konzeptionen* (daß Glaube beginne, wo das Wissen ende, oder daß Glaube der Lösung sonst unlösbarer Lebensprobleme diene) nicht annehmbar (→Dualismus). Dadurch würde nicht nur der dialog. Charakter von Glaube und Vernunft verkannt, sondern auch deren Einheit im Menschen übergangen. Auch eine Trennung von Du-Glaube als Vertrauen (»fides qua«) und Was-Glaube als Inhalt (»fides quae«) scheitert an der Tatsache, daß der Vorrang des Personalen dennoch den personalen Grund (Gott) voraussetzt.

*II.* Daraus folgt, daß G. und W. in eine neue, *differenzierte Synthese* zusammengeführt werden müssen. Das Ziel kann nicht eine Einheitswissenschaft mit universalen Ansprüchen sein. Dabei kommt die *»Wahrheit«* nicht nur in der mögl. Verifikation und Falsifikation (Beweis und Widerlegung) zur Geltung, sondern auch durch die Be- wahrheitung des Glaubens in der →Praxis. Doch ist sie nicht das entscheidende Kriterium; denn die Probe auf die Frage, ob die Theorie »Gott« die Lebenskonflikte minimalisiert, kann negativ oder auch positiv ausfallen und bleibt auf eine →Funktion beschränkt. Im Nachdenken über den Zusammenhang von →Theorie und Praxis, von Inhalt und Bedeutung steht jedoch die Theologie im Kontext heutiger Wissenschaften. Im Unterschied zu ihnen kann sie nicht Wissenschaft im Sinne einer Einzelwissenschaft sein, da ihr Interesse auf Gott und seine »Sache« in der Geschichte als »das Ganze« gerichtet ist. Die *Wirklichkeit als das Ganze* kann aber mit den Mitteln der Wissenschaften allein nicht zur Sprache gebracht werden. Das aber ist die Aufgabe von Theologie und Glaube. Zum Bewußtsein darum, daß wir Gottes Wesen nicht kennen, gehört das Wissen darum, daß sein Dasein sich zeigt und die Gestalt verantworteten Glaubens prägt.

*Lit.: H. Albert:* Traktat über krit. Vernunft, Tübingen 1968. – *I. Berten:* Geschichte, Offenbarung, Glaube, München 1970. – *E. Biser:* Glaube als Verstehen, in: Theologie und Philosophie 41 (1966), 504-519. – *B. Casper u.a.:* Theologie als Wissenschaft, Freiburg/Basel/Wien 1980, 73-123. – *H. Fries:* Glaube-Wissen, Berlin 1960. – *A. Grabner-Haider:* Ratio und Religio, in: Theologie und Glaube 64 (1974), 169-187. – *K. Kienzler:* Glauben und Denken bei Anselm von Canterbury, Freiburg/Basel/Wien 1981. – *H. Küng:* Existiert Gott?, München 1978. – *G. Muschalek:* Glaubensgewißheit in Freiheit, Freiburg/Basel/Wien 1968. – *W. Pannenberg:* Wissenschaftstheorie und Theologie, Frankfurt/M. 1973. – *K. Rahner:* Grundkurs des Glaubens, Freiburg/Basel/Wien, 11. Aufl. 1980. – *G. Sauter (Hg.):* Theologie als Wissenschaft, München 1971. – *R. Schaeffler:* Glaubensreflexion und Wissenschaftslehre, Freiburg/Basel/Wien 1980. – *S. Scharrer:* Theol. Kritik der Vernunft, Tübingen 1977. – *J. Splett:* Gotteserfahrung im Denken, Freiburg/München, 3. Aufl. 1985. – *H. Verweyen:* Fundamentaltheologie, Hermeneutik, Erste Philosophie, in: Theologie und Philosophie 56 (1981), 358-388. – *H. Waldenfels:* Krit. Vernunft und rel. Glaube. Rückfragen an Hans Albert, in: Stimmen der Zeit 201 (1983), 845-856.

*Heino Sonnemans*

**Gleichheit.** Die G. der Menschen ist insbes. seit der →Neuzeit ein Grundmotiv der Verwirklichung von →Humanität und →Menschenwürde. G. bedeutet in diesem Zusammenhang das allen Menschen gleichermaßen zukommende →Recht der Teilnahme am kulturellen, wirtschaftl. und polit. Leben einer →Gesellschaft, ist daher ein Maß für gesellschaftl. →Gerechtigkeit.

*A.* G. ist seiner Herkunft nach ein Begriff des aufgeklärten →*Naturrechts* und bezeichnet die allen Menschen ihrer Geburt nach zukommende G. der Rechte. Neben →Freiheit und →Brüderlichkeit gehört G. daher zu den grundlegenden Begriffen bürgerl. Staats- und Gesellschaftstheorie, insofern es Aufgabe des →Staates ist, die allen Menschen gleichermaßen zukommenden Rechte zu gewährleisten. Die fakt. Ungleichheit der Menschen wird dadurch allerdings zum Problem. Sie ist bereits in der →Aufklärung verschieden beantwortet worden. Nach *J. J.* →*Rousseau* ist die Ungleichheit der Menschen eine negative Wirkung der kulturellen und zivilisator. Entwicklung der Menschheit. Aufgabe der →Erziehung sei es, zu einem naturgemäßen Leben zurückzufinden, in dem keine Ungleichheit herrscht. Anders betont *I.* →*Kant*, daß G. nicht die Entfaltung individuell verschiedener Fähigkeit und →Leistung ausschließt. Der Gedanke der natürl. G. hat sogar den positiven Sinn, die Entfaltung individueller Fähigkeit und Leistung überhaupt erst uneingeschränkt zu ermöglichen, weil er angeborene Vorrechte einzelner Individuen oder Gruppen ausschließt. Die Gl. der Menschen besteht vielmehr darin, daß jeder Mensch sich in gleicher Weise selbst Zweck ist. Ungleichheit ist daher so lange tragbar und förderl., wie sie nicht das Recht anderer zur Selbstbestimmung beschränkt (→Autonomie). Ihren Ausdruck hat diese formale Bestimmung der G. im →kategor. Imperativ gefunden.

*B.* Unter den Bedingungen einer pluralist. und komplexen Gesellschaftsorganisaton wurde die *Forderung nach G.* unterschiedl. konkretisiert. Im wirtschaftl. und polit. Bereich werden vornehml. Gleichberechtigung, im allgemein-gesellschaftl. Bereich →Emanzipation und das Recht auf →Selbstverwirklichung angezielt. Daraus wird deutl., daß die Forderung nach G. nicht als Durchsetzung einer absoluten sozialen G. (Egalitarismus) zu verstehen ist, in der das individuelle →Interesse an Selbstverwirklichung unberücksichtigt bleibt. G. ist daher nicht als zeitlose Aussage zur abstrakten Wesensnatur des Menschen zu verstehen. Unter Berücksichtigung der individuellen Fähigkeiten und Unterschiede wird G. vielmehr dadurch gewährleistet, daß jedes Mitglied der Gesellschaft eine gleiche Chance zur Förderung seiner eigenen Fähigkeiten und seines eigenen Leistungswillens hat sowie entspr. gleichberechtigte Zugangsmöglichkeiten zu allen Lebensbereichen in Gesellschaft, →Wirtschaft und →Politik. Die Chance der gleichberechtigten Teilnahme am gesellschaftl. Leben kann aber niemals von einzelnen allein durchgesetzt werden. Sie sind vielmehr auf Strukturen in der Gesellschaft angewiesen, die eine gesamtgesellschaftl. oder interessenspezif. →Solidarität gewährleisten. Dazu gehört z.B. das Prinzip der Parität, d.h. die Gleichberechtigung einzelner oder gesellschaftl. Gruppen durch G. ihrer Repräsentation in best. Lebens-, Arbeits- und Entscheidungsbereichen.

*Lit.: C.-E. Bärsch:* Die G. der Ungleichen, München 1979. – *K. Löw:* Menschenwürde, Freiheit, G., München 1970.

*Achim Dunkel*

**Gleichnis und Parabel** (von griech. *parabolé* = Vergleichung, *paraballein* = nebeneinanderstellen) sind Formen eines *zur Erzählung ausgedehnten Vergleichs.* →Aristoteles (Rhetorik II, 20) unterscheidet die Fabel nach Art des Äsop und der Lybier von der P., die er durch die G.se des Sokrates in den platon. Dialogen (→Platon) erläutert; zur Fabel gehören Stoffe aus dem Tierreich und der Mythologie (→Mythos), zur P. Stoffe aus der alltägl. →Erfahrung und aus der →Geschichte. P. wie Fabel gehören zu den »Beispielen«, deren unmittelbar einleuchtende Beweiskraft Denk- und Entscheidungshilfen bietet.

*A.* Bei der Übersetzung der *Schriften des* →*AT* ins Griechische (Septuaginta) vertritt »parabolé« regelmäßig hebr. »maschal« als allgemeinste Bezeichnung einer vergleichenden Aussage. In den *synopt.* →*Evangelien* bezeichnet »parabolé« eine charakterist. Redeform Jesu, die im Dt. als »Gleichnis«, im Engl. als »parable«, im Franz. als »parabole« wiedergegeben wird. Evangelisten und →*Kirchenväter* verstanden mit wenigen Ausnahmen die G.se

Jesu als Allegorie und legten sie nach dem mehrfachen Schriftsinn vor allem heilsgeschichtl. und moral. aus. *Markus* (Mk 4,10-12) begriff Jesu P.n als absichtl. Verhüllung des →Mysteriums der Gottesherrschaft vor den Ungläubigen (den Verstockten). Um die takt. Verhüllung aufzulösen, bedurfte es der Entschlüsselung des P.textes durch einen kompetenten Ausleger. Strittig war die Auslegungskompetenz; während Markus allein den Jüngern das Verständnis der G.se Jesu vorbehielt, machte *Irenäus* die Allgemeinverständlichkeit der G.se geltend und beharrte auf der Bindung an den buchstäbl. Sinn. Das MA. kannte sowohl das Beharren auf dem buchstäbl. Sinn als auch die exzessive Allegorese. Nach →*Thomas von Aquin* kann der Mensch den Sinn göttl. Schrift nur erahnen. Grundsätzl. verwirft →*Luther* die Allegorese von Bibel und P. in der Absicht einer Öffnung der Bibel für jedermann.

*B.* Nach *A. Jülicher* (1910) behauptet sich in der P. und im G. die *»Bildhälfte«* als in sich sinnvolle Erzählung neben der *»Sachhälfte«*, während in der Allegorie das Bild die Sache ersetzt, wobei allerdings der »uneigentl.« Sinn des Bildes ausschließl. durch den Bezug auf die (nicht genannte) Sache gewonnen wird. Andere Möglichkeiten des Vergleichens ergeben sich daraus, daß die »Sachhälfte« bzw. der Vergleichspunkt zwischen Bild und Sache mit dargestellt oder aber verhüllt wird. J. Jeremias (1947) deutete gegen Jülicher die G.reden hist. in enger Bindung an die *Lebenssituation Jesu. E. Fuchs* (1954) und seine Schüler interpretierten die P. existentiell als *»Sprachereignis«*, das für Jesus selbst das Verständnis seiner Situation in der →Welt und vor →Gott eröffnet und so die Gottesherrschaft für den Hörer deutl. macht. W. Harnisch (1985) hebt gegenüber Jülicher die Unübersetzbarkeit und *Auslegungsunendlichkeit* der jesuan. G.erzählungen hervor, deren Spannung zum Denken und Handeln provozieren soll. Da der Sinn der P. unmittelbar nicht ausgesprochen wird, hat der Hörer den Wahrheitsanspruch und den Handlungsappell des Textes selbst einzulösen.

*C.* Außerhalb der →Theologie dominiert das Wort *Fabel* zur Bezeichnung des Sachverhalts. In den sog. *äsop.* Fabeln werden Tiere, Pflanzen oder unbelebte Gegenstände zu Akteuren, deren Vermenschlichung Signal für die Auslegungsbedürftigkeit der buchstäbl. Handlung sind. *Barocken* Autoren gilt die Parabel als Lehrmethode zur Illustration rel. und metaphys. Wahrheit in einer Form, die das Gemeinte zugleich verhüllt und enthüllt. Das *18. Jh.* bestimmt die Fabel als eine Lehre, die kunstvoll durch eine erfundene Handlung verhüllt wird und so als Lockmittel zur moral. Besserung oder – in →Lessings Ringparabel (»Nathan der Weise«, III. Aufzug, 7. Auftritt) – als Anstoß zu eigenständigem Denken dient.
Die *moderne P.*, deren bedeutendste Dichter →Kafka und →Brecht sind, hat ihre didakt. Eindeutigkeit verloren; anstatt sich als Vermittlungsinstrument einer fertigen Lehre zu begreifen, demonstriert sie die Suche nach →Sinn durch Leerstellen und Stolpersteine.

*Lit.: Th. Elm:* Die moderne P. P. und Parabolik in Theorie und Geschichte, München 1982. – *E. Fuchs:* Hermeneutik, Bad Cannstatt 1954. – *H. Fuchs/J. Krengel:* Maschal, in: Jüd. Lexikon, Bd. 3, Berlin 1929, 1411-1415. – *W. Harnisch:* Die G.erzählung Jesu, Göttingen 1985. – *Ders. (Hg.):* Die ntl. G.forschung im Horizont von Hermeneutik und Literaturwissenschaft (Wege der Forschung 575), Darmstadt 1982. – *P. Hasubek (Hg.):* Die Fabel. Theorie, Geschichte und Rezeption einer Gattung, Berlin 1982. – *C. Heselhaus:* P., in: Reallexikon der dt. Literaturgeschichte, Bd. 3, 2. Aufl. 1977, 7-12. – *R. von Heydebrand:* P., in: Hist. Wörterbuch der Philosophie, Bd. 7, Darmstadt 1988. – *J. Jeremias:* Die G.se Jesu, Göttingen, 6. Aufl. 1962. – *A. Jülicher:* Die G.reden Jesu (1910), Nachdruck Tübingen 1963.

*Götz Müller*

**Glocken** sind aus Metall, zumeist Bronze, gefertigte Klangkörper, deren Klang durch nichtharmon. Teiltöne bestimmt wird. Das G.gießen ist bis heute ein Kunsthandwerk, in dem über G.profil, Größe, Gewicht, Tonhöhe und Innenharmonie auf Grund theoret. Berechnungen und prakt. Erfahrungen entschieden wird. G., zuerst im Orient und dann in der Ostkirche verbreitet, wo sie nicht geläutet, sondern angeschlagen werden, sind im Abendland seit dem 6. Jh. bekannt (G.kunde des Benediktiners Theophilus, 10./11. Jh.), wo sie fast ausschließl. invitatorisch (als Einladung zum Kirchenbesuch) und signifikativ (als Hinweis auf Wandlung, Angelus und Vaterunser) eingesetzt werden. Vom 10. Jh. an werden G. mit Schriftbändern und →Bildern (→Kreuzigung, →Maria, →Apostel, Ortsheilige) geschmückt. Nach volkstüml. Vorstellungen werden G. als lebendige Wesen gedacht, die einen Namen haben und zeitweilig zu »wandeln« vermögen (Romfahrt der G. in der Karwoche). Die Benutzung von G. steht den Kirchen als herkömml. Privileg zu und unterliegt ausschließl. deren Zuständigkeit.

*Lit.: W. Ellershorst/G. Klaus:* Handbuch der G.-Kunde, Weingarten 1957. – *G. Grundmann/F. Dambeck (Hg.):* Dt. G.atlas, München 1959ff. – *Chr. Mahrenholz:* G.kunde, Kassel/Basel 1948.

*Peter Maser*

**Glück**

*A.* Man »hat« G., wenn einem etwas zufällt, was man sich gewünscht hat oder von dem man dann, wenn es einem zufällt, erkennt, daß man es sich hätte wünschen sollen. Das Moment des →Zufälligen, die Launenhaftigkeit des G.s in diesem äußeren Sinne, symbolisiert die Rede von der »G.sgöttin Fortuna«, die auf die uralte Überzeugung des →Menschen zurückverweist, für die Erfüllung seines innersten →Ziels von Mächten abhängig zu sein, die sich seiner Kontrolle entziehen. *Äußeres* G. ist zufälliger und unsicherer Besitz, damit nicht nur gefährdet, sondern auch in seinem →Wert eingeschränkt. Darum hat die →Philosophie seit jeher versucht, den Kern des G.s jenseits seiner äußeren Bedingtheit aufzufinden und den Menschen so von der Zufälligkeit und Unsicherheit der Erfüllung seines Strebens zu befreien. Auch wenn wir, so →Aristoteles, immer in einem gewissen Maß an die Gunst des →Schicksals gebunden bleiben, es also äußere Mindestbedingungen des G.s gibt, ist es doch nicht das Entscheidende, ob man G. *hat*, sondern ob man glückl. *ist*. Äußere →Güter, schöne Erlebnisse, Ruhm und →Ehre können immer noch zum Ung. führen, man kann also fragen, ob sie wirkl. glückl. machen. Nur bei jemand, der glückl. ist, können wir nicht noch einmal fragen, was er denn zum G.lichsein habe. Das *innere* G. ist es demnach, nach dem wir alle streben.

*B.* Die Schwierigkeit der philos. Suche nach dem *wahren* G. besteht allerdings darin, dasjenige zu finden, wonach wir alle streben, also anzugeben, wie man glückl. wird. In der klass. griech. Philosophie wird G. als »*Eudaimonia*« verstanden, G.seligkeit, als die gute innere Verfassung des Menschen, der das Rechte tut und darin seine Zufriedenheit findet. →Geduld und Gelassenheit bilden schon in der *vorsokrat.* Reflexion das eth. Ziel des Menschen (→griech.-röm. Philosophie). →*Platon* identifiziert den →Sinn des menschl. →Lebens mit dem →Guten schlechthin; bei ihm freil. tritt das innere G. in einen Gegensatz zum äußeren. Von dem, was die Menge haben zu müssen glaubt, um glückl. zu werden, muß man sich radikal frei machen, um zu erkennen, worin das G. wirkl. besteht, und selbst glückl. zu werden. Das glückl. Leben ist letztl. ident. mit dem Leben des Philosophen, d.h. mit der Philosophie. *Aristoteles* hat das G. nüchterner als das Gelingen eines tüchtigen und in guter →Gesinnung geführten Lebens gefaßt, das nicht nur wenigen Auserwählten vorbehalten, sondern uns allen mögl. und bei Philosophen nur noch einmal in bes. Maße gesteigert ist. Zugleich hat er zwei entscheidende äußere Bedingungen vollständigen inneren G.s dargelegt: daß man Feunde hat (→Freundschaft), die das eigene Gl. teilen, und daß man in einer polit. →Gemeinschaft lebt, die ein würdiges Zusammenleben freier Menschen sichert. In der antiken Philosophie nach Aristoteles wurde das G. immer stärker verinnerlicht. In der →*Stoa* wird zum Ideal des G.s der Weise, der sich vom Lauf der →Welt und vom normalen Menschen weitestmögl. distanziert hat und seine Verfassung nicht vom materiellen Wohlbefinden abhängig macht. Wenn dagegen *Epikur* (um 340-270 v. Chr.) das süße, nach Lust strebende Leben zum Maßstab des G.s macht (Hedonismus), so scheint der Unterschied größer, als er ist; denn um dahin zu kommen, muß man nach Epikur seine Ansprüche klug einschränken. Man muß vor allem die Furcht überwinden, sei es vor den Göttern, den Wechselfällen des Lebens oder dem →Tod. Inneres G. als vernünftige Regulierung des Verhältnisses von Anspruch und Erfüllung menschl. Lebenssinns bildet den Horizont der antiken →Ethik.

*C.* Mit dem →*Christentum* tritt hier eine Wende ein. Das G. wird zu einem theol. Thema gemacht, muß aber in der neuzeitl. Rückwendung zur reinen Philosophie als letzte Kategorie der Ethik abtreten. Basiert die G.svorstellung im →*AT* noch wesentl. auf dem Gedanken des göttl. →Gerechtigkeit entstammenden Lohns für menschl. Gehorsam, so bieten etwa die Seligpreisungen Jesu im →*NT* den Ansatzpunkt der Aufnahme, aber auch Überwindung des griech. Eudaimonia-Gedankens. Insbes. bei →Augustinus und bei →Thomas von Aquin wird G.seligkeit zur Identifikation des letzten Ziels menschl. Existenz. Streben und Erfüllung kommen zum Einklang. Die Lösung für das Problem des Widerspruchs zwischen beiden liegt darin, daß unser letztes Ziel außerhalb des ird. Vollzugs unserer Existenz liegt. Indem wir das G. erstreben, weisen wir über uns hinaus auf den Schöpfer, der selbst G.seligkeit ist. Unser G. liegt daher in der durch seine →Gnade geschenkten Gottesschau, die uns erst nach unserem Leben mögl. ist, der *beatitudo*. Mit der theol. Begründung fällt in der →Neuzeit auch die zentrale Funktion des G.s als →Prinzip menschl. Sinnsuche dahin. Bei *I.* →*Kant* wird Streben nach G. geradezu das Gegenprinzip zur wahrhaft sittl. Orientierung an der →Pflicht. In der engl. und franz. →*Aufklärung* wird G. zur Bezeichnung eines Zustandes der menschl. →Person, den sie erwünscht und in dem sie verharren möchte. Sittl. Wirken besteht demnach darin, die G.szustände der Welt quantitativ zu vermehren, d.h., mehr Menschen glückl. zu machen. In dieser philos. als →Utilitarismus bezeichneten Position kommt die Vorstellung vom inneren G. an ihre Grenze.

*D.* Die *formalen*, inhaltsleeren *Kennzeichnungen* des G.s als eines lustvollen Zustandes, als Übereinstimmung mit uns selbst, als →Selbstverwirklichung oder Befreiung von äußeren Zwängen sind geeignet, uns von der Bindung an falsche Güter und Erwartungen zu lösen; doch sie können nicht zeigen, worin das wahre G. besteht. →Freude und Lust, Selbstverwirklichung sind Kennzeichen, nicht Voraussetzungen *wahren* G.s. Freuen kann man sich auch am →Leid anderer Menschen, verwirklichen kann man sich auf Kosten anderer. Daß jemand, der entspr. handelt, auch glückl. sei, kann man aber nur bestreiten, wenn es für das G. entscheidend darauf ankommt, worüber man sich freut, woran man Lust hat und worin man sich verwirklicht. Wahres G. hat einen unaufgebbaren Bezug auf das →Gute. Nur Freude am Guten macht wahrhaft glückl.; nur wenn das, worüber wir uns freuen, gut ist, sind wir wahrhaft glückl. Der innere und äußere Aspekt des G.s kommen also überein in seiner Intentionalität, d.h. in seinem Gerichtetsein auf einen *Inhalt*, der mehr ist als nur Anlaß einer G.sempfindung. Darum ist G.lichsein prinzipiell nicht anstrebbar: Wir können nicht glückl. sein wollen, weil im wahren G. Wollen und Erfüllung eins sind (→Heil). Vor allem wird niemand dadurch glückl., daß er oder ein anderer für ihn G.lichsein im Sinne eines subjektiven Zustandes herzustellen versucht. Weder Drogen noch eine Bewußtseinstechnologie oder eine Umgestaltung des →Denkens und Fühlens können je die Erfüllung unserer Aufgaben in der Welt ersetzen, aus der heraus allein das G. zu erwachsen vermag, das mit unserem Sein und Leben ident. ist.

*Lit.: G. Greshake:* G. und Heil, in: Christl. Glaube in moderner Gesellschaft, Bd. 9, Freiburg/Basel/Wien 1981, 102- 146. – *M. Scheler:* Der Formalismus in der Ethik und die materiale Wertethik, Bern, 4. Aufl. 1954. – *G. Siewerth:* Die Freiheit und das Gute, Freiburg 1959. – *R. Spaemann:* Philosophie als Lehre vom glückl. Leben, in: *ders.:* Philos. Essays, Stuttgart 1983, 80-103.

*Walter Schweidler*

**Gnade.** Im →Christentum wie auch in mehreren anderen →Weltreligionen (das markanteste Beispiel: der Amida-→Buddhismus) spielt die G. eine zentrale Rolle. In der christl. →Theologie haben Wort und Begriff G. zu weitschweifigen spekulativen Erörterungen Anlaß gegeben, in denen es auch zu scharfen, innerchristl. Kontroversen gekommen ist (vgl. →Augustinus gegen Pelagius; →Gegenreformation gegen →Luther; →Jansenismus).

*A.* Doch ist der Kern dieses rel. Begriffs, in dem eine gläubige Deutung des Menschen in seiner Welt zum Ausdruck kommt, anhand des *Gesamtzeugnisses von AT und NT* klar darzulegen. Zunächst verweist der Begriff G. auf jene Grundüberzeugung (→Glaube) von Menschen, daß ihre Existenz grundlegend und in jeder Hinsicht getragen und begleitet wird durch das Wohlwollen und die liebevolle *Zuwendung →Gottes.* Dieses Wohlwollen Gottes offenbart sich in seinem gnädigen Handeln und geht aus seiner freien, unverschuldeten →Liebe hervor, kann vom Menschen also nicht als rechtmäßige Belohnung für sein sittl. Verhalten, sondern muß wegen der Sündigkeit des Menschen als →Erlösung und →Rechtfertigung verstanden werden. In einzigartiger und entscheidender Weise ist diese G. Gottes *erschienen* im Leben, Sterben und in der →Auferstehung Jesu von Nazaret (Tit 2,11; 3,4). In ihm offenbarte sich Gottes Menschenliebe (philanthropia) konkret als Sorge für das eine, verlorene Schaf (Lk 15,4), als Wille zur Gemeinschaft mit Randgruppen (Mk 2,13-17), als Rechtfertigung von Sündern (Röm 3,21-26). Eine solche bedingungslose Zuwendung zum Menschen, sogar ausdrückl. zu den Verlorenen, führte Jesus unausweichl. *in den Tod* der Hinrichtung (→Kreuz). Weil aber gerade sein Leben, so wie er es lebte, die →Offenbarung der göttl. G. war, verließ sie ihn in seinem Tode nicht; er wurde von Gott zum Leben auferweckt. Die Jünger Jesu kamen zu der Überzeugung, daß diese G. in der Erwählung Jesu endgültig zutage getreten (→Prädestination) ist und sich auch auf alle erstreckt, die – ausdrückl. oder nicht – der Lebenspraxis Jesu nachfolgen. Er galt jetzt als »der Erstgeborene unter vielen Brüdern« (Röm 8,29), von dessen Fülle »wir alle empfangen haben, G. über G.« (Joh 1,16).

*B.* In der späteren Reflexion dieser Glaubensüberzeugung sind verschiedene Akzente eingetreten. Pelagius (um 400) warnte vor einer Überbetonung der G., weil sonst die →Freiheit der menschl. Natur, Voraussetzung für die →Heiligung des Menschen, gefährdet wurde. Deshalb betonte er, daß die G. von außen zur menschl. Natur hinzukomme, während →Augustinus im Blick auf die von Paulus verkündete Universalität der →Sünde darauf bestand, daß – im Blick auf das →Heil – die menschl. Natur, einschließl. ihrer Freiheit, »vergöttlicht« werden müsse. In der *östl. Christenheit* blieb G. immer ein vorwiegend rel. Begriff. Das neue Leben der Getauften (→Taufe) wurde im Anschluß an die bibl. Begriffe als (angenommene) Sohnschaft oder als eine Wiedergeburt aus dem →Hl. Geist aufgefaßt. Deshalb verstand man G. als Vergöttlichung oder Einwohnung des Geistes, ohne jede Neigung, die menschl. Freiheit im Zusammenhang mit der G. zu problematisieren.
In der *abendländ.* Christenheit wurde unter dem Einfluß aristotel. →Metaphysik ein differenzierter G.ntraktat entworfen. In ihm versuchte man (auch von Augustinus beeinflußt), die G. als phys. Wirklichkeit im Verhältnis zur menschl. Natur möglichst deutl. zu bestimmen. Dabei unterschied man scharf zwischen der ungeschaffenen G. (Gottes Wohlwollen) und der geschaffenen G. (die Folge dieses Wohlwollens im Menschen). Da sich dieser Unterschied in Verkündigung und →Volksfrömmigkeit zu einer Trennung entwickelte und die G. fast phys.-quantitativ verdinglicht wurde, bedeutete das Plädoyer der *→Reformation* für eine Rückkehr zur bibl., bes. zur paulin. G.nauffassung ein notwendiges Korrektiv: G. verweist zunächst auf Gott selbst. Seine Barmherzigkeit führt im Menschen die Vergebung der Sünde herbei. Daß diese konkrete Huld Gottes den Menschen selbst bis in die Grundlagen seiner rel. Existenz berührt und ihm ein neues Leben schenkt, gehört zum Kern des christl. Glaubens. Die G. ist in uns durch den Geist, der uns schon heute als Angeld (2 Kor 1,22) der definitiv uns zugesagten Lebensgemeinschaft mit Gott gegeben ist.

*Lit.: C. Ernst:* The Theology of Grace, Dublin 1974. – *O. H. Pesch/A. Peters:* Einführung in die Lehre von G. und Rechtfertigung, Darmstadt 1981. – *O. H. Pesch:* Frei sein aus G. Theol. Anthropologie, Freiburg 1983. – *K. Rahner:* Grundkurs des Glaubens, Freiburg/Basel/Wien, 5. Aufl. 1976, 122-139. – *E. Schillebeeckx:* Christus und die Christen, Freiburg/Basel/Wien 1977.

*Ad Willems*

**Gnosis, Gnostizismus.** Beide *Begriffe* werden nicht einheitl. verwendet. Nach dem Vorschlag des Gnosiskongresses von Messina (1966) ist unter G. das »Wissen um göttl. Geheimnisse, das einer Elite vorbehalten ist«, unter Gnostizismus die »Gruppe von Systemen des 2. Jh.s n. Chr.« zu verstehen. Doch hat sich »G.« als Bezeichnung für die Gesamtheit der spätantiken gnost. Bewegung eingebürgert. Weniger gebräuchl. ist »gnost. Religion«. Für eine Darstellung der G. stehen zahlreiche *Originalquellen* aus verschiedenen Sprach- und Kulturbereichen zur Verfügung, ferner Zeugnisse aus zweiter Hand wie die Berichte und Textauszüge kirchl. Autoren (Irenäus, Hippolyt u.a.).

*A.* Die G. entstand etwa gleichzeitig mit dem Christentum (→Antike und Christentum; →Alte Kirche) im Osten des →Röm. Reiches. Sie ging vermutl. von Kreisen aus, die von der Mitgestaltung des gesellschaftl. Lebens ausgeschlossen waren, daher gegen diese Welt protestierten und ihr →Heil in einem weltflüchtigen →Glauben suchten. So erklärt sich ihr weltverneinender *Grundcharakter.* Die Gnostiker verwendeten zur Darstellung ihres →Weltbildes jüd., christl., ägypt., griech. u.a. Traditionen, die sie unter antikosm. Vorzeichen neu interpretierten und umwerteten. Die in zahlreichen Ausprägungen und Systemen begegnende G. ist somit nicht bloß ein Anhängsel bzw. Ableger von →Judentum, Christentum und →griech. Philosophie, sondern ein *eigenes* Phänomen. Gelehrt wird ein radikaler →Dualismus von →Licht und Finsternis bzw. →Geist und →Materie. Nach der gnost. →*Mythologie* kam es infolge des Fehlverhaltens eines Lichtwesens bzw. durch den Angriff der Finsternismächte auf die Lichtwelt (im →Manichäismus) zur Vermischung von Licht und Finsternis (Geist und Materie) und zur Erschaffung von Welt und →Menschen, in deren leibl. Hüllen Lichtteile eingeschlossen sind. Ziel der Lichtmächte ist es, das zerstreute und in der Materie gefangene Licht wieder zu sammeln und in die Lichtwelt zurückzuführen. Dem entspricht die *Erlösungslehre*, wonach der »Lichtfunke« (das Pneuma = der Geist) im Menschen aus der Versklavung durch die Finsternismächte und dem körperl. Gefängnis befreit werden muß. Das geschieht durch die →Erweckung von außen durch ein erlösendes Wesen (Erlöser, Ruf; →Predigt), damit der geistbegabte Mensch (Pneumatiker) zur Erkenntnis seines wahren, göttl. Wesens, also zur →Erlösung aus der Unwissenheit, und zur Befreiung aus der Macht der Finsternismächte gelangt. In der Reaktion auf den Ruf erweist es sich, ob einer das Pneuma besitzt oder nur materieller Natur ist (Sarkiker/Hyliker). Die christl. G. kennt noch den Psychiker (seel. Menschen) und meint damit den Kirchenchristen, dem die wahre Erkenntnis noch fehlt. In der →*Theologie* lehren die meisten Gnostiker einen oberen guten und einen niederen →Gott (Demiurg, Schöpfer).

*B.* Die Gnostiker waren in geschlossenen Kleinkreisen bzw. eigenen →Gemeinden organisiert oder wirkten innerhalb philos. Zirkel und christl.-kirchl. Gemeinden. Ihre *Daseinshaltung* ist weltverneinend, pessimist., weltflüchtig, asket. Bekannte *Vertreter* sind: Simon Magus, Dositheus, Menander; die christl. Gnostiker Satornil, Kerinth, Karpokrates, Basilides und Valentinus; später →Mani. Zu den heidn., jüd. oder christl. orientierten Richtungen zählen die Sethianer, Ophiten, Naassener, Hermetiker, Valentinianer, Mandäer und →Manichäer. Die Begegnung und gegenseitige Beeinflussung von *Christentum und G.* war vielfältig, spannungsreich (→NT), aber auch fruchtbar. Denkanstöße und Entwürfe der christl. Gnostiker trieben die theol. Entwicklung des frühen Christentums voran. Gleichwohl sah sich die Kirche genötigt, die G. wegen ihres »anderen Geistes« zu bekämpfen und zur →Häresie zu erklären (zur modernen G. →Okkultismus).

*Lit.: K. Rudolph:* Die G., Leipzig, 2. Aufl. 1980. – *K.-W. Tröger:* G. und NT, Berlin/Gütersloh 1973. – *Ders.:* Kirche und G., in: Die Zeichen der Zeit 38 (1984), 221-228.

*Karl-Wolfgang Tröger*

**Goethe,** *Johann Wolfgang von* (geadelt 1782), geb. 28.8.1749 in Frankfurt/M., gest. 22.3.1832 in Weimar.

Wie fast alle Autoren des 18. Jh.s ist auch G. mit den Entwicklungen der prot. Theologie vertraut und erweist sich als gründl. Kenner der →Bibel; ebenso steht er der dogmat. Theologie fremd gegenüber, zumal die Lektüre im »Engl. Bibelwerk« und von G. Arnolds »Kirchen- und Ketzerhistorie« (1699-1700) ihm die unterschiedl. Lehren in den christl. Kirchen deutl. gemacht hatte. Die vielfältigen Rückgriffe im dichter. Werk auf die *Bibel* und den Kultus der Kirchen – u.a. →pietist. Erfahrung der Subjektivität; Verweise auf das →Johannesevangelium im »Werther« und »Faust I«; Entwicklung des Begriffs der Weltliteratur an der Poesie des AT – dürfen nicht darüber hinwegtäuschen, daß der *»dezidierte Nichtchrist«* (29.7.1782, an Lavater) den Offenbarungsglauben ebenso ablehnt wie das Dogma von der Erbsünde (→Sünde) und die »detestable Passion« (22.10.1819, an Boisserée).

Die Beständigkeit seiner Anschauungen zur Religion vom »Brief des Pastors zu« (1773) bis zu den Äußerungen der letzten Lebenstage beruht auf der Überzeugung von dem Wirken einer *höchsten göttl. Macht* und von dem schöpfer. Prinzip der *Polarität* als der dynam. Kraft allen Werdens, dem Naturgesetz von Anziehung und Abstoßung bei fortwährender Steigerung des Einfachen auf die jeweils vollendetere höhere Form, ferner auf der *Ehrfurcht* vor diesem Lebendigen in all seinen wahrnehmbaren Aspekten wie auch in dem unerforschl. Wirken des Göttlichen, in dem Welt und Leben aufgehoben sind (Panentheismus, →Pantheismus).

Vor diesem Hintergrund kann G. *Christus* als die Verkörperung und Vollendung des sittl. Prinzips anerkennen und den *Weltreligionen* in der Vervollkommnung der Humanität ihre gemeinsame Aufgabe bestimmen. Überzeugendsten Ausdruck gewinnt seine Auffassung in der *»Farbenlehre«*, in der er mit der Verkündigung der Theologie des Lichtes (A. Schöne), dessen »Reinheit und Wahrheit« er als →Offenbarung des Göttlichen erfahren hatte, einerseits auf die Sonnenreligion der Parsen zurückverwies, andererseits und vor allem seiner Zeit und der Zukunft die Ehrfurcht vor der Einheit des Universums und der schöpfer. Kraft der →Natur neu wecken und bewahren wollte.

*Lit.: K.-O. Conrady:* G. Leben und Werk, 2 Bde., Königstein 1984. – *V. J. Günther:* Johann Wolfgang von G., Berlin 1982. – *G.-K. Kaltenbrunner:* Die Religionen G.s, in: Neue dt. Hefte 173 (1982), 244-288. – *A. Schöne:* G.s Farbentheologie, München 1987.

*Dieter Gutzen*

**Goldene Regel.** Mit einem der urtümlichsten Moralprinzipien kennzeichnet Mt 7,12 – als Zusammenfassung des gesamten göttl. →Gesetzes und als Abschluß der →Bergpredigt eingeführt – die Eigenart der ntl. →Ethik und bezieht sie auch auf das →AT (»Gesetz und Propheten«): Wir sollen die Mitmenschen so behandeln, wie wir von ihnen behandelt werden möchten. Bei Lk 6,31 steht diese Regel in enger Verbindung mit dem Gebot der Feindesliebe. Nicht nur das atl. und frühjüd. Schrifttum (Tob 4,16), sondern u.a. auch der →Hinduismus, →Konfuzianismus und →Islam enthalten dieses →Prinzip, für das im 18. Jh. in →Europa der Name »G.R.« gebräuchl. geworden ist. Diese Verhaltensrichtlinie bringt die elementare Einsicht des →Menschen in die *Gegenseitigkeit seines Verhältnisses* zu anderen Menschen zum Ausdruck und ihre naturhafte Plausiblität kann nur von ganz extremen Positionen aus (→Nietzsche) geleugnet werden. In ihr ist eigentl. definiert, was wir unter Billigkeit verstehen, was wir also im normalen sozalen Umgang von unseren Mitmenschen erwarten können. Es ist zugleich eine Regel der →Klugheit, an die wir uns halten sollten, solange nichts Zwingendes dafür spricht, von ihr abzugehen. Im angelsächs. Bereich ist der Gedanke der →Fairneß – seit jeher unter der Maßgabe der G.R. – interpretiert worden (→Utilitarismus).
Trotzdem kommt dieses Prinzip als allg. Grundlegung von Moral und Ethik nicht in Betracht; denn es sagt nichts darüber aus, ob auch gut und richtig ist, was wir von anderen erwarten und ihnen dementspr. auch tun wollen. Vielmehr setzt die Anerkennung der G.R. immer schon die Überzeugung von einem *unabhängigen Verhaltensmaßstab* voraus, der gilt, ob er nun von den Menschen im allg. befolgt wird oder nicht. Erst von ihm aus wird die Begründung eines Prinzips mögl., das den Ausgleich unseres Selbstinteresses mit den →Interessen unserer Mitmenschen fordert. Andererseits wird der Weg zur Begründung der Moral immer angewiesen sein auf den Rückbezug zu jener menschenverbindenden Intuition, die in der G.R. formuliert ist. Gegenseitigkeit der Verhältnisse der Menschen untereinander erhält ihre sittl. Grundbedeutung von der Voraussetzung eines fundamentalen *Wohlwollens* als gebotener Grundeinstellung des Individuums zu sich und den anderen, letztl. auch einer seinsbejahenden, ja seinsstiftenden Einwilligung in die Gemeinsamkeit der Geschaffenen in der →Schöpfung →Gottes.

*Lit.: B. Brülisauer:* Die G.R., in: Kant-Studien 71 (1980), 325-345. – *A. Dihle:* Die G.R., Göttingen 1962. – *H.-U. Hoche:* Die G.R., in: Zeitschrift für philos. Forschung 32 (1978), 355-375. – *H.-H. Schrey:* G.R. III., in: Theol. Realenzyklopädie 13, 575-583.

*Walter Schweidler*

**Gott**

*A. Alttestamentlich*

*I.* In der hebr. Sprache des →AT heißt das *Wort* »G.« am häufigsten *elohim*; verwandt damit ist arab. *Allah* (der G.), die islam. G.esbezeichnung. Im Gegensatz zum →Islam und zum Gebrauch im Christentum hat G. im AT wie die Götter der →Antike und des →Alten Orients einen Namen. Die hebr. Schrift schreibt nur Konsonanten; der G.esname hat die Konsonantenfolge *JHWH.* Da der G.esname heilig war, scheute man sich von einer best. Zeit an, ihn auszusprechen, und legte fest, daß an seiner Stelle *adonaj* (der Herr) oder *ha-schem* (der Name) gelesen werden sollte. Bei der Vokalisierung des AT, bei der die Vokalzeichen unter die Konsonanten geschrieben wurden, erhielt JHWH die Vokale von adonaj; dies führte – unter Anwendung der entspr. Lautgesetze – zu der Fehllesung *Jehova.* Die richtige Lesung, die sich nur erschließen läßt, da sie an keiner Stelle des AT überliefert wird, lautet wahrscheinl. *Jahwe.* Die →Alte Kirche setzte durchweg das griech. Wort *kyrios* (Herr) an die Stellen, an denen JHWH steht; die dt. Bibelübersetzungen schreiben zumeist *»der Herr«.*

*II.* Die *Formen*, unter denen G. im AT verehrt wird, sind zu einem Teil zeitbedingt antik. Mag der Opferkult, der im AT von erhebl. Gewicht ist, dem modernen Betrachter befremdl. erscheinen, so darf nicht verkannt werden, daß G. so verehrt wird, wie es der Mentalität und den Lebensverhältnissen der Menschen entspricht. Dem →Bekenntnis in Dtn 6,4ff. kommt es auf die Einheit G.es und seine alleinige Verehrung an; entscheidend ist, was er für Israel bewirkt hat: die *Errettung aus Ägypten*, dem Sklavenhaus, und die Gabe des Landes. Der →Monotheismus, der seine stärkste programmat. Ausprägung im →Deuteronomium findet, führt gegenüber anderen Göttern zu einer Polemik, die nicht metaphys. deren Existenz, sondern deren Wirksamkeit bestreitet (Jer 2,26ff.). Im AT wird G. mit einer Zahl von *Eigenschaften* versehen, die auch sonst in der Antike geläufig sind; indes mahnt das atl. Bilderverbot gegen den Versuch, G. verfügbar zu machen. Dies gilt auch für die Anschauungen, die Menschen über G. entwickeln;

nicht im Sturm, im Erdbeben, im Feuer, den geläufigen Medien der G.eserscheinung, findet sich G. (1 Kön 19,9ff.), sondern im Flüstern eines leisen Wehens: G. ist anders und jeder zeitbedingten menschl. Vorstellung voraus.

*Lit.: W. H. Schmidt:* Atl. Glaube in seiner Geschichte, Neukirchen-Vluyn, 5. Aufl. 1987.

*Udo Rüterswörden*

### *B. Neutestamentlich*

#### *I. Jesus*

*1.* Jesus redet (eschatolog.) *von* einem G., dessen Reich nahe herbeigekommen ist (Mk 1,15); Jesus redet (präsent.) *zu* einem G., der da ist. Die G.unmittelbarkeit Jesu im Denken, Reden und Tun hat ihr Urbild in der Beziehung eines Sohnes zu seinem Vater. Der kommende und der gegenwärtige G. ist auch für die Menschen in Jesu Reden und Handeln erfahrbar geworden. Der G. Jesu ist nicht einfach jenseits dieser Welt, sondern sorgt sich um die Menschen (Mt 6,26.28-31/Lk 12,24.27-30; Mt 10,29-31/Lk 12,6-7) in dieser Welt. Der G. Jesu ist der Welt als Schöpfer ganz *nahe*, aber als der endzeitl. Herrscher steht er zur Welt in *Distanz.* Beide Aussagereihen müssen in der für das christl. Daseinsverständnis wichtigen Spannung belassen werden: »Unser Vater im Himmel – dein Reich komme« (Mt 6,9f.).

*2.* Wer G. ist und wie G. denkt, zeigt sich in der →Ethik Jesu. Die Durchbrechung der starren Gesetzlichkeit (Mk 2,23-28; Mt 12,9-14/Mk 3,1-6/Lk 6,6-11), die Verlagerung der sittl. Entscheidungen in das Innere des Herzens (Mt 15,11/Mk 7,15), die Konzentration aller Forderungen auf das Prinzip der →Liebe (Mt 22,36-39/Mk 12,30-31/Lk 10,27) machen deutl., daß G. in Jesus ein menschl. Gesicht zu erkennen gibt. Jesus verwendet die traditionellen jüd. G.esnamen; die herrscherl. Züge fehlen durchaus nicht, aber die familiären Töne herrschen vor. Die *Vater-Anrede* in der aramä. Verniedlichungsform Abba (Mk 14,36) spiegelt trotz jüd. Vorgaben und mögl. Überformungen durch die →Christologie der Gemeinde (Gal 4,6; Röm 8,15) die G.unmittelbarkeit Jesu.

*3.* Jesus hat keine abstrakte G.eslehre vorgetragen, sondern die Menschen in eine neue Begegnung mit G. hineingestellt. Die Aussagen über eine »Vorsehung« G.es sind durch die *Unmittelbarkeit* der persönl. Erfahrung relativiert. G.es Sorge und menschl. Eigenverantwortung sind jetzt keine Gegensätze mehr. In dem Maße, wie sich der Mensch vertrauensvoll an den Vater wendet, gewinnt er seine eigene Freiheit. Probleme des jüd. G.esverhältnisses (→Theodizee, →Sünde und Schuld, das →Böse in der Welt) sind bei Jesus genausowenig nachzuweisen wie die quälende Frage nach dem eigenen (Todes-) Geschick. Das Wissen um die Verfügung des Vaters (Mt 10,10b; Lk 23,46) gibt dem menschl. Unfaßbaren (Mk 15,34) einen Sinn.

#### *II. Frühchristliche Gemeinde*

Die fließenden Übergänge vom G.esverständnis Jesu zu dem der Gemeinde zeigen, daß es um ein und denselben G. geht. Die älteste Urgemeinde hat genauso wie Jesus das atl.-jüd. G.esbild übernommen, aber gleichzeitig durch das Bekenntnis zum *erhöhten Christus* neue Akzente gesetzt. Die Übertragung des herkömml. jüd. G.esnamens »Herr«, *»mein Herr«* (aramä.: *mâri*; griech.: *kyrios*) auf den Knecht Jesus (Apg 3,13.26; 4,30) ist ein bedeutender Schritt in Richtung auf die Identifikation Jesu mit G. (→Christologie, NT). Der atl. Ein-G.-Glaube (→Monotheismus), der für Jesus streng verbindl. war (Mk 12,29f.), hat durch die Behauptung des göttl. Rangs Jesu eine neue rational nur schwer nachvollziehbare Ausrichtung erhalten. Die zögernde Verwendung dieser Titel in der →Christologie der frühesten →Tradition kann von der Rücksichtnahme auf das jüd. Zentraldogma her verstanden werden, doch spielte auch die Sorge um die Unversehrtheit des eigenen Glaubensbekenntnisses eine wichtige Rolle. Elemente einer »natürl. Theologie«, die im Unterschied zur bibl. →Offenbarung philos. argumentiert (→natürl. Religion), gewinnen auf dem Umweg über das hellenist. →Judentum in Grenzen Einfluß (Apg 17,22-31; vgl. auch Röm 1,19-21; 1 Kor 1,21; möglicherweise auch das absolute »ho theos«, der G.). Die atl.-jüd. Vorstellungen von dem in der Geschichte handelnden einen G. (1 Thess 1,9; 1 Kor 8,4-6), dem Schöpfer des Himmels und der Erde (Apg 4,24; 14,15.17, Offb 10,6; 14,7), behalten freil. ihr Gewicht.

#### *III. Paulus*

Die G.esvorstellung des →Paulus ist geprägt durch →Kreuz und →Auferstehung Jesu und durch die Lehre von der →Rechtfertigung des Sünders durch →Glaube und →Gnade (Röm 1,16; 3,21-24; Gal 3,8 u.ö.). →Gericht und →Heil sind jetzt durch das →Evangelium offenbar geworden (Röm 1,17f.). *Zorn und Gerechtigkeit* sind keine Wesenseigenschaften, vergleichbar den atl. Vorstellungen von Affekten G.es (Geduld, Schmerz usw.). Sie sind Ausdruck des souveränen richterl. Handelns, das auf Unglaube oder Glaube reagiert. Die traditionellen menschl. Bilder der atl. Prophetensprache haben in der Theologie des Paulus keinen erkennbaren Niederschlag gefunden. Paulus gibt den kreuzestheol. Ansatz seines G.esverständnisses zu erkennen in der Rede von der →Weisheit G.es, die mit dem törichten »Wort vom Kreuz« (1 Kor 1,18-22) die normalen Wertungen auf den Kopf stellt: »Wir... verkündigen Christus als den Gekreuzigten« (1 Kor 1,23; 2,2). Der Widerspruch zu der normalen weltl.-menschl. Denkweise (1 Kor 1,27-31) kann nicht krasser zum Ausdruck gebracht werden.

#### *IV. Johannes*

Das G.esbild der joh. Schriften liegt auf der Linie der traditionell-jüd. Vorgaben, geht aber mit den Aussagen »G. ist Geist« (4,34) und: »Niemand hat

G. je gesehen« (1,18; 6,46; 1 Joh 4,12.20) weit darüber hinaus. Wer G. erkennen will, muß an den Offenbarer →Jesus Christus, an das in die Welt gekommene Wort (1,14) glauben. Die joh. Theologie macht keine Aussagen über das metaphys. Wesen G.es, läßt sich andererseits aber auch nicht auf eine nur geschichtl. G.eserfahrung eingrenzen. Die herkömml. Kategorien von →Transzendenz und Immanenz sind durch die Formel »G. ist die *Liebe*« (1 Joh 4,8.16) relativiert.

*V. Orientierung an Jesus Christus*
Das NT bietet also keine ausformulierte G.eslehre, sondern G.eserfahrungen verschiedener Art. Allen gemeinsam aber ist die Orientierung an →Jesus Christus, dem wahren Bild G.es (2 Kor 4,4; Kol 1,15), durch den G. in dieser Endzeit zu uns gesprochen hat (Hebr 1,2). 6

*Lit.: E. Fascher:* G., in: Religion in Geschichte und Gegenwart, 3. Aufl. 1958, Bd. 2, 1715-1717. – *J. Haspekker:* G., in: Handbuch theol. Grundbegriffe 1, 593-596. – *K. Rahner:* Theos im NT (Schriften zur Theologie 1), Einsiedeln 1954, 91-167. – *R. Schäfer:* Jesus und der G.esglaube, Tübingen 1970. – *F. J. Schierse:* G., in: Lexikon für Theologie und Kirche 4, 1078-1080. – *E. Stauffer:* G., in: Theol. Wörterbuch zum NT 3, 95-122.

*Josef Ernst*

*C. Theologiegeschichtlich*

*I.* Mit dem *Tod Jesu am →Kreuz* ist die Frage gestellt, ob Jesus zu Recht G. als den liebenden Vater, den nahen und barmherzigen G. verkündet hat. In der →Auferstehung, so die Erfahrung und das Zeugnis der Jünger, wird Jesus in seinem Anspruch und Zuspruch bestätigt. Dies nötigt die *junge Christenheit,* ihr G.esverständnis nach innen (→Glaube, →Bekenntnis) und nach außen hin zu bestimmen. Im Gegenüber zum →Judentum stellt sich die Frage, wie sich der →Glaube an einen G., der in →Jesus Christus ganz gegenwärtig ist und sich als Liebe erweist, zu den G.eserfahrungen Israels verhält. In der Begegnung mit der hellenist. Welt (→Hellenismus) ist die Auseinandersetzung zu führen mit einem philos. geprägten, monotheist. G.esbegriff und mit religiös gefärbten dualist. G.esvorstellungen.

*II.* In Aufnahme des ntl. Zeugnisses und erster Lösungsansätze (→Apologeten, →Origenes, Tertullian) findet die *altkirchl. →Theologie* eine Antwort auf diese Fragen in der Entfaltung der Logos-Christologie (→Christologie) und der →Trinitätslehre. Die Übernahme des Logosbegriffs (→Logos) erlaubt die dialogfähige Anknüpfung an philos. Einsichten und den Aufweis, daß christl. G.eserkenntnis wahre und vollkommene Erkenntnis sei (→Augustinus). In Jesus Christus erscheint der in der →Schöpfung wirksame göttl. Logos in seiner vollen und wahren Gestalt. Die Ausbildung der Trinitätslehre (Konzil von Nizäa 325 und Konstantinopel 381) benennt sowohl die Selbstunterscheidung G.es in Vater, Sohn und Geist als auch die Einheit G.es (Wesensgleichheit und gegenseitige Durchdringung der göttl. Personen). Damit wird das philos. G.esverständnis aufgenommen und von bibl.-christl. Erfahrung her umgeprägt: G. offenbart sich in der Geschichte. Einem →Dualismus in ein Schöpfungs- und Erlösungshandeln G.es ist damit gewehrt.

*III.* In der *ma. Theologie* wird die G.eslehre weiter ausgebildet. Dabei tritt das Verhältnis von allg. vernünftiger G.eserkenntnis und Offenbarungserkenntnis in den Vordergrund. In Weiterführung der platon.-augustin. Tradition entfaltet Anselm von Canterbury (1033/34-1109) die verschiedenen Varianten seines ontolog. →G.esbeweises. In Auseinandersetzung mit dem neu begegnenden →Aristotelismus geht →Thomas von Aquin davon aus, daß dem Menschen in seiner »natürl. Vernunft« auf Grund der Schöpfungsoffenbarung Erkenntnis von G.es Existenz und Allmacht mögl. ist. Der Heilswille G.es wird im geschichtl. Offenbarungshandeln kund; auf Grund der Teilhabe alles Seienden kann von einer →Analogie zwischen G. als dem schöpfer. Seinsgrund und allem Seienden ausgegangen werden. Sie erlaubt es, von dem Seienden auf G. als notwendiges, *vollkommenes Sein,* als erste Ursache und reinen Akt (Actus purus) zurückzuschließen.

*IV.* In der →*Reformation* kommt es zu einer Neuformulierung der G.eslehre. →Luther bestreitet die Möglichkeit einer vernünftigen allg. G.eserkenntnis nicht, aber darin erscheint G. als der allmächtige und verborgene, als der Gehorsam fordernde und anklagende G. Allein in der Offenbarung in Jesus Christus begegnet der wahre und *gnädige G.,* der den Sünder rechtfertigt (→Rechtfertigung). Diesem Zuspruch, der im Wort von G.es →Versöhnungshandeln in Kreuz und Auferstehung ergeht, gilt es sich glaubend anzuvertrauen.

*V.* Am Anfang der *neuzeitl. Entwicklung* wird die allg. vernünftige G.eserkenntnis als die eigentl. und klare Erkenntnis verstanden, von der her die geschichtlich rel. G.esvorstellungen krit. zu befragen sind (→Descartes). Im Fortgang der Entwicklung aber werden die Erkenntnis und alles Reden von G. immer stärker bestritten. Im Rahmen des entstehenden naturwissenschaftl. Weltbildes (→Naturwissenschaft und Theologie) wird die Vorstellung von einer Schöpfung und Erhaltung der Welt durch G. zurückgedrängt. In der erkenntnistheoret. *Kritik* der traditionellen →Metaphysik werden auch die G.esbeweise fragl. (→Kant). Im Namen der Mündigkeit des Menschen verurteilt die →Religionskritik den Glauben an G. als lähmend und gefährl. für die geschichtl. und gesellschaftl. →Selbstverwirklichung des Menschen (→Feuerbach, →Marx, →Nietzsche, →Freud). Über diese theoret. Infragestellung hinaus werden →Ethik und →Religion prakt. aus weiten Bereichen des Lebens ausgegrenzt. Demgegenüber hält man entweder an Einsichten der →Tradition bewußt fest (Vatikanum I, →Vat. Konzile) oder man versucht, Möglichkeit und Notwendigkeit des G.esgedankens sowie das Recht der offenbarungsbestimmten G.eserkenntnis in *neuen Ansätzen* aufzuweisen. Dies geschieht im Zusammenhang von Ethik und →Anthropologie, im Kontext neuzeitl. Religionstheorien (Schleiermacher) sowie in den umfassenden philos. Konzeptionen des dt. →Idealismus (→Schelling, Hegel). Nach →Schleiermacher ist das »Gefühl schlechthinniger Abhängigkeit« eine eigenständige →Erfahrung, die im G.esbewußtsein Jesu ihre reifste geschichtl. Ausprägung erfährt. In →Hegels dialekt. Konzeption wird der neuzeitl. →Atheismus als Moment in der Geschichte G.es gesehen, in der G. durch die Negation seiner selbst (spekulativer Karfreitag) die äußerste Entfremdung in sich aufnimmt und überwindet.

*VI.* Zu Beginn des *20. Jh.s* widerspricht K. →Barth scharf solchen Aufweisen der Denk- und Lebensnotwendigkeit G.es im Horizont vernünftiger Reflexion. Wahres Verständnis G.es ist uns nur in dem in Jesus Christus offenbar gewordenen →Wort G.es eröffnet, das heilsames Gericht allen menschl. Redens von G. ist. Überwiegend übernimmt man allerdings den Versuch, in vernünftiger Reflexion aufzuweisen, daß der Mensch unter den gegenwärtigen Bedingungen auf →Transzendenz und das Geheimnis G.es verwiesen ist (K. →Rahner, P. →Tillich, G. Ebeling) und das christl. G.esverständnis in diesem Horizont auszulegen ist. In der neueren Diskussion kam es von erfahrungsorientierten hermeneut. Zugängen her (→polit. Theologie, →Befreiungstheologie) und in erneuter Auseinandersetzung mit der traditionellen G.es- und Trinitätslehre (K. →Rahner, J. Moltmann, E. Jüngel, W. Pannenberg) zu einem vertieften Verständnis von G.es geschichtl. Handeln, seiner Leidensfähigkeit und seiner parteinehmenden Liebe.

*Lit.: G. Ebeling:* Existenz zwischen G. und G., in: *ders.:* Wort und Glaube, Bd. 2, Tübingen 1969, 257-281. – *E. Jüngel:* G. als Geheimnis der Welt, Tübingen, 4. Aufl. 1982. – *H. Küng:* Existiert G.? Antwort auf die G.esfrage der Neuzeit, München 1978. - *F. Mildenberger:* G.eslehre, Tübingen 1975. – *J. Moltmann:* Trinität und Reich G.es, München 1980. – *K. Rahner:* Bemerkungen zum dogmat. Traktat »de trinitate«, in: *ders.:* Schriften zur Theologie, Bd. 4, Einsiedeln 1960, 103-133. – *J. Track:* Sprachkrit. Untersuchungen zum christl. Reden von G., Göttingen 1977.

*Joachim Track*

*D. Philosophisch*

Der philos. G.esbegriff wird im Gegensatz zum theol. nicht durch eine bestimmte hist. →Offenbarung begründet. Ausgangspunkt des *denker.* Bemühens ist neben der →Welt, wie sie uns in unserer Erfahrung begegnet, auch die jeweilige →Kultur und →Religion. Daher lassen sich im Gang durch die Geschichte sehr *verschiedene* Zugangs- und damit auch Sichtweisen aufzeigen. Die ostasiat. Philosophie fragt dabei im Gegensatz zur abendländ. weniger nach den *Eigenschaften* G.es als vielmehr nach dem *Weg* hin zu der Begegnung mit dem →Absoluten.

*I.* In der *abendländ. Philosophie* (und auch Theologie) ist der G.esbegriff von den griech. Philosophen geprägt. Bei →Platon und →Aristoteles wird neben die →Mythen menschenähnl. Götter (→Polytheismus) systemat. rationales Denken gesetzt, das in der Teilhabe an der unpersönl. und unveränderl., den *Kosmos umfassenden* G.heit die Ermöglichung menschl. →Erkennens und rechter →Sittlichkeit sieht.

*II.* Im *christl. Abendland* sind – in der →Patristik und →ma. Philosophie – die griech. Tradition und der christl. →Glaube (→Monotheismus) in verschiedener Weise aufs engste miteinander verknüpft. Anselm von Canterbury meint, das Geglaubte auch mit den Mitteln der Vernunft darstellen zu können, und entwickelt den ontolog. →G.esbeweis. →Thomas von Aquin greift Gedanken der →Metaphysik des *Aristoteles* wieder auf. Über lange Zeit hinweg bemüht sich die Theologie als →Ontologie, Existenz, Wesen und Eigenschaften G.es mit ihrer Begrifflichkeit genau zu bestimmen. Meister Eckhart entwickelt vor dem Hintergrund seiner →Mystik eine eher »*negative Theologie*«, die die philos. Begriffe in ihre Grenzen weist und auf G.es →Unmittelbarkeit und Universalität zugleich hinweist, wie dies später auch →Nikolaus von Kues tut. Ein Weg, der durchaus gewisse Ähnlichkeiten mit fernöstl. Philosophie und dem →Pantheismus aufweisen kann.

*III.* Mit dem radikalen Zweifel →Descartes' wird der Ausgangspunkt des Denkens von G. und der Welt *in den Menschen* verlagert. Damit wird G. dem Denken und Erkennen des Menschen gegenübergestellt, anstatt es erst zu ermöglichen Im →Deismus wird der Glaube an den persönl. G. gewahrt, doch im Gegensatz zum →Theismus nicht an G.es Wirksamkeit in der Welt geglaubt. In Überlegungen zur Frage der →Theodizee bemüht sich →Leibniz um die *Rechtfertigung G.es* angesichts des Übels in der Welt. Gegenüber allen metaphys. Fragen weist →Kant die Grenzen der Vernunft auf. G., →Freiheit und →Unsterblichkeit sind für ihn nur *Postulate* (Forderungen), um Erkenntnis und sittl. Handeln des Menschen zu gewährleisten. Anders als Kant interpretiert →Hegel die Weiterentwicklung menschl. Denkens und kultureller Organisation als dynam. Zu-sich-selbst-Kommen des göttl. Bewußtseins (→Monismus). Diese Gedanken führten sowohl zu einer Belebung der Theologie als auch zur atheist. →*Religionskritik*, die sich um der Freiheit des Menschen willen von jedem mögl. G. lossagt. →Nietzsches Rede vom Tod G.es führt philos. gesehen zur Frage nach der Möglichkeit von →Metaphysik und allgemeingültiger →Ethik überhaupt, theol. gesehen zur Neubesinnung auf das

→Wesen G.es, das jetzt weniger ontolog. stat. als vielmehr relational dynam. verstanden wird. Deutlicher umfaßt es (durch den Tod Jesu) den Tod. Im →Existentialismus dagegen ermöglicht die Besinnung auf die existentielle Befindlichkeit des Menschen eine *neue Offenheit*, G. zu denken als den, der zur Entscheidung ruft.

*IV.* Während teilweise in der →*analyt. Philosophie* die Rede von G. nicht mehr nur als unzutreffende, sondern als sinnlose Rede angesehen wird, weisen andere Philosophen, auch im Gegensatz zur →Entmythologisierung, wieder auf die Rückkehr und anthropolog. Notwendigkeit von *Mythen* hin. Eine wichtige Rolle für die heutige Rede von G. spielen der →Personalsmus und die *Personalität* des Menschen im Zusammenhang mit seiner →transzendentalen Verwiesenheit, der →Sinnfrage und der Kontingenzerfahrung sowie eine Wiederentdekkung von →Meditation und →Mystik.

*Lit.: W. Burkert u.a.:* G., in: Hist. Wörterbuch der Philosophie 3, Darmstadt 1974, 721-814. – *L. Kolakowski:* Falls es keinen G. gibt, München/Zürich 1982. – *O. Muck:* Philos. G.eslehre, Düsseldorf 1983. – *R. Schaeffler:* Fähigkeit zur Erfahrung. Zur transzendentalen Hermeneutik des Sprechens von G., Freiburg 1982. – *W. Weischedel:* Der G. der Philosophen, Darmstadt, 3. Aufl. 1983.

*Nicolaus Klimek*

### *G. Systematisch-theologisch*

G., allg. *philos.* letzte sinngebende Instanz, letzte Möglichkeitsbedingung des Wirklichen, menschl. Existenz, Identität und Erfahrung, gedacht als Ursprung oder Ziel der Wirklichkeit, in der →Neuzeit neben Aussagen über sein Wesen zunehmend verteidigt gegen die Bestreitung seiner Existenz. *Religionsgeschichtl.* Gegenstand der Verehrung und des Schreckens und Zentrum der →Frömmigkeit, als der eine G. oder als ein Gesamt von Göttern letzter Bezugspunkt der Religionen, in der →*Literatur* der Gegenwart entweder unfragl. abwesend oder in einer unerklärl. Abwesenheit wahrgenommen, wird G. vom christl. Glauben her auf der Basis *bibl. Tradition* verstanden als personhaft ansprechbarer Retter, als Stifter und Lenker menschl. →Geschichte, als →Ziel von Mensch und Wirklichkeit über den Tod hinaus, als Schöpfer und Lebensspender, als krit., zugleich jedoch vergebende Instanz allen menschl. Handelns, dennoch von uns Menschen prinzipiell als das unendl. uns bergende →Geheimnis erkennbar, nicht allererst in denker. Bemühen oder der Bejahung verbindl. Tradition, sondern in der →Erfahrung einer glaubenden Lebenspraxis. Als christl. G. ist er ein G. aller Menschen, zugleich aber orientiert an Geschichte und Lebenspraxis Jesu von Nazaret, in dessen Angesicht das Angesicht G.es selbst sichtbar geworden ist. »Niemand hat G. je gesehen als der Sohn« (Joh 1,18).

*I. Grundzüge eines christlichen Gottesbildes?*

Eine solche Beschreibung kann nicht als Definition verstanden werden. Vielmehr versucht sie, in teils philos., teils rel. metaphor. Sprachspiel, teils unter Verweis auf Praxis, teils unter Appellen an die gläubige Existenz Hinweise auf das christl. G.esbild zu geben. Dieses läßt sich weder in Reflexion noch in Sprache einfangen. G. wäre nicht G., transzendierte er nicht die Kategorien menschl. Erfahrung. So ist er prinzipiell unaussprechl., gleichwohl im Blick auf →Jesus Christus und im Wissen um die Gegenwart seines Geistes *benennbar.*

Im Zusammenhang dieser Überlegungen haben sich in den vergangenen Jahrzehnten die Grundzüge eines christl. G.esbildes neu profiliert. Dieser Prozeß war nicht das Ergebnis spekulativer Konstruktion, sondern der Besinnung auf die Schrift, die allen Kirchen gemeinsame Tradition sowie die in der gegenwärtigen Weltsituation gestellten Fragen. Sie ist, kurz zusammengefaßt, die Korrektur eines geschichtslosen G.esverständnisses. Einige Grundelemente seien hier genannt:

*1.* Gemäß bibl. Tradition ist G. der Heilige, ein ansprechbares Du, treuer *Retter* seines Volkes und der gesamten Menschheit. Er wirkt hier und jetzt, geht und leidet die Geschichte der Menschen mit und vollendet sie als deren Versöhner, läßt sich in seinem Reich verifizieren: »Ich werde sein, als der ich mich erweisen werde« (Ex 3,14).

*2.* Gemäß christl. Verständnis der bibl. Tradition hat G. sich *in einem Menschen*, in Jesus Christus unüberbietbar geoffenbart und mitgeteilt. Dadurch ist G., der Unsichtbare, in einem Menschen gegenwärtig und in dessen Lebenspraxis sichtbar geworden, die für Christen Maß des Willens und Verhaltens G.es ist. G. ist ein G. der Geschichte: »Wer mich gesehen hat, hat den Vater gesehen« (Joh 14,9).

*3.* Deshalb beginnt G.es Reich als Tat der vorbehaltlosen *Liebe und Treue* zumal zu den Sündern und Unterdrückten. Der Satz »G. ist die Liebe« (1 Joh 4,8.16) verweist nicht auf eine Eigenschaft neben Eigenschaften, sondern auf G. selber. Der Satz ist umkehrbar, sofern G. sich nicht in Macht oder Gerechtigkeit, sondern in (Situationen der) menschl. Liebe behaften läßt. Die Paradoxien in G. sind von den Paradoxien der Liebe her zu verstehen und ereignishaft aufzulösen: »Wer in der Liebe bleibt, bleibt in G.« (1 Joh 4,16).

*4.* Gerade der ohnmächtige, mitleidende und *mit dem Tod konfrontierte G.* ist in Jesus Christus als Leidendem und von G. Verlassenem (Jes 52,13-53,12; Mk 15,34) benennbar geworden. Den Tod im Angesicht, kommt es jedoch zur utop. und Utopie freisetzenden Behauptung, daß G. in der Zeit des Todes schon die Auferweckung zum *Leben* beginnen läßt. Daran ist abzulesen, was G.es Macht in Konfrontation mit dem Tod bedeutet. G. ist ein G. des Lebens. Es zeigt sich in der Erfahrung, daß die Liebe stärker ist als der Tod (Hld 8,6).

*5.* G. ist Ursprung und *Erhalter der Welt.* Dieser Satz zielt nicht auf deren kosmolog. Beginn, sondern auf deren Gegenwart und gefährdetes Ende. Dem Satz wird deshalb nur gerecht, wer Frau und Mann als Ebenbild G.es, menschl. Gemeinschaft als Reich der Freiheit und die Natur als Zeichen göttl. Herrlichkeit wahrnimmt, über der die »Ruach« G.es (→Hl. Geist) schwebt (Gen 1,2), die über alles Fleisch ausgegossen ist (Apg 1,17).

*6.* G.es Geist ist *überall.* Deshalb wirkt seine Wahrheit im Leben, in Gemeinschaft und Freiheit, in allen Völkern und Religionen. Auch christl. G.eserfahrung bedarf deshalb des *Dialogs.* Dann erst wird deutl., daß alle Bilder – auch das des in Christus benennbaren G.es – die Wahrheit selbst nicht erreichen; denn G. ist und bleibt gerade auch in seinem Geist derjenige, ohne den nichts ist, über den hinaus nichts Größeres gedacht werden kann und der auch dann er selber bleibt, wenn er ins andere seiner selbst eingeht. Er ist deshalb Freiheit und Grund aller menschl. Freiheit, in keiner Vorstellung fixierbar. »Du sollst dir von Gott kein Bild machen« (Ex 20,4). In diesem Bilderverbot treffen sich heute religionskrit. Ansätze mit der christl. Theologie.

*II. Abwesenheit Gottes*

Die systemat. theol. Reflexion über die Frage nach G. und Gegenwart hat – gemäß einer hermeneut. verantworteten Kriteriologie von christl. Theologie überhaupt – eine *Brücke* zu schlagen zwischen dem von →Schrift und Tradition als verbindl. angegebenen christl. G.esverständnis und dem G.esverständnis, wie es sich von gegenwärtigen Frage- und Problemstellungen her stellt.

*1.* Der Verweis auf die Gegenwart bringt unmittelbar zwei *Einschränkungen* mit sich:

a) Gegenwärtiges Sprechen von G. ist zu relativieren auf die geokulturelle und jeweils sozial differenzierte »Gegenwart«. Im ind. Kontext etwa sprechen auch Christen anders von G. als in Lateinamerika, in einer von →Stammesreligion geprägten Kultur anders als in den Kontexten der Ersten, Zweiten oder Vierten Welt. Insofern stehen die folgenden Aussagen unter den Bedingungen westl. Denkens. Daraus folgt nicht notwendig der Verzicht auf ein gemeinsames Sprechen von G., doch äußert es sich eher in gemeinsamem →Bekenntnis als in gemeinsamer →Theologie. Grundbekenntnisse wie dieses, daß G. der Vater Jesu Christi sei, daß er Jesus als Retter gesandt, den →Geist ausgegossen und als Liebe uns nahe sei, bleiben von allg. Bedeutung.

b) Die Denk- und Religionsgeschichte des Westens hat in einer im 12. Jh. begonnenen, in der →Neuzeit dann explizit gewordenen und durch die Folgen der →Reformation verschärften Entwicklung zu einer theol. noch unübersehbaren Situation geführt. Kultur- und soziotheoret. wird sie in der Regel als →*Säkularisierung* oder als *Modernisierung* (→modern) umschrieben: Damit ist für eine theol. Reflexion keine Katastrophe, wohl aber eine Situation eingetreten, die nach menschl. Eingedenken nicht ihresgleichen hat. Der normative Ursprung des Christentums hat in diesem Prozeß einen bislang selbstverständl. gültigen Zusammenhang, den eines allg. Glaubens an G., verloren. Bis ins vergangene Jh. hinein standen G. und Götzen, wahres und falsches Christentum, wahre und falsche Religionen einander gegenüber. Die Gespräche mit Religionen und →Weltanschauungen gingen um den wahren G., nicht um die Frage nach seiner Existenz. Im →Monotheismus war schon immer die Neigung vorhanden, den einen G. nicht mehr gegen Götzen zu setzen, sondern diese abzuschaffen. Jetzt löste der exklusive G.esbegriff den →Atheismus als hinreichend radikale Gegenposition aus.

*2.* Damit war die christl. Tradition mit einer neuen Gesprächssituation konfrontiert, und der krit.-verstehende Umgang mit der theist. Glaubenstradition erreichte eine neue *Krisendimension.* Doch löste sie nicht nur tiefe Verunsicherung aus, sondern führte auch zu neuer *Elementarisierung* des G.esverständnisses, wenn auch nicht ohne zwiespältige Folgen. Die vorneuzeitl. gefestigte, in der kath. Kirche weiterhin gepflegte Tradition einer →natürl. Theologie hatte unter veränderten Vorzeichen neue Bedeutung erlangt. Die ev. Theologie unternahm unter starkem Einfluß von →Schleiermacher, aber auch der jeweils zeitgenöss. Philosophie von →Kant bis zum →Existentialismus neue Denkanstrengungen, die den Bedingungen der Neuzeit intensiver verbunden, von Grenzen und Wandel best. Positionen aber auch abhängiger waren. Allerdings war deren Ergebnis zwiespältig: Die Glaubenden nehmen die Wahrheit G.es, wenn auch aus verschiedenen Gründen, an. »Ungläubige« degegen lassen sich in der Regel trotz guten Willens durch keines der vorgetragenen Denkmodelle überzeugen. So geht dem Glauben an G. im Bewußtseins der Menschen eine unverfügbare Gegenwart oder Abwesenheit G.es voraus, die eine rationale Verteidigung G.es anscheinend nicht beeinflussen kann.

*3.* Diese Feststellung führt zum dritten, gravierendsten Kennzeichen der Situation, die in der Theologie seit den 60er Jahren ausdrückl. reflektiert wird. Es ist die *Abwesenheit G.es* in unserer →Kultur. Die Aussage ist nicht undifferenziert zu verstehen. G. und Religion sind im Code unserer Kultur nicht einfach verschwunden, vielmehr können in Literatur, Kunst und verschiedenen Sinnsystemen die Spuren intensiver G.suche und G.eserfahrung verfolgt werden. Aber Glaubende erfahren G. – in der Diskrepanz von eigener Lebensorientierung und den prägenden Werten der →Öffentlichkeit – als weltüberhoben, weltfern, abwesend. Soziale (ökonom., wirtschaftl., polit., kulturelle) Welterklärungen können auf ihn verzichten. Semiot. und soziol. Analysen verweisen dagegen weniger auf Abwesenheit als mehr und mehr auf eine *diffuse Anwesenheit* des Göttlichen, das vom Marktcharakter der Sinnangebote ergriffen, dessen Verbindlichkeit deshalb eher verdrängt als zur Kenntnis

genommen wird, so daß gerade die Göttlichkeit G.es sich verwischt.
*4.* Somit ist der Atheismus der Gegenwart nicht mehr (positiv und offensiv) argumentierender Art, auch will er die Theorie des Glaubens an G. nicht mehr durch widersprechende Praxis (z.B. durch »prakt. Materialismus«, →kapitalist. Warenfetischismus oder die Rolle des →Geldes als des Götzen der Gegenwart) widerlegen. Diese Fehl- oder Antiformen des Glaubens können oft gemeinsam von Glaubenden und Nichtglaubenden in konfrontativer Absicht angegangen werden. Der entscheidende Atheismus der Gegenwart liegt in der *Indifferenz* derer, für die G.es Gegenwart ebenso banal zum institutionell versorgten Verwaltungsakt geworden ist wie seine Abwesenheit zur lebensgeschichtl. bedingten Selbstverständlichkeit.

*III. Ein Gott der Befreiung?*
Über die Gründe dieser Entwicklung herrscht keine Übereinstimmung. Die Argumentationen laufen vom simplen Vorwurf des Unglaubens der Welt über den einschichtig vorgetragenen Gegenvorwurf eines versagenden Christentums, zu soziol. und psycholog. angelegten Argumentionen einer fortschreitenden Entschlüsselung rel. Antriebskräfte und Funktionen, bis hin zur geschichtsphilos. Legitimation, der zufolge die Zeit G.es nun eben abgelaufen sei. Sie alle sind zu global und ungenau, als daß sie die Situation erhellen könnten.
*1.* Von zentraler Bedeutung, aber von der Theologie noch wenig verarbeitet ist die *fortschreitende Ausdifferenzierung* der modernen Gesellschaft in eine Vielfalt von Subsystemen, innerhalb derer auch Religion mit ihrer Botschaft von G. als Funktion neben anderen Funktionen erscheint, so daß von dem Verlust eines Gesamtanspruchs nicht auf das Verschwinden von Religion geschlossen werden kann. Wer sich aber auf dieser Basis mit der →Säkularisierung versöhnen will, der hat zwar der Religion ihren Ort zugewiesen, noch nicht eingelöst aber hat er den Allgegenwartsanspruch G.es, der von der Segmentierung in gesellschaftl. Funktionen nicht abhängig sein kann. Zu fragen bleibt also, warum das Reden von G. – unbestritten Aufgabe der Kirchen – nicht mehr in allgemeinverbindl. Weise gehört wird.
*2.* Insbes. haben sich Kirchen und Theologie zu fragen, warum sie die Entwicklung nicht beeinflussen konnten und der gegenwärtigen Situation oft hilflos gegenüberstehen. Der Grund liegt nicht so sehr darin, daß die Aussagen der klass. christl. G.eslehre (→Trinität, →Jesus Christus, →Hl. Geist) nicht mehr überzeugen. Dies ist schon Folge eines grundlegenderen Problems. Ein tieferer Grund liegt im *Auseinanderbrechen der* »natürl.«, allg. philos., und der spezif. christl. *G.eslehre.* Im 12. Jh. übernahm die *Theolgoie* von →Aristoteles die entscheidenden Kategorien der G.eslehre, die dann von der neuzeitl. Philosophie zwar auf die →Autonomie des Menschen hin fortgeschrieben, in ihren abstrahierenden Grundstrukturen aber bestehen blieben. *Bibl. Ansätze* wurden unvermittelt, bisweilen autoritär (unter Berufung auf →Schrift oder kirchl. →Lehre) entgegengesetzt, aber nicht eigentl. fruchtbar gemacht.
Zu den Folgen dieses Prozesses gehören: die (nicht falsche oder bedeutungslose, aber) abstrakte und zeitlose Bestimmung G.es als des →*Seins selber;* das ungeklärte Verhältnis einer philos. *monotheist.* G.es- und der christl. Trinitätslehre; die Verrechnung G.es in Wesen und *Eigenschaften* einerseits (auch G.es →Liebe wird zur bloßen Eigenschaft), der Graben zwischen Sein und *Handeln* G.es andererseits (die Bestimmung G.es von seinem Handeln her wird als Funktionalisierung und Verflachung denunziert); schließl. die Idee eines allmächtigen und *leidensunfähigen* G.es, womit der Tod Jesu Christi am Kreuz nur noch notdürftig ausgeglichen werden kann. All diese Bestimmungen fügen sich in den Rahmen einer Grundmetaphorik von Oben, Über, Männlichem und Jenseits. Die brüderl. Gegenwart G.es in Jesus Christus wird in ihr ebenso verdrängt wie seine →myst. Erfahrbarkeit im Geist. Die großen Vermittlungen und Synthesen der Neuzeit aber, die Abhilfe schaffen könnten (→Hegel; →Schleiermacher), setzen sich nicht durch. Es ist in der Rückschau geradezu zwingend, daß dieser geschichtsüberhobene und abstrakte G. in die Differenzierungen der modernen Gesellschaft selbst nicht eingehen kann, sondern sich mit der Religion sozusagen offiziell in ein Funktionssegment der Gesellschaft verabschiedet.
*3.* Gefragt werden Kirchen und Theologie zugleich – dies von anderen Kontinenten aus in wachsender Dringlichkeit –, ob nicht die westl. Theologie ihrer eigenen Lebenspraxis und *sozialen Selbstorganisation* erlegen ist. In einer bürgerl. geprägten, Privates und Öffentliches unterscheidenden Gesellschaftsordnung einerseits, unter den Wirkungen einer imperialen Universalitätsidee andererseits, sowie in der permanent staatstragenden und an *staatl.* →*Macht* teilhabenden Funktion habe das westl. Christentum die eigene, *gemeinschaftl.* Abhängigkeit von G. verdrängt oder nicht mehr wahrgenommen. →Befreiungstheol. und andere emanzipator. Ansätze machen uns auf eine wachsende Verwissenschaftlichung auch der Glaubensexplikation und damit auf die einschichtige Vorordnung der →Theorie vor die Praxis aufmerksam. Nach ihrem Urteil stellen wir uns der eth. unannehmbaren Rolle unserer Zivilisation im Weltgeschehen nicht, weil wir auf deren Vorteile nicht verzichten wollen. Ein G. aber, der keine Wirklichkeit mehr verändere, degeneriere zur überflüssigen Hypothese. Insofern sei das Verschwinden G.es in der westl. Öffentlichkeit nur konsequent.
Diese Kritik verdrängt bisweilen, wie sehr sie ihre Ausgangspunkte der westl. Theologie verdankt, und übersieht, daß die Idee der Befreiung ihre Wurzeln auch in der Freiheitsgeschichte des Westens hat, so ambivalent und teuer erkauft diese auch sein mag. Das Christentum des Westens läßt sich zudem nicht einfach mit seinen offiziell staats-

tragenden und machtbewußten Teilen identifizieren. Doch entlarvt diese Kritik vielleicht seine entscheidende Schwäche: seinen Mangel an gesellschaftsrelevanter innovator. Kraft sowie sein Unvermögen zu einer als christl. identifizierbaren Praxis. Unter diesen Umständen wird dem christl. G. kein neuer Boden bereitet.

*4.* Die Beurteilung kann sich zudem auf im Westen lange vernachlässigte Dimensionen eines *bibl. G.esverständnisses* berufen. Dieses näml. stellt G. nicht vor als den abstrakt gerechten und anonym ausgleichenden, sondern als den daseienden, *befreienden* und kommenden G., der sich für sein Volk (d.h. bibl. und jesuan. für die Verlorenen) einsetzt und der ihr Wohl im Rahmen seines verheißenen →Reiches will. Erster Bezugspunkt dieses G.es ist – entgegen allem Individualismus – das gemeinsame Wohl einer *menschl. →Gemeinschaft,* in der es zwischen Juden und Barbaren, Sklaven und Freien, Männern und Frauen keinen Unterschied mehr gibt (Gal 3,28) und die sich letztl. auf die Versöhnung der gesamten Menschheit bezieht. Von dieser bibl. Erfahrung her ist G. im Bewußtsein der einzelnen nur insofern gegenwärtig, als sie in einer Gemeinschaft leben, die sie im Namen G.es in →*Freiheit* setzt.

*5.* Damit ist ein *bibl. Sprechen* von G., das einfach Formeln wiederholen würde, nicht ins Recht gesetzt; denn auch die Texte der Schrift enthalten für die Gegenwart nur →Wahrheit, wenn neue Adressaten sie aufnehmen und in ihren Kontext umsetzen. Deshalb schließen – trotz des Protests von →Pascal – der G. der Schrift und der G. der Philosophen einander nicht aus. Allerdings geht bibl. Sprechen von G. als *rel. Sprechen* (in →Mythos, →Erzählung und →Verkündigung, in →Gebet und Anklage, vermittelt durch außerordentl. individuelle und gemeinschaftl. Situationen) dem rational philos. Sprechen voraus, entfaltet gegenüber der Reflexion und rationalen Explikation eine erkenntnisleitende und wertbildende Funktion. Der G. der Bibel ist aber in diesem Problemzusammenhang nicht vorzuziehen, weil er der »bessere«, sondern weil er der rel. erfahrene und damit der konkrete, der »wahre« G. ist.

Zugleich aber hat sich auch in der bibl. Tradition eigendynam. eine Auslegungsgeschichte entwikkelte, die – im →hermeneut. verantworteten christl. Umgang mit der Schrift selbst – der *krit. Beurteilung* bedarf. Zu nennen sind: die Fixierung des G.esbildes auf →Sünde und Schuld, auf →Lohn und Strafe; der in G.es Reich projizierte →Dualismus von →Leib und Geist; gewalttätige, autoritäre und (ausschließl.) patriarchale Metaphern sowie der – in christl. Tradition lange fortgesetzte – Ausschließlichkeitsanspruch bibl. G.esbilder gegenüber anderen Kulturen und Religionen; schließl. auch hier das herrschaftsfixierte Bild von einem (über-)mächtigen G., der seinerseits auf die Auslegung der Schrift gewirkt und zu einem untrennbaren Amalgam von »bibl.« G. und kirchl.-kulturell vereinnahmten Göttern geführt hat.

*6.* Von daher läßt es sich begreifen, warum die Menschen der Neuzeit sich einerseits von diesem übermächtigen G. der christl. Tradition befreiten, andererseits aber selber den *Komplex der Allmacht* für ihr eigenes Identitätsbild übernahmen (H. Blumenberg, H. E. Richter). In diesem Zusammenhang zeigt sich ebenso wie im Zusammenhang der philos. Denkentwicklung, daß gesellschaftl. und kirchl. Umstände die Auslegung der Schrift in hohem Maße bestimmten: Auch der bibl. G. wurde *ideologisiert*, als Legitimator der Zustände im Interesse der polit. und ideell Herrschenden mißbraucht. Sperrige und widersprechende G.eserfahrungen wurden weggefiltert, der hist. bedingte Hintergrund der bibl. →Offenbarung dagegen in die Wahrheit des Glaubens selber eingebracht.

*IV. Ansätze des Gesprächs*

Das hohe Maß an Reflexion über diese Situation hat zu einer wachsenden Kritik an der westl., »christl.« Kultur geführt. Von Christen wird sie vorgetragen im Namen einer christl. Humanität, unter Berufung auf eine kulturkrit. und emanzipator. gelesene Bibel. Dies hat die *Chance erhöht,* G. im Rahmen einer erneuerten Praxis auch öffentl. glaubwürdig ins Gespräch zu bringen. Dabei zeigen sich folgende Gesichtspunkte:

*1.* Das Gespräch über G. ist und bleibt auch für Glaubende *Frage nach G.*. Aus theol. Perspektive ist sie in unserer Kultur in die Frage nach dem →*Sinn* der Wirklichkeit im ganzen transformiert. Sie ist damit in neuentdeckte anthropolog., soziol. oder weltanschaul. Problemstellungen eingegangen und hält sich dort in der Struktur der endgültigen Fragen: wovon wir letztgültig abhängig und bedingt, worin wir schlußendl. gegründet und uns selber übergeben sind, wie wir wahr und gut handeln können, warum wir diejenigen sind, die wir sind, was die letzte Bedeutung von Sinn, Macht, Zukunft ist.

Aus philos. erkenntnistheoret. Perspektive verweist darauf die Tatsache, daß von Schleiermacher bis K. →Rahner die Frage nach G. als Frage nach mögl. *G.eserfahrung* gewendet und intensiv ausgebildet werden konnte. Damit ist G. weder auf Sinnfragen reduziert, noch darf ein nach Sinn fragender Mensch einfach zum G.sucher uminterpretiert werden. Doch diese Fragen geben einen Rahmen an, in dem G. allg. genannt, bekannt und (als das Geheimnis, das er bleibt) auch als einer verstanden werden kann, der gegenwärtig ist, bevor wir überhaupt die Fragen nach ihm stellen. Ein produktiver Umgang mit ihnen setzt allerdings die humane Gestaltung ihres sozialen Raums voraus. Nur so wird verhindert, daß G. den Menschen aufoktroyiert oder als Lückenbüßer angeboten und damit eine wahre G.esbeziehung verhindert wird. Die hier beschriebene Forderung läßt sich konkrete *Elementarisierung* des G.esverständnisses nennen.

*2.* Das Gespräch über G., geführt als freie und auf Verbindlichkeit hin offene →Kommunikation, muß sich der *Aporetik* des Redens über G. bewußt bleiben. In philos., wie insbes. in linguist. Refle-

xion ist hinreichend gezeigt, daß »G.« nicht als Löser der *Welträtsel* taugt. Die großen physikal.-kosmolog., viele soziol., biolog. und psycholog. Rätsel der Neuzeit ließen sich ohne G. besser lösen. Damit sind nicht die Theorien eines (zeitl. oder energet.) geschlossenen Welt-, Sozial- oder Seinssystems legitimiert; G. kann aber auch nicht als Resterklärer unseres Weltverstehens funktionieren. Das klass. Problem der →Theodizee etwa ist – beim gleichzeitigen Glauben an einen gütigen und allmächtigen G. – keiner Lösung mehr zuzuführen, solange »Macht« und »Güte« nicht in einen Zusammenhang überführt werden, der die Eigendynamik der beiden Begriffe unterbricht.
Im Gegenteil, bevor das Sprechen von G. schöpfer. Wirklichkeit eröffnet, kann es das *Gespräch* über die Wirklichkeit *stören*, weil es den Lebens- und Verstehenszusammenhang zunächst den innerweltl. Zusammenhängen entzieht. Erst sobald diese Aporetik zugelassen wird (Problem Bittgebet), kann G. als Wirklichkeit im Innern dieser Welt gedacht und angenommen werden, ohne in einen für die Erfahrung G.es tödl. Triumphalismus zu verfallen. Um dies zur Geltung zu bringen, sind überkommene Ansätze der klass. philos. und theol. Tradition ( →Analogie, →Mystik, →Mysterium), Impulse der →Reformation (→Luther: verborgener G., →Prädestination), neuere Versuche (K. Rahner, Handlungsbegriff G.es in der →Prozeßtheologie), schließl. die Anfragen von *rel.* (wenn auch krit. zu begleitender) *G.eserfahrung* an deren professionelle Reflexion zu stärken. Auch an diesem Punkt läßt sich zeigen, daß die Störung ein umfassenderes und ganzheitl. →Verstehen von G.es Gegenwart eröffnen kann.
*3.* Die bibl. und rationalisierenden Ansätze des Redens über G., die sich in unserer Tradition lange Zeit *als Pole* befruchtet, dann gemäß konfessionellen Eigengesetzen auseinanderentwickelt haben, sind in ihrer polaren Spannung zu stärken. Die →*Philosophie*, krit. auf rel. Äußerungen reagierend, hat (idealtyp. gesprochen und ohne G. unbedingt zum Thema zu machen) dafür zu sorgen, daß G. besprechbar und gerade über die Grenzen der eigenen Tradition hinweg mitteilbar bleibt. Darin zeigt sich die →Rationalität des Redens von G. Die Philosophie belegt damit die Behauptung, daß »G.« ein universales, partikulare Bedingungen überschreitendes Gespräch begründen kann, daß sich also die Wahrheit »G.« als universales Gespräch einlöst. In dieser Funktion sind die klass. Themen immer noch in Geltung. Es sind vor allem die Fragen der →Schöpfung, aber auch des Handelns und der →Geschichte, der Erinnerung und der Hoffnung, der Freiheit und Verantwortlichkeit menschl. Existenz, der sich selbst gestaltenden Gemeinschaft, der Macht und der Liebe. Philosophie spricht in diesen *themat. Brechungen* von G.
Die *bibl. Tradition* hingegen bleibt – ungeachtet krit. Auslegung – für das Verständnis des christl. G.es erster Bezugspunkt. Während die Philosophie also (nicht als Magd, sondern als eine auf Weltverstehen und rationale Kommunikation spezialisierte Partnerin) einen erweiternden Gesprächsraum bieten kann, bietet die bibl. Tradition zum Text gewordenes *Material der G.eserfahrung.* Es wurde bislang nie voll ausgeschöpft oder gar überholt. Die wissenschaftskrit., noch nicht abgeschlossene Neuorientierung der vergangenen eineinhalb Jh.e (→Schriftauslegung) hat die geistl. und zum Denken herausfordernde Fruchtbarkeit dieser Texte erhöht. Wie alle rel. Texte spricht sie in *sprachl. Brechung*, gleichwohl ihn ganzheitl. benennend, von G.
*4.* Diese Verhältnisbestimmung von philos. und bibl. Tradition ist jedoch nur von situationsbezogen westl. Wert. Zwei weitere Perspektiven haben den Gesamtzusammenhang in den vergangenen Jahrzehnten erweitert:
a) Zum Angebot *alternativer textgewordener* G.eserfahrung gehört eine breite spirituelle und myst. Tradition, die bislang kaum zur Kenntnis genommen ist. Sie bietet unerwartete Sprachmöglichkeiten von einem G., der »alles in allem« ist, und einem G., der in den Schwestern und Brüdern sowie im Leben der Natur wohnt; vom Einswerden von Menschen mit ihm, von den Schrecken aufblitzender myst. Erfahrung; von anarch. G.esbeseelung, die rel. Institutionen relativiert, und gottferner Weltseligkeit, in der G. endgültig aus seiner G.haftigkeit ausgezogen ist. Zu diesem Angebot gehören aber auch die Angebote der östl. Religionen, in denen die Transpersonalität und gewaltlose Gegenwart, das Schweigen und die Entzogenheit G.es, G.es Polarität und kosm. Fülle zum Ausdruck kommen. Hierzu gehören auch die Wege und Techniken der G.eserfahrung, die im Westen neu aufzuarbeiten und krit. zu begleiten sind.
b) Zum Angebot *alternativer Lebenszusammenhänge* gehören nicht nur die Erfahrungen alternativer oder radikal kulturkrit. Bewegungen (so etwa feminist. Bewegungen mit Anfragen an und Vorschlägen für ein erneuertes G.esverständnis), sondern auch die Erfahrungen und Verstehensangebote aus nichteurop. Ländern (→Befreiungstheologie, →schwarze Theologie, →Mission, →Basisgemeinden). Sie machen die Grenze westl. G.eserfahrung deutl., weil sie Glauben an G. und Kampf für ein versöhntes gegenwärtiges Leben wie selbstverständl. zusammenfügen. Diese Entwürfe taugen weder als Alibi westl. Versäumnisse noch als Modell unmittelbarer Nachahmung, wohl aber als Hinweis auf eine mögl. Entsprechung, daß näml. G. aus erneuerten Lebenssituationen heraus erneut Gegenwart werden kann.

*Lit.:* (neben der in C und D genannten): *E. Biser:* Der schwere Weg der G.esfrage, Düsseldorf 1980. – *E. Bloch:* Atheismus im Christentum, Frankfurt/M. 1968. – *H. Blumenberg:* Säkularisierung und Selbstbehauptung, Frankfurt/M. 1974. – *C. Colpe (Hg.):* Die Diskussion um das »Heilige«, Darmstadt 1977. – *W. Kern u.a. (Hg.):* Handbuch der Fundamentaltheologie I, Freiburg 1985. – *N. Klimek:* Der G. – der Liebe ist. Zur trinitar. Auslegung des Begriffs »Liebe« bei Eberhard Jüngel, Essen 1986. – *H. Lübbe:* Religion nach der Aufklärung, Graz 1986. – *N. Luhmann:* Funktion der Religion, Frankfurt/

M. 1977. – *J. Splett:* G.eserfahrung im Denken, Freiburg, 3. Aufl. 1985. – *H. E. Richter:* Der G.eskomplex, Reinbek 1979. – *H. J. Schultz (Hg.):* Wer ist das eigentlich – G.?, München 1969. – *F. Wagner:* Geld oder G.?, Stuttgart 1984. – *W. Weischedel:* Der G. der Philosophen. Grundlegung einer Philos. Theologie im Zeitalter des Nihilismus, 2 Bde., Darmstadt 1971/72.

*Hermann Häring*

### *E. Religionsgeschichtlich*

*I.* Nicht nur über die Etymologie des Begriffs G. herrscht Uneinigkeit, sondern religionsgeschichtl. gesehen auch über dessen Inhalt. Eine einheitl. Definition ist kaum mögl., weil in den verschiedenen →Religionen *grundlegende Unterschiede* bestehen (so K. Goldammer und G. Lanczkowski). Für J. Haekel bildet die Konzeption des Hochg.es die einzig gültige Orientierung. Nach F. Heiler ist G. übersinnl., unendl. und unaussprechl. Nach jüd. und christl. Überzeugung ist G. das höchste, ewige vollkommene geistige Wesen, das alles aus dem Nichts erschaffen hat. Diese Uneinheitlichkeit hat dazu geführt, die G.esvorstellungen in den Religionen *hist.* zu erforschen und *vergleichend* darzustellen. Die verschiedenen *Entwicklungstheorien* gehen davon aus, daß sich der G.esglaube aus urtüml. Vorstellungen der Beseeltheit aller Dinge (→Animismus) oder der Annahme einer unpersönl. Macht (Dynamismus) entwickelt habe, bis sich dann als höchste Stufe der Entwicklung der Glaube an einen einzigen G. bildete, wie er von den monotheist. Religionen (→Monotheismus) vertreten wird. Die Dekadenztheorie nimmt einen ursprüngl. Eingottglauben an. Der Polytheismus sei demzufolge durch Verderbnis entstanden. Alle Ursprungstheorien sind jedoch *umstritten* (→Theismus, →Pantheismus).

*II.* G. zeigt sich in den Religionen in verschiedenen *Erscheinungsformen.* Oft bestehen Vorstellungen über G. in *Menschen- oder Tierform* (→Anthropomorphismus). In der gleichen Religion sind vom gleichen G. *verschiedene* Erscheinungsformen mögl (z.B. Vishnu und Krishna im →Hinduismus). Die verschiedenen Aspekte von G. können als selbständige *G.heiten* auftreten: als Hausg., Todesg., Feuerg., G. der Jagd, G. der Vegetation. Die Stellung und Funktion einer G.heit in einem polytheist. System ist keine unveränderl. Größe. So können Eigenschaften des einen G.es auf einen anderen *übertragen* werden: Ein Volksg. kann zu einem Universalg., ein Erdg. zu einem Himmelsg. aufsteigen, während andere absteigen. Im antithet. →Dualismus treffen sie als *Gegner* aufeinander, als Verkörperung des guten und des bösen Prinzips (z.B. Angra Manyu). Im komplementären Dualismus finden sich *Götterpaare:* Himmelsg. und Erdgöttin, Zwillingsgottheiten. Das Geschlecht spielt generell keine große Rolle. Neben dem »Vater« kommt die »Große Mutter« vor: Isis in Ägypten, Juno in Rom, Sarashati, Lakshmi und Durga in Indien. Götter können aber auch geschlechtslos oder zweigeschlechtl. sein. Die bekannteste Erscheinungsform G.es ist die des *Schöpfers* alles Geschaffenen (→Schöpfung), der das →Schicksal der Welten lenkt und dem die höchsten →Werte zugeschrieben werden, so etwa Allmacht, Schönheit, →Weisheit →Wahrheit, →Liebe. Er gilt als Erhalter und als Herr über →Leben und →Tod.

*III.* Der Name ist mit dem Träger aufs engste verbunden. Als *G.esnamen* kommen Eigenschaften und Funktionen in Frage, die im menschl. Leben eine zentrale Rolle spielen oder in der →Gesellschaft von Bedeutung sind: Vater, Mutter, Macher, Schöpfer, Herr, König, der Eine, der Uralte, Allah (»der Gott«). Andere Namen (z.B. »Jahwe«) erschließen ihre Bedeutung nicht so leicht. Bisweilen ist aus Furcht vor unbefugtem Gebrauch das Aussprechen des Namens verboten, bisweilen sollte er möglichst oft gesagt werden. Einzelne Religionen kennen eigentl. Verzeichnisse von G.esnamen. Die Bedeutung des *Bildes* ist unterschiedl. und reicht von der einfachen Illustration göttl. Eigenschaften bis zur vollständigen Identifikation von G.heit und Bild. Wie das →Judentum (→AT), so kennen auch andere Religionen ein z.T. rigoroses *Bilderverbot,* andere kommen dem genuin menschl. Bedürfnis nach, das →Transzendente sichtbar erscheinen zu lassen und damit ird. zu vergegenwärtigen.

*IV.* Von zentraler Bedeutung ist für alle Religionen die *Begegnung* von G. und Mensch. Die meisten Religionen kennen dafür →*Gebet* und →*Gottesdienst* als wichtigste Möglichkeit. Oft wird G. *geschichtl.* erfahren. Eine wichtige Form der Begegnung besteht für diesen Fall im Nachvollzug der hist. Taten G.es, so etwa in den bibl. Religionen (→Passa, →Pfingsten). Durch →*Inkarnation* (»Fleischwerdung«) vergegenwärtigt sich die Existenz G.es. Ein beliebtes und verbindendes Phänomen im Hinduismus sind die Krishna-Vishnu-Avatare (Herabstiege), zu denen von einzelnen Gruppierungen auch →Jesus Christus gezählt wird. G. kann sich einzelnen →Propheten im →Traum, durch Erscheinungen oder durch Boten (→Engel) *offenbaren.* Oft sind damit ein direkter Auftrag, eine Mitteilung oder die Vermittlung hll. Texte verbunden (z.B. →Koran, Bhagavadgita). In der →Mystik findet der einzelne eine *direkte Begegnung* mit dem persönl., ewigen G. oder dem ewigen →Sein. Verschiedenen östl. Religionen liegt auch heute noch – wie dem Glauben der →Quäker und vielen anderen Strömungen innerhalb des Christentums – eine direkte G.eserfahrung zugrunde.

*Lit.: M. Eliade:* Die Religionen und das Heilige, Salzburg 1954. – *K. Goldammer:* G., in: Religion in Geschichte und Gegenwart II, 1701-1705. – *J. Haekel:* G.. in: Lexikon für Theologie und Kirche IV, 1070-1072. – *F. Heiler:* Erscheinungsformen und Wesen der Religion, Stuttgart, 2. Aufl. 1979. – *G. Lanczkowski:* G., in: Theol. Realenzyklopädie 12, 601f. – *G. Mensching:* Die Religion, Stuttgart 1959. – *N. Söderblom:* Der lebendige Gott im Zeugnis der Religionsgeschichte, München/Basel, 2. Aufl. 1966.

*Christoph Peter Baumann*

*F. Literarisch*

*I.* Soweit G. in der zeitgenöss. Literatur noch zur Sprache kommt, wird die Rede von ihm zunehmend problematisiert. H. →Böll stellt fest, daß das Wort G. beliebig austauschbar zu sein scheint (»Dr. Murkes gesammeltes Schweigen«, 1958). W. Schnurre diagnostiziert den →Tod G.es (»Das Begräbnis«, 1947). Bei A. Andersch wird G. als *der Abwesende* erfahren (»Sansibar oder der letzte Grund«, 1957), während der Schwede P. F. Lagerkvist in seinen Romanen (»Barabbas«, 1950; »Die Sibylle«, 1956; »Pilger auf dem Meer«, 1962; »Das Heilige Land«, 1964; »Marianne«, 1967) vergebl. nach einem Göttlichen Ausschau hält, das sich möglicherweise hinter G. verbirgt. Ähnl. vermag auch Th. Wilder in »Die Brücke von San Luis Rey« (1927) keinen Beweis für das Wirken eines göttl. Prinzips in der Welt zu erbringen.

*II.* Verschiedentl. stellen Schriftsteller die G.esfrage im Gewand der →*Theodizee.* Die Gegenwart des →Bösen führt entweder zur Anklage G.es (J. Roth, »Hiob«, 1930; E. Wiechert, »Die Jerominkinder«, 1947; W. Borchert, »Draußen vor der Tür«, 1947) oder aber zur Leugnung seiner Existenz (A. →Camus, »Die Pest«, 1947; E. Wiesel, »Die Nacht«, 1958; A. Andersch, »Efraim«, 1967, wobei nicht mit letzter Deutlichkeit auszumachen ist, ob Andersch auf seiten seines ungläubigen Protagonisten steht). Nach L. Rinser (»Die vollkommene Freude«, 1962) und A. MacLeish (»Spiel um Job«, 1958) kann die Theodizeefrage nicht gelöst, sondern nur auf der Ebene der tätigen Liebe oder auf jener der Hoffnung überwunden werden.

*III.* Auch *religionskrit.* ist in der zeitgenöss. Literatur von G. die Rede. J.-P. Sartre (»Der Teufel und der liebe G.«, 1951), A. Camus (»Der Fremde«, 1942) und S. de Beauvoir (»Die Mandarine von Paris«, 1954) sehen in G. den *Konkurrenten des Menschen*, der dessen Freiheit beeinträchtigt oder aufhebt, während P. Weiss in seinen Stücken (»Marat / de Sade«, 1964; »Gesang vom lusitanischen Popanz«, 1967; »Wie dem Herrn Mockinpott das Leiden ausgetrieben wird«, 1968) in der Nachfolge von B. →Brecht (ohne diesen jedoch zu überholen) den Glauben an G. als *Legitimation* der weltl. Obrigkeit interpretiert, der zudem das Aufbegehren in der Gesellschaft beschwichtigt und so die Theorie von der Religion als dem Opium für das Volk in Literatur umsetzt. In der unmittelbaren Nachbarschaft der literar. →Religionskritik ist auch der blasphem. Umgang mit G. anzusiedeln, wie er sich bei G. Grass (»Die Blechtrommel«, 1959; »Hundejahre«, 1963), S. Beckett (»Endspiel«, 1956) oder H. Miller (»Plexus«, 1959) findet. Häufig erscheint G. ledigl. noch am Rande, sozusagen als Diskussionsgegenstand oder Konversationsobjekt, so bei M. Walser (»Halbzeit«, 1960; »Seelenarbeit«, 1979) und M. Frisch (»Die chines. Mauer«, 1947/55) oder – ebenfalls bei Frisch – als mögl. Grund menschl. Identität (»Stiller«, 1957).

*IV.* Auffallend häufig ist in den letzten Jahren in *autobiograph.* Veröffentlichungen von G. die Rede – meist in der Vergangenheitsform, so u.a. bei J.-P. Sartre (»Die Wörter«, 1964), M. McCarthy (»Eine kath. Kindheit«, 1957), B. Frischmuth (»Die Klosterschule«, 1968), J. Zoderer (»Das Glück beim Händewaschen«, 1976), T. Moser (»Gottesvergiftung«, 1976), F. Zorn (»Mars«, 1977), F. →Dürrenmatt (»Stoffe I-III«, 1981). L. Rinser (»Den Wolf umarmen«, 1981) und E. Zeller (»Solange ich denken kann«, 1981; »Nein und Amen«, 1986) hingegen bekennen sich ausdrückl. zum G. ihrer Kindheit.

Seit Beginn der 60er Jahre allerdings wird die G.esfrage als Frage nach der *Möglichkeit des Glaubens* auch positiv behandelt, so von A. Solschenizyn (»Iwan Denissowitsch«, 1962), Th. Wilder (»Der achte Schöpfungstag«, 1968), W. Maximow (»Die sieben Tage der Schöpfung«, 1971), G. Wohmann (»Schönes Gehege«, 1975), St. Heym (»Ahasver«, 1981) und H. Lange (»Die Selbstverbrennung«, 1982). Bei aller Zurückhaltung gegenüber dem Wort G. zeigen aber doch zahlreiche Schriftsteller der Gegenwart eine Aufgeschlossenheit für rel. Fragen und Themen, die in der ersten Jh.hälfte von den mehr kirchl. eingebundenen Vertretern der →christl. Literatur behandelt wurden und die am ehesten in der Lyrik wiederaufgegriffen werden, so u.a. von M. L. Kaschnitz, N. Sachs, P. Celan, K. Marti, E. Cardenal, G. Ungaretti. Aber auch da, wo in der zeitgenöss. Literatur von G. nicht mehr ausdrückl. die Rede ist, verweist sie – häufig implizit – auf Grund menschl. Selbsterfahrungen (Schuld, →Identität, Sinn, →Verantwortung) auf die *Möglichkeit* eines Transzendenzbezugs im Sinne von M. Horkheimers »Sehnsucht nach dem ganz Anderen«.

*Lit.: H. Gardner:* Religion and Literature, London 1971. – *J. Imbach:* Dio nella letteratura contemporanea, Rom, 3. Aufl. 1981 (Lit.). – *Ders.:* Literatur im Vorfeld des Glaubens, Habil.Masch., Luzern 1977. – *P. K. Kurz:* Über moderne Literatur, 7 Bde., Frankfurt/M. 1967-80. – *G. Morgue:* Dieu dans la littérature contemporaine, Paris 1965. – *D. Sölle:* Realisation, Darmstadt/Neuwied 1973 (Lit.).

*Josef Imbach*

**Gottesbeweise** sind der Versuch, auf rationalem Wege das Dasein →Gottes aufzuzeigen. Sie sind keine log. zwingenden Beweise im Sinne der →Mathematik, obwohl auch diese ihrerseits wieder auf unbeweisbaren Axiomen beruhen. Sie sind auch keine Beweise im Sinne der Naturwissenschaft (→Naturwissenschaft und Theologie). Gott ist kein Gegenstand empir. Betrachtung, sondern sie weisen hin auf die Begründetheit des Glaubens an Gott auch im rationalen Bereich (→Fundamentaltheologie).

*A.* Damit stehen G. ganz in der →Scholastik, sofern man diese als den Versuch des Erweises der *Vernünftigkeit des →Glaubens* ansieht. Ihre Wurzeln reichen jedoch schon in die Antike zurück und sind in dem Verständnis einer klaren Ordnung der →Welt zu sehen. Diese Ordnung umfaßt nicht nur unsere direkt erfahrbare Welt, sondern auch die →transzendentale Welt der allg. Begriffe und Ideen. Auf Grund dieses inneren Zusammenhangs und der Bedingtheit unserer empir. erfahrbaren Welt durch die transzendentale Welt sind G. mögl., sofern ein Gott vernünftigerweise angenommen werden muß, um unsere Welt zu verstehen. Dies drückt sich in der Teilhabe an den Ideen bei →*Platon* ebenso aus wie in der Abhängigkeit alles Bewegten von einem unbewegten Beweger bei →*Aristoteles.*

*B.* In den Schriften des NT spielt der Gedanke des G.s keine Rolle. Allerdings weist *Paulus* bei seinen Missionspredigten auf eine natürl. Erkennbarkeit Gottes hin, sowohl aus der Ordnung der Schöpfung (Röm 1,18-22) als auch aus der Stimme des →Gewissens (Röm 2,14-16). →*Augustinus* hat ganz vor dem philos. Hintergrund der Antike von der zeitlosen Geltung der Werte und Normen auf einen zeitlosen Garanten dieser Werteordnung geschlossen und in Gott diesen Garanten gesehen.

*C.* Anselm von Canterbury hat den ontolog. Gottesbeweis geprägt. Für ihn gehört es zum Begriff Gottes, dasjenige zu sein, worüber hinaus nichts Größeres gedacht werden kann. Zu einem solchen Gott gehört aber notwendig auch die Existenz, denn sonst könnte man sich ja noch etwas Größeres vorstellen. So wird aus dem Begriff Gottes auf seine Existenz geschlossen. →*Thomas von Aquin* stellt, beeinflußt von Aristoteles, seine berühmten fünf Wege *(quinqae viae)* auf. Für ihn sprechen die Zusammenhänge dieser Welt auf unterschiedl. Weise für einen Gott über allem. So schließt er aus dem Bewegtsein (kosmolog. G.), Bewirktsein (Kausalbeweis), zufälligen So- und Dasein (Kontingenzbeweis), mehr oder weniger Vollkommensein (Stufenbeweis) und dem Geordnetsein der Weltdinge (teleolog. G.) auf einen ersten Beweger, eine erste Ursache, ein absolut notwendiges und absolut vollkommenes Wesen als Ziel der Ordnung. Diese fünf Wege sind in der Tat Wege, die von den Bedingungen und Wechselverhältnissen dieser Welt durch eine Verweigerung der Abhängigkeiten ins Unendliche auf einen Gott außerhalb dieser Welt zugehen.

*D.* Genau dieses Vorgehen bemängelt →*Kant* an ihnen. Er kritisiert ein solches Überschreiten der innerweltl. Zusammenhänge generell. Für ihn ist ein rationaler Weg zu Gott nicht denkbar, denn die →Vernunft ist gerade den Bedingungen dieser Welt verhaftet. Aber Kant kennt dafür ein prakt. oder moral. Postulat der Existenz Gottes: Um eth. zu handeln und um einen Sollensanspruch aufrechtzuerhalten, muß ein eth. Wesen über der Welt angenommen werden, das denen die Glückseligkeit garantiert (→Glück), die sich eth. verhalten. So schließt Kant also aus der Notwendigkeit einer →Ethik auf einen eth. richtenden Gott und ein Leben des Menschen nach dem →Tode, in dem dieser dem Gericht unterworfen ist.

*E.* Den ontolog. G. hat *K.* →*Barth* noch einmal wiederaufgegriffen. Er hält Kants Kritik für nicht berechtigt, da sie der Denkbewegung Anselms nicht entspricht. Das berechtigte Anliegen Anselms besteht für Barth darin, das eigene →Denken von der Existenz Gottes ausgehen zu lassen, statt erst das Denken in sich selbst zu begründen und anschließend Gott zu denken. Dieser Ansatz ist jedoch in der wissenschaftl. Theologie kaum berücksichtigt worden.

*F.* Die generelle Möglichkeit der Erkenntnis Gottes im Lichte der natürl. Vernunft wird vom *1.* →*Vat. Konzil* ausgesagt, ein best. Beweis aber weder gegeben noch genannt. Das Wort »G.« ist heute fast vollständig aus dem Blickfeld philos. und theol. Interesses verschwunden. Doch um die gemeinte Sache wird immer noch gerungen. Wie läßt sich Gott denken? Widerspricht es der →Vernunft, Gott zu denken? Gibt es vernünftige Gründe dafür, Gott zu denken? In der Theologie findet derzeit eine starke *Rückbesinnung auf die biblischen Zeugnisse* und die Menschlichkeit Gottes statt, so daß der Begriff Gottes selber wenig Beweiskraft für die Existenz des bibl. Gottes zu haben scheint. Eher kann da schon die transzendentale Verwiesenheit des Menschen, seine Sinnfrage sowie das wachsende Verständnis für die eth. Verantwortung den Mitmenschen und der →Natur gegenüber ein deutl. Hinweis auf die Existenz eines Schöpfers sein (→Schöpfung).

*Lit.: K. Barth:* Fides quaerens intellectum. Anselms Beweis der Existenz Gottes im Zusammenhang seines theol. Programms, 1931, neu hg. von E. Jüngel/I. U. Dalferth, Zürich, 2. Aufl. 1986 (Karl Barth, Gesamtausgabe). – *W. Brugger:* Gibt es gültige G.?, in: Zeitschrift für kath. Theologie 101 (79), 340-350. – *D. Henrich:* Der ontolog. G., Tübingen, 2. Aufl. 1967 – *W. Keilbach:* Gewißheits- und Transzendenzerkenntnis. Statt Beweis – disclosure?, in: Münchner Theol. Zeitschrift 26 (1975), 75-81. – *J. B. Lotz:* Zur Struktur des G.s, in: Theologie und Philosophie 56 (81), 481-506. – *J. Rohls:* Theologie und Metaphysik. Der ontolog. G. und seine Kritiker, Gütersloh 1987 (Lit.). – *J. Seiler:* Das Dasein Gottes als Denkaufgabe. Darlegung und Bewertung der G., Luzern 1965. – *J. Splett:* Über die Möglichkeit, Gott heute zu denken, in: *W. Kern u.a. (Hg):* Handbuch der Fundamentaltheologie I, Freiburg 1985, 136-155.

*Nicolaus Klimek*

**Gottesdienst**

Das Wort G., als Genetivverbindung schon althochdt. bezeugt, wurde als selbständiges Wort zunächst in ausdifferenzierter Mehrdeutigkeit gebraucht, dann aber zunehmend auf die Bezeichnung einer gemeindl., örtl. und zeitl. festgelegten *Kultversammlung* (→Kult) eingeengt. Entspr. kann G. jede Form von Gottesverehrung bedeuten, wird aber meist verwendet für eine best., in rituell feststehenden Formen von einer rel. Gemeinschaft durch Vorsteher (»Zelebranten«) vollzogene hl. Handlung. Im christl. Sinn meint G. die ständig wiederholte, *liturg. geordnete Versammlung*, in der sich die →Kirche lehrend, erbauend und feiernd als rel. Gemeinschaft darstellt und so sich ihres Daseinsgrundes vergewissert (s. auch →Lehre, →Erbauung, →Feste, →Religion). Im orthod. Sprachgebrauch ist in der Regel von »Liturgie« die Rede. Im kath. Sprachgebrauch umfaßt der Begriff neben der Feier der Eucharistie (→Messe) auch andere liturg. Versammlungen (z.B.: →Andachten, Stundengebet).

*A. Geschichte*

*I.* Während die G.formen des *AT* religionsphänomenolog. als →Kultus anzusehen sind, stellt der jüd. Synagogeng. (vor allem →Lesung, →Bekenntnis, Gesang) eine wesentl. Voraussetzung des *urchristl. G.es* dar. Seine Anfänge liegen freil. im dunkeln, zumal die spärl. ntl. Notizen nur ein fragmentar. Bild ergeben. →Taufe und Herrenmahl scheinen aber von zentraler Bedeutung, liturg. Formen dagegen allenfalls in Ansätzen ausgebildet gewesen zu sein. In *frühkath.* Zeit bahnen sich dann rasch feste G.ordnungen, die Bevorzugung des Sonntagsg.es (→Tag), die zentrale Funktion des Gemeindeleiters im G. sowie der Gedanke des →Opfers als verbindl. Deutung des Herrenmahls (→Abendmahl) an. Die Aus- und Weiterbildung liturg. Ordnungen (vor allem der Klementin. Liturgie) wird in der Zeit nach der →Konstantin. Wende verstärkt vorangetrieben, ebenso die Scheidung von →Klerus und →Laien (die immer mehr auf die Rolle von Zuschauern bei einem liturg. Schauspiel reduziert wurden) sowie von Wortg. (zu dem auch die Katechumenen zugelassen waren) und Mahlg. (die eigentl. Abendmahlsfeier, die den Getauften vorbehalten war). Von geringen Änderungen abgesehen, nahm die ostkirchl. Liturgie bereits im 4. bis 6. Jh. bleibende, der Klementin. Liturgie nahe verwandte Gestalt an. Nur die →Predigt, zunächst noch von großer Bedeutung (Chrysostomos), trat seit dem 9. Jh. ganz zurück. Nach *orthod.* Auffassung ist der G. die symbol. Darstellung der Heilsgeschichte; er läßt das →Reich Gottes unmittelbar gegenwärtig werden. Dem entspricht, daß der orthod. G. weder eine Bezugnahme auf die jeweilige Zeit im Kirchenjahr (→Jahr) kennt noch eine nennenswerte liturgiegeschichtl. Entwicklung. Im Bereich der *Westkirche* herrschte zunächst eine Vielfalt liturg. Formen, die sich aufteilen lassen in die Gall. (vor allem gallikan., mozzarab., Mailänder Ritus) und Röm. Liturgiefamilie (afrik., röm. Ritus). Erst mit der wachsenden Bedeutung des →Papsttums ist daraus der röm. Ritus (dessen Anfänge kaum erhellt sind) als führend hervorgetreten. Die in lat. Sprache gefaßte, vom Kirchenjahr stark geprägte Ordnung der röm. →Messe hat (nach vorausgehenden Einheitsbestrebungen vor allem des 8. Jh.s) erst auf dem →Konzil von Trient eine allg. verbindl. und bis zum 2. →Vat. Konzil kaum revidierte Festlegung erfahren (»Missale Romanum«, 1570). Die als unblutige Wiederholung des Opfers Christi interpretierte Messe – in der Zeit von →Gegenreformation und →(Neu)scholastik erfuhr diese Interpretation eine antiprot. Fixierung – repräsentiert dabei die Objektivität des von der Kirche verwalteten Heilsgeschehens.

*II.* Die *prot. Kritik* an der röm. Meßordnung zielte auf deren theol. Begründung; eine selbständige oder auch nur einheitl. ev. Liturgie hat sie nicht hervorgebracht.

*1.* Gerade M. →Luther fand sich nur zögernd zu einer Reform des G.es bereit: Seine »Deutsche Messe« (1526) stellt den Versuch dar, das überkommene Meßformular krit., d.h. im Lichte ev. →Rechtfertigungslehre, zu erneuern. Das Ergebnis war ein hist. wirksamer, aber liturg. nicht unbedingt glückl. Kompromiß, der das spätere Auseinandertreten von Wortg. und Abendmahlsfeier zumindest begünstigt hat. *Luthers* G.verständnis war vor allem geprägt vom päd. (Messe in dt. →Sprache), dann auch vom erbaul. Aspekt (→Erbauung), die Integration der →Gemeinde (→Kirchenlied, Predigt zur Einweihung der Torgauer Schloßkirche 1544) zum Ziel hatten. Konsequenter verfuhr die Württ. Kirchenordnung (1536), die die Messe durch den Predigtg. ersetzte, welcher an das spätma. Prädikantenwesen anknüpfte, als sonntägl. Hauptg. eingerichtet und darin auch den reform. G.ordnungen zum Vorbild wurde.

*2.* Die *Geschichte* des reformator. G.es hat einen wechselvollen, in Entfaltung und Gefährdung spezif. akzentuierten Lauf genommen; sie als Verfallsgeschichte zu denunzieren verkürzt hist. Wahrnehmung zu positionell gebundener Deutung. Während die (→Altprot.) Orthodoxie, ihrem päd. Interesse entsprechend, vor allem die Lehrfunktion von Predigt und G. betonte, hob der →Pietismus das (ins Subjektive gewendete) erbaul. Moment des G.es hervor. Die →Aufklärung, die das päd. Element im G.verständnis in eigener Weise aufnahm und weiterführte, brachte eine Vielzahl liturg., von dem Bemühen um persönl. →Frömmigkeit und mündige →Moral zeugender Formulare hervor. Demgegenüber hat F. →Schleiermacher an den Festcharakter des G.es erinnert: Er versteht ihn als eine Feier, die den »gemeinsamen christl. Sinn« mitteilend darstellt und darstellend mitteilt. →Schleiermachers Beitrag zur Lehre vom G. ist dann vor allem durch die liturg. Reformpraxis Friedrich Wilhelms III. (1797-1840) wirksam geworden. Das liturg. Erbe (vor allem der Reformation) zu erneuern war gemeinsames Anliegen der älteren (F. Spitta, J. Smend) sowie neuerer, im übrigen recht disparater prot. liturg. Bewegungen (Berneuchener, Alpirsbacher, R. Otto [1869- 1937], F. Heiler [1892-1967]). Ähnl. Entwicklungen lassen sich auch im *kath. Raum* beobachten. Während G.formulare und lat. Sprache unverbrüchl. feststanden, entwickelte sich um diesen Kern eine reiche Vielfalt von →barock feierl., später aufgeklärt nüchterner Gestaltung, in der die Sonntagspredigt wieder wachsende Bedeutung erhielt und der Landessprache mehr und mehr Rechnung getragen wurde (Josephin. Reform, →Liturg. Bewegungen).

*3.* Obwohl es *das* ev. G.formular nie gegeben hat, zeigen die Agenden (Gottesdienstordnungen) auf luth. (Vereinigte Ev.-Luth. Kirchen Deutschlands, 1955) und unierter Seite (Ev. Kirche der Union, 1959) heute doch einen vergleichbaren Aufriß: (Rüstgebet) – Introitus – Kyrie – Gloria – Kollektengebet – Lesung(en) – Credo – Lied – Predigt – (Predigt-)Lied – Abkündigungen – (Dankopfer) – Allg. Kirchengebet – Abendmahl – Segen (nach Num 6,24-26). Zur Grundstruktur der (kath.) Messe s. →Messe.

*4.* Es gehört zu den grundlegenden Elementen des *reformator. G.verständnisses*, daß es an die im NT paradigmat. geübte Kritik an kult. Handeln erinnert und erneuert hat. Das NT hatte zentrale Kultbegriffe (wie →Tempel, →Priester, →Opfer) aus ihrer Besonderung herausgelöst und in Begriffe verwandelt, die christl. →Leben als solches zum G. machen (vgl. Röm 12,1: »vernünftiger G.«). Entspr. war für Luther allein der →Glaube wahrer G.; der Glaube, der die Botschaft vom versöhnenden Handeln Gottes hört und im Dienst am Nächsten (im →Beruf) Gestalt gewinnt. Daß die Reformation gleichwohl an der liturg. geordneten Form des G.es festhält, bedeutet keinen Rückfall in mag. Kultus, vielmehr eine notwendige, symbol. Aktualisierung und Darstellung dessen, was Kirche ihrem Wesen nach ist. Dazu nötigt die beständig zu erneuernde Grundunterscheidung in Hinsicht auf die Kirche (Unterscheidung zwischen Christus und der Kirche) und den Menschen (zwischen dem Sein in Christus und dem Sein in der →Welt).

*5.* Ähnl. wird das Verhältnis von Leben und Liturgie heute im *kath. Raum* gesehen. Das 2. →Vat. Konzil definiert: »Die Liturgie (ist) der Höhepunkt, dem das Tun der Kirche zustrebt, und zugleich die Quelle, aus der all ihre Kraft strömt« (Art. 10). Neuerdings erfreut sich hier auch das Wort »G.« immer größerer Beliebtheit, weil darin der Doppelcharakter von →Liturgie und →Messe (so die bislang fast ausschließl. gebrauchten Begriffe) bes. deutl. hervortritt: Gott dient den Menschen, und die Gemeinde dient Gott. Das Hauptgewicht liegt gleichwohl auf dem ersten Aspekt, gilt doch »die Liturgie als Vollzug des Priesteramtes Jesu Christi« (Art. 7); in ihr setzt sich die Heilsgeschichte gradlinig fort. Christus selbst ist in den liturg. Handlungen gegenwärtig: »im Opfer der Messe..., in der Person des Priesters..., unter den eucharist. Gestalten..., in den Sakramenten..., in seinem Wort... sowie im Beten und Singen der Kirche« (Art. 7).

*B.* In der christl. →*Ökumene* ist der G. heute vor allem durch die röm., orthod. und anglikan. (im wesentl. nach wie vor durch das »Book of Common Prayer«, 1549, geprägte) Liturgie bestimmt sowie durch die verschiedenen prot. und freikirchl. Riten. Die Vielfalt an unterschiedl. G.ordnungen und –auffassungen gehört zur Signatur des ökumen. Zeitalters und sollte als Reichtum und Chance genutzt werden. Dabei zählt das Einüben einer »liturg. Mehrsprachigkeit« zu den elementaren Erfordernissen ökumen. Verständigung. Vor hekt., kurzatmigen Experimenten mit gewachsenen Liturgien ist freil. zu warnen: sie unterschätzen meist die Auslegungsfähigkeit von Formen, die gerade in ihrer ästhet. Offenheit eine »Zirkulation des rel. Bewußtseins« ermöglichen.

*Lit.: A. Adam:* Grundriß Liturgie, Freiburg/Basel/Wien 1985. – *Ch. Albrecht:* Einführung in die Liturgik, Göttingen, 3. Aufl. 1983. – *G. Lanczkowski u.a.:* G., in: Theol. Realenzyklopädie 14, 1-97. – *K. F. Müller/W. Blankenburg (Hg.):* Leiturgia. Handbuch des ev. G., Kassel 1954-1970. – *H. Reifenberg:* Fundamentalliturgie. Grundelemente des Christl. Gottesdienstes, 2 Bde., Wien/Klosterneuburg 1978. – *G. Rietschel/P. Graff:* Lehrbuch der Liturgik, 2 Bde., Göttingen, 2. Aufl. 1952. – *D. Rössler:* Grundriß der prakt. Theologie, Berlin 1986, 360-403.

*Albrecht Beutel*

## Grab

*A.* In der Nachfolge des →Judentums praktizierten die Christen von Anfang an die *Erdbestattung* ihrer Toten als »Saat, gesät von Gott, dem Tag der Ernte entgegenzureifen«. Der Gedanke an die →Auferstehung bestimmte auch die künstler. Ausgestaltung der Gräber in den Katakomben und die Programme der Sarkophagplastik. Oberird. Gräber und solche in Kirchen, in der Nähe der Heiligen und der Märtyrer, sind seit dem 4. Jh. bekannt. Die Ausführung des G.es und der G.mäler unterlag im Lauf der Geschichte starken Wandlungen.

*B.* Bis zum 13. Jh. sind die G.platten fast schmucklos, dann wird das *Bild des Toten* als ruhende Gestalt gezeigt, während sich die Rundplastik erst allmähl. durchzusetzen vermag. Neue Impulse erfährt die G.malgestaltung in der →Renaissance, in der das G. zum ehrenden Monument für den Verstorbenen wird (Michelangelos G.mal der Familie Medici, Florenz, 1520/34). Seit dem 14. Jh. werden »Epitaphien« als vom G. getrennte G.mäler übl., deren szen.-allegor. Darstellungen im →Barock bes. prachtvoll ausgebildet werden. G.mäler auf dem Friedhof, in Verbindung mit dem Erdg., gibt es seit dem ausgehenden →MA., die im 18. Jh. zu Andachtsbildern geformt werden. Die *Todessymbolik* tritt zugunsten reichhaltiger Inschriften und der Thematik des Engels als Seelengeleiters zurück. Zu Anfang des 19. Jh.s schaffen u.a. G. Schadow, K. F. Schinkel und A. Canova G.mäler als Denkmäler des Todes ohne direkten persönl. Bezug auf den Verstorbenen.

*C.* Ab etwa 1850 verlieren die G.mäler immer mehr an künstler. Sicherheit und kultivieren oft einen bedenkl. Kitsch und kritiklosen Eklektizismus. Erst zu Beginn des *20. Jh.s* setzen Bemühungen um eine qualitätsvolle Gestaltung des G.es und der Friedhöfe erneut ein. Die *Friedhofsgestaltung* wird nun als eine Gesamtaufgabe begriffen, in die die Planung des einzelnen G.es einzufügen ist. Auch wenn es hierbei zu eindrucksvollen Lösungen gekommen ist, die den Friedhof zumeist als Park- oder Waldlandschaft mit Gräberfeldern und Einzelgräbern ausbilden, ist doch nicht zu verkennen, daß solche Konzeptionen zur *Unverbindlichkeit* hin tendieren, da der Friedhof den Rahmen für eine nicht zu koordinierende Fülle persönl. künstler. und weltanschaul. Auffassungen zu bieten hat. Selbst eine so rel. konforme Gruppierung wie die →Brüderunität, die die einheitl., aussagekräftige Gesamtgestaltung des Friedhofs am eindruckvollsten durchzusetzen wußte, kam nicht ganz ohne Kompromisse an Einzelpersönlichkeiten und den jeweiligen Zeitgeist aus. So bleibt die Gestaltung von G. und Friedhof eine fortwährend neu zu bedenkende Aufgabe der Christen- und Bürgergemeinde.

*Lit.: H.-K. Boehlke:* Friedhofsbauten, München 1974. – *A. Hüppi:* Kunst und Kult der G.stätten, Olten 1968. – *G. Panofsky:* G.plastik, Köln 1964. – *O. Valentin:* Der Friedhof, München 1959.

*Peter Maser*

**Gregorianischer Choral (Gregorianischer Gesang).** *Bezeichnung* für den noch heute praktizierten einstimmigen, unbegleiteten liturg. Gesang der kath. Kirche. Unter *Choral* allein wird auch das prot. →Kirchenlied verstanden. Zum G.Ch., nach Papst Gregor I. (590-604) benannt, zählt man nicht nur die gesamte ma. Überlieferung des röm. →Ritus, sondern allg. das mit Nach- und Neukompositionen durch die Jh.e ergänzte Gesamtrepertoire der röm. →Liturgie. Der G.Ch. wird vom Vorsteher der Gemeinde, Vorsänger (Cantor), Chor (Schola cantorum) oder von der Gemeinde gesungen in solist. (Vorsteher, Vorsänger), responsor. (Solo und Chor im Wechsel) oder antiphon. (zwei Chöre im Wechsel) Vortragsart. Die Gesänge sind bis in die 1960er Jahre u.a. in drei neuzeitl. Büchern aufgezeichnet, dem *Graduale Romanum* (Ordinarium und Proprium der →Messe), den *Antiphonale Romanum* (Officium oder Stundengebet) und dem *Liber usualis* (nur Sonn- und Feiertage).

*A.* Durch die rasche Ausbreitung des →Christentums ab dem 4. Jh. entwickelten sich unabhängig von Rom unterschiedl. Gesangrepertoires in Europa.

*I. Um 600* gab es span. (mozarab.), gallikan., mailänd. (ambrosian.) und (alt)röm. Liturgiekreise. An einer Neuordnung der Texte, einer Vereinheitlichung der Liturgie sowie Sammlung und Ordnung der Melodien waren ab der Wende zum 7. Jh. wohl mehrere Päpste, unter ihnen Gregor I., beteiligt. Diese Ch.reform, die im Zusammenhang der Zentralisierungsbestrebungen von karoling. Monarchie und Papsttum zu sehen ist, ließ den *neuröm.* Ch. entstehen, jetzt durch päpstl. Autorität und Legendenbildung auch *gregorianischer* genannt. Nach dem Vorbild des von Gregor I. eingerichteten Spezialchores der Schola cantorum wurden bis gegen 1100 in ganz Europa *Sängerschulen* (u.a. in Tours, Metz, St. Gallen) zur mündl. Verbreitung des Ch.s gegründet.

*II.* Grundsätzl. unterscheidet man im G.Ch. den *Lesestil* (Accentus) und den *Gesangstil* (Concentus), darüber hinaus auch die drei Gattungen der *Lektion* (z.B. Evangelium, solist.), der *Psalmodie* (antiphonisch) und des *Gesangs* (Chor, Solo). Der Accentus ist ein liturg. Rezitieren auf einer best. Tonhöhe (Tuba oder Tenor) mit formelhafter Textgliederung (meist Priestergesang). Der Concentus beinhaltet den eigentl. Gesang, von der einfachen Syllabik (pro Silbe ein Ton) bis zur reichen Melismatik (pro Silbe mehrere Töne, z.B. Alleluja). Beide Formen stehen ganz im Dienst der Textdarstellung. Der Text bestimmt Formgefüge und Rhythmus der Melodie; eine Einteilung nach Takten oder metr. Schwerpunkten fehlt.

*B.* Durch die *im 12. Jh.* abgeschlossene Verbreitung des G.Ch.s in ganz Europa ergab sich neben der mündl. Weitergabe auch die Notwendigkeit einer *schriftl. Fixierung* der Melodien.

*I.* Die in den Handschriften des 8./9. Jh.s erstmals auftauchenden *Neumen* (griech. *neuma* = Wink, Zeichen) waren wohl als Gedächtnisstützen gedacht, mit deren Hilfe man eine bereits bekannte Melodie memorieren konnte. Sie fixierten anfangs keine Tonhöhe, sondern gaben nur die Richtung an (Akzentneumen). Einzelzeichen wurden zu Ligaturen oder Konjunkturen verbunden. Erste Versuche einer intervall. Melodiebewegung (Diastematie) durch in das Pergament eingeritzte Linien ersetzte Guido von Arezzo (→ma. Musik) durch ein Liniensystem im Terzabstand. Ab dem 12. Jh. ist die *röm. Ch.notation* (Quadratnotation) mit quadrat. oder romb. Noten gebräuchl. In Deutschland gab es eine *»got.« Ch.notation* (nach der äußeren Form der Noten auch Hufnagelschrift genannt). Die heutige Schreibweise ist nach der hist. Quadratnotation auf vier Linien bei relativer Tonhöhenangabe normiert.

*II.* Die Frage nach dem *Rhythmus* läßt sich von der Notation her nicht klären. Die Forschung vertritt zwei Theorien, den *Äqualismus* (alle Töne etwa gleiche Dauer), der in der modernen Aufführungspraxis bevorzugt wird, und den *Mensuralis-*

*mus* (Notenwerte mit unterschiedl. Dauer). E. Cardine ist der Begründer einer »gregorian. Semiologie« (Vertreter auch L. Agustoni, G. Joppich), die Forschungsergebnisse aus St. Gallener Handschriften des 10./11. Jh.s auf die Vortragsweise des Ch.s überträgt.
Eine Systematisierung der Melodien nach *Kirchentonarten* (Modi) setzt im 8. Jh. ein. Die acht Modi sind keine Tonleitern im heutigen Sinne, sondern Skalenausschnitte, denen bereits vorhandene, bekannte Melodien zugrunde liegen. Sie werden durch den Schlußton (Finalis), den Hauptton (Repercussa, Tenor) und den Umfang (Ambitus) bestimmt und in authent. und plagale (Nebentonarten bei gleichem Finalis) Reihen eingeteilt. Zunächst numerierte man die Kirchentöne durch, im 9./10. Jh. wurden die griech. Bezeichnungen dorisch (Finalis d), phrygisch (Finalis e), lydisch (Finalis f) usw. verwendet. Guido von Arezzo führte das Hexachordsystem ein, d.h. sieben ineinandergreifende Sechstonreihen mit festliegenden Tonabständen, und unterlegte den Hexachorden Tonsilben (ut, re, mi, fa, sol, la), mit deren Hilfe sich der Sänger Melodien rasch einprägen konnte (u.a. auch unter Zuhilfenahme der sog. Guidonischen Hand). Das Tonsilbensingen (Solmisation) ist heute noch in der Gesangspädagogik in Gebrauch (Solfège in Frankreich).

*C.* Zu dem Grundrepertoire des neuröm. Ch.s traten in zunehmendem Maße *Neudichtungen und Neukompositionen*, die →Hymnen (z.B. ambrosian. Hymnus), Tropen (Einschübe und Ergänzungen zum Ch.; →Messe) und Sequenzen (Sonderform des Tropus). Aus den unterschiedl. Formen des Tropierens entwickelte sich einmal das liturg. Drama des MA.s (Oster- und Weihnachtstropus), zum anderen die reale Mehrstimmigkeit (ab 9. Jh.; →ma. Musik). Ch.melodien finden später häufige Verwendung in der Messe, der →Motette oder in Kompositionen für die →Orgel (→Choralbearbeitung).

*D.* Das →*Konzil von Trient* (1545-1563) und seine kirchenmusikal. Reformen (→Kirchenmusik) suchen auf dem Gebiet des G.Ch.s die Flut der neukomponierten Melodien drast. einzuschränken. Ergebnis dieser Bemühungen, an denen auch →Palestrina beteiligt war, ist die *Editio Medicaea* von 1614, auf die im Verlauf des 17. Jh.s noch weitere Reformfassungen folgen. Im *18. Jh.* (→Barock, →Klassik) spielt der G.Ch. eine untergeordnete Rolle, wird nur gelegentl. in mehrstimmige Kompositionen einbezogen oder im Stil der Zeit harmonisiert. Eine erneute grundlegende Ch.reform im *19. Jh.* geht in Wissenschaft und Praxis von den →Benediktinern von Solesmes (Nordfrankreich) aus, etwa die Faksimile-Ausgaben ma. Handschriften in der »Paléographie musicale« oder die noch nicht abgeschlossene wissenschaftl.-krit. Ausgabe von »Le Graduel romain«. Die Neufassung der Editio Medicaea durch Fr. X. Haberl (→Caecilianismus) erhielt als »Regensburger Ausgabe« 1873 den Rang offizieller röm. Ch.bücher. Die anfangs von Solesmes mitgetragene umfassende Ausgabe der *Editio Vaticana* (1905- 1923) bleibt auch durch die Ergänzungen des 2. →Vat. Konzils für die gesamte heutige röm.-kath. Kirche verbindlich.
Eine wissenschaftl. Ausgabe des G.Ch.s gibt es nicht, ebenso keine hist. richtige Aufführungspraxis, da eine immense Vielfalt und steter Wandel zu seinem bes. Wesen gehören.

*Lit.: L. Agustoni/J. Berchmans Göschl:* Einführung in die Interpretation des G.Ch.s, 2 Bde., Regensburg 1987/88. – *S. Agustoni:* G.Ch., in: *M. Musch (Hg.):* Musik im Gottesdienst, Bd. 1, Regensburg, 3. Aufl. 1988. – *W. Apel:* Gregorian Chant, Bloomington/Ind. 1958. – *C. Floros:* Universale Neumenkunde, 3 Bde., Kassel 1970. – *K. Hodes:* Der G.Ch. Eine Einführung, Darmstadt 1974. – *E. Jammers:* Der ma. Ch., Mainz 1954. – *Ders.:* Musik in Byzanz, im päpstl. Rom und in Frankreich, Heidelberg 1962. – *B. Stäblein:* Schriftbild der einstimmigen Musik (Musikgeschichte in Bildern III,4), Leipzig 1975.

*Hermann Jung*

## Grenze

*A.* Bereits im *vorsokrat.* Denken, bes. in der →Naturphilosophie, ist G. ein Schlüsselbegriff. Das Problem von →Zeit, Größe, Entstehen und Vergehen der Dinge wird diskutiert auf dem Hintergrund des Gegensatzes G. *(Peras)* und Grenzenlosem (*Apeiron*). So behauptet Anaximander den Vorrang des Apeiron, des (vor aller endl. und zeitl. Differenzierung liegenden) Urgrunds der Dinge; aus ihm gehen sie – in zeitl. Begrenztheit – hervor, in ihn kehren sie nach ihrem Vergehen wieder zurück. Auch bei den Pythagoreern bezeichnet das Grenzenlose ein eigenständiges unabhängiges Wesen, aber als Negatives. Bei →*Platon* wird die G. zu einer der Möglichkeitsbedingungen des →*Kosmos;* in der Begrenzung fügen sich die ungeformten Grundbestandteile der Welt zur »schönen Ordnung« (Kosmos) des Ganzen. →*Aristoteles* demonstriert am Grenzenlosen die Größenteilung, die Unaufhörlichkeit der Bewegung und des Entstehens, aber auch jene Verfaßtheit des Denkens, die man in späteren Kontexten - im Gegensatz zu intuitiv und ganzheitlich – *»diskursiv«* genannt hat. G. wird zum Kriterium der »Ordnung des Diskurses«: Die begründete, methodisch geordnete Rede schließt ein Fortlaufen ins Unendliche und Unbegrenzte aus; für das Wissen konstitutiv wird das Bewußtsein seiner G. in der Logik und Sprachtheorie der →Stoa, vor allem bei *Chrysipp* (3. Jh. v. Chr.).

*B.* In der ma. →*Scholastik* dienten die entspr. lat. Begriffe – *limes, terminus* – der vor allem ontolog. Bestimmung des endl. Seienden (z.B. im Zusammenhang mit der Erörterung von Sachverhalten wie *Kontingenz,* Geschöpflichkeit oder →Schöpfung). Über diesen Weg fand der Begriff auch Eingang in die zu Beginn der →*Neuzeit* entstehende dt. Wissenschaftssprache, einmal als mathemat. Begriff (bei →*Leibniz* als die Bezeichnung der konvergenten Folge innerhalb des Infinitesimalkalküls [Rechenmethoden, die auf dem Begriff des Grenzwertes aufbauen]), einmal als Verstandesbegriff. So thematisiert →*Kant* die G. innerhalb der Erörterung des reinen Vernunftgebrauchs im Blick auf die Möglichkeit von →Metaphysik. Solange die Vernunft die Erkenntnis nicht überschreitet, lassen sich von der Erkenntnis keine bestimmten G.n denken. In den Wissenschaften stößt die Erkenntnis zwar auf *Schranken*, aber nicht auf G.n: sie erkennt nicht positiv, daß etwas außer ihr liege, wohin sie niemals gelangen könne. Die Möglichkeit von immer neuen wissenschaftl. Erkenntnissen gehe vielmehr ins Unendliche. Allein die Metaphysik führe in den dialekt. Versuchen der »reinen« Vernunft (zu denen die Vernunft selbst unwiderstehl. treibe) auf G.n. G. meint hier einmal die unübersteigbare Begrenzung (Limitation) des reinen Vernunftgebrauchs, sodann aber auch die Art und Weise, in der dieser die »Ideen« (Grenzbegriffe) hervorbringt. Weil diese G.n mit dem Vermögen der Vernunft selbst gegeben sind, dürfen sie nicht als etwas Negatives gesehen werden: In allen G.n ist auch etwas Positives; die Schranken hingegen enthalten bloße Negationen, die in der fortschreitenden wissenschaftl. Erkenntnis ihrerseits negiert werden. →*Hegel* knüpft sowohl an den ma. Sprachgebrauch (G. als Begrenzung, Einschränkung, Verendlichung) wie an Kants Differenzierungen an. Einmal definiert er G. von den Beziehungen zwischen den Begriffen (bloße Ab-grenzung verschiedener Begriffe), sodann aber auch von der Bestimmtheit her, die es allererst erlaubt, ein *Etwas* (Bestimmung, Begriff, Wesensaussage) in bezug auf ein *anderes* zu denken und zu definieren. Dabei treten die Gemeinsamkeiten wie die Gegensätze zueinander in ein produktives Verhältnis (→Dialektik). Auf diesen Begriffsumfang von G. stützt sich auch →*Heidegger* in seiner Rekonstruktion dessen, was er das ursprüngl. Denken (Fundamentalontologie) nennt. Jede Seinsaussage unterliegt der Beschränkung, sofern jede Weise des Sagens des Seins Unterscheidungen des Seins gegen Anderes einschließt, für die Regeln oder Leitsätze aufzustellen eine fundamentale Aufgabe der Metaphysik ist. Das Sein wird eingegrenzt gegen ein anderes und hat in dieser Grenzsetzung schon eine (erste) Bestimmtheit, die auch da alles Wissen, Tun und Sagen prädisponiert, wo sie nicht eigens themat. wird. Bevorzugte G.n sind die zwischen Sein und Werden, Sein und Schein, Sein und Denken, Sein und Sollen.

*C.* Von herausragender Bedeutung schließl. ist der Grenzbegriff bei *Karl Jaspers* (→Existentialismus), vor allem in seiner →Religionsphilosophie, die als Alternative zum Offenbarungsglauben konzipiert ist (philos. Glaube). Jaspers spricht bevorzugt von Grenzsituationen, seltene, aber das Leben nachhaltig bestimmende Situationen, in denen das Dasein seine G. erfährt. Solche G.n sind →Tod, →Leid, Schuld (→Sünde), aber auch →Glück und die Erfahrung der →Transzendenz. In ihnen erfährt die Existenz sich als unbedingt, unverletzbar und als extrem herausgefordert. An der G. muß die Existenz ihre eigenen Möglichkeiten ergreifen (→Selbstverwirklichung) oder angesichts der Forderungen, die an sie ergehen, verzagen (Selbstverlust); die G. ist die Probe der Authentie ursprüngl. Existierens.

*D.* Verwandte Überlegungen begegnen in der Übernahme der Existenzphilosophie durch die *Theologie.* G. wird verstanden als Herausforderung für den →Glauben, Grenzerfahrungen als Situationen der Gottesbegegnung. In diesem Sinn gibt es auch eine →Pastoral der Grenzerfahrungen.

*E.* Von anderen Voraussetzungen her nähert sich →*Wittgenstein* dem Problem der G. Die Begrenzung des Denkens in der Sprache ist zugleich eine Begrenzung der →Sprache selbst, die als formalisierte Sprache zugleich noch eingeschränkt ist auf die Sätze der Naturwissenschaft bzw. der Logik. Wenn es im »Tractatus logico-philosophicus« (1921) heißt, die G.n meiner Sprache seien die G.n meiner Welt, dann wird damit die Einschränkung der Welt auf das gemeint, was log. über sie ausgesagt werden kann. Von ihr spricht Wittgenstein als dem, was die Welt erfüllt; es gibt folgl. keinen Standpunkt außerhalb der Welt, von dem aus über die Welt geurteilt werden könnte.

*F.* Gegenwärtig läßt sich noch eine andere Konjunktur des Grenzbegriffs beobachten. In einer posthist. Kultur- und Zivilisationskritik wird häufig von G.n (des Wachstums, der Erkenntnis, zwischen Wildnis und Zivilisation) gesprochen. Der Hinweis auf die G. wird zum bildungssprachl. Appell, sich auf die eigenen Ressourcen, Möglichkeiten und Traditionen zu besinnen.

*Carl-Friedrich Geyer*

**Griechenland.** Orthod. 97,6; Kath. 0,4%; Prot. 0,1%; Musl. 1,5%; Nichtgläubige und Atheisten 0,3%. Der südlichste Staat der Balkanhalbinsel ist durch seine reiche geograph. Zergliederung gekennzeichnet: 15.000 km Küstenlänge, 169 bewohnte Inseln mit 24.909 qkm Gesamtfläche. Nur ein Drittel des Landes ist landwirtschaftl. nutzbar, 53,5% der Bevölkerung wohnen in den großen Städten, daher zahlreiches Auslandsgriechentum (USA, jetzt auch Westeuropa).

*A. Kirchengeschichtlich*

*I.* Das →Christentum kam schon durch den Apostel →*Paulus* auf seiner 2. und 3. Missionsreise nach G. (Philippi, Thessaloniki, Athen, Korinth; vgl. Apg 16ff.) und breitete sich rasch aus. Trotzdem überlebte das Heidentum teilweise bis ins 9. Jh. Jurisdiktionell gehörte die Kirche von G. als Teilgebiet der Präfektur des östl. Illyricum (Reichsdiözesen Makedonien und Achaia im 4. Jh.), obwohl Teil der östl. Reichshälfte, zum (west-)röm. Patriarchat (Thessaloniki sogar als Päpstl. Vika-

riat), bis Kaiser Leo III. sie 732/33 (zusammen mit dem byzant., griech. besiedelten Süditalien) in den ikonoklast. Wirren (Streit um die Verehrung von Bildern) dem →Ökumen. Patriarchat von Konstantinopel unterstellte und damit an ihr eigentl. Kulturzentrum anschloß.
Die vom 8.-10. Jh. in den griech. Raum eindringenden Slawen wurden ebenso hellenisiert (→Hellenismus) wie später viele alban. und walach. Einwanderer. Auch die fränk. →Kreuzfahrerstaaten nach 1204, welche die griech. Christen formell einer kath. lat. Hierarchie unterstellten, und die 1503 ihnen nachfolgenden Osmanen lockerten nicht – wie die vielen Neumärtyrer belegen – die Bindung der Gläubigen in G. an die Orthodoxie und an das →Ökumen. Patriarchat, das ja für alle Orthodoxen im Osman. Reich, die sog. »Rum millet«, auch zivilrechtl. Funktionen wahrnahm.

*II.* Erst im griech. Unabhängigkeitskrieg (1821 ausgerufen von Metropolit Germanos von Alt-Patras) wurde dann unter dem bay. prot. Regenten G. L. Ritter von Maurer am 23.7.1833 die *Autokephalie* (Selbständigkeit) der Kirche von G. erklärt, die das Ökumen. Patriarchat aber erst am 29.6.1850 anerkannte. Die Verfassung der damaligen Kirche G.s (erarbeitet von Maurer und dem Priester Theoklētos Farmakidēs) war der russ. nachgebildet (mit einem staatl. Prokuror an der Spitze). Bis 1881 wurden die für G. erworbenen Gebiete (1864 die Ionischen Inseln, 1881 Thessalien) jeweils vom Ökumen. Patriarchat gelöst und inkorporiert (37 Diözesen), während die später, bes. nach dem Balkankrieg von 1912/13 angegliederten »neuen Länder« (Makedonien, Epiros, Kreta und die Dodekanes-Inseln, 33 Diözesen) formell weiter diesem unterstehen, aber den anderen Diözesen G.s seit 1928 gleichgestellt sind.

*III.* Unter Erzbischof Chrysostomos I. (Papadopoulos, 1922-1938) konnte 1923 erstmals eine freiere *Kirchenverfassung* durchgesetzt werden, die 1939/40 bearbeitet, in den Grundlinien bis heute gilt. Danach liegt die oberste Kirchenleitung bei der alljährl. →Synode der Hierarchie (einschl. der der Diözesen des Patriarchates). Ansonsten versieht die ständige Synode von sechs Metropoliten (Titel aller Diözesanbischöfe) und dem Erzbischof von Athen und ganz G. die Verwaltungsgeschäfte. Heute gibt es 82 Diözesen (Metropolien). →*Theol. Fakultäten* existieren in Athen und (seit 1939) in Thessaloniki, ferner sieben Priesterseminare (z.B. in Athen, Mesolongion, Arta, Korinth), eine große Anzahl Kirchenschulen und diakon. Einrichtungen. Bes. die Aktivierung der großen Tradition griech. →Patristik in der zeitgenöss. griech. Theologie hat dieser zu einer führenden Stellung in der Gesamtorthodoxie verholfen. Amtl. Organ der Kirche ist die Zeitung »Ekklēsia«. Die offizielle kirchl. Hilfsorganisation »Apostolike Diakonia« (gegr. 1930) und die – allerdings nicht ganz unumstrittenen – Erweckungsbewegungen »Zoē« (gegr. 1907/10) und »Sotēr« (1960 von der »Zoē« abgespalten) bemühen sich um eine Intensivierung des geistl. Lebens durch Sonntagsschulen, Religionskurse, Zeitschriften usw. Das früher bedeutende →Mönchtum ist allerdings zahlenmäßig stark zurückgegangen.

Die griech. *Auslandsgemeinden* – auch die rund 300.000 Gläubigen umfassende Metropolie von Deutschland, Exarchat von Zentraleuropa (Metropoliansitz: Bonn) – unterstehen zwar offiziell dem Ökumen. Patriarchat, haben aber naturgemäß eine starke Bindung an G., dem fast alle seine Gläubigen entstammen, zumal die Zugehörigkeit zur orthod. Kirche für die große Mehrzahl der Bevölkerung G.s auch heute (trotz manchen Prestigeverlustes in der Zeit der Obristen-Diktatur) ein wesentl. *nationales Identifikationsmerkmal* ist. Dies hat sich auch gezeigt, als unter der sozialist. Regierung des Ministerpräsidenten A. Papandreou die Orthodoxie den Charakter einer Staatskirche von G. verloren hat und z.B. gegen den *Widerstand* der Kirche eine alternative Zivileheschließung eingeführt wurde, die allerdings nur wenige Griechen wählen. Ein Konflikt um den kirchl. Immobilienbesitz konnte 1988 mit einem Kompromiß beigelegt werden, nach dem nur die Liegenschaften der (oft unterbesetzten) Klöster, nicht aber die der Pfarr- und Wallfahrtskirchen sozialisiert werden. Auch hier konnte sich die kirchl. Opposition auf die Solidarität breitester Kreise der Bevölkerung stützen.

*IV.* Nicht unbedeutend aber ist eine 1923 entstandene *Abspaltung* der Kirche von G., welche damals den »neuen« (gregorian.) Kalender einführte. Die »*Altkalendrianer* (Palaioeremologitoi)« sind zwar untereinander zerstritten und in feindl. Hierarchien gespalten, haben aber bei konservativen Kreisen der Bevölkerung durchaus eine Anhängerschaft, die sich nach manchen Schätzungen auf bis zu 1,5 Mill. belaufen soll. In letzter Zeit versuchen die »Altkalendrianer« auch im Ausland Anhänger zu gewinnen, indem sie in Portugal und Italien etl. Konvertitengruppen aufgenommen und deren Führer zu Bischöfen geweiht haben. Offiziell sind die »Altkalendrianer« weder vom Staat noch von irgendeiner orthod. Landeskirche anerkannt.
Zur *kath. Kirche* G.s gehören rund 41.000 Gläubige des lat. Ritus (exemtes Erzbistum Athen seit 1875, Kirchenprovinz Korfu und Naxos, Bistum Candia und Apostol. Vikariat Thessaloniki seit 1926), die zumeist aus den Missionen der venezian. Zeit kommen. Außerdem gibt es in Athen einen Apostol. Exarchen für die →*unierten* Griechen, die aber nur knapp 2.000 Gläubige in zwei Gemeinden (Athen und Jannina) zählen, sowie einen Ordinarius für die rund 600 unierten →Armenier, beide mit Sitz in Athen. Die Gesamtzahl der *Evangelischen* beträgt rund 20.000; ebenso wie die sehr aktiven →*Zeugen Jehovas* verdanken sie vielfach ihre Existenz der Mission an griech. Gastarbeitern in Westeuropa.

*Lit.: O. Bratsiotis:* Die Orthod. Kirche in griech. Sicht (Kirchen der Welt I), Stuttgart 1959, 2. Aufl. 1970. – *C. Papadopoulos:* Istoria tēs Ekklēsias tēs Ellados, Athen 1920. – *M. Rinvolucri:* Anatomie einer Kirche, Graz 1967. – *A. M. Wittig:* Die orthod. Kirche in G. Ihre Beziehung zum Staat gemäß der Theorie und der Entwicklung von 1821 bis 1977 (Das östl. Christentum, N.F., Bd. 37), Würzburg 1987.

*Nikolaus Thon*

## B. *Religionsgeschichtlich*

*I.* Die *griech. Religion* entstand im 2. Jt. v. Chr., als die →Kultur des östl. Mittelmeerraums, bes. Kretas, durch die Traditionen der aus dem Norden in Schüben einwandernden indogerman. Hellenen überlagert wurde. Eine erste Mischform ist die aus Funden und Homers Epen erschließbare spätminoisch-myken. Kultur (1400-1150). Die Vielfalt von Orts- und Stammeskulten wie die diffuse Erfahrung des →Heiligen führten zu einem polytheist., gemeinsamen, doch je verschieden akzentuierten Götterkosmos (→Monotheismus).

*1.* Obwohl auch Quellen, Flüsse und Winde verehrt werden, sind die *Hauptgottheiten* über die ihnen als Herrschaftsdimensionen zugehörigen Naturelemente (bei Zeus: Wetter und Blitz; bei Poseidon: Meer, unterird. Wasser, Erdbeben) zu personalen Gestalten hinausgewachsen und walten als gewährende und ordnende Mächte in den verschiedenen Bereichen der →Zivilisation (Jagd: Artemis als Herrin der →Tiere; Großvieh: Hera, Poseidon; Kleinvieh: Hermes; Wein: Dionysos; Getreide: Demeter; Ölbaum: Athene; Metallverarbeitung im Feuer: Hephaistos; Handwerk und Seefahrt: Athene; Ehe: Hera; Haus, Palast und Stadt: Zeus, Athene; öffentl. Wohl, Recht, mus. Leben: Apollon), aber auch im Schrecken des Krieges (Ares). Sie umfassen von Geburt bis zum Tod (Eileithyia, Artemis als Nährerin der Kinder, Demeter und Tochter, Hades) das Leben der Menschen und bewegen ihr Herz in Liebe (Aphrodite) und →Ekstase (Dionysos). Ein weltüberlegener, universaler Schöpfergott fehlt; doch die Gruppe der Götter, deren Beziehungen und Funktionen Verwandtschaftsgrade und →Mythen deutl. machen, bildet eine alles *umgreifende Gesamtheit*, die in ihren Spannungen die komplexe Wirklichkeit spiegelt. Zwar erscheinen sie in →Sage und →Kult auf Erden, aber als »Unsterbliche« sind sie von den Menschen getrennt.

Neben der Ehrung der Götter steht unverbunden und in seiner Art verschieden der Kult der toten *Ahnen* und Heroen. In Mysterienfeiern (Eleusis, aber auch bacchische Zirkel) und in der Orphik suchen kleinere Kreise sich ein seliges Leben im →Jenseits zu sichern. Auch Herakles und die Dioskuren können zu Leitbildern für die Überwindung der Todesgrenze (→Tod) werden. Die Götter, die zugleich retten und verderben können, bleiben immer unheiml.; man kennt nicht – wie im →Alten Orient – einen dem einzelnen vertrauten »persönl. Gott«. In dieses Vakuum konnte etwa die Verehrung des Asklepios einfließen.

*2. Frömmigkeit* ist so die kluge, den Brauch respektierende Scheu angesichts der Paradoxien von →Leben und Tod. →*Feste und* →*Opfer* – in der Regie der Polis, ohne Berufspriestertum – drehen sich um die Erhaltung der Fruchtbarkeit, die Bewahrung des einzelnen und des Gemeinwesens. Die dabei vorausgesetzten Anschauungen (Reinheit, Versöhnung zürnender Götter durch rituelle Tötung, Dank durch Gaben) sind in der →Antike weit verbreitet. Bezeichnend ist das gemeinschaftl. Opfermahl.

*II.* Im Lauf von etwa 2 Jt.en unterlag die griech. Religion *geschichtl. Wandel.*

*1.* Die bei Homer schon verfestigte, maßgebend gewordene Götterwelt ist stark vom patriarchalisch-krieger. Feudaladel (→Feudalismus) geprägt. Hesiod (um 700) systematisiert sie genealogisch. Mit zunehmender Bedeutung des Bauerntums (bereits bei Hesiod) nehmen die *chthon.* (erdbezogenen) Kulte der Demeter und des Dionysos ihren Aufschwung; an ihren Festen können auch die →Frauen – z.T. ausschließl. – aktiv werden. Obwohl die Götter schon früh Garanten von Ordnung und →Moral sind, erhebt sich doch seit dem 6. Jh. (Xenophanes, später →Platon) *Kritik* an ihrer menschl. Darstellung bei den Dichtern. In der archa. Epoche erstarkt der →Staat und macht rel. Überlieferungen seinen Interessen (Zusammenschlüsse, Kolonien) dienstbar. Ihren Göttern verdanken dann die Griechen die Selbstbehauptung gegenüber den Persern; bes. in Athen gedeiht *»patriot. Religiosität«*, die sich u.a. in der Vergötterung der →»Demokratie« äußert.

*2.* Im Vorfeld der Naturwissenschaft bietet die Sekte der Pythagoreer eine Synthese von Religion und → *Weltanschauung.* Die ion. →Naturphilosophie ersetzt die Götter durch unpersönl. kosm. Prinzipien; die Sophisten erklären den rel. Brauch für Menschenwerk. Dichter wie Euripides stellen die Moralität des göttl. Handelns in Frage. Die Wirkung von Orakeln, Gebeten und Opfern, an denen das Volk noch lange hängt, wird in Zweifel gezogen. So entfremdet sich die aufgeklärte, gebildete Schicht mit dem wirtschaftl. Aufschwung und der Ausweitung des Horizontes in der klass. Zeit immer mehr dem ererbten Glauben. Sie muß zu einer *philos.* geläuterten Religion greifen, während bei der breiten Masse oriental. Kulte (Adonis, Große Mutter, Sabazios) Anklang finden. (zur weiteren Entwicklung →Hellenismus).

*Lit.: W. Burkert:* Griech. Religion der archa. und klass. Epoche (Die Religionen der Menschheit 15), Stuttgart 1977. – *Ders.:* G., in: Theol. Realenzyklopädie 14, 235-253 (Lit.). – *M. P. Nilsson:* Geschichte der griech. Religion, Bd. I. (Handbuch der Altertumswissenschaft V 2), München, 3. Aufl. 1967. – *E. Simon:* Die Götter der Griechen, München, 3. Aufl. 1985.

*Dieter Zeller*

**Griechisch-römische Philosophie**

*A.* Sammelbezeichnung für die philos. Strömungen auf dem Hintergrund der geistigen, polit. und rel. Welt des →*Hellenismus,* d.h. jener Epoche der Antike, in der von der Weltgeltung griech. Denkens gesprochen werden kann. Ihre äußere Bedingung ist die polit. Einheit des Mittelmeerraumes, d.h. der ganzen damals bekannten Welt. Global läßt sich dieses Denken kennzeichnen als Versuch, die verlorengegangene Polis-Gesellschaft zu kompensieren, den Rahmen und theoret. Bezugspunkt der klass. griech. Philosophie (→Platon, →Aristoteles). Daraus ergibt sich ein zentraler Aspekt der g.-r.Ph.: die Suche nach neuen *tragfähigen Orientierungssystemen,* Sinnsetzungen und Wesensbestimmungen der Welt und des Menschen.

*B.* Die repräsentativen *Philosophenschulen* dieser Epoche sind die →Stoa und der Epikureismus. Beide bestimmen den Menschen unabhängig von seinen gesellschaftl. und polit. Einbindungen; während die Stoiker auf eine dem →Logos entspr. *Menschennatur* und eine daraus ableitbare Ethik zurückgreifen, geht der Epikureismus von dem angeborenen *Glücksverlangen* des Menschen aus, so daß Sinngebung und Lustmaximierung zusammenfallen. Diese Entwürfe mehr lebensprakt. Art werden ergänzt von einer wissenschaftl. Spezialisierung, die zunehmend die empir. Einzelforschung betont und das Spezialistentum fördert (darin werden die Anregungen und Vorbilder aus der klass. griech. Philosophie [→ Aristoteles] aufgegriffen und weitergeführt). Neben dem →Materialismus der Stoiker und Epikureer tritt im Hellenismus ein Denken hervor, das ungleich stärker von der *Religion* geprägt ist als die vorangegangenen Denkansätze (und das die anfängl. Depotenzierung des →Mythos durch die Philosophie rückgängig zu machen scheint): Pythagoreismus, →Gnosis, →Mystik, Wahrsagekunst (Mantik) und Beeinflussung der Götter (Theurgie) rücken in den Rang ernstzunehmender philos.-wissenschaftl. Lösungen (→Synkretismus). Den Versuch einer Vollendung und Überwindung der g.-r. (hellenist.) Ph. darf man im →*Neuplatonismus* sehen (Plotin), der die Traditionen eines genuinen →Platonismus, quasirel. Sinnsuche und Fragen der Kosmologie, →Metaphysik und →Ontologie in einer eigenständigen Synthese zu verbinden und systemat. zu entfalten suchte.

*C.* Die *christl. Glaubenslehre* und Theologie hat im hellenist. Raum ihre erste umfassende kulturelle Umformung erfahren (→Inkulturation) und in der Auseinandersetzung mit der Philosophie eine Gestalt gefunden, die bis heute bestimmend geblieben ist. Insbes. in der Bildung und Entwicklung der →Dogmen wurden die Traditionen der g.-r.Ph. angeeignet und verarbeitet. Dies erweist sich in vielen gegenwärtigen Diskussionen um Fragen der →Gotteslehre, der →Christologie und →Anthropologie als schwieriges Problem (»Hellenisierung des Christentums«). (Hinsichtlich der wirkungsgeschichtl. Anspekte sei auf die speziellen Stichworte →Aristotelismus, →Platonismus, →Stoa verwiesen.)

*Lit.: J. Alsina Clota:* La Religion hellenistica, in: Helvetica 6 (1955), 387-418. – *R. Bichler:* Hellenismus, Darmstadt 1983. – *K. Büchner (Hg.):* Das neue Cicerobild, Darmstadt 1971. – *G. H. Clark (Hg.):* Selections from Hellenistic Philosophy, New York 1940. – *C.-F. Geyer:* Einführung in die Philosophie der Antike, Darmstadt 1978, bes. 118-159. – *Ders.:* Schicksalsglaube und selbstverantwortete Subjektivität. Zur Bewältigung des griech.-röm. Schicksalglaubens durch das frühe Christentum, in: Neue Zeitschrift für Systemat. Theologie und Religionsphilosophie 22 (1980), 45-62. – *O. Gigon:* Die antike Kultur und das Christentum, Darmstadt 1967. – *E. Kießling (Hg.):* Der Hellenismus in der dt. Forschung, Wiesbaden 1956. – *A. A. Long:* Hellenistic Philosophy. Stoics, Epicureans, Sceptics, London 1974. – *A. Schmekel:* Forschungen zur Philosophie des Hellenismus, Berlin 1938.

*Carl-Friedrich Geyer*

**Großbritannien und Nordirland.** Anglik. 56,8%; Prot. 16,1%; Kath. 13,1%; Orthod. 0,6%; Altkath. 0,1%; Musl. 1,4%; Juden 0,8%; Hindus 0,7%; Sikhs 0,4%; Buddh. 0,2%; Nichtgläubige und Atheisten 9,5%.

*A. Allgemein*

Kein Land →Europas zeigt eine so *große rel. Vielfalt* wie GB. Schon die →Reformation, die trotz stärkstem Druck die Katholiken nicht ganz für sich gewinnen konnte, bescherte GB. nicht eine, sondern mehrere prot. Kirchen; weitere entstanden als Produkte des →Pietismus und der →Erweckungsbewegungen. Flüchtlinge, Geschäftsleute, Auswanderer aus anderen Ländern Europas oder aus den fernen Kolonialländern ließen weitere →Kirchen und →Sekten, auch nichtchristl. Religionen in GB. einheim. werden. Daraus sind erhebl. gesellschaftl. und polit. Probleme entstanden, die die Gegenwart noch belasten, allen voran der Nordirlandkonflikt.

*I.* Das Christentum kam schon *unter den Römern* nach GB. Brit. Bischöfe nahmen an den kontinentalen Synoden des 4./5. Jh.s teil und mußten gegen den in GB. verbreiteten Pelagianismus Maßnahmen ergreifen. Durch die angelsächs. Landnahme ging das Christentum aber in weiten Teilen GB.s wieder verloren. Die zurückweichenden christl. Briten gerieten unter iroschott. Einfluß. Bald jedoch begannen kelt. Mönche im Norden und Westen wieder zu missionieren. Ende des 6. Jh.s schickte Papst Gregor I. Augustinus von Canterbury mit benedikt. Missionaren ebenfalls nach England. Im Gefolge dieser Aussendung entstand ein innerkirchl. Richtungsstreit zwischen Anhängern der kelt. und röm. Bräuche, der erst 668 auf der *Synode von Whitby* zugunsten der röm. Linie entschieden wurde. Während des 7./8. Jh.s waren die engl. Klöster Träger einer hohen gelehrten und

künstler. →Kultur, ihre →Mönche beteiligten sich maßgebend an der Missionierung der →Germanen und →Slawen. Während des 9./10. Jh.s mußte die engl. Kirche erneut große Verluste durch barbar. Einfälle und Eroberungen hinnehmen. Erst die Bekehrung der dän. Eroberer und die Einigung des Landes unter König Alfred d.Gr. (gest. 899) ermöglichte eine kirchl. und monast. *Erneuerung* und eine neue kulturelle Blüte. Nach der normann. Eroberung 1066 wurde England von franz. Bischöfen, Mönchen und Klerikern überschwemmt, die den einheim. höheren Klerus verdrängten und den gregorian. Reformen in GB. zum Durchbruch verhalfen. Im Investiturstreit setzte der Märtyrertod des Erzbischofs Thomas Becket 1170 einen Markstein mit europaweiter Wirkung.
Im 12./13. Jh. erhielt die Organisation der Bistümer und Pfarreien ihre endgültige Gestalt; neue monast. und klerikale Orden ließen sich in GB. nieder und erlangten großen Einfluß auf das rel. Leben. In *Oxford* und *Cambridge* entstanden bedeutende Universitäten, die bald Zentren des Scotismus (→Duns Scotus) und Ockhamismus (W. von →Ockham) wurden. Die 1. Hälfte des 14. Jh.s war ebenfalls eine Blütezeit für die engl. →Mystik (Juliana von Norwich [1342-nach 1413], Piers Plowman, Cloud of Unknowing, usw.). In Abwehr gegenpäpstl. Fiskal- und Ämterpolitik, aber auch gegen königl. Übergriffe wurde im 14./15. Jh. ein gewisses nationales Autonomiestreben innerhalb der brit. Kirche sichtbar; John →Wycliff (1330-84) und die Lollarden, die sich auf ihn beriefen, kritisierten geltende Dogmen und kirchl. Praxis in einer Weise, die die luth. Reformation antizipierte, ohne aber den Durchbruch zu erzielen.

*II.* Heinrich VIII. (1491-1547) lehnte die reformator. Theologie ab, nahm aber seine Eheangelegenheiten zum Anlaß, die engl. Kirche von Rom zu trennen und sich zum Oberhaupt der Kirche zu erklären (1534). Unter seinem Sohn Edward VI. (1537-53) erhielt die →anglik. Kirche eine calvinist. Prägung (→Calvinismus), die unter Elisabeth I. (reg. 1558- 1603) und den Stuarts teilweise zurückgenommen wurde. Das Festhalten an Episkopat (→Bischof) und Prayerbook in der Kirche von England wurde jedoch vom puritan. Flügel abgelehnt. Aus diesem gingen →Presbyterianer, →Kongregationalisten, →Baptisten, →Quäker und andere Kirchen hervor. Die 1560 reform. Kirche von Schottland war dagegen von vornherein calvinist.-presbyterian. Trotz Verfolgung blieben unter dem engl. Adel sowie unter dem ir. und schott. Volk nicht wenige kath.
Im 18. Jh. brachten Herrnhuter (→Brüder-Unität), in GB. »Moravians« genannt, den →Pietismus nach England und Amerika und beeinflußten John Wesley (1703-91), dessen ursprüngl. anglik. →Erweckungsbewegung sich nach seinem Tod als die →Methodist. Kirche verselbständigte. Im 19./20. Jh. bereicherten weitere *Kirchen- und Sektengründungen*, darunter Plymouth-Brüder, →Heilsarmee und →Pfingstkirchen, die rel. Szene. Die kath. →Emanzipation befreite endl. die Katholiken von den wichtigsten staatl. Einschränkungen, und die Wiedererrichtung einer eigenen Hierarchie stärkte ihr Selbstbewußtsein. Durch ir. Einwanderer und zahlreiche Konvertiten (→Konversion) wurde sie schnell zu einer bedeutenden Kraft im Lande, allerdings durch starken ir. Charakter mit einem Hauch von Fremdheit belastet. Aber auch die anglik. und presbyt. Staatskirchen erneuerten sich. Vor allem die Anglikaner besannen sich auf ihr altkath. Erbe (Oxfordbewegung), was aber zu Spannungen zwischen →hochkirchl. und evangelikalen (low church) Richtungen führte. An den Universitäten und Colleges blühte wieder theol. Arbeit mit stark hist. und bibelwiss. Ausrichtung (→angelsächs. Theologie), was aber auch zu Auseinandersetzungen zwischen konservativen und liberalen (Broad Church) Parteien (→Liberalismus) führte. Schon im 16. Jh. hatten die engl. Kirchen unter dem Schutz der engl. Kolonialmacht zu *missionieren* angefangen; das 19. Jh. sah eine wahre Explosion engl. →Missionstätigkeit, mit dem Erfolg, daß sich überall in Amerika, →Afrika und →Asien die angloamerik. kirchl. Vielfalt (Denominationalismus) verbreiten konnte.

*III.* Angesichts eines solchen kirchl. →Pluralismus wundert es nicht, daß GB. von Anfang an eine treibende Kraft der →*ökumen. Bewegung* war. Dennoch existieren auch heute noch starke Vorbehalte gegenüber →Katholizismus und Episkopalismus. Auch das Staatskirchentum (→Kirche und Staat) der Anglikaner und schott. Presbyterianer erweist sich als Hindernis nicht nur in ökumen. Dialog mit den →Freikirchen, sondern auch in den Bemühungen um die eigene Erneuerung. Insbes. ist die anglik. Kirche einer Zerreißprobe bei ihren Bemühungen ausgesetzt, zwischen Katholischem und Protestantischem zu vermitteln. So scheiterte 1981 der *CCC-Unionsplan* (Church Council on Covenanting) – beteiligt waren die Churches of Christ, die Church of England, die Methodist Church, die Moravian Church und die United Reformed Church – am Widerstand der Reformierten und Anglikaner in der Amtsfrage.

*Lit.: J. Bowker:* Worlds of faith: relig. belief and practice in Britain today, London 1983. – *J. C. Dickenson (Hg.):* An ecclesiastical History of England, Bd. 1ff., London 1961. – *D. L. Edwards:* Christian England, 2 Bde., London 1981-1983. – *A. Hunter:* Christianity and other Faiths in Britain, London 1985. – *E. R. Norman:* Roman Catholicism in England, Oxford 1985. – *P. Sangster:* A History of the Free Churches, London 1983.

*Thomas Riplinger*

## B. Literarisch

### I. Von den Anfängen bis ins 19. Jh.

Der größte Teil der *anglosächs. rel. Poesie* besteht aus Paraphrasen der Vulgata (→Bibelübersetzungen) oder lat. Heiligenleben. Der »*Dream of the Rood*« (7.-10. Jh.) geht freil. auf die weltl. Form eines Rätsels einerseits und der Liturgie der Passionszeit andererseits zurück. Ganz ähnl. wurden große Teile rel. Lyrik des MA.s als Volkslieder geschrieben, während sie auf gelehrte kirchl. Traditionen, auf die bibl. und liturg. Bilderwelt zurückgriffen. *W. Langlands* »Piers Plowman« (ca. 1370) macht dagegen keinerlei Zugeständnisse an die Volksreligion; sein Epos ist intellektuell und streng auf →Jesus Christus ausgerichtet. Es benutzt die Umgangsformen höf. Liebe, um Christus als Liebesritter zu zeichnen.

Das engl. *Drama* entsteht aus der Liturgie des Hl. Grabes und entwickelt sich allmähl. zu bibl. Mysterienzyklen (14.-16. Jh.), später zu Moralstükken. Die »metaphys.« Dichter des 16. und 17. Jh.s (J. Donne, G. Herbert, R. Herrick) stehen in der Tradition des MA.s. Ihre Dichtungen leben von der Liturgie, den Formen höf. Liebe und der Leidensgeschichte Jesu. Donne und Herbert waren anglik. Priester und spiegeln so die Praxis der →anglik. Kirche und ihrer sakramentalen Theologie (→Sakrament) wider. *Nach der →Reformation* zeigt sich die puritan. Tradition in der Prosa eines J. Bunyan (1622-1688) und der gelehrten Poesie eines J. Milton (1608-1674). Bunyans »Pilgrim's Progress« ist dabei auf die Lehre vom →Glauben konzentriert (ohne Raum für die Lehre von der Menschwerdung), während Miltons »Paradise Lost« eine ausführl. Studie der →Theodizee und des Mißbrauchs des freien Willens des Menschen darstellt. Vor allem durch Th. Cranmer (1489-1556) hat die anglikan. Liturgie die große Tradition der Kirchenmusik inspiriert. So schrieben im 18. Jh. nonkonformist. *Hymnendichter*, insbes. I. Watts (1674-1748), Hymnen in einem schmucklosen Stil calvinist. Ästhetik (→Calvin), die aus Einfachheit, Nüchternheit und Maß besteht. Gelegentl. schrieb Ch. Rossetti (1830-1894) beachtenswerte *myst. Poesie.* Es war das Zeitalter des fundamentalist. ev. Traktats, oft verstanden als narrative Überzuckerung der dogmat. Pille. Der Anglikaner Ch. Kingsley (1819-1875) schrieb einige wertlose Romane (oft mit sozialer Absicht), aber auch eine wichtige Kindergeschichte »The Water-Babies«, ein Produkt der strengen Moral aus dem England des 19. Jh.s, der viktorian. Religion. Der röm.-kath. Kardinal J. H. →Newman (1801-1890) verfaßte »The Dream of Gerontius« (später durch Elgar vertont) und zeichnet darin den Moment des Todes; er ist ferner der Autor zweier Romane mit Bekehrung als Thema.

*II. Tendenzen im 20. Jh.*

T. S. Eliot (1888-1965) wurde 1927 Anglikaner. Sein größtes christl. Werk stellt »The Four Quartets« (1935-42) dar, das tief in die engl. myst. Tradition zurückgreift. In dem Stück »Murder in the Cathedral« (1935) dramatisiert Eliot den Tod des hl. Thomas Becket (?1118-1170). Eliot war einer der ersten, der ernsthaft über die Beziehung von →Theologie und Literatur nachdachte. Die Dichtung *W. H. Audens* (1907-1973) läßt ebenfalls eine zunehmende Auseinandersetzung mit dem Anglokatholizismus des Autors erkennen, vor allem in »For the Time being« (1944). Bei *E. Muir* (1887-1959), auf den Orkney-Inseln geboren, wurzelt die Poesie in der Insellandschaft, die dem Alltäglichen einen Sinn für die Ewigkeit vermitteln kann. Muir stellt häufig den Mythos von Paradies und Sündenfall dar. Auf kelt. Mythologie und wallis. Nonkonformismus zurückgreifend, betrachtet D. Jones (1895-1974) westl. Kultur im Licht des in der Liturgie überlieferten christl. Glaubens. Sein Werk ist auf die Figur Christi konzentriert, die Passionsgeschichte insbes., wie vor allem sein unvollendetes Werk »The Sleeping Lord« (1974) zeigt.

»*G. Greene* (geb. 1904) wurde 1926 kath. Er hat sich selbst als Romancier beschrieben, der zufällig Katholik und nicht Theologe sei. Seine Romane schildern wiederholt den »heiligen Sünder« und erforschen die »erschreckende Fremdheit der Gnade Gottes«. *T. F. Powys* (1875-1953) Roman »Mr. Weston's Good Wine« (1927) stellt eine rel. Allegorie dar im Kontext engl. Landlebens – in der Tradition von Bunyan. Darüber hinaus gibt es in diesem Jh. noch einige wenige rel. Romanciers von Qualität, obwohl *I. Murdoch* (geb. 1919) häufig christl. Bilder und Lehren im Kontext einer beinahe buddhist. Spiritualität (→Buddhismus) benutzt, vor allem in »Henry and Cato« (1976).In *Nordirland* gilt H. Waddell (1889-1965) als bedeutendste Autorin des 20. Jh.s, die häufig auf ihre presbyterian. Herkunft zurückgreift. 1949 veröffentlichte sie »Stories from the Holy Writ«, eine Sammlung bibl. Geschichten. Unter den zeitgenöss. Theologen in GB. ist wie auch andernorts ein großes Interesse an den literar. Kategorien des Narrativen (Erzählens) und der Geschichte entstanden, um die jüd.-christl. →Tradition zu verkünden und auszulegen. Das zeigt auch der Bericht der Glaubenskommission der Kirche von England (»Believing in the Church«, 1981).

*Lit.: J. A. W. Bennett:* The Poetry of the Passion, Oxford 1982. – *D. Daiches:* God and the Poets, Oxford 1984. – *D. Jasper (Ed.):* Images of Belief, London 1984.

*David Jasper (Übers.: Karl-Josef Kuschel)*

**Groteske**

*A.* Der *Begriff* kommt aus dem Ital.: »grottesco« zu grotta (Grotte, nach unterird. Trümmern, sog. Grotten antiker Thermen und Paläste mit verschnörkelten Wandmalereien aus Pflanzen-, Tier- und Menschenteilen). In Form des Häßlichen etabliert sich das G. bereits im →MA. als Ausdruck für Dämonenglauben (→Geister und Dämonen) und als Allegorie des →Bösen. Im 16. Jh. löst sich diese rel. Zuordnung auf, und G. wird bedeutungsgleich mit Phantastischem und →Irrationalem. Über franz. »grotesque« gelangt das Wort in die dt. Sprache (1575 bei Fischart als »grubengrottesisch«). Ab 1750 hat sich G. als Kunstbegriff durchgesetzt.

*B.* In Anlehnung an W. Kayser läßt sich das G. als eine *Strukturpotenz* bezeichnen, deren Gestaltungsweise auf eine *Verkehrung der die Welt ordnenden Kategorien* gerichtet ist. Dem entspricht ein Bewußtseinsakt, in dem die Erwartung, ein Sachverhalt werde in einer bereits bekannten Weise gedeutet, enttäuscht wird, ohne daß eine weitere Deutung bereitsteht. Im G.n wird ein Teil des gemeinten Wirklichen ins Unmögliche verzerrt, doch um seine Wirkung entfalten zu können, muß das Widernatürliche bruchlos mit dem Gewohnten kombiniert werden. Erst die Verzerrung und Entstellung vermag dem Alltäglichen einen bedrohl. Anschein zu verleihen. Die Struktur des G.n signalisiert immer eine bewußt produzierte *Verfremdung* gesellschaftl. Verhältnisse, menschl. Handelns oder menschl. Körperteile, jedoch nicht eine alogisch irreale, sondern eine Verfremdung, die einen konkreten *Widerspruch* zur existierenden Auslegung der Wirklichkeit und zu gültigen Normen darstellt. Das G. ist ein »realist.« Gestaltungsprinzip infolge seiner dualist. *Spannung zwischen Real- und Phantasiewelt.* Grundstruktur der *literar. G.* ist die Verquickung von realist. und phantast. Darstellungsebene, ein gegenseitiges Durchdringen von →kom. und →trag., von lächerl. und entsetzl. Elementen mit dem Ziel, dem Leser die Orientierung zu nehmen (vgl. F. →Dürrenmatt: Die Physiker). Indem z.B. im →Totentanz der →Tod die Bewegung des →Tanzes für sich beansprucht, äfft er den Inbegriff des Lebendigen nach und betreibt eine burleske Nachahmung des Lebens. Die Kombination von Tod und Vitalität, von Schrecken und Lust bedingen den dämonisch-g.n ästhet. Schock des Miteinanders von Tanz und Tod.

*C.* Das G. erzielt seine *Wirkung* aus der Notwendigkeit, daß sich bes. der moderne Mensch in einer widersprüchl., orientierungslosen Wirklichkeit zurechtfinden muß. Entstellung und Verunstaltung sind bildl. Ausdrucksformen dieser Orientierungslosigkeit als Folge des Verlusts der in der Heilsgarantie begründeten Ordnung. Archetyp. durchgehalten hat sich jenes ursprüngl. →teufl. Element im Verweis auf die Nachtseiten menschl. Existenz. Indem die moderne Welt mit dem Urteil der Verkehrtheit und Verfallenheit belegt wird, wird die G. zum angemessenen Realismus: Die Verkehrung geht in der Entstellung des G.n auf. Das G. vermag seine Wirkung allerdings erst für den Leser bzw. Rezipienten zu entfalten, der letztl. darüber entscheidet, ob ein Phänomen als grotesk erfahren wird oder nicht.

*Lit.: O. F. Best (Hg.):* Das G. in der Dichtung, Darmstadt 1980. – *A. Heidsieck:* Das G. und das Absurde im modernen Drama, Stuttgart, 2. Aufl. 1971. – *W. Kayser:* Das G., Hamburg, 2. Aufl. 1961.

*Helmut Bachmaier/Eva-Maria Salb*



**Grünewald,** *Matthias,* eigentl. Mathis (Matthäus) Gothart, gen. Nithart oder Neithart, geb. um 1480 in Würzburg (?), gest. Ende August 1528 (?) in Halle/S. (?). Trotz intensivster Forschungen ist die →*Biographie* G.s nur umrißhaft erkennbar. Daß der Künstler dem Anliegen der →Reformation wirkl. nahegestanden hat (»Nachlaßinventar« mit zahlreichen Luther-Schriften), wurde in jüngster Zeit wieder in Zweifel gezogen. Für die Deutung des künstler. Werks bietet die Biographie keine wesentl. Hilfen, dieses muß vielmehr aus sich selbst interpretiert werden. G. dürfte die Kunst Dürers sowie die der ital. →Renaissance und der Niederländer gekannt haben, verarbeitete aber alle Anregungen und Einflüsse so eigenständig, daß sich seine Bildschöpfungen jedem direkten Vergleich entziehen. Sie sind zudem von der vorreformator. myst.-asket. Grundtendenz im Umbruch vom →MA. zur →Neuzeit bestimmt. Eindeutig nachgewiesen wurden die Einflüsse der Visionen der hl. Birgitta von Schweden. Ob G. Beziehungen zu den Aufständischen des →Bauernkriegs unterhalten hat, bedarf weiterer Untersuchungen.
Neben 37 Zeichnungen, die Vorstudien zum maler. Werk darstellen, hat G. nur Gemälde hinterlassen: Basler Kreuzigung (1502), Lindenhardter Altar (1503?), Frankfurter Heller-Altar (um 1509), Washingtoner Kreuzigung (um 1511), Isenheimer Altar (1512-15), Freiburger Maria-Schneewunder-Tafel und Stuppacher Madonna (1519), Erasmus-Mauritius-Tafel mit dem Porträt des Kardinals Albrecht von Brandenburg (um 520), die Karlsruher Tafeln mit Kreuztragung und Kreuzigung (um 1524) und die Aschaffenburger Beweinung Christi (um 525). Alle diese Gemälde sind von einem visionären Licht erfüllt, dem eine leuchtende, oft fast grelle Farbigkeit entspricht. Die Figurendarstellung ist geprägt von myst. Verzückung, voller Plastizität und einem gelegentl. ekstat.- krassen →Naturalismus. Mit seinem Hauptwerk, dem *Isenheimer Altar,* hat G. eine der gewaltigsten Leistungen der europ. →Malerei geschaffen. Die Deutung der Gemälde G.s ist weithin noch umstritten. N. Schwarzkopf (1930), L. Weismantel (1940/43) u.a. haben die Biographie G.s literar. gestaltet, während P. Hindemith dem Künstler eine Sinfonie (1934) und eine →Oper (1938) widmete.

*Lit.: W. Fraenger:* Matthias G., München 1983 (Lit.). – *H. Geissler u.a.:* Mathis Gothart Nithart G. Der Isenheimer Altar, Stuttgart 1973.

Peter Maser

**Grundwerte**

*A.* G. bezeichnen den Grundbestand an eth. →*Normen* und *Überzeugungen*, in denen alle Bürger eines freiheitl. Gemeinwesens über alle Gegensätze hinweg einig sind oder doch einig sein sollten. Der säkulare, rel.-weltanschaul. neutrale →Rechtsstaat gründet nicht auf einer vorgegebenen Gesinnungseinheit seiner Bürger (→Säkularisierung), sondern auf ihren grundrechtl. gewährleisteten Freiheiten der →Religion und des →Gewissens, der →Weltanschauung und der Meinung. Gleichwohl bedarf er eines Mindestmaßes an eth. →Konsens, damit der →Pluralismus der →Gesellschaft nicht in feindl. Spaltung oder in →Anarchie umschlägt und ein gedeihl. Zusammenleben gewährleistet wird. Die G. sind existentielles Bedürfnis der modernen Gesellschaft, nicht Ableitungen einer Wertphilosophie oder einer Zivilreligion im Sinne →Rousseaus. Sie bilden kein wissenschaftl. System, sondern den Fundus sozialeth. Selbstverständlichkeiten. Die Diskussion über G. ist ein Krisensymptom.

*B.* Die G. erhalten z.T. →Rechtscharakter durch Aufnahme in die →Verfassung. Doch lassen sie sich nicht vollständig verrechtlichen. Sie verkörpern zumeist vorrechtl. Grundlagen des Verfassungsrechts und das materiale Ethos zur sinnvollen Ausübung der Bürgerfreiheiten und der Staatskompetenzen. Die G. des freiheitl. Verfassungsstaates aktualisieren sich in verschiedenen *Geltungsformen:* als Staatsziele (→Gerechtigkeit, Rechtsfrieden, militär., soziale und ökolog. Sicherheit), als Rechtsgüter der einzelnen (→Leben, Gesundheit, →Freiheit, →Eigentum), als Bürgerpflichten (Rechtsgehorsam, Verbot von →Gewalt), als polit. →Tugenden (→Verantwortung, Gemeinsinn, →Klugheit, Augenmaß, Nächstenliebe). Der letzte verfassungsrechtl. Grund aller G. ist die →Menschenwürde.

*C.* In der Grundrechtsdemokratie ist es Sache aller Bürger, die G. zu wahren und zu entwickeln. Bes. Verantwortung tragen die Erzieher und die Träger öffentl. Einflusses wie →Medien, Verbände, →Parteien. Die →Kirchen müssen die christl. und religiös motivierten eth. Forderungen, die weiter reichen und tiefer begründet sind als die partikularen, sozialeth. G., in den geistigen Wettbewerb der gesellschaftl. Kräfte einbringen. Der →Staat hat hier nur eine begrenzte Zuständigkeit. Er kann mit den Mitteln des Rechts, nicht zuletzt des Verfassungsrechts, den eth. Grundkonsens stärken und schützen, nicht aber ersetzen. Das staatl. Recht ist seinerseits auf den Grundkonsens verwiesen, um inhaltl. Identität und effektive Geltung zu wahren. In dieser Wechselbeziehung zeigt sich das Freiheitsdilemma des Verfassungsstaates. Er darf um der Freiheit willen Moralität nicht erzwingen. Er kann sein eigenes eth. Fundament nicht garantieren. Seine Mittel von unterschiedl. Reichweite zum Schutz der G.: Rechtswahrung (bei G.n mit Rechtscharakter), schul. →Erziehung, Vorbildfunktion der Amtsträger, Öffentlichkeitsarbeit, Förderung freier Bildungsträger. Die grundsätzl. Streitfrage, ob und wieweit der Staat eigene Verantwortung für den Schutz der G. trägt oder nur Notar gesellschaftl. Strömungen sei, löste im Bundestagswahlkampf 1976 die, bes. von der kath. Kirche getragene »G.-Diskussion« aus, in der der Begriff G. seine heutige Bedeutung erhielt.

*Lit.: G. Gorschenek (Hg.):* G. in Staat und Gesellschaft, München 1977. – *J. Isensee:* Verfassungsgarantie eth. G. und gesellschaftl. Konsens, in: Neue Jurist. Wochenschrift 1977, 545-551 (Lit.). – *Ders.:* Demokrat. Rechtsstaat und staatsfreie Ethik, in: Essener Gespräche, Bd. 11, Münster 1977, 92-120. – *W. Kluxen:* Über die Moralität staatl. Normsetzung, ebd. 57-72. – *K. Lehmann:* Die Funktion von Glaube und Kirche angesichts der Sinnproblematik in Gesellschaft und Staat heute, ebd. 9-33. - *Ders.:* G., in: Staatslexikon 2, Freiburg/Basel/Wien, 7. Aufl. 1986, 1131-1137 (Lit.). – *A. Paus (Hg.):* Werte – Rechte – Normen, Graz/Wien/Köln 1979.

*Josef Isensee*

**Gruppe.** Die soziale G. ist Nahtstelle beim Vermittlungsprozeß zwischen dem einzelnen Menschen (→Individuum) und der →Gesellschaft. In den Sozialwissenschaften (→Sozialpsychologie, →Soziologie) wird *soziales Gebilde* erst dann als G. bezeichnet, wenn sich zwischen einer für alle Beteiligten noch überschaubaren Anzahl von Menschen 1. regelmäßige Interaktionen (→Handeln in Wechselbeziehung) von 2. einiger Dauer, 3. sich verfestigende Grenzen und – 4.auf der Grundlage eines Minimums an gemeinsamen Zielvorstellungen und Verhaltensnormen – zumindest Ansätze für eine *integrierte* (in ein Ganzes zusammengeschlossene) *soziale Struktur* erkennen lassen.

*A.* Die (weniger theoret. als experimentell-pragmat. begründete) *G.nforschung* hat überall dort vielfältige Nutzung gefunden, wo es um die geplante Beeinflussung sozialer Interaktionen geht, z.B. in →Pädagogik, →Psychiatrie, Mitarbeiterführung. Ergebnisse lassen sich, mehr oder weniger verallgemeinert, vor allem im Bereich der →Leistungs(-steigerung) sowie der *Identitätsbildung* (→Sozialisation, →Person) anführen. Durch *soziale Kontrolle* wird – auf der Ebene der →Ziele und Emotionen – das Streben nach einem hohen Maß an sichtbarem Zusammenhalt und nach Übereinstimmung aller einzelnen mit dem »G.nganzen« (Konformität, →Gemeinschaft) gefördert und bedingt. Zugleich aber gibt es das Bestreben, auf denselben Ebenen Individualität (→Selbstverwirklichung) zu wahren. Beide Tendenzen stehen als zentripetale und zentrifugale in einem dialekt.-dynam. Verhältnis zueinander. Dem Erhalt des dynam. (anpassungsfähigen) *Gleichgewichts* einer G. (bes. in ihrer Bedeutung als Team) gelten vor allem Strukturmuster einer allseits wahrgenommenen →Kommunikation sowie ein System der Führung und Koordinierung, das in die instrumentelle und emotinale Ebene unterteilt ist.

*B.* In den Bewegungszusammenhang von Formierung und Stabilisierung in einer G. ist der Begriff der *G.ndynamik* (GD) einzuordnen. GD bezeichnet einerseits Prozesse der gruppeninternen Strukturierung. Andererseits ist GD gleichbedeutend mit einer *Therapie- und Trainingsmethode,* die heute zum Repertoire bes. der ernstzunehmenden →Psychotherapie gehört und unbestreitbar bedeutende Erfolge vorzuweisen hat. Bes. bei der Therapie von Störungen der Kommunikation und Identität, aber auch bei dem →Bedürfnis nach Selbsterfahrung (Encounter) macht sie sich den Effekt zunutze, daß öffentl., mitunter rigorose *Rückmeldeprozesse* (Feedback) in einer G. bei den Mitgliedern das Verhältnis von Selbst- zu Fremdwahrnehmnug zwangsläufig verändern (was wiederum der Ausgangspunkt für neue – eben: dynam. – Verhältnisse bildet).
Unter dem Etikett der GD findet sich jedoch auch ein kaum noch überschaubares Sammelsurium von Methoden und *Techniken.* Ihre sozialwissenschaftl., sozialeth. (→Sozialethik) und anthropol. Grundlagen (→Anthropologie) sind äußerst verschiedenartig, z.T. ernsthaft fragwürdig, bes. wo sie sich zu einer →Weltanschauung verabsolutieren wollen. Indem man sich der beschriebenen Effekte der GD bedient und dadurch die Identität berührt ist, soweit sie aus der Reflexion (»Spiegelung«) an anderen erwächst, kann auch die *Abhängigkeit von der G.* gesteigert statt die Identiät des einzelnen (wie eigentl. angestrebt) stabilisiert werden. Zudem wird der methodenimmanenten Beschränkung der GD auf innere G.nvorgänge sowohl im Hinblick auf den einzelnen als auch auf die G. z.B. aus marxist. Sicht (→Marxismus) vorgeworfen, daß sie sich ihres größeren, gesellschaftl. Kontextes nicht bewußt wird.

*C.* Der einzelne bedarf der G., wenn er seine »*Sozialität* (»Geselligkeit«) erreichen und bewahren will, deren es beim Streben nach *Individualität* notwendig bedarf. Dieses Streben wird gefährdet, wenn – bewußt aus Machtinteressen gesteuert oder als Ergebnis eines ungebremst weiterlaufenden Überformungsprozesse durch die G. – nur in und durch die G. das gestützt und monopolisiert werden soll, was z.T. erst durch die G. erworben wurde: Identität. Häufig ist die *Umweltoffenheit* mancher G.n massiv beeinträchtigt durch (meist »gestiftete«) Fixierung auf ein ideol.-rel. Programm mit Absolutheitsanspruch (→Ideologie), gefördert durch widerständigen Außendruck, z.B. bei →Sekten, aber auch »Ingroups«, »kognitiven Minderheiten oder →Elite-Zirkeln mit institutionellem Bezug. Bei ihnen kann sich die Existenzform der G. geradezu als Hindernis erweisen beim Kontakt mit »Welt« sowie bei der angestrebten Verbreitung ihrer Ideen.

*Lit.: H.-D. Schneider:* Kleingruppenforschung, Stuttgart 1975. – *E. H. Witte:* Verhalten in G.nsituationen, Göttingen 1979.

*Andreas Feige*

**Gruppe 47.** Die Gr. 47 ist der wichtigste Zusammenschluß dt.sprachiger Schriftsteller nach dem Zweiten Weltkrieg. Während der zwei Jahrzehnte ihres Bestehens hat sie die Entwicklung der westdt., österr. und schweiz. →Literatur wesentl. mitgeprägt, nicht zuletzt in ihrer öffentl. Resonanz.

*A. Entstanden* ist die Gr. 47 aus dem Kreis der Mitarbeiter der polit.-kulturellen Zeitschrift »Der Ruf«. Als deren Herausgeber A. Andersch und H. W. Richter im Sommer 1947 wegen eines zu krit.-unabhängigen Kurses von der amerik. Militärbehörde die Lizenz entzogen wird, trifft man sich im September zur Vorbereitung einer neuen Zeitschrift. Aus der Erfahrung des informell-freundschaftl. Austausches bildet sich seit November 1947 der Brauch zunächst halbjährl., seit 1956 dann jährl. Zusammenkünfte an wechselnden Orten meist in der »Provinz«. »Chef« der Gr., der die Teilnehmer auswählt und einlädt sowie die Tagungen leitet, ist H. W. Richter.

*B.* Zum *Ritual* gehören das Vorlesen unveröffentlichter Texte und die »Sofortkritik« bei schweigender Anwesenheit des Autors. Politik und literar. Theoriedebatten sind grundsätzl. verpönt. Als Reaktion auf den verbreiteten »totalen Ideologieverdacht« rückt das »Handwerkliche«, die »Machart« der Texte, in den Mittelpunkt. Antifaschist. Grundhaltung, Mißtrauen gegenüber kompromittierten Traditionen (»Kahlschlag«) und ein unterschiedl. gefüllter, vager »Realismus« sind in der Frühzeit bestimmend. Zur vielgelesenen christl.-konservativen Literatur bes. von sog. Inneren Emigranten (Bergengruen, Carossa, Wiechert u.a.) besteht ausgeprägte Distanz. Eine auf der ersten Tagung vorgelesene, früh als symptomatisch empfundene Erzählung (»Das Begräbnis«) von W. Schnurre schildert die Beerdigung Gottes, den nicht einmal der Pfarrer mehr kennt. Um 1950 treten, z.T. unter Einfluß →Kafkas und anderer »moderner Klassiker«, *nichtrealist. Schreibweisen* in den Vordergrund. Seit Mitte der 50er Jahre lesen, gefördert bes. von H. Heißenbüttel, auch experimentelle Autoren in der Gr. 47. Einzelne Mitglieder profilieren sich als »Starkritiker« während und außerhalb der Tagungen: W. Höllerer, W. Jens, J. Kaiser, H. Mayer, M. Reich-Ranicki. Seit 1950 vergibt die Gr. 47 in unregelmäßiger Folge einen (rasch renommierten) Preis an jeweils zumeist noch unbekannte Autoren: G. Eich, H. →Böll, I. Aichinger, I. Bachmann, A. Morriën, M. Walser, G. Grass, J. Bobrowski, P. Bichsel, Jürgen Becker.

*C.* Während der 50er Jahre werden die Tagungen mehr und mehr auch für Verleger, Lektoren und Vertreter von Massenmedien geöffnet. Es beginnt die von innen wie von außen z.T. kritisierte *»Kommerzialisierung«* der Gr., mit der Gefahr auch des Machtmißbrauchs (»Literaturbörse«, »Literaturmafia«). Einzelnen Autoren gerade der Gr. 47, wie H. Böll, G. Grass, U. Johnson, gelingen seit Ende der

50er Jahre literar. Welterfolge. Polit. Engagement einzelner Mitglieder, auch Kirchenkritik wie diejenige H. Bölls, lassen die Gr. 47 häufig als *Sprachrohr der intellektuellen Opposition* erscheinen (L. Gustafsson: »demokrat. Sauerteig«, CDU-Generalsekretär J. H. Dufhues: »geheime Reichsschrifttumskammer«). Ein gemeinsames polit. oder auch literar. Manifest der gesamten Gr. 47 hat es nie gegeben.
Der Vorwurf »Dichter!« und »Establishment!«, wie er bei der (vorerst letzten) Tagung der Gr. 47 in der Pulvermühle bei Erlangen 1967 von demonstrierenden SDS-Studenten erhoben wurde, zeigt den literar. wie den polit. *Funktionsverlust*, der inzwischen eingetreten ist. Bezeichnenderweise beginnt noch im darauffolgenden Jahr, unter führender Beteiligung einzelner »Ehemaliger« der Gr. 47 (H. Böll, D. Lattmann, M. Walser), die gewerkschaftl. Selbstorganisation von Schriftstellern im Verband dt. Schriftsteller e.V. (VS). Die *Hauptverdienste* der Gr. 47 liegen in der Förderung (gegebenenfalls auch Abschreckung) junger Autoren, in ihrem Einfluß auf das literaturkrit. Gespräch in einem Land ohne Metropole sowie in der internationalen Repräsentation der Nachkriegsliteratur (Tagungen in Italien 1954, in Schweden 1964, in den USA 1966).

*Lit.: H. L. Arnold (Hg.):* Die Gr.47 (Text + Kritik), München 1980. – *F. Kröll:* Die »Gr.47«, Stuttgart 1977. – *Ders.:* Gr.47 (Sammlung Metzler), Stuttgart 1979. – *R. Lettau (Hg.):* Die Gr.47. Bericht – Kritik – Polemik, Neuwied/Berlin 1967.

*Wilfried Barner*

**Guardini,** *Romano,* geb. 17.2.1885 geb. 17.2.1885 in Verona, gest. 1.10.1968 in München, dt. Philosoph und Theologe. Nach tastenden Versuchen Theologiestudium in Freiburg und Tübingen (mit der für ihn lebensbestimmenden Begegnung mit Wilhelm Koch), erste Initiativen auf dem Feld der Jugendbewegung und der liturg. Erneuerung (→Liturg. Bewegungen), Promotion und Habilitation über die Erkenntnis- und Erlösungslehre Bonaventuras, 1923 auf den Lehrstuhl für Religionsphilosophie und kath. Weltanschauung in Berlin berufen, entwickelte sich schon früh, vor allem durch seine Tätigkeit auf der Burg Rothenfels, zu einer Schlüsselfigur des kath. Geisteslebens, als der es ihm wiederholt gelang, bewußtseinsbildende Akzente zu setzen: so schon durch seine Schrift »Vom Geist der Liturgie« (1918), durch sein Wort vom »Erwachen der Kirche in den Seelen« (1920), durch sein Jesusbuch »Der Herr« (1937), durch seine →Anthropologie »Welt und Person« (1939), durch seine interpretator. Werke über Sokrates (1944), →Augustinus (1936), →Dante (1937), →Pascal (1935), →Dostojewski (1933), →Hölderlin (1939) und Rilke (1941), mit denen er, lange vor dem 2. →Vat. Konzil, das dialog. Prinzip (→Dialog) einübte, und nicht zuletzt durch seinen Imperativ der »Annahme seiner selbst« (1957), dem Kernstück seines pädagog. Wirkens. Nach seiner Zwangsemeritierung durch das Dritte Reich (1939) erneut auf Lehrstühle für Christl. Weltanschauung in Tübingen (1945) und München (1948) berufen, starb der vielfach Geehrte nach anhaltend ungemein erfolgreicher Wirksamkeit, innerl. bedrängt und vereinsamt, 1968 in München. Aus dem umfangreichen Nachlaß wurden bisher theol. Briefe (1976), seine späte Anthropologie »Die Existenz des Christen« (1976) und die autobiograph. Skizzen »Berichte über mein Leben« (1984) veröffentlicht. Anzeichen einer neu einsetzenden G.- Rezeption lassen darauf schließen, daß G. im Begriff steht, von rel. Gegenwartsdenkern wiederentdeckt zu werden.

*Lit.: H. U. von Balthasar:* Reform aus dem Ursprung, München 1970. – *E. Biser:* Interpretation und Veränderung, Paderborn 1979. – *H.-B. Gerl:* R.G. 1885-1968. Leben und Werk, Mainz 1985. – *H. Merker:* Bibliographie R.G., Paderborn 1978. – *J. F. Schmucker von Koch:* Autonomie und Transzendenz, Mainz 1985. – *L. Watzal:* Das Politische bei R.G., Percha 1987. – *F. Wechsler:* R.G. als Kerygmatiker, Paderborn 1973.

*Eugen Biser*

**Günther,** *Anton,* geb. 17.11.1783 in Lindenau, Böhmen, gest. 24.2.1863 in Wien, Priester, Philosoph und Theologe, seit 1824 Privatgelehrter in Wien. Er ist ein früher Vertreter der später »liberaler Katholizismus« genannten Richtung. Er entwickelte eine von R. →Descartes abhebende Theorie des Selbstbewußtseins und Anthropozentrik sowie eine betont dualist. →Schöpfungslehre (→Dualismus) gegen den →Materialismus seiner Zeit und gegen den angebl. Halbpantheismus der →Kirchenväter, der →Scholastik und des dt. →Idealismus (bes. →Hegel und sog. Hegelsche Linke [→Hegelianismus]). Zahlreiche Anhänger und Freunde der Schule in Wien, Salzburg, Breslau, Bonn, Rom u.a. erstrebten eine Erneuerung der christl. Kultur. In diesem Zusammenhang wurde 1860 die Abtei Beuron gegründet. →Ultramontane und Neuscholastiker (Kardinal J. Geissel, J. Kleutgen, H. Denzinger; →Neuscholastik) bekämpften die Schule des »Güntherianismus« als Halbrationalismus und angebl. Neuauflage der Lehre von G. →Hermes, so daß es 1857 zur Verurteilung der Lehre durch ein päpstl. Breve kam. Dies wirkte sich auf den Kölner Provinzialkonzilien von Wien (1858) und Köln (1860), im von Pius IX. zusammengestellten »Syllabus« (Zusammenfassung der Irrtümer) von 1864 und beim 1. →Vat. Konzil 1870 mit jeweils güntherfeindl. Stellen aus. G. und die Anhänger unterwarfen sich dem röm. Index (Bücherverbot), einige schlossen sich ab 1870 der →altkath. Kirche an. Das Werk G.s findet heute wieder Beachtung, auch in eigenständiger spekulativer Weiterführung durch J. Pritz, K. Beck, E. Mann u.a.

*Lit.: G. Martina:* Pio IX (1851-1866), Rom 1986, 611- 616. – *J. Pritz:* A.G., in: *H. Fries/G. Schwaiger (Hg.):* Kath. Theologen Deutschlands im 19. Jh., Bd. 1, München 1975, 348-375. – *J. Reikerstorfer:* A.G., in: *E. Coreth u.a. (Hg.):* Christl. Philosophie im kath. Denken des 19. und 20. Jhs,

Bd. 1, Graz/Wien/Köln 1987, 266-284. – *H. Schwedt:* Das röm. Urteil über G. Hermes, Freiburg 1980, 359-370.

*Herman H. Schwedt*

**Gut, Güter.** Mit dem Substantiv G. bezeichnet man meist nicht den →Wert eines Seienden, sondern das, was g. *ist*, Wert *hat.* Das G. kann dem Menschen vorgegeben sein, es kann auch durch sein Handeln hervorgebracht werden (→Schleiermacher).

*A.* Die Güter werden eingeteilt in *Nutzwert und Selbstwert* (das →Gute), in innere und äußere. Erstere sind mit den Menschen innerl. verbunden, seien sie geistiger (Erkenntnis) oder materieller Art (Gesundheit). Zu den äußeren gehören etwa die wirtschaftl. Güter. Unter Rechtsgütern versteht man solche Güter, die das →Recht mit seinen Mitteln (→Strafe) schützt. Unter sittl. Gütern kann man solche Güter verstehen, die durch pflichtmäßige (→Pflicht) Handlungen hervorgebracht werden.

*B.* Unterscheidet man dagegen zwischen *sittl. und nichtsittl.* G. (oder →Wert), versteht man unter sittl. G. das G., dessen Verwirklichung allein von der freien Entscheidung des Menschen abhängt, die →Tugend, die sittl. →Gesinnung. Die →Stoa wie auch I. →Kant haben diesen Unterschied dadurch akzentuiert, daß sie das Prädikat g. auf den sittl. Wert beschränkten. Für die Stoiker (→Stoa) sind die nichtsittl. Werte »Adiaphora«, sie machen keinen *Unterschied* hinsichtl. der sittl. Qualität des Menschen. Damit sind sie allerdings nicht als sittl. bedeutungslos qualifiziert. Ist es zwar für die sittl. Güte eines Menschen nicht entscheidend, ob er arm oder reich, krank oder gesund ist, so sind die nichtsittl. Werte und Übel doch von Bedeutung für die Bestimmung des sittl. richtigen Handelns. Was g. ist, ist anzustreben, zu erhalten, zu vermehren, was von Übel ist, zu meiden, zu vermindern. Sittl. Güte realisiert sich weithin in der rechten freien Stellungnahme zu diesem Bereich.

*C.* Wenn auch →*Moralität* nach Kant den obersten Wert darstellt, so ist sie doch nicht das höchste G. im Sinne des vollendeten G.en. Da Moralität auf das Wohl (→Wohlfahrt) aller zielt, umfaßt das höchste G. Moralität und Wohlergehen, →Tugend und Glückseligkeit (→Glück). Das hat Kant gegen Stoiker und Epikureer betont, die allein in der Tugend bzw. allein in der Glückseligkeit das höchste G. erblickten.

*Lit.: M. T. Cicero:* Von den Grenzen im Guten und Bösen (De finibus bonorum et malorum), Zürich 1964. – *S. Fichtel:* Güterlehre, Güterethik, in: Hist. Wörterbuch der Philosophie 3, 977-980. – *R. Ginters:* Werte und Normen, Göttingen/Düsseldorf 1982, 218-234. – *I. Kant:* Kritik der prakt. Vernunft, Original-Ausgabe A 198-216. – *R. Spaemann:* G., höchstes, in: Hist. Wörterbuch der Philosophie 3, 973- 976.

*Werner Wolbert*

**Gute, das.** Wenn best. Gegenständen die Eigenschaft *gut* zugesprochen wird, ergibt sich die Frage nach dem mit *gut* bezeichneten gemeinsamen Merkmal, nach dem G.n an sich.

*A.* Nach →Platon gibt es über allem einzelnen G.n die Idee des G.n, an dem die einzelnen →Güter teilhaben. Aber kann es etwas geben, was gut ist und sonst nichts? Das hat schon →Aristoteles bezweifelt. Die →Scholastik zählt denn auch das G. zu den Bestimmungen, die jedem Seienden als solchem zukommen (Transzendentalien). Wo man →Gott als das G. bezeichnet, bezieht man sich auf das Seiende (→Sein), das in ausgezeichneter Weise gut ist.

*B.* Beim attributiven Gebrauch von *gut* spricht man den jeweiligen Gegenständen (gutes Messer, Schiff, guter Feuerlöscher) kein tatsächliches gemeinsames Merkmal zu; sie heißen gut, weil sie den *Zweck* erfüllen, für den sie geschaffen sind. Man spricht von einer *konsekutiven* Eigenschaft. Zwei Gegenstände können sich in allem gleichen, außer daß der eine rot, der andere gelb ist. Wenn aber der eine gut und der andere schlecht ist, können sie einander nicht in allen anderen Merkmalen gleichen. Für die unterschiedl. Bewertung ist mindestens ein weiterer Unterschied anzuführen, auf den diese sich stützt, aus dem sie *folgt.* Damit ist der Unterschied zwischen dem Bereich bloßer Tatsachen und dem der →Werte angedeutet. Gut kann einfach die tatsächl. Zweckdienlichkeit im Fall des bloßen *Nutzwerts* bezeichnen; der Zweck selbst wird hier nicht bewertet (hypothet. Imperativ). Vor allem im prädikativen Gebrauch (etwa »Lust ist gut«) hat *gut* als allgemeinstes Wertungswort *gerundiv.* Bedeutung, spricht also eine *Empfehlung* aus; diese bezieht sich auf einen *Selbstwert.*

*C.* Vom bedingt G.n ist das *unbedingt G.* zu unterscheiden; vom letzteren geht eine unbedingte Forderung (→Pflicht, →kategor. Imperativ) aus. Dies unbedingt G. ist die sittl. Gesinnung (→Moralität) selbst, wie sie etwa durch die →Goldene Regel bzw. das Liebesgebot (→Liebe) charakterisiert ist. Von der sittl. guten →Gesinnung ist zu unterscheiden die sittl. *richtige* Tat. Erstere ist Kriterium des guten →Menschen. Für den Kognitivismus ist dies Kriterium dem Menschen vorgegeben (das entspr. Werturteil ist wahrheitsfähig; →Metaethik). Aus →theist. Sicht hat →Gott ihn geschaffen, das G. zu tun. Nach dezisionist. Auffassung macht der Mensch in souveräner Entscheidung selbst →Moralität bzw. ihr Gegenteil zum Zweck (→Sinn) seines Lebens (das entspr. Werturteil ist nicht wahrheitsfähig).

*D.* Dem unbedingt G.n als dem sittl. Wert (→Gut) ist *das* →*Böse* als unbedingtes sittl. Übel entgegengesetzt. Als Widerspruch gegen Gott heißt es →Sünde, als zurechenbare verantwortl. Tat Schuld. Dualist. Systeme (→Dualismus, →Gnosis, →Manichäismus) behaupten die Existenz eines guten und bösen Weltprinzips. Geht die Welt dagegen allein auf Gott zurück, ergibt sich das Problem, wie die Existenz des Bösen mit der Güte Gottes vereinbar ist (→Theodizee).

*Lit.:* *R. M. Hare:* Die Sprache der Moral, Frankfurt/M. 1983. – *H. Reiner u.a.:* Gut, das Gute, das Gut, in: Hist. Wörterbuch der Philosophie 3, 937-972. – *F. Ricken:* Allg. Ethik, Stuttgart 1983, 54-66. – *B. Schüller:* Der menschl. Mensch, Düsseldorf 1982, 100-119.

*Werner Wolbert*

# H

**Habakukbuch.** Das H., auf Grund zeitgeschichtl. Anspielungen ungefähr am Ende des *7. Jh.s* anzusetzen, ist mit drei Kapiteln eine der kürzeren Schriften der zwölf Kleinen Propheten (→Prophet). Wegen des responsor. (im Antwortgesang verfaßten) Charakters im Aufbau des Buches und wegen des abschließenden Psalms hat die Forschung an einen Kultpropheten (→Prophet) als Verfasser gedacht.
Zwei Klagen des Propheten (1,2-2,5) am Anfang des Buches und einzelne Worte, jeweils durch ein »Wehe« eingeleitet (2,6-20), sind auf den Psalm (3) ausgerichtet. Er schildert eine Gotteserscheinung, bei der Jahwe, der →Gott Israels, einen gemeinschaftsschädigenden (hebr. *raschá*) Potentaten und seine Handlanger zu Fall bringt. Um ein entspr. Problem geht es schon am Anfang des H.s. Es wird näml. beklagt, daß ein gegen die Gemeinschaft Handelnder über den Gemeinschaftsfördernden die Oberhand behält (1,4.13). Die göttl. Antwort auf die Klage benennt die Chaldäer (Babylonier) als Eroberungsvolk, das gegen Gewalt und Unrecht eingesetzt werden soll. Ganz konkrete soziale Mißstände, wie Zinswucher, unrechtmäßige Gewinnsucht und skrupellose Bautätigkeit, nennen die »Wehe«-Worte in 2,6ff. Sie legen alle Untaten, auch die Bedrückung ganzer Völker, einem gewissenlosen Machthaber zur Last. Unklar ist, ob hier übertriebene Anklagen gegen einen judä. Herrscher vorliegen oder ob sich die Vorwürfe gegen eine babylon. Vorherrschaft richten. Im zweiten Fall muß mit einer nachträgl. Uminterpretierung sozialer Mißstände in Juda durch eine Übertragung auf das babylon. Eroberungsvolk gerechnet werden, denn dessen Funktion ist unter dieser Voraussetzung in Kap. 1 und Kap. 2 unterschiedl. Das Verständnis des Textes hängt wesentl. vom Verständnis der Geschichte des Textes ab.

*Lit.:* *A. Deissler:* Zwölf Propheten II: Obadja, Jona, Micha, Nahum, Habakuk (Die Neue Echter-Bibel), Würzburg, 2. Aufl. 1986, 217-234. – *C. A. Keller:* Die Eigenart der Prophetie Habakuks, in: Zeitschrift für die atl. Wiss. 85 (1973), 156-167. – *E. Otto:* Die Stellung der Wehe-Worte in der Verkündigung des Propheten Habakuk, in: Zeitschrift für die atl. Wiss. 89 (1977), 73-107.

*Rüdiger Liwak*

**Händel,** *Georg Friedrich,* geb. 23.2.1685 in Halle, gest. 14.4.1759 in London. Als Sohn eines Hofchirurgen, erhält er seine musikal. Ausbildung bei Fr. W. Zachow (1663-1712), dem Organisten der Marktkirche in *Halle.* Während seines kurzen Jurastudiums ist er zugleich Organist am reform. Dom. 1703 geht er zur Oper nach Hamburg (R. Keiser), zuerst als Geiger, dann als Cembalist. Die Nachfolge von D. Buxtehude (1637-1707) an der →Orgel der Marienkirche in Lübeck schlägt er aus. Um die neue Melodik des Belcanto zu erlernen, reist er 1706 nach →*Italien.* Rasch eignet er sich alle musikal. Stilgattungen an und führt in vielen Städten eigene Werke auf: in Florenz, in Rom im Dichterkreis Arcadia, in Neapel und Venedig (Erfolg seiner Oper »Agrippina« 1709). 1710 wird H. kurfürstl. Kapellmeister in *Hannover.* Er knüpft Beziehungen zu England: 1711 begeistert seine Oper »Rinaldo« dort Hof und Volk; ab 1712 bleibt er endgültig in *London.* Zum Frieden von Utrecht erklingt in der St. Paul's Cathedral sein →Te Deum (1713); für den neuen engl. König Georg I. schreibt er die Bläsersuiten der Wassermusik zu Themse-Bootsfahrten (1717). In Cannons entstehen Klaviersuiten, Anthems als bibl. →Psalmkantaten und »Esther« als Versuch des ersten engl. →Oratoriums (1718).
Seit 1720 organisiert, komponiert und dirigiert H. seine *ital.* →*Opern* an der Royal Academy of Music mit wechselndem Erfolg; Kämpfe mit Intendanten und Primadonnen, Intrigen von Adel und Hof begleiten seine Arbeit. Nach dem Konkurs 1728 führt er als eigener Unternehmer weitere zwei Akademien in Kings Theatre und in Coventgarden durch; er holt neue Solisten aus Italien, schreibt jährl. zwei Opern, die in ganz Europa gespielt werden. 1737 erleidet er einen körperl. Zusammenbruch, der sich bei der Kur in Aachen bessert; 1739 kommt es zu einem finanziellen Ruin. Seit 1741 wendet H. sich nach 40 ital. Opern ganz dem engl. Oratorium zu, das breiten Anklang findet: Musikal. belebt es die engl. Chortradition H. Purcells (1659-1695), inhaltl. kommt es in den atl. Stoffen dem →Puritanismus nahe, polit. spiegelt es die Weltmacht England im auserwählten Volk →Israel. Der Messias, 1741 in 24 Tagen geschrieben und 1742 bei einem Wohltätigkeitskonzert in Dublin aufgeführt, reiht eingängige Soloarien und monumentale Chöre über Bibelworte der Heilsgeschichte aneinander. Über 20 Oden und Oratorien entstehen, ein Dutzend Concerti grossi und Orgelkonzerte, die H. selbst als Zwischenaktmusiken spielt, ferner die Feuerwerksmusik 1749 für ein Londoner Volksfest. 1752

erblindet er, nach seinem Tod 1759 wird er hochgeehrt in der Westminster Abbey beigesetzt.
H. verkörpert den gegensätzl. Typ eines *Künstlers des →Barock:* gewaltiger Esser, fröhl. Gesellschafter, mildtätiger Junggeselle, erfüllt von hohem Schaffensdrang und Durchsetzungsvermögen. Während der um vier Wochen jüngere J. S. →Bach sich als Kantor der gottesdienstl. Musik und damit dem Lob Gottes und der Auslegung von →Bibel und →Kirchenlied verpflichtet weiß und dies in anspruchsvoller Virtuosität und kontrapunkt. Verdichtung ausführt, bleibt H. weltoffen der Oper, dem Oratorium und dem Instrumentalkonzert zugewandt und gestaltet diese volkstüml. schlicht, aber effektvoll eindrücklich. Musikal. vereinigt H. die *europ. Strömungen* seiner Zeit: Erzogen in der mitteldt. prot. Kantorentradition, wendet er sich der franz. Orchestermusik und der ital. Oper zu, die er während der ersten Jahre in England fast ausschließl. vertritt. Die Anknüpfung an die ältere engl. Kirchenmusik führt ihn zur eigenen Verwirklichung im Oratorium: Affektvolle Dramatik verbindet er mit rel. Feierlichkeit. Die bibl. Geschichtsgemälde haben einen nationalen und volksnahen Zug, monumental im Pathos, wirkungsvoll für eine aufgeklärte bürgerl. Gesellschaft. Die dargestellten Personen verkörpern humanen Geist für ein weltweites Publikum.

*Lit.: F. Chrysander:* G.F.H., 3 Bde., 2. Aufl. 1919. – *P. H. Lang:* G.F.H., Basel 1979. – *R. Rolland:* G.F.H., München, 2. Aufl. 1985. – *W. Serauky:* G.F.H. Sein Leben. Sein Werk, Bd. III-V (alles Erschienene), Kassel/Leipzig 1956-58. – *W. Siegmund-Schultze:* G.F.H., München 1984.

*Martin Rößler*

**Häresie** bezeichnet aus der Sicht der Kirche die willkürl. und fortgesetzte Abweichung von der →Wahrheit der christl. →Lehre auf dem Boden des Christentums selbst. H. unterscheidet sich sowohl vom *Schisma,* der auf Organisationsdifferenzen zurückgehenden Kirchenspaltung, als auch von der *Apostasie, dem Abfall vom christl. Glauben überhaupt. Da die Annahme eines* →Kanons wahrer Lehre die institutionellen Formen seiner Bestimmung einschließt, hat die lehrmäßige Nichtübereinstimmung soziale und kirchl. Konsequenzen.

*A.* In der *Geschichte* des Christentums hat dieser Zusammenhang von der Antike (→Alte Kirche) bis ins MA. dazu geführt, rel. mit moral.-rechtl. Abweichung gleichzusetzen und dem Vorgehen der Kirche gegen H.n staatl. Maßnahmen gegen Häretiker folgen zu lassen. Sie reichten von der Aberkennung bürgerl. Rechte bis zur Todesstrafe (→Inquisition). Dagegen behaupten die Häretiker in der Regel, selbst die wahren Christen zu sein (vgl. →Katharer, d.h. die Reinen; davon dt. Ketzer). Die in der →Neuzeit konsolidierte Aufrichtung verschiedener christl. →Konfessionen sowie die Ausdifferenzierung kirchl. und staatl. Funktionen haben die Verknüpfung von H.n mit rechtl. Ahndung zunächst gelockert und dann aufgelöst. H.n werden (nach dem vergebl. Kampf gegen den Modernismus: Enzyklika »Pascendi dominici gregis« von 1907) auch auf seiten kath. Theologie als Momente im geschichtl. Prozeß der Ausmittlung des eigentüml. Christlichen erkannt (K. →Rahner; →Ökumenismus).

*B.* Einen Einblick in das *systemat. Problem* gibt →Schleiermacher (Glaubenslehre, § 21f.): Aus der Bestimmung des Wesens des Christentums – Beziehung der gesamten Frömmigkeit auf die durch →Jesus von Nazaret vollbrachte →Erlösung – ergeben sich *vier Typen* von H.: auf der Seite des erlösungsbedürftigen Menschen die Extreme des →Manichäismus (er kann nicht erlöst werden, weil das →Böse zum eigenständigen Prinzip wird) und Pelagianismus (er braucht nicht erlöst zu werden, weil das Böse human beherrschbar ist); auf der Seite des Erlösers dessen Trennung vom erlösungsbedürftigen Menschen (er ist nur scheinbar Mensch geworden: Doketismus) oder seine Vereinerleiung mit ihm (er ist nicht mehr als Mensch: Ebionitismus). Nach klassisch kath. Verständnis ist die →Kirche in die Wesensbestimmung des Christlichen mit einzubeziehen, so daß etwa die Ablehnung oder Verzeichnung der Kirche und ihrer elementaren Institutionen (→Bischof, →Lehramt, →Verkündigung, →Sakramente, evtl. →Papst) selbst schon zur H. führt. Das röm.-kath. Kirchenrecht (Codex Iuris Canonici 1983) kennt H. immer noch als einen Straftatbestand, der die →Ordination (§ 1041) sowie ein kirchl. Begräbnis (§ 1184) verbietet. Das ändert allerdings nichts an der Logik des Verfahrens: Bei der Frage nach der Wahrheit des Christentums werden die Grenzen der H. unvermeidl. mit thematisiert.

*C.* Eine geschichtl. und →*hermeneut.* reflektierte Interpretation christl. Lehrentwicklung führt zu nuancierteren Urteilen über früher als H.n verurteilte und heute umstrittene Lehren. Zu fragen ist, ob frühere »H.n« (etwa die Lehre des Pelagius im 5. Jh. oder des Arius im 3. Jh.) ausschließl. häret. gewesen sind oder selbst eine Spur der Wahrheit verfolgen. Zu fragen ist weiter, ob H.n, statt aus falschen theol. Urteilen hervorzugehen, nicht vielmehr aus einer ungenügenden Vermittlung von →Theorie und Praxis entstehen. Die Pluralisierung des Wahrheitsverständnisses hat den H.-Begriff derart unterlaufen, daß in den vergangenen Jahrzehnten keine H.n mehr als solche identifiziert werden konnten; statt dessen wanderte der Begriff aufs Feld der Ethik, so daß in ökumen. Gesprächen geradezu von einer prakt. H. geredet wurde.

*Lit.: P. L. Berger:* Der Zwang zur H., Frankfurt/M. 1981 – *H. D. Betz/A. Schindler/W. Huber:* H., in: Theol. Realenzyklopädie 14, 313-348 (Lit.). – *Y. Congar:* Die Abspaltungen von der Einheit, in: Mysterium Salutis 4/1, Einsie- deln/Zürich/Köln 1972, 411-457. – *K. Rahner:*

Was ist H.?, in: *ders.:* Schriften V, Einsiedeln 1962, 527-576.

*Dietrich Korsch*

**Haggaibuch.** Wie das →Sacharjabuch ist auch das nur zwei Kapitel umfassende H. mit dem (im Jahre 520 v. Chr. begonnenen) Bau des nachexil. Tempels verbunden und dürfte wenig später verfaßt worden sein. Das H. enthält Worte des Propheten Haggai, der in mahnenden und ermutigenden Reden an das Volk und seine polit. und kult. Repräsentanten (den aus david. Familie stammenden Serubbabel und den Hohenpriester Josua) zum Bau des Tempels aufruft und den Tempel als Mittelpunkt neuer Reinheit darstellt. Das H. gehört damit in die Zeit des Wiederaufbaus nach Zerstörung und Exil in pers. Zeit. Es weitet den Blick über die konkrete Planung des Tempelbaus hinaus auf die Erwartung eines umfassenden zukünftigen Heils, wobei sich vor allem mit Serubbabel messian. Hoffnungen (→Messias) verbinden (vgl. bes. den letzten V. 2,23).

*Lit.: R. Rendtorff:* Das AT. Eine Einführung, Neukirchen-Vluyn, 2. Aufl. 1985, 248-250. – *K. Koch:* Die Profeten II: Babylon.-pers. Zeit, Stuttgart u.a. 1980, 163-178.

*Jürgen Ebach*

**Hagiographie.** Im eigentl. Sinn ist die H. die *Darstellung des Lebens* der →Heiligen (Vita, Legende), im abgeleiteten die *krit. Auseinandersetzung* mit der Überlieferung der Viten und Verehrung der Heiligen. In diesem Sinne ist H. eine neuzeitl. Wissenschaft, für die das Lebenswerk von Jean Bolland (gest. 1665) grundlegend wurde. Seine Schule (Bollandisten) arbeitet bis heute an der Sammlung, krit. Sichtung und Herausgabe der immensen Überlieferung (Edition: Acta Sanctorum, ab 1643). Mit der Unzahl örtl. Heiliger befassen sich verstärkt rel. Volkskunde und Lokalgeschichte. In ikonograph. Hinsicht gehört die H. auch zur Kunstgeschichte.

*A.* In der H. im eigentl. Sinn spiegeln sich die Wandlungen des Kirchenverständnisses, der →Frömmigkeit, der christl. Lebensstile überhaupt. Am Anfang stand die Märtyrervita, ab dem *4. Jh.* kamen Mönchs- und Bischofsvita hinzu. Herrscher und adelige Heilige wurden in der H. erst *im MA.* vermehrt dargestellt. Den breitesten Anteil hatten Eremiten, Mönche, Kloster- und Ordensgründer; seit dem 13. Jh. dann im Westen ein von der Leben-Jesu-Frömmigkeit geprägter neuer Frauentyp (Mitleiden mit Christus, Visionen). Apostol. Tätigkeiten hl. Männer und Frauen wurden ausgiebig erst in der Neuzeit in die H. einbezogen; schließl. auch noch die »Werktagsheiligkeit« und →Laien in der Welt. Hingegen sind für den orthod. Osten Heiligentypen wie die Neumartyrer (unter islam. Herrschaft) oder die »Narren um Christi willen« bedeutsam.

*B.* Bis in die →*Neuzeit* hinein war die H. von literar. Vorlagen abhängig und von vorgegebenen Wunder- und Tugendschemata geprägt. Die Vita war nicht hist. Biographie, sondern Spiegel der →Vollkommenheit und diente der kollektiven Erbauung, auch der Propaganda eines lokalen Heiligtums, eines Verbandes, bes. eines →Ordens. Für diesen war die Vita des Stifters als *Legende* (→Sage und Legende) ein wichtiges Mittel der Gruppenidentität. Je nach den gewandelten Bedürfnissen wurde sie deshalb umgeschrieben. Bis ins Spätma. hinein stellte die H. insgesamt ihre Helden als Werkzeuge Gottes dar, wobei es auf das Wunderbare ankam, das aus Vorlagen übernommen und weiter entfaltet wurde. Damit sollte auch die fürbittende Kraft der Heiligen unterstrichen werden. Erst in der Neuzeit wurde die jeweilige Individualität nachgezeichnet und damit die H. in den Dienst des moral. *Vorbildes* und der *Nachahmung* gestellt.

*Lit.: R. Aigrain:* L'hagiographie, Paris 1953. – *Th. Baumeister:* Martyr invictus, Münster 1972 (Lit.). – *W. Braunfels (Hg.):* Lexikon der christl. Ikonographie, 8 Bde., Freiburg 1968-76. – *P. Brown:* The Cult of the Saints, Chicago 1981. – H., Cultures et Sociétés, IV-XIIs., Paris 1981. – *G. Schiller:* Ikonographie der christl. Kunst, 4 Bde., Gütersloh, Bd. 1, 3. Aufl. 1981; Bd. 2, 2. Aufl. 1983; Bd. 3, 2. Aufl. 1986; Bd. 4/2 1980.

*Isnard W. Frank*

**Handel,** d.h. der *Austausch von →Gütern* und Dienstleistungen, entwickelte sich im Prozeß der gesellschaftl. Arbeitsteilung zu einem eigenständigen Faktor wirtschaftl. Verkehrsformen (→Wirtschaft). In Entsprechung zur schrittweisen Auflösung hauswirtschaftl. Selbstversorgung übernahm der H. die Rolle eines Bindegliedes zwischen den – durch wachsende raum-zeitl. Distanzen getrennten – Sphären von Produktion und →Konsum.
Mit den *frühen* Hochkulturen (ca. 7000 v. Chr.) entfaltete sich insbes. in Küsten- und Flußlandschaften neben einem Binnen- auch ein Fernhandel mit Rohstoffen, handwerkl. Erzeugnissen und Luxusgütern. Im Rahmen der *ma.* Stadtkultur und zunehmenden internationalen H.sverflechtungen (s. z.B. das Imperium der Hanse) entfaltete sich eine spezialisierte Händlerschicht mit einem geldwirtschaftl. geprägten Im- und Exportgewerbe und einem für den aufkommenden »Geist des →Kapitalismus« prägenden Habitus des langfristig planenden, die Gewinnchancen abwägenden Wirtschaftens. Mit dem *Industrialisierungsprozeß* des 19. Jh.s einher ging dann sowohl eine auf Abbau aller H.shemmnisse abzielende Freihandelsbewegung wie auch eine wachsende Monopolisierung von Marktchancen (H.sketten, Kaufhäuser usw.) und Differenzierung der ökonom. Funktionen des H.s (Transport, Lagerung, Sortimentierung, Werbung usw.).

*Lit.: F. Braudel:* Les jeux de l'échange, Paris 1979. – *Th. Weller:* H. und Markt, Wiesbaden 1978.

*Franz Schultheis*

**Handeln, Verhalten.** Wie in der Umgangssprache werden auch in den →Sozialwissenschaften die Begriffe H. und V. gelegentl. gleichbedeutend verwendet. Soweit durch sie ein *Tun* bezeichnet wird (also nicht: »es verhält sich so«; »es handelt sich um«), tritt V. in der Regel als der allgemeinere und unbestimmtere Begriff im Vergleich zu H. auf, das sich – zumindest hintergründig – auf das Vermögen des Handelnden beziehen läßt, seine Handlung zu reflektieren. Dem entspricht die Verselbständigung einerseits *verhaltenstheoret.* Ansätze, die an naturwissenschaftl. →Methoden orientiert sind, andererseits *handlungstheoret.* Ansätze, die auf kultur- und geisteswissenschaftl. Traditionen verweisen.

*A.* Das Grundmodell *verhaltenstheoret. Ansätze* stellt eine *Reiz-Reaktions-Abfolge* dar, die bis zu einem gewissen Grad der Beobachtung (→empir. Methoden) unmittelbar zugängl. ist. Untersucht werden (z.T. experimentell) die Stärke des Zusammenhangs von Reiz und Reaktion, die Ersetzbarkeit eines Reizes (gemäß der »Konditionierung« eines Lebewesens können Reize zurückgenommen oder ersetzt werden [I. P. Pawlow, 1849-1936]) sowie Einflußfaktoren auf Änderungen des V.s (Belohnung und Bestrafung; operantes Konditionieren, →Lernen). Die Entwicklung der V.stheorie führte zu erhebl. Differenzierungen des ursprüngl. »naiven« *Behaviorismus.* So wurde die ehemals unberührte »black box« der Innenvorgänge im sich verhaltenden Subjekt teilweise aufgeschlossen. Das Subjekt reagiert danach nicht nur auf äußere Reize, sondern auch auf mentale (»geistige«) Zustände (z.B. Einstellungen, →Bedürfnisse). Behaviorist. Ansätze haben sich in der →V.sforschung *(Ethologie)* insbes. bei Untersuchungen zum V. von →Tieren bewährt (z.B. K. Lorenz). Ihre Anwendung auf Menschen hingegen wurde vor allem aus geisteswissenschaftl. und theol. Perspektive als verengt, psychologist., empirist. und positivist. (→Positivismus) kritisiert. Inhaltl. wird das diesen Ansätzen zugrundeliegende *Menschenbild* (→Anthropologie) bemängelt, das einen nur reagierenden Menschen vorstelle und sich nicht einlasse auf die Bedingungen menschl. →Freiheit und →Verantwortung.

*B.* Bereits →Aristoteles schreibt dem menschl. H. – dem genuinen Ausdruck menschl. Existenz – Dimensionen wie Freiheit und Verantwortung, →Wissen und →Bewußtsein, Gewolltheit (→Wille) und Ausrichtung auf ein →Ziel zu. U.a. bei G. H. Mead, A. Schütz und A. Gehlen werden diese Größen zu Leitthemen sozialwissenschaftl. Untersuchungen. Über die Darstellung offensichtlicher, objektiv feststellbarer sozialer Phänomene und des ihnen verbundenen »Funktionssinns« hinaus gilt es, (soziales) H. unter Bezug auf den ihm innewohnenden *subjektiven* →*Sinn zu deuten und zu* →*verstehen* (M. →Weber). Der subjektive Sinn wird dabei nicht als völlig individualist. aufgefaßt. Es bleibt auf →soziale Realitäten verwiesen, auf Wirkungen, die eine *intersubjektive Orientierung* an →*Werten,* →*Normen* und →*Rollen,* an →Sitten, Bräuchen und Gepflogenheiten mit sich bringen. Sie überformen (bes. als →*Sozialisation)* die →*Motive* des H.den. Erst der Bezug auf den (sozial durchwirkten) subjektiven Sinn läßt den dynam. Aspekt verstehen, der in konkreten Situationen die H.den veranlaßt, ihre →*Ziele, Zwecke* und *Mittel* zu prüfen und zu entscheiden.
Dieses Handlungsmodell enthält zwei aufeinander bezogene *Handlungsebenen:* zum einen das H., sofern es *fakt.* sozial (z.B. an Normen) orientiert ist, zum andern die Frage nach *legitimen* Handlungsorientierungen, die – über →Kommunikation vermittelt und symbol.-interaktiv (vor allem sprachl.) hergestellt – gesichert wird (→Konsens, symbol. Interaktionismus; J. Habermas). Erst beide Ebenen zusammen verdeutlichen die →Dialektik im Verhältnis von →Individuum und →Gesellschaft. Für einen method. Zugang zu menschl. H. stellt sich hier die Frage nach der Grenze zwischen (nicht weiter aufzudeckenden) individuellen Sinnzurechnungen und (sozial) objektivierbaren Einflüssen. Mit dieser Problematik ist eine *Handlungswissenschaft* konfrontiert, die nicht ausschießl. an *normativen* Strukturen orientiert ist (normatives Paradigma), sondern die auch die *interpretierenden* Prozesse, den subjektiven Kontext des H.den verstehen und darstellen will (interpretatives Paradigma; →Hermeneutik).

*Lit.: H. Lenk (Hg.):* Handlungstheorien – interdisziplinär, 6 Bde., München 1977-1981. – *A. Malewski:* V. und Interaktion, Tübingen, 2. Aufl. 1977. – *K.-D. Opp:* Verhaltenstheoret. Soziologie, Reinbek 1972. – *H. Schmid:* Handlungstheorie, in: *H. Reimann u.a.:* Basale Soziologie – Theoret. Modelle, Opladen, 2. Aufl. 1970, 125-145. – *M. Schmid:* V.s- und Lerntheorie, in: *H. Reimann u.a.:* a.a.O., 90-120. – *M. Weber:* Wirtschaft und Gesellschaft, Tübingen, 5. Aufl. 1976, Kap. I: Soziol. Grundbegriffe, 1-30.

*Herbert Zigann*

**Handwerk** bezeichnet eine *gewerbl. Tätigkeit,* bei der im wesentl. mit der Hand und einfachen Werkzeugen gearbeitet wird. Die wirtschaftl. und soziale Zwitterstellung des H.s, bei der sich Kennzeichen des kapitalist. Unternehmertums (Verfügung über Produktionsmittel) mit Charakteristika der abhängigen Lohnarbeiterschaft (wie manuelle Erwerbsarbeit) paaren, macht den H.er zum prototyp. Vertreter des traditionellen →*Mittelstandes.* In Abgrenzung von kapitalist. Produktionsformen läßt sich das H. – wenn auch nicht völlig trennscharf – durch seine Anforderung an eine spezif. *Fachausbildung* und Geschicklichkeit, den teilweisen Fortbestand familialer Produktionseinheit, einen relativ geschlossenen Fertigungsprozeß (vom Rohmaterial bis zum Endprodukt) ohne ausgeprägte Arbeitsteilung und eine Produktion auf »Nachfrage und

Bestellung« für einen mehr lokalen denn anonymen Markt charakterisieren.
Mit der berufl. Spezialisierung des H.s und seinem für Berechenbarkeit und zweckrationale Beeinflussung bes. zugängl. Produktionszusammenhang einher gehen spezif. »Wahlverwandtschaften« mit *rel. Einstellungen* (das alte Christentum war nach M. →Weber eine »spezif. H.erreligiosität«) und Muster einer einheitlichen – in traditionellen Assoziationsformen des H.s wie Gilde, Zunft oder Innung sozial eingebundenen – Lebensführung. Im Rahmen tiefgreifender *sozioökonom. Umschichtungen* fortgeschrittener Industriegesellschaften (Massenproduktion; Konkurrenz aufsteigender »neuer« Mittelschichten) sieht sich das H. von einer ökonom. und sozialen Deklassierung bedroht, wodurch es zum Nährboden antimodernist. »Mächte des Beharrens« werden kann.

*Lit.: G. Schmoller:* Geschichte des dt. Kleingewerbes im 19. Jh., Halle 1871.

*Franz Schultheis*

**Harnack,** *Karl Gustav Adolf* (von; seit 1914), geb. 7.5.1851 in Dorpat/Livland, gest. 10.6.1930 in Heidelberg. Kirchenhistoriker, bedeutender Theologe seiner Zeit und repräsentativer Vertreter der wissenschaftl. Theologie des 19. und beginnenden 20. Jh.s. Unter dem Einfluß seines streng luth. Vaters (Theodosius H., Prof. der Prakt. Theologie) aufgewachsen, geriet er früh in die Auseinandersetzung zwischen orthod. und *hist. Betrachtung* des →Christentums, wobei er sich für die zweite Sicht entschied und in ihrem Licht die Glaubenswahrheit, die kirchl. Institutionen und die missionar. Ausbreitung aufarbeitete und darstellte. Dazu wandte er konsequent Methoden und Ergebnisse der blühenden hist. Wissenschaften an und kam vielfach zu Auffassungen, die ihm Kritik und Gegnerschaft sich als kirchl. verstehender Kreise eintrug und sein Wirken innerhalb der ev. Kirche fast ganz unmögl. machte. Wegen der in der Regel soliden Begründungen zwangen seine Beiträge aber zu neuer Aufarbeitung der christl. →Tradition nach wissenschaftl. Gesichtspunkten und stellten das Traditionsproblem neu.
Eigentl. Wirkungsbereich H.s war die Universität und der *Bildungsbereich* im weitesten Sinn, wo er aus christl. Verantwortung in verständl. Sprache den Beitrag der christl. Glaubenswahrheit zur Gestaltung neuzeitlich moderner Existenz zu vermitteln suchte. Die Vorlesungen »Das Wesen des Christentums«, der Einsatz in der Preuß. Akademie der Wissenschaften, im Ev.-sozialen Kongreß, bei der Gründung der Kaiser-Wilhelm – heute: Max-Planck-)Gesellschaft usw. gehören in diesen Zusammenhang.
Die *theol. Aufgabe* der Klärung des Traditionsproblems blieb trotz der Unterbrechung durch die →dialekt. Theologie offen und wurde auch von der neueren →Hermeneutik nicht zureichend aufgegriffen. Grundlegend wichtig ist H.s Interesse am →Dogma, d.h. an der verbindl. Wahrheitsaussage, während er sich – wie es der Vorwurf des Kulturprotestantismus nahelegt – nie systemat. mit dem eth. Problem auseinandersetzte. Seine Vorliebe für die früheste Kirche und die →Altkirchl. Konzilien (Auseinandersetzung vor allem mit Chalcedon, 451) machen ihn für alle sich in dieser Periode herausbildenden entscheidenden Aspekte des Christentums zu einem unumgängl. Bezugspunkt.

*Lit.: Fr. Kantzenbach:* H., in: Theol. Realenzyklopädie 14, 450-458 (Lit.). – *K. H. Neufeld:* Adolf von H. – Theologie als Suche nach der Kirche, Paderborn 1977. – *Ders.:* Adolf von H.s Konflikt mit der Kirche, Innsbruck 1979. – *Ders.:* Adolf von H., in: *H. U. Wehler (Hg.):* Dt. Historiker, Bd. 7, Göttingen 1980. – *F. Smend:* Adolf von H. Verzeichnis seiner Schriften, Leipzig 1927. – *Ders.:* Adolf von H. Verzeichnis seiner Schriften 1927-1930, Leipzig 1931. - *A. von Zahn-Harnack:* Adolf von H., Berlin, 2. Aufl. 1951.

*Karl Heinz Neufeld*

**Haß,** Ärger, Zorn, Wut usw. zählen zu den aggressiven Gefühlen (→Aggression), die als Reaktion auf Ablehnung, Kränkung, Enttäuschung oder Frustration anzusehen sind. Ärger, Zorn und Wut gelten als die spontanen Reaktionen, die heftig aufflammen und schnell wieder verrauchen können (Jähzorn), während H. eine verfestigte *Einstellung* bezeichnet, die sich als Reaktion auf tief verletzende Kränkungen oder anhaltende Erfahrungen von Ohnmacht, Unsicherheit, →Neid oder Eifersucht über einen längeren Zeitraum gebildet hat und die ganze →Person erfüllt. Im H. ist ein →Mensch auf seinen Feind (→Feindschaft) fixiert, Wahrnehmungs- und Einsichtsfähigkeit sind dadurch entscheidend gemindert, Appelle bleiben fruchtlos. Während der verbale oder spieler.-kämpfer. Ausdruck von Ärger und Wut als befreiend empfunden werden und eine konstruktiv aufbauende, kommunikative Funktion haben kann, verhindert H. Beziehungen und hat destruktiv zerstörer. Wirkungen.

*A.* Aggressive Gefühle gelten in unserer →Gesellschaft als *negativ.* Sie werden deshalb abgewehrt und *verdrängt* und finden in *anderen* Verhaltensweisen ihren verzerrten Ausdruck: in übergroßer, vereinnahmender Freundlichkeit, in der Projektion auf andere (die anderen hassen mich, nicht ich sie), in der Verschiebung auf eine andere Person (statt des Vorgesetzten wird die Ehefrau Zielscheibe der Wut), in autoritärem Verhalten usw. Auch leibseel. Erkrankungen oder →Depressionen können *Folge* unterdrückter H.gefühle sein.

*B.* Um zu einer klareren →Kommunikation in →Partnerschaft und →Familie, in →Gruppen und Teams zu kommen, ist es notwendig, entweder die dem H. zugrundeliegende Unsicherheit, die erlittenen Kränkungen usw. zu bearbeiten oder verdeckten H. in offenen Ärger umzuwandeln und die konstruktiven Möglichkeiten von Auseinandersetzung erfahrbar werden zu lassen. Ärger kann Ausdruck von Engagement in einer Beziehung sein,

Zorn berechtigte Auflehnung gegen ungerechte Verhältnisse usw. Daran wird deutl., daß →*Liebe* und *H.* (oder Ärger) keine absoluten Gegensätze darstellen, sondern häufig nah beieinanderliegen und sich vermischen. Um H. und seine destruktiven Wirkungen zu verringern, kommt einer →Erziehung, die dem →Kind in einer frühen Phase ausreichend Liebe und Zuwendung gibt und später auf dieser Basis partnerschaftl. Streit nicht scheut, große Bedeutung zu.

*Lit.: G. Bach/H. Geldberg:* Keine Angst vor Aggression, Frankfurt/M. 1984. – *P. Kutter:* Die menschl. Leidenschaften, Stuttgart 1978. – *M. Mitscherlich:* Müssen wir hassen?, München 1972.

*Michael Klessmann*

**Haydn,** *Franz Joseph,* geb. 31.3.1732 in Rohrau (Niederösterreich), gest. 31.5.1809 in Wien; stammt wie sein Bruder Michael H. (1737-1806, zu seiner Zeit hochgeschätzter Kirchenmusiker) aus einer musikliebenden Kleinbauernfamilie. Erster Musikunterricht seit etwa 1738 in Hainburg (bes. Mitwirkung im Kirchenchor); wurde 1740 von Domkapellmeister G. Reutter d.J. als Sängerknabe nach Wien geholt. Nach der Entlassung aus dem Konvikt (1749) schlägt sich H. mit kleinen Kompositionsaufträgen und Kirchendiensten als Organist und Geiger durch; daneben überwiegend autodidakt. Musikstudien. 1759 wurde er Musikdirektor beim Grafen Morzin in Lukawitz, 1761 zweiter, 1766 erster Kapellmeister in Eisenstadt beim Grafen Esterhazy. In dieser Stellung bleibt H. bis 1790. Ein Großteil seiner Werke entsteht, sein Name wird in ganz →Europa bekannt. Seit 1790 lebt er in Wien (Freundschaft mit →Mozart seit 1781), hält sich 1790-1792 und 1794/95 in London auf, um dort seine Sinfonien aufzuführen. Nach 1803 bricht das kompositor. Schaffen abrupt ab.

H. ist der älteste der drei großen *Wiener Klassiker* neben →Beethoven (der kurze Zeit sein Schüler war) und Mozart und gilt als Wegbereiter der klass. Sinfonie und des Streichquartetts (Entwicklung der Sonatenhauptsatzform). Hier liegt auch H.s Hauptbedeutung, obwohl sein umfangreiches Werk fast alle Gattungen (→Oper, →Konzert, Klavier- und Kammermusik) umfaßt. Daneben schuf er bedeutende →Kirchenmusik. H. galt seiner Zeit als der bedeutendste und populärste Komponist, dem höchste Ehren zuteil wurden (1788 Ehrendoktorwürde der Universität Oxford). Als Komponist kommt H. von der Kirchenmusik her; zu seinen ersten Werken zählen zwei →Messen von ca. 1748-49. Von *insges. 14 Messen* fallen acht in die Zeit vor den »Josephin. Verordnungen« (→Mozart). Daneben entstanden zahlreiche kleinere Werke, z.B. zwei →Tedeums, →Stabat mater, zwei →Salve Regina, Offertorien (Gesänge zur Gabenbereitung [→Messe]), →Motetten, Litaneien usw.

Gerade H.s frühe →geistl. Musik ist z.T. geprägt von einer ausgesprochenen Fröhlichkeit und scheinbaren *Unbekümmertheit,* die im Widerspruch zu den Texten steht und H. schon zu Lebzeiten Vorwürfe einbrachte. Den Schlüssel zum Verständnis dieser Eigenart bietet H.s Freund und Biograph Griesinger: H.s »Andacht war nicht von der düsteren, immer büßenden Art, sondern heiter, ausgesöhnt vertrauend und in diesem Charakter ist auch seine Kirchenmusik geschrieben.« Sein →Glaube war geprägt von Optimismus und froher Zuversicht auf →Gott. Nach 14jähriger Pause im kirchenmusikal. Schaffen (1782-94) entstehen im Alter die sechs großen *Hochämter* (1796 Pauken- und Heiligmesse, 1798 Nelson-, 1799 Theresien-, 1801 Schöpfungs-, 1802 Harmoniemesse), mit denen er die Gattung der »Missa solemnis« (feierl. Messe mit großer Besetzung) zur höchsten Vollendung bringt (→Messe). In ihnen verbindet H. den klass.-sinfon. Stil mit kunstvoller Kontrapunktik (Doppelfugen). Auf →Händels Einfluß, dessen Werke H. bei seinen Englandaufenthalten (1790-92 und 1794/95) kennen- und schätzen lernte, gehen die beiden →*Oratorien* »Die Schöpfung« (1789) und »Die Jahreszeiten« (1801) zurück. Die Frage, ob es sich hierbei um geistl. oder weltl. Werke handelt, ist schon seit ihrer Entstehung umstritten; sie sind jedoch erfüllt von tief rel. Geist.

Noch mehr als bei Mozart sprach man im 19. Jh. angesichts eines neuen Verhältnisses von →Liturgie und Musik (→Cäcilianismus) H.s Kirchenwerken jede sakrale Eignung ab. Erst zu Beginn unseres Jh.s wies die →Musikwissenschaft auf den Zusammenhang mit dem *Zeitstil der →Klassik* hin, der in allen Werken H.s, also auch in der Kirchenmusik, seinen Niederschlag findet und mit der liturg. Funktion der Musik an sich nichts zu tun hat.

*Lit.: I. Becker-Glauch:* Neue Forschungen zu H.s Kirchenmusik (H.-Studien II/3), München/Duisburg 1970. – *C. M. Brand:* Die Messen von J.H., Walluf, 2. Aufl. 1973. – *K. Geiringer:* J.H., Mainz 1959. – *M. Huss:* J.H., Eisenstadt 1984. – *H. C. R. Landon:* J.H. Chronicle and Works, 5 Bde., London 1976-1980 (grundlegend). – *V. Ravizza:* Joseph H.: Die Schöpfung (Meisterwerke der Musik, Heft 24), München 1981.

*Wolfgang Riedel*

**Hebräerbrief.** Der H. zieht durch seine sprachl.-rhetor. Schönheit und seine eigentüml., im Rahmen des NT geradezu fremde Theologie in den Bann. Das Schreiben wurde zusammen mit den Briefen des →Paulus gesammelt und erhielt auf Grund seines Inhalts die Überschrift »An die Hebräer«. Zwar hat der H. einen briefl. Schluß (13,18-25); in Wirklichkeit ist er eher eine theol.-ermahnende *Abhandlung* oder eine Predigt, die rhetor. höchst kunstvoll gestaltet ist. Wir können drei Hauptteile unterscheiden, die (durch einander entspr. Anfangs- und Endstücke) jeweils themat. gerahmt und untereinander verknüpft sind.

*A.* Der *erste Teil* (1,1-4,11; Rahmen: 4,12f.) entfaltet die These, daß →Jesus als der Sohn Gottes Mittler der →Schöpfung und Erbe des Alls ist, das Wort (→Logos) näml., durch das Gott am Anfang alles erschaffen hat und nun am Ende alles erlöst.

Der *zweite Teil* (4,17-10,18; Rahmen: 4,14-16; 10,19-31) legt mit der charakterist. Bezeichnung »Hoherpriester (nach der Ordnung Melchisedeks)« dar, daß durch Jesu Sühnewerk zwischen Gott und den Menschen vermittelt wurde und der Weg in den Himmel gebahnt ist. Der *dritte Teil* (10,40-13,6; Rahmen: 10,32-39; 13,7-17) ermahnt die Adressaten, auf dem vom Hohenpriester Jesus gebahnten Weg durch die Welt zum himml. Heiligtum zu bleiben und in Entsprechung zum »Vorläufer« Jesus und der Wolke der Glaubenszeugen trotz aller Anfechtungen in festem Glauben und treuem Bekenntnis mit diesem Ziel vor Augen weiterzugehen.
Umstritten ist, ob der H. auf Ermüdungserscheinungen einer zweiten Generation oder – wahrscheinlicher – auf konkrete Gemeindeprobleme reagiert, die durch eine (zurückliegende, vielleicht blutige) Verfolgung hervorgerufen worden sind. Im letzteren Fall dürfte das Schreiben wohl in den 80er oder 90er Jahren in Kleinasien oder Rom (?) verfaßt sein. Der Autor ist nicht Paulus, sondern ein hochgebildeter, hellenist.-jüd. Tradition verpflichteter (Juden-)Christ.

*B.* Im Rahmen der späteren *Sakralisierung* des Christentums hat der H. eine wichtige Rolle gespielt. Wenn Jesus Christus näml. der »Hohepriester« ist, dann können sich alle, die später sein Amt der Versöhnung gegenüber der Gemeinde – in Wort und Sakrament – ausüben, als →Priester, d.h. im Rahmen sakraler Modelle, verstehen. Allerdings scheint der H. das Gegenteil anzuzielen: Mit Christus ist alles Opfer erfüllt, der Vorhang des Tempels ist endgültig zerrissen (9,11f.; 10,20), so daß das Ende allen Priestertums gekommen ist.

*Lit.: O. Kuss:* Der Brief an die Hebräer (Regensburger NT 8,1), Regensburg, 2. Aufl. 1966. – *O. Michel:* Der Brief an die Hebräer (Krit.-exeget. Kommentar zum NT 13), Göttingen, 3. Aufl. 1975. – *A. Strobel:* Der Brief an die Hebräer (Das NT Deutsch 9), Göttingen 1975.

*Ekkehard Stegemann/Hermann Häring (B)*

**Hegel,** *Georg Wilhelm Friedrich,* geb. 27.8.1770 in Stuttgart, gest. 14.11.1831 in Berlin; Philosoph des sog. dt. Idealismus. 1788-93 Studium der Theologie am Tübinger Stift, zusammen mit den Freunden →Hölderlin und →Schelling, anschließend Hauslehrer in Bern und Frankfurt. Die Schriften aus dieser Zeit, überwiegend theol. und polit. Inhalts, wurden erst zu Beginn des 20. Jh.s veröffentl. Zunächst an →Kant orientiert kritisiert H. das dogmatisch, »positiv« gewordene Christentum im Interesse einer lebendigen Volksreligion. Die Suche nach einem letzten Prinzip des Wissens führt ihn über die Kritik an →Fichte zu einer Orientierung an →Spinozas Metaphysik der einen Substanz. In dieser Hinsicht weiß er sich zeitweilig mit Schelling einig, mit dem er ab 1800 in Jena zusammenarbeitet. Die Veröffentlichungen, Vorlesungen und Notizen H.s in Jena verdeutlichen eine fortlaufende Bemühung um eine *geschlossene Systematik* auf der Grundlage eines einheitl. Prinzips, welche in der »Phänomenologie des Geistes« kulminiert. Dieses Werk verdeutlicht, daß das →Absolute als das Eine Prinzip wißbar ist, jedoch nicht nur als Substanz, sondern zugleich als →Subjekt gedacht werden müsse. Das Absolute, das gleichermaßen Gegenstand der Philosophie und der Religion ist, sieht er nicht als bloße Identität, sondern dialekt. als Identität von Identität und Differenz. Mit dieser spezif. Sicht distanziert sich H. gleichermaßen von →Spinoza und Schelling.

Die folgenden Lebensstationen (Bamberg, Nürnberg, Heidelberg, Berlin) sind philos. gekennzeichnet durch ein schrittweises Fortarbeiten an einer geschlossenen Systematik. Dies läßt sich einerseits ablesen an den Publikationen: »Wissenschaft der Logik« (Nürnberg 1812/13); »Grundlinien der Philosophie des Rechts« (Berlin 1821 [1820]); insbes. aber an den drei – fortlaufend überarbeiteten und ergänzten – Fassungen der »Enzyklopädie der philos. Wissenschaften« (Heidelberg 1817, 1827, 1830). Andererseits ist für die Ausbildung der sog. Hegel-Schule H.s Vorlesungstätigkeit, gerade in Berlin, von außergewöhnl. Bedeutung gewesen, da H. einzelne Systemteile nur in der Form von Vorlesungen bekanntmachte und sein Fortarbeiten hier nur aus den Nachschriften der Schüler und den alten Ausgaben der Hegel-Schule zu erschließen ist. Dies gilt in der Hauptsache für die Systemteile subjektiver Geist, Philosophie der Weltgeschichte (mit welcher der objektive Geist abschließt, der in den »Grundlinien der Philosophie des Rechts« kompendienhaft dargestellt ist), Ästhetik, Philosophie der Religion und Geschichte der Philosophie, wobei die drei zuletzt genannten Bereiche die Exposition des Systemteils *Absoluter Geist* ausmachen, welcher den Abschluß des gesamten Systems zu bilden, d.h. den Zusammenhang von Logik (Ontologie), Naturphilosophie und Philosophie des Geistes abzurunden hat. Die →*Geschichte* erlangt in diesem komplexen Beziehungsfeld außerordentl. Bedeutung: Die Weltgeschichte als Geschichte der staatl. organisierten Völker zusammen mit den Geschichten der Kunst, Religion und Philosophie stellen, bezogen auf die eigene Geschichte des Absoluten, gewissermaßen aufeinander bezogene Schichten einer Geschichte dieses Absoluten dar, in welcher Totalität sich herzustellen hat. Die für H.s Denken grundlegende Identität von Wirklichkeit und →Vernunft konstituiert sich auf jeder dieser Ebenen und ist vom Philosophen dementspr. für jede der Ebenen zu durchdenken. Kunst und Religion haben aus H.s Sicht jedoch ihre Rolle als höchstes Medium der Vermittlung der Erkenntnis des Absoluten (oder Göttlichen) hist. ausgespielt. Höchstes Medium dieser Erkenntnis ist für den reifen H. die Philosophie. Im frühen →Hegelianismus führte bes. die Diskussion über die Zuordnung dieser Medien zu grundsätzl. Auseinandersetzungen.

*Lit.: K. Düsing:* H. und die Geschichte der Philosophie, Darmstadt 1983. – *R. Haym:* H. und seine Zeit. Vorlesungen über Entstehung, Wesen und Wert der H.schen Philosophie, Berlin 1857, Nachdruck Hildesheim 1962. – *W. Jaeschke:* Die Religionsphilosophie H.s, Darmstadt 1983. – *K. Rosenkranz:* Georg Wilhelm Friedrich H.s Leben, Berlin 1844, Nachdruck Darmstadt 1969; 1977 mit einem Nachwort von O. Pöggeler. – *F. Rosenzweig:* H. und der Staat, 2 Bde., München/Berlin 1920, Nachdruck Aalen 1962. – *O. Pöggeler (Hg.):* H. Einführung in seine Philosophie, Freiburg/München 1977.

*Hans-Christian Lucas*

**Hegelianismus**

*A.* Die bereits zu Lebzeiten →Hegels gerade polit. vielfältig strukturierte und in sich unterschiedene Hegel-Schule, die sich insbes. in Berlin gebildet hatte, zerfällt bald nach Hegels Tod in sich bekämpfende Richtungen. Sahen Hegel und seine Anhänger sich in den letzten 20er Jahren des 19. Jh.s genötigt, sich gegen die Vorwürfe des *Pantheismus* (z.B. von seiten der »Ev. Kirchen-Zeitung« Hengstenbergs) und des antipreuß., ja revolutionären Geistes (Schubarth/Carganico) zu verteidigen, so lastete man andererseits – bereits seit dem Erscheinen der »Grundlinien der Philosophie des Rechts« – seinem gesamten System eine *Anpassung* an preuß. (reaktionäre) Politik an. Die religionskrit. Schrift »Das Leben Jesu« (1835) von D. F. →Strauß führte, nicht zuletzt auch wegen der polit. Dimension dieser Kritik, zu einer grundsätzl. *Spaltung der Hegel-Schule.* Strauß selbst hatte – offenbar die polit. Parteiungen im Rahmen der →Franz. Revolution vor Augen – die dann sprichwörtl. werdende Einteilung der Schule in einen rechten, einen linken Flügel und das Zentrum vorgenommen. Die Bezeichnung »Althegelianer« und »Junghegelianer« deuten im übrigen keinerlei Generationsunterschied an.

*B.* Während die *Rechtshegelianer* (Gabler, Göschel, von Henning, Conradi, Rust und Leo) eine Anpassung an die rel. und polit. Restauration in Preußen betrieben, gelangten die *Linkshegelianer* (→Feuerbach, Strauß, Ruge, Bruno und Edgar Bauer, Stirner, →Marx und Engels) über die Radikalisierung der →Religionskritik zu einer radikalen Gesellschaftskritik, forderten eine demokrat. Republik und die grundsätzl. Befreiung des Menschen. Das *Zentrum* (Gans, Michelet, Hotho, Vatke, Rosenkranz) hingegen verfolgte eine reformist. Linie. Diese Richtungen bildeten keine in sich geschlossenen Gruppierungen, dementspr. war ein Überwechseln von einer Fraktion zur anderen nicht ungewöhnl. Bedeutsam ist – neben der regen *Publikationstätigkeit* der einzelnen Hegelianer – der wirksame Einsatz von Publikationsorganen: Die Althegelianer und das Zentrum führten die 1826 in Berlin gegründeten »Jahrbücher für wissenschaftl. Kritik« fort, die bereits in Hegels Zeit als »Hegelzeitung« beschimpft worden waren; die Linkshegelianer gründeten 1838 die »Hallischen Jahrbücher für dt. Wissenschaft und Kunst«, zu denen freil. auch Vertreter des Zentrums Beiträge lieferten.

*C.* Die allg. polit. Lage nach 1848 führte durch gesellschaftl. *Isolation* und philos. Verflachung zum Niedergang des H. in Deutschland, wenngleich bes. auf dem Gebiet der Philosophiegeschichte noch bedeutende Leistungen hervorgebracht wurden: Vischer, Erdmann, Zeller, Fischer, Lasalle. Erst seit der Jh.wende kann man von einem *Neuhegelianismus* sprechen, der sich aus einem neuerwachten Bemühen um systemat. Philosophieren herleitet. Hegels Philosophie hat auch außerhalb Deutschlands eine reiche Wirkung entfaltet, so in Frankreich (Cousin), Italien (Vera, Croce), England (Stirling, Bradley, Bosanquet, McTaggart, Haldane), Dänemark (Heiberg, →Kierkegaard), Holland (van Ghert, Bolland) und Polen (Cieszkowski).

*Lit.: W. Moog:* Hegel und die Hegelsche Schule, München 1930. – *I. Pepperle:* Junghegelian. Geschichtsphilosophie und Kunsttheorie, Berlin (Ost) 1978. – *J. E. Toews:* Hegelianism. The path toward dialectical humanism, 1805-1841, Cambridge 1980.

*Hans-Christian Lucas*

**Heidegger,** *Martin,* geb. 26.9.1889 in Meßkirch/Baden, gest. 26.5.1976 ebd., Prof. der Philosophie in Marburg und Freiburg. Ausgehend von der →Phänomenologie E. Husserls, versuchte H. eine Konzeption von Philosophie zu entwickeln, die er selbst als *Fundamentalontologie* charakterisierte und die den Rückgang zu den »Sachen selbst« – also die phänomenolog. Forderung – noch einmal radikalisieren sollte: »Sache selbst« ist für H. das →*Sein,* und der Zugang zu ihm muß von zwei konkurrierenden Verfahren unterschieden werden: von der traditionellen →Metaphysik und →Ontologie, die den Sinn von Sein verfehlt haben, und von den modernen →Wissenschaften, denen vorgeworfen wird, daß sie nicht denken.
Ein Zugang zum Sein führt nach H. über das *Dasein,* das unter den Bedingungen der →*Zeit* steht (vgl. die Analysen des Hauptwerks »Sein und Zeit«, 1927). Die Vereinseitigung dieses Werks führte zum Mißverständnis, H. habe eine Existenzphilosophie bzw. fundamentale →*Anthropologie* entwickeln wollen. Ein wesentl. Anteil an diesem Mißverständnis geht zu Lasten der (von H. explizierten) Kategorie der *Geschichtlichkeit* als der grundlegenden Verfaßtheit des Daseins. Geschichtlichkeit meint nicht Historizität (Entwicklung, Veränderung, gar Teleologie [→Ziel, →Geschichte]), sondern jene Zeitlichkeit, von der das Dasein seine Bestimmung erfährt, zuletzt die, daß es »Sein zum Tode« ist. H. entwickelte in Auseinandersetzung mit der Metaphysik – die zwar das »Erste des Seins« (vgl. die Bestimmung der →aristotel. Metaphysik) erreiche, das »Erste des Denkens« aber verfehle (die Frage nach der →Wahrheit, d.h. Unverborgenheit des Seins) – die Philosophie weiter, indem er die »Seins- und Wahrheitsgeschichte«

rekonstruiert als eine Geschichte der »Seinsverbergung und Wahrheitsentziehung«, gegen die das »wesentl. Denken« (H.s Philosophiebegriff) andenken müsse. H.s Denken bestimmt sich von daher als »Andenken an das Sein selbst«. So wollen auch seine Interpretationen der großen Gestalten aus der Geschichte der Philosophie (Anaximander, →Platon, →Aristoteles, →Kant, →Schelling, →Nietzsche) verstanden werden. Die andenkende Vergegenwärtigung des Seins ist aber auch Anliegen der in »Sein und Zeit« entwickelten Daseinsanalyse, weil das Dasein sich nur im Sein erschließt: In ihm verwirklicht es sein eigenstes Seinkönnen und entzieht sich damit der fakt. Verlorenheit in die Alltäglichkeit des »Man« (des Uneigentlichseins).

Auf dem Hintergrund von H.s vielfältigem Einfluß auf die →Theologie (vgl. R. →Bultmanns existentiale Interpretation und K. →Rahners philos. begründete →Fundamentaltheologie, die H.s Frage nach dem Sinn von Sein mit Elementen des Thomismus zu vereinen suchte) ist es um so wichtiger, darauf zu bestehen, daß H.s Metaphysikkritik die wohl *radikalste Form der →Theologiekritik* ist, die in der Philosophie der Gegenwart formuliert worden ist. H.s Kritik an der Metaphysik – die Metaphysik denkt das Seiende, das sie Sein nennt – gilt auch für die Theologie, sofern sie von Gott als dem höchsten und letzten Grund spricht oder – nach dem Ende der philos. Theologie – Schemata der neuzeitl. Metaphysik in Anspruch nimmt, indem sie z.B. Kants transzendentalen Grund (die Bedingung der Möglichkeit der Erfahrung ist zugleich die Bedingung der Möglichkeit der Gegenstände der Erfahrung) hypostasiert. H.s Wort vom »Ende der Philosophie« (das Verdikt über die nicht denkenden, nur techn.-kybernet. verfahrenden Wissenschaften, in denen die Philosophie aufgegangen ist) trifft auch die Theologie, wo sie zum ledigl. vorstellenden, hypostasierenden, also nicht »denkenden« Verfahren geworden ist. Gleich dem andenkenden Denken wäre Theologie nur noch möglich als die *Erfahrung des Sinnes von Sein* jenseits begriffl. Konstruktion bzw. rationaler Deduktion, z.B. in der Erfahrung dessen, daß das »Göttliche« sich ereignet. Weil »der Gott« sich aber nicht herbeidenken läßt und auch die Philosophie, aufgegangen in den modernen Einzelwissenschaften, keine unmittelbare Veränderung des jetzigen Weltzustandes (die Welt als »Abwesenheit Gottes«) bewirken kann, bleiben nur zwei Möglichkeiten: sich auf die (mögl.) Erscheinung der Gottheit vorzubereiten oder unterzugehen im Angesicht des abwesenden Gottes.

Daneben gibt es eine theol. H.rezeption (Welte, Ebeling), die allerdings nur im Ausgang von den in »Sein und Zeit« ausgearbeiteten Daseinsanalysen plausibel ist. Der späte H. ist im theol. Kontext (über seine Nietzsche-Deutung) vor allem für die »Gott-ist-tot-Theologie« reklamiert worden.

*Lit.: J. Beaufret:* Wege zu H., Frankfurt/M. 1976. – *J. Brechtken:* Geschichtl. Transzendenz bei H., Meisenheim 1972. - *H. Ebeling (Hg.):* Der Tod in der Moderne, Königstein/Ts. 1979. – *A. Gethmann-Siefert:* Das Verhältnis von Philosophie und Theologie im Denken M. H.s, Freiburg/München 1974. – *U. Guzzoni (Hg.):* Nachdenken über H. Eine Bestandsaufnahme, Hildesheim 1980. – *G. Haeffner:* H.s Begriff der Metaphysik, München 1974. – *K. Löwith:* H. Denker in dürftiger Zeit, Göttingen 1965. – *O. Pöggeler:* Der Denkweg Martin H.s, Pfullingen 1963. – *Ders. (Hg.):* H. Perspektiven zur Deutung seines Werks, Köln 1969. – *Ders.:* H. und die hermeneut. Philosophie, Freiburg/München 1983. – *J. M. Robinson/J. B. Cobb (Hg.):* Der spätere H. und die Theologie, Zürich/Stuttgart 1964. – *R. Schaeffler:* Frömmigkeit des Denkens? – M. H. und die kath. Theologie, Darmstadt 1978. – *F. Wiplinger:* Wahrheit und Geschichtlichkeit, Freiburg/München 1961.

*Carl-Friedrich Geyer*

## Heiden

*A.* Der *Begriff* H. bezeichnet in der Missionsliteratur (→Mission) die Gesamtheit der Anhänger der nichtchristl. →Religionen, wobei den →monotheist. Offenbarungsreligionen →Judentum und →Islam eine Sonderstellung eingeräumt wird. Ihren Ursprung hat die Bezeichnung H. im Selbstverständnis der frühen Christenheit, die sich wie das atl. Gottesvolk von den umliegenden, fremde Götter verehrenden Völkern (hebr.: *gojim*, griech.: *ethne*) abgrenzte. Die in der Christusoffenbarung bezeugte Wahrheit bestimmte also den Gegensatz zu den Lehren und Praktiken der hellenist. und röm. Volksreligionen. H. waren danach alle, die außerhalb der →Kirche leben und deshalb des →Heils verlustig gehen, denen aber andererseits der Ruf der Bekehrung zu dem im →Evangelium verkündeten Gott gilt. In der Missionspraxis (→Mission) ist gelegentl. (vor allem von kath. Seite) von einer vorbereitenden (vgl. Apg 15) Offenbarung die Rede.

*B.* Mit der Ausbreitung des Christentums im *röm. Imperium* (→Röm. Reich) wurde die Bezeichnung H. (lat.: *pagani*) auf die außerhalb der städt. Zentren lebende, kulturell rückständige Landbevölkerung übertragen. Im Zeitalter der →*Kreuzzüge* galten die H. als Feinde des Christentums, die auch mit Gewaltmitteln (→Gewalt) zu bekämpfen waren. Erst in der – auf die »Reconquista« (Rückeroberung der von Mauren besetzten Iberischen Halbinsel) folgenden – Epoche der Entdeckungsreisen und *Eroberungen* läßt sich die →Bekehrung der H. als instrumentales, zugleich aber auch separates Motiv (Las Casas) des polit.-kulturell-rel. Macht- und Überlegenheitsanspruchs Europas wahrnehmen (→Kolonisation, →Imperialismus). Den Repräsentanten der Missionsbewegung des *19. Jh.s* galten die Anhänger der nichtchristl. Religionen, bes. der sog. Naturreligionen, als beherrscht von den Mächten der Finsternis (→Licht und Finsternis), der →Dämonen, der Lüge und der Sittenlosigkeit. Die Missionsbewegung trat damit allerdings in Gegensatz zu der sich im liberalen

Bürgertum durchsetzenden →Aufklärung, die dem Heidentum gewisse Wahrheitselemente und Momente der Selbsterschließung des Göttlichen zugestand (→natürl. Theologie).

*C.* Die Geschichte des Begriffs H. läßt erkennen, daß sich mit ihm ein vom westl.-abendländ. Christentum vertretener *Absolutheitsanspruch* verbindet. Er war allerdings an die Macht →Europas gebunden, seinen eigenen Monolog zu universalisieren. Im Kontext des interrel. →Dialogs und angesichts des Aufkommens einheim. Theologien in Afrika, Asien und Lateinamerika (→kontextuelle Theologie), die nach Anknüpfungspunkten und eigenständigen Wahrheiten im eigenen kulturellen und rel. Erbe suchen, kann der abwertende Begriff H. nicht mehr benutzt werden. Damit ist nicht geleugnet, daß es »H.« geben kann, also Menschen, die sich *von Gott abwenden*, sich aus eigener Kraft erlösen wollen (→Rechtfertigung, →Erlösung) und sich »eigene« Gottesbilder schaffen. Insofern kann jede rel. und säkulare Äußerung (→Atheismus ebenso wie etwa die Ideologie eines pseudochristl. begründeten Antikommunismus) als »heidn.« qualifiziert werden, sobald sie den totalen Anspruch Gottes auf alle Lebensbereiche leugnet. Von dem verheißenen →Heil in →Jesus Christus her sind Christen sowie Nichtchristen, aber auch ihre Religionen sowie die außerrel. Welt von sich aus im Zustand des Unglaubens, also auf die Barmherzigkeit Gottes angewiesen.

*Lit.:* *F. Fabri:* Die Entstehung des Heidenthums, Barmen 1859. – *H. Küng u.a.:* Christentum und Weltreligionen, München 1984. – *G. Mensching:* Der offene Tempel. Die Weltreligionen im Gespräch miteinander, Stuttgart 1974. – *J. Richter:* Das Heidentum als Missionsproblem, Gütersloh 1928.

*Erhard Kamphausen*

## Heil

*A.* Der Begriff H. verweist auf die *Vollendung des* Menschen, *ist also dem Begriff* →Glück verwandt. Doch wurde im Laufe der Geschichte der Unterschied beider Begriffe immer stärker betont. H. wurde häufig zum spez. rel. und sogar kirchl.-theol. Begriff, der auf die definitive, übernatürl. und eschatolog. Vollendung des Menschen in Gott selbst verwies, während Glück als allgemeinmenschl. Begriff auf die provisor. und natürl. Teilverwirklichungen im menschl. Leben abzielte. Eine Neubesinnung auf das →AT, in dem die geschichtl. Dimension des göttl. H.s entschieden zur Sprache kommt, auf die Theologiegeschichte, in der man die einseitige Wirkungsgeschichte des spiritualisierten H.sverständnisses von →Augustin aufdeckte, auf Einsichten der →polit. Theologie (J.-B. Metz) und der →Befreiungstheologie (Gutiérrez, Boff, Bonino), die die Spiritualisierung und Privatisierung mancher herkömml., theol. Begriffe beanstandeten, ließen den *Zusammenhang von H. und Glück* wieder deutlicher werden und darauf hinweisen, daß die christl. Auffassung von H. die wesentl. Komponenten des allg.-menschl. H.sverständnisses auch zu berücksichtigen hat. Zu diesen Komponenten gehören u.a. Leiblichkeit (→Leib, →Heilung) und Verbundenheit mit der →Natur, Bezogenheit auf die →Gemeinschaft, Angewiesenheit auf (prinzipiell veränderl.) →Institutionen, Bestimmung in →Raum und Zeit, Verbundenheit von →Theorie und Praxis in der Sorge für →Kultur, schließl. (im Blick auf die Zukunft von Mensch und Welt) eine utop. Grundanschauung (→Utopie, →Hoffnung). Auf diesem Hintergrund erhält das bibl. H.sverständnis wieder eine Erfahrungskomponente zurück (Ex 15,1; Jes 61,1ff.; Luk 4,18; 2 Kor 6,2), die im Laufe der Geschichte immer weniger beachtet wurde.

*B.* Nach dem Gesamtzeugnis von AT und →NT bedeutet H. letzten Endes die Vollendung des menschl. Lebens in der von Gott gewährten *Gemeinschaft mit ihm* selber (→Eschatologie; →Frieden). Innerhalb der genannten Komponenten menschl. Daseins wurde diese Gemeinschaft provisor. und zeichenhaft schon verwirklicht in der Bundesgeschichte des Volkes →Israel (→Bund), während sich im Leben, Sterben und in der →Auferstehung Jesu die definitive Gestalt des göttl. H.s vollzog. Die Zusammengehörigkeit von göttl. Selbstmitteilung und menschl.-endl. Vollendung gibt dem Begriff H. seine wesentl. Doppelung. Weil die göttl. Selbstmitteilung die Vollendung des konkreten Menschen beabsichtigt, kann das H. nicht ausschließl. jenseitig (transzendent) sein. Gottes →Transzendenz schließt aber seine Gegenwart in der Welt (Immanenz) nicht aus, sondern gerade ein, so daß die übernatürl. Selbstmitteilung Gottes (→Supranaturalismus) an den endl. Menschen seine zeichenhafte Anwesenheit in der Geschichte und in der Empfangsbereitschaft des Menschen (→Bekehrung; →Buße) mit umfaßt. Weil aber die konkrete Geschichte des Menschen immer durch die →Sünde mitbestimmt ist, ist christl. H. als Selbstmitteilung Gottes immer zugleich auch →Erlösung und Befreiung aus Sünde und →Tod. Diese von Gott gewährte Erlösung bringt – nicht als Bedingung, sondern als Folge – eine Lebenspraxis mit sich, die sich in der →Nachfolge Jesu zeigt. In der Geschichte derjenigen, die sich durch →Glaube und →Taufe tatsächl. Jesus anschließen, vollzieht sich →Kirche.

*C.* Das von Cyprian (gest. 258) stammende Wort »Außerhalb der Kirche kein H.« wurde in der Folgezeit vor allem in der kath. Tradition einlinig auf die äußere(n) Institution(en) der Kirche bezogen und ruft deshalb Befremden und Ärger hervor. Wenn man jedoch im obengenannten Sinne auf eine menschl. Praxis im Geiste Jesu verweist, auch wenn dieses Verhalten sich nicht explizit auf Jesus beruft (Mt 25,31ff.), dann kann das alte Wort ein Ausdruck des Glaubens sein: daß das H. nicht nur endzeitl. und jenseitig, sondern auch innergeschichtl. verwirklicht wird, wenn auch nur in Zeichen (→Sakrament) und nie endgültig identifizierbar.

*Lit.: G. Greshake:* Glück und H., in: Christlicher Glaube in moderner Gesellschaft, Bd. 9, Freiburg/Basel/Wien 1981, 102-146. – *G. Mensching:* Die Religion, Stuttgart 1969. – *E. Schillebeeckx:* Christus und die Christen, Freiburg/Basel/Wien 1977.

*Ad Willems*

## Heilig

### *A. Religionsgeschichtlich*

*I.* Das H.e ist in der Religionswissenschaft die *zentrale Kategorie* zur Wesensbestimmung der →Religionen. Es bezeichnet die qualitativ »*andere* Wirklichkeit«, an der der Mensch ebenso teilhat wie an der konkreten Realität. Das H.e grenzt reale Gegenstände und Personen dadurch vom übrigen Realen ab, daß sie sich nur als auf dieses bezogen bestimmen lassen. Auf diese Weise bestimmt sich z.B. ein westl. Mensch als Christ und ist damit in eine Beziehung zum H.en getreten, die es ihm ermöglicht, eine Ganzheit sowohl zu erkennen als auch zu leben; die Lehre und der Kult lassen ihn Sinn, kosm. Ordnung und konkrete Lebensform erleben und leben. Ist das H.e als zeitlose, unsterbl. andere Wirklichkeit definiert, dann gilt es in der eben beschriebenen Weise als *Beziehungsmacht für alle Religionen.* Eine →Evolution der Religionsformen läßt sich nicht daraus ableiten.
In den →*Weltreligionen* erscheint das H.e in sehr verschärfter Abgrenzung zur sozialen Wirklichkeit, die dann als profan bezeichnet wird. Die *Erlösungsreligionen* grenzen die →Seele des Menschen als geistiges unsterbliches Wesen bes. nachdrückl. gegen das natürl.-gesellschaftl. Leben ab.

*II.* Neben der religionspsycholog. Theorie R. →Ottos hat man von anthropolog. Seite das H.e linear-kausal aus dem Bereich der →Magie und des →Tabus zu erklären versucht. Daß dies so nicht angemessen sein kann, macht die Struktur des →Hinduismus deutl.: Die Prinzipien von →Rein und Unrein strukturieren die *Kastenordnung,* die als Sozialordnung der Menschen eine Teilordnung des kosm. Ganzen darstellt. Diese kosm. gegebene Ordnung, die für den Menschen mit seiner Geburt in einer Kaste fixiert ist, ist – nach orthod. Lehre – in keinem Fall veränderbar, sie unterliegt den Taburegeln, die eine →Hierarchie (»h.e Rangordnung«) garantieren. Die Erfüllung dieser h.en Pflichten aber garantiert dem Menschen noch keine →Erlösung, sondern nur eine gute Wiedergeburt.
Der einzelne kann diese Ordnung jedoch verlassen, denn mit der *Definition des Seelenselbst* als *anderes* und allein wahrhaftseiende Identität hat sich die *Definition des H.en grundsätzl. gewandelt,* und dies in einem das Schema von Rein und Unrein durchbrechenden Sinn. Der »h.e Mann« lebt in Indien außerhalb der Gesellschaftsordnung, gehört damit als solcher zur »anderen Welt« auf ganz konkreter Sozialebene. Sein evtl. ritueller Status der Unreinheit ist dadurch aufgehoben. Die Macht des Tabus zeigt sich jedoch darin, daß ein Mensch, der einmal das Sozialsystem verlassen hat, in keinem Fall mehr zurückkehren kann.

*III.* Der Begriff des H.en hat in den Weltreligionen zwar alte Anschauungs- und Verhaltensweisen des Menschen übernommen, aber seiner Wesensbestimmung nach wird es menschheitsgeschichtl. neu bestimmt. Zwischen 800 und 200 v. Chr. (»Achsenzeit«) hat sich (in kulturspezif. parallelen Erscheinungen) offenbar ein Bewußtseinswandel der Menschen vollzogen, der u.a. zu einer bewußten *Ethisierung* des Zugangs zum H.en durch den einzelnen geführt hat und das H.e als das Eine (personales oder unpersönl. Prinzip) definiert. Die Identifizierung des H.en mit dem →Guten ist dabei nicht überall gegeben, sie fehlt z.B. in den meisten Religionsformen des Hinduismus. Dort sind Gut und →Böse ausschließl. im menschl. Lebensbereich wirksam, das Gute nur eine – allerdings unverzichtbare – Vorbedingung, um das H.e erfahren zu können. Das H.e selbst ist jenseits von Gut und Böse, hat allerdings dort auch die Erscheinungsweise des Schreckl. und Furchtbaren (C. G. →Jung).

*IV.* Die →*Erfahrung des H.en* – sei es in der →Mystik, sei es in der Ausübung des Kultus – erweckt teilweise dem Tabubereich schon angehörende →Gefühle im Menschen: Die *Scheu* vor einer (psych. wie konkreten) Berührung von h.en Gegenständen, die sie begleitende Vorstellung, daß jede Berührung außer durch best. →Mittlerpersonen verderbl. ist. Es kann aber auch als das *Beglückende,* Begehrenswerte und zutiefst als erhabener Wert in Erscheinung treten. In jedem Fall wird es als unendl. Machtfülle erkannt.
Alles H.e strahlt etwas von dieser Machtfülle zurück. Deshalb sind bes. →Weihen nötig, die Personen oder Dingen diese H.keit verleihen. *Reinigungsriten* muß der ausführen, der sich dem H.en nähert. So wechseln im Christentum die Priester für den Gottesdienst die Gewänder, nehmen hinduist. Priester rituelle Bäder vor. Auch Laien müssen für die Kulthandlungen bes. Verhaltensweisen üben, die die Grenze zwischen profaner und h.er Wirklichkeit bezeugt. So bedeckt man in manchen christl. Ländern den Kopf, in anderen entblößt man ihn, so läßt man vor einer Moschee seine Schuhe stehen. Zu best. rel. Festen oder auf Grund von Gelübden fastet man (→Essen und Trinken). Jede asket. Praxis ist mit Reinigungsvorstellungen verbunden.

*V.* H. kann buchstäbl. alles sein, was zur numinosen Macht in Beziehung gebracht wird: der →Kosmos selber kann es sein, der Raum, best. Orte, das Wasser in jeder Form, Berge, auch →Tiere, Bäume, Pflanzen und Steine. H. können Menschen sein (vor allem die Mittlerpersonen), ihre Handlungen (→Kult) und die dabei benutzte Sprache. Der *Rückzug des H.en* aus dem sozial definierten Leben des Menschen in der westl. Kultur, seine Unfähigkeit, das H.e selbst von psycholog. definierbaren Erfahrensweisen des H.en zu unterscheiden oder diese mit ihm in Beziehung zu setzen (→Psychedelik), ist das Resultat eines tiefgreifenden Bewußtseinswandels (→Säkularisierung). Die rel. *Unruhe und Suche*, die sich damit verbunden zeigt, kann als Symptom der Suche nach einem neuen Verständnis des H.en gedeutet werden, das noch nicht gefunden ist.

*Lit.: S. Aquaviva:* Der Untergang des H.en in Industriegesellschaften, Essen 1964. – *H.-E. Bahr (Hg.):* Religionsgespräche. Zur gesellschaftl. Rolle der Religion, Darmstadt/Neuwied 1975. – *C. Colpe (Hg.):* Die Diskussion um das »H.e« (Wege der Forschung, Bd. 305), Darmstadt 1977. – *R. F. Davidson:* Rudolf Ottos Interpretation von Religion, Princeton 1947. – *M. Douglas:* Reinheit und Gefährdung, Berlin 1985. – *M. Eliade:* Das H.e und das Profane. Vom Wesen des Religiösen, Frankfurt/M., 2. Aufl. 1985. – *Ch. Elsas:* Religion. Ein Jh. theol., philos., soziol. und psycholog. Interpretationsansätze, München 1975. – *B. Häring:* Das H.e und das Gute, Freiburg 1950.

*Irmtraud Höhn*

*B. Systematisch-theologisch*

*I.* Der allg. religionsgeschichtl. Befund hat auf der monotheist. Linie der *atl. Tradition* eine eigenständige Ausformung gefunden, die sich aus der Ausschließlichkeit Gottes ergibt. →Gott ist der unbedingt H.e, Unberührbare, der sich in Übermacht und Herrlichkeit zeigt und vor dem alle menschl. Unreinheit verbrennt (Jes 6,1-6). Daraus ergeben sich drei Gesichtspunkte:

*1.* Da Gott der All-H.e ist, strahlt Gottes H.keit *auf die ganze Schöpfung aus.* Es gibt also nichts, was nicht im Licht seiner H.keit steht (Num 14,21). Damit ist der Gegensatz von »H.« und »Profan« zumindest relativiert, auch wenn er sich als prakt. Kategorie des rel. Lebens durchhält. Deshalb bleibt auch in der jüd. Tradition die Sakralisierung trotz eines als h. angebeteten und gepriesenen Gottes begrenzt. Das Judentum ist nicht unbedingt an die Existenz des →Tempels und das Christentum nicht an eine h.e →Hierarchie im religionswissenschaftl. Sinn oder an eine →Opferpraxis gebunden (Hebr). Allen Christen kommt kraft der →Taufe das Priestertum zu, weil Gottes →Hl. Geist auf alle ausgegossen ist. Dieser Sprung in die Profanität ist in der →Alten Kirche im Argument gegen Götter, Tempel und Opferkult, zumal gegen eine sakralisierte Politik ausgebildet. Er kehrt in vielen Reformbewegungen des Christentums, in der →Reformation sowie in gegenwärtigen Neuaufbrüchen wieder zurück.

*2.* Gottes H.keit ist *einziges Maß der weltl. H.keit.* Darum werden die anderen Götter entmachtet (Ps 82,1-6), die Menschen nach ihrer Schuld befragt und alle Wege der Selbsterlösung verneint (→Gesetz, →Rechtfertigung). Darum geht die →Rechtfertigung jeder →Heiligung voraus. Diese Entdeckung setzt jedoch Gottes vorbehaltlose Vergebung und die Möglichkeit eines bedingungslosen →Vertrauens in ihn voraus.

Je mehr sich der Zusammenhang von Schuld und Vergebung auflöst, desto stärker werden Menschen auf ihre Unheiligkeit und die Bosheit der Welt (→Böses) fixiert (→Dualismus). Gottes H.keit überdeckt seine Menschenfreundlichkeit (→Freundschaft) und wird für ein weltl. Ordnungsdenken mißbrauchbar. So übersteigert etwa Dionysios Areopagita (6. Jh.) das Bild Gottes zum »H.en der H.en« und ebnet damit entgegen seiner Absicht den Weg zu einer erneuerten Sakralisierung der Gott vorbehaltenen Weltteile und →Symbole (→Hierarchie).

*3.* Aus dieser auch andere Religionen kennzeichnenden *Spannung* können unterschiedl. Folgerungen gezogen werden. Während sich für die kath. Kirchen in →Liturgie, →Sakrament und kirchl. →Amt die H.keit Gottes symbolisiert (im Priester handelt Christus selber), halten die Kirchen der Reformation sakralitätskrit. am allg. Priestertum der Gläubigen, an der Funktionalisierung der kirchl. Ämter und an der Relativierung der Sakramente fest. Dieses »prot. Prinzip« (P. →Tillich) bezieht seine Impulse aus der Rechtfertigungslehre in ihrer reformator. Form.

*II.* In einer Epoche der →*Säkularisierung* (→Neuzeit), da Religion nicht mehr der anerkannte Träger von sozialer Sinn- und Handlungsorientierung ist, stellt sich die Frage nach dem H.en (als dem Unantastbaren, Orientierenden und Abgründe Überwindenden) in einem *neuen* und ursprünglicheren *Zusammenhang.*

*1.* Einerseits erscheinen die »Götzen« in *säkularem* Gewand. Es muß also nicht ihre H.keit entzaubert, sondern ihre Verzauberungskraft entlarvt und entheiligt werden (z.B. →Geld). Dadurch fallen den christl. Kirchen ideologiekrit. Möglichkeiten und Aufgaben zu, sobald sie zwischen H.em und *Sakralem unterscheiden.* R. Girard weist daraufhin, daß Sakralisierungen Gewalt und Unrecht zwar bannen, aber nicht konsequent überwinden, da das Opfer (auch in Opferinterpretationen des Todes Christi) Gewalt und Unrecht für diese Ausnahmesituation legitimiere, in Gott also die Verbindung von H.keit und Gewalt nicht zerbreche. Im AT sieht er deshalb einen Zusammenhang von Gewalt- und verschärfter Kultkritik (→Gesetz, →Prophet). Diese Linie finde ihren Höhepunkt im NT.

*2.* Zugleich zeigt sich ein *neues Bedürfnis* nach der →Erfahrung des H.en (→Okkultismus, →New Age), dem die Kirchen krit. zu entsprechen beanspruchen.

*3.* Zugleich läßt sich das vom Sakralen unterschiedene H.e umfassender bestimmen. In der abendländ. philos. und myst. Tradition wurde es begriffen als das selbstverständl., gewaltlos aus sich selbst strahlende *Licht.* Unter den Bedingungen der Neuzeit kann es benannt werden in der Unbedingtheit der *Gewissenserfahrung* sowie in der unverwechselbaren Würde der menschl. →*Person* (Splett); christl. Glaube spricht von der in Christus gewonnenen →Freiheit (Gal 5,1). Von diesem Gesichtspunkt aus ist die entscheidende Frage zu stellen, ob es gelingt, die Erfahrung der H.keit als Erfahrung einer gewaltfreien, weil vorbehaltlos menschenfreundl., Macht zu entwickeln.

*4.* Das klass. zweite Kennzeichen der Kirche (nota ecclesiae) ist das der H.keit. Es besagt gemäß dem bisher Ausgeführten nicht hero. Tugend, sondern vorbehaltlose Inanspruchnahme der Kirche durch einen unverzweckbaren, allein dem »Heil« von Mensch und Wirklichkeit verpflichteten Gott.

*Lit.: Y. Congar:* Die Wesenseigenschaften der Kirche, in: Mysterium Salutis, Bd. 4/1, 357-599. – *M. Eliade:* Die Religionen und das H.e. Elemente der Religionsgeschichte, Salzburg/München 1954. – *H. Mühlen:* Entsakralisierung. Ein epochales Schlagwort in seiner Bedeutung für die Zukunft der christl. Kirchen, Paderborn 1971. – *R. Schaeffler:* Religion und krit. Bewußtsein, Freiburg/München 1973. – *J. Splett:* Die Rede vom H.en, Freiburg, 3. Aufl. 1983. – *R. Walter/A. Raffelt (Hg.):* Auf der Suche nach dem unfaßbaren Gott, in: Christl. Glaube in moderner Gesellschaft 37, Quellenbd. 7, Freiburg 1984.

*Hermann Häring*

## Heilige

### *A. Systematisch-theologisch*

Heilig sind nach dem *Verständnis des NT* alle, die kraft der →Taufe vom →Hl. Geist erfüllt sind und damit →Gott, dem einzig H.n zugehören. Heilig ist deshalb die Gemeinde; ihre Mitglieder sind die H.n (Röm 1,7 u.ö.), aufgerufen zu einem Leben, das der ergangenen →Berufung würdig ist (Eph 4,1). →»Heilig« in diesem Sinn wird später zu einem der vier grundlegenden »Merkmale der Kirche« (»notae ecclesiae«). Davon zu unterscheiden sind die »H.n«, die später auf Grund hervorgehobener Bedeutung und *Verehrung* für Kirche und Frömmigkeit als (»selig« oder) hl. verehrt werden. Kriterium des Titels ist ihre anerkannte Nennung zu Verehrung und Fürbitte im Rahmen kirchl. anerkannter →Liturgie. Der Unterschied zwischen Verehrung des H.n und der Gott allein zustehenden Anbetung ist seit 787 (2. Konzil von Nizäa) offiziell festgestellt.

*I.* Die *Verehrung von H.n* beginnt an best. Orten und wird von Gläubigen aus eigener Initiative getragen. Seit dem 2. Jh. werden →Märtyrer verehrt, schon damals verbunden mit der Verehrung ihrer Gräber, über die oft Kirchen gebaut wurden. Ende des 4. Jh.s ist die Verehrung des Martin von Tours, des ersten Nichtmärtyrers (= »Bekenners«), bezeugt. Im Osten wie im Westen beginnen die Bischöfe allmähl., die reichl. blühende H.nverehrung zu regeln, so daß sich über das an den großen Festen orientierte Kirchenjahr allmähl. ein Festzyklus von hll. Frauen und Männern legt. In der →orthod. wie der röm.-kath. Kirche hat sich seitdem eine vielfältige H.nverehrung erhalten. Im Zuge allg. Zentralisierungstendenzen ist im 10. Jh. die erste offizielle, für die Kirche des Westens *verbindl. Heiligsprechung* (Kanonisierung) durch einen →Papst bezeugt. Daraus entsteht im Laufe der Jh.e ein jurist. genau geregeltes und theol. legitimiertes Verfahren, in dem die Fragen eines heiligmäßigen Lebens, anhaltender Verehrung und der auf Fürbitte des Angerufenen gewirkten →Wunder eine Rolle spielen. Die Verehrung von H.n spielt in der *Volksfrömmigkeit des MA.s* mit ihren mag. Praktiken sowie dem im Spätma. ausufernden Reliquienkult und Ablaßwesen eine übermäßige Rolle. Außerordentl. →Tugenden und Wunder, aber auch fromme Phantasie bestimmen die Legenden, die bis ins 20. Jh. hinein in Kunst, Literatur und Volksbewußtsein eine prägende Rolle spielen. Bedeutend war die von Jacobus de Voragine (1228-1298) vor 1264 verfaßte »Legenda aurea« (Erstdruck 1470), eine über Jh.e hin bekannte Sammlung von über 100 Einzellegenden. Für die orthod. Kirche hat eine vergleichbare Rolle das »Menologion« des Symeon Metafrastes (10. Jh.) mit seinen 148 Viten gespielt, in der russ. Kirche die »Lese-Minäen« des Metropoliten Makari (16. Jh.) oder des Dimitri Tuptalo von Rostow (1651-1709).

*II.* Die Mißbräuche des Spätma.s haben zu heftigen Reaktionen geführt: 1. →*Calvin* lehnt die H.nverehrung konsequent ab. Die reformator. Linke stürmt im Namen des atl. Bilderverbots die Kirchen, um Bilder und Statuen zu zerstören (→Täufer). 2. Eine ausgewogene, wenngleich theol. eindeutige Position nimmt *M.* →*Luther* ein. Er will verhindert sehen, daß die H.n auf Grund ihrer Verdienste als Fürbitter und Mittler für Menschen in Anspruch genommen werden. Ein damals überwucherndes, fiskalisiertes Reliquien- und Ablaßwesen, Verdinglichung des Heils (»Gnadenschatz der Kirche«) und die Ablenkung der Frömmigkeit von der Gestalt Jesu Christi sind dafür der Hintergrund. Doch hat Luther keine Bedenken, der H.n zur Stärkung des Glaubens zu gedenken. Die luth. Kirchen sind ihm darin teilweise gefolgt, wie der heute noch fortgeführte »ev. Namenskalender« zeigt. 3. Gemäß *kath. Lehre* ist die H.nverehrung statthaft, nützl., aber nicht verpflichtend.

In *ökumen.* Interesse sind Fürbitte und Nachahmung auf die *»Gemeinschaft der H.n«* (communio sanctorum) hin zu relativieren, deren sich Christen im Blick auf die in der Taufe grundgelegte →Auferstehungshoffnung bewußt bleiben können. Daran erinnert das im Osten seit dem 4. Jh. gefeierte, für den Westen im 7. Jh. übernommene Fest »Allerheiligen«.

*III.* Die H.n spiegeln die *Ideale ihrer Zeit* und erlauben Rückschlüsse auf deren Glaubens- und Selbstverständnis. Die klass. Einteilung der kath. liturg. Tradition in Märtyrer, Bekenner, Kirchenlehrer, Jungfrauen und Witwen (Kombinationen sind mögl.) kommt einem gegenwärtigen Verständnis nur schwerl. entgegen.

*1.* In der →Alten Kirche werden Personen verehrt, die in der *Schrift* eine bedeutende Stellung haben (u.a. Abraham, Mose, die Patriarchen und andere Personen, auch →Engel des AT, ferner Maria, Apostel und Evangelisten), die als →*Märtyrer* gestorben sind, neben einem vorbildl. Leben in *theol. Schrifttum* Bedeutendes leisten (→Kirchenväter) oder sich durch *mönch. Tugenden* (»Wüstenväter«, Asketen) auszeichnen. Bestimmend sind neben der Hochschätzung der Schrift also die Ideale von *Zeugnis,* →*Lehre und* →*Frömmigkeit.* Im MA. prägt die Kirche des Westens ihr Mönchsideal, zugespitzt auf die →ev. Räte der Armut und Keuschheit (z.B. Hermann-Joseph) sowie auf die Tugend der Nächstenliebe, aus. Hinzu kommen – oft nicht ohne Druck von Interessierten – Trägerinnen und Träger *öffentl. Funktionen* (Fürst[inn]en, Bischöfe, Äbte, z.B. Ingeborg) sowie Gestalten, die das *öffentl. Bewußtsein* mitgeprägt haben (Reformer, Mystikerinnen und Mystiker). In einer gewissen Stereotypik verbringen verheiratete Frauen ihre letzten Jahre im Witwenstand oder ziehen sich ins Kloster zurück. Die Zeit der →Gegenreformation und der folgenden Epochen kennt neben konfessionellen Glaubenszeugen, Missionaren, Seelsorgern (z.B. Karl Borromäus) und einer kirchl. gesinnten Laienfrömmigkeit eine deutl. *Privatisierung* des Frömmigkeitsideals bis hin zu einem lebensfernen Aszetismus.

*2.* In der →*orthod. Kirche* wird der Gedanke betont, daß die H.n jene Glieder der Gemeinschaft der Kirche sind, die »vor Gottes Thron stehen«, wie es in vielen liturg. Texten betont wird, und von daher als kraftvolle Beter um ihren Beistand und ihre Fürbitte angegangen werden. Das orthod. H.nkalendarium umfaßt von daher auch die Gerechten des →AT (Patriarchen, Propheten usw.), gedenkt aber in numer. Hinsicht überwiegend der frühchristl. Märtyrer und Glaubenszeugen, die dann in den einzelnen Landeskirchen durch spezif. H. ergänzt werden, vor allem durch die als »apostelgleiche Erleuchter« verehrten Bekehrer der jeweiligen Völker. Bei der Verehrung etl. H.r haben allerdings auch polit. Motivationen eine Rolle gespielt.

*3.* In jüngster Zeit kommen H. aus nichteurop. Ländern (meist Märtyrer), aber auch Bekenner aus der Zeit der *Weltkriege und des* →*Nationalsozialismus* hinzu (T. Brandsma, Maximilian Kolbe, Edith Stein). Päpste wurden verständlicherweise zu allen Zeiten heiliggesprochen. Daß H. auch heute noch eine hohe *Faszination* auslösen können, zeigen nicht zuletzt neuentdeckte Frauengestalten wie Theresia von Avila, Hildegard von Bingen und die liebenswürdige Theresia vom Kinde Jesu. Zu nennen ist auch die Gestalt des →Franz von Assisi, in dessen Ausstrahlung viele ein Zeugnis unzerstörbarer Hoffnung und in dessen Lebenskonzept sie eine Antwort auf gegenwärtige Probleme der Rüstung und ausgebeuteten Natur erblicken. →Maria, die Mutter Jesu, genießt in der orthod. wie in der kath. Kirche immer noch höchste und meistverbreitete Verehrung.

*IV.* In der *Volksfrömmigkeit* spielen die H.n eine Rolle als Namenspatrone sowie als Patrone von Orten, Vereinen und Völkern, von Berufen und als – so wie die 14 Nothelfer – Retter in best. Situationen und Notlagen. Verschiedene Zuordnungen haben sich oft anachronist. überlagert (etwa Gabriel als Patron der »Boten, Postbeamten, Brief- und Zeitungsausträger und gegen ehel. Unfruchtbarkeit«, Melchers, 183). Die hist. Existenz vieler H.r (etwa des hl. Georg) ist inzwischen in Zweifel gezogen. Die kath. Kirche trug in ihrer Neuordnung der H.nfeste 1969 diesen Erkenntnissen weitgehend Rechnung. Vorbildl. ist die im 17. Jh. begonnene hist.-krit. Erforschung der H.nviten durch die *Bollandisten,* die mit Unterbrechungen bis in die Gegenwart hinein andauert (Sitz in Brüssel).

Die Konzentration auf die in der Volksfrömmigkeit akzeptierten oder offiziell kanonisierten H.n läßt oft die Zahl der *anderen großen Gestalten* übersehen, deren Verbindlichkeit oft aus kulturellen, kirchen- oder staatspolit. Gründen nicht öffentl. sanktioniert wird, aber für die Formung einer zeitgemäßen christl. *Spiritualität* von hoher Bedeutung sein kann. Es sind dies nicht nur die »H.n ohne H.nschein«, sondern ebenso die »Großen Unh.n« (Nigg) sowie die *Anonymisierten,* deren Neuentdeckung für Biographien heutiger Christen von orientierender Bedeutung sein können. So sind etwa Frauen dabei, die Biographien ihrer Vorgängerinnen zur Rückgewinnung ihrer eigenen Identität in Erinnerung zu rufen (→feminist. Theologie).

Schließl ist an jene Gestalten aus anderen →Konfessionen und →Religionen zu erinnern, denen die »Ehre der Altäre« längst zuteil geworden wäre, hätten sie kraft Geburt in unserem Kulturraum gewirkt (M. Ghandhi).

*Lit.: A. Angenendt:* Religiosität und Liturgie, in: Archiv für Liturgiewissenschaft 20/21 (1978/79), 28-55. – *W. Beinert (Hg.):* Die H.n heute ehren, Freiburg 1983. – *D. H. Farmer:* The Oxford dictionary of Saints, Oxford 1978. – *I. Kologriwow:* Das andere Rußland, München 1958. – *E. und H. Melchers:* Das große Buch der H.n, München, 4. Aufl. 1980. – *W. Nigg:* Große Unh., Olten/Freiburg 1980. – *Ders.:* H. ohne H.nschein, Olten/Freiburg 1978. – *K. Onasch:* Altruss. H.nleben, Wien 1978. – *L. Pinomaa:* Die H.n bei Luther, Helsinki 1977. – *N. Thon (Hg.):* Gottesdienst zu Ehren aller H.n der Rus', Würzburg 1987, 66-144. – *J. de Voragine:* Die Legenda aurea, übers. von R. Benz, Heidelberg 1979.

*Hermann Häring*

## *B. Kunstgeschichtlich*

*I. Entstehung und Ausbildung* der christl. →Kunst ist aufs engste mit der Verehrung der H.n verknüpft. Die →Gräber der →Märtyrer, Konfessoren (Bekenner), später auch die Gräber Christi, der →Apostel und →Marias werden durch kirchl. Memorialbauten (z.B. St. Peter in →Rom; Grabeskirche in →Jerusalem) ausgezeichnet, in deren Apsiden die →Bilder der jeweiligen H.n erscheinen. Mit Vorliebe ließ man sich »apud sanctos« (bei den Heiligen) bestatten, so daß die frühchristl. Gedächtniskirchen immer von Friedhöfen umgeben waren. Gemeinden ohne eigenes H.ngrab bemühten sich um die Übertragung von H.nleibern aus anderen Orten oder versuchten, sich →Reliquien oder -teile zu beschaffen und so eigene Kultorte einzurichten. Seit dem frühen →MA. hatte schließl. jede Kirche ihren Patron, dessen Reliquie im »*sepulchrum*« (Grab) des →Altars geborgen wurde. Die Vielzahl von H.n und die Unterschiedlichkeit ihrer Verehrung machten es schon im 4. Jh. notwendig, den Kalender ihrer →Feste und ihre Zahl zu normieren. Die H.nbilder als Idealbilder ohne konkrete Individualität bedurften des Attributs (Beigabe, z.B. Schlüssel, Rost, Kreuz), wodurch die dargestellte Figur exakt identifizierbar wird. Seit dem 3./4. Jh. benutzte man deshalb für die Darstellung Gottes, Christi, der Apostel und der Gottesmutter best. Figurentypen und Kennzeichen aus der antiken Kunst. Mit dem weiteren Ausbau der Legenden entwickelte sich auch das System der Attribute. Nun machen Gattungsattribute deutlich, welcher Gruppe (Märtyrer = Palme; Apostel und Evangelisten = Buch) oder welchem Stand (Könige, Soldaten, Ärzte) die Personen zugehören, während die individuellen Attribute fast unübersehbar werden (Schlüssel = Petrus; Lamm = Johannes der Täufer; Rost = Laurentius; Kopf = Remigius; Wasserkübel = Florian). Die →*Ikonen* der →orthod. Kirchen kennen solche Attribute nicht, sondern bezeichnen die dargestellten Personen durch Beischriften (Legenden, »epigrammata«). Den Bezug auf Leben und Wirken der H.n, den das Attribut des westl. H.nbildes herstellt, entfaltet die Ostkirche in der Vitenikone, auf der das Zentralbild des H.n von Randbildern mit Einzelszenen aus dessen Leben begleitet wird.

*II.* Der Rang und die *theol. Bedeutung* der H.nverehrung und des H.nbildes ist vor allem im Bilderstreit in →Byzanz und bei den Karolingern (→Bild) herausgearbeitet worden. Die Ostkirche definierte die Wesensähnlichkeit ihrer Ikonen mit dem Urbild nach dem äußeren Erscheinungsbild, nicht aber nach deren Wesen, und wies dem Kultbild damit einen festen Platz in →Liturgie, →Frömmigkeit und →Kirchenrecht zu. Im Westen verlief die Entwicklung nicht so eindeutig, zumal es hier trotz Verehrung einzelner Bilder niemals einen regulären Bilderkult gegeben hat. Die größte Verbreitung besaßen und besitzen die oft mit H.nbildern geschmückten *Devotionalien*, die dem Bereich der →Volksfrömmigkeit und -kunst zuzurechnen sind. Aus der myst. Literatur erwuchs der Typ des Andachtsbildes, bes. des Vesperbildes (Marienklage), das die Leiden Christi und Marias nacherleben läßt. Bes. Verehrung erfreuen sich die Gnadenbilder, die – durch vielfache Wunder ausgezeichnet – Pilger an sich ziehen und in →Prozessionen mitgeführt werden. In den Umkreis dieser Frömmigkeit gehören auch die reizvoll naiven *Votivbilder*, die als Erfüllung eines →Gelübdes (»ex voto«) angefertigt werden und für Wunder sowie Gebetserhörungen danken. Mit Gelübden verbunden sind häufig auch die Stifterbilder, die den Stifter in die unmittelbare Umgebung des H.n rücken. Strahlendster Ausdruck der H.nverehrung ist jedoch das *Allerheiligenbild*, das die Anbetung des Lamms durch die Chöre der H.n, Patriarchen und →Propheten sowie Vertreter aller Nationen und Sprachen zeigt. Die H.n vereinen sich hier mit den anderen Chören zur Gemeinschaft der H.n in der endzeitl. Dimension einer vollendeten Einheit von ird. und himml. →Kirche.

*III.* Obwohl die Verehrung und die Bilder der H.n im →*Protestantismus* durch die →Reformation schließl. ausgeschieden wurden, lassen sich auch dort verborgene Formen dieses Phänomens beobachten (Lutherbild, Benennung von Kirchen nach ev. Glaubenszeugen, Bildschmuck in Gemeinderäumen und Amtszimmern). Durch die verstärkte Bedeutung, die der Meditation in der Gegenwart zugemessen wird, könnte die Rolle der H.n und ihrer Bilder vor dem Hintergrund ökumen. Denkens auch im Protestantismus neu durchdacht werden.

*IV.* In welche menschl. Tiefenschichten der Wunsch nach der Verehrung von H.n und ihrer Bilder reicht, verdeutlichen die *säkularisierten Formen des H.nkultes* und -bildes: die Gedächtnisbauten für Staats- und Parteiführer, deren »Ikonen« in Amtsräumen, bei prozessionsgleichen Aufmärschen und auf Briefmarken. Hierher gehören die Heldengedenkstätten und die moderne Poster-Produktion, die die »Ikonen« der jeweiligen Idole für die öffentl. und private Verehrung bereitstellt.

*Lit.:* Lexikon der christl. Ikonographie, Bd. 5-8, Freiburg 1973/76. – *H. L. Keller:* Reclams Lexikon der H.n und der bibl. Gestalten, Stuttgart 1968. – *O. Wimmer:* Handbuch der Namen und H.n, Innsbruck 1956.

*Peter Maser*

### Heiliger Geist

Vorgängig zur Orientierung am schwer zu definierenden Begriff →Geist (Lebensodem, nichtkörperl. Wesen; →Bewußtsein) und im Unterschied zu hll. →Geistern und →Engeln bezeichnet Hl.G. (Singular) im christl. Sinn den unsichtbaren aber wirksamen, als Geber und Gabe zugleich gedachten, als *lebensspendende Kraft* und Band der Liebe erfahrenen Gott. Er kann umschrieben werden als das *unfaßbar Gegenwärtige* an Gott. Mit »Hl.G.« werden das griech. »hagion pneuma« (Gehauchtes) und das lat. »Spiritus Sanctus« (Odem) übersetzt. Die Lehre vom Hl.G. wird Pneumatologie genannt. »G.« deutet hier nicht auf eine Bewußtseinssphäre, sondern auf Gottes weltzugewandte unverfügbare Macht. Erst im Rahmen der abendländ. Metaphysik wird »G.« zu einer ontolog., von der Materie unterschiedenen Qualität, mit der dann auch Gott

bestimmt wird (absolute Einfachheit, Unsichtbarkeit, Allgegenwart, Allwissendheit).
Im klassisch trinitätstheol. Sprachgebrauch bezeichnet der »Hl.G.« neben Vater und Sohn die *dritte göttl. Person* des in seinem Wesen Einen Gottes (→Trinität). Die trinitätstheol. Theoriebildung hat seit der Zeit der →Kirchenväter die Rede vom Hl.G. grundlegend bestimmt.

*A.* Dieser hellenist. geleiteten Theoriebildung geht eine lange und komplexe, *im AT beginnende* Verstehensgeschichte voraus: von der über den Wassern schwebenden »ruach« (Gen 1,2) über den die Menschen zum Guten und Bösen bestimmenden G. (Jes 6,10; vgl. Lk 22,3) und dem im leisen Windhauch sprechenden Jahwe (1 Kön 19,11-13) bis hin zur Erwartung der Propheten, die Ruach werde ins Herz der Menschen gelegt und schließl. über die ganze Menschheit zu deren Heil ausgegossen (Joel 2,28-32). Weil nach Überzeugung der ersten Christen das Reich jetzt angebrochen und der G. Gottes über die Kirche ausgegossen ist, erweist sich die neue Zeit in Zeichen und Wundern (Röm 15,19), im Geist der freien Kindschaft (Röm 8,5). Der G. nimmt deshalb *im NT* eine zentrale Stellung ein. An →Pfingsten ist der G. über die Kirche ausgegossen (Apg 2). So sieht sie sich als die endzeitl. Gemeinde, in der die Sprachverwirrung von Babel aufgehoben und die Zeit der großen Völkerverständigung eröffnet ist. Dabei treten drei Perspektiven in den Vordergrund:
1. Der G. dient der *Identifikation Jesu* als des eschatolog. Propheten und »Messias«, (hebr.: [vom G.] Gesalbter). Der G. Gottes ruht auf ihm und seinem Werk der Befreiung (Lk 4,14-21). Im G. wird Jesus – von Geburt an (Lk 1,35), seit seiner Taufe (Mk 1,11), kraft seiner Auferweckung (Röm 1,4) – zum Sohn Gottes eingesetzt. Weil der Herr selber der G. ist (2 Kor 3,17), ist er Garant christl. Freiheit, weil Gegenwart der alle Unfreiheit überwindenden Macht Jahwes selbst. Diese beginnende »G.christologie« wird später nicht weiter verfolgt (→Christologie).
2. Der G. Gottes dient dem rechten *Verständnis der Botschaft Jesu Christi* und der Schrift. So stellt Paulus dem toten Buchstaben den lebendig machenden G. gegenüber (2 Kor 3,6); der G. offenbart Gottes Wahrheit (1 Kor 1,20; 12,3; 1 Petr 1,21). In ihm als ihrem »Anwalt« kann sich die Gemeinde der Worte Jesu authent. »erinnern« (Joh 14.16; 15,26 u.ö.). Die Berufung auf den G. bleibt durch die Geschichte der Kirche hindurch in offiziell legitimierender und in widersprechender Absicht lebendig.
3. Der G. erweist sich als das tragende und gestaltende *Prinzip der Gemeinde*. Er kommt auf die Getauften herab, wirkt in den Gnadengaben (1 Kor 12), erweist sich in der gegenseitigen Liebe und zeitigt seine Früchte (Gal 5,22), so daß man von einer charismat. Struktur der Gemeinde sprechen kann (→Charisma), die trotz stetiger Prozesse der Institutionalisierung und Veralltäglichung auf einen stets neuen und außerordentl. Aufbruch hoffen läßt. Diese innovator. Berufung auf den G. gerät später regelmäßig in Konflikt mit den auf Kontinuität bedachten Trägern kirchl. Ämter.

*B.* Da der G. neben dem Vater und dem Sohn im NT eine hervorgehobene Rolle spielt, liegt es nahe, im Rahmen einer *ontolog. Fragestellung* genauer nach seinem Wesen sowie nach seinem Verhältnis zum Vater und zum Sohn zu fragen. Allerdings wird die Bedeutung der G.esgaben, Propheten und Charismen um so mehr zurückgedrängt, als eine Theologie des G.es dessen eschatolog. Funktion verdrängt. Im Rahmen der im 3. Jh. grundgelegten und hauptsächl. im 4. Jh. umrissenen →Trinitätstheologie wird der G. in Analogie zum Sohn (→Präexistenz) als *göttl. Hypostase* (»Person«) umschrieben, die vom Vater vor aller Zeit ausgeht und mit ihm sowie mit dem Sohn eines Wesens ist. Gemäß den unterschiedl. trinitätstheol. Ansätzen bleibt der G. im Osten stärker auf seinen Ursprung im Vater bezogen als im Westen, wo der G. seit →Augustinus – unbeschadet des Ursprungs im Vater – als Koprinzip der Dreiheit an sich aufgefaßt wird. Während die östl. Kirche in monarch. Ordnung darauf achtet, daß der G. vom Vater »*durch* den Sohn« hervorgeht, gewinnt im Westen die Vorstellung vom Ausgang des G.es aus dem Vater »*und* dem Sohn« (*filioque*) größeres Gewicht. Die Formel hat ihre eigene, mit Ambrosius und Augustinus beginnende Geschichte, wird seit dem 7. Jh. in verschiedene westl. Glaubensbekenntnisse eingefügt und schließl. durch Benedikt VIII. um 1013 für das röm. Glaubensbekenntnis verbindlich. Dieser unökumen. Akt wurde zum Anlaß der endgültigen Spaltung von 1054 zwischen Ost und West (→Kirchenspaltung).

*C.* Der Verweis auf den G. gewinnt im MA. neue Bedeutung, als *Joachim von Fiore* (1130-1202; →Chiliasmus) für seine Zeit den Beginn des dritten, des Zeitalters des G.es anbrechen sieht. In dieser Zeit nahe das Ende der hierarch. strukturierten, sich in ihren Ämtern vom Sohn her legitimierenden Kirche. Der G. wird so erneut zum Bedeutungsträger der beginnenden, sich in sozialer Gemeinschaft realisierenden Freiheit. Damit hat sich unter veränderten Verstehensbedingungen die *eschatolog. Erfahrung* des G.es wieder ihr Recht verschafft, die ansonsten in den Mystiken dieses Zeitalters eher unter den Vorzeichen der Verinnerlichung und geistgewirkten Einigung mit Gott, aber ebenso institutionskrit. wahrgenommen wird. Die amtl. Kirche begegnet beiden in größter Zurückhaltung.
Es ist derselbe G., auf den sich →*Luther* als das innere Licht beruft, ohne das Wort und Sakrament nutzlos sind. Allerdings hat er dem inneren Licht die Ergänzung des äußeren (im Wort Christi gegebenen) Lichts zugeordnet, so daß allen Kontinuität zerstörenden Aufbrüchen der reformator. Linken (die sich ausschließl. auf den G. und dessen Erleuchtung berufen) gewehrt ist. So ist seit den Zeiten der Reformation klar, daß der G. sich nicht

aus seiner polit. wirksamen, gesellschafts- und geschichtskrit. Funktion verdrängen ließ, doch in den Großkirchen immer wieder an Ordnung und Kontinuität garantierende Legitimatoren zurückgebunden wurde.

*D.* In Aufklärung und Idealismus wird der Hl.G. in philosoph. Ansätzen und Entwürfen beerbt. Die →*Aufklärung* verdünnt ihn eher zum Licht des rationalen Verstandes oder zu einem allg. menschl. Bewußtsein, kann deshalb die rel. Vitalität des Glaubens an den G. nicht übernehmen. Im →*Idealismus* dagegen wird die geschichtl. Dynamik der G.theologie in trinitar. Gewande fruchtbar gemacht. Für →Hegel legt sich Gott – bis hin zum Tod seines Sohnes entäußert – im G. als seinem zu sich kommenden Selbstbewußtsein aus. So gibt der Verweis auf den G. erneut die Möglichkeit, den Gang der Geschichte besprechbar zu machen und – wie die Marxsche Umkehrung zeigt – geschichtswirksam zu dynamisieren.

*E.* Neuere trinitar. und trinitätstheol. Ansätze lassen vermuten, daß eine Theologie des Hl.G.es zum *Organisationszentrum einer Theologie* und Glaubensverkündigung werden kann, welche die neuzeitl. Anliegen menschl. Freiheit ebenso aufnimmt wie den Ruf nach einer pluralen, in Gerechtigkeit versöhnten Welt. In Abwehr gegen einen Christomonismus wird eine G.christologie vorgeschlagen (P. Schoonenberg); in Kritik überlegitimierter Kirchenstrukturen wird die charismat. Dimension der Kirche in Erinnerung gerufen (H. Küng, J. Moltmann). Im Blick auf den Hl.G. kann das Recht auf die oft diskrimierte rel. →Erfahrung ebenso zur Geltung kommen wie das Recht auf die Individualität der Glaubensformen und Glaubensgemeinschaften in einer hochdifferenzierten Gesellschaft. Vor allem aber kommt es darauf an, Gott von seiner Gegenwart als G. her zu verstehen; denn nur so kann ein sich autoritär gebärdender →Monotheismus ebenso vermieden werden wie ein Aufgehen Gottes ins richtungslose Ganze der Welt. Feminist. Theologinnen weisen darauf hin, daß ein von der »Ruach« her begriffenes Gottesverständnis die verhängnisvolle Patriarchalisierung des christl. Glaubens ebenso aufbrechen kann wie den damit verbundenen Zwang zu einem hierarch. Denken. Zusammen mit charismat. Strömungen (→Charisma) weisen sie auf ein *uneingelöstes Element* christl. Wahrheitsverständnisses hin, daß sich näml. menschl. Gemeinschaft, Friede und ein christl. Lebenskonzept danach bemessen, ob in ihnen Freiheit als Frucht des G.es erfahrbar wird (1 Kor 14,23-25). Gott *ist* Ereignis des G.es (E. Jüngel).

*Lit.: Y. Congar:* Der Hl.G., Freiburg 1982. – *E. Jüngel:* Gott als Geheimnis der Welt, Tübingen 1977, 409-543. – *W. Kasper (Hg.):* Gegenwart des G.es. Aspekte der Pneumatologie, Freiburg 1979. – *W. Kern/Y. Congar:* G. und Hl.G., in: Christl. Glaube in moderner Gesellschaft 22, Freiburg 1982, 60-115. – *E. Kinder:* Zur Lehre vom Hl.G. nach den Luth. Bekenntnisschriften, Berlin 1964. – *J. Moltmann:* Kirche in der Kraft des G.es, München 1975. – *Ders.:* Trinität und Reich Gottes, München 1980. – *E. Schweizer:* Hl.G., Stuttgart 1978.

*Hermann Häring*

## Heilige Schriften

*A.* Unter h.n Sch. versteht man einen *literar. Typus* (→Literatur), in dem rel. (mytholog., doktrinär-dogmat., kosmo- und anthropogon., eth. u.a.) →Traditionen schriftl. niedergelegt sind.

*I.* In einem *weiteren* Sinne können als h.Sch. auch alle rel. Dokumente angesehen werden, deren Kenntnis oder Besitz *heilsgewinnende Bedeutung* hat (das Ägypt. Totenbuch wie seine Vorläufer, die Pyramiden- und Sargtexte, →Mythen u.a.). Im *engeren* Sinne versteht man darunter solche Sch., die als Richtschnur (→Kanon) des rel. Lebens auf Grund allg. Konsenses oder autoritativer Entscheidung gelten. In diesem Sinne sind h.Sch. dann doktrinär- und eth.-normative Festsetzungen, die einen von Fall zu Fall verschieden hohen Grad der Verbindlichkeit aufweisen. Sie gelten als die *gültige* →*Norm* des »Bekenntniswissens« einer rel. Gruppe.

*II.* Im Sinne der engeren Definition gelten als h.Sch. die *Kanones* der »Buchreligionen«, also des →*Judentums* (mit der hebr. →Bibel), des →*Christentums* (mit der Bibel des →AT und →NT), des →*Islam* (mit dem →Koran), des →*Hinduismus* (mit shruti und smriti, wobei letztere Gruppe nur sekundäre Kanonizität besitzt), des →*Buddhismus* (mit den Kanones der einzelnen Fahrzeuge und Schulen, also mit dem hînayān. Pālikanon, dem mahāyān. Kanon: in chin. [San-ts'ang] und jap. Übersetzung [San-zo], mit dem tibet. Kanjur und Tanjur [→tibet. Religionen] und dem fragmentar. Sanskritkanon verschiedener Schulen), des *Zarathustrismus* bzw. →*Parsismus* (mit dem Avesta), der *Sikhs* (mit dem Adi Granth; →Sikhismus), der *Mandäer*, der *Jainas* (→Jinismus) und des →*Taoismus.* Unverhältnismäßig spät, erst ab 1868, gewannen das *Kojiki* (Geschichte der Begebenheiten im Altertum, 712 n. Chr. redigiert) und das *Nikongi* (die Jap. Annalen, fertiggestellt um 720 n. Chr.) quasikanon. Rang für den →*Shintoismus.*

*B.* Als *Buchreligionen* sind strenggenommen nur der →Manichäismus und (in Nachahmung des chin.-buddhist. San-ts'ang: Dreikorb, von sanskrit. Tripitaka) der Taoismus entstanden. Das Vorhandensein des Kanjur und Tanjur regte die Bon-po's (die Vertreter der in Tibet bodenständigen Bon-Religion) zur Sammlung und Abfassung eines Bon-Kanjur und -Tanjur an. Die *meisten Religionsstifter,* ausgenommen →Mani (gest. 273 n. Chr.) und vielleicht →Lao-tse (der nur sehr bedingt als Religionsstifter anzusehen ist), lehrten nur *mündl.* Wiewohl der Islam als »Schriftreligion par excellence« gilt (Lanczkowski), ist auch die Entstehung des Koran in einer vorschriftl. Phase bei Lebzeiten

des →Muhammad erfolgt. Der →Konfuzianismus hingegen (dessen Religionscharakter immer noch sehr umstritten ist) beruht im wesentl. auf der Sammlung und Redaktion älterer Dokumente in den fünf kanon. Büchern (wu-ching) durch →Konfuzius. In den allermeisten Fällen ist also mit einer umfängl. mündl. Überlieferungsgeschichte zu rechnen.
Davon zu unterscheiden ist jeweils die *Kanongeschichte*, in der die betreffende Schrift kanon. Rang erlangte. Im Falle des Judentums gelangte dieser Prozeß erst gegen Ende des 1. Jh.s n. Chr., im Falle des Christentums im 4. Jh. zum Abschluß, wobei die Debatte um einige bibl. Bücher jeweils weiterging. Die Kanongeschichte des Buddhismus weist bes. deutl. das Phänomen des *Sch.zuwachses* auf, und zwar in doppeltem Sinn: Zunächst entstand der hināyān. Pālikanon (der »Drei-Korb«; Tripitaka) aus einer Vorform, die nur zwei »Körbe« umfaßte, den Korb der Ordenszucht (vinaya) und den Korb der Lehrreden (suttapitaka). Der dritte Korb, das abhidhammapitaka, ist deutl. späteren Datums. Sch.zuwachs erbrachte dann – entspr. der These von der sukzessiven Enthüllung der Buddhalehre – vor allem die mahāyān. Weiterentwicklung.

*C.* Die Inhalte h.r Sch. können sehr unterschiedl. Natur sein: →Mythen, hist. Berichte, →Hymnen und →Gebete, ganze →Liturgien, Rechtssatzungen. Überhaupt gibt es »kein Einzelmerkmal, das auf die h.nSch. ausnahmslos zuträfe« (Leipoldt/ Morenz, 23). Doch läßt sich ein Katalog *formaler Kriterien* zur Bestimmung h.r Sch. zusammenstellen:
1. Die Schrift gilt als *geoffenbarte* Wahrheit (→Offenbarung); die Tätigkeit des Autors wird als inspiriert (also unter göttl. Einfluß stehend; →Inspiration) verstanden, so daß die Gottheit als eigentl. Autor der Schrift gelten kann.
2. Die hl. Schrift wird als authent. *Wort des Stifters* angenommen (evam me sutam – »wo wurde es von mir gehört« als Traditionsprinzip für die Buddhalehre). Manchmal gilt die Lehre als eine dem Meister übergeordnete Größe (der dharma im Falle des →Buddha). Gelegentl. sieht man auch das hohe Alter der Schrift als Kriterium und Ausweis der Kanonizität an.
3. Der normative Charakter drückt sich in *festen Wendungen* aus: »Es steht geschrieben« (in Griechenland ab dem 5. Jh. v. Chr.; in der griech. Übersetzung des AT (Septuaginta), in den Sch. der Gemeinde des Neuen Bundes von Damaskus wie auch in der Sektenregel von →Qumran). Der normative Charakter kann sich auch durch *öffentl. Verlesung* innerhalb der →Liturgie oder in gemeinschaftl. Rezitation zeigen.
4. Der kanon. Charakter h.r Sch. wird *autoritativ festgesetzt.* So begründen viele kath. Theologen die Kanonizität des Bibel durch einen unwiderrufl. Entscheid der Kirche.
5. In aller Regel ist die Auslegung der *individuellen Willkür entzogen.* Entweder wacht die Gemeinde, ein bes. Institut oder eine lehramtl. →Autorität über der Reinheit der →Tradition. Exeget. Besonderheiten schaffen Schulen und manchmal heterodoxe (von der Lehrnorm abweichende) Gruppierungen (→Sekte).
6. In verschiedenen rel. Traditionen genießen die h.n Sch. auch *rituelle Verehrung* (die Torarolle im jüd. Synagogengottesdienst, Beweihräucherung der hl. Schrift in der →orthod. und →röm.-kath. Kirche, auch im vajrayān. Buddhismus). Damit verbindet sich auch die Vorschrift der würdigen Aufbewahrung der hl. Schrift, bisweilen die Bevorzugung best. Formate (Rollenformat) handgeschriebener Texte, bes. Sorgfalt und kalligraph. Regeln bei der Abschrift.
7. Es kommt ferner zur Bevorzugung archaisierender →*Sprachen* wie des Hebräischen, Griechischen, Lateinischen, Altbulgarischen (Kirchenslawisch), des Sanskrits, Pāli, Sumer. usw. Manchmal spielen auch *esoter. Tradierweisen* und Arkandisziplinen (Schweigegebote) eine Rolle, ganz bes. im Manichäismus (»electi«, die eigentl. Jünger Manis) und im Falle der mandä.-nasorä. Sch.

*Lit.: G. Lanczkowski:* H.Sch., Stuttgart 1956. – *J. Leipoldt/S. Morenz:* H.Sch. Betrachtungen zur Religionsgeschichte der antiken Mittelmeerwelt, Leipzig 1952 (Lit.).

*Klaus-Josef Notz*

## Heilige Stätten

*A.* H.St. stellen die räuml. Dimension der Begegnung des →Menschen mit dem →Heiligen dar, dessen lokale Manifestationen sie sind. Die h. Stätte ist nicht willkürl. und zufällig gewählt, sondern Ort der Kundgabe, d.h. →Erscheinung und der →Erfahrung, von unpersönl. →Macht (Kratophanie) oder einer personalen göttl. Wesenheit (Hierophanie). Die *Kriterien der Auswahl* eines h.n Ortes sind verankert in einem Kanon fester Regeln, die in einer →Kultur gelten. Zu unterscheiden sind natürl. h.St.(Felsen, Steine, Berge, Wasserstellen und Quellen, Flüsse, Seen, Bäume, Haine, sonstige Plätze) und künstl. geschaffene (Umfriedungen wie Steinkreise und Allignements, Gräber, Feuerstellen, Häuser, →Tempel, künstl. geschaffene Höhlen usw). Der →Mythos der h.n Stätte bewahrt in aller Regel eine – mytholog. überformte – Erinnerung an die Begründung und an den Zweck der h.n Stätte.
Die *Funktionen* sind verschieden: H.St. kennzeichnen den Ort bes. →Offenbarungen oder bes. heilsträchtiger Begebnisse, oder aber sie bezeichnen h. Zentren (»axis mundi« [Weltenachse]; »omphalos« [Weltennabel]). Häufig sind sie auch →Opferbezirke. Immer aber stellen sie Übergänge dar von der sichtbaren und erfahrbaren Wirklichkeitswelt zur unsichtbaren Überwirklichkeit.

*B.* Die h. Stätte ist in aller Regel deutl. aus der sie umgebenden Landschaft *abgegrenzt* (griech. *temenos*, der abgeschnittene Bezirk, abgeschnitten näml. vom »pro-fanum«, also von jenem Bereich, der *vor* dem h.n Bezirk liegt). Die Umgrenzung entzieht die h. Stätte dem unqualifizierten Zugang (Meidegebote, →Tabu), d.h., die Annäherung an den h.n Ort erfordert best. Verhaltensregeln: das Ausziehen der Schuhe, die Entblößung oder Bedekkung des Kopfes, Reinigungsriten, allg. zeremonielles Verhalten. Diese Regeln sind nicht nur Ausdruck der Verehrung, sondern bes. auch Schutzmaßnahmen (apotropä. →Riten) vor den gefährl. Auswirkungen des H.n. Bevorzugt gilt der *Tempel* als Wohnung →Gottes. Die uns heute noch greifbaren, wohl ältesten Formen h.r St. sind die *Höhle* und das *Grab.* Die Höhle bezeichnet ein h.s Zentrum, weil sie den Eingang in den Schoß der Erde symbolisiert, zur Quelle des →Lebens (Zusammenhang von →Tod und Fruchtbarkeit in der Gestalt der »Großen Mutter« [→Frau], die zugleich die Fruchtbarkeit personifiziert und über das Totenreich herrscht). Höhlen wie auch Gräber dienen auch als Einweihungsorte.

*C.* Das Symbolmotiv der *»axis mundi«* (Weltenachse) drückt sich sowohl im →Symbol des Baumes wie auch des Berges aus: Der *Baum* ist nicht nur Träger sichtbarer Vitalkraft (Lebensbaum), er verweist auch nach »oben« und figuriert als Verbindungsglied zwischen den kosm. Ebenen (das myth. Symbol des Weltenbaumes). Der Baum bildet mit Wasser (Brunnen, Quelle, Fluß) einen symbol. Zusammenhang. In bes. Weise gilt der *Berg* als Grundstrukturelement des Weltenbaums und als h. Mitte. Die *Ziqqurat,* der sakrale Stufenturm im mesopotam. Raum, stellt gewissermaßen einen künstl. Berg dar, der die Stockwerke des Weltgebäudes kosm.-symbol. nachbildete. Die Namen berühmter Ziqqurats weisen auf den Symbolzusammenhang der Verbindung zwischen Himmel und Erde hin: *dur-an-ki,* das Band zwischen Himmel und Erde; *e-temen-an-ki,* der Angelpunkt zwischen Himmel und Erde. Der sumer. Begriff für Tempel, *e-gal,* Haus des Berges, bewahrt den Hinweis auf den Bergcharakter des Tempels auf. Kosm. Tempelarchitektur findet sich bes. auch im asiat. Raum.

*D.* Vom zentralen Heiligtum her leitet sich der Typus der *h.n Stadt* (Peking, Lhasa, Benares, Jerusalem, Mekka, →Rom). Tempelstädte als solche gab es in Mesopotamien, vor allem in Sumer, aber auch im vorkolumbian. →Amerika. →Jerusalem (hebr. Jeruschalajim, dt. vermutl. »Wohnung des Friedens«) ist die h. Stadt des →Judentums, dessen Zentrum, der Tempel, strengen Zugangsrestriktionen unterworfen war, abgestuft nach Zugehörigkeit zum Bundesvolk und wiederum zur →Priesterschaft in ihren hierarch. Gliederungen. Von einer best. Zeit an konnte nur im Tempel von Jerusalem der →Kult vollzogen werden. Mit der Erinnerung an →Jesu Tod und →Auferstehung wurde Jerusalem auch zur h.n Stadt der Christenheit. Im →Islam gilt sie gleichfalls als »El-Kudz«, die H. In vorisrael. Zeit ist Jerusalem der Kultort des El 'eljon (Gen 14) gewesen. Andere uralte h.St. in Palästina sind Betel, Kultort des El-Betel (Gen 31,13), Beerscheba, Kultort des El-'olam (Gen 21,33), u.a. (→Kanaan). Heiligkeitscharakter gewinnt Mekka, die h. Stadt des Islam, von der Kaaba, einem Heiligtum, das weit in die vormohammedan. Zeit zurückreicht. Das Allerheiligste des würfelförmigen Bauwerkes ist der »schwarze Stein« (wohl ein Meteorit).

*Lit.: M. Eliade:* Mythen, Träume und Mysterien, Salzburg 1961. – *Ders.:* Die Religionen und das Heilige, Darmstadt 1966. – *G. van der Leeuw:* Phänomenologie der Religion, Tübingen, 2. Aufl. 1956.

*Klaus-Josef Notz*

**Heiligung.** Der Mensch ist zur Heiligkeit berufen (vgl. Konzilsdekret Lumen gentium, 39-42), die in der Heiligkeit Gottes wurzelt. An ihr hat er in seiner *Gottebenbildlichkeit* teil. Durch Gottes frei geschenkte Gnade ist er angenommen und von vornherein bejaht und geheiligt. Gemäß christl. Überzeugung hat er daran Anteil durch die Menschwerdung Jesu Christi.

*A.* Die H. durch den Gott Jesu stellt den Menschen in den neuen Zusammenhang der Herrschaft Gottes. Insofern ist Gottes heilendes und heiligendes Tun der *Ausgangspunkt* für den Prozeß der H., die als existentieller Nachvollzug und Verwirklichung der Herrschaft Gottes, Vergegenwärtigung dieser Herrschaft im Menschen selbst, als Befreiung von →Sünde und →Tod als der grundlegenden Daseinsnot begriffen werden kann. Von hier aus wird begreifl., warum die ev. Theologie im Anschluß an die Neuentdeckung der →Rechtfertigungslehre streng darauf achtet, daß Gottes Handeln nicht durch menschl. Handeln ersetzt oder auf gleicher Ebene durch »Zusammenarbeit« (Synergismus) ergänzt wird. Heiligkeit kann der Mensch nicht durch eigenes Wollen leisten oder erreichen. Sie ist vielmehr Effekt, *Ergebnis* einer immer stärker den Menschen bestimmen, existentiell alle Bereiche seines Lebens durchdringenden Liebe und deren konkrete Verwirklichung im Daseinsvollzug.
Andererseits dürfen Rechtfertigung und H. auch nicht getrennt werden; denn eine Analyse von Prozessen der H. kann deutl. machen, daß das Aufbrechen des begrenzten Lebens auf den Gott hin, der das Leben gibt und erhält, auch wirkl. angenommen, durch eine *menschl. Tat* also bestätigt werden muß. Heiligkeit ist also zugleich existentielle Aneignung und Verifikation der Gnade, ein Sichausstrecken nach dem vollen Leben in Christus und das Werden einer der Zugehörigkeit zu Gott entspr. *Lebensgestalt.* In der H. realisiert sich im Anschluß an Paulus die innere Einheit dessen, was wir schon sind (Indikativ), und dessen, was wir noch werden sollen (Imperativ). Gegebene (indikativ.) und geforderte (imperativ.) H. sind aufeinander bezogen und einander zugeordnet. H. ist so die Annahme der Tatsache, daß Heiligkeit immer neu zu erringen und zu verwirklichen ist.

*B.* Zentrale Bedeutung für das christl. Verständnis der H. des Menschen hat die →*Inkarnation* Gottes in Jesus dem Christus. H. fordert nun, ganz Mensch zu werden, um ganz, heil (somit heil-ig) neu »in Christus« zu leben. Sie ist rettende und heilende Überwindung von Schuld, ist Vollzug der in Jesus Christus überwundenen →Entfremdung zwischen Gott, Mensch und Welt, damit →Versöhnung des Menschen mit sich selbst und schließl. Leben als Leben in der Fülle von Christi Existenz, ganzheitl. Wiederherstellung des Menschen auf Gott hin (Heilung).
H. ist so letztl. *Menschwerdung des Menschen*, als gottgewirkte menschl. Ganzheit und Erfüllung sowie als gelingendes menschl. Leben, das einhergeht mit einer immer größeren Nähe zu »Gott in/unter uns«. Als gegenwärtige Gabe ist sie Wille und Berufung Gottes, konsequent das Befreitsein auf die eigene Fülle hin zu ergreifen. Sie ist so Freiwerden von den Verstrickungen in die falschen Selbstbilder des Ich und vom Wahn einer machbaren Welt.

*C.* H. ist *emanzipativ heil-endes Handeln.* Sie verwirklicht die in unser Herz ausgegossene (Röm 5,5) Liebe Gottes. Der Mensch kann so immer transparenter werden für die umfassende Liebe Gottes hin und gleichzeitig nach innen die Wirklichkeit dieser Liebe im Menschen und damit die Anwesenheit Gottes selbst in der Welt sichtbar machen. Das Streben nach der Verwirklichung der Liebe kann so als der aktive Beitrag des Menschen zur H., zur Liebe als einer freien Entscheidung zum →Heil begriffen werden. Im Vollzug der Liebe wird das Heilige mitvollzogen, in der Liebe Heil gewährt (M. Scheler) und so die H. des Menschen realisiert. Je mehr die Liebe zu sich selbst kommt und das Leben von ihr durchformt wird, um so »reifer« wird die Heiligkeit des Menschen. »Wer in der Liebe bleibt, bleibt in Gott und Gott bleibt in ihm« (1 Joh 4,16b).
H. bedeutet deshalb auch auf seiten des Menschen tatkräftiges *Ergreifen des Lebens* in seinen existentiell entscheidenden Dimensionen und beinhaltet als Verwirklichung der Liebe, die Jesus gelebt und verkündet hat, ein freies Zugehen auf *den, der Liebe ist.* Der Glaube an Gott lebt aus der Erfahrung, daß Gott selbst dem Menschen die erfüllende Ganzheit gibt, ihn vollendet und verherrlicht. Das ist wohl der Inhalt des Satzes, daß Gott selbst Heil schaffe und heilige.

*Lit.: G. Beirer:* Selbst Werden in Liebe. Eine Begründung christl. Ethik im interdisziplinären Dialog, St. Ottilien 1988. – *J. Sudbrack u.a.:* Heilkraft des Heiligen, Freiburg 1975. – *J. Weismayer:* Leben in Fülle. Zur Geschichte und Theologie christl. Spiritualität, Innsbruck 1983.

*Georg Beirer*

WBC

## Heilsarmee

*A.* Die H. – *Salvation Army* – wurde 1878 von dem ehemaligen Prediger der →Methodisten, *William Booth* (1829-1912), unter Mithilfe seiner Frau *Catherine* gegründet. In den Elendsvierteln und unter dem Industrieproletariat kämpfte man um die Rückgewinnung der entkirchlichten Massen und nahm die Übel der Industriegesellschaft aufs Korn: Trunksucht, →Kriminalität, Prostitution, →Arbeitslosigkeit, soziales Elend; Krankenfürsorge; Betreuung von Seeleuten, Nichtseßhaften, Strafentlassenen, Waisen usw. Gepredigt wurde in Zelten, auf offenen Plätzen, an Straßenecken, in Schuppen und Wirtshäusern. Dabei war es stets ein Anliegen, für *Leib und Seele* gleichzeitig zu sorgen. Den Armen brachte man das →Evangelium und die Suppe. Anfängl. von den Kirchen und der bürgerl. Gesellschaft verspottet (wohl auch, weil von Anfang an Frauen und Männer gleichgestellt waren), verbreitete sich die H. rasch in der englischsprechenden Welt und auf dem europ. Kontinent. Die →anglik. Kirche sah sich so herausgefordert, daß sie als Konkurrenzunternehmen die *Church Army* gründete. Booth unternahm 24 Missionsreisen nach Deutschland, wo die Arbeit 1886 durch den ehemaligen Direktor eines Industriebetriebs im Ruhrgebiet, *Jakob Junkers* (gest. 1901), begann.

*B.* Die H. ist nach *militär. Muster* mit Dienstgraden, Uniformen, Fahnen und Musikkapellen *organisiert.* Das internationale Hauptquartier ist in London, von wo ein General die H. befehligt (z.Z. eine Frau). Die nationalen Einheiten unterstehen einem »Kommandeur«, der in der Bundesrepublik den Rang eines Oberst hat und dessen Hauptquartier sich in Köln befindet. Die H. versteht sich als volksmissionar.-diakon. Gemeinschaft von Menschen, die Christi lebensverwandelnde Kraft erfahren haben. Mitglied kann nach einer Rekrutenzeit im örtl. Korps werden, wer diese Erfahrung gemacht hat und anderen den Weg zum →Heil zeigen will. Das Motto der H. heißt *»Blut und Feuer«*: Jeder kann durch Christi Versöhnungstat (Blut) und durch das Feuer des →Hl. Geistes gerettet werden und ein Leben der →Heiligung (Enthaltsamkeit) führen. Einfache, direkte Predigt, das Singen und Musizieren sowie die Bußbank, auf der ein Sünder den rettenden Durchbruch erleben soll, sind ebenso kennzeichnend wie die Interpretation des Todes als »Beförderung zur Herrlichkeit« (promotion to glory).

*C.* In *Deutschland* gibt es 48 Korps mit ca. 10.000 Mitgliedern und 130 Offizieren sowie 34 diakon. Einrichtungen. Weltweit arbeitet die H. in 86 Ländern. Es gibt 14.500 Korps und über 3.000 Sozialeinrichtungen bei einer Mitgliederzahl von ca. 3 Mill. mit rund 25.000 Offizieren. Die H. ist Gastmitglied der Arbeitsgemeinschaft christl. Kirchen und arbeitet in der Ev. Allianz mit. Ihre Mitgliedschaft im →Ökumen. Rat der Kirchen ruhte seit

1978, weil dieser die Befreiungsbewegungen in Südafrika unterstützt. Sie trat 1981 aus und genießt jetzt einen »brüderl. Status«.

*Lit.: R. Collier:* Der General Gottes, Köln 1982. – *K. H. Gaßner:* Die H., Köln, 2. Aufl. 1983. – The Salvation Army Yearbook. War Cry/Der Kriegsruf (Zeitschrift).

*Erich Geldbach*

**Heilung** ist in älteren geschichtl. Epochen und in archai. →Kulturen vornehml. als ein nicht bloß natürl. Vorgang angesehen worden. Die Befreiung von einer →Krankheit schien das Wirken übermenschl. und *übernatürl. Kräfte* vorauszusetzen und anschaul. zu machen. Entspr. wurden nicht wenige Krankheiten als Besessenheit angesehen.

*A.* Im →*AT* und im →*NT* wird vielfach von wunderbaren H.en in solchem Sinne berichtet (→Wunder). In Zusammenhang mit der Verkündigung →Jesu haben diese Berichte freil. weniger eine selbständige Bedeutung; sie sollen vielmehr als Zeichen verstanden werden und dienen bildhaft dem Hinweis auf die Predigt von der Gottesherrschaft (→Reich Gottes). In der *Geschichte des Christentums* haben Wunderheilungen oder Glaubensheilungen stets eine unübersehbare Rolle gespielt. Auch in neuerer Zeit haben sich immer wieder christl. Bewegungen gebildet, für die Glaubensheilungen eine wesentl. Rolle spielen (→Mormonen, →Christian Science, →Pfingstbewegung). In der kath. Frömmigkeit wurden Wunderheilungen mit best. Orten (Lourdes) verbunden. Größere Aufmerksamkeit hat J. Chr. Blumhardt (1805-1880) durch die H. der Gottliebin Dittus, die mit dramat. Symptomen erkrankt war, auf sich gezogen.

*B.* Für die *moderne* →*Medizin* ist H. ein biolog. Vorgang (→Biologie). Dem entspricht, daß das Verhältnis des Arztes zum Kranken nicht mehr primär durch das Ethos der Barmherzigkeit bestimmt ist, sondern durch das Ethos der wissenschaftl. →*Rationalität.* Der Kranke wird zum Gegenstand wissenschaftl. Untersuchungen und techn. Maßnahmen gemacht, um den Prozeß der H. in Bewegung zu setzen. Eine persönl. Zuwendung des Arztes zum Kranken spielt für den biolog. H.sprozeß keine Rolle. Hier sollen allein die objektiven Eingriffe und Verordnungen wirken. Freil. zeigt sich der ärztl. Erfahrung, daß der H.sprozeß ohne die *innere Beteiligung* des Patienten und ohne seinen Gesundungswillen kaum gelingt. Bei einer nicht geringen Zahl von Krankheiten ist die H. geradezu entscheidend abhängig von der entspr. Einstellung und dem Einsatz des Patienten. Das gilt bes. von Krankheiten, deren H. unbedingt mit einer Veränderung der Lebensführung verbunden sein muß. An diesen Fällen wird deutl., daß H. nicht nur als ein vom Patienten selbst unabhängiger biolog. Vorgang angesehen werden kann. Der Kranke ist an seiner eigenen H. beteiligt, und nur als ein den ganzen Menschen umfassender Prozeß kann sie gelingen.

Diese Einsichten müssen bes. in christl. geprägten →Krankenhäusern zur Geltung gebracht werden. Das *christl. Verständnis* der ärztl. Aufgabe kann sich mit dem Ethos der wissenschaftl. Rationalität nicht begnügen. Hier muß dem Ethos der Barmherzigkeit die orientierende und leitende Funktion für das ärztl. Handeln zugewiesen werden. Dadurch wird ein solches Verhältnis zwischen Arzt und Patient begründet, das H. in allen ihren Aspekten und als einen ganzheitl. Vorgang zu verstehen und zu fördern vermag (→Ganzheit).

*Lit.: J. McGilvray:* Die verlorene Gesundheit – das verheißene Heil, Stuttgart 1982. – *P. Tournier:* Vom Sinn der Krankheit, Freiburg 1973.

*Dietrich Rössler*

**Heimat**

*A.* Im alltägl. Sprachgebrauch ein vielschichtiges, wertbesetztes und gefühlsgeladenes Wort. Seine konkrete alt- und mittelhochdt. Ausgangsbedeutung im Sinne von Haus, Hof, Anwesen, ererbter väterl. Grundbesitz, *Stätte des* →*Wohnens* erfährt im Verlauf der Begriffs- und Sozialgeschichte eine ständige Erweiterung (auf den Lebensraum um das Haus herum; als Rechtsbegriff zunächst auf die Lokalgemeinde, dann, in unserem Jh., auf das gesamte Staatsterritorium: »Recht auf H.«; →Menschenrechte). Mit der Auflösung der altständ. Lebens- und Gesellschaftsordnung Ende des 18. Jh.s und dem einsetzenden Industrialisierungsprozeß wird H. einerseits immer stärker Inbegriff des *vorindustriellen* ländl. Lebensraums. Ihm wachsen damit, beschleunigt dann von der H.bewegung der letzten Jahrzehnte des 19. Jh.s, nostalg. Gefühlswerte zu, die ihm bis heute anhaften. Andererseits wird die ursprüngl. Bedeutung von H. auch unter dem Eindruck der nationalen Freiheitskriege und des anhebenden →Nationalismus immer stärker *politisiert* und in Richtung »Vaterland«, →»Nation«, ja des »Vaterländischen« überhaupt ausgedehnt bzw. verschoben (Patriotismus). Die beiden Bedeutungsreihen, H. als Überhöhung unberührten Naturbodens und gewachsener Bindung hier und H. als national-polit. Gehalt dort, gehen damit eine kaum mehr auflösbare Verschmelzung ein, an die dann auch der →Nationalsozialismus mit seiner Blut- und -Boden-Ideologie anknüpfen konnte.

Nach dem Zweiten Weltkrieg wächst deshalb und mit dem anhebenden »Wirtschaftswunder« die Distanz gegenüber dem H.begriff, obwohl das Schicksal der großen Zahl von »H.vertriebenen« (»zweite H.«; »neue H.«) die Bedeutung des mit H. Bezeichneten nachdrückl. in Erinnerung rief und bis heute wachhält. Unter dem Eindruck einer beschleunigten Ausbreitung der »wissenschaftl.-techn. Zivilisation« (Schelsky) und damit auch Gefährdung der →alltägl. Lebenswelt, Landschaft und →Umwelt erhält der H.begriff eine *neue Plausibilität* sowie einen weiteren Bedeutungszuwachs im Sinne einer stärker gegenwarts- und zukunftsbezogenen, aktiv gestaltbaren und humanisierbaren natürl. und sozialen →Ökologie. Diese Entwicklung hat vermutl. mit dazu beigetragen, daß seit gut einem Jahrzehnt in Deutschland in allen »Weltanschauungslagern« wieder unbefangener der H.begriff Verwendung findet, ohne sich damit einem best. Ideologieverdacht auszusetzen.

*B.* H. ist kein Fachbegriff und kaum Gegenstand der →Soziologie geworden, deren Vertreter – bis auf wenige Ausnahmen – lange Zeit in einem recht »modernist.«, »technokrat.« und »intellektualist.« Wissenschaftsverständnis dem →Vorurteil aufsaßen, daß die Bedeutung lokal bestimmter Sozialbeziehungen, -bindungen und -orientierungen durch wachsende horizontale →Mobilität, überlokale und funktionale Daseinsverflechtungen stark relativiert und schließl. schwinden würde. Volkskundl. und neuere *kultursoziol. Untersuchungen* lassen jedoch daran zweifeln, daß eine solche Leitthese verallgemeinert werden kann; sie gehen den Ursachen, Methoden und Folgen weitverbreiteter regionalist. H.bewegungen nach und spüren die sozialen Vermittlungsstrukturen und -prozesse auf, die zu einem Fortbestand von »Ortskultur«, zum Entstehen unterschiedl. Grade von »H.gefühl« sowie zum Auf- und Ausbau einer lokalen →Identität führen.
Aus soziol. Perspektive läßt sich H. als »ein ganz best. Verhältnis von Menschen zu ihrer unmittelbaren lokalen Umwelt« (R. König) begreifen. Es erhält seine Eigenart dadurch, daß sie als sozial →Handelnde mehr oder weniger »schicksalhaft« in sie *hineingewachsen* sind (möglicherweise seit Geburt), sich in sie konkret »eingelebt« haben (eher unbewußt als reflektiert) und sie damit gleichsam auch in sich selbst »einverleibt« haben. Hierzu gehört auch eine jeweils eigenartige →Kultur, also ein ganzes Ensemble von →Werten und →Normen, Denkweisen und Redensarten (Dialekt), Stilrichtungen, Bräuchen und Verhaltensmustern. Eigenart und »Eigenheiten« von H. werden am deutlichsten gegenüber →Fremden (→Tourismus) bzw. in der »Fremde« (einer der extremen Gegenbegriffe zu »H«.) erlebbar.
H. setzt damit im Kern ein relativ *stabiles Gefüge* von örtl. gebundenen, dauerhaften, unmittelbaren und diffusen sozialen Beziehungen zwischen Menschen voraus, die sich wechselseitig (auch mit Namen) kennen und wiedererkennen, sich also irgendwie »vertraut« sind und in ihrer lokalen Zugehörigkeit wechselseitig anerkennen. →*Wohnen* als lokale Fixierung und Zentrierung des Lebens und Zusammenlebens wird damit zu einer grundlegenden Voraussetzung von H. Hinzu kommen weitere lokal bezogene alltägl. und außeralltägl. Aktivitäten und Veranstaltungen sowie lokale Vernetzungen und Einbindungen, etwa in Nachbarschaften und (Peer-) Gruppen, nicht zuletzt in das lokale Vereinswesen. Diese vielfältigen und vielschichtigen Beziehungen tragen dazu bei, daß eine lokale Umwelt subjektiv und kollektiv zur H. und ein entscheidender Bestandteil der persönl. und sozialen Identität wird (»Wir Reichenauer sind keine Konstanzer«; »Ich bin ein echter Schramberger« usw.).

*C.* Auch *rel.* →*Sitten und Gebräuche* (z.B. »Wasserprozessionen«, »Pferdeprozessionen«) können dazu dienen, lokale Identität in Erinnerung und zum Ausdruck zu bringen, sie zu bestätigen, demonstrativ – z.B. gegenüber Zugewanderten oder Touristen – hervorzukehren und sakral zu überhöhen, weshalb man hier auch von Elementen einer »H.religiosität« sprechen könnte. Auffällig ist auch das »Arrangement« der offiziellen Vertreter der christl. →Volkskirchen mit dieser bes. Form der →Volksfrömmigkeit, zumal sie doch eine andere »H.« verkünden und dabei selbst wiederum vielen zur »H.« geworden sind.

*Lit.: M. N. Ebertz:* H.bezogene Gemeinschaften, in: *J. Horstmann (Hg.):* Organisationsgesellschaft und Sinndimension (Dokumentationen 15. Veröffentlichungen der Kath. Akademie Schwerte), Schwerte 1985, 43-73. – H. heute, in: Der Bürger im Staat 33 (1983), 209-243. – *R. König:* Der Begriff der H. in den fortgeschrittenen Industriegesellschaften, in: *ders.:* Soziol. Orientierungen, Köln/Berlin 1965, 419-425. – *R. Lange:* Theologie der H., Freilassing/Salzburg 1965 (Lit.). – *W. Lipp:* H.bewegung, Regionalismus, in: Kölner Zeitschrift für Soziologie und Sozialpsychologie, Sonderh. 27 (1986), 331-355. – *H. Treinen:* Symbol. Ortsbezogenheit, in: Kölner Zeitschrift für Soziologie und Sozialpsychologie 17 (1965), 77-97; 254-297. – *E. Wimmer:* H. Ein Begriff und eine »Sache« im Wandel, in: *D. Harmening/E. Wimmer (Hg.):* Volkskultur und H., FS für J. Dünninger, Würzburg 1986, 13-24.

*Michael N. Ebertz*

**Heime, Heimerziehung**

*A.* Unter *Geschichte* und *Begriff* der H. und Heimerziehung (He.) im weitesten Sinne lassen sich bereits die Klosterschulen und Ritterakademien des MA.s ähnl. wie die späteren Fürstenschulen einordnen. Die Ausbildung erfolgte nach einer standesgemäßen Auslese und damit Absonderung von der Familie. Die erzieher. Dimension gewann im 18 Jh. um so mehr an Gewicht, je größer die Kluft von Welt und Religion sowie Moral wurde. Die Erziehungsanstalten der →Philanthropen hatten bereits die Funktion, die Zöglinge von dem »verpesteten Dunstkreis der Erwachsenen« (J. G. →Fichte) fernzuhalten und eine Erziehung eigener Art zu ermöglichen. Sie wirkten damit vorbeugend und nahmen bereits den Charakter von Rettungshäusern an, in die Waisen- und Findelkinder aufgenommen wurden (so bei *A. H. Francke, J. H.* →*Pestalozzi, J. Falk).* Später kam noch die Resozialisation hinzu, für die bes. die kirchl. He. vorbildl. wurde. Insbes. *J. H. Wicherns* in Anlehnung an Pestalozzi entwickelte Idee von der Heimfamilie sollte sich bis in die Gegenwart als richtig und wirksam erweisen. Dies zeigt etwa die weite Verbreitung der sog. SOS-Kinderdörfer (*H. Gmeiner*, seit 1951). Aber es gibt auch andere Formen der gemeinschaftl. Lebensweise in H.n, so etwa *Father Flanagan's* Boys Town (USA), *Makarenkos* Gorki-

Kolonie (UdSSR), oder auch die Landerziehungsheime der Reformpädagogen. Sie appellieren an Gruppengeist und Gemeinschaftssinn und setzen sie auch jenseits familiärer Strukturen in die Praxis um. H. dieser Art sind bes. im Zuge polit. Wirren und Kriege entstanden, um Elend und Not verwaister bzw. von Eltern getrennter Kinder zu lindern.

*B.* Daneben gibt es die *Opfer der Gesellschaft*, die auf H. angewiesen sind. Die moderne Gesetzgebung berücksichtigt diese Probleme in Deutschland seit den 20er Jahren. Formal wird unterschieden zwischen Freiwilliger Erziehungshilfe (FEH), die auf Antrag erfolgt (§ 62f. Jugendwohlfahrtsgesetz [JWG]), und der auf Beschluß des Vormundschaftsgerichts erfolgenden Fürsorgeerziehung (FE) gemäß § 64f. JWG, §§ 1666, 1666a, 1671 V Bürgerl. Gesetzbuch, aber die Durchführung ist sehr oft nahezu identisch. Daß in H.n oft ein repressiver Erziehungsstil vorherrscht, wirft u.a. hinsichtl. der Wiedereingliederung der Betroffenen in die Gesellschaft Probleme auf. Ein *Teufelskreis* entsteht: Gesellschaftsgeschädigte junge Menschen werden durch H. geschickt und heimgeschädigt in dieselbe Gesellschaft wieder entlassen, die jetzt um so intoleranter reagiert. Dieser Zirkel kann den mit der He. Betrauten oft zur bes. Belastung werden. Ein häufiger Wechsel des Personals und eine verhältnismäßig hohe Rückfallquote entlassener Zöglinge sind die Folge. Dies wiederum läßt den Beruf des Heimerziehers nach wie vor als schwierig und sozial unterbewertet erscheinen. In der sozialist. *Kritik* verfallen H. und He. deshalb nicht erst heute dem Urteil, bürgerl.-kapitalist. Auslese- und Strafinstrumente zu sein. Diese Kritik ist zwar einseitig, deckt aber auch die Schwächen dieses Erziehungsprinzips auf.
Entschieden positiv ist das heute *wachsende Bewußtsein* für die Probleme der H. und der He. zu bewerten. Als bes. förderlich wirkt sich hierbei die partnerschaftl. Zusammenarbeit staatl. Institutionen (Länder, Gemeinden) mit den freien Wohlfahrtsverbänden, den Kirchen (→Caritas, →Diakonisches Werk) und Jugendverbänden aus. In diesem Zusammenhang dienen auch H. der »offenen Tür«, Jugendzentren und eine ambulante Jugendarbeit schlechthin der Reform der He. Die in med., techn. und hygien. Hinsicht modernsten Säuglings- und Kleinkinderheime, in denen u.a. Waisen und zur Adoption fortgegebene Kinder aufgezogen werden, bergen stets die Gefahr des *Hospitalismus* in sich. Kinder können Schäden an Körper, Seele und Geist davontragen (gemütsarm, egozentrisch, legasthenisch usw.), die sich auch durch spätere Förderungsmaßnahmen kaum mehr kompensieren lassen.

*C.* Verhältnismäßig neu, weil dem med. Fortschritt Rechnung tragend, sind *heilpäd. Maßnahmen*, die längere Aufenthalte in H.n erfordern. Eine bes. christl. Grundhaltung kommt schließl. im Kern in den für unheilbar Kranke (u.a. Bodelschwinghsche Anstalten) eingerichteten H.n zum Ausdruck, in denen der Wert des Lebens auch jenseits seiner bürgerl.-gesellschaftl. Effizienz gilt.
Für die Allg. Pädagogik wie *Schulpädagogik* gehören Aufenthalte in Schullandh.n, Ferienlagern usw. – von der Internatserziehung abgesehen – seit langem zu den legitimen und bewährten Erziehungsmitteln.

*Lit.: M. Almstedt/B. Munkwitz:* Ortsbestimmung der He. Geschichte, Bestandsaufnahme, Entwicklungstendenzen, Weinheim 1982. – *M. Dalferth:* Erziehung im Jugendheim. Bausteine zur Veränderung der Praxis, Weinheim 1982. – *H. Kupffer (Hg.):* Einführung in Theorie und Praxis der He. (UTB 657), Heidelberg, 3., erg. Aufl. 1982.

*Gerd Bockwoldt*

**Heine,** *Heinrich,* geb. 13.12.1797 in Düsseldorf, gest. 17.2.1856 in Paris. Der Rang dieses Autors ist nicht in seiner Lyrik oder Satire, seiner Essayistik oder Publizistik allein begründet, sondern in der Problemeinheit des Werks, das wesentl. durch den Versuch bestimmt ist, das Erbe der →Franz. Revolution und der Goethezeit (als geistiger Revolution) in der Restaurationsepoche zur Geltung zu bringen.
In der Entwicklung des *Frühwerks* (»Buch der Lieder«, 1827; »Reisebilder«, 1824/31) bildet sich dies Konzept erst heraus. Biograph. wird das Schwanken zwischen Anpassung (Kaufmannslehre, Jurastudium, Taufe) und Außenseitertum mit der Übersiedlung nach Paris beendet (1831). Das hier entstandene *reife Werk* ist unter das Begriffspaar *Spiritualismus* und *Sensualismus* gestellt. Spiritualismus meint hier in erster Linie die Leibfeindlichkeit der jüd.- christl. Religion, die H. zufolge zwar ihr hist. Recht hatte, durch die philos. Kritik aber überholt ist und mit dem ökonom. Fortschritt ihre Vertröstungsfunktion verliert, so daß sie nur noch als Instrument überständiger Herrschaft wirkt (»Zur Geschichte der Religion und Philosophie in Deutschland«, 1835). H.s aufgeklärter →*Pantheismus* führt zum Postulat polit., sozialer und sittl. →Emanzipation als *Erlösung des erniedrigten Gottes im Menschen.* Dies ist die Grundlage für H.s krit. Darstellung der →Romantik (1833/36), seine Deutschlandsatire (»Deutschland. Ein Wintermärchen«, 1844), seine Verteidigung der Poesie gegen die Tendenzdichtung (»Atta Troll«, 1843/47) und seine Kritik asket. Züge in Republikanismus und Frühkommunismus (am persönlichsten in »Über Ludwig Börne«, 1840) ebenso wie für seine erot. Gedichte und für den Entwurf von Rollenfiguren des freien Menschen in seiner Exponiertheit (z.B. »Ritter Olaf« und »Tannhäuser« in den »Neuen Gedichten«, 1844).
Das *»blasphem.-rel.« Spätwerk* (ab 1848) bringt eine in der Krankheitserfahrung begründete erhebl. Revision. Sie drückt sich am deutlichsten in H.s Absage an Pantheismus und Atheismus sowie in seiner *Rückkehr zu dem persönl. Gott* aus, läßt die polit. Position und das freie Verhältnis zu →Tradition und →Dogma aber unberührt. Wichtige Zeugnisse sind das Nachwort zum

»Romanzero« (1851), die Vorrede zur 2. Aufl. von »Zur Geschichte der Religion und Philosophie in Deutschland« (1852), schließl. die »Geständnisse« (1854). In allen Phasen ist H.s dichter. Sprechen durch eine individualisierende →Ironie gekennzeichnet, die die Situationsbedingtheit der Aussage hervorkehrt und somit die Gemeinsamkeit mit verwandten geistigen Strömungen begrenzt.

*Lit.*: *J. Brummack (Hg.)*: Heinrich H. Epoche - Werk - Wirkung, München 1980 (Lit.). – *E. Galley*: Heinrich H., Stuttgart, 4. Aufl. 1976 (Lit.). – *G. Höhn*: H.-Handbuch, Stuttgart 1987 (Lit.). – *W. Hädecke*: Heinrich H. Eine Biographie, München 1985. – *H. Kaufmann*: Heinrich H., Berlin/Weimar, 3. Aufl. 1976. – *S. Prawer*: H.s Jewish Comedy. A Study of his Portraits of Jews and Judaism, Oxford 1983. – *W. Preisendanz*: Heinrich H. Werkstrukturen und Epochenbezüge, München, 2. Aufl. 1983. – *D. Sternberger*: Heinrich H. und die Abschaffung der Sünde, Frankfurt/M., 2. Aufl. 1975.

*Jürgen Brummack*

## Hellenismus

### A. Religionsgeschichtlich

*I.* H. meint in der →Antike korrekten griech. Sprachgebrauch, aber auch griech. →Kultur. Seit J. G. Droysen (1808-1884) bezeichnet man damit die *Epoche* von Alexander d.Gr. (356-323 v. Chr.) bis Augustus (27 v. Chr.- 14 n. Chr.), die durch die Ausbreitung des H. im antiken Sinn gekennzeichnet ist. Dieser Prozeß reicht allerdings noch weit ins röm. Kaiserreich (→Röm. Reich) hinein. Die von geograph. Erkundungen begleiteten *Eroberungen Alexanders* weiteten das →Weltbild bis nach →Indien aus. Seine Nachfolger hielten sie mit griech.-makedon. Verwaltungsbeamten, Technikern und Soldaten, die sie oft in der Fremde ansiedelten. Internationaler →Handel, die griech. Sprache (»Koine«: »die Allgemeine«), →Wissenschaft und →Kunst, Bildungseinrichtungen und Siedlungsformen verbanden Vorderasien und →Ägypten mit →Griechenland zu einem *einheitl. Kulturraum*, der freil. durch andauernde Machtkämpfe (seit dem 2. Jh. zunehmende Einmischung Roms) zerrissen wurde. Die Hellenisierung erfaßte jedoch nur eine dünne *Oberschicht*. Erst mit der Zeit erhielten auch Einheimische auf Grund griech. Bildung gleiche Bürgerrechte. Die Landbevölkerung blieb davon unberührt. Später übernahmen auch die sich vom Joch der Diadochen (erste Generation der auf Alexander folgenden Herrscher, bis 301 bzw. 281) befreienden *asiat. Königtümer* griech. Lebensart. Die Beherrschung so großer Räume war nur mögl. durch autokrat. Monarchien (Bünde nur in Griechenland), die den Städten wenig Freiraum ließen. Am ehesten konnten diese sich unter den Seleukiden (viele Neugründungen) entfalten.

*II.* Erhielten seit Ende des 5. Jh.s vereinzelt Politiker von griech. Städten *gottgleiche Ehren*, so führten die ägypt. Dynastie der Ptolemäer (323-30 v. Chr.) und die babylon. Dynastie der Seleukiden (321-64 v. Chr.), z.T. auch Attaliden (Könige von Pergamon, 241-133), den →Kult zunächst des verstorbenen, dann auch des lebenden Herrschers als Staatsreligion ein. Der *König* repräsentierte als »offenbarer Gott« rettende Macht, während die Himmlischen oft fern zu sein schienen. Auch andere Stifter und Wohltäter empfangen →Tempel und →Opfer. Die hergebrachten *Stadtkulte* liefen freil. weiter, erlebten z.T. sogar eine Nachblüte, gepaart mit einem gelehrten Interesse an alten Bräuchen (→Sitten) und →Mythen. Die Dynastien hielten bes. ihre göttl. Vorfahren hoch (Zeus, Herakles, Apollon, Athene, Dionysos; →Griechenland). Doch konnten die Olympier dem aus der »Polis« (Stadtstaat) entwurzelten einzelnen keine *Geborgenheit* in der immer größer werdenden Welt geben. In →Vereinen wurden beschützende Kleingötter oder landfremde Gottheiten verehrt. Den wechselhaften Verhältnissen entspr. avancierte im 3. Jh. »Tyche« (das Glück) zur vielberufenen Göttin. Im 2. Jh. kamen stärker →Astrologie und der Glaube an ein übermächtiges →*Schicksal* auf, das man oft durch →Magie zu seinen Gunsten zu wenden suchte. Die Einbindung ins All ging - ähnl. wie in der →Stoa – auf Kosten der →Freiheit. Von den griech. Gottheiten setzte sich nur *Dionysos* – propagiert von seiner Künstlergilde – im Osten stärker durch. Er war im Festestaumel erfahrbar und wegen seiner menschl. Komponente sympath. Seinen Eingeweihten in Kleinasien und Italien verbürgte er die Fortsetzung bacchantischer (trunkener und ausgelassener) Freuden nach dem →Tod. In Ägypten wurde er Osiris gleichgesetzt. Überhaupt respektierten die Griechen auch fremde Götter und fanden in ihnen ihre eigenen unter anderen Namen wieder.

*III.* Die *bodenständigen Kulte* zeigten ihrerseits – von Ptolemäern und Seleukiden gefördert – Beharrungsvermögen und Expansionskraft. Wie tief das →*Judentum* durch den H. umgeformt wurde, ist umstritten. Die Kulte der kleinasiat. *Tempelstaaten* blieben, z.T. unter griech. Namen, bestehen. Der Sklavengott *Men* war wie die anatol. Muttergottheit (Kybele = Rhea) und die syr.-phöniz. Fruchtbarkeitsgöttinnen (Artemis oder Aphrodite angeglichen) schon länger im Westen populär. Ägypt. Kaufleute brachten *Isis* im 4. Jh. nach Griechenland, über Delos und Sizilien gelangte sie in immer mehr gräzisierter Gestalt nach Italien. Nach Inschriften nimmt sie alle mögl. Göttinnen in sich auf und wird zur Universalgottheit. Als Herrin über Erde und Totenreich führt sie ihre Mysten in einer kosm. Reise zur göttl. Welt und entreißt sie dem blinden Schicksal. In den *Osirisfeiern* vollzogen sie ihr Suchen und Finden, Trauer und Jubel nach. →Riten, die ursprüngl. den Rhythmus der Vegetation begingen, gaben in den Mysterien →Hoffnung auf individuelle →Erlösung. Der ägypt. *Sarapis* wird im H. menschenförmig dargestellt und vereint in sich Züge des Zeus wie des Pluton; so schreibt man auch ihm Macht über Schicksal, Krankheit und Gefahr zu.

Nicht nur der Reiz des Exotischen, der Erlebnisreichtum ihrer →Kulte machten diese oriental. Gottheiten anziehend, sondern – wie auch den griech. Asklepios – *tatkräftige Hilfe.* Die →Religion der Gebildeten (→Stoa) wirkt dagegen abstrakt; sie näherte sich zwar einem theoret. →Monotheismus, in dem alle Menschen Kinder eines göttl. Vaters sind, konnte aber ihr Ideal nur durch Rückzug in die *Innerlichkeit* verwirklichen. Die Sehnsüchte der Armen, mit Steuern Ausgepreßten, Sklaven, von →Kriegen Heimgesuchten blieben weithin unerfüllt.

*Lit.: H. Bengtson:* Die hellenistische Weltkultur, Stuttgart 1988. – *R. Bichler:* H., Darmstadt 1983 (Lit.). – *H. Köster:* Einführung in das NT, Berlin 1980, 1-211. – *M. P. Nilsson:* Geschichte der griech. Religion, Bd. II (Handbuch der Altertumswissenschaft V 2), München, 3. Aufl. 1974.

*Dieter Zeller*

*B. Kunstgeschichtlich*

Die Kunst des H. ist präziser Ausdruck dieser Übergangszeit. In ihr mischen sich archaisierende, klassizist., barockisierende und rokokohafte Elemente. In der →*Architektur* bestimmen Repräsentation, Fassadenbetonung und Stilmischung das Bild. Die →*Plastik* erreicht ihre besten Leistungen in der Darstellung des Menschen, in der Humanität, Pathos und barocke Dynamik eine Verbindung eingehen, die Maßstäbe setzt (Laokoongruppe, 1. Jh. v. Chr.). Bes. in der *Porträtkunst* (Alexander- und Homerbild) wird die kraftvolle Sensibilität des H. faßbar, die auch die lebensvollen Götterbilder prägt. Erstmals werden Genreszenen zu selbständigen Themen, durch die der Kanon des Menschenbildes bedeutsam erweitert wird, werden jetzt doch auch Kinder, Alte, Narren, Athleten usw. in meisterl. Studien festgehalten. Die →*Malerei* des H. ist prakt. verlorengegangen und nur durch röm. Kopien (Alexandermosaik, Fresken in der Mysterienvilla von Pompeji) zu rekonstruieren. Auf die frühchristl. Kunst hat die des H. nur noch indirekt, vor allem stilist., einzuwirken vermocht.

*Lit.: K. Schefold:* Die Griechen und ihre Nachbarn (Propyläen Kunstgeschichte 1), Berlin 1967.

*Peter Maser*

**Herbart,** *Johann Friedrich,* geb. 4.5.1776 in Oldenburg in O., gest. 14.8.1841 in Göttingen, dt. Pädagoge, Philosoph und Psychologe.

Nachdem der Name H. für ein Jh. mit dem Unterrichtsprinzip der sog. *Formalstufen* verbunden gewesen war, kam es seit den 20er Jahren (vor allem H. Nohl, Der lebendige Herbart, 1948) zu einer Wiederentdeckung des wahren, vergessenen oder verkannten H. Die nach ihm benannte und von den sog. Herbartianern detailliert ausgebaute Stufenlehre (u.a. von W. Rein [1847-1929]) hatte allerdings einen genuin päd. Sinn; denn der Zweischritt von »Vertiefung« und »Besinnung« ist eine notwendige Bedingung für erfolgreiches Lernen.

Als *Begründer* der *wissenschaftl.* Pädagogik – zusammen mit F. D. E. →Schleiermacher – hat er diese aus theol., philos. und polit. Umklammerung befreit. Von seinem Frühwerk »Allg. Pädagogik, aus dem Zweck der Erziehung abgeleitet« (1806) bis zum »Umriß päd. Vorlesungen« (1835) unterzieht er sich der »Anstrengung des Begriffes«, den er nicht spekulativ entwickelt, sondern auf »Erfahrung« gründet. Pädagogik ist für H. kein »philos. System«, sondern eine »prakt. Wissenschaft«, die sich der →Psychologie (bislang die »dunkle Seite« derselben) als einer Hilfswissenschaft bedient. Diese zeigt nun den »Weg, die Mittel und die Hindernisse« auf. Erfahrung und Umgang werden zur Basis einer Pädagogik, die sich jetzt auf »einheim. Begriffe« besinnt und ein »selbständiges Denken« aufbaut. Da H. die Bildsamkeit des →Individuums, den eigenen Forschungskreis der Pädagogik und deren unabhängige Stellung in der →Gesellschaft betont, ist er seinen Zeitgenossen (wie etwa Schleiermacher) überlegen und im ganzen seiner Zeit voraus. Die Einordnung der Pädagogik in die →Ethik, die auch Schleiermacher propagierte, wird von H. im Sinne einer prakt., auf erreichbare Ziele ausgerichteten Erziehung verstanden. Zu diesen – auch Zwecke genannt – gehören »vielseitiges Interesse« und die »Charakterstärke der Sittlichkeit«.

Damit ist H. als Wegbereiter eines *erziehenden Unterrichts* in die Geschichte der Pädagogik eingegangen, wobei die rel. oder christl. Konkretisierung dieser Zielsetzung erst von seinen Schülern (C. L. Hendewerk [1806-1872], T. Ziller [1817-1882]) ausgearbeitet wurde. H. war von Haus aus kein Theologe. Widersprüchl. erscheint allerdings, daß H. (der selber eine päd. Schule stiftete) die Institution als notwendiges Übel und das Wirken der →Schule auf die Nation als Sündenfall der Pädagogik schlechthin sah. Er befürchtete die Nivellierung unterschiedl. Begabungen sowie die Vereinnahmung des Zöglings durch →Staat, →Kirche, →Wissenschaft und →Gesellschaft. So wurde er (im Gefolge J. J. →Rousseaus und im strikten Gegensatz zu Schleiermacher) zum rigorosen Vertreter einer *Individualerziehung,* die in der Familie und auf enge personale Beziehungen gegründet war. Die Geschichte der dt. Schule hat ihm darin weitgehend widersprochen. Unaufgebbar geblieben ist seine Erkenntnis, daß sich Unterricht und Erziehung gegenseitig bedingen. Angesichts der immer deutlicher werdenden Defizite einer technolog. und curricularen Pädagogik (→Didaktik und Methodik) in der Gegenwart liegt darin H.s aktuelle und bleibende Bedeutung.

*Lit.: W. Asmus:* Johann Friedrich H. Eine päd. Biographie, 2 Bde., Heidelberg, Bd. I 1968, Bd. II 1970. – *D. Benner:* Die Pädagogik H.s. Eine problemgeschichtl. Einführung in die Systematik neuzeitl. Pädagogik, Weinheim/München 1986. – *E. E. Geißler:* H.s Lehre vom erziehenden Unterricht, Heidelberg 1970.

*Gerd Bockwoldt*

**Hermeneutik**

*A. Philosophisch*

*I.* Die H. ist als *»Kunstlehre des Verstehens* schriftl. fixierter Lebensäußerungen« (→Dilthey) im antiken und christl. Altertum aus dem Umgang mit sakrosankten (vorbildl. und verbindl.) Texten entstanden. Wie schon zur Zeit der Sophistik im Umgang mit der (nicht mehr unproblemat.) Wertewelt des homer. Epos, so wurde vor allem in der christl. Tradition das Problem der allegor. Interpretation zum bestimmenden Moment früher H. (→Origines, →Augustinus): Hinter dem Buchstaben stieß man bis zum vierfachen Schriftsinn vor (bei Cassian, ca. 360-ca. 430). Durch das prot. Schriftprinzip (»allein die Schrift«, →Reformation) und den Anspruch, die Hl. Schrift gegen die Verzerrung durch die Tradition neu zur Geltung zu bringen, wurde die Auslegung als solche zum bewußt wahrgenommenen Methodenproblem.

*II.* Mit →*Schleiermacher* löst sich die H. aus ihrer ausschließl. Aufgabe, normative Wahrheiten aufzudecken, und wird zur allg., grundlegenden Methode der hist. Wissenschaften überhaupt, die →Dilthey im Zuge seines Programms einer »Kritik der hist. Vernunft« begründete. Im Anschluß an die Kritik, die Yorck von Wartenburg an diesem durchaus »szientistisch«, d.h. an einem sehr engen Begriff von Wissenschaft orientiert, auffaßbaren Konzept seines Freundes Dilthey übte, führte →*Heidegger* die H. dann einer »grundsätzl. Radikalisierung« zu. Die von ihm ausgehende »philos. H.« ist von »hermeneut. Methode« streng zu trennen, denn die H., die einmal als Hilfswissenschaft angefangen hatte, erhob nunmehr den Primatanspruch einer Grundlagendisziplin. Sie behauptete, mehr als eine Methode zu sein, weil sie aller Methode noch vorausgehe. Die fundamentale Frage nach dem »Sinn von Sein« überhaupt gibt erst den Blick auf die Bedingung frei, die →Verstehen ermöglicht, sowie auf die »Seinsverfassung des geschichtl. Seienden« im Unterschied zum bloß »Vorhandenen« der Natur, dessen wir uns durch die Methode der →Erklärung bemächtigen.
Von hier ausgehend hat *H. G. Gadamer* dann darauf hingewiesen, daß die »hermeneut. Situation«, die das Verstehen im methodolog. Sinne bestimmt, »wirkungsgeschichtlich« bedingt ist. In der weitgehend am Ideal der exakten Naturwissenschaften orientierten Wissenschaftstheorie sind sowohl der Anspruch der »Philos. H.« als auch die Verstehensmethode heftig kritisiert worden (R. Carnap, Th. Abel, E. Nagel, H. Albert; →analyt. Philosophie, →Neopositivismus, →Krit. Rationalismus, →Wissenschaftstheorie), aber auch J. Habermas hat den »Universalitätsanspruch« der H. zurückgewiesen (→Krit. Theorie): Unter anderem befürchtete er Auswirkungen im Sinne extrem konservativer Positionen und wandte sich gegen die Vorstellung eines – vor aller Wissenschaft liegenden – Einrückens in die hypostasierte Wahrheit eines Überlieferungsgeschehens, die ledigl. dem positivist. Vorwurf der Unwissenschaftlichkeit Vorschub leiste und gegen die ein Prinzip method. Verfremdung zur Geltung zu bringen sei. Habermas' eigene Überlegungen zielen auf eine krit. H. mit dem Ziel herrschaftsfreier Kommunikation.

*Lit.: H. Albert:* Plädoyer für krit. Rationalismus, Freiburg 1974. – *K. O. Apel:* Die Erklären/Verstehen- Kontroverse in transzendentalpragmat. Sicht, Frankfurt/M. 1979. – *W. Dilthey:* Die Entstehung der H., in: *ders.:* Gesammelte Schriften, Bd. 5, Göttingen/Stuttgart, 2. Aufl. 1957, 317-338. – *H. G. Gadamer:* Wahrheit und Methode, Tübingen, 2. Aufl. 1965 u.ö. – *H. G. Gadamer/G. Boehm (Hg.):* Seminar: Philos. H., Frankfurt/M. 1976. – *J. Habermas:* Der Universalitätsanspruch der H., in: *ders.:* Kultur und Kritik, Frankfurt/M. 1977, 264-301. – *M. Heidegger:* Sein und Zeit, Tübingen, 11. Aufl. 1967. – *W. Pannenberg:* H. und Universalgeschichte, in: *H. G. Gadamer/G. Boehm (Hg.):* Die H. und die Wissenschaften, Frankfurt/M. 1978, 283-319. – *O. Pöggeler (Hg.):* Hermeneut. Philosophie, München 1972.

*Volker Steenblock*

*B. Theologisch*

*I.* Die hermeneut. Problematik nimmt innerhalb der christl. Kirche(n) und Theologie seit jeher einen *fundamentalen Rang* ein, handelt es sich doch bei den wichtigsten Entscheidungen der frühen Kirche (wie etwa der →Kanon- oder →Bekenntnisbildung) und wesentl. Vollzügen kirchl. Lebens (z.B. der →Predigt [→Homiletik]) um Vorgänge, die entweder selbst hermeneut. Charakter oder doch von hermeneut. Gewicht sind.
*1.* Die *Auslegungspraxis* wird bald begleitet von einem hochdifferenzierten *hermeneut. Bewußtsein,* das seinen theoret. Ausdruck in subtilen Auslegungstheorien, Predigtlehren, →Moralkasuistiken u.ä. findet. Dabei spielt neben dem zwischen der antiochen. und alexandrin. Schule ausgefochtenen Streit (→Antiochien, →Alexandrien) über den theol. Stellenwert der Allegorese insbes. die Auseinandersetzung mit der →rabbin. Exegese und H. sowie der →Gnosis eine treibende Rolle. Deshalb orientiert sich die altkirchl. Auslegungspraxis method. und methodolog. zwar stark an den Interpretationsregeln der »profanen« philos.-philolog. H. (→Platon, Xenophon, →Artistoteles, →Stoa), sie dient aber immer einem *theol. Anliegen.* Das gilt – die scholast., reformator. und gegenreformator. H. eingeschlossen – bis heute.
*2.* Allerdings stellt sich inzwischen, vermittelt durch →Humanismus und →Aufklärung, in erhebl. schärferer Form die Frage, ob und in welchem Maße im Verhältnis zur →Dogmatik (oder zur →Systemat. Theologie) und im Rahmen der von kath.-theol. H. zugestandenen Auslegungskompetenz des →Lehramts eine *autonome wissenschaftl. Exegese* mögl. ist. Während die →Reformation die normative Auslegungsfunktion der kirchl. Tradition ihrerseits mit dogmat. Prinzipien bestreitet, da sie dem kath. →*Traditionsprinzip* (→Schrift und Tradition) ledigl. das von der →Inspiration

des →Hl. Geistes her begründete *Schriftprinzip* entgegensetzt, kristallisiert sich in der nachreformator. Entwicklung die hist.-krit. Methode heraus. Sie emanzipiert sich immer energischer von sämtl. dogmat. Vorgaben (→Bibelwissenschaft), freil. um den Preis einer fragwürdigen *Bindung* an best. *philos. Voraussetzungen*, vor allem einen ungeschichtl. →Vernunftbegriff, der als krit. Maßstab für den Wahrheitsanspruch der Hl. Schrift fungiert. Auf Grund dieser höchst verwickelten hist. Konflikt- und Problemkonstellation haben sich sowohl kath. wie reformator. theol. H. darauf konzentriert, das Postulat der Voraussetzungslosigkeit exeget. Arbeit zu widerlegen. Doch hat sie nicht ausreichend beachtet, daß sich der Sinn dieses Postulats gegenüber der Aufklärungsh. einschneidend verändert, d.h. sich von einem erkenntnistheoret. zu einem methodolog. Prinzip gewandelt, hatte.
*3.* In diesem, nach wie vor gültigen Sinn fordert es nur, daß ein hist. Text ausschließl. von seinen eigenen Voraussetzungen her verstanden werden darf. Es beschränkt mithin (in der Sprache der klass. H. ausgedrückt) die Textinterpretation auf die Auslegung *(explicatio)* des *Wort- oder* Literalsinns und schließt die Anwendung *(applicatio)* des Textes auf die gegenwärtige Situation aus. Zwangsläufig folgt daraus eine strikte Historisierung der Exegese, die sich nun sowohl von der theol. Schriftauslegung im engen Sinn wie auch von der Auslegung der Hl. Schrift in der Predigt oder von der nichtwissenschaftl. »privaten« Schriftlektüre unterscheidet. Gegen diese Entwicklung richten sich im Grunde alle wichtigen Neuansätze theol. H. im 20. Jh.

*II.* Die zeitgenöss. H.diskussion wird, vereinfachend gesagt, im wesentl. durch *drei Argumentationslinien* charakterisiert:
*1.* Die reformator. H. rückt im Gefolge der (sprach-)ontolog. Radikalisierung der hermeneut. Reflexion durch M. →Heidegger und H.-G. Gadamer ab von der Tradition hermeneut. Methodologie, d.h. der sprach- und erkenntnistheoret. Begründung der H. als »Kunstlehre des Verstehens« (F. D. E. →Schleiermacher, W. →Dilthey). Sie begreift Exegese, systemat. Theologie und Predigt als integrale Teilmomente eines *Sprachgeschehens*, in dem sich die Schrift selbstmächtig als →Wort Gottes erweist und durchsetzt (R. →Bultmann, E. Fuchs, G. Ebeling), so daß sich die »*Neue H.*« als Bestätigung des reformator. Schriftprinzips erweist.
*2.* Für die kath. H. ist – im Anschluß vor allem an Gadamers These von der wirkungsgeschichtl. Bedingtheit allen Verstehens – die exeget. und dogmat. Schriftinterpretation wesenhaft eingebettet und eingebunden in den *Zusammenhang der kirchl. Überlieferung* und Auslegung der Schrift. Sie versteht die Neue H. also als philos. Rechtfertigung des kath. Traditionsprinzips.
*3.* Demgegenüber greifen die zahlreichen, im einzelnen recht verschiedenartigen Konzepte »mehrdimensionaler« Schriftauslegung der Sache nach zurück auf die *traditionelle Lehre* vom mehrfachen Schriftsinn (→Schriftauslegung). Mit deren Hilfe soll die Lebens- und Praxisferne der hist.-krit. Exegese überwunden werden – so z.B. durch »pneumat. Exegese« oder tiefenpsycholog. Schriftauslegung (u.a. E. Drewermann).
Abgesehen vom Einfluß anderer Richtungen (z.B. E. Biser, E. Simons und K. Hecker) ist die *Diskussionslage* kompliziert: einerseits durch die wechselseitige Kritik der verschiedenen Positionen, andererseits durch außertheol., auch innerhalb der Theologie wirksame Kritik an der Neuen H. In diesen Zusammenhang gehören insbes. die – unterschiedl. motivierten und begründeten – *ideologiekrit. Einwände* von seiten der →Krit. Theorie (J. Habermas) und des →Krit. Rationalismus (H. Albert), auf die teils abwehrend (z.B. von G. Ebeling), teils positiv (z.B. von E. Schillebeeckx) reagiert wurde.

*III.* Trotz einer (allmähl. abebbenden) Flut von Veröffentlichungen steht eine *durchgreifende Klärung* bislang noch aus. Dies zeigt die ständig neu aufflackernde Polemik (→Evangelikalen) gegen die hist.-krit. Exegese im Raum der Reformationskirchen, aber auch die immer wieder auftretenden lehramtl. Beanstandungen von Exegeten in der kath. Kirche sowie schließl. das allenthalben zunehmende Unbehagen gegenüber der angebl. Sterilität der wissenschaftl. Exegese. Doch hat die exeget. Forschung in vielen Fragen zu einem *Konsens* geführt, dessen ökumen. Bedeutung nicht unterschätzt oder gar mißachtet werden darf. Sie beruht auf dem vorbehaltlosen Respekt gegenüber der Exegese als einer *autonomen Text- oder Literaturwissenschaft*, deren Arbeit von dogmat. oder philos. Bevormundung freibleiben muß. Erst jenseits der an den Literalsinn gebundenen exeget. Schriftinterpretation beginnt das Problem einer *theol.-dogmat. Schriftauslegung*, die sich gegenüber den Ergebnissen der Exegese, der kirchl. Tradition und, nicht zuletzt, gegenüber dem (philos.) Wahrheitsbewußtsein der jeweiligen Zeit verantworten muß.

*Lit.: H. Albert:* Theol. Holzwege. Gerhard Ebeling und der rechte Gebrauch der Vernunft, Tübingen 1973. – *E. Biser:* Theol. Sprachtheorie und H., München 1970. – *R. Bultmann:* Glauben und Verstehen. Gesammelte Aufsätze I-VI, Tübingen 1933-1965. – *G. Ebeling:* Wort und Glaube, Bd. I und II, Tübingen 1960 und 1969. – *E. Fuchs:* H., Tübingen 1969. – H. und Ideologiekritik. Mit Beiträgen von K.-O. Apel u.a., Frankfurt/M. 1971. – *E. Schillebeeckx:* Glaubensinterpretation. Beiträge zu einer hermeneut. und krit. Theologie, Mainz 1971. – *F. D. E. Schleiermacher:* H. und Kritik. Mit einem Anhang sprachphilos. Texte Schleiermachers, hg. und eingel. von M. Frank, Frankfurt/M. 1977. – *E. Simons/K. Hecker:* Theol. Verstehen. Philos. Prolegomena in einer theol. H., Düsseldorf 1969. – *G. Stachel:* Die neue H. Ein Überblick, München 1967.

*Heinz-Günther Stobbe*

**Hermes,** *Georg*, geb. 22.4.1775 in Dreierwalde bei Rheine/Westf., gest. 26.5.1831 in Bonn, Priester, Philosoph und Theologe, 1807 Theologieprof. in Münster/W. und 1820 in Bonn. Angeregt durch die von I. →Kant vorgetragene Kritik aller Metaphysik, legte H. eine Philosophie vor, in der als Organ des Begreifens von Wahrheit nicht mehr das *Wissen* (so noch Kant), sondern im Anschluß an J. G. →Fichte der (philos.) *Glaube* als Wahrheitsvermögen die zentrale Rolle spielt. Die Philosophie und Theologie des H. will die Errungenschaften der →Aufklärung bewahren und betont Würde und →Autonomie des Menschen. Papst Gregor XVI. verurteilte 1835 die Hauptwerke von H. und beschrieb deren Methode als Skeptizismus, der vom »positiven Zweifel« ausgehe. Auch das 1. →Vat. Konzil wandte sich gegen H. Das philos.-theol. System des »Hermesianismus« galt lange als Semirationalismus und als kirchl. verurteilte Lehre. Die 1981 von K. Schatz SJ geforderte Rehabilitierung der Person und des Werkes von H. steht noch aus.

Die Schüler und Anhänger von H. machten zeitweise ein Drittel des kath. Klerus in Norddeutschland westl. der Elbe aus, mit Schwerpunkten in Preußen (Köln, Bonn, Trier, Münster, Breslau, Braunsberg/Ostpreußen). Zusammen mit *zahlreichen Anhängern* des H. im kath. Bürgertum (Lehrer, Politiker, Schriftsteller) stellten sie eine kulturelle und polit. Richtung dar, die man »prakt. Hermesianismus« genannt hat (H. Schrörs). Er ist eine frühe Form des »liberalen Katholizismus« im 19. Jh. Er wurde bekämpft von Romantikern (K. J. H. Windischmann; H. Klee), von Vertretern der →Neuscholastik (G. Perrone; J. Kleutgen) und von Ultramontanen, darunter bes. den Kölner Erzbischöfen C. A. Droste zu Vischering und J. von Geissel. Letzterer betrieb erfolgreich die röm. Verurteilung A. →Günthers, weil dieser das Werk des H. fortsetze. Der Streit um den Hermesianismus, seit 1837 verflochten mit dem Mischehenstreit (»Kölner Wirren« mit Gefangennahme Drostes), gewann bes. seit J. Görres' Schrift »Athanasius« (1838) einen entscheidenden Einfluß auf die Ausbildung des neueren →Katholizismus in Deutschland.

*Lit.: G. Hermes:* Einleitung in die christkath. Theologie, 2 Bde., Münster 1819-1829; Nachdruck 1967; Mikroplanausgabe 1988; *Ders.:* Christkath. Dogmatik, 3 Bde., Münster 1834; Nachdruck 1967. – *E. Hegel:* G.H., in: Theol. Realenzyklopädie 15, 156-158. – *H. Schwedt:* Das röm. Urteil über G.H., Rom/Freiburg/Wien 1980 (Lit.). – *Ders.:* G.H., seine Schule und seine wichtigsten Gegner, in: *E. Coreth/W. M. Neidl/G. Pfligersdorffer (Hg.):* Christl. Philosophie im kath. Denken des 19. und 20. Jh.s, Bd. 1, Graz 1987, 221-241 (Lit.).

*Herman H. Schwedt*

**Herrschaft**

*A.* Als eine *grundlegende Kategorie* der Erforschung von →Gesellschaft und →Staat wird H. – je nach Menschen- und Gesellschaftsbild – aus unterschiedl. Perspektiven gesehen. Nach Th. →Hobbes entsteht erst durch Zwang eine Friedensordnung. Nach dem Harmoniemodell (J. J. →Rousseau) wird Gesellschaft als H.sverband legitimiert durch die Bewährung der Herrschenden und deren Anerkennung durch die Beherrschten. Politökonom. (K. →Marx) und soziol. Positionen zur Erklärung von H. (M. →Weber) stehen sich gegenüber. Die H.ssoziologie berücksichtigt einerseits die personell identifizierbaren, absichtsvollen und von den Beherrschten wahrgenommenen Formen der H.sausübung, andererseits die Rahmenbedingungen, die potentiellen und verdeckten Wirkungen von H., etwa als Selektionsmechanismen polit. →Institutionen (C. Offe) oder als strukturelle →Gewalt (J. Galtung).

*B.* Anders als im angloamerik. Sprachgebrauch (power) wird in der →Soziologie H. von →Macht prinzipiell abgegrenzt. M. Weber definiert H. handlungstheoret. als »die Chance, für einen Befehl best. Inhalts bei angebbaren Personen →Gehorsam zu finden«. H. als relativ dauerhaftes Verhältnis beruht auf Normen und Sanktionen (→Lohn und Strafe); es wird in aller Regel durch materielle Mittel abgestützt. Die Legitimität einer H.sordnung kann (idealtyp.) aus traditional vorgegebenen →Riten und Wahlverfahren (z.B. Patriarch, patrimonialer Fürst), vom →Charisma einer außergewöhnl. Führungsperson oder aus dem Einverständnis mit rationalen Festsetzungen abgeleitet sein.

Der *moderne →Rechtsstaat* geht vom Legitimitätsglauben an eine für alle Bürger geltende legale Ordnung aus (→Legalität). Als institutionalisiertes Machtverhältnis setzt H. eine grundlegende Übereinstimmung der Herrschenden und Beherrschten über best. Verhaltensformen und -erwartungen voraus, die die verläßl. Grundlage des H.sverbandes bildet (→Institution, →Konsens).

*C.* Als Strukturelement, das die Einheit eines Sozialsystems gewährleistet, wird H. durch *Repräsentation* (nach außen und innen) und *Domination* (Androhung des Gebrauchs von →Gewalt) ausgeübt. Sie setzt und interpretiert →Werte und →Normen, kontrolliert das Handeln der Beherrschten und sanktioniert es durch Auszeichnung und Bestrafung, koordiniert Aktivitäten und filtert →Informationen. H.sverhältnisse sind (in der Regel mehrfach) *gestuft.* Einzelne H.sbefugnisse werden auf Widerruf an Untergeordnete delegiert, so daß eine →*Hierarchie* entsteht. Ob zweistufige Dominanz- bzw. Kontrollverhältnisse (z.B. Eltern-Kind, Lehrer-Schüler), die insbes. mit →Autorität und Führung umschrieben werden können, als H.sverhältnisse bestimmbar sind, wird (je nach Politikverständnis) unterschiedl. gesehen. H. ist nur in *Großgruppen* voll entfaltet; ihre Grundfunktionen sind auch in Kleingruppen ansatzweise ausgebildet.

*D.* H. steht dem Anspruch des einzelnen auf →Autonomie gegenüber. Diese Spannung wird real empfunden, auch als Möglichkeit der *Veränderung.* Jeder die →Grundwerte berührende →soziale Wandel betrifft die Legitimation von H. Mißbrauch läßt H. zur (illegitimen) Anwendung von Macht und Gewalt verkommen. Vorstellungen von einer *Abschaffung* von H. schlechthin bzw. von einer zukünftigen h.slosen Gesellschaft sind utopisch (→Utopie). Forderungen nach Aufhebung von Domination (→Anarchismus, Visionen einer klassenlosen Gesellschaft bzw. eines Weltstaats) übersehen den repräsentativen und struktursichernden Charakter von H. Aus dem Blickwinkel von →Freiheit und →Partizipation des einzelnen (→Demokratisierung) ist zu diskutieren, unter welchen Voraussetzungen man H. *reduzieren bzw. »humanisieren«* kann, wie rational-funktionale Überzeugung stärker als bisher phys.-psych. Gewalt ersetzen, insbes. →Konflikte regelbar machen kann.

*E.* In der →Philosophie des →*Aristoteles* ist H. bewegendes und ordnendes Strukturprinzip, das →Seele und →Vernunft den Vorrang vor →Leib und Begehren sichert. Die christl. Theologie nahm mit dem Gedanken von der *Allmacht →Gottes* als H. des Schöpfers über die →Schöpfung diese Tradition auf. In ird. H. spiegelte sich göttl. Heil (→MA.). Die *Souveränitätslehre* des →Absolutismus säkularisiert die sakral-mag. Ableitung und personifiziert im Herrscher die polit. Sozietät (Gesellschaft). Mit dieser Monopolisierung von H. kann diese jedoch verneint und personal ausgetauscht werden. Erst mit der Lehre der Volkssouveränität und dem Ideal der (relativen) H.sfreiheit wird H. frag-würdig. Soziale Ungleichheit (→Schichten und →Klassen), →Eliten, Formen der Verfahrens- und Kontrollmöglichkeiten (Bürokratie, Technokratie) sowie Wissensverteilung (Expertokratie) werden daher als Herausforderungen der H.sproblematik gesehen.

*Lit.: P. Bachrach:* Die Theorie demokrat. Elitenh., Frankfurt/M. 1967. – *H. Haferkamp:* Soziologie der H., Opladen 1983 (Lit.). – *K. O. Hondrich:* Theorie der H., Frankfurt/M. 1973. – *K. Lenk:* Polit. Soziologie, Stuttgart 1982 (Lit.). – *N. Müller:* Empir. H.stheorien, Opladen 1979. – *W. Schluchter:* Aspekte bürokrat. H., München 1972. – *W. Siebel:* Freiheit und H.sstruktur in der Kirche, Berlin 1971. – *D. Sternberger:* H. und Vereinbarung, Frankfurt/M. 1980.

*Siegfried Bachmann*

**Hesse,** *Hermann,* geb. 2.7.1877 in Calw, gest. 9.8.1962 in Montagnola/Tessin. Einer pietist. Missionarsfamilie entstammend, entzog sich H. 15jährig der ihm zugedachten Theologenlaufbahn durch seine Flucht aus dem Maulbronner Seminar, um ein Dichter zu werden. Seine *literar. Anfänge* (Buchhändlerjahre in Tübingen und Basel 1895-1903, seit dem ersten großen Bucherfolg mit »Peter Camenzind« 1904 freier Schriftsteller) standen im Zeichen eines neuromant. Ästhetizismus des Fin de siècle. Als Leitbild naturverbundenen-einfachen Lebens jenseits der industrialisierten modernen Großstadtzivilisation kommt dabei der Gestalt eines antibürgerl. Heiligen und Vagabunden wie →*Franz von Assisi,* dem er 1904 eine populäre Biographie widmete, herausragende Bedeutung zu. Die Anziehungskraft des Spirituellen im →Katholischen (bei aller Distanz zum Institutionellen) zeigt sich darin ebenso wie in H.s an romant. Vorbildern orientierten frühen *Marienlyrik.* Weithin autobiograph. Krisen- und Bekenntnisliteratur, spiegeln H.s Gedichte und Prosadichtungen in vielfachen Brechungen Lebensumbrüche und Außenseitererfahrungen ihres Autors wider: »Unterm Rad« (1906) die Konflikte seiner Schul- und Lehrlingszeit, »Roßhalde« (1914) den Zwiespalt zwischen künstler. und bürgerl. Existenz und das (bevorstehende) Scheitern seiner ersten Ehe.

Ausgelöst durch die Erschütterungen des Ersten Weltkriegs, radikalisieren die literarhist. herausragenden Werke seiner *zweiten Schaffensperiode* (»Demian« 1919, »Siddhartha« 1922, »Der Steppenwolf« 1927) diese Problematik der Identitätssuche unter nachhaltendem Einfluß der Tiefenpsychologie C. G. →Jungs. Rückhaltlos geben sie den »Blick ins Chaos« menschl. Wünsche, Ängste und Verstörungen frei und gestalten in myth.-poet. Verschlüsselungen »mag.«-entgrenzte Entdeckungsreisen zum eigenen Selbst. So dient der gnost. (→Gnosis) Abraxas-Mythos im »Demian«-Roman als Folie der Individuation, während insbes. in »Narziß und Goldmund« (1930) die mit der →Maria-Gestalt verbundene Urmutter-Motivik für die polare Einheit von →Eros und →Logos, von →Natur und →Geist steht. Eine Synthese aus fernöstl. und abendländ. →Weisheit entwirft »Das Glasperlenspiel«, H.s *Alterswerk,* das 1932-43 als utop.-zeitkrit. Gegenentwurf zum belanglosen Feuilletonismus und zur Barbarei des →Faschismus entstand und eine Gegenwelt humanist. Geistigkeit aus der überird. Heiterkeit der →Musik und →Meditation imaginiert (1946 Nobelpreis).

Eine neue Verhältnisbestimmung von →*Religion* und seel. Lebenskunst, wie sie H. vor allem im taoist. Universismus →Chinas wiederfand, dürfte die provozierendste literaturtheol. Thematik sein, die Leben und Werk H.s aufwirft. Zum einen belegt H.s strengfromme Erziehung einmal mehr die fatale, neurotisierende (→Neurose) Wirkungsgeschichte christl.-kirchl. →Sozialisation. Andererseits ist H.s Bewältigung persönl. Lebenskrisen ebenso wie sein Prosawerk ohne den *Einfluß asiat. Religionen* nicht zu verstehen. Angeregt durch sein der Indienmission verbundenes Elternhaus, wandte sich H. schon früh dem →Buddhismus zu, kehrte aber 1911 enttäuscht von einer Reise nach Hinterindien zurück (»Aus Indien« 1913). In »Siddhartha« ist schließl. H.s Kehre von einer ind.-pessimist. zu einer chines.-bejahenden Weltsicht gestaltet. Dennoch spielte das →Christentum in H.s einzigartigem ökumen.-universalen Einheitsdenken eine beherrschende Rolle: »mehr ein myst. Christentum als ein kirchl... neben einer mehr ind.-asiat. gefärbten Gläubigkeit, deren einziges Dogma der Gedanke der Einheit ist« (Mein Glaube, 62). Bei Indern, Chinesen und Christen sah H. daher ledigl. verschiedene rel. Ausprägungen derselben seel. Grunderlebnisse auf dem Weg zur Selbst- und Menschwerdung: »Wer dies Ich findet, sei es auf dem Wege Buddhas oder der Veden oder des Lao Tse oder Christi, der ist in seinem Innersten verbunden mit dem All, mit Gott« (a.a.O., 89f.).

Gerade seine neue, *asiat. Sicht des Christentums* stellt eine bislang nur unzureichend aufgearbeitete Herausforderung für christl.-theol. Selbstverständnis dar, was angesichts der weltweiten H.-Rezeption (insbes. unter Jugendlichen und Studenten) seit den späten 60er und 70er Jahren wie auch im Zusammenhang der gegenwärtig aufkommenden →New-Age-Spiritualität nur überrascht.

*Lit.: U. Chi:* Die Weisheit Chinas und das Glasperlenspiel, Frankfurt/M. 1976. – *R. Freedman:* Hermann H. – Autor der Krisis, Frankfurt/M. 1982. – *H. Hesse:* Mein Glaube, Frankfurt/M. 1971. – *A. Hsia:* Hermann H. und China, Frankfurt/M. 1974. – *G. Mayer:* Die Begegnung des Christentums mit den asiat. Religionen im Werk Hermann H.s, Bonn 1956. – *Th. Ziolkowski:* Der Schriftsteller Hermann H., Frankfurt/M. 1979.

*Christoph Gellner*

**Hexen.** Das *Wort* Hexe (althochdt. ***hagzissa***, vergleichbar althochdt. ***zûnrîta***, Zaunreiterin) setzte sich erst um 1480 durch. Es ist ein Sammelbegriff, in den mehrere verwandte Vorstellungen eingegangen sind, die zugleich zu einer gewissen Zwiespältigkeit führten (vgl. auch die H. im →Märchen): Furie, Vampir, Schreckgespenst, Zauberin, Kindsmörderin, aber auch Kräuterfrau, weise Frau.

*A.* Der Glaube, daß H. (und auch Hexer) Personen oder Dinge nachteilig beeinflussen können (→Geister und Dämonen), ist *universell verbreitet.* Er findet sich noch heute in traditionalen →Religionen und in afroamerik. →Kulten (z.B. Voodoo). Die westeurop. Vorstellung vornehml. der →Frau als Hexe enthält folgende Elemente: Schadenzauber, Teufelspakt, Teufelsbuhlschaft, Satanskult, H.flug, H.sabbat und Tierverwandlung. Auch wenn heidn. Einflüsse vorliegen, wird dieses »H.muster« nur im Rahmen der Frömmigkeits- und *Theologiegeschichte des →Christentums* sowie des sozialen, kulturellen und wirtschaftl. Wandels verständl. Die Zauberei wurde 1326 mit der Konstitution »Super illius specula« Johannes' XXII. rechtl. der →Häresie zugeordnet und damit der →Inquisition unterworfen. Seinen Höhepunkt erlebte der H.wahn im 16. und 17. Jh. in →Deutschland, das Schauplatz rel. →Machtkämpfe war, die erst im Zeitalter der →Aufklärung zu Ende gingen, deren →Philosophie und →Theologie im Namen der →Humanität massiv gegen die H.verfolgungen protestierten und die Abschaffung ihrer Praxis forderten (J. Weyer [1515-1588], A. von Tanner [1572-1632], J. Meyfart [1590-1642], B. Bekker [1634-1698], Fr.von Spee [1591-1635], Chr. Thomasius [1655-1728] u.a.). Die jh.elang an den Frauen ausgeübte Gewalt muß auch unter sexualpatholog. Aspekt gedeutet werden.

*B.* Die *H.verfolgungen,* die drei Jh.e lang wellenartig →Europa überzogen (erste Verbrennung 1275 in Toulouse, letzte 1793 in Posen, Schwerpunkt in Deutschland · zwischen 1590 und 1630), forderten etwa *eine Million Opfer,* in der Regel Frauen. Die Quellenlage ist einseitig; es gibt nur von den Verfolgern erstellte Prozeßprotokolle. Von den vielfältigen *Gründen* sind die theol. die schwerwiegendsten: Bes. verhängnisvoll wirkte sich die auf →Augustinus zurückgehende Dämonenlehre des →Thomas von Aquin aus. Sexuelle Kontakte mit dem →Teufel war einer der Hauptanklagepunkte gegen die H. Da ferner jegl. Zauberei (→Zauber) als →Häresie ausgelegt wurde, fielen die H. unter die Rechtsordnung der →Inquisition, d.h. Denunziation, Verfahren ohne Anklage, Folter und Tod auf dem Scheiterhaufen. Als theol. und gesetzl. Grundlage dienten die Bulle »Summis desiderantes affectibus« des Papstes *Innozenz VIII.* (1484) und der von den →Dominikanern Sprenger und Institoris verfaßte *»Hexenhammer«* (1487). Weitere *psycholog. und hist. Faktoren* verschärften die Situation: die zwiespältige Einschätzung des Weiblichen, d.h. die Überhöhung der Frau in Minnesang und Marienverehrung, zugleich aber ihre Abwertung als natur- und triebhaftes Wesen; die Verdrängung der weisen Frauen, Hebammen und Naturheilkundigen durch die aufkommende Universitätsmedizin; das Zusammenspiel von geistl. (Aufspüren und Prozeßführung) und weltl. →Macht (Vollstreckung des Urteils), oft in Personalunion.

Dieses für die H.verfolgungen charakterist. Zusammenspiel verschiedenster Faktoren war letztl. auch der Anlaß, die H.verfolgungen als eine *Kollektivneurose* zu erklären, die durch patholog. Projektionen, zölibatäre Sexualphobien und Massenhysterien zustande kam (vgl. die Besessenheitsepidemien). In neuester Zeit wird die H.forschung durch die Frauenbewegung (→feminist. Theologie) belebt, die auf ihrer weibl. Identitätssuche in der Hexe ein Symbol für Unabhängigkeit und Stärke sieht.

*Lit.: J. C. Baroja:* Die H. und ihre Welt, Stuttgart 1967. – *K. Elliger:* Die H., in: *H. Haag:* Teufelsglaube, Tübingen, 2. Aufl. 1980, 440-476 (Lit.). – *C. Honegger:* Die H. der Neuzeit, Frankfurt/M., 2. Aufl. 1985. – *G. Schormann:* H.prozesse in Deutschland, Göttingen, 2. Aufl. 1986.

*Katharina Elliger/Heinz-Jürgen Loth (A)*

**Hierarchie**

*A.* Die →röm.-kath. Kirche begreift sich als eine »mit hierarch. Organen ausgestattete Gesellschaft« (2. Vat. Konzil, Dogmat. Konstitution über die Kirche, Nr. 8); ihre strukturellen Säulen sind die Weiheh. (→Diakon, →Priester, →Bischof) und die Jurisdiktionsh. (Episkopat Primat [→Papst] mit den von diesen abhängigen Ämtern). Obgleich es sich beim Begriff H. um das *zentrale Strukturelement* der kath. Kirche handelt, ist das Wesen der H. bislang soziol. wie theol. unzulängl. oder ledigl.

voreingenommen reflektiert worden. Der Begriff der H. bestimmt wesentl. →Herrschaftsvorstellungen der meisten Kulturen und ist nicht auf →Religion beschränkt. Auch in allen übrigen Sozialsegmenten existieren H.n, etwa in →Staat, →Wirtschaft, →Industrie (Management). Dennoch gibt es bislang keine Soziologiegeschichte oder -darstellung hierarch. Strukturen.

*B.* Das Wort ist griech. Ursprungs und bedeutet *»heilige Herrschaft«.* Wahrscheinl. wurde damit ursprüngl. »eine durch die Gottheit angeordnete Stufung (priesterl.) Herrschaft« (J. Neumann, Grundriß, 74) bezeichnet. Obwohl sich H.n nach allg. zweckrationalen Mustern in den unterschiedl. Sozialsegmenten ausbilden, wird die hierarch. Struktur der (kath.) Kirche durch Theologie und Kanonistik oft noch unmittelbar auf den Willen des »Herrn der Kirche« (Mörsdorf) zurückgeführt. Dabei läßt man die sozialen Komponenten außer acht. Der Begriff H. findet sich allerdings im NT nicht.

*C.* In den aktuellen Auseinandersetzungen um eine *Erneuerung der kirchl. Strukturen* wird der Begriff einerseits als Legitimationsargument zur Erhaltung bestehender Strukturen verwendet, andererseits ist er Angriffspunkt nicht selten polem. Anfälle einer basisdemokrat. orientierten Gemeindetheologie. Der H. werden als Alternativbegriffe oft Dienst, →Charisma oder →Gemeinde gegenübergestellt, obwohl sich diese Begriffe gegenseitig nicht ausschließen. So kann eine hierarch. Struktur auch kollegial und/oder synodal (→Synode) organisiert sein, wie die Beispiele vieler nichtkath. (vor allem der →orthod., aber auch der →altkath.) Kirchen zeigen. Auch das 2. →Vat. Konzil hat den Begriff H. gemieden und eher von Dienst *(munus)* gesprochen. Der neue Codex verwendet hingegen den Begriff ohne Scheu (Codex Iuris Canonici, Buch II, Teil II: »De Ecclesiae constitutione hierarchica«).

*D.* Nach *orthod. Auffassung* stellt die ird. H. (d.h. die Ordnung der Dienste in der Kirche) in gewisser Weise ein Abbild der himml. dar, wobei der Bischof Christus repräsentiert. In der heutigen Ordnung gliedert sich auch die orthod. H. in drei Weihestufen und zwei niedere Dienste, näml. Subdiakonat und Lektorat. Alle diese sind aber nicht über die Gemeinde gesetzt, sondern zum speziellen Liebesdienst in ihr, auch wenn es sich um den Dienst der Leitung handelt (Mt 20,28). Eine Unterscheidung von Weihe- und Jurisdiktionsh. ist fremd: Grundsätzl. werden alle Ämter durch die Weihe vermittelt und sind alle Amtsträger durch ihre Bindung an die Gemeinde gekennzeichnet. Von daher haben funktionale Leitungsämter (z.B. die Patriarchen) nur größere prakt.-techn. Aufgaben, vor den anderen Bischöfen aber keinen wesentl. Vorrang.

*Lit.: H. Dombois:* H. Grund und Grenze einer umstrittenen Struktur, Freiburg 1971. – *J. Neumann:* Grundriß des kath. Kirchenrechts, Darmstadt 1981, 74-79.

*Knut Walf*

**Hinduismus.** Seit Anfang des 19. Jh.s hat sich H. als Oberbegriff für die *Mehrzahl ind. Religionen* mit Ursprung in →Indien eingebürgert. Geprägt wurde der Name von Andersgläubigen (Muslimen [→Islam], Christen), die ihn vom Namen des Flusses Indus (sanskr. *sindhu*) ableiteten und von der Bezeichnung für die Bewohner auf deren →Religion übertrugen, d.h. auf die für Außenstehende gemeinsame Eigenschaft, »Ungläubige« oder →»Heiden« zu sein. Die Tendenz, den H. als gesamtind. Gemeinsamkeit zu betrachten, wurde vom ind. →Nationalismus aufgegriffen. Während das Bemühen, den H. als *eine* Religion darzustellen, neuzeitl. ist, steht religionsgeschichtl. die Vielheit rel. Anschauungen, Gottesvorstellungen und -namen, Stifterpersönlichkeiten, →Riten sowie die Breite geschichtl. und regionaler Unterschiede im Vordergrund. Zu den Faktoren, die eine einende Kraft in der rel. Vielfalt des H. darstellen, gehören kulturelle Gemeinsamkeiten auf dem geograph. relativ abgeschlossenen Subkontinent Indien und vor allem die intellektuelle und soziale Integrationsleistung der Brahmanen. Zu ihren Schöpfungen gehört die Theorie des Kastensystems als des sozial- kulturellen Rahmens für den H. In zahlreichen Begriffsreihen und Klassifikationsschemata hat sich die Fähigkeit niedergeschlagen, widersprüchl. Strömungen zu vereinen, Kritik geschmeidig abzubiegen, Kontinuität bei gleichzeitiger Erneuerung und Veränderung zu erwirken (4 Stände, d.h. »Kasten«; 4 Lebensstadien; 6 philos. Systeme; 4 Lebensziele; 4 Weltzeitalter im Verlauf eines kosm. Kreislaufs usw.).

*A. Geschichte*

Die Eigenart der ind. Religionsgeschichte ist ihre Kontinuität über 3000-4000 Jahre hinweg. Auf die durch Ausgrabungen bekannte Industalkultur (3. Jt. v. Chr.) folgt (ab ca. 1500 v. Chr.) die Epoche der *ved. Religion,* mitgebracht von indoeurop. Stämmen (*Ārya),* die in Wellen nach Indien einwanderten. Ihr führender Gott ist *Indra*; andere Gottheiten sind kosm.-soziale Prinzipien, z.B. Wahrheit *(Ṛita),* Vertrag *(Mitra),* Feuer (*Agni), Varuṇa,* der über Versprechen und Eide wacht und Lügen bestraft; sie werden nicht bildl. dargestellt und ikon. verehrt, sondern in →Hymnen gepriesen. Erhalten ist ein Korpus →hll. Schriften, die *Veden* (*veda,* mask., sanskr. »Wissen«): *Rigveda, Yajurveda, Sāmaveda, Atharvaveda.* Der um die Durchführung von Opfern kreisende Ritualismus, der vom Spezialwissen einer →Elite von →Priestern (Brahmanen) und vom Glauben an die Wahrheitskraft ihrer dichter. Formulierung geprägt war, wird auch Brahmanismus genannt. Die Entwicklung des Ideals der Entsagung als Vorbedingung für →Erlösung, gleichzeitig mit dem Aufkommen der Wiedergeburtslehre, markiert den Beginn einer Epoche (ca. 500 v. Chr. bis 800 n. Chr.), die durch die denker. Leistungen philos. Schulen (→Shankara) und eine Blüte schöngeistiger Literatur und Kunst gekennzeichnet ist. Der Glaube an Wiedergeburt (Wiederverkörperung, Seelenwanderung) beruht auf dem Glauben an die Wirkung ritueller und anderer Handlungen (*karman*) über die empir.-gegenwärtige Wirkung hinaus; sie bestimmt das Geschick des einzelnen in zukünftigen Leben als →Tier, →Mensch oder Gott und wird als Erklärung für die Ungleichheit der Menschen, ihre körperl. wie intellektuelle Mängel oder Vorzüge und ihren angeborenen sozialen Stand im Rahmen des Kastensystems herangezogen (→Theodizee).

Zu Beginn dieser Epoche war die rel. Entwicklung durch die Herausforderung asket.-mönch. Erlösungswege (→Buddhismus, →Jinismus) geprägt. Die Abfassung und Kompilation der großen Epen (*Mahābhārata*, Rāmāyana) *und der älteren Purāṇas* (»alte Geschichten«), eine Textkategorie, die als Sammelbecken mytholog. und prakt.-rel. Überlieferung diente) fällt in diese Epoche. Ab etwa dem 7. Jh. n. Chr. treten hist. greifbare Stifterpersönlichkeiten auf. Sanskrit (Name der [Kunst-]Sprache der hll. Schriften und der höf. Literatur) wird abgelöst durch Literatur in den Regionalsprachen. In frommer Ergebenheit (*bhakti*) an einen Gott (*Vishnu* oder seine Verkörperung [sanskr. *avatāras*] als *Krishna* oder *Rāma, Shiva* u.a.) besingt man dessen Taten und bittet um →Gnade (Visionen, Vergebung von →Sünden, Aufnahme in die Gegenwart Gottes). Polit. ist dies eine Zeit der Fremdherrschaft (→Islam, Engländer), die erst ab dem 19. Jh. in eine Periode der Reform und der Besinnung auf die eigene Vergangenheit mündet. Rām Mohan Roy (1772-1833) gründet 1828 den *Brāhmo-Samāj* (»Gottesgemeinde oder -gesellschaft«) aus Ablehnung von Polytheismus (→Monotheismus) und Idolverehrung; Dayānanda Sarasvati (1824-1883) und der *Ārya-Samāj* (»Gesellschaft der Arier«) vertreten eine (hist. anfechtbare) Wiederbelebung ved. Anschauungen und Praktiken; Svāmi Vivekānanda (1863-1902) und die Ramakrishna-Mission betonen *Advaita*-Philosophie und →*Yoga* als Grundlage wahrer ind. Spiritualität und sozialen Engagements; Mahātmā Gāndhi (1869-1948) verknüpfte soziale Reformanliegen (insbes. den Kampf gegen die Unberührbarkeit) mit dem Kampf um polit. Unabhängigkeit von England; Sri Aurobindo Ghosh (1872-1950) und viele andere popularisieren Yoga in Theorie und Praxis (ohne daß eine Übereinstimmung in den Grundlehren oder Zielvorstellungen bestünde). Wegen der westl. Einflüsse spricht man von Neo- oder Neuhinduismus. Eine Reihe von *Gurus* (Lehrerpersönlichkeiten) haben einzelne hinduist. Lehren oder Praktiken auch im Westen verbreitet (→Neue Religionen).

*B. Gottesvorstellungen*

Für die Mehrheit der Hindus ist →»Gott« personal, wobei die Zuwendung zu dem jeweils am meisten verehrten Gott individuell verschieden sein kann, bei gleichzeitiger Anerkennung der Existenz anderer göttl. Wesenheiten. Die Hauptgötter sind *Shiva*, Vishnu und weibl. Gottheiten unter verschiedenen Namen. Bes. charakterist. für Shiva ist die Erscheinungsform als wilder Asket; zugleich gilt er als Inbegriff sexueller Potenz (Verehrung des *lingam*, ursprüngl. Phallussymbol); durch seinen Tanz zerstört er die Welten am Ende eines Weltzyklus. *Vishnu* dagegen waltet als ordnungsschaffende und -erhaltende Kraft; er greift in Gestalt von Verkörperungen (sanskr. *avatāra*, »Herabstieg«) als Tier, Mischwesen oder in menschl. Gestalt in die Welt ein, meist um sie von Dämonen zu befreien. Die Göttin *(Devi* ist als Kālī, Durgā, Pārvatī mytholog. Shiva als Partnerin zu-, theol. als Energieprinzip oft übergeordnet; *Lakshmi*, auch *Shri* genannt, hat eine entspr. Stellung im Vishnuismus. Mytholog. treten alle Götter auch in menschl. Gestalt auf, in der bildenden →Kunst (→Tempel, Ikonographie, Devotionalien) mit standardisierten Attributen und Eigenschaften versehen. Theol. ist jede Gottesgestalt weltschaffendes, -erhaltendes und -zerstörendes Prinzip (im Rahmen eines Kreislaufs von Entstehen und Vergehen). Durch →Opfer, Spenden, →Hymnen, Anrufungen (z.B. Namenslitaneien), Observanzen (Fasten, →Gelübde) wird die Gunst der Gottheit erwirkt mit Blick auf diesseitiges wie jenseitiges Wohlergehen und Heil (→Jenseits).

Das Zusammenwirken verschiedener Götter in mytholog. Ereignissen (in hll. Schriften und Volksliteratur erzählt) spiegelt das Bestreben, die Überlegenheit der eigenen Gottheit darzustellen und durchzusetzen, gleichzeitig die Existenz anderer Götter anzuerkennen (Henotheismus). Als philos. Gottesbegriff bezeichnet *brahman* absoluten Geist jenseits aller Eigenschaften (→Shankara, →Pantheismus, →Monismus), annähernd benennbar nur als *satcitānanda* (Sein-Geist-Wonne); ausgehend von den Lehren der *Upanishaden*, bildet *brahman* und die im Vergleich damit fragwürdige Realität der Welt (z.B. als Gaukelwerk, »*māyā*, oder Spiel Gottes, als Schein) einen Zentralbegriff der philos. *Vedānta*-Schulen. Auf alle personalen Gottheiten wurden auch Züge des apersonalen Absoluten übertragen.

*C. Ritus*

Vorschriften und Praktiken gelten meist für eine best. Region oder Kaste, für die Angehörigen einer der hinduist. Religionen oder ihrer auf einzelne Stifter oder Lehrer zurückgehende Bewegungen. Im tägl. Leben spielt die →*Astrologie* eine bestimmende Rolle. Einzelne Tage (im Rahmen von Mond- oder Sonnenkalender) sind best. Gottheiten heilig. Tempelbesuch ist Sache des einzelnen (kein Gemeinschaftsgottesdienst); das *Götterbild* wird (z.B.) durch Gaben von Speisen, Blumen, Weihrauch, Wasser, →Geld und durch Umschreiten verehrt. Pilgerfahrt (→Wallfahrt) und rituelles Bad gehören zu den öffentl. Praktiken, period. Fasten, Rezitation von Gebetsformeln, →Meditation, Verehrung des häusl. Kultbildes zu den privaten. Der Übergang von »Religion« zu Brauchtum (Speisevorschriften, Festbräuche usw.; →Volksfrömmigkeit) und →Magie (z.B. Amulette) ist fließend. →Geister und Dämonen spielen im Leben der sozial niederen Schichten eine große Rolle.

*D. Ethik*

Einen system. Ansatz zur Bewältigung der Vielfalt und der Unterschiede stellt vor allem die Theorie des Kastensystems dar; durch den Begriff einer →Norm und →Ordnung (*dharma*), die Kosmos und Gesellschaft umfaßt, wird der Anspruch auf umfassende und ewig-unveränderl. Gültigkeit auch und gerade von sozialen Unterschieden erhoben. An der Spitze der →Hierarchie stehen die Brahmanen als Hüter der (wenigstens dem Anspruch nach) ved. Tradition, als Vermittler zwischen Gott und Mensch (beim ved. Opfer, bei häusl. Riten, als Offizianten und Verwalter in Tempeln). In der an ritueller Reinheit (→rein und unrein) gemessenen gesellschaftl. Praxis wird die (ältere) Ständeordnung (*Brahmanen, Kshatria, Vaishya, Shūdra* als Priesterstand, Wehrstand, Nährstand, Hörige) überlagert durch die Gliederung in zahlreiche Kasten (*jāti*; sanskr. »Geburt«), d.h. Gruppen, die oft regional begrenzt und durch ererbten Beruf gekennzeichnet sind und die Regeln der Kommensalität und Endogamie (d.h. Essen bzw. Heirat nur unter Angehörigen der eigenen Gruppe) befolgen. *Sanātana dharma*, d.h. ewige Ordnung, ist die brahman. Bezeichnung für jenen Rahmen, in dem die Vielfalt des H. ihren Zusammenhalt als *eine* Religion erweist.

*Lit.: H. Bechert/G. von Simson:* Einführung in die Indologie, Darmstadt 1979. – *J. Gonda:* Die Religionen Indiens, Bd. 1: Der ältere H., Stuttgart 1963 (2. Aufl. 1979); Bd. 2: Der jüngere H., Stuttgart 1963. – *W. Halbfass:* Indien und Europa. Perspektiven ihrer geistigen Begegnung, Basel 1981. – *R. Hummel:* Ind. Mission und neue Frömmigkeit im Westen. Rel. Bewegungen Indiens in westl. Kulturen, Stuttgart 1980. – *H. Küng/J. von Ess/H. von Stietencron/H. Bechert:* Christentum und Weltreligionen, München 1984. – *Benjamin Walker:* Hindu World. An encyclopedic survey of Hinduism, 2 Bde., London 1968.

*Peter Schreiner*

**Hiobbuch.** Das H., benannt nach seinem »Helden« Hiob (hebr. *Ijjôb*, lat. *Iob*, daher in den deutschsprachigen Bibelausgaben Hiob neben Ijob und Job), gehört zu den poet. »Schriften« des →AT. Bei längerer Vorgeschichte einzelner Stoffe und Motive (die Figur Hiob in Ez 14 als »Gerechter der Urzeit«, die Frage nach Möglichkeit und Grund des Leidens Unschuldiger in der Weisheitsliteratur des →Alten Orients bereits im 2. Jt. v. Chr.) stammt das H. in der jetzt vorliegenden Gestalt aus nachexil. Zeit und ist wohl im 5.-3. Jh. v. Chr. entstanden.

*A. Thema* des H.s ist das Problem des Leidens eines Unschuldigen (→Theodizee), dargestellt am Geschick Hiobs, genauer: am Widerspruch zwischen dem Tun und dem Ergehen dieses einen Menschen. Es geht dabei zugleich um Leben *und* Lehre und um Dimensionen von Recht, Lehre (→Weisheit) *und* Klage (→Psalmen). Denn im H. kommt der vor und gegen Gott eingeklagte Anspruch auf Gerechtigkeit (d.h. auf die Stimmigkeit zwischen dem Tun und dem Ergehen eines Menschen) ebenso zur Sprache wie die aus der Erfahrung der Widersprüche zwischen Tun und Ergehen folgende Kritik an der →Weisheit mit ihrer Auffassung von der Stimmigkeit beider. Schließl. geht es zugleich um die Klage als die Form, in der jener Widerspruch vor Gott gebracht werden kann, ohne daß er geleugnet oder in falscher Versöhnung zum Verschwinden gebracht wird.

*B.* Die 42 Kapitel des H.s enthalten einen erzählenden Rahmen (Kap. 1f.; 42,7ff.) und einen Hauptteil aus mehreren Redegängen zwischen Hiob und seinen (ihn tröstenden, dann ihn zunehmend belehrenden und mit Vorwürfen belastenden) Freunden, schließl. zwischen Gott selbst und Hiob. Rahmen- und Dialogteil haben einen unterschiedl. Duktus.

*I.* Im *Prosarahmen* (möglicherweise einmal eine selbständige Erzählung) wird Hiobs Geschichte berichtet. Hiob, ein wohlhabender, angesehener und vom Glück gesegneter, dabei untadeliger und gottesfürchtiger Mann, wird nach einer »Wette« zwischen Gott und dem (im Hofstaat Gottes als eine Art prüfender »Staatsanwalt« auftretenden) Satan durch schreckl. Schicksalsschläge (Verlust aller Habe, Tod der Kinder, sodann eine furchtbare, ihn quälende und als unrein aus der Gemeinschaft ausstoßende Hautkrankheit) geprüft, ob er auch »umsonst« (1,9) an Gott festhält oder ob sich seine Frömmigkeit als von seinem Wohlergehen abhängig erweist. Hiob bleibt bei alldem fromm und erträgt sein Geschick in geduldiger Ergebung (»Jahwe hat es gegeben, Jahwe hat es genommen, gepriesen sei der Name Jahwes«; 1,21). Die Erzählung schließt (42,7ff.) mit der Wiederherstellung von Hiobs Glück und Gesundheit.

*II.* Wäre die Prosaerzählung für sich allein die Aufforderung, auch unschuldig verhängtes Leiden geduldig und im Vertrauen auf Gottes Ratschluß zu ertragen, so bekommt sie als Rahmenerzählung im Zusammenhang der *Reden* einen neuen Klang. Denn nun ist Hiobs Satz (»Jahwe hat es *gegeben...*«) nicht mehr stumme Ergebung, sondern Auftakt zu gewaltigen Klagen und Anklagen vor Gott, der als Verursacher des Geschehens benannt ist (»*Jahwe* hat es gegeben...«). Vor und von Gott klagt Hiob Gerechtigkeit ein, zunächst in langen

Dialogen mit den Freunden (zunächst drei, ein weiterer, Elihu, dürfte mit seinen Reden [Kap. 32-37] nachträgl. hinzugefügt worden sein). Die Freunde jedoch können Hiob beim besten Willen keine ihn betreffende Antwort geben, da sie, nicht in Hiobs Lage, nur Wahrheiten Unbetroffener, also allenfalls Richtiges, sagen können (»ich an deiner Stelle würde...«, so z.B. 5,8). So richtet sich Hiobs Klage zunehmend an Gott, den er als Urheber seines Leidens anklagt, ruft er denselben Gott als (Erlöser an (19,25ff. vgl. 16,18ff.). Hiob erwartet Gerechtigkeit von diesem Gott und in diesem Leben. Doch wenn, so klagt er (an), sein Ergehen seinem Tun so widerspricht, dann herrscht in der Welt statt Recht nur Chaos, und Gott selbst ist ihr verbrecher. Herr (bes. Kap. 3 und 9). Gott antwortet Hiob in einer Theophanie (→Erscheinung). In einer Fülle von Beispielen aus der außermenschl. Natur weist Gott auf, daß es in der Welt nicht harmon. zugeht, da es in ihr widerstreitende Interessen gibt (so steht die Lebensweise wilder Tiere, die auch Gottes Geschöpfe sind und in ihrer Art leben sollen, den menschl. Interessen entgegen). So gibt es in der Welt Widersprüche, wie es im Leben Hiobs Widersprüche gibt. Die geschaffene Welt ist keine heile Welt und deshalb doch nicht als Ganzes eine chaotische. Gott (und nur er) ist es, der die Welt gegen die Chaosmächte (personifiziert in Leviatan und Behemot) erhält. Hiob bekommt von Gott recht gegen Freunde, denen doch alles an stimmiger »Theologie« gelegen war (Hiob nennt den Versuch der Freunde, gegen die Erfahrung an der Stimmigkeit der Lehre festzuhalten, »Trug für Gott vorbringen«; 13,7). Und doch bekommt Hiob darin unrecht, daß er die Frage nach dem Zustand der Welt allein aus seinem Ergehen entscheiden will. Die Gottesreden wenden sich gegen Hiobs Egozentrik (und darüber hinaus gegen jede Anthropozentrik), ohne die in seinem Geschick aufscheinenden Widersprüche zu leugnen oder aufzulösen. Deshalb antworten die Gottesreden nicht auf die Frage nach dem Grund, dem Sinn, dem Zweck oder der Notwendigkeit dieses Leidens, weil sie die Brauchbarkeit dieser Frage als Schlüssel zur Welterfassung bestreiten. Darin steckt der Widerspruch des H.s gegen jede stimmige Lehre. Deshalb kann es vom *Ende* dieses Leidens erzählen, ohne die Wirklichkeit zu verlieren und dem »Trug für Gott« zu verfallen.

*C.* Das H. hat zu einer Vielzahl exeget., systematisch- und prakt.-theol., aber auch philos., literar. Interpretationen und künstler. Adaptionen geführt. Die *Deutungen* reichen dabei vom »stummen Dulder« (bereits im NT Jak 5,11 und die vorherrschende Linie in der Theologiegeschichte) bis zum »Rebellen« Hiob (E. Bloch). Dazwischen gibt es eine Fülle von Deutungen, die beide Linien gegeneinander abzusetzen und (ohne falsche Versöhnung) zu vermitteln versuchen. Aus der Fülle der Deutungen sei für die Theologie auf K. →Barth, für die Philosophie auf →Hobbes, →Kant, →Kierkegaard, für die Literatur auf Milton, Melville, J. Roth, →Kafka, Kokoschka und für weitere Rezeptionsweisen auf Blake, →Brahms, C. G.→Jung verwiesen, dazu bes. auf die jüd. Interpretationsgeschichte (M. Susman, E. Wiesel u.a.).

*Lit.: R. Rendtorff:* Das AT. Eine Einführung, Neukirchen-Vluyn, 2. Aufl. 1985, 263-267. – *K. Barth:* Hiob (Bibl. Studien 49), Neukirchen-Vluyn 1966. – *E.Bloch:* Atheismus im Christentum (Gesamtausgabe 14), Frankfurt/M. 1968, 148-166. – *J. Ebach:* Leviathan und Behemoth, Paderborn 1984. – *G. Fohrer:* Das Buch Hiob (Kommentar zum AT XVI), Gütersloh 1963. – *O. Keel:* Jahwes Entgegnung an Ijob (Forschungen zur Rel. und Lit. des A und NT 121), Göttingen 1978. – *H.-P. Müller:* Das Hiobproblem (Erträge der Forschung), Darmstadt 1978. – *G. von Rad:* Weisheit in Israel, Neukirchen-Vluyn, 3. Aufl. 1985. – *J. Roth:* Hiob, Berlin 1930. – *M. Susman:* Das Buch Hiob und das Schicksal des jüd. Volkes, Zürich 1948. – *C. Westermann:* Der Aufbau des Buches Hiob, Zürich, 3. Aufl. 1978.

*Jürgen Ebach*

**Hippiekultur** (von »hep«, einem Ausdruck der Jazzmusiker der 30er Jahre für »weise«) stellt eine in den späten 60er Jahren von den USA ausgehende und nicht zuletzt durch die moderne →Medienkultur in allen fortgeschrittenen Industriegesellschaften verbreitete *jugendl. Subkultur* dar. Geprägt durch einen »anomischen« generationsspezif. Erfahrungszusammenhang (Zusammentreffen von ebenso unbegrenzt wie »unsinnig« erscheinenden Verheißungen der blühenden Konsumgesellschaft mit den Verheerungen US-imperialist. Kriegsverstrickungen in Vietnam), wurde die H., anknüpfend an die »alternativen« Wertorientierungen der traditionellen (bürgerl.) Boheme rasch zum Prototypen der sich in der aktuellen Alternativ- und Friedensbewegung fortsetzenden »Jugendkultur«, synkretisiert aus Elementen einer antimaterialistisch-pazifist. Philosophie (→Frieden), →ökolog. Denkweisen und ostasiat. Techniken der Seel- und Körpersorge. Auffallend durch ihre von bürgerl. Standards strategisch abstechende *expressive Symbolik* (Blumen, Haartracht, Kleidung usw.), eine rasch vermarktete Musikkultur und das Experimentieren mit alternativen Lebensstilen (u.a. sexuelle Befreiung), definierte sich die H. eher negativ gegenüber den »straights« (Geradlinige und Angepaßte: die »Eltern«) denn anhand einer differenzierten →Weltanschauung und eines eigenständigen polit. Entwurfs.

*Lit.: W. Hollstein:* Die Gegengesellschaft, Reinbek 1981.

*Franz Schultheis*

**Hirsch,** *Emanuel,* geb. 14.6.1888 in Bentwisch, gest. 17.7.1972 in Göttingen, ev. Theologe. Geboren in einem mecklenburg. Pfarrhaus, studierte ausschließl. in Berlin Theologie, wo er sich als Schüler K. Holls (1866-1926) vor allem dem Lutherstudium widmete. H. lehrte zunächst als Privatdozent für Kirchengeschichte in Bonn, seit 1921 als Professor in Göttingen, zunächst für Kirchengeschichte, seit 1936 für *Systemat. Theologie.* Auf Grund seines aktiven Eintretens für den →Nationalsozialismus

wurde H. 1945 vorzeitig pensioniert. Bis zu seinem Tode lebte und arbeitete er 27 Jahre zurückgezogen in Göttingen. In dieser Zeit veröffentlichte er u.a. eine fünfbändige, zum Standardwerk gewordene *»Geschichte der neuern ev. Theologie«* sowie eine Übersetzung und Kommentierung des Gesamtwerks →Kierkegaards.
H.s Werk umfaßt hist., philos., exeget., systemat.- und prakt.-theol. Arbeiten, aber auch Romane. Bes. die 1918-1938 veröffentlichten Schriften lassen einen engen Bezug zur kulturellen und polit. Lage in →Deutschland erkennen, deren Deutung und Verarbeitung eine wesentl. Rahmenbedingung seines theol. Programms darstellt. In der von H., in Übereinstimmung mit seinem Freund P. →Tillich, als Krise gedeuteten Zeit verdichten sich für ihn die negativen Folgen des Umformungsprozesses, der die →*Neuzeit* bestimme: Initiiert im Namen der Verwirklichung von →Freiheit, →Vernunft und gesteigerter eth. →Verantwortlichkeit, zersetze dieser Prozeß sowohl alle traditionalen Bindungen und Gemeinschaftsformen wie auch diese Leitideen selbst; damit aber zerstöre er nicht nur den überkommenen reformator. →Glauben, sondern alle höhere geistige →Kultur und die Realisierungschancen für ein wahres Personsein. Auf dem Fundament luth. Glaubens, in krit. Auseinandersetzung mit der Philosophie des dt. →Idealismus und dem Kierkegaardschen →Existentialismus, bemüht sich H. um einen *Gegenentwurf*, eine metaphys. Geschichtsphilosophie und →Theologie. In ihr wird das moderne Wahrheitsbewußtsein nicht bekämpft, sondern – durch Reflexion auf seine impliziten Voraussetzungen – sich selbst so durchsichtig gemacht und vertieft, daß ihm im Verständnis individueller Persönlichkeit zugleich eine antinom. Gotteserfahrung erschlossen wird: das Verzweifeln und Leiden an Gott wie auch die Liebe Gottes als Ermöglichungsgrund seiner selbst und allen geistigen Lebens. H.s aktives Eintreten für den Nationalsozialismus verstellt und belastet bis heute die Auseinandersetzung mit seinem umfassenden Werk.

*Lit.: H. M. Müller (Hg.):* Christl. Wahrheit und neuzeitl. Denken, Tübingen 1984. – *U. Neuenschwander:* E.H., in: *ders.:* Denker des Glaubens, Gütersloh 1974, 9-36. – *H. W. Schütte (Hg.):* Bibliographie E.H., Berlin 1972. – *M. Weinrich:* E.H., in: *ders.:* Der Wirklichkeit begegnen, Neukirchen-Vluyn 1980, 265-331.

*Klaus Tanner*

**Historismus**

*A.* Unter dem Stichwort H. wird seit dem ausgehenden 19. Jh. die *Vergeschichtlichung* der modernen Wirklichkeitserfahrung *zum Problem* erhoben. Der Begriff reflektiert den Aufstieg der →Geschichtswissenschaft und die Expansion des geschichtl. Denkens in andere wissenschaftl. und gesellschaftl. Bereiche: am markantesten zu greifen in der Historisierung der Offenbarungsreligion (→Offenbarung) und Ausbildung der →Hermeneutik, in den hist. →Sprachwissenschaften und der hist. Rechtsschule (→Recht), in den hist. Schulen der Nationalökonomie sowie im H. der bildenden →Kunst, in der Denkmalspflege und Museumskultur. Eine *Krise* prozessualer Sinnbildung von Geschichte im Umkreis des Ersten Weltkriegs (1914-1918) gab dem sich nun durchsetzenden Begriff einen krit.-selbstkrit. Sinn, der die isolierten Fragmente geschichtl. Bewußtseins problemat. erscheinen ließ: das gegenwartsflüchtige »Antiquarische« (→Nietzsche) positivist. Forschung, die Einebnung bedeutsamer Geschichtsphilosophie zu beliebiger »Geistesgeschichte« und den →Relativismus einer um die Kategorie des →Fortschritts gebrachten geschichtl. Erkenntnis (→Dilthey und →Troeltsch). In einer Flucht nach vorn wertete der führende dt. Historiker, F. Meinecke (1862-1954), H. zum *positiven Leitbegriff* um, allerdings weitgehend reduziert auf die Idee des lebensvoll Individuellen, deren (in J. G. Herder [1744-1803], →Goethe und L. von Ranke [1795-1886] kulminierende) Vorgeschichte er zur »Entstehung des H.« stilisierte. H. wurde zunehmend mit der dt. Geschichtswissenschaft identifiziert, die das individualisierende Verstehen kultivierte und dabei oft am besten die polit. handelnden Individuen oder den »individuellen« Nationalstaat verstand.

*B.* Demgegenüber steht *heute* die »Geschichtswissenschaft jenseits des H.« (W. J. Mommsen 1971), wenn es auch in einem allgemeineren Theoriehorizont mögl. ist, von einer gewissen »Rehabilitierung« des H. (H. Lübbe 1977) oder aber krit. differenzierend von einem »*Neoh.*« zu sprechen (J. Rüsen). Das einst gemeinte Veränderungsprinzip der →Geschichte bleibt weiter »das Fundament, von dem aus wir die gesellschaftl.-kulturelle Wirklichkeit betrachten« (K. Mannheim 1924), doch sinkt der Begriff zur Bezeichnung einer vergangenen Epoche herab. Vom H. zu unterscheiden ist *»Historizismus«*, ursprüngl. gleichbedeutend, seit K. R. Popper (geb. 1902) aber eine polem. Bildung des log. →Positivismus gegen den Glauben an ein vorgegebenes Gesetz der Geschichte, der so nicht das Problem des H. ist.

*Lit.: K. G. Faber:* Ausprägungen des H., in: Hist. Zeitschrift 228 (1979), 1-22. – *H. Lübbe:* Geschichtsbegriff und Geschichtsinteresse, Basel 1977. – *K. Mannheim:* H., in: *ders.:* Wissenssoziologie, Neuwied/Berlin 1964, 246-307. – *F. Meinecke:* Die Entstehung des H., 2 Bde., 1936, Stuttgart, 3. Aufl. 1954. – *W. J. Mommsen:* Die Geschichtswissenschaft jenseits des H., Düsseldorf 1971. – *Th. Nipperdey:* H. und H.kritik heute, in: *ders.:* Gesellschaft, Kultur, Theorie, Göttingen 1976, 59-73. – *K. R. Popper:* Das Elend des Historizismus, Tübingen, 3. Aufl. 1971. – *G. Scholz:* »H.« als spekulative Geschichtsphilosophie, Frankfurt/M. 1973. – *E. Troeltsch:* Der H. und seine Probleme, Tübingen 1922. – *Ders.:* Der H. und seine Überwindung (Ges. Schriften III), Tübingen 1924.

*Johannes Burkhardt*

**Hobbes,** *Thomas*, geb. 5.4.1588 in Malmesbury, gest. 4.12.1679 in Hardwick, Begründer der *neuzeitl. polit. Philosophie*. Ihre Grundlage ist eine naturalist. Staats- und Gesellschaftslehre, in der sich die Erfahrung der zeitgenöss. polit. Situation, vor allem der Dauerzustand rel. und sozial motivierter Bürgerkriege widerspiegelt. H. systematisiert die daraus resultierenden Erfahrungen von →Gewalt und →Terror und schreibt sie →naturrechtl. fest.

Das Ergebnis ist das bekannte Theorem vom Naturzustand als dem *Kampf aller gegen alle*, den zu beenden nur ein starker Souverän imstande ist. Höchstes Ziel der Politik ist nun nicht mehr – wie in der Tradition seit →Aristoteles – die Verwirklichung des höchsten Gutes, sondern die Sicherung des äußeren und inneren →Friedens. Das Mittel dazu ist der Staatsvertrag, in dem die Individuen ihre natürl. Freiheiten (deren Kollision den Naturzustand so zerstörer. erscheinen läßt) aufgeben und auf den Staat (den Souverän) übertragen. Mit dieser Konstruktion erklärt H. nicht nur die Entstehung des Staates, sondern begründet auch das staatl. *Gewaltmonopol*, das in der Bezeichnung des Staates als Leviatan selbstredend zum Ausdruck kommt. Das Bild des myth. Seeungeheuers aus dem bibl. Hiobbuch (41,24) weist den H.schen Staat als »sterbl. Gott« aus, der im Sinne von »Künstlichkeit« (als »animal artificiale«) »übernatürl.« ist, ein »zweiter Gott« (secundus deus); die Metapher aus dem bibl. Hiobbuch verweist aber nicht nur auf die Ingeniösität des Staates, sondern zieht auch – darin den »potentia-Dei-absoluta-Theoremen« der Spätscholastik verpflichtet – eine Grenze zwischen spiritueller, rel. und weltl. Gewalt. Im neuzeitl. Staat, wie ihn H. vorwegnimmt, wird die polit. Ordnung, gerade in ihrer quasitheokrat. Übersteigerung, von der geistl. Gewalt und Ordnung abgelöst und als selbständige Größe durchgesetzt.

→Religionsphilosph. hat die Lehre vom Staat als *»erscheinendem Gott«* weitreichende Konsequenzen. Dadurch daß alle Gehorsamsleistung, die der einzelne dem »übernatürl. Gott« schuldet – seine Qualitäten übersteigen jede mögl. Erkenntnis und Einsicht; als Gegenstand gläubiger Verehrung steht er jenseits jedes vernünftigen Bestimmtwerdens –, dem »secundus deus« zugesprochen wird, kommt es zur Identifikation von →Staat und *Kirche* (Kirche wird zur Gemeinschaft der Staatsbürger, sofern sie rel. Subjekte sind). Die Kirche ist nichts weiter als der Staat in einer bes., den Erfordernissen einer bestimmten Aufgabe angepaßten Funktion (nur *ein* Staat kann eine Kirche bilden, nie mehrere zusammen). Sie legt die Mysterien des Glaubens, deren vernünftige Bestimmbarkeit bestritten wird, für alle Staatsbürger verbindlich aus, bleibt ihrerseits aber unbedingt der Staatsraison verpflichtet. Wie diese →»Ekklesiologie« konsequent aus der Lehre vom Naturzustand abgeleitet ist, so spiegelt sie auch die anthropolog. Voraussetzungen wider, die jener voraus- und zugrunde liegen: der Mensch als ein im unbefriedeten Zustand rücksichtslos nach Selbsterhaltung strebendes Wesen, das nur unter den Bedingungen staatl. und rel. Domestikation überlebensfähig ist.

In der *jüngeren Gegenwart* haben sich vor allem jene polit. Theoretiker auf H. berufen, die angesichts vermeintl. oder tatsächl. Krisensituationen für eine starke Staatsmacht (Führerstaat, →Diktatur, Legitimation des »Ausnahmezustandes«) plädierten (etwa Carl Schmitt von rechts und Walter Benjamin von links).

*Lit.: I. Fetscher:* Einleitung zu: Thomas H., Leviathan, Neuwied/Berlin 1966, IX-LXIV. – *R. Koselleck/R. Schnur (Hg.):* H.-Forschungen, Berlin 1969. – *K. Schuhmann:* Geometrie und Philosophie bei Thomas H., in: Philos. Jahrbuch 92 (1985), 161-177. – *L. Strauss:* H.' polit. Wissenschaft, Neuwied 1965. – *J. Taubes:* Leviathan als sterbl. Gott. Zur Aktualität von Thomas H., in: *ders. (Hg.):* Der Fürst dieser Welt, München/Paderborn 1983, 9-15.

*Carl-Friedrich Geyer*

## Hochkirchliche Bewegung

*A.* Die Worte »Hochkirche« und »hochkirchlich« dienen heute als Bezeichnung für *vielfältige Tendenzen* in prot. Kirchen, die Kontinuität dieser Kirchen mit der vorreformator. Kirche, insbes. mit der →Alten Kirche der Kirchenväter, wieder zur Geltung zu bringen. Typ. Merkmale solcher Bewegungen sind: 1. Treue zum altkirchl. →Dogma und Ablehnung des →Liberalismus; 2. Betonung des Sakramentalen und Liturgischen im →Gottesdienst; 3. Rückgriff auf die klass. Kirchenattribute Einheit, →Heiligkeit, →Katholizität und Apostolizität (→Apostel, →Amt) als Grundlage der →Ekklesiologie; und 4. Festhalten oder Wiedereinführung des dreifachen Kirchenamts (→Bischof, →Presbyter, →Diakon) unter Handauflegung in apostol. oder hist. Tradition (→Amt). Je nach Grad der Annäherung an röm.-kath. oder orthod. Vorbilder können noch weitere Elemente hinzukommen, etwa Bildung von ordensähnl. Gemeinschaften (→Orden), Betonung des priesterl. Charakters des Presbyteramts und des Opfercharakters der Eucharistie (→Abendmahl), Übernahme von »kath.« Frömmigkeitsformen wie Paramente und Ritual, Eucharistie-, Heiligen- und Marienverehrung, Statuen- und Ikonenkult u.ä.

*B.* Die *Begriffsgeschichte* ist äußerst kompliziert. Der Ausdruck kommt aus dem Englischen um die Wende zum 18. Jh., als das Wort »high« (hoch) im Sinne von »stark« oder »intensiv« gebräuchl. war.

*I.* Als 1688/89 der Stuart-König Jakob II. gestürzt und an seiner Stelle der calvinist. gesinnte Wilhelm von Oranien auf den engl. Thron erhoben wurde, bildete sich eine Partei, die gleichermaßen an der Rechtmäßigkeit der Stuart-Monarchie und an der gemäßigt-kath. Gestalt der →anglik. Kirche festhielt. Diese »Tory«-Partei hob sich von der eher demokrat. gesinnten »Whig«-Partei ab, die einen starken Anhang bei den aus der anglik. Kirche ausgeschlossenen Protestanten, den sog. »Dissenters«, fand. Die *hochkirchl. Partei* zeichnete sich dagegen durch eine hohe Meinung von der spezif. anglik.

Gestalt der engl. Staatskirche aus und verteidigte als deren wesentl. Merkmale die »Prayerbook«-Liturgie und das Bischofsamt in hist. (= »apostol.«) Sukzession. Theol. berief sich die hochkirchl. Partei auf eine lange Tradition anglik. Theologen, die die anglik. Kirche als Via media (Mittelweg) zwischen papalist. und puritan. Extremen darstellten und sich dabei auf die Lehre der →Kirchenväter der ungeteilten Alten Kirche als Maßstab der Schriftdeutung stützten (William Laud und die Caroline Divines). Mit der →Aufklärung bildete sich ein neue Front: nicht nur die »*Low Church*« (niederkirchl.) – Whigs, sondern auch die zum →Deismus und Unitarismus (→Unitarier) neigenden »*Broad Church*« (breitkirchl.) – Denker gerieten ins Visier.

*II.* Die Diskreditierung der Whig-Partei durch die Exzesse der →Franz. Revolution gab der hochkirchl. Partei in England neuen Auftrieb. Die →*Romantik* vertiefte das Verständnis für das MA.; die →evangelikale Bewegung erweckte die engl. Staatskirche zum neuen Leben. Der Versuch der Whig-Regierung, 1833 den anglik. Episkopat Irlands zu verkleinern, rief heftigen Protest hervor: Eine Gruppe in Oxfordshire um J. Keble, J. H. →Newman und R. H. Froude antwortete mit einer Traktaten-Reihe (daher die Namen »Oxford Movement« und »Tractarian-Movement« [Traktarianismus]), die nicht nur die zeitgenöss. Gestalt des Anglikanismus verteidigte, sondern zunehmend eine katholisierende Reform forderte. Obwohl einige dieser »Anglokatholiken« später zur röm.-kath. Kirche überwechselten, konnte sich die h.B. in der anglik. Kirche fest etablieren und sich nach und nach durchsetzen.
Vor allem ist das *soziale und das ökumen. Engagement* vieler Hochkirchlicher zu erwähnen. Ihr Beispiel beeinflußte ähnl. Bewegungen auch in *anderen Ländern* und Kirchen, insbes. unter amerik., schwed. und dt. Lutheranern, aber auch unter angelsächs. und franz.sprachigen Reformierten. Durch ihre intensive Mitarbeit im →Ökumen. Rat der Kirchen sowie in den verschiedenen Unionsprojekten haben hochkirchl. Vertreter der Idee einer »ev. Katholizität« konkrete Gestalt gegeben, u.a. in den »Lima-Dokumenten« von 1982.

*C.* Ein Randphänomen der h.B. bilden die sog. *freibischöfl. Kirchen.* Da die apostol. Sukzession der anglik. und prot. Ämter von der röm.-kath. Kirche nicht anerkannt wird, haben hochkirchl. Gesinnte hin und wieder versucht, eine Priester- oder Bischofsweihe in unumstrittener Sukzession zu erlangen, und wandten sich an abtrünnige Bischöfe der röm. oder orthod. Kirche. Sofern sie ihrer prot. Kirche treu bleiben wollten, war die *wiederholte →Ordination* ein Streitpunkt, da diese de facto die Gültigkeit des Amtes in der eigenen Kirche in Frage stellte. Einige wanderten deswegen ab, gründeten mit gleichgesinnten Klerikern kleine Sekten mit phantasievollen Namen und Liturgien, aber kaum Laienmitglieder. Solche »Vagantenbischöfe« haben die h.B. häufig in Mißkredit gebracht; dennoch kann man ihnen ein ernsthaftes rel. Anliegen nicht generell absprechen.

*Lit.: P. F. Anson:* Bishops at Large, London 1964. – *S. Gilley/R. Mumm:* H.B., in: Theol. Realenzyklopädie 15, 1413- 1423. – *F.-W. Haack:* Die freibischöfl. Kirchen im dt.sprachigen Raum, München 1980. – *E. Jay:* The Evangelical and Oxford Movements, Cambridge 1983. – *A. Volkmann:* Vierzig Jahre H.B. in Deutschland und in Nachbarländern, in: Eine hl. Kirche, Jg. 1957/58, Heft 2, München/Basel 1958.

*Thomas Riplinger*

## Hochschulen

*A.* Der klass. *Begriff* heißt seit dem →MA. »Universität«. Er bezeichnet zunächst die *Gemeinschaft von Lehrern und Schülern* (universitas magistrorum et scolarium) zum Zwecke des Studiums der anerkannten →Wissenschaften. Sieht man einmal von den griech. Urformen (→Platons Akademie, →Aristoteles' Lykeion) und den hellenist.-röm. H. für →Rhetorik und →Rechtswissenschaft ab, so beginnt die Geschichte der Universität im frühen 12. Jh. in →Italien (Bologna) und →Frankreich (Paris). Den Hintergrund bildet ein gesellschaftl. Emanzipationsprozeß, in dem Dozenten und Studenten sich befreien von kirchl., polit. und wirtschaftl. Zwängen und sich eine eigene neue Ordnung (Korporation) schaffen. Sie bleiben zwar auf den Schutz von →Papst und Kaiser (Privilegien) angewiesen, genießen aber dennoch eine relative Freiheit.
Sodann meint »Universität« die *Summe der Wissenschaften* im Rahmen einer einheitl. rel. →Bildung, die sich allerdings des antiken Erbes als Propädeutik bedient. Die »Freien Künste« (artes liberales: Grammatik, Rhetorik, Dialektik, Arithmetik, Geometrie, →Musik, →Astronomie) haben freil. ebensowenig mit »Freiheit von Forschung und Lehre« zu tun wie etwa die »Artistenfakultäten«, in denen sie gelehrt wurden, mit dem uns geläufigen Verständnis von Zirkusakrobaten. Gemeint sind Freie, d.h. von Geldsorgen Unabhängige, die sich diesen Studien widmen konnten. Die ma. Universität umfaßte nach dieser Vorstufe, die für alle Studierenden verbindl. war, drei Fächer: →Theologie, →Rechtswissenschaft und →Medizin.

*B.* Bes. berühmt wurden im *MA.:* Paris für die Theologie, Bologna für die Rechtswissenschaft und Salerno für die Medizin. Insgesamt kann man die ma. Universität (auf Grund der rel. Einheit und der alle verbindenden lat. Sprache) als *international* bezeichnen. Das gilt dann auch für die ersten engl. (Oxford 1163, Cambridge 1229) und dt. Universitäten (Prag 1348, Wien 1365, Heidelberg 1386, Köln 1388, Erfurt 1392, Leipzig 1409). Letztere werden von den einzelnen Landesfürsten gegründet. Je nach kulturgeschichtl. Epoche lassen sich verschiedene Wellen ausmachen. Zur Zeit der →*Renaissance* und des →Humanismus entstehen u.a. Freiburg (1456), Ingolstadt (1472), Tübingen (1477), Wittenberg (1502), in der →*Reformations- und* →*Gegenreformationszeit* Marburg (1527), Königsberg (1544), Jena (1558), Würzburg (1582). Die →*Aufklärung* führt z.B. zu Gründungen in Halle (1694) und Göttingen (1737). Im Zuge der Neugliederung des Reiches nach den Napoleon. Kriegen wurde mehr als die Hälfte der 42 Universitäten auf dt. Boden wieder geschlossen.

*C.* Mit der Gründung der Universität in *Berlin* (1809), an der sich u.a. J. G. →Fichte, W. von Humboldt (1767-1835), F. W. J. →Schelling, F. D. E. →Schleiermacher und H. Steffens (1773-1845) mit Denkschriften und Entwürfen beteiligten, werden bereits die bes. Probleme einer modernen Universität deutlich. Nach dem *Verlust der* in der →Religion wurzelnden *Bildungseinheit* (→Bildung) glaubte man diese in der Philosophie zu finden, was sich jedoch als Trugschluß erweisen sollte. Hinzu kommt, daß die geforderte Einheit durch die zunehmende *Differenzierung* der Wissenschaften fakt. unterlaufen wurde. Dies zeigt zudem der rege Andrang und Studienbetrieb an den preuß. *Bergakademien* (Berlin 1770, Clausthal-Zellerfeld 1775, Freiberg in Sachsen 1776) und den H. für *Künste* (1796), *Bauwesen* (1799), *Ackerbau* (1806), *Tierarzneiwesen* (1790) einschließl. der Pepinière (1795) als Ausbildungsstätte für Militärärzte. Auch bestanden bereits seit dem 18. Jh. in Berlin, Göttingen, München und Leipzig →*Akademien*, die als sog. Meisterklassen dem normalen Universitätslehrbetrieb enthoben und nur auf →Forschung ausgerichtet waren. Die Einrichtung von *Technischen H.* (TH) und Universitäten (TU) im 19. und 20. Jh. trägt dem steigenden gesellschaftl. Bedarf an Naturwissenschaftlern Rechnung.

Die Verwissenschaftlichung der Lehrerbildung erfordert nach dem Ersten Weltkrieg Ausbildungsstätten eigener Art. *Päd. Akademien* lösen die alten Seminare und Präparandenanstalten ab. Während der NS-Zeit werden sie in *H. für Lehrerbildung* umbenannt und gesellschaftl. aufgewertet. Dieser Trend setzt sich nach 1945 fort, als weitere *Päd. H.*, z.T. nach →Konfessionen getrennt, entstehen. Auch die mus. Disziplinen (Musik- und Kunsth.) wie der sich verwissenschaftlichende →Sport werden eigens institutionalisiert.

*D.* Der in den *60er Jahren* einsetzende Bildungsaufschwung führte nicht nur zur Neugründung von H. und Umwandlung bestehender im gesamten Bundesgebiet, sondern auch – eng damit verbunden – zu grundsätzl. *hochschuldidakt. Überlegungen.* So firmieren viele neue H. zwar unter dem alten Namen der Universität, sie sind jedoch in ihren Fachbereichen anders strukturiert. Z.T. fehlen klass. Fakultäten ganz. Mannigfache Probleme, insbes. durch die Studentenbewegung der späten 60er Jahre artikuliert, rückten die H. in das grelle Licht der →Öffentlichkeit.

*I.* Das *H.rahmengesetz (1976)* brachte auf Grund seines im Parteienstreit entwickelten Kompromißcharakters nur sehr bedingt gegenüber dem föderativen System eine Vereinheitlichung und ist nach wie vor – auch was Novellierungen (zuletzt 1985) angeht – umstritten. Das Konzept der *Gesamth.* – idealtyp. als integrativ verstanden, zumeist aber additiv realisiert – ist inzwischen weitgehend fallengelassen worden.

*II.* Neu im Verbund der wissenschaftl. H. sind auch (seit 1973) die *H. der Bundeswehr* (jetzt Universitäten) in Hamburg und München sowie die *Fernuniversität* in Hagen (1974). – Entspr. dem Länderabkommen von 1968 kam es während der folgenden Jahre in der Bundesrepublik zu einem großzügigen Ausbau des *Fachhochschulwesens*, bes. für ingenieur-, verwaltungs-, wirtschafts- und sozialwissenschaftl. Studien. Darunter gibt es eine größere Anzahl von Ausbildungsstätten in kirchl., sowohl kath. als auch ev., Trägerschaft. Mit der Gründung privater bzw. kirchl. Universitäten in jüngster Zeit (Eichstätt, Flensburg, Herdecke) kommt sowohl der Wunsch nach besseren Studienbedingungen angesichts überfüllter H. als auch die Suche nach einer einheitl. geistigen Grundlage und →Ethik zum Ausdruck.

*III.* Nach wie vor bilden *Überfüllung* und der daraus resultierende Numerus clausus in vielen Fächern ein hochschulpolit. und -didakt. Problem ersten Ranges. Auch reglementieren die in den meisten Disziplinen festgelegten Studienpläne einschließl. dazugehöriger Semester- und Zwischenprüfungen das Studium in einem für dt. Verhältnisse bislang nicht gekannten Maße. Oft ist ein Studienortswechsel nicht mehr in das Belieben des Studierenden gestellt, vermögen Dozenten (und Studenten) sowie Austauschprogramme dgl. Schwierigkeiten nur wenig zu kompensieren. *Förderungsprogramme* (Honnef, Bafög) haben wesentl. zur Verbesserung der wirtschaftl. Lage der Studenten beigetragen; um ihre Erhöhung bzw. Kürzung wird jeweils leidenschaftl. gekämpft.

*E.* Die Stellung der →*theol. Fakultäten* an staatl. H. kann sowohl durch →Verfassung als auch →Konkordate bzw. Staatskirchenverträge als gefestigt gelten. Daneben unterhalten sowohl die ev. Landeskirchen als auch die kath. Kirche bzw. kath. Orden eigene wissenschaftl. Ausbildungsstätten im Hochschulrang. Es sind dies kath.seits *Theol. H.* bzw. *Fakultäten* und *Philos.-Theol.* bzw. *Philos. H.* in Benediktbeuren, Frankfurt/Main, Fulda, Hennef, München, Münster, Paderborn, St. Augustin, Trier und Vallendar, z.T. mit jh.elanger Tradition. Die *Kirchl. H.* in ev.-landeskirchl. Trägerschaft in Bethel (gegr. 1905), Berlin (1935), Wuppertal-Barmen (1935), Neuendettelsau (1947) bzw. die ev.-freikirchl. *Luth. H.* in Oberursel (1947) haben eine wesentl. jüngere Geschichte. In der DDR hat die ev. Kirche entspr. wissenschaftl. Einrichtungen in Berlin (Sprachenkonvikt), Leipzig (Theol. Seminar) und Naumburg (Katechet. Oberseminar), die kath. Kirche in Erfurt (Philos.-Theol. H.).

*Lit.: L. Huber (Hg.):* Ausbildung und Sozialisation in der Hochschule (Enzyklopädie Erziehungswissenschaft, Bd. X), Stuttgart 1983. – *H. Peisert/G. Framhein:* Das Hochschulsystem in der Bundesrepublik Deutschland. Funktionsweise und Leistungsfähigkeit, Stuttgart, 2. Aufl. 1980. – *H. Schelsky:* Einsamkeit und Freiheit. Idee und Gestalt der dt. Universität und ihrer Reformen, Düsseldorf, 2., erw. Aufl. 1971. – Wissenschaftsrecht, Wissenschaftsverwaltung, Wissenschaftsförderung (Zeitschrift für Recht und Verwaltung der wissenschaftl. H. und der wissenschaftspflegenden und -fördernden Organisationen und Stiftungen, Sonderheft: H. der Religionsgemeinschaften, Beiheft 8, Aug. 1983), Tübingen 1983. – *Zentralinstitut für Hochschulbildung (Hg.):* Die Hochschule der BRD – Ende der 70er und Anfang der 80er Jahre, Berlin (Ost) 1982.

*Gerd Bockwoldt*

**Hölderlin,** *Johann Christoph Friedrich,* geb. 20.3.1770 in Lauffen/Neckar, gest. 7.6.1843 in Tübingen. H. gehört in die Reihe der Theologen des 18. Jh.s, die ihr Studium zwar abschließen, das Pfarramt aber vermeiden. Nach der Ausbildung im *Tübinger Stift* (1788-1793), die ihn nicht nur mit der Philosophie →Kants vertraut machte, sondern ihm auch die Freundschaft →Hegels und →Schellings eintrug, versuchte er, als *Hauslehrer* sein Dasein zu fristen. H. lehnt den Offenbarungsglauben der prot. Orthodoxie ab; →Offenbarung geschieht für ihn in Natur und Geschichte; gleichwohl sind große Teile des Werks nicht nur geprägt von christl.-rel. Sprache, sondern vor allem von dem Versuch, →*Antike und Christentum* miteinander zu verbinden. Denn Aufgabe des Dichters ist es, als Mittler zwischen Göttern und Sterblichen mit seiner Kunst, dem »ersten Kind der menschl., der göttl. Schönheit« (»Hyperion«), die Erinnerung an die Einheit von »unserm Selbst und der Welt« (Vorrede zur vorletzten Fassung des »Hyperion«) wachzuhalten und den Anbruch der neuen Zeit zu prophezeien.
Der Rückgriff auf die idealisierte Antike verbindet ihn einerseits mit den Zeitgenossen, die seit J. Winckelmann (1717-1768) und vor allem mit →Goethe und Schiller aus ihrer Erfahrung der griech. Kultur (in der der Mensch noch in der Einheit mit der Natur und darum sich nicht entfremdet lebte) die Hoffnung auf die Erziehung zur →Humanität ableiten. Andererseits gewinnt die Wendung zur Antike *neue Qualität,* weil H. die verlorene Einheit von →Mensch, →Natur und Göttern nicht metaphor. beschreibt, sondern die Wiederholung und Erneuerung dieser Epoche in der Zukunft für mögl. hält als Wiederkehr des ursprüngl. Zeitalters und als Erfüllung in einem neuen Welttag am Ende der Zeiten. Neben der Elegie »Brot und Wein« zeigen vor allem die späten Hymnen »Versöhnender, der du nimmergeglaubt«, »Der Einzige« und »Patmos« das Ringen um die dichter. Bewältigung seines Glaubens an die unmittelbare Gegenwart der griech. Götter und Christi. Die Anfangszeilen von »Patmos« – »Nah ist / und schwer zu fassen der Gott« – zeugen von H.s ständigem und nahezu verzweifeltem Bemühen, die Einheit von Göttern und Menschen als eine wiederherstellbare vorauszusagen. Die Christus-Hymnen lassen das bes. Gewicht erkennen, das H. der Gestalt und ihrer Bedeutung in diesem Prozeß beimißt; läßt H. Christus zum einen als letzten in der Reihe der griech. Götter tröstend das vergangene Zeitalter beschließen, so hebt er ihn zum andern aus der Gemeinschaft mit Dionysos und Herakles heraus, nicht weil er ihn – christl. Dogma gemäß – als Richter und Erlöser der Menschheit sähe, sondern weil sein Tod die Versöhnung von antiker und neuer Weltzeit in der die Götter und Menschen durchdringenden Liebe verheißt.
In immer neuen Anläufen sucht H. sich seiner Berufung zur Verkündigung der als gegenwärtig geglaubten Götter zu vergewissern, bevor er zu der Einsicht gelangt, daß ihm die beanspruchte Mittlerrolle versagt bleibt, wie es das Scheitern an den Christus-Hymnen zeigt. Obwohl H. alle Religionen als »ihrem Wesen nach poet.« bezeichnen kann, entzieht sich sein Werk der einfachen *Zuordnung* zur »Kunstreligion«; vielmehr kommt in ihm ein grundsätzl. Ringen um die Verschmelzung von Antike und Christentum zu einem Zustand neuer Lebendigkeit zum Ausdruck, der auch als Gegenentwurf zu den gescheiterten polit. Hoffnungen H.s verstanden werden muß.Diese Schichten des H.-Bildes sind allerdings erst im 20. Jh. freigelegt worden, als mit der Veröffentlichung der Pindar-Übertragungen und der lyr. Dichtungen der Autor der Oden, Elegien und Hymnen entdeckt und bald als »Seherdichter« (F. Gundolf; George-Kreis) gefeiert wurde. Bedeutung und Größe von H.s Werk lassen sich nicht zuletzt daran ermessen, daß er seit den 20er Jahren immer wieder in den Mittelpunkt literaturwissenschaftl., philos., theol. und sozialgeschichtl. Erkenntnisinteresses rückt.

*Lit.: R. Guardini:* H., München 1955. – *W. Jens/H. Küng:* Friedrich H.: Hymnen, in: *dies.:* Dichtung und Religion, München 1985, 121-161. – *L. Steiger:* Dichterisch wohnet der Mensch. H.s theol. Heimat und Fremde, in: *G. vom Hofe u.a. (Hg.):* Was aber bleibet, stiften die Dichter? Zur Dichter-Theologie der Goethezeit, München 1986, 139-156. – *R. T. Stoll:* H.s Christushymnen, Basel 1952. – *G. Ueding:* Klassik und Romantik, 2 Bde., München 1988, Bd. 2, 690-718.

*Dieter Gutzen*

**Hoffnung.** Zusammen mit →Apokalyptik und →Eschatologie hat die H. lange ein Schattendasein in Verkündigung und Theologie gefristet. Als zweite göttl. →Tugend zwischen Glaube und Liebe wurde sie in der Tugendlehre der →Ethik behandelt. Erst die in E. Blochs Hauptwerk »Das Prinzip Hoffnung« (1954-59) entworfene Philosophie der Hoffnung, also die Wiederentdeckung der Bedeutung des Noch-nicht, des unerfüllten Verheißungspotentials in den →Träumen, →Mythen und →Religionen der Menschheit, bewirkte auch theol.

eine Kehre des Denkens und neue theol. Entwürfe aus und in der Perspektive der →Zukunft.

*A. Philos.* läßt sich die H. bestimmen als die positive Erwartung des Menschen hinsichtl. der individuellen wie der menschheitl., zunächst der welthaften, dann aber der welt- und lebensjenseitigen absoluten Zukunft. Die Zukunftserwartung der Menschen steht zunächst vor einer grundlegenden Alternative: Option für einen sinnvollen Ausgang oder Resignation angesichts eines hoffnungslosen Endes des eigenen Lebens und aller Dinge, die Wahl zwischen einer →optimist. und →pessimist. Lebensausrichtung. Die optimist. Einstellung sieht sich im Laufe der Geschichte u.a. gespeist aus illusionären, utop. Annahmen (→Utopie), rationalen Überlegungen, aber auch aus existentiell gewachsener Zuversicht. Dabei wirken die Antworten auf verschiedene Fragestellungen zusammen: die Frage nach der →Geschichte (zykl. als Wiederkehr derselben, ablesbar etwa an den Zyklen der Natur; linear als begrenztes, zwischen Anfang und Ende ausgespanntes einmaliges Dasein oder als einmaliger, nicht wiederholbarer Prozeß), nach dem →Jenseits der Geschichte (Antwort auf die Frage nach Anfang und Ende der Welt; Lösungsmodelle für ein Denken über die Todesgrenze hinaus: Vernichtung des Einzeldaseins oder Erhaltung in neuer umgestalteter Lebendigkeit bzw. ewigem Leben oder Verweigerung eines Jenseitsdenkens), die eth. Grundfrage nach Vergeltung von →Gut und →Böse, Schuld (→Sünde) und →Gerechtigkeit, nach dem →Leiden. Die Antworten findet der Mensch nur in geringem Maße in eigenem Denken, sondern wesentl. in der Geschichte selbst (→Tradition, →Märchen, →Mythos, →Religion, →Philosophie, →Theologie), in den Erfahrungen seines eigenen Umgangs mit den Lösungsvorgaben, in den Konsequenzen seiner eigenen positiven wie negativ- ausweglosen Lebenserfahrungen.

*B. Theol.* läßt sich H. bestimmen als die zukunftsorientierte Gestalt des christl. Glaubens. Im Horizont jüd.-christl. Herkunftsgeschichte sieht sich der Mensch in gleicher Weise an die Geschichte des jüd. Gottesverständnisses verwiesen wie an das in →Jesu Gottesverhältnis grundgelegte Verständnis von →Gott. So deutl. Gott als →Schöpfer des Himmels und der Erde bekannt wird, so unübersehbar ist er vor allem als der zukunftseröffnende, wegweisende Gott (→Exodus). Seine Verheißung einer Zukunft in Raum und Zeit (Land und Nachkommen) weist hinüber in eine absolute Zukunft, die Raum und Zeit umgreift, das »Äußerste« (→Eschatologie) von →Tod (alles Lebendigen) und Ende (der Welt) betrifft. Im Rahmen dieses eschatolog. Horizonts, der Zeit und Raum betrifft, in der →Apokalyptik das Geschick des einzelnen wie von Welt und Geschichte insgesamt einschließt, hat der Christ – in der todüberwindenden →Auferstehung Jesu – den Schlüssel für seine eigene Zukunftsh. auf ewiges →Heil. Stichworte der christl. Zukunftserwartung sind entsprechend: →Reich Gottes, die Rettung aus dem Gericht, die Auferstehung der Toten, die endgültige →Offenbarung (griech. *apokalypsis*) Gottes als des Gottes der Lebenden und Toten, der neue Himmel und die neue Erde. Verhüllt war die Zukunftssicht des Christentums lange durch die Verdrängung des apokalypt. Zeitverständnisses, nachdem die in der Zeit Jesu lebendige Naherwartung des »Tages des Herrn« abgestorben war. Zwar kam es im Laufe der →Kirchengeschichte immer wieder zu neuem Aufleben der Nahzeiterwartung (vgl. die Erwartung eines Tausendjährigen Reiches Christi vor dem endgültigen Weltende im →Chiliasmus oder Millenarismus), doch wurde – unter dem Einfluß der →griech. Philosophie – die Spannung von →Zeit und Ewigkeit weitgehend aufgelöst im zeitlos-zeitüberlegenen Verständnis von Ewigkeit. Die (in der Apokalyptik zutage tretende) Zeit*mächtigkeit* Gottes, die in der →Inkarnation, in →Kreuz und Auferstehung Jesu ihre unüberbietbare Verwirklichung gefunden hat, wurde überspielt. Die Ewigkeit als interesseloses, unveränderl. Ruhen in sich selbst entspricht aber nicht der christl. H., die von der Nachfolge Jesu, die sich in der Zeit vollzieht, und von seiner bleibenden Solidarität mit *allen* Menschen lebt.

*Lit.: H. Küng:* Ewiges Leben?, München 1982. – *J. B. Metz:* Glaube in Geschichte und Gesellschaft, Mainz 1977. – *J. Moltmann:* Theologie der H., München 1964.

*Hans Waldenfels*

**Hohelied Salomos.** Das H. (hebr. »Lied der Lieder«, schönstes Lied) ist eine *Sammlung von Liebesliedern*, die mit großer Offenheit von den Freuden der erot. Liebe handelt. Thema ist die Liebe zwischen einem Mann und einer Frau (nichts weist darauf, daß sie verheiratet seien). Überraschend ist die Rolle der →Frau im H., die – sowohl im literar. Aufbau als auch in der dahinterstehenden Wirklichkeitsebene – die aktive Rolle spielt. Ihr Partner wird im H. als König bezeichnet. Dahinter steht eine Art Rollenspiel: Der Geliebte ist (ungeachtet seines tatsächl. sozialen Standes) für die Geliebte der König →Salomo. So ist die Zuordnung des H.s zu Salomo als Verfasser wohl die Folge eines Mißverständnisses. Sie wurde nahegelegt durch die Zuordnung des H.s zu den Schriften der →Weisheit, als deren höchster Repräsentant Salomo galt.
Tatsächl. bekam das H. trotz längerer Vorgeschichte einzelner Lieder (die z.T. Motive und Bilder altoriental., bes. ägypt. Liebeslyrik aufnehmen) erst in nachexil. Zeit seine Endgestalt. Die Thematik und wegen der Offenheit geradezu Anstößigkeit des H.s ließ seine Aufnahme in den Kanon des →AT lange umstritten sein. Erst eine allegor. Auslegung (die die Aussagen der Texte als Bilder für eine hinter ihnen liegende Wirklichkeit auffaßt) konnte es als bibl. Buch annehmbar machen. So sah man in der Liebesbeziehung des H.s ein Bild der Liebe Gottes zu seinem Volk →Israel, später (in der christl. Auslegung) Christi zur

Gemeinde. Obwohl diese Auslegungsweise den ursprüngl. Sinn des Buches verstellt (dagegen bleibt es wichtig, daß es ein bibl. Buch gibt, in dem der Liebe ohne gesellschaftl. Normen und Zwänge ein »hohes Lied« gilt), führte gerade sie zu einer vielfältigen und vielschichtigen Geschichte der Deutungen, Nach- und Umdichtungen dieses Buches als Ganzen oder einzelner seiner Motive (aus einer großen Zahl seien nur M. Opitz, →Goethe, E. Lasker-Schüler, P. Celan genannt.

*Lit.: F. Crüsemann/H. Thyen/E. Moltmann-Wendel:* Als Mann und Frau geschaffen. Exeget. Studien zur Rolle der Frau (Kennzeichen 2, hg. von G. Scharffenorth, N. Hesselmann und G. Diestel), Gelnhausen 1978. – *G. Gerleman:* Das H. (Bibl. Kommentar AT 18), Neukirchen-Vluyn, 2. Aufl. 1981. – *H. Gollwitzer:* Das hohe Lied der Liebe, München 1978. – *H. Haag/K. Elliger:* »Wenn er mich doch küßte!«. Das Hohe Lied der Liebe, Tübingen 1983. – *H. Timm (Hg.):* Das Hohe Lied Salomos. Nachdichtungen und Übersetzungen aus sieben Jh.en, Frankfurt/M. 1982.

*Jürgen Ebach*

**Holocaust.** »Erstmals in der Geschichte wurde das bloße Sein zum Verbrechen. Die Juden wurden der Vernichtung geweiht nicht für das, was sie sagten oder verkündeten oder taten oder besaßen oder schufen oder zerstörten, sondern für das, *wer* sie waren« (E. Wiesel).

*A.* Der *Begriff* H., aus dem Angelsächsischen ins Deutsche übernommen, geht auf das bibelgriech. *»holokautema«* (Brandopfer im Sinn eines »Ganzopfers«) zurück und ist unübersehbar einem best. Verständnis der Ereignisse verpflichtet, wenn auch A. Goes seine Erzählung »Das Brandopfer« schon 1953 schrieb. H. meint nicht nur das Hist.-Fakt., sondern auch dessen geschichtstheol. Implikationen. Im Grunde ist der Begriff H. schon ein Stück »Theologie nach Auschwitz«, in deren Zentrum das →Theodizeeproblem steht. Bes. in israel.-jüd. Kreisen wird deshalb oft der neutralere neuhebr. Begriff »haschoah« bevorzugt. *»Schoah«* heißt wörtl. Katastrophe, Untergang: »In Verbindung mit dem Artikel wurde *haschoah* zum Synonym für ›die Katastrophe‹ in der jüd. Geschichte« (G. B. Ginzel). Da der Begriff H. sich aber nicht nur in der wissenschaftl. Diskussion eingebürgert hat, nicht zuletzt unter dem Eindruck des amerik. Fernsehfilms »H.« (1978) –, sollte er beibehalten werden: »Das Wort H. gewinnt seine Komplexität aus den mitgegebenen Konnotationen Opfer/Feuer vollständig: H. ist eine bedrückend genaue Bezeichnung für die von den Nazis betriebene Vernichtung der europ. Juden« (Th. Stemmler).

*B.* Die *Aufarbeitung* des H. *in der christl. Theologie* und in den Kirchen hat bisher nur ansatzweise stattgefunden. Das Eingeständnis der Schuld (→Sünde und Schuld), der Wille zu einem umfassenden →Dialog mit dem →Judentum und die Wachheit gegenüber allen Tendenzen, →Menschenrechte abzubauen und polit. Macht zu mißbrauchen, sind zwar legitime und notwendige Konsequenzen, erreichen aber die eigentl. *Tiefenschicht* des Problems noch nicht. Dieses wäre etwa im Licht von Jes 43 zu bedenken, wo Gott Israel seinen bes. Schutz zusagt, Völker und Menschen um Israels willen zur Disposition stellt und die Sammlung seines Volkes »von der Welt Ende« her ansagt. Wichtige Stationen christl. Auseinandersetzung mit dem H. sind jedoch die Konzilserklärung »Nostra aetate« (1965) und der Beschluß der Landessynode der Ev. Kirche im Rheinland »Zur Erneuerung des Verhältnisses von Christen und Juden« (1980).

*C.* Sehr viel grundsätzlicher als im christl. Bereich ist der H. *in der jüd. Theologie und Philosophie* erörtert und durchdacht worden. Allerdings wurde auch dort die Diskussion erst mit dem Sechstagekrieg 1967 und vor allem dem Jom-Kippur-Krieg 1973 intensiviert, als unter dem Eindruck eines unterschiedl. motivierten und weitverbreiteten Antizionismus der Gedanke an die Wiederholbarkeit des europ. H. auf dem Boden Israels nicht mehr auszuschließen war.

*I.* Die jüd. H.-Diskussion beschäftigte zunächst das Problem, ob der H. »einmalig« sei, wo doch die Geschichte des Judentums überhaupt eine Leidensgeschichte sei. E. Fackenheim, R. Rubenstein und vor allem E. Wiesel haben die *Unvergleichbarkeit* des H.-Geschehens betont, während z.B. A. J. Heschel und E. Berkovits meinten: »Vom Problem her gesehen, hatten wir unzählige Auschwitz.« I. Mayenbaum hat den H. als dritten »churban« nach den beiden Zerstörungen des Jerusalemer Tempels gewertet und in jedem »churban« die Eröffnung einer neuen Ära erkannt. Bei H. Elzenberg begegnet schließl. die Vorstellung, daß der H. der Auftakt zum generellen »Niedergang« der Menschheit sein könnte.

*II.* Im Mittelpunkt allen jüd. Nachdenkens über den H. steht jedoch die Frage nach dessen Sinn, der oft in dem *heilsgeschichtl. Zusammenhang* von H. und Gründung des Staates Israel konstituiert wird. Weiterhin konnte der H. als Strafe für das Beharren des Judentums im Exil oder als göttl. Reaktion auf das zionist. Drängen auf Beendigung des Exils und eine jüd. Staatsgründung aufgefaßt werden. Als Frage nach Gott hat der H. nicht nur Bekenntnisse eines spezif. jüd. →Atheismus provoziert, sondern auch in Auschwitz das *»Verbergen des Antlitzes Gottes«* erlebbar werden lassen. Mayenbaum hat im »dritten churban« des H. das »Ende des MA.s« für das Judentum und damit Gottes erlösendes Handeln trotz aller Vernichtung erkannt. Fackenheim faßte die »Botschaft des H.« so zusammen: »Juden ist es verboten, Hitler posthum Siege zu verleihen. Sie sind verpflichtet, als Juden zu überleben, damit das jüd. Volk nicht untergeht. Sie sind verpflichtet, der Opfer von Auschwitz zu gedenken, damit die Erinnerung an sie nicht verlischt. Es ist ihnen verboten, am Menschen und seiner Welt zu verzweifeln oder sich in Zynismus oder Weltfremdheit zu flüchten, damit sie nicht mithelfen, die Welt den Mächten von Auschwitz auszuliefern. Schließl. ist es ihnen verboten, am Gott Israels zu verzweifeln, damit das Judentum nicht untergeht.«

*Lit.:* Concilium 20 (1984), 361-435 (Lit.). – *M. Brocke/H. Jochum (Hg.):* Wolkensäule und Feuerschein. Jüd. Theologie des H., München 1982. – *G. B. Ginzel (Hg.):* Auschwitz als Herausforderung für Juden und Christen, Heidelberg 1980. – *E. Kogon (Hg.):* Gott nach Auschwitz (unter Mitarb. von E. Wiesel, L. S. Davidowicz, D. Rabinowitz, R. McAfee Brown und J. B. Metz), Freiburg/Basel/Wien 1979. – *Martin Stöhr u.a.:* Erinnern, nicht vergessen, München 1979.

*Peter Maser*

## Homiletik

### *A. Begriff und geschichtliche Grundzüge*

*I.* H. (griech. »homilein«: reden) ist als Theorie der →Predigt, der rel. Rede, derjenige *Teil der →Prakt. Theologie,* der die Grundlagen, Probleme und Verfahrensweisen christl. →Verkündigung erörtert. War in früheren Zeiten die Predigt hauptsächl. Gegenstand prinzipiell theol. Bestimmungen (z.B. →Augustinus: De doctrina christiana) oder pragmatischer bis berufskundl. Ausbildung des →Pfarrers (z.B. Ph. →Melanchthon: De officiis concionatoris, 1535), so treten – nachdem M. →Luther die Predigtlehre grundsätzl. aus der Umklammerung der →Rhetorik befreien wollte – zur *Mitte des 17. Jh.s* mit der gebräuchl. werdenden Bezeichnung H. zugleich auch ihre ersten wissenschaftl.-method. Entwürfe auf (A. Hyperius, L. von Mosheim, F. St. Rautenstrauch). Jedoch gelang es erst *F. →Schleiermacher,* der H. als »Kunstlehre« rel. →Kommunikation einen festen *Ort als Disziplin* innerhalb der (insgesamt verwissenschaftlichten) Theologie anzuweisen, worin ihm auch kath. Theologen (J. S. Drey) folgen konnten. Seitdem steht – neben der stets weiterbestehenden pastoraltheol. Anweisungsliteratur und der Serienproduktion zur Anfertigung von Predigten – im Horizont der gesamttheol. Entwicklung die kirchl. Verkündigung überhaupt zur Diskussion. Die Predigt wird nun als deren exemplar. Fall in der H. behandelt: als eine geistl. beseelte, traditionell-kirchl. institutionalisierte und in der Regel pastoral-berufsmäßig betriebene christl.-rel. Kommunikation. Ziel der Predigt ist dabei die Erhellung, Orientierung und Vergewisserung menschl. Daseins, dies auf der Grundlage und im Rahmen einer vergegenwärtigenden Auslegung der Bibel.

*II.* Mit den H.-Lehrbüchern des 19. Jh.s (A. Schweizer, Chr. Palmer, C. I. Nitzsch) setzt sich (über die Verwissenschaftlichung der H. hinaus) bald auch eine *interne Spezialisierung* durch: Die *prinzipielle H.* beschäftigt sich mit Wesen und Aufgabe der Predigt; die *materielle H.* mit der Art, wie sich in der Predigt – Text- bzw. Schriftgebundenheit, aber auch die Orientierung an →Bekenntnis und →Lehre vorausgesetzt – christl. und anthropolog. Elemente (damit auch die Subjektivität des Predigers und der Erwartungshorizont der hörenden Gemeinde) wechselseitig durchdringen. Die *formelle H.* widmet sich schließl. den Problemen von Sprache, Form und Gestaltung.
Da die →Wort-Gottes-Theologie sich darauf konzentrierte, daß die Predigt bibl.-verheißendes »Gotteswort« sei (K. →Barth, F. X. Arnold, O. Semmelroth, R. Bohren) trat zeitweilig die Tatsache in den Hintergrund, daß auch die tatsächl. Predigtwirklichkeit über ihre dogmat. und exeget. Arbeitsweise hinaus theoret. zu untersuchen ist. Doch wurden diese empir. Aspekte der Predigt – im Anschluß an die Bewegung der »modernen Predigt« um 1900 (P. Kleinert, P. Drews, O. Baumgarten, F. Niebergall, M. Schian) – seit Anfang der 60er Jahre wieder nachhaltig zur Geltung gebracht (W. Trillhaas, E. Lange, K. →Rahner, K. Lehmann). Die H. richtete so ihre Aufmerksamkeit schwerpunktmäßig auf die allg. Bedingungen und Möglichkeiten, innerhalb deren gepredigt wird und Kommunikation zustande kommt. Die traditionelle Aufteilung der H. des 19. Jh.s wurde modifiziert und als Problem erschienen die Beziehungen zwischen den Polen des »homilet. Polygons« (Vieleck), die jede Kommunikation prägen: 1. Predigtgehalt und -form als Codierungsgehalt (→Information), 2. die Person des Predigers als »Expedient« (Sender), 3. der Hörer der Predigt als »Perzipient« (Empfänger; J. Kopperschmidt).

### *B. Systematik und Grundprobleme*

*I.* In *prinzipieller* Hinsicht ist es Aufgabe der H., die dialekt. Vermittlungsaufgabe zu klären, die sich aus polaren Spannungsverhältnissen ergibt: so zwischen hist. überliefertem Text und gegenwärtiger Situation (Übersetzung und Aktualität); zwischen christl. und neuzeitl. Bewußtsein (Bedeutung und Plausibilität); zwischen institutionell-objektivem Grund und subjektiver Aneignung des Glaubens (Individualisierung und Konkretion). Dies geschieht unter offenbarungstheol. (K. Barth), allg. hermeneut. (G. Ebeling), sprach- und kulturtheoret. Voraussetzungen (H. R. Müller-Schwefe, A. Grabner-Haider). Je nach Option erhält die Grundbestimmung der Predigt dabei entweder einen evangelist.-missionar. Charakter (→Evangelisation), mit dem sie christl. Bewußtsein erst zu wekken beansprucht, oder einen vergewissernd-erbaul. Akzent (→Erbauung), der vorhandene Christlichkeit zu erschließen, zu erläutern und zu bestärken sucht.

*II.* Die *materialen* Probleme der H. sind durch die Frage bestimmt, was *Gegenstand* der Predigt sein kann: schriftgemäß auf der Grundlage der bibl. Texte, bekenntnisgemäß im Blick auf die christl. Überlieferungsgeschichte, offenbarungs-, lehr- und gemeindegemäß vor dem Hintergrund der systemat.-theol. Reflexion. Die Perikopenbindung der

Predigt (→Lesung) sucht die komplexe Reichhaltigkeit bibl. Aussagen, den Dienstcharakter der Predigt und die Abwehr privat-beliebiger Einfälle und Meinungen zu sichern. Zugleich erschwert die H. eine unmittelbare Übertragung geschichtl. Bibeltexte auf die Gegenwart dadurch, daß sie das Bibelverständnis an die Ergebnisse hist.-krit. Exegese bindet und zu einer gegenwartsnahen Interpretation nötigt. Daß die Schriftgemäßheit der Predigt an ihrer christolog.-kerygmat. Konzentration gemessen wird, läßt das Predigen der atl. Texte zum bes. Problem werden (H. Preuß). Die Frage, ob die Predigt nach Aufbau, Form und Sprache dem ihr vorgegebenen Bibeltext treu folgen (Homilie) oder sich von ihm zur Erörterung aktueller Lebensthemen anregen lassen soll (Themapredigt), kann nur individuell entschieden, doch muß dabei bedacht werden, daß Predigt Betroffenheit intendiert und deshalb mehr ist als nur Rezitation des Wortlautes, Reduktion auf dogmat. »Kurzformeln« oder Reproduktion theol. Einsichten.

*III.* Überhaupt sind Charakter, Inhalt und Wirkung der Predigt nicht nur von der Autorität des Predigtamtes, sondern auch von der Persönlichkeit des Predigers bestimmt. Es ist Aufgabe des *pastoraleth. Teils*, deren Bedingungen und Möglichkeiten zu erhellen. Von der personalen Repräsentanz des Predigers hängen individuelle Glaubwürdigkeit (→Frömmigkeitstyp, psych. Struktur, allg. Eignung und Lebenseinstellung) sowie →Kompetenz (Wahrnehmung und Definition des Problems, dessen Verarbeitung in Interpretation und Diagnose sowie die Fähigkeit zu einer produktiven Sprachhandlung) der Predigt ab. Die Predigt stellt über bloße Schriftauslegung hinaus einen eigenen kreativen und produktiven Vorgang dar, ein best. Subjekt bringt sich darin zur Sprache und lädt öffentl. dazu ein, sich mit ihm zu identifizieren und auseinanderzusetzen. Aus diesen Gründen kommt dem Prozeß der Predigtvorbereitung (→Meditation als homilet. Verfahren) einerseits, den Voraussetzungen für eine dialogfähige Predigt andererseits in der H. zunehmende Bedeutung zu.

*IV.* Zu den Faktoren, welche die Predigtvorbereitung bestimmen, gehören auch *Hörerorientierung und Situationsbezug* der Predigt; sie werden in der H. unter Gesichtspunkten der Kommunikations- und Religionstheorie behandelt. Als forschungsbedürftige Umstände kommen hier in Betracht: Die »homilet. Großwetterlage« (E. Lange), Stellenwert und Bedeutung der Predigt im kontroversen Zusammenhang der Zeitthematiken, der situative und *kasuelle Bezug* der Predigt (→Amtshandlungen), aber auch die komplexe Beschaffenheit ihres fakt. wie virtuellen Hörerkreises, der anwesenden und abwesenden Hörer, der professionellen Nichthörer, der treuen und unwahrscheinl. Kirchgänger, die unterschiedl. rel., gesellschaftl.-kulturellen und persönl. Dispositionen sowie die gemeindl.-infrastrukturellen Voraussetzungen der Predigt. All diese Umstände entscheiden u.a. auch über Resonanz, Rezeption und langfristige Wirkungen.

*V.* Die Predigt muß dialog- und erlebnisfähig sein, sowohl der Individualität des Predigers als auch der relativen Selbständigkeit des Predigthörers entsprechen. Dies hat die H. in jüngster Zeit dazu geführt, daß sie sich intensiver auf die *produktions- und wirkungsästhet.* Dimensionen des Verkündigungsgeschehens einließ (→Ästhetik). Dabei rücken die Art, wie Themen und vorbereitende Literatur semant. und argumentativ entfaltet werden, ebenso wie die metaphor.-symbol. Spracharrangements (→Metaphorik, →Symbol) immer mehr in den Vordergrund. Freil., mehr programmat. als in der Erarbeitung eingelöst, knüpft man dabei nicht nur wieder an die moderne →Rhetorik und Theorie der →Sprache an, sondern versucht auch neu akzentuierte Aufschlüsse über die Frage, wie die Predigt in ihr (nicht nur verbales) gottesdienstl. und gemeindl. Erfahrungsfeld ganzheitl. eingebettet ist.

*Lit.: A. Beutel/V. Drehsen/H. M. Müller:* Homilet. Lesebuch. Texte zur heutigen Predigtlehre, Tübingen 1986. – *B. Dreher/N. Greinacher/F. Klostermann:* Handbuch der Verkündigung, 2 Bde., Freiburg/Basel/Wien 1970. – *A. Grabner-Haider:* Semiotik und Theologie. Rel. Rede zwischen analyt. und hermeneut. Philosophie, München 1973. – *W. Gräb:* Predigt als Mitteilung des Glaubens. Studien zu einer prinzipiellen H. in prakt. Absicht, Gütersloh 1988. – *J. Kopperschmidt:* Allg. Rhetorik. Einführung in die Theorie der Persuasiven Kommunikation, Stuttgart u.a. 1973. – *H. M. Müller:* H., in: Theol. Realenzyklopädie 15, 526-565. – *D. Rössler:* Grundriß der Prakt. Theologie, Berlin 1986, 308- 359. – *G. Schüepp (Hg.):* Handbuch zur Predigt, Zürich u.a. 1982. – *F. Wintzer:* Die H. seit Schleiermacher bis in die Anfänge der »dialekt. Theologie« in Grundzügen, Göttingen 1969.

*Volker Drehsen*

**Homophilie,** Homotropie, Homoerotik, Homosexualität meinen die *Zuneigung* von Männern (Androtropie) und Frauen (Gynäkotropie) zu Personen des *gleichen Geschlechtes* (Homotropie, H.). Der Gegensatz lautet »Heterotropie«, d.h. Zuneigung zum anderen Geschlecht. »Bitropie« meint Zuneigung zu beiden Geschlechtern. Die Vielfalt der Erscheinungsformen der H. macht eine sachgerechte, nuancierte Begrifflichkeit wünschenswert. Die Verständigung wird durch den verbreitet uneinheitl. Gebrauch der Begriffe (austauschbar bzw. in Über- und Unterordnung) erschwert.

*A.* In den zwischenmenschl. Begegnungen und auch im individuellen Lebenslauf kennt die H. epochal und soziokulturell variantenreiche *Nuancen der Intensität und Erscheinungsweisen.* Die H. ist meist erst im Erwachsenenalter feststellbar, nicht so sehr anhand homoerot. →Gefühle und homosexueller Handlungen, sondern eher an drei klin. Kriterien: Dauerzustand, auf H. gerichtete Phantasien bei der Masturbation, Trauminhalte bei nächtl. Pollutionen, am besten jedoch anhand existentieller Aussagen von homotropen und bitropen Menschen.

*B.* Für die *Entstehung* der H. und für die (Schwankungen der) Erscheinungsformen gibt es vier typolog. *Erklärungstheorien.* Entweder betont man (nur) das Angeborensein (konstitutionell) oder (nur) das Angetragensein (situationell), (nur) das freiwillig Angenommen-Haben (positionell) oder man sucht die Verursachung in irgendeiner *Kombination der* genannten *Faktoren*, welche die H. mitverursachen bzw. vorbedingen. Nach der Überbetonung von Vererbung und Erwerb bzw. Verführung in Lebenszeugnissen und Forschungsliteratur wird zur Zeit die Wahlfreiheit zur H. betont. Die Verführung von Kindern und Jugendlichen zur H. durch Erwachsene hat an der Entstehung der H. wohl keinen Anteil, der prakt. ins Gewicht fällt. Bei der Ursachenforschung wird kaum die anthropolog. Frage gestellt (geschweige denn beantwortet), was die H. für Person, Gesellschaft und Geschichte bedeutet. Das erkenntnisleitende Interesse ist meistens nur techn. Art: ob und wie man die H. in Heterotropie umändern, die Minderheit normalisieren und in die Mehrheit integrieren kann.

*C.* Die komplexe Vielfalt der Ursachen, die bei jedem Menschen und in jedem Einzelleben nach Größe, Zusammenhang und Auswirkung verschieden sind, verkleinert die Möglichkeit der Diagnose und erschwert eine Umlenkung der H. auf das andere Geschlecht. Die *Umwandlungschancen*, Art und Dauer mögl. Erfolge sind umstritten. Die gesellschaftl. Aussage, daß jeder Mensch seinen Partner besser beim anderen Geschlecht als beim eigenen sucht, bedarf anthropolog. und theol. Begründung und im konkreten Fall der psychologisch- soziologischen empir. Belege. Deswegen ist in den meisten Fällen als einzig angemessener Weg zur Heilung die *Bejahung und Lebensgestaltung* der H. zu fordern. Näherer Untersuchung bedarf die Frage, ob die vielfache Notwendigkeit fachmänn. und mitmenschl. Hilfeleistung bei der Selbstfindung, Selbstannahme und Selbstverwirklichung in der H. überdurchschnittl. ist, ob sie aus gesellschaftl. und kirchl. Normierungszwängen folgt oder mit der H. als solcher zusammenhängt.

*D.* Alle leibl. und seel. Erfahrungen der gegenseitigen Anziehung und Zuneigung, die zwischen Männern und Frauen erlebbar sind, zeigen sich auch in gleichgeschlechtl. Begegnungen. Die H. zeigt und intensiviert sich entspr. in den Dimensionen von *→Sexualität, →Erotik und →Freundschaft.* Die Unmöglichkeit, diese Dimensionen existentiell zu trennen, verträgt sich durchaus mit einer log. und begriffl. Unterscheidung, obwohl dies gerade in der sich zur H. bekennenden Literatur bestritten wird. Die Schwerpunktsetzung bzw. –verlagerung der sexuellen, erot. und partnerschaftl. Beziehungen wird weitgehend bestimmt durch gesellschaftl. Bewertungen der H. Geschichtl. und gesellschaftl. Abwehrformen lassen wenig Lebensraum für eine vollmenschl. Lebensgestaltung der H. und bewirken oft Verdrängung und subkulturelle Formen in Erscheinung und Äußerung. Die Normen und Ideale für eine adäquate, identitätsbildende, beziehungs- und gemeinschaftsstiftende Verwirklichung der H. sollten anthropolog. bzw. theol. Grundwerten und nicht heterotropen Lebensnormen entnommen werden. Die Angst vor Homophilen (Homophobie) ist in allen Kulturbereichen die hartnäkkigste und vitalste Form der Fremdenangst (Xenophobie), nicht zuletzt im →Judentum und →Christentum. Dies hängt wohl mit dem Tatbestand zusammen, daß H. nie das Ideal einer →Gesellschaft sein kann, die in ihrem Fortbestand von der Zeugung von Nachkommen abhängt.

*E.* Vor allem durch Publikationen, die sich zur H. bekennen, finden in den verschiedenen Wissenschaften Verschiebungen bzw. *Erweiterungen im Themenbereich* statt. In den Sozialwissenschaften verlagert sich das Interesse von den Fragen nach Ursachen, Diskriminierung und Integration auf die gesellschaftl. bzw. (inter-)personale Bedeutsamkeit der H. Die *Sexualforschung* betont die formbare Plastizität der menschl. Geschlechtlichkeit und verankert die H. mehr im Gesamtbild vom Menschen als Sexualwesen. Die *→Ethik* zeigt bei der (ont. und eth.) Normfindung der H. mehr Aufmerksamkeit für empir. Daten, für Selbsterfahrungsberichte und das persönl. Recht der Lebensgestaltung im Bereich der H. Die *→Theologie* durchdenkt kritisch Aussagekraft und Aussagerecht der bibl. und kirchl. →Traditionen, vor allem die Frage, ob und inwiefern dem bibl. Menschenbild eine für die H. normierende und orientierende Bedeutung beigemessen werden kann. Die *→Literaturwissenschaft* akzentuiert die Lebensgestaltungen der H. In der →Rechtswissenschaft strebt man eine Entkriminalisierung und jurist. Gleichberechtigung an.

*Lit.: J. Boswell:* Christianity, Social Tolerance and Homosexuality, Chicago/London 1980. – *G. Looser:* Homosexualität, menschl., christl., moral., Bern 1980. – *G. Menard:* De Sodome à l'Exode. Jalons pour une théologie de la liberation gaie, Québec 1983. – *V. Ott:* Homotropie und die Figur des Homotropen in der Literatur des 20. Jh.s, Frankfurt/M. 1979. – *A. M. J. M. Herman van de Spijker:* Die gleichgeschlechtl. Zuneigung, Olten 1968. – *Ders.:* Homotropie Homophobie. Menschl. Wirklichkeit, kirchl. Stellungnahme, in: *A. Gross/St. H. Pfürtner:* Sexualität und Gewissen, Mainz 1973, 81-104.

*A. M. J. M. Herman van de Spijker*

**Hoseabuch.** Das H. endet mit einem Appell an den Leser, aus der Lektüre des Buches Folgerungen zu ziehen und sich rechtschaffen (im weitesten Sinne) und damit unbeschadet auf die »Wege Jahwes« zu begeben. So wird der Leser auf das umfassende Handeln Gottes verwiesen, denn die »Wege« sind eine Metapher für die →Geschichte, die die Erfahrungen Hoseas und späterer Zeiten verbindet und umgreift.

*A.* Ein Katalog von Versäumnissen und Verschuldungen einschließl. ihrer Konsequenzen faßt in 4,13 eine ganze Reihe von Texten zusammen: Hosea sieht die Natur »versagen«, weil die Menschen versagen, die unzuverlässig, ohne Hingabe (s. 6,4ff.) und ohne Gotteserkenntnis (s. 4,4ff.) sind. Man flucht (vgl. 6,7ff.), betrügt (vgl. 7,3ff.), mordet, stiehlt (vgl. 6,7ff.) und bricht die Ehe (vgl. 4,11ff.). In dieser Aufzählung (→Dekalog) weist der »*Ehebruch*« auf die ersten Kapitel zurück.

*1.* Der Leser wird in 1-3 mit der Ehe des Propheten konfrontiert, die das Verhältnis zwischen Jahwe und seinem Volk widerspiegelt: In Kap. 1 heiratet Hosea im Auftrag Jahwes eine Frau, mit der er drei Kinder hat, die alle einen Symbolnamen (z.B. »Nicht-mein-Volk«) tragen. In Kap. 3, wo anders als in Kap. 1 (Bericht in 3. Person) ein Eigenbericht des Propheten vorliegt, wird die Frau als Ehebrecherin dargestellt, die Hosea gegen Bezahlung noch einmal erwirbt, der er aber sexuellen Umgang verwehrt. Ihre Enthaltung soll den zukünftigen Verzicht des Volkes auf König und Kult darstellen. Zwischen beiden Kapiteln wird in 2,4-15 die Verstoßung der Frau (von Kap. 1) und in 2,16-25 die neue Ehe (von Kap. 3) angekündigt. In aller Deutlichkeit sprechen die Texte immer wieder vom »Huren«, zum ersten Mal nach der Überschrift in 1,2, wo die Handlung gleich entschlüsselt wird: Das ganze Land wendet sich hurer. von Jahwe ab.

*2.* Um die sexualeth. Provokation zu meiden, sind die Kapitel von den *Auslegern* als Vision, Allegorie oder als dramat. Spiel verstanden worden. Diese Einschätzung verkennt aber die antike Wirklichkeitsbewältigung, nach der sich Wirklichkeit auch in der Darstellung, die nicht nur ein Spiel ist, manifestiert und vollzieht. »Huren« bezeichnet die Untreue gegenüber Jahwe (1,2 u.ö.) und den praktizierten Sexualritus (4,11-14), der Jahwe mit dem für Regen und Fruchtbarkeit zuständigen Gott Baal (2,4ff.) identifiziert und mit mag. Wirkung Fruchtbarkeit hervorbringen will. Für Hosea bewirkt nicht nachahmende →Magie die *Fruchtbarkeit*, sondern Jahwe, der es regnen läßt (10,12), indem er die Naturkraft freisetzt (2,23f.), der die Erträge der Natur und anderes mehr gibt (2,10), aber auch entziehen kann (2,11).

*B.* Weil die polit. und kult. Bestandsaufnahme nur Mißstände zeigt (4,1-9,9), und auch der hist. Rückblick nur Verweigerungen gegenüber Jahwe zu erkennen gibt (9,10-14,10), ist Unheil (bes. 13; 14,1) im Hinblick auf eine *Wandlung des Volkes* (3,5, vgl. 14,29) notwendig. Danach will Jahwe mit seinem Volk einen →*Bund* schließen und den Tier- und Völkerfrieden sowie die Fruchtbarkeit sichern (2,20ff.). Die Ehe, die Jahwe mit seinem Volk eingeht, ermöglicht dann Gotteserkenntnis (2,21f., vgl. 2,16) und bewirkt, daß die Kinder wieder umbenannt werden: aus »Nicht- mein-Volk« wird »Mein-Volk-bist-du«.

*C.* Am meisten haben die Kap. 1-3 die Exegeten und Romanciers fasziniert. Früher lag die Sympathie der *Ausleger* allein bei Hosea. Heutige →feminist. Theologie etwa sucht unter Berufung auf die vermutete →Volksfrömmigkeit jener Zeit seiner Frau gerecht zu werden. Romanhafte Psychologie kann Hoseas Frau lustvoll die Höhen(-kulte) und Hosea nachdenkl. die Abgründe (der Wirklichkeit) erleben lassen. Die Texte selbst reduzieren die psych. Erlebnisse auf die Charakterisierung des *unbequemen Propheten* durch seine Umgebung: Ein Narr ist der Prophet (9,7). Die scheinbar paradoxe Biographie ist ein Teil der verkündeten Wirklichkeit, ein Teil der »Wege Jahwes«.

*Lit.: H. Balz-Cochois:* Gomer oder die Macht der Astarte. Versuch einer feminist. Interpretation von Hosea 1-4, in: Ev. Theologie 42 (1982), 37-65. – *St. Bitter:* Die Ehe des Propheten Hosea. Eine auslegungsgeschichtl. Untersuchung, Göttingen 1975. – *J. Jeremias:* Der Prophet Hosea (Das AT Deutsch 24/1), Göttingen 1983. – *K. Koch:* Die Profeten I: Assyr. Zeit, Stuttgart u.a., 2. Aufl. 1987, 88-105. – *E. Mand:* Die Ehe des Propheten. Roman (aus dem Amerik. übersetzt von H. Wagner), Zürich/Stuttgart 1957.

*Rüdiger Liwak*

**Hugenotten.** Name der franz. →Reformierten. Der franz. →Protestantismus wurde vom Genfer →Calvinismus geprägt, dessen Kirchenverfassung ihm ermöglichte, sich in den →Religionskriegen (1562-1598) gegen die Krone und kath. Mehrheit zu behaupten. In der Form einer Mondsichel breitete sich der Protestantismus über Frankreich aus, dessen Spitzen in La Rochelle und Lyon und deren Schwerpunkt im Languedoc lagen. Auf seinem Höhepunkt zählten 12 % der franz. Bevölkerung zu den H., jedoch ca. 50 % des Adels. Aristokraten, Intellektuelle, Kaufleute und Handwerker dominierten, Bauern blieben unterrepräsentiert. Die H. entwickelten eine von der Volkskultur deutl. unterschiedene Sonderkultur, die sich durch innerweltl. Askese, Sparsamkeit und Berufstüchtigkeit auszeichnete. Nach schweren Verfolgungen, welche ihren Höhepunkt im Massaker der Bartholomäusnacht 1572 erreichten, gewährte der ehemalige H.führer, *König Heinrich IV. von Navarra*, der 1593 zum →Katholizismus konvertiert war, 1598 seinen früheren Kampfgenossen →Toleranz im Edikt von Nantes. Er sicherte den H. die öffentl. Religionsausübung in ihren Gebieten zu, gestand befestigte Sicherheitsplätze und die polit. Gleichberechtigung zu, verbot aber eine weitere Verbreitung. Als unvereinbar mit dem →Absolutismus ließ *Kardinal Richelieu* diese Sicherheitsplätze beseitigen (1628: Fall von La Rochelle). Der Versuch der H., sich polit. dem Absolutismus anzupassen, blieb vergeblich. *Ludwig XIV.* verstärkte den Druck auf sie zuerst mit Bekehrungsversuchen durch Zwangseinquartierung von Soldaten (Dragonnaden), dann durch die Aufhebung des Ediktes von Nantes 1685. Ein Viertel der H., ca. 200.000, verließen das Land gegen den Willen des Königs. Die Mehrheit fand →Asyl in Holland und England. Ca. 20.000 gingen auf Einladung des *Großen*

*Kurfürsten* (Edikt von Potsdam, 1685) nach Brandenburg- →Preußen, wo ihnen Glaubens- und Steuerfreiheit, Selbstverwaltung (bis 1808), ein eigenes Schul- und Gerichtswesen, jedoch keine selbständige Kirchenverfassung zugestanden wurde. Trotz zahlreicher wirtschaftl. Mißerfolge haben die H. die geistige und ökonom. Entwicklung Preußens beschleunigt. Sie erwiesen sich als die treuesten Untertanen der Hohenzollern. Ihre Integration in den Staat vollzog sich schneller als ihre Assimilierung mit der übrigen Gesellschaft.

*Lit.: H. Kretzer:* Calvinismus und franz. Monarchie im 17. Jh., Berlin 1975. – *R. von Thadden/M. Magdelaine (Hg.):* Die H. 1685-1985, München 1985.

*Klaus Deppermann*

**Humanismus**

*A.* Hist. bezeichnet man mit H. die Bemühungen im *15. und 16. Jh.*, im Rückgriff auf Traditionen der griech. und röm. Antike das Bewußtsein der Eigenständigkeit und *Würde des Menschen* neu zur Geltung zu bringen, im Gegensatz zu den immer schon kirchl.-theol. orientierten und entspr. polit.-gesellschaftl. einengenden Auffassungen des MA.s. In dieser Perspektive, die – im Rückblick auf »das MA.« wie auch in bezug auf die verschiedenen Wirklichkeitsbereiche (→Philosophie, →Politik, →Religion, →Kunst u.a.) – der Differenzierung bedarf, dürfen als bedeutende Humanisten Marsilio Ficino (1433-1499), G. Pico della Mirandola (1463-1494), →Erasmus von Rotterdam, Thomas Morus (1478-1535), Ph. →Melanchthon herausgehoben werden. In bezug auf päd. Bestrebungen des 18./19. Jh.s, die »klass.« Ideale zu transponieren suchten, spricht man von Neuh.

*B.* Die *heutige Reflexion* über den H. hat sich von den hist. Zusammenhängen gelöst und fragt philos. nach dem allen Menschen – ungeachtet der Verschiedenheit nach Geschlecht, →Rasse, →Nation, →Religion – Gemeinsamen, das Grundlage eines geordneten, *friedl. Zusammenlebens* aller Menschen sein könne. Dabei unterscheidet sich die H.-Frage von der mehr ontolog. Problematik der sog. →Anthropologie durch ihr polit.-prakt. Interesse. Zu Entwürfen von H. gehört zumeist die ausdrückl. Absicht, die Allgemeinheit und damit die Realisierungsmöglichkeit unabhängig von rel. (und »ideolog.«) Voraussetzungen und Optionen zu denken. Diese Absicht stellt sich rechtsphilos. und jurist.-polit. in den seit 1789 anzutreffenden Formulierungen allg. →*Menschenrechte* dar. Unabhängig von Unterschieden im einzelnen sowie von kulturell (und rel.) bedingten Begründungsmöglichkeiten kommt in der philos. und rechtl.-polit. Konstruktion des H. die Idee der Einheit der Menschheit zum Zuge und damit ein von Hoffnung geleitetes Vertrauen in realisierbare Vernünftigkeit. Diese Zuversicht ist (spätestens) im 20. Jh. in erhebl. Maße gefährdet und auch zerstört worden, vor allem durch die Erfahrungen von →Krieg und →Terror, insbes. des polit. Ost-West-Dualismus, der eine Einigkeit über Inhalte des H. (bislang) weitgehend ausschließt, seit einigen Jahren aber auch durch die deutlicher werdenden *Gefährdungen* menschl. Selbstzerstörung auf Grund eines unfriedl. Umgangs mit der →Natur, der im subjektivist. Herrschaftswillen fundiert ist.

*C.* Geht man von der Annahme aus, daß die Herbeiführung rel. oder weltanschaul. Einigkeit (deren Wünschbarkeit bereits fragwürdig ist) unmögl. ist, so erweist sich die Suche nach einem *universell annehmbaren H.* trotz aller Bedenken und Rückschläge als notwendig. Dieser zu erstrebende H. hat eine *Naturbasis* in den sog. leibl. →Bedürfnissen aller Menschen. Man hat von ihm aber auch – will man totalitäre Entwicklungen ausschließen – zu erwarten, daß er die Unterschiedlichkeit menschl. Sinngebungen der Welt im ganzen, einschließl. der rel., anerkennt. Umstritten ist, inwieweit sich diese unabdingbare Annahme von (endl.) →Freiheit mit best. Systemen der ökonom. Gesellschaftsorganisation verträgt.

*D.* Wegen der Labilität und des *vielfachen Scheiterns* »rein« humanist. Anstrengungen wird, verbunden mit einer zumeist undifferenzierten Kritik der →Aufklärung, gern der Anspruch erhoben, »wahrer« H. sei nur auf der Basis einer best. *rel. Position* möglich (vgl. die bes. fatalen Ausführungen J. Maritains über den »christl. H.«). Dieser Anspruch stellt indes philos. gesehen eine bloße, konkret nicht kommunikationsfähige Behauptung dar und steht der Forderung eines menschheitl., weltweiten H. sogar entgegen. Zudem sind derartige Ansprüche von christl. Seite durch die Geschichte des Christentums kompromittiert. Nur wenn sich die →Religionen (und also auch »das Christentum«) darauf besinnen, daß sie aus ihrer je besten →Tradition Beiträge und Impulse zu einem allg. und allerseits annehmbaren H. einbringen oder anbieten können, besteht Aussicht, von dieser Seite aus das Streben nach H. (und also auch nach →Frieden) zu fördern. Erkenntnistheoret. gesehen wird sich jeder H. mit der Tatsächlichkeit vertraut machen müssen, daß es einen *rel.-metaphys.* Agnostizismus gibt. Auf diesem Fundament bleiben oder werden sowohl Konstruktionen des Gemeinsamen als auch unterschiedl., einander tolerierende Optionen der Sinngebung möglich. Das Wissen um diesen philos. Hintergrund eines jeden H. und um einen notwendigen Verzicht auf totalitär-gnost. Wissensansprüche jeder Art ist heute zu einer entscheidenden Bedingung menschl. Miteinanderlebens, d.h. des →Friedens, geworden. Zum Gehalt eines H., der diesen Namen verdient, gehört inzwischen auch das Bewußtsein der Zusammengehörigkeit von Mensch und Natur mit allen erforderl. Konsequenzen.

*Lit.: M. Heidegger:* Brief über den »H.« (1946), in: *ders.:* Wegmarken, Frankfurt/M. 1967, 145-194. – *J.-P. Sartre:* L'Existentialisme est un humanisme (1946), dt. in: *J.-P.*

*Sartre:* Drei Essays (Ullstein-Bücher 35001), Frankfurt/M./Berlin 1986, 7-36.

*Heinz Robert Schlette*

**Humanistische Psychologie**

*A.* Neben Behaviorismus (Verhaltenspsychologie) und →Psychoanalyse versteht sich die h.P. als der *»Dritte Weg«* des psycholog. Denkens in der Gegenwart. Ihre Besonderheit sieht sie in der Verbindung psycholog. Erkenntnis mit Fragen der Lebensgestaltung, in der Einsicht, daß eine Wertorientierung der →Psychologie vor allem bei der →psychotherapeut. Bearbeitung von Problemen und Lebenskrisen unumgängl. ist.

*B.* Gegen die experimentelle Auflösung des psych. Geschehens in einzelne Reiz-Reaktions-Beziehungen und gegen die Auffassung des menschl. Organismus als eines triebenergetisch funktionierenden Apparates (als dessen Verhaltensziel ein Gleichgewicht der Entspannung, eine »Homöostase«) anzunehmen wäre, sieht die h.P. das →*Individuum als eine Einheit* bzw. →Ganzheit von organ. und psychischen Vorgängen, die auf die →*Selbstverwirklichung* des Individuums ausgerichtet sind. Der →Vernunft wird die Erkenntnis der jeweils individuellen Möglichkeiten und die Entscheidung über die richtigen Wege zu deren Verwirklichung zugetraut. Die objektiven Normen einer sittl. Lebensführung liegen in der Natur des Menschen selbst begründet (E. →Fromm). Die h.P. glaubt an die Fähigkeit des Menschen, aus eigener Kraft sein Leben positiv zu gestalten, und versucht dem einzelnen zum Glauben an sich selbst zu verhelfen. Aufgabe der psycholog. Beratung und Therapie ist die Hilfestellung bei dem Prozeß der Selbsterkenntnis und dieser Selbstverwirklichung.

*C.* Das Selbst, der Personkern des Menschen, ist nach Auffassung der h.P. Subjekt des psych. Entwicklungsprozesses, nicht nur regulierende Instanz und damit letztl. Objekt der Triebwünsche und der Anforderungen der Außenwelt (vgl. das »Es« und »Über-Ich« in der Psychoanalyse). Dieses Selbst ist gekennzeichnet durch Intentionalität, also durch die Ausrichtung des Lebens auf Ziele. Als letzte menschl. Ziele gelten der h.P. das Geben und Nehmen von Liebe und das Engagement in schöpfer. Tätigkeit. C. Bühler unterscheidet (unter zusätzl. Berücksichtigung der Tendenzen zur Anpassung) *vier Grundtendenzen* des Selbst im Prozeß der Selbstverwirklichung: Suche nach persönl. Befriedigung in →Sexualität, →Liebe und Anerkennung; selbstbeschränkende Anpassung im Interesse von Zugehörigkeit und Sicherheit; schöpfer. Expansion; Integration und Aufrechterhaltung der inneren Ordnung. Der Begriff der →*Kreativität* kann als Schlüsselbegriff der h.P. gelten, weil er die Selbständigkeit und Entwicklungsorientierung des Individuums zusammenfaßt mit der Vorstellung eines flexiblen und sensiblen Zugangs zur Welt. Im Gegensatz zur Defizitorientierung der ärztl. Therapie legen einige Autoren bes. Gewicht auf den Begriff des *Wachstums* (A. Maslow, C. Rogers, H. Clinebell) als Prozeß- und Zielvorstellung für menschl. Leben.

*D.* Die h.P. erhebt den Anspruch, die Fixierung psycholog. Denkformen und therapeut. Arbeitsformen auf die Laboratorien bzw. Sprechzimmer zu beseitigen. Dementspr. hat die h.P. eine *Vielfalt* von therapeut. Modellen entwickelt, die sich leichter als die traditionellen Arbeitsformen der →Psychoanalyse in verschiedene Lebenszusammenhänge übertragen lassen. Bes. Bedeutung hat die »klientenzentrierte« Gesprächspsychotherapie von C. Rogers erlangt, die auch für die kirchl. →Seelsorge und →Beratung vielfach handlungsleitend geworden ist. Weitere Anreger und Vertreter der h.P. sind K. Horney, R. May, E. H. Erikson, J. F. Bugenthal, V. Frankl und E. →Fromm, der die h.P. wegen ihres schlichten Optimismus später jedoch kritisierte. Aus christl. Sicht drängt sich zudem die Frage auf, ob die Konzentration auf Selbstentfaltung nicht die Verstrickung in das eigene Selbst fördert.

*Lit.: C. Bühler/M. Allen:* Einführung in die h.P., Stuttgart 1974. – *H. Quitmann:* H.P.: Zentrale Konzepte und philos. Hintergrund, Göttingen 1985. – *U. Völker (Hg.):* H.P., Weinheim 1980.

*Reinhard Schmidt-Rost*

**Humanität.** Der Begriff H. bezeichnet die intellektuelle, kulturelle und soziale →Bildung menschl. Wesens, sei es als Entfaltung seiner natürl. Anlage oder als dessen Hervorbringung im Prozeß geschichtl. Entwicklung (→Natur, →Geschichte). Der bereits in der →Antike vorgeprägte Bedeutungsgehalt von H. als kulturell-ästhet. Bildung wird vom →Humanismus aufgenommen und fortgebildet. Seine wirkungsvollste Ausprägung erhielt der Begriff H. jedoch in der →Neuzeit als Funktionsbegriff vernünftiger Selbstbestimmung (→Vernunft, →Autonomie) und bürgerl. →Emanzipation. H. wird zur zentralen →Tugend der →Aufklärung und zum →*Ideal menschl. Vollendungsstrebens* (aus »Menschlichkeit« wird »Menschheit«). Als höchster Zweck vernünftiger Selbstauslegung des →Menschen wird H. zu einem umfassenden →Kultur- und Bildungsideal. Dabei bahnt sich jene anthropozentr. Wende des Begriffs an (→Anthropologie), die in L. →Feuerbach ihren Höhepunkt findet. H. wird zur Bezeichnung der gesellschaftl. Wirklichkeit des Menschen, die jeden Gedanken an eine →transzendente Bestimmung des Menschen ausschließt. An die Stelle des metaphys.-philos. Begriffs tritt die Gattung Mensch in ihrer hist.-sozialen Realität (→Gesellschaft).

*Lit.: F. Beckmann:* Humanitas. Ursprung und Idee, Münster 1952. – *H. Foerster (Hg.):* H. heute, Berlin 1970.

*Achim Dunkel*

**Hume,** *David,* geb. 7.5.1711 in Edinburgh, gest. 25.8.1776 ebd. Im Zentrum der *theoret. Philoso-*

*phie* H.s steht seine Kritik am Kausalitätsbegriff (Treatise I.3, 1739; Enquiry II-VII, 1748). Sie wird vorbereitet durch eine weitgehend von J. →Locke übernommene Erkenntnistheorie. Alle bedeutungstragenden Vorstellungen sind letztl. durch →Erfahrung legitimiert. Eine notwendige Verknüpfung (necessary connexion) kann aber empir. nicht als objektives Gegenstandsmerkmal ursächl. Gesetzmäßigkeiten aufgewiesen werden; auch gibt es keinen a priori (der Erfahrung vorausgehenden) einsehbaren Zusammenhang zwischen Ursache und Wirkung. Ledigl. die Gewohnheit (custom) ermöglicht es uns, von einem Ereignis auf ein anderes zu schließen. Eine kausale Verbindung (conjunction) zweier Tatsachen ist also nicht objektiv gegeben, sondern die eigene Erkenntnisleistung des Subjekts. Aus H.s →*Empirismus* erwächst der von ihm ausdrückl. empfohlene →*Skeptizismus* (Enquiry XII, 3). Dieser lehrt uns, in unseren Alltagsgeschäften einen gewissen Grad von →Zweifel beizubehalten und in den →Wissenschaften nur solche Objekte zum Untersuchungsgegenstand zu wählen, die unseren begrenzten Fähigkeiten angemessen, d.h. empir. zugängl., sind.

Weniger einflußreich als H.s theoret. Philosophie war seine *Moralphilosophie.* Gemäß der im Untertitel des Treatise (»A Treatise of Human Nature« [1739-40]) festgeschriebenen Absicht, die von →Newton in den →Naturwissenschaften so erfolgreich angewandte erfahrungswissenschaftl. Methode für die Geisteswissenschaften fruchtbar zu machen (um ihnen endl. eine solide Grundlage zu geben), sucht er auch die →Ethik auf ein empir. Fundament zu stellen, das letztl. in der menschl. Natur begründet ist. Dabei kommt der Auseinandersetzung mit den Vertretern einer rationalist. Theorie der →Sittlichkeit bes. Bedeutung zu. H. will die Vernunft keineswegs aus der Moralphilosophie verbannt wissen. Er räumt ihr im Gegenteil eine erhebl. Bedeutung für die Verbesserung der Mittel ein, die zur Erreichung eines sittl. Zweckes einzusetzen sind. Allein was sittl. gut ist, kann uns die Vernunft nicht sagen und damit niemals unsere Handlungen motivieren. Einzig das moral. Gefühl der Sympathie mit dem →Glück der Menschheit vermag dies zu leisten.

Die frühe Wirkung der Philosophie H.s stand ganz im Zeichen seiner Ausführungen zur *Religionsphilosophie,* in der man zunehmend H.s Grundproblem erkennt. In dem Essay über die →Wunder (Enquiry X) bestreitet er deren Möglichkeit auf der Grundlage eines evidenztheoret. Arguments: Kein Zeugnis genügt, um ein Wunder festzustellen, es sei denn, die Falschheit des Zeugnisses wäre wunderbarer als das Ereignis, das es zu konstatieren trachtet.

Dem Angriff auf den christl. Wunderglauben folgte die *Kritik am* →*Deismus* als *der* →Religionsphilosophie der Aufklärung auf dem Fuße (Enquiry XI). Der Deismus glaubte, unabhängig von aller →Offenbarung die natürl. und moral. Eigenschaften Gottes aus den Werken der Natur erkennen zu können. H. weist nach, daß die Physikotheologie ihr Ziel nicht erreicht und strenggenommen nicht einmal die Existenz eines höchsten Wesens beweisen kann. Diese 1748 erstmals von H. vorgetragene und in den posthum erschienen »Dialogues Concerning Natural Religion« (1779) ausführl. und in stilist. durchgebildeter Form wiederholte Kritik am Deismus führt er in »The Natural History of Religion« (1757) fort. Die Religion geht nicht aus der Vernunft hervor, sondern gründet in einem Affekt, näml. der *Furcht vor unbekannten Ursachen* natürl. Ereignisse. Die ursprüngl. Religion war nicht monotheist. und damit bereits die vollkommene, die in der Folge durch Pfaffentum und Priesterlist entartet ist; die erste Religionsform war vielmehr der Polytheismus (→Monotheismus). In einem ewigen *Kreislauf* bewegt sich die Menschheit von ihm zum *Monotheismus* hin, fällt aber dann wieder in die Vielgötterei zurück, eben weil ihre rel. Prinzipien nicht rational gegründet sind. Damit führt H. den krit. Deismus als Kritik aller Offenbarungsreligion fort, zeigt aber gleichzeitig die Unmöglichkeit einer Vernunftreligion auf und versetzt dem konstruktiven Deismus den Todesstoß. H.s Nachwirkungen sind unabsehbar. Sein Denken hat auf →Kant entscheidenden Einfluß ausgeübt und bes. die →angelsächs. Philosophie des 20. Jh.s nachhaltig geprägt. Als Kritiker eines jeden Theismus, mag er sich auf Vernunftgründe oder eine →Offenbarung stützen, ist H. auch aus der gegenwärtigen religionsphilos. Debatte nicht hinwegzudenken.

*Lit.: A. Flew:* H.s Philosophy of Belief, London, 3. Aufl. 1969. – *J. C. A. Gaskin:* H.s Philosophy of Religion, London/Basingstoke 1978. – *J. Harrison:* H.s Moral Epistemology, Oxford 1976. – *L. Kreimendahl:* H.s verborgener Rationalismus, Berlin/New York 1982. – *E. C. Mossner:* The Life of David H., Oxford, 2. Aufl. 1980. – *T. Penelhum:* H., London/Basingstoke 1975 (Lit.). – *E. Topitsch/ G. Streminger:* H., Darmstadt 1981 (Lit.).

*Lothar Kreimendahl*

**Humor und Komik.** H., K. und →Lachen gehören zum →Menschen und zu seinem Weltumgang als ursprüngl. Gestus und primäre Einstellung. In der Begriffsgeschichte sind *Inkongruenz, Kontrast,* →*Grenze* und *Ausgrenzung* als die wesentl. Merkmale des H.s und der K. festzustellen, wobei H. vorwiegend die Einstellung, K. mehr den Gestus betont.

*A.* Wenn Mephisto in →Goethes »Faust« (Prolog im Himmel) gegenüber dem Herrn deklamiert: »Mein Pathos brächte dich gewiß zum Lachen,/ Hättst du dir nicht das Lachen abgewöhnt«, dann spielt Goethe auf den Unterschied einer →*antikhumorist.* und einer →christl.-pathet. →*Theologie* an. Im XXI. Gesang von Homers »Ilias« gibt es das rätselhafte Auflachen des Zeus, in das er angesichts des Götterzwistes in Erinnerung an die Titanenkämpfe ausbricht: Der Streit verliert durch das Lachen in der göttl. Komödie seinen titan. Charakter. In den einschlägigen homer. Götterszenen lachen die Götter über ihresgleichen, womit sie ihre titan. Herkunft vernichten. Zeus lacht auch über sich selbst; er ist Subjekt und Objekt des Lachens: ein göttl., →absolutes Lachen. Es erhebt sich dort, wo das Unendliche, seine →göttl. Wesenheit, und das →Endliche, seine Gestalt und Begrenzung, im Götterhimmel des Polytheismus (→Monotheismus) zusammentreffen. Dieser paradoxale Begriff des →Gottes wird humorist. aufgelöst. Der antike Gott muß seine →Endlichkeit hinter sich lassen, sich kom. erweitern, seinen ihm wesentl. Begriff des Unendlichen erfüllen, was er im Lachen vollzieht. Dieses übersteigt sein widersprüchl. Wesen, löst die Gestalt ins Unbestimmte auf: Die Göttlichkeit konstituiert sich kom. im Akt der Negation von Bestimmtheit, des begrenzten →Seins. Im selbstbezügl. Lachen verwirklicht sich die Theologie des Gottes ästhet., erfüllt sie humorist. ihren Begriff: Zeus spottet seiner eigenen Begrenztheit, wodurch er sie überwindet.

Anders das Lachen über Hephaistos, den Gott des Feuers und der Schmiedekunst, der nur *Objekt* der K. ist. Indem er in die Gestalt des Ganymed (Mundschenk des Zeus) schlüpfen will, damit gegen seine eigenen Grenzen verstößt, wird er Gegenstand des Gelächters. Man verlacht ihn wegen seiner titan. →Erscheinung, die reine Schönheit verkörpern will. Die versuchte Verwandlung erzeugt die humorist. Situation, in der Hephaistos in sein ursprüngl. Wesen gebannt wird: Bei der Flucht aus seiner Gestalt wird er gerade durch Lachen darin fixiert. Die K. des Vorgangs bedeutet ihm seine Grenzen, seine Mißgestalt, die er abstreifen wollte. Damit sind die beiden Urmodelle jeder K. bezeichnet: K. und H. als Überschreitung einer Grenze, die auf Inkongruenz führt, bzw. als Fixierung in einer Begrenzung, die einen Kontrast entstehen läßt.

*B.* Für die *neuzeitl.* Theorie der K. und des H.s ist die Definition von →Hobbes (»Vom Menschen«, § 12) grundlegend geworden: beide →Akte sind Formen der Selbstbestätigung. In ihnen wird die Selbstbestätigung aus der Ungleichheit gegenüber anderen, aus einem Kontrast, gewonnen: Der eigenen Überlegenheit steht die tatsächl. oder vermeintl. Unterlegenheit des anderen gegenüber. H. und K. sind relational begründete Affekte aus eigener Selbststilisierung und dem Defizit eines Mitmenschen, die Ungleichheit ausweisen und Überlegenheit des einen ermöglichen.

K. ist nach →Schopenhauer (»Welt als Wille und Vorstellung«) die »paradoxe und daher unerwartete Subsumtion eines Gegenstandes unter einen ihm (...) heterogenen Begriff«, also die »Inkongruenz zwischen einem Begriff und dem durch denselben gedachten Gegenstand, also zwischen dem Abstrakten und dem Anschaulichen«. Eine Sache an sich ist nicht kom., kein Gegenstand ist als solcher lächerl., sondern erst seine Relativierung in einem →log. Verhältnis, das verfehlt wird. Danach lassen sich *drei Bestimmungen* hervorheben: unangemessene Zu- und Unterordnung, das Auseinanderfallen von Begriff und Anschauung sowie Heterogenität, Paradoxie und Inkongruenz als Bestimmungen ihres Verhältnisses.

*C.* Für H. Bergson (»Das Lachen«) hat K. eine *soziale Funktion.* Im gesellschaftl. Leben muß die Fähigkeit entwickelt werden, sich auf bestimmte Situationen einzustellen. Ist diese Fähigkeit nicht vorhanden, zeitigt dies Sanktionen. Eine davon ist das Lachen, in dem Unvermögen körperl., psych., intellektueller Art verurteilt wird. Das Verlachen löst Furcht aus, dadurch korrigiert es Fehlverhalten: es resozialisiert. Kom. ist in erster Linie alles Lebendige, das wie ein starrer Mechanismus erscheint.

*Lit.: W. Preisendanz:* H. als dichter. Einbildungskraft, München 1963. – *J. Ritter:* Über das Lachen (1940), in: *ders.:* Subjektivität, Frankfurt/M. 1974, 62-92.

*Helmut Bachmaier*

**Hus,** *Jan* (ca. 1371 – 6.7.1415), tschech. Kirchenkritiker und Vorreformator. In Husinec (Südböhmen) geboren, wurde H. in Prag Priester (1400) und Prediger an der Bethlehemskapelle (1402), einem Mittelpunkt der älteren tschech. Reformpredigt. Hier vertrat er die Kirchenkritik und die Reformgedanken →Wyclifs, bis der Erzbischof dessen Schriften verbrennen ließ (1410), H. exkommunizierte und über Prag das Interdikt verhängte (1411). Die Nachfolge Christi in Armut, Demut und geduldigem Leiden gewann für H. bes. Aktualität, als Johannes XXIII. (1410-1415) gegen seine polit. Feinde zum →Kreuzzug aufrief und die Mittel hierfür in Böhmen durch den Verkauf von Ablaß eintreiben ließ. Außerhalb von Prag gewann H. den böhm. Adel für sich. In seinem von Wyclif abhängigen Hauptwerk (De ecclesia, 1413) stellte er der Hierarchie die vorbildl. Schar der von Gott zum Heil vorherbestimmten frommen Nachfolger Christi gegenüber. Unter freiem Geleit König Sigismunds wurde er vor das Konzil von Konstanz (→Reformkonzile) geladen und hier als Ketzer verurteilt und verbrannt (6.7.1415), obwohl er z.B. die Kritik Wyclifs an der Wandlungslehre nicht teilte. Seine Hinrichtung löste in Böhmen die Revolution aus, in der sich rel. und kirchl., polit., nationale und soziale Motive gegenseitig steigerten. Zum einigenden Symbol aller Gegner Roms wurde der Kelch (calix), das Zeichen des bibelgemäßen Herrenmahls mit der Darreichung des eucharist. Weins auch an die →Laien (»Laienkelch«). Zum Reformprogramm aller Hussiten wurden die vier Prager Artikel von 1420 (freie Predigt der lex Christi; Kommunion unter beiderlei Gestalt; Enteignung der Kirche; Reform des Klerus). Weiter als die Calixtiner und Utraquisten, die sich mit der Kommunion unter beiderlei Gestalt (sub utraque specie) – Brot und Wein – begnügten, schritten die militanten Taboriten (Tabor = Lager; Festung in Südböhmen), bei denen sich das Ziel einer Reform durch Gewalt mit der Naherwartung des Weltendes verband. Nach den verheerenden Hussitenkriegen (1420-1452; Niederlage der Taboriten) verständigten sich Utraquisten und Katholiken im Religionsfrieden von Kuttenberg (1485). Die kleine pazifist. Gemeinschaft der Böhm. Brüder (seit 1467) schlossen sie aus. Die Hussiten wahrten ihre Selbständigkeit bis zur gewaltsamen →Gegenreformation (seit 1622). Die heutige ev. Kirche der Böhm. Brüder verbindet die bibl.- reformator. Lehre mit dem vorreformator. Erbe des Hussitismus.

*Lit.: R. Friedenthal:* Jan H., der Ketzer und das Jh. der Revolutionskriege, München/Zürich 1970, 3. Aufl. 1984. – *F. Machilek:* H./Hussiten, in: Theol. Realenzyklopädie 15, 710-735. – *F. Seibt:* Hussitenstudien, München 1987. – *M. Spinka:* John H., Pinceton 1968. – *P. de Vooght:* L'hérésie de Jean Huss, Löwen 1960, 2. Aufl. 1976. – *J. K. Zeman:* The Hussite Movement and the Reformation in Bohemia, Moravia and Slovakia (1350-1650). A Bibliographical Study Guide, Ann Arbor 1977.

*Gustav Adolf Benrath*

**Hymnus, Hymnologie.** Im weitesten Wortsinn meint H. einen feierl., gemeinschaftl. *erhebenden Lobgesang* (z.B. Nationalhymne). Im engl. Sprachgebrauch ist »hymn« gleichbedeutend mit →Kirchenlied; verwendet wird H. bisweilen zur Bezeichnung des Psalmengesangs. Im Dt. bezeichnet er noch spezieller die wichtigste Gattung des *griech. und lat. Strophenliedes.*

*A.* Nach Anregungen aus der syr. Kirche (Ephraem der Syrer, gest. 373) blüht die Hymnendichtung auf: Eine reiche Ausformung erfährt die Hymnendichtung im konstantinopolitan. Bereich. Hatte zuerst die 24strophige Form der sog. Kontakiendichtung vorgeherrscht, deren herausragender Vertreter Romanos der Melode (6. Jh.) ist, so wird dieser Aufbau später durch die an den neun bzw. acht im Morgengottesdienst gesungenen bibl. Oden orientierte Kanondichtung verdrängt. Die wichtigsten dieser Kanones (z.B. der auf Ostern und jene des Oktoechos) werden Johannes von Damaskos (ca. 650-750) und seinem Ziehbruder Kosmos von Maiouma (geb. um 675) zugeschrieben. Daneben steht die Form der sog. Troparien, d.h. kurzer Einzelstrophen, mit denen Psalmengesänge durchsetzt werden. Im Westen sind als frühe Hymnendichter zu nennen: Hilarius von Poitiers (um 315-367), Ambrosius von Mailand (339-397), Prudentius (gest. nach 405), Sedulius (um 430) u.a. Der H. dient der *gottesdienstl.* →*Gemeinde* als gesungenes →Bekenntnis. Seine Sprache ist lehrhaft dicht, sein Aufbau streng (je 8 Silben oder 4 Versfüße in vierzeiligen Strophen, 8 Strophen samt →Doxologie und Amen), seine Melodie syllab. (den Silben folgend). Er besingt die Thematik der Tageszeiten (»Christe qui lux es et dies«, Ev. Kirchengesangbuch 353f., Gotteslob 704), der Christusfeste (»Veni redemptor gentium«, EKG 1, GL 108) und der →Märtyrer- und →Aposteltage. Er findet Eingang in das Stundengebet (→Tag) und in den →Gregorian. Choral, wird jedoch aus dem →Gottesdienst der Gemeinde weitgehend verdrängt. Nach einer zweiten Blüte in karoling. Zeit (Hrabanus Maurus [780-856] »Veni creator Spiritus«, GL 240ff., EKG 97) wächst der Bestand an. Durch Übersetzungen wird der H. zu einem der Modelle für die Ausformung des dt. →Kirchenliedes.

*B.* Der H. hat auch der Wissenschaft vom gesungenen Kirchenlied jegl. Form den Namen gegeben: *Hymnologie.* Bei ihr wirken →Theologie und →Liturgiewissenschaft, Musik- und Literaturwissenschaft, Volksliedkunde und kulturhist. Forschung zusammen. Im 16. und 17. Jh. geben Liedüberschriften und Gesangbuch-Vorreden Auskunft über Art, Sinn und Zweck des kirchl. Singens; in Liedpredigten werden Gesänge nach ihrer bibl. Grundlage und dichter. Lehraussage ausgelegt. Im 18. Jh. erwacht das hist. Interesse an den Verfassern, an Ort und Zeit der Dichtungen. Das 19. Jh. stellt die großen vielbändigen Quellenwerke bereit (Texte werden erfaßt von Ph. Wackernagel, A. F. W. Fischer/W. Tümpel, G.M. Dreves, Melodien von W. E. Bäumler und J. Zahn; Arbeiten zur Geschichte des Kirchenliedes von Hoffmann von Fallersleben und E. E. Koch.)

*C.* Das *20. Jh.* ist in überprüfenden und ergänzenden Spezialarbeiten interessiert an der bibliograph. Erschließung der Quellen, an Ursprung und Geschichte, soziol. Grundlagen und Formen des Singens, an der theol. Durchdringung (Kommentare, Liedpredigten) und Aufbereitung des Liedguts für den prakt. Gebrauch (Liederschlüssel, Handbuch zum Ev. Kirchengesangbuch, Werkbuch Gotteslob).

*Lit.: K. Ameln:* Der gegenwärt. Stand und die vordringl. Aufgaben der hymnolog. Forschung, in: Jahrbuch für Liturgie und Hymnologie 1961, 62-69. – *Ders. u.a. (Hg.):* Das Dt. Kirchenlied, Bd. I/1: Verzeichnis der Drucke von den Anfängen bis 1800, Kassel 1975. – *W. Blankenburg:* Die Entwicklung der Hymnologie seit etwa 1950, in: Theol. Rundschau 42 (1977), 131-170, 360-405.; 44 (1979), 36-69, 239-279, 319-349. – *C. Blume:* Unsre liturg. Lieder. Das Hymnar der altchristl. Kirche, Regensburg 1932. – *K. G. Fellerer (Hg.):* Geschichte der kath. Kirchenmusik, Bd. I, Kassel 1972, 282-286. – *Ä. Löhr:* Abend und Morgen ein Tag, Regensburg 1954, bes. 28-129. – *M. Rößler:* Die Frühzeit hymnolog. Forschung, in: Jahrbuch für Liturgie und Hymnologie 1975, 123-186. – *E. Wellesz:* A History of Byzantine Music and Hymnography, Oxford, 2. Aufl. 1961.

*Martin Rößler*

# I

**Ideal** meint nicht nur formelle →Wahrheit (in der ein Gegenstand durch den Begriff bestimmt wird, unter den er dann fällt), auch nicht bloß die vollständige Verwirklichung einer angezielten Idee, sondern die Erfüllung eines Begriffs (Idee) durch einen einzelnen Gegenstand. Dieser ist das I., also die *Wahrheit* und Zweckerfüllung in *konkreter Einzelheit.*

*A. I.e* sind wie die Ideen →Platons Ur- und Vorbilder für die als Nachahmung geltenden Verwirklichungen, die als sinnl. hinter der geistigen Welt der Ideen immer zurückbleiben. Allenfalls kann die Kunst (→Hegels »Ästhetik«) die Idee als I. realisieren: als vollkommende sinnl. Repräsentation eines Gattungsbegriffs durch ein zwar künstl., aber dem Anblick (Eidos, Idee) nach vollkommenes Exemplar. In der Kunstschönheit scheint die Idee sinnl. auf, ansonsten bleiben I.e im konkreten Leben utopisch (ortlos), aber gerade darum als Erlebnis- und *Handlungsorientierungen* (→Idealismus, →Ideologien) äußerst wirksam.

*B.* Das von S. →Freud 1914 so bezeichnete *Ich-I.* ist das Ur- und Vorbild, das das Ich von sich selbst hat. Es ist der Ersatz und das Erbe des verlorenen, frühkindl. Narzißmus jener unbehelligten Selbstlust des Kindes in der (mütterl.) Einheit mit dem Es (dem Unbewußten), welche durch halluzinator. Wunscherfüllung, also Allmacht und →Vollkommenheit, gekennzeichnet ist. Auf dieses I. verpflichtet ist der Wunsch, erwachsen zu werden, eine »Krankheit der Idealität«. Im Ich-I. wird die *Wiederbegegnung* des Ich mit dem gesucht, was es einst schon war. Diese »Krankheit« der Abwesenheit von sich selbst bestimmt z.B. das sog. »unglückl. Bewußtsein« bei Hegel (»Phänomenologie des Geistes«), →Kierkegaard (»Entweder-Oder«) und Sartre (»Das Sein und das Nichts«).

*C.* Das *transzendentale* (nach →Kant: die vernunfteigenen Bedingungen mögl. Erfahrung betreffend) *I.* ist ein notwendiger Vernunftbegriff (→Transzendentalphilosophie), um den Unterschied von Begriff (Idee) und Gegenstand zu denken und dadurch erst – durch die Differenz beider – die mögl. begriffl. Bestimmung von Gegenständen zu verstehen. Im Unterschied zu allg. und abstrakten Begriffen (die also unbestimmt bleiben im Hinblick auf die unterschiedl. Merkmale der unter einen Begriff fallenden Gegenstände) scheinen Dinge selbst durchgängig (vollständig) bestimmt zu sein. D.h.: ihre Bestimmbarkeit ist auf die Allheit realitätsbezeichnender Prädikate bezogen. Für jedes mögl. Prädikat muß nach Kant das Zutreffen oder Nichtzutreffen entscheidbar sein. Die Idee der Allheit scheint dann aber selbst von der Art eines Dings zu sein, näml. durchgängig bestimmt. Die Idee als Einzelding ist das I. Hier ist es die *Idee der Allheit der Realität,* die I. ist: das transzendentale I., auch →*Gott* genannt. Ohne diese Vorstellung kann die begriffl. Bestimmbarkeit von Gegenständen nicht gedacht werden. Umgekehrt wäre die tatsächl. Durchbestimmung aller Gegenstände ein Beweis dafür, daß dies I. nicht nur gedacht werden muß, sondern existiert: als Gott im Sinne umfassender Übereinstimmung von Begriff und Gegenstand. Hegel hat diesen →*Gottesbeweis* mit seinem System des absoluten →Idealismus durchzuführen versucht. Kants Theorem von der durchgängigen Bestimmung muß preisgegeben werden. Es projiziert das I. wissenschaftl. »vereindeutigender Feststellung« (H. Schmitz) auf das sinnl. Mannigfaltige.

*Lit.:* I. und I., transzendentales, in: Hist. Wörterbuch der Philosophie, Bd. 4, 25-28. – *J. Chasseguet-Smirgel:* Das Ichideal, Frankfurt/M. 1981. – *H. Schmitz:* System der Philosophie, Bd. 1, Bonn 1964, S. XI und 329. – *G. Schulte:* Hegel und das Bedürfnis nach Philosophie, Hildesheim 1982.

*Günter Schulte*

**Idealismus** meint diejenigen philos. Konzeptionen, die sich der Tradition →Platons verpflichtet wissen. Zudem wird die dt. Philosophie des 19. Jh.s »deutscher Idealismus« genannt.

*A. Kritischer Idealismus*

Wer philos. reflektiert, kann entweder von der begriffl. Analyse des Gegebenen ausgehen und darauf die abstrakte Struktur der Wirklichkeit aufbauen, oder er kann den Reflexionsakt selber bedenken und daraus die Idee der Wirklichkeit bestimmen. Die erste, →Realismus genannte Lösung liegt näher. Man geht von der sicheren Grundlage der gegebenen Erfahrung aus und bildet diese method. auf Begriffe ab, deren log. Zusammenhang dem realen Zusammenhang der Welt entspricht. Aber die sinnl. Erfahrung ist nicht frei von Urteilsmomenten des →Verstandes, ist also nicht mehr pure Realität. Der I. behauptet nun, daß wir die Wirklichkeit der Welt und unserer selbst nur in der *Vermittlung begriffl. Ideen* haben. *Platon* sieht die Ideen als Leitbilder der Wirklichkeitserkenntnis an, die best. Wissen ermöglichen (→Apriori). Ideen sind also unmittelbar die Wirklichkeit, sie sind nicht selbst irreal. Vielmehr wird ihre Wirklichkeit in der Vermittlung zwischen unserer →Vernunft und der Erkenntnis aus der →Erfahrung begründet. Ein solchermaßen krit. I. nimmt die Gleichursprünglichkeit von Reflexion und Wirklichkeit ernst (→transzendental). Dieser Tradition des →Platonismus fühlt sich die →Transzendentalphilosophie von →Kant und →Fichte, aber auch der frühe →Schelling verpflichtet. Auf sie greift auch der →Neukantianismus zurück, der die Bewußtseinsformen der →Objektivität untersucht und das wissenschaftl. wie das soziale Leben vor der Auflösung einerseits in reine Bewußtseinshandlungen, andererseits in die bloße Historisierung bewahren will.

*B. Formaler Idealismus*

*I.* Deutlicher noch wirkt sich der I. in formaler Hinsicht gegenwärtig auf den Begriff von Wissenschaftlichkeit aus. Wenn idealist. Philosophieren die Vernunft als Erzeugungszusammenhang des Wissens überbetont, löst sich die Wirklichkeit in die Strukturbilder der Vernunft auf. Dieses *Strukturbild der Wirklichkeit* betrachtet der formale I. als die wissenschaftl. gesicherte Ebene, auf der Aussagen über die Wirklichkeit gemacht werden können. Insofern sind rein *logisch* orientierte und *strukturalist.* Denkkonzepte (→Strukturalismus) als Spielarten des I. zu begreifen. Derartige Konzepte möchten zwar Aussagen über die Wirklichkeit method. sichern, tatsächl. aber reduzieren sie die Wirklichkeit durch die Einführung formaler Sprachregelungen auf einen sprachl. oder log. Stukturzusammenhang. Dieser sichert den Aussagen über die Realität ihre Geltung, während die Realität den Aussagen Bedeutung verleiht. Deshalb schlägt der weitverbreitete formale I. immer dort in Realismus um, wo es um Bedeutungen geht. Ansonsten laufen die Strukturen im unendl. Regreß ins Leere.

*II.* Neuerdings legt man in der anglo-amerik. Philosophie einen weiteren Lösungsversuch zum Zusammenhang von Bedeutung und Geltung vor, die *Referenztheorie.* Sie geht aus von der Einsicht L. →Wittgensteins, daß sich die Bedeutung von Sätzen mit ihren Subjekten entscheidet. Jedes Satzsubjekt eröffnet einen Beziehungsraum (Referenz), innerhalb dessen sich die Beziehungen der Prädikate auf das Subjekt bestimmen lassen. Dabei steht »Ich« als sprachl. Zeichen für eine bes. Subjektbeziehung, in der sich der Verwender von »Ich« mit Aussagen über sich als Subjekt dieser Sätze kennzeichnet und dadurch die vernünftigen (mentalen) Akte gegenüber den phys. aufwertet (R. Rorty). Diese Selbstreferenz des Subjektes läßt das Denken und seinen sprachl. Ausdruck in der irrtumsfrei entscheidbaren (Selbst-)Beziehung als Bedeutungsträger erscheinen (F. Cisholm). Im Sprechakt bildet also der Term »Ich« den allen Sachbeziehungen vorausliegenden »Ankerpunkt« (S. Shoemaker), der das System der Beziehungen begründet und Bedeutung vermittelt. So verlagert sich die Beziehung von Geltung und Bedeutung in das Subjekt zurück und wird so strikt idealist. gedacht.

*Lit.: W. Beierwaltes:* Platonismus und I., Frankfurt/M. 1972. – *P. Bieri:* Analyt. Philosophie des Geistes, Meisenheim 1982. – *W. Schulz:* Philosophie in der veränderten Welt, Pfullingen 1972, 248-335.

*Christoph Riedel*



**Identität**

*A.* Der in →Soziologie und →Sozialpsychologie geläufig gewordene, ursprüngl. in der →Philosophie beheimatete *Begriff* I. (Selbigkeit) meint die Gesamtheit der Fähigkeiten, die es dem →Individuum ermöglichen, den anderen und sich selbst verständl. zu machen, wer es ist und sein möchte. Dabei versucht man unterschiedl. Ansätze zu einer *integrierenden Theorie* zusammenzufassen: In dem psychoanalyt. orientierten Konzept der Reifungskrisen (→Freud, Erikson) wird die Bildung der I. als ein Prozeß beschrieben, der in den verschiedenen Lebensphasen jeweils neu alle Lebensfaktoren in eine Ich-Synthese integriert; I. gilt dabei als etwas, was im Kern des Individuums angelegt ist. Demgegenüber heben die Theorieansätze des Symbolischen Interaktionismus (Mead, Strauss, Goffman) stärker darauf ab, daß I. wesentl. in der sozialen Sphäre grundgelegt wird. In Teilnahme an Interaktionen (zwischenmenschl. Handlungen) lernt der Heranwachsende stufenweise, indem er sich mit immer abstrakteren Gruppen und Strukturen identifiziert, die Fähigkeit, auf die Ansprüche der anderen einzugehen, ohne sich selbst verleugnen zu müssen. Die gelungene *Balance* von personaler und sozialer I. (also das Vermögen, mit den Erwartungen anderer so umzugehen, daß man lebensgeschichtl. gewordene Einzigartigkeit nicht leugnen muß) wird dann als Ich-I. bezeichnet (Habermas, Krappmann). Wo diese Integrationsleistung nicht gelingt, brechen I.skrisen aus. Die Wissenssoziologie zeigt auf, daß sich im Vergleich zu archa. Gesellschaften mit ihrer relativ einheitl. Sozialstruktur und Weltauffassung in modernen Gesellschaften die Anforderungen an die I.sbildung erhöht haben und I.sprobleme vermehrt auftreten (Luckmann).

*B.* Das I.skonzept bildet eine Leitperspektive »gelingender Sozialisation«, weil es die Entwicklung eines Subjekts rekonstruiert, das nicht nur vorgegebene Verhaltensmuster übernimmt, sondern zu kommunikativem (mitteilendem) Handeln befähigt ist. Im idealen Fall kann man sich die I.sbildung als einen Prozeß vorstellen, der von der *gebundenen I.* des Kleinkindes über die *Rollen-I.* des Schulkindes zur *Ich-I.* des Erwachsenen führt. Dabei begünstigt eine päd. auf Gemeinschaftsbildung gerichtete Interaktion, die sich vom Grundprinzip gegenseitiger Anerkennung und →Kreativität leiten läßt, die Ausbildung der i.ssichernden Qualifikationen, zu denen vor allem das Vermögen des Mitteilens und Einfühlens (Empathie), das Ertragen von Doppeldeutigkeiten und Rollendistanz gezählt werden.

*C.* I. ist an soziale Prozesse gebunden; sie geht aber nicht darin auf, sondern führt gewissermaßen an ihre Grenzen. Die Frage nach den Bedingungen, die sie überhaupt mögl. machen, weist über das jeweils Vorfindliche hinaus. Insofern wohnt dem Finden und Sichern der I. eine *rel. Dimension* inne. Ihre ausdrückl. Thematisierung kann allerdings zwiespältige Wirkungen zeitigen: Sie kann es mögl. machen und dazu verhelfen, I. auf neuem Niveau zu finden; sie kann aber auch zur Regression (Rückfall in eine frühere Entwicklungsstufe) führen.

*D.* Der →*Glaube* an einen Gott, der sich gemäß seiner Offenbarung radikal auf die Andersheit des anderen einläßt und so wie es in →Jesus Christus geschehen ist dessen I. grundlegt, läßt die eigene I. als Geschenk erfahren und befreit damit von der Last, sich ständig selbst verwirklichen zu müssen. Seine I. wird entspr. diesem Glauben derjenige voll entfalten, der sich auf die erlösende und daraus befreiende Wirklichkeit Gottes einläßt, sich von ihm prinzipiell geliebt und in →*Freiheit* gesetzt weiß und diese Erfahrung in seinem Handeln den anderen mitteilt; seiner inneren Logik nach zielt dieses Handeln auf eine universale Solidarität, die allen Menschen I. zugesteht und ermöglicht. Wer das Handeln Gottes so wahrnimmt, wird Zusammenhänge der Kommunikation entdecken, in denen anfängl. und zeichenhaft Vertrauen, Verantwortlichkeit und Gerechtigkeit Wirklichkeit werden: jene Bedingungen, auf die Bemühungen um I. zutiefst angewiesen sind.

*Lit.: H.-J. Fraas:* Glaube und I., Göttingen 1983. – *L. Krappmann:* Soziol. Dimensionen der I., Stuttgart, 4. Aufl. 1975. – *Ders.:* I. ein Bildungskonzept?, in: *G. Grohs u.a. (Hg.):* Kulturelle I. im Wandel, Stuttgart 1980, 99-118 (Lit.). – *H. Peukert:* Kontingenzerfahrung und I.sfindung, in: *J. Blank/G. Hasenhüttl (Hg.):* Erfahrung, Glaube und Moral, Düsseldorf 1982, 76-102. – *F. Schweitzer:* I. und Erziehung, Weinheim 1985. – *J. Werbick:* Glaube im Kontext, Zürich/Einsiedeln/Köln 1983.

*Norbert Mette*

**Ideologie.** Der I.-Begriff ist einer der gegenwärtig am häufigsten gebrauchten und zugleich vieldeutigsten Begriffe der Wissenschafts- und der Alltagssprache. Vielfach ist er zum bloßen Schlagwort herabgesunken.

*A.* Das Wort wurde zu Ende des 18. Jh.s von den sog. franz. Ideologen, von A. L. C. Destutt de Tracy und seiner Schule, geprägt und bedeutete hier eine Wissenschaft von den →Ideen, die nach der Lehre dieser Schule auf sinnl. Wahrnehmungen beruhen bzw. aus ihnen abgeleitet werden können. Eine polit. Stoßrichtung erhielt der Begriff erst, als Napoleon, der zunächst Anhänger der Ideologen war, sich gegen sie und ihren Einfluß auf Politik und Erziehung wandte und seine früheren Freunde nun als praxisferne Theoretiker und »Metaphysiker« titulierte, die sich mit wirklichkeitsfremden Spekulationen und bloßem Räsonnieren in die Regierungsgeschäfte einmischen wollten und damit den Widerspruch des handelnden Politikers herausforderten. Dadurch wurde aus dem im engeren Sinn philos. I.-Begriff ein *krit. Kampfbegriff:* Der Ideologe ist der realitätsferne Intellektuelle und Schwärmer; I. ein Prinzipiendenken, das mit abstrakten Forderungen und Programmen an die Politik herantritt.

*B.* In dieser ausschließlich negativen Bedeutung wurde der I.-Begriff in Deutschland, bes. im Vormärz (→Biedermeier), bekannt. So konnten ihn →*Marx und Engels* aufnehmen und weiter ausprägen. I. ist ihnen, vor allem in der Kritik an den Junghegelianern (→Hegelianismus), eine jede Theorie, die sich unabhängig dünkt von der materiellen Produktion, ist jedes →Bewußtsein, das der Selbstillusion unterliegt, als Idee oder →Geist die Geschichte selbständig zu bestimmen. Da das wirkl. Verhältnis von Bewußtsein und (materiellem) Sein jedoch umgekehrt ist, das Sein das Bewußtsein bestimmt, ist in der I. ihre Zuordnung »auf den Kopf gestellt«, so in →Recht, →Moral, →Religion, →Philosophie und jeder abstrakten Theorie, die im Glauben an zeitlose Gültigkeit leben, in Wahrheit aber den Interessen der jeweils herrschenden Klasse Ausdruck verleihen. Die Aufdeckung dieses den Trägern der I. selbst undurchschaubaren Zusammenhangs ist Aufgabe der *I.-Kritik.* I. ist auch bei Marx und Engels negativ besetzt. Wenn auch Engels das Verhältnis von Basis und Überbau später differenzierter darstellte und zugestand, daß Sein und Bewußtsein in Wechselwirkung miteinander stehen, bleibt die ursprüngl. Bedeutung von I. doch stets erhalten. Erst in der zu Ende des 19. Jh.s einsetzenden Debatte um die materialist. Geschichtsauffassung kann I. auch einen *positiven Sinn* bekommen: Da I. jetzt mit »Überbau«, →»Theorie«, »Idee« generell gleichgesetzt wird, kann man auch den →Sozialismus als eine Form der I. bezeichnen, allerdings als eine solche, die sich nie in Abstraktionen verliert, sondern immer die Verbindung mit der konkreten Realität bewahrt. So kann dann bei einigen Autoren (→Lenin, G. Lukács) die Notwendigkeit erkannt werden, daß die Masse der Bevölkerung eine (die sozialist.) I. benötigt, um zum richtigen Klassenbewußtsein zu gelangen. I. im Sinne von Idee oder Ideal erscheint somit als Element des Klassenkampfes.

*C.* Der Zwiespalt zwischen einem prinzipiell negativen und einem neutralen I.-Begriff bleibt bis heute bestehen (auch im Marxismus-Leninismus). Einerseits faßt man, bes. mit dem Aufkommen der *Wissenssoziologie,* I. so weit, daß jede Weltanschauung, alles Denken oder geistige Sein, als I. verstanden und aus einer spezif. hist.-gesellschaftl. Realität erklärt wird. I.n sind so wertfrei und gelten als Antriebs- und Steuerungsmittel, die für polit. Gruppen, aber auch einzelne Persönlichkeiten nötig sind. Andererseits bewahrt man die krit. Bedeutung von I. und bezeichnet I.n dann als dogmat., geschlossen, simplifizierend, so daß sie zwar eine gesellschaftl. Funktion erfüllen, aber zugleich als verzerrte Wahrheit durchschaut und entlarvt werden können. Analog zum Verfahren der Psychoanalyse ist I.-Kritik somit die *Aufdeckung* unbewußter, *verschleierter Interessen* oder des einer Gesellschaft inhärenten Scheins (Th. W. Adorno, M. Horkheimer). Weiterhin kann I. heißen die bloß instrumentalisierte Wahrheit, die Lebenslüge und der Selbstbetrug oder auch, im →Positivismus, jene Aussage, die sich als Sachaussage gibt, darin aber Werturteile tarnt. Die Schwierigkeit dieses I.-Begriffs ist, daß ihre Vertreter kein für alle Parteien unbezweifelbares Kriterium für I. angeben können, so daß es in der Diskussion leicht zum gegenseitigen I.-Vorwurf kommen kann. Das Nebeneinander von krit. und neutralem I.-Begriff hat zur Folge, daß das 20. Jh. als Zeitalter der I.n und gleichzeitig – wenn sie aufgelöst werden – als das des Endes von I. gekennzeichnet wird. So gibt es zwar kein endgültiges Mittel zur Vermeidung von I.n; sie sind aber durchschaubarer geworden, je mehr die gesellschaftl. Diskussions- und Kritikmöglichkeiten zunehmen und ihre Öffnung erzwingen. Gerade die Theologie und der rel. Glaube können, obwohl sonst bes. stark dem I.verdacht ausgesetzt, dabei helfen, ein ursprüngl. und nicht-ideolog. Denken und Sprechen herbeizuführen.

*Lit.: U. Dierse/R. Romberg:* I., in: Hist. Wörterbuch der Philosophie, Bd. 4, Basel/Stuttgart 1976, 158-185. – *U. Dierse:* I., in: Geschichtl. Grundbegriffe, Bd. 3, Stuttgart 1982, 131-169. – *K. Lenk (Hg.):* I., Neuwied/Berlin, 4. Aufl. 1970 (Textsammlung und Bibliographie).

*Ulrich Dierse*

**Ikone**

*A.* I. kommt von griech. *eikon* (Ebenbild) und meint das für die →orthod. Kirchen charakterist. →*Bild hl. Personen.* Das Wesen der I. besteht in ihrer Dialektik als Kultus- und als Kunstbild, wie sie in →Byzanz im Bilderstreit (8.-9. Jh.) geklärt wurde. Als Kultusbild genießt sie danach Verehrung (nicht Anbetung), insofern die hl. Personen als anwesend vorgestellt werden. Im Verlaufe der Entwicklung wurde die I. notwendiger Bestandteil der →Liturgie. Sie stellt dar, was gedankl.-bildhaft im →Hymnus oder in dogmat. Texten vorgegeben ist. Ihre Verständlichkeit kommt in ihrer *eigenen Sprache* zum Ausdruck (semiot. Aspekt), z.B. durch die sog. umgekehrte Perspektive und ihre spezif. Proportionslehre. Unter diesem Gesichtspunkt wird ihre soziale →Funktion innerhalb der kirchl. Gemeinschaft und der ma. Großgesellschaft deutlich. Als Mittel der kirchl. Lehrinformation und als geweihtes Bild untersteht sie der bischöfl. Kontrolle und erhält auf der Bilderwand ihre zentrale (auch hermeneut.) Bedeutung. Seinen Inhalt vermittelt das Kultusbild durch seine Ikonographie und künstl. Qualitäten. Das Spannungsfeld zwischen ihnen muß vom I.nmaler beherrscht werden, der sich dabei nach best. Vorschriften (z.B. Farbenkanon, ikonograph. Kanon, konventionalisierte Symbole und Zeichen u.a.m.) zu halten hat. Die I. unterscheidet sich wesentl. vom westl. Heiligenbild und stellt einen eigenen Typus christl. →Frömmigkeit und der Welt-→Kunst dar.

*B.* Die Dialektik der I. bestimmte ihre *Geschichte.* Bereits die frühesten byzant. I.n (Sinai-I.n) aus dem 6.-7. Jh. in erhitzten Wachsfarben (Enkaustik) zeigen neben dem Licht-Schatten-Illusionismus auch Denkmäler mit betonter Zurückhaltung in seiner Anwendung. Sie entspricht dem konstanten Mißtrauen der Kirche dem Bilde überhaupt gegenüber, ihrer »Fragwürdigkeit«. Es spitzte sich im Bilderstreit in krisenhafter Weise zu (→Bild, →Byzanz).

*I.* Aus ihm ging die *Kirche* zwar als Siegerin hervor; aber seit Mitte des 9. Jh.s ist sie bestrebt, das Kunstbild im Kultusbild unter ihre *Kontrolle* zu bringen. Auf der einen Seite entstehen Vorschriften für die Ikonographie, die später in den Malerbüchern fixiert werden. Der Illusionismus der Enkaustik wird durch die Temperatechnik minimiert, und die bischöfl. Aufsicht wird zunehmend spürbar. Auf der anderen Seite haben die verschiedenen byzant. →Renaissancen ausgesprochene Meisterwerke hervorgebracht. Vom 13. Jh. bis zum Ende des Byzant. Reiches 1453 entwickelte sich im Zusammenhang mit dem Hesychasmus (→Mönchtum) eine Ausdruckskunst, die aber nicht mehr ausreifen konnte.

*II.* Während auf dem Balkan eine blühende I.nmalerei durch die Türkenherrschaft zunächst unterbrochen wurde, erreichte sie in →*Rußland,* nach Anfängen unter byzant. Einfluß, im 14.-16. Jh. eine hohe Blüte (Feofan Grek, Rubljow, Dionissi). Aus den Anfängen des griech. »Templon« (ein über den altkirchl. Chorschranken errichtetes Gerüst von geringer Höhe, auf dem I.n zunächst ohne ein bestimmtes Programm aufgestellt waren) entwikkelte sich dort die hochragende, aus mehreren Rängen bestehende Bilderwand (griech. die Ikonostasis, russ. der Ikonostas). Ihr Programm, eine Synopse aus Lehrinformation, Fürbitte und sozialer Kontrolle (fortgesetzt in der I.necke des orthod. Hauses), stellt eine »Summa Theologiae orientalis« (Summe östl. Theologie) dar. Mit ihrer tiefen Spiritualität ist sie eine hervorragende intellektuelle Leistung, die beide zusammengesehen werden müssen. Etwa gleichzeitig wird aus den Quellen (»Hundertkapitelsynode« 1551) die bischöfl. »Kybernetik« über die I. als Mittel der kirchl. Lehre zunehmend deutlich. Eine Interpretation der I. wird vom heilsgeschichtl. Programm der Bilderwand auszugehen haben.

*III.* Vom 17. Jh. an setzen sich gegen den Widerstand der Altgläubigen (→Rußland) westl. Einflüsse durch. Die Tempera- wird oft durch die *Ölmalerei* verdrängt und die I.nherstellung kommerzialisiert. Trotzdem sind auch im 19. Jh. echte Kunstwerke keineswegs selten. I. und Ikonostas bleiben bis heute unaufgebbare Bestandteile der orthod. Liturgie und Frömmigkeit.

*C.* Die I. ist kennzeichnender Ausdruck ostkirchl. Spiritualität. Durch sie vermag sich der orthod. Gläubige mit der Lehre und den geistl. Schätzen seiner Kirche zu identifizieren. Im Zeitalter der →Ökumene wächst ihre Bedeutung über den konfessionsfixierten Status hinaus. Auch dem Nichtorthodoxen kann die I. geistige und geistl. Werte vermitteln. Die »Troiza« (→Trinität) Rubljows z.B. ist heute ein ökumen. Meditationsbild, dessen Betrachtung nicht nur in die Trinitätslehre einführt, sondern auch in die Heilsgeschichte überhaupt. Entspr. gilt für die Meditation der Christus- und Gottesmutter-I.n sowie der Festtagsbilder. Dabei sollte neben den myst. Werten der intellektuelle Rang (die I. wird als Bildtext gelesen) der I. nicht übersehen werden. Deshalb ist vor einer I.nschwärmerei und -emphase zu warnen. Sie würden die genuine ostkirchl. I.nverehrung verfälschen.

*Lit.: H.-G. Beck:* Von der Fragwürdigkeit der I., in: Sitzungsberichte der Bayer. Akademie der Wissenschaften (1975), Heft 7. – *B. Bornheim:* I.n, München 1985. – *I. J. Danilowa:* Dionissi, Dresden 1970. – *N. Labrecque-Pervouchine:* L'Iconostase. Une évolution historique en Russie, Montréal 1982. – *V. N. Lasarew:* Die russ. I.nmalerei von den Ursprüngen bis zu Beginn des. 16. Jh.s, Moskau 1983 (russ./engl.). – *J. A. Lebedewa:* Andrei Rubljow, Dresden 1962. – *K. Onasch:* I.n, Berlin 1961/Gütersloh 1963/London 1963 u.a. – *Ders.:* Liturgie und Kunst der Ostkirche in Stichworten, Leipzig/Wien 1981 (Lit.). – *Ders.:* Die I.nmalerei. Grundzüge einer systemat. Darstellung, Leipzig 1968. – *L. Ouspensky:* Théologie de l'Icône dans l'Église orthodoxe, Paris 1980. – *K. Weitzmann u.a. (Hg.):* Die I.n, Freiburg/Basel/Wien 1981. – *G. L. Wsdornow/F. Grek:* Das schöpfer. Erbe, Moskau 1983 (russ./engl.).

*Konrad Onasch*

**Imperialismus.** Der vieldeutige Begriff ist erst neueren Datums. Man unterscheidet einen militär.-polit. I., einen Wirtschaftsi., den Kulturi., hist. ein »Zeitalter des I.«, worunter gewöhnl. die Zeit von 1880 bis 1914/18 verstanden wird.

*A.* Der *Begriff* I., als solcher kaum 100 Jahre alt, ist von *imperare* (befehlen) und *imperium* (Herrschaft[sbereich], Kaiserreich) abgeleitet. Schon die Doppelbedeutung von *imperator* (Feldherr, Kaiser) deutet die Mehrdeutigkeit und wechselseitige Verbindung von militär. Befehlen und Herrschen als dessen Ergebnis an. Das röm. Kaiserreich ist für alle Folgezeiten das Ideal europ. »Imperialismen«. Der Übergang von der röm. Republik zur Alleinherrschaft Cäsars und Augustus' mit seiner Verbindung von auswärtigen Eroberungsfeldzügen und inneren →Bürgerkriegen ist dabei das immer wieder kopierte Vorbild. Die russ., dt. und brit. Königsgeschichte des MA.s legen davon Zeugnis ab. Auch die Unterscheidung privilegierter Bürger und Freier von unterjochten Sklaven und Unfreien als Menschen minderen Rechts hat sich seither bis in die Neuzeit gehalten und ist mit der Geschichte des Kolonialismus (→Kolonisation) eng verknüpft.

*B.* Erst in der jüngsten Epoche der Neuzeit wird der Begriff I. auch auf *wirtschaftl. Zusammenhänge* angewendet und bezeichnet die Beherrschung ganzer Regionen und Völker durch auswärtige Wirtschaftsmächte mit deren Kapital, Währung und Handelsmonopolen. Für die Betroffenen wirkt sich der I. auswärtiger Mächte stets als Fremdbestimmung ihres Schicksals, als Unterdrükkung ihrer Selbstbestimmung durch diese Mächte (militär. Besetzung oder wirtschaftl. Abhängigkeit) aus. Trotz der ökonom. I.theorien, die um die Jahrhundertwende von sozialist. und liberalen Wirtschaftstheoretikern (J. A. Hobson 1902; R. Hilferding 1910; R. Luxemburg 1913; W. I. Lenin; K. Kautsky 1915; J. A. Schumpeter 1918; H. Friedjung 1919ff. u.a.) entwickelt wurden, wird der Begriff heute im Ost-West-Konflikt meist polem. und propagandist. gegen die jeweils andere Seite verwendet. Wissenschaftl. kann er jedoch nach wie vor nur als Versuch einer Großmacht beschrieben werden, polit., wirtschaftl. und kulturellen Einfluß auf fremde, teils angrenzende, teils weit entfernte Gebiete zu gewinnen. Wie, dem röm. Vorbild folgend, zahlreiche Imperien (im →MA. →Byzanz, das bulg. oder zarist. Reich, später das engl. oder franz. Empire) im Widerstreit miteinander kleinere Völkerschaften unterjocht und zeitweise sog. Pufferstaaten zu errichten versuchten, so haben nach dem Scheitern faschist. I.en die heutigen Großmächte USA, UdSSR und China in ihrem Ringen um die Vormachtstellung in der Welt auf vielfältige Weise I. betrieben. Darum sehen sie sich von seiten der in Abhängigkeit gehaltenen kleineren Staaten, vieler ehemaliger Kolonien vergangener Großmächte, des I. bezichtigt. I. wird heute in der Dritten Welt bzw. den sog. Entwicklungs- und Schwellenländern (→Entwicklungspolitik) weitgehend mit »Neokolonialismus« gleichgesetzt.

*C.* »Das Zeitalter des I.« (1880-1914/18) meint die Großmacht- und Kolonialpolitik europ. Staaten in der Zeit vor dem Ersten Weltkrieg. Historiker und Nationalökonomen erklären den I. dieser Zeit aus einem Zusammenwirken von →Nationalismus, Kolonialismus und Bedürfnissen der Industriegesellschaft →Europas. Die europ. Herrscherhäuser suchten für ihre wachsenden Bevölkerungszahlen und Industriegüter neue Siedlungs- und Absatzgebiete, was zu einem Expansionismus rund um den Erdball und zum Ersten Weltkrieg führte. Beide Weltkriege bändigten diese Tendenzen nicht, sondern veränderten nur den polit. und wirtschaftl. Antagonismus, den polit. Konflikt zwischen Ost und West, wirtschaftl. immer schärfer den zwischen Nord und Süd.

*D.* An diesem Punkt setzt die jüngste und immer noch anhaltende Diskussion über den I. innerhalb kirchl. Gemeinschaften und theol. Strömungen vor allem der →Dritten Welt ein. Die Sache des I. wird heute meist nicht mehr durch unmittelbaren (militär.) Eingriff von Großmächten betrieben, wiewohl offene und verdeckte militär. Interventionen

(»Kanonenbootpolitik« z.B.) immer noch gebräuchl. sind. Doch wurde seit dem Zweiten Weltkrieg ein umfassendes System wirtschaftl. Abhängigkeiten aufgebaut, aus deren Griff sich die Länder der Dritten Welt aus eigener Kraft nicht befreien können. Viele Christen auch der Ersten Welt haben inzwischen ihre Verantwortung erkannt; nur grundsätzl. Eingriffe in das ökonom.-polit. Weltsystem können Änderung bringen. Zur Aufarbeitung dieser Frage gehört auch das Problem des Kulturi., der mit gewissen Missionsmethoden (→Mission, →Inkulturation) begonnen hat und auch die Kulturgüter, Erziehungsmethoden und polit. Strukturen des Mutterlandes zusammen mit dem →Evangelium exportierte. Eine Überwindung des I. als Gesamtphänomen in irgendeiner Gestalt ist trotz eingehender hist. und soziopolit. Studien noch nicht in Sicht. Um so wichtiger ist der Hinweis, daß das von Jesus verkündete →Reich Gottes nicht nur damals im Gegensatz zum Imperium Romanum stand, sondern auch zu allen späteren Versuchen vergleichbarer Art, auch wenn sie vom »christl. Abendland« ausgegangen sind oder ausgehen (→Europa).

*Lit.: W. Baumgart:* Deutschland im Zeitalter des I. 1890-1914, Frankfurt/M. 1972. – *G. W. Hallgarten (Hg.):* I., Köln 1970. – *K. Hammer:* Weltmission und Kolonialismus, München 1978, 1981. – *W. J. Mommsen:* Das Zeitalter des I., Frankfurt/M. 1969. – *Ders. (Hg.):* Der moderne I., Stuttgart 1971. – *M. Neher:* Der I., Würzburg 1975. – *H.-U. Wehler:* Bismarck und der I., Köln, 2. Aufl. 1969.

*Karl Hammer*

**Impressionismus.** Als weitgehend einheitl. Kunstrichtung in der 2. Hälfte des 19. Jh.s und im 1. Drittel des 20. Jh.s spiegelt der I. ein neues Verhältnis zur Realität wider, das sich gleichermaßen in →Malerei und Graphik sowie in →Literatur und →Musik manifestiert.

*A.* In der *Malerei* stellt der I. eine Abwendung vom →Realismus und zugleich dessen Weiterentwicklung dar. Die →Welt als sich ständig verändernde Einheit, der Wechsel des Lichts, der Farben und Formen sowie die individuelle Erlebnisweise des Künstlers, der seine Bilder als Protokolle seiner jeweiligen »Impressionen« (Eindrücke) in skizzengleicher Manier und hellen, kräftigen Farben malt, sind die Bestandteile des I. Der Name geht auf C. Monets Gemälde »Impression soleil levant« (1874) zurück. Gegenüber dem offiziösen »Salon« fanden sich u.a. E. Manet, E. Degas, A. Renoir, C. Pissarro und A. Sisley zu einer eigenen Gruppe zusammen, die sich nach 1886 aber bereits wieder auflöste. Schon ab 1884 versuchte der Neo-I. die Farbgebung wissenschaftl. zu systematisieren (Farbdivisionismus, Pointillismus); dieser Weg führte schließl. zum →Symbolismus (P. Gauguin u.a.). Der I., der jedes Bild-Thema bewußt ablehnte, vermied damit auch rel. Motive grundsätzlich. Eine gewisse Ausnahme bildet V. van Gogh, der die Erneuerung der christl. Malerei anstrebte, indem er Sonne und Landschaft zu einer »pantheist. Zeichensprache« (G. F. Hartlaub) verdichtete. Seit den 80er Jahren des 19. Jh.s wurde der I. zu einem europ. Phänomen in vielfachen nationalen Ausprägungen. In →Deutschland schufen u.a. A. Menzel, M. Liebermann, F. von Uhde, M. Slevogt und L. Corinth Werke mit rel. Thematik. Mit bes. Intensität hat M. Denis, vom Pointillismus herkommend und dem →Symbolismus verpflichtet, den Versuch einer Erneuerung der christl. Kunst auf kath. Grundlage unternommen (»Atelier d'art sacré«, 1919).

*B.* Auch der *literar. I.* entstand in →Frankreich als Gegenbewegung zu →Realismus und →Naturalismus. P. Verlaine lieferte mit »L'art poétique« (1874) das Programm, zu dem sich u.a. die Brüder Goncourt, Ch. Baudelaire, J. K. Huysmans und G. Flaubert bekannten. Die Hauptprinzipien dieser »Eindruckskunst« wurden in Deutschland durch die Essays H. Bahrs bekannt und von dem jungen St. George künstler. verwirklicht. Ob es zutreffend ist, von einer »Weltanschauung« des I. zu sprechen, die durch radikalen →Subjektivismus, Agnostizismus, Solipsismus, eth. →Relativismus, Herrenmoral und ästhet. Pathos gekennzeichnet sei, ist angesichts der Vielfalt der künstler. Persönlichkeiten, die dem I. in der Zeit zwischen 1890 und 1910 zeitweilig zugerechnet werden, fragl. Unbestritten aber hat der I. wesentl. Voraussetzungen moderner Literatur geschaffen. In der Sensibilisierung der →Sprache, der Auflösung und Kombination überkommener Dichtungsformen, der Vorliebe für die literar. Kleinform und einer neuartigen Romantechnik ist der I. in der Literatur der →Moderne gegenwärtig, sosehr sich auch deren inhaltl.-ideolog. Raster gewandelt hat.

*C.* In der *Musik* des I., deren Hauptvertreter C. Debussy war, werden die klass. Strukturen von Form, themat. Entwicklung und Harmonik zugunsten von Klangreihungen und musikal. Farbflächen aufgegeben, die durch exot. Elemente erweitert werden. Noch R. Strauss und M. Reger zeigen sich teilweise dem I. verpflichtet.

*Lit.: R. Hamann/J. Hermand:* I., Berlin 1960. – *R. Moser:* L'Impressionisme français, Genf 1952. – *J. Rewald:* Die Geschichte des I., Köln, 9. Aufl. 1979.

*Peter Maser*

**Indianer** (lateinamerik. *Indio*), Urbevölkerung Amerikas (ohne Eskimos). Vorwiegend über die Behringstraße eingewandert, evtl. austral. und polynes. Einflüsse. Heute rund 16 Mill. reinblütige I.

*A. Religionswissenschaftl.* sind drei große Gruppen zu unterscheiden: 1. *Die Jäger und Ackerbauer* sind durch →Schamanismus und →Totemismus gekennzeichnet. Die Natur gilt als beseelt. Häufig glauben sie an ein höchstes Wesen und einen Kultur- und Heilsbringer. 2. *Die intermediäre Kulturstufe* kennt einen differenzierteren Kult mit der

Trias: öffentl. Kult, (zumeist Tempel-)Priester, Idole. Zwischen schamanist. und priesterl. Funktionen wird noch nicht streng getrennt. Als Zentralidee gilt die Einheit des Lebenden. 3. In den *Hochkulturen* herrschen der Agrarritualismus mit seinen Fruchtbarkeitsriten und ein Sakralkönigtum vor. Vor allem bei den Azteken gab es Menschenopfer, um die kosm. Ordnung zu erhalten. Zur Zeit der »Entdeckung« Amerikas (1492) existierten alle drei Kulturstufen nebeneinander. Hochkulturen gab es in Mexiko, Mittelamerika (Azteken, Mayas) und in Peru samt den angrenzenden Einflußgebieten (Inkas). Vorherrschend war eine strenge Kastenordnung; Priester und Krieger bildeten die Oberschicht, über denen der mit den Göttern bes. verbundene König stand.

*B. Kath. Missionsversuche* reichen in den iber. Kolonien bis in die Zeit der Entdeckungsfahrten zurück (→Südamerika). Die Vermischung von Politik und →Mission muß als die schwerste Hypothek der Christianisierung gelten (→Kolonisation). Demgegenüber traten einzelne Missionare und Bischöfe (B. de Las Casas, T. A. de Mogrovejo) und verschiedene Lokalsynoden für die Rechte der I. ein. Der umfassendste Versuch einer Änderung der Situation ist der 1609 beginnende Aufbau eines Jesuiten-»Staates« in Paraguay. Hier wurde der Versuch unternommen, ein »soziales Evangelium« zu verwirklichen, wobei neben bescheidenem Privatbesitz das Land mehrheitl. gemeinsam genutzt wurde und auch die Erträge nach Abzug der Tributleistungen an den span. König, die kirchl. Einrichtungen und die Bedürftigen unter allen aufgeteilt wurden. Förderung von →Kunst, →Handwerk und einheim. Sprache sollten vor kultureller Entfremdung bewahren. Die Vertreibung der Jesuiten aus Spanisch-Amerika im Jahre 1767 setzte diesem Experiment ein jähes Ende. In Nordamerika gab es erste Missionsversuche seit 1615. Die *prot. I.mission* beginnt im 17. Jh. In verschiedenen Verfassungen war die Evangelisierung als Hauptzweck der Kolonisierung genannt. 1701 wurde die »Society for the Propagation of the Gospel« gegründet. Seit Ende des 19. Jh.s haben die Home Mission Boards die Arbeit unter den I.n übernommen. Lange Zeit gab es eine Verbindung von Mission und Zivilisierung nach den Methoden J. Elliots. In Lateinamerika kann von einer organisierten prot. I.mission erst im 20. Jh. gesprochen werden.

*C.* Heute existieren nur noch wenige nichtchristl. I. Entscheidend ist eine vertiefende →Katechese unter Berücksichtigung der kulturellen Eigenwerte und Überwindung des sozialen Gettos. Erst in jüngster Zeit finden die I. mit ihren Forderungen nach eigenem Land und eigener Kultur mehr Gehör in der Öffentlichkeit. Vor allem die Forderung nach Harmonie zwischen Mensch und Natur (→Ökologie) haben das Interesse an den Legenden der I. neu geweckt.

*Lit.: A. Hultbrantz:* The Religions of the American Indians, Berkeley 1979. – *W. Krickenberger u.a.:* Die Religionen des alten Amerika (Die Religionen der Menschheit 7), Stuttgart 1961. – *W. Lindig/M. Münzel:* Die I. Kulturen und Geschichte der I. Nord-, Mittel- und Südamerikas, München 1976. – *H. J. Prien:* Die Geschichte des Christentums in Lateinamerika, Göttingen 1978 (Lit.).

*Wilfried Weber*

**Indien.** Hindus 78,8%; Musl. 11,4%; Sikhs 2%; Naturrel. 1,5%; Buddh. 0,8%; Kath. 1,3%; Prot. 1,1%; Orthod. 0,2%; Anglik. 0,2%; Nichtgläubige und Atheisten 3,6%.

*A. Missionswissenschaftlich*

Die abendländ. christl. Kirchen tun sich auf Grund ihrer kolonialen Missiongeschichte (→Kolonisation) und ihrer Minderheitssituation schwer, ihren christl. Ansprüchen im Kontext der ind. Wirklichkeit gerecht zu werden. Von den etwa 683 Mill. Einwohnern (1981) leben wegen der Strukturen der *Ungleichheit* trotz wirtschaftl. Aufschwungs (z.B. Selbstversorgung an Getreide) mehr als 300 Mill. Inder unterhalb der →Armutsgrenze. So sind z.B. die etwa 100 Mill. Kastenlosen (1981) rel. und sozial diskriminiert. Etwa 50% der Christen sind ehemalige Kastenlose, die zudem auf Grund ihrer →Konversion auf die Privilegien, die von der Regierung den Kastenlosen gewährt werden, verzichten müssen. Diese ind. Verhältnisse sind ohne die ind. →Kultur und →Religion nicht verständl. Kann das Christentum angesichts der sozialen und rel. Wirklichkeit zu der *einen* (I), *wahrhaft ind.* (II) und für *Gerechtigkeit* eintretenden (III) Kirche finden?

*I.* Die etwa 20 Mill. Christen (2,6% der Bevölkerung, 1981) gehören 330 *christl.* →*Konfessionen* an, die auf Grund ihrer Geschichte geograph. ungleich verteilt sind. Die syr. Christen von Kerala in Südi., die *Thomaschristen,* führen ihren Ursprung auf den Apostel Thomas zurück. Sie haben sich als älteste Kirche in I. im Laufe der Jh.e der hinduist. Lebensweise weitgehend angepaßt. Sie bilden heute beinahe 1/5 der Bevölkerung des Staates Kerala, sind zumeist Landbesitzer und als polit. Kraft ernst zu nehmen. – Mit der portug. Eroberung der Westküste I.s im 16. Jh. ging Hand in Hand die europ. *Missionsarbeit.* In dieser Zeit entstand vor allem durch die Tätigkeit der →Jesuiten die kath. Kirche in Mangalore, Goa und Bombay. Ihr Einfluß dehnte sich nach Süden aus, und auf der Synode von Diamper 1599 wurde die syr. Kirche Südi.s mit der röm. vereinigt. Dieser Vorgang ging nicht ohne Druck der lat. Kirche vor sich, und während der folgenden 400jährigen Geschichte der südind. Kirche kam es immer wieder zu Spannungen, Abspaltungen und Wiedervereinigungen: Im 17. Jh. trennten sich die »*Jakobiten*« von der Union; die Thomaschristen, die kath.-uniert geblieben waren, schlossen sich zur *syromalabar. Kirche* zusammen. Sie zählen heute über 2,5

Mill. Christen. 1930 vereinigte sich die Gruppe aus der jakobit. Kirche mit der lat. zur syromalankar. Kirche mit heute etwa 250.000 Gläubigen. Jakobiten gibt es ungefähr 1,8 Mill. – In Zentral- und Nordi. entwickelte sich die kath. Kirche vor allem im 19. Jh. durch Bekehrungen von »Ureinwohnern« (Adivasis). Die Lutheraner begannen 1706 ihre →Mission (Dänisch-Hallesische Mission) in Südi., gefolgt von Missionaren verschiedener europ. und amerik. Konfessionen. Leider machte trotz des zahlenmäßigen Wachstums der Kirchen die konfessionelle *Zerrissenheit* das Zeugnis von dem einen Christus unglaubwürdig.
Neuerdings wird jedoch ein *Einheitsstreben* der Kirchen deutl.: So gibt es die Vereinigungen verschiedener prot. Kirchen zur »Kirche von Südi.« (1947) mit 1,5 Mill. Christen (1973), zur »Kirche von Nordi.« (1970), ferner Organisationen wie die ökumen. »All-India-Liaison Body« (1973).

*II.* Während der neueren Mission der Kirche scheiterten Versuche der *Anpassung* an die einheim. Kultur durch →Jesuiten wie R. de Nobili (gest. 1656) wie auch die Bemühungen am Hof der Großmoguln ab 1579. Später gingen oft gegen den Widerstand der eigenen Kirchen verschiedene Missionare auf ind. Philosophie und hinduist. Lebensweise ein, so D. Ziegenbalg (gest. 1719; →Bibelübersetzungen), B. Upâdhyâya (gest. 1907) und jüngst H. Le Saux (Abishiktananda, gest. 1973). Seit einiger Zeit bemühen sich die Kirchen im Bewußtsein ihres westl. Ursprungs immer mehr um die Verwirklichung eines *einheim.* →Christentums (→Inkulturation) und den →*Dialog* mit dem →Hinduismus. Es gibt interrel. Gebetstreffen, Dialoggruppen und theol. Gespräche. Das Leben in Gemeinschaften (1973 gab es bereits 40 Ashrams) ist heute weit verbreitet. →Gottesdienst wird im »ind. Ritus« gefeiert, und die Kirchenleitungen sind weitgehend ind.

*III.* Die christl. Kirchen I.s sind weniger als →»Religion« als vielmehr durch ihre *Arbeit im Gesundheits-, Erziehungs- und Sozialwesen* anerkannt. Das seit Beginn des 19. Jh.s aufgebaute Netz von christl. Institutionen wuchs nach der Unabhängigkeit (1947) stetig an. 1976 leitete die kath. Kirche 5176 Grundschulen, 2886 höhere Schulen, 130 Universitätskollegs; 1984 verwalteten sie 615 Krankenhäuser und 1529 Krankenstationen. Dabei ist die Gefahr der kirchl. Institutionalisierung – gefördert durch ausländ. Gelder – groß. Heute fordern radikalere Christen, von der kirchl. Wohlfahrtsarbeit abzurücken und an der Aufhebung der *ungerechten Strukturen* mitzuwirken (Betonung der Bewußtseinsarbeit, Orientierung mehr an einer sozialen als an einer persönl. →Moral, Entklerikalisierung usw.). →Ökumene und Dialog mit dem Hinduismus und →Islam erhalten ihre eigentl. Bedeutung im Kontext dieser gesellschaftl. Aufgaben der ind. Kirchen. – Diese Entwicklung spiegelt sich auch in dem Entstehen einer eigenen ind. Theologie wider. In den 60er Jahren beginnt eine gründlichere Auseinandersetzung mit hinduist. philos. Tradition in bezug auf das Christusereignis (R. Panikkar) und mit der neueren ind.-hinduist. Geschichte und deren Stellung zu Jesus Christus (S. Samartha, M. M. Thomas, wichtige Anstöße von P. D. Devanandan).
Bis heute werden sowohl die sich wandelnde ind. Gesellschaft (*Theologie der Veränderung)* wie auch der Hinduismus vorwiegend in der Form des Advaita-Vedanta (Theologie der →*Inkulturation,* z.B. Abhishiktananda, B. Griffiths) als Kontexte einer kommenden ind. Theologie angesehen und neuerdings auch zusammengesehen (z.B. D. S. Amalorpavadass, G. M. Prabhu Soares, F. X. D'Sa). In den letzten Jahren wird in Anlehnung an lateinamerik. →Befreiungstheologie immer mehr an einer theol., insbes. christol. Grundlegung einer gesamtmenschl. Befreiung der Armen und Marginalisierten (gegen den Kastenhinduismus!) der ind. Gesellschaft gearbeitet (z.B. M. M. Thomas, S. Rayan, J. Desrochers, S. Kappen). Eine *jesuan. Theologie* – die Solidarität und das Mitleiden Jesu mit den Unterdrückten – steht dabei im Vordergrund (bes. Kappen).

*Lit.: D. S. Amalorpavadass (Hg.):* The I. Church in the Struggle for a New Society, Bangalore 1981. – *M. von Brück:* Einheit der Wirklichkeit – Gott, Gotteserfahrung und Meditation zum hinduist.-christl. Dialog, München 1986. – *U. Dehn:* Ind. Christen in der gesellschaftl. Verantwortung (Studien zur interkulturellen Geschichte des Christentums 38), Frankfurt/M./Bern 1985. – *H. P. Gohla/H. Sing (Hg.):* Entwicklung für die Armen – Beispiel I., Mainz/München 1986. – *A. Nayak:* Hindu-Christl. Dialog in I. (Pro Mundi Vita Bulletin 88), Brüssel 1982. – *St. Neill:* The Story of the Christian Church in I. and Pakistan, Grand Rapids 1970.

*Norbert Klaes*

*B. Religionsgeschichtlich*

*I.* Religionswissenschaftl. ist I. (offizieller ind. Name »Bhârata«) durch ein *Nebeneinander verschiedener Religionen* auf geograph. abgegrenztem Gebiet gekennzeichnet. Dafür gab es unterschiedl. Ursachen: Einwanderung, Eroberung, Verselbständigung von »Reformbewegungen« zu Stiftungsreligionen. Zu verschiedenen Zeiten haben diese Religionen in unterschiedl. Weise einander beeinflußt durch Missionierung, →Synkretismus, Inklusivismus, dogmat. oder prakt. →Toleranz, Kampf um polit. Einflußnahme, intellektuelle Auseinandersetzung und Anpassung. Die Mehrheit der Bevölkerung wird dem →Hinduismus zugerechnet (1971 ca. 83%). Zu den Fremdreligionen, deren Angehörige als Flüchtlinge nach I. kamen, gehören die →Minderheiten der →Juden und der Parsen (seit dem 8. Jh.). →Islam und →Christentum kamen als Religionen von Eroberern, wobei beim Christentum die etwa seit dem 4. Jh. bezeugte Gruppe der später sog. »Thomaschristen« auszunehmen ist und sich von den Konvertiten (aller Konfessionen) unterscheidet, die in der Zeit des Kolonialismus gemacht wurden. Die sich auf eine – auch in brahman. Überlieferungen vorhandene – Tradition von der Mission durch den Apostel Thomas zurückführende Gruppe der »Thomaschristen« fügte sich in die ind. Gesellschaft ein und wurde in Kerala als den Brahmanen gleichrangig in das Kastensystem einbezogen. Sie sahen weitestgehend von Missionstätigkeit ab. Auf dem Boden des Brahmanismus gewachsen sind →Buddhismus und →Jinismus; der →Sikhismus (beeinflußt von Islam und Hinduismus) wird von seinen Anhängern als eigenständige Religion angesehen.

*II.* Eine *christl.-theol. Auseinandersetzung* mit I. muß berücksichtigen, daß I. zwar durch seine →Verfassung eine säkulare →Demokratie ist, daß das moderne I.bild jedoch bestimmt ist durch eine Verbindung von →Nationalismus mit der Rückbesinnung auf hinduist. (»ind.«) rel. →Werte und →Lehren (Swami Vivekananda [1863-1902], M. K. Gandhi [1869-1948], S. Radhakrishnan [1888-1975]). Darin ist teils eine Nachahmung von christl. Vorbildern und Einflüssen (z.B. Missionierung im Westen), teils eine ablehnende Reaktion erkennbar. Die Probleme eines Entwicklungslandes im Kräftefeld von Weltpolitik und Weltwirtschaft beeinflussen alle Religionen in I. (→Säkularisierung, Verstädterung, →Industrialisierung. →Erziehungswesen, →Medien usw.).

*III.* Im Lehrgebäude des traditionellen, brahman. geprägten Hinduismus spielt I. als theoret. Begriff eine Rolle; I. gilt als das einzige Land, in dem der *dharma*, d.h. die Gesamtheit rel., sozialer und eth. Normen, gilt und in dem das Geschick in zukünftigen Existenzen (Wiedergeburtslehre) durch Befolgen dieser Normen beeinflußt werden kann. Nur I. ist *karmabhūmi*, d.h. Land des →Handelns, während in allen anderen Ländern (und →Himmeln und Höllen) nur die Wirkungen (im Sinne von Belohnungen oder Strafen) früherer Taten abgedient werden.

*Lit.:* → *Hinduismus.*

*Peter Schreiner*

**Individuum, Individualismus.** Als I. bezeichnet man das *Einzelwesen* hinsichtl. seiner →Identität und Besonderheit im Unterschied zum Kollektiv und zur →Masse. In der →Neuzeit betont der Begriff die Selbständigkeit des einzelnen Menschen als →Subjekt und →Person. Wenn das I. als Selbstzweck in Gegensatz zur →Gesellschaft tritt, spricht man von Individualismus. Im weiten Sinne ist jeder Gegenstand und jedes Lebewesen ein I. So wurde in der →Philosophie der frühen →Scholastik unter Individualität der nicht mitteilbare Seinsbestand eines Einzelwesens verstanden. Es handelt sich dabei um eine *numer. Identität,* die einen Gegenstand oder ein Lebewesen seiner Zahl nach von einem anderen unterschieden sein läßt. Ein I. ist, was in sich ungeteilt und von anderen geteilt ist. Schon früh jedoch unterschied man verschiedene *Stufen* der Individualität, die durch ihr unterschiedl. Maß an Selbständigkeit und Selbstbestimmung gekennzeichnet sind. In dieser Stufenfolge ist die Person kraft ihrer →Vernunfthaftigkeit und →Freiheit ein höheres I. als z.B. ein vernunftloses Lebewesen. Seit dem Ende des →MA.s nimmt der Begriff I. daher zunehmend die Bedeutung des *menschl. I.s* an. Zu einer Hochschätzung des I.s kommt es vor allem in der Neuzeit. Individualität wird zum schöpfer. Ausdruck des frei über sich selbst verfügenden und sich selbst bestimmenden →Subjekts. Als Inhaber unveräußerl. →Menschenrechte wird das I. in der neuzeitl. →Demokratie zum Subjekt polit. Willensbildung. Im Individualismus und Subjektivismus wird die →Autonomie des I.s jedoch zum Selbstzweck und tritt nicht selten in Gegensatz zur Gesellschaft. Gegenwärtige Untersuchungen der →Entwicklungspsychologie und →Psychoanalyse führen über eine derartige Entgegensetzung hinaus, insofern die Individualität eines I.s nicht ursprüngl. Selbstbesitz des Subjekts, sondern Ergebnis eines konfliktreichen Entwicklungsprozesses ist, der auch soziale Bindungen mit einschließt.

*Lit.: L. Freund:* I., Gemeinschaft, Gesellschaft, Hannover 1969. – *P. Hofstätter:* I. und Gesellschaft, Frankfurt/M. 1973. – *J. Illies:* Der Einzelne und die Anderen, Gießen 1980. – *W. Janke:* I., Individualismus, in: Theol. Realenzyklopädie 16, 117-124. – *Th. Kobusch/L. Oeing-Hanhoff/T. Borsche:* I., Individualität, in: Hist. Wörterbuch der Philosophie, Bd. 4, 300-323. – *H. Korsch:* Die Unhintergehbarkeit von Individualität, Frankfurt/M. 1986.

*Achim Dunkel*

**Indonesien.** Musl. 43,4%; synkret. Rel. auf islam. Basis 35,5%; Prot. 5,8%; Kath. 3,7%; indigene Kirchen 1%; Stammesrel. 4,7%; Hindus 2,1%, Buddh. 1%; ferner Chinesen u.a.

*A.* Unter *religionsgeschichtl.* Gesichtspunkt betrachtet, umfaßt »I.« die Bevölkerung des ganzen südostasiat. Archipels bis hin zur Urbevölkerung Taiwans (→China), einschließl. der malai. Halbinsel, während die Papuas im polit. zur Republik I. gehörenden westl. Teil Neuguineas (Irian) dem melanes. Kulturkreis zugehören.

Das ursprüngl. rel. Selbstverständnis der Indonesier war volks- und stammesgebunden: →Religion und Volkstum waren ident. Jene Völkerschaften, die bis ins 19. Jh. und in die Gegenwart an ihrer Stammesreligion festhielten, gelten als *Altvölker.* Die bekanntesten sind die Bewohner der Insel Nias, die Batak in Nordsumatra, die Dayak auf Kalimantan, die Toraja und Minahasa auf Sulawesi. Ihre →Mythen erklären →Welt und →Mensch (Stamm) als Gestaltwerdung und Erscheinungsformen der einen Urgottheit, und auch die widerstreitenden Kräfte von Ober- und Unterwelt, von Kosmos und Chaos haben in ihr ihren Ursprung. Im Ahnenkult drückt sich die Bindung der Lebenden an die Ahnen als Mittler göttl. Herkunft und →Ordnung aus.

Starke *hinduist. Einflüsse* (→Hinduismus) machten sich seit der Zeitenwende vor allem in Java und später auch in Bali bemerkbar. Zu größeren hinduist. Reichsgründungen in Mittel- und Ostjava kam es bes. im 10. sowie 13.-15. Jh., während Bali bis in die Gegenwart vom Bali-Hinduismus geprägt ist. Altrel. Vorstellungen erhielten einen hinduist. Rahmen und wurden z.B. auch in das Schattenspiel (*Wayang*) integriert, dessen myth. Stoffe auf das *Ramayana* und *Mahabharata* zurückgehen.

*B.* Der →*Buddhismus* breitete sich seit dem 2. Jh. bes. in Südsumatra aus und war in der Form des *Mahayana* Staatsreligion des Reiches Sri Vijaya (6.-13. Jh.), das zeitweise den Seehandel zwischen →Indien und China kontrollierte und dessen Sanskritschulen von →Mönchen selbst aus Tibet und China sowie Südasien besucht wurden. Im 9. Jh. gründete ein Seitenzweig des Könighauses eine kurzlebige Dynastie in Mitteljava. Sie hinterließ die größte Meditationsstupa des Mahayana, den *Borobudur.* Seine 1983 abgeschlossene Restauration führt zu wachsendem Interesse am Buddhismus bes. in Mittel- und Ostjava.
Der →*Islam* breitete sich seit dem 13. Jh., ausgehend von Nordsumatra und, seit dem 16. Jh., von Java, vor allem entlang den Handelsrouten nach China und zu den Gewürzinseln (Molukken) aus durch die Entstehung von Sultanaten. Er blieb lange Zeit hindurch stark durchsetzt von altvölk. und hinduist.-buddhist. Elementen, zumal in den myst. Orden, die wichtigstes Instrument seiner Ausbreitung waren, dogmat. Fragen auf geringes Interesse stießen. Erst im 17. Jh. kam es zu einem Reformversuch durch den Gelehrten ar-Raniri, während sich moderne Reformbewegungen seit dem Ende des 19. Jh.s dem Erziehungs- und Sozialwesen zuwenden. Auch im südostasiat. Raum gehört die Frage nach der Rolle des Islam in den jeweiligen pluralist. Gesellschaften zu den heftig umstrittenen Themen. Etl. muslim. Gelehrte und Literaten bemühen sich um einen stärker der indon. Kultur entspr. Islam.

*C.* Das →*Christentum* kam ursprüngl., möglicherweise abgesehen von Nestorianern im *10./11. Jh.*, mit den Portugiesen und Spaniern seit dem Ende des *15. Jh.s* nach I. (→Philippinen), der →Protestantismus vor allem durch die Holländer seit Beginn des 17. Jh.s, die Briten und, seit dem *19. Jh.*, durch dt. (Rheinische Mission) sowie seit 1920 durch Schweizer Missionare (Basler Mission). Insbes. die Altvölker zeigten sich der →Mission gegenüber aufgeschlossen. Unterstützt durch das Wirken Hendrik Kraemers, entstanden seit den 20er Jahren selbständige Kirchen. Die *Kirche der* Toba-Batak (Nordsumatra) ist mit über 1 Mill. Mitgliedern eine der größten Kirchen in Asien überhaupt. Allerdings kam es wiederholt zu Abspaltungen. Andere Batak-Kirchen haben insgesamt etwa 650.000 Mitglieder. In ihnen hat sich, wie auch in anderen Kirchen, das Stammesbewußtsein fest mit dem Christsein verbunden, was diesen Kirchen große Lebendigkeit verleiht, sich aber auch hemmend auf ökumen. Bestrebungen auswirken kann. In die gottesdienstl. Formen werden zunehmend traditionelle kulturelle (Tanz in Bali) und musikal. Elemente integriert. In der →*kath. Kirche* bemüht sich das Katechetische Zentrum in Yogyakarta um liturg. Erneuerungen. Beim →Kirchenbau wird auf einheim. Stilelemente zurückgegriffen. Dem 1950 gegründeten »Rat (seit 1984: »Gemeinschaft«) der Kirchen in I.« haben sich bis 1984 insgesamt 54 prot. Kirchen, darunter auch →Pfingstler und →Baptisten, mit dem bisher noch nicht erreichten Ziel angeschlossen, die »eine christl. Kirche in I.« zu verwirklichen. Insgesamt umfassen die Christen ca. 10% (davon sind ca. 1/3 Katholiken) der Bevölkerung I.s von ca. 160 Mill., 75-80% der Indonesier bekennen sich zum Islam.

*Lit.: F. Cooley:* The Growing Seed. The Christian Church in Indonesia, Jakarta 1981. – *H. Kähler (Hg.):* Musik. Mit Beitr. von M. Hood und J. Maceda (Handb. der Orientalistik, III. Abt.: I., Malaysia und die Philippinen, Bd. VI), Leiden 1972. – *Th. Müller-Krüger:* Der Protestantismus in I., Stuttgart 1968 (Lit.). – *M. Muskens:* Partner im nationalen Aufbau: Die Kath. Kirche in I., Aachen 1979. – *L. Schreiner:* Adat und Evangelium, Gütersloh 1972. – *W. Stöhr:* Die Altindones. Religionen (HO, III. Abt., Bd. 2, Abschn. 2), Leiden 1976 (Lit.). – *Ders./P. Zoetmulder:* Die Religionen I.s (Die Religionen der Menschheit 5/1), Stuttgart 1965.

*Olaf Schumann*

**Industrie**

*A.* Der hohe Stand der →Kultur ermögliche es, den Bildungsgang der Menschheit als ein organ. in sich zusammenhängendes Ganzes zu begreifen, hieß es in einem 1852 entstandenen grundlegenden technikgeschichtl. Werk; und zwar als Folge der richtigen →Erkenntis der Mittel, Stoffe und Kräfte, über die der →Mensch verfüge, als eine nach und nach gereifte Frucht der vorangeschrittenen →Naturwissenschaften. Daraus sprach ein →*Fortschrittsglaube*, wie er idealist. Philosophie (→Idealismus) entsprungen war: Vom primitiven animal laborans (arbeitenden Tier) entwickelte sich der Mensch zum modernen Homo faber, der mit Hilfe seines Erfindungsreichtums, der sich in Maschinen und Apparaturen verdinglichte, das Paradies auf Erden herbeizuführen trachtete. Der Wandel des Wortes »I.« begleitete die – durch die industrielle Revolution wesentl. beschleunigte – Entstehung der →modernen →Gesellschaft, die in ihrem Selbstverständnis auf die Machbarkeit der Welt mit Hilfe der Technologie vertraute (→Technik). Im 17. und 18. Jh. erscheint (laut Duden) das Fremdwort »I.« mit seiner eigentl., der lat. Herkunft (»industria« = Betriebsamkeit) entspr. Bedeutung. Seit der Mitte des 18. Jh.s meint es dann speziell »Gewerbefleiß, Gewerbe«, wodurch die gegen Ende des 18. Jh.s aufkommende, heute allein gültige kollektiv. Bedeutung »gewerbl. Fabrikation, Produktion materieller Güter« vorbereitet ist.

*B.* 1885 besang Arno Holz (1863-1929) in seinem »Buch der Zeit« die Poesie der industriellen Epoche. Eine Schlacht sah er gewonnen, »wie sie kein Feldherr noch erstritt«. Inmitten von Dampf und Kohlendunst schwoll ihm die Brust; »und mir ins Auge schießt der Tropfen / hör' ich dein Hämmern und dein Klopfen / auf Stahl und Eisen, Stein und Erz«. Obwohl Naturalist (→Naturalismus) und damit senibel für die wirkl. Gegebenheiten (etwa des sozialen Elends), überwog der »techn. Enthusiasmus«, wie er sich seit →Goethe (der freil. vor dem überhandnehmenden Maschinenwesen noch Sorge empfand) immer mehr in →Literatur und →Kunst durchsetzte. Erst der Untergang der »Titanic« (1912) erschütterte auf tiefgreifende Weise den weitverbreiteten →Optimismus der I.gesellschaft. Sie hatte sich vor allem im letzten Drittel *des 19. Jh.s* ausgebildet. Das Zeitalter der Industrialisierung setzt 1835 mit der ersten dt. Eisenbahn zwischen Nürnberg und Fürth ein (um die Jh.wende erreichte das Schienennetz eine Ausdehung von über 50.000 km). Es bildete sich aus mit Hilfe von Dampfmaschine, Kohle, Stahl und Eisen. Eine große Rolle, vor allem für das →Handwerk, spielte der Elektromotor. Der jährl. Verbrauch von Roheisen pro Kopf der Bevölkerung betrug 1893 etwa 99 kg, 1899 waren es 155 kg; der Steinkohleverbrauch stieg im gleichen Zeitraum von 1940 auf 2740 kg an; am Ende des 19. Jh.s lebten von 67 Mill. Deutschen kaum 17 Mill. von der Landwirtschaft. Im Rückblick schrieb J. Haller (1865-1947) in »Epochen dt. Geschichte« (1922): »Deutschland bekam Gelegenheit, einen seiner größten Schätze, die reichen Steinkohlelager, nutzbar zu machen – die dt. Großi. entstand, eine neue Quelle des Wohlstandes eröffnete sich. Wie reich sie dereinst strömen werden, konnte damals niemand ahnen, freil. auch nicht, welche Wandlungen in Leben und Art des Volkes sie hervorrufen würde.«

*C.* Die Industrialisierung veränderte vor allem das *Zeit- und Raumgefühl.* In dem Maße, in dem der Arbeitsprozeß mechanisiert und rationalisiert wurde, nahm auch die Bedeutung der →Zeit zu. Ländl. Arbeit, Heimarbeit, die Arbeit in kleinen Werkstätten folgten einer individuellen Zeiteinteilung. Man richtete sein →Leben nach natürl. Bedürfnissen (und wie es der einzelne Tag erforderte) ein. Die Arbeitsorganisation vor dem Aufkommen der »Maschinenhallen« ist unregelmäßig, aber sinnvoll, danach regelmäßig, aber in Widerspruch zu den persönl. Intentionen; sie kann nur durch Reglement (z.B. durch »Fabrikordnung«) bewirkt werden. Der Arbeiter wird in ein strenges und *geschlossenes Organisationssystem* (wie es später vor allem der Zeittakt des Fließbandes darstellt) eingespannt. Das Raumgefühl war durch die neuen *Bewegungsmittel* wie Eisenbahn, Auto, dann Flugzeug bestimmt. Daß man nun, so H. →Heine, unter dem Eindruck des Baus franz. Eisenbahnen, in viereinhalb Stunden von Orleans und in ebensoviel Stunden nach Rouen reisen könne, verletze das natürl. Raumgefühl. Berge und Wälder rückten auf Paris an; »vor meiner Haustür brandet die Nordsee«. Angesichts der Verkürzung und Verdrängung des Zwischen-Raumes, des »Reiseraumes«, bedeutete Unterwegssein vorwiegend Start und Ziel. Nach einem Wort von J. Ruskin würden die Reisenden nun wie Pakete an ihren Bestimmungsort verschickt. Die Identifikation mit Landschaft ginge verloren.

*D.* I.kultur veränderte alle →*Arbeits- und Lebensweisen,* das Bewußtsein wie das Unterbewußtsein, die Alltagsformen wie die Gesellschaftsstrukturen. Die *Vermehrung der Bevölkerung,* bewirkt durch med., hygien. und soziale Verbesserungen, sprengte die bis dahin weitgehend in ihrer ma. Gestalt erhaltenen (Klein)*Städte* auf. Im Stadtkern war der immer mehr anschwellende Zuzug von Menschen nicht unterzubringen; die Landflucht ging in Richtung »Vorstädte« und bewirkte ein rasches städt. Wachstum. Die →Stadt wurde zum Ort des Profils. Die für das Gemeinwohl arbeitenden Stadtwerke (Gaswerk, Wasserwerk, Elektrizitätswerk, Krankenhaus, Feuerwehr, Schlachthof, Kanalisation und Massenverkehr) hatten eine kulturelle Entsprechung (Theater, Kunsthalle, Museum), die lange Zeit den unteren Schichten verschlossen blieb. Die moderne Nervosität – psychosomat. Folge der Informations- und Kommunikationsdichte sowie hekt. Arbeits- und Lebensweise –, vor allem aber die durch den Ersten Weltkrieg mit seinen Materialschlachten ausgelöste Erschütterung beeinträchtigten den Optimismus und Positivismus des I.zeitalters. Diese *Gefühlsumstellung* (wie sie vor allem auch der →Expressionismus und →Surrealismus spiegeln) war unterbrochen vom →Nationalsozialismus, der sich als Mischung von menschl. Regression und technokrat. Futurismus erwies. Auch der →Materialismus der Wiederaufbauzeit nach dem Zweiten Weltkrieg (Wirtschaftswunder) konnte die Zweifel am Fortschritt, den M. Horkheimer und Th. W. Adorno als »Dialektik der Aufklärung« (des Umschlags von Vernunft in ihr Gegenteil; →Krit. Theorie) begriffen, nicht beseitigen.

Das Wissen um die mögl. Selbstvernichtung durch einen atomaren →Krieg und um die »Grenzen des Wachstums« stehen am Anfang einer Gesellschaft, die man als nachindustriell, auch *postmodern,* bezeichnet; ihre Chancen werden, je nach Standpunkt, unterschiedl. eingeschätzt. Gegenwärtig, so D. Meadows, besitze der Mensch für einen kurzen Zeitraum in der Geschichte die wirksamste Kombination aus Wissen, techn. Hilfsmitteln und Rohstoffquellen, alles, was phys. notwendig sei, um eine völlig neue Form der menschl. Gemeinschaft zu schaffen, die für Generationen Bestand hätte. Was noch fehle, sei ein realist., auf längere Zeit berechnetes →Ziel, das den Menschen in den Gleichgewichtszustand führen könne, und der menschl. Wille, dieses Ziel zu erreichen. »Ohne dieses Ziel vor Augen fördern die kurzfristigen Wünsche und Bestrebungen das exponentielle

Wachstum und treiben sie gegen die ird. Grenzen und den Zusammenbruch.«

*Lit.: R. Braun (Hg.):* Gesellschaft in der industriellen Revolution, Köln 1973. – *H. Glaser:* Maschinenwelt und Alltagsleben. I.kultur in Deutschland vom Biedermeier bis zur Weimarer Republik, Frankfurt/M. 1981. – *Th. Leuenberger/R. Schilling:* Die Ohnmacht des Bürgers. Plädoyers für eine nachmoderne Gesellschaft, Frankfurt/M. 1977. – *D. Meadows:* Die Grenzen des Wachstums. Bericht des Club of Rome zur Lage der Menschheit, Stuttgart 1972. – *J. Reulecke/W. Weber:* Fabrik, Familie, Feierabend. Beiträge zur Sozialgeschichte des Alltags im I.zeitalter, Wuppertal 1978. – *H. Segeberg (Hg.):* Technik in der Literatur, Frankfurt/M. 1987.

*Hermann Glaser*

**Information.** Sprachl. abgeleitet vom lat. *informatio* bzw. *informare:* formen, unterrichten, darstellen. Allg. kann I. das Übermitteln einer Nachricht und die Nachricht selbst meinen.

*A.* Diese Nachricht kann unterschiedlichster Art sein: z.B. Geste, Wort, Schrift. Dabei sind *»Sender«* und *»Empfänger«* zu unterscheiden. Wenn beide der Nachricht ein Mindestmaß an gleicher Bedeutung beimessen, kann I. soziales →Handeln ermögl. Darüber hinaus bestimmt die Ausgestaltung der I.en in Organisationen deren Art und Funktionieren entscheidend mit. Sie sagt zugleich etwas aus über Stellung und Mitbestimmungsmöglichkeit der Organisationsmitglieder. Schließl. können I.en Organisationen und soziale →*Systeme* allg. miteinander verbinden und sie regulieren. Allerdings wird eine I. bei der Übermittlung meist verändert, entweder durch den Übermittlungs*kanal* oder durch die Aufnahme von seiten des Empfängers. Eine I. ist also für Sender und Empfänger normalerweise nicht ganz identisch. Ferner kann es nicht nur ein »Zuwenig«, sondern auch ein »Zuviel« an I. geben. Dies hängt jeweils von der Übermittlungs- und der Empfangs*kapazität* ab. Ein Zuviel an I. kann nicht mehr rational verarbeitet werden und zu verzerrter und in diesem Sinne Desi. führen. Angesichts der heutigen Entwicklung der Technik auf dem Gebiet informationsverarbeitender Maschinen muß eine weitere Unterscheidung eingeführt werden. Früher waren I.en weitgehend auf den Menschen als *Träger* gestützt, heute ist als weiterer Träger der Computer hinzugekommen. In neuerer Terminologie könnte man sagen, daß zu den personalen I.ssystemen die computergestützten I.ssysteme hinzugekommen sind. I.ssysteme sind mit ihren Aktivitäten – »Beschaffung, Transformation, Speicherung und Übermittlung von I.en« (Grochla) – längst zu einem eigenständigen System z.B. gegenüber Organisationen geworden. Die Entwicklung immer leistungsfähigerer Datenverarbeitungsanlagen hat in Organisationen und allg. zu einer immer größeren Zentralisation der I.en geführt. Dies führt aber auch zu immer größerer Abhängigkeit. Deshalb gibt es mittlerweile dezentrale Elemente. Aus der →Kybernetik hat sich eine eigene, mathemat. *I.stheorie* entwickelt. Sie untersucht Probleme und vor allem Gesetzmäßigkeiten der Vermittlung und Verarbeitung von I.en. Eng verbunden mit der Nachrichtentechnik geht es um eine »Optimierung techn. Nachrichtensysteme«. Mittlerweile findet die I.stheorie auch Eingang in →Soziologie, →Wirtschaftswissenschaften, →Biologie, Linguistik und andere Bereiche. Eine umfassende I.stheorie gibt es allerdings nicht.

*B.* Der ungeheuren I.svielfalt kann sich der einzelne nicht entziehen, aber ebensowenig kann er sie umfassend verarbeiten. So bleibt er von Instanzen abhängig, die diese I.en aufnehmen, verarbeiten und weitergeben. Dies geschieht aber auf unterschiedl. Weise. Nun muß und wird sich aber der einzelne für bestimmte I.en entscheiden, obwohl er den so entstehenden *I.spluralismus* in der Regel nicht durchschauen kann. Mehrere Konsequenzen sind mögl.: Die I.en, mit denen jemand lebt, können rein zufällig sein. Ob dies allerdings für einen Lebensentwurf ausreicht, mag bezweifelt werden. Zugleich relativiert der I.spluralismus die einzelnen I.en selbst. Die Sender von I.en – z.B. auch Kirchen – haben dadurch immer nur ganz begrenzte Einflußmöglichkeiten auf den Empfänger. Schließl. erreichen einen Empfänger am ehesten oder gar nur solche I.en, die er verstehen und denen er Bedeutung beimessen kann. Diese Verstehbarkeit der I. bildet deshalb den eigentl. Filter.

*C.* Auch für die *Kirchen,* die als I.ssender betrachtet werden können, bietet die Entwicklung der I.ssysteme eine ungeheure Chance für ein vertieftes Verstehen von →Mensch und →Welt. Gerade deshalb ist es wichtig, daß sie den I.skomplex insges. nutzen und sich nicht auf Teilbereiche oder bisherige Gewohnheiten verlassen. Dabei reicht allerdings die Verarbeitungskapazität der kirchentyp. Wissenschaftsapparate nicht annährend aus. Wo Kirchen I.en weitergeben – auch in Form eth. Forderungen etwa –, ist es zudem entscheidend, ob diese für die Empfänger »verstehbar« sind. So genügt etwa eine abstrakte Rechtgläubigkeit oder Richtigkeit nicht, wo Kirchen den Menschen etwas mitteilen und -geben wollen. Der jeweilige Lebenskontext ist mit zu berücksichtigen. Es geht m.a.W. nicht nur um die Frage, ob eine I. an sich gut ankommt, sondern ebenso um die Frage, ob eine I. in einem angemessenen lebensprakt. Zusammenhang steht (vgl. auch das Problem der →Verkündigung). Damit wird jedoch bereits der Bereich der →Kommunikation berührt, die den Prozeß der reinen I. weit überschreitet.

*Lit.: R. Capurro:* I. Ein Beitrag zur etymolog. und ideengeschichtl. Begründung des I.sbegriffs, München 1978. – *R. M. Fano:* I.sübertragung, München/Wien 1966. – *P. Franz/M. Jankow:* I. contra Materialismus?, Frankfurt/M. 1977. – *W. Stock:* Wissenschaftl. I.en, metawissenschaftl. betrachtet. Eine Theorie der wissenschaftl. I., München 1980.

*Hermann Punsmann*

**Inkarnation.** Der Begriff I. (lat. Fleischwerdung) formuliert unter Anlehnung an bibl. Aussagen (Joh 1,14; 1 Joh 4,2f.; 2 Joh 7) die Menschwerdung des ewigen Gottessohnes in Jesus von Nazaret. Im grundlegenden Glaubensbekenntnis der Konzilien von Nizäa (325) und Konstantinopel (381; →Altkirchl. Konzile) heißt es daher, daß in Jesus der ewige →Logos, Gottes eingeborener Sohn, »Fleisch angenommen hat durch den →Hl. Geist aus →Maria, der Jungfrau, und Mensch geworden ist«.

*A.* Die Religionsgeschichte kennt in einigen Bereichen die Vorstellung vom Eingehen bzw. Erscheinen eines göttl. Wesens in menschl. Gestalt; bes. Bedeutung gewinnt diese Überzeugung für die Herrscherideologie, wonach der polit. Führer zugleich eine Verkörperung (I.) des Göttlichen darstellt. Die ntl. I.svorstellung, die sich bes. ausgeprägt in den joh. Schriften, aber ebenso (z.T. als vorpaulin. Tradition) bei Paulus (vgl. Röm 8,3; Gal 4,4; Phil 2,6f.) findet, knüpft an die spätjüd. Weisheits- und Logosspekulation an. Danach ist die als Lebensgefährtin und Throngenossin Gottes (Weish 8,3; 9,4) vorgestellte Weisheit von Anfang an bei Gott (Spr 8,22-31); sie wirkt als Schöpfungsmittlerin (Weish 8,4; 9,1f.) und steigt schließl. vom göttl. Thron herab, um Wohnung in Israel zu nehmen (Sir 24,8-12). Den von ihr erfüllten Gerechten macht sie zum »Sohn Gottes« (Weish 2,18). Trotz ihrer prägnanten Formulierung bleibt diese vom Gedanken der Präexistenz bestimmte I.schristologie im NT nur eine unter mehreren Möglichkeiten, die überragende Bedeutung Jesu Christi darzustellen.

*B.* Das Bekenntnis zur I. richtet sich zunächst gegen alle Lehren, die das *wahre Menschsein Jesu* bestreiten bis hin zur Behauptung eines bloßen Schein-Leibes (Doketismus = scheinen). In der Verteidigung dieses unverkürzten Menschseins Jesu geht es zugleich immer um eine Heilswahrheit: In der I. ist alles Menschliche von Gott angenommen, bejaht und so auch gerettet; das christl. Heil hat leibhaft-geschichtl. Dimensionen. Zugleich betont die I. das wahrhaft göttl. Moment der Person und Geschichte Jesu: Der →präexistente Gottessohn hat menschl. Gestalt angenommen und auf unüberbietbare Weise Gott selbst geoffenbart (vgl. Joh 1,18); nur als »wahrer Gott« kann er →Mittler zwischen Gott und Menschen sein. Das Konzil von Chalcedon (451) versucht diese Wahrheit der I. als personale Einigung (»hypostat. Union«) von göttl. und menschl. »Natur« in Jesus genauer zu bestimmen. Die traditionelle →Christologie hat meist bei der I. angesetzt und bildet somit in ökumen. Gesprächen ein wichtiges einendes Moment. Diese Deszendenz- bzw. *Abstiegschristologie* (Gottes Sohn steigt vom Himmel herab), deren Angelpunkt die menschl. Geburt des Gottessohnes darstellt (→Weihnachten), konnte die konkrete Geschichte Jesu, bes. aber →Kreuz und →Auferstehung nur unzureichend würdigen. Neuere Christologien setzen deshalb bei Geschichte und Geschick Jesu an. Die I.saussage kann dann als deren umfassende Deutung verstanden werden; sie besagt, daß in Jesus Gott selbst in die menschl. Geschichte eingegangen ist und diese damit angenommen hat.

*Lit.: I. U. Dalferth:* Der Mythos vom inkarnierten Gott und das Thema der Christologie, in: Zeitschrift für Theologie und Kirche 84 (1987), 320-344. – *H. Küng:* Menschwerdung Gottes, Freiburg/Basel/Wien 1970. – *W. Mostert:* Menschwerdung, Tübingen 1978. – *K. Rahner:* Grundkurs des Glaubens, Freiburg/Basel/Wien 1976.

*Arno Schilson*

**Inkulturation**

*A. Situation*

Der *Begriff* I. (En- oder Endokulturation) ist im Vokabular der Theologie neu. Die nachkolonialen »tiefgreifenden und rapiden Mutationen« (Konzilskonstitution Gaudium et Spes, Nr. 54,73) haben zur Erkenntnis geführt, daß die menschheitl. Überlieferungen eigenständig und regional bedingt sind – auch die des westl. Christentums. Die Begegnung mit →Kulturen steht jetzt nicht mehr unter dem Zeichen der eurozentr. Anpassung (Assimilation), sondern eines →Dialogs zwischen den Kulturen (→kontextuelle Theologie). Damit wird wieder das Anliegen aktuell, nicht →Europa mit seinen Gebräuchen zu exportieren, sondern den Völkern den →Glauben an →Jesus Christus anzubieten. Dieser Prozeß der »Fleischwerdung« des Glaubens in einer je bestimmten Umwelt wird im kirchl. Milieu unterschiedslos I. und *Akkulturation* genannt.

*B. Kulturanthropologisch*

Diese begriffl. Unsicherheit könnte dadurch aufgehoben werden, daß man – im päd. Grundprozeß der →Sozialisation – die innergesellschaftl. I. von der zwischenmenschl. Akkulturation (Zweit-I.) *unterscheidet.* Dabei bezeichnet Sozialisation den Vorgang, durch den jemand die bestehenden gesellschaftl. →Normen und →Werte so in sich hineinnimmt (internalisiert), daß er sie später als die eigenen empfindet. Wird dabei die je kulturspezif. Basis- Persönlichkeit – mit ihrem regulativen Grundverhalten (Sprache, Gestik, Mimik, Umgangsformen) – durch die »signifikanten anderen« geformt (→Identität), spricht man von I. (Grund-Sozialisation, Endokulturation). Ihr Risiko ist dabei, daß man seine eigene Kultur naiv absolut setzt (Ethnozentrismus, →Absolutheitsanspruch, →Rassismus, →Vorurteil). Allerdings geschieht dieses kulturelle und rel. Hineinwachsen nie ganz isoliert von Fremd-Traditionen (interkulturelle Zirkulation, →Synkretismus). Deshalb vollziehen sich vor allem bei der Erwachsenen-Sozialisation auch gegenseitige Prozesse: *Akkulturation.* Das sind jene Phänomene, die sich aus direkten und längeren Kontakten zwischen Kulturen ergeben. Durch freie (z.B. internationaler →Tourismus, zwischenrel. →Dialog), geplante (z.B. →Missionierung, →Entwicklungspolitik) oder unter Zwang (z.B. →Kolonialisationen) geförderte Begegnungen ergeben sich Umwandlungen, die von der Einschmelzung fremder, meist materieller Kulturelemente durch die eigene kulturelle Ganzheit (Assimilation) bis zu verschiedengradigen individuellen oder gesellschaftl. Verunsicherungen (Anomie) führen.

*C. Perspektiven*

Im kirchl. und theol. Bereich ergeben sich daraus Chancen und Grenzen, die zu Auseinandersetzungen um den Kern der Evangeliumsbotschaft führen, je mehr diese *kulturelle →Inkarnation* voranschreitet. Man denke etwa an das buddhist. Reinkarnationsverständnis, das afrik. polygame →Ehemodell, an lateinamerik. →Volksfrömmigkeit mit ihrer →Befreiungstheologie. Das wachsende Bewußtwerden um diese Zusammenhänge hat das theol. Schaffen auf die Fragen inhaltl. und method. *Kontextualität* sowie der jeweiligen *Regionalität* der Glaubensgestalt hin geöffnet (seit 1976: Vereinigung der Dritt-Welt-Theologen [EATWOT], →feminist. Theologie). Dieser Entwicklung zur Partikularität läuft allerdings eine andere Entwicklung entgegen. Es ist die internationale Angleichung durch die Industriekulturen (Banken, Technik, Massenmedien) sowie die wachsende Gleichgestimmtheit in den weltweiten Zielen der Menschheit (→Friede, →Umwelt, Kampf gegen Hunger und Folter). Die Grenze der je spezif. I. ist so die Praxis der *transkulturellen Glaubenshoffnung* (→Hoffnung): ein grenzüberschreitender, ausharrender und phantasiereicher Einsatz für immer menschenwürdigere Lebensbedingungen im »Dorf Welt« (McLuhan).

*Lit.: A. Chupungco:* Cultural Adaptation of the Liturgy, New York 1982. – *R. Friedli:* Mission oder Demission, Freiburg/Schweiz 1982. – *L. J. Luzbetak:* The Church and Cultures, Techny 1970. – Wörterbuch der Soziologie (Fischer Tb.), Bd. 1-3, Frankfurt/M. 1972. – Als Beispiel method. I.: vgl. *R. Friedli:* Zwischen Himmel und Hölle – Die Reinkarnation. Ein religionswissenschaftl. Handbuch, Freiburg/Schweiz 1986.

*Richard Friedli*

**Innere Mission**

*A.* Die I.M. entstand mit der Gründung des Centralausschusses für die i.M. der Dt. Ev. Kirche (CA) nach dem ersten ev. Kirchentag in Wittenberg 1848, auf dem Johann Hinrich Wichern (1808-1881) in hinreißender Rede darauf hinwies, daß das Selbstverständnis der Kirche sich nicht in →Lehre und →Gottesdienst erschöpfen darf, sondern angesichts der Entfremdung der Masse des Volkes von der Kirche der äußeren Mission eine innere der »rettenden Liebe« entsprechen muß. »Die Liebe gehört mir wie der Glaube«, diesen Leitsatz seiner Rede entfaltete Wichern dann in der Denkschrift von 1849 an die dt. Nation »Die i.M. der Dt. ev. Kirche«, die zur Magna Charta der Arbeit der I.M. wurde. Der Begriff der I.M. taucht schon früher bei Wichern auf und ist in der Sache schon vorgebildet in den auf dem Boden der →Erweckung entstandenen sozialen Einrichtungen, die ihrerseits die Tradition des älteren →Pietismus aufgreifen. Wicherns Vorstellungen zur I.M. sind orientiert am Gedanken des →*Reiches Gottes*, das sich in der »freien Liebesarbeit des heilerfüllten Volkes zur Verwirklichung der christl. und sozialen Wiedergeburt des heillosen Volkes« Bahn bricht. Das Instrument hierzu ist ihm das mit luth. Berufsethik verbundene »Priestertum aller Gläubigen«.

*B.* Obwohl vom konfessionalist. →Luthertum heftig angegriffen wegen der in der Arbeit der I.M. vermuteten »Werkerei«, sollte die I.M. nicht außerhalb der Kirche, sondern innerhalb stehen. Wegen der staatskirchl. Bindungen der Kirche suchte sie sich jedoch ihre Organisationsformen außerhalb der Kirche, vorwiegend in der Rechtsform des *»eingetragenen Vereins«*. Im 1. Jahrzehnt ihres Bestehens entwickelt sich die I.M. stürmisch. Fast alle Arbeitsfelder, die noch heute die Arbeit der →Diakonie ausmachen, entstehen in dieser Zeit, daneben die volksmissionar. und apologet. Arbeit. Die mit fortschreitender Industrialisierung immer deutlicher werdende →»soziale Frage« gerät in den Blick, der Gedanke der »Association der Hilfsbedürftigen selbst« kommt auf, aber der Zugang zur →Arbeiterbewegung bleibt trotz des →christl.-sozialen Engagements Adolf Stöckers (1835-1909) und des →ev.-sozialen, liberal gefärbten Fr. Naumanns (1860-1919) verschlossen. Dafür wirken Gedanken der I.M. auf die *Sozialgesetzgebung* von 1881 ein. Auch der Einsatz Fr. von Bodelschwinghs (1831-1910) für »barmherzige Gesetze« bleibt nicht ohne Erfolg (Wanderarbeitsstättengesetz 1907). Die schon im Kaiserreich angelegte Zusammenarbeit mit der öffentl. Wohlfahrtspflege führt in der Weimarer Republik im Jugendwohlfahrtsgesetz von 1922 und der Fürsorgepflichtverordnung von 1924 zur gesetzl. verankerten Mitwirkung der freien Wohlfahrtspflege, in der die I.M. führend ist.
Der →*Nationalsozialismus* setzt der I.M. sehr zu; vor allem im Kampf um die sog. Euthanasie und gegen die Aktion zur Vernichtung »lebensunwerten« →Lebens reicht die Spannweite von zulassender Resignation bis zum heldenhaften Widerstand (Fr. von Bodelschwingh, Sohn, 1877-1946). Der *Wiederaufbau* nach dem Krieg geschieht zunächst im von Eugen Gerstenmaier (1906-1986) gegründeten Ev. Hilfswerk, das die Trennung von I.M. und Kirche überwinden und Wicherns Gedanken von der »rettenden Liebe« zur »gestaltenden Liebe« unter dem Stichwort »Wichern II« fortentwickeln will, und sich langsam wieder reorganisierender I.M. parallel. 1957 werden I.M. und Hilfswerk fakt., 1976 auch rechtl. endgültig im Diakonischen Werk zusammengeschlossen. Trotz der Rechtsform des »e.V.« nimmt dieses den »diakon. Auftrag der Kirche wahr« und versteht sich »als Wesens- und

Lebensäußerung der Kirche« (Grundordnung der EKD).

*Lit.: E. Beyreuther:* Geschichte der Diakonie und I.M. in der Neuzeit, Berlin, 3. Aufl. 1983. – *M. Gerhardt:* Ein Jh. I.M., I. und II., Gütersloh 1948.

*Manfred Schick*

**Inquisition.** Für Ausbildung und Tätigkeit der I. im MA. war von grundlegender Bedeutung die altkirchl. Auffassung von der →Häresie als Satanswerk. Im Rahmen der für das MA. verbindl. polit. Religiosität führte dies zwangsläufig zu ihrer Qualifizierung als *öffentl. Verbrechen*, das als Schädigung des Allgemeinwohls zu bestrafen war. Die altkirchl. Exkommunikation (→Kirchenzucht) als Schutz vor Häresie wandelte sich in diesem Kontext zum Ausschluß aus dem polit. Gemeinwesen, d.h. zur Todesstrafe für hartnäckige Häretiker (entspr. Gesetze seit dem Ende des 12. Jh.s, im Anschluß an eine Konstitution Kaiser Friedrichs II. in der päpstl. Gesetzgebung seit 1231 als Feuertod).

*A.* Anlaß für die Verschärfung der Gesetzgebung sowie die Ausbildung der I. war die weite und in einzelnen Landschaften auch dichte *Verbreitung von Häresie* (→Katharer, →Waldenser). Der ungewohnten Situation standen die betroffenen Bischöfe zunächst hilflos gegenüber. Auf verschiedenen Synoden wurden seit der 2. Hälfte des 12. Jh.s vermehrt scharfe Strafbestimmungen erlassen, die jedoch weithin wirkungslos blieben. Erst die Übernahme der in der allg. Strafverfolgung aufgekommenen amtl. Untersuchung (»inquisitio«) brachte Erfolge. Bei dieser Strafverfolgung wurden in Weiterentwicklung der Kläger (»Rügezeugen«) des kirchl. Sendgerichtes Personen von Amts wegen damit betraut, Häretiker aufzuspüren und gegen diese beim bischöfl. Gericht Klage zu erheben. Diese Personen (inquisitores) fungierten als *Untersuchungsrichter und Ankläger*. Das Urteil fällte der Bischof *(bischöfl. I.)*.
Bei der Bestellung und Kompetenzzuweisung der Inquisitoren liegen auch die Ansätze für die *päpstl. I.* Bislang waren die Päpste bei der Häresieverfolgung vorwiegend gesetzgeberisch tätig und zielten auf Aktivierung der bischöfl. I. Papst Gregor IX. bestellte ab 1231 Inquisitoren, zunächst noch den Bischöfen zugeordnet und mit unklaren Kompetenzen ausgestattet. Die im Tolosaner Raum tätigen →Dominikaner dagegen walteten ab 1233/34 selbständig kraft päpstl. Auftrages als Kläger und Richter zugleich. Merkmale der päpstl. I. bilden Unabhängigkeit vom bischöfl. Gericht und päpstl. Delegation richterl. Befugnisse an die Inquisitoren, die fortan neben der bischöfl. I. arbeiteten. Die gegenseitigen Kompetenzen wurden nie richtig abgeklärt; oft ergab sich daraus ein spannungsreiches Gegeneinander. In den folgenden Jahren wurde für die päpstl. I. das Prozeßverfahren bis in die Einzelheiten hinein geregelt. Da im kirchl. Prozeß seit 1222 das Gottesurteil als Beweismittel verboten, ein Geständnis des Angeklagten jedoch zur Verurteilung nötig war, erlaubte Papst Innozenz IV. 1252 die Anwendung der *Folter*. Gerichte der päpstl. I. wurden zunächst nur in Landschaften errichtet, in denen eine Häresie verbreitet war. In vielen Fällen wurden daraus Dauereinrichtungen mit eigenen Gerichtssprengeln, die mehrheitl. den Dominikanern anvertraut waren.

*B.* In formaler Hinsicht waren die Prozesse der I., die schriftl. geführt wurden, korrekt. Da die einzuhaltenden Verfahrensregeln den Richtern einen weiten Ermessensspielraum ließen, waren jedoch *Willkür* und Mißbrauch nicht ausgeschlossen. Als Strafprozeß angelegt, wurde die I. Opfer ihres eigenen Verfahrens. Die Wirkkraft der I. hing letztl. von der Amtshilfe der weltl. Gewalt ab. Dafür jedoch war eine Interessenübereinstimmung von weltl. Gewalt, bischöfl. und päpstl. I. Voraussetzung. Diente im 13. Jh. in den von Häresie durchsetzten Landschaften die I. in erster Linie der Wiederherstellung der *kirchl. Ordnung*, so spielten doch auch weltl. Interessen eine Rolle. Im Spätma. wird die I. oft ein Instrument zur Austragung verschiedener Interessen- und Machtkonflikte. Je mehr im Verlaufe von Spätma. und früher Neuzeit die Gerichtszuständigkeit sich verstaatlichte, wurde die I. entweder *staatl. Interessen* dienstbar gemacht (wie die neuzeitl. *span. I.*) oder ihr Schritt um Schritt jede Kompetenz abgesprochen. Begleitet wurde dieser Prozeß von der Ausbildung eines neuen Staatsethos, das auf den rel. Konformismus verzichten konnte.

*Lit.: G. Hasenhüttl/J. Nolte:* Formen kirchl. Ketzerbewältigung, Düsseldorf 1976. – *F. Hayward:* Was muß man über die I. wissen?, Aschaffenburg 1959. – *L. Kolmer:* Ad capiendas vulpes, Bonn 1982. – *H. Ch. Lea:* Geschichte der I. im MA., dt. von J. Hansen, Leipzig 1905-1913. – *K.-V. Selge (Hg.):* Texte zur I. (Texte zur Kirchen- und Theologiegeschichte 4), Gütersloh 1967 (Lit.).

*Isnard W. Frank*

**Inspiration**

*A.* I. ist ein Phänomen *rel. Unmittelbarkeit*, das als »Eingebung«, als Einwirkung numinoser, heiliger Kräfte auf die menschl. →Seele gedeutet wird. Der Begriff wird auch für das *schöpfer. Element* in der →Kunst verwendet. In der →Ästhetik und →Kreativitätspsychologie sowie in Theorien der künstler. Produktivität lassen sich Bezüge zu den Begriffen »Divination«, »Invention« und »Intuition« herstellen. Im Unterschied zur reproduzierbaren Intuition bezeichnet I. das »produzierende Erleben«, ein *»Durchbruchserlebnis«* (→Offenbarung) und deutet auf eine »Analogie von →Religion und Kunst« (J. Konrad) hin. Die Psychologie der →Literatur analysiert die hier einschlägigen Phänomene (R. Wellek, A. Warren). Auf Analogien zwischen rel. und künstler. I. weist F. →Nietzsche (1844-1900) in »Ecce homo« (1889; ersch. erst 1908) hin, wenn er u.a. die überfallartige, unfreiwillige Art der Entstehung seines »Zarathustra« beschreibt.

*B.* Der Begriff I. wird in bezug auf →*Menschen* und →hll. Schriften gebraucht. In der Vulgata (→Bibelübersetzungen) bedeutet I. »Hauch Gottes« (mit Bezug auf Menschen: Ijob 32,8; 2 Petr 1,21; auf Schriften: 2 Tim 3,16). Als inspiriert gilt der *Seher* (griech. mantis), dem Kenntnisse von Zukünftigem und Verborgenem durch Stimmen, →Träume, Orakel, Zeichen und I. vermittelt werden (→Johannesevangelium). Die Sibyllen (→Griechenland) gehören ebenso hierher wie die Seher (→Altes Testament), die sich entweder in →Ekstase befinden oder ihre Weisungen durch Träume (Inkubation: Tempelschlaf) erfahren. Als »Technik der Ekstase« (mit I. und »Besessenheit«) hat M. Eliade den →»Schamanismus« definiert. Von I. spricht man auch beim →*Propheten*. Klass. Beispiel für Prophetie ist →Israel. Muß man beim sog. Nabitum eher an Besessenheit denken, bei der das persönl. →Bewußtsein des Nabi ausgelöscht zu sein scheint, so ist bei den großen Propheten von I. auszugehen. Die Erforschung der Psyche des Propheten sieht sich angesichts der Quellenlage und der Unklarheit psycholog. Kategorien (Ekstase, Besessenheit, I., →Berufung, →Mystik usw.) vor große Schwierigkeiten gestellt. Ein eigentl. I.sprophetentum – mit der Vorstellung, daß ein Gott in das menschl. Medium eingeht – tritt in prophet. Bewegungen der →Dritten Welt auf. Auch die Berufungserlebnisse der *Religionsstifter* lassen sich als I. deuten. Durch die Geschichte der christl. →Frömmigkeit zieht sich eine *spiritualist. Linie*, die oft revolutionierende Züge aufweist (→Pfingsten, Montanismus, Joachim von Fiore [1130-1202], →Schwärmer, →Quäker, →Pfingstbewegung, →charismat. Bewegung). Unter der Bezeichnung »Inspirierte« oder »I.sgemeinden« traten um die Wende vom 17. zum 18. Jh. in Deutschland und in der Schweiz verschiedene Gruppen auf, bei denen man folgende Phänomene beobachtete: Atembeengung, konvulsiv. Zuckungen, Glossolalie (»Zungenrede«), Kreischen, »Mundschlappern«.

*C. Hll. Schriften* besitzen nach Auffassung der Religionen oft einen übernatürl. Ursprung: Entweder gelten sie als präexistent (vor aller Zeit existierend), oder sie gehen auf I. zurück. Die Vorstellung der *Entstehung* Hll. Schriften durch göttl. I. ist insbes. im griech. Bereich zu Hause. Philo von Alexandrien (gest. um 50 n. Chr.) hielt jedes Wort des AT, selbst in der griech. Übersetzung, für inspiriert (Verbali.). Die urchristl. Schriftsteller, z.B. →Paulus, nahmen fast durchweg I. für sich in Anspruch (vgl. 1 Kor 7,40; 14,37). Nach definierter →kath. Glaubenslehre standen die Autoren der Bibel unter dem →charismat. Einfluß Gottes. In der →ev.-luth. Schriftlehre (→Luthertum, →Schriftauslegung) galt die Auffassung von der Verbali., der zufolge Gott nicht nur Personen einen Anstoß gibt (Personali.) oder den Inhalt inspiriert (Reali.), sondern jedes einzelne Wort bis hin zur hebr. Punktierung. Der I.sgedanke hinterließ auch seine Spuren in der christl. Kunst, z.B. in der Gestalt der göttl. →Weisheit, die dem Schreiber Anregungen vermittelt. Für Muslime (→Islam) ist der →Koran authent. Wort Gottes. I. ist hier unmittelbare Eingebung (»waḥī«) ohne das geringste menschl. Zutun. Nach orthod. →buddhist. Auffassung ist der Palikanon »Wort →Buddhas« oder enthält dieses.

*D.* Das Glaubensverständnis vorkrit. Theologien ist geneigt, mit der Auffassung von der Verbali. ihrer hl. Schrift(en) einen umfassenden Anspruch auf →Wahrheit geltend zu machen. Dadurch wird ihr Schriftenkanon gegen →Kritik immunisiert. Diese Position wird in ihrer Unmittelbarkeit im Blick auf eine *hist.-krit. Schriftauslegung* sowie auf ein geschichtl.-hermeneut. Bewußtsein von Glaubensspezialisten verschiedener rel. Traditionen kritisiert. Deshalb suchen liberalere Auffassungen (→Rationalismus) das Wesen der Religion eher *in* der »inspirierten« schriftl. Überlieferung, um sie mit dem allg. Wahrheitsbewußtsein in Übereinstimmung bringen zu können (→Hermeneutik). Der I.sgedanke kann vor diesem Hintergrund als Ausdruck der Erfahrung und Überzeugung verstanden werden, daß die Schriften in sachgemäßer Auslegung Gottes Wort enthalten. Insofern stellen die *Differenzierungen* des I.sgedankens zugleich die hist. Voraussetzungen dar, unter denen seit der →Aufklärung der Wahrheitsanspruch und die →Autorität hll. Texte zur Diskussion steht. An sich wird die im I.sgedanken enthaltene rel. Unmittelbarkeit dadurch nicht in Frage gestellt, vielmehr neu in Anspruch genommen.

*Lit.: H. Cancik (Hg.):* Rausch-Ekstase-Mystik, Düsseldorf 1978. – *K. Goldammer:* Die Formenwelt des Religiösen, Stuttgart 1960. – *J. Konrad:* Religion und Kunst, Tübingen 1929. – *M. Limbeck:* I., in: Neues Handbuch theol. Grundbegriffe, Bd. 2, 216-226. – *O. Loretz:* Das Ende der I.- Theologie I, Stuttgart 1979. – *K. Rahner:* Über die Schriftl., Freiburg 1958. – *R. Wellek/A. Warren:* Theorie der Literatur, Frankfurt/M. 1963. – *R. Wielandt:* Offenbarung und Geschichte im Denken moderner Muslime, Wiesbaden 1971.

*Udo Tworuschka*

## Institution

*A. Alltagssprachl.* meint I. (lat.: *institutio*) jede »Einrichtung« (auch →Organisation), deren Funktionsträger in der Regel mit Hilfe eines Sachapparates, von →Symbolen und →Ritualen best. Grundbedürfnisse sinnbezogen, relativ regelmäßig und gleichförmig sowie dauerhaft erfüllen. I.en sind demnach *zweckgerichtet und werthaltig.* »Wie die I.en sich uns aufzwingen, so erkennen wir sie an; sie sind uns wert« (E. Durkheim). I.en werden als »funktionierende« Einheiten oder Gesamtheiten wahrgenommen bzw. vorgestellt, die soziale Prozesse klassifizieren, strukturieren, stabilisieren und zugleich koordinieren. Sie unterliegen dem →sozialen Wandel. Je größer (nach Mitgliederzahl), differenzierter (arbeitsteilig) und komplexer (→Pluralismus) →Gesellschaften sind, desto mehr bedürfen sie derartiger Regelsysteme.

*B. Ideengeschichtl.* ist die Betrachtung sozialer Tatsachen unter dem Aspekt von I.en eine Abkehr vom positivist. Individualismus und Voluntarismus, zugleich ein Korrektiv naturalist. Konstruktionen (→Naturalismus) auf den Grundlagen von →Macht bzw. von mechan. Gleichgewicht. Als normative Regelsysteme sowie vielfältig gelebte Verwirklichungen solcher Muster *vermitteln* I.en zwischen Gesellschaft und →Individuum, Zwang und →Freiheit, steuern die Verteilung von Privilegien und repräsentieren den sozialen Sinnzusammenhang (beziehungsgemäßer, regulierender, kultureller Aspekt von I.en). Eine funktionale Theorie, die I.en als »Schaltstellen« begreift (→Funktion), geht von der Voraussetzung gesellschaftl. Stabilität aus. Wird diese nicht vorausgesetzt, können I.en nur aus der »Natur« des einzelnen abgeleitet werden.

*C.* In die *Soziologie* wurde der Begriff I. von H. Spencer (1876) eingeführt, in dessen biolog.-organolog. Entwurf (häusl., zeremonielle, polit., kirchl., berufl. und wirtschaftl.) I.en als »Organe« den gesellschaftl. Zusammenhang gewährleisten. Nach E. Durkheim stiften verinnerlichte kollektiv-»objektive« Forderungen gesellschaftl. →Ordnung. I.en regeln insbes. *elementare Handlungsfelder* (z.B. →Ehe, →Eigentum, →Religion, →Wirtschaft), unterstützt durch (eigens normierte) Nebeni.en (z.B. →Gefängnis, →Krankenhaus, →Schule). Die gegenwärtige Soziologie bevorzugt Eingrenzungen. Vieldimensionale Gebilde (wie →Staat, →Familie), die durch mehrere I.en (z.B. Ehe, Elternschaft [→Eltern], Verwandtschaft) geprägt sind und Merkmale von →Organisation und Assoziation aufweisen, werden meist nicht mehr als I.en bezeichnet. Als *I.alisierung* werden (der jeweiligen Theorie der I. entsprechende) Prozesse der Verfestigung von Beziehungs- und Handlungsmustern bezeichnet.
Je nach *Theorieperspektive* wechseln Bedeutung und Erklärungsfähigkeit des Begriffs der I.: 1. Nach dem kulturanthropolog. Ansatz (A. Gehlen) bieten für das »Mängelwesen Mensch« I.en Instinktersatz, Entlastung von Entscheidungsdruck, Verhaltensorientierung, so daß Gesellschaft zu seiner »zweiten Natur« wird. 2. In der →strukturell-funktionalen Theorie (T. Parsons) sind I.en Komplexe von aufeinander bezogenen normativen Rollenerwartungen, die im Handlungsprozeß →Integration und Kontrolle bewirken. 3. Nach dem systemtheoret. Ansatz N. Luhmanns (→Systemtheorie) sichern I.en die Wechselseitigkeit von →Konsens durch Komplexitätsreduktion und Stabilisierung sozialer Beziehungsformen. 4. An →Emanzipation orientierte Theoretiker sehen (in Anlehnung an den →Marxschen Begriff der →Entfremdung) auf Grund der Verdinglichung in und durch I.en reflexionshemmende, manipulative Tendenzen in modernen Gesellschaften.

*D.* In der *theol. Diskussion* versteht man unter I.en (den älteren Begriff der →Ordnungen ablösend) oft grundlegende (unverfügbare) Heilswahrheiten und die sich hierauf berufenden Stiftungen (→Gottes), typisierten (gestaltungsfähigen) Beziehungsformen und Verantwortungen (Ämter, Strukturen, →Sakramente, →Predigt, →Kirche). Auch die Übertragung eines Kirchenamtes (→Amt) durch Präsentation, Nomination oder Ordination wird als (kanon.) I. bezeichnet. Im Rechtsdenken unterscheidet man personenhafte (Körperschaften u.a.) und versachlichte (z.B. Vertrag, →Eigentum) bzw. öffentl. und private I.en, die objektive, soziale Aspekte eines rechtl. gestalteten Bereiches hervorheben.
Zunehmend wird vor Tendenzen einer *»Eigengesetzlichkeit«* und Eigendynamik von I.en gewarnt, hingegen die Notwendigkeit einer »Aufhebung« der Besonderheit im allg. hervorgehoben. I.en werden nicht nur als verbindl. Regelungszusammenhänge, sondern auch als »haltende Mächte« (H. Freyer) gewertet, die »Gesinnungen« *stabilisieren* und sittl. Haltungen veranschaulichen und so die Identität einer Gemeinschaft und Gruppierung bis hin zu weltweiten Zusammenschlüssen (etwa einer Kirche) bestimmen. I.en entlasten von Entscheidungsdruck, wirken aber auch dynamisierend, da sie den menschl. »Antriebsüberschuß« immer neu freisetzen (A. Gehlen). Durch I.alisierung von Kritik werden Freiheitsansprüche in I.en hineingetragen.

*Lit.: P. Berger/Th. Luckmann:* Die gesellschaftl. Konstruktion der Wirklichkeit, Frankfurt/M., 5. Aufl. 1987. – *R.-P. Callies:* Eigentum als I., München 1962. – *A. Gehlen:* Urmensch und Spätkultur, Bonn, 5. Aufl. 1986. – *H. Gerth/C.W. Mills:* Person und Gesellschaft, Bonn 1970. – *M. Hauriou:* Die Theorie der I., Berlin 1965. – *F. Jonas:* Die I.enlehre Arnold Gehlens, Tübingen 1966. – *W. Lipp:* I. und Veranstaltung, Berlin 1968. – *N. Luhmann:* Grundrechte als I., Berlin, 3. Aufl. 1986. – *H. Rosenbaum:* Familie als Gegenstruktur zur Gesellschaft, Stuttgart, 2. Aufl. 1978. – *H. Schelsky (Hg.):* Zur Theorie der I., Düsseldorf, 2. Aufl. 1974. – *R. Schnur (Hg.):* I. und Recht, Darmstadt 1968. – *J. A. Schülein:* Theorie der I., Opladen 1987.

*Siegfried Bachmann*

## Integration

*A.* I. (von lat. *integrare,* wiederherstellen, vervollständigen, eingliedern) bezeichnet einen sozialen Prozeß der *Bildung und Aufrechterhaltung von Ganzheiten* (→Systemen) aus Teilelementen, die dem Ganzen angepaßt sind oder im Prozeß der I. angepaßt werden, und die in ihrer gegenseitigen Beziehung das Ganze zu mehr als die Summe der Teile machen. Als soziol. Begriff meint I. insbes. a) die Angleichung von Strukturen des *Verhaltens* (→Handeln) *und Bewußtseins* und b) deren funktionale Beiträge zum Gesamtzusammenhang zwischen: 1. →*Individuen* und →*Gruppen* oder →Organisationen durch →*Sozialisation* und *Internalisierung* von Werten (→Anpassung); 2. *verschiedenen gesellschaftl. Gruppen* (→Schichten, →Klassen, →Rassen, →Institutionen, Organisationen) durch *soziale* →*Mobilität* oder *Akkulturation* (→Inkulturation); 3. verschiedenen (z.B. nationalen) →*Gesellschaften* zu höheren gemeinsamen Strukturen in Prozessen der polit. oder kulturell-zivilisator. I. (Prozeß der →Zivilisation). Gelingt dieser (bis zu einem gewissen Grad notwendige) Prozeß der sozialen I. nicht, ergibt sich *Desintegration* als Auflösung in Teile und Instabilität sozialer Strukturen.

*B.* Der Begriff der I. wurde vor allem von *H. Spencer* (1820-1903) in die Sozialwissenschaften eingebracht, indem er das alte sozialphilos. Grundproblem des Gegensatzes von →Freiheit (des Individuums) und →Ordnung (des Staatswesens) soziol. als Frage nach der I. der Gesellschaft überhaupt weiterentwickelte. Spencer sieht als zentrale Dimension soziokultureller →Evolution die zunehmende I.sfähigkeit gesellschaftl. Systeme an. Daran, ebenso wie an E. Durkheims Konzept der *organ. Solidarität* anknüpfend, ist in der neueren soziol. Theorie I. ein Grundbegriff: als funktionales Grunderfordernis zur *Stabilisierung* sozialer Systeme (T. Parsons). Die damit gegebene Verknüpfung von I. mit Stabilität und →Konsens verleitet dazu, jede stabile Struktur als positiv zu bewerten und soziale →Konflikte als »dysfunktional« zu denunzieren. Moderne *Konfliktheorien* betonen dagegen einerseits, daß auch Konflikte integrierende Wirkung haben (L. Coser), indem neue →Werte und →Normen entfaltet und ausgehandelt werden können, und andererseits, daß nicht stat. Stabilität, sondern dynam. Veränderung Bezugspunkt für die Erklärung von I.sprozessen sein müssen (R. Dahrendorf).

*C.* Der soziol. und sozialphilos. Gehalt des I.sbegriffs und seine Problematik erhellen auch die Frage eines *rel. Integrismus*: dieser ist als Versuch zu begreifen, die säkulare Trennung von →Religion, →Politik und →Gesellschaft auf der Grundlage von rel. fundierten Werten und Normen rückgängig zu machen und die Gesellschaft insgesamt auf dem Fundament der Religion zu reintegrieren. Dabei besteht stets die Gefahr der Verquickung von Religion und polit. →Ideologie sowie der Anfälligkeit für totalitäre I.smethoden. Rel. Integrismus in einer »offenen« Gesellschaft ist dagegen auch als innerweltl. →*Ethik des Sozialen* formulierbar, die auf rel. Grundlage ein Set von positiven Werten für Individuen, Kultur und Gesellschaft darstellt und als »Kulturprotestantismus« (→Schleiermacher) gesellschaftl. I. *und* →sozialen Wandel ermöglicht.

*Lit.:* *L. Coser:* Theorie sozialer Konflikte, Neuwied 1965. – *R. Dahrendorf:* Gesellschaft und Freiheit, München 1963. – *D. Lockwood:* Soziale Integration und Systemintegration, in: *W. Zapf (Hg.):* Theorien sozialen Wandels, Köln 1979. – *T. Parsons:* The Social System, Glencoe/Ill. 1954. – Rel. Integrismus, Sonderheft der Schweizer Zeitschrift für Soziologie 3 (1983). – *H. Spencer:* Die Prinzipien der Soziologie, Stuttgart o.J.

*Ingo Mörth*

**Intellektuelle.** Meist eher amorphe Gruppen von Personen, die, oft wirkmächtig, die Deutung und Kritik von →Welt und →Gesellschaft betreiben. Als *berufs*mäßige Träger des »Geistes« haben I. meist ein gespanntes Verhältnis zu den Trägern von →Macht und →Herrschaft, zu berufl. Alltagshandeln und zu den herrschenden Zuständen. I. sind aber oft Erzieher der künftigen Inhaber von Herrschaftsfunktionen, und sie sind selbst oft Aspiranten auf Macht, Herrschaft und Privilegierung.

*A.* Nach M. →Weber ist das Handeln der I.n ursprüngl. insbes. aus dem Bedürfnis des *Intellektualismus* gespeist, Welt und Leben als »sinnvoll« zu erfassen und die →Erfahrung der Irrationalität der Welt deutend zu bewältigen. Es manifestiert sich zunächst in der Idee der →»Erlösung«, in eth. oder exemplar. Prophetie (→Prophet) sowie in Spannung zu weltl. Macht und zum Amt des →Priesters. *Hist. Orte*, an denen sich die – meist den privilegierten (→Bildungs-)Schichten und Intelligenzberufen entstammenden – neuzeitl. I.n zusammenfanden, waren Salons, Kaffeehäuser, Clubs, Weltanschauungszirkel, -vereine und -parteien. Mit ihren eth.-revolutionären, auf Vernunft und →Gerechtigkeit zielenden Ideen (→Revolution) waren I. wichtige Träger polit. und gesellschaftl. Bewegungen wie nationaler Einigungsbestrebungen oder der →Arbeiterbewegung. In der Gegenwart spielen I. eine wichtige Rolle in →Protest- und →Alternativbewegungen. Bei polit. Enttäuschung findet man nach M. Weber häufig eine Tendenz zu Innerlichkeit, individueller Heilssuche oder myst. Weltflucht (→Mystik).

*B.* Mit zunehmender gesellschaftl. *Differenzierung* ergeben sich verschiedenartige Gemengelagen und Überschneidungen von daseinsstabilisierender (techn., funktionaler) und polit. *Intelligenz*, Kulturintelligenz und Studenten sowie I.n. Trotz offenkundiger Differenzen innerhalb der – mit Bildungsexpansion und wachsender *Intellektualisierung* größer werdenden – Gruppen der I.n und der Intelligenz wird die Frage gestellt, ob nicht diese Gruppe insgesamt sich in den kommenden Jahrzehnten als dominante Schicht oder als herrschende →Klasse formieren kann.

*Lit.:* *D. Bering:* Die I.n, Stuttgart 1978. – *L. A. Coser:* Men of ideas, New York 1970. – *Th. Geiger:* Aufgaben und Stellung der Intelligenz in der Gesellschaft, Stuttgart 1949. – *A. W. Gouldner:* Die Intelligenz als neue Klasse, Frankfurt/M. 1980. – *K. Mannheim:* Ideologie und Utopie, Bonn 1929, Nachdruck Frankfurt/M. 1952. – *M. Weber:* Wirtschaft und Gesellschaft, Tübingen 1921, 5. Aufl. 1976.

*Constans Seyfarth*

## Interesse

### A. Philosophisch-ethisch

Ursprüngl. ein im →MA. geprägter Begriff des röm. →Rechts (id quod interest: Entschädigung, Zins), seit der frühen →Neuzeit im Sinne von »Eigennutz« in der →Ethik, auch in der →Theologie (span. Mystik, Fénelon 1671-1715) erörtert, ist I. heute einerseits ein vage umschriebenes Thema in →Pädagogik, →Psychologie, →Rechtswissenschaft und →Soziologie, andererseits als →*erkenntnistheoret. Kategorie* von Bedeutung. Am wichtigsten dürfte der von J. Habermas in Anschluß an Überlegungen von →Kant, →Hegel und vor allem →Marx entwickelte Begriff »erkenntnisleitender I.n« sein.

*I.* Neomarxist. orientierte Autoren pflegen zu fragen, wem dieses oder jenes wissenschaftl. Ergebnis nütze; sie deuten I.n also als mögl. Verzerrung des Vorgehens und der Ergebnisse von Wissenschaften (»Klasseni.n«). *Habermas* selbst dagegen versteht erkenntnisleitende I.n als →*anthropolog. Konstanten,* die →Wissenschaft erklären. Der →Mensch habe ein letztl. biolog. begründetes I. an →Naturbeherrschung, sozialwirksamer Verständigung (→Kommunikation) und →Freiheit (→Emanzipation); diesem verdankten sich →Natur- und →Geisteswissenschaften sowie Disziplinen wie →Philosophie und →Psychologie. Solche I.n sind nach Habermas nicht erfahrbar (bzw. »zu entlarven«), sondern sie können nur aus einer Analyse des Vorgehens des jeweiligen Wissenschaftstypus (→transzendental) erschlossen werden.
Diese ebenso originelle wie radikale Leugnung der Möglichkeit, nach →Wahrheit um ihrer selbst willen zu suchen (→Theorie und Praxis), wird von den meisten →Wissenschaftstheoretikern abgelehnt: es sei unklar, was unerfahrbare I.n sein sollten; die Wissenschaftsgeschichte zeige, daß Grundmodelle der Wissenschaft sich weniger einem →Bedürfnis als der *Neugier* und dem Staunen (→Aristoteles) verdankten; Habermas sei nur eine gescheite Synthese Kantischer und Marxscher Motive gelungen, die wissenschaftstheoret. gewendet werde, weil der →Marxismus sich inhaltl. als unhaltbar erwiesen habe. Zudem habe die These von »erkenntnisleitenden I.n« verheerende *wissenschaftspolit. Folgen;* sie legitimiere eine →Politik, die unter Berufung auf vage umschriebene »gesellschaftl. I.n« in die Wissenschaftsfreiheit eingreife. Schließl. erinnere Habermas' Theorie an die marxist.-leninist. Lehre von der Parteilichkeit der Wahrheit; letztere würde damit zu einer abhängigen Variablen der »richtigen«, d.h. den Fortschritt fördernden, I.n.

*II.* In *kath. Denktradition* hatte der Begriff bislang eine geringe Bedeutung, obwohl er durchaus nach dem Modell der Vorstellung z.B. →Thomas von Aquins von einer »Hinneigung eines Seienden zu seinem jeweiligen →Gut« gedeutet werden könnte. Sollte der →Mensch – was in einer ideologiegeprägten Kultur freil. schwierig ist – in der Lage sein, ohne die →Offenbarung seine wahre Bestimmung an seinen »echten« →Bedürfnissen abzulesen, könnte I. als (gelungenes oder irregeleitetes) Streben nach Vollkommenheit gesehen werden. Gelingt dies nicht, ist I. eine weiter nicht rational einsichtige und sich je individuell gestaltende Triebveranlagung, die höchstens durch →Ethik gesteuert werden kann und vom Gemeinwesen mit dem I. anderer abzustimmen ist – eine unbefriedigende Lösung, weil damit der →Staat zu einem I.nausgleicher herabgesetzt würde.

*Lit.: H.-J. Fuchs/V. Gerhardt:* I., in: Hist. Wörterbuch der Philosophie, Bd. 4, 1976, 479-494. – *J. Habermas:* Erkenntnis und I., Frankfurt/M. 1967. – *K. Hübner/N. Lobkowicz (Hg.):* Die polit. Herausforderung der Wissenschaft, Hamburg 1976.

*Nikolaus Lobkowicz*

### B. Theologisch

Seit dem Ende des MA.s wird I. mit »Eigennutz« und »Selbstsucht« in Verbindung gebracht. Das christl. Denken müht sich seitdem um die Verhältnisbestimmung von I. und Selbstverleugnung: »Wer mir nachfolgen will, der verleugne sich selbst, nehme sein Kreuz auf sich und folge mir« (Mt 16,24). Doch hat sich die Problemkonstellation geändert: Die →polit. Theologie und verschiedene Emanzipationstheologien betonen an diesem Punkt die Praxis der →Nachfolge Jesu. Es geht um die Verhältnisbestimmung von I. und Solidarität; die Praxis der Nachfolge geschieht jetzt im I. der Leidenden, Armen, Kranken und Ausgestoßenen; darin wird das »Eigeni.« zugleich überschritten.

*I.* In den gesellschaftstheoret. *Diskussionen der →Neuzeit* ging es um den Gegensatz von Eigeni. und Allgemeini. oder dem I. des Staates. Aber je mehr die negative, christl. legitimierte Wertung von »Eigeni.« schwand, desto mehr entschärfte sich der Gegensatz. Die materialist. Variante der franz. Aufklärung (Helvetius [1717-1771], Holbach [1723-1789]) führte jedes menschl. Auftreten auf I. zurück. Die engl. polit. und ökonom. Philosophie kulminierte bei *Adam Smith* (1723-1790) im Gedanken, daß die Gesellschaft gerade durch die Konkurrenz individueller I.n unterstützt und instand gehalten wird.
*K. →Marx* entlarvte die Problematik dieser Perspektive nicht, indem er mit der christl. Tradition die moral. Legitimität des Handelns aus I. bestritt, vielmehr verwies er auf die unversöhnl. I.n sozialer Kollektive. Bestritten wird G. W. F. →Hegels Gedanke, innerhalb der bürgerl. Gesellschaft bedeute der →Staat als »I. des Allgemeinen« die wirkl. Aufhebung der Einzeli.n. Vielmehr stehen die I.n der Inhaber von Produktionsmitteln im Gegensatz zu all denjenigen, die nur ihre Arbeitskraft zu verkaufen haben. Jedes Sprechen vom »I. des Allgemeinen« oder von »I.nlosigkeit« wird so

als *Verschleierung* der wirkl. I.n der Herrschenden kritisiert (→Ideologie). Doch beläßt es Marx nicht bei der bloßen Feststellung des I.nkonflikts. Zugleich sucht er nach dem wahren »I. des Allgemeinen« und findet es bei denjenigen, die innerhalb der bestehenden Verhältnisse nichts zu verteidigen haben, deren I. darum eine totale Veränderung der Gesellschaft bedeutet: das *leidende Proletariat.*

*II.* Für die *polit. Theologie* bedeutet der Gedanke, daß alles Handeln (also auch →Glaube und →Theologie) im Wesen interessengeleitet sei, nicht mehr Hemmung, sondern theol. Programm: »Wer treibt wo – also mit wem? – und in wessen I. - also für wen? – Theologie?« (J. B. Metz). Ein Element dieses Programms besteht in der Analyse der gesellschaftl. Implikationen von Worten, Bildern und Symbolen, von Glaube, →Kirche und Theologie; eine weitere Frage entspr. fundamentaltheol. Reflexion auf das Verhältnis von →Wahrheit und I. lautet: Gibt es *wahrheitsfähige I.n*? Die polit. Theologie legitimiert dieses Programm, indem sie auf das Auftreten Jesu im I. der Ausgestoßenen, vor allem aber auf sein Leiden und seinen Tod sowie auf Gottes Parteinahme für ihn in der →Auferstehung verweist.

*III.* Die lateinamerik. →*Befreiungstheologie* geht aus von einer fundamentalen »Option für die Armen«. Nur in Verbindung mit dem Glauben, der sich im konkreten Widerstand der Armen gegen ihr Leiden manifestiert, glaubt sie in Wahrheit über Gott sprechen zu können. Solidarität mit konkreten Formen des Kampfes ist auch nach anderen Formen emanzipator. Theologie (→schwarze Theologie, →feminist. Theologie) aus theol. Gründen notwendig. Obwohl diese Theologien auf den Begriff »I.« weniger zurückgreifen, liegt auch ihnen der Glaube zugrunde, daß Gott das I. der Leidenden und Unterdrückten zu seinem/ihrem I. gemacht hat. So wird Gottes →Gnade in der Möglichkeit sichtbar, in den Widerstand gegen das →Leiden eingeschaltet zu werden; darin ist zugleich der prakt. Weg vorgezeichnet, auf dem die Eigeni.n vom I. Gottes in Dienst genommen sind.

*Lit.: V. Gerhardt:* I., in: Theol. Realenzyklopädie 16, 226-229. – *J. B. Metz:* Glaube in Geschichte und Gesellschaft. Studien zu einer prakt. Fundamentaltheologie, Mainz 1977. – *Ders.:* Unterwegs zu einer nachidealist. Theologie, in: *J. B. Bauer (Hg.):* Entwürfe der Theologie, Graz/Wien/Köln 1985, 209-233. – *J. Moltmann:* Polit. Theologie-Polit. Ethik, Mainz/München 1984. – *E. W. Orth:* I., in: Geschichtl. Grundbegriffe 3, 305-365.

*Erik Borgman/Anton van Harskamp*

WBC

## Internationalismus und Supranationalismus

*A.* Unter I. (von lat. *inter* = zwischen und *natio* = Volksstamm, →Volk) versteht man alle polit. Ideen, Kräfte, Pläne und Handlungen, die auf eine Zusammenarbeit zwischen →Staaten und deren Institutionalisierung in *internationalen* →*Organisationen* ausgerichtet sind. Der S. (*supra* = über, darüber hinaus) ist eine bes. Form des I. Supranationalist. sind alle Ideen und Kräfte, die die Bildung und/oder den Ausbau überstaatl., d.h. mehrere Staaten umfassender, internationaler Organisationen anstreben. Eine *supranationale Organisation* besitzt eigene Zuständigkeiten und Befugnisse zu Entscheidungen, die die ihr angehörenden Staaten binden; diese haben zugunsten der supranationalen Organisation in einem best. Bereich der →Politik (z.B. der →Wirtschaftspolitik) oder in mehreren Bereichen ihre nationale Souveränität eingeschränkt, während in den sonstigen internationalen Organisationen die Mitgliedsstaaten ohne Beschränkung ihrer Souveränität zusammenarbeiten. Je umfangreicher die eigenständigen Rechte und Befugnisse einer supranationalen Organisation und je dauerhafter und fester die Mitgliedsstaaten in dieser integriert sind, desto mehr bildet diese eine *supranationale Gemeinschaft*, die eigenes *supranationales* →*Recht* setzt und eigene *supranationale* →*Institutionen* und so den Charakter eines Völkerrechtssubjektes besitzt.

*B. Geschichtl.* wurzelt der I. im *antiken und ma. Universalismus*, d.h. in der Idee und teilweisen Wirklichkeit einer die gesamte oder einen Großteil der Welt umfassenden ganzheitl. polit. Ordnung, wie ihn die Weltreiche der →Antike (z.B. das →Röm. Reich) oder des europ. →MA.s (vor allem das Deutsche Reich [→Deutschland]) verkörperten; im ebenfalls universalist. Anspruch des →Christentums, das im MA. in der →kath. Kirche eine übernationale Organisationsform besaß (während sich der →Protestantismus, etwa in Skandinavien, England oder Deutschland, seit der →Reformation in National- oder →Landeskirchen organisiert); im europ. →Naturrecht, dessen Vertreter im 15. und 16. Jh. eine überstaatl. Rechts- und Friedensordnung forderten und gedankl. entwickelten; sowie im Kosmopolitismus der europ. →Aufklärung des 17. und 18. Jh.s, der ebenfalls die Idee einer die ganze Welt umspannenden überstaatl. menschl. →Gemeinschaft vertrat. Diese inter- und supranationalist. Ideen und Kräfte waren vom Ende des 18. Jh.s an polit. freil. fast völlig bedeutungslos; die europ. Politik war von der →Franz. Revolution (1789) an fast gänzl. vom →Nationalismus geprägt.
Doch entstanden schon im *19. Jh.* polit. Ideen, →Ideologien und Bewegungen mit übernationalen Inhalten, Ansprüchen und Zielen; so etwa die Pan-Bewegungen, die die polit. Vereinigung größerer, mehrere Staaten, Völker bzw. Volksgruppen umfassender Gebiete forderten (z.B. der Panslawinismus die der slaw. Gebiete in Europa); oder der →Libe-

ralismus, der insbes. zur Förderung und Ausdehnung des internationalen →Handels beitrug; oder der Pazifismus, dessen Vertreter für die Schaffung einer weltweiten Friedensordnung eintraten (→Frieden); oder der →Marxismus, der das Ziel einer auf revolutionärem Weg zu errichtenden klassen- und staatenlosen zukünftigen Weltordnung vertrat und – als Voraussetzung dafür – einen proletar. I. propagierte, d.h. das solidar. Zusammenwirken und den Zusammenschluß der Arbeiterklassen aller Staaten (»Proletarier aller Länder, vereinigt euch!«). Diese geschichtl. Beispiele zeigen, daß sich der I. stets gegen den Nationalismus wendet und durch seine Zielsetzung – die Schaffung einer friedl. zwischen- oder überstaatl. polit. Ordnung – mit dem Pazifismus verbunden ist. Die einzige wenigstens einigermaßen wirksame Gegenkraft gegen die nationalist. und imperialist. Politik der europ. Staaten stellte im 19. Jh. die auf der ideolog. Grundlage des Marxismus und anderer sozialist. Ideen und Theorien entstandene und wachsende →Arbeiterbewegung dar; die 1864 in London gebildete »Internationale Arbeiterassoziation« (die »Erste Internationale«) war die erste internationale polit. Organisation der neueren Zeit. Die Kirchen dagegen unterstützten damals die nationalist. und imperialist. Politik der jeweiligen Staaten (→Imperialismus) oder setzten ihr zumindest keinen nennenswerten Widerstand entgegen; das gilt vor allem für die ev. Kirchen im dt. Kaiserreich (1871-1918), die als Landeskirchen auch rechtl. eng mit dem Staat verbunden waren (Bündnis von »Thron und Altar«).

Neuen Auftrieb erhielt der I. erst nach dem *Ersten Weltkrieg* (1914-18), ohne freil. die weiterhin nationalist. Außenpolitik der europ. Staaten wirksam eindämmen und die Entartung des Nationalismus zum →Faschismus – in Deutschland zum →Nationalsozialismus – verhindern zu können; der 1919 gegründete Völkerbund, die erste ihrem Anspruch nach weltweite gesamtpolit. Staatenverbindung, vermochte ihr Ziel, den Weltfrieden zu sichern, nicht zu erreichen und hörte nach Beginn des Zweiten Weltkriegs (1939) fakt. zu bestehen auf.

*C.* Seit Ende des *Zweiten Weltkrieges* (1945) sind die internationalen Beziehungen durch eine sich ständig ausweitende polit., militär., kulturelle, humanitäre und vor allem wirtschaftl. Zusammenarbeit zwischen den Staaten und durch die Bildung und den Ausbau zahlreicher internationaler Organisationen gekennzeichnet: Seit 1945 sind rund 6000 neue internationale Organisationen entstanden, darunter als sicherl. bedeutendste 1945 die *Organisation der Vereinigten Staaten* (engl. *United Nations Organization* [UNO]), der heute, anders als dem früheren Völkerbund, fast alle sebständigen Staaten der Welt (1985 waren es 159) angehören. 1984 gab es insgesamt 1458 zwischenstaatl., d.h. auf völkerrechtl. Verträgen zwischen den Mitgliedsstaaten beruhende, internationale Organisationen (engl. *International Governmental Organizations* [IGO]) und 12.006 nichtstaal. internationale Organisationen (engl. *International Non-Governmental Organizations* [*INGO*]), *d.h. internationale Zusammenschlüsse nationaler* →Parteien, →Gewerkschaften, Kirchen und sonstiger Vereinigungen – nicht gerechnet die gegenwärtig schätzungsweise rund 20.000 transnationalen Wirtschaftsunternehmen. Zu den nichtstaatl. internationalen Organisationen gehört auch der 1948 in Amsterdam gegründete →Ökumen. Rat der Kirchen, dem 1985 304 nichtkath. christl. Kirchen aus rund 100 Staaten angehörten, die rund 450 Mill. Christen repräsentierten.

*Grundlagen* des I. der Gegenwart sind 1. die modernen *techn. Mittel* des Nachrichten- und →Verkehrswesens, die auch die Kontakte zwischen den einzelnen Staaten und ihren Gesellschaften verstärken, ausweiten und teilweise auch vertiefen; 2. die dadurch bewirkte fortschreitende *Angleichung* der verschiedenen →Zivilisationen (etwa der →Amerikas und →Europas); 3. die zunehmende Verbreitung von *Ideen*, Ideologien, →Wert- und Ordnungsvorstellungen mit übernationalem Geltungsanspruch (z.B. der →Demokratie, des →Sozialismus bzw. des →Kommunismus oder der →Menschenrechte); 4. die den Organen der öffentl. Meinung wie den Politikern (und damit auch den Bürgern) immer stärker bewußt werdende Tatsache, daß die polit., sozialen, technolog. und ökolog. *Probleme* der Gegenwart und Zukunft nicht mehr isoliert durch die einzelnen Staaten, sondern – wenn überhaupt – nur durch internationale Zusammenarbeit gelöst werden können; 5. die Unmöglichkeit für die meisten Staaten, im Zeitalter der Atomwaffen ihren Bürgern allein und selbständig ausreichend *militär. Schutz* zu gewährleisten (→Rüstung).

*D.* Der wachsenden polit., wirtschaftl. und militär. gegenseitigen Abhängigkeit der Staaten voneinander (ihrer Interdependenz) entspricht aber deren institutionell-organisator. Form und Sicherung (bisher) nicht:

1. Kaum eine der zahlreichen internationalen Organisationen konnte bisher die selbstgesetzten Ziele erreichen; die meisten sind geprägt durch häufige interne *Krisen und →Konflikte*, die Ausdruck der unterschiedl. und allzuoft widersprüchl. nationalen →Interessen ihrer Mitgliedsstaaten sind. Das gilt auch für die 1967 durch den Zusammenschluß der *Europäischen Wirtschaftsgemeinschaft* (EWG, gegründet 1957), der *Europäischen Atomgemeinschaft* (EAG oder *Euratom*, gegründet 1957) und der *Europäischen Gemeinschaft für Kohle und Stahl* (EGKS oder *Montanunion*, gegründet 1951) geschaffene *Europäische Gemeinschaft (EG)*, die zwar als einzige bedeutsame internationale Organisation ausgebaute supranationale Organe mit eigenen supranationalen Kompetenzen besitzt, aber dem Ziel einer europ. polit. Union noch sehr fern ist.

2. Die institutionelle wie die informelle internationale Zusammenarbeit vollzieht sich in hohem

Maße innerhalb der beiden ideolog., polit., wirtschaftl. und militär. *Blöcke* des Westens (NATO, EG) und des Ostens (*Warschauer Pakt, Comecon*). Für deren Führungsmächte, die USA und die UdSSR, scheinen die jeweiligen Bündnissysteme immer noch vor allem Instrumente einer traditionellen Großmacht- und Hegemonialpolitik zu sein. Die Konfrontation der beiden Supermächte und damit auch der von diesen geführten Bündnissysteme bestimmt noch immer die internationale Politik, auch wenn sich seit Ende der 60er Jahre im Zuge der Entspannungspolitik vor allem die wirtschaftl. Zusammenarbeit zwischen den Blöcken und ihren Mitgliedsstaaten ausgeweitet hat. Man kann so bisher allenfalls einen »relativen« I. (innerhalb der beiden Blöcke), aber höchstens in Ansätzen einen weltweiten (etwa innerhalb der UNO) feststellen.
3. Weder die UNO noch die zahlreichen regionalen internationalen Organisationen konnten bisher regionale *militär. Konflikte* und Kriege verhindern; von 1945 bis 1982 wurden insgesamt 127 solche »begrenzten Kriege« ausgetragen. Der friedl. Ausgleich nationaler Interessen und die friedl. Regelung zwischenstaatl. Konflikte ist bisher eine unerreichte Zielvorstellung geblieben.
4. Neben dem Ost-West-Konflikt prägt in zunehmendem Maß der *Nord-Süd-Gegensatz* das Bild der gegenwärtigen internationalen Beziehungen. Die Kluft zwischen den industriell entwickelten Staaten der nördl. und den unterentwickelten Ländern der südl. Welthälfte scheint immer größer zu werden, trotz aller bi- oder mulitlateralen Maßnahmen der Entwicklungshilfe der ersteren für die letzteren (→Entwicklungspolitik). Eine wirksame internationale Solidarität den Problemen von →Armut, Hunger, →Krankheit und sonstiger Unterentwicklung gegenüber ist höchstens in Ansätzen sichtbar.

*E.* Gerade die Probleme der Länder der →Dritten Welt (→Asien, →Afrika und Lateinamerika [→Südamerika]) machen deutl., daß der I. der Gegenwart sich nicht damit begnügen kann und darf, die Zusammenarbeit zwischen den Staaten in internationalen Organisationen zu institutionalisieren, Verfahren zur Verhinderung oder Lösung zwischenstaatl. Konflikte zu entwickeln und wirksam anzuwenden und das Völkerrecht und die Kompetenzen der internationalen Gerichte dahingehend auszubauen. Mindestens ebenso wichtig scheint vielmehr, daß er die *Ursachen* internationaler Konflikte zu *beseitigen*, d.h. vor allem die materiellen und sonstigen Lebensbedingungen der Menschen in den verschiedenen Staaten, Regionen und Kontinenten nach dem Leitbild der →Menschenrechte einander anzugleichen, versucht. Solange dies nicht gelingt, kann die traditionelle, nationalstaatl., interessen- und machtpolit. orientierte Außenpolitik nicht in eine »Weltinnenpolitik« überführt werden, bleibt die am und nach Ende des Zweiten Weltkriegs formulierte Idee der »einen Welt« (engl. »one world«), d.h. einer einheitl. und solidar. Weltgesellschaft, eine unerfüllte Vision.

*Lit.: A. Boeckh (Hg.):* Internationale Beziehungen. Theorien – Organisationen – Konflikte, München/Zürich 1984. – *W. L. Bühl:* Transnationale Politik. Internationale Beziehungen zwischen Hegemonie und Interdependenz, Stuttgart 1978. – *G.-K. Kindermann (Hg.):* Grundelemente der Weltpolitik, München 1977. – *H.-J. Morgenthau:* Macht und Frieden. Grundlegung einer Theorie der internationalen Politik, Gütersloh 1963.

*Reinhart Beck*

**Iran.** Musl. 97,9%; Orthod. 0,4-0,7%; Kath. 0,1%; Prot. und Anglik. zusammen unter 1%; Juden 0,1%; Parsen 0,1%, Nichtgläubige und Atheisten unter 1%.

*A.* Die Frühzeit des I. ist gekennzeichnet durch einen ausgeprägten →*Dualismus*, der mit seiner Zweigötterlehre (Hormuzd und Ahriman) die altüberkommenen arisch-indogerm. Kulte überlagert und ablöst. Aus ihm hebt sich im östl. I. die Gestalt Zarathustras (Zoroaster) heraus, der als Urheber der Gathas des Avestas gilt (Zeit umstritten; vorachämenidisch). Ahura Mazdā (»Herr Weisheit«) ist endgültig Alleingott. Mit seinem rel. Elan wirkt das seit Kyros im 6. Jh. v. Chr. entstandene pers. Weltreich auf Judentum und Christentum ein durch Festigung eines →Jenseitsglaubens mit Hoffnung auf Erlösung (»das Reich«) und dualist. Elementen (→Engel-Dämonen; →Paradies-Hölle; Magier-Asmodäus).
Auf mazdaist. Grundlage erwächst zu Beginn der Sassanidenzeit (224-632) ein extremer Dualismus in Gestalt des *Manichäismus* (→Mani, gest. 277), der sich im Osten bis nach Zentralasien findet und im Westen bis nach Spanien ausbreitet, dem eine Zeit lang sogar →Augustinus anhing. Gegen die mazdayasn. »Staatskirche der Sassaniden« (Kartīr Obermobed) lehnt sich auch der *Mazdakismus* auf: eine rel.-kommunist. Bewegung im 5./6. Jh., die auf längere Zeit viel Unruhe bringt. Älter und wohl außerhalb des eigentl. I. (wohl in Kleinasien) ist der *Mithrasglaube* entstanden, den röm. Legionen weit nach Westeuropa getragen haben.

*B.* Schon früh breitete sich das →*Evangelium* im Gebiet des heutigen I. aus: Parther, Meder und Elamiter werden unter den Empfängern des Pfingstwunders genannt (Apg 2,9). Dem Apostel Thomas wird legendär Missionstätigkeit zugesprochen. Als erste Nation traten die Armenier schon im 3. Jh. zum Christentum über: Heute noch bilden sie die größte christl. Gruppe im Lande. Eine kirchl. Organisation im pers. Reich der Sassaniden wird erst im 4. Jh. sichtbar. Diese geriet im 5. Jh. in den Bann des Nestorianismus (→nestorian. Kirche), nachdem für das pers. Reich schon 424 ein selbständiges Katholikat geschaffen wurde. In den folgenden Jh.en brachten nestorian. Missionare das Christentum bis tief nach Innerasien, nach China und Süd- und Südostasien. Auch die westsyrisch monophysit. Jakobiten konnten sich während des MA.s im pers. Raum ausbreiten. Auch sie erhielten eine selbständige Kirchenorganisation unter einem Oberbischof mit dem Titel Maphrain. Ab dem 13. Jh. missionierten in Persien röm.-kath. Bettelmönche; auf deren Initiative hin kam es zu verschiedenen →unierten Ostkirchen, von denen jedoch nur noch wenige erhalten geblieben sind. Auch die prot. und anglik. Missionen des letzten und dieses Jh.s haben nur wenig Konvertiten gewonnen; sie bleiben Ausländerkirchen.

*C.* Einen einschneidenden Wandel der Dinge bewirkt von Arabien her das Aufkommen des →*Islam*, in dem auch iran. Spuren zu bemerken sind (Harut und Marut; fünf Gebetszeiten am Tag). Altgläubige Perser fliehen nach Indien, wo sie als »*Parsen*« noch heute eine blühende Gemeinschaft bilden, während der in Persien selbst verbliebene kleine Rest (Zarduštis, Gebern) immer weiter zusammenschrumpft.

*I.* Innerhalb des Islam löst sich im *Streit um die Nachfolge* des Propheten →Muhammad die »Partei Alis« (die *Schia*) von der allg. Kalifatspartei (Sunna). Vorwiegend von Persern vertreten, halten Aliden und Schiiten (Imamiten) nur diejenigen zur Führung der Gemeinde Gottes für berechtigt, die das Prophetenblut und damit das göttl. →Charisma geerbt haben: die sog. Imame, deren erster (obwohl nicht Blutsnachkomme) der Vetter Ali ist (danach die Prophetenenkel Hasan und Husain), deren zwölfter und letzter (»der Verborgene«, »der Herr der Zeit«, »der erwartete Mahdi«) auf geheimnisvolle Weise aus einem Sard'āb (Kellerwohnung) im irak. Samarra entrückt worden sein soll (873) und als verborgener Imam (al-gā'ib) einst wiedererscheinen und das Ende der Tage einleiten wird. Kleine und große Splittergruppen lassen die Reihe der Imame schon früher enden (Zaiditen, Isma'iliten, Ahl-e Ḥaqq). Seit 1500 (Sefewiden) ist die Zwölferschia ohne Unterbrechung Staatsreligion im I. Gegenwärtig wird das Staatssystem durch Khomeini wieder auf die Prinzipien der Religionsgesetze (Scharia) rückgeführt.

*II.* Weitgehend als Reaktion auf den allzu »gesetzl.« Islam des →Korans sowie seine engherzige Interpretation durch die Korangelehrten ('ulamā', fuquahā') ist die islam. →*Mystik* (Derwischtum, Sufismus) zu begreifen, die vor allem im I. gepflegt wurde. Ihren Höhepunkt fand die islam. Mystik in der pers. Dichtung: in Dschelaluddin Rumi (Maulavī/Mewlana, gest. 1273, Begründer des Ordens der Tanzenden Derwische), aber auch in Saadi, Hafis u.a.

*D.* Gleichfalls als Protestbewegung ist neuerdings die Bemühung um eine Glaubensreform auf schiit.-islam. Grundlage anzusehen, die im vorigen Jh. vom Babismus eingeleitet wurde. Inzwischen zum *Bahaïsmus* mit dem Anspruch einer Weltreligion ausgebildet (→Bahai-Religion), besitzt er die meisten Anhänger wohl in Amerika und wird im I. wegen seiner synkretist. Elemente blutig als Häresie verfolgt.

*Lit.: W. Eilers u.a.:* I., in: Religion in Geschichte und Gegenwart, 3. Aufl., Bd. 3, 875-887. – *G. Widengren:* Die Religionen I.s, Stuttgart 1965.

*Wilhelm Eilers/Thomas Riplinger (B)*

**Irland.** Kath. 95,3%; Anglik. 2,9%; Prot. 1,1%; Nichtgläubige und Atheisten 0,4%.

*A. Allgemein*

*I.* Der jh.elange Kampf der Iren gegen die polit. und rel. Herrschaft Englands ließ eine eigenartige Mischung von Nationalgefühl und kath. Kirchentum entstehen, die heute noch weit über das eigene Land hinaus wirksam ist. Emigranten und Missionare haben den ir. Katholizismus nicht nur in andere angelsächs. Länder, nach England, in die USA und nach →Australien getragen, sondern auch die Missionskirchen →Afrikas und →Asiens erhebl. beeinflußt.

*II.* Begonnen hat das →Christentum in I. um die Mitte des 5. Jh.s. Der hl. Patrick (ca. 385-460), Apostel I.s, vermochte das heidn. Druidentum zu überwinden. Im Gegensatz zum städt. Bistumswesen der röm. Reichskirche entstand auf der Insel eine *Mönchskirche* in enger Anlehnung an die Stammesorganisation: Clanbezirke als Klostersprengel, erbl. Abtswürde in der Häuptlingsfamilie, Trennung zwischen bischöfl. Jurisdiktion des Abtes und Weihefunktionen als Aufgabe der ihm untergeordneten Bischofsmönche. Die Klosterschulen genossen internationalen Ruhm und sicherten das klass. Kulturerbe während der Turbulenzen des frühen MA.s. Gleichzeitig wurden iroschott. Mönche zu Glaubensboten in ganz Europa. Ab Ende des 9. Jh.s setzten Raubzüge der Wikinger und innere Wirren der ir. Kirche stark zu und bereiteten den Weg für eine *Romanisierung* im Gefolge der anglonormann. Eroberungen im 12. Jh.

*II.* Unter Heinrich VIII. von England begann die →*Reformation* in I.: Die Klöster wurden aufgehoben; das Kirchengut wurde eingezogen, der →Anglikanismus eingeführt. Dennoch blieb die Bevölkerung kath. Obwohl selten heftig verfolgt, hatten die Katholiken bis ins 18. Jh. unter schweren wirtschaftl. Repressalien zu leiden. Die Ansiedlung engl. und schott. Protestanten bes. in Ulster verschärfte die konfessionelle Situation. Der rel. *Widerstand* der Katholiken verband sich mit polit. Interessen wie der Unterstützung der Stuart-Dynastie und dem Kampf um die Unabhängigkeit. Erst ab Mitte des 18. Jh.s wurde schrittweise konfessionelle Gleichberechtigung hergestellt: Gleichstellung 1829, Entstaatlichung der anglikan. Kirche 1867/1871. Die polit. Unabhängigkeit folgte erst im 20. Jh.; dabei blieb *Nordi.* mit seiner schwachen prot. Mehrheit (ca. 24% anglikan. und 29% presbyt.) bei →Großbritannien.

*Lit.: K. D. Bowen:* Protestants in a Catholic State, Dublin 1983. – *P. J. Corish:* The Irish Catholic Experience, Dublin 1981. – *T. Inglis:* Moral Monopoly: The Catholic Church in Modern Irish Society, Dublin 1987. – *J. T. McNeill:* The Celtic Churches, A History A.D 200-1200, Chicago 1974.

*Thomas Riplinger*

*B. Literarisch*

*I. Von den Anfängen bis ins 19. Jh.*

Die Literatur I.s, der »Insel der Heiligen und Wissenschaftler«, ist in einen ursprüngl. gäl. und einen späteren angloir. Zweig geteilt. Die frühesten christl. Missionare brachten das lat. Alphabet ins *Gälische*, verschriftlichten die alte mündl. Literatur und schrieben rel. Dichtung in der Volkssprache, die etwas von der natürl. Schönheit I.s widerspiegelt. Herausragend in der Volksliteratur ist »Agallamh Na Seanórach« (spätes 12. Jh.), ein ep. Streitgespräch zwischen St. Patrick und dem heidn. Heros Oisin. Der bedeutendste der gäl. rel. Poeten, Mór Ó Dálaigh (gest. 1244), schrieb Gedichte an die Jungfrau →Maria in einem schmucklosen, asket. Stil.

Mit der Ankunft der *engl. Tudors* in I. zur Zeit der *Reformation* begannen Versuche, den Iren durch bewußt gemachte Literatur in Gälisch den Protestantismus aufzuzwingen. Die darauf reagierende ir.-kath. Gegenreformation brachte ein frömmigkeitsgeschichtl. großes Werk hervor: »Desiderius« von *Flaithrí Ó Maolchonaire* (1561-1629), einem verbannten Priester. Er war in Barden-Schulen (Dichter-Schulen) erzogen und für ein rel. Leben bestimmt worden; doch seine Prosa ist klar und einfach, geschrieben für einfache Menschen. Im *18. Jh.* gab es eine bedeutende Gruppe rel. Dichter in *Munster*, manchmal auch »jakobin. Dichter« genannt, die aus intensiver kath. Frömmigkeit heraus arbeiteten. Die bedeutendste Arbeit ir. Prosa dieser Zeit war das Predigtbuch von Bischof *J. Gallagher* (1736). Mehr als zwanzigmal wiederaufgelegt, wurden diese Predigten unter ir. Katholiken weit gelesen. Durch das 18. und 19. Jh. hindurch spiegelte die ir. Literatur die kath. Kirche als eine Kirche des Volkes wider, das von fremder Herrschaft unterdrückt wird.

*II. Tendenzen im 20. Jh.*

Die Literatur der ir. literar. Renaissance dagegen, nun in Englisch, nahm gegenüber der Kirche eine Haltung von Kritik und Opposition ein. In seinen Romanen »A Portrait of the Artist as a Young Man« (1916) und »Ulysses« (1922) beschrieb *J. Joyce* (1882-1941) die Revolte gegen eine strenge jesuit. Erziehung und läßt den bleibenden Einfluß kath. Theologie selbst in seinem Skeptizismus erkennen. Das ma. »agenbite of inwit«, d.h. die Gewissensbisse, tönen durch »Ulysses«, während im »Portrait« das Dilemma zwischen Erbsünde und der priesterl. Absolution die zentrale Rolle spielt. Intellektueller Stolz führt Joycens Held, Stephan Dedalus, zu satan. Rebellion, um der »Realität der Erfahrung« zu begegnen und »die Schmiede meiner Seele einzuschmieden dem ungeschaffenen Bewußtsein meiner Rasse«. *W. B. Yeats* (1865-1939) war – weniger typ. – vom ir. Katholizismus fast unbeeinflußt. Er fand im Christentum »einen brauchbaren Symbolismus für einige ältere oder neuere Gedanken«. Er erfand Ribh, den Sänger »übernatürl. Lieder«, der mit St. Patrick debattiert (wie der alte Heros Oisin). Ribhs Gott ist weniger mit bibl. als vielmehr mit Begriffen von Plotin, der →Theosophie von Madame Blavatsky, von Berkeley und Swedenborg umschrieben. Auch andere Schriftsteller nach Yeats sind zur *ir. Mythologie* zurückgekehrt und setzen universale Werte gegen das, was sie als Despotismus der röm. Kirche ansehen. In *Th. Murphys* Stück »The Sanctuary Lamp« (1975) wird die Kirche durch drei Figuren heftig attakiert, die in ihr und in ihrem Glauben keine Hoffnung auf →Erlösung finden können. Ein jüngerer Autor, *J. Feeney* (geb. 1948), verurteilt des öfteren kath. Werte, ist aber durch den Geist eines rigorist. →Jansenismus der 50er Jahre genügend geprägt, um eine Zeitschrift wie »The Catholic Standard« herauszugeben und eine Biographie über Erzbischof McQuaid zu schreiben. Seit dem 2. →Vat. Konzil scheint der Einfluß der Kirche auf I. und seine Literatur abzunehmen.

*Lit.: F. O'Connor:* The Backward Look, London 1967. – *D. Hyde:* A Literary History of Ireland, London 1967. – *R. Hoban (Ed.):* The Macmillan Dictionary of Irish Literature, London 1980.

*David Jasper (Übers.: Karl-Josef Kuschel)*

**Ironie, Satire, Spott.** Für das unkrit. Verständnis sind diese verbalen Formen der Stellungnahme zur →Wirklichkeit nur auf Herabsetzung, auf Depotenzierung angelegt: Die I. zerspielt Bedeutungen, die Sa. bekämpft Wertvorstellungen (→Wert), der Sp. reagiert auf vertrackte Lebenskonstellationen. Die I. ist damit aber keineswegs hinreichend bestimmt, denn sie ist in ihren Ausprägungen Zeugnis einer der subtilsten →geistigen Haltungen des →Menschen.

*A.* Die *sokrat.* I. ist ein →krit. und päd. Mittel zur →Erkenntnisgewinnung im Anschein der Unwissenheit; die *trag.* I. bei Ödipus führt – durch die I. des Schicksals – zur Entdeckung der →Wahrheit. →Voltaire schrieb eine Weltgeschichte aus dem Geiste der I., die allen →Kulturen ihr Eigenrecht beläßt: *hist.* I. als Ausdruck der →Toleranz. Die *romant.* I. (Schlegel, Solger) erstrebt die Überwindung des Zwiespalts von →Ideal und →Wirklichkeit, der Entzweiung von →Subjekt und →Objekt; ihre Vermittlungsleistung richtet sich auf ein unendl. →Ideal. →*Krit. Funktionen* besitzt die I. bei →Heine als Antiillusionismus; als Mittel der →ästhet. *Distanzierung* von der Lebenstragik und als Voraussetzung ep. Totalität fungiert sie bei Th. →Mann, schließl. als *konstruktive* I. bei

→Musil bezweckt sie die Vermittlung geschichtl. gewordener Gegensätze.

*B.* I. ist damit eine Einstellung zu den Dingen der →Welt, die versucht, undogmat. die Eigenständigkeit der Erscheinungen vor dem Zugriff monolog. Auslegung zu bewahren. Dadurch ist sie dem Verdacht des *Relativismus* ausgesetzt. Als *method.* I. ist sie nur aus den Voraussetzungen →idealist. Philosophie zu begründen, wodurch zugleich die *Opposition* zu jedweder Herrschaftsontologie themat. wird. Als →krit. gemeinte Verkehrung nähert sie sich der Sa., welche Mängel der Realität bezeichnet: Sa. ist jede Mißbilligung von Normverstößen und Diskrepanzen, die vor den Leser als Richter gebracht werden. Sp. ist dagegen auf Verhöhnung beschränkt: in seinem polem. Urteil werden Mißverhältnisse von Anspruch und Wirklichkeit getroffen. Sp. schlägt dann um ins Inhumane, wenn er unverschuldete menschl. Defizite angreift. Dann ist Sp. bloß noch Ausdruck banaler Häme.

*Lit.: E. Behler:* Klass. I., romant. I., trag. I., Darmstadt, 2. Aufl. 1981. – *J. Brummack:* Satire, Dichtung, München 1979. – *S. Kierkegaard:* Über den Begriff der I., Frankfurt/M. 1976.

*Helmut Bachmaier*

**Irrational.** Bezeichnung für das dem begriffl., log. *(»rationalen«)* Denken Widerstreitende und von ihm nicht Erfaßbare (Un-Vernünftige) sowie für das, was über das endl., menschl. Erfassen und Verstehen hinausgeht (Über-Vernünftige).

*A.* Der philos. (→metaphys.) *Irrationalismus* sieht die letzten Grundlagen der Welt, des Seins, der Erklärung (des →Wesens) als der Vernunft unzugängl. an; so identifizierte der späte →*Schelling* den absoluten Weltgrund mit der Unvernunft, und →*Schopenhauer* behauptete als letzten Grund von allem den blinden, ziellosen (»irrationalen«) →Willen. Begriffsgeschichtl. begegnet der Vorwurf des Irrationalismus erstmals im Zusammenhang der Kritik an der Philosophie →*Kants*, in der ein der menschl. Vernunft unzugängl. Bereich der →Erkenntnis, das »Ding an sich«, themat. geworden sei. Für die Vertreter des dt. →Idealismus ist die Frage nach dem I.en ein zentrales Problem; ihre Bestrebungen (in der Auseinandersetzung mit dem Ansatz Kants wie in ihren Versuchen, diesen Ansatz weiterzuentwickeln) sind darauf gerichtet, durch ein vernünftiges Philosophieren das I.e aufzuheben. Im Blick auf die →Aufklärung, den →Kritizismus und →Rationalismus kann man den philos. Irrationalismus als eine Gegenbewegung verstehen (→Romantik), die u.a. von →Pietismus und →Mystik angeregt ist. Im Voluntarismus (Lehre vom Vorrang des Willens gegenüber dem Intellekt) und in der Lebensphilosophie (→Leben), aber auch in einem grundsätzl. Agnostizismus (Lehre von der Nichterkennbarkeit des Wirklichkeit) und Intuitionismus wirkte diese Strömung bis ins beginnende 20. Jh. weiter.

*B.* Der Irrationalismus ist aber – zumindest als Vorwurf - auch wirksam in den ideenpolit. Kontroversen der jüngeren Vergangenheit; der gegenseitige Vorwurf des *Dezisionismus* (die Unmöglichkeit rationaler Begründung und daraus abzuleitender Entscheidung), geäußert von Vertretern der →Krit. Theorie wie des →Krit. Rationalismus, bestätigt, daß der Begriff des I.en (als distanzierende Zuschreibung) eine fortdauernde Konjunktur hat. Dasselbe gilt für die Tatsache, daß auch der akadem. →Marxismus Vorwurf und Verdacht des Irrationalismus pauschal und polem. verwendet, z.B. wenn G. Lukács im philos. Irrationalismus seit →Hegel die ideengeschichtl. Vorbereitung des →Faschismus auszumachen glaubt. Das »I.e« avanciert hier zum wesentl. Moment »bürgerl.« Philosophie.

*C.* Von gänzl. anderen Voraussetzungen aus versuchte *Max* →*Weber*, das I.e – jenseits einseitig polem. Distanzierung – einzubringen in seine Überlegungen zum europ. *Rationalisierungsprozeß* (→Rationalisierung) und als bedeutsame Kategorie fruchtbar zu machen für eine method. Abgrenzung der Sozialwissenschaften sowohl von den traditionellen (Geistes-)Wissenschaften wie von Religion und Politik. Mit »Rationalität« (»sinnvolle Deutung«) läßt sich nach Weber auch das I.e weithin auflösen und verständl. machen. Seine hist. und sozialwissenschaftl. Analysen trugen wesentl. dazu bei, daß Irrationalismusproblem und –verdacht marginalisiert wurden; im Blick auf die *Religionsentwicklung*, das individuelle Handeln und seine Motivationen sowie in bezug auf die Frage nach dem →Leiden und dem →Bösen (→Theodizee, Kontingenzbewältigung) muß die rationale Analyse, will sie plausibel argumentieren, i.e Faktoren und Kräfte in Rechnung stellen, wenngleich nicht rechtfertigen. Gedanken und Argumente zu einer Rehabilitierung des I.en dagegen finden sich in neueren Ansätzen zur Wissenschaftstheorie und →Methodologie (*P. Feyerabend*) sowie zur →Ethnologie (*H. P. Duerr*). Vor allem Duerr bemüht sich darum, die Enge der europ. Kultur (die sich unkrit. einigen wenigen und nicht unumstrittenen Methoden der Wissenschaft verschrieben habe) aufzusprengen und Bewußtseinserweiterungen vorzubereiten, die sich auf der eingefahrenen Ebene von Wissenschaft und Rationalität gegenüber Pseudowissenschaft und Irrationalität nicht mehr angemessen besprechen ließen.

*Lit.: E. Balogh:* Zur Kritik des Irrationalismus, in: Dt. Zeitschrift für Philosophie 6 (1958), 58-76. – *H. P. Duerr (Hg.):* Der Wissenschaftler und das I.e, 2 Bde., Frankfurt/M. 1981. – *P. Feyerabend:* Erkenntnis für freie Menschen, Frankfurt/M., 2. Aufl. 1979. – *M. Frank:* Das Sagbare und das Unsagbare, Frankfurt/M. 1980. – *C.-F. Geyer:* Krit. Theorie, Freiburg/München 1982. – *W. Hennis:* Max Webers Fragestellung, Tübingen 1987. – *H. Holzhey/J.-P. Leyvraz (Hg.):* Rationalitätskritik und neue Mythologien, Berlin 1983. – *P. Krausser:* Kritik der endl. Vernunft, Frankfurt/M. 1968. – *H.-J. Lieber:* Kulturkritik und Lebensphilosophie, Darmstadt 1974. – *G. Lukács:* Die Zerstörung der Vernunft, Neuwied/Berlin 1969.

*Carl-Friedrich Geyer*

**Islam** (wörtl. Hingabe an den *einen* Gott) ist die Bezeichnung für die von →Muḥammad gestiftete monotheist. →Religion. Der I. versteht sich als »Dīn al-Fiṭrā«, ist die allen Menschen angeborene natürl. »Religion der Schöpfung«. Nach Sure 7, 172 offenbarte sich Gott zu Beginn aller Zeit (»damals«) gegenüber allen Menschen und verlangte von ihnen das Zeugnis, das er allein ihr Herr sei. Der Inhalt dieser Uroffenbarung ist der reine →Monotheismus. Alle Menschen gehören seitdem unterschiedslos zum »großen Bund«.

*A. Glaube*

Der Gläubige heißt Muslim (Plural: Muslime). Die Annahme des I. vollzieht sich durch das Aussprechen des *Glaubenszeugnisses* (Šahāda): »Ich bezeuge, daß es keine Gottheit außer dem Gott (Allah) gibt und daß Muḥammad der Gesandte Gottes ist.«

*I.* Der Muslim glaubt an den einen →Gott (Tauḥīd), an dessen →Engel, Gesandte, Bücher und an den Jüngsten Tag (→Eschatologie). Die Sunniten (s. E) fügen noch den Glauben an die Vorherbestimmung hinzu. Dieser 6. Artikel wird in heutigen Darstellungen gelegentl. weggelassen. Der I. lehnt alles ab, was den *Monotheismus* beeinträchtigen könnte: »Gott hat weder gezeugt, noch ist er gezeugt worden« (vgl. Koran 112, 1-4). »Ihm gleicht nichts« (42,11). Daher können Muslime auch die christl. Vorstellung der Gottessohnschaft (→Christologie) schwer nachvollziehen. Gott andere Wesen »beizugesellen« (Širk) stellt ein schweres Vergehen dar (4,48). Širk ist ein ideologiekrit. Begriff (→Ideologie) und bezeichnet nicht nur den zur Zeit des Propheten verbreiteten Polytheismus, sondern jegl. Vergötzung von Personen und Sachen. Gott ist der →Transzendente und *Erhabene* (2,255), den kein menschl. Auge erblikken kann und dem man ehrfurchtsvoll gegenübertritt. Gott ist der *Fürsorgende* (16,80f.), der dem Menschen näher ist als die eigene Halsschlagader (50,16). Gott ist der Schöpfer der →Welt und →Menschen (32,4ff.). Die wunderbare →Schöpfung ist zur Nutznießung durch den Menschen bestimmt (6,95ff.), der sie als Stellvertreter Gottes (Ḫalīa) sinnvoll bewahren und nicht zerstören soll. Die zentrale Gotteserfahrung ist die des *»barmherzigen Erbarmers«* (ar-Raḥmān ar-Raḥīm), in dessen Namen jede Sure mit Ausnahme der neunten eingeleitet wird. Der I. ist »Religion der Raḥma, der Barmherzigkeit« (A. Falaturi). Die einzige Handlungsweise, zu der sich Gott »verpflichtet«, ist die Raḥma (6, 12.54). Von seiner Grundbedeutung her hat Raḥma weibl. Züge (von der Wurzel: rḥm ist auch Raḥīm, d.h. der Mutterschoß, abgeleitet). »Das Gott-Mensch-Verhältnis bekommt somit im I. mütterl., also weibl. Züge und nicht wie im Christentum väterl., also männl. Züge« (A. Falaturi). Gott ist schließl. auch der Richter des Jüngsten Tages.

*II.* Was die *Vorherbestimmung* (→Prädestination) betrifft, so finden sich im →Koran sowohl Verse, welche die Allmacht Gottes herausstellen, als auch solche, welche die Wahlfreiheit des Menschen zum →Guten oder →Bösen betonen. Die meisten Texte sprechen nicht von willkürl. Handlungen Gottes; denn die Menschen wurden vorher gewarnt und mit der wahren Botschaft vertraut gemacht. In der Theologiegeschichte gab es Strömungen, die lehrten, daß die Allmacht Gottes durch einen freien Menschen beeinträchtigt würde (Ǧabariten), während nach den Qadariten und später den Mu'taziliten Gott nur einen frei handelnden Menschen zur Verantwortung ziehen könne. Mit der Schule der Aša'riten setzte sich schließl. weitgehend der *Kompromiß* durch, daß die →Freiheit des Menschen sich in einem von Gott abgesteckten Rahmen vollziehe oder daß die göttl. Fürsorge das Tun des Menschen begleite. Heutige Muslime stellen den freien, verantwortl. Menchen in den Vordergrund.

*III.* Das Ideal der →Armut und Askese, das dem klass. I. eher fremd ist, spielt eine bes. Rolle in der islam. →Mystik, dem Sufismus. Das Wort ist von dem traditionellen Gewand der islam. Mystiker abgeleitet (Ṣūf = Wolle). Zentral für den Sufismus ist das Bemühen um den rechten Weg (Ṭarīqa) zum Zweck der *Vereinigung mit Gott.* Die islam. Mystik ist wie auch die Philosophie vom →Neuplatonismus beeinflußt. Einer ihrer bedeutendsten Vertreter, Ibn 'Arabī (gest. 1240), lehrte, daß alle Dinge Manifestationen der göttl. Substanz seien. Der »vollkommene Mensch« stelle das Bindeglied zwischen Gott und Schöpfung dar. Weitere wichtige Vertreter sind Ǧalāl ad-Dīn-Rūmī (gest. 1273), der Werke dichter. Vollendung schuf und Yunus Emre (gest. 1320), der Komponist myst. Choräle. Die einzelnen Mystiker finden sich häufig unter der Leitung eines geistl. Führers (Pir, Šaiḫ; →Meister-Jünger-Verhältnis) in →*Orden* zusammen. Im prakt. Ordensleben spielen bis heute →Musik und →Tanz als Mittel zur Vereinigung mit Gott eine Rolle.

*B. Leben*

Das Leben des Muslim wird durch Pflichten gegenüber seinem Schöpfer ('Ibādāt) und Pflichten gegenüber den Mitmenschen (Mu'āmalāt) geprägt. Die *»fünf Säulen«* (Arkān) berühren beide Bereiche. Abgesehen vom Glaubenszeugnis, dessen bewußtes Aussprechen vor Zeugen die Zugehörigkeit zur islam. Gemeinschaft bestätigt, gehören das rituelle Pflichtgebet (Ṣalāt), die Pflichtabgabe (Zakāt), das Fasten im Monat Ramadan (Ṣaum) und die →Wallfahrt nach Mekka (Ḥaǧǧ) zu diesen Grundpflichten.

*1.* Das rituelle *Pflichtgebet* wird im Gegensatz zum freiwilligen spontanen Gebet (Du'ā) fünfmal am

Tag zu festgesetzten Zeiten in ganz best. Körperhaltungen verrichtet (z.B. 20,130; 17,78). Kranke, Altersschwache und Reisende sind dispensiert und können in verkürzter Form beten (4,101 u.a.). Vor dem Gebet muß der Muslim eine rituelle Waschung vornehmen, wobei die äußere Reinheit einen inneren →Weihezustand symbolisiert. Während das tägl. Gebet meistens zu Hause stattfindet, wird freitags ein gemeinsamer *Gottesdienst* in der Moschee abgehalten.

*2.* Schon im Frühi. galt *Freigebigkeit* als empfohlenes Werk der →Frömmigkeit (2,177). Sie basiert auf dem Prinzip, daß die Reichen Verpflichtungen gegenüber den ärmeren Gemeindemitgliedern haben, während die Bedürftigen ein Anrecht auf einen Teil des Vermögens der *Wohlhabenden* besitzen. In Sure 9, 60 werden die Armen, die Bedürftigen, die Verwalter der Zakāt, diejenigen, die sich verschuldet haben, die unterwegs in Not geraten sowie sich im Ǧihād (»Bemühen«) befinden, als Empfänger der Pflichtabgabe genannt. Obwohl die Pflichtabgabe im Verlauf der Geschichte ihre Rolle als einzige Steuer des islam. Staates einbüßte, stellt sie auch heute einen wichtigen Bestandteil des *Sozialsystems* dar.

*3.* Jeder erwachsene gesunde Muslim muß während des Monats Ramadan von Beginn der Morgendämmerung bis zum Einbruch der Nacht *fasten.* Dies bedeutet den Verzicht auf jegl. Art der Nahrungs- und Getränkeaufnahme (→Essen und Trinken), auf den Genuß von Nikotin sowie Geschlechtsverkehr. Altersschwache, Kranke und Reisende sowie schwangere und stillende Frauen erhalten Erleichterungen. Von ihnen wird allerdings erwartet, daß sie das Fasten zu einem anderen Zeitpunkt nachholen oder, wenn das nicht mögl. ist, eine Ersatzleistung, wie z.B. die Speisung eines Armen, vollbringen. Der Fastenmonat *Ramadan* gilt als eine bes. gnadenreiche Zeit (→Gnade), in der die Gläubigen für die Offenbarung des wunderbaren Korans in der »Nacht der Macht« danken. Der Fastenmonat ist eine Zeit der Selbstbeherrschung im phys. und psych. Bereich, aber auch der Selbstbesinnung und →Buße. Ferner kommt der Gedanke der Solidarität aller Muslime in diesem Monat bes. zum Ausdruck.

*4.* Sofern keine finanzielle Notlage oder andere Hindernisse vorliegen, sollen alle Muslime einmal im Leben eine *Wallfahrt nach Mekka* unternehmen, weil dort der I. entstand und um die Kaaba als heiligen, von →Abraham erbauten Ort zu ehren (3, 96f.). Der offizielle Beginn der Wallfahrt ist zehn Wochen nach dem Ende des Ramadan. Im Zentrum der Wallfahrt stehen die Erinnerung an das Abrahamopfer, die Abschiedswallfahrt des Propheten und der Gedanke der →Gleichheit und Zusammengehörigkeit aller Muslime.

*C. Ǧihād*

Der *Ǧihād* (wörtl. Bemühen, oft einseitig als »Hl. Krieg« übersetzt) ist keine Grundpflicht, sondern entfällt für einen Teil der Muslime, wenn sich genügend Gläubige zu seiner Erfüllung bereit finden. Während Ǧihād im Koran sowohl bewaffnete Auseinandersetzung (bisweilen Verteidigungskampf) als auch gewaltlose *Bemühung* bedeuten kann, bezeichnet er in der weiteren Geschichte und im islam. Recht vorwiegend den rel. verdienstvollen Kampf des einzelnen, der häufig im Rahmen staatl. →Kriege stattfindet, aber nicht mit ihnen ident. ist. Das islam. Völkerrecht teilte die Welt in ein Gebiet des I. und ein Gebiet des Krieges ein. Mit Angehörigen der Buchreligionen (hauptsächl. →Juden und →Christen, später auch Zoroastrier und →Buddhisten) schloß man *Schutzverträge,* denen zufolge die Muslime als Gegenleistung für freie Religionsausübung Steuern zahlen mußten. Heute benennt Ǧihād verschiedene, als gottgewollt empfundene Bestrebungen (z.B. Kampf gegen Kolonialherren, →Israel, ungerechte Systeme, Korruption, Bemühen um Gesellschaftsaufbau), wobei auf die bereits im klass. I. bekannte Unterscheidung zwischen dem kleinen Ǧihād (bewaffneter Kampf) und dem großen Ǧihād (Kampf gegen eigene negative Eigenschaften) zurückgegriffen wird.

*D. Rechtsschulen*

Die Wissenschaft des Fiqh bemühte sich, auf der Basis der im Koran verankerten göttl. Bestimmungen ein →Gesetz (Šarīā) zu schaffen. Zu den *Rechtsquellen* gehören neben dem Koran die *Sunna* (Berichte über Worte und Taten des Propheten), der I'gmā (Konsens der Gelehrten einer Generation) und der Qiyāṣ (Analogieschluß). Im sunnit. I. gibt es *vier Rechtsschulen:* 1. die von Abū Ḥanīfa (699-767) und seinem Schüler Abū Yūsuf (731-798) gegründete *hanafit.* Rechtsschule (u.a. Afghanistan, Pakistan, Zentralasien); 2. die von Mālik ibn Anas (715-795) gegründete *malikit.* Rechtsschule (u.a. Nordafrika, Oberägypten, Golfstaaten); 3. die von aš-Šāfī gegründete *safit.* Rechtsschule (u.a. Unterägypten, Jordanien, Libanon) sowie 4. die von Aḥmad ibn Hanbal (780-855) gegründete *hanbalit.* Rechtsschule (u.a. in Saudi-Arabien, Syrien, Irak).

Die *Schia* hat eigene Rechtsschulen. Wichtige islam. Ämter sind der Richter (Qādī) und der rel. Rechtsgutachter (Muftī).

*E. Zur geschichtlichen Gestalt*

*I.* Nach dem Tode des →Propheten bestand die Aufgabe seiner *Nachfolger* (Kalifen) darin, bei gleichzeitiger Vereinigung der rel. und polit. Gewalt ihrer Person, eine geordnete Existenz für die islam. Gemeinschaft (Umma) zu gewährleisten, in der die Gläubigen rechtschaffen nach Gottes Geboten leben können. Der erste Kalif war Abū Bakr (632-634), der langjährige Gefährte und Schwiegervater des Propheten. Ihm folgte 'Umar (634-644), während dessen Regierungszeit die bedeutendsten Eroberungen gelangen. Schon zur Zeit des dritten Kalifen 'Uṭmān (644-656) kam es, hauptsächl. ausgelöst durch dessen Vetternwirtschaft, zum ersten Bürgerkrieg der jungen Gemeinde, die zur Ermordnung 'Uṭmāns und später zur Ernennung 'Alīs zum vierten Kalifen (656-661) führte. Bei dem damaligen Machtkampf bildeten sich die auch für die weitere Entwicklung *entscheidenden Gruppen* heraus: 1. die Anhänger Mu'āwiyas, der Rache für 'Uṭmān forderte, die späteren *Sunniten.* Diese verlangen, daß der Kalif zum Stamm des Propheten gehören und sich in den rel. Quellen auskennen muß; 2. die Anhänger 'Alīs, des Vetters und Schwiegersohnes des Propheten. Die *Schiiten* verlangen, daß der Imām (schiit. Gegenstück zu Kalif) ein Nachkomme 'Alīs sein muß. 3. Eine dritte Gruppe vertritt die Ansicht, daß der »beste Muslim« unabhängig von Abstammung und Ansehen Gemeindeoberhaupt sein soll.

*II.* Nach 'Alīs Ermordnung löste die Dynastie der *Umaiyaden* (662-750) das Wahlprinzip der vier ersten »Rechtgeleiteten Kalifen« durch eine dynast. Erbfolge ab. Während dieser Zeit wurden große Gebiete erobert und verwaltet. Kulturell zeichneten sich die Umaiyaden vor allem durch den Bau von prachtvollen Wüstenschlössern aus. Die Umaiyaden regierten als arab. Fürsten. Ihre Nachfolger, die *Abbasiden* (750-1258), kritisierten vor allem ihre verweltlichte Herrschaft und die ungerechte Behandlung der nichtarab. Neumuslime. Zu dieser Zeit erlebte das islam. Reich eine einmalige kulturelle Blüte vor allem auf den Gebieten der Naturwissenschaften, wie z.B. →Mathematik und →Medizin, →Technik, Handel, Baukunst, Dichtung und →Musik. Insbes. aber ist auf die Rolle der Muslime als Wissenschaftsüberlieferer aus der →Antike hinzuweisen. Während der Abbasidenzeit zerfiel das Reich in verschiedene lokale Teildynastien von unterschiedl. Dauer und Verbreitung. Zu dieser Zeit genoß das Kalifat vornehml. nur noch geistl. Autorität.

*III.* Aber dennoch gab und gibt es *Reformbewegungen,* welche auch heute noch an der klass. Konzeption festhalten und sich am Ideal der Urgemeinde von Medina und der Herrschaft der ersten »Rechtgeleiteten Kalifen« orientierten. Nach dem Ende der letzten bedeutenden Dynastie, der *Osmanen* (Ende 13. Jh.s – 1918), sind in der islam. Welt verschiedene Nationalstaaten mit einem unterschiedl. Religionsverständnis entstanden. Schon im 19. Jh. hatten sich Reformer darum bemüht, unter gleichzeitiger Wahrung der eigenen rel. und kulturellen Identität, den I. in Auseinandersetzung mit Europa aus seinem erstarrten Traditionalismus (→Tradition) zu befreien und neu zu interpretieren. In *neuerer Zeit* ist ein allg. *Erstarken* des I. als rel., polit. und wirtschaftl. Faktor zu beobachten. Diese verschiedenen, sowohl konservativen als auch fortschrittl. innerislam. Strömungen werden im allg. »Reislamisierung« genannt. Dabei handelt es sich um verschiedene Kräfte, die mit unterschiedl. Akzentuierung und Zielsetzung eine Rückbesinnung auf den I. als geistige, polit. und kulturelle Kraft sowie eine stärkere Einbeziehung in das gesellschaftl. Leben fordern.

*Lit.: W. Ende/U. Steinbach (Hg.):* Der I. in der Gegenwart, München 1984. – *G. Endreß:* Einführung in die islam. Geschichte, München 1982. – *A. Falaturi u.a.:* Beiträge zu islam. Rechtsdenken (Studien zu nichteurop. Rechtstheorien, hg. von R. May, Bd. 2), Wiesbaden u.a. 1986. – *A. Falaturi:* Der I. Religion der Raḥma, der Barmherzigkeit, in: *ders./J. J. Petuchowski/W. Strolz (Hg.):* Universale Vaterschaft Gottes, Freiburg u.a. 1987, 67-87. – *H. A. R. Gibb:* Encyclopaedia of I., New York/Leiden/London 1960ff. – *J. Schacht:* An Introduction to Islamic Law, Oxford 1964. – *A. Schimmel:* Myst. Dimensionen des I. Die Geschichte des Sufismus, Köln 1980. – *M. Tworuschka:* Allah ist groß. Religion, Politik und Gesellschaft im I. (GTB Siebenstern 1079), Gütersloh 1983. – *Dies.:* Analyse der Geschichtsbücher zum Thema I., in: *A. Falaturi (Hg.):* Der I. in den Schulbüchern der Bundesrepublik Deutschland, Teil 2, Braunschweig 1986. – *Dies.:* Alle I.-Artikel (zu den Themen: Sexualität, Arbeit, Gesundheit, Besitz und Armut, Umwelt) in: *M. Klöcker/U. Tworuschka (Hg.):* Ethik der Religionen. Lehre und Leben, Göttingen/München 1984-1986. – *W. M. Watt/A. T. Welch:* Der I., Stuttgart 1980.

*Monika Tworuschka*

**Israel.** Der Staat I. entstand auf der Grundlage des Beschlusses der UNO über die Teilung →Palästinas vom *29.11.1947* einen Tag vor dem Ende der brit. Mandatsherrschaft in Palästina durch die Proklamation des »Provisor. Staatsrates« am 15.5.1948. Niemals wieder ist das →Recht des →Judentums auf diesen →Staat konzentrierter formuliert worden: »Im Land I. stand die Wiege des jüd. Volkes, hier wurde sein geistiges, rel. und polit. Antlitz geformt, hier führte es ein Leben staatl. Selbständigkeit, hier schuf es seine nationalen und universalen Kulturgüter und schenkte es der Welt das unsterbl. ›Buch der Bücher‹. Mit Gewalt aus seinem Land vertrieben, bewahrte es ihm in allen Ländern der Diaspora die Treue und hörte niemals auf, um Rückkehr in sein Land und Erneuerung der polit. Freiheit in ihm zu beten und auf sie zu hoffen.«

*A.* Für viele rel. (ca. 30% der Bevölkerung) und nichtrel. Juden bedeutet die Staatsgründung auch ein rel. Ereignis (*adhalta degeula* »der Anfang der Erlösung«). Trotzdem ist I. eine parlamentar. säkulare →Demokratie. Die Hauptstadt ist →Jerusalem. In den Grenzen von 1949 umfaßt es ein Gebiet von 20.700 km$^2$ und hat 1987 eine Bevölkerung von 4 Mill. Über 80% davon sind Juden (davon 55% oriental. Juden), 15% Muslime, knapp 3% Christen und 1% Drusen. Die beiden offiziellen Sprachen sind Hebräisch und Arabisch. In den von I. besetzten Gebieten wohnen ca. 1,2 Mill. Einwohner, die meisten Muslime, darunter ca. 40.000 Christen und 70.000 jüd. Neusiedler (seit 1968). Anstelle einer →Verfassung existieren einzelne Grundgesetze von vergleichbarem Rang. Osman. und brit.-palästinens. Rechtsnormen werden allmähl. von israelit. Gesetzeswerken abgelöst. Das Familien- und Erbrecht wird ausschließl. von den rel. Gerichten verwaltet. I. kennt als einziger Staat der Welt den →Wehrdienst auch für Frauen und versuchte, in seinen →Schulen die Koedukation (gemeinsame Erziehung von Mädchen und Jungen) aus prinzipiellen Gründen gegen den Widerstand jüd. und arab. Traditionalisten durchzusetzen. Neben einem vorzügl. Schulwesen gibt es mehrere Hochschulen und Forschungsinstitute (»Weizmann-Institut«) von Weltruf. Ihnen können die zahlreichen, oft hoch renommierten Forschungs- und Lehranstalten an die Seite gestellt werden, die von nichtjüd. Religionsgemeinschaften in I. unterhalten werden. In I. herrscht Religions- und Missionsfreiheit (mit Ausnahme des Religionswechsels auf Grund materieller Vorteile). Die rel. Angelegenheiten werden durch das »Ministerium für Religionen« geregelt, in dem es auch eine Abteilung für christl. Angelegenheiten gibt. Die →heiligen Stätten aller Religionsgemeinschaften stehen unter dem ausdrückl. Schutz des Staates I., der auch den freien Zugang zu ihnen garantiert.

*B.* Zu den *hist. Voraussetzungen* des Staates I. gehören der Zionismus (s. D), die Katastrophe des europ. Judentums (→Holocaust) und das polit.-moral. Fiasko der engl. Mandatspolitik, die sich einseitig auf die Araber konzentrierte und nach 1945 – als die Überlebenden des Holocaust nach Palästina drängten – vielfach offen Positionen des →Antisemitismus bezog. Noch vor seiner Gründung sah sich I. einer arab. Front gegenüber, die seine Vernichtung proklamierte. 1948/49, 1956, 1967, 1973 und 1982 kam es zu krieger. Auseinandersetzungen zwischen I. und seinen arab. Nachbarn. Durch die arab. Flüchtlinge von 1948/49, denen in den arab. Ländern jede →Integration verweigert wurde, wird der *Anspruch* auf einen *Palästinenserstaat* erhoben. I. hat alle Verhandlungen über eine solche Lösung von der arab. Anerkennung der Existenz des Staates I. abhängig gemacht, die bisher nicht erfolgt ist. Friede wird im Nahen Osten nur unter der Voraussetzung zu gewinnen sein, daß die arab. Staaten endlich und vorbehaltlos die Existenz I.s in gesicherten Grenzen akzeptieren und daß I. insbes. auf territoriale Maximalforderungen verzichtet.

*C.* Trotz ständiger Bedrohungen hat I. vielfach bewunderte *Leistungen* zustande gebracht. Seit 1948 wanderten über 2 Mill. Juden aus allen Erdteilen nach I. ein, das prinzipiell jedem Juden offensteht. Die *Integration* dieser Menschen, die aus den unterschiedlichsten Kulturkreisen stammen, ist auf Grund der einheitl. rel. Voraussetzungen und unter entscheidender Mitwirkung von →Schule und Armee bemerkenswert weit entwikkelt, wenn auch soziale →Konflikte zunehmend das Leben der israel. →Gesellschaft prägen. Integrierend wirkt die tiefe Überzeugung von der Notwendigkeit der »Erlösung des Landes«, an der die Gemeinschaftssiedlungen der *Kibbuzim* (die keineswegs immer sozialist. Idealen verpflichtet sein müssen) bedeutenden Anteil haben. Insgesamt hat sich I. zu einem modernen Staatswesen von hoher Leistungskraft entwickelt, dessen Weg in die Zukunft bestimmt sein wird von dem Verhältnis zu der eigenen großen Vergangenheit, zu den arab. Nachbarn und den Völkern der Welt sowie zu jenem Anspruch, den M. →Buber in die Worte faßte: »Wenn Israel weniger will, als mit ihm gemeint ist, wird es auch das Wenige verfehlen.«

*D.* Der *Zionismus* als Bewegung des Judentums zur Rückkehr nach I., in das »Land der Verheißung«, setzt die messian. →Hoffnung des Judentums in konkretes Handeln um. Verschieden akzentuiert (rel., kulturell und prakt.), setzte sich schließl. der »polit.« Zionismus Theodor Herzls (1860-1904) durch, dessen Vision vom »Judenstaat« zündende Wirkung hatte. Chaim Weizmann (1874-1952) schuf den »synthet.« Zionismus, der polit. bedeutsame Erfolge feiern konnte (Balfour-Deklaration 1917). Die zionist. Ideale und Theorien spielen in I. auch heute eine erhebl. Rolle.

*E.* Die unbestreitbaren Erfolge I.s haben dazu beigetragen, eine neue Form des Antisemitismus zu kreieren, den »*Antizionismus*«, der sich mit dem neuen Erscheinungsbild des Judentums in I. nicht abzufinden vermag, sich unbesehen arab. Positionen zu eigen macht, die Idee des Antiimperialismus in ihrer antisemit. Variante propagiert und im Einzelfall auch offen rassist. argumentiert. Die Verbreitung dieser neuen Form des Antisemitismus ist zumindest teilweise wohl nur tiefenpsycholog. zu erklären. Gelegentl. ist sie auch von christl. Gruppen offensiv vertreten worden (vgl. z.B. den Offenen Brief der Ev. Studentengemeinde in der Bundesrepublik und Berlin [West] an Bundeskanzler W. Brandt vom 26.5.1973, dazu die Stellungnahme von H. Gollwitzer und R. Rendtorff).

*F.* Die *Christen* in I. und den besetzten Gebieten (rund 125.000) sind meist Araber und die direkten Nachkommen der jüd.- wie heidn.-christl. Urgemeinde Palästinas. Bis in die Mitte des vorigen Jh.s waren die Christen Palästinas vorwiegend griech. (oriental.)-orthod. Durch die Mission der →Protestanten (1842), gefolgt von den Katholiken (1848), ist die Kirche heute gespalten. Die stärkste Kirche ist die kath. (ca. 60.000), während die orthod. Kirche nur noch knapp 50.000 Gläubige zählt. Jerusalem hat als Hl. Stadt schon früh (seit Konstantin) größere Mengen auswärtiger Christen angezogen, von denen sich viele auf Dauer dort niederließen. Die stärkste dieser Gruppen sind heute die Armenier (ca. 3.000). Kleinere Gruppen sind die der Kopten (ca. 600) und der Äthiopier (ca. 400). Hervorzuheben sind auch die syr. Christen (ca. 1.000), meist in Betlehem), die das Überbleibsel der monophysit. palästinens. Kirche sind aus der Zeit vor der Zwangsorthodoxisierung, und die Maroniten in Galiläa (ca. 3.500), die zur libanens. mit Rom unierten Nationalkirche gehören. Einen bes. Platz nehmen die judenchristl. Gemeinden ein, die statist. schwer zu erfassen sind, deren

Mitgliederzahl aber auf 400 bis 800 geschätzt wird. Von den Protestanten zählt die anglik. Kirche ca. 2.500, die luth. knapp 1.000 Mitglieder.
Die meisten Christen I.s sind einheim. arab. Christen. Es gibt aber auch eine größere Anzahl westl. Christen, in Jerusalem allein an die 2.000, meist Katholiken, die die →hll. Stätten verwalten (Franziskaner), in missionar. Diensten stehen, in den christl. Schulen und Krankenhäusern arbeiten oder des sich immer mehr ausweitenden Pilgerwesens annehmen. Unter diesen westl. Christen gibt es auch eine Anzahl, wiederum bes. Katholiken, die ins Land gekommen sind, um das Judentum besser kennenzulernen. Es existieren jüd.-(islam.-)christl. Gesprächskreise, wie die Interfaith-Association, die Fraternity oder der Rainbow.
Die Christen in der Westbank leben vorwiegend in den städt. Zentren (Ost-)Jerusalem, Betlehem, Beit Jalla, Beit Sahur und Ramalla sowie eine Minderheit in Dörfern zwischen Ramalla und Jenin. Die Christen I.s sind meist Dörfler, um das einzige christl. städt. Zentrum I.s Nazareth gruppiert. Die Zahl der israel. Christen hat sich seit 1948 verdreifacht.

*Lit.: J. Badi:* Religion und Staat in I., Gütersloh 1961. – *S. N. Eisenstadt:* Die israel. Gesellschaft, Stuttgart 1973. – *Y. Freudenheim:* Die Staatsordnung I.s, München/Berlin 1963. – *H. J. Heil:* Die neuen Propheten, Fürth/Erlangen 1969. – *D.-M. A. Jaeger (Hg.):* Christianity in the Holy Land, Jerusalem 1981. – *M. Krupp:* Zionismus und Staat I., Gütersloh, 2. Aufl. 1985. – *W. Laqueur:* Der Weg zum Staat I., Wien 1975 (Lit.). – *K. Schneider:* Religion in I., Meisenheim am Glan 1976. – *S. Schoon:* Christl. Präsenz im jüd. Staat, Berlin 1986. – *B. Tammuz/M. Wykes-Joyce:* Art in Israel, Jerusalem 1965. – *B. Tuchmann:* Bibel und Schwert. Palästina und der Westen, Frankfurt/M. 1983. – *E. Vogt:* I. Kritik von links, Wuppertal 1976. – *G.-K. Wehling:* Die polit. Parteien im Verfassungssystem I.s, Berlin 1977.

*Peter Maser/Michael Krupp (F)*

**Italien.** Kath. 83,2%; Prot. 0,7%; Orthod. 0,1%; Altkath. 0,1%; Musl. 0,1%; Juden 0,1%; Nichtgläubige und Atheisten 16,2%.

*A. Allgemein*

*I.* Jh.elang lag die Frage nach der polit. Stellung des →Papstes als eine *schwere Hypothek* auf der ital. Gesellschaft. Die Einigung I.s unter dem liberalgesinnten Haus Savoyen und die Eroberung →Roms (1870) machte die »röm. Frage« zu einem akuten Problem, das das Volk spaltete. Erst die Lateranverträge von 1929 und die atmosphär. Änderungen unter Papst Johannes XXIII. und seinen Nachfolgern haben das Problem endgültig beseitigt. Langsam stellt sich die kath. Kirche auf die zunehmende →*Säkularisierung* des Landes ein; empfindl. Niederlagen in polit. Fragen sowie Verschiebungen in der Parteienlandschaft haben die Bischöfe zu einem behutsameren und flexibleren Verhalten in gesellschaftl. Fragen bewogen. Kath. →Laien sind nicht mehr bereit, unkrit. einer Führung von oben zu folgen. Seit 1985 regelt ein neues →Konkordat die Beziehungen zwischen →Kirche und Staat.

*II.* Schon das →NT bezeugt die Ausbreitung des Christentums in I.; *Rom* – geheiligt durch →Petrus und →Paulus sowie viele →Märtyrer – beansprucht schon früh eine *führende Rolle* auch über I. hinaus (→Papsttum). Vor allem in Süd- und Mitteli. breitete sich die Kirche schnell aus. Nördl. der Apenninen kam dagegen die Christianisierung erst *im 4. Jh.* voran; dort entwickelten sich Mailand, Ravenna und Aquileia zu regionalen Zentren. Unter den arian. Ostgoten (5./6. Jh.) blieb die Kirche weitgehend unbehelligt; um so mehr hatte sie unter den Langobarden (6. Jh.) zu leiden: nur Rom, Ravenna und einige kleine Enklaven blieben unter byzant. Herrschaft (→Byzanz). Der Bilderstreit (→Altkirchl. Konzile) und der Filioque-Disput (→Christologie) brachten Spannungen im Verhältnis zu Ostrom. Mit Hilfe der Franken konnte sich Rom gegenüber den Langobarden und Byzantinern behaupten und die Grundlage des Kirchenstaats legen. Die Krönung Karls d.Gr. im Jahre 800 durch den Papst begründete die päpstl. Hoheitsansprüche über das dt. Kaisertum (→Deutschland).

*III.* Der kurzen karoling. Renaissance folgte eine Zeit polit. Wirren und des kulturellen und sittl. Verfalls. →Bistümer und →Klöster gerieten zunehmend in die Gewalt des Adels. Erst unter den sächs. Kaisern beginnt eine Reform, die jedoch in den Investiturstreit (11. Jh.) mit den sal. und stauf. Kaisern mündete. Die aufsteigenden Städte Mittel- und Nordi.s suchten sich mit Hilfe des Papstes von ihren geistl. Herren zu befreien; diese dagegen hielten zum Kaiser. Rom stützte sich auf die Normannen in Unteri., bis dieses durch Heirat an die Staufer fiel. Das 13. Jh. markierte den *Höhepunkt päpstl.* →*Macht.* Ab dem letzten Drittel des Jh.s lehnte sich das Papsttum zunehmend an →Frankreich an; 1309-1376 verlegte es seinen Sitz nach *Avignon.* Als die Päpste nach Rom zurückkehrten, hat sich ein polit. Gleichgewicht der sechs Mittelstaaten I.s – Genua, Mailand, Venedig, Florenz, Rom mit dem Kirchenstaat und Neapel-Sizilien – gefestigt. Die *Städte I.s* erlebten in dieser Zeit ihre höchste Blüte. Befreit von der Macht ihrer geistl. und weltl. Herren, nahmen sie republikan. Verfassungen an; erst im 14./16. Jh. gelang es einigen Familien, wieder eine dynast. Vorherrschaft durchzusetzen. Eine rel. Erweckung erfaßte das Land im 12./13. Jh.; während einige Strömungen zunehmend heterodoxe Formen annahmen – →Katharer, →Waldenser und verschiedene →chiliast. Bewegungen –, ließ sich der Hauptstrom durch die Gründung neuer Orden, insbes. Bettelorden, oder Laienbruderschaften in orthod. Bahnen kanalisieren. Auch der →Humanismus der Renaissance zeigte rel. Züge. Die Forderung nach Kirchenreform wurde immer lauter.

*IV.* Mit Hilfe der →Inquisition konnte das Eindringen reformator. Gedanken weitgehend verhindert werden: lokale Reformkreise waren meist erasmian. (→Erasmus) gesinnt. Anhänger reformator. Ideen wanderten vielfach aus oder blieben im Untergrund. Allein die Waldenser nahmen 1532 den →Calvinismus an. Die Drohung der →Reformation gab aber jenen Kräften Auftrieb, die eine kath. →*Gegenreform(ation)* befürworteten; auf dem →Konzil von Trient (1546-1563) wurden ihre Ideen verwirklicht. Ein neuer Geist – der überschwengl. →Barock – prägte Kultur und Frömmigkeit I.s vom 16. Jh. an. Im 18. Jh. drang aufklärer. Kirchenkritik in Form des Gallikanismus und Josephinismus nach I. Nach der Aufhebung des →Jesuitenordens (1773) formierten sich geheime Gesellschaften (Amicizie cristiane) zur Bekämpfung der modernen →Kultur. Die gemäßigt-aufklärer. Reformforderungen der Synode von Pistoia (1786) ließen sich nicht verwirklichen.
Die →*Franz. Revolution* wurde von führenden Kreisen I.s als Frontalangriff auf den Katholizismus gesehen. Napoleons Konkordat (1801) brachte eine Art Waffenstillstand zwischen beiden Parteien. Die →Restauration wurde in kirchl. Kreisen weitgehend begrüßt; allerdings gab es auch eine kath.-demokrat. Strömung, deren Vorbild nicht das autokrat. Ancien régime, sondern die ma. Christenheit war. Dennoch ließen sich die Päpste aus Furcht vor →Revolution und →Säkularisierung auf die Seite der konservativen Machthaber einordnen; progressive Regungen im Klerus wurden unterdrückt. Gegen die *ital. Einigungsbewegung* stemmte sich Pius IX. (1848-1878); dennoch konnte er die Einnahme Roms (1870) nicht verhindern: als der »Gefangene im →Vatikan« zog er sich zurück und lehnte alle Ausgleichsangebote des Staates ab. Katholiken wurde die Teilnahme am polit. Leben verboten; manche wandten sich der Sozialarbeit zu. Als Dachverband für diese Arbeit gründeten sie 1874/75 das sog. Kath. Kongreßwerk; Ziel war die Wiedergewinnung der Gesellschaft durch geistige Reform und soziales Engagement, getragen durch ein kath. Vereinswesen (→Kath. Organisationen). Die Ideen eines christl. Ständestaats sowie einer christl. Demokratie (→christl.- demokrat. Parteien) wurden darin artikuliert. Während Papst Leo XIII. (1878-1903) dieser Entwicklung wohlwollend gegenüberstand, löste Pius X. (1903-1949) das Kongreßwerk (1904) auf und unterdrückte die liberalen Strömungen im ital. Klerus.

*V.* Der Sieg des →*Faschismus* (1922) ermöglichte endl. eine Versöhnung mit dem ital. Staat. Im Faschismus sahen Pius XI. (1922-1939) und führende Kirchenmänner ein Bollwerk gegen →Liberalismus und →Sozialismus und eine Form der Verwirklichung des Ständestaatmodells der →kath. Soziallehre. Durch den Abschluß der Lateranverträge (1929), die nicht nur die Rom-Frage lösten, sondern der Kirche den geforderten Privilegienkatalog garantierten, wurde die Sympathie für den Faschismus bestärkt; erst das Vorgehen des Staates gegen die Kath. Aktion (1934) und gegen die →Juden (1939ff.; →Judentum) brachte Ernüchterung. Schon in der Zwischenkriegszeit hatte sich die ital. Kath. Aktion zu einem kräftigen, von oben gelenkten Instrument der kirchl. Gesellschaftspolitik entwickelt. *Nach dem Zweiten Weltkrieg* gewann die Kirche in der polit. Partei der Democrazia cristiana ein weiteres Instrument dazu. Über beide übte Pius XII. (1939-1958) eine richtungsbestimmende Kontrolle aus. Unter Johannes XXIII. (1958-1963) zog sich der →Vatikan aus der ital. Tagespolitik zurück; die enge Bindung der Kirche mit der Demokrazia cristiana wurde zugunsten eines polit. →Pluralismus gelockert. Die Erfahrungen des 2. →Vat. Konzils verhalfen dem Episkopat zu einem neuen Rollenverständnis und zu einer neuen Offenheit. Liturgiereform, →Ökumenismus, neue Formen der →Seelsorge und Spiritualität, das Aufkommen der Laientheologen helfen das alte Gefälle zwischen Klerus und Laien zu ebnen. So gibt es z.Zt neben Stagnation und Restauration die Hoffnung auf einen neuen rel. Aufbruch in einem säkularisiert-neutralen Staat und einer pluralist. Gesellschaft.

*Lit.: F. C. Church:* The italian reformers 1534-1564, New York 1974. – *F. Fonzi:* I cattolici e la societa italiana dopo l'unita, Rom, 3. Aufl. 1977. – *G. Penco:* Storia della chiesa in Italia, 2 Bde., Miland 1978. – *Ders.:* Storia della chiesa in Italia nell'eta contemporanea, Miland 1986. – *M. Petrocchi:* Storia della spiritualita italiana, 3 Bde., Rom 1978-1979. – *P. Scoppola:* I cattolici tra fascismo e democrazia, Bologna 1975. – *M. E. Welti:* Kleine Geschichte der ital. Reformation, Gütersloh 1985.

*Thomas Riplinger*

## B. Literarisch

### I. Vom 12. bis 14. Jahrhundert

Die ital. Literatur bildet sich im →MA. heraus und ist durch eine starke rel. Komponente gekennzeichnet. Ihr Anliegen, die rel. Botschaft zu vermitteln und alle Menschen an der Heilsbotschaft teilnehmen zu lassen, findet ihren Ausdruck in volkstüml. geistl. Lobgesängen (Lauda), die nicht in lat. Sprache verfaßt sind, sondern in den jeweiligen Dialekten (Volgari) der Regionen I.s. Berühmt wurden die Laudi des →*Franz von Assisi* (1181-1226), die →Hymnen wie die »Stabat Mater« des *Jacopone da Todi* (1236- 1306), die geistl. Schauspiele und Passionsspiele (→Passion). In diesen Werken offenbart sich ein einfacher, jedoch eindringl. rel. Zug, mit einem Gefühl der →Freude, der →Brüderlichkeit und der Zugehörigkeit zur →Schöpfung; oder es wiederholt sich die Tragödie des →Kreuz- und Passionsweges. Die im poet. Werk →*Dantes* (1265-1321) zum Ausdruck gebrachte, von philos. und theol. Vorstellungen stark beeinflußte Religiosität ist darauf gerichtet, die Glaubenswahrheiten nicht durch die Unmittelbarkeit des →Gefühls, sondern durch den Eifer des →Verstandes aufzugreifen; diese Religiosität geht auf in einem systemat. und harmon. Entwurf des Universums.

*II. Vom 14. bis 16. Jahrhundert*
Ganz anders das rel. Empfinden des *F. Petrarca* (1304- 1374), das sich im »Canzoniere« offenbart, einer Sammlung von Sonetten und Kanzonen, die von ihm zeitlebens in florentin. Dialekt geschrieben worden sind. Seine lyr. Dichtungen sind durch Selbstzerrissenheit und Seelenpein charakterisiert. Er gestaltet die Kluft zwischen dem Wunsch nach einem erfüllten christl. Leben und dem Unvermögen, es konsequent führen zu können. Das Werk des Dichters ist eine Art Selbstgespräch, in dem sich der Kummer über das Unvermögen zeigt, das Diesseits und das Jenseits in eine Harmonie zu bringen. Der harmon. Klarheit des Danteschen Glaubens ist ein unaufhebbarer seel. Zwiespalt gefolgt. Daher der aufreibende Kampf des Dichters mit sich selbst auf der Suche nach einer inneren →Freiheit, die ihm zeit seines Lebens verwehrt sein wird und die gleichwohl Größe und das →Moderne seiner Dichtung und selbst seines rel. Gefühls ausmacht.
Die andere große Persönlichkeit des 14. Jh.s ist *G. Boccaccio* (1313-1375), der in der ital. Literatur mit seiner Sammlung von Novellen »Il Decamerone« das Zeitalter der *Prosa* einleitet. Religiosität hat in seinem Werk keine existentielle Bedeutung. Sie erscheint vor allem dann, wenn der Autor sich über abergläub. oder lächerl. Aspekte der Religion (→Volksfrömmigkeit) lustig macht. Der rel. Horizont seiner Zeit freil. bleibt unbefragt. *L. Ariosto* (1474- 1533) läßt in seiner Ritterdichtung »Orlando furioso« (»Der rasende Roland«) die Ideale eines fröhl. und abgeklärten, raffinierten und sorglosen Lebens aufscheinen. Das Lebensgefühl der *→Renaissance*, das in seinem Werk durch die Heldentaten und die Liebesabenteuer der Ritter gespiegelt wird, ist dennoch von einer gewissen *Unruhe* durchdrungen: Die verwickelte Geschichte, in der Illusion und Wirklichkeit sich fortwährend nachjagen, Weisheit und Irrsinn plötzl. ineinanderfließen, unvermitteltes und unbegründetes Verschwinden eintritt, verweist auf ein kaum wahrgenommenes und verdrängtes Unbehagen, auf die großen Veränderungen, die die Epoche vorbereitete. Auch *T. Tasso* (1544-1595) hat Berühmtheit erlangt durch ein Ritterepos, die »Gerusalemme liberata« (»Das befreite Jerusalem«), dessen Wesenszüge jedoch denen im Werk von Ariosto diametral entgegengesetzt und sehr stark durch das *rel. Klima der →Gegenreformation* geprägt sind. Dem Genre zum Trotz hat das Epos einen stark lyr. Akzent, der ein schmerzl. und *mitleidvolles rel. Gefühl* vorherrschen läßt, das ängstl. das Bewußtsein der →Sünde wahrnimmt und sich bangend dem menschl. →Leiden zuwendet. Dieses Leiden betrifft nicht mehr nur den einzelnen, wie bei Petrarca, sondern ergreift das ganze Universum und wirft die *Frage nach dem →Sinn* auf.

*III. Vom 18. bis 19. Jahrhundert*
Das *Zeitalter der →Aufklärung* interessiert sich wenig für die rel. existentielle Thematik. In dieser Zeit überwiegt das Problem einer in den Dienst des →Staates gestellten →Rationalität (C. Beccaria, 1738-1794) oder der Hinweis auf die eth. Dimension der Vernunft (G. Parini, 1729-1799; V. Alfieri, 1749-1803). Auf der Schwelle zur *→Romantik* wird die Heldenhaftigkeit der Empfindung von *U. Foscolo* (1778-1827) verherrlicht. Erst bei *A. Manzoni* (1785-1873), einer der wichtigsten Schriftsteller I.s (→Goethe, der ihn kannte und bewunderte, übersetzte auch einige seiner Gedichte), hat Religion noch eine tiefgreifende existentielle und hist. Bedeutung. Sein Roman »I promessi sposi« (»Die Verlobten«) erzählt eine Geschichte aus dem Blickwinkel der Unterdrückten und Gedemütigten. Die persönl. Erlebnisse der zwei Hauptpersonen des Romans sind verwoben mit der Geschichte der Lombardei im 17. Jh. unter der Herrschaft der span. Krone. Der *tiefe Glaube* Manzonis ist der Schlüssel zum Verständnis des Romans und seines übrigen Werkes. Zum ersten Mal in der Geschichte der ital. Literatur sind die Hauptpersonen niederer Herkunft; die Frömmigkeit, von der im Roman die Rede ist, ist die der einfachen Leute. Sie ist fern vom Pomp und Prunk der offiziellen Zeremonie. Der Roman wird beherrscht vom Gedanken der *göttl.* Vorsehung; Gottes Werk schaltet sich in geheimnisvoller Weise ein, um jegl. menschl. Entscheidungen, seien es die der großen oder kleinen, die der guten oder schlechten Menschen, zu seinem Zwecke zu lenken.
Nicht zu vergessen ist auch einer der größten ital. Dichter, *G. Leopardi* (1798-1837), Autor der »Idilli« (»Idyllen«) und der »Operette morali« (»Kleine moral. Werke«). In seinem Werk zeigt sich kein rel. Zug, aber auf trag. und tief empfundene Weise ist das Bewußtsein des Leidens und des Unglücks der menschl. Kreatur lebendig, die bange Frage nach einem *universellen Sinn*, der dem Menschen verborgen und unerreichbar bleibt. Gegen Ende des Jh.s macht *A. Fogazzaro* (1842-1911) in seinen Werken »Malombra, Piccolo mondo antico« auf die rel. Thematik erneut aufmerksam, indem er einige Themen des großen europ. Romans des 19. Jh.s in schlichterem Stil wiederaufgreift. Als Vertreter des »modernismo« (fortschrittl. Bewegung innerhalb der kath. Glaubensbewegung) und Kämpfer für die kulturelle und weltl. Erneuerung des rel. Lebens stellt Fogazzaro sich uns als ein Mensch vor, der imstande ist, sich durch das Vertrauen in das Wirken der göttl. Vorsehung aus der Unfähigkeit herauszulösen.

*IV. 20. Jahrhundert*
Die Literatur des 20. Jh.s folgt anderen und größtenteils der rel. Thematik fremden Wegen. Ausdrückl. wird sie noch von wenigen bedeutenden Autoren wie *G. Papini* (1881-1965) aufgenommen, der im reifen Alter (1919) zum Christentum zurückfand. Seine »Storia di Christo« (1921) ist weder von bes. literar. Bedeutung, noch zeugt sie von einem durchdachten und durchlittenen persönl. Lebensweg; vielmehr spiegelt das Werk eine

Tendenz des Autors zur rhetor. Übertreibung und seine Sympathie für das okkulte und auf Wunder beruhende Element der Religion wider.
Beachtung findet die Religion auch in den Werken von Autoren wie *P. Pasolini* (1922-1975) und *I. Silone* (1900- 1978). Das Interesse für rel. Motive hat mit der Entscheidung für einen bes. hist. und sozialen Gegenstand zu tun: die Welt der Bauern vor der Industrialisierung, die als Bewahrerin authent. Traditionen und Werten betrachtet wird, deren wichtige Vermittlerin das Christentum ist. Bei beiden Autoren findet sich darüber hinaus eine Polemik gegen den institutionellen und weltl. Aspekt der kath. Kirche. So werden jetzt auf literar. Ebene die schon bei *A. Gramsci* (1891-1937) vorhandenen Hauptargumente der polit. Kritik an der ital. Gesellschaft verarbeitet.
Bei den bedeutenden ital. Autoren dieses Jh.s herrschen jedoch andere Themen vor: Die *psycholog.-existentielle Suche nach dem Ich* (I. Svevo, 1861-1928; L. Pirandello, 1867- 1936) oder auch die Thematik von →*Krieg* und *Partisanenkampf* (C. Pavese, 1908-1950; B. Fenoglio, 1922-1963). Das Unbehagen an der faschist. Gesellschaft und der Falschheit bürgerl. Moral wird in den Werken von *A. Moravia* (1907) dargestellt, bei *I. Calvino* (1923-1986) hingegen das Engagement des Intellektuellen und Schriftstellers in Verbindung mit einer scharfen und iron. Kritik an der Situation des heutigen Menschen. Unter den Lyrikern ist *S. Quasimodo* (1901-1967) der Wegbereiter einer stark verschlüsselten Dichtung (Hermetismus); *G. Ungaretti* (1888-1970) beschreibt die Themen einer vom Tode bedrohten →Gesellschaft und *E. Montale* (1896-1985) zeigt ein Leiden am Leben vor dem Horizont einer ständig verweigerten Öffnung und →Transzendenz.

*Lit.: A. Asor Rosa (Hg.):* Letteratura italiana, Turin 1982ff. (vorgesehen 9 Bde., bis 1986 6 Bde. erschienen). – *S. Battaglia:* La letteratura italiana, 2 Bde., Florenz 1971 und 1974. – *V. Branca:* Dizionario critico della letteratura italiana, Utet/Torino 1974. – *E. Cecchi/N. Sapegno:* Storia delle letteratura italiana, 9 Bde., Mailand 1965-1969. – La letteratura italiana – Storia e testi –, 75 Bde., Mailand 1951-1981. – *H. W. Wittschnier:* Die ital. Literatur, Tübingen, 2. Aufl. 1979.

*Annamaria Perone (Übers.: Helga Avruscio-Becker)*

# J

## Jahr

*A.* Zwischen dem bürgerl. und dem Kirchen- oder liturg. J. besteht, christl. gesehen, kein Unterschied, da sich im J. (wie in anderen Zeitmaßen auch) die Gegenwart des →Heils und die Möglichkeit seiner Annahme durch den →Menschen zeigen kann. Das Christentum kennt keine in sich heilige Zeit. Doch ist nicht zu übersehen, daß das Jahr mit seinem kosm. Maß (→Makrokosmos) einer erwachenden und ersterbenden →Natur, eines Endes und fortwährenden Neubeginns, in allen →Religionen ein Maß »heiliger Zeit« ist und als solches auch gefeiert wird. Auch im Christentum werden Jahresende (»Silvester«) und Neujahr – wenn auch nicht in liturg. herausgehobener Weise – gefeiert. Mit der Bezeichnung Kirchenj. oder liturg. J. ist die kirchl. Gliederung des J.es gemeint, die sich aus der Menschwerdung (→Inkarnation; J.e werden »nach Christi Geburt« gezählt) sowie aus Tod und →Auferstehung Christi ergibt.

*B. I.* Der älteste und zugleich wichtigste Feiertag ist der Sonntag (→Woche) als Gedächtnis des gekreuzigten und auferstandenen Herrn. Wann eine eigene *Osterfeier* (→Ostern) entstanden ist, läßt sich mit letzter Sicherheit nicht nachweisen; zu Ende des 2. Jh.s ist sie überall etabliert. Auf Grund der zentralen Bedeutung von Leiden, Tod und Auferstehung Jesu für den christl. Glauben bilden die Feiern der Kar- und Osterwoche den Mittelpunkt des liturg. J.es, das seinen Höhepunkt in der Osternacht findet, dem liturg. Gedächtnis des Übergangs vom Tod zum Leben. Ab dem 4. Jh. fächerte sich die Osterfeier auf verschiedene Tage aus, um so der hist. Abfolge besser gerecht zu werden. Eine fünfzigtägige ununterbrochene Festzeit nach Ostern besteht spätestens seit Beginn des 3. Jh.s. Ab dem 4./5. Jh. wurden gemäß der lukan. Zeitrechnung der 40. Tag als Christi Himmelfahrt und der 50. Tag als Tag der Ausgießung des →Hl. Geistes (→Pfingsten) gefeiert. Eine immer längere Vorbereitungszeit auf Ostern, die die letzte Vorbereitungszeit der in der Osternacht zu Taufenden mit einschließt, wurde seit dem 5./6. Jh. zur »Fastenzeit«.

*II.* Der zweite Pol des liturg. J.es sind →*Weihnachten und Epiphanie* (bzw. Epiphanias), die Feste der Menschwerdung und des Offenbarwerdens Christi. Ihnen hat sich im →Advent eine Vorbereitungszeit zugesellt. Während vor allem Weihnachten in großen Teilen des Westens zu einem Geschenkfest mit hohen Emotionen geworden ist und als Zentrum des Kirchenj.es angesehen wird, ist in den Ostkirchen Ostern das bedeutendste Fest des J.es geblieben, auch im Bewußtsein der Menschen und in den Volksbräuchen. Dem entspricht, daß es in der orthod. Kirche auch keine eigentl. mehrwöchige liturg. Adventszeit gibt (wohl eine Fastenperiode ab dem 15. November) und der Kirchenjahresbeginn nach alter byzant., jedoch weltl. Tradition auf dem 1. September liegt.

*III.* Andere, von den Evangelien berichtete, heilsgeschichtlich bedeutsame Ereignisse im *Leben Jesu* (Verkündigung, Darstellung und Verklärung des Herrn, Mariä Heimsuchung) werden in der Regel von ev. Agenden (Büchern mit den liturg. Ordnungen und Texten) zwar berücksichtigt, gottesdienstl. meist aber nur begangen, wenn sie auf einen Sonntag fallen; sie spielen im kath. Raum kaum noch eine prägende Rolle. Von einer gewissen Bedeutung sind Feste, die an Ereignisse der *Kirchengeschichte* erinnern (Kreuzerhöhung, Kirchweihfeste; Reformationsfest) oder – wie die Buß- und Bettage im ev. Bereich, die hier die Quatembertage ablösten – sich ursprüngl. staatl. Anordnung verdanken. Die liturg. Gedenktage der bibl. und nichtbibl. →*Heiligen* (im ev. Bereich spielen Johannis am 24.6., Michaelis am 29.9. und die Aposteltage eine gewisse Rolle) können als Feier des Glaubenszeugnisses dieser Personen Wert besitzen, sind aber liturgietheol. zweitrangig und dürfen in keinem Moment die Feier des Sonntags überlagern oder von den Feiern der Heilsereignisse in Leben, Tod und Auferstehung Christi ablenken. Ein christl. Kirchenj. ist wohl ohne Heiligenfeste, nicht aber ohne den Sonntag und die großen Oster- und Weihnachtsfeiern mögl.

*C.* Der Unterschied zwischen kirchl. Festtagen oder Fastenzeiten und dem Alltag ist durch den *Arbeitsrhythmus heute* weitgehend aufgehoben; unterbrochen wird der Jahresablauf durch den Urlaub, der als Höhepunkt des J.es erfahren wird, sowie durch die emotionell hochbeladenen Tage um Weihnachten und Neujahr. Der (früher noch in weitaus höherem Maße prägende) Einfluß der Jahreszeiten ist fast gänzl. geschwunden. Wenn die Feiern des Kirchenj.es nicht zu bloßer Folklore verkommen sollen (Mitternachtsgottesdienst zu Weihnachten), werden die zentralen Heilsereignisse und ihre Feier den Mittelpunkt der →Verkündigung und →Seelsorge bilden; eine Reduzierung auf das Wesentl. kommt in das Blickfeld. Andererseits ist vonnöten, dem Anspruch auch liturg. gerecht zu werden, daß das *»bürgerl.« J.* ebenso wie das liturg. eine Zeit des →Heils ist (Feier von Neujahr).

*Lit.: A. Adam:* Das Kirchenj. mitfeiern, Freiburg/Basel/Wien 1979, 11-223. – *K.-H. Bieritz:* Das Kirchenjahr. Feste, Gedenk- und Feiertage in Geschichte und Gegenwart, München 1987. – *O. Bischofberger u.a.:* Feste und Feiertage, in: Theol. Realenzyklopädie 11, 2. Aufl., 93-143 (Lit.). – *M. Eliade:* Der Mythos der ewigen Wiederkehr, Düsseldorf 1953.

*Thaddäus A. Schnitker*

**Jakobusbrief.** Während der J. im kath. Raum gern als Kronzeuge gegen eine überzogene Paulusinterpretation und gegen eine einseitige Konzentration auf dessen Lehre von der →Rechtfertigung angeführt wird, haftet ihm im ev. Raum →Luthers Abwertung als »stroherne Epistel« bis heute an. Der sachl. Hintergrund für diese verschiedenen Bewertungen wird sichtbar an der hist. Frage, ob der J. sich mit dem wahren Paulus oder einem mißverstandenen Paulinismus auseinandersetzen mußte, ob zudem nicht in verschiedenen Situationen verschiedene Akzente zu setzen waren.

*A.* Eine Datierung und Lokalisierung des J.s hängt davon ab, ob er vom Herrenbruder Jakobus verfaßt ist oder nicht. Im ersten Fall muß er vor 62 n. Chr. geschrieben sein, und zwar in Jerusalem. Das Schreiben gibt sich durch den Vorspann (1,1) als Brief. Dem entspricht auch die durchgehende Form der Anrede. Doch ist dies, wie die Adresse (»an die zwölf Stämme in der Diaspora«) zeigt, eine *literar. Fiktion.* Als Absender wird ein »Jakobus«, vermutl. der Bruder Jesu, genannt; Sprache und theol. Inhalt des Schreibens sprechen aber eher dagegen. Sprache und Stil sind näml. von einem so hohen *literar. Niveau,* daß ein (wie auch immer sonst gebildeter) galilä.-palästin. Jude als Verfasser schwerl. in Frage kommt. Aber auch die Stellung zur vornehml. als ein Sittengesetz verstandenen →Tora deutet eher auf die Diaspora.
Die *Gliederung* des Briefes folgt keinem durchsichtigen Schema. Die Themen wechseln und sind oft nur durch Stichworte verknüpft. Zwei Spruchreihen zum Thema Versuchungen (1,2-18) sowie vom Hören und Tun (1,19-27) bilden den Auftakt. Es folgen drei Abhandlungen über das Ansehen der Person (1,13), →Glauben und Werke (2,14-26) und die Zunge (3,1-12). Spruchgruppen wider die Streitsucht (3,13-4,12) und zum Verhältnis von Armen und Reichen (4,13- 5,6) schließen sich an. Ermahnungen zu →Geduld und Ausdauer (5,7-11), eine Warnung vor dem Schwören (5,12; →Eid), Ermunterung zum machtvollen →Gebet (5,13-18) und ein Aufruf zur Verantwortung für den gefährdeten Bruder (5,19-20) beenden die Ermahnungen. Der J. fordert zu einer tätigen Bewährung des Glaubens auf. Seine Herkunft aus jüd.- hellenist. Tradition ist unbestreitbar. Im Vordergrund steht die Ermahnung zur *Bruderliebe,* die insbes. durch Reiche als das der Gemeinde gegenüberstehende schlechte Exempel, gefährdet ist.

*B.* Daraus wird auch deutl., daß dieser Brief in einem anderen Problemfeld anzusiedeln ist als den Diskussionen über die Bedeutung der jüd. Tora. Damit ist das *Sachproblem* aber nicht vollständig entschärft. Die Frage nach der zentraleren (Paulus: radikales Vertrauen auf Gott) oder mehr peripheren Fragestellung (Jakobus: Sittlichkeit) bleibt – sofern man nicht die eigene Sittlichkeit als *Erweis* des persönl. Vertrauens auf Gott versteht. Deshalb taucht der J. auch immer wieder auf, wenn es um die Bestimmung von Zentrum und Rändern des →Kanons geht, sowie um die Frage, ob der Kanon sich selbst ein Kriterium mitgibt, von dem aus er zu verstehen ist und seine einzelnen Schriften beurteilt werden können. Unüberbrückbare Standpunkte konnten in der ökumen. Diskussion überwunden werden.

*Lit.:* *H. Küng:* Der Frühkatholizismus im NT als kontroverstheol. Problem, in: *E. Käsemann (Hg.):* Das NT als Kanon, Göttingen 1970, 175-204. – *F. Mussner:* Der J. (Herders Theol. Kommentar zum NT 13,1), Freiburg, 3. Aufl. 1975. – *W. Schrage:* Der J., in: *H. Balz/W. Schrage:* Die »Kath. Briefe« (Das NT Deutsch 10), Göttingen 1975, 5-58.

*Ekkehard Stegemann/Hermann Häring (B)*

**Jansenismus.** Nach dem fläm. Theologen und Bischof von Ypern *Cornelius Jansen* (1585-1638) benannte sowie von diesem und von J. Duvergier de Hauranne (genannt Saint-Cyran, 1581-1643) begründete innerkath. rel. Erweckungs- und Reformbewegung des 17. und 18. Jh.s. Der J. geriet in heftige Auseinandersetzungen mit den →Jesuiten und in ein oppositionelles Verhältnis zur Amtskirche, welche mit mehreren päpstl. Bullen gegen ihn vorging.

*A.* Ausgehend vom →Augustinismus Jansens (der das erst 1640 veröffentlichte umfangreiche Buch »Augustinus« verfaßte) und anknüpfend an den großen Gnadenstreit zwischen →Augustinus und Pelagius (→Gnade), lehrte der J. gegen die Jesuiten, die eher die Willensfreiheit betonten, die →*Prädestination* aller menschl. Geschicke und vertrat gegen den jesuit. »Laxismus« die moral. rigorist. Auffassung (→Rigorismus), daß eine Handlung nur bei erwiesener Nichtsündhaftigkeit erlaubt ist. Da der J. die totale Abhängigkeit von →Gott ebenso wie die innige Verbundenheit mit ihm betonte, hat man ihn auch als Reaktion auf die Steigerung des menschl. Selbstbewußtseins in →Humanismus und →Renaissance interpretiert. In der Frage des →*Heils* wie auch in seinem Menschenbild (→Anthropologie) wandte sich der J. gegen die den Jesuiten vorgeworfene Abschwächung der theol. Bedeutung der Erbsünde (→Sünde und Schuld).

*B.* Der Bewegung eignete eine an das →Urchristentum gemahnende antizentralist. Tendenz, was die Spannungen mit →Papsttum und Jesuiten noch verschärfen mußte; sie geriet aber auch mit dem franz. Staatskirchentum (Gallikanismus) in Konflikt. Ihr Zentrum war bis zu seiner Aufhebung (1709) und Zerstörung (1710) durch Ludwig XIV. (der die ihm verdächtigen Jansenisten entschieden verfolgte und schließl. ihren Untergang herbeiführte) das Kloster *Port-Royal* bei Versailles. Der J., der sich vor allem in →Belgien, →Frankreich und in den →Niederlanden ausgeprägt hatte, starb im Laufe des 18. Jh.s aus, nachdem er jedoch Geister wie B. →Pascal und A. Arnauld zu fesseln vermocht hatte, die ihm erhebl. intellektuelle Schlagkraft verliehen.

*Lit.:* *L. Ceyssens:* Jansenistica. Studien in verband met de geschiednis van het Jansenisme, Mechelen 1950. – *Ders. (Hg.):* Jansenistica minora, Mechelen 1950ff. – *E. Weis:* J. und Gesellschaft in Frankreich, in: Hist. Zeitschrift 214 (1972), 42-57.

*Volker Steenblock*

**Japan.** Buddh. 59,6%; Angeh. →Neuer Religionen 22,4% (Buddhisten und Anhänger der Neureligionen sind meist gleichzeitig Shintōanhänger, reine Shintōgläubige sind eine Minderheit von ca. 3%); Christen 0,3%, darunter Prot. 0,8%; Mitglieder unabhängiger Kirchen 0,7%; Kath. 0,6%; Anglik. 0,2%; Orthod. unter 0,1%; Nichtgläubige und Atheisten 12%.

*A. Religionsgeschichtlich*

J. ist lebendiges Museum der →Religionen Ostasiens; heute Zentrum bes. des Mahāyāna-Buddhismus (→Buddhismus).

*I.* Die *Vorgeschichte* kann vom 7. Jt. v. Chr. bis zum 3. Jh. n. Chr. gerechnet werden: Die rel. Überlieferungen der Einwanderer (Frühformen der Ainu, Tungusen, Chinesen, Mongolen, Indochinesen, Indonesier, Malaien u.a.) wuchsen zum Alt-Shintō (→Shintoismus) zusammen, als diese Gruppen auf jap. Boden zu einem neuen Volk wurden. Die Einwanderung erfolgte von Süden nach Norden; daher erste Zentren in Kyūshū. Im *Altertum* (3.-12. Jh.) entstehen Zentren in Asuka, Nara, Kyōto: Im 4. Jh. kam der →Konfuzianismus und im 6. Jh. der →Buddhismus von →China über →Korea nach J. Die seit dem 4. Jh. sich durchsetzenden Yamato-Herrscher benutzten den Konfuzianismus (als →Ethik) und den Buddhismus (als →Erlösungsreligion) zum Bau eines Zentralstaats (Zentrum bis 9. Jh. Nara). Der Buddhismus nahm die shintoist. Götter, Schreine, Feste usw. in sich auf. Diese Symbiose (Ryōbu-Shintō, mit schamanist. und taoist. Zusätzen [→Schamanismus, →Taoismus]) wurde vom kaiserl. Hof und den buddhist. Kyōto-Sekten Tendaishū und Shingonshū getragen. Im →*MA.* (12.-16. Jh.) entstanden die Zentren Kyōto (Kaiserl. Hof) und Kamakura (Shōgunatsbehörden). Im Buddhismus entwickelte sich der Gegensatz der Kyōto-Sekten (Betonung des →Mönchtums als Heilsweg; Verbindung mit Kaiser und Hof) zu den Kamakura- Sekten (Betonung der unmittelbaren Erlösungsmöglichkeit jedes einzelnen, der →Laien, der →Frauen; Unterstützung durch die aus dem Kriegeradel stammenden Kamakura- Shōgune).

*II.* Zentrum der *neueren Zeit* (16.-19. Jh.) ist Edo-Tōkyō: Auch die Shōgune der Edo-Zeit förderten mehr die Kamakura-Sekten (z.B. →Zen und Jōdo) sowie den (Neo-)Konfuzianismus. Zentrum der →*Neuzeit* (1868-1926) ist Tōkyō: Kaiser Meiji befahl die Trennung von Buddhismus und Shintoismus und erhob letzteren zum Staatszeremoniell (Staatsshintō: →Shintoismus). Unter der formalen Herrschaft des Staatsshintō (1889-1945) waren die Religionen zwar polit. unterdrückt, genossen aber im Vergleich zu früher rel. Freiheit.

*B. Missionsgeschichtlich*

*I.* Literar. beginnt die Geschichte J.s im Vergleich zu anderen asiat. Völkern relativ spät. Die wichtigsten *frühen Quellen* über die einheim. Religion des Shintō, des »Weges der Götter« (jap. *kami*) und seine Mythologien (→Mythos) stammen aus dem 8.-10. Jh. n. Chr. Das Urteil über die Ursprünge hängt wesentl. von der (im letzten ungeklärten) Frage nach der Herkunft der *Urbevölkerung* ab. Früh erkennbar sind archäologisch Seelenglaube und Ahnenkult, Naturverehrung und →Schamanismus. Die Religiosität der J.er ist aber dann vor allem geprägt durch den von →China und →Korea eingeführten →Buddhismus und →Konfuzianismus; letzterer wirkte weniger als eigenständige →Religion, sondern als Grundlage der Gesellschaftsethik. Die Koexistenz von Buddhismus und Shintō war bis in die Gegenwart hinein von der *synkretist. Theorie* (→Synkretismus) bestimmt, wonach den Shintō-Göttern buddhist. Gottheiten entsprechen (Honjisuijaku-Theorie). Die Verankerung des Kaiserhauses im shintoist. →Mythos blieb unbestritten, so daß u.a. auch die Reideologisierung der jap. Dynastie und die Neubelebung des Staatsshintōs als einer Staatsideologie in der Meijireform mögl. blieb. Im jap. Volksempfinden ist die Mitgliedschaft in mehreren →Religionen möglich. Der Buddhismus ist bis heute vor allem von den ma. Säulen des meditativen →Zen-, des volkstüml., alle Schranken der Heilszueignung sprengenden Amida- und des japanzentrierten Nichiren-Buddhismus her geprägt. Die stärksten Erneuerungskräfte sind in unserem Jh. in J. von den nichirenist. nationalist.-eschatolog. neurel. Laienbewegungen (Risshōkōseikai, Sōkagakkai) ausgegangen.

*II.* Die *Christentumsgeschichte* beginnt in J. mit der Ankunft Franz Xavers 1549. Seine frühe Blütezeit endete 1587 mit dem Verbot des Christentums, das nach einer Periode eigentl. Christenverfolgung 1640 zur totalen Abschließung des Landes gegen ausländ. Einflüsse führte. Diese Situation endete 1854, als nach der von den USA mit polit. und militär. Drohungen erzwungenen Öffnung des Landes ev. und kath. Missionare ins Land kamen und 1889 die →Religionsfreiheit in der neuen →Verfassung verankert wurde. Die *neuzeitl.* christl. Mission hat wesentl. Anteil an der Ausbildung des modernen jap. Erziehungssystems gehabt, so daß christl. Gedankengänge in stärkerem Maße gesellschaftl. wirksam sind, als es die Mitgliederzahlen (etwa 1% der Gesamtbevölkerung) vermuten lassen.

Die Problematik der →Inkulturation wird u.a. sichtbar im Ringen um eine jap. *theol. Begriffsbildung* (z.B. erst nach dem Zweiten Weltkrieg ein einheitl. Gottesbegriff unter Christen: *kami*), in der Fortführung der Ritenfrage (u.a. in der Verwendung einheim. Riten und ritueller Haltungen in der christl. →Liturgie), bei einer relativ großen Zahl christl. Schriftsteller (u.a. S. Endō), aber auch in Versuchen, jap. (alte und neue) Elemente der →Musik, →Architektur, →Malerei und des Theaters zu verwenden.

*III.* Die stärkste *Einwirkung* jap. Religiosität *auf die westl. Welt* geht über die Verbreitung der Zenmeditation sowie der Zenkünste (Ikebana, Teezeremonie, Bogenschießen u.a.). Von Christen in reiner oder angepaßter Form propagiert, gehört die Zenmeditation (→Zen) zu den wichtigsten Momenten einer spirituell-prakt. Begegnung zwischen Christen und Buddhisten. Für die theoret. Auseinandersetzung zwischen jap. und westl. Geistigkeit ist vor allem die philos. Kyōto-Schule nach K. Nishida bedeutsam geworden. Für eine vergleichende Religionsbetrachtung bietet die große Zahl neurel. Bewegungen und Gruppierungen in J. (ca. 25% der Bevölkerung) ein wichtiges Forschungsfeld.

*C. Zur Situation der Gegenwart*

*I.* Schon vor dem Wechsel von der Shōgunatsregierung zur Kaiserregierung (1867/68) traten (bes. in und um Nagasaki) christl. Gemeinden an die Öffentlichkeit, die den Glauben *seit dem 16. Jh.* von Generation zu Generation ohne Priester heiml. weiterüberliefert hatten (sempuku-kirishitan oder kakure-kirishitan). Die ersten *kath. Missonare* der Missions Étrangères de Paris, die um die gleiche Zeit als Kapläne der franz. diplomat. Vertretung in J. einreisen durften, widmeten sich natürl. zuerst diesen Christen. Doch nicht alle vereinigten sich wieder mit der Hierarchie der →röm.-kath. Kirche. Einige blieben getrennt und selbständig bis heute (hanare-kirishitan oder auch kakure-kirishitan). Nach der Aufhebung des Christentumsverbots 1873 bauten die kath. Missionare im ganzen Land neue Gemeinden auf.

Nicht nur der röm.-kath. Kirche, sondern auch *anderen christl. Gemeinschaften* gelang es, im 19. und 20. Jh. eigenständige jap. Schwesterkirchen zu errichten, die heute für J. selbst, aber auch für das gesamte Christentum wichtige Beiträge liefern (Theologie der Mission, des →Dialogs, der →Säkularisierung).

*II.* Das Ende des 19. Jh.s ist gekennzeichnet durch eine intensive prot. und orthod. Missionstätigkeit. Die prot. Missionare kamen (neben engl., dt., schweiz.) mehrheitl. aus amerik. Denominationen. Auf den Gebieten des Erziehungswesens (Gründung der ersten höheren Schulen für Mädchen!) und der polit. und sozialen →Emanzipation der Bürger (Bürgerrechtsbewegung und Arbeiterbewegung) sowie in der Antikriegsbewegung haben die prot. Christen heute noch unvergessene Pionierleistungen erbracht. Innerprot. ökumen. Zusammenschlüsse kamen zwar teilweise zustande, haben aber nicht alle Gemeinschaften erfassen können. Bes. hervorzuheben ist in diesem Zusammenhang die selbständige Mukyōkai-Bewegung (»Nichtkirche«-Bewegung), die seit ihrer Gründung durch Uchimura Kanzō (1861-1930) für sich jede Institutionalisierung ablehnte und durch ihre »konse-

quent evangeliumsgemäße« Spiritualität in allen übrigen christl. Gemeinschaften und darüber hinaus in der jap. Gesellschaft insgesamt große stimulierende Wirkung ausübte.
Die jap. *Orthodoxie*, die heute etwa 25.000 Gläubige umfaßt, hatte ihre erste große Blüte in der Wirkungszeit ihres Gründers, des russ.-orthod. Erzbischofs Nikolai (1836-1912), der heute in der orthod. Kirche zu den Heiligen gerechnet wird. 1945 trennte sich die Mehrheitsgruppe der jap.-orthod. Kirche vom Patriarchat Moskau und unterstellte sich (vermittelt durch den Metropoliten von New York) dem →Ökumen. Patriarchat. Die Minderheitsgruppe blieb unter der Jurisdiktion des Patriarchen in Moskau. Die Mehrheitsgruppe versöhnte sich 1969/70 mit Moskau. Der Moskauer Patriarch erkannte sie als autonome orthod. Kirche an. Daneben gab er der Minderheitsgruppe das Recht, sich als Zweigkirche in der legitimen russ.-orthod. Traditionslinie zu bezeichnen.

*III.* →*Religionsfreiheit* nicht nur de jure, sondern auch de facto gibt es in J. erst seit Inkrafttreten der demokrat. Verfassung von 1946. Seit dieser Zeit mühen sich die christl. Gemeinschaften vor allem um die Lösung der päd., sozialen und sozialpolit. Probleme J.s. Gespräch miteinander und Zusammenarbeit haben zugenommen und die Wirksamkeit der einzelnen Aktionen verstärkt. Durch das Beispiel der Christen fühlen sich die übrigen Religionsgemeinschaften zu ähnl. oder sogar gemeinsamen Aktionsprogrammen angeregt.
Die demokrat. Verfassung von 1946 gab auch den jap. *Neureligionen* Handlungsfreiheit, von denen einige bewußt einen →Synkretismus aus Elementen der →Weltreligionen anstreben.

*Lit.: C. R. Boxer:* The Christian Century in J., Berkeley/Los Angeles, 2. Aufl. 1967. – *R. H. Drummond:* A History of Christianity in J., Grand Rapids (Michigan) 1971 (Lit.). – *H. Dumoulin:* Buddhismus der Gegenwart, Freiburg 1970. – *Ders.:* Geschichte des Zen-Buddhismus Bd. (I und) II, Bern 1986. – *W. Gundert:* Jap. Religionsgeschichte, Tokio/Stuttgart 1935. – *H. Hammitzsch (Hg.):* J.-Handbuch, Wiesbaden 1981 (Art. Religion, 1515-1682, Lit.). – *J. Hori (Hg.):* Japanese Religion, Tokio 1972. – *W. Kohler:* Die Lotuslehre und die modernen Religionen in J., Zürich 1962. – *J. Laube:* Oyagami. Die heutige Gottesvorstellung der Tenrikyō, Wiesbaden 1978. – *N. Naumann:* Die einheim. Religion (J.s), Teil I: Bis zum Ende der Heian-Zeit. Handbuch der Orientalistik, V. Abt., 4. Bd., 1. Abschn., Leiden 1988. – *H. Thomsen:* The New Religions of J., Rutland/Tokio 1963.

*Johannes Laube/Hans Waldenfels (B)*

**Jazz,** Musikart des 20. Jh.s, die afroamerik. Herkunft ist (→Afroamerikaner) und weltweite Verbreitung gefunden hat. Ursprüngl. (und auch heute noch) ein musikal. neutrales Wort der angloamerik. Umgangs- und Vulgärsprache (substantiv.: dt. Koitus, Schnelligkeit, Begeisterung, Raserei), ist »J.« um 1915 – als »weiße« Interpretation einer »schwarzen« Musik – zum Etikett des seither so bezeichneten Idioms geworden. Unter afroamerik. Musik wird hingegen die →Volksmusik der amerik. Schwarzen verstanden. Deren nordamerik. Versionen sind zum »Humus« des J. geworden; sie haben ihn stets begleitet, dürfen aber nicht mit ihm verwechselt werden.

*A.* Ist die traditionelle afroamerik. Musik die Musik der »Black Community« in den USA (→Vereinigte Staaten von Amerika), so hat der J. – seit seinen Anfängen ausschließl. städt. Musik – ein gemischtrassiges Publikum zu seiner Voraussetzung. Afroamerik. Musik und J. weisen Gemeinsamkeiten und Unterschiede auf, die sich annäherungsweise fassen lassen: Beide Idiome sind akkulturierte Musik nordamerik. Prägung (→Ethnologie), mit den Komponenten →Schwarzafrika und →Europa. Beide sind schrift- und theorielose Musik. Beide ziehen emotional-körperhaft in ihren Bann. Fallen in der traditionellen afroamerik. Musik die europ. Kategorien von »U-« und »E-Musik« differenzlos in eins, so schillert der J. in seinem funktionalen Sinn – bald »Folklore«, bald »U-«, bald »E- Musik« – beträchtlich. Ist der J. zunächst nur ein regionales, dann ein US-spezif. Ereignis, so wird er (insbes. nach dem Zweiten Weltkrieg) zu einem globalen Phänomen.
Durch Akkulturation, Schriftlosigkeit und Emotionalität sind die musikal. Eigenarten von J. und afroamerik. Musik entscheidend geprägt: rhythm. als Swing durch die Überlagerung der Zählzeiten mit kleinsten Akzentverschiebungen (Off-Beat); in der Organisation des Tonmaterials lange Zeit als Blues-Tonalität; intonator. durch »Unsauberkeiten« (über Jahrzehnte hinweg als Hot-Intonation); tekton. als modellorientierte Improvisation.

*B.* Das Gattungsspektrum der afroamerik. Musik (→Formen und Gattungen) war und ist ein kultureller Spiegel der »Black Community« in den USA. Zu den instrumentalen Gattungen, die allesamt tanzbar sind, zählen vor allem Ragtime und Boogie-Woogie, zu den vokalen Worksong, Gamesong, Ballad und Blues. Der Blues gilt als Inbegriff afroamerik. Musik; er ist eine Art ästhet. Indentitätschiffre der Schwarzen. Der Sache nach handelt es sich um modellgebundene Improvisationen stroph. →Lieder, die den gesamten Erfahrungsraum des Afroamerikaners in der Ich- Form thematisieren. Die rel. Musik, das Sacred Singing, ist – auf vorwiegend freikirchl. Hintergrund (→Freikirchen) - durch Offenheit und →Synkretismus gekennzeichnet. Charakteristika sind die ins Schreien abgleitende, emotional gefärbte Singstimme (Shouting), starke Rhythmisierung und körperl. Bewegungsdrang: bei Sermon und Prayer als Aktionen des →Pfarrers; beim Ring-Shout als Gemeindetanz (→Gemeinde, →Tanz); bei Anthem, Jubilee (Negro-)Spiritual und Gospelsong als →Singen der Gemeinde, als →Chorgesang oder als Singen einzelner.

*C.* In den letzten Jahrzehnten vor der Jh.wende flossen in mehreren Städten der USA – u.a. in Kansas City, St. Louis, Memphis und vor allem

New Orleans – verschiedene Traditionen der afroamerik. Musik und euroamerik. Popular- und Trivialmusik (→Popmusik, →Unterhaltungsmusik) unterschiedl. Herkunft zu dem zusammen, was dann später »J.« genannt wurde. Zum Repertoire gehörte ein breiter Fächer musikal. Möglichkeiten (vom Marsch über den Ragtime bis zum Blues). Im Lauf der Zeit führte die räuml., zeitl. und kulturelle Entfaltung des Idioms zu immer größerer musikal.- techn. Perfektion und zu immer stärkerer Absorption europ. (und außereurop.) Musik. Die idiomat. Stationen heißen: New-Orleans-J., Dixieland-J., Chicago-J., Swing, Bebop, Cool J., Free J., Fusion Music. Sie schließen häufige und bisweilen tiefgreifende Änderungen des klangl. Erscheinungsbildes ein, aber auch Renaissancen (des frühen J., des Bebop u.a.) und hist. Synthesen (Mainstream-J.).

*D.* Seit ihren Anfängen verfügen J. und afroamerik. Musik über eine geradezu mag. Ausstrahlungskraft. So haben sie ihren ursprüngl., d.h. ethn., schichtenspezif. und funktionalen Geltungsrahmen weltweit überschreiten können und sind zu einem allgegenwärtigen Phänomen der Zeitgeschichte geworden. Der Rezeptionsvorgang selbst hat in den unterschiedlichsten Bereichen seine Spuren hinterlassen: in der →Literatur (G. Benn, A. Carpentier, J. Kerouac), in der Bildenden →Kunst (K. Hofer, H. Matisse, P. Mondrian), in der Kunstmusik (B. Blacher, G. Gershwin, M. Ravel, G. Schuller, I. Strawinsky), in der Musikpädagogik (Kreativitätstraining, Schulbands), in der →Politik (ideolog. und administrative Auseinandersetzungen im Deutschland der →Nationalsozialisten und in der stalinist. Sowjetunion), in der →Wirtschaft (kulturelle Enteignung der Schwarzen durch die Unterhaltungsindustrie). Von der Popular- und Trivialmusik läßt sich überspitzt sagen, sie sei in ihrer Summe ein Abkömmling schwarzamerik. Musik (Tanzmusik, Popmusik, Rockmusik, Filmmusik u.a.). Als Mittel zur besseren Ansprache der Gemeinde haben auch die christl. →Konfessionen diese Musik rezipiert (sog. J.-Messen, Spirituals in →Gesangbüchern, schwarzamerik. beeinflußte rel. Schlager). Neben einer deutl. →Jugendorientierung sind Eigenarten der rezipierten Musik dafür verantwortl. zu machen: Spontaneität als Gestus der Ehrlichkeit; psychomotor. Qualitäten, die den »ganzen« Menschen erfassen; die Herkunft des Phänomens als Appell, sich gegen Rassenhaß (→Rassenfrage) und soziale Ungerechtigkeit zu engagieren.

*Lit.: A. M. Dauer:* J. – die mag. Musik, Bremen 1961. – *Ders.:* Blues aus 100 Jahren, Frankfurt/M. 1983. – *Ders.:* Tradition afrik. Blasorchester und Entstehung des J., 2 Bde., Graz 1985. – *D. J. Epstein:* Sinful Tunes and Spirituals, Urbana u.a. 1977. – *H. Günther:* Die Tänze und Riten der Afro-Amerikaner, Bonn 1982. – J.forschung/J. Research I (1969) ff., Graz 1970ff. – *E. Jost:* Free J., Mainz 1975. – *Ders.:* Sozialgeschichte des J. in den USA, Frankfurt/M. 1982. – *B. Rust:* J. Records 1897-1942, 2 Bde., New Rochelle/New York, 5. Aufl. 1983. – *N. Shapiro/N. Hentoff (Hg.):* J. erzählt, Frankfurt/M. 1983 (amerik. 1955 u.ö.).

*Jürgen Hunkemöller*

**Jean Paul,** eigentl. *Johann Paul Friedrich Richter*, geb. 21.3.1763 in Wunsiedel, gest. 14.11.1825 in Bayreuth; Gymnasium in Hof, Studium der Theologie und Philosophie in Leipzig 1781-84, aus Mittellosigkeit abgebrochen, danach Privatlehrer in Töpen und Schwarzenbach. Nach dem Erfolg des »Hesperus« auf Einladung von Charlotte von Kalb 1796 in Weimar; Freundschaft mit Herder, distanziertes Verhältnis zu Schiller und →Goethe.
Nach Jahren als erfolgloser Satiriker wurde J.P. durch seine Romane »Die unsichtbare Loge« (1793), darin »Leben des vergnügten Schulmeisterlein Maria Wuz«, »Hesperus« (1794), »Leben des Quintus Fixlein« (1795), »Siebenkäs« (1796/97), »Titan« (1800-03) und »Flegeljahre« (1804/05) zu einem bedeutenden, eigenständigen Erzähler mit starker Ausstrahlung auf die →Romantik und den Poetischen →Realismus. Sein Werk vereinigt auf charakterist. Weise den engl. humorist. Roman (C. Fielding, L. Sterne) mit der satir. Tradition (J. Swift) und der →Empfindsamkeit (→Rousseau, Goethes »Werther«).
Theol. von Bedeutung ist die »Rede des toten Christus vom Weltgebäude herab, daß kein Gott sei« (im »Siebenkäs«), eine poet. *Auseinandersetzung mit dem →Atheismus und Skeptizismus* des 18. Jh.s in Form einer Traumerzählung. In unüberbietbarer Steigerung verkündet Christus selbst die Nichtexistenz Gottes und resümiert seine vergebl. Suche im Kosmos mit den Worten: »Die Ewigkeit lag auf dem Chaos und zernagte und wiederkäuete sich.« In einer →Apokalypse ohne →Heil versinkt das Weltall, die »ewige Notwendigkeit« und der wahnsinnige →Zufall triumphieren. Als der Träumer aus dieser Angstvision erwacht, gewinnt er angesichts der vor ihm liegenden Schönheit der Natur die Kraft zur Anbetung Gottes. J.P.s Gestaltung des *»rel. →Nihilismus«* wurde von G. Büchner in »Dantons Tod« aufgenommen und fortgeführt.
J.P. verfaßte mehrere Schriften zur →Unsterblichkeit der →Seele, die ihm wünschbar, doch nach der Destruktion der Theologie durch die →Aufklärung problemat. erschien (z.B. »Das Kampaner Thal«, 1797; »Selina oder Über die Unsterblichkeit der Seele«, 1825). Die theol. Position J.P.s verweist auf die »Gefühlsmetaphysik« von Fr. H. Jacobi.

*Lit.: M. Kommerell:* J.P., Frankfurt/M. 1933. – *G. Müller:* J.P.s Ästhetik und Naturphilosophie, Tübingen 1983. - *W. Rehm:* Experimentum Medietatis. Eine Studie zur Gestaltung dichter. Unglaubens bei J.P. und Dostojewski, München 1947. – *D. Sölle:* Realisation. Studien zum Verhältnis von Theologie und Dichtung nach der Aufklärung, Darmstadt/Neuwied 1973.

*Götz Müller*

## Jenseits

### A. Religionsgeschichtlich

J., »auf jener Seite«, wird als allg. Begriff für die Lehren von einem »anderen Seinszustand« nur sinnvoll als »jenseits des →Todes«. Die Schärfe einer geradezu widerweltl. Definition des →Erlösungsglaubens hat sich in den →*Weltreligionen* innerhalb ihrer Geschichte ausgebildet und gründet in ihrer Lehre vom Wesen der →Seele als andersartiger, weil unsterbl. Lebensidentität des Menschen. Unzutreffend ist der Begriff für alle myst. Religiosität innerhalb derselben Religionen (→Mystik).

*I.* Das J. als mehr oder weniger genau lokalisierbarer Ort der Götter, →Geister und Totengeister wird in allen frühen Religionen und den →*Stammesreligionen* gelehrt. Die Lebenden helfen mit ihren Riten den Seelen des Verstorbenen, die Reise in die entspr. Welt erfolgreich abzuschließen, so daß die kosmolog. Ordnung der →Welt gewahrt ist. Dies verdichtet sich in den Weltreligionen zur →Kosmologie einer dreigeteilten Weltensphäre: Erde, darunter entweder ein Schattenreich oder eine *Hölle*, darüber eine *Himmelswelt* oder das →Paradies (»Baumgarten«), worin sich die erlösten Seelen und andere himml. Wesen bei Gott befinden. Das J. ist hier also der im Gegensatz zur Erde geistige Ort der Erlösung oder Verdammnis oder eines Höllenaufenthalts auf Zeit.
In →Hinduismus und →Buddhismus sind Hölle und Himmel mehrschichtig, und diese gehören in den Kreis des Vergänglichen, des period. vergehenden und neu entstehenden Universums, der Himmel als Erlösung ist jenseits davon. Der Himmel als wiedererstandene Körperlichkeit der Seelen und einer neuen Welt, wie ihn →Judentum, →Christentum und →Islam lehren, ist den östl. Religionen ganz undenkbar.

*II. Ziel* des seiner Religion lebenden Menschen ist es, die eigene Seele durch das jeweils vorgeschriebene eth. Verhalten in dieser Welt auf das J. als Ort der Erlösung *vorzubereiten.* Beim Eintritt in die jenseitige Welt oder bei einem allg. Weltgericht am Ende der Zeiten muß die Seele Rechenschaft ablegen über ihren Lebenswandel. Judentum, Christentum und Islam mit ihrer Betonung der Einmaligkeit geschichtl. Menschenexistenz und geschichtl. wirksamen Heilshandelns Gottes stellen dabei das Individuum vor eine ungleich andere Dringlichkeit, diese *Verantwortlichkeit* seiner Seele gegenüber zu leben, als die Stammesreligionen und asiat. Erlösungslehren – ein Charakterzug, der auch ihre Geschichte in starkem Maße geprägt hat.

*III.* Im Westen wurde – vor dem Hintergrund der extremen Spannung von »Diesseits« und »J.« im MA. – bes. seit dem 19. Jh. der J.glaube zum Hauptpunkt der →*Religionskritik.* Das Christentum und das Judentum haben deshalb in den letzten Jahrzehnten neue theol. Ansätze hervorgebracht, die aus der eigenen myst. Tradition schöpfen und entspr. der heutigen westl. Bewußtseinslage eine gewandelte Auslegung der Erlösungsvorstellungen bieten. Religionsgeschichtl. gesehen sind diese Ansätze aber wohl kaum als etwas Neues zu bezeichnen; denn die Grundbegriffe der Religionskritik sind in Indien bereits aufgegriffen worden.

*Lit.: H. von Glasenapp:* Die nichtchristl. Religionen (Das Fischer Lexikon 1), Frankfurt/M. 1957. – *L. Scheffczyk (Hg.):* Erlösung und Emanzipation (Quaestiones disputatae 61), Freiburg 1963.

*Irmtraud Höhn*

### B. Systematisch

*I. Klass. Stichworte* der christl. Tradition für die im Glauben bejahte und ergriffene »jenseitige« Wirklichkeit sind: Gericht, Himmel, Hölle. Das theol. Denken wird immer wieder dem Mißverständnis begegnen müssen, das sich bei diesen Worten eine zweite Wirklichkeit (zusätzl. zum »Diesseits« und erst an dessen Grenzen beginnend) vorstellt und infolgedessen →Welt und →Geschichte geringschätzt und sich auf ein J. vertrösten läßt. Dazu können die Beschäftigung mit den Bildern christl. →Eschatologie und die Reflexion auf den Bildcharakter eschatolog. Rede dienl. sein. *»Himmel«* wird geschildert als Festmahl, Hochzeitsfeier, sicheres Wohnen im fruchtbaren Land, paradiesisch-friedl., sogar die Tierwelt einschließendes Miteinander der Menschen, als Haus, in dem für viele Platz ist, menschenfreundl. Stadt, Geborgenheit im Schoß Abrahams, Ende aller Tränen, Zelt Gottes unter den Menschen, *»Hölle«* als Ausgeschlossensein vom Fest, Fernsein von Gott und dem Land der Glücklichen, furchterregende Nacht, Feuerqualen, nagender Wurm des Gewissens, verzweifeltes Weinen und wütendes Zähneknirschen, *»Gericht«* als Ernte des Lebens, Trennung der Spreu vom Weizen, Erwachen aus dem Schlaf, das die eigene Lage zum Bewußtsein bringt.

*II.* Trotz der Vielfalt der Bilder werden *bestimmte Perspektiven* deutl.: »Himmel« liegt in der Richtung gelingender Liebe, »Hölle« in der Gegenrichtung. Dabei wäre jedes gleichgewichtige Reden von Himmel und Hölle verfehlt: Himmel meint das von Gott ermöglichte Gelingen, ist also der eigentl. und ganze Inhalt des Glaubens. Hölle dagegen ist nicht eigentl. Glaubensgegenstand, sondern nur das Wort für die furchtbare Möglichkeit der Nichterfüllung. Die Besinnung auf den *Bildcharakter* (d.h. auf die Konkretheit einerseits und die Offenheit andererseits) eschatolog. Rede (→Eschatologie) kann dreierlei verdeutl.: 1. Es gibt für die Wirklichkeit des »J.« keine eigene, sondern nur eine aus den Erfahrungen im Diesseits gewonnene Sprache: *Im Diesseits* (»Himmel« oder »Hölle« »auf Erden«) wird das J. bereits anfangshaft Wirklichkeit. 2. Dementsprechend geschieht die Verwirklichung christl. Hoffnung in konkreten, *ird. Geschichte* gestaltenden Handlungen. 3. Die Tatsache aber, daß es sich in den eschatolog. Aussagen nie um exakte Beschreibung, sondern immer um offene Bildrede handelt, verweist darauf, daß die im Glauben anfangshaft erfaßte Wirklichkeit in der Vollendung alle bisherigen Erfahrungen an Qualität und Intensität *übersteigen* wird.

*Lit.: F. Dexinger (Hg.):* Tod – Hoffnung – J., Wien/Freiburg/Basel 1983. – *G. Ebeling:* Dogmatik des christl. Glaubens, Bd. 3, Tübingen 1979, bes. §§ 38 und 39. - *H. Häring:* Was bedeutet Himmel?, Zürich 1980. – *F.-J. Nocke:* Eschatologie, Düsseldorf, 2. Aufl. 1985. – *K. Rahner:* Theol. Prinzipien der Hermeneutik eschatolog. Aussagen, in: *ders.:* Schriften zur Theologie, Bd. 4, Einsiedeln 1960, 401- 428.

*Franz-Josef Nocke*

### *C. Kunstgeschichtlich*

*I.* Bereits die spätantik-jüd. Katakombenmalerei kennt Bilder des *Olam hab – ba*, des zukünftigen messian. Äons. Im →*Christentum* wird der Himmel oder das J. als Ausgangspunkt der Wirkungen →Gottes und des →Hl. Geistes sowie als Heimat des präexistenten (→Präexistenz), auferstandenen und zum Gericht wiederkehrenden →Christus, aber auch als Ort der →Engel und der →Heiligen unter dem Einfluß der Visionen →Ezechiels und der →Johannesoffenbarung dargestellt. Auf Offb 4,6 wird das bes. in der karoling. Kunst verbreitete Bild des J. als gläsernes Meer zurückgeführt. Bereits in frühchristl. Zeit begegnen J.darstellungen als Bilder des Paradieses, das durch →Symbole wie Gemmenkreuz, Lamm, Brunnen, Blumen, Tiere und im Himml. →Jerusalem versinnbildlicht wird, das als Kurzformel einer edelsteingeschmückten Stadt wiedergegeben wird. Auch das Christusattribut der Sphaira (kugelförmige Gestalt des Weltalls) in der Darstellung des thronenden Christus (Majestas Domini) impliziert als Symbol des Weltalls das J. Gleiches gilt für Mandorla (Strahlenkranz in Mandelform) und Nimbus (Heiligenschein) als verkürzte Formen der Sphaira. Vereinzelt findet sich als Übernahme aus der röm. Kunst schon in der Sarkophagplastik eine Personifikation des Himmels (der »Caelus«), der das Himmelszelt, auf dem Christus thront, in Gestalt eines Tuchs über sich spannt.

*II.* In der *röm.* →*Architektur* wird der von einem Rundbogen eingeschnittene Giebel zum Abbild des J. Diese Vorstellung wird in der →Alten Kirche und in →Byzanz voll entfaltet und lebt in den got. Baldachinen und Ziborien (Altarüberbauten) weiter. Bereits in altchristl. Zeit konnte aber auch der gesamte →Kirchenbau als Abbild des J., insbes. des Himml. Jerusalem, aufgefaßt werden. Seit dem 5./6. Jh. wird dann die Kuppelregion als Abbild der Sphaira zum Bild des J. Eine parallele Bedeutung verbindet sich mit der Apsis, die zum Ort der Erscheinung des Pantokrators (Herrscher des Alls), →Marias und der Majestas Domini wird. Als stärkste Verkürzung der Sphaira ist der Bogen zu begreifen, der in der Romanik als Apsis- und Triumphbogen eine ähnl. Bedeutung erhält wie das Kirchenportal, die »porta coeli« (Pforte des Himmels). Seit dem 8./9. Jh. wird das Atrium (Vorhof, – halle) als »Paradies« bezeichnet.

*III.* Im 15. Jh. wird das Thronen über den Wolken der →Trinität realist. vorgestellt. In den Deckenmalereien barocker Kirchen wird mit illusionist. Mitteln noch einmal der Versuch unternommen, den Kirchenraum bis ins J. zu weiten. Danach verschwindet das J. als bildkünstler. Thema weitgehend, um im 19. Jh. in säkularisierter Form (»Irdisches Paradies«) wiederaufgenommen zu werden.

*Lit.: G. Bandmann:* Ma. Architektur als Bedeutungsträger, Berlin 1951. – *H. Bauer:* Der Himmel im Rokoko, Regensburg 1965. – *R. Hugues:* Haeven and Hell in Western Art, London 1968.

*Peter Maser*

## Jeremiabuch

### *A. Das Buch*

*I.* Das J. ist Teil der »Propheten« (→Prophet; →Bibelwissenschaft). Eine grobe Gliederung erfaßt »Worte Jeremias« (im wesentl. 1-25) und »Berichte über Jeremia« (im wesentl. 26-45). Dieser Befund weist auf ein für das J. charakterist. Problem; denn Worte (in metrisch gebundener Sprache), in denen Jeremia in der *Ich-Rede* spricht, wechseln mit Abschnitten, die im Prosastil *über ihn* berichten. Ein bevorzugtes redaktionskrit. Modell rechnet mit verschiedenen, später noch erweiterten Quellen (bzw. Traditionsschichten). Dazu gehören poet. Worte Jeremias, Prosaerzählungen über Jeremia, Prosatexte (mit einer Sprachform, die an das →Deuteronomium und an das deuteronomist. Geschichtswerk [→Deuteronomium, →Josuabuch, →Richterbuch, →Königebücher] erinnert) und Heilsweissagungen.

*II.* Größere *Sammlungen* liegen vor mit Kap. 26, wo kult. und soziale *Mißstände* und ihre Konsequenzen aufgezählt werden, und in 25,15-38; 46-51, den Worten über fremde Völker, an die sich noch ein geschichtl. Anhang (52) anschließt. Die Entstehung des J.s wesentl. mitgetragen hat eine Redaktion, die an das Deuteronomium und an das deuteronomist. Geschichtswerk anknüpfte (vor allem 7,18,3; 11,1-17; 12,14-17 u.a.). Sie geht von Worten Jeremias aus, erweitert sie oder formuliert sie ohne entspr. Vorlage eigenständig. Dabei werden Hörer und Leser vor die Wahl zwischen Gehorsam mit nachfolgendem Heil und Ungehorsam mit nachfolgendem Unheil gestellt.
Weitere zusammengehörende Texte sind die Worte »über das judä. Königshaus« (21,11-23,8) und »über die Propheten« (23,9-20) sowie die verstreut stehenden sog. *Konfessionen Jeremias* (11,18-23; 12,16; 15,10-12.15-21; 17,12-18; 18,18-23; 20,7-18),

die im Stil einer Klage des einzelnen (→Psalter, Psalterbuch) leidvolle Erfahrungen prophet. Existenz thematisieren. Umstritten ist, wieweit individuelle Erfahrung, geprägte Form, spätere Interpretation oder Mischformen vorliegen. Nicht zur Debatte steht die Verfasserschaft Jeremias bei den Erzählungen über Jeremia (19,1-20,6; 26; 28; 36; 37-44), die vorzugsweise seinem Schreiber Baruch (vgl. 36) zugeschrieben werden. Darüber läßt sich aber ebensowenig Sicheres sagen wie über den Inhalt der sog. *Urrolle*, die Jeremia dem Baruch diktierte. Sie soll später erweitert worden sein, nachdem der judä. König Jojakim sie zerrissen hatte, als man ihm ihren zerstörer. Inhalt vorlas (36).

*B. Die Verkündigung des Propheten*

Demnach ist die Verkündigung Jeremias, der nach 1,2 im Jahre 626 berufen wurde, im wesentl. eine *Unheilsbotschaft* gewesen. Die Frage ist dann, ob die Heilserwartungen des Buches Gedanken und Worte des Propheten wiedergeben. Von den Heilssprüchen an einzelne Personen abgesehen (35,19; 39,17f.; 45,5), ist das zentrale Thema bei den konkreten Erwartungen für das Volk die *Rückkehr der Verschleppten* aus dem Exil (23,3ff.; 24,4ff.; 29,10f.; 30,8ff.; 31,7ff.15ff.21f.) und der Wiederaufbau im Lande (30,18ff.; 31,10ff.23ff.). Der Gedanke an das Land kann auch allein bedacht werden, wenn z.B. während der Belagerung →Jerusalems der Kauf eines Ackers durch Jeremia (32) mit den Worten gedeutet wird, daß »man aufs neue Häuser, Felder und Weinberge im Lande kaufen wird« (32,15). In dieser nüchternen Prognose wird am ehesten eine Erwartung des Propheten vorliegen, der durch die Wirren des Unheils hindurch einen vorsichtigen Blick auf bessere Tage richtet. Um gesteigerte Heilshoffnungen handelt es sich dagegen bei der erwarteten Heimkehr aus dem Exil, bei der Aussicht auf einen Nachkommen →Davids, unter dem das Land in Sicherheit wohnen soll (23,5f.), und bei dem »*Neuen Bund*« (31,31-34, vgl. 32,36ff.): Jahwe will sein Gesetz in das Herz der Menschen gleichsam einpflanzen. Dann erkennen sie ihn, ohne belehrt werden zu müssen. Damit liegt eine utop. Überhöhung der übrigen Heilserwartungen vor, die in letzter Konsequenz festlegt, warum das zukünftige Heil bedingungslos zugesprochen werden kann. Das widerspricht Jeremias Gedanken über die Bedingungen von Heil und Unheil, die durch Mahnungen und Warnungen vorbereitet werden (6,8.16ff.). So lassen sich die zentralen Heilserwartungen besser aus der exil. Zeit heraus verstehen; erst nachdem Palast, Tempel und Volksidentität zerstört waren (→Königebücher), war der Weg für neue Hoffnungen frei. Der reflektierte Berufungsbericht (1,4ff.) schließl. setzt den Entstehungsprozeß des gesamten J.s voraus, wenn er von der Bestimmung Jeremias spricht, »einzureißen *und* aufzubauen« (1,10). Die Aneignung Jeremias beginnt im J. selbst.

*C. Die Nachwirkungen*

*I.* In der Tradition sind vor allem das Unheil und das Leid des Propheten thematisiert worden, nicht zuletzt, weil die griech. und lat. Übersetzung der →Klagelieder Jeremia als Verfasser bezeichneten. Die rabbin. Interpretation hielt zwar die Heilsvorstellungen des J.s wach, im wesentl. beschäftigte sie sich aber mit der Zerstörung →Jerusalems und der *leidvollen Aufgabe*, die Jeremia bei ihrer Ankündigung durchzustehen hatte. Dieses Motiv bewegte auch spätere Bibelillustrationen. So wird Jeremia z.B. in den Bildinitialen der *Zainerbibel* von 1477 dargestellt, wie er auf den Trümmern Jerusalems sitzt und über die Zerstörung der Stadt klagt. In den Kathedralen von *Chartres* und *Amiens* wird er zum Passionstypos stilisiert: Er trägt eine Kreuzscheibe bzw. ein Kreuz.

*II.* Trotz der zahlreichen biograph. Bezüge wird der Jeremia des J.s bis ins 19. Jh., abgesehen vom ma. Ordo Prophetarum, in dem er den →Messias weissagt, selten nachhaltig in literar. Werken verarbeitet. 1823 macht der Ungar *F. Kölcsey* 32,21-29 zur Grundlage seines »Hymnus«, der später zur ungar. Nationalhymne wurde. Bedeutend wurde *St. Zweigs* pazifist. Drama »Jeremias«, das während des Ersten Weltkriegs (1917) in Zürich uraufgeführt wurde. Erwähnenswert sind auch *J. Kasteins* Biographie »Jeremias: der Bericht vom Schicksal einer Idee« (1937) und vor allem *F. Werfels* Roman »Höret die Stimme« (1937, 1950 neu hg. unter dem Titel: Jeremias. Höret die Stimme), in dem ein amerik. Schriftsteller auf dem Tempelplatz von Jerusalem visionär die Zeit Jeremias gegenwärtig erlebt und dabei in den 30er Jahren unseres Jh.s (nach der Einführung in den Roman) erfährt, »wie sehr es des Mahnens gegen den Unverstand der Mächtigen bedarf, um der Menschlichkeit willen... Gerade weil Jeremias Wort verhallt, bleibt es ständige Mahnung.«

*Lit.: H. Breit:* Atl. Gestalten in modernen Romanen und Erzählungen, in: Verkündigung und Forschung 23 (1978), 4-21. – *B. Duhm:* Das Buch Jeremia (Kurzer Hand-Commentar zum AT XI), Tübingen/Leipzig 1901. – *K. Galling:* Die Prophetenbilder der Lutherbibel im Zusammenhang mit Luthers Schriftverständnis, in: Ev. Theologie 6 (1946/47), 273-301. – *A. Heimann:* Jeremias, in: Lexikon der christl. Ikonographie, hg. von E. Kirschbaum, Bd. II, Rom u.a. 1970, 387-392. – *S. Herrmann:* Die prophet. Heilserwartungen im AT, Stuttgart 1965. – *Ders.:* Jeremia (Bibl. Kommentar AT 12), 1986ff. – *S. Mowinckel:* Zur Komposition des Buches Jeremia, Kristiania 1914. – *W. Rudolph:* Jeremia (Handbuch zum AT 12), Tübingen, 3. Aufl. 1968 – *W. Thiel:* Die deuteronomist. Redaktion von Jeremia 1-25, Neukirchen-Vluyn 1973. – *Ders.:* Die deuteronomist. Redaktion von Jeremia 26-45, Neukirchen-Vluyn 1981. – *Chr. Wolff:* Jeremia im Frühjudentum und Urchristentum, Berlin 1976.

*Rüdiger Liwak*

## Jerusalem

### A. Namen und geographische Lage

*I.* Die Hauptstadt →Israels, die auf einem Gebirgskamm 1-2 km östl. der Wasserscheide liegt, hat eine lange Geschichte. Eine mit der althebr. Bezeichnung *Jeruschalem* vergleichbare Form erscheint schon im 14. Jh. v. Chr. als »Urusalim« in Texten, die in der ägypt. Stadt Amarna gefunden wurden. Von den zahlreichen Übersetzungsvorschlägen für Jeruschalem ist die bevorzugteste »Gründung Schalems« (*Schalim,* Abendrot, ist neben *Schaḥar,* Morgenrot, eine alte westsemit. Naturgottheit). Der Gottesname konnte mit hebr. »Schalom« verbunden werden. J. bedeutet dann: *Stadt des Friedens* (Ps 122; Hebr 7,1-2). Die heutige hebr. Namensform geht auf die ma. Überlieferung des hebr. Bibeltextes (→Bibelwissenschaft) zurück, die *Jeruschalajim* las. Arabisch heißt die Stadt seit der Eroberung durch den Kalifen Omar (638) El-Kudz, *»die Heiligkeit«*: eine Kennzeichnung, die schon in Jes 48,2; 52,1 u.ö. vorgebildet ist.
Nach der Eroberung durch →David, etwa 1000 v. Chr., konnte J. *»Davidsstadt«* (2 Sam 5,9) genannt werden. Daneben war *»Zion«* 1 Kön 8,1) eine weitere Bezeichnung, die wirkungsgeschichtl. bedeutsam wurde bis hin zum modernen Zionismus, der kulturellen und polit. Bewegung, die seit der 2. Hälfte des 19. Jh.s (M. Hess, Th. Herzl) um die kulturelle und nationale Einheit des →Judentums bemüht war.

*II.* Die archäolog. Forschung (→Archäologie) hat nachweisen können, daß die Davidsstadt auf dem Sporn des der heutigen Altstadt vorgelagerten *Südosthügels* lag, der im Osten durch das Kidrontal (das zwischen dem Südosthügel und dem Ölberg verläuft) und im Westen durch das Zentraltal (nach Josephus das sog. Käsemachertal) begrenzt wird. Dieses Tal ist zugleich eine Trennungslinie für den Südwesthügel, dem im Westen das Hinnomtal vorgelagert ist, das sich im Süden um ihn herum bis zum Kidrontal hinzieht. Die Landschaftsgliederung in Hügel und Täler hat zweifellos zum Schutz der Stadt beigetragen. Wenn die Besiedlung bis zum 8. Jh. v. Chr. den Südosthügel vorgezogen hat, der niedriger und somit weniger geschützt ist als der Südwesthügel, dann ist das in der Wasserversorgung begründet, die durch die *Rogelquelle* südl. des Südosthügels gesichert werden konnte, ferner durch die *Gihonquelle* östl. des Südosthügels im Kidrontal. Sie lagen allerdings außerhalb der Stadtmauern, die nicht bis zur Talsohle heruntergezogen wurden. Erreichbar war die wichtige Gihonquelle durch einen Schacht, einen offenen Kanal und einen von dem judä. König Hiskia gebauten Tunnel, der ihr Wasser, vor feindl. Zugriffen geschützt, in die Stadt leitete. Regenwasser wurde in Zisternen und Teichen gespeichert.

### B. Ausdehnung und Geschichte

*I.* Seit Mitte des 19. Jh.s hat die archäolog. Forschung, vor allem seitdem die Methoden der Stratigraphie (Abfolge von Schichten) und der Chronologie anhand einer Keramik-Typologie (→Archäologie) recht sichere Ergebnisse ermöglichen, die Baugeschichte J.s aufhellen können. So wird die *erste Ummauerung,* nachgewiesen am Ostabhang des Südosthügels, etwa im untersten Drittel des Abhangs, ins 18. Jh. v. Chr. datiert. Im Norden verlief sie etwa 200 m südl. des Tempelplatzes, des heutigen heiligen Bezirks der Moslems (Haram esch-scharif); im Westen auf dem Kamm des Hügels in südl. Richtung, bis sie am Fuße des Südosthügels mit der Westmauer zusammentraf. Dieses Terrain umfaßte auch noch die Davidsstadt, mit ihren Ausmaßen von etwa 100 x 400 m recht bescheiden. Das Problem des Gefälles von 25 Grad am Ostabhang löste man durch eine Folge von Terrassen; an die Bauweise erinnert das dem Ostabhang des Südosthügels gegenüberliegende Dorf Silwan. Erst unter →Salomo, dem Nachfolger Davids, wurden im Bereich des Haram esch-scharif Tempel und Palast gebaut und die Stadt nach Norden ausgeweitet, vermutl. schon im 9. Jh. auch nach Nordwesten, wo eine »Zweitstadt« (2 Kön 22,14) entstand. Etwa vom 8. Jh. an besiedelte man dann den Südwesthügel, der aber offenbar erst im 7. Jh. in das Befestigungssystem einbezogen worden ist. Nachhaltig zerstört wurde J. zum ersten Mal 587/86 durch die Babylonier. Spuren sind vor allem auf dem südöstl. Abhang des Südosthügels entdeckt worden, der in der folgenden Zeit nicht mehr besiedelt worden ist, auch nicht, als der Perser Kyros die Rückkehr aus dem Exil und den Wiederaufbau des Tempels ermöglichte. Ende des 6. Jh.s wurde zunächst der Tempel gebaut, die Stadtmauern sind erst später, Mitte des 5. Jh.s, errichtet worden.

*II.* Eine größere Ausdehnung hatte J. erst wieder in *hellenist.* und in *röm. Zeit,* als eine immense Bautätigkeit Herodes' des Großen einsetzte. U.a. vergrößerte er den Tempelplatz und versah ihn mit einer neuen Umfassungsmauer, deren südwestl. Teil die sog. Klagemauer ist. Auf dem Westhügel, im Bereich des heutigen Jaffatores, baute Herodes einen Palast, der auch Sitz des röm. Statthalters von Judäa und Schauplatz des Verhörs Jesu durch Pilatus (Mk 15,1-15 par.) war. Es ist das herodian. J., in dem sich die christl. Urgemeinde zusammenfand, nachdem Jesu Anhänger, durch die Erscheinung des Auferstandenen veranlaßt, von Galiläa nach J. zurückgekehrt waren. Zerstört wurde die Stadt, deren Größe für jene Zeit nicht sicher rekonstruiert werden kann, im Jahre 70 n. Chr. durch den Römer Titus und nach dem Aufstand Bar Kochbas 135 n. Chr. noch einmal durch Hadrian. Er baute anschließend die neue Stadt Colonia Aelia Capitolina, die den Juden bei Todesstrafe zu betreten verboten war. Im Rahmen der ersten christl. Pilgerfahrten, die im 4. Jh. einsetzten, ließ Helena, die Mutter des Kaisers Konstantin, in J. die Grabeskirche errichten.

*III.* 614 waren es die Perser, die J. mit jüd. Unterstützung eroberten und ausplünderten. Die Christen unter Heraklius eroberten zwar 628 die Stadt zurück, aber schon 638 mußte Patriarch Sophronius nach einer zweijährigen Belagerung der Stadt durch den Kalifen Omar wieder auf sie verzichten. Nach Mekka und Medina wurde für die Moslems auch J. eine heilige Stadt: El-Kudz. Im Laufe des 7. Jh.s ließ der Kalif Abdel al-Malik zunächst den Felsendom, später die al-Aqsa-Moschee bauen. Nach der Herrschaft der *Seldschuken* begann im 11. Jh. die Zeit der Kreuzzüge. Es entstand ein christl. Königreich mit einem Lat. Patriarchat, dem aber schon 1187 durch den Sultan Saladin ein Ende bereitet wurde. Nachdem die Mameluken die Stadt ein Vierteljahrhundert regiert hatten, ging die Herrschaft 1517 an die ottoman. *Türken* über; wenig später errichtete Suleiman der Prächtige auf älteren Fundamenten die Mauern, die die heutige Altstadt umgeben. Die türk. Herrschaft behauptete sich 400 Jahre lang bis zur brit. Eroberung →Palästinas 1917/18, an die sich die brit. Mandatszeit anschloß. In dieser Zeit beschränkte sich die Bedeutung des orthod. Patriarchates mehr und mehr auf die Bewahrung des orthod. Anteils an den hl. Stätten durch die im Gegensatz zu den etwa 35.000 arab. orthod. Gläubigen rein griech. »Bruderschaft des Hl. Grabes«, welche bis heute alle Entscheidungsgewalt in Händen hält. 1948 wurde der *Staat* →*Israel* proklamiert, ein Jahr später J. zur Hauptstadt erklärt. Bis zum Sieben-Tage-Krieg 1967 war sie in einen westl. und einen östl. Teil getrennt.

*C. Bedeutung*

Die Mauern von J. umschließen Heiligtümer des →Judentums, des →Christentums und des →Islam, es ist also heiliger Ort *dreier Weltreligionen.* Sie alle verbinden Erinnerung und Hoffnung mit dieser Stadt. Wesentl. Erwartungen wurden schon im AT mit dieser Stadt verknüpft. Man erhoffte sich vom Zion als Gottesberg, daß *alle Völker* zu ihm wallfahren, daß Recht und Frieden von dort aus ihren Weg unter die Völker nehmen, daß dann Schwerter zu Pflugscharen und Lanzenspitzen zu Winzermessern umgeschmiedet werden (Jes 2,2-4; vgl. Micha 4,1-3). Vor allem in der apokalypt. Literatur wurde der Gedanke an ein »neues« bzw. *»himml.« J.* wirksam (syr. Baruch-Apokalypse 4,2ff.; 4 Esra 8,52; Offb 21,2-22,5), das in der christl. Kunst vorzugsweise in Anlehnung an Offb 21,2-22,5 dargestellt wird: Das Himml. J. bleibt zwar eine Stadt mit hohen Mauern (Offb 21,12), seine Tore aber sind für alle Völker offen (Offb 21,25).

*Lit.: O. Keel/M. Küchler:* Orte und Landschaften der Bibel, Bd. 4: J., Zürich u.a. 1988. – *K. M. Kenyon:* J. Die Hl. Stadt von David bis zu den Kreuzzügen. Ausgrabungen 1961-1967, Bergisch-Gladbach 1968. – *E. Kirschbaum (Hg.):* J., Himmlisches, in: Lexikon der christl. Ikonographie, Bd. 2, Rom u.a. 1970, 394-399 (G. Jaszai). – *E. Otto:* J. Die Geschichte der Hl. Stadt, Stuttgart u.a. 1980. – *Y. Yadin (Hg.):* J. Revealed. Archaeology in the Holy City 1968-1974, Jerusalem 1976.

*Rüdiger Liwak*

**Jesajabuch.** Wie das Zwölfprophetenbuch (→Prophet) ist das J. eine Sammlung prophet. Schriften *verschiedener Verfasser* aus verschiedenen Epochen. Deutl. wird dies z.B. durch den Vergleich von Jes 6,1 mit Jes 44,28; 45,1. Die Vision in Jes 6 datiert im Todesjahr Usijas, wahrscheinl. um 740 v. Chr.; Jes 44,28 und 45,1 erwähnen den pers. König Kyros, der von 559 bis 529 v. Chr. regierte. Innerhalb des J.s unterscheidet man drei Einheiten:

*A. Kapitel 1-39*

*I.* In diesem Teil sind die Sprüche des im 8. Jh. v. Chr. wirkenden Propheten Jesaja erhalten, der dem J. den Namen gab. Kap. 1-12 enthalten Unheilsankündigungen über Israel; 13-23 Unheilsankündigungen über fremde Völker; 24-39 kündigt das Heil für Israel an. Ein solcher *dreigliedriger Aufbau* findet sich auch im →Ezechielbuch. Einen Einschub aus nachexil. Material stellt 24-27 dar; die Katastrophe Jerusalems 586 v. Chr. wird in diesen Texten vorausgesetzt (27,13). Bestimmende Gedanken sind das kosm. Gericht (24,21ff.; 27,1); Gottes Herrschaftsantritt auf dem Zion, auf dem er den Völkern ein großes Freudenmahl bereitet (24,23; 25,6ff.); die Aufhebung des Todes (25,8; 26,19). Die Kap. 36-39 sind mit Änderungen von 2 Kön 18-20 übernommen.

*II.* Sprüche des *Propheten Jesaja*, der im 8. Jh. v. Chr. lebte und wahrscheinl. einer Jerusalemer Patrizierfamilie entstammte, finden sich vorwiegend in Kap. 1-12.
*1.* Gewöhnl. werden mehrere Perioden seiner Wirksamkeit unterschieden: die *Frühzeit*verkündigung, die vorwiegend soziale Anklagen enthält (z.B. 1,10-26; 2,6-22; 3,1-9; 5,1-7. 8-24; 10,1-4), ein Dokument aus dem *syr.-ephraemit. Krieg* (6,1-9,6; →Königebücher), Prophezeiungen über den *Untergang des Nordreiches* Israel (9,7-20; 5,25-30; 28,1-4) sowie Worte zu den *antiassyr. Konspirationen* von 713-711 v. Chr. (18; 20) und dem Aufstand von 705-701 (in 28-32). Zu den spätesten Worten gehört vermutl. 22,1-14.
*2.* Die Anklage gesellschaftl. Mißstände ergeht sowohl an die Vertreter der althergebrachten Sippenordnung als auch an staatl. Funktionsträger (3,1ff.). Dies ist auf dem Hintergrund einer sozialen Entwicklung zu sehen, deren Auswirkungen im 8. Jh. v. Chr. offenbar und kritisiert wurden (→Amos, →Micha). Es ist anzunehmen, daß Angehörige einflußreicher Familien sich zugleich als Älteste in der Sippenordnung und als Beamte im höheren Staatsdienst, der die Partizipation von Oberschichten an der Herrschaft bedeutete, enga-

gierten. Neben diesem Gewinn an polit. Einfluß war man bestrebt, auch den eigenen Grundbesitz auszudehnen, was durch die Anwendung des Schuldrechts und Wucherzinsen geschah. Die Hauptinteressen dieser Schicht richteten sich vorneuzeitl. Denkungsart gemäß auf den (Luxus-)Konsum, nicht auf die Produktion (3,16ff.). Da eigener Grundbesitz Voraussetzung der Bürgerschaftsrechte war, führte diese Entwicklung dazu, daß sich die Zahl der israelit. Vollbürger verminderte. Die antike Verfassungstypologie würde dies als »*Oligarchisierung*« (Herrschaft der wenigen über immer mehr) beschreiben. Dieser Weg wird in Jes 5,8ff. verurteilt. Eine vergleichbare gesellschaftl. Entwicklung im antiken Athen hatte die Reformen des Solon zur Folge, die vor allem die Schuldknechtschaft aufhoben.

*3.* Jesajas Prophetie erstreckt sich auch auf die *Außenpolitik*; Assur ist die Macht, die auf Gottes Geheiß Unheil über Israel und Juda bringt. Die freiwillig gewählte Abhängigkeit Judas von Assur steht Jesajas Verkündigung entgegen (7,7); aber unter den danach gegebenen Umständen lehnt er jeden Auflehnungsversuch gegen die assyr. Oberherrschaft ab.

*4.* In der Forschung ist die Zuweisung von Sprüchen im J. umstritten; schwierig ist es daher, ein Bild der *Verkündigung Jesajas* zu zeichnen. Unbestritten gehören Unheilsandrohungen dazu. Sie sind seit seiner Berufung, die in Jes 6 geschildert wird, Bestandteil seiner Botschaft. Deutl. wird dies in der zeichenhaften Benennung eines seiner Söhne mit »Bald Beute rasch Raub« (8,1); eine Hoffnung drückt dagegen der Name eines anderen Sohnes aus: »Ein Rest kehrt um.«

Die Verfasserschaft der *Heilsweissagungen* im J. ist umstritten. Unter ihnen ragen 9,1-6 und 11,1-8, die Beschreibung des Tierfriedens, heraus. Daß der Wolf beim Lamm zu Gast sein (11,6) oder: Schutz suchen wird, bedeutet nicht nur die Umkehrung bestehender Gewaltverhältnisse, sondern auch, daß der Friede nicht durch die Milde des Stärkeren bewirkt wird. Entscheidend ist nicht die Überwindung der Feinde, sondern der Feinschaft. Dies erhellt der Vergleich mit Lev 26,6f.; der Friede wird dort durch die Vernichtung der Feinde, Tiere wie Menschen, herbeigeführt. Dagegen kommt das Ende der Feindschaft in Jes 11 durch eine Veränderung des Charakters: Der Löwe wird wie das Vieh Stroh fressen (11,7). Der Friede als grundsätzl. neuer Zustand wird auch in 2,1ff. dargestellt. Der nachjesajan. Verfasser beschreibt das Aufhören des Krieges, das Umschmieden der Schwerter zu Pflugscharen, nicht als das Ende der Feinde.

### *B. Kapitel 40-55*

*I.* Dieser Teil des J.s enthält Sprüche eines namentl. nicht bekannten Propheten, den die Forschung *Deuterojesaja* (zweiter Jesaja) nennt. Wahrscheinl. ist er zwischen 546 und 539 v. Chr. im Babylon. Exil aufgetreten. In völligem Gegensatz zu 1-39 fehlen Gerichtsworte an Israel (die Anklagen in Jes 48 sind von späterer Hand). Das Zentrum der Botschaft ist die *Weissagung des Heils.* Für die Gesamtkomposition des J.s ergibt sich eine wohl beabsichtigte Abfolge. Rückbezüge auf die Prophetie Jesajas liegen in dem Motiv der Blindheit und Taubheit des Volkes vor (42,18ff.; 43,8; vgl. 6,9f.). Die charakterist. Redeformen sind: die »*Heilsorakel*«, ursprüngl. die Zusage aus dem Munde eines Priesters, daß eine Bitte erhört wird (1 Sam 1,17). Diese Redeform wird zur Ansage des Heils aufgegriffen (z.B. 43,14. 57); verwandt sind Heilsankündigungen, die sich von den Heilsorakeln durch das Fehlen der persönl. Anrede und der Mahnung zur Furchtlosigkeit unterscheiden (41,17-20; 42,14-17; 43,16-21). *Disputationsworte* bzw. Streitgespräche (z.B. 40,12-31; 45,9-13); häufig sind hier die (rhetor.?) Fragen. *Gerichtsreden,* die die Gerichtsverhandlungen der Ortsältesten nachahmen. In ihnen verteidigt sich Gott gegenüber Einwänden Israels (43,22-28); häufig ist die Auseinandersetzung mit anderen Völkern und deren Göttern (41,15. 21-29; 43,8-13; 44,68). *Eschatolog. Hymnen* (42,10-13; 44,23; 45,8; 48,20f.; 52,9).

*II.* Deuterojesaja ist der erste Prophet, der auf die →Schöpfung zurückweist; Gott, der Schöpfer und Erlöser, wird Jerusalem und Juda wieder bewohnt machen (44,2ff.); ein neuer Auszug (→Exodus) wird stattfinden (51,11). Das Heil, das Deuterojesaja verkündet, ereignet sich nicht nur für Israel, sondern verwirklicht sich *weltweit* (45,6. 14f. 23f.); eine Heidenmission ist indes nicht beabsichtigt. Zuweisung und Verständnis der *Lieder vom Gottesknecht* (42,14; 49,16; 50,49; 52,13-53,12) sind umstritten. Der Knecht Gottes meint bei Deuterojesaja an anderen Stellen das Volk Israel; in diesen Liedern ist er wegen mancher individueller Züge und wegen seines Auftrags an Israel wahrscheinl. eine Einzelperson, möglicherweise der Prophet selbst. Gegen dieses Verständnis spricht 49,3, ein Vers, der den Knecht Gottes mit Israel identifiziert. Vielleicht kann dieser Zwiespalt mit dem Konzept der »corporate personality« (eine Gemeinschaft wird als Individuum verstanden) erklärt werden. Das NT hat die Gestalt des Gottesknechts, der seine Leiden stellvertretend für die »vielen« (53,12) auf sich nimmt, auf Jesus übertragen; bei der Einsetzung des →Abendmahls deutet er seinen Tod als Sühne für die vielen (Mk 14,24), die außerhalb der Gemeinschaft mit Gott stehenden Sünder und Heiden (→Sünde).

### *C. Kapitel 56-66*

In diesem Teil sind Prophetensprüche verschiedener Verfasser gesammelt. Einen Zusammenhang bilden Kap. 60-62, die auf einen namentl. *nicht bekannten* (in Jerusalem wirkenden) *Propheten* aus frühnachexil. Zeit zurückgehen. In den ärml. und bedrohl. Verhältnissen Palästinas (60,17; 62,8f.) sind die Erwartungen Deuterojesajas offenkundig ausgeblieben. Unter Rückgriff auf dessen Sprache und Botschaft hält der Prophet aber an der *Ver-*

*herrlichung des Zion* fest. Im Gegensatz zu Deuterojesaja enthält dieser Teil des J.s Anklagen, die an die früheren Gerichtspropheten erinnern (57,3ff.; 58,3ff.; 59,2ff.). Am Ende des J.s steht die Aussage, daß Gott *alle Völker* sammelt und aus ihnen sogar Priester und Leviten nimmt (66,18.19.21). Die in den exil.-nachexil. Partien des J.s verkündete Heilsbotschaft ist damit universalisiert.

*Lit.: W. Dietrich:* Jesaja und die Politik (Beiträge zur ev. Theologie 74), München 1976. – *J. Ebach:* Konversion oder Vertilgung. Utopie und Politik im Motiv des Tierfriedens bei Jesaja und Vergil, in: *N. W. Bolz/W. Hübner (Hg.):* Spiegel und Gleichnis, FS für Jacob Taubes, Würzburg 1983, 23-39. – *K. Elliger:* Deuterojesaja I (40,1-45,7), 1978 (Bibl. Kommentar 11/1). – *O. Kaiser:* Das Buch Jesaja I (Das AT Deutsch 17), Göttingen, 5. Aufl. 1981. – *Ders.:* Das Buch Jesaja II (Das AT Deutsch 18), Göttingen, 2. Aufl. 1976. – *R. Kilian:* Jesaja 1-39 (Erträge der Forschung 200), Darmstadt 1983. – *H. G. Kippenberg (Hg.):* Seminar: Die Entstehung der antiken Klassengesellschaft (stw 130), Frankfurt/M. 1977. – *C. Westermann:* Das Buch Jesaja III (Das AT Deutsch 19), Göttingen, 3. Aufl. 1966. – *H. Wildberger:* Jesaja I (Bibl. Kommentar AT 10/1), Neukirchen-Vluyn, 2. Aufl. 1980; II (13-27), 1978 (BK 10/2); III (28-39), 1982 (BK 10/3).

*Udo Rüterswörden*

## Jesuiten

*A.* Die Mitglieder der auf *Ignatius von Loyola* (1491- 1556) zurückgehenden »Gesellschaft Jesu« (S.J.), die als Männerorden 1540 ihre kirchl. Bestätigung erhielt. Dem Namen nach verstehen sich J. als »Gefährten Jesu« (socii Iesu), was nicht nur aus der spätma. »Nachfolge Christi«, sondern vor allem durch die eigens strukturierte *Gotteserfahrung* zu verstehen ist, die Ignatius in den »*Exerzitien*« (→Geistl. Übungen) selbst erlebt und auch anderen erschlossen hat. Diese Übungen werden wesentl. im Rahmen der Berichte des Lebens Jesu gemacht und zielen auf eine konkrete Erfassung und Wahl dessen, was →Gott vom einzelnen oder von einer Gemeinschaft will.
Diese Erfahrung prägte Ignatius und seine radikale Offenheit für den Dienst →Gottes wo und wie immer. Sie wurde Grundlage einer *Lebensordnung* in der jesuit. Spiritualität, für die alle entscheidenden Impulse von Gott selbst ausgehen. Der Mensch hat sie zu erkennen und apostol. in seiner Welt durchzusetzen. Diese Haltung zu gewinnen und lebendig zu halten war das Problem der Lebensgeschichte des Ignatius und ist der Kern der Existenz eines J. Daß damit auch schwere Konflikte gegeben sein können, belegt die Geschichte einzelner J. und des Ordens. Dessen Ursprung gilt in diesem Sinn als durch und in →Jesus Christus wirksam gewordene Initiative Gottes; der *Auftrag* entspricht jenem der →Kirche in der gegebenen Welt, auch wenn es um seine konkrete Gestalt wiederholt zu schweren Auseinandersetzungen mit Bischöfen und Päpsten kam. Dieses Selbstverständnis spiegelt das Schicksal des Ignatius in →Bekehrung (1521), Entscheidung zum Dienst Jesu (im Hl. Land), Suche nach seiner konkreten Gestalt (Schwierigkeiten mit der span. →Inquisition), Studium und Ausbildung der eigenen Fähigkeiten als Vorbereitung, wiederholte gescheiterte Versuche zur Gruppenbildung, die 1535 in Paris doch zum Erfolg führen und fortan dieses Schicksal als wesentl. gemeinschaftl. prägen.

*B.* Einsatz und Erfolg der J. in den →Missionen (Franz Xaver), in der Rekatholisierung europ. Länder und im Bildungswesen gaben dem Orden *Einfluß* in nahezu allen kulturellen Bereichen (J.stil in der →Kunst, Theater, →Literatur...), weckten aber auch rasch *Gegnerschaft*. Mögl. wurde diese Entwicklung, weil jesuit. Fragen nach dem Willen Gottes nicht im Gegensatz zur Welt und ihrer Probleme geschieht, sondern von der vorliegenden →Situation ausgeht (Gott in allem finden) und im tätigen Einsatz selbst erfolgt (contemplativus in actione). Deswegen kommt für diese Suche der jeweiligen Lage der Kirche und dem Auftrag der Priester, Bischöfe, namentl. des →Papstes, eine bes. Rolle zu. Ihr *Arbeitsfeld* fanden J. dort, wo andere Kräfte nicht oder nur unzureichend verfügbar waren: (Welt-)→*Mission* (Asien und Amerika; Ritenstreit, Reduktionen), Festigung der durch den →Protestantismus in Frage gestellten *Kirche* (→Konzil von Trient; Petrus Canisius) sowie in →*Erziehung* und →*Bildung* (J.-Kollegien; Gründung des Germanikum, Priesterausbildung; Collegio Romano = Pont. Università Gregoriana). Geistesgeschichtl. wirkte sich dieser Einsatz in →Europa auf die →Gegenreformation aus sowie auf die entscheidende Mitprägung des sich entwikkelnden →Barock (über die Kunst und Architektur hinaus auch in →Musik, Poesie, →Kirchenlied [Fr. von Spee] und →Philosophie [Fr. Suarez], →Mathematik und →Technik [A. Kircher, Chr. Scheiner] usw.). Bes. Bedeutung sollte die Erarbeitung neuer hist. Methoden bekommen (D. Petau; Bollandisten), die über R. Simon für die neuzeitl. Exegese fruchtbar wurden. Gleichzeitig nahmen aber auch Auseinandersetzungen zu (Gnadenstreit: Molina – Banez; →Jansenismus: B. Pascal), die innerhalb wie außerhalb der Kirche schließl. so scharf wurden, daß es 1773 zur *Aufhebung* des Ordens durch den Papst kam.

*C.* Da sich →Rußland und zeitweilig →Preußen der Maßnahme widersetzten, konnte sich die Gesellschaft Jesu von Restgruppen aus nach der päpstl. Neubestätigung 1814 wiederaufbauen. Dieser Moment bedingte, daß die Gemeinschaft im letzten Jh. weithin zum Verteidiger der apologet.-*restaurativen Strömungen* der kath. Kirche wurde, wenn auch nicht so undifferenziert und unkritisch, wie oft behauptet wird. Die Gegnerschaft blieb lebendig, so daß der Einsatz der J. kaum irgendwo über längere Zeit ungestört blieb (in Deutschland: →Kulturkampf und J.gesetze). In den Volksmissionen, in einer durchaus ernstzunehmenden Auseinandersetzung mit modernen Anschauungen (→Naturwissenschaften; →Geschichtswissenschaft), in der Erarbeitung neuer Ansätze (z.B. H.

Pesch für die soziale Frage) liegt neben der Arbeit in den klass. Bereichen jetzt die bes. Bedeutung des Ordens. Vor allem publizist. (Stimmen aus Maria-Laach = Stimmen der Zeit) gewinnt er an Einfluß.
Doch erst die Herausgabe der hist. Dokumente zum Ursprung (Monumenta Hist. S.J.) sowie die moderne Exerzitienbewegung führen zu einer intensiveren Bemühung um die *authent. Spiritualität* der J. Aus diesem erneuerten Geist ist der Beitrag nach dem Ersten Weltkrieg und die Auseinandersetzung mit dem →Nationalsozialismus (A. Delp; M. Pribilla) zu verstehen, aber auch die Vertiefung des christl. Glaubens und Lebens sowie die Neuansätze in der Theologie, die auf das 2. →Vat. Konzil zuführten (H. de Lubac; H. Bouillard; K. →Rahner; J. A. Jungmann u.a.). Zur Zeit des →Konzils erreichte die »Gesellschaft Jesu« mit 36.000 Mitgliedern ihre höchste Zahl; 1987 gehören ihr etwas weniger als 25.500 an.

*Lit.: M. Barthel:* Die J., Düsseldorf/Wien 1982. – *Ph. Caraman:* Ein verlorenes Paradies. Der Jesuitenstaat in Paraguay, München 1979. – *A. Ebneter:* Der J.orden, Zürich, 2. Aufl. 1983. – *A. Ravier:* Ignatius von Loyola gründet die Gesellschaft Jesu, Würzburg 1982.

*Karl Heinz Neufeld*

**Jesus Christus**

*A. Neutestamentlich*

Auf Grund des Verkündigungscharakters der ntl. Dokumente hielt man den Versuch, die Geschichte J. einigermaßen zuverlässig zu rekonstruieren, lange Zeit für unmögl. und sprach ihm in best. theol. Kreisen zugleich jede theol. Berechtigung ab. Dennoch lebte dieser Versuch seit den 50er Jahren als Rückfrage nach dem *»hist. J.«* zu Recht wieder auf. In einer stark von hist. Kategorien geprägten Zeit ist der christl. Glaube schon aus kulturellen Gründen auf hist. Wissen über J. angewiesen; Gottes entscheidendes Eingreifen zugunsten der Menschen läßt sich auch kaum ohne Spuren in der Geschichte denken, auch wenn diese keineswegs eindeutig sind, und der Glaube ist, solange er vermittelbar sein soll, auf solche Spuren in der Geschichte angewiesen. Durch die Rückfrage nach dem hist. J. wird der Glaube noch nicht in ungerechtfertigter Weise abgesichert. – Die Exegese (→Bibelwissenschaft) hat für die Beantwortung dieser Rückfrage nach dem geschichtl. J. bestimmte Kriterien entwickelt, die aber nur einen kleinen Ausschnitt von J. Worten und Taten erschließen; die Dokumente außerhalb des →NT führen zu keinen eigenständigen Erkenntnissen.

*I.* Ob J. (griech. Fassung des damals sehr geläufigen Namens »Jeschua«, vorexil. »Jehoschua«: Jahwe ist Heil) noch zur Regierungszeit Herodes' d.Gr. (37-4 v. Chr.) geboren ist, wie Lk und Mt annehmen, läßt sich nicht mehr feststellen. Da Mt und Lk über den Wohnort Marias vor der Geburt J. verschiedene Vorstellungen haben und Joh 7,41 eine Geburt in Betlehem wohl noch nicht voraussetzt, wird meist *Nazaret* als hist. Geburtsort J. angenommen. Mit der Aussage: »J. ist in Betlehem geboren«, wollen Mt und Lk dann weniger eine hist. Aussage machen als auf die Bedeutsamkeit des J.kindes hinweisen. Nach Mk 6,3 war J. *Zimmermann* von Beruf. Neben der Kreuzigung ist die Taufe durch →Johannes den Täufer bes. fest verbürgt. Seine öffentl. Wirksamkeit wird ein bis zwei Jahre betragen haben, seine Kreuzigung zu →Passa im Jahre 30 oder 31 erfolgt sein.

*II.* Die *Verkündigung J.* ist vor allem vom Gedanken der *Gottesherrschaft* geprägt, die J. als unmittelbar bevorstehend und als etwas verkündet, was sich schon in seinem Wirken ereignet. Damit kündigt J. nicht wie Deuterojesaja (→Jesaja) die Befreiung Israels von ird. Fremdherrschaft an, sondern Gottes endgültige Heilsinitiative zugunsten Israels. Dies setzt voraus, daß J. wie Johannes d.T. Israel als verloren ansah, so daß es nur noch auf Grund der von ihm verkündigten neuen Heilsinitiative gerettet werden kann. Die von J. auch geforderte *Umkehr* der Menschen ist dann nicht Voraussetzung für Gottes Heil, sondern die Konsequenz der Botschaft J. von Jahwe als einem Gott, der den Verlorenen nachgeht, Schulden im Übermaß nachläßt und den Menschen das für ihre Existenz Notwendige schenkt (vgl. die →Gleichnisse).
*1.* Zusammen mit den zweifellos hist. *Heilungswundern* und Exorzismen (→Wunder) lag gerade in der Verkündigung eines Gottes, der dem Menschen uneingeschränkt zugetan ist, ein Grund für die von J. ausgehende Faszination. Hier wurde nicht eth. Rigorismus belohnt, sondern Gott als gütiger Vater erfahren und gepredigt. Wenn auch →Matthäus u.a. mit Hilfe der »Antithesen« (→Bergpredigt) den *Gegensatz J. zum jüd. Gesetz* stark herausgehoben hat – die sachl. Forderungen der Antithesen lassen sich im →Judentum zum großen Teil belegen –, so hat sich J. selbst weniger grundsätzl. vom Gesetz entfernt als dieses unter der Perspektive des Menschen konzentriert. Er hat es im Blick auf das Wohl des Menschen neu ausgelegt. Dabei überrascht die *Freiheit* und Unmittelbarkeit der Formulierungen, die – im Gegensatz zu den Diskussionen der Rabbinen – auf jede Absicherung aus →Schrift und Tradition verzichten. J. beansprucht, den Willen Gottes aus eigener Erfahrung und Autorität auslegen zu können.
*2.* Mit dieser →Freiheit gegenüber den überkommenen →Normen hängt wohl auch *J. Tod* zusammen, obwohl gerade hier viele Fragen offen sind. J. selbst hat seinem Tod wohl keine heilsmittler. Bedeutung zugemessen; denn er selbst predigte die *unbedingte* Liebe Gottes zu den Menschen; in seiner Predigt ist von einer weiteren Heilsbedingung nicht die Rede und für eine solche wohl auch kein Platz. Wenig glaubwürdig ist aber auch eine Erklärung, die alle schöpfer. Tätigkeit in die Urgemeinde verlegt, aber J., der einzigen bekannten schöpfer. Größe des Urchristentums außer Paulus,

alle entscheidenden Inhalte vorenthält. Wenn die Entscheidung über J. Sendung zu Israel nur in *Jerusalem* fallen konnte und J. sie dort auch suchte, so hat er dort wohl auch mit seinem Scheitern zumindest gerechnet. Sollte er nicht im Kreise seiner Jünger darüber nachgedacht haben, ob mit seinem Tod auch die von ihm gepredigte »Sache« Gottes scheiterte? Alles spricht dafür, daß er an seiner Botschaft und deren Tragfähigkeit auch angesichts seiner Ablehnung in Jerusalem und der darin enthaltenen radikalen Infragestellung seiner selbst festhielt (→Abendmahl). Wenn J. zusammengebrochen wäre, so würde die Weiterexistenz des Jüngerkreises kaum verständl.; denn die Erscheinungen des Auferstandenen (→Ostern) haben wohl kaum alle Jünger (wie es die Apg bei Paulus darstellt) »überwunden«. Zu den »Erscheinungen« gehörte ja auch eine positive Grundeinstellung der Jünger, die bei einem Zusammenbruch J. gerade nicht oder zumindest nicht ohne weiteres gegeben gewesen wäre. Dann aber können wir die *Erklärung des Todes J.* durch die Urgemeinde – als Tod »für die vielen«, »nach den Schriften« oder als Tod des »Gerechten« – als einen Versuch verstehen, auch nach J. Tod und im Lichte der Auferstehungserfahrung die auch von J. im Angesicht des Todes festgehaltene Sinnhaftigkeit seiner Botschaft auszudrücken. Im übrigen verliert diese Frage viel von ihrer Sprengkraft, wenn man erkennt, daß das Problem einzig um die hist. Frage kreist, wie die Botschaft J. den *Weg in die Urgemeinde* gefunden hat. Der Satz: »J. starb für unsere →Sünden«, ist in seiner Wahrheit auch dann nicht bewiesen, wenn er von J. selber stammt. Das gilt auch für die Frage, ob J. Hoheitstitel für sich in Anspruch genommen hat. Nach weitestgehender Übereinstimmung der ntl. Exegese hat J. solche Titel nicht für sich beansprucht; man hält es allenfalls für mögl., daß er vom »Menschensohn« in der dritten Person gesprochen hat. Über die Wahrheit des christl. Bekenntnisses »J. ist der Messias« usw. ist damit freil. in keiner Weise eine Entscheidung gefallen.

*3.* Dann aber ist es – in den etwa 25 Jahren zwischen J. Tod und der Abfassung des letzten Paulusbriefes – zu einer rasanten *Entwicklung* gekommen. Alle im Judentum vorhandenen Titel von Heilbringern wurden z.B. auf J. übertragen, wurden aber dadurch in ihrem Inhalt auch erhebl. umgedeutet, wie am Messiastitel (»Christus«) bes. deutl. wird. Die Rekonstruktion dieses Prozesses ist äußerst schwierig und demgemäß umstritten, da dazu auf Traditionsgut zurückgegriffen werden muß, das →Paulus und den synopt. →Evangelien bereits vorausliegt. Deutl. ist jedoch, daß dieser Prozeß seinen entscheidenden Grund und Anfang in der Erfahrung der Auferstehung hatte und nicht (wie die spätere Christologie) in Wesenskategorien, sondern aspekthaft-funktional gedacht wurde. Die Ansätze zu diesem Prozeß im Leben J. (»implizite Christologie«; →Christologie NT) dürfen allerdings nicht übersprungen werden. Schon in vorpaulin. Tradition begegnet auch die religionsgeschichtl. schwer zuzuordnende Vorstellung von der Existenz J. vor aller Zeit *(→Präexistenz)*, die nicht nur in Phil 2,9-11 auf eine Gleichstellung mit Gott hinausläuft, auch wenn der erhöhte J. selbst bei Paulus nicht Gott genannt wird.

*III.* Im →*Islam* gilt J. (in der von den Nestorianern abgeleiteten Namensform »Isa«) als der größte Prophet neben →Muhammad, auch hier ist er – als der jungfräul. empfangene Sohn →Marias – →Wort und Geist Gottes. Seine Wunder und leibl. Erhöhung werden bejaht, auch wird er am Ende der Zeit wiedererwartet. Dann wird er den Antichristen niederwerfen und sich selbst zum Islam bekehren. Im →*Judentum*, das sich zunächst polem. von J. absetzte, findet in neuerer Zeit – in einer verhältnismäßig kleinen intellektuellen Schicht von Wissenschaftlern und Literaten – eine intensivere Auseinandersetzung mit Lehre und Gestalt J. statt. Auch im modernen →Atheismus finden sich Spuren der von J. ausgehenden Faszination (Bloch, Kolakowski, Machovec).

*Lit.: G. Bornkamm:* J. von Nazareth (Urban Tb. 19), Stuttgart/Berlin/Köln/Mainz, 13. Aufl. 1983. – *R. Bultmann:* Das Verhältnis der urchristl. Christusbotschaft zum hist. J., in: *ders.:* Exegetica. Aufsätze zur Erforschung des NT, Tübingen 1967, 445-469. – *F. Hahn:* Christolog. Hoheitstitel. Ihre Geschichte im frühen Christentum (Forschungen zur Rel. und Lit. des A und NT 83), Göttingen, 4. Aufl. 1974. – *E. Käsemann:* Das Problem des hist. J., in: *ders.:* Exeget. Versuche und Besinnungen I/II, Göttingen, 6. Aufl. 1970, 187-214.

*Ingo Broer*

*B. Theologiegeschichtlich*

*I.* Das *ntl. Zeugnis* entfaltet das →Bekenntnis zu J.Chr., indem es Chr. für seine Gegenwart auslegt. In Aufnahme von J. eigenem Anspruch und von →Ostern erzählt man J. →Verkündigung und Lebenspraxis und legt die →Heilsbedeutung seiner Botschaft, seines Geschicks und seiner Person in der jeweiligen Situation aus. In der Auseinandersetzung mit dem →Judentum bringt man die bes. Beziehung J. zum Vater und die Heilsbedeutung von →Kreuz und →Auferstehung zur Sprache. Mit dem Übergang der Christusbotschaft in die hellenist. Welt stellt sich aber die Frage nach dem bes. Wesen und Sein von J.Chr. Dies führt zur Herausbildung von »Wesenschristologien« (→Christologie).

*II.* In der *altkirchl. Lehrentwicklung* stehen am Anfang drei Interpretationsmodelle: der Subordinatianismus, der Modalismus und die Logoschristologie (→Origenes). Nach Auffassung der *Logoschristologie*, die sich als Denkmodell durchsetzt, ist in J.Chr. das göttl. Wort (→Logos) in seiner vollen und wahren Gestalt erschienen. Es ist in der →Schöpfung wirksam: →Mensch und →Welt haben an ihm Anteil. Dies führt aber zu weiteren Fragen: Wie verhalten sich Vater und Sohn zueinander, wie die Gottheit und Menschheit in J.Chr.? In den trinitar. Lehrentscheidungen (→Trinität) wird das Verhältnis von Vater, Sohn und Geist bestimmt: Der eine →Gott unterscheidet sich in drei wesensgleichen Personen. Die Auseinandersetzungen um das Verhältnis von Gottheit und Menschheit in J.Chr. dauern über zwei Jh.e. Auf dem Konzil von Chalcedon (451) wird J.Chr. als wahrhaft Gott und wahrhaft Mensch in zwei Naturen, dem Vater wesensgleich (griech.: *homo-usios*) gemäß der Gottheit und uns Menschen wesensgleich gemäß der Menschheit bekannt. Diese Naturen sind unvermischt und unverwandelt, ungetrennt und ungesondert. Die Einheit der beiden Naturen ist eine Einheit des Willens und der Wirkungen. Um der Erlösung willen wird die göttl. Natur in Chr. betont (Anhypostasie). Die Frage aber, wie die Einheit von Gott- und Menschsein letztl. zu denken ist, bleibt offen. Dies führt zu weiteren Konflikten zwischen mehr monophysit. (auf eine Natur gerichtete) und dyophysit. (auf zwei Naturen gerichtete) Vorstellungen.

*III.* Während das christolog. Denken des Ostens sich um ein Verständnis der Menschwerdung Gottes (→Inkarnation), des Wesens und Personseins J.Chr. bemüht, weil nur die wahrhaft göttl. Natur in Chr. die Menschheit erlösen und zum ewigen Leben in und mit Gott (»Vergottung«) führen kann, fragt in der späteren Entwicklung die christolog. *Tradition des Westens* unmittelbarer nach dem Heilswirken J. Christi zur Überwindung von →Sünde und Schuld. Anselm von Canterbury (1033/34-1109) geht davon aus, daß für die Sünde und Schuld des Menschen um der Ehre Gottes willen Genugtuung (Satisfaktion) geleistet werden muß. Allein das Opfer des Gottessohnes am Kreuz, das unendl. Wert besitzt, genügt zur Sühnung der Schuld der Menschen (»Satisfaktionstheorie«).

*IV.* Die *reformator. Theologie* interpretiert die Lehraussagen der klass. Christologie von der →Rechtfertigungseinsicht her neu. In J.Chr. handelt Gott allein zu unserem Heil. Deshalb hebt →Luther die Einheit von Gott und Mensch in J.Chr. hervor und führt die Lehre von der Gemeinschaft der Naturen (vgl. die Lehre von der »communicatio idiomatum«, der Austauschbarkeit ihrer Eigenschaften) weiter. *Gott selbst* nimmt an unserer Stelle den Tod auf sich. So wird in der Ohnmacht des Kreuzesgeschehens Gott in der Macht seiner Liebe offenbar. Er wirkt →Leben mitten im →Tod, eröffnet Vergebung in der äußersten Sünde. Umgekehrt hat auch die menschl. Natur Anteil an der göttl. Majestät. Der auferstandene Herr ist nach seiner göttl. und menschl. Natur überall gegenwärtig (Ubiquität).

*V.* In der →*Aufklärung* gerät die klass. Christologie aus drei Gründen in die Krise: Erstens wird die substanzmetaphys. Begrifflichkeit der Zweinaturenlehre in Frage gestellt. Zweitens zeigt die hist.-krit. Forschung, daß die christolog. Interpretationen des →NT nachösterl. sind. Sie erscheinen als eine – an das damalige Weltbild und rel. Vorstellungen gebundene – myth. Redeweise. Drittens beansprucht die krit. →Vernunft, das Forum zu sein, vor dem sich geschichtl. →Offenbarungswahrheiten als einsichtig erweisen zu haben. Eine *theol. Antwort* wird in drei Richtungen gesucht: Erstens wird in der Leben-J.-Forschung der »hist. J.«, d.h. der J., wie er uns hist. faßbar ist, rekonstruiert und seine bleibende Bedeutung vor allem als sittl. Vorbild entfaltet. Zweitens wird J. als das Urbild des vollkommenen rel. Menschen verstanden, in dem ein stetig kräftiges Gottesbewußtsein wirksam ist, durch das das »eigentl. Sein Gottes in ihm« ist (→Schleiermacher). Damit ist ein Weg gefunden, die Gegenwart Gottes gerade im wahren Menschsein J. zu denken. Drittens wird →Hegels dialekt. Konzeption mit der klass. Christologie verbunden: Gott nimmt in der Geschichte seiner Selbstentfaltung am →Kreuz die äußerste Negation auf sich (Marheineke, Dorner, F. C. →Baur).

*VI.* Angesichts der Krise der Leben-J.-Forschung (A. →Schweitzer) kommt es im 20. Jh. zu unterschiedl. Neuinterpretationen der Christologie. Von seinem offenbarungstheol. Ansatz her entfaltet K. →Barth eine dynam. Inkarnationschristologie (→Inkarnation). J.Chr. erweist sich in seiner Zuwendung zum Menschen und in seiner Erniedrigung bis zum Tod am Kreuz als der wahre Gott; in J. Gehorsam und seiner Erhöhung in der Auferweckung wird die Gestalt des wahren und verheißenen Menschseins offenbar. K. →Rahner deutet J.Chr. im Rahmen seiner →transzendentalen →Anthropologie. In J.Chr. begegnet uns der höchste Fall menschl. Wesensvollzugs, indem sich J. ganz an das absolute Geheimnis weggibt. In J.Chr. begegnet uns deshalb Gott als die Fülle, die mit der Liebe sich wegschenkt und in der das Menschsein in Gott selbst aufgenommen wird. Während R. →Bultmann die hist. Rückfrage nach J. als unangemessen erachtet für die Begründung des Glaubens an das österl. Kerygma (Verkündigungswort) von J.Chr., versuchen seine Schüler, Verkündigung, Selbstverständnis und Geschick des ird. J. als Grund und krit. Gegenüber der nachösterl. Christusinterpretation zu rekonstruieren. Im Entwurf einer »Christologie von unten« will W. Pannenberg – unter Aufnahme der hist.-krit. J.forschung – zeigen, wie gerade in der geschichtl. Beziehung J. zum Vater und seiner Sendung Gott selbst gegenwärtig ist. In der Auferweckung wird dies rückwirkend bestätigt. H. Küng interpretiert – ebenfalls in Aufnahme der hist.-krit. J.forschung sowie in Auseinandersetzung mit mehr spekulativen Ansätzen – die klass. Kategorien der Christologie dynam. als Einheit des Handelns, der Gegenwart und Offenbarung Gottes. Nach E. Schillebeeckx ereignet sich Offenbarung in einem Prozeß geschichtl. Erfahrungen und Interpretationen. In der Geschichte J. als einem Lebenden ereignet sich die Offenbarung des eschatolog. Antlitzes allen Menschseins und des Wesens Gottes. Dieses Geschehen zu unserem Heil lädt immer wieder zu Erfahrung, Bekenntnis und Lebenspraxis ein.

*Lit.: H. Dembowski:* Einführung in die Christologie, Darmstadt 1976. – *W. Kasper:* J. der Christus, Mainz 1974. – *H. Küng:* Christ sein, München 1974. – *J. Moltmann:* Der gekreuzigte Gott, München, 4. Aufl. 1981. – *W. Pannenberg:* Grundzüge der Christologie, Gütersloh, 6. Aufl. 1982. – *K. Rahner:* Grundkurs des Glaubens, Freiburg/Basel/Wien, 5. Aufl. 1976. – *E. Schillebeeckx:* J. Die Geschichte von einem Lebenden, Freiburg/Basel/Wien, 6. Aufl. 1978.

*Joachim Track*

## C. Dogmatisch

J. von Nazaret ist ein Jude gewesen. Die christl. Gemeinde hat ihn nach seinem Tode am Kreuz als →Messias bezeichnet. Grundproblem jeder dogmat. Lehre von J.Chr. (→Christologie) ist deshalb die Spannung zwischen der *hist. Gestalt* und der ihr von der christl. Gemeinde beigelegten *universalen Bedeutung.* Unter den Bedingungen der →Aufklärung und des modernen hist. Bewußtseins ist dieses Problem nochmals radikalisiert worden. Denn die hist.-krit. Erforschung der ntl. Überlieferung und der Geschichte des Urchristentums hat einen »garstigen breiten Graben« (G. E. →Lessing) zwischen urchristl. Vergangenheit und Gegenwart erkennen lassen. Alle hist. Bemühungen um die Gestalt J. von Nazaret und alle dogmat. Theorien über J. als Chr. dienen seit dem späten 18. Jh. vorrangig dem Interesse, diesen Graben zu überbrücken.

*I.* Parallel mit der hist.-krit. Erforschung des Urchristentums beginnt in der Frühaufklärung eine *krit. Dogmengeschichtsschreibung,* die die überkommene dogmat. Christologie und deren metaphys. Leitannahmen als sekundäre Auslegungsbemühungen der Bedeutsamkeit Jesu durch die →Alte Kirche begreift. Durch diese Historisierung und die allmähl. Auflösung der alten aristotel. Substanzontologie verlieren auch die christolog. Dogmen, insbes. die Zweinaturenlehre, an Plausibilität (→Neuzeit). Die traditionelle kirchl. Christologie verstelle gerade, wie die Theologen der Aufklärung behaupten, den Zugang zu einem angemessenen Verständnis von Person und Botschaft J. von Nazaret. Sie sei darüber hinaus durch zahlreiche innere Widersprüche, etwa den Versuch, →Gott und Mensch als in einer Person ident. zu denken, geprägt und lasse sich rational und erfahrungsmäßig nicht nachvollziehen. Dieser Prozeß der Auflösung des traditionellen christolog. Dogmas, der durch die aufgeklärte →Christentums- und →Kirchenkritik außerhalb der Theologie beschleunigt wird, verstärkt den Druck, die konstitutive Bedeutung J. von Nazaret für das Christentum in *neuen Deutungsmodellen* auszulegen. Der Vorordnung der →Ethik vor die Dogmatik entspr., wie sie für das prakt. Christentum der Aufklärung kennzeichnend ist, wird J. primär als Weisheits- und Tugendlehrer, Lehrregent und sokrat. Pädagoge gedeutet. Diese Ablösung einer metaphys. Christologie durch eine »Jesulogie« dient dem Interesse, den alten Universalitätsanspruch der Christologie im Horizont des Bildungsprogramms und Perfektibilitätsglaubens der neuen aufgeklärten bürgerl.-literar. Öffentlichkeit auszulegen.

*II.* Theologen und Religionsphilosophen der →*Romantik und des dt.* →*Idealismus* führen die Bemühungen der Aufklärungstheologie um neue Modelle der Auslegung der universalen Bedeutung J. fort, in dem sie J. als Genie oder exemplar. Gestalt gelungener Subjektivität deuten. Gleichzeitig treibt der theol. →Rationalismus die hist. Kritik der urchristl. Überlieferung sowie die Dogmenkritik weiter voran.

*1. D. F.* →*Strauß* zieht in seinem 1835/36 erschienenen »Das Leben Jesu« die Bilanz dieser doppelten Kritik. Nicht nur die kirchl. Lehrbildungen, sondern auch die »modernen« Deutungsmuster seien nur Idealisierungen der Gestalt J., die über das hist. tatsächl. Erhebbare weit hinausgingen. So myth. das in den ntl. Schriften gezeichnete Bild J. sei, so projektiv sei der tugendhafte J. der Aufklärungstheologie und der geniale Christus →Schleiermachers. Strauß entwickelt deshalb eine *emanzipator. Gattungschristologie.* Träger der christolog. Prädikate, etwa der Göttlichkeit, sei nicht das hist. Individuum J. von Nazaret, sondern die Gattung Mensch. Strauß überführt damit die Christologie in eine Lehre von der Vergottung jedes einzelnen Menschen.

*2.* In →*Katholizismus wie* →*Protestantismus* wird diese radikale Destruktion aller exklusiv auf J. von Nazaret bezogenen Christusdeutungen vor allem deshalb massiv abgelehnt, weil die Preisgabe der Zentralstellung Jesu Christi gleichbedeutend sei mit der Zerstörung der Identität von Kirche und Christentum sowie der Auflösung der rel.-sittl. Grundlagen des Gemeinwesens. So unterschiedl. die gegen Strauß entworfenen Christusdeutungen sind, so sehr stimmen sie in ihrer *Grundintention* überein, die Identität der jeweiligen Konfession oder sozialen Gruppe zu stärken.

*3.* Innerhalb wie außerhalb der Kirchen entstehen seit dem ersten Drittel des 19. Jh.s zahlreiche *Milieuchristologien,* d.h. Deutungen der Gestalt J., die der Selbstvergewisserung einzelner kirchl. Gruppen und sozialen Milieus am Rande oder außerhalb der Kirche dienen. Der romorientierte Katholizismus deutet J. primär als den *Stifter* der unerschütterl. Autorität des →Lehramts, wohingegen der kleinbürgerl.-liberale Katholizismus, etwa die deutschkath. Bewegung des Vormärz (→Biedermeier), den *Handwerker* aus Nazaret zum kirchenkrit. Helden von →Freiheit und →Fortschritt stilisiert. Strukturell Vergleichbares zeigt sich in der breiten J.literatur der *Arbeiterbewegung,* in der die Volksverbundenheit des guten Menschen aus Nazaret und seine Solidarität mit den Armen betont sowie sein Tod als Justizmord der Herrschenden an einem edlen Sozialrevolutionär gedeutet werden. Im liberalen Protestantismus wird J. zum idealen

*Träger bürgerl. Werte* wie Pflichtbewußtsein, Berufstreue, Tugend und Sittlichkeit erhoben. Selbst das konservative →Luthertum schreibt nicht einfach die klass. Christologie fort, sondern betont stärker als die Tradition Christi *Selbstentäußerung* in die Niedrigkeit des Menschendaseins.

*III.* Zu *Beginn des 20. Jh.s* stellen so unterschiedl. Theologen wie A. →Schweitzer, M. Kähler und E. →Troeltsch fest, der Versuch, über sog. hist. Darstellungen des Lebens J. wieder ein allg. verbindl. und verständl. Deutungsmuster zu gewinnen, sei gescheitert.

*1.* In den zahlreichen konkurrierenden Leben-Jesu-Darstellungen spiegele sich nur der Pluralismus der Gruppen in Kirchen und Gesellschaft. Der theol. Streit um J. konzentriert sich im frühen 20. Jh. deshalb auf die Frage, inwieweit es mögl. sei, eine allg. Bedeutung J. darzustellen, ohne darin bloßer Projektion zu verfallen oder ein nur subjektiv konstruiertes J.bild zum wahren *J. der Geschichte* zu erklären. Im Zuge der antihist. Revolution der 20er Jahre wenden sich auch prot. wie kath. Theologie vom Historismus ab. Normativität lasse sich niemals durch Geschichte gewinnen, sondern könne nur übergeschichtl., durch *Rekurs auf →Ontologie und →Metaphysik*, erschlossen werden. An die Stelle des hist. J. tritt in den Theologien der 20er Jahre deshalb wieder ein dogmat. Chr.

*2.* Das dafür prominenteste Beispiel ist derjenige Repräsentant der antihist. →dialekt. Theologie, der als Neutestamentler zwar die hist.-krit. Exegese fortführt, aber die Bedeutung Jesu Christi mit Hilfe einer Existentialontologie (→Existentialismus, →Heidegger) entfaltet: *R. →Bultmann.* J. von Nazaret als hist. Individuum sei kein Thema ntl. Theologie, sondern allein deren geschichtl. Voraussetzung. Ntl. Theologie beginne erst mit dem Kerygma der Urgemeinde, d.h. mit den Deutungsmodellen, mit denen die Urgemeinde J. zum Chr. gemacht habe. Diese historismuskrit. Grundhaltung prägt auch die Christologie *K. →Barths* und *P. →Tillichs.* Barth sucht übergeschichtl. Verbindlichkeit durch eine spekulative →Trinitätslehre zu garantieren, und Tillich entwickelt programmat. eine »Christologie ohne J.«, in der die menschheitsgeschichtl. Bedeutsamkeit Christi durch die ontolog. Metapher des »Neuen Seins« ausgelegt wird.

*IV.* Im Katholizismus wie Protestantismus setzt *nach 1945* eine neue, durch dogmat. Interessen gesteuerte *Rückfrage nach dem »hist. J.«* ein. Aus theol. unterschiedl. Motiven sollen die metahist. Christologien noch einmal geschichtl. fundiert werden. Werde das Christusbild der christl. Gemeinde nicht noch einmal im Leben und Selbstbewußtsein J. von Nazaret verankert, dann drohe es zu einer bloßen Projektion zu werden. Mit dem neuen Rekurs auf den hist. J. soll die Legitimität der Verknüpfung des Christustitels mit dem geschichtl. Individuum J. von Nazaret von seiten des »hist. J.« aus sichergestellt werden. Diese Rückwendung zum »hist. J.« ist also nicht gleichbedeutend mit der Leben-Jesu-Forschung des 19. Jh.s: Nun soll nicht mehr durch Geschichte Normativität erzeugt, sondern dogmat. erzeugte Normativität durch Geschichte abgesichert werden.

*1.* Dieses Programm einer Integration der Christusdeutungen der Dogmatiker mit den J.bildern der Historiker verschafft einem genuinen *christl. Anliegen* Ausdruck. Der Christusglaube des einzelnen will sich in Übereinstimung wissen mit dem Willen des Religionsstifters und Offenbarungsträgers. Aber die Universitätstheologie vermag dieses legitime rel. Interesse nur sehr begrenzt aufzunehmen. Bemüht um die Vermittlung zwischen dem alten dogmat. Chr. der Kirchenlehre und den Erkenntnissen hist.- krit. Exegese, bleiben ihr die J.bilder weithin äußerl., die die vielen individuellen Gestalten gelebten Christentums in der Gegenwart prägen. In der Gegenwart läßt sich in allen Konfessionen ein *Auseinanderklaffen* zwischen den vielen J.bildern der Gemeindefrömmigkeit und den hist.-dogmat. Christusdeutungen der Universitätstheologien erkennen.

*2.* Die *Gemeindefrömmigkeit* bewegt sich, wie etwa die intensive Produktion von J.büchern oder die J.bilder der →Religionspädagogik zeigen, in hoher Übereinstimmung mit der aufklärungstheol.-liberal *Jesulogie* des 19. Jh.s: J. ist hier Vorbild, der gute Mensch schlechthin, das Symbol des leidenden und scheiternden Menschen, oder, vor allem in den Emanzipationtheologien der →Dritten Welt, Leitfigur für Befreiung aus Abhängigkeit und Unterdrückung (→Befreiungstheologie). J. wird dabei, wie im 19. Jh., weithin zum Medium der Formulierung der Identität der eigenen sozialen Gruppe. Krit. Reflexion kann solche Jesulogien unschwer als *Projektionen* unerfüllter Sehnsüchte und der Hoffnung auf die Überwindung eines durch Schmerz, Leid und Abhängigkeit geprägten Lebens analysieren.

*3.* Damit ist die *theol. Legitimität* solcher Prozesse neuer Identifikation mit der J.gestalt aber keineswegs negiert. Denn solche Identifikation entspricht einer genuinen Intention der ntl. Überlieferung. Daß solche Identifikation notwendig einen *Pluralismus* unterschiedl. J.bilder erzeugt, läßt schon das NT erkennen. Dogmat. Lehre von J.Chr. gewinnt deshalb primär die Funktion, das Gravitationszentrum dieses Pluralismus zu fixieren oder den Pluralismus zu begrenzen. Insoweit ist sie eine spannungsvolle Aufgabe, in der sich noch einmal die Grundspannung jedes christl. Bezuges auf J. von Nazaret spiegelt: Sie muß einerseits Deutungen der Gestalt J. entwerfen, die individuelle Identifikation ermöglichen. Sie muß dies andererseits so tun, daß dabei ein gemeinsamer Bezugsort solcher Identifikation gewahrt bleibt.

*Lit.: M. Baumotte (Hg.):* Die Frage nach dem hist. J. Texte aus drei Jh.en, Gütersloh 1984. – *R. Bultmann:* J., München/Hamburg, 3. Aufl. 1967. – *F. Gogarten:* Die Verkündigung Jesu Christi, Heidelberg 1948. – *F. W. Graf:*

Kritik und Pseudospekulation, München 1982, 574-606. – *J. Hick (Hg.):* The Myth of God Incarnate, London 1977. – *W. Kasper:* J. der Chr., Mainz, 10. Aufl. 1986. – *K.-M. Kodalle (Hg.):* Gegenwart des Absoluten. Philos.-theol. Diskurse zur Christologie, Gütersloh 1984. – *M. Kähler:* Der sogenannte historische Jesus und der geschichtliche, biblische Chr., München, 4. Aufl. 1969. – *E. Käsemann:* Das Problem des hist. J., in: *ders.:* Exeget. Versuche und Besinnungen I, Göttingen, 3. Aufl. 1964, 187-214. – *I. Maisch/A. Vögtle/K. Rahner:* J.Chr., Sacramentum Mundi II, Freiburg 1968, 900-957. – *S. M. Ogden:* The Point of Christology, San Francisco 1982. – *W. Pannenberg:* Grundzüge der Christologie, Gütersloh 1964. – *K. Rahner:* Die zwei Grundtypen der Christologie, in: *ders.:* Schriften zur Theologie X, Einsiedeln 1972, 227-238. – *Ders./W. Thüsing:* Christologie, systemat. und exeget., Freiburg 1972. – *C. H. Ratschow:* J.Chr. (Handbuch Systematischer Theologie 5), Gütersloh 1982. – *H. Rolfes:* J. und das Proletariat. Die J.tradition der Arbeiterbewegung und des Marxismus, Düsseldorf 1981. – *E. Schillebeeckx:* J. Die Geschichte von einem Lebenden, Freiburg, 7. Aufl. 1980. – *A. Schweitzer:* Geschichte der Leben-Jesu-Forschung (1913), Gütersloh, 9. Aufl. 1984. – *R. Slenczka:* Geschichtlichkeit und Personsein Jesu Christi, Göttingen 1967. – *E. Troeltsch:* Die Bedeutung der Geschichtlichkeit Jesu für den Glauben (1911), in: *ders.:* Die Absolutheit des Christentums und die Religionsgeschichte, hg. von T. Rendtorff, Gütersloh, 2. Aufl. 1985. – *G. Theißen:* Der Schatten des Galiläers, München 1986. – *F. Wagner:* Syst.-theol. Erwägungen zur neuen Frage nach dem hist. J., in: Kerygma und Dogma 19 (1973), 287-304. – *Ders.:* Christologie als exemplar. Theorie des Selbstbewußtseins, in: *T. Rendtorff (Hg.):* Die Realisierung der Freiheit, Gütersloh 1975, 135-167.

*Friedrich Wilhelm Graf*

## *D. Ethisch*

*I.* Aus der →Verkündigung und dem Handeln J. läßt sich keine systemat. →Ethik ableiten. Nach der Darstellung der synopt. →Evangelien tritt J. auch nicht als Lehrer der →Sittlichkeit auf, so als ginge es ihm nur um moral. Wohlverhalten. Tatsächl. geht es ihm darum, Gottes →Liebe als Existenzgrund und als erfüllende Kraft für jeden →Menschen zu eröffnen und nahezubringen. In diesem Zusammenhang besitzt →Moral einen ganz eigenen Stellenwert als Konsequenz aus der Betroffenheit von der Liebe Gottes und aus der damit gegebenen Herausforderung, diese Liebe aufzunehmen und konkret zu verwirklichen. Ihre grundlegende Ausrichtung und Dynamik erhält die Moral aus der Wirklichkeit der von J. ausgerufenen *Gottesherrschaft* (→Reich Gottes). Diese steht zwar als endgültige Richtigstellung der →Welt und des →Lebens durch Gott noch aus (→Eschatologie), seine →Gerechtigkeit und Liebe teilen sich aber jetzt schon mit und werden im Handeln J. verwirklicht. Wenn er Schuld vergibt, Tote erweckt, →Krankheiten heilt, Dämonen austreibt; wenn er sich Zöllnern und Sündern zuwendet, und wenn er für die Armen, Hungernden und Trauernden Partei ergreift, dann verkündet er die heilende Liebe Gottes nicht nur, sondern verwirklicht sie auch. Die Gottesherrschaft kommt jetzt schon dort zur Wirkung, wo Menschen von den lebenseinschränkenden Lasten und Grenzen des Leids (auch Schuld ist →Leid) so freigestellt werden, daß sie ihr Leben neu annehmen und gestalten können. Gott, in dessen Kraft J. zu handeln beansprucht, wendet sich dem Menschen nicht unter der Bedingung des Wohlverhaltens zu, sondern weil er der →Erlösung und Befreiung bedürftig ist. Die Zuwendung Gottes gilt jedem Menschen, wer und wie er auch ist (Indikativ der →Gnade). Die neue →Wirklichkeit der Gottesherrschaft besteht darin, daß jeder Mensch zu seiner Erfüllung und seinem →Heil gelangen kann und soll.

*II.* J. Aufforderung zur *Umkehr* (Metanoia, →Bekehrung, →Buße) bedeutet dann zuallererst die Aufforderung, sich von der Liebe Gottes ergreifen zu lassen, existentiell der Wirklichkeit der Gottesherrschaft zuzustimmen und sich so gewissermaßen in sie hineinzustellen. Dann hat die Aufforderung zur Umkehr auch eine moral. Qualität: Wer näml. die Liebe Gottes annimmt und seine gerechte Herrschaft will, der stellt sein eigenes Handeln unter das Maß der Liebe und der Gerechtigkeit Gottes. In diesem Sinne erfordert es dann die →*Nachfolge* J., die Perspektiven *seines* Verhaltens zu den *eigenen* zu machen und entspr. befreiend zu handeln.

Dem entspricht das sog. Doppelgebot der *Gottes- und Nächstenliebe.* Es ist nicht als eine moral. →Norm aufzufassen, sondern als eine umfassende Anweisung, sich rückhaltlos von Gottes Liebe einnehmen zu lassen und sie gerade dadurch zu erwidern. Da diese Liebe dem Mitmenschen genauso gilt wie mir selbst, besteht Nächstenliebe in der bedingungslosen Annahme eines jeden durch jeden. Das Maß dessen, was der Mitmensch von mir erwarten kann, liegt darin, was ich mir für mich selbst wünsche; also soll die Nächstenliebe unbegrenzt geübt werden. Ähnl. ist auch J. »Interpretation« der →Goldenen Regel zu verstehen. Vor allem im Samaritergleichnis (Lk 10,29-37) zeigt J., daß der Nächste jeder ist, mit dem mich irgendeine →Situation zusammenbringt, und daß alles daran liegt, ob ich mich selbst als wahren Nächsten des Mitmenschen erweise oder nicht. Hier gibt es keinen Vorwand (→Rasse, →Volk, →Religion, Sympathie oder Antipathie), der es erlaubte, sich den Nächsten nach Laune oder Bedarf herauszusuchen. Diese Bedeutung der Nächstenliebe tritt in der Gerichtsszene bei Mt 25,31-46 deutl. hervor: Gott identifiziert sich ganz mit dem »geringsten Bruder«. Dessen Bedürftigkeit ist das alleinige Maß tätiger Nächstenliebe. Demgemäß verlangt die →Bergpredigt, daß auch der Feind als Nächster verstanden und behandelt wird. →Feindschaft kann nach J. nicht mehr zum Vorwand für →Gewalt und Verachtung dienen, sondern ist Herausforderung an jeden Partner, zu ihrer Abarbeitung beizutragen. Die Aufforderung zum Gewaltverzicht hat den Sinn, aus dem Teufelskreis von Gewalt und Gegengewalt auszubrechen und →Aggression sich gewissermaßen totlaufen zu lassen.

*III.* J. hat zwar die Berechtigung des *atl.* →*Gesetzes* nicht bestritten, wohl aber dessen kasuist.-unvernünftige Auslegung (→Kasuistik). Das Gesetz ist für den Menschen da, nicht umgekehrt. Und kult. Reinheit (→Kult) darf nicht zum Alibi für ungerechte →Gesinnung und ungerechtes →Handeln werden (→rein). In den Antithesen der Bergpredigt (Mt 5,21-48) verdeutlicht J., daß nicht allein das buchstabengerechte Gesetzeshandeln genügt, daß vielmehr die Gerechtigkeit schon im *Innern des Menschen* verwirklicht werden muß.
Die hier skizzierten Perspektiven des Verkündigens und Handelns J. zielen auf eine schöpfer. und befreiende moral. Praxis. Sie betreffen die konkrete Realität menschl. Lebens und wollen nicht nur individual-, sondern auch *sozialeth.* praktiziert werden. Nicht nur die innere Not und →Angst eines Menschen sind zu bereinigen, sondern auch Unterdrückung und wirtschaftl. →Armut (→Befreiungstheologie). Darin liegt eine durchaus sozial- und ideologiekrit. Kraft der Verkündigung J. (→Ideologie). Seine Perspektiven bezeichnen dabei keineswegs eine bloß »interimist.« Moral (A. →Schweitzer), die nur angesichts des nahen Endes des Kosmos gelten soll. Vielmehr sind sie so grundsätzl. gehalten, daß sie auf eine alltagsprakt. Moral aus der Kraft der Liebe Gottes drängen. Die eschatolog. Qualität der Verkündigung J. wirkt sich freil. dadurch aus, daß alle menschl. Ordnung und alle Moral dem krit. Maßstab der besseren Alternative, näml. der besseren Gerechtigkeit Gottes, unterstellt werden müssen.

*Lit.: P. Hoffmann/V. Eid:* J. von Nazareth und eine christl. Moral, Freiburg/Basel/Wien, 3. Aufl. 1979. – *H. Merklein:* Die Gottesherrschaft als Handlungsprinzip, Würzburg, 2. Aufl. 1981. – *W. Schrage:* Ethik des NT, Göttingen 1982.

*Volker Eid*

## *E. Liturgisch*

*I.* Nach *kath. Verständnis* erweist die →Kirche ihrem Haupt J.Chr. in der →Liturgie göttl. Verehrung, zugl. ist Chr. mit der Kirche das Subjekt aller Liturgie. So ist Liturgie nicht nur menschl. Vollzug der Verehrung →Gottes, sondern das von Chr. vollzogene Werk der →Erlösung.
*1.* In der Liturgie *vollzieht Chr.* mit der Kirche, seiner Braut, und durch sie, seinen Leib, seinen priesterl. Dienst zur →Versöhnung Gottes mit den →Menschen im Neuen →Bund, in dem die Menschen in der Verherrlichung Gottes das →Heil empfangen. Der im →Hl. Geist gegenwärtige Herr begegnet der Kirche, die im Hl. Geist im →Glauben ihn erkennt, sich zu ihm bekennt und so ihm gegenwärtig ist und mit ihm den Vater preist. Diese gegenseitige Gegenwart findet ihren sakramentalen Ausdruck in der liturg. Versammlung, in der Begegnung des amtl. →Priesters mit der gläubigen →Gemeinde. In der durch Wort (→Wort Gottes) und Zeichen (→Sakrament) begründeten eucharist. Gedächtnisfeier (→Abendmahl) ist Chr. kraft der Wandlung von Brot und Wein leib- und wesenhaft als →Person in seiner Hingabe an Gott und die Menschen (→Opfer) gegenwärtig. Er spricht zu seinem Volk in der Wortverkündigung und handelt an ihm in den sakramentalen Zeichen.
*2.* Aus der leib- und wesenhaften Gegenwart Christi in der Liturgie folgt die ihm gebührende *göttl. Verehrung.* Er wird z.B. durch Beweihräucherung in den personalen Zeichen seiner Gegenwart (Priester und Gemeinde) geehrt. In den ihn darstellenden →Symbolen (→Kreuz, →Bild, →Ikone Christi) wird er durch Verneigung, Kniebeuge oder Kuß verehrt. Dem Wirken Christi an uns gilt die Verehrung des →Altars (dem Symbol seiner Lebenshingabe) und des Evangelienbuchs, aus dem sein Wort verkündet wird. All dies ist begründet und gipfelt in der Verehrung der gewandelten eucharist. Gaben. In seinem Leib und Blut wird Chr. als Gott und Mensch angebetet. Die eucharist. Anbetung außerhalb der Eucharistiefeier bleibt dabei auf die sakramentale Opferfeier und ihre Vollendung in dem sakramentalen Opfermahl (Kommunion) bezogen.

*II.* Nach *ev. Verständnis* begegnet in J.Chr. Gott selbst dem Menschen in einzigartiger Weise »in Person« (G. Ebeling), nimmt ihn als Person in Anspruch und gewährt ihm personale Gemeinschaft. Das bedeutet zugleich, daß Gott und Mensch »im Medium des Wortes« (Ebeling) zusammenkommen: Christl. Gottesdienst wird damit als Wort-Antwort-Geschehen und als Vollzug personaler Kommunikation bestimmt.
*1.* Wort und Antwort ist christl. Gottesdienst zuallererst in bezug auf das *Werk und die Geschichte* J.Chr., die sich in ihm vergegenwärtigen: In seinem Leben und Leiden, in seiner Lebenshingabe ist J.Chr. das eine, unüberbietbare Wort Gottes an die Menschen und die eine, unwiederholbare, Gott geschuldete Antwort des »Gott entsprechenden Menschen« (E. Jüngel) zugleich. In der von Gott selbst gewirkten Weise des empfangenden und antwortenden Glaubens haben Menschen teil am Geschick J. und an seiner Lebenshingabe, die sich gottesdienstl. in wechselseitiger Durchdringung von Wort (Heilszuwendung in Wortverkündigung und sakramentalem Geschehen) und Antwort (Lobpreis, Dank, Bekenntnis, Bitte – unter dem gleichen worthaft-sakramentalen Geschehen) darstellt und mitteilt.
*2.* Dabei verfehlt das sakramentale Handeln den Sinn des Gottesdienstes und seinen eigenen Sinn – einschließl. der ihm eigenen Sprachlichkeit –, wenn es in einer Weise angesehen und gebraucht wird, als vermöchte es den hier gemeinten grundlegend personalen Vollzug in irgendeiner Weise zu umgehen oder zu überbieten. Die *personale Beziehung* von Chr. und glaubender Gemeinde, die sich im Miteinander von Wort und Antwort des gottesdienstl. Dialogs ausdrückt und herstellt, ist schlechterdings durch nichts zu überholen.

*Lit.: K.-H. Bieritz:* Das Wort im Gottesdienst, in: Handbuch der Liturgiewissenschaft, 3, Regensburg 1987, 41-76 (Lit.). – *F. Eisenbach:* Die Gegenwart Jesu Christi im Gottesdienst, Mainz 1982 (Lit.). – *A. M. Triacca/A. Pistoia (Hg.):* Le Christ dans la liturgie, in: Ephemerides Liturgicae (1981), Subsidia 20.

*Franziskus Eisenbach (I)/Karl-Heinrich Bieritz (II)*

### F. Kunstgeschichtlich

*I.* Das Christusbild spiegelt den jeweiligen Entwicklungsstand von →Theologie und →Gesellschaft wider und wird dadurch zum ausdrucksstarken Zeugnis seiner Entstehungszeit. Im →NT, den ntl. →Apokryphen und bei den →Kirchenvätern finden sich *keine Hinweise auf das Äußere J.* Gelegentl. begegnet jedoch in den gnostisierenden Apostelakten die Vorstellung von Chr. als Knaben und schönem Jüngling, die dann im 4. Jh. von den →Kirchenvätern übernommen wird. Die anfängl. Ablehnung des →Bildes in der →Alten Kirche verhinderte das Chr.bild bis in das 3. Jh. hinein. Gelegentl. Erwähnungen von Chr.statuen, die den Wunderheiler und guten Hirten gezeigt hätten, beruhen wahrscheinl. auf Mißverständnissen. In der *Katakombenmalerei* begegnet Chr. seit dem 3. Jh. als jugendl.-bartloser Wundertäter mit kurzem Haar. Daneben sind Darstellungen *symbol. Art* verbreitet, die Chr. als guten Hirten, Orpheus, Philosophen und Helios (?) zeigen. Oft genug begnügte man sich in der Frühzeit jedoch auch mit Symboltieren, wie z.B. dem Fisch (ICHTHYS, d.i. J.Chr., Sohn Gottes [und] Retter), dem →Kreuz, dem Chr.monogramm, dem Brunnen »lebendigen Wassers« oder dem Weinstock als Verkörperungen Christi.

*II.* Das 4. Jh. und die →*Konstantin. Wende* bedeuteten nicht nur für die Entwicklung der →Christologie eine entscheidende Epoche, sondern auch für das Chr.bild, dessen theol. Zulässigkeit mit Hilfe der Zweinaturenlehre des Konzils von Nizäa (325) begründet wurde und das sich nun unaufhaltsam mit der imperialen Ikonographie des spätantiken Kaiserkultes verband.

*1.* Das autonome Chr.bild zeigt in durchstilisierter Form Chr. als den *Pantokrator* (Allherrscher) und *Erlöser.* Solche Chr.bilder gehören seit dem 4. Jh. zum festen Bestand der →Kirchenausstattung (Freskomalerei, Mosaikkunst), der Sarkophagplastik und der Kleinkunst (Elfenbeinreliefs, Buchmalerei, Pilgerandenken). In →Byzanz wird das autonome Chr.bild weiter ausgeformt, dessen ganzer hochentwickelter *Typenreichtum* dann bes. auf →Ikonen begegnet (Chr. als Wohltäter, Erlöser, Lebensspender, Menschenliebender, Hoherpriester, Emanuel, »Alter der Tage« [vgl. Dan 7,9] u.a.).

*2.* Das *hist.-narrative Chr.bild* setzt demgegenüber die ältere Tradition fort und zeigt Chr. innerhalb szen. Zusammenhänge (Wundertaten u.a.). Bei Darstellungen der Kreuzigung und der Himmelfahrt Christi verwischen sich dann spätestens im 6. Jh. die Grenzen zwischen dem narrativen und dem autonomen Chr.bild insofern, als hier Chr., als Pantokrator mit den Insignien imperialer Macht ausgestattet (Purpurgewand), innerhalb einer sorgfältig durchstilisierten Szene gezeigt wird.

*3.* Die wachsende Verbreitung des →Christentums unter den breiten Volksmassen ließ in Byzanz die *Frage nach dem wahren Bild* (vera icon) Christi und nach der Wunderkraft des Chr.bildes aufkommen. Insbes. die Legende von dem edessen. Fürsten Abgar, der ein auf wunderbare Weise von Chr. selbst erzeugtes Chr.bild besessen habe, das sich später gleichsam selber zu kopieren vermochte, fand weite Verbreitung und wurde in vielen Varianten überliefert. Seit dem 6. Jh. verbreitete sich die Überzeugung von der Existenz von Acheiropoieten, »nicht von (Menschen-)Hand gemalten« Chr.bildern, die direkt himml. Ursprungs seien. Bilder dieser Art wurden vielfach hoch verehrt und prägten das Chr.bild der Ikonen in maßgebl. Weise.

*4.* Seit dem 4. Jh. wird Chr. zumeist mit dem Nimbus (Heiligenschein) oder in repräsentativen Darstellungen des himml. Herrschers in der Mandorla (mandelförmiger Heiligenschein, der die ganze Figur umschließt) dargestellt. Gegen Ende des 5. Jh.s setzt sich dann auch der ernste, *männl. Chr.typ* mit langem Haupthaar und halblangem Bart durch, der bis in das 19. Jh. bestimmend bleibt. Allerdings kennt die karoling. Kunst auch noch den jugendl.-heldenhaften Chr., der erst um 1000 endgültig verdrängt wurde.

*III.* Eine wichtige Erweiterung erfährt das Chr.bild *seit dem 8./9. Jh.* durch die Verbindung mit Motiven aus der →Johannesoffenbarung, die in der Romanik auch die Monumentalkunst prägen, nachdem erste Ansätze zu einem apokalyptisch akzentuierten Chr.bild bereits in den Darstellungen von Kreuzigung und Himmelfahrt seit dem späten 6. Jh. (Rabulas-Kodex, Florenz, 586) faßbar werden. Insbes. die Darstellung der *Maiestas Domini,* die den thronenden Chr. umgeben von den Evangelistensymbolen und →Engeln sowie →Aposteln zeigt und zunächst in der Buchmalerei ausformuliert wurde, wird zu einem Hauptmotiv der roman. Portalplastik seit dem 11. Jh. Bevorzugte die Romanik den überindividuellen, triumphierenden Christkönig, so erfährt das Chr.bild in der Gotik eine Vermenschlichung, insbes. im Passionsbild, und in der spezif. franz. Gotik auch eine gewisse Idealisierung, die den Bildtyp des »Beau Dieu« (schöner Gott) hervorbrachte.

Seit dem *12. Jh.* verbindet sich das Chr.bild immer stärker mit dem der →Maria (Marienkrönung). Unter dem Einfluß der →Mystik entstehen vielfältige Formen des Andachtsbildes, die die →Gefühle des Betrachters ansprechen sollen. Die Auffassung von der →Eucharistie, nach der in Brot und Wein der wirkl. Leib Christi genossen wird, verstärkt das Interesse an einem menschengemäßen Chr.bild, das die Gestalt Christi nicht mehr durch Größe oder bes. Insignien eigens hervorhebt. Der Vergegenwärtigung des Heilsgeschehens dienen auch alle jene Bilder, in denen Chr. in einem zeitgenöss.

Milieu erscheint. Bes. in →Deutschland und in den →Niederlanden wird das Chr.bild des ausgehenden →MA.s durch einen starken →Realismus geprägt, der sich bei Bildern der Kreuzigung bis zu einem krassen →Naturalismus steigern kann (M. →Grünewalds »Isenheimer Altar«, 1512/16; J. Ratgeb).

*IV.* Die →*Reformation* verstärkt ihrerseits wieder den didakt. Charakter des Chr.bildes, sofern sie nicht im →Calvinismus das Bild überhaupt verwirft. Bes. Bedeutung gewinnt jetzt die Buchillustration und die Graphik (Flugblätter), mit deren Hilfe sich die Informationen über grundlegende Konfessionsunterschiede rasch verbreiten lassen. Die →*Renaissance* belebt unter dem Einfluß des neuplaton. Gedankens, daß die Schönheit der Spiegel des Göttlichen sei, das ideale, oft auch heldenhafte Chr.bild (Michelangelos Chr. im Jüngsten Gericht, Capella Sistina, Rom).
Als Heroen sieht der →*Barock* die Gestalt Christi (Rubens), während der →Manierismus und das *Rokoko* einen vergeistigten Chr. bevorzugen. Eine völlig selbständige Entwicklung erfährt das Chr.bild bei →Rembrandt, der zunächst noch von barocken Traditionen abhängig ist, um sich dann später immer mehr einem zutiefst menschl. gesehenen Chr. zuzuwenden, der als Jude aschkenas. Herkunft gezeigt wird, dessen überird. Herkunft nur noch durch eine bes. Aura um das Haupt ikonograph. verdeutlicht wird.
Im →*Klassizismus* wird ein abstraktes Schönheitsideal ausgeformt (B. Thorvaldsen), das bei den →Nazarenern und Präraffaeliten oft ins allzu Glatte und Sentimentale abgleitet. Dieser Akademismus wird erst gegen Ende des 19. Jh.s überwunden, als einzelne Künstler (F. von Uhde, R. Schäfer, E. von Gebhardt) versuchen, Gleichzeitigkeit dadurch herzustellen, daß sie Chr. in die Alltagswelt ihrer Zeit hineinstellen, wobei sozialkrit. Aspekte jedoch allenfalls gestreift werden und die Gefahr einer Idealisierung der →Armut keineswegs immer umgangen wird (F. von Uhde »Lasset die Kindlein zu mir kommen«, 1884).

*V.* Stärkeren Bezug auf →Krieg und soziale Probleme begegnen im Chr.bild des →*Expressionismus* (E. →Nolde, K. Schmidt-Rotluff), die dann bei O. Dix, O. Kokoschka oder O. Pankok zu oft grellen Überhöhungen menschl. →Leidens verdichtet werden. Das Chr.bild wird hier zur Anklage einer sich christl. interpretierenden Gesellschaft, die in den Armen, Erniedrigten und Beleidigten nicht mehr das Antlitz Christi zu erkennen vermag. Spätestens seit dem Ende des Zweiten Weltkriegs ist das Chr.bild, das auf Erkennbarkeit angewiesen ist, zusammen mit der gegenständl. Kunst in eine *tiefe Krise* geraten. Neben rein konventionellen Arbeiten und solchen, die traditionelle Bildschemata durch Mittel der Verfremdung zu aktualisieren versuchen, begegnen auch solche, die das Chr.bild nichtgegenständl. zu gestalten versuchen (J. Beuys, W. Knaupp, H. Falken). Die Kluft zwischen den Künstlern, die das Chr.bild auch weiterhin als eine wichtige Aufgabe betrachten, und weiten Kreisen in →Gemeinden und →Kirchen, die sich dieser Kunst gegenüber verweigern, hat eine →Autonomie des Chr.bildes in der Gegenwart hervorgebracht, die in ihrer Bindungslosigkeit problemat. bleiben muß. Möglicherweise können in Zukunft verstärkt meditative Zugänge diese Kluft schließen helfen.

*Lit.: H. Aurenhammer:* Chr., in: *ders.:* Lexikon der christl. Ikonographie 1, Wien 1959/67, 454-638 (Lit.). – *P. Baum/ G. Rombold:* Chr.bild im 20. Jh. (Ausstellungskatalog), Linz 1981. – *E. von Dobschütz:* Chr.bilder, Leipzig 1899. – *P. Hinz:* Deus Homo, (bisher) 2 Bde., Berlin (Ost) 1973/81. – *H. Preuss:* Das Bild Christi im Wandel der Zeiten, Leipzig, 4. Aufl. 1934. – *H. Schwebel:* Das Chr.bild in der bildenden Kunst der Gegenwart, Gießen 1980. – *J. A. Visser:* Die Entwicklung des Chr.bildes in Literatur und Kunst in der frühchristl. und byzant. Kunst, Bonn 1934.

*Peter Maser*

## *G. Literarisch*

*I.* Erste literar. Vergegenwärtigung der J.geschichte sind die vier →*Evangelien*, die in sich bereits eine narrativ-literar. Selbstdeutung J. in Form von →Gleichnissen und Parabeln enthalten. Der Urerzähler, der archetyp. literar. Verwandler seiner Person, ist kein »Schriftsteller«, sondern J. selbst. Die J.figur erscheint somit von Anfang der Christentumsgeschichte an bereits in zweifacher literar. Brechung: als Erzählungen vom Erzähler J. Da die Evangelien aber zugleich als geoffenbartes →Wort Gottes verstanden wurden, wagte man in der Folge über Evangelienharmonien (»Diatessaron« des Syrers Tatian um 170; → Evangelien), Paraphrasierungen (»Heliand« um 830) oder dramat. Verlebendigungen (→Passions-, →Oster-, Fronleichnam- und Weltgerichtsspiele des MA.s) des literar. wie theol. normativen Evangelienstoffes nicht hinauszugehen.

*II.* Erst in der →*Aufklärung* kommt es zu einer ersten eigenständigen literar. Vergegenwärtigung der J.geschichte durch F. G. Klopstock. Sein »Messias« (1748-73), ein Versepos in 20 Gesängen, schildert die Erlösung der Menschen durch Chr. als kosm. Drama zwischen Gott und Satan und beschreibt J. als »göttl. →Mittler«, dessen himml. →Präexistenz (gut aufklärerisch) beim Vater nicht direkt, wohl aber im *Bewußtsein* J. auf Erden gespiegelt wird. Gut 100 Jahre blieb diese monumentale literar. Gestaltung der J.figur ohne Nachfolger. J. W. →Goethe scheiterte an einem geplanten Christus-Epos (»Der ewige Jude«, 1774) ebenso wie F. →Hölderlin mit seinen Hymnen (»Brot und Wein«, »Friedensfeier«, »Patmos«) in dem Versuch, die griech. Götterwelt mit Chr. zu versöhnen. Fragment blieben R. →Wagners Stück »Jesus von Nazaret« (1848) ebenso wie F. Hebbels Drama »Christus« (1863).

*III.* Erst nach Entstehung der *hist. Bibelkritik* (D. F. →Strauß »Das Leben Jesu«, 1835) kommt es in der 2. Hälfte des 19. Jh.s zu einem neuen, eigenständigen Typus literar. J.gestaltung: dem historisierenden und psychologisierenden *Jesusroman*, in dem J. – oft dogmen- und kirchenkrit. – als Mensch seiner Zeit im Konfliktfeld rel. und gesellschaftl. Spannungen dargestellt wird. Zum literar. Archetyp dieser J.darstellung wurde E. Renans »Vie de Jésus« (1862), der auch im übrigen Europa zu Beginn des 20. Jh.s seine Nachfolger fand: G. Papini »Storia di Cristo« (1921), E. Ludwig »Der Menschensohn« (1928), E. Schaper »Leben Jesu« (1936). Die kirchenkrit. und staatsgefährende Brisanz solch »freier« J.darstellungen beweist die Tatsache, daß nicht nur Renan wegen des J.romans seine Professur in Paris verlor, sondern auch der expressionist. Dramatiker C. Einstein wegen seines J.dramas »Die schlimme Botschaft« (1921) in einen Gotteslästerungsprozeß verwickelt wurde. Zur gleichen Gattung der direkten J.romane gehören auch solche Versuche, die J. nicht mehr direkt, sondern *indirekt in Spiegelungen zeitgenöss. Figuren* auftreten lassen. Außerordentl. erfolgreich wurden (nicht zuletzt wegen z.T. mehrfacher Verfilmungen) die indirekten J.romane des Amerikaners L. Wallace (»Ben Hur«, 1880) sowie der Polen H. Sienkiewicz (»Quo vadis?«, 1895/96) und J. Dobraczyński »Gib mir deine Sorgen« (dt. 1954). In Deutschland schrieben nach 1945 jüd. Autoren wie M. Brod (»Der Meister«, 1952) dieses Genre ebenso fort wie engagierte christl. Autorinnen und Autoren: R. O. Wiemer »Er schrieb auf die Erde« (1979), G. Fussenegger »Sie waren Zeitgenossen« (1983), L. Rinser »Mirjam« (1983).

*IV.* Literar. bedeutsamer freil. sind die *indirekten »fiktiven Transfigurationen«* (Th. Ziolkowski) J. Hier geht es nicht mehr darum, die Bedeutung J. durch eine Spiegelung in seinem hist. Umfeld oder durch die psychologisierende Ausgestaltung seiner geheimnisvollen Persönlichkeit darzustellen, sondern durch *Verschlüsselungen in zeitgenöss. Stellvertreterfiguren oder symbol., objektiven Korrelaten.* Literar. Archetyp dieser J.darstellung ist F. M. →Dostojewskis Roman »Der Idiot« (1868), in dem der Epileptiker Fürst Myschkin als verschlüsselte J.figur auftritt. Solch fiktionale Transfigurationen J. in der 1. Hälfte des 20. Jh.s versuchten in Deutschland G. Hauptmann mit »Der Narr in Christo Emanuel Quint« (1905), in Italien I. Silone mit »Brot und Wein« (dt. 1936), in Amerika W. Faulkner mit »Eine Legende« (dt. 1955). All diese »Annäherungen« an J. sind Ausdruck des Bewußtseins, daß J. als Person sich jedem direkten literar. Zugriff entzieht, das Geheimnis seiner Person undarstellbar bleibt und nur noch in vielfacher literar. Brechung beschrieben werden kann. In der *dt. Literatur nach 1945* taucht die J.gestalt bei maßgebl. Autoren beinahe ausschließl. *verschlüsselt* auf. Vom Übergewicht der Themen →Weihnachten, →Passion und Tod, →Ostern und Auferstehung abgesehen, zeichnen sich folgende Grundstrukturen einer unvermutet vielfältigen literar. J.rezeption ab. Zeitgenöss. Autoren entwerfen *Stellvertreterfiguren* für J.: ein Kriegsdienstverweigerer bei W. Borchert (»Jesus macht nicht mehr mit«, 1949); die Christus-Narren in den »Wiedertäufer«-Stücken (1946/1966) von F. →Dürrenmatt; der verwachsene Antiheld Oskar Matzerath bei G. Grass (»Die Blechtrommel«, 1959), der einerseits eine blasphem.-befreiende Demontage des Kitsch-Jesus betreibt, andererseits in seinem Schicksal (als Außenseiter unter den Mächtigen) die jesuan. Dialektik von →Macht und Ohnmacht verkörpert; der Jesuitenpater R. Fontana bei R. Hochhuth, der anstelle des Papstes mit den Juden den Passionsweg nach Auschwitz antritt (»Der Stellvertreter«, 1961); der Clown bei H. →Böll (»Ansichten eines Clowns«, 1963), dessen Idee von sakramentaler Liebe an der Verrechtlichung des Sakramentalen im Katholizismus scheitert; der gebrochene Revolutionär Hölderlin bei P. Weiss (»Hölderlin«, 1971), dessen Passionsweg von J. her seine symbol. Bedeutung erhält; der »Bruder Judas« bei W. Jens, der sich um des Erlösungswerkes J. willen als »Verräter« freiwillig opfert (»Der Fall Judas«, 1975); der schizophrene Dichter Alexander März, den der Dramatiker H. Kipphardt zum Zwecke des Protestes und der Warnung die Ecce-Homo-Rolle spielen läßt (»März«, 1976); der Sozialarbeiter J. C. Grabner bei I. Drewitz, der das jesuan. Prinzip der Sanftheit und Gewaltlosigkeit repräsentiert, das immer wieder aufs neue gesellschaftl. »gekreuzigt« wird (»Eingeschlossen«, 1986).
Tritt J. in Romanen der Gegenwartsliteratur direkt auf, dann nur als fiktiv verwandelte Figur: als utop. Befreiungsheld bei G. Herburger (»Jesus in Osaka«, 1970; »Birne in der Kirche«, 1971), als myth. Rebellenfigur im Aufstand gegen die überholte Ordnung Gottes (der Vater-Sohn-Konflikt in Gott verlagert) bei S. Heym »Ahasver« (1981) oder als auf Erden zurückgekehrte Erlöserfigur, mit dem das Zeitalter der großen psych. und sozialen Befreiung beginnt wie bei E. Eggimann (»Jesus-Texte«, 1972). Ansonsten: Verschlüsselungen der J.figur in *archetyp. Symbolen, in objektiven Korrelaten:* der Hinrichtungspfahl im Stück »Andorra« (1961) von M. Frisch, an dem sich archetyp. die schuldhafte Ermordung des Unschuldigen vollzieht; die »Spindeln aus Rauch«, die im Auschwitz-Gedicht von E. Meister auf den Gekreuzigten verweisen (»Doppelgesicht«); der »Fisch mit der blutig gerissenen Kieme« in verschiedenen Gedichten von N. Sachs; Blut und Tränke (als Eucharistiesymbole) bei P. Celan (»Tenebrae«), Blut und Wasser als paradoxe Erlösungssymbole bei R. Kunze (»Auf dem Kalvarienberg«).

*V.* Die Literatur zeigt so mit ihren Mitteln zwar nicht den »ganzen«, wohl aber den »anderen J.«, den oft verkannten, verdrängten, entschärften und vergessenen J., der in der dogmat. Theologie oft intellektualisiert und in der kult. Praxis nicht selten verharmlost wurde. Durch ihre behutsame Form der Annäherung (W. Jens: »keusche Annäherung«) bildet die Literatur einen *heilsamen Kontrast* zu einer Theologie oder kirchl. Verkündigung, die in oft bedenkenlosem Zugriff und vollmundiger Verzweckung sich J. allzu sicher wußte. Im Gegensatz aber zu einer oft bitteren →Kirchen- oder →Religionskritik wird J. von den meisten Literaten milde geschont und als Hoffnungs-, Identifikations- und Warnfigur, ja als Berufungsinstanz eingeklagt. Durch ihre indirekte Darstellungsweise verschafft die Literatur für den theol. Leser im Gegenteil Möglichkeiten zu einer Christologie des »Christus inkognito«, wo in überraschenden Stellvertreterfiguren und durch unerwartete Symbolisierungen Person und Sache J. unerkannt-verkannt, inkognito gerade aufleuchten, wo man sie nicht vermutet.

*Lit.: P. K. Kurz:* Der zeitgenöss. J.roman, in: *ders.:* Über moderne Literatur, Bd. III, Frankfurt/M. 1971, 174-201. – *K.-J. Kuschel:* J. in der deutschsprachigen Gegenwartsliteratur. Mit einem Vorwort von W. Jens, Zürich/Gütersloh 1978 (Tb.-Ausgabe mit einem Nachwort, München 1987). – *Ders.:* Der andere J. Ein Lesebuch moderner literar. Texte, Zürich/Gütersloh 1980 (Tb.-Ausgabe München 1987). – *T. Ziolkowski:* Fictional Transfigurations of J., Princeton 1972.

*Karl-Josef Kuschel*

**Jesus Sirach.** Das Sirachbuch, das nicht zum hebr. →Kanon gehört, ist die erste Schrift der israelit.-jüd. Literatur, die ihren Verfasser nennt: Simon, der Sohn Jeschuas, des Sohns Eleasars, des Sohns Siras. Entstanden ist das Werk um *190 v. Chr.* in →Palästina; es wurde in hebr. Sprache verfaßt, vom Enkel Ben Siras ins Griechische übersetzt und daher als Teil der Septuaginta (→Bibelübersetzung) von der christl. Kirche überliefert. Erst der Fund von Sirachtexten in der Geniza (dem Abstellraum für abgenutzte hl. Schriften) der Karäer-Synagoge von Kairo, brachte einen großen Teil des hebr. Textes wieder zum Vorschein. Dazu kommen Textfunde aus →Qumran und aus Massada. Das Buch gehört zur Weisheitsliteratur (→Weisheit) und läßt erkennen, wie am Beginn des 2. Jh.s v. Chr. das palästin. Judentum nicht zuletzt durch die Identifizierung der →Tora mit der (stoischen) Schöpfungsweisheit (Kap. 24) versuchte, in der Auseinandersetzung mit dem →Hellenismus die eigene rel. Idenität zu bewahren. Literaturgeschichtl. ist das *»Lob der Väter«* der Vorzeit von Bedeutung (Kap. 44ff.), da aus ihm erkannt werden kann, welche Schriften des hebr. Kanons J.S. schon im 2. Jh. v. Chr. vorlagen.

*Lit.: M. Hengel:* Judentum und Hellenismus, Tübingen, 2. Aufl. 1973, 241-275, 284-292. – *G. Sauer:* J.S. (Jüd. Schriften aus hellenist.-röm. Zeit III/5), Gütersloh 1981.

*Udo Rüterswörden*

**Jinismus** leitet sich von *Jina* (sanskr. *Sieger*) her, dem Ehrentitel von Vardhamāna (539-467), »Wachsender«, der später auch Mahāvīra (großer Held) genannt wird.

*A.* Aus adliger ind. Familie stammend, entsagte der Dreißigjährige nach dem Tod der Eltern dem Weltleben, um als Asket das →Heil zu suchen. 13 Monate lang unterwarf er sich den Vorschriften des Asketenordens der Nirgranthas (Fessellose), doch war ihm die geforderte Praxis nicht rigorist. genug. Er beschloß, fortan nackt zu gehen. Nach weiteren 12 Jahren hatte er durch einen kompromißlosen Lebenswandel seinen *Körper besiegt* und die »vollkommene Erkenntnis« (Einsicht in *samsāra*, den Kreislauf des Lebens, und den Heilsweg) gewonnen. Dem Jina, der für den Rest seines Lebens lehrend durchs Land zog, schlossen sich alsbald *elf Jünger* an. Seine Anhänger organisierten sich als →Mönchs- und Nonnenorden, der von einer Laiengemeinde getragen wird. Mahāvīra war im strengen Sinn kein Religionsstifter; vielmehr hat er die Bewegung der *Nirgranthas*, die ihrerseits auf *Pārshvanātha* (gest. um 720 v. Chr.) zurückgeht, entscheidend erneuert. In der »Genealogie« des J. ist Pārshvanātha der 23. und Mahāvīra der 24. und letzte Thirthankara (Furtmacher, Wegbereiter), wie die großen Lehrer dieser Religion genannt werden. Die 22 vorangehenden Thirthankaras können nicht als hist. Persönlichkeiten angesehen werden. Die Reihe beginnt in grauer Vorzeit mit der Gestalt des Rishabhanātha.

*B. Ansehen und Verbreitung* des J. in →Indien wuchsen stetig, bis er im 5. Jh. n. Chr. den Höhepunkt seiner Bedeutung erreichte. Der eigentl. *Niedergang* setzte dann im 13. Jh. im Zusammenhang der →islam. Eroberungen ein. Die Entwicklung des Verfalls und schließl. des totalen Verschwindens der Religion war durch Mahāvīra selbst angekündigt. Nach einer langen Phase von Schrecken und Entsetzen werde sie jedoch aufs neue entstehen, bis sich dann die Bewegung des Niedergangs wieder vollziehe.
*Gegenwärtig* zählt der J. etwa 2,8 Mill. Anhänger, zerstreut über ganz Indien. Man unterscheidet zwei Richtungen, die Shvetāmbaras (Weißgekleidete) und die konservativen Digambaras (Luftgekleidete). Letztere gehen nackt wie Mahāvīra selbst und lehnen den jinist. Schriftenkanon ab.

*C.* Der umfangreiche →Kanon des J. umfaßt *48 Schriften* und wurde im 980. Jahr nach Mahāvīras Tod auf dem Konzil von Valabhī endgültig festgelegt. Im Zentrum stehen die sog. 12 Angas (Hauptglieder). Themen sind in erster Linie Ausführungen zum →Mönchtum sowie die Darstellung der Lehre.
Der J. wird oft mit dem →*Buddhismus* verglichen. Wie dieser ist er ein Bettelorden und predigt den Weg der Selbsterlösung. Beide Religionen lehnen das Kastenwesen, die Autorität der ved. Schriften (→Hinduismus) und die Verehrung von Gottheiten – trotz mancher Zugeständnisse an die →Volksfrömmigkeit – ab. Gleichwohl fallen entschei-

dende *Unterschiede* auf: So kennt der J. die Vorstellung der personalen und unzerstörbaren →»Seele« (jiva: Leben) und lehrt vor allem die Askese als den Heilsweg schlechthin (das Fasten bis zum Tod nach dem Vorbild Mahâvîras gilt als bes. verdienstlich). Eine typ. Eigenheit ist weiter die enge Verbindung von Mönchsorden und Laiengemeinde, eine Tatsache, die gerade in Krisenzeiten das Überleben der Religion ermöglicht hat.

*D.* Die *Lehre* des J. setzt mit seiner charakterist. →Anthropologie an. Demnach befinden sich alle Menschen in einer verhängnisvollen, vom Unheil bestimmten Lage. Ihre Seelen sind durch die Wirkung des *karman* in den Geburtenkreislauf *(samsarā)* verstrickt und somit an die Körperwelt versklavt. Den Weg der Befreiung der Seele beschreibt die Lehre vom *»dreifachen Kleinod«* (triratna): Durch rechtes →Glauben, rechtes →Erkennen und rechten Lebenswandel soll sich der →Mensch selbst erlösen. Der J. kennt dabei je *sechs Verpflichtungen* zur »äußeren« und »inneren« Askese. Im Mittelpunkt stehen aber die *fünf Hauptgelübde* mit dem obersten Gebot des Nichttötens (ahimsa). Weiter werden gefordert: Vermeidung der unwahren Rede (→Lüge), Enthaltung von Unredlichkeit, strikte →Keuschheit und Verzicht auf Besitz. Diese »großen Gelübde« gelten in strenger Form für die Mönche und in gemäßigter Weise für die Laien. Ziel der eth. Selbsterlösungsmethode ist die Seligkeit des *nirvāna.* Sie bedeutet das Ausscheiden aus dem samsāra und wird – im Unterschied zum Buddhismus – personal verstanden. Die Seelen der Seligen steigen auf zum Zenit des Kosmos, wo sie in absoluter Vollendung in Ewigkeit verweilen.

*Lit.: A. Bareau/W. Schubring/C. von Fürer-Haimendorf:* Buddhismus, J. und Primitivvölker (Die Religionen Indiens III), Stuttgart 1964. – *H. von Glasenapp:* Der Jainismus, Berlin 1925. – *W. Schubring:* Die Jainas (Religionsgeschichtl. Lesebuch 7), Tübingen 1927. – *Ders.:* Worte Mahaviras. Krit. Übersetzungen aus dem Kanon der Jaina (Quellen der Religionsgeschichte 14), Göttingen 1927.

*Wulf Metz*

**Joelbuch.** Im →Alten Orient waren, wie in der Antike allg., →Natur und →Geschichte keine getrennten Erkenntnisbereiche. Das zeigt sich auch im J., dessen vier (nach einigen Übersetzungen der hebr. Bibel drei) Kapitel ursprüngl. zusammengehören.

*A.* Kap. 1 und 2 handeln von einer furchtbaren *Heuschreckenplage* mit ökonom. katastrophalen Folgen und von einer Art Buß- und Bettag, der eine ökolog. Wiederherstellung bewirkt, weil sich Gott wieder seinem Land und seinem Volk zuwendet. Kap. 3 und 4 sprechen von der Rettung der Gottesverehrer (3) und vom Gericht Gottes über fremde Völker, schließl. vom paradies. *Überfluß in der Natur* für Juda und →Jerusalem (4). Beide Teile werden durch den »Tag Jahwes« – Ausdruck für die in naher Zukunft erwartete geballte Machtentfaltung Gottes – verbunden. Der Einfall der Heuschrecken (1) entspricht so dem Einfall des feindl. Heeres (2,1-11), womit vielleicht die Assyrer gemeint sind, da die Vorstellung vom »Tag Jahwes« schwerpunktmäßig im 7. und 6. Jh. v. Chr. bezeugt ist. Über die Regeneration der Natur in 2,18-27 hinaus wird in Kap. 4 vom »Tag Jahwes« die Wiederaufrichtung Israels erwartet, d.h. die Rückkehr aus dem Exil und die Bestrafung der Völker, die die Exilierung vollzogen haben.

*B.* Die Abfassungszeit des zweiten Blocks, 3-4, liegt später, denn die kosm. Dimension des Völkergerichts weist schon den Weg zur →Apokalyptik. Wie in den einzelnen Teilen 1-2 und 3-4 Gottes Handeln Natur und Geschichte bewegt, so ist in der Gesamtkonzeption Erinnerung und Erwartung an das *Geschehen* in *Natur* und *Geschichte* geknüpft. Erwartung kann Hoffnung sein (2,18-27; 3; 4,18-21). Das hat aber zur Voraussetzung, daß vordergründige Klagegesten durch praktizierte Buße (Umkehr) ersetzt werden. Joel fordert deshalb: »Zerreißt eure Herzen, nicht eure Kleider« (2,13).

*Lit.: A. Deissler:* Zwölf Propheten. Hosea, Joel, Amos (Die Neue Echter-Bibel), Würzburg, 2. Aufl. 1985, 65-87. – *E. Kutsch:* Heuschreckenplage und Tag Jahwes in Joel 1 und 2, in: Theol. Zeitschrift 18 (1962), 81-94. – *H.-P. Müller:* Prophetie und Apokalyptik bei Joel, in: Theologia viatorum 10 (1965/66), 231-252.

*Rüdiger Liwak*

**Johanneische Theologie.** Die j.T. soll hier nicht in ihrer mutmaßl. Entwicklung, sondern in ihrer bibl. Endgestalt, also synchron dargestellt werden. Quellen dafür sind das →Johannesevangelium und die →Johannesbriefe, die wohl keine andere Situation und Theologie spiegeln als jenes.

*A.* Die *jüd. Bibel* und die Geschichte →Israels sind die unabdingbare Voraussetzung für das Verstehen der j.T. Denn Jesu Wort: »Das Heil kommt von den Juden« (Joh 4,22), gilt nicht nur hist.-zufällig, sondern seinshaft-notwendig. Nur als der, von dem →Mose geschrieben (5,46) und dessen Herrlichkeit →Jesaja gesehen und bezeugt hat (12,38-42), nur als der verheißene Messias der »Seinen«, als der »König Israels« (1,41.49), ist Jesus zugleich auch der »Erlöser des Kosmos« und das »Licht der Welt« (4,25.42; 8,12). »Christus« ist für Johannes Übersetzung von »Messias«, und alle →Christologie darum zunächst Lehre vom →Messias (1,44; 20,30f.). Schon der Prolog (Joh 1,1-18) sagt das Unfaßliche: »Er kam in sein Eigentum, und die Seinen nahmen ihn – nicht (!) – auf« (1,11; vgl. Sir 24,8-17). *Jesu Verwerfung* durch die »Seinen« und der schmerzl. Ausschluß derer aus ihrer synagogalen Heimat (9,22.34; 12,42; 16,2), die ihn ihrer urzeitl. Bestimmung als »rechte Israeliten« gemäß »aufgenommen haben« (1,12.47), sind das tiefe Trauma, das unser Evangelium prägt, und ein wesentl. Anlaß zur Trauerarbeit seiner Abfassung.

»Die Juden« sind für Johannes nicht die hist. zufälligen »Repräsentanten des gottfeindl. Kosmos«, sondern nur als die zuvor zu Gottes ausgezeichnetem Eigentum Erwählten vermögen sie, diese Rolle zu spielen.

*B.* Als umfassenden Horizont und alle Einzelheiten prägende Voraussetzung führt schon der Evangelienprolog (Joh 1,1-18) den für die j.T. typ. Dualismus ein. Weil dieser es strikt ausschließt, daß irgendein Stück der →Welt oder des →Menschen als gut, lichtvoll und göttl. angesehen oder irgendwo ein *lumen naturale* (natürl. Licht) oder natürl. »Leben« ausgemacht werden kann, ist er zutiefst ungnostisch wie unplatonisch. Jedem Liebäugeln mit einer autonomen →Vernunft des sich als sein eigener Herr verstehenden Menschen gegenüber ist er das unbedingte Nein. »Leben« und »Licht« sind bei Johannes nicht die der Schöpfung einwohnende Lebendigkeit, nicht die dem Menschen eigene Frage und Suche nach »Eigentlichkeit«. Alle Menschen lieben vielmehr die Finsternis mehr als das Licht und sind nicht Freie, sondern *Sklaven der →Sünde.* Von →Schöpfung ist hier nur im Zusammenhang mit →Erlösung die Rede. Nur wen der Sohn frei macht, der ist wahrhaft frei (8,36); doch auch dies nicht als Rückgabe einer verwirkten Autonomie, sondern allein kraft der Verbindung mit dem lebenspendenden »Weinstock« (Joh 15), außerhalb dessen der Tod regiert.

*C.* Das alles einigende Zentrum der j.T. ist also ihre Christologie, die alle anderen Themen wie Gotteslehre, Schöpfung, Erwählung, →Offenbarung, →Ethik und →Eschatologie prägt. Ehe im ersten Kapitel (Joh 1,19-51) alle christolog. »Hoheitstitel« vorgeführt und überboten werden, besingt der Prolog (1,1-18) Jesu göttl. Wesen und seine Einheit mit dem Vater, so daß auch nicht der Hauch irgendeiner Unterordnung oder bloßen Funktionalisierung Jesu übrigbleibt (10,30; 14,9; 20,28). Drückt der »Sohnes«-Name stets die einzigartige Beziehung zum Vater und das wechselseitige »In-Sein« von Vater und Sohn aus, so erscheint der »Menschensohn«-Name immer da, wo Jesu Heilswerk als Herkunft aus dem Himmel und sein Weg zurück zum Vater zum Thema werden.
Das *wahre Menschsein* Jesu wird nirgends bestritten. Aber es will als Eigenschaft seiner Gottheit begriffen sein, und diese nicht etwa umgekehrt als Lohn seines Gehorsams, Resultat seiner »Erhöhung« oder gar als bloße Deutung der Glaubenden. Gerade das souveräne Spiel des Johannes mit synopt. Texten – die darin ja nicht etwa verdrängt oder verdächtigt, sondern *vorausgesetzt* werden (vgl. etwa Joh 12,27-33 mit Mt 26,36-46!) – markiert dieses Interesse nachdrücklich. Gewiß, Jesus ist vorwiegend der »Offenbarer«, das fleischgewordene *»Wort«* (1,14). Aber er ist dies nicht bloß in seiner *Funktion* und als →Mittler (wie Mose), nicht so, daß da der bekannte Mann aus Nazaret den unbekannten Vater im Himmel und seine Liebe bekanntmachte. Ihn für den »bekannten Nazarener« zu halten ist ja gerade eines der für Johannes typ. »Mißverständnisse«. Jesus ist vielmehr der Fremde und Unbekannte schlechthin. Nicht er zeugt für →*Gott*, sondern umgekehrt Gott für *ihn*, der Bekannte für den Unbekannten. In seinem Sohn, der im Sterben für seine Freunde die göttl. Liebe vollendet (Joh 15,13), will sich Gott selbst wiedererkennen und finden lassen. Darum ist Jesu sterotypes »Ich-Bin...« kein anderes als das des Retters aus dem Sklavenhaus Ägyptens (Ex 3,14).

*Lit.: M. L. Appold:* The Oneness Motif in the Fourth Gospel (Wissenschaftl. Untersuchungen zum NT II/1), Tübingen 1976. – *K. Barth:* Erklärung des Johannesevangeliums, Gesamtausgabe II/9, Zürich 1976. – *R. Bultmann:* Theologie des NT, Tübingen, 9. Aufl. 1984, 354-445 (Lit.). – *E. Käsemann:* Jesu letzter Wille nach Joh 17, Tübingen, 4. Aufl. 1980. – *H. Thyen:* »Johannesbriefe« und »Johannesevangelium« in: Theol. Realenzyklopädie 17, 186-225 (Lit.).

*Hartwig Thyen*

## Johannesbriefe

*A.* Die drei J. tragen ihren *Namen,* weil sie (wie das →Johannesevangelium) seit Ende des 2. Jh.s dem Zebedäussohn Johannes zugeschrieben wurden, der freil. als ihr tatsächl. Verfasser nicht in Frage kommt. Mit den beiden →Petrusbriefen sowie Jak und Jud bilden sie seit Euseb (gest. 339) die Sammlung der »Kath. (d.h. an die Gesamtkirche gerichteten) Briefe«. Im Blick auf die J. gilt das freil. nur für 1 Joh. Denn 2 Joh ist an eine konkrete Ortsgemeinde und 3 Joh an »Gaius«, eine Einzelperson, adressiert (3 Joh 1). Diese beiden benennen ihren Absender mit »Der Alte« (→Presbyter) und sind ganz typ. Exemplare eines hellenist. »Briefes«. Oft werden sie einem anderen Autor zugeschrieben als 1 Joh, dem neben Adresse und Absenderangabe fast alle Merkmale eines »Briefes« fehlen. In vieler Hinsicht steht er den Abschiedsreden des →Johannesevangeliums nahe und zeigt wie diese auffällige Züge der Testamentenliteratur. Da die J. dem Johannesevangelium aber so nahe stehen, daß sie ohne es kaum verständl. und vor allem schwerl. überliefert worden wären, steckt in ihrer Benennung ein unaufgebbares Recht.

*B.* Während das Johannesevangelium vom Streit mit der →Synagoge um das Bekenntnis zur *messian. Gottessohnschaft* →Jesu geprägt ist, sehen viele Ausleger die J. in einer akuten Auseinandersetzung mit christl. Irrlehrern (→Häresie). Die als »Antichristen« bezeichneten Leute, die nach 1 Joh 2,18-26 die Gemeinde verlassen haben und nach 4,1-3 »Jesus nicht als den im Fleisch gekommenen Christus bekennen«, sollen danach der →Gnosis nahestehen, sich auf einen himml. Erlöserchristus berufen und dessen tatsächl. Fleischwerdung und Identität mit dem Menschen Jesus bestritten haben. Weil die J. der Kirche des 2. und 3. Jh.s bei

der akuten Bekämpfung derartiger Irrlehren erfolgreich gedient haben und diesem Umstand wohl auch ihre Kanonisierung (→Kanon) verdanken, hat die Hypothese, auch ihre Entstehung auf diesen Streit zurückzuführen, eine hohe Suggestivkraft.
Gleichwohl ist sie aber äußerst fragwürdig. Denn im Zentrum der J. steht die Sorge um die Gemeinschaft der →Kirche und ihr Festhalten am messian. Bekenntnis. Sie sind *seelsorgerl. Briefe* und nicht Ketzerpolemik. Es geht nicht um die göttl. oder menschl. Natur des hist. Jesus, sondern um seine unverrückbare Gegenwart in den Glaubenden und der Glaubenden in ihm. In den stereotyp mit »Wenn wir sagen...« oder «Wenn einer sagt...« beginnenden Sätzen (z.B. 1 Joh 1,6-2,11) werden nicht gegner. »Parolen« aufgenommen, sondern es wird die innere Anfechtung und *Bedrohung des →Glaubens* bedacht und gezeigt, daß die Glaubenden *zugleich* solche sind, die im Vertrauen auf die vergebende Güte Gottes ihre Sünden bekennen (1,9-2,2), und solche, die »überhaupt nicht sündigen können, weil sie aus Gott gezeugt sind« (3,5-9). Diese von M. →Luther wiederentdeckte Paradoxie der christl. Existenz, die ihre Gerechtigkeit als »fremde« allein in Christus hat, bewegt unseren Autor. Ob es sich bei denen, die die Gemeinde verlassen und das gemeinsame Christusbekenntnis aufgekündigt haben, überhaupt um *christl.* Irrlehrer handelt oder nicht vielmehr um den Abfall vorwiegend jüd. Christen und ihre Heimkehr in die Synagoge, müssen künftige Untersuchungen klären.

*C.* Die Adressaten der J. befinden sich wohl in einer schwierigen *Situation* zwischen →Synagoge und röm. Behörden. Als unmittelbare Folge des Synagogenausschlusses (→Johannesevangelium) ist diese durch materielle →Armut (3,17) sowie durch das drohende Martyrium auf der einen Seite und das brudermörder. Verhalten der Nachfahren →Kains auf der anderen gekennzeichnet (3,11ff.). Auf den jüd. Hintergrund weist die Rede von Gottes Geboten ebenso wie die Behauptung, daß, wer den Sohn verleugne, auch den Vater nicht habe (2,22ff.). Die unvermittelte und schwer deutbare Schlußmahnung: »Kindlein, hütet euch vor den Götzenbildern!« (5,21), scheint auf den domitian. Kaiserkult zu weisen (→Johannesoffenbarung).

*Lit.: R. E. Brown:* The Epistles of John (Anchor Bible 30), New York 1982 (Lit.). – *J. M. Lieu:* Authority to Become Children of God, in: NT 23 (1981), 210-228. – *Dies.:* The Second and Third Epistles of John, Edinburgh 1986. – *P. S. Minear:* The Idea of Incarnation in First John, in: Interpretation 30 (1976), 125-139. – *R. Schnackenburg:* Die J. (Herders Theol. Kommentar zum NT 13,3), Freiburg, 6. Aufl. 1978. – *E. Stegemann:* »Kindlein, hütet euch vor den Götterbildern!«, in: Theol. Zeitschrift 41 (1985), 284-294. – *H. Thyen:* J., in: Theol. Realenzyklopädie 17, 186-200 (Lit.). – *K. Wengst:* Häresie und Orthodoxie im Spiegel des ersten Jh.s, Gütersloh 1976. – *Ders.:* Der erste, zweite und dritte Brief des Johannes (Ökum. Tb.kommentar zum NT 16), Gütersloh/Würzburg 1987.

*Hartwig Thyen*

**Johannes XXIII.**, *Angelo Giuseppe Roncalli*, geb. 25.11.1881 in Sotto il Monte (Bergamo), gest. 3.6.1963 in Rom, Papst seit 28.10.1958; nicht zu verwechseln mit dem gleichnamigen, durch das Konzil von Konstanz (→Reformkonzile) abgesetzten Papst gleicher Zählung (B. Cossa, 1410-1415, gest. 1419), der in der offiziellen Papstliste nicht geführt wird (→Papst). Nach Theologiestudium mit Promotionsabschluß, schmerzl. Erfahrungen in den Jahren des →Modernismusstreits (befreundet mit A. Buonaiuti) und des Ersten Weltkriegs dozierte Roncalli →Patristik und →Kirchengeschichte und war seit 1925 im päpstl. diplomat. Dienst. Er lernte in Bulgarien, in der Türkei und in Griechenland Probleme der →orthod. Kirche, der kath. Kirche in Minderheitsgebieten sowie des Christentums in einem säkularist. Staat kennen (bis 1944). In Paris (1944-53) begegnete er nicht ohne Vorbehalte den theol. und seelsorgerl. Neuaufbrüchen Frankreichs (→Nouvelle théologie, →Arbeiterpriester). Von 1953-58 war Roncalli Patriarch von Venedig. Nur wenige Monate im Papstamt, kündigte er im Januar 1959 unerwartet, aber nicht unvorbereitet das 2. →Vat. Konzil an, das er am 11.10.1962 eröffnete, jedoch nur während der 1. Sitzungsperiode (bis 8.12.1962) begleiten konnte.
Die *hist. Bedeutung* dieses Papstes ist eng mit dem *2. Vat. Konzil* verbunden. Dessen Ankündigung löste schon in der 1960 beginnenden Vorbereitungsphase heftige Flügelkämpfe verschiedener theol. und kirchenpolit. Richtungen aus. J. griff selber nur zurückhaltend ein, setzte aber deutl. Akzente. In Zusammenarbeit mit A. Bea (1881-1968), dem späteren Kardinal und Präfekten des Sekretariats für die *Einheit der Christen*, entwickelte er Beziehungen zu den Repräsentanten der →orthod. Kirche, zum →Ökumen. Rat der Kirchen sowie zu den Weltbünden der verschiedenen ev. Kirchen. Durch sein kollegiales Verhalten stärkte er gegen viele Widerstände die Rolle der →*Bischöfe* und leitete so – weniger rechtl. als durch intensive Kommunikation – eine Phase erster päpstl. Dezentralisierung ein. Unerwartet breiten Widerhall fanden seine *Enzykliken* »Mater et magistra« (15.5.1961) zur sozialen →Gerechtigkeit sowie »Pacem in terris« (11.4.1963) zu Fragen des →Friedens. Teilweise mit Zurückhaltung aufgenommen und von antikommunist. Kreisen im Westen hart angegriffen wurden seine vermutl. während der Kubakrise (Oktober 1962) initiierten Kontakte zu Vertretern *östl. Staaten* (Besuch des Schwiegersohns N. Chruschtschows, A. Adschubej, im März 1963). Mit manchen seiner Ideen konnte er sich gegen den nachhaltigen und oft ungebrochenen Widerstand der →Kurie nicht durchsetzen. J. war, wie seine Tagebücher zeigen, persönl. von einer traditionell unauffälligen, aber selbstlosen Frömmigkeit und geschichtsbewußten Offenheit geprägt. Die tiefgreifendsten *Wirkungen* erzielte er

jedoch durch seine charismat., von humaner Freundlichkeit, Sinn für konkrete Probleme und großem Vertrauen zu Gott und Menschen geprägte Persönlichkeit. Er verstand sich, wie er bei verschiedenen Anlässen betonte, als Bruder, schuf nach innen und außen eine Atmosphäre der Zuversicht und rief in →Seelsorge, →Theologie und kirchl. Leben mancher Länder (z.B. der →Niederlande) eine explosive theol., katechet. und liturg. Kreativität hervor. So wurde er für die christl. Kirchen zu einer der *Hoffnungsfiguren* der 60er Jahre. Das Motto des »Aggiornamento« (Eingehen auf die Zeichen der Zeit, nur unzutreffend mit »Modernisierung« oder »Anpassung« übersetzt) wurde begeistert begrüßt und heftig bekämpft. J. ist bislang, trotz einer nach 1970 eintretenden, von Rom durch Maßregelungen und Bischofsernennungen massiv geförderten Wende, aus dem Gedächtnis der kath. Kirche nicht mehr verschwunden, was sich literar. bisweilen im Ruf nach einem Johannes XXIV. äußert. Zeichen seiner Wertschätzung ist die Tatsache, daß ihm ein prominenter russ.-orthod. Bischof (Nikodim, Metropolit von Leningrad und Nowgorod) eine Biographie gewidmet hat.

*Lit.: Johannes XXIII.:* Geistl. Tagebuch und andere Schriften, Freiburg, 5. Aufl. 1964. – *P. Hebblethwaite:* Johannes XXIII. Das Leben des Angelo Roncalli, Zürich 1986. – *W. Hildesheimer:* Exerzitien mit Papst Johannes, in: Exerzitien mit Papst Johannes. Vergebl. Aufzeichnungen, Frankfurt/M. 1979, 117-140. – *L. Kaufmann:* Johannes XXIII., in: *ders.:* Damit wir morgen Christ sein können. Vorläufer im Glauben, Freiburg 1984. – *Nikodim:* Johannes XXIII. Ein unbequemer Opimist, hg. von R. Hotz, Zürich 1978. – *H. Nürnberger:* Johannes XXIII. mit Selbstzeugnissen und Bilddokumenten (rowohlts monographien 340), Reinbek 1985 (Lit.).

*Hermann Häring*

## Johannes der Täufer

### A. Neutestamentlich

Über J.d.T. berichten unabhängig voneinander der jüd. Geschichtsschreiber Flavius Josephus (Jüd. Altertümer XVIII 5,2) und das NT. Die Zeugnisse des NT müssen für das Erkennen der *geschichtl. Gestalt* des Täufers freil. häufig gegen ihre Absicht gelesen werden, J.d.T. bloß als unselbständigen Vorläufer Jesu zu kennzeichnen. Charakterist. waren für J.d.T. die →Taufe, seine asket. Lebensweise in der Wüste (die ihn weniger als Vorläufer des →Messias denn als →Propheten kennzeichnen soll) und seine Umkehrpredigt, die stark von dem Gericht gekennzeichnet ist, das →Israel unmittelbar droht. Er kündigt das Gericht als Feuertaufe eines Stärkeren (Gott oder der Menschensohn) an, vor dem nur seine *Taufe* retten kann, die im Unterschied zu den Waschungen in →Qumran einmalig ist, an die Person des J. gebunden ist sowie →Sündenvergebung und (→Bekehrung) Umkehr bewirkt (vgl. Mk 1,4-11; Mt 3,7-12 und Parallelen). Dieser Taufe, die eine Außerkraftsetzung der Verheißung an ganz Israel voraussetzt, unterzog sich auch →Jesus, der auch eine Zeitlang zum Jüngerkreis des J.d.T. gehörte. Jesu Ablösung von J.d.T. muß im Zusammenhang mit der Bewußtwerdung der eigenen Sendung gesehen werden.

Im Blick auf die prophet. Eigenart der Predigt des J.d.T. kann man wohl nicht davon sprechen, daß er das Gericht jeden Moment erwartete und deshalb jegl. gemeinschaftsbildende Element ausschloß. Dagegen spricht die Existenz der J.-Jünger, die es eine Zeitlang parallel und auch in *Konkurrenz zur Jesusbewegung* gab (vgl. außer Joh 3,26-29 die Polemik gegen J.d.T. Joh 1,6-8.19-28.29-34; Mk 2,18-22; Apg 19,1-7; Pseudoklementinen, Rekognitionen I 54). Ob J.d.T. →Wunder gewirkt hat, ist umstritten (vgl. Joh 10,41). Seine Erscheinung muß im Zusammenhang mit anderen prophet. auftretenden Personen der Zeit gedeutet werden; qumran. Einfluß ist kaum gegeben. Warum er von Herodes Antipas umgebracht wurde, ist nicht mehr erkennbar – immerhin ist Mk 6,14-29 dem Zusammenhang bei Josephus auffällig parallel (Jüd. Altertümer XVIII 5,1f.). Der T. wurde als erster Heiliger überregional verehrt. Die Verehrung seines Grabes in Samaria ist seit dem 4. Jh. bezeugt.

*Lit.: J. Becker:* J.d.T. und Jesus von Nazareth (Bibl. Studien 63), Neukirchen-Vluyn 1972.

*Ingo Broer*

### B. Kunstgeschichtlich

Der »*Baptistes*« (Täufer) oder »*Prodromos*« (Vorläufer [Christi]), dessen Geburtstag seit dem 5. Jh. am 24.6. begangen wird, wird als Stadtpatron von Florenz sowie als Helfer gegen Halskrankheiten verehrt. In der Kunst stellt man ihn seit dem 3. Jh. als Täufer Jesu, Asket und Bußprediger dar; zu seinen Attributen (Beigaben) gehören u.a. das Lamm Gottes, der Hirten- oder Kreuzstab, die Laterne und die Lilie, in gewisser Weise auch der Zeigegestus auf Christus hin. In der frühchristl. Kunst begegnet J.d.T. vor allem in den Baptisterien (Taufkapellen); auf →Ikonen in →Byzanz und →Rußland erscheint er vorwiegend als Einzelgestalt mit langem Bart- und Haupthaar, mit Fellgewand und ledernem Gürtel, auf dem Arm das Lamm, auf das er mit der freien Hand hinweist. Gelegentl. tritt der Täufer auch als geflügelte Gestalt (griech. »angelos« = Bote, →Engel) auf. In der Darstellung der Deesis (griech. »Gebet, Bitte«, Christus als Herrscher zwischen den Bittenden Maria und J.d.T.) sowie der Kindheit und →Kreuzigung Jesu hat J.d.T. einen festen Platz. Die unübersehbaren Parallelen zu Leben und Leiden Christi bestimmen die unterschiedl. stark ausgebauten J.d.T.-Zyklen, die auf einen frühchristl. Zyklus in S. Giovanni in Laterano (Rom) zurückgehen und insgesamt etwa 40 Einzelszenen entwickelt haben. Sie schildern – unter ausgiebiger Benutzung →apokrypher Überlieferungen – die Kindheitsgeschichte, das Geschehen um die →Taufe Jesu, das Martyrium und einzelne Episoden nach dem Tode des Täufers. Die vom 13. bis 17. Jh. bekannten Johannesschüsseln, auf denen das Haupt J.d.T.s plast. dargestellt war, spielten in geistl. Schauspielen des →MA.s und in der →Volksfrömmigkeit (Heilmittel gegen Krankheiten) eine wichtige Rolle und entwickelten sich im 16. Jh. auch zu einem eigenständigen Andachtsbild.

*Lit.: Th. Innitzer:* J.d.T., Wien 1908. – *A. Masseron:* Saint-Jean Baptiste dans l'art, Paris 1957.

*Peter Maser*

**Johannesevangelium.** Das J. als viertes der kanon. →Evangelien gibt sich als geschrieben von »dem Jünger, den Jesus liebte« (21,24). Seit dem 2. Jh. wird dieser mit dem Zebedäussohn Johannes identifiziert und das Werk darum als J. überliefert. Bis auf die hübsche Glosse von dem Engel, der das Wasser bewegte (5,3b) und der Erzählung von der Ehebrecherin (7,53-8,11), die dem Text beide später eingefügt wurden, ist dessen Bestand jedoch so eindeutig überliefert, daß der Schluß unausweichl. ist, das J. habe von seinem ersten Vers bis zum letzten Wort seines 21. Kapitels (!) öffentl. nie anders als in seiner überlieferten Gestalt und Textfolge existiert.

*A.* Dennoch reißen die Versuche nicht ab, hinter dem Text des J. eine »Grundschrift« oder ein »ursprüngl. J.« rekonstruieren zu wollen. Dazu werden »Brüche« oder »Spannungen« im Text auf vermeintl. Unterschiede zwischen *»Quellen«* und deren Bearbeitung durch den *»Evangelisten«* oder auf die Redaktion von dessen Werk durch spätere Bearbeiter und deren literar. Unvermögen zurückgeführt. Verdankten sich solche Rekonstruktionen zunächst dem antidogmat. Interesse am »hist. Jesus«, so ist dieses mittlerweile der Frage nach der Geschichte des joh. Christentums gewichen. Ihren vermuteten Stadien werden dann jeweils best. »Schichten« des J.s wie der →Johannesbriefe zugewiesen. Die Zahl solcher Rekonstruktionsversuche ist Legion, ihre Überprüfbarkeit jedoch eng begrenzt. Vor allem verkennen sie den *Werk-Charakter* des J.s und seinen hohen *literar. Rang.* Statt als Produkt eines Autors wird es als Resultat anonymer Wachstumsprozesse innerhalb eines Kollektivs angesehen. Doch Sinn und Bedeutung des literar. Werkes können nicht erschlossen werden aus der mutmaßl. Entstehungsgeschichte ihrer Teile, sondern allein aus ihrer sprachl. Struktur (in ihrer – im Sinne der →Sprachwissenschaft – syntakt., semant. und pragmat. Dimension). Unter dieser Voraussetzung ist es sinnlos, nach einem ursprüngl. Autor und seinen *Intentionen* zu fahnden. Gerade der letzte Redaktor und Herausgeber des J.s will vielmehr als der in seinem Werk selbst *implizite Evangelist* in Anspruch und beim Wort genommen werden.

*B.* Die entscheidenden Lektüreanweisungen für das J. gibt sein »Prolog« (1,1-18). Da erfährt der Leser das selbst den im Evangelium handelnden Personen verborgene *Geheimnis* der himml. Herkunft und des göttl. Wesens Jesu sowie des absoluten Unvermögens der Finsternis, je aus Eigenem ans Licht zu gelangen. Die Anknüpfung des Prologs an die Schöpfungserzählung (Gen 1) und an die Sinaioffenbarung (Ex 33f.; vgl. Joh 1, 14-18: »... und wir sahen seine Herrlichkeit...«) markiert die unlösbare Verankerung des J.s in der jüd. Bibel. Gänzl. unbekümmert um hist. Detail wird dann in einem den ersten drei Evangelien gegenüber völlig eigenen Aufriß die Geschichte des menschgewordenen Gottessohnes als der dramat. *Prozeß zwischen Gott und Welt* so entfaltet, daß zumal durch die großen Offenbarungsreden Jesu anstelle der Spruch- und Gleichnisüberlieferung der älteren drei →Evangelien die Ankläger zusehends und in dem Maß zu Angeklagten werden, als der Angeklagte offenbar wird als Kläger, endzeitl. Richter und Erlöser. Die langen »Abschiedsreden« (13-17) – die kaum zufällig Jesu Rede vom Ende der Welt ersetzen (Mk 13; Mt 25f.; Lk 21) – unterbricht das große Drama, bis es sich im Sterben Jesu für das Leben der Welt vollendet (18-21). – Das J. verrät nicht nur intime Kenntnis des AT, sondern auch der drei älteren Evangelien. Ja, dieses Vertrautsein setzt sein Autor wohl auch bei seinen Lesern voraus. Denn er setzt darauf, daß sie sein souveränes und oft höchst iron. Spiel mit deren Text durchschauen und zu genießen vermögen.

*Lit.: J. Becker:* Das Evangelium des Johannes (Ökumen. Tb.kommentar zum NT 4,1 und 2), Gütersloh/Würzburg, 2. Aufl. 1984. – *R. E. Brown:* The Gospel According to John (Anchor Bible 29.29A), New York 1966 und 1970. – *Ders.:* The Community of Beloved Disciple, New York 1972; dt.: Ringen um die Gemeinde, Salzburg 1982. – *R. Bultmann:* Das Evangelium des Johannes (Krit.-exeget. Kommentar über das NT), Göttingen, 19. Aufl. 1968. – *O. Cullmann:* Der joh. Kreis, Tübingen 1975. – *E. Käsemann:* Jesu letzter Wille nach Joh 17, Tübingen, 4. Aufl. 1980. – *R. Schnackenburg:* Das J. (Herders Theol. Kommentar zum NT 4), Freiburg, Bd. 1 1965, Bd. 2 1971, Bd. 3 1975, Bd. 4 (ergänzende Auslegungen und Exkurse) 1984. – *H. Thyen:* J., in: Theol. Realenzyklopädie 17, 200-225 (Lit.). – *K. Wengst:* Bedrängte Gemeinde und verherrlichter Christus, Neukirchen 1981.

*Hartwig Thyen*

**Johannesoffenbarung**

*A. Biblisch*

*I.* Verfaßt von einem »Johannes« (1,4.9; 22,9), der wohl wegen seines staatsgefährdenden Umtriebs als *christl. »Prophet«* (22,6-12) auf der Ägäisinsel Patmos vor Ephesus als Verbannter lebte, gehört die J. der – seit dem bibl. →Danielbuch ausgebildeten – literar. Gattung der Apokalypsen an (→Apokalytik). Das gilt auch und gerade, wenn hier gegen die Lesererwartung typ. Züge der Gattung radikal umgeprägt werden (u.a. Pseudonymität und Vorzeitigkeit des Autors, die eine verschlüsselte Darstellung des tatsächl. Geschichtsverlaufs als »Weissagung« erlauben, Geheimhaltung und Versiegelung des Buches). Zugleich ist die J. nach dem Vorbild der Paulusbriefe als »Brief« stilisiert (1,4-6; 22,21), zur gottesdienstl. Verlesung bestimmt (1,3) und inhaltl. als »Offenbarung Jesu Christi« qualifiziert (1,1; vgl. Gal 1,12!). Neben der kanon. Geltung des AT setzt sie einen breiten Strom christl. Überlieferung voraus (Evangelien und Paulusbriefe). Deshalb ist sie wohl an die in paul. Tradition stehenden Gemeinden Kleinasiens insgesamt gerichtet und schwerl. nur für einen isolierten judenchristl. Kreis bestimmt.

Die J. ist durchgehend geprägt durch ihren unverwechselbaren *Stil*: Hier wird das Griechische – wenn es sein muß mit Gewalt, wie schon die Kirchenväter wahrnahmen – ganz und gar der hebr. Bibelsprache unterworfen. Dies und ihr überaus kunstvoller Aufbau macht sie unangreifbar gegen alle Versuche, vermeintl. jüd. »Quellen« von deren christl. Bearbeitung zu trennen und verlangt eine allein auf den überlieferten Text konzentrierte Interpretation. Die seit dem 2. Jh. immer wieder geäußerte These, in der J. seien jüd. Phantasien oder gar eine jüd. Grundschrift nur sehr oberflächl. verchristlicht worden, zeugt von antijudaist. Vorurteil. Trotz gelegentl. Berührungen schließen Inhalt und Stil der J. aus, daß ihr Verfasser mit demjenigen des →Johannesevagenliums oder der →Johannesbriefe ident. ist oder auch nur zu deren »Schule« gehört.

*II. Inhaltl.* variiert die J. das Jesuswort: »Niemand kann zwei Herren dienen«, näml. Gott *und* dem Mammon, indem sie ihre Leser vor die Alternative stellt, *entweder* Gott und seinem Christus, dem König aller Könige, zu dienen, *oder* dem röm. Kaiser. Jeder dritte Weg ist ausgeschlossen. In der Situation der kleinasiat. Christen unter Domitian könnte er den Glauben nur kompromittieren und um seine erlösende Kraft bringen. Johannes schreibt zur Zeit des satan. »sechsten« Kaisers (17,10; vgl. Kap. 13). Zählt man die auf die himml. Inthronisation und Proklamation Jesu folgenden und insofern *antichristl.* Kaiserproklamationen, so kommt man nach Caligula, Claudius, Nero, Vespasian und Titus auf Domitian (81-96; nach H. Kraft, der die Zählung mit Claudius beginnt, auf Nerva). In Ephesus, dem Zentrum der kleinasiat. Gemeinden, zierte den riesigen Kaisertempel die Weiheinschrift: »Dem unumschränkten Gott und verehrungswürdigen Kaiser Domitian«, und im Inneren erhob sich in vierfacher Lebensgröße dessen Kolossalstatue. Als oberste polit. und rel. Autorität ist sein ephesin. Statthalter, der »Asiarch«, das »andere Tier«, das die Anbetung des Kaiserbildes erzwingt und alle töten läßt, die sie verweigern (13,17). – Nachdem Domitian das blutige Opfer einer Palastrevolte geworden war, fiel die gen. Weiheinschrift dem Meißel anheim und der röm. Kaiserbiograph Sueton nennt ihn den »Gegenstand des Hasses und der Angst der ganzen Welt«.

Von der Gewißheit getragen, daß das »geschlachtete Lamm« den Sieg bereits errungen hat, ruft die J. zum *passiven Widerstand* bis aufs Blut auf gegen das vom Satan ermächtigte »Tier aus dem Abgrund«, näml. den röm. Staat, der sich an Gottes Ehre und alleinigem Recht auf die Erde vergreift. Zu oft hat die Christenheit diesen Ruf überhört und an seiner Stelle einseitig die paulin. Mahnung, jedermann habe den von Gott eingesetzten Behörden untertan zu sein (Röm 13), zur offenbarten Quelle ihrer Staatslehre gemacht und damit die oft unselige Allianz von Thron und Altar legitimiert. So schärft das letzte Buch der Bibel nachdrückl. ein, daß das ganze bibl. Erbe nur da bewahrt und seine Verheißung in Kraft ist, wo das Konzert *beider* Stimmen (Röm 13 *und* Offb 13) gehört und an der konkreten Situation geprüft wird, welche jetzt die Dominante ist. Und einem rein jenseitigen Verständnis der Erlösung gegenüber hält es mit dem großartigen Bild vom »tausendjährigen Reich des Messias« an der stimulierenden Hoffnung auf *ird.* Frieden und *diesseitige* Gerechtigkeit fest (Offb 20). Die Schlußwarnung der J., ihr weder etwas hinzuzufügen noch etwas von ihr wegzunehmen (22,18f.), bleibt gültig, denn die wirklich systemat. →Christenverfolgungen und mit ihnen die große Versuchung zu Abfall und Kompromiß solten ihr ja erst noch folgen.

*Lit.: O. Böcher:* Die Johannesapokalypse, Darmstadt 1980 (Lit.). – *K.-P. Jörns:* Das hymn. Evangelium (Studien zum NT 5), Gütersloh 1967. – *H. Kraft:* Die Offenbarung des Johannes (Handbuch zum NT 16a), Tübingen 1974. – *U. B. Müller:* Die Offenbarung des Johannes (Ökumen. Tb.kommentar zum NT 19), Gütersloh/Würzburg 1984. – *E. Schüssler-Fiorenza:* Priester für Gott (Ntl. Abhandlungen 7), Münster 1972. – *A. Strobel:* Apokalypse des Johannes, in: Theol. Realenzyklopädie 2, 174-189 (Lit.). – *K. Wengst:* Pax Romana, München 1986.

*Hartwig Thyen*

*B. Kunstgeschichtlich*

*I.* Eschatolog.-apokalypt. Darstellungen finden sich bereits in der spätantik-jüd. Kunst des 3. Jh.s (Bogen über der Tora-Nische in Dura-Europos). Seit dem 4. Jh. werden einzelne Visionen der J. (Apokalypse) in der *christl. Kunst* heim.; so wird in S. Pudenziana (Rom) Christus mit den vier Lebewesen und in S. Paolo fuori le Mura (Rom) Christus mit den sieben Leuchtern und 24 Ältesten gezeigt. Das Lamm auf dem Paradiesesberg gehört zum festen Bestand der Sarkophagplastik (→Grab). Während der Osten im Kampf gegen chiliast. →Häresien (→Chiliasmus) der →Apokalyptik überaus krit. gegenüberstand und nur Alpha und Omega zusammen mit dem →Kreuz oder dem Christusmonogramm benutzte, wurden in der westl. Buchmalerei drei Fassungen (Rezensionen) der *Apokalypse-Illustration* entwickelt, die die Kunst des ganzen →MA.s bestimmen (Bamberger Apokalpyse [um 1000]; Beatus-Handschriften; Trierer Apokalypse [9. Jh.]). Die Blockbuch-Apokalypsen des 15. Jh.s hängen von einem engl. Typos

(Apokalypse von Angers) ab, dessen Vorlagen sie frei abwandeln und kombinieren.

*II.* Dürers Apokalypse von 1498 steht über die Kölner Bibel von 1478/79 ihrer Herkunft nach mit den Blockbuch-Apokalypsen in Zusammenhang und setzt bis ins 19. Jh. hinein Maßstäbe. Die trotz aller Abhängigkeiten ganz eigene und geniale Schöpfung Dürers hat die geistige Atmosphäre des *Reformationszeitalters* entscheidend geprägt. In den Bibelillustrationen, die L. Cranach d.Ä. zur Luther-Bibel von 1522 und 1534 schuf, erfahren die Bilderfindungen Dürers eine scharfe antipäpstl. Ausformung, die auch auf andere Meister der Zeit einwirkte (H. Schäufelin, H. Holbein d.J., H. Burkmair, H. S. Beham u.a.). Einflüsse der Dürerschen Apokalypse lassen sich auch in →Frankreich (Livres d'heures), →Spanien, →Italien und in Osteuropa (→Ikonen und populäre Holzschnitte) nachweisen. Im *19. Jh.* hat P. von Cornelius die Vorlagen für eine Freskenfolge im nicht ausgeführten Campo Santo der Hohenzollern gezeichnet (1843/67), die trotz aller Erfindungsgabe die Abhängigkeit von Dürer nicht verleugnen. *1942* schuf M. Beckmann Illustrationen zur J., während ansonsten vorzugsweise einzelne apokalypt. Motive, oft losgelöst von ihrem ursprüngl. Zusammenhang und Verständnis, tradiert werden.

*Lit.: R. W. Gassen/B. Holoczek (Hg.):* Apokalypse – Ein Prinzip Hoffnung? E. Bloch zum 100. Geburtstag (Ausstellungskatalog), Heidelberg 1985. – *F. Hofmann:* Zeitgenöss. Darstellungen der Apokalypse-Motive im Kirchenbau seit 1945, München 1982. – *F. van der Meer:* Apokalypse, Freiburg/Basel/Wien 1978. – *W. Neuß:* Das Buch Ezechiel in Theologie und Kunst bis zum Ende des 12. Jh.s, Münster 1912.

*Peter Maser*

**Jonabuch.** Im Kanon der hebr. Bibel gehört das J. zum Zwölfprophetenbuch, in dem es aber eine Sonderstellung einnimmt, weil es eine Prophete*nerzählung* mit nur einem kurzen Propheten*wort* (in 3,4) enthält. Eine genauere Festlegung der Entstehungszeit ist kaum mögl., in Frage kommt das 6. oder 5. Jh.

*A.* Die literar. kunstvoll stilisierte Erzählung (u.a. zwei parallel gearbeitete Hauptteile, zahlreiche literar. Stilmittel) berichten vom Auftrag Gottes an den Propheten Jona zur Unheils-, ja Untergangsansage an die Stadt *Ninive.* Jona flieht vor diesem Auftrag auf einem Schiff, das in einen Sturm gerät, der nur dadurch gestillt werden kann, daß Jona *ins Meer geworfen* wird. Wichtiger als das in der Rezeptionsgeschichte oft aufgenommene Motiv des von einem »Walfisch« (im Text ledigl.: großen Fisch) verschlungenen und nach drei Tagen wieder ausgespienen Jona ist für das J. selbst in diesem ersten Hauptteil die gerade bei den nichtisraelit. Seeleuten erfolgende *Anerkennung Jahwes.* Jona gelangt durch den Fisch nun doch nach Ninive und spricht seine Untergangsankündigung. Gegen alle Erwartung kehren Herrscher und Volk von Ninive (atl. geradezu ein symbol. Zentrum des →Bösen) um. Ihre Reue und Buße veranlassen Jahwe dazu, seine Drohung nicht wahrzumachen. Mit dem Verdruß Jonas über das Nichteintreffen seiner Unheilsansage (das ihn ja formal zum falschen Propheten, vgl. Dtn 18, macht) und mit Jahwes Bekräftigung des Erbarmens schließt das Buch.

*B.* In den Auslegungen des J.s überwiegt die Deutung, es handele sich um eine geradezu sarkast. Auseinandersetzung mit einem jüd. Ausschließlichkeitsanspruch, demgegenüber das J. einen universalen, das Heil für die »Heiden« einschließenden Standort einnehme. Doch verfehlt diese Deutung wohl die für das J., mehr noch: für das Verständnis der Prophetenrolle, entscheidende Dramatik. Es geht um die Spannung zwischen der Erwartung, daß ein von Gott gegebenes Wort zuverlässig eintreffe, einerseits und der Möglichkeit der Umkehr des Sünders andererseits (→Bekehrung). Weil Gott an der *Umkehr zum Leben* mehr Gefallen hat als an dem Vollzug des Unheils, das aus den bisherigen Taten resultiert (vgl. auch Ez 18), folgt für den Propheten daraus, daß auch für ihn Umkehr zu bewirken wichtiger sein muß, als recht zu behalten.

*Lit.: E. Ebach:* Kassandra und Jona, Frankfurt/M. 1987. – *K. Heinrich:* Parmenides und Jona. Vier Studien über das Verhältnis von Philosophie und Mythologie, Frankfurt/M., 2. Aufl. 1982. – *R. Rendtorff:* Das AT. Eine Einführung, Neukirchen-Vluyn, 2. Aufl. 1985, 237-240. – *U. Steffen:* Jona und der Fisch. Der Mythos von Tod und Wiedergeburt, Stuttgart 1982. – *H. W. Wolff:* Dodekapropheten 3: Obadja und Jona (Bibl. Kommentar AT 14/3), Neukirchen-Vluyn 1977.

*Jürgen Ebach*

**Josef.** Name mehrerer bibl. Gestalten, nach Gen 30,24 ein Wunschname mit der Bedeutung: (Gott) möge (einen Sohn) hinzufügen!

*A. Sohn Jakobs*, Hauptfigur der *J.sgeschichte* (Gen 37- 50), die als letzter Abschnitt der →Genesis an die Vätererzählungen angeschlossen ist. Sie schildert den Konflikt zwischen dem eine Vorrangstellung beanspruchenden J. und seinen älteren Brüdern, den Anschlag der Brüder auf J., den sie als Sklaven nach →Ägypten verkaufen, J.s Aufstieg in Ägypten bis zum obersten Beamten des Reichs (die zum größten Teil in Ägypten spielende Erzählung enthält eine Fülle von Kenntnissen über dieses Land), die Wiederbegegnung mit den Brüdern, die in einer Hungersnot auf der Suche nach Getreide nach Ägypten kommen, schließl. die Versöhnung und die Übersiedlung der gesamten Familie Jakobs (Israels) nach Ägypten. Die J.sgeschichte enthält eine Vielzahl von einander ergänzenden und durchdringenden Bedeutungsebenen. Auf der Ebene der literar. *Erzählung* (Novelle) gehört sie in den Bereich der →Weisheit (innerweltl. Geschehensabläufe, Gott wirkt verborgen in allem Geschehen; vgl. den deutenden Schlüsselsatz Gen 50,20). Auf der Gesamtebene der *Mosebücher* und ihrer Geschichtsdarstellung ist die J.sgeschichte als Erzählung, die mit dem Einzug Israels nach Ägypten endet, die Brücke zwischen den Vätererzählungen und dem im folgenden Buch →Exodus geschilderten Auszug aus Ägypten. Darüber hinaus enthält die Erzählung eine stammesgeschichtl.-polit. Ebene, auf der die Söhne Jakobs (Israels) zugleich die *Stämme* Israels verkörpern. Auf dieser Ebene ist die Erzählung als Legitimierung der (Königs- )Herrschaft der J.-Stämme (und dabei bes. des Stammes Ephraim; vgl. Gen 48) zu lesen, vielleicht als »Schlüsselroman« für den ersten Nordreichskönig *Jerobeam I.* (der wie J. nach Ägypten entkam und von dort aus zur Königsherrschaft gelangt; vgl. 1 Kön 11f.). Auf einer wieder anderen Ebene konnte man später im Verhalten des J. ein *Vorbild* jüd. Lebens in fremder Umgebung erkennen. Über die bibl. Vorlage hinaus wurden die Geschichten von J. zu einem Stoff der *Weltliteratur.* Th. Manns J.sroman enthält dabei eine ausführl. religionswissenschaftl. Theorie (beeinflußt von verschiedenen Altorientalisten und Religionswissenschaftlern, bes. von E. Stucken und seiner Astralmythologie).

*B. Vater Jesu,* von Beruf Zimmermann, aus Galiläa stammend (Mt 13,53ff.; Joh 7,41), vielleicht aus der Familie Davids (Röm 1,3, doch vgl. Joh 7,40ff.). Die Geburtsgeschichte Jesu in Lk 2 läßt ihn aus Betlehem (der Heimat Davids) stammen, um den david.-messian. Anspruch Jesu zu betonen. Da die david. Herkunft Jesu mit der Abstammung von J. begründet wird (vgl. die Stammbäume in Mt 1 und Lk 3), muß man für diese Tradition die Vorstellung von der Jungfrauengeburt geradezu ausschließen (wie überhaupt gewichtige bibl. Zeugen wie Paulus und Markus ohne diese Vorstellung auskommen).

*Lit.: Th. Mann:* Joseph und seine Brüder, 1933-43 (dazu K. Hamburger: Th. Manns bibl. Werk, Stuttgart 1981). – *G. von Rad:* Die Josephsgeschichte (Bibl. Studien 5), Neukirchen-Vluyn, 4. Aufl. 1964. – *C. Westermann:* Genesis 37-50 (Bibl. Kommentar AT 1/3), Neukirchen-Vluyn 1982.

*Jürgen Ebach*

**Josquin Desprez,** geb. um 1440 in der Picardie, gest. 27.12.1521 in Condé-sur-l'Escaut, frankofläm. Komponist. Er erhielt seine musikal. Ausbildung als Sängerknabe, war dann in Mailand zunächst Sänger der Domkantorei, später der Hofkapelle der Sforza, trat 1479 in den geistl. Stand und war vermutl. seitdem in den Diensten des Kardinals Ascanio Sforza. Danach gehörte er der päpstl. Kapelle in Rom an und wurde 1503/04 Hofkapellmeister in Ferrara. Seine letzten Jahre verbrachte J. als Propst der Kollegiatskirche in Condé-sur-l'Escaut.

J.s umfangreiches Opus umfaßt 19 vollständige Messen, einzelne Ordinariumssätze, 90 Motetten, 70 weltl. Werke (Chansons) und Instrumentalkompositionen, wobei insbes. den kirchenmusikal. Kompositionen epochale Bedeutung zukommt. J. ist der dritten von vier Generationen der frankofläm. Schule (Bezeichnung für die Musik des 15. und 16. Jh.s) zuzuordnen (→Renaissance). »Die Hauptquelle seiner Inspiration scheint in der Tiefe seines rel. Gefühls zu liegen... Die musikal. Interpretation steht jetzt auch unter dem Aspekt des Theolog... Aus seiner Musik geht das Bild einer rel. Lebenshaltung hervor, die sich in der Spätzeit vertieft hat« (K. H. Wörner). Nach H. Osthoff wurde J.s Werk als säkulares Ereignis empfunden.

Meist mit vier Stimmen besetzt, zeigen die *Meßkompositionen* (→Messe) anfangs kontrapunkt. Techniken (selbständige Führung der einzelnen Stimmen) der älteren Zeit wie in den Messen »Ad fugam« und »Sine nomine«, während später eine geschlossene durchimitierte Stimmführung wie in der Messe »Pange lingua« überwiegt. Oft bilden Choralzitate, Chansonmelodien (L'homme armé), Solmisationsthemen (La sol fa re mi, Hercules Dux Ferrariae) oder mehrstimmige Vorlagen (Di dadi) die Grundlage. Am weitesten verbreitet war die »Missa De Beata Virgine«. In der →Motette löst sich J. vom traditionellen Stil, eine Erweiterung und Intensivierung des Textinhalts durch die Vertonung wird angestrebt. Trotz einer neuen gelösteren Art der Stimmführung verleugnet sich eine strukturelle Geschlossenheit nie. Die Brücke zwischen Technischem und Außermusikalischem wird in der mit der Bewegung des →Humanismus in Zusammenhang stehenden Symbolik geschlagen, die eine expressive musikal. Tonsprache bewirkt. Frühere, rein strukturelle Kompositionstechniken, melod. Figuren usw. bekommen jetzt eine Ausdrucksfunktion. »Die Überwindung des ma. Rationalismus zugunsten einer Vermenschlichung der Musik" (H. Osthoff) und der Beginn der musikal. Neuzeit werden durch J. in bes. Weise markiert. Vor allem in den Motetten über Bibeltexte wie »Planxit autem David«, »De profundis«, »Miserere mei« oder »Memor esto tui« zeigt sich dieses neue expressive Klang- und Stilideal.

Am Ende des 15. Jh.s war J. bereits hochgeschätzt, und schon ab 1501 erschien ein stattl. Teil seiner Werke im Druck. J. kann als der *Führer der gesamteurop. Musik* der damaligen Zeit betrachtet werden, dessen Werke die Schreibweise der nachfolgenden Komponistengeneration prägten. Zum Kreis der Bewunderer gehörte auch M. →Luther, dessen Lieblingskomponist J. war. Er lobte neben J.s Souveränität in der Beherrschung des musikal. Materials auch das Subjektive und Bekenntnishafte sowie die Verwirklichung einer ausdrucksvollen Deklamation in seiner Musik. Im Zuge der Wiederbelebung alter Musik erschienen J.s Werke seit dem 19. Jh. in verstärktem Maße und finden sich heute in Musikdrucken aller europ. Länder.

*Lit.: E. Elders:* Das Symbol in der Musik von J. des Prez, in: Acta musicologica 41 (1969), 164-185. – *K. G. Fellerer (Hg.):* Geschichte der kath. Kirchenmusik, Bd. 1, Kassel 1972. – *H.-K. Metzger/R. Riehn (Hg.):* J. des Prés (Musikkonzepte 26/27), München 1982. – *H. Osthoff:* J. D. Leben und Werk, 2 Bde., Kassel 1962-65. – *W. Wiora:*

Der rel. Grundzug im neuen Stil und Weg J.s des Prez, in: Die Musikforschung 6 (1953), 23-37.

*Gabriele Zelt*

**Josuabuch**

*A.* Im Gesamtzusammenhang des deuteronomist. Geschichtswerks (→Deuteronomium; →Königebücher) ist das J. der Teil, der die israelit. Landnahme im Westjordanland beschreibt. Ganz Israel nimmt unter Führung Josuas an diesem Eroberungszug teil, der zur Inbesitznahme des gesamten verheißenen Landes führt (Jos 21,43-45). Jos 2-9 enthält eine Reihe von ätiolog. Erzählungen (→Formen und Gattungen), die das Territorium des Stammes Benjamin betreffen. Jos 6 beschreibt die Eroberung von Jericho; Ausgrabungen an der antiken Ortslage haben gezeigt, daß dieser Ort zur Zeit der israelit. Landnahme nicht als feste Stadt bestand, somit auch nicht zerstört werden konnte. Der Erzähler kannte diese Stätte in verödetem Zustand und deutete ihn als Resultat der israelit. Eroberung. Jos 10 und 11 berichten die Einnahme von Gebieten im Süden und im Norden; Kap. 12 nennt die besiegten Könige. Jos 13-21 listet die Gebiete auf, die an die Stämme Israels verteilt werden; Jos 23 gibt die Abschiedsrede Josuas wieder. In Jos 24 wird die Versammlung zu Sichem mit einer Bundesschlußzeremonie geschildert.

*B.* Hist. ist die Darstellung der Landnahme äußerst fragwürdig. Archäolog. finden sich keine Bestätigungen der geschilderten Eroberungen. Ri 1 zeigt, daß von der Eroberung des gesamten Territoriums nicht die Rede sein kann, und Jos 2-9 betrifft nicht ganz Israel, sondern ursprüngl. nur den Stamm Benjamin. Zu erklären bleibt der geschichtl. Verlauf der Landnahme. Eine Erklärungsmöglichkeit bietet die Annahme, daß (in Analogie zum modernen Beduinentum) die nomadisierenden israelit. Gruppen im regenreichen Winterhalbjahr in der Steppe ihre Herde weiden und im Sommer in das Kulturland ziehen; im Laufe der Zeit kommt diese pendelnde Bewegung im Kulturland zum Stehen (Penetrationsmodell). Diese Bewegung, die sog. Transhumanz, ist jedoch im 1. Jt. v. Chr. nicht nachgewiesen. Nach dem *soziol. Modell* entsteht Israel in einer Bewegung gegen die Lebensform der kanaanä. Städte. Deklassierte, entwurzelte Gruppen und einzelne lösen sich von den Stadtstaaten und betreiben selbständig Ackerbau und Kleinviehzucht in einer alternativen nichtstaatl. Lebensform; die Gründe für das israelit. Selbstbewußtsein sind nicht ethn., sondern rel. Art: Jahwe wurde der gemeinsame Gott der Befreiung von der herrschenden Ordnung.

*Lit.: H. Donner:* Geschichte des Volkes Israel und seiner Nachbarn in Grundzügen, Teil 1: Von den Anfängen bis zur Staatenbildungszeit (Grundrisse zum AT 4/1), Göttingen 1984, 117-145.

*Udo Rüterswörden*

**Judaistik**

*A.* Der Begriff J. faßt *zwei Traditionslinien* zusammen:

1. Auf der Grundlage der Arbeiten jüd. Grammatiker, die sich ihrerseits seit dem 10. Jh. nach dem Vorbild arab. *Sprachforschung* mit der Grammatik und Lexikalik des Hebräischen befaßten, wirkten zuerst Humanisten, z.B. J. Reuchlin (1455-1522), zumeist noch unter direkter jüd. Anleitung auf judaist. Gebiet und erschlossen dieses der christl. Wissenschaft. Einen Höhepunkt dieser ersten, vornehml. aufnehmenden und reproduzierenden Phase der christl. J. bedeuten die Veröffentlichungen von Johannes Buxtorf d.Ä. (1564-1629) und dessen gleichnamigem Sohn (1599-1664), die für alle weitere Beschäftigung mit dem →Judentum auf christl. Seite grundlegend wurden. In der Folgezeit wurden diese judaist. Studien so stark in die atl. und ntl. Wissenschaft integriert, daß sie prakt. mit deren Geschichte identisch wurden.

2. Zu dieser Entwicklung trug die Entstehung der *»Wissenschaft des Judentums«* auf jüd. Seite nicht unerhebl. bei, die auf L. Zunz (1794-1886) zurückgeht: »Die Wissenschaft des Judentums hat das jüd. Wissen zum Rang einer Wissenschaft erhoben und der Gesamtheit der Wissenschaften eingereiht. Wissenschaft des Judentums ist die Wissenschaft vom lebendigen, im Strom der Entwicklung stehenden Judentum als soziol. und geschichtl. Einheit; sie hat als solche alle Erscheinungs- und Betätigungsformen des Judentums aller Zeiten und Länder zu studieren und darzustellen« (I. Elbogen). Auch wenn dieses – auf jüd. Seite keineswegs unumstrittene – umfassende Programm niemals voll verwirklicht werden konnte, ist doch die Bedeutung dieser judaist. Arbeit für die →Emanzipation der Juden, für die Popularisierung jüd. Kenntnisse auch bei Nichtjuden und für das Zustandekommen großer wissenschaftl. Projekte kaum zu unterschätzen.

*B.* 1819 wurde in Berlin der »Verein für Cultur und Wissenschaft des Judentums« gegründet, der seit 1823 die »Zeitschrift für die Wissenschaft des Judentums« unter Leitung von L. Zunz herausgab. N. Krochmal (1785-1840) erkannte zuerst den Wert des *Historischen* und Historisch-Kritischen für die jüd. Studien, während der Prager Oberrabbiner S. J. L. Rapoport (gen. SchIR, 1790-1867) die Grundlagen einer jüd. *Literaturgeschichte* schuf. S. Munk (1803-1867) regte die Beschäftigung mit der jüd. →Religionsphilosophie an. Bes. Bedeutung kommt H. Graetz (1817-1891) zu, dessen elfbändige »Geschichte der Juden von den ältesten Zeiten bis auf die Gegenwart« (1853-1875) trotz zahlreicher Fehler und Irrtümer für die Wissenschaft des Judentums und das jüd. Selbstbewußtsein Maßstäbe setzte. S. Dubnow (1860-1941) analysierte die jüd. Geschichte unter soziol. Gesichtspunkten, vertrat eine nationaljüd. Einstellung und betrachtete den Autonomismus als Triebkraft der jüd. Geschichte. Eine »Hochschule für die Wissenschaft des Judentums« wurde 1872 in Berlin gegründet, ähnl. Einrichtungen folgten in ganz Europa und vor allem in den USA. Zusammen mit den Rabbiner-Seminaren (die sich nach und nach der wissenschaftl. Arbeit öffneten) und einzelnen Lehrstühlen bzw. Lehraufträgen für jüd. Studien an den Universitäten war somit die Wissenschaft des Judentums auf eine breite, ungemein produktive Basis gestellt worden. In der Zeit des →Nationalsozialismus wurde das alles in Deutschland restlos zerstört. Ein Teil der jüd. Wissenschaftler konnte ins Ausland entkommen und dort seine Arbeit fortsetzen, während sich in Deutschland Einrichtungen wie das »Hauptreferat Judenfrage des Reichsinstituts für Geschichte des neuen Deutschland« (W. Frank, W. Grau) und das »Institut zur Erforschung und Beseitigung des jüd. Einflusses auf das dt. kirchl. Leben« (W. Grundmann) etablierten.

*C.* Nach 1945 wurden die *judaist. Studien in Deutschland* zunächst an einzelnen Universitäten (z.B. Tübingen, Köln, Frankfurt/Main und Münster) erneut aufgenommen; daneben trat das Hamburger »Institut für die Geschichte der dt. Juden«. Unter dem Eindruck des →Holocaust wurden auch auf regionaler Ebene zahlreiche Bemühungen initiiert, die sich insbes. der Erforschung der jüd. Ortsgeschichte widmen. Die »Germania Judaica« in Köln wuchs seit 1959 zu der bedeutendsten Bibliothek zur Geschichte des Judentums im dt.sprachigen Raum heran und umfaßte 1988 etwa 38.000 Bände und 580 Zeitschriften (davon 150 noch laufende Zeitschriften). Von jüd. Seite wurde 1979 in Heidelberg eine »Hochschule für Jüd. Studien« gegründet; deren Ausbau geht jedoch nur langsam voran, da sich das Schwergewicht judaist. Arbeit seit 1945 eindeutig in die USA und nach Israel verlagert hat. In Deutschland lebt die J. heute vorwiegend aus ihren engen Kontakten zu nichtjüd. Disziplinen (Theologie, Geschichte, Sprachwissenschaften, Archäologie). Diese Situation bietet die Chance einer erneuten Integration der J., birgt allerdings auch die Gefahr in sich, daß die J. nur noch als »Hilfsdisziplin« betrieben und behandelt werden könnte.

*Lit.: G. Herlitz/B. Kirschner (Hg.):* Jüd. Lexikon, Nachdruck Königstein/Ts. 1982. – *J. Meier:* Das Judentum, München, 2. Aufl. 1973. – *J. Oppenheimer (Hg.):* Lexikon des Judentums, Gütersloh/Berlin/München/Wien 1971. – Philo-Lexikon, Nachdruck Königstein/Ts. 1982.

*Peter Maser*

**Judas.** Schon sehr früh haben sich rel. Dichtung, Bildkunst und die volkstüml. Bräuche der vieldeutigen und wohl deshalb faszinierenden Gestalt des J. bemächtigt. Im »Toledot Jeschu« (nach 700), einer jüd. Jesusgeschichte, der kein hist. Wert zukommt und die aus der Polemik gegen das Christentum entstanden ist, tritt J. als siegreicher Gegner Jesu auf, der die Auferstehungslüge der Jünger aufdeckt. In den Passionsspielen des christl. MA.s hingegen (»Tiroler Spiele«, »Augsburger Spiel«, »Haller Spiel« u.a.) wie auch in der »Legenda aurea« (13. Jh.) und noch bei Abraham a Sancta Clara (»Judas, der Erzschelm«, 4 Bde., 1668-95) erscheint J. als Werkzeug des →Teufels. Eine ebenso neue wie einflußreiche Interpretation des Verrats gibt Klopstock in seinem »Messias« (1748-73): J. hat Jesus nicht aus Habsucht verraten, sondern um ihn zu zwingen, seine Herrlichkeit zu offenbaren. In der zeitgenöss. Literatur wird die Gestalt des J. zusehends problematisiert. J. Dobraczyński (»Gib mir deine Sorgen«, 1952), M. Brod (»Der Meister«, 1952) und N. Kazantzakis (»Griech. Passion«, 1954) sehen in J. noch die Verkörperung des Bösen. Andere Schriftsteller versuchen eine Rechtfertigung des J. Er wird zum treuen Anhänger Jesu und glühenden Patrioten, vom Meister beauftragt, ihn zu verraten, damit sich die Schrift erfüllen kann (G. Berto, »La gloria«, 1978; N. Kazantzakis, »Die letzte Versuchung«, 1955); er »verrät« Jesus, um ihn zu einer Entscheidung für den Aufstand gegen Rom zu zwingen (L. Rinser, »Mirjam«, 1983); er handelt gutgläubig und wird selber das Opfer eines Verrats (A. Burgess, »Jesus Christ and The Love Game«, 1976). W. Jens zeigt in »Der Fall Judas« (1975) zahlreiche mögl. Interpretationen der J.gestalt und verweist gleichzeitig auf deren Grenzen; J. ist hier das Sinnbild für alle →Minderheiten, die um ihrer Andersartigkeit willen verfolgt werden. Die J.figur ist wohl deshalb so faszinierend, weil sie häufig als Inbegriff des →Bösen schlechthin gilt, dessen Schatten der Mensch in sich selber wahrnimmt; dann aber auch, weil die ntl. Aussagen über J. einen breiten Raum für Spekulationen offenhalten. Außerdem steht vielfach (und bei M. Pomilio »Das fünfte Evangelium«, 1975 ausdrückl.) die Frage im Hintergrund, ob die Erlösung der Menschheit vom Verrat eines einzelnen abhängig gemacht werden könne und wie menschl. Freiheit und göttl. Wille zusammenhängen.

*Lit.: E. Frenzel:* Stoffe der Weltliteratur, Stuttgart, 3. Aufl. 1970, 368-371 (Lit.). – *J. Imbach:* J. hat tausend Gesichter. Zum J.bild in der Gegenwartsliteratur, in: *H. Wagner (Hg.):* J. Ischariot, Frankfurt/M. 1985, 91-143.

*Josef Imbach*

**Judasbrief.** Der J. gehört zu den sog. kath. Briefen des →NT (→Petrusbriefe). Er wendet sich an Christen, die durch Mitglieder ihrer eigenen Gemeinde (V. 12) in ihrem Glauben bedroht waren, da diese die ihnen zugesprochene Freiheit (vgl. Gal 3,13.21; 4,10) in offensichtl. Verachtung kosm. Mächte, gemeindl. Ordnung und eth. bindender Gebote auslebten. Im bewußten Rückgriff auf die apostol. Überlieferung als alleinige Grundlage des Glaubens (V. 3.17.20) und im Bemühen, die Äußerungen der Irrlehrer durch den Vergleich mit atl. Vorgängen (V. 5f.7.9.11.14f.) auf ihren Grundnenner zurückzuführen, versucht daher der Verfasser des J.s, die Glieder seiner Gemeinde vor einer bin-

dungslos werdenden Freiheit zu schützen (V. 17-23).
Durch seine Verwendung apokrypher Schriften (→Apokryphen) läßt der um 90 n. Chr. entstandene Brief erkennen, daß die Frage des →Kanons am Ende des 1. Jh.s n. Chr. noch nicht völlig geklärt war. Angesichts der späten Entstehung des J.s ist es unwahrscheinl., daß der J. noch von einem »Herrenbruder« gleichen Namens (vgl. V. 1 mit Mk 6,3; Jak 1,1) geschrieben wurde. Näherliegend ist die Annahme, daß der J. von einem Judenchristen verfaßt wurde, der sich des Namens und der Autorität des Herrenbruders bediente. Obgleich der theol. Ertrag des J.s nur gering ist, kommt ihm doch insofern eine bleibende ökumen. Bedeutung zu, als er im Streit um die ständig geforderte Entfaltung und Klärung des christl. Glaubens in großer Entschiedenheit daran erinnert, daß es für diesen kein anderes Fundament als die apostol. Tradition (→Apostel) geben kann.

*Lit.: W. Grundmann:* Der Brief des Judas und der zweite Brief des Petrus (Theol. Handkommentar zum NT 15), Berlin 1974. – *F. Hahn:* Randbemerkungen zum J., in: Theol. Zeitschrift 37 (1981) 209-218. – *R. Heiligenthal:* Der J., in: Theol. Rundschau 51 (1986) 117-129. – *O. Knoch:* Begegnung wird Zeugnis, Kevelaer/Stuttgart 1980, 226-229.

*Meinrad Limbeck*

## Judenchristentum

### A. Geschichte und Theologie

Obgleich der weitaus größere Teil der Christen in den ersten Jahrzehnten aus dem →Judentum kam, die Urchristenheit in ihren Anfängen also fast durchweg aus Judenchristen bestand, wird der Begriff J. heute in einem *eingegrenzten Sinn* verwendet: Er bezeichnet jene Christen, die an der Beachtung des jüd. Gesetzes (→Tora) festhielten und seit Irenäus (gest. um 202) auch *Ebioniten* (vom dem hebr. Wort für »arm«) oder *Nazoräer* genannt werden. Das für das Christentum grundlegende Bekenntnis zu dem aus den Toten erweckten Jesus war für das J. immer auch das Bekenntnis zu dem Gott, der treu zu den Verheißungen steht, die er durch die Propheten seinem Volk gab (Röm 1,2). Der Glaube an den gekreuzigten und auferweckten Jesus konnte daher beispielhaft deutl. im Leben des Herrenbruders Jakobus durchaus mit der bisherigen jüd. Lebensweise vereinbart werden, gründete sie doch auf den Weisungen, die Gott seinem Volk Israel gegeben hatte, damit es dadurch lebe (Lev 18,5). Infolgedessen finden wir auch noch nach Ostern die Beschneidung (Apg 15,1; Gal 5,2f.), die Sabbatheiligung (Mt 24,20), die Beachtung der jüd. Feste (Kol 2,16) und Reinheitsforderungen (Gal 2,12f.; Apg 21,20-26) sowie bis zur Zerstörung des Tempels die Teilnahme am Tempelgottesdienst (Mt 5,23; Apg 2,46; 3,1) innerhalb dieses J.s, das sich keineswegs auf →Palästina beschränkte, sondern sich am missionar. Wirken der Urchristenheit beteiligte (Apg 15,1; Gal 2,12) und deshalb auch in →Griechenland und Kleinasien, in →Syrien und →Ägypten verbreitet war. Dennoch geriet das J. in der Frühen Kirche nicht nur zahlenmäßig in die *Minderheit*, sondern auch mit seiner Orientierung an der Tora in die theol. *Isolation*, eine in mehrfacher Hinsicht verhängnisvolle Entwicklung.

### B. Folgen der Isolation

Da sich die Anhänger des J.s immer weniger in das Leben der (heidenchristl.) Großkirche integrieren konnten, gab es für sie kaum noch eine Möglichkeit, am fortschreitenden theol. Gespräch innerhalb der Frühen Kirchen teilzunehmen. Da sie andererseits aber auch von den Juden *ausgestoßen* wurden (Mk 13,9ff.; Joh 9,22), bot ihnen letztl. nur noch die Welt der aufkommenden (jüd.) →*Gnosis* die Möglichkeit, ihren Glauben an einen Gott weiter zu bedenken und zu artikulieren, der Israel als sein Volk erwählte, ihm die Tora als lebenspendende Offenbarung seiner Weisheit schenkte und der dann in Jesus von Nazaret endgültig das wahre Verständnis des Gesetzes enthüllte. Die Preisgabe der Tora als bindender göttl. Weisung war für das J. eins mit dem Verrat am Glauben der Väter. Die Folge davon war eine zunehmende *Polemik* gegen →Paulus, den man vor allem dafür verantwortl. machte, was eine sachl. Auseinandersetzung um das rechte Gesetzesverständnis auch von seiten des J.s immer mehr erschwerte. Zugleich aber nahm das Interesse am Glauben des J.s ab, dessen große *literar. Produktion* wurde von der Großkirche immer weniger überliefert. Durch das Ausscheiden jener Christen, die in der Tradition der jüd. Toraauslegung groß geworden waren, gingen dem Heidenchristentum ein großer *Erfahrungsschatz* im Umgang mit der Hl. Schrift *verloren.* So wurde das Ringen um das rechte Tun (Orthopraxie) mehr und mehr durch den Kampf um den wahren Glauben (Orthodoxie) verdrängt. Was der Verlust des J.s für das (Heiden)Christentum insgesamt bedeutet, läßt sich heute erst entfernt ahnen.

*Lit.: H. Conzelmann:* Geschichte des Urchristentums, Göttingen, 5. Aufl. 1983, 114-118. – *G. Schille:* Das vorsynopt. J., Stuttgart 1970. – *H.-J. Schoeps:* Das J., Bern 1964. – *G. Strecker:* Ebioniten, in: Reallexikon für Antike und Christentum, Bd. 4, 487-500 (Lit.). – *Ders.:* J. und Gnosis, in: *K.-W. Tröger (Hg.):* AT Frühjudentum Gnosis, Gütersloh 1980, 261-282. – *Ders.:* Das J. in den Pseudoklementinen (Texte und Untersuchungen 70), Berlin, 2. Aufl. 1981. – *Ders.:* Das Land Israel in frühchristl. Zeit, in: *ders. (Hg.):* Das Land Israel in bibl. Zeit, Göttingen 1983, 188-200, hier 196-200.

*Meinrad Limbeck*

## Judentum

### A. Aus jüdischer Sicht

*I.* Aus dem um das Jerusalemer Jahwe-Heiligtum zentrierten Zwölfstämmeverband Alt-Israel entstand im Gefolge des Babylonischen Exils (6. Jh. v.

Chr.) das J., als dessen eigentl. *Begründer Esra* (5. Jh. v. Chr.; →Esrabuch) zu betrachten ist. Die Erfahrungen der Diaspora und des Verlustes der nationalstaatl. Macht wurden durch die Reformen Esras und die erneute Verpflichtung des Volkes auf die →Tora in zukunftsprägender Weise aufgearbeitet. Mit der →*Synagoge* entstand zugleich der Ort des ersten reinen Wort- und Gebetsgottesdienstes, der das J. schließl. vom →Kult des Jerusalemer →Tempels, der 70 n. Chr. endgültig zerstört wurde, unabhängig machte. Seitdem existierte das J. bis zur →Emanzipation im 19. Jh. als Einheit von →*Nation und* →*Religion*, als »hl. Volkstum«. Erst dann wird aus dem J. als Nation eine →Konfession, eine »Religionsgesellschaft« im jurist. Sinn.

*II.* Das J. kennt keine →Dogmen im eigentl. Sinn. Trotzdem gibt es *Grundlehren*, die mit wechselnder Intensität hervorgehoben werden. Fundamental bleibt das →Bekenntnis zu →*Gottes Einheit* und Einzigkeit (→Monotheismus; vgl. das *Schma Jisrael* [Dtn 6,4]). Die Welt wird als →Schöpfung Gottes verstanden, der seinen →Willen als Tora am Sinai offenbart hat. Der →Mensch befindet sich in einem direkten Gegenüber zu Gott und bedarf deshalb keines →Mittlers. Als selbständige sittl. Persönlichkeit ist jeder Mensch von gleichem →Wert ohne Ansehen der Volkszugehörigkeit (→Volk) und Abstammung. Zentrales Gebot innerhalb des J.s ist das der *Nächstenliebe* (Lev 19,18), das mit der Gottheit Gottes begründet wird. Das *Bilderverbot* (Ex 20,2f.), das gleichfalls auf Gottes Einzigartigkeit abhebt, wurde nur in wirkl. streng gesetzestreuen Kreisen strikt beachtet. Die Lehre von der →Auferstehung und eine ausgeformte Vorstellung vom →Jenseits gehören nicht ursprüngl. in das Zentrum der rel. Vorstellungswelt des J.s, sondern wurden zunächst von den →Pharisäern vertreten, bevor sie vom J. insgesamt übernommen wurden. Im Mittelpunkt jüd. →Denkens steht das →*Vertrauen* des Frommen, der sich auf das Tun im →Gehorsam gegenüber der Tora konzentriert mit der Absicht, sein ganzes →Leben zu heiligen. Israel ist zur →Verkündigung des göttl. →Willens an die →Menschheit berufen. Mit dieser zusammen wartet das J. auf die →Erlösung im messian. Reich (→Messianismus). In →Bibel, Tora, Talmud und der bis in die Endzeit fortzusetzenden Interpretation der →Tradition durch die Gelehrten findet das J. die geistigen Grundlagen seiner »insularen Existenz« (R. Geis) unter den Völkern.

*III.* In der Geschichte des J.s begegneten sich immer wieder *ein prophet. und ein rabbin. Traditionsstrom*, der zeitweise auch zur Einheit verschmelzen konnte. Die Auseinandersetzung mit den zeitgenöss. Denkrichtungen innerhalb der →jüd. Philosophie und in best. Hinsicht auch der →jüd. Kunst beginnt bereits im →Hellenismus. Das Problem der →*Apokalyptik* bleibt virulent, auch wenn im J. des →MA.s die eth.-rel. Komponente vorherrschend wird. In der jüd. →*Mystik*, insbes. in der Kabbala als dem Versuch, den verborgenen Sinn der Bibel und Überlieferung (hebr. *Kabbala*) aufzudecken, und der Merkawa-Mystik (Thronmystik nach Ez 1) sowie unter den Chasside Aschkenas, den Frommen in Deutschland, die die Erfahrungen der ma. Pogrome (→Kreuzzüge) zu verarbeiten suchten, entwickelten sich ein intensives Gebetsleben und das Streben nach einer echten *imitatio Dei* (Nachfolge Gottes) angesichts des →Leidens der einzelnen und der →Gemeinschaft in Aufnahme von Jes 42,14. →Buße und Askese vertiefen das →Bewußtsein, daß das Leben immer als Leben im Exil zu begreifen ist. Die Leiden der Zeit werden als »Geburtswehen des →Messias« und damit als Garanten der zukünftigen Herrlichkeit interpretiert. Hatte sich der Sohar (Glanz), das kabbalist. Hauptwerk vom Ende des 13. Jh.s, das wahrscheinl. in Spanien entstanden ist, noch ganz auf die klass.-myst. Spekulationen über Gott und die →Welt beschränkt, so erfährt die jüd. Mystik im Pseudomessianismus des Sabbatai Zwi (1626-1676) eine polit. Wendung, die als Sabbatianismus in ganz →Europa untergründig bis in das 18. Jh. verbreitet blieb. Erst durch den →Chassidismus konnte diese Fehlentwicklung aufgefangen und das J. insbes. Osteuropas zu einer erneuten Verinnerlichung geführt werden.

Nächst der Exilierung nach der Zerstörung →Jerusalems bedeutete die →*Emanzipation des späten 18. und frühen 19. Jh.s* wohl den tiefsten Einbruch in der Geschichte des J.s, wurde diese ihm doch nicht als Gemeinschaft, sondern nur dem einzelnen Juden gewährt. 1789 hatte Graf Clermont-Tonnère in der franz. Nationalversammlung die Formel geprägt: »Den Juden als Nation nichts, den Juden als Menschen alles.« I. →Kant sprach deshalb auch bereits von der »Euthanasie des J.s«. Die Assimilation realisierte für weite Teile des mittel- und westeurop. J.s die Früchte der Emanzipation, während das osteurop. J. ganz überwiegend von dieser Entwicklung ausgeschlossen und in den alten Traditionen blieb. Gegenüber den assimilator. Auflösungstendenzen und in bewußter Auseinandersetzung mit dem Zeitgeist wurde zunächst in Breslau und Berlin, dann in ganz Europa und den →Vereinigten Staaten von Amerika die »Wissenschaft des J.s« entwickelt, in der sich der Geist der →Tradition mit den Forderungen moderner →Wissenschaft auf eindrucksvolle Weise verband. H. Graetz, H. Cohen, F. Rosenzweig, L. Baeck, M. →Buber u.a. prägten eine Renaissance des jüd. Selbstbewußtseins, der die des *Zionismus* (Th. Herzl »Der Judenstaat«, 1896) auf polit. Gebiet an die Seite trat. In der Katastrophe des →Holocaust unternahm der neuzeitl. rass. →Antisemitismus des →Nationalsozialismus den fast gelungenen Versuch der Vernichtung des europ. J.s.

In →Israel sieht sich das J. *seit 1948* vor die Aufgabe gestellt, staatl. und jüd. Existenz nach fast 1900 Jahren der Diaspora (hebr. *Galut* = Verbannung) jenseits von Assimilation und Zionismus im Gegenüber und Miteinander zu der arab. Bevölkerung neu zu gestalten.

*IV.* Das *rel. Leben* des J.s entfaltet sich traditionellerweise im →Gottesdienst der →Synagoge und der Beachtung der rituellen Gebote in Haus und →Familie gleichermaßen. In der →Feier des →Sabbat und der großen Feste, wie *Rosch ha-Schana* (Neujahr), *Jom Kippur* (Versöhnungstag), *Pessach*, Schawuot (Wochenfest), *Sukkot* (Laubhüttenfest), *Chanukka* (Lichterfest), *Purim* (Freudenfest zur Erinnerung an die Errettung der pers. Diaspora) und *Tischa be-Aw* (Erinnerungstag an die Zerstörung Jerusalems), erlebt das J. die Vergegenwärtigung und Aktualisierung seiner →Geschichte. Die persönl. Feste der →Beschneidung (*Mila*, Berit Mila, Briss-Milo), *der Bar-Mizwa*-Feier (Religionsmündigkeit der Knaben mit dem vollendeten 13. Lebensjahr; in Reformgemeinden auch als *Bat-Mizwa*-Feier für Mädchen) und →Trauung sowie die Trauerriten bei →Tod und Beerdigung verbinden das Leben des einzelnen mit dem der →Gemeinde in bes. Weise.
Die Bedeutung der →Gemeinschaft für das J. tritt vor allem im *Gottesdienst* hervor, zu dessen Abhaltung eine Mindestzahl von zehn männl. Gemeindegliedern (hebr. *Minjan*) erforderl. ist. Im Mittelpunkt steht das gemeinsame →Gebet der Gemeinde, das vom Kantor (hebr. *Chasan*) geleitet wird. Die →Predigt des →Rabbiners spielt gegenüber der →Liturgie eine untergeordnete Rolle. Das alltägl. Leben des J.s wird durch eine Vielzahl ritueller Gebote bestimmt, die z.B. die Zubereitung der Speisen und best. Hygienevorschriften betreffen. In Verbindung mit den den Tagesablauf durchziehenden *Gebeten* dienen sie dem Ziel der →Heiligung des Lebens, die als Vorbedingung für das Kommen des Messias betrachtet wird. Die im J. traditionell gepflegte *Wohltätigkeit* (Armen- und Waisenfürsorge, Begräbnisbruderschaften, Frauenverbände) beruht auf der Überzeugung, daß diese zu den Grundsäulen der sittl. Welt gehört.

*V.* Seit dem MA. wird das europ. J. in die *Aschkenasim*, die aus →Deutschland (hebr. *Aschkenas*) stammenden Juden, also auch die in West- und Osteuropa aus Deutschland gebürtigen, und die *Sefardim*, die aus →Spanien (hebr. *Sefarad*) und →Portugal stammenden Juden, unterteilt. Beide Gruppen unterscheiden sich in der Aussprache des Hebräischen und in der Liturgie beträchtlich voneinander. Eine weitere Gruppe, die in Israel heute ständig an Bedeutung gewinnt, stellt das *oriental. J.* dar. Mit der Emanzipation setzte in Europa eine Binnendifferenzierung des J.s ein, die durch das jeweilige Verhältnis zur Tradition bestimmt wird. Die strenggläubige *Orthodoxie* beharrt auf der unbedingten Einhaltung der bibl. und rabbin. Vorschriften. Die sog. »Orthopraxie«, die sich auf strenge Befolgung der rel. Vorschriften beschränkt, zugleich aber der Bibel- und Talmudkritik Raum gibt, wird abgelehnt. Im Reformj. beschränkte man sich zunächst auf die →Reform des Gottesdienstes (Einführung der Landessprache, →Orgel-Synagogen). Später wurde auch vereinzelt der Sabbat durch den Sonntag ersetzt. Bes. Bedeutung erlangte das *Reformj.*, dessen wichtigster theoret. Vertreter H. Cohen (»Die Religion der Vernunft aus den Quellen des J.s«, 1919) wurde, in den USA. Die begriffl. Abgrenzung zwischen Reformj. und *liberalem J.* bleibt fließend, zumal in beiden Richtungen die Erhaltung der rel. →Formen nur dann als sinnvoll betrachtet wird, wenn sie Ausdruck rel. →Gesinnung sind und eine sittl. Tat darstellen. In den USA und auch in Israel hat der »Conservatism« in deutl. Absetzung von der Reformbewegung insbes. die theol. Tradition des Breslauer Rabbinerseminars mit dem Jewish Theological Seminary in New York aufgegriffen und die Gottesdienstformen des liberalen J.s in Deutschland fortgesetzt. Die Orthodoxie wird seit 1912 in der »Agudat Jisrael« zusammengefaßt, die heute Zentren in Jerusalem, New York und London besitzt, während sich das konservative J. in der »United Synagogue of America« (1913 gegründet) zusammengeschlossen hat. Die »World Union for Progressive Judaism« repräsentiert das liberale Reformj. seit 1926 und ist inzwischen in 23 Ländern vertreten. Grundform aller jüd. →Organisationen bleiben jedoch immer die selbständigen Kultusgemeinden, die über die unterschiedl. Landesverbände den internationalen Vereinigungen angehören.

*VI.* Polit. wird das J. heute u.a. durch die »*Zionist. Weltorganisation*« (1897 durch Th. Herzl gegründet), die »Jewish Agency for Palestine« mit dem »Keren Kajemeth Lejisrael« (Jüd. Nationalfonds) und dem »Keren Hajessod« (Grundfonds) und seit 1936 durch den »*Jüd. Weltkongreß*« vertreten. Daneben gibt es eine Fülle von Fachverbänden kultureller, sozialer und rel. Art, in denen sich das moderne J. international organisiert hat. Die Hilfe für Israel und das bedrängte J. vor allem in Osteuropa gehört zu den wichtigsten Aufgaben vieler dieser Organisationen. Im Gegenüber zu den christl. →Kirchen kann das J. auf Grund seines Selbstverständnisses nicht als geschlossene Größe auftreten, doch existiert eine Vielzahl von Organisationen, die der →Versöhnung von →Christentum und J. verpflichtet sind, so z.B. die »National Conference of Christians and Jews« in den USA (1928), die »World Brotherhood« (1950 in Paris gegründet), der »Internationale Rat der Christen und Juden« sowie zahlreiche nationale Gesellschaften für »christl.-jüd. Zusammenarbeit«.
Zur Geschichte des atl. J.s u.a. →David, →Josuabuch, →Königebücher, →Richterbuch, →Samuelbücher.

*Lit.: G. Herlitz/B. Kirschner (Hg.):* Jüd. Lexikon, 4 Bde., Berlin 1927, Nachdruck Königstein/Ts. 1982. – *J. Maier:* Das J. Von der Bibl. Zeit bis zur Moderne, München, 2. Aufl. 1973 (Lit.). – *J. F. Oppenheimer:* Lexikon des J.s, Gütersloh 1971. – Vgl. im übrigen die Lit. zu den Verweisstichwörtern.

*Peter Maser*

*B. Aus christlicher Sicht*

*I.* Der verhaltene *Optimismus*, der den →Dialog zwischen Christen und Juden seit der Erklärung der 2. →Vat. Konzils über das Verhältnis zu den Juden (Nostra aetate, 1965) und der Studie des Rates der →Ev. Kirche in Deutschland »Christen und Juden« (1975) kennzeichnete, ist trotz einer zuvor für unmögl. gehaltenen Intensivierung von Kontakten auf allen Ebenen *geschwunden*. Die Gründe hierfür liegen nicht zuletzt in der unterschiedl. Erwartungshaltung der Beteiligten. Christen entdecken im J. die Wurzel ihrer →Religion. Das Gespräch mit Juden dient daher auch der Stärkung ihrer →Identität als Christen. Dieser rel. Ansatz *funktionalisiert* den jüd. Partner zu einer Art späten Zeitzeugen des »Juden Jesus«. Der rel. und polit. →Pluralismus des zeitgenöss. J.s wird so nur ungenügend wahrgenommen. Dies gilt auch für die Unterschiedlichkeit der Gesprächspartner: christlicherseits meist Theologen und Geistliche, häufig amtl. legitimiert, für ihre →Gemeinschaft zu sprechen; auf der jüd. Seite überwiegen Publizisten und Individualisten. Denn das J. mit seinem Ideal des lebenslangen →Lernens kennt keinen Laienstand.
Juden erwarten in der Begegnung mit Christen keine Vertiefung ihres →Glaubens, sondern die konkrete soziale und polit. →*Solidarität* einer christl. Mehrheit und die Unterstützung im Kampf gegen den →Antisemitismus. Angesichts der Erfahrungen jüd. Leidensgeschichte und der Schoah (→Holocaust) weckt bei vielen Juden die Weigerung der großen Kirchen, der *Judenmission* eine unmißverständl. und grundsätzl. Absage zu erteilen, (alt–)neue Ängste. Viele sehen darin ein Festhalten an dem Anspruch einer christl. Höherwertigkeit über einen erfüllten »Alten →Bund« (wonach der wahre Weg zu Gott ausschließl. über das →Bekenntnis zu →Jesus dem Christus führe). Eine Position, die vielen Forschern als wesentl. Ursache für eine negative Bewertung des J.s und damit verbunden der Judenfeindschaft gilt. Trotz der eindeutigen Verurteilungen jegl. Antisemitismus durch die Kirchen wurde damit aus jüd. Sicht die zentrale Erwartung an ein neues christl.-jüd. Verhältnis nicht erfüllt.

*II.* Andererseits muß anerkannt werden, daß die Bemühungen, christl. →Predigt und Unterweisung von Antijudaismen zu befreien, fortschreiten. Als Förderung eines partnerschaftl. Miteinander mag auch die Erkenntnis dienen, daß trotz der Bemühungen, wechselseitig Klischeevorstellungen abzubauen und sich dem jeweils anderen anzunähern, auch zukünftig gewisse, das Christentum tragende *Grundüberzeugungen* als *trennend* empfunden werden. Juden können um ihres Judeseins willen best. Glaubensaussagen, die für Christen wiederum unverzichtbar sind, nicht übernehmen. Das gilt bes. für die trinitar. Gottesvorstellung (→Trinität), vor allem für die Lehre von Jesus als wahrem Menschen und wahrem Gott, den →Glauben an Jesus als den →Messias, die Definition seines →Todes als Sühneopfer, seine →Auferstehung, die Entwürfe einer individuellen →Erlösung und Erbsünde (→Sünde).
Die Erkenntnis, Anerkennung und Tolerierung des notwendig Trennenden eröffnet zugleich die *Freiheit*, sich vom Ballast antijüd. Vorstellungen zu lösen (etwa die Gegenüberstellung von jüd. →Gesetz und christl. →Liebe). Das jüd. Fundament des Christentums, das sich u.a. in →Gebet und →Liturgie, in eth. und moral. Forderungen bis hin zu den endzeitl. Visionen (Auferstehung von den Toten, Jüngstes Gericht) zeigt, bietet eine Fülle von Möglichkeiten, diese Gemeinsamkeiten (auch in Hinblick auf die Zeddeka, die Forderung nach sozialer →Gerechtigkeit und Schalom [→Frieden]), zu vertiefen.

*Lit.: R. A. Eckardt:* Jews and Christians, the contemporary meeting, Bloomington 1985. – *G. B. Ginzel (Hg.):* Auschwitz als Herausforderung für Juden und Christen, Heidelberg 1980. – *A. Klappert/H. Starck (Hg.):* Umkehr und Erneuerung, Neukirchen-Vluyn 1980. – *K. Richter (Hg.):* Die kath. Kirche und das J., Freiburg/Basel/Wien 1982. – *C. Thoma:* Die theol. Beziehungen zwischen Christentum und J., Darmstadt 1982. – *P. von der Osten-Sacken/ M. Stöhr (Hg.):* Glaube und Hoffnung nach Auschwitz, Berlin 1980.

*Günther B. Ginzel*

**Juditbuch**

*A.* Das zu den →Apokryphen gehörende, wohl aus dem 2. Jh. v. Chr. stammende J. erzählt in legendärer Form vom Widerstand gesetzestreuer Juden gegen die Assyrer. Die *Titelheldin* des J.s, eine schöne und fromme Witwe, rettet ihr Volk, indem sie den feindl. Feldherrn Holofernes umgarnt und tötet. Thema und religionsgeschichtl. Hintergrund des J.s ist die Abwehr rel. und kultureller Überfremdung in hellenist. Zeit. Zugleich ist es ein Zeugnis polit. Widerstands. Gerade dieser Aspekt wirkte in Verbindung mit dem Motiv der schönen Frau, die ihre Möglichkeiten zur Rettung des Volkes einsetzt, bes. in der Literatur und Kunst nach.

*B.* Die *Rezeptionsgeschichte* des J.s und seiner Heldin wurde ihrerseits zum Zeugnis polit. Auseinandersetzungen. Sie zeigen sich bes. augenfällig in der Geschichte der Juditstatue des *Donatello* in Florenz (um 1455), in der sich (im spannungsvollen Gegenüber zur Aufstellungs- und Interpretationsgeschichte von Michelangelos →David) die Auseinandersetzungen zwischen der Stadt Florenz und der Medici-Dynastie widerspiegeln. Nach der Vertreibung der Medici aus Florenz (1494) wurde die »Judit« zum Symbol des Widerstands gegen die Tyrannen. Noch in der Gegenwart entfaltet die Juditfigur polit. Sprengkraft, so in *R. Hochhuths* Schauspiel, dessen »Judith« gegen den Präsidenten der USA steht. In der Kunst vor allem des →Symbolismus wurde Judit (neben Salome) zur Leitfigur der »femme fatale«, in der sich Schönheit und Schrecken verbinden.

*Lit.: E. Zenger:* Das Buch Judit (Jüd. Schriften aus hellenist.-röm. Zeit I/6), Gütersloh 1981, 427-534.

*Jürgen Ebach*

**Jüdische Kunst.** Von j.r K. sollte nur dann gesprochen werden, wenn künstler. Produktionen in irgendeiner Weise das in seiner göttl. Erwählung begründete Schicksal des jüd. Volks mit den daraus herrührenden geschichtl. und geistigen Konsequenzen (→Judentum) widerspiegeln. Nach dieser Definition wird j.K. also nicht durch ihren Autor oder ihren Stil, sondern *durch ihren Inhalt bestimmt*, wodurch sich bes. im Blick auf das 19. und 20. Jh. komplizierte Abgrenzungsprobleme ergeben können.

*A.* Das *Bilderverbot* Ex 20,4 ist eindeutig und wird keinesfalls durch Lev 26,1 eingeschränkt: Dem Israeliten ist die Herstellung eines jegl. →Bildes verboten, damit er weder in die →Sünde des Götzendienstes noch der Schöpfungstätigkeit verfällt, die nur Jahwe zusteht. Wenn in Alt-Israel von Kunstwerken oder künstler. geschmückten Gegenständen berichtet wird, so handelt es sich entweder um uralte und deswegen erlaubte Reste aus →Israels Vorzeit (Bundeslade, Cherubim, →Altäre) oder um Importe aus dessen Umwelt, die das Bilderverbot zumindest teilweise verletzen (Salomon. Tempel, 70 n. Chr. zerstört) bzw. den tiefgreifenden Einfluß hellenist. Kultur (→Hellenismus) in →Palästina bezeugen (Grabmäler im Kidrontal, Jerusalem; Herodion bei Bethlehem; Massada am Toten Meer). Während des Kampfs des Bar Kochba (2. Jh. n. Chr.) um das Überleben des jüd. Volks wird diese Importkunst radikal ausgeschaltet und durch eine zügig entwickelte jüd. Symbolik ersetzt (Münzen), die sich im 3. Jh. auch in der Grabkunst durchsetzt.

*B.* Zu den bevorzugten jüd. →*Symbolen* gehören u.a. die Menora (Siebenarmiger Leuchter) und andere Kultgeräte sowie die Fassaden des →Tempels, der →Synagoge oder des Toraschreins. Alle diese Symbole verweisen das →Judentum zugleich auf seine Vergangenheit und seine Zukunft, sie sind Fixpunkte nationaler Identität und rel. Hoffnung in einem. Neben den Münzen finden sich diese Symbole insbes. auf Sarkophagen, Ossuarien (Gebeinkästen), Goldgläsern und Öllampen, wodurch diese neutralen Handwerksprodukte (→Volkskunst) überhaupt erst »judaisiert« werden. Seit dem 3. Jh. entwickelt sich die jüd. Katakombenkunst (Beth Schearim [östl. von Haifa], Katakomben Monteverde, Villa Torlonia und Villa Randanini [Rom], Katakombe in Venosa/Potenza), wo die jüd. Symbole, verdichtet zu komplizierten Bildprogrammen, die endzeitl. Hoffnungen der dort Bestatteten ausdrücken. Etwa zur gleichen Zeit erobert die j.K. unter dem Druck der Laienfrömmigkeit die Synagogen in Palästina und in der Diaspora. Prominentestes Beispiel dieser noch vielfach diskutierten spätantiken Synagogenkunst stellen die Fresken der Synagoge von Dura Europos (Mitte 3. Jh.) dar. Sie bezeugen eindeutig, wie weitläufig der Bilderkreis j.r K. dieser Zeit bereits sein konnte. Sehr viel knapper ist das ikonograph. Inventar der sonstigen aus der Spätantike bekannten Synagogen, deren Bodenmosaike stilist. und in manchen Details (Darstellungen des Tierkreises und Sonnengottes) weitreichenden hellenist. Einfluß verraten, die aber dennoch orthodox-jüd. zu deuten sind. Eine ausgedehnte und hoch entwickelte jüd. Buchmalerei in der Antike kann kaum noch geleugnet werden, obwohl bisher kein einziges direktes Zeugnis dafür nachgewiesen werden kann. Sie hinterließ ihre Spuren nicht nur in den Fresken von Dura Europos, sondern auch in den Werken der ältesten christl. Kunst, die ohne diese jüd. Vorgängerin nur schwer zu verstehen ist.

*C.* So wie das Verhältnis von j.r K. und frühchristl. Kunst noch keineswegs geklärt ist, so wissen wir auch noch nicht, wo und wie die Traditionen j.r K. *weiterzuleben* vermochten, nachdem es innerhalb des Judentums unter dem Einfluß von →Islam und →Christentum im 6./7. Jh. zu einer Renaissance des Bilderverbots gekommen war. Werke j.r K. können wir erst wieder seit dem 11. Jh. namhaft machen. Vom Synagogenbau des →MA.s haben sich einige span. Beispiele des 12. und 13. Jh.s deshalb erhalten, weil sie zu Kirchen umgewidmet wurden. Aschkenas. Synagogen jener Zeit überdauerten in größerer Zahl; sie sind von dem jeweils herrschenden künstler. Stil der Umwelt deutl. abhängig (Worms, 12. Jh.; Regensburg, 13. Jh.; Altneu-Schul 13./14. Jh., Prag; Remo-Synagoge 16. Jh., Krakau). Die Hauptdomäne j.r K. im MA. wurde die *Buchmalerei*, deren älteste Belege oriental. Ursprungs sind und aus dem 9./10. Jh. stammen. Bevorzugt wurden die Haggada (→rabbin. Literatur), die Ketubbot (Ehekontrakte), die Purimrolle (Buch →Ester) sowie die Schriften des Maimonides und die Kommentare Raschis (1040-1105, klass. Ausleger von Bibel und Talmud). Die systemat. Aufarbeitung des regional stark unterschiedl. und weit zerstreuten Materials ist gegenwärtig in vollem Gang. Zentren der jüd. Buchmalerei befanden sich u.a. in Lissabon, Katalonien (Serajevo-Haggada, 14. Jh.), Frankreich, Süddeutschland (Ambrosian. Bibel, 13. Jh.; Vogelkopf-Haggada Darmstadt, 13. Jh.) und Italien (Rothschild-Siddur Florenz, 5. Jh.). 1526 erschien die Prager Haggada als erste gedruckte Ausgabe dieses Textes mit Holzschnitten, von der noch die Mantua-Haggada von 1561 abhängig ist. An der Entwicklung der Buchkunst sind jüd. Typographen maßgebl. beteiligt gewesen. Allerdings ging es diesen eher um die mustergültige Gestaltung des Textes, der die bildkünstler. Ausstattung untergeordnet wurde. Zur Geschichte des Synagogenbaus vgl. →Synagoge.

*D.* J.K. erlebte eine gewisse Nachblüte im Schaffen jener Künstler des *19. und 20. Jh.s*, die sich bewußt auf die Auseinandersetzung mit dem jüd. Schicksal konzentrierten und dieses gültig darzustellen wußten. Die Spannbreite der künstler. Möglichkeiten reicht von Moritz Oppenheims (1800-1882) Bildern aus dem »altjüd. Familienleben« bis zu den ekstat. Phantasien M. →Chagalls (1887-1985). Mit der Gründung des Staates →Israel erlebte die j.K. eine Renaissance, deren neue Qualitäten erst in Umrissen erkennbar werden. Neben die Themen der Erwählung und der Diaspora tritt nun das der Heimkehr nach Erez (Land) Israel, der ird. Verwirklichung eines jahrtausendealten messian. Traums.

*Lit.:* Ariel. Eine Zeitschrift zur Kunst und Bildung in Israel, Jerusalem. – Journal of Jewish Art, Jerusalem. – *O. Böcher:* Die alte Synagoge zu Worms, Frankfurt/M. 1961. – *D. Davidovicz:* Wandmalereien in alten Synagogen, Hannover 1969. – *E. R. Goodenough:* Jewish Symbols in the Greco-Roman Period, 12 Bde., New York 1965. – *J. Gutmann:* Buchmalerei in hebr. Handschriften, München 1978. – *M. Magall:* Kleine Geschichte der jüd. Kunst, Köln 1984. – *P. Maser:* Irrwege ikonolog. Deutung? Zur Diskussion um die spätantik-jüd. Kunst, in: Rivista di Archeologia Cristiana 56 (1980), 331-367 (Lit.). – *M. und Th. Metzger:* Jüd. Leben im MA. nach illuminierten hebr. Handschriften vom 13. bis 16. Jh., Würzburg 1983. – *C. Roth:* Die Kunst der Juden, 2 Bde., Frankfurt/M. 1963. – *U. und K. Schubert:* Jüd. Buchkunst, 2 Teile, Graz 1983ff.

*Peter Maser*

**Jüdische Philosophie** bezeichnet das an die jüd. →Religion gebundene Philosophieren des Judentums für das →Judentum. Wo diese Bindung aufgegeben oder nur noch formal behauptet wird, kann von j.r Ph. nicht mehr gesprochen werden. Die abstammungsgemäße Zugehörigkeit eines Philosophen zum Judentum macht dessen →Philosophie also nicht automat. zur j.n Ph. Wenn auch die Liste der »Juden in der Philosophie«, bes. in der →Neuzeit, fast unermeßl. lang ist und zugleich einen Großteil der philos. Epochenleistungen repräsentiert, so erlebte die j.Ph. im genannten Sinn ihre *Höhepunkte* doch in der ausgehenden →Antike und im →MA. Die Wechselbeziehungen zwischen der jeweiligen hist., sozialen und rel. Verfassung des Judentums und der j.n Ph. bedürfen noch weithin der präzisen Aufarbeitung.

*A.* Erste Ansätze zu einer j.n Ph. lassen sich in den bibl. Büchern →Prediger und →Weisheit Salomos feststellen. Der erste in Umrissen erkennbare Autor j.r Ph. ist in der *Mitte des 2. Jh.s v. Chr.* Aristobulos, der sich bei der Interpretation des Bibeltextes der sto. Allegorese bediente und die →Anthropomorphismen der bibl. Gottesvorstellung als Allegorien deutete. Höhepunkt und Ende der griech. verfaßten j.n Ph. in der Antike bezeichnet das Werk Philons von Alexandrien (geb. 20 v.Chr.), in dem die vollendet beherrschten griech. und jüd. Traditionen zu einer neuen eigenständigen Qualität verschmelzen. Philon will mit den Mitteln der griech. Philosophie das Judentum als die wahre Weisheit beweisen und läßt damit die Philosophie zur »Magd der Theologie« werden, was dem jüd. Philosophen eine breite Rezeption durch die →Kirchenväter und die ma. Denker sicherte. Philon weiß sich platon.-sto. Erbe verpflichtet. →*Gott* ist ihm das Ziel allen →Wissens: Gott als das →Gute, Vollkommene, Unendliche und Wirkliche, über den nur in Verneinungen geredet werden kann (negative Theologie). Der Lehre von der Eigenschaftslosigkeit Gottes entspricht der scharfe Dualismus zwischen Gott und der →Welt. Diese Kluft wird jedoch durch Mittler (»Kräfte«) überbrückt. An deren hierarch. Spitze wirkt der ganz geistige und zugleich zur Person hypostasierte →Logos, in dem christl. Interpretatoren immer wieder die Gottessohnschaft Christi vorweggenommen fanden. Umfassend kann der Mensch Gott jedoch nur in der →Ekstase erfassen. Die j.Ph. Philons mündet damit in die →Mystik. Eine direkte Fortsetzung hat sie nicht gefunden, da sich nach der Katastrophe von 70 n. Chr. das Judentum auf die Konsolidierung und die Ausformung der rel. Tradition in Talmud und Midrasch konzentrierte, während die alexandrin. →Kirchenväter bis in die byzantin. Epoche hinein (→Byzanz) an philon. Traditionen anknüpfen konnten.

*B.* J.Ph. im →*MA.* bedeutet einen völligen Neuansatz unter total geänderten äußeren Voraussetzungen. An die Stelle des griechischsprachigen Hintergrunds des hellenisierten Ägyptens tritt vom 8./9. Jh. an die *islam. Welt,* in der das Judentum sein Zentrum in Babylonien hat. J.Ph. ist in dieser Epoche in aller Regel arab. verfaßt und ohne das Vorbild des »*Kalam*« (Gespräch), der rationalist. bestimmten islam. Theologie, und den Anstoß der Reformbewegung der Karäer nicht verständl. zu machen. Aus der Vielzahl der Persönlichkeiten der j.n Ph. des MA.s seien hervorgehoben:

1. *Saadia Gaon* (882 Fajjum – 942 Babylonien), der Begründer der rationalen Betrachtung jüd. Religion und eigentl. Schöpfer der j.n Ph. des MA.s überhaupt. Er lehrte, daß →Religion und →Philosophie sich nicht widersprechen, sondern einander helfen, die →Wahrheit zu finden, da beide göttl. Ursprungs seien. Hauptprobleme von Saadias Denken waren das der *Einheit Gottes* (die er durch seine Lehre von Gottes Eigenschaften den Christen gegenüber neu faßte) und das des *Geschaffenseins* der Welt (wobei der Philosoph nur die *creatio ex nihilo* [Schöpfung aus dem Nichts] als mit der Einzigkeit Gottes vereinbar erkannte [→Schöpfung]). Die Aufteilung der göttl. Gebote in ohne →Offenbarung einsichtige Vernunftgebote und in der Offenbarung begründete Traditionsgebote sollte für das Judentum weittragende Konsequenzen zeitigen.

2. *Isaak Israeli* (gest. Mitte 10. Jh. in Kairouan), ein bedeutender Arzt, entwickelte die Theorie von der Philosophie als der Angleichung an die Werke des Schöpfers entspr. den menschl. Fähigkeiten. Seine Hochschätzung durch die →Scholastiker bewirkte, daß er der einzige ma. jüd. Philosoph blieb, von dem 1515 eine gedruckte lat. Werkausgabe erschienen ist.

3. *Salomon ibn Gabirol* bzw. *Avicebron* (1020-1058), der Begründer der arabischsprachigen j.n Ph. Spaniens, lebt als einer der größten jüd. Hymnendichter des MA.s in der synagogalen Liturgie weiter. Er versuchte ein System j.r Ph. ohne Beweise aus Bibel und Talmud aufzustellen. Seine Lehre von dem *genus generalissimum* der *materia universalis* (der allgemeinsten Art der universalen Materie), die dem →Wesen Gottes entspricht, wurde von →Thomas von Aquin und Albertus Magnus abgelehnt, spielte aber in häret. Kreisen, materialist. mißverstanden, eine gewisse Rolle; doch sind ihre Auswirkungen in der jüd. →Mystik (Kabbala) sehr viel eindeutiger zu belegen.
4. *Bachja ibn Paquada* (11. Jh., Spanien) schuf eine Moraltheorie von der Religion als Pflichtenlehre.
5. *Jehuda Halewi* (1085 Toledo – 1140 Ägypten/Palästina?), der erste »Zionist«, trat für die Einzigartigkeit →Palästinas als jüd. Heimstatt, die hebrä. Sprache als menschl. Ursprache und den jüd. Ursprung aller →Kultur ein. Jehuda Halewi behauptete in seinem »Chasarenbuch« die *Überlegenheit des jüd. →Glaubens* über das intellektuelle →Wissen und ließ seinen jüd. Partikularismus in die Vision eines universalen Messiasreichs für *alle* Menschen einmünden.
6. Die völlige Übereinstimmung von →Aristotelismus und Judentum ist nur von *Abraham ibn Daud* (12. Jh., Spanien) behauptet worden.
7. *Moses ben Maimon* bzw. Maimonides, Maimuni*oder* Rambam (1135 Cordova – 1204 Fustat), einer der größten Denker des jüd. MA.s, hingegen versuchte, eine *Synthese von →Aristotelismus und Offenbarungsreligion* zu begründen. In dem »Führer der Ratlosen« (um 1190) versucht der Philosoph den Weg zwischen rel. Überlieferung und Vernunft, zwischen Glauben und Wissen, zu weisen. Seine Definition des Judentums als eines rationalen Gebäudes, in dem sich Glaube und Wissen ergänzen, hat den Modernisierungstendenzen innerhalb des Judentums eine bleibende theoret. Grundlage geliefert. In der Scholastik wurde sie christl. gewendet übernommen und wirkte noch auf →Spinoza und →Leibniz. Mit Maimonides erlebte die arabischsprachige Epoche j.r Ph., der allerdings noch eine hebrä. Nachblüte beschieden sein sollte, ihren Höhepunkt und ihr Ende. J. Ph. entwickelt sich fortan zur jüd. →Religionsphilosophie.

*C.* In der →*Neuzeit* ist j. Ph. überwiegend deutschsprachig verfaßt gewesen. Im eigentl. Sinn darf hier nur Moses Mendelssohns (1729-1786) Schrift »Jerusalem oder über rel. Macht und Judentum« (1783) herangezogen werden, in der das Judentum als prakt. Lebensform dargestellt wird, die der philos. →Kritik entzogen ist. Das »Zeremonialgesetz« wird zugleich als prakt. Lebens- und Erkenntnishilfe interpretiert. Mit dieser Auffassung wurde Mendelssohn zum vielbewunderten Wegbereiter der rel. →Toleranz und der jüd. →Emanzipation mit ihren Chancen und Risiken. Jüd. Philosophen nahmen fortan entweder Anteil am allg. philos. Diskurs oder bearbeiteten das Feld der Religionsphilosophie. Hermann Cohen (1842-1918), der Begründer des Marburger →Neukantianismus, versuchte ab 1888 erneut die Integration des Judentums in sein philos. System. Mit Franz Rosenzweig (1886-1929) und M. →Buber gewann die j.Ph. eine spezif. Dimension, die in der Gegenwart wieder stärkere Beachtung findet. Ob es auf dem Boden →Israels zur Neubegründung einer j.nPh. kommen wird, entzieht sich noch der Beurteilung, auch wenn einzelne Ansätze erkennbar sind.

*Lit.: E. Berkovits:* Major Themes in Modern Philosophies of Judaism, New York 1974. – *J. Guttmann:* Die Philosophie des Judentums, München 1933. – Jewish Philosophy and Philosophers, ed. by *R. Goldwater,* London 1962. – *D. Neumark:* Geschichte der j.n Ph. des MA.s, Berlin/Leipzig 907/28. – *H. und M. Simon:* Geschichte der j.n Ph., Berlin (Ost)/München 1984. – *G. Vajda:* J. Ph., Bern 1950.

*Peter Maser*

**Jugend** meint im weitesten Sinne die Lebensphase *zwischen →Kindheit und Erwachsenenalter.* Ihre zeitl. Begrenzung schwankt entspr. den zugrundegelegten (biolog., entwicklungspsycholog., soziol., jurist.) Kriterien.

*A.* Die J. gilt als *spannungsgeladene Periode,* in der grundsätzl. Gegensätze des »Nicht mehr« und »Noch nicht« (psychosoziales Moratorium) auftreten. Hist. gesehen wurden in der J. Generationskonflikte schlechthin ausgetragen. Der vehement sich artikulierenden Suche nach →Identität – kennzeichnend sind u.a. ein gesteigerter Erlebnisdrang, Labilität und Spontaneität – begegneten Erwachsene häufig mit autoritären Verhaltensweisen wie repressiven Maßnahmen. Diese Probleme, die jeder Generation lebensgeschichtl. anhaften, werden in der Gegenwart durch kollektive Zivilisations- und Kulturerscheinungen verstärkt.

*B.* In der interdisziplinären J.forschung setzt sich zunehmend die Auffassung durch, daß ein Großteil der jugendl. Eigenarten eben *gesamtgesellschaftl. Trends* und Haltungen widerspiegelt. In dem Maße näml., wie die Identitätskrise der Erwachsenen angesichts nicht mehr überschaubarer Herausforderungen durch Technik und Wissenschaft zunimmt und zur Ratlosigkeit führt, müssen auch die *Sinnfragen* der J.lichen unbeantwortet bleiben. Die in ihrem Erscheinungsbild sicherlich unterschiedl. Reaktionen von Erwachsenen und J.lichen haben eine gemeinsame Wurzel. Unschwer lassen sich z.B. die von den Älteren gebrandmarkten Phänomene bei ihnen selbst nachweisen: →Aggressivität, Introvertiertheit, irrationale Versponnenheit sowie ein rigoroses Unabhängigkeitsstreben. Sie stellen sich nur anders dar, z.B. als berufl. Abhängigkeit, polit. Ohnmacht, →Freizeithobby und →Tourismus.
Bes. *Etikettierungen* best. J.generationen, so berechtigt sie erscheinen mögen, vermitteln aber nur ein pauschales Bild: mißbrauchte Generation

(1933-1945), skept. (nach 1945), angepaßte (ab 1955), revoltierende (1967). Dies gilt insbes. für gegenwärtige Bezeichnungen. Sie verkennen meist, daß damit auch ein Urteil über die Erwachsenen und die Gesellschaft gefällt wird. Wo die J. von heute hochmütig als Hasch-, Drogen-, Guru-, Null-bock-, No-future-, überflüssige Generation apostrophiert wird, ohne die Ursachen in gesellschaftl. Defiziten zu erkennen, bedarf es dringend der Aufklärung. Dem dienen mehrere *demoskop. Untersuchungen,* insbes. der 80er Jahre (vgl. etwa die letzte sog. Shell-Studie von 1985), die versuchen, Einstellungen und Verhaltensweisen von J.lichen repräsentativ zu erfassen. Die Bundesregierung selbst legt (seit 1971) in jeder Legislaturperiode einen *J.bericht* vor.

*C.* Die gesamtgesellschaftl. und *staatl. Fürsorge* für J.liche kommt nicht zuletzt durch eine eigene J.gerichtsbarkeit (seit 1923, Novellen 1943, 1953, 1974), durch das J.wohlfahrtsgesetz (seit 1922, novelliert 1961, 1970, 1977) sowie durch Neufassungen der Gesetze »zum Schutze der arbeitenden J.« (1976), »zum Schutze der J. in der Öffentlichkeit« (1985) und »über die Verbreitung j.gefährdender Schriften« (1985) zum Ausdruck. Mit dem Begriff der *J.hilfe* verbinden sich gegenwärtig mehr beratende und unterstützende als kontrollierende und reglementierende Maßnahmen sowohl der öffentl. (J.ämter) als auch der freien Träger (Kirchen, Wohlfahrts- und J.verbände). Ziele und Inhalte der J.hilfe unterliegen gleichwohl einer ständigen Reformkritik. Nach dem *Bundesj.plan* (seit 1949) werden überregionale Programme und Aktivitäten (polit., kulturell, sportl., sozial) von J.lichen finanziell gefördert.

*D.* Der *kirchl. J.arbeit* (auch J.seelsorge bzw. -pastoral genannt) kommt seit Jahrzehnten eine hohe gesellschaftl. Bedeutung zu. Die AEJ (Arbeitsgemeinschaft der Ev. J. Deutschlands., ca 950.000 Mitglieder) wie der BDKJ (Bund der dt. Kath. J., ca. 600.000 Mitglieder) praktizieren untereinander ökumen. Zusammenarbeit und unterhalten Kontakte zu anderen im *Dt. Bundesjugendring* zusammengeschlossenen J.verbänden. Sie beteiligen sich u.a. an der Reform des J.hilferechts und leisten Beiträge zum Bundesj.plan.
J.arbeitslosigkeit, J.proteste, J.sekten und eine eigene Subkultur stellen mit der damit verbundenen Renaissance von Mysterienkulten (→New Age, →Okkultismus) eine zunehmende Herausforderung der kirchl. J.arbeit dar.

*Lit.: M. Affolderbach (Hg.):* Grundsatztexte zur ev. J.arbeit. Materialien zur Diskussion in Praxis, Lehre und Forschung, Gelnhausen, 2., erw. Aufl. 1982. – *Ders./H. U. Kirchhoff (Hg.):* Miteinander leben lernen. Zum Gespräch der Generationen in der christl. Gemeinde. Empfehlungen der J.kammer und Dokumente der Synode der EKD, Gütersloh 1985. – *M. Affolderbach/H. Steinkamp (Hg.):* Kirchl. J.arbeit in Grundbegriffen. Stichworte zu einer ökumen. Bilanz, Düsseldorf/München 1985. – *D. Baacke:* J. und J.kulturen. Darstellung und Deutung, Weinheim/München 1987. – *H. Bertram:* J. heute. Die Einstellungen der J. zu Familie, Beruf und Gesellschaft, München 1987. – *G. Biemer (Hg):* Handbuch kirchl. J.arbeit, 4 Bde., Freiburg 1984/1988. – *W. Jentsch:* Handbuch der J.seelsorge. Geschichte, Theologie, Praxis, 4 Bde., Gütersloh 1963/1986. – *R. Kabel/M. Sönnichsen/A. Splanemann:* J. der 80er Jahre im Spiegel von Umfragen, Berlin 1987. – *M. Mitterauer:* Sozialgeschichte der J., Frankfurt/M. 1986. – *H. und H. Reimann (Hg.):* Die J. Einführung in die interdisziplinäre Iuventologie, Opladen, 2., neu bearb. Aufl. 1987.

*Gerd Bockwoldt*

## Jugendbewegung

*A.* Die Epoche der J. vor dem Ersten Weltkrieg ist geprägt durch Formen und Inhalte des »*Wandervogels*« (so die Bezeichnung einer Wandergruppe am Berlin-Steglitzer Gymnasium seit 1897), die von vielen zeitgenöss., aber auch späteren Gruppierungen übernommen werden konnten: →Gemeinschaft, Wandern, Fahrten, Laienspiele, Volkslied und -tanz, Lager, unkonventionelle Kleidung. Die anläßl. des 100jährigen Gedenkens der Völkerschlacht bei Leipzig auf dem *Hohen Meißner (1913)* verkündete Mündigkeitserklärung der Jugend gewann sehr schnell für große Teile der Bewegung einen hohen Symbolwert: »Die Freideutsche Jugend will nach eigener Bestimmung, vor eigener Verantwortung, in innerer Wahrhaftigkeit ihr Leben gestalten. Für diese innere Freiheit tritt sie unter allen Umständen geschlossen ein...« Doch stellte sich der jungen Generation mit der hier beschworenen Emanzipation von überkommenen Wertvorstellungen und Klischees zugleich die schwierige Aufgabe, in stets neuen Anläufen ihre Identität zu finden. Bezeichnend ist, daß es außer diesem weitgefaßten Bekenntnis und trotz vielfältiger sonstiger Literatur kein anderes Dokument gibt, das sich so viele Gruppierungen verbindl. hätten zu eigen machen können. Die Suche nach einem *neuen Lebensstil* war denn auch weniger an festumrissenen Leitbildern als an elementaren →Erfahrungen mit seinesgleichen und der →Natur orientiert. Das einfache und zugleich romant. Leben erhielt einen hohen Stellenwert – allerdings nur in der →*Freizeit,* wurden →Arbeits- und →Berufswelt doch zunehmend von →Wissenschaft und →Technik beherrscht. Deshalb konnte die J. wie eine Flucht erscheinen. Sie war apolit.

*B.* Während des Krieges starben viele Jugendliche auf den Schlachtfeldern Europas. Militär. Katastrophen – so z.B. die von Langemarck (1914), wo den unzureichend ausgebildeten dt. Verbänden kampferprobte Kolonialtruppen gegenüberstanden – wurden in der Folgezeit oft myth. verklärt, sowohl von Regierung und Wehrmacht als auch von der J. selbst. Der Ausgang des Ersten Weltkrieges löste auch in der J. eine schwerwiegende Krise aus, so daß man sogar rigoros (so W. Laqueur) von ihrem Ende sprechen könnte. Es begann jetzt die Zeit der *Bünde* mit im ganzen gesehen undemokrat. Sozialisationsformen. Wahlen waren so gut wie unbekannt. Es gab keine Gleichberechtigung von Mann und Frau. Dagegen herrschte ein ausgeprägtes Standes- und Klassenbewußtsein. Die Mitglieder rekrutierten sich zumeist aus der bürgerl. Oberschicht (Gymnasiasten, Studenten). Nationalist. und rassist. Vorurteile waren verbreitet. So bewegte man sich bewußt im Gegensatz zur offiziellen polit. Kultur der Weimarer Demokratie, was nicht zuletzt auch dadurch zum Ausdruck kam, daß die staatlicherseits organisierte *Jugendpflege* – gerichtet gegen Verwahrlosung u.ä. – von den Jugendverbänden weitgehend abgelehnt wurde. Sie ersetzten diesen Begriff durch den der *Jugendführung.*

*C.* Die *»Arbeiterjugend«* – die wichtigsten Verbände sind die *Sozialist. Arbeiterjugend* (SAJ) und der *Kommunist. Jugendverband Deutschlands* (KJVD) – versteht sich Anfang der 20er Jahre durchaus als Avantgarde der allg. Kulturbewegung, bis dann im Zuge zunehmender wirtschaftl. Krisen und Arbeitslosigkeit der polit. Kampf ihr Erscheinungsbild bestimmt. Auch die bis 1932 relativ unbedeutende *Hitlerjugend* (HJ, als Jugendorganisation der *Nationalsozialist. Dt. Arbeiterpartei* [NSDAP] 1922 gegründet) firmierte seit 1926 als *Bund Dt. Arbeiterjugend.* Sie war jedoch von Anfang an rechtsextremist. ausgerichtet.

*D.* Die *konfessionellen Bünde* – ihre Tradition reicht bis in die 1. Hälfte des 19. Jh.s zurück, als sog. Jünglings- und Gesellenvereine entstanden – haben in den 20er Jahren regen Zulauf. So umfaßt 1933 der Kath. Jungmännerverband Deutschlands (KJMV) 360.000, der Zentralverband kath. Jungfrauenvereinigungen ca. 760.000 und die Dt. Jugendkraft (DJK) etwa 690.000 Mitglieder (letztere Zahl schließt einen hohen Prozentsatz von Doppeleinschreibungen ein). Zur gleichen Zeit waren in der Ev. Jugend Deutschlands (EJD) mit dem Reichsverband der ev. Jungmännerbünde Deutschlands (RV) und verwandter Bestrebungen (wozu u.a. auch der →Christl. Verein junger Männer [CVJM] gehörte) und dessen weibl. Pendant, dem Ev. Reichsverband weibl. Jugend, ca. 600.000 Jugendliche organisiert, von einer beträchtl. Anzahl der statist. nicht erfaßten abgesehen. Viele Verbände waren indes inhaltl. und äußerl. dt.-national strukturiert und gerieten zunehmend in ideolog. Abhängigkeit, was sich symptomat. in Sprache (vgl. z.B. die Zusammensetzungen Schwertkreuz, Der Weiße Ritter, Befehlsblatt, Sturmschar) und Umgangs- bzw. Geselligkeitsformen niederschlug. Fahnen, Fackeln, Fanfaren, Trommeln und Uniformen ergänzen schließl. das vertraute Repertoire.

*E.* Die sich zuspitzende *Wirtschaftskrise,* verbunden mit Dauerarbeitslosigkeit, und parteipolit. Konfrontationen bleiben nicht ohne Auswirkung auf die J. im ganzen. Spaltungen und rivalisierende Gruppen, in denen jeweils ein ausgeprägtes Führer-Gefolgschafts-Verhältnis gilt, schwächen das Ansehen der Bewegung. Die freien Jugendverbände gehen 1933, von wenigen Ausnahmen abgesehen, ohne große Schwierigkeiten in der Einheitsfront der *Hitlerjugend* auf, sofern man sich nicht schon selbst vorher aufgelöst hatte. Die ev. Bünde wurden im Dezember 1933 durch ein Abkommen zwischen Reichsbischof L. Müller und dem Reichsjugendführer der NSDAP, B. von Schirach, wenn auch unter Protest der Betroffenen, in die Hitlerjugend eingegliedert. Die kath. Verbände, de iure zunächst durch das →*Konkordat* (Art. 31) zwischen dem Dt. Reich und dem Vatikan (20.7.1933) geschützt, existierten nominell z.T. bis 1939 weiter. Versuche ehemaliger Führer und Mitglieder, nach dem Zweiten Weltkrieg an den Geist der dt. J. wiederanzuknüpfen, blieben im ganzen erfolglos. Sie erschöpften sich zumeist in der Reflexion über das Vergangene und eröffneten kaum Perspektiven für die Zukunft.
Als moderne J. erscheint die Studenten- und Schülerbewegung der 60er und 70er Jahre.

*Lit.: R. Eilers (Hg.):* Löscht den Geist nicht aus. Der Bund Neudeutschland im Dritten Reich, Mainz 1985. – *H. Giesecke:* Vom Wandervogel bis zur Hitlerjugend. Jugendarbeit zwischen Politik und Pädagogik, München 1981. – *J. Jürgensen:* Die bittere Lektion: Ev. Jugend 1933, Stuttgart 1984. – *W. Laqueur:* Die Dt. J. Eine hist. Studie, Köln, 2. Aufl. 1983. – *W. Kindt (Hg.):* Grundschriften der Dt. J., Düsseldorf/Köln 1963. – *Ders. (Hg.):* Die Dt. J. 1920 bis 1933. Die bünd. Zeit, Düsseldorf/Köln 1974. – *I. Götz von Olenhusen:* Jugendreich, Gottesreich, Dt. Reich. Junge Generation, Religion und Politik 1928-1933, Köln 1987. – *U. Treziak:* Dt. J. am Ende der Weimarer Republik. Zum Verhältnis von Bünd. Jugend und Nationalsozialismus, Frankfurt/M. 1986. – *Th. Wilhelm:* Am Ende der J.en. Neuer Spielraum für die polit. Bildung (Präsidium der Universität Kiel, Informations- und Pressestelle), Kiel 1986.

*Gerd Bockwoldt*

**Jugendstil,** dt. Bezeichnung einer internationalen Stilrichtung am Ende der »Belle Epoque« *um 1900* (art nouveau, modern style, stile florale, Sezessionsstil) in →Malerei und Graphik, →Gebrauchskunst, →Architektur, →Plastik, →Mode, →Literatur, →Musik und →Tanz. Die lineare, oft asymmetr. und florale Linienführung, die Vorliebe für elitäre Materialien und das Bemühen um das Gesamtkunstwerk (→Buch, Haus, Mode, Theater) sind Hauptkennzeichen des J.s, der als →Protestbewegung um 1890 begann und 1914 zu Ende ging. Die Arbeit des Deutschen Werkbundes und die programmat. Schriften H. van de Veldes gewannen fortdauernde Bedeutung. In jüngster Zeit sind der J. und einzelne seiner Elemente wieder verstärkt beachtet worden. Im →*Kirchenbau* repräsentiert das Werk des katalan. Architekten Antonio Gaudì (1852-1926) eine einzigartige Synthese der span. Gotik mit dem J. Gaudì betrachtete diesen nicht nur als Anregung zu dekorativer Oberflächengestaltung, sondern bemühte sich um jugendstilhafte Durchdringung des gesamten Baukörpers, wobei er zu unkonventionellen, in die Zukunft weisenden techn. Lösungen gelangte. Die Kirche der »Sagrada

Familia« (Hl. Familie) in Barcelona (1903-1926), an der noch immer gebaut wird, ist das Testament dieses eigenwilligen Künstlers. Im übrigen hat der J. eigentl. nur in der christl. →Gebrauchskunst stärkere Spuren hinterlassen.

*Lit.: J.-P. Bouillon:* Der J. in Wort und Bild, Stuttgart 1985. – *R. Hamann/J. Hermand:* Stilkunst um 1900, Berlin 1967. – *D. Jost:* Literar. J., Stuttgart 1969. – *A. Wanckel:* Der dt. ev. Kirchenbau zu Beginn des 20. Jh.s, Wittenberg 1914.

*Peter Maser*

**Jugoslawien.** Orthod. 34,6%; Kath. 26%; Prot. 0,9%; Altkath. 0,1%; Musl. 10,4%; Nichtgläubige und Atheisten 16,7%.

*A. Allgemein*

*I.* J. ist ein in *sechs Republiken* (Serbien, Kroatien, Makedonien, Slowenien, Montenegro, Bosnien/Herzegowina) und zwei autonome Provinzen (Kosovo und Wojwodina) gegliederter *Vielvölkerstaat.* Die *Verfassung* der Volksrepublik J. von 1946 verkündete die Trennung von →Kirche und Staat sowie die freie Wahl des Glaubensbekenntnisses (→Religionsfreiheit). Das »Grundgesetz über die rechtl. Stellung der Glaubensgemeinschaften« von 1953 regelt die rel. Betätigung der Gläubigen. J. ist somit heute ein multinationaler und multikonfessioneller Staat mit grundsätzl. atheist. Erziehungswesen und *atheist. Weltanschauung.* Die *ethn. Hauptgruppen* gehören verschiedenen christl. →Konfessionen an: Die Serben (43,5% der Bevölkerung) wie die ihnen eng stammverwandten Montenegriner (2,8%) gehören ebenso zur →orthod. Kirche wie die Makedonier, während Kroaten (23,2%) und Slowenen (8%), aber auch große Teile der Albaner und die Ungarn in der Wojwodina röm.-kath. sind.

*II.* Entspr. verschieden ist auch die *Kirchengeschichte,* obwohl das Gebiet des heutigen J., das Illyricum, schon unter den Römern eine bedeutende Kirchenprovinz war und ein blühendes Christentum westl. Prägung aufwies. Doch blieb die neu eingewanderte Bevölkerung davon weitestgehend unberührt. Nach der Einwanderung der Südslawen im *6./7. Jh.* erfolgte die Rechristianisierung in drei Richtungen: im Norden durch dt. Missionare unter den Slowenen und Kroaten, im Westen an der dalmat. Küste von Italien aus und im Süden von →Byzanz unter Basileios I. (867-886).

*B. Orthodoxe Kirche*

*I.* Unter Fürst Mutomir von der Raška (Zentralserbien) nahmen *die Serben* 891 endgültig den orthod. Glauben an. Nach dem Sieg der Bulgaren unter Car Simeon (893-927) fiel die Raška unter Ochrid als bischöfl. und klösterl. Mittelpunkt.

*1.* Zwar unterstellten sich einige serb. Teilfürsten im 11. Jh. teilweise dem →Papst (lat. Kirchenprovinz Bar 1089), aber das Aufkommen der Dynastie der Nemanjiden (seit 1183) brachte – bes. durch die Tätigkeit des Prinzen Rastko, der als Sava I. (1174-1235) zum ersten Erzbischof, Gründer und Organisator der eigenständigen serb. Kirche (1219) wurde – die endgültige Hinwendung zur orthod. Kirche. 1346 erhob dann Stefan Dušan (1331-1355) das serb. Erzbistum (mit Sitz zuerst im Kloster Žiča, seit 1290 in Peć) zum eigenen *serb. Patriarchat, was auch vom* →Ökumen. Patriarchat 1375 anerkannt wurde.

*2.* Nach der *türk. Eroberung* (Schlacht auf dem Amselfeld [Kosovo polje] 1389) geriet die serb. Kirche allerdings in Abhängigkeit vom griech.-bulg. Patriarchat in Ochrid (Aufhebung des Patriarchats von Peć 1459), bis 1557 Peć wieder errichtet und die Kirche neu organisiert wurde. Ende des 17. Jh.s wanderten etl. Serben in die zur Donaumonarchie gehörenden Grenzstriche in Slowenien und Südungarn aus, so daß ein eigenes serb. Kirchentum (1848 Patriarchat) für die »ungar.« Serben entstand, während das Patriarchat von Peć 1766 aufgehoben und dem Ökumen. Patriarchat unterstellt wurde.

*3.* In *Montenegro* (Crna Gora) war Cetinje seit 1485 Residenz des Metropoliten, der seit 1516 (bis 1851) unter nur lockerer osman. Oberhoheit auch weltl. Herrscher des Landes war. Die rein formelle Unterstellung unter Peć ging 1766 auf das Ökumen. Patriarchat über.

*4.* Als 1830 das Fürstentum (seit 1882 Königreich) Serbien zu einem *eigenen Staat* wurde, erhielten die Metropoliten von Belgrad 1831 die Autonomie, die nach 1877/79 zur Autokephalie erweitert werden konnte. Die Orthodoxen in Bosnien und der Herzegowina dagegen gehörten auch nach der Besetzung (1878) und späteren Annexion (1908) dieses Gebietes durch Österreich-Ungarn zum Ökumen. Patriarchat.

*5.* Die orthod. Serben in *Dalmatien* blieben bis Anfang des 19. Jh.s den röm.-kath. Bischöfen unterstellt. 1873 wurden die damals gegründeten und seit 1815 zum Patriarchat von Karlovac gehörenden zwei orthod. Bistümer der 1870 neu gegründeten (rumän.) Metropolie von Cernovcy (Bukowina) unterstellt.

*II.* Erst nach dem Ersten Weltkrieg konnte auf dem Territorium des bedeutend erweiterten Staates (seit 1929 J.) eine einheitl. serb.-orthod. Organisation gebildet werden, an deren Spitze am 12.11.1920 der bisherige (seit 1905) Belgrader Metropolit Dimitrije (Pavlović) als Patriarch trat, der am 28.8.1924 in Peć feierl. inthronisiert wurde. Im Innern des neuen Staates spielte die orthod. Kirche eine bedeutende Rolle. Die *Aufteilung* J.s 1941 bedeutete eine Zerschlagung der orthod. Kirchenstruktur und eine Fülle von antiorthod. Maßnahmen, ja grausamer, von vielen Mordtaten begleiteter Zwangsbekehrungen ganzer Dörfer im kroat. Machtbereich und die Einkerkerung des Patriarchen Gavriil V. (Dozić) im Konzentrationslager Dachau. Nach der *kommunist. Machtüber-*

*nahme* gab sich die serb.-orthod. Kirche 1947 eine neue zentralist. Verfassung. Mit dem weltanschaul. atheist. Staat kommt es immer wieder zu Konflikten, so daß serb.-orthod. Kirchenvertreter wiederholt gegen Übergriffe staatl. Stellen protestiert haben.

*III. Heute* besteht die serb.-orthod. Kirche aus ca. 2.500 Gemeinden in 20 Diözesen in J. und sechs im Ausland (drei in den USA, Kanada, Australien und Westeuropa). Es gibt etwa 80 Männer- und 70 Frauenklöster, vier Seminare mit zusammen etwa 650 Studenten, eine Klosterschule (30 Studenten) und die seit 1952 von der Universität getrennte theol. Fakultät in Belgrad (120 Studenten). Die rund 180.000 orthod. Serben in der Bundesrepublik Deutschland gehören zum Bistum von Westeuropa, das seinen Sitz in Himmelsthür (bei Hildesheim) hat.
Nachdem bereits 1944 der Wunsch nach einer selbständigen orthod. Kirche Makedoniens bekannt wurde, gewährte das das serb. Patriarchat 1958 in Makedonien die Autonomie. 1967 jedoch erklärte sich die orthod. Kirche der Teilrepublik Makedonien einseitig für autokephal, was bislang aber keine andere orthod. Landeskirche anerkannt hat. Die somit schismat. makedon.-orthod. Kirche verfügt jetzt über etwa 950 Kirchen, Kapellen und Klöster sowie eine theol. Schule (100 Studenten) in Skopje. Außerdem gibt es in J. noch 30 rumän. und eine russ.-orthod. Gemeinde.

*C. Übrige Konfessionen*

*I.* Die Christianisierung der *Kroaten* begann in Verbindung mit →Rom schon in der 2. Hälfte des 7. Jh.s und wurde Mitte des 9. Jh.s abgeschlossen, wobei sich durchaus Spuren der kyrillo-methodian. Mission erhielten (glagolit. Messe in slaw. Sprache). Unter König Petar Kresimir IV. wurde um 1069 definitiv das »Regnum Croatiae et Dalmatiae« als einheitl. Reich geformt und bes. durch die Krönung des Königs Demetrius Zvonimir durch einen Legaten Papst Gregors VII. im Oktober 1075 international anerkannt. Kroatien bewahrte aber auch nach der Personalunion mit →Ungarn (ab 1102) und sogar seit der Wahl der Habsburger zu gemeinsamen Herrschern (ab 1527) seine Individualität, wie der kroat.-ungar. Ausgleich von 1868 zeigt. Allerdings bedeutet der Verlust Dalmatiens an Venedig (1409-1797) den Verlust der ethn. Einheit in diesen Gebieten. So gehören heute auch 80% der Albaner J.s zur röm.-kath. Kirche.

*II.* Nach der *Machtübernahme* Titos war die Lage der röm.-kath. Kirche, von der viele Geistliche in Ustaša-Kroatien eine bedeutende Rolle gespielt hatten, prekär; erst nach dem Tode von Kardinal Stepinac (1960) setzte eine langsame Entspannung ein. Es bestehen *heute* ca. 2.800 röm.-kath. Gemeinden in drei Kirchenprovinzen mit sechs Suffraganbistümern, ferner neun weitere exemte Diözesen und ein uniertes Bistum für rund 60.000 Katholiken in 53 Gemeinden des byzant. Ritus, dem Kroaten, Ruthenen, Ukrainer, Makedonier und Rumänen angehören. Bes. stark ist unter den Katholiken J.s die Position des →Franziskanerordens.

*III.* In *Bosnien* breitete sich die manichä. Sonderkirche der Bogomilen (→Mani) aus. Ihre grausame Unterdrückung durch Kroaten und Ungarn bereitete den Grund für den Übertritt weiter Bevölkerungsteile zum sunnit. →Islam nach der osman. Eroberung im 15. Jh. Die →*Reformation* konnte sich hingegen in J. weder bei Kroaten noch bei Serben durchsetzen und beschränkt sich auf ethn. Minderheiten. So gehört rund ein Drittel aller ev. Christen in J. zur »Slowakischen Ev. Christl. Kirche Augsburger Bekenntnisses in J.«. Seit 1952 existiert ein »Bund der Ev. Kirchen in J.« mit fünf Mitgliedskirchen.

*D. Kunst und Musik*

*I.* Die *Kulturentwicklung* des Vielvölkerstaats J. spiegelt in seinen *Kunstdenkmälern* die unterschiedl. Kulturen seiner Nationen wider und zeigt von daher eine breite Vielfalt. Während Slowenien, große Teile Kroatiens und in vielem auch die Wojwodina ganz mitteleurop. geprägt sind, führt die serb. Baukunst im →MA. die Tradition der *byzant. Kirchenbauten* (→Byzanz) fort, entwickelt aber auch durch Aufnahme abendländ. Formen durchaus ihre Eigenständigkeit. Auch die →*Ikonenmalerei* folgte zunächst bzyant. Muster, während für die Malerei im 13. Jh. die höf. Monumentalität (Nemajidenstammbäume) kennzeichnend war. Im 11./12. Jh. bildete sich an der ital. beeinflußten Adriaküste der *roman. Stil* heraus (→ma. Kunst), der jedoch sogar bis Innerserbien Auswirkungen zeigte (Kloster Dečani). Später setzten sich in den röm.-kath. Gebieten J.s auch *Gotik* und →*Renaissance* sowie andere westl. Stileinflüsse durch, die die →Malerei in J. gleichfalls prägten, während im Kirchenbau des neugegründeten Serbien im 19. Jh. russ. Vorbilder unverkennbar sind.

*II.* Der *Gesang* der serb.-orthod. Kirche weist ein *eigenständiges System* auf, dessen Verwandtschaft zum griech. noch nicht genau geklärt ist, das aber in vielen Klöstern und durch die Arbeit von St. St. Mokranjac in harmonisierter Form bis heute lebendig ist. Die vokalen und instrumentalen (Gusla) Bestände der traditionellen Volksmusik leben in notationsloser Überlieferung.

*Lit.: V. Djurić:* Byzant. Fresken in J., München 1976. – *K.-D. Grothusen (Hg.):* Südosteuropa-Handbuch, Bd. 1: J., Göttingen 1975. – *St. Guldescu:* History of Medieval Croatia, Den Haag 1964. – *R. Hootz (Hg.):* Kunstdenkmäler in J., 2 Bde., München/Berlin 1981. – *C. Jireček:* Staat und Gesellschaft im ma. Serbien, Wien 1912. – *P. J. Müller:* Gotteslob und Königsruhm. Die faszinierende Bilderwelt der jugoslaw. Fresken, Freiburg/Basel/Wien 1986. – *F. Popan/Č. Drašković:* Orthodoxie heute in Rumänien und J., Wien 1960. – *D. Slijepčević:* Istorija Srpske Pravoslavne Crkve, 2 Bde., München 1966/Düsseldorf 1978. – Srpska Pravoslavna Crkva, 2 Bde., Belgrad 1969/1971.

*János Hauszmann/Nikolaus Thon*

**Jung,** Carl Gustav, geb. 26.7.1875 in Kesswyl (Bodensee), gest. 6.6.1961 in Küsnacht. 1895-1900 Studium der Medizin in Basel. Wirken als Psychiater und akadem. Lehrer in Zürich (Universität und Eidgenöss. Techn. Hochschule), psychotherapeut. Praxis. 1907-1912 Zusammenarbeit mit S. →Freud. Seine Wirkung begann mit der Entdeckung der affektiven Komplexe. 1903-1905 entwickelt er seine Komplextheorie. Die Trennung von Freud (1913) führt zur Begründung der zweiten Schulrichtung der Tiefenpsychologie, der »Analyt. Psychologie«, heute getragen von der Internationalen Gesellschaft für Analyt. Psychologie (IGFAP) und ihren nationalen Gesellschaften. In der Bundesrepublik Deutschland gibt es Institute in Berlin und Stuttgart, weitere Möglichkeiten in Aachen, Bremen, München, Würzburg. Weltweite Anerkennung und Ehrungen erfuhr J. als Begründer eines hochwirksamen Heilverfahrens im Bereich der →Psychotherapie *(→Sinn)* sowie wegen seines umfassenden ganzheitl. Verständnisses des menschl. →Lebens (→Ganzheit) durch die Erforschung der Wechselwirkungen von Bewußtem und *persönl. und kollektivem* Unbewußtem (→*Archetyp).* Seine empir. gewonnene Auffassung von →Religion als menschl. Verhalten ermöglicht freien Umgang mit rel. Phänomenen und deren Heilung. Er selbst versteht sich als med. Forscher, der die Wirklichkeit beschreibt und zu verstehen sucht, ohne von vorgeformten Voraussetzungen auszugehen. Zahlreiche Schüler und Forscher in allen Wissenschaftsbereichen nahmen seine Anregungen auf. Früh setzt er sich – auf der Basis der Lehre von den *Archetypen* – mit der Atomphysik auseinander (→Atom). Seine krit. Begleitung der Strömungen des kollektiven Bewußtseins und des kollektiven Unbewußten führt zur Einordnung individuellen →Leids in den sozialen Horizont. Seine Schule erlebte bisher im Gegensatz zur Schule S. Freuds keine wesentl. Spaltungen, da die Theorie keine echte Form einer wahren, orthod. Lehre zuläßt.

J.s Beobachtung, daß die menschl. Psyche Medium der →Offenbarung →Gottes sei, stieß auf Widerspruch bei *K.* →*Barth.* Er sieht die →Autonomie der Offenbarung gefährdet. Das Programm der →Entmythologisierung *R.* →*Bultmanns* erwies sich als ungeeignet, das Verständnis J.s von den →Mythen als symbol. Ausdruck psych. Strukturen zu verarbeiten. *P.* →*Tillich* ist demgegenüber der einzige Theologe seiner Generation, der sich der Beobachtung J.s stellt, daß die Berührung des →Menschen mit dem →Transzendenten einzeln und kollektiv nicht abgeschlossen ist. Folgerichtig begrüßt J. auch psychohygien. wichtige Veränderungen der *Marienlehre* in der kath. Kirche (→Maria). →Feminist. Theologinnen bestätigen seine frühe, aus der Beobachtung des Unbewußten gewonnene Meinung, daß die Aufnahme des weibl. Elements in das christl. Gottesbild unvermeidl. sei. In der dt.sprachigen →*Theologie* wurden J.s Anregungen vor allem von O. Haendler und A. Köberle aufgenommen. In der eigentl. pastoralpsycholog. Bewegung seit den 70er Jahren wird J. mit seiner Methode der gebundenen Assoziation und Amplifikation in der Deutung von →Traum, →Märchen und →Mythen (→Symbol) zum Auslöser gegenwärtiger, tiefenpsycholog. Textdeutung. M. Kassel, E. Drewermann sowie G. Wehr vermitteln neuen Umgang mit gegenwärtiger rel. →Erfahrung. Beeinflußt durch J., engagiert sich F. Alt in der Friedensdiskussion (→Frieden). In Brasilien setzt sich L. Boff (Vertreter der →Theologie der Befreiung Lateinamerikas und Herausgeber der brasilian. J.-Ausgabe) intensiv mit J. auseinander und gewinnt Anregungen für sein rel. Verständnis und Erleben. Die Analyt. Psychologie strahlt auf Bundesebene über die Internationale Gesellschaft für Tiefenpsychologie (Arzt und Seelsorger) und über die Badische Ev. Pastoralpsychologie auf Landesebene in den kirchl. Raum aus.

J. vermochte jeder →*Religion* den gleichen Stellenwert als Ausdruck menschl. Psyche einzuräumen. Sein Ansatz bietet die Möglichkeit zu einem vertiefenden Gespräch der Religionen und →*Konfessionen* untereinander, denn seine Forschungen erlauben es, die ort- und zeitbedingten psych. Bedürfnisse des kollektiven Erlebens zu unterscheiden von den tieferen Schichten rel. Erlebens. Im Bereich der →*Seelsorge* erweist sich die Einbeziehung des Individuationstriebs (von einzelnen und Gruppen als Motor der psych. Entwicklung) als bes. wirksam. Wird diese Entwicklung behindert, entstehen psych. →Krankheiten und soziale →Konflikte. Eine von J. bestimmte Seelsorge geht von der zentralen Frage aus, was sich im Menschen entfalten will und auf Grund seiner Behinderung Störungen verursacht. *Individuation* kann dann theol. verstanden werden als Heilsplan Gottes mit dem →Menschen (→Gnade, →Heil). →Jesus von Nazaret als Heiler steht dabei im Mittelpunkt. Bes. Augenmerk dient allen Formen rel. Erlebens durch den Leidenden. Gegenwärtige Gotteserfahrung ist bes. in Träumen zu beobachten, deren heilender Charakter evident ist.

*Lit.: H. Barz:* Selbsterfahrung, Stuttgart 1975. – *E. Drewermann:* Tiefenpsychologie und Exegese, 2 Bde., Olten 1984/85. – *M.-L. von Franz:* Spiegelungen der Seele, Stuttgart 1978. – *O. Haendler:* Grundriß der Prakt. Theologie, Berlin 1957. – *H. Hark:* Der Traum als Gottes vergessene Sprache, Olten 1982. – *A. Jaffe:* Erinnerungen, Träume, Zürich/Stuttgart 1967. – *C. G. Jung:* Bild und Wort, Olten 1977. – *U. Mann:* Tragik und Psyche, Stuttgart 1981. – *G. Sauer u.a.:* Wann wird der Teufel..., Lahr/München 1984. – *H. Schär:* Religion und Seele, Zürich 1946. – *G. Wehr:* Wege zur rel. Erfahrung, Darmstadt 1974.

*Gert Sauer*

**Junge Kirchen.** Diese Bezeichnung stammt von der (prot.) Zweiten Konferenz des Internationalen Missionsrats in Jerusalem (1928) und meint Kirchen, die aus den →Missionen herausgewachsen sind, noch in mehrheitl. nichtchristl. Umgebung leben und von den Kirchen, die ihnen das →Evangelium brachten, eine relative Unabhängigkeit erlangt haben.

*A. Ihre geschichtliche Entwicklung*

Seit der Zeit der Entdeckung der Neuen Welt und vor allem zur Zeit des →Kolonialismus des 19./20. Jh.s zogen die Missionare in »kirchl. Niemandsland« und gaben die Anfangsimpulse für eine kommende Kirche. Lange Zeit blieben die weißen Missionare die Herren »ihrer Missionen« mit den verschiedenen Werken (Schulen, Spitäler, Druckereien usw.). Man überlegte nicht genügend, wie sich innerhalb dieser Länder die Evangeliumsverkündigung in neue Strukturen umsetzen ließe – bis für viele überraschend J.K. erwacht waren und ihre Rechte beanspruchten.

*I.* Bei der *prot. Mission* ist (trotz aller Unterschiede zwischen Kirchen, Programm und Praxis) dieser Prozeß im allg. rascher vor sich gegangen als in der kath. Kirche. Die Ursachen dafür liegen in der reformator. bedingten Abkehr (→Reformation) von einem zentralisierten und uniformist. System. So gab es hier schon früher →Propheten wie *H. Venn* (1796-1873) und *R. Anderson* (1796-1880). Sie vertraten die Idee, die Missionare müßten sich so rasch wie mögl. überflüssig machen und die J.nK. ihrer eigenen Verantwortung überlassen. Der erste sprach von der »Euthanasie der Mission«. Beide zusammen lancierten das Wort von den Kirchen, die sich selbst (personell) verwalten, selbst (finanziell) erhalten, selbst ausbreiten. Äußere Gründe lagen auch in der Tatsache, daß die prot. (verheirateten) Missionare – obwohl im Grundsatz ebenfalls »auf Lebenszeit« eingesetzt – in der Regel weniger seßhaft waren als ihre kath. (zölibatären) Kollegen, daß ferner die einheim. ev. Amtsanwärter eine weniger gute Ausbildung bekamen als die kath. Theologiestudenten, also rascher zur Verfügung standen. So ist die Verantwortung recht schnell an die J.nK. abgegeben worden. Viele haben sich (einschließl. →freikirchl. Gruppierungen) auf regionaler Ebene zusammengeschlossen und sind oft Mitglied der entspr. Weltbünde.
Dies gilt allerdings nicht für die »*Unabhängigen Kirchen*«, die keinen überregionalen Organisationen angehören. Ihre Bedeutung ist allerdings nicht zu unterschätzen. Nach B. Sundkler gab es 1948 in Südafrika 800, 1960 jedoch 2.200 solche »Unabhängigen Kirchen«. D. Barrett kommt neuestens auf die Gesamtzahl von 20.800 solcher Kirchen und Denominationen. Dieser Prozeß der Verselbständigung ist noch nicht abgeschlossen. Beim Missionskongreß des Ökumen. Rates der Kirchen in Bangkok (1973) kam deshalb die Idee eines »*Moratoriums*« auf: eines radikalen Rückzuges der Missionare und des Geldes, damit die J.nK. ungehinderter zu ihrer Selbständigkeit finden.

*II.* In den *kath. Missionen* ging die Loslösung langsamer vor sich. Wegweisend war das Wort von *Benedikt XV.* in der Enzyklika »Maximum illud« von 1919: »Es ist notwendig, die einheim. Priester gut zu bilden und zu formen... Denn sie sollen nicht nur den Missionaren durch Verrichtung einzelner Dienstleistungen helfen können, sondern der Verwaltung des göttl. Dienstes voll gewachsen sein und dereinst die Leitung ihres Volkes regelrecht übernehmen.« Der erste ind. Bischof wurde 1923, die ersten sechs chin. 1926, der erste jap. 1927, die ersten zwei afrik. Bischöfe 1939 eingesetzt. Heute ist die große Mehrzahl einheimisch. Das 2. →Vat. Konzil hat die Bedeutung der Ortskirchen stark betont. So wurde 1969 das »jus commissionis« (womit Rom bestimmte Missionsgebiete bestimmten Missionsinstituten anvertraut hatte) aufgehoben und den einheim. Diözesen die volle Verantwortung übertragen. Die Missionare und deren Dienste waren jetzt diesen Diözesen unterstellt. Allmähl. verschwindet somit auch der Sprachgebrauch von »unseren Missionen«, der ekklesiolog. überholt und psycholog. geradezu beleidigend ist. So gibt es heute »Kirche in sechs Kontinenten«, aber zugleich auch »Mission in sechs Kontinenten«. Denn Kirche ist inzwischen überall, auch im ehemals »christl. Abendland«, in missionar. Situation.

*B. Ekklesiologische Bedeutung*

Die J.nK., die sich geograph. weitgehend mit der →Dritten Welt decken, bilden in Zukunft *quantitativ* die Mehrheit der Kirche. Zu Beginn dieses Jh.s lebten 85% aller Christen (77% der Katholiken) in der westl. Welt. Infolge der Bevölkerungsexplosion in Lateinamerika sowie neuer Bekehrungen in Afrika und Asien hat sich das Schwergewicht der Christenheit verlagert. Auf Grund der gegenwärtigen Trends läßt sich voraussagen, daß ums Jahr 2000 60% aller Christen (70% der Katholiken) in der südl. Welt zu Hause sind.
Das wird auch *qualitativ* das Kirchenbild verändern. Bis in die 60er Jahre beherrschte Europa auch kulturell die Welt (→Entwicklungspolitik, →Dritte Welt). Auch die Kirchen handelten eurozentrisch: in →Kirchenbau und →Architektur, in der →Liturgie, in →Theologie und Disziplin. Die an Zahl und Selbstbewußtsein wachsenden J.nK. werden in Zukunft dafür sorgen, daß sich – über eine äußerl. Akkomodation (Anpassung) hinaus – das Christentum selbst neu »inkarniert« (→Inkulturation), daß dem Evangelium die Chance gegeben wird, in neuen →Kulturen Fleisch und Form anzunehmen, seine neue Geschichte zu beginnen. Einer →kontextuellen Theologie, Liturgie und Disziplin ist deshalb auch im Raum der kath. und anderer Großkirchen Heimatrecht zu gewähren. Wie es vor den westl. Kirchen der →Neuzeit eine lat., griech. und jüd. Kirche gab, so muß es endl. neben den europ. Kirchen in Lateinamerika lateinamerik. (→Befreiungstheologie), in Afrika afrik., in Asien asiat. Kirchen geben dürfen. Denn alle

Kirchen zusammen können erst auf Grund ihrer konfessionellen und kulturellen Pluralität (→Pluralismus) eine Idee von dem geben, was »Kirche« ist, da keine einzelne Kirche die Fülle des Kircheseins ausschöpfen kann. In diesem Prozeß spielen die J.nK. eine unverzichtbare Rolle. Ihre Gestalt wird vor allem geprägt sein von der Herausforderung durch die Religionen und durch die Armen, sowie durch die Erfüllung des dritten Postulates von Venn und Anderson: durch ihre zunehmende missionar. Tätigkeit.

*Lit.: P. Beyerhaus:* Die Selbständigkeit der j.nK. als missionar. Problem, Wuppertal 1967. – *W. Bühlmann:* Weltkirche, Graz/Köln 1984. – *O. Degrijse:* Der missionar. Eifer der j.n K., Freiburg 1984. – *J. Freytag/H. J. Margull (Hg.):* J.K. auf eigenen Wegen, Neukirchen 1972. – *A. Lehmann:* Afroasiat. christl. Kunst, Berlin-Ost/Konstanz 1967. – *L. Wiedenmann (Hg.):* Herausgefordert durch die Armen. Dokumente der Vereinigung von Dritte-Welt-Theologen 1976-1983, Freiburg 1983.

*Walbert Bühlmann*

**Jungfrauengeburt** ist der religionswissenschaftl. Begriff für jede außergewöhnl. Entstehung von Göttern, mytholog. Wesen und Menschen, die in höherer Weise sich durch geistige Kräfte auszeichnen. Innerhalb dieses menschheitl. verbreiteten Vorstellungskomplexes läßt sich nachvollziehen, was die moderne westl. feminist. Kritik zum Ausdruck bringen will, wenn sie von einer »patriarchal. Hochschätzung des Geistes« spricht (→Dualismus; →feminist. Theologie).

*A.* In *frühen Religionen*, vor allem im →Alten Orient und noch in den Mysterien der →Antike, findet sich die Vorstellung der jungfräul. Muttergöttin, die den der sexuell tabuierten Mutter- wie auch den Hurenbegriff umschließt. Sakrale →Prostitution kennzeichnet dafür eine Kultform, wie sie in →Ägypten (der Isis), →Babylonien (der Ishtar) oder →Kanaan (der Astarte geweiht) geübt wurde und im Tempel zu Jerusalem zeitweise zu den »Greueln« gehörte. Die in →Indien erst zu Beginn dieses Jh.s verbotene sakrale Prostitution ist wohl im Zusammenhang mit diesen menschheitsgeschichtl. frühen Anschauungen zu sehen.
Mit dem Aufkommen der →*Weltreligionen* verschiebt sich die Wertung des natürl., als Abbild rel. Mächte verstandenen Lebens auf ein System hin, das den Menschen (= Mann = Geist = Naturfreiheit) als äußerste Konsequenz der Geistigkeit des Seelischen (→Seele) setzen kann. Dies führt dazu, daß selbst die Geburt göttl. Wesen (oder die →Inkarnationen geistiger Macht) auf wunderbare, nicht natürl. Weise geschehen muß, da das Weibliche im Sinne der Neudefinition von →Rein und Unrein (nicht von →Heilig) ideolog. entwertet ist. Dies tritt klar bei den Griechen hervor, die mutterlose Geburten von Göttern und Göttinnen kennen (Pallas, Aphrodite, Dionysos usw.). Auch der pers. Lichtgott Mithras verdankt sein Leben einer mutterlosen Geburt, und so überrascht es nicht, daß seine →Mysterienreligion fast ausschließl. von →Männern (u.a. röm. Soldaten) ausgeübt wird. Da (ebenfalls bei den Griechen deutl.) in diesem Vorstellungskreis auch der zeugende menschl. Vater ausgeschlossen wird, zeigt sich die abstrakte Symbolfunktion des Weiblichen für alles Naturgeschlechtliche durch eine Männlichkeit gewertet, die sich rein geistig bestimmt. So ist es der Gott, der in einer menschl. →Frau zeugt, wie Zeus in Gestalt eines Goldregens in der Danae den Perseus, den unsterbl. Heroen.

*B.* Die eth. *Entwertung des menschl. Zeugungsaktes* ist auch der Hintergrund der auf die Stifter der Weltreligionen übertragenen Mythologie der J.: So wird →Jesus aus der Jungfrau →Maria geboren, die vor, nach und bei der Geburt ihre Jungfräulichkeit nicht verliert, wird der →Buddha durch das Eingehen eines weißen Elefanten in den Körper der schlafenden Māyā empfangen und tritt bei der Geburt aus ihrer Seite, ohne sie zu versehren. Der Same Zarathustras gelangt in den Schoß einer in einem See badenden Jungfrau, die den Heiland (Saoshyant) gebiert (→Parsismus).
Das Symbol der J. ist in das →Apostol. Glaubensbekenntnis eingegangen und spielt seitdem im Anschluß an die bibl. *Geburtsgeschichten Jesu* (Mt 1,18-24; Lk 1 und 2) in der Glaubensreflexion u.a. der Orthodoxie und der kath. Kirche eine wichtige Rolle. In der kath. Theologie ist es in den vergangenen Jahrzehnten wiederholt zu Diskussionen gekommen, die das Verhältnis von myth.-rel. Rede einerseits und biolog. Explikationen andererseits aufgreifen und die Neuakzentuierung des Weiblichen im Gottesverständnis ins Bewußtsein heben (→Maria).

*Lit.: H. Göttner-Abendroth:* Die Göttin und ihr Heros, München 1982. – *U. Ranke-Heinemann:* Widerworte. Friedensreden und Streitschriften, Augsburg 1987. – *P. Schwarzenau:* Das göttl. Kind, Stuttgart 1984. – *A. Vergote/A. Tamayo (Hg.):* The parental figures and the representation of God: a psychological and cross-cultural study (Religion and Society 21), The Hague 1981.

*Irmtraud Höhn*

# K

**Kafka,** *Franz,* geb. 3.7.1883 geb. 3.7.1883 als Sohn eines wohlhabenden jüd. Kaufmanns in Prag, gest. 3.6.1924 an Kehlkopftuberkulose in einem Sanatorium in Kierling bei Wien. K.s Werke und Schriften, die nach anfängl. Ignorierung durch die Nachwelt vor allem nach 1945 eine nicht mehr überschaubare Fülle von widersprüchl. Deutungen ausgelöst haben, sind unter rel. Aspekt aus zwei

Gründen relevant: als Zeugnisse jüd. Geistigkeit in der 1. Jh.hälfte und als parabelhafte Verdichtungen menschl.-existentieller Grundsituationen.

Nach seinem Jurastudium in Prag (1901-1906; Dr. jur. 1906) arbeitet K. von 1908-1922 als Angestellter der Prager Arbeiter-Unfall-Versicherungsanstalt, von der er – seit 1917 tuberkulosekrank – vorzeitig pensoniert wird. Von 1911/12 an ist – durch die Begegnung mit dem jidd. Theater und dem Ostjudentum – eine stärkere *Hinwendung zum Judentum* erkennbar: Sympathien für den Zionismus (Einfluß Max Brods), später Besuch der Jüd. Hochschule und Studium des Hebräischen mit Dora Dymant in Berlin 1923/24. Zahlreiche seiner Erzählungen und Parabeln (»Vor dem Gesetz«, »Beim Bau der chin. Mauer«, »Josephine, die Sängerin, oder Das Volk der Mäuse«, »Forschungen eines Hundes«) sind ohne Bezug zum jüd. Volk und seiner Tradition, vor allem auch zur jüd. →Mystik, nicht zu verstehen. Seine eigene zwiespältige Geschichte arbeitet K. in einem »Brief an den Vater« (1919) auf, in dessen übermächtiger Autorität K. die Ursache seiner eigenen Versagungsängste und seiner Lebensuntüchtigkeit sieht (Hintergrund auch der Erzählung »Das Urteil«, 1913, K.s »liebste Erzählung«).

K.s literar. Werk ist freil. keineswegs rel. oder rel. interpretierbar. Nach 1945 hatte vor allem K.s Freund und Nachlaßverwalter *M. Brod* eine rel.-theol. Deutung des K.schen Werks angeregt, indem er etwa die Romane »Der Prozeß« (gedr. 1925) und »Das Schloß« (gedr. 1926) als »Erscheinungsformen der Gottheit – Gericht und Gnade« interpretierte. Diese rel.-allegor. K.deutung ist heute mit Recht überholt. K.s Erzählungen und Romane sind statt dessen als offene, vieldeutige, oft rätselhaft-paradoxe Verdichtungen menschl. Existenz zu begreifen. Sie variieren in komplexer literar. Verschlüsselung immer gleiche Grundthemen: die Entfremdung des Menschen von sich selbst (»Die Verwandlung«, 1916), die Unfähigkeit als Mensch und Künstler zu leben (»Ein Hungerkünstler«, 1924), die Gnadenlosigkeit der Existenz, die keine Hoffnungsbotschaft erreicht (»Eine kaiserl. Botschaft«, 1919), den aussichtslosen Kampf des Menschen gegen verborgene, doch allgegenwärtige anonyme Instanzen und Strukturen (»Das Schloß«), die Undurchschaubarkeit und Unsühnbarkeit der Schuld (»Der Prozeß«). Wenn es im K.schen Werk Symbole für →Transzendenz gibt, dann bestenfalls Symbole einer »negativen Transzendenz« (E. Heller), einer »Gottesfinsternis« (M. →Buber), bei denen die Wirklichkeit Gottes rätselhaft, undurchsichtig, ängstigend bleibt und dem Menschen nichts als die vage Hoffnung auf eine künftige Durchschauung des Sinns ermöglicht wird.

Neben dem eigentl. literar. Werk K.s aber gibt es ein *essayist. und autobiograph. Werk*, in dem K. sich als rel.-philos. Denker in einer Weise offenbart, wie er dies in seinem literar. Werk nicht zu tun vermochte. Seine rel.-philos. Grundüberzeugungen vertraut K. nicht seinen Erzählungen und Romanen an (alle Romane blieben Fragment), sondern seinem Tagebuch und seinen Aphorismen und Betrachtungen. So enthalten die *Tagebücher* (1910-1923) gebetsähnl. Passagen von ergreifender Eindringlichkeit, →Meditationen und rel. Gewissenserforschungen. Unter seinen »Aphorismen« (vom Hg. M. Brod »Betrachtungen über Sünde, Leid, Hoffnung und den wahren Weg« genannt) finden sich reiche theol. Reflexionen über das →Böse und den →Teufel, den →Sündenfall und die Schuld, das →Paradies und die Vertreibung aus dem Paradies, das Erscheinen des →Messias und die endgültige Rettung, über die →Wahrheit und das »Unzerstörbare« im Menschen. Darüber hinaus berichtet *G. Janouch* in seinen »Gesprächen mit K.« (1954), deren Aussagen quellenkrit. freil. schwierig zu überprüfen sind, von K.s »Sehnsucht nach dem Göttlichen«, von seiner Ablehnung einer Literatur, in der »die Religion restlos ins Ästhetische umdestilliert« worden sei, von K.s Gedanken zum Verhältnis Erbsünde und →Freiheit, zu →Judentum und →Christentum, zu Christus und →Gott. So ist das in seiner Deutung vielschichtige, sich jeder ideolog. Vereinnahmung entziehende Werk K.s nicht zuletzt auch Ausdruck einer Entfremdung von öffentl. Literatur und privater Theologie. K. starb zu früh, um in seinem literar. *Werk* eine mögl. Synthese von ästhet. Form und persönl. rel. Überzeugung verwirklichen zu können.

*Lit.: P. U. Beiken:* Franz K. Eine krit. Einführung in die Forschung, Frankfurt/M. 1974. – *H. Binder:* K.-Handbuch, Bd. I-II, Stuttgart 1979. – *M. Brod:* Über Franz K., Frankfurt/M. 1974. – *E. Heller:* Franz K., München 1976. – *G. Janouch:* Gespräche mit K., Frankfurt/M. 1981. – *W. Jens/H. Küng:* Dichtung und Religion, München 1985. – *H. Politzer:* Franz K., der Künstler, Frankfurt/M. 1965. – *H. D. Zimmermann:* Der babylon. Dolmetscher. Zu Franz K. und Robert Walser, Frankfurt/M. 1985.

*Karl-Josef Kuschel*

**Kain und Abel.** Die Erzählung von K. und A. (Gen 4) stellt innerhalb der →Urgeschichte der →Genesis die erste Geschichte der aus dem Gottesgarten vertriebenen autonom gewordenen, d.h. für sich selbst entscheidenden, Menschen dar.

*A.* Sie erzählt vom *Bruderkonflikt*, der mit dem Brudermord als schwerstmögl. Störung der Gemeinschaft endet. Im Hintergrund des Stoffes mag der Konflikt zwischen Bauern und Hirten stehen, vielleicht auch die Auseinandersetzung Israels mit dem verwandten Volk der Keniter (als deren Ahnherrn man K. ansehen kann). Im Zusammenhang der Urgeschichte geht es in der Erzählung jedoch weniger um solche Konflikte, vor allem nicht um eine Gegenüberstellung eines guten (A.) und eines immer schon bösen Bruders (K.), wobei Gott den wirkl. Charakter K.s erkannt und ihn deshalb abgelehnt hätte. Thema der Erzählung ist vielmehr der *Umgang mit der* dem Menschen in der nachparadies. Selbstbestimmung zukommenden →*Arbeit*, die Ertrag bringen (worin sich zeigt, daß Gott das Erstlingsopfer angenommen hat) oder ohne Ertrag (von Gott nicht angenommen) bleiben kann.

*B.* Die Geschichte erzählt, wie sich aus K.s Erfolgslosigkeit Frustration ergibt, die in Gewalt umschlägt. Die *Folgen* der Tat K.s, der die Gemeinschaft vernichtet hat, schlagen auf den Täter zurück, der gemeinschaftslos leben muß (»unstet und flüchtig«). Doch zeigt die Fortsetzung der Erzählung über V. 17 hinaus, daß gerade K., der entwurzelte Bauer, zum Gründer einer Stadt und zum Ahnherrn der Kultur- und Zivilisationsgeschichte wird. Der Erzähler stellt somit die Fortschrittsgeschichte als Folge von →*Gewalt* dar. Eine Geschichte, in der »der Mörder nicht über sein unschuldiges Opfer triumphieren« würde (M. Horkheimer), wäre die strikte Gegengeschichte zu der, die mit K. und A. beginnt. Die Verbindung des Opfers A.s mit dem Opfer Christi (Hebr 11,4; 12,24) stellt (ihrem Anspruch nach) den christl. Glauben von Beginn an an die Seite der Opfer.

*Lit.: J. Ebach:* Das Erbe der Gewalt (GTB Siebenstern 378), Gütersloh 1980, 42-49. – *C. Westermann:* Genesis (Bibl. Kommentar AT 1/1), Neukirchen-Vluyn, 3. Aufl. 1983.

*Jürgen Ebach*

**Kambodscha.** Vor 1975: Buddh. 88,6%; Angeh. von Stammesrel. 3,3%; Musl. 2,4%; Angeh. chin. Volksrel. 1,6%, → Junger Rel. 0,2%; Kath. 0,1%; Prot. 0,2%; Nichtgläubige und Atheisten 3,8%.

*A.* Die Religion der *Khmer* ist eine Synthese aus Theravāda-Buddhismus, animist. Volksreligion und Elementen chin. oder ind. Herkunft. Einen ersten kulturellen Höhepunkt erlebte das Land während der sog. Angkor-Epoche (802-1431). Seit dem 13. Jh. setzte sich der Theravāda-Buddhismus gegenüber →Hinduismus und Mahāyāna sowohl beim Herrscher wie auch beim Volk durch und blieb bis 1975 Staatsreligion. Die sog. »*Rote Khmer*« unter Pol Pot (1975-1979) versuchten im Rahmen ihres kulturrevolutionären →Terrors auch die Religion auszurotten. Ganze Städte wurden entvölkert, viele Mitglieder des alten Regimes deportiert und alle Religionen verboten. Die Mönchsorden wurden aufgelöst, Kleriker und Laien zur Umerziehung aufs Land geschickt. Ausländ. rel. Führungskräfte mußten das Land verlassen.
Bis dahin spielten die *buddh. Mönche* als Vermittler zwischen Herrscher und Volk und als Erzieher der Nation eine bedeutende soziale Rolle. Die →Klöster unterhielten ein umfassendes Schulsystem, das von der Volksschule bis zur buddhist. Universität in Phnom Penh reichte. Es war übl., Knaben mit 12 Jahren für einige Zeit ins Kloster zu schicken; auch Erwachsene kehrten immer wieder zu »Exerzitien« ein.

*B.* Die *kath.* →*Mission* begann 1545 zunächst unter portug. und span., dann unter franz. Schirmherrschaft. Dennoch blieb der Erfolg unter den Khmer bescheiden: Die meisten Khmer-Katholiken sind Abkömmlinge europ. Mischlinge; am erfolgreichsten war die Mission unter den animist. Bergstämmen und den vietnames. Einwanderern. 1970 löste das Regime Lon Nol ein *Pogrom* gegen die Vietnamesen aus, in dem über 40.000 Katholiken getötet und der Rest zur Flucht getrieben wurde; kath. Einrichtungen wurden geschlossen. Das Pol Pot Regime tat den Rest, um die kath. Kirche zu vernichten. Etwas erfolgreicher bei den Khmer war die *prot. Mission*, die im letzten Jh. begann und ausgerechnet unter dem Lon Nol Regime noch spektakuläre Gewinne für sich verbuchen konnte. Allerdings wurde auch die prot. Mission ein Opfer der Kulturrevolution.

*Lit.: D. P. Chandler:* A History of Cambodia, Boulder CO 1983. – *G. Giesenfeld:* Land der Reisfelder: Vietnam, Laos, Kampuchea. Geschichte und Gegenwart, Köln 1981. – *M. Vickery:* Cambodia 1975-1982, Hemel 1984.

*Arnulf Camps/Thomas Riplinger*

**Kanaan**

*A.* Im AT ist K. Sohn des Ham und Ahnherr der Kanaanäer; Gen 9,18ff. soll die Unterwerfung der Kanaanäer durch die Nachkommen Sems, die Israeliten, legitimieren.

*I.* K. bezeichnet das *Gebiet* der palästin. Küste mit ihrem Hinterland vor der Einwanderung der Israeliten (→Josuabuch). Gekennzeichnet ist diese Region durch ihre geograph. und polit. Kleinräumigkeit; es gab keine dauerhaften Reichsbildungen; die polit. Einheit ist der Stadtstaat mit einem dynast. Regenten, vergleichbar der frühantiken Polis. Die internationale Korrespondenz, die im ägypt. Tell el-Amarna ausgegraben wurde, zeigt, daß Ägypten in der 2. Hälfte des 2. Jt.s eine polit. Oberhoheit über die Stadtfürstentümer Palästinas ausübte, die einem ständigen Erosionsprozeß ausgesetzt war. In Syrien grenzten die Einflußbereiche der Hethiter und Ägypter aneinander, was zu einer Reihe von militär. Auseinandersetzungen führte, die 1270 v. Chr. mit einem Friedensvertrag abgeschlossen wurden.

*II.* Für die syr. Region bedeutete die wechselnde polit. Oberhoheit eine Überlagerung der verschiedenen *kulturellen Einflüsse* vorderasiat., ägypt., aber auch ägä. Herkunft. Deutl. wird dies in der seit 1929 nördl. von Ladakije ausgegrabenen syr. Stadt Ugarit. Die bei den Ausgrabungen gefundenen Texte, darunter viele mytholog. und ep. Inhalts, lassen uns ein zur Zeit allerdings immer noch lückenhaftes Bild von der *Wirtschaft, Gesellschaft, Verfassung* und *Religion* dieses Ortes zeichnen. Es lassen sich Rückschlüsse ziehen auf vergleichbare Verhältnisse in den weiter südl. im Binnenland gelegenen kanaanä. Stadtstaaten, zu denen Israel in einem Verhältnis von Anknüpfung und Widerspruch stand. Dabei ist die bes. Stellung Ugarits als ökonom. und kulturell blühender Hafen- und Handelsstadt zu berücksichtigen.

*B. I.* In Ugarit gibt es ein Pantheon, in dem ein im *Polytheismus* verbreitetes Phänomen, eine allein allmächtige Gottheit, fehlt. Es gibt zwar graduelle Abstufungen an Macht und Bedeutung, doch herrscht die Vorstellung eines Gleichgewichts der verschiedenen Götter vor, das keine Gottheit allein umzustürzen imstande ist. Die führende Stellung nimmt der Gott *El* ein, der als »Schöpfer der Geschöpfe« und »Vater des Menschengeschlechts« bezeichnet wird. Schöpfungsmythen sind allerdings bisher in Ugarit nicht gefunden worden. Mit Ausnahme von Baal sind alle Götter Els Söhne, auch die das Chaos repräsentierenden Größen Jam (Meer) und Mot (Tod): Die Nachkommenschaft Els garantiert die unumgängl., aber fruchtbare Gegenwart des Negativen im universalen Zusammenhang. Als Oberhaupt des Pantheons kommt El die Würde des Königtums zu; er ist der Schöpfer und Bewahrer der gesetzmäßigen Ordnung. Baal dagegen ist Träger der tatsächl. Königsherrschaft, eine Schutzgottheit, an die sich die Gläubigen in Zeiten der Not wenden.

*II.* Das Ringen um die Königsherrschaft des Gottes Baal kommt in dem längsten der ugarit. *Mythen* zum Ausdruck. Der erste der Gegner Baals, der selbst die Königswürde beansprucht, ist Jam, der mit Hilfe zweier (von Kothar-Chasis, dem Handwerksgott, verfertigter) Keulen von Baal niedergeschlagen wird. Nach dem erfolgreichen Kampf baut auf dessen Wunsch Kothar-Chasis einen Palast für Baal; der mit dem Palastbau verbundene Herrschaftsanspruch führt erneut zu einer Auseinandersetzung mit Mot, der schließl. Baal verschlingt. Baal ist der Wettergott; dadurch daß der Tod ihn verschlingt, entsteht eine katastrophale Dürre. Baals Gefährtin Anat bemächtigt sich des Gottes Mot und mißhandelt ihn. Baal ersteht wieder auf; es entsteht ein Kampf zwischen Baal und Mot, in dem die Sonnengöttin Schapasch im Namen Els Einhalt gebietet.

*III.* Mit Baal ist in den Mythen eine Anzahl fester Beinamen verknüpft, die in zwei Gruppen eingeordnet werden können. Nach der ersten Gruppe ist er der »Allmächtige«, der »Erhabene«, der »auf Wolken Einherfahrende«; der Donner ist seine »hl. Stimme«: Baal ist ein Wetter- und Gewittergott, der den Regen bringt und damit Wachstum und Gedeihen bewirkt. Nach der zweiten Gruppe ist er »der mächtigste unter den Heroen«, »der Fürst, Herr der Erde (Unterwelt)«, Oberhaupt der Rephaim (Heroengestalten, denen in Syrien, in Ebla und Mari, Kulte gewidmet waren). »Baal ist gleichzeitig Gott der Lebenden und der Toten, er ist der Schutzherr derer, die von Schapasch auf dieser Erde erwärmt werden, Gast und Tröster derer, die Mot begegnet sind und die der göttl. Erleuchterin auf der letzten Reise folgen müssen. Ihm verdanken es die Toten, daß sie nicht zu leidenden und bedrohl. Gespenstern und Geistern werden, sondern zu verehrten Ahnen, die weiterhin der Gemeinschaft als Beschützer und Heilbringer dienen und die Fruchtbarkeit bringen können« (Xella).

*C.* Es ist gut vorstellbar, daß diese Konzeptionen auch südl. von Ugarit in K. verbreitet waren. Die Betonung der Einigkeit und Einzigartigkeit Gottes, wie sie vor allem das →Deuteronomium vertritt, ist als Abgrenzung von einer polytheist. Religion (→Monotheismus) gemeint. Auch das Bestreben, Gott eine Göttin als Gefährtin zuzugesellen, ein Bemühen, das im AT auf erbitterten Widerstand stößt, ist auf dem Hintergrund kanaanä. Religiosität zu sehen. Die Distanz zu allem, was mit Tod und Unterwelt zusammenhängt, vor allem in frühen Texten des AT, kann ebenfalls in der Abgrenzung zu kanaanä. Vorstellungen gesehen werden. Andererseits wird Gott im AT auch mit El bezeichnet, oft in Verbindung mit Beiworten; zudem ist die Gottesbezeichnung El in israelit. Eigennamen, wie zum Beispiel Elija, belegt.

*Lit.: W. Helck:* Betrachtungen zur großen Göttin und den ihr verbundenen Gottheiten (Religion und Kultur der alten Mittelmeerwelt in Parallelforschungen 2), München/Wien 1971. – *D. Kinet:* Ugarit. Geschichte und Kultur einer Stadt in der Umwelt des AT (Stuttgarter Bibelstudien 104), Stuttgart 1981. – *M. H. Pope/W. Röllig:* Syrien. Die Mythologie der Ugariter und Phönizier, in: *W. Haussig (Hg.):* Wörterbuch der Mythologie I: Götter und Mythen im Vorderen Orient, Stuttgart 1965, 219-312. – *P. Xella:* Aspekte rel. Vorstellungen in Syrien nach den Ebla- und Ugarit-Texten (Ugarit-Forschungen 15), Neukirchen-Vluyn, 279-290.

*Udo Rüterswörden*

**Kanada.** Kath. 46,6%; Prot. 29,6%; Anglik. 10,5%; Orthod. 2,8%; Juden 1,4%; Nichtgläubige und Atheisten 6,2%. Flächenmäßig das zweitgrößte Land der Erde, rangiert K. in der Bevölkerungsskala weit hinten, wobei sich die Besiedelung z.T. recht dicht im südl. Streifen entlang der Grenze zu den USA konzentriert. Diese Lage beeinträchtigt nicht nur die kulturelle und wirtschaftl. Selbständigkeit, sondern auch die traditionellen Beziehungen zu den europ. Mutterländern →Frankreich und England (Mitglied des Brit. Commonwealth).

*A.* Von einigen Kontakten mit den Wikingern im MA. und einigen europ. Entdeckungsfahrten im 16. Jh. abgesehen, beginnt die von →Europa geprägte moderne *Geschichte* K.s erst im 17. Jh. mit der Gründung von franz. Kolonien in Quebec, den Maritimprovinzen und engl. Handelsniederlassungen in Neufundland und an der Hudson Bay. Von dort aus stießen engl. und franz. Händler und Entdecker weit ins Hinterland vor. Schon 1615 begann die franz. kath. *Indianermission*; 1684 wurde ein Bistum in Quebec errichtet. Wiederholte krieger. Auseinandersetzungen, veranlaßt durch

Rivalitäten zwischen Algonken und Irokesen sowie zwischen den beiden Kolonialmächten, führten 1763 zur Abtretung der franz. Kolonien an England. Nach anfängl. Anglisierungsversuchen beließ England den ehemaligen franz. Siedlungen ihre kulturelle und rel. Eigenart und gewann dadurch während des bald darauffolgenden amerik. Unabhängigkeitskriegs ihre Loyalität. Die schon im frühen 18. Jh. einsetzende engl. *Besiedlung* der Gebiete westl. (Ontario) und südöstl. (New Brunswick und Nova Scotia) der franz. Kolonien wurde durch Flüchtlinge aus den →Vereinigten Staaten verstärkt.

*B.* In den engl. Siedlungsgebieten breiteten sich →Anglikaner (zunächst noch Staatskirche), →Presbyterianer, →Kongregationalisten, →Methodisten und →Baptisten aus. Die →Erweckungsbewegung des 19. Jh.s gab dem →Protestantismus weiteren Auftrieb. Starke *Einwanderung* bes. aus Süd- und Osteuropa bereicherte die kulturelle und rel. Vielfalt des Landes (dt. und skandinav. →Lutheraner, schweiz., niederländ. und osteurop. →Reformierte, →Mennoniten, →Orthodoxe aus Osteuropa und dem Mittleren Osten, →Juden u.a.). In diesem Jh. sind die →Pfingstkirchen zur viertgrößten prot. Gruppe geworden. 1925 entstand aus Methodisten, Kongregationalisten und Presbyterianern die United Church of Canada; 1944 wurde das Canadian Council of Churches gegründet; weitere Einigungsbestrebungen sind im Gange.

*Lit.: S. Crysdale/L. Wheatcroft (Hg.):* Religion in Canadian Society, Toronto 1976. – *R. T. Handy:* A History of the Churches in the United States and Canada, Oxford 1977. – *H. H. Walsh:* The Christian Church in Canada, Toronto, 2. Aufl. 1968.

*Thomas Riplinger*

## Kanon

### *A. Begriffsbestimmung*

Das griech. Wort *kanôn* geht auf das semit. *qanaeh = Rohr* zurück und bezeichnet zunächst den geraden Stab, dann die Meßrute und übertragen die Norm, den untrügl. Maßstab. Im Bereich der Theologie meint K. (in der Regel) die Summe jener Schriften, denen für den Glauben maßgebende Bedeutung zukommt. Alle großen Religionen haben einen solchen K. ausgebildet, man denke nur an die Veden des →Hinduismus, das »Große« und das »Kleine Fahrzeug« des →Buddhismus oder an den →Koran des Islam. Im folgenden beschränken wir uns auf den K. des Judentums und der Christenheit.

### *B. Der Kanon des frühen Judentums*

Die erste große Schriftensammlung, die, an der Wende vom 5. zum 4. Jh. v. Chr. im wesentl. abgeschlossen, sowohl für das nachexil. →Judentum als auch für die →Samaritaner kanon. Ansehen erlangte, war die →*Tora*, das Schriftwerk der sog. fünf Bücher Mose. Nach dem um 180 v. Chr. von →Jesus Sirach verfaßten »Preis der Väter« (Sir 44,1-50,24) lag spätestens am Ende des 3. Jh.s v. Chr. eine zweite, die *»Propheten«* genannte Schriftensammlung vor. Sie umfaßte die früheren oder vorderen (Josua, Richter, 1 und 2 Samuel, 1 und 2 Könige) und die späteren oder hinteren Propheten (Jesaja, Jeremia, Ezechiel, 12 Propheten). Darüber hinaus erwähnt der Enkel Jesus Sirachs im Vorwort seiner um 130 v. Chr. angefertigten griech. Übersetzung des Werkes seines Großvaters auch noch »die anderen von den Vätern überkommenen Schriften«. Dieser dritte Teil dürfte zwar den Großteil jener Bücher enthalten haben, die die Rabbinen später den *»Schriften«* zurechneten (Psalmen, Sprüche, Ijob, Hoheslied, Rut, Klagelied, Kohelet, Ester, Daniel, Esra, Nehemia, 1 und 2 Chronik), doch war dieser dritte Teil selbst am Beginn des 2. Jh.s n. Chr. noch keineswegs so eindeutig umschrieben wie »das Gesetz und die Propheten«. Das heißt: Der K. der bibl. Schriften war z.Z. Jesu und der Urchristenheit keineswegs schon eindeutig abgeschlossen. Da für die →orthod. Kirche nicht der masoret., sondern der Septuaginta-Text des AT der authent. ist (→Bibelübersetzungen), folgt sie im Umfang ihres K.s des AT auch diesem, wenn auch nach vielen Autoren den deuterokanon. Büchern nicht in vollem Umfang die gleiche Autorität zukommt wie den kanon. Schriften. In der liturg. Praxis werden allerdings auch die deuterokanon. Schriften teilweise verwandt.

### *C. Der Kanon der Christenheit*

Für die ersten Christen war die Unabgeschlossenheit des jüd. K.s prakt. bedeutungslos, da sie nicht mit *der* Schrift argumentierten, sondern mit jenen *einzelnen* Texten aus der Schrift, die ihnen selbst geholfen hatten, das Evangelium vom gekreuzigten und auferstandenen Christus Jesus tiefer zu verstehen (Apg 2; Gal 3.4 u.ö.). Die Frage nach dem genauen Umfang ihres Schriftenkanons stellte sich der Kirche erst in der Mitte des 2. Jh.s n. Chr., als sie sich einem doppelten Problem gegenüberfand: 1. Der K. des (rabbin.) Judentums umfaßte nur einen Teil jener Schriften, die das Christentum vom hellenist. Judentum übernommen hatte. 2. Markion (ca. 85-160 n. Chr.) leugnete nicht nur wie bereits vor ihm die →Gnosis die theol. Bedeutung der Hl. Schrift Israels; er verwarf auch den Großteil der urchristl. Schriften, da schon die ersten Jünger die Worte ihres Herrn nicht verstanden und sie deshalb ahnungslos mit jüd. Anschauungen vermengt und so um ihren Sinn gebracht hätten. Auf welche Schriften konnte sich die Kirche bei der Begründung ihres Glaubens also wirkl. stützen? Die Antwort fiel nicht einheitl. aus:

*I. Der Kanon des Alten Testaments*

Im Gegensatz zu allen Bestrebungen, Israels Hl. Schriften aus dem K. der Christenheit zu entfernen, hielt die Kirche am AT grundsätzl. fest. Nur dessen Umfang wurde unterschiedl. bestimmt. Wer wie *Hieronymus* (ca. 345-420) im Kontakt mit dem Judentum lebte, plädierte dafür, daß sich die Kirche bei der Begründung ihres Glaubens nur auf die Schriften stütze, die auch zum K. des Judentums gehören. Die darin nicht enthaltenen Schriften (von Hieronymus →*Apokryphen* genannt) sollten ledigl. »zur Erbauung des Volkes« gelesen werden. An diese Auffassung knüpften später die Kirchen der Reformation an. Wer hingegen wie →*Augustinus* von der Kirche aus dachte, sah keinen Grund, an den atl. Texten der ihm geläufigen Bibel irgendwelche Abstriche vorzunehmen. Diese Auffassung setzte sich zunächst auf den nordafrik. Synoden von Hippo (393) und Karthago (397 und 419 n. Chr.) durch. Deren Entscheidung wurde dann auch vom Florentiner Konzil (1441; →Reformkonzile) sowie vom →Konzil von Trient (1546) für die kath. Kirche übernommen. Unter dem Einfluß von *Sixtus von Siena* (1520-1569), einem konvertierten Juden, begann freil. auch die kath. Theologie zu unterscheiden: Die im jüd. K. enthaltenen Schriften erhielten die Bezeichnung *protokanon.*, d.h. dem ersten K. zugehörig, während die vom hellenist. Judentum übernommenen Texte als *deuterokanon.*, dem zweiten K. zugehörig, bezeichnet werden. Obgleich diese unterschiedl. Bestimmung des atl. K.s sich zunächst auch inhaltl. auf die theol. Diskussion zwischen den verschiedenen christl. Kirchen auswirkte, kommt ihr heute aus einem doppelten Grund keine entscheidende Bedeutung mehr zu: 1. Die Theologie der sog. deuterokanon. Bücher ist gegenüber den protokanon. Schriften weder so neu noch so andersartig, daß ihre Übernahme oder Ablehnung einen wesentl. Einfluß auf die zentralen theol. Aussagen der einzelnen christl. Kirchen hätte. 2. Das frühjüd. Glaubensverständnis, das in den deuterokanon. Büchern zur Sprache kommt, wurde zumindest von einem Teil der ntl. Autoren geteilt und gehört deshalb zu den Voraussetzungen, von denen aus im NT das Evangelium von Jesus Christus formuliert und interpretiert wird. Aus diesem Grund ist es nicht einfach in das Belieben des einzelnen gestellt, sofern ihm an einem sachgemäßen Verstehen des NT liegt, ob er von diesen Schriften Kenntnis nehmen will oder nicht.

*II. Der Kanon der Christenheit*

Für die frühe Christenheit war es selbstverständl., Israels hl. Schriften immer schon von Christus her zu sehen und zu hören. Deshalb trat im Laufe der Zeit jenen alten Texten, die in *prophet.* Weise von dem Christusereignis handelten, die Botschaft derer gleichgewichtig an die Seite, die von der *Erfüllung* dieser Prophezeiungen kündeten. Unumstritten waren hierbei von Anfang an die Sammlung der Paulusbriefe, die vier Evangelien (und die Apostelgeschichte als Werk des Lukas) sowie der 1. Petrus- und der 1. Johannesbrief. Umstritten waren: der Hebräerbrief, der Jakobusbrief, der 2. Petrusbrief, der 2. und 3. Johannesbrief, der Judasbrief sowie die Offenbarung des Johannes; umstritten waren aber auch jene zahlreichen Schriften, die seit dem 2. Jh. n. Chr. in großer Zahl unter dem Namen verschiedener Apostel in Umlauf kamen (→Apokryphen).

Um hier Klarheit zu erreichen, maß man die umstrittenen Schriften am sog. »Kanon der Wahrheit«, d.h. an dem *Glauben der Kirche*, der sich aus der Hl. Schrift (Israels), aus den Worten des Herrn und den bereits akzeptierten Evangelien und Apostelbriefen ergab. Ferner war die Frage von Bedeutung, ob die umstrittene Schrift wenigstens in bestimmten Regionen im *Gottesdienst* verlesen und zum Gegenstand der Predigt gemacht wurde und ob ihr Inhalt zur Erbauung der Gemeinde beitrug. (Nicht der Erfolg, die Beliebtheit einer Schrift bei den Gläubigen war also entscheidend. Sonst wären nicht wenige der Apokryphen im Vorteil gewesen! Entscheidend war vielmehr, ob sich die einzelne Schrift im Leben der Gläubigen als »Wort des Lebens« [Phil 2,16; vgl. Lev 18,5] bewährte oder nicht.) Die einzelnen Entscheidungen über die umstrittenen Schriften galten zwar zunächst oft nur für bestimmte Regionen im Osten oder Westen des →Röm. Reiches, doch konnten sie sich im 4. Jh. n. Chr. (dank des dann zwischen Ost und West mögl. Verkehrs) schließl. in der Gesamtkirche durchsetzen.

So stimmten die griech. und lat. Kirche am *Ende des 4. Jh.s n. Chr.* in der Anerkennung jener *27 Schriften* überein, die heute in allen christl. Kirchen den K. des NT bilden. In ihrem Bemühen, das ihr aufgetragene *Evangelium Gottes* in der Verkündigung Jesu Christi treu und zuverlässig zur Sprache zu bringen, hatte die Kirche immer klarer die unaufgebbare und unüberbietbare Bedeutung eben dieser 27 Schriften erkannt, die ihr aus apostol. Zeit überliefert wurden.

Damit war freil. eine Frage noch nicht geklärt: Kommt das *Evangelium Gottes* in allen 27 Schriften gleichermaßen geglückt zur Sprache? Einer der ersten, der diese Frage (vor allem im Blick auf den →Jakobusbrief) entschieden verneinte und deshalb eine sachl. Ordnung innerhalb des NT verlangte, war →Luther: Für ihn waren auch die ntl. Schriften daran zu messen, ob und in welchem Maße sie »Christum predigen und treiben«. Die damit erhobene Forderung nach einem »K. im K.« ist bis zum heutigen Tag nicht verstummt; denn wenn auch Luthers negatives Urteil über den Jakobusbrief sich nicht mehr aufrechterhalten läßt, kann doch nicht geleugnet werden, daß die ntl. Schriften die Botschaft Jesu Christi und von Jesus Christus in zeit- und situationsbedingter und damit begrenzter Weise zur Sprache bringen (→NT). Das damit gegebene Problem läßt sich zwar nicht durch den Ausschluß einzelner Schriften aus dem K. lösen, da wir sonst immer in Gefahr stünden, ein bibl. Zeugnis, das sich offensichtl. im Leben der Kirche bewährt hatte, infolge unseres eigenen begrenzten

Verstehens zu verwerfen, anstatt unser Verständnis durch das uns noch fremde Wort aufbrechen und weiten zu lassen. Doch es zwingt uns gerade um des Evangeliums willen, die einzelnen ntl. Schriften von ihrer hermeneut. Mitte aus zu verstehen und auszulegen (→Hermeneutik, →Neues Testament).

*Lit.: H. von Campenhausen:* Die Entstehung der christl. Bibel, Tübingen 1968. – *E. Käsemann (Hg.):* Das NT als K., Göttingen 1970. – *O. Kaiser:* Einleitung in das AT, Gütersloh, 5., grundlegend neubearb. Aufl., 1984, 403-416 (Lit.). – Kanon. Text – »ganzheitl.« Exegese? (mit Beiträgen von B. S. Childs, H. Gese, F.-L. Hossfeld, N. Lohfink, M. Oeming), in: Theol. Quartalschrift 167 (1987), Heft 4. – *W. Neuser:* Calvins Stellung zu den Apokryphen des AT, in: *M. Brecht (Hg.):* Text Wort Glaube. FS K. Aland, Berlin 1980, 298-323. – *K.-H. Ohlig:* Die theol. Begründung des ntl. K.s in der alten Kirche, Düsseldorf 1972. – *E. Plümacher:* Bibel II. Die Hl. Schriften des Judentums im Urchristentum, in: Theol. Realenzyklopädie 6, 8-22 . – *W. Schneemelcher:* Bibel III. Die Entstehung des K.s des NT und der christl. Bibel, in: ebd., 22-48. – *H. Volz:* Luthers Stellung zu den Apokryphen des AT, in: Luther-Jahrbuch 26 (1959), 93-108. – *G. Wanke:* Bibel I. Die Entstehung des AT als K., in: Theol. Realenzyklopädie 6, 1-8.

*Meinrad Limbeck*

**Kanonisches Recht,** lat. »ius canonicum«, ist das in den Normen (canones) festgelegte *Recht der kath. Kirche.* Der Begriff verdrängte spätestens seit dem Spätma. ältere Bezeichnungen des Rechtes der Kirche (Übernahme der Bezeichnung »Corpus Iuris Canonici« für eine kirchl. Rechtssammlung durch die Konzilien von Konstanz und Basel [→Reformkonzile]). Mit dem Begriff eng verbunden ist die zunehmende Zentralisierung des kirchl. Rechtssystems auf das →Papsttum, so daß die Ablehnung des K.R.s mit zu den Protestinhalten der →Reformation gehörte. In der →Neuzeit kam die neutrale Bezeichnung »ius ecclesiasticum« (→Kirchenrecht) auf.

*A. Geschichte*

Die Rechtsordnung der Lat. Kirche wurde *seit dem 12. Jh.* nach dem Vorbild des Röm. Rechts (Corpus Iuris Civilis, →Röm.Reich) systematisiert, zunächst durch Initiativen von Rechtsgelehrten (Magister Gratianus u.a.), später auf Betreiben der Päpste. Dies führte zum Corpus Iuris Canonici, jener oben erwähnten Rechtssammlung privater und amtl. Zusammenfassungen rechtl. relevanter Texte; das Corpus Iuris Canonici erschien erst 1580/82 in einer päpstl. approbierten Ausgabe und galt als offiziöse Sammlung des K.R.s bis zur *Kodifizierung* des kath. Kirchenrechts im Codex Iuris Canonici (CIC) von *1917/18,* der das damalige Recht der kath. Kirche in einem dem Röm. Recht entliehenen Schema zusammenfaßte. Dieses Schema erwies sich aus theol.-ekklesiolog. Gründen (→Ekklesiologie) als inadäquat. Der neue Codex (1983) ist daher im verfassungs- und sakramentenrechtl. Teil anders gegliedert worden, doch behält auch er im Grunde die traditionelle Einteilung der Rechtsmaterie bei. Außer dem CIC gibt es in der kath. Kirche zahlreiche gemein- und teilkirchenrechtl. Regelungen.

Der Erforschung ihrer Quellen sowie der Kommentierung des geltenden Rechts widmet sich die *Kanonistik.* Auf Grund seiner Systematisierung sowie der Unterstellung des kirchl. Rechts unter allg. formale Rechtsgrundsätze unterliegt das K.R. der allg. *Rechtsidee* (→Recht). Obwohl es von seinem Anspruch her Recht einer weltweiten Kirche ist, bleibt es doch eng mit der kontinental-europ. Rechtskultur verbunden, was seine Übernahme in andere kulturelle Kontexte schwierig gestaltet (→Inkulturation).

*B. Prinzipien*

Das K.R. unterscheidet sich als geistl. Recht in vielen fundamentalen Inhalten deutl. vom zivilen, weltl. oder staatl. Recht. In der Frühen Kirche wurde dieser Unterschied durch seine Kennzeichnung als »ius sacrum« (= hl. Recht) hervorgehoben.

*I.* Für das K.R. ist es von grundlegender Bedeutung, daß seine Inhalte nach ihrem *göttl. oder menschl.* (kirchl.) *Ursprung* zu unterscheiden sind. Die Abgrenzung ruft eine Fülle von Problemen hervor, die bislang trotz zahlreicher Bemühungen weder rechtsphilos. noch rechtstheoret. gelöst sind. Obwohl die Kanonisten während der letzten Jahrzehnte vorsichtiger geworden sind, Normen als solche göttl. Rechts zu bezeichnen, geht auch die neueste Gesetzgebung der kath. Kirche mit diesem Legitimationsargument recht unbefangen um (vgl. c. 113 § 1 CIC, wonach der kath. Kirche und dem Apostol. Stuhl der Charakter einer jurist. Person kraft göttl. Anordnung zukommt).

*II.* Im Unterschied zum zivilen Recht unterscheidet das K.R. zwischen *äußerem und innerem Bereich,* (»forum externum«, »forum internum«). Als geistl. Recht reicht es in Bereiche, die nach außen nicht sichtbar sind. Rechtl. Beziehungen im Bereich des *forum internum* (das vom Gewissensbereich zu unterscheiden ist) bestehen allein zwischen dem Individuum und dem kirchl. Hoheitsträger. Ein Spruch der Kirche im inneren Bereich hat die gleichen Rechtsfolgen wie ein Spruch im äußeren Bereich, jedoch wird er in der Öffentlichkeit nicht bekannt.

*III.* Ein weiterer Grundpfeiler des K.R.s ist die Unterscheidung der Kirchengewalt (potestas ecclesiastica) in *Weihe-* und Hirtengewalt. Die durch hl. Weihe (→Bischof, →Ordination) verliehene Gewalt ist auch nach kath. Glaubenslehre im Unterschied zur Hirtengewalt unverlierbar, kann also (entgegen der Überzeugung →orthod. Kirchen) durch keine Norm oder Maßnahme der Kirche dem Geweihten entzogen werden; ledigl. die erlaubte Ausübung dieser Gewalt kann durch das kirchl. Recht eingeschränkt (z.B. durch Laisierung) werden.

*IV.* Eine weitere Grundnorm des K.R.s ist die von der *Einheit der Kirchengewalt.* Wohl kennt das heutige K.R. die drei Gewalten im Sinne von →Locke und Montesquieu, dies jedoch nur im Sinne einer Gewaltenunterscheidung in funktionaler Hinsicht, also nicht der Gewaltentrennung (→Parlamentarismus, →Staat, →Verfassung). Im Unterschied zum zivilen Recht weist das K.R. neben dem Gesetzesrecht dem →*Gewohnheitsrecht* zumindest theoret. eine bes. Rolle zu, näml. jene, die beste Interpretin der Gesetze zu sein (c. 27 CIC). Schließl. zählt zu den Eigentümlichkeiten des K.R.s, daß es einerseits der sog. *kanon. Billigkeit* (c. 19 CIC) und damit der bibl. geforderten Barmherzigkeit bei der Rechtsfindung Raum gibt, andererseits jedoch ausgerechnet im Strafrecht den allg. Grundsatz »nulla poena sine lege poenali praevia« (keine Strafe ohne vorausgehendes Strafgesetz) mit c. 1326 CIC durchbricht, wonach ein Richter aus best. Gründen schärfer bestrafen kann, als Gesetz oder Strafgebot vorsehen.

*C. Probleme*

Trotz vermehrter Anstrengungen während der letzten Jahrzehnte ist es bislang nicht gelungen, eine überzeugende *theol. Begründung* des K.R.s zu entwickeln. Es mag bezeichnend sein, daß selbst der Anstoß dazu nicht innerhalb der kath. Kirche gegeben wurde, sondern durch die Reflexionen und Thesen des prot. Juristen und Historikers R. Sohm (gest. 1917). In der kath. Theologie und in der Kanonistik nahm man diese Anstöße erst nach dem Zweiten Weltkrieg auf. An erster Stelle sind zu nennen der Fundamentaltheologe G. Söhngen (»Gesetz und Evangelium«, 1957; »Grundfragen einer Rechtstheologie«, 1962) und der Kanonist J. Klein, dessen Schrift »Grundlegung und Grenzen des kanon. Rechts« (1947) 1950 auf den röm. Index der verbotenen Bücher gesetzt wurde (Klein trat später zur ev. Kirche über und war Prof. der Philosophie in Göttingen).
Da die besseren Kanonisten auch stets gute Kenner der kirchl. Rechtsgeschichte waren, bestand unter ihnen auch immer das Wissen darum, daß sich die Kirche beim Aufbau ihrer Rechtsstrukturen von Anfang an an *weltl. Rechtsstrukturen* orientiert und diese übernommen hat. Die zahlreichen Bestrebungen in Vergangenheit wie Gegenwart, dem K.R. zu einer metahist. Legitimation zu verhelfen, kommen eher von seiten der Theologie und insbes. des kirchl. →Lehramtes; in diesem Sinne ist auch Punkt 3 der Leitlinien der Bischofssynode von 1967 zur Reform des kath. Kirchenrechts zu verstehen, wonach das Recht im Mysterium (Geheimnis) der Kirche gleichsam den »Sinn eines Sakramentes oder eines Zeichens des übernatürl. Lebens der Gläubigen« habe. So stellt sich wie in der Vergangenheit auch heute dem K.R. und seinen Vertretern die Frage, wie denn die Spannung zwischen →Gesetz und →Evangelium mit einem in viele Verästelungen ausgebauten Kirchenrecht zu vereinbaren ist.

*Lit.: E. Corecco:* Theologie des Kirchenrechts, Trier 1980 (Lit.). – *J. Listl/H. Müller/H. Schmitz:* Handbuch des kath. Kirchenrechts, Regensburg 1983. – *J. Neumann:* Grundriß des kath. Kirchenrechts, Darmstadt 1981 (Lit.). – *W. M. Plöchl:* Geschichte des Kirchenrechts, 5 Bde., Wien/München 1955f. – *K. Walf:* Einführung in das neue kath. Kirchenrecht, Zürich/Einsiedeln/Köln 1984. – *Ders.:* Kirchenrecht, Düsseldorf 1984, 10-27.

*Knut Walf*

**Kant,** *Immanuel,* geb. 22.4.1724 in Königsberg, gest. 2.2.1804 in Königsberg. Nach Studien der Philosophie, Theologie und Mathematik zuerst Hauslehrer, ab 1770 Prof. in Königsberg. Die Schriften seiner »vorkrit.« Zeit wie seine ersten Kollegien und Lehrveranstaltungen in Königsberg zeigen ihn in der Tradition der »Schulphilosophie« des 17. und frühen 18. Jh.s (Chr. Wolff) und als Anhänger →Newtons. Die »Kritik der reinen Vernunft« (1781) markiert die Abkehr von der traditionellen Philosophie und den Beginn des philos. →Kritizismus, der →Transzendentalphilosophie.
Kant vergleicht die *Transzendentalphilosophie* mit der Kopernikan. Wende. Wie sich nach →Kopernikus die Erde um die Sonne dreht (und nicht umgekehrt wie im Weltbild des Ptolemäus), so richtet sich die →Erkenntnis nicht mehr nach den Gegenständen, sondern die Gegenstände richten sich nach der Erkenntnis. Einen Begriff in der Weise der Transzendentalphilosophie zu analysieren heißt entsprechend, ihn als Prinzip zu setzen, das es erlaubt, zur Möglichkeit synthet. Erkenntnisse a priori voranzuschreiten. Zentral für die »Kritik der reinen Vernunft« ist die Frage, ob und wie →Metaphysik als Wissenschaft möglich ist. Metaphysik ist – im Gegensatz zur traditionellen Philosophie – nur noch »wissenschaftl.« unter der Rücksicht, als sie Wissenschaft von den →*Grenzen der menschl. Vernunft* ist; sie erkennt einerseits, daß die Fragen der traditionellen Metaphysik (→Seele, →Welt, →Gott) auf Problemen beruhen, die uns die Natur der Vernunft selbst aufgibt. Andererseits führt sie den Nachweis, daß diese Fragen alles Vermögen der menschl. Vernunft übersteigen. An die Stelle der »dogmat. Metaphysik«, eines leeren Wissens aus Begriffen, tritt die »*prakt. Vernunft*«, in der das Unbedingte, Nichtobjektivier- und wissenschaftl. Thematisierbare für den Menschen als handelndes, nicht als erkennendes Wesen zur Gewißheit wird (»Regulativ« [das Handeln leitende Idee]). Diese Gewißheit entspricht auch dem menschl. Streben nach →Autonomie; autonomes sittl. Handeln ist nach K. undenkbar, ohne zu glauben, daß →*Freiheit* als Grundbedingung sittl. verantwortl. Handelns (→Sittlichkeit) mögl. ist, daß es eine individuelle →Unsterblichkeit gibt (steter Fortschritt zum Guten und absolute Verantwortlichkeit) ohne den Glauben an Gott als die Garantie des höchsten Gutes.

Die Bedeutung der Philosophie K.s liegt, auch wenn man die Voraussetzungen der Transzendentalphilosophie nicht vorbehaltlos teilt, in der Überwindung, zumindest aber der Relativierung des erkenntnistheoret. →Realismus, des Glaubens an die Möglichkeit einer absoluten Erkenntnis des Seienden, wie es an sich selbst sei. Dem entspricht auf prakt. Ebene die konsequente *Einsicht in die Endlichkeit* des Menschen, die bes. die religionsphilos., eth. und geschichtsphilos.-anthropolog. Schriften zu ihrem Thema machen. Dem Menschen ist der unausrottbare Hang eigen, das →Böse zu tun. Zwar hat dieser Hang den Anschein, als sei er erworben, doch gehört er dem Menschen ursprüngl. an. Den guten (moral.) Anlagen des Menschen muß eine entspr. →Erziehung ihr Recht verschaffen – wo sie sich durchsetzt, kann von einer »Revolution in der Denkungsart« gesprochen werden. Diese macht K. zur notwendigen Bedingung für die Ausbildung und Vervollkommnung des Einzelmenschen wie der gesamten Gattung. K. gelangte mit diesen Überzeugungen schrittweise auch zu einer moral. Interpretation der →*Religion*; seine Ablehnung jedes äußeren →Kultes konnte sich dabei auf →Hiob berufen, der es – so K. – für ein Verbrechen hielt, Gott zu schmeicheln. Ehrfurcht vor himml. Mächten widerstreitet der menschl. Würde noch mehr als die in der »Kritik der reinen Vernunft« kritisierte Verwechslung von Idol bzw. Hypostase und Ideal, dem Erzeugnis der eigenen Vernunft.

*Lit.: E. Cassirer:* K.s Leben und Lehre (Repr. Nachdruck der Ausgabe von 1921), Darmstadt 1974. – *C.-F. Geyer:* Marginalien zum Thema: »Transzendentalphilosophie und Theologie«, in: Franziskanische Studien 65 (1983), 334-350. - *A. Gulyga:* Immanuel K., Frankfurt/M. 1981. – *P. Heintel/L. Nagl (Hg.):* Zur Kantforschung der Gegenwart, Darmstadt 1981. - *F. Kaulbach:* Immanuel K., Berlin/New York, 2. Aufl. 1982. - *W. Teichner:* K.s Transzendentalphilosophie, Freiburg/München 1978. – *E. Topitsch:* Die Voraussetzungen der Transzendentalphilosophie, Hamburg 1975.

*Carl-Friedrich Geyer*

**Kantate.** Die K. (ital. *cantata* = Singstück) ist eine mehrteilige vokale, instrumental begleitete Musizierform. Im →Barock tritt sie die Nachfolge von →Motette und →Madrigal an und wird zur kleineren lyr. Nebenform der dramat. →Oper und des ep. →Oratoriums.

*A.* In →Italien entfaltet sich die schlichte weltl. *Solok.* (G. Caccini [1602], L. Rossi, A. Stradella, G. Carissimi) zur affektvollen Soloszene (A. Scarlatti, G. B. Pergolesi, G. F. →Händel). Themen und Texte kommen meist aus der erot. Schäferpoesie und umspannen das barocke Daseinsgefühl von Lebensfreude und –schmerz (häufig Lamento). Nach 1750 mündet diese Gattung teils in das Klavierlied (W. A. →Mozart, L. van →Beethoven, F. →Schubert [»Der Wanderer«]), teils in die orchestrierte Konzertarie oder Chorballade (J. →Brahms), später in die neueren Bemühungen um eine Jugend- und Kindermusik (P. Hindemith, C. Bresgen, C. Orff).

*B.* In →Deutschland tritt die prot. *Kirchenk.* in den Vordergrund und wird für ein Jh. in Umfang und Intensität zur wichtigsten Form der musikal.-theol. Aussage. Vor 1700 tritt sie auf, oft unter anderen Bezeichnungen, als *Bibeltextk.* (aus Psalm-, →Evangelien- oder Epistelversen: H. →Schütz, A. Hammerschmidt, J. R. Ahle, D. Buxtehude, J. Ph. Krieger) und als *Kirchenliedk.* (z.T. schon mit gereimten Bibelparaphrasen durchsetzt: J. Schelle, J. Kuhnau, W. K. Briegel, J. Rosenmüller). Grundlegend für die Blüte der K. seit 1700 sind die *K.njahrgänge* von E. Neumeister, der die »madrigal. Dichtart« (d.h. die Reimprosa als Grundlage von Seccorezitativ und Arie) aus der Oper in die Kirchenmusik überträgt. In allen Städten und Residenzen ist die K. unverzichtbarer Teil des sonntägl. Gottesdienstes (Bach: »regulierte Kirchenmusik«). Die Texte stammen von ortsansässigen Theologen, Hofpoeten, Schulmeistern. In der Regel wird ein Bibelspruch (»Dictum«) zum Eingangschor und eine Choralstrophe zum Schlußchor verarbeitet; die Mitte füllen Rezitativ und Arie in veränderl. Zahl und Besetzung. Unüberschaubar ist der Bestand an handschriftl. überlieferten K.n von G. Ph. Telemann, Chr. Graupner, J. F. Fasch, G. H. Stölzel u.a. Alle Zeitgenossen aber überragt *J. S.* →*Bach* mit seinen 200 erhaltenen geistl. und etwa 20 weltl. K.n (dramma per musica) durch seinen unerschöpfl. Formenreichtum: in der Kombination von Bibelwort und Dichtung, in der Zitation und musikal. Ausdeutung von Kirchenliedern, im Kontrast von →Chor, Solisten und Instrumenten. Form und Geist der K. bestimmen auch seine Kurzmessen, →Passionen, →Oratorien.
In England führt die Psalmk. zum *Anthem* (H. Purcell, G. F. →Händel). In Deutschland pflegen Bachs Schüler die K. weiter (G. A. Homilius, J. F. Doles). Unter dem Einfluß des →Rationalismus aber schrumpfen zunächst die betrachtend lyr. Arien, dann weichen die polyphon bewegten Chorsätze einem würdig getragenen Gesangsstil.

*C.* Die *Erneuerungsbewegungen* dieses Jh.s haben auch der K. neue Impulse zugeführt (M. →Reger, A. Mendelssohn, H. Distler, K. Marx, H. F. Micheelsen). In K.ngottesdiensten sucht man gegenwärtig für die K. den angemessenen liturg. Ort wiederzugewinnen, in dem der Hörer das luth. Musikideal von verkündigendem →Wort und auslegendem Ton erleben kann.

*Lit.: F. Blume (Hg.):* Geschichte der ev. Kirchenmusik, Kassel, 2. Aufl. 1965. – *A. Dürr:* Die K. von J. S. Bach, Bd. I/II (dtv), 1971. – *H. Engel u.a.:* K., in: Musik in Geschichte und Gegenwart, Bd. VII, 553-611. – *W. Neumann:* Handbuch der K.n J. S. Bachs, Leipzig, 3. Aufl. 1967. – *Ders.:* J. S. Bach – Sämtl. K.ntexte, Leipzig, 2. Aufl. 1967.

*Martin Rößler*

**Kapitalismus**

*A. Begriff und Merkmale*

*I.* K. bezeichnet als *histor.-soziolog. Begriff* die Wirtschafts- und Gesellschaftsordnung, die bes. im neuzeitl. Westeuropa und Nordamerika nach dem Vorrang ökonom. gewinnorientierter Kapitalverwertungsinteressen (→Geld, →Interesse) auf der Grundlage von →privatem →Eigentum an Produktionsmitteln und über den Markt regulierter Wirtschaftskräfte (→Marktwirtschaft) für umfassende Veränderungen gesellschaftl. Lebensverhältnisse (→Sozialstruktur) und kultureller Geisteshaltungen (→Kultur) gesorgt hat. Ursprüngl. wurde »K.« in der 1. Hälfte des 19. Jh.s vom Früh-→Sozialismus (Saint-Simon, L. Blanc u.a.), dann aber vor allem vom →Marxismus (K. →Marx) als *Kampfbegriff* zur Kritik der depravierenden Folgen eines sich durch unternehmer. Kapitaleinsatz und techn. Industrialisierung (→Industrie, →Technik) zur Eigengesetzlichkeit entwickelnden wirtschaftl., rechtl., soz., polit. und kulturellen →Systems verwendet (s. A.II). Seit Ende des 19. Jh.s nahmen insbes. →Geschichtswissenschaft, Nationalökonomie und →Soziologie den K.begriff auf, um ihn, teilw. in ausdrückl. Auseinandersetzung mit der marxist. Theorie, zur Beschreibung von Eigentümlichkeit, zeitl. Abgrenzung und Kulturbedeutung der bürgerl. →Gesellschaft (→Bürgertum), zu ihrer sozialkulturellen Gegenwartsdiagnose oder als Gegenstand einer umfassenden Gesellschafts- und Kulturkritik zu benutzen (z. B. bei W. Sombart, L. von Brentano, G. Jellineck, G. Simmel, M. →Weber). Da weder über die Einschätzung des K. noch über seine Merkmalszuschreibungen eine wissenschaftl. Übereinkunft erzielt werden konnte, spielt der Begriff außer in einem neoliberal-apologet. Schrifttum in der →Wirtschaftswissenschaft gegenwärtig kaum noch eine zentrale Rolle, wohl aber in unterschiedl. Ansätzen zum polit. Systemvergleich zwischen östl. und westl. Gesellschaftsordnungen unter Einbeziehung der →Dritte-Welt-Problematik und in vorwiegend marxist. orientierten soziolog. Gesellschaftstheorien (→Kritische Theorie) sowie in k.krit. polit.-ethischen Standortbestimmungen (z.B. →kath. Soziallehre).

*II.* Trotz national, regional und gewerbl.-sektoral abgestufter Unterschiede in der Durchsetzung kapitalist. Produktionsweisen weist ihr System doch insges. eine Reihe *typischer Strukturmerkmale* auf:

*1.* In *wirtschaftl. Hinsicht* setzt der K. eine freie Markt- und Verkehrswirtschaft voraus, die es →privaten Unternehmern ermöglicht, bei hinreichend verfügbaren Kapitalgeldmengen (Ersparnisse, Kredite) mit persönl. Haftungsrisiko zweckrationale Investitionsentscheidungen zu treffen, die den Akauf fremder Arbeitskräfte einschließen und ihrerseits auf Kapitalvermehrung (Akkumulation), auf die Aneignung eines Überschusses in Form des Profits (K. Marx: Mehrwert, den eine in ihrem Gebrauchswert höher als im Tauschwert veranschlagte Lohnarbeit erzeugt), des Zinses oder der Rente (bei Grundeigentümern) ausgerichtet sind.

*2. Rechtl.* entspricht dem K. eine durch →Privatrecht garantierte Eigentumsordnung, die als Verhaltensgrundlage der Verfügungsmacht über Produktionsmittel und Verbrauchsgüter im Sinne der liberalen Vertragsfreiheit fungiert (freie Arbeitsverträge, Investitions- und Konsumentscheidungen). Dieser Rechtsvorstellung liegt die Gesellschaftsphilosophie des →Liberalismus zugrunde, der zufolge →Ordnung das Ergebnis eines am vernünftigen Eigeninteresse (→Selbstinteresse) orientierten Verhaltens aller Wirtschaftssubjekte sei, dessen Kräfte über den uneingeschränkten Marktmechanismus objektiv so geregelt werden, daß soziale Harmonie und maximale →Gerechtigkeit zwangsläufig die Folgen bilden (A. Smith).

*3.* Die *soziolog. Betrachtung* des K. unterstreicht den beherrschenden Einfluß seiner Wirtschaftsdynamik auf die gesellschaftl. Entwicklung, insbes. auf die Herausbildung und Entfaltung des Gegensatzes zwischen einer kapitalbesitzenden und einer auf die Veräußerung ihrer Arbeitskraft angewiesenen →Klasse (Bourgeoisie und →Proletariat). Deren auf objektiven Interessenwidersprüchen beruhende Klassenkämpfe bestimmen als bes. →Konfliktgeschichte Art und Ausmaß des gesamtgesellschaftl. Wandels und führen zu völlig veränderten Vergesellschaftungsformen: Traditionale und persönl. Sozialbeziehungen werden dabei tendenziell durch abstrakt-formale Verhältnisse gerade auch dort ersetzt, wo im Zuge von Technisierung und Bürokratisierung sich innerhalb einer differenzierten →Sozialstruktur neue soziale →Schichten herausbilden (z.B. techn. →Intelligenz, Industriebürokratie, Funktionäre, Verwaltungsangestellte).

*4.* Auch in *polit. Hinsicht* ist der K. dadurch gekennzeichnet, daß Kapitaleignerinteressen zunehmend das Handeln des →Staates und der polit. Kräfte (→Parteien, Interesssenverbände) maßgebl., wenngleich jeweils mit unterschiedl. Durchsetzungschancen, beeinflussen; Beispiele hierfür sind etwa die frühen Formen der staatl. Förderung von Manufakturen (Merkantilismus), die liberale Ordnungsgarantie für das Gewährenlassen freier Marktkräfte (sog. Manchester- oder Laisser-faire-K.), der sozialgesetzgeber. Ausgleich der ruinösen Folgen kapitalist. Wirtschaftens (→soziale Frage, →Sozialstaat), der Durchbruch staatl.-wirtschaftspolit. Interventionen (→Wirtschaftspolitik) oder der Umstand, daß der Staat selbst oder eines seiner Organe als einflußreicher Kapitaleigner auftritt (Staatsk.).

*5.* Schließl. weist der K. auch *kulterell* ein eigentüml. Profil auf, das eine am Erwerbsprinzip (→Rationalität), an Wirtschaftswachstum, →Leistung, →Konsumgenuß, Erfolg und Aufstieg (→Mobilität) orientierte Wert- und Lebenseinstellung (→Bürgertum) ebenso kennzeichnet wie eine zunehmend in den Sog von Profitmaximierung geratene Kulturgüter- und →Ideologieverbreitung und die damit verflochtenen Veränderungen in der

Struktur von →Öffentlichkeit einschließl. ihrer Medien (→Buch, →Presse, →Rundfunk), die der Herstellung von Markttransparenz (→Information), der Verbreitung und Formierung kapitalist. Wirtschaftsgesinnungen, der gezielten Bedarfs- und Konsumweckung (Werbung) oder überhaupt der Kommerzialisierung von Geistesprodukten (z.B. →Trivialliteratur) dienen. Ob sich in einer solchen kapitalist. →Kultur nur der »ideolog. Überbau« (→Ideologie) einer ökonom. Basis widerspiegelt oder umgekehrt bes. Bewußtseinsformen – vermittelt über organisierte →Interesssen – selbst das Sein des K. prägen (M. →Weber), ist bis heute umstritten und kann nicht von vornherein pauschal entschieden werden.

*B. Entstehung und Entwicklung*

Als epocheprägender Begriff bezeichnet K. die best. Form der modernen Industriegesellschaft, in der die dynam. Entwicklung von Produktivkräften und die zunehmende Ausbreitung oder Verflechtung kapitalist. Einflußsphären mit dem Durchbruch einer spezif., an →Individualismus und →Rationalismus orientierten Erwerbsgesinnung zusammentreffen.

*I.* Kapitalist. Züge gab es bereits in wirtschaftl. Teilbereichen des *Altertums,* wenn auch nur in der Form eines irrationalen *»Abenteuerk.«* von Händlern, Geldgebern, Eroberern und Spekulanten (M. Weber). Erst im Zeitraum vom 13. bis zum 15. Jh. bildeten – aufgrund von Entdeckungs- und Handelsreisen, Geldwirtschaft, Rohstoff- und Edelmetallzufluß, Verlags- und Manufakturwesen – bes. die *→Städte des MA.s* in einer ansonsten überwiegend traditional geprägten Umwelt (→Feudalismus) kapitalist. Enklaven, die als Zentren eines Handels- oder Finanzk. (Bankhaus Fugger, oberital. Städte) zugleich zur Keimzelle des *frühkapitalist. Durchbruchs* wurden. Motiviert von einer rational-diesseitsorientierten →prot. Ethik (M. →Weber) und gestützt von einer merkantilist., auf die Steigerung des Volkswohlstands und die Dekkung des Finanzbedarfs von →Militär und Bürokratie bedachten staatl. →Wirtschaftspolitik, wurde akkumuliertes Kapital zunehmend in gewerbl. Unternehmungen investiert.

*II.* Mit den bürgerl. →Revolutionen löste sich auch die soz. Trägerschicht des K. aus staatl. Bevormundung und Regulierung (→Bürgertum) und entwikkelte das Wirtschaftssystem zum modernen *Industriek.* weiter: durch die rationalen Organisationsformen des maschinellen →Industriebetriebs, die produktive Ausnutzung techn. Erfindungen (Dampfmaschine, mechan. Webstuhl, →Technik) und →naturwissenschaftl. Ergebnisse, durch zunehmende Entschränkung der Märkte auf national. und international. Basis (Nationalstaat, →Kolonialismus, Zollverein) und durch expansiven Ausbau der Verkehrs- und Transportwege (Eisenbahn). Der nicht zuletzt auch dadurch erzeugte Arbeitskräftebedarf wurde weitgehend durch die entwurzelte und proletarisierte »Reservearmee« der teils im Zuge von sog. Bauern-, Boden- und Gewerbebefreiung, teils durch Bevölkerungszunahmen verfügbar werdenden Lohnarbeiter gedeckt, die in schlimmsten sozialen Mißständen (Kinderarbeit, Niedriglöhne, ausbeuter. Arbeitsbedingungen) leben mußten und zum Resonanzboden betont antikapitalist. (→Sozialismus, →Sozialdemokratie, →Arbeiterbewegung) oder romant.-kompensatorischer Bewegungen, nicht zuletzt im kirchl.-relig. Bereich, wurden (→Romantik).

*III.* Sowohl die regelmäßig erforderl. Maßnahmen zur Bekämpfung von Krisen und Konjunkturschwankungen, der wachsende – durch Konzentrationstendenz, Kartellbildung und Monopolisierung aufgefangene – Kapitalbedarf des expansiven, auch nationale Grenzen überschreitenden Wirtschaftssystem (→Kolonisation) als auch die zunehmende und an polit. Einfluß gewinnende Organisation der →Arbeiterbewegung sowie schließlich die Verschärfung der sozialen Konflikte veranlaßten insges. den Staat immer mehr zu struktur- und →sozialpolit. Korrekturmaßnahmen und Eingriffen gegenüber einem im Grundsatz noch beibehaltenen System des *freien Wettbewerbsk.* Je mehr jedoch solche Tendenzen zunahmen, desto eher trat der K. in seine *Spätphase* ein, die vor allem durch folgende Merkmale gekennzeichnet ist: eine zentrale Stellung des – selbst zum entscheidenden Wirtschaftsfaktor herangewachsen – Staates u.a. bei systemstabilisierender Konjunktursteuerung unter beträchtl. Druck der wirtschaftl. Interesssenverbände; eine starke Konzentration des Produktivvermögens in Unternehmensformen mit monopolist. Neigung (Konzerne, Aktiengesellschaften), die als bes. Sozialgebilde eine gegenüber den formellen Kapitaleignern verselbständigte Eigendynamik entfalten (Trennung von Eigentümer- und Unternehmerfunktionen bei Managern); die Aufweichung liberaler Vorstellungen vom freien Markt durch öffentl.-rechtl. Gestaltung und kollektive Vereinbarung von Arbeitsschutz (→Arbeitsrecht), →Mitbestimmung und Sozialbindungen des →Eigentums; eine weitgehende →Integration der ehemals k.-kritisch eingestellten →Arbeiterbewegung in das modernisierte kapitalist. System durch sozialrechtl. Absicherungen und durchschnittl. Hebung des Lebensstandards.

*C. Kritik und Einschätzung*

Angesichts der gegenwärtigen Tendenzen des K. ist die vielfältige Kritik an ihm keineswegs verstummt. Selbst die das kapitalist. Wirtschaftssystem verteidigenden Vertreter eines *Neoliberalismus* (M. Friedman) leugnen nicht die »Schattenseiten« verminderten Lebensqualität, vorenthaltener Gemeinwohlverwirklichung oder bestehender Ungleichheit in den Ausgangschancen wirtschaftl. Konkurrenz, erkennen jedoch Abhilfemöglichkeiten gerade in der Stärkung der kapitalist. Wettbewerbsordnung durch eine zurückhaltende staatl. Interventionspolitik.

Dagegen weist eine *krit., unterschiedl. marxist. inspirierte Theorie* (P. M. Sweezy, E. Mandel) auf die zunehmende staatsmonopolist. Tendenz im »Spätk.« hin, in der sich der →Staat zusehends als dessen »Reparaturbetrieb« unentbehrl. mache und dadurch nicht nur im eigenen Lande eine ebenso sublime wie intensivierte Herrschaft über Lohnabhängige im »Verblendungszusammenhang« von materiellem →Konsum und ideolog.-kultureller »Bewußtseinsindustrie« betreibe, sondern auch in der →Dritten Welt unter dem Vorwand von →Entwicklungspolitik einen kapitalist. orientierten Neokolonialismus aufrechterhalte.

Die Haltung der *christl.* →*Ethik* (→evang.-soz., →kath. Soziallehre) zum K. ist insges. vielschichtig, widersprüchl. und hat sich im Verlauf eines Jh.s tendenziell gewandelt: Während der K. mitsamt seiner soz. Frage im 19. Jh. vor allem in seiner unübersehbaren →materialist. Grundorientierung, in seinem →Neid und soz. →Konflikte provozierenden Profitstreben und in seinen christl. →Werte und →Normen aushöhlenden Verschleißerscheinungen vornehml. in der Perspektive einer →Entfremdung und →Identitätszerstörung thematisierten Persönlichkeitsethik (→Person) krit. erschien, wurde ihm eine am Ideal der →Partnerschaft orientierte, notfalls kirchl.-kompensator. zu verwirklichende antikapitalist. Vergemeinschaftsform entgegengestellt. Neuerdings gewinnt eine →polit. Theologie an Bedeutung, die kapitalist. Fehlentwicklungen als massiven Mangel an »Liebe durch Strukturen« (P. →Tillich) zu diagnostizieren und entspr. krit. dessen Zusammenhänge mit uneingelöster sozialer →Gerechtigkeit, internationaler Friedlosigkeit (→Frieden) und Neokolonialismus, systemat. Verletzung von →Menschenrechten, Verschärfung der →Rassenfrage (→Diskriminierung) und offensichtl. Verschlechterung der Lebensqualität durch steigende →Umweltbelastungen bloßzulegen sucht. Dabei hat bes. die aus Ländern der →Dritten Welt auf die europ. und nordamerikan. Ursprungs- und Stammländer des K. ausstrahlende →Befreiungstheologie den antikapitalist. Tendenzen des →Christentums beredten Ausdruck verliehen.

*Lit.: D. und K. Claessens:* K. als Kultur. Entstehung und Grundlagen der bürgerl. Gesellschaft, Frankfurt/M. 1979. – *M. Dobb:* Entwicklung des K. Vom Spätfeudalismus bis zur Gegenwart, Köln/Berlin 1970. – *U. Jaeggi:* Kapital und Arbeit in der BRD, Frankfurt/M. 1973. – *E. Mandel:* Marxist. Wirtschaftstheorie, 2 Bde., Frankfurt/M. 1972. – *K. Marx:* Das Kapital, 3 Bde., Berlin 1977 (1867-94). – *O. Nell-Breuning:* K. – Kritisch betrachtet, Freiburg 1974. – *W. Sombart:* Der moderne K. (1902), Neuaufl.: 6 Bde., München 1987. – *P. M. Sweezy:* Theorie der kapitalist. Entwicklung, Frankfurt/M. 1971. – *M. Weber:* Die prot. Ethik und der Geist des K., in: *ders.:* Gesammelte Aufsätze zur Religionssoziologie, Tübingen, 7. Aufl. 1978, 17-206.

*Volker Drehsen*

**Kasandsakis,** *Nikos,* geb. 18.2.1887 in Heraklion/Kreta, gest. 26.10.1957 in Freiburg/Br. K. studierte zunächst Jura in Athen (Dr. jur. 1906), dann Philosophie (u.a. bei Bergson) und Staatswissenschaft in Paris; nach 1945 bekleidete er in Athen zeitweise polit. Ämter (Minister 1945/46). Nach Erstlingsdramen legt K. 1928 erstmals sein *philos. Glaubensbekenntnis* vor: »Rettet Gott«. Von der Philosophie F. →Nietzsches wie der des →Buddhismus gleichermaßen beeinflußt, kommt K. zu einem Glauben an Gott, den weder Allmacht noch Allgüte oder Allwissenheit auszeichnet, der aus seiner Ohnmacht vielmehr durch den Menschen selbst gerettet werden muß. Leben ist für K. ein Kreuzzug zur Befreiung eines Gottes, der in der Materie und in den →Seelen der Menschen begraben liegt. Gut 20 Jahre später wird K. diese Philosophie in seinem bedeutendsten und populärsten Roman »Alexis Sorbas« (ersch. 1946) literar. umsetzen. Der kret. Abenteurer Alexis Sorbas wird als urtüml., dionys., starke und unbeugsame Figur geschildert, der mit Erde und Heimat fest verwachsen ist, ein Mensch jenseits von Gut und Böse, mehr den Befehlen seiner Instinkte als einer bürgerl. Ethik gehorchend: Abbild eines nietzscheartigen →Übermenschen und doch von K. sehr plast. als ein überaus lebendiger Mann und Grieche gestaltet, der wie Odysseus auf der Suche nach Erfüllung ist.

Diese Suche nach Erfüllung – Grundthema des ganzen Werkes von K. – findet vor allem im Versepos *»Odyssee«* (ersch. 1938, dt. 1973) seine große literar. Verarbeitung. K. erzählt die Geschichte des Odysseus neu und macht ihn zur *Symbolfigur auch für den modernen Menschen.* Die moderne →Zivilisation wird in ihrer Widersprüchlichkeit und Agonie geschildert (Klassengegensätze) und auch die Neuerrichtung einer humaneren →Kultur ist zum Scheitern verurteilt. Dem modernen Odysseus bleibt am Ende nichts als die unausweichl., aber vergebl. Suche nach dem wahren Gott, nichts als der Tod, der am Ende der Reise als Freund begrüßt wird. Die »Odyssee« ist damit für K., der sich auf zahlreichen Reisen bis nach Japan und China ein universales Wissen auch in rel. Hinsicht anzueignen verstand, der Versuch zu einer – verschiedene Religionen und Philosophien umfassenden – eigenen Weltanschauung. Christus, →Buddha und Homer können hier visionär als geistige Führer der Menschheit ebenso nebeneinander auftreten wie fiktive archetyp. Figuren der Menschheitsgeschichte: Don Quichote, Hamlet oder →Faust.

Einen großen literar. Versuch zum *spezif. Christlichen* legt der alte K. 1948 (dt. 1951) mit seinem Roman »Griechische Passion« vor. K. erzählt die Geschichte von Bauern und Hirten eines kleinasiat. griech. Dorfes, die alle sieben Jahre – einem ma. Brauch folgend – in der Karwoche die →Passion Christi nachspielen. Spannung und Tiefe erhält der Roman dadurch, daß während der Handlung das Rollenspiel in die Realität umschlägt. Die gespielte Passion wird zur realen.

Die Konflikte und Widersprüche der Gesellschaft – schon damals Ursache für Christi Passion und Kreuzigung – wiederholen sich archetyp. in der Welt dieses Dorfes. Dieser bedeutende Christusroman hat dadurch eine betont sozial- und kirchenkrit. Spitze. Der Christus-Spieler wird ausgerechnet in der Kirche ermordet und stirbt mit den Worten: »Ihr Popen habt Christus gekreuzigt, und stiege er wiederum zur Erde herab, so würdet ihr ihn wieder kreuzigen.« Den Höhepunkt von K.' Auseinandersetzung, ja Identifizierung mit dem Leiden Christi bildet die psychologisierende Christusbiographie »Die letzte Versuchung« (1953), die K. nach eigenen Aussagen »im Zustand tiefer rel. Ergriffenheit und brennender Liebe für Christus« geschrieben hat, aber auch – ebenfalls ein Alterswerk – sein Buch über →Franz von Assisi (1956).

*Lit.: N. Kazantzakis:* Einsame Freiheit. Biographie aus Briefen und Aufzeichnungen des Dichters, München/Berlin 1972. – *C. Janiaud Lust:* N. Kazantzakis, sa vie, son oeuvre, Paris 1970. – *S. Panu:* Le probleme du Dieu chez Niko K., Paris 1969. – *Th. Ziolkowski:* Fictional Transfiguration of Jesus, Princeton 1972.

*Karl-Josef Kuschel*

**Kasuistik.** Als K. bezeichnet man die anwendungsorientierte Konkretisierung von Rechtsregeln und Prinzipien der →Moral im Hinblick auf *konkrete Einzelfälle.* Solche Ausgestaltung wird immer dort nötig, wo die →Entscheidung von Einzelfällen nicht eindeutig durch den Wortlaut oder die allg. anerkannte Auslegung der betreffenden →Normen erzwungen ist. In diesem Fall gewinnt die Beurteilung des Einzelfalles eine über diesen hinausweisende bindende Wirkung. Im →Recht spricht man von der Schaffung eines Vertrauenstatbestandes. Je allgemeiner die Rechtsregeln, desto wichtiger wird die Rolle der Einzelfallentscheidungen von grundsätzl. Bedeutung. Bes. das Verfassungs-, aber etwa auch das Arbeitsrecht sind in diesem Sinne kasuist. geprägt, ganz zu schweigen vom *angelsächs. Rechtssystem, das wesentl. K. ist.*
In der →*Religion* wird K. problemat., wenn und insofern menschl. Instanzen die Gebote der göttl. →Offenbarung auslegen; denn die Vermittlung dieser Gebote verlangt nicht nur die Verbindung der menschl. mit der übersinnl. Sphäre, sondern es ist auch unklar, inwieweit die Gebote überhaupt im Sinne von →Gesetzen verstanden werden können. Am →AT und bis heute im jüd. Denken spielt die K. eine andere Rolle als im →NT. In der →*Tradition,* vor allem im Zuge der kirchl. Praxis von →Beichte und →Buße des →MA.s, kam es zur Ausbildung einer eigenen moraltheol. Disziplin, die versuchte, methodolog. Regeln und inhaltl. →Prinzipien der Anwendung von Glaubensgeboten auf das Verhalten der Gläubigen zu entwikkeln. Der →Protestantismus hat auch auf Grund dieser Entwicklung in der K. immer die *Gefahr der »Werkgerechtigkeit«* (→Rechtfertigung) und der Verkürzung sittl. →Pflicht auf legalist. Befolgen von Regeln angelegt gesehen. In der Tat ist K. theol. nur annehmbar, wenn sie sich als streng eingeschränkte Lehre von der Anwendung theol. Schlußfolgerungen auf konkrete Strukturen und Einzelereignisse versteht, nicht aber etwa als Quelle eigener moraltheol. Erkenntnisse, als Ergänzung des Bestandes an Quellen der →Offenbarung oder gar Relativierung der grundlegenden sittl. Forderungen →Gottes an den →Menschen. Sie kann weder sittl. Entscheidungen ersetzen noch sittl. →Verantwortung mindern; wohl aber kann sie helfen, die wichtigen Entscheidungsgründe und Umstände der Situation zu klären.

*Lit.: J. Klein:* Moralsystem, in: Hist. Wörterbuch der Philosophie, Bd. 6, Darmstadt 1984, 192-199. – *K. Rahner:* Prinzipien und Imperativ: Das Dynamische in der Kirche, Freiburg 1958. – *W. Schöllgen:* Grenzmoral, Düsseldorf 1946. - *G. Söhngen:* Gesetz und Evangelium, Freiburg 1957.

*Walter Schweidler*

**Katechese, Katechetik.** Traditionell bezeichnet der *Begriff* der Katechese (K.) die kirchl. Unterweisung im christl. →Glauben, ist Katechetik (K.tik) deren zu →Didaktik und Methodik verdichtete Theorie und Wissenschaft. Zu ihren *Aufgaben* gehört es, Lehr- und Lernvorgänge systemat. zu untersuchen, das päd. Handeln der Kirche zu begleiten und dies unter entspr. Bedingungen evtl. neu zu konzipieren. In den Bedeutungsgehalt der K.tik oder K. teilt sich seit 1900 als neuere theol.-päd. Disziplin die →*Religionspädagogik,* die Kompetenzen für den schul. →Religionsunterricht entwickelte. Zeitweise übte sie sogar eine die K.tik integrierende Funktion aus, indem sie deren traditionelle Inhalte und Ziele übernahm.

*A. Ursprünge und Entwicklung*

Nicht von ungefähr wurde die frühchristl. K. an namhaften Hochschulen für Rhetorik im →Röm. Reich (→Alexandria, →Antiochia, Cäsarea) institutionalisiert. Die in Auseinandersetzung mit der hellenist. →Bildung (paideia) entstandenen Schriften (u.a. von Klemens von Alexandrien und →Origenes) legen dafür ein beredtes Zeugnis ab.

*I.* Bei der Unterweisung in der *frühen Kirche* handelt es sich ausschließl. um Taufunterricht (Katechumenat), wenngleich auch für die älteste Zeit eindeutige Belege fehlen. Im Gegenteil, wie u.a. Apg 2,41; 8,36ff.; 16,33 bezeugen, folgte die →Taufe selbst unmittelbar auf die Predigt. Die zunehmende Zahl von Taufbewerbern (Katechumenen) ließ indessen differenziertere Formen des Unterrichts entstehen. Daß dabei für lange Zeit bis Ende des 4. Jh.s die *Erwachsenentaufe* vorherrschte, hängt mit der →Diasporasituation des Christentums im Reich zusammen. Gemäß der patriarchal. Ordnung galt die Entscheidung des Vaters allerdings für die ganze →Familie. Inhalt und Form des *Katechumenats* waren regional unterschiedl. Insgesamt entwickelten die westl. und die östl. Kirche eigene →Riten. Auffallend sind rigorose Zulassungsbedingungen. Best. Berufe blieben von der K. von vornherein ausgeschlossen, oder der Zugang wurde ihnen erschwert. Darunter fielen Zuhälter, Bildhauer, Schauspieler, Gladiatoren, Zauberer, Astrologen, Priester (und Wissenschaftler). Einen sittl. Lebenswandel galt es möglichst vor der sog. Probezeit nachzuweisen, während dieser Zeit war er unerläßlich. Auch nach den Aufnahmezeremonien (Kreuzzeichen, Handauflegung usw.) bestimmten eth. Fragen in hohem Maße den Unterricht, der – in Stufen gegliedert – zwei bis drei Jahre dauerte. Die somit vorbereitete Taufe war als feierl. Akt an die Fastenzeit gebunden. Den Abschluß bildeten Übergabe (traditio) und Wiedergabe (redditio) des Glaubensbekenntnisses. Getauft wurde in der Osternacht.

*II.* Mit der Ablösung der Erwachsenentaufe durch die *Kindertaufe* – bedingt durch die Privilegierung des Christentums als Staatsreligion – ergeben sich nun erzieher. und unterrichtl. Probleme besonderer Art, auf die die Kirche kaum vorbereitet war. Sie mußten aber gelöst werden, wollte man nicht den Anschluß an die Entwicklung verlieren. Die Probleme sind thematisiert in der ersten religionspäd. Schrift der Kirche, in →*Augustins* »De catechizandis rudibus« (um 400). Angeregt durch die Frage nach den Ursachen des Mißerfolgs, der Diskrepanz von Theorie und Praxis, verweist Augustin auf anthropolog. wie didakt. Sachverhalte: unvorbereitete, desinteressierte Lehrer, unbegabte und ebenso interesselose Schüler, immer wiederkehrende Inhalte. Grundbedingung für einen erfolgreichen Unterricht sei es daher, die Ausgangssituation und Bereitschaft der Schüler zu erkunden. Augustins päd. Rat mündet ein in die eth. Maxime, vor allem Nächstenliebe zu üben. Ohne sie könne die Erziehung zur Anfechtung werden. Augustin weiß zugleich um einen Lehrerfolg, der nicht einkalkuliert werden kann. So kann er auch für die Pädagogik den Gedanken der →Gnade fruchtbar machen.

*III. M.* →*Luther* sollte dieses Verständnis später vertiefen, als er das rechtfertigende Handeln Gottes (→Rechtfertigung) ausdrückl. auch an Lehrern und Erziehern verdeutlichte und somit in die Geschichte der Pädagogik einen unaufgebbaren seelsorgerl. Aspekt einbrachte. Sein anderes Verdienst besteht darin, daß er den in der ma. Kirche vernachlässigten *Firmunterricht* (→Firmung) neu belebt hat (→Katechismus). Seitdem ist das päd. Element über alle Strömungen und Schulen hinweg wirksam geblieben. Das sollte sich bes. in Krisenzeiten zeigen (wobei natürl. auch pietist. Vorstellungen mitwirken konnten). So erschien z.B. während des →Kirchenkampfes die Forderung nach einem längeren, mehrere Jahre andauernden Konfirmandenunterricht als durchaus legitim.

*B. Probleme der Gegenwart*

*I.* Durch die Trennung von →Kirche und Staat und die Einführung der Jugendweihe in der *Deutschen Demokrat. Republik* Anfang der 50er Jahre ergaben sich für die ev. und kath. Kirche schwerwiegende Probleme, denen man zunächst mit rigorosen Maßnahmen – Ausschluß Jugendgeweihter von →Abendmahl, Patenamt, kirchl. →Trauung, von den →Sakramenten (kath.) schlechthin – zu begegnen suchte. Als dies wenig nützte, bemühte man sich, zumindest durch eine zeitl. Trennung von staatl. und kirchl. Feier die Lage zu entschärfen. Schließl. galt es, die *Theologie der →Konfirmation* neu zu formulieren. In diesem Zusammenhang wurde der Gedanke der Korrelation (In-Bezug-Setzung) von Gottes Wirklichkeit und gesellschaftl. Ordnung wirksam, erhielt die Konfirmation wieder bekenntnishaften Charakter. Fortan bezeichnet das »konfirmierende Handeln der Gemeinde« die bes. →Verantwortung der Erwachsenen.

*II.* Die Situation in der *Bundesrepublik Deutschland* ist durch folgende Probleme gekennzeichnet: 1. Die kirchl. Feier von Konfirmation und →Firmung ist weitgehend kommerzialisiert und *profaniert.* 2. Angesichts der *Religionsmündigkeit* ab vollendetem 14. Lebensjahr (Reichsgesetz von 1921) verbietet sich in der Regel eine spätere Unterrichtsphase. 3. Dadurch fällt der Konfirmations- bzw. Firmunterricht in die *Ablösephase* der Jugendlichen, die bes. päd. Probleme aufwirft. 4. Didakt. und method. *Maßstäbe,* wie sie für den schul. Religionsunterricht verbindl. sind, kommen im kirchl. Unterricht immer noch zuwenig zur Geltung.

*III.* Trotzdem kann man von einer *Reform der K.* sprechen. In der ev. Kirche gab man den jurist. Aspekt (Berechtigung zu Abendmahl und Patenamt) weitgehend auf. Der Konfirmandenunterricht wird zudem immer weniger mit der Taufe als vielmehr mit dem »Missionsbefehl« (Mt 28,19f.) begründet. In der kath. Kirche trat der Gedanke der eigenen Verantwortung in Kirche und Welt in den Vordergrund. Der Firmunterricht wird weitgehend von Gemeindemitgliedern in Gruppenunterricht versehen. Auch offizielle *Verlautbarungen* der kirchl. Leitungsgremien spiegeln inzwischen deutl. das neue Verständnis wider.
Die Gemeinsame Synode der Bistümer in der Bundesrepublik Deutschland stellt 1974 die Gemeindek., die von den »Gläubigen in ihrer Gesamtheit« zu verantworten sei, neben und über den schul. Religionsunterricht. Dieser Gedanke wird vom gleichzeitigen Arbeitspapier »Das katechet. Wirken der Kirche« sowie vom Apostol. Schreiben »Catechesi tradendae« (1979) übernommen und noch vertieft, sofern das »Endziel« der K. in der »Lebenseinheit mit Jesus Christus« gesehen wird. Daneben gewinnt allerdings auch der Begriff der »*Evangelisation*« (Apostol. Schreiben »Evangelii nuntiandi«, 1975) an Bedeutung, der auf die primäre, elementare rel. →Erziehung abhebt. Ange-

sichts einer weitgehenden Entchristlichung unserer Gesellschaft erscheint diese bes. dringlich.

*IV.* Im Gegensatz zum Zeremoniell der Schulentlassung, das die Kirchen bislang bewußt oder unbewußt kopierten, bieten sich *neue Wege* der Einführung in das kirchl. Leben an. Gute Anknüpfungspunkte ergeben sich z.B. aus der Arbeit in →Kindergarten und Kindergottesdienst sowie aus dem Religionsunterricht der Grundschule; denn Eltern wie Kinder zeigen dort ein weit größeres Engagement als jemals später. Wenn diese allgemein- wie schulpäd. Einsichten aufgenommen und die kirchl. Rahmenbedingungen berücksichtigt werden, eröffnen sich dem Konfirmanden- und Firmunterricht geradezu einmalige Chancen. Gegenüber einem zunehmend reglementierten und technisierten Schulunterricht können Freizeiten, Nachmittage und Wochenenden, Praktika, Heimaufenthalte, Bibelwochen, Exerzitien und Besinnungstage, Gemeindefeste und Familiengottesdienste mehr als nur schöpfer. Alternativen sein. Sie setzen allerdings bei möglichst vielen ein lebendiges Gemeindebewußtsein voraus. In diesem Zusammenhang gewinnt auch die *Erwachsenen-*, *Familien-* und *Gemeindek.* an Gewicht.

*Lit.: J. Bode/W. Flemming/H. B. Kaufmann (Hg.):* Konfirmandenzeit von 11 bis 15? Praxisberichte – Modelle – Perspektiven, Gütersloh 1985. – *Comenius-Institut (Hg):* Handbuch für die Konfirmandenarbeit, Gütersloh, 2. Aufl. 1985. – *Dass.:* Neue Rahmenordnungen, Leitlinien und Rahmenpläne zum Konfirmandenunterricht in der Volkskirche, 2 Bde., Münster 1977/78. – *A. Läpple:* Kleine Geschichte der K., München 1981. – *W. Nastainczyk:* K.: Grundfragen und Grundformen, Paderborn 1983. – *E. Paul:* »K.« heute. Zur Problematik einer Begriffsbildung, in: *E. Paul/A. Stock (Hg.):* Glauben ermöglichen. Zum gegenwärtigen Stand der Religionspädagogik, FS für G. Stachel, Mainz 1987, 33-46. – *G. Stachel:* Religionsunterricht und K. Aufgabe und Forschungsfeld der Religionspädagogik/K.tik, in: *ders.:* Erfahrung interpretieren. Beiträge zu einer konkreten Religionspädagogik, Zürich/Köln 1982, 9-23. – *D. Urban/H. W. Weinzen:* Jugend ohne Bekenntnis? 30 Jahre Konfirmation und Jugendweihe im anderen Deutschland 1954-1984, Berlin 1984.

*Gerd Bockwoldt*

## Katechismus

*A.* Katechet. Lehrsätze – als →Bekenntnis und sittl. Weisung – finden sich bereits in der frühchristl. Literatur. Sie spielen später im Taufunterricht und in der Missionspraxis eine wichtige Rolle (→Katechese). Die eigentl. Geschichte des K. beginnt jedoch zur Zeit der →*Reformation* mit der Veröffentlichung von *M.* →*Luthers* Großem und Kleinem K. (1529).

*I.* Luthers Katechismen (K.en) hatten die Aufgabe, Bildungsdefizite bei →Pfarrern, Schulmeistern und →Gemeinden auszugleichen. Mit den beigefügten Haustafeln bzw. Spruchbüchern wurden die Verhältnisse zwischen Haus, Schule und Kirche geregelt, waren also Welt und Kirche zugleich aufeinander bezogen. K. bezeichnet seitdem ein meist in der Form von Frage und Antwort abgefaßtes Buch zur Vermittlung von Glaubensinhalten, das somit im Dienst der →Katechese steht. Die kath. Kirche begegnete dieser Herausforderung mit den drei K.en des *P. Canisius*: der »Summa doctrinae christianae« 1555 (dt. »Großer K.« 1556), dem »Catechismus minimus« 1556 (dt. »Kleiner K.« 1558) sowie dem »Parvus C. catholicorum« 1559 (dt. »Kurzer Unterricht vom kath. Glauben« 1560), der populär wurde. Kontroverstheol. Gründe und Zielsetzungen führten nach dem →Konzil von Trient 1566 zum *Catechismus Romanus* (dt. 1568). In der reform. Kirche übte seit 1563 der *Heidelberger K.* eine normative Funktion aus.

*II.* Die Literaturgeschichte des K. vom *17. bis zum 19. Jh.* läßt sich bei aller Vielfalt in den →Konfessionen im ganzen als Versuch begreifen, die großen Vorbilder des 16. Jh.s nachzuahmen, ohne jedoch deren Bedeutsamkeit zu erreichen. Dazu trug vor allem ein häufiges *Mißverständnis* bei, wonach die nach Frage und Antwort aufgegliederten K.en als Unterrichtsmethodik verstanden wurden. Luther selbst hatte seine K.en in didakt. Sinne als Summe und Auszug der Hl. Schrift bzw. als Schlüssel derselben bezeichnet. Unter diesen Voraussetzungen fand *J. Hübners* (1668-1731) Reformansatz, näml. dogmat. Lehrsätze und bibl. Geschichten miteinander zu verbinden, unter den Pädagogen breite Zustimmung, wie nicht zuletzt die hohen Auflagen seines Schul- und Hausbuches (Zweymal zwey und fünfzig Biblische Historien..., ab 1714 zahlreiche Auflagen) bis ins 19. Jh. hinein unterstreichen.
Als nach 1848 in prot. Gebieten der K.unterricht in den →Schulen im Zuge der polit. Restauration als Instrument staatl. Kontrolle und Reglementierung mißbraucht wurde, führte dies im ganzen zu heftigen Reaktionen in der →Religionslehrerschaft. So verlagerte sich im Ausgang des 19. Jh.s dort der K.unterricht in die Konfirmandenarbeit der Kirchen.

*B.* Mit der didakt. Reform in Schule und Kirche fanden *katholischerseits neue K.en* Eingang in den K.unterricht. So erschien nach jahrzehntelangen Vorarbeiten *1955* der »Kath. K. der Bistümer Deutschlands« mit 136 Lehrstücken, der in kürzester Zeit millionenfach aufgelegt und in viele Sprachen übersetzt wurde. Wenige Jahre später war er bereits antiquiert, so daß eine gründl. Revision nötig erschien, bei der man auf die Bezeichnung K. verzichtete. Unter dem Titel »glauben – leben – handeln« *(1969)* wurde ein Arbeitsbuch vorgestellt. Zur gleichen Zeit fand in Deutschland der *Holländ. K.* von 1966 »Glaubensverkündigung für Erwachsene« weite Verbreitung. Sein erklärtes Ziel war es, nach dem 2. →Vat. Konzil die Botschaft des Evangeliums in der »Alltagssprache« zu verkündigen. Parallel dazu gibt der Dt. Katechetenverein *(1980)* den »Grundriß des Glauben« heraus, der in vier Kapiteln vom Vaterunser, Credo, von der Kirche und den Sakramenten sowie vom

Gebot der Nächstenliebe handelt. Wie das Sachregister ausweist, sind ein Großteil moderner Begriffe aus nichtrel. Sprache und ebensolche Sachverhalte aufgenommen und behandelt. Hingegen ist der im Auftrag der Bischöfe von Augsburg und Essen *1978* von A. Baur und W. Plöger herausgegebene K. »Botschaft des Glaubens« aus »Sorge um die Verkündigung der ›gesunden Lehre‹ (2 Tim 1,13)« entstanden. Er betont in Abgrenzung von curricularen Einzelaspekten die »unverkürzte und unverfälschte Wiedergabe des Glaubens« in seiner »Ganzheit«. Der *neueste Erwachsenenk.* »Das Glaubensbekenntnis der Kirche«, hg. von der Dt. Bischofskonferenz (1985), stellt den kath. Glauben, wie es heißt, »verläßlich« dar und ist von der »Autorität« der Herausgeber getragen. Auf der Röm. Bischofssynode von 1985 wurde schließl. der alte, schon 1870 gefaßte Plan eines *»Weltk.«* wiederaufgegriffen.
In manchen *Kinderk.en* der jüngsten Zeit – vgl. z.B. N. Scholl: »Mit Jesus auf dem Weg« (1987) oder J. Quadflieg: »Das Kinderbuch vom Glauben« (1988) – sind Glaube und Welt, Tradition und Gegenwart einander korrelativ zugeordnet.

*C. Evangelischerseits* wurde mit dem umfangreichen (1357 S.) »Ev. Erwachsenenk. Kursbuch des Glauben«, hg. von der VELKD, *1975,* ein »gewachsenes« Buch vorgelegt, an dem über 200 Autoren beteiligt waren und das zum offenen Gespräch (»Fragen verjüngt, Lernen macht weise«) und zur Besinnung über den Glauben einlädt. Wie die inzwischen hohe Auflagenziffer belegt, ist dieser Anspruch längst eingelöst worden. Als moderne K.en können auch die Arbeitsbücher für den Konfirmandenunterricht gelten, so z.B. »Leben entdekken« *(1981),* »Fundamente. Christsein heute« *(1983),* mit denen (obschon angelehnt an die Konzeption des modernen →religionspäd. Schulbuchs) ein eigenes Genre entstanden ist.
Mit dem neuesten *K. für Kinder* »Erzähl mir vom Glauben«, hg. von der Arbeitsgemeinschaft Kinderk. in der VELKD (1984), wird Eltern und Erziehern eine elementare Hilfe zur Beantwortung von Kinderfragen geboten wie auch – dazu lädt der inhaltl. differenzierte und auf kindl. Fassungsvermögen abgestellte, umfangreiche Bildteil ein – den Kindern selbst ein Buch zum Anschauen und Umblättern in die Hand gegeben.

*Lit.: E. Paul/G. Stachel/W. Langer:* K. – Ja? Nein? Wie?, Köln/Zürich 1982. – *G. Stachel:* »K.«. Zum Problem eines K. für den schul. Religionsunterricht, in: *ders.:* Erfahrung interpretieren. Beiträge zu einer konkreten Religionspädagogik, Zürich/Köln 1982, 75-81. – *A. Teipel:* Die K.frage. Zur Vermittlung von Theologie und Didaktik aus religionspädagog. Sicht, Freiburg 1983.

*Gerd Bockwoldt*

**Kategorischer Imperativ.** Der k.I. bezeichnet das unbedingte Sittengesetz als →Gesetz der →Freiheit, dem das menschl. Wollen und →Handeln unterstellt sein muß, wenn es letztgültig begründet und nicht beliebig sein soll.

*A.* Der k.I. ist von *I.* →*Kant* in verschiedenen Fassungen formuliert worden. Die *Grundformel,* die bekannteste Formulierung, lautet: »Handle nur nach derjenigen Maxime, durch die du zugleich wollen kannst, daß sie ein allg. Gesetz werde.« Die Maximen (d.h. die fundamentalen Regeln, denen jemand in seinem Handeln folgen will) müssen so beschaffen sein, daß sie für jeden Menschen gelten können. Der k.I. fordert deshalb jeden auf, so zu handeln, als sei er der Gesetzgeber, der seinen →Willen nur durch die reine →Vernunft bestimmt sein läßt. Alle Menschen werden als Vernunftwesen anerkannt; es wird das »Faktum« der Vernunft angenommen, auch wenn in der Wirklichkeit dagegen verstoßen wird.

*B.* Wo der →Mensch dem k.I. entspricht, folgt er nicht eigenen oder fremden →Interessen; vielmehr ist er ohne Einschränkung unabhängig, zugleich damit aber ohne Einschränkung verpflichtet (→Pflicht). So bezeichnet der k.I. die unbedingte (die »kategor.«) *Begründung* menschl. Handelns. Auf ihr – und auf keiner anderen Instanz – beruht die →Sittlichkeit (Moralität) des Wollens und Handelns (→Moral). Der k.I. formuliert nicht inhaltl. das Ziel des Handelns, sondern bezeichnet das *Kriterium* seiner Begründung. Jede (philos. oder theol.) →Ethik, die diesem Kriterium folgt, hat den k.I. in irgendeiner Form aufgenommen. Es ist die Ethik des sittl. autonomen Menschen (→Autonomie), der keinen fremden Gesetzen (Heteronomie) folgt. Der k.I. bezeichnet die Aufgabe der Vernunft für die Begründung des Handelns als sittl. Nur in der reinen Vernunft begründet, kann das Wollen und Handeln unbedingt sein. Andere Formen von →Rationalität sind sittl. ungenügend. Ihnen gegenüber kann der k.I. krit. zur Geltung gebracht werden.

*C.* Die *Kritik* am k.I. richtet sich vor allem darauf, daß er nur »formal« sei. Tatsächl. formuliert der k.I. ein Kriterium für das, was sittl. »verboten« ist, nicht aber für das, was sittl. geboten ist. Daher ergibt sich die Aufgabe, das sittl. Urteilen zu begründen als ein verbindl. Verfahren, in dem Handlungsziele verallgemeinert werden. In diesem Verfahren muß sich zeigen oder erreichen lassen, daß die subjektiven fundamentalen Willensbestimmungen (Maximen) und das für alle gültige (objektive) Gesetz übereinstimmen. Darauf sind die Bemühungen um Verfahren eines eth. Diskurses, des moral. Argumentierens oder einer kommunikativen Ethik gerichtet.
Der Begriff des k.I. ist in einigen Konzeptionen theol. Ethik krit. aufgenommen worden (z.B. bei W. Herrmann [1846-1922]). Eine breitere, die Theorie der Ethik bestimmende Aufnahme durch die Theologie ist nicht erfolgt. In jüngster Zeit wurde der Grundgedanke des k.I. im Entwurf einer »autonomen Moral« (A. Auer) weitergeführt.

*Lit.: F. Böckle:* Fundamentalmoral, München 1977. – *O. Höffe:* Kants k.I. als Kriterium des Sittlichen, in: *ders.:* Ethik und Politik, Frankfurt/M. 1979, 84-119. – *H. J. Paton:* Der k.I., Berlin 1962. – *G. Patzig:* Ethik ohne Metaphysik, Göttingen 1971. – *O. Schwemmer:* Philosophie der Praxis, Frankfurt/M. 1980.

*Hans G. Ulrich*

**Katharer und Albigenser.** Nach der südfranz. Stadt Albi auch *Albigenser* (in Italien Patarener; anderswo Paulikaner u.a.), waren die K. (vom (vom griech. *katharoi* = die Reinen) eine um die *Mitte des 12. Jh.s* im westl. Europa verbreitete →Sekte, die sich im Verlaufe der 2. Hälfte des 12. Jh.s als Kirche organisierte (Synode bei Toulouse 1167 oder 1172) mit →Hierarchie, →Bistümern, Lehre und Disziplin. Trotz Spaltung in verschiedene Richtungen fanden die K. weiterhin große Verbreitung, bes. in Südfrankreich, den oberital. Städten, in lockerer Streuung auch anderswo. Erst mit den Verfolgungen (Albigenserkriege 1209-29, →Inquisition) und der Bekehrungspredigt der Bettelorden (→Dominikaner) erfolgte um die Mitte des 13. Jh.s eine rasche Zersetzung. Reste lebten im Untergrund und zunehmend vermischt mit anderen Richtungen (wohl auch →Waldensern) weiter. Für die Anfänge der K. ist auf den zeitgenöss. rigorosen *Asketismus* mit kirchenkrit. Spitze hinzuweisen. Der damit verbundene ausgeprägte eth. →Dualismus der Praxis (Enthaltung von Ehe, Fleisch usw.) wurde erst über östl. Einflüsse metaphys. überlagert und zu einem *manichä.* System (→Manichäismus) entwickelt. Dieses läßt sich aus der polem. Literatur des 13. Jh.s in etwa rekonstruieren. Die breite und langanhaltende Anziehungskraft der K., bei der eine populäre Ausprägung bes. Gewicht gehabt haben dürfte, war mehr von der Praxis als von der manichä. Lehre bestimmt gewesen. Diese spielte insofern eine Rolle, als die gnost. umgedeutete Erlösungslehre, die eine asket. Reinigung von allem Körperlichen forderte, eine einfachere und einleuchtendere Antwort auf die Frage nach dem Heilsweg zu geben schien als die sakramentale Heilsvermittlung der Kirche (→Sakrament). Über die *Heilsfrage* blieben die K. trotz fremder Elemente der überlieferten Frömmigkeit verbunden. Mit ihr teilten sie auch die »doppelte Moral«. Die Vollkommenen (Perfecti) vermittelten kraft ihrer asket. Lebensweise den Gläubigen (Credentes), die erst am Lebensende die Geisttaufe (Consolamentum) empfingen, das →Heil. Als Gegenleistung sorgten letztere für den materiellen Unterhalt. Da auch Frauen Vollkommene werden konnten, übten die K. im Rahmen der rel. Frauenbewegung der Zeit auf diese bes. Einfluß aus. Im breiten Kreis der Sympathisanten spielten auch lokale und allg. antiklerikale Affekte eine Rolle.

*Lit.: A. Borst:* Die K., Stuttgart 1953. – *H. Grundmann:* Ketzergeschichte des MA.s, Göttingen, 3. Aufl. 1978 (Lit.). – *G. Rottenwöhrer:* Der Katharismus, Bad Honnef 1982.

*Isnard W. Frank*

**Katholisch** hat im Laufe der Kirchengeschichte drei Bedeutungen angenommen. Der Begriff steht für ein Kirchenattribut (→Ekklesiologie), bezeichnet in einem allg. Sprachgebrauch die röm.-kath. →Konfession, ferner alle Kirchen, die das in apostol. Sukzession stehende Bischofsamt pflegen und auf die Sakramentalität der Heilsvermittlung Wert legen (z.B. →orthod. Kirche, →röm.-kath. Kirche, →anglik. Kirche, →altkath. Kirche). Erst im Jh. der →Reformation wurde das Wort k. als Lehnwort aus dem Kirchenlatein *(catholicus)* in die dt. Sprache übernommen.

*A.* In Ableitung von *hólos* »ganz« bedeutet das ursprüngl. griech. *katholikós: »das Ganze, alle betreffend*; allg.«. K. bezeichnet also das, was »zusammen« ist, »in eins« gehört, »das allen Gemeine« bewahrt. In einem mehr techn. profanen Sinne konnte allerdings auch der Amtsbereich, z.B. des Finanzbeamten, gemeint sein. Diese Bedeutung spielte zweifellos bei der Übertragung des Begriffs auf den kirchl. Bereich keine geringe Rolle, da später die Gemeinsamkeit von →Amt, →Lehre, →Liturgie und Disziplin die Vorstellung der Katholizität oft dominierten. Als erster verwendet Ignatios von Antiochien (gest. um 117) das Wort k., um wesenhafte *Merkmale der Kirche* Jesu Christi (nota ecclesiae, Kirchenattribute) auszusagen. Einheit, →Heiligkeit, Katholizität und Apostolizität der Kirche werden zu *Bekenntnisinhalten* (→Apostol. Glaubensbekenntnis, Bekenntnis der →Altkirchl. Konzile von Nizäa [325] und Konstantinopel [431]), in denen sich der Glaube an die Stiftung der Kirche durch Gott ausspricht. →Augustinus (354-430) übersetzt k. mit »universalis«: Die kath. Kirche ist also »weltweite Kirche« – in Unterscheidung zu →Sekten und schismat. Gemeinschaften (→Kirchenspaltung), die sich der universalen Gemeinschaft verweigern und sich auf sich selbst zurückziehen. Kirche kann nur Kirche Jesu Christi sein, wenn sie kraft ihres Auftrags eine Gemeinschaft verwirklicht, die die ganze Welt, alle Menschen und Zeiten umspannt und sich nicht an eine best. Rasse, Nation, soziale Klasse, d.h. an partikulare Interessen, bindet.

*B.* Tatsächl. wurde in der christl. Geschichte k. immer wieder zum *Gegenbegriff*, der ausschloß statt umschloß. Der Glaube daran, in der Kirche werde Gottes Heilswille umfassend präsent und vermittelt, wandelte sich dann in ein – so Augustins Sprachschöpfung – »außerhalb der Kirche kein Heil« *(»extra ecclesiam nulla salus«)*. Gott selbst wird damit immer wieder zum »Sektierer« gemacht, dessen Heilsinitiative nur noch dem engen Kreis der »Rechtgläubigen« gilt. Die Überzeugung, im Bekenntnis zur Katholizität der Kirche an der *Fülle* des Evangeliums und des Heilswerkes Jesu Christi im rechten Glauben und sakramentalen Leben festzuhalten, konnte im Streit um die rechte Lehre zum ideolog. Anspruch degenerieren, im »Alleinbesitz« der Wahrheit zu stehen.

Nach der →Kirchenspaltung des 16. Jh.s wird k. zusehens zum *konfessionalist. Etikett:* k. im Gegensatz zu →evangelisch. (Röm.) Katholizität ist nicht mehr Eigenschaft, sondern Vorbedingung wahrer Kirche. Die Kirche Jesu Christi wird mit der (röm.-)kath. →Konfession identifiziert und apologet. gegen die Kirchlichkeit der anderen Konfessionen gestellt. Erst das 2. →Vat. Konzil hat in der Kirchenkonstitution *Lumen gentium* (Nr. 8) die exklusive Identifikation von röm.-kath. Kirche und Kirche Jesu Christi wieder aufgehoben.

*C.* Diese *Rückkehr zum ursprüngl.* universalen *Verständnis* von Katholizität legitimiert und ermöglicht heute die Suche nach einer neuen ökumen. Einheit der Kirche im Sinne einer *ev. Katholizität* (vgl. auch →hochkirchl. Bewegung), die sich der stets gegenwärtigen Versuchung der häret. Auswahl und des Partikularismus widersetzt, und einer *kath. Evangelizität*, die der Versuchung eines diffusen →Synkretismus und Kosmopolitismus kritisch begegnet. K. bedeutet damit sowohl Offenheit für die Weite des ganzen ungeteilten Evangeliums als auch selbstkrit. Maßnehmen am unterscheidend Christlichen.

*D.* Am Ende des 20. Jh.s wird das Wort »k.« zur hist. *Herausforderung* für das Christentum *als* →*»Weltreligion«*. Kirche als weltumspannende Bewegung ist nach dem Ende des westl. Kolonialismus und Kulturimperialismus (→Kolonisation) nur noch mögl. als eine Kirche unterschiedl. →Kulturen und selbständiger Weltregionen. Katholizität bedeutet somit heute auch den Auszug aus der Provinzialität griech.-röm. Kultur, →Philosophie, →Theologie und →Kirchengeschichte. K. wird zum Prädikat einer ort- und zeitgemäßen Realisierung von Kirche, die sich in die Denkweisen, Geschichten und Lebenszusammenhänge ganz unterschiedl. Kulturen inkarniert – so wie einst das judenchristl. Evangelium in die Welt des hellenist. Heidentums –, Prädikat einer Kirche, die sich nicht mehr an einer monolit. oder uniformist.-zentralist. Einheitsvorstellung orientiert, sondern am ntl. Modell der »synopt. Einheit« von Gemeinden, Kirchen und Traditionen unterschiedl. →Kontextualität.

*Lit.: K. Adam:* Das Wesen des Katholizismus, Düsseldorf, 13. Aufl. 1957. – *S.-E. Brodd:* Evangelisk Katolicitet. Ett studium av innehåll och funktion under 1800- och 1900-talen, Uppsala 1982 (engl. Zusammenfassung, 325-329). – *Y. Congar:* Catholicité: Catholicisme. Hier, aujourdhui, demain II, Paris 1949, 720-726. – *H. Küng:* Die Kirche, München, 3. Aufl. 1985, 314-320; 353-378.

*Urs Baumann*

**Katholische Organisationen.** Zunächst ist die kath. →Kirche selbst eine Großo. mit ausformulierten →Lehren, →Riten, detaillierten Lebensregeln (→Norm) und Rollenmustern (→Rolle). In ihr finden sich verschiedene Teilo., die dem Ziel der Großo. zugeordnet sind, daher »kath.« O. heißen. Zugleich werden sie anderen Umständen kirchl. Lebens gerecht.

*A.* Da christl.-kirchl. Praxis raumgebunden ist, bedarf es O.sformen, die »territorial« sind (Diözesen, Pfarreien usw.). Neben diesem spielt das personelle bzw. »kategoriale« O.sprinzip zumal in einer differenzierten und mobilen →Gesellschaft eine wichtige Rolle. So entstehen die O.sformen der →Krankenhaus-, Gefängnis-, Betriebs- und anderer Formen kategorialer →Seelsorge. Das territoriale und das personale Prinzip widerstreiten einander nicht, denn auch an Personengruppen und »Kategorien« (z.B. an alters-, berufs-, geschlechtsspezif. Gruppen) gebundene O. sind nicht »raumlos«.

*B.* Kirchl. Teilo. lassen sich nach der Art und Weise unterscheiden, wie sie den Nachfolgeauftrag verwirkl. Im Laufe der →Geschichte haben sich »alltägl.« und »außerordentl.« *Ordensformen* herausgebildet. Die Übergänge zwischen diesen organisator. Unterschieden fließen: Die Abgrenzung zwischen →Basisgemeinden, →Säkularinstituten, →Kongregationen und den (alten) →Orden wird schwieriger. Einige herkömml. Unterschiede tragen theol. nicht mehr: Die Herausforderung Jesu zur →Nachfolge gilt allen Christinnen und Christen, nicht nur den »Vollkommenen«, den →Priestern und →Ordensleuten. Die →Ev. Räte sind kein Sondergut einiger rel. Virtuosen, sondern ein inneres Moment jegl. christl. Glaubens. Verlangt wird, daß jede Christin und jeder Christ – nicht nur Ordens- und Priesterkandidaten – eine Art Kirchennoviziat (Noviziat ist die Zeit der Prüfung und Einführung vor endgültigem Eintritt in Orden oder Kongregationen) durchmacht. Schließl. führt christl. Existenz immer in eine →Gemeinschaft, in der die erwartete →Reich-Gottes-Praxis bereits anfanghaft gegenwärtig ist.

*C.* In der kath. Großo. entstanden *Teilo.*, um Aufgaben der Kirche in der Gesellschaft wahrnehmen zu können. Kirchenmitglieder verbanden sich um best. Anlässe. Verbände entstanden. Vor allem die Auflösung der christentüml. Gesellschaften im 19. Jh. zwang die Christen, sich zusammenzutun, um gesellschaftspolit. relevant und innerkirchl. wirksam zu arbeiten. Dies prägte die Sozialgestalt der Kirche, der *Verbandskatholizismus* entstand. Das Selbstbewußtsein der sog. →Laien wuchs, die Beziehungen zwischen Laieno. und Kirchenleitung veränderten sich zugunsten der Laien. Für diesen Laienkatholizismus wurden eigene O.sformen entwickelt (Zentralkomitee der dt. Katholiken, ZdK). Es wird vergebl. versucht, neben den eigenständigen Verbänden kirchl. O.sformen zu entwickeln, die stärker an das kirchl. →Amt, die bischöfl. Kontrolle (Kath. Aktion), gebunden sind.
Wirksam entwickeln sich in den letzten Jahren »*apostol. Bewegungen*« (charismat. Bewegung [→Charisma], Focolari, Cursillo u.a.) zur geistl. Erneuerung. Gesellschaftl. →Diakonie wird nicht

bewußt ausgeklammert, tritt aber in den Hintergrund. Vorherrschend ist die persönl., innerl. Umkehr (→Buße), die theoret. in (gesellschaftl.-polit.) →Handeln münden könnte. Solche Vielfalt an Vereinigungen kann für die Gesamto. fruchtbar werden, wenn die spirituellen Bewegungen von den Verbänden das polit. Engagement und die Verbände von diesen Bewegungen die Spiritualität lernen.

*Lit.: E. Heinen:* Staatl. Macht und Katholizismus in Deutschland, 2 Bde., Paderborn 1969-1979. – *J. B. Metz:* Zeit der Orden, Freiburg, 5. Aufl. 1982. – *W. Schäffer:* Erneuerter Glaube – verwirklichtes Menschsein, Zürich 1983. – *F. Valentin (Hg.):* Neue Wege der Nachfolge, Salzburg 1981. – *P. M. Zulehner:* Leibhaftig glauben, Freiburg, 3. Aufl. 1985.

*Andreas Heller/Paul M. Zulehner*

**Katholische Soziallehre.** Unter k.rS. verstand man in der →kath. Kirche bis zum 2. →Vat. Konzil eine in Enzykliken, päpstl. Briefen und Ansprachen sich niederschlagende naturrechtl. Doktrin, die als integrierender Bestandteil der christl. Lehre vom →Menschen vom obersten kirchl. →Lehramt verwaltet und letztentscheidend interpretiert wird. Sie wurde vor allem grundgelegt in einer Tradition päpstl. Sozialenzykliken, beginnend mit »Rerum novarum« von Leo XIII. (1891), der »Quadragesimo anno« Pius' XI. (1931) folgte. Aufsehen erregte weitere 30 Jahre später »Mater et magistra« Johannes' XXIII. (1961); 1967 folgte »Populorum progressio« Pauls VI., 1981 »Laborum exercens« Johannes Pauls II., 1987 »Sollicitudo rei socialis«. Großen Einfluß hatte die Pastoralkonstitution »Gaudium et spes« des 2. →Vat. Konzils (1965). Im kath. Raum wurden und werden neben der Verwendung des Begriffs »k.S.« auch die Begriffe »christl. Soziallehre« und »christl. Sozialwissenschaft« verwendet. Hinzu tritt der Begriff »kirchl. Soziallehre«, wenn Normen und →Werte des »anvertrauten Glaubensguts« (»depositium fidei«, →Tradition) bes. betont werden.

*A.* Wenn heute im kath. Raum ferner der Begriff »christl. Sozialethik« gebräuchl. wird, dann ist damit in doppelter Hinsicht eine *bedeutsame Wende* angedeutet: Bis zum 2. Vat. Konzil war mit den beiden Begriffen »k.S.« auf der einen und »ev. Sozialethik« auf der anderen Seite eine fast unüberbrückbare konfessionelle Abgrenzungstendenz angezielt (→Konfession). Dabei wurde der Wissenschaftscharakter der »k.nS.« mit ihrer naturrechtl. Grundlegung, also mit der philos. (näherhin sozialmetaphys., →Naturrecht) Begründung verteidigt, während sich die »ev. Sozialethik« – in bewußter Ablehnung der kath. Naturrechtslehre – nicht als festgefügte Lehre, sondern als ein bibl. begründetes Normengefüge verstand. Jedoch haben der heutige Stand der Naturrechtsdiskussion und die – der »k.nS.« traditioneller Art weit vorausgeeilte – wissenschaftstheoret. Begründung der »christl. Sozialethik« im Rahmen einer neuen Standortorientierung ev.-theol. Wissenschaft überhaupt die genannte Abgrenzung sachl. und terminolog. mehr als fragwürdig gemacht. Beide Begriffe sind darum hier nicht als bescheidener Ausdruck *ökumen. Gemeinsamkeit* zu sehen, vielmehr ist ihre überkonfessionelle Einheit aufzuzeigen, was nur im Zusammenhang einer eigenen wissenschaftstheoret. Standortbestimmung der »christl. Sozialwissenschaft« im kath. Raum mögl. ist. Darin läge dann auch ihr ökumen. Beitrag.

*B.* Eine andere Dimension dieser offenen Diskussion kommt aus dem kath. Raum selbst. Zu Recht haben Kritiker aus den Reihen der »k.nS.« auf *qualitative Mängel* des Lehrgebäudes und die nicht offen diskutierte theol. Grundlegung der Naturrechtslehre hingewiesen. H. J. Wallraff spricht von einem »Gefüge offener Sätze«, und für O. von Nell-Breuning läßt sich die eigentl. verbindl. Lehre »auf einen Fingernagel« schreiben. Hier stellt sich die Frage, wieweit solche Urteile und Schlußfolgerungen die offene Flanke einer Prinzipienlehre treffen, die aus metaphys. Seinsanalyse gewonnen ist. Diese Frage macht das Problem offenkundig, wie denn theoret. *deduktiv* gewonnene Sollensprinzipien (→deont. Logik) auf die jeweilige konkrete geschichtl. →Situation angewendet werden können. Zwar weist J. Höffner (1906-1987) auf die enge Verbindung von intuitiver →Erfahrung und rationaler →Erkenntnis innerhalb des naturrechtl. Erkenntnisprozesses hin: Er ist hist. und individuell bedingt und somit irrtumsfähig, um dem Vorwurf der wirklichkeitsfremden Abstraktion zu begegnen. Wenn jedoch »die Grundprinzipien des Naturrechts nicht zuerst formal erfaßt und dann innerl. bestimmt (werden), sondern umgekehrt in der Familie... von Kind an konkret und gegenständl. erlebt und erlernt (werden)«, dann erlangen die empir. →Sozialwissenschaften (die sich der Erforschung dieses Lernprozesses zuwenden) nicht erst dann Bedeutung, wenn die naturrechtl. →Prinzipien der Personalität, Solidarität und →Subsidiarität angewendet werden. Entspr. Erkenntnisse vermögen die hist. nachweisbaren Tatbestände der Veränderlichkeit und Vielfalt sittl. Normen zu erklären, zum Teil auch zu begründen.

*C.* Eine *Wende wurde durch das 2. Vat. Konzil* in der »Pastoralkonstitution über die Kirche in der Welt von heute« (Gaudium et spes) eingeleitet. Die →Kirche selbst, die sich früher in verschiedenen päpstl. Äußerungen in den Bildern des Arztes, des Richters oder auch der Mutter und Lehrmeisterin verstand, bietet sich nunmehr als Partnerin des →Dialogs an. Der Wandel im Selbstverständnis »christl. Sozialwissenschaft« (nunmehr auch »christl. Sozialethik«) drückt sich in der bibl. Orientierung und in der induktiven wissenschaftl. Grundmaxime aus: »Es gilt, die *Zeichen der Zeit* zu erforschen und sie im Licht des →Evangeliums zu deuten« (Nr. 4). Dazu fordert das Konzil zu einem interdisziplinären Dialog auf, von dem auch der nichtgläubige Wissenschaftler nicht ausgeschlossen ist und in dem es darum gehen soll, nach dem »rechten Aufbau der menschl. →Gesellschaft« und nach Wegen zur »Rettung der menschl. →Person« zu forschen. Mit dieser Öffnung zur Interdisziplinarität einer »christl. Sozialethik«, die den ehemaligen ökumen. Streit weit in den Hintergrund treten läßt, ist auch ein Beitrag für die umfassende gegenwärtige wissenschaftstheoret. Reflexion auf die Erkenntnisbedingungen und Aussagemöglichkeiten für alle Wissenschaftsdisziplinen ermöglicht worden.

Nicht allein aus wissenschaftstheoret. oder erkenntniskrit. Erwägungen heraus – sosehr diese auch als Ausdruck des geistigen Ringens um das Selbstverständnis der Sozialwissenschaften und damit auch der Sozialethik zu würdigen sind –, sondern vor dem Hintergrund einer zunehmend bedrängender empfundenen Mitverantwortung der Wissenschaft für das *Überleben* der Menschen (im Wachstumskonflikt der reichen Nationen, im ökolog. →Konflikt der Menschen mit der →Natur, im Nord-Süd- sowie im Ost-West-Konflikt) rückt neben die Frage der Normerhebung immer stärker auch die der *Normsetzung* für eine →Zukunft der Menschheit. Dabei war die vom Objektivitätsideal beherrschte, linear-kausal argumentierende Wissenschaftstradition nie frei von scheineth. Aussagen und Forderungen sowie von einem unreflektierten Fortschrittsoptimismus. An diesem Punkt hat christl. Sozialethik eine entscheidende Korrekturfunktion in Richtung auf ein neues wissenschaftl. Denken und Argumentieren, auf system. Analysieren der vernetzten Systeme und zugunsten einer Zukunft beizutragen, die bisher kein Objekt der Wissenschaft war. So werden heute in der →Dritten Welt Optionen für die Armen gesetzt; ein neuer Aufbruch eines christl. Pazifismus in der Diskussion über die sich überschlagende →Rüstungsspirale ist sichtbar. Die Dynamisierung der »k.nS.«, wie sie hier für einige Dimensionen aufgezeigt worden ist, wurde so mit dem Selbstverständnis der Kirche schlechthin verbunden. Sie bietet die Möglichkeit, auch den immer noch nicht gelungenen ökumen. Brückenschlag über die gemeinsame →Verantwortung für unsere Welt der Menschen und der Natur, des →Friedens und der Zukunft endgültig zu realisieren.

*Lit.: W. Dreier:* Sozialethik, Düsseldorf 1983. – *J. Höffner:* Christl. Gesellschaftslehre, Kevelaer, 8. Aufl. 1983. – *O. von Nell-Breuning:* Kath. und ev. Soziallehre. Ein Vergleich, Recklinghausen 1963. – *Ders.:* Wie sozial ist die Kirche? Leistung und Versagen der k.S., Düsseldorf 1972.

*Wilhelm Dreier*

**Katholizismus.** Im Unterschied zur →röm.-kath. Kirche versteht man unter K. eine hist. begrenzte Sozialform der kath. geprägten Teiltradition des →Christentums. Der *Begriff* ist gebunden an die Auseinandersetzung der kath. →Tradition mit der Entwicklung der Gesellschaft in der →Neuzeit und kennzeichnet die Formen der Selbsorganisation (→Organisation), die die kath. Kirche und die kath. Bevölkerungsteile im Prozeß der Durchsetzung neuzeitl.-moderner Gesellschaftsstrukturen gefunden haben. Entspr. der jeweiligen Richtung der Auseinandersetzung lassen sich eine primär polit., soziale und kulturelle Dimension des K. unterscheiden.

*A. Polit.* ist die Entstehung des K. gebunden an den Zusammenbruch der feudalstaatl. Ordnung (→Feudalismus) und der →Bildung staatl. organisierter Nationalgesellschaften in →Europa (→Nation). Polit. antwortet der K. auf den Verlust der öffentl. Anerkennung der kath. Kirche und der Verfügbarkeit staatl. Kontrollmittel wie auch auf die polit. und gesellschaftl. *Benachteiligung* der kath. Bevölkerungsteile im Rahmen prot. und säkular geprägter nationalstaatl.-polit. Ordnungen. Abhängig von der jeweiligen nationalstaatl. Situation, inbes. der →Minderheitenposition der Katholiken, kommt es zur Bildung polit. Organisationsformen zur Lösung der angesprochenen Probleme und Durchsetzung kath. Interessen im polit.-gesellschaftl. Raum.

Der →*polit. K.* findet seinen deutlichsten Ausdruck in der Gründung spezif. kath. polit. →Parteien, die im Rahmen demokrat. Ordnungen die öffentl. Interessen der institutionell verfaßten kath. Kirche und der kath. Bevölkerungsteile – insbes. ihre polit.-gesellschaftl. →Emanzipation – verfolgen.

*B.* →Sozial antwortet der K. auf das Massenelend des 19. Jh.s, das im Zuge der Durchsetzung der liberal-kapitalist. →Modernisierung in Europa entsteht. Gesellen- und Arbeitervereine aus dem kath. Raum bilden die organisator. Basis des *sozialen K.* Das überwiegend bäuerlich-handwerkl. Herkunftsmilieu findet seinen Ausdruck im Vorherrschen vorkapitalist. Orientierungen. Zunft- und ständestaatl. Ordnungsvorstellungen (→Stand) überwiegen zunächst als Lösungsmodelle der →»sozialen Frage«. Erst im Laufe längerer innerer Auseinandersetzungen innerhalb des organisatorisch weit verzweigten sozialen K. setzt sich in →Deutschland eine gesellschaftspolit. Position durch, die sich – unter Beibehaltung einer grundsätzl. Kapitalismuskritik – auf den Boden eines industriekapitalist. Ordnungssystems stellt und die sozialpolit. Zähmung und Begrenzung des →Kapitalismus verfolgt.

Hist. folgenreich wirksam wird diese Position, als Bismarck zur parlamentar. Durchsetzung seiner sozialpolit. Gesetzgebung auf die Stimmen des Zentrums angewiesen ist und die enge, auch personelle Verflechtung zwischen polit. und sozialem K. in der Zustimmung zur Bismarckschen Sozialgesetzgebung seinen Ausdruck findet.

*C.* In der *kulturellen Dimension* wird der defensive Rückzugscharakter des K. bes. deutlich. Kulturell antwortet der K. auf die Emanzipation der modernen →Wissenschaft und →Kultur aus kirchl. Kontrolle und Bevormundung. Er stellt den Versuch dar, der kulturellen Welt der Moderne eine eigenständige, kath. geprägte kulturelle →Tradition entgegenzustellen. Ihr bes. Gepräge erhielt diese Welt durch eigenständige *philos. Grundlagen* in Form der Neubelebung der scholast. Philosophie und der Entwicklung eines spezif. kath. Naturrechtsdenkens (→Naturrecht, →Scholastik). Zur kulturellen Realität des K. gehört aber auch die Wiederbelebung einer rel. geprägten *Volkskultur.* In ihr herrschen die das konfessionelle Sondererbe betonenden Elemente, wie das →Wallfahrtswesen, die »Herz-Jesu-«, →Marien- und →Heiligenverehrung sowie eine Vielfalt sinnl. wahrnehmbarer Vergegenständlichungen der kirchl. Lehre.

*D.* Auf der Grundlage einer Einheit rel.-kultureller, sozialer und polit. Elemente stellte der K. über mehrere Jahrzehnte hin eine eigenständige Lebenswelt mit scharfen Kontaktabgrenzungen dar, die der kath. Tradition in einer als feindl. wahrgenommenen neuzeitl. Umwelt Existenz und Identität sicherte. Als relativ geschlossenes sozial- kulturelles und sozial-moral. *Milieu* gehört der K. heute der Vergangenheit an. Nach einer Phase der intensiven Suche nach neuen Identitätsformen der kath. Tradition lassen sich gegenwärtig Bestrebungen beobachten, den K. als Sozialform wiederzubeleben. Die gesellschaftl.-hist. einmaligen Bedingungen seiner Durchsetzung und Existenz lassen die Chancen eines Erfolgs im Rahmen der westl., entwickelten Gesellschaften aber eher als gering erscheinen.

*Lit.: K. Gabriel/F.-X. Kaufmann:* Der K. in den deutschsprachigen Ländern, in: *F.-X. Kaufmann/B. Schäfers (Hg.):* Religion, Kirche und Gesellschaft. Gegenwartskunde, Sonderheft 5, Leverkusen 1988. – *K. Gabriel/F.-X. Kaufmann (Hg.):* Zur Soziologie des K., Mainz 1980. – *N. Greinacher/H. T. Risse (Hg.):* Bilanz des dt. K., Mainz 1966. – *A. Rauscher (Hg.):* Entwicklungslinien des dt. K., München/Paderborn/Wien 1973.

*Karl Gabriel*

**Kausalität**

*A.* Die Annahme, daß *keine Wirkung ohne Ursache* ist und daß gleiche Wirkungen auf gleiche Ursachen zurückzuführen sind, scheint tief im Menschen verwurzelt zu sein. D. →Hume führte zwar die Erwartung kausaler Zusammenhänge auf bloße Gewohnheit zurück und wies darauf hin, daß z.B. das Schmelzen des Wachses in der Sonne nur ein regelmäßiges Zusammentreffen zweier Ereignisse (Sonnenschein – Schmelzen des Wachses), nicht aber der Beweis einer kausalen Verknüpfung sei. I. →Kant erklärte jedoch, daß K. eine Bedingung für →Erfahrung überhaupt sei, da wir nicht von ungeordneten Empfindungen überflutet werden, sondern die →Vernunft von vornherein (→a priori) die Wahrnehmungen strukturiert. Die sog. →evolutionäre Erkenntnistheorie sieht in der Erwartung des →Individuums, daß die gleiche Wirkung zu demselben Ergebnis führen wird, einen vorteilhaften Anpassungsprozeß im Verlauf der Stammesgeschichte (→Evolution). Danach trägt zwar wie bei Kant die Vernunft die K.serwartung in die →Natur hinein. Sie hat diese Erwartung aber im Verlauf der Evolution in Annäherung an die Natur aus ihr gewonnen. Daß die Leistung des »K.sinstinktes« (Nietzsche) gleichwohl unvollkommen ist, zeigt sich an ihrem Versagen gegenüber komplexen, mannigfach vernetzten Kausalzusammenhängen.

*B.* Die →*Quantentheorie* hat die durchgängige Geltung des K.sprinzips in Frage gestellt, insofern z.B. beim Zerfall eines radioaktiven Materials zwar *statist.* bei einer großen Zahl von Atomkernen nach einer gewissen Zeit nur noch die Hälfte des Ausgangsmaterials vorhanden ist (»Halbwertzeit«), der genaue Zeitpunkt des Zerfalls eines einzelnen Atomkerns aber nach Meinung vieler Physiker prinzipiell(!) nicht vorhersagbar ist. Die Schwierigkeit, echten atomaren →Zufall auch nur für mögl. zu halten, könnte an dem A-priori- Charakter der K.serwartung liegen. Verschiedentl. wurde der Versuch unternommen, mit Hilfe der Quantentheorie die Möglichkeit freier Willensentscheidungen (→Wille) oder auch des →Wunders im phys. Sinn zu begründen (→Determination).

*C.* →Aristoteles hatte *vier Ursachenarten* unterschieden, die immer zusammenwirken: die *causa efficiens* (Wirkursache; im Bild des Hausbaues:die beteiligten Kräfte), *causa materialis* (Materialursache: das benötigte Material), *causa finalis* (Zielursache: der Bauplan) und die *causa formalis* (Formursache: die im Material liegenden Formmöglichkeiten). In der neuzeitl. Naturwissenschaft wurde die causa efficiens als die allein entscheidende Ursache angesehen und jedes teleolog. Denken (causa finalis) erst in der →Physik, dann seit Ch. →Darwin sogar im organ. Bereich abgelehnt. Eine kausale naturwissenschftl. Erklärung kann man sinnvoll beschreiben als Ableitung des zu Erklärenden aus den vollständigen Randbedingungen und den →Naturgesetzen. Dabei ist es aber weitgehend beliebig, ob man mit Hilfe der Gesetze die vergangenen oder zukünftigen Zustände berechnet, so daß auch finale Gesichtspunkte in der K. aufgehoben sind.

*D.* Bezieht man die kausale Betrachtung auf die *Entwicklung des Kosmos* als Ganzes (→Kosmologie), drängt sich die Frage auf: Warum sind die Randbedingungen und Naturgesetze des Kosmos so beschaffen, daß sie →Leben und sogar »menschl.« Leben mögl. machten? Das »anthrop. Prinzip« gibt darauf unter der Voraussetzung unendl. vieler Universen mit beliebig unterschiedl. Naturgesetzen zur Antwort: Dieses Universum ist deshalb so beschaffen, weil es Beobachter enthält; in den meisten anderen Universen gibt es keine Beobachter, die sich über die Beschaffenheit ihrer Welt wundern könnten. Als Alternative zu der Annahme einer unendl. Zahl prinzipiell unerkennbarer Universen bietet sich der Gedanke von →Leibniz an, Gott habe diese Welt aus einer unendl. Zahl bloß *mögl.*

Universen erwählt – weil sie die beste aller mögl. ist (→Theodizee).
Bezieht man die kausale Betrachtung auf die *Existenz des Wirklichen* überhaupt, dann legt sich der Schluß nahe, daß ein Prinzip außerhalb dieser Wirklichkeit sein muß, das als »Ursache« des Seienden überhaupt gelten kann (→Schöpfung). Allerdings kann dieses absolut Seiende nicht als bloße Wirkursache aufgefaßt werden, sondern nur als die →Ganzheit der Ursachen in einem. Dementspr. sah die klass. →Metaphysik Gott als das →Absolute, als Seinsbedingung aller Wirklichkeit, der als einziger selber nicht bloß kontingent ist, der also nicht auch nicht sein könnte (→Modalität). In dem Maße, in dem in der Neuzeit die →Freiheit und →Autonomie des Menschen verstärkt bewußt und betont werden, verliert allerdings ein Wirklichkeitsmodell an Plausibilität, das Gott als den Stifter festgefügter Kausalketten versteht (vgl. auch →Gottesbeweise).

*Lit.: J. D. Barrow/F. J. Tipler:* The Anthropic Cosmological Principle, Oxford 1986. – *R. Breuer:* Das anthrop. Prinzip, München/Wien 1981. – *A. Faust:* Der Möglichkeitsgedanke, Heidelberg 1931/1932. – *B. Kanitscheider:* Philosophie und moderne Physik, Darmstadt 1979. – *B. Rensch:* Probleme genereller Determiniertheit allen Geschehens, Hamburg 1988. – *R. Riedl:* Biologie der Erkenntnis, Berlin/Hamburg, 3. Aufl. 1981. – *H. Sachsse:* K. - Gesetzlichkeit – Wahrscheinlichkeit, Darmstadt 1979 (Lit.). – *W. Stegmüller:* Aufsätze zur Wissenschaftstheorie, Darmstadt 1980.

*Günter Renz*

**Kelten.** Im 6. Jh. v. Chr. entstand im mitteleurop. Kontaktgebiet zu den Mittelmeerkulturen eine lokkere Gemeinschaft von Stämmen, die den Griechen als »Keltoi« bekannt wurden. Eine polit. Einigung kam nie zustande. Ab etwa 400 v. Chr. wanderten kelt. Stämme nach Südfrankreich, Italien, auf den Balkan und bis nach Kleinasien (→Galaterbrief), auch auf die Brit. Inseln. Die kelt. Sprache blieb in Schottland, Wales, Irland und (in nachröm. Zeit wieder durch Einwanderer eingeführt) in der Bretagne in Gebrauch; sonst haben sich nur Orts- und sonstige geograph. Namen, oft stark verändert, erhalten.

*A.* Einzelheiten über die *kelt. Religion* sind nur bruchstückhaft überliefert. Antike Schriftsteller nennen Götternamen und beschreiben einige Bräuche. Sagen, die einen tieferen Einblick in das Verständnis der Welt und der Götter gewähren, wurden erst im frühma. →Irland aufgezeichnet und sind nicht unbedingt gültig für einen Raum, der in vorchristl. Zeit von Ungarn bis an den Atlantik reichte. Die »interpretatio romana«, die Gleichsetzung kelt. Götter mit röm., ist eher verwirrend als hilfreich. Als *Hauptgötter* sind überliefert: *Taranis* (oberster Gott, Herrscher des Himmels?), *Teutates* (Personifizierung der Stammesgemeinschaft?) und *Esus* (zuständig für das Leben im Diesseits und im Jenseits?). Erst in röm. Zeit sind durch zahlreiche Inschriften nun auch andere Götter belegt, die wohl nicht weniger wichtig waren: ein Heilgott »*Apollo*« mit vielen einheim. Beinamen, die auf eine ursprüngl. Verehrung an Heilquellen hindeuten; eine Göttin *Epona*, deren Kulttier das Pferd war, ohne daß man Näheres über Mythologie und Kult weiß; eine Dreiheit von Frauen, *matres* oder *matrones* genannt. Daneben gibt es noch zahlreiche andere Götter, von denen meist nur der Name bekannt ist. Den einzelnen Göttern waren oft *Kulttiere* zugeordnet, die dann auch als Votivgaben aus Ton oder Bronze bei Ausgrabungen entdeckt werden. Die wichtigsten sind Eber, Pferd, Stier und Hirsch. Eine eindeutige Zuweisung scheint außer bei Epona nur im Falle des Hirsches mögl.: Esus ist wohl gleichzusetzen mit einem Gott, der in anderen Quellen Cernunnus heißt und auf bildl. Darstellungen ein Hirschgeweih oder -hufe besitzt. In uralter Tradition steht die Verehrung von *Naturphänomenen:* Gewässer in jeder Form, Berggipfel, Pässe, Höhlen, auffallende Steinblöcke, besondere Bäume. Gebete, Umgänge und Festschmäuse sind zu vermuten, nachweisbar fast nur materielle Opfer an diesen numinosen Stellen, auch Menschenopfer in Ausnahmesituationen.

*B.* Die Ausgrenzung und Umfriedung eines heiligen Bezirks (kelt.: *nemeton*) ist überwiegend eine Entwicklung der Spätzeit (2./1. Jh. v. Chr.). Für Mitteleuropa charakterist. sind die »Viereckschanzen«, deren Zweck als *Heiligtum* durch Ausgrabungen nachgewiesen zu sein scheint. In ihnen standen ein oder mehrere kleine Holzhäuser (Tempel?). Fast immer gehörten dazu ein oder mehrere tiefe Schächte, die als Brunnen oder »Opferschächte« für die Verbindung zur Unterwelt gedient haben sollen. In einem Fall lagen am Grund eines solchen Schachtes große Teile hineingestürzter Holzskulpturen hoher Qualität (zwei Böcke, die einst einen sitzenden Menschen flankierten, dazu ein Hirsch). Sie bestätigen zum ersten Mal die Nachricht Cäsars, daß die K. Götterbilder besaßen. Die *Druiden* als eigene Priesterkaste besaßen, überlieferten und erweiterten die wissenschaftl. Kenntnisse, zu denen auch die Theologie, der rechte Umgang mit den Göttern, zählte. Es handelte sich um eine reine Gedächtniskultur, die unter den Römern fast ganz verlorenging und auch nicht mehr aufgezeichnet wurde.
Ein Teil unseres Wissens geht auf die Predigten des Bischofs *Caesarius von Arles* (gest. 542) zurück. Sie betreffen einen kaum keltisierten Bereich am Mittelmeer, beschreiben jedoch so weit verbreitete Bräuche, daß diese bis ins Hoch-MA. immer wieder angeprangert wurden. Ebenso verbreitet war der Glaube an die Wirksamkeit von *Amuletten*, bes. im 6./5. Jh. v. Chr., in einer Zeit des gesellschaftl. und rel. (»orientalisierende Phase«) Umbruchs, wie dies später bei den Germanen des 5.-7. Jh.s n. Chr. in ähnl. Weise zu beobachten ist, als neue Herrschaftsstrukturen und die Auseinandersetzung mit dem Christentum die Menschen

ebenfalls verstärkt zu mag. Praktiken greifen ließen.

*Lit.: K. Bittel u.a. (Hg.):* Die K. in Baden-Württemberg, Stuttgart 1981, 85-117. – *D. Harmening:* Superstitio. Überlieferungs- und theoriegeschichtl. Untersuchungen zur kirchl.-theol. Aberglaubensliteratur des MA.s, Berlin 1979. – *L. Pauli:* Kelt. Volksglaube, München 1975. – *S. Piggott:* The Druids, London 1968/1975. – *J. de Vries:* Kelt. Religion, Stuttgart 1961. – *J. Zwicker:* Fontes historiae religionis celticae, Berlin 1934-36.

*Ludwig Pauli*

**Kepler,** *Johannes,* geb. 27.12.1571 in Weil der Stadt, gest. 15.11.1630 in Regensburg. Nach Schulbildung in Klosterschulen 1584-89 erhält K. ein herzögl. Stipendium zum Theologiestudium, das er 1589 in Tübingen beginnt. Er studiert zuerst mit großem Interesse die damals klass. philos. »Artes« (→Astronomie, →Mathematik, →Philosophie und →Sprachen) und später →Theologie. Kurz vor dem Abschluß 1594 wird er als Mathematikprofessor nach Graz berufen, was K.s Konzentration auf Astronomie und Mathematik bewirkt. 1600 muß der Protestant K. das kath. Graz verlassen und geht als Assistent von Tycho Brahe (1546-1601), dem berühmtesten Astronomen der Zeit, nach *Prag,* wo er 1601 dessen Nachfolger als Hofastronom und -mathematiker Kaiser Rudolfs II. wird. 1612-26 arbeitet er als Landschaftsmathematiker in Linz, ist aber in anderen Aufgaben viel auf Reisen. Nach Vertreibung im Rahmen der →Gegenreformation verbringt K. die letzten Jahre bis 1630 u.a. in Schwaben, Ulm, Regensburg und Sagan.

Die Arbeit und das *Wirken* K.s vollziehen sich im wesentl. mit zwei Schwerpunkten. Einer ist die moderne →Naturwissenschaft, die ohne die astronom. und physikal. Entdeckungen von K. kaum vorstellbar wäre. Er stellt die übl. naturphilos. Grundannahmen in den Hintergrund und führt eine Theoriebildung mit allein experimentell nachprüfbaren, math. Aussagen für den Ablauf natürl. Vorgänge in die Geschichte der Beziehung des Menschen zur →Schöpfung ein. Das *heliozentr. Weltsystem* des →Kopernikus erhält erst durch K. die korrekte Formulierung in den drei Keplerschen Gesetzen der Planetenbewegungen, das Ergebnis mühsamer Auswertung der sorgfältigen Beobachtungen Tycho Brahes. K. veröffentlicht zahlreiche Lehrbücher über Astronomie, Optik und Mathematik, außerdem Tabellen der tychon. Planetendaten (»Rudolphin. Tafeln«, 1627) und Vorausberechnungen der Planetenbahnen. Die Dynamik unseres Sonnensystems verknüpft K. mit der Vorstellung einer universellen Anziehungskraft zwischen Sonne und Planeten und leistet wichtige Vorarbeit bes. für →Newton.

Diese naturwissenschaftl. Arbeiten K.s sind primär durch seine *rel. Grundsätze* motiviert. →Natur ist →Offenbarungsfeld Gottes und ein Angebot an den Menschen, den göttl. Prinzipien auf die Spur zu kommen. Deren wichtigstes ist die Verwirklichung von Harmonie, die K. mit Hilfe der math. Sprache in wohlgestalteten Proportionen (Verhältnisbestimmungen) der →Musik, der Geometrie und des Kosmos sucht und entdeckt (→Kosmologie). Harmon. und damit beglückende Naturerfahrung wird in der Verbindung mit Periodizität der Naturabläufe so zum fundamentalen Schöpfungscharakter und zur Erfahrungsmöglichkeit →Gottes und hat die neue Naturwissenschaft fortan programmat. begleitet. In detaillierterer Ausführung seines Erstlingswerkes »Mysterium Cosmographicum« (1596), wo K. seine Vision von harmon. Verhältnissen zwischen den Planetenbahnen beschreibt, faßt er seine diesbezügl. Erkenntnisse auf allen Gebieten in der »Weltharmonie« von 1619 zusammen.

*Lit.: W. Gerlach:* Johannes K., in: Epochen der Weltgeschichte in Biographien, Bd. 27, Frankfurt/M. 1984, 167-220. – *J. Hemleben:* Johannes K., Hamburg 1971 (Lit.).

*Frank Badel*

**Keuschheit** ist als Begriff der theol. →Ethik in Mißkredit geraten. Zu sehr auf den Aspekt der sexuellen Enthaltsamkeit reduziert, wird er heute als lebensfeindl. und unzeitgemäß erlebt. In ihrem *Vollsinn* umfaßt K. dagegen alle Aspekte einer lebensgerechten, den einzelnen und die menschl. →Gemeinschaft fördernden Gestaltung der →Sexualität: Askese ebenso wie sexuellen Vollzug, je nach Lebenssituation, Zielsetzung und Entwicklungsphase eines Menschen oder einer Beziehung.

*A.* Von einem solchen weitgefaßten Verständnis sexueller K. zeugen Texte des →*AT* wie des →*NT.* Im AT wird K. als kult. Reinheit (→Kult), als in der →Ehe gelebte Sexualität und →Treue betrachtet, im NT als Treue des Herzens in der Ehe (Mk 10,2-12), als Verzicht auf sexuelle Zügellosigkeit, die mit Habsucht verglichen wird (1 Kor 6,9; 13-20 u.a.), als Ehelosigkeit im Dienst am →Reich Gottes (z.B. Mt 19,11; 1 Kor 7,7). Letzteres wurde zur Legitimation für mönch. Ehelosigkeit (→Ev. Räte) und den Zölibat verwendet.

Mit der Einführung des *Pflichtzölibats* für Priester (Synode von Elvira, 306; bestätigt durch das →Konzil von Trient) wird K. zunehmend mit sexueller Enthaltsamkeit gleichgesetzt. Die Problematik der Verpflichtung aller Priester zu Ehelosigkeit und Enthaltsamkeit spiegelt sich in den verschiedenen Begründungs- und Motivationssträngen zum Zölibat (Naherwartung; Bedürfnis nach ausschließl. Hingabe im Dienst des Herrn; gnost.-dualist. geprägte Minderbewertung des Leiblichen und Sexuellen [→Dualismus, →Gnosis]; mag. und finanziell-wirtschaftl. Bedürfnisse) und in den jh.elangen Auseinandersetzungen um seine Durchsetzung und Aufrechterhaltung. Seit dem 2. →Vat. Konzil bezeugen auch offizielle kirchl. Dokumente nicht mehr nur die »Gnadengabe« Zölibat, sondern auch das Wissen um vielfaches schweres *menschl. Leid,* das aus der Verpflichtung zum Zölibat und ihren kirchenrechtl. Sanktionen und Konsequenzen (Exkommunikation und Berufsverlust bei Heirat von Priestern) hervorgeht. Die päpstl.

Mahnung zur sorgfältigen Aufarbeitung der unbewältigten Probleme (Enzyklika »Sacerdotalis caelibatus«, 1967) stößt allerdings bei den leidvoll Betroffenen angesichts der aktuellen päpstl. Haltung (Einschränkung von Laisierungen) auf zunehmende Rat- und Hoffnungslosigkeit.
Die theol. *Tradition* kennt – neben der Engführung des K.sverständnisses auf die Enthaltsamkeit (J. Cassian [360- 430/35], Hugo von St. Victor [gest. 1141] u.a.). – K. auch in einem *weiteren Verständnis* als die in →Jugend, Ehe oder Witwenstand jeweils unterschiedl., angemessene Gestaltung der Sexualität (Ambrosius [339-397], →Thomas von Aquin), die Verhalten und innere Einstellung zugleich erfaßt. (Konkret bleibt der intimen sexuellen Begegnung und der sexuellen Lust ausschließl. der Raum der Ehe vorbehalten.)

*B.* Die theol. *Ethik* sollte heute nicht – um den mißverständl. begriff K. zu vermeiden – auf die Aktualisierung seiner umfassenden Bedeutung verzichten: Sie verweist auf eine der Heilsverkündigung (→Heil) Jesu entsprechende, also eine für alle Betroffenen heilsame und liebevolle Gestaltung des ganzen Bereiches, in dem menschl. Sexualität anzutreffen ist: zunächst des Verhältnisses von →Männern und →Frauen in einer →Gesellschaft, sodann aller im engeren Sinn sexuell best. Beziehungen und nicht zuletzt der sexuellen Entwicklung jedes →Individuums. Bei dieser Gestaltung können zeitgemäß betonte →Werte, wie Zärtlichkeit und →Partnerschaft, →Gleichheit und →Gewaltfreiheit, →Emanzipation und →Integration ebenso wie grundlegende psycholog. Erkenntnisse eine Orientierungshilfe sein.

*Lit.: F. Böckle:* Geschlechterbeziehung und Liebesfähigkeit (Christl. Glaube in moderner Gesellschaft, Teilbd. 6), Freiburg u.a. 1981, 109-153 (Lit.). – *W. Molinski:* Theologie der Ehe in der Geschichte, Aschaffenburg 1976.

*Elisabeth Bleske*

**Kierkegaard,** *Søren*, geb. 5.5.1813 in Kopenhagen, gest. 11.11.1855 ebd, Theologe und Philosoph. Seine Theologie liegt auf der Linie des existentiell rel. Glaubensverständnisses M. →Luthers. Er setzte sich aber auch krit. mit Luthers →Rechtfertigungslehre auseinander. Entschieden wandte er sich gegen die Synthese von Philosophie und christl. Glauben im →Hegelianismus sowie gegen das Staatskirchentum und die Verbürgerlichung des Christentums seiner Zeit. Sein Existenz- und Glaubensverständnis wirkte sich in der Existenzphilosophie und in der →dialekt. Theologie aus.
Der Mensch kommt nach K. zu sich selbst in der Innerlichkeit der *eth.-rel. Wahl* seiner selbst. In ihr tritt er in Widerspruch zu der ihn äußerl. bestimmenden Welt, und zwar als Selbst vor →Gott und schuldig vor Gott (Entweder – Oder, Furcht und Zittern, Die Krankheit zum Tode; →Sünde). Erkenntnistheoret. erörtert K. in der »Abschließenden unwissenschaftl. Nachschrift zu den Philosoph. Brocken« sein wesentl. subjektives, existentielles Wahrheitsverständnis. *Christl.* findet der Mensch die →Wahrheit, indem er sich in der →Nachfolge auf Jesu Botschaft und Zeugnis einläßt und nicht Ärgernis nimmt am Paradox, daß Gott in der Gestalt eines einzelnen und letztl. ohnmächtigen Menschen erscheint. Dieses Ärgernis und damit den →Glauben jedoch sieht K. verlorengegangen, wo das Christentum im Laufe der Geschichte zu einer selbstverständl. →Tradition und objektiven →Lehre geworden ist. Der Glaube setzt voraus, daß wir uns die Situation vergegenwärtigen, in der wir mit dem hist. Christus gleichzeitig geworden sind (Einübung im Christentum).
Bedeutsam für die christl. →Verkündigung ist K.s Theorie der *indirekten Mitteilung.* Wer einem anderen zur Wahrheit und zu einem wahrhaftigen Gottesverhältnis verhelfen will, kann dies nur tun im Sinne der »sokrat. Methode«: er kann aufmerksam machen auf das, was der andere selbst als seine Wahrheit erkennen soll. Dies gilt auch für die christl. Glaubenserkenntnis. Hier geht es darum, auf die konkrete Existenz →Jesu aufmerksam zu werden, die nur der einzelne im Wagnis und in der →Erfahrung persönl. Nachfolge als Wahrheit verstehen und glauben lernen kann (Philos. Brocken).

*Lit.: H. Buss:* K.s Angriff auf die bestehende Christenheit, Hamburg-Bergstedt 1970. – *H. Deuser:* K. Die Philosophie des rel. Schriftstellers, Darmstadt 1985. – *G. Schultzky:* Die Wahrnehmung des Menschen bei Søren K., Göttingen 1977.

*Guido Schüepp*

**Kimbanguismus.** Die *»Kirche Jesu Christi auf Erden durch den Propheten* Simon Kimbangu« (EJCSK) stellt mit 230.000 Anhängern (Fremdeinschätzung) bzw. 5-6 Mill. (offizielle Angabe) die größte unabhängige Kirche →Schwarzafrikas dar. Sie gehört keiner der bekannten Konfessionsfamilien an, sondern versteht sich als eine bewußt afrik. →Inkulturation authent. Christentums. 1969 in den →Ökumen. Rat der Kirchen aufgenommen, ist die Kimbanguistenkirche Symbol grundlegender Verschiebungen innerhalb der Christenheit, näml. des Einbruchs der →Dritten Welt in die →Ökumen. Bewegung und des Endes westl.-theol. Vorherrschaft.

*A. Geschichte*

Der K. geht zurück auf den afrik. Baptisten *Simon Kimbangu* (1889-1951), Belgisch-Kongo. Unter dem Druck der leidhaft erfahrenen kolonialen Situation (→Kolonisation) verkündigte Kimbangu (März bis September 1921) die Vergeblichkeit der traditionell-rel. Praktiken (1), das Versagen und bevorstehende Ende der kolonialen Ordnung (2) und das direkte Handeln Gottes an den Menschen Afrikas unter Auslassung der Zwischeninstanz westl. Missionare (3) erfahrbar in ekstat. Vorgängen und vor allem in den erstaunl. Krankenheilungen durch Kimbangu (→Ekstase, →Wunder). Der einsetzende

Massenzulauf nach Nkamba, dem Geburtsort des Propheten und »Neuen Jerusalem«, bedrohte europ. Interessen und trug der gewaltfreien kimbanguist. Bewegung nicht nur die Feindschaft prot. und kath. →Missionsgesellschaften ein, sondern auch militär. Verfolgung. Im September 1921 stellte sich Kimbangu freiweillig den Behörden und wurde wegen Aufruhrs zu lebenslanger Zuchthausstrafe verurteilt. Er starb im Häftlingsblock des Hospitals für Nichtweiße in Elisabethville/Katanga. Seine Anhänger wurden zu Tausenden deportiert, was zur Verbreitung des nun »illegalen« K. und zur Entwicklung unterschiedl. kimbanguist. Traditionen führte, die z.T. bis in die Gegenwart fortbestehen. Die Neuorganisation des K. erfolgte unter maßgebl. Beteiligung der drei Söhne Kimbangus und führte 1957 zur Duldung des K. durch die Kolonialbehörden und zur Gründung der EJCSK.

*B. Verkirchlichung und Theologie*

Im Unterschied zur rel.-polit. Massenbewegung von 1921 wird die heutige Kimbanguistenkirche (deren Mitgliedschaft mehrheitl. der verarmten Bevölkerung zuzurechnen ist) von Angehörigen der *städt. Führungsschicht* als moderne, dem Selbstverständnis nach »rein rel.« Institution gelenkt, die sich der jeweiligen polit. Macht gegenüber loyal verhält. Damit ist zugleich eine aktuelle Deutung des prophet. Erbes gegeben, was prinzipiell dem geistl. Oberhaupt der EJCSK, Diangienda Kuntima (dem jüngsten Sohn Kimbangus), vorbehalten ist, der die hierarch. aufgebaute Kirche nach kimbanguist. Tradition in der Vollmacht seines Vaters und letztl. des Hl. Geistes autoritativ leitet. Trotz der hervorragenden Rolle, die Kimbangu als afrik. Zeugen göttl. Heils zukommt (Legendenbildung), ist die sich abzeichnende kimbanguist. Theologie trinitarisch (→Trinität) und *streng bibl.* fundiert. Für den gelebten Glauben jedoch ist die Erfahrung zentral, daß man durch Vermittlung der EJCSK, Diangiendas und Kimbangus zum erwählten Volk Gottes gehört und an der Kraft des Hl. Geistes (→Pfingstbewegung) teilhat. Dieser Identifikation nach innen, die durch die Praxis der Bußübung und Kirchenzucht unterstrichen wird (→Heiligung), entspricht die Abgrenzung gegenüber einer negativ bestimmten (von Gott abgefallenen) »Welt«. Kimbanguisten verstehen sich als Herausgerufene aus dieser Welt, auch wenn die EJCSK verstärkt in diese hineinwächst.

*Lit.: S. Asch:* L'Eglise du Prophnete Kimbangu, Paris 1983. – *K. Diangienda:* L'Histoire du Kimbanguisme, Kinohasa 1984. – *W. MacGaffey:* Modern Congo Prophets, Bloomington 1983. *M.-L. Martin:* Kirche ohne Weiße, Basel 1971. – *W. Ustorf:* Die kimbanguist. Bewegung in Belgisch-Kongo und Zaire, in: *R. Hanisch (Hg.):* Soziale Bewegungen in Entwicklungsländern, Baden-Baden 1983.

*Werner Ustorf*

**Kind, Kindheit**

*A.* Das von der schwed. Schriftstellerin Ellen Key im Jahre 1900 in ihrem gleichnamigen Buch heraufbeschworene *»Jh. des K.es«* ist insofern Wirklichkeit geworden, als das K. zumindest zeitweise im Mittelpunkt des öffentl. Interesses stand. Hinzu kam eine breitgefächerte wissenschaftl. Forschung (u.a. →Psychologie, →Pädagogik, →Soziologie, →Medizin, →Rechtswissenschaft).

*I.* So erscheint die *Rechtsstellung* des K.es seit den 20er Jahren zunehmend durch Gesetze gefestigt, die sein persönl. Wohl direkt oder zumindest im Kontext festschreiben. Wichtige Stationen sind z.B. die Reichsgesetze über die »Rel. K.ererziehung« (1921) und »Jugendwohlfahrt« (1922) sowie in der Bundesrepublik Deutschland die Gesetze über »Gleichberechtigung« (der Eltern, 1957), über die »Stellung der nichtehel. K.er« (1969), zur »Reform des Ehe- und Familienrechts«, zur »Adoptionsvermittlung« (beide 1976). Schließl. gehört dazu die Neuregelung des »Elterl. Sorgerechts« (1979) im Bügerl. Gesetzbuch (vgl. bes. §§ 1618a, 1626ff).

*II.* Dieser Verbesserung äußerer Rahmenbedingungen steht eine *Entwicklung* entgegen, die u.a. durch einen deutl. Rückgang der Heirats- und Geburtenquote, durch die Zunahme von Ehescheidungen gekennzeichnet ist. Sie ist oft Ausdruck *gesteigerter* und nicht mehr erfüllbarer *Anforderungen,* die über →Schule und Arbeitswelt auf die →Familie eindringen. →Aggressionen und →Gewalt gegen K.er sind häufig die Folgen. Der Dt. K.erschutzbund (gegr. 1953) nimmt sich u.a. dieser Problematik an. *Reformen* in der Familien-, Steuer-, Wohnungs- und Sozialpolitik erscheinen von daher gesehen *notwendig.* Da die Kleinfamilie mit ein bis zwei K.ern inzwischen die Regel geworden ist, ergeben sich zudem bes. Probleme der →Sozialisation. Das Einzelk., das auf Geschwister verzichten muß, hat sich gegenüber seinen Eltern allein durchzusetzen und sucht entspr. außerfamiliäre Kontakte.

Hinzu kommen grundsätzl. *Strukturveränderungen in der Gesellschaft.* Die seit der →Aufklärung propagierte und unter dem Einfluß der Humanwissenschaften weitgehend verwirklichte Eigenständigkeit des K.es schwindet heute zunehmend. Ein ausgedehntes →Medien-, →Konsum- und →Freizeitangebot hat die Grenzen zwischen Erwachsenen und K.ern weitgehend verwischt. Das K. hört, sieht und weiß heute mehr, als dies etwa noch vor zwei Jahrzehnten der Fall war. Dabei erscheinen ihm die Erwachsenen oft hilf- und ratlos. Die Klagen über das »Verschwinden der Kindheit«, den Verlust der Geborgenheit sind allgemein und vehement, ohne daß sie bislang die Lage hätten ändern können. Statt dessen könnte sich ein neuer *partnerschaftl. Umgang* der Generationen miteinander anbieten (H. Giesecke), in dem der neue Status des K.es akzeptiert wird.

*III.* Die äußere Not der K.er in verschiedenen Teilen der Welt führte bereits 1946 zur Gründung von *UNICEF* (United Nations International Children's Emergency Fund), einer Entwicklungsorganisation der UNO (dt. Komitee in Köln), die seitdem konkret und gezielt Hilfsmaßnahmen durchführt.

*B.* Bereits in der Antike kommt es – bei im ganzen wenig ausgeprägten und differenzierten Sozialformen der K.heit – zu einer myth. *Verklärung des K.es.* So erscheint z.B. in der 4. Ekloge des Vergil (40 v. Chr.) ein K. als Träger und Garant des Goldenen Zeitalters. In »Momo« (1973), einem romant. Märchen des 20. Jh.s, ist es wiederum ein K., das die heillos, von »grauen Herren« beherrschte Welt rettet. *Im NT* (Mt 18,3) wird das K. zum Symbol des vertrauenden und gläubigen Menschen schlechthin. Die kath. und ev. Theologie haben es jedoch erst verhältnismäßig spät (im 20. Jh.) wiederentdeckt. In Anlehnung an allg. entwicklungspsycholog. Erkenntnisse gilt heute in der *rel. Sozialisationsforschung* die K.heit in ihren verschiedenen Phasen als konstitutiv für späteres rel. Verhalten, für →Glauben oder Nichtglauben.

*Lit.: Ph. Ariès:* Geschichte der K.heit, München 1978. – *H. Giesecke:* Das Ende der Erziehung. Neue Chancen für Familie und Schule, Stuttgart 1985. – *E. M. Johansen:* Betrogene K.er. Eine Sozialgeschichte der K.heit, Frankfurt/M. 1978. – *J. Martin/A. Nitschke (Hg.):* Zur Sozialgeschichte der K.heit, Freiburg/München 1986. – *V. Pakkard:* Verlust der Geborgenheit. Unsere kinderkranke Gesellschaft, Frankfurt/M./Berlin 1986. – *N. Postman:* Das Verschwinden der K.heit, Frankfurt/M. 1983. – *H.-G. Rolff/P. Zimmermann:* K.heit im Wandel. Eine Einführung in die Sozialisation im K.esalter, Weinheim/Basel 1985. – *J. Zimmer (Hg.):* Erziehung in früher K.heit (Enzyklopädie Erziehungswissenschaft Bd. VI), Stuttgart 1984.

*Gerd Bockwoldt*

**Kindergarten**

*A.* Die *Einrichtung* von Kindergärten setzt die Entdeckung der Kindheit als einer in entwicklungspsycholog. Hinsicht eigenständigen Lebensphase voraus. Unstreitig mit dem Namen *F. Fröbel* (1782-1852) verbunden, wurde seit Mitte des 19. Jh.s der K. idealtyp. als *elementare Bildungsstätte* konzipiert. Das Lehnwort im Angelsächsischen indiziert seine allg. kulturelle Bedeutung, die auf die Ablösung traditionell sozialpfleger. bzw. karitativer Auffassungen hinausläuft. Fröbels hoher Anspruch, mit dem er entspr. Vorstufen (J. F. Oberlin im Elsaß, Ende des 18. Jh.s, Th. Fliedner im Rheinland, R. Owen in Schottland, beide Anfang bzw. 1. Hälfte des 19. Jh.s) aufnahm und zugleich überwand, ist ebenso auf die Mitwirkung der Mütter und Frauen angewiesen, wie er sich gegen eine verfrühte Intellektualisierung richtet. Spiel und kindl. Gestalten anhand einfacher Formen (Kugel, Würfel, Linie, Fläche, Punkte) sollen in zweckfreier Weise der Welterfahrung und der »Lebenseinigung«, d.h. der Harmonie von →Kind und Erwachsenen, dienen. Damit aber war von vornherein eine Diskrepanz zu den gesellschaftl. Realitäten gegeben. Die Vereinnahmung des K.s durch utilitarist. Ausbildungskonzepte ist die ständige Herausforderung bis in die Gegenwart. Insofern ist der K. auch stets Gegenstand *reformpäd. Bemühungen* im In- und Ausland.

*B.* Die *gegenwärtige Situation* in der Bundesrepublik Deutschland zeigt ein differenziertes Bild. Vom eigentl. K. sind inhaltl. und organisator. zu trennen *Kinderhorte,* das sind Tagesstätten und Heime für Kinder im Pflichtschulalter. Sie haben eine familienergänzende, notlindernde Funktion. Ähnl. verhält es sich mit den *Schulkindergärten* sowie den Anstalts- und Sonderkindergärten für Kranke und Behinderte. Bei *Kinderkrippen* – vornehml. in Großstädten und Ballungsgebieten – handelt es sich um ganztägige Heime für Säuglinge und Kleinkinder im Alter von 6 Monaten bis zu 3 Jahren. Ihrem sozialpfleger. Wert stehen Negativa, wie Deprivation (Entzugserscheinungen), Hospitalismus und Sterblichkeit, gegenüber, denen mit institutioneller Entflechtung (kleine Wohneinheiten) und päd. Zuwendung (Tagesmütter) inzwischen relativ erfolgreich begegnet wird.
Die sog. *Kinderläden,* eine Nebenerscheinung der Studentenbewegung (seit 1967), sind soziol. und ideolog. bes. strukturiert. In zumeist angemieteten, leerstehenden Läden vollzieht sich in der Regel eine auf freiwilliger Basis beruhende antiautoritäre Erziehung, der oft gesellschaftskrit. Züge eignen.

*C.* Mit dem Strukturplan für das Bildungswesen (1970) und dem Bildungsgesamtplan (1973) als einer alle Bereiche umfassenden Gesamtkonzeption wurde dem K. eine wesentl. *Funktion im Elementarbereich* zugesprochen. Unter dem Gesichtspunkt des frühen Lernens innerhalb eines solchen lebenslangen Prozesses bzw. Curriculums wurde auf eine kompensator., Sozialverhalten intendierende, bewußt vom Reifevorgang sich unterscheidende Erziehung abgehoben. Funktionell auf Entlastung der →Eltern (bzw. der →Familie) und Förderung der Kinder (Bildungschancen für alle) ausgerichtet, sollte der K. neu organisiert werden. Er erfaßte nur noch die 3- bis 4jährigen, bei fortschreitender Entwicklung des K.wesens allerdings bis 1985 75% dieser Altersgruppe. Als realisierbar galten die Forderungen nach einem quantitativen und qualitativen Ausbau, d.h. nach einer intensiveren erzieher. und ärztl. Betreuung (u.a. kleinere Gruppen) und einer anspruchsvollen materiellen Versorgung mit Spiel-, Musik- und Sportgeräten. Daß 75% aller Kindergärten von der freien Wohlfahrt getragen wurden, blieb dabei vorausgesetzt. Die auf Kontinuität angelegte Förderung aller Kinder gipfelte schließl. in der umstrittenen Forderung nach einer Vorverlegung des Einschulungsalters (5 Jahre).

*D.* Angesichts der gesteigerten Erwartungen an die Institution K., was die kognitiven, emotionalen und sozialen Lernziele angeht, erfuhr auch das *Berufsbild* der Kindergärtnerin eine Veränderung. Zur Ausbildung gehörten fortan Entwicklungs- und Lernpsychologie, Gruppendynamik, päd. Ziellehre, Curriculumtheorie, Sozialisationsforschung, Familiensoziologie, Theorie der sozialen Schichtung, Familien- und Jugendrecht sowie möglichst auch Grundkenntnisse in Krankenpflege und Medizin. Insofern wurde die viersemestrige Fachschulausbildung durch das dreijährige Studium an der Fachhochschule für Sozialpädagogik ersetzt.
Die *aktuelle Situation* ist nach den vielfach hoffnungsvollen Vorstellungen früherer Jahre eher von pragmat. Gesichtspunkten im Rahmen des Nötigen und Möglichen gekennzeichnet.

*E.* Die Kindergärten in *kirchl. Trägerschaft* stehen grundsätzl. allen Kindern offen, auch denjenigen, die einer anderen Religion als der christl. oder gar keiner angehören. Für die rel. Erziehung im Elementarbereich ergibt sich dadurch – zugleich aber auch unter den gewandelten Bedingungen des noch christl. Elternhauses – ein neuer Ansatz, der mit den Prädikaten *situationsorientiert* bzw. *sozialintegrativ* umschrieben wird. In einer Atmosphäre des gegenseitigen Vertrauens lernen Kinder zunächst, aufeinander zu hören, miteinander zu spielen und →Aggressionen abzubauen, werden sie sensibel für das Leben in der →Natur. →Gemeinschaft wird somit grundlegend für jede weitere rel. Erziehung.

*Lit.: Dt. Katecheten-Verein (Hg.):* Arbeitshilfen zur rel. Erziehung und Glaubensunterweisung in Kindergärten und Vorschulklassen, München, 4. Aufl. 1976. – *W. E. Failing/H. B. Kaufmann/E. Sturm:* Situationsansatz und Religionspädagogik, in: Förderprogramm für den K., Heft 3, Münster 1976, 4. Nachdruck 1982. – *W. Grossmann:* K. Eine hist.-systemat. Einführung in seine Entwicklung und Pädagogik, Weinheim/Basel 1987. – *J. Hofmeier:* Rel. Erziehung im Elementarbereich, München 1987. – *H. Rosenau:* Erste rel. Schritte. Die Kleinsten im K. (GTB 669), Gütersloh 1986. – *I. Singer:* Gott im Alltag des K.s. Anregungen und Arbeitshilfen für die Praxis der rel. Erziehung im Elementarbereich, Stuttgart, 3. Aufl. 1982.

*Gerd Bockwoldt*

**Kinder- und Jugendliteratur.** Der Begriff K. und J. umfaßt einen uneinheitl. *Sachbestand.* Er steht erstens für alle Texte, die ausdrückl. für Kinder und Jugendliche (etwa bis 16 Jahre) geschrieben wurden; zweitens rechnen dazu auch jene Schriften, die zwar nicht für diese Altersgruppe bestimmt sind, aber von ihr rezipiert werden; drittens zählt auch die im Schul- und Kirchengebrauch zweckhaft bestimmte Sachliteratur hierzu, wie Lehrbücher und Kinderbibeln. Die Unterscheidung zwischen Kinderbuch und Jugendbuch unterliegt keinem Konsens und reicht bis zur Ablehnung des Begriffs Jugendliteratur. Die Rede von K. und J. darf zudem nicht übersehen lassen, daß Heranwachsende erhebl. abweichende Leseerfahrungen haben und niemals im Gleichschritt durch die verfügbare K. und J. ihren Weg nehmen.

*A.* Die Frage nach der *rel.* K. und J. vereinfacht die Komplexität der Sache nicht. Zu der Vielfalt der literar. Formen und Buchkategorien, welche die K. und J. kennzeichnen, kommt das Problem, welche *Kriterien* ein Kinder- und Jugendbuch als rel. bzw. christl. kennzeichnen. Die Antwort darauf ist kein Sonderproblem der K. und L., sondern betrifft grundsätzl. das Verhältnis von →Literatur und →Religion. Gewiß wird der rel. Charakter eines →Buches nicht bereits durch explizit rel. Themen definiert. Neben Büchern mit offenkundig rel. Inhalten (die kein Urteil über die rel. Qualität des Textes einschließen) gibt es die größere Menge solcher Literatur, deren materiale Inhalte ganz unspezif. sind bei hoher rel. Bedeutung ihres inneren Gehalts. Andererseits bleibt aber auch zwischen rel. und christl. Bedeutsamkeit zu unterscheiden. Ein rel. Kinderbuch wie Astrid Lindgrens »Die Brüder Löwenherz« ist nicht notwendig auch ein christliches.
In der Vergangenheit war es im Bereich der rel. K. und J. üblich, mit einer meist kirchl. bestimmten Thematik bereits das Religiöse oder Christliche eines Buches gegeben zu sehen bei gewöhnl. völliger Mißachtung von *Stil, Form und Qualität.* Wenn jedoch päd. und katechet. Absichten dem sprachl. und bildl. Niveau eines Buches übergeordnet werden, ist der Verfall dieses Literaturbereichs sicher. Fragen der Form sind auch Fragen der Gültigkeit, darum kann es keine bedeutsame K. und J. geben, die in Stilfragen ohne Originalität und Anspruch wäre.

*B.* Rel. bedeutsame Literatur begegnet in allen denkbaren *Gattungen* der K. und L., beispielsweise im *Abenteuerbuch,* im realist. wie phantast. *Kinderbuch,* im *Tierbuch* und in der *Kinderlyrik.* Seit Jahrzehnten fehlen jedoch explizit rel. und christl. *Themen* nahezu völlig in der erzählenden Literatur. Während über den Tod oder über Krieg und Frieden in der K. und L. oftmals nachgedacht wird, unterbleibt beispielsweise die Gottesfrage und erst recht jede weitere Erörterung bibl.-christl. Existenz durchgehend. Gründe dafür mögen in der heutigen Randexistenz des kirchl. begründeten Christentums liegen, auch in der theol. Hilflosigkeit vieler Kinderbuchautoren. Beides zusammen zeitigt eine Sprachlähmung, die zum Verstummen explizit theol. Fragen in der K. und J. führt.
Eine unübersehbare Trivialisierung herrscht dagegen weiterhin im Bereich der rel. *Zweckliteratur,* also unter jenen Büchern, welche die Tradition der alten Erbauungsliteratur fortsetzen, wie auch unter jenen, die zum Zweck der Gebetserziehung, der Familien- und Gemeindekatechese für Kinder und Jugendliche erarbeitet werden. Die katechet. Intention erscheint immer noch zu häufig einer begründeten Sachhaltigkeit und formalen Qualität vorgeordnet, ohne daß die leitende Intention ihrerseits spirituelle Erfahrung einschließt. Allerdings stehen

daneben auch Titel, die neue Maßstäbe anzeigen. – Ein Sonderfall des rel. Buches ist die *Kinderbibel.* Es gibt sie in mannigfachen Ausgaben, doch fehlen Untersuchungen über die didakt. Möglichkeiten (→Didaktik), Grenzen ihrer Sprachgestalt und ihrer Übersetzung ins Bild.
Insgesamt erweist sich im Bereich der didakt. zweckgerichteten rel. K. und L. der jeweils vorausgesetzte Maßstab der *Kindgemäßheit* als verengend und für eine spätere Wiederbegegnung mit dieser Literatur abträglich. Rel. K. und L. sollte nie so zweckgerichtet sein, daß sie sich im vermeintl. Horizont der jeweiligen Bezugsgruppe erschöpft. Ohne ein didakt. unverrechenbares Darüberhinaus an Bedeutung und Phantasie, das auch späteren Erfahrungen noch Bewegungsfreiheit läßt, bleibt die angenommene Kindgemäßheit ein Hemmschuh, der langfristig öfter Schaden bringt, als daß er geistigen und rel. Auftrieb fördert. Zum Thema vgl. auch →christl. Literatur und →Comic.

*Lit.: G. Haas (Hg.):* K. und J. Zur Typologie und Funktion einer literar. Gattung, Stuttgart, 3. Aufl. 1983. – *P. Härtling (Hg.):* Helft den Büchern, helft den Kindern! Über Kinder und Literatur, München 1985. – *R. Jacobi (Hg.):* Kinderbuch und Religion, Regensburg 1979. – *J. Rabl:* Religion im Kinderbuch. Analyse zeitgenöss. Kinderliteratur unter rel.-päd. Aspekt, Hardebek 1983 (Lit.). – *J. Rabl (Hg.):* Rel. Kinderliteratur, München/Mainz 1981. – *A. Werner (Hg.):* Es müssen nicht Engel mit Flügeln sein. Religion und Christentum in der K. und J., München/Mainz 1982.

*Hubertus Halbfas*

## Kirche

### *A. Begriff und Unterscheidungen*

*I.* Die lange Geschichte von K. und →Ekklesiologie hat hat eine vielschichtige *Bedeutung des Begriffs K. und seiner Verwendung* entstehen lassen. K. bezeichnet die Gemeinschaft von (oder der) an →Jesus Christus Glaubenden (lat.: »communio fidelium«). Der Begriff leitet sich ab vom griech. »kyriake« (dem Herrn gehörende, Herren-[Versammlung]) und ist die Übersetzung des griech., in das Lat. übernommenen »ekklesia« (»herausgerufene« Versammlung), das seinerseits die Übersetzung des hebr. »kahal« (Gemeindeversammlung) darstellt. Im Begriff selber ist nicht der Anspruch enthalten, die einzige, wohl aber *öffentl. Gemeinde* Gottes zu sein. Er erhält im NT die dreifache Bedeutung von Hausgemeinde (häusl. Versammlung), örtl. Gemeinde (z.B. »K. von Korinth«) und universaler Gemeinde. Die Bedeutungen gehen im Gebrauch ineinander über. Von Fachleuten wird der Begriff oft singular. in einem *normativ* universalen Sinn verwendet. »Die K.« bezeichnet dann die in Gottes Geist weltweit umfaßte Gemeinschaft der an Christi →Auferstehung Glaubenden und Getauften (→Taufe, →Kirchenmitgliedschaft), die sein Wort hören und sich um seinen Tisch versammeln (→Abendmahl). K. kann aber auch mit einer →*Konfession*, Denomination oder Konfessionsfamilie ident. sein (z.B. →Baptisten, →Luthertum, →reform. oder →orthod. Kirchen, →Landeskirchen). In diesem Fall kann von »K.n« im Plural gesprochen werden.
Wenn sich eine Glaubensgemeinschaft selber K. nennt, erhebt sie in der Regel damit den *Anspruch*, den christl. Bedingungen einer vollgültigen K. zu entsprechen. Aus diesem Grunde sollte der Begriff der →Sekte wegen seines abwertenden Charakters nicht verwendet werden, solange er nicht streng mit soziol. Kriterien abgegrenzt und wertfrei ist. Gemäß offizieller Sprachregelung sprechen kath. Theologen bisweilen von »kirchl. Gemeinschaften« (so das 2. Vat. Konzil), wenn sie auf die (vermeintl.) Mängel von gültigem →Amt, apostol. Nachfolge (→Apostel) und →Sakramenten (insbes. des →Abendmahls und →Priestertums) hinweisen wollen.
Zu unterscheiden ist der Begriff der K. vom Begriff der →*Gemeinde*, der den Akzent stärker auf die überschaubare oder örtl. begrenzte Gemeinschaft legt. Er wird in den reformator. und nachreformator. K.n oft gleichbedeutend mit K. verwendet. Zu unterscheiden sind ferner K. und →*Christentum*, das auf die Gesamtheit der an Christus glaubenden K.n und Gemeinschaften in ihrem Gegensatz zu anderen Religionen verweist, zugleich aber auch zum Oberbegriff eines kirchl. und eines nichtkirchl. verfaßten Christentums geworden ist.

*II.* K. kann als hist., als sozial verfaßte und als auf den christl. →Glauben bezogene Größe, also aus *hist., soziol. oder theol. Perspektive* behandelt werden. Die verschiedenen Behandlungen schließen einander nicht aus, führen aber u.U. zu verschiedenen, einander kritisierenden Ergebnissen. Während die systemat.-theol. Fächer ihre Problemstellungen weitgehend hist. und inzwischen auch mit ideologiekrit. Methoden aufarbeiten, hat sich vornehml. die →Prakt. Theologie sozialpsycholog. und soziol. Methoden zugewandt. K. stellt theol. einen der interessantesten und komplexesten Begriffe und Themen dar, weil K. als der Ort gesehen wird, an dem der Glaube an Jesus Christus sich bildet, und in dem dieser Glaube sich zugleich als sozial und hist. konkretisierte Gestalt und unter veränderten Bedingungen immer neu verwirklicht (→Ekklesiologie). Im Gespräch der Konfessionen ist die Frage anhängig, welchen Stellenwert die K. gegenüber der ursprüngl., im Evangelium vermittelten Botschaft einnimmt.

### *B. Die Urgemeinde: Nachfolge und Ermächtigung*

*I.* Für ein christl. Selbstverständnis hängt die hist. Legitimität der K. in erster Linie davon ab, ob und wie sie mit *Jesus von Nazaret* selber begonnen hat. Der Gestalt der Urgemeinde wurde immer eine normative, wenn auch hist. zu relativierende Bedeutung zuerkannt. Zugleich berufen sich die K.n darauf, daß Jesus Christus als der Auferstandene in ihnen gegenwärtig sei, sie also zum Handeln in seinem Namen ermächtigt. Wie also ist dieses Verhältnis von ursprüngl. Norm und eigener Kreativität zu bestimmen?

*1.* Jesus sammelt als Wanderprediger eine Gruppe von Frauen und Männern um sich und will angesichts der Erwartung der Endzeit (→Eschatologie) die endgültig berufene Gemeinschaft beginnen (→Nachfolge). Das Reich Gottes ist jetzt schon »verborgen« anwesend und bleibt eine der zentralen Metaphern, an der sich K. bis heute identifiziert. Nicht unjüd., aber für etablierte, die →Tora im Sinne der Bestandserhaltung von sozialer und staatl. Ordnung auslegende Gruppen provokativ ist die *Gemeinschaft des besitzlosen Jesus*, weil sie sich Randgruppen öffnet, denen Jesus die Freude des Reichs ankündigt (→Bergpredigt) und gegenüber denen er Gottes vorbehaltlose Vergebung praktiziert, die dem Anspruch zu moral. gutem Verhalten vorausgeht. Mit ihnen und seinen Jüngern will er selber Gemeinschaft teilen (→Abendmahl, Eucharistie). Diese gemeinschaftl. Struktur und Praxis ist der K. als verbindl. Element geblieben.

*2.* Jesus ist mit prophet. Anspruch aufgetreten und wurde in frühester Zeit auch als der *Prophet der Letztzeit* verstanden (E. Schillebeeckx). Im Zuge prophet. Tradition ist er in Verhalten und Lehre bereit, die Tora »um des Menschen willen« krit. auszulegen. Paradigmat. Situationen (Heilungen am →Sabbat, Kritik am Reinheitsgesetz und an der Ehescheidungspraxis) sind in der Erinnerung der K. geblieben.

*3.* Zum Zeichen des endzeitl. wiedervereinigten zwölfstämmigen Israel hat Jesus einen Kreis von *zwölf Repräsentanten* eingesetzt. Darin symbolisiert er den Ernst der Stunde, nicht einer zu kontinuierenden Institution. Zwar sieht er angesichts der Erfolglosigkeit seiner Predigt und der Verhärtung seiner Gegenspieler seinem Scheitern und Tod bewußt entgegen; doch für eigentl. im hist. Sinn kirchengründende Akte gibt es keinen Anhalt. Kern und kontinuierendes Element der späteren Gemeinschaft bleibt die Erinnerung an ihn selber. Die *kirchenstiftende Wirkung* von Leben, Tod und Ostererfahrungen ist unbestritten.

*II.* Der Beginn der K. wird theol. auf →Ostern oder die Geistausgießung von →Pfingsten datiert. Diese zuspitzenden Deutungen sollten nicht den Blick auf die *Kontinuität mit der Gemeinschaft* der von Jesus gerufenen Jünger verdecken. Sie war nie grundsätzl. unterbrochen. Der Schock der Tötung Jesu aber, schärfste Belastung für das Vertrauen der Jünger auf Jahwe, bereitet jene Durchbruchserfahrungen vor, die mit der neuen gegenseitigen Kontaktaufnahme der Jünger und der Erfahrung einhergeht, daß Gott seinem »Sohn« und »Messias« auch im Tod die Treue gehalten und so ihm das endgültige Leben gegeben hat.

*1.* Neu an Ostern ist, daß die Jünger Jesus als ihren Herrn *in ihrer Mitte* wissen. Diese für sie »im Geist« verbürgte Gegenwart bestimmt bleibend die rel. Identität der K. Damit ist allerdings ein Selbstbewußtsein verbunden, das – zum Erstaunen zumal der Judenchristen – vom Judentum als Ganzes nicht akzeptiert wird. Die K. nennt Abraham den Vater ihres Glaubens. Zugleich behauptet sie, daß ausgerechnet im als jüd. Ketzer verurteilten Jesus die Welt erlöst sei, und beansprucht in einem gefährl. mißverständl. Satz, sie sei, das Neue Jerusalem, die Gemeinschaft des Neuen →Bundes, nennt später gar ihre eigene, ganz von der Bibel lebende Sammlung hll. Schriften »Neues« Testament. Ein Zwist konnte nicht ausbleiben, dessen unverdaute Spuren sich erst im 20. Jh. in voller Schärfe entladen (→Holocaust).

*2.* Die grundlegendste Figur zur Interpretation frühkirchl. Selbsterfahrung ist der Bericht von der *Ausgießung des →Hl. Geistes* (→Pfingsten). Dadurch ist nicht nur angezeigt, daß die frühe Gemeinde – trotz der Erfahrung des ausbleibenden Reiches im Tode Jesu – auf das Kommen des Endes wartete (→Eschatologie), sondern zugleich mit dem *Anspruch* auftrat, das der ganzen Welt angebotene →Heil benennen und mitteilen zu können. K. versteht sich deshalb als Umkehr der babylon. Sprachverwirrung, in der alle Völker einander wieder verstehen. Sie versteht sich zugleich als das Jerusalem, zu dem die Völker jetzt wallfahren, um des Heils ansichtig zu werden. Durch die Berichte von Jesus weiß sie sich zu je neuer Realisierung des Gottesreiches ermächtigt.

*C. Geschichte: Geltung, Wahrheit, Reform*

Die Geschichte der K. umfaßt den in ihrer Spannweite und Vielfalt kaum zu übersehenden, seit Eusebius von Caesarea (gest. 339) vorwiegend als die *Geschichte von Großk.n* und gestärkten Institutionen, von ins Recht gesetzten Konfessionen und widerlegten Abtrünnigen, von Amtsträgern und erfolgreichen Theologen beschriebenen Zeitraum von über 1900 Jahren. In teils kirchenkrit., teils kirchenreformer. Absicht sind in den vergangenen Jahrzehnten angesichts der kirchl. Erfolgsgeschichte die *Geschichte der Unterlegenen* und der von der Nachwelt ins Unrecht Gesetzten, angesichts des kirchl. Heilsanspruchs die Geschichte der Marginalisierung, von →Gewalt und →Fanatismus, angesichts des christl. Wahrheitsanspruchs die Geschichte der Irrtümer, der kulturellen Begrenzungen und imperialist Tendenzen zum Gegenstand des Interesses geworden. Diese *zwiespältige Vergangenheit* ist selbstkrit. zur Kenntnis zu nehmen. Größe und Grundproblem der K.n bestehen darin, daß sie sich im Namen Jesu auf die soziale Realisierung und Gestaltung eines auf Gottes Reich zielenden Sinnsystems einläßt. Die K.n sind wiederholt an drei Problemfeldern gescheitert.

*I.* Auf Grund der Eigenart der christl. Botschaft (→Eschatologie, →Jesus Christus) beanspruchen die K.n *öffentl. Geltung.* Das bedeutet Mitsprache bei der Gestaltung des öffentl. Staats- und Gesellschaftswesens, bei der Bildung von kulturellen Normen und Werten sowie beim Streben nach

Durchsetzung der damit verbundenen Interessen, d.h. dem *Bedürfnis nach Macht.* Der ost- und weström. K. der Spätantike ist solche Macht (→Konstantin. Wende) ebenso zugefallen wie der K. des →MA.s, die u.a. an den damit gegebenen Belastungen und Entfremdungen auseinandergebrochen ist. Von der christl. Botschaft her ist Macht nicht verwerflich. Zu stellen ist aber die Frage, zu wessen Gunsten diese Macht eingesetzt wird, normbildend wirkt und inwieweit K. den ihr einwohnenden entsubjektivierenden und unterdrückenden Tendenzen erliegt. Es kommt darauf an, daß die K. die ihr mitgegebene *Grunderfahrung äußerster Ohnmacht,* also der Todestendenz selbstbezogener Macht, nicht verdrängt.

*II.* Die christl. Botschaft beansprucht in der Kraft des Geistes, *endgültig wahre,* sozial konsensfähige und – bei angemessener Lebenspraxis der Christen – glaubwürdige *Botschaft* zu sein. Das bedeutet Selbstverständigung über Gestalt und Inhalt der Botschaft, zu der sich dann eine kirchl. Gemeinschaft und die Gesamtheit der K.n stellt (→Bekenntnis, →Glaube). Im Blick auf die öffentl. Geltung bedeutet das auch den Versuch, diese Aussagen in ihrem gegenseitigen Zusammenhang und gegenüber einer nichtkirchl. Öffentlichkeit zu verantworten (→Lehre, →Theologie, →Apologetik). Diese Aufgabe bestimmte die Geschichte der K. wesentlich und hat zu einem umfassenden, stets weitergeführten *Wissen und Reflexionspotential* geführt. Vom Standpunkt des Glaubens ist dagegen nichts einzuwenden. Das Problem liegt aber in der Frage, ob diese Wahrheit in ihrer kirchl. gewachsenen Gestalt →Kommunikation über Welt und Mensch eröffnet oder erschwert. Christen kann und konnte es nicht an einer K. liegen, welche die Tendenz des Wissens zur Selbstbestätigung verkennt und die elementare Grundstruktur rel. Erzählens der Klage und – angesichts äußersten Scheiterns – des *vorläufigen Schweigens* nicht verdrängt.

*III.* Eine als Macht mißbrauchte Wahrheit und eine als Wahrheit präsentierte Macht haben die K.n geprägt und wiederholt zu grundlegenden *Rückfragen nach der eigenen Identität,* zu wirksamen Phasen des Protests, der Reform und des Konflikts geführt (→Orden, →Franz von Assisi, →Reformation, →ökumen. Bewegung). Die →Kirchenspaltungen zwischen Ost und West, die ungezählten Abspaltungen und die Entstehung immer neuer Denominationen weisen aber darauf hin, daß es in geschichtl. oft großer Tragweite nicht mehr gelang, geschichtl. Realisierungen des Glaubens zu überprüfen und an ihren Ursprung zurückzubinden. Selbstbestätigung, *Instrumentalisierung* der christl. Botschaft für die entfaltete Wahrheitsgestalt, der Wahrheit für die errungene und verselbständigte Macht, der Macht für die zur Selbstrepräsentation überhöhten öffentl. Geltung lehrten, innere und äußere Kritik als Ungehorsam gegen Christus und Untreue gegenüber der Glaubensgemeinschaft zu denunzieren. So liegen die Sorge um die eigene, in der Botschaft begründete Identität und der Egoismus reiner Selbsterhaltung nahe beieinander.
Paradigmat. wird das Problem in der →Reformation ausgefochten. Als Prinzip der Kirchenreform ist *M.* →*Luthers Position* nicht überholt. Er versteht die K. als »creatura verbi« (Schöpfung des Wortes), in der »das Evangelium rein gepredigt« wird. Inneres Kriterium dafür ist der Glaube als vorbehaltloses →Vertrauen auf Gott selbst. Dieses Prinzip erzwingt auf die Dauer nicht nur die Relativierung kirchl. Strukturen und die Neugestaltung der theol. Reflexion, sondern auch – in der nun einsetzenden Konkurrenzsituation zwischen den Konfessionen – die permanente *gemeinsame Rückfrage* nach den wahren Ursprüngen des Glaubens. Sie ist die in der →Neuzeit einzig angemessene Reaktion auf das Problem einer geschichtl. verfaßten, an ihrer Aufgabe immer neu scheiternden K.

*D. Grund und Zweck der Kirche*

Identität und Sinn von K. sind heute in dreifacher Weise in Frage gestellt. Zum einen besteht keine Einigkeit mehr über die *wahre Gestalt* des kirchl. verfaßten Christentums. Zum andern besteht angesichts wachsender gesellschaftl. Differenzierung keine Einigkeit mehr darüber, ob und wieweit das *Christentum* überhaupt kirchl. verfaßt sein muß. Schließl. werden die Geltungsansprüche von K. und Christentum in der Öffentlichkeit entprivilegiert als Wahrheitsangebote unter anderen wahrgenommen und damit der prinzipiellen *Marktsituation* der Neuzeit unterstellt. K.n stehen damit vor der Aufgabe, sich elementarer denn je der ursprüngl. Botschaft zu stellen und sich dadurch vom Zwang permanenter Selbstbestätigung zu befreien.

*I.* Die Gemeinschaft der Glaubenden hat sich an Botschaft und Lebenspraxis Jesu von Nazaret zu messen. Die K. war immer davon überzeugt, daß sie vom Geist Christi gehalten sei. Andererseits war auch immer unbestritten, daß die K. ihr *Maß nicht in sich* selber hat, sondern in Jesus, den sie als ihren Christus bekennt. Die Geschichte ihrer Erfahrung wird weitergegeben. K. lebt als *Erzählgemeinschaft* weiter; allein dieses Erzählen von Jesus verhindert, daß sie ohne Vorbehalt und Korrekturmöglichkeiten auf ihre eigenen Theoriebildungen und Verhaltensweisen zurückfällt.
Zugleich steht die K. als *Provisorium* unter der Herrschaft Gottes (H. Küng), kann sich also *nicht als Selbstzweck* bestimmen. Sie war immer davon überzeugt, daß die Zukunft Gottes in ihr beginne, die sakramental orientierten K.n (die in Liturgie und Sakramenten die Gabe des Heils unmittelbar gegenwärtig sehen), so aber auch die K.n der Reformation, für die – bei aller Funktionalität der kirchl. Gestalt – im →Wort Gottes Gegenwart selber beginnt. Andererseits gehört es zur kirchl.

Urerfahrung, daß Jesus »für die vielen« gestorben ist. Die K. ist also auf die Zukunft sowie die Gesellschaft und Menschheit als Ganzes bezogen. Dazu gehören die Distanz gegenüber ihrer eigenen Beschränktheit wie eine Weltkritik, die nur in unbedingtem Glauben an Gottes große Möglichkeiten mit der Menschheit wurzeln kann.

*II.* In dieser Spannung hat die Ekklesiologie immer wieder versucht, den *ungreifbaren Kern* zu besprechen, der sich ihr in rel. Erfahrung der christl. Botschaft zeigt. K. bestimmt sich aus einer doppelten Wurzel: der normativen des auf Gott gerichteten Glaubens und der fakt. konkreter Institutionalisierung und Alltagserfahrung. Dies hat in der Geschichte der K. zu vielen Nuancierungen und Verhältnisbestimmungen geführt. So trat neben die gegenwärtige K. Jesu Christi schon früh die präexistente K. (2 Klem 14), neben die Versammlung der Gläubigen die Zahl der Vorherbestimmten (→Calvin, →Prädestination), neben die sichtbare die verborgene, eigentl. wahre K. (→Luther), neben die hier und jetzt »streitende« die »leidende« und die »triumphierende« K., also die Gemeinschaft der Heiligen.

*III.* Angesichts dieser Spannungen aber ist die Problemrichtung auch umzukehren: Wenn Christen die Funktionalität, die Gebrochenheit und das permanente Versagen ihrer K.n erkennen, warum haben ausgerechnet sie *das Recht*, ihre Glaubensgemeinschaften als die von Gott erwählte K. zu definieren? Diese Kernfrage aller kirchl. Gemeinschaften kann nur von einer gemeinsamen Glaubenserfahrung her positiv beantwortet und – je nach gelingender Lebenspraxis – glaubwürdig belegt werden:
*1.* Das Bekenntnis zu Jesus Christus scheint auch außerhalb der K.n möglich, aber es hat eine unmittelbar kirchl. Dimension. Denn wer einigermaßen konkret davon überzeugt ist, daß Jesus Christus hier und jetzt gegenwärtig ist, der muß sich zugleich der Möglichkeit stellen, daß *Christus durch Menschen* wirkt, die ihn bekennen und gemeinsam zu seiner Nachfolge bereit sind. Das Kirchliche an der Glaubensgemeinschaft ist also die »geschichtliche Bleibendheit Christi« (K. Rahner, 313). Nimmt man hinzu, daß Gott als Geist wirksam ist, dann gründet jedes Bekenntnis zur Kirchlichkeit einer Glaubensgemeinschaft im *Glauben an den Hl. Geist.* »Die K. glauben« (so die klass. Formulierung des Glaubensbekenntnisses) heißt dann: sich vorbehaltlos darauf einlassen, daß Gottes Reich »in der Kraft des Geistes« (J. Moltmann, 1975) durch eine gemeinsame christl. Lebenspraxis beginnen kann. Der Inhalt dieser Erfahrung ist auf seine innere Stimmigkeit und prakt. Rationalität hin zu überprüfen und dem Urteil der Menschen guten Willens auszusetzen (1 Petr 3,15).
*2.* In dieser Erfahrung liegt *das »Geheimnis«*, das streng theol. »K.« (im Singular) genannt wird, das die Gemeinschaftserfahrung als solche sprengt und unvermittelt auf Gottes Gegenwart verweist. K. ist also – nach der Metapher des →Sakraments umschrieben – ein »Zeichen, dessen Vollzug über sich hinaus, auf Gott selbst verweist« (K. Rahner, 134). Mit dieser Spitzenaussage zum K.nverständnis ist aber eine Grenze erreicht, die im kath. und orthod. Raum akzeptiert, im ev. Raum aber mit großer Zurückhaltung aufgenommen wird. Der Verdacht des Heilsmonopols (»außerhalb der K. kein Heil«) steht gegen den Verdacht der unangemessenen Funktionalisierung. Diese Differenz prägt noch immer den unterschiedl. Zugang zur Wirklichkeit der K. und ist als Reaktion auf eine unversöhnte Vergangenheit zu begreifen, die nur von neuen gemeinsamen Erfahrungen her überwunden werden kann.

### *E. Kritik und Reform*

*I.* Die Gesellschaftswissenschaften können zeigen, daß keine Gemeinschaft Kontinuität erreicht ohne ein *stabiles Muster* von Wollen, Aufgaben, gemeinsamen Handlungen, kurz: Institutionen. Stabile Gemeinschaften aber haben Sinn, weil und sofern die →Freiheit des Individuums nur innerhalb ihrer konkret werden kann (M. Kehl). Die Geschichte des Problems zeigt aber auch, daß die Frage nach der *legitimen Gestalt* der kirchl. Institutionen in keiner schlüssigen Systematik beantwortet werden kann (→Amt, →Kirchenverfassung, →Hierarchie, →Sakramente, →Abendmahl); denn es geht immer um das Ganze der K. in ihrem geschichtl. Prozeß. In krit. Absicht etwa gibt die luth. Tradition *Mindestbedingungen* an: Evangeliumsverkündigung und Sakramentsverwaltung (Confessio Augustana VII). Die *Fähigkeit zu →Frieden* und einer solidar. Lebensform sind heute hinzuzufügen. Das Glaubensbekenntnis kennt die klass. vier »Kirchenattribute«, die von ökumen. Bedeutung sind: Die K. sei eine (→ökumen. Bewegung), →heilig, →kath. und apostolisch (→Apostel). Auch diese Merkmale stehen in der Spannung dessen, was in der K. verwirklicht werden kann und noch nicht eingelöst ist.
Gemäß Eph 2,20 gründet die K. auch auf den *Propheten.* Ihre Aufgabe ist es, die Gegenwart als Herausforderung zu entdecken. Die K.n sind in der westl. Kultur dabei, ihre gesellschaftl.-integrative Funktion zu verlieren. So erfahren sie das Reich Gottes wieder intensiv als eine außerhalb ihrer stehende Größe, an deren Nähe auch Nichtchristen arbeiten. Diese Schwierigkeit ist in der Gegenwart die Chance einer jeden Glaubensgemeinschaft. Denn ihre eigene Ursprungssituation (die »kleine Herde«, Lk 12,32) samt deren eschatolog. Erbe (Glaube als Exodus) und existentieller Herausforderung (→Märtyrer) rückt wieder in den Mittelpunkt. So wird die Heiligkeit zur Frage nach Gottes befreiender Macht; die Katholizität zur Frage nach weltweiter Solidarität; die Apostolizität zur Frage nach der Kraft christl. Inspiration; die Einheit zur Frage nach kirchl. Friedensfähigkeit. Nur eine Gemeinde, die die Nöte der Menschen und

ihrer Welt teilt, kann die Kraft des Glaubens auch wirkl. erfahrbar machen.

*II.* Erneuerungsbewegungen haben in allen K.n eingesetzt. Ortsk.n sind an vielen Orten zum Subjekt ihrer Gemeinschaft geworden. Dieser Reformimpuls hat weltweit zur Bildung von Gemeinden geführt, die in sozialem Engagement zu neuer Kreativität in Verkündigung und Nachfolge gekommen sind (→Basisgemeinden). Die christl. *Würde der Unterdrückten* selber kommt zur kirchenbildenden Geltung (→Armut, →Befreiungstheologie, →schwarze Theologie). Unabdingbar bleiben deshalb einige Grundforderungen, auf deren Basis die K.n ihren gegenwärtigen Aufgaben gerecht werden können.
*1.* Die *charismat. Dimension* der K. ist zu achten. Jeder Dienst und jede Fähigkeit, von einem Christen angeboten, sind ernst zu nehmen und nicht von einer amtl. Autorisierung, nicht von Bildung, Rasse oder Geschlecht abhängig zu machen.
*2.* Die *Kommunikation* in der K. ist zu schützen; denn zur Gemeinschaft gehört auch die Mitteilung eigener Erfahrung und Erkenntnis. Dazu gehören das Recht auf öffentl. Meinung, das Recht auf eine krit. reflektierende Theologie, das Recht auf das Experiment in neuer christl. Lebenspraxis.
*3.* Geist und Verfassungsprinzipien *konziliarer Struktur* sind neu zu beleben. Unter Ortsgemeinden und Konfessionen herrscht keine Unter- oder Überordnung, sondern Geschwisterlichkeit. Synodale und konziliare Gremien müssen die Gemeinden glaubhaft repräsentieren; in den Gemeinden selbst muß der Geist der Freundschaft zum Prinzip von Institution und Organisation werden.
*4.* Da Jesus Christus der einzige Herr der K. ist, sind alle *kirchl. Ämter* streng auf seine Gemeinde zu beziehen. Oberstes Handlungsprinzip ist allein der Dienst an Gottes Reich. Alle Tendenzen also, die im Namen Jesu den Weg zu den Suchenden, Unterdrückten, Hoffnungslosen lenken, sind zu unterstützen (Mt 25,31-40).
K. ist dort, wo Menschen im Vertrauen auf Gott gemeinsam Christus nachfolgen. Es bleibt nach christl. Überzeugung der Kraft des Geistes anheimgegeben, ob die sinnstiftende und wirklichkeitsverändernde Kraft des Glaubens durch das Wirken der K. erkennbar wird.

*Lit.: J. Auer:* Die K. Das allg. Heilssakrament (Kleine Kath. Dogmatik VIII), Regensburg 1983. – *D. Bonhoeffer:* Sanctorum Communio. Eine dogmat. Untersuchung zur Soziologie der K., München 1954. – *Y. Congar:* Un peuple messianique. Salut et libération, Paris 1975. – *M. Hermanns:* K. als soziale Organisation zwischen Partizipation und Herrschaft, Düsseldorf 1979. – *W. Huber:* K., Stuttgart 1979. – *M. Kehl:* K. als Institution. Zur theol. Begründung des institutionellen Charakters der K. in der neueren dt.sprachigen kath. Ekklesiologie, Frankfurt/M. 1976. – *U. Kühn:* K. (Handbuch Systemat. Theologie 10), Gütersloh 1980. – *H. Küng:* Die K., Freiburg 1967. - *J. Moltmann:* K. in der Kraft des Geistes. Ein Beitrag zur messian. Ekklesiologie, München 1975. – *K. Rahner:* Grundkurs des Glaubens. Einführung in den Begriff des Christentums, Freiburg 1976, 313-387. – *T. Rendtorff:* K. und Theologie. Die systemat. Funktion des K.nbegriffs in der neueren Theologie, Gütersloh 1966. – *Th. Riplinger:* An American vision of church. American protestant theology, 1937-1967, Frankfurt/M. 1976. – *K. H. Schelkle:* Jüngergemeinde und K., Düsseldorf 1976. – *E. Schillebeeckx:* Jesus. Die Geschichte von einem Lebenden, Freiburg 1974. – *G. Theißen:* Soziologie der Jesusbewegung, München 1977.

*Hermann Häring*

## Kirche und Gesellschaft

*A.* Das Verhältnis von K. und G. hat sich von den Anfängen der christl. →Kirche bis in die Gegenwart mehrfach *gewandelt.* Die frühen christl. →Gemeinden lebten als »Kirche der kleinen Leute« am Rande der →Gesellschaft, im Bewußtsein der alleinigen Weltherrschaft Christi und in der Erwartung seiner baldigen Wiederkehr (→Eschatologie). Auch das Handeln in →sozialen →Ordnungen wurde aus diesem →Glauben gestaltet. Mit der →*Konstantin. Wende* vollzog sich der Übergang zur →»Volkskirche«: Nun wurde Kirche als »umfassende, die Gesamtgesellschaft formende und auf ihr ewiges Ziel hin ausrichtende, geistige Macht« verstanden (H.-D. Wendland); K. und G. konnten als Einheit betrachtet werden. Diese Identität blieb – trotz tiefgreifender polit. und konfessioneller Veränderungen – grundsätzl. bis in die →Neuzeit erhalten. Erst mit der →*Aufklärung* begann sich eine polare Entwicklung von K. und G. abzuzeichnen; dieser Prozeß dauert bis heute an. Kirche wird jetzt als von anderen sozial-kulturellen Lebensbereichen unterschiedene →Institution wahrgenommen.

*B.* Das Verhältnis von K. und G. war in den vergangenen Jahrzehnten Gegenstand *soziol.* Untersuchungen:

*I.* Die *Theorie der →Religionssoziologie* hat diesen Prozeß der Trennung von K. und G. mit dem Begriff →»Säkularisierung« belegt. Er beinhaltet einen wachsenden gesellschaftl. Funktionsverlust der Kirche, beschreibt sie als soziales »Randphänomen«; →Religion und Kirche erscheinen als gesellschaftl. weitgehend bedeutungslose »Privatsache«. Dieser These wird entgegengehalten, daß bereits die Frage nach dem Verhältnis von K. und G. auf dem Bewußtsein einer solchen Trennung basiere; die »komplexe Einheit« von K. und G. (J. Matthes), die insbes. den →Protestantismus kennzeichnende »verborgene Christlichkeit unserer Gesellschaft« (T. Rendtorff) könne dabei gar nicht sichtbar werden. Eine differenziertere Beschreibung von K. und G. ergibt sich aus einer systemtheoret. Betrachtung (→Systemtheorie): Wie andere Industriegesellschaften auch ist die Bundesrepublik Deutschland durch einen hohen Grad an sozialer Differenzierung und Segmentierung (Unterteilung) gekennzeichnet. Religion und Kirche können als soziales Teilsystem verstanden werden. Sie verfügen über ein spezif. Mittel der →Kommunikation (N. Luhmann: →»Glauben«) und gestalten die innerkirchl. Strukturen prinzipiell in eigener Zuständigkeit. Zugleich übernehmen sie wichtige Funktionen für die Gesamtgesellschaft und für einzelne Teilsysteme; zwischen K. und G. finden Wechselwirkungen statt. Gesellschaftl. gültige →Grundwerte – z.B. →Demokratie, →Partizipation, →Autonomie, Gleichberechtigung – schlagen sich im kirchl. Reden und Handeln ebenso wie in kirchl. →Strukturen nieder; →Arbeits- und →Freizeitwelt wirken sich auf das kirchl. Leben aus; Erkenntnisse der nichttheol. →Wissenschaften fordern →Theologie und Kirche zur Stellungnahme heraus; sozialpolit. Maßnahmen haben Auswirkungen auf das diakon. Handeln der Kirchen (→Diakonie); neue Entwicklungen, im Bereich der →Medien wie in der elektron. Datenverarbeitung, zwingen die Kirchen zu Entscheidungen darüber, ob und in welcher Weise sie von diesen neuen Möglichkeiten Gebrauch machen wollen. Umgekehrt stellen von den Kirchen vertretene eth. Positionen einen bedeutsamen Faktor in der öffentl. Auseinandersetzung über kontroverse Themen dar (z.B. →Schwangerschaftsabbruch, Friedenssicherung, Ausländerrecht [→Minderheit]). An wesentl. Punkten individuellen und gesellschaftl. Lebens (Geburt, Heirat, →Tod; →Übergangsriten) wünscht die Mehrheit der Bevölkerung auch heute die Begleitung durch die Kirchen; und noch immer prägt das Kirchenjahr (→Jahr) mit seinem Festtagskalender recht deutl. den Jahresrhythmus dieser Gesellschaft – wie säkularisiert auch immer sich dies in der Wahrnehmung der einzelnen darstellen mag.

*II. Empir. Untersuchungen* geben vielfältige Hinweise auf das Verhältnis von K. und G.:
*1.* Der *gesellschaftl. Kontext,* in dem Menschen leben, steht in engem Zusammenhang mit ihrer →Kirchlichkeit. Kirchenbindung und Normierung rel.-kirchl. Praxis verändern sich mit der Zugehörigkeit zu unterschiedl. sozialen Gruppierungen (→Beruf, →Bildung, Alter, Geschlecht) und mit dem Leben in unterschiedl. sozialen Milieus (→Stadt, →Land).
*2.* Zugleich zeigen sich Zusammenhänge zwischen Kirchenzugehörigkeit bzw. Kirchlichkeit und best. Orientierungen und *Verhaltensweisen* in anderen Bereichen gesellschaftl. Lebens: Menschen mit einem hohen Maß an Kirchlichkeit neigen z.B. häufiger als weniger kirchl. Orientierte zu gesellschaftl.-polit. →Konservatismus. Auch wenn die Differenzen geringer geworden sind, bestehen immer noch Unterschiede im sozialen Status zwischen Angehörigen verschiedener →Konfessionen.
*3.* Gesellschaftl. gültige Wertmuster unterscheiden sich von den →*Werten,* die die Kirchen, der Wahrnehmung ihrer Mitglieder zufolge, vertreten. Dennoch werden den Kirchen gesamtgesellschaftl. Funktionen zugeschrieben: die Vermittlung grundlegender Werte und Normen, häufig auch ihre Interpretation im Zusammenhang drängender Gegenwartsprobleme. Vor allem aber wird erwartet, daß die Kirchen dort tätig werden, wo Menschen – z.B. infolge von →Behinderung, →Krankheit oder →Alter – am »normalen« gesellschaftl. Leben nur eingeschränkt teilnehmen können, und dort, wo andere gesellschaftl. Teilbereiche offenbar versagen, wie z.B. das Wirtschaftssystem im Fall der →Arbeitslosigkeit; Kirchen sollen Hilfe für all diejenigen geben, die am Rand der Gesellschaft leben (→Außenseiter).

*C.* Was die *theol.* Verhältnisbestimmung von K. und G. anbelangt, so lassen sich drei Positionen unterscheiden: 1. Zwischen K. und G. besteht eine prinzipielle Differenz. In der Kirche geht es ausschließl. um Wahrung und Tradierung des christl. Erbes, um das Christsein des einzelnen Menschen. Die Gesellschaft lebt nach eigenen Gesetzen. Diese sind nicht Gegenstand kirchl. Redens und Handelns, sondern müssen von der Kirche akzeptiert werden. 2. Auch in gesellschaftl. Ordnungen spiegelt sich die Schöpfungsordnung Gottes. Kirche verkörpert diese Ordnung in bes. Weise und hat damit eine integrative Funktion. 3. Obwohl alles Handeln der Kirche in der Welt unter dem »eschatolog. Vorbehalt« steht, darf sie sich doch nicht aus der Gesellschaft zurückziehen. Sie muß die *Wirklichkeit des →Reiches Gottes* in der →Welt bezeugen und um der Menschen willen die ständige Reformation der Gesellschaft fordern (Wendland). Diese Position wurde nach 1945 vor allem im ökumen. Bereich herausgearbeitet und konkretisiert (→ökumen. Bewegung). Die Wahrnehmung der Nöte und Bedrohungen, denen Menschen in vielen Teilen der Welt ausgesetzt sind, ließ die soziale →Verantwortung der Kirchen in bes. Weise in den Blick kommen. Aus dieser bewußten Zuwendung der Kirchen zu Welt und Gesellschaft ergaben sich prakt. Konsequenzen. Neue kirchl. Arbeitsfelder entstanden, in denen man sich bisher vernachlässigten Bereichen gesellschaftl. Lebens zuwandte – so z.B. die kirchl. Industrie- und Sozialarbeit; neue Methoden – soziale Gruppenarbeit, Gemeinwesenarbeit – wurden aufgenommen. Mit der Einrichtung kirchl. →Akademien wurden Foren geschaffen, die der Austragung gesellschaftl. →Konflikte dienen sollen. Mit Enzykliken bzw. →Denkschriften wollen die Kirchen einen sozialeth. Beitrag zur Bewältigung gesellschaftl. Probleme leisten. Die bis heute andauernde Diskussion über die kirchl.-theol. Legitimation dieser Arbeitsfelder und Methoden und über das »Proprium« (Eigentliche) kirchl. Handelns zeigt, daß die Frage nach dem Verhältnis von K. und G. noch immer umstritten ist.

*Lit.: J. Hanselmann u.a. (Hg.):* Was wird aus der Kirche?, Gütersloh 1984. – *N. Luhmann:* Funktion und Religion, Frankfurt/M. 1977. – *J. Matthes:* Die Emigration der Kirche aus der Gesellschaft, Hamburg 1964. – *T. Nellessen-Schumacher:* Sozialprofil der dt. Katholiken, Mainz 1978. – *T. Rendtorff:* Gesellschaft ohne Religion?, München 1975. – *G. Schmidtchen:* Zwischen K. und G., Freiburg 1972. – *Ders.:* Gottesdienst in einer rationalen Welt, Stuttgart/Freiburg 1973. – *R. Tilmann:* Sozialer und rel.

Wandel, Düsseldorf 1972. – *H.-D. Wendland:* Die Kirche in der modernen Gesellschaft, Hamburg 1956.

*Ingrid Lukatis*

## Kirche und Staat

### A. Religion und Macht

Rel. und weltl. →Herrschaft stehen, soweit sich ihre Geschichte verfolgen läßt, in einem innigen, teilweise ambivalenten Verhältnis zueinander. Weltl. Ordnung und Herrschaft, also Volk, Stamm und →»Staat«, sind gleichsam das »Außen«, →Religion das »Innen« des gesellschaftl. Ganzen. In der Regel *legitimiert* Religion *die Macht der Herrschenden.* Von den Herrschenden werden zudem nicht selten gewaltsam best. rel. Formen und Kulte, die ihrem Herrschaftssystem entsprechen, verordnet und durchgesetzt. Allerdings leben die unterdrückten rel. Formen (der Landbewohner, der autochthonen Bevölkerung oder best. Randgruppen) nicht selten im verborgenen (z.B. als Mysterienkulte) fort. Diese schwer kontrollierbaren rel. →Traditionen, meist synkretist. mit anderen Elementen angereichert und deshalb vielförmig oszillierend und häufig von den offiziellen Kulten für den Nichteingeweihten kaum zu unterscheiden, bedeuten eine ständige Infragestellung der etablierten Religion und stellen eine verborgene Bedrohung der von ihr gestützten →Macht dar. Wenn sich best. polit.-ökonom. Interessen mit solchen (unterdrückten) rel. Vorstellungen verbinden, kann Religion zu einem dynam. Element werden, das den gesellschaftl. Wandel vorantreibt.

### B. Formen des gegenseitigen Verhältnisses

Für den vormodernen Menschen (→modern) ist Religion ein zentraler Bestandteil des gesamten, auch des öffentl. Lebens. Alles gesellschaftl. Tun ist von rel. →Normen sanktioniert. Das Verhältnis der weltl. Gewalt zur rel. →Institution hat im Laufe der Geschichte verschiedene Stadien durchgemacht, die sich für das Abendland *idealtyp.* wie folgt unterscheiden lassen:

1. das *Staatskirchentum,* bei dem Staat und Kirche unter Führung des weltl. Herrschers eine Einheit bilden;
2. die *Kirchenstaatshoheit,* bei der die rel.-kirchl. Macht über die weltl. dominiert (Hierokratie);
3. die *Landeskirchenhoheit*; bei ihr ist die Kirche den Staatsinteressen untergeordnet, und sie wird als Anstalt zur Sicherung der öffentl. Ordnung und Erziehung der Staatsbürger vom Landesherrn kraft seiner Souveränitätsrechte regiert;
4. die verschiedenen Formen der *Trennung von K.u.S.* als polit. notwendige Folge aus der konfessionellen Differenziertheit in der →Neuzeit (→Staatskirchenrecht).

### C. Entwicklung im 20. Jh.

Durch die polit. Veränderungen seit dem Ersten Weltkrieg, insbes. in Deutschland, waren die Kirchen vor neue Situationen gestellt. Die *kath. Kirche* versuchte durch den Abschluß von →Konkordaten ihre Position zu sichern und die Geltung des kirchl. Gesetzbuches von 1918 (Codex Iuris Canonici [CIC], →Kanon. Recht) gegen (nationale) Sonderrechte durchzusetzen. Die *ev. Landeskirchen* schlossen ähnl. Verträge (→Konkordate und Kirchenverträge) mit den jeweiligen Staaten.

*I.* Dank dieser Staatskirchenverträge sowie vertragl. und gesetzl. gesicherter *Staatsleistungen* auf Grund verschiedener Rechtstitel (→Säkularisation von 1803 sowie Zuschüsse für Religionsunterricht, Privatschulen, Pfarrerbesoldung u.a.m.) verfügen die Kirchen in manchen Ländern, insbes. in der Bundesrepublik Deutschland, über erhebl. finanzielle Mittel für →Seelsorge, Bildungseinrichtungen (→Bildung) und Aktivitäten im Sozialbereich (→Sozialarbeit) sowie für Entwicklungshilfe (→Entwicklungspolitik) und Unterstützung der Kirchen in anderen Teilen der Welt. Zwar bestehen keine Staatskirchen (mehr) und wird das Recht der Gewissens- und Bekenntnisfreiheit grundsätzl. respektiert, doch werden häufig die traditionellen Kirchen besser behandelt als private Vereine oder andere (weltanschaul.) Gesellschaften. Diese »gelockerte Fortsetzung der Verbindung von S.u.K.« (U. Scheuner) hat sich (teilweise) zur arbeitsteiligen Partnerschaft entwickelt.

*II.* Die Stellung der Kirchen in einem solchen System ist bes. dadurch gekennzeichnet, daß ihr Anspruch auf Wahrnehmung eines »*Wächteramtes*« vom Staat mehr oder weniger förml. anerkannt wird. Eine solche Kooperation ist jedoch nicht nur für beide Seiten problemat., sondern vor allem auch für die Bürger und Gläubigen, weil sich auf diese Weise eine neue Herrschaftskoalition bildet und gesellschaftl.-ökonom. Zustände stabilisiert. Allerdings lassen andere Entwicklungen in jüngster Zeit, wie beispielsweise in Italien, wo das Konkordat von 1929 (mit dem faschist. Staat) zuletzt in den Jahren 1977 und 1984 revidiert und die Dominanz der (kath.) Kirche reduziert wurde, das Bild uneinheitl. erscheinen.

### D. Das religionspolitische System der Bundesrepublik Deutschland

*I.* Das religionsrechtl. System des Grundgesetzes (GG) ist einerseits vom Grundsatz der Gewissens-, Bekenntnis- und →Religionsfreiheit bestimmt; zum anderen sind die entspr. Artikel der Verfassung des Dt. Reiches vom 11.8.1919 gewissermaßen als »*Formelkompromiß*« durch Art. 140 in das Grundgesetz übernommen worden, da andere Konzeptionen im Parlamentar. Rat keine Mehrheit fanden. »Es besteht keine Staatskirche« (Art. 140 GG = Art. 137 I Weimarer Reichsverfassung [WRV]). Das bedeutet, der Staat darf von seinen

Bürgern weder ein wie immer geartetes weltanschaul. Bekenntnis verlangen noch eine Religionsgesellschaft schlechthin bevorzugen; der Staat ist zu rel. Neutralität verpflichtet (Art. 104 GG). Die Religionsfreiheit ist zwar unverletzlich, aber nicht schrankenlos; sie verlangt → *Toleranz.*
So verstanden erweist sich das Toleranzgebot als ein objektiver *Verfassungsgrundsatz,* der sich sowohl an den Staat und seine Organe als auch an die einzelnen Staatsbürger und natürl. an die verschiedenen Religionsgemeinschaften richtet. Keine weltanschaul. Gruppe kann in einem freiheitl. Staat ein Monopol beanspruchen oder anderen konkurrierenden Gruppen das Existenzrecht absprechen wollen. Tatsächl. jedoch werden heute vielfach neue und ungewohnte rel. Gruppierungen weder von seiten staatl. Instanzen und der etablierten Religionsgemeinschaften noch von den Organen der öffentl. Meinung toleriert.

*II.* Den Kern des kirchenpolit. Systems der Bundesrepublik Deutschland bildet das *Selbstbestimmungsrecht* der Kirchen. Auch diesbezügl. wird die Norm der Weimarer Reichsverfassung übernommen: »Jede Religionsgesellschaft ordnet und verwaltet ihre Angelegenheiten selbständig innerhalb der Schranken des für alle geltenden Gesetzes« (Art. 140 GG = Art. 137 II WRV). Daraus wird eine weitgehende Freistellung der Kirchen von zahlreichen Gesetzen abgeleitet (z.B. die Ausnahme vom Betriebsverfassungsgesetz, das Übergewicht der rel. Institutionen im Jugend- und Wohlfahrtspflegebereich u.a.m.).

*III.* Art. 137 V WRV charakterisiert die Kirchen als *»Körperschaften des öffentl. Rechts«.* Diese für die Kirchen nicht unbestrittene Rechtsform gibt ihnen Dienstherreneigenschaft und das Besteuerungsrecht (→ Kirchensteuer); sie kann auch anderen Religions- oder Weltanschauungsgemeinschaften auf Antrag gewährt werden, sofern diese »durch ihre Verfassung und die Zahl ihrer Mitglieder die Gewähr der Dauer bieten«.

*IV.* Zur »positiven Religionspflege« des Staates gehört in erster Linie der → *Religionsunterricht,* der an öffentl. Schulen »ordentl. Lehrfach« ist (Art. 7 III GG). Er ist »in Übereinstimmung mit den Grundsätzen der Religionsgemeinschaften« zu erteilen. Die Religionslehrer bedürfen der kirchl. Beauftragung und unterliegen hinsichtl. ihrer persönl. Lebensführung und des Inhaltes ihres Unterrichts der *kirchl. Aufsicht.* Für die Ausbildung dieser Lehrer, insbes. der Geistlichen und des sonstigen theol. Personals, unterhält der Staat an seinen wissenschaftl. → Hochschulen und Universitäten eigene → theol. Fakultäten. Die Anstellung eines Theologen als Hochschullehrer erfolgt nur, wenn der jeweils zuständige Bischof der staatl. Anstellungsbehörde gegenüber das *»nihil obstat«* (es steht nichts im Wege) erklärt hat. Der kath. Bischof seinerseits ist auf Grund innerkirchl. Anweisung gehalten, sich der Zustimmung des Hl. Stuhles zu vergewissern. Die ev. Kirchen haben das zumeist durch Kirchenverträge gesicherte Recht, vor der Anstellung von theol. Hochschullehrern etwaige Bedenken gegen Bekenntnis und Lehre des zu Berufenden zu äußern. Ein Rechtsanspruch, daß den Bedenken stattgegeben wird, besteht allerdings nicht. Damit haben die Kirchen vom Staat finanziell getragene Ausbildungsstätten zur Verfügung, die sie im Gegensatz zu allen anderen gesellschaftl. Gruppen inhaltl. und personell voll kontrollieren.

*E. Gegenseitige Verflechtung*

Die *Bedeutung* der (etablierten) rel. Institutionen für Gesellschaft und Individuum ist *zwiespältig*: Einerseits sind die Kirchen eng mit den herrschenden Interessen verflochten und stabilisieren die bestehenden polit. und ökonom. Systeme. Innovationen werden von ihnen selten angeregt (Ausnahme insbes.: EKD-Denkschrift über das Verhältnis des dt. Volkes zu seinen östl. Nachbarn von 1965). Andererseits übernehmen auf unterer Ebene kirchl. Institutionen (Pfarreien und Verbände) oft aktuelle Aufgaben für neue bzw. alternative Bewegungen und Gruppen. Angesichts der tiefgreifenden Veränderung im gesellschaftl. Bereich (von der Multiplikation der Medienangebote über die Wandlung im → Familienleben und → Sexualverhalten zur Veränderung der Rolle der → Frau in der Gesellschaft, bis hin zur grassierenden → Arbeitslosigkeit) beschränken sich die offiziellen kirchl. Verlautbarungen meist auf Verbote und theoret. Ratschläge. Dennoch sind der tatsächl. *polit. Einfluß* der Kirchen und ihre gesellschaftl. Bedeutung nach wie vor beträchtl., auch wenn der regelmäßige Kirchenbesuch relativ gering ist und die Kirchenaustritte konstant bleiben.
Gemäß der herrschenden Lehre und der höchstrichterl. Rechtsprechung sind die Kirchen in der Bundesrepublik Deutschland in *allen* ihren inneren Angelegenheiten, also keineswegs nur im Kernbereich von Lehre und Kultus, »der staatl. Hoheitsgewalt grundsätzl. nicht unterworfen«. In ihren so abgegrenzten Hoheitsbereich »darf und kann der Staat rechtens nicht eindringen, und insoweit stehen staatl. und kirchl. Hoheitsgewalt nebeneinander« (Bundesgerichtshof vom 16.3.1961). Damit ist der von kirchl. Seite behauptete Grundsatz der eigenen, von staatl. Verleihung unabhängigen kirchl. Hoheit für die Bundesrepublik Deutschland höchstrichterl. rezipiert; das bedeutet, daß die allg. Verfassungsrechte nicht nur im Raum der Kirchen von diesen nicht beachtet werden müssen (z.B. Koalitionsrecht gem. Art. 9 GG), sondern es selbst in Bereichen, die eindeutig der staatl. Hoheit unterstehen, wie etwa bei den Universitäten, den Kirchen zugestanden wird, zu bestimmen, was rechtens sein soll (Art. 5 III GG: Verwaltungsgerichtshof Baden-Württemberg vom 19.7.1984).

*Lit.: A. von Campenhausen:* Staatskirchenrecht, München, 2. Aufl. 1982. – *E. Fischer:* Trennung von Staat und Kirche, Frankfurt/Berlin, 2. Aufl. 1971. – *E. Friesenhahn/U. Scheuner (Hg.):* Handbuch des Staatskirchenrechts der BRD, 2 Bde., Berlin 1974/75. – *H. Herrmann:* Ein unmoral. Verhältnis, Düsseldorf 1974. – *P. Leisching:* K.u.S. in den Rechtsordnungen Europas, Freiburg 1973. – *J. Neumann:* Grundriß des kath. Kirchenrechts, Darmstadt 1981, 323 ff. – *Ders.:* Die gesellschaftl. und religionspolit. Bedeutung der kath. Kirche in Deutschland, in: *J. Albertz (Hg.):* Die Rolle der Großkirchen in der Gesellschaft der Bundesrepublik Deutschland, Wiesbaden 1983, 59-82. – *Ders./M.W. Fischer (Hg.):* Toleranz und Repression, Frankfurt/M. 1987. – *A. Pahlke:* Kirche und Koalitionsrecht. Zur Problematik des kirchl. Arbeitsrechts-Regelungsverfahrens, Tübingen 1983. – *A. W. Ziegler:* Religion, K.u.S. in Geschichte der Gegenwart, 3 Bde., München 1969-1974.

*Johannes Neumann*

**Kirchenausstattung.** Der Begriff K. umfaßt nicht nur das gesamte Inventar einer Kirche, das nach den Regeln der →Liturgie und des →Kirchenrechts, aber auch unter künstler., hist. und pastoraltheol. Gesichtspunkten zu bewerten ist. In gewisser Weise können zur K. auch der Turm mit den →Glocken und der Kirchturmuhr, die Sakristei, die Eingangshalle und sonstige Nebenräume gerechnet werden.

*A.* Der →*Altar* in der Chor- bzw. Apsiszone soll mit einem Kruzifix oder zumindest einem →Kreuz ausgestattet sein. Nach kath. Regeln muß er umschreitbar, das Kreuz auf dem Altar oder in seiner Nähe sein, ebenso gelten Leuchter und Altardecken (zumindest nach kath. Auffassung) als unabdingbar. Die Benutzung einer bes. Altarbibel ist im ev. Bereich weit verbreitet. Zur Ausstattung des Altars gehören weiterhin die »Vasa sacra«, d.h. die für die Feier des →Abendmahls bzw. der Eucharistie nötigen Geräte (Kelche, Patenen usw.). Der *Taufstein* (Taufbecken, Fünte, →Taufe) hat im ev. Kirchenbau im allg. seinen Platz vor dem Altar im Chorraum, sofern nicht hist. Gegebenheiten eine andere Plazierung sinnvoll erscheinen lassen. Auch für den kath. →Kirchenbau existieren keine verbindl. Anordnungen, wo der Taufstein in der Kirche aufgestellt sei, hat doch sein Standort im Verlauf der Geschichte oft gewechselt. Eine künstler. anspruchsvolle Gestaltung des Taufsteins, der Taufbecken und der Taufgeräte ist in jedem Fall selbstverständl. Die *Kanzel* als Ort der →Predigt hat zunächst prakt. Erfordernissen Rechnung zu tragen, da der Prediger für die →Gemeinde gut zu hören und zu sehen sein sollte. Ihre Integration in den Kirchenraum folgt keinen einheitl. Regeln. In kath. Kathedralen wird die Predigt des →Bischofs oft von der *Kathedra*, dem Bischofssitz, aus gehalten. An Wallfahrtsorten finden sich häufig auch Außen- oder Freikanzeln, wenn die dortigen Kirchen die Pilger nicht zu fassen vermögen. Die aufwendigen Kanzelformen der Vergangenheit mit reicher plast. und maler. Ausstattung (Schalldeckel), auch der im →Protestantismus bis in das 19. Jh. hinein verbreitete Kanzelaltar, werden heute oft durch schlichte Lösungen ersetzt, die die Kanzel formal dem Lesepult nähern. Da akust. Probleme kaum noch eine Rolle spielen, kann dem Wunsch nach einer möglichst großen Nähe zwischen Prediger und →Gemeinde dadurch sichtbarer Ausdruck verliehen werden. *Lesepulte* zum Auflegen der liturg. Bücher und der →Bibel sind weithin übl. Zu ihnen sind auch die Altarpulte (im kath. Bereich bisweilen Meßpulte) zu zählen.

Das *Kirchengestühl*, das sich erst gegen Ende des →MA.s durchsetzte, orientiert die Sitzordnung der Gemeinde auf Altar und Kanzel. Im kath. Bereich gehört der Sitz des →Priesters als Zeichen seines Vorsteheramtes zu den wichtigsten Gegenständen der K.; er soll deutl. und gut sichtbar sein, ohne die Form eines Thrones zu haben. Die bis in das 20. Jh. übl. feste Installation der *Kirchenbänke* wird zunehmend durch variable Lösungen ersetzt, die den unterschiedl. Bedürfnissen der Gemeinde (Festgottesdienste, →Andachten, Gemeindeabende) angepaßt werden können. Die »*Emporen* dienen der Vergrößerung des Platzangebots, sie nehmen den →Chor und die →Orgel auf. Die ursprüngl. Funktion der Emporen, best. Sitzordnungen zu ermögl. (Geschlechtertrennung, Trennung von →Laien und Ordens- bzw. Stiftsangehörigen), spielt heute nur noch regional eine Rolle. Beleuchtungskörper, Opferstöcke, Liedertafeln und Gesangbuchständer sind der Qualität des Gesamtraumes anzupassen. In zahlreichen Kirchen gehören Sakramentshäuschen, Tabernakelsäulen, gelegentl. auch Krippen und Nachbildungen des Hl. Grabes zur K.

*B.* Vielfach als *Problem* werden Ausstattungsstücke wie Fahnen und insbes. Kriegergedenktafeln empfunden. Trotz berechtigter Bedenken wird sich die Gemeinde hier vor radikalen Lösungen, die einen Ausstieg aus der →Geschichte bedeuten würden, zu hüten haben. Oft entschärft schon eine veränderte Anbringung im Kirchenraum die Situation. Gleiche Zurückhaltung ist auch sinnvoll solchen Teilen der K. gegenüber, die unter künstler. Gesichtspunkten als nicht mehr zeitgemäß empfunden werden. Auch sie gehören, sofern sie nicht qualitativ einfach minderwertig sind, zum hist. Erbe, das als Aufgabe zu begreifen ist und zudem wechselnden Beurteilungen unterliegt.

*C. Prakt. alle Teile* der K. werden künstler. gestaltet und bilden deshalb einen wesentl. Teil des Gesamtbestandes an christl. →Kunst. Das gilt für alle →Bilder in den Kirchen (Altarbilder, Kreuzwegstationen usw.), die →Glasmalerei der Kirchenfenster, die plast. Werke (Altar, Priestersitz, Kanzel, Taufstein, Kirchengestühl, Epitaphien, Heiligenbilder, Altar- und Taufgeräte, Orgelprospekt, Türen u.a.) und die Erzeugnisse der Textilkunst (Paramente, liturg. Kleidung der Geistlichen, Wandteppiche). Als Teile der K. haben sie alle einerseits den Erfordernissen der Liturgie, des Kirchenrechts und der Praxis zu entsprechen, zum anderen haben sie Anteil an der →Verkündigung der Kirche und haben sich schließl. als künstler. Leistungen zu bewähren. So betrachtet handelt es sich bei der K. immer um Phänomene der →*Gebrauchskunst*, wenn auch oft auf höchstem Niveau. Das läßt u.a. auch ein Blick in die Schatzkammern großer Kathedralen erkennen, in denen die wertvollsten Stücke der K. vergangener Zeiten nicht nur unter musealen Gesichtspunkten (→Reliquien!) gesammelt wurden und werden.

*Lit.:* S. unter den einzelnen Stichworten.

*Peter Maser*

**Kirchenbau**

*A.* Der Begriff K. bzw. Sakralbau umfaßt als Haupt- und ursprüngl. Bischofskirchen: »Dom« (von *domus Dei* = Haus Gottes), »Münster« (von *monasterium* = Kloster, ursprüngl. Bezeichnung der Gesamtanlage eines →Klosters bzw. Stifts, in Süddeutschland übl. Bezeichnung einer Bischofskirche [z.B. Freiburg], aber auch für Pfarrkirchen von übergeordneter Bedeutung [z.B. in Ulm]) und »Kathedrale« (von *kathedra* = Bischofssitz, die Bischofskirche im eigentl. Sinn des Kirchenrechts), dann die Pfarr- und Gemeindekirchen sowie Nebenbauten, wie Kapellen (und Oratorien), Baptisterien (Taufkapellen) und gelegentl. auch Mausoleen. Im Unterschied zum →Tempel ist der K. zunächst nur *Versammlungsstätte* der →Gemeinde zur Feier der →Liturgie mit →Predigt und Feier des →Abendmahls (Eucharistie, →Messe) gewesen. Die →Alte Kirche übernahm dementspr. – möglicherweise nach dem Vorbild der →Synagoge – die spätantike Basilika als Grundform des K.s, in deren Apsis der →Bischof und →Klerus sowie die →Presbyter ihren Platz um den →Altar hatten, weshalb dieser Bauteil auch als Presbyterium und seit dem 14. Jh. als Chor bezeichnet wurde. Die Trennung von →Laien und Klerus im Kirchenraum wird neben prakt. Gründen vor allem durch die Entwicklung der sakramentalen Frömmigkeit gefördert. Die wachsende *Verehrung* der →Heiligen und ihrer →Reliquien (seit dem 2. Konzil von Nicäa, 787, muß jeder Altar Reliquien enthalten) verändert den »demokrat.« Grundcharakter des K.s entscheidend. Als Aufbewahrungsort von Reliquien und der Eucharistie (Hostien im Tabernakel) gewinnt der K. wesentl. Anteile der Würde des Tempels zurück und wird zum »Gotteshaus« im eigentl. Sinn des Wortes. Erst in der →Reformation tritt das Verständnis des K.s als Versammlungsstätte der Gemeinde wieder hervor und hat sich seit dem 2. →Vatikan. Konzil auch in der kath. Kirche wieder durchgesetzt.

*B.* Im Laufe der Zeit entwickelte der K. eine Vielzahl *unterschiedl. Grundtypen*, die territorialen, liturg., konfessionellen und prakt. Anforderungen entsprachen (z.B. Kreuzkuppelkirche, Zentralbau, Hallen- und Saalkirche). Wahrscheinl. kannte bereits die *Alte Kirche* die symbol. Deutung des K.s (z.B. als himml. →Jerusalem), die im →MA. durch Sicard von Cremona (um 1150-1215) perfektioniert wurde. Ebenfalls in der →ma. Kunst wird die *Ost-West-Orientierung* (Ostung, Orientation) des K.s endgültig verbindl., die bereits in der Alten Kirche die Überzeugung ausdrückte, daß im Osten das Paradies läge, die Himmelfahrt Christi sich nach Osten vollzogen habe und Christus zum Jüngsten Gericht von Osten her wiederkommen werde. Die künstler. →Kirchenausstattung (insbes. die Apsisbilder, aber auch das gesamte Bildprogramm) ist von solchen Vorstellungen entscheidend inspiriert und geprägt worden. Das ganze *MA.* hindurch stellte der K. die Hauptaufgabe des öffentl. Bauens dar, an der die →Kirche (→Bischöfe, →Gemeinden, →Orden), die Bürger in der →Stadt, die dörfl. Gemeinschaften, aber auch die Fürsten und der Adel beteiligt waren. Der K. übernahm deshalb nicht nur stilist. Leitfunktionen, sondern spiegelte auch die unterschiedl. →Bedürfnisse, →Interessen und Auffassungen der Einzelgruppen wider. So ist z.B. immer wieder die Ausbildung des karoling. Westwerks als Manifestation kaiserl. Macht interpretiert worden, während etwa die Wehrkirchen und Kirchenburgen (z.B. in Siebenbürgen) den geistl. und materiellen Interessen einer Grenzbevölkerung entsprachen. Die Hallenkirche repräsentierte den einheitl. Andachtsraum der bürgerl. Stadtgemeinde, die die differenzierten Bedürfnisse der Chordienste des →Klerus nicht zu berücksichtigen brauchte und die →Predigt in den Mittelpunkt stellte. Die →*Reformation* konnte an diese Lösungen anknüpfen, wollte sie doch die Gemeinde um Predigt und Abendmahl versammeln. In der →Renaissance und im →Barock gewinnt der Zentralbau wieder an Bedeutung, auch wenn man einen festen Zusammenhang zwischen diesem und der →Gegenreformation nicht durchgehend behaupten kann. Im 19. und frühen 20. Jh. dominieren in →Europa und weit darüber hinaus die hist. Stile (Neogotik, Neoromanik u.a.). Daneben wird die Vollendung von überkommenen K.ten mit Energie vorangetrieben.

Die Verbindung von Thron und Altar, die in unterschiedlichster Weise auch den K. tangiert hat (z.B. Wassili-Blashenny-Kathedrale in Moskau, 1555/60, anläßl. der Eroberung Kasans errichtet), dokumentiert sich im 19. Jh. nochmals eindrucksvoll (Sacré Coeur in Paris, 1874/91, als Dank für die Niederwerfung der Pariser Kommune; Kaiser-Wilhelm-Gedächtniskirche in Berlin, 1891/95). Etwa zur gleichen Zeit verliert der K. allerdings auch seine Leitfunktion innerhalb der →Architektur endgültig. Die im »Eisenacher Regulativ« von 1861 für den K. des →Protestantismus verpflichtend vorgeschriebene Gotik (→ma. Kunst) wird auch noch in den »Eisenacher Ratschlägen« von 1898 empfohlen. Das »Wiesbadener Programm« von 1891 forderte als Idealgestalt einer prot. Predigtkirche einen zentral angelegten Raum mit kreuzförmigem Grundriß.

*C.* Nur sehr zögernd gewann der K. den Anschluß an die Entwicklung der *zeitgenöss. Kunstentwicklung.* Ein Distanzbewußtsein ist bis heute schon deswegen erhalten geblieben, weil die Frage nach der richtigen Gestaltung des K.s ja keineswegs nur künstler. Kriterien zu berücksichtigen hat. Vordergründig spielen Probleme der prakt. Nutzbarkeit des K.s heute eine wichtige Rolle (Multifunktionalität, mediengerechte Ausstattung, Kombination mit anderen Einrichtungen der Gemeinde zum Gemeindezentrum), die jedoch immer vor dem Hintergrund des Selbstverständnisses von →Kirche und →Gemeinde gesehen werden müssen. Zum Wesen der Kirche gehört ihre →Verkündigung, an der der K. Anteil hat. Deshalb wird dieser stets äußerl. »erkennbar« bleiben müssen, z.B. durch die verwendeten Baumaterialien, den Bauschmuck oder auch einen Turm (Glockenträger).

Für die *Gestaltung des Innenraums* werden nicht nur die Bedürfnisse des →Gottesdienstes und der Gemeinde insges. bestimmend sein dürfen, sondern ebenso die der →Seelsorge, des →Gebets und der →Meditation des einzelnen. Auch die Ansprüche der →Kirchenmusik hinsichtl. der akust. Qualität des Raums hat der K. heute wieder verstärkt zu beachten. Die Nutzung überkommener K.ten stellt die Gemeinde vor bes., keineswegs nur finanzielle Probleme, da es mit der Pflege des kulturellen Reichtums der Vergangenheit allein nicht getan sein kann. Vielmehr wird die Gemeinde sich ein sachgerechtes Verständnis des ihr anvertrauten Erbes zu erarbeiten haben, das vor radikalen Veränderungen ebenso zurückhält wie vor einer ledigl. musealen Konservierung. Die Beschäftigung mit der reichen Geschichte des K.s in der ganzen →Ökumene sowie mit dessen grundlegenden, prakt., künstler. und theol. Problemen muß als fester Bestandteil zum →Theologiestudium gehören, da in der Regel jeder →Pfarrer für einen K. eine sehr persönl. Verantwortung zu übernehmen hat.

*Lit.: E. Badstübner:* Kirchen der Mönche. Die Baukunst der Reformorden im MA., Wien 1981. – *H. E. Bahr:* Kirchen in nachsakraler Zeit, Hamburg 1966. – *G. Bandmann:* Ma. Architektur als Bedeutungsträger, Berlin 1951, Nachdruck 1969. – *Th. Filthaut:* K. und Liturgiereform, Mainz 1965. – *A. Fuchs:* Die Wallfahrtskirche Le Corbusiers in Ronchamp, Paderborn 1956. – *E. Keil (Hg.):* K. heute, Leipzig 1969. – *G. Kunze:* Lehre, Gottesdienst, K. in ihren gegenseitigen Beziehungen, 2 Bde., Göttingen 1949/60. – *G. Langmaack:* K. heute, Hamburg 1949. – *Ders.:* Ev. K. im 19. und 20. Jh., Kassel 1971. – *H. B. Meyer:* Was K. bedeutet, Freiburg 1984. - *H. Muck:* Die Gestaltung des Kirchenraumes nach der Liturgiereform, Münster 1966. – *J. Sauer:* Symbolik des Kirchengebäudes und seiner Ausstattung in der Auffassung des MA.s, Freiburg, 2. Aufl. 1924, Nachdruck Münster 1964. – *H. Schnell:* Der K. des 20. Jh.s in Deutschland, München 1973. – *R. Schwarz:* Vom Bau der Kirche, Heidelberg 1947. – *G. E. Smith:* Neuer K. in Europa, Stuttgart 1965. – *W. Swaan:* Die großen Kathedralen, Köln 1984. – *W. Weyers u.a. (Hg.):* Kirchen. Handbuch für den K., München 1959.

*Peter Maser*

**Kirchengebot.** K.e sind Bestimmungen der kath. Kirche, die für das Glaubensleben des Katholiken zentrale Bedeutung besitzen. Es besteht kein offiziell anerkannter Katalog von K.en. Jene *fünf K.e,* die Petrus Canisius 1555 in seinen Katechismus aufnahm, haben allgemeinkirchl. Anerkennung gefunden und stehen auch im Codex Iuris Canonici (CIC): Sonn- und Feiertagspflicht (c. 1247); Teilnahme an der Eucharistie als Teil dieser Pflicht (ebd.); Fast- und Abstinenzgebote (c. 1249f.); jährl. →Beichte (c. 989) und Empfang der Osterkommunion (c. 920).

Zeit- und gebietsgebunden traten und treten *weitere K.e* hinzu: Verpflichtung zum Unterhalt der Kirche; Beobachtung sog. geschlossener Zeiten (Verbot feierl. Trauungen und Tanzveranstaltungen in Advents- und Fastenzeit); best. ehemoral. und -rechtl. Bestimmungen (z.B. Verbot von Verhütungsmitteln); Nüchternheitsgebot vor Empfang der Eucharistie; Bücherzensur (Index verbotener Bücher); Verbot der Kremation (Leichenverbrennung). Derartige K.e wurden in den letzten Jahrzehnten teilweise allgemeinrechtl. aufgehoben (z.B. Index, Kremation) oder gemildert (z.B. Nüchternheitsgebot). Zur Beachtung der im CIC genannten K.e ist jeder Katholik vom 7. Lebensjahr an verpflichtet (c. 11).

Da es ev. Auffassung widerspräche, die Verhaltenspflichten der Christen in rechtl. Bestimmungen kasuist. zu fixieren, werden sie in den ev. Kirchen in bes. Lebensordnungen umschrieben, die in Aussageform gekleidete Beschreibungen des kirchl. Lebens, seelsorgerl. Ermahnungen und Anleitungen für die Geistlichen enthalten (→Kirchenrecht).

*Lit.: G. Holzherr:* K., in: Lexikon für Theologie und Kirche, Bd. IV, 557-558.

*Knut Walf*

**Kirchengeschichte**

K. bezeichnet die hist. Entwicklung der christl. Kirchen und zugleich diejenige theol. Fachrichtung, die deren hist. Erforschung betreibt und sich dabei hist. Methoden bedient. Der Begriff K. ist also ebensowenig eindeutig wie der Begriff →Geschichte.

*A. Historiographie und Wissenschaftsgeschichte*

Geschichte umfaßt neben dem tatsächl. (zu erzählenden, zu analysierenden und rekonstruierbaren) Geschehen auch dessen Darstellung, Analyse und Rekonstruktion durch die →Geschichtswissenschaft. Deshalb wird weithin von der »Historie« gesprochen, der die »Historiographie« (Geschichtsschreibung) ihre Aufmerksamkeit zuwendet. Da die Historiographie für unseren Kulturraum schon im Altertum begonnen hat, hat sie die Geschichte ihrer eigenen Wissenschaft ausgebildet. Historiographie und ihre Wissenschaftsgeschichte sind, angewendet auf K., Gegenstand des Teils A. In Teil B werden die Theorien behandelt, die im Blick auf vielfältige Probleme klären wollen, was Kirchengeschichtsschreibung ist und wie sie method. vorzugehen hat.

*I. Die alte Kirchengeschichte*

Die Beschäftigung mit der K. scheint eine alte Sache zu sein. Nach dem Zurücktreten der endzeitl. Naherwartung der Christen (→Eschatologie) unternahm es *Eusebius von Cäsarea* (gest. 339), unter dem Eindruck ihres polit. Erfolges unter Konstantin (→Konstantin. Wende) auf den bisherigen Weg der christl. Religion (→Alte Kirche) bis zum Jahre 324 zurückzublicken. Dieser *Urtyp* einer – auch so bezeichneten – K. fand Übersetzer, Fortsetzer und Nachahmer, begründete jedoch keine zur neueren K. durchlaufende Gattungstradition.

*1.* Zum einen kam das Thema →Kirche nicht voll zum Tragen, weil es in eine universale *Heilsgeschichte* eingebaut war, selbst bei Eusebius, vor allem aber bei Orosius (417) und der bis in die frühe →Neuzeit herrschenden *Weltchronistik* (Sleidanus [1506-1556] und Carion [1499-1538], fortgesetzt von →Melanchthon im 16. Jh., Bossuet 1681). »Christl. Historiographie, nicht K.« (H. Jedin) ist die treffende Kennzeichnung für Werke über die sechs oder sieben christl. Weltalter, drei Heilszeiten (je 2000 Jahre der →Schöpfung, des mosa. →Gesetzes und der →Gnade) und die Abfolge der vier Weltreiche (christl. gedeutet als assyr.-babylon., pers., griech. und →röm.-dt. Reich), ebenso wie die fragmentierten Interessen der →Bistums-, →Kloster- und christl. Völkergeschichte (z.B. Beda, Historia Ecclesiastica gentis Anglorum, bis 731), die Kaiser- und Heiligenviten (Lebensbeschreibungen) und die rel. durchmischten und aufgeladenen Regionalchroniken.

*2.* Zum anderen führte die eusebian. Geschichtsschreibung zwar einen bis zur Schöpfung gespannten geschichtl. Altersbeweis und ließ die hist. →Christenverfolgungen und die →Häresien als Anfechtungen des →Bösen nacheinander auf die Kirche eindringen, »aber die Kirche selbst hat keine Geschichte« (K.-V. Selge), das →Christentum galt aus apologet. Gründen (→Apologetik) nicht als neue →Religion; →Dogma und →Institution kannten keinen geschichtl. Wandel: Die Kirche hatte nach dieser Auffassung nichts zu tun, als an der alten →Wahrheit festzuhalten, was auch geschah. Trotz einiger Änderungen durch →Reformideen und heilsgeschichtl. Zukunftserwartungen (Joachim von Fiore, gest. 1202) blieb dies entspr. dem stat. vormodernen Weltbild das herrschende Konzept. Die moderne K. mußte sich erst wirkl. auf die Kirche konzentrieren (B I) und ihr eine Geschichte zugestehen (B II).

*II. Die moderne Kirchengeschichte*

*1.* Den Spezialisierungsschub zur neuzeitl. K. brachte die *→Konfessionsbildung.* Die Auflösung der locker gefügten Christenheit zugunsten einander ausschließender Konfessionskirchen warf die hist. Frage auf, welche von ihnen die wahre Kirche sei (→Kirchenspaltung). Zum kontroverstheol. Zweck wurde die interessierende K. der Sache und der Zeit nach aus der Universalgeschichte herausgelöst. Zwar war die *christl. Zeitrechnung* 525 von Dionysius Exiguus festgelegt und neben anderen Datierungen für die Geschichtsschreibung genutzt worden, aber erst die Kontroverse um das wahre Erbe des Religionsstifters →Jesus Christus in →Lehre oder →Hierarchie institutionalisierte die Zeit um das Jahr 0 zum gattungstyp. Anfang von K. Die sog. Magdeburger Zenturien, eine von Matthias Flacius (Illyricus) organisierte und in der Hochburg luth. Orthodoxie (→Luthertum) seit 1559 erschienen große »Ecclesiastica historia« (»K.«), behandelten je Band 100 Jahre n. Chr. und begründeten so eine bis ins 18. Jh. befolgte kirchengeschichtl. Einteilungsmode. Die heute übl. Zählung der Jh.e geht darauf zurück. Im Gegenzug begründete Cäsar Baronius 1588 mit der »Annales ecclesiastici« einen auf die hierarch. →Tradition setzenden →kath. Typus konfessioneller K. Eine Teilübersetzung durch den Chef des Hauses Fugger zeigt das dem kirchenhist. Argument nun beigemessene Gewicht.

Die Folge war eine *Verwissenschaftlichung* und *Institutionalisierung* der Disziplin K. Nach krit.-humanist. Impulsen haben konfessionell-kirchenpolit. Zwecksetzungen gerade an kirchengeschichtl. Gegenständen ein gelehrtes Forschungsinteresse durchbrechen lassen, für das auf kath. Seite die Quellenarbeit der Mauriner (nach der Kongregation der →Benediktiner St. Maur) und Bollandisten (nach dem →Jesuiten Jean Bolland) seit dem 17. Jh. vorbildhaft wirkte. An den prot. dt. Universitäten bildete sich vor allem nach dem Dreißigjährigen Krieg (→Religionskriege) K. als theol. Disziplin mit eigenen Lehrstühlen aus (1650-1662 Helmstedt, Gießen, Jena, Marburg). Zahllose prot. Gesamtdarstellungen zu Lehrzwecken waren die Folge. Die kath. Seite, in diesem Punkt durch das anders akzentuierte jesuit. Bildungswesen behindert, holte erst im späteren 18. Jh. auf, begünstigt durch die Wahl eines Kirchenhistorikers zum →Papst (Benedikt XIV., 1740) und die romkrit. theresian.-josephinist. Universitätsreform (ab 1770).

Der Institutionalisierungsvorgang seit der →Reformation läßt sich auch als *Scheidung von Kirchen- und Allgemeingeschichte* deuten, während der keine oder beide Seiten betreffende Gegenbegriff »Profangeschichte« auch wissenschaftsgeschichtl. überholt ist. Der *pietist.* Zweifel an der orthod. K. wurde 1788 in der einflußreichen »Unpartheyischen Kirchen- und Ketzergeschichte« G. Arnolds offenkundig. Die »pragmat. K.«, die von J. L. Mosheim (1694-1755) erprobt und von J. M. Schroeck (1733-1808) breit durchgeführt wurde, begann die Kirche nach innerweltl. Erkenntnislogik als Teil der menschl. →Gesellschaft zu beschreiben. In theol. entdramatisierter Form konnte so die *→Aufklärung* die in der Reformationszeit gründende kirchengeschichtl. Disziplin weiterführen.

*2.* Die *Vergeschichtlichung* der K. war hingegen überhaupt erst eine Leistung des 18. Jh.s. Auch die konfessionelle K. hatte eine geschichtl. Veränderung der Kirche nicht als legitim anerkannt und im Blick auf die ev. Lehre oder die kath. →Hierarchie die völlige Übereinstimmung des eigenen Kirchenwesens mit der Alten Kirche reklamiert. Das auf ältere Verfallsideen und M. →Luther selbst zurückgehende altprot. Geschichtsbild (→Protestantismus), das die Reformation als Wiederherstellung einer von der Papstkirche zunehmend verdunkelten immergültigen Wahrheit begriff, prägte die flacian. K.; die nachluth. K. beschränkte sich für die →(alt)prot. Orthodoxie auf das Festhalten am verschriftlichten reformator. →Bekenntnis.
Die pietist. Distanz zu einer »unvollendeten« Reformation und die aufgeklärt-neuprot. Entdekkung der Andersartigkeit der dogmat. Inhalte der Reformation gegenüber den eigenen Idealen wurde jedoch gerade auf prot. Seite zu einer geschichtl. Veränderungswahrnehmung, die zu einem völlig neuen Verständnis von K. führte. *J. S. Semler* (1725-1791) vollzog in seinem »Versuch eines fruchtbaren Auszugs der K.« mit programmat. Klarheit den *Paradigmawechsel:* »Vornehml. hoffe ich endl. Leser davon zu überzeugen, daß es nie eine ein für allemal abgemessene unveränderl. Vorstellung des Inhalts der christl. Lehre und Religion gegeben habe« und es darum nicht angehe, davon Ansichten und Dinge, »welche sich nach Zeit und Ort wahrhaftig stets verändert haben, als die einzig wahren und besten zu empfehlen« (Bd. 2, Halle 1774, Vorrede). Diese Einsicht öffnete die K. dem →*Historismus* des 19. Jh.s, der hist.-krit. Methode, dem Entwicklungs- und →Fortschrittsdenken und konnte in allen Modifikationen bis hin zum konfessionalist. oder konservativen Widerspruch wissenschaftl. nicht wieder zurückgenommen werden.

*III. Die Kirchengeschichte im 19. und 20. Jahrhundert*

*1.* Im geschichtsbewußten *19. Jh.* führten das Erbe der →klass. Literatur (→Lessing, J. G. Herder [1744-1803], J. G. Hamann [1730-1788]), →romant. Anregungen (Novalis [1772-1801], Chateaubriand [1768-1848], de Maistre [1753-1821]), die →Philosophie des dt. →Idealismus und die Ausbildung der hist. Methode bes. die dt. K. auf einen Höhepunkt. →Schleiermachers berühmter Studienplan von 1811 hat der *hist.* →*Theologie* einen wichtigen Platz zugewiesen; mit G. J. Planck (1751-1833) fand die *Dogmengeschichte* (→Dogma, →Dogmatik), mit J. A. Neander (1789-1850) die *Frömmigkeitsgeschichte* (→Frömmigkeit) erste klass. Ausprägungen.
Die gleichermaßen von →Hegel inspirierten →*Tübinger Schulen* verliehen der K. neue religionsphilos. Bedeutung; die kath. um J. A. Möhler (1796-1838) ging von einer dialekt. Neubestimmung der *Konfessionalität* und einem entwicklungs- und gemeinschaftsbewußten *Kirchenbegriff* aus, die ev. von dem spektakulären und folgenreichen ersten Unterscheidungsversuch zwischen dem hist. »Leben Jesu, krit. bearbeitet« (1835), und dem religionsphilos. →Mythos durch D. Fr. →Strauß. Die überragende Synthese aus hist.- krit. Methoden und entwicklungsgeschichtl. →Dialektik gelang F. Chr. →Baur (1792-1860), der die Dogmengeschichte als Prozeß der intellektuellen Verwirklichung und Bewußtwerdung beschrieb. Das Tübinger Schulhaupt hat auch erstmals die Entwicklung der Disziplin K. selbst umfassend hist. reflektiert. Ihr weiterer Gang folgte neben mancherlei zeitbedingtem Einsatz der K. für populäre national- und kirchenpolit. Zwecke dem Zug zur *prakt. Einzelforschung* mit imponierenden Forschungsleistungen zur Alten Kirche und Dogmengeschichte (A. von →Harnack), zur Rechtsgeschichte (U. Stutz [1868-1937], H. E. Feine [1890-1965]), zur Reformationsgeschichte (K. Holl [1866-1926], H. Bornkamm) und vorzügl. Überblickswerken mehr theol. (A. Hauck, 1845-1918) oder polit.-gesellschaftl. Interesses (Karl Müller) an der K. Zu beachten ist, daß seit L. von Rankes (1795-1886) klass. Darstellungen zur frühneuzeitl. Papstgeschichte (1834) und zur dt. Reformationsgeschichte (1839ff.) diese und weitere kirchengeschichtl. Themen auch Hauptarbeitsgebiete der Historiker sind.
*2.* Im 19. Jh. wurde die K. auf allen Seiten auch wieder zur konfessionellen *Identitätssicherung* in Anspruch genommen, bis hin zum vornehml. *apologet.* Einbau in den →Religionsunterricht der →Schulen. Von der großen hist. Publizistik J. Görres' (1776-1848) und den gelehrten Arbeiten I. Döllingers (1770-1841) und F. X. Kraus' (1840-1901) über Kompendien, populäre und polem. Handreichungen stellte sich bes. die K. der konfessionellen Minderheit auf den »kath. Standpunkt«. Ein bemerkenswerter Vorgang auch der Wissenschaftsgeschichte war es, als mit Döllinger der renommierteste kath. Kirchenhistoriker im Namen seiner Disziplin die Opposition gegen die Verkündigung des Unfehlbarkeitsdogmas (→Unfehlbarkeit) anführte und nach dem Sieg der Infallibilisten mit dem →Papsttum brach, eine kirchenpolit. Auseinandersetzung, in der es →Rom an Kenntnissen der K., Döllinger an geschichtstheoret. Absicherung fehlen ließ. Unter dem Eindruck des →*Kulturkampfes* entstanden namentl. zur Reformationszeit (J. Janssen, 1829-1891) und zur Papstgeschichte (L. von Pastor, 1845-1928) trotz ihrer kath.-kirchenpolit. Einseitigkeit monumentale Geschichtswerke von hoher Quellendichte und kulturgeschichtl. Rang.
Eine →*ökumen. Tendenzwende* vollzog J. Lortz (1887-1975) mit einem neuen kath. Lutherbild, weitergeführt zur Erschließung der →Gegenreformation als »kath. Erneuerung« H. Jedin (geb. 1900) und verallgemeinert als Kulturphänomen der Konfessionsbildung (E. W. Zeeden). Dies und der von der Öffnung des Vatikan. Archivs 1884 eingeleitete Quellenschub (Nuntiaturberichte, ferner Corpus Catholicorum, Visitationsprotokolle) hat mit der Reformations- und Papstgeschichte auch die konfessionell empfindlichsten Punkte der K. einer abwägenden *pluralist. Forschungspraxis* über-

antwortet. In auffälligem Gegensatz hierzu steht eine lebhafte aktuelle Theoriediskussion um den system. Ort von K.

*Lit.: F. Chr. Baur:* Die Epochen der kirchl. Geschichtsschreibung, Tübingen 1852, Nachdruck Darmstadt 1962. – *J. Burkhardt:* Die Entstehung der modernen Jh.rechnung. Ursprung und Ausbildung einer historiograph. Technik von Flacius bis Ranke, Göttingen 1971. – *Ders.:* Die ideolog. Begründung des neuen Katholizismus aus der Geschichte in dt. Texten des 19. Jh.s, in: Festgabe für E. W. Zeeden, Münster 1976, 433-460. – *E. Fueter:* Geschichte der Neueren Historiographie, München/Berlin, 3. Aufl. 1936. – *H. Grundmann:* Die Grundzüge ma. Geschichtsanschauungen, in: Archiv für Kulturgeschichte 24 (1934), 326-336. – *H. Jedin (Hg.):* Handbuch der K., Bd. 1, Freiburg 1962, Nachdruck 1985 (darin von Jedin: Kirchengeschichtsschreibung und Kirchengeschichtswissenschaft, 17-55). – *Ders.:* Kardinal Caesar Baronius. Der Anfang der kath. Kirchengeschichtsschreibung im 16. Jh., Münster 1978. – *A. Klempt:* Die Säkularisierung der universalhist. Auffassung. Zum Wandel des Geschichtsdenkens im 16. und 17. Jh., Göttingen 1960. – *G. Lutz:* Max Fugger und die Annales Ecclesiastici des Baronius, in: Baronio Storico e la controriforma, Sora 1982, 423-545. – *P. Meinhold:* Geschichte der kirchl. Historiographie, 2 Bde., Freiburg/München 1967. – *W. Nigg:* Die Kirchengeschichtsschreibung. Grundzüge ihrer hist. Entwicklung, München 1934. – *A. Philipps:* Die K. im kath. und ev. Religionsunterricht, Wien 1971. – *H. Scheible:* Die Entstehung der Magdeburger Zenturien, Gütersloh 1966. – *E. C. Scherer:* Geschichte und K. an den dt. Universitäten, Freiburg 1927. – *K.-V. Selge:* Einführung in das Studium der K., Darmstadt 1982. – *H. Zimmermann:* Ecclesia als Objekt der Historiographie, Wien 1960.

### *B. Theoriediskussion*

Um das Verständnis von K. wird seit einigen Jahrzehnten eine lebhafte Debatte geführt. Worin besteht angesichts komplexer religionsgeschichtl. Erscheinungen die Einheit von K.? Sind für das rechte Verständnis von K. Glaubensvoraussetzungen notwendig oder zulässig? Welche Bewertungsweise ist angemessen? Wozu K.? Das *Zentralproblem* ist der wissenschaftssystemat. Ort von K. Denn anders als in den roman. Ländern ist K. in Deutschland traditionell ein Fach der →theol. Fakultäten; es arbeitet aber mit denselben quellengebundenen Forschungsmethoden und historiograph. Darstellungsformen wie die →Geschichtswissenschaft. K. ist »Theologie und Geschichte« (H. Jedin), lautet daher der vorangetriebene Anspruch; daß dahinter doch zweierlei Erkenntnisinteressen stehen, zeigt die Debatte.

#### *I. Kirchengeschichte in theologischem Erkenntnisinteresse*

*1.* Die *ev. Theologie* war von den Problemen nur am Rande betroffen. Denn der theol. Neuansatz des 20. Jh.s am je gegenwärtigen existentiellen Glaubensakt des einzelnen entdramatisierte die theol. Bedeutung von Kirche wie Geschichte und beließ der K. den vieldeutigen Stand einer »Hilfswissenschaft« (K. →Barth). Die Definitionen sind seit G. Ebelings Formel von der K. als »Auslegung der Hl. Schrift« (1947) anspruchsvoller geworden, objektiv gewendet zur »Geschichte des Evangeliums und seiner Wirkungen in der Welt« (H. Bornkamm), subjektiv zum »Selbstverständnis der Kirche« (E. Benz); doch wird eine theol. »Verlegenheit wegen der K.« bis heute freimütig eingeräumt (Ebeling). Die *theol. Distanz* zur Geschichte, oft als Verlust kritisiert, gibt ihr andererseits Freiraum. K. bleibt dabei für Theologie und Theologiestudium bedeutsam, insofern sie das notwendige geschichtl. Bewußtsein in die theol. Reflexion einbringt.

*2.* »Wir fordern K. als Theologie zu betreiben« – so lautet der weitergehende *kath. Anspruch* in einer offensiven Formulierung (E. Iserloh). Auf drei Argumentationsebenen ist über K. als »theol. Disziplin« diskutiert worden:

*a)* K. als *hist.* →*Ekklesiologie*: Viele Kirchenhistoriker fordern eine Glaubensvorgabe, die sich – den Traditionen dieser →Konfession entsprechend – auf die Kirche selbst richtet. Hatte A. Eberhard (und neuerdings wieder W. Kasper) sich für »hist. Theologie« interessiert, so bestimmte H. Jedin K. entschieden als »hist. Ekklesiologie«. Als Herausgeber des großen und verbreiteten »Handbuchs der K.« hat Jedin den hist. Gegenstand programmat. aus den *dogmat. Strukturen* des – teils noch vorkonziliaren – Kirchenbegriffs abgeleitet, der im Verweis auf den »göttl. Ursprung« der Kirche als »(hierarch. und sakramentale) Ordnung« schon nicht wenig an christl. Religionsgeschichte ausblendet. Es bezeichnet den hist. Rang des Werkes, daß es sich nicht streng daran hält. Die Festschreibung eines wie auch immer dogmat. bestimmten Kirchenbegriffs findet auch innertheol. Kritik (vgl. K. Schatz). Die Diskussion verlagert sich von einem solchen vorgegebenen »Materialobjekt« Kirche zum »Formalobjekt« eines »mit den Augen des Glaubens« (Iserloh) gesehenen geschichtl. Weges der Kirche. Das kann mit Hilfe der Denkfigur einer Kontinuität im Wandel und der →Metaphorik vom Pilgerzug mehr an Geschichte einlassen, bringt aber dafür andere Probleme:

*b)* K. als *Heilsgeschichte*: Im Hintergrund ist eine von K. →Rahners Theologie inspirierte neue *heilsgeschichtl. Weltdeutung* mitzusehen, die in unterschiedl. Abstufungen und Einschränkungen doch auch auf die reale K. bezogen wird. Dieses »neosalutar.« Geschichtsbild konzentriert sich zumeist auf Anfang, Mitte und Ende eines hist. Ablaufes, während Andeutungen und Versuche, in der realen K. einen Heilswillen Gottes aufzuweisen, auch von bedachtsamen Anhängern zurückgewiesen werden: »Gott läßt sich nicht in die Karten sehen« (O. Köhler). Immerhin gab aber die Konzilskongregation für das kath. Bildungswesen 1970 dem wissenschaftl. Studium der K. auf, »dem wunderbaren *Zusammenwirken des göttl. und menschl. Handelns* Aufmerksamkeit zu schenken«, wie immer man sich das in einer Seminarübung zur K. denken soll. Die heilsgeschichtl. Überhöhung von K. provoziert heute eher Ironie, polem. Umkehrung (»Kirche des Unheils«, K. Deschner) und Ideologiekritik, wie sie am schlagendsten der kath. Theologe P. Eicher geübt hat: Die der Geschichtswissenschaft entlehnten Methoden der K. können nichts anderes rekonstruieren als die Ebene säkularer Geschichte, in der sie gründen, so daß jede *nachträgl. Theologisierung* ideolog. aufgesetzt wirkt. Die Wohlmeinenden unter den krit. Kirchenhistorikern setzen jeder heilsgeschichtl. Überhöhung eine »konstitutive Profanität von K.« engegen (V. Conzemius).

*c)* K. als *kirchl. Reflexion*: Aus dem Objektproblem heraus führt ein Trend zur Betonung des reflexiv-funktionalen *Nutzens* von K. für Theologie und Kirche. K. in diesem Sinne ist für die Theologen ein geschichtl. relativierend genutzter »unentbehrl. Schlüssel zur Interpretation der Entscheidungen des Lehramtes« (R. Aubert) oder insofern ein »locus theologicus« (Ort theol. Wahrheitsfindung) als K. (als Geschichte) neue theol. Perspektiven öffnet. In einem umfassenden Ansatz, der die Theoriediskussion der →Geschichtswissenschaft sowie die Theorie zu →Kommunikation und Narrativität (→Erzählen) beachtet, hat H. R. Seeliger die hist. Objektbestimmung ganz fallengelassen. K. heiße nicht K., weil sie von Kirche handle, sondern weil sie *im »Kommunikationszusammenhang Kirche«* betrieben werde, oder auch: »weil sie der Kirche über sich selbst erzählt«. Das ist ein vieldeutiger Ansatz, der sehr verschieden gefüllt werden kann. In Fortführung von Jedins triumphalem »Wir sind die Kirche« bleibt K. innerkirchl. Legitimationswissenschaft, die aber, so formuliert, krit. Erinnerung an Unabgegoltenes der K. erleichtert und – statt apologet. Voraussetzungen – eine fundamentaltheol., auch didakt. nutzbare Hinführung zu Glaubensmöglichkeiten erlauben soll.

*II. Kirchengeschichte im geschichtlichen Erkenntnisinteresse*

*1.* Die Geschichtswissenschaft, die ebenfalls traditionell kirchengeschichtl. Themen behandelt und sich zunehmend von den laikalen internationalen →Religionswissenschaften inspirieren läßt, steht theol. Geltungsansprüchen von K. fremd gegenüber. Exponierte Postulate werden als »klerikale Anmaßung« zurückgewiesen (Conzemius); K. als ein »Typus nichtrel. Gewißheit« verstanden (E. Poulat). Die *Problematik jeder Glaubensvorgabe* wird darin gesehen, daß sie sich dann wie jede andere Hypothese auch geschichtswissenschaftl. in Frage stellen lassen müßte (E. Sauer). Ebensowenig erscheint ein Verstehensmonopol der Gruppenzugehörigen akzeptabel, das gern mit der rhetor. Parallele zurückgewiesen wird, ob denn z.B. nur Franzosen franz. Geschichte schreiben sollten. Der führende ital. Aufklärungshistoriker F. Venturi pointierte, K. sei viel zu interessant, um den Frommen oder Geistlichen überlassen zu werden. Im Gegenzug zu den Verengungen einer innerkirchl. Legitimationswissenschaft wird darum K. als »hist. Disziplin« (G. Alberigo u.a.) eingeklagt.

*2.* Unter diesem geschichtl. Erkenntnisinteresse wird K. vielfach method. und themat. zu einer an der Gesamtgesellschaft orientierten *Religionsgeschichte* erweitert. »Diese fragt nicht nach der Wahrheit der Religion, sondern nach der realen Funktion im sozialen und polit. Wirkungszusammenhang konkreter hist. Situationen« (W. Schieder) und schließt jede Orientierung an einem »metahist. Wesen von Religion« (R. van Dülmen) gegenüber ihrer geschichtl.-gesellschaftl. Grundlage aus. Der im Umkreis der »hist. Sozialwissenschaft akzentuierte Ansatz« geht z.T. auf Distanz zur institutionellen Ebene von K. und setzt, angeregt von →*Soziologie und* →*Volkskunde*, mit Vorliebe an mag. Praktiken (→Magie), der →Wallfahrtskultur und anderen Phänomenen der Volksreligiosität an. Bei anderen Historikern finden aber gerade kirchl. →*Institutionen* ein polit.-soziales und wirtschaftsgeschichtl. Interesse, z.B. die integrative Leistung der Konfessionsbildung, die Rekrutierung und Karrierestruktur kirchl. →Eliten, ökonom. Analysen des Pfründenwesens und der Papstfinanz, sozialpolit. Mentalität, Rolle und Wirkung der Amtsträger (→Amt). Solche »Verfremdung« der K. zielt vielfach nicht auf ihre Auflösung, sondern auf Integration im Sinne einer »die Fächergrenze übersteigenden Totalgeschichte« (W. Reinhard), letztl. auf die *umfassende Frage* nach »Bedeutung und Funktionswandel der Religion im Zivilisationsprozeß« (van Dülmen), wobei das Wechselspiel von innovator.-vorwärtsgewandten Leistungen und hemmend rückwärtsgewandten Optionen von Religion und Kirche bes. Aufmerksamkeit findet.

*III.* In der Praxis liegt die Kirchengeschichtsschreibung der Theologen und der Historiker oft nicht so weit auseinander, *ergänzt sich* gegenseitig, und manchmal vertauschen sich auch die Positionen. Überblickt man Praxis und Diskussion, so ist der Unterschied vor allem einer der *hist. Perspektive:* Die theologieorientierte K. interessiert sich für den Entstehungsprozeß von Religion und Kirche, während die geschichtswissenschaftl. K. sich für den Entstehungsprozeß der Gesamtgesellschaft interessiert und den Anteil von Religion und Kirche an ihr bestimmt. Diese andersartige Reflexionsperspektive erhellt, weshalb in dem einen Fall doch fundamentaltheol. Sinnfragen denkbar erscheinen, im anderen aber der gesamtgesellschaftlich rückgebundene geschichtswissenschaftl. Diskurs heute jede Glaubensaussage ausschließt. Da aber das ganze Bild der K. von vergangenen rel. Hoffnungen und Gewißheiten mitgeformt ist, ergeben sich Spannungen: angefangen von der Idee der Kontinuität von Kirchen oder der Einheit einer christl. Religionsgeschichte selbst, die sich einem unbefangenen Blick keineswegs aufdrängt und vielfach hist. Korrekturen bedarf. Die Annahme der theol. Einheitsidee durch die Geschichtswissenschaft könnte künftig auch davon abhängen, inwieweit K. in ökumen. Weite eher als interessante Avantgarde oder als lästige Nachhut der Gesamtgeschichte der Menschen interpretierbar wird.

*Lit.: E. Benz:* K. in ökumen. Sicht, Leiden 1961. – Concilium 6 (1970), 457-528; 7 (1971), 459-532. – *V. Conzemius:* K. als »nichttheol.« Disziplin, in: Theol. Quartalschrift 155 (1975), 187-197. – *E. Dassmann:* K. – Last oder Ermutigung für den Glauben?, in: *H.H. Henrix/H. D. Rauh (Hg.):* Der Christ und die Geschichte seiner Kirche, Aachen 1978. – *R. van Dülmen:* Religionsgeschichte in der hist. Sozialforschung, in: Geschichte und Gesellschaft 6 (1980), 36-59. – *G. Ebeling:* Studium der Theologie, Tübingen 1975, 69-82. – *P. Eicher:* Zur Ideologiekritik der K., in: Kairos 23 (1981), 244-260. – *H. Grotz:* Der wissenschaftstheoret. Standpunkt der K. heute, in: Zeitschrift für Theologie und Kirche 92 (1970), 146-166. – Grundfragen der kirchengeschichtl. Methode heute. Röm. Quartalsschrift (1985), Red. E. Gatz (Vorwort K. Repgen mit 13 Vorträgen und 15 Diskussionsbeiträgen. Vgl. dazu *O. Köhler* in: Stimmen der Zeit, 204 (1986), 834-846. – Internationale kath. Zeitschrift »Communio« 8 (1979), 496ff., u.a. Jedin, Dassmann. – *H. Jedin (Hg.):* Handbuch der K., Bd. 1, Freiburg 1965 (Einleitung). – *E. Iserloh:* Kirche. Ereignis und Institution, Bd. 1, Münster 1985. – *B. Jendorff:* K. – wieder gefragt!, München 1986 (didakt.). – *W. Kasper:* Zukunft aus der Kraft des Konzils, Freiburg 1986. – *M. Klöcker/F. Magen:* Zur Erforschung der Kirchen- und Religionsgeschichte, Köln 1981 (Geschichte in Köln. student. zeitschrift am hist. seminar, Sonderheft 2). – *R. Kottje (Hg.):* K. heute – Geschichtswissenschaft oder Theologie?, Trier 1970. – *W. Reinhard:* Möglichkeiten und Grenzen der Verbindung von K. mit Sozial- und Wirtschaftsgeschichte, in: *G. Klingenstein/H. Lutz (Hg.):* Spezialforschung und »Gesamtgeschichte«, München 1982, 243-278. – *K. Repgen:* Die Krise der Geschichte und die K., in: Seminarium 25, NS 13 (1973), 59-74. – *G. Ruppert:* Geschichte ist Gegenwart. Ein Beitrag zu einer fachdidakt. Theorie der K., Hildesheim 1984. – *E. Sauer:* K. als hist. Disziplin?, in: *F. Engel-Janosi u.a. (Hg.):* Denken über Geschichte, Wien 1974. – *K. Schatz:* Ist K. Theologie?, in: Theologie und Philosophie 55 (1980), 481-513. – *W. Schieder:* Religionsgeschichte als Sozialgeschichte, in: Geschichte und Gesellschaft 3 (1977), 291-298. – *Ders. (Hg.):* Volksreligiosität in der modernen Sozialgeschichte, Göttingen 1986. – *H. R. Seeliger:* K. – Geschichtstheologie – Geschichtswissenschaft. Analysen zur Wissenschaftstheorie und Theologie der kath. Kirchengeschichtsschreibung, Düsseldorf 1981. – *Ders.:* Apologet. und fundamentaltheol. Kirchengeschichtsschreibung, in: Wissenschaft und Weisheit 14 (1981), 58-72. – *K.-V. Selge:* Einführung in das Studium der K., Darmstadt 1982. – *R. von Thadden:* K. als Gesellschaftsgeschichte, in: Geschichte und Gesellschaft 9 (1983), 598-614. – *Chr. Uhlig:* Funktion und Situation der K. als theol. Disziplin (Ev. Theol. Diss. 1976), Frankfurt/M. 1985. – *L. Vischer (Hg.):* K. in ökumen. Perspektive, Basel 1981.

*Johannes Burkhardt*

**Kirchenkampf.** »›K.‹ hieß und heißt exemplarisch: Pfarrer Niemöller in der Gemeinde Dahlem« (K. Barth). K. ist demnach eine weitgehend ev. Angelegenheit.

*A.* Aber auch in der *kath. Kirche* gab es vereinzelt →Widerstand (Kardinal Faulhaber, Bischof Graf Galen). Überhaupt ist der Blutzoll, den die kath. Geistlichkeit im Kampf gegen das NS-Regime (→Nationalsozialismus) gebracht hat, im Vergleich zur ev. Pfarrerschaft um ein Vielfaches höher. Beispielhaft als Märtyrer waren A. Delp und M. J. Metzger. Die offizielle kath. Kirchenpolitik ist durch das Reichskonkordat vom 20.7.1933 (→Kirche und Staat, →Nationalsozialismus), das als moral. Legitimation des NS-Staates gelten muß, und die Enzyklika »Ardenti cura« (»Mit brennender Sorge«) Pius' XI. (1937) gekennzeichnet, die den Praktiken des Regimes deutl. widersprach.

*B.* Der *ev. K.* ist im wesentl. durch zwei Dokumente zu charakterisieren: 1. die *Barmer Theol. Erklärung* (1934) und 2. das Stuttgarter Schuldbekenntnis (1945), die erste (wesentl. von K. →Barth bestimmt) ein verheißungsvoller Auftakt, das zweite das nachträgl. Eingeständnis des Versagens. Dazwischen sind, von der *Dahlemer Synode* (Okt. 1934) abgesehen, nur noch wenige Ereignisse von hist. Belang: M. Niemöllers Begründung des Pfarrernotbundes und seine KZ-Haft, Bonhoeffers Entschluß, in den polit. Widerstand zu gehen, und K. Barths Brief an Hromadka aus Anlaß der »Tschechenkrise« (1938). Ansonsten mutet der ev. K. weithin als »Pastorengezänk« zwischen Dt. Christen (DC) und Bekennender Kirche (BK) an. Der entscheidende *Mangel* des ev. K.s war die weitgehende *Ausblendung der Gemeinden.* (Auf der Barmer Synode waren nur ein Arbeiter und eine Frau anwesend. Ansonsten wurde das Feld von Kirchenführern, Theologen und Beamten beherrscht. Das bürgerl.-konservative Element überwog.) In der Frage des »*Arierparagraphen*« wie überhaupt in der Judenfrage hat die Bekennende Kirche versagt, die aufopferungsvolle Arbeit des »Büros Grüber« nach der »Reichskristallnacht« (1938) ausgenommen.

*C.* Im ganzen gesehen haben die Kirchen zwar nicht zu allem geschwiegen (vgl. Bischof Wurm zur Frage der Euthanasie), aber nach dem »Wunder von Barmen« (Kupisch) erfolgte der schrittweise *Rückzug in den »Stellungskrieg«.* Der K. verlagerte sich von der Ebene der Kirchenbürokratie stärker in die Gemeinden. Die Frage nach dem Ertrag des K.s ist auch heute nur schwer zu beantworten. War der K. eine Form des antifaschist. Widerstandes? Die Antwort kann nur ein sehr eingeschränktes Ja sein. In der *K.forschung* gibt es in der Frage der Anpassung an das NS-Regime eine radikal-krit. Position (Bethge), eine vielleicht allzu verständnisvolle (Scholder) und eine gemäßigte Mittelposition (Meier). Es ist auffällig, daß gerade die sog. »intakten Kirchen«, die am energischsten den polit. Widerstand ablehnten, nach dem Krieg Wert darauf legten, als Widerstandsbewegung anerkannt zu werden. In der Forschung ist man allenfalls zu dem Urteil gelangt, daß der K. *nicht antifaschist.* war, aber doch antifaschist. Wirkungen zeitigte. »Er war ein kirchl. Selbstbehauptungskampf, der mit polit. Zustimmung zu den Zielen des →Faschismus – abgesehen von seinen kirchl. – durchaus vereinbar war« (Meier).

*Lit.: E. Bethge:* D. Bonhoeffer, München, 5. Aufl. 1983. – *K. Kupisch:* Deutschland im 19. und 20. Jh., in: *K. D. Schmidt/E. Wolf (Hg.):* Die Kirchen in ihrer Geschichte, Göttingen 1966. – *K. Meier:* Der ev. K., Bd. 1-3, Göttingen 1976 und 1984. – *W. Niemöller:* Kampf und Zeugnis der Bekennenden Kirche, Bielefeld 1948. – *K. Scholder:* Die Kirchen und das Dritte Reich, Frankfurt/M./Berlin/ Wien 1977. – *E. Wolf:* K., in: Religion in Geschichte und Gegenwart, 3. Aufl., Bd. 3, 1443-1453.

*Heinz Röhr*

**Kirchenkritik** stellt ein in der →Kirchengeschichte durchgängig zu beobachtendes Phänomen dar; sie variiert allerdings stark nach Form, Methode und Inhalt sowie vor allem hinsichtl. ihrer (Breiten-)Wirkung – in Abhängigkeit von den jeweiligen Rahmenbedingungen kultureller, wirtschaftl.-sozialer und polit. Art. Von Ansatz und Ziel her muß zwischen *externer und interner* K. als zwei Grundtypen unterschieden werden, die sich zwar oft auf die gleichen Tatbestände beziehen, diese jedoch prinzipiell anders deuten. Recht und Notwendigkeit bes. interner K. gründen in der Zielgebundenheit (Instrumentalität) und Vergänglichkeit der Kirche: sie dient einzig der Verkündigung des →Evangeliums und der Ausbreitung der →Reiches Gottes und bleibt darum – als »stets zu reformierende Kirche« (ecclesia semper reformanda) – dem Willen Jesu Christi als *krit. Maßstab* unterworfen. Interne K. kann als prophet. Widerspruch oder Kontestation auftreten, sie kann sich auf moral., hist., philos. und theol. Argumente stützen. Am häufigsten richtet sie sich gegen den institutionellen Aspekt der Kirche (Rechtsgestalt, hierarch. Struktur [→Hierarchie], →Papsttum, →Dogmen, Gesetze, usw.), entweder im Sinne einer »Fundamentalproblematisierung« (E. J. Nagel) der »Institution« Kirche oder als Anklage bestimmter evangeliumswidriger Mißstände und Verhaltensweisen (z.B. Zentralismus, Papalismus, →Feudalismus, Simonie, Opportunismus).
Als (kirchen-)geschichtl. sehr folgenreich erwiesen sich die kirchenkrit. Strömungen des →MA.s (z.B. Armutsbewegungen, →Konziliarismus, →Humanismus); die K. der →Reformationszeit, deren Mißerfolg zur →Kirchenspaltung führte, und der (franz.) →Aufklärung (z.B. →Voltaire, Helvetius, d'Holbach) sowie die Reformbewegungen des 19. und frühen 20. Jh.s (z.B. Gallikanismus, →Jansenismus, →Altkatholizismus, →Modernismus, →Ökumenismus). Wichtige *Vertreter* innerchristl. K. der Gegenwart sind u.a. C. Amery, Ch. Davies, A. Holl, H. →Böll, H. Herrmann, R. Adolf, G. Hasenhüttl, H. Küng, R. Hernegger, H. Mynarek. Als aktivster Vertreter externer K. im dt. Sprachraum darf wohl K. Deschner gelten.

*Lit.: V. Conzemius:* Die Kritik an der Kirche, in: Handbuch der Fundamentaltheologie, Bd. 3: Traktat Kirche, Freiburg u.a. 1986, 30-48. – *K. Deschner (Hg.):* Das Christentum im Urteil seiner Gegner, 2 Bde., Wiesbaden 1971. – *E. J. Nagel:* Institutionelle Wandlungen in der kath. Kirche, Bern/Frankfurt/M. 1973. – *H. J. Schultz (Hg.):* Kritik an der Kirche, Stuttgart, 3. Aufl. 1958. – *H. Thielecke:* Leiden an der Kirche, Hamburg 1965.

*Heinz-Günther Stobbe*

**Kirchenlied.** »Als K. wird das in der gottesdienstl. Feier von der christl. →Gemeinde gesungene, volkssprachige Lied bezeichnet« (W.-I. Geppert); im →Gesangbuch wird es gesichtet, gesammelt und zum Gebrauch bereitgestellt. Das K. ist abzugrenzen gegenüber dem liturg. Gesang (aus dem es hervorgeht und damit bis in die Tradition der urchristl. Gemeinde zurückreicht: Kol 3,16: »Psalmen, Hymnen, Oden«) und gegenüber der geistl. Dichtung, die eine stärker subjektive Frömmigkeit ausdrückt.

*A. Mittelalter*

Die frühesten Versuche, liturg. Gesänge zu verdeutschen (→Hymnus), finden sich in *karoling. Zeit,* zum besseren Verständnis in Form von interlinearen Übersetzungen (lat. und dt. Text werden Zeile für Zeile untereinandergesetzt; Murbach, Reichenau). Der Gebetsruf *Kyrie eleison,* außerhalb der →Messe auch bei →Wallfahrten, Bittgängen und Empfängen verwendet, wird im *11. und 12. Jh.* zum Kristallisationspunkt für einfach gereimte und gesungene Vierzeiler, die sog. *Leisen.* Weniger die höf. Dichtkunst (Walter von der Vogelweide) als die →Mystik (J. Tauler, H. von Laufenberg) geben dem K. neue Impulse. Wichtig werden im *14. und 15 Jh.* die anonymen dt. *Cantiones* und Marienlieder in den geistl. Spielen zu →Weihnachten und zur →Passion. Seit 1350 wird von kirchenamtl. Seite das Vordringen dt. Lieder im →Gottesdienst wenigstens geduldet. Dichtungen aus der Frömmigkeit der devotio moderna und die Kontrafaktur (geistl. Umdichtung) weltl. Lieder vermehren am Ende des MA.s den Liedbestand in Texten und Melodien.

*B.Reformation*

*M. →Luthers* Bemühung um das K. steht im Zeichen seiner Reform des Gottesdienstes: Dt. Strophenlieder begleiten oder ersetzen als *Erneuerung* des ambrosian. Gemeindegesangs die bisherigen lat. Stücke. Luthers 37 Lieder umfassen in breiter Fülle Psalmbearbeitungen, Übersetzungen von →Hymnen und liturg. Texten, Erweiterungen der alten Leisen-Strophen zu allen →Festen, lehrhafte Katechismuslieder, Umdichtungen von Volksliedern und aktuelle Zeit- und Bekenntnislieder; sie vereinen objektive rechtgläubige Gültigkeit mit persönl. gläubiger Erfahrung. Im *Umkreis* Luthers dichten J. Jonas, E. Kreuziger, P. Speratus, J. Walter, P. Eber; im niederdt. Bereich N. Decius und H Bonnus; in Nürnberg H. Sachs, L. Spengler, S. Heyden. Eine bes. Ausstrahlung für Psalm- und Festlieder gewinnen Straßburg (W. Capito, W. Dachstein, M. Greitter, K. Hubert) und Konstanz (A. Blarer, J. Zwick). Weit verbreitet sind die Lieder der *Böhmischen Brüder* von M. Weiße (1531) und die Kinderlieder und Evangeliendichtungen von N. Herman (1560). Die *Reformierten* benutzen ausschließl. Psalmlieder (J. →Calvin 1539, C. Marot 1542, Th. Beza 1562); der vollständige franz.

Genfer Psalter wird Grundlage des reform. Kirchengesangs. Ein *kath.* Gegenstück ist der Psalter von K. Ulenberg 1582, ein *luth.* von C. Becker 1602 mit den Melodien von H. →Schütz. Im Liedgut der grausam verfolgten Sekten der →Mennoniten, Wiedertäufer, Schwenckfelder (A. Reusner, D. Sudermann) spielt das volksliedhafte Märtyrerlied eine große Rolle.

*C. Gegenreformation und Orthodoxie*

*I.* Nach Luthers Anfangsimpulsen tritt im K. mit der starken Betonung der reinen Lehre (→altprot. Orthodoxie) und der konfessionellen Gegensätze (→Konfession) eine gewisse Erstarrung ein. Beharrl. wird das luth. Liedgut in einer Reihe von kanon., den jeweiligen Sonntagen zugeordneten, auswendig gesungenen Kernliedern gepflegt. Neu sind Lieder zum häusl. und privaten →Gebet als Teil der →Erbauungsliteratur, die erst allmähl. in den Schatz der K.s eingehen (N. Selnecker, B. Ringwaldt, L. Helmbold, M. Behm). Als Gegenschlag zur erstarrten Rechtgläubigkeit blüht mancherorts eine gefühlsbetonte Frömmigkeit auf, beeinflußt von der ma. Jesusmystik und der Bildersprache des Hohenliedes, vermittelt durch die Andachtsbücher von M. Moller und J. Arnd (Ph. Nicolai, EKG 48 und 121). In den Pest- und Hungerzeiten werden die Bitte um ein seliges Sterben, das Suchen nach Zuflucht und die Sehnsucht nach →Erlösung zum bevorzugten Thema des K.s (V. Herberger).

*II.* Das K. des 17. Jh.s ist aufs engste mit dem Gesamtstil der Zeit verbunden. Es zeigen sich die Anfänge einer neuen Kunstdichtung und ihrer Pflege in den Sprach- und Dichtergesellschaften. Die Bedeutung von Kunsthandwerk, Gelehrtenbildung, Formen und Formeln nimmt zu; alle namhaften Dichter schreiben K.er (M. Opitz, P. Fleming, A. Gryphius, S. Dach u.a.). Viele Lieder verarbeiten die Erfahrungen des Dreißigjährigen Krieges (J. Heermann); weitere Motive wachsen dem K. aus der Dialektik des →Barock zu: diesseitiges Jammertal und jenseitige Herrlichkeit, Weltschmerz und Lebensfreude. Wichtige K.er für Klage und Bitte, Lob und Dank stammen von M. Rinckart, J. Stegmann, G. Weissel, J. M. Meyfart, Chr. Keimann, G. Neumark, M. Schirmer u.a. Drei Dichter ragen heraus: J. Franck, J. Rist und vor allem P. Gerhardt, dessen Gedichte, verbunden mit den Melodien von J. Crüger und J. G. Ebeling, den breitesten Zugang zur singenden Christenheit gefunden haben. Eindrucksvoll umfassen seine 133 Lieder das ganze Spektrum des K.s.: Festgesänge, Jubeltöne, Tagzeiten- und erste Naturlieder, vor allem aber seelsorgerl. Zeugnisse des Gottvertrauens in Kreuz und Not. Die *kath. Dichtung* der Zeit ist stärker von myst. Impulsen und allegor. Poesie geprägt ( F. von Spee: »Trutznachtigall« 1649, J. Scheffler [Angelus Silesius]: »Hl. Seelenlust oder Geistl. Hirtenlieder« 1657[→Barock]).

*III.* In der *Zeit des →Pietismus (1680-1750)* dient eine unüberschaubare Zahl von neuen Liedern den kleinen Zirkeln der Erweckten. Die Sprache ist innerl.-erbaul., mitunter missionar.-kämpferisch. Der Inhalt neigt zur unmittelbaren Erlebnis- und Ausdrucksdichtung, zur persönl. →Erfahrung des →Glaubens und der →Heiligung. Als Dichter sind bemerkenswert: J. Neander (1680, Loblieder zur Schöpfungs- und Bundestreue Gottes); L. Laurenti, G. Arnold, Chr. F. Richter, J. J. Rambach, Ph. F. Hiller (»Liederkästlein«, 1762/67). Graf N. L. von Zinzendorfs improvisierte, z.T. exzentr. Lieder mobilisieren die gemeinschaftsbildende Kraft des K.s, in den Herrnhuter Singstunden werden beliebige Einzelstrophen zur →Verkündigung und Erbauung aneinandergereiht. Der bedeutendste Dichter ist der Nichttheologe G.Tersteegen mit seinen stillen Versen von Anbetung und Gottgenügsamkeit. Für die Spätorthodoxie sind der für die Entwicklung der →Kantate wichtige E. Neumeister, ferner V. E. Löscher und B. Schmolck mit seiner einfallsreichen Bildersprache zu nennen.

*IV.* In der Zeit des →*Rationalismus* (1750-1800) wird die alte prägende Form des Gottesdienstes weitgehend aufgelöst. Damit ist das K. meist nur noch Hinführung oder Nachklang der moral.-sittl., vernünftig belehrenden →Predigt. Viele K.er werden nach einem einzigen Melodiemodell gesungen; der Rhythmus ist einförmig, das Tempo extrem langsam und würdig. Hauptanliegen bleibt die aufklärer. Umformung der älteren K.er. Nur wenige Beispiele aus der bibl.-rel. Dichtung (vor allem Chr. F. Gellert, M. Jorissen mit seinem Liedpsalter 1798) und der hymn.-pathet. Richtung (J. G. Klopstock, J. K. Lavater, J. A. Cramer) haben sich bis heute erhalten.

*D. Von der Aufklärung bis zur Gegenwart*

Die →*Klassik* hat kaum nennenswerte Beiträge zum K. gebracht (J. G. Herder, M. Claudius). In der →*Romantik* erwacht ein neues geistl. Leben (Novalis), in den Freiheitskriegen ein nationales Anliegen (E. M. Arndt); beides beeinflußt auch das K. Eigentl. Beitrag des 19. Jh.s zum K. sind das Missions- und Glaubenslied der Erweckungsbewegung (A. Knapp, Ph. Spitta) und das geistl. Volkslied (J. Falk, J. Mohr, J. Hausmann). Im *20. Jh.* kommt es zu einer Luther-Renaissance und Liturgiebelebung (→Liturg. Bewegungen). Jugend- und Singbewegung schaffen mit der neuen Beziehung zu Kult und Kirchenjahr auch einen emotionalen Zugang zum älteren K. (F. Spitta, O. Riethmüller) und bereiten den Boden für eine neue rel. Dichtung (R. A. Schröder, J. Klepper). Aus den Wurzeln von Spiritual, Chanson (P. Cocagnac), Schlager (Tutzinger Wettbewerb) und rhythm. Musik (P. Janssens) entsteht *seit 1960* ein »neues« K., das zeit- und jugendgemäß, ökumen. und weltweit zugleich orientiert ist (zur Gegenwart →Lied).

*Lit.:* *M. Doerne/S. Hermelink:* K., in: Religion in Geschichte und Gegenwart, 3. Aufl., Bd. III, 1454-1492. – *L. von Eltz-Hoffmann:* Lob Gott getrost mit Singen, Stuttgart 1980. – *P. Gabriel:* Das dt. ev. K., Berlin, 3. Aufl. 1956. – *W.-I. Geppert:* K., in: Reallexikon der dt. Literaturgeschichte, Berlin, 2. Aufl. 1958, Bd. I, 819-852. – *Th. Hamacher:* Beiträge zur Geschichte des kath. dt. Kirchenliedes, Paderborn 1985. – *Ph. Harnoncourt:* Gesamtkirchl. und teilkirchl. Liturgie, Freiburg 1974, 249-462. – *W. Nelle:* Geschichte des dt. K.s., Hamburg, 3. Aufl. 1928. – Wichtige Beiträge im Handbuch zum EKG seit 1955 und Jahrbuch für Liturgie und Hymnologie seit 1955.

*Martin Rößler*

**Kirchenmitgliedschaft.** Bis zur →Reformation war K. durch die Zuordnung eines Christen zur Gemeinde (Parochie) seines Wohnorts, d.h. zum Amtsbezirk des vom →Bischof eingesetzten Pfarrers, eindeutig geregelt. Durch konfessionelle Verschiedenheit, erst recht durch regionale Konfessionsmischung wurde es nötig, daß jede Bekenntniskirche für sich die Zugehörigkeitsverhältnisse rechtl. regelte. Mit der verfassungsrechtl. Trennung von rel. →Bekenntnis und Bürgerrechten im modernen Staat wurde dann auch die Möglichkeit des Kirchenaustritts zum Problem.

*A. Katholisch*

K. oder Kirchengliedschaft, dieser grundlegende Begriff der →Ekklesiologie, ist bislang im kath. Raum unbefriedigend geklärt und umstritten, obwohl er verstärkt seit den 40er Jahren diskutiert wird. Anlaß war die Enzyklika Mystici Corporis (1943), deren Aussagen nur schwer mit c. 87 Codex Iuris Canonici (CIC) 1917 in Übereinstimmung zu bringen waren. Obwohl man heute weitgehend darin übereinstimmt, daß es sich bei K. um einen *mehrschichtigen Begriff* (K. Mörsdorf) handelt, kann das Nebeneinander unterschiedl. Umschreibungen im 2. →Vat. Konzil (Lumen Gentium 13-15), im Entwurf eines Grundgesetzes für die Kirche (cc. 3-7 Lex Ecclesiae Fundamentalis 1976) und im neuen CIC (cc. 96.204.205.849) nicht befriedigen.

*I.* Es ist allg. Auffassung aller christl. Kirchen und Gemeinschaften, daß die Mitgliedschaft (Gliedschaft, Zu- oder Angehörigkeit) zur Kirche *durch die →Taufe* begründet wird. Unterschiedl. Auffassungen bestehen aber bereits über die Elemente der Taufe (»Form« und »Materie«) sowie über deren Wirkungen. Die kath. Kirche lehrt deren Unwiderruflichkeit, so daß Austritt wie Ausschluß aus der Kirche unmögl. sind (»semel christianus, semper christianus«: »einmal Christ, für immer Christ«; c. 849 CIC spricht vom »character indelebilis«, also dem »unauslöschl. Merkmal«, das die Taufe verleiht [s. auch →Ordination]). Da aber die Kirche seit alters Ein- oder Beschränkungen der K. kennt und lehrt, wird heute in Anlehnung an Mörsdorf häufig unterschieden zwischen konstitutioneller (oder »konsekrator.«) Gliedschaft einerseits und tätiger Gliedschaft andererseits. Die konstitutionelle Gliedschaft wird durch die irreversible Taufe begründet, während die Gestaltung der tätigen Gliedschaft in der →Verantwortung des einzelnen steht. Allerdings kann die kirchl. Gemeinschaft oder deren Leitung darauf mit Strafe oder Beschränkung der Rechte reagieren. Die Taufe bewirkt – ganz allg. gesprochen – die Aufnahme in die Kirche. Dies wird prinzipiell selbst von der kath. Kirche anerkannt, obwohl es sich dabei angesichts der unzähligen Spaltungen der Kirche Christi um einen imaginären Begriff handelt. Gemäß c. 96 wird der →Mensch durch die Taufe der Kirche Christi eingegliedert. Dieser umfassende, wirkl. kath. Begriff von Kirche wird an anderer Stelle des CIC eingeschränkt. In c. 204 § 2 steht, daß »diese Kirche... in der kath. Kirche verwirklicht ist«. Daran anschließend findet sich in c. 205 die sog. *Bellarminsche Kirchendefinition*, die noch nicht im CIC von 1917 stand. Dort wird von einer vollen Gemeinschaft mit oder in der kath. Kirche gesprochen. Voraussetzungen dafür sind Bekenntnis des (rechten) →Glaubens (vinculum symbolicum), Anerkennung der →Sakramente (v. liturgicum) und der kirchl. Leitung (v. hierarchicum). Bei Fehlen auch nur eines dieser Elemente besteht keine volle Gemeinschaft mit der kath. Kirche. Bei nicht voller Übereinstimmung eines Getauften mit der kirchl. Lehre spricht der CIC von →*Häresie,* bei voller Ablehnung des Glaubens von *Apostasie* und bei Nichtanerkennung des →Papstes oder Verweigerung der Gemeinschaft mit den diesem ergebenen Gliedern der Kirche von *Schisma* (c. 751; vgl. auch c. 1364 § 1, wo alle drei Arten der Trennung mit von selbst eintretender Exkommunikation sanktioniert werden).

*II.* In die Frage der K. ist im *neuen kath. Kirchenrecht* etwas Bewegung gekommen. Im Unterschied zum CIC-1917 gelten die Gesetze der Kirche nunmehr nur noch für Katholiken. Das Auseinanderklaffen von offizieller Lehre der Kirche und Rechtswirklichkeit verdeutlicht c. 1117, wonach die kirchenrechtl. Bestimmungen über die Eheschließungsform nicht mehr für Katholiken gelten, die von der kath. Kirche »durch einen Formalakt abgefallen sind«. Die kath. Kirche gesteht also einem formalen Akt, der außerhalb des kirchl. Rechtsbereichs vorgenommen wird (etwa Kirchenaustrittserklärung vor einer Behörde oder einem Notar), rechtl. Wirkungen innerhalb der Kirche zu, zudem auch noch in der Frage des *Kirchenaustritts,* den es nach kath. Lehre weder theol. noch rechtl. gibt. Durch die Taufe wird ein Mensch →Person in der Kirche, mit allen Pflichten und Rechten, die Christen eigen sind »unter Berücksichtigung ihrer Stellung« (c. 96). In diesem Zusammenhang spricht der CIC wieder wie in c. 205 von der Gemeinschaft mit der Kirche, die eben nicht voll bestehen kann, sowie von Strafen, die die Rechtsstellung beeinträchtigen können. Den Begriff der Sperre (obex), den c. 87 CIC-1917 kannte und worunter man die Beeinträchtigung der kirchl. Rechtsstellung nichtkath. Christen verstand, wurde aufgegeben. Die theol. oder kirchenrechtl. *Bewertung* des Kirchenaustritts mit staats- oder zivilrechtl. Wirkung bereitet große Schwierigkeiten. Einige Kirchenrechtler bewerten ihn als Schisma, sofern er erklärt wird, um sich der →Kirchensteuer zu entziehen. Eine Trennung von der Institution Kirche ohne Dissens in Fragen des Glaubens oder der →Kirchenordnung ist in der geltenden Rechtsordnung nicht vorgesehen. Sog. modifizierte Kirchenaustrittserklärungen (Austritt aus der Kirche als Steuerverband, nicht aus der Glaubensgemeinschaft) werden von der Kirche, aber auch staatlicherseits zurückgewiesen (Bundesverwaltungsgericht 1979). Doppelmitgliedschaft in mehreren Kirchen ist nicht mögl.

*Lit.: J. A. Coriden/Th. J. Green/D. E. Heintschel (Hg.):* The Code of Canon Law, New York/Mahwah 1985, 70-71; 122-129. – *P. Krämer:* Die Zugehörigkeit zur Kirche, in: Handbuch des kath. Kirchenrechts, Regensburg 1983, 162-171. – *K. Walf:* Einführung in das neue kath. Kirchenrecht, Zürich/Einsiedeln/Köln 1984, 144-150.

*Knut Walf*

*B. Evangelisch*

Nach ev. Verständnis begründet die K. nicht den christl. Heilsstand, wohl aber sind daran best. Erwartungen der *Mitverantwortung* geknüpft (→Kirchlichkeit). Die K. ist generell im Bereich der →Ev. Kirche in Deutschland (EKD) durch das »Kirchengesetz über die Mitgliedschaft« vom 10.11.1976 geregelt. Nach der *EKD-Vereinbarung* über K. vom 27./28.11.1969 wird »die K. durch die Taufe, durch ev. Bekenntnisstand... und durch den Wohnsitz« begründet (Abs. I). Einzelne können also K. zunächst nur über die Gemeinde erwerben, in der sie ihren ständigen Wohnsitz oder gewöhnl. Aufenthalt haben. Daran schließt sich – etwa bei Erteilung von →Amtshandlungen – das Erstzuständigkeitsrecht der Ortsgemeinde (Parochie) an, das allerdings durch Dimissoriale (Entlaßschein) an andere pastorale Ortszuständigkeiten überwiesen werden kann. Da bloße Lokalität in konfessionsverschiedenen Verhältnissen nicht mehr eindeutig ist, muß zur K. die Zugehörigkeit zum ev. Bekenntnisstand einer Gliedkirche der EKD treten; darin ist die kirchl. Rechtsstellung des Mitglieds begründet (z.B. →Kirchensteuerpflicht, Paten- und Wahlrecht).

Die K. wird in den Landeskirchen gewöhnl. *durch →Taufe,* bei Konfessionsübertritt und in →Freikirchen durch *Anmeldung,* Aufnahme und Verpflichtung erworben. Nicht jede K. schließt jedoch volle Rechte und Pflichten mit ein. Diese können nach Alter (Religionsmündigkeit) und *Rechtsfähigkeit abgestuft* sein oder bei einem Verhalten, das die Gemeinde ernstl. stört oder belastet, durch Entzug des Wahlrechts, Verweigerung von Amtshandlungen und Ausschluß vom →Abendmahl zurückgestuft werden (→Kirchenzucht). K. erlischt durch Wegzug (als Gemeindegliedschaft), Konfessionsübertritt (als Zugehörigkeit zum Bekenntnisstand), Austritt (mit beschränkten Möglichkeiten der Wiederaufnahme) oder Ausschluß (jedoch nur bei Freikirchen oder innerlandeskirchl. Personalgemeinden).

*Lit.: P. Meinhold (Hg.):* Das Problem der K. heute, Darmstadt 1979. – *A. Stein:* Ev. Kirchenrecht, Neuwied/Darmstadt, 2. Aufl. 1985, 82-93.

*Volker Drehsen*

*C. Kirchenaustritt (soziologisch)*

*I.* Kirchenaustritte und die sich darin zeigende Entfremdung von der →Kirche gelten oft als typ. Problem unserer Gegenwart, doch sind bereits Ende des 18. Jh.s massive Klagen über »Unkirchlichkeit« zu verzeichnen. Gegenüber den früheren, z.T. aktuell-polit. mitbedingten Austrittswellen dieses Jh.s (1906-1914; 1919-1922; 1925-1932; 1937-1939) sind freil. die seit 1967 sprunghaft angestiegenen Mengen (1967/EKD: 43.000; 1977: 220.000; im kath. Bereich gelten niedrigere Werte), die seitdem auf jährl. hohem Niveau verharren (1985/EKD: 140.000 = 0,55% der Mitgliedschaft), kein Ausdruck einer soziopolit. »Bewegung«, sondern Zeichen eines auch allg. beobachtbaren *Strebens nach →Autonomie,* das sich gegenüber der rel. Institution durch *Distanzierung* äußert. Zwar erkennen auch Ausgetretene das gesellschaftl. funktionale Existenzrecht der Kirche in seiner karitativen (→Caritas, →Diakonie) und einzelseelsorgerl. Dimension (→Seelsorge) an, aber bis zu 40% der Mitglieder (»fest [zum Austritt] entschlossen« sind 5%) stellen eine – nur für den je persönl. Geltungsbereich beanspruchte – »Kosten-Nutzen-Analyse« ihrer Mitgliedschaft an, bei der die →Kirchensteuer nur *eine,* sichtbar zu machende Größe darstellt.

*II.* Die tiefer liegenden *»ideolog. Kosten«* werden in der Verpflichtung auf einen »kirchl. Glauben« gesehen, den die Kirche als »eigentl.« Voraussetzung der Mitgliedschaft abzufordern scheint. Wo diese Forderung subjektiv unerfüllbar erscheint, gilt es als Zeichen von Autonomie, rationaler Folgerichtigkeit und persönl. Ehrlichkeit, den Kirchenaustritt zu vollziehen. Aber auch distanzierte Mitgliedschaft (partielle Identifikation) wird toleriert; das erklärt die Differenz zwischen Austrittsneigung und vollzogenen Austritten. Tendenziell konsequenter im Handlungsvollzog latenter Neigungen sind die Jüngeren: 50% der jährl. Austritte erfolgen durch die unter 32jährigen; die *18-23jährigen* bilden die Spitze der Austrittskurve. Sie beginnen ihr Leben stärker selbst zu bestimmen, sind einerseits biographisch am weitesten von →Erfahrungen des »Unverfügbaren« entfernt, haben andererseits aber im persönl. privaten Bereich oft unbewußt wirkende →Bedürfnisse nach Orientierung. Offensichtl. bewirkt diese Übergangsphase krit. Haltungen gegenüber kirchl. Deutungsansprüchen und Verhaltensdirektiven bes. dann, wenn diese nicht in die subjektive Lebenslage hinein vermittelt erscheinen oder deshalb nicht überzeugen, weil die legitim erscheinende Autonomie des →Subjekts nicht deutl. anerkannt wird.

*III.* Damit ist auch das Bezugsfeld angegeben, in dem Probleme von Kirchenmitgliedschaft und Kirchenaustritt angemessen zu behandeln sind. Zunächst sind die gesellschaftl. Prozesse einer *fortschreitenden Differenzierung* in Teilsysteme (→Pluralismus, →Gesellschaft) überzeugend zu interpretieren. Dabei wird es darauf ankommen, *theol.* den gesellschaftl. Strukturwandel und die Stellung des Subjekts darin angemessener aufzuarbeiten. Erst so können Theologie und Kirchen wieder jene Systemleistung der Reflexion für die Gesellschaft erbringen (→Systemtheorie), die von den Ausgetretenen bei der Kirche vermißt worden ist.

*Andreas Feige*

## Kirchenmusik

*A.* Der *Begriff* umfaßt allg. die Musik im christl. Gottesdienst, auch die Musik von sich als Kirche verstehenden Gemeinschaften. Er wurde im Verlauf der Geschichte mehreren Wandlungen unterzogen, teils musik-, teils kirchenhist. bedingt. K. wird heute oft synonym mit *liturg. Musik* verwendet, d.h. eine Musik überwiegend vokaler Besetzung für die den christl. Gottesdienst bestimmende →Liturgie. Keine klare terminolog. Abgrenzung besteht zur *geistl. Musik* als Sammelbezeichnung für Vertonungen bibl., liturg. oder allg. »geistl.« Texte im Gegensatz zur »weltl.« Dichtung und Musik. Noch weniger terminolog. faßbar ist die *rel. Musik*, die sich seit der →Aufklärung bewußt von einem engen christl. Zusammenhang löst, metaphys. Gehalte über konfessionelle wie gattungsmäßige Grenzen hinweg zu vermitteln sucht und ihren Höhepunkt in der →Romantik erreicht, etwa in →Oratorien F. →Mendelssohn Bartholdys und J. →Brahms, im symphon. Schaffen G. Mahlers (bes. 2., 3., 8. Symphonie) oder in R. →Wagners Bühnenweihfestspiel *Parsifal.* K. läßt sich durch ihre Verbindungen zum christl. →*Kult* in vier Kategorien einteilen: der eigentl. liturg. Gesang, der die Liturgie begleitende Gesang (oder die sie begleitende Musik), die der Liturgie benachbarte Musik (zu →Prozessionen, →Wallfahrten u.ä.) und die außerliturg. »rel.« Musik.

*B.* Ein sinnfälliger Zeichencharakter von Gesang und Musik im Rahmen der Liturgie war *von Anfang an* gegeben, sein Fehlen hätte Verkündigung und Lobpreis um eine wesentl. Dimension verkürzt (Bis orat, qui cantat – Doppelt betet, wer singt; →Augustinus zugeschrieben).

*I.* Wichtiges Bindeglied war dabei der →*Gregorian. Choral*, der um 1300 von Johannes de Grocheo als »Musica ecclesiastica« (Kirchenmusik) bezeichnet wird. Im Verlauf des *MA.s* (→ma. Musik) kommen die mehrstimmigen Gattungen wie →Messe und →Motette hinzu. Die Verwendung der →Orgel im →Gottesdienst ist seit dem 14. Jh. belegt, ein abschnittweiser Wechsel von Gesang und Orgelspiel bei liturg. Texten (Alternatim-Praxis) wird bis weit ins 17. Jh. gepflegt. Um 1500 tauchen erstmals auch →Psalmen und →Evangelien in motett. Satzweise auf (→Motette), die Mitwirkung von Instrumenten wird zur Regel.
Durch die Institutionalisierung der K. in Form von Kapellen an Kathedralen, Stifts- und Stadtkirchen im *15. Jh.*, später auch an Fürstenhöfen, stellte sich bald die Frage nach Struktur, Qualität und Funktion dieser Musik sowie nach ihrem geistl. und weltl. Anspruch. Bei der Reform der K. auf dem →Konzil von Trient ging es einmal um die Abgrenzung von Messe und Motette gegenüber dem →Madrigal als neuer weltl. Gattung, um Textverständlichkeit und das Verbot, weltl. Melodien kompositor. zu verarbeiten, zum anderen um die Verankerung der Musik als Schmuck der Liturgie und den Einsatz der Orgel als Alternatim-Instrument. G. P. da →Palestrina, dessen Rolle als »Retter« der K. auf dem Konzil einer späteren Legendenbildung entspringt und O. di →Lasso sind die großen Repräsentanten kath. K. in der 2. Hälfte des 16. Jh.s.

*II.* Im *17. und 18. Jh.* geht die Diskussion um die K. weiter, zunächst freil. nur auf röm. Verhältnisse bezogen. Benedikt XIV. setzte 1749 den Gregorian. Gesang an die Spitze kirchenmusikal. Praxis und gestattete auch Mehrstimmigkeit. Seine Hauptsorge galt wiederum der Trennung von Sakral und Profan in der Musik, ein Problem, das für Kirchenkomponisten und Musiker des →Barock, allen voran C. →Monteverdi und A. Scarlatti, nicht existierte. Die Musica (→Musik) war entspr. dem geschlossenen Weltbild der Zeit ungeteilt. »Alter« A-cappella-Stil im Sinne der niederländ. Vokalpolyphonie (→Renaissance) und »neuer« monod. Stil (Barock; →Oper) wurden in der K. gleichrangig verwendet. L. Viadana führte durch die Reduktion des Chorsatzes auf Solostimmen und unter Hinzufügung einer instrumentalen Begleitung (Generalbaß) den von Venedig ausgehenden konzertierenden Stil (A. Willaert, A. und G. Gabrieli) in der K. weiter. Während die Mehrchörigkeit und kontrapunkt. Satztechniken im 18. Jh. als Elemente eines Kirchenstils erhalten blieben, dringen typ. Strukturen der weltl. Oper (*Rezitativ* und *Arie*) immer stärker in geistl. Gattungen wie Motette, Messe, →Kantate und Oratorium ein. Große Bedeutung erhält auch die (instrumentale) *Kirchensonate* in Italien. Mit dem Aufkommen einer bürgerl. Musikkultur ändert sich in der 2. Hälfte des 18. Jh.s auch das Ideal der K. in Richtung einer Überkonfessionalität. J. →Haydn, W. A. →Mozart und L. van →Beethoven beachten weit weniger best. Stile und Gattungen, schreiben vielmehr in ihrer Art originelle, einmalige musikal. Werke. Mit Beethoven treten Mensch und Welt in ihrer Beziehung zur K. (Gedanken der Humanität) weit stärker ins

Bewußtsein als die barocke Ansicht von Werk und Musikpraxis zur größeren Ehre Gottes.

*III.* Im *19. Jh.* (→Romantik) verliert die K. vollends ihren universalen Anspruch. Einem kompositor. Mittelmaß im kirchenmusikal. Alltag stehen überragende Werke geistl. wie rel. Charakters gegenüber (F. →Schubert, A. →Bruckner, F. →Liszt), welche die liturg. Rahmenbedingungen bisweilen überschreiten oder nicht für gottesdienstl. Zwecke geschrieben wurden. R. Schumann komponierte ein →Requiem für den Konzertsaal, das *»Dt. Requiem«* von J. Brahms ist unliturg. Die allg. Weltfrömmigkeit prägte auch historisierende Bewegungen und ihre musikal. Ästhetik wie den →Caecilianismus oder den Heidelberger Kreis von A. F. J. Thibaut. Die von der Literatur ausgehende romant. Sehnsucht nach der »Hl. Tonkunst« im »reinen Vokalstil« ohne Instrumente (W. Wackenroder, L. Tieck, E. T. A. Hoffmann) erfüllte sich in der Wiederbelebung des Palestrina-Stils als dem Ideal alter, »wahrer« K.

*C.* Die *kath. K. im 20. Jh.* wird von einer Reihe ineinandergreifender Faktoren bestimmt. Die *Choralrestauration* in Frankreich (Gregorian. Choral) und der Caecilianismus (er hatte zur Stagnation kompositor. Weiterentwicklung geführt) waren Grundlage des »Motuproprio« Pius' X. von 1903 zur K. »Heiligkeit«, »Güte der Form« und »Universalität« zeichnen danach zuerst den Gregorian. Choral aus, dann auch die »klass. Vokalpolyphonie« im Stil Palestrinas. Der verordneten K. traten freil. Messen und Motetten von eigenständigem künstler. Rang an die Seite (I. →Strawinsky, L. Janáček, P. Hindemith, E. Krenek) bis hin zur Orgelmusik (A. Heiller, J. Ahrens, J. Alain) und zur musikal. Avantgarde (O. →Messiaen). Das 2. →Vat. Konzil gab neue Richtlinien und Impulse (Instruktion von 1967) zur K.: Die »für den Gottesdienst geschaffene Musik, der Heiligkeit und Güte der Form eigen ist«, repräsentiert »der Gregorian. Gesang, die verschiedenen Arten alter und neuer mehrstimmiger K., die K. für die Orgel und für andere zulässige Instrumente, der Kirchengesang oder liturg. Gesang des Volkes und der rel. Volksgesang«. Das 1975 herausgegebene Gesangbuch *»Gotteslob«* bindet den Gemeindegesang in die Liturgie ein. Das heftig diskutierte Spektrum der »Musica sacra nova« im Gottesdienst reicht von avantgardist. Werken über sog. Beatmessen und Sacro-Pop bis zu neuen Formen des geistl. →Liedes zwischen Negro-Spiritual-Imitation und rel. Schnulze (→Jazz, →Popmusik, →Unterhaltungsmusik). Eine richtungweisende Vermittlung zwischen kath. K. und Liturgie ist augenblickl. nicht abzusehen.

*D.* Die im kath. Bereich stets präsente Frage nach der rechten, d.h. verbindl. und approbierten, K. stellte sich für die *ev. K.* zunächst nicht. Als eine Schöpfergabe Gottes nach M. →Luther und dessen Freund und Kantor Johann Walther und durch ihre Nähe zum Glauben erfüllte sie die Aufgaben von Lobpreis und Verkündigung gleichermaßen. Sie hatte von Anfang an einen festen Platz im luth. Gottesdienst, alle liturg. und kompositor. Möglichkeiten standen ihr offen. J. →Calvin ließ dagegen nur den einstimmigen Gemeindegesang zu, U. →Zwingli duldete keine gottesdienstl. Musik.

*I.* Die ev. K. entwickelt sich *bis zum 18. Jh.* mit folgenden liturg. Formen und musikal. Gattungen: Ausgangspunkt ist das →Kirchenlied Luthers und seine mehrstimmigen Bearbeitungen (Choralsätze; →Choralbearbeitung). Das lat. Repertoire, vorrangig die Motette, wird übernommen und ab der Mitte des 16. Jh.s auch in dt. Sprache weitergeführt. Die Evangelien- und Spruchmotette (H. →Schütz, J. H. Schein) findet zur Lesung Verwendung. Satztechn. wie formal vielfältig und dem musikal. Fortschritt verbunden sind die Werke, die bibl. Texte vertonen und auslegen, das geistl. →Konzert, die Kantate, die bibl. Historien (H. Schütz), die →Passionen und (deutschsprachigen) Oratorien (J. S. →Bach). Die selbständige Orgelmusik mit ihrem Formenreichtum (S. Scheidt, D. Buxtehude, J. S. Bach) wird ebenfalls in die Liturgie mit einbezogen.

*II.* Vom Passionsoratorium und seiner madrigalesken Textgestalt (→Madrigal) ausgehend (Chr. F. Hunold, »Der blutige und sterbende Jesus«, 1704; C. W. Ramler, »Der Tod Jesu«, vertont 1755 von C. H. Graun) und durch *Tendenzen der →Aufklärung* verstärkt, die Darstellung rel. Seelenzustände einer Textexegese durch Musik vorzuziehen, verlor die ev. K. ihre den Gottesdienst bestimmenden Aufgaben. Die Restaurationsbestrebungen des 19. Jh.s zeigten keine einschneidenden Änderungen, es gab nur wenige Komponisten von Rang (F. Mendelssohn Bartholdy, J. Brahms; gegen Ende des Jh.s M. →Reger). Von großer Bedeutung waren dagegen Forschung, Quellenerschließung und erste Versuche einer prakt. Wiederbelebung des prot. Kirchenliedes und der Werke von H. Schütz und J. S. Bach (C. von Winterfeld, Ph. Wackernagel, R. von Liliencron; F. Mendelssohn Bartholdy, J. Brahms).

*III.* Der Einfluß der Sing- und Orgelbewegung ab 1925, die kreative Neubesinnung auf die K. der →Reformation und auf H. Schütz sowie eine liturg. Erneuerung ließen wesentl. Kompositionen für Gottesdienst und Kirche entstehen (H. Distler, E. Pepping, J. N. David, W. Fortner, H. Bornefeld, S. Reda). Der seit 1945 wieder eingeführte hauptberufl. Kantorenstand und eine kirchenmusikal. →Ökumene vermochten freil. auch im ev. Bereich die Problematik der K. zwischen etablierter oder avantgardist. Modernität und gottesdienstl. Eignung bisher nicht befriedigend zu bewältigen.

*Lit.: Chr. Bernsdorff-Engelbrecht:* Geschichte der ev. K., Einführung, 2 Bde., Wilhelmshaven 1980. – *W. Blankenburg:* Kirche und Musik. Gesammelte Aufsätze zur Geschichte der gottesdienstl. Musik, Göttingen 1979. – *F.*

*Blume u.a. (Hg.):* Geschichte der ev. K., Kassel 1965. – *K. G. Fellerer:* Geschichte der kath. K., 2 Bde., Kassel 1972 und 1976. – *J. Gelineau:* Die Musik im christl. Gottesdienst, Regensburg 1965. – *H. Hucke:* Über Herkunft und Abgrenzung des Begriffs »K.«, Tutzing 1979. – *Kolloquium:* K. im Spannungsfeld zwischen Kunst und Gottesdienst, in: Bericht über den internationalen musikwissenschaftl. Kongreß Bayreuth 1981, Kassel 1984, 234-277. – *H. B. Meyer/R. Pacik (Hg.):* Dokumente zur K. unter bes. Berücksichtigung des dt. Sprachgebiets (Ergebnisse des II. Vatikanums), Regensburg 1981. – *A. Scharnagl:* Einführung in die kath. K., Wilhelmshaven 1980.

*Hermann Jung*

**Kirchenordnung.** Da die Kirche eine Gemeinschaft von Menschen ist, braucht sie eine →Ordnung. In der →Alten Kirche haben sich die Ordnungsbestimmungen in den verschiedenen Gestaltungen des →Kirchenrechts herausgebildet, das vor allem in der kath. Kirche in ungebrochener Kontinuität erhalten und weiterentwickelt wurde (→Kanon. Recht). In den Kirchen der Reformation hat es sich – zunächst unter dem Begriff der K.en – neu aufgebaut.

*A.* Die nach dem Reichstagsabschied von Speyer 1526 (→Reformation) in den *prot. Territorien* als *landesherrl. Verordnungen* erlassenen K.en stellen die wichtigste Quelle für das ältere ev. Kirchenrecht dar. Neben einer lehrmäßigen Grundlegung (→Bekenntnisschriften) enthalten sie Vorschriften über die Rechtsverhältnisse der Geistlichen, über die Pfarrstellenbesetzung, die Kirchenvisitation, die Einsetzung von Aufsichtsorganen, aber auch Ordnungen des →Gottesdienstes, der →Taufe und →Abendmahlsfeier, der kirchl. Unterweisung und des Schulwesens (→Schule). Wegweisend für die Entwicklung von K.en waren die von Bugenhagen redigierte Braunschweiger K. (1528), die Brandenburg-Nürnberger K. (1533), die Württemberger K. (1553) und die pfälz. K. von 1563. Eine bes. Gruppe bilden einige meist *reform. K.en*, die ohne Mitwirkung des Landesherrn von Kirchengemeinden selbst geschaffen wurden (Discipline ecclesiastique der franz. Reformierten 1559, in Deutschland die Akten des Weseler Konvents von 1568 und die Beschlüsse der Emdener Synode 1571). Betonten die kirchenregimentl. erlassenen K.en das konsistoriale Element im kirchl. Verfassungsaufbau (→Kirchenverfassung), so herrscht in den reform. K.en der presbyterial-synodale (→Synode) Gedanke vor. Beide Systeme fanden seit dem 19. Jh. Eingang in das *kirchl. Verfassungsrecht* der dt. ev. Landeskirchen (→Kirchenverfassung), das damit an die Stelle der älteren K.en trat. Gleichwohl enthalten diese K.en auf manchen Gebieten auch noch in der Gegenwart geltendes Recht (Bekenntnisstand von Kirchengemeinden, Baulastfragen u.a.).
Der Begriff K. wurde *nach 1945* unter dem Eindruck des →Kirchenkampfes in einigen Landeskirchen in bewußtem Rückgriff auf die Begrifflichkeit des Reformationsjahrhunderts zur Bezeichnung des kirchl. Verfassungsrechts gewählt, um es von staatsrechtl. Parallelbezeichnungen abzurücken. Manchmal wird der Begriff auch für rechtl. nicht erzwingbare kirchl. Ordnungen und Kooperationsempfehlungen z.B. im Bereich gottesdienstl. Ordnungen verwandt (Ordnung des kirchl. Lebens der Vereinigten Ev.-Luth. Kirche Deutschlands [VELKD] von 1955).

*B.* In der *kath. Kirche* wird der Begriff K. selten benutzt. In den 70er Jahren jedoch hat vor allem der niederländ. Kirchenrechtler *P. Huizing* – nicht zuletzt unter der Inspiration von K. →Barth – ein Programm für eine K. vorgelegt, welche das bisherige Kirchenrecht mit seinem Zwangscharakter, seinen bisweilen anachronist. Bestimmungen und seinen theol. oft überzogenen Begründungen ersetzen soll. Nach Huizing richtet sich eine solche kath. K. nach der Eigenart der kath. Kirchengemeinschaft, die von der *sakramentalen Glaubensgemeinschaft* bestimmt wird, denn die Gemeinschaft aller Katholiken entstehe dadurch, daß Menschen an Christus glauben und die Sakramente (vor allem →Taufe und →Eucharistie) empfangen. Von dieser Beziehung zu Christus hängt die Beziehung der Gläubigen untereinander (und nur diese regelt die K.) ab. Vom Glauben und vom Sakrament her erhält die K. ihr Dasein, ihre Eigenart und ihre Geltung, aber auch ihre Begrenzung. Wer nicht (mehr) an Christus glaubt und die Sakramente nicht (mehr) empfängt, macht dadurch die kirchl. Autorität machtlos (→Kirchenmitgliedschaft) und eine sie bindende K. sinnlos. Beispielsweise kann kein Mensch einem anderen Menschen rechtl. auferlegen, an Gott zu glauben, zu ihm zu beten oder ihn zu lieben. Ebensowenig kann jemand einem anderen Menschen vorschreiben, was er glauben muß. So gehört auch die Lehre über das →Lehramt nicht in ein kirchl. Gesetzbuch. Insofern sich das Programm einer K. (im Gegensatz zum →Kirchenrecht) gegen die Starrheit und Unbeweglichkeit des kirchl. Rechts und für eine Geschmeidigkeit und Anpassungsfähigkeit der kirchl. Normen ausspricht, muß ihm zugestimmt werden. Auch kirchl. Rechtsnormen sind *geschichtl. bedingt* und deshalb wandelbar. Schließl. verpflichtet ein menschl. Gesetz nur in dem Maße, wie es sich letztl. (vgl. Jak 4,12a) auf das göttl. Gesetz zurückführen läßt. Doch hat das Programm von Huizing auch Kritik erfahren: Rechtl. Normen dürften nicht von ihrem theol. Untergrund gelöst werden, auch dürfe man das göttl. Recht nicht so sehr verflüchtigen, daß es im kirchl. Recht kaum mehr wirksam werden könne. Vermutl. bleibt die Frage, wie eine Ordnung in der Kirche aussehen soll, noch lange umstritten, auch wenn sie nach der Veröffentlichung des neuen kirchl. Gesetzbuchs im Jahre 1983 vorläufig verdrängt worden ist.

*Lit.: P. Huizing:* Die K., in: Mysterium Salutis. Grundriß heilsgeschichtl. Dogmatik, hg. von J. Feiner/M. Löhrer, Bd. IV, 2, Einsiedeln/Zürich/Köln 1973, 156-183. – *P. Krämer:* Warum und wozu kirchl. Recht?, Trier 1979, 15-

18. – *A. Niebergall:* K., in: Handbuch der Kirchengeschichte, Bd. 2 (1978), 762-771. – *E. Sehling:* Die ev. K.en des 16. Jh.s, Neudruck der Ausgabe von 1902, 1970.

*Reinhold Sebott (B)/Michael Wöller (A)*

**Kirchenpolitik.** Der *Begriff* K. leidet unter der Unklarheit, daß er zumindest für drei unterschiedl. Sachverhalte gebraucht werden kann: Wenn man z.B. von der K. Hitlers (→Nationalsozialismus) spricht, meint man die best. Politik des NS-Staates bzw. der NSDAP gegenüber den Kirchen. Aus der Perspektive der Kirchen bezeichnet derselbe Begriff deren Politik gegenüber dem →Staat (z.B. Bekennende Kirche – NS-Staat) bzw. einer Partei (»äußere K.« der Kirchen). Schließl. wird zwischen einzelnen Flügeln, Gruppierungen usw. (kirchenpolit. »Parteien«) innerhalb der volkskirchl. →Synoden K. betrieben (»innere K.«).

*A.* Die Beispiele innerhalb dieser formalen Beschreibung zeigen an, daß es im Blick auf die Praktiken, aber auch die Wirkungsmöglichkeiten und Geltungsansprüche durchaus nicht gleichgültig ist, *welches* Staatswesen, *welche* Kirche und *welche* kirchl.-theol. Gruppierung K. betreibt. Die formale wie inhaltl. Gestaltung der K. hat sich vielmehr flexibel nach →verfassungsrechtl., →ideolog. und theol. *Vorgaben* zu richten, wobei in demokrat. Gesellschaften sich verändernde Mehrheiten (und damit verbunden Zeitstimmungen) eine entscheidende Rolle spielen (vgl. z.B. die kirchenpolit. Einflußnahme der dt. Kirchen in den 50er Jahren und heute). Auf seiten der ev. Kirche gibt es – z.T. als Nachwirkung der kirchenrechtl. Grundsätze der Bekennenden Kirche (→Kirchenkampf) – nach wie vor schwere Vorbehalte gegen Verhaltensweisen von Kirchenleitungen und kirchenpolit. Gruppen, die den Vorbehalten im Raum der allg. →Politik vergleichbar sind. So muß man sich einerseits zur Durchsetzung von →*Interessen* der übl. polit. Handlungsweisen und Spielregeln bedienen, diesen aber andererseis durch eine bes. Verbindlichkiet in Ton und Auftreten ihren – als unchristl. verstandenen – Kampfcharakter nehmen. Durch dieses Dilemma entsteht in der Wahrnehmung kirchenpolit. Handelns leicht ein verwirrendes Bild, das gelegentl. den Eindruck der Unwahrhaftigkeit oder auch Uneindeutigkeit aufkommen läßt.

*B.* Für die *ev. Kirche* gehörte bis zum Ende des landesherrl. Kirchenregiments (1918) die »äußere K.« zu den *iura circa sacra,* also in den Bereich der Rechte, die das Territorialsystem in Sachen →Religion der Staatsgewalt zuordnete. Dadurch entstand vordergründig der Eindruck einer stets gleich definierten Interessenlage (Allianz von »Thron und Altar«). Seit 1848/49 begann sich jedoch beiderseits eine wachsende Distanzierung zu entwickeln (→Synode, →Kulturkampf), die schließl. mit den Grundprinzipien der Weimarer Reichsverfassung (Art. 136ff.; →Deutschland) von 1919 den staatskirchenrechtl. Zustand erreicht hat, der bis heute in der Bundesrepublik (Grundgesetz, Art. 140) gilt (→Kirche und Staat). Die K. des Staates wie die der Kirchen trägt einerseits dem Grundsatz der rel. und weltanschaul. Neutralität des Staates Rechnung, berücksichtigt andererseits aber auch das »System der Trennung eigener Art«. In ihm finden hist. überkommene Bindungen und Beziehungen weiterhin Beachtung, so daß nicht nur bei »gemeinsamen Angelegenheiten«, sondern auch bei im weitesten Sinne gesellschaftspolit. Entscheidungen die Kirchen als Gesprächspartner mit herangezogen werden. Umgekehrt suchen natürl. auch polit. →Parteien u.ä. Gruppierungen Einfluß auf die »innere K.« zu nehmen. Auf Grund des in der *DDR* vollzogenen strikten Trennungsmodells von Staat und Kirche sind die kirchenpolit. Einflußmöglichkeiten der Kirche auf den Staat (trotz des »prozessualen« Staat-Kirche-Verhältnis) weit geringer als in der Bundesrepublik.

*C.* Auch für die *kath. Kirche* gilt der uneindeutige Gebrauch des Begriffs K. Allerdings geht die »äußere K.« unter Heranziehung philos.-naturrechtl. Begründungen aus von einer *Zwei-Gewalten-Lehre,* die sich auch abstrakt institutionell darstellen will (Enzyklika »Immortale Dei« vom 1.11.1885). Die Anerkennung und Sicherung der kirchl. »Gewalt« gelang der kath. Kirche aber bestenfalls teilweise in *konkordatären* (→Konkordat) *Abmachungen* mit dem Staat (vgl. auch →Kirche und Staat). Anders als die ev. Kirche lehnte die kath. die im Zuge der Nationalstaatenbildung im 19. Jh. angestrebte *staatl. Kirchenhoheit* zugunsten der Eigenständigkeit und Unabhängigkeit der K. strikt ab. Dies erleichterte ihr den Eintritt in die Weimarer Zeit (»hinkende Trennung« von Staat und Kirche), wenngleich sie erst 1944 (Weihnachtsansprache Pius XII.) ein positives Verhältnis zur modernen freiheitl. →Demokratie gewann. Das *2.* →*Vat. Konzil* hat in »Gaudium et spes« 1965 eine Verhältnisbestimmung von Staat und Kirche vorgenommen, die ungeachtet verschiedener Begründungen von einer gemeinsamen gesellschaftl. Verantwortung ausgeht. Neben den Beschlüssen des 2. Vatikanums bildet der Codex Iuris Canonici von 1983 eine wichtige Grundlage für die Maximen heutiger kath. K.

*Lit.: A. von Campenhausen:* Staatskirchenrecht, München 1973. – *R. Henkys (Hg.):* Die Ev. Kirchen in der DDR, München 1982. – Kirche, in: Ev. Soziallexikon, Stuttgart/Berlin, 7. Aufl. 1980, 700-716. – K., in: Lexikon zur Geschichte und Politik im 20. Jh., Bd. 1, Köln 1971, 399-401. – K., in: Ev. Staatslexikon, Stuttgart/Berlin, 3. Aufl. 1987, 1649-1654. – Kirche und Gesellschaft; Kirche und Staat, in: Staatslexikon der Görres-Gesellschaft, Bd. 3, Freiburg, 7. Aufl. 1987, 460-511. – *K. Kupisch:* K., in: Religion in Geschichte und Gegenwart, 3. Aufl., Bd. 3, 1499-1501.

*Gerhard Besier*

**Kirchenrecht**

*A. Gegenstand des K.s* sind all jene Rechtsnormen (→Recht), die die Bildung und Tätigkeit der kirchl. Organe, Ämter und Einrichtungen (→Kirchenverfassung) sowie die Rechtsverhältnisse zwischen Kirche, Kirchenföderationen und Kirchenmitgliedern und der Kirchenmitglieder untereinander regeln.

*B.* In der →röm.-kath. Kirche, der →orthod. und →anglikan. Kirche, wie z.T. auch im →reformierten Kirchentum (→Presbyter, →Synode) sind die kirchl. Rechtsverhältnisse in ihrer konfessionsspezif. Ausprägung zu *konstitutiven Elementen* des kirchl. Selbstverständnisses geworden. In einigen Kirchen werden etwa die rechtl. Regelungen des kirchl. →Amtes als ein wesentliches oder sogar das wesentliche Band ihrer Zusammengehörigkeit angesehen (am deutlichsten bei der kath. Kirche und der anglikan. Kirchengemeinschaft). Demgegenüber nehmen die Rechtsverhältnisse in den Kirchen der luth. →Reformation nicht die gleiche prägende, kennzeichnende und verbindende Stellung ein (zum kath. Verständnis des K.s →Kanon. Recht). Die Gründe dafür liegen im bewußten Bruch der Reformation mit der überkommenen K.stheorie, die damals die Erfüllung von Leistungen nach kirchl. Recht als »nötig zur Seligkeit« (→Augsburger Bekenntnis/Confessio Augustana [CA] XV) behauptete. Kirche ist demgegenüber Glaubensgemeinschaft, in der »ohne menschl. Gewalt, sondern allein durch Gottes Wort« Predigt des Evangeliums, Reichung der Sakramente, Verwerfung falscher Lehre und Ausschluß Gottloser aus der Gemeinde geschieht (CA XXVIII).
In der →*orthod. Kirche* ist das K. eng mit der allg. liturg. und disziplinären Tradition der Kirche verbunden; so bilden seine Grundlage die Kanones der ökumen. und lokalen →Konzilien sowie best. →Kirchenväter, aber auch Grundsätze des byzant. Profanrechts (etwa in Angelegenheiten der →Ehe), ohne daß ein einheitl. Codex ausgeformt worden wäre. Prinzip der Anwendung des K.s ist dabei die kirchl. Oikonomia, d.h. die Heilssorge um den Menschen, weshalb in orthod. Sicht das K. eine vordringl. seelsorgerl. Aufgabe hat und versucht, in situationsgerechten Lösungen die Handlungsfähigkeit des Organismus Kirche zu fördern (→Situation, →Kasuistik).

*C.* In den territorialen →Kirchenordnungen des 16. Jh.s geht es dementspr. um die Durchsetzung der *Freiheit zur →Predigt* des Evangeliums und zu ihrer Annahme gegen das bisherige K. mit seinem bes. sakralen Verbindlichkeitsanspruch. Die gleichwohl notwendige rechtl. Gestaltung des kirchl. Gemeinwesens hat daher gegenüber dem von menschl. Zwang frei bleibenden Bereich des Gottesdienstes, der Lehre und des kirchl. Lebens im engeren Sinne nur sekundäre Bedeutung. Aus diesem Grund konnte es auch hingenommen werden, daß eine rechtl. Neuordnung der oft chaot. Verhältnisse nur mit Hilfe der Landesherrn mögl. war unter Heranziehung kanonist. Rechtskonstruktionen. Wurde zunächst der Geltungsgrund des K.s in der bischöfl. Jurisdiktionsgewalt gesehen, die auf den *Landesherrn* übergegangen ist, so wurde im Zeitalter des →Absolutismus ein von der staatl. Souveränität unterschiedenes bes. Kirchenregiment des Landesherrn scharf abgelehnt: K. wurde zum Körperschaftsrecht innerhalb der territorialstaatl. Rechtsordnung.
Auch die K.stheorie des Kollegialismus des 17. und 18. Jh.s ging von einem körperschaftl. Kirchenbegriff aus, begründete ihn aber im Anschluß an die Reformatoren auch theol. mit Hinweis auf das Priestertum aller Gläubigen: Die Kirche hat ihre Rechte als »societas libera et aequalis«; die staatl. Kirchenhoheit umfaßt keinerlei Kirchengewalt, sondern *nur eine Aufsicht* zur Wahrung des staatl. Interesses. Damit versuchte man die Auslieferung des K.s an das weltl. Gesellschaftsrecht zu verhindern und legte die Grundlage für das moderne Verständnis der kirchl. Rechtsetzungsbefugnis: Die Kirche ordnet und verwaltet ihre »eigenen Angelegenheiten selbständig« (Grundgesetz 140 i.V.m. Weimarer Verfassung 137 III, →Staatskirchenrecht).

*D.* Die gesamte *neuere K.sdiskussion* im Raum des Protestantismus wurde ausgelöst durch die K.sauffassung R. Sohms, der zufolge »das K... mit dem Wesen der Kirche in Widerspruch (steht)« (Kirchenrecht, Bd. I/1, Leipzig 1892, 700). Der prominenteste Widerspruch gegen diese These liegt in der Barmer Theologischen Erklärung von 1934 vor, die sich mit ihrer III. These gegen eine Scheidung von Geistkirche und Rechtskirche wandte. Die Erklärung formulierte damit eine Grundlage des →Kirchenkampfs im Dritten Reich: Die Kirche muß dem Staat ein ihr entspr. Recht entgegensetzen können.
In der rechtstheol. Grundlagendiskussion zum ev. K. nach 1945 hob man die *qualitative Besonderheit* des ev. K.s gegenüber dem staatl. Recht hervor (→Rechtstheologie). In E. Wolfs Konzept des »bekennenden K.s« wird die »Eigenständigkeit« des K.s inhaltl. durch den Begriff »bibl. Weisung« bestimmt (Ordnung der Kirche, Frankfurt 1961). Grundlage des K.s als menschl. oder kirchl. Recht (ius humanum sive ecclesiasticum) ist das als »bibl. Weisung« in Erscheinung tretende göttl. positive Recht (ius divinum positivum). J. Heckel entwirft die K.slehre als Rekonstruktion der K.slehre Luthers (Lex charitatis, Köln/Wien, 1. Aufl. 1973). Das göttl. Recht (ius divinum) wird in Zusammenhang des →Rechtfertigungsgeschehens konstituiert: Im Glauben wird das »Gesetz Christi« als Offenbarung des göttl. Gesetzes erkannt und ihr Charakter als Gesetz der Liebe (»lex caritatis«) aufgedeckt. Das göttl. Gesetz und das zusätzl. geoffenbarte göttl. positive Recht (verstanden als Grundordnung der Kirche) sind die alleinige Richtschnur des menschl.-kirchl. Rechts, das als Akt geistl. Liebe vollzogen wird.

Offen bleibt, ob diese Entwürfe von E. Wolf und J. Heckel wirkl. die Basis bilden können für die rationale Rechtsordnung einer kirchl. Großorganisation und für die *Gemengelage* von kirchl. und staatl. Recht. Denn diese setzt (ebenso wie das Vertragskirchenrecht, →Konkordate) einen einheitl., der Kirche und dem Staat gemeinsamen Rechtsbegriff voraus. Erst in jüngerer Zeit wird der Versuch unternommen, diese insbes. von jurist. Seite vorgetragenen Bedenken in die Theorie des K.s einzuholen und aus systemat.-theol. Gründen am Begriff der Einheitlichkeit des Rechts festzuhalten (R. Dreier, A. Janssen, E. Herms; eine Sonderstellung nimmt das ökumenisch ausgerichtete K.sverständnis von H. Dombois mit seiner Interpretation des K.s als *geistl. Rechts* ein: Das Recht der Gnade, 3 Bde., Witten 1961, Bielefeld 1974 und 1983).

*E.* Im *Dialog mit der →Rechtswissenschaft*, der →Soziologie und der →Religionsphilosophie geht es sowohl um die Überwindung eines Rechtsverständnisses, das sich auf die bloße Bezeichnung von Gesetzestexten reduziert, als auch um die Überwindung eines theol. Rechtsbegriffs, der direkt aus dem Begriff des Gesetzes Gottes abgeleitet wird. Für das als →Institution aufgefaßte Recht sind Regeln für die Wahl von →Gewalt konstitutiv. Sie dienen zum Schutz der Bösen vor den Bösen. Die (als Gemeinschaft der begnadigten Sünder) auf das Recht angewiesene Kirche nimmt mit ihrem rechtl. Handeln am gesellschaftseinheitl. Rechtsinstitut teil.
Ergänzend entwickelt sie rechtl. Verfahren, die die kirchl. Organe, die mit der öffentl. Wahrnehmung des Verkündigungsauftrags betraut sind, vor Übergriffen aus dem innerkirchl. Bereich heraus zu *schützen* vermögen. Daneben gibt es Bereiche oder Verfahren, in denen wie etwa bei gottesdienstl. Ordnungen »Kirche eigentlich Kirche sein soll und will« (H. Ph. Meyer). Die diesbezügl. kirchl. Ordnungen und Kooperationsempfehlungen sind jedoch vom K. zu unterscheiden. Diese Unterscheidung an sich selbst durchzuführen ist dem ev. K. als Aufgabe gestellt. Nicht zuletzt darin zeigt sich die bleibende Aktualität der K.sauffassung R. Sohms.

*Lit.: S. Grundmann:* K., in: Ev. Staatslexikon, 2. Aufl. 1975, 1206-1224. – *E. Herms:* Das K. als Thema der theol. Ethik, in: Zeitschrift für ev. Kirchenrecht 28 (1983), 199-277. – *H. Ph. Meyer:* Kirchenleitung nach luth. Verständnis, in: Zeitschrift für ev. Kirchenrecht 25 (1980), 115-135. – *D. Pirson:* Universalität und Partikularität der Kirche. Die Rechtsproblematik zwischenkirchl. Beziehungen, München 1965. – *A. Stein:* Ev. K., Neuwied/Darmstadt 1980 (Lit.).

*Michael Wöller*



## Kirchensoziologie

*A.* K. wird üblicherweise betrieben als *soziol. Erforschung der →Kirche(n)* als der vorherrschenden Sozialgestalt christl. →Religion heute. Damit steht sie neben der sozialwissenschaftl. Beschäftigung mit den hist. Entstehungszusammenhängen christl. Glaubensgemeinschaften (Soziologie des →Urchristentums) und bildet mit ihrem Bezug auf gegenwärtige Sozialformen des Christentums den derzeitigen Endpunkt einer programmatisch die Jh.e übergreifenden, weitgehend noch ungeschriebenen *Christentumssoziologie.* Sie ist ein Teil der allg. →*Religionssoziologie*, insoweit sie institutionalisierte Formen christl. Glaubens zum Gegenstand hat, geht darüber hinaus, wo nicht primär rel. Phänomene im Vordergrund stehen, sondern kirchl.-institutionelle Sozialformen und die dort gültigen strukturell-funktionalen Zusammenhänge. Für eine prakt.-theol. orientierte *Pastoralsoziologie* liefert K. Wirklichkeitsbezug und »soziale Aufklärung«. Im Unterschied zu einer solchen angewandten Disziplin markieren theol. Sätze (→Theologie) für die K. nicht normative Zielpunkte wissenschaftl. Bemühens, sondern sind selbst Gegenstand der Analyse.

*B.* Erste Ansätze zu einer empir. K. zeigten sich *im 19. Jh.* in Westeuropa mit dem soziol. und theol. Interesse an Entwicklungen in verschiedenen →Konfessionen. In der 1. Hälfte des *20. Jh.s* erfuhr sie – bes. in →Frankreich und →Großbritannien – weitere Verbreitung in Form empir. »Kirchlichkeitsstudien«, ergänzt – vor allem in den USA – durch gemeindesoziol. Ansätze.
Die Formulierung eines soziol. Kirchenbegriffs durch *E. →Troeltsch* und *M. →Weber* markiert den Beginn einer stärker auch theoret. ausgeprägten K. (um 1920). Seit 1945 vollzieht sich K. in der Bundesrepublik Deutschland als Soziologie der hier vorherrschenden Großkirchen unter zwei teilweise konkurrierenden leitenden Gesichtspunkten: Die zunächst vorherrschende Interpretationstheorie →»Säkularisierung« (wachsende Distanz zwischen kirchl. und öffentl. [staatl. oder kommunalem], aber auch individuell-privatem Bereich) wurde seit dem Ende der 60er Jahre zunehmend überlagert von einem Konzept der →»Volkskirche« (regional geordnete Zugehörigkeit, Kindertaufe als vorherrschender Rekrutierungsmechanismus, Mitgliedschaft großer Anteile der Bevölkerung, breites Spektrum von →Konsens und →Partizipation, Distanz und zugleich vielfältige Verknüpfung von Kirche und →Öffentlichkeit). Andere Organisationsformen christl. Glaubens (z.B. Frei[willigkeits]kirchen) sind hier, anders als z.B. in den USA, weit seltener Gegenstand kirchensoziol. Forschens.

*C.* Im einzelnen geht es in der K. um folgende Themenschwerpunkte: 1. um die *Organisierbarkeit von Religion* in Form eines gesellschaftl. Teilsystems Kirche und die damit verbundenen Folgerungen für die gesamtgesellschaftl. wahrgenommenen Funktionen von Religion. Gegenseitige Abhängigkeiten zwischen kirchl. und gesamtgesellschaftl. Wandlungsprozessen bzw. der Veränderung anderer gesellschaftl. Großgruppen, zwischen einzelnen kirchl. Funktionsbereichen (z.B. →Gottesdienst und →Predigt, →Seelsorge, →Diakonie) und Teilbereichen des gesellschaftl. Umfeldes sind hier angesprochen. Es geht um das Verhältnis von Kirche und →Öffentlichkeit, auf der Ebene der Kirchenmitglieder ebenso wie bezügl. Kirche als Institution und Organisation. 2. Ein – überwiegend von allg.-soziol. Ansätzen geprägter – Themenkreis umfaßt *kirchl. Organisationsstrukturen* (Bürokratie, →Hierarchie, regionale und funktionale Gliederung), kirchl. →Ämter und Berufsrollen einschließl. der erforderl. Prozesse der Sozialisation und Qualifikation. Kirchengemeinden als kirchl. Subsysteme mit spezif. Strukturen der Entscheidung und →Kommunikation gehören ebenso hierzu wie die soziol. Beschäftigung mit einzelnen kirchl. Funktionsbereichen. 3. Kirchensoziol. Forschung zum *Mitgliederverhalten* fragt nach Bedingungen von →Kirchenmitgliedschaft in der Volkskirche, nach Erwartungen der Kirchenmitglieder, nach deren Rekrutierung und Sozialisation, der Bedeutung »zugeschriebener« bzw. »erworbener« Mitgliedschaft (und damit dem Organisationscharakter von Kirche). Nach wie vor bildet →»Kirchlichkeit« im Sinne kirchl. »Normerfüllung« bzw. →Partiziptaion am kirchl. Leben einen zentralen Aspekt einer auf Kirchenmitglieder bezogenen K.

*Lit.: J. Hanselmann u.a. (Hg.):* Was wird aus der Kirche?, Gütersloh 1984. – *F.-X. Kaufmann:* Kirche begreifen, Freiburg 1979. – *N. Luhmann:* Funktion der Religion, Frankfurt/M. 1977. – *I. Lukatis:* Empir. Religions- und K. in Deutschland, in: Zeitschrift für Ev. Ethik 26 (1982), 306-327. – *J. Matthes:* Kirche und Gesellschaft, Reinbek 1969. – *G. Schmidtchen:* Zwischen Kirche und Gesellschaft, Freiburg 1972. – *Y. Spiegel (Hg.):* Kirche und Klassenbindung, Frankfurt/M. 1974.

*Ingrid Lukatis*

**Kirchenspaltung.** Obwohl es zu allen Zeiten aus dogmat., polit. oder kulturellen Gründen Abspaltungen teilweise bis heute bestehender Gruppen von der Kirche gegeben hat, wird der *Begriff* K. gewöhnl. nur auf die beiden großen Trennungen des 11. und 16. Jh.s angewendet. Der Begriff ist konfessionell geprägt, sofern er meist die (röm.-)kath. Kirche als hist. Konstante voraussetzt. Jedoch verstehen sich sowohl die →orthod. wie die aus der →Reformation hervorgegangenen Kirchen als in ungebrochener →Tradition zu den Anfängen der Kirche stehend. Während die röm. Kirche die Einheit von der Gemeinschaft mit dem →Papsttum her definiert, grenzen sich die anderen Kirchen gerade gegenüber den Ansprüchen des Papsttums ab. Insofern bildet die Stellung des Papsttums einen wichtigen Faktor für die Identifikation des je eigenen Kirchenwesens.

*A.* Die K. des *11. Jh.s* unterscheidet sich von der des 16. Jh.s in einigen wesentl. Punkten. Im 11. Jh. gibt es kaum Glaubensgegensätze. Die Trennung ist der Abschluß einer bereits im 8. Jh. einsetzenden zunehmenden polit. und kulturellen *Entfremdung* zwischen dem im byzant. Reich (→Byzanz) fortlebenden (ost)röm. Reich und dem zerfallenen weström. Reich, in dem – durch die Verbindung von Papsttum und Franken – die neue ma. »Christianitas« entsteht. Charakterist. ist die geograph. Trennung zwischen Ost und West. Der Osten lebt in ungebrochener Kontinuität mit der Antike. Im Westen hat die Völkerwanderungszeit große Umwälzungen gebracht. Unter fränk., später dt. Führung ist ein neues »Reich« entstanden. Zur Spaltung kommt es, als das Papsttum sich anschickt, sich aus der Vorherrschaft der fränk.-germ. Kaiser zu befreien, und versucht, seine kirchl. Kompetenz auch gegenüber der östl. Kirche zu betonen. Polit. ging es beim Schisma von 1054 um den Herrschaftsanspruch auf Unteritalien, kirchl. ging es um den sog. Azymenstreit (die Frage, ob beim Abendmahl gesäuertes oder ungesäuertes Brot zu verwenden sei) sowie das Samstagsfasten. Die Lateiner brachten gegenüber den Griechen die Priesterehe und das »filioque« in die Diskussion. Als eine röm. Gesandtschaft in Konstantinopel keine Einigung erreichen konnte, legte Kardinal Hubert von Silva Candida am 16.7. auf dem Altar der Hagia Sophia eine Bannbulle gegen den dortigen Patriarchen Michael Kerullarios nieder. Eine von Kerullarios einberufene Synode antwortete am 24.7. mit der Bannung der päpstl. Legaten. Die Zeitgenossen haben in diesem Vorgang keinen endgültigen Bruch gesehen, fakt. aber hat es trotz einiger Unionsversuche im 13. und 15. Jh. keine intensiven Kontakte mehr zwischen der Ost- und Westkirche gegeben.

*B.* Die K. im *16. Jh.* (→Reformation) führte zum Entstehen unterschiedl. Kirchenwesen im gleichen geograph. Raum, und zwar im Bereich der röm. Kirche. Auslösender Faktor waren die Ablaßthesen M. →Luthers vom 31.10.1517. Im Gegensatz zur Spaltung des 11. Jh.s spielten bei der Reformation unterschiedl. *theol. Auffassungen* eine entscheidende Rolle. Kirchenspaltend war vor allem die Frage nach der höchsten Autorität in der Kirche (Autorität der Schrift gegen die Lehrautorität des →Papstes). Wenn man in bezug auf die Reformation von K. spricht, so sieht man auf der einen Seite die röm.-kath. Kirche, auf der anderen die Gesamtheit der aus der Reformation hervorgegangenen Kirchen, denn neben den luth. Kirchen entstanden weitere selbständige kirchl. Gemeinschaften, die sich auf H. →Zwingli, J. →Calvin sowie verschiedene →Täufergruppen zurückführen. Die große Bedeutung, die der Lehre beigemssen wurde, zeigt sich darin, daß den aus der Reformation hervorgegangenen Kirchen und schließl. auch der röm.-kath. Kirche (vgl. das →Konzil von Trient) je eigene lehrhafte →Bekenntnisse von unterschiedl. Verbindlichkeitsgrad zugrunde liegen. Konfessionsbildung ist insofern ein anderer Aspekt der K. des 16. Jh.s (→Konfession).

*C.* Seit Beginn des *20. Jh.s* haben sich zunächst die aus der Reformation hervorgegangenen kirchl. Gemeinschaften und dann auch die im 11. Jh. verselbständigten Ostkirchen zum →Ökumen. Rat der Kirchen (1948) zusammengeschlossen. Dieser Rat, dem auf seiner letzten Vollversammlung in Vancouver (1983) 304 Kirchen angehörten, versteht sich selbst nicht im Sinne einer »Überkirche«. Seit dem 2. →Vat. Konzil steht die röm.-kath. Kirche in zunehmend *engem Austausch* mit dem Ökumen. Rat der Kirchen, ohne selbst Mitglied zu sein. Diese ökumen. Konstellation im 20. Jh. macht noch einmal deutl., daß der Begriff K. hist. gesehen die Trennung von der (röm.- )kath. Kirche anspricht. Die auf dem 2. →Vat. Konzil entwikkelte →Ekklesiologie, die auch anderen christl. Gruppen kirchl. Charakter zusprechen kann, leitete im ökumen. Dialog die Suche nach einem neuen bibl. und theol. Kirchenbegriff ein.

*Lit.: H.-G. Beck:* Geschichte der orthod. Kirche im byzant. Reich, Göttingen 1980. – *F. Dvornik:* Byzanz und der röm. Primat, Stuttgart 1966. – *I. Iserloh:* Geschichte und Theologie der Reformation im Grundriß, Paderborn 1980. – *H. Jedin (Hg.):* Handbuch der Kirchengeschichte, Bd. IV: Reformation, kath. Reform und Gegenreformation, Freiburg/Basel/Wien 1967. – *A. Michel:* Humbert und Kerullarios, 2 Bde., Paderborn 1925-30.

*Rolf Decot*

## Kirchensteuer

*A.* Die K. ist eine Spezialität des →kirchl. Finanzwesens in der Bundesrepublik *Deutschland* und dessen Hauptstütze; in modifizierter Weise kennen sie *Dänemark* und einige Kantone der *Schweiz.* Erst im 19. Jh. als Mittel zur Selbstfinanzierung der Kirchen und zur Entflechtung von Staat und Kirche (→Kirche und Staat) staatlicherseits eingeführt, steht sie heute für eine enge, in anderen Staaten unbekannte Verbindung von Staat und Kirche und ist dementspr. nicht unumstritten. *Rechtl. Grundlage* ist Art. 140 Grundgesetz i.V.m. Art. 137 Abs. 6 Weimarer Reichsverfassung; die K. ist damit verfassungsrechtl. abgesichert und könnte nur mit Zweidrittelmehrheit von Bundestag und Bundesrat abgeschafft werden (Art. 79 Abs. 2 GG). Für die kath. Kirche gilt zudem die Rechtsgrundlage von c. 1263 Codex Iuris Canonici, wonach der Bischof maßvolle Steuern auferlegen kann. Das K.aufkommen in der Bundesrepublik Deutschland betrug 1985 rund 11,2 Mrd. DM; davon entfiel auf die kath. Kirche mehr als die Hälfte. Der Anteil der K.gelder (→Geld) an den kirchl. Haushalten schwankt um 90%. Die K.gesetze der Bundesländer lassen verschiedene Arten von K. zu (Zuschlag zur Einkommens- und Lohnsteuer, zur Vermögens- oder Grundsteuer); zudem ist es den Kirchen freigestellt, unabhängig davon noch ein Kirchgeld zu erheben. K. und Kirchgeld sind als Sonderausgaben von der Einkommenssteuer absetzbar. Von welchen Besteuerungsarten die Kirche Gebrauch macht, bleibt ihr überlassen. Die Steuerarten können auch kumulativ nebeneinander erhoben werden.

*B.* Von dem Recht, K. zu erheben, ist die *Einziehung* der K. *durch den Staat* zu unterscheiden. Sie fällt nicht unter die verfassungsrechtl. Gewährleistung. Die Kirchen machen in der Regel von ihr Gebrauch (Ausnahme in Bayern [K.ämter]), müssen dies jedoch mit ca. 4% des K.aufkommens bezahlen. Da der Hauptanteil der K. aus der Lohn- und Einkommenssteuer stammt (Zuschlag von 8-9%), sind die Kirchen von der Einkommenssteuerpolitik des Staates und der wirtschaftl. Konjunktur abhängig. Im derzeitigen Steuersystem wird nur rund ein Viertel der Kirchenangehörigen zur Zahlung der K. verpflichtet. Wegen der Progression der Einkommenssteuer erreicht allerdings die Belastung von Spitzenverdienern mit K. beachtl. und bedenkl. Höhen. Es stimmt also nicht, daß alle Kirchenangehörigen zum Unterhalt der Kirche beitragen und die Kirche nicht von den Reichen abhängig wird. Der Zahlung der K. kann man sich nur durch →Kirchenaustritt mit bürgerl.-rechtl. Wirkung (Erklärung vor Standesamt oder Amtsgericht) entziehen (was in der kath. Kirche die Exkommunikation zur Folge hat, nicht jedoch den Ausschluß aus der Kirche, →Kirchenmitgliedschaft).

*C.* Um dem Kirchenaustritt aus finanziellen Gründen zu begegnen, hat man die sog. *Kappung* der K. ersonnen, d.h. die Festsetzung von absoluten oder relativen K.höchstbeträgen, z.B. Begrenzung auf 3 oder 4% des steuerpflichtigen Einkommens. Die Kappung ist in den meisten Bundesländern für Rechtens erklärt, wird jedoch teilweise nicht praktiziert. Auf die Verteilung der Einnahmen aus der K. haben die zur Zahlung Verpflichteten nur geringen Einfluß. Dafür sind kirchl. Organe zuständig, in denen k.pflichtige →Laien zwar die Mehrheit besitzen, von der Kirchenleitung abhängige oder berufene Mitglieder jedoch eine Sperrminorität bilden. Der Übergang vom früheren System der Ortsk. zur Diözesan- oder Landesk. nach dem Zweiten Weltkrieg hat die »*Zentralisierungsbestrebungen* der kirchl. →Hierarchie nachhaltig gefördert.

*Lit.:* Bensberger Kreis, Memorandum »Zu einigen Aspekten der Kirchenfinanzierung«, 1985. – *F. Giese:* Dt. K.recht, Stuttgart 1910, unveränderter Nachdruck Amsterdam 1965. – *H. Marré:* Das kirchl. Besteuerungsrecht: Handbuch des Staatskirchenrechts der Bundesrepublik Deutschland, 2 Bde., Berlin 1975, 5-50. – *Ders.:* Die Kirchenfinanzierung in Kirche und Staat der Gegenwart, Essen 1982. – *K. Walf:* Kirchenrecht, Düsseldorf 1984, 156-178.

*Knut Walf*

### Kirchentage

*A.* In der Bundesrepublik Deutschland finden der Deutsche Ev. Kirchentag (DEKT) und der Deutsche Katholikentag (DK) in zweijährl. Turnus je im Wechsel als mehrtägige Großveranstaltungen statt. In der DDR werden seit den 60er Jahren mehrtägige Regionalk.e veranstaltet. *Ev. K.e* gab es in Deutschland mit unterschiedl. Zielsetzungen bereits 1848-1872 und 1919-1930. Der *DEKT* als →Laienbewegung im heutigen Sinn wurde 1949 unter Leitung von R. von Thadden-Trieglaff (1891-1976) gegründet als Ort der Sammlung, Stärkung, Ermutigung und ökumen. →Gemeinschaft. Die Gesamtverantwortung für den rechtl.-organisator. von der Amtskirche unabhängigen DEKT liegt beim K.spräsidium, die Organisation übernimmt eine ständige K.sleitung. Der *DK*, 1848 aus dem *kath.* Vereins- und Verbandswesen erwachsen, wurde 1950 nach einer Unterbrechung von 1933-1948 wiederaufgenommen. Sein Anliegen ist »Gelegenheit zum Gespräch zwischen kirchl. Amtsträgern und Laien«. Veranstalter des DK ist das Zentralkomitee der dt. Katholiken; ein Generalsekretariat gewährleistet die kontinuierl. Arbeit.

*B.* Prägende *Arbeitsformen* in DEKT und DK sind Bibelarbeiten und →Gottesdienste alten und neuen Stils (z.B. DEKT: Polit. Nachtgebet, Liturg. Nacht, Feierabendmahl), Angebote zu →Seelsorge und →Beratung, Arbeitsgruppen und Foren zu theol. Fragen und zur →Verantwortung von Christen und →Kirche in →Politik und →Gesellschaft, der Erfahrungsaustausch über Projekte und Initiativen (DEKT: »Markt der Möglichkeiten«). Waren die K.e bis 1961 wesentl. ein Ort gesamtdeutscher Begegnung, so steht jetzt die Integration geistl.-theol. und gesellschaftl.-polit. Fragen im Vordergrund. K.e sind seit Mitte der 70er Jahre gekennzeichnet durch steigende Besucherzahlen (z.T. weit über 100.000 Dauerteilnehmer) und ein bes. großes Interesse *junger Menschen.* Schon seit den endsechziger Jahren zeigen viele K.steilnehmer/innen eine ausgeprägt kirchen- und gesellschaftskrit. Haltung. Dies hat vor allem beim DEKT (seit 1973) zu veränderten Formen von Information, Diskussion und Aktion geführt; beim DK, der dafür offenbar nicht im gleichen Umfang Raum gab, entstand 1980 ein »Katholikentag von unten«, als Parallelveranstaltung von engagierten Gruppen in eigener Trägerschaft organisiert.

*Lit.: P. Becher:* Dt. Katholikentag, in: Ökumene-Lexikon 1983, 237. – *T. Schmieder/K. Schuhmacher (Hg.):* Jugend auf dem Kirchentag, Stuttgart 1984. – *H. Uhl:* Dt. Ev. Kirchentag, in: Ökumene-Lexikon 1983, 235. – *C. Wolf/ H. H. Walz (Hg.):* hören-handeln-hoffen, Stuttgart 1979. – Berichtsbände über die DK (hg. vom Generalsekr. des ZdK), Paderborn ab 1949. – Dokumentarbände des DEKT (hg. im Auftrag des Präsidiums des DEKT), Stuttgart ab 1951.

*Ingrid Lukatis*

### Kirchenväter

*A.* K. im engeren Sinne werden die als rechtgläubig geltenden kirchl. Schriftsteller der →Alten Kirche genannt. In mehr hist. als der eigentl. dogmat. *Definition* ist es übl. geworden, in erster Linie alle griech. und lat. altkirchl. Schriftsteller von einiger Bedeutung für die spätere theol. Entwicklung als K. zu bezeichnen, unter ihnen auch von der Kirche abgefallene wie Tertullian oder von ökumen. Synoden (→Altkirchl. Konzile) verurteilte wie →Origenes, Theodoret, Theodor von Mopsuestia, Nestorius u.a. Den oriental. K.n kommt daneben schon quantitativ eine geringere Bedeutung zu. *Zeitl.* erstreckt sich die Epoche der K. von den →Apostol. Vätern und →Apologeten des 2. und 3. Jh.s bis zu Gregor d.Gr. (gest. 604) oder Isidor von Sevilla (gest. 636) im Westen, während für den Osten eine Grenzziehung schwieriger ist; zwar hat es sich in der westl. →Patristik eingebürgert, für den Osten die Väterzeit mit Johannes von Damaskus (gest. um 750) enden zu lassen, die Orthodoxie selbst hat aber eine solche Abgrenzung nie vollzogen, sondern rechnet auch Theologen der byzant. Zeit (wie Symeon den Neuen Theologen, gest. 1022, oder Gregorios Palamas, gest 1359, →Byzanz) zu den K.n, gibt diesem Begriff also eine mehr inhaltl.-dynam. Ausrichtung. Als Blütezeit der K.literatur müssen das 4. und 5. Jh., also die Epoche der Ausprägung des kirchl. →Dogmas (→Trinität, →Christologie, →Ekklesiologie) gelten.

*B.* Der Begriff K. verweist auf das Autoritätsproblem. Die antike Welt (→Antike und Christentum) kennt die Metapher von »Vater und Sohn« für verschiedene durch →*Autorität* hergestellte Abhängigkeitsverhältnisse. Im →AT können →Propheten und Weisheitslehrer, die »Patriarchen« (→Abraham, Isaak, Jakob) und Großen der israelit. Geschichte »Väter« genannt werden.

*I.* In Übernahme dieses bibl. und in Anlehnung an den hellenist. Sprachgebrauch hat das frühe Christentum neben den Propheten auch die →Apostel und →Bischöfe als *»Väter«* bezeichnet. Der respektvolle Titel »papas« wurde später nur noch für hervorragende Bischöfe benutzt und hat sich in der Bezeichnung →»Papst« für den röm. und im orthod. Bereich für den alexandrin. Bischof bis heute erhalten. Seit Anfang des 4. Jh.s wurde es allg. üblich, bes. von den Teilnehmern der ersten vier ökumen. Konzile (→Altkirchl. Konzile), in erster Linie Nizäa (325), als K.n zu zu sprechen. Als *Konzilsväter*, Bischöfe und kirchl. Schriftsteller sind die K. Bewahrer der wahren Lehre und der kirchl. →Tradition, die sie gegen jede Verfälschung sichern. Die Frage nach der literar. Wirksamkeit ist bei diesem dogmat. Verständnis zunächst zweitrangig. Im trinitar. und vor allem dann im christolog. Streit des 4. und 5. Jh.s wurde der literar. »Väterbeweis« in die theol. Debatte eingeführt, d.h., Schriften der alten kirchl. Schriftsteller werden als Beleg für die eigene theol. Position herangezogen.

*II.* Dadurch verlagert sich der Begriff K. inhaltl. mehr auf die so als Überlieferungszeugen wichtigen älteren Schriftsteller, die nun immer stärker in ihren Schriften zu *Garanten* der kirchl. Überlieferung (→Schrift und Tradition) und rechten →Schriftauslegung werden. Das führte zunehmend zur Herstellung *dogmat. Sammlungen* mit Auszügen aus ihren Schriften zu bes. theol. Themen (Florilegien). Eine der bekanntesten Sammlungen dieser Art ist die im Osten im 7. oder 8. Jh. entstandene christolog. Sammlung der »Doctrina patrum« (Lehre der Väter). Im Abendland wurden derartige Sammlungen (sententiae patrum) für das →MA. wichtiger als die eigentl. Schriften der K. selbst. Die exeget. Arbeiten der K. wurden auszugsweise in sog. Katenen (Ketten = Sammelkommentare) überliefert, in denen die Meinungen der K. zu einzelnen Schriftstellen aufgelistet wurden. Die eigentl. *exeget. Kommentare* der K. sind zum großen Teil verloren und nur stückweise in den Katenen erhalten. Schon gegen Ende des 4. Jh.s hatte Hieronymus einen mehr literaturwissenschaftl. als dogmatisch orientierten Katalog der Kirchenschriftsteller aufgestellt, der allerdings auch Häretiker (→Häresie) umfaßte und von Gennadius für das 5. Jh. fortgesetzt worden war. Stärker den dogmat. Gesichtspunkt der K. als Bewahrer der wahren kirchl. Tradition stellte Vinzenz von Lerinum in den Vordergrund (5. Jh.). Er bindet den Titel K. zuerst an bestimmte Kriterien (Rechtgläubigkeit, hl. Leben, fakt. Anerkennung durch die Kirche, Zugehörigkeit zum kirchl. Altertum).

*III.* War der Titel K. bisher Bischöfen vorbehalten gewesen, so zählt →Augustinus auch den →Presbyter Hieronymus, Gelasius I. (dem das Decretum Gelasianum – eine Liste anerkannter kirchl. Schriftsteller aus dem Beginn des 6. Jh.s – zugeschrieben war) und den →Laien Prosper von Aquitanien wegen deren literar. Tätigkeit unter die K. Eine bes. Stellung unter ihnen nehmen die *Kirchenlehrer* (doctores ecclesiae) ein. Am Ausgang der Antike galten im Abendland unter den K.n Augustinus, Ambrosius, Hieronymus und Papst Gregor I. als die vier Kirchenlehrer, die in Parallele zu den Evangelisten gesetzt wurden; von den griech. Vätern wurden Gregor von Nazianz, Basilius von Cäsarea, Johannes Chrysostomus und Athanasius von Alexandrien gleichermaßen hervorgehoben. Der Titel Kirchenlehrer beschränkte sich bald nicht mehr allein auf die Zeit der Alten Kirche, war aber im Abendland an eine ausdrückl. Approbation durch die Kirche, seit dem 16. Jh. an eine amtl. Ernennung durch den Papst gebunden.

*IV.* Der Katalog des Hieronymus zählt für die Zeit bis Ende des 4. Jh.s 135, die Fortsetzung des Gennadius für das 5. Jh. noch einmal 99 kirchl. Schriftsteller (einschließl. der Häretiker). Das Decretum Gelasianum aus dem 6. Jh. nennt als K., deren Schriften von der (röm.) Kirche anerkannt sind: Cyprian von Karthago, Basilius von Cäsarea, Athanasius von Alexandrien, Johannes Chrysostomus, Theophilos von Alexandrien, Kyrill von Alexandrien, Hilarius von Poitiers, Ambrosius von Mailand, Augustinus, Hieronymus, Prosper von Aquitanien; daneben alle Päpste, unter denen Leo ausdrückl. genannt wird. Außerdem gelten alle bis an das Ende ihres Lebens mit Rom in Gemeinschaft stehenden kirchl. Schriftsteller und die Konzilsväter zu den K.n. Von Rufin, Euseb und vor allem →Origenes sind nur einige Schriften ausdrückl. anerkannt. Am Ende der Epoche der Alten Kirche gelten die K. direkt als Fortsetzer der Überlieferung der atl. Propheten und ntl. Apostel und für Johannes von Damaskus gemeinsam mit den →Aposteln und den geistgewirkten Beschlüssen der Konzilien als Quelle des →Glaubens. Dem entspricht die Lehre von der grundsätzl. Übereinstimmung der K. in allen den Glauben betreffenden Fragen als Norm der Glaubenslehre, die bes. im MA. wirksam war, aber als dogmat. Postulat zu begreifen ist.

*C.* Für die ev. Theologie seit der →Reformation ist von ihrem Schrift- und Traditionsverständnis her die Lehre von den K.n als Quelle und Norm des Glaubens hinfällig, obwohl sich die Kirchen der Reformation in der Übernahme der altkirchl. →Bekenntnisse und der Beschlüsse der ökumen. Konzilien ebenfalls in die theol. Kontinuität zu den K.n gestellt haben.

*I.* In der kath. Theologie spielen im Gegensatz zur orthod. Theologie die K. oder gar der *Väterbeweis* heute nur eine sehr untergeordnete Rolle. Seit dem 19. Jh. ist in der ev. und kath. Theologie eine verstärkte Hinwendung und *krit. Erforschung* der Schriften der K. zu beobachten, was international zu einem großartigen Aufblühen der →Patristik geführt hat, ohne eine neue Form von Vätertheologie als Quelle der Norm des Glaubens in großem Stil wiederbeleben zu können. Allerdings hat die Neuentdeckung der K. in der →Nouvelle théologie der kath. Kirche vor allem Frankreichs zu einer tiefgreifenden Wiederbelebung theol. und kirchl. Denkens geführt. Gerade im Hinblick auf den Autoritäts- und Normaspekt des Begriffs K. spricht man heute in metaphor. und z.T. ironisierender Umschreibung auch von modernen Theologen als K.n (→Schleiermacher als Kirchenvater des 19. Jh.s).

*II.* Die K. sind der Antike und ihren *Denkvorstellungen* fest verbunden und daher für die Lösung heutiger theol. Fragen nicht direkt als Autorität benutzbar, aber für das ökumen. Gespräch, vor allem mit den orthod. und den oriental. Kirchen, außerordentl. bedeutsam. Bes. in der orthod. Theologie der Gegenwart ist eine starke Hinwendung zu den K.n zu beobachten (so bei G. Florowski, J. Meyendorff, A. Jevtić u.a.m.), welche sich auch in neuen Ausgaben und Übersetzungen der Väterwerke (etwa von D. Staniloae ins Rumänische) äußert. Diese »Neopatristik« stellt gewissermaßen die genuin orthod. Reaktion auf die Überfremdung der orthod. Theologie durch westl. Modelle im 18. und 19. Jh. dar. Gegen verschiedene Versuche in der modernen Theologie seit dem vorigen Jh., direkt auf die Urkirche und das →NT unter Umgehung der Theologie und Lehrbildung der Alten Kirche zurückzugreifen, bleibt allerdings festzuhalten, daß die K. in Aufnahme und Auseinandersetzung mit den geistigen und sozialen Voraussetzungen der Spätantike die Christusbotschaft in ihrer Welt zu formulieren versucht haben und somit eine wichtige Rolle in dem *Vermittlungsprozeß* zwischen Antike und Christentum einnehmen. Die hermeneut. Aufgabe, die Christusbotschaft »hier und heute« zu sagen, haben sie als erste und damit beispielhaft zu lösen versucht. Sie haben die Fragen des christl. Glaubens und Lebens auf Grund der Botschaft der →Bibel gestellt und für ihre Zeit mit dem Versuch beantwortet, eine christl. Theologie als System zu entwickeln. Die Antworten sind für unsere Zeit nicht ohne weiteres zu übernehmen, aber die K. haben die Aufgabe erkannt und in Angriff genommen, die jeder christl. Verkündigung zu jeder Zeit unter immer wieder anderen Umständen neu gestellt ist.

*Lit.: B. Altaner/A. Stuiber:* Patrologie, Freiburg, 8. Aufl. 1978. – *H. von Campenhausen:* Griech. K., Stuttgart, 6. Aufl. 1981. – *Ders.:* Lat. K., Stuttgart, 5. Aufl. 1983. – *M. Greschat (Hg.):* Alte Kirche I/II (Gestalten der Kirchengeschichte I/II), Stuttgart 1984. – *J. Liebaert:* Pères de l'Eglise, in: Catholicisme. Hier, aujourd'hui, demain, Bd. 10 (1986), 1229-1237.

*Hanns-Christof Brennecke*

**Kirchenverfassung**

*A.* Die →*röm.-kath. Kirche* hat die rechtl. Bestimmungen ihrer Grundordnung nicht in einer Verfassungsurkunde im eigentl. Sinn kodifiziert. Sie sind vielmehr im Verbund mit anderen Rechtsvorschriften vor allem im Codex Iuris Canonici (CIC) enthalten. Ihre geschichtl. Entwicklung folgt der allg. Entwicklung des →Kanon. Rechts.

*I.* Nach röm.-kath. Selbstverständnis besteht zwischen der rechtl. verfaßten Kirche als einer mit hierarch. Organen ausgestatteten Gesellschaft (»societas«) und der geglaubten Kirche des Leibes Christi eine unlösbare Einheit: Die Kirche ist als *Heilsanstalt* rechtl. Natur. Grundlegende, wenn auch nicht alle Prinzipien ihres Verfassungsaufbaus sind »göttl. Rechts« und daher der Verfügungsgewalt menschl.-kirchl. Rechts entzogen.

*II.* Kennzeichnend für die kath. Kirche ist u.a. ihre *hierarch. Ordnung* (→Hierarchie). Die von Christus übertragene, hierarch. Gewalt, die Kirche zu leiten und die Heilsgüter zu übermitteln, wird in ununterbrochener Amtsfolge weitergegeben (→Apostel). Dabei wird weitgehend noch unterschieden zwischen Weihe- und Jurisdiktionshierarchie (→Kanon. Recht). Die Hierarchie der →Weihe bezieht sich auf die Vollmacht zur Spendung der →Sakramente. Sie besteht aus Bischöfen, Priestern und Diakonen. Sie wird durch die Weihe, die Jurisdiktionshierarchie aber, die das Lehramt (→Lehre) und das Hirtenamt umfaßt, durch kirchl. Auftrag konstituiert. Zu ihr gehören der Papst und die Bischöfe, nach menschl.-kirchl. Recht daneben auch die sog. Ordinarien (oberste Jurisdiktionsträger eines Sprengels). Auch der 1983 promulgierte CIC geht von dem durch die →Ordination konstituierten »wesensmäßigen« Unterschied von →Klerus und →Laien aus, wertet aber die Rechtsstellung der Laien auf und bezieht sie stärker in die kirchl. Verantwortung ein. Der vertikale Verfassungsaufbau (Gesamtkirche →Papst [→Kurie]; Teilkirche →Bischof [→Bistum]; Pfarrei →Pfarrer) bleibt durch verschiedene kollegiale Verfassungsorgane (→Konzil) ergänzt.

*B.* Die Mehrzahl der *dt. ev. Landeskirchen* (→Landeskirchentum) hat nach 1945 ihre Verfassung einer mehr oder weniger durchgreifenden Neuordnung unterzogen.

*I.* Dazu zwangen die allg. polit. und sozialen Veränderungen der Nachkriegszeit, aber auch die Änderungen in der Organisation der Kirchen, die sich aus dem →Kirchenkampf im Dritten Reich ergeben hatten. Die eigentl. Verfassungsurkunden enthalten vornehml. Bestimmungen zum Organisationsrecht der kirchenleitenden Organe. Das *Organisationsrecht* der Kirchengemeinden wird meist durch bes. Kirchengemeindeordnungen geregelt.

*II.* Aus dem Selbstverständnis der Kirchen der →Reformation ergibt sich die *Relativität ihrer* rechtl. verfaßten *Gestalt.* Die Kirche als »Versammlung aller Gläubigen und Heiligen« wird von ihrer ird. Gestalt unterschieden, zu der »viele falsche Christen und Heuchler« gehören (Confessio Augustana [CA] VIII). Bestimmte rechtl. Organisationsformen können daher relativ frei gestaltet werden, solange diese dem Auftrag der Kirche, der Predigt des Evangeliums und dem Dienst der Sakramente (CA VII) dienen (→Kirchenrecht).

*III.* Im ev. K.srecht überlagern sich aus diesem Grund auf vielfältige Weise konfessionelle, hist. (→Verfassung) und soziale Einflüsse. Zwar wird das *Grundschema* des Verfassungsaufbaus bestimmt von der rechtl. Einordnung der Kirchengemeinde (→Gemeinde) in das landeskirchl. Ganze, das aus Kirchengemeinden, Mittelstufenverbänden und Landeskirche besteht, doch überwiegt die *Vielfalt* rechtl. Regelungen gegenüber den einheitl. Merkmalen, nach denen vor allem die örtl. Kirchengemeinde gestaltet ist (Leitung und Verwaltung durch das Pfarramt in gemeinsamer Verantwortung mit einem Kollegialorgan, das aus gewählten Gemeindegliedern zusammengesetzt ist). Die überkommenen Verfassungsmodelle episkopaler Art (Mitwirkung des kirchl. →Amts auch am rechtl. Handeln der Kirche), konsistorialer Art (allg. Verwaltung und Aufsicht) und presbyterial-synodaler Art (→Presbyter, →Synode) sind im neueren K.srecht stark miteinander verzahnt. In jüngeren Entwicklungen werden *Kooperation* und Koordination erweitert und verstärkt. Zu nennen sind die föderative Zusammenfassung der niedersächs. Landeskirchen, die Bildung einer einheitl. nordelb. Landeskirche, die Ausformung von Gemeindeverbänden und regionalen Verwaltungsstellen, die nähere Zuordnung der diakon. (→Diakonie) und missionar. (→Mission) »Werke und Einrichtungen« zu Gemeinde und Kirche sowie die strukturelle Einordnung der vielen neuartigen »Ämter und Dienste« in das kirchl. Verfassungsgefüge.

*Lit.: H. Frost:* Strukturprobleme ev. K., Göttingen 1972. – *H. Liermann u.a.:* K., in: Ev. Staatslexikon, 2. Aufl. 1975, 1248-1293. – *H. Müller:* Aspekte des Iuris Canonici 1983, in: Zeitschrift für ev. Kirchenrecht 29 (1984), 527-546. – *K. Walf:* Einführung in das neue kath. Kirchenrecht, Zürich 1984.

*Michael Wöller*

**Kirchenzucht.** Der Begriff K. *(disciplina ecclesiastica)* hat seinen Ursprung im röm. Recht, insbes. in der *disciplina domestica* (»Hausordnung«), ist also in der frühen Kirche entstanden. Heute wird der Begriff K. eher in den Kirchen der →Reformation verwendet, bes. in den →reform. Kirchen, während im kath. Bereich vornehml. von kirchl. Disziplin gesprochen wird.

*A.* Beide Begriffe sind *doppelschichtig.* Zum einen versteht man darunter die allg. kirchl. Rechtsordnung (→Kirchenverfassung), zum anderen die *Gemeinschaftsordnung* der Kirche, sozusagen den Verhaltenscode der Gläubigen in der kirchl. Gemeinschaft. In der kath. Kirche werden zudem das *Kleriker- und das Ordensrecht* gelegentl. als »bes. K.« bezeichnet. Der Codex Iuris Canonici (CIC) 1917 verstand unter »disciplina« die Rechtsordnung der Kirche (c. 1 CIC-1917) und setzte diese von der Glaubens- und Sittenlehre ab (c. 218 § 1 CIC-1917). In diesem Sinne spricht auch der neue CIC von *leges disciplinares* = Gesetzen der Rechtsordnung (c. 6 § 1 n. 4). Jeder mündige Getaufte untersteht der K. seiner Kirche; in der kath. Kirche vom vollendeten 7. Lebensjahr an. Wesentl. Elemente der kath. K. sind in den →Kirchengeboten zusammengefaßt.

*B.* In vielen christl. Kirchen wird der Katalog von Geboten durch Verbote und *Sanktionsordnungen* ergänzt (Ausschluß vom Sakramentenempfang [Exkommunikation], Verweigerung kirchl. Segnungen [→Trauung, →Begräbnis], Aberkennung kirchl. Rechte [Patenschaft, Wählbarkeit]). Neben der offiziellen Bestrafung von Übertretungen der K., die heute nur noch selten und ungern durch die Kirchenleitungen vorgenommen wird, kannte die kath. Kirchendisziplin bislang die sog. Infamie, d.h. den Ehrverlust eines Kirchenangehörigen innerhalb der kirchl. Gemeinschaft infolge einer Verletzung der kirchl. oder sittl. Ordnung. Im neuen CIC findet die Infamie zwar keine Erwähnung mehr, doch bleibt abzuwarten, inwiefern einzelne Bestimmungen des neuen Kirchenrechts den gleichen Effekt haben werden (vgl. c. 915, wonach zur Eucharistie u.a. solche nicht zugelassen werden dürfen, »die oft hartnäckig in einer offenkundigen schweren →Sünde verharren«, oder c. 1184 § 1 n. 3, der die kirchl. Bestattung »öffentl. Sünder« untersagt).

*C.* Im Bereich der *ev. Kirchen* wurde die K. seit Anfang des 19. Jh.s neu geregelt (F. →Schleiermacher, Ch. Palmer, C. I. Nitzsch, R. →Rothe). Dabei wurde richtungweisend bis heute sowohl der Trennung von →Kirche und Staat als auch dem allg. Bedeutungsverlust kirchl. organisierter Religion als gesamtgesellschaftl. Kontrollinstanz Rechnung getragen.

*I.* Grundsätzl. dient K. nur noch dem *Schutz kirchl. Lebensordnungen.* Bei der Verhängung von Sanktionen (Abendmahlsverweigerung, Aberkennung kirchl. Rechte, Versagen von →Amtshandlungen) werden in der Regel nur bereits bestehende Nicht-Zugehörigkeitsverhältnisse ratifiziert. K. dient weniger individuellem Heiligungszwang als vielmehr der allg. zuvorkommenden Werbung um kirchl. Integration. So zielen die Bestimmungen der K. vor allem auf Abgrenzung gegenüber Lebenshaltungen und →Weltanschauungen, die mit dem ev. Geist, über dessen Konkretion im Einzelfall nach wie vor gestritten werden muß, unvereinbar sind.

*II.* Während die Kirchen im 19. Jh. noch dazu neigten, darunter jede Äußerung von Unkirchlichkeit in Weltanschauung und Sozialverhalten (z.B. →Darwinismus, Sozialdemokratismus) zu verstehen, ist im 20. Jh. die negative Sanktionsmacht der K. durch die Erfahrungen im *Dritten Reich* und die lebensgefährl. Auseinandersetzungen mit betont antichristl. Weltanschauung und Gesellschaftspraxis wieder höchst aktuell geworden. In Lehrzuchtverfahren wird – soweit als mögl. – die Bekenntnisloyalität kirchl. Amtsträger überprüft; auch deren »Disziplin« analog zum staatl. Beamtenrecht ist Gegenstand dienstrechtl. Sonderregelungen. Dagegen hat die K. die ihr früher zugeschriebene Funktion der christl. Verhaltens- und Gesinnungsformierung nahezu völlig an die Gesamtheit kirchl. →Erziehungs- und →Seelsorgetätigkeiten abgetreten. Auch wenn gegenwärtig im prot. Bereich vor allem in Minderheits-, Freiwilligkeits- und Missionsgemeinden sowie in außerkirchl. →Sekten und kirchl. Sondergruppen eine Neigung zu rigideren Formen der K. zu beobachten ist, wird sich die damit zum Ausdruck gebrachte Anmahnung verbindl. Lebenshaltung und -gestaltung kaum anders als auf dem Wege *individueller Selbstverpflichtung* verwirklichen lassen, wenn der Gefahr totalitärer Tendenz entgegnet werden soll, die selbst den Teufel noch fromm zu machen sucht.

*Lit.: P. Malinowski/U. Münch:* Soziale Kontrolle, Neuwied/Darmstadt 1975. – *P. Münch:* Zucht und Ordnung. Reform. Kirchenverfassungen im 16. und 17. Jh., Stuttgart 1978. – *H. Schilling:* »Geschichte der Sünde« oder »Geschichte des Verbrechens«? Überlegungen zur Gesellschaftsgeschichte der frühneuzeitl. K., in: Jahrbuch des ital.-dt. hist. Instituts in Trient, Bd. 12, Bologna 1986, 929-941. – *A. Stein:* Ev. Kirchenrecht, Darmstadt, 2. Aufl. 1985. – *R. A. Strigl:* Straftat und Strafe, in: Handbuch des kath. Kirchenrechts, Regensburg 1983, 929-941.

*Knut Walf/Volker Drehsen (C)*

**Kirchliche Einheitsmodelle**

*A.* In der Frühphase der ökumen. Bewegung war die Frage nach der konkreten Gestalt der angestrebten Einheit der Kirche notgedrungen zurückgetreten zugunsten des Bemühens, das theol. Gespräch und die prakt. Zusammenarbeit zwischen jh.elang getrennten Christen und Kirchen überhaupt erst in Gang zu bringen und voranzutreiben. Doch ließ gerade der Fortschritt interkonfessioneller Verständigung während der letzten Jahrzehnte immer klarer die Notwendigkeit hervortreten, sich eingehend über eine gemeinsame Zielvorstellung auseinanderzusetzen. Das Problem ist aktuell, denn der *Mangel an* einem solchen *Zielkonsens* droht die Ökumene ernsthaft zu gefährden. Ohne zumindest teilweise übereinstimmende Sicht der angezielten Einheit führt die ökumen. Praxis unweigerl. zu Widersprüchen, die ein weiteres Vorankommen des Einigungsprozesses be- oder gar verhindern und dadurch die Glaubwürdigkeit des ökumen. Wollens untergraben. Mit Recht haben deshalb seit Ende der 70er Jahre verschiedentl. ökumen. Gremien die Dringlichkeit einer gemeinsamen Zielbeschreibung angemahnt, zuletzt 1987 der Zentralausschuß der →Ökumen. Rates der Kirchen (ÖRK), der im Vorausblick auf die für 1991 geplante nächste Vollversammlung des ÖRK auf eine offizielle Erklärung zur Form der gesuchten Einheit hinwirken will.

*B.* Mittlerweile liegt eine Reihe von Versuchen zur *Bestandsaufnahme* der vorhandenen und diskutierten E. vor, bei denen allerdings bereits die jeweils angegebene Zahl von Autor zu Autor beträchtl. schwankt: So unterscheidet etwa J. Weisenbeck (1986) neun Modelle, wohingegen K. Raiser (1987) ledigl. vier nennt. Auch die Ansätze systematisierender Typologien weisen erhebl. Unterschiede auf. Der Ökumen. Studienausschuß der →Vereinigten Ev.-Luth. Kirche Deutschlands (VELKD) und des Dt. Nationalkomitees des Luth. Weltbundes (LWB) führt (1979) zunächst im Anschluß an die Erste Weltkonferenz für Glauben und Kirchenverfassung (Edinburgh 1937) drei »Grundmodelle der Einheit« auf: 1. Bund (federation), 2. Abendmahlsgemeinschaft (communion) und 3. organische Einheit (corporate union). Hinsichtl. der aktuellen Gesprächslage zählt er nur zwei E.: 1. konziliare Gemeinschaft der Ortskirchen, 2. versöhnte Verschiedenheit der Konfessionen, die aber nochmals unterteilt werden in »Kirchenunion« und »Konziliare Gemeinschaft« einerseits sowie »Kirchengemeinschaft« und »Einheit in versöhnter Verschiedenheit« andererseits. – Abweichend von diesem Vorgehen, analysiert die Gemeinsame röm.-kath./ev.-luth. Kommission (1985) vier Modelle »partieller Einigung« (»geistl.« Einheit, Dialoggemeinschaft, Aktionsgemeinschaft, Interkommunion oder eucharist. Gastfreundschaft), daneben fünf Modelle »umfassender Einigung« (organische Union, korporative Vereinigung, Kirchengemeinschaft durch Konkordie, konziliare Gemeinschaft, versöhnte Verschiedenheit).
Obwohl die Terminologie wechselt und offenbar keine einheitl. Ordnung existiert, lassen sich doch anhand eines einfachen Gliederungsprinzips *zwei Modelltypen* voneinander abheben: Der eine beruht auf der Idee einer vollständigen Auflösung der bestehenden konfessionellen Formationen und ihrer Verschmelzung oder Fusion zugunsten einer neuen Grundeinheit (organische Union, Kirchenunion, konziliare Gemeinschaft), der andere setzt die Fortdauer der Konfessionen voraus, schließt aber eine grundlegende Veränderung ihrer Beziehungen ein (korporative Vereinigung, Kirchengemeinschaft durch Konkordie, versöhnte Verschiedenheit).

*C.* In jeder der beiden Gruppen sticht *je ein Hauptmodell* auf Grund seines offiziellen oder repräsentativen Charakters hervor, näml. das der konziliaren Gemeinschaft bzw. der versöhnten Verschiedenheit. Ihre *Geschichte und Gründzüge* seien kurz skizziert:

*I.* Das Konzept der *konziliaren Gemeinschaft* wurde im Rahmen der Studienarbeit der ÖRK-Kommission für Glauben und Kirchenverfassung entwickelt und schrittweise von den Vollversammlungen der ÖRK übernommen. Den Ausgangspunkt dieses Prozesses bildet die berühmte Einheitsformel der 3. Vollversammlung des ÖRK in *Neu-Delhi* (1961), die von der Einheit »aller Christen an jedem Ort« spricht und sie als »völlig verpflichtete Gemeinschaft« bezeichnet, also eine organ. Union der Ortskirchen im Blick hat.
In *Bristol* (1967) führt die Kommission den Begriff der Konziliarität in die Diskussion ein: Er meint die Notwendigkeit repräsentativer Versammlungen in der Kirche im Sinne einer wesenhaften, konstanten Struktur, die sich freil. in vielerlei Erscheinungsformen äußern kann. Die 4. Vollversammlung (*Uppsala* 1968) fügt diesen Gedanken mit der Neu-Delhi-Formel zusammen, indem sie zusätzl. die Einheit »aller Christen an allen Orten« betont, die durch die konziliare Form gemeinsamen Lebens und Zeugnisses vermittelt werden müsse. Daher taucht erstmals auch die Zielvision eines wahrhaft universalen Konzils der Christenheit auf. In *Löwen* (1971) vertieft die Kommission den Aspekt der Konziliarität: Er beinhaltet jetzt das Zusammenkommen von Christen auf örtl., regio-

naler und weltweiter Ebene zu Gebet, Beratung und Entscheidung im Glauben an die Gegenwart und das Wirken des Hl. Geistes. In *Salamanca* (1973) wagt die Kommission eine Definition, die das gemeinsame Ziel der Ökumene umreißen soll: »Die eine Kirche ist als konziliare Gemeinschaft von Gemeinden zu verstehen, die ihrerseits tatsächl. vereinigt sind.« In *Accra* (1974) unterstreicht sie, daß die Konziliarität keine Alternative zur organ. Union beschreibt, sondern ledigl. ihren Vollzug konkretisiert. Die 5. Vollversammlung des Rates in *Nairobi* (1975) greift schließl. alle erarbeiteten Elemente des Modells auf, billigt es offiziell und nennt die Konziliarität eine Qualität des kirchl. Lebens in und zwischen den Ortkirchen, die sowohl der Einheit wie der Vielfalt in der Einheit dienen soll.

*II.* In Salamanca forderte die Kommission für Glauben und Kirchenverfassung die konfessionellen Weltbünde auf, ihre Einheitsvorstellungen darzulegen, damit ihre bes. Rolle im Einigungsprozeß im Verhältnis zu der des ÖRK geklärt werden könne. Ein Jahr später legen die Sekretäre der Weltbünde dazu ein Diskussionspapier vor, in dem als Alternative zur konziliaren Gemeinschaft das Konzept der »reconciled diversity«, der *»versöhnten Verschiedenheit«* oder »versöhnten Vielfalt« skizziert wird. Sein wichtigstes Merkmal liegt in der ausdrückl. Anerkennung der bleibenden Bedeutung der konfessionellen Traditionen, die als legitime Ausdrucksformen des Glaubens begriffen werden. Dieses Grundprinzip künftiger Einheit wird 1977 von der 6. Vollversammlung des Luth. Weltbundes in *Daressalam* offiziell bestätigt und in der Folgezeit vor allem von seiten des LWB-Instituts für ökumen. Forschung in Straßburg verteidigt, das im Modell der versöhnten Verschiedenheit kein Gegenmodell zur konziliaren Gemeinschaft sehen möchte, ihm aber eine notwendige korrektive Funktion zuschreibt, die darin besteht, die Fortexistenz der Konfessionen als den institutionellen Trägern des konfessionellen Erbes zu sichern. Das angesichts der konfessionellen Spaltung erforderl. Moment der Veränderung des Status quo wird demnach durch den Leitbegriff der Versöhnung festgehalten.
Das Modell der versöhnten Verschiedenheit gleicht in seinem Kern den Vorstellungen, die von *röm.-kath. Seite* ins Gespräch gebracht wurden: der Idee der »Schwesterkirchen« (2. →Vat. Konzil/Paul VI.), der »korporativen Vereinigung« (Bischof Tenhumberg) und der »ekklesialen Typen« (Kardinal Willebrands).

*D.* Die z.T. heftige Auseinandersetzung über die Modelle kirchl. Einheit hat bisher zu keinem gemeinsam akzeptierten Ergebnis geführt. Ein Vergleich zeigt jedoch immerhin *gemeinsame Prinzipien* kirchl. Einheit, über deren Geltung sich ÖRK und weltweite Konfessionsfamilien einig sind. Danach kann von Einheit nur dann gesprochen werden, wenn folgende Bedingungen erfüllt sind: 1. Beendigung von Vorurteilen und Feindschaft, Aufhebung von Lehrverurteilungen; 2. gemeinsame Teilhabe am einen Glauben; 3. gegenseitige Anerkennung von Taufe, Eucharistie und Amt; 4. Einigung über Wege zu gemeinsamer Beschlußfassung und gemeinsamem Handeln. – Ein gemeinsames Einheitsmodell setzt voraus, daß im ökumen. Dialog die Unterschiedlichkeit in der Auslegung dieser Prinzipien überwunden werden kann.

*Lit.: W. Beinert:* Ökumen. Leitbilder und Alternativen, in: *H. J. Urban/H. Wagner:* Handbuch der Ökumenik III/1, Paderborn 1987, 126-178. – *G. Gaßmann:* Konzeptionen der Einheit in der Bewegung für Glauben und Kirchenverfassung 1910-1937, Göttingen 1979. – *N. Hasselmann:* Kirche im Zeichen der Einheit. Texte und Überlegungen zur Frage der Formen kirchl. Einheit, Göttingen 1979. – Kommission, Gemeinsame röm.-kath./ev.-luth.: Einheit vor uns. Modelle, Formen und Phasen kath./luth. Kirchengemeinschaft, Paderborn/Frankfurt/M. 1985. – *K. Raiser:* Modelle kirchl. Einheit, in: Ökumen. Rundschau 36 (1987), 201-209. – *J. D. Weisenbeck:* Conciliar fellowship and the unity of the church, Rom 1986.

*Heinz-Günther Stobbe*

## Kirchliche Gerichtsbarkeit

### *A. Katholisch*

*I.* Der Aufbau der kath. k.G. geht von Diözesangerichten aus, denen das Metropolitangericht und die Sacra Romana Rota (→Kurie) als weitere Instanzen nachgeordnet sind. Diözesanübergreifende Regionalgerichte sind möglich, in der DDR und anderen Ländern auch eingerichtet. Die meisten Verfahren, bes. zur Nichtigerklärung von Ehen, sind von *Kollegialgerichten* zu entscheiden, die aus Klerikern, aber auch unter Beteiligung einer Person aus dem Laienstand gebildet werden können.

*II.* Als *Gegenstand* eines Gerichtsverfahrens nennt das im 7. Buch des Codex Iuris Canonici geregelte kanon. Prozeßrecht *jedwedes Recht* natürl. und jurist. Personen sowie die Verhängung von Kirchenstrafen (c. 1400). Verwaltungsstreitigkeiten sind dem Beschwerdeweg und dem Verwaltungsgericht vorbehalten, das aber erst nach Ausschöpfung des Beschwerdeweges angegangen werden kann. Ausschließl. Zuständigkeit beansprucht die k.G. für geistl. und mit Geistlichem zusammenhängende Angelegenheiten sowie für die Beurteilung der Verletzung kirchl. Gesetze und sündhafter Handlungen, soweit es um kirchl. Strafen geht. Der Verfahrensablauf, der einem Grundschema folgt (Klage, Annahme, Streitfestlegung, Beweisaufnahme, Offenlegung, Diskussion, Urteil, evtl. Rechtsmittel), variiert für bes. Gegenstände (Ehenichtigkeit, Strafverfahren, Urkundenprozeß, mündl. Streitverfahren). Der inhaltl. Schwerpunkt ausgeübter k.G. liegt bei den Ehenichtigkeitssachen.

*B. Evangelisch*

*I.* Fast *alle ev. Landeskirchen* sowie gliedkirchl. Zusammenschlüsse besitzen eine *Verwaltungsgerichtsbarkeit, Disziplinargerichte* für Geistliche und Kirchenbeamte sowie z.T. eine *Verfassungsgerichtsbarkeit.* Bei aller Unterschiedlichkeit der Organisation im einzelnen sind die erstinstanzl. Gerichte bei den Landeskirchen, die Rechtsmittelgerichte bei den Zusammenschlüssen eingerichtet. Den zumeist mit fünf Richtern besetzten Kammern/Senaten müssen ein Geistlicher und eine zum (staatl.) Richteramt befähigte Person angehören.

*II.* Die Zuständigkeit der *Verwaltungsgerichte* bestimmt sich nach Generalklauseln oder nach dem Enumerationsprinzip (der Aufzählung einzelner zulässiger Klagen). Die Verfassungsgerichtsbarkeit umfaßt Normenkontrolle und Organstreitigkeiten.

*C. Problematik*

K.G. ist Funktion des jeweils geltenden Kirchenrechts, da sie Mittel zu dessen Durchsetzung ist. Sie ist daher in ihrer theol. Begründbarkeit vom Kirchenrecht als solchem nicht zu trennen. Entspr. dessen unterschiedl. Charakter in den großen Konfessionen bestehen signifikante Unterschiede in der Aufgabenstellung der k.G., insofern die kath. Kirche zur Durchsetzung des objektiven Rechtes in der Regel keiner Gerichte bedarf, da sie über eine vollmächtige hierarch. Leitungsstruktur verfügt. K.G. beansprucht daher im kath. Bereich vor allem, dem Schutz subjektiver Rechte zu dienen. Allerdings entzieht das Gesetz das Handeln der kirchl. Verwaltung weitestgehend einer gerichtl. Nachprüfung, während gerade diese im ev. Bereich im Vordergrund steht neben der Aufgabe, das objektive Recht vor allem im dienstrechtl. Bereich durchzusetzen.

*Lit.: zu A:* Codex Iuris Canonici, Vatikan 1983, cc. 1400-1752. – *J. Listl/H. Müller/H. Schmitz (Hg.):* Handbuch des kath. Kirchenrechts, Regensburg 1983. – *K. Lüdicke (Hg.):* Münster. Kommentar zum CIC, Essen 1984. – *Zu B:* Amtsblätter der Landeskirchen und gliedkirchl. Zusammenschlüsse. – *K. Hansch:* Die Disziplinargerichtsbarkeit in der ev. Kirche (Göttinger rechtswissenschaftl. Studien 33), Göttingen 1961. – *H. Maurer:* Grundprobleme der k.G., in: Zeitschrift für ev. Kirchenrecht 17 (1972), 48-87. – *Ders.:* Die Verwaltungsgerichtsbarkeit der ev. Kirche (Göttinger rechtswissenschaftl. Studien 25), Göttingen 1958.

*Klaus Lüdicke*

**Kirchliche Publizistik** umfaßt alle →Medien, durch die sich die Kirchen am öffentl. Prozeß der →Kommunikation in einer →Gesellschaft beteiligen oder eine binnenkirchl. →Öffentlichkeit gestalten. Der Publizist. Gesamtplan der →Ev. Kirche in Deutschland (EKD) von 1979 unterscheidet die Sparten Informationswesen, Presse, →Buch und Kleinschrifttum, Funkmedien (→Rundfunk, →Fernsehen), →Film, Bild und Ton, →Werbung und Public Relations.

*A.* Die Funktion der k.nP. war in der *Geschichte* der christl. →Konfessionen durchaus verschieden. Während die luth. →Reformation ohne die Erfindung des Buchdrucks und die Flugblätter-Publizistik nicht zu denken ist, genausowenig wie die Frömmigkeitsbewegung des →Pietismus im 18. Jh. ohne Zeitschriften und Erbauungsbücher, ist auf →kath. Seite durch die älteren Gestalten der →Verkündigung und →Seelsorge (Pfarrei, →Ordenswesen) das kirchl. Leben viel weniger von Publikationsorganen geprägt worden. *Ev. P.* war lange Zeit überwiegend Gesinnungspublizistik zur Verbreitung entschiedener rel. Positionen. Noch in den konfessionellen Streitigkeiten im →Protestantismus des 19. Jh.s waren die »Führungszeitschriften« (G. Mehnert) Parteiblätter mit einem spezif. Aussageprofil. Daneben entsteht allerdings nach Erfindung der Schnellpresse (1813) eine publizist. Öffentlichkeit, an der sich die Kirchen zu volksmissionar. Zwecken auch durch amtl. Initiative, aber vor allem über die vielfältig entstehenden →Vereine (z.B. der →Inneren und Äußeren →Mission) beteiligen. Die *kath. P.* hat sich zwar im 19. und 20. Jh. ebenfalls aktiv an der Gestaltung der Presse beteiligt, dies aber doch weithin unter der abwehrenden Beurteilung der modernen P. als »schlechte Presse«. Neben stark klerikal geprägten Blättern stehen aber auch Publikationen eines gebildeten, ökumen. aufgeschlossenen Katholizismus (z.B. »Hochland«), die allerdings, wie die Zeitschrift »publik« (bis 1972), immer wieder mit kirchenamtl. Reglementierung bis hin zum Verbot zu kämpfen hatten.

*B.* An Entwicklung und Einsatz der Printmedien hatten christl. Publizisten maßgebl. Anteil. Die Beteiligung der Kirchen an den Funkmedien sieht sich – auch in der ev. Kirche – immer neu mit der *Begründungsfrage* konfrontiert. Der Publizist. Gesamtplan der EKD versucht dabei das volksmissionar. Moment einer Vermittlung christl. Botschaft in die Öffentlichkeit hinein und das Moment einer Beteiligung am öffentl. Gespräch von christl. Positionen aus zu verbinden. Die Pastoralinstruktion »Communio et progressio« von 1971 stellt auf kath. Seite einen vorsichtigen Schritt der Anerkennung der modernen Massenkommunikation dar und geht darin deutl. über das Konzilsdekret »Inter mirifica« (1963) des 2. →Vat. Konzils hinaus. Interpreten dieser Texte unterstreichen die Pflicht der Kommunikatoren, die Menschen zueinanderzuführen und sie in wirkl. Gemeinschaft zu verbinden. Johannes Paul II. würdigt die soziale Kommunikation als Mittel der Begegnung zwischen →Glaube und →Kultur auf dem Wege einer Verbindung der Menschen. Als *Leitmotiv* k.rP. gilt die Förderung menschl. und gesellschaftl. →Fortschritts. →Evangelikale Publizisten fordern demgegenüber »mehr Evangelium in den

Medien!« (H. Marquardt), bringen damit aber vorrangig ihr gruppenbezogenes, jedenfalls kein volkskirchl. Interesse an k.rP. zum Ausdruck.

*C.* Die Strategie im Umgang mit den *Neuen Medien* scheint für die Kirchen unausweichl. die einer kontrollierten →Partizipation sein zu müssen, zu tief prägen die volksmissionar. Anliegen die Motivation kirchl. Handelns. Es muß aber doch bedacht werden, inwieweit die indirekte, quantitativ wirkungsvolle Publizität der elektron. Medien das personale Vertrauen vermitteln kann, auf das christl. Verkündigung abzielt, und ob die kirchl. Medienangebote nicht ledigl. das Freizeitangebot auf dem »Medienmarkt der Möglichkeiten« vergrößern, ob also nicht vielmehr gegen den Trend der Wirkung durch Effekte ein Wirken durch Bedeutungen zu suchen wäre, u.U. unter Verzicht auf Beteiligung an einzelnen zumal kostspieligen Medieninitiativen.

*Lit.: H. Albrecht:* Arbeiter und Symbol, München 1982. – *P. Bloth (Hg.):* Handbuch der Prakt. Theologie, Bd. 4, Gütersloh 1987, 125-165. – Communicatio socialis. Zeitschrift für Publizistik in Kirche und Welt, Paderborn 1/1968ff. – *F.-J. Eilers/K. Höller (Hg.):* 13 Kommentare zur Pastoralinstruktion »Communio et progressio«, Paderborn 1972. – Medium. Zeitschrift für Hörfunk, Fernsehen, Film, Bild, Ton, Stuttgart 1/1971ff. – *G. Mehnert:* Ev. Presse. Geschichte und Erscheinungsbild von der Reformation bis zur Gegenwart, Bielefeld 1983. – *J. Morange u.a. (Hg.):* Die neuen Medien und die Kirchen in der BRD und in Frankreich, Straßburg 1983. – Publizist. Gesamtplan der Ev. Kirche in Deutschland von der Reformation bis zur Gegenwart, Bielefeld 1983. – *M. Schmolcke:* Die schlechte Presse, Münster 1971.

*Reinhard Schmidt-Rost*

## Kirchliche Statistik

*A.* Aufgabe der k.St. (→Religionsstatistik) ist die *Ermittlung* und Darstellung *innerkirchl. Zustände* und Entwicklungen, soweit dies zahlenmäßig mögl. ist. Sie stellt damit die zur Erfassung der empir. Wirklichkeit von →Kirche notwendigen Grundinformationen bereit, die freil. ihren vollen Aussagegehalt erst in der Kombination mit weiteren Daten (→Kirchensoziologie, →Religionssoziologie) gewinnen. Von der k.St. werden gegenwärtig in regelmäßigem Abstand der Bestand an kirchl. →Institutionen und →Organisationen (→Gemeinden, Pfarrstellen und ihre Besetzung, Gottesdienststätten usw.) und die vollzogenen kirchl. Handlungen (→Taufen, →Trauungen, Bestattungen, →Gottesdienstbesuch, Beteiligung am →Abendmahl, Eintritte und Austritte, Spendenaufkommen usw.) erhoben.

*B.* Die *Geschichte* der k.St. beginnt mit der →Kirchengeschichtsschreibung der →Aufklärung, vergleichbar der zeitgenöss. hist.-polit. »Universitätsstatistik«, der Lehre von den Staatsmerkwürdigkeiten, versteht man darunter die Beschreibung des kirchl. Status, eine beschreibende Kirchen- und →Konfessionskunde. Daran anknüpfend bestimmt F. →Schleiermacher die k.St. als Unterdisziplin der Hist. Theologie: Zusammen mit der →Dogmatik soll sie den gegebenen Zustand einer Kirche beschreiben, um besonnene Einwirkung auf diesen Zustand zu ermöglichen.

*C. Erste Ansätze* zu einer quantifizierenden k.St. werden um die Mitte des 19. Jh.s unternommen. In der ev. Kirche wird eine amtl. Kirchenstatistik 1880 (Statist. Kommission der Deutschen Ev. Kirchenkonferenz) institutionalisiert, in der kath. Kirche geschieht das 1915 (Zentralstelle für Kirchl. Statistik der Kath. Diözesen Deutschlands). Die erhobenen Daten werden von da an regelmäßig im Kirchl. Jahrbuch bzw. im Kirchl. Handbuch veröffentlicht, ausgewählte Angaben auch in den staatl. statist. Jahrbüchern.

*Lit.:* Kirchl. Handbuch für das Kath. Deutschland, Freiburg bzw. Köln 1907ff. – Kirchl. Jahrbuch für die Ev. Kirche in Deutschland, Gütersloh 1873ff. – *P. Pieper:* Kirchl. Statistik Deutschlands, Tübingen 1899. – *F. Schleiermacher:* Kurze Darstellung des theol. Studiums zum Behufe einführender Vorlesungen, Berlin, 2. Aufl. 1830.

*Wolfgang Pittkowski*

## Kirchliches Finanzwesen

### *A. Geschichtlicher Rückblick*

Schon in der *Urgemeinde* bildete sich aus dem Verkaufserlös der Äcker und Häuser der Gläubiggewordenen ein Vermögen, zu dessen Verwaltung Almosenpfleger eingesetzt wurden. Zusätzl. wurden Gaben erbeten und Kollekten eingesammelt. Aus diesen Mitteln bestritt die Gemeinde ihre Aufgaben, insbes. Armenunterstützung und Entlohnung der für die Gemeinde Arbeitenden. Später erfolgten Schenkungen von Grundbesitz für den Bau von →Kirchen und für den Lebensunterhalt der →Priester, es gab fromme Stiftungen für gottesdienstl. Handlungen (→Gottesdienst), der Zehnte wurde eingeführt. Bereits im *frühen →MA.* unterschied man zwischen dem Vermögen, das dem Bau und dem Unterhalt der gottesdienstl. Gebäude diente (sog. Heiligenvermögen, das sich in dem heutigen Kirchenstiftungsvermögen erhalten hat), und dem Vermögen, das ausschließl. für die Besoldung der Kirchenbediensteten bestimmt war (Pfründevermögen, heute auch Pfarrpfründe, Pfründestiftungen). Durch mehrere →Säkularisationen, zuletzt im 19. Jh., verlor die Kirche den größten Teil ihres Vermögens an den Staat, der sich dafür in einem gewissen Rahmen zu Leistungen an die Kirchen verpflichtete (z.B. Pfarrbesoldungszuschüsse, Baulastverpflichtungen).

### *B. Einnahmen*

Heute spielen die Einnahmen aus Vermögen nur noch eine untergeordnete Rolle. Nur in wenigen Fällen überschreiten sie 5% des Haushaltsvolumens einer Kirche, meist liegen sie deutl. darunter.

Die wesentl. *Einnahme* der →Landeskirchen und Diözesen mit bis zu 90% bei einzelnen Haushalten ist die →Kirchensteuer (1984 insges. rd. 10 Mrd. DM). Weitere Einnahmearten sind Staatsleistungen und sonstige Zuschüsse Dritter, Gebühren, Entgelte und sonstige Verwaltungseinnahmen. Wegen der sehr unterschiedl. Finanzkraft der einzelnen Landeskirchen und Diözesen findet ein *Finanzausgleich* statt, im ev. Bereich allerdings mit geringem Volumen. Auf freiwilliger Basis werden meist für bes. Zwecke Kollekten und Sammlungen veranstaltet, Basare durchgeführt und freiwillige Beiträge erhoben.

*C. Ausgaben*

Bei den Ausgaben dominieren mit bis zu 70% die *Personalkosten* (Besoldung und Versorgung der Pfarrer, Diakone, Pastoralreferenten, Kirchenmusiker, Sozialarbeiter usw. in Anlehnung an die Gehaltsstrukturen im öffentl. Dienst). Erhebl. Beträge erfordert auch die Unterhaltung der Kirchen und sonstigen *Gebäude*, darunter viele Baudenkmäler. *Weitere Schwerpunkte* sind der diakonisch/caritative Bereich, →Mission und →Ökumene sowie Aufwendungen für gesamtkirchl. oder überdiözesane Einrichtungen und deren Aufgaben (→EKD, →VELKD, Verband der →Diözesen Deutschlands, →Diakon. Werk, →Caritasverband u.a.). Über die konfessionellen Weltbünde (Luth. Weltbund, Ökumen. Rat) wie auch durch spezielle Hilfsdienste (z.B. Kirchl. Entwicklungsdienst, Caritas International, Misereor, Brot für die Welt) tragen die Diözesen bzw. Landeskirchen in der Bundesrepublik in nicht geringem Umfang bei zur Unterstützung von europ. Minoritätenkirchen und Kirchen in der →Dritten Welt sowie zur Linderung der akuten Not und zur Mithilfe bei der Entwicklung lebensfähiger Sozialstrukturen, insbes. in den Ländern der Dritten Welt.

*D. Vermögen*

Das Vermögen der Kirche ist ganz überwiegend *Verwaltungsvermögen* (Kirchen, Schulen, Verwaltungsgebäude, Krankenhäuser u.a.), das keinen finanziellen Ertrag abwirft. Daneben besitzen insbes. Kirchengemeinden auch unbebautes *Land*, das in der Regel verpachtet ist. Andere Anlagen (z.B. in Wohnungseigentum, Beteiligungen an Unternehmen) sind selten. Die hohen *Dauerverpflichtungen*, insbes. durch Personal, haben es erforderl. gemacht, Rücklagen zu bilden, um kurzfristige Einnahmeausfälle ausgleichen zu können. Schulden können wegen der eingeschränkten Möglichkeiten, die Einnahmen zu erhöhen, nur in sehr begrenztem Umfange aufgenommen werden.

*E. Kirchliches Haushaltswesen*

Das kirchl. Haushaltswesen weist große Übereinstimmung mit den entspr. *staatl. Regelungen* auf. Die Einführung der elektron. Datenverarbeitung (EDV) hat eine weitgehend einheitl. Gliederung der Haushaltspläne begünstigt. Jede kirchl. Körperschaft (Landeskirche, Diözese, Kirchenkreis, Propstei, Kirchengemeinde) hat einen eigenen Haushaltsplan. Die Beschlußfassung über den Haushaltsplan obliegt in der Regel einem gewählten Organ (→Synode, Kirchenkreistag, Kirchenvorstand, Diözesanvermögensrat, Verwaltungsrat). Die Finanzverwaltung unterliegt regelmäßig einer Rechnungsprüfung, die allerdings in den einzelnen Landeskirchen und Diözesen unterschiedl. ausgestaltet ist.

*Lit.: A. von Campenhausen:* Staatskirchenrecht, München, 2. Aufl. 1983. – *A. Erler:* Kirchenrecht, München, 5. Aufl. 1983. – *B. Hollenbach/G. Thümmel:* Kirchl. Finanzen, in: Ev. Staatslexikon, Freiburg 1959. – *J. Holz:* Das Wirtschafts- und Finanzsystem der Ev. Kirche in Deutschland, Diss., Berlin 1979. – *Th. Karg:* Kirchl. Finanzwesen, in: Ev. Staatslexikon, Stuttgart/Berlin, 2. Aufl. 1975.

*Klaus Grüneklee*

## Kirchlichkeit

*A.* K. bildet zusammen mit »Entkirchlichung« (→»Säkularisierung«) das zentrale Begriffspaar religions- und kirchensoziol. Forschung der 50er und 60er Jahre. In Anlehnung an M. →Weber wird eine »Soziologie der Säkularisate« betrieben: Dem Bild einer in Segmente aufgeteilten →Gesellschaft entspr. werden →Religion und Religiosität nur im Kontext kirchl. →Organisation, eben als K., wahrgenommen. Der ev. →Theologie erschien die Frage nach der K. eine Zeitlang vielleicht weniger bedeutsam. (»Die wahrhaft Glaubenden kennt nur Gott allein.«) Mit der Übernahme sozialwissenschaftl. Befunde durch die →Prakt. Theologie gewinnt K. aber auch hier für die →Ekklesiologie zunehmend an Bedeutung.
K. kann als Merkmal sozialer →Systeme (→Gruppen, →Gesellschaften, →Staaten), als die Frage nach →Macht und Einfluß, Geltung und Akzeptanz (Annahme) kirchl. →Institutionen, definiert werden. In der Regel wird K. jedoch als ein →*Individuen* kennzeichnendes Merkmal verstanden. Zu unterscheiden ist 1. K. als das Maß, in dem Menschen kirchl. →Lehre und →Norm entsprechen, und 2. als ein individuell-rel. →Glauben, Fühlen und Handeln, das durch institutionalisierte →Sprach-, →Symbol-, Einstellungs- und →Handlungssysteme beeinflußt ist. Dabei spielt im Prozeß der →Sozialisation als Bedingung und Geltungsfaktor Kirche auch eine Rolle; Phänomene »*distanzierter K.*« erscheinen aber (anders als vielleicht unter dem Blickwinkel kirchl. Normerfüllung) nicht allg. als mangelhaft; Teilidentifikationen, kirchenkrit. Ansätze (→Kirchenkritik) und Änderungsversuche werden als vielfältige Ausdrucksformen von K. interpretiert.

*B.* K. wird *gemessen* 1. an best. *Einzelmerkmalen*, insbes. am Besuch des →Gottesdienstes, an Zustimmung zu kirchl. →Lehre, Einhaltung kirchl. Lebensnormen oder Verbundenheit mit Kirche; 2.

durch Zusammenfassung solcher Einzelmerkmale zu *K.stypen*; 3. durch Bildung ein- oder mehrdimensionaler *K.sskalen*, die der Vielschichtigkeit rel.-kirchl. Orientierung und Verhaltensweisen Rechnung tragen.
Unter dem Stichwort *»Entkirchlichung«* wird vielfach ein Rückgang der K. in der →Neuzeit beschrieben. →Industrialisierung, Urbanisierung (→Stadt) und Pluralisierung (→Pluralismus), verbunden mit einem Verlust an sozialer Verbindlichkeit rel.-kirchl. Normen und →Werte, werden als diesem Prozeß zugrundeliegende Faktoren benannt. *Hist. Untersuchungen* zeigen jedoch, daß der in einer →Gesellschaft vorfindl. Grad kirchl. Normerfüllung stets beträchtl. *Schwankungen* unterworfen war. Unterschiedl. Grade von K. finden sich auch heute in verschiedenen sozialen *Gruppierungen* (Geschlecht, →Alter, Erwerbstätigkeit, Stadt oder Land).
Definiert man K. als zwar *kirchenbezogene*, aber nicht kirchl. normierte rel. Orientierung und Praxis, so verkehrt sich der Befund einer stetig sinkenden K. zumindest teilweise in die Anfrage, inwieweit die Kirchen der heute vorhandenen Pluralität christl. Überzeugungen und Lebensweisen Rechnung tragen.

*Lit.: U. Boos-Nünning:* Dimensionen der Religiosität, München/Mainz 1972. – *F.-X. Kaufmann:* Zur Bestimmung und Messung von K. in der Bundesrepublik Deutschland, in: *J. Matthes u.a. (Hg.):* Internationales Jahrbuch für Religionssoziologie, Bd. 4, Köln/Opladen 1968. – *W.-D. Marsch:* Institution im Übergang, Göttingen 1970. – *J. Matthes:* Religion und Gesellschaft – Kirche und Gesellschaft. Einführung in die Religionssoziologie I/II, Reinbek 1967/1969.

*Ingrid Lukatis*

**Kitawala.** Der Name ist aus Bantu Prä- und Suffix (»ki-« und »-la«) und dem engl. Wort »Tower« zusammengesetzt, phonet. buchstabiert. Gemeint ist »Watch Tower«, der »Wachtturm« der →Zeugen Jehovas, deren Lehren ein brit. Missionar vor dem Ersten Weltkrieg durch afrik. Prediger in der damals brit. Kolonie Nyassaland hatte verkünden lassen. Die Afrikaner deuteten die Lehre von der Wiederkunft Christi (→Eschatologie) nach ihren Bedürfnissen und erwarteten zum vorhergesagten Zeitpunkt das Ende der brit. Kolonialherrschaft. Die Kolonialregierung unterband eine solche »subversive« Propaganda. *Elliott Kenan Kamwana*, →Apostel der neuen Lehre in Nyassaland, wurde aus seiner Heimat verbannt. Erst 1937 ließ man ihn wieder zurückkehren. In der Zwischenzeit hatte sich die *Bewegung* durch Wanderarbeiter über die Industriezentren am Copperbelt und in Katanga in ganz Zentralafrika ausgebreitet. Zehntausende bekannten sich nach dem Ersten Weltkrieg für länger oder kürzer zu K., die längst rein afrik. geworden war und alle Versuche orthod. Zeugen Jehovas, die Gemeinde zu leiten, vereitelt hatte. Bis Ende 1957 wollten die Belgier der →»neuen Religion« im Kongo Herr werden, indem sie die Gläubigen in die fernsten Winkel der Kolonie verbannten. Das half indessen nur, die »frohe Botschaft« noch weiter *auszubreiten.* Im Ursprungsland Malawi gibt es heute noch Reste der Bewegung neben orthod. Zeugen Jehovas.
Zu Anfang war die *rasche* →*Taufe* ein Motiv, sich der Bewegung anzuschließen. Weiße Missionare bestanden auf jahrelanger Schulung und auf Beweisen, der Taufe würdig zu sein. Prediger der K. tauften jedoch jeden, der wollte, ohne lange Vorbereitung. Als sich die Bewegung ausbreitete, wurde eine Hoffnung zum wichtigen Motiv. Den Weißen erschien die Furcht der Afrikaner vor →Hexerei und →Zauberei lächerl. und abergläubisch. Sie hatten die Abwehrmittel der traditionellen Religion unter Strafe gestellt. Für die Afrikaner aber hatte sich dadurch das →Böse maßlos ausgeweitet. Von der K. erwarteten sie deshalb »die Reinigung des Landes«, die Befreiung von diesem Übel, das ihnen die Ursünde, das Böse schlechthin, zu sein schien. Zum dritten Motiv wurde die Erwartung kollektiver *afrik. Heilsbringer*, die »Baamerika«: Einst aus Afrika entführte Sklaven hätten in →Amerika den Weißen zu deren techn. Überlegenheit verholfen. Denn in Wahrheit seien es die schwarzen Brüder gewesen, die Autos, Flugzeuge und Maschinen erfanden, nicht die verlogenen Weißen.

*Lit.: H.-J. Greschat:* K., Marburg 1967.

*Hans-Jürgen Greschat*

**Klagelieder des Jeremia**

*A.* Bei den K.n handelt es sich um fünf Klagelieder über die *Zerstörung des Tempels*, den Verlust der Unabhängigkeit Judas und die Gefangenschaft seiner Bewohner. Die jüd. und christl. Tradition, nach der diese Schrift auf den Propheten Jeremia zurückgeht, hat sich in alten und neuen Bibelübersetzungen Geltung verschafft, in denen sich die K. an das →Jeremiabuch anschließen. In der hebr. Bibel stehen sie innerhalb der »Megillot«, der Festrollen (→Bibelwissenschaft), und beziehen sich dort auf den 9. Aw, den Gedenktag der Zerstörung des Tempels. Am Vorabend jenes Tages werden die fünf Kapitel der K. noch heute in Synagogen gelesen (→Judentum); in der kath. Kirche sind sie in die Karliturgie eingegangen. In der ev. Kirche wird der Gnadenspruch 3,22f. im Rahmen der atl. Lesungen zitiert und außerdem im Laufe des Kirchenjahres (→Jahr) über Teile der ersten Kapitel gepredigt. Jeremia kann nicht der *Verfasser* der K. sein, denn er ist im Anschluß an die Katastrophe Jerusalems im Jahre 587/86, als die Lieder entstanden, von Volksgenossen nach Ägypten verschleppt worden (Jer 43,1-7); er hat auch nicht an Fluchtversuchen teilgenommen (vgl. 4,19) und nicht auf ägypt. Hilfe gesetzt (vgl. 4,17).

*B.* Die Bezeichnung der K. als »Lamentationes« (bzw. »Threni«) geht auf die Vulgata bzw. Septuaginta (→Bibelwissenschaft) zurück. Beide Bibelübersetzungen entsprechen der talmud. Tradition

(→rabbin. Literatur), die die Lieder hebr. *qinot* (Klagelieder) nennt. Die Klagen sind nicht ohnmächtig reflektierte Leiderfahrungen, keine polit. Leichenlieder und keine theol. Schwanengesänge. Ihre Bedeutung liegt in der Erkenntnis der eigenen Schuld (1., 2., 4. und 5. Lied) als Voraussetzung für einen *Neuanfang* (→Sünde und Schuld). Im Zentrum steht das 3. Lied, in dem die *Treue Gottes* zu Wort kommt, aber auch die Umkehr zu Gott, von der eine bessere Zukunft abhängig gemacht wird. Noch bleiben allerdings Zweifel. Jene Jahre sind noch nicht die Zeit des Heilsoptimismus späterer Traditionen. So enden die K. mit einer zurückhaltenden Bitte und einer skept. Frage: »Führe uns zurück, Herr, zu dir, daß wir umkehren; erneure unsere Tage wie ehemals! Oder hast du uns gänzl. verworfen und zürnst uns maßlos?«

*Lit.: H.-J. Kraus:* Klagelieder/Threni (Bibl. Kommentar AT 20), Neukirchen-Vluyn, 4. Aufl. 1983 (Lit.). – *R. Rendtorff:* Das AT. Eine Einführung, Neukirchen-Vluyn, 2. Aufl. 1985, 280-283.

*Rüdiger Liwak*

**Klasse**

*A.* Als K.n werden *Großgruppen von Mitgliedern einer →Gesellschaft* in ungleicher →sozialer Lage und mit gegensätzl. polit. →Interessen bezeichnet, sofern Lagen und Interessen aus der jeweiligen Stellung im →Wirtschaftssystem herrühren. K.ngesellschaften werden solche genannt, in denen K.n, und nicht etwa →Stände- oder →Schichtstrukturen, den vertikalen Aspekt der →Sozialstruktur beherrschen. Im groben hist. Überblick gesehen, löste in Mitteleuropa im 19. Jh. die *K.ngesellschaft* die Ständegesellschaft ab: Die wachsenden Gruppen des Wirtschaftsbürgertums und der Industriearbeiterschaft (→Arbeiter, →Industrie) prägten mehr und mehr die →Sozialstruktur.

*B.* In dieser Situation entwickelte *K. →Marx* die bis heute einflußreichste K.ntheorie. Er sieht die K.nstruktur in »kapitalist.« Gesellschaften gekennzeichnet durch den Gegensatz zwischen der ausbeutenden »Bourgeoisie«, die Produktionsmittel besitzt, und dem »Proletariat«, das ohne Produktionsmittel auf den Verkauf seiner Arbeitskraft angewiesen und ausgebeutet ist. Marx sieht eine hist. notwendige Entwicklung von diesen K.nverhältnissen, über klassenspezif. Lebensformen und Denkweisen (K.nbewußtsein) bis hin zu polit. Kampfformen und Umwälzungen (K.nkampf), d.h. von »K.n an sich« bis hin zu »K.n für sich«.

*C.* Ohne Zweifel erfaßt die Marxsche K.ntheorie wesentl. Entwicklungen der Sozialstruktur des 19. Jh.s. Auf fortgeschrittene Industriegesellschaften ist sie *nur begrenzt anwendbar:* Heute unterscheiden sich Selbständige mit und Unselbständige ohne Besitz von Produktionsmittel zwar im Hinblick auf manche Lebensbedingungen, Einstellungen und Chancen polit. Durchsetzung, mit Gewißheit existieren heute aber keine polarisierten K.nlagen, kein K.nbewußtsein und kein K.nkampf im umfassenden Sinne. Fortgeschrittene Industriegesellschaften sind in diesem Sinne keine K.ngesellschaften. Dazu ist die innere Differenzierung der Unselbständigen (→Arbeiter, Angestellte und Beamte verschiedener Qualifikation und Position) und der selbständig Erwerbstätigen (Kleingewerbebetreibende, →Mittelstand, Großunternehmer), die Wirksamkeit wohlfahrtsstaatl. Leistungen und demokrat. Einflußnahmen, die Ausdehnung des →Freizeitbereichs und die Pluralisierung der Lebensstile (→Pluralismus) zu unübersehbar geworden.

*Lit.: K. M. Bolte/S. Hradil:* Soziale Ungleichheit in der Bundesrepublik Deutschland, Opladen, 5. Aufl. 1984. – *S. Hradil:* Sozialstrukturanalyse in einer fortgeschrittenen Gesellschaft. Von Klassen und Schichten zu Lagen und Milieus, Opladen 1987.

*Stefan Hradil*

**Klassik**

*A. Literarisch*

Der Epochenbegriff ist auf den ursprüngl. röm. Standesbegriff zur Bezeichnung der vermögendsten Bürger *(classici)* zurückzuführen, den röm. Grammatiker als Qualitätsbegriff auf musterhafte Autoren übertragen. Es ist übl. geworden, *hervorragende Vertreter* der Künste und Wissenschaften Klassiker zu nennen, wobei mit dem Qualitätsurteil ein undefinierter normativer Anspruch verbunden wird. Ähnl. wird ein überragendes künstler. oder wissenschaftl. Werk als ein klass. bezeichnet.

*I.* Den *Epochenbegriff* K. hat A. W. Schlegel eingeführt und mit ihm die Kunst der Antike von der des christl. Zeitalters geschieden. Auch wenn sich diese Einteilung nicht durchgesetzt hat, wird K. in einem engeren Sinn immer mit der *Rezeption der Antike* verbunden, sei es, daß diese insgesamt (→Renaissance) oder unter Hervorhebung der griech. Zeit (J. J. Winckelmann) Modelle für die Kunstanschauung abgibt, sei es, daß der Höhepunkt der griech. Kultur als K. bestimmt und daraus unter dem geschichtl. Entwicklungsgedanken für jedes Volk die Möglichkeit abgeleitet wurde, eine jeweils eigene K. auszubilden. So versteht man unter dt. K. zunächst die Blütezeit der →Ästhetik, →Philosophie, →Literatur und →Musik um die Wende des 18. Jh.s, die sich auf die Werke u.a. der folgenden Autoren gründet: →Beethoven, →Goethe, →Haydn, Herder, →Hölderlin, W. von Humboldt, →Kant, Kleist, →Lessing, Novalis, A. W. und F. Schlegel, F. Schiller, Wackenroder.

*II.* Als K. im bes. oder als *Weimarer K.* ist aus diesem Zeitraum die Lebens- und Schaffensperiode *Goethes und Schillers* ausgegrenzt worden, welche die Jahre 1786 (Goethes Italien. Reise) bis 1805

(Schillers Tod) umfaßt. Diese Epochenbezeichnungen müssen jedoch klar als Konstruktion der Literaturgeschichtsschreibung des 19. Jh.s gesehen werden, welche die kunsttheoret., geschichtsphilos., anthropolog. und philos. Entwürfe und ihren Niederschlag in den literar. Werken unter einheitsstiftender Perspektive zusammenfaßt und aus der Einheit der Kulturepoche den Anspruch auf die polit. Einigung des Dt. Reichs ableitet. Mit Goethes und Schillers Selbstverständnis hat diese K. wenig zu tun; denn beide beziehen sich ausdrückl. auf die Antike und finden in der griech. K. das Vorbild ihres Kunst- und Menschenbildes.

*III.* Ausgehend von ihren Werken dieser Zeit, können als *Wesenszüge* der K. die ästhet. Autonomie, das Humanitätsideal und das *ganzheitl. Menschenbild* genannt werden. Im Mittelpunkt steht die Autonomie der Kunst und des Kunstwerks; unter dieser Voraussetzung wird in einem auf die Moderne vorausweisenden Sinn allein der *Kunst* die Möglichkeit zugeschrieben, den Menschen mit sich selbst und mit der Wirklichkeit zu *versöhnen.* Denn nur die Kunst vermag die Zersplitterung der einst harmon. miteinander verbundenen Kräfte und Eigenschaften des Menschen zur Totalität zurückzuführen. In dieser ganzheitl. Bildung besteht die wahre →*Humanität,* in der und aus der erst der →Mensch als in hohem Grad sittl. und künstler. veredelter Charakter seine Freiheit gewinnt, die dann zum Handeln in →Gesellschaft und →Politik und zur Veränderung der Wirklichkeit befähigt. *Ästhet. Erziehung* dient also nicht einer unmittelbaren, zweckgerichteten Umsetzung, sondern ist als emanzipator. Prozeß auf ein Humanitätsideal hin konzipiert, das auch als *Gegenentwurf zu den polit. Umwälzungen der Zeit* zu lesen ist. Begründung und Ziele dieses Programms tragen entscheidend mit dazu bei, daß Kunst und Philosophie der K. - und der Romantik - Raum und Funktion der Theologie und Religion einnehmen können, deren dogmat. Lehren dem rel. Bedürfnis nicht mehr genügen; *Religiosität* kann sich nun auch an der poet. Wahrheit entzünden, wenn diese versucht, auf die Frage nach der Bestimmung des Menschen in der Welt und nach seinem Verhalten zu dieser Antwort zu geben.

*IV.* Die *Literaturgeschichtsschreibung* verwendet den Epochenbegriff noch, verbindet ihn aber in der Regel mit hist. und polit. Periodisierungsbezeichnungen und stellt so auch den Zusammenhang der dt. mit der europ. Literatur wieder her, der den Autoren der K. selbstverständl. war. Das Programm der K. hat sich als →Utopie erwiesen, was jedoch nichts gegen das Fortbestehen des hohen Anspruchs auch in der Gegenwart besagt und dem weiteren Gebrauch des Begriffs einen tieferen Sinn verleihen kann.

*Lit.: H. O. Burger (Hg.):* Begriffsbestimmung der K. und des Klassischen, Darmstadt 1972. – *G. vom Hofe u.a. (Hg.):* Was aber bleibet, stiften die Dichter? Zur Dichter-Theologie der Goethezeit, München 1986. – *G. Schulz:* Die dt. Literatur zwischen Franz. Revolution und Restauration, Teil 1: Das Zeitalter der Franz. Revolution 1789-1806, München 1983. – *G. Ueding:* K. und Romantik. Dt. Literatur im Zeitalter der Franz. Revolution (dtv 4346), 2 Bde., München 1988. – *W. Vosskamp:* K. als Epoche. Zur Typologie und Funktion der Weimarer K., in: Epochenschwelle und Epochenbewußtsein (Poetik und Hermeneutik XII), München 1987, 493-514.

*Dieter Gutzen*

## *B. Musikgeschichtlich*

Die sog. »K.« in der Musik umfaßt den Zeitraum zwischen ca. *1750 und 1820*; sie schließt damit an die Epoche des →Barock an und leitet über zur →Romantik. Die drei Hauptvertreter der K., J. →Haydn, W. A. →Mozart und L. van →Beethoven, ließen durch ihr langjähriges Wirken in Wien diese Stadt zu einer europ. Metropole des damaligen Musikgeschehens werden; man spricht daher auch von der »Wiener K.«. Neben diesem Stilbegriff wird das Wort »klassisch« in der Musik ähnl. wie in anderen Künsten als ein *Wertmaßstab* im Sinne höchster Vollendung benutzt.

*I.* Die K. läßt sich unterteilen in eine früh- oder vorklass. und eine hochklass. Periode (ab ca. 1775), wobei sich mit der ersten in Mannheim, Wien, London und Berlin als Hauptzentren Europas einer der größten Umbrüche der abendländ. Musikgeschichte vollzieht. In *drei Phasen* wird hier ein geschlossenes System allmähl. aufgegeben: Überwindet der »galante Stil« das Pathos des Barock bereits durch seine Hinwendung zu Leichtem und Verspieltem (quasi das »Rokoko« der Musik), so baut der »empfindsame Stil« diese Richtung noch durch die Einbeziehung expressiver, subjektiver Elemente aus. Mit der Leidenschaft des »Sturm und Drang« schließl. als weitere Steigerung parallel zur literar. Bewegung ist der Weg zur Hochk. vorgezeichnet.

*II.* An die Stelle der barocken Komplexität tritt in der K. eine allg. *Vereinfachung* der Stilmittel: Die kontrapunkt. Polyphonie und komplizierte Harmonik, getragen vom Generalbaß, fallen weg; die Melodie rückt nun in den Mittelpunkt und wird in ihrer Unmittelbarkeit und Innigkeit zu einem Ausdruckselement par excellence. Die Motorik des Barock weicht einer fein differenzierten Rhythmik, und die barocke »Terrassendynamik« wird von einer nuancenreichen, gleitenden Dynamik abgelöst. Mit der Erfindung der melod. Periode, die aus dem Bereich der Tanzmusik stammt, gewinnt die Satzstruktur völlig neue Dimensionen. Von der meist achttaktigen Periode spalten sich wiederum einzelne »Motive« ab, die ständig in allen Stimmen wiederholt und variiert werden. Diese »motiv.-themat. Arbeit« stellt J. Haydn erstmals 1781 mit den Streichquartetten op. 33 in vollendeter Form vor.

*III.* Der Schwerpunkt der K. liegt auf dem Gebiet der *Instrumentalmusik*, bedingt u.a. durch den Fortschritt im Instrumentenbau. Gattungen wie die Sinfonie, das Streichquartett und die Sonate festigen sich und drängen die Vokalmusik mit Ausnahme der →Oper zurück. Gemeinsam ist ihnen u.a. die »Sonatenhauptsatzform« als neuartige Großform für den Kopfsatz, häufig auch für den Finalsatz. Mit ihrem Themendualismus in der Exposition sowie zahlreichen Tonartenwechseln (bei einer generellen Bevorzugung der Dur-Tonarten) wird sie dem für die K. charakterist. Kontrastprinzip in bes. Maße gerecht.

*IV.* Im Bereich der →*Kirchenmusik* wird durch das kath. Bekenntnis der drei »Wiener Klassiker« die ev. Seite weit zurückgedrängt. Aber auch die kath. Musica sacra kann sich auf Grund des Säkularisierungsprozesses in der josephin. Ära nicht frei entfalten. Erst die Aufhebung der kirchenmusikfeindl. Reformen 1790 gibt den Komponisten ihre künstler. Freiheit zurück. Mit seinen sechs späten Messen (1796-1802) beendet J. Haydn eine 14jährige Pause im kirchenmusikal. Schaffen und setzt durch die Einflechtung der nur allmähl. in die Kirchenmusik eingedrungenen neuen Elemente der K. einen deutl. Höhepunkt.

*V.* Als Gattung dominiert in der Kirchenmusik der K. die →*Messe*, die mit der »Missa brevis« (kurze Messe) und der »Missa solemnis« (feierl. Messe) in der Hauptsache zwei Erscheinungsformen kennt. Die für den gottesdienstl. Gebrauch an gewöhnl. Sonntagen bestimmte »Missa brevis« wurde bes. durch die zahlreichen Meßkompositionen Mozarts geprägt, der diesem Typus durch die ihm eigene Transparenz der Satztechnik regelrecht kammermusikal. Züge verleiht (z.B. in den Missae breves in F-Dur/KV 192, in D-Dur/KV 194 und in B-Dur/KV 275). Mit Beethovens »Missa solemnis« op. 123 (1819/23) vollzieht sich ein Wandel in der Geisteshaltung, der schon den Blick auf die nächste Epoche freigibt: Als ein Ausdruck tiefster, persönl. Religiosität überwindet sie die traditionellen Grenzen der Gattung und befindet sich mit der wachsenden Individualität des Künstlers bereits auf der Schwelle zur Romantik.

*Lit.: E. Bücken:* Die Musik des Rokoko und der K., Potsdam 1929. – *C. Dahlhaus (Hg.):* Die Musik des 18. Jh.s (Neues Handbuch der Musikwissenschaft, Bd. 5), Laaber 1985. - *K. G. Fellerer u.a. (Hg.):* Die Geschichte der kath. Kirchenmusik, II., Kassel 1976. – *E. H. Meyer:* Musik der Renaissance, Aufklärung, K., Leipzig, 2. Aufl. 1979. – *C. Rosen:* Der klass. Stil, München 1983. – *P. Rummenhöller:* Die musikal. Vork., Kassel/München 1983. – *A. Scharnagel:* Einführung in die kath. Kirchenmusik, Wilhelmshaven 1980.

*Silke Nonnenkamp*

**Klassizismus**

*A. Bezeichnung* künstler. Strömungen, die sich entschieden an griech. und röm. Vorbildern orientieren. Insofern hat es in der Geschichte der →Kunst immer wieder »Klassizismen« gegeben, die in auffälliger Weise mit Großmachtansprüchen zusammenfallen (Augusteisches Zeitalter, Karolinger, →Renaissance, →Franz. Revolution, Wilhelmin. Deutschland, →Nationalsozialismus, Stalinismus).

*B.* In der Kunstwissenschaft wird speziell die Epoche *zwischen 1770 und 1830* in →Europa und Nordamerika K. genannt, wobei exakte Abgrenzungen gegenüber →Romantik und →Historismus nicht immer möglich sind. K. steht als Reaktion auf →Barock und →Romantik in direkter Beziehung zu →Aufklärung und →Rationalismus. J. F. Winkelmanns Antikenideal »Edler Einfalt und stiller Größe« (1755) prägt die Zurückhaltung gegenüber der Farbe in der →Malerei, die Bevorzugung des Marmors in der →Plastik sowie die klare Gliederung und auswählende Zusammenführung einzelner antiker Formen in der klassizist. →Architektur, die zunächst zum offiziellen Stil der Franz. Revolution und der napoleon. Zeit (»Empire«) wurde. Der Versuch eines »preuß. K.« als Ausdruck der Reformbewegung in Preußen zu Beginn des 19. Jh.s blieb Episode. Als elitäre Bildungskunst verband sich der K. später mit der →Restauration und schuf den Übergang zum »Historismus«, verbunden mit romant. Erwägungen über einen »nationalen Stil«. Der K. lief im Akademismus des späten 19. Jh.s aus und wurde zum Inbegriff künstler. Unfruchtbarkeit.

*C.* Als Stil, in dem der Vernunft eine Hauptrolle zukam, hatte der K. eine vielfach bemerkte *antichristl.-antikirchl. Komponente*, die seine Anpassung in der christl. Kunst prakt. unmögl. machte. Umstrittene Einzelleistungen blieben: die Kirchenbauten Schinkels in Berlin und Potsdam, B. Thorvaldsens Plastiken für die Kopenhagener Frauenkirche und Ingres' Madonnen.

*Lit.: F. Baumgart:* Vom K. zur Romantik 1750-1832, Köln 1974. – *H. von Einem:* Dt. Malerei des K. und der Romantik 1760-1840, München 1978. – *K. Kaiser (Hg.):* K. und Romantik in Deutschland, Nürnberg 1966. – *F. Novotny:* Painting and sculpture in Europe 1780-1880, Harmondsworth 1960. – *R. Zeitler u.a.:* Die Kunst des 19. Jh.s (Propyläen Kunstgeschichte 11), Berlin 1966.

*Peter Maser*

**Kleider und Masken** werden in der Regel im Blick auf die menschl. Verhaltensanlagen Scham, Schutz und Schmuck, also *funktional*, betrachtet und dementspr. als kulturelle →Universalien interpretiert. Wesentl. für diese Grundfunktionen sind jedoch die aus ihrem Zusammenspiel erwachsenden grundlegenden Spannungen von K.n und M. Beiden haftet ein *Paradoxon* an: einerseits *verstellen* sie den Blick auf Gesicht bzw. Körper, bedekken also »Erröten« und »Scham«; andererseits *betonen* sie das Maskierte bzw. Kaschierte mittels seiner symbol. Repräsentanz und Stilisierung, setzen es um so nachdrücklicher in Szene.

*A.* Diese grundlegende Doppeldeutigkeit von K.n und M. kommt prototyp. in ihrem Gebrauch als mag. bzw. rel. *Kultgegenstände* zum Ausdruck (→Magie, →Kult): Sie verkleiden bzw. maskieren das Profane und ermöglichen solcherart die →Kommunikation mit dem →Heiligen und dessen Repräsentation, erlauben die Transgression (Überschreitung) von Menschlichem *zu Übermenschlichem* (z.B. →Zauber[er], Heiler und →Priester, der im antiken Athen etwa in der Dionysos-Prozession die Maske dieses Gottes trägt). Im Unterschied zur Kleidung, die heute mehr denn je die Rolle eines Symbolträgers spielt, wirken im Umgang mit M. maßgebl. ihre *rituellen* →*Funktionen* fort – bis hin zur kult.-therapeut. »Arbeit mit der M.« als Mittel zur Selbsterfahrung und Weg zur »Selbstgestaltung«, wie ihn heutzutage die alternativen Psycho- und Soziotherapien anbieten.

*B.* In *archa. Gesellschaften* sind M. auf Grund der Ungeschiedenheit von Wirklichem und Magischem noch allgegenwärtig; ihr Gebrauch wird bereits in den *frühen* Hochkulturen von den legitimen Verwaltern der Heilsgüter monopolisiert und reglementiert, jedoch auch in angrenzenden kulturellen Sphären – wie etwa im Falle der griech. Tragödie – als symbol. Ausdrucksmittel übernommen. Im →*Christentum* haben M. – wohl nicht zuletzt auf Grund einer entschieden anthropomorphen Gottesvorstellung (→Anthropomorphismus) – ihre kult. Funktion weitgehend eingebüßt und leben in →Sitten und Gebräuchen als Randerscheinung oder als (z.T. uminterpretierte) *Überreste* vorchristl. Vorstellungen und Praktiken fort (so z.B. St. Martinsfest, Nikolaustag, Dreikönig, →Trauer, →Prozessionen, →Fastnacht).
Aus dem Totenkult und der bildenden →*Kunst* sind bis heute die Totenm. bekannt, als Schminkm. in der darstellenden Kunst ist die M. elementarer Teil der Kostümierung des Clowns und des Pantomimen. Im Bereich der modernen Alltagsriten bewahrt sich die Maskerade in der transformierten Gestalt der *Kosmetik* ihre ursprüngl. Funktion der symbol. Transgression (Überschreitung) und Metamorphose des Natürlichen. Ebenso wie der kosmet. Maske ist auch der Bekleidung stets eine unverhohlen-verhohlene Verweisfunktion auf →*Sexualität* eigen, die über diese symbol. Sublimierung den Charakter des Erotischen annimmt (→Eros).

*C.* Sublimiert und transzendiert wird durch K. aber ebenso die nackte Profanität der konkreten Träger von →Ämtern und Würden bzw. der Mitgliedschaft von *geschlossenen Gruppen* (der Mantel des Königs, die Robe des Richters, das Gewand des →Priesters, das Kleid des Ordensmanns oder der Ordensfrau usw.). K. sind ein maßgebl. Medium der symbol. Repräsentation der »rein *sozialen Ordnung«* (M. →Weber): Von der Symbolisierung ethn., rel., polit. und gesellschaftl. Zugehörigkeiten über die Unterscheidungszeichen stand. Gruppen, →Schichten und →Klassen oder die zur Schau gestellte Stilisierung der Lebensführung bis hin zur Kennzeichnung *öffentl. Funktionsträger* und der spezif. Rangunterschiede innerhalb kirchl. oder militär. Organisationen »machen K. Leute«, dienen der symbol. Repräsentation und →Legitimation sozialer Schließungen und Ausschließungen und maskieren deren willkürl. Charakter.

*Lit.: H. Bausinger (Hg.):* M. zwischen Spiel und Ernst, Tübingen 1967. – *J. C. Flügel:* The psychology of clothes, London 1966. – *C. Lévi-Strauss:* M., Frankfurt/M. 1977. – *O. L. Riley:* Masks and Magic, New York 1955.

*Franz Schultheis/Michael N. Ebertz*

**Klepper,** *Jochen,* geb. 22.3.1903 in Beuthen/Oder, gest. 11.12.1942 in Berlin, ev. Schriftsteller und Theologe. Früh schon publizist. hervorgetreten, wurde dem Pfarrerssohn die Ehe mit seiner jüd. Frau in der gemeinsam durchgetragenen Leidenszeit unter dem →Nationalsozialismus zum Maß auch des literar. Schaffens. Als Verehrer eines von soldat. Pflichtgefühl geprägten Preußentums trug K. mit kunstvoll-schlichten, aus der Tradition des →Luthertums genommenen geistl. Liedern wesentl. zur Bereicherung und Erneuerung des ev. *Kirchenliedgutes* bei (»Kyrie«, 1938). Seine aus dem Nachlaß herausgegebenen *Tagebuchaufzeichnungen* »Unter dem Schatten Deiner Flügel« geben rückhaltlos offen Zeugnis seiner persönl. wie privaten Bedrängungen unter dem NS-Regime. Dieses Tagebuch – von 1932 bis zum Abend seines Todes geführt – stellt ein herausragendes Stück Bekenntnis- und Widerstandsliteratur aus christl.-prot. Ethos dar. Es bietet darüber hinaus aufschlußreiche Einsichten in K.s Hauptwerk, den *Roman* »Der Vater« (1937). Hier gestaltet K. nach zeitaufwendigen hist. Studien die Persönlichkeit des autokrat. Preußenkönigs Friedrich Wilhelm I. eigenwillig als die eines pflichtbewußt-aufopferungsvollen Herrschers unter dem Gesetz seines Gottes: Gegenbild gerade auch zu dem tyrann. Regiment des Diktators Hitler. Der Roman gilt als eines der bedeutenden Zeugnisse sog. »christlicher Literatur« in der 1. Hälfte des 20. Jh.s. Anders als sein Freund und Weggefährte R. →Schneider von Natur aus lebensbejahend und erdverwandt, trieb die zermürbend-brutale Verfolgung seiner Familie K. mit seiner Frau und deren jüngerer Tochter in den Selbsttod.

*Lit.: H. J. Baden:* Der Glaube des Dichters, Hamburg, 2. Aufl. 1978. – *G. Kranz:* Lexikon der christl. Weltliteratur, Freiburg 1987, 600-602. – *R. Schneider:* Verhüllter Tag, Freiburg 1954. – *Ders.:* Geleitwort zu J. Klepper: »Unter dem Schatten Deiner Flügel«, Stuttgart 1956, 7-13.

*Ulrich Kern*

## Klerus, klerikal

*A. Strukturelemente der kath. Kirche* sind ähnl. wie in den →orthod. und den →anglik. Kirchen die beiden →Stände von Klerikern (klerikaler Stand) und →Laien. Während der Codex Iuris Canonici (CIC) 1917 von drei Ständen ausging (neben Klerikern und Laien noch die »Religiosen« = Ordensleute im weiten Sinn), weist der neue CIC (c. 207 § 2) dies zu Recht zurück, da Religiose entweder Laien oder Kleriker sind. Der neue CIC spricht von »hl. Dienern oder Klerikern«. *Kleros* (griech.) heißt Landlos, erworbener Boden. Grundbesitz galt in antiken Kulturen häufig als Voraussetzung für Erwerb oder Besitz von Bürgerrechten (→Bürgertum). Vgl. auch Dt 4,20; 9,29, wonach Jahwe Israel als seinen »kleros« (Erbbesitz) erwählt. Bereits in der frühen Kirche (→Origenes, Hieronymos) wird der Begriff zu einem Terminus technicus. Nach Lehre der kath. Kirche besteht der Klerikerstand auf Grund göttl. Einsetzung (c. 207 § 1). Dem steht gegenüber, daß die Ausformung des Klerikerstandes zwar relativ früh (im 3. Jh.) als abgeschlossen gelten kann, dessen *Entwicklung* jedoch *keineswegs geradlinig* verlaufen ist oder gar ein Klerikerstand oder dgl. von Beginn an bestanden hat.

*B.* Nach Auffassung der kath. Kirche sind Kleriker von →Gott für seinen Dienst auserwählt. Da gemäß c. 1024 nur Männer die hl. →Weihen empfangen können (→Ordination), ist →*Frauen* die Aufnahme in den Klerikerstand bislang verwehrt. Der Diakonat der Frau (→Diakon) wird weiterhin kontrovers diskutiert, nachdem durch die Erklärung »Inter insigniores« der Glaubenskongregation (1976) ledigl. die Zulassung der Frau zum Priesteramt zurückgewiesen worden ist. Im Rechtssystem der kath. Kirche sind die Kleriker »Vollgenossen«, die Laien »Schutzgenossen« (U. Stutz, 1917). Gemäß c. 129 § 1 sind allein Kleriker (Geweihte) befähigt, Träger kirchl. Jurisdiktionsgewalt zu sein. Das *2.* →*Vat. Konzil* betonte zwar das allg. Priestertum der Gläubigen (→Priester), wies aber zugleich auf den wesenhaften Unterschied zum »Priestertum des hierarch. Dienstes« hin (Lumen gentium 10). Beiden Formen des Priestertums werden jeweils drei Dienste zugeordnet, dem allg. Priestertum die des priesterl., prophet. und königl. Dienstes Christi (c. 204 § 1), dem Weihepriestertum hingegen die Dienste des Heiligens, Lehrens und Regierens (c. 375 § 2). Bis zur Änderung des Klerikerrechtes 1972 (Motuproprio Ministeria quaedam u. Ad pascendum) wurde in der kath. Kirche jemand durch die *Tonsur* (Ausscheren des Haupthaares ein symbol. Rechtsakt) in den Klerikerstand aufgenommen. Seitdem geschieht die Aufnahme durch Empfang der Diakonsweihe, also der untersten Stufe der Weihehierarchie (Diakon-Priester-Bischof).

*C.* Mit der Aufnahme in den Klerikerstand ist die Aufnahme in einen geistl. Heimatverband verknüpft (sog. Inkardination in einen welt- oder ordensgeistl. Verband). Mit der Zugehörigkeit zum Klerikerstand sind Pflichten und Rechte verbunden (cc. 273-289). Kleriker sind in bes. Weise dem →Papst und dem eigenen Oberhirten zu Ehrfurcht und →*Gehorsam* verpflichtet (c. 273). Unter ihren bes. Pflichten (etwa Verbot standesfremder Tätigkeiten) ragt die »*Zölibatspflicht* heraus, die Verpflichtung zu geschlechtl. Enthaltsamkeit oder »vollkommener« →Keuschheit, mithin auch zur Ehelosigkeit (c. 277). Ständige Diakone sind von gewissen Pflichten freigestellt (c. 288), von der Zölibatspflicht allerdings nur dann, wenn sie als Verheiratete (in reiferem Alter) in den Klerikerstand aufgenommen worden sind. Entlassung aus dem Klerikerstand (sog. Laisierung) ist möglich (cc. 290-293), wird jedoch in letzter Zeit wieder erschwert.

*D.* Die *prot. Kirchen* lehnen den Klerikerstand als dem NT widersprechend ab. Ihre Lehre vom Allg. Priestertum läßt keinen durch die Ordination begründeten Wesensunterschied zwischen Kleriker und Laien, also auch keine bes., von Klerikern verwaltete Weihevollmacht zu. Sie kennen allerdings das Gegenüber von Amt und →Gemeinde (zu Verständnis und Dienstrecht des ev. Pfarrers →Amt, →Pfarrer). Ferner hat sich auch bei ihnen ein Stand von Pfarrern ausgebildet, der in *soziol.* Hinsicht durchaus klerikale Züge annehmen kann (Inanspruchnahme von geistl. und bürgerl. Vorrechten, Ausbildung einer eigenen Schicht mit spezif. Verhaltensweisen, evtl. einer bes. Kleidung und einem gegenüber den übrigen Kirchengliedern paternalist. oder autoritären Gebaren.

Die →*orthod. Kirche* sieht – ausgehend von dem ihr eigenen bildsybol. Denken – im Bischof das ird. Abbild des ewigen Hohenpriesters Christus, in den Priestern das Kollegium der Apostel und in den Diakonen einmal die urkirchl. Diakone, zum andern die Diener der himml. Liturgie, die →Engel, bildhaft gegenwärtig. Doch bleibt die Bindung und starke Verwurzelung des K. im ganzen Gottesvolk deutlich. So kann nach orthod. Verständnis prinzipiell kein Geistlicher allein für sich einen liturg. Gottesdienst feiern. Zwar hat der zeitweilig sehr starke Einfluß des Mönchtums auf das Gesamtverständnis des Geistlichen erreicht, daß die Bischöfe heutzutage stets unverheiratet (verwitwet oder Mönche) sind, doch ist der weitaus größte Teil des K. in allen orthod. Landeskirchen verheiratet, was ebenfalls eine Absonderung von Geistlichkeit und Kirchenvolk verhindert hat. Zudem billigen die meisten landeskirchl. Ordnungen den »Laien« weite Verantwortung bei theol. Lehre und Kirchenverwaltung, ja selbst bei Patriarchenwahlen zu.

*E.* Soziol. und religionspsycholog. bemerkenswert ist die Tatsache, daß *kleinere christl. Gruppierungen* wieder einen Priesterstand errichtet haben

(→Mormonen, →Apostolische Gemeinschaften, →Christengemeinschaft). Solche Entwicklungen weisen darauf hin, daß die Ausbildung eines eigenen »hl. Standes« offensichtl. einem rel. Bedürfnis von Menschen entgegenkommt. Deshalb ist immer wieder neu zu fragen, ob solche Klerikalisierung christl. Kirchen der christl. Botschaft wirklich entspricht.

*Lit.: K. Walf:* Einführung in das neue kath. Kirchenrecht, Zürich/Einsiedeln/Köln 1984, 58-64; 169-188. – *Ders.:* Kirchenrecht, Düsseldorf 1984, 56-83.

*Knut Walf*

**Kloster**

*A. Kirchengeschichtlich*

Vom lat. *claustrum* (abgeschlossen), im weitesten Sinne der Wohn- und Lebensraum einer rel. Gemeinschaft. Für die monast. Gemeinschaft soll es die Einsamkeit, die Trennung von der Welt, ermöglichen und ein geordnetes Leben der →Mönche »unter Regel und Abt« garantieren. Das Mönchsk. ist deshalb von der Klausur umgrenzt. Die Verbindung nach außen geschieht an der Pforte. Alles Lebensnotwendige (Wohn-, Arbeits- und Gebetsraum) muß im inneren Bereich liegen (Benediktusregel 66). Die streng rhythmisierte Ordnung des K.lebens spiegelt sich in der K.anlage. Die einzelnen Räume und Gebäude werden funktional geordnet. Die K.anlage ist »gebaute Ordnung«. Der Idealtyp sieht ein geschlossenes Viereck vor: Kirche (meist auf der Nordseite), daran angeschlossen die drei Flügel mit den Wohn- und Arbeitsräumen. Der Kreuzgang schafft die zentrale Verbindung zwischen den einzelnen Teilen. Wirtschaftsgebäude, das Haus für die Kranken und Gäste liegen in unmittelbarer Nähe. Anzahl und Ausmaß der Gebäude sind von der Größe der Gemeinschaft, ihren Aufgaben, ihrem Ansehen und ihrer wirtschaftl. Leistungsfähigkeit abhängig. Die baul. Gestalt geht mit dem Stilwandel der kunstgeschichtl. Epochen parallel, ist freil. auch bestimmt vom monast. Selbstverständnis der jeweiligen Gemeinschaft: die Lawra im byzant., die Kartause und das Kamaldulensereremitorium im lat. Mönchtum. Die ma. Bettelorden übernahmen die alte K.anlage, reduzierten ihre Ausmaße und verzichteten auf die ausgedehnten Arbeitsräume und Wirtschaftsgebäude. Als »städt. Klöster« hatten sie sich in den ma. Stadtausbau einzufügen und gezielt städtebaul. Funktionen zu erfüllen. Die neueren →Orden lösten sich von der Bindung an das K.schema und bauten zweckgebunden. Die jüngste Ordensgeschichte kennt zwar noch den monumentalen K.bau (z.B. Le Corbusier für die →Dominikaner in L'Arbresle/Lyon; Kartause Marienau bei Wurzach), verzichtet jedoch auf den zeichenhaften Bau und zieht das einfache K. vor. Das K. wird nach der Ordenszugehörigkeit seiner Bewohner spezifiziert: →Benediktinerk., Kapuzinerk., Klarissenk., Karmel, Kartause usw. Es ist eine Abtei, wenn es von einem Abt oder einer Äbtissin geführt , ein Priorat, wenn es von einem Prior oder einer Priorin geleitet wird. Die Klöster der Chorherren sind Stifte, die der →Jesuiten Residenzen oder Kollegien. Die rechtl. Stellung des einzelnen K.s ist von der jeweiligen Ordensverfassung, vom allg. Ordens- und →Kirchenrecht abhängig.

*Lit.: G. Bazin:* Paläste des Glaubens, München 1980. – *G. Binding/M. Untermann:* Kleine Kunstgeschichte der ma. Ordensbaukunst in Deutschland, Darmstadt 1985 (Lit.). – *W. Braunfels:* Abendländ. K.baukunst, Köln, 2. Aufl. 1976. – *W. Horn/E. Born:* The Plan of St. Gall, Berkely 1979.

*K. Suso Frank*

*B. Religionsgeschichtlich*

K. ist die Bezeichnung für eine von der Außenwelt *abgeschlossene* Behausung von Mönchen oder Nonnen, die in der *Abgeschiedenheit* ein durch Ordensregeln festgelegtes, rel. Leben führen.

*I.* Klöster finden sich in den Erlösungsreligionen mit einer starken myst. Strömung (→Mystik) wie dem (vor allem *kath. und orthod.) Christentum* (→Mönch) und, deren Charakter entspr., bes. in den ind. Religionen. Im →Islam haben sich nur die Mystiker in K.gemeinschaften seit dem 13. Jh. zusammengeschlossen. Der *Katholizismus* hat seit dem 6. Jh. eine differenzierte und den zeitbedingten Schwankungen zwischen Weltabkehr und Weltfrömmigkeit Rechnung tragende K.kultur hervorgebracht. Auf die grundlegende Kritik am Mönchtum reagierend, sind die →Orden zu einer karitativ-apostol. Orientierung übergegangen (ein Aspekt, der in Asien Ver- und Bewunderung ausgelöst hat). 1947 normierte Papst Pius XII. das für alle geltende Grundgesetz. In Anpassung an moderne Bedürfnisse gibt es →Säkularinstitute, ja selbst schon (nach thailänd.-buddhist. Vorbild) das »K. auf Zeit«. Im *orthod. Bereich* fand sich seit dem 11. Jh. die stärkste Verbreitung des Mönchtums in →Rußland; wobei immer Eremiten daneben existierten.

*II.* Von den ind. Religionen, die eine K.kultur ausgebildet haben, sind der →Buddhismus, →Hinduismus, →Jinimus zu nennen.

*1.* Die gänzl. myst. ausgerichtete Religiosität Indiens hat die für ganz Asien bedeutsam gewordene →*buddhist. K.kultur* hervorgebracht. Ihre *vihāras* verbreiteten sich über Südost-, Ost- und Zentralasien (auch in Höhlenform): Im Lamaismus in Tibet (→tibet. Religionen) führte dies zu einer Extremform, was die Anzahl der Mönche im Verhältnis zur übrigen Bevölkerung betraf. Der →Buddha selbst erlaubte nach einigem Widerstand auch Nonnenköster, was nicht in allen asiat. Ländern (oder nur zeitweise) übernommen wurde.

*2.* Das →*hindust. K.wesen* ist dagegen vergleichsweise wenig ausgeprägt, da in ihm einem rel. »Individualismus« größere Bedeutung zukommt.

Der erste Ordensgründer soll →Shankara gewesen sein, weitere große Lehrer folgten dieser Tradition sodann bis heute. Die »Wohnungen« (*ashram, math*) der Mönche haben jedoch seit dem letzten Jh. eine zunehmende Bedeutung für die Unterweisung der Laien und selbst als traditionell med. Zentren gewonnen, was einerseits zweifellos eine Folge des christl. Ordensvorbilds darstellt, andererseits aber von der tiefen Verunsicherung vieler Hindus durch die Begegnung mit westl. Denken zeugt.

*3.* Die Mönchsreligion des →*Jinismus* ist auch heute noch auf die von reichen Laien gestifteten Klöster angewiesen. Sie treten gesellschaftl. nicht in Erscheinung.

*4.* Die *asiat. Klöster* lebten und leben von *Landschenkungen.* Die jedoch niemals von den K.insassen bearbeiteten Ländereien, die Laien bestellen, machten die buddhist. Klöster zu den ersten Kapitalisten Indiens. K.reformen im ind. Bereich mußten vom König durchgeführt werden, da es keine zentrale Institution gab, die dies hätte übernehmen können, und der König Sachwalter der Ordnung der Welt war. Eine Kritik des K.wesens, wie sie im Westen aufkam, ist im Osten in dieser grundsätzl. Art nicht verständlich, da Entartungserscheinungen realistischerweise den Personen und nicht der Institution zur Last gelegt werden und damit »reformierbar« sind.

*III.* Die *Bedeutung der Klöster für* die gewordene Identität der *Kulturen* kann nicht hoch genug angesetzt werden. Leben, Lebenshaltung, Selbstverständnis, Künste und Wissenschaften sind von ihnen mitgeschaffen, nachhaltig geprägt und mitgetragen worden. Die allg. verbreitete Ablehnung des K.lebens ist im Westen an der Abnahme des K.nachwuchses abzulesen. Doch gibt es auch gegenteilige Anzeichen: die erstaunl. Renaissance der Trappisten in Nordamerika sowie die K.eintritte von Europäern in buddhist. Orden, durch die nicht nur gesellschaftl., sondern auch kulturelle Wurzeln abgeschnitten werden.

*Lit.: H. Bechert/R. Gombrich (Hg.):* Die Welt des Buddhismus, München 1984. – *J. Décarreaux:* Die Mönche in der abendländ. Zivilisation, Wiesbaden 1964. – *C. J. Fuller:* Servants of the Goddess: The priests of a South Indian temple (Cambridge Studies in Social Anthropology 47), Cambridge/New York 1984. – *I. Smolitsch:* Russ. Mönchtum, Würzburg 1953.

*Irmtraud Höhn*

**Klugheit** ist die von der →Weisheit zu unterscheidende menschl. Verstandesfähigkeit, die rechten Handlungsziele zu erkennen und unter Einsatz der entspr. verantwortbaren Mittel auch zu verwirklichen.

*A.* Bereits in der *griech. Antike* zählt die K. zu den Leitsätzen der »sieben Weisen«; bei der sokrat. Gleichsetzung von →Tugend und →Wissen ist die K. Angelpunkt sittl. Grundhaltungen; →Platon wertet sie als »Erkenntnis der Erkenntnisse« und bezieht sie auf die Idee des Guten. Für →Aristoteles steht sie an der Spitze der Verstandestugenden, die von der K. die klare Direktive ihres Strebens erhalten.

*B.* In den *bibl. Texten* spielt die K. keine bes. Rolle. Doch wird im AT gelegentl. der Kluge gelobt (Weish 8,7); klug ist, wer Gottes Wort aufnimmt (Ps 119-104) und seinen Tod vor Augen hat (Ps 90,12). Im NT fordert *Jesus* angesichts der Unordnung dieser Welt und der Sündhaftigkeit des Menschen einen hohen Grad an K. und Diskretion. So sendet er seine Jünger aus mit den Worten: »Seid daher klug wie die Schlangen und arglos wie die Tauben!« (Mt 10,16). In den Endzeitreden kommt in den →Gleichnissen vom treuen und klugen Knecht (Mt 24,45-47) und von den klugen Jungfrauen (Mt 25,1-13) die Mahnung zur Wachsamkeit und Bereitschaft für das Kommen des Herrn zum Ausdruck (Mt 10,16). K. besitzt die Aufgabe der »Unterscheidung der Geister« und umfaßt das, was wir heute als christl. Mündigkeit verstehen.

*C.* Seit Ambrosius zählt die K. zu den sog. vier *Kardinaltugenden.* Sie gilt als Fähigkeit des Menschen, in der konkreten Situation auch das jeweils sittl. Richtige zu finden. →Thomas von Aquin sieht in der K. die Mutter und den Formgrund aller übrigen Kardinaltugenden. Ohne K. keine →Gerechtigkeit, keine →Tapferkeit und kein rechtes Maß. K. vermittelt den übrigen Tugenden ihren *Wirklichkeitsbezug*; sie steht in Beziehung zur menschl. Erkenntnis, zur prakt. →Vernunft und zum →Gewissen. Für Thomas ist K. die Vollendung des Tun-Könnens, die »rechte Vernunft« des Tuns; sie umfaßt auch das sachl. Richtige, das Wirklichkeitsgemäße.

*D.* Im *volkstüml. Verständnis* wird K. verschieden gewertet: negativ als Gerissenheit oder Verschlagenheit, positiv als rationale Gescheitheit. Innerhalb der traditionellen Moraltheologie ist das Verständnis für die Bedeutung und den Vorrang der K. weithin verlorengegangen (obwohl M. Scheler u.a. versucht haben, sie zu rehabilitieren). Doch gerade die K. bewahrt vor Legalismus, vor einem Moralisieren und vor einer →Kasuistik, die das konkrete Verhalten bis ins einzelne vorzuschreiben versucht. An der Forderung der K. als Tugend kommt das *Unsicherheits- und Wagnismoment* jeder sittl. Entscheidung zum Ausdruck. K. mutet dem Menschen Eigenverantwortung und freie Entscheidung zu, bewahrt ihn vor Mitläufertum, Schmeichelei und Untertanengeist; sie verlangt vom einzelnen, im Hier und Jetzt den rechten Augenblick (Kairos), in dem sich uns Gottes Wille immer wieder neu zeigt, zu erfassen und das Richtige zu tun.

*Lit.: O.F. Bollnow:* Wesen und Wandel der Tugenden, Frankfurt/M. 1958. – *F. Furger:* Gewissen und K. in der kath. Moraltheologie der letzten Jh.e, Luzern 1965. – *N.*

*Pfeiffer:* Die K. in der Ethik von Aristoteles und Thomas von Aquin, Freiburg/Schweiz 1943. – *J. Pieper:* Das Viergespann: K., Gerechtigkeit, Tapferkeit, Maß, München 1964.

*Johannes Gründel*

**Königebücher**

*A.* In 1 Kön 1-11 wird über den König →Salomo berichtet, nach dessen Tod die Personalunion zwischen *Israel* und *Juda* um 932 v. Chr. in zwei autonome Königreiche *zerfällt.* Erster König des Nordreiches Israel wird Jerobeam I. (1 Kön 12ff.). Im Gegensatz zum Südreich Juda hat Israel kein dynast. Königtum; durch die Thronwirren erscheint Israel polit. instabiler als Juda (1 Kön 16,8ff.). 738 v. Chr. greift das erstarkende Neuassyr. Reich (→Babylonien und Assyrien) unter Tiglat-Pileser III. (im AT Pul genannt) nach Westen über; der israelit. König Menahem muß einen großen Tribut leisten (2 Kön 15,19ff.). In der Folge bildet sich in Syrien-Palästina eine antiassyr. Koalition, an der auch Israel teilnimmt. Wahrscheinl. um sich den Rücken bei der künftigen Auseinandersetzung freizuhalten, dringen Streitmächte dieses Bündnisses nach Juda vor und belagern Jerusalem. Israel und Juda stehen sich in einem militär. Konflikt, dem syr.-ephraemit. Krieg, gegenüber. Die Belagerung ist erfolglos; der judä. König Ahas ruft die Assyrer zu Hilfe (2 Kön 16,5ff.), die schließl. in das Gebiet einfallen und Israel zu ihrem Vasallen machen. Obwohl das Gebiet Israels wesentl. reduziert wird, riskiert Hosea, der letzte König Israels, noch einen Versuch, das assyr. Joch abzuschütteln. Dies führt zu einer Strafaktion: Unter Salmanassar V. wird die israelit. Hauptstadt Samaria 722 v. Chr. zerstört, die Bewohner werden, der übl. assyr. Praxis folgend, deportiert. Eine fremde Bevölkerung wird in Israel seßhaft gemacht (2 Kön 17). Die jetzt einsetzende Mischung der Bevölkerung führt zur abschätzigen Beurteilung der →Samaritaner durch die Juden bis über die ntl. Zeit hinaus. Zwar gelang es Juda, sich in der Epoche des Niedergangs des Neuassyr. Reichs von dieser Oberherrschaft zu befreien, jedoch ergreift das Neubabylon. Reich von Juda Besitz. Auflehnungsversuche führen schließl. zur Eroberung Jerusalems 586 v. Chr., zur Deportation der Bevölkerung und zum Ende des Staates (2 Kön 24f.).

*B.* Diese Katastrophen zu erklären ist das Ziel des *deuteronomist. Geschichtswerkes,* dessen Abschluß die K. bilden. Israels Geschichte von der Landnahme bis zum Ende Judas war nach der Darstellung dieses Werkes die Geschichte des ständigen Abfalls von Gott. In der Zeit der Richter (→Richterbuch) war es das Volk, das sich von Gott abwandte (Ri 2,10ff.). In den K.n verlagert sich dieses Gewicht; die Könige empfangen das Urteil, das eigentl. ihrer ganzen Generation gelten müßte. Diese *Beurteilungen* sind *schemat.* (1 Kön 14,21ff.; 15,1ff. 25ff. 33ff. u.ö.) und entstammen der Hand des Verfasserkreises, der das deuteronomist. Geschichtswerk geschaffen hat. Maßstab für die Beurteilung ist das →Deuteronomium, an erster Stelle die ungeteilte Hinwendung zu Gott. Vor allem die Könige des Nordreichs Israel haben sich seit Jerobeam I. durch die Schaffung eines eigenen Reichskults in Bet-El und Dan versündigt. Lob erhalten nur einige judä. Könige: David (1 Kön 15,3.5), Asa (1 Kön 15,11.14), Hiskija (2 Kön 18,3ff.) und Joschija (2 Kön 23,25), unter dessen Herrschaft das »Gesetzbuch«, womögl. eine Vorstufe des Deuteronomiums, gefunden wurde (2 Kön 22f.). Als *Quellen* liegen dem K. das »Buch der Geschichte Salomos« (1 Kön 11,41), das »Tagebuch der Könige von Israel« (1 Kön 14,19), das »Tagebuch der Könige von Juda« (1 Kön 14,29), amtl. Material (1 Kön 4) und Prophetenerzählungen (z.B. in 2 Kön 2-9; 13) zugrunde.

*C.* Die *Maßstäbe* des deuteronomist. Geschichtswerkes sind beschränkt auf kult. Vergehen und damit auf den Abfall von Gott. Von eth. und polit. Verfehlungen sowie sozialer Ungerechtigkeit ist im Gegensatz zur →Prophetie nicht die Rede. Den Propheten fällt in diesem Werk die Aufgabe zu, die Unentschuldbarkeit des Volkes aufzuzeigen; es war gewarnt und ist dieser Warnung nicht gefolgt. Wie die Erfüllungsvermerke zeigen (1 Kön 15,29; 16,12 u.ö.), ist das Prophetenwort wirkmächtig; auch mit der Zerstörung des Nordreiches Israel wird prophet. Vorhersage erfüllt (2 Kön 17,23). Das deuteronomist. Geschichtswerk enthält keine direkten Aussagen über eine heilvolle Zukunft in und nach dem Exil. Der Begriff »Umkehr« erscheint zwar (1 Sam 7,3; 2 Kön 17,13), doch zeigt der Fortgang der letztgenannten Stelle, daß der Ruf zur Umkehr nicht befolgt wurde; auch mit diesem Wort wird somit das Unheil begründet. Erst nachträgl. Ergänzungen zum Tempelweihgebet Salomos (1 Kön 8,46ff.) und Partien im späten Rahmen des Deuteronomiums (Dtn 4,29-31; 30,1ff.) bringen zum Ausdruck, daß Israel auch im Exil umkehren kann, so daß Gott sein Volk nicht verwirft.

*Lit.: S. Herrmann:* Geschichte Israels in atl. Zeit, 2., überarb. und erw. Aufl., München 1980, 218ff. – *G. H. Jones:* 1 and 2 Kings (New Century Bible Commentary), Grand Rapids, London 1984. – *M. Rehm:* Das erste Buch der Könige, Würzburg 1979. – *Ders.:* Das zweite Buch der Könige, Würzburg 1982. – *W. H. Schmidt:* Einführung in das AT, Berlin/New York, 2. Aufl. 1982, 136-146.

*Udo Rüterswörden*

**Kolonisation**

*A.* Ohne K. ist die Geschichte der Menschheit nicht zu denken. K. *im wörtl. Sinn* (von lat. *colere* = bauen, pflegen; *colonia* = die *Pflanzstadt; colonus* = der Ansiedler) heißt zunächst auswandern aus der Heimat- und Vaterstadt und an fernen, unbewohnten oder wenig bewohnten Inseln und Küsten siedeln, Tochterstädte anlegen, am neuen Ort bleiben und ihn samt Umgebung im Stil der

Heimatkultur (»Kultur« vom selben lat. Wortstamm) bebauen. K. ist somit auch von →Kultur nicht zu trennen. Allerdings kann K. auch zu Unterdrückung führen, zur Mißachtung und kulturellen Überfremdung der kolonisierten Länder (→Inkulturation), zur ökonom. Ausbeutung (→Dritte Welt, Dependenztheorien) und Zerstörung gewachsener Strukturen. Wo diese Wirkungen und deren Legitimation überhandnehmen bzw. um ökonom. und polit. Vorteile willen in Kauf genommen werden, redet man von *Kolonialismus.*

*I.* Obwohl die *Geschichte* der Menschheit, vor allem im →Alten Orient, ältere Kulturen aufweist als die *griech.*, ist letztere doch zum klass. Begriff ihrer Verbindung von Kultur mit K. geworden. Dabei hat schon das Vordringen der Seevölker der Mittelmeerländer (Punier = Karthager, Phönizier und Griechen) ältere Binnenlandkulturen, wie das Reich Mitanni und der Hethiter in Kleinasien sogar in die Krise gebracht. Ausgehend von der Besetzung der ägä. Inseln und der dahinterliegenden kleinasiat. Küsten, deren griech. Einfluß bis zur Gründung der türk. Republik (→Türkei) nach dem Ersten Weltkrieg reicht, haben die Griechen auch im Westen äolische, ionische und dorische Kolonien in Unteritalien, Sizilien, Südfrankreich, Spanien, am Schwarzen Meer und in Nordafrika errichtet. Mit dem Peloponnesischen Krieg (477-431) beginnt auch der Kampf von Bruder- und Nachbarstaaten um den Besitz von Kolonien. Die Entstehung des *röm. Weltreichs* ging mit der Unterjochung und Versklavung vorher bestehender Kulturreiche und -völker (zuerst der Etrusker) Hand in Hand. Sie war seit den Punischen Kriegen (264-146) der Republik rein militär. Art. Schon mit der gewaltsamen Beherrschung unterjochter Provinzen durch die Zentralregierung im röm. *Kaisertum* wurde aus K. Kolonialismus und →Imperialismus. Das auf der Herrschaft der Legionen und ihrer siegreichen Imperatoren (Feldherr, Kaiser) basierende »Imperium« kannte K. folgl. nur noch in der Errichtung von aktiven Militärlagern in unterworfenen Provinzen zum Schutz der Grenzwälle in Germanien, Schottland, Nordafrika und gegen Persien.
Diese vorchristl. Modelle von K. wurden auch im verchristlichten Imperium nach *Konstantin I.* zunächst bruchlos übernommen und weitergeführt, bis u.a. die zahlreichen Soldatenmärtyrer ein Umdenken einleiteten, die sich weigerten, gegen Mitchristen auf der Gegenseite zu kämpfen (z.B. Mauritius und die Thebaische Legion im Wallis, Florian in Enns, Martin von Tours, Theodor in Amasya).

*II.* Das friedl. Roden der Wälder und die Errichtung von Klöstern durch das abendländ. →Mönchtum im *Frühma.*, die Missionierung der Slawen durch →Zisterzienser und Prämonstratenser im *Hochma.* kann durchaus auch als K. bezeichnet werden. Denn die Verbindung der *Tochterklöster* mit ihren Mutterklöstern (→Kloster), deren Leitideen sie in weitentfernte Gegenden verpflanzten, gab ganzen Ländern einen einheitl. gesellschaftl. und zivilisator. Charakter. Auch war damit bereits das bis ins frühe 20. Jh. hinein bestehende, vielfältige Modell der Verbindung von mönch. →Mission und K. geboren, das den europ. Bereich zu Beginn des 16. Jh.s verläßt und es auf die neuentdeckten *Erdteile* von den Zentren iber. Macht in Madrid und Lissabon aus zu übertragen sucht nach Amerika, Ostasien und Polynesien.

*III.* Das Erbe der antiislam. →Kreuzzüge und der span. Reconquista (die Wiedereroberung der von den Mauren besetzten Iber. Halbinsel) spaltet sich in der →*Neuzeit* in wachsendem Maße auf zwischen *militär. Inbesitznahme* und *Mission.* Das erste ist eher Kolonialismus als K.; denn eher wurden bestehende Kulturen geplündert und zerstört als eine mitgebrachte Kultur verpflanzt, auch wenn sich daran missionar. Tätigkeit anschloß. Der zweite Weg wurde allerdings durch die neuen und alten Missionsorden (→Jesuiten, →Franziskaner, →Dominikaner u.a.) im Bemühen um Unabhängigkeit vom unseligen kolonialist. Erbe beschritten. Während →*Luther* sich nur theoret. positiv zur Mission geäußert hat, wagte der Admiral *Coligny* 1555 den ersten calvinist. Missions- und K.sversuch in Brasilien. Er scheiterte ebenso wie ein holländ. Collegium Seminarium Indianum 1634, während die Bemühungen der röm. Sacra Congregatio de *Propaganda Fide* (seit 1622) zu einer zentralen Koordination der diversen röm.-kath. Missions- und K.sarbeit führten. Mehr von einer spezif. christl. K. zeugen die sog. Indianer-»Reduktionen« in Lehrdörfern Südamerikas im 17. Jh., welche die Indios nicht nur zu missionieren, sondern auch gegen Übergriffe der Kolonialmacht zu schützen suchten.

*B.* Die Ablösung der iber. Kolonialreiche durch die franz., brit., dän. und niederländ. im 18. und 19. Jh., zuletzt auch des kurzlebigen dt. Kolonialreichs, die Entstehung prot. →Missionsgesellschaften (unter dem Zeichen des →Pietismus und der Erweckung) sowie neuer kath. Missionsorden (→Missionsgesellschaften) brachten auch eine Vielzahl *neuer Prioritäten zwischen K. und Mission* mit sich. Gemeinsamkeiten und Unterschiede im Verhältnis von K.sbestreben des jeweiligen Mutterlands zu seinen Kolonien und den dortigen Missionen sind noch relativ wenig miteinander verglichen. Doch lassen sich immer wieder ähnl. Frontstellungen quer durch die Jh.e, K.snationen und →Konfessionen wahrnehmen: 1. Die Mission arbeitet relativ oder ganz *unabhängig* von der Kulturarbeit (z.B. Schulwesen) in den Kolonien. 2. Die Mission wirkt erst im Anschluß oder Gefolge von vorausgegangener K., von dieser entweder *geduldet oder bekämpft.* Letzteres geschieht nicht selten, wenn Missionare oft für die den Kolonisatoren schutzlos preisgegebenen Eingeborenen Partei ergreifen. 3. Auch Versuche, Missions- und K.sinteressen handelspolit. miteinander zu verknüpfen, hat es oft gegeben: die (bes. auf prot. Seite anzutreffende) sog. *Handelsmissionen.* Doch waren sie meist nicht von Dauer, da heim. Missionskreise dieser Verknüpfung unterschiedl. Interessen mißtrauten. Die Unterschiede der neuzeitl. K. erklären sich weitgehend aus den verschiedenen geschichtl. Leitbildern, die zur Nationbildung der modernen Kolonialstaaten geführt haben und zusammen mit der K. exportiert wurden in die jeweiligen Kolonien, wo sie auch heute, nach der Dekolonisierung, die Unabhängigkeit der jungen Staaten der →Dritten Welt belasten.

*C.* Von K. im oben beschriebenen Sinn kann seit der *Mitte des 19. Jh.s* nur noch die Rede sein bei mehreren Auswanderungsschüben aus europ. Nationen nach Nord- und Südamerika, auch dort meist in schon vorher kolonisiertes Gebiet. Im selben Sinn hatte schon die Vertreibung der ev. Salzburger im frühen 18. Jh. (Exulanten) oder die Auswanderung der →Hugenotten nach England, den Niederlanden, der Schweiz und Deutschland (1685) zu K. geführt. K. erfolgte stets als Folge gewaltsam *erzwungener Auswanderung,* aus konfessionellen, weltanschaul., rel. oder sozialen Gründen und führte im 20. Jh. nicht nur zur Gründung des Staates Israel.
K. wird hingegen auch zum *freien Eroberungsdrang* in ferne, aber wirtschaftl. lohnende Gebiete. Man will dort seßhaft werden und seinen Willen den Eingeborenen aufzwingen. Diese Entwicklung mündet spätestens ab 1870 ein in die Geschichte des *Kolonialismus.* Der Neokolonialismus führte die Bedingungen wirtschaftl. und polit. Abhängigkeit in den ehemaligen, inzwischen unabhängigen Kolonien fort oder wieder ein. Während der alte Kolonialismus (neben Zügen polit. Repression) durch seinen protektionist. Patriarchalismus auch beiderseits anerkannte Züge menschl. Partnerschaft aufwies, herrschen jetzt *wirtschaftspolit. Gesetzmäßigkeiten* und Abhängigkeiten vor. Sie sind im sozialist.-kommunist., wie im westl.-kapitalist. Bereich gleich unerbittlich, zumal wenn die – in langen Freiheitskämpfen von den Kolonialmächten erlangte – Unabhängigkeit weiter mit modernsten Waffen und Söldnertruppen verteidigt werden soll. Dieser weltweite Prozeß hat mit K. nur noch wenig zu tun. Verschiedenste Kirchen haben inzwischen den Auswüchsen des Neokolonialismus mit unterschiedl. Erfolg zu wehren versucht (→Entwicklungspolitik, →Dritte Welt).

*Lit.: D. K. Fieldhouse:* Die Kolonialreiche seit dem 18. Jh., Frankfurt/M. 1965. – *H. G. Frohnes u.a. (Hg.):* Kirchengeschichte als Missionsgeschichte, Bd. I, II, 1ff. (partim), München 1974ff. – *K. Hammer:* Weltmission und Kolonialismus, München 1978, 2. Aufl. 1981 (Lit). – *J. Höffner:* Kolonialismus und Evangelium, Trier 1972. – *H. J. Prien:* Die Geschichte des Christentums in Lateinamerika, Göttingen 1978.

*Karl Hammer*

**Kolosserbrief.** Der K. schlägt als erstes christl. Dokument einen Bogen von der →Erlösung zur →Schöpfung, von der →Kirche zur →Welt, von Christus zum All. Deshalb hatte er auf die Theologie bis hin zu unserer Gegenwart eine außerordentl. Wirkung. Die Frage ist allerdings, ob sein eigentl. Anliegen durch eine verdinglicht *kosmolog. Auslegung* nicht oft verstellt wurde.

*A.* Kolossä, eine phryg. Stadt im Lykostal, lag an der Handelsstraße, die von Ephesus in den Osten führte. →Paulus hat die Gemeinde weder gegründet, noch ist er ihr persönl. bekannt (2,1). Doch hat der Heidenchrist Epaphras das paul. Evangelium dorthin gebracht (1,7; 4,11f.). Er war zu Paulus gekommen, der (in Ephesus?) in Haft sitzt (4,3.18). Überbringer des Briefes ist u.a. Onesimus (4,7f.), den wir aus dem →Philemonbrief kennen. Strittig ist, ob der Brief von Paulus selbst verfaßt wurde. Sprache, Stil und Theologie sprechen eher dagegen. Andererseits ist das Schreiben auch nicht wie die Pastoralbriefe (→Timotheusbriefe, →Titusbrief) offenkundig *nachpaulinisch.* Deshalb rechnen einige Exegeten damit, daß der K. von dem Mitabsender Timotheus (1,1) verfaßt und von Paulus autorisiert wurde. Der Brief könnte um 55 n. Chr. in Ephesus geschrieben sein. Das Schreiben hat abgesehen vom briefl. Rahmen (1,1f.3-8; 4,7-18) einen theol. (1,9-2,23) und einen ermahnenden (3,1-4,6) Teil. Letzterer ruft dazu auf, das in Christus erreichte Neue Gestalt gewinnen zu lassen. Hier finden wir auch zum ersten Mal »*Haustafeln*« (3,18-4,1; →Ethik), d.h. Mahnungen an verschiedene Stände (→Frauen und →Männer, →Kinder und →Eltern, →Sklaven und Herren; →bibl. Ethik). Wichtig ist der theol. Teil. Er setzt sich mit einer Gefährdung der Kolosser durch eine »Philosophie« (2,8ff.) auseinander, in der die Verehrung der »Elemente der Welt«, verbunden mit best. Speise- und Festtagsvorschriften sowie mysterienhaften (2,18) Zügen, eine Rolle spielt. Dahinter mag man u.a. eine gnostisierende (→Gnosis), eine jüd. oder eine Mischbewegung vermuten (→Synkretismus).

*B.* Entscheidend sind *Argument* und *Interpretation.* Paulus entdeckt bei den Adressaten die Unterwerfung unter Naturmächte (2,8) und Gewalten (2,15), unter Satzungen (2,14) und Neumond (2,16). Es geht um die *Mächte der Unfreiheit,* eines schicksalhaft geschlossenen, im Sternenlauf vorherbestimmten Kosmos, in dem die Menschen keine Freiheit finden können. Gegen dieses Schicksal der Gesetze und zwanghaften Abläufe ist die Botschaft des Paulus gerichtet. Von daher wird klar, warum der Brief mit einer kosm. Theologie antwortet, in der – eingeleitet durch einen hymn. Lobpreis (1,15-20) – Christus als →*Mittler der Schöpfung,* Versöhner der Welt und Haupt der Kirche dargestellt wird, der in seiner Auferweckung den Menschen die endgültige Befreiung gebracht hat.

*Lit.: H. Conzelmann:* Der Brief an die Kolosser, in: *J. Becker u.a.:* Die Briefe an die Galater, Epheser, Philipper, Kolosser, Thessalonicher und Philemon (Das NT Deutsch

8), Göttingen, 4. Aufl. 1976. – *E. Schweizer:* Der Brief an die Kolosser (Ev.-Kath. Kommentar), Zürich/Neukirchen 1976.

*Ekkehard Stegemann/Hermann Häring (B)*

**Kolpingwerk.** Das K. ist eine nach Adolph Kolping (geb. 8.12.1813 in Kerpen, gest. 4.12.1865 in Köln) benannte kath. Erziehungs- und Lebensgemeinschaft, die aus dem 1846 in Wuppertal-Elberfeld von dem Lehrer Johann Gregor Breuer (geb. 26.11.1820 in Neuss, gest. 2.4.1897 in San Remo) gegründeten Kath. Gesellenverein hervorgegangen ist. Der Verein war eine →*Laienbewegung;* der Präses, der immer →Priester ist, wurde von allen Mitgliedern gewählt. Kolping, erst Schuster, nach Studium in München, Bonn und Köln 1845 Priester, Kaplan und zweiter Präses des Gesellenvereins in Elberfeld, gründete 1849 einen weiteren Verein in Köln und legte damit den Grundstein zu einer heute weltweiten Bewegung. Die →Seelsorge war seit der →Aufklärung ganz auf die Pfarrei eingeengt. Z.Z. der →Industrialisierung entwickelte Kolping erstmals ein Seelsorgekonzept für die bisher vernachlässigten unselbständigen Handwerksgesellen. Der Ansatz im berufsbildenden Bereich mit familienhaftem Zusammenleben forderte einen *neuen Seelsorgetypus.* Der Priester kannte als Vater und Präses des Vereins die Lebenswirklichkeit der Gesellen und verstand ihre Sprache. Durch gemeinsame Arbeit wollte das K. →Kirche und →Handwerk miteinander ins Gespräch bringen.

Die rel. →Bildung und die berufs- und sozialpäd. Aktivitäten (Gesellenhäuser, Krankenkasse, Weiterbildung, Arbeitsvermittlung) waren nach *Inhalt und Methode* auf die konkreten Lebensumstände der Mitglieder abgestellt. Bildungsziele des K.s sind: der ganze Christ, der tüchtige Handwerker, der gute Familienvater und der verantwortungsbewußte Staatsbürger. Das Bildungskonzept der Gesellenvereine bildete einen wichtigen Beitrag zur →Erwachsenenbildung in Deutschland. Die Organisation mit einem Zentralverein in Köln und der Einrichtung von Diözesan- und Landesverbänden, verbunden mit der →Hierarchie durch die verschiedenen Stufen des Präsesamtes, war eine originale Erfindung Kolpings, die nach Bewährung viele →kath. Organisationen übernahmen. Die Eigenwerbung, die gegenseitig gebotene Lebenshilfe und die vertrauensvolle Zusammenarbeit von Mitgliedern und Priestern führten dazu, daß beim Tode Kolpings über 400 Ortsvereine mit ca. 24.000 Gesellen existierten. Heute ist das K. in 27 Ländern vertreten und hat ca. 350.000 – auch nichtkath. und seit 1966 auch weibl. – Mitglieder.

*Lit.: H. Festing:* Adolph Kolping und sein Werk, Freiburg 1984. – *A. Kolping:* Schriften (Kölner Ausgabe), Köln 1975ff., bisher 6 Bde. (Lit.).

*Hans Joachim Kracht*

**Kommunikation**

*A.* Menschl. K. ist – bes. in den →Sozial- und →Geisteswissenschaften – ein unterschiedl. gebrauchter Begriff. Schon das lat. »communicatio« (Mit-Teilung) beinhaltet »Übermittlung« und »Anteil haben« oder »geben«. Informationstheoret. (→Kybernetik; →Information) kann man K. als einen *Prozeß* kennzeichnen, in dem sich »Mitteilung« und »Teilhabe« ineinander verschränken und einander bedingen: Eine *Informationsquelle* (Kommunikator) formuliert (»codiert«) unter Rückgriff auf einen gemeinsamen Vorrat von (z.B. hör- oder sichtbaren) *Zeichen,* die mit festgesetzter Bedeutung behaftet sind, »Bewußtseinsinhalte« (Aussagen) und sendet sie direkt (»face to face«) oder durch techn. Hilfsmittel (Medien) an einen oder mehrere *Empfänger.* Dort müssen die übermittelten Zeichen empfangen und »decodiert«, d.h. den festgesetzten Bedeutungen (wieder) zugeordnet, werden. *Störungen* gibt es außer im Bereich der techn. Übermittlung vor allem dort, wo 1. der Kommunikator beabsichtigte Bewußtseinsinhalte in eine mit Bedeutung versehene, strukturierte Zeichenfolge umsetzen muß, wo 2. der Empfänger die bereits aufgenommene Zeichenstruktur in die vom Kommunikator angezielte Bewußtseinsgestalt rückumwandelt, um auf diese Weise »Teilhabe« mit dem K.spartner herzustellen. Nötig ist also nicht nur ein gemeinsamer *Vorrat an Zeichen* und formalen Regeln der Zuordnung für deren Gebrauch, sondern auch ein Mindestmaß an *Übereinstimmung* bei der Anwendung best. Aussagen als dem Ausdruck bestimmter, meist vielschichtiger Situationen oder Bewußtseinsinhalte.

Darüber hinaus ist *menschl. K.* zu beschreiben als ein dreifach *reflexiver Prozeß* (→Systemtheorie). Dadurch unterscheidet sie sich vom reinen Informationstransfer und der –verarbeitung in techn. Systemen (Computer): K. initiiert, schafft neue K. (Reflexivität: *zeitl.* Dimension); durch K. können Menschen über kommunizierte Inhalte kommunizieren und dadurch neue Bewußtseinsdimensionen erschließen (Abstraktion: *sachl.* Dimension); durch die (mehrkanalige, z.B. sehend-hörende) »Wahrnehmung des Wahrnehmens« (seiner selbst und des anderen während der K.) ergibt sich eine Veränderung von *Orientierungen* (an sich selber und an anderen; an der Situation und an den →Zielen). Sie steuert beim Kommunikator und Empfänger die Formulierung und Verarbeitung der Bewußtseinsinhalte derart, daß der Gesamtprozeß – einmal in Gang gesetzt – von den Ursachen her nicht mehr rekonstruiert werden kann (Reflexivität der →*sozialen* Dimension). Wo immer diese Bedingungen eingeschränkt oder nicht gegeben sind, versucht man auf »Ersatzsysteme« umzuschalten (z.B. durch Redundanz [Überschuß] oder Nutzung anderer, unübl. Zeichensysteme), oder die K. wird als gescheitert empfunden.

*B.* K. ist auf ein vorab vorhandenes, durch →Sozialisation erworbenes Gemeinsames angewiesen. K. schafft immaterielle Wirklichkeit und überträgt vergangene Wirklichkeit in die Gegenwart. Sie ist allerdings grundsätzl. eingeschränkt durch die auch am Gegenwartszusammenhang orientierten Schemata der Wahrnehmung und Interpretation. Somit ist K. darstellbar als *Voraussetzung und Träger* allen soziokulturellen Geschehens und Überlieferns (→Tradition). Die Entstehung und der Bestand sozialer →Gruppen, →Organisationen und →Institutionen ist nur durch K. möglich. Rollensysteme (→Rolle), →Normen und Leistungen von Gruppen sowie →Symbolsysteme, allg.: →Gesellschaft (Sozialität und →Kultur), können verstanden werden als Ergebnis kommunizierter K.. Dabei entspricht die Einbindung in Prozesse und Systeme der K. der Teilhabe (→Partizipation) an der Gestaltung sozialer Wirklichkeit, somit an den Vorgängen, die →Macht und →Herrschaft begründen.

*C.* Deshalb ist der gängige Begriff der *Massenk.* (→Fernsehen, →Rundfunk, →Video) irreführend, da es sich (nur) um ein System handelt, das Aussagen herstellt sowie techn. vervielfältigt und verbreitet *(»Bewußtseinsindustrie«).* Es fehlt die steuernde, unmittelbare Möglichkeit, Situationen gemeinsam zu definieren (gegenseitige Orientierung). Gleichwohl hat – bes. durch die zunehmende Vernetzung (Verkabelung, →Medien) bereits vorhandener Empfängerstationen (Fernsehempfänger, Telefon, Computer) – das System der Massenk. größte Bedeutung erhalten, weil über sie die *Themen der K.* gesteuert (verhindert, verfälscht, betont) werden können. Ihr Einfluß wächst in dem Maße, als *gemeinsame* Umweltorientierungen (als Steuerungselemente für Systemziele moderner Gesellschaften) immer schwerer zu finden sind. Dabei führen eine Vielzahl von Medien und ein hohes Maß an techn. Vernetzung eben nicht zu einer gemeinsamen Wahrnehmung der Situation.

*Lit.: K. Merten:* K. Eine Begriffs- und Prozeßanalyse, Opladen 1977. – *H. Reimann:* K.ssysteme, Stuttgart 1977. – *P. Watzlawick u.a.:* Menschl. K. Formen, Störungen, Paradoxien, Bern/Stuttgart/Wien, 4. Aufl. 1974.

*Andreas Feige*

**Kommunismus.** Der K. ist nach eigenem Verständnis eine *Gesellschaftsordnung,* in der die ökonom. Verhältnisse und – in funktionaler Abhängigkeit davon – die gesamten übrigen Lebensverhältnisse so organisiert sind, daß für alle Menschen in gleicher Weise die objektiven Voraussetzungen für ein sinnerfülltes, allseitig harmon. Zusammenleben gegeben sind.

*A.* Zentrale Forderung auf dem Weg zur Verwirklichung des K. ist die *Aufhebung des* Privateigentums an Produktionsmitteln als der letztl. entscheidenden Ursache für die die bisherige Geschichte bestimmenden tiefgreifenden Widersprüche (→Entfremdung) im gesellschaftl. und von daher auch im persönl. Leben. In diesem von *K.* →*Marx* grundgelegten und in der marxist. Tradition weiterentwickelten Verständnis des K., das weltweit für die polit. Verwirklichungsgeschichte des K. maßgebl. geworden ist, ist die Überzeugung verankert, daß in der künftigen Gesellschaft alle Klassengegensätze (→Klasse) aufgehoben sind, daß die →Arbeit, aus Entfremdungszusammenhängen und ökonom. Zwängen befreit, wahre menschl. Selbstverwirklichung ermöglicht und daß schließl. alle Menschen einen gleichen Zugang zum gesellschaftl. Reichtum haben werden. Ökonom. bedeutet der K. die Überwindung des →Kapitalismus. Geschichtsphilos. verknüpft sich mit dieser Überwindung der Anspruch, eine epochal andere und endgültige Neuordnung des gesellschaftl. Lebens im Sinne einer umfassenden →Emanzipation einzuleiten. Dieser Anspruch wurzelt tief im neuzeitl. →Aufklärungs- und Emanzipationsstreben, das jede eschatolog. bzw. soteriolog. Geschichtsauffassung als fremdbestimmt verwirft. Aus diesem Grunde ist der →*Atheismus* die selbstverständl. Dimension der im K. vollendeten Emanzipation.

*B.* Wenn es auch im Laufe der Menschheitsgeschichte immer prakt.-polit. Versuche und theoret.-utop. Entwürfe (→Utopie) gegeben hat, auf Gütergemeinschaft beruhende Lebensmodelle zu entwerfen, deren Plausibilität vor allem durch das gemeinsame rel. oder auch sittl. Bekenntnis garantiert wurde, so entwickelte sich doch erst im Aufkommen der *modernen* →*Industriegesellschaft* mit ihren bes. sozialen und polit. Widersprüchen eine bedeutsame Bewegung. K. Marx konnte bereits an vielfältige Versuche und Entwürfe des K. anknüpfen. Eine entscheidende programmat. Ausrichtung erhielt die Bewegung durch das von K. Marx und F. Engels 1848 verfaßte *»Manifest der Kommunist. Partei«,* eine theoret. Fundierung durch Marx' Analyse der kapitalist. Gesellschaft. Die *Wege* und *Mittel* zur Erreichung des K. wurden in der Folgezeit sehr unterschiedl. eingeschätzt. Bereits Marx hatte in einer späteren Phase seiner Arbeit zwei Etappen im Verwirklichungsprozeß des K. nach der →Revolution unterschieden: die Übergangsphase mit der Diktatur des →Proletariats und die endgültige Phase des vollendeten K.

*C.* Während bes. der dt. →Sozialdemokratie auf Grund ihrer fortschreitenden Integration in die bestehende staatl. Ordnung die Verwirklichung des →*Sozialismus* (anfangs weitgehend synonym verstanden mit K.) auf parlamentar. Wege (→Parlamentarismus) zunehmend als mögl. erschien, war es vor allem *W. I.* →*Lenin,* der in den industriell unterentwickelten russ. Verhältnissen (→Rußland) die Verwirklichung des K. mit einer straffen, von der Kommunist. Partei als dem Vortrupp des Proletariats kontrollierten, zentralist. Organisationsform des gesellschaftl. Lebens verband. Die unter der Kennzeichnung *Bolschewismus* (nach der von

Lenin geführten Mehrheitsgruppe, den Bolschewiki) verfochtene Konzeption des K. hat dazu geführt, daß K. immer stärker mit dem sich entwickelnden Sowjetsystem identifiziert wurde. Erst nach der Entstalinisierung und den dadurch ermöglichten Aufbruchsbewegungen im sozialist. Lager ist es in der marxist. Tradition zu einer verstärkten Neubesinnung auf die Grundlagen des K. gekommen. Die *humane Zielsetzung* des K. wurde als oberster Wert neu erkannt und gleichzeitig selbstkrit. gegen die bisherige Verwirklichungsgeschichte des K. gewendet. Die Faszination kommunist. Ideen liegt gerade auch in dieser Dimension des K. Ohne die humane Zielsetzung des K. geringzuachten, wird die christl. →Theologie aus ihrem eschatolog. Selbstverständnis (→Eschatologie) allerdings einen fundamentalen Vorbehalt gegen die geschichtsphilos. Konzeption des K. anbringen und darin gerade jenen →Totalitarismus aufdecken, der in der bisherigen Verwirklichungsgeschichte des K. so verhängnisvolle Auswirkungen gehabt hat.

*Lit.: J. M. Bochénski/G. Niemeyer (Hg.):* Handbuch des Weltkommunismus, Freiburg/München 1958 (Lit.). – *K. Marx/F. Engels:* Manifest der Kommunist. Partei, in: K. Marx/F. Engels: Werke, Bd. 4, Berlin 1962, 455-493. – Sozialismus und K., in: *G. Klaus/M. Buhr:* Philos. Wörterbuch 2, Berlin 1970, 997-1019. – Wissenschaftl. K. (Lehrbuch), Berlin 1972.

*Helmuth Rolfes*

**Kompetenz.** Sprachl. vom lat. *competere:* zusammentreffen, auch: zustehen hergeleitet, meint der Begriff im allg. Sprachgebrauch die *Zuständigkeit* für eine best. Angelegenheit z.B. in einer Behörde wie Amt oder Gericht. Im Handel kann er auch so etwas wie (übertragene) Vollmacht meinen. Dabei bleiben diese Bestimmungen eher formal und leiten K. meist nicht von inhaltl. Faktoren ab.

*A.* Dies ändert sich in der neueren Diskussion in →Philosophie, →Soziologie und →Psychologie, so daß der Begriff eine andere Qualität bekommt, doch erhält er in den Wissenschaften keine einheitl. Bedeutung. So bezeichnet K. in der Motivations*psychologie* die im Verlaufe einer Entwicklung – in Interaktion mit der Umwelt – erreichten grundlegenden Fähigkeiten; sie sind nicht einfach nur angeboren oder etwa von den Trieben her bestimmt (R. W. White). In der Linguistik spricht N. Chomsky von *Sprachk.* und unterscheidet sie von Sprachperformanz. K. meint die nur teilweise bewußte »Kenntnis des Sprechers-Hörers von seiner Sprache«, Performanz den »aktuelle(n) Gebrauch der Sprache in konkreten Situationen«. Die Sprachk. ist allerdings nur teilweise bewußt und spiegelt sich auch nur bedingt in der konkreten Sprache. Beschrieben werden kann die »immanente Sprachk.« eines idealen Sprecher-Hörers in der generativen (»erzeugenden«) Grammatik, einem Regelsystem, das »Sätzen Struktur-Beschreibungen zuordnet« (Chomsky). Campbell, Wales u.a. kritisieren Chomsky etwa dahingehend, daß er Situationen und Sprachkontext nicht beachte. Wunderlich entwickelt den Begriff der »*kommunikativen K.*«, der nicht bei »syntakt. und semant... Wohlgeformtheitsbedingungen« stehenbleibt, sondern die Handlungs- und Rollenbeziehungen des Sprechers mit einbezieht. Apel geht noch darüber hinaus, wenn er den Begriff der »*metakommunikativen K.*« einführt: erst durch sie ist ein Sprechen über Sprache und damit auch Sprachwissenschaft mögl. Nach Habermas berücksichtigt die Chomskysche Unterscheidung von Sprachk. und –performanz nicht, »daß die allg. Strukturen mögl. Redesituationen selber noch durch sprachl. Akte hervorgebracht werden«. So setzt Habermas breiter an und versteht unter kommunikativer K. die Beherrschung »des Regelsystems, nach dem wir Situationen mögl. Rede überhaupt hervorbringen oder generieren«. Er unterscheidet die Ebene umgangssprachl. Kommunikation, auf der über Gegenstände miteinander kommuniziert wird, von der Ebene des »Diskurses«, einer »*idealen Sprechsituation*« mit symmetr. verteilten Chancen der Teilnehmer. In Diskursen hergestellter →Konsens könnte ein Wahrheitskriterium sein, das nicht mehr auf ontolog. Argumentation zurückgreifen müßte: dies hätte für die Gültigkeit eth. Normen erhebl. Konsequenzen. Solche Diskurse sind allerdings, wie Habermas selbst betont, »kontrafaktisch«, also idealisiert. B. Badura geht es um die soziale Determinierung des Sprachverhaltens, und er berücksichtigt Faktoren wie individuelle Biographie, Lernmilieu usw. Er sieht kommunikative K. als Teil einer *umfassenderen Theorie* kommunikativen Handelns.
In einigen neueren Diskussionen wird der Begriff der K. ganz auf den Begriff der Handlung bezogen: *Handlungsk.* Dabei geht es allg. um die Fähigkeit zum Handlungsvollzug. Hier können z.B. frühere Handlungen mit künftigen in Beziehung gesetzt oder auch ganz allg. Handlungsstrategien entworfen werden. Die K. muß bei einer detaillierteren Analyse noch mit den einzelnen Handlungsdimensionen in Beziehung gesetzt werden (→Handeln).

*B.* K. jedweder Art kann nicht einfach vorausgesetzt werden, sondern wird *erworben.* Dadurch spielt bereits das biolog. Lebensalter für die Ausprägung der K. eine Rolle: Jungen Menschen wird normalerweise keine (volle) K. zuerkannt (→Erziehung). Hinzu kommt, *wo* sich Sozialisation und Interaktion abspielen: dadurch erlangt z.B. die Schichtzugehörigkeit Bedeutung. Schließl. ist K. immer nur teilweise mögl. (Interaktion etwa bleibt jeweils begrenzt) und bleibt jeweils vorläufig (da sich etwa Situationen und Interaktionspartner dauernd ändern). Gerade weil K. so nie vollkommen mögl. ist, ist ihre *Art und Ausprägung* um so wichtiger. Es kommt dann näml. darauf an, ob sie in einer Gesellschaft »gefragt« und insofern von Bedeutung ist. Andernfalls müßte sie Durchsetzungsfähigkeit haben, um sich behaupten zu können.

*C.* Abstrahiert man noch einen Schritt weiter, kann man sagen, daß K. an wenigstens zwei Pole gebunden ist: den Kompetenten und den Gegenstand der K. Bei der Vermittlung rel. Wissens erweitert sich dies sogar auf *drei Pole:* den Kompetenten, die K. in Richtung tradierten rel. Wissens und K. in Richtung konkreter Situationen, konkreter Interaktionspartner u.ä. Hier kommt es aber nun darauf an, diese K. nicht isoliert stehenzulassen, sondern zu verbinden. Dabei fließen beide K.bereiche ineinander. Dies zu beachten ist nicht nur für den »rel. Alltag« wichtig, sondern auch erst recht bei der Heranbildung des Nachwuchses (hauptamtl. Vermittler von →Religion).

*Lit.: K.-O. Apel (Hg.):* Sprachpragmatik und Philosophie, Frankfurt/M. 1976. – *B. Badura/K. Gloy (Hg.):* Soziologie der Kommunikation, Stuttgart 1972. – *R. Bohnsack:* Handlungsk. und Jugendkriminalität, Neuwied/Berlin 1973. – *N. Chomsky:* Aspekte der Syntax-Theorie, Frankfurt/M. 1969. – *R. Döbert:* Systemtheorie und die Entwicklung rel. Deutungssysteme, Frankfurt/M. 1973. – *J. Habermas:* Vorstudien und Ergänzungen zur Theorie des kommunikativen Handelns, Frankfurt/M. 1984. – *Ders./N. Luhmann:* Theorie der Gesellschaft oder Sozialtechnologie, Frankfurt/M. 1971. – *Ch. Hookway/P. Pettit (Hg.):* Handlung und Interpretation, Berlin 1982. – *D. Wunderlich:* Zum Status der Soziolinguistik, in: *W. Klein/D. Wunderlich (Hg.):* Aspekte der Soziolinguistik, Frankfurt/M. 1971, 297-321.

*Hermann Punsmann*

**Kompromiß.** Der Begriff K. (lat. *compromittere* = versprechen, übereinkommen) stammt ursprüngl. aus der Rechtssprache und bezeichnet die Beilegung eines →Konfliktes durch den *Verzicht* der an ihm Beteiligten auf die vollständige Durchsetzung ihrer Ziele. Der Konflikt kann zwischen verschiedenen Rechtsstandpunkten, zwischen gesellschaftl. →Interessen, aber in einem etwas weiteren Sinne des Wortes auch zwischen den grundlegenden Elementen der Lebensüberzeugung im Inneren eines →Individuums ausgetragen werden. Im staatl. Leben auf der Ebene der →Verfassung und Verfassungswirklichkeit, aber auch in der tägl. Gestaltung der →Politik des Gemeinwesens wird der K. zumindest dann zum fundamentalen *Gestaltungsprinzip*, wenn man sich für eine demokrat. und pluralist. Staats- und Gesellschaftsordnung entschieden hat (→Demokratie). Das Verfahren, mit dessen Hilfe die →Institutionen immer von neuem den K. der von ihnen regierten Kräfte herstellen und vollziehen, tritt dann tendenziell neben oder gar an die Stelle wertmäßiger Überlegungen über die absolute Berechtigung der von den verschiedenen Seiten vertretenen Standpunkte. Der gesellschaftl. und staatl. →Konsens wird zum Wert an sich. Auf der zwischenstaatl. Ebene, also in der internationalen Politik und im Völkerrecht (→Internationalismus), ist dieses →Prinzip bis in die neueste Zeit selbstverständl. gewesen, auch wenn natürl. reale Machtverhältnisse immer versteckt worden sind hinter Scheink.en, fortbestehende unversöhnl. Positionen hinter »dilator.«, d.h. Formelk.en, die nur auf vorläufige Koexistenz zielen.
Erst die Dynamik der Idee der →Menschenrechte hat der umfassenden Rolle des K.es auf internationaler Ebene Grenzen gesetzt. Diese *Grenzen* liegen nicht nur auf dieser, sondern auch auf innerstaatl. und gesellschaftl. Ebene dort, wo das Individuum auf Grund seines →Gewissens best. Handlungsweisen als in sich und in jeder mögl. Abzweckung schlecht und verboten betrachten muß. Zu solchen jedem K. entzogenen Handlungsweisen gehören nach christl. Auffassung seit jeher Unzucht, Folter, →Tötung Unschuldiger und jegl. von der Gesinnung des →Hasses getragene Tun. In der Frage nach den positiven Ausgestaltungen des Zusammenlebens der Menschen hingegen weiß der Christ um die Begrenztheit und damit die Angewiesenheit der ird. Dinge auf den ständigen K., der →Fanatismus in der Verwirklichung der eigenen Überzeugungen ausschließt.

*Lit.: O. Höffe:* Strategien der Humanität, Freiburg/München 1975. – *W. Korff:* Wie kann der Mensch glücken?, München 1985. – *M. Müller:* Der K. oder vom Unsinn und Sinn menschl. Lebens, Freiburg 1980. – *A. Pieper:* Pragmat. und eth. Normenbegründung, Freiburg/München 1979. – *H. Thielicke:* Theol. Ethik, Bd. 2, 1. Teil, Tübingen 1955. – *W. Weischedel:* Skept. Ethik, Frankfurt/M. 1976. – *H. Windisch:* Handeln in Geschichte, Frankfurt/M. 1981.

*Walter Schweidler*

## Konfession, Konfessionalismus

*A. Sprachgebrauch*

Unter K. (→Bekenntnis) wird heute im allg. Sprachgebrauch eine best. Kirche (röm.-kath., luth., reform. usw.) und die Zugehörigkeit zu ihr gemeint (vgl. Steuerkarte). Ursprüngl. bezeichnet das lat. *confessio* die verschiedenen Formen des Bekennens des Glaubens: das formulierte Glaubensbekenntnis, das Sündenbekenntnis (lat. »Confiteor«), den christl. Lebensvollzug bis hin zum Martyrium (in der →Alten Kirche hießen →Märtyrer »Confessores«).

*I.* In der *Reformationszeit* wurde Confessio die Bezeichnung für eine *Bekenntnisschrift*, welche eine damalige »Religionspartei« als Zusammenfassung ihrer Glaubenslehre vorlegte (z.B. Confessio Augustana 1530, Confessio Helvetica 1536, Confessio Belgica 1561, Confessio Gallicana 1580). Diese »Konfessionen« erhielten in den reformator. Kirchen eine bes. Autorität, als verbindl. Auslegung der Hl. Schrift und als Richtschnur für die Verkündigung. Diese Autorität darf jedoch nicht etwa mit einem unfehlbaren →Dogma verwechselt werden.

*II.* Erst im *19. Jh.* wurde es im deutschsprachigen Raum üblich, die bisherigen christl. »Religionen« oder »Religionsparteien« als K.en zu bezeichnen. Eine »K.skirche« ist demnach zumindest nach ev.

Verständnis eine *Teilkirche* der einen universalen Kirche Christi, obwohl ursprüngl. die Bekenntnisschriften nicht eine getrennte Teilkirche begründen wollten, sondern ihrer Intention nach allgemeinchrist. Anspruch erhoben. Da fast alle ev. Kirchen nie leugneten, daß auch außerhalb ihrer Grenzen in anderen Kirchen die Kirche Christi sein kann, konnten sie den Begriff K. auf sich anwenden. Die →kath. Kirche tat und tut sich dagegen dogmat. schwer, sich selbst als K. und somit als Teilkirche zu verstehen. Auch die →orthod. Kirchen können den Begriff Teilkirche nur im geograph. Sinne auf sich anwenden; ihre »K.« (d.h. ihr Bekenntnis) zu der altkirchl. Lehre der ersten sieben ökum. →Konzile halten sie für einzig rechtgläubig (»orthodox«) und nicht für partikular. Der heutige mitteleurop. Sprachgebrauch, der mit K. eine Teilkirche meint, ist also umstritten. Dieser Sachverhalt berührt sich eng mit dem konfessionellen Problem überhaupt innerhalb der ökumen. Einigungsbestrebungen (s.u.).

*III.* Von K. zu unterscheiden ist eine *→»Sekte«.* Diese Bezeichnung benutzen Kirchenglieder für Gruppen, welche die grundsätzl. Gemeinsamkeiten der K.kirchen leugnen und sich selbst als alleinseligmachend verstehen.

*B. Entstehung*

Die Frage, ob die Vielfalt von Theologien und Bekenntnisformen im →NT bereits Vorformen der heutigen K.en darstellen, wird je nach konfessioneller Prägung unterschiedl. beantwortet.

*I.* E. Käsemanns These, der *ntl. →Kanon* begründe nicht die Einheit der →Kirche, sondern die Vielzahl der K.en, hat zwar auch in der *ev.* Theologie Widerspruch erfahren, aber sie signalisiert eine verbreitete ev. Auffassung: Die eine ungeteilte Kirche hat es im institutionellen Sinne nie gegeben, die eine kirchl. Einheitsinstitution ist vom NT her also eine Fiktion. *Kath.* Exegeten gehen hingegen eher von der spannungsvollen Einheit der Hl. Schrift aus, die in sich durchaus vielfältige Formen vereinigt, aber keine selbständigen K.skirchen legitimiert. Für die Frage, ob verschiedene K.skirchen legitim oder illegitim sind, ist die ntl. Sicht bedeutsam. Doch für manches Gegeneinander der heutigen K.en geben nicht die Gruppen im Kanon ein Modell ab, vielmehr der Gegensatz von Kanongruppen einerseits und den Gruppen ausgeschiedener Irrlehrer andererseits. Wo das Bekenntnis zugleich eine Verurteilung von *Irrlehren* und Irrlehrern einschloß, kam es zur Spaltung und zur Entstehung selbständiger christl. Gruppen und Kirchen.

*II.* Neben Bekenntnisfragen sind bei Spaltungen freil. fast immer auch *nichttheol. Faktoren* im Spiel gewesen, z.B. unterschiedl. philos. Traditionen, ein jeweils anderer soziokultureller Kontext (→kontextuelle Theologie), somit auch machtpolit. Faktoren. K. und Kontext gehören eng zusammen, wie die bis heute wirksamsten Spaltungen zeigen: im 5. Jh. die Ausgliederung der →oriental. Nationalkirchen, im 11. Jh. die Trennung zwischen der (byzant.) Ostkirche und der röm. Westkirche, im 16. Jh. die »Glaubensspaltung« zwischen der kath. Kirche und den reformator. Kirchen. Theol. umstritten ist bis heute die Frage, wer sich jeweils »abgespalten« hat. Nach dem Selbstverständnis jeder Kirche hält sich bei ihr die eigentl. und rechtmäßige Kirche Christi durch, während man den anderen Abfall vom Ursprung und von der Wahrheit vorwirft. Friede zwischen den K.en konnte polit. nur durch geograph. Trennung voneinander bewirkt werden. Der Augsburger Reichstag 1555 prägte den Grundsatz »Cuius regio eius religio« (Wer regiert, bestimmt die Religion). Diese reichsrechtl. Anerkennung der verschiedenen K.en brachte aber *keinen Frieden*: häufige K.skriege bestimmten lange Zeit die Geschichte Europas. Die Wirkung des →Augsburger Religionsfriedens erkennt man freil. bis heute an der konfessionellen Landkarte Europas. Sogar der konfessionelle Weltatlas spiegelt seinen Einfluß, denn durch die Verbindung von →Mission und →Kolonisation wurde die Konfessionalisierung des Christentums in die übersee. Länder exportiert. Ein bes. Phänomen der Kirchengeschichte ist die Entstehung einer Vielzahl von K.en im reformator. und angelsächs. Raum, hier auch »*Denominationen*« genannt: z.B. →Presbyterianer, →Kongregationalisten sowie die freikirchl. K.en der →Baptisten, →Quäker, Methodisten, der Heilsarmee und der →Pfingstkirchen.

*C. Konfessionalismus und Ökumene*

Alle Christen wollen mit ihrem →Bekenntnis zu →Jesus Christus die Wahrheit Gottes aussprechen. Wenn daraufhin eine K. sich als die einzige wahre versteht und alle anderen verurteilt und bekämpft, spricht man von »*Konfessionalismus*«, im Kontext der modernen ökumen. Bewegung zumeist im abwertenden Sinn. Vom Absolutheitsanspruch des Konfessionalismus zu unterscheiden ist »*Konfessionalität*«. Dieser Begriff meint die zum Wesen des →Glaubens gehörende feste innere Haltung und Überzeugung sowie deren äußere Bekundung.

*I.* In der mitteleurop. volkskirchl. Situation ist im Zuge der →Säkularisation und der Entkonfessionalisierung des öffentl. Lebens bei vielen Christen das *konfessionelle Bewußtsein geschwunden.* Man will nicht wissen, was »kath.« oder »ev.«, sondern was »christl.« ist. Positiv an dieser Haltung ist die Erkenntnis, daß das Gemeinsame im Glauben wesentlicher ist als die konfessionellen Unterscheidungen. Die Unterschiede aber rühren nicht einfach vom Theologengezänk her, sondern dokumentieren verschiedene Glaubenshaltungen. Ein konfessionelles Problem bildet darum auch weiterhin die Kernfrage, ob sich diese *Haltung* und ihre institutionellen Konsequenzen in den K.en gegenseitig ausschließen oder ob sie sich irgendwie integrieren lassen, sei es durch gegenseitige Anerkennung oder im Rahmen einer strukturierten ökumen. Gemeinschaft der K.en.

*II.* Der kath. →Ökumenismus hat das frühere Ziel einer »Rückkehr« der anderen in die kath. Kirche preisgegeben. Man erachtet aber nach wie vor eine korporative *Vereinigung* und Kirchengemeinschaft der K.en (die Gemeinschaft mit und unter dem Papst) als unerläßl. Auf ev. Seite spricht man eher von »versöhnter Verschiedenheit« und von »*konziliarer Gemeinschaft*« der K.en (→Ökumenismus), bei der der Papst als Oberhaupt der röm.-kath. Teilkirche eine bes. Rolle spielen kann, aber nicht Garant der Wahrheit und der Einheit für alle Christen und K.en ist.

*Lit.: K. Algermissen:* K.skunde, Paderborn, 8. Aufl. 1969 *G. Ebeling:* Zur Geschichte des konfessionellen Problems, in: *ders.:* Wort Gottes und Tradition, Göttingen 1964, 41-55. – *E. Fahlbusch:* Kirchenkunde der Gegenwart, Stuttgart 1979. – *F. Heyer (mit 13 Autoren):* K.skunde, Berlin 1977. – Konfessionalität. Sinn und Grenze der K., Jahrbuch des Ev. Bundes XVI, 1973. – *P. Lengsfeld:* Ökumen. Theologie, Stuttgart 1980. – *E. W. Zeeden:* Die Entstehung der K.en. Grundlagen und Formen der K.sbildung, München 1965.

*Reinhard Frieling*

**Konfessionskunde** ist die theol. Wissenschaft von Lehre und Leben der christl. Konfessionen. Sie hat nicht nur beschreibenden Charakter, sondern fragt krit. nach dem Verhältnis von →Evangelium und →Kirche Christi in den →Konfessionen, von daher nach dem Verhältnis der Konfessionen zueinander. Mit dieser Aufgabenstellung unterscheidet sich K. von der früheren »Symbolik« wie von heutiger »Ökumenik«. In der »Symbolik« wurde großenteils nicht die eigene Kirche dargestellt, sondern ein Autor suchte die Differenziertheit des Christentums zu erfassen, Vorurteile durch sachl. Kunde abzubauen und so dem gegenseitigen Verstehen zu dienen. Die »Ökumenik« will vor allem das Gemeinsame erfassen und der Verständigung dienen (→ökumen. Theologie).

*A.* Nach der →Reformation war bis zur →Aufklärung die Beschäftigung mit anderen Konfessionen durch *Polemik* geprägt. Mit den Arbeiten der ev. Theologen S. J. Baumgarten (1766), G. J. Planck (1796) und Ph. K. Marheinecke (1810 ff.) begann die »*Symbolik*«. Im wesentl. stellte man die offiziellen kirchl. Lehrdokumente und Bekenntnisschriften dar, um sie miteinander zu vergleichen. Auf röm.-kath. Seite verfaßte J. A. Möhler (1832) seine vieldiskutierte Symbolik. Als das Einseitige dieser Methode erkannt wurde, legte F. Kattenbusch (1892) sein »Lehrbuch der vergleichenden K.« vor, in dem er neben dem Lehrsystem auch alle anderen Lebensäußerungen der Kirchen in die K. einbezog. Ihm folgten F. Loofs (1902), H. Mulert (1927, 3. Aufl. 1956), W. Niesel (1955) auf ev. und K. Algermissen (1950, 7. Aufl. 1957) auf kath. Seite. Neuere K.n nehmen diese umfassende Blickrichtung auf. Zumeist sind sie aber stärker von der Frage nach der Einheit der Kirche und den ökumen. Einigungsbemühungen bestimmt und nähern sich der »*Ökumenik*« (P. Meinhold: Ök. Kirchenkunde, 1962; die von mehreren Autoren neugestaltete Ausgabe des Algermissen, 1969; F. Heyer [mit 13 Autoren]: K., 1977). Einen neuen Akzent setzt E. Fahlbusch, der seine »Kirchenkunde der Gegenwart« (1979) als Vorstufe zu einer »*Phänomenologie* christl. Glaubens- und Handlungswissenschaften« versteht.

*B.* Aus der Geschichte der K. kann die heutige ökumen. Theologie die Erkenntnis gewinnen, daß es ein unfruchtbares Verfahren ist, nur die einzelnen *Lehren* wie eine Reihe Paragraphen einander gegenüberzustellen und nach Konvergenzen oder einem Konsens zu suchen. Auch läßt sich der nüchterne Realismus der K. nicht ersetzen durch eine Ökumenik, welche die anderen Konfessionen nur daraufhin befragt, was sie mit der eigenen gemeinsam haben und wie sie in eine erhoffte Einheit integriert werden können. Die hist. Versuche dagegen, Lehre und *Leben* der Konfessionen auf die sie beherrschenden Prinzipien hin zu befragen (aus denen sich die einzelnen Lehren und kirchl. Erscheinungsformen dann wie von selbst ergeben), mögen im einzelnen zwar ungenügend gewesen sein, aber richtig war der *umfassende Blick.* Dieser ist bis heute für eine Verständigung zwischen den Konfessionen notwendig, sowohl im Blick auf die gemeinsamen Fundamente des Glaubens als auch im Blick auf das Bündel theol. und nichttheol. Faktoren, die in den unterschiedl. konfessionellen Grundhaltungen wirksam sind.

*Lit.:* Die erwähnten K.n. – *G. Ebeling:* Über Aufgabe und Methode der K., in: *ders.:* Wort Gottes und Tradition, Göttingen 1964, 28-40. – *E. Fahlbusch:* Abschied von der K.? Überlegungen zu einer Phänomenologie der universalen Christenheit, in: *G. Maron (Hg.):* Evangelisch und Ökumenisch. Beiträge zum 100jährigen Bestehen des Ev. Bundes (Kirche und Konfession, Bd. 25), Göttingen 1986, 456-496. – *J. Lell:* K. im ökumen. Horizont, in: Ev. Welt 21 (1967), 398-406. – Zeitschriften: Materialdienst des Konfessionskundl. Instituts, Bensheim (seit 1949). – Catholica. Vierteljahresschrift für ökumen. Theologie (seit 1947). – Una Sancta. Zeitschrift für ökumen. Begegnung (seit 1946). – Ökumen. Rundschau (seit 1950).

*Reinhard Frieling*

**Konfessionssoziologie.** Als →Konfessionen bezeichnet man durch Bekenntnisunterschiede voneinander getrennte christl. Gemeinschaften. Unter dem *Begriff* K. lassen sich diejenigen Teilbereiche der →Religions- und →Kirchensoziologie zusammenfassen, die sich entweder gezielt mit einer Konfessionsgemeinschaft beschäftigen oder Vergleiche verschiedener Konfessionsgruppen anstreben.

*A. Gegenstand* der K. sind →*Organisation,* →*Struktur, Wandlungsprozesse* in Konfessionsgruppen: Mechanismen der Abgrenzung gegenüber anderen Konfessions- und Religionsgemeinschaften, Akte der Konsolidierung und →Integration, →Legitimation, der Verteilung von →Macht und Einfluß im Inneren, Konstituierung von →Hierarchie und Ämtern (→Amt), Entstehung und Wandel von Teilgruppen (z.B. →Orden, Kommunitäten, Formen von →Basisgemeinden) und deren innovator. (erneuerndes) Potential usw. Forschungsarbeiten dieser Art finden sich im dt.sprachigen Raum zwar auch für den →Protestantismus, überwiegend aber für den kath. Bereich (Soziologie des →Katholizismus).

*B.* Dies gilt auch für soziol. Analysen zum Verhältnis zwischen *Konfessionsgemeinschaften und Gesamtgesellschaft.* Hist. Wandlungsprozesse, Abgrenzung und wechselseitige Beeinflussung zwischen →Kirche und Staat, Kirche und →Gesellschaft, wurden vor allem im Blick auf den dt. Katholizismus im 19. und frühen 20. Jh. ausführl. beschrieben (Katholizismus und »moderne«, »rationale« Gesellschaft, techn.-industrielles Wirtschaftssystem, →Demokratie). Eine für die weitere Forschung sehr maßgebl. Studie allerdings bezieht sich zentral auf den ev. Bereich: M. →Webers Arbeit über →»prot. Ethik« und »kapitalist. Geisteshaltung« (→Kapitalismus).

*C.* Angeregt auch durch Untersuchungen in den USA, fragt K. nach Unterschieden im sozialen Status und bei der Besetzung gesellschaftl. Machtpositionen zwischen *Mitgliedern* verschiedener Konfessionsgemeinschaften. Konfessionelle Selbst- und Fremdbilder, die Bedeutung konfessioneller Zugehörigkeit für Einstellungen und Verhaltensweisen im Bereich von →Beruf, →Politik, →Familie sowie für Ausdrucksformen und Intensität von Religiosität und Kirchlichkeit werden thematisiert.

*Lit.: K. Gabriel/F.-X. Kaufmann:* Zur Soziologie des Katholizismus, Mainz 1980. – *W. Herberg:* Protestant, Catholic, Jew, New York 1960. – *G. Schmidtchen:* Protestanten und Katholiken, Bern/München 1973. – *M. Weber:* Die prot. Ethik und der Geist des Kapitalismus, in: *ders.:* Gesammelte Aufsätze zur Religionssoziologie, Bd. 1, Tübingen 1920, 17-206.

*Ingrid Lukatis*

**Konfirmation**

*A.* Im Unterschied zum →Sakrament der →Firmung haben die ev. Kirchen die K. als kirchl. Handlung – teilweise auch »Einsegnung« genannt – entwickelt. Einig in der Ablehnung der Firmung, haben die Reformatoren (→Reformation) auf die notwendige *Unterweisung* hingewiesen (→Katechese), aber eine Segens- und Fürbittehandlung (rituelle K.) nicht verworfen. Die K.sordnung von M. Bucer (1491-1551) verband katechet., seelsorgerl. (→Seelsorger) und gemeindemitgliedschaftl. Funktion. Erst mit dem →Pietismus und der →Aufklärung ist die K. volkskirchl. Sitte geworden. Seit dem 19. Jh. gibt es eine *rege Debatte* um die K., die sich vor allem an der »Unwahrhaftigkeit« der Handlung entzündete (J. H. Wichern [1808-1881], J. Ch. von Hofmann [1810-1877]). Alter, Gelöbnis (→Gelübde), Verhältnis zur rel. Jugendweihe, →Didaktik des →Katechismus waren die Brennpunkte der Diskussion, die öfter eine Unterscheidung von volkskirchl. Einsegnung und bekennender K. anstrebte (M. Doerne, G. Dehn).

*B.* Nach 1945 gelang es nicht, für die Ev. Kirche in Deutschland (EKD) eine einheitl. Rahmenordnung durchzusetzen. Es folgte seit etwa 1969 eine Phase der *Experimente,* in der auch der Verzicht auf die K. (G. Otto) ernsthaft erwogen wurde. Die K. jedoch behielt ihre volkskirchl. Stabilität und erfuhr eine Rehabilitierung ihrer nichttheol. Faktoren (W. Neidhart). Der Unterricht wurde nun mehr als lebensgeschichtl. Hilfe und Einführung in Leben und →Glauben der →Gemeinde konzipiert. Das »Handbuch der Konfirmandenarbeit« (1984) markiert den vorläufigen Abschluß dieser Entwicklung und das Interesse an einer besseren theol. Fundierung.

*Neu zu klären* ist: das Verhältnis zur →Taufe, die Relation zum →Abendmahl, die Bedeutung von →Segen und Handauflegung, die ekklesiolog. Zuordnung (→Kirche, →Ekklesiologie). An didakt. Hilfen herrscht kein Mangel, dagegen sind die Versuche eines neuen Katechismus kaum erfolgreich gewesen. Eine ökumen. Besinnung auf die K. ist erst eingeleitet worden. Gemeindepädagogik gibt der Konfirmandenarbeit, die für den Gemeindeaufbau eine Schlüsselstellung besitzt, neue Impulse, doch bildet das Problem der →Volkskirche weiterhin den maßgebl. Diskussionsrahmen.

*Lit.: G. Adam:* Der Unterricht der Kirche, Göttingen, 3. Aufl. 1984. – *Ch. Bäumler/H. Luther (Hg.):* Konfirmandenunterricht und K., München 1982 (Lit.). – *Comenius-Institut (Hg.):* Handbuch für die Konfirmandenarbeit, Gütersloh, 2. Aufl. 1985 (Lit.). – *K. Dienst u.a. (Hg.):* KU-Praxis, Gütersloh 1973ff. – *B. Hareide:* Die K. in der Reformationszeit, Göttingen 1971. – *W. Neidhart:* Konfirmandenunterricht in der Volkskirche, Zürich 1964.

*Henning Schröer*

**Konflikt**

*A.* Widersprüchlichkeiten der →sozialen Wirklichkeit verursachen K. (Zusammenstoß, *Auseinandersetzung,* Widerstreit). K. wird als eine allg. soziale Erscheinung erfahren, die Harmonie oder →Konsens stört. Er wird oft erklärt, indem die →Gesellschaft von zwei sich ausschließenden Wirklichkeiten und →Werten her begriffen wird. Eine solche Erklärung bleibt mytholog. Vorstellungen verwandt (→Mythos) und hat u.U. eine eigene Aussagekraft. Dies gilt auch für Sichtweisen, für die K. der Naturzustand menschl. Verhaltens ist (Heraklit, Th. →Hobbes, →Sozialdarwinismus), wie für →Utopien einer konfliktfreien Gesellschaft. Für die sozialwissenschaftl. Untersuchung sind K. und →Konsens *Erklärungsmuster* für grundsätzl. jedes Verhältnis der Wechselwirkung bzw. gegenseitigen Beeinflussung von →Personen, →Gruppen,

→Organisationen und umfassenden sozialen →Systemen.

*B.* Nach der *soziol. K.theorie* ist jeder soziale K. durch sozial-strukturelle Gegensätzlichkeiten bedingt (→Sozialstruktur). Im Kampf um →Werte, Status und Prestige, knappe Mittel und →Machtpositionen können sich die Gegner (K.parteien) in ihren zuwiderlaufenden Interessen neutralisieren; sie können sich verletzen oder ausschalten (L. Coser). Idealtyp. wird unterschieden zwischen *echtem K.* (um entgegengesetzte →Ziele bzw. Zwecke) und *unechtem K.*, der die Entladung psych. Spannung (gegenüber einem auswechselbaren Gegner) ermöglicht. Insbes. für die Erforschung sozialer →Vorurteile ist der auf ein Ersatzobjekt umgeleitete K. bedeutsam (→Antisemitismus, →Rassenfrage). In der →Sozialstruktur begründete (latente) K.potentiale sind von Erkenntnisinteresse. Die manifeste (offene) K.austragung setzt das Bewußtsein derartiger Divergenzen sowie die →Organisierung der entspr. K.parteien voraus.
Die →*strukturell-funktionale Theorie* erklärt den sozialen K. systemimmanent aus normativen Widersprüchen im Gefüge von Erwartungs- und Verhaltensmustern, insbes. als Rollenk. Als funktional gelten K.e, von denen integrierende und stabilisierende Wirkungen ausgehen, als dysfunktional K.e, die gesellschaftl. Grundprinzipien in Frage stellen (→Bürgerkrieg und Guerilla, →Revolution). Im Unterschied zur Gesellschaftstheorie des →Marxismus, die die grundlegende K.ursache in der ungleichen Verteilung von Eigentumsrechten an Produktionsmitteln sieht, geht R. Dahrendorf von allgegenwärtigen Machtansprüchen aus, die als Sonderinteressen →sozialen Wandel vorantreiben. K.regelung (durch Verhandlung, Vermittlung, Schlichtung, Zwangsschlichtung) auf Grund rationaler Einsicht, auf Grund Anerkennung, Institutionalisierung und Transparenz des K.s stellt sich als Aufgabe stets erneut (→Kompromiß).

*C.* Aus *psycholog. Perspektive* sind beim (intraindividuellen) K. einander entgegengesetzte Kräfte (→Motivationen, →Bedürfnisse, Reizmuster) von annähernd gleicher Stärke gleichzeitig aktiviert (K. Lewin). Ein solcher K. bedingt Verzögerungen, Hemmungen oder Blockierungen von Entscheidungen und Reaktionen, innere Spannung und Unlust. Die Wechselwirkung von K. und Frustration ist noch in der Diskussion (A. J. Yates). Die Psychopathologie erklärt neurot. Verhalten (→Neurose) aus unbewältigten K.en.

*D.* Die →*Friedensforschung* geht insbes. Ursachen internationaler K.e nach. Sie untersucht ideolog., polit.- ökonom. sowie sozial-strukturelle Bestimmungsfaktoren für →Krieg und →Frieden. Die →*Erziehung* zur K.fähigkeit, nicht selten als K.pädagogik ideologisiert, zieht K.spiele für soziales Lernen heran. Diese sind Nutzen-, Ausdrucks-, Beziehungs-, Ausbeutungs- oder Informationsspiele.

*E.* Christl. Ethik geht nicht von Vorstellungen spannungsfreier Harmonie, sondern von der Unvermeidbarkeit von K.en aus (Erbsünde). Ein eth. Dilemma entsteht dadurch, daß Gewaltanwendung aus der Schuldverstrickung des Menschen erwächst, daß unter extremen Bedingungen gewaltsamer Widerstand vielen jedoch als notwendig, als »christl. Pflicht«, erscheint. K.regelung wird erstrebt als Versöhnung, in der die Spannungselemente nicht aufgehoben, sondern füreinander fruchtbar werden. Die komplexe Problematik von K.austragung und Gewaltanwendung hat, weil existentielle Entscheidung fordernd, individualeth. Bedeutung, wird in theol. Thesen zu sozialen K.en bzw. zum »Kampf für soziale Gerechtigkeit« auch als (kirchl.) Auftrag zu sozialeth. Vergewisserungen verstanden.

*Lit.: W. L. Bühl:* Theorien sozialer K.e, Darmstadt 1976 (Lit.). – *L. Coser:* Theorie sozialer K.e, Neuwied/Berlin 1972. – *R. Dahrendorf:* K. und Freiheit, München 1972. – *H. J. Krysmanski:* Soziologie des K.s, Reinbek 1971. – *A.-M. Rocheblave-Spenlé:* Psychologie des K.s, Freiburg 1973. – *W. Sohn:* Der soziale K. als eth. Problem, Gütersloh 1971. – *E. Weede:* K.forschung, Opladen 1986.

*Siegfried Bachmann*

**Konfuzianismus.** Die Bezeichnung K. ist abgeleitet von →Konfuzius, der latinisierten Form des chin. Philosophen *K'ung Fu-tzu.* Neben →Buddhismus und →Taoismus stellt der K. die dritte prägende Geistestradition →Chinas dar, die insbes. nach der Sung-Dynastie (960-1279) den Rang einer staatl. anerkannten →Orthodoxie erhielt. Die konfuzian. Tradition ist äußerst vielschichtig und kann unter philos., rel. und sozialen Aspekten betrachtet werden.

*A. Philosophische Aspekte*

Philosophiegeschichtl. handelt es sich beim K. um eine von Konfuzius begründete und von den Schülern der ersten Generation niedergeschriebene →*Sozialphilosophie und* →*Ethik*, die sich mit der Frage nach der idealen Ordnung der →Gesellschaft befaßt. Im Zentrum steht bei Konfuzius das Ideal des »Edlen« (chün-tzu), der durch die volle Entfaltung der dem Menschen eigenen moral. Natur, die umfassende →Tugend der →Humanität (jen) verwirklicht und so die Qualifikation besitzt, auf rechte Weise zu herrschen. Während der Früheren Han-Dynastie (206 v. – 23 n. Chr.), als der K. zum ersten Mal den Rang einer offiziellen Staatsdoktrin erhielt, wurde die Lehre systematisiert, wobei Elemente anderer philos. Traditionen integriert wurden. Nach der Han-Zeit wurde der K. mehrere Jh.e lang vom Taoismus und Buddhismus überschattet, bis er im *Neok.* der Sung-Zeit (960-1280) eine Renaissance als beherrschende Philosophie Chinas erlebte. Der Neok., als dessen bedeutendster Vertreter *Chu Hsi* (1130-1200) gilt, ergänzte und vertiefte die traditionelle Moralphilosophie durch eine als Reaktion auf den Buddhismus entwickelte →Metaphysik. Der K. entfaltete sich so zu einem umfassenden philos. System, das bis zum Ende des Kaiserreichs das chin. Geistesleben beherrschte.

*B. Religiöse Aspekte*

Konfuzius selbst hat sich zu rel. Fragen nur wenig geäußert, und auch in der Folgezeit war die Haltung der Konfuzianer zur →Religion meist durch Agnostizismus, mitunter auch durch →Kritik gekennzeichnet. Trotzdem stehen wichtige Elemente der traditionellen chin. Religion in enger Verbindung mit dem K. Dies gilt vor allem für den *Ahnenkult*, der zwar schon vor Konfuzius bestand, von den Konfuzianern jedoch als Ausdruck der Ehrfurcht vor den eigenen Ahnen und →Eltern zur unabdingbaren moral. Pflicht erhoben wurde. Daneben stand das staatl. Ritualwesen, in dem der Kaiser Himmel und Erde als höchste Gottheiten ehrte und die Beamten anderen Gottheiten auf regionaler und lokaler Ebene →Opfer darbrachten, unter dem Einfluß der konfuzian. Lehre, so daß man von einem »konfuzian. Staatskult« sprechen kann. Der Staatskult fand zusammen mit der chin. Monarchie 1911 sein Ende.

*C. Soziale Aspekte*

Seit der Han-Zeit lieferte der K. die theoret. Grundlage der chin. Staats- und Gesellschaftsordnung. Unabhängig von der zeitweiligen Vorherrschaft von Buddhismus und Taoismus im philos. und rel. Leben, bildete der K. die vorherrschende Orientierung im polit. Bereich und in der *staatstragenden* Beamtenschaft. Die moral. Grundsätze des K., insbes. die starke Betonung der Familienethik, durchdrangen alle Bevölkerungsgruppen, so daß »konfuzian.« und traditionelle »chin.« Gesellschaftsordnung als gleichbedeutend angesehen werden können. Hier liegt die Wurzel für die nach dem Ende des Kaiserreichs in Kreisen chin. Intellektueller einsetzende *Kritik* am K.: Die Lehre des Konfuzius wurde als ideolog. Fundament der alten, vordemokrat. →Sozialstruktur angesehen, das es im Interesse von →Demokratie, →Gleichheit und →Freiheit zu bekämpfen gelte. Einen Höhepunkt erreichte die Kritik an Konfuzius in der Volksrepublik China zu Beginn der 70er Jahre im Rahmen einer großangelegten polit. Kampagne. Seit Anfang der 80er Jahre zeichnet sich zwar wieder eine differenziertere Haltung ab, trotzdem wird man sagen können, daß der K. in der Volksrepublik China als eigenständige philos. Tradition nicht mehr besteht, aber als Lebenshaltung durchaus noch weiterwirkt. In der Republik China (Taiwan) wird Konfuzius dagegen weiter in hohen Ehren gehalten und die konfuzian. Moral und Sozialphilosophie als Grundlage der Erziehung angesehen.

*D. Rezeption des Konfuzianismus in Europa*

In →Europa wurde der K. seit dem 17. Jh. durch die Berichte von Missionaren bekannt. Vor allem die idealisierenden Berichte der →Jesuiten hatten zur Folge, daß im 17. und 18. Jh. China zahlreiche europ. Intellektuelle faszinierte (in Deutschland vor allem →Leibniz und Chr. Wolff). Der K. erschien vielen als eine mit den Idealen der →Aufklärung eng verwandte Philosophie und Morallehre, die als für Europa vorbildl. angesehen wurde. Mit dem Vordringen der europ. Militärmächte in Ostasien und der gleichzeitigen polit. Schwächung des chin. Reichs im 19. Jh. erfolgte jedoch eine zunehmend negative Bewertung des K. im Westen, die erst in jüngster Zeit durch eine differenziertere Betrachtung ersetzt wird.

*Lit.: W. Eichhorn:* Die Religionen Chinas, Stuttgart 1973. – *Ders.:* Die alte chin. Religion und das Staatskultwesen (Handbuch der Orientalistik, IV, 4,1), Leiden 1976. – *Fung Yu-lan:* A history of Chinese philosophy, 2 Bde., Princeton 1952. – *Liu Wu-chi:* A short history of Confucian philosophy, London 1955. – *P. J. Opitz (Hg.):* Chin. Altertum und konfuzian. Klassik, München 1968. – *H. Seiwert:* Ethik in der chin. Kulturtradition, in: *P. Antes u.a.:* Ethik in nichtchristl. Kulturen, Stuttgart 1984, 136-167.

*Hubert Seiwert*

**Konfuzius,** chin. Philosoph des Altertums (→China), Gründer der konfuzian. Schule (Ju-chia) und damit bis zum Ende des chin. Kaiserreichs (1911) als höchste philos. Autorität anerkannt. K. wurde 551 (oder 552) v. Chr. im nordchin. Staat Lu (heute Provinz Shantung) geboren, wo er auch 479 v. Ch. starb. Seine Biographie ist im 47. Kapitel des Shih-chi (»Hist. Aufzeichnungen«, 1. Jh. v. Chr.) überliefert. Der Familienname war K'ung, der persönl. Name Ch'iu, traditionell wurde er als Meister K'ung (K'ung Fu-tzu, latinisiert als Confucius) geehrt. Er entstammte einer alten, aber bedeutungslos gewordenen Adelsfamilie. Seine Lehre ist hauptsächl. in den sog. »Aussprüchen« (Lun yü, auch: »Gespräche«) überliefert, die von seinen Schülern aufgezeichnet wurden.

*Hauptanliegen* der Philosophie des K. ist die Ordnung der →Gesellschaft, die sich zu seiner Zeit in einer krisenhaften Umbruchsituation befand. Als normativ gilt ihm das Vorbild der weisen Herrscher des hohen Altertums, deren Lehre er zu überliefern suchte. Trotzdem enthält seine Philosophie durchaus auch neue Elemente. Als Voraussetzung für eine geordnete Gesellschaft gilt ihm die moral. Qualifikation der Herrschenden, womit die überkommene Herrschaftslegitimation durch Abstammung und Geburtsrecht in Frage gestellt wird. Die *Lehre* des K. ist in erster Linie Moralphilosophie, die um die Frage nach den notwendigen Qualifikationen des *chün-tzu* (des Edlen) kreist. Der Edle ist durch seine →Tugend ausgewiesen, indem er das höchste Ideal der →»Humanität« (*jen*) verwirklicht, die sich im äußeren Verhalten durch Befolgung der sittl. →Normen (*li*) zeigt. Jen und Li sind so die Grundbegriffe der konfuzian. →Tugendlehre. Nach dem Sieg des →Konfuzianismus als Staatsideologie während der Früheren Han-Dynastie (206 v. – 23 n. Chr.) wurde K. unter verschiedenen Dynastien mit postumen Ehrentiteln überhäuft und im Staatskult als höchster Weiser geehrt. Nach dem Ende des Kaiserreichs (1911) und insbes. in der Volksrepublik →China wurde er zeitweise als Vertreter einer reaktionären →Ideologie heftig angegriffen. Seit Ende der 70er Jahre zeichnet sich jedoch wieder eine differenziertere Würdigung ab.

*Lit.:* Kungfutse: Gespräche, Lun Yü (übersetzt von R. Wilhelm), Düsseldorf 1967. – *H. G. Creel:* Confucius and the Chinese way, New York 1960. – *P. Do-dinh:* K. in Selbstzeugnissen und Bilddokumenten (Rowohlts Monographien 42), Reinbek 1960. – *J. K. Shryock:* The origin and development of the state cult of Confucius, New York/London 1932. – *D. H. Smith:* Confucius, London 1973. – *B. Staiger:* Das K.bild im kommunist. China, Wiesbaden 1969.

*Hubert Seiwert*

**Kongregationalismus**

*A.* Im Zuge der engl. →Reformation und des →Puritanismus entwickelte sich (neben der Episkopal- und Synodalverfassung [→Bischof, →Synode]) der K. als *drittes Modell* einer →Kirchenordnung. Ihr wesentl. Merkmal ist die Unabhängigkeit und *Autonomie einer jeden Ortsgemeinde.* Weil Christus allein Herr seiner Kirche ist, werden andere Autoritäten abgelehnt. Statt dessen versucht man, das Priestertum aller Gläubigen (→Priester) zu verwirklichen. Jede versammelte Gemeinde (gathered church = congregation) repräsentiert die universale Kirche. Diese →Kirchenverfassung herrscht bei vielen →Freikirchen (z.B. →Mennoniten, →Baptisten) vor. Der K. wendet sich als Verfassungsprinzip ebenso gegen ein Staatskirchentum wie gegen die Kirchenstrukturen der →röm.-kath. Kirche, der →anglik. Kirchen, des →Luthertums oder der →reformierten Kirche auf synodal-presbyterialer Grundlage.

*B.* Bereits um 1550 gab es in England kleine, von der *Church of England* (→anglik. Kirchen) getrennte Gemeinden. Als feststand, daß der Reformkurs unter Königin Elizabeth I. (das sog. »*Elizabethen Settlement*«) keine durchgreifende Reformation zuließ, bildeten sich viele solcher Kleingruppen.

*I.* In *Robert Browne* (ca. 1550-1633) fand sich ein theol. Sprachrohr für eine frühe, zusammenhängende Lehre des K. (1582): Das Reich Gottes beginnt dort, wo Gläubige – und seien sie auch nur wenige – sich untereinander und Gott gegenüber durch einen →Bund (*covenant*) verpflichten und unabhängig vom Staat ihre Angelegenheiten selber regeln. Die »Brownisten« oder »Independenten« (Unabhängigen) gewannen Anhänger, doch erschwerten die einsetzenden Verfolgungen die Gründung weiterer Gemeinden. Einige wichen in die →Niederlande (Amsterdam, Middelburg, Leiden) aus. Von dort zogen die »Pilgerväter« in die Neue Welt, wo sie 1620 die *Plymouth Colony* gründeten, die 1691 mit der *Massachusetts Bay Colony* vereinigt wurde. In England unterstützten die K. Cromwells Armee, doch machte sie die Uniformitätsakte (1662) zu Nonkonformisten. Erst die Toleranzakte (1689) gab ihnen Existenzrechte, doch blieben sie von den Universitäten ausgeschlossen und gründeten deshalb eigene Bildungseinrichtungen (»*Dissenting Academies*«).

*II.* In den *Neu-England-Staaten* bestimmte der K. das rel. und polit. Leben. 1636/38 gründete man das Harvard College. In der *Cambridge Platform* (1648) wurde ein Glaubensbekenntnis entworfen. Wegen der engen Verbindung staatl. und kirchl. Autoritäten kam es zu rel. Verfolgungen: So wurden 1659/61 vier →Quäker in Boston gehängt. Gleichwohl hat der K. das Verantwortungsbewußtsein der Gemeindeglieder geschärft und damit auch einem demokrat. Aufbau von Staat und Gesellschaft (mit Schwergewicht auf örtl. Selbstbestimmung) Vorschub geleistet. Die »*town meetings*«, Versammlungen aller freien Bürger, sind das ins Politische übersetzte kongregationalist. Gemeindeprinzip.

*III.* In England bekam die *Savoy Declaration* (1658) den Charakter eines Bekenntnisses. Wie die *Cambridge Platform* ist sie der *Westminster Confession* (1643) nachgebildet, doch wichen beide in Fragen der Kirchenordnung im kongregationalist. Sinn ab. Die Bekenntnisse haben den Charakter von Glaubenserläuterungen, doch hat jede Gemeinde das Recht, eigene Bekenntnisse zu entwerfen. Deshalb stellten z.B. die →Unitarier Anfang des 19. Jh.s für den K. in Neu-England eine akute Gefahr dar. Viele Gemeinden in und um Boston sowie die Harvard Universität gingen zu den Unitariern über.

*C.* 1832 bildeten die Gemeinden in England und Wales eine Union. 1972 vereinigte sich die kongregationalist. Kirche mit den →Presbyterianern zur *United Reformed Church.* In den →Vereinigten Staaten gab es verschiedene Kirchenunionen. 1957 entstand die *United Church of Christ in the USA* aus den *Congregational Christian Churches* und der *Evangelical and Reformed Church.* Die neue Kirche unterhält seit 1981 volle Kirchengemeinschaft mit der →Ev. Kirche der Union. Auch in Kanada verschmolz der K. mit den →Methodisten und →Presbyterianern zur *United Church of Canada* (1925). Durch die *London Missionary Society* (gegr. 1795) und das *American Board of Commissioners for Foreign Missions* (gegr. 1810) war der K. stark in der →Mission engagiert. Fast überall sind die daraus entstandenen Kirchen in vereinigten oder sich vereinigenden Kirchen aufgegangen (z.B. Südindien, China, Japan). 1970 vereinigte sich der 1871 entstandene Internationale Kongretationalistische Rat mit dem Reformierten Weltbund.

*Lit.: N. Goodall (Hg.):* Der K. (Die Kirchen der Welt 11), Stuttgart 1973.

*Erich Geldbach*

**Kongregationen.** Vom lat. *congregatio* = Versammlung, Gemeinschaft; *Gemeinschaften von Ordensleuten* (→Orden, →Kloster). Grundsätzl. sind zwei Arten zu unterscheiden: die monast. Kongregation und die Ordenskongregation. Die monast. Kongregation ist der Zusammenschluß verschiedener Klöster zu einem eigenen Verband. Ihr *Ursprung* liegt in der ma. Reform. Um die klösterl. Eigenständigkeit gegenüber kirchl. und weltl. Obrigkeit zu retten und innerklösterl. Erneuerung zu erhalten, schlossen sich die Klöster zu größeren Organisationen zusammen (→kath. Organisationen). Den ersten Verband dieser Art schuf das Kloster →*Cluny* (10. Jh.: Ordo Cluniacensis). Der Vorgang wiederholte sich im ma. →Mönchtum: Reformbewegungen (St. Blasien, Siegburg, Melk usw.) führten Klöster zusammen und ließen eigene K. entstehen.
In der →*Neuzeit* waren es mehr nationale und territoriale Gründe, die zu Kongregationsbildungen führten. Ihre Einheit beruht auf einer bes. Auslegung der Ordensregel (consuetudines, Konstitutionen), die eine je spezif. Ausprägung des monast. Ideals garantiert. Die Eigenheit zeigt sich in der Bejahung einer *bes. Tätigkeit* (Schule, →Seelsorge, →Mission), äußerl. auch im eigenen Schnitt des Ordenskleides. Der →Benediktinerorden existiert heute in 22 K. (gewöhnl. von einem Abtpräses oder Erzabt geleitet); in Deutschland: Beuroner Kongregation, Bayer. Kongregation, Missionsbenediktiner von St. Ottilien. Die Benediktinerinnen-Klöster sind teilweise diesen K. angeschlossen. Die dt. →Zisterzienser und Zisterzienserinnen gehören zur Kongregation von Mehrerau (Bregenz). Die Ordensk. sind Gemeinschaften von Männern (→Priestern und/oder →Laienbrüdern) und Frauen (Schwestern), die seit dem 16. Jh. für bes. apostol. und sozial-karitative Zwecke gegründet wurden (z.B. Redemptoristen, Passionisten, Barmherzige Brüder, Vinzentinerinnen, →Franziskanerinnen usw.).
Nach dem *neuen Ordensrecht* der kath. Kirche heißen sie »Institute des Apostolates«, die je nach ihren Mitgliedern Kleriker- oder Laieninstitute sein können.

*Lit.:* Dizionario degli istituti di perfezione, Rom 1974ff. (umfassendstes Nachschlagewerk zu Mönchtum und Ordenswesen). – *K. Hallinger (Hg.):* Corpus consuetudinum monasticarum, Siegburg 1963ff. – *M. Heimbucher:* Orden und K. der kath. Kirche 1-2, Paderborn, 3. Aufl. 1933. – *R. Molitor:* Aus der Rechtsgeschichte benediktin. Verbände 1-3, Münster 1928-1933.

*K. Suso Frank*

**Konkordate und Kirchenverträge.** *Konkordate* (K.) sind Verträge zwischen dem Hl. Stuhl als Repräsentanten der kath. Kirche und der staatl. Gewalt (Staaten oder Institutionen); *Kirchenverträge* (Kv.) werden zwischen ev. Landeskirchen und der Staatsgewalt geschlossen. K. und Kv. werden auch als Staatskirchenverträge (→Kirche und Staat) bezeichnet. Der Begriff K. taucht im Codex Iuris Canonici nicht auf; dort wird wie auch sonst weitgehend üblich von Vereinbarung (conventio, c. 3) gesprochen.

*A.* K. ist der *hist. Begriff* (Wormser K. 1122, Wiener K. 1448), vielleicht auch die hist. belastete Bezeichnung (Reichsk. 1933). Zeitweise war die Bezeichnung Verträgen mit kath. Herrschern vorbehalten. Zahlreiche K. oder konkordatähnl. Vereinbarungen wurden während des 19. Jh.s (Vorbild war das K. mit Napoleon 1801) sowie zwischen 1920 und 1955 (Pontifikate Pius' XI. und Pius' XII.) geschlossen. Dabei lagen die Schwerpunkte in Mittel- und Osteuropa, den roman. und lateinamerik. Ländern. Sie wurden *vorwiegend mit kath. Ländern* oder Ländern mit großem kath. Bevölkerungsanteil geschlossen. Auffallend ist zudem die große Zahl *autoritärer Regime*, mit denen der Hl. Stuhl K. einging. Materie der K. sind im wesentl. vier Sachbereiche: Garantie der →Religions- und Kirchenfreiheit, Ausbildungswesen, eherechtl. Fragen und finanzielle Angelegenheiten.

*B.* Die *Rechtsnatur der K.* ist seit langem umstritten und weiterhin kontrovers. Nach offizieller Auffassung der kath. Kirche, der sich kath. Kirchenrechtler und Juristen in der Regel anschließen, sind K. völkerrechtl. Verträge. Dies ist zu bezweifeln, da der Hl. Stuhl bzw. die kath. Kirche über keinerlei Sanktionen des internationalen Bereichs verfügt und ledigl. auf gegenseitige Vertragstreue (»pacta sunt servanda«: Verträge sind einzuhalten) abstellen kann. Heute werden die K. gelegentl. als *quasivölkerrechtl. Verträge* (was immer dies sein mag) oder als Verträge sui generis (eigener Art) bezeichnet. Die Diskussion über die Rechtsnatur der K. ist nicht unwesentl., da von der Rechtsnatur die Rechtsqualität der K. abhängt, ja bestimmt wird. Als völkerrechtl. Verträge sind sie näml. dem Verfassungsrecht über- oder vorgeordnet und unterliegen nicht dem Wechsel oder der Veränderung der Verfassung. Als völkerrechtl. Verträge sind K. auch von höherer Vertragsqualität als die Kv., deren Partner ja nicht im internationalen Rechtsbereich stehen.

*C.* In der *Bundesrepublik Deutschland* gelten immer noch K. und Kv. aus der Zeit des Dt. Reiches. Da jedoch durch das Bonner Grundgesetz eine Verlagerung von Kompetenzen über Materien vorgenommen wurde, die zentraler Inhalt der K. und Kv. sind (etwa im Bildungssektor), kam es nach 1949 zum sog. K.sstreit, der seinen Ursprung im Parlamentar. Rat hatte, der sich ihm endl. durch den Formelkompromiß von Art. 123 Abs. 2

Grundgesetz entzog (→Kirche und Staat). Strittig war insbes. die Fortgeltung des mit Hitler geschlossenen Reichsk.s.
Durch Urteil des BVerfG von 1957 wurden das gültige Zustandekommen und der Fortbestand des Reichsk.s zwar anerkannt, zugleich aber festgestellt, daß die Regelung der *Schulfrage* in die Kompetenz der Länder fällt. Da auf Grund dieses Urteils nur wenige K.s- oder Kirchenvertragsmaterien in der Regelungskompetenz des Bundes blieben (etwa Militärseelsorge), kam es nach 1957 nur zu *Staatskv.n* mit Ländern. So gibt es heute neben den weiterhin geltenden K.en mit dem Dt. Reich (1933), Bayern (1924), Preußen (1929) und Baden (1932) ein K. mit Niedersachsen (1965) und Nordrhein-Westfalen (1984), ein zugunsten der Kirche erweitertes K. mit Bayern (1974) und weitere konkordatsähnl. Vereinbarungen mit Niedersachsen, Rheinland-Pfalz und dem Saarland.

*D.* Für die Kv. der Nachkriegszeit besitzt der Loccumer Vertrag zwischen der *Ev. Kirche* und Niedersachsen (1955) in vielen Punkten Vorbildcharakter. Die ev. Kirchen haben mit den nach 1945 geschlossenen Kv.n ihr Verhältnis zum Staat in eigener Weise entwickelt und geregelt. Das neue Vertragskirchenrecht hat die Perioden des landesherrl. Kirchenregiments und der staatl. Kirchenhoheit endgültig abgelöst. Die *Kv.* (Schleswig-Holstein 1957, Hessen 1960, Rheinland-Pfalz 1962, Detmolder Vertrag 1965 u.a.) regeln neben Fragen des Kultur- und Schulwesens, des Kirchensteuer- und Vermögensrechts u.a. in erster Linie den rechtl. Status der Kirche im Bereich des Öffentlichen. Die Kv. gehören somit weder allein in den Bereich des kirchl. noch des staatl. Rechtes, auch nicht des →Staatskirchenrechts. Sie sind auch nicht konkordatsähnl. Völkerrecht oder Quasivölkerrecht. Es handelt sich vielmehr um *koordinationsrechtl. Verträge eigener Art*, deren rechtl. Wirksamkeit ausschließl. auf der beiderseitigen Achtung des Satzes beruht, daß Verträge einzuhalten sind.

*E.* Die *Deutsche Demokratische Republik* hat die für ihr Territorium geltenden K. und Kv. formell *nie anerkannt*, aber auch nicht gekündigt. Einseitiger vertragskonformer Handlungsweise der Kirche (etwa im Falle von Bischofsernennungen) hat sie nicht widersprochen. Die DDR-Verfassung (1968) sieht Vereinbarungen mit den Kirchen vor (Art. 39 Abs 2). Die *Zukunft* der K. und Kv. herkömml. Stils ist *unsicher*, da deren Inhalte teilweise veraltet oder auf andere Weise abgesichert sind. Die Zukunft gehört vermutl. Staatskv.n auf nationaler Ebene über konkrete und eng umgrenzte Sachfragen. In diese Richtung entwickelt sich auch das staatskirchenrechtl. Vertragsrecht in der Bundesrepublik.

*F.* In →*Österreich* basiert die Rechtsstellung der kath. Kirche weitgehend auf dem K. von 1933. Vermögensrechtl. Fragen wurden 1976 durch eine Vereinbarung zwischen Österreich und dem Hl. Stuhl geregelt, mit den ev. Kirchen, der →altkath. Kirche und der israelit. Religionsgemeinschaft seit 1967 durch Bundesgesetze. In der →*Schweiz* wird das Staat-Kirche-Verhältnis nicht durch K. geregelt, sondern durch Rechtsordnungen des Bundes und der Kantone bzw. Halbkantone. 1968 wurde allerdings das Bistum Lugano auf der Grundlage eines K.s errichtet.

*Lit.: A. Hollerbach:* Die vertragsrechtl. Grundlagen des Staatskirchenrechts, in: Handbuch des Staatskirchenrechts der Bundesrepublik Deutschland, Bd. 1, Berlin 1974, 267-296. – *L. Schöppe:* K. seit 1800, Bd. 1, Frankfurt/M./Berlin 1964. – *Ders.:* Neue K. und konkordatäre Vereinbarungen, Hamburg 1970. – *W. Weber:* Die dt. K. und Kv. der Gegenwart, 2 Bde., Göttingen 1962-1971.

*Knut Walf*

**Konsens** (lat. »consensus«, *Übereinstimmung*) aller oder der meisten Menschen gilt von alters her als – immer wieder umstrittenes – Kriterium für die →Wahrheit von Vernunft- und Glaubensaussagen.

*A.* Der. K.gedanke (»consensus omnium«) basiert auf der Annahme eines allg., d.h. jedem Menschen angeborenen, *inneren Sinnes* (»sensus communis«), der in seiner Wahrheitsfähigkeit verläßlich ist. Die komplexe und oft »unterströmige« *Geschichte* des K.gedankens reicht von der →*Antike* bis zur Gegenwart: von Hesiod, Xenophon (»Alle Menschen können sich nicht immer täuschen«) und →Aristoteles (»Denn was allen [der Fall] zu sein scheint, das, sagen wir, ist wirklich. Wer aber diese Überzeugung beseitigen möchte, wird kaum Überzeugenderes zu sagen haben«) über die →Stoa (die allen Menschen gemeinsamen Vorstellungen bilden das stärkste »Kriterium der Wahrheit, das wir von der Natur empfangen haben«), die →Patristik (→Augustin: »Sicher urteilt der Erdkreis«; Vinzenz von Lerin: »das aber wollen wir festhalten: was überall und immer und von allen geglaubt wurde, ist das wahrhaft Allgemeine«) und das →*MA.* (Traditionsprinzip; Fortbildung des aristotel. K.gedankens durch →Thomas von Aquin) über den →*Humanismus* (die humanist. Sprichwortsammlungen, am bekanntesten die »Adagia« des →Erasmus von Rotterdam, gelten den Sammlern wie den Adressaten als Ausdruck eines K.s; für →Nikolaus von Kues ist der K. zwischen →Papst und →Konzil das Zeichen der Wahrheit, entschieden weiterreichend seine Schrift »De pace seu concordantia fidei« mit dem Ziel der Schaffung einer einheitl. Religion), →Descartes (der im »Discours« den »bon sens« für die »bestverteilte Sache der Welt« hält) und die →*Aufklärung* (→Deismus) bis zum 19. (vgl. J. H. →Newmans Hochsschätzung des »sensus et consensus fidelium« als Grundlage für die Definition von Dogmen) und *20. Jh.* (G. E. Moore, A Defense of Common Sense).

*B.* Als ausreichendes Wahrheitskriterium thematisiert und ansatzweise in den Rang eines Arguments erhoben wird der K.gedanke von der *schott.* →*Common Sense-Philosophie* (v.a. Th. Reid, W. Hamilton). Dort bildet der common sense als natürl., angeborenes Bewußtsein den Ursprung jener ersten Überzeugungen und Erkenntnisse, die ihre Evidenz in sich selber tragen. Die Glaubwürdigkeit des common sense speist sich nicht aus dem irrationalen, unreflektierten Meinen der Menge, sondern wird reflexiv einlösbar: Das Urteil aller (oder der meisten) vernünftigen – über Reichweite und Grenzen ihrer Erkenntnisfähigkeiten aufgeklärten – Menschen ist zuverlässiger als das Urteil eines einzelnen oder weniger und müßte, konsequent verfolgt, zum K. der Menschheit führen. Indem man so die Wahrhaftigkeit des Bewußtseins *geschichtl.* bewahrheitet, würde dessen verborgene aprior. Universalität ergänzt, gestützt und offensichtlich. Dieses ansatzweise entfaltete K.argument kann nicht voll überzeugen, weil alle menschl. Erkenntnis anfällig ist *für den Irrtum*, es also angesiedelt bleibt *zwischen* zufälligem Einklang und notwendiger Übereinstimmung der Aussagen.

*C.* Die »Konsensustheorie der Wahrheit« von J. Habermas bietet einen wissenschaftl. Entwurf in prakt. Absicht. Im Blick auf die zunehmend reglementierte Lebenswelt moderner Gesellschaften will sie ermitteln, welche *Bedingungen für das selbstbestimmte Zusammenleben der Menschen* unverzichtbar sind. Daher lautet die Frage nach dem Verhältnis von K. und Wahrheit: Wie ist der Geltungsanspruch von Wahrheit kommunikativ einlösbar? Wahrheitsmöglichkeiten sind nun gebunden an Verständigungsmöglichkeiten, und diese gelingen in der Praxis um so eher, je mehr sie sich ihrem Leitziel nähern: herrschaftsfreie Verständigung durch unverkürzte Vernunft zu erreichen. Wenn alle Beteiligten nach Austausch und Überprüfung aller verfügbaren Argumente und Gegenargumente sich darüber verständigt haben, welche Entscheidungen zur (Wieder-)Herstellung selbstbestimmten Zusammenlebens zu treffen sind, dann gilt das Ergebnis dieser Übereinkunft als wahr. Wahrheit ist also nicht vorgegeben, sondern wird hergestellt durch die jeweils geschichtl. Selbstverständigung einer Gesellschaft.
Dieses K.-Denken – am differenziertesten entfaltet in der »Theorie des kommunikativen Handelns« – verdient ernsthafte Auseinandersetzung. Insbes. der pauschale Angriff (einer von vielen), Habermas denke und schreibe »zu kompliziert«, verkennt die komplexe geschändete Wirklichkeit, die ihn zu denken und zu schreiben bewogen hat.

*Lit.: H.-G. Gadamer:* Hermeneutik I. Wahrheit und Methode. Grundzüge einer philos. Hermeneutik (Gesammelte Werke, Bd. 1), Tübingen 1986. – *J. Habermas:* Wahrheitstheorien, in: *H. Fahrenbach (Hg.):* Wirklichkeit und Reflexion. Walter Schulz zum 60. Geburtstag, Pfullingen 1973, 211-265. – *Ders.:* Theorie des kommunikativen Handelns, 2 Bde., Frankfurt/M. 1981. – *Ders.:* Der philos. Diskurs der Moderne. Zwölf Vorlesungen, Frankfurt/M. 1985. – *K. Oehler:* Der Consensus omnium als Kriterium der Wahrheit in der antiken Philosophie und der Patristik. Eine Studie zur Geschichte des Begriffs der Allgemeinen Meinung, in: *ders.:* Antike Philosophie und byzant. MA. Aufsätze zur Geschichte des griech. Denkens, München 1969, 234-271. – *R. Schian:* Untersuchungen über das »argumentum e consensu omnium«, Hildesheim 1973. – *K.-D. Ulke:* Agnost. Denken im Viktorian. England, Freiburg/München 1980.

*Karl-Dieter Ulke*

**Konservatismus**

*A.* Der Begriff K. oder Konservativismus, von lat. *conservare*, bewahren, retten, erhalten, bezeichnet die dritte große *polit. Ideologie der* →*Moderne* neben →Liberalismus und →Sozialismus. Diese polit. Ideologien formieren sich alle im Zusammenhang der Politisierung der Spätaufklärung und als Reaktionen auf die →Franz. Revolution.

*I.* K. entsteht dabei vor allem als Kritik des ungeschichtl., rationalist. Denkens der →Aufklärung und der Revolution von 1789. Er vertritt ein anderes →Vernunft- und damit zugleich ein anderes →Freiheitsverständnis. Vernunft sei nicht das Vermögen zu abstrakter, keine geschichtl. Besonderheiten akzeptierender Konstruktion, sondern zur Einsicht in den lebensdienl. Sinn geschichtl. gewachsener Ordnungen. →Erfahrung und die *Autorität des Gewordenen* dürften nicht durch Kalkül und Logik ersetzt werden. →Religion und →Kirchen seien unverzichtbare Integrationsmedien für das Gemeinwesen. Freiheit sei nicht Freisetzung des Individuums aus allen Bindungen oder grenzenlose →Emanzipation, sondern Anerkennung und konkrete Gestaltung elementarer sozialer Bindungen, in denen der Mensch sich immer schon vorfinde. So sei auch das revolutionäre Ideal der Gleichheit aller falsch: Die Menschen seien von Natur aus ungleich. Nicht durch abstrakte Gleichmacherei, sondern durch die Anerkennung verschiedener Fähigkeiten und Begabungen werde wahre →Gerechtigkeit verwirklicht.

*II.* Die Geschichte des K. zeigt, daß über diesen ideolog. Grundkonsens hinaus seine sozialen Träger als auch deren konkrete polit. Forderungen *breit variieren* konnten. Vertraten um 1800 vor allem kirchl. und weltl. Adel konservative Ideen, so später das →Bürgertum und schließl. Teile der →Arbeiterschaft. Die polit. Forderungen reichen vom Ständestaat über den bürgerl. Nationalstaat bis hin zu einer sozialen →Demokratie. Dieser materialen Variabilität des K. kann nur eine jeweils hist. präzisierte Definition gerecht werden.

*B.* Klass. Theoretiker des frühkonservativen Denkens ist *E. Burke*, dessen 1790 erschienenen »Reflections on the Revolution in France« auch in Deutschland zu einem Grunddokument polit. Theorie und Parteibildung werden. Burke selbst verwendet den Begriff K. noch nicht programmatisch. Erst in *Frankreich* gewinnt er den Charakter einer polit. Positionsbezeichnung im Gegensatz zu liberalen Emanzipationsbewegungen: 1818 gründet Chateaubriand die Wochenzeitschrift »Le Conservateur«, um gegen die von der liberalen Presse vertretenen Prinzipien von Volkssouveränität und Freiheit für monarch. Legitimität und die Autorität althergebrachter polit. Institutionen einzutreten. Doch ist K. keineswegs mit einem blinden Beschwören des Althergebrachten und einem starren Festhalten an der vormodernen, feudalständ. Sozialordnung gleichzusetzen. K. ist nicht einfach →Restauration oder bloße Reaktion. Er stellt vielmehr ein insofern *modernes Phänomen* dar, als er auf die polit. und sozialen Krisen, welche die revolutionäre Auflösung der alten polit. Institutionen und die Zerschlagung der überkommenen Standesbindungen erzeugt haben, mit einem nach vorn orientierten durchaus utop. Elemente enthaltenden Zukunftsentwurf reagiert.

*C.* Die spezif. Modernität des konservativen Denkens zeigt sich auch am *dt. K. des frühen 19. Jh.s.* Um die Revolution und liberale Forderungen nach polit. →Partizipation abzuwehren, wird im dt. Frühk. ein *polit.-soziales Reformprogramm* formuliert.

*I.* Die sozialen Krisen des Pauperismus und der Frühindustrialisierung (→Industrie) ließen sich nicht durch den ungehemmten ökonom. Individualismus der Liberalen oder durch weiteres ungezügeltes Wachstum, sondern nur durch staatl. Steuerung beheben. Frühkonservative Theoretiker wie F. Gentz, A. W. Rehberg und L. von Stein betonen deshalb, der Staat müsse gegenüber der Gesellschaft starke Autorität haben. Dieser *starke Staat*, das zentrale Konstitutionselement allen konservativen Denkens, ist ein sittl. Gemeinwohlstaat, der den Kampf der Partikularinteressen bändigen und eine von Konflikt und Interessengegensätzen geprägte →Gesellschaft zu organ. →Gemeinschaft integrieren soll. Deshalb muß der Staat monarch. verfaßt, die Herrschaft von Parlament und Parteien durch ein »soziales Königtum« begrenzt sein.

*II.* Grundlegendes Medium solcher Integration sei die Religion. Der dt. Frühk. versteht sich deshalb auch als eine gegen das aufgeklärte Vernunftchristentum (→Aufklärung) gerichtete *Erneuerung des →Christentums.* Im Programm der Rechristianisierung des Gemeinwesens gibt es zwischen dem führenden röm.-kath. Frühkonservativen A. Müller und dem einflußreichsten prot. Konservativen F. J. Stahl jedoch bezeichnende Unterschiede.
*1.* Müller sieht in Revolution und Liberalismus Folgen der prot. Reformation, so daß er zur Erneuerung des Gemeinwesens vorrangig auf eine *Restauration der Herrschaft der röm.-kath. Kirche* über das Gemeinwesen setzt. Demgegenüber konzipiert Stahl das Ideal eines christl. Staates, der, im Sinne der reformator. Lehre von einer relativen *Autonomie des Politischen* gegenüber der Kirche, zwar notwendig mit der im Volk verwurzelten Kirche kooperiert, um das sittl.-rel. Fundament des Gemeinwesens zu sichern, aber doch eine von der Kirche unabhängige theol. Würde besitzt.
*2.* Je mehr durch die Beschleunigung der Industrialisierung die Gesellschaft fragmentiert wird und das Bürgertum sich vom wachsenden Proletariat bedroht sieht, desto stärker nimmt konservatives Denken die Gestalt eines *kulturkrit. Gegenentwurfes* zur modernen Zivilisation insgesamt an. Dieser Kulturk. läßt sich nicht auf konservative Parteien eingrenzen. Zwar wird er wesentl. vom parteimäßig organisierten prot. Sozialk. A. Stöckers sowie vom Sozialkatholizismus (→soziale Frage) geprägt, die rel. Integrationshoffnung in einem eigenen sowohl scharf antikapitalist. als auch antisozialdemokrat. dt. →Sozialismus konkretisieren.

*III.* Aber seine zentralen Wertideale, der Glaube an die sittl. Persönlichkeit, das Pathos einer rel. fundierten Gemeinschaft, die Polemik gegen »Vermassung«, die Unterscheidung von Kultur und Zivilisation sowie die harmonist. Vorordnung der Ideen vor den Interessen, prägen auch den *dt. Liberalismus.* Selbst ein gemeinhin dem prot. Liberalismus zugeordneter Theoretiker wie E. →Troeltsch behauptet in seinen Analysen des Verhältnisses von Christentum und moderner Politik, daß der christl. Glaube notwendig ein konservativaristokrat. Element habe.

*D.* Die Revolution von 1918/19, das Ende der Monarchie, die Parlamentarisierung des polit. Systems sowie der Anspruch auf rel. Neutralität des Staates provozieren in den 20er Jahren einen *Gestaltwandel des K.*

*I.* Ein Teil des konservativen →polit. Katholizismus öffnet sich der Demokratie. Zugleich formiert sich neben dem überkommenen parteipolit. K., wie er in der weithin prot. Deutschnationalen Volkspartei organisiert ist, die sog. »konservative Revolution«. In ihr *radikalisiert sich* konservative Kritik polit.-sozialer Modernisierung zu einer prinzipiellen Feindschaft gegen →Kapitalismus, Liberalismus, →Rationalismus, →Individualismus, Parteienpluralismus und →Parlamentarismus. Die revolutionäre Modernitätskritik von prot. Theologen wie E. →Hirsch. F. Brunstäd, F. Gogarten, P. Althaus läßt sich deshalb nicht aus einer antidemokrat. Grundhaltung des →Luthertums, sondern nur von ihren engen Beziehungen zur konservativrevolutionären polit. Theorie der Zeit her zureichend erklären.

*II.* Die verschiedenen Gestalten konservativen Denkens in den 20er Jahren stimmen in einem überein: Der Fortfall traditioneller Integrationsmedien konservativen Denkens – Monarchie, Wertmonopol der christl. Überlieferung – soll durch *Beschwörung neuer rel.-sittl. Homogenität* kompensiert werden. Mit ihrer radikalen Modernitätskritik werden die Konservativen zu *Wegbereitern* der nationalsozialist. Zerstörung der parlamentar. Demokratie. Die Machtergreifung der Nationalsozialisten 1933 wird von ihnen weithin als die dt. Revolution, als Antwort auf den Geist von 1789 verstanden. Angesichts des NS-Terrors wird klassisch konservatives Gedankengut dann aber auch zu einer Quelle, aus der Teile des dt. Widerstandes gegen Hitler ihre Motivation beziehen.

*E.* Der Zusammenbruch des revolutionären →Faschismus und →Nationalsozialismus führen *nach 1945* in Westeuropa zu einer *Renaissance* wertkonservativ orientierter christl. Parteien. Auch wenn diese Parteien an einem alten Grundprinzip konservativen Denkens, dem engen Zusammenhang von christl. Tradition, Kirchen und Wertfundament der Gesellschaft, festhalten, unterscheiden sie sich von der konservativen Tradition darin tiefgreifend, daß sie die *kapitalist. Modernisierung* der Ökonomie, die techn. Zweckrationalität *fördern* und die parlamentar. Demokratie als jene polit. Ordnung bejahen, in der die sozialen Krisen der Modernisierung am effizientesten reguliert werden können.
Wo seit den frühen 70er Jahren der Glaube an eine techn.-zweckrationale Steuerbarkeit der gesellschaftl. Entwicklung geschwunden ist, versucht man gegen diesen Parteik. Elemente der klass.-konservativen Modernitätskritik neu zu beleben. Dies gilt sowohl für Teile der →Alternativbewegung als auch für den theoret. vor allem in den USA profilierten »*Neok.*«. Diese neuen Gestalten konservativen Denkens unterscheiden sich primär durch die *Struktur ihrer Krisendiagnostik.* Beschwören die Alternativbewegungen eine ökolog. Transformation kapitalist. Ökonomie, deren konkrete Ausgestaltung noch weithin diffus ist, so halten die Neokonservativen so am existierenden Kapitalismus fest, daß sie dessen negative Folgen innerhalb des Kultursystems der Gesellschaft zu kurieren versuchen. Gleichwohl ist auch der Neok. sehr viel mehr als nur das kulturelle Begleitphänomen einer parteipolit. Wende. Er signalisiert eine bleibende *Aktualität* konservativer Tradition: Solange die Dynamik des Prozesses kapitalist. Modernisierung ungebrochen ist, so lange wird es auch eine Kritik ihrer sozialen Folgen geben, die aus dem Argumentationspotential konservativer Überlieferung schöpft.

*Lit.: H. Dubiel:* Was ist Neok.?, Frankfurt/M. 1985. – *K. Epstein:* Die Ursprünge des Konservativismus in Deutschland, Frankfurt/M. 1973. – *H. Gerstenberger:* Der revolutionäre K. Ein Beitrag zur Analyse des Liberalismus, Berlin 1969. – *F. W. Graf:* Konservatives Kulturluthertum, in: Zeitschrift für Theologie und Kirche 85 (1988), 31-76. – *M. Greiffenhagen:* Das Dilemma des K. in Deutschland, München 1971. – *I. Fetscher (Hg.):* Neokonservative und »Neue Rechte«, München 1983. – *K. Mannheim:* K. Ein Beitrag zur Soziologie des Wissens, hg. von D. Kettler u.a., Frankfurt/M. 1984. – *A. Mohler:* Die konservative Revolution in Deutschland 1918-1932. Ein Handbuch, Darmstadt, 2., völlig neubearb. und erw. Aufl. 1972. – *H. G. Schumann (Hg.):* Konservativismus, Köln 1974 (Lit.) – *F. Stern:* Kulturpessimismus als polit. Gefahr. Eine Analyse nationaler Ideologie in Deutschland, Bern 1963 (Tb.-Ausgabe München 1986). – *K. Tanner:* Die fromme Verstaatlichung des Gewissens. Zur Auseinandersetzung um die Legitimität der Weimarer Reichsverfassung in Staatsrechtswissenschaft und Theologie der zwanziger Jahre (Arbeiten zur Kirchl. Zeitgeschichte, Reihe B: Darstellungen, Bd. 15, Göttingen 1988.

*Klaus Tanner*

## Konstantinische Wende

*A.* Die Hinwendung Kaiser *Konstantins* (306-337) zum christl. Glauben und die daraus erwachsenden Folgen für Kirche und Reich; bezeichnet außerdem den Beginn des sog. »*Konstantinischen Zeitalters*«, was sich seit dem →Kirchenkampf als polem. Bezeichnung für jede Form von Verbindung zwischen →Staat und Kirche seit Konstantin eingebürgert hat und zu einem negativ besetzten Synonym für →Volkskirche schlechthin geworden ist. Hist. greifbar ist, daß Konstantin sich 312 im Krieg um die Herrschaft im Westen unter den Schutz des Christengottes stellte und nach dem Sieg seinen christl. Glauben öffentl. dokumentierte und von Heiden und Christen als Christ angesehen wurde. Sein christl. Bekenntnis ist glaubhaft und kann nicht als polit. Opportunismus gedeutet werden. Er selbst hat seine Hinwendung zum Christentum nie mit einer →*Bekehrung* verbunden; vor der entscheidenden Schlacht hatte sich der von ihm eigentl. schon immer verehrte Gott offenbart (Kreuzesvision). Seine Bekehrung ist als lebenslanger Prozeß zu sehen, der in der Taufe unmittelbar vor dem Tod seinen Abschluß fand. Christl. Glauben verstand er röm. als →Kult und →Gesetz, von dessen ordnungsgemäßer Erfüllung das Wohl des Reiches abhing. Sich selbst sah er in bes. Weise von Gott erwählt.

*B.* Für Konstantin war nur noch das seit dem *Galeriusedikt* von 311 und der *Mailänder Übereinkunft* von 313 offiziell den anderen Kulten gleichgestellte →Christentum für das Reichswohl *verantwortlich.* Nach röm. Verständnis für den Kult zuständig, mußte er nun auch die Aufsicht über den christl. Kult übernehmen und bei die Einheit der Kirche gefährdenden Auseinandersetzungen *eingreifen,* wie es im Westen im donatist. (→Ekklesiologie) und im Osten im arian. (→Trinität) Streit geschah, indem er bischöfl. Gerichtshöfe zur Untersuchung kirchl. Fragen einsetzte, wobei die Bischöfe sich der traditionellen Form der →Synode bedienten, aber im Auftrag des Kaisers, der ihre Beschlüsse ausführte (kaiserl. Synodalgewalt) und so ideolog. Einheitsvorstellungen in der Kirche mit staatl. Gewalt gegen →Häretiker und Schismatiker durchsetzte. Die kaiserl. Verantwortung für den christl. Kult zeigt sich auch in Konstantins und seiner Nachfolger →Kirchenbau, in Privilegien für den christl. Klerus und der Einführung des Sonntags als Feiertag.

*C.* Die sichtbare Privilegierung der Kirche führt nicht nur zur allmähl. Christianisierung von Staat und →Gesellschaft, sondern zu einer immer stärkeren *Assimilierung* beider (→Antike und Christentum). Die Kirche, seit den →Apologeten des 2. Jh.s das →Röm. Reich grundsätzl. bejahend, hat die K.W. mit allen Folgen begrüßt und theol. zu deuten versucht. Evtl. Kritik ist nie grundsätzl., sondern ist im Rahmen der kirchenpolit. Auseinandersetzungen und der kaiserl. Parteinahme darin zu sehen. Die enge Verbindung von →Kirche und Staat hat das Röm. Reich überdauert und sich in verschiedensten Formen bis in die jüngste Zeit erhalten. Seit dem →MA., dem Konstantin als Herrscherideal galt, wird Kritik an der K.W. laut, die aber meist Kritik am ma. →Papsttum und an seiner sich auf die gefälschte »Konstantinische Schenkung « berufenden weltl. Macht sowie der daraus erwachsenden Verweltlichung der Kirche ist. Nachdem die →Reformation und vor allem →Luther Konstantin positiv gewürdigt und die Pflicht der Fürsten, für die Kirche zu sorgen, betont hatten (landesherrl. Kirchenregiment), haben der linke Flügel der Reformation und der →Pietismus die K.W. als Abfall vom Glauben angesehen, was in säkularisierter Form in die Geschichtsschreibung seit der →Aufklärung eingegangen ist.

*Lit.: E. Herrmann:* Ecclesia in re publica, Frankfurt/M./Bern 1980. – *H. Kraft (Hg.):* Konstantin der Große, Darmstadt 1974 (Lit.). – *G. Ruhbach (Hg.):* Die Kirche angesichts der konstantin. Wende, Darmstadt 1976 (Lit.).

*Hanns-Christof Brennecke*

**Konstruktivismus.** Sprachl. abgeleitet vom lat. *construere:* aufschichten, (auf)bauen, wird der Begriff in den unterschiedlichsten Kunst- und Kulturbereichen verwendet. In der →Wissenschaftstheorie dieses Jh.s setzt er zunächst bei der →Mathematik und →Logik an.

*A.* Gegenwärtig werden in der Wissenschaftstheorie unter »K.« vor allem zwei Richtungen diskutiert. Die eine, heute allerdings weniger bedeutende Richtung, bewegt sich im Bereich der *Psychologie* (Holzkamp). Sie vertritt die These: Wenn ein Forscher Daten ermittelt, dann sind diese Daten nicht unabhängig, sondern abhängig vom Forscher, seinen Forschungsinstrumenten und seiner →Theorie. Sie sind in diesem Sinne »konstruiert« und zur Überprüfung von Theorien nicht geeignet. Es kann daher nicht um gesicherte Erkenntis gehen, sondern um die Bedeutung von →Forschung. So wird der K. zur Grundlage einer krit. Wissenschaft. Die andere Richtung – ein eher philos. K. – kommt von der *Erlanger und* Konstanzer Schule (u.a. Lorenzen, Kamlah). Es geht um den »Anfang« menschl. Erkenntnis. Das Problem ist aber der Zirkel des Anfangs: einerseits versucht Sprache sich der Welt und ihren Gliederungen anzupassen, während sie doch andererseits der Welt ihre Gliederungen selbst erst gegeben hat. So muß der Anfang »inmitten« der *Sprache* »von Grund auf« neu beginnen: beides gilt es zu verbinden, um zu einem Erkenntnisgrund zu kommen. Gerade diese Behandlung der Anfangsproblematik macht den K. zu einer Gegenposition des →Empirismus: es geht nicht mehr um Erfahrenes oder Gegebenes, das wir »nur« aufzufinden haben; was wir »auffinden«, haben wir ja bereits selbst geschaffen. Wissenschaft kann also nicht einfach der Erfahrung folgen, weil es sich hierbei nicht einfach um eine vor*gegebene*, sondern um eine von uns vor*strukturierte* Größe handelt. Diese Behandlung der Anfangsproblematik durch den K. ist allerdings häufiger Zielpunkt der Kritik. Umgekehrt kritisiert der K. die bisherige Philosophie, weil sie »in aller Arglosigkeit eine →Metaphysik bereits zum unerkannten Fundamente« hat (Kamlah).

*B.* Für die Konstruktion von Wissenschaftssprache gelten neben method. vor allem *dialog. Prinzipien.* Bei diesem Dialog kommt es darauf an, daß die Teilnehmer dieselbe Sprache sprechen und »sachkundig« und »vernünftig« sind. Stimmen solche Teilnehmer im Urteil über eine Aussage überein, kann man diese »wahr« nennen. »Wahrheit« wird also auf dem Wege der Übereinstimmung gefunden (»interpersonale Verifizierung«). Eine Aussage ist also nicht schon dann wahr, wenn sie etwa sprachl. richtig gebildet wurde, sondern erst dann, wenn sie sachkundig nachgeprüft, verifiziert werden kann. Dieses Verfahren wurde auch auf die →*Ethik* übertragen, so daß eth. Normen zu Übereinstimmungsnormen wurden. Damit hängt als eth. Grundpflicht zusammen, sich selbst und die eigenen Interessen zu »übersteigen« bzw. so zu verändern, daß sie mit denen der anderen vereinbar sind. Diese Auffassungen von →Wahrheit und →Norm blieben natürl. nicht unwidersprochen. Die Frage ist, ob eine interpersonale Verifizierung nicht die eigentl. Probleme voraussetzt, die sie vorgibt zu lösen.

*Lit.: U. Berk:* Konstruktive Argumentationstheorie, Stuttgart 1979. – Einführung in den K., Bd. 10 der Schriften der Carl Friedrich von Siemens Stiftung, München 1985. – *J. Friedmann:* Kritik konstruktivst. Vernunft. Zum Anfangs- und Begründungsproblem bei der Erlanger Schule, München 1981. – *F. Kambartel (Hg.):* Prakt. Philosophie und konstruktive Wissenschaftstheorie, Frankfurt/M. 1974.

*Hermann Punsmann*

**Konsum und Produktion.** K. ist der Verbrauch oder Gebrauch von wirtschaftl. Gütern, bis sie keinem mehr nutzen oder ihren Zweck erfüllt haben.

*A.* Die *Wohlstandsgesellschaft* ist u.a. durch Massenk. gekennzeichnet; der Kaufkraft der Bevölkerung (Massenkaufkraft) steht eine große Gütermenge für ein breites Spektrum von →Bedürfnissen zur Verfügung. Zu den wirtschaftl. Voraussetzungen gehören: industrielle Massenp. im K.güterbereich mit fallenden Herstellungskosten und mit Handelsbetriebsformen, die auf den raschen Umsatz von Massenware ausgerichtet sind. Zwischen diesen institutionellen Bestandteilen des Massenk.s besteht eine wechselseitige Abhängigkeit. Der K. ist als Binnennachfrage eine wichtige Stütze der Konjunktur.

*B.* K.freiheit ist die freie wirtschaftl. Verfügung über die Verwendung des Einkommens. Sie ist grundlegendes Element der →marktwirtschaftl. Ordnung. Mit dem Begriff K.entensouveränität wird die Steuerung der volkswirtschaftl. P. durch die Entscheidung der K.enten zum Ausdruck gebracht. Die P. soll sich also letztl. an den Bedürfnissen der K.enten ausrichten. Allerdings lassen sich die Modellannahmen der K.entensouveränität nie vollständig verwirklichen; das Allgemeinwohl ist mit dem K.enteninteresse nicht ident. Daß öffentl. Güter, wie etwa →Schulen und Straßen, von der öffentl. Hand bereitgestellt werden müssen, zeigt, wie eingeschränkt die P. durch privatwirtschaftl. Nachfrage gesteuert wird. Die *öffentl. Güter* dienen zwar der Befriedigung von Einzelbedürfnissen; es liegt aber im öffentl. Interesse, daß jeder unabhängig von seinen wirtschaftl. Möglichkeiten Zugang zu diesen Gütern erhält. Unter Umständen werden Zwangsk. (z.B. Impf- und Schulpflicht) oder K.verzicht (z.B. bei gesundheits- und umweltschädl. Produkten) von staatl. Seite verordnet. Der →Staat hat also eine *Ordnungsaufgabe* zum Schutz des Verbrauchers, aber auch zur Erreichung wirtschafts- oder gesellschaftspolit. Ziele (z.B. Außengleichgewicht oder Bewältigung des Müllproblems).
Auf gesellschaftl. Ebene haben sich die K.enten in Verbraucherschutzorganisationen als Selbsthilfeeinrichtungen zusammengeschlossen. Diese Bewegung zur Stärkung der rechtl. und wirtschaftl. Position der Verbraucher wird als Konsumerismus bezeichnet.

*C.* K. und P. haben zunächst das *Überleben* zu sichern. Darüber hinaus zeigt sich die Vielzahl menschl. Lebensmöglichkeiten. Demonstrativer K. in der Erwartung, damit eine best. soziale Position zu erringen, macht die soziale Komponente des K.s deutl. Die Verengung der *Lebensorientierung* auf den K. (K.materialismus) verweist auf die Fragen nach dem →Sinn menschl. Lebens.
Im Verbraucherverhalten typ. Gruppen läßt sich die Veränderung von *K.gewohnheiten* beobachten sowie der Preisindex für Lebenshaltung messen. Durch die Bewertung der Lebensumstände in K. und P. läßt sich versuchen, die Lebensqualität über die wirtschaftl. Maßzahlen hinaus zu erfassen.

*D.* Mit der Unterscheidung zwischen wahren und falschen Bedürfnissen wird die Frage nach einer *Definitionsinstanz* gestellt. Daran schließt sich die Frage an, ob und inwieweit diese mit Sanktionsmacht ausgerüstet werden soll. Auf der Grundlage des *christl. Menschenbildes* kann die →Verantwortung allerdings nicht an ein Kollektiv abgegeben werden. In K. und P. hat der Mensch die Balance zu halten zwischen personaler Entfaltung, Verantwortung gegenüber Mit-, Um- und Nachwelt (→Ökologie) sowie die Solidaritätspflicht (→Brüderlichkeit) gegenüber den Benachteiligten (z.B. in der →Dritten Welt). Auch in der traditionellen Lehre von der *Teilung des Überflusses* wird daran erinnert.

*Lit.: W. Glatzer/W. Zapf (Hg.):* Lebensqualität in der Bundesrepublik, Frankfurt/M. 1984. – *D. Jeschke:* K.entensouveränität in der Marktwirtschaft. Idee, Kritik, Realität, Berlin 1975. – *G. Kleinhenz:* Zur polit. Ökonomie des K.s, Berlin 1978. – *E. Lio:* Die Bestimmung der Erdengüter für alle Menschen im Lichte der christl. Soziallehre, in: Oeconomia humana. Wirtschaft und Gesellschaft auf dem II. Vat. Konzil, Köln 1973, 187-222. – *E. und M. Streissler (Hg.):* K. und Nachfrage, Köln 1966. – *K. Wieken:* Die Organisation von Verbraucherinteressen im internationalen Vergleich, Göttingen 1976.

*August Stiegler*

**Kontextuelle Theologie.** Der Begriff k.T. ist in den 70er Jahren in der →Dritten Welt entstanden als Reaktion auf missiolog. Theorien (→Missiologie), die sich darauf beschränkten, christl. →Traditionen an Elemente traditioneller Kulturen anzupassen. Seitdem wurde er zum *Sammelbegriff* verschiedenster theol. Programme, die je auf ihre Weise Sinn und Bedeutung der christl. Botschaft aktualisieren im Respekt vor der eigenen Geschichte, den Werterfahrungen und rel. Traditionen, den Sprach- und Denkformen sowie der ökonom. und polit. Situation und den Problemen einer bes. Bevölkerungsgruppe (→Volk, →Rasse, →Klasse, Geschlecht). Dies bedeutet zugleich Kritik am vermeintl. Universalitätsanspruch der herrschenden Theologien, die für nichtwestl. Völker und beherrschte Gruppen bedeutungslos oder gar unterdrückend sein können oder sind.

*A.* Eine eindeutige *Methode* besteht für die k.T. noch nicht. Mindestforderung ist, daß die Theologie ausgeht von einer krit. Analyse, die in die Werte und Nöte einer bes. Bevölkerungsgruppe Einsicht bietet, und von da aus →Schrift und Tradition als vielfältige kontextgebundene Manifestationen von Gottes →Wort interpretieren, daß sie ferner die traditionellen Werte, aber auch die Folgen des →Säkularisierungs- und Technisierungsprozesses, des Kampfes für →Gerechtigkeit, Befreiung und menschl. Integrität bedenkt. Wo die christl. Botschaft nur aus didakt. Gründen in die Sprach- und Denkstrukturen nichtchristl. Völker übersetzt oder in Nebensächlichkeiten dieser Kultur angepaßt wird, kann von eigentl. k.T. keine Rede sein.

*B.* Die wichtigsten *Strömungen* sind: die Theorie der →Inkulturation oder →Inkarnation, die (so wie der Dialog zwischen den →Weltreligionen) den Akzent auf die *Begegnung* zwischen Christentum und philos. sowie rel. nichtchristl. Traditionen legt. Andere *konfrontieren* das Christentum mit kulturellen Werten und Nöten, wie sie von funktionalist., strukturalist., materialist. und semiot. Theorien analysiert werden. Befreiungstheologen (→Befreiungstheologie) bevorzugen eine *krit. Ana-*

*lyse* ökonom., sozialer, polit. und kultureller (Macht-)Verhältnisse oder eine aus der Perspektive des »Armen« entworfene theol. → Hermeneutik. Über die Frage, wie und wieweit das Wesen des Christentums kontextualisiert werden kann und darf, ist augenblickl. eine vielfältige Diskussion im Gange.

*Lit.: K. Blaser:* K.T. als ökumen. Problem, in: Theol. Zeitschrift 36 (1980), 220-235. – *V. Fabella/S. Torres (Hg.):* Irruption of the Third World. Challenge to Theology, New York 1983. – *C. Geffré u.a. (Hg.):* Verschiedene Theologien, gemeinsame Verantwortung: Babel oder Pfingsten?, in: Concilium 20 (1984), 1-85. – *T. Rendtorff (Hg.):* Europ. Theologie. Versuche einer Ortsbestimmung, Gütersloh 1980.

*Jacques van Nieuwenhove (Übers. Hermann Häring)*

**Konventionalismus,** abgeleitet von lat. *conventio* (Übereinkunft); Theorie, nach der die Begriffsbildung ausschließl. auf reine Übereinkunft zurückgeht (→ Pragmatismus).

*A.* Formuliert wurde sie von *H. Poincaré* (1854-1912), der in Auseinandersetzung mit → Kants transzendentaler Deduktion am Beispiel der euklid. Geometrie zeigte, daß die den einzelnen Meßresultaten der Geometrie vorausliegenden Fundamentalsätze (Axiome, Hypothesen) willkürl. Regeln darstellen, deren Geltung allein in der auf Übereinkunft beruhenden Anerkennung durch die (Natur-)Wissenschaftler liegt. Der K. trug mit dazu bei, das neuzeitl., an den Naturwissenschaften (bzw. der → Mathematik) orientierte Ideal von Wissenschaftlichkeit zu erschüttern, sofern er auch für die exakten Wissenschaften die Möglichkeit synthet. Urteile a priori (Kant) bestritt und an ihre Stelle die (begründete) Wahl zwischen vielen mögl. Wegen zur Beschreibung empir. Gegebenheiten setzte. *R. Carnap* (1891-1970) hat den K. auf die Logik insgesamt ausgedehnt: Alle wissenschaftl. Sprachformen, die auf log. Annahmen aufbauen, sind Festsetzungen, welche die Wissenschaftstheorie als solche kenntl. zu machen und unter method. Gesichtspunkten zu analysieren hat. Die Frage nach der Vernünftigkeit log. Sprachformen wird zur Frage, ob sie dem zu untersuchenden oder zu beschreibenden Gegenstand bzw. Sachverhalt angemessen sind. Derartige Weiterentwicklungen des K. führen, wie auch der Ansatz *K. Poppers* zeigt, zur Preisgabe wesentl. Grundannahmen des → Positivismus (vgl. das Axiom Poppers von der prinzipiellen Widerruflichkeit von Protokollsätzen). Gegen einen reinen → Empirismus argumentiert Popper, Tatsachenbehauptungen seien nur plausibel und sinnvoll im Rahmen theoret. Voraussetzungen, weil »Tatsachen« keine reinen Gegebenheiten, sondern das gemeinsame Produkt von → Sprache und Wirklichkeit darstellten; der über die Konvention definierten Sprache fällt dabei die eigentl. gegenstandskonstituierende Funktion zu.

*B.* Der Begriff K. verweist unmittelbar auf die *Alltagssprache.* Hier meinen Konventionen jene fraglos geltenden Üblichkeiten, in Übereinstimmung mit denen sich die Lebenswelt von Individuen und sozialen Gruppen strukturiert. Auch die sog. → Volksreligion ist zu einem entscheidenden Teil Konvention.

*Lit.: R. Carnap:* Testability and Meaning, New Haven (Conn.) 1950. – *H. Dingler:* Der Aufbau der exakten Fundamentalwissenschaft, hg. von P. Lorenzen, München 1964. - *G. Frey:* Zum Problem des K. in der mathemat. und physikal. Begriffsbildung, in: Zeitschrift für philos. Forschung 9 (1955), 385-389. – *H. Poincaré:* Wissenschaft und Hypothese, Leipzig, 3. Aufl. 1914. – *K. Popper:* Conjectures and Refutations, London 1963.

*Carl-Friedrich Geyer*

**Konversion.** Vom allg. Wortsinn her bedeutet K. → Bekehrung, Umkehr und Übergang, *Übertritt.* Hier soll unterschieden werden zwischen K. als äußerem und innerem Akt, unter Beschränkung auf die christl. Kirchen.

*A.* K. als *äußerer Akt* bezieht sich auf den konfessionsspezif. Gehalt dieses Begriffs und bedeutet Übertritt von einer zu einer anderen → Religions- oder → Konfessionsgemeinschaft, wird jedoch hier nicht nur auf den Übergang zur → röm.-kath. Kirche bezogen, wie es ein kath. Kirchenverständnis nahelegt, das den Übertritt eines Katholiken etwa zum → Protestantismus als Abfall (perversio) kennzeichnet. Die K. zur kath. wie auch zur → orthod. Kirche wird als ein öffentl. Akt aufgefaßt, der seinen Ausdruck in einer best. liturg. Form findet und zumeist eine Veränderung der kirchl.-gesellschaftl. Situation des Konvertiten nach sich zieht.

*I.* Dieser öffentl. Charakter vermag auch die große Anzahl von *rel. Selbstzeugnissen* der zum → Katholizismus Konvertierten erklären, die dieses Ereignis beschreiben, rechtfertigen, die aber auch oft für eine kirchl. Polemik und → Apologetik mißbraucht worden sind. Beweggründe für die K. stellen sich im Zusammenhang dieser Berichte sehr unterschiedl. dar: Ästhet.-liturg. Motive bewegten z.B. G. von le Fort, zum Katholizismus überzutreten, kirchenpolit. Motive bekannte Konvertiten des 16./17. Jh.s (Heinrich IV. von Frankreich und Christine von Schweden), eher dogmat.-lehrhafte Motive J. H. → Newman, über die er in seiner »Apologia pro vita sua« Rechenschaft abgelegt hat. Auch persönl. Begegnungen waren oft Anlaß für eine K., so der ev. Pfarrer Rudolf Goethe, dessen Begegnung mit der »Dachmutter« Margarete Dach aus Darmstadt für die K. ausschlaggebend war. Er zog damals viel öffentl. Interesse auf sich, weil er nach dem Kriege unter Aufrechterhaltung seiner Ehe zum → Priester geweiht wurde.
Bei Bekehrungen in jüngerer Zeit wird als Motiv die Übereinstimmung von eigenem Lebensentwurf und → Weltbild mit der entspr. Konfession deutlich. So konvertierte die ev. Publizistin Christa

Meves zur kath. Kirche, weil diese »den Wert der Familie« höher achte, die kath. Journalistin Monika Herrmann zur ev. Kirche, weil hier Formen »geschwisterl. christl. Gemeinschaft ohne ›unten‹ und ›oben‹ gelebt werden«.

*II.* Waren früher K.en durch die Frage nach der wahren Kirche Christi, der Bedeutung des Papsttums, der richtigen Form der Eucharistie motiviert, so lassen sich heute eher Motive benennen, die durch die *subjektive →Freiheit* des einzelnen bedingt sind oder gar durch pragmat. Beweggründe wie die Verhinderung einer Mischehe. 1987 wurden etwa 4.000 Protestanten kath., während sich 7.000 Katholiken der prot. Kirche zuwandten. Angesichts der dargelegten K.smotive sind diese Zahlen nicht primär als Ausdruck einer konfessionellen Mentalitätsverschiebung zu deuten, sondern als individuelle Problemlösungsstrategie angesichts mangelnder ökumen. Annäherung und innerkirchl. Vielfalt der Kirchen in der Bundesrepublik. Vermutl. entspricht die abnehmende Zahl der K.en nach dem Zweiten Weltkrieg der ökumen. Annäherung der Kirchen.

*III.* Nicht von ungefähr warnen Theologen wie K. →Rahner angesichts der ökumen. Zusammenarbeit der Kirchen vor einer »falschen Proselytenmacherei« (*Proselytismus,* Abwerbung von Christen anderer Konfessionen) bei dem Versuch, Einzelk. zu initiieren. Auch das Ökumenismusdekret (Nr. 4) des 2. →Vat. Konzils deutet auf einen Vorrang der Ökumene vor der Einzelk. hin. Im prakt. Konfliktfall jedoch, wie z.B. bei der Mischehe, scheinen die Bestimmungen des neuen Codex Iuris Canonici von 1983 (vgl. cc. 1124 und 1125) eher eine K. als eine ökumen. Lösung anzustreben.

*B.* K. als *innerer Akt* bezieht sich nicht so sehr auf die Abkehr von einer best. Religions- /Konfessionsgemeinschaft, sondern auf die persönl./theol. *Beweggründe* dieser Umkehr. Hier geht es um die Wurzeln und Quellen des →Glaubens, um Religiosität überhaupt (→Religion), um die »entschlossene und radikale persönl. je einmalige Übernahme des christl. Daseins« (Rahner).
Diese Form von K. verweigert sich einem kirchl. Konformismus, dem es ledigl. um die Erträglichkeit und äußere Gestaltung des christl. Alltags geht, sowie einer Theologie, die primär um die Legitimation und Stabilisierung dieses Alltags bemüht ist. Insbes. *Mystikerinnen und Mystiker,* wie Ignatius von Loyola (1491-1556), Theresia von Avila (1515-1582), Gerhard Tersteegen (1697-1769), Jacob Böhme (1575-1624), Hildegard von Bingen (1098-1179), legen Zeugnis ab von der Dramatik der Bekehrungserfahrung und der Notwendigkeit der Umkehr. Auch in den →befreiungstheol. Ansätzen Lateinamerikas (E. Cardenal), sowie in verschiedenen Ausformulierungen →feminist. Theologie (Catharina J. M. Halkes, Ursa Krattiger) sowie in kontemplativ-meditativ orientierten Theologieentwürfen (Williges Jäger) hat das Motiv der Bekehrung als Zäsur im Leben des einzelnen und von Gruppen einen hohen Stellenwert. Hier bedeutet Bekehrung eher Umkehr zu den wesentl. Inhalten und Erfahrungsgehalten des Christentums. K. in diesem Sinne ist als ein die Konfessionen relativierender Vorgang zu bezeichnen, sozusagen als eine Umkehr innerhalb und *jenseits* der Konfessionen.

*Lit.: J. Downtown:* The Evolutionary Theory of Spiritual Conversion and Commitment, in: Journal for the scientic study of Religion 19 (1980). – *H. Essinger:* Wege nach Rom, Düsseldorf 1958. – *K. Rahner:* Über K.en, in: *ders.:* Schriften zur Theologie, Bd. 3, Einsiedeln, 6. Aufl. 1964, 441-453.

*Hedwig Meyer-Wilmes*

**Konzert** (von mittellat./ital. *concertare* = zusammenwirken; lat. *concertare* = wettstreiten ist eine hist. Ableitung von M. Praetorius, 1619). K. bzw. *Concerto* bezeichnet eine Gruppe von Musikern (engl. *consort*), eine musikal. Gattung und eine Veranstaltung.

*A.* Seit dem *16. Jh.* ist *Concerto* zur Kennzeichnung von Vokal- und Instrumentalensembles belegt und wird so durch das ganze →Barock hindurch umgangssprachl. verwendet. Der von M. Praetorius aufgegriffene Wettstreitcharakter stammt wohl aus der venezian. Mehrchörigkeit und bildet die Grundlage für die moderne Bezeichnung eines »konzertierenden Stils« im Barock. Das (vokale) Concerto hat seinen Ursprung in der →Motette und im →Madrigal, umfaßt geistl. Kompositionen wie L. Viadanas »Cento concerti ecclesiastici« (1602), Cl. →Monteverdis »Concerto Settimo libro de madrigali« (1619) oder H. →Schütz' »Kleine geistl. K.e« (1636/39), letztere für 1-3 Solostimmen und Generalbaß, gelegentl. auch Soloinstrumente, und geht allmähl. in der →Kantate auf (J. S. →Bach nennt seine Kirchenkantaten z.T. Concerto).
Im instrumentalen Bereich des *Barock* bilden sich drei Arten des Konzertierens heraus. Im mehrchörigen K. (*Gruppen-K.*) stehen sich etwa gleichstarke Besetzungen gegenüber, die aus der alten Chorpraxis übernommen wurden (J. S. Bach, Brandenburgisches K., Nr. 3). Das *Concerto grosso* zeigt ein abwechselndes Miteinander von Solistengruppen (*Concertino*, z.B. 2 Violinen oder 2 Oboen mit Cembalo) und Tuttigruppe (gesamtes Orchester) und wurde in Italien von A. Stradella, A. Corelli und A. Vivaldi (meist dreisätzig) entwickelt. Gleichzeitig mit dem Concerto grosso entsteht das Solok. (Trompete, Oboe, Violine, Flöte oder Cembalo). Der dreisätzige Typus bei A. Vivaldi bestimmt die gesamte spätbarocke Epoche: Die Ecksätze prägt ein auf verschiedenen Tonstufen wiederkehrendes Tuttiritornell, der Solist füllt die dazwischenliegenden Couplets mit freien virtuosen Spielfiguren. J. S. Bach (Violin-, Cembalo-K.e) modifiziert diese Form durch themat. motiv. Verbindungen zwischen Tutti und Solo.

In der →*Klassik* gerät das K. als Solok. vorwiegend für Violine oder Klavier ganz in den Bannkreis der Symphonie. Es ist dreisätzig und übernimmt zumindest im Kopfsatz eine modifizierte Sonatenhauptsatzform mit Exposition, Durchführung und Reprise. Gegen Ende der Reprise folgt die *Kadenz*, die dem Solisten Gelegenheit zu themat. bezogener, virtuoser Improvisation gibt. Die *Sinfonia concertante* verbindet als Sonderform ab der Mitte des 18. Jh.s Symphonie und K. Vereinzelt kommen im 19. Jh. auch K.e für mehrere Instrumente vor (L. van →Beethoven, Tripelk. für Violine, Violoncello und Klavier; J. →Brahms, Doppelk. für Violine und Violoncello). Das 19. Jh. pflegt neben dem symphon. Solok. der Klassik auch das ausgesprochene Virtuosenk. (Fr. Chopin, N. Paganini, Fr. →Liszt), läßt Sätze ohne Pause ineinander übergehen (Beethoven, Violink.; R. Schumann, Klavierk.), fügt einen vierten Satz (Scherzo) hinzu (Brahms, Klavierk. Nr. 2) oder reduziert das K. zur Einsätzigkeit (C. M. von Weber, K.stück f-Moll).
In der →*Musik des 20. Jh.s* sind so gut wie alle K.formen seit dem Barock im Gebrauch, teils unter historisierenden, teils unter traditionellen oder experimentellen Aspekten (J. →Strawinsky, Dumbarton-Oaks-Concerto, 1938; A. Berg, Violink., 1935; B. Bartok, K. für Orchester, 1943).

*B.* Das K. im Sinne von Aufführungsankündigung und *Veranstaltung* ist allg. seit dem 18. Jh. geläufig als regelmäßiges privates oder öffentl. Musikereignis, als Subskriptions- und Abonnementk. oder als *Akademie*, die von den Komponisten selbst (W. A. →Mozart und L. van →Beethoven in Wien) organisiert und künstler. wie finanziell verantwortet wird. Solche Veranstaltungen gab es in großen Städten wie London (*Academy of Ancient Music*; Bach-Abel-K.e), Paris (*Concerts spirituels*), Leipzig (Gewandhaus-K.e) oder Berlin (Singakademie). Die Musiker und das stehende oder sitzende Publikum im Saal wurden erst später durch ein Podium voneinander abgegrenzt. Die musikal. Leitung einer Aufführung übernahm der Konzertmeister (1. Violine) oder der Kapellmeister/Komponist vom Cembalo/Flügel aus; erst zu Beginn des 19. Jh.s trat ein Dirigent auf. Die Programme waren sehr vielfältig, umfaßten meist nur zeitgenöss. Werke und dauerten mehrere Stunden.

*Lit.: H. Engel:* Das Solok. (Das Musikwerk 25), 1964. – *H.-W. Heister:* Das K. Theorie einer Kulturform (Taschenbücher zur Musikwissenschaft 87/88), 2 Bde., Wilhelmshaven 1983. – *R. Kloiber:* Handbuch des Instrumentalk.s, 2 Bde., Wiesbaden 1972/73. – *G. Massenkeil:* Die konzertierende Kirchenmusik, in: *K. G. Fellerer (Hg.):* Geschichte der kath. Kirchenmusik, Kassel 1976. – *H. W. Schwab:* K. Öffentl. Musikdarbietung vom 17. bis 19. Jh. (Musikgeschichte in Bildern IV,2), Leipzig 1971.

*Gabriele Zelt*

**Konzil.** Beim K. (→Synode) als *Zusammenkunft von Bischöfen* und anderen Teilnahmeberechtigten zu Beratung, Beschlußfassung und Gesetzgebung ist zu unterscheiden zwischen Partikular- und Universalk. Im letzteren geht es vor allem um einen gesamtkirchl. Bezug: K. also als Ausdruck und im Dienste der Einheit. In dieser Funktion ist das K. Subjekt der kirchl. Vollmacht und beansprucht nach röm.-kath. Lehre in bezug auf dogmat. Formulierungen Teilhabe an der kirchl. →Unfehlbarkeit.

*A.* Dieses K.sverständnis ist einer vielschichtigen hist. *Entwicklung* eingebunden, für die das »Apostelk.« (Apg 15) vorbildhaften Modellcharakter erlangte (→Apostol. Glaubensbekenntnis). Ein *ökumen. K.* konnte sich erst im Rahmen der antiken Reichskirche bilden (→Altkirchl. K.e). Die →orthod. Kirchen übernahmen davon im Sinne einer verbindl. Glaubensnorm sieben. In der lat. Christenheit wurde die Einrichtung des K.s weiterentwickelt zum päpstl. K.: vom Papst berufen, geleitet und bestätigt. Diese Entwicklung lief konform mit der des päpstl. Jurisdiktionsprimates (→Papst) sowie der Lösung der Kirche vom Reich. Ansatzpunkte waren die stadtröm. Synoden des 11. Jh.s, auf denen gesamtkirchl. Angelegenheiten entschieden wurden. Auf dem hochma. *päpstl. K.* waren die Bischöfe weniger »Richter« als vielmehr nur Zeugen des Glaubens. In den →*Reformkonzilen*, bes. in Basel, wurde aus dem korporativen Kirchenverständnis heraus der Typ eines *konstitutionellen* K.s entwickelt und angewendet, der in scharfen Kontrast zum päpstl. K. trat (→Konziliarismus).
Die weitere Entwicklung war über Ferrara-Florenz, das 5. Laterank., das →K. von Trient und das 1. →Vat. K. wieder vom *päpstl. K.sbegriff* bestimmt. Das Verhältnis von päpstl. Gewalt und der Kompetenz des Gesamtepiskopates (→Bischof, →Hierarchie) blieb dabei ungeklärt. In dieser Beziehung hat auch das *2. →Vat. K.* keine eindeutige Klärung gebracht. Die einschlägigen Bestimmungen im neuen Codex Iuris Canonici (cc. 337-341) heben den Vorrang der päpstl. Gewalt jedoch wieder stark hervor.
Die *Zählung* der ökumen. K.e (vom Nizänum [325] bis zum 2. Vatikanum als 21. K.) erfolgte inoffiziell erst in der →Neuzeit und hat nur von der Konzeption des päpstl. K.s her Berechtigung.

*B.* Für die →*Orthodoxie* bleibt das synodale Prinzip eines Konzils dem Prinzip des (päpstl.) Primates vorgeordnet. Vorbereitungen für ein (erstes) Panorthodoxes Konzil sind seit den 30er Jahren im Gang. Das *reformator. Christentum* kennt trotz ausgeprägter Synodalstruktur kein K. als eigene verbindl. Glaubensnorm neben der Hl. Schrift. Unter *ökumen.* Aspekt haben die Idee eines universalen K.s und die Rückbesinnung auf Konzept und mögl. Strukturen einer konziliaren Gemeinschaft nicht zuletzt durch die aktuelle Diskussion über ein »Konzil des Friedens« neue Bedeutung gewonnen.

*Lit.: U. Horst:* Papst – K. – Unfehlbarkeit, Mainz 1978. – *H. Jedin:* Kleine Konziliengeschichte, Freiburg, 8. Aufl. 1977. – *A. Jensen:* Die Zukunft der Orthodoxie. K.spläne und Kirchenstrukturen, Zürich 1986. – *H.-J. Margull (Hg.):* Die ökumen. K.e der Christenheit, Stuttgart 1961. – *G. Schwaiger (Hg.):* K. und Papst, München 1975. – *Ders.:* Die konziliare Idee in der Geschichte der Kirche, in: Rottenburger Jahrbuch für Kirchengeschichte 5 (1986), 11-24. – *H. J. Sieben:* Die K.sidee der alten Kirche, Paderborn 1978. – *Ders.:* Die K.sidee des lat. MA.s, Paderborn 1984 (Lit.).

*Isnard W. Frank*

**Konzil von Trient.** Keine Kirchenversammlung hat sich auf Lehre und Leben der Kirche bisher so nachhaltig ausgewirkt wie das K. von T. (1545-1563), das die kath. Kirche als 19. ökumen. →Konzil zählt. Daß es trotz der geringen Repräsentanz – nicht einmal jede 5. Diözese der Westkirche war vertreten, erdrückende Dreiviertelmajorität der Italiener und Spanier, straffe, ja manipulator. Leitung durch päpstl. Legaten – eine *beispiellose Autorität* in den entscheidenden dogmat. und prakt. Fragen erlangte, ist das Ergebnis einer langfristigen und harten Durchsetzungspolitik Roms. Erst die →ökumen. Theologie des 20. Jh.s hat nach dem 2. →Vat. Konzil den oft einseitigen innerkath. →Konsens in den von der Reformation aufgeworfenen Fragen der Heilsaneignung (→Gnade, →Glaube und Rechtfertigung, →Sakramente) in manchem zu revidieren vermocht.

*A.* Rasche innere Reform hätte bei Ausbruch der →Reformation die endgültige →Kirchenspaltung vielleicht verhindern können. Trotzdem wurde das Reformkonzil – an das noch →Luther appelliert hatte – über ein Vierteljh. verschleppt: aus polit. Berechnung, mangelndem Reformbewußtsein, Angst vor neuerl. Schwächung des →Papsttums durch ein Wiederaufleben des (erst 1516 verurteilten) →Konziliarismus, Uneinigkeit über die Ziele des Konzils: *Ausgleich* der Kontroversen oder dogmat. *Abgrenzung* gegen den →Protestantismus. Nach dem Scheitern der Berufung nach Mantua (1537) und Trient (1542) gelang erst 1545 die Eröffnung. Unterbrochen durch innere und äußere Konflikte, erfüllte das K. von T. in den drei Tagungsperioden (1545-48, 1551, 1562/63) dennoch ein enormes Arbeitspensum. Die reformator. Seite war abgesehen von einer bedeutungslosen Episode im Winter 1551/52 nicht vertreten.

*B.* Der Auftrag, →*Dogma und* →*Reform* parallel zu behandeln, drohte das K. von T. in erbitterte Schulstreitigkeiten zu stürzen: kaum eine der zur Verurteilung anstehenden reformator. Lehren, die nicht im Laufe der Theologiegeschichte von angesehenen Autoritäten unangefochten vertreten worden war. Die →scholast. Theologie bot keineswegs das Bild einer monolith. Einheitsdoktrin. Die prakt. Reform wurde überschattet von der *polit. Brisanz* der entscheidenden Fragen (Residenzpflicht der →Bischöfe, Verbot der Ämterhäufung, Zölibatspflicht, Einführung der kirchl. Formpflicht bei der Eheschließung [→Ehe], Laienkelch [→Abendmahl], Reform der Priesterausbildung). Das Tridentinum ließ es mit der Verdammung der prot. Positionen nicht bewenden, sondern erarbeitete mit Hilfe seiner Theologenkongregationen Lehrkapitel, die den Dekreten als Konkordienformeln kath. Lehre vorangestellt wurden. Ökumen. am bedeutungsvollsten ist zweifellos das *Rechtfertigungsdekret* (→Rechtfertigung), das zwar ganz in den thomist. gefärbten Kategorien der scholast. Theologie verharrte, letztl. aber eine doch evangeliumsgemäße Interpretation des Rechtfertigungsgeschehens fand. Unverständl. bleibt, warum das eindeutige Bekenntnis zu Gottes Initiative in den Dekreten zur →Sakramentenlehre nicht ebenso konsequent heausgearbeitet wurde. Mit der im Offenbarungsdekret (→Offenbarung) vertretenen – freil. vom 2. Vatikanum revidierten – *Zweiquellentheorie* (Schrift *und* Tradition als Quellen der Offenbarung) und der Aufteilung der →Eucharistielehre auf ein *Eucharistie-* und ein *Meßopferdekret* hinterließ das Tridentinum aber der kath. Kirche und der Ökumene zweifellos eine schwere Last.

*C.* Trotz der relativen Offenheit hatte das K. von T. eine vorwiegend verengende-gegenreformator. Interpretations- und *Wirkungsgeschichte* (Einführung des »Index der verbotenen Bücher«, des »Röm. →Katechismus« und des »Missale Romanum« [offizielles Röm. Meßbuch]); es verstärkte den röm. Zentralismus und die Entwicklung zur »Papstkirche«. Das neue geschichtl. Bewußtsein der Theologie im 20. Jh. und die ökumen. Annäherung der Kirchen begünstigen heute eine zurückhaltendere und sachgerechtere Bewertung des K.s von T. Auf der *kath. Seite* fanden frühere stark →konfessionalist. Darstellungen (P. Sarpi, 1619/1935; P. Pallavicino, 1655/1792-96) eine wesentl. Korrektur durch die zwar immer noch gemäßigt apologet., aber sorgfältig recherchierte Konzilsgeschichte H. Jedins. Neuere Untersuchungen würdigen die dogmat. Leistung der Kirchenversammlung vermehrt unter hist.-krit. Aspekt und weiten damit die für den ökumen. Dialog unabdingbaren theol. Freiräume.

Die *ev. Theologie* ist naturgemäß weniger an einer Aufarbeitung des Tridentinums interessiert. Zwar hatte schon A. von →Harnack eine grundsätzl. Vereinbarkeit des tridentin. Rechtfertigungsdekrets und der reformator. Rechtfertigungslehre für mögl. gehalten und ev. Kirchenhistoriker – K. Heussi etwa in seinem von Generationen zurate gezogenen »Kompendium der Kirchengeschichte« – wehren den Beitrag Trients zur Reform der Kirche nicht länger polem. als reine →Gegenreformation ab. Im gegenwärtigen Bemühen der Kirchen um Aufhebung der gegenseitigen Exkommunikationen (→Kirchenzucht) des 16. Jh.s aber gewinnt sogar die Hoffnung Gestalt, die im Zeitalter der Glaubensspaltung geschaffenen dogmat. Verhärtungen könnten endl. überwunden werden.

*Lit.:* Concilium Tridentinum. Diariorum, actarum, epistolarum, tractatuum nova collectio, ed. Societas Ghoerresiana, Freiburg 1901ff./1961ff. - *R. Bäumer (Hg.):* Concilium Tridentinum, Darmstadt 1979. – *J. Bielmeier (Hg.):* Abschied von Trient. Theologie am Ende des kirchl. MA.s, Regensburg 1969. – *H. Jedin:* Geschichte des K.s 1-4, Freiburg 1957-1975. – *J. Leclerc/H. Holstein/Chr. Lefebvre:* Trient. Das K. unter Paul III., in: *G. Dumeige/ H. Bacht (Hg.):* Geschichte der ökumen. Konzilien 10/1, Mainz 1978. – *K. Lehmann/W. Pannenberg (Hg.):* Lehrverurteilungen – kirchentrennend? I. Rechtfertigung, Sakramente und Amt im Zeitalter der Reformation und heute, Freiburg/Göttingen 1986. – *B. Moeller:* Kath. Reform und Gegenreform, in: Ökumen. Kirchengeschichte 2, Mainz/München 1973.

*Urs Baumann*

**Konziliarismus**

*A.* Der K. steht hist. in einem engen Zusammenhang mit dem kirchl. Verfassungsstreit z.Z. der →Reformkonzile. In der damals entstandenen Literatur zum K. wurden Lösungen vorgeschlagen sowohl zur Überwindung des Abendländischen Schismas als auch zur Wiederherstellung der konziliaren →Kirchenverfassung, die durch den päpstl. Jurisdiktionsprimat als beseitigt galt. Nach den Vorstellungen des K. ruht alle geistl.-kirchl. Vollmacht in der *Gesamtkirche*, der auch die Zusage der Irrtumslosigkeit im Glauben gilt. Von dieser Konzeption her sollte das Verhältnis von Gesamtkirche, →Konzil und →Papst neu bestimmt werden. Für die Verhältnisbestimmung griff der K. auf das →Gesellschaftsmodell der ma. Korporationslehre zurück. Danach wurde ein menschl. Verband als →Genossenschaft gleichberechtigter Mitglieder angesehen, die sich zur Wahrung der Verbandsinteressen einen Leiter bestellten, der als Verbandsrepräsentant und im Verbandsauftrag handelte. Die Gesamtheit (corpus) besteht danach aus den Mitgliedern (membra) und dem Leiter als dem Haupt (caput). Was alle angeht, muß auch von allen bestätigt werden, weil die Gesamtheit mehr ist als die einzelnen Glieder und auch größer ist als das jeweilige Haupt. Bei der Übertragung des Korporationsgedankens auf die Gesamtkirche hatte der K. nicht die Gesamtheit aller Gläubigen, sondern die →Bischöfe im Auge. So sah der K. in dem aus den versammelten Bischöfen gebildeten Konzil den Repräsentanten der Gesamtkirche und folgerte daraus die Unterordnung des Papstes unter das Konzil, das den →Papst in seiner Amtsführung auch kontrollieren sollte und u.U. auch absetzen konnte. Die wichtigsten Elemente dieses vom Korporationsgedanken geprägten K. waren bereits von den →Kirchenrechtlern des 12. und 13. Jh.s und nicht erst mit Rückgriff auf die Volkssouveränität durch Marsilius von Padua (gest. 1343) und W. von →Ockham (gest. 1347) entwickelt worden.

*B.* Der K. widersprach natürl. dem vom monarch. Gesellschaftsmodell her interpretierten päpstl. Selbst- und Kirchenverständnis. Die Entwicklung lief, vorangetrieben durch verschiedene Faktoren, bereits seit der Mitte des 15. Jh.s auf eine kirchenpolit. *Zurückdrängung* des K. hinaus. Die Herausforderungen von →Reformation, →Franz. Revolution und den soziokulturellen Umbrüchen im 19. Jh. mit ihren tiefgreifenden Auswirkungen auf den →Katholizismus (→Ultramontanismus) führten schrittweise zur Stärkung des päpstl. Jurisdiktionsprimats; schließl. zur Dogmatisierung des päpstl. Jurisdiktions- und Lehrprimats durch das 1. →Vat. Konzil und damit zur Verurteilung des K., der bis weit ins 19. Jh. hinein vertreten worden war. Da der spätma. K. die →Kirche nicht weniger jurist. verstand und entsprechend zu strukturieren versuchte als der päpstl. Jurisdiktionsprimat, wird in der kath. Kirche wie auch in der christl. →Ökumene ein K. im Sinne einer *Konziliarität* bedacht werden müssen, der dem pneumat. Gehalt der Kirche besser gerecht wird und eine institutionelle Gestalt findet, die sich in bezug auf das Glaubensgut nicht in einem neukorporativen →Parlamentarismus erschöpft.

*Lit.:* *G. Alberigo:* Chiesa conciliare, Brescia 1981. – *R. Bäumer:* Nachwirkungen des konziliaren Gedankens in der Theologie und Kanonistik des frühen 16. Jh.s, Münster 1971. - *Ders. (Hg.):* Die Entwicklung des K. (Wege der Forschung 279), Darmstadt 1976 (Lit.). – *A. Black:* Monarchy and Community, Cambridge 1970. – *A. Grillmeier:* Konzil und Rezeption. Method. Bemerkungen zu einem Thema der ökumen. Diskussion der Gegenwart, in: Theologie und Philosophie 45 (1970), 321-352. – *U. Horst:* Papst – Konzil – Unfehlbarkeit, Mainz 1978. – *Ders.:* Theologie und Lehramt, in: Münchener theol. Zeitschrift 38 (1987), 53-63. – *H. Jedin:* Bischöfl. Konzil oder Kirchenparlament, Basel 1963. – *H. Schneider:* Der K. als Problem der neueren kath. Theologie, Berlin 1976. - *G. Schwaiger:* Die konziliare Idee in der Geschichte der Kirche, in: Rottenburger Jahrbuch für Kirchengeschichte 5 (1986), 11-24. – *H. J. Sieben:* Die Konzilsidee des lat. MA.s, Paderborn 1984. – *B. Tierney:* Foundations of the Conciliar Theory, Cambridge 1955, Nachdruck 1968.

*Isnard W. Frank*

**Kopernikus,** *Nikolaus,* geb. 19.2.1473 in Thorn, gest. 24.5.1543 in Frauenburg. Als Sohn einer wohlhabenden Kaufmannsfamilie erhält K. eine für seine Zeit typ. allg.-humanist. Schulbildung und studiert von 1491-1504 mit Unterbrechungen in Krakau, Bologna und Padua Philologie, →Philosophie, →Medizin, →Rechtswissenschaft und →Astronomie. Schon 1495 wird er durch familiäre Protektion Domherr der Priesterschaft von *Frauenburg* und versieht Zeit seines Lebens verschiedene kirchl. Verwaltungsämter in Anwendung seines akadem. Abschlußes aus →Italien als Doktor der Rechte.
Das tiefste Interesse im Leben des K. findet jedoch die *Astronomie.* Durch die Schule bedeutender Astronomen und eigene Beobachtungen stößt er bis an die vordere Front dieser Wissenschaft vor und findet als Gelehrter durchaus Anerkennung. Um 1510 hat K. den ersten Entwurf eines Himmelssystems mit der Sonne als Zentrum und einer mit den Planeten um diese kreisende Erde angefertigt, womit er an den Griechen Aristarch (um 300 v. Chr.) anknüpft. Im Todesjahr von K. erscheint

endl. die ausführl. wissenschaftl. Darlegung seines Systems in dem Hauptwerk »De Revolutionibus« (Über die Kreisbewegung [der Himmelskörper]). Darin setzt sich K. krit. mit dem astronom. Standardwerk seiner Zeit, dem »Almagest« des Ptolemaios (um 150 n. Chr.), und dessen allg. anerkanntem *geozentr. Weltsystem* auseinander. Dieses benutzt einen ausgefeilten und komplizierten geometr. Apparat von ineinandergreifenden Kreisen zur Beschreibung und Vorausberechnung der Planetenbahnen und beruht auf aristotel. Prinzipien (u.a.: Verobjektivierung der menschl. Wahrnehmung mit der Erde als Mittel- und Ausgangspunkt; qualitative Trennung von himml. Sternensphären und menschl.-sündiger Erde; Kreisbewegung ist den göttl. Himmelskörpern allein angemessen).
K. ist in seiner Zeit viel weniger revolutionär, als es heute erscheinen mag, sondern bleibt den Methoden und anerkannten Grundsätzen der zeitgenöss. Astronomie weitgehend treu und erreicht mit seiner Darstellung auch keinen prakt. Fortschritt. Allerdings werden *neue Aspekte* gesetzt, indem er die kosm. Geometrie bei Ptolemaios, die ohne philos. Wahrheitsanspruch allein rechentechn. Ziele verfolgt, durch eine der Wirklichkeit entspr. Naturbeschreibung ersetzen will. Auf Grund dieser unspektakulären Veränderungen werden die kopernikan. Ideen in der damaligen naturphilos. Fachwert interessiert und krit. diskutiert und nur bes. von prot. Theologen *bekämpft.* Die sachl. Fehler und physikal. Ungereimtheiten des heliozentr. Weltsystems im einfach kopernikan. Stadium werden erst viel später durch verbesserte Beobachtungen und physikal. Modifikationen behoben (Tycho Brahe, →Galilei, →Kepler und →Newton) und sind in der Verknüpfung mit philos. und theol. Auseinandersetzungen der →Aufklärung bedeutsame Triebfedern zur Grundlegung und Profilierung der neuzeitl. →Naturwissenschaft.

*Lit.: F. Hund:* Geschichte der physikal. Begriffe, Teil I: Die Entstehung des mechan. Naturbildes, Mannheim, 2. Aufl. 1978. – *J. Kirchhoff:* K., Hamburg 1985 (Lit.).

*Frank Badel*

## Koptische Kirche

### A. Kirchengeschichtlich

Die k.K. versteht sich als die auf den Evangelisten Markus (als den nach der kopt. Überlieferung ersten der 117 Papst-Patriarchen, →Markusevangelium) zurückgehende, alte, legitime Kirche →Ägyptens und ist somit eine der →oriental. Nationalkirchen, wie der vom arab. »kibt« (griech. »aigyptos«) abgeleitete Name deutl. macht.

*I.* In theol. Hinsicht ist sie die Fortsetzung der zwar griech.sprachigen, aber überwiegend von Kopten getragenen *Katechetenschule von →Alexandria,* die mit ihrer mehr spiritualist. Auslegung der Schrift schon unter dem Patriarchen Kyrillos I. auf dem Konzil von Ephesos 431 (→Altkirchl. Konzile) eine markante Position bezogen hatte, die dann in ihrer Weiterführung auf dem Konzil von Chalcedon 451 als monophysit. (»eine Natur« in Jesus Christus) verurteilt wurde. Maßgebl. für den Streit waren aber auch nichttheol. Faktoren, bes. der Widerstand des kopt. Volkstums gegen die kulturelle Überformung durch die kleine hellenist., griech.sprachige Oberschicht in den Städten. Das einheim. kopt. Element bestimmte schon die Dynamik alexandrin. Päpste (so der offizielle Titel der Patriarchen) wie Athanasios und Kyrillos, wurde aber bes. unter Dioskoros und seinen Erben zum Hauptträger des *Widerstandes gegen* die sich an Chalcedon orientierenden, in Ägypten ansässigen *Griechen* und die Kaisermacht in Konstantinopel. Eine vorübergehende Einigung durch das »Henotikon« von 482 hatte keinen Bestand, so daß Kaiser Justinian I. 538 einen orthod. Papst (Patriarchen) von Alexandria einsetzte, ohne aber die Anhänglichkeit der kopt. Bevölkerung an ihre eigenen, vielfach verbannten Bischöfe brechen zu können. Von 567 datiert daher die Reihe *eigener kopt. Päpste* in Parallele zu denen der orthod. Reichskirche.

*II.* Zur Zeit der *arab.-muslim. Eroberung* unter Chalid ibn al-Walid 640/43 stehen so ca. 6 Mill. Kopten nur etwa 300.000 chalcedontreue Orthodoxe gegenüber. Obwohl die Muslime zuerst als Befreier von der →byzant. Herrschaft begrüßt werden, muß die k.K. bald unter diskriminierenden Vorschriften (Kleiderordnung, Steuerdruck, Beschlagnahme von Kirchen) leiden, die im 8. Jh. wiederholte Aufstände der Kopten bewirken. *Im 9./10. Jh.* kommt es zur Hinwendung breiter Volksmassen zum →Islam und zu einem *Niedergang* der k.nK., so daß ab jetzt in Ägypten die Mehrheit der Bevölkerung islam. ist. Eine Besserung trat im 11./12. Jh. ein, nachdem auch Papst Christodoulos (1047-1078) den Sitz von Alexandria in das 969 gegründete Kairo verlegt hatte. Trotzdem wird die kopt. Umgangssprache, ein letzter Ausläufer des alten Ägyptisch, jetzt mehr und mehr durch das Arabische verdrängt und auf die →Liturgie beschränkt. Das endgültige Absinken der kopt. Christenheit auf nur noch 1/10 der ägypt. Bevölkerung erfolgte unter der Herrschaft der (turkstämmigen) Mamelucken (1254-1517).

*III.* Erst *im 19. Jh.* ist unter dem Reformpapst Kyrillos IV. (1854-1861) der Beginn eines bis heute anhaltenden *Aufschwungs* zu verzeichnen: Die Zahl der auf zehn gesunkenen Bischofssitze steigt seitdem beständig. Heute sind es 30: 26 in Ägypten, zwei im Sudan und je einer in Kenia und →Jerusalem (dazu Exarchate in den USA, in Kanada, Australien und Westeuropa). Bemerkenswert ist auch der Aufschwung der theol. Literatur (Eröffnung eines Instituts für kopt. Studien in Kairo Abbassiya 1954 und der →theol. Fakultät 1961 mit sechs Tochterinstituten 1972, Bibel-Institut 1974) und vor allem des Mönchtums unter den beiden letzten Päpsten Kyrillos VI. (1956-1970) und Shenouda III. (seit 1971). Das innere Erstarken der

k.nK. fand seinen Ausdruck durch die Ende Juni 1968 geweihte neue Kairiner *St.-Markus-Kathedrale*, bei der Vertreter des röm. Papstes Reliquien des hl. Markus überbrachten, seine Stärkung aber auch durch die Marienerscheinungen von Zaitoun (April 1968) und Shoubra (März 1986). Die *Zahl* der Kopten wird von ihnen selbst auf mindestens 20% der ägypt. Bevölkerung geschätzt (ca. 10 Mill.), dürfte aber eher um 10% liegen, während amtl. Statistiken gar nur von 6,8% ausgehen (die bis dahin vom kopt. Papst abhängige Kirche von →Äthiopien wurde 1959 in die Unabhängigkeit entlassen).
In den letzten Jahren kam es in Ägypten wiederholt zu *Ausschreitungen* gegen kopt. Einrichtungen und Personen, die größtenteils von den Muslimbruderschaften ausgingen. Noch 1981 wurde unter Präsident Anwar al-Sadat Papst Shenouda für 40 Monate in ein Kloster verbannt.
Die k.K. ist Mitglied im Weltkirchenrat. In der Bundesrepublik Deutschland gibt es seit 1975 kopt. Pfarreien (zuerst in Frankfurt/M.), seit 1980 ein Zentrum mit dem kleinen St.-Antonius-Kloster in Kröffelbach/Taunus. Neben der eigentl. kopt. Nationalkirche, die sich heute gern als »kopt.-orthod.« bezeichnet, existiert seit 1741 eine heute rund 120.000 Gläubige umfassende →unierte k.K., deren Oberhaupt seit 1895 den Titel eines Patriarchen von Alexandria trägt.

*Lit.: K. S. Kolta:* Christentum im Land der Pharaonen, München 1985. – *O. Meinardus:* Christian Egypt, Kairo 1965. – *P. Verghese:* Kopt. Christentum (Kirchen der Welt XII), Stuttgart 1973.

*Nikolaus Thon*

*B. Kunstgeschichtlich*

Die Wurzeln der k.nK. reichen zurück in die provinzial-röm. Kunst, die mit altägypt. Traditionen und oriental. Einflüssen zu einer archaisierend-handwerkl. →Volkskunst der sozialen Unterschichten verschmolzen wurden. Im →Kirchenbau wurden seit dem 5. Jh. vereinfachte Formen der *Basilika* ausgebildet: Raumteilung in Altarraum, Ikonostase, Chorraum für Kleriker, Gemeinderaum und Vorbereitungsraum für das →Abendmahl. In der →Plastik (Grabstelen) begegnen Figuren in strenger Frontalität mit gedrungenen Körperformen. Illuminierte Handschriften sind erst seit dem 9. Jh. bekannt. Bedeutende Leistungen erreichte die kopt. Textil- und Kleinkunst, die als Importkunst Einfluß auf Westeuropa und →Irland ausübte. Die Erforschung der k.nK. seit dem Ende des vorigen Jh.s sieht sich noch immer gravierenden Datierungs- und Interpretationsproblemen gegenüber. Heute pflegt die kopt.-orthod. Kirche ihr künstler. Erbe mit Nachdruck und ist bes. beim Kirchenbau um Denkmalpflege und Aktualisierung bemüht.

*Lit.: P. du Bourguet:* Die Kopten, Baden-Baden 1967. – *M. Cramer:* Kopt. Buchmalerei, Recklinghausen 1964. – *A. Effenberger:* K.K., Leipzig 1975. – *K. Michalowski:* Faras, Zürich 1967. – *K. Wessel:* Christentum am Nil, Recklinghausen 1964.

*Peter Maser*

**Koran** (arab. *al-Qur'ān;* wörtl. »Lesung, Rezitation«), die →*hl. Schrift der Muslime* (→Islam), enthält die Gesamtheit der von →Muḥammad empfangenen Offenbarungstexte. Der K. besteht aus 114 Suren, die aus einzelnen Versen (*Āya:* wörtl. »Zeichen«) zusammengesetzt und nicht chronolog. geordnet sind. Von einigen Ausnahmen abgesehen, wurde ihre Anordnung offenbar nach abnehmender Länge vorgenommen. Jede Sure trägt einen Namen, z.B. »Die Kuh« (Sure 2) oder »Die Frauen« (Sure 4), der jedoch nicht als themat. Überschrift für den gesamten Text anzusehen ist. Bezügl. der Entstehung der einzelnen Suren teilt man den K. in drei mekkan. und eine medinens. Phase ein.

*A.* Die Suren der *ersten mekkan.* Phase sind zum großen Teil →eschatolog. Gerichtspredigten. Kurze rhythm. Verse erinnern an die Sprüche altarab. Wahrsager (→Wahrsagung). Im Mittelpunkt der →Predigten stehen die Gedanken an das nahe Gericht und die Vorstellung von dem einen gütigen Schöpfergott (→Monotheismus). In der *zweiten* mekkan. Phase werden die Endzeitgedanken durch warnende Beispiele aus der →Geschichte erläutert, die auch atl. Traditionen aufgreifen (→AT) sowie auf die Jesusgeschichte Bezug nehmen. Die →Sprache ist weniger →ekstat., und die Verse nehmen an Länge zu. Bei den Geschichten handelt es sich um Berichte über das Leben früherer →Propheten, welche zu den verschiedenen Völkern mit einer Botschaft gesandt wurden. In diesen »Straflegenden« wird beschrieben, daß die Menschen der prophet. Sendung keinen Glauben schenken, worauf Gottes Gericht folgt. In der *dritten* mekkan. Phase wird die Sprache prosa. und zeichnet sich durch Wiederholungen aus. Aus dieser Phase stammen auch die meisten →Gleichnisse des K.s. Die Suren der *medinens.* Phase enthalten in erster Linie Bestimmungen über das familiäre und gesellschaftl. Zusammenleben, Verteidigung nach außen, Organisaton des →Staates, Behandlung von Nichtmuslimen. Ihr Stil ist prosa. und erinnert an jurist. Werke.

*B.* Muhammad, der überzeugt war, mit dem K. das →Judentum und →Christentum zu überbieten und »aufzuheben«, trug die →*»Offenbarungen«,* die ihm zuteil wurden, immer wieder seinen Anhängern vor, bis diese sie sich eingeprägt und teilweise niedergeschrieben hatten. Neben einem K.exemplar, das von dem ehemaligen Sekretär Muhammads, Zaid ibn Ṯābit, auf Geheiß des Kalifen 'Umar zusammengestellt wurde und sich schließl. in Besitz von Hafsa, der Tochter 'Umars, befand, gab es zum Zeitpunkt der *Redaktion* durch den Kalifen 'Uṯmān (644-656) noch mindestens *vier weitere Sammlungen,* die sich in der Anordnung des Textes und teilweise auch im Inhalt unterschieden. Auch nach der Abfassung der K.ausgabe durch 'Utṃān war kein einheitl. Text geschaffen, da die Vokalzeichen und diakrit. Punkte fehlten, die in der arab. Schrift Buchstaben gleicher Form und gleiche Konsonantengebilde unterscheiden. Nachdem man sich über dieses Problem weitgehend geeinigt hatte, galt es nun, einer der sieben K.lesarten zu folgen, zu deren anerkanntesten die der K.leser Nāfi' und 'Āṣim gehörten. Die heute gültige Kairener K.ausgabe hat die Lesung des 'Āṣim in der Überlieferung des K.lesers Hafs übernommen.

*C.* Als →»*Wort Gottes*« hat der K. alle Bereiche der islam. →Kultur wesentl. beeinflußt. Seine Bestimmungen stellen die ersten Quelle der islam. Jurisprudenz (→Recht) dar. Für den Muslim genießt der K. in Fragen des Glaubens absolute →Autorität und übersteigt als Glaubensgegenstand weit die *Bedeutung*, welche die →Bibel für Christen besitzt. Der K. stimmt nach muslim. Auffassung wörtl. mit einem im Himmel aufbewahrten Urexemplar, der »Mutter des Buches« (Umm al-Kitāb) oder einer »gut verwahrten Tafel« (Lauḫ maḫfūẓ), überein. Der Prophet verhielt sich angesichts der »Offenbarung« vollkommen passiv. Der K. ist für den Muslim wörtl. inspiriert (→Inspiration) und darf daher mit Werken der Literatur nicht auf eine Stufe gestellt werden. Diese Auffassung hat dazu geführt, daß westl. Methoden der Bibelexegese in der islam. Welt krit. betrachtet und nur von einigen →Sekten (→Aḥmadiyya) übernommen wurden.
Die Wichtigkeit des K.s hat dazu geführt, daß schon bald eine umfangreiche exeget. *Kommentarliteratur* (Tafsīr) entstand, die zumeist eine dem Text Wort für Wort folgende Erklärung enthält, auch die eigene rel. Anschauung durch den K. zu bestätigen sucht. Zu den bedeutendsten Werken gehören die 30 Bände aṭ-Ṭabarīs (gest. 923). Die K.exegese der →*Mystik* versuchte, hinter dem vordergründigen äußeren Sinn den verborgenen Inhalt aufzudecken. Heutige Exegeten bemühen sich öfter nachzuweisen, daß der K. moderne wissenschaftl. Erkenntnisse vorweggenommen habe und daher die Entwicklung einer *modernen* →*Gesellschaft* nicht behindere. Einige Kommentatoren haben auch die Zeitbedingtheit best. Verse (z.B. zur Stellung der →Frau) erörtert, was in orthod. Kreisen auf Kritik stieß. Die »Nacht der Offenbarung«, welche im Monat Ramadan feierl. begangen wird, ist ein zentrales Glaubensereignis, das N. Söderblom und H. Frick mit der Bedeutung der →Weihnacht im →Christentum verglichen haben.

*D.* Geoffenbart wurde der K. auf arab., wodurch das Arabische zur *hl.* →*Sprache* wird. Obwohl der K. zum Zweck der Unterweisung in verschiedene Sprachen übersetzt wurde, ist das Original nicht zu ersetzen. Daher muß jeder islam. Theologe des Arabischen mächtig sein. Nicht nur der gesamte K., sondern jeder Vers gilt als →Wunderzeichen. Spätere Theologen arbeiteten die Lehre von der *Unübertrefflichkeit* des K.s aus, der keine inneren Widersprüche kenne. K.rezitationen und Kalligraphie entwickelten sich zu eigenen Wissenschaften und Künsten.

*Lit.: Übersetzungen:* Der K. Übersetzung von R. Paret, Stuttgart/Berlin/Köln/Mainz, 2., verb. Aufl. 1982; Der K. Übersetzung von A. Th. Khoury (Gütersloher Taschenbücher/Siebenstern 783), Gütersloh 1987. – *H. Gätje:* K. und K.exegese, Zürich/Stuttgart 1971. – *I. Goldziher:* Die Richtungen der islam. K.auslegung, Leiden 1920. – *T. Nagel:* Der K., München 1983. – *R. Paret:* Mohammed und der K., Stuttgart, 5. Aufl. 1975.

*Monika Tworuschka*

**Korea.** *Südkorea:* Korean. Schamanentum 25,9%; Buddh. 15,5%; Konfuz. 13,3%; Neurelig. 14,2%; Christen 30,5%, darunter Indigen. 14,2%, Prot. 11,9%, Kath. 0,6%, Anglik. 0,1%, Orthod. unter 0,0%, Nichtgläubige und Atheisten 0,5%. *Nordkorea:* Nichtgläubige und Atheisten 67,9%; korean. Schamanentum 15,6%; Neurelig. 13,9%; Buddh. 1,7%; Christen 0,9%. (Vor 1945 waren bis zu 50% der Bevölkerung einzelner Distrikte Christen.)
Die ostasiat. Halbinsel K. sucht von ausländ. Abhängigkeiten frei ihr eigenes korean. Selbst zu entdecken. Seit 1945 ist K. in das kommunist. Nord- und das präsidial-demokrat. Südk. geteilt.

*A.* Der unterschwellig in den meisten Koreanern weiterlebende Glaube an die Wirksamkeit schamanist. Praktiken (→Schamanismus) verbindet sich mit der Ehrfurcht vor Ahnen und Naturgeistern, die durch exorzist. Heiler und Heilerinnen gnädig gestimmt werden sollen, um Fruchtbarkeit, Gesundheit und Erfolg zu gewährleisten. Der von 1392 bis 1910 als Staatsreligion herrschende →*Konfuzianismus* sucht die Tugenden des Wohlwollens, der →Gerechtigkeit, der Schicklichkeit, der →Weisheit und der Fähigkeit, sich selber in die kontrollierende Macht des Universums einzufügen, die in der Staatsautorität der Yi-Dynastie und in streng durchgeführten Riten ihre ird. Repräsentation fand. Der →*Buddhismus* bekam in K. eine welthafte Gestalt (→Meditation mit geöffneten Augen im Zugehen auf den Nächsten). So wird im Won-Buddhismus eine Bewegung lebendig als Reaktion auf die traditionelle buddhist. Indifferenz gegenüber der materiellen Welt.

*B.* Das →*Christentum* hat in der 1. Hälfte des 19. Jh.s in kath. und 1884/85 in ev. Gestalt →presbyterian. und →methodist. Ausprägung von Amerika aus in K. Fuß gefaßt und in den letzten Jahrzehnten zu einem starken Wachstum der christl. Bevölkerung geführt. Außerdem gibt es in K. eine auf russ. Missionstätigkeit im 19. Jh. zurückgehende kleine orthod. Gemeinde. Gegenwärtig zeigen sich Ansätze zu einer eigenständigen korean. Theologie. Zu nennen ist vor allem die *Minjung-Theologie*. Sie macht ernst damit, daß Gottes →Mission in der Welt der Armen immer wieder neu so beginnt, daß arme Menschen an dieser göttl. Mission sich im Kampf für Gerechtigkeit aus der Liebe Gottes

heraus in der Lebens- und Leidenshingabe beteiligen. Die theoret. für den Sinn des Minjung geöffneten Augen haben sich zu wandeln in die Augen des Herzens, die in und mit der Aktion der Solidarität geöffnet werden.
Die polit. Zweiteilung K.s benutzt *Sung Myon Moon* zum Aufbau seiner antikommunist. Religion, in der Nordk. durch Kain und Südk. durch Abel symbolisiert wird. Da der erste →Adam den Sündenfall in die Welt brachte und der zweite ehelose Adam Jesus sein Werk nicht vollenden konnte, so trachtet Moon als dritter Adam mit seiner Frau den Himmel auf Erden zu errichten und mit Hilfe bes. eingesegneter Ehepaare ihn von →Amerika aus in der ganzen Welt zu verbreiten.

*Lit.: D. B. Barrett Hg.):* K. North, K. South, in: World Christian Encyclopedia, Oxford 1982, 439-445. – *Chung Choon Kim:* K., in: Lexikon der Weltmission, Wuppertal/ Erlangen 1975, 295-297. – *J. Moltmann u.a. (Hg.):* Minjung, Theologie des Volkes Gottes in Südk., Neukirchen 1984.

*Werner Bieder*

**Korintherbriefe.** Unter der erhaltenen Korrespondenz des →Paulus ist die an die Gemeinde in Korinth die umfangreichste. Der erste Brief erlaubt uns einen tiefen Einblick in die Alltagsprobleme einer paul. Gemeinde; der zweite ist von theol. Tiefe und rhetor. Schönheit. Paulus hat die blühende *Handelsmetropole* und Hauptstadt der Provinz Achaia zur Zeit des Statthalters Gallio um 51 n. Chr. (→Urchristentum) besucht und die Gemeinde gegründet (Apg 18). Zu ihr gehörten vielleicht ein paar angesehene Leute, vor allem aber solche aus der unteren Schicht (1 Kor 1,26ff.). Zumeist waren es ehemalige Griechen (1 Kor 12,2), aber es gab in der Gemeinde auch Juden (1 Kor 7,18).

*A.* Den *ersten* Brief schreibt Paulus aus Ephesus (1 Kor 16,8), vermutl. im Frühjahr 54 oder 55 n. Chr. Ihm ging schon ein Brief voraus (5,9). Bei Paulus befinden sich einige korinth. Delegierte (16,15ff.), die ihm wahrscheinl. einen Brief der Korinther überbracht haben (vgl. 7,1). Eine andere Informationsquelle waren die Leute der Chloë (1,11). So geht Paulus im Brief der Reihe nach die Probleme und Anfragen durch. In 1,10-4,21 setzt er sich mit Parteistreitigkeiten auseinander. In 5-6 geht er auf sittl. Mißstände ein. In 7 beantwortet er Fragen zum Problem von Ehe, Ehelosigkeit und der Wiederheirat von Witwen, in 8,1-11,1 Fragen zum Genuß von Götzenopferfleisch. In 11,2-34 behandelt Paulus bestimmte Mißstände bei der Feier des Gottesdienstes und des Herrenmahls. Zwar spiegeln sich darin soziale Spannungen der Gemeinde; zugleich aber läßt sich in den Kap. 12-14 – die sich mit der Vielfalt der Geistesgaben (→Charisma) und der Einheit der Kirche beschäftigen – die Vitalität und geradezu überbordende Geisterfahrung (→Charisma) in den Gottendiensten dieser Gemeinde entdecken. Paulus dämpft nichts, aber legt den nüchternen Maßstab der →Liebe an (13). Mit solchem Enthusiasmus im Blick auf die Totenauferstehung (→Auferstehung) setzt sich Kap. 15 auseinander. Einige der korinth. Gemeindeglieder scheinen näml. – wenigstens nach dem Verständnis des Paulus – (nur) an eine Verwandlung des Lebenden bei der Wiederkunft, nicht aber an eine Auferstehung der Toten zu glauben (vgl. 15,15). (Denkbar wäre allerdings auch, daß in Korinth bereits die später auch 2 Tim 2,18 begegnende Irrlehre vertreten wurde, wonach die Auferstehung schon »im Geist« geschehen wäre.)

*B.* Im *zweiten* Brief erscheint die korinth. Situation erhebl. verändert. In einem ersten Teil (1,1-2,13) berichtet er über eine Errettung aus Todesgefahr, Reisepläne und die Kränkung durch ein Gemeindeglied, die er aber als erledigt betrachtet. In einem zweiten Teil (2,14-7,4) befaßt er sich mit dem Widerspruch, der zwischen der tatsächl. Existenz der Verkündiger des Evangeliums und dem Inhalt ihrer Verkündigung besteht. Kap. 8 und 9 enthalten Empfehlungen für die Kollekte, und Kap. 10-13 stellen eine rhetor. meisterhafte Auseinandersetzung mit missionar. Gegnern dar, die Ähnlichkeit mit denen von Phil 3 (→Philipperbrief) und des →Galaterbriefes haben. Nicht selten hält man diese verschiedenen Stücke für ursprüngl. zum Teil *selbständige Briefe*, und zwar etwa in der folgenden Kombination und zeitl. Abfolge: 2 Kor 2,14-7,4 (ohne 6,14-7,1, was ein unpaulin. Stück sein soll); 2 Kor 1,1-2,13; 7,5-16; 9(?); 2 Kor 8. Je nachdem, ob man eine solche Sammlung verschiedener Briefe annimmt oder nicht, wird man auch die Abfassungszeit festsetzen. Sie liegt jedenfalls nach 54 oder 55 n. Chr.

*C.* Die K. haben wegen der Vielfalt ihrer Thematik in vielfältiger Weise Bedeutung erlangt. Sie sprechen über Parteibildungen und Fragen des *Gemeindelebens*, über Fragen der Sexualmoral, über →Abendmahl und →Gottesdienst, über die Geistesgaben (→Charisma) und die →Auferstehung der Toten, über das Verhältnis von Buchstabe und Geist, über die Beziehung des Apostels zu seiner Gemeinde, intensiv aber über deren Einheit, u.a. veranschaulicht im Bild vom →Leib und den Gliedern, das später in eine Seinsaussage uminterpretiert wurde. So werden die K. oft zur Quelle tiefer Einsichten, aber auch des Mißverständnisses paul. Theologie.

*Lit.: R. Bultmann/(E. Dinkler):* Der zweite Brief an die Korinther (Krit.-exeget. Kommentar über das NT, Sonderband), Göttingen 1976. – *H. Conzelmann:* Der erste Brief an die Korinther (Krit.-exeget. Kommentar über das NT 5), Göttingen 1969. – *E. Fascher/Chr. Wolff:* Der erste Brief des Paulus an die Korinther (Theol. Handkommentar zum NT VII.1/2), Berlin, 2. Aufl. 1982. – *H.-J. Klauck:* 1. Korintherbrief (Die Neue Echter-Bibel 7), Würzburg 1984. – *Ders.:* 2. Korintherbrief (Die Neue Echter-Bibel 8), Würzburg 1986. – *F. Lang:* Die Briefe an die Korinther (NT Deutsch 7), Göttingen/Zürich 1986. –

*H. D. Wendland:* Die Briefe an die Korinther (Das NT Deutsch 7), Göttingen, 13. Aufl. 1972.

*Ekkehard Stegemann/Hermann Häring (C)*

**Kosmologie.** Die K. beschäftigt sich mit naturwissenschaftl. Methoden von Aufbau, Entstehung und Entwicklung des Weltalls als Ganzes. Bis Ende des vergangenen Jh.s glaubte man, daß unsere Milchstraße im wesentl. den Kosmos ausmacht. Verfeinerte Beobachtungsmethoden zeigten jedoch, daß es noch *Milliarden von Sternsystemen* wie unsere Galaxis gibt. Theoret. Überlegungen machten klar, daß das Universum nicht gleichzeitig als gleichförmig verteilte →Materie mit endl. Dichte und als unendl. großer euklid. (dreidimensionaler, mit Mitteln der klass. Geometrie berechenbarer) →Raum verstanden werden kann, denn sonst hätte der Sternenhimmel die Helligkeit der Sonnenscheibe. E. Hubble (1889-1953) zeigte 1929, daß das Universum eine systemat. beschreibbare Dynamik hat. Seine Beobachtungen legten es nahe, anzunehmen, daß sich alle Sternsysteme von unserer Galaxis entfernen, und zwar mit einer um so größeren Geschwindigkeit, je größer ihre relative Entfernung von uns ist. All diese Beobachtungen konnten durch die Allg. →Relativitätstheorie zu einer in sich stimmigen K. zusammengefaßt werden. Nach ihr soll das Universum in einem *Urknall* vor 10 bis 20 Mrd. Jahren aus einem Punkt mit unendl. hoher Dichte und Temperatur entstanden sein und sich zusammen mit dem von ihm aufgespannten Raum bis jetzt unbehindert ausgedehnt haben. Diese physikal. nicht mehr zu beschreibende Singularität zu Beginn des Weltalls ist die Hauptmotivation geworden für die Suche nach einer einheitl. →Physik. Denn wenn die →Naturgesetze im Urknall vereinigt waren, dann sollten sie, so wird gefolgert, in irgendeiner Weise auch heute zu *vereinheitlichen* sein. Obwohl viele der besten Physiker unserer Zeit an diesem Problem arbeiten, ist das Ziel noch weit entfernt (→Astronomie).

Eine K. ganz anderer Art bieten naturphilos. engagierte Physiker, die – von einer philos. Kritik der metaphys. Voraussetzungen der neuzeitl. →Physik herkommend (→Naturphilosophie) – eine Umgestaltung der begriffl. Fundamente der Physik fordern, so beispielsweise A. N. Whitehead (1861-1947, →Prozeßphilosophie) und D. Bohm. – Im Blick auf die →Theologie ist nach den Folgen einer wissenschaftl.-kosmolog. Perspektive für das →Christentum und dessen eigene Sicht von →»Welt« zu fragen. (→Naturwissenschaft und Theologie, →Schöpfung).

*Lit.: B. Kanitscheider:* K. Geschichte und Systematik in philos. Perspektive, Stuttgart 1984. – *J. Meurers:* K. heute. Eine Einführung in ihre philos. und naturwissenschaftl. Problemkreise, Darmstadt 1984. – *R. U. Sexl/H. K. Urbantke:* Gravitation und K. Eine Einführung in die Allg. Relativitätstheorie, Mannheim, 2. Aufl. 1983. – *A. N. Whitehead:* Prozeß und Realität. Entwurf einer K., Frankfurt/M., 2. Aufl. 1984.

*Christoph Wassermann*

**Krankenhaus, Krankenpflege**

*A.* Zu den Vorläufern des Krankenhauses (Kh.) gehören sicher die antiken *Heilstätten*, Heiltempel u.ä., das Incubatorium (ohne Krankenpflege [Kp.] im heutigen Sinne); dann vor allem das christl. *Hospiz* (Anfang des 5. Jh.s hatte nahezu jede Bischofskirche, jedes →Kloster, jede christl. →Gemeinde eine solche Einrichtung: die residentielle Form des Dienstes an Menschen, zusammengebunden mit dem Leben der Gemeinde. Es waren unspezialisierte Einrichtungen, die nicht nur für kranke und sterbende Menschen offen waren, sondern auch einfach für Arme [→Armut], Obdachlose, Alte [→Alter], körperl. und geistig →Behinderte, Epileptiker u.ä., auch für Reisende und →Wallfahrer), die *Pest- und Seuchenhäuser* seit dem 14. Jh. (durch die sich das Element der Absonderung, Einsperrung, mit dem Hilfeelement verband). Die spätere Umwandlung der Pesthäuser, Lazarette u.a. in Behinderten- und Krankenanstalten ging mit negativer Etikettierung einher, wie dann überhaupt die Verbindung von Hilfe- und Strafanstalten mögl. werden konnte (z.B. 1704 Kombination des päpstl. Kh.es in Rom mit einem Gefängnis, dem St.-Michael-Gefängnis; ausgediente Militärveteranen wurden vielerorts als Krankenpfleger eingesetzt; Wärter und Pfleger waren oft gleich oder ähnl. uniformiert). Bis Ende des 19. Jh.s galten Kh. als *Pflegeeinrichtungen für die armen Schichten.* Erst im 20. Jh. wurden sie zum gesellschaftl. akzeptierten Teil der Daseinsfürsorge. Die hist. Kh.typen spiegeln *»die Gesellschaft in nuce«* (H. C. Piper), bündeln die jeweiligen gesellschaftl. Auffassungen von →Krankheit und Gesundheit. So ist auch das moderne Kh. ein total vergesellschafteter Ort, an dem sich die moderne med.-techn. →Rationalität konzentriert; es ist durchorganisiert, verwaltet, in Abläufen programmiert, hierarchisiert, spezialisiert, technisiert, professionalisiert und größerenteils auch – Ausnahmen bilden vielleicht einige konfessionelle Kh. – neutralisiert. Die Alternative zur »ärztl. dominierten Therapie-Industrie« (H. Piechowiak), die den Patienten in die Regression zwingt, wäre das Verständnis des Kh.es als eines patientenorientierten Lebensraums. Die Expertendiskussionen über →*»Humanität im Kh.«* haben in den letzten Jahren Verbesserungsansätze bewirkt (Besuchszeitenflexibilisierung, Übernachtungsmöglichkeiten für Eltern in Kinderkh., humanere Weckzeiten usw.). Kh. sind in der Bundesrepublik Deutschland entweder in öffentl.-rechtl. Trägerschaft (kommunale Gebietskörperschaften, Bundesländer, Sozialversicherungsträger: ca. 53 %) oder freigemeinnützig (Verbände der freien →Wohlfahrtspflege, so vor allem der konfessionellen Verbände →Caritas und →Diakonisches Werk: ca. 35 %) oder privat betrieben (erwerbswirtschaftl. orientiert: ca. 12 %). Nach fachl. Ausrichtung sind zu unterscheiden: Allgemein-Kh. (Integration mehrerer Fachabteilungen der ärztl. Disziplinen, überwiegend zur Versorgung Akutkranker); das Fach-Kh. hat einen höheren med. Spezialisierungsgrad; das Sonder-Kh. (z.B. Suchtklinik, Kurklinik usw.) ist ausschließl. auf die Erfordernisse best. Patientengruppen zugeschnitten.

*B.* Die *Geschichte* der Kp. ist teils mit der des Kh.es verbunden, teils völlig selbständig davon: 1. Als *häusl. Kp.* ist sie in beiden Stücken mit der Geschichte des →Christentums verbunden. Zwar pflegten Angehörige und Nachbarn sicher auch schon in vorchristl. Zeiten, gab es spezielle Aufenthaltsorte für Kranke (s.o.), stand auch die vorchristl. →Medizin schon in einiger Blüte, aber neben dem Ärztestand gab es noch keinen ausgesprochenen Pflegestand. Berichte aus der Antike belegen allenfalls die Existenz von Militärlazaretten. 2. Die *allg. Kp.* aber ist eine christl. »Erfindung«. Sie entsprang christl. *Entprivatisierung* menschl. →Leidens, war Ausdruck einer neuen Sichtweise der *sozialen Dimension von Krankheit, Armut, Hilfebedürftigkeit;* derlei galt unter den ersten Christen (vgl. Mt 25) nicht mehr als Privatangelegenheit der Betroffenen, sondern: »Wenn ein Glied leidet, so leiden alle Glieder mit« (1 Kor 12,26). In den über die Jh.e verschiedenen Ausprägungen christl. *Pflegemotivation* blieb dieses Grundelement immer erhalten: Kp. als Solidarhandeln von Armen an Armen (Joh. Chrysostomus [gest. 407]: »Gäbe es keine Armen, dann würden viele eurer →Sünden nicht erlassen. Die Armen sind es, die *eure* Wunden heilen«); als ein Handeln wie an Christus (Elisabeth von Thüringen [1207-1931]: »Wie gut ist es für uns, daß wir unseren Herrn so baden und kleiden können«); als Handeln anstelle von Christus (dem andern »zum Christus werden«, M. →Luther); als komplexes dienendes Auftragshandeln (→Diakonissen z.B. verstanden ihr Amt 1. als Dienerinnen des Herrn, 2. als Dienerinnen der Kranken, 3. als Dienerinnen an der Gemeinschaft der anderen Schwestern). Die Entwicklung zum →*Beruf* setzte erst im 19. Jh. ein (eine Entwicklung, die freil. nicht nur die entstehenden →säkularen Schwesternschaften betraf); zur Kp. berechtigt heute eine gesetzl. geregelte dreijährige Ausbildung.

Bis ins erste Drittel des 20. Jh.s hinein hatten →Ordensfrauen und Diakonissen in Deutschland ein flächendeckendes Netz gemeindl. Kp., die fakt. Hauspflege war, gewoben, das erst durch die nationalsozialist. Gesundheitspolitik zerrissen wurde. Dieser *Traditionsabbruch* war auch durch die rationellere Neuentwicklung Sozialstation bzw. Zentralen für ambulante Pflegedienste (großteils in konfessioneller Trägerschaft, z.T. auch →ökumenisch), durch die Kp. nicht ganz entgemeindlicht (eher regionalisiert) wurde, nicht mehr zu heilen.

Die Kp. hat gerade auch in modernen therapeut. Prozessen eine durchaus *eigenständige* Aufgabe, sei es im Kh., sei es zu Hause: die Erfassung der *Gesamtsituation* des Patienten und die daraus abgeleiteten pfleger. Maßnahmen und menschl. Zuwendungen.

*Lit.: H. D. Abermeth:* Patientenzentrierte Kp., Göttingen, 2. Aufl. 1978. – *D. Jetter:* Grundzüge der Hospitalgeschichte, Darmstadt 1973. – *H. C. Piper:* Verkündigung im Kh., Göttingen 1982.

*Horst Seibert*

**Krankensalbung**

*A.* Die K. ist für die kath. wie die orthod. Kirche ein Sakrament, das *Kranken und Altersschwachen* zur Heilung und Gesundung der Seele und des Körpers gespendet wird. Nach kath. Lehre ist die K. gemäß offizieller Zählung vor Priesterweihe (→Ordination) und →Ehe das *fünfte der sieben* →*Sakramente.* Sie ist nach Möglichkeit in eine liturg. Feier eingerahmt. Die Feier beginnt mit einer schweigenden Handauflegung und einem Lobpreis des geweihten Öls, mit dem der Priester Stirn und Hände salbt. Gebet und Salbung zur Heilung und inneren Stärkung von Kranken (die damit verbundene Sündenvergebung schiebt sich später isoliert in den Vordergrund) ist in *Jak 5,14f.* bezeugt: »Ist einer von euch krank, dann rufe er die Ältesten der Gemeinde zu sich; sie sollen Gebete über ihn sprechen und ihn im Namen des Herrn mit Öl salben. Das gläubige Gebet wird den Kranken retten, und der Herr wird ihn aufrichten; wenn er Sünden begangen hat, werden sie ihm vergeben.«

*B.* Trotz fehlender Quellen gehen kath. Theologen oft davon aus, daß die in Jak 5,14f. vorgeschlagene Praxis in Übung war. Bezeugt ist die Praxis jedoch erst seit dem 4. Jh. Das liturg. Schwergewicht liegt dann auf der *bischöfl. Weihe* des zu verwendenden Salböls, was noch heutiger Praxis entspricht.

*I.* Entgegen früherer Praxis wird im 9. Jh. im Westen →Laien die Ausübung des Ritus untersagt, im frühen MA. die ursprüngl. auf Heilung gerichtete Übung zunehmend als *Sterbesakrament* (»extrema unctio«; »Letzte Ölung«) verstanden und ausgestaltet. Von ersten Vorstößen im deutschsprachigen Raum abgesehen bleibt dies so bis zur *Neuorientierung* durch das 2. →Vat. Konzil (Lumen gentium 11) und die Neuordnung des Firmritus (1972). Bis dahin gilt auch eine individualisierte Zuordnung, die – nach Möglichkeit verbunden mit →Beichte und Empfang der Eucharistie (→Abendmahl) – die Sterbenden für den →Tod und die Aufnahme ins endgültige Heil vorbereitet. Sie sind bis zur Erneuerung des Ritus an den fünf Sinnen (und an den Füßen) zur Vergebung der damit begangenen Sünden gesalbt worden.

*II.* In der →*orthod. Kirche* wird die K., als »Öl des Gebetes« (griech. *euchelaion*) bezeichnet, normalerweise in einem ausgedehnten Gebetsgottesdienst von sieben Priestern – in Erinnerung an die Siebenzahl der Geistesgaben nach Jes 11,2 LXX – gespendet. Dies wurde nie als ein »Sterbesakrament« verstanden, sondern als Wirkung der Gnade

Gottes zur Heilung von körperl. wie seel. Gebrechen nach Mk 6,13. Es wird daher allen Getauften, auch den körperl. Gesunden, auf deren Bitte oder den Rat des Seelsorgers gewährt und bei Notwendigkeit wiederholt. In vielen orthod. Gemeinden, vor allem der griech. Tradition, wird die K. an best. Tagen der Großen Fastenzeit, meist am Mittwoch der Karwoche, allen Gläubigen gespendet, die darum bitten. Stehen weniger als sieben Priester zur Verfügung, können auch sie (im Notfall sogar nur einer) die K. vollziehen, verrichten dann aber auch die Gebete der anderen.

*III.* Die K., über deren Einsetzung durch Jesus Christus schon das →Konzil von Trient zurückhaltend argumentiert (Denzinger/S. 1695), wird von →*Luther* und den *Reformatoren* aus hist. Gründen nicht als Sakrament anerkannt. Gemäß der weithin verbreiteten Formel, daß die Sakramentalität der ökumen. umstrittenen Sakramente eine Frage der Sprachregelung sei, spielt die K. allerdings im ökumen. Gespräch kaum eine Rolle.

*C.* Unabhängig von dieser ungelösten Frage kann die erneuerte Praxis der K. in der kath. Kirche allerdings eine lange *vergessene Dimension* christl. Erinnerung wieder aktivieren. Jesus und seine Jünger haben Kranke geheilt (Mk 6,13 u.ö.); das →Reich Gottes beginnt mit Zeichen einer auch den Leib umgreifenden Macht, die den Kampf mit dem Feind des Lebens aufnimmt. »Retten« (Jak 5,15) zielt auf *Heilung*. Diese Tradition ist u.a. von jüngeren Bewegungen (→Adventisten, Charismat. Bewegung [→Charisma], →Christian Science und verschiedenen Kleingruppen [→Sekten]) wiederaufgenommen, aber auch in den Großkirchen (z.B. Lourdes) nie ganz vergessen worden. Zugleich aber können Krankheit und Tod nicht auf Kosten der Würde der Betroffenen bekämpft werden. Der exorzist. Konfrontation mit der Krankheit muß deshalb die den Kranken angebotene Hilfe und *Ermutigung* entsprechen, sich mit ihrem »Stand« zu versöhnen und ihn in der Öffentlichkeit der christl. Gemeinde anzunehmen (→Übergangsriten, →Amtshandlungen), wie auch die Gemeinde sich der Kranken und Sterbenden anzunehmen und ihnen ihren Ort einzuräumen hat.

*D.* Aus diesem Grund ist die K. eine Feier, die sich nicht auf die Kranken und Sterbenden beschränkt. Der Ritus der K. erfüllt auch für *alle Betroffenen* aus Familien, Verwandtschaft und Freundeskreis eine wichtige Funktion. Im Blick auf die ersten neun Jh.e muß es möglich sein, die K. in gebotenen Fällen auch durch →*Laien*, zumindest durch Personen im kirchl. Dienst, vollziehen zu lassen.

*Lit.: W. von Arx:* Das Sakrament der K., Freiburg/Schweiz 1976. – *W. Beinert (Hg.):* Hilft Glauben heilen?, Düsseldorf 1985. – *M. Probst/K. Richter (Hg.):* Heilssorge für die Kranken. Hilfen zur Erneuerung eines mißverstandenen Sakraments, Freiburg/Einsiedeln, 2. Aufl. 1980.

*Hermann Häring*

**Krankheit und Gesundheit** sind Grundbegriffe im Selbstverständnis jeder →Kultur. In ihnen kommen wesentl. Züge des Lebensgefühls einer geschichtl. Epoche zum Ausdruck.

*A.* So hat die griech. *Antike* G. als »Harmonie« und als »vernünftige Mischung der Gegensätze« sowohl im Kosmos als im einzelnen Menschen vorgestellt (→Makrokosmos und Mikrokosmos), K. als deren Verlust. In der *bibl. Welt* galt K. als →Strafe für den Sünder (5 Mose 28,59f.), als Anfechtung (→Hiobbuch) und als Dimension der →Erfahrung, in der sich der →Glaube bewährt (Mt 9,22) und in der das Evangelium anschaul. wird (Joh 9,3). Die Krankengeschichten des NT lassen erkennen, daß der kranke Mensch als der exemplar. Mensch verstanden wird: als der Mensch, der sich nicht selbst zum →Leben zu helfen vermag (Joh 5,1-16). Die *abendländ.-christl. Kultur* hat K. dann gemeinhin als das Geschick angesehen, das →Gott dem Kranken selbst zur Läuterung verordnet, oder als die Plage des →Bösen, die Gott aus gleichen Gründen zuläßt. Entspr. stand nicht die Wiederherstellung der G., sondern die mit der K. gegebene Aufgabe im Vordergrund des Denkens. So hat M. →Luther empfohlen, die K. als »Boten Gottes« zu empfangen, und Paracelsus (1493-1541) hat den kranken Menschen als einen bes. Fall der →Schöpfung beschrieben, der den Dienst der Gesunden herausfordert. Die →Medizin sah seit der Antike ihre therapeut. Ziele vor allem durch die »Linderung des Leidens« bestimmt.

*B.* Erst in der →*Neuzeit* ist mit der Entfaltung modernen wissenschaftl. Denkens der Kampf gegen die K. und für die Wiederherstellung der G. zu der Aufgabe geworden, die das gesamte ärztl. Handeln leitet. Im Rahmen der *naturwissenschaftl. Medizin*, die seit etwa 150 Jahren zur Grundlage des öffentl. G.swesens geworden ist, haben sich Sinn und Verständnis von K. und G. gewandelt und differenziert. Die Begriffe sind nicht mehr eindeutig. Sie müssen aus ihren jeweiligen Zusammenhängen heraus verstanden werden.

*I.* Für die naturwissenschaftl. Medizin gilt der Mensch als krank, dessen körperl. oder geistige Organfunktionen so gestört oder eingeschränkt sind, daß er subjektiv oder objektiv (klinisch) hilfsbedürftig wird. Gesund ist danach der Mensch, dessen Lebensfunktionen im Bereich ihrer »Norm« (des statist. Durchschnitts) liegen. Genauer ist die *Abweichung von einer einzelnen* →*Norm* zunächst ein »krankhaftes Symptom«, während mit »K.« und ihrem best. Namen die Ursachen und das Erscheinungsbild zusammengefaßt werden sollen. Therapie (→Heilung) ist hier die Summe solcher Maßnahmen, durch die *Ursachen* krankhafter Erscheinungen beseitigt und die der Norm entspr. Funktionen wieder hergestellt werden können.

*II.* Während sich die naturwissenschaftl. Medizin an einem rein *somat.* (leibl.) K.sbegriff orientiert, ist mit der →Psychoanalyse ein rein *seel. K.sbegriff* entwickelt worden. Für S. →Freud ist die →»Neurose« eine – aus Anlage, seel. Entwicklung und auslösendem Anlaß entstandene – Störung psych. Funktionen. Auch hier weist das einzelne krankhafte Symptom auf eine ursächl. Störung des »psych. Apparates« (Freud) zurück. In der klass. psychoanalyt. Theorie liegt der Versuch vor, das naturwissenschaftl. Denken auf die Deutung seel. Phänomene zu übertragen. Freil. trägt der K.sbegriff deutlicher subjektive Züge: Der Patient selbst muß darüber Auskunft geben, ob er krank ist. »Objektive Befunde« lassen sich nicht erheben, und Diagnostik (Kunst der Erkennung einer K.) wie Therapie sind ganz auf die Mitwirkung des Patienten angewiesen.

*III.* Die K.serfahrung des kranken Menschen geht freil. in diesen Definitionen nicht auf. →Leiden ist mehr und anderes als ein krankhaftes Symptom. Die Erfahrung, krank zu sein, betrifft den ganzen Menschen. K. unterbricht selbstverständl. Lebensvollzüge und Lebenszusammenhänge, sie macht den Kranken in verschiedenen Graden abhängig von Hilfeleistungen und Behandlungen, und sie mobilisiert →Angst als Grundzug im Lebensgefühl. Die moderne Medizin hat diesen Aspekt der K. aufgenommen und mit weiteren Einsichten verbunden. Dieser *»anthropolog. Medizin«* zeigt sich, daß tiefe Zusammenhänge zwischen K. und Persönlichkeit bestehen, daß die K. und ihr Verlauf von Lebenssituationen mit bestimmt wird und daß K. und Lebensgeschichte des Patienten eine spannungsvolle Einheit bilden. Die anthropolog. Betrachtungsweise (→Anthropologie) hat gerade für therapeut. Fragen (z.B. bei Herzkrankheiten und bei psychosomat., d.h. »leib-seel.«, K.en) ihre Bedeutung erwiesen. K. ist hier verstanden als Einbuße oder Einschränkung der Lebensfähigkeit.

*IV.* Im *öffentl.* →*Bewußtsein* gilt K. heute als *äußere Störung:* Sie ist Minderung der Arbeitsfähigkeit oder der Genußfähigkeit oder beides. Nicht ohne Zustimmung von seiten der naturwissenschaftl.-techn. Medizin herrscht die Vorstellung, daß K.en als techn. Störungen biolog. Abläufe (→Biologie) durch entspr. techn. Maßnahmen wieder beseitigt werden können. Entspr. gilt G. als Abwesenheit jeder Störung auf allen Gebieten des Lebens. Die Definition der Weltgesundheitsorganisation (WHO) faßt die herrschende Vorstellung so zusammen: »G. ist der Zustand völligen körperl., seel. und sozialen Wohlbefindens.« Als allg. gesundheitspolit. Leitlinie hat diese Formulierung sicher ihr Recht, aber es liegt auf der Hand, daß eine solche G. nicht von einzelnen Menschen für sich reklamiert werden könnte. So verstanden wäre sie eine Illusion, die nur dazu verführte, ebenso illusionäre Erwartungen an die Medizin zu entwickeln. Tatsächl. ist die G. nicht die Abwesenheit von Störungen, sondern die Kraft, mit ihnen zu leben.

*V.* Im Zusammenhang der Theologie muß K. zu den Widerfahrnissen gerechnet werden, die die eigene Lebensgeschichte eines Menschen und damit ihn selbst in seiner unverwechselbaren Individualität (→Individuum) bestimmen. Danach ist K. nicht eine zufällige und nur äußerl. Störung, die ausschließl. unter der Frage zu betrachten ist, wie sie möglichst schnell und folgenlos zu beheben wäre. Die K.serfahrung ist von der Lebenserfahrung selbst nicht zu trennen. Für die *christl. Frage* nach dem →Sinn des eigenen Lebens bedarf deshalb das Ganze solcher Erfahrungen der rel. Deutung. K. und G. haben stets einen ganz persönl. und jeweils eigenen Sinn. Deshalb lassen sich solche Deutungen auch nicht auf allg. Formeln bringen. Sie sind vielmehr, in dem Maß, in dem sie gelingen, Ausdruck der Individualität, der sie gelten.

*Lit.: A. Hertz u.a. (Hg.):* Handbuch der christl. Ethik, Bd. 2, Freiburg/Basel/Wien 1978, 60-89. – *D. Ritschl:* G.: Gnade oder Rechtsanspruch?, in: Konzepte, München 1986, 266-271.

*Dietrich Rössler*

## Kreationismus

*A.* Der K. vertritt in bewußtem Gegensatz zur Evolutionstheorie (→Evolution) die Auffassung, daß das Universum, die Erde, die heute noch in etwa so bestehenden Pflanzen- und Tierarten und der →Mensch erst vor einigen Jt.en *gleichzeitig erschaffen* wurden. Getragen wird der K. nahezu ausschließl. von fundamentalist. Kreisen (→Fundamentalismus), die meinen, nur so der bibl. Schöpfungsgeschichte gerecht zu werden (→Schöpfung). In den →Vereinigten Staaten ist der K. in der öffentl. Meinung von fast ebenso großer Bedeutung wie die Evolutionstheorie. Auch im dt.sprachigen Raum ist die Zahl der kreationist. Veröffentlichungen in den letzten Jahren deutl. gestiegen. Dabei wird zunehmend Wert auf *naturwissenschaftl. Argumentation* gegen die Evolutionstheorie und für das »Schöpfungsmodell« gelegt. Vor allem wird betont, daß die Evolutionstheorie nicht bewiesen, ja prinzipiell unbeweisbar sei und nicht experimentell verifiziert werden kann. Das ist insofern unbestreitbar, als die Evolution einen Prozeß darstellt, der als solcher dem Experiment nicht zugeführt werden kann. Zudem läßt sich ein induktiver Schluß wie der, daß die Hauptfaktoren der Evolution – Mutation und Selektion (→Darwinismus) – das gesamte Evolutionsgeschehen bestimmt haben, immer nur mit einer gewissen Wahrscheinlichkeit ziehen. Das alles tastet aber nicht den Rang der Evolutionstheorie als einer gesicherten biolog. Grundtheorie an, die die beobachteten Phänomene weitgehend erklärbar macht. Ein verblüffendes Argument der Kreationisten für eine junge Erde (→Geowissenschaften) ist, daß →Gott die

Welt mit einem scheinbaren(!) Alter geschaffen haben könnte, alle Datierungen also nichts über das wirkl. Alter z.B. eines Gesteins aussagen. Hier offenbart sich, daß der K. keine wissenschaftl. Alternative bietet, sondern mit dem Vorbehalt fast schon des täuschenden Gottes operiert.

*B.* Nicht zuletzt der *Fossilbefund*, dessen Ursprung die Kreationisten in einer weltweiten Flutkatastrophe sehen, läßt sich in Wirklichkeit in seinem Formenreichtum nur durch einen viele Jahrmillionen währenden Prozeß verstehen, und bei den hominiden Fossilfunden etwa des »Homo erectus« versagt die Strategie der Kreationisten völlig, die Funde entweder voll dem Tierreich oder dem Menschen zuzuordnen. Die absurde Annahme, daß Gott auch Fossilien erschaffen hätte, wäre die letzte Konsequenz. So liegt die eigentl. Motivation für den K. in seinem überwörtl. Schriftverständnis, das allein auf Fakten und Daten ausgerichtet ist, und in der ängstl. Abwehr aller Auslegung der →Schrift, die weniger Sicherheit, aber dafür mehr Tiefe bietet (→Naturwissenschaft und Theologie).

*Lit.: J. Illies:* Schöpfung oder Evolution, Zürich, 2. Aufl. 1980. – *G. Osche:* Evolution. Grundlagen – Erkenntnisse- Entwicklungen, Freiburg, 10. Aufl. 1979.

*Günter Renz*

**Kreativität**

*A.* K. bezeichnet die Fähigkeit, *Beziehungen* zwischen vorher unbezogenen →Erfahrungen zu *finden*, und stellt eine Wandlung der älteren Vorstellung des »schöpfer. Denkens« dar: die wissenschaftl. oder künstler. Produktivkraft von Begabten zur Lösung von Problemen, eine Fähigkeit also, die es im Interesse des techn. →Fortschritts zu fördern gilt. K. kann Persönlichkeitsmerkmal wie Kennzeichen einer Handlung oder eines Produkts sein. Die K.sforschung wurde nach dem Zweiten Weltkrieg in der Erwartung verstärkt, K. durch →Erziehung zu fördern, um einer sich stetig wandelnden Welt gewachsen zu sein. Krit. gegen diese Bedeutung von K. bürgert sich inzwischen ein *alltägl. Sprachgebrauch* ein, der neben wissenschaftl. und künstler. Gestalten auch spontanes Verhalten und freie Ausdrucksformen in →Gruppen, in rel. →Feiern und →Spielen kreativ nennt.

*B.* Von seiten der →*Psychologie* hat sich gezeigt, daß K. nicht einfach mit einem best. Intelligenzniveau gleichzusetzen ist; vielmehr weist die kreative Intelligenz zusätzl. *Merkmale* auf: Flüssigkeit der Ideen, der Worte und Assoziationen; die Flexibilität, Neues zu denken und zu konstruieren (mit und ohne Anpassung an Anweisungen), ferner »Elaborationsfähigkeit«, d.h. die Fähigkeit, die Einfälle in die Wirklichkeit zu übertragen. Die kreative Leistung ist unkonventionell und neu, dabei aber doch in sich stimmig, widerspruchsfrei, prägnant. Merkmale der kreativen Persönlichkeit sind zudem: Engagement, innere Unabhängigkeit, Feinfühligkeit für das Problem, geistige Beweglichkeit, Fassungsvermögen, Bewertungsfähigkeit, →Geduld.

*C. Methoden zur K.sförderung* sind 1. »*Brain-Storming*« (nach Osborne). Die beste Voraussetzung für eine gute Problemlösungist so der Grundsatz, möglichst viele Lösungswege zu kennen. Deshalb soll im »Gedanken-Sturm« jede Idee zu einer Problemlösung ohne krit. Einwände beigebracht werden können. 2. Die Technik des »*Wegschauens*« setzt demgegenüber die freien Einfälle nicht unmittelbar ein zur Produktion von Ideen zur Lösung des Problems, sondern lenkt die Aufmerksamkeit auf dessen Umkreis (→Zen).

*D.* Gegen alle Ratschläge zur Steigerung der K. wird *krit.* eingewandt, daß diese das schöpfer. Selbst gerade nicht fördern, eine Selbstverwirklichung (im Sinne der kreativen Fähigkeiten des Selbst) u.U. eher behindern, da sie notwendig auf eine Vereinheitlichung hin tendieren. In diesem Sinn aber will die →Humanist. Psychologie die K. des →Individuums fördern.

*Lit.: E. Landau:* Psychologie der K., Basel 1974. – *P. Matussek:* K. als Chance, München 1974. – *W. Metzger:* Schöpfer. Freiheit, Frankfurt/M. 1949. – *S. Preiser:* K.sforschung, Darmstadt, 2. Aufl. 1986.

*Reinhard Schmidt-Rost*

**Kreuz, Kreuzigung**

*A. Systematisch*

*I. Hist.* betrachtet gehört die Hinrichtung Jesu von Nazaret zu den gesichertsten Tatsachen der Geschichte Jesu (→Passion). Die K.igung galt als eine bes. diskriminierende röm. Strafe bei Aufruhr und Hochverrat; nach der K.esinschrift »Jesus von Nazaret – der König der Juden« wurde auch Jesus als polit. Rebell hingerichtet. Dies geschah vermutl. am Freitag einer Passawoche, wahrscheinl. am 7. April des Jahres 30 n. Chr. In der K.igung Jesu gipfelt die Ablehnung seiner Verkündigung, die Gottesherrschaft sei als Liebe und Erbarmen endgültig angebrochen (→Reich Gottes). Zwar hat Jesus selbst seinen Tod wohl als heilswirksamen Sühnetod gedeutet (→Abendmahl), dennoch wurde er seinen Anhängern, die das Gottesreich erwarteten, zum Problem. Zum zentralen *theol. Problem* wird das K., weil in der Botschaft von der →Auferstehung Jesu der Gekreuzigte nicht als von Gott Verfluchter (Dtn 21,23), sondern als einer verkündet wird, den Gott zu sich erhöht hat. Den Juden gilt das K. als Ärgernis, den »Glaubenden« aber ist das Wort vom K. Gottes Kraft und Weisheit (1 Kor 1,18-31). Für Paulus ist das K. Christi Grund einer neuen Gerechtigkeit unabhängig vom Gesetz (Röm 3,21-26, →Rechtfertigung), denn dafür hat Jesus im K. sein Leben wirksam eingesetzt. In Verbindung mit der Auferstehung wird das K.geschehen zum zentralen Ort, an dem Gott und sein Heilshandeln in Jesus Christus offenbar wird (vgl.

Mk 15,39). Dieses Paradox der Offenbarung Gottes in der Niedrigkeit und Verborgenheit des K.es wird bestimmend für die reformator. Theologie und charakterisiert die Art, wie die Gottesherrschaft unter den Bedingungen dieser Weltzeit verwirklicht wird.

*II.* Im Blick auf Jesus Christus bedeutet das K. die letzte Treue Jesu zu seiner Sendung, die unbedingte Hingabe des »Sohnes« an den Willen des Vaters (Mk 14,36) für die Menschen. So gesehen bildet das K. als Tiefpunkt seines Lebens zugleich die Zusammenfassung und den Höhepunkt seiner geschichtl. Existenz, die in neueren Ansätzen bestimmt wird als ein radikales »Dasein-Für« (Pro-Existenz): für Gott und die Menschen. Schon bei Paulus bewirkt das K. deshalb im unwiderrufl. Lebenseinsatz des einen die Rettung der vielen, die Freiheit von der →Sünde, welche sakramental in der →Taufe übereignet wird und in die →Nachfolge des Gekreuzigten führt (Röm 6,1-11).

*Lit.: K. Kertelge (Hg.):* Der Tod Jesu. Deutungen im NT, Freiburg/Basel/Wien 1976. – *J. Moltmann:* Der gekreuzigte Gott, München 1972. – *H.-R. Weber:* K., Stuttgart/Berlin 1975.

*Arno Schilson*

*B. Liturgisch*

*I.* Das K. ist kennzeichnend für die *rel. Bilderwelt.* Waagrechte und Senkrechte zusammenfügend, bedeutet es kosm. Totalität (→Makrokosmos, →Ganzheit). Es verweist auf die Grenzen des Kosmos und somit auf das Eine und →Absolute. Zusammen mit anderen Bildfeldern bildet es viele *Varianten:* Sonnenk., Baumk., Ankerk., Pflugk. u.a.m. Die Christen sahen überdies Verbindungen mit anderen bibl. Symbolen: den Lebensbaum der →Schöpfung (Gen 1,9), den rettenden Stab des →Mose (Ex 4,3f.; 7,15; Num 20,8-13 u.ö.), das heilende Schlangenzeichen in der Wüste (Num 21,6-9), das gefundene Beil des Elischa, vor allem aber das Zeichen der Kreuzigung Jesu. Das K. wird zum zentralen Zeichen seines Todes und damit des in ihm erworbenen →Heils.

*II.* Die christl. →Verkündigung konzentriert sich u.a. auf die *Person Jesu Christi* als des gekreuzigten und auferstandenen Herrn. Schon bei →Paulus und →Johannes wird das Schandmal so zum Zeichen des Heils schlechthin. Die reiche K.estypologie der →*Kirchenväter* (Irenäus [2. Jh.], →Origenes, Tertullian [gest. um 220]) fand ihren Ausdruck in Inschriften und in liturg. Texten, so schon bei Hippolyt von Rom (gest. 235) über die Eucharistie. Wegen der Zurückhaltung gegenüber rel. Darstellungen, nicht zuletzt verständl. aus der kulturellen →Minderheitssituation der Christen und ihrem →Widerstand gegen das →Heidentum, dauerte es 5 Jh.e, ehe das K. im christl. →Gottesdienst eine öffentl. Funktion erhielt. Seit dem *4. Jh.* erscheint es in der Ornamentik der Kirchen (Türen, Fenster, Kapitelle, Bögen) und in den liturg. Gebrauchsgegenständen (→Altar, Katheder, Kanzel). Hand- und Brustk. werden zu Amtszeichen der Vorsteher. Die K.verehrung wurde bes. gefördert durch die sozialpolit. Bedeutung des konstantin. Christusmonogramms (→Konstantin. Wende) als Siegeszeichen und durch die Verehrung im palästin. Land (K.auffindung 320, K.erhöhung 628). Die offizielle liturg. K.verehrung am Karfreitag wurde im *7. Jh.* vom Osten her in Rom eingeführt und von dort aus über →Europa verbreitet: In der Todesstunde Jesu wurde das K. angebetet, geküßt, indem man das »Ecce lignum crucis« (»Seht das Holz des Kreuzes«) sang.

*II.* Seit dem *frühen →MA.* nimmt die liturg. Bedeutung des K.es erhebl. zu. In der Kirche hängt es über dem →Altar; bei Zeremonien wird das *K.eszeichen* vielfach geschlagen als Bezeichnung und Segnung. Berührt man Gegenstände oder den Körper, so geschieht das in der Form eines K.es. Die Handauflegung wird häufig durch die K.esbezeichnung verdrängt (so bei →Firmung, →Krankensalbung, Entlassung am Ende eines Gottesdienstes). Christen bezeichnen sich mit dem K. als Äußerung des →Glaubens, zum →Segen oder zur Abwehr des →Bösen (so auch bei Luther vor dem Morgen- und Abendsegen). Auch inhaltl. wird im MA. die Thematik der Erlösung durch die des →*Leidens* ersetzt. Realist. wird jetzt das K.esgeschehen in seiner Unmenschlichkeit geschildert, auch in Erzählungen und Spielen. Diese Leidensmystik und -frömmigkeit dauerte bis in unsere Zeit, man denke an die vielfache Praxis des K.weges, bei dem man betrachtend und betend an 14 Stationen entlangzieht, in Nachfolge des frommen K.ganges durch die Stadt Jerusalem.
Bis in unsere *Gegenwart* gilt das K. als das wichtigste Zeichen des Christen. In Kirchen steht oder hängt es an zentraler Stelle (in manchen Kirchen auf oder über dem Altar); man sieht es in den Häusern der Christen und in Gebäuden christl. →Konfessionen; es wird als Schmuck oder als Abzeichen getragen. Auffallend ist die neue Übereinstimmung mit den Zeiten des frühen Christentums: Ohne den Leib des Gekreuzigten verweist es auf die zentrale christl. Glaubenstatsache des Ostergeschehens: Zeichen der Erlösung, der Befreiung und des Heils in der →Nachfolge Christi.

*Lit.: A. Adam/R. Berger:* K., in: Pastoralliturg. Handlexikon, Freiburg, 3. Aufl. 1984, 285-289 (Lit.). – *Ph. Resch:* Inbild des Kosmos, Bd. I, Salzburg 1966, 473-546. – *G. Römer:* Die Liturgie des Karfreitags, in: Zeitschrift für kath. Theologie 77 (1955), 39-94.

*Anton Scheer*

*C. Kunstgeschichtlich*

*I.* Die K.igung gehört zu den *zentralen Themen* der christl. →Kunst. Aus den *ersten Jh.en* existieren keine Darstellungen der K.igung, wofür vor allem das vorherrschende Interesse der frühen

Christenheit an der →Auferstehung Christi die Erklärung abgeben dürfte. Erst unter Konstantin d.Gr. (→Konstantin. Wende) wird die K.igungsstrafe 315 als schimpflichste Hinrichtungsart abgeschafft. Damit fällt ein wichtiges psycholog. Hindernis fort. In den gleichzeitigen christolog. Auseinandersetzungen (→Christologie) wird das Problem des Verhältnisses von Gottheit und Menschheit in Christus auch anhand des K.igungsgeschehens diskutiert. Amulette und Siegel mit K.igungsdarstellungen aus dem 3. und 4. Jh. dürften entweder Fälschungen sein oder nichts mit der K.igungChristi zu tun haben, sie gehören deshalb auch nicht in die Geschichte des K.igungsbildes hinein. Diese beginnt vielmehr *erst im 5. Jh.* mit Darstellungen, die den gekreuzigten Christus jugendl., mit geöffneten Augen und im Lendenschurz zeigen (sog. »Londoner Passionstäfelchen« im Brit. Museum; Tür von S. Sabina, Rom).
Dieser wahrscheinl. auf →Rom beschränkte Bildtyp findet jedoch keine weitere Verbreitung, sondern wird durch eine aus dem Osten stammende Bildformulierung ersetzt, die erstmals und sogleich voll ausgebildet im *Rabulas-Evangeliar* von 586, einer syr. Klosterarbeit, begegnet. Christus hängt an einem erhöhten K. im langen ärmellosen Gewand. Seine Augen sind weit geöffnet. Zur Rechten Christi steht der Soldat Longinus, der den Gekreuzigten mit der Lanze in die Seite sticht, um sich von dessen Tod zu überzeugen (Joh 19,34), auf der anderen Seite des K.es der Schwammträger, der Christus mit Essig tränkt. Unter dem K. würfeln die Kriegsknechte um den Rock Jesu. Maria und Johannes sowie drei klagende Frauen gehören ebenso zum Personalbestand dieses Bildtyps wie die Schächer. Der Hintergrund wird durch eine Berglandschaft abgeschlossen, über der die (apokalypt.?) Zeichen von Sonne und Mond erscheinen. Die Darstellung des toten Christus am K. (Lanzenstich!), der zugleich als Lebender gekennzeichnet wird (geöffnete Augen!), hat in der Forschung lebhafte Diskussionen ausgelöst. Sicherl. sind die ikonograph. Details dieses Bildtyps, der für die gesamte Kunst von →Byzanz bis in die Zeit des Bilderstreits (→Bild) grundlegend wird, nur vor dem Hintergrund der christolog. Lehrentwicklung verständl. zu machen. Eine auffällige Nähe zur Vorstellungswelt von Ephraem dem Syrer (ca. 306-373) und seiner typolog. Exegese ist nicht zu übersehen. Unter dem Einfluß des Kampfes um die Bilder im 8./9. Jh. tritt dann die Gestalt des toten Christus im Lendenschurz mit geschlossenen Augen im byzant. K.igungsbild in den Vordergrund. Der →Tod Christi wird zum Beweis seiner menschl. Natur.

*II.* In der westl. Kunst dominiert *bis zum 12. Jh.* hingegen noch der lebende, jugendl. Christus. Mit der Gotik (→ma. Kunst) entsteht die Triumphkreuzgruppe, die vollplast. Darstellung der K.igung mit →Maria und Johannes im Kirchenschiff über dem Laienaltar (Halberstadt, Wechselburg, Freiberg). Die Wechselburger Gruppe (1230/35) läßt den sog. Dreinagelkruzifix allg. übl. werden, der Christus mit übereinandergelegten Füßen gekreuzigt zeigt. Byzant. Einflüsse werden sowohl für die Triumphkreuzgruppen als auch für die gemalten Holzk.e mit der K.igung, die seit Ende des 12. Jh.s unter dem Einfluß des →Franz von Assisi die *Wunden Christi* betonen, angenommen. →Mystik und →Volksfrömmigkeit fördern im *14./15. Jh.* die »volkreiche« K.igung, deren Gestalten zeitgenöss. Tracht tragen. Dieser Vergegenwärtigung des Todes Jesu entspricht die Intensivierung des →Realismus der K.igungsdarstellung (→Grünewalds »Isenheimer Altar«, 1512/16), die das Geschehen auf Golgatha nacherlebbar machen soll. Ebenfalls der Vergegenwärtigung dienen die K.igungsbilder der →*Reformation*, auf denen die Reformatoren z.B. als →Apostel unter dem K. stehen oder →Luther gleichsam durch den Gekreuzigten hindurch predigt (L. Cranach d.Ä., Altar der Stadtkirche Wittenberg, 1547). Unter dem Einfluß der →*Renaissance* wird in →Italien der →Naturalismus wieder zurückgedrängt zugunsten der K.anbetung durch →Heilige und Stifter (Raffael, K. mit Hieronymus, 1500/01). Der →*Barock* bezieht auch die K.igungsdarstellung in die Propaganda der →Gegenreformation ein, indem die K.igung emotionalisiert und dramatisiert wird. Rokoko und →Klassizismus kennen das Motiv der K.igung prakt. nicht mehr. Erst in der →Romantik wird das K.igungsgeschehen durch Einbeziehung in phantast., ausdrucksgeladene Landschaften neu gesehen und erfaßt (C. D. Friedrich, Das K. im Gebirge, 1808).
Seit *Ende des 19. Jh.s* wird die K.igung oft in eine zeitgenöss. Umgebung versetzt, um deren Aussage zu aktualisieren. Vielfach dient sie jetzt auch als *Anklage* gegen den Mißbrauch des Christentums und die Schändung des Menschen durch gesellschaftl. Mißstände, Hunger, Folter und →Krieg (u.a. Grosz, Masareel, Kokoschka, →Nolde, Dix, →Chagall). Anstöße, wie sie von J. Beuys mit seiner K.igung (1962/63) und W. Knaupp mit seinem »Kopflosen Christus« (Kirchentag Nürnberg 1979) versucht worden sind, haben über den Kreis von Kunstkennern hinaus in der →Gemeinde bisher kaum Resonanz gefunden. Die zeitgenöss. rel. Kunst als »Karfreitagskunst« (R. Sörries), d.h. als Widerspiegelung gegenwärtiger Nöte, sieht sich hier Anfragen ausgesetzt, denen sie sich nicht vorschnell durch den Hinweis auf ihre Eigengesetzlichkeit oder ihr soziales Engagement entziehen darf.

*Lit.: A. Grillmeier:* Der Logos am K., München 1956. – *L. H. Grondijs:* L'Iconographie byzantine du Crucifié mort sur la croix, Utrecht 1941. – *R. Haussherr:* Der tote Christus am K., Diss., Bonn 1963. – *P. Maser:* Das K.igungs- Bild des Rabulas-Kodex, in: Byzantinoslavica 35, Prag 1974, 34-46. – *H. Neumann:* Untersuchungen zur Ikonographie der K.igung Christi, Habil.-Schrift, Halle/S. 1968. – *G. Schiller:* Ikonographie der christl. Kunst, Bd. 2: Die Passion Christi, Gütersloh 1968. – *E. Syndicus:* Süddt. Kruzifixe der roman. Zeit, Diss., München 1954. – *K. Wessel:* Die K.igung, Recklinghausen 1966.

*Peter Maser*

*D. Literarisch*

Die Auseinandersetzung mit dem Thema K., aber auch →Passion und →Tod Jesu läßt in der modernen Literatur drei auffällige Merkmale erkennen: ideologiekrit. Distanz, identifikator. Selbstdeutung des Künstlers, säkulare Universalisierung.

*I.* Eine *ideologiekrit. Distanz* ist erstmals bei J. W. →Goethe literar. von bes. Bedeutung. Seine Passionskritik verweist auf antike Vorbilder zurück (Celsus, Tryphon): »Willst Du mir zum Gotte machen / solch ein Jammerbild am Holze!« (66. Venezian. Epigramm). Erst bei H. →Heine aber ist die Passionskritik Bestandteil eines religionspolit. Programms. Heine kritisiert nicht nur die Leib- und Sinnenfeindlichkeit des Christentums, die Verlustgeschichte, die durch die Fixierung auf den leidenden Gott Christus gegenüber der sinnenfrohen Antike eingetreten ist (»Die Religion gewährte keine Freude mehr, sondern Trost: es war eine trübselige, blutrünstige Deliquentenreligion«). Heine attakiert auch die polit. Folgenlosigkeit des Christentums, die auf passiver Schicksalsergebenheit ins Leiden beruht. Der leidende Jesus wird zum Typ des »Narren«, der als »Menschheitsretter« die Welt durch sein Leiden vergebl. zu erlösen suchte (»Deutschland, ein Wintermärchen«, 1848). Diese Kritik am christl. Passionsfatalismus hält sich als Topos bis in die dt. Literatur nach 1945. *P. Weiss* geißelt in seinem Stück »Marat-Sade« (1964) das K. als Bild menschl. Hilflosigkeit. *G. Grass* treibt in »Die Blechtrommel« (1959) sein satir.-parodist. Spiel mit verschiedenen K.esdarstellungen einer Danziger Kirche und vollzieht so blasphem. Abrechnung mit einer verkulteten und verkitschten Jesus- und Passionsfrömmigkeit. *G. Herburger* inszeniert in seinem »Zukunftsroman« »Jesus in Osaka« (1970) eine enthusiast. K.verbrennung (»Wollt ihr immer einen Verletzten als Vorbild?«), um das K. als archetyp. Angst- und Entfremdungssymbol zeichenhaft zu überwinden. *S. Heym* versucht in »Ahasver« (1981) die Überwindung einer Dulder- und Schmerzensmann-Christologie, um Jesus selbst zur Einlösung messian. Verheißungen auf ein Reich der Gerechtigkeit und des Friedens zu gewinnen.

*II.* Die *Selbstdeutung des Künstlers* in der leidenden Jesusgestalt erreicht bei *G. Büchner* (1813-1837) bereits ihren literar. Höhepunkt. Büchners Figuren spielen in ständig wechselnder Weise die Rolle des scheiternden Heilands: sowohl in der Novelle »Lenz« (ersch. 1839), wo der Held im Wahnsinn endet, als auch im Drama »Dantons Tod« (1835), in dem sich der in Resignation und →Nihilismus versinkende Volksheld Danton als eine Art Über-Heiland in seinem eigenen Scheitern sogar von der Jesusgestalt abgrenzen kann: »Der Mann am K. hat sich's bequem gemacht.« Aber auch der arme Titelheld des Stückes »Woyzek« (ersch. 1879) wird von Büchner in die Rolle eines verkehrten Erlösers gesteckt, wenn er am Ende seine Maria Magdalena tötet und sich selber in ausweglose Schuld verstrickt. Ihren Höhepunkt erreicht dieser Identifikationsprozeß in der Komödie »Leonce und Lena«, in der die Passionsproblematik radikal ausgeweitet wird: »Ist es denn wahr, die Welt sei ein gekreuzigter Heiland, die Sonne seine Dornenkrone und die Sterne die Nägel?« Iron. gebrochene Identifikation mit dem leidenden und scheiternden Jesus steckt auch in *H. Heines* Passionsgedicht in »Deutschland, ein Wintermärchen« (Kaput 12), in dem Heine sein eigenes Schicksal als polit. engagierter Künstler im polit. Schicksal Jesu reflektiert: »Sie haben dir übel mitgespielt / die Herren vom Hohen Rate / wer hieß dich auch reden so rücksichtslos / Von der Kirche und vom Staate.«

In der Literatur der 1. Hälfte des 20. Jh.s spielt dieses Verfahren vor allem in der →Lyrik *G. Benns* (1886-1956) eine Rolle, indem Benn den Künstler als ein einsam-heroisch dem Schicksal trotzendes Individuum stilisiert. Die Parallele Christus-Künstler (»Valse triste«, 1936) ist dort gegeben, wo der Dichter seine eigene K.igung und Auferstehung selbstdeutend vollzieht. Der Künstler muß nach Benn wie Christus in die Verlassenheit und Einsamkeit, ins Leiden und in die Agonie, um im Kunstwerk allein Auferstehung zu feiern (»Niemandes-: beuge, beuge / dein Haupt in Dorn und Schlehn, / in Blut und Wunden zeuge / die Form, das Auferstehn«). Aber auch *E. Kästner* und E. Fried greifen in ihrer Lyrik dieses Motiv ebenso auf wie H. Kipphardt und P. Weiss in ihren Stükken. In Kästners Gedicht »Jesus dem Revolutionär zum Geburtstag« (aus: »Ein Mann gibt Auskunft«, 1930) wird Jesus als tapfer kämpfender Revolutionär porträtiert, der einem »Justizmord« zum Opfer fiel und dessen gesellschaftl. Engagement ebenso vergebl. war wie das des Poeten Kästner (drei Jahre später Bücherverbrennung). *E. Fried* zeigt in seinem Gedicht »K.weg« (aus: »Warngedichte«, 1964) eine geheime Affinität zwischen der Ort- und Heimatlosigkeit des leidenden Jesus (»Mann mit dem Stacheldraht«) und der des Schriftstellers in unserer Zeit. *H. Kipphardt* läßt in seinem Stück »Leben des schizophrenen Dichters Alexander M.« (1976) die Hauptfigur die »Ecce-Homo«-Rolle spielen. Diese Identifikation aber ist nicht Ausdruck eines erlöserhaften Selbstbewußtseins des »Helden«, sondern krit. Schutzrolle gegenüber einer Gesellschaft, gegen deren Unmenschlichkeit im Umgang mit geistig Kranken zeichenhaft protestiert wird. Und *P. Weiss* porträtiert sich selbst in der Figur des scheiternden polit. Künstlers »Hölderlin« (1971), dessen Passionsweg auf den leidenden Jesus verweist.

*III.* Diese identifikator. Selbstdeutung des Künstlers ist mögl. auf Grund der Erfahrung polit. Grundgesetzlichkeit und strukturell ähnl. Machtverhältnisse durch die Epochen hindurch. Für viele Künstler ist das Leiden Jesu *universal präsent.* Auch hier ist Heine der erste der bedeutenden Schriftsteller, der das Ecce-Homo-Geschehen mit einer entschieden polit. →Hermeneutik liest. Jesu Grundkonflikt ist ein archetypischer insofern, als sich sein Konflikt strukturell immer dann wiederholt, wenn die Botschaft von Freiheit, Gleichheit und Brüderlichkeit auf die Gegenkräfte von Repression, Klassendenken und Standesegoismus trifft. Gekreuzigt wird überall und zu allen Zeiten nach dem Satz aus Goethes »Faust« über die großen Geister der Menschheit: »Die töricht genug ihr volles Herz nicht wahrten / Dem Pöbel ihr Gefühl, ihr Schauen offenbarten / Hat man von je gekreuzigt und verbrannt.« Heine erweitert diese *Universalisierung und Archetypisierung der Passion Jesu* durch seine polit. Optik und seine Erfahrung der jüd. Unterdrückungsgeschichte. Zu →Spinoza, dem verkannten und verbrannten jüd. »Vetter«, kann Heine schreiben: »Auch wie dieser (Jesus) litt er für seine Lehren, wie dieser trug er die Dornenkrone, überall, wo ein großer Geist seine Gedanken ausspricht, ist Golgatha.« Insbes. die Gestalt Napoleons ist bei Heine Exponent einer universalen Freiheitsgeschichte, die immer wieder am »K.« endet: »daß man in jenem einzigen Mann auch uns schlug, auch uns verhöhnte, uns kreuzigte... daß der Marterfelsen von St. Helena unser eignes Golgatha war«.

Diese Universalisierung der Jesus-Passion ist Teil eines umfassenden *Säkularisierungsvorgangs* im Raum der Literatur. Die Passion Jesu hat keine theol.-soteriolog. Bedeutung mehr, wohl aber eine anthropolog., eine solidarisierende und erkenntniskrit. Wirkung. In der Passion Jesu erhält Menschsein für viele Künstler das konkreteste und universalste »Sinn«-Bild. Das ist gerade am Motiv der Passion in Texten marxist. und jüd. Autoren ablesbar. Im Roman »Das Siebte K.« (1942) von *A. Seghers* wird ein Hinrichtungskreuz eines Konzentrationslagers, das leer bleibt, weil ein Gefangener entfliehen konnte, zum Zeichen des Widerstandes der Häftlinge, des indirekten Triumphes der Opfer über ihre Henker, und so zum säkular gewendeten Zeichen der Dialektik von Scheitern und Sieg. Im Werk von *H. Domin* (»Ecce Homo«, aus: »Ich will dich«, 1970) ist der Gekreuzigte Spiegelfigur für die jüd. Leidensgeschichte (»Den Juden ist häufiger und krasser die Rolle des Ecce Homo zugefallen, aufgedrängt worden als anderen«) und in der →Lyrik der *N. Sachs* wird der leidende Jesus im Bild vom »Fisch mit der blutig gerissenen Kieme« gedeutet. Jesus ist der »Mann der Schmerzen«, der in einer Linie mit anderen großen bibl. Gestalten wie Jakob, David und Jesaja steht und das Verlangen nach Erlösung repräsentiert.

Eine stärker *christl.-theol. Deutung* der Passion Jesu versuchen *E. Langgässer* und *H. →Böll.* In der Erzählung »Saisonbeginn« wird die Diskriminierung von Juden (»In diesem Kurort sind Juden unerwünscht«) bei E. Langgässer zum Verrat an Jesus Christus selber. In H. Bölls Erzählung »Wanderer kommst du nach Spa...« (1950) wird das durch die Nazis nicht auslöschbare K.zeichen an der Wand einer Schulklasse zum Gerichtszeichen wider die gottlosen faschist. Verbrecher, während schon im Titel des Romans »Und sagte kein einziges Wort« (1953) durch seine zitathafte Anspielung auf die Passionsgeschichte Jesu die christl. Dialektik von Reden und Schweigen, von Widerstand und Geduld, von Rebellion und Sanftmut ins Wort kommt.

Literar. Texte oft dezidiert nichtchristl. Autoren zeigen auf ihre je spezif. Weise, daß die Passion Jesu durch die ideologiekrit. Distanz zu frommem Schein nur an ursprüngl. Sinntiefe gewinnen, durch die identifikator. Selbstdeutung des Künstlers neue symbol. Relevanz erhalten und durch die säkulare Universalisierung zeitkrit. Tiefenschärfe bekommen kann. Die Passion Jesu ist für viele zeitgenöss. Künstler Herausforderung, eine »Sprache des Leidens« zu suchen, in der über das →Leiden geredet werden kann, ohne es zu zerreden oder ästhet. zu verharmlosen, in der über den »Sinn« des Leidens nachgedacht werden kann, ohne einen solchen vorschnell zu postulieren und in der die Grenzen des Sagbaren und Verstehbaren an der Schwelle zum Verstummen ausgeleuchtet werden können, ohne der Sprachsklerose zu erliegen.

*Lit.: K.-J. Kuschel:* Jesus in der deutschsprachigen Gegenwartsliteratur, Zürich/Gütersloh 1978 (Tb.-Ausgabe München 1987). – *Ders.:* Der andere Jesus. Ein Lesebuch moderner literar. Texte, Zürich/Gütersloh 1980 (Tb.-Ausgabe München 1987). – *Ders.:* Ecce Homo. Der Karfreitagsmann in der Gegenwartsliteratur, in: Seht welch ein Mensch!, Gütersloh 1987, 101-112. – *J. Nolte:* Die Gestalt und Rolle Jesu in der neuzeitl. Religionskritik, in: *ders.:* Theologia experimentalis, Düsseldorf 1975, 109-119.

*Karl-Josef Kuschel*

**Kreuzzüge**

*A.* Zu den K.n im eigentl. Sinn gehören die auf *Eroberung →Jerusalems* zielenden und vom 11. bis zum 13. Jh. dauernden militär. Aktionen des Abendlandes. Insgesamt zählt man sieben größere K. Nur der erste K. (1096-99) erreichte mit der Eroberung Jerusalems (1099) das militär. Ziel. Die weiteren K. dienten teils der Wiedereroberung des 1187 verlorengegangenen Jerusalem, teils der Sicherung der Kreuzfahrerstaaten. So der zweite K. (1147-49), für den bes. Bernhard von Clairvaux geworben hatte, sowie der dritte K. (1189-92), angeführt von Friedrich Barbarossa, der dabei den Tod fand (10.6.1190). Auf Betreiben Venedigs wurde im vierten K. (1202-04) *Konstantinopel* erobert und ein lat. Kaiserreich errichtet. Im fünften K. (1228-29) erreichte Kaiser Friedrich II. durch diplomat. Verhandlungen die Wiederherstellung des Königreiches Jerusalem. Der sechste und siebte K. (1248-54 bzw. 1270) waren nur noch franz. Unternehmen, die sich auf →Ägypten bzw. Tunis richteten. Seit der 2. Hälfte des 11. Jh.s gab es ähnl. Aktionen in →Spanien im Dienste der *Reconquista.* Aus dem K. war hier ein Eroberungskrieg geworden. Gleiches gilt für die K. gegen die Wenden und →*Preußen* im Nordosten. K. wurden auch gegen »Ketzer« veranstaltet (Albigenserkreuzzug 1209-

29). Die national-tschech. Erhebung (*Hussitenkriege)* sowie die Expansion des türk. Reiches auf dem Balkan (1453 Fall von Konstantinopel) führten im 15. Jh. zu einer späten und im Effekt vergebl. Wiederbelebung des Kreuzzugsgedankens zur Verteidigung des Abendlandes.

*B.* Für die K. im eigentl. Sinn waren ausschlaggebend das *Motiv der Jerusalemwallfahrt* sowie der Gedanke der »Kirchenfreiheit«. Man sah das ird. Jerusalem als Bestandteil der Kirche und rief zu dessen Befreiung auf. Die Aufrufe zu den K.n erließ das Papsttum (erster Aufruf 1095 durch Papst Urban II.); denn seit der »Gregorian. Reform« sah das Papsttum Verteidigung und *Ausbreitung* der *Kirche* als kirchl. Aufgaben, zu denen es die weltl. Gewalt verpflichtete. Die insgesamt in einem Fiasko endenden K. hatten unübersehbare Auswirkungen auf das Abendland. Dieses wurde mit Orient und →Byzanz in enge Verbindung gebracht. Die geograph.-polit. Ausweitung führte zu einem Aufschwung des *Handels*, der bes. den ital. Städten zugute kam. Die Begegnung weitete auch den geistigen Horizont und führte mit der Übernahme der aristotel.-arab. Philosophie zu tiefgreifenden Umbrüchen in →Philosophie und Theologie. Die direkten Folgen der ersten K. bestanden in einer spürbaren Entlastung gesellschaftl. Spannungen, die durch starke Zunahme der Bevölkerung hervorgerufen worden waren. So dienten die K. der *Umleitung eines Expansionsstaues* und damit verbundener sozialer Konflikte. Die Reflexion über den hl. →Krieg führte zur Lehre über den erlaubten und gerechten Krieg. Rel. brachten die K. Jerusalem und das Hl. Land mit der Frömmigkeit in Verbindung. Die historisierende Leben-Jesu-Frömmigkeit wurde dadurch beflügelt, in einer gröberen Form durch die vielen →*Reliquien* aus dem Osten, in einer verinnerlichteren Weise durch asket. →*Nachfolge Jesu*, Zukehr zu den Armen als Stellvertretern des armen Jesus. Auch auf die mönch. Gruppenbildungen hatten die K. direkte und indirekte Auswirkungen (Ritter- und Spitalorden).

*Lit.: C. Erdmann:* Die Entstehung des Kreuzzugsgedankens, Stuttgart 1935 (Nachdruck 1980). – *J. Fleckenstein/ M. Hellmann (Hg.):* Die geistl. Ritterorden Europas, Sigmaringen 1980. – *E. D. Hehl:* Kirche und Krieg im 12. Jh., Stuttgart 1980. – *H. E. Mayer:* Geschichte der K., Stuttgart, 5. Aufl. 1980 (Lit.). – *A. Noth:* Hl. Krieg und Hl. Kampf in Islam und Christentum. Beiträge zur Vorgeschichte und Geschichte der K. (Bonner Hist. Forschung 28), Bonn 1966. – *A. Waas:* Geschichte der K., Freiburg 1956. - *P. Wirth:* Kreuzfahrerstaaten. Das lat. Kaiserreich, in: Großer Hist. Weltatlas, 2. Teil: MA. Erläuterungen, München 1983, 138-146.

*Isnard W. Frank*



## Krieg

### *A. Biblisch-ethisch*

Im →*AT* wie im →*NT* ist der K. eine Realität, die sowohl Ursache großen →Leidens als auch Interpretation des göttl. Heilswillens darstellt. Jahwe selbst führt in der Erinnerung Israels für sein Volk K.e (z.B. Ri 4;5), K.e jedoch, die die Könige Israels selbst führen, werden im AT kritisiert. Die Rache bleibt Gott vorbehalten. Doch ist die →Sprache gerade des AT zuweilen krieger.; der K. ist hier nicht ein moral. verwerfl. Mittel. Das NT ist von der Botschaft des →Friedens geprägt, und zwar sowohl des Friedens der →Menschen mit →Gott als auch der Menschen untereinander. Direkter Verzicht auf →Gewalt wird gefordert: »Widersteht dem Bösen nicht, sondern wer dich auf die rechte Wange schlägt, dem halte auch die andere hin, und dem, der dich vor Gericht bringen und deinen Rock nehmen will, dem laß auch den Mantel. Und wer dich nötigt, eine Meile weit zu gehen, mit dem gehe zwei« (Mt 5,39-41; vgl. auch Röm 12,17-21). Ausgehend vom Gebot des AT: »Du sollst nicht töten!« (Ex 20,13; Dtn 5,17), ist die Zurückweisung →Jesu, mit dem Schwert →Recht zu erkämpfen, nicht nur bei seiner Gefangennahme, sondern überhaupt von Bedeutung; »denn alle, die zum Schwert greifen, werden durch das Schwert umkommen« (Mt 26,52-54).

### *B. Die Tradition der Kriegsethik*

*I.* Die These von der Gewaltlosigkeit in der →Nachfolge Jesu hat in der *Geschichte der* →*Kirche* immer wieder zur Scheidung der Geister geführt. Gewaltlosigkeit wurde von jenen, die sie theol.-argumentativ und prakt. vertraten, als konsequente Nachfolge Jesu angesehen. Insbes. wurde jede Art von militär. Gewalt für unvereinbar mit der christl. Botschaft betrachtet. Dennoch findet die These vom »gerechten K.« in der Tradition von →Theologie und Kirche immer wieder neue und auch verschiedene Begründung. →*Augustinus* hat dabei wichtige Ausgangspositionen der Argumentation geschaffen, obschon auch er betont, es sei größerer Ruhm, »den Frieden im Frieden zu erwerben, nicht im K.«. Aus dem Tatbestand des nicht vollendeten →Reiches Gottes erscheint der K. als eine Folge der →Sünde wie auch als unvollkommenes Mittel, die Sünde und das →Böse zu bändigen und Unschuldige zu schützen. K. als Einsatz tödl. Gewalt zur Verteidigung des Rechts, oder auch um einen Angriff auf Unschuldige zu verhindern, rechtfertigt sich damit in dieser Tradition als eine Art kollektiver Notwehr. In diesem Sinn hat →*Thomas von Aquin* die Argumentation zur Rechtfertigung des K.es weitergeführt, indem er der Position des Augustinus (die Verteidigung anderer) seine Position des Rechts auf Selbstverteidigung des →Staates hinzufügt.

*II. Drei Fragen* bestimmen die Lehre vom *gerechten K.*: Warum (aus welchen Gründen) kann Gewalt benutzt werden? Wann (unter welchen Bedingungen) und wie (mit welchen Mitteln) kann Gewalt angewendet werden? Dabei werden *sieben Kriterien* für einen »gerechten K.« aufgestellt: 1. eine zuständige →Autorität; 2. ein gerechter Grund; 3. die rechte Absicht; 4. als letztes Mittel; 5. mit Aussicht auf Erfolg; 6. bei Verhältnismäßigkeit des angerichteten Schadens und des erstrebten Gutes; 7. unter Anwendung gerechter Mittel. Neben diese Lehren können theol. Verteidigungen des K.es gestellt werden, die den K. als »Notmaßnahme Gottes in der gefallenen Welt« oder als Ausdruck der Opfergesinnung, der Tapferkeit bis zur Hingabe des eigenen Lebens für den anderen ansehen. Von dieser Seite her wird der christl. Pazifismus als →Utopie verworfen.

*III.* Die *Geschichte der* sog. *»gerechten K.e«* ist lang. Sie umgreift im Abendland nicht nur die im Namen des →Christentums geführten K.e, insbes. die →Kreuzzüge, sondern auch die vom →Islam unternommenen Versuche der krieger. Niederwerfung der Ungläubigen. Nicht nur als »gerechter K.«, sondern als eine Form der Überbringung des →Heils von Christi Botschaft sind die Kolonialk.e (→Kolonisation) zu nennen. Auch heute ließe sich eine →Phänomenologie des K.es auflisten, die neben den Eroberungsk.en vor allem die verschiedenen Formen der Befreiungsk.e umfaßt. Furcht und →Angst der Menschen und ihrer →Politik scheinen darin zu gipfeln, daß sie diese lokalen K.e auf die jeweilige krieger. Szene begrenzen und den großen K. zwischen Ost und West, zwischen Nord und Süd vermeiden. Letzterer spielt sich bereits in neokolonialist. Formen ab, der sich als »K. gegen den Menschen« erweist, während der Ost-West-Konflikt im Zeichen einer K.sgefahr oder gar K.sdrohung besteht, die alles →Leben auf der Erde auslöschen könnte.

*C. Die Gefahren des Nuklearkrieges*

Die Weiterentwicklung der *Waffentechnik* bis zur →Atom- und Wasserstoffbombe und den entspr. Trägerraketen hat die Auffassung des K.stheoretikers von Clausewitz überholt, näml. im K. »einen Akt der Gewalt« zu sehen, »um den Gegner zur Erfüllung unseres Willens zu zwingen«. In einem Nukleark. wird es keine Sieger und Besiegten mehr geben, sondern nur noch eine zerstörte Erde. Darum sind Vorstellungen in West oder Ost unrealist., die ideolog. Auseinandersetzung zwischen dem →Kommunismus auf der einen und den verschiedenen westl. demokrat. und kapitalist. Systemen auf der anderen Seite durch einen Sieg über den anderen mit Hilfe eines begrenzten Nukleark.es zu beenden. Wenn sich auch z.Z. Politiker noch in solchen Vorstellungen verstricken, wird es notwendig sein, jeden K. zu ächten, ob er nun mit sog. konventionellen oder mit Nuklearwaffen geführt wird. Die Option für einen christl. *Pazifismus*, aus der bibl. und kirchenhist. Tradition ableitbar, bekommt somit eine neue Qualität, näml. die, das Überleben der Menschheit auf dieser Erde überhaupt zu sichern.

*Lit.: A. Beaufré:* Die Revolutionierung des K.sbildes, Stuttgart, 2. Aufl. 1975. – *W. Dreier:* Sozialethik, Düsseldorf 1983. – *N. Lohfink (Hg.):* Gewalt und Gewaltlosigkeit im AT, Freiburg 1983. – *H. Neuholt:* Internationale Konflikte – verbotene und erlaubte Mittel ihrer Austragung, Wien 1977. – *F. M. Stratmann:* K. und Christentum heute, Trier 1950. – *C. F. von Weizsäcker:* Wege in der Gefahr. Eine Studie über Wirtschaft, Gesellschaft und K.sverhütung, München 1976. – *Qu. Whright:* A Study of War, 2 Bde., Chicago, 5. Aufl. 1951.

*Wilhelm Dreier*

**Kriminalität**

*A.* K. ist ein Sonderfall abweichenden Verhaltens, das definiert werden kann als den allg. →Normen oder gesellschaftl. Erwartungen widersprechend. Unter K. versteht man dann alle Verhaltensweisen, die gegen die *Normen verstoßen*, die im Strafrecht kodifiziert sind. Dabei ist eine Differenzierung angebracht: Mit K. können die entdeckten, angezeigten und in der Kriminalstatistik registrierten Straftaten gemeint sein, aber auch die nicht bekanntgewordenen Delikte (Dunkelfeld, Dunkelziffer) können dazugerechnet werden. Im Regelfall meint man nur die registrierten Taten, weil der Erkenntnisstand über das Dunkelfeld geringer und weniger gesichert ist.

*B.* Von K. (auch Delinquenz) ist der Begriff der *Kriminalisierung* zu trennen, der den einsetzenden Prozeß der Strafverfolgung meint. Nicht jede strafbare Handlung wird aber kriminalisiert, wie andererseits mancher Bürger fälschlicherweise angezeigt und kriminalisiert werden mag. Wird ein Verbrechen entdeckt, so setzt normalerweise die Tätersuche ein; ist diese erfolgreich, so wird das kriminelle Verhalten bestraft. Diese Sanktion ist Teil der sozialen Kontrolle, die aber schon im Vorfeld der Deliktbegehung wirksam wird, wenn normkonformes Verhalten erlernt und erwartet, Abweichung mit →Strafe bedroht wird (Vorbeugung, Prävention).
Die (kriminalstatist.) *Erfassung und Beschreibung* von K. erfolgt nach Kriterien des Raumes (Bundesrepublik, Bundesländer, Großstädte usw.), der Zeit (zumeist das Kalenderjahr), des Umfangs (Zahl der Delikte, der Tatverdächtigen, der Abgeurteilten usw.), der Struktur der Delikte (Art und Schwere), des Verhältnisses zur jeweiligen Vergleichsbevölkerung (K.sbelastungsziffer auf 100.000 gerechnet), der Entwicklung der Delikte in der Zeitdimension (Ab- bzw. Zunahme) und nach Merkmalen der Tatverdächtigen (Alter, Geschlecht, Vorstrafen usw.).

*C.* Daß die K.sbelastung gerade der *jüngeren Menschen* bes. hoch ist, wird soziol. auch damit erklärt, daß die gesellschaftl. Normen und →Werte noch

nicht voll verinnerlicht sind und Jugendliche versuchen, auszuloten, wie weit man straflos gehen kann. Es handelt sich zumeist um Eigentumsdelikte (Ladendiebstahl usw.). Bei einigen mag auch ein gezieltes Infragestellen der Werte, als übergeordnete Basis der Normen, existieren. Eine solche mangelnde Wertelegitimation dürfte aber relativ selten sein. Im Regelfall ist K. – sofern keine massive Kriminalisierung einsetzt – ein altersspezif. und vorübergehendes Ereignis.
Verletzungen von Strafrechtsnormen sind *in jeder Gesellschaft* zu finden; K. ist also eine normale Erscheinung. Welches Ausmaß an K. für eine Gesellschaft noch erträgl. ist, ist allerdings nicht exakt festzulegen. Jedenfalls hat K. auch positive soziale Funktionen, wenn dadurch Normkonformität bewußtgemacht, stabilisiert und positiv sanktioniert wird oder wenn die Abweichung letztl. die vorweggenommene neue Norm ist. K. ist auch ein ökonom. determiniertes Phänomen (→Wirtschaft), wenn man an die Eigentumsk. (etwa 2/3 aller Straftaten), die Wirtschaftsk., die Umweltk., aber auch die Notstandsk. oder die Wohlstandsk. denkt.

*Lit.: S. Lamnek:* Theorien abweichenden Verhaltens, München 1988. – *F. Sack:* Probleme der Kriminalsoziologie, in: *R. König (Hg.):* Handbuch der empir. Sozialforschung, Bd. 12: Wahlverhalten, Vorurteile, K., Stuttgart 1978, 192-492.

*Siegfried Lamnek*

## Kriminalroman

*A.* Die rel. Bedeutung dieser populärsten aller Literaturgattungen ergibt sich bereits aus der Grundstruktur, die durch den »klass.« K. vorgegeben ist, sowie den Transformationen dieser Struktur in der Geschichte der Gattung. Die *Grundstruktur* des »klass.« K.s kann mit der Trias *Verbrechen-Aufklärung-Sühne* beschrieben werden. Voraussetzung ist das *Verbrechen*, eine moral. Krise, eine Störung der eth. fundierten Gesellschaftsordnung, bei der eines der gottgegebenen Grundgebote verletzt wurde: »Du sollst nicht töten.« Aufgabe des *Detektivs* ist die Wiederherstellung der moral. Grundordnung durch die Scheidung der Verdächtigen von den Unverdächtigen, der Schuldigen von den Unschuldigen. Die detektiv. Aufklärung ist ein Prozeß zunehmender Isolation des Schuldigen, dessen Abschluß (die Entlarvung des wirkl. Schuldigen) die moral. Integrität einer Gesellschaft wiederherstellt, die vorübergehend ins Zwielicht geraten war. Die *Sühneleistung* des Verbrechers (Gefängnis, moral. Besserung oder Tod) ist dann die Kompensation dieser vorübergehenden Störung und Teil des ganzen Ordnungsgefüges. Von Anfang an ist der K. damit ein *Zwitterwesen:* er lebt von der Tatsache eines moral. fragwürdigen Verbrechens, das zu genießen er den Lesern mit Mitteln der Spannung auch noch fähig macht. Andererseits aber leistet er durch die Aufklärung des Verbrechens einen Beitrag zur Stabilisierung der bürgerl. Rechts- und Moralordnung. So ist es kein Zufall, daß die Autoren des »klass.« K.s allesamt ein hohes Interesse für →Religion zeigten: Der Erfinder des K.s, E. A. Poe (1809-1849), neigte dem Mystizismus zu; A. Conan Doyle (1859-1930), der Schöpfer der Sherlock-Holmes-Figur, hing in den letzten 10 Jahren seines Lebens dem →Spiritismus an; G. K. Chesterton (1874-1936; »Father-Brown«-Geschichten) verteidigte in zahlreichen Publikationen den kath. Glauben und D. Sayers (1893-1957; »Lord-Peter-Wimsey«-Stories) betätigte sich ihr Leben lang als Propagandistin des Anglikanismus (→anglik. Kirchen).

*B.* Dem »klass.« K. liegt damit – indirekt und säkular verwandelt – eine »metaphys.« Basis zugrunde: ein Vorsehungsglaube in säkularem Gewand, der in einer Zeit (Jh.wende) zunehmenden Vertrauensschwundes auf die direkt erfahrbare göttl. Vorsehung säkularen Ersatz schafft. Denn dieser K. lebt vom Vertrauen, daß Verbrechen weder verborgen bleiben noch sich auszahlen, daß Verbrechen also Spuren hinterlassen und Schuld nicht ungesühnt bleibt. Der Detektiv – oft durch skurrile oder exzentr. Persönlichkeitsmerkmale aus der Masse der Durchschnittsmenschen hervorgehoben (neben Sherlock Holmes vor allem A. Christies Hercule Poirot oder Miss Marple) – handelt hier als eine Art Agent der Vorsehung, eine Vorwegnahme des Jüngsten Gerichts auf Erden, als ein Ersatz-→Erlöser, der als Rätsel-Löser befreiend von außen auftritt, mit seinen →Offenbarungen das Verborgene freilegt, mit seiner Nachschöpfung des Verbrechens der Wahrheit – aller Verdrängung, Lüge und Verstellung zum Trotz – zum Siege verhilft, um dann seinerseits sich einer letzten Instanz unterzuordnen (»das Gericht«, »das Gesetz«). Im »klass.« K. hat sich also der Glaube an eine rationale Grundstruktur der Welt, eine Aufklärbarkeit des Verbrechens und eine Sühnbarkeit der Schuld aufbewahrt. Und weil es hier überall um das Verhältnis von Schuld und Sühne geht, wird man die Romane »Schuld und Sühne«, vor allem aber »Die Brüder Karamasow« von F. M. →Dostojewski mit Fug und Recht als größte K.e der Weltliteratur bezeichnen können. Doch Dostojewski hat bereits das gängige K.schema durchbrochen und radikal gesteigert. Zwar leben auch seine Romane vom Glauben, daß Verbrechen gesühnt werden sollen; da dies aber mit jurist. Mitteln oft nicht mehr mögl. ist, stellt Dostojewski an dessen Stelle die Möglichkeit freiwilliger Sühne der Unschuldigen für die Schuldigen. Der Roman »Die Brüder Karamasow« hat gerade darin seinen Höhepunkt, daß einer der Brüder, Dimitri, vor Gericht die Schuld freiwillig auf sich nimmt, obwohl er den Mord an seinem Vater nicht begangen hat. Dostojewski hebt damit das klass. K.schema aus den Angeln (Schuld ist jurist. nicht aufklärbar) und radikalisiert es gleichzeitig durch sein (christl. motiviertes) Konzept der Allschuld und Allsühne.

*C.* Im Amerika der 20er und 30er Jahre entsteht ein *neuer Typus des K.s* (»Hard-boiled-School«), der das klass. Schema auf andere Weise radikal in Frage stellt. Hauptvertreter sind *D. Hammett* (1894-1961), *R. Chandler* (1888-1959), *J. M. Caine* (1853-1931), in abgewandelter Form auch *E. Wallace* (1871-1932). Ihr Umgang mit dem Verbrechen ist weniger metaphys. als soziol. bestimmt: Verbrechen ist weniger individuelles Versagen als Produkt gesellschaftl. Zustände, klassenbedingt, schichtenspezif., milieuabhängig. Die psycholog. Instrumente zur Erklärung der Verbrechensentstehung werden verfeinert: Verbrechen ist weniger die moral. Schuld einzelner als von frühkindl. Prägungen und Erziehungsfolgen mitbestimmt. Von daher kann es nicht länger Aufgabe des K.s sein, den Prozeß der Trennung der Schuldigen von den Unschuldigen in der Gesellschaft zu beschreiben. Die Gesellschaft ist in jedem Fall mitverantwortl., Verbrechen keine »Ausnahme«, sondern systemimmanent. Auch der Detektiv (Sam Spade im »Malteser Falken«, Nick Charles in »Der dünne Mann« bei Hammett; Philip Marlowe bei Chandler) ist als Figur nicht mehr makellos-omnipotenter Agent der Vorsehung, sondern Teil des Milieus, zwiespältig, mitverhangen, fragwürdig. Seine Aufklärungsarbeit läßt keine erleichterte Gesellschaft zurück, sondern deren Infragestellung. Der »Mystery«-Effekt liegt in der Undurchschaubarkeit der institutionellen Apparate (organisiertes Verbrechen), die Verbrechen anonym ausführen lassen. Detektivsein ist nicht länger eine Mission, sondern ein Job. Der Detektiv vertritt niemanden, weder eine höhere Instanz metaphys. Natur (wie bei Sherlock Holmes) noch eine Instanz jurist. Natur (Polizeiinspektor Maigret bei G. Simenon). Seine Tugend ist weniger Wahrheitsliebe als Ausdauer, Kontrolle über die eigenen Gefühle und Gelassenheit gegenüber dem Tod. Seine Motivation für die Aufgabe ist weniger vorsätzl. moral. als vielmehr unreflektiert, oft zufallsbedingt (Verwicklung, Gefälligkeit, Geldschwierigkeiten). So vollzieht der neue Typus des Detektivs keine gesellschaftl. Reinigungsrituale zur Wiederherstellung der Ordnung, sondern versucht, im gesellschaftl. Chaos zu überleben, um dessen Opfer er sich kümmert, bis seine Fragen eine befriedigende Antwort gefunden haben. Nicht überlegenes Wissen, sondern Zufall und Geschicklichkeit bestimmen den Aufklärungserfolg. Der Glaube an die Aufklärbarkeit von Verbrechen ist damit ebenso gebrochen wie der an die Sühnbarkeit der Schuld.

*D.* In der dt. Literatur nach 1945 hat vor allem *F. →Dürrenmatt* diesen Typus des K.s aufgegriffen, philos. radikalisiert und ihm auf diese Weise literar. Geltung verschafft. Auch Dürrenmatt hat den Glauben verloren, daß die Wirklichkeit noch »rational« durchschaubar ist, Verbrechen also »erklärt«, »aufgeklärt« werden können. Der »Zufall« zerstört jede Rationalität der Welt, die so im Kern undurchschaubar und unerklärbar bleibt. Der Prozeß der Verwischung von Täter und Opfer, Schuld und Unschuld, Recht und Unrecht steigert sich. In »Der Richter und sein Henker« (1950) spielt Dürrenmatt die Möglichkeit durch, daß es zur Verwirklichung des Rechts auch des Rechtsbruchs des Ermittelnden bedarf, wenn anders der Schuldige nicht zu überführen ist. Der Detektiv wird damit bei Dürrenmatt entweder selber zum Täter (»Der Richter und sein Henker«) oder zum Opfer eines Verbrechens (»Der Verdacht«, 1950). Die Struktur des »klass.« K.s ist aufgehoben, weil die Skepsis, daß das Recht in einer heillosen Welt noch verwirklicht werden könne, überwiegt. Ein »Requiem auf den K.« – so der Untertitel von »Das Versprechen« (1957) – kann gesungen werden.

Auch dieser neue Typus des K.s ist von *rel.-eth. Bedeutung.* Diese aber ist nicht mehr durch die Grundstruktur vorgegeben, sondern dem Leser aufgegeben. Der neue Typus des K.s fordert den Leser durch verschärfte Wirklichkeitswahrnehmung, größere Authentizität und schonungslosere Realistik selber zur Stellungnahme heraus. Er verschafft dem Leser nicht länger ein »ästhet. Alibi«, sondern läßt ihn allein mit der Frage, wie es geschehen konnte, daß die Gesellschaft sich so ungehemmt ihren eigenen destruktiven Kräften auslieferte und wie das Recht in einer undurchschaubaren Welt durchzusetzen sei. Die Bewältigung von Schuld und Sühne wird also nicht mehr durch den K. selbst geleistet, sondern zum Problem des Lesers. Der neue Typus des K.s hat aber nur dann eine moral. *Wirkung,* wenn der Leser seine Konsumentenhaltung preisgibt und sich aufgerufen fühlt, den Entstehungsbedingungen dieser »Literatur des Verbrechens« den Kampf anzusagen. Solange dies nicht geschieht, bleibt der K., in welcher Form auch immer, ein zwiespältiges Mittel in den Händen derer, die mit dem ästhet. verbrämten Genuß am Verbrechen die realen Abgründe der Gesellschaft ignorieren.

*Lit.: J. Knopf:* Friedrich Dürrenmatt (Autorenbücher 3), München 1976. – *H. Mager:* Krimi und crimen. Zur Moral der Unmoral, Halle/Leipzig 1968. – *P. Nusser:* Der K. (Sammlung Metzler 191), Stuttgart 1980. – *V. Žmegač:* Der wohltemperierte Mord. Zur Theorie und Geschichte des Detektivromans, Frankfurt/M. 1971 (vor allem die Beiträge von B. Brecht, E. Bloch, W. H. Auden, R. Alewyn, H. Heissenbüttel).

*Karl-Josef Kuschel*

**Kritik.** →Kant sprach von seinem Zeitalter (der Aufklärung) als von jenem der K., und →Voltaire nannte die K. die zehnte Muse, die allen Unsinn aus der Welt schaffe. Es ließe sich eine Vielzahl weiterer Zeugnisse anführen, die belegen, daß seit dem Zeitalter der →Aufklärung Philosophie und K. unlösbar miteinander verbunden sind.

*A.* Das hierfür augenfälligste Beispiel ist Kants →Transzendentalphilosophie, der philos. →Kritizismus, die method. konzipierte, von systemat. Gesichtspunkt aus argumentierende und wissenschaftl. (im Sinne der neuzeitl. Naturwissenschaften, vor allem der Mathematik) kontrollierte K. Von daher mag es gerechtfertigt sein, epochal von einer Ablösung der bestätigenden (affirmativen) Philosophie zu sprechen. An ihre Stelle tritt ein Denken, das sich zunehmend an der Idee des *Experimentes* und des Paradigmas (Modells) ausrichtet. Einen ähnl. Stellenwert nimmt von jetzt an in den hist. Wissenschaften die *Quellenkritik* ein; der theol. Sonderfall ist die von Reimarus begründete wissenschaftl. *Bibelkritik*. Dem emphat. K.begriff der Aufklärer folgt – in Weiterentwicklung und Systematisierung – eine Gestalt von Reflexion, die auf ihre eigenen Bedingungen und Voraussetzungen zurückgreift und ihre jeweiligen Vollzüge, Zielvorstellungen und Motivationen problematisiert. Weniger essayistisch – wie noch bei den franz. Aufklärern –, sondern in systemat. Rekonstruktion werden die Vorgaben der →traditionellen →Metaphysik und →Ontologie in Zweifel gezogen; befragt wird vor allem aber der *rel. Dogmatismus*, in dem die K. ihren eigentl. Antipoden sieht. Die krit. Impulse, die sich hier herausbilden, hat das neuzeitl. Philosophieren (auch und gerade nach dem Zerfall der großen Systeme) bewahrt. Verstärkt werden sie in dem Maße, in dem sich die Philosophie auf konkurrierende Wissenschaftszweige einläßt bzw. sich mit ihnen verbindet: in den verschiedenen *Gesellschaftswissenschaften*, in der Hinwendung zu lebensprakt. und polit. Fragen, aber auch in der sog. Weltanschauungsanalyse bzw. *Ideologiekritik* (→Marxismus, →Krit. Theorie). In der →*Ethik* wendet sich die K. beispielsweise gegen die fraglose Bejahung der überlieferten und unausgesprochen geltenden →Normen. Daneben ist aber auch – vor allem im Blick auf die jüngste Gegenwart – eine *Rationalitätskritik* zu nennen, die eine allzu einseitige rationale K. kritisch überwinden und so wiedergewinnen will, was dem übersteigerten Rationalitätsanspruch der neuzeitl. krit. Philosophie hat weichen müssen. Hierher gehört ebenso das (von unterschiedl. Voraussetzungen aus erhobene) Plädoyer für den →Mythos wie die Suche nach einem Metaphysikbegriff jenseits von reiner Bejahung bzw. unreflektiert rel. Vorgaben.

*B. Begriffsgeschichtl.* lassen sich »K.« und »kritisch« *(krinein)* im philos. Verständnis bereits in der Antike nachweisen, ausgehend von einem verwandten Wortgebrauch in Medizin, Politik und Philologie (beurteilen, unterscheiden, entscheiden, prüfen). So bildet →Platon die Figur des jurist. Entscheidungsprozesses ins Philosophische um, indem er den Erkenntnisprozeß in Analogie zum Rechtsprozeß bestimmt. →Aristoteles spricht von der krit. Bedeutung und Funktion der dianoet. Tugenden (Verstandestugenden); in seinen Analytiken ist K. ein zentraler Begriff. Philos. – und darüber hinaus bereits den neuzeitl. Wortgebrauch vorwegnehmend – ist das Verständnis von K. bei den Vertretern der →Stoa; hier gilt der Kritiker als der allseits Gebildete und Urteilsfähige im Unterschied zum Spezialisten mit seiner notwendigen Begrenztheit. Über das lat. Äquivalent *(»iudicatio« – »diiudicatio«)* findet der Begriff Verwendung in →Scholastik, Humanismus und Renaissance, vor allem als integrativer Bestandteil der sog. Topik (der Unterscheidung und Urteilsfindung mit Hilfe der »natürl.« Vernunft nach fest umrissenen und vorgegebenen Regeln), u.a. an Aristoteles orientiert. Nicht grundsätzl. verschieden davon ist der Wortgebrauch bei →Descartes und Bayle; K. steht hier im wesentl. für die Analyse, die nach Gründen fragt und in der Abwägung der Argumente fähig wird, zwischen Urteil und Vorurteil zu unterscheiden. Dieser Aspekt bestimmt vor allem das Denken der Aufklärung. Die K. als »zehnte der Musen« (Voltaire), d.h. als Organon der Wissenschaft, hat ihren Ursprung in Vicos *»nova critica«*. Die K., formal gleichgestellt der geometr. Analysis, wird als *»critica filosofica«* zur *»scienzia nova«*, zur »neuen Wissenschaft«. Ihre letzte Zielsetzung ist es, die göttl. Vorsehung zu rekonstruieren: Das krit. Denken soll also im Gang der Geschichte die Gedanken Gottes ergründen.

*C.* Im Gefolge des neuzeitl. Traditionsbruchs zeichnet sich auch *außerphilos.* – wiewohl im Gefolge einer Philosophie, die sich als K. versteht – eine Konjunktur des Begriffs der K. ab.

1. So entwickelt sich (im Anschluß an Baumgartens Entwurf einer philos. →Ästhetik) die *Literaturkritik* auf dem Wege über eine Rationalisierung und Universalisierung der Regeln der Poetik; Maßstab für die Bedeutung literar. Werke wird das Urteil des Rezipienten, sei er Liebhaber (Dilettant), Kenner oder selber am literar. Produktionsprozeß beteiligt. Dieser Vorgang weckt umgekehrt ein philos. Interesse an der Kunst, zu dessen Gründungsdokumenten Kants »Kritik der Urteilskraft« zu rechnen ist.

2. Auf die Tradition der Bibelkritik seit Reimarus ist bereits hingewiesen worden. Andererseits hat die wissenschaftl. Theologie auf die neuzeitl. →*Religionskritik* nicht nur apologet. (→Apologetik) reagiert. Ein Argument zur Aufrechterhaltung des – zunehmend umstrittenen – Wissenschaftsanspruchs der →Theologie ist etwa die Möglichkeit, die philos. Religionskritik zu überführen in eine rel. Vernunftkritik, in der die Struktur des rel. →Bewußtseins rekonstruiert wird als K. an einem rein immanenten Welt- und Selbstverständnis. Eine verkürzte Religionsk. erwiese sich als unfähig zu einem in →Theorie und Praxis angemessenen Verständnis von Wirklichkeit. Dieses Argument läßt sich unmittelbar von der rel. Überlieferung her rechtfertigen; sie wird eingeführt als selbstkrit. Reflexion (und als selbstreflexive K.), sofern sie – gegen das Logosdenken der →griech. Philosophie – die Frage nach dem Ort des Menschen verbunden hat mit der Frage nach dem Sinn der →Geschichte. Darauf kann sich ein theol. Denken beziehen, das sich in Opposition zu Glaubensauffassungen sieht, die von kritikimmanenten Vorstellungsenklaven aus argumentieren und die Forderung nach gesellschaftl. Veränderungen als

überholt zurückweisen. Dieser krit.-selbstreflexive Ansatz ist die methodolog. Grundlage von theol. Neuansätzen wie der polit. Theologie oder der →Theologie der Befreiung.

3. Auch die krit. *Gesellschaftstheorie* ist einer bestimmten Gestalt von Theologie mehr verpflichtet, als allg. angenommen wird. Der K.begriff der →Krit. Theorie zeigt das in ganz bes. Weise. Gleich der negativen Theologie weigert sie sich, das jeweils Angezielte (Gott, die »vernünftige Gesellschaft«, das Andere) in positiven Bildern und Begriffen auszumalen. Gerade darin verweist K. noch einmal auf das negative Moment, das ihr unauflösl. eingeschrieben ist: auf den Einspruch dagegen, daß eine wie auch immer begründet vorgestellte Wahrheit umschlägt in unbedingte Konformität bzw. in die Bestätigung des Bestehenden.

*Lit.: H. Albert:* Traktat über die krit. Vernunft, Tübingen 1968. – *H. M. Baumgartner:* Kants »K. der reinen Vernunft«, Freiburg/München 1985. – *C. von Bormann:* K., in: *H. Krings/H. M. Baumgartner/Chr. Wild (Hg.):* Handbuch philos. Grundbegriffe, München 1973, 807-823. – *Ders.:* Der prakt. Ursprung der K., Stuttgart 1974. – *Ders.:* K., in: *J. Ritter (Hg.):* Hist. Wörterbuch der Philosophie, Bd. 4, Basel 976, 1249-1262. – *C.-F. Geyer:* Krit. Theorie, Freiburg/München 1982. – *M. Horkheimer:* Traditionelle und krit. Theorie, in: *ders.:* Krit. Theorie, Bd. 2, Frankfurt/M., 2. Aufl. 1972, 137-200. – *R. Koselleck:* K. und Krise, Freiburg 1959. – *R. Schaeffler:* Religion und krit. Bewußtsein, Freiburg/München 1973. – *F. Schupp:* Auf dem Wege zu einer krit. Theologie (Quaestiones disputatae 64), Freiburg 1974.

*Carl-Friedrich Geyer*

**Kritische Theologie.** Der programmat. Begriff k.Th. bezeichnet eine Theologie, die sich um eine *intersubjektive und rationale Klärung* und Prüfung ihrer Voraussetzungen, Grundlagen und Strukturen bemüht. Das unterscheidet sie von den meisten gängigen Theologien, die zwar behaupten, wissenschaftl. zu verfahren, durch ihre Arbeitsweise diesen Anspruch aber nur z.T. einlösen können. Aus dem einer jeden Theologie vorgegebenen Material wählen sie best. Gegenstände aus, verbinden diese durch ein bes. Leitthema zu einer (Originalität beanspruchenden) Gesamtkonstruktion und stützen das Ganze durch die Berufung auf von ihnen bevorzugte Autoritäten ab.

*A.* Das Ergebnis dieses Verfahrens wird durch die neuzeitl., vor allem ev. →Theologiegeschichte eindrückl. belegt. Sie zeigt unzählige theol. Richtungen und Schulen, die trotz ihrer außerordentlich unterschiedl. inhaltl. Ausrichtungen dies eine gemeinsam haben, daß sie jeweils nur der persönl. Auffassung oder Position der Person oder Gruppe entsprechen, von der sie vertreten werden. Eine solche Theologie wird deshalb als *»positionelle Theologie«* bezeichnet. Die von ihr gewünschte Zustimmung kann sie letztl. nicht erlangen durch rationale Argumentation, sondern nur auf Grund von Gewohnheit, Zwang, Betroffenheit oder bekenntnishafter Entscheidung. Das innerhalb ihrer Grenzen unlösbare Problem besteht sowohl in ihrem Anspruch auf Eindeutigkeit, dem aber der tatsächl. herrschende Pluralismus von sich z.T. ausschließenden Richtungen und Schulen widerspricht, als auch in der von ihr behaupteten Allgemeingültigkeit, wo doch nachweisl. jede auftretende Position durch eine andere korrigiert und krit. überboten wird.

*B.* Anders als die positionelle Theologie, die sich durchgängig als eine Funktion von →Religion erweist, geht die k.Th. von der seit der →Aufklärung immer wieder geforderten Unterscheidung zwischen der gelebten Religion und der wissenschaftl. →Theologie aus. Sie entspricht damit der hist. Einsicht, daß →Glaube und →Frömmigkeit weder ihre Existenz den zahlreichen theol. Begründungsversuchen verdanken noch durch eine wie auch immer geartete →Religionskritik bisher grundsätzl. beseitigt werden konnten. Darüber hinaus überwindet die k.Th. die von der positionellen Theologie nicht hinterfragte Gleichsetzung von Glaube und institutionalisierter →Kirche und wendet sich auch den außerhalb der Kirche vorfindl. Folgen und Themen des christl. Glaubens zu. Sie wird so zur *Theorie des →Christentums.*

*Lit.: W. Pannenberg:* Wissenschaftstheorie und Theologie, Frankfurt/M. 1973. – *T. Rendtorff:* Theorie des Christentums, Gütersloh 1972. – *D. Rössler:* Positionelle und k.Th., in: Zeitschrift für Theologie und Kirche 67 (1970), 215-231.

*Helge Siemers*

**Kritische Theorie.** Der Ausdruck K.T. wird 1937 von Max Horkheimer (1895-1973) in dem programmat. Aufsatz »Traditionelle und krit. Theorie« als Bezeichnung für eine gegenwartsbezogene neomarxist. Theorie der Gesellschaft eingeführt. Die Bezeichnung bürgert sich in den 60er Jahren für die ideologiekrit. Arbeiten der »Frankfurter Schule« ein.

*A.* Die *»Frankfurter Schule«* gruppiert sich um das seit 1930 von Horkheimer geleitete Frankfurter »Institut für Sozialforschung« und dessen »Zeitschrift für Sozialforschung« (1932-1941). Zu deren wichtigsten Mitarbeitern zählen neben dem Herausgeber und Spiritus rector Horkheimer Th. W. Adorno (1903-1969), W. Benjamin (1892-1940), E. →Fromm (1900-1980), L. Löwenthal (geb. 1900), H. Marcuse (1898-1979), F. Pollock (1894-1970). 1934 wird das Institut aus Europa in die USA verlegt, 1950 kehren Horkheimer und Adorno nach Frankfurt zurück und begründen es dort neu. Zur »zweiten« Generation können z.B. J. Habermas (geb. 1929), A. Kluge (geb. 1932), O. Negt (geb. 1934), Alfred Schmidt (geb. 1931), H. Schweppenhäuser (geb. 1928), R. Tiedemann (geb. 1932) und A. Wellmer (geb. 1933) gerechnet werden. Über die Wirkung in Sozial- und Geisteswissenschaften hinaus ist der Einfluß von Elementen der K.n T. auf die intellektuelle, literar. und musikal. Kultur in den dt.sprachigen Ländern erhebl., vor allem im Jahrzehnt von 1965 bis 1975. Unverkennbar ist auch die Wirkung auf eine Vielzahl von Theologen (z.B. J. B. Metz, J. Moltmann, H. Peukert, D. Sölle).

*B.* Nach *Horkheimers* Formulierung von 1937 ist mit der K.nT. das »Interesse an der Aufhebung des gesellschaftl. Unrechts« verknüpft; dem Zeitkontext ihrer Entstehung nach ist sie »die Form der marxist. Theorie, die den Faschismus, den hochzivilisierten Rückfall in die Barbarei, zu ihrem bestimmenden Erfahrungsgehalt hat« (Negt). Bereits die *»Dialektik der Aufklärung«* (1944/47) basiert auf dem Abschied von der Vorstellung einer absehbaren prakt.-polit. Vermittlung der Theorie. Die Erfahrungen aus der Epoche des →Faschismus werden zu einer Kritik am Aufklärungsprozeß überhaupt verallgemeinert. So heißt es dort im Fragment »Interesse am Körper«: »Unter der bekannten Geschichte Europas läuft eine unterirdische. Sie besteht im Schicksal der durch Zivilisation verdrängten und entstellten menschl. Instinkte und Leidenschaften. Von der faschist. Gegenwart aus, in der das Verborgene ans Licht tritt, erscheint auch die manifeste Geschichte in ihrem Zusammenhang mit jener Nachtseite«. Die Schattenseite des Rationalisierungsprozesses in einer »Urgeschichte des Subjekts« zu reflektieren, anstatt sie zu verdrängen, ist das Programm der »Dialektik der Aufklärung«. Methodolog. ersetzt sie den Vorrang einer Kritik der polit. Ökonomie durch den einer Kritik der instrumentellen Vernunft, die sich an →Hegel, →Marx, →Schopenhauer, →Nietzsche, M. →Weber und →Freud orientiert und Ergebnisse z.B. von Foucault und Derrida vorwegnimmt.
*Adorno* hat in den 50er und 60er Jahren diesen Ansatz der Kritik an einer zur Herrschaft über Menschen umschlagenden Naturbeherrschung am konsequentesten fortgeführt. In der *»Negativen Dialektik«* (1966) kritisiert er die Vorherrschaft eines Identitäts- und Totalitätsdenkens (z.B. bei →Hegel und →Heidegger) zugunsten einer Rettung des »Nichtidentischen«, der immer aufs neue unterdrückten Naturbasis der Geschichte und des Denkens. Für Adornos *»Ästhet. Theorie«* (postum 1970) sind die verdunkelten Kunstwerke der Moderne (Schönberg, →Kafka, Beckett) Platzhalter eines Potentials von Freiheit. Die Philosophie hat von den Kunstwerken zu lernen, Ästhetik und Gesellschaftstheorie gehen ineinander über.

*C. J. Habermas* hat versucht, die K.T. wieder mit den Hauptströmungen der gegenwärtigen Geistes- und Sozialwissenschaften zu vermitteln bzw. sie in einer Reihe von Kontroversen aufs neue zu profilieren. Seine *»Theorie des kommunikativen Handelns«* (1981) »soll eine Alternative für die unhaltbar gewordene Geschichtsphilosophie bieten, der die ältere K.T. noch verhaftet war« und »die normativen Grundlagen einer krit. Gesellschaftstheorie« aufklären. Zentral ist der Begriff einer »kommunikativen Rationalität«. Habermas will (im Zuge einer Kritik der funktionalist. Vernunft) das Einbrechen verselbständigter Systemimperative in die symbol. Strukturen der Lebenswelt aufweisen und kritisieren.
In anderer Weise führen *O. Negt* und *A. Kluge* (»Geschichte und Eigensinn«, 1981) Intentionen der K.nT. weiter. Sie untersuchen die geschichtl. Organisation der Arbeitsvermögen und kommen von dort aus zu einem erweiterten Begriff der →Arbeit (z.B. Aufklärungsarbeit, Beziehungsarbeit, Geschichtsarbeit).

*D.* Eine Geschichte der *Auswirkungen* der K.nT. hätte vor allem den Einfluß auf Wissenschaft, geistige Situation und polit. Kultur im Jahrzehnt zwischen 1965 und 1975 zu berücksichtigen. Seither ist die Wirkung der »Frankfurter Schule« in der Bundesrepublik Deutschland offenbar im Abnehmen begriffen, in Italien, den USA und neuerdings auch in Frankreich aber eher im Wachsen.
Gemeinsam ist der älteren Generation der K.T. das Motiv der *Undarstellbarkeit des Wahren*, das immer wieder mit der Metaphorik des Bilderverbots assoziiert wird. Für Adorno ist erst »die vollendete Negativität... Spiegelschrift ihres Gegenteils«; die Utopie könne nicht im vorhinein ausgemalt werden. Auch für den späten Horkheimer, der sich wieder theol. Fragen zuwendet (»Die Sehnsucht nach dem ganz Anderen«, 1970; »Notizen 1950-1969«, 1974), ist ein positives Wissen von einem Absoluten nicht möglich. Theologie kann für ihn nicht »für die Wissenschaft vom Göttlichen oder gar für die Wissenschaft von Gott« stehen, wohl aber für die »Sehnsucht«, »daß es bei diesem Unrecht, durch das die Welt gekennzeichnet ist, nicht bleibe, daß das Unrecht nicht das letzte Wort sein möge« (1970). Der »metaphys. Pessimismus« Horkheimers (W. Post) hindert nicht, daß ein krit. Impuls in seiner Spätphilosophie erhalten bleibt.

*E.* K.Th. ist ein Versuch des konsequenten Widerstandes gegen Leiden und Unterdrückung auf der Ebene des Denkens. Sobald allerdings im Übermaß an nicht mehr gutzumachendem Leiden die Frage nach Möglichkeit und →*Sinn von Widerstand* gestellt wird, zeigt sich in der Problematik letztl. eine rel. und damit theol. Dimension (Peukert, Siebert). In diesem Sinn wird die K.Th. in der →polit. *Theologie* von J. B. Metz, J. Moltmann, E. Schillebeeckx, D. Sölle aufgenommen (V. Spülbeck). Die polit. Theologie geht aus von dem Gedanken, die in der Auferstehung offenbare Solidarität Gottes, des Vaters, mit dem Leiden Jesu Christi, des Sohnes, mache eine »Zukunft aus dem Gedächtnis des Leidens« (Metz) möglich. Gott leidet mit den Leidenden; darum ist solidar. mit Gott, wer mit ihnen solidarisch ist (Moltmann, Sölle). Das besagt, daß Theologie »krit. Theorie« sein und eine prakt.-krit. Absicht haben muß, daß sie aus dem »Gedächtnis Jesu Christi« alle Traditionen und Institutionen in Kirche und Gesellschaft der Kritik zu unterziehen hat, die Leiden legitimieren oder erhalten. Nur in diesem »richtigen Handeln« (Orthopraxie) erweist sich der »wahre Glaube« (Orthodoxie: Metz, Schillebeeckx).

*Lit.: H. Dubiel:* Wissenschaftsorganisation und polit. Erfahrung. Studien Studien zur frühen Kn.T., Frankfurt/M. 1978. – *M. Jay:* Dialekt. Phantasie. Die Geschichte der Frankfurter Schule und des Instituts für Sozialforschung 1923-1950, Frankfurt/M. 1976. – *W. Post:* K.T. und metaphys. Pessimismus. Zum Spätwerk Max Horkheimers, München 1971. – *W. van Reijen/G. Schmid-Noerr (Hg.):* Vierzig Jahre Flaschenpost. »Dialektik der Aufklärung« 1947-1987, Frankfurt/M. 1987. – *A. Schmidt:* Zur Idee der K.T. Elemente der Philosophie Max Horkheimers, München 1974. – *A. Schmidt/N. Altwicker (Hg.):* Max Horkheimer heute: Werk und Wirkung, Frankfurt/M. 1986. – *R. Wiggershaus:* Die Frankfurter Schule, München 1986. – *Zu E: J. B. Metz:* Glaube in Geschichte und Gesellschaft. Studien zu einer prakt. Fundamentaltheologie, Mainz 1977. – *H. Peukert:* Wissenschaftstheorie – Handlungstheorie – Fundamentale Theologie. Analysen zu Ansatz und Status theol. Theoriebildung, Frankfurt/M. 1978. – *E. Schillebeeckx:* Erfahrung und Glaube, in: Christl. Glaube in moderner Gesellschaft 25, 80-116. – *R. J. Siebert:* The Critical Theory of Religion: The Frankfurt School. From Universal Pragmatics to Political Theologie (Religion and Reason 29), Berlin/New York/Amsterdam 1985. – *D. Sölle:* Polit. Theologie, Stuttgart, 2. Aufl. 1982. – *V. Spülbeck:* Neomarxismus und Theologie. Gesellschaftskritik in K.Th. und Polit. Theologie (Freiburger theol. Studien 117), Freiburg/Basel/Wien 1977.

*Norbert Rath/Erik Borgman (E)*

**Kritischer Rationalismus.** Eine der internationalen Hauptströmungen gegenwärtiger Philosophie mit einerseits wissenschaftstheoret., andererseits sozial- und geschichtsphilos. Schwerpunkt.

*A.* In *wissenschaftstheoret.* Hinsicht geht der von K. R. Popper (geb. 1902) begründete K.R. zurück auf dessen Kritik an der Wissenschaftstheorie des damaligen →Neopositivismus (»Logik der Forschung«, Wien, 1. Aufl. 1934 u.ö.). Popper ersetzte dessen Induktivismus (Findung und Rechtfertigung wissenschaftl. Erkenntnis durch Induktion, →Erklärung) durch die Idee der kritischen Prüfung. Eine wissenschaftl. Vorgehensweise (vor allem der →Naturwissenschaft) hält bei tastenden, kühnen, spekulativ-theoret. Problemlösungsversuchen an der prinzipiellen Fehlbarkeit der menschl. Vernunft fest (»Fallibilismus«). Sie setzt die gefundenen Lösungen strenger log. und empir. Prüfung aus, so daß sie prinzipiell an der Erfahrung scheitern können (»Falsifikationismus«). Im Unterschied zum »Sinnkriterium« des Neopositivismus unterscheidet dieses »Abgrenzungskriterium« Poppers nicht sinnvolle Sätze von sinnlosen, sondern (erfahrungs)wissenschaftl. Aussagen von durchaus sinnvollen, nichtwissenschaftlichen. Demgemäß schreitet die Wissenschaftsgeschichte log. fort, näml. in der ständigen Kritik von Problemlösungsversuchen (»Conjectures and Refutations« oder »Konstruktion und Kritik«). Demgegenüber hat seit den 60er Jahren der Wissenschaftshistoriker Th. S. Kuhn auf die psycholog. und soziolog. Bedingungen des Wissenschaftsprozesses hingewiesen und damit eine umfangreiche, noch andauernde Diskussion in Gang gesetzt.

*B.* Seine Grundidee von der notwendigen Überprüfbarkeit, durch die sich rationale Konzepte ausweisen müssen, überträgt Popper auch auf die Sozial- und *Geschichtsphilosophie.* So wendet er sich gegen die (von ihm so genannte) Denkweise des »Historizismus«, die sich u.a. bei →Platon, →Hegel und →Marx findet und die Welt als einen geschlossenen Sinn- und Wirkungszusammenhang begreift, daraus auch Folgerungen für prakt.-polit. Handeln ableitet (»Holismus«). Gegen solche totalitären Vorstellungen setzt Popper die Idee der »offenen Gesellschaft« sowie das Konzept der »schrittweisen Sozialtechnologie« (»piecemeal social engineering«).

*C.* In *Deutschland* wird der K.R. vor allem von H. Albert vertreten, der ihn im sog. »Positivismusstreit in der dt. Soziologie« (1961) gegen die Kritik der →Krit. Theorie verteidigt hat. Albert hat auch zur theol. Position Stellung genommen. Bekannt geworden sind seine Auseinandersetzungen mit G. Ebeling und H. Küng. Eine Vermittlung der Positionen ist kaum gelungen, zumal die Theologie die Theorie eines prinzipiellen Fallibilismus nur mit Differenzierungen annehmen kann. In der *angelsächs. Welt* gehören zur Popperschule vor allem W. Bartley, I. Lakatos (gest. 1974), J. Watkins und P. Feyerabend. Letzterer vertrat später einen »erkenntnistheoret. Anarchismus«, der gewisse Auflösungserscheinungen des K.R. anzeigt: Im Sinne eines »anything goes« scheint es nun nicht mehr mögl., feste und verbindl. Kriterien anzugeben, die es erlauben, eine streng wissenschaftl. von einer nichtwissenschaftl. Aussage zu unterscheiden.

*D.* Wenige philos. Hauptrichtungen der Gegenwart haben eine derart breite Aufnahme und Wirkung erfahren wie der K.R., der zumal in den 70er Jahren fast alle Geistes- und Sozialwissenschaften, das Selbstverständnis vieler Naturwissenschaftler, aber auch polit. und gesellschaftl. Diskussionen in Zustimmung wie Ablehnung nachhaltig beeinflußte.

*Lit.: Th. Adorno u.a.:* Der Positivismusstreit in der dt. Soziologie, Darmstadt/Neuwied 1969 u.ö. – *H. Albert:* Plädoyer für K.R., München 1971 u.ö. – *Ders.:* Traktat über Krit. Vernunft, Tübingen 1968. – *Ders.:* Theol. Holzwege. G. Ebeling und der rechte Gebrauch der Vernunft, Tübingen 1973. - *M. Carrier:* Wissenschaftsgeschichte, rationale Rekonstruktion und die Begründung von Methodologien, in: Zeitschrift für allg. Wissenschaftstheorie 17 (1986), 201- 228. – *W. Diederich:* Theorien der Wissenschaftsgeschichte, Frankfurt/M. 1974. – *P. A. Schilpp (Hg.):* The Philosophy of Karl Popper, 2 Bde., La Salle 1974. – *H. Spinner:* Popper und die Politik, 2 Bde., Bonn/Berlin 1978/80. – *P. Suchla:* K.R. in theol. Prüfung. Zur Kontroverse zwischen Hans Albert und Gerhard Ebeling, Frankfurt/M./Bern 1982.

*Volker Steenblock*

**Kritizismus.** In Anlehnung an →Kants drei Kritiken (der reinen [theoret.] und prakt. Vernunft sowie der Urteilskraft) gebildeter Begriff zur Kennzeichnung der →Transzendentalphilosophie, jenes Standpunkts in der Philosophie, der nach dem Umfang und der Möglichkeit der Vernunfterkenntnis fragt.
Die Umschreibung dieses Standpunkts als K. beinhaltet zugleich die Distanzierung vom Dogmatismus (Chr. Wolff) sowie vom →Skeptizismus, der die Möglichkeit von Erkenntnis allg. in Zweifel zieht. In der Auseinandersetzung mit diesen beiden Positionen verwirft der K. – im Blick auf die Inhalte der Erkenntnis – die Möglichkeit eines allg. gültigen Wahrheitskriteriums (rein formal bleibt – als »negatives Kriterium aller Wahrheit« – die Widerspruchslosigkeit von Aussagen). Kant spricht, als er seine »krit. Methode« bzw. den »krit. Weg« bestimmt, auch von *Selbsterkenntnis*, da der K. die Frage nach der Wissenschaftlichkeit der Erkenntnis nicht mehr zurückbindet an die Gegebenheit der Dinge (Welt, Natur, Reich des »Ansich«), sondern nur noch gelten läßt für das »Selbst der → *Vernunft*«, das dem →Verstand übergeordnete obere Erkenntnisvermögen – den Bereich des Apriorischen (die letzten unhintergehbaren Bedingungen und Voraussetzungen des Erkennens, →Apriori). Die Vernunftideen beziehen sich folgl. nicht mehr auf Gegenstände, sondern auf den Verstand; dessen Erkenntnis aber wird bestimmt durch die von der Vernunft *vorgegebenen Einheitsprinzipien*: Anschauungsformen (Raum und Zeit), Verstandesformen (Kategorien) und Vernunftbegriff (Ideen: →Seele, Weltganzes, →Gott). An diesen Prinzipien orientiert, schreibt der Verstand der Natur gleichsam ihre Gesetze vor; er buchstabiert sie als *Erscheinungen* (unter der Voraussetzung der Unerkennbarkeit des »Dinges an sich«), um sie als *Erfahrung* lesen zu können.

*Lit.: F. Grayeff:* Deutung und Darstellung der theoret. Philosophie Kants, Hamburg 1951. – *H. Heimsoeth:* Transzendentale Dialektik. Ein Kommentar zu Kants Kritik der reinen Vernunft, 4 Bde., Berlin 1966-1971. – *J. Kopper/R. Malter (Hg.):* Materialien zu Kants Kritik der reinen Vernunft, Frankfurt/M. 1975. – *H. Ratke:* Systemat. Handlexikon zu Kants Kritik der reinen Vernunft, Hamburg 1965.

*Carl-Friedrich Geyer*

**Kult,** lat. *colere,* sorgfältig pflegen, ist eine in den meisten →Religionen anzutreffende öffentl. und gemeinsame *Handlung* (»Pflege«), mit der sich der →Mensch *mit der Gottheit* (→Gott) oder der als rel. interpretierten →Macht (Ahnen) in Beziehung setzt.

*A.* Durch charakterist. *rituelle Deutungs- und Handlungselemente* (→Mythos, →Symbol, →Gebet, →Opfer, →Prozession, →Musik, →Tanz) ermöglicht rel. K. sowohl die Erinnerung an den kultstiftenden Akt (→Abendmahl) als auch die je neue →Erfahrung der Wirkmächtigkeit des Göttlichen in der Gegenwart (→Gnade). Dem Wesen des K.s entspricht eine eigene und von seiten der →Religionskritik nicht unumstrittene Deutung der Lebenswirklichkeit: Im K. weiß sich der Mensch beauftragt, an best. *Zeiten* (→Feste und Feiern, Lebenswenden) und *Orten* (→Tempel) sowie durch best. *Personen* (→Priester) die Gottheit als die Gemeinschaft konstituierende Kraft gegenwärtig werden zu lassen.

*B.* Aus diesem Anspruch heraus ergeben sich in den meisten Religionen eigene, ähnl. ausgeprägte *Wesensmerkmale* des K.s: Der Mensch, der im K. in Beziehung zur Gottheit tritt, fühlt sich allzuoft versucht, sich durch manipulative Eigenmacht (→Magie) oder frevelhafte Selbstüberhöhung (Hybris) die Möglichkeit göttl. Selbstmitteilung zu verstellen. Der Zugang zur Gottheit im K. steht ferner immer vor dem Anspruch der angemessenen Vorstellungs- oder Darstellungskategorie (→Bild) und damit auch vor der *Gefahr*, das eigentl. Wesen der Gottheit zu verstellen, anstatt es im K. Wirklichkeit werden zu lassen. Solche Entstellung führt entweder zu falsch verstandener Bilderanbetung (Idololatrie), die das Bild mit der es repräsentierenden Gottheit verwechselt, oder zum Bildersturm (Ikonoklasmus), welcher mit dem Gottesbild zugleich entscheidende Bedingungen menschl. →Kommunikation mit dem Göttlichen verneint. Gegen beide Formen des Mißbrauchs erhebt sich regelmäßig ein kultkrit. und -erneuernder *Protest* (→Prophet).
Zahlreiche *Reinheitsvorschriften* und bes. Anforderungen (z.B. Zölibat) an den Vollzieher des K.s sollen dem bes. Charakter des →Heiligen (Sakralen) gegenüber der Welt (Profanen) Rechnung tragen und die Erfahrung des Göttlichen ermöglichen. Mißbräuchl. interpretierte K.vorschriften können zu unpersönl. Ritualismus, einer Geringschätzung der →»Laien« und überhaupt zum Verlust des welthaften Bezugs des K.s führen. Eine Nivellierung des wesenhaften Unterschiedes von Profanem und Sakralen bewirkt andererseits eine innere Entleerung des K.s und führt häufig zu einem eher allegor. K.(miß)verständnis, das im K. nur noch die Erinnerung oder Deutung, nicht jedoch den wirkmächtigen Realitätsgehalt des kultstiftenden Ereignisses sieht.

*C.* Die →*Bibel* bezeugt in ihrem →AT eine Fülle von kult. Handlungen (Brand-, Schlacht-, Speiseopfer) und rituellen Vorschriften aus Anlaß des Dankes, des Lobpreises oder der Sühne mit dem Ziel der (Wieder-)Herstellung des (gestörten) Gottesverhältnisses. Charakterist. sind das strikte *Bilderverbot*, das der Vermischung unterschiedl. Gottesvorstellungen (→Synkretismus) vorbeugen will, sowie das starke prophet. Engagement für die Einheit von K. und eth. Bemühen. Das →NT entwickelt eine *Neuorientierung* des K.begriffs am Ereignis des →Kreuzestodes →Jesu (Sühneopfer), der als endgültige →Heilstat und personifiziertes Selbstopfer Gottes für die Menschen verstanden wird (Röm

3,25f.; 2 Kor 5,19; Hebr 2-10). Die gläubige Annahme dieses Ereignisses bewirkt nach paul. Verständnis eine Neuorientierung des ganzen Lebens, die einer Neuschöpfung, einer Wieder- und Neugeburt gleichkommt, als einer an Christus und seinem bleibenden Geist orientierten kult. Hingabe in Wort und Tat (Röm 12,1f.; 1 Kor 10,14-22); vgl. auch →Gottesdienst, →Liturgie.

*Lit.: L. Boyer:* Mensch und Ritus, Mainz 1964. – *W. Jetter:* Symbol und Ritual. Anthropolog. Elemente im Gottesdienst, Göttingen, 2. Aufl. 1986. – *M. Josuttis/G. M. Martin (Hg.):* K. in der säkularisierten Welt, Regensburg 1975. – *R. Schaeffler u.a.:* Anthropologie des K.s. Die Bedeutung des K.s für das Überleben der Menschen, Freiburg 1977.

*Joachim Opahle*

**Kultur**

*A. Soziologisch*

Allg. bezeichnet K. die *Gesamtheit der menschl. Hervorbringungen*, die in der Auseinandersetzung des →Menschen mit seiner →Umwelt zu einer best. Zeit und in einer best. Region erfolgen. Das Schaffen von K. erscheint so als sozialer Prozeß, die kulturellen Gehalte können nicht von ihrer sozialen Form, ihrer →Organisation getrennt werden. Das Verhältnis von K. und →Gesellschaft erweist sich als Wechselwirkung. Weder ist die K. einem ausschließl. determinist. Einfluß der sozioökonom. Sphäre ausgesetzt (wie das K. →Marx zu zeigen versuchte; →Determinismus), noch läßt sich davon ausgehen, daß sich kulturell-geistige Gebilde völlig autonom entfalten (wie dies in der idealist. Tradition geschah; →Idealismus).

*I.* K. läßt sich nach einer verbreiteten Unterscheidung in *zwei Bereiche* unterteilen: die materielle und die immaterielle K. Im dt. Sprachraum wird die materielle K. weitgehend mit den Errungenschaften der →Zivilisation identifiziert, während die immaterielle K. sich auf die »geistigen« Gehalte der K. bezieht. Im Bereich der engl. Sprache werden K. und Zivilisation meist als »culture« zusammengefaßt. In seiner Wissenssoziologie unterscheidet M. Scheler (1874-1928) *Realfaktoren* von *Idealfaktoren*. Die Realfaktoren (Produktionsverhältnisse, polit. →Ordnung, wirkl. Lebenslagen, →Interessenlagen usw.) übernehmen dabei im gesellschaftl. Prozeß eine »Schleusenfunktion«: sie bestimmen Ausmaß und Richtung der kulturellen Produktion. Doch geht durch die Auswahlfunktion der Realfaktoren den kulturellen Gehalten ihr qualitativer Eigenwert nicht verloren. Ähnl. argumentiert G. Simmel (1858-1918), der in seinen Überlegungen ein Reich objektiver →Wahrheit formuliert, das in den kulturellen Schaffensprozeß einbezogen, aber nicht auf soziale Determinanten (Bestimmungsgrößen) zurückgeführt werden kann. Wesentl. weiter geht hier K. Mannheim (1893-1947), der eine Beeinflussung des Inhalts kultureller Gebilde durch das *soziale Leben* annimmt. Der Bereich des →Sozialen ist dabei aber nicht, wie bei Marx, auf seine rein ökonom. Seite begrenzt, sondern wesentl. umfassender gemeint als Gesamtheit sozialer Erscheinungen, wobei immer schon kulturelle und geistige Gehalte in den realen Lebensprozeß der Menschen einfließen.

M. →Weber hat in seiner →Religionssoziologie zu zeigen versucht, wie *rel. Gedankengut* die Entfaltung des abendländ. →Kapitalismus durch Ausbildung einer method.-rationalen →Ethik der →Arbeit und des →Berufs in eigentüml. Weise befördert hat. Zugleich stellt er fest, daß wirtschaftl. und soziale Konstellationen rel. Vorstellungen beeinflussen. Auch Weber geht somit nicht davon aus, daß kulturelle und soziale Erscheinungen streng getrennt sind. Th. Litt (1880-1962) begreift →Gesellschaft und K. als – miteinander in enger Beziehung stehende – Momente einer umfassenderen Einheit, die eine kulturell bestimmte Gesellschaft bildet. Andere Autoren sehen kulturelle →Systeme als Ergebnisse von Handlungen, die ihrerseits Handlungen als Bedingungen zugrunde liegen und erst ermöglichen; das treffe auch auf den Bereich von →Normen und →Wertvorstellungen zu.

*II.* Für den K.begriff in den *Erfahrungswissenschaften* (bes. K.anthropologie, K.soziologie und →Ethnologie) wird gefordert, daß für ihn empir. Bezugsgrößen angebbar sein sollten. Indem man als K. die Gesamtheit der konkret feststellbaren Lebensformen bezeichnet (wozu alle empir. feststellbaren K.phänomene gerechnet werden), will man unkontrollierte metaphys. Spekulation über K. zu verhindern suchen. Doch hat K. eine normative »Seite« mit Wertvorstellungen und Überzeugungen, zu deren wissenschaftl. Erforschung ein erweiterter Empiriebegriff erforderl. ist.

*Lit.: C. Geertz:* Dichte Beschreibung. Beiträge zum Verstehen kultureller Systeme, Frankfurt/M. 1983. – *R. Girtler:* K.anthropologie, München 1979. – *H. J. Helle (Hg.):* K. und Institution, Berlin 1982. – *J. Huizinga:* Homo Ludens. Vom Ursprung der K. im Spiel, Hamburg 1938. – *A. L. Kroeber/C. Kluckhohn:* Culture. A Critical Review of Concepts and Definitions, Cambridge (Mass.) 1952. – *K. Mannheim:* Ideologie und Utopie, Bonn 1929. – *W. E. Mühlmann/E. W. Müller (Hg.):* K.anthropologie, Köln/Berlin 1966. – *J. Stagl:* K.anthropologie und Gesellschaft, München 1974.

*Horst J. Helle*

*B. Systematisch*

*I.* Die Frage nach dem Verhältnis von Christentum und K. gehört zu den klass. Themen christl. Theologie. Idealtyp. lassen sich drei hist. Stadien der Zuordnung unterscheiden. In seinen Anfängen war das Christentum auf Grund seiner eschatolog. Naherwartung zwar nicht kulturfeindl., aber *kulturindifferent*. Als es Staatsreligion des röm. Weltreichs wurde, wurde es tragendes Fundament und normatives Prinzip der Gestaltung aller K., so daß die Kirche sich als *zentrale K.macht* verstand.

Gegen diese Auflösung eschatolog. K.indifferenz protestierten zahlreiche kirchen- wie kulturkrit. rel. Reformbewegungen, die aber, z.B. durch Institutionalisierung in →Orden, in der Regel nach zwei Generationen selbst zu kulturbildenden Kräften wurden. Mit der allmähl. Auflösung der Leitidee einer rel. begründeten Einheitskultur, bedingt durch den modernen Prozeß gesellschaftl. Differenzierung (→Neuzeit), wurden Religion und Kirche zu einer *K.sphäre neben anderen.* Doch wirkten in der neuzeitl. Geschichte des Christentums auch die Idee einer rel. Integration der Gesamtk. mit einem kulturellen Führungsanspruch der Kirche sowie eine eschatolog. motivierte K.kritik fort.

*II.* Die Entstehung einer autonomen bürgerl. K. in →Pietismus und →Aufklärung, die →Franz. Revolution sowie die Ausbildung der modernen kapitalist. →Wirtschaft provozieren in beiden →Konfessionen seit dem frühen 19. Jh. eine massive *modernitätskrit. Gegenbewegung.*

*1.* Die Entstehung der modernen K. aus der Geschichte des christl. Abendlandes (→Europa) wird zum Argument für einen bleibenden Geltungsanspruch des Christentums gemacht: K., die nicht in all ihren Sphären von der Substanz des Christentums durchdrungen bleibe, verkomme zu bloßer →Zivilisation und degeniere zu einem rein materialist. System der Bedürfnisse, ohne →Sittlichkeit, →Geist, höhere →Werte und personale →Freiheit. Dieser *K.glaube* wird im 19. Jh. aber keineswegs nur in den Kirchen oder in der akadem. Theologie vertreten. Je mehr sich mit dem Siegeszug kapitalist. Zweckrationalität und techn. Effizienz ein naturwissenschaftl. →Weltbild durchsetzt, desto mehr wird »K.« zu einem Kampfbegriff jener Wissenschaften, die wie insbes. →Philosophie und →Geschichtswissenschaft traditionell ein Deutungsmonopol für die geschichtl. Lebenswelt hatten und sich nun zunehmend an den Rand verwiesen sehen. Diese ideologiepolit. Aufladung des K.begriffs, die in Deutschland bes. ausgeprägt gewesen ist, läßt verstehen, warum seit Mitte des 19. Jh.s die Auseinandersetzung zwischen den Kirchen, die kirchenpolit. Kontroversen innerhalb der einzelnen Konfessionskirchen und die Debatten in den Universitätstheologien primär als Streit über normative Gestaltungsprinzipien von K. geführt werden.

*2.* Diese K.debatten in Theologie und Kirchen lassen sich nach den jeweiligen Verhältnisbestimmungen von →Kirche, →Staat und K. systematisieren. Die kirchenamtl. *röm.-kath. Theologie* vertritt einen Vorrang der zum exklusiven Garanten öffentl. Sittlichkeit erklärten Kirche gegenüber Staat und K. Daß nur eine starke Volkskirche dem Gemeinwesen ein festes Wertefundament verbürgen kann, behaupten auch die konservativen *K.lutheraner.* Aber im Gegensatz zur röm.-kath. Hierarchie erkennen sie eine relative Autonomie des Staates an, wobei der Staat allerdings ein eng mit der Kirche kooperierender christl. K.staat sein soll. Dieses idealist. Staatsverständnis teilen auch die sog. liberalen K.protestanten, die das geforderte Wertefundament des Gemeinwesens aber nicht durch eine starke Kirche, sondern durch eine freie modernitätsoffene Bildungsreligiosität (→Frömmigkeit) sichern wollen. Diese Offenheit gegenüber der Modernität prägt auch die liberale Minderheit dt. Katholiken, die nach 1900 als »K.katholizismus« bezeichnet wird.

*III.* Seit 1890 führen die kulminierenden Krisen kapitalist. Modernisierung sowie die polit. Integrationsprobleme im Kaiserreich zu *kulturkrit. Gegenbewegungen* gegen den K.glauben des 19. Jh.s. Ausdruck dieses K.pessimismus sind die intensive Rezeption →Nietzsches und →Schopenhauers im dt. Bildungsbürgertum sowie in der theol. Diskussion eine Renaissance der →Eschatologie. In Übereinstimmung mit diesem Zeitgeist postulieren die Vertreter der →dialekt. Theologie in den zwanziger Jahren eine radikale Diastase von bürgerl. K. und christl. Glauben. Diese Entgegensetzung des Glaubens gegen K.gestaltung dient jedoch nur der Durchsetzung eines alternativen K.konzepts, das primär durch Antibürgerlichkeit, Antiliberalismus und einen neuen Gemeinschaftsglauben gekennzeichnet ist. Daß die theol. K.kritik der 20er Jahre auf die Konstruktion eines neuen, *nachbürgerl. K.ideals* zielt, zeigen auch die modernitätskrit. K.theologien von R. →Guardini, E. →Hirsch und P. →Tillich, für die noch einmal das Ideal einer rel. begründeten Einheit der K. maßgebend ist.

*IV.* Die theol. K.kritik der 20er Jahre hat zu Recht die Relativität einer Synthese christl. Tradition mit mitteleurop.-bürgerl. Wertidealen aufgewiesen. Nicht weniger relativ sind die von ihr selbst propagierten postbürgerl. Synthesen. Im ökumen. Zeitalter des Christentums ist die *Vielfalt unterschiedl. Synthesen* christl. Tradition mit je bes. K. noch sehr viel deutlicher geworden (→kontextuelle Theologie). Das Christentum ist offenkundig nur durch →Inkulturation traditionsfähig. Es gibt kein Christentum jenseits irgendwelcher K.synthesen. Aber es geht, blickt man auf seine bisherige Geschichte, in keiner seiner kultursynthet. Gestalten auf. Diese paradoxe Gleichzeitigkeit von kulturgestaltender Kraft und K.distanz resultiert vor allem daraus, daß für jede christl. Traditionsbildung ein Rückbezug auf die hist. Ursprünge des Christentums grundlegend ist. Diese Ursprünge aber sind durch rel. Gehalte geprägt, in denen diese Welt immer im Lichte einer anderen Welt wahrgenommen wird. Dieser *eschatolog. Bezug* auf ein →Jenseits dieser Welt (→Eschatologie) ist gleichbedeutend mit der Einsicht in eine prinzipielle Relativität aller vorfindl. kulturellen Wirklichkeit. Diese christl. →Relativismus bedeutet aber keine Weltflucht (→Gnosis): Gerade die Distanz zur gegebenen Welt ermöglicht eine K.gestaltung, die das Gegebene transzendiert.

*Lit.: I. Baur:* Geschichte des Wortes »K.« und seiner Zusammensetzungen, in: Muttersprache 71 (1961), 220-299. – *F. W. Graf:* K.protestantismus. Zur Begriffsgeschichte einer theologiepolit. Chiffre, in: Archiv für Begriffsgeschichte 28 (1984), 214-268. – *Ders.:* Theonomie, Gütersloh 1987. – *A. L. Kroeber/C. Kluckhohn:* Culture. A Critical Review of Concepts and Definitions, Cambridge Mass. 1952. – *F. Neidhardt/M. R. Lepsius/J. Weiss (Hg.):* K. und Gesellschaft, Opladen 1986. – *W. Perpeet:* K.philosophie, in: Archiv für Begriffsgeschichte 20 (1976), 42-99. – *D. Sobrevilla:* Der Ursprung des K.begriffs, der K.philosophie und der K.kritik, Diss., Tübingen 1971. – *P. Tillich:* Die rel. Substanz der K. (Gesammelte Werke, Bd. IX), Stuttgart, 2. Aufl. 1975. – *E. Troeltsch:* Die Soziallehren der christl. Kirchen und Gruppen, Tübingen 1912.

*Klaus Tanner*

**Kulturkampf.** Das Verhältnis von →Kirche und Staat war im 19. Jh. äußerst spannungsreich. Die tieferen Ursachen lagen einerseits in dem allg. →Säkularisierungsprozeß und andererseits in dem Willen der Staatsregierungen, ihre Hoheit auf Kosten der kirchl. Unabhängigkeit immer stärker auszudehnen.

*A.* Die Kirchen, bes. die kath., wehrten sich heftig gegen den Versuch, ihre innere und äußere Freiheit durch staatl. Maßnahmen einschränken zu lassen. In Deutschland (→Deutschland 1806-1918) erreichten die *Konflikte* anläßl. des Kölner Ereignisses (1837), ausgelöst durch die Verhaftung des Erzbischofs Graf Droste zu Vischering, und des bad. Kirchenstreites (1854), veranlaßt durch das Vorgehen der Staatsbehörden gegen den Freiburger Erzbischof von Vicari, ihre ersten Höhepunkte. Nach der Reichsgründung 1871 kam es dann zu jenem grundlegenden Streit, der nach einem Wort des berühmten Mediziners Rudolf Virchow »K.« genannt wurde. Dieser Begriff wurde als Schlagwort von den Zeitgenossen übernommen und in der Geschichtsschreibung überliefert. Bismarck sah namentl. im Auftreten der neugegründeten *Zentrumspartei* (→christl.-demokrat. Parteien), in deren »reichsfeindl.« Anhang wie Welfen, Dänen und Elsaß-Lothringern sowie in den Beziehungen des Zentrums zu den Polen eine Gefährdung des neuen Reiches. Die antikirchl. und liberalen Kulturkämpfer stritten für die Freiheit des Menschen von kirchl. Bevormundung und gegen die angebl. mit der Verkündigung des Unfehlbarkeitsdogmas (1870; →Unfehlbarkeit) einhergehenden Ansprüche des →Papsttums auf ird. und geistl. Weltherrschaft.
Das System der *Maigesetze* (1873/75) in →Preußen und ähnl. Maßnahmen in den übrigen dt. Bundesstaaten schädigten das kirchl. Leben und die →Seelsorge außerordentl.; die ev. Kirche wurde nicht weniger getroffen als die kath. Mit den Gesetzen zur Einführung der *Zivilehe* (→Ehe) in Preußen und im Reich (1875) sowie über die Vermögensverwaltung der Pfarrgemeinden (»Demokratisierung« der Kirchenvorstände) und der erledigten Bistümer in Preußen (1875/78) war das aktive Ringen der staatl. Macht gegen die Kirche beendet.

*B.* Der K. trat in die sog. Versumpfungsphase ein. Die große *wirtschaftspolit. Wende* (1877/79) und die Verfolgung der →Sozialdemokratie lenkten die Kräfte des Staates vom Kirchenstreit ab. Der Abbau der wichtigsten »Okkupationsgesetze« (so E. R. Huber) wurde durch die vom Staat einseitig erlassenen Milderungsgesetze (1880/81) und die mit der →Kurie ausgehandelten Friedensgesetze (1885/87) vollzogen. *Hauptergebnis* des K.s war die vor 1870 keineswegs selbstverständl. enge Verbundenheit von →Hierarchie, →Klerus und Kirchenvolk, die betonte Geschlossenheit des dt. →Katholizismus und die dauerhafte befestigte Partei des Zentrums als polit. Ausdrucks des kath. Bevölkerungsteils. Die Bemühungen des dt. Reichskanzlers, den K. auf diplomat. Weg in die gesamte europ. Welt hineinzutragen, hatten keinen Erfolg. Gleichwohl kam es zu gleichartigen Kämpfen vor allen in der *Schweiz* und in *Frankreich*, die dort ihren Höhepunkt in der laizist. Gesetzgebung, d.h. in der schärfsten Trennung von Kirche und Schule sowie Kirche und Staat (1905), fanden.

*Lit.: W. Becker:* Der K. als europ. und als dt. Phänomen, in: Hist. Jahrbuch 101 (1981), 422-466. – *E. Heinen:* Staatl. Macht und Katholizismus in Deutschland, Bd. 2 (1867 bis 1914), Paderborn 1979 (Lit.). – *E. R. Huber:* Dt. Verfassungsgeschichte seit 1789, Bd. 4, Stuttgart, 2. Aufl. 1982 (Lit.). – *R. Morsey:* Probleme der K.forschung, in: Hist. Jahrbuch 83 (1964), 217-245.

*Ernst Heinen*

**Kunst**

*A.* Der *Begriff* der K. meint ganz allg. alles von →Menschen Hervorgebrachte, das von seinem Anspruch und von seiner Wirkung her durch den →Willen zu *bewußter Gestaltung* geprägt ist. Wenn auch →Literatur und →Musik sowie die »darstellenden Künste« (Theater [→Welttheater], →Tanz, Pantomime, →Film) unbezweifelbar als Teilbereiche der K. anzusehen und zu interpretieren sind, so verbindet sich der Begriff der K. doch im bes. mit den »bildenden Künsten« (→Malerei, →Plastik, →Architektur, K.handwerk).

*I.* Da jedes K.werk auf erkenntnismäßige und sinnl. Aneignung von →Welt angelegt ist, spiegeln sich in ihm die konkreten geistigen, sozialen und ökonom. *Rahmenbedingungen seiner Entstehungszeit* wider, die von den →K.wissenschaften (K.-, →Literatur-, →Musikwissenschaft u.a.) bei der Interpretation von K.werken unter Beachtung der individuellen Voraussetzungen des Künstlers (→Biographie, →Tradition, Intuition, →Kreativität usw.) analysiert werden. K. als Aneignung von Welt erhebt den Anspruch auf →Wahrheit und entfaltet damit zugleich krit. Potenzen. Diese können allerdings nur dann zum Tragen kommen, wenn die K. frei von Reglementierungen durch best. K.auffassungen (z.B. Akademismus) oder polit. Doktrinen des →Totalitarismus bleibt. Wo die →*Freiheit der K.* eingeschränkt wird, entsteht zwangsläufig eine Pseudok., deren hauptsächl. Merkmal die Unwahrhaftigkeit (auch in Stil, Gestus und Material) darstellt, so groß auch die K.fertigkeit des einzelnen Künstlers sein mag. Die Freiheit der K. schließt jedoch das bewußte Eingehen von weltanschaul., polit. und auch künstler. Bindungen durch den Künstler nicht aus. Gerade aus der Spannung zwischen Freiheit und Bindung gewinnt der Künstler oft die Kraft zur künstler. Weiterentwicklung. Sosehr jedes K.werk typ. Ausdruck seiner Epoche ist, so sehr wirkt es doch über diese durch seine mehr oder weniger *permanente Präsenz* auch in spätere Zeiten hinaus. Die sich hierbei ergebenden Beziehungen zwischen Tradition und Innovation gehören zu den wichtigsten Bewegungselementen der K.entwicklung überhaupt.

*II.* Über das Zustandekommen von K. versuchen seit der →Antike die verschiedenartigsten *K.theorien* Auskunft zu geben. →*Platon* z.B. interpretierte K. als Mimesis (Nachahmung, Abbildung) von Ideen, während →*Aristoteles* sie als solche der →Natur (»ars imitatur naturam« = K. imitiert Natur) verstand. Das →*MA.* begriff K. als Privileg des göttl. →Geistes und als Abspiegelung eines durch →Gott vorgeprägten →Bildes in der →Materie. Seit dem endenden MA. wird die Idee von der K. als Mimesis der Natur dann dahingehend abgewandelt, daß nun von der K. die formal richtige Darstellung der Gegenstände und die Erfassung der objektiven Eigenschaften der Dinge gefordert wird. Das neue naturwissenschaftl. →Denken schlägt sich in der K. vielfach dergestalt nieder, daß die Grenzen zwischen künstler. und wissenschaftl. Darstellung (Anatomie, Geographie usw.) fließend werden.
*Das 16. Jh.* erklärt einerseits die Natur zur Mutter der K., bezeichnet aber gleichzeitig auch die Erfindung des Künstlers in dieser Weise. Das Schaffen des Künstlers wird in seinem Innern erzeugt, so daß K. nur verwirklicht, was dem Geist entspringt. Die →Ideale von Harmonie und Maß, die bereits der Antike vertraut waren, werden *im 18. Jh.* neu belebt. Unter den gewandelten Bedingungen der K.produktion fragt →Kant erneut nach dem →Wesen des Künstlers und definiert: »Genie ist das Talent, das der K. die Regel gibt.« Zu Beginn des 19. Jh.s erläutert F. Schiller K. als Auseinandersetzung »mit dem Unendlichen durch das Instrument der Natur, durch die Weltgeschichte«. K. strebt nach dem Ideal, die wahre Natur darzustellen, indem sie das Zufällige ausscheidet und das Notwendige ausdrückt. Als Gipfel menschl. Produktivität und als »ideale Fortsetzung der Produktivität der Natur« pries →Goethe die K., die damit über das Sinnlich-Gegenwärtige hinausgreife. →Hegel definierte K. als die sinnl. Darstellung des →Absoluten. Die Entwicklung der K. war ihm Ergebnis des dialekt. Widerspruchs zwischen dem sinnl. Scheinen und der Idee.
Der →Marxismus interpretiert auch die K. vor dem Hintergrund des Klassenkampfes, wenn er sie im Blick auf die Klassengesellschaften als Widerspiegelung der →Interessen und →Ideologie der jeweils herrschenden →Klasse versteht. Erst im →*Sozialismus* soll die K. zur wichtigen *Ausdrucksform der Gesamtgesellschaft* werden. Der administrative Versuch, einen »sozialist. →Realismus« mit Zwangsmitteln durchzusetzen, ist inzwischen in den kommunist. regierten Ländern jedoch weithin aufgegeben worden zugunsten der Aufgabenstellung für die K., die gesellschaftl. Erfolge, Rückschläge und →Widersprüche in individueller Ausdrucksweise wirklichkeitsnah und das gesellschaftl. →Bewußtsein prägend darzustellen.
Bei den *bürgerl. K.theoretikern des 20. Jh.s* herrscht eine Ausweitung des K.begriffs vor, die die Grenzen zwischen K. und Nichtk. prinzipiell in Frage stellt. Inwieweit die Tendenz, einen eigenständigen Bereich der K. innerhalb der gesellschaftl. →Wirklichkeit aufzulösen, dem →Wesen der K. gerecht wird, bleibt eine Frage, die die aktuellen K.diskussionen ebenso bestimmt wie das Verhalten breiter Publikumskreise, in das K.schaffen vergangener Epochen auszuweichen.

*B.* In ihren Anfängen ist K. unauflösbar mit dem *Gesamtphänomen der →Religion* verbunden. Bes. enge Beziehungen bestanden zu den Bereichen von →Grab und →Tod. Künstler. Produktionen im Zusammenhang mit Beschwörungsriten (Jagd- und Fruchtbarkeitszauber, Dämonenabwehr) erweisen sich regelmäßig als dem Gedanken der mimet. Stellvertretung des K.werkes verpflichtet. Bis in das hohe MA. hinein bleibt die K. weithin in den Dienst (→Liturgie) an der Gottheit integriert, so daß K. und →Kult eine feste Verbindung darstellen. Die Aufgabe der Gestaltung hl. Räume und Orte (→Tempel, →Stadtanlagen, →Kirchenbau, →Opferstätten, →Wallfahrtszentren u.a.) mit den Mitteln der Architektur, Plastik und Malerei, auch unter Einbeziehung verschiedenartigster →Symbole, die ihrerseits zum Ausgangspunkt künstler. Gestaltungen werden, blieb Hauptanliegen der K. bis in die Epoche des →Hellenismus hinein, in der ein Profanisierungsprozeß beginnt, innerhalb dessen die K. gleichsam in die →alltägl. Lebenswelt hineingenommen wird. Erst damit wurden z.B. Genreszenen möglich, denen jeder rel. Bezug fehlt. In Parallele dazu ist die K. der →Renaissance zu sehen, in der die *rel. Bindungen* weithin *aufgegeben* werden, auch wenn überkommene, rel. geprägte Motive noch auf lange Zeit den Themenkatalog der K. bestimmen. Der hier einsetzende Modernisierungsprozeß wird im Zeitalter von →Barock und →Gegenreformation noch einmal aufgehalten. Im 19. Jh. werden die Beziehungen zwischen K. und Religion dann endgültig fließend. Neben inhaltsleeren Replikaten (→rel. Kitsch) traditioneller rel. Motive kann z.B. die Landschaftsmalerei eines C. D. Friedrich zum sprechenden Ausdruck der Religiosität der Zeit werden. In der modernen ungegenständl. K. werden in zunehmendem Maß auch wieder Möglichkeiten für eine neue Begegnung von K. und Religion ausgemacht.

*C.* Der vielfach gebrauchte Begriff der *»christl. K.«* ist kaum einheitl. zu definieren. In der Regel wird ein K.werk durch das bibl.-theol. *Thema* als christl. ausgewiesen. Das läßt sich aber im Hinblick auf die abstrakte K. nicht mehr praktizieren, wie es auch etwa im Blick auf die Landschaftsmalerei des 19. Jh.s Schwierigkeiten machte. Orientiert sich die Definition an dem *Ort* (→Kirche, Grab, Haus), mit dem das K.werk verbunden ist, so muß diese immer mit der Klärung des Verwendungszwecks verbunden werden, ob dieses z.B. in der Liturgie, als Objekt der →Andacht oder in der →Katechese verwandt wird. Auch von der Interpretation durch ihren *Schöpfer* her ließe sich die Christlichkeit von K. bestimmen. Indizien könnten hier neben Erklärungen zu Anlaß und Absicht des Werks die individuelle Glaubenshaltung und das Gesamtwerk des Künstlers sein. Allerdings kann ein bibl.-theol. Thema auch rein konventionell oder bewußt provokativ gewählt worden sein. Ebenso problemat. kann eine auf den Ort oder die Verwendung bezogene Definition sein, sobald es sich um angepaßte Objekte handelt, denen ein christl. Charakter erst nachträgl. aufgeprägt wurde. Die Interpretation durch den Künstler fällt für alle anonymen christl. K.werke früherer Epochen aus. Darüber hinaus kann die Möglichkeit opportunist. Äußerungen des Künstlers, etwa den kirchl. Auftraggebern gegenüber, nicht ausgeschlossen werden.
Angesichts aller dieser definitor. Schwierigkeiten wird die christl. K. immer *konsequent als hist. Phänomen* zu erfassen sein, das sich mit seinen Rahmenbedingungen in →Kirche und →Gesellschaft ständig wandelt und damit einer umfassenden Definition entzieht. Diese Betrachtungsweise unterscheidet sich sehr bewußt von der Konzeption »rel. K.«, die »vom Heiligen in der K.« (van der Leeuw) in den Begriffen der Religionsphänomenologie handelt, oder von den verschiedenen theol. Bild- und K.theorien, in denen hauptsächl. systemat. Interessen vorherrschen.

*Lit.:* K. und Kirche, Darmstadt 1, 1924ff. – Das Münster. Zeitschrift für christl. K. und K.wissenschaft, München 1, 1947ff. – *U. Thieme/F. Becker:* Allg. Lexikon der bildenden Künstler, Leipzig 1907/50 (eine komplette Neubearbeitung dieses Standardwerks wurde inzwischen in Angriff genommen). – Reallexikon zur dt. K.geschichte, Stuttgart 1, 1966ff. – Propyläen-K.geschichte, Nachdruck Frankfurt/M. 1984. – Lexikon der christl. Ikonographie, Freiburg 1968/76. – Lexikon der K., Leipzig 1968/78 (Nachdruck Berlin/West). – *H. Sachs/E. Badstübner/H. Neumann:* Christl. Ikonographie in Stichworten, Leipzig/München 1973, 2. Aufl. 1980. – *K. Onasch:* K. und Liturgie der Ostkirche in Stichworten, Leipzig/Wien 1981. – *G. Schiller:* Ikonographie der christl. K. Gütersloh 1966/70. – *M. Eliade:* Ewige Bilder und Sinnbilder, Olten/Freiburg 1958. – *D. Frey:* K.wissenschaftl. Grundfragen, Wien 1946. – *R. Hamann:* Theorie der bildenden Künste, Berlin (Ost) 1980. - *A. Hauser:* Philosophie der K.geschichte, München 1958. – *Ders.:* Soziologie der K., München 1974. – *A. Henze:* Das christl. Thema in der modernen Malerei, Heidelberg 1965. – *C. Horn:* Kultus und K., Berlin 1925. – *G. van der Leeuw:* Vom Heiligen in der K., Gütersloh 1957. – *K. Marx/F. Engels:* Über K. und Literatur, 2 Bde., Berlin (Ost) 1967. – *W. Schmied (Hg.):* Zeichen des Glaubens (Ausstellungskatalog), Berlin 1980. – *H. Sedlmayr:* K. und Wahrheit, Hamburg 1958. – *M. Warnke:* Bildersturm. Die Zerstörung des K.werkes, München 1973. – Zu den einzelnen Epochen der christl. K. vgl. die entspr. Einzelstichwörter.

*Peter Maser*

**Kunst der Reformationszeit.** Die Epoche des Übergangs von der Spätgotik zur →Renaissance in →Deutschland (15./16. Jh.) wird durch das →Bürgertum und die Entwicklung der Stadtkultur geprägt.

*A.* M. →Luthers →Bibelübersetzung schafft die Grundlagen für die neuhochdt. *Schriftsprache*, die sich sogleich in vielfältigen literar. Formen niederschlägt. →Predigten, Traktate, Streitschriften, Flugblätter, →Dialoge und vor allem das →Kirchenlied werden in den Dienst der →Reformation gestellt. 1524 erscheint das Chorgesangbuch J. Walters mit 8 Lutherliedern (→Kirchenlied). Die →Literatur der Zeit ist auf Volkstümlichkeit bedacht und zumeist noch stark von älteren Vorbildern abhängig. In den →Dramen werden lat. Vorlagen aufbereitet (z.B. die Geschichte vom Jedermann); die Passionsspiele (→Passion) und Dramatisierungen bibl. Erzählungen dienen auch der Verkündigung reformator. Ideen. Die Fastnachtsspiele (Hans Sachs, 1494-1576) popularisieren die »Muttersprache« ebenso wie die Prosa, in der die Geschichten von Eulenspiegel, →Faust oder den Schildbürgern in volkstüml. Ausgaben verbreitet werden. Erst jetzt gewinnt auch das Sachbuch an Bedeutung. Beliebt sind Reiseberichte, Arznei- und Kräuterbücher, Chroniken und wissenschaftl.-theoret. Traktate.

*B.* Die →*Musik* der Zeit wird noch wesentl. durch die ital. Vorbilder bestimmt. Komponisten wie Eccard, Lechner, Prätorius, Vulpius und Haßler führen durch die Verwendung dt. Texte jedoch bereits Elemente in die Musik ein, die erst im 17. Jh. zur vollen Geltung kommen. Das Kirchenlied widmet sich einerseits der Verdeutschung der lat. →Hymnen und andererseits der Verbreitung und Festigung des reformator. Gedankenguts. Ihre Melodien nehmen oft die von Volksliedern auf, wie die Lutherchoräle selbst zu Volksliedern werden (→Chor). Luthers »Ein feste Burg ist unser Gott« bezeichnete F. Engels als die »Marseillaise der frühbürgerl. Revolution«.

*C.* Mit der K.d.R. erlebt Deutschland den Übergang von der Spätgotik zur →Renaissance als dritten Höhepunkt seiner Kunstgeschichte. Das *Bild der →Stadt* wird zunehmend durch Renaissanceformen bestimmt. Die großen öffentl. Bauaufgaben werden vom →Bürgertum und den Territorialfürsten in gleicher Weise betrieben (Kaufhallen, Universitätsbauten, Straßen und Platzanlagen, Schloßbauten, Rathäuser, Hospitäler). Im Typus der spätgot. Hallenkirche schafft sich die Stadtgemeinde ihren typ. →*Kirchenbau*, der im Einzelfall bis nach →Rom hin Verbreitung findet (S. Maria dell'Anima, 1501/23). In der →*Malerei* setzt sich ein naturnaher →Realismus durch. Um 1520 malt A. Altdorfer die ersten selbständigen Landschaftsbilder der europ. Kunst. Die Erfindung von →Buchdruck, Holzschnitt und Kupferstich ermöglicht die techn. Reproduzierung graph. Werke, die fast stets von Texten begleitet werden (Flugschriften). Die Werk Dürers, →Grünewalds, Cranachs, Holbeins, Riemenschneiders, Kraffts, Vischers, Notkes u.a. spiegeln einerseits noch ganz die rel. Bestimmtheit der Epoche wider, öffnen sich aber auch bereits dem Antikenideal, wie es in der Renaissance in →Italien entwickelt wird. Das neue Menschen- und Weltbild, das dort entsteht, wird von der K.d.R. jedoch nur partiell aufgenommen. Am direktesten ist der Einfluß der Renaissance im *kunsttheoret. Schrifttum* der Zeit festzustellen, das sich um die Klärung techn. Probleme ebenso bemüht wie um die Wiederaufnahme antiker →Theorien.

Auffällig verändert sich die *Persönlichkeit* des Künstlers in der Epoche von Reformation und Renaissance. Dieser versteht sich nun endgültig als unabhängige und schöpfer. Einzelgestalt, die ihre Wirkung durch den Werkstattbetrieb und die Ausbildung von Schülern potenziert. Häufig engagieren sich Künstler in den sozialen Auseinandersetzungen (u.a. Dürer, Riemenschneider, Ratgeb). Klare Stellungnahmen zu den rel. Grundproblemen der Zeit sind den Künstlern selbstverständl. Mit dem ökonom. Rückfall Deutschlands seit der Mitte des 16. Jh.s und der →Gegenreformation verbindet sich auch ein Verlust künstler. Qualitäten, der erst mit dem Aufkommen des →Barock wieder aufgeholt werden kann.

*Lit.: J. Białostocki:* Spätma. und beginnende Neuzeit (Propyläen Kunstgeschichte 7), Nachdruck Berlin 1984. – *G. Bott (Hg.):* Martin Luther und die Reformation in Deutschland (Ausstellungskatalog Nürnberg), Frankfurt/M. 1983. – *W. Hoffmann (Hg.):* Luther und die Folgen für die Kunst (Ausstellungskatalog Hamburg), München 1983. – *G. Kauffmann:* Die Kunst des 16. Jh.s (Propyläen Kunstgeschichte 8), Nachdruck Berlin 1984. – *Staatl. Museen zu Berlin (Hg.):* K.d.R., Berlin 1983. – *E. Ullmann:* Kunst und Reformation (Seemann-Beiträge zur Kunstwissenschaft), Leipzig 1982. – *H. Wolf:* Martin Luther. Eine Einführung in germanist. Luther-Studien, Stuttgart 1980.

*Peter Maser*

## Kunstwissenschaft

*A.* Der *Begriff* K. ist in gewisser Hinsicht mit dem der *Kunstgeschichte* austauschbar. Während die K. die wissenschaftl.-method. Erörterung aller Aspekte eines Kunstwerks (→Theorie, →Psychologie, →Soziologie, Kunstkritik u.a.) beinhaltet, befaßt sich die Kunstgeschichte vorwiegend mit den hist. Aspekten der bildenden →Kunst (Inventarisierung, Topographie, Echtheitsfragen, Datierung, Biographik, Motivkunde, Stil- und Strukturanalyse). Hervorgegangen ist die K. aus den Künstlerviten (Lebenserzählungen von Künstlern), die seit der Antike überliefert werden, vor allem aber aus den epochemachenden Sammelwerken von G. Vasari (1550/68), C. von Mander (1604) und J. von Sandrart (1675/79), die die neuzeitl. K. eröffnen. Als eigentl. *Begründer der modernen K.* gilt J. J. Winckelmann (»Geschichte der Kunst des Altertums«, 1764), der erstmals die Entwicklung einer ganzen Kunstepoche im Zusammenhang darstellte. Neben dem Aufkommen von speziellen Kunstmuseen waren es insbes. die kunsttheoret. Schriften →Kants, →Schellings und vor allem →Hegels (»Vorlesungen über die Ästhetik«, seit 1818), die der K. ihre Grundlage schufen. Zu *Zentren* der K. im 19. Jh. entwickelten sich zunächst Berlin und Wien, später folgten die anderen europ. Hauptstädte, die heute allesamt Sitz bedeutender Forschungsinstitute sind. Nicht zuletzt als Folge der Emigration europ. Gelehrter erlangten die Museen und Forschungseinrichtungen in den USA seit 1933 eine führende Stellung. Im 20. Jh. richtet sich das Hauptinteresse der K. auf die Entwicklung von Ikonographie und Ikonologie (A. Warburg, E. Panofsky), Strukturanalysen (H. Sedlmayr), die Kunstsoziologie (A. Hauser, F. Antal) und die philos. Grundlagen der Kunst (E. Gombrich).

*B.* Im Rahmen der →*Theologie* wird die K. unter den Stichworten »Christl. Archäologie«, »Geschichte der kirchl. Kunst« und »Kunst und Kirche« erörtert, wodurch die Querverbindungen zur →Kirchengeschichte, →Systemat. und →Prakt. Theologie vorgezeichnet sind. Eine angemessene Berücksichtigung dieser Aspekte im Studien- und Stellenplan der →Theol. Fakultäten ist bedauerlicherweise nur noch in einzelnen Fällen gewährleistet. Eine Besserung dieser unbefriedigenden Situation wird nur durch die fächerübergreifende Zusammenarbeit von Theologen mit den Vertretern der verschiedenen Disziplinen der K. mögl. sein.

*Lit.: K. Badt:* Eine Wissenschaftslehre der Kunstgeschichte, Köln 1971. – *H. Bauer:* Kunsthistorik, München 1976. – *O. Pächt:* Method. zur kunsthist. Praxis, München 1977.

*Peter Maser*

**Kurie** (röm. K. im Gegensatz zur K. des Bischofs) bezeichnet die Gesamtheit der im Namen des →Papstes für die Regierung der gesamten kath. Kirche tätigen Verwaltungsbehörden und Gerichte in Rom.

*A.* In den ersten Jh.en wurde der Bischof von Rom bei der Verwaltung seines Amtes von seinen Priestern und den benachbarten Bischöfen unterstützt. Etwa *seit dem 4. Jh.* entwickelten sich dann bes. Leitungsberufe (Subdiakone, Diakone, Notare,

Vögte). Die obersten Beamten waren die sieben sog. Pfalzrichter (iudices palatini). Der Ausbau der Röm. K. (diese Bezeichnung ist 1089 zum ersten Mal für den päpstl. Hofstaat nachgewiesen) geschah *seit dem 11. Jh.* im Zuge der päpstl. Bestrebungen um Reform und Zentralisierung. Bedeutsame Reformen der K. wurden durch Sixtus V. 1588, durch Pius X. 1908 und Paul VI. 1967 vorgenommen.

*B.* Heute umfaßt die Röm. K. vor allem das Staatssekretariat, die Kongregationen und die Gerichtshöfe.

*1.* Das *Staatssekretariat* nimmt innerhalb aller übrigen Behörden der K. eine Vorrangstellung ein. Es ist eine Art Präsidialkanzlei, bei der alle Fäden der Gesamtkirche zusammenlaufen. Neben dieser »Segreteria di Stato« gibt es den Rat für die Öffentl. Angelegenheiten der Kirche. Zu seiner Zuständigkeit gehören die polit. Fragen, insbes. die Pflege der diplomat. Beziehungen.

*2.* Die →*Kongregationen* sind oberste Verwaltungsorgane mit einem je eigenen Aufgabenkreis. Ihre Zuständigkeit erstreckt sich im allg. auf die gesamte Kirche. Im Augenblick (die letzte Änderung geschah mit Wirkung vom 5. April 1984) gibt es zehn Kongregationen. Sie bestehen aus einigen Kardinälen und gewöhnl. sieben Diözesanbischöfen. Die anstehenden Fragen werden mehrheitl. entschieden, und zwar entweder in der Vollversammlung oder in der ordentl. Versammlung oder im sog. Kongreß. Unter den Kongregationen ragt die Kongregation für die Glaubenslehre (früher: Hl. Offizium) heraus. Sie hat die Aufgabe, die Glaubens- und Sittenlehre der kath. Kirche zu schützen.

*3.* Von den drei *Gerichtshöfen* der K. (Apostol. Signatur, Rota Romana, Apostol. Pönitentiarie) ist vor allem die Rota bekannt, die in letzter Berufungsinstanz die Ehenichtigkeitsfälle der Gesamtkirche behandelt.

*4.* Als weitere K.ninstitutionen sind noch die *Sekretariate* (etwa das Sekretariat zur Förderung der Einheit der Christen), Kommissionen, Räte und Ämter zu nennen.

*C.* Eine *Reform der Röm.K.* ist nach der Veröffentlichung des Codex Iuris Canonici 1983 (→Kanon. Recht) dringl. geworden und steht auch offenbar bevor. Dabei hat man vor allem folgende Anliegen im Auge:

*1.* Die einzelnen Organe müssen in ihrer Zuständigkeit klarer *abgegrenzt* werden.

*2.* Die verschiedenen Behörden könnten in ihrer *Wirksamkeit* noch verbessert werden.

*3.* Angestrebt wird eine bessere *Zusammenarbeit* mit den →Bischöfen und Bischofskonferenzen (→Bistum).

*4.* Noch nicht gelöst ist die Frage, welche Rolle die *Bischofssynode*(eine Versammlung von Bischöfen aus aller Welt, die etwa alle drei Jahre abgehalten wird) innerhalb der K. spielen soll.

*5.* Die saubere *Trennung* von Rechtsprechung und Verwaltung innerhalb der Gesamtheit der K. würde der modernen Rechtskultur entsprechen.

*6.* Letztl. fehlt noch immer eine *geistig/geistl. Ortsbestimmung* der K., die ja zum seelsorgl. Wohl der Gesamtkirche arbeiten soll und statt dessen immer wieder zum Machtinstrument und Zeichen einer verrechtl. Kirche (→Gesetz) geworden ist.

*Lit.: I. Pérez de Heredia y Valle:* Die Röm. K., in: *J. Listl/ H. Müller/H. Schmitz (Hg.):* Handbuch des kath. Kirchenrechts, Regensburg 1983, 281-295. – *J. Provost:* Die Reform der Röm.K., in: Concilium 22 (1986), 428-434. *H. Schmitz:* K.nreform I und II (Nachkonziliare Dokumente 10 und 47), Trier 1968 und 1975.

*Reinhold Sebott*

**Kybernetik** ist die Lehre von der Steuerung und Regelung, mathemat. Untersuchung des Regelkreises. Z.B. hält ein Thermostat die Temperatur durch *negative Rückkopplung* auf einem vorgegebenen Sollwert: Ist die Temperatur zu hoch, wird für Kühlung gesorgt (Abschalten der Heizung, Einschaltung von Kühlaggregaten), ist sie zu niedrig, wird geheizt. Jede Abweichung vom Sollwert führt also zu einer Aktion, die ihr entgegenwirkt. Ist die negative Rückkopplung zu stark, kann diese »Überreaktion« zu Regelkatastrophen (sich aufschaukelnden Schwingungen) führen. In der math. Systemtheorie wird u.a. berechnet, bis zu welchem Grenzwert für die Stärke der Rückkopplung ein Regelkreis stabil ist.

Seit dem Zweiten Weltkrieg werden kybernet. Methoden in vielen Bereichen der modernen Technik, z.B. zur Steuerung von Flugabwehrkanonen und Raketen, verwendet. N. Wiener (1894-1964) hat in seinem Buch »Kybernetik« auf viele Analogien zwischen techn., biolog. und sozialen Regelsystemen hingewiesen. K. ist seitdem ein Gebiet, auf dem Ingenieure, Techniker, Biologen, Soziologen, Psychologen und Mediziner zusammenarbeiten. In den gen. Disziplinen finden sich vielerlei Anwendungen kybernet. Methoden. In der math. Theorie der K., der →*Systemtheorie,* hat N. Wiener die Untersuchung nichtlinearer Systeme initiiert, die seither der Hauptgegenstand der Forschung in der Systemtheorie sind. Lineare Systeme standen wegen ihrer Einfachheit im Mittelpunkt der früheren Untersuchungen von Regelkreisen. Diese Theorie wird heute in vielfacher Hinsicht erweitert: in Richtung auf vielfach rückgekoppelte (vernetzte), nichtlineare oder stochast. Systeme. C. Shannon (geb. 1916) begründete einen weiteren Bereich der heutigen K., die *Informationstheorie,* indem er ein numer. Maß (mit der Maßeinheit »bit«) für den Informationsgehalt von Mitteilungen fand.

*Lit.: G. Klaus:* K. und Erkenntnistheorie, Berlin 1966. – *C. Shannon/W. Weaver:* The Mathematical Theory of Communication, Urbana 1949. – *N. Wiener:* Cybernetics, Cambridge 1948, dt. Düsseldorf/Wien 1963. – *Ders.:* Mensch und Menschmaschine, Frankfurt/M./Berlin 1952.

*Günther Palm*

# L

## Lachen

*A.* Als unkontrollierbare, eruptive Körperfunktion entlädt L. seel. Spannungen, dient der Bewältigung mißliebiger Zustände wie auch als Mittler und Schlichter zum menschl. Umfeld. Es ist ein göttl. Geschenk, wenngleich auch das freudige L. in der →*Bibel* selten ist (Ausnahme: Hiob 8,21; Psalm 126,2). Die *griech. Götter* hingegen waren des homerisch schallenden Gelächters fähig, das auf etrusk. Statuen wieder zur archa. Maske erstarrte. Selbst bei →Platon und →Aristoteles galt es noch als abartig und vulgär (Komödien). Was Cicero dann in der Rhetorik als Spott anwendet, um die Lacher auf seine Seite zu bringen, setzt →Luther für seine hist. Sendung in dem Bewußtsein ein, daß →Fanatismus allein scheitern könnte.

*B.* Den *Mißbrauch von Macht und Gewalt* in die Schranken zu weisen und um Reformen durchzusetzen, dient L. oft besser als Streit und blutige Ausschreitungen – eine oft fehlende Erkenntnis. Minderheiten wurde das Trotzdem-L. Mittel der *Selbsterhaltung* und einer *Überlebenskunst*, mit der Diktaturen, Verfolgung und Verbannung überstanden werden können (jüd. Witz). In der tägl. Erfahrung eigener Schwächen, bedrohl. Umwelt und Fremdheit des Mitmenschen ist dem einzelnen das L. als Schmerzlinderung gegeben. Es deckt die *Grenzen der Vernunft* auf und dient darüber hinaus der *Versöhnung* mit dem Zwiespalt der Ich-Welt-Entzweiung. Dabei verliert es jegl. Abwertende, ist auch nicht mehr Strafe und Zensur für Abweichung von Gruppennormen oder Automatismus (H. Bergson), noch bloße Erkenntnis der Nichtübereinstimmung von Idee und Realität (A. →Schopenhauer), noch »Erbfeind des Erhabenen« oder »weltverachtende Idee« (→Jean Paul), sondern ein versöhnl., tolerantes, ausgleichendes L. einträchtiger Intention. Solches L. tendiert zu *Heiterkeit* und Jubel aus tiefer Lebensfreude, die den Gläubigen beflügelt. Diese Auslegung von L. ist schon in der frühromant. Ästhetik vorgezeichnet, dort aber als unaufhebbares Leiden am Endlichen als Zeichen menschl. Existenz und von dessen Überwindung definiert. Im modernen Zeitalter brisanter techn. Entwicklung mit all seinem Fluch- und Segenspotential sollte dem L. ein hoher Stellenwert eingeräumt werden: nicht aus Blindheit vor der →Apokalypse, sondern aus unauslöschl. Optimismus, wodurch sich das L. christl. als Chiffre der Hoffnung auszeichnet.

*Lit.: H. Bergson:* Das L., Jena 1921. – *S. Freud:* Gesammelte Werke, Bd. 6: Der Witz und seine Beziehung zum Umbewußten, Frankfurt/M., 4. Aufl. 1969. – *H. Plessner:* L. und Weinen, München, 3. Aufl. 1961.

*Lothar E. Zeidler*

## Laie, Laienbewegung

*A.* Der Ausdruck L. *(laikós)* begegnet erstmalig 96 im Klemensbrief (40,6) als Bezeichnung der »einfachen« Gläubigen und setzt dabei innerhalb des Volkes Gottes *(laòs theou)* eine funktionale Differenzierung von verschiedenen Verantwortlichkeiten (→Bischof, →Presbyter, →Diakone) voraus. Das Decretum Gratiani dagegen unterscheidet 1142 prinzipiell zwischen »zwei Klassen von Christen« (→Klerus und L.n). Dazwischen liegt eine Entwicklung, die innerhalb der kath. Kirchen schließl. zu der Auffassung führte, das Subjekt der →Kirche sei allein die →Hierarchie, die übrigen Gläubigen (L.n) seien ihr als *Objekt der →Seelsorge* zugeordnet. Während der geistl. Stand die vollkommene Verwirklichung des Christentums verkörpert, vermögen die L.n dieses auf Grund ihrer Verwicklung in die weltl. Angelegenheiten sowie ihrer mangelnden (theol.) Bildung nur unvollkommen zu leben und sind darum auf Leitung und Belehrung durch den Klerus angewiesen. In der Negativbestimmung des L.n als Nichtamtsträger kommt diese seine Abhängigkeit vom Klerus zum Ausdruck. Es darf jedoch nicht übersehen werden, daß die Ausgestaltung des kirchl. Amtes und des geistl. Standes im Verlauf der →Kirchengeschichte erhebl. *Wandlungen* erfahren hat und daß dazu auch immer wieder von L.n ausgehende Reformimpulse beigetragen haben. So waren es etwa im Hoch- und Spätma. maßgebl. von L.n getragene Bewegungen, die in Reaktion gegen eine reich und mondän gewordene Kirche und in Abkehr vom aufkommenden Wohlstand des sich etablierenden →Bürgertums das Armutsideal des →Evangeliums lebten und verkündeten (→Waldenser, Humiliaten u.a.).

*B.* Nicht zuletzt durch den geistl. und weltl. Zerfall der hierarch. Kirche ausgelöst, leitete die →*Reformation*, bei der L.n (z.B. →Calvin) entscheidend mitwirkten, einen Neuansatz im Verhältnis von →Amt und L.n ein. →Luther z.B. verwarf eine wesenhafte Unterscheidung von Klerus und L.n (→Hierarchie) als unbibl., hielt aber an einem bes. Amt der →Verkündigung und →Sakramentenverwaltung fest. Dem reformator. Prinzip des »allg. Priestertums aller Gläubigen« wurde in presbyterial-synodalen →Kirchenverfassungen (→Presbyter) auch (kirchen-)rechtl. Geltung zu schaffen versucht. Infolge der Regelung, Theologen für die →Ordination ins Pfarramt vorzusehen, bildete sich allerdings in den reformator. Kirchen ein *neuer Begriff* des L.n aus: Er ist das theol. ungebildete Gemeindemitglied. Im Gegensatz dazu bildeten sich →Freikirchen, die versuchen, konsequent am

Prinzip einer charismat.-demokrat. Gemeindeordnung festzuhalten.

C. Zu nachhaltigen *Aufbrüchen* unter den L.n sowohl in den reformator. Kirchen als auch in der kath. Kirche kam es im 19. Jh. angesichts der Herausforderungen des durch →Aufklärung und Industrialisierung eingeleiteten polit., sozialen und geistigen Wandels. Von ihnen gingen wichtige Impulse aus für neue Formen kirchl. Präsenz innerhalb einer Gesellschaft, die sich dem institutionellen Zugriff der Kirchen mehr und mehr entzieht. Zugleich ließen sie innerhalb der Kirchen die originäre Verantwortung auch der L.n für ihre Heilssendung neu bewußt werden. Für die kath. Kirche fand sie schließl. durch das *2. →Vat. Konzil* ihre offizielle Anerkennung. Gleichwohl gibt es in theol. Theorie als auch in pastoraler Praxis eine Reihe ungeklärter Probleme (etwa Verhältnis von Amt und L., von hierarch. und charismat. Kirchenstruktur). Für sie ist so lange keine befriedigende Lösung in Sicht, als die grundsätzlicheren Themen nicht angegangen werden, die sich hinter dieser Problematik verbergen: Die Frage nach dem Subjekt der Kirche sowie nach der entsprechenden pastoralen und rechtl. Ausgestaltung ihrer Sozialform ist unweigerl. verknüpft mit der Frage nach ihrem Ort und Selbstverständnis angesichts der vorfindl. soziokulturellen Gegebenheiten.

*Lit.: L. Karrer:* L./Klerus, in: *P. Eicher (Hg.):* Neues Handbuch theol. Grundbegriffe, Bd. 2, München 1984, 363-374 (Lit.). – *P. Neuner:* Der L. und das Gottesvolk, Frankfurt/M. 1988. – *E. Schillebeeckx:* Christl. Identität und kirchl. Amt, Düsseldorf 1985.

*Norbert Mette*

**Laienspiel**

*A.* Die Kernszenen der ntl. Berichte von Geburt und Auferstehung Christi sind *schon früh* (9. Jh.) am Rande der Weihnachts- und Osterliturgie szen. nachgespielt worden. Aus diesen kirchl. Feiern in lat. Sprache entwickelten sich im 13./14. Jh. unter Aufnahme neuer Szenen umfangreichere, zunehmend volkssprachige Spiele. Wegen ihres ausgelassenen Charakters sind sie wohl nicht mehr von Klerikern im Kirchenraum aufgeführt worden, sondern von Laien (wobei zuerst noch an Lateinschüler und wandernde Kleriker zu denken ist) in Stuben, vor den Kirchen und auf Märkten. Daneben entstanden – nicht nur in Deutschland – verschiedene *Heiligenspiele, Passions- und Fronleichnamsspiele*, die beiden letzteren zunehmend in Großformen vertreten, deren mehrtägige Aufführungen zur Angelegenheit einer ganzen Stadtgemeinde wurden. Wie die eigenen Örtlichkeiten hier als Szenarium für das Erlösungsgeschehen dienten, so mischten sich auch in der verfolgten Absicht rel. Ernst mit dem Drang zur kommunalen Selbstdarstellung.

*B.* Im kath. Deutschland hielten sich diese ma. *Spieltraditionen* in mehreren Spiellandschaften, bis sie vom Dreißigjährigen Krieg (1618-1648) oder einer aufklärer. denkenden Obrigkeit (→Aufklärung) unterbrochen bzw. unterbunden wurden. Nur *Oberammergau*, erst 1633 begründet, hat – neben *Erl* (seit 1615) und *Waal* (seit 1626) – sein Passionsspiel über die Zeiten hinwegretten können. Die schlichte Aufführungsweise und Religiosität seiner dörfl. Darsteller verschafften ihm im 19. Jh. einen gewaltigen Zulauf, von dem es heute noch zehrt.

*C.* Die Wiederentdeckung und Neubelebung des antiken Theaters (→Antike) und das gestiegene Repräsentationsbedürfnis der Fürstenhöfe seit der →Renaissance verlangten den Berufsschauspieler, der dadurch Träger der neuzeitl. europ. Theaterkultur geworden ist. Als L.er gilt seitdem der Dilettant. Durch den Rückgriff auf Spielformen und geistl. Stoffe des MA.s (Passionsspiele, →Totentanz, Theophilus usw.) in der *→Jugendbewegung* ist das L. in den ersten Jahrzehnten unseres Jh.s auch wieder zum laikalen Spiel geworden, ausgelöst durch die Erschütterung des Ersten Weltkriegs und das Bedürfnis nach neuer Unmittelbarkeit der künstler. Ausdrucksformen.

*D.* Ein großer Teil der christl. L.e (u.a. →Bibliodrama) begleitet das Kirchenjahr mit einem deutl. Schwerpunkt auf dem weihnachtl. Heilsgeschehen. Sie stellen eine veranschaulichende und gefühlsmäßig nachvollziehbare Ausführung der liturg. Inhalte dar und beruhen häufig auf älteren Volksschauspielen. Eine andere Gruppe von Spielen demonstriert eine in den Alltag hineinreichende christl. Transzendenz, womit eine Bekehrung zum Glauben oder seine Intensivierung beabsichtigt ist.

*Lit.: E. Eichert:* Das geistl. Spiel der Gegenwart in Deutschland und Frankreich (Neue dt. Forschungen 298), Berlin 1941. – *R. Fink/H. Schwarzer:* Die ewige Passion. Phänomen Oberammergau, Düsseldorf/Wien 1970. – *W. F. Michael:* Das dt. Drama des MA.s, Berlin 1971. – *R. Mirbt:* Münchener L.führer, München 1934. – *Ders.:* Der Bärenreiter – L.-Berater, Kassel/Basel 1959. – *L. Schmidt:* Das dt. Volksschauspiel, Berlin 1962. – *H. Schultze:* Das dt. Jugendtheater, Emsdetten, 2. Aufl. 1960. – *K. Young:* The Drama of the Medieval Church, I.II, Oxford 1962.

*Arne Holtorf*

**Laizismus.** Der *Begriff* L. (franz. *laïcisme*) und die damit gemeinte Sache entstanden im kulturkämpfer. Milieu *→Frankreichs* und zielten ab 1876 zunächst auf die Umwandlung der bislang konfessionell geprägten Staatsschule. In dieser sollte jeder kirchl. Einfluß unterbunden und der →Religions- durch einen allg. Moralunterricht ersetzt werden. In einem weiteren Schritt sollte im staatl. und öffentl. Leben jeder kirchl. und rel. Einfluß beseitigt, alles Religiöse in den privaten Bereich abgedrängt werden. Diese Bemühungen um einen

umfassenden L. kulminierten in den *Trennungsgesetzen* der Dritten Republik (9.12.1905).
Ideolog. wurde der L. von einer *autonomen Staatsmoral* getragen, die sich auf →Aufklärung und →Liberalismus berief. Der inneren Konsequenz nach hätte diese autonome Weltanschauung des L. zu einem *Totalitätsanspruch* in Kultur und Bildung führen müssen, was jedoch in Widerspruch stand zu den *Freiheitsrechten* von Aufklärung und Liberalismus. So trieb der gesetzl. L. zwar den Prozeß der →Säkularisierung von Staat und Gesellschaft voran, verlor jedoch im Verlaufe der Jahre seinen kämpfer. Antiklerikalismus und machte langsam einem neuen Verständnis von L. Platz, das mit dem Begriff *Laizität* (laïcité) umschrieben wird. Danach geht der →Staat auf *Distanz* zu allen Weltanschauungsfragen, garantiert jedoch nicht nur persönl. →Religionsfreiheit, sondern anerkennt die korporative Religionsfreiheit der Religionsgemeinschaften, die er auch in ihrer öffentl. Wirksamkeit nicht beeinträchtigt. Der kirchl. Widerspruch gegen den L. Frankreichs und anderer Staaten war anfangs von einem integralist. Kirchen-, Staats- und Gesellschaftsverständnis geprägt (z.B. Syllabus Pius IX. von 1864; Ablehnung der franz. Trennungsgesetzte durch Pius X.) und wich erst langsam der Einsicht in den weltl. Charakter des Staates sowie der daraus folgenden Laizität. In der Erklärung über die Religionsfreiheit sowie in der Pastoralkonstitution »Gaudium et spes« des 2. →Vat. Konzils fand dieser Einstellungswandel auch seinen offiziellen Niederschlag (→Laie, Laienbewegung).

*Lit.: A. von Campenhausen:* Staat und Kirche in Frankreich, Göttingen 1962. – *T. Goffi:* Laicità politica e chiesa, Roma 1960. – *H. Maier:* Katholizismus und Demokratie, Freiburg 1983. – *E. Poullat:* Intégrisme et catholicisme intégral, Tournai 1969. – *Ders.:* Église contre bourgeoisie, Tournai 1977. – *R. Rémond:* Évolution de la notion de laïcité, in: Cahiers d'Histoire, Clermont 1958, 71-87.

*Isnard W. Frank*

**Land und Dorf**

*A.* Die beiden Begriffe werden *oft gleichbedeutend* gebraucht als Gegensatz zu →Stadt, ohne deshalb in der Umgangssprache wie in den Wissenschaftssprachen eine einheitl. und präzise Bestimmung zu finden. Aber wie es problemat. ist, L. und D. synonym zu verwenden, so empfiehlt es sich auch nicht, sie nur als Restkategorien zu definieren (alles, was nicht Stadt oder städt. ist) oder bloß negativist. (über das Fehlen typ. Merkmale von Stadt) zu umschreiben. Zum einen sind unterschiedl. Verfahren der *Begriffsbildung* von Stadt üblich. Zum anderen haben die Industrialisierung des Agrarsektors sowie tiefgreifende Strukturwandlungen der modernen →Gesellschaft neuartige sozialräuml. Prozesse (z.B. »Zersiedelung«) freigesetzt und Siedlungsstrukturen (z.B. Wohnsiedlungen, Pendlergemeinden, Trabantenstädte) hervorgebracht. Sie erschüttern überkommene Vorstellungen sowohl von der einfachen Gegenüberstellung als auch von einem linearen und kontinuierl. Übergang von L. oder D. zu Stadt und machen es fragl., ob diese Begriffe überhaupt noch der empir. Vielfalt lokaler Gemeindebildung und sozialräuml. Nutzung angemessen sind.

*B.* L. oder ländl. kann man allg. alle *außerhalb der Stadt* befindl. Gebiete mit relativ geringer Besiedlungsverdichtung nennen, wenn und insofern sie primär land- und forstwirtschaftl. kultiviert oder als Erholungsräume genutzt werden, die ökolog. weitgehend noch von der →»Natur« geprägt sind. D. bezeichnet eine *Landgemeinde* mit einem – soziohist. variablen – Wohnkern (Rundformen: z.B. Rundling; Langformen: z.B. Angerdorf; unregelmäßige Formen: z.B. Haufendorf). Es ist also neben der Stadt eine Grundkategorie der Gemeindebildung, aber neben dem Einzelgehöft und der Streusiedlung von Einzelhöfen inmitten ihrer jeweiligen Felder (L.gemeinde ohne Wohnkern, aber evtl. mit Dienstleistungszentrum) nur eine von drei Siedlungsformen auf dem L. Das D. stellt zwar die häufigste ländl. Siedlungs- und Gemeindeform dar und gewinnt sein idealtyp. *reinstes Gepräge* durch eine Einwohnerschaft, die überwiegend als →Bauern oder in der L.wirtschaft arbeitet. Doch muß die L.wirtschaft (Ackerbau, Viehzucht, auch Garten-, Gemüse-, Obst- und Weinbau; im weitesten Sinn auch Forstwirtschaft, Jagdwesen und Fischerei) nicht von Dörfern her oder durch Bauern getätigt werden (vgl. daneben z.B. Gutsbesitzer oder halb- und unterbäuerl. Schichten sowie – in USA und Kanada – die Farmer); ebensowenig muß das L. durch Dörfer besiedelt sein.

*C.* Neben der *geringen Bevölkerungszahl* und Siedlungsdichte kennzeichnet das D. – im Vergleich zur Stadt – eine weitaus geringere Arbeitsteilung, soziale Unterschiedlichkeit und →Mobilität seiner Bewohner. Ihre persönl. *soziale Kontakte* sind sehr unmittelbar und häufig, ihnen ist das gesamte Sozialgefüge weitgehend transparent. Stellung, →Macht, Interessenlage und Gewohnheit der einzelnen im Beziehungsgeflecht sind nicht nur sehr stark durch Alter, Geschlecht, Familienstand, familiale Herkunft, Familienbesitz und Familiengeschichte *festgelegt*, sondern auch durch →Werte und Verhaltensregeln (→Normen). Zudem kommt in diesem sozialen Netz den verwandtschaftl. Verbindungen – unbeschadet des bes. Status von →Pfarrer und →Lehrer – ein kaum zu überschätzendes Gewicht zu. Damit verknüpft ist eine für den einzelnen in ihrer Dichte kaum zu unterlaufende *soziale Kontrolle*, die der Herausbildung von Privatheit, Individualisierung und Nonkonformität entgegenwirkt. Hinzu kommt eine traditional geprägte Form der *»sozialen Schließung«* (M. →Weber), die nicht zuletzt dem →Fremden gilt. Die Eigenarten sowie den Eigenwert der dörfl. und ländl. Lebensform zu studieren fällt in →Deutschland neben der Gemeinde-, Siedlungs- und der Agrarsoziologie vor allem der →*Volkskunde* zu, unter theol.-prakt. Interesse den z.T. aus der ehemaligen D.kirchenbewegung hervorgehenden Institutionen und Vereinigungen der Kirchen.

*D.* Der – auch polit. beschleunigte – *Wandel* der Wirtschafts- und Berufsstruktur der letzten Jahrzehnte erschütterte und verminderte die volkswirtschaftl. Stellung der L.wirtschaft. Sie wird zunehmend industrialisiert und als Haupterwerbsquelle aufgegeben (Pendler; Fremdenverkehr; Nebenerwerbslandwirte). D.bewohner wandern aus den ländl. Siedlungsräumen ab; die Bevölkerung konzentriert sich zunehmend in den Industrie- und Dienstleistungszentren; die Städte dehnen sich aus und *stadtorientierte Bevölkerungsschichten* dringen auf das L. vor (z.B. Neusiedler, Schlafsiedler, Zweitwohnsiedler, →Tourismus). Wichtige dörfl. Dienstleistungseinrichtungen werden abgebaut durch Schul-, Gebiets- und Verwaltungsreformen sowie Rationalisierungsmaßnahmen, auch durch die unter Personalmangel leidenden Kirchen (insbes. die kath. Kirche). Die D.bewohner orientieren sich in wachsendem Maße überlokal (durch Massenmedien, Auslagerung der Bildungs- und Erwerbsfunktionen, Verkehrserschließung, Motorisierung usw.). Damit ging und geht auch eine *soziale Erosion* des D.es einschließl. seiner typ. strukturellen und kulturellen Besonderheiten einher. L. und D. sind »nicht mehr das, was sie waren«, befinden sich seit Jahrzehnten in einem Übergangsprozeß, der ganz neuartige Siedlungs- und Lebensformen hervorbringt und nur in den wenigsten Fällen hinreichend als »Verstädterung« oder »Urbanisierung« begriffen werden kann. Vorläufig angebrachter, umfassender, wenn auch unbestimmter erscheint hierfür der Begriff der *Modernisierung* (→modern). Vermutl. macht sich unter Bewohnern von L. und D. nicht weniger stark als anderswo – und mit all ihren Folgewirkungen – die Erfahrung bemerkbar, die als eines der zentralen Merkmale des Lebens in der modernen →Gesellschaft angesehen werden kann, näml. im Denken, Fühlen und →Handeln Grenzgänger zwischen räuml., zeitl. und sozial unterschiedl. und voneinander weitgehend unabhängigen Welten zu sein – und sein zu müssen.

*Lit.:* Auf dem Lande leben, in: Der Bürger im Staat 33 (1983), 145-196 (Lit.). – *R. Brüggemann/R. Riehle:* Das D. Über die Modernisierung einer Idylle, Frankfurt/M./New York 1986. – *H. de Bruin/H. J. Heinz:* Laßt die Kirche im D. Überlegungen zur Landseelsorge aufgrund einer Meinungsumfrage, Limburg 1980. – *C. H. Hauptmeyer u.a.:* Annäherungen an das D., Hannover 1983 (Lit.). – *A. Ilien/U. Jeggle:* Leben auf dem D., Opladen 1978. – Landpastoral, in: Lebendige Seelsorge 35 (1984), 193-287 (Lit.). – *A. J. Vindich/J. Bensman:* Small Town in Mass Society. Class, Power an Religion in a Rural Community, Princeton N.J., 2. Aufl. 1968. – *H.-G. Wehling (Hg.):* D.politik, Opladen 1978 (Lit.). – *Ders. (Hg.):* Das Ende des alten D.es?, Stuttgart/Berlin/Köln/Mainz 1980 (Lit.). – *L. Wylie:* D. in der Vaucluse, Stuttgart 1969.

*Michael N. Ebertz*

**Landeskirchentum.** Das L. ist die für den dt. →Protestantismus charakterist. Organisationsform und prägt dessen Erscheinungsbild bis auf den heutigen Tag. Die Entstehung des L.s ist eng verknüpft mit der Ausbildung des frühmodernen Fürstenstaates und findet eine gewisse Entsprechung in den engl. und franz. Nationalkirchen (→anglik. Kirchen; Gallikanismus).

*A.* Schon im *späten →MA.* waren die *Landesherren* auf dem Gebiet des alten Dt. Reiches darum bemüht, die konkurrierende bischöfl. Rechtsprechung in ihren Territorien zurückzudrängen, wie überhaupt die Kirche einer verstärkten staatl. Kontrolle zu unterwerfen. Die →Reformation kam den Fürsten in diesem Bestreben sehr entgegen, weil →Luther den ev. gewordenen Landesherren eine Art Notbischofsamt zum Schutz der neuen Lehre gegen äußere Bedrohungen einräumte. Aus dieser, als vorübergehend gedachten Einrichtung, hat sich dann in der 2. Hälfte des 16. Jh.s das dauerhafte System des landesherrl. »Kirchenregiments« mit dem Fürsten als Summus episcopus (oberstem Bischof) seiner Territorialkirche herausgebildet. Das *Bischofsamt* des Landesherrn entbehrte jedoch jeder theol. Rechtfertigung und ist auch zu keiner Zeit reichsrechtl. sanktioniert worden. Ungeachtet dessen ist die Einheit von »Thron und Altar« in den prot. dt. Ländern eine wichtige Etappe auf dem Wege zur Durchsetzung des absolutist. Staatswesens (→Absolutismus) geworden. Als Organ der fürstl. Kirchenregierung fungierte in den meisten Ländern eine eigens zu diesem Zweck geschaffene Behörde, das Konsistorium, dessen Aufgaben und Zusammensetzung von Land zu Land verschieden waren.

*B.* Am *Ende des 16. Jh.s* bietet der dt. Protestantismus das gleiche Bild der Zerrissenheit, das auch für die Reichsverfassung kennzeichnend war: Es existieren annähernd so viele prot. Landeskirchen, wie es ev. Reichsfürsten gibt. Theol. war das L. meist im →Luthertum verwurzelt, doch lassen sich daneben auch reform. Landeskirchen (Kurpfalz, Lippe) finden, was den kirchenorganisator. Vorstellungen →Calvins und →Zwinglis strenggenommen zuwiderlief. Im 19. Jh. wurde die Existenz des L.s zunehmend als Problem empfunden. Vor allem die Verfechter des dt. Einheitsgedankens erhoben schon bald *nach 1815* die Forderung nach Schaffung einer dt. Nationalkirche. Tatsächl. folgte man beim Neubau der ev. Kirche jedoch den polit. Vorgaben durch den Dt. Bund, d.h., man orientierte sich auch künftig am L., dessen territorialer Bezugsrahmen nunmehr die einzelnen Bundesstaaten wurden. In →Preußen erfuhr das L. durch die 1817 verkündete Union von Lutheranern und Reformierten (→Ev. Kirche der Union) sogar noch eine weitere Verfestigung. Innerhalb der einzelnen Landeskirchen fand man allerdings im Verlauf des 19. Jh.s schrittweise zur Ausbildung einer beschränkten kirchl. Selbständigkeit gegenüber staatl. Machtansprüchen (→Synode). Auch dem →Nationalsozialismus ist es nicht gelungen, das bestehende System des L.s zu zerschlagen und an seine Stelle eine neugeschaffene »Reichskirche« zu setzen. Bereits 1934 wurde deutl., daß die Gleichschaltung der ev. Kirchen gegen den Widerstand zahlreicher Geistlicher und Gläubigen nicht durchsetzbar war (→Kirchenkampf). Bei der *Neuorganisation* der ev. Kirche in Deutschland war man sich schon im Sommer 1945 darin einig, daß diese wiederum nach dem Prinzip des L.s erfolgen sollte (→Ev. Kirche in Deutschland).

*Lit.: D. Dumrath/H.-W. Krumwiede (Hg.):* Die territoriale Bindung der ev. Kirche in Geschichte und Gegenwart, Neustadt/Aisch 1972. – *K. Kupisch:* Die dt. Landeskirchen im 19. und 20. Jh., Göttingen 1966.

*Jörg Engelbrecht*

**Laos.** Buddh. 57,8%; Angeh. von Stammesrel. 33,6%, chin. Volksrel. 0,9%; Musl. 1,0%; Kath. 0,8%; Prot. 0,2%; Kryptochristen 0,8%; Nichtgläubige und Atheisten 4,8%. Durch den *Mekongfluß* wird das vom Lao-Volk besiedelte Gebiet *zweigeteilt,* so daß der größere Teil dieses Volkes nicht in L., sondern in →Thailand lebt. In L. selber bilden die Laoten etwa die Hälfte der Bevölkerung; der Rest besteht aus verschiedenen Stämmen, meist im Gebirge, die weitgehend noch ihre traditionellen →Stammesreligionen praktizieren.

*A.* Die Laoten sind dagegen einheitl. Anhänger des *Theravāda-Buddhismus*; das Dorfkloster mit seiner Pagode bildet das Zentrum nicht nur des rel., sondern auch des zivilen Lebens. Verschmolzen mit dem Buddhismus ist der sog. »Phi«-Kult, der seinen Ursprung in einem vorbuddhist. →Animismus hat, aber durch jh.elangen →Synkretismus voll in den Buddhismus integriert ist. Gemeint mit »Phi« sind nicht nur die Vielfalt der Seelen in einer Person, sondern vor allem die Schutzgeister der →Familie, der Dorfgemeinschaft oder des Territoriums. Wichtige Phasen im Leben des Individuums, vor allem →Krankheit und →Tod, werden von entspr. Ritualen begleitet, um den Zusammenhalt der verschiedenen Seelen in der Person zu erhalten oder wiederherzustellen.
Diese Rituale zu vollziehen ist die Aufgabe von *Schamanen* (→Schamanismus), die die Kommunikation mit den Schutzgeistern herstellen und die erforderl. →Opfer vollbringen. Der Dorfschutzgeist wird oft mit dem buddhist. Klostergründer gleichgesetzt, und der gewählte Dorfzeremonienmeister ist gewöhnl. ein bes. frommer Buddhist. Im Vordergrund der buddhist. Praxis steht der Verdienstgedanke (→Lohn und Verdienst). Dabei denkt man weniger an die Erreichung des Nirwana als an das Erlangen von →Ehre, Reichtum und →Macht im diesseitigen Leben.

*B.* Schon 1630 begann die *kath.* →*Mission* unter den Thai-Laoten der Mekong-Ebene; erst nach dem Zweiten Weltkrieg wandte man sich mit zunehmendem Erfolg den nichtbuddhist. Bergstämmen zu. Die *prot. Mission* begann erst 1902 und hat ebenfalls größeren Erfolg unter den Nichtlaoten. Die heute schätzungsweise 60.000 Christen sind je zur Hälfte kath. oder prot. Seit 1976 sind sie ohne ausländ. Missionspersonal. Das christl. Leben scheint aber, entgegen anderslautenden Informationen, nicht verschwunden zu sein. Die Verfassung von 1947 erklärt den Buddhismus zur Staatsreligion: →Religionsfreiheit wird nicht ausdrückl. erwähnt, wohl aber →Gewissens- und Versammlungsfreiheit. Seit 1976 betreibt die kommunist. geführte Regierung der Nationalen Einheit eine eher restriktive Religionspolitik.

*Lit.: G. Giesenfeld:* Land der Reisfelder: Vietnam, L., Kampuchea. Geschichte und Gegenwart, Köln 1981. – L. Its People, its society, its culture (Survey of world cultures, 8), New Haven 1960.

*Arnulf Camps/Thomas Riplinger*

**Lao-tse** *(Lao-tzu, Lao Zi, Lau-tsi, Lau-Dsi),* chin. Philosoph mit dem Ehrennamen »alter Meister«, gilt als *Verfasser des Tao-te ching* und damit als Begründer des →Taoismus. Als hist. Gestalt ist L. nur in Anekdoten und Legenden greifbar, so daß keine gesicherten Angaben über seine Biographie mögl. sind. Das spätere Bild wurde entscheidend geprägt durch die historisierende Darstellung im 63. Kap. des *Shih-chi* (»Hist. Aufzeichnungen«, 1. Jh. v. Chr.), in dem L. als ein älterer Zeitgenosse des →Konfuzius erscheint.
Danach hat er im 6./5. Jh. v. Chr. gelebt. Sein Familienname war *Li,* sein persönl. Name *Erh* und sein postumer Name *Tan.* In der gleichen Quelle wird auch berichtet, daß L. der Verfasser des Tao-te ching sei und am Ende seiner Wirksamkeit in →China auf seinem Weg nach Westen an einem Grenzpaß auf Bitten des Paßwärters seine Lehre niedergeschrieben habe. In Wirklichkeit ist das Tao- te-ching wohl erst im *4. Jh. v. Chr.* entstanden. Im 1. nachchristl. Jh. wurde die Gestalt des L. unter dem Einfluß der taoist. Religion zunehmend vergöttlicht, so daß er schließl. mit dem *tao* identifiziert oder als Aspekt des *tao* angesehen wurde.
L. ist aber zugleich der ursprüngl. Titel einer auch als *Tao-te ching* (»Buch vom Urprinzip und seiner Wirksamkeit«) bekannten Schrift, die nach dem Namen ihres angebl. Verfassers bezeichnet wird. Die genaue Entstehungszeit ist unbekannt, vermutl. wurde der heute vorliegende Text nicht vor dem 4. Jh. v. Chr. zusammengestellt. Das Buch umfaßt 81 kurze Kapitel und besteht aus philos. Aphorismen. Auf Grund sprachl. und inhaltl. Kriterien ist anzunehmen, daß der Text nicht aus einer einzigen Hand stammt, sondern einzelne Teile an unterschiedl. Orten und zu unterschiedl. Zeiten entstanden sind. Das Werk enthält eine individualist. und naturalist.-metaphys. Lehre, die in deutl. Gegensatz zur sozialeth.-humanist. Philosophie des →Konfuzianismus steht. Zentrale Begriffe sind *tao* (»Urprinzip«) und *te* (»Wirkkraft«). Nicht nur in der taoist. Philosophie und Religion, sondern im gesamten chin. Geistesleben wird dem Werk bis in die Gegenwart große Bedeutung beigemessen.

*Lit.: Laotse:* Tao te king. Das Buch des Alten vom Sinn und Leben (übersetzt von R. Wilhelm), Düsseldorf 1957. – *W. Bauer:* Lao-tzu, in: Die Großen der Weltgeschichte, hg. von K. Fassmann, Bd. 1, Zürich 1972, 365-381. – *M. Kaltenmark:* Lao-tzu und der Taoismus, Frankfurt/M. 1981. – *A. K. Seidel:* La divinisation de Lao Tseu dans le taoisme des Han, Paris 1969.

*Hubert Seiwert*

**Lasso,** *Orlando di* (weitere Namengebungen: Orlando Lassus, Roland de Lassus, Roland de Lattre), geb. um 1532 in Mons, gest. 14.6.1594 in München. Frankofläm. Komponist der letzten Niederländer-Generation (→Renaissance) und zusammen mit P. da →Palestrina der bedeutendste seiner Zeit. Der Chorknabe an St. Nikolas in Mons lernte im Gefolge von Ferdinand Gonzaga, des Vizekönigs von Sizilien, auf mehreren Reisen *Frankreich und Italien* (Mailand, Neapel) kennen. 1553 für ein Jahr Kapellmeister an S. Giovanni in Laterano in Rom (als Vorgänger Palestrinas) und nach einem Aufenthalt in Antwerpen (1555/56), berief ihn 1556 Herzog Albrecht V. als Tenorist an die Hofkapelle nach *München.* Dort hatte er ab 1563 die Leitung des Ensembles bis zu seinem Tode inne. Eine berühmt gewordene farbige Miniatur von Hans Mielich (2. Hälfte 16. Jh.) zeigt O. di L. inmitten der Sänger und Instrumentalisten der bayer. Hofkapelle und gilt zugleich als wichtiges Dokument zur Aufführungspraxis. Auf zahlreichen Reisen knüpfte L. Beziehungen zum Kaiserhof in Wien und auch zum franz. Hof, der ihm seit 1560 eine Pension zahlte. Auch die Verbindung zur Laterankirche und zu →Palestrina scheint weiterbestanden zu haben. Einen Ruf an die Hofkapelle nach Dresden 1580 lehnte L. ab. Zu seinem Schülerkreis zählten L. Lechner, J. Eccard und G. Aichinger. Auch der Venezianer G. Gabrieli stand mit ihm während eines längeren Aufenthalts in München in Verbindung.

O. di L. war bereits zu Lebzeiten ein hochgeschätzter *Musiker und Komponist,* dessen Werkverzeichnis zu den umfangreichsten in der Musikgeschichte zählt. Sein vielfältiges Eingehen auf die Stilphänomene der Zeit weisen ihn vorrangig als Vertreter der →Renaissance und als Kosmopolit aus. Dies zeigt sich äußerl. in den Varianten seines Namens, substantiell im Aufgreifen europ. Musikgattungen und ihrer Spracheigenheiten. L. schreibt über 200 ital. →Madrigale (auch mit geistl. Text), 146 franz. Chansons und 93 dt. Lieder, dazu zahlreiche lat. Gelegenheits- und Huldigungswerke.

Seine Universalität erstreckt sich auch auf den Bereich *geistl. Kompositionen.* Über 700 →Motetten belegen die ganze Breite in dieser Gattung. Die Cantus-firmus-Technik wird nur noch selten angewandt, die freie Verfügbarkeit einer vorgegebenen Melodie im Typus der Liedmotette führt sein Schülerkreis weiter. Die Bedeutung der über 70 →Messen, darunter zahlreiche Parodiewerke nach weltl. Vorlagen, wurde erst durch eine wissenschaftl. Gesamtausgabe (S. Hermelink) und für den prakt. Gebrauch ab etwa 1960 erschlossen. Die »Psalmi poenitentiales« (Bußpsalmen) gaben durch ihre Wiederentdeckung um 1830 den Anstoß zu einer Beschäftigung mit dem Komponisten im 19. Jh. Neben vier →Passionsvertonungen sind die von der neueren Forschung als Frühwerk erkannten »Prophetiae Sibyllarum« mit ihrer auffälligen Chromatik zu erwähnen.

Als entscheidende *posthume Ausgabe* von L.s Werken gilt das von seinen beiden Söhnen zusammengestellte »Magnum opus musicum« (München 1604). L.s Europäertum zeigt sich nicht zuletzt auch in seinem Personalstil. Ausgehend von der Linearität in der Stimmführung eines →Josquin Desprez und dessen erstmaligen musikal. Ausdruckscharakteren, sucht L. das Verhältnis von Musik und Sprache weiter zu intensivieren, Affektdarstellung und Tonsymbolik in einem harmon. reichen, dichten Satzgefüge einzubeziehen. In der Kunst des Satzes ist er Palestrina ebenbürtig; in der Kunst des Ausdrucks überschreitet er bereits die Epochengrenze zum →Barock.

*Lit.: W. Boetticher:* O. di L. und seine Zeit 1532-1594, I: Monographie (alles Erschienene), Kassel 1958. – *Ders.:* Zum Parodieproblem bei O. di L. (Kongreßbericht), New York 1961. – *H.-W. Gross:* Klangl. Struktur und Klangverhältnis in Messen und lat. Motetten O. di L.s, Tutzing 1977. – *H. Leuchtmann:* Die musikal. Wortausdeutungen in den Motetten des Magnum opus musicum von O. di L., Straßburg 1959, Nachdruck Baden-Baden 1972. – *Ders.:* O. di L., 2 Bde., Wiesbaden 1976 und 1977. – *B. Meier:* Alter und neuer Stil in lat. textierten Werken von O. di L., in: Archiv für Musikwissenschaft 15 (1958).

*Hermann Jung*

**Leben.** Die vielfältigen Zusammenhänge des L.sbegriffs mit Fragen des philos., theol. und naturwissenschaftl.-med. Denkens machen den *elementaren Sinn* des Begriffs L. deutl. Mit ihm verbindet sich sowohl der Gedanke des unmittelbaren, nicht mehr hinterfragbaren Ursprungs alles Seienden als auch die Frage nach den Grenzen der Entstehung des L.s selber.

*A. Theologische Aspekte*

Für die bibl. Überlieferung ist L. kein selbstverständl., sozusagen naturwüchsiger Vorgang, sondern ein *Geschenk →Gottes.* L. ist daher nur mögl. als aktuelle Verbundenheit des Menschen mit Gott. Das *AT* bringt diesen Sachverhalt in konkreten *biolog. und sozialen Bezügen* zum Ausdruck. So ist es einerseits der Atem, mit dem Gott das L. des Menschen erweckt und erhält. Andererseits ist es das →Blut, das als Ursprung der phys. Lebenskraft das Fundament der sakralen und sozialen Ordnung bildet. Das Vergießen von Menschenblut ist daher ein Vergehen gegen die von Gott gestiftete Ordnung. Im *NT* bekommt das Verständnis von L. eine weitere Bedeutung. Es bezieht sich nicht mehr vorwiegend auf die unmittelbarvorfindl. Leiblichkeit und den sozialen Charakter des L.s, sondern zielt auf die *Gebrochenheit* und Fehlbarkeit des L.s sowie auf deren Überwindung im Geschehen von →Kreuz und →Auferstehung

Jesu. In der Auferstehung Jesu jedoch wird das L. in seiner endzeitl. Vollendung offenbar. Der →Sinn des L.s erschöpft sich daher nicht in den Möglichkeiten seiner empir. Verfügbarkeit durch den Menschen, sondern bleibt auf eine von Gott verheißene Vollendung bezogen (→Unsterblichkeit).

*B. Philosophische Aspekte*

In der Philosophie wurde der Begriff des L.s vor allem im 19. Jh. zu einem Zentralbegriff. Mit ihm trat an die Stelle der metaphys. Spekulation die Aufmerksamkeit auf die Strukturen der →alltägl. Lebenswelt und ihrer psych. Wahrnehmung. Ihren Ausgangspunkt hat diese sog. *L.sphilosophie* bei W. →Dilthey. Für ihn sind es vornehml. die eigenen Erlebnisse, die Wahrnehmung der eigenen Biographie, die dem Menschen die Dynamik und Strukturiertheit des L.s bewußtmachen. Das Bewußtsein eigenen L.s wird zum Ursprung des Verstehens der objektiven, äußeren Welt, weil die soziale und natürl. Welt nichts anderes ist als die Objektivierung ursprüngl. Erlebnisse. Auf diesem Hintergrund gewannen daher bes. psycholog. Fragestellungen an Interesse, weil das gefühlsmäßige Erleben des eigenen L.s die Aufmerksamkeit auf die seel. Momente dieses Erlebnisvollzugs lenkte.

*C. Die moderne Lebensproblematik*

*I.* Die moderne L.sproblematik zeichnet sich zunächst durch eine enorme Steigerung, Beeinflussung und *Planung von L.schancen* aus. Der Mensch gewinnt immer mehr die Kontrolle über seine L.squalität, die damit zum kalkulierbaren Ziel zu werden scheint. Die Qualität des L.sstandards wird zum Maßstab menschl. Intelligenz und Produktivität. Die Ausweitung und Intensivierung der empir. Verfügbarkeit führen jedoch immer wieder zu *Grenzsituationen* (→Grenze); entweder sie entziehen sich solcher Verfügbarkeit, oder sie stellen zumindest die Frage nach der eth. geforderten Unverfügbarkeit des L.s. In ganz elementarer Weise stellt sich diese Frage in der Situation des Sterbens. Die Möglichkeiten ärztl. Handelns werfen zudem die Frage auf, ob das L. eine biolog. oder gar sozial definierbare Grenze hat, über die hinaus L. kein L. mehr oder lebensunwertes L. ist. Diese Fragen bedürfen (nicht nur im Blick auf Euthanasie und Abtreibung (→Schwangerschaftsabbruch) einer dringenden Beantwortung; sie stellen sich heute in noch größerem Maße durch die Erkenntnisse der →Biologie und ihrer Anwendung in der Gentechnologie. Die techn. Manipulation der genet. Grundlagen des L.s wirft die Frage auf, ob es der Mensch selber ist, der über die Grundlagen des L.s verfügen und über das erwünschte Maß an L.squalität entscheiden darf.

*II.* Eine *theol.* →*Ethik* wird daher vor allem die Frage stellen, vor wem der Mensch seine L.sführung zu verantworten hat. Reicht dazu der Hinweis auf das Forum der sog. Öffentlichkeit oder das Fachwissen einiger weniger aus? Aber gerade das *Gegenüber der Verantwortung* darf ja nicht seinerseits wieder den begrenzten und manipulierbaren Interessen von Forschungszwängen und Handlungsbedürfnissen unterliegen. Genau an dieser Stelle liegt der Sinn einer theol. begründeten Ethik, die menschl. und naturhaftes L. in die Verantwortung vor Gott als des unverfügbaren Gegenübers stellt. Das schließt nicht aus, daß der Mensch selbst handelnd Verantwortung für das L. übernimmt und gestaltet. Dies kann jedoch nur in Respekt vor der unantastbaren Würde allen L.s geschehen.

*Lit.: A. Burland:* Myths of Life and Death, London 1974. – *H. D. Eberhardt (Hg.):* L.squalität. Zur inhaltl. Bestimmung einer aktuellen polit. Forderung. Ein Beitrag des sozialwissenschaftl. Instituts der EKD, Wuppertal 1973. – *O. Kaiser/E. Lohse:* Tod und L., Stuttgart u.a. 1977. – *A. Mitscherlich (Hg.):* Das beschädigte L. Diagnose und Therapie in einer Welt beständiger Veränderungen, München 1969.

*Achim Dunkel*

**Legalität und Legitimität.** Die Übereinstimmung einer Handlung mit dem gesatzten →*Recht*, ihre Gesetzmäßigkeit, wird als »Legalität« (L.), die →Rechtfertigung staatl. →Herrschaft durch allgemein-verbindl. *Prinzipien* jenseits der positiven gesetzl. Ordnungen als »Legitimität« (Lm.) bezeichnet.

*A.* L. ist eine wesentl. Grundlage für das Funktionieren des modernen, durch Bürokratie geprägten →Staates. Bes. Bedeutung gewinnt das L.sprinzip im demokrat. →Rechtsstaat: Die Befolgung der vom parlamentar. Gesetzgeber in Übereinstimmung mit der →Verfassung verabschiedeten →Gesetze durch →Regierung und →Verwaltung ist für den Bürger durch die ihrerseits an Recht und →Gesetz gebundenen Gerichte kontrollierbar.

*B.* Die *Unterscheidung* von L. und Lm. wird erst im Gefolge der →Aufklärung und der mit ihr einhergehenden Lösung des Rechts aus einer umfassenden sittl. Ordnung sowie der von I. →Kant begründeten Trennung von L. und Moralität zum Problem. In einen ersten Gegensatz zur L. trat die Lm. als polit. Kampfbegriff im Frankreich der Restauration: Die alten »legitimen« Herrschaftsverhältnisse wurden gegen die revolutionär geschaffene, »bloß legale« Ordnung ausgespielt.
Den Zusammenhang von L. und Lm. entwickelte erstmals eingehend *M.* →*Weber.* Nach ihm beruht (staatl.) →Herrschaft auf der Fügsamkeit der ihr Unterworfenen, die unterschiedl. motiviert sein könne. Nach den Motiven seien drei reine Typen legitimer Herrschaft zu unterscheiden: die charismat., die traditionale und die rationale. Die heute geläufigste Lm.sform sei der L.sglaube, die Fügsamkeit gegenüber formal korrekt und in den übl. Formen zustande gekommenen Satzungen, die allerdings den Glauben an eine in irgendeinem

Sinne legitime Herrschaftsgewalt voraussetze. Lm. gehe daher nicht in L. auf.
Dies hat bes. *H. Heller* hervorgehoben: Nur legale Herrschaft, die an Rechtsgrundsätze gebunden ist, könne auf Dauer einen L.sglauben tragen, der Lm. stiftet (materielle L.). Geraten die Lm.sgrundlagen der L.sordnung ins Wanken, können L. und Lm. auseinandertreten. Dies Phänomen haben O. Kirchheimer und C. Schmitt in der Endphase der Weimarer Republik (→Deutschland) beschrieben. Die Abkopplung der L. von ihren Lm.sgrundlagen machte es schließl. möglich, die nationalsozialist. Machtergreifung (→Deutschland) als »legale →Revolution« zu verharmlosen.

*C.* Das Lm.sproblem wurde in den *70er Jahren* vor allem im Hinblick auf die wirtschaftl. Krise des »spätkapitalist. Staates« kontrovers diskutiert: Die einen sahen das Lm.sproblem auf der Suche nach Formen des wohlfahrtsstaatl. Managments von Massenloyalität reduziert (C. Offe), andere diagnostizierten ein aktuelles Unvermögen diskursiver Rechtfertigung des Herrschaftshandelns (J. Habermas), und wieder andere koppelten die Lm.sfrage ganz von der Orientierung an regulativen Ideen, Prinzipien oder →Grundwerten ab und behaupteten entweder eine institutionalisierte Selbstlm. durch Verfahren (N. Luhmann) oder legten den Akzent auf Fragen der »Regierbarkeit« (W. Hennis).

*D.* Im Zusammenhang mit gegen die sog. Nachrüstung der NATO gerichteten Aktionen *»zivilen Ungehorsams«* (→Widerstand) entstand die jüngste Variante der Auseinandersetzungen um das Verhältnis von L. und Lm. Sie knüpft an Fragestellungen der Weimarer Zeit an und problematisiert legale Verletzungen der Lm.sgrundlagen der Ordnung des Grundgesetzes und die dagegen erforderl. und zulässigen Reaktionen der Bürger.

*Lit.: N. Achterberg (Hg.):* Lm. des modernen Staates, Wiesbaden 1981. – *P. Graf Kielmansegg (Hg.):* Lm.sprobleme polit. Systeme, Opladen 1976. – *O. Kirchheimer:* L. und Lm. (1932), in: *ders.:* Polit. Herrschaft, Frankfurt/ M. 1967. – *C. Schmitt:* L. und Lm. (1932), Berlin 1968. – *Th. Würtenberger:* Lm., L., in: Geschichtl. Grundbegriffe, Bd. 3, Stuttgart 1982, 677.

*Wolfgang Meyer-Hesemann*

**Lehre, Lehramt**

*A.* Auch wenn sich das Wesen des Christentums – wie aller Religionen – nicht in einer neuen L. erschöpft, so vertritt es doch *auch* eine L.: Es bezeugt und vermittelt lehrhaft, was mit Christentum und christl. →Glauben gemeint ist (→Verkündigung) und bedenkt zugleich diese Vermittlung (→Theologie). Zunächst sind *alle* Gläubigen je auf ihre Weise an der prakt. Umsetzung wie der ausdrückl. worthaften Weitergabe der L. beteiligt. Sie sind also die →Subjekte dieser Vermittlung. Kontrovers wird innerhalb der verschiedenen christl. Kirchen und Gemeinschaften die Frage beurteilt, wann die L. und ihre Formulierung als authent. gelten können, wie also die →Kirche in der Lehr- und Lebensnachfolge Jesu gehalten werden kann. Übereinstimmung herrscht zumindest zwischen den Hauptsäulen kirchl. Selbstverständnisses (vgl. →orthod. Kirchen, →Reformationskirchen, →röm.-kath. Kirche) über das wesentl. Kriterium: die grundlegende *Rückbindung an das apostol. Ursprungszeugnis,* wie es in der Hl. Schrift (→Bibel) seinen Ausdruck gefunden hat; ferner die Überzeugung von der bleibenden Gegenwart und Wirksamkeit des Jesusgeistes (→Hl. Geist) in der →Kirche.

*B.* Ist das Bekenntnis zu diesem inneren Prinzip den Kirchen gemeinsam, so unterscheiden sie sich in der Bestimmung des *äußeren Prinzips.* Dazu gehört vor allem die bleibende Bedeutung der ntl. Lehrer, →Propheten, Episkopen (→Bischof) u.a. In apostol. Nachfolge dienten sie in ihren verschiedenen Funktionen als Ansatz für die Ausbildung eines »Wächteramtes« in der Kirche (griech. episkopos, Bischof), das – der allg. Lehrvermittlung durch alle Gläubigen gegenüberstehend – die L. authent. verkündet sowie unzureichende und falsche Lehraussagen und -formulierungen zurückweist (→Häresie). Die Einstellung der verschiedenen Kirchen läßt sich am leichtesten in einem Vergleich mit der Situation der röm.-kath. Kirche überprüfen. In ihr ist die Selbstreflexion dessen, was als bischöfl. episkopales und dann verstärkt als päpstl. primatiales Lehramt (→Papst) in Erscheinung tritt, zu Ende geführt worden; auf dem 1. →Vat. Konzil hat sich das Lehramt selbst definiert, die L. von der →Unfehlbarkeit als →Dogma verkündet und auf dem 2. Vat. Konzil modifiziert wiederholt (Kirchenkonstitution 8, 22- 25). Kein Punkt der kath. L. ist im gesamten Kontext der *ökumen. Verständigungsbemühungen* so umstritten wie der Vorrang (Primat) des röm. Papstes, dies in seiner theoret. Begründung, vor allem aber in seinen prakt. Konsequenzen.

*C.* Wo die Sorge um die rechte Glaubensformulierung (Orthodoxie) so groß wird, daß ihr am ehesten durch die Wiederholung alter Formulierungen Genüge getan wird, ist häufig die Bedeutung dieses Glaubens für Menschen einer anderen Zeit, mit einem anderen Denken und Sprechen, in Frage gestellt; das Bemühen der Theologen, die von Berufs wegen über Authentizität *und* Bedeutung des Glaubens nachdenken, ist vielfach gefährdet (Lehrzuchtverfahren, →theol. Wissenschaftstheorie). Jedenfalls gehört die Lösung der Spannung von *Lehrverpflichtung* und Lehrfreiheit einerseits und Sicherung der authent. L. andererseits zu jenen zentralen Momenten der christl. Selbstdarstellung, in der die christl. Glaubensgemeinschaft die christl. Botschaft von der Erlösung und Befreiung des Menschen glaubhaft und überzeugend zum Ausdruck bringen muß. Wo die Verkündigung der christl. L. von denen, die ihr in bes. Weise zu dienen bereit sind, eher in Ängsten als in

Freude und geschenkter Freiheit geschieht, drohen die Sprachlosigkeit und das Verstummen.

*Lit.: W. Kern (Hg.):* Die Theologie und das Lehramt, Freiburg 1982. – *H. Küng:* Unfehlbar?, Zürich, 3. Aufl. 1977. – *Ders. (Hg.):* Fehlbar?, Zürich 1973. – *H. Meyer u.a. (Hg.):* Dokumente wachsender Übereinstimmung, Paderborn 1983. – *K. Rahner (Hg.):* Zum Problem Unfehlbarkeit, Freiburg 1971. – *M. Seckler (Hg.):* Lehramt und Theologie, Düsseldorf 1981. – *H. Waldenfels:* Kontextuelle Fundamentaltheologie, Paderborn 1985, 407-488.

*Hans Waldenfels*

**Lehrer**

*A.* Die Entwicklung des L.standes vom →Sklaven der Antike bis zum Beamten der Gegenwart läßt sich je nach Perspektive als Leidensgeschichte oder als emanzipator. Prozeß interpretieren. Letztere ist die gängigste Version. *Kennzeichnend* für den Beruf des L.s ist der zeitl. begrenzte Umgang mit Kindern und Jugendlichen. Dies bewog schon →Paulus (Gal 3,24), die Stellung des jüd. →Gesetzes bildhaft mit der Funktion des Erziehers zu umschreiben. Die damals bes. negative Einschätzung des L.s bot sich ihm an, als er die Gegensätze von Alt (Gesetz) und Neu (Evangelium) verdeutlichen wollte.
Der L. im *frühchristl. Abendland* ist eingebunden in die hellenist. Tradition (Artes liberales; →Hochschulen), wenngleich auch bereits im 2. Jh. theol. Argumente für seine Christlichkeit bzw. Rechtgläubigkeit formuliert werden (Tertullian, gest. nach 220). In der Übernahme päd. Begriffe schließl. als Mittel der Verkündigung – Klemens von Alexandrien nennt Christus einen Pädagogen – kommt ebenso eine Hochschätzung der antiken →Kultur wie der →Missionseifer der frühen Christen zum Ausdruck. Der christl. L. erbte dann auch die päd. Probleme, die bereits sein »heidn.« Vorgänger hatte, allerdings mit dem (auch heute oft vergessenen) Unterschied, daß auch der L.stand fortan einbezogen war in die göttl. →Rechtfertigung des Menschen.

*B.* Die gegenwärtigen Rechte des L.s, erworben und erkämpft in einem jh.elangen Prozeß der Ablösung von Bevormundung und Geringschätzung durch →Kirche und →Staat, werden durch solche der Eltern und Schüler sowohl ergänzt als auch begrenzt. Insofern gehört der L. als Beamter einem *Stand eigener Art* an. L.typologien (paidotrop, logotrop u.ä.), denen die Annahme einer grundlegenden Eignung bzw. Nichteignung zugrunde liegt, sowie eine Differenzierung nach Lehr- bzw. Erziehungsstilen sagen – auch wenn sie empir. gewonnen sind – im Grunde nur wenig über Erfolg und Mißerfolg in diesem Beruf aus. Dafür ist das Bedingungsgefüge zu komplex. So entspricht auch das oft geforderte *Selbstverständnis* des L.s mehr dem von außen an ihn herangetragenen Bilde als seiner eigenen Einschätzung. Die traditionelle *Differenzierung* des Schulwesens wie das föderalist. System der Bundesrepublik haben trotz z.T. energ. Versuche und Einzelentscheidungen bislang einen einheitl. L.stand verhindert. Nur scheinbar widerspricht dem die Forderung nach dem sog. Stufenl. Handelt es sich hier um den schul. Einsatz in einer best. Altersstufe – so jüngst die Trennung von Grund- und Hauptschull. in einigen Bundesländern –, so dort um das standespolit. Postulat nach einem einheitl., gleichwertigen Lehramt. Die Interessenvertretung der L. wirkt infolge der Aufgliederung in verschiedene Standesorganisationen (GEW, Philologenverband, Verband dt. Realschull. usw.) eher schwach.

*C.* Die nach dem Ersten Weltkrieg in Deutschland für alle L. verpflichtend gewordene akadem. *Ausbildung* hat unzweifelhaft den →Beruf aufgewertet, zugleich aber auch im Verbund mit der sog. Wissenschaftsorientierung der Schulfächer negative *Nebenwirkungen* gezeitigt. Sie sind im System des Fachl.s begründet und begegnen bereits in der Grundschule. Im ganzen handelt es sich dabei um einen erzieher. Mangel.
Das gravierende Problem der Gegenwart ist die zunehmende →Arbeitslosigkeit von L.n (ca. 85.000 im Jahre 1988). Die Vorschläge zu ihrer Überwindung reichen von äußeren Strukturveränderungen (z.B. Arbeitszeitverkürzung) bis zur inhaltl. Revision der L.bildung im Sinne des Erlernens multifunktionaler, d.h. über den Beruf hinausgehender, Fähigkeiten.

*Lit.: R. Bölling:* Sozialgeschichte der dt. L. Ein Überblick von 1800 bis zur Gegenwart (Kleine Vandenhoeck-Reihe 1495), Göttingen 1983. – *C.-L. Furck:* Revision der L.bildung. Zum Problem der Einstiegsarbeitslosigkeit von L.n, Weinheim/Basel 1986. – *B. Gerner:* L. sein heute. Erwartungen, Stereotype, Prestige. Ergebnisse empir. Forschung im dt.sprachigen Raum, Darmstadt 1981.

*Gerd Bockwoldt*

**Leib.** Daß sich der Mensch mit einem »Stück Welt« immer und unaufhebbar verbunden erfährt – mit einem Körper, der als lebendiger im Deutschen »L.« heißt –, ist dem Nachdenken seit jeher rätselhaft. Diese fundamentale Gegebenheit ist theol. in mehrfacher Hinsicht bedeutsam: unmittelbar für eine theol. →Anthropologie und →Ethik, die die Glaubensinhalte mit den »natürl.« Gegebenheiten vermitteln, mittelbar für die →Christologie und Lehre von der →Erlösung, die →Eschatologie und weite Bereiche der →Prakt. Theologie (Liturgie, Sakramente u.a.).

*A. Problemgeschichte*

Der L. bildet so lange kein eigenes Thema, wie die Besonderheit des Menschen in seiner unsterbl. *Geist-→Seele* gesehen wird. Der L. gilt hier als unwesentl., bloß vergängl. Hülle, im Gegensatz zur →Bibel, die den ganzen Menschen unbefangen als »Fleisch« *(basar)* zu sehen vermag. Selbst wo es gelingt, den Menschen als L.-Seele-Einheit zu denken (→Thomas von Aquin: anima unica forma corporis [humani] – zu übersetzen etwa mit: »Die geistige Seele ist die einzige substantielle Form im Menschen..., die dem so gebildeten menschl. L. das ganze aktuelle Sein verleiht: Sein, Körpersein, Lebendigsein, Sinneswesensein und Menschsein« [Schneider, 18]), wird er letztl. doch spiritualisiert. In der Philosophie der Neuzeit, die das denkende →Selbstbewußtsein ins Zentrum stellt, erscheint der L. als bloßer *Körper*, der – sofern man sich nicht mit einer materialist. Sicht begnügt – mit →*Geist* verbunden gedacht wird. Dieser bei →Descartes grundgelegte und auf die Wirklichkeit insgesamt ausgedehnte →*Dualismus* bestimmt die weitere Behandlung des L.-Seele-Problems. Die klass. Antworten darauf (Wechselwirkung, Parallelismus, Occasionalismus [d.h. Lehre, Gott erzeuge »bei Gelegenheit« von Bewegungen des L.es seel. Empfindungen], prästabilierte Harmonie) geben letztl. aber keine befriedigende Antwort, weil sie nicht erklären können, wie ein Körperding *mein* L. werden bzw. ein ausdehnungsloses Denken sich *inkarnieren* (»Fleisch« werden) kann. Dies führt zu einem neuen, nichtdualist. Problemansatz, der allererst fragt, wie sich überhaupt eine Dingwelt konstituiert, und dabei dem L. eine Rolle als aprior. →*transzendentale Bedingung* zuweist (→Apriori). Diese Sicht des L.s als des →Subjekts der Welterfahrung kommt im 20. Jh. in der *philos. Anthropologie* (Scheler, Plessner, Gehlen) und →*Phänomenologie* zum Tragen (Hinweise schon in Briefen →Descartes', →Kants »Opus postumum«, bei →Fichte, →Feuerbach u.a., vor allem aber bei →Nietzsche, in der Lebensphilosophie und Tiefenpsychologie); inwieweit sie sich in unserer →Kultur gegen l.feindl. Strömungen – die nicht bibl. Ursprungs sind, aber in der christl. Tradition mittransportiert wurden und auch in säkularisierten Formen (»innerweltl. Askese«) anzutreffen sind – durchsetzte, bedürfte einer eigenen, differenzierten Erörterung.

*B. Grundstrukturen des Leibes*

Als »Nullpunkt« der Weltkonstitution (Husserl) wird der L. zunächst »mit Schweigen übergangen« (Sartre) und erst bei Störungen oder in der Reflexion zum Thema. Er erweist sich darin als »unser Mittel überhaupt, eine Welt zu haben« (Merleau-Ponty), steht somit in einer *doppelten Relation:* zur Welt und zum Ich. Deren Symbiose, die in der frühkindl. Entwicklung evident ist und auch später, zumal in der sinnl. Wahrnehmung (→Sinne), nie ganz verlorengeht, ist leibl. vermittelt. Im L. sind Natur- und Ichhaftes nicht säuberl. zu trennen. Obwohl *meiner*, ist er mir *vor*gegeben; über mein →Bedürfnis Hunger z.B. kann ich nicht frei verfügen. Der L. bildet ein »Zwischen«, das z.B. Ich und Welt (einschl. sozialer Mitwelt), Innen und Außen, Privat und Öffentlich vor-bewußt verbindet. Daß man um den eigenen L. *wissen*, d.h. sich *von* ihm distanzieren, kann, zeigt jedoch eine Spannung von leibl. Zentralität und »Exzentrizität« (Plessner) an. Diese *»Ambiguität«* von L.sein und L.haben ist Ausdruck einer bleibenden Doppelung, die (bes. an den Grenzpunkten Geburt und Tod) rational nicht völlig auflösbar ist. Indem phänomenolog. Anthropologie (→Phänomenologie) sie jedoch kategorial ausdifferenziert, ermöglicht sie, das ganzheitl. Menschenbild der Bibel theol.-begriffl. zur Sprache zu bringen, gemäß dem schönen Wort Tertullians: caro cardo salutis (das Fleisch ist der Angelpunkt des Heils).

*Lit.: H.-G. Gadamer/P. Vogler (Hg.):* Neue Anthropologie, 7 Bde., Stuttgart 1972-1975. – *J. B. Metz:* L.lichkeit, in: Handbuch theol. Grundbegriffe II, 30-37. – *W. Pannenberg:* Anthropologie in theol. Perspektive, Göttingen 1983. – *H. Schipperges:* Eine Philosophie des L.es, in: *H. Wendt/N. Loacker (Hg.):* Kindlers Enzyklopädie Der Mensch VII, Zürich 1984, 251-266 (Lit.). – *H. Schmitz:* System der Philosophie 2/1-3, Bonn 1965-1967. – *Th. Schneider:* Die Einheit der Menschen, Münster 1973. – *R. Schulte:* L. und Seele, in: *F. Böckle u.a. (Hg.):* Christl. Glaube in moderner Gesellschaft V, Freiburg 1980, 5-61 (Lit.).

*Werner Müller*

**Leibniz,** *Gottfried Wilhelm,* geb. 1.7.1646 in Leibniz, gest. 14.11.1716 in Hannover. Als einer der universalsten und schöpferischsten *Gelehrten* des 17. Jh.s stand L. im Dienst verschiedener Fürstenhöfe und war als Philosoph, Mathematiker, Physiker, Historiker, Jurist und Diplomat tätig. Seine Forschungen und Entdeckungen auf vielen Gebieten wie seine polit. Bemühungen galten immer dem Ausgleich der Gegensätze und der schöpfer. Vereinigung verschiedener Erkenntnisse und Wissenszweige. So erstrebte er, selbst Protestant, auch eine Einigung der →Konfessionen. In seinem Denken finden sowohl die neuzeitl. Wendung auf den Menschen als freies Subjekt, die naturwissenschaftl. Interpretation der Welt als eines durchgängigen Kausalzusammenhangs wie die traditionelle, theol. bedeutsame Deutung der →Welt als zweckgerichteter Ordnung zu einer Einheit.
Gegen R. →Descartes' Dualismus wie gegen B. →Spinozas →Monismus setzt L. in seiner *Monadenlehre* eine unendl. Fülle sich selbst bestimmender individueller Substanzen: die »Monaden«. Als Substanzen (d.h. das allen wechselnden Erscheinungen Zugrundeliegende) sind sie die letzten, nicht weiter zerlegbaren Elemente der Wirklichkeit: unzerstörbare immaterielle Einheiten, die keiner äußeren Einwirkung unterliegen, vielmehr alle Veränderungen aus eigener beständiger Kraft hervorbringen. Die Tätigkeit dieser Kraftzentren besteht im Vorstellen (»Perzipieren«) der Wirklichkeit und im ständigen Streben nach neuen Vorstellungen; da alle Monaden die Wirklichkeit je nach ihrem Standpunkt innerhalb des Ganzen verschieden vorstellen, ist jede Monade eindeutig von anderen unterscheidbar. Zugleich ergibt sich aus dem Deutlichkeitsgrad ihrer Vorstellungen eine Abstufung: von den verworrenen »Perzeptionen« (Wahrnehmungen) der unteren Stufe über die mit Bewußtsein und →Selbstbewußtsein perzipierenden Geistmonaden bis hin zur Urmonade →Gott, der einzig klare und deutl. Perzeptionen hat. Der

Theorie der vorherbestimmten, *prästabilierten Harmonie* zufolge hat Gott die Entfaltungsgesetze der Monaden, also die ihnen jeweils auf Grund ihres Standpunkts eigene Perzeptionenfolge, bei der Schöpfung so aufeinander abgestimmt, daß jede Monade zwar nur ihrem eigenen Gesetz folgt, zugleich aber in vollkommener Übereinstimmung mit allen anderen sich entfaltet und daher als »lebendiger Spiegel« des Universums alle vergangenen, gegenwärtigen und zukünftigen Zustände der Welt repräsentiert. Was so in der Innenwelt des Reichs der Monaden ein ziel- und zweckgerichtetes Streben ist, läßt sich in der Erscheinungswelt der Körper als Kausalzusammenhang analysieren.
Diese gegebene Welt – so führt L. in seiner →*Theodizee* aus – ist trotz der wirkl. Übel die Welt, die Gott aus den überhaupt mögl. Welten (d.i. zusammenhängenden, miteinander vereinbaren Geschehensfolgen) als die beste erwählt hat. Dieser für die Wirkung von L. bedeutsame Gedanke wurde unter dem Schlagwort →Optimismus diskutiert. Freil. verschleiert dieses Wort eher die Ansprüche, die L.s System an ein sittl. Handeln stellt, wie seine *Freiheitslehre* erweist. Denn frei nennt er ein Handeln erst dann, wenn es nicht nur ungezwungen, sondern zugleich aus vernünftiger Einsicht kommt: eine Möglichkeit, die es fortschreitend zu verwirklichen gilt. Nur als solche, für Vervollkommnung empfängl., in verantwortl. Freiheit gestaltbare, erweist sich für L. die Welt als beste.

*Lit.: C. Axelos:* Die ontolog. Grundlagen der Freiheitstheorie von L., Berlin 1973. – *A. Heinekamp:* Gottfried Wilhelm L., in: *N. Hoerster (Hg.):* Klassiker des philos. Denkens I, München 1982, 274-320. – *Ders.:* Das Problem des Guten bei L., Bonn 1969. – *H. G. Janßen:* Das Theodizee-Problem der Neuzeit, Frankfurt/M./Bern 1982. – *H. Poser:* Gottfried Wilhelm L., in: *O. Höffe (Hg.):* Klassiker der Philosophie I, München 1981, 378-404.

*Hans-Gerd Janßen*

**Leiden**

*A.* Über die Komplementarität von aktivem und passivem Erleben hinaus meint L. emphatisch eine jederzeit mögl., aber nie willentl. *Grenzerfahrung.* Obwohl vielleicht alle lust- und schmerzempfindl. Lebewesen leiden können, ist L. darin spezif. menschl., daß es den – für menschl. →Erfahrung grundlegenden – Zusammenhang von Erinnerung und Jetzt, von Distanzierung und Identifikation des Erfahrenden von und mit sich bedroht. Zwar ist L. potentiell *universal,* der Verletzlichkeit entspr., die jedem (physisch und sozial existierenden) Menschen eignet (so daß überhaupt alles Anlaß zu L. werden kann), jedoch wird es aktuell ganz *individuell* erfahren: es schneidet vom bisherigen Leben ab, vereinsamt gegenüber der Umwelt, läßt sogar das Selbstgespräch verstummen. Die Subjektivität des L.s schließt jedoch die kulturelle und hist. Bestimmtheit seiner Erfahrung und Deutung immer ein.

*B.* Vom christl. Kontext verschieden ist eine Lebenserfahrung, für die L. und individuelles Dasein gleichbedeutend sind, so daß sich nur vom L. befreien kann, wer den Durst nach →Leben, die Einbindung in diese →Welt abarbeitet und sich vom »Rad der Wiedergeburt« löst, wie es der *a-theist.* →*Buddhismus* lehrt. Anders wird L. in *polytheist. Kulturen* erfahren, wo helfende Mächte angerufen werden können. Sie verursachen aber ihrerseits L., ja ihre widerstreitenden Ansprüche stürzen ausweglos ins L.; die griech. Tragödie folgert: »durch L. lernen«. Weder als kosm. Datum noch als trag. Geschick wird L. dagegen im →Glauben an einen guten *Schöpfer* der Welt erfahren, vielmehr als Folge menschl. Verhaltens im (mißglückenden) Widerspruch gegen dessen Güte (→Gott, →Schöpfung). Der weisheitl. Schluß auf einen festen Tun-Ergehen-Zusammenhang bzw. die Klage über grundloses L. (→Weisheit) wird aber schon im →*AT* überboten durch die Einsicht in die moral. Unerklärlichkeit vielen L.s und in die Angewiesenheit auf erneute Gottesfahrung (→Hiob).
Eine solche, freil. schlechthin neue Erfahrung verkündigt das →*NT:* In der →*Passion Jesu Christi* bleibt Gott dem menschl. L. nicht mehr äußerl. (wie noch als strafendes, besserndes, ja stellvertretendes L. auferlegender), sondern leidet als Menschgewordener selber. So setzt er, stellvertretend, der Möglichkeit des menschl. →Bösen, L. nach außen zu verlagern und so fortzusetzen, ein Ende. Die Personalunion von Gott und menschl. L. im Gehorsam Jesu (Hebr 5,8) begründet die →Hoffnung auf das Ende des L.s im →Reich Gottes und gibt dem zwischenzeitl. zu erduldenden L. den Charakter der heilsamen Kreuzesnachfolge (Mk 8,34; 2 Kor 1,5; Kol 1,24; →Nachfolge).

*C.* Die Erfahrung des L.s ist aber auch in der Welt des Christentums veränderlich. Für die Gegenwart kennzeichnend ist die Durchsetzung des →*Theodizeepostulats* in der frühen und sein Zusammenbruch in der späten →*Neuzeit.* Die Anklage Gottes hat zwar eine bibl. und christl. Vorgeschichte, zu der auch die (gerade gegen die dualist. Mythisierung des L.s wohlbegründete) Verknüpfung des Schöpfungsglaubens mit dem philos. →Monotheismus gehört (z.B. →Augustinus). Neuzeitl. wird die Rechtfertigung Gottes jedoch *innerhalb* der →Vernunft (»Gerichtshof«, →Leibniz, →Kant) und unter Absehung von deren *Sündhaftigkeit* geführt (→Sünde), so daß der vom Ankläger-Richter freigesprochene, »gute Gott« vom menschl. L. vollständig *getrennt* wird. Während es vordem für fromm galt, das L., sofern unvermeidl., als »Heimsuchung« durch Gott anzunehmen, dem angefochtenen Glauben die Klage, der Reue die Erinnerung zu erlauben und in myst., aber auch missionar. Identifikation mit Jesus Christus dessen L. mitzutragen, kann L. jetzt nur als Anlaß für seine *Abschaffung* durch den sich selbst vervollkommnenden und seine Welt verbessernden Menschen wahrgenommen werden.

Der neuzeitl. Zwang zum →*Fortschritt* aus dem Jammertal hat sich als Motor unerhörter L.sverminderung erwiesen – aber auch als Produzent neuer, vor allem für das geopferte →Individuum ebenso unerhörter L. Das spätestens »nach Auschwitz« endgültig diskreditierte Theodizeepostulat (→Holocaust) ist jedoch in einer doppelten Erblast noch wirksam: im »großen Willen zum L.« und in der »großen Empörung gegen das L.« (→Nietzsche, →Dostojewski). Die so und so verdrängte →*Angst* vor einem L. ohne →»Sinn« (ein neues Wort) kehrt sadist. oder masochist. wieder: als technokrat. →Verwaltung des L.s in einer »Kultur der Analgetika« (schmerzstillende Mittel), als seine ästhet. Neutralisierung in den Massenmedien, aber auch als Moralisierung des eigenen L.s durch »geborgtes Elend« (→Moralität).

*D.* Christl. Umgang mit L. könnte demgegenüber den Unterschied von *Helfen* und *Glauben* konkretisieren: das schweigende, sprechende, handelnde Mitleiden und das gehorsame, trauernde Warten auf Gott, je zur rechten Zeit und am rechten Ort. Zur *eth.* Reflexion, wie vermeidbarem L. abzuhelfen sei, gehört auch die, wie die unvertretbare Innerlichkeit des L.s vor (med., ökonom., sozialer) Überbewältigung, wie also die möglicherweise schöpfer. Kraft auferlegten L.s zu respektieren sei. Die *dogmat.* Reflexion des paradoxen Sinns von L. als »Kreuz« muß, nach dem →Tod des (auf mißhandelnde Allmacht oder aber auf ohnmächtige Allgüte reduzierten) monotheist. Gottes, erneut dem trinitar., d.h. dem »leidenden Gott«, nachdenken (→Trinität), der der →Freiheit des Menschen, L. zu verursachen, gleichwohl und ohne sie als Freiheit zu widerrufen, mächtig bleibt: kraft seiner am Kreuz offenbaren →Liebe.

*Lit.: G. Gerstenberger/W. Schrage:* L. Bibl. Konfrontationen, Stuttgart 1977. – *C. F. Geyer:* Leid und Böses in philos. Deutungen, Freiburg/München 1983. – *H. Häring:* Das Problem des Bösen in der Theologie, Darmstadt 1985. – *H.-G. Janßen:* Das Theodizee-Problem der Neuzeit, Bern 1982. – *H. Jonas:* Der Gottesbegriff nach Auschwitz (stw 1516), Frankfurt/M. 1987. – *W. Larbig:* Schmerz, Stuttgart 1982. – *W. Oelmüller (Hg.):* L. Religion und Philosophie, Bd. 3, Paderborn 1986. – *H. E. Richter:* Der Gotteskomplex, Reinbek 1979. – *D. Sölle:* L., Stuttgart 1973. – *W. Sparn:* L. - Erfahrung und Denken. Materialien zum Theodizeeproblem, München 1980. – *K. Surin:* Theology and the Problem of Evil, Oxford 1986.

*Walter Sparn*

**Leidenschaft.** Relativ *überdauernde Antriebskräfte* menschl. Verhaltens von *hoher Intensität* wie →Liebe, →Haß, Eifersucht, Zorn, →Neid können als L. bezeichnet werden, sofern sie eine intensive, u.U. schmerzvolle, auch zerstörer. Bindung an einen Gegenstand bewirken. Das *Grundmuster* der L. läßt sich am deutlichsten in der Liebe erkennen, im Zusammenwirken von intensiver Anziehungskraft und grenzenloser Selbstvergessenheit.

*A.* Im älteren Sprachgebrauch war L. gleichbedeutend mit *Affekt.* I. →Kant unterschied zwischen ihm als einer kurzzeitigen Erregung und der L. als einem dauerhaften Auslöser komplexer Geschehensabläufe. In noch weiterer Differenzierung verzichtet die *gegenwärtige* →*Psychologie* auf den Begriff L., da er für empir.-wissenschaftl. Betrachtung allzu komplex ist. Man beschreibt das Antriebsgeschehen nur noch als Triebenergie und damit eth. neutral als affektive Komponente des Verhaltens, oder man zerlegt es analysiert in verschiedene Triebmomente.

*B.* Auch die *philos.* →*Anthropologie* beschreibt die L. nicht inhaltl. oder wertend, weist diese Aufgabe vielmehr der Poesie zu. Doch fragt sie nach der *Entstehung* von L., nach ihrem Verhältnis zu anderen Faktoren im menschl. Antriebsgeschehen und was sie für den Lebensprozeß des einzelnen und der →Gesellschaft bedeutet. Sie korrigiert den empir. Umgang mit der L. – zu einem bloßen Energiefaktor neutralisiert – und versteht L. als das Antriebsgeschehen, das *den Menschen* von allen anderen Lebewesen *unterscheidet.* L. ist mögl., weil die Triebkräfte nur schwach an instinktive Reaktionsmuster gebunden sind, so daß andere, weniger stabile Muster den Austausch des →Individuums mit seiner →Umwelt regeln müssen. Als solche *Regulative* wurden die L.en aufgefaßt: aus Erkenntnis entspringende Willensregungen, deren Qualität vom Erkenntnisobjekt geprägt sei. Die Erkenntnis Gottes, des ersten Ziels aller L., würde nach dieser Auffassung alle anderen Erkenntnisgegenstände als Quellen der L. verschließen (amor Dei intellectualis = intellektuelle Gottesliebe, →Spinoza).
Demgegenüber postuliert H. Plessner eine ganz andere Art der Umweltbeziehung, aus der die L. entspringt: L. gewinnt Gestalt als Ergriffenheit. Sie macht den Menschen also zum *Opfer seiner Vorstellungskraft*, der Dinge oder der Personen, die seine Phantasie entzünden. Die Möglichkeit, ergriffen zu werden, entspricht der Fähigkeit, sich Gegenstände zu formen, womit das Individuum erkennend und handelnd Objekte seiner Umwelt ergreift. L. erweist sich gerade in diesem Zusammenhang als die andere wesentl. Form des Weltbezugs. Im Gegensatz zur aktiven Vergegenständlichung läßt sie sich nur an ihren Wirkungen erkennen, nicht aber durch Appelle hervorrufen. Überlegungen von →psychoanalyt. Position aus über eine neue L.lichkeit, als Programm aktiver Lebensführung propagiert, folgen jedenfalls nur dem Trend zur techn. Bewältigung des Daseins, dem sie entgegenzuwirken hoffen.

*Lit.: P. Kutter:* Die menschl. L.en, Stuttgart 1978. – *J. Lanz:* Art. Affekt II, in: Hist. Wörterbuch der Philosophie, Bd. 1, 93-100. – *H. Plessner:* Die Frage nach der Conditio humana, Frankfurt/M. 1976.

*Reinhard Schmidt-Rost*

**Leistung und Verdienst**

*A. Begriffl.* bedeutet L. die *Erfüllung eines Anspruchs,* ist also bezogen auf einen Erfolg, der allerdings im Grenzfall auch ausbleiben kann. Mit ihr geht man über bloße Absicht hinaus, zu ihr braucht man mehr als nur guten Willen, in ihr ist man daher auch von äußeren Umständen teilweise abhängig. Ist das durch sie Erreichte (auch nicht notwendig bewußtes) Motiv ihrer Erbringung, so sprechen wir von →Lohn. Er gilt der persönl. Bemühung, entspringt aber einem objektiven Verhältnis von L. und Preis, dem man mit verschiedenen Graden von Anstrengung gerecht werden kann. V. ist der *Lohn,* der jemandem auf Grund seiner L. *zusteht.* Ein Urteil über das Verhältnis von L. und V. setzt einen Maßstab von Verteilungsgerechtigkeit voraus (→Gerechtigkeit), mit dem – unter der Bedingung der Begrenztheit der verteilbaren →Güter und in bezug auf die – L. proportional bewertbar ist. Mit dieser Bewertung wird nicht nur geschehene L. honoriert, sondern auf künftige L.sbereitschaft Einfluß genommen.

*B. Soziol.* ist persönl., auf Mehrung und Intensivierung wirtschaftl. nutzbarer Faktoren gerichtete L. zum wichtigsten *Beurteilungskriterium* des in der modernen Industrie- und L.sgesellschaft lebenden →Individuums geworden. Die Fähigkeit zur L. entscheidet über die Entwicklung des sozialen Status einer Person, erfüllt soziale Erwartungen und eröffnet erst neue Lebenschancen. L., sei es gegenwärtige oder bereits erbrachte, ist der Maßstab der *Verteilung von →Gütern.* Auch wird zunehmend versucht, mitmenschl. Hilfe und Zuwendung mit wirtschaftl. meßbarer L. in Parallele zu setzen und entspr. geldwerte Honorierung zu einem berechenbaren Faktor gesamtgesellschaftl. Kalküls von Preis und L. zu machen. Den Weg von der Industrie- zur »Dienstleistungsgesellschaft« stellt man sich wesentl. als Verfahren möglichst umfassender Erweiterung des gesamtgesellschaftl. Bewertungskalküls auf L.en vor, die heute noch im Gegensatz zu produktivitätsbezogener →Arbeit verstanden werden. Die *Grenzen* der immer weiter gesteigerten Erwartung, Bewertung und Kontrolle von L. werden kaum mehr im öffentl., sondern weitgehend nur noch im privaten Bereich, insbes. durch die elementaren persönl. Verhältnisse und →Institutionen, durch →Freundschaft, →Liebe und →Familie gezogen.
Allerdings kann nicht aller V. eines Menschen auf geldwerte L. zurückgeführt werden. Wo das Bewußtsein dafür – zumindest innerhalb dieser Bindungen – nicht mehr eine emotionale und sinnstiftende Bezeugung findet, bleibt nur noch die Distanzierung von der abstrakt gewordenen →Gesellschaft als solcher.

*C. Geschichtl.* ist nicht nur das moderne Stadium, sondern die gesamte nordeurop.-abendländ. →Kultur im Gegensatz zur antiken von der Orientierung an effektiver und meßbarer *menschl. Aktivität* geleitet. So hat nach H. Arendt »die Neuzeit erstmalig den Menschen primär als Homo faber, als einen Werkzeugmacher und Hersteller von Gegenständen, definiert und hat so den gesamten Bereich des fabrizierenden Produzierens von dem tiefen Mißtrauen und der ausgesprochenen Verachtung befreit, die seit dem Altertum auf ihm gelegen und gelastet hatten« (Vita activa, 224). Der Gegensatz betrifft dabei nicht das Grundverständnis von Arbeit (ob man sie als Mühe und Plage oder als Möglichkeit menschl. Selbstvollzugs begreift), vielmehr betrifft er den *Verlust* der Dimension eines menschl. →Handelns, das seinen Zweck in sich hat, also nicht auf instrumentelle Verwertbarkeit des Herstellens gerichtet ist. Es wird kein Lebensraum mehr gestaltet, in dem auch →Muße und Entspannung nicht wieder nur Mittel zur L.ssteigerung sind, in dem L. umgekehrt noch weiß, wofür sie erbracht wird, was also Kriterium auch ihres Erfolgs ist.

*D. Theol.* ist die Frage von L. und V. eng mit der Lehre von der →Gnade verkoppelt. Es gibt ein *Endziel* des Menschen, zu dem er sich als freies Wesen im Vollzug seines Lebens zu verhalten hat. Insofern er hier einen Anspruch erfüllt, der ihm von seinen eigenen äußersten Möglichkeiten her gesetzt ist, erbringt er eine L., der ein Lohn entspricht. Dadurch wird die Frage nach dem V. aufgeworfen. Es ergeben sich drei Ebenen theol. Kontroverse.
1. Die Frage nach dem *Kern der L.* führt zu einem charakterist. Unterschied zwischen →AT und →NT: Der Horizont des AT wird stärker von den Taten des Menschen bestimmt, die freil. erst im Heilshandeln Gottes ihren objektiven Wert finden, während das NT alles Tun des Menschen im Lichte der es bestimmenden Gesinnung und des →*Glaubens an Gott* sieht. Die Steigerung und Intensivierung seines Verhältnisses zu Gott erfährt der Mensch des AT im wesentl. als Mehrung der Taten, die er auf Grund seiner Beziehung zu Gott zu erbringen oder zu erdulden vermag. Freil. gehören zu ihnen insbes. →Opfer, Beten, Fasten, Almosengeben, also die Taten, die ihn →Gott und dem Mitmenschen in größtmögl. Nähe bringen. Hinzu tritt im NT die Auszeichnung der qualitativen (d.h. auf die Gesamtverfassung der handelnden →Person bezogenen) Intensität des menschl. Selbstvollzugs. Werke sind weniger Wege zum →Heil, sondern vor allem Ausdruck dafür. Deshalb übersteigt das Urbild des Werkes menschl. Kraft und steht im Schaffen des Heilshandelns Gottes sowie im Leben und den Werken Christi vor Augen des Menschen. Das Handeln des Menschen wird hier somit vor unterschiedl. Horizonten erfaßt, jedoch im AT wie im NT erst durch den Gedanken der göttl. Vergeltung eigentl. theol. begriffen.
2. Von der Frage nach Werk und Glaube oder Tun und →Gesinnung ist deshalb die Frage nach →*Lohn und Strafe* klar zu trennen. Im AT wie im NT sind sowohl für den Willen wie für das Werk die Verheißung von Lohn und Strafe Fundament

ihrer Bewertung (Ps 62,13; Mt 28,31f.; Joh 3,19; Röm 2,6-8). Der Mensch ist aufgerufen, vollkommen zu sein wie der Vater im Himmel (Mt 5, 48). Wird dieses Ziel durch das Handeln der →Nachfolge Christi (d.h. im Sinne der Nächstenliebe erfüllt, sind *Liebe zu Gott und zum Nächsten* von der Liebe zu sich selbst nicht mehr zu trennen (Mk 12,31; vgl. Eph 5,28f.). Insofern der Mensch nicht von vornherein bei seinem Ziel, sondern auf dem *Weg* zur Vervollkommnung ist, bleibt diese Verbindung erhalten. Darum ist – mit Ausnahme best. myst., quietist. und rein philos. Glaubenstheorien – im →Christentum immer daran festgehalten worden, daß der Mensch in seinem Verhältnis zu Gott zur totalen Abstraktion von der Erwartung des ewigen Lohns nicht fähig ist.

3. Von der Frage des Lohns wiederum klar zu trennen ist die Frage nach dem *V. des Menschen* im Verhältnis zu Gott. Wo L. und Lohn verbunden sind, ist notwendig auch der Bezug auf →Gerechtigkeit und damit auf V. eröffnet. Die Grundaussage der christl. Gnadenlehre besteht jedoch darin, daß die Verbindung von Lohn und L. im bezug auf das ewige Heil nur Gottes, nicht des Menschen V. sein kann. Daß Gott überhaupt den Menschen erschaffen, daß er Christus gesandt hat, auch daß er Israel erwählt hat (Dt 7,7f.), geht in keiner Weise auf menschl. V. zurück. Lohn und L. sind *nicht verfügbar*, die Gerechtigkeit Gottes nicht errechenbar. »Ich bin gütig, wem ich gütig bin, und erbarme mich, wessen ich mich erbarme« (Ex 33,19). Gerade die deutl. Unterscheidung von L., Lohn und V. wirft freil. die schwierigen Fragen nach dem Verhältnis von Gnade und →Freiheit sowie Gnade und →Natur auf, deren Beantwortung erst die Basis einer zureichenden Verständigung über die Struktur christl. Verständnisses von Verdienst schaffen kann.

*Lit.: P. Althaus:* Die Theologie Martin Luthers, Gütersloh, 4. Aufl. 1975. – *H. Arendt:* Vita activa, München 1960. – *R. Guardini:* Die Annahme seiner selbst, Würzburg, 4. Aufl. 1965. – *W.-D. Hauschild:* Gnade IV, in: Theol. Realenzyklopädie 13, 476. – *R. Hermann:* Luthers These »Gerecht und Sünder zugleich«, Gütersloh, 2. Aufl. 1960. – *K. Rahner:* Gerecht und Sünder zugleich, in: *ders.:* Schriften VI, Zürich 1965, 262-276.

*Walter Schweidler*

**Lenin,** *Wladimir Iljitsch,* geb. 22.4.1870 in Simbirsk, gest. 21.1.1924 in Gorki, Theoretiker des →Marxismus und sowjetruss. Politiker; unter seiner Führung erkämpfte die bolschewist. Partei in der Oktoberrevolution 1917 den Sieg über den russ. Zarismus. Sein vielfältiges Schrifttum zu Fragen der polit. Theorie und prakt. Politik will vorrangig den Nachweis für die Wissenschaftlichkeit des von →Marx begründeten hist. und dialekt. Materialismus führen. Method. systematisiert und verallgemeinert L. die Erscheinungen und Prozesse innerhalb der geschichtl.- gesellschaftl. Epoche des →Imperialismus. Seinen Niederschlag fand dies in Überlegungen zur Strategie und Taktik der Kommunist. Partei, zur allg. Revolutionstheorie und im bes. zur →Erkenntnistheorie (Auseinandersetzung mit dem Empiriokritizismus von Mach und Avenarius).

L.s theoret. *Hauptwerk* »Materialismus und Empiriokritizismus« (1908) spricht folgende Themenbereiche an: die Analyse der angebl. »Krise der Physik«, Fragen der Verallgemeinerungsfähigkeit naturwissenschaftl. Forschungsergebisse sowie den Versuch, zentrale philos. Begriffe wie →Materie, →Raum, Zeit, →Kausalität, →Wahrheit, →Freiheit und Notwendigkeit marxist.-materialist. zu akzentuieren. Das Ergebnis dieser Untersuchungen ist eine (im Sowjetkommunismus dogmatisierte) →Erkenntnistheorie, die als *Abbildtheorie* →Logik, →Dialektik und →Erkenntnistheorie miteinander identifiziert. Kriterium der Erkenntnis ist u.a. die *»revolutionäre Aktion«*, d.h., wahre bzw. adäquate Erkenntnis ist abhängig von vorausgesetzten Standards polit. und gesellschaftl. Bewußtseins, die ihrerseits repräsentiert werden von der proletar. Elite. Dieser erkenntnistheoret. Ansatz führt unmittelbar zur Lehre von der Parteilichkeit und Klassengebundenheit der Wissenschaften. Erkenntnistheoret. steht L. in der Tradition eines sog. *»naiven Realismus«*, der das natürl. Bewußtsein (den unmittelbaren Zugang zu den Dingen) nicht problematisiert und →Erkenntnis darauf beschränkt, das widerzuspiegeln, was man für die Wirklichkeit hält. Was als Leistung des erkennenden Subjekts anzusprechen wäre, fällt in den Gegenstandsbereich der →*Dialektik* (in der die →Materie *voluntarist.* interpretiert wird: Die bewußtlose Natur wird in Analogie zum Handeln bewußter Lebewesen teleolog. auf ein bestimmtes Ziel ausgerichtet dargestellt). Die absolute Spaltung zwischen Materie und Bewußtsein einerseits und sensualist. Gegebensein der Materie (d.h. der Objekte an sich) andererseits soll dadurch überbrückt werden, daß L. das Theorem von der *Unerschöpflichkeit der Materie* zu Hilfe nimmt. Er geht dabei von einem komplizierten und widersprüchl. dialekt. Prozeß der Wechselwirkung zwischen sinnl. und rationalen Abbildern aus; ihnen entsprechen die geistige und prakt. Arbeit, durch die der Mensch die Welt zugleich in sich aufnimmt und umgestaltet.

Auch in der Perspektive, mit der L. sich der Geschichte der Philosophie zuwendet, ist der Klassenstandpunkt leitend: Die Differenzen zwischen den unterschiedl. philos. Konzeptionen (exemplar. des →Idealismus und des →Materialismus) spiegeln den der Geschichte zugrundeliegenden *Klassenkampf* wider. Der Marxismus-L.ismus selbst avanciert dabei zur Weltanschauung der fortgeschrittensten Klasse, da die Interessen des Proletariats zusammenfallen mit jenen Bestrebungen und Triebkräften, die in den objektiven Gesetzmäßigkeiten des Geschichtsprozesses selber gründen (Wissenschaftl. Weltanschauung, →Ideologie).

*Lit.: O. K. Flechtheim:* Bolschewismus 1917-1967, Wien/Frankfurt/M./Zürich 1967. – *G. Lukács:* L. Studie über den Zusammenhang seiner Gedanken, Neuwied/Berlin 1964. – *A. Pannekoek:* L. als Philosoph, Frankfurt/M.

1969. – *B. Rabehl:* Marx und L.: Widersprüche einer Konstruktion des »Marxismus- Leninismus«, Berlin 1974. – *G. von Rauch:* L. Grundlegung des Sowjetsystems, Göttingen/Berlin/Frankfurt/M. 1962. – *W. Sikorski:* L., in: *E. Lange/D. Alexander (Hg.):* Philosophenlexikon, Berlin (Ost) 1982, 543-558.

*Carl-Friedrich Geyer*

**Lernen**

*A.* In einem vorwissenschaftl. Verständnis meint L. den *Erwerb von Wissen,* das mehr oder weniger gut memoriert werden kann, auch wenn man das Gelernte nicht verstanden hat. Die Redewendung, daß jemand gut lerne, bezieht sich dann auch weniger auf den grundsätzl. nicht beobachtbaren Lernvorgang, sondern auf ein konstatierbares Ergebnis, das sich abfragen läßt. Ebenso geht es beim Erlernen etwa eines Handwerks um best. Fertigkeiten, die man später einsetzen kann. L. ist dann ledigl. ein erschließbares Phänomen. In der *Lernpsychologie* wird derzeit die Problematik von L. am intensivsten und umfassendsten behandelt. Als allg. verbindl. gilt, daß Verhaltensänderungen, die sich nicht aus organ., neurophysiolog. Vorgängen erklären lassen, auf L. zurückzuführen sind. Somit ist der Lernbegriff ein »Konstruktum«, L. selbst ein »hypothet. Vorgang« (W. Brezinka). In der Lernpsychologie hat sich ebenso (nach R. M. Gagné) eine möglichst umfassende und vielseitige Beschreibung von *Lernarten* eingebürgert, die sich hierarch. gliedern lassen: Signallernen, Reiz-Reaktionsschemen, Kettenbildung, sprachl. Assoziation, multiple Diskrimination, Begriffslernen, Regellernen, Problemlösen.

*B. Hist.* gesehen läßt sich eine Vielzahl gegenwärtig konkurrierender Theorien auf ein seit →Platon und →Aristoteles überliefertes zweipoliges Grundschema zurückführen. Danach galt L. als das *Wiedererinnern* von Ideen, die über neue Sinneseindrücke wiederbelebt wurden. Das →geisteswissenschaftl. Konzept von L. als Einsicht läßt sich von daher verstehen. Zum anderen ermöglichte die Vorstellung von der Seele als »*Tabula rasa*« eine weitgehende Aufnahme von Sinneseindrücken und -daten, womit ein pragmat. Nutzwert verbunden war.
Im ganzen lassen sich gegenwärtig folgende Positionen unterscheiden: 1. Im *behaviorist.* Modell, das mit dem Schema von Reiz und Reaktion und deren assoziativer Verknüpfung, mit Versuch und Irrtum arbeitet, ist die Analogie zum Tierexperiment konstitutiv (E. L. Thorndike, B. F. Skinner, E. R. Guthrie, I. P. Pawlow). 2. Der →*kybernet.* Ansatz betont die Vergleichbarkeit von Computer- und Hirnprozessen, um L. als Informationsverarbeitung zu erfassen. 3. In der *Imitations*theorie geht es um den Nachweis, daß mehr oder weniger komplizierte Vorgänge nachgeahmt werden können. 4. Im *gestalt*theoret. Modell (u.a. K. Lewin, J. Piaget) wird schließl. in krit. Abgrenzung gegenüber 1. und 2. auf die vorangegangene Erfahrung rekurriert, die, mit ähnl. Reizen konfrontiert, L. ermöglicht.

*C.* Der Übertragung psycholog. Einsichten auf die *päd. Praxis* sind bislang Grenzen gesetzt, wenn man einmal von dem sog. programmierten L. (autonomes L., weitgehend im Selbststudium, Lernsequenzen, Rückmeldung, Selbstkontrolle, Verstärkung) absieht. Dies mag z.T. daran liegen, daß sich die meisten psycholog. Lerntheorien als absolut wertfrei verstehen, wohingegen Erzieher ohne Ethos kaum auskommen können. Am ehesten besteht auf seiten der Pädagogen ein Interesse an der Psychologie, wenn die traditionellen päd. Mittel zur Behebung von Lernstörungen versagen. In kompensierender Absicht kann es dann zu einer Reflexion von Lernmotivation, Entwicklungsstand der Schüler und den bes. Lernsituationen oder -barrieren kommen.
In der päd. Umsetzung psycholog. Erkenntnisse oder in deren Ergänzung hat die →Erziehungswissenschaft nun doch ihre eigene Aufgabe sowohl begriffl. wie auch inhaltl. wahrgenommen. So umschreibt z.B. bereits der *Strukturplan für das Bildungswesen* (1970) u.a. das allg. und berufl., das theoret. und prakt., das individuelle und soziale L. In der Konkretisierung kognitiver, affektiver und psychomotor. Lernziele hat schließl. die moderne Pädagogik zumindest intentional frühere Einseitigkeiten überwunden.

*D.* Der Begriff des L.s *in rel. Hinsicht* ist durch theol.-dogmat. Vorentscheidungen belastet. Dies war und ist so lange kein Problem, als darunter ledigl. die nachprüfbare Aneignung von Glaubenswissen oder -inhalten verstanden wird. Wo jedoch der eigentl. Akt der Glaubensentscheidung relativiert und in die Unverfügbarkeit der göttl. →Gnade verlegt wird, ergeben sich z.T. sehr weitreichende Folgerungen, z.B. bis zum Verzicht auf Zensuren im →Religionsunterricht. Jenseits konfessioneller Unterscheidungen hat sich gegenwärtig ein dialekt. Verständnis angebahnt, das die unverwechselbare Glaubensentwicklung des einzelnen auf dem Hintergrund gesellschaftl. verbindlicher, aber auch konkurrierender Werte und Normen sieht.

*Lit.: H. Aebli:* Grundlagen des Lehrens. Eine allg. Didaktik auf psycholog. Grundlage, Stuttgart 1987. – *H.-J. Fraas:* Glaube und Identität. Grundlegung einer Didaktik rel. Lernprozesse, Göttingen 1983. – *Ders./H.-G. Heimbrock (Hg.):* Rel. Erziehung und Glaubensentwicklung, Göttingen 1986. – *R. M. Gagné:* Die Bedingungen des menschl. L.s, Hannover, 5. Aufl. 1980. – *H.-G. Heimbrock:* Lern-Wege rel. Erziehung, Göttingen 1984. – *B. Jendorff:* Leistungsmessung im Religionsunterricht. Methoden und Beispiele, München 1979. – *H. Roth:* Päd. Psychologie des Lehrens und L.s, Hannover, 16. Aufl. 1983. – *B. Treiber/F. E. Weinert (Hg.):* Lehr-Lern-Forschung, München/Wien/Baltimore 1982.

*Gerd Bockwoldt*

**Lesen, Lesung.** Neben Gesetzeslesung (parlamentar.- legislative Beratung und Abstimmung) und Autoren- bzw. Dichterlesung meint Lesung (L.) vor allem die *kult. Rezitation* →*hl. Schriften;* diese ist grundlegendes Element des christl. →Gottesdienstes und dient der – liturg. geregelten – Vergewisserung des →Glaubens. In der christl. →Gemeinde wurde, wohl in Anlehnung an den jüd. Synagogengottesdienst (→Synagoge), die L. atl. Texte (→AT) seit jeher geübt. Daneben traten paulin. Briefe (→Paulus), dann auch andere christl. Schriften, schließl. der ntl. →Kanon (→NT). Die allmähl. zurücktretende atl. L. ließ eine doppelte Schriftl. zur Regel werden: *Epistel* (meist aus der Briefliteratur des NT, aber auch Texte des AT) und →*Evangelium.* Dabei sind drei *L.sformen* zu unterscheiden: die *lectio continua* (fortlaufende L. eines bibl. Buches), in den Anfängen bevorzugt und heute noch in reform. sowie ostkirchl. Tradition gebräuchl. (in die kath. Gottesdienstordnung wieder aufgenommen); ferner die *Eklogadie* (Bahnlese), eine fortlaufende L., die aber weniger wichtig erscheinende Teile überspringt; schließl. die *lectio selecta* als die L. ausgewählter Textabschnitte (Perikopen), die zunächst nur für Festtage, dann für jeden Sonntag festgesetzt wurden: sie hat sich am Ende behauptet. Diese röm. Perikopenordnung wurde von luth. Seite im wesentl. übernommen und hat, mit gewissen Abstrichen, bis zum neugestalteten Ordo Lectionum Missae von 1969 ein lebendiges Stück röm.-luth. Ökumene bedeutet. In der kath. Meßfeier werden Epistel- und Evangelienl. durch das Graduale (»Stufengebet«) getrennt, im luth. Gottesdienst treten sie als Schriftl. und Predigttext auseinander. Der gottesdienstl. *Lektor* (zunächst ein Laienamt, dann der unterste [inzwischen in der kath. Kirche abgeschaffte] Weihegrad; im ev. Bereich hat sich daraus der Lektorendienst für Lesegottesdienste entwickelt) rezitiert (nach kath. Tradition im entspr. Leseton), am Lesepult (Ambo), zwischen dem 12. und 17. Jh. oft auch auf dem Lettner stehend, seine in Lektionarien eingeordnete L.

Neben diese gottesdienstl. L. tritt im 18. Jh. die als persönl. Frömmigkeitsübung vollzogene *erbaul. L.* (→Erbauung). Dazu dienen die von Zinzendorf 1728 als Tagesparole eingeführten, seit 1731 in gedruckten Sammlungen vorliegenden Losungen, die – meist einen alt- und ntl. Spruch sowie eine Gesangbuchstrophe kombinierend – ein wichtiges Element der neueren prot. →Frömmigkeitsgeschichte darstellen. Ihr *säkulares* Seitenstück bilden neuerdings belletrist. Lektionarien (»Mit Goethe durchs Jahr«).

*Lit.: A. Adam:* Grundriß Liturgie, Freiburg/Basel/Wien 1985, 140-143; 282-285. – *Ch. Albrecht:* Einführung in die Liturgik, Göttingen, 3. Aufl. 1983, 47-49. – *G. Rietschel/P. Graff:* Lehrbuch der Liturgik, 2 Bde., Göttingen, 2. Aufl. 1951, 187-195.

*Albrecht Beutel*



**Lessing,** Gotthold Ephraim, geb. 22.1.1729 in Kamenz (Lausitz), gest. am 15.2.1781 in Braunschweig; er war zunächst freier Schriftsteller und wurde 1770 Bibliothekar in Wolfenbüttel. Im literar., theol. und philos. Bereich zählt L. zu den herausragenden Gestalten der dt. →Aufklärung. Literar. beachtenswert sind die großen Dramen: »Miß Sara Sampson« (1755) gilt als das erste dt. bürgerl. Trauerspiel, »Minna von Barnhelm« (1763) als Musterbeispiel einer Charakterkomödie; trag. Züge in L.s Weltanschauung enthüllt das Trauerspiel »Emilia Galotti« (1772), während das dramat. Gedicht »Nathan der Weise« (1779) seine →Utopie einer versöhnten Welt entfaltet. Literatur- und Theaterkritik enthalten L.s »Briefe, die neueste Literatur betreffend« (1759/60) und die »Hamburgische Dramaturgie« (1767-1769), die das Wesen von Tragödie und Komödie sowie die Rolle des Dichters neu bestimmt.

Theol. wichtig ist L.s Wolfenbütteler Zeit. Ab 1774 publiziert er sieben »Fragmente eines Ungenannten« (näml. des Hamburger Orientalisten H. S. Reimarus), die die hist. Glaubwürdigkeit der bibl. Schriften erschüttern. L.s theol. Position zeigt sich im darauffolgenden »Fragmentenstreit«, u.a. mit dem luth. Hauptpastor J. M. Goeze (»Anti-Goeze«, 1778): Wo die hist. Legitimation des christl. Glaubens nicht mehr gelingt, kann ihn nur noch seine »innere Wahrheit«, seine Vernunftgemäßheit und humanisierende Wirkung legitimieren. →Offenbarung ist näml. der menschl. →Vernunft nichts Unbegreifbares, sondern enthält deren eigene Wahrheit in hist. Form. Offenbarungswahrheiten können deshalb ohne Schaden zu Vernunftwahrheiten werden; nur so ist die höchste Stufe der Aufklärung und Menschlichkeit erreichbar. Diesen Weg beschreibt geschichtsphilos. die »Erziehung des Menschengeschlechts« (1780), wobei die →Vorsehung als letzter Garant der Vollendung gilt. Daraus folgt eine für L.s eigene Lebenshaltung bedeutsame aktive »Ergebenheit in Gott« und dessen Vorsehung, die →Toleranz und humanitäre Praxis einschließt. Die selbstkrit. Begrenzung mögl. Aufklärung, die wechselseitige Zuordnung von Offenbarung und Vernunft sowie die universalgeschichtl. Perspektive erklären L.s bleibende theol. Aktualität.

Aufgegriffen wurden diese Gedanken vor allem von der kath. →Tübinger Schule, die Frage nach der Glaubensgewißheit auch von S. →Kierkegaard; zudem hat L. durch die Publikation der Fragmente bleibende Bedeutung für die Leben-Jesu-Forschung gewonnen. Die spätere Theologie begegnete seiner Offenbarungs- und Bibelkritik, aus ev. Sicht auch seiner Ablehnung des Schriftprinzips, eher skept. und ablehnend; erst die neuere krit. und geschichtl. orientierte Theologie schenkt seinen bohrenden Fragen und ungewohnten Antworten wieder stärkere Beachtung.

*Lit.: W. Barner u.a.:* L. Epoche – Werk – Wirkung, München, 4. Aufl. 1981 (Lit.) . – *K. S. Guthke:* Gotthold

Ephraim L., Stuttgart, 3. Aufl. 1979. – *A. Schilson:* L.s Christentum, Göttingen 1980.

*Arno Schilson*

**Levitikus**

*A.* L. ist das dritte Buch Mose, das in der jüd. Tradition nach dem ersten Wort *wajjiqrā'* (und er rief) benannt wird. Die lat. Bezeichnung L. bringt den kult. und rituellen Inhalt auf den Begriff, denn sie geht auf die Leviten, eine Gruppe des Kultpersonals am →Tempel, zurück. In die Geschichtsdarstellung der Mosebücher bringt das Buch L. eine Verzögerung. Erzählungen – auch sie sind kult. verhaftet – stehen nur in 8-10, der übrige Stoff setzt sich aus recht sprödem *kultgeschichtl. Material* zusammen. Einzelne Teile des Buches sind eigenständig, so die Opfervorschriften in 1-7 und die Reinheitsvorschriften in 11-15. 16 enthält Vorschriften über den Versöhnungstag und 17-26, Heiligkeitsgesetz genannt, handelt im wesentl. von kult. Verunreinigungen. Das Kap. 26, an das sich noch ein Nachtragskapitel über Weihegaben anschließt, stellt sich als Ende der Sinaigesetzgebung (→Exodus) dar; es verheißt Heil, wenn die kult. Anordnungen eingehalten, und Unheil, wenn sie nicht befolgt werden.

*B.* Die Gesetzesmaterialien sind nicht in einem Zuge entstanden, vielmehr spiegeln die kult. Wandlungen eine geschichtl. *Entfaltung* wider. Als in der Exilszeit die Kodifizierung abgeschlossen wurde, blieb frühere prophet. Kultkritik (→Prophet) unberücksichtigt; die Forderungen wurden aktueller Kritik enthoben, indem man sie der *Autorität des →Mose* und damit dem Anfang der Geschichte Gottes mit seinem Volk zuschrieb. Eine nachhaltige Wirkung haben die Reinheitsvorschriften im Judentum erfahren, in dem sie im Zusammenhang ritueller und kult. Praxis wesentl. zur Selbsterhaltung beitrugen. Ein Teil der im Frühjudentum noch weiter angewachsenen Reinheitsvorschriften wurde inzwischen preisgegeben oder unter hygien. Aspekten neu begründet.

*Lit.: W. Kornfeld:* L. (Die Neue Echter-Bibel), Würzburg, 2. Aufl. 1986. – *M. Noth:* Das dritte Buch Mose. Leviticus (Das AT Deutsch 6), Göttingen, 4. Auf. 1978. – *R. Rendtorff:* Die Gesetze in der Priesterschrift, Göttingen 1954.

*Rüdiger Liwak*

**Libanon.** Kath. 36,2%; Orthod. 13,7%; Prot. 1,0%; Anglik. 0,1%; Kryptochristen versch. Konfessionen 8,8%; Musl. 31,1%; Drusen 6,3%; Nichtgläubige und Atheisten 2,8%.

*A.* Obwohl der L. zu den ältesten menschl. Siedlungsgebieten gehört und einst das Zentrum des phöniz. Imperiums bildete, ist der heutige Staat eine recht *junge Schöpfung.* Nach dem Ersten Weltkrieg wurde das osman. Syrien, zu dem der L. gehörte, zum franz. Mandatsgebiet erklärt. Um die im Land wohnenden mehrheitl. Christen zu schützen, trennten die Franzosen den L. vom restl. Syrien, gaben ihm 1926 eine *republikan. Verfassung* und entließen ihn schließl. zum 1.1.1944 in die Unabhängigkeit.

*I.* Die *Verfassung* berücksichtigt die rel. Struktur des Landes. Hohe Ämter und Parlamentssitze wurden nach einem *Proporzschlüssel* unter den verschiedenen rel. Gemeinschaften verteilt: Nach diesem Schlüssel erhielten die *Maroniten* (Mitglieder einer eigenständigen arabischsprachigen mit Rom →unierten Kirche des syr. Ritus) das Amt des Staatspräsidenten und 30 der 99 Parlamentssitze; den *sunnit. Muslimen* wurden das Amt des Ministerpräsidenten und 20 Sitze zugesprochen, die *schiit. Muslime* stellen den Parlamentssprecher und 19 Repräsentanten; die *Griech.-Orthodoxen* den stellvertretenden Ministerpräsidenten und 11 Abgeordnete. Die restl. Parlamentssitze verteilen sich auf 6 *Melkiten* (arabischsprachige Mitglieder des byzant. Ritus in Union mit Rom), 6 *Drusen* (Mitglieder einer im 11. Jh. vom schiit. Islam abgespaltenen Gruppe), 4 *Armen.-Orthodoxe,* 4 *Armen.-Katholische,* einen →*Protestanten* und einen Vertreter der restl. *Minderheiten.*

*II.* Dieser Schlüssel beruht bis heute auf der *Statistik der 20er Jahre,* obwohl sich die Verhältnisse in der Zwischenzeit erhebl. verschoben haben. So hat der Bevölkerungsanteil der Muslime stark zugenommen. Die Christen hingegen – meist materiell und bildungsmäßig besser gestellt als andere Bevölkerungsgruppen – geraten zunehmend in eine Minderheitssituation, die sich in jüngster Zeit durch eine dramat. Auswanderungsbewegnung verschärft. Um den Folgen dieser Verschiebung zu entgehen, hat man seit 1932 keine neue rel. Volkszählung mehr durchgeführt.

*B.* Vor dem Zweiten Weltkrieg wohnten die einzelnen Volksgruppen weitgehend getrennt in ihren angestammten Territorien, wobei die Macht in den Händen weniger Familien lag. Der Zuzug der *palästinens. Flüchtlinge* und die Flucht in die Städte brachte dieses Gefüge ins Wanken; schon 1958 brach ein erster →*Bürgerkrieg* aus, schon damals angeheizt durch das verwirrende Spiel inländ. und ausländ. Kräfte. 1974 griffen die verschiedenen Parteien noch einmal zu den Waffen; das militär. Eingreifen →Israels und →Syriens verstärkte die chaot. Entwicklung. Seitdem ist das Land gespalten, die Zentralregierung machtlos, die Bevölkerung dem →Terrorismus ausgeliefert. Während Israel seine Truppen aus dem L. zurückgenommen hat, bleiben große Teile unter syr. Besatzung, aber auch die Israelis führen immer wieder militär. Operationen gegen die Palästinenser im libanes. Staatsgebiet durch. Eine Lösung ist trotz andauernder Verhandlungen nicht in Sicht.

*Lit.: F. Ajami:* The vanished Imam. Musa al Sadr and the Shia of Lebanoon, London 1986. – *L.-H. de Bar:* Les communautés confessionelles du Liban, Paris 1983. – *D.*

*Baudis:* La passion des chretiens du Liban, Paris 1979. – *A. K. Harb:* The Maronites. History and constants (engl. und franz. Text), Liban 1985. – *W. Kewenig:* Die Koexistenz der Religionsgemeinschaften in L., Berlin 1965. – *M. Kudema:* Christl. Gruppen in L. Kampf um Ideologie und Herrschaft in einer unfertigen Nation, Wiesbaden 1983.

*Michael Krupp/Thomas Riplinger*

**Liberalismus**

*A. Allgemein*

*I.* Das lat. Wort *liberalis* besagt ursprüngl. »eines freien Mannes würdig« und wurde – zusammen mit den Lehnwörtern roman. Sprachen – später vor allem im Sinne von »freigebig«, »großzügig« verwendet. Nach der →Franz. Revolution (vor allem unter dem frühen Napoleon) werden jedoch als »liberal« immer häufiger Ideen und Haltungen bezeichnet, die es gegen die »Reaktion« (König, Adel, →Kirche; später Emigranten und Regierungen, die an vorrevolutionären Zuständen festhalten) zu verteidigen gelte. Auf Grund dieses neuen Akzentes, mit dem sich der Ausdruck seit 1800 rasch über ganz →Europa verbreitet, wird »L.« zur Bezeichnung einer nicht scharf umschriebenen →*Ideologie des* »dritten Standes« (→Bürgertum), vor allem bürgerl. Mittelschichten, mit deren Hilfe man die rel. (Kirche als Stütze der Monarchie), wirtschaftl. (Schutzzölle) und polit. (Privilegien, Kontrolle der öffentl. Meinung, Zurückdrängen von Freiheitsansprüchen) Traditionen der vorrevolutionären Zeit (»Ancien Régime«) ablehnt, sich später aber auch gegen sozialist. Ordnungsvorstellungen abgrenzt. Eine im engeren Sinne polit. Bedeutung erhält der Ausdruck erst um 1810, nachdem in der Sitzung des span. Parlaments zu Cádiz die sich als »liberales« (im Gegensatz zu »serviles«) bezeichnende Gruppe von Abgeordneten durchsetzt und damit in Spanien erstmals Ideen der Aufklärung polit. wirksam werden.

Dennoch ist es nicht einfach, den L. als eine einheitl. polit. Tendenz oder ein geschlossenes theoret. Konzept darzustellen. Einerseits ist er weitgehend mit Tendenzen ident., welche in Europa vom Beginn der engl. und franz. →Aufklärung bis zum Aufkommen des →Sozialismus gewirkt haben (in der 2. Hälfte des 19. Jh.s greifen Liberale allerdings auch sozialist. Gedankengut auf, so in England J. St.→Mill), andererseits hat er sich in den kath. und prot. Ländern je verschieden entwickelt. Als der Tendenz nach gemeinsame *Kennzeichen* aller Formen des L. kann man festhalten: einen →*Individualismus*, der das als →Selbstverwirklichung verstandene →Glück des einzelnen höher als soziale Bindungen wertet und das →Gemeinwohl nur noch als Summe des innerweltl. Glücks der vielen deutet; einen →*Rationalismus*, der die christl. →Offenbarung nur noch insofern anerkennt, als sie der aufgeklärten →Vernunft entspricht, und der deshalb den Öffentlichkeits- oder gar Alleinanspruch der →Kirche ablehnt; einen →*Deismus*, der den Glauben an →Gott auf die Vorstellung von einem →Schöpfer einengt, der innerweltl. alles für den Menschen zum Besten lenkt; ein *optimist. Menschenbild*, nach dem der →Mensch von Natur aus gut, höchstens durch →Zivilisation oder falsche Kulturentwicklung verdorben ist, und deshalb allein mit Hilfe seiner Vernunft eine glücklich-harmon. →Welt schaffen kann; und die Vorstellung, die vorzügl. Aufgabe des Staates sei die Sicherung der →Freiheit (sowie des →Eigentums als dessen Voraussetzung), und →Wirtschaft gedeihe am besten, wenn man sie dem freien Spiel der Kräfte überlasse (»Laisser-faire«).

*II.* Diese Vorstellungen haben sich in traditionell *kath. Ländern* deutl. antikirchl. ausgewirkt; in der Tat hatten Pius IX. und Leo XIII. bei ihrer Kritik des L. vor allem dessen franz., span. und ital. Gestalten vor Augen, wobei sie sich vornehml. gegen die Forderung nach uneingeschränkter →Religionsfreiheit, gegen die Vorstellung, in der →Moral hätten göttl. Gebote keine Bedeutung, und gegen kapitalist. Grundsätze in der Wirtschaft wandten. In *nichtkath. Ländern* wie England und den →Vereinigten Staaten dagegen hat der L. oft deutl. rel. Akzente, weshalb heute etwa in den USA Liberale auf eine Rückbesinnung auf (freil. verwässerte) christl. Wertvorstellungen drängen und insofern als »konservativ« gelten.

*III.* Heute hat der L. weitgehend an Bedeutung verloren, weshalb er z.B. in den Texten des 2. →Vat. Konzils nicht mehr erwähnt wurde. Teils sind seine Vorstellungen zu Selbstverständlichkeiten geworden (→Autonomie der Wissenschaften, Freiheitsrechte, Trennung von Kirche und →Staat), teils haben sie sich mit konservativem Gedankengut vermengt (Gegnerschaft zum Sozialismus), teils haben sie sich als naiv erwiesen (→Toleranz auch gegenüber intoleranten →Ideologien). Von Bedeutung ist nur noch der *wirtschaftl.* Neol., *wie ihn etwa* F. A. von Hayek vertritt. Hayeks wirtschaftl. Neol., dem der →krit. Rationalismus K. Poppers zugrunde liegt, hatte starken Einfluß auf die neue konservative →Politik in England, den USA und →Frankreich, die z.T. auch auf wirtschaftl. Ideen des klass. L. zurückgreift.

*Lit.: G. Franz:* L., München 1955. – *L. Gall:* L., Köln 1976. – *F. A. von Hayek:* L., Tübingen 1979. – *Kath. Akademie in Bayern (Hg.):* Christentum und L., München 1960.

*Nikolaus Lobkowicz*

*B. Liberalismus und Kirchen*

Sprachl. hergeleitet vom lat. *liber:* frei, ungebunden, steht im L. die Idee der →Freiheit im Vordergrund, verstanden als Unabhängigkeit eines →Individuums oder einer →Gruppe von Einschränkungen und Grenzen. In dieser ganz allg. Form läßt sich ein L. wohl durch die ganze Geschichte der →Neuzeit verfolgen, wenn auch nicht als einheitl. Idee. Dazu sind die Grundbegriffe zu unbestimmt und vieldeutig. Als *ausdrückl. Lehre* setzt der L. im 18. Jh. ein. Er bezeichnet eine Strömung des →Bürgertums, die das Individuum im Kampf gegen →Feudalismus, →Absolutismus und Klerikalismus von deren überlieferten Bindungen lösen will, damit es sich frei entfalten kann. Keine Einigkeit besteht jedoch über die Verwirklichung dieses Zieles im staatl., wirtschaftl. und rel. Bereich.

*I. Polit.* wirksam wurde der L. in den Bill of Rights (1688), der amerik. Unabhängigkeitserklärung (1776), der franz. Erklärung der →Menschenrechte (1789) sowie in den →Revolutionen von 1830 und 1848. Nicht minder wichtig wurde er im *wirtschaftl.* Bereich mit seiner Forderung nach freiem Wettbewerb und Warenverkehr (→Marktwirtschaft). Im Blick auf die sozialen Folgen liberaler →Wirtschaftspolitik ist dem L. jedoch der Vorwurf gemacht worden, nur die Interessen der wirtschaftl. ohnehin Starken zu vertreten. Im Bereich von →*Theologie und* →*Kirche* betont der L. die Entfaltungsmöglichkeit des einzelnen Menschen und den Kampf gegen einengende Orthodoxien und Institutionen. Bei genauerem Hinsehen zeigt sich jedoch auch hier ein vielfältiges und uneinheitl. Bild. Hinzu kommt, daß die Kirchen, der →Katholizismus und der →Protestantismus, in der →Neuzeit unterschiedl. Standpunkte zum L. eingenommen und ihre Position mehrfach revidiert haben.

*II.* Die *kath. Kirche* Deutschlands stand dem L. zunächst positiv gegenüber und verbündete sich im Wahlkampf 1848 mit den Liberalen. Um ihre verfassungsmäßig garantierte Selbständigkeit zu ihrer eigenen Stabilisierung nutzen zu können, unterstützte sie den L., den sie schließl. im →Kulturkampf bekämpfte. In Rom hatte Gregor XVI. bereits 1832 den franz. L. verworfen, der u.a. eine Trennung von →Kirche und Staat, die Freiheit des persönl. Denkens und auf dieser Grundlage auch eine Privatisierung von →Religion sowie die Leugnung sog. gottgesetzter Autoritäten vertrat. Diese u.ä. liberale Tendenzen wurden später noch mehrmals durch päpstl. Enzykliken verworfen: 1864 durch Pius IX., 1888 durch Leo XIII. und 1907 durch Pius IX., der ab 1910 vom →Klerus die Ablegung des Antimodernisteneides (→Modernismus) forderte. Durch derartige scharfe Unterdrükkungsmaßnahmen konnte sich der L. in der kath. Kirche kaum entwickeln.

*III.* Im *Protestantismus* waren die Ausgangsbedingungen anders. Da dieser nicht so einheitl. organisiert war, wurde schon als Erfolg gefeiert, daß auf dem Wittenberger →Kirchentag (1848) wenigstens ein Zentralausschuß für die →Innere Mission gebildet wurde, wenn schon kein weitergehender Zusammenschluß mögl. war. Zwei Linien müssen grob unterschieden werden: Zum einen entwickelte sich aus ev. Richtung eine kirchl. Orthodoxie, die sich an die konservative Reaktion (→Konservatismus) anlehnte. Zum andern wandte sich der L. gegen jede Fremdbestimmung und →Autorität und verwies die Religion in die private Sphäre. Beide Linien kamen nicht zusammen, und der L. entfernte sich immer mehr von den »offiziellen« Kirchen. Das Gedankengut des L. lebt vor allem in einigen Gruppierungen weiter, die quantitativ nicht unbedingt sehr erfolgreich waren, deren Einfluß aber nicht unterschätzt werden sollte:

*1.* Der »*Deutsche Protestantenverein*« wollte ganz bewußt die kulturelle Entwicklung gegen Verhärtungen in der Orthodoxie aufnehmen, um so zum einen die Distanz zur →Gesellschaft möglichst geringzuhalten und zum anderen bereits von der Kirche Entfremdete wieder an die Kirchen heranzuführen. Die damals noch im Aufbau befindl. prot. dt. Kirche sollte sich so von einer «Pastoren-« zu einer »Gemeindekirche« entwickeln. Dies setzte u.a. eine Gleichberechtigung theol. Schulen, Lehr- und Glaubensfreiheit voraus. 1863, in Anwesenheit von über 100 Vertretern aller dt. Landeskirchen und unter maßgebl. Einfluß von R. →Rothe gegründet, wirkte der Verein vor allem auf den Protestantentagen, aber auch in seinen Ortsvereinen. Zwar nie eine Massenorganisation, hatte er es immerhin vermocht, eine Entfremdung des liberalen Bürgertums von den Kirchen zu verhindern, bevor ihn der Angriff der →»dialekt. Theologie« entscheidend traf.

*2.* Das »*Freie Christentum*« setzt sich vor allem für rel. Gewissensfreiheit (→Gewissen) und weltweite →Humanität ein. Dies schloß eine Mitarbeit in den ev. Landeskirchen nicht aus. Von vorliegenden wissenschaftl. Erkenntnissen her bekämpft es jedoch jede Art von Dogmatismus und Verfestigung der Kirchen; außerdem versuchte es, diese Erkenntnisse für →Verkündigung und rel. Leben fruchtbar zu machen

*3.* In eine ähnl. Richtung ging ein 1886 von M. Rade u.a. gegründetes und auch später von ihm bestimmtes Gemeindeblatt, die »*Christl. Welt*«, und im Zusammenhang damit die »Freunde der Christl. Welt«. Hier ging es um eine Verbindung moderner →Kultur mit dem →Evangelium, wie es von →Luther herkommt. In manchen Positionen wich die »Christl. Welt« von denen der offiziellen Kirche ab und wurde auch von dorther bekämpft. Hinzu kamen interne Auseinandersetzungen. Immer wurde jedoch versucht, neue Entwicklungen aufzunehmen. Dies erwies sich in späteren Jahren als immer schwieriger, vor allem bei den Auseinandersetzungen mit K. →Barth. Dabei blieb die »Christl. Welt« die Zeitschrift einer Minderheit, allerdings mit erhebl. Einfluß. 1941 wurde sie unter dem →Nationalsozialismus verboten.

*IV.* Neben diesen drei bedeutenden Richtungen des Freien Protestantismus in Deutschland muß noch auf die »*liberale Theologie*« als bedeutende Erscheinung im Hintergrund hingewiesen werden. Beeinflußt von der Aufklärung und der Theologie F. →Schleiermachers, stellt die liberale Theologie zwar kein einheitl. Gebilde dar, mit anderen Formen des L. hat sie aber die Tendenz gemeinsam, Theologie ohne kirchl. Bindungen und Vorschriften zu treiben, allein gebunden an die modernen →Wissenschaften.

*1.* Von großer Bedeutung wurde die Anwendung der hist.-krit. Methode bei *F. Ch.* →*Baur* und *D. F.* →*Strauß*, der »das Leben Jesu« mit den Mitteln der hist. →Wissenschaft untersuchte und in seinem gleichnamigen umstrittenen Buch betonte, daß Jesus bereits in der →Bibel hist. nicht mehr faßbar sei und deshalb für das →Christentum keine Bedeutung mehr habe. Damit war die früher selbstverständl. Identität von hist. →Jesus und verkündigtem Christus aufgegeben. U.a. wandte sich *A.* →*Ritschl* gegen die Leben-Jesu-Forschung, ohne allerdings eine hist. Erforschung des →NT allg. abzulehnen. Metaphys. o.ä. Elemente schied er aber aus der Theologie aus und trennte allg. →Glauben und Wissen, wobei er den Glauben ethisierte. Sein Denken gewann Einfluß auf *A. von* →*Harnack,* der durch seine Dogmengeschichte bekannt wurde. In den Dogmen finden sich nach Harnack christl. und griech. Elemente. Letztere müssen entfernt werden, da sie die hist. Gestalt Jesu verdecken.

*2.* Bei *E.* →*Troeltsch* wurde die hist. (die moderne und neuprot.) Betrachtungsweise, die er der dogmat. gegenüberstellte, zur Methode wissenschaftl. Theologie schlechthin (→religonsgeschichtl. Schule). Die Frage nach der Geschichtlichkeit Jesu hatte für ihn die Bedeutung, der kult. (symbol.) Zentralstellung Jesu Christi im christl. →Gottesdienst eine hist. Grundlage zu geben; denn wenn Jesus nicht gelebt hätte, so wäre das Zentralsymbol des Christentums von einer bloßen Idee nicht mehr zu unterscheiden.

*V.* Schwer getroffen wurde der L. durch die »dialekt. Theologie« *K. Barths.* In der Bekennenden Kirche, die orthod. Tendenzen unterstützte und im Nachkriegsdeutschland die ev. Kirchenpolitik maßgebl. beeinflußte, spielte er keine entscheidende Rolle mehr. Der *Begriff* des L. scheint bis heute zurückgedrängt, weil er zu sehr mit best. alten Problemen und Lösungen belastet ist, seine *Anliegen* aber sind es nicht. Sie tauchen deshalb auch unter neuen Namen wieder auf. Heute fordert etwa P. Berger eine »Neubelebung liberaler Religion« als gangbaren Weg »zwischen den neoorthod. Rekonstruktionen auf der ›Rechten‹ und den Kapitulationen vor dem Säkularismus auf der ›Linken‹«. Hier könnte die immer wichtiger werdende Pluralität von →Weltanschauungen aufgearbeitet und neue Dimensionen für die einzelnen Kirchen und deren →Ökumene erschlossen werden.

*Lit.: A. Baumgarten:* Vom L. zum Sozialismus, Berlin 1967. – *P. Berger:* Der Zwang zur Häresie, Frankfurt/M. 1980. - *F. Courth:* Das Wesen des Christentums in der liberalen Theologie, Frankfurt/M. 1977. – *E. Faquet:* Le Libéralisme, Paris 1912. – *M. Freund (Hg.):* Der L. In ausgewählten Texten dargestellt, Stuttgart 1965. – *L. Gall (Hg.):* L., Köln, 3. Aufl. 1985. – *T. M. Loome:* Liberal Catholicism, Reform Catholicism, Modernism, Mainz 1979. – *H. Ch. Lüling:* Freiheit und wirtschaftl. L., Göttingen 1979. – *W. J. Mommsen (Hg.):* L. im aufsteigenden Industriestaat, Göttingen 1978. – *W. Nigg:* Geschichte des rel. L., Zürich/Leipzig 1937. – *R. Vierhaus:* L., in: *O. Brunner/W. Conze/R. Koselleck (Hg.):* Geschichtl. Grundbegriffe, III, Stuttgart 1982, 741-785. – *H. Wasmus:* Ethik und gesellschaftl. Ordnungstheorie, Meisenheim 1973.

*Hermann Punsmann*

## Licht und Finsternis

*A.* Die F. bildet – so die *altind.* Vorstellung – die mit dem Schlaf verglichene Urmacht, aus welcher der L.keim als selbstgeborener Urgeist hervortrat. Aus diesem Goldembryo oder goldenen Ei, das der tausendstrahligen Sonne an Glanz gleich war, ließ sich der Urgeist als Schöpfergott oder Brahma gebären. In den *Volksreligionen* erscheint das L. als Attribut der Götter, die zu Sonne, Mond, Gestirnen oder Feuer in Beziehung stehen, während die F. mit der Nacht und der Unterwelt verbunden ist. Im →*AT* können L. und F. Ausdruck der Epiphanie Gottes (→Erscheinung) sein, beide kommen von →Gott. Im bes. bedeutet L. →Leben, →Heil und →Glück, F. Unglück. Das L., das hinter dem Kosmos aufleuchtet, ist das eigentl. Urlicht. Gott hat es nach Meinung des →*Judentums* infolge der →Sünde aus der Welt entrückt. Er verbarg es für die Gerechten, daß sie es in der Lehre (→Tora) finden und durch ihr Leben herausholen.

*B.* Eine ausgesprochen →dualist. Betrachtung herrscht im →*Parsismus* vor. Ahura Mazda, der Gott des L.s, steht gegen Ahriman, den Gegengott der F. Der Kampf zwischen L. und F. ist gleich dem Kampf zwischen →Gut und Böse, der mit der Vernichtung des Bösen endet (→Erlösung). Nach Auffassung der Sekte von →*Qumran* hat der Gott der Erkenntnis dem →Menschen zwei Geister bestimmt, den Fürsten des L.s und den →Engel der F. Die Quelle des L.s ist der Ursprung der →Wahrheit, die Quelle der F. der Ursprung des Frevels. Die Angehörigen der Sekte sind als »Söhne des L.s« aufgefordert, die Söhne der F. zu hassen. Man erwartet einen eschatolog. (→Eschatologie) →Krieg der Söhne des L.s gegen die Söhne der F. In der →*Gnosis* steht der göttl. L.welt der finstere Kosmos gegenüber. Die in die Materie gefallenen göttl. L.funken – das Selbst des Menschen – werden durch den Ruf des göttl. Gesandten zur Rückkehr in die L.welt befähigt. Die *Mysterien* benutzten zur Einweihung L.effekte und L.riten.

*C.* Im →*NT* spricht →*Jesus* vom L., das im Menschen ist (Mt 6,23), und bezeichnet die Jünger als Söhne des L.s (Lk 16,8) und L. der Welt (Mt 5,4). Ihnen steht die Macht der F. entgegen (Lk 22,53). Das →*Johannesevangelium* spricht vom wahrhaftigen L., das jeden Menschen erleuchtet, der in die Welt kommt (1,9). Dieses innere L. stammt aus dem →Logos, dem eingeborenen Gottwesen aus Gott. Dieser Logos erscheint in Jesus als L. der Welt (8,12). Die Jünger sind Söhne des L.s, wenn sie an das L. glauben (12,36). Die F. hat das L.

nicht begriffen (1,5). Nach 1 Joh 1,5 ist Gott L. und – im Unterschied zum Gottesbild des AT – keine F. in ihm. Wer seinen Bruder haßt, der ist noch in der F. (2,9). Nach →*Paulus* sind die Gläubigen Söhne des L.s (1 Thess 5,5), in deren Herzen Gott einen Glanz seiner Herrlichkeit hat aufscheinen lassen (2 Kor 4,6). Sie sollen zum Kampf gegen die F., die keine Gemeinschaft mit dem L. hat (2 Kor 6,14), die Waffen des L.s anlegen (Röm 13,12). Nach 1 Tim 6,16 wohnt Gott im unzugängl. L.

*D.* →*Mystik*, aber auch →*Rationalismus* betonen das innere L. als den inneren Christus, z.B. die →Quäker, die sich auf Joh 1,9 berufen. Das innere L. leuchtet in der myst. Versenkung auf und wird mit dem verborgenen Urlicht der Welt identifiziert, das nach Joh 8,12 Christus ist. Die erfahrene myst. Tiefe, in der L.symbolik »Fünklein« genannt, fällt in eins mit dem Sein der Gottheit. Durch die Gleichsetzung von →Logos, Christus und →Vernunft wird hingegen im →Rationalismus das L. der Vernunft als inneres Christuslicht gedeutet. Die *Tiefenpsychologie* C. J. →Jungs erkennt im inneren L. eine Erfahrung des Selbst (→Archetyp), betont aber, daß in das Bild des Selbst auch die Dunkelseite, der Schatten, aufgenommen werden müsse. Der Mensch verfehlt seine →Ganzheit, wenn er sich nur mit seiner lichten, bewußten Seite identifiziert.

*Lit.: M. Pulver:* Die L.erfahrung im Johannesevangelium, im Corpus Hermeticum, in der Gnosis und in der Ostkirche, Zürich 1944. – *R. C. Scott (Hg.):* Die Quäker (Die Kirchen der Welt, Bd. 14), Stuttgart 1974.

*Paul Schwarzenau*

**Liebe**

*A. Religionsgeschichtlich*

*I.* Seit den Erkenntnissen der Tiefenpsychologie (→Psychologie) wissen wir, daß sich die von A. Nygren vorgenommene idealtyp. Unterscheidung von →*Eros* und *Agape* nicht aufrechterhalten läßt, weil weder der Eros nur als ästhet. und »erot.« L. (lat.: *amor)* noch die im NT so häufig gebrauchte Agape nur als dienende, sich schenkende und opfernde L. (lat: *caritas)* verstanden werden kann. Beide sind vielmehr Komponenten ein und desselben Phänomens und lassen sich nicht in einen *profanen* (»Menschenl.«, geschlechtl. L.) und einen *heiligen* (»Gottesl.«, Christusl.) Bereich auseinanderreißen noch hierarch. gliedern. Das wird bes. am Beispiel der Nächstenl. deutl., die nach *ntl. Vorstellung* immer beides zugleich ist – L. Gottes in Christus (1 Joh 4,7ff.) und L., die den →Glauben in die Tat umsetzt (Gal 5,6; 1 Kor 16,14; Eph 4,15) – und immer beides zugleich hat, näml. Agape- und Eros-Anteile oder Du- und Ich-Anteile.

*II.* Es ist keine Frage, daß sich auch außerhalb des bibl. Kontextes, z.B. in der allg. *Religionsgeschichte*, Agape-Strukturen finden. Jeder Streit darüber ist müßig und unterschätzt sowohl die hohe →Ehemoral wie die zahlreichen karitativen Bemühungen in den außerchristl. Religionen. Zum christl. L.sbegriff finden sich überraschende *Parallelen* in der Religionsgeschichte, die in den interrel. Dialog eingebracht werden müssen.

Die hinduist. (→Hinduismus) *bhakti* ist eine davon. Sie ermöglicht auch dem einfachen Gläubigen die →Erlösung. In diesem Sinne verkündigt die Bhagavādgīta neben dem Weg der Erkenntnis bhakti als den Weg der Gottesliebe. Bhakti ist das bedingungslose gläubige Vertrauen auf Vishnu und die Hingabe an seine göttl. Autorität. Erst die L. zu ihm verschafft dem Gläubigen die Gnade, die ihn aus dem erbarmungslosen Kreislauf der Geburten heraushebt und erlöst. Bhakti ist mehr als Erkenntnis *(jñana).* Ohne sie würden selbst verdienstvolle Taten zur Sünde. So sagt Krishna zu Arjuna (Bhagavādgīta 11,55): »Wer stets bei seinem Tun nur meiner denkt im Leben / Mich über alles liebt, sich ganz mir hingegeben / Wer niemand haßt und wer an keinem Ding mag hangen / Der wird, o Pandū-Sohn, dereinst zu mir gelangen« (Übers.: H. von Glasenapp). Seit dem 13. Jh. kommt es überall in Indien zu Bhakti- Bewegungen, die eine Bhakti- →Mystik und eine Bhakti- →Literatur entwickeln, auf die sich heute der Neohinduismus im Westen beruft.

Die buddhist. (→Buddhismus) *mettā*, die Tugend der allumfassenden Güte, bildet eine weitere religionsgeschichtl. Parallele. Sie ist zwar häufig mit der Agape verglichen worden, wurde aber wegen ihrer nichttheist. Grundlage mißverstanden. Suttā-Nipāta 143-152, das mit Recht als das Hohelied der L. (1 Kor 13) des Buddhismus bezeichnet wird, läßt den Mettā-Begriff über alle Zweifel erhaben sein. Es heißt dort: »Mög' allen Wesen Glück und Frieden werden, und mögen alle frohen Herzens sein! Was es an Wesen und Geschöpfen gibt, ob schwach sie sind, ob stark sie sind,... ob sichtbar oder unsichtbar, ob ferne weilend oder nah, geboren oder ungeborn: Zur ganzen Welt entfalte man ein Herz voll Güte, unbeschränkt,... von Zwang und Haß und Feindschaft frei...« (Übers.: Nyanatiloka). Mettā wird stets in Verbindung mit dem Mitleid (*karuna*) genannt. Daraus erwächst die Nächstenl., *dāna*, das Almosengeben, eine der wichtigsten Tugenden in den buddhist. Ländern Asiens: Der Buddhajünger erkennt sich dabei in den leidenden Wesen wieder und identifiziert sich mit ihnen. Dadurch überwindet er seinen →Aggressionstrieb: »Ich habe grenzenlose L. in mir angehäuft«, sagt der →Buddha (Therāgatha 647f.; Übers.: E. K. Neumann), »nun bin ich aller Bruder, aller Freund, Erbarmer aller Wesenheit, von Mitleid ist mein Herz erfüllt...« Erst wenn L. und Mitleid eine Einheit sind und gemeinsam geübt werden, ist der Weg zur Aufhebung des →Leidens gefunden, und Freude erfüllt alle Wesen. Auch der buddhist. L.sbegriff ist nicht ohne prakt. Handeln denkbar.

*III.* Die L. ist das *Zentrum rel. Existenz.* Sie betrifft das Leben in →Ehe und →Familie ebenso wie die Gemeinschaft in →Kirche und →Staat. Sie bietet den einzig wirksamen Widerstand gegenüber →Haß und Feindschaft, weil der liebende →Mensch ein verwandelter Mensch ist. L. darf deshalb nie nur Selbstl. sein, dann wird sie zum Narzißmus. Sie braucht ein Gegenüber, in dem sie zu sich selbst kommt und damit sich erfüllt. Am Tun der L. erweist sich die Tragfähigkeit des Glaubens, wo versäumt wird, sie zu tun, die Unfähigkeit zum Leben in der →Gemeinschaft.

*Lit.: M. Kozhuppakalam:* Ethik im Dialog. Ansätze der Bhagavadgita für eine Begegnung zwischen Hinduismus und Christentum, Ottilien 1984. – *J. B. Long:* Love, in: The Encyclopedia of Religion, Bd. 9, New York/London 1987, 31-40 (Lit.). – *A. Nygren:* Eros und Agape, Gütersloh, Bd. 1, 1930; Bd. 2, 1937. – *Th. Ohm:* Die L. zu Gott in den nichtchristl. Religionen, Krailling 1950 (Lit.). – *C. H. Ratschow (Hg.):* Ethik der Religionen, Stuttgart u.a. 1980 (Lit.). – *D. T. Suzuki:* Die Kraft des inneren Glaubens. Die Herzensgüte im Zen-Buddhismus und der christl. Glaube, Bern u.a. 1974. – *H. Thielicke:* Theol. Ethik, Bd. 3/Teil 3, Tübingen 1964, 507- 810 (Lit.).

*Peter Gerlitz*

*B. Ethisch*

L. umschreibt zunächst die der Antipathie und dem →Haß entgegengesetzte *Zuneigung zu Personen,* im übertragenen Sinne auch zu Sachen. Sie umfaßt eine Vielzahl menschl. Gefühlsbedingungen, denen eine Wertbejahung zugrunde liegt. In den roman. Sprachen gibt es hierfür sehr verschiedene Begriffe (Sexus, Eros, Agape u.a.). Zwischen Personen ist sie bald als geschlechtl. L. zwischen zwei Partnern, bald als L. zu den Angehörigen der →Familie, der Verwandtschaft und Sippe, bald als L. zum Stamm, zum →Volk und zur Menschheit gegeben. Als menschl. →Tugend ist sie sowohl Selbstl., Nächstenl. und L. zu Gott.

*I.* In der *alt. Heilsgeschichte* bildet die L. Gottes zu seinem Volk Israel den Grund der Erwählung und des →Bundesschlusses. Sie wird im Bild der bräutl. oder ehel. L. dargestellt (Jer 2,2), aber auch als väterl. (Hos 11) und mütterl. L. (Jes 49,14f.). Die *L. Jahwes* zeigt sich als →Heiligkeit, Herrlichkeit und →Gerechtigkeit, aber auch als Güte und →Treue, wobei diese L. Gottes durchaus den Treuebruch des Volkes hart straft, danach aber erneut das Volk liebend umwirbt (Hos 2). Im Mittelpunkt der ntl. Offenbarung steht die erbarmende und vergebende L. Gottes. Sie zeigt sich *in →Jesus Christus,* der wie ein Hirt dem verlorenen Schaf nachgeht (Mt 18,12-14) und wie ein Vater den heimkehrenden verlorenen Sohn wiederaufnimmt (Lk 15,11- 32). Paulus macht keinen Unterschied zwischen der L. (= →Gnade) Gottes und der L. Christi (Röm 8,37). Gott schenkt seine L., wem er will (2 Kor 13,11; Röm 9,11-16); durch seinen →Hl. Geist gießt er die L. in die Herzen der Menschen aus und bewirkt im »Geliebten Gottes« die innere Umgestaltung, Rechtfertigung und Heiligung (1 Kor 6,11). Nach Joh *ist Gott die L.* schlechthin (1 Joh 4,8.16). Jesus ist →Mittler der L. Gottes zu den Menschen: »Denn Gott hat die Welt so sehr geliebt, daß er seinen einzigen Sohn hingab, damit jeder, der an ihn glaubt, nicht zugrunde geht, sondern das ewige Leben hat« (Joh 3,16).

*II.* Dieser L. Gottes zum Menschen entspricht als Antwort die *L. des Menschen zu Gott* und zu den Menschen. Die L. zu Gott ist das erste und höchste Gebot, dem als zweites die L. zu den Mitmenschen zur Seite gestellt wird. *Gottes- und Nächstenl.* werden im NT als zwei Seiten eines einzigen Gebots gesehen, in dem alle Gebote, das →Gesetz und die →Propheten, erfaßt sind. Die L. zu Gott und zum Nächsten hat als Voraussetzung die *Selbstl.:* »Du sollst deinen Nächsten lieben wie dich selbst« (Mt 22,37). Von dieser L. ist auch der Feind nicht ausgeschlossen (Mt 5,44); sie gipfelt in der Hingabe des Lebens für seine Freunde (Joh 15,13) und hat ihren Maßstab in der L. Gottes, die sich im Heilsgeschehen →Jesu Christi zeigt (Joh 15,9-12). Die L. soll das Erkennungszeichen der Christen sein. Stärker als der Tod ist die L., die alles erträgt, glaubt und hofft, die allem standhält und die niemals aufhört. Die L. zählt zu den *drei göttl. Tugenden* und ist unter allen Tugenden die größte (1 Kor 13,7-8.13). Der Kerngehalt christl. L. besteht im Mitvollzug der L. Gottes; das ist das »neue Gebot« (Joh 13,34).

*III.* L. verlangt den *ganzheitl. personalen Vollzug;* sie darf weder auf die bloß leibl. noch auf die bloß geistigen Bereiche eingeschränkt werden, sondern gründet im Personsein des Liebenden.
*1.* Voraussetzung für menschl. L.n ist zunächst die Erfahrung, selbst *geliebt zu werden.* Bereits in der frühen →Kindheit erfolgen die entscheidenden Weichenstellungen für eine gesunde Entfaltung der psych. Emotionalität. Spontane Zuneigung sowie das Bedürfnis nach Annahme, Anerkennung und sozialer Geltung bleiben auch für den Erwachsenen bestehen. L. zu sich selbst und zum Nächsten schließen sich nicht aus, sondern bedingen einander. Radikale Selbstlosigkeit oder gar Ablehnung jeder Art von Selbstl. widersprechen dem urmenschl. Bedürfnis nach L.n und Geliebtwerden und werden auch dem christl. Verständnis von L. nicht gerecht. Darum sollte von der begehrenden und bedürfenden L. nicht abschätzig gesprochen werden. →Thomas von Aquin führt im Christentum alles auf die L., in der L. aber alles auf die Selbstl. zurück. Der Eros verträgt keine Abwertung. Ebenso falsch erscheint aber auch eine dualist. Wertung des Eros als einer rein begehrenden L. und der Agape als einer rein selbstlosen L.
*2.* Die L. zum Nächsten hat der Not und den äußeren Gegebenheiten des Geliebten Rechnung zu tragen; sie darf sich aber nicht nur auf seine leibl. Bedürfnisse erstrecken, sondern muß auch die Entfaltung seiner gesamten sittl. Persönlichkeit mit einbeziehen. Sie übersteigt den Augenblick der

Gegenwart auf eine *offene* →*Zukunft* hin. Echte personale L. enthält darum, insofern sie den Mitmenschen nicht nur für den Augenblick bejaht, stets auch den Charakter von Treue. Sie verweist auf eine letzte unbedingte Sinnhaftigkeit jedweder L., auch da, wo sie nicht erwidert wird. Sie bietet auch für begangene Schuld →Versöhnung an. Das Gebot der L. verpflichtet absolut. Der Sinn menschl. Lebens erschließt sich letztl. im Vollzug der L. – alle zwischenmenschl. L. weist hin auf eine letzte Erfüllung jenseits ird. L., die auch Inhalt christl. Hoffnung bleibt.

*Lit.: L. Boros:* Wahrhaftigkeit und L., Meitingen 1966. – *E. Fromm:* Die Kunst des L.ns, Frankfurt/M. 1973. – *W. Heinen:* L. als sittl. Grundkraft und ihre Fehlformen, Freiburg, 3. Aufl. 1968. – *D. Mieth:* Die Kunst, zärtl. zu sein, Freiburg, 3. Aufl. 1983. – *J. Pieper:* Über die L., München, 3. Aufl. 1972. – *R. Völkl:* Die Selbstl. in der Hl. Schrift und bei Thomas von Aquin, München 1956. – *Ders.:* Botschaft und Gebot der L. nach der Bibel, Freiburg 1964. – *V. Warnach:* Agape. Die L. als Grundmotiv der ntl. Theologie, Düsseldorf 1951. – *B. Welte:* Dialektik der L., Frankfurt/M. 1973.

*Johannes Gründel*

**Lied**

*A. Musikgeschichtlich*

*I.* Der *Begriff*, von ahd. *liod* und mhd. *liet* (etymolog. verwandt mit lat. *laus* = Preisl.) abgeleitet, bedeutet im literar. Sprachgebrauch ein in Strophen von gleicher Vers- und Silbenzahl, mit gleichem Metrum (meist vierhebig) und (End-)Reim eingeteiltes Gedicht, das möglicherweise zum Singen bestimmt ist, von der Musik her (gemeint ist hauptsächl. das dt. L.) ein Strophenl. mit Zeilenmelodik, einfacher Periodenbildung, syllab. Vertonung (pro Textsilbe eine Note), mit überschaubarem Tonumfang und tonaler Geschlossenheit. Das variierte Strophenl. und das durchkomponierte L. gehen stärker auf Inhalts- und Stimmungsverlauf des Textes ein und entwickeln eigenständige Formen. Neben der exakten Ein- und Zuordnung von Brauchtumsl., Gesellschaftsl. oder →Kirchenl., von Gassenhauern, Schlagern oder polit. L.ern stößt die Unterscheidung von Volksl. (→Volksmusik) und Kunstl. immer wieder auf Schwierigkeiten: Im Gegensatz zum umgangsmäßig geselligen Volksl. basiert das Kunstl. auf einer künstler. anspruchsvollen Solodarbietung mit in Notenschrift festgehaltener Singstimme und Begleitung, wobei das kompositor. Gewicht auf den Text-Musik-Beziehungen liegt. Als »Inbegriff verschiedener Arten« (W. Wiora) subsumiert das L. zudem L.zitate ohne Text sowie »L.er ohne Worte« (F. →Mendelssohn Bartholdy), aber auch »Das Hohel. Salomos« oder F. Schillers »L. von der Glocke«).

*II.* Das L. im →*MA.* (einstimmig, variantenreiche Strophenformen) umfaßt neben den geistl. →Hymnen, den Tropen, Sequenzen (→Messe, →ma. Musik) oder dem Planctus (lat. kirchl. Klagel.) auch das Repertoire des franz. (Troubadour, Trouvère) und des dt. (Walther von der Vogelweide) Minnesangs sowie seiner bürgerl. Nachblüte im Meistersang (→ma. Musik). Während im 15./16. Jh. das mehrstimmige franz. Chanson die beherrschende L.form darstellt, entwickelt sich in Deutschland das Tenorl. (Melodie in der zweituntersten Stimme des L.satzes als Cantus firmus, begleitet von den anderen Stimmen). Kompositionen von H. Isaac (»Innsbruck, ich muß dich lassen«) oder L. Senfl werden in L.sammlungen zum häusl. Musizieren erfaßt. Die Verbindung mehrerer L.weisen vollzieht sich im sog. Quodlibet (Sammlung von W. Schmeltzl, 1544).

*III.* Beeinflußt durch das →Madrigal und weitere ital. Vokalformen, wird das Tenorl. im *17. und 18. Jh.* in Deutschland einmal durch das homophone oder durchkomponierte Chorl. (→Motette), zum andern durch das generalbaßbegleitete Solol. (→Barock) abgelöst. Diese gelegentl. auch als Arien (A. Krieger) bezeichnete einfachen stroph. L.er und Oden werden in Sammlungen veröffentlicht oder erscheinen in Singspielen (→Oper). Als wichtige Odendichter gelten in der 2. Hälfte des 18. Jh.s J. F. Gellert und F. G. Klopstock (C. Ph. E. Bach, Chr. W. Gluck). »L.er im Volkston« oder einfache Strophenl. mit Klavierbegleitung schreiben J. A. P. Schulz (»Der Mond ist aufgegangen«), J. Fr. Reichardt und C. Fr. Zelter (beide vertonen vor allem →Goethe-Texte).

*IV.* Das L.schaffen der drei Wiener Klassiker, J. →Haydn, W. A. →Mozart und L. van →Beethoven, bereitet durch den zunehmenden Formenreichtum und die wachsende Eigenqualität der Begleitung den das *19. Jh.* beherrschenden dt. Typus des Kunstliedes vor. Während bei Fr. →Schubert das Klavier eine ebenbürtige Rolle gegenüber der Singstimme einnimmt, dominiert bei R. Schumann oder H. Wolf häufig das differenziert textdeutend oder psychologisierend eingesetzte Klavier über den Gesang. J. →Brahms bevorzugt das Strophenl. oder dem Volksl. nachempfundene Formen. G. Mahler verbindet im Klavier- wie im Orchesterl. Volkstümliches mit leichter Ironisierung, dazu in einer raffiniert eingesetzten Klanggestaltung durch das Orchester. Neben den Einzelvertonungen sind die L.zyklen von bes. Bedeutung (Schubert: Die schöne Müllerin, Winterreise; Schumann: Dichterliebe, Eichendorff-L.kreis; Brahms: Magelone; Wolf: Goethe-L.er; Mahler: L.er eines fahrenden Gesellen), auch mit geistl. Texten (Brahms: Vier ernste Gesänge, nach Bibeltexten).

*V.* Die große Tradition des dt. L.es im 19. Jh. als eigenständige Gattung gegenüber der Symphonie, der Oper und der Kammermusik führen im *20. Jh.* einmal A. →Schönberg (u.a. Zyklus »Das Buch der hängenden Gärten«, nach St. George) sowie dessen Schüler A. Berg (Sieben frühe L.er, auch als Orchesterfassung; Altenberg-L.er) und A. Webern (u.a. Vertonungen von G. Trakl) weiter, zum anderen

Komponisten mit individuellen Gestaltungslösungen wie P. Hindemith (Rilke-Zyklus »Das Marienleben«), E. Krenek, W. Fortner, H. Reutter, H. Eisler oder P. Dessau (die beiden letzteren polit. bes. engagiert, zumeist Texte von B. →Brecht).
Die *Ballade* als literar.-musikal. Sonderentwicklung des Solol.es wird vor allem von den großen L.komponisten des 19. Jh.s gepflegt (Schubert: Erlkönig; Schumann: Die beiden Grenadiere; C. Loewe als spezieller Balladenmeister, Brahms, Wolf). Auch das *Chorl.* erlebt nach seiner Blüte als Gesellschaftsl. in →Renaissance und →Barock eine Wiederbelebung (F. Mendelssohn Bartholdy, J. Brahms, P. Hindemith, H. Distler). Im europ. Rahmen entwickelt das klavierbegleitete Solol. trotz einer dt. Vorrangstellung nationales Eigengewicht und kompositor. Originalität (M. Mussorgski, C. Debussy, O. →Messiaen, B. Britten, E. Grieg, A. Dvořák, L. Janáček, B. Bartók).

*Lit.: H. Danuser:* Der Orchestergesang des Fin de siècle, in: Die Musikforschung 30 (1977), 425-452. – *A. Feil:* F. Schubert. Die schöne Müllerin, Winterreise, Stuttgart 1975. – *Th. G. Georgiades:* Schubert. Musik und Lyrik, Göttingen 1965. – *H. Schwab:* Sangbarkeit, Popularität und Kunstl., Regensburg 1965. – *W. Suppan:* Dt. L.leben zwischen Renaissance und Barock, Tutzing 1973. – *W. Wiora:* Das dt. L., Wolfenbüttel 1971.

*Hermann Jung*

*B. Literarisch*

*I.* Das stroph. rel. L. des einzelnen oder der Gemeinde (Bitt-, Lob- und Danklieder, →Andacht, →Kirchenjahrs- und Wallfahrtsgesänge) muß vom *liturg. gebundenen →Kirchenlied* und der rel. →Lyrik unterschieden werden. Die volkssprachl. geistl. L.er →Luthers schlossen als Kirchenlieder die Gemeinde maßgebl. in den Gottesdienst ein (Bibelauslegung, →Glaubensbekenntnis). Myst. Glaubenserleben (A. Silesius, F. von Spee) und unbedingtes Gottesvertrauen des einzelnen (P. →Gerhardt, P. Fleming) prägten das geistl. L. des →Barock; der →Pietismus nahm das spätma. Motiv der →Mystik, das persönl. Verhältnis zu Gott, auf (G. Tersteegen, L. von Zinzendorf, Herrenhuter Brüdergemeinde). Dem Rationalismus der →Aufklärung (Chr. F. Gellert) folgte die Beschreibung erneuerter rel. *Erfahrung* in der →Romantik und im 19. Jh. (Novalis, K. Spitta, A. von Droste-Hülshoff, K. Gerok, J. Sturm). Die geistl. L.er des 20. Jh.s betonen, bes. nach 1945, die Heils- und Trostbedürftigkeit des Menschen (R. A. Schröder, J. Klepper, W. Bergengruen, A. Goes).

*II.* Gegen den Rückgriff der Kirchengesangbücher auf das L.gut des 16. und 17. Jh.s wendet sich das *geistl. L. der Gegenwart,* indem es den Glauben an Gott auf eine neue, dem Lebensgefühl des heutigen Menschen entsprechende Weise weiterzusagen versucht.
*1.* Wichtige Entwicklungspunkte: der Jazz-Gottesdienst in London (1952), Uraufführung des Musicals »Halleluja Billy« auf dem Frankfurter Kirchentag (1956), Spirituals in geistl. Konzerten und Jugendgottesdiensten (Rotterdam, Hamburg-Harburg, Ottweiler/Saar, Bad Cannstatt, 1960-62), Wettbewerbe der Ev. Akademie in Tutzing für rel. Gebrauchslieder (1961-67), zahlreiche Jazz-Messen. Das neue geistl. L. verknüpft Glaubensaussagen und Bekenntnis, Gebet und die *existenzielle Situation* des Gläubigen miteinander, dabei ist die Vielfalt der L.formen und -inhalte an den Versuchen allg. liturg. Reformen mit ihren Fragen nach Bestimmung und Gestaltung des →Gottesdienstes orientiert.
*2.* Die *Theologie* des neuen geistl. L.es nimmt die frühe Philosophie M. →Heideggers und deren theol. Übernahme durch R. →Bultmann auf. Die Frage nach dem Sein des Menschen wird auf das Verhältnis des Menschen zu Gott ausgedehnt: Der Glaube erwächst aus der Begegnung mit dem Gotteswort und bestimmt die menschl. Existenz, wird zum neuen Selbstverständnis des Menschen. Die Bibel, verstanden als Anrede Gottes, verlangt nach einer hist.-krit. Auslegung und nach einer Antwort, die das gegenwärtige Leben, die gegenwärtige Umwelt des Christen widerspiegelt (→Hermeneutik, →dialektische Theologie). Ausgehend von der Menschwerdung Gottes in *Jesus Christus,* versucht das neue geistl. L., die neuzeitl. Trennung von sakralem und weltl.-autonomem Denken zu überwinden und damit geistl. und weltl. Lebensbereich stärker aufeinander zu beziehen. Doch obgleich die Bedeutung der Menschwerdung des Gottessohnes für die Welt hervorgehoben wird (A. Albrecht: »Eines Tages kam einer«, »Jesus, der Gottessohn«), bleiben die christol. Aussagen des neuen geistl. L.es auf Grund stereotyper »Herr«- oder »Du«-Anrede in zahlreichen Texten oft distanziert. Das Wissen um Kirche als Vereinigung aller Christen, ein Infragestellen der überlieferten kirchl. Lebensformen und Reflexionen über die im Glauben einige Gemeinde (M. G. Schneider: »Ein Schiff, das sich Gemeinde nennt«) werden ebenso thematisiert wie eine Kirche der Ökumene (P. Scholtes: »Wir sind eins in dem Herren;« H.-J. Netz: »Jeden Tag«). Der Sendungsauftrag der Kirche wird in vielen L.ern neu gestellt (K. Hoffmann/F. Walz: »Komm, sag es allen weiter«). Angesichts von Krieg und Waffengewalt geht das Thema →*Friede* in das neue geistl. L. ein, der von Gott gestiftete und von Christus gelebte Friede im polit. wie im menschl.-sozialen Sinne: *Gerechtigkeit,* Toleranz, Gemeinschaft (K. Rommel: »Ich möchte gerne Brücken bauen«; H. Schaal: »Uns verpflichtet das Wort«); *ökolog. Bewußtsein* klingt vereinzelt an (T. Wettach: »Du schufst, Herr«). L.er der *Nächstenliebe* und der *sozialen Verantwortung des Christen* für den Mitmenschen vergegenwärtigen das Wirken Christi als Vorbild für das diakon. Handeln jedes einzelnen, was das neue geistl. L. eindrücklicher anspricht als die L.er der Kirchengesangbücher (F. K. Barth: »Brich mit dem Hungrigen dein Brot«; H.-J. Netz: »Den Weg wollen wir gehen«; K. Rommel: »Wer getragen wird, kann tragen«).

*3.* Wo der Lobpreis Gottes und ein positives Glaubenszeugnis das geistl. L. der Gegenwart motivieren, verfallen die Texte häufig in archai. Sprachwendungen. *Sprachl. Innovationen* werden dagegen dort erreicht, wo die L.er Glaubenszweifel, Angst und Ratlosigkeit, das Suchen nach Gott aussprechen (U. Fick: »Ich werfe meine Fragen«; E. Hansen: »Herr, deine Liebe ist wie Gras und Ufer«; D. Zils: »Sag ja zu mir, wenn alles nein sagt«). Im Bemühen um eine Synthese von Bibel- und Umgangssprache bleibt das neue geistl. L. vielfach klischeehaft und allzu abstrakt, eine erfüllte Metaphernsprache wird somit zu einem wichtigen Kriterium für die Qualität der Texte.
Bereits in den 60er Jahren entstanden in Zusammenarbeit von Theologen, Pfarrern, Kirchenmusikern und Schriftstellern, Fachleuten und Laien, geistl. L.er für den *Kinder-, Jugend- oder Familiengottesdienst*, für die Gemeindearbeit mit Jugendlichen oder den Familienkreis (L.- »Werkstätten« in Frankfurt, Bad Cannstatt, Ottweiler/Saar, Bad Boll, Limburg/Lahn). Die Form der L.er (solist. L., Gemeinde- oder Chorl., Wechselgesang), ihre Sprache und ihr musikal. Arrangement (Schlager, Chanson, Jazz, Pop, Musical; Begleitung durch Orgel, Schlagzeug oder eine Band) sind auf die Verwendung des L.es abgestimmt: Ausdeutung eines Bibelwortes und der Predigt, Glaubensbekenntnis, Gebet, Meditation. Wichtige Autoren des neuen geistl. L.es sind neben den genannten vor allem: F. Baltruweit, E. Bücken, A. Juhre, H. G. Lotz, K. Marti, H. Oosterhuis, M. Siebald, D. Trautwein, W. Willms, L. Zenetti, A. H. Zoller; musikal. Ausgestaltungen u.a. durch F. Baltruweit, H. G. Bertram, H. Beuerle, P. Bischoff, O. G. Blarr, L. Edelkötter, P. Janssens, R. Schweizer sowie zahlreiche Bands: AGAPE, Cantate, Credemus Band, david-L.ermacherei, Feuer & Flamme, »Fünf Brote und zwei Fische«, Gesangsorchester Peter Janssens, Gospel-Big-Band »atemlos«, Habakuk, »Kirchenmäuse«, New Message, SINGLE, Studiogruppe Fritz Baltruweit.

*III.* Zu Beginn der 60er Jahre engagierte sich die *nichtkirchl. L.ermacherszene* im Folk-Protestsong (Donovan, B. Dylan) sowie in den L.ern der Ostermärsche (H. Stütz, G. Semmer) und der →Jugendbewegung (Chanson- und Folklorefestivals auf Burg Waldeck). Mit einer starken *Politisierung der L.texte* prägte die Studentenbewegung 1968 den neuen Typus des gesellschaftskritisch-klassenkämpfer. L.ermachers (F. J. Degenhart, D. Süverkrüp, W. Biermann); daneben fanden Themen wie Mitmenschlichkeit, Arbeitsalltag, Minderheiten, später Frieden und Umwelt, zunehmend Resonanz in den L.ern (solist. Vortrag zu Gitarre oder Klavier). Sehr vereinzelt sind existentielle Ängste und Hoffnungen in eine unmittelbar aufbrechende *Gotteserfahrung* gefaßt (K. Wecker: »Lieber Gott«) oder bibl. Motive in eher meditativen L.ern aktualisiert (W. Karlberger: »Bergpredigt«). Gottvertrauen, das Hören auf Gottes Wort, wird mitunter durch Metaphern des Friedens und des Krieges politisiert und als Selbstverständnis des Christen formuliert (V. von Törne: »Was nennen wir uns Christen«).

*Lit.: Chr. Albrecht:* Zur Theologie der »neuen« L.er, in: Die Zeichen der Zeit 26 (1972), 135-146. – *K.-P. Chilla:* Situation und Möglichkeiten Neuer L.er im Gottesdienst, in: Musik und Kirche 48 (1978), 277-284. – *R. Hagen:* Jazz in der Kirche?, Berlin/Stuttgart/Köln/Mainz 1967. – *G. Hegele (Hg.):* Warum neue rel. L.er?, Regensburg 1964. – *A. Juhre (Hg.):* Singen um gehört zu werden, Wuppertal 1976. – *G. Schnath (Hg.):* Fantasie für Gott, Berlin/Stuttgart, 2. Aufl. 1965. – *K. Thust:* Das Kirchenl. der Gegenwart, Göttingen 1976. – *L. Zenetti:* Heisse (W)eisen, Regensburg 1966.

*Ulrike Süß*

**Linkskatholizismus.** Wenn auch oft polem. verwendet, ist L. mehr als ein Kampfbegriff. Formal kann man unter L. jene Gruppen und Einzelpersonen im →kath. Raum verstehen, die bewußt *sozialist. Vorstellungen* (→Sozialismus) vertreten, polit. »linken« →Parteien nahestehen, evtl. planwirtschaftl. Elemente befürworten sowie allg. gesellschafts-, *kirchenkrit.* und damit in der Regel innerhalb Kirche und Politik oppositionelle Positionen einnehmen. Der →»Kommunismus« der Urkirche (Apg 4,32ff.), die ma. Armutsbewegungen (→Franz von Assisi), »sozialist.« Ansätze in den Bauernaufständen (→Bauernkrieg) und den seit dem 16. Jh. sich häufenden utop. Staatsromanen (Th. Morus: »Utopia«; Th. Campanella: »Sonnenstaat«; →Utopie) gehören zur Vorgeschichte.

*A.* Der *Beginn* des L. ist gegen Ende des 19. Jh.s anzusetzen, als der dt. Sozialkatholizismus das Ziel einer umfassenden ständ.-korporativen Sozialreform durch eine »partielle« →Sozialpolitik innerhalb der bestehenden Ordnung ablöste und nur deren Auswüchse beseitigen wollte. Schärfster »linkskath.« Gegner dieser »Hinwendung zum →Kapitalismus« war W. Hohoff. Er versuchte die auf →Thomas von Aquin zurückgehende *kath. Sozialtradition* mit dem Denken von K. →Marx zu versöhnen und sah bes. in dessen Wertlehre und *Kapitalismuskritik* Übereinstimmungen. Blieb Hohoff Außenseiter, so kam es nach dem Ersten Weltkrieg zu Ansätzen eines »christl. Sozialismus«, der Anfang der 20er Jahre den Sozialismus vor allem als »sittl. Idee« wertete (Th. Steinbüchel, A. Pieper). Zustimmung fand diese Sicht in der Rhein-Mainischen Volkszeitung, dem Organ des linken Zentrums. Zu den »kath. Sozialisten« links vom Zentrum gehörten die »Christl. Volksgemeinschaft«, die »Christl.- Soziale Reichspartei« (Heller-Bewegung), die thomist. Vorstellungen mit marxist. Kapitalismuskritik und Wirtschaftstheorie verband, sowie der Kreis um H. Mertens und »Das Rote Blatt der kath. Sozialisten« (1929/30), der den Anschluß an die →Sozialdemokratie verfocht. Zahlenmäßig hatten sie nur geringe Erfolge, trugen aber dazu bei, die weltanschaul. Bindung an das Zentrum zu lockern.

*B.* Unmittelbar *nach 1945* gab es starke Bemühungen um einen »christl. Sozialismus« (J. Kaiser, K. Arnold), wobei wieder Einflüsse der thomist. →Sozialphilosophie (Walberberger Kreis: E. Welty) wirksam waren. Das Wort L. als Bezeichnung polit. und kirchl. oppositioneller Katholiken setzte sich Anfang der 50er Jahre durch. Die überwiegend intellektuellen Anhänger dieses »anderen« Katholizismus, der die Entwicklung in der Bundesrepublik →Deutschland als →»Restauration« ablehnte, waren bes. in der Publizistik tätig. Die von E. Kogon und W. Dirks 1946-1985 herausgegebenen Frankfurter Hefte verstanden sich als Stimme der »Kritik an der Kirche« (I. F. Görres) und vertraten einen »Sozialismus aus christl. Verantwortung«, der – im Gegensatz zum »christl. Sozialimus« – eine Zusammenarbeit mit dem →Marxismus einschloß. Schärfer attackierten seit Ende der 50er Jahre die Werkhefte (1947-1973) die polit. Entwicklung, die kirchl. Institutionen und das kath. Bewußtsein. C. Amery stellte 1963 (»Die Kapitulation – oder: Deutscher Katholizismus heute«) die These auf, der Katholizismus habe sich durch seine Einbindung in das »Milieu« korrumpiert.

*C.* Das durch das *2. →Vat. Konzil* verstärkte Streben nach innerkirchl. →Pluralismus und das Aufkommen von Strömungen wie »krit. Katholizismus« (Essener Katholikentag 1968) förderten die →»Emanzipation« vieler Katholiken auch von überkommenem parteipolit. Verhalten. Die dt. Gruppe der Bewegung »Christen für den Sozialismus« hat nicht nur kath. Mitglieder und gehört daher nur partiell zum L. Der Bensberger Kreis, ein Zusammenschluß krit. Katholiken, griff 1976 (»Antisozialismus aus Tradition?«) das Anliegen einer christl.-sozialist. Zusammenarbeit auf, wobei er unter Sozialismus auch »Sozialismen in Mittel- und Osteuropa, in China und Vietnam« verstand. Das seit Anfang der 70er Jahre erscheinende Publik-Forum kann als Organ des L. bezeichnet werden. Schließl. darf man zu ihm Gruppierungen in der →Friedens- und →Ökologiebewegung sowie im innerkirchl. Bereich die »Kirche von unten« rechnen. L. ist ein vielschichtiges Phänomen und keine organisierte »Linke«. Es fällt auf, daß er bisher »fast keinen Kontakt mit dem Arbeiterflügel« (W. Dirks) hatte (→Arbeiterbewegung), vielmehr zur »bürgerl. Oppositionsbewegung« (M. Stankowski) gehört. Durchgehend ist der nonkonformist. Grundzug, der den L. eine nicht immer erwünschte, aber wohl notwendige Unruhefunktion in Kirche und →Gesellschaft übernehmen ließ.

*Lit.: W. Dirks:* Ein »anderer« Katholizismus?, in: *R. Greinacher/H. T. Risse (Hg.):* Bilanz des dt. Katholizismus, Mainz 1966, 292-310. – *F. Focke:* Sozialismus aus christl. Verantwortung, Wuppertal 1978. – *G. Girardi:* Christen für den Sozialismus – warum?, Stuttgart 1979. – *S. Hedler:* Die kath. Sozialisten, Hamburg 1952. – *K. Kreppel:* Entscheidung für den Sozialismus, Bonn 1974. – *M. Stankowski:* L. nach 1945, Köln o.J. (1976). – *F. J. Stegmann:* Die kath. Kirche in der Sozialgeschichte, München 1983. – *W. Weber:* Christentum und Sozialismus, in: *ders.:* Person in Gesellschaft, Paderborn 1978, 365-425.

*Franz Josef Stegmann*

**Liszt,** *Franz,* geb. 22.10.1811 in Raiding (Burgenland, damals Ungarn), gest. 31.7.1886 in Bayreuth. Ungar. Komponist, Dirigent und Pianist österr. Abstammung. Sein Vater, Rentmeister der Fürstlich Esterhazyschen Schäferei, unterwies ihn vom 6. Lebensjahr an im Klavierspiel. Frühe Erfolge verhalfen L. zu einem Privatstipendium, das ihm ein Klavierstudium bei K. Czerny in Wien ermöglichte, außerdem noch Theorieunterricht bei A. Salieri. Adam Liszt, der in Franz einen zweiten W. A. →Mozart sah, reiste 1823 mit ihm nach Paris, wo er ihm Privatstunden bei F. Paër und A. Reicha ermöglichte. Auf dem Klavier suchte L. die techn. Perfektion und künstler. Virtuosität seines Vorbildes, des Geigers N. Paganini zu verwirklichen. Gleichzeitig zeigte sich L. aufgeschlossen gegenüber dem Kreis um Abbé Lamennais und dem *Saint-Simonismus,* der einen revolutionär-engagierten Katholizismus vertrat.
Um seine mangelnde (Schul-)Bildung nachzuholen, stürzte sich L. in die Lektüre der bedeutendsten Schriftsteller seiner Zeit. Erfolgreiche *Konzertreisen* führten ihn durch ganz Europa, bis er 1848-1861 eine feste Anstellung als Hofkapellmeister in Weimar antrat, die ihm als Komponist symphon. Werke auch Möglichkeiten zu Experimenten bot. Während dieser Zeit entstanden L.s 13 symphonische Dichtungen (eine Gattung des 19. Jh.s, deren Schöpfer L. war). Titel wie »Tasso« (1849), »Orpheus« (1854), »Mazeppa« (1854), »Les Préludes« (1854), »Hunnenschlacht« (1857), »Hamlet« (1858), »Faust-Symphonie« (1857) und die Symphonie zu →Dantes »Divina Commedia« (1857) zeigen, woraus L. seine Programme schöpfte. Dabei strebte L. keine Tonmalerei in der Art der →Oratorien von J. →Haydn an, sondern suchte einen Ausdruck seiner Empfindung, der *poet. Idee,* die durch das in Worte gefaßte Programm ihre Konkretisierung findet, kompositorisch zu realisieren (L. van →Beethoven, 6. Symphonie). L. beabsichtigte mit seiner Programmusik die Überwindung des klass. Formalismus und der von G. W. Fr. →Hegel kritisierten Unbestimmtheit der Instrumentalmusik. Als Operndirigent in Weimar setzte sich L. selbstlos für seine Zeitgenossen ein (z.B. für R. →Wagner, mit dem er auch verwandtschaftl. verbunden war: Seine Tochter Cosima wurde in zweiter Ehe Wagners Frau), indem er ihnen (H. Berlioz, R. Schumann, P. Cornelius) zum Teil Uraufführungen in Weimar ermöglichte. Um L. bildete sich eine Schar von Gleichgesinnten, die als *»Neudeutsche Schule«* durch die »Neue Zeitschrift für Musik«, durch Gründung des »Allg. Dt. Musikvereins« (1859) sowie mit organisierten Musikfesten die *»Zukunftsmusik«* propagierte. Dabei spielte auch die Fürstin Caroline von Sayn-Wittgenstein als kunstverständige Beraterin und Lebensgefährtin L.s eine gewichtige Rolle.

1861 übersiedelte L. nach Rom, wo er 1865 die niederen Weihen eines Abbé annahm. Die kindl. *Religiosität* der Jugendzeit wurde zur rel. Faszination im Alter, die sich auch in L.s geistl. Werk äußert. Daraus seien als wichtigste Kompositionen genannt: »Graner Messe« (1856), »Ungarische Krönungsmesse« (1867), »Requiem« (1868), die Oratorien »Die Legende von der hl. Elisabeth« (1862) und »Christus« (1872), die »Missa choralis« (1865), der »Sonnenhymnus des hl. Franziskus« (1862/1881) und »Die hl. Cäcilia« (1874). In seiner frühen Schrift »Die Zukunft der Kirchenmusik« (1834) machte sich L. Gedanken über das Verhältnis zwischen Musik und →Liturgie, um das es u.a. auch der Reformbewegung des →Caecilianismus ging, mit der L. zunächst sympathisierte, zu der er sich später jedoch distanziert verhielt. Trotz der zahlreichen rel. Alterswerke (und der 82 Liedkompositionen) rücken die Klaviermusik (Zyklen, u.a. »Années de pèlerinage«, »Harmonies poétiques et religieuses«, zwei Klavierkonzerte, Totentanz-Paraphrase, Sonate h-Moll) und die symphonischen Dichtungen in den Mittelpunkt des L.schen Schaffens. Hierin weist L. durch kühne Harmonik (bis hin zur Polytonalität und Quartenharmonik) einen Weg, der die →Romantik in die →Musik des 20. Jh.s führt.

*Lit.: E. Burger:* F.L. Eine Lebenschronik in Bildern und Dokumenten, München 1986. – *K. Hamburger:* L. Ferenc, Budapest 1966; dt.: Franz L., Budapest 1973. – *E. G. Heinemann:* F.L.s Auseinandersetzung mit der geistl. Musik, München/Salzburg 1978. – Liszt-Studien I-III, Bd. I, Graz 1977; Bd. II, München/Salzburg 1981; Bd. III 1986 (Aufsätze u.a. zur symphonischen Dichtung und zu den Oratorien). – *La Mara/L. Ramann (Hg.):* Gesammelte Schriften von F.L. (in dt. Übersetzung und Bearbeitung), 6 Bde., Leipzig 1880-83 (krit. Neuausgabe der Schriften, hg. von D. Altenburg, in Vorbereitung). – *K. W. Niemöller:* Zur rel. Tonsprache im Instrumentalschaffen von F.L., in: *W. Wiora (Hg.):* Rel. Musik in nichtliturg. Werken von Beethoven bis Reger, Regensburg 1978. – *P. Raabe:* F.L., 2 Bde., Stuttgart 1931, Nachdruck Tutzing 1968 (grundlegend).

*Annette Bronner*

**Literatur**

*A. Literatur und Religion*

*I. Eine Geschichte der Entfremdung*

*Am Anfang* waren L. und Religion noch gar nicht zu trennen. Der antike Kult, später die christl. →Liturgie, waren Orte und Anlässe literar. Produktivität. Das gilt vom →*Drama* (antike Tragödie, dann das »Geistliche Drama« vom →MA. bis zum →Barock); das gilt von der →*Lyrik* (→Psalmen, →Hymnen) und auch von der →*Epik* (→Mythologie, Heilsgeschichte). Auch die dt. L. – im Übergang vom Germanentum zum Christentum – kommt aus dem Raum der →Religion: Evangelienharmonien stehen an ihrem Anfang (Tatian, Otfried), Liturgisches und Katechetisches (Lorscher Beichte, Murbacher Hymnen), Segens- und Zaubersprüche (Merseburger Zaubersprüche). Noch Dichter des MA.s wie Wolfram von Eschenbach (»Parzival«, um 1200-1210), Gottfried von Straßburg (»Tristan und Isolde«, 1205-1215) und Hartmann von Aue (»Gregorius«, um 1187-1189; »Der arme Heinrich«, um 1195) hätten Fragen, wie sich L. und Religion zueinander verhalten, nicht einmal verstanden: zu organ. waren literar. Form und rel. fundiertes Weltbild miteinander verschmolzen. Die christl. Religion lieferte der L. den großen »Stoff«, L. der Religion die Form und die Sprache. Ein einheitlicher rel.-literar. Kosmos war von Anfang an gegeben.

Die Einheit zerbricht *ab dem 17. Jh.* mit der Ausdifferenzierung der Lebensbereiche im Übergang von der vormodernen zur modernen Gesellschaft in Europa. Für die Religion (Christentum, Kirche) war damit ein epochaler Funktionswandel verbunden: Aus einer alle Lebensbereiche durchdringenden, sinngebundenen Makrostruktur wird Religion zu einem Subsystem in Konkurrenz zu anderen Subsystemen der Gesellschaft: →Recht, →Ökonomie, →Wissenschaft, →Kultur. Dieser Bruch der vormodernen Einheit von Christentum und Kultur spiegelt sich gerade auch im Raum der L. Zugespitzt gesagt: Dichter des Barock wie A. Gryphius, D. C. von Lohenstein, Calderón und J. Milton schrieben noch als Christen aus der Einheit von Religion und L. heraus. *Im 18. Jh.* schrieben F. G. Klopstock und G. E. →Lessing, F. Schiller und J. W. von →Goethe, F. →Hölderlin und H. von Kleist immerhin noch vor christl.-rel. Horizont, obwohl schon ihnen die eigene Bindung an Kirche und Christentum zum Problem geworden war. *Im 19. Jh.* aber schreiben H. →Heine und G. Büchner, H. P. Hebbel, Th. Fontane und G. Hauptmann bereits explizit religionskrit. und ohne direkte gläubige Selbstbindung an eine rel. Institution. Anders gesagt: Das Christentum – im 17. Jh. noch universales Regulativ auch literar. Wirklichkeitsdeutung – lieferte großen Teilen der maßgebl. L. des 19. Jh.s bestenfalls noch Stoffe, Motive, Themen und Figuren für die subjektive Wirklichkeitsdeutung des Autors in seinem jetzt »autonomen« Kunstwerk. Es kommt im 19. Jh. zum Durchbruch umfassender Säkularisierung auch der rel. Sprach-, Bild- und Motivwelt, die aber von erhebl. »sprachbildender Kraft« (A. Schöne) bleibt.

*II. Wiederbelebungsversuche der Einheit*

Versuche, die zerbrochene Einheit von L. und Religion wiederherzustellen, wurden schon im 19. Jh. unternommen. Aber der literaturgeschichtl. erste Ruf nach einer, jetzt so genannten →*»christl. L.«*, der in der romant. Bewegung (erstmals beim späten A. W. Schlegel) aufkommt (J. von Eichendorff, C. Brentano, A. von Droste-Hülshoff), ist als Rückruf selber noch einmal Symptom dieses fortgeschrittenen modernen Entflechtungs- und Entfremdungsprozesses. Die *universale* →*Säkularisierung* aber zurückzudrängen und christl. Religion als verbindl. und verbindendes Band der Einheit wiederherzustellen gelingt der romant. Bewegung ebensowenig wie der zweiten programmat. Welle »christl.

L.« in der ersten Hälfte des 20. Jh.s. »Christl. L.« blieb die Sache einzelner, wenn auch bedeutender Schriftsteller: L. M. Bloy (1846-1917), Ch. Péguy (1873-1914), G. Bernanos (1888-1948) und P. →Claudel (1868-1955) in →Frankreich; E. Waugh (1903-1966), T. S. Eliot (1888-1965), G. Greene (geb. 1904) in England; Th. Wilder (1897-1975) und P. S. Buck (1893- 1973) in den →Vereinigten Staaten von Amerika; I. Silone (geb. 1900) und G. Papini (1881-1956) in →Italien; E. Langgässer (1899-1950), G. von Le Fort (1876-1971) und R. →Schneider (1903-1958) in Deutschland. Doch gerade die Problematisierung des Glaubens, die Erfahrung von Gebrochenheit und Abgründigkeit gläubiger Existenz, die in den Werken der großen Vertreter »christl. L.« zum Ausdruck kam, hob diese Autoren heraus aus der Masse ihrer kirchl. Rezipienten, die sie oft nur selbstbestätigend vereinnahmten. Kein Wunder deshalb, daß auf Grund dieser fatalen Rezeptionsgeschichte die folgende Generation von Schriftstellern, selbst wenn sie sich anfangs noch persönl. als Christen verstanden, keinen Wert mehr auf das Etikett »christl. L.« legten. Autoren wie H. →Böll, F. →Dürrenmatt, L. Rinser und G. Grass verbaten sich schon in den 50er Jahren jegl. Eingemeindung als »christl. Schriftsteller« und gingen zum »christl. Kulturestablishment« auf ideologiekrit. Distanz. Sie wollten nicht wegen ihres Glaubens, sondern wegen der Qualität ihres literar. Werkes anerkannt sein.

Umgekehrt: Auch der Versuch, die →Entfremdung von L. und Religion von seiten der Ästhetik aufzuheben, die *Kunst* gleichsam *als neue Religion* zu propagieren, blieb die zwiespältige Sache einzelner. *R. M. Rilkes* (→Lyrik) Bemühen, etwa in den »Duineser Elegien« mit Hilfe einer eigenen Symbolsprache rel. Traditionen zugleich zu beerben und ästhet. abzulösen, mündete ebenso in eine unverbindl. »Privatreligion« (B. von Wiese) wie *St. Georges* (1868- 1933) Versuch, der Kunst eine »göttl. Sendung« und dem Seher-Dichter priesterl., prophet. Funktionen in einer säkularen Gesellschaft wiederzugeben. Auch das Mythische, Mystische, Visionäre und Ekstatische vieler Texte des literar. →*Expressionismus* (P. Zech: »die Religion hat sich in die Kunst gerettet«) ist – spätestens seit der »Machtergreifung« des →Faschismus – ein gescheiterter Versuch, L. als Form einer neuen Religion zu etablieren.

*III. Abwehrreaktionen auf beiden Seiten*

Im 20. Jh. haben wir es also mit den unbewältigten Spätfolgen der kulturellen Dichotomie von Religion (Christentum) und Kultur (L.) zu tun. *Abwehrreaktionen* bestehen auf beiden Seiten. Die *literar.-ästhet. Religionskritik* hat der Arzt und Lyriker *G. Benn* bis heute gültig auf den Begriff gebracht: Rel. gewordene Künstler wie A. →Döblin (Konversion zum Katholizismus 1941) oder T. S. Eliot (Übertritt zum Anglikanismus 1928) werden der Regression bezichtigt, der »schönen Haltung«, die um den Preis der »Stilentspannung«, des »Konformismus« erkauft worden sei: »Ich versage mir diese Rückgriffe, ich kann auch diese Frage nur artistisch sehen. ›Gott ist ein schlechtes Stilprinzip‹, schrieb ich früher einmal« (»Doppelleben«, 1950). Im Klartext: Wer als Schriftsteller rel. ist oder wird, ja, wer in seinen literar. Texten von »Gott« bekenntnishaft, gläubig redet, scheidet als ernstzunehmender Künstler aus; er ist dem »Konformismus« erlegen. Als Axiom literar. Religionskritik gilt: Rel. Überzeugung und ästhet. Gewissen sind unvereinbar. Religion ist im Medium der L. nur noch bei Strafe der Mediokrität, ästhet. Spitzenleistung nur unter Ausklammerung rel. Überzeugungen des Autors zu haben. Gewiß: Rel. Traditionen können als Motive, Figuren, Symbole und Themen auch in literar. Werken »vorkommen« (gerade in der Lyrik des Pfarrerssohnes Benn sind sie in Fülle vorhanden); sie sind aber stets von der eigenen philos.-ästhet. Position her gebrochen, bestritten, konterkariert. *Religion in affirmativem Sinn bleibt der Kunst etwas Fremdes.*

Umgekehrt gibt es die Tradition *rel.-theol. Kunstkritik*, die – von →Platon herkommend – schon bei den →Kirchenvätern (→Augustinus, Hieronymus) grundgelegt wurde. Diese Kritik ist im Verlauf der Geschichte zu Sterotypen geronnen: Dichtung ist im Gegensatz zur christl. →Offenbarung nichts als zweifelhafte menschl. Erfindung; die Dichter »lügen«. Die Darstellung von →Gott und →Mensch in der Dichtung ist eth. verwerflich; sie verdirbt die Jugend, weil sie – am Sinnlichen orientiert – niedrige Begierden weckt und nährt. So ist L. bis ins 20. Jh. hinein nicht selten von Christen als frevelhafte Einmischung in die rel. Sphäre, gar als Blasphemie verworfen worden, deren sich die institutionalisierte Religion erwehren zu müssen meinte: *Gotteslästerungsprozesse* gegen O. Panizzas »Liebeskonzil« 1895, C. Einsteins Jesus-Drama »Die schlimme Botschaft« 1921, gegen A. Schnitzlers »Reigen« 1922, Jean Genets »Notre-Dame-des-Fleurs« 1962; Zensuren gegen F. Wedekinds »Frühlings Erwachen«, G. Grass' »Blechtrommel«, moral. Entrüstung und Aufführungsverbote gegen R. Hochhuths »Stellvertreter« (1963) und H. Achternbuschs »Das Gespenst« (1983). Christl. Theologen haben literar. Texte nicht selten als »fromme Unverschämtheit« (K. Barth gegen Rilke) bezeichnet, als »ein Panorama des Bösen« (W. Grenzmann über die L. des 20. Jh.s). Diese theol. Verwerfung des Ästhetischen hatte bereits bei *S. →Kierkegaard* ihren Höhepunkt gefunden: Kunst ist unverbindliches Spiel ohne existentiellen Ernst, Ästhetentum ohne Ethos, Fiktion ohne Wahrheitsanspruch. Derselbe Kierkegaard zeigt freil. die bleibende Zwiespältigkeit theol. Ästhetikkritik. Denn sein Vorwurf an die christl. Kunst wird selber noch einmal auf artist. hochreflektierte und sprachl.-rhetor. glänzende Weise vorgetragen. Aber die Kritik bleibt: *Dem Christen in der Nachfolge des Gekreuzigten bleibt die Kunst etwas Fremdes.*

*B. Literatur und Theologie*

*I.* Den scharfen, bisweilen feindseligen kirchl.-theol. Abgrenzungsversuchen stehen im 20. Jh. Bemühungen um *Konvergenzen* gegenüber. Grundlegend für die *prot. Th.* sind dabei die Arbeiten von *P. →Tillich* über eine »Theologie der Kultur«, vor allem seine Analysen expressionist. Kunst als Durchbruch »durch die in sich ruhende Form des Daseins. Nicht eine jenseitige Welt wird dargestellt, wie in der Kunst der Alten, sondern ein inneres Hinausgehen der Dinge über sich selbst ins Jenseitige.« In dieser Weise der Wirklichkeitsdeutung, d.h. in der Kritik an einem flächenhaften, eindimensionalen Realismus, sind nach Tillich Religion und Kunst verbunden. Das theol. Denken Tillichs ist im Gegensatz zur Offenbarungstheologie K. →Barths und der →dialekt. Theologie nicht auf Abgrenzung, sondern auf eine »Korrelation« von theol.-rel. und künstler.-literar. Wirklichkeitsdeutung aus.

*II.* Dasselbe gilt *katholischerseits* für das Werk von *R. →Guardini* und *H. U. von Balthasar*, die als einzige maßgebl. kath. Theologen des 20. Jh.s Dichtern umfangreiche Studien gewidmet haben. Guardini schrieb Monographien zu →Dostojewski (1932), →Dante (1951/1958), Rilke (1953) und Hölderlin (1955), Balthasar über R. Schneider (1953), G. Bernanos (1954) und P. Claudel (Übersetzungen). Guardini öffnete der Th. dafür die Augen, daß die rel. Bedeutung eines Kunstwerkes schon in dessen Form gegeben ist. Das »Wesen des Kunstwerkes« ist nach ihm Formgebung, Deutung des Ganzen der Wirklichkeit. Das Kunstwerk hat von daher (also nicht erst vom Inhalt her) »rel. Charakter«. Dieser liegt »in der Struktur des Kunstwerks als solcher«, in seinem »Hinweis auf die Zukunft«: »auf jene schlechthinnige ›Zukunft‹, die nicht mehr von der Welt begründet werden kann. Jedes echte Kunstwerk ist seinem Wesen nach ›eschatologisch‹ und bezieht die Welt über sich hinaus auf ein Kommendes.« Balthasar dagegen versuchte in vielschichtigen, mehrbändigen Entwürfen Th. in ihrer ästhet. Dimension auszuleuchten (»Herrlichkeit. Eine theol. Ästhetik«, 7 Bde., 1961-1969) sowie das ganze der christl. Heilsgeschichte als dramat. Prozeß (»Welttheater«) zwischen Gott und Mensch zu beschreiben (»Theodramatik«, 4 Bde. 1973- 1976).

*III.* Seit den 60er Jahren haben Theologen beider Konfessionen erstmals verstärkt begonnen, literar. Texte für den theol. Erkenntnisgewinn zu erschließen und Konvergenzen von Theologie und Ästhetik zu zeigen. Voraussetzung war, daß das Forschungsgebiet L. und Theolgie auf eine neue textl. und method. Basis gestellt wurde. Neue *Texteditionen* (Marti 1965; Hoffmann-Herreros 1975; Bloching 1976; Kuschel 1983; Kurz 1978/1984) erweiterten bewußt das Spektrum von L. in den Bereich nichtchristl. Texte. Neue *method. Fragen* (jenseits von rel. Vereinnahmung und päd.-katechet. Verzweckung von L.) wurde durch das »Almanach für Th. und L.« (ab 1967) angestoßen und von Theologen wie H. E. Bahr (»Poiesis«, 1961), K. Marti (»Grenzverkehr«, 1976) für eine Erfahrungstheologie fruchtbar gemacht. Vor allem *D. Sölle* (»Realisation«, 1973), *D. Mieth* (»Glaube und Moral«, 1976) und *K.-J. Kuschel* (»Jesus in der deutschsprachigen Gegenwartsliteratur«, 1978) zeigten die Konvergenz von literar. und theol.-eth. Wirklichkeitsdeutung sowie eine unvermutete Wirkungsgeschichte des Christlichen in explizit nichtchristl. L. Arbeiten zum Gottes-, Jesus- und Kirchenbild demonstrierten die Wirklichkeitsnähe der L., die – stärker als die oft sterile akadem. Fachtheologie – seismograph. die geistigen Veränderungen und Erschütterungen einer »postchristl.« Gesellschaft zu registieren in der Lage ist. Man begann auf breiter Front, christl. Spuren, bibl. Sprachtraditionen, rel. Motivstränge, eth. Handlungsmuster im Werk einzelner Autoren (P. Handke, P. Celan, C. Wolf, I. Bachmann) zu untersuchen und in den theol. Diskurs selbstkrit. einzubringen (→Drama, →Lyrik). Einsichten in die narrativen Grundstrukturen des christl. Urtextes (→NT) wurden ernstgenommen und gegen eine einseitig diskursiv-reflexive, intellektualist.-verkopfte Theologie zur »narrativen Theologie« (J. B. Metz) weiterentwickelt. Ansätze zu einer theol. Ästhetik (Bahr, Sölle, R. Bohren »Daß Gott schön werde«, 1975) wurden zu einer »Theorie ästhet. Praxis in prakt.-theol. Perspektive« (A. Grözinger) ausgebaut. Umgekehrt haben heutige Schriftsteller selber ein neues Interesse am Dialog mit der Th. (Tübinger Literatursymposion 1984; Auftritte auf Kirchentagen) und an der Auseinandersetzung mit der Bedeutung der Religion in ihrem Werk und in ihrer Biographie (Kuschel 1985) signalisiert. Oft ohne rel.-kirchl. Identität haben sie rel. Themen, Motive, Stoffe und Figuren oder rel. relevante Probleme für ihr Werk fruchtbar gemacht.

*IV.* Die Vereinnahmung oder platte Verzweckung von L. (»Aufhänger«, »Illustration« im Religionsunterricht) ist der Tod jedes Dialogs von L. und Theologie. Als Grundsatz gilt: Nicht alle L. ist »rel.«, »indirekt rel.«, »verborgen rel.«! *Aber alle L. ist rel. relevant.* D.h.: L. ist verdichtete Wirklichkeitsdeutung und als solche für die explizit rel. Deutung der Wirklichkeit von Belang – gleichgültig, ob Religion »vorkommt« oder nicht, bejaht oder bestritten wurde. Der Ausdruck »rel. relevant« ist als *Rezeptionskategorie* zu verstehen. Ohne dem literar. Zeugnis eine direkte oder indirekte rel. Aussage unterschieben zu müssen, kann jeder Text für den rel. oder theol. Rezipienten relevant sein: als Antithese, Kontrast, Alternative, Vertiefung oder Konkretisierung seiner eigenen rel. Position. Der theol. Rezipient mag in der L. eine *prophet.- provokative Kraft* erkennen und sich dabei auf Kafka berufen (»Der Dichter hat eine prophet. Aufgabe«); er mag den *»Homo religiosus«* in der L. auf der Linie H. E. Nossacks ausmachen (»die einzige Existenzberechtigung von L. in unserer pragmat. Zeit beruht darin, daß ihre geheimsten und bewußt verheimlichten Entstehungsmotive rel. Natur sind«); er mag die L. als *»Zeichen der Zeit«* deuten, als Seismograph für die offenen oder geheimen geistigen Erschütterungen der Zeit mit dem Ziel »echter Zeitgenossenschaft« (Bahr); ja, er mag die Ablehnung einer vorschnellen rel. Identität selber nochmals rel. motivieren im Sinne P. Handkes (»Sich nicht um den Anschluß an eine Religion zu bemühen, sondern sich in seiner Unerlöstheit geduldig und sachl. zu beschreiben, ist schon Religion«): Stets bleiben solche Kategorien für den Umgang mit L. subjektive Rezeptionskategorien aus spezif. rel. Interesse und dürfen dem literar. Text nicht schon als Absicht unterschoben werden.

Bei aller Bezogenheit sind L. und Theologie in ihrer Autonomie zu begreifen. Sie sind *letztl. verschiedene Weisen* der Wirklichkeitswahrnehmung und -deutung. Für den rel. Rezipierten wird der literar. Text immer die »vor-letzte« Wirklichkeit sein, unabgeschlossen, offen, bestenfalls mit Verweischarakter auf eine letzte/erste Wirklichkeit, die er →Gott nennt. Der literar. Text wird für ihn immer Weg sein – nie Ziel, Anstoß – nie Abschluß. Für den Schriftsteller aber muß der Text als abgeschlossen gelten, als Ziel, als ästhet. Ganzes, das eigenen Gesetzen gehorcht und in sich ruht. Dennoch bleiben L. und Religion *aufeinander verwiesen:* »Mir fällt ein, was mir fehlt: das ist die Grundlage der Schriftstellerei. Das ist auch die Grundlage der Religion, das ist die Grundlage unserer Sprache: weil wir etwas nicht haben, haben wir die Sprache. Wenn wir Gott hätten, hätten wir kein Wort dafür« (M. Walser). Es gibt also eine *gemeinsame Entstehungsquelle von Religion und L.:* Erfahrung von Vergänglichkeit, Gebrochenheit, Unerfülltheit menschl. Existenz. Ja, es gibt eine *gegenseitige Angewiesenheit* von L. und Theologie, wenn es »um die Sinnfrage, die Eigenart menschl. Existenz, die Endlichkeit, Weltlichkeit und deren Transzendierung geht«. Hier sind L. und Religion dann in der Tat »verbunden in gemeinsamer Absage an banalisierende, versöhnende, harmonisierende, verschleiernde, idyllisierende Weltauslegung: beide mit den ihnen eigenen Mitteln erhellend, wie jene Theologie aussehen könnte, die das Absolute welthaft vermittelt« (W. Jens).

*Lit.: Textsammlungen und Nachschlagewerke: G. Kranz:* Lexikon der christl. Weltliteratur, Freiburg 1978; *P. K. Kurz (Hg.):* Psalmen vom Expressionismus bis zur Gegenwart, Freiburg 1978; *ders. (Hg.):* Wem gehört die Erde? Neue rel. Gedichte (mit einer Beilage: Gedichte lesen – Gedichte verstehen), Mainz 1984; *K.-J. Kuschel (Hg.):* Der andere Jesus. Ein Lesebuch moderner literar. Texte, Zürich/Gütersloh, 2. Aufl. 1984; *K. Marti (Hg.):* Stimmen vor Tag. Anthologie moderner rel. Lyrik, München/Hamburg 1965 (Hoffmann-Herreros). – *Schlüsselpublikationen: H.-E. Bahr:* Theol. Untersuchung der Kunst. Poiesis, Stuttgart 1961. – *A. Grözinger:* Prakt. Theologie und Ästhetik, München 1987. – *R. Guardini:* Über das Wesen des Kunstwerks, Stuttgart/Tübingen 1948. – *W. Grenzmann:* Dichtung und Glaube. Probleme und Gestalten der dt. Gegenwartsliteratur, Bonn 1950. – *W. Jens/H. Küng/K.-J. Kuschel (Hg.):* Th. und L. Zum Stand des Dialogs, München 1986. – *H. Koopmann/W. Woesler (Hg.):* L. und Religion, Freiburg 1984. – *P. K. Kurz:* Über moderne L., Bd. I-VII, Frankfurt/M. 1967-1980. – *Ders.:* Zwischen Widerstand und Wohlstand. Zur L. der frühen 80er Jahre, Frankfurt/M. 1986. – *K.-J. Kuschel:* Jesus in der dt.sprachigen Gegenwartsliteratur, Zürich/Gütersloh 1978. – *Ders.:* Weil wir uns auf dieser Erde nicht ganz zu Hause fühlen. 12 Schriftsteller über Religion und L., München/Zürich 1985. – *K. Marti/K. Lüti/K. von Fischer:* Moderne L., Malerei und Musik. Drei Entwürfe zu einer Begegnung zwischen Glaube und Kunst, Zürich/Stuttgart 1963. - *J. B. Metz:* Kleine Apologie des Erzählens, in: Concilium 9 (1973), 334-341. – *D. Mieth:* Dichtung, Glaube und Moral. Studien zur Begründung einer narrativen Ethik, Mainz 1976. – *A. Schöne:* Säkularisation als sprachbildende Kraft. Studien zur Dichtung dt. Pfarrerssöhne, Göttingen, 2. Aufl. 1968. – *H. Schröer:* Moderne dt. L. in Predigt und Religionsunterricht, Heidelberg 1972. – *D. Sölle:* Realisation. Studien zum Verhältnis von Th. und Dichtung nach der Aufklärung, Darmstadt/Neuwied 1973. – *P. Tillich:* Die rel. Lage der Gegenwart (1926), in: *ders.:* Die rel. Deutung der Gegenwart. Schriften zur Zeitkritik. Gesammelte Werke, Bd. 10, hg. von R. Albrecht, Stuttgart 1968, 9-93. – *T. R. Wright:* Theology and L., Oxford 1988.

*Karl-Josef Kuschel*

## Literaturwissenschaft

*A.* L. ist der *Oberbegriff* für alle wissenschaftl. Beschäftigung mit den einzelsprachl. →Literaturen und ihrer Geschichte (Nationalphilologien), mit den Beziehungen der Literaturen untereinander (Komparatistik, Vergleichende L.) sowie – nach der Auffassung mancher – mit den Grundlagen und der Theorie der Literatur (Allg. L.). Der Begriff begegnet zuerst in den 40er Jahren des 19. Jh.s (Th. Mundt, J. K. F. Rosenkranz), z.T. als Reaktion gegen Erstarrungstendenzen der »Philologie« (Einschränkung auf Grammatik, Textkritik, Quellenanalyse, Metrik usw.). Die Trennung in mehr hist. ausgerichtete L. und mehr aktuell- wertende Literaturkritik ist in der dt.sprachigen Tradition bes. ausgeprägt, während etwa »literary criticism« im angelsächs. Bereich prinzipiell beides umfaßt. Gegenstände der L. sind nach heute überwiegender Auffassung alle literar. Texte von der Dichtung im engeren Sinne (Gedichte, Dramen, Erzählkunst: fiktional) bis zu sprachl. anspruchsvoll geformten Zwecktexten (Essays, Reden, Traktate usw.: nichtfiktional, expositorisch; →Rhetorik) und – nicht unumstritten – zu Produkten der sog. →Trivialliteratur.

*B.* In ihren *Verfahren* basiert die L., hist. gesehen, einerseits auf der schon antiken (alexandrin.) Philologie, andererseits auf traditionsreichen Verfahren der theol. und der jur. Textauslegung. In zentralen methodolog. Bereichen wie dem der →Hermeneutik verdankt die L. theol. Fragestellungen entscheidende Anregungen (→Schleiermacher). Die L. arbeitet ebenso wie die →Bibelwissenschaft mit Überlieferungsgeschichte und Textkritik. In Teilfeldern wie Formgeschichte, Gattungsgeschichte, Motivgeschichte, Stilistik sind von der L.

wiederum starke Einflüsse auf die Bibelwissenschaft ausgegangen. Neuere Entwicklungen deuten einen intensiveren Austausch bei strukturalist. und textlinguist. Ansätzen an.

*C.* Rel., theol., konfessionelle Interessen, jedoch auch religionskrit. Tendenzen (bes. →Marxismus), haben seit jeher auch in der L. eine Rolle gespielt, vor allem bei der Erforschung der Literatur des →MA.s, der →Reformation, des →Barock, der →Romantik, des →Expressionismus usw. Doch ist umstritten, ob christl. Themen und Literaturformen *als* solche Gegenstand eines speziellen Teilfachs sein sollen. Während der letzten beiden Jahrzehnte ist in der L. die Dominanz *autonomistischer*, d.h. auf die Eigengesetzlichkeit der Literatur gerichteter, *Schulen* (»new criticism«, »Formalismus«, »werkimmanente Interpretation«) stark zurückgegangen. Dementspr. hat sich eine deutl. Öffnung zu Aspekten von *Nachbardisziplinen* wie →Soziologie, →Psychologie, Linguistik und Medienwissenschaft vollzogen, seit der »Tendenzwende« (Mitte der 70er Jahre) auch wieder zur →Theologie. Die literaturwissenschaftl. *Rezeptionsforschung* versucht, der gesellschaftl. und geschichtl. Wirklichkeit von Literatur durch Analyse ihrer Aufnahme und Wirkung neu gerecht zu werden. Einen Aufschwung nahm auch die literaturwissenschaftl. Historiographie (Literaturgeschichtsschreibung). Das Nebeneinander der verschiedenen literaturwissenschaftl. »Schulen« (»Pluralismus«) erscheint vielen als unbefriedigend. Doch sind gerade durch solche Öffnungen in den letzten Jahren die Chancen eines produktiven *Dialogs* auch *zwischen L. und Theologie* wieder gestiegen.

*Lit.: H. L. Arnold/V. Sinemus (Hg.):* Grundzüge der Literatur- und Sprachwissenschaft, Bd. 1 (dtv), München 1973. – *G. und I. Schweikle (Hg.):* Metzler Literatur Lexikon, Stuttgart 1984. – *K. von See (Hg.):* Neues Handbuch der L., 25 Bde., Wiesbaden 1974ff.

*Wilfried Barner*

**Liturgie**

*A. Begriff und Wertung*

*I.* Das Wort L. stammt aus dem Profangriech. und bezeichnet dort unbezahlte Dienste oder Spenden von Bürgern sowie Steuern. Im christl. Bereich wird L. oft als Synonym für →*Gottesdienst* gebraucht, gehört also mit dem Zeugnis und der →Verkündigung (griech. *martyria*, →Märtyrer) und dem Dienst am Nächsten (griech. *diakonia*, →Diakonie) zu den Grundvollzügen der →Kirche. Unter L. wird oft auch der festgelegte Ablauf eines Gottesdienstes verstanden; der Begriff wird dann gleichbedeutend mit Gottesdienstordnung.

*II.* L. im Sinn eines geregelten Gottesdienstes ist nicht nur ein konstantes Phänomen aller →Religionen. Sie hat in allen christl. →Konfessionen und Denominationen ihren Ort, auch wenn sie eine verschiedene *theol. Wertung* erfährt. Wichtig für *ev. Verständnis* ist die Aussage in Art. 7 des →Augsburger Bekenntnisses, nach dem Kirche geradezu definiert werden kann »als die Versammlung der Gläubigen, bei welchen das Evangelium rein gepredigt und die heiligen Sakramente laut des Evangelii gereicht werden«. Für M. →Luther geschieht im Gottesdienst nichts anderes, »denn daß unser lieber Herr selbst mit uns rede durch sein heiliges Wort und wir wiederum mit ihm reden durch Gebet und Lobgesang« (1544); er bestimmt das Wesen der L. also als Wort-Antwort-Geschehen. L. als äußere Ordnung steht unter dem Vorbehalt der souveränen Gnade Gottes (→Rechtfertigung); »zu wahrer Einigkeit der christl. Kirche« ist es genug, »daß da einträchtiglich nach reinem Verstand das Evangelium gepredigt und die Sakramente dem göttl. Worte gemäß gereicht werden« (Art. 7). Nach →*röm.-kath.* wie bes. *orthod.* Verständnis erreicht kein anderes Tun der →Kirche an Rang und Maß die Wirksamkeit der L.

*III.* Als Äußerung einer lebendigen Wirklichkeit entzieht sie sich eigentl. jeder engen Definition. Sie kann theol. umschrieben werden als die Versammlung der →Gemeinde, die im Namen Christi zusammenkommt, um durch den →Hl. Geist in der →Verkündigung des Wortes und der Feier sakramentaler Zeichen Anteil zu erhalten am →Heil, das Christus durch das Ostergeheimnis (Leiden, Tod und →Auferstehung-Erhöhung; →Passion, →Ostern) erworben hat, und um als Antwort darauf durch Christus im Hl. Geist dem Vater Dank zu sagen und den Beistand des Geistes zum Zeugnis für die Welt und zum Dienst zu erbitten. Die L. ist, theol. interpretiert, ein →*Dialog zwischen Gott und den Menschen*, bei dem die Initiative von →Gott ausgeht, aber die Mitwirkung der Menschen integrierter Bestandteil ist. Kennzeichnend für diesen Dialog ist, daß Gott *durch Christus* im Hl. Geist zu den in der gottesdienstl. Versammlung anwesenden Menschen spricht (sog. soterische, heilsschaffende oder absteigende Komponente) und die →Menschen in dieser Versammlung ihre Antwort an Gott ebenfalls durch Christus im Hl. Geist geben (sog. latreutische, verherrlichende oder aufsteigende Komponente). Charakterist. ist, daß jede L. aus der Anamnese (Erinnerung) und der Epiklese (Anrufung) lebt. Die *Anamnese* ist das wirkmächtige, nicht nur verstandesmäßige, Gedächtnis der großen Erlösungstaten Gottes, vor allem des Paschamysteriums (→Passa), deren lebensspendende Frucht die →Gemeinde in der gottesdienstl. Feier empfängt; die *Epiklese* ist die Bitte um die Anwesenheit des Hl. Geistes, der die Gemeinde zu Tätern des →Wortes umgestaltet und eine vom →Segen Gottes erfüllte →*Zukunft für die* →*Welt* eröffnet. Auf diese Weise wird die L. in die gesamte Heilsgeschichte eingebunden und erhält ihren Bezug zur Wirklichkeit »draußen«, d.h. zu einem aus der

Dankbarkeit für das geschenkte Heil christl. gestalteten Lebenswandel. In der L. wird also wie in einem Brennpunkt die →Zeit zusammengefaßt und umgewandelt: In der Öffnung auf Gottes Großtaten in der Geschichte, in der Verheißung einer auf Segen und Vollendung zielenden Zukunft wird in der Kraft des Hl. Geistes christl. Leben im *Hier und Jetzt* mögl. L. ist communio, →Gemeinschaft: mit Gott als dem Urheber des Heils und dem Adressaten unserer Dankbarkeit (vertikale Richtung) und mit den Mitfeiernden und anderen Mitmenschen als ebenso mit der erlösenden Liebe Gottes Begnadeten (horizontale Richtung). L. ist mehr als →Kult, da sie nicht nur die Antwort der Gemeinde in Anbetung, Lob und Bitte umfaßt, sondern auch (und zwar existentiell zuerst) das Hören auf das an die Gemeinde ergehende →Wort Gottes. Sie ist mehr als →Ritus. Zwar vollzieht die Gemeinde, oder ein Teil von ihr, eine Handlung, die →Symbol ist für das zugewandte Heil und/oder seine Annahme; aber die Unverfügbarkeit Gottes und die Verpflichtung zu einem christl. Lebenswandel auch außerhalb der gottesdienstl. Versammlung bleiben bestehen. Wohl wird in der L. die gesamte Existenz des Menschen (→Anthropologie) ernst genommen: nicht nur um die →Seele geht es; die *Leibhaftigkeit des Menschen* kommt mit ins »Spiel«: Hören, Sehen, Schmecken, z.T. Riechen (→Sinne) und Bewegung, Gesten, →Musik (→liturg. Musik, →Leib), gehören zur Beteiligung an der L. und zu einer Feier, die diesen Namen verdient. Damit können pädagogisierende Tendenzen kein Übergewicht erlangen.

*B. Liturgie in der Geschichte*

*I.* Obwohl das griech. Wort »leiturgia« im →NT nicht für kult. Handlungen im strikten Sinn verwandt wird, gibt es den christl. geprägten und christozentr. Gottesdienst natürl. bereits vom Beginn der *Urgemeinde* an, und die Textgeschichte des NT ist eng mit dem gottesdienstl. Rahmen verknüpft. Erste ausführl. Gottesdienstordnungen (Agenden) sind aus der Zeit um 200 erhalten; sie zeigen eine *Gestalt* der L., die sich in der Feier der Sakramente →Taufe und →Abendmahl/Eucharistie und im sonstigen liturg. Leben der Gemeinde im Kern nicht von den bis heute gebräuchl. Elementen und Riten unterscheidet. Die Feier der L. hat im Verlauf der Geschichte vor allem im Westen immer wieder in der Spannung gestanden zwischen autoritativ-zentraler Regelung der Riten, Texte und Gegenstände und der Freiheit der Gemeinde, dies selbst zu ordnen; zwischen der Einfachheit in den Grundstrukturen der sakramentalen Feiern und der Entfaltung menschl. Bedürfnisses nach Anschaulichkeit und Ausgestaltung der reichen Bedeutungen der Riten; zwischen einem die Freude am Heil fast gänzl. erstickenden Ernst des Gottesdienstes und dem Verlangen nach Sinnenfreude und Prachtentfaltung. Die jeweiligen Extreme lassen sich nach der →Reformation nicht säuberl. jeweils einer →Konfession zuschreiben, sondern die Grenzen sind oft verwischt.

*II.* Das *20. Jh.* kennt sowohl in der röm.-kath. Kirche wie in den Kirchen der Reformation Bestrebungen, die Grundstrukturen der einzelnen Feiern wieder deutlicher zum Vorschein kommen zu lassen; einen weitaus größeren Teil der →Bibel als bisher in den Gottesdiensten zu verlesen (→Lesung; wenn dies auch gerade im dt. Sprachraum in den meisten röm.-kath. wie prot. Gemeinden noch auf Widerstand stößt); anthropolog., seelsorgerl., humanwissenschaftl. Erkenntnisse fruchtbar zu machen für die konkrete Feiergestalt der L.; gemeinsame Quellen, vor allem aus der Zeit der frühen Kirche und der →Kirchenväter, für Texte und Riten (wieder) zu verwenden; fast vergessene, aber heutzutage noch aussagekräftige Bräuche (Hungertuch u.a.) wiederzubeleben; zu beseitigen, was unverständl. oder sinnlos geworden ist; und insgesamt zu einer höheren Wertschätzung der L. für das Leben der Gemeinde zu gelangen (→Liturg. Bewegungen). Die *L.konstitution* des 2. →Vat. Konzils ist dabei nicht nur für die röm.-kath. Kirche zum Hauptdokument und Motor dieser Neubesinnung und Reformen geworden. Die Lima-Liturgie (→ökumen. Bewegung) wird von vielen als bedeutsamer Schritt in der Ökumene angesehen.

*III.* Für die L. der →*orthod. Kirchen* gelten die in *A.* genannten Umschreibungen ebenfalls. Noch weit stärker als in den westl. Konfessionen aber ist das liturg. Tun Mitte des kirchl. Handelns und Klammer des Dreiklangs von Liturgie, Diakonie, Martyria. Dies gilt bes. in denjenigen kommunist. Ländern, in denen eine öffentl. Sozialfürsorge und Predigt der Kirche durch Staatsgesetze verhindert wird. Die Gottesdienstfeier ist zugleich Unterweisung wie in ihrer Sinnenhaftigkeit Fürsorge für die gedrückte Seele des Menschen. Tagesheiligung durch das Stundengebet, verschiedene Segnungen und Fürbittegebote, bes. für die Toten, sind dabei im orthod. Bereich genauso Volksgottesdienst wie die Eucharistiefeier, welche allein als »L.« bezeichnet wird. Für alle diese rituell wie musikal. durchgestalteten Gottesdienste, die dem kirchl. Typikon (Buch der Gottesdienstordnungen) entsprechen, gilt, daß sie symbolhaft das im Bilde bezeichnen, was sie zugleich in dieser Bildhaftigkeit bewirken (→Sakrament). Insofern ist der orthod. Gottesdienst – wie auch die in ihm eine nicht unwichtige Rolle spielenden →Ikonen – von einem (spät-)platon. Bilddenken her zu verstehen als ein ird. Abbild der himml. L. und des Heilswerkes →Gottes.

*C. Umfang der Liturgie*

Grundlegend für die Zugehörigkeit einer Handlung zur L. ist die Eingebundenheit der Versammlung in die unter *A.* genannten Merkmale. Dabei müssen die Teilnehmer zumindest grundsätzl.

gegenüber der Kirche offen sein. Taufe und Abendmahl/Eucharistie sowie die übrigen im röm.-kath. Bereich übl. *Sakramentenfeiern* (auch die →Beichte) oder Kasualhandlungen (u.a. →Trauung, →Bestattung) gehören ebenso dazu wie Wortgottesdienste, das öffentl. gefeierte Stundengebet (→Tag), →Prozessionen oder die Zusammenkünfte von →Synoden und →Konzilien. Eine Sonderstellung nimmt das *Kirchenjahr* oder liturg. →Jahr ein. Während es selbst nicht Gegenstand der Feier ist (Objekt ist das von Christus erworbene Heil und die Hineinnahme der Gläubigen in dieses neue Leben), bestimmt es doch durch den jeweiligen Aspekt der Erlösungstat die konkrete Gestalt der L. (→Woche; →Advent; →Weihnachten; →Ostern). In der reform. Tradition liegt ein bes. Akzent auf der →*Predigt*, die in einem populären Verständnis der L. häufig entgegengesetzt wird. Es begegnen Tendenzen, liturg. Elemente homilet. zu aktualisieren oder zugunsten der Predigt zu reduzieren.

*D. Probleme im Umfeld der Liturgie*

*I.* Der hinlängl. bekannte Trend der konstanten *Abnahme der Teilnehmerzahlen* an den Gottesdiensten und das Fehlen eines großen Teils der jungen und mittleren Generation deuten auf die bislang nicht annähernd gelöste Schwierigkeit, einerseits dem hohen theol. Anspruch der L. gerecht zu werden, andererseits die Gestaltung der Feier nicht zu einem esoter. Konventikel Auserwählter und Eingeweihter werden zu lassen. Der Gebrauch von Riten und Texten, die teilweise bis in die Anfangszeit des Christentums zurückgehen, läßt den *Gegenwartsbezug der Feier*, das in der L. jeweils neu angebotene Heil, das auch für die aktuelle Situation gilt, oft im dunkeln. Die Ausrichtung der liturg. Versammlung auf das Gesamt der Kirche, die sich zwar in der Gemeinde manifestiert, aber über sie hinausgeht, steht (zumindest in der Erfahrung) mit der persönl. Betroffenheit der Teilnehmer oft in Widerspruch; »es gibt mir nichts«, ist der verbale Ausdruck der Enttäuschung. Einerseits bieten Gottesdienste für bestimmte *Gruppen* (→Kinder, →Jugend(liche), Ältere, ausländ. Mitbürger etc.) die Chance, dem erlebnis- und verständnismäßigen Horizont der Teilnehmer entsprechende Gestaltungsmöglichkeiten einzusetzen; andererseits ergibt sich so eine Aufsplittung der (idealerweise) einen Gemeinde, die zusammen um den einen Altar versammelt die L. feiert; zumindest besteht die Gefahr dazu. Die Erkenntnisse der →Psychologie, Kommunikationswissenschaft, Semiotik und Symbolforschung sind noch kaum in ihrer vollen Bedeutung für die L. gesehen, geschweige denn umgesetzt in Gottesdienstmodelle und -formulare (→Liturgiewissenschaft).

*II.* Die große Frage im Hintergrund bleibt jedoch, ob die christl.-existentiellen *Voraussetzungen bei den Teilnehmern* noch gegeben sind oder ob (wieder) eine quasikatechumenale Situation herrscht, die erfordert, den Sinn für christl. Leben aus der Erlösung heraus und die Feier dieser Erlösung in der L. neu personal verständl. zu machen und zu fördern. Von hier aus ergibt sich erneut die zu Beginn von *A.* genannte Einbindung der L. in das Dreieck Verkündigung – Gottesdienst – Sozialtätigkeit: Ohne den Bezug zu den beiden anderen Grundvollzügen der Kirche steht die L. blutleer da, wie ebenso die beiden anderen Lebensäußerungen nicht ohne Bindung an die L. existieren können. Es bleibt eine offene Frage, ob L. durch →Medien (Rundfunk und Fernsehen) vermittelt werden kann. In der ev. Kirche werden hier weniger Probleme als in der kath. Kirche deutl.

*E. Liturgie zwischen Volkskirche und säkularisierter Gesellschaft*

Wichtig ist, daß heute viele Kirchen im Blick auf ihre jeweilige gottesdienstl. Praxis vor durchaus vergleichbaren Problemen stehen, und dies unabhängig von ihrem spezif. hist. und dogmat. Hintergrund: Ein tiefreichender, konfessionsübergreifender »Umbruch traditioneller Gottesdienstgewohnheiten« (P. Cornehl) verlangt danach, in ökumen. Perspektive analysiert, reflektiert und konstruktiv bearbeitet zu werden.

*I.* In einer *volkskirchl. Situation* (→Volkskirche), in der die Mehrheit der Bevölkerung einer christl. Kirche angehört, wird die gottesdienstl. Praxis weithin durch →Sitte und Brauchtum – also durch →Werte, →Normen und Verhaltensanweisungen, die in der gesamtgesellschaftl. Kultur verankert sind – geregelt und abgesichert. Diese sozialen und kulturellen Stützen entfallen, wenn der volkskirchl. Rahmen zerbricht und die »symbol. Sinnwelt« des christl. Glaubens, wie sie insbes. im gottesdienstl. Handeln ihre Darstellung findet, einem gesamtgesellschaftl. Plausibilitätsschwund ausgesetzt ist. Damit wird die Frage akut, wie denn in einer solchen Situation gottesdienstl. Praxis motiviert und in sie eingeführt und eingeübt werden kann.

*II.* In der hier vorgestellten Situation erscheint das überlieferte gottesdienstl. Handeln der Kirchen zu großen Teilen als ein Stück vergangener →Kultur und gewinnt in gewisser Weise museale Züge. Damit stellt sich die Frge, welchen Sinn dieses Handeln im Zusamenhang zeitgenöss. Kultur erfüllen und wie es sich ihr vermitteln kann.

*III.* Die liturgietheol. bedeutsame Frage, in welchem Verhältnis denn das gottesdienstl. Handeln der Christen zu ihrer *alltägl. Lebenspaxis* stehe, welche Bedeutung also der bes. Gottesdienst für ihren »Gottesdienst im Alltag der Welt« (E. Käsemann) zu erfüllen vermöge, wird hierdurch erhebl. verschärft: Je weniger plausibel – im Sinne einer sozialen und kulturellen Selbstverständlichkeit – der bes. Gottesdienst wird und je mehr er sich in

Ausdruck, Vollzug und Gestalt von den Manifestationen zeitgenöss. Kultur absetzt, um so dringlicher wird die Frage nach seiner theol. Begründung.

*IV.* Umgriffen werden die genannten Fragestellungen von Entwicklungen, die den Gesamthorizont betreffen, in dem sich christl. Glaube heute vorfindet und ereignet, und die durch Stichworte wie »*Säkularisierung*«, »Entsakralisierung« u.ä. hier nur unzureichend und mißverständl. angedeutet werden können: Was bedeutet es für das gottesdienstl. Handeln der Christen, wenn die – in der bibl. Überlieferung angezeigte, im Christusereignis besiegelte – Aufhebung der Zweiteilung der Wirklichkeit in »profane« und »sakrale« Bereiche sich heute im allg. Bewußtsein einerseits vollendet, andererseits sich jedoch Phänomene zeigen, in denen diese Zweiteilung neu aufzuleben scheint? Wie kann Gottesdienst in solcher Situation auf »weltl.«, die genannte Trennung überwindende und darin ganzheitl. Weise gestaltet und gefeiert werden?

*V.* Zwischen dem theol. Anspruch, mit dem das gottesdienstl. Handeln der Kirchen vertreten und vollzogen wird, und der tatsächl. kirchlich-gemeindl. Wirklichkeit besteht vielfach ein erfahrbarer *Widerspruch*: Dem traditionellen Gottesdienst kommt zwar im Gesamt kirchl. Praxis noch eine nicht zu unterschätzende Bedeutung zu, doch bildet er keineswegs mehr überall das Zentrum und den Ausgangspunkt aller gemeindl. Aktivitäten. Dagegen scheinen sich in *neuen* gemeindl. *Sozialformen* (Kreisen, Kleingruppen usw.) in zunehmendem Maße auch neue gottesdienstl. Formen herauszubilden, die von der Liturgiewissenschaft – fixiert auf die traditonellen Gottesdienstformen – bisher noch nicht zureichend zur Kenntnis genommen worden sind.

*VI.* All dies legt die Vermutung nahe, daß Gottesdienstprobleme häufig gar nicht »innerliturg.« – d.h. durch Veränderung der Kommunikationsstrukturen des Gottesdienstes selbst – lösbar sind, sondern nur im *Gesamtzusammenhang* kirchl. Kommunikation angegangen und gegebenenfalls gelöst werden können. Beobachtungen, die auf eine Zuordnung best. sozialer Aktivitäten (in →Arbeit, →Familie, →Gruppe, →Gesellschaft) zu best. Zeitebenen (→Tag, →Woche, Monat, →Jahr) schließen lassen, dürften auch für eine prakt.-theol. Lehre vom Gottesdienst von Belang sein; lassen sie doch Rückschlüsse darauf zu, welchen sozialen Sinn unterschiedl. Beteiligungsstrukturen auch im Blick auf den Gottesdienst zu erfüllen vermögen, wobei jede dieser Strukturen wiederum eine eigene Erwartungshaltung gegenüber Kirche und Gemeinde einschließt.

*Lit.: A. Adam/R. Berger:* Pastoralliturg. Handlexikon, Freiburg, 3. Aufl. 1984, 313-316. – *A. Adam:* Erneuerte L., Freiburg, 5. Aufl. 1982. – *P. Brunner:* Zur Lehre vom Gottesdienst der im Namen Jesu versammelten Gemeinde, in: *K. F. Müller/W. Blankenburg (Hg.):* Leiturgia, I, Kassel 1952, 83-364 (Lit.). – Gottesdienst, in: Theol. Realenzyklopädie 14, 1-97 (Lit.). – *Ch. Jones u.a. (Hg.):* The Study of Liturgy, London, 6. Aufl. 1983 (Lit.). – *F. Kalb:* Grundriß der Liturgik, München, 2. Aufl. 1982 (Lit.). – *E. J. Lengeling:* L., Dialog zwischen Gott und Mensch, Freiburg 1981. – *Ders.:* L./L.wissenschaft, in: Neues Handbuch theol. Grundbegriffe, Bd. 3, München 1985, 26-53 (Lit.). – *H. B. Meyer u.a. (Hg.):* Gottesdienst der Kirche, 8 Bde., Regensburg 1983ff. (Lit.). – *F. Schulz:* Die Lima-L. Die ökumen. Gottesdienstordnung zu den Lima-Texten. Ein Beitrag zum Verständnis und zur Urteilsbildung, Kassel 1983. – *H.-J. Schulz:* Die byzant. L., Freiburg 1964 (Lit.). – *G. Wainwright:* Doxology, London, 2. Aufl. 1982 (Lit.). – *H. A. J. Wegman:* Geschichte der L. im Westen und Osten, Regensburg 1979 (Lit.).

*Thaddäus A. Schnitker (A-D)/Karl-Heinrich Bieritz (E)*

**Liturgiewissenschaft** wird heute gleichermaßen als die prakt.-theol. Reflexion und die systemat. bzw. hist.-theol. Erforschung von gottesdienstl. Zusammenkünften und deren Rahmenbedingungen verstanden.

*A.* Da sich das christl. Glaubensleben bes. auch in den verschiedenen Formen der →Gottesdienste aktualisiert, leistet die L. eine notwendige Auseinandersetzung mit diesen Zusammenkünften der Christen, in denen Lob, Dank und Bitte in Wort und Zeichen ausgedrückt werden. Der L. kommt dabei eine wesentl. theol. Aufgabe zu, da die →Liturgie (neben Martyria und Diakonia, d.h. Zeugnis und Dienst) eine *Grundfunktion von →Kirche*, d.h. ein Teil der Kirche (näml. ecclesia orans = betende Kirche) ist. So muß die L. (ideologie-)krit. auf dem Hintergrund des geoffenbarten →Heils beständig fragen, ob sich die Liturgie als Kirche verwirklicht. Sie muß näml. jegl. (z.B. ritualist. oder kult.) Verselbständigung von Liturgie die befreiende Botschaft vom Heil in →Jesus Christus entgegenstellen, der allein ein christl. Glaubensleben begründen kann. Umfassender *Gegenstand der L.* ist deshalb kurz gesagt, die (betende und die Heilstaten Gottes feiernde) Kirche. Im Kontext der anderen theol. Fachdisziplinen kommt der L. als einer »Wissenschaft von Kirche« zum einen ein systemat.-theol. und ein hist. Stellenwert zu; zum anderen entwirft sie in der konkreten Reflexion prakt.-theol. Ansätze und →Methoden. Auf dem Hintergrund der prakt.-theol. Theoriediskussion zeigt sich für die L. besonders, daß sich prakt.- und systemat.-theol. Methoden notwendig gegenseitig ergänzen. Seit den Anfragen der →Liturg. Bewegungen ist die Auseinandersetzung mit der liturg. Praxis (also die empir. Dimension) in der →Tradition verschiedener Kirchen zunehmend wichtig geworden. Auf Grund dieser wissenschaftl. Auseinandersetzung mit einer wesentl. Dimension der Kirche wird die L. heute weithin als eine *prakt.-theol. Disziplin* (→Prakt. Theologie) angesehen.
In fast allen kath.-→theol. *Fakultäten* ist L. nunmehr als eigenständiges Fach eingerichtet, während in den ev.- theol. Fakultäten der liturgiewissen-

schaftl. Bereich in Forschung und Lehre als Teilgebiet der Prakt. Theologie meist nicht intensiv wahrgenommen werden kann.

*B.* Unmittelbarer Gegenstand der L. sind die verschiedenen *gottesdienstl. Versammlungen* der christl. Glaubensgemeinschaften in →Geschichte und Gegenwart, verstanden als Indikatoren für und Zeichen von Kirche. Als *Methoden* sind anerkannt und bedeutsam hist. und philolog. Grundlagenforschung, deren systemat.-theol. Deutung sowie vergleichende liturgiewissenschaftl. Erörterungen (unterschiedlicher liturg. und ritueller Praxis) und pastoralliturg. Analysen (realer liturg. Praxis in bezug auf die gesamte kirchl. Lebenspraxis). Bisher nur wenig berücksichtigt, aber im Zuge sich verändernder Lebenskontexte bedeutsam sind humanwissenschaftl., semiot. sowie literatur- und sprachwissenschaftl. Forschungsergebnisse über (ritualisierte) verbale und nonverbale *Interaktion.* Sie müssen künftig bei der Analyse und Interpretation realer liturg. Handlungsvollzüge noch deutlicher einbezogen werden.

*C.* Notwendig ist eine verstärkte Erforschung der *wissenschaftstheoret. Grundlagen* der L. Vor allem aber darf der Hintergrund aller Fragen nicht vergessen werden: Wie verwirklichen wir den christl. →Glauben im Wandel der Lebenswelten? Die Gestalt der Kirche wird auch in Zukunft entscheidend davon abhängen und daran zu messen sein, ob und wie sie zeigen kann, daß sie in dieser Welt ihren Glauben feiernd und betend auszudrücken weiß.

*Lit.: T. Berger:* Prolegomena für eine ökumen. L., in: Archiv für L. 29 (1987), 1-18. – *H. W. Gärtner/M. B. Merz:* Prolegomena für eine integrative Methode in der L., in: Archiv für L. 24 (1982), 165-189 (Lit.). – *A. A. Häußling:* Die krit. Funktion der L., in: *H.-B. Meyer:* Liturgie und Gesellschaft, Innsbruck 1970, 103-130. – *Ders.:* Bemerkungen zu Teresa Bergers »Prolegomena für eine ökumen. L.«, in: Archiv für L. 29 (1987), 242-249. – *Ders.:* Liturgiewissenschaftl. Aufgabenfelder vor uns, in: Liturg. Jahrbuch 38 (1988), 94-108. – *F. Kohlschein:* L. im Wandel?, in: Liturg. Jahrbuch 34 (1984), 32-49. – *G. M. Martin:* Gottesdienst (prakt.-theol.), in: Ev. Kirchenlexikon 2, Göttingen 1988, 282-284. – *M. B. Merz:* "L.", in: Archiv für L. 27 (1985), 103-108.

*Michael B. Merz*

**Liturgische Bewegungen**

*A. In der katholischen Kirche*

*I.* Unter der Liturg. Bewegung versteht man die *seit dem 19. Jh.* einsetzenden Bemühungen, den →Gottesdienst wieder zur sammelnden Mitte der →Gemeinde zu machen. Die *Anfänge* der Liturg. Bewegung reichen zurück bis ins Zeitalter der →Reformation und in den Gallikanismus (Selbständigkeitsbestrebungen der franz. Kirche im 17.-19 Jh.). Erste Impulse kommen aus der →*Aufklärung* und ihren seelsorgerl. Bemühungen (I. H. von Wessenberg, 1774-1860). Diese erste Phase wurde verdrängt durch eine bewußt gegensätzl. restaurative zweite Phase, die der →*Romantik* verpflichtet war. Sie ist hauptsächl. getragen von den neugegründeten →*Benediktinerabteien* Solesmes (Frankreich), Beuron und deren Gründungen. Sie belebten die großen gottesdienstl. Traditionen der lat. Kirche neu, entdeckten das Kirchenjahr (→Jahr) und die liturg. Bücher wieder (ihr typ. Ausdruck sind die Volksmeß- und Volksvesperbücher) und erneuerten den →Gregorian. Gesang. Pius X. (1903-1914) sicherte ihre Ergebnisse und machte sie verbindl. durch das Motuproprio über die Kirchenmusik »Tra le Sollecitudini« (22.11.1903), die Editio Vaticana der Choralbücher und die *Liturgiereform* von 1911-14. Im genannten Motuproprio prägte er den Leitsatz der Liturg. Bewegung für die Zukunft: Die »tätige Teilnahme« (actuosa participatio) der Gläubigen an der Feier der »hochheiligen Mysterien und am amtl. Gebet der Kirche« ist die »erste und unerläßl. Quelle« des christl. Geistes.

*II.* Als Aufbruch einer neuen Phase gilt das »*Mechelner Ereignis*«, die Rede von Lambert Beauduin OSB (1873-1960) in Mecheln am 23.9.1909. Er griff das Papstwort auf und machte es durch seine Rede bekannt. Danach wirkte die Liturg. Bewegung zunächst in →Belgien und in den →Niederlanden. In →Deutschland, →Österreich, →Italien, →Spanien und →Großbritannien blieb sie zunächst auf einige Benediktinerabteien beschränkt. Etwa seit dem Jahre 1913 wurde die dt. Benediktinerabtei *Maria Laach* unter ihrem Abt Ildefons Herwegen (1874-1946) in der Liturg. Bewegung führend. Das Volksliturg. Apostolat des Chorherrn Pius Parsch in Klosterneuburg bei Wien, das Aufnehmen der Erneuerungsgedanken durch die *kath.* →*Jugendbewegung* (Burg Rothenfels mit R. →Guardini, die Jugendverbände mit Ludwig Wolker), die seelsorgerl. Antriebe des Leipziger Oratoriums, die Forschungen in Maria Laach (Odo Casel, gest. 1948, und Cunibert Mohlberg, gest. 1963) und der Innsbrucker Theol. Fakultät (Joseph A. Jungmann) führten zu einer Festigung der Liturg. Bewegung.

*III.* In den Jahren des *Zweiten Weltkrieges* kam es zu einer Krise, die die Bemühungen und Ziele der Liturg. Bewegung ernsthaft gefährdete. Die Haltung der →Bischöfe, die selbst die Führung der Liturg. Bewegung übernahmen (Liturg. Referat, Liturg. Kommission, seit 1947 Liturg. Institut Trier), und des Hl. Stuhles (Enzyklika »Mystici Corporis« vom 29.6.1943) trug u.a. dazu bei, sie zu bewältigen. 1947 griff Pius XII. (1939-1958) in die Enzyklika »Mediator Dei« vom 20.11. die Anliegen der Liturg. Bewegung auf. Seitdem begann in kleinen Schritten (Erneuerung der Osternacht 1951, Erneuerung der Karwoche 1955, Rubriken-Vereinfachung, Abendmesse, Erleichterung des eucharist. Nüchternheitsgebotes) eine Reform der bestehenden Liturgie. In seiner *Liturgiekonstitu-*

*tion* legte das 2. →Vat. Konzil (1962-1965) die Grundsätze für die Erneuerung der →Liturgie aus dem Geist ihrer bibl. und patrist. Quellen, unter Wahrung der später entwickelten Formen, mit Anpassung an die Erfordernisse der Gegenwart und im Blick auf die Situation der Weltkirche fest. Diese Initiative war auch von ökumen. Impulsen getragen und strahlte auf Entwicklungen in anderen Kirchen aus. Mit der Durchführung der Erneuerung des Gottesdienstes war zunächst ein Gremium von Bischöfen und Fachleuten aus aller Welt (»Consilium«) beauftragt, später die Kongregation für den Gottesdienst. Inzwischen sind fast alle liturg. Bücher neu erschienen und den jeweiligen Sprachgebieten angepaßt worden. Unabhängig davon sind die Wirkungen dieser Jahre in den Kirchen verschiedenster Länder, etwa in den Niederlanden, kaum zu überschätzen und heute noch nicht absehbar.

*B. In den evangelischen Kirchen*

*I.* Ähnl. wie in der kath. Kirche stehen auch die L.nB. in den ev. Kirchen in der Spannung zwischen Aufklärung und Restauration, Anpassung bzw. Aktualisierung der Liturgie auf der einen, Betonung ihrer Kontinuität, Ökumenizität und Ursprungsbindung auf der anderen Seite. So wurde die um 1890 entstandene sog. *ältere* (theol. F. D. E. →Schleiermacher und dem Neuprotestantismus verpflichtete) Liturg. Bewegung um J. Smend und Fr. Spitta nach dem Ersten Weltkrieg von einer sog. *jüngeren* Liturg. Bewegung abgelöst, in der zahlreiche Motive und Strömungen zusammenflossen: R →Otto und sein Kreis betonten das Moment der Anbetung und suchten die Aktivität der Gemeinde neu zu beleben. Die hochkirchl. Bewegung (begründet 1918; seit 1947 »Ev.-ökumen. Vereinigung des Augsburger Bekenntnisses«; Ev.-ökumen. Johannesbruderschaft) legte das Schwergewicht auf die Ökumenizität des Gottesdienstes und knüpfte an altkirchl. Traditionen an. Der *Berneuchener Kreis* um W. Stählin und K.-B. Ritter (Berneuchener Konferenzen seit 1923; Ev. Michaelsbruderschaft 1931) nahm in liturg. zunächst höchst eigenwilliger Weise Impulse der *Jugendbewegung* auf, näherte sich später jedoch mehr und mehr ökumen. überlieferten Gestaltungen an. In den »liturg. Konferenzen« einzelner Landeskirchen (später in der »Luth. Liturg. Konferenz Deutschlands« verbunden) konnte man vor allem an die aus dem Neuluthertum des 19. Jh.s (W. Löhe, gest. 1872; Th. Kliefoth, gest. 1895 u.a.) erwachsenen Erneuerungsbestrebungen und an die Lutherrenaissance (Karl Holl) anknüpfen. Der Alpirsbacher Kreis (theol. durch K. →Barth beeinflußt) pflegte den →Gregorian. Choral im Rhythmus der Schule von Solesmes und schuf reiche musikal. Formen für Stundengebet und Messe. Insgesamt kamen wichtige Impulse vom Neuaufbruch der Theologie nach dem Ersten Weltkrieg sowie von der exeget., liturg. und kirchenmusikal. Forschung.

*II.* Bei der Durchsetzung der L.nB. in den dt. ev. Kirchen spielten die *Erfahrungen des →Kirchenkampfes* im Dritten Reich eine entscheidende Rolle (Festhalten am überlieferten →Bekenntnis, das jetzt von den Gemeinden laut mitgesprochen wird, und am reformator. Gottesdienst gegen die Irrlehre der »Dt. Christen«). Zu den gottesdienstl. Ordnungen, die nach Ende des Zweiten Weltkriegs diesen Erfahrungen gerecht zu werden versuchten, zählen die von der Luth. Liturg. Konferenz unter der Führung von Chr. Mahrenholz erarbeitete *vierbändige »Agende* für ev.-luth. Kirchen und Gemeinden« (Bd. I 1955) und die »Agende für die Ev. Kirche der Union« (Bd. I 1959). Auch in den reform. Gemeinden – vor allem freil. im außerdt. Raum – geriet die Liturgie des Gottesdienstes, beeinflußt durch die Communauté de Taizé (→Cluny, →Taizé), in Bewegung und gewann neue Bedeutung für die Gemeinden.

*III.* Im Gegenzug gegen die als restaurativ empfundenen und kritisierten Agenden der 50er Jahre gewann in den 60er Jahren eine *neue Liturg. Bewegung* im dt. Protestantismus an Einfluß (Gottesdienste »in neuer Gestalt«, Jugend- und Familiengottesdienste, polit. Gottesdienste u.a.). Sie mündete – unter Aufnahme ökumen. Impulse und im Zuge erneuter »Verinnerlichung« der Spiritualität – in den 70er Jahren in eine neue Abendmahlsbewegung ein, die bes. auf den Kirchentagen in Erscheinung trat.

*C. In der anglikanischen Kirche*

Das Zeitalter des →Rationalismus brachte auch in England den Verfall des gottesdienstl. Lebens mit sich. Diesem Verfall folgten zwei Bewegungen, die das 19. Jh. in der engl. Kirchengeschichte bestimmten: die →*evangelikale Bewegung*, die im 18. Jh. beginnt (vgl. auch J. Wesley und die →Ev.-methodist. Kirche), und die katholisierende *Oxford-Bewegung*. Brachte die evangelikale Bewegung →Glauben und tätige →Liebe zu zentraler Geltung, so bewirkte die sog. Oxford-Bewegung (J. Keble, E. Pusey, J. H. →Newman) eine tiefgreifende Erneuerung der Kirche von England. Sie besann sich auf ihr kath. Erbe zurück, betonte stärker die sakramentalen und liturg. Elemente und löste sich teilweise von der staatl. Bevormundung. Die Oxford-Bewegung hat das rel. Leben weiter Kreise Englands verinnerlicht und lebt im heutigen Anglokatholizismus weiter.

*D. In den Ostkirchen*

In den Ostkirchen gibt es keine eigentl. Liturg. Bewegung, da die Liturgie im Gemeindeleben immer noch die zentrale Rolle spielt. Allerdings scheinen sich auch dort, nachdem die hergebrachten Gottesdienstformen weithin fremd geworden sind, erste Ansätze einer Neubesinnung zu entwickeln. In den mit Rom *unierten* Kirchen versucht die Liturg. Bewegung, die ursprüngl. gottesdienstl. Formen wiederherzustellen und die im Lauf der Geschichte übernommenen Gebräuche auszuschalten.

*Lit.: W. Birnbaum:* Das Kultusproblem und die Lit. Bewegung des 20. Jh.s, 2 Bde., Tübingen 1966-70. – *Th. Bogler:* Liturg. Erneuerung in aller Welt, Maria Laach 1950. – *E. Gordon:* Die liturg. Erneuerung der anglik. Kirche, in: Eine Heilige Kirche 28,2 (1955), 15-31. – *F. Kolbe:* Die Lit. Bewegung (Der Christ in der Welt, IX, 4), Aschaffenburg 1964. – *E. J. Lengeling:* Der gegenwärtige Stand der liturg. Erneuerung im dt. Protestantismus, in: Münchener theol. Zeitschrift 10 (1959), 83-101; 200-225. – *Th. Maas-Ewerd:* Die Krise der Lit. Bewegung in Deutschland und Österreich (Studien zur Pastoralliturgie 3), Regensburg 1981. – *K. F. Müller/W. Blankenburg:* Leitургia. Handbuch des ev. Gottesdienstes, 5 Bde., Kassel 1954-70. – *O. Rousseau:* Histoire du mouvement liturgique, Paris 1945. – *W. Trapp:* Vorgeschichte und Ursprung der lit. Bewegung, Regensburg 1940.

*Heidi-Maria Stowasser/Karl-Heinrich Bieritz (B)*

**Liturgische Geräte und Paramente.** Der →Gottesdienst folgt dem Wechsel der Kulturepochen. Auch wenn er seinem Ursprung im Wesen treu bleibt, unterliegt er doch in Gebärde, Gegenständen und Kleidung dauernden Änderungen. Dies wird nach dem Zweiten Weltkrieg (etwa beim Kirchenbau) und unter dem Anstoß liturg. Erneuerungen bes. deutl. Zur Entwicklung der →Liturgie trugen zudem immer die Impulse verschiedener Künste bei. Rel. Wahrheit und rel. Werte fordern eine authent. und schöne Gestalt.

*A.* Das Verhältnis zwischen →Liturgie und →Kunst unterlag allerdings großen Schwankungen. Die Liturgie der *Urgemeinde* stand durch ihre Schlichtheit zum jüd. Tempeldienst in deutl. Gegensatz. Als *Hausliturgie* sprengte sie nicht den Rahmen bürgerl. Zusammenkünfte dieser Zeit. Man kannte keine eigene Räumlichkeit, Kleidung oder Ausrüstung. Bis ins *3. Jh.* traf man sich im Hause eines Gemeindemitgliedes oder in einer dem Gottesdienst einigermaßen angemessenen Hauskirche. Von Dura Europos (Syrien, um 350) etwa kennen wir einen Empfangsraum mit Wasserbad, einen Raum für den Unterricht, einen Raum für die Eucharistie (→Abendmahl) mit einer Plattform für den Tisch und einigen bibl. Wandmalereien.
Mit dem *4. Jh.*, in dem sich eine Liturgie für die Massen entwickelt, beginnt die künstler. *Ausgestaltung* des liturg. Lebens. →Altartische, Lesepulte, cancelli und Leuchter erhalten Ornamente, es kommt in den Basiliken zu Wandteppichen, Mosaiken und Fresken. Ausgestaltet werden die Taufbekken in den Baptisterien, die Gräber, Sarkophage und →Reliquienschreine, in den Martyrien die Öl- und Wasserbehälter. Es entstehen *liturg. Bücher* für Lesung und Gesang, Gefäße für die Abendmahlsfeier, für Salbung und Waschung, das Altarkleid, Tische für die Geldsammlung (»Kollekte«), weiße Kleider für Vorsteher und die Neubekehrten (»Neophyten«). Die Liturgie bekommt ein feierl. und festl. Gepräge und wetteifert mit dem höf. Zeremoniell. Die byzant. Liturgie hat mit ihren Wandgemälden, →Ikonen (und Ikonostasen), mit Kronen, Fackeln und Kerzenlichtern (mit den Kronen aus Edelmetall, die heute noch den Heiratenden aufgesetzt werden) diese Eigenart bis heute beibehalten. Doch kann strenggenommen noch von keiner spezif. liturg. Kunst die Rede sein; denn die Liturgie folgte noch – auch auf dem Gebiete von Kleidung und Gegenständen – den Vorgaben der jeweiligen Kultur.

*B.* Die Situation änderte sich im 7. Jh. unter dem Einfluß neuer Völker. Herkömml. Gestaltungen wurden jetzt vielfach in einem *veränderten Kulturraum* beibehalten. Die Liturgie begann sich zu verselbständigen, und die rel. Kunst stellte sich jetzt unmittelbar auf die liturg. Situation ein. Die liturg. Kleidung wurde zum Unterscheidungsmerkmal kirchl. Amtsträger. Ferner entwickeln sich für die Feste und Perioden des Kirchenjahres (→Jahr) liturg. Farben. Es entstehen das Apsiskreuz, das Chorgestühl, der Schmuck des Altars mit →Kreuz, Leuchtern, →Reliquienschreinen und →Bildern, später sogar die großen Altaraufsätze. →Bilder von →Heiligen füllen die Kirchengebäude. Im späten Mittelalter wird der Chor durch den Lettner vom Schiff getrennt. Seit dem →*MA.* wird die liturg. Kunst zudem stark durch die →Frömmigkeit bestimmt. Mit Altären, Kapellen, Statuen und Gemälden verehrt man Geburt und Leiden des Herrn (→Jesus Christus, →Jahr, →Passion), →Maria und die Heiligen. Zur Quelle künstler. Gestaltung wird vor allem die eucharist. Frömmigkeit: Kelch und Patene, Ziborium und Kommunionbank, Tabernakel (mit Aussetzungsthron) und – für die Fronleichnamsprozession – die Monstranz. Diese Ausrüstung der kath. Liturgie hat sich (wenn auch mit Anpassungen während des →Barock und der →Aufklärung) größtenteils bis in unsere Zeit erhalten.

*C.* Im Bereich der luth. →*Reformation* behielt man – nachdem sich →Luther in den sog. Invokavitpredigten 1522 gegen jede Bilderstürmerei gewandt hatte – im wesentl. die *überlieferten* liturg. G. und P. bei. Während im dt. →Protestantismus später der schwarze Talar als liturg. Gewand gebräuchl. wurde, blieb z.B. im skandinav. Luthertum die traditionelle liturg. Gewandung weithin erhalten. Übl. sind heute P. in den liturg. *Farben* als Bekleidung für Altar, Kanzel und Lesepult; Kanne, Kelch, Patene, Hostiendose, (meist weißes) Velum zum Abendmahl; Kreuz (mit Korpus), Leuchter, Tuch, Blumen, Agende auf dem Altar; Bibel bzw. Lektionar auf der Kanzel und dem Lesepult; Taufkanne und Taufbecken, das meist im Altarraum steht. Eine wichtige Rolle spielt die *musikal. Gestaltung* des Gottesdienstes (→Orgel, →Kirchenmusik).
Für den reform. Bereich ist ein stärkeres Bemühen um *Einfachheit*, Schlichtheit und bibl. Nüchternheit in der Ausstattung der Kirchenräume und

beim Gebrauch liturg. Geräte (Tisch, Becher, Brotschale beim Abendmahl) erkennbar.

*D.* In unserer Zeit finden, wenigstens in der kath. Liturgie, *einschneidende Veränderungen* statt (→Liturg. Bewegungen). Im Bestreben, den Gottesdienst dem heutigen Menschen und seiner Kultur anzupassen, werden überladene Traditionen vereinfacht, werden das Gewöhnliche und die Funktionalität der Dinge neu entdeckt. Man sieht das an der Kleidung, der Ausstattung der Kirchengebäude, am Stil des liturg. Tuns. Zugleich werden *neue Formen* gesucht, die von den Gläubigen als echt, wahrhaft christl. und schön empfunden werden. Auf diesem Gebiet gibt es manche Fragen und Wünsche. Das Band mit der Kunst hat sich in dieser Übergangszeit gelockert. Sicher sollte es zu einem größeren Einsatz und Austausch zugunsten des liturg. Lebens kommen.

*Lit.: J. Braun:* Die liturg. Gewandung im Occident und Orient, Freiburg 1907 (Lit.). – *Ders.:* Das christl. Altargerät in seinem Sein und seiner Entwicklung, München 1932 (Lit.). – *V. H. Elbern/R. Mumm:* Geräte, liturg., in: Theol. Realenzyklopädie 12, 396-404 (Lit.).

*Anton Scheer*

**Locke,** *John,* geb. 29.8.1632 in Wrington/Bristol, gest. 28.10.1704 in Oates. Führender Repräsentant der engl. *Aufklärung* und Vertreter eines philos. →*Empirismus,* der alle Erkenntnis aus der äußeren und inneren →Erfahrung (*reflexion* und und *sensation*) ableitet. Auf L. geht die Unterscheidung zwischen primären und sekundären Sinnesqualitäten zurück wie auch die Lehre vom Staatsvertrag (→Staat) und von der Gewaltenteilung (→Demokratie), die Montesquieu weiterentwickelt hat. Von L. beeinflußt sind auch →Hume, →Leibniz und →Kant. L. fragt im Gegensatz zu →Descartes' Lehre von den eingeborenen Ideen nicht nach Kriterien für die Gewißheit der →*Erkenntnis,* sondern nach den Ursachen (Vorstellungen, Empfindungen, Sinneseindrücken), die Erkenntnis hervorrufen, sofern sie die Seele (L. spricht von ihr als einer *»tabula rasa«)* mit Erfahrungen »erfüllen«. An ihnen übt sich der Geist; aus ihnen entspringen (im log. Schließen, im Glauben und Zweifel, über das Wollen) die Ideen.
Einflußreich wurde sein *»Brief über die Toleranz«* (1689), der – im Blick auf den konfessionellen Bürgerkrieg – davon ausgeht, daß Überzeugungen sich nicht erzwingen lassen. Zwar kommt dem Staat ein Recht zu, Gesetze in bezug auf die indifferenten Dinge des rel. Lebens zu erlassen und etwa →Sekten zu verbieten; einen Zwang, an gottesdienstl. Handlungen teilzunehmen, darf der Staat jedoch unter keinen Umständen ausüben: Die Obrigkeit kann sowenig die Verantwortung für das Seelenheil der Bürger tragen wie für deren Privatangelegenheiten. Zur Begründung dieser These beruft L. sich u.a. auf die Pflicht zur Wiedergutmachung, auch dies ein Zeichen für die empir. Grundlagen seiner Argumentation: Die Obrigkeit hat nicht nur keine bes. Kenntnis des Weges zur Seligkeit, sie kann auch dem, den sie mit falschen Religionsgesetzen in die Irre geführt hat, den ewigen Schaden nicht ersetzen; zudem ist ein erzwungener Gottesdienst für die Seligkeit zwecklos.
In seiner →*Religionsphilosophie* unterstellt L. – jenseits des Streits der einzelnen Konfessionen – die Vernünftigkeit des Christentums, die darin gründe, daß die christl. Religion in bevorzugter Weise der Situation des Menschen entspreche: sie betone als einzige konsequent die Notwendigkeit der →Rechtfertigung. Die reformator. *Rechtfertigungslehre* wird damit zum alleinigen Kriterium der Vernünftigkeit der christl. Religion (der Glaube, daß →Jesus der Christus ist [→Hobbes], und die Buße, die sich in einem sittl. Leben äußert [Deismus]).

*Lit.: E. Crous:* Die religionsphilos. Lehren L.s, Halle 1910, Hildesheim/New York, 2. Aufl. 1980. – *L. Krüger:* Der Begriff des Empirismus. Studien zur Erkenntnistheorie John L.s, Berlin/New York 1973. – *M. Montuori (Hg.):* John L. on toleration of the unity of god, Uithoorn 1983. – *R. S. Woolhouse:* L., Brighton 1983.

*Carl-Friedrich Geyer*

**Logik** ist vom griech. »Logos«, »Sprechen« wie auch «Berechnen«, abgeleitet: Bereiche, die auch in ihr zusammentreffen. L. meint heute meistens die Lehre vom formal richtigen Sprechen und Denken, also *»formale L.«.* Daneben gibt es etwa die →*transzendentale L.* →Kants, der es um die →aprior. Bestimmungen der Erkenntnis geht, die *dialekt. L.,* in der →Hegel Vernunft und Sein ident. setzt, oder die →*deont. L.,* die normative Sätze und Ausdrücke untersucht. Im *alltagssprachl.* Bereich schließl. werden mit L. Regeln und Gesetzmäßigkeiten eines Sachgebietes bezeichnet (»L. des Kapitals«, aber auch etwa »L. der Sozialforschung«).

*A.* Als Begründer der *formalen L.* gilt →Aristoteles, vor allem mit seinen im »Organon« zusammengefaßten Schriften. Einen weiteren Höhepunkt erlebte die L. im MA., vor allem im 13. Jh. (Albertus Magnus, →Ockham u.a.). Wichtig ist schließl. die Mitte des 19. Jh.s einsetzende mathemat. L. (auch symbol. L., Logistik: Bolzano, Boole, Peirce, Frege, →Russell, Whitehead, Tarski, Carnap u.a.). Zwar geht der Untersuchungsbereich der modernen mathemat. L. weit über den der traditionellen hinaus, doch gelten auch heute noch Gesetze daraus.
Die *math. L.* verwendet ähnl. Zeichen wie die →Mathematik, um log. Beziehungen darzustellen. Sie »rechnet« dann mit diesen Zeichen, allerdings rein formalist., ohne Berücksichtigung der jeweiligen Inhalte. Man spricht hier auch von »L.kalkül«, wobei »Kalkül« verstanden werden kann als »ein System von Zeichen mit dazugehörigen Operationsregeln« (Bochenski-Menne). Elementarer Bestandteil der math. L. ist die Aussagenl. In ihr geht es um die Verbindung von Aussagen. Verbindungsartikel (»Junktoren«) sind »und«, »oder«,

»wenn – dann« usw. Bei den Aussagen selbst interessiert nur, ob sie »wahr« oder »falsch« sind. Es geht also um die Beziehungen zwischen Wahrheit und Falschheit von Aussagen, die in einer Reihe aussagenlog. Gesetze formuliert und in »Wahrheitstafeln« dargestellt sind.
Auf der Aussagenl. baut die *Prädikatenl.* auf. Prädikatoren sind hier Zeichen für Eigenschaften oder Beschaffenheiten von Individuen, Gegenständen usw. (etwa: »Sokrates ist ein Philosoph«). In der Prädikatenl. geht es dann um die Beziehungen, in denen Begriffe in Aussagen zueinander stehen. Es geht mit anderen Worten um die innere log. Struktur von Aussagen. Insofern behandelt die Prädikatenl. genau einen Punkt, von dem die Aussagenl. ausdrückl. noch abgesehen hatte.

*B.* Gerade der formale Charakter ist der L. und insbes. der modernen formalen L. immer wieder zum Vorwurf gemacht worden oder ließ sie als zweitrangig gegenüber anderen Wissenschaften erscheinen. Dies gilt sicher nicht für die Beziehung der L. zur Mathematik. Allg. bleibt zu bedenken, daß eine strikte Anwendung der L. helfen kann, Probleme besser zu differenzieren und so zu deren Lösung beizutragen. In Technik, Verwaltung und ähnl. Bereichen hat die *»Denkökonomie« der L.* ihre Anwendbarkeit und Effizienz bereits bewiesen. Angesichts der steigenden Vielfalt gesellschaftl. Denkmuster wird auch Theologie zunehmend auf formale Verfahren verwiesen sein und dadurch konsensfähiger werden. Der Bereich der »Eigenl.« des Glaubens dürfte erhebl. enger sein als gemeinhin vorausgesetzt.

*Lit.: K. Berka/L. Kreiser (Hg.):* L.-Texte. Kommentierte Auswahl zur Geschichte der modernen L., Berlin (Ost), 3. Aufl. 1982. – *J. M. Bochenski/A. Menne:* Grundriß der formalen L., Stuttgart, 5. Aufl. 1983. – *C. F. Gethmann (Hg.):* L. und Pragmatik, Frankfurt/M. 1982. – *A. Menne:* Einführung in die L., München, 3. Aufl. 1981. – *Th. M. Seebohm:* Philosophie der L., Freiburg/München 1984.

*Hermann Punsmann*

**Logos:** S. 1390

**Logotherapie** ist *sinnorientierte →Psychotherapie.* In Auseinandersetzung mit S. →Freud und A. Adler kommt Viktor E. Frankl, der Begründer der L., zu der Erkenntnis, daß der Mensch zwar durchaus lust- bzw. machtorientiert sei, seinem Wesen nach aber sei er wert- und sinnorientiert (→Sinn). Demnach ist der Mensch vorrangig nicht durch triebgesteuertes »Müssen« oder durch machtorientiertes »Wollen«, vielmehr durch die Seinweise des »Sollens« gekennzeichnet. Ist die Grundlage der Psychotherapie ein möglichst ganzheitl. Menschenbild (→Anthropologie), dann müssen das auf Ursachen bezogene Denken Freuds und das auf →Ziele bezogene Denken Adlers um das axiolog. (d.h. wert- und sinnorientierte) Denken der L. ergänzt werden. Wird der →Wille zum Sinn frustriert, dann gerät der Mensch in nihilist. Anschauungen (→Nihilismus) in ein existentielles Vakuum, das sich als Gefühl der Sinnlosigkeit, als lähmende Initiativelosigkeit, als Langeweile und als abgründige Apathie äußert. Die Sinnfrustration (existentielle Frustration) ist Ausdruck einer ungelösten geistigen Problematik: ein unlösbar erscheinender Gewissenskonflikt oder eine schwerwiegende existentielle Krise. Bei einer entspr. seel.-organ. Veranlagung kann sie in eine *»noogene«* (durch die Sinnfrage ausgelöste) *→Neurose* umschlagen. Sie äußert sich in psych. und/oder körperl. Symptomen, hat ihren Grund aber in einer ungelösten Sinn- und Wertproblematik, also in einem geistigen Notstand.

Frankl warnt davor, die Sinnproblematik psychologist. und prinzipiell auf eine dahinterstehende Problematik der Psyche zu verengen. Er betont die Eigenständigkeit der geistigen Dimension im Menschen. L. ist als *spezif. Therapie* bei noogenen Neurosen angezeigt, als unspezif. Therapie bei →Psychosen und psychogenen →Neurosen, in deren Verlauf zusätzl. eine existentielle Leere auftritt. Außerdem ist L. – in Form der ärztl. Seelsorge – immer dann angezeigt, wenn es gilt, den Zustand quälender Trostlosigkeit zu beheben, der angesichts eines unabänderl. Geschicks (z.B. Körperbehinderung oder Siechtum) auf Grund einer falschen Einstellung zum je eigenen →Leiden entstanden ist. Diese Änderung einer Verzweiflung erzeugenden Einstellung ist angezeigt, wenn ein Leiden nicht mehr verändert, vielmehr nur noch ertragen werden kann. Ziel einer solchen Einstellungsänderung ist es, den Patienten leidensfähig zu machen. Das logotherapeut. Gespräch ist so zu führen, daß der Patient zunächst seinen Willen zum Sinn wahrnehmen und seine Verantwortung für eine sinnorientierte Lebensführung annehmen kann. Sodann ist *Sinnentdeckungshilfe* so zu leisten, daß der Patient – im Vorblick auf seine objektive Situation und im Rückblick auf seine spezif. Fähigkeiten – seine ureigensten Sinnmöglichkeiten entdecken und verwirklichen kann. Instrument der Sinnentdeckung ist das →Gewissen. Entscheidend ist, daß der Arzt keine Sinnmöglichkeiten von sich aus anbietet, vielmehr den Patienten zur eigenständigen Sinnentdeckung freisetzt. Frankl unterscheidet drei Sinndimensionen: Der Mensch kann 1. als Homo faber (»Handwerker«) auf der Basis von Produktivität schöpfer. Werte, 2. als Homo amans (Liebender) auf der Basis des Empfangens Erlebniswerte und 3. als Homo patiens (Leidender) in Grenzsituationen im Mittel einer aufrechten Haltung die höchsten, näml. Einstellungswerte verwirklichen. Noch im Scheitern und durch das Scheitern hindurch kann Erfüllung des Lebens gefunden werden. Das aufrechte Erleiden des →Schicksals erzeugt trotz äußerer Erfolglosigkeit innere Erfüllung. Das Prinzip der Sinnverwirklichung aber ist Selbstüberschreitung. Sie zeigt sich als Abwendung des Menschen von sich selbst und – auf der Basis von Selbstvergessenheit – als Hingabe an eine →Person, Sache oder →Idee.

*Lit.: V. E. Frankl:* Theorie und Therapie der Neurosen, München, 4. Aufl. 1975. – *Ders.:* Ärztl. Seelsorge, Wien 1971. – *Ders.:* Der leidende Mensch, Bern 1984.

*Wolfram Kurz*

**Lohn und Strafe** meinen Reaktionsweisen auf eine Handlung oder Unterlassung einzelner durch einen Beteiligten oder Unbeteiligten. Die Reaktion kann positiv sein, so daß die Tat belohnt, oder negativ, so daß sie bestraft wird.

*A.* Die darin ihren Ausdruck findende Bewertung ist eth. Natur (→Ethik). Das Ziel der Aktion ist die Förderung des →Guten. Obwohl dies prinzipiell durch Unterstützung, L., oder durch Abwehr, S., geschehen kann, werden allg. L. und S. als zwei verschiedene Bereiche behandelt. Ausnahmen machen z.B. die →Theologie und die Pädagogik. Die Trennung beider Bereiche findet sprachl. ihren Ausdruck in verwandten Begriffen, wie z.B. Vergütung und Ver-geltung, und sachl. z.B. in der →Rechtswissenschaft, in der das →Strafrecht eine eigene Disziplin ist. Ein gemeinsamer Obergegriff fehlt. Im Miteinander der →Staaten findet sich der vorbeugende Charakter der S. in Gestalt der Abschreckung und Ver-geltung, der eine Handlung fördernde Charakter des L.s in der Gewähr wirtschaftl. Vorteile im →Handel sowie im kulturellen und sportl. Austausch. Da ein Oberbegriff für L. und S. auch hier fehlt, muß im konkreten Fall erwogen werden, ob die eine oder andere Reaktionsweise sinnvoll bzw. notwendig ist.

*B.* Im →*Dekalog* stehen L. und S. unverbunden nebeneinander. Das 2. Gebot etwa verbindet das Verbot, den göttl. Namen zu mißbrauchen, mit einer unbestimmten S.drohung; das 4. Gebot motiviert die Kinder, die Eltern zu ehren (d.h. auf den von ihnen vermittelten Empfang von Gottes →Wort zu reagieren) und deren Altersversorgung zu übernehmen, indem sie auf ihre eigene Zukunft verwiesen werden (F. Crüsemann). Der Ursprung des L.gedankens ist bis in die *vorbibl. Zeit* zurückzuverfolgen. L. ist Ausdruck für →Leistung und Verhalten (→Handeln) im Verhältnis Gottes zu den Menschen und der Menschen untereinander. →Gott, der gerecht ist, gilt als Garant für den Einklang von menschl. Handlung und Wohlergehen, L. bzw. S. Jahwe vergibt menschl. Tun. Daneben steht der Gedanke der Entlohnung für →Arbeit (vgl. Gen 29,15). Der L. darf nicht gekürzt (Dtn 24,1), verspätet gezahlt (Lev 19,13; Dtn 24,15) oder vorenthalten werden (Jer 22,13). Der Vergeltungsgedanke durch Jahwe und der Arbeitslohn werden auch verbunden, indem Gott zum Garanten korrekter Lohnzahlung wird (Dtn 24,15). L. kann auch göttl. Geschenk, →Gnade, sein, die dem Menschen in diesem Leben zuteil wird (Gen 15,1).

*C.* Im *NT* ist L. Ertrag von eigener Arbeit (Joh 4,36), das Entgelt für anderen geleistete Arbeit (Lk 10) und die Anerkennung Gottes für den ihm gegenüber erfüllten →Willen (Mt 5,12), aber auch das Entgelt und die S. für den an →Jesus begangenen Verrat (Apg 1,18). L. und S. sind ferner Lob und Tadel des Weltenrichters über die Menschlichkeit des einzelnen, dessen Verhalten gegenüber seinen Mitmenschen als Verhältnis gegenüber dem Weltenrichter gewertet wird (Mt 25,31-46; →Eschatologie). Das Verhalten von →Gemeinden als solchen unterliegt der Kritik und zieht L. oder S. nach sich (Offb 2f.). Paulus kennt einerseits den L.- und S.gedanken als Vergeltung für menschl. Handeln (Röm 2,1-11; 2 Kor 15 u.ö.) und andererseits die →Rechtfertigung des Sünders aus Gnade allein, so daß der einzelne die Gabe des →Geistes geschenkt erhält (Röm 8,14-16; 2 Kor 1,22 u.ö.). Der Grund für das unterschiedl. Verständnis von L. und S. durch Paulus dürfte darin zu sehen sein, daß dieser sich gegen den Mißbrauch der Gnade wendet (Röm 6,15-23; Gal 5,22 u.ö.).

*D.* Die Zeit der →*Alten Kirche* und des →*MA.s* ist stark geprägt in Alltag und Ethik durch das Schema von L. und S. An der Gnadenlehre stößt es an seine Grenzen. →Augustinus (354-430) lehrt, daß der menschl. Wille keine Kraft zum Guten hat, wenn die göttl. →Gnade ihn nicht befreit. Dies wird u.a. von Pelagius (gest. um 418) heftig bestritten, →Thomas von Aquin verweist darauf, daß Gottes allem menschl. Handeln vorausgehendes Tun eine »gratis« gegebene Gnade ist.

*E.* Wie das AT und NT, so weiß auch →*Luther* um die S. als L. für Fehlhandlungen. →Predigt ist für ihn darum Lehre und Ermahnung. Das →Evangelium ist und bleibt Gnade und nicht L. Gegen Gottes S. gibt es keinen →Trost oder dgl. Der L. für geleistete →Arbeit muß ausgehandelt werden. Er ist pünktl. am Abend der Arbeitsleistung zu zahlen und hat in einem angemessenen Verhältnis zur Leistung zu stehen. Im Reich des Himmels aber wird nicht nach Leistung und Vertrag, sondern nach der Freundlichkeit des »Hausvaters« entlohnt (Mt 20,1-16). L. für die →Verkündigung Jesu wird seinen Boten in manchem Haus und mancher Stadt gewährt; »denn ein Arbeiter ist seines L.s wert« (Lk 10,7). – Luther setzte sich wiederholt für einen angemessenen L. ein, worunter er alle sozialeth. bedeutsamen Aspekte des Marktes und nicht nur das Arbeitsentgelt verstand. – Die *ev. Sozialethik* und die →*kath. Soziallehre* behandeln heute die verschiedenen Aspekte des Arbeitsentgelts sowohl im Hinblick auf die aktuellen öffentl. Diskussionen (→Arbeitskampf) in der Bundesrepublik Deutschland als auch in grundsätzl. Hinsicht auf der Basis der sozialen →Marktwirtschaft unter anthropolog.-schöpfungstheol. Aspekten der →Bibel und der →Dogmatik (→Menschenwürde). In der DDR und zum Teil in der →Befreiungstheologie Südamerikas werden Probleme der marxist. Wirtschaftstheorie (→Marxismus) wie deren Konkretion im Alltag diskutiert.

*F.* Im Gegensatz zur neueren Theologie spielen L. und S. in der →*Erziehungswissenschaft* – als Teil einer sich auch psycholog. verstehenden Pädagogik – eine erhebl. Rolle. Ältere Arbeiten greifen L. und S. als Technik auf dem Wege zu einer Dressurleistung auf, neuere als »eine Wissenschaft von der Erziehung« (K. Guss). Die religionspäd. interessierte →*Psychologie* will beim Kleinkind »eine erfüllungsmotivierte, keine zwangsmotivierte Religiosität« anregen (B. Gram). In der →*Literatur* werden Schuld, →Sünde, Gnade und mit ihnen L. und S. wiederholt behandelt (z.B. Nibelungenlied, →Dantes Göttliche Komödie, →Goethes →Faust), ebenso in der →*Oper* (z.B. →Mozarts Don Juan, →Wagners Tannhäuser) und der →*Malerei* (z.B. Michelangelos Weltgericht in der Sixtin. Kapelle). Immer geht es um die Folgen menschl. Tat(en) und meistens um S.n. Der mit der bösen Handlung in Gang gesetzte Ablauf des Geschehens wird mit S. vergolten, soweit die Täter nicht der Gnade teilhaftig werden bzw. dieses nicht rechtzeitig erfahren (Tannhäuser). Die Tiefe dieser Gedanken verflachten in der →*Trivialliteratur* zu einer L.moral im Sinne des »wie du mir, so ich dir«.

*Lit.: A. Bondolfi:* Straftheorien und Strafbegründungen. Schwierigkeiten einer eth. Neubesinnung, in: Zeitschrift für Ev. Ethik 27 (1983), 375-390. – *A. Cottmann:* Rechtstheoret. Grundlagen der Regelungen über die Vergütung von Arbeitsleistungen, Berlin 1982. – *F. Crüsemann:* Bewahrung der Freiheit, München 1983. – *B. Gram:* Religionspädagog. Psychologie, Düsseldorf/Göttingen 1981. – *K. Guss:* Psychologie als Erziehungswissenschaft, Stuttgart 1975. – *K. Juss:* L. und S. Ansätze und Ergebnisse psycholog. Forschung, Bad Heilbrunn/Obb. 1979. – Kindlers Literaturlexikon, 7 Bde., Zürich 1965. – *U. Nembach:* Predigt des Evangeliums, Neukirchen-Vluyn 1972. – *E. Ostermeier:* L. und S. aus psychoanalyt. Sicht. Eine Analyse der themat. Beiträge aus der Zeitschrift für psychoanalyt. Pädagogik, Bielefeld 1980. – *H. Preisker/E. Würthwein:* L. im NT, in: Theol. Wörterbuch zum NT IV, 699-736. – *G. Schrenk:* Strafen im NT, in: Theol. Wörterbuch zum NT II, 440-444. – *P. Schwerdtner:* Fürsorgetheorie und Entgelttheorie im Recht der Arbeitsbedingungen, Heidelberg 1970. – *E. Wiesnet:* Die verratene Versöhnung. Zum Verhältnis von Urchristentum und S., Düsseldorf 1980.

*Ulrich Nembach*

**Lüge** als *bewußte Falschaussage mit Täuschungsabsicht* widerspricht der geforderten →Wahrhaftigkeit des Menschen und ist grundsätzl. untersagt. Dennoch kann es in unserer unheilen Welt Situationen geben, in denen eine →Wahrheit oder Tatsache dann nicht ausgesagt werden darf, wenn sie in schwerer Weise mißbraucht wird. Wo kein Recht auf eindeutige Information besteht und die Verpflichtung zur →Liebe und →Gerechtigkeit – etwa der Schutz unschuldigen menschl. Lebens vor Verfolgung – eine bewußte Falschaussage als einzigen Ausweg erscheinen läßt, liegt noch keine L. vor.

Das →*AT* verurteilt die L. dort, wo sie sich gegen das Wohl der Gemeinschaft richtet. Doch werden die Hebammen, die die Kinder der Hebräer durch eine L. retteten, nicht verurteilt (Ex 1,15-21). Judit wird gelobt, weil sie durch schlaue Täuschung des Holofernes das Volk rettete (Jdt 10). Im →*NT* findet sich keine Billigung der L. Der Teufel wird als »Vater der L.« bezeichnet (Joh 8,44). Während →Aristoteles die L. bedingungslos verurteilt, lassen zahlreiche →Kirchenväter in best. Notlagen eine bewußte Falschaussage zu. →*Augustinus* sieht in der Scherzl. keine Verfehlung gegen die Wahrhaftigkeit, lehnt aber bes. in seinen Spätschriften die L. grundsätzl. ab.

Während in prot. Kreisen die L. im eigentl. Sinne von der bewußten Falschrede unterschieden wurde, haben kath. Moraltheologen im 17. und 18. Jh. die materielle L. als Aussage mit innerem Vorbehalt für gewisse Notsituationen bejaht (»Notl.«). Wo die L. zur Heuchelei und zur Lebensl. wird, ist die innere Wahrhaftigkeit aufgegeben, schwindet das Vertrauen und kommt in bes. Weise die negative Auswirkung der L. zum Ausdruck.

*Lit.: E. Anshon:* Die Wahrheit am Krankenbett, München 1965. – *M. A. Klopfenstein:* Die L. im AT, Zürich/Frankfurt/M. 1964. – *K. Kraus:* Literatur und L., Frankfurt/M. 1987. – *G. Müller:* Die Wahrhaftigkeitspflicht und die Problematik der L., Freiburg 1962. – *H. Peschke:* Das Problem der absoluten Sündhaftigkeit der L., in: Studia Moralia 15 (1977), 697-711. – *A. Plack:* Ohne L. leben, Kulmbach 1976.

*Johannes Gründel*

**Lukasevangelium.** Das L. ist das längste und stoffreichste der vier kanon. →Evangelien und bildet ursprüngl. zusammen mit der →Apostelgeschichte ein zweibändiges Werk (lukan. Doppelwerk). Als sein *Verfasser* gilt nach altkirchl. Überlieferung der aus dem syr. Antiochien stammende Arzt und Begleiter des →Paulus (vgl. Kol 4,14; Phlm 24). Das wird auch aus den »Wir-Berichten« der Apostelgeschichte (d.h. Stücken, die wie Apg 16,10-17 in der 1. Person Plural erzählt sind) geschlossen. Inwieweit diese Annahmen zutreffen, ist umstritten; daß aber der Verfasser der Apostelgeschichte ein Reisegefährte des Paulus war, ist unwahrscheinlich. Das L. ist für heidenchristl. Leser außerhalb →Palästinas gedacht und wohl zwischen 80 und 90 n. Chr. entstanden.

*A.* Lukas ist im Unterschied zu den übrigen Evangelisten vertraut mit dem gehobenen literar. Stil und den Gepflogenheiten *hellenist. Geschichtsschreibung.* Zu diesen Gepflogenheiten gehört der Beginn mit einem Vorwort und die Widmung an einen Freund oder Gönner (vgl. Lk 1,1-4; Apg 1,1f.). Große Teile des lukan. Werkes sind in einem eigentüml. *»bibl.« Stil* geschrieben, durch den der Autor seine Erzählung als »heilige« Geschichte kennzeichnen will (→Sprache, NT). Seinem →Evangelium hat er das →Markusevangelium zugrunde gelegt. In dessen Rahmen ist fast der gesamte übrige Stoff aus der Logienquelle (→Evangelien) und mündl. Tradition in zwei großen Blöcken eingefügt (Lk 6,20-8,9; 9,51-18,14). Dazu kommen als Sondergut noch die Kindheitsgeschichte in Kap. 1-2 und die Erscheinungserzählungen in Kap. 24. Bei seiner Bearbeitung des Markusevangeliums ist Lukas bemüht, die göttl. Würde Jesu stärker zu betonen. Darum streicht er auch manche »menschl.« Züge Jesu aus seiner Vorlage (→Markusevangelium). Auch schont er die Jünger mehr als Markus und selbst Matthäus.

*B.* Die *Gottessohnschaft Jesu* ist im L. wie im →Matthäusevangelium durch die Verkündigung seiner jungfräul. Empfängnis und Geburt unterstrichen (Lk 1,26-38; →Jungfrauengeburt). Wie Markus Jesus vor allem als Wundertäter, Matthäus als Lehrer darstellt, so zeichnet ihn Lukas mit Vorliebe als *Heiland der Elenden* und Verachteten, *Armen* und *Sünder.* Das zeigen Worte, →Gleichnisse und Erzählungen, die nur er überliefert, z.B. Lk 7,36-50 (Sünderin), 15,11-32 (verlorener Sohn), 18,9-14 (Pharisäer und Zöllner), 19,1-10 (Zachäus), 23,40-43 (Schächer). Einige der schärfsten Urteile über den Reichtum und die Reichen und entspr. Verheißungen für die Armen stehen nur im L., z.B. Lk 1,53 (Magnifikat), 6,24-26 (Wehe über die Reichen), 16,19-31 (reicher Prasser – armer Lazarus). Mit bes. Eindringlichkeit fordert Jesus im L. zu tätiger Barmherzigkeit (Gleichnis vom barmherzigen Samaritaner Lk 10,25-37) und Armenhilfe (»Almosen«) auf (z.B. Lk 6,30; 12,33; 14,13f.33). Kein anderes Evangelium erzählt soviel von *Frauen,* auch Frauen um Jesus (z.B. Lk 2,36-38; 7,36-50; 8,2f.; 10,38-42; 18,1-8; 23,27-31).

*C.* Die Bedeutung des L.s liegt vor allem in seinen vielen *Sonderüberlieferungen.* Lukas gilt nicht nur als »Evangelist der Armen«, sondern auch der Frauen. Sein Evangelium bietet die meisten Traditionen über →Maria und war daher für die Entwicklung der *Marienverehrung* bes. bedeutsam. Die spätere Legende hat Lukas sogar zum Maler von Marienbildern gemacht. Mehrere *Kirchenfeste* beruhen auf Erzählungen der lukan. Kindheitsgeschichte (Verkündigung des Herrn auf Lk 1,26-38; Mariä Heimsuchung auf Lk 1,39-56; Darstellung des Herrn – früher Lichtmeß – auf Lk 2,22-38). Auf die Ikonographie der Geburt Jesu und die Feier des Weihnachtsfestes (→Weihnachten) hatte die Erzählung Lk 2,1-20 entscheidenden Einfluß.

*Lit.: M. Rese:* Das L., in: *H. Temporini/W. Haase (Hg.):* Aufstieg und Niedergang der röm. Welt II 25.3, Berlin/New York 1985, 2258-2328. – *G. Schneider:* Das Evangelium nach Lukas (Ökumen. Tb.-Kommentar zum NT 3/1.2), Gütersloh 1977. – *H. Schürmann:* Das L. (Herders Theol. Kommentar zum NT III/1), Freiburg, 3. Aufl. 1984. – *E. Schweizer:* Das Evangelium nach Lukas (Das NT Deutsch 3), Göttingen 1982.

*Marius Reiser*



**Luther,** Martin

*A. Kirchengeschichtlich*

Die aus der →Bibel gewonnene Entdeckung, daß die →Rechtfertigung des →Menschen durch →Gott allein aus Gnade geschieht und im →Glauben empfangen wird, war das entscheidende Ereignis im Leben L.s. Von diesem Zentrum her blieben sein Denken und Handeln bestimmt und nahm der weltgeschichtl. Vorgang der →Reformation seinen Ausgang.

*I.* L., geb. 10.11.1483 als Sohn eines kleinen Bergwerkunternehmers in Eisleben, war 1505 ins →Kloster gegangen, um mit der ganzen Hingabe seines Lebens an Gott das →Heil seiner Seele zu gewinnen. Der gewissenhafte →Mönch machte jedoch die Erfahrung, daß der Mensch der Forderung Gottes nie zu genügen vermag und sich vor ihm nur als Sünder bekennen kann. Durch seine Arbeit als Prof. für Bibelauslegung an der Universität Wittenberg (seit 1512) fand er dieses Resultat theol. bestätigt. In den Gegensatz mit der →Kirche geriet L. vollends durch seine Thesen gegen die Ablaßpraxis (31.10.1517), die den Bußernst gefährdete. Daraus entwickelte sich ein prinzipieller →*Normenkonflikt*, in dem sich L. auf die Bibel als letzte Instanz berief, an der sich alle kirchl. Autorität messen lassen muß. 1521 wurde er deswegen gebannt. Er selbst sah von da an im →Papsttum die Perversion des →Antichrist.

*II.* Die *Gründung* einer *eigenen Kirche* hatte L. nie intendiert. Dennoch wurde die reformator. Neugestaltung weithin zu einem *Neubau.* Die Wittenberger Universitätsreform setzte an die Stelle des scholast. Lehrstoffes die Auslegung der Bibel auf Grund der Ursprachen und schuf damit den neuen Typ ev. Theologenausbildung. Die →Hoffnung im →Sterben konzentrierte sich nun auf →Jesus Christus allein, die Anrufung und Verehrung der →Heiligen entfielen. Die guten Werke waren nicht mehr Gott zu erbringen, sondern dem Mitmenschen in der christusgleichen →Liebe zu erweisen. Der Ort dafür war der profane →Beruf, der damit als →»Gottesdienst« aufgewertet wurde. Ein bes. geistl. Stand der Kleriker (→Klerus) und Ordensangehörigen (→Orden) wurde nicht mehr anerkannt. Hingegen erfuhr die →Ehe eine neue Hochschätzung als gottgewollter Stand. Die →Sakramente wurden auf →Taufe und →Abendmahl als von Christus eingesetzt reduziert, die →Buße wurde daneben beibehalten. Dabei wurden die Sakramente als mit dem sichtbaren Zeichen verbundene göttl. Zusage der Sündenvergebung verstanden (→Sünde). Insgesamt war die Kirche als Sakramentsanstalt in Frage gestellt. L.s *Programm* war bekanntgeworden durch seine Tätigkeit als Professor und Prediger, vor allem aber durch seine auflagenstarken Flugschriften und Bibelauslegungen, die ihn zum meistgelesenen dt. Autor machten, und schließl. seit 1522 durch seine

→Bibelübersetzung. Die Umsetzung dieses Programms in die Praxis erwies sich jedoch als schwierig. Da sich die kirchl. →Hierarchie versagte und L. selbst seit 1521 geächtet war, konnte die →Reformation nur im Bunde mit den ev. Obrigkeiten durchgeführt werden. Dies eröffnete dem Staat einen problemat. Einfluß auf die ev. Kirche (→Landeskirchentum), obwohl L. mit seiner →Zweireichelehre beide Bereiche unterschieden, wenn auch nicht getrennt wissen wollte. Als Gottesdienstform wurde die →Messe beibehalten, aber in theol. gereinigter Form, in dt. Sprache und bereichert mit dem →Kirchenlied. Für die Unterweisung der Jugend schuf L. seine →Katechismen.

*III.* L.s *Ansätze* wurden von seinen Anhängern aufgenommen, aber auch *modifiziert* und verformt. Das führte zu schweren innerev. Konflikten. Der Versuch →Müntzers einer gewaltsamen Aufrichtung des →Reiches Gottes verband sich 1525 mit der ursprüngl. sozialen Bewegung des →Bauernkriegs. Für L. war das Mißbrauch der ev. →Freiheit und Ungehorsam gegen die Obrigkeit. Im Streit um das →Abendmahl mit →Zwingli und seinen Freunden sah L. durch die symbol. Deutung die reale Gegenwart Christi gefährdet. Die Verwerfung der Kindertaufe durch die →Täufer bedrohte die Rechtfertigungslehre ebenso wie die Annahme eines Beitrags des freien Willens zum Heil durch →Erasmus. Die scharfen Spätschriften gegen das →Judentum waren durch Befürchtungen um die Christusbotschaft veranlaßt. Das *Bild* L.s (gest. 18.2.1546) war zeitlebens umstritten, und es blieb verzerrt durch Haß wie durch Heroisierung, zurechtgemacht für kirchl., nationale oder Klasseninteressen. Immerhin führte die moderne L.forschung zu einer differenzierteren Sichtweise.

*Lit.: H. Bornkamm:* Martin L. in der Mitte seines Lebens, Göttingen 1979. – *M. Brecht:* Martin L., 3 Bde., Stuttgart 1983-87. – *H. Junghans (Hg.):* Leben und Werk Martin L.s 1526-1546, 2 Bde., Göttingen, 2. Aufl. 1985. – *B. Lohse:* Martin L. Eine Einführung in sein Leben und Werk, München 1981 (Lit.). – *O. H. Pesch:* Hinführung zu L., Mainz 1982.

*Martin Brecht*

*B. Theologisch*

*I.* Martin L.s Theologie ist kein rein akadem.-theol. Phänomen. Sie entsteht im Spannungsfeld *dreier Pole:* der scholast. Theologie (→Scholastik), einer sensiblen Wahrnehmung der in L.s Seelsorgepraxis sich zeigenden Folgeprobleme kirchl. Vermittlung des →Heils sowie einer Frömmigkeit, die durch intensive Heilssuche geprägt ist. Auf Grund der Erfahrung, daß kirchl. Handeln keine individuelle Heilsgewißheit stiften und verbürgen könne, rückt die Frage nach dem Weg zum Heil ins Zentrum seiner Theologie. Eine Antwort erarbeitet der Wittenberger Professor für bibl. Exegese sich hauptsächl. durch ein intensives Studium der Schrift. Die Antwort ist unter dem Namen »Rechtfertigungslehre« bekanntgeworden (→Rechtfertigung). Doch hat L. seine Einsichten in die Struktur christl. *Heilsgewißheit* nicht als systemat. geschlossene Lehre entwickelt und (im Unterschied zu →Melanchthon) keine Dogmatik verfaßt. Den Rechtfertigungsglauben, das organisierende Zentrum seiner Theologie, stellt er nicht an sich selbst, sondern in Exegesen, päd. Schriften für Gemeinde und Pfarrer (→Katechismus) sowie zahlreichen Gelegenheits- und Kampfschriften zu nahezu allen damals bedeutenden kirchen- und allgemeinpolit. Problemen dar.

*II.* Dabei treten die traditionellen metaphys. Fragestellungen der Schultheologie hinter eine Konzentration auf den frommen einzelnen, »den Christenmenschen«, zurück. L. löst eine Ontologie der Welt, die wesentl. am Bild einer substanzhaften Ordnung des Seins orientiert gewesen ist (→Substanz), durch eine *»Ontologie der Person«* (W. Joest) ab, für die eine gegenüber der Tradition neue theol. Bestimmung des Wesens des Menschen kennzeichnend ist. Der Mensch wird nicht mehr von einer ihm vorgegebenen stat. Seinsordnung her verstanden. L. behauptet vielmehr, daß der Mensch wesentl. durch elementare Grundbeziehungen bestimmt sei, in denen er sein Leben gestalten müsse. Dabei gilt nicht mehr die Relation zur Institution der →Kirche als entscheidend, sondern die rechte *Beziehung zu Gott* dem Schöpfer, die freil. durch die Macht des →Teufels (das →Böse) dauernd bedroht werde. Auch könne der Mensch wegen seiner konstitutiven Angst und Sorge um sich selbst (→Sünde) dieses rechte Verhältnis zum Schöpfer nicht aus eigener Kraft aufbauen. Es verdanke sich vielmehr, so L.s entscheidende Entdeckung, allein der gnädigen Zuwendung Gottes zu seinem Geschöpf, wie sie in der Sendung →Jesu Christi sich zeige. Allein die *Bindung an Jesus Christus,* wie sie in der →Taufe begründet werde, konstitutiere den Freiheitsraum des →Glaubens, in dem der Getaufte dem Bösen zu widerstehen vermöge. So ist das rechtfertigende Handeln Gottes für L. der ausschließl. Grund menschl. →Freiheit.

*III.* Dieses Freiheitsverständnis nötigt L. dazu, alle Lehrstücke der überkommenen Theologie neu zu gestalten. Indem er Gott als Geist (→Trinität) zum entscheidende Subjekt der Heilsvermittlung erklärt, beschränkt er die Autorität der →Kirche darauf, bloße Dienerin der Verkündigung des Evangeliums zu sein. Dieser autoritätskrit. Grundzug seines *Kirchenverständnisses* (→Ekklesiologie) zeigt sich vor allem in seiner massiven Polemik gegen das Papsttum (→Papst), der Kritik des Klosterlebens sowie der Hervorhebung des Priestertums aller Gläubigen (→Amt). Der Abschwächung der Bedeutung der Kirche entspricht eine theol. Hochschätzung des weltl. →Berufs: nicht in einer frommen Sonderexistenz, sondern in den Ständen, in die Gott den Menschen gestellt habe, werde der christl. Glaube wahrhaft gelebt.

*IV.* Dem Interesse an theol. Begrenzung der Kirche und ihrer Macht über die Gläubigen verschafft L. weiterhin durch die Anerkennung einer eigenen theol. *Würde weltl. Ordnungen* Geltung. Der Schöpfer regiere seine Welt nicht nur durch das geistl., sondern auch durch das weltl. Schwert: die polit. Obrigkeiten (→Zweireichelehre). Den polit. Obrigkeiten gegenüber sehr viel weniger kritisch als gegenüber der Institution der Kirche, hat L. aber keinen blinden Obrigkeitsgehorsam gelehrt, sondern die Ausübung polit. Herrschaft an Gottes Gebot zurückzubinden versucht. Insofern ist auch für seine polit. Ethik der Glaube an Gott den Schöpfer grundlegend.

*V.* Das *röm.-kath. L.bild* hat sich im 20. Jh. tiefgreifend gewandelt. Vor allem J. Lortz hat das relative Recht von L.s Kritik an der spätma. Frömmigkeitspraxis und dem autoritären Machtgebaren der röm. Kurie betont. H. Küng und insbes. O. H. Pesch haben in den 60er Jahren zu zeigen versucht, daß zwischen dem Verständnis von Heilsgewißheit und Rechtfertigungsglauben bei Thomas von Aquin und bei L. der Intention nach keine Differenz bestehe. Doch wird der *systemat. Stellenwert* der Lehre von der →Rechtfertigung für das Gesamtverständnis der Theologie zwischen röm. Katholizismus und Protestantismus noch kontrovers eingeschätzt. Bes. deutl. zeigt sich dies daran, daß aus dem Rechtfertigungsglauben gegensätzl. Folgerungen für das Kirchen- und Amtsverständnis gezogen werden. Die Kirche und ihre Ämter strikt von Einsichten des Rechtfertigungsglaubens her zu bestimmen ist freil. keine rein prot. Forderung mehr, sondern wird seit den 60er Jahren auch von Teilen des liberalen Katholizismus gegenüber dem röm. Lehramt eingeklagt.

*Lit.: P. Althaus:* Die Theologie Martin L.s, Gütersloh, 5. Aufl. 1980. – *G. Ebeling:* L., Tübingen, 4. Aufl. 1981. – *E. Herms:* L.s Auslegung des Dritten Artikels, Tübingen 1987. – *K. Holl:* L. (Ges. Aufsätze zur Kirchengeschichte I), Tübingen 1921. – *W. Joest:* Ontologie der Person bei L., Göttingen 1967. – *E. Jüngel:* Zur Freiheit eines Christenmenschen, München 1978. – *J. Lortz:* Die Reformation in Deutschland, Freiburg 1939/40. – *H. A. Oberman:* Mensch zwischen Gott und Teufel, Berlin 1982. – *O. H. Pesch:* Theologie der Rechtfertigung bei M. L. und Th. von Aquin, Mainz 1967. – *E. Troeltsch:* Die Soziallehren der christl. Kirchen und Gruppen, Tübingen 1912.

*Klaus Tanner*

### C. Literarisch

In der Geschichte des Christentums hat mit Ausnahme der →Jesus- und der →Marienfigur keine Gestalt die literar. Phantasie so gleichmäßig durch die Zeiten angeregt wie die des Reformators aus Eisleben. Am Beginn des 20. Jh.s waren es vor allem *R. Huch* und *Th. →Mann,* die in der Nachfolge *G. Hauptmanns* die Person L.s mit kraftvollem Zugriff ins Zentrum bedeutender Arbeiten stellten.

*I.* R. Huchs Buch »L.s Glaube« (1916/34), eine Sammlung von 24 »Briefen an einen Freund«, erreicht eine Annäherung an L., die gleichermaßen hist. Genauigkeit mit theol. Tiefe verbindet. Eine Leistung, die auch dadurch nicht geschmälert wird, daß die Geschichtswissenschaft nun manches anders beurteilt und der streckenweise panegyr. (lobhudelnde) Stil beim heutigen Leser Widerstände provoziert. Im 2. Band ihrer großangelegten »Dt. Geschichte« (»Das Zeitalter der Glaubensspaltung«, 1937) kommt H. auf die Gestalt L.s zurück, und es gelingt ihr, dem »versiegelten Menschenrätsel L.« (Huch) immer neue, faszinierende Facetten seiner Persönlichkeit und seiner Theologie (Rechtfertigungslehre) abzugewinnen.

*II.* Ein ähnl. in sich geschlossenes Oeuvre nachschöpfer. Annäherung an L. hat selbst *Th. Mann* nicht vorzulegen vermocht. Dennoch bewahrt seine beinahe lebenslange Beschäftigung mit L. ihren eigenen unverwechselbar hohen Rang in den Essays und Reden, die dem Reformator gewidmet sind. Ein erster Höhepunkt ist bereits 1918 in den »Betrachtungen eines Unpolitischen« erreicht, an die inhaltl. der Vortrag »Goethe und Tolstoi« (1921) anknüpft. Erste Pläne einer literar. Gestaltung der Reformationszeit werden zu dieser Zeit (1925) gefaßt und nur ungern zugunsten anderer Arbeiten (»Joseph in Ägypten«) fallengelassen. Im Nobelpreisjahr 1929 interpretiert Mann in der Rede »Die Stellung Freuds in der modernen Geistesgeschichte« im Anklang an →Freuds Schrift »Totem und Tabu« die Reformation sehr eigenwillig nicht als Revolution sui generis, sondern geradezu als extremen Konservativismus, deren Innovation aus dem unbedingten Rückgriff auf das spezif. Christliche gewonnen wird. Manns Wertschätzung der Reformation hat ihn nie gehindert, L. als doppelgesichtig, als zwiespältig einzuschätzen: als Spracherneuerer *und* Demagogen, als Vorkämpfer der Demokratie (allg. Priestertum) *und* Propheten polit. Unterdrückung (Bauernkriege). Diese L.deutung Manns, wie sie bes. eindrückl. in seiner Rede »Deutschland und die Deutschen« (1945) formuliert ist, hat ebenso scharfe Reaktionen luth. Theologen hervorgerufen wie vier Jahre später sein Vortrag »Die drei Gewaltigen« (L., Goethe, Bismarck, mit eindeutiger Präferenz Goethes). Mann wollte hier nach eigenen Worten ausdrückl. an die »Betrachtungen« anknüpfen. Sein Tod verhinderte, daß Pläne zu einem Schauspiel über »L.s Hochzeit« über vorbereitende Arbeiten hinaus gedeihen konnten.

*III.* Neben dieser Tradition der direkten Auseinandersetzung mit L. dürfen Versuche nicht unbeachtet bleiben, die L. als (beherrschende) Nebenfigur ins Spiel bringen, ihn also in seinen Zeitgenossen porträtieren: in Freunden, Verwandten oder Gegenspielern. Erfolgreich wagen diesen Versuch vor allem *J. →Kleppers* Romanfragment »Die Flucht der Katharina von Bora« (aus dem Nachlaß hg. 1951), *St. Zweigs* Erzählung »Triumph und

Tragik des Erasmus von Rotterdam« (1934) und *F. →Dürrenmatts* Tragikomödie über die Täuferbewegung in Münster, »Die Wiedertäufer« (1957).
In der *dt. Gegenwartsliteratur* hat vor allem *D. Fortes* Schauspiel »Martin L. & Thomas Müntzer oder Die Einführung der Buchhaltung« (1971) Aufsehen erregt. Als bissige Provokation prot. L.-Hagiographie wird es seinen listigen Hintersinn behalten. An argumentativer dialekt. Schärfe kann sich Fortes antikapitalist. Tendenzstück allerdings nicht messen mit *M. Walsers* Bühnenarbeit »Das Sauspiel« (1975). In diesem sozialkrit. Stück über die Bauernkriege tritt die Person L.s am Rande, doch unübersehbar, mit ihrer Größe und Grenze in aller Zwiespältigkeit ins Rampenlicht.

*Lit.: K. Aland:* Martin L. in der modernen Literatur, Witten/Berlin 1973. – *E. Frenzel:* »Martin L.«, in: Stoffe der Weltliteratur, Stuttgart, 3. Aufl. 1970, 447-449. – *G. Herzfeld:* Martin L. im Drama von vier Jh.en, Köln 1922. – *F. A. Schmitt:* Stoff- und Motivgeschichte der Dt. Literatur, Berlin/New York, 3. Aufl. 1976, 204-205.

*Ulrich Kern*

**Lutherische Ethik**

*A.* Die E. M. →Luthers und des →Luthertums sieht sich seit E. →Troeltschs Soziallehren dem *Vorwurf* ausgesetzt, sie habe einen sozialen und polit. →Konservatismus und →Quietismus befördert und damit vor allem die gesellschaftl. Entwicklung Deutschlands geprägt. Die Kritik von Troeltsch hat K. →Barth übernommen. Im Mittelpunkt der Kritik steht die →Zweireichelehre mit ihrer Unterscheidung der Aufgaben von geistl. und weltl. Regiment und die Anerkennung einer →»Eigengesetzlichkeit« natürl., weltl. Ordnungen. Um die Sammelbezeichnung »l.E.« zu verstehen, muß man freil. differenzieren. Einmal ist zu unterscheiden zwischen Luthers Ansatz und der Entwicklung des Luthertums, vor allem in Deutschland, den skandinav. Ländern, Osteuropa und den USA. Die Frage, ob Sozialformen allein theol. bedingt sind, bleibt zu klären. Da das Luthertum →Landeskirchen, *Volkskirchen* gebildet hat, entstand überdies eine enge Beziehung zwischen Kirche, Volkstum und Nationalbewußtsein. Sodann ist vieles, was der l.E. im bes. zugeschrieben wird, *Gemeingut prot. Ethik* gewesen und geworden. Dazu zählt z.B. die Zweireichelehre, die auch →Calvin vertritt, das Verständnis von →Staat und →Ehe als »weltlich Ding«, die Einschätzung der natürl. Ordnungen, die Ablehnung kirchl.-lehramtl. Zuständigkeit in polit. Angelegenheiten. Viele heutige sozialeth. Kontroversen werden ledigl. in die Geschichte zurückprojiziert.

*B.* Der *Ansatz* der Ethik Luthers ist aus seinem Verständnis der →Rechtfertigung und der →Freiheit eines Christenmenschen erwachsen. Das →Handeln des Christen in der →Welt ist Erweis christl. Freiheit und geschieht aus Dankbarkeit für die geschenkte →Gnade. In der Schrift »Von der Freiheit eines Christenmenschen« entwickelt Luther die Dienstbarkeit der Liebe zum Nächsten aus der Unterscheidung von →Glaube, der vor Gott Freiheit gewährt, und →Liebe, die vor der Welt den →Menschen in Dienst nimmt. In der paradoxen Formel, daß ein Christ im Glauben niemand untertan, in der Liebe aber jedermann untertan sei, ist dieses Verständnis von Freiheit aus Glauben zusammengefaßt. Die christl. Freiheit ist freil. nicht die schlechthinnige Freiheit des →Subjekts, sondern »kommunikative« Freiheit. Grundlegend sind für Luther Fundamentalunterscheidungen: Die Unterscheidung von Glaube und Werke hebt darauf ab, daß die →Person im →Gewissen allein durch Glauben, nicht durch Werke und Handeln frei wird. Ein guter Mensch bringt gute Werke hervor, so wie ein guter Baum gute Früchte hervorbringt. Christl. Handeln ist ein Handeln in Freiheit. Anders als die ma. Lehre begründet Luther die →Ethik nicht auf der Forderung nach Werken, die als *Verdienste* (merita) das →Heil mitbewirken. Anders als bei Calvin sind die Werke auch nicht Zeichen, Indizien der Erwählung. Sie sind nicht aus einer Verbindung von Ethik und Heil (Soteriologie) zu begründen. Ferner unterscheidet – und Unterscheidung heißt allerdings nicht Scheidung, Trennung! – Luther Glaube und Liebe, Person und Werke. *Vor →Gott* (coram deo) macht allein der Glaube gerecht: Die Rechtfertigung erfolgt *durch Gnade allein, aus Glaube allein* (sola gratia, sola fide). *Vor den Menschen* (coram hominibus) soll der Christ seinem Nächsten nützen. Vornehml. in der Auslegung der 2. Tafel des →Dekalogs im Kleinen und Großen →Katechismus hat Luther diese Aufgabe des Dienstes der Liebe am Nächsten im einzelnen beschrieben. Maßstab der Liebe ist, was dem Nächsten »nützt«, also ein durchaus →utilitarist. Gesichtspunkt. Vor Gott hat ferner der Mensch keine Freiheit (servum arbitrium); das Heil kann ihm nur widerfahren, geschenkt werden. In der Weltgestaltung hingegen hat der Mensch einen *freien Willen* (liberum arbitrium); er ist Mitarbeiter Gottes (cooperator dei) bei der Weltgestaltung, freil. nicht Mitwirker am eigenen Heil. Die Weltordnung hat sich an humanen Einsichten der →Vernunft und der Billigkeit (Epikie) messen zu lassen; sie ist nicht aus dem →Evangelium, aus der →»Offenbarung« herzuleiten. Für Luthers Sicht der Welt ist schließl. theol. bedeutsam, daß er die Welt als →Schöpfung ehrt, obwohl sie gefallene Schöpfung ist, und damit nicht die Wirklichkeit, die Wirksamkeit der →Sünde übersieht und verkennt.

Vom theol. Ansatz der Ethik Luthers zu unterscheiden sind die Konkretionen, die *Durchführung* im einzelnen. Luther war kein Theoretiker. Seine jeweiligen Äußerungen sind auf →Situationen bezogen, zum Teil durch sie bedingt. Insbes. gilt das für seine Stellungnahmen zu polit. und sozialen Problemen (z.B. →Bauernkrieg, zum Zinsnehmen, zum →Widerstand gegen die Obrigkeit). Er hat auch kein einheitl. sozialeth. →Prinzip. Die Zweireichelehre ist von →Augustinus (De civitate dei) und der ma. Zweigewaltenlehre (Zwei-Schwerter-Theorie) vorgeformt. Daneben finden sich ganz patriarchal. Anschauungen (vor allem in der Auslegung des 4. Gebots). Luther denkt nur in personalen Bezügen, kaum in rechtl. Beziehungen. Die Obrigkeit ist der Landesherr, der Landesvater. Obrigkeitsstaatl. Denken ist nicht zu übersehen. Aus dem Weltverständnis aber folgt die Entklerikalisierung von →Politik und →Wirtschaft. Der Ort des Dienstes des Christen in der Welt ist der weltl. →Beruf. Jeder Christ ist berufen, nicht nur der →Mönch und →Kleriker hat eine →Berufung (vocatio). Die luth. Sicht des Berufs ist eine Folgerung aus dem allg. →Priestertum aller Gläubigen. Der Berufsgedanke führt zu einem neuen Arbeitsethos, das jedoch noch nicht neuzeitl. säkularisiert ist, sondern vom Glauben umgriffen bleibt. Das →»Amt« ist die Konkretion des Berufs. Neben der Zweireichelehre hat Luther vor allem in der *Dreiständelehre* seine Sozialethik dargestellt: Jeder Christ lebt in einem der drei »Stände« (auch →»Orden«, →»Hierarchie« genannt). Über dem *Status politicus*, dem *Status ecclesiasticus* und dem *Status oeconomicus* steht der »allg. Orden christl. Liebe«.

*C.* Die *Wirkungsgeschichte* von Luthers theol. Ansatz in der E. ist zwiespältig: Einerseits hat das Luthertum die konservativen Elemente überliefert: obrigkeitl. Staatsverständnis, Patriarchalismus, Untertanenmentalität. Der konservative und quietist. Zug des Luthertums, verstärkt durch einen Sündenpessimismus, ist hier zu erwähnen. Die Berufung auf die Zweireichelehre kann auch dazu dienen, Glaube und Politik strikt zu scheiden und eine Eigengesetzlichkeit der Welt zu vertreten, und damit den neuzeitl. Macht- und Gewaltstaat zu legitimieren. In der »Theologie der Ordnungen« des Neuluthertums, die sich zwar auf Art. 16 des →Augsburger Bekenntnisses beruft, aber fakt. romant. Vorstellungen von den Ordnungen aufgreift und totalen Staat, »Blut«, →Volk, →Rasse als Gottesordnungen verherrlicht (vor allem zwischen 1920 und 1945), kam dies zum Vorschein.
Andererseits hat das luth. Sozialdenken in der Orientierung der →Ethik an →Vernunft und →Humanität zu Sachlichkeit und Nüchternheit angeleitet. Auch eröffnet es den Zugang zur Geschichtlichkeit der Welt (und damit ihrer Veränderbarkeit). In I. →*Kants* Ethos der →Pflicht lebt der Dienstgedanke fort. Die luth. Weltsicht eröffnet einen Zugang zur →Schöpfung in ihrer Natürlichkeit als Eigenwert und hat damit Bedeutung für eine →ökolog. Ethik. Die luth. Orientierung der eth. →Normen an dem jeden Menschen beanspruchenden →Gesetz (usus politicus legis) hat eine Verwandtschaft zu einem pragmat. Verständnis des →Naturrechts und eröffnet Möglichkeiten eines →ökumen. Dialogs. Der Rückbezug des Ansatzes der E. auf die →Schrift als alleinige →Autorität für Glaube und Kirche vermag schließl. konfessionalist. Verengung (auch im Luthertum) als krit. Korrektiv entgegenzuwirken und damit die Freiheit des christl. Glaubens für neue eth. Aufgaben zu gebrauchen.

*Lit.: P. Althaus:* Die Ethik Martin Luthers, Gütersloh 1965. – *G. Bassarak/G. Wirth (Hg.):* Luther und Luthertum in Osteuropa. Selbstdarstellungen aus der Diaspora und Beiträge zur theol. Diskussion, Berlin (DDR) 1983. – *W. Elert:* Morphologie des Luthertums, Bd. 1, München, 3. Aufl. 1965; Bd. 2, Nachdruck 1953. – *H. Loewe/C. J. Roepke (Hg.):* Luther und die Folgen. Beiträge zur sozialgeschichtl. Bedeutung der luth. Reformation, München 1983. – *H. Gollwitzer:* Luthers Ethik, in: *R. Italiaander:* Moral – wozu?, München 1972, 114-1339. – *Ders.:* Forderungen der Umkehr, München 1976, 75-94. – *H. Junghans:* Leben und Werk Martin Luthers von 1526 bis 1946, Göttingen 1983.

*Martin Honecker*

**Luthertum** bezeichnet in Abgrenzung zum →Calvinismus und zum →Katholizismus das von *M.* →*Luther* her geprägte und nach ihm benannte Kirchentum sowie die sich aus seiner Theologie ergebende Glaubens- und Lebenshaltung.

*A. Geschichtliche Entwicklung*

Luther hat es entschieden abgelehnt, die Kirche der →Reformation nach seinem Namen nennen zu lassen. Die Bezeichnung *lutherisch* (ursprüngl. ein gegner. Schimpfwort) setzt sich als Abgrenzung zu anderen reformator. Bewegungen erst in der Zeit nach Luther durch. Jedoch kann bereits in dem Augenblick von L. gesprochen werden, als Luthers Lehre im →Augsburger Bekenntnis eine für seine Anhänger gemeinsame Grundlage erhält.

*I. Die Grundlegung des Luthertums*
*1. Die ersten luth. Kirchenordnungen:* Noch Noch vor dem Augsburger Bekenntnis erläßt die weltl. Obrigkeit in einzelnen Territorien und Städten Ordnungen, die die luth. Lehre im Alltag wirksam werden lassen. Ihre Durchführung in den Einzelgemeinden wird von Juristen und Theologen mit regelmäßig stattfindenden Visitationen überwacht. Luthers beide Katechismen sind aus den Erfahrungen dieser Arbeit entstanden.
*2. Die ersten luth. Bekenntnisse:* Die z.Z. Luthers als Zusammenfassung seiner Lehre entstandenen →Bekenntnisse sind die Grundlage für die Entstehung des L.s: *a) Luthers Großer und Kleiner →Katechismus (1529):* In beiden »Lehrbüchern« faßt Luther die wichtigsten Stücke des christl. Glaubens zusammen und erklärt, wie sie der Christ in seinem Leben anwenden soll. Obwohl sie sich bes. an die Pfarrer wenden, gewinnen die Katechismen bald normativen Rang für alle Christen. Visitations- und Kirchenordnungen fordern zunehmend, Luthers Kleinen Katechismus Wort für Wort lernen zu lassen und nach seinem Großen Katechismus zu predigen. *b) Das →Augsburger Bekenntnis (1530):* Seine Aussage über die →Rechtfertigung wird zum Zentrum und zur Richtschnur der neuen Lehre. Seit 1533 werden z.B. die Wittenberger Theologieprofessoren auf

diese Bekenntnisschrift vereidigt. *c) Die Apologie des Augsburger Bekenntnisses (1531):* Die wie das Augsburger Bekenntnis von →Melanchthon verfaßte Verteidigungsschrift ist Antwort auf die als Confutatio (Widerlegung) von kath. Theologen in kaiserl. Auftrag erstellte Gegenschrift, nach der zur Rechtfertigung auch gute Werke und Liebe erforderl. seien. Die Apologie legt zusammenfassend dar, daß allein der Glaube gerecht macht (→Kirchenordnung, →Bekenntnisschriften).

*II. Beginn der Spaltung des Luthertums nach Luthers Tod*

Nach Luthers Tod kommt es verstärkt zu Lehrstreitigkeiten innerhalb des L.s, und zwar dort, wo das Augsburger Bekenntnis nicht deutl. genug Stellung genommen hat.

*1. Die Philippisten:* Wer bei Philipp Melanchthon studierte, lernte die ev. Lehre so, wie sie von ihm und Luther übereinstimmend in Abgrenzung zu anderen reformator. wie sektierer. Bewegungen und vor allem zum Katholizismus ausgebildet und verbreitet worden war. Das gemeinsame Interesse für die Sache des Evangeliums und die Scheu vor Konflikten hielten Melanchthon, solange Luther lebte, davor zurück, die längst vorhandenen Streitpunkte offen auszutragen. Die Auseinandersetzung um die richtige Fortführung des jungen L.s begann 1548 mit dem *Leipziger Interim*, das eine vorläufige Regelung der Religionsverhältnisse in Mittel- und Norddeutschland bringen sollte. →Papsttum und gottesdienstl. Ordnung werden darin als den Glauben nicht betreffende *Adiaphora* (Mitteldinge) bezeichnet. Damit rückt Melanchthon, der an der Abfassung maßgebl. beteiligt war, offen von Luther ab, und damit brechen die z.T. heftig geführten Streitigkeiten um die wahre ev. Lehre aus, die sich bis zur gegenseitigen Verketzerung steigern und so die Einheit des L.s in Frage stellen.

*2. Die Gnesiolutheraner:* Den Philippisten gegenüber nimmt eine theol. Gruppierung mit Matthias Flacius und Nikolaus von Amsdorf an der Spitze für sich in Anspruch, das Erbe Luthers vor Fremdeinflüssen zu bewahren, und bezeichnet sich darum selbst als Gnesiolutheraner (echte, unverfälschte Lutheraner). Nach dem →Augsburger Religionsfrieden (1555), der kein einheitl. Bekenntnis bringt, gibt es noch einmal einen Höhepunkt der Auseinandersetzung durch die Veröffentlichung des »Weimarschen Confutationsbuches« (1559), in dem u.a. die Lehrmeinungen der Philippisten als gefährl. Irrtümer verdammt werden.

*III. Abschluß der Bekenntnisbildung*

Nach Luthers Tod fehlt es zur Weiterführung des L.s an einer anerkannten geistl. Autorität. Schließl. tun die ev. *Landesherren* in den luth. Territorialkirchen die entscheidenden Schritte zur Vereinheitlichung:

*1. Die Konkordienformel (1577):* In den Fragen von →Sünde und →Gnade orientiert sich die Konkordienformel streng an Luther (keine Mitwirkung des menschl. Willens beim Erlangen der rechtfertigenden Gnade) und vertritt auch in der Abendmahlslehre die Realpräsenz (die wirkl. Gegenwart des erhöhten Christus), wie sie Luther gelehrt hat. Damit wird unter Zurückdrängung des Philippismus auf der einen und überspitzten theol. Lehrmeinungen auf der streng luth. Seite (ausdrückl. Verwerfen der Lehre, daß die Erbsünde zur Substanz des Menschen gehört) eine die Lehrunterschiede ausgleichende Einigung erreicht.

*2. Das Konkordienbuch (1580):* Fünfzig Jahre nach der Übergabe der Augsburger Konfession findet das Werk der Einigung des zerstrittenen L.s seinen Abschluß durch die Veröffentlichung des Konkordienbuches. Dadurch hat das L. seine Selbständigkeit gegenüber dem →Calvinismus auf Dauer behaupten können. Über Deutschland hinaus gewinnt es bis hin zur Bildung von →Landeskirchen Einfluß in den skandinav. und balt. Ländern, in Österreich und Frankreich, in Polen, Siebenbürgen, Ungarn und anderen Teilen Südosteuropas.

*IV. Die lutherische Orthodoxie*

Nach Erreichen einer annähernd einheitl. Glaubens- und Lehrnorm innerhalb des L.s durch das Konkordienbuch gilt es, das als richtig Erkannte und Bekannte systemat. auszubauen. Damit beginnt das Zeitalter der →altprot. Orthodoxie, in der ihr luth. Zweig, der sich als rechtgläubiger Wahrer des Erbes Luthers betrachtet, versucht, über die reformator. Wiederentdeckung der →Bibel als der Grundlage christl. Lebens ein unumstößl. *Lehrgebäude* zu errichten bis hin zur Theorie der Verbalinspiration (wörtl. Eingebung der Bibeltexte durch den Hl. Geist). Gegen dieses orthodoxe, in Dogmen erstarrte L. richtet sich der →Pietismus luth. Prägung. Sein Eintreten für die persönl. Annahme des Glaubens und für das Umsetzen dieses Besitzes in ein Tätigwerden kennzeichnen diese Phase des L.s. Zugleich wendet sich die mit der →Aufklärung entstehende hist.-krit. Theologie gegen die Verbalinspiration, und an die Stelle des konfessionellen Denkens der luth. Orthodoxie tritt zunehmend der Unionsgedanke.

*V. Das Neuluthertum*

Als Reaktion auf diese Entwicklung kommt es am Anfang des 19. Jh.s zu einer Erneuerung der luth. Orthodoxie in Deutschland, Skandinavien und Nordamerika. Den entscheidenden Anstoß zu diesem Neuluthertum, das eine erneute Rückbesinnung auf die mit der Bibel und den luth. Bekenntnisschriften gegebenen »objektiven« Grundlagen der Reformation fordert, geben die »95 Thesen« des Kieler Pastors Claus Harms zum Lutherjahr 1817. Diese Neubesinnung auf Luther läßt neue Mittelpunkte einer von ihm geprägten Theologie und Frömmigkeit entstehen, z.B. die Herrmannsburger Mission und die Erlanger Schule (→Erlanger Theologie). Damit bleibt die luth. Erweckungsbewegung im Raum der Landeskirchen. Hingegen führen die vom Neuluthertum bekämpften Unionsbestrebungen zwar einerseits zur Altpreußischen

Union von 1817, andererseits jedoch zur Abspaltung der Altlutheraner.

*VI. Das Luthertum im 20. Jahrhundert*
Eine erneute Entdeckung der Theologie Luthers in seinen Schriften durch Karl Holl führt in der 1. Hälfte des 20. Jh.s zur *Lutherrenaissance.* Durch streng wissenschaftl. Erforschung des geschichtl. Luther soll seine Bedeutung für die Gegenwart herausgearbeitet werden. Daneben sucht die Erlanger Schule (W. Elert und P. Althaus) Luthers Rechtfertigungslehre mit ihrer Unterscheidung von Gesetz und Evangelium sowie seine →Zweireichelehre neu zur Geltung zu bringen. Auch in dem Werk R. →Bultmanns, P. →Tillichs, G. Ebelings und C. H. Ratschows sind diese Grundelemente luth. Theologie, wenn auch auf unterschiedl. Weise, wiederzuerkennen. Der Förderung der Lutherforschung dient die 1918 in Wittenberg gegründete Luther-Gesellschaft. Ein äußerer Zusammenhalt des Großteils der sich bis heute auf Luther und die luth. Bekenntnisse der Reformationszeit berufenden luth. Kirchen besteht weltweit durch ihren Zusammenschluß im 1947 in Lund gegründeten *Luth. Weltbund (LWB).* Ihm gehören (1986) 104 Kirchen mit 56 Mill. Mitgliedern an (die Gesamtzahl der Lutheraner beträgt gegenwärtig rund 70 Mill. aus über 140 Kirchen). Der LWB sieht seine Aufgabe vor allem in der Förderung der Verkündigung des Evangeliums und der Einigkeit des Bekenntnisses, in der Sorge um menschl. Nöte und in der ökumen. Zusammenarbeit. Sein oberstes Organ ist die Vollversammlung (letzte 1984 in Budapest, nächste 1990 in Curitiba) mit dem von ihr gewählten Präsidenten an der Spitze (seit 1987 J. Hanselmann). Ein Exekutivkomitee mit Sitz in Genf führt die Geschäfte zwischen den Vollversammlungen. Es wird durch den von ihm gewählten Generalsekretär geleitet (seit 1985 G. Staalsett). Die dt. luth. Landeskirchen sind in der VELKD und in der VELK (DDR) zusammengeschlossen (→Vereinigte Ev.-Luth. Kirche Deutschlands).

*B. Das Luthertum heute*

Das von der Mitte Europas ausgegangene L. ist heute eine *weltweite Erscheinung.* Die Auswanderung luth. Kirchen aus Europa vom 17. Jh. an und bes. seit dem 19. Jh. sowie das verstärkt im 19. Jh. einsetzende »Missionserwachen« haben diese Entwicklung herbeigeführt. Der Dialog zwischen L. und kath. Kirche hat durch die Reformationsjubiläen seit 1967 neue Impulse erhalten.

*Lit.: K. Aland:* Geschichte der Christenheit, II, Gütersloh 1982. – *Ders.:* Die Reformatoren: Luther, Melanchthon, Zwingli, Calvin. Mit einem Nachwort zur Reformationsgeschichte (GTB Siebenstern 204), Gütersloh, 4. Aufl. 1986.

*Michael Welte*

**Luxemburg.** Kath. 93%; Prot. 1,2%; Nichtgläubige und Atheisten 4,9%. Das heutige L. ist eine Schöpfung des 19. Jh.s und bildet den Rest eines im MA. bedeutenden Herrschaftsbereichs, aus dem im 14. Jh. dt. Kaiser und böhm. Könige stammten. Danach kam das Land an die Burgunder und Habsburger und teilte weitgehend die Geschichte →Belgiens. Das Großherzogtum L. wurde 1815 errichtet und blieb bis 1890 in Personalunion mit dem niederländ. Königshaus. Erst 1866, nach Auflösung des Deutschen Bundes, erlangte L. die volle Selbständigkeit. Im MA. wurde das Gebiet unter verschiedene Bistümer der Nachbarländer aufgeteilt; erst 1870 wurde das Bistum L. errichtet. Klöster, insbes. Echternach, spielten eine wichtige Rolle im rel. und kulturellen Leben des Landes. Die geograph. Lage und die Herrschaft der Habsburger verhinderten das Eindringen der →Reformation; so sind heute die meisten Protestanten des Landes ausländ. Herkunft. Seit 1965 arbeiten Katholiken, Protestanten und Juden in einer interkonfessionellen Assoziation zusammen.

*Lit.: E. Donkel:* Die Kirche in L. von den Anfängen bis zur Gegenwart, Luxemburg 1950.

*Thomas Riplinger*

**Lyrik**

Die rel. Bedeutung der L. des *20. Jh.s* läßt sich für die *ersten Jh.hälfte* im Dreiecksvergleich von *Bertolt →Brecht* (1898-1956), *Rainer Maria Rilke* (1875-1926) und *Gottfried Benn* (1886-1956) klären, in dem jeder dieser drei bedeutendsten L.er der ersten Jh.hälfte sein eigenes Profil erhält.

*A.* Schon in der Augsburger Zeit (bis 1917) entsteht bei *B. Brecht* eine konventionelle L. mit christl. Motiven (»Christus vor dem Hohen Rat«, »Karfreitag«), die erst unter dem Eindruck des Ersten Weltkriegs gebrochen wird (»Karsamstagslegende. Den Vermißten gewidmet«, »Mütter Vermißter«). Allmähl. gewinnt der Autor des »Baal«, der einem unbürgerl. vagabundenhaften Poetenideal huldigt, seinen eigenen Stil. Rel. vorgeprägte Formen werden aufgegriffen, um sie um so virtuoser und mit Spaß an der Provokation umdrehen zu können. »Choräle« (an den großen Baal), »Hymnen« (an Gott), »Psalmen« (→Bibel), »Epistel« (über den Selbstmord) entstehen. Brecht schreibt »Von den Sündern in der Hölle« ebenso wie von »Auslassungen eines Märtyrers« und vom »Himmel der Enttäuschten«. Dieses lyr. Verfahren, das Traditionen zugleich aufgreift und zerstört, das gewordene Kommunikationsformen benutzt, um sie unter verändertem Vorzeichen neu kommunikationsfähig zu machen, das also Kontinuität um der Diskontinuität willen signalisiert (nichts ist mehr wie zuvor!), findet in der Sammlung »Hauspostille« (1926) ihren literar. Höhepunkt. Die religionskrit. Ablehnung jegl. Transzendenz als »Vertröstung« und »Verführung« ist dabei die unbefragte geistige Position, die freil. vor allem in den Weihnachtsgedichten (1922-26) und in der Auseinandersetzung mit dem Problem des Todes sprachl. und formal höchst differenziert sich darstellt (insbes. in Texten, die den Tod des Bruders und der Mutter 1920 verarbeiten).

Nach der »Konversion zum →Marxismus« (W. Muschg) stellt Brecht nicht nur sein Theater, sondern auch seine L. als explizit kommunikative L. in den Dienst polit. Verkündigung. Die →Religionskritik wird marxist. akzentuiert (»Die drei Soldaten«, 1930/31; Lieder und Chöre aus den Stücken »Die Mutter« und »Die Maßnahme«, 1930/31). Brecht distanziert sich vom »Metapherngestöber« seiner frühen L., will als Künstler bewußt hinter der polit. Sache verschwinden, die einen unpersönl., herben, sachl. Stil verlangt: »diese sackleinene, als unpersönl. Fabrikat gestempelte Agentenlyrik ist das Büßerhemd eines Bekehrten« (W. Muschg). Erst die Exilserfahrung ab 1933 macht einen neuen Ton und eine neue Wahrnehmung der »kleinen Dinge« des Alltags mögl. (»Gedanken über die Dauer des Exils«). Schlüsselworte wie »Weisheit« und »Freundlichkeit« bestimmen die Aussage (»An die Nachgeborenen«); viele Gedichte durchzieht ein »Hauch von Resignation und sehr zarter Müdigkeit« (W. Jens). Brecht erweist sich vor allem in den »Svendborger Gedichten« (1934-39), aber auch in den »Buckower Elegien« (1953) als Meister in der Ausleuchtung archetyp. Grundsituationen menschl. Handelns und Verhaltens angesichts des Scheiterns polit. Konzepte (Machtergreifung des →Faschismus) und der Vergeblichkeit der eigenen Arbeit. Der Glaube aber an die Veränderbarkeit der →Welt hält sich durch, die →Hoffnung bleibt ungebrochen, daß sich →Gerechtigkeit und Befreiung gegen →Gewalt und Unterdrückung durchsetzen werden, daß der »Tag der Befreiung« kommen wird. Das →Vertrauen ist unerschüttert, daß die →Wahrheit der eigenen Sache mit dem vorübergehenden Scheitern nicht widerlegt ist und die Macht dieser Wahrheit sich gerade auch in der Ohnmacht manifestiert. Vor allem in Anknüpfung an die chin. Weisheitstradition (»Legende von der Entstehung des Buches Taoteking«, 1938) gibt Brecht seinem Glauben Ausdruck, »daß das weiche Wasser in Bewegung / Mit der Zeit den mächtigen Stein besiegt / Du verstehst, das Harte unterliegt«, daß also durch gesellschaftl. Veränderung die Schwachen gegenüber den Mächtigen sich letztl. durchsetzen werden. In seiner späten L. kann Brecht auf jede Auseinandersetzung mit →Religion (ob bejaht oder bestritten) verzichten und wird gerade so – in der Ausleuchtung humaner Grundsituationen, in der Bewältigung von Lebenskrisen, im Bewußtsein der Dialektik von Macht und Ohnmacht, im Festhalten an einem Sinn der →Arbeit und an einer Hoffnung auf Veränderung – als Lehrer prakt.-polit. →Weisheit ein theol. herausfordernder Gesprächspartner.

*B.* Schon die ersten Gedichtbände (»Larenopfer«, 1896; »Traumgekrönt«, 1897; »Advent«, 1898) des im Prager kath. Milieu aufgewachsenen und schnell zum Caféhauspoeten aufgestiegenen *R. M. Rilke* lassen eine Überfülle rel. Motive erkennen. Die Welt des Katholizismus mit dem Prager Dom, mit Kirchen und Kapellen, mit Klöstern und Kreuzgängen, mit Engeln, Heiligen und kirchl. Festen werden zum Material einer schwülstigen, oft epigonalen Stimmungskunst und lassen den selbständigen Dichter Rilke nur ahnen. Schon für den frühen Rilke ist insbes. die Favorisierung →Marias als eines göttl.-menschl. Frauenideals auffallend, das eine Verwandtschaft mit dem Typus der »femme fragile« verrät, den auch Künstler des Jugendstils bevorzugen. (»Gebete der Mädchen zur Maria«, 1889; später eine eigenständigere Verarbeitung des Marienstoffes im »Marienleben«, 1912). Erst im »Stundenbuch« (ersch. 1905), in dem u.a. eine Rußlandreise einschließl. einer Begegnung mit L. →Tolstoi verarbeitet ist, wird das lyr. Konzept und die eigenständige Weise des Umgangs mit Religion bei Rilke offenkundig. Die drei Bücher »Vom Mönchischen Leben«, »Von der Pilgerschaft«, »Von der Armut und vom Tode« drücken weniger einen persönl. christl. Glauben des Autors aus als Grundhaltungen seines Kunstverständnisses: Alle Dinge können zum »Vorwand« werden, »einen unter der Oberfläche liegenden Lebensgrund« zu beschwören, »tief intime Geständnisse« auszudrücken. »Gebete« sind Ausdruck einer Grundhaltung des Ergriffenseins, wie sie nur der Künstler vollendet ausdrücken kann. Alles kommt durch →Sprache und künstler. Ausdruck in Bewegung, ja durch die Kunst erst zur Wirklichkeit. Auch »Gott reift«: →Gott ist für Rilke ein werdender Gott, den er als Dichter umkreist, ja versprachlichend erst hervorbringt. Unter dem Eindruck St. Georges kommt es somit auch bei Rilke zu einem »Glauben an die Kunst als Selbst- und Welterlösungsglauben«, zu einer »Verselbstung bis zur Selbstvergottung und Entselbstung bis zum Selbstopfer in der Hingabe an das irrationale ›ES‹ des Lebens«, kurz: es kommt zu einer »Gott-Kreation« durch die Kunst (U. Fülleborn).

Dieses Verfahren lyr. Transformation und Realisation der Wirklichkeit wird in der mittleren Periode Rilkes (ab 1902) unter dem Eindruck der Großstadt Paris und der bildenden Kunst Rodins und Cézannes ausgebaut und zum eigenständigen Programm. Die »Neuen Gedichte« (ersch. 1907 und 1908) geben von der neuen, gesteigerten Wirklichkeitserfahrung (»Dinggedichte«) Rilkes ebenso Ausdruck wie sein Roman »Die Aufzeichnungen des Malte Laudris Brigge« (ersch. 1910), der für die dt. Literatur den Durchbruch zu einer neuen Romantechnik bedeutet. Wie sehr rel. Stoffe, Motive und Figuren bei Rilke zum Material einer poet. Verwandlung geworden sind, demonstrieren die »Neuen Gedichte«, in denen atl. Stoffe (»David singt vor Saul«; »Josuas Landtag«) ebenso verarbeitet sind wie ntl. (»Der Auszug des verlorenen Sohnes«), in denen Gedichte auf Maria (»Pieta«; »Die Marienprozession«) ebenso stehen können wie Gedichte auf →Buddha, in denen →Engel und →Heilige (»Sankt Sebastian«) ebenso besungen werden wie Gestalten der antiken

Mythologie (Sappho, Orpheus, Euridike, Hermes, Alkestis). Freil.: Das auffallende Interesse an der Jesusfigur in den »Neuen Gedichten« (»Kreuzigung«, »Der Auferstandene«, »Abendmahl«), das auf Rilkes kirchenkrit. »Elf Visionen« unter dem Titel »Christus« (1896/98) zurückverweist, hat Rilke nicht gehindert, einer der schärfsten Kritiker des kirchl. Christusglaubens zu werden (»Der Brief des jungen Arbeiters«, 1922). In der Nachfolge →Nietzsches unterzieht Rilke als →Religions- und →Kirchenkritiker nicht nur das etablierte Christentum einer scharfen Kritik (»Sie haben aus dem Christlichen ein métier gemacht, eine bürgerl. Beschäftigung, sur place, einen abwechselnd abgelassenen und wieder aufgefüllten Teich«), sondern formuliert auch eine Absage an eine →Christologie, die sich Gott gegenüber verselbständigte (Christus ist für Rilke nur »Zeigefinger« auf Gott) und einer →Kreuzestheologie huldigt (»Ich kann mir nicht vorstellen, daß das Kreuz bleiben sollte«).

Rilkes Kunstprogramm einer eigenständigen myth. Sinngebung und Deutung menschl. Existenz außerhalb traditioneller rel. Systeme kommt nach einer tiefen künstler. Krise (1912-1919) im Spätwerk zur Vollendung, vor allem in den »Duineser Elegien« (1923) und den »Sonnetten an Orpheus« (1923). Die in den »Elegien« angerufene imaginäre Instanz des »Engels« hat dabei – so Rilke – »nichts mit dem Engel des christl. Himmels zu tun«. Der →Engel ist vielmehr – vor allem in den späteren Elegien – »myth.-metaphor. Sinnfigur des in Rilkes Weltdeutung imaginierten, zeitlosen, Leben und →Tod zur Einheit des ›Ganzen‹ verschmelzenden Raumes, der als unbegrenzter Innenraum (›Weltinnenraum‹) zu verstehen ist und in dem das ›Innere‹ der Außenwelt ebenso wie das ›Innere‹ der menschl. Seele aufgehoben ist« (J. W. Storck). Der Verfallenheit des Menschen an die Welt des Sichtbaren stellt Rilke mit seiner poet. Realisation der Raum-Welt das »Unsichtbare« entgegen: gegenüber einer fixierten Subjekt-Objekt-Struktur die →Erfahrung der Überschreitbarkeit bisheriger Gegensätze, die Dialektik von Sein und Nichtsein, von Leben und Tod, von Anwesenheit und Abwesenheit des Göttlichen, wobei die Aufgabe der Kunst die »Rettung« und »Bergung« der »Dinge« ist, die Verwandlung des Sichtbaren ins Unsichtbare.

Die *theol. Bedeutung* dieses L.ers liegt weniger in seiner oft bizarren, eigenwilligen, antik-myth., christl., buddhist. Elemente verschmelzenden »Privatreligion« (B. von Wiese), auch weniger darin, Rilke als »rel. Erzieher« päd. zu vereinnahmen (H. J. Baden), sondern in einem lyr. Verfahren, das die neuzeitl. Subjekt-Objekt-Strukturen auflöst und die Grenzen des Denk- und Sagbaren, die paradoxe Struktur der Sprache, die Dialektik von Reden und Schweigen, von Form und Formlosigkeit bis ins Äußerste erkundet hat. Unter den maßgebl. Theologen hat vor allem *P.* →*Tillich* von der Spätdichtung Rilkes nach eigenem Geständnis den »stärksten Eindruck« bekommen (»Auf der Grenze«, 1936). Und für *R.* →*Guardini* ist Rilke »einer der konsequentesten Individualisten der ausgehenden Neuzeit«, der freil. in Gefahr steht, durch das Verwischen der Gegensätze von Subjekt und Objekt »die Personalität« des Menschen aufzulösen (»Rilkes Deutung des Daseins«, 1953).

*C.* Einem prot. Pfarrhaus entstammend, war *G. Benn* (nach Anfängen in Philosophie und Theologie) vor allem durch sein Medizinstudium schon früh unter den Einfluß von Darwin, Nietzsche und Spengler geraten und zu einer zivilisationskrit., desillusionierten Einschätzung von Mensch und Geschichte gelangt. Religion wurde seither von Benn nicht nur als unglaubwürdig angesehen (Auseinandersetzung mit dem Pastoren-Vater im Gedicht »Pastorensohn«, 1922), sondern als idealist. Selbsttäuschung durchschaut. Dies kommt in aller Schonungslosigkeit bereits in den ersten Gedichtbänden zum Ausdruck (»Morgue«, 1912; »Söhne«, 1913; »Fleisch«, 1917), in denen Benn u.a. seine Erfahrungen als Mediziner (Spezialfach: Haut- und Geschlechtskrankheiten) verarbeitet und gegen den schönen Schein eines rel.-christl. getönten Menschenbilds ausspielt (»Requiem«: »Jeder drei Näpfe voll: von Hirn und Hoden / Und Gottes Tempel und des Teufels Stall / nun Brust an Brust auf eines Kübels Boden / begrinsen Golgatha und Sündenfall«). Benn fühlt sich »belogen und betrogen / mit Gotteskindschaft, Sinn und Zweck« (»Der junge Hebbel«), eine Erfahrung, die sich durch das Erlebnis des Ersten Weltkriegs verstärkt (»Rönne«-Prosa, 1915-23).

Der radikalen Desillusionierung (»Die Krone der Schöpfung, der Mensch, das Schwein«), dem materialist. →Nihilismus und der Alltagsbanalität setzt Benn freil. den Zustand rauschhaft erlebter Entgrenzung entgegen (»Kokain«, »O Nacht«, »O Geist«). Die Gedichte der 20er und 30er Jahre (»Schutt«, 1924; »Spaltung«, 1925; »Ausgewählte Gedichte«, 1936) spiegeln zunehmend die Selbststilisierung Benns als eines »späten Ich« wider, das dem »Chaos« der Welt einsam, tapfer und in »leerer Melancholie« trotzt. Nur so ist auch eine zunehmend häufigere Selbstdeutung des Autors in der Christusrolle (»Valse triste«, 1936) zu verstehen. Der Künstler deutet sich als eine Art leidender Christus, der durch das Hervorbringen der künstler. Form →Auferstehung selbst inszeniert (»in Blut und Wunden zeuge / die Form, das Auferstehen«). Künstlerschicksal ist Leiden, das Schicksal aller »großen Männer«; Erfüllung nur um den Preis von Wunden erkaufbar. Diese Verflechtung von Einsamkeit, Leiden und hero. Trotz macht Benn sich vor allem an Figur und Schicksal Nietzsches klar (»Sils Maria«, »Turin«). Lebensdevise angesichts einer zerfallenen Welt, um die der Künstler mehr als andere weiß, ist: »dennoch die Schwerter halten / vor die Stunde der Welt«.

Diese Grundhaltung des hero. »Dennoch«, diese Überzeugung, daß allein die poet. Form die einzige noch mögl. Weise von »Transzendenz« ist, verstärkt sich in den späten Gedichten Benns (»Trunkene Flut«, 1949; »Destillationen«, 1953; »Aprèslude«, 1955). Wegen anfängl. Sympathien für den →Nationalsozialismus, von dem der unpolit. Benn sich »eine neue Mutation der weißen Rasse« und eine neue Verbindung von Kunst und Macht versprach, sah Benn sich nach 1945 erneut isoliert und unter Rechtfertigungszwang gesetzt (»Doppelleben«, 1950). Die geistige Grundhaltung aber blieb auch nach 1945 dieselbe. Unter dem Eindruck der Atombombe auf Hiroshima entsteht das Gedicht »Quartär«, das Benns unverändert desillusionierte Endzeitstimmung einfängt (»Allerseelen-Fini du tout«). Auch die Grundhaltung der Religion gegenüber bleibt unverändert; der Verlust der Religion, der Verlust einer einstmals bestehenden »Mitte«, als die Kirche noch eine alles zentrierende sinngebende Ordnung garantierte, kann jetzt freil. melanchol. beschrieben werden (»Verlorenes Ich«). Doch angesichts einer letztl. sinnlosen Geschichte, angesichts all des »Steingerölls der großen Weltruine«, dessen Opfer auch Jesus Christus ist (»dem Ölberg, wo die tiefste Seele litt«), gibt es für den Künstler nur eine Aufgabe: »im Gedichte / die Dinge myst. bannen durch das Wort« und »im Gedichte / das Selbstgespräch des Leidens und der Nacht« aushalten (»Gedichte«). Zwar weiß Benn um die kommunikative und lebensschaffende Funktion der Sprache (Kunst ist ein Schöpfungsakt), zwar fordert er fast beschwörend auf: »Kommt, reden wir zusammen / wer redet ist nicht tot«, dennoch wird diese Erfahrung in seinen Gedichten immer wieder gebrochen durch die »Leere«, das »Dunkeln« und »Altern«, so daß letztl. nur zwei Dinge bleiben: »die Leere und das gezeichnete Ich« (»Nur zwei Dinge«). Zwar lehnt der späte Benn – wie er in einem offenen Brief an A. Lernet-Holenia 1952 schrieb – die Existenz Gottes keineswegs ab (»niemand ist ohne Gott, nur Narren halten sich für autochthon und selbstbestimmend«), gleichzeitig aber beharrt er darauf, daß es »keine andere Transzendenz als die Transzendenz der schöpfer. Lust« gibt (»Fanatismus zur Transzendenz«, 1931).

*D.* Das *theol. Gespräch* mit der modernen L. der ersten Jh.hälfte hat erst in Ansätzen begonnen. Es sollte sich weniger auf Inhalte der Aussagen als auf Fragen der Form und Struktur beziehen. Brecht verkörpert ein Denken, das mit der Ablehnung rel. Transzendenz eine auf Erfahrung, rationale Analyse und polit. →Ethik beruhende Kunst des prakt.-polit. Verhaltens und Handelns entwickelt, eine Kunst der Weisheit im Geiste der prakt. Philosophie Chinas. Rilke nutzt den Zusammenbruch institutioneller und dogmat. Religion zur Transformation des rel. Erbes in einen eigenen myth.-poet.-rel. Kosmos und etabliert Kunst als die eigentl. Daseinsdeutung der Offenheit menschl. Existenz. Auch Benn geht wie Brecht und Rilke vom Zusammenbruch des etablierten Christentums aus, sieht aber weder in der polit.-eth. Perspektive Brechts noch in der myth.-poet. Rilkes, sondern nur im heroisch-stoischen Trotz wider die nihilist. Leere und die materialist. Banalität, nur in der Kunst die einzige Form geistigen Überlebens. Während bei Brecht die Kunst über sich hinaus in den Raum der polit. Praxis verweist, während bei Rilke die Kunst Welt verwandelt, ist sie bei Benn zur einzigen Form des Überlebens, zur geistigen Überlebens-Kunst geworden, mit deren Hilfe Benn »die Desillusionierung und Entmythisierung der geschichtl. Lage des Menschen unablässig vorantrieb« und so »auch für den Christen intra muros ecclesiae Vorbild-Bedeutung« gewinnt (H. E. Bahr). Der Wirklichkeitswahrnehmung, der Sprachkraft und der schonungslosen Selbstdeutung dieser L.er müßte eine Theologie sich stellen, die nicht der »Kultur der Teilnahmslosigkeit« (M. Walser) verfallen will.

*E.* Die theol. Bedeutung der L. der deutschsprachigen Gegenwartsliteratur (nach 1945) läßt sich an fünf maßgebl. L.erinnen und L.ern demonstrieren, die eine erkennbare theol. Wirkungsgeschichte aufweisen: *Marie Luise Kaschnitz* (1911-1974), *Ingeborg Bachmann* (1926-1973), *Nelly Sachs* (1891-1970), *Rose Ausländer* (1901-1988) und *Paul Celan* (1920-1970).

Aus einer prot., aber rel. indifferenten Familie stammend, wuchs *M. L. Kaschnitz* im kath. Baden auf, war mit einem Katholiken verheiratet (dem Archäologen Guido Weinberg-Kaschnitz) und lebte lange Jahre in →Rom, so daß die Auseinandersetzung mit dem Katholizismus für ihr Werk prägender war als die prot. Tradition. Die Romerfahrung findet erstmals ihren Niederschlag im Tagebuch »Engelsbrücke« (1955), in dem Kaschnitz bereits kirchl. Realität mit dem Anspruch des Evangeliums konfrontiert. Ein theol. bedeutsames Thema in ihrem Werk ist die *Gottesfrage.* Das stark traditionsgebundene Frühwerk ist von naturmyst. und pantheisierenden Vorstellungen und mytholog. Motiven geprägt. Weiterhin charakterist. ist die Verknüpfung von Transzendenzerfahrung und Liebe, die als kosm. Prinzip alles Sein durchwaltet. In dem Essay »Von der Gotteserfahrung« (1946) und dem Gedicht »Vater unser« (1948) verdeutlicht sie ihre vom praktizierten Christentum unabhängige Religiosität. Ihre zunehmende Anteilnahme am Zeitgeschehen nach 1945 verändert auch ihr Gottesbild. Im »Tutzinger Gedichtkreis« (1957) formuliert sie eine Anklage gegen Gott, der nicht eingreift in das fürchterl. »accelerato« (Beschleunigung) des techn. Fortschritts, endet aber mit einem trotzigen »credo quia absurdum«. In ihrem Spätwerk wird die Gottesfrage seltener explizit thematisiert, weil für sie Welterfahrung und Gotteserfahrung immer stärker verschmelzen.
Finden sich im Frühwerk christolog. Motive nur im Kontext einer mytholog. geprägten Erlösungsvorstellung, so tritt im Mittel- und Spätwerk der *hist. Jesus* in den Vordergrund. In dem Hörspiel »Der Zöllner Matthäus« (1956) psychologisiert sie die Problematik der Nachfolge und zeichnet durch die Technik der Spiegelung indirekt ein Jesusbild.

Die Frage nach der Bedeutung des Galiläers im Jetzt und Hier, die Verknüpfung menschl. Leidensgeschichte mit dem Geschehen auf Golgatha, die myst. Verschmelzung des an der Welt leidenden Ich mit dem Gekreuzigten sind zentrale Themen in ihrem letzten Gedichtband »Kein Zauberspruch« (1972).

Bereits in der Erzählung »Der Deserteur« (1958) deutet Kaschnitz die menschl. Opferbereitschaft vor dem Hintergrund der österl. Auferstehungshoffnung. Nach dem Tod ihres Mannes 1958 rückt die Problematik von *Tod und Auferstehung* in den Mittelpunkt ihres Werkes. Einige Gedichte in den letzten drei Bänden zeugen von ihrer Hoffnung über den Tod hinaus. Dabei werden ihr Auferstehungserfahrungen in Raum und Zeit zum Symbol für eine transzendente Wirklichkeit (»Dein Schweigen – meine Stimme«, 1962; »Ein Wort weiter«, 1965; »Kein Zauberspruch«, 1972). In der späten L. wird die Frage nach einem persönl. Fortleben überlagert von der Sorge um die Zukunft der Menschheit.

*F.* Beeinflußt durch →Wittgenstein und →Heidegger, steht die L. *I. Bachmanns* im Spannungsfeld zwischen Sprachzweifel und Sprachutopie. Dabei fordert I. Bachmann ein radikales Ernstnehmen der Immanenz, was die Bewegung des Transzendierens nicht aus-, sondern einschließt. Christl. Glaubens*inhalte* werden in der Gedichtsammlung »Die gestundete Zeit« (1953) durch verfremdenden und parodierenden Gebrauch bibl.-christl. Sprachtopoi verneint. In dem Titelgedicht der Sammlung »Anrufung des großen Bären« (1956) zeichnet sie mit demselben Verfahren die Situation des mit einer undurchschaubaren kosm. Macht konfrontierten Menschen und betont das dämon. Gesicht des Göttlichen. An anderer Stelle haben christl. Sprach- und Deutungsmuster positiveren Gehalt: In den Erzählungen »Das dreißigste Jahr« und »Unter Mördern und Irren« (beide im Band »Das dreißigste Jahr«, 1961) verwendet sie das Modell des stellvertretenden Leidens und Sterbens, ohne dadurch eine spezif. christl. Heilshoffnung zum Ausdruck zu bringen. Das →Kreuz wird in dem Romanfragment »Requiem für Fanny Goldmann« zum Zeichen menschl. →Passion, in der Kurzgeschichte »Simultan« (1972) zum Symbol für Erlösungserfahrung.

Im Blick auf das Vollkommene erfahren die Figuren der Romane und Kurzgeschichten I. Bachmanns Möglichkeiten der Grenzüberschreitungen, zerbrechen aber an den Bedingungen der Realität. In dem Hörspiel »Der gute Gott von Manhattan« (1958) scheitern die Liebenden bei der Suche nach einer Absolutheit an den zerstörer. Kräften der Welt, die in dem »guten Gott« als dem Vertreter der Ordnung personifiziert sind. Im Kontext ihrer Sprachkonzeption ist B. in bezug auf die Gottesfrage betont zurückhaltend, doch durch ihre Ausrichtung auf ein utop. Ziel hin ist in ihrem Werk eine Offenheit für theol. Fragestellungen gegeben.

*G.* Schon der erste große literar. Versuch, der einen Durchbruch für die jüd. Schriftstellerin *N. Sachs* (Nobelpreis 1966) bedeutete, läßt den Bezug zur jüd. Tradition erkennen: das Mysterienspiel »Eli« (entst. 1943/44). Die in großbürgerl. Verhältnissen aufgewachsene Berliner Kaufmannstochter, die sich im Mai 1940 unter dramat. Umständen zusammen mit ihrer Mutter aus dem nationalsozialist. Deutschland nach Stockholm retten konnte, verarbeitet hier erstmals literar. das Leiden des jüd. Volkes. Die →Holocaust-Erfahrung steht auch im Zentrum ihres ersten Gedichtbandes »In den Wohnungen des Todes« (1947), während der zweite Gedichtband »Sternverdunklung« (1949) auch das Thema der Rückkehr des Volkes Israel ins »Land der Vorväter« aufgreift (1948: Gründung des Staates →Israel). Zahlreiche Anspielungen auf bibl. Figuren wie Jakob, Jesaja, Saul, →Abraham, zahlreiche Gedichte auf archetyp. bibl. Gestalten wie →Hiob (»Hiob«) oder die Propheten (»Wenn die Propheten einbrächen«), auf archetyp. bibl. Orte wie die Wüste (»Sinai«) oder den Garten Eden (»Chor der Steine«), aber auch gebetsähnl., stark autobiograph. gefärbte Verse (»Gebete für den toten Bräutigam«) sowie die Verwendung chassid. Traditionen (»Chassid. Schriften«), lassen eine rel. Landschaft erkennen, die durch die eigentüml. sprachl. Verwandlung dieser L.erin ihr unverwechselbares Profil erhält.

Unter dem Eindruck einer vertieften Lektüre jüd. Mystik (»Kabbala«) entstehen die Gedichtbände der mittleren Periode »Und niemand weiß weiter« (1957) und »Flucht und Verwandlung« (1959). Es gelingen in dieser Periode nicht nur mit immer stärkeren Wortverknappungen, Verdichtungen, Chiffrierungen, Motivverknüpfungen arbeitende rätselhaft-dunkle Ausleuchtungen der Leidens- und Hoffnungssituation des Menschen vor Gott, sondern auch eindrucksvolle Christus-Gedichte, die nicht den Erlöser, sondern den »Mann der Schmerzen« evozieren (»Dornengekrönt«, »Landschaft aus Schreien«, »Wer weiß, wo die Sterne stehen«: der Fisch mit der blutig gerissenen Kieme). Die Gedichte der letzten Periode »Fahrt ins Staublose« (1961), »Noch feiert Tod das Leben« (1961), »Glühende Rätsel« (1963-67) zeigen eine Entschränkung der bisherigen jüd. Thematik und ein bewußtes Transzendieren zu einer universalen Mystik. Die »Schwester Hiob«, »Erbin der Erzväter und der Propheten«, »Dichterin nicht nur der Klage und Anklage, sondern auch der mahnenden Predigt« genannte L.erin darf deshalb nicht nur aus jüd. Voraussetzung verstanden werden, als ginge es ihr ausschließl. um »Qual, Erwählung, Erlösung« als eine Art von »finster-hellem Dreiklang jüd. Daseins«. In ihrem Werk gelingt es ihr vielmehr, an bibl. und jüd. Traditionen anknüpfend, »Universelles und Repräsentatives zugleich zu sehen« (O. Lagerkrantz). Das Universelle dürfte in der Weise der *sprachl. Verarbeitung der Todeserfahrung* bestehen, die zugleich eine in Sprache immer wieder ermöglichte »Neuschöpfung« beinhaltet, ein Sichstemmen gegen den Tod. Das

»Geheimnis« dieser L. liegt somit in der Möglichkeit einer »Sprache des Leidens«, mit deren Hilfe die Unermeßlichkeit des Leidens ins Wort kommt, ohne trivialisiert, ohne ästhet. verharmlost und zerredet zu werden. Die rätselhaft-chiffrierte L. der N. Sachs macht »Gedichte nach Auschwitz« möglich, die den Leser als verstörten entlassen und das Grauen doch nicht der Wortohnmacht ausliefern.

*H.* Anders als N. Sachs stammt die als Rosalie Beatrice Scherzer geborene *Rose Ausländer* aus dem Ostjudentum und wurde wie Paul Celan und Selma Meerbaum-Eisinger in Czernowitz (Bukowina) geboren. In dieser »Stadt der Schwärmer und Anhänger« geriet sie als deutschsprachige Jüdin schon früh in den Sog einer vom →Chassidismus geprägten »myth.-myst. Sphäre«. 1921 Emigration in die USA, 1931 Rückkehr in die Bukowina (Pflege der kranken Mutter); 1939 erscheint der erste Gedichtband »Der Regenbogen«. 1941-45 – nach dem Überfall der Nazis – entgeht sie der Deportation durch Untertauchen in ein Kellerversteck im Getto von Czernowitz. Geistig überlebt sie die Vernichtungsdrohung durch die Fortsetzung ihres Schreibens (»Gettomotive«). 1946 zweite Emigration in die USA, ab 1963 in Europa zuerst in Wien, dann ab 1965 bis zu ihrem Tod in Düsseldorf. 1957 wird eine Wiederbegegnung mit P. Celan für ihr literar. Werk entscheidend: Ihre L. wird nun immer knapper und dichter; die im Frühwerk oft lang ausschwingenden Zeilen werden immer öfter auf bloße Wortkerne und Zeilenfragmente reduziert, werden rhythm. freier und offener. Ihr umfassendes lyr. Werk aus gut 60 Jahren (die Gesammelten Werke umfassen 7 Bde.) kreist um immer wiederkehrende Themen: Liebe und Trennung, Schöpfung und Tod, Sprachskepsis und Sprachvertrauen. Ihre L. kommt aus einem Dennoch des Vertrauens, »aus der verzweifelten Hoffnung / daß dichten / noch möglich sei«. Ihre Gedichte sind nicht selten der Verzweiflung abgetrotzte Beschwörungen eines Mysteriums der Wirklichkeit, das sich durch Sprache verstellt, aber im dichter. Wort evoziert werden kann (»Mysterium«). Gerade ihre knappsten, oft nur Wortfetzen und Sprachreste enthaltenden Gedichte eröffnen durch Wortkargheit und Sprachreduktion einen Raum des Ungesagten und Unsagbaren, eine Schwingungssphäre, die auf das jenseits aller Sprache liegende Geheimnis der Wirklichkeit verweist, das nicht selten mit Urworten jüd. Tradition beschworen wird (»Sabbat«; »Passah«; »Auferstehung«). Ihre L. ist so ein einziges Bekenntnis »zur Erde und ihren gefährl. Geheimnissen«, »zur Poesie, die das Märchen vom Menschen spinnt«, ein Bekenntnis, das glaubwürdig ist, weil es um die Bedrohung und Gefährdung weiß (»Ich bekenne mich«).

*I.* Ihren Höhepunkt erreicht die mit Wortverknappungen und Sprachverdichtungen, mit Chiffrierungen und Verrätselungen arbeitende L. im Werk von *Paul Celan.* Als Paul Antschel im ostjüd. Milieu von Czernowitz aufgewachsen, lebte er nach dem Krieg bis zu seinem Freitod 1970 meist als Sprachlehrer und Übersetzer in Paris. Zahlreiche seiner Gedichte, von den frühen Bänden angefangen (»Mohn und Gedächtnis«, 1952; »Von Schwelle zu Schwelle«, 1955) bis zu denen der mittleren (»Sprachgitter«, 1959; »Die Niemandsrose«, 1963) und der letzten Periode (»Fadensonnen«, 1968; »Atemwende«, 1968; »Lichtzwang«, 1970; »Schneepart«, 1971), sind ohne Kenntnisse von Kabbalismus und Chassidismus nicht zu verstehen. Die Auschwitz-Erfahrung bleibt prägend (»Todesfuge«). Einflüsse auch aus dem jüd. →Messianismus sind unverkennbar, ohne daß man Celans hermet. L. auf Sinngehalte und Traditionsstränge festlegen dürfte. Seine Gedichte sind im Gegenteil – auch und gerade wo sie rel. Sprachgut verarbeiten – einer »Flaschenpost« vergleichbar (so Celan selber), immer »unterwegs« auf »etwas Offenstehendes, Besetzbares, ein ansprechbares Du vielleicht, auf eine ansprechbare Wirklichkeit«. Auch die Celansche L. hat somit gerade durch die äußerste Reduktion und Verrätselung hindurch Verweischarakter auf eine Wirklichkeit, die unbenennbar bleibt.
In der theol. Rezeption des Celanschen Werkes sind vor allem sein Christusgedicht »Tenebrae« (aus: »Sprachgitter«), sein lyr. Zwiegespräch mit N. Sachs über die Gottesfrage »Zürich. Zum Storchen« (aus: »Niemandsrose«), seine myst. Meditationen über das Wort »Niemand« und »Nichts« in »Psalm« und »Mandorla« (beide aus: »Niemandsrose«) und seine einzige Prosadichtung »Gespräch im Gebirg« beachtet worden, in der Celan das Schicksal der Juden archetyp. ausdeutet. Celans lyr. Chiffren erlauben keine theol.-affirmative Sinndeutung, eröffnen aber – darin N. Sachs ähnl. – durch Perspektivenwechsel, Subjekt-Objekt-Vertauschungen, paradoxe Verknüpfungen, durch Rückzüge ins Wortkarge, ja Wortlose die Möglichkeit einer nichtvertröstenden, nichtaffirmativen »Sprache des Leidens« (M. Krämer), in der das Leiden im Gedicht »aufgehoben« ist, ohne es ästhet. zu verbrämen. Celans myst. Medidation an der Grenze von Reden und Verstummen, die »Gott« als Chiffre des Unsagbaren stets neu im Wort fassen und zugleich loslassen kann, enthält so möglicherweise eine »bis heute ungeschriebene Theologie nach Auschwitz« (W. Jens), in der von Gott gebrochen, verschlüsselt geredet werden kann, ohne die Leidensgeschichte der Welt zu überspielen.

*J. Neue religiöse Lyrik: Die in der Tradition A. von Droste-Hülshoffs* (»Geistl. Gedichte«, 1818-1837; 1839; 1845-46) stehende geistl. oder rel. L. der 1. Hälfte des 20. Jh.s wird durch Dichterpersönlichkeiten wie *G. von le Fort* (1876-1971), *R. A. Schröder* (1887-1962) und *R. →Schneider* bestimmt. Den Hymnen von le Fort (»Hymnen an die Kirche«, 1924), den Sonetten Schneiders aus der Kriegszeit (»Jetzt ist des Hl. Zeit«, 1943; »Die Waffen des Lichts«, 1944) und den »Geistl.

Gedichten« Schröders (1949) gemeinsam ist eine Orientierung an kirchl. Liturgie, Lehre, Disziplin und Ordnung. Der christl. Dichter versteht sich als Verkünder des göttl. Geheimnisses in finsterer Zeit, als Mahner und prophet. Ankläger, als Bußrichter oder Tröster. Seine Texte wollen künstler. nichts Eigenes schaffen, sondern sich in den Dienst des Gotteslobes stellen. In oft hymn. ausladenen Texten werden Schöpfung und Erlösung des Menschen gefeiert und wird für eine »vertrauensvolle Hingabe der Seele an die übernatürl. Wahrheit und Liebe der Kirche« (le Fort) geworben. Trotz aller Zweifel und Kämpfe, trotz aller geschichtl. Katastrophen und Brüche kann diese L. ungebrochen und letztl. unerschüttert Verkündigung des »Geheimnisses Gottes« betreiben sowie »Dank und Jubel« des erlösten Menschen zur Sprache bringen.

Eine erste Gebrochenheit und Erschüttertheit ist bereits bei der österr. Katholikin *Christine Lavant* (geb. 1915) zu spüren, die in expressionist. anmutender Sprache die Abgründigkeit auch gläubiger Existenz benennen kann (»Die Bettlerschale«, 1956; »Spindeln im Mond«, 1959; »Der Pfauenschrein«, 1962). Eine erste Problematisierung und sprachkrit. Verarbeitung rel. Grundprobleme kommt aber auch bei prot. Autoren wie *A. Goes* (geb. 1908; »Lichtschatten«, 1978) und *R. O. Wiemer* (geb. 1905) zur Sprache (»Der Ernstfall«, 1973; »Wortwechsel«, 1973). Mit Autorinnen wie *S. Walter* (geb. 1919), *E. Zeller* (geb. 1923) und *D. Sölle* (geb. 1929) und Autoren wie *K. Marti* (geb. 1921) und *W. Willms* (geb. 1930) beginnt eine Generation rel. L. zu schreiben, die durch die Auschwitz-Stalingrad- und Hiroshima-Erfahrung geprägt ist und nicht mehr an die Hymnik sowie das Gott- und Erlösungsvertrauen der alten Generation anknüpfen kann. Die Gedichte werden nicht nur (darin dem Grundtrend moderner L. folgend) immer knapper, lapidarer und wortängstlicher, sie werden auch inhaltl. gebrochener, paradoxer und provokativer. Die Autoren verstehen sich nicht mehr als Fragende denn als Verkünder, sind solidar. mehr mit den Rätseln des Glaubens als mit den Rätsellösern, mehr an der Seite der Bekenntniszweifler und Glaubensnarren als an der Seite der theol. Landvermesser (E. Zeller: »Fliehkraft«, 1975; W. Willms: »Der geerdete Himmel«, 1974; »Meine Schritte kreisen um die Mitte«, 1984; S. Walter: Ges. Gedichte, 1950). Erstmals in der dt. Literatur kommt es zu einer Verbindung von rel. und polit. L. (D. Sölle: »Spiel doch von Brot und Rosen«, 1981; *J. Reding*: »Asphaltgebete«, 1982) und zur Wahrnehmung sozialer, polit. und ökolog. Wirklichkeit (*A. Juhre*: »Wir stehen auf dünner Erdenhaut«, 1979). Die gegenwärtige rel. L. hat zweifellos im Werk des schweizer. prot. Pfarrers K. Marti einen ihrer Höhepunkte erreicht, dessen Arbeiten verschiedenste rel. Traditionen und lyr. Formen zu einer Synthese mit eigenem Profil verschmelzen: die lyr. Bibelparaphrase (»Gedichte am Rande«, 1963) ebenso wie das polit.-zeitkrit. Gedicht (»Leichenreden«, 1969), das lyr. Epigramm zu theol. Grundthemen (»Abendland«, 1980) ebenso wie das sprachkrit., das experimentell-verspielte oder narrenhaft-verrätselte Gedicht zu Grundfragen der Zeit (»Mein barfüßig Lob«, 1987).

Angesichts einer erhebl. veränderten lyr. Landschaft kann die Behauptung gewagt werden: »Rel. Bewußtsein, christl. Bewußtsein zeigen sich heute am stärksten im Gedicht«, und Gedichte sind »Werkzeuge der Freiheit« (P. K. Kurz). Gleichzeitig besteht bei Aufgabe der Formstrenge die Gefahr einer rel. Wortinflation, die dem Grundproblem rel. L. zuwiderläuft: die Versprachlichung dessen zu ermöglichen, was sich aller Sprache letztl. entzieht.

*Lit.: Zu Brecht: W. Jens:* Der L.er B., in: *ders.:* Zueignungen. 12 literar. Portraits, München 1962, 18-30. – *K.-J. Kuschel:* Der andere Brecht. Versuch einer theol. Analyse seiner L., in: Stimmen der Zeit 109 (1984), 629-643. – *W. Mittenzwei:* Das Leben des Bertolt Brecht, Bd. I-II, Frankfurt/M. 1988. – *W. Muschg:* Der L.er B. Brecht, in: *ders.:* Von Trakel zu Brecht. Dichter des Expressionismus, München 1963, 335-365. – *K. Schumann:* Der L.er Brecht 1913-1933, München 1974. – *D. Sölle:* Bertolt Brecht. Weihnachtsgedichte, in: *dies.:* Sympathie, Stuttgart 1978, 232-260. – *Zu Rilke: H. J. Baden:* Rilke als rel. Erzieher, in: *ders.:* Der Glaube des Dichters, Hamburg 1975, 55-78. – *B. Blume:* Jesus, der Gottesleugner: Rilke »Der Ölbaum-Garten« und Jean Pauls »Rede des toten Christus«, in: *ders.:* Existenz und Dichtung, Frankfurt/M. 1980, 112-146. – *U. Fülleborn:* Rilke, in: Religion in Geschichte und Gegenwart, 3. Aufl., Bd. 5, 1106-1110. – *E. Heller:* Nirgends wird Welt sein als innen. Versuche über Rilke, Frankfurt/M. 1975. – *H. Imhof:* Rilkes »Gott«. R. M. Rilkes Gottesbild als Spiegelung des Unbewußten, Heidelberg 1983. – *W. Leppmann:* Rilke. Leben und Werk, Bern/München 1981. – *J. W. Storck:* Duineser Elegien, in: Kindlers Literaturlexikon im dtv, Bd. VII, München 1974, 2899-2902. – *Ders./J. H. Solbnig (Hg.):* Rilke heute. Beziehungen und Wirkungen, Frankfurt/M. 1975. – *Zu Benn: H.-E. Bahr:* Poiesis. Theol. Untersuchung der Kunst, Stuttgart 1960. – *R. Grimm/W.-D. Marsch (Hg.):* Die Kunst im Schatten Gottes. Für und Wider G. Benn, Göttingen 1962. – *H. E. Holthusen:* G. Benn. Leben und Werk im Widerspruch (1886-1922), Stuttgart 1986. – *A. Schöne:* Säkularisierung als sprachbildende Kraft. Studien zur Dichtung dt. Pfarrerssöhne, Göttingen 1968. – *J. Schröder:* Imitatio Christi. Ein lyr. Bewältigungsmodell G. Benn in den Jahren 1933-36, in: FS für R. Brinkmann, Tübingen 1981, 635-657. – *R. Weber:* G. Benn. Zwischen Christentum und Gnosis, Tübingen 1983. – *D. Wellershoff:* G. Benn. Phänotyp dieser Stunde, Köln/Berlin 1958. – *Zu Kaschnitz:* – *K.-J. Kuschel:* Jesus in der deutschsprachigen Gegenwartsliteratur, Zürich/Köln 1978. – *E. Pulver:* Marie Luise Kaschnitz, München 1984. – *U. Schweikert (Hg.):* Marie Luise Kaschnitz, Frankfurt/M. 1984. – *A. Strack-Richter:* Öffentl. und privates Engagement. Die L. von Marie Luise Kaschnitz, Frankfurt/M. 1979. – *Zu Bachmann: H. L. Arnold (Hg.):* Ingeborg Bachmann (Text und Kritik, Heft 6), München, 2. Aufl. 1971. – *M. Jurgensen:* Ingeborg Bachmann. Die neue Sprache, Bern/Frankfurt/M. 1981. – *H. Weber:* An der Grenze der Sprache. Rel. Dimension der Sprache und bibl.-christl. Metaphorik im Werk Ingeborg Bachmanns, Essen 1986. – *Zu Sachs: E. Bahr:* Nelly Sachs (Autorenbücher 16), München 1980. – *G. Dischner:* Die L. von Nelly Sachs und ihr Bezug zur Bibel, zur Kabbala und zum Chassidismus, in: Text und Kritik, Bd.

23, Juli 1969, 25-40. – *B. Holmquist:* Das Buch der Nelly Sachs, Frankfurt/M. 1977. – *M. Krieg:* Schmetterlingsweisheit. Die Todesbilder der Nelly Sachs, Berlin 1983 (Lit.). – *O. Lagerkrantz:* Versuch über die L. der Nelly Sachs, Frankfurt/M. 1967. – *Zu Ausländer: B. Eichmann-Leutenegger:* »Ich wohne im Wort«. Zu Leben und Werk von Rose Ausländer, in: Orientierung 52 (1988), 86-89. – *E. Valting (Hg.):* Laßt uns das Leben wieder leise lernen. Zur L. der Nelly Sachs und Rose Ausländer (Hofgeismarer Protokolle 218), Hofgeismar 1985. – *Zu Celan: I. Chalfen:* Paul Celan. Eine Biographie seiner Jugend, Frankfurt/M. 1979. – *G. Fuchs:* »...lautlos geschrien, daß es anders sein soll«. Theol. Anmerkungen zur Dichtung P. Celans, in: *H. H. Hennix (Hg.):* Unter dem Bogen des Bundes, Aachen 1981, 108-132. – *H.-H. Heise:* Vermessungsstäbe bilden den Gottesbegriff. Über G. Benn, G. Eich, E. Meister und P. Celan, Schloß Scheer 1985. – *H. M. Krämer:* Eine Sprache des Leidens. Zur L. von P. Celan, München/Mainz 1979. – *D. Meinecke (Hg.):* Über P. Celan, Frankfurt/M. 1970. – *J. Schulze:* Celan und die Mystiker, Bonn 1976. – *S. M. Wittschier:* Das Purpurwort. Trinitar. Spuren bei P. Celan, in: Im Gespräch mit dem dreieinigen Gott, FS für W. Breuning, Düsseldorf 1985, 435-465. – *Zu J: Textsammlungen: P. K. Kurz (Hg.):* Wem gehört die Erde. Neue rel. Gedichte, Mainz 1984; Heller kann kein Himmel sein. Ausgew. Gedichte aus dem Wettbewerb für »Christl. Literatur« L. 1983, Graz/Köln/Wien 1984; *K. Marti (Hg.):* Stimmen vor Tag. Anthologie moderner rel. L., München/Hamburg 1965. – *Deutungen und Einordnungen: P. K. Kurz:* Geheiligt werde dein zugefrorener Name. Neue christl. L. der Frauen; Die Wahrheit liegt an der Grenze. Neue christl. L. der Männer, in: *ders.:* Über moderne Literatur, Bd. VII, Frankfurt/M. 1980, 193-227. - *Ders.:* L. von Christen, in: *ders.:* Zwischen Widerstand und Wohlstand. Zur Literatur der frühen 80er Jahre, Frankfurt/M. 1986, 238-254.

*Karl-Josef Kuschel/Petra Wagner (E/F)*

# M

**Machaut,** *Guillaume de,* geb. um 1300 in der Champagne (Machaut), gest. 1377 in Rom, franz. Dichter und Komponist.

M. gehört neben seinem Landsmann Philippe de Vitry und dem Italiener Francesco Landino zu den überragenden Persönlichkeiten in der Musik des 14. Jh.s. Als Sekretär Johanns, Herzog von Luxemburg und König von Böhmen, bereiste er zwischen 1323 und 1346 nahezu ganz Europa, wurde 1337 Kanonikus an der Kathedrale zu Reims und blieb dort bis zu seinem Lebensende.

Das dichter. Werk M.s (u.a. Balladen, Dichtungen in Dialog- und Spruchform, eine Chronik) steht hinter dem kompositor. (144 Werke) zurück, überliefert in prachtvollen, von ihm selbst überwachten Sammelhandschriften. Aus dem 13. Jh. übernahm M. die einstimmigen Formen des *Virelai* (Strophen mit Refrain am Anfang und am Ende des Stücks), auch »chanson balladée« genannt, und des *Lai* (weltl. Gegenstück zur Sequenz), anknüpfend an die Musik des Rittertums. Modern und für die Folgezeit von großem Einfluß waren dagegen die →*Motette,* die vokal/instrumental besetzte, bis zu vierstimmige Ballade (»ballades notées« im Unterschied zur literar. Ballade) und das meist dreistimmige Rondeau. In diesen weltl. Formen bildet M. einen neuen *dreistimmigen Satztypus* heraus (eine vokale Oberstimme, zwei instrumentale Unterstimmen), die man als »Diskantlied« oder »Kantilenensatz« bezeichnet.

M.s vierstimmige »Messe de Notre Dame«, entstanden zwischen 1340 und 1364 (Verbindung zur Krönung Karls V. in Reims 1364 umstritten), gilt nach einer Reihe von anonym überlieferten Meßordinarien (→Messe) als erste vollständige, mehrstimmige Vertonung des Zyklus durch einen einzigen Komponisten. Musikal.-zykl. Prinzipien sind bei M. noch nicht vorhanden, wohl auch nicht beabsichtigt. Kyrie, Sanctus, Agnus Dei und Ite missa est werden als isorhythm. Motettensätze nach den entspr. gregorian. Cantus firmi (→Gregorian. Choral) gestaltet, Gloria und Credo im homophon syllab. (akkord., pro Note eine Silbe) Kantilenensatz ohne Cantus firmus. Diese unterschiedl. *Kompositionsweisen* bei textarmen bzw. textreichen Meßpartien lassen auch auf eine erstmals zu beobachtende *Inhaltsbeziehung* zwischen Wort und Ton schließen.

*Lit.: W. Dömling:* Die mehrstimmigen Balladen, Rondeaux und Virelai von G. de M., Tutzing 1970. – *H. H. Eggebrecht:* M.s Motette Nr. 9, in: Sinn und Gehalt, Wilhelmshaven 1979. – *O. Gombosi:* M.s Messe Notre-Dame, in: Musical Quarterly 36 (1950), 204-224. – *U. Günther:* Chronologie und Stil der Kompositionen G. de M.s, in: Acta Musicologica 35 (1963), 96-114.

*Hermann Jung*

**Machiavelli,** *Niccolò,* geb. 3.5.1469 in Florenz, gest. 22.6.1527 ebd., Florentiner Politiker und Schriftsteller. Ab 1498 Staatssekretär der Republik Florenz, zuständig für Außen- und Verteidigungspolitik; 1512 mit Rückkehr der Medici entlassen und verbannt, anschließend Autor mehrerer polit. Schriften, darunter Il Principe (Der Fürst), Discorsi (Betrachtungen über die Erste Dekade des T. Livius) und Istorie Fiorentine (Geschichte von Florenz). M. lehrte, in der →Politik habe die →Ethik hinter der *polit. Effizienz* zurückzustehen und forderte eine polit. Orientierung am Vorbild der antiken Republiken, insbes. →Roms.

M.s erste polit. Erfahrungen entstammen der kleinbürgerl. Republik, die der Dominikaner Girolamo Savonarola (1452-1498) in Florenz nach der Vertreibung der Medici errichtet hatte und deren Ziel die moral.-rel. Erneuerung der Menschen war. Nach einem schweren Zerwürfnis mit Papst Alexander VI. wurde Savonarola gestürzt und verbrannt. M. zog daraus den Schluß, unbewaffnete →Propheten gingen zugrunde, während bewaffnete oft erfolgreich seien. Mehrfach nennt er →Mose als Beispiel eines *bewaffneten Propheten.* In beiden Fällen interessierte sich M. jedoch weniger für rel. als für polit. Fragen. Als Modell wirksamer Politik galt ihm Cesare Borgia (gest. 1507), der seine aufständ. Obristen mit falschen Versprechen in eine Falle gelockt und ermordet hatte. M. gilt als der erste polit. »Realist«, insofern seine polit. Normen am *Ist-* und nicht am *Soll-Zustand* orientiert sind. Im Gegensatz zu seinen Zeitgenossen und theoret. Nachfolgern F. Guicciardini (1483-1540) und F. Vettori (1474-1539) blieb M. aber immer an einem polit. →Ideal orientiert: der republikan. →Freiheit. *M.smus* ist ein Schlagwort aus der Zeit nach M.s Tod, als sein Name zum Inbegriff für eine *verbrecher. Politik* wurde. Katholiken, wie der Kardinal und Reformer Reginal Pole (gest. 1558), und Protestanten, wie Innocent Gentillet, kritisierten ihn als einen Lehrer des →Bösen, womit sie vor allem M.s Forderungen meinten, die →Religion sei der Politik unterzuordnen. →Spinoza und →Rousseau dagegen meinten, M. habe den Principe geschrieben, um das →Volk vor der →Herrschaft der Fürsten zu warnen. →Hegel und →Fichte wiederum sahen in ihm einen Propheten des Nationalstaates (→Nation).

*Lit.: R. König:* Niccolò M., München, 2. Aufl. 1979. – *H. Münkler:* M., Frankfurt/M., 2. Aufl. 1984 (Lit.). – *Ders.:* Im Namen des Staates. Die Begründung der Staatsraison in der Frühen Neuzeit, Frankfurt/M. 1986. – *A. Strnad:* Niccolò M., Göttingen 1984.

*Herfried Münkler*

## Macht

*A.* Als soziales Phänomen definierte M. →Weber M. als »jede Chance, innerhalb einer sozialen Beziehung den eigenen Willen auch gegen Widerstreben durchzusetzen, gleichviel worauf diese Chance beruht«. M.ausübung wird ermöglicht durch phys. oder psych. Überlegenheit, soziales Prestige (→Ehre), →Charisma, individuelle Vorzüge, Verfügungsgewalt über knappe Güter, herausragende Organisationsfähigkeit. Alle diese Faktoren begründen M., stehen aber auch der →Herrschaft zur Verfügung. Der Einsatz von M.mitteln kann Zwang erzeugen, M.- bzw. Herrschaftsverhältnisse herstellen, sichern oder zerstören. M. bezeichnet stets jene *Durchsetzungsansprüche,* die von den Betroffenen nicht anerkannt werden. Wegen dieser fehlenden sozialen Legitimität wird M. häufig mit direkter →Gewalt gleich- oder in Beziehung gesetzt.

*B.* Die →Verhaltensforschung bemüht sich um den experimentellen Nachweis, daß Antriebe zur Selbsterhöhung, -bestätigung und –behauptung zu Bildung und Anwendung von M. führen. Aus anthropolog. Sicht (→Anthropologie) begünstigen Situationen des *Widerstreits von Sachzwängen und Bedürfnissen* die Ausbildung von M.verhältnissen. M.handeln setzt nicht nur Energien für den Lebensprozeß (→Leben), sondern auch für →Fortschritt bzw. →sozialen Wandel frei (→Machiavelli; →Hobbes). Die marxist. Politökonomie führt M. auf ökonom. bedingte M.verhältnisse zurück.

*C.* M.beziehungen sind nicht statisch. Bestimmend für eine fließende *M.balance* sind überlegene Organisationsfähigkeit (von →Minderheiten), das Monopol der Verfügung über begehrte Güter und die Wahrnehmung des M.gefälles durch die Betroffenen. Im polit. System geht M.handeln vielfach von Amtsinhabern aus (Positionsm.). Wird der M.faktor im Zwang der Verhältnisse gesehen, erscheinen nicht →Individuen als Träger der M.entscheidungen, sondern →Strukturen und →Normen, denen der einzelne ausgeliefert ist. Insbes. die Polit. →Soziologie geht Diskrepanzen zwischen Verhältnissen fakt. M. und der *Begrenzung von M.* durch →Autorität und (institutionalisierte) →Herrschaft nach. Die Labilität der Prestige- und Autoritätsstrukturen in Gesellschaftsordnungen, die individuelle Freiheit bejahen, fördert Prozesse der M.bildung, des M.gebrauchs, aber auch der M.konkurrenz.

*D. Eth.* wird M. unterschiedl. gewertet. Lange ging die christl. Theologie von der *Allm.* →*Gottes* aus, denn »die M. ist der Grund des Wirkens auf ein anderes« (→Thomas von Aquin). Neuere Theologie versucht im Rückgriff auf den Tod Jesu, die Erfahrung der Ohnm. Gottes ernst zu nehmen. Böse *Mächte,* von denen im →AT und →NT die Rede ist, werden in verweltlichter Form nicht selten zum →Mythos. Die Ethik macht zudem auf die Rechtfertigungsstrukturen aufmerksam, die vom Mächtigen ausgehen: »Unfähig, das Gerechte zum Starken zu machen, hat der Mensch das Starke zum Gerechten erklärt« (B. →Pascal). M. als ihrem Wesen nach böse (J. Burckhardt) bzw. als höchster positiver Wert (F. →Nietzsche) markieren Extrempositionen. Die Möglichkeiten, M. etwa mit Hilfe moderner Technologie oder manipulierbarer Kollektive zu potenzieren, fördern kulturpessimist. Strömungen, sind aber auch von Einfluß auf Friedensbewegung (→Frieden) und andere (insbes. »kulturrevolutionäre«) →soziale Bewegungen.
In Glaubensvorstellungen einfach strukturierter Gesellschaften (→Animismus) teilt sich eine im Universum waltende M., (malayo-polynesisch) *Mana,* als (außergewöhnl. und unpersönl.) Lebenskraft mit. Die evolutionist. Theorie des Dynamismus, die Mana als (pantheist.) Vorstufe des Götterglaubens sieht, gilt als überwunden. Die Scheu vor dem Mana-Fluidum manifestiert sich in →Tabu-Regeln.

*Lit.: A. Bergstraesser:* Die M. als Mythos und als Wirklichkeit, Freiburg 1965. – *R. Lehmann:* Mana, Leipzig 1922. – *G. Lenski:* M. und Privileg, Frankfurt/M. 1973. – *N. Luhmann:* M., Stuttgart 1975. – *H. Popitz:* Prozesse der M.bildung, Tübingen, 3. Aufl. 1976. – *P. Ridder:* Prozesse sozialer M., München/Basel 1979.

*Siegfried Bachmann*

**Madrigal,** ursprüngl. eine Form der ital. Lyrik, zugleich und später in der Hauptsache eine *mehrstimmige Vokalgattung* in Italien. Die Etymologie des Begriffs (*materialis* = weltl., *matricalis* = muttersprachl., *mandrialis* = zur Herde gehörig) ist ungeklärt. Als musikal. Begriff ist er seit 1510 belegt.

*A.* Das M. existiert in zwei größeren Zeitabschnitten, als Trecento-M. (2. Drittel 14. Jh.) und in anderer (von diesem musikal. unabhängiger) Ausprägung im 16. und frühen 17. Jh. Die Texte des *Trecento-M.s* sind einfach gebaut und handeln von Natureindrücken, von Liebe und Erotik. Zu den Dichtern zählen Petrarca und Boccaccio. Der musikal. Satz besteht aus zwei oder drei Stimmen, gelegentl. auch kanon. geführt. Als Komponisten sind J. da Bologna und F. Landino zu nennen. Die M.texte *ab dem 16. Jh.* von P. Bembo, Ariost, T. Tasso, G. B. Guarini u.a. zeigen meist eine freie Versgestalt (rime libere), was der Neuartigkeit und dem Experimentalcharakter der Vertonungen entgegenkommt. Die Musik gliedert sich in kleine, vom Text beeinflußte Abschnitte und bildet insoweit ein weltl. Gegenstück zur →Motette. Einzelne Textstellen und Wörter finden in der Komposition ihre inhaltl. ausdrucksmäßige Entsprechung (sog. Madrigalismen). Die Vokalstimmen werden solist. besetzt. Ihre bes. kunstvolle, oft auch virtuose, den Text minutiös deutende Gestalt als Einzelstimme wie im musikal. Satz tendiert zur gesellschaftl. Exklusivität, zum →Manierismus in der →Renaissance (Musica reservata).

*B.* Bei dieser zweiten Erscheinungsform des M.s lassen sich drei Phasen unterscheiden. Das *frühe M.* (1530-50) ist vierstimmig und wechselt zwischen polyphonen und homophonen Abschnitten, auch in Anlehnung an Satztechniken der Niederländer. Komponisten sind Ph. Verdelot, J. Arcadelt, C. de Rore. Als Meister des *klass. M.s* (1550-80) mit meist fünf Stimmen und differenzierter Textvertonung (expressive Chromatik, tonmalerische Effekte) gelten A. Willaert, O. di →Lasso und A. Gabrieli. Das *M. der Spätzeit* (bis 1620) von C. Gesualdo, L. Marenzio und C. →Monteverdi steigert seine musikal. Ausdruckskraft in extreme Bereiche. Dabei leitet Monteverdi durch das Solom. mit Generalbaßbegleitung (V. M.buch, 1605) und dem konzertierenden M. bereits ins →Barock über. Vokale und instrumentale Aufführungspraktiken (madrigali per cantare e sonare) werden zur Norm.
Eine geistl. Variante zur weltl. Gattung stellen die *»madrigali spirituali«* dar, die in Text und Musik auch Reformbestrebungen des →Konzils von Trient (→Renaissance) aufgreifen. Herausragende Beispiele hierfür sind die »Lagrime de S. Pietro« (1594) von O. di →Lasso, die beiden Sammlungen 1581 und 1584 von G. da →Palestrina sowie Werke von Ph. de Monte und L. Marenzio. Monteverdi arbeitet das »Lamento d'Arianna« (1608) zunächst zu einem M. (1614), später zu einer Marienklage (Pianto della Madonna, 1641) um. Die Brücke zur →Oper schlagen die M.-Komödien von O. Vecchi und A. Banchieri.

*C.* Das ital. M., im 16. und 17. Jh. in ganz *Europa verbreitet*, z.T. in landessprachl. Übersetzungen, wurde auch zum Vorbild eigenständiger Traditionen, so in Deutschland (H. L. Hassler, J. H. Schein) und England (W. Byrd, Th. Morley). Danach verschwand das M. aus dem Umkreis der Musik und wurde ledigl. als literar. Form in der dt. Lyrik der Anakreontik und →Romantik nachgebildet (Ch. F. Gellert, J. H. Voß, J. W. von →Goethe). Eine musikal. Wiedergeburt erlebte das M. um 1920 im Zuge der *Singbewegung* alter Chormusik, als prakt. Neuausgabe von Werken und Sammlungen wie als Neukompositionen (P. Hindemith, E. Pepping). Im heutigen Musikleben nehmen die »M.chöre« eine künstler. herausgehobene Stellung innerhalb der Chorvereinigungen (→Chor) ein.

*Lit.: E. J. Dent:* The Sixteenth-Century M., in: New Oxford History of Music 3: The Age of Humanism 1540-1630, hg. von G. Abraham. – *K. von Fischer:* Studien zur ital. Musik des Trecento und frühen Quattrocento, Bern 1956. – *S. Leopold:* Claudio Monteverdi und seine Zeit, Laaber 1982. – *U. Schulz-Buschhaus:* Das M. Zur Stilgeschichte der ital. Lyrik zwischen Renaissance und Barock, Bad Homburg 1969.

*Hermann Jung*

**Männerbünde.** Der *Begriff* M. wurde um die Jh.wende erstmals in der →Ethnologie angewandt und gelangt von da in die →Soziologie und Religionswissenschaft, wo er die unterschiedlichste Beachtung fand, ohne jedoch grundlegend monograph. behandelt zu werden. Die →Psychologie behandelt noch heute einschlägige Phänomene meist unter dem Begriff →Gruppe. M. können auch Frauen zu Mitgliedern haben. Im übrigen weisen »Frauenbünde« dieselben Züge auf wie M. Daher wäre eine Bezeichnung wie »Geschlechterbund« vielleicht geeigneter. Er hat sich aber nicht eingebürgert. Die *theol. Bedeutung* des Begriffs (H. G. Kippenberg) wurde an der Frage nach der Herkunft dualist.-gnost. Systeme deutl. (→Dualismus).

*A.* Die auf Habermas' »Erkenntnis und Interesse« aufbauende Theorie Kippenbergs sieht dualist.-gnost. Systeme beheimatet in →*Elitegruppierungen*, die man soziol. als M., in diesem speziellen Fall als »unvermittelte M.« bezeichnen kann. Dieser Ansatz erlaubt nicht nur, dualist.-gnost. Systeme von entgegenstehenden Theologien zu unterscheiden. Er läßt auch erkennen, warum dualist.-gnost. Systeme immer wieder und unabhängig voneinander aufzubrechen vermögen. Die »Allgegenwart« unvermittelter M. erklärt auch, wie nur minimale Anstöße oft größte Umwälzungen bewirken können (Resonanzeffekt).

*B. Soziol.* können M. mit folgenden *Merkmalen* beschrieben werden: 1. Sittl. Exemptionismus (Ausnahmestellung). Was für die Allgemeinheit gilt, gilt nicht für den Männerbündler. 2. Starke Innenstruktur: die vom Bund geforderte und vom einzelnen Mitglied willig erbrachte Unterwerfung in →Gehorsam und Hingabe. 3. Abwendung von der →Familie und ihren Bindungen, eine daraus folgende Frauenfeindlichkeit: →Ehe und Familie behindern die volle Hingabe an die Ziele des Männerbundes. 4. Abwendung von eigener produktiver Erwerbstätigkeit. Der Männerbündler lebt von »Schutzgeldern« und »Steuern«. 5. Nach außen unbeugsame »Ordnungsmaßnahmen« und Absetzung von der unterworfenen Umgebung, verbunden mit dem Bewußtsein innerer Andersartigkeit und Erwählung (Gotteshorde).

*C.* Aus letzterem ergibt sich ein prädestinatianist. und *determinist.* →*Weltbild* (→Determinismus, →Prädestination). Auf die Ablehung von ehel. Bindungen wie den Bindungen an Besitz und eigenproduktive Erwerbstätigkeit gründen dualist. Elemente wie letztl. Frauenfeindlichkeit (→Frau) und die Einstufung von ird. Gütern als schlecht. Aus der sittl. Exemption und deren Legitimation folgen wiederum prädestinatianist. und determinist. Züge. Dem Zweck, entspr. Gedankengebäude gegen Ansprüche der →Transzendenz zu schützen, dienen Lehrelemente wie ein Erbsündenbegriff, der Willen und Verstand für verderbt und Gotteserkenntnis für von vornherein unmögl. erklärt (→Dualismus).

*D. Unvermittelte M.*, die immer und überall entstehen können, richten ihr Interesse de facto ausschließl. auf unvermittelt ird. Ziele – auch wenn sie vorgeben, im Interesse Gottes oder einer →Religion zu handeln. *Vermittelte M.* haben dagegen in ihren Zielentwurf das Interesse an →Transzendenz integriert. Jesus Christus etwa verweist, nach seinem Interesse befragt, auf die Bereitschaft, sein Zeugnis durch den Tod zu besiegeln (Joh 8,13.28). Das Todeszeugnis macht offensichtl., daß nicht ein rein weltimmanentes Interesse verfolgt wird. Die auch in unvermittelten M.n anzutreffende *Todesbereitschaft* allein (Mafia oder andere Terrororganisationen) zeugt jedoch nicht für ein vermitteltes, transzendent integriertes Interesse. Dazu muß vorgängig eine andere Bezeugung dafür gegeben sein, Transzendenz zu vertreten, wie bei Christus seine Wunder (Messiaszeichen) und insbes. die seiner →Auferstehung.

*Lit.: J. Habermas:* Erkenntnis und Interesse, Frankfurt/M. 1968. – *H. G. Kippenberg:* Versuch einer soziol. Verortung des antiken Gnostizismus, in: Numen 17 (1970), 211-231. – *H. Waldmann:* Heilsgeschichtl. verfaßte Theologie und M., Diss., Innsbruck 1986.

*Helmut Waldmann*

**Märchen**

*A.* Gemeinsam mit den →Mythen, →Sagen und Legenden der Völker entstammen die M. den bildernden Schichten der menschl. Psyche. Immer wieder greift ihre reiche Poesie auf →archetyp., im Menschen grundgelegte Motive und Stereotypien im Erzählaufbau zurück, so daß es erlaubt ist, die M. in recht eigentlichem Sinne als *Menschheitsträume* zu lesen und zu verstehen. Obwohl oft genug von einzelnen namhaften Autoren gedichtet, gehören die M. wesentl. der mündl. Überlieferung des Volkes an; sie sind zunächst »Erzählungen«, nicht Literatur. Weniger wichtig für die Struktur und Bedeutung eines M.s ist der soziol. Ort seiner Entstehung und Tradition: Geschichten, die wie das Brüderm. vormals am ägypt. Hof oder in Kreisen myken. Adeliger erzählt wurden, können nach Jt.en noch in den Überlieferungen der Völker lebendig sein. In deutl. Unterschied zu Sage und Legende, aber in gewisser Übereinstimmung mit dem Mythos, sind die M. Erzählungen jenseits von Raum und Zeit, und ihr »Es war einmal« erzählt in →*symbol. Bildern* von ewigen, immer wieder zu beobachtenden *Wahrheiten des menschl. Lebens und Verhaltens.* Gleichwohl unterscheiden sich die M. vom Mythos durch ihre Profanität; sie deuten weder einen rel. →Ritus, noch versuchen sie, dem Menschen durch den Entwurf eines entspr. →Weltbildes seinen Ort in der umgebenden Natur zuzuweisen. Während der Mythos zudem an die soziale Gruppe seiner Gläubigen gebunden ist und best. Gegebenheiten der jeweiligen →Natur und →Kultur zu begründen und miteinander zu vermitteln unternimmt, ist das M. eine rein symbol., die menschl. Psyche darstellende und betreffende Erzählung, die nicht selten erst aus dem rel. Absterben eines Mythos entsteht.

*B.* Als »Erzählungen an sich« können die M. wie das Frau-Holle-M. gleichwohl auch die *rel. Weisheit* der Mythen an spätere Zeiten uneingeschränkt weitergeben, wie es die esoter. M.deutung herauszuarbeiten versucht. Wohl irrten die naturmytholog. Schulen der M.deutung im 19. Jh., als sie die M.erzählungen als religionsgeschichtl. alte Naturbeschreibungen und Relikte mag. Riten betrachteten; zum Verständnis der *psych.* Bedeutung der M. freil. bietet es eine oft wichtige Hilfe, zu wissen, wie best. Motive in den Mythen der Völker zur Deutung gewisser Naturerscheinungen verwandt werden.

*C.* Die Methode der Wahl zur Interpretation der M. indessen stellt die *Tiefenpsychologie* dar. Ausgehend von der Rolle der →Träume im Verlauf einer →analyt. Psychotherapie, betrachtet die Schule *S.* →*Freuds* mit ihrer objektalen Interpretationsmethode die M. als *Niederschlag typ. Kindheitserinnerungen* und als urtüml. Form frühkindl. Phantasien über das Verhältnis des Kindes zu den Eltern bzw. zu Personen, die »objektiv« wirklich existieren oder existiert haben. Insbes. liest sich das

häufige Motiv von der Erlösung der verzauberten Prinzessin, so betrachtet, als eine ausgesprochen ödipale Vorstellung, indem, entspr. dem Ödipusmythos, die zu erlösende Braut die Gestalt der Mutter vertritt, während der zu bekämpfende Zauberer, König oder Drache die Rolle des eigenen Vaters einnimmt, wie z.B. in dem M. von der »Kristallkugel«. Jedoch sind die M. durchaus nicht nur Geschichten für Kinder; viele ihrer Probleme betreffen gerade das Leben Erwachsener, vor allem die Schwierigkeiten und Konflikte des ehel. Lebens sowie das zentral rel. Thema der *Lebenserneuerung*. Je später im Leben ihrer Helden eine M.erzählung einsetzt, desto mehr empfiehlt sich ihre Deutung auf der subjektalen Deutungsebene der Schule *C. G.* →*Jungs*, die – in konsequenter Symbolisierung der einzelnen Motive – in den M.erzählungen Darstellungen des *Prozesses der Individuation* erblickt, innerhalb dessen die auftretenden Personen als »subjektive« Teile und Kräfte in der Psyche der zentralen Persönlichkeit der M.erzählung zu verstehen sind. Daneben ist der hohe Grad an *charaktertypolog. Porträtzeichnung* in den M. nicht zu übersehen, die sich oft mit Hilfe der individualpsycholog. Schule *A. Adlers* am besten verstehen läßt. Auch im Volksmund bekannt sind etwa M.typen wie das »Tapfere Schneiderlein«, »Die kluge Else« oder das »Rotkäppchen«, die in Form einer Erzählung sehr anschaulich den komplexen Persönlichkeitsaufbau best. Charaktere zu schildern vermögen.
Insgesamt läßt sich sagen, daß die M. zum Verständnis des kollektiven Unbewußten im Menschen (einschließl. seiner rel. Inhalte) einen ähnl. Dienst zu leisten vermögen wie die Träume zum Verständnis eines einzelnen. Nur eine Auslegung, die sich der Sprache der M. und der Träume nicht verweigert, wird auch den menschheitl. Bedeutungsgehalt rel. Texte lebendig zu vermitteln vermögen.

*Lit.: B. Bettelheim:* Kinder brauchen M., Stuttgart 1977. – *E. Drewermann:* Tiefenpsychologie und Exegese, 2 Bde., Olten 1984-85. – *Ders.:* Grimms M. tiefenpsycholog. gedeutet, 8 Bde., Olten 1982-86. – *W. Scherf:* Lexikon der Zauberm., Stuttgart 1982. – *R. Wehse (Hg.):* M.erzähler – Erzählgemeinschaft, Kassel 1983.

*Eugen Drewermann*

**Märtyrer**

*A.* Der *Begriff* des M.s als fester Ausdruck für den Blutzeugen, der in der →Christenverfolgung für das →Bekenntnis zu →Jesus Christus sein Leben ließ, begegnet zuerst um die Mitte des 2. Jh.s. Er wird nach anfängl. Unsicherheit gegen den Begriff des Bekenners (Confessors) abgegrenzt, der ebenfalls seinen Glauben standhaft bezeugt und deshalb Kerker und Folter erlitten hat, aber mit dem Leben davongekommen ist. Die Entwicklung zu dieser Sonderbedeutung und die Frage, welche Rolle dabei der ntl. Titel des Zeugen gespielt hat, lassen sich nicht sicher aufhellen. Zur *Charakteristik* des M.s gehört, daß dieser sich ungeduldig und freudig nach dem Tod sehnt. Gott gibt ihm die Kraft, das Martyrium zu bestehen, Christus wohnt in ihm und kämpft zusammen mit ihm. Sein Ziel ist es, zu Gott zu gelangen. Der *himml. Lohn* wird ihm sofort zuteil, so daß der Todestag sein Geburtstag zum ewigen Leben ist, der darum auch zu seinem kirchl.-liturg. Gedenktag wird. Die martyrolog. Deutung versteht den →Tod des M.s als ein Gott dargebrachtes Opfer mit sühnender Kraft, das dem M. und anderen zugute kommen kann. Der Tod ersetzt als Bluttaufe die sakramentale →Taufe. Aber es fehlt auch nicht an Mahnungen, daß man das Martyrium nicht provozieren darf.

*B.* Die *Verehrung* der M. hält sich an den Grundsatz, daß man Gott allein Anbetung schuldet, aber den M. liebt, ihn akklamiert und seine Fürbitte sucht. Der →*Kult* ist ursprüngl. an das →Grab (später erst an die →Reliquien, dann an die Bilder) gebunden: Der private besteht in der Schmückung des Grabes und im Totenmahl am Grab, der offizielle in der jährl. Versammlung der Gemeinde am Grab zum *Gedenken* des M.s und der Feier der Eucharistie (→Abendmahl). Dazu wurden kalendar. Listen der »dies natales« (Geburtstage) geführt und Berichte über die Martyrien zur Verlesung aufbewahrt. Die Listen gingen, oft überarbeitet und ausgeschmückt, in die großen *Martyrologien* bzw. Synaxarien ein. Unter den Berichten aus früher Zeit sind zwei Formen zu unterscheiden: »acta«, die auf amtl. Prozeßprotokolle zurückgehen, und »passiones« bzw. »martyria«, die auf Augenzeugenberichten basieren und z.T. briefl. ausgestaltet sind. Spätere Produkte gehören der Legendenliteratur an. Befruchtend wirkte der M.kult auch auf die Entwicklung der christl. Kunst. Nach der →konstantin. Wende wurden über oder bei den z.T. auch erst neu entdeckten Gräbern häufig große *M.kirchen* errichtet. Eine ausgeprägte →Reliquienfrömmigkeit entwickelte sich. In der →Liturgie und →Kunst erlangten die M. einen vorrangigen Platz.

*C.* Die *Geschichte* der M. freil. ist mit dem Jahr 313 keineswegs an ihr Ende gelangt. Wir kennen nicht nur die Christenverfolgungen im 5. und 6. Jh. in Afrika, in Persien, später in Griechenland und Kleinasien unter der türk.-islam. Herrschaft, sondern auch die Blutzeugen für Christus im Zeitalter der →Missionen auf allen Kontinenten. Die Geschichte setzte sich in diesem Jh. in Glaubensverfolgungen durch atheist. Systeme, insbes. durch den →Nationalsozialismus und im kommunist. Machtbereich, fort. Nicht vergessen werden sollten allerdings auch all jene, die im Zuge ungerechter Verfolgungen von Ketzern und →Hexen sowie bei konfessionellen Auseinandersetzungen (gleich, auf welcher Seite sie standen) für ihren Glauben an Jesus Christus getötet wurden, auch wenn man ihnen den offiziellen Titel einer Märtyrerin oder eines Märtyrers nie zuerkannt hat.

*Lit.:* Martyre I/II, in: Dictionnaire de spiritualité, ascétique et mystique 10, 718-732. – *Th. Baumeister:* Die Anfänge der Theologie des Martyriums, Münster 1980. – *H. von Campenhausen:* Die Idee des Martyriums in der alten Kirche, Göttingen, 2. Aufl. 1964. – *W. Rordorf:* Aspekte frühchristl. Heiligenverehrung, Erlangen 1977.

*Dietmar Wyrwa/Hermann Häring (C)*

**Magie**

*A.* Das *Wort* M., aus dem Altpers. ins Griech. und Lat. übernommen, ist in europ. Sprachen zu Hause. Was Kinder von ihrer Umwelt nicht begreifen, deuten sie, so heißt es, »magisch«, eine Weise realist. Malerei und eine idealist. Philosophie heißen ebenso. Wir reden von der »M. der Worte« und vom »mag. Denken«. Was meinen wir eigentl., wenn wir das Wort sagen oder hören? Im *Alltag* nennen wir »mag.«, was wir zwar wahrnehmen, aber nicht plausibel erklären können. Im Bereich der →*Religion* meinen wir mit »M.« →Zauberei. Sie ist im →AT Gott ein Greuel (Dtn 18,9f.); →Paulus zählt sie zu den »Werken des Fleisches« (Gal 5,20), ihre Strafe ist schreckl. (Apk 21,8). Kirchl. wie weltl. Regiment verhielten sich entsprechend. Kaiser Konstantin verbot die M. zugleich mit heidn. Blutopfern; →Luther meinte, man solle Zauberer nicht am Leben lassen; noch heute verdächtigen Juristen Heiler, wenn sie geistige Therapien anwenden, als mögl. »Okkulttäter«. Unsere Religion und *Kultur* mißbilligen M. Einzelne suchten dennoch durch sie Erkenntnisse, Reichtum, ewige Jugend. Dafür schlossen manche Teufelspakte. Solche Magier gibt es immer noch in Europa. Das Wort weckt vielerlei Assoziationen, auch widersprüchl. Darum eignet es sich schlecht zum religionswissenschaftl. Fachwort.

*B.* Um die Vieldeutigkeit eines Wortes einzuschränken, definiert man es, was freil. Widerspruch und neue *Definitionen* hervorruft, so daß am Ende anstelle eines vieldeutigen Wortes viele eindeutig definierte Begriffe verwirren. Europäer haben M. nach verschiedenen Gesichtspunkten unterteilt: Nach der *Intention* unterscheidet man zwischen weißer und schwarzer M. Unter *schwarzer M.* werden Handlungen verstanden, die die Schädigung eines einzelnen oder einer Gruppe beabsichtigen, während die *weiße M.* nur die Praktiken umfaßt, die ohne schädigende Intention zur Mehrung von Gütern irgendwelcher Art eingesetzt werden. Nach dem *Verfahren* unterscheidet man M. als *direkte* oder *indirekte*, als *kontagiöse* (durch Berührung) oder *imitative* (durch Nachahmung wirkende) M.

Das *Wesen* von M. läßt sich aber so einfach nicht bestimmen. Hierbei gibt es zwei traditionelle Richtungen: M. sei antisozial, so wurde gesagt, Religion aber sozial, weil M. egozentr. Zielen diene und Religion der →Gemeinschaft. Die meisten rel. →Riten dienen aber ebenfalls dem einzelnen und seinem →Heil. Andere definierten so: M. erzwinge, Religion suche eine höhere →Macht zu gewinnen, M. habe es mit unpersönl. Kraft zu tun, Religion mit einem persönl. →Gott. Hier wurden andere als europ. Denkbarkeiten nicht erwogen. Noch andere fassen M. und Religion in eins als Glauben, der für wahr hält, was naturgesetzl. nicht zu beweisen ist. Gegenüber der Religion erscheint M. sündhaft (M. als Pseudoreligion und Aberglaube), gegenüber der Wissenschaft kindisch (M. als Pseudowissenschaft). Derart gefärbte M.begriffe erhärten →Vorurteile. Das Phänomen zu begreifen helfen sie kaum.

*C.* Uns Europäern erscheint M., im Unterschied zu unseren Ahnen, nur noch als Wahn *wirklich.* In anderen Kulturen ist das anders. Dürfen wir unsere Vorstellungen von M. ohne weiteres auf außereurop. Verhältnisse übertragen? Wir haben es bislang wie selbstverständl. getan. Das war naiv. Denn was wissen wir eigentl. von fremden Wirklichkeiten? Wir definieren M. z.B. als in Praxis umgesetzten Dynamismus. Der aber ist eine europ. Konstruktion, die an Ort und Stelle erst noch gefunden werden müßte. Oder wir erläutern: Tritt jemand auf einen Stein, »um durch dessen Festigkeit selber fest zu werden«, das wäre M. Erflehen andere im Gebet von Gott Festigkeit, das ist Religion! Indessen, der Stein könnte als →Symbol fungieren (»so fest wie Stein...«). Oder es könnte ein best. Stein sein, der eine geistige Kraft im Mineralreich vertritt und direkt mit einem persönl. Gott verbunden vorgestellt wird. Oder es könnte ein Gestus sein wie das Handauflegen im Christentum. Was wir »M.« nennen, halten fremde Praktiker geheim. In Europa erfährt man darüber wenig. An Ort und Stelle können Europäer Klienten von »Magiern« befragen. Die sagen, was gläubige Laien sich so denken. Ab und zu gibt ein »Magier« selber Auskunft und sagt, was er Fremden zu sagen wagt. Mehr offenbaren abtrünnige »Magier«. Sie sind selten, und dann versteht der Forscher nur laienhaft, was sie *berichten.* Nur wer selber ein »Magier« wird, lernt »M.« so kennen, wie sie an Ort und Stelle wirkl. ist. Einige haben das getan. Was sie uns mitteilen, kann das Vor-Urteil vom primitiven Denken widerlegen. Unverstandene fremde Phänomene werden durch unser Etikett »M.« nur vermeintl. erklärt. Wirkl. begreifen lassen sie sich nur von innen.

*Lit.: H. G. Kippenberg/B. Luchesi:* M., Frankfurt/M. 1978. – *L. Petzold (Hg.):* M. und Religion, Darmstadt 1978. – *Sirdar Ikbal Ali Shah:* Black and White Magic, London, 3. Aufl. 1975.

*Hans-Jürgen Greschat*

**Magnifikat.** Der Lobgesang Marias (»Magnificat anima mea Dominum« – »Meine Seele erhebt den Herrn«), ein →eschatolog. →Hymnus in Lk 1, 46-55, hat als wichtigstes ntl. Canticum bereits im 6. Jh. seinen festen Platz in den altkirchl. Formen des Tagesoffiziums, in der kath. Gebetsordnung in der Vesper (→Tag) gefunden und wird gleichermaßen in die ev.-luth. Gebetsordnung übernommen. Daneben steht das »Benedictus« (Lk 1,68-79) zu den Laudes, das »Nunc dimittis« (Lk 2,29-32) im Westen zur Komplet; in der byzant.-orthod. Ordnung des Stundengebets wird es im Morgengottesdienst mit dem Hymnus zur Gottesmutter »Ehrwürdiger als die Cherubim« als Refrain gesungen. Die häufige liturg. Verwendung eröffnet dem M. eine bunte Vielfalt musikal. Ausgestaltung: einstimmig als etwas reicher gestaltete Psalmodie (Psalmengesang) in allen gebräuchl. Kirchentonarten oder mehrstimmig in Form der →Motette vollständig durchkomponiert (G. P. da →Palestrina, O. di Lasso), versweise im Wechsel zwischen liturg. Solo und figuralem →Chor (→Josquin Desprez) oder zwischen Chor und →Orgel (M.-Versetten von S. Scheidt, J. Pachelbel u.a.). Bes. bedeutsam wird das M. im luth. Bereich: M. →Luthers Auslegung 1521 preist Maria als Vorbild christl. →Demut und Gottesfurcht. Das M. wird zu Liedformen umgestaltet (H. Bonnus 1547 in EKG 200 »Mein Seel, o Herr, muß loben dich«, u.a.); Schulchöre gebrauchen die z.T. weiterhin lat. Vertonungen von G. Rhau 1544, M. Praetorius 1607 und 1611, M. Franck 1622. Berühmte konzertmäßig ausgestaltete M.s sind überliefert von C. →Monteverdi in der Marienvesper 1610, H. →Schütz in drei verschiedenen Bearbeitungen, J. S. →Bach 1723 als Großkantate mit vier eingefügten Weihnachtsliedern, W. A. →Mozart 1779 und 1780, C. Ph. E. Bach 1749, H. Kaminski 1925, W. Burkhard 1942.

*Lit.: F. Blume (Hg.):* Geschichte der ev. Kirchenmusik, Kassel, 2. Aufl. 1965. – *K. G. Fellerer (Hg.):* Geschichte der kath. Kirchenmusik, Bd. I/II, Kassel 1972/76.

*Martin Rößler*

**Makkabäerbücher**

*A.* Nach den Rebellen, die unter dem »Heidenkönig« Antiochos IV. (175-164 v. Chr.) hingerichtet wurden und nach dem »Freiheitskämpfer« Judas Makkabäus, dem »Hämmerer« (?), bezeichnet die spätere christl. Überlieferung eine Gruppe von vier apokryphen bzw. deuterokanon. Schriften des AT als M. (→Apokryphen). Bei aller Verschiedenheit sind sie in der zwischentestamentl. bzw. hellenist.-röm. Zeit entstanden und handeln vom Martyrium. Während der Verfolgung verstärkte sich die Vorstellung von der ausgleichenden Gerechtigkeit, vom jenseitigen Gericht und von der Auferstehung der Toten (vgl. auch das gleichzeitige und kanon. →Danielbuch). Theologiegeschichtl. interessant ist die in 2 Makk 7,28 erwähnte Auffassung, Gott habe die Welt aus dem Nichts erschaffen. Von unterschiedl. hist. Wert bilden die M. wichtige Zeugnisse des antiken Synkretismus und der literar. Propaganda.

*I.* Das *erste M.buch* beschreibt im Stil der →Chronikbücher den »Freiheitskampf« Judäas unter hasmonä. Führung gegen die gräkomakedon. Seleukidenkönige etwa 170-135 v. Chr. Wohl gegen Ende des 2. Jh.s v. Chr. hebr. verfaßt und heute nur noch in der griech. Übersetzung der Septuaginta zugängl. (die auch Flavius Josephus benutzte), dient das sorgfältig stilisierte Werk der innenpolit. *Legitimation der Hasmonäerdynastie* gegenüber oppositionellen Gruppen v.a. apokalypt. Prägung (→Qumran; →Pharisäer). Der heroisch (und durchaus im »hellenist.« Sinne) aufgefaßte Makkabäeraufstand mit der anschließenden Befreiung Judäas vom Seleukidenjoch begründet die als erfüllte Prophetie und als Wiederherstellung der Reiche →Davids und →Salomos verstandene Herrschaft der Hohenpriester *Jonatan* und *Simon*, der Brüder des Makkabäers und der Söhne des Mattatias, trotz ihrer zeitweiligen Tätigkeit im seleukid. Funktionärsapparat. Da sie außerdem aus dem niederen levit. Hause Jojarib stammen, handelt es sich letztl. um keine bibl., sondern um eine pragmat. und polit. Legitimation, wie es hellenist. Vorstellung entspricht. Die wohl sadduzä. Begriffe von →Gott und →Gesetz im Gegensatz zur jenseitsorientierten →Apokalyptik bedürfen freil. der näheren Untersuchung. Heute beruft sich die Makkabiade (eine in vierjährigem Zyklus jeweils ein Jahr nach den Olympischen Spielen stattfindende jüd. Sportveranstaltung mit olymp. Programm; 1932 erstmals in Tel Aviv ausgetragen) gleichfalls auf die Ideologie des ersten M.buches, ebenso mancher jüd. Sportverband und der moderne Staat →Israel.

*II.* Das *zweite M.buch* besteht aus zwei Einleitungsbriefen und einem Auszug aus dem heute verlorenen Geschichtswerk des Jason von Kyrene. Die wohl im 1., kaum noch im 2. Jh. v. Chr. entstandene Tendenzschrift diente seinerzeit der *Durchsetzung des* Chanukkafestes in der judä. Diaspora, bes. in Alexandria. Der Auszug im Stil der »dramat.« Geschichtsschreibung des Hellenismus beschreibt unabhängig vom ersten M.buch die Ereignisse von 180-160 v. Chr. aus der Sicht des weltläufigen, griech. gebildeten Diasporajuden. Im Mittelpunkt der genuin griech. verfaßten Schrift des Jason (mit späteren Einschüben) stehen die »Wunder« um den →*Tempel* und seine erneute Heiligung in makkab. Zeit. Die Leidensgeschichte des Eleasar und der *Mutter mit ihren sieben Söhnen* (nach einer semit. Vorlage?) gewinnen für die jüd. und christl. Folgezeit eine bes. Bedeutung (→Märtyrer): Wie die hist. Makkabäer entwickeln sich diese »hl. Makkabäer« zu Prototypen des →Widerstandes gegen eine heidn. Umwelt und gottlose Obrigkeit.

*III.* Das *dritte M.buch* (die Bezeichnung ist hist. unhaltbar) erzählt die Verfolgung der alexandrin. Judäer durch den Lagidenkönig Ptolemäus IV. Philopator (221-204 v. Chr.), ihre wunderbare Errettung und die Einsetzung eines Jahresfestes. Die gleichfalls ursprüngl. griech. abgefaßte *Kultlegende* dürfte Zustände beschreiben, wie sie sich im spät-hellenist. oder frühen röm. Ägypten tatsächl. zugetragen haben.

*IV.* Das *vierte M.buch* ist auch unter dem Namen des judä. Schriftstellers *Flavius Josephus* (gest. nach 100 n. Chr.) überliefert. Ausgehend von der älteren Vorlage 2 Makk 7, wo V. 9 von der Auferstehung der Gerechten kündet, schildert das kunstvolle Werk die *leibl. Qualen der »hl. Makkabäer«* im Sinne wahrer Gesetzestreue und tiefer Tugendliebe. Die moralisierende, mit Mitteln der hellenist. Redekunst und Popularphilosophie geschaffene Schrift verficht »die Herrschaft der Vernunft über die Triebe« und hat auf die christl. Folgezeit nachhaltig eingewirkt (vgl. die Passio SS. Maccabaeorum wohl des 4. Jh.s n. Chr.).

*B. Theol.* und als zeitgenöss. Zeugnisse betrachtet, bekunden die vier M. bei aller Verschiedenheit eine aktive, fast fanat. *Auseinandersetzung jüd. Autoren mit dem Martyrium und dem durch Heiden zugefügten →Leid*, wobei der bibl. Glaube die Sprache, Denk- und Handlungsweise der Verfolger zunehmend annimmt, was – anders als im Christentum - die radikale Ablehnung dieser Schriften im späteren Judentum vielleicht erklärt (→Hellenismus).

*Lit.: U. Breitenstein:* Beobachtungen zu Sprache, Stil und Gedankengut des 4. Makkabäerbuchs, Basel/Stuttgart 1976. – *H. Conzelmann:* Heiden Juden Christen, Tübingen 1981. – *R. Doran:* Temple Propaganda. The Purpose and Character of 2 M., Washington 1981. – *T. Fischer:* Seleukiden und Makkabäer, Bochum 1980. – *U. Fischer:* Eschatologie und Jenseitserwartung im hellenist. Diasporajudentum, Berlin/New York 1978. – *Chr. Habicht:* 2. Makkabäerbuch (Jüd. Schriften aus hellenist.-röm. Zeit I/3), Gütersloh 1976. – *U. Kellermann:* Auferstanden in den Himmel. 2. M. 7 und die Auferstehung der Märtyrer, Stuttgart 1979. – *K.-D. Schunck:* 1. Makkabäerbuch (Jüd. Schriften aus hellenist.-röm. Zeit I/4), Gütersloh 1980.

*Thomas Fischer*

**Makrokosmos und Mikrokosmos**

*A.* Bereits im 17. Jh. beschrieb B. →Pascal den →Menschen als ein Wesen der Mitte, dahintreibend »zwischen den beiden Abgründen des Unendlichen und des Nichts«. Er konnte jedoch noch nicht ahnen, daß sich die *Erkennbarkeit* dieser beiden Abgründe als wahrscheinl. prinzipiell begrenzt entlarven würde. Denn die →Quantentheorie in ihrer gängigsten Deutung postuliert heute eine Erkenntnisbarriere in der →Welt des unendl. Kleinen, dem Mikrokosmos. Andererseits ist es auf Grund der allg. →Relativitätstheorie mögl. geworden, das Weltall als unendl. und doch begrenzt darzustellen, eine Möglichkeit, deren Verifikation noch aussteht. M. und M., ein die Philosophiegeschichte des Abendlandes wie auch die Theologiegeschichte immer wieder bestimmendes Analogiemodell, wird darum heute sehr viel schwerer in Anwendung zu bringen sein (→Naturwissenschaft und Theologie).
Die Unterscheidung zwischen M. und M. kann immer nur in *»Kenntnis« beider Seiten* vollzogen werden. In einem menschl. Körper gibt es beispielsweise größenordnungsmäßig gleich viel Zellen, wie es in einer durchschnittl. Galaxis Sterne gibt. So ist die Welt der Zellen und der ihr zugrundeliegenden Moleküle ein Mikrokosmos im Verhältnis zum Makrokosmos des menschl. Körpers, ebenso wie das Sonnensystem ein Mikrokosmos innerhalb unserer Milchstraße ist.

*B.* In unseren Tagen wird intensiv daran gearbeitet, diese scheinbar willkürl. Stufenordnung der Wirklichkeit als Manifestation einer *tieferliegenden Einheit* zu verstehen. Die Mehrheit der Physiker sieht im Bereich der →Kosmologie die Möglichkeit einer Vereinheitlichung der Grundgesetze der →Natur. Denn allem Anschein nach ist das Weltall in einem Urknall entstanden, in dessen Anfangsphasen die →Materie nur aus Elementarteilchen bestand. Wenn irgendwo, dann sollte hier die Vereinheitlichung der Grundkräfte der Natur gelingen. Dieses Vorhaben, das dann die hierarch. →*Ordnung* im Weltall erklären sollte, ist aber bei weitem noch nicht abgeschlossen. Eine kleine Minderheit von Physikern versucht den umgekehrten Weg. Durch eine Umgestaltung der grundlegenden naturphilos. Annahmen der →Physik der →Neuzeit wird hier der Versuch unternommen, den Makrokosmos in *organism. Weise* vom Mikrokosmos her zu konzipieren, so z.B. A. N. Whitehead (1861-1947, →Prozeßphilosophie) und D. Bohm.

*Lit.: P. und P. Morrison:* Zehn Hoch. Dimensionen zwischen Quarks und Galaxien, Heidelberg 1985. – *C. F. von Weizsäcker:* Die Geschichte der Natur, Göttingen, 7. Aufl. 1970.

*Christoph Wassermann*

**Malaysia und Singapur.** *Malaysia* (mit Sabah und Sarawak): Musl. 49,4% (meist Malaien); Konfuzianer, Taoisten 24,7%; Hindus (Inder) 7,4%; Buddh. 6,4%; Christen 4,8% (Gesamtbevölkerung 13,3 Mill.). – *Singapur:* Anhänger chin. Religionen 54,1%; Musl. 17,7%; Buddh. 9,1%; Christen 8,2% (Gesamtbevölkerung 2,3 Mill.).
Seit etwa 2500 v. Chr. wurde das Gebiet der heutigen Halbinsel Malaya durch Einwanderer aus Yünnan (Südchina) besiedelt, die ihre angestammte Naturreligion mitbrachten; von ihnen haben sich nur noch kleine Minderheiten erhalten. Später hat dreifacher Kulturkontakt das Leben in Malaya geprägt: am längsten, vom 4. bis 14. Jh., der ind.-hinduist. Einfluß, in zweiter Linie der sunnit.-islam., vermittelt durch Kaufleute aus →Indien und Sumatra, mit einem ersten Höhepunkt im Teilreich Malakka, wo sich der →Islam im 15. Jh. als Staatsreligion etablieren konnte; schließl. der chin. Einfluß, zunächst vor allem im wirtschaftl. Bereich, erst in moderner Zeit auch durch die konfuzian. und taoist. Religion zur Geltung gebracht. Archäolog. Funde bezeugen sporad. Präsenz von ind. Mahayana-Buddhisten, jedoch nur im 6.-8. Jh. Die Gründung der Föderation M. (1963) verstärkte durch das Hinzukommen von Sabah und Sarawak (Nordborneo) weniger das naturrel. (Dayak,

Dusun, Rungus) als vielmehr das ohnehin dominierende islam. Element. Heute gehört M. zu den Gebieten →Asiens, in denen – trotz nominell bestehender →Religionsfreiheit – ein zunehmend militant auftretender Islam dahin tendiert, das öffentl. Leben zu beherrschen, die Richtlinien der Politik zu bestimmen und anderen Religionen (bes. der Naturreligion der Eingeborenen und dem Christentum in Ostm.) mit Intoleranz zu begegnen.
Völlig anders ist die Situation in *Singapur*, dem »New York Asiens«, das schon 1965 wieder aus der Föderation ausscheiden mußte. Hier hat säkularisierte Weltstadtatmosphäre im Verein mit chin. Pragmatismus die Vielzahl rel. Gemeinschaften weitgehend auf die Pflege ihrer jeweiligen partikularen Interessen beschränkt. Daran vermag auch eine »Interreligious Organization«, die sich um Begegnung und Dialog der Religionen verdient gemacht hat, kaum etwas zu ändern.

*Lit.:* M., S., in: World Christian Encyclopedia, Oxford 1982, 472-476; 613-616.

*Hans-Werner Gensichen*

**Maleachibuch.** Das am Ende der »Zwölf kleinen Propheten« (→Prophet) stehende M., in den Übersetzungen je nach Textüberlieferung (→Bibelwissenschaft) mit drei oder vier Kapiteln wiedergegeben, trägt dem Leser sein Anliegen dialog. vor. Nach Art eines Disputations- bzw. Diskussionsprotokolls wird in *sechs Gesprächsgängen* jeweils eine These (Jahwes bzw. des Propheten) vorgelegt, die dann vom Diskussionspartner bestritten und gegebenenfalls im Wechselgespräch weitergeführt wird. Die positivist. Frage, ob die Dialoge Gespräche aufnehmen, rhetor. Mittel oder Protokolle wirkl. geführter Dialoge sind, ist bedeutungslos, weil die zugrundeliegende Thematik als Reflex aktueller Auseinandersetzungen zur Zeit des M.s davon unberührt bleibt. Die Themen machen einen selektiven Eindruck, scheinen deshalb aber akute Probleme anzusprechen, die keinen log. Zusammenhängen folgen müssen.
Im einzelnen kommen zu Wort (Kapitelzählung im Anschluß an die hebr. Bibel): 1,2-5: Jahwes Liebe zu Jakob (Israel) als Kontrast zur Behandlung Esaus (Edom); 1,6-2,9: Anklage und Bedrohung der Priester, die minderwertige Opfer darbringen; 2,10-16: Tadel am Verhalten junger Männer, die ihre →Ehe auflösen und nichtjüd. Frauen heiraten; 2,17-3,5: sichere Aussicht auf Bestrafung der Rechtsbrecher mit sozialen und eth. Vergehen; 3,6-12: aktuelle ökolog. Probleme (Mißwuchs und Heuschrecken) als Folge unvollständiger Ablieferung des zehnten Teils der Ernte an Jahwe; 3,13-21: die Zukunft der Gottesfürchtigen und der Gottlosen. Die beiden letzten Verse, 3,23f., sprechen von der *Möglichkeit der Umkehr*; der vorhergehende Vers 3,22 ist eine abschließende Mahnung, das »Gesetz Moses« zu halten, und erinnert an die programmat. Stelle Jos 1,1-9, mit der zusammen sie die sog. prophet. Schriften (→Bibelwissenschaft) unter dem Blickwinkel des Gesetzesgehorsam interpretiert. Umrisse eines →Kanons und sein Verständnis werden sichtbar.

*Lit.:* *K. Elliger:* Das Buch der zwölf Kleinen Propheten II (AT Deutsch 25), Göttingen, 8. Aufl. 1982, 177-206. – *K. Koch:* Die Profeten II: Babylon.-pers. Zeit, Stuttgart u.a. 1980, 179-183. – *G. Wallis:* Wesen und Struktur der Botschaft Maleachis, in: FS L. Rost (Beiheft für die atl. Wissenschaft 105), Berlin 1967, 229-237.

*Rüdiger Liwak*

**Malerei und Graphik.** Eine Übersicht über das ungemein vielfältige Material läßt sich innerhalb der rel. →Kunst wohl immer noch am ehesten durch die Zuordnung zu best. Lebensbereichen der →Kirche und der →Gemeinde gewinnen.

*A.* Von den Anfängen an stellte die *künstler. Wandgestaltung* eine der wichtigsten Aufgaben des →Kirchenbaus dar. Neben der Freskom., zu der auch die Katakombenm. zu zählen ist, spielte in der →Alten Kirche die Mosaikkunst eine hervorragende Rolle, die in der Romanik wieder zugunsten der Wandm. zurücktrat. Eine bes. Beachtung der Perspektive verlangt die Deckenm., die seit der →Renaissance, vor allem aber im →Barock, blüht. Die →Glasm. wird in der Gotik (→ma. Kunst) zum vorherrschenden Mittel der Wand- und Raumgestaltung. Nur regionale Verbreitung fand die Fassadenm.. Neben dem eigentl. Kirchengebäude werden auch Klosteranlagen (Kreuzgang), Gemeindezentren und Kapellen mit Wandm.n ausgestattet. Die Übergänge zur →Volks- und →Gebrauchskunst sind oft schwer zu definieren. Einen Sonderzweig der Tafelm. stellen die →*Ikonen* dar, die in allen →orthod. Kirchen Verbreitung fanden. Zur Glasm. sind die bes. im südosteurop. Raum heim. Hinterglasikonen und -bilder zu rechnen, die der Volkskunst zuzuordnen sind.
Bereits in der →Alten Kirche setzt die Entwicklung der →*Bibelkunst* ein, die sich auf der Grundlage der spätantiken Buchm. nicht nur der Illuminierung von →Bibelhandschriften (Evangeliare, Psalmen), sondern auch der der liturg. Bücher widmet. Die *Tafelm.* erscheint zunächst fast stets im Zusammenhang mit der künstler. Gestaltung des →Altars. In der →Renaissance wird diese Bindung aufgelöst, und es entsteht das autonome Tafelbild mit rel. Thematik, das zunächst oft noch als →Andachtsbild konzipiert wird.

*B.* Eine andere Ordnung des Materials ließe sich auch anhand der verschiedenen *Maltechniken*, insbes. der unterschiedl. Bindemitteln, in die die Farbpartikel eingebettet werden, vornehmen (Wachsm. [Enkaustik], Wasser- und Deckfarben, Temperam. [Wasser- und Öltempera], Ölm. und verschiedenste Mischtechniken). Wenn *Farbe* und Fläche die Hauptgestaltungsmittel der M. sind, so bedient sich die G. vorzugsweise der Linie und des Schwarzweißgegensatzes. Allerdings lassen sich bereits auch früh Versuche erkennen, der G. die Dimension der Farbe hinzuzufügen. Neben den Handzeichnungen gehören zur G. vor allem die reproduktionsfähigen Techniken des Holzschnitts, Kupferstichs, der Lithographie und der Radierung, die allesamt erst seit dem 16. Jh. in der Bibelkunst eine weitere Verbreitung finden, also in unmittelbarem Zusammenhang mit der Entwicklung des →*Buchdrucks* zu sehen sind. Die schnelle Reproduzierbarkeit ließ die G. zu einem wichtigen Mittel der Propaganda in →Reformation und →Gegenreformation werden. Durch sie wurden später nicht nur Werke der M. massenwirksam popularisiert, sondern auch originale Leistungen der Volkskunst, die ein lebendiges Bild von der →Volksfrömmigkeit geben. Als selbständiger Kunstzweig neben M. und →Plastik hat die *G.* eine ständig wachsende Bedeutung erlangt. In der Kunst des 20. Jh.s hat die rel. Thematik innerhalb der G. einen bes. Schwerpunkt.

*Lit.: G. Bazin/H. Gerson (Hg.):* Kindlers M.-Lexikon, Zürich 1964/71. – *E. Bock:* Geschichte der graph. Kunst von ihren Anfängen bis zur Gegenwart, Berlin 1930. – *H. Boeckhoff/F. Winzer (Hg.):* Das große Buch der G., Braunschweig 1968. – *B. Myers (Hg.):* Encyclopedia of Painting, New York 1955. – *H. M. Rotermund/G. Gollwitzer (Hg.):* G. zur Bibel, Lahr/Freiburg 1966. – *A. Spamer:* Das kleine Andachtsbild vom 14. bis zum 20. Jh., München 1930.

*Peter Maser*

## Mani, Manichäismus

*A.* Der *Religionsstifter M.* (216-276), ein Mann aus parth. Geschlecht, wuchs in →Babylonien in der judenchristl. Täufersekte der Elchasaiten auf. In dieser Gruppe, in der sein Vater eine führende Stellung innehatte, verbrachte er die Zeit von seinem 4. bis zu seinem 25. Lebensjahr. Auf Grund seiner Berufung durch eine göttl. Gestalt, seinem himml. »Zwilling« (griech. *syzygos*), distanzierte er sich von den Täufern, um mit einer eigenen *gnost. Lehre* hervorzutreten (→Gnosis). Von den Elchasaiten übernahm M. die Vorstellung von der zykl. Wiederkehr des »wahren →Propheten« oder »Lichtgesandten«. Dieser habe sich nicht nur in einer Reihe atl. Gestalten verkörpert, sondern auch in →Jesus, ferner in Zarathustra und →Buddha. Vermutl. hat M. sich selbst als die letzte ird. Erscheinung des Lichtgesandten gesehen. Er glaubte, durch seine Lehre die Botschaften all jener Religionsstifter zusammenzufassen und zu überhöhen.
Mit dem Bewußtsein, die erste wirkl. *universale →Religion* zu verkünden, trat er zunächst im Zweistromland missionar. auf, verbrachte ein Jahr in →Indien und wirkte dann als Prediger und Kirchenorganisator im sassanid. →Iran. Von ihm ausgesandte *Missionare* arbeiteten im Westen in Kleinasien, Syrien-Palästina und →Ägypten, im Osten im parth. Stammland (Nordostiran), im Kuschanreich und in Indien. Das Interesse, das ihm zunächst von Shāhpur I. und Hormizd I. entgegengebracht wurde, wich einem tiefen, von zoroastr. Geistlichen geschürten Mißtrauen, das unter Vahram I. zu seiner Inhaftierung und seinem daraus resultierenden Tod führte. Die anschließende *Verfolgung* der Manichäergemeinde im Iran führte dazu, daß sich der Schwerpunkt der manich. Kirche nach Westen und nach Osten verlagerte, wobei Mesopotamien bis in islam. Zeit ein Zentrum des Glaubens blieb. Amtl. angeordnete und kirchl. unterstützte Verfolgungen und Bekämpfungen der Manichäer im Westen, mit denen sich u.a. →Augustinus intensiv auseinandersetzte, der neun Jahre lang manich. »Hörer« gewesen war, führten im 6. Jh. zum Untergang des Manichäismus im Röm. Reich. Als »neomanich.« gekennzeichnete spätere gnost. Bewegungen wie die der Priszillianer, Paulizianer und Bogomilen sind tatsächl. kaum noch als manich. zu bezeichnen.

*B.* Die *östl. Ausbreitung des M.mus* führte manich. Geistliche über die zentralasiat. Seidenstraße bis hin nach →China, wo 694 und wieder 719 hohe Geistliche am Kaiserhof empfangen wurden. Daß 719 bereits ein manichäerfeindl. Edikt erlassen wurde, das allerdings nur Einheimische betraf, zeugt von einer Ausbreitung der Religion im *China* des frühen 8. Jh.s. Einen Höhepunkt in der Geschichte des M.mus stellte seine Proklamierung zur Staatsreligion im Steppenreich der türk. Uiguren im Jahre 762 dar. Nach dessen Zerschlagung 840 erfuhr die Religion M.s zeitweilig königl. Förderung im Reich von Koĉo (850-1250) in der Gegend der Turfanoase. Wiederholte Verfolgungen in China, zumal nach 840, veranlaßte chin. Manichäer, in die südchin. Küstenprovinz Fukien zu fliehen, wo eine stark sinisierte, z.T. auch taoist. beeinflußte Form des M.mus bis ins 16. Jh. hinein lebendig blieb.

*C.* Es ist bei der inneren Entwicklung des M.mus nicht leicht, die ursprüngl. *Lehre des Stifters* von der späteren Gemeindetheologie zu trennen. Dennoch läßt sich ein Kern von Grundlehren herausschälen, der zur Botschaft des M. gehört haben muß. Hierzu zählt zunächst der typ. gnost. →*Dualismus* von →Licht und Finsternis, →Geist und Materie, der das Weltbild ebenso bestimmt wie das Menschenbild. Das geistige (pneumat.) →Prinzip wird dem Lichtreich zugeordnet, das körperl. weltl., materielle dem Reich der Dunkelheit (→Parsismus). Die zweite Grunddoktrin ist die Lehre von den *drei Zeiten.* Diese besagt, daß anfängl. eine absolute Scheidung zwischen beiden Bereichen bestand und daß es erst auf Grund von Ereignissen, die der →Mythos darlegt, zu einer Vermischung von Licht und Finsternis gekommen sei. Während die Hoffnung auf individuelle →Erlösung damit verbunden ist, daß der →Mensch sich seiner ursprüngl. Lichtheimat bewußt wird, ist die kosmolog. *Erlösungshoffnung* auf die dritte Weltzeit gerichtet, wenn Licht und Finsternis endgültig wieder geschieden werden. Die individuelle Erlösung wird bewirkt durch jene Gnosis, die der Lichtbote den Menschen vermittelt und die das Wissen um Ursprung und Bestimmung der →Seele beinhaltet. Die komplexen kosmolog.

Vorstellungen, die im Mythos entfaltet werden, haben insofern auch Heilsbedeutung, als Kosmos und Mensch in einem Entsprechungsverhältnis zueinander stehen.

*D.* Die Anhänger der *manich. Kirche* gliederten sich in »Erwählte« (electi), die die strengsten eth. Vorschriften beachteten, und »Hörer« (auditores), die als Laien jene Geistlichen unterstützten und dafür von ihnen rel. Belehrung erhielten. Den Erwählten war es ursprüngl. aufgetragen, missionierend umherzuziehen. Die für sie geltenden eth. Gebote wurden in drei »Siegeln« zusammengefaßt, den Siegeln des Mundes, der Hände und des Busens. Sie beinhalten Reinheit von Worten und Gedanken und die Beachtung best. Speisegebote, das Absehen vom Schädigen von →Tier- und Pflanzenleben und geschlechtl. Enthaltsamkeit. Die Gebote für Laien waren weniger streng. Die Kirche gliederte sich in fünf *hierarch. Stufen,* näml. →Lehrer, →Bischöfe, Presbyter, Erwählte ohne höheren Rang und Hörer. An der Spitze der manich. Kirche stand der »Archegos« als Nachfolger und Vertreter M.s.
Im Mittelpunkt des *kult. Lebens* stand das jährl. Bema- Fest, das zur Erinnerung an M.s Tod begangen wurde. Es wurde am Ende des 12. Monats, des manich. Fastenmonats, gefeiert. Eine Reihe weiterer Feste war der Erinnerung großer Lehrer und →Märtyrer gewidmet. Jeden Montag hatten Electi an einem Kultgeschehen teilzunehmen, das mit einer →Beichte verbunden war. Auch für Laien gab es die regelmäßige Beichte. Es sind uns zahlreiche →Hymnen, Gebete und Beichtformeln überliefert, die ihren Platz im Kult hatten. Das *weltl. Leben,* ursprüngl. geringgeschätzt, erfuhr in der Manichäergemeinde Zentralasiens eine höhere Bewertung, als es ein schützendes manich. Königtum gab. In Verbindung damit stand eine Lehre von zwei Ordnungen, zusammengefaßt in der Formel »innen die Lehre, außen das Reich«. Das Ideal des »vollkommenen Hörers«, von dem kopt. und zentralasiat. Texte handeln, dürfte allerdings auf M. selbst zurückgehen.

*Lit.: J. P. Asmussen/A. Böhlig:* Die Gnosis III: Der M.mus, Zürich/München 1980. – *F. Decret:* M. et la tradition manichéenne, Paris 1974. – *H.-Ch. Puech:* Le Manichéisme, Paris 1949. – *Ders.:* Die Religion des M., in: *F. König (Hg):* Christus und die Religionen der Erde II., Wien, 2. Aufl. 1961, 499-563. – *G. Widengren (Hg):* Der M.mus, Darmstadt 1974. – *Ders.:* M. und der M.mus, Stuttgart 1961.

*Hans-Joachim Klimkeit*

**Manierismus,** noch immer stark umstrittene Bezeichnung der *Übergangsperiode* von →Renaissance zu →Barock. Vor dem Hintergrund der Aristokratisierung des →Bürgertums, der Entwicklung des →Absolutismus und der westeurop. Nationalstaaten sowie der →Gegenreformation wird das →Welt- und Menschenbild der Renaissance relativiert, emotionalisiert und subjektiviert. Neben einer ausgeprägten Ziersucht bestimmen höf. Kultur, Intellektualismus, myst. Sinnlichkeit und purist. Askese das widersprüchl. Bild des M., zu dem auch verkrustender Akademismus, Theoriengläubigkeit, verstärkte Neigung zur Selbstbeobachtung, Verwendung von schablonenhaften Elementen, Ausarbeitung komplizierter Bildprogramme und Vorliebe für alles Abstruse und Phantastische gehören.

*A.* Die Frühphase des M. (ca. 1520/35) wird, bes. in Florenz, durch die Krise der Hochrenaissance geprägt. In einer mittleren Phase (ca. 1530/60) blüht die *Raffaelschule* und zeigen sich erste Auswirkungen der Gegenreformation. Die letzte Phase, die des internationalen Spätm., reicht in Randgebieten bis weit in das 17. Jh. hinein. In der →Architektur nimmt neben dem Schloßbau, den Idealstadt-Projekten und der Villenarchitektur der gegenreformator. →Kirchenbau einen bes. Platz ein.

*B.* Der Rückgriff auf das basilikale Schema zitiert die große kirchl. Tradition. *Il Gesù* (1568/84), die Mutterkirche der →Jesuiten in →Rom, verbindet den Zentralbau der Renaissance mit dem Langhausbau des →MA.s zum längsgerichteten Kuppelbau und gehört »in den kleinen Kreis der typenbildenden Bauwerke der abendländ. Architektur« (A. Henze). Die antiklass. Tendenzen des M. zeigen sich in der →Malerei: in der unruhigen Lichtgebung und Farbigkeit, einem oft drast. Sinn für das Dekorative sowie in der Vorliebe für *Emblematik* (Lehre von den Sinnbildern) und *Allegorie.* Die Bevorzugung von grausamen Martyrien und spektakulären →Wundern erregt bald kirchl. Kritik. Über die »Schule von Fontainebleau« (Mitte 16. Jh.) wird der ital. M. zum internationalen Spätm. mit Zentren u.a. in Prag und München.

*C.* Unter den *Künstlern* des M. ragen die Persönlichkeiten des Tintoretto (1518/94) und des El Greco (1541-1614) hervor. Krassesten Ausdruck hat der M. im Monstren-Park der Orsini (1580) in Bomarzo/Latium gefunden, einem Gesamtkunstwerk von beklemmender Faszination. Der Versuch, den Begriff M. auch in der →Literaturwissenschaft heimisch zu machen (E. R. Curtius, 1948), ist noch immer umstritten.

*Lit.: G. Briganti:* Der ital. M., Dresden 1961. – *E. R. Curtius:* Europ. Literatur und lat. Mittelalter, Bern/München 1948. – De triomf van het Manierisme (Ausstellungskatalog), Amsterdam 1955. – *A. Hauser:* Der M., München 1964. – *Ders.:* Der Ursprung der modernen Kunst und Literatur, München 1973. – *G. R. Hocke:* M. in der Literatur, Reinbek, 6. Aufl. 1968. – *W. Hofmann:* Zauber der Medusa. Europ. Manierismen (Ausstellungskatalog), Wien 1987.

*Peter Maser*

**Manipulation** besagt *Beeinflussung* ebenso wie Handhabung und Steuerung des →Menschen *wider Willen.* Erst im 20. Jh. wird M. wissenschaftl. in biolog. oder – inbes. hinsichtl. der →Medien –

psycholog. Zusammenhang wichtig. Eindeutig negativ krit. verwendet die Frankfurter Schule (H. Marcuse, →Krit. Theorie) in ihrer Sozialanalyse den Begriff zur Anklage gegen die Sachzwänge des in westl. →Industriegesellschaften herrschenden (»kapitalist.«) →Wirtschaftssystems. Mit M. wird in diesem Zusammenhang das Verhältnis von Herrschenden (→Herrschaft) und →Massen beschrieben und erklärt.

M. ist heute bes. aktuell im Zusammenhang mit neuen Technologien, mit denen der Mensch seine →Natur beeinflussen, kontrollieren und verändern kann (→Technik). Man spricht von Manipulatoren und von M.stechniken (→Genetik). Die →Ethik untersucht Sinn und Erlaubtheit von M. Nur wer mit der Personwürde des Menschen auch seine sittl. →Verantwortung aus dem →Gewissen erkennt, kann die Frage nach der M. unter die Differenz von →Gut und →Böse stellen. Auf Grund seiner Sozialnatur befindet sich der Mensch seiner sittl. →Person, seinem Charakter und Verhalten nach immer in einem Prozeß der Veränderung durch →Lernen aus Einsicht. Dies kann zu einer manipulator. Anpassung an soziale oder psych. Mechanismen (Verhaltensmuster, soziale Kontrolle) führen. →Werbung kann die Eigenentscheidung beeinträchtigen oder gar ausschalten. Dagegen sind die Stärkung der sittl. Persönlichkeit und die Bildung des Gewissens wichtig, bes. auch gegen →Ideologien und deren Massensuggestion. Die christl. Ethik betont die *→Subjektstellung des Menschen.*

Mit dem techn. →Fortschritt eröffnen sich neue Fragen, so im Blick auf die Veränderung natürl. Prozesse der menschl. Natur bis hin zu Eingriffen in die Erbsubstanz. Die Bio(med.)-Ethik sucht nach Antworten für die *Grenzen* des Erlaubten in Erforschung und Anwendung neuer Technologien: Selbstkontrolle und Gesetzgebung stehen in Frage. Der Mensch wird im Lebenszusammenhang mit seiner ihn umgebenden →Natur erkannt, also auch mit den Auswirkungen von M. innerhalb des gesamten Lebensraumes (→Ökologie). Das sittl. Urteil über alle Formen der M. hat sein Maß letztl. an der →Menschenwürde und den existentiellen Zwecken des menschl. Lebens, die zu erhalten und zu fördern die sittl. Vereinbarkeit der M. bestimmen. Im einzelnen und bei neuen Fragen ist die moral. Bewertung kompliziert und nicht ohne analyt.-empir. Zugang und gewissenhafte Güterabwägung mögl.

*Lit.: B. Häring:* Ethik der M., Graz 1977 (Lit.). – *A. Portmann:* M. als Schicksal und Bedrohung, Zürich, 4. Aufl. 1974. – *K. Rahner:* Experiment Mensch, in: *ders.:* Schriften zur Theologie, Bd. VIII, Einsiedeln 1967, 260-285. – *J. Reiter/U. Theile (Hg.):* Genetik und Moral, Mainz 1985.

*Rudolf Weiler*



## Mann

### A. Religionsgeschichtlich

Männl. wie fraul. Religiosität scheinen auf weite Strecken *kulturspezif.*, d.h. soziokulturell bedingt, zu sein. Der M. tritt freil. in allen *Hochreligionen* als bevorzugter Inhaber von Amtspositionen (→Amt) auf, worin sich sicherl. auch die Differenzierung arbeitsteiliger →Gesellschaften niederschlägt. Noch deutlicher tritt das männl. Gestaltungsmonopol in den Religionen aristokrat. Gesellschaften und in deren Gottesvorstellungen hervor, so etwa der urbuddhist. Sangha (→Buddhismus), der anfängl. aristokrat.-männl. geprägt ist.

*I.* Die Gestalt des männl. rel. Funktionsträgers orientiert sich dabei an einem gleichfalls männl. bestimmten *Gottesbild*: dem göttl. »Herrn« und »himml. Vater«. Das Bild des göttl. Vaters als Quelle des Lebens (→Autorität) ist der konkreten →Erfahrung ird. Vaterschaft abgewonnen. Männl. geprägt sind ferner die Vorstellungen von →Gott als König, Kriegsherr, Besitzer des Landes. Das gebietende Moment im Gottesbild entspricht dem menschl. Vorentwurf des Oberhaupts der patriarchal. organisierten Großfamilie (→Familie). Gott und Götter sind der Gott und die Götter der Väter. M. Eliades These von einer älteren Religionsschicht mit androgynen (männl.-weibl) Gottheiten als Vorläufer einer geschlechtl. differenzierenden Phase bleibt zweifelhaft. Ebensowenig läßt sich eine uranfängl. feminine →Religion (→Frau) als allg. Verlaufsmodell universaler Religionsgeschichte schlüssig nachweisen.

*II.* Wenn es auch in den alten Religionen rel. *Amtsfunktionen* für die Frau gegeben hat, so fällt doch auf, daß mit den Hochreligionen der M. immer stärker solche Positionen gewinnt. Das ist im →Judentum der Fall. Allerdings kannte die früheste christl. →Gemeinde wohl eine grundsätzl. Gleichstellung der Frau (Gal. 3,28) bis hin zu Apostolinnen (Röm 16,7). In den frühen Gemeinden der apostol. und nachapostol. Zeit (→Alte Kirche) gibt es dann das Amt der Diakonissin (→Diakon) wie auch ein – nicht näher umschriebenes – Witweninstitut. Die Ämter der »Episkopen« (→Bischof) und der →Presbyter, also der Gemeindeleitung, bleiben dann sehr bald Männern vorbehalten, wie auch heute noch die →Ordination in der orthod. und röm.- kath. Kirche nur Männern erteilt wird. Für den →Islam gilt Entsprechendes, wenn auch im 12. und 13. Jh. regional beschränkt weibl. Imame belegt sind. Im →Buddhismus hat eine männl.-mönch. geprägte Auffassung die männl. Vorherrschaft noch verstärkt: Die älteste Nonne, gemessen an den Jahren seit ihrer Ordination, hat noch dem allerjüngsten Mönch ihre Ehrerbietung zu erweisen.

*III.* Die *rel. Funktionen*, die traditionell von Männern ausgeübt werden, sind also die des →Priesters, des →Propheten, des Häuptlings oder Königs, des Kriegers, Heros oder Lehrers. Ganz bes. streng scheint in der Regel die Frau vom Lehramt ausgeschlossen zu sein. Damit sind die Hauptbereiche der rel. Funktionen (→Kult, →Lehre, →Tradition und Setzung von →Normen) in männl. Hand, wie auffälligerweise auch alle großen Religionsstifter Männer gewesen sind. Männer besitzen also in rel. Fragen ein höheres Gewicht. Dies ist ein zentraler Kritikpunkt →feminist. Theologie.

*Lit.: M. Eliade:* Mythen, Träume und Mysterien, Salzburg 1961. – *Ders.:* Die Religionen und das Heilige, Darmstadt 1966. – *F. Heiler:* Erscheinungsformen und Wesen der Religion, Stuttgart 1961. – *W. Koppers:* Die Anfänge des menschl. Gemeinschaftslebens im Denken der Naturvölkerkunde, Mönchen-Gladbach 1921. – *M. Mead:* Male and Female, Westport/Conn. 1977. – *H. Sundén:* Religionspsychologie, Stuttgart 1982.

*Klaus-Josef Notz*

*B. Soziologisch und ethisch*

*I.* Ein leitender Gesichtspunkt der soziol. Betrachtung des M.es muß der der →*Herrschaft* sein. In unserer Kulturzone hat Herrschaft u.a. noch immer die Form des *Patriarchats*: *in* →Familie und →Gesellschaft bestimmen Männer; Werteordnungen und →Normen verschaffen ihrem Geschlecht Vorteile gegenüber dem der Frauen. Die Ursache der Entstehung des Patriarchats ist umstritten; gängige Hypothesen sprechen vom →Neid des M.es auf die Gebärfähigkeit der →Frau und seine Unsicherheit über die Erzeugerschaft, vom Machtverlust der Frau durch ein neues →Eigentumsverständnis, vom rel. Wandel durch die Übernahme der zuvor eher Frauen vorbehaltenen rel. Funktionen durch Männer. Als Ausdruck dieser Herrschaft gelten einerseits männerspezif. Körperhaltung, Gestik und →Sprache, andererseits die Verlagerung der Haus- und Erziehungsarbeit auf Frauen, die Reservierung des größten Anteils der (bezahlten) →Berufsarbeit für Männer und schließl. das Phänomen der →Gewalt von Männern (individuell: gegen Frauen und andere Männer; kollektiv: Unterdrückung, →Krieg). Männerherrschaft wird aufrechterhalten auch durch gruppenmäßige Bindungen an das eigene Geschlecht (Männerbünde), wobei Kontaktwünsche zum einzelnen M. als »homosexuell« anmutend gefürchtet sind und in eine Haftung an die Gruppe (Kampfgruppe, Verein oder dergl.) verwandelt werden. Folgerichtig müssen heterosexuelles Protzverhalten und eine scharfe Ablehnung homosexueller Verhaltensweisen entstehen (→Homophilie). Hist. läßt sich zeigen, daß Männerherrschaft eine bes. erfolgreiche Absicherung durch die Hexenverfolgung und die nachfolgende sexuelle und intellektuelle Entmündigung der Frau erfuhr (→Hexen).

*II.* Aus der →Franz. Revolution und der →Arbeiterbewegung ging – über Umwege – die →Emanzipation der *Frauen* hervor. Erleichtert wurde dieser Prozeß durch einen →Kapitalismus, der den geschlechtsneutralen Produzenten und Konsumenten (→Konsum und Produktion) benötigt, welcher sich dem Wettbewerb in →Arbeit und →Freizeit unterwirft. Die Verwertung von Menschen erzwingt Rollenveränderungen (→Rolle), die in Richtung auf männl. Arbeitshaltung und Konkurrenz gehen. Weil jedoch insbes. die Väter außer Haus arbeiten (Trennung von Arbeits- und Wohnbereich), wird ihr Einfluß in der →Erziehung geringer.

*III.* Eine der Frauenbewegung entspr. »Männerbewegung«, die diesen Namen verdiente, entstand bislang nicht. Allerdings wandelt sich das *Männerbild* – wenn auch bisher nur bei einer Minderheit von Männern – grundlegend: in der →Sexualität (Wunsch nach Zärtlichkeit, Anerkennung homophiler Wünsche [→Homophilie]), im Familienverständnis (Vatersein als Selbstverwirklichung, Rolle des Hausm.s), im Gottesbild (Suche nach ganzheitl. →Religion, →feminist. Theologie). Gerade die rel. Veränderungen stellen einen *Kulturbruch* dar, weil in der christl. Tradition vom Vorrang des M.es in Familie, →Staat und Gesellschaft ausgegangen wird (Eph 5, 22-33; Kol 3,18f.; 1 Tim 2, 8-15; 1 Petr 3,1-7; 5,1-4) und die →Kirchengeschichte vor allem von Männern in Klerikerhierarchien (→Klerus, →Hierarchie) bestimmt wurde. Insbes. die Gottesvorstellung von Vater und Sohn (→Trinität) und der →Mythos von Evas Erschaffung aus →Adams Rippe (Gen 2, 21-25) paßten gut in die herrschenden patriarchal. Denkmuster. Die *Entwicklung in den Kirchen* hinkt heute dem Wandel der Geschlechterrollen, auch der des M.es, hinterher (Frage des Priestertums der Frau [→Ordination], neue Bewertung des M.es als Vater, als Sexualwesen mit hetero- und homosexueller Liebesfähigkeit).

*IV.* Die Emanzipationsbewegungen von Frauen führten aber auf alle Fälle in den letzten Jahren zu einer verstärkten *Unsicherheit der* →*Identität* bei (vor allem) jungen Männern, die daher nach neuen Identitätsmustern suchten (z.B. der Typ des »Softy« als eines weichen, männl. überzeichnete Züge ablehnenden M.es). Dies alles bewirkt scheinbar eine Aufweichung des Patriarchats in der westl. Welt, wodurch der M. seine bislang abgespaltenen Anteile wiederentdecken kann: Emotionalität, Weichheit, Subjektivität. Jedoch kam es rasch zu Gegenbewegungen und der bewußten Betonung des »macho«-haften männl. Selbstverständnisses (»macho« ist ein span.-portug. Wort und meint den ausdrückl. harten, Frauen überlegenen und evtl. auch gewaltbereiten M.). Heute analysieren manche feminist. Wissenschaftlerinnen diese männl. Formen der Identitätssuche als Versuche, einem grundlegenden Wandel in den Beziehungen der Geschlechter miteinander zu entgehen, mithin als bes. geschicktes Herrschaftsinstrument. Festzuhalten bleibt sicher, daß die Herrschaft von Männern – wie jede Herrschaft – nicht ohne Konflikte abgelöst werden wird.

*Lit.: Ch. Benard/E. Schlaffer:* Viel erlebt und nichts begriffen, Reinbek 1985. – *G. Bleibtreu-Ehrenberg:* Tabu Homosexualität, Frankfurt/M. 1978. – *E. Bornemann:* Das Patriarchat, Frankfurt/M. 1975. – *S. R. Dunde (Hg.):* Vater im Himmel – seine Söhne auf Erden, Reinbek 1986. – *Ders.:* Neue Väterlichkeit. Von Möglichkeiten und Unmöglichkeiten des M.es (Gütersloher Tb./Siebenstern 578), Gütersloh 1986. – *Ders. (Hg.):* Geschlechterneid-Geschlechterfreundschaft, Frankfurt/M. 1987. – *Ders. (Hg.):* Wenn ich nicht lieben darf..., Reinbek 1987. – *W. Fthenakis:* Väter, Bd. 1 und 2, München 1985. – *W. Gottschalch:* Geschlechterneid, Berlin 1984. – *I. Illich:* Genus, Reinbek 1983. – *A. Mitscherlich:* Auf dem Weg zur vaterlosen Gesellschaft, München 1963. – *V. E. Pilgrim:* Der Untergang des Mannes, Reinbek 1986. – *K. Theweleit:* Männerphantasien, 2 Bde., Reinbek 1987. – *U. Wesel:* Der Mythos vom Matriarchat, Frankfurt/M. 1980.

*Siegfried Rudolf Dunde*

**Mann,** *Thomas,* geb. 6.6.1875 in Lübeck, gest. 12.8.1955 in Zürich. Als zweiter Sohn eines Senators und Großkaufmanns geboren, übersiedelte M. nach Abbruch des Gymnasiums 1893 nach München. Volontär, Technikstudent, Redakteur, Militärdienst sowie ein zweijähriger Aufenthalt in Rom begleiteten seine ersten Novellen und die Arbeit an den »Buddenbrooks. Verfall einer Familie« (1897-1901), die ihn schlagartig berühmt machte. Als *freier Schriftsteller* heiratete er 1905 Katja Pringsheim, mit der er sechs Kinder hatte. Bis er 1929 den *Nobelpreis* für Literatur erhielt, entstanden eine Reihe seiner berühmten Erzählungen und Novellen (»Tonio Kröger«, 1903; »Königl. Hoheit«, 1909; »Der Tod in Venedig«, 1912) sowie der Roman »Der Zauberberg« (1924). Dazwischen lagen der Erste Weltkrieg und die schwere Entscheidung für die neue Republik. Die Abkehr von einem unpolit. Künstlertum (»Betrachtungen eines Unpolitischen«, 1918) hin zu einem demokrat.-polit. Literatentum führte ihn schließl. in die bes. Gegnerschaft zum →Nationalsozialismus. Nach der antifaschist. Novelle »Mario und der Zauberer« (1930) arbeitete er mit vielen Unterbrechungen an den »Josephromanen« (1926-1943), um den »Menschheitsmythus« »den faschist. Dunkelmännern« wegzunehmen (Reisen nach Ägypten und Palästina, 1930). 1933 erfolgte nach einigem Schwanken die *Emigration* (Frankreich, Schweiz, seit 1938 USA) mit vorübergehend tschech. (nach Aberkennung der dt., 1936), schließl. amerik. Staatsbürgerschaft (1944). Neben polit. und literar. Reden und Radiosendungen wurde die Arbeit an den Josephromanen auch durch »Lotte in Weimar« (1939) unterbrochen. Das wichtigste Nachkriegswerk, der »Doktor Faustus«, erschien 1947. Nach 10 Jahren in Pacific Palisades, Calif., kehrte M. 1952 nach Europa (Zürich) zurück. Zu den Werken der letzten Periode gehören: »Das Gesetz« (1944); »Der Erwählte« (1951); »Felix Krull« (1954).

Als bedeutendster dt. Schriftsteller oder Erzählkünstler (»das raunende Beschwören des Imperfekts«) des 20. Jh.s hat M. nicht nur in der Stilisierung des eigenen Lebens (Künstler versus Bürger; Goethe-Imitation; Distanz und Engagement zur Politik), sondern auch in seinen Hauptwerken eine paradigmat. Funktion für die *Humanität und ihre Krise* erreicht: die →Gesellschaft als heilloses Sanatorium (»Der Zauberberg«); die entmythologisierende Rückbesinnung und Rettung des *Menschheitsmythos* (»Die Josephromane«: »reinige die Gottheit, und du reinigst den Menschen!«); die »nachkonfessionelle« Religiosität von →Sünde und →Gnade (»Doktor Faustus«; »Der Erwählte«).

*Lit.: K. Aland:* Thomas M. und das Christentum, in: *ders.:* Martin Luther in der modernen Literatur, Witten/Berlin 1973, 184-294. – *G. Bergsten:* Thomas M.s Doktor Faustus, Lund 1963. – *M. Dierks:* Studien zu Mythos und Psychologie bei Thomas M., Bern/München 1972. – *H. Jendreieck:* Thomas M. Der demokrat. Roman, Düsseldorf 1977. – *K. Hamburger:* Thomas M.s bibl. Werk, München 1981. – *A. Hellersberg-Wendriner:* Mystik der Gottferne. Eine Interpretation Thomas M.s, Bern 1963. – *H. Lehnert:* Thomas M.-Fiktion, Mythos, Religion, Stuttgart, 2. Aufl. 1968. – *D. Mieth:* Epik und Ethik. Eine theol.-eth. Interpretation der Josephromane Thomas M.s, Tübingen 1976. – *E. Steinbach:* Gottes armer Mensch. Die rel. Frage im dichter. Werk von Thomas M., in: Zeitschrift für Theologie und Kirche 50 (1953), 207-242.

*Dietmar Mieth*

## Maria

### *A. Theologiegeschichtlich*

*I.* Marienverehrung oder Ansätze zur einer Marienlehre (Mariologie) gehören nicht zu den ursprüngl. Ausdrucksformen christl. →Frömmigkeit, wenngleich M. als die Mutter Jesu in den Evangelien teils wie selbstverständl., bisweilen nicht unkrit. (Mk 3,21.31-35), teils schon mit deutl. Interesse (Lk Kap. 1f.) genannt ist. Die mit den Methoden verantworteter Schriftauslegung zu entschlüsselnden Berichte zu ihrer jungfräul. Geburt verweisen unmittelbar auf den »Sohn Gottes« (Lk 1,35). Ebenfalls in unmittelbar christolog. Zusammenhang steht noch der Streit im 5. Jh. über die Frage, ob M. »Gottes-« oder nur »Christusgebärerin« genannt werden darf. Das Konzil von Ephesus (431) entscheidet für den Titel der *Gottesgebärerin* (Gottesmutter). Allerdings ist damit auch legitimiert, daß M. (gemäß späteren Festlegungen; →Heilige) keine göttl. Anbetung, aber eine gegenüber aller übrigen Heiligenverehrung vorrangige Stellung genießt (»Hyperdoulie«). Sie überragt, so Pius XII. 1954, an Würde alles Geschaffene.

*II.* Nie formell dogmatisiert, wohl aber Inhalt auch der von Kozilien übernommenen Glaubensbekenntnisse seit dem 3. Jh. ist die Aussage von der *Jungfrauschaft* Mariens (→Jungfrauengeburt). Der Doppeltitel »Gottesgebärerin und immerwährende

Jungfrau« bildet seit früher Zeit bis heute die Kernaussage östl. Marienverehrung und hymn.-liturg. Poesie. Erst im Westen der späteren Jh.e wird die Aussage von der Jungfrauschaft Mariens rationalen Analysen unterzogen, die schließl. zu einer Biologisierung und expliziten Chronologisierung des frommen Bekenntnisses führen: M. ist Jungfrau »vor, in und nach« der Geburt Jesu. I.ü. entwickeln sich Marienfrömmigkeit und zunächst auch Mariologie auf der Ebene liturg. Verehrung. Im 7. Jh. kennt man im Westen die Feste Mariä Verkündigung, Entschlafung (später: Himmelfahrt), Geburt und Reinigung (Lichtmeß). Marienwallfahrten und das Rosenkranzgebet (11./12. Jh.) kommen im MA. hinzu.

*III.* Durch die *bibl. begründete Kritik* an einer unangemessenen Marienverehrung durch die →Reformation (die eine Hochschätzung M.s nicht ausschließt) wird seit der →Gegenreformation die Marienverehrung *unterscheidendes Zeichen* der kath. →Konfession, dies in intensiverem Maße seit dem 17. (öffentl. Herz-Mariä-Verehrung, [J. Eudes, 1601-1680]), 18. (Maiandachten) und 19. Jh. (Marienerscheinungen: La Salette [1846], Lourdes [1858], Fatima [1917]). Angesichts der schon bei den →Kirchenvätern grundgelegten archetyp. Verbindungen zwischen den »Geheimnissen« M.s und der →Kirche (M. als die neue Eva, Stammutter und Schützerin der Gläubigen) geht die *Intensivierung der Marienverehrung* mit einer Intensivierung von Kirchlichkeit und der aufkommenden Papstverehrung Hand in Hand (→Katholizismus). Zentralistisch gesonnene Päpste geben der Marienverehrung spezif. Impulse, indem sie (in dieser expliziten Form die einzigen Male in der Geschichte der Kirche überhaupt) ihren Anspruch auf →Unfehlbarkeit wahrnehmen, um die »Unbefleckte Empfängnis Mariens« (Freiheit von der Erbsünde vom Moment ihrer Zeugung an; 1854 definiert durch Pius IX.) und die Aufnahme Mariens in den Himmel unmittelbar nach Vollendung ihres ird. Lebens (»Mariä Himmelfahrt«; 1950 definiert durch Pius XII.) dogmat. festzulegen. Nicht der Satz, daß M. mit Leib und Seele in den Himmel aufgenommen sei, stößt jetzt auf ökumen. Widerspruch, sondern die Tatsache, daß dieses →Dogma zum Zeichen päpstl. Unfehlbarkeitsanspruchs geworden ist.

*IV.* Mit großer Zurückhaltung werden in ev. Kirchen *mariolog. Überlegungen* registriert, sofern sie einerseits stark von der Idee einer Kirche als heilsvermittelnder Instanz leben, andererseits den aus reformator. Tradition inakzeptablen Gedanken einer Miterlöserschaft M.s meist nicht ausschließen. Die prot. Vorbehalte gelten gegenüber der Mariologie der Orthodoxie in geringerem Maße, da dort der →doxolog. (damit auch der metaphor. und spezif. rel.) Charakter marian. Aussagen noch unmittelbar wirksam ist.

*Lit.: W. Beinert/H. Petri (Hg.):* Handbuch der Marienkunde, Regensburg 1984. – *J. Kalogirou:* Marienlehre und Marienverehrung in der orthod. Kirche auf dem Hintergrund der Christologie, in: Internationale Kirchl. Zeitschrift 68 (1978), 2-28. – *H. du Manoir:* M. Bibliografia Mariana in Verbund mit der Zeitschrift Marianum I-VI, Paris 1949-61. – Art. Marienverehrung, in: *C. Andresen/G. Denzler:* Wörterbuch der Kirchengeschichte, München, 2. Aufl. 1984, 386f. (Lit.). – *P. Meinhold:* M. in der Ökumene, Wiesbaden 1978.

*Hermann Häring*

*B. Systematisch-theologisch*

Über die *hist.* Mutter Jesu wissen wir wenig, da wir im NT bereits verschiedene *Bilder* M.s vorfinden. →Paulus bringt M. fast kein Interesse entgegen (nur Gal 4,4); das →Markusevangelium (3,20f.31-35) stellt ihr Unverständnis Jesus gegenüber heraus; im →Matthäusevangelium (Kap. 1-2) tritt sie hinter der Gestalt Josefs zurück. Das →Lukasevangelium (Kap. 1-2) kennt bereits eine erste Verehrung M.s als der begnadeten Jungfrau und Mutter und exemplar. Glaubenden. Die →Apostelgeschichte (1,14) zählt M. zum Kreise der Urgemeinde, ohne sie hervorzuheben. Im →Johannesevangelium hat sie unter dem Kreuz stehend teil an der Begründung einer neuen »Familie« der Jünger/innen (Joh 19,25-27).

*I.* Im Lichte des Glaubens ist M. ein →*Symbol* für die aktive Annahme des göttl. Heilswillens. Ihr Ja zur Geburt Jesu hat eine physisch-sinnl. und eine spirituelle Dimension. Weil sie ihn geboren hat, ist →Jesus Christus als Sohn Gottes wahrer Mensch. M.s Glaube hat selbst eine »inkarnator.« Struktur (→Inkarnation), da er die größtmögl. Annäherung Gottes und der Menschen bekennt. Gott ist »Fleisch« geworden, d.h., er hat die menschl. Natur und die geschaffene Materie in sein »Wesen« hineingenommen. In ihrem Ja nimmt M. Gott, sich selbst und den ganzen Kosmos an, indem sie Gott als erlösende(n) und die →Schöpfung als erlöste glaubt. Hier zeigt sich eine bemerkenswerte innere Verwandtschaft zwischen Mariologie und →*Rechtfertigungslehre.* Im Anschluß an P. →Tillich ließe sich sagen, daß M. den »Mut zum Sein« ausstrahlt, sich selbst anzunehmen als eine, die immer schon angenommen ist. Auch die jüngeren kath. Mariendogmen (1854 über die »Unbefleckte Empfängnis«, 1950 über die leibl. Aufnahme Mariens in den Himmel) können in diesem Sinne interpretiert werden. Von der Erbsünde befreit und der →Auferstehung des »Fleisches« bereits jetzt teilhaftig, repräsentiert M. das, was die Schöpfung in der →Gnade sein kann. Nicht nur feminist. Theologinnen postulieren auf diesem Hintergrund, daß das Hauptproblem im *ökumen.* Dialog über M. im Verständnis des Menschen und der Natur zu suchen ist (→Anthropologie).

*II.* Sensibel wahrgenommen wird im *ökumen. Gespräch* die Kluft zwischen den spärlichen bibl. Aussagen und der in den Dogmen entfalteten Lehre ebenso wie die Kluft zwischen Theologie und Praxis der *Marienverehrung.* Die Aussagen der Reformatoren über M. und ihre Verehrung (etwa in →Luthers Auslegung des →Magnifikat) lauten zwar positiver als man aus einem heutigen Vorurteil heraus erwarten würde, jedoch wird jede Lehre und Praxis strikt abgelehnt, die die alleinige Heilsmittlerschaft Jesu Christi gefährden könnte. Vielleicht haben die orthod. Kirchen hier eine weisere Entscheidung getroffen, eine intensive Marienverehrung zu pflegen, M. aber nicht zum eigenen, davon abgesonderten Gegenstand der kirchl. Lehre zu machen, sondern sie stets – wie die →Alte Kirche – streng christolog. zu sehen und außerhalb des Gottesdienstes keinen marian. Kult zuzulassen.

*III.* Die lehramtl. Definitionen (431: Gottesmutterschaft; Jungfräulichkeit, →Jungfrauengeburt und die o.a.), insbes. die der →Altkirchl. Konzile, sind eher Aussagen über Jesus Christus als über M. Das 2. →Vat. Konzil hat im ökumen. Interesse M. enger an die →Ekklesiologie angebunden: Als die erste Glaubende ist sie das *Urbild der Kirche.* Die Praxis der Marienverehrung hat jedoch immer eine gewisse Unabhängigkeit von der Theologie bewahrt und durch die Integration von Elementen der Kulte der Muttergöttinnen Ängste vor oder Abwehr von Heidentum ausgelöst.

*IV.* Dem Zusammenhang von M. und den (altoriental.) Muttergottheiten (z.B. im Titel Himmelskönigin, in der Verwendung kosm. Symbole) hat sich bes. die →*feminist. Theologie* zugewandt. Ihr gilt die Hartnäckigkeit der Marienverehrung durch die Jh.e hindurch als Indiz für ein tief empfundenes Defizit an weibl. Erfahrung und weibl. Symbolen in christl. Religion und Theologie. Hieraus erklärt sich auch das wiedererwachte Interesse an M. in der ev. Kirche. Kann M. aber als befreiendes Symbol für Frauen betrachtet werden? Dagegen spricht, daß Zeiten der glühendsten Marienfrömmigkeit oft Zeiten der größten Frauenfeindlichkeit gewesen sind (z.B. Hexenverfolgungen [→Hexen]). M. als Jungfrau und Mutter, unerreichbar für jede →Frau, scheint alle anderen Frauen als Töchter Evas, d.h. als Verführerinnen zum →Bösen, zu entlarven.
*Neuinterpretationen* richten sich auf die M. des Magnifikats (bes. auch in der →Befreiungstheologie), auf M. als Symbol des mit Gott versöhnten Kosmos (bes. R. R. Ruether), als Ausdruck der Weiblichkeit Gottes (bes. C. Mulack), als prophet. Vorbotin des Neuen Seins der Frauen (M. Daly). Alle Autorinnen betonen, daß das Mariensymbol trotz dieser Interpretationen seinen zwiespältigen Charakter behält. Unbefriedigend bleibt, daß entweder die Grenze zur Identifikation mit der Großen Göttin fließend wird oder die stereotype Analogisierung von M.-Menschheit-weiblich und Christus-Gott-männlich nicht aufgehoben werden kann. Vielleicht lassen sich beide Probleme lösen, wenn die bes. Beziehung M.s zur *Hl. Ruach* oder *Schechina* in den Mittelpunkt rückt (hebr. Wind, Geist oder Gottes Gegenwart; beides weibl. Begriffe und Symbole; →Hl. Geist), allerdings nicht so wie in den durch ihre spezif. sexuelle Metaphorik etwas peinl. anmutenden Interpretationen von L. Boff und H. U. von Balthasar. Da die göttl. Ruach in jeder Frau und jedem Mann wirkt, ist M. nicht aus der *Solidarität der Geschöpfe* herausgehoben; andererseits wird sie in ihrem unmittelbaren Zugang zum Göttlichen zur Gestalt der Rechenschaft unserer Hoffnung.

*Lit.: H. U. von Balthasar:* Wer ist die Kirche?, Einsiedeln 1961. – *W. Beinert u.a. (Hg.):* M. – eine ökumen. Herausforderung, Regensburg 1984. – *L. Boff:* Das mütterl. Antlitz Gottes, Düsseldorf 1985. – *Ders.:* Ave M. Das Weibliche und der Heilige Geist, Düsseldorf 1982. – *R. E. Brown u.a. (Hg.):* M. im NT, Stuttgart 1981. – *M. Daly:* Jenseits von Gottvater Sohn & Co., München, 3. Aufl. 1986. – *L. Heiser:* M. in der Christus-Verkündigung des orthod. Kirchenjahres, Trier 1981. – *C. Mulack:* M. – die geheime Göttin im Christentum, Stuttgart 1985. – *R. R. Ruether:* Sexismus und die Rede von Gott, Gütersloh 1985. – Art.: Mariologie, in: Kleines Theol. Wörterbuch, hg. von *K. Rahner/H. Vorgrimler,* Freiburg, 13. Aufl. 1981. – *N. Thon:* Die Gottesmutter M. in der orthod. liturg. Verehrung, in: Der Christl. Osten 32 (1977), 126-134.

*Lucia Scherzberg*

### *C. Kunstgeschichtlich*

*I.* Das Bild der M. gehört neben dem der Kreuzigung zu den häufigsten Themen der christl. →Kunst. Die älteste M.darstellung ist die der »sitzenden Gottesmutter« (Priscilla-Katakombe, Rom, 3. Jh.). Der Triumphbogen von S. Maria Maggiore in →Rom (432/40) zeigt die thronende M., die etwa gleichzeitige Holztür von S. Sabina in Rom die Szene der Magierverehrung und die M. orans (betende M.) unterhalb des Christus in der Kreuz-Gloriole. Diese Darstellungen dürften als direkter Reflex des ephesin. →Konzils von 431 zu interpretieren sein, das M. als *Gottesgebärerin* (Theotokos) definierte. Der Typ der thronenden M. begegnet in der Mosaikkunst (S. Apollinare Nuovo, Ravenna), Kleinkunst und vor allem auf →Ikonen. Nach 400 entsteht eine Vielzahl von Einzeltypen des autonomen M.bildes, die bes. in der Ikonenkunst tradiert werden (M. lactans = stillende M., Nikopoia = siegwirkende M., Blacherniotissa = M. als Orantin ohne Kind, Hodegetria = stehende M. von Engeln begleitet, Eleusa = M. des Erbarmens, Pelagonotissa = nach einem in Pelagonia verehrten M.bild u.a.). Daneben bilden sich die Anfänge eines Zyklus von Bildern heraus, die das Leben der M. schildern (Marienleben).

*II.* Durch das Pilgerwesen, die Verehrung von Gnadenbildern und den Kunstexport wirken diese Bildtypen auch auf die *Kunst des Westens* ein, wo sie selbständig weiterentwickelt werden. Älteste voll-

plast. M.bilder im Westen sind die Essener Madonna (aus Köln, Ende 10. Jh.) und die Paderborner Imad-Madonna (um 1160). Nach 1200 wird der Typ der thronenden M. im Tympanon von dem der stehenden M. an den Mittelpfosten der Kathedralportale abgelöst. Die hierar. strenge M. der *Romanik* wird durch die lächelnde Himmelskönigin ersetzt. Als jugendl. Schönheit präsentiert der um 1400 sich ausbreitende sog. *»weiche Stil«* M. Im 15. Jh. wird M. als junge Bürgersfrau im zeitgenöss. Milieu gezeigt. Die sich stets intensivierende Verehrung der M. schafft eine Fülle verschiedener *Andachtsbilder* (u.a. Ährenkleidm., Löwenmadonna, Mondsichelmadonna, Rosenhagmadonna, Schutzmantelmadonna). Häufig wird M. in Gruppenbildern zwischen →Heiligen dargestellt (Bildtyp der Maestà, Sacra Conversazione und der Virgo inter Virgines). Alle diese Bildtypen versinnbildlichen mit einer Vielzahl von →Symbolen und Anspielungen auf ntl., apokryphe und legendar. Erzählstoffe Wesen und Werk der M., deren Verehrung durch die →Reformation entscheidend zurückgedrängt wird.
Erst der →Gegenreformation gelingt eine *Neubelebung* des M.kults. Eine bedeutende Rolle spielen in der Epoche von Reformation und Gegenreformation Ordens- und Bruderschaftsbilder, die M. in den Mittelpunkt stellen. Im Barock dominiert die Darstellung der M. als Herrscherin und Schutzpatronin. Der Bildtyp der M. Immaculata versinnbildlicht die Unbefleckte Empfängnis, der der M. Assunta deren Himmelfahrt. Bes. in den roman. Ländern wird unter dem Einfluß der →Mystik die Mater dolorosa, M. als Schmerzensmutter, verehrt.

*III.* Die M.bilder des *19. Jh.s* sind den Vorbildern der →Renaissance verpflichtet (Ingres »Hostienmadonna, 1840). Die →Nazarener entwerfen eine idealisierte Darstellung der M., die gelegentl. das Sentimentale streift. Die Präraffaeliten bevorzugen psychologisierend-erot. Sujets (M. als tote Geliebte), während in der Schule von Beuron ein archaisierender Bildtyp gepflegt wird. Auch in der Kunst des *20. Jh.s* wird M. immer wieder als Bildthema aufgegriffen, wobei allerdings die bibl.-theol. Zusammenhänge oft vollständig zurücktreten zugunsten einer Darstellung der M. als Frau und Mutter. Bes. eindrückl. Gestaltungen gelangen u.a. H. Moore (St. Matthew/Northampton, 1944) und →Barlach. Eine skurrile Verfremdung strebte M. Ernst mit seinem Gemälde »Die Jungfrau züchtigt den Menschensohn vor den drei Zeugen« (1926) an.

*IV.* In der →*Volksfrömmigkeit* spielen die Gnaden- und Andachtsbilder der M. seit ältester Zeit eine große Rolle. Die →Wallfahrten nach Altötting, Kevelaer, Telgte, Einsiedeln, Tschenstochau, Mariazell, Guadelupe, Saragossa und zum Montserrat dienen der Verehrung der M. und ihrer wundertätigen Bilder. Eine Parallele zu diesem Phänomen stellt die Verehrung der →Ikone der Gottesmutter von Wladimir dar, die im 12. Jh. von Konstantinopel nach →Rußland gebracht wurde und im 14. Jh. die Rettung Moskaus vor den Mongolen bewirkt haben soll.

*Lit.: H. Aurenhammer:* M., Wien 1954. – *C. Cecchelli:* Mater Christi, 4 Bde., Rom 1946/54. – *L. Küppers:* M., Recklinghausen 1965. – *Ders. (Hg.):* Die Gottesmutter, 2 Bde., Recklinghausen 1974. – *R. Lange:* Das Marienbildnis der frühen Jh.e, Recklinghausen 1969. – *H. Skrobucha:* M. Russ. Gnadenbilder, Recklinghausen 1967. – *A. Stubbe:* La Madonna dans l'art, Brüssel 1958. – *A. Wellen:* Theotokos, Utrecht/Antwerpen 1961.

*Peter Maser*

*D. Literarisch*

*I.* Zu einem *ersten Höhepunkt* literar. Mariendarstellung kommt es in der *dt. Literatur des →MA.s* In zahllosen »Marienleben«, »Marienlegenden«, »Mariensequenzen« (Sequenz; →ma. Musik) und »Marienklagen«, in zahllosen Pilger-, →Wallfahrts- und Volksliedern wird M. in eine rauschhafte Fülle z.T. allegor. Bilder eingehüllt. In Kontinuität mit der patrist.-allegor. →Bibelauslegung sieht der ma. Dichter seine Aufgabe weniger darin, ein individuelles Porträt M.s zu zeichnen, als zu M.s Ehre kunstvoll immer wieder neu typolog. Gegensatzpaare und Symbole für M. zu finden. Im »Reis Jesses«, »Gideons Fell«, »Aarons Stab«, »Moses' Dornbusch« oder der »Braut« des himml. Bräutigam sah man M. heilsgeschichtl. schon im →AT präfiguriert und konnte sie so mit einer Fülle symbol. Embleme hymn. verklären: Meerstern und Morgenstern, Mond und Sonne, Edelstein und Morgenrot, Rose und Lilie, Himmelsspeis und Himmelskönigin. Die ma. Mariendichtung bewegt sich dabei noch ganz im Rahmen des von →Schrift, →Tradition, →Verkündigung, →Liturgie und →Volksfrömmigkeit Vorgegebenen.

*II.* Zu einem *zweiten Höhepunkt* der Marienliteratur kommt es in der Epoche der →*Romantik*, vor allem bei Novalis und J. von Eichendorff. Bei Novalis (»Ich sehe dich im tausend Bildern / M., liebl. ausgedrückt«) und beim jungen Eichendorff (»Jugendandacht«; »Mariä Sehnsucht«, beide 1808) ist M. – nun ganz und gar subjektiv gestaltet aus der Perspektive der Dichter – ein archetyp. Symbol ewiger Liebe, überird. Schönheit, göttl. Weisheit, eine kosm. Figur, die die Muttereinheit allen Lebens, das mütterl. Urprinzip aller Wirklichkeit repräsentiert. Beim späten Eichendorff (nach seiner strengeren Anbindung an die kath. Kirche) erfolgt freil. eine Abwendung von seinem frühen naturpantheisierenden Marienbild zu einer stärker der kirchl. Tradition verpflichteten Vorstellung von M. als der »Gnadenmutter« (»Kirchenlied«, 1823). Ausdruck und gleichzeitig iron. Aufhebung des romant. Marienenthusiasmus ist dagegen H. →Heines Mariengedicht »Die Wallfahrt nach Kevlaar« (1822), das die naive Erwartung eines marian. Heilungswunders als sprach- und hilflose Schicksalsgläubigkeit des Volkes iron. bricht.

*III.* Zu einem *dritten Höhepunkt* literar. Mariendarstellung kommt es zu *Beginn des 20. Jh.s* bei Dichtern wie S. George, R. M. Rilke, A. →Döblin und H. →Hesse mit je unterschiedl. Profil. Keiner dieser Autoren war noch aus Gründen marian. Frömmigkeit an M. interessiert, sondern ausschließl. aus poet.-künstler. Motivation. Mit M. als literar. Figur ließen sich Grundhaltungen des Menschen zur Wirklichkeit überhaupt spiegeln, auf die es ihnen für ihr Kunstprogramm und für ihr Menschenbild ankam. *George* gestaltet in Marientexten seines Gedichtbandes »Die Bücher der Hirten- und Preisegedichte, der Sagen und Sänge und der Hängenden Gärten« (1895) das Motiv der Weihe des Menschen in der Hingabe an ein in M. verkörpertes göttl. Ideal. *Rilke* geht es in zahlreichen seiner – von seinem Frauenbild stark beeinflußten – Marientexte (»Gebete der Mädchen zu M.«, 1898) um die Konkretisierung der Sorge um und des Wartens auf »die Dinge«, des Wissens um das Wunderbare und des Offenseins für das Göttliche, um die Fähigkeit des Menschen, zu rühmen und zu preisen. In der Gegenüberstellung M.-Jesus fängt Rilke überdies die archetyp. Grundspannung von Mutter und Sohn ein (»Marienleben«, 1912). Bei *Hesse* – ind. Mythologie und Jungsche Tiefenpsychologie verschmelzend – ist M. archetyp. Symbol des Weiblichen, Verkörperung des Anima-Anteils in jedem Menschen (vor allem: »Narziß und Goldmund«, 1930). Bei Döblin tritt neben diese Archetypik (»Mariä Empfängnis« 1911; »Flucht aus dem Himmel«, 1920; »Reise in Polen«, 1920) eine sozialkrit. Komponente: M. ist Figur des einfachen Volkes, die weniger mit Macht und Herrschaft, als mit Trost, Zuflucht und Hilfe in Verbindung gebracht wird.

Diese *sozial und gesellschaftskrit. ausgerichtete Marienliteratur* findet in den »Weihnachtsgedichten« B. →Brechts (1922-26), im Pietà-Gedicht E. Tollers »Die Mauer der Erschossenen« (1919), in F. Werfels Lourdes-Roman »Das Lied von Bernadette« (1941) und in G. von le Forts Antikriegsroman »Die Magdeburger Hochzeit« (1938) ihren literar. Höhepunkt. *Nach 1945* setzt G. Grass mit seiner Mariensatire in »Die Blechtrommel« (1959) und seiner Parodie auf eine neurot. Marienverehrung in »Katz und Maus« (1961) diese sozialkrit. Linie fort. 1980 entwirft K. Marti ein ausgesprochen emanzipativ-polit. Marienleben (»Und M.«), und 1987 steht M. im Zentrum einer Geschichte von O. F. Walter über die Befreiung eines Mannes von einer repressiven Mutterbindung (»Abschied von einer Madonna«).

Die *archetyp. Deutungslinie* dagegen wird von H. →Böll aufgegriffen (die Erzählung »Kerzen für M.«, 1950; Gedicht »Köln 1«) und literar. auf einen neuen Höhepunkt geführt. Im Roman »Gruppenbild mit Dame« (1971) macht Böll seine Heldin zum Typus einer »subversiven Madonna«. Auf diese Weise kommt es bei Böll zu einer Verschwisterung von polit. Reflexion und myth.-archetyp. Deutung der Mariengestalt, zu einer Synthese, die auch Arbeiten von L. Rinser (vor allem »Winterfrühling«, 1982) bestimmt.

*Lit.: E. Haufe (Hg.):* Dt. Mariendichtung aus neun Jh.en, Berlin 1960. – *M. Hendricks:* Die Madonnendichtung des 19. und 20. Jh.s, Diss., Marburg 1948. – *O. Karrer (Hg.):* M. in Dichtung und Deutung, Zürich 1962. – *K.-J. Kuschel:* M. in der dt. Literatur des 20. Jh.s, in: *W. Beinert/H. Petri (Hg.):* Handbuch der Marienkunde, Regensburg 1984, 664-718. – *Ders.:* Mater dolorosa. M. als Befreiungsfigur in der Literatur des 20. Jh.s, in: *E. Moltmann-Wendel/J. Moltmann/H. Küng (Hg.):* Was geht uns M. an? (GTB Siebenstern 493), Gütersloh 1988. - *M. Warner:* M. Geburt, Triumph, Niedergang. Rückkehr eines Mythos?, München 1982.

*Karl-Josef Kuschel*

### *E. Musikgeschichtlich*

*I.* Die Mariendichtung beginnt in der Kirche des Ostens, aber auch in der westl. Kirche sehr früh (vgl. →Salve Regina) und geht in vielfältiger Weise in das Gebet der Kirche ein. Seit dem 13. Jh. wird in der Kirche des Westens die Verehrung Mariens am Schluß des tägl. Stundengebets (→Tag) endgültig festgelegt und im (→Gregorian.) Gesang vollzogen. Im *Hoch- und Spätma.* blüht die M.frömmigkeit in →Mönchtum und →Mystik auf; zahlreiche psalmlose *marian.* Antiphonen entstehen, von denen sich vier bis in die Gegenwart im offiziellen Gebet erhalten haben: das Alma Redemptoris Mater (»Maria, Mutter unsres Herrn«), das Ave Regina caelorum (»Maria, Himmelskönigin«), das Regina caeli (»O Himmelskönigin, frohlocke«) und das Salve Regina (»Gegrüßet seist du, Königin«). Im *MA.* werden diese und andere Antiphonen – z.B. das Sub tuum praesidium (»Unter deinen Schutz und Schirm«) und das Ave Maria (»Gegrüßt seist du, Maria«) – umgedichtet, erweitert, bisweilen vereinfacht und nehmen Einfluß auf das volkssprachl. Liedgut. Von bes. Bedeutung ist das →Magnifikat, der Lobgesang M.s (Lk 1, 46-55), der seit der Regel des hl. Benedikt (um 530) in der lat. Liturgie den Höhepunkt der Vesper, in der orthod. Tradition aber einen Teil des Morgengottesdienstes bildet. Seit 1971 gibt es in der kath. Kirche weitere approbierte Marienantiphonen.
In der →Passion ist die *Marienklage* unter dem Kreuz seit dem 12. Jh. zentrales Stück. Für die Marienklagen der Passionsliturgien, die weite Verbreitung fanden und auch in der volkssprachl. Dichtung eine große Rolle spielen, sind die Sequenzen *Planctus ante nescia, Flete fides animae* und →*Stabat mater* sowie die *Cantio o filii ecclesiae* überliefert (Fellerer).

*II.* Marienverehrungen im →*Lied* finden sich bereits 1470 in der Kolmarer Handschrift. Im 12.-14. Jh. sind geistl. Lieder bekannt, die sog. Geißlerlieder um 1350 sowie Fahrtenlieder, die M. anrufen. In der Zeit des 17. Jh.s entstand von Johannes Kuen das Werk »Epithalamium Marianum« mit Marienliedern. H. J. Fr. Biber schreibt um 1674 16

*Sonaten* für Violine »Zur Verherrlichung von 15 Mysterien aus dem Leben Mariae«.
Auch im *Kunstlied* erscheint M. F. →Schubert komponiert 1825 »Ave Maria« op. 52, Nr. 4, M. →Reger 1911-12 das »Mariä-Wiegenlied« op. 76, Nr. 52. 1890 entsteht »das Spanische Liederbuch« von Hugo Wolf, in dem er im ersten Teil zehn geistl. Marien- und Jesuslieder nach span. Gedichten und Volksliedern vertont. Im 20. Jh. schreibt P. Hindemith »Das Marienleben« op. 27, Nr. 1-5, nach Gedichten von R. M. Rilke für Sopran und Klavier (1922/23, Neufassung 1948). Der Zyklus ist in vier Gruppen unterteilt. Die erste Gruppe behandelt das persönl. Erlebnis M.s, die zweite Gruppe reicht vom »Argwohn Josephs« über die »Geburt Christi« zur »Hochzeit zu Kanaa«. Die nächste Gruppe zeigt die leidende M.; die letzte stellt einen Epilog dar, in dem Menschen und Handlungen keine Rolle mehr spielen.

*III.* In der →*Oper* des 19. Jh.s finden sich musikal. Marienanrufungen. In R. →Wagners »Tannhäuser« (1845), R. Schumanns »Genoveva« (1848), F. von Flotows »Alessandro Stradella« (1844) und G. Meyerbeers »Dinorah oder Die Wallfahrt nach Ploërmel« (1859) sind die Gebete und Hymnen an die hl. Jungfrau M. wundertätige Gesänge.

*IV. Liturg. Texte* wie das »Salve Regina« wurden in R. →Wagners »Liebesverbot« (1835), das »Ave Maria« in D. F. Aubers »Fra Diavolo« (1830) und G. →Verdis »Otello« (1887) sowie das »Stabat mater« in J. L. Alberts »Astorga« (1866) vertont.

*Lit.: K. G. Fellerer:* Geschichte der kath. Kirchenmusik, Bd. 1, Kassel 1972. – *H. J. Moser/J. Müller- Blattau:* Dt. Lieder des MA.s, Stuttgart 1968. – *H. F. Redlich:* Claudio Monteverdi, Olten 1949. – *K. W. Niemöller:* Die kirchl. Szene, in: *H. Becker (Hg.):* Die couleur locale in der Oper des 19. Jh.s, Regensburg 1976.

*Jutta Plutz*

**Marktwirtschaft** ist eine Wirtschaftsordnung, die auf den Grundlagen des freien Tauschverkehrs und des Wettbewerbs die Wirtschaftspläne und -entscheidungen der Wirtschaftssubjekte durch die Preisbildung koordiniert.

*A.* In der Theorie der vollkommenen *Konkurrenz* – dem Idealmodell der M. – bildet sich der Preis durch Mengenanpassung der Marktteilnehmer in Angebot und Nachfrage. Bei kollektiven Gütern, deren Nutzung niemand vorenthalten werden soll, tritt anstelle des marktwirtschaftl. Entscheidungsprozesses in parlamentar. Regierungssystemen der polit. Wettbewerb. Bereitschaft zu konkurrierendem Verhalten, zum Risiko und zur Übernahme von Eigenverantwortung gehören zu den soziokulturellen Voraussetzungen für die Funktionsfähigkeit der M. *Triebfeder* der marktwirtschaftl. Dynamik ist das Eigeninteresse der Wirtschaftssubjekte, das zugleich dazu führt, durch Ausschaltung des Wettbewerbs Marktmacht zu gewinnen. Damit es seine →Gemeinwohlaufgabe erfüllt, gehört die Ordnung des Wettbewerbs zu den vom →Staat zu gewährleistenden Rahmenbedingungen neben der Rechtssicherheit.
Das *Eigeninteresse* ist der Ansatzpunkt für indirekte Steuerungsmaßnahmen. So kommen einerseits die Vorteile der M. zum Tragen, wie dezentrale Entscheidungsstruktur mit sachnaher Kompetenz, freie Informationsströme und einer Motivationsstruktur zur Stimulierung von Leistungs- und Erfolgsinteressen, die nicht allein auf ökonom. Gebiet, sondern z.B. auch im Prestigegewinn (→Ehre und Prestige) liegen. Die Nachteile liegen im systembedingten Defizit an Solidarität, wenngleich eine kooperative Einstellung die Voraussetzung für Tauschakte ist. Durch wirtschaftl. Belohnung wird der Einsatz des Eigeninteresses in die Richtung gesellschaftl. erwünschter Ziele gelenkt.

*B.* Nach der Idee der reinen M. soll den wirtschaftl. Kräften freier Lauf gelassen werden (Wirtschaftspolitik des Laisser-faire). Einzige Rahmenbedingung ist die Aufrechterhaltung der Rechtssicherheit durch den Staat (»Nachtwächterstaat«). Der Gegentyp ist die *Zentralverwaltungswirtschaft*, in der die Wirtschaftspläne durch eine Zentralinstanz aufgestellt und überwacht werden. Das Konzept der *sozialen M.* versteht *sich als »neue dritte Form«, als »wirtschaftspolit. Synthese«* (Müller-Armack, 109f., 244). Es sollte das »Prinzip der Freiheit auf dem Markte mit dem des sozialen Ausgleichs« (Müller-Armack, 243) verbinden. Neben den obengenannten Elementen der ordnungspolit. Steuerung (Wettbewerbsordnung, Eingriff in das wirtschaftl. Geschehen mit marktkonformen Instrumenten) gehört die soziale →Gerechtigkeit zum integrativen Bestandteil dieser Ordnungsidee. Sie ist zum Leitbild für das wirtschaftspolit. Handeln in der Bundesrepublik Deutschland geworden und hat die Aussagen des Grundgesetzes, das eine deklarator. Norm über eine best. Wirtschaftsordnung nicht enthält, in bezug auf die Grundfreiheiten und das Prinzip der Sozialstaatlichkeit in die Verfassungswirklichkeit übersetzt. In der sozialen M. soll die soziale Gerechtigkeit im Bereich der sozialen Sicherung (neben der eigenverantwortl. Daseinsvorsorge), in der Sozialpartnerschaft (im Arbeits- und Tarifrecht sowie in der →Mitbestimmung) sowie in der breiten Streuung von →Eigentum institutionalisiert werden.

*C.* Die tatsächl. Wirtschaftsordnungen sind *Mischsysteme* der reinen Typen mit jeweils verschieden starkem Grad der Annäherung an den Typus, der – auf dem Reißbrett der Theorie – der Logik einer best. Idee folgt. Die wirtschaftl. und polit. Zwänge ziehen pragmat. Anpassungsmaßnahmen nach sich. Das Konzept der sozialen M. vereinigt wirtschaftl. und sozialeth. (»soziale Gerechtigkeit, sozialer Friede, Chancengleichheit«) Komponenten.

*Lit.: G. Gutmann u.a.:* Die Wirtschaftsverfassung der Bundesrepublik Deutschland, Stuttgart 1976. – *Ph. Herder-Dorneich:* Der Markt und seine Alternativen in der freien Gesellschaft, Hannover 1968. – *A. Müller-Armack:* Wirtschaftsordnung und Wirtschaftspolitik, Freiburg 1966. – *E. Nawroth:* Die Sozial- und Wirtschaftsphilosophie des Neoliberalismus, Heidelberg, 2. Aufl. 1961. – *F. Pilz:* Das System der Sozialen M., München 1974.

*August Stiegler*

**Markusevangelium.** Das M. ist das *älteste und kürzeste* der vier kanon. →Evangelien. Nach altkirchl. Überlieferung war sein Verfasser Dolmetscher des →Petrus und ident. mit dem in Apg 12,12 u.ö. erwähnten Johannes Markus. Über die Glaubwürdigkeit dieser Angaben sind die Forscher uneins. Gedacht für Heidenchristen, die aber nicht ganz ohne Kenntnis jüd. Lebens- und Geisteswelt gewesen sein können, entstand das M. wohl kurz vor 70 n. Chr. in Rom. Der sog. kanon. Markusschluß (Mk 16,9-20) ist eine nachträgl. Zufügung aus dem 2. Jh.

*A.* Der Evangelist Markus hat als erster die zerstreuten Überlieferungen über Jesus *gesammelt* und zu einer fortlaufenden Erzählung mit biograph. Charakter *gestaltet.* Wie stark die ihm vorgegebenen Traditionen bereits geformt und ob sie mündl. oder schriftl. Natur waren, ist schwer zu sagen. Das M. bietet keine Kindheitsgeschichten, sondern setzt ein mit dem Wirken →Johannes' des Täufers und der Taufe Jesu. Es folgt Jesu Wirken in Galiläa und darüber hinaus, die Schilderung der wachsenden Gegnerschaft der →Pharisäer und Volksführer und das Ende in Jerusalem. Dieser *erzähler. Rahmen* wurde von den übrigen Evangelien übernommen und dürfte im ganzen gesehen der geschichtl. Wirklichkeit entsprechen. Innerhalb dieses Rahmens sind die Geschichten und Worte zumeist nicht chronolog., sondern themat. geordnet und oft nur lose aneinandergereiht. Eine Ausnahme macht die komplexer gebaute und durch häufige Zeitangaben gekennzeichnete →Passionsgeschichte (Mk 14-15). Im Unterschied zu den übrigen Evangelien enthält das M. nur *wenige Reden Jesu;* im wesentl. sind es drei: die →Gleichnisrede in Kap. 4, die Rede über Rein und Unrein in Kap. 7 und die Rede über die Endzeit in Kap. 13. Markus erzählt volkstüml. und lebendig (leider geht in den →Bibelübersetzungen viel davon verloren); gern verwendet er das erzählende Präsens und bietet viele anschaul. Züge und Einzelheiten, die von den späteren Evangelisten weggelassen werden (→Sprache, NT). Er erwähnt Gemütsbewegungen, auch Jesu selbst (z.B. Mk 1,41.43; 3,5; 7,34; 10,21; 14,33f.), und stellt das Unverständnis und Versagen der Jünger – im Unterschied zu den Jüngerinnen (Mk 15,40) – ungeschminkt dar (z.B. Mk 6,51f.; 8,14-21; 14,50), ebenso die völlige Verlassenheit Jesu am →Kreuz. Die Farbigkeit des M. beweist sich gerade auch an den ausführl. *Wunderberichten.* Überhaupt erscheint Jesus im M., bes. in dessen erster Hälfte, vor allem als Wundertäter.

*B.* Das M. macht den Eindruck einer geschlossenen, zielstrebig auf die Leidensgeschichte hin komponierten Erzählung. Schon ihr Umfang erweist die *Leidensgeschichte als Hauptstück:* 119 von insgesamt 661 Versen. Ein erster Hinweis auf die →Passion findet sich bereits in Mk 3,6; Höhe- und Wendepunkt des M.s ist das Petrusbekenntnis (Mk 8,27-30), auf das die erste von drei Leidensvorhersagen folgt. Daher wird das M. gern als »Passionsgeschichte mit verlängerter Einleitung« charakterisiert.

*C.* Jesus ist im M. von Anfang an der *Sohn Gottes;* dieser Titel begegnet an entscheidenden Stellen des Evangeliums (Mk 1,1.11; 9,7; 14,62; 15,39). Wie und warum es dazu kam, daß Gottes Sohn am Kreuz enden mußte, das zu zeigen hat sich Markus zur Hauptaufgabe gemacht. Daraus erklärt sich auch das sog. »*Messiasgeheimnis*« im M.: Jesus will verborgen bleiben und kann es nicht; selbst seine Jünger verstehen ihn nicht. Daß mit der »Theorie«, Jesus habe sein »Geheimnis« wahren wollen, der Widerspruch zwischen dem nachösterl. Christus des Glaubens und dessen angebl. unmessian. Leben ausgeglichen werden sollte, wird in der Forschung kaum noch angenommen.

*D.* Das M. stand bis ins 19. Jh. hinein im Schatten des →Matthäusevangeliums und galt vielen als Auszug aus diesem. Erst mit der Erkenntnis, daß es das älteste Evangelium ist, konnten seine Eigenheiten und seine Bedeutung als *beste Quelle* für das Leben Jesu recht gewürdigt werden.

*Lit.: M. Hengel:* Probleme des M.s, in: *P. Stuhlmacher (Hg.):* Das Evangelium und die Evangelien, Tübingen 1983, 221-265. – *M. Limbeck:* M., Stuttgart, 3. Aufl. 1986. – *R. Pesch:* Das M. (Herders Theol. Kommentar zum NT II/1.2), Freiburg, Bd. 1, 3. Aufl. 1980; Bd. 2, 2. Aufl. 1980. – *P. Pokorný:* Das M., in: *H. Temporini/W. Haase (Hg.):* Aufstieg und Niedergang der röm. Welt II 25.3, Berlin/New York 1985, 1969-2035. – *E. Schweizer:* Das Evangelium nach Markus (Das NT Deutsch 1), Göttingen 1984.

*Marius Reiser*

**Marx,** *Karl,* geb. 5.5.1818 in in Trier, gest. 14.3.1883 in London. Nach dem Studium der Rechtswissenschaft und Philosophie in Bonn und Berlin Redakteur an der liberal-demokrat. »Rhein. Zeitung« (1842). Bei Verbot des Blattes durch die preuß. Regierung Übersiedlung nach Paris und zusammen mit *Ruge* Herausgabe der »Dt.-Franz. Jahrbücher« und Abfassung der Einleitung »Zur Kritik der Hegelschen Rechtsphilosophie« (1843), ein Text, der den Bruch mit dem revolutionären Demokratismus des →»Vormärz« dokumentiert. Die Niederdrückung der polit. Opposition in Frankreich zwingt M. erneut zur Flucht, zuerst nach Brüssel, schließl. nach London.
1845 erscheinen die grundlegenden »Elf Thesen über →Feuerbach«, eine Kritik der klass. dt. Philosophie und des undialekt., »anthropolog.« →Materialismus, der sich in der Erklärung der bestehenden Gesellschaft erschöpfe, während im Zentrum

der Philosophie, wie sie M. vorschwebte, die revolutionäre Praxis stehen müsse. Das M.sche Denken entwickelte sich von diesem Ansatz folgerichtig zu einem soziolog.-ökonomismuskrit. und sozialphilos. System, das glaubt, mit der Einsicht in die →Dialektik von Produktivkräften und Produktionsverhältnissen den Schlüssel zum Verständnis der Strukturen der Gesellschaft als ganzer und des gesamten Geschichtsprozesses in Händen zu haben. Dabei richtet sich die Kritik, die M. in seinen theoret. Entwürfen formuliert, jenseits solcher Globalanalysen gerade auch auf die Tagesereignisse und zeitgeschichtl. Phänomene, die es *wissenschaftl.* zu erfassen gelte; »Wissenschaft« ist dabei weitgehend gleichbedeutend mit der Erkenntnis und systemat. Rekonstruktion der Verknüpfung der polit., sozialen, ökonom. und ideolog. Faktoren, die es in ihrer wechselseitigen Beziehung (→Dialektik) zu analysieren und auf den Begriff zu bringen gilt.

Exemplar. hat M. dies versucht in seinem unabgeschlossenen Hauptwerk *»Das Kapital«* (1. Bd. 1867; posthume Ausgabe der anderen Bände durch *F. Engels*). Dabei ist die Überzeugung leitend, daß eine Analyse der Widersprüche der kapitalist. Gesellschaft und des in ihr dominierenden Fetischcharakters der Ware bzw. des Geldes dazu beitrage, die Grundzüge jener →Gesellschaft herauszuarbeiten, die – nach der Überwindung von Ausbeutung, Unterdrückung und Unfreiheit – den allseitig entfalteten, freien und nicht mehr entfremdeten Menschen freisetze, der zum bewußten Schöpfer seiner Geschichte werde. Im Verhältnis zu dieser Zielvorstellung (klassenlose Gesellschaft) erscheint alle bisherige Geschichte als bloße Vorgeschichte. Solange aber die Vorgeschichte andauert, gesteht M. gerade der →*Religion* eine bes. Bedeutung zu. Als »Widerschein« dieser »verkehrten Welt« ist sie integrierender und stabilisierender Bestandteil der schlechten »bürgerl.« Gesellschaft (→Bürgertum). Aus diesem Grunde kann auch ihre Aufhebung in philos. Kritik *(→Feuerbach)* nicht genügen, sosehr diese auch den ideolog. Momenten des rel. Bewußtseins adäquat ist; in Übereinstimmung mit dem Schema von Basis und Überbau muß sich die Kritik an der Religion zur allg. →Kritik an den polit. und gesellschaftl. Zuständen entwickeln. So wird die Religion in dem Maße überflüssig, in dem der Mensch selbst zum →Subjekt seiner Geschichte avanciert.

*Lit.: G. Brakelmann/K. Peters:* Karl M. über Religion und Emanzipation, 2 Bde., Gütersloh 1975. – *I. Fetscher:* Karl M. und der Marxismus, München 1967. – *J. Kadenbach:* Das Religionsverständnis von Karl M., Paderborn 1970. – *K. Korsch:* Karl M., Frankfurt/M. 1969. – *W. Post:* Kritik der Religion bei Karl M., München 1969. – *R. Thomas:* M. und die Folgen, Mainz 1974.

*Carl-Friedrich Geyer*



**Marxismus**

*A. Philosophisch*

M. ist die im Anschluß an *K.* →*Marx* und *F. Engels* vertretene Richtung des →Sozialismus (hist. und dialekt. →Materialismus), die sich in zahlreiche Schulen, polit. Richtungen, Programmatiken und unterschiedl. nationale Ausprägungen (Austromarxismus, Eurokommunismus, M.-Leninismus, Revisionismus, Titoismus u.v.a.m.) auffächert. Jeder dieser Varianten entspricht zudem ein genuines Abweichlertum. »Authent.« M. ist ebenso schwer auszumachen wie »ursprüngl.«, bibl. →Christentum.

*I. Grundlegend* und – mit Abschwächungen mehr oder weniger – gültig sind für die einzelnen, an Marx orientierten Sozialismen die folgenden Faktoren: das *materialist.* Wirklichkeitsverständnis (Bewußtsein und Theorie, Denken und Erkennen sind abhängig von den ökonom. Verhältnissen [Schema von Basis und Überbau]); die Lehre von der →*Entfremdung* und ihrer Überwindung (die Errichtung des demokrat. →Staates und die Auflösung der bürgerl. Gesellschaft führten zur Überwindung der Entfremdung, die letztere trägt); der revolutionäre *Aktionismus*, d.h. die beständige Veränderung der eigenen individuellen wie der gesamtgesellschaftl. Situation in der Praxis; der Primat der →*Arbeit* (in den entfremdeten Gesellschaften wird die Arbeit als Zwang empfunden, während sie für den zu sich selbst befreiten Menschen zum notwendigen Mittel der Selbstverwirklichung wird; die Arbeit begründet die Gemeinschaft der Menschen untereinander und *versöhnt* Mensch und →Natur); die Lehre vom *Klassenkampf* (der Kampf um die Befreiung von Ausbeutung und Entfremdung entspr. den objektiven Gesetzmäßigkeiten der gesellschaftl. Entwicklung in den Klassen – d.h. der Gesellschaften, die von polit.- gesellschaftl. Widersprüchen bestimmt sind) und damit verbunden die Überzeugung von der hist. Mission der *Arbeiterklasse.* Im orthod. M. (Leninismus, →*Lenin)* werden die genannten »essentials« vereint zu einer *wissenschaftl. Weltanschauung,* die in ihrem Anspruch objektive Gesetzmäßigkeiten widerspiegelt und von der Arbeiterklasse und ihrer Partei getragen wird, die über Strategie und Taktik des proletar. Kampfes entscheidet.

*II.* Von den einzelnen Varianten eines orthod. M. zu unterscheiden sind jene *Rekonstruktionen* der Marxschen Lehre (Sozialdemokratismus und Revisionismus auf der Ebene polit. Programmatik, auf theoret. Ebene u.a. →Krit. Theorie, Neomarxismus, →Neue Linke etc.), die sich auf Marx als den Begründer einer philos.-soziolog. Methode beziehen, die – in der Abwendung vom Totalitätsdenken der klass. philos. Tradition (→*Hegel)* – ihre primäre Aufgabe darin sieht, eine von vielfältigen, einander widersprechenden Faktoren in →Politik,

Ökonomie und →Ideologie bestimmte Gesellschaft konkret zu analysieren. Für diese theoret. Rekonstruktionen wird der M. zur Theorie sich wandelnder gesellschaftl. Zustände, die brauchbare (wenngleich nicht für alle Zeiten gültige und keineswegs immer unumstrittene) Kategorien zur Analyse und *Auslegung gesellschaftl. Prozesse* an die Hand gibt. Im Unterschied zum Absolutheitsanspruch marxistisch-leninist. Orthodoxien (→Lenin) ist der M. hier in erster Linie ein Arbeitsinstrument, hypothet. und heurist., also auf neue Erkenntnisse aus, punktuell offen für Veränderungen und Korrekturen.

*III.* Da, wo von einem fruchtbaren Dialog zwischen *M. und Christentum* die Rede sein kann, meint er das Gespräch zwischen dieser Art, sich die Marxsche Lehre anzueignen, und einem (nicht dogmat. engen) Verständnis des Christentums, das im Licht des →Evangeliums aktiv an der Veränderung bestehender ungerechter gesellschaftl. Zustände mitarbeiten möchte (vgl. die →polit. Theologie, Formen der →Befreiungstheologie, Christen für den Sozialismus). Im Gegensatz zum M.-Leninismus, der nach wie vor am negativen Ideologiecharakter der →Religion festhält, betonen diese Weiterentwicklungen des M. die Zweideutigkeit rel. Phänomene und erkennen – im Blick auf die außereurop. Befreiungsbewegungen – die Bedeutung des *Protestpotentials* der Religion an.

*IV.* Auf dem Hintergrund der genannten Weiterentwicklungen des M. ist auch die →Neue Linke zu sehen, getragen von der 1968er Studentenbewegung und einigen ihrer Epigonen. Ausgehend von einer nonkonformist. Kulturkritik, aber auch von →Existentialismus und →Psychoanalyse, sieht sie im M. ein *Denkmodell*, das dabei behilfl. sein kann, die Widersprüche im Spätkapitalismus angemessen zu beschreiben und damit einer impliziten Kritik zu unterwerfen.

*Lit.: K. Kühne:* Ökonomie und M., 2 Bde., Neuwied/Berlin 1972. – *J. Mészáros:* Der Entfremdungsbegriff bei Marx, München 1973. – *O. Morf:* Geschichte und Dialektik in der polit. Ökonomie, Frankfurt/M./Wien 1970. – *D. Oberndörfer/W. Jäger:* Marx – Lenin – Mao, Stuttgart 1974. – *W. Oelmüller (Hg.):* Weiterentwicklungen des M., Darmstadt 1975. – *P. Petrović:* Philosophie und Revolution (rowohlts dt. enzyklopädie 363), Reinbek 1971. – *H. Popitz:* Der entfremdete Mensch, Darmstadt 1973. – *H. Schack:* Marx – Mao – Neomarxismus, Frankfurt/M. 1969. – *R. P. Sieferle:* Die Revolution in der Theorie von Karl Marx, Frankfurt/M./Berlin/Wien 1979. – *A. von Weiss:* Die neue Linke, Boppard 1969. – *D. Wyss:* Marx und Freud, Göttingen 1969.

*Carl-Friedrich Geyer*

*B. Ethisch*

*I.* Marx hat weder eine →Ethik noch eine polit. →Theorie (→Politik) im übl. Sinne entwickelt. Die Gründe liegen teils in seiner Abhängigkeit von →Hegel, teils in seinem Selbstverständnis. Auch Hegel hat keine Ethik geschrieben, sondern nur Teile ihrer Themen in seine Rechtsphilosophie eingearbeitet; weil er es von →Kant her deutete, lehnte er alles »Sollen« als eine letztl. romant. Vorstellung ab und meinte, alles wahrhaft Gesollte würde sich von selbst durch den Gang der →Geschichte verwirklichen. Darin ist verfremdet die Einsicht verborgen, daß Ethik erst voll wirksam wird, wenn sie zum integralen Bestandteil einer →Kultur geworden ist. Auch vom →Staat spricht Hegel nur als einer hist. Größe, die freil. den Ansprüchen der vernünftigen →Freiheit gerecht wird. Marx dagegen sah die Vollendung des →Menschen nicht in einem die →Gesellschaft übergreifenden Staat, sondern in einem grundlegenden Wandel der Gesellschaft selbst, die er wie Hegel von der Ökonomie (→Wirtschaft) her deutete. Überdies verstand er spätestens seit 1845 seine Lehre als eine »Wissenschaft von der Geschichte«, welche auf Grund von inneren »Widersprüchen« der letzteren Prognosen über ihren Fort- und Ausgang machen kann.

*II.* Dennoch ist der Erfolg des M. letztl. nur durch eine ihm innewohnende quasieth. Dimension zu erklären. Während die klass. Ethik von einer »Annahme dessen, was ist« (R. Guardini), ausgeht, einer Einsicht in die Tiefenstrukturen der Wirklichkeit (z.B. das →Wesen des Menschen), baut der M. auf der *Empörung über das Bestehende* auf und leitet von dieser teils eine Prognose, teils die Forderung ab, das Bestehende würde sich verändern bzw. müsse verändert werden. Diese Grundhaltung der Empörung ist allen Gestalten des M. gemeinsam. Sie zieht allerdings die Verlegenheit nach sich, daß ein an die Macht gekommener M. behaupten muß, er habe eine Welt geschaffen, in der jeder Anlaß zur Empörung verschwunden ist. Darin liegt der innere →Widerspruch des M. verborgen: Während er vor der Machtergreifung dadurch Erfolg hat, daß er gegen »Inhumanes« kämpft, muß er nach der Machtergreifung jene unterdrücken, die sich gegen ihn selbst als inhuman empören oder auch nur nahelegen, im Grunde sei nichts besser geworden.

*III.* Diese »Ethik der Empörung« kann man als einen extremen, hist. gewendeten →Utilitarismus deuten: Sittl. erlaubt, ja geboten ist alles, was den Sturz des Bestehenden herbeiführt, sofern dieser die heile, sozialist. Welt herbeiführt. Insofern neigt jeder M. zur Rechtfertigung von →Gewalt und →Terror; es zählt der Mensch von morgen, nicht der konkrete Nächste. Traditionelle Vorstellungen vom Sittlichen und Unsittlichen werden nahezu ausschließl. unter dem Gesichtspunkt beurteilt, ob sie den Wandel zum →Heil, d.h. die →Revolution, herbeiführen oder verzögern. Von Marx bis zu Marxisten der Gegenwart hat der M. stets Maßnahmen abgelehnt, die zwar Menschen helfen, dadurch jedoch den revolutionären Empörungsdruck dämpfen.

*IV.* Daneben gab es freil. wiederholt Versuche, eine eigene *Ethik des M.* zu entwickeln. So haben Neukantianer wie P. Natorp sich um eine Synthese von marxist. Geschichtsschau und Kantischer Ethik bemüht; so ist in der Sowjetunion die Ethik als eigene philos. Disziplin entwickelt worden, die in vieler Hinsicht oberflächl. gutbürgerl. ist. Doch kann eine solche Ethik strenggenommen nur entweder eine Abwendung vom M. (Ansätze etwa bei E. Bernstein und anderen Revisionisten) oder die Bemühung eines M. an der Macht sein, eine einigermaßen geordnete Gesellschaft aufrechtzuerhalten (sowjet. M.-Leninismus).

*V.* Die polit. *Theorie* des M. schwankt zwischen der von Engels entwickelten (heute kaum noch vertretenen) Lehre von einem »Absterben des Staates« über eine voll entwickelte Staatslehre (in Ländern, in denen der M. zur Macht gekommen ist) bis zu einer Darstellung des polit. Lebens, als könnte es wie eine wissenschaftl. Diskussion aussehen. Im allg. gilt, daß Marxisten höchstens kommunist. oder dem →Kommunismus nahestehende Staatswesen als legitim ansehen; sie werden meist mit Marx' Lehre von einer unvermeindl. →»Diktatur des →Proletariats« oder durch die Gefährdung der marxist. Gesellschaft durch Feinde von außen gerechtfertigt. Der Staat wird dabei nicht als eine freiheitl. Rechtsordnung gesehen, vielmehr neigen Marxisten dazu, Gesetze als Ausdruck noch nicht überwundener →Entfremdung darzustellen. Der Staat gilt ihnen entweder als Unterdrückungsinstrument der Ausbeuter oder als unvermeidl. Abwehrmechanismus gegen verbleibende kapitalist. →Aggression. Insofern steht der M. auch in der polit. Theorie, die freil. im Grunde die Ablehnung einer solchen ist, vor dem Dilemma, Staatliches und Politisches je anders zu deuten, wenn er noch nicht und wenn er bereits an der Macht ist. In diesem Sinne ist auch die polit. Theorie des M. extrem utilitarist., letztl. widerspruchsvoll.

*Lit.: S. Avineri:* The Social und Political Thought of K. Marx, Cambridge 1968. – *N. Lobkowicz:* M. und Machtergreifung, Zürich 1974. – *J. Plamenatz:* Karl Marx's Philosophy of Man, Oxford 1976. – *L. Kolakowski:* Die Hauptströmungen des M., 2 Bde., München 1977.

*Nikolaus Lobkowicz*

**Materialismus**

*A. Gegenbegriff zum →Idealismus* und als solcher nicht frei von negativen Nebenbedeutungen. Er wird in der Regel umschrieben als Reduktion der Wirklichkeit wie ihrer letzten Gründe und Ursachen auf den *Stoff:* auf →Natur, →Materie, Körperlichkeit, Immanenz. Vom Grundsatz wie von diesem Begriffsumfang her ist die Bezeichnung M. *polem.-distanzierend* und in gewisser Weise eine philos. Position, die Philosophie – gerade in ihrem konstruierenden, systemat. Anspruch – zu verneinen scheint. Materialist. Positionen (etwa die, der Mensch sei ein ausschließl. phys. Wesen) lassen sich in der Tat nur verstehen, wenn ihre polem.- distanzierende, hist.-relative Grundlage mit berücksichtigt wird. Der M. ist in erster Linie die – mehr oder weniger beständige – Kritik am →Idealismus und erst in zweiter Linie ein mit ihm konkurrierendes philos. System. Diese Kritik richtet sich gegen jede Harmonisierungstendenz, vor allem dort, wo die systemat. Geschlossenheit und Vollendetheit des Gedankens auch dem einzelnen endl. Menschenwesen Harmonie, Vollendung oder Trost einreden möchte (vgl. die Problematik der →Theodizee).

*B.* Als *Philosophie*, also als explizit entfaltete Systematik, ist der M. die theoret. Auseinandersetzung mit Natur und (in der →Neuzeit) Gesellschaft. Er kritisiert damit zugleich einen naiven (naturalist.) M., dem sich z.B. die »wissenschaftl. Weltanschauung« und ihr mechanist. Weltbild (→Lenin) wieder erneut angeglichen habe, die im Verhältnis zu K. →Marx einen Rückschritt bedeuten.

*I.* Ansätze zu einer ausgearbeiteten materialist. Theorie finden sich schon bei Demokrit (470-380), der in den Atomen sowie im leeren Raum die einzig sicheren Prinzipien und Grundlagen der Welterkenntnis zu erkennen glaubte; alles andere sei ledigl. »Meinung«. Gemeinsames Kennzeichen des *antiken M.* (u.a. bei den Atomisten, bei Parmenides und Titus Lucretius Carus, aber auch bei Epikur) ist die Ablehnung sog. »Ganzheiten« (etwa der Substanz, der Form, der »Wesenheiten«); auch das Zusammengesetzte wird verstanden aus den Eigenschaften des Einfachsten seiner Teile. Dieser »erklärenden/beschreibenden« Vereinfachung entspricht ein rel. Skeptizismus, der – Epikur ist hier die Ausnahme – jedoch nicht verhindern konnte, daß der Begriff der Materie erneut zu einem gleichsam metaphys. Prinzip (vgl. die *archai* der Vorsokratiker) stilisiert wurde.

*II.* Der *Wissenschaftscharakter*, den solche Konstrukte für sich beanspruchten, ließ materialist. Deutungen immer dann aktuell werden, wenn sich die Philosophie auf ihre wissenschaftl. Aufgabe besann (vielfach gegen die Theologie), so z.B. im 12. Jh. (die Auseinandersetzungen um den Averroïsmus) und im 15. Jh. (→Humanismus und →Renaissance). Die neuzeitl. →Naturwissenschaften führten daher konsequent auch zu einer Wiederbelebung des verkürzenden M., vor allem gestützt auf die Mechanik →Newtons. Hauptvertreter dieses – auch rel.- und traditionskrit. argumentierenden – M. waren De la Mettrie (1709-1751) und D'Holbach (1723-1789); Materie ist hier der Inbegriff jener Objekte, die den Gesetzen der →Physik gehorchen, d.h. meßbar, benennbar und quantifizierbar sind.

*III.* In diesen Umkreis gehören aber auch Überlegungen, die nicht direkt materialist. sind, jedoch ihre Theorie auf wesentl. Aspekte des M. gründen. Zu nennen wären hier der von →Hobbes und

→Descartes herkommende Immaterialismus (Elemente einer mechanist. Reduktion), der →Empirismus (F. Bach) sowie die Ausweitung des physikalischen wirkursächl. Prinzips auf die traditionellen metaphys. Substanzen (vor allem auf die →»Seele«). Von einer *Rehabilitierung der Materie* kann man aber auch dort sprechen, wo kein M. intendiert ist, z.B. im Phänomenalismus D. →Humes und im Transzendentalismus I. →Kants (die Materie ist das Moment in der Erscheinung, das der Empfindung entspricht; es wird durch die Wahrnehmung gegeben).

*C.* Der neuzeitl. *dialekt. M.* (Diamat) gründet u.a. auf der Identifikation von M. und →Realismus (also der ontolog. und der erkenntnistheoret. Fragestellung), die beide auf den Gesellschaftsprozeß übertragen werden. Der »klass.« naturwissenschaftl. M. bleibt dabei bestimmend, wenngleich die ehedem polem., distanzierende Perspektive in eine bejahende verkehrt wird (wie in →Lenins Lehre von der Unendlichkeit der Materie als dem Subjekt aller Veränderung; hinzuweisen ist auch auf den Status der Materie als einer »objektiven Realität«). Eine krit. Auseinandersetzung mit dem Mechanismus und Objektivismus des »Diamat« hätte – bei Anerkennung der Dichotomie von Natur- und Geistesgeschichte – darauf hinzuweisen, daß die Materie bzw. die Natur nur über jene Mittel und Zwecke etwas aussagt, an denen sich die Beherrschung der Natur orientiert; keinesfalls läßt sich aus der Materie die Basis für einen revolutionären Humanismus oder gar eine zielgerichtete Heilsgewißheit ableiten, die theoret. Natur und geschichtl.-gesellschaftl. Entwicklung glaubt zusammenbinden zu können.
Vor allem die →*Krit. Theorie* hat diesen Gesichtspunkt – im Rückgriff auf die polemisch-distanzierende Tradition des M. – herausgearbeitet. Sie begreift den M. als Rückgriff auf den wirkl. Produktionsprozeß, näher auf die materielle Produktion des unmittelbaren Lebens, allerdings nicht so, daß sich daraus irgendein Optimismus ableiten läßt; die naturgeschichtl. Maßstäbe geben eher zu Pessimismus Anlaß. Deshalb tritt an die Stelle teleolog. Konstrukte die Analyse der »Lebensäußerungen« des Menschen. »Materialist.« ist sie, weil sie auf die *realen* Verhältnisse zurückgreift, aus denen alle Ideen, Ideale, Begriffe und Vorstellungen abzuleiten sind (Priorität des Faktischen vor dem Konstruktiven, Ideellen, Theoretischen) – letztl. auch die Vorstellung von der Materie als dem letzten, universalen Prinzip. Das Bewußtsein von der Vergänglichkeit und der Bitterkeit des Endes, das diesen M. auszeichnet, legitimiert nicht zuletzt die *Empörung* über das sinnlos geschmälerte Leben der Mehrzahl aller Menschen.

*D.* In *gegenwärtigen* philos. *Diskussionen* ist, soweit sie undogmat. geführt werden, die Unterscheidung zwischen M. und Idealismus völlig überholt. Der Rückgriff auf die Ergebnisse der Einzelwissenschaften (z.B. Habermas' Übernahme der Entwicklungslogik) läßt sich im Ernst ebensowenig als M. kennzeichnen wie die strukturale Methode (→Strukturalismus), deren letzte Bezugsgrößen (Diskurs, →System, Formation, Struktur, Systematizitäten) zwar in Analogie zu materiellen Substraten analysiert bzw. eingeführt werden (vgl. Foucaults Kennzeichnung der strukturalen Methode als eines M. des Unkörperlichen), die jedoch jenseits des traditionellen Gegensatzes zwischen M. und Idealismus denken und argumentieren.

*E.* Die Einsicht, daß ein Denken in der Alternative M. – →Idealismus der komplexen Diskussion in den Wissenschaften nicht mehr Rechnung tragen kann, hat auch dem Gegensatz von *M. und Religion* seine Schärfe genommen. Wenn M. nicht mehr gleichbedeutend mit Wissenschaft ist, verlieren auch die Argumente von seiten des M. an Bedeutung, die Religion als unwissenschaftl., dem Wissen und der Erkenntnis feindl. auszugrenzen. Ein M. im Sinne eines philos. *Zweifels an Dogmatismen* ist umgekehrt geeignet, neue Impulse an Religion und Theologie weiterzugeben. Dazu gehören die Überlegungen zu einer materialist. Exegese in der →Theologie der Befreiung sowie Ansätze zu einer kritischen materialist. →Christologie, d.h. einer Deutung von Person und Werk Jesu, die diese nicht im Sinne der griech. Seinsspekulation aufnimmt, sondern von den hist. und sozialen Voraussetzungen des spätantiken Judentums aus neue Zugänge sucht.

*Lit.: C.-F. Geyer:* Krit. Theorie, Freiburg/München 1982. – *J. Habermas:* Zur Rekonstruktion des hist. M., Frankfurt/M. 1976. – *F. A. Lange:* Geschichte des M., 2 Bde., Frankfurt/M. 1974. – *N. Lobkowics:* M., in: *C. D. Kernig (Hg.):* Marxismus im Systemvergleich. Ideologie und Philosophie 2, Frankfurt/M./New York 1973, 221-241. – *E. McMullin (Ed.):* The Concept of Matter, Notre Dame (Ind.) 1963. – *A. Schmidt:* Der Begriff der Natur in der Lehre von Marx, Frankfurt/M./Köln, 3. Aufl. 1978. – *Ders.:* Drei Studien über M., München/Wien 1977. – *J. J. C. Sinart:* Philosophy and Scientific Realism, London/New York 1963.

*Carl-Friedrich Geyer*

**Materie**

*A.* M. besagt bei →*Aristoteles* den Gegensatz zu »Form«. Beide Prinzipien sind streng aufeinander bezogen (Hylemorphismus). M. ist das in der Bewegung Unveränderliche, wesentlich Geformte. Die »materia prima« (erste M.) ist der noch formlose Urstoff. Die Elemente gehören zur »materia secunda« (zweite, geformte M.). Neben den vier Elementen Feuer, Erde, Luft und Wasser führt Aristoteles den Äther als fünftes Element ein und ordnet sie den fünf regelmäßigen Vielfachen zu (im Dreidimensionalen gibt es genau fünf regelmäßige Vielfache).
In dem seit →Descartes sich entwickelnden *mechan.* →*Weltbild* wird alles Geschehen auf die Bewegung von M. in Raum und Zeit reduziert, die ihrem Maß nach unveränderl. ist (→Atom,

→Materialismus). Zu jedem festen Zeitpunkt nimmt ein Stück M. einen best. Raum ein. Durch den Begriff der Bewegung werden →Raum, Zeit und M. miteinander verknüpft.

*B.* Die aller Substanz anhaftende Eigenschaft ist in der *neuzeitl.* →*Physik* die *Masse. Sie bemißt die* Trägheit von Körpern gegenüber Beschleunigung (träge Masse) sowie die gegenseitige gravitative Anziehung von Körpern (schwere Masse, Schwerkraft). Empir. ist zwischen schwerer und träger Masse kein Unterschied feststellbar. Nach →Newton bleibt die Masse bei Bewegung konstant. Raum und Zeit sind bei ihm absolut und existieren unabhängig voneinander.
Seit →Einstein bilden in der Physik Raum und Zeit eine untrennbare Einheit. Als eine der wichtigsten Konsequenzen seiner →*Relativitätstheorie* folgt die Äquivalenz von Masse und Energie: Energie hat Trägheit. Masse wird in Energie umgewandelt (radioaktiver Zerfall, Kernspaltung, Kernfusion) und Energie in Masse (Erzeugung von Teilchen in Teilchenbeschleunigern). Der Begriff eines freien massiven Elementarteilchens läßt sich durch eine Zerlegung der Raum-Zeit-Symmetriegruppe der Speziellen Relativitätstheorie (»Poincaré-Gruppe«) in ihre math. elementaren Bestandteile (irreduzible Darstellungen) definieren (E. Wigner, 1939). Diese Symmetriegruppe wird durch die geradlinigen Verschiebungstransformationen und Drehungen (»Lorentztransformationen«) in der vierdimensionalen Raum-Zeit gebildet. Zwei Parameter klassifizieren die math. elementaren Bestandteile der Poincaré-Gruppe; der eine hat den Charakter einer *Ruhemasse* (Größe der Masse im körpereigenen System), der andere beschreibt den *Spin* (innerl. Drehimpuls). Mit dieser Klassifizierung kann man massive Elementarobjekte von masselosen unterscheiden: Die Ruhemasse der massiven ist von Null verschieden, während die der masselosen Null ist. *Photonen,* die Träger der elektromagnet. Wechselwirkung, und *Gravitonen,* die Träger der Gravitationswechselwirkung (Schwerkraft), sind masselose Elementarobjekte; Photonen haben Spin 1, Gravitonen Spin 2. Dagegen sind z.B. *Elektronen* massive Elementarobjekte mit Spin 1/2. Der Begriff *»materielles Objekt«* wird damit auf die Raum-Zeit-Struktur zurückgeführt. Die Erklärung der *Werte der Massen* der Elementarteilchen ist ein offenes Problem, dessen Lösung im Rahmen einer (noch nicht existierenden) einheitl. *Feldtheorie* angestrebt wird.
Sollte eine Bose-Einstein-Kondensation (→Einstein) von Photonen empir. erhärtet werden, gäbe es einen Phasenübergang von masselosen Elementarobjekten zu massiver Materie. Massive Materie wäre dann ein Aggregatzustand des Lichts, die Einsteinsche Energie-Masse-Äquivalenz hätte eine thermodynam. Konkretisierung.
Seit Einstein ist Masse keine erhaltene Größe mehr. Die Energie ist erhalten (Energieerhaltungssatz). Sie existiert in massiver und masseloser Form. Da nach der Faraday-Maxwellschen Feldvorstellung elektromagnet. Energie (Licht) den »leeren« Raum ausfüllt, ist Energie im allg. nicht mehr räuml. eingrenzbar. Das unterscheidet den Energiebegriff vom ursprüngl. Materiekonzept.

*Lit.: A. Einstein:* Elementare Ableitung der Äquivalenz von Masse und Energie, in: Technicon Journal, New York 1946; Das Gesetz von der Äquivalenz von Masse und Energie, in: Science Illustrated, New York 1946. Beide Aufsätze abgedruckt in: *ders.:* Aus meinen späten Jahren, Stuttgart 1979. – *W. Pauli:* Matter, in: Man's Right to Knowledge. International Symposium Presented in Honor of the Two-Hundredth Anniversary of Columbia University, 1754-1954, New York, 10-18, abgedruckt in: *R. Kronig/V. F. Weisskopf (Hg.):* Collected Scientific Papers by Wolfgang Pauli, Bd. 1, New York 1964. – *H. Weyl:* Raum, Zeit, Materie, Berlin, 5. Aufl. 1923.

*Eberhard Müller*

## Mathematik

*A.* Unter M. faßt man heute im wesentl. folgende *Teilgebiete* zusammen: Mengenlehre; Algebra als Theorie von Operationen, die durch spezielle Eigenschaften (z.B. Distributivgesetz) ausgezeichnet sind (ihre Gegenstände sind z.B. Körper, Gruppen, Ringe); Zahlentheorie; Geometrie; Topologie als Theorie der Punktmengen (d.h. der Umgebungen, Häufungspunkte, Kompaktheit u.a.); Graphentheorie (Theorie solcher Gebilde, die sich aus Punkten und Verbindungslinien zusammensetzen); Analysis (Theorie der Bildung von Grenzwerten bei Funktionen in sog. infinitesimalen Prozessen), hauptsächl. als Infinitesimal- und Differentialrechnung; auch Kombinatorik und Statistik werden zur M. gerechnet. Dabei ist häufig eine Teildisziplin die Bedingung der analyt. Darstellung der anderen; so sind alle Teilgebiete der M. mengentheoret. formulierbar, darüber hinaus z.B. die Geometrie in Begriffen der Analysis.
Die Antwort auf die Frage, worin in diesen Teildisziplinen das eigentl. und ident. Mathematische besteht *(Wesen der M.),* hängt vom jeweiligen philos. Standpunkt ab. Unter *ontolog. Perspektive* ist vertreten worden 1. der →Platonismus: math. Gegenstände sind ewige, unbewegl., →aprior. Gegenstände zwischen den sichtbaren Dingen und den Ideen (Allgemeinbegriffe: →Platon, Frege, →Russell); 2. die Abstraktionstheorie: M. ist die Theorie der nichtempir., unveränderl., von empir. Gegenständen abstrahierten Gegenstände, denen kein Ansichsein zukommt (z.B. →Aristoteles). Unter *erkenntnistheoret.-methodolog. Perspektive* sind vertreten worden: 1. der Logizismus: M. wird danach zur Fortsetzung der →Logik, indem ihre Objekte als Funktionen allein der log. Konstanten verstanden werden (z.B. →Leibniz, Russell, Couturat); 2. der →Konstruktivismus (Intuitionismus): M. als Theorie von Konstruktionen, die nach angebbaren Regeln in der reinen Anschauung erzeugt werden (→Kant, Brower, Heyting, Weyl, →Erlanger Schule); 3. der Formalismus: M. als Axiomatisierung der Regeln des Umgangs mit bedeutungslosen Ausdrücken, die (= Regeln) als

log. konsistent in einer Metatheorie (Metam.) erwiesen werden (Hilbert, Bernays, Carnap, Quine, Church, Truing, Kleene).

*B.* Zu einem erkenntnistheoret. Problem ersten Ranges ist die zum ersten Mal in dieser Deutlichkeit von →*Kant* formulierte Frage geworden, ob die Sätze der M. als synthet. oder analyt. aufzufassen seien. Kant war der Meinung, daß zumindest Grundsätze (= Axiome) der M. nicht ohne eine Dimension verstanden werden können, die er »reine Anschauung« nannte, so daß die M. nach dieser Auffassung eine (synthet.) *Wissenschaft a priori* ist, die ihre Gegenstände durch Konstruktion der Begriffe nach Regeln gewinnt; dies würde sie von allen anderen Wissenschaften – auch der Logik – unterscheiden. Wesentl. auf den Konstruktionsbegriff stützen sich Versuche, die Sicherheit verständl. zu machen, mit der die M. fortschreitet (ihre apodikt. Geltung im Gegensatz zur hypothet. Geltung der →Naturwissenschaften). Sie halten sich dabei an die Einsicht, daß man nur verstehen könne, was man *selbst gemacht* habe. Die Beantwortung der aufgeworfenen Frage ist aber entscheidend abhängig von der Interpretation, die man der →Logik als Theorie der Bedeutung (Semantik) gibt, so daß die Frage als Abgrenzungsproblem zwischen M. und Logik weiterexistiert, d.h. nicht endgültig beantwortet zu sein scheint.

*C.* Seit jeher hat die M. (wohl in allen entspr. fortgeschrittenen Kulturen) eine entscheidende Rolle in weltanschaul. Entwürfen gespielt. So gehört z.B. zur ältesten jüd. Kultur das Wort: »Du hast alles nach Maß, Zahl und Gewicht geordnet« (Weish 11,20). Diese Interpretation(smaxime) findet sich weiter in der gesamten *jüd. Kultur*, bes. in der jüd. Mystik (Kabbala; →jüd. Philosophie), die in den Sefirot als Urzahlen die Potenzen darstellt, in »denen sich die wirkende Gottheit konstituiert« (G. Scholem: Von der myst. Gestalt der Gottheit, Zürich 1962, 32). In Figuren (Mandalas) wird dies so dargestellt, daß zuoberst die unerkennbare Ureins steht (En-sof), es folgt eine Auseinanderfaltung in Vier (Bina, Chochma usw.), dann wieder eine zentrale Eins – dann eine neue Entfaltung.
Im griech. Kulturraum scheint noch älter als die Vorstellung der *Pythagoräer*, daß die Zahlen als eine best. arithmet. beschreibbare Struktur in den Dingen stecken und ihr eigentl. Wesen ausmachen (so Platon, Timaios), die Vorstellung von der eigentl. geometr. Struktur des Kosmos zu sein. Ein alter Hymnus preist z.B. Zeus als den Ersten und den Letzten, als »die Tiefe der Erde und des sternenbesäten Himmels«, als »großen Königsleib, in dem dies alles kreist« (D. Mahnke: Unendl. Sphäre und Allmittelpunkt, Stuttgart 1966, 243). Platons Vorstellung ist es auch, die Elemente der Welt als geometr. Körper (genauer: regelmäßige Polyeder) zu deuten: Feuer als Tetraeder, Luft als Oktaeder, Wasser als Idosaeder, Erde als Würfel.
Vorstellungen dieser Art existieren nicht nur als Ausdruck myth. Bewußtseins, sondern durchaus in wissenschaftl. Entwürfen (→Leibniz: Dum Deus calculat..., fit mundus; Gauß: Gott treibt stets Arithmetik). Für sie ist »die Arithmetik die Königin der M.« (Kronecker: Über den Zahlbegriff, in: Journal für die reine und angewandte M., Bd. 101, Heft 4), wie sich – auf die angewandte M. bezogen – »aufgrund eines Koordinatensystems für Raum und Zeit... auch das physikal. Reale in der Welt nach allen seinen Bestimmungen begriffl. durch Zahlen festlegen läßt« (H. Weyl: Raum, Zeit, Materie, Darmstadt 1961, 9).

*D.* Die inhaltl. Bedeutung der M. für die *Geisteswissenschaften* ist dagegen vergleichsweise gering, weil sich hier ihr Einfluß hauptsächl. auf die Bereitstellung von Hilfsmitteln oder auf Formalwissenschaften wie Logik und Linguistik beschränkt. Es nimmt aber bei den Erfolgen der math. strukturierten Naturwissenschaften wohl kaum wunder, wenn der Traum des R. Lullus (1232/33-1315/16), mit einer Art mag. Ideencomputer (der »ars magna«) »log.« Antworten auf theol. Fragen mechan. erzeugen zu können, heute eine konkretere Form angenommen hat: Man glaubt, mit einem entspr. weit entwickelten Computer das menschl. Gehirn ersetzen zu können. Dies kann als die entscheidende Herausforderung an →Philosophie, →Theologie und →Religion verstanden werden; denn hier droht ein über die M. eingeleiteter →Fundamentalismus, der es nahelegt, menschl. Selbstverständnis über eine Maschine herzustellen.

*Lit.: O. Becker:* Größe und Grenze der math. Denkweise, München 1959. – *Ders.:* Math. Existenz, Tübingen, 2. Aufl. 1973. – *M.-L. von Franz:* Zahl und Zeit. Psycholog. Überlegungen zu einer Annäherung von Tiefenpsychologie und Physik, Stuttgart 1970. – *A. Heyting:* Math. Grundlagenforschung, Berlin 1939, Nachdruck 1974. – *D. Hilbert/P. Bernays:* Grundlagen der M., Berlin u.a., 2. Aufl. 1968. – *S. C. Kleene:* Introduction to Metamathematics, Amsterdam, 6. Aufl. 1968. – *S. Körner:* Philosophie der M., München 1968. – *L. Paneth:* Zahlensymbolik im Unbewußtsein, Zürich 1952. – *M. Riemschneider:* Von 0-1001. Das Geheimnis der numinosen Zahl, München 1966. – *H. Scholz:* Der Gottesgedanke in der M., in: Mathesis Universalis, Darmstadt 1961. – *Chr. Thiel (Hg.):* Erkenntnistheoret. Grundlagen der M., Gerstenberg 1982.

*Ulrich Saßmann*

**Matthäusevangelium.** Das M. erhielt seiner Bedeutung wegen den *ersten Platz* im ntl. →Kanon. Sein Verfasser ist unbekannt. Die altkirchl. Überlieferung schreibt es dem in Mt 10,3 unter den zwölf Aposteln aufgeführten »Zöllner Matthäus« zu, den sie mit dem »Levi« von Mk 2,14 identifiziert (vgl. Mt 9,9). Da das M. aber die Logienquelle (→Evangelien) und das →Markusevangelium als Quellen benutzt hat, wird sein Verfasser kaum der Apostel Matthäus sein. Dieser Befund macht auch die alte Überlieferung unglaubhaft, das M. sei ursprüngl. »hebräisch« (gemeint ist: aramäisch) abgefaßt gewesen. Entstanden ist es wohl zwischen 80 und 90 n. Chr. im syr. Raum (Antiochien?).

*A.* Matthäus folgt nach dem Stammbaum Jesu und der Kindheitsgeschichte dem Aufriß des Markusevangeliums. Er kürzt die Erzählungen seiner Vorlage, oft bis zu einem dürren Gerippe, und vermehrt dafür die Reden Jesu mit Hilfe großer Redekompositionen, deren Stoff er teils der Logienquelle, teils mündl. Tradition entnimmt. Die *sechs großen Reden* des M.s sind: die →Bergpredigt (Mt 5-7), die Aussendungsrede (Mt 10), die →Gleichnisrede (Mt 13), die Gemeinderegel (Mt 18), die Rede gegen die →Pharisäer und Schriftgelehrten (Mt 23) und die Rede über die Endzeit und das Weltgericht (Mt 24-25). Dadurch tritt der Wundertäter Jesus, anders als im Markusevangelium, in den Hintergrund.

*B.* Das theol. Hauptanliegen des M.s ist es, Jesus als den im →AT verheißenen und sehnlichst erwarteten *»Sohn Davids«*, den →Messias, zu erweisen. Das erklärt die zahlreichen Erfüllungszitate (»Dies ist geschehen, damit erfüllt werde, was durch die Propheten gesagt ist...«). Dieses Anliegen kommt auch in der Erzählung von der jungfräul. Empfängnis Jesu (Mt 1,18-25) zum Ausdruck (→Jungfrauengeburt). Als Messias ist Jesus im M. aber auch der endzeitl. Lehrer, der in der Bergpredigt nicht ein neues Gesetz verkündet, sondern das alte *Gesetz* vom Sinai (→Tora) endgültig deutet und *zur Geltung bringt* (Mt 5,17-19). Er bietet das Heil zunächst nur →Israel an (Mt 10,5f.; 15,24); indem aber der Großteil des Volkes dieses Heil und den Messias ablehnt, ja ausdrückl. die Verantwortung für seinen Tod am →Kreuz auf sich nimmt (Mt 27,25), spricht sich Israel selbst das Urteil. Das →Reich Gottes wird ihm daher genommen und einem »Volk« gegeben, »das seine Früchte hervorbringt« (Mt 21,43). Mit diesem »Volk« ist die aus Israel hervorgegangene, aber nun nicht mehr auf dieses beschränkte christl. →Kirche gemeint. Sie wird zum *wahren Israel*, das alte Israel dagegen zu »den Juden« (Mt 28,15). Dieser Leitgedanke und andere Hinweise zeigen, daß die Gemeinde, deren Glaube das M. widerspiegelt, zwar eine judenchristl. Gemeinde (→Judenchristentum) ist, aber nicht mehr zum Synagogenverband gehört. Dazu paßt auch der universale Horizont des M.s, das mit der Sendung der Jünger zu »allen Völkern« schließt.

*C.* In der Auseinandersetzung mit dem →Judentum und in den *Judenverfolgungen* hat das M. durch Mißbrauch eine oft verhängnisvolle Rolle gespielt, insbes. der Satz Mt 27,25: »Da antwortete das ganze Volk: ›Sein Blut komme über uns und unsere Kinder.‹« Für die christl. Kirche wurde das M. die am meisten gelesene und kommentierte Schrift des →NT. Vor allem zwei Texte daraus haben Leben und Denken der Christenheit bewegt und geprägt: die *Bergpredigt* (Mt 5-7) mit ihrer Betonung der Notwendigkeit des Tuns (Mt 7,15-27) und die Schilderung des *Weltgerichts* in Mt 25,31-46. Dieser Schilderung wurden die sog. »Werke der Barmherzigkeit« entnommen (als siebtes kam die Totenbestattung hinzu); sie wurden zur Richtschnur christl. Nächstenliebe. Zum stärksten Motiv dieser Nächstenliebe wurde die Tatsache, daß Christus sich hier mit den »Geringsten« identifiziert und jeden Menschen nur danach beurteilt, was er für diese Geringsten getan oder nicht getan hat. Das →*Vaterunser* wurde in der matthä. Fassung zum Hauptgebet der Christenheit. Die *Kindheitsgeschichte* des M.s spielt im Weihnachtsfestkreis eine wichtige Rolle (→Weihnachten). Die *Verheißung an Petrus* in Mt 16,18f. wurde für die kath. →Apologetik zum entscheidenden Schriftbeleg für eine Stiftung der Kirche durch den ird. Jesus und den Primat des →Papstes. Der Begriff *»Kirche«* (ekklesia) erscheint in den →Evangelien nur hier und Mt 18,17. Für das →Sakrament der →*Taufe* wurde Mt 28,16-20, für die Bußdisziplin Mt 18,15-18 bedeutsam. Auch dieser »kirchl.« Charakter hat dazu beigetragen, daß das M. schon in frühchristl. Zeit zum führenden Evangelium und zur einflußreichsten Schrift des NT überhaupt wurde.

*Lit.: J. Gnilka:* Das M. (Herders Theol. Kommentar zum NT I/1), Freiburg, 1. Bd. 1986. – *M. Limbeck:* M., Stuttgart, 2. Aufl. 1987. – *U. Luz:* Das Evangelium nach Matthäus (Ev.- Kath. Kommentar zum NT I/1), Neukirchen-Vluyn/Zürich 1985. – *R. Schnackenburg:* M. (Die Neue Echter-Bibel), Würzburg, 1. Bd. 1985; 2. Bd. 1987.

*Marius Reiser*

**Medien,** wörtl.: Mittler, vermittelnde Elemente. Das *Wort* bezeichnet im weiten Sinn alle Mittel und Einrichtungen, über die mit komplexen Zeichensystemen Bedeutungen transportiert werden und die der Verständigung (→Kommunikation, →Information) unter Menschen dienen. Im modernen *alltägl. Sprachgebrauch* steht es enger für Massenm. Damit sind gemeint: vornehml. Presse, →Rundfunk und →Fernsehen, auch →Buch, Tonträger (Schallplatten, Kassetten, Compact Disks), →Video, →Film, neuerdings dann: elektron. Textdienste, vor allem der mit dem Fernsehsignal übermittelte Videotext, der sich rasch verbreitet, sowie Bildschirmtext (BTX) als öffentlich zugängl., vernetzte Computertechnik, die das Zusammenwachsen von Nachrichtentechnik und Datenverarbeitung schon zu Beginn der 80er Jahre sinnfällig werden ließ, sich nach ersten Erfahrungen aber nur schleppend verbreitet und eher Geschäfts- als Massenmedium bleiben wird.

*A. Hist.* entstanden die Massenm. im Zuge der Entwicklung der bürgerl. →Gesellschaft. Zunehmende Arbeitsteilung und der mit den entstehenden Märkten wachsende Handel machten für den Wirtschaftsbürger Wirtschaftsinformationen notwendig. Die polit. Bestrebung zu Selbstverständigung und →Partizipation des →Bürgertums erforderten öffentl. *Plattformen der Information* und Diskussion. Clubs und Zirkel sowie Presse, Zeitschriften und →Zeitungen schufen die →Öffentlichkeit, in der sich diese →Bedürfnisse entfalten konnten.

Mit der im 19. Jh. aufkommenden *Massenpresse* wurde das M.publikum ausgeweitet. Zugleich wurde die Presseproduktion kommerzialisiert (→Marktwirtschaft) – mit enormen auch inhaltl. Auswirkungen, die sich später nahezu idealtyp. an der sog. »yellow press« zeigen. Ab den 20er Jahren dieses Jh.s eroberte sich der →*Film* nach und nach ein Massenpublikum. In der langsam wachsenden →Freizeit erholen sich Angestellte und →Arbeiter beim Kinobesuch. Mit der ebenfalls in den 20er Jahren einsetzenden Entwicklung des Hörfunks und der in den 30er und 40er Jahren einsetzenden des Fernsehens verbreiterten und *beschleunigten* sich nochmals die Prozesse der Massenkommunikation: Radio und Fernsehen werden in sog. entwickelten Gesellschaften allgegenwärtig, nahezu an jedem Ort und zu jeder Zeit verfügbar; zugleich verkürzt sich der Abstand zwischen Ereignissen und ihrer medialen Vermittlung. Richten sich Rundfunk, Presse und Film bis in die 70er Jahre hinein noch weitgehend an Mehrheitspublika, so kommen in den 70er Jahren in breitem Maße *»special-interest«-Zeitschriften* auf, und in den 80er Jahren werden die Wege zur Rundfunkübertragung durch Kabel und Satelliten vermehrt und private Hörfunk- und Fernsehanbieter zugelassen.
Im Rahmen dieser Ausweitungen des Angebots und organisationsrechtl. Veränderungen nimmt die Bedeutung des *Marktmechanismus* als Regulativ publizist. Produktion weiter zu. Die *Unterhaltungsfunktion* (vgl. B) der M. wird dominanter; eine Vielzahl von Zielgruppenangeboten droht das Publikum zu fragmentarisieren. Die in den – auf übergreifende Mehrheiten angelegten – M. noch liegenden (wenn auch durch Vermarktung und polit. Vermachtung weithin bislang schon vertanen) Möglichkeiten, Instrumente einer der Gesamtgesellschaft und →Integration verpflichteten, krit. Öffentlichkeit zu sein, werden in der Folge noch weniger wahrgenommen.

*B.* In ihrer hist. Entwicklung bilden sich die *gesellschaftl. →Funktionen* der Massenm. aus. Aus der Perspektive der Empfänger bestehen ihre unerläßl. gesellschaftl. Vermittlungsleistungen in 1. *Information:* Die M. verbreiten Sachverhalte und Daten, deren Kenntnis zur prakt. Lebensführung ebenso wie zur Teilnahme am gesellschaftl. und polit. Leben unerläßlich sind. 2. *Unterhaltung:* Sie dient der Erholung der psych. und phys. mehr und mehr beanspruchten Arbeitsvermögen. 3. *Orientierung:* In einer immer vielschichtigeren →Welt bieten die M. Deutungsmuster, die die sinnhafte Welterklärung unterstützen. 4. →*Bildung:* Vertiefendes →Wissen, neue Kenntnisse und Zusammenhänge vermittelt ein Teil des publizist. Angebots, das bei bewußter Nutzung zugleich Bildungshorizonte erweitert. Diese Funktionen umschreiben zugleich den spezif. Kulturauftrag der M.
Die *Qualität* kommunikativer Vergesellschaftung durch M. wird je nach Gesellschaftsbegriff und Theoriemodell unterschiedl. gefaßt. Ansätze, die in →*demokratietheoret.* Traditionen stehen, sehen die M. als Mittel, pluralen Meinungswettstreit auszutragen, polit. →Partizipation der Bürger durch Information zu fördern, so zur Balance von Konflikt und Konsens beizutragen. *Systemtheoret.* gedacht dienen die M. dazu, über die Publikation von Wissen sowie die Stimulation von Meinungen Komplexität der Welt zu reduzieren sowie normativen Konsens mit herzustellen und dadurch zum Erhalt des Gleichgewichts des gesellschaftl. Gesamtsystems beizutragen. *Materialist.* Ansätze sehen M. als Sphäre der Kapitalanlage, als Hilfe zu dessen Zirkulation, als Reproduktionsinstrument und polit. Machtmittel der Herrschenden (→Herrschaft), in das die gesellschaftl. Grundwidersprüche eingeschrieben sind.
Tatsächl. ist die Entwicklung des Systems der Massenm. von *gesellschaftl. Strukturkonflikten* geprägt: Der Zugang zu M. ist ungleich verteilt: Dem »Intensivnutzer« einzelner M. steht der gebildete, auswählende »Selektivnutzer« des Gesamtangebots mit hohem Einkommen gegenüber. Zugang zu M. wird zum Kriterium sozialer Ungleichheit. Kontrolle und Gestaltung der M. vollziehen sich im Rahmen hierarch. gesellschaftl. Machtverteilung. Gut organisierte Verbände, vor allem die →Parteien und wirtschaftl. bedeutsamen Gruppierungen, haben größeren Einfluß erlangt als Randgruppen, →Minderheiten und auch die Partizipation einzelner. Wirtschaftl. Konzentrationsprozesse beeinträchtigen die publizist. Vielfalt.

*C.* Über Einzelergebnisse ist die *M.wirkungsforschung* bislang nicht hinausgelangt. Inhaltsbezogene Untersuchungen belegen, daß M. die →soziale Wirklichkeit vereinfacht darstellen: →Konflikte und →Widersprüche werden harmonisierend dargestellt; →Frauen werden auf traditionelle Rollenbilder fixiert. Psycholog. Forschungen belegen, daß eine ruhige Gestaltung von Filmen mit langen Einstellungen verständnisfördernd wirkt. Der mit am intensivsten diskutierte Zusammenhang zwischen *Darstellung von →Gewalt* und Gewalttätigkeit einzelner oder von →Gruppen konnte bisher nicht bewiesen werden. Forschungsprojekte erbrachten ledigl. Hinweise darauf, daß in Einzelfällen mediale Gewaltdarstellungen ein Element in einer Umwelt von Personen sein kann, die Gewalt als Mittel der Auseinandersetzung akzeptieren. Vor dem Hintergrund dieser Einzelergebnisse und von Alltagsbeobachtungen wird die weiterführende begründete Vermutung plausibel, daß M. →Weltbilder und Wertstrukturen der Empfänger beeinflussen, auch wenn vor einer Überschätzung zu warnen ist, da die Aufnahme immer in den komplexen sozial- wie individualpsycholog. Prozeß der Identitätsbildung eingebunden ist, die individuelle Gesamtaktivität also letztl. entscheidend bleibt.
Aus dieser begründeten Vermutung spätestens ergibt sich die Bedeutung *medieneth.* Fragestellungen. (Sozial-)eth. Orientierungen gegenüber den M. wurden bislang weitgehend implizit im Rahmen pädagog. und polit. Programme, explizit erst in

Ansätzen formuliert. Vielfalt, →Wahrhaftigkeit und →Humanität der Inhalte, die Heranbildung des individuellen Vermögens zum Umgang mit den M., Verhinderung ökonom. Konzentration im M.bereich, gleiche Zugangschancen der Bürger zu den Massenm.: diese Forderungen zeigen die prakt. Bedeutung entspr. Programme. Sollen sie allerdings verwirklicht werden, dann müssen die M. durch die Verbraucher zunehmend krit. und aktiv angeeignet werden; dazu gehört notwendig, daß die Bürger medienpolit. Strukturmodelle entwickeln und umsetzen, die ihnen verstärkte Partizipationsmöglichkeiten in den M. eröffnen.

*Lit.: K. Berg/M.-L. Kiefer (Hg):* Massenkommunikation III, Frankfurt/M. 1987. – *Dt. Forschungsgemeinschaft:* M.wirkungsforschung in der Bundesrepublik Deutschland, Teil I und II, Weinheim 1986. – *J. Habermas:* Strukturwandel der Öffentlichkeit, Darmstadt/Neuwied, 11. Aufl. 1980. – *H. Holzer:* Kommunikationssoziologie, Reinbek 1973. – *Kirchenamt der EKD (Hg.):* Die neuen Informations- und Kommunikationstechniken, Gütersloh 1985. – *K. Merten:* Kommunikation, Opladen 1977. – *D. Prokop (Hg.):* M.forschung, Bd. 1-3, Frankfurt/M. 1985.

*Martin Berthoud*

**Meditation** bezeichnet ebenso eine best. Form rel. Lebenspraxis, eine Weise rel. Welt- und Selbsterkenntnis, wie ein Ensemble rel. Praktiken. Sie werden in unterschiedl. Maße methodisiert und mitunter zu standardisierten M.stechniken entwickelt. Die Ursprünge der M. sind einerseits in nichtchristl. Hochreligionen, andererseits in der christl. Kirche des MA.s zu suchen.

*A.* Die verschiedenen *asiat. Religionen* verfügen über komplexe und exakt durchgebildete M.ssysteme, die z.T. aus primitiven, mag. orientierten Asketen- und Schamanentechniken entstanden sind. Während der →*Hinduismus* durch Abkehr von der Sinnenwelt die Vereinigung mit der Gottheit anstrebt, besteht das Ziel des →*buddhist.* Heils- und Erlösungswegs im Eintritt in das Nirwana, eines Seligkeitszustands, der durch das Erlöschen des Lebensdurstes und die Überwindung der nur in Gegensätzen erfahrbaren Wirklichkeit erreicht wird. Die Versenkung gilt als das einzige Mittel der Vorbereitung auf das Heilsziel, das Erlöschen. Der →*Zenbuddhismus* kennt drei Stufen der M.: die Überwindung der Leidenschaft, die zu einer Gleichmütigkeit gegenüber Leben und Tod führt; die Versenkung und Vereinigung mit den kosm. Kräften; die myst. Erfahrung der Erleuchtung, die das Bewußtsein der Zeitlichkeit aufhebt. Durch die Asketentechniken der →*Yoga-Systeme* (Entspannung, geregelter Atem, geordnetes Leben, einfache Ernährung) soll der Mensch vom →Leiden befreit und durch Erkenntnis den Illusionen der Lebensphänomene enthoben werden.

*B.* In den westl. *Industriegesellschaften* ist gegenwärtig eine Renaissance verschiedener M.sformen zu beobachten, die meist aus dem Zusammenhang des mehrstufigen Heilswegs östl. Hochreligionen gelöst und zu selbständigen, häufig therapeut. Techniken entwickelt wurden. Sie werden z.T. in der Form von Trainingsprogrammen kommerziell angeboten. Ihre Plausibilität gewinnen die *instrumentalisierten* M.spraktiken aus einer weitverbreiteten Kulturkritik, die der Komplexität der sozialen und personalen Strukturen die unmittelbare und ganzheitl. Wahrnehmung des →Menschen und seiner →Welt entgegensetzt. Eigene Bedeutung gewannen das *autogene Training* durch J. H. Schultz (Einheit von Leib und →Seele, Übungen der Lebenssteigerung und der Fehlerbeseitigung durch Entspannung) und die *Transzendentale M.* (TM, Erweiterung des Bewußtseins durch Belebung der schöpfer. Intelligenz) des Mahārishi Mahesh Yogi (geb. 1918).

*C.* Die *christl. M.stradition* entstand in der →Alten Kirche. Sie verbindet sich im →Mönchtum des →MA.s mit der Kontemplation als christl. Lebenshaltung, mit der Idee der asket. Lebensführung und mit Elementen der →Mystik, nimmt aber auch in der →Frömmigkeit der Laien eine hervorragende Stelle ein.
Hervorgerufen durch das M.swerk des *Ignatius von Loyola* (1491-1556) →»Geistl. Übungen«, begann innerhalb des Christentums eine Epoche der Spiritualität. Die ignatian. Exerzitien gliedern sich in drei Stufen: die *via purgativa* (Weg der Reinigung), die *via illuminativa* (Erleuchtung) und die *via univita* (Einigung). Die M.spraxis des Ignatius entwikkelte aus dem Geist der Renaissance eine eigene, der abendländ. christl. Frömmigkeit entspr. Spiritualität.
Auch das *prot. Christentum* knüpft an die ma. Tradition der M. an. →Luther selbst hat zeitlebens die Praxis der M. geübt. Er schließt sich dabei →Augustinus, Bernhard von Clairveaux (geb. 1153) und der »Theologia deutsch« an, die er selbst neu herausgab. J. Arndt (gest. 1621), Graf Zinzendorf (gest. 1760) und der Verfasser ev. →Kirchenlieder G. Tersteegen (gest. 1769) sind Repräsentanten der vielfältigen und lebendigen Tradition prot. M.spraxis.

*D.* Die Exerzitien wurden in der Form →»Geistl. Übungen« in den 20er Jahren des 20. Jh.s durch den *Berneuchener Kreis* in der ev. Kirche neu belebt (W. Stählin, K. B. Ritter, C. Happich, D. Müller, O. Haendler) und mit Erkenntnissen der Tiefenpsychologie C. G. →Jungs verbunden. Innerhalb der *Michaelsbruderschaft* wurden geistl. Wochen, vor allem aber auch das *Stundengebet* neu ins Leben gerufen. Im kath. Raum lassen Ordensgemeinschaften Interessierte in verstärktem Maße an ihren überkommenen liturg. und meditativen Übungen teilnehmen. In vielerlei Versuchen werden M.sformen des eigenen Erbes mit östl. Konzepten verbunden.
Kennzeichend für die neuere prot. M.stradition ist aber auch die Verbindung mit der →Seelsorge und mit der Lebensführung des *ev. Pfarrers.* Im Zusammenhang seines berufl. Lebens bildet die intentio-

nale M. ein wesentl. Moment der Predigtarbeit. Die Predigtm. intendiert in krit. Entsprechung zur hist.-krit. Interpretation der bibl. Texte die unmittelbare und ganzheitl. Wahrnehmung eines bibl. Textes als Form rel. Erkenntnis und Erfahrung.

*Lit.: W. Bitter (Hg.):* M. in Religion und Psychotherapie, Stuttgart, 2. Aufl. 1973. – *R. Bleistein u.a. (Hg.):* Türen nach innen. Wege zur M., München, 3. Aufl. 1985. – *O. Haendler:* Die Predigt, Berlin, 3. Aufl. 1960. – *G. Ruhbach (Hg.):* M. Versuche – Wege – Erfahrungen, Göttingen 1975. – *G. Stachel:* Aufruf zur M., Graz, 2. Aufl. 1973.

*Wolfgang Steck*

**Medizin** bezeichnet in neuerer Zeit nicht mehr nur das Heilmittel (die Arznei), sondern Theorie und Praxis der gesamten Heilkunde und der *Wissenschaft vom kranken (und gesunden) →Menschen* (Humanm.).

*A.* Als »*moderne M.*« wird die naturwissenschaftl.-techn. M. bezeichnet, die sich seit etwa 150 Jahren herausgebildet und durch ihre triumphalen Erfolge (vor allem bei den Infektionskrankheiten und in der Chirurgie) durchgesetzt hat. Das *Verfahren* der wissenschaftl. M. besteht in der Frage nach objektiven Ursachen der →Krankheit und, nach deren Feststellung, in der Suche nach einem Mittel, diese Ursache zu beseitigen. Die *Diagnose* bezeichnet jeweils ein Krankheitsbild, das best. Ursachen zugeordnet ist. Die *Therapie* (Behandlung) ist in dem Maße erfolgreich, in dem sie »kausal« zu sein vermag (→Kausalität). Diese M. hat die Lebensverhältnisse der modernen Welt entscheidend verändert (z.B. Rückgang der Kindersterblichkeit, Zunahme der Lebenserwartung). Gleichwohl haben die großen Erfolge bei der Bekämpfung von tödl. und verbreiteten Krankheiten seit einem Jh. nicht dazu geführt, daß die Bedrohung durch schwere und tödl. Krankheiten überhaupt geringer geworden wäre. Vielmehr sind *andere Krankheiten,* für die Ursachen und therapeut. Möglichkeiten noch nicht hinreichend aufgeklärt sind, in den Vordergrund getreten (z.B. Krebs, Herzkrankheiten, Aids). Die med. Forschung ist daher vor allem an diesen Aufgaben ausgerichtet. In nicht wenigen Fällen haben Erfolge dieser Forschung zu schwierigen und einstweilen nicht eindeutig gelösten Problemen der *eth. Beurteilung* geführt (z.B. bei Fragen der künstl. Befruchtung und denen der Gentechnologie).

*B.* Die naturwissenschaftl.-techn. Arbeitsform der M. hat ihre *Spezialisierung* notwendig zur Folge. Wissenschaftl. Forschung und ärztl. Kompetenz scheinen immer deutlicher die Begrenzung auf spezielle Arbeitsfelder zu fordern. Diese Spezialisierung der modernen M. führt freil. dazu, daß die ärztl. Aufgabe immer weniger am schicksalhaft von der Krankheit betroffenen ganzen →Menschen und seinen individuellen →Leiden orientiert wird, sondern eben spezialisiert an den krankhaften Veränderungen einzelner Organe und Organfunktionen. Der Kranke fühlt sich deshalb mit seiner Krankheitserfahrung oft nicht hinreichend von der modernen M. versorgt. Hier dürfte einer der Gründe dafür liegen, daß in den letzten Jahren eine deutl. Konjunktur von *»alternativen« Formen* med. Praxis zu beobachten ist. Die Nachfrage nach homöopath. Heilweisen hat ebenso zugenommen wie die nach weltanschaul. begründeten oder »naturgemäßen« Methoden der Krankenbehandlung und entspr. Regeln für eine gesunde Lebensführung.

*Lit.: H. Diller u.a.:* M., in: Hist. Wörterbuch der Philosophie, Bd. 5, 968-1002. – *D. Rössler:* Der Arzt zwischen Technik und Humanität, München 1977.

*Dietrich Rössler*

**Medizinische Ethik**

*A. Standesethik*

Ärzte haben bereits in vorchristl. Zeit ein »*Standesethos* ausgebildet. Im »Eid des Hippokrates« werden zunächst die Pflichten des Arztes gegenüber seinem →Lehrer und dann die gegenüber Patienten aufgeführt. Von letzteren sind – neben den Pflichten, Patienten zu helfen und nicht zu schaden und über ihre persönl. Daten zu schweigen – vor allem diejenigen bedeutsam, die im Widerspruch zu einer in der →Antike weitverbreiteten Praxis stehen: die Verwerfung der Beihilfe von Selbsttötung (→Tötung) und zum →Schwangerschaftsabbruch. Weil diese Einstellung der jüd.-christl. entsprach, gelangte der ursprüngl. nur von einer kleinen Gruppe von Ärzten geteilte →Eid in christl. Zeit zu allg. Geltung. Heute ist er durch das »*Genfer Ärztegelöbnis*« (1948) ersetzt. Daneben beanspruchen andere Erklärungen des Weltärztebundes internationale Geltung, z.B. die Richtlinien für klin. Forschungen am Menschen (Helsinki 1964, revidiert in Tokio 1975). Auch für die →Krankenpflege bestehen entspr. eth. Regeln. Ihre Verletzung kann berufsrechtl. geahndet werden.

*B. Wandel der Ziele medizinischen Handelns*

In der *Antike* hat es keine öffentl. Fürsorge für chron. Kranke gegeben. Die Empfehlungen →Platons (Politeia, 407- 410) und →Aristoteles' (Politik VII, 14), verkrüppelte Geburten auszusetzen, die »an der Seele mißraten und unheilbar« sind, zu töten, standen bis weit in die *christl. Zeit* in Geltung. Die Orientierung an →Jesus, dem »Christus medicus«, der sich gerade der Schwächsten und Unheilbaren annahm, führte im 4. Jh. erstmals zur Einrichtung von Hospizen, vornehml. für chron. Kranke und Sterbende. Das gläubige Wissen darum, daß schwere →Krankheiten und qualvolles →Sterben nicht zu der guten →Schöpfung Gottes gehören, stachelte zum Kampf gegen sie auf und ist eine der geistigen Ursachen abendländ.-neuzeitl. →Medizin. Erst die →Säkularisierung der →Hoffnung auf das →Reich Gottes ohne →Leiden und →Tod ließ die Vorstellung aufkommen, die Medizin solle das verlorene Paradies wiederherstellen (F. Bacon) oder den Tod besiegen (R. →Descartes). Die *Verdiesseitigung* des →Lebens und die Erfolge der naturwissenschaftl. Medizin (→Naturwissenschaft) führten dazu, daß Ärzte in die Rolle von →Priestern rücken und daß in der Bekämpfung des Todes an sich das wesentl. Ziel der Medizin gesehen wird (W. Hufeland, gest. 1836). Das führt dazu, daß alles das Leben verlängernde Machbare gemacht wird.

*C. Ethische Einzelprobleme*

*I.* Mit zunehmender Medizintechnik wird in Diagnose und Therapie immer mehr von der Biographie der →Person abgesehen. Eine *ganzheitl.* Behandlung kann nur gegen die vereinfachende naturwissenschaftl. Sicht und die ihr entspr. →eigengesetzl. Organisationsstruktur der Medizin durch Gespräche mit dem Patienten eingebracht werden. Diese sollen dem besseren Verstehen der Krankheit und dem verantwortl. Umgang mit dem Leben dienen. Daß die Person zum bloßen *Objekt* des Verfügens anderer wird, kann nur dadurch verhindert werden, daß der Patient über die Risiken und Belastungen einer Behandlung in einer ihm verständl. Sprache →wahrhaftig aufgeklärt wird. Der Arzt hat die ihm von Patienten oft »zuphantasierte Allmacht« auf das Maß des Realistischen zu begrenzen.

*II.* Medizin hat für die Erhaltung der psychophys. Voraussetzungen von sinnhaftem, erträgl. Leben zu kämpfen. Zu entscheiden, was für den Kranken ein solches Leben ist, ist primär seine eigene Sache, dann aber auch Sache derjenigen, die mit ihm eng in →Liebe verbunden sind. Wo die Grundstrukturen, die »sinnhaftes« Leben mögl. machen (Selbstbewußtsein; Kommunikationsfähigkeit; Fähigkeit, eine, wenn auch beschränkte, körperl. Eigentätigkeit zu entfalten; Leben ohne dauernd schwere Schmerzen), nicht zu erhalten sind, da ist ein *Verzicht* auf lebensverlängernde Maßnahmen (passive Sterbehilfe) eth. berechtigt oder gar geboten. Im Verzicht vollzieht sich die Anerkennung dessen, daß über das Leben bereits von einer menschl. Verfügung entzogenen Instanz her verfügt ist. Für Christen geschieht in der Annahme des Geschicks auch die Annahme der unter ihm meist »verhüllten« Fügung →Gottes. Verzicht auf Lebensverlängerung bedeutet nicht, daß die *Pflege* vernachlässigt werden darf, die sich auf die Befriedigung der Grundbedürfnisse der Person richtet (Ernährung, Reinigung, Schmerzlinderung, menschl. Zuwendung). Vom Verzicht auf Lebensverlängerung ist die →*Tötung* zu unterscheiden. Ihr geht meist eine Erklärung des Unwerts des Lebens voraus, so daß mit ihr eine letzte eigenmächtige Verfügung des Menschen über sein oder das Leben anderer verbunden ist. Wenn jemand aus dem ausweglosen Konflikt heraus, einem schwer leidenden Menschen helfen zu wollen und mit keinem Mittel helfen zu können, zur Tötung hilft oder tötet (aktive Sterbehilfe), so kann dies eth. und rechtl. nicht allg. gerechtfertigt werden. Ohne Einschränkung verwerfl. ist die Tötung von nicht sterbenden Menschen ohne deren Verlangen (Vernichtung sog. »lebensunwerten« Lebens).

*Lit.:* Arzt und Christ, Wien 1955ff. – *T. L. Beauchamp/ L. R. Walters:* Contemporary Issues in Bioethics, Encino 1978. – *U. Eibach:* Medizin und Menschenwürde, Wuppertal, 3. Aufl. 1988 (Lit.). – *Ders.:* Experimentierfeld: Werdendes Leben, Göttingen 1983. – *F. J. Illhardt:* M.E. Ein Arbeitsbuch, Berlin/Heidelberg/New York 1985. – *P. Koslowski u.a. (Hg.):* Die Verführung durch das Machbare, Stuttgart 1983. – *St. E. Lammers/A. Verhey (Hg.):* On Moral Medicine. Theological Perspectives in Medical Ethics, Grand Rapids 1987. – *C. Lichtenthaeler:* Der Eid des Hippokrates, Köln 1984. – *W. T. Reich (Hg.):* Encyclopedia of Bioethics, Vol. 4, London/New York 1978/79. – *M. E. Marty/K. E. Vaux (Hg.):* Health/Medicine and the Faith Traditions, Philadelphia 1982. – *P. Sporken:* Die Sorge um den kranken Menschen, Düsseldorf, 2. Aufl. 1981. – *J. von Troschke/H. Schmidt (Hg.):* Ärztl. Entscheidungskonflikte, Stuttgart 1983 (Lit.).

*Ulrich Eibach*

## Meister-Jünger-Verhältnis

*A.* Ein Autoritätsverhältnis, das im nichtrel. und rel. Bereich vorkommt. Im *alltägl.* Denken und Handeln versteht man z.B. unter einem Meister den Handwerker, der Auszubildenden (Lehrlingen) berufsspezif. Fertigkeiten vermittelt und ihnen darüber hinaus ein Stück »Lebensmeister« (Sartory) sein will. Die aus der *geistl.* sowie *adelig-ritterl.* →Erziehungs- und Ausbildungsordnung stammende Dreigliederung (Lehrling, Geselle, Meister) diente als Modell für die →Berufserziehung der städt. Handwerker und Kaufleute, später auch für die Gelehrtenberufe (Schüler, Bakkalaureus, Magister/Doktor). Sie findet sich als Bezeichnung der drei Grade bei den →Freimaurern. Der Meister unterweist seine Schüler (»Meisterlehre«), damit diese selbst zum Meister werden. Auch die Beziehungen zwischen Künstler und Schüler, Professor und Student u.a. werden gelegentl. als M. beschrieben.

*B.* Religionswissenschaftl. können mehrere *Meistertypen* unterschieden werden: 1. die Religionsstifter; 2. die spirituellen Führer, insbes. in den →myst. Traditionen; 3. die Führer neurel. Bewegungen im Westen (Fortentwicklung von 2). Das M. wird von G. Mensching dichotom. dem Lehrer-Schüler-Verhältnis gegenübergestellt: Während ersteres wesentl. an der Person des Meisters orientiert sei, beziehe sich das andere auf die vermittelte Lehre. Der rel. →Lehrer als →Traditionsvermittler sei eine gegenüber dem Meister sekundäre Gestalt, die Kenntnisse, Fähig- und Fertigkeiten weitergibt. Die Grenzen zwischen beiden Typen sind jedoch fließend: Es gibt Lehrer-Schüler-Verhältnisse, bei denen die Verehrung des Lehrers die zu vermittelnde Lehre deutl. in den Hintergrund drängt.

*C.* Folgende *Merkmale* sind für das M. der großen Religionsstifter kennzeichnend: 1. Der Meister besitzt ein persönl. →*Charisma*: Er ist »Vorbild und Führer« (M. Scheler). 2. Die Stifterpersönlichkeit (→Jesus, →Buddha, Mahavira, Zarathustra, →Mani, →Muhammad, →Konfuzius, →Lao-tse, aber auch die, von ihrer Wirkung her gesehenen, Kleineren wie: Guru Nanak, der »Bab«, Bahaullah u.v.a.) werden nach eigenen Aussagen entweder durch einen personalen →Gott *berufen* (→Berufung) oder erleuchtet (→Inspiration). Als Folge davon berufen sie entweder selbst ihre Jünger oder Anhänger, oder diese schließen sich ihnen auf eigenen Wunsch hin an. 3. Der Meister steht – soweit die Texte dies erkennen lassen – im Mittelpunkt eines konzentr. Kreises mit *Lieblingsjünger(n)* (mit best. Vorrechten) und Fernerstehenden. 4. Die Anfangsphase kann durch rel. →*Radikalismus* geprägt sein (z.B. Heimat-, Besitz-, Familienlosigkeit), wie er sich beispielsweise bei Jesus und Buddha, aber auch bei Sun Myung Moon, Bhagwan Rajneesh u.a. zeigt. 5. Aus der Exklusivität des Meisters folgt eine *Exklusivität* der →Nachfolge. 6. Das originäre M. unterscheidet sich vom späteren →Gemeindeaufbau dadurch, daß der Meister zum teilweise *vergotteten* →*Kultheros* wird.

*D.* Bei den *»Meistern des Weges«* (Sartory) handelt es sich um spirituelle Führer, die das verkörpern, was der Schüler im Unterschied zu den Stiftern auch selbst erreichen kann. Der Übergang vom traditionsorientierten Lehrer zum verehrten Meister wird hier deutlich. Bedeutende Meistergestalten sind der: →zen-buddhist. Roshi, jüd. Zaddik, →islam. Sufi-Meister (Derwisch/Pir genannt), ostkirchl. Starez und schließl. der →hinduist. Guru. Insbes. der Guru und der Pir stellen den Mittelpunkt *neurel.* Gemeinschaften (»Jugendreligionen«, »neue spirituelle Bewegungen« usw.) dar.
Als Lehrer der →Weisheit ist *der Guru* die volle Verkörperung der →Tradition und einziger Vermittler (→Mittler) des Heilswissens. Traditionell sucht sich der Schüler seinen Guru, der diesen charakterl. prüft und nur den ernsthaft Suchenden akzeptiert. Die Schüler nehmen am Leben des Gurus teil, verrichten tägl. Pflichten und werden in den →hll. Schriften unterwiesen. Der Guru ist »Seelenführer« (F. Melzer) und Weisheitslehrer, der nicht nur Texte auslegt, sondern den Schüler auf Grund eigener Erfahrung zur inneren Reife und Erkenntnis des in ihm selbst verkörperten Göttlichen führt. Dem Guru gebührt dafür Verehrung und völlige Hingabe. Der lebendige Guru ist »Verkörperung der Tradition«. »Der Guru ist Gott.« Bei den vishnuit. Vallabhacaryas (→Hinduismus) findet sich eine extreme Guruverehrung. Hier ist eine *extreme Verlagerung* vom Sachinteresse zur Person des Meisters zu beobachten. Viele im Westen missionierende Gurus (Bhagwan Rajneesh, Sri Chinmoy, Sant Kirpal Singh, Sant Thakar Singh usw.) haben einen →Personenkult um sich entfaltet, der sie von den traditionellen Gurus unterscheidet. Eine herausragende Stellung genießt der Guru im *Radhasoami-Satsang.* Der Sant Satguru (»Meister der Wahrheit«) gilt als Fleisch gewordenes →Wort, Gottes Sprachrohr, nur der äußeren Erscheinung nach Mensch. Der Meister strömt →Liebe aus und will geliebt werden. Sein göttl. Blick befreit von →Zeit und →Raum. Durch die Initiation wird ein best. Teil des menschl. Karmas aufgehoben. Der Meister ist nicht an den Kreislauf von Geburt und Wiedergeburt gebunden. Der Meister ist Stellvertreter: Er übernimmt das Schüler-Karma, trägt dessen →Leiden. Selbst der tote Meister verläßt seine Jünger nicht, bis er sie »in die wahre Heimat« zurückgebracht hat. Als Vertreter neosufit. Religiosität ist Pir Vilayat Khan eine Meistergestalt, die sich in vielerlei Hinsicht positiv von anderen Gurus abhebt.

*Lit.: R. Hummel:* Ind. Mission und neue Frömmigkeit im Westen, Stuttgart 1980. – *G. Mensching:* Leben und Legende der Religionsstifter, Darmstadt 1955. – *Ders.:* Soziologie der Religion, Bonn, 2. Aufl. 1968. – *F. Melzer:* Antwort aus dem Schweigen. Der Guru als Seelenführer, Freiburg u.a. 1978. – *G. und Th. Sartory:* Die Meister des Weges in den großen Weltreligionen, Freiburg u.a. 1981. – *J. Wach:* Meister und Jünger, Tübingen 1925. – *Ders.:* Religionssoziologie, Tübingen 1951.

*Udo Tworuschka*

**Melanchthon,** *Philipp* (geb. 16.2.1497 in Bretten/Baden, gest. 19.4.1560 in Wittenberg), wird nach humanist. Anfängen in Wittenberg unter dem prägenden Einfluß →Luthers zu dessen bedeutendstem Mitarbeiter und einem der Wortführer der luth. →Reformation. 1521 erscheinen seine »Loci communes rerum theologicarum«; 1530 formuliert er das →Augsburger Bekenntnis, dem 1531 dessen Apologie folgt; 1537 entsteht der »Traktat von der Gewalt und dem Primat des Papstes«. An den kirchl. und theol. Ausgleichsversuchen seiner Zeit ist er maßgebl. beteiligt. Nach Luthers Tod (1546) wird er zum Führer des dt. →Luthertums, verspielt jedoch diese Rolle, als er sich an der auf Ausgleich bedachten »Interims«- Politik beteiligt. Im letzten Jahrzehnt seines Lebens werden er und seine Theologie mehr und mehr zum Gegenstand heftiger innerluth. Kritik. M.s →*Theologie* kreist um die Thematik von →Rechtfertigung und →Kirche. Er fragt nach dem »natürl.« Gesetz als der Voraussetzung und dem christl. Ethos als der Folge des Rechtfertigungsgeschehens; in diesem Zusammenhang behandelt er die Themen: →Rechtfertigung und Erneuerung, gute Werke und freier →Wille. Die Kirche begründet er im Kontext von →Wort und →Glaube; ihre Einheit sieht er in →Verkündigung und Glaube, auf deren und der Kirche Kontinuität er Wert legt.
M.s geschichtl. *Bedeutung* ist eine vierfache: 1. Er ist bestrebt, der reformator. Erkenntnis die ihr gemäße Denkgestalt zu geben; deshalb legt er Wert auf eine positive Beziehung zum →Humanismus als dem bedeutendsten Repräsentanten des Geistes und der →Wissenschaft seiner Zeit. 2. Er verhilft der reformator. Bewegung zu einem angemessenen

Verständnis als »Kirche«. 3. Er versucht, den Zusammenhang von Christentum und Welt als legitim und notwendig begreiflich zu machen. 4. Er ist der wesentl. Förderer und Verbesserer des dt. Erziehungs- und Schulwesens. Seine geschichtl. *Leistung* wird in der Folgezeit, vornehml. im 19. und beginnenden 20. Jh., zunehmend als verhängnisvoll, da von Luther abweichend, kritisiert, findet jedoch in der Gegenwart eine gerechtere und angemessenere Würdigung: Es wird deutl., daß reformator. Christentum als geschichtl. Phänomen ohne die genannten Momente nicht denkbar ist.

*Lit.: K. Haendler:* Wort und Glaube bei M., Gütersloh 1968. – *W. Hammer:* Die M.forschung im Wandel der Jh.e (1519- 1965), I/II, Gütersloh 1967/68. – *W. Maurer:* Der junge M. zwischen Humanismus und Reformation, I/ II, Gütersloh 1967/69. – *S. Wiedenhöfer:* Formalstrukturen humanist. und reformator. Theologie bei M., I/II, Bern 1976.

*Klaus Haendler*

**Mendelssohn Bartholdy,** *Felix Jacob Ludwig*, geb. 3.2.1809 in Hamburg, gest. 4.11.1847 in Leipzig. *Dt. Komponist*, Sohn des Bankiers Abraham M., Enkel des Philosophen Moses M. M. wurde zur Zeit der Emanzipation der Juden in Preußen geboren, so daß es ihm als Jude mögl. war, das für einen gesellschaftl. Aufstieg notwendige, vorher den Christen vorbehaltene Wissen zu erwerben. 1814/15 wurde die Assimilation in Preußen wieder aufgehoben. Dies bewog Abraham M. zur Taufe seiner Kinder, wobei er sie nicht, der romant. Strömung folgend, dem Katholizismus, sondern dem reform. Glauben angliederte. 1820 trat M. in die Berliner Singakademie ein, in der er unter Anleitung J. Fr. Zelters die Grundlagen seiner kirchenmusikal. Bildung erlernte, indem er bes. mit den Werken J. S. →Bachs und G. Fr. →Händels bekannt gemacht wurde. Mit neun Jahren trat M. erstmals öffentl. als Pianist auf, 1822 werden seine ersten Kompositionen der Öffentlichkeit vorgestellt; erst 17jährig, hat er bereits die später sehr bekanntgewordene Ouverture zum »Sommernachtstraum« und das Oktett op. 20 vollendet. Auf seinen Bildungsreisen, die M. von 1829 an antrat, entstanden in England unter dem Eindruck des schott. Hochlandes und der Hebriden die Hebriden-Ouverture und Skizzen zur Schottischen Sinfonie Nr. 3 a-Moll op. 56 sowie in Neapel erste Entwürfe zur Italienischen Sinfonie Nr. 4 A-Dur op. 90. Neben den in der Jugend entstandenen 12 Streichersinfonien und den beiden bereits genannten Werken zählen zu M.s Sinfonien die Sinfonie Nr. 1 c-Moll op. 11, die zum 400jährigen Jubiläum der Buchdruckerkunst entstandene Sinfonie Nr. 2 B-Dur op. 52 (»Lobgesang«-Sinfonie-Kantate), in der Psalmen (u.a. 105., 145., 150. Psalm) und andere Texte rel. Inhalts vertont werden, und die Sinfonie Nr. 5 d-Moll op. 107 (»Reformationssinfonie«), ebenfalls ein Auftragswerk, das zur 300-Jahr-Feier der →Augsburger Konfession komponiert worden war. Hier hat M. das »Dresdener Amen« (Vorlage für R. →Wagners Gralsmotiv im Parsifal) und den Choral »Ein feste Burg ist unser Gott« vertont.

In Düsseldorf (1833) und Leipzig (1835) war M. als Dirigent tätig. Zu seinen Hauptverdiensten als Dirigent zählt die von ihm eingeleitete Bach-Renaissance (Wiederaufführung der Bachschen Matthäuspassion 1829) sowie die Belebung der Werke Händels. Neben den Werken alter Meister sorgte er auch für Verbreitung zeitgenöss. Kompositionen wie etwa der Werke C. M. von Webers, R. Wagners, R. Schumanns und Fr. →Schuberts, dessen »Große Sinfonie C-Dur« von ihm 1835 in Leipzig uraufgeführt wurde. In M.s eigenem kompositor. Schaffen bildet jedoch die Kirchenmusik einen bes. Schwerpunkt. Zu den frühen *geistl. Kompositionen* zählt beispielsweise »Tu es Petrus«, komponiert zum 23. Geburtstag seiner Lieblingsschwester Fanny. In den Jahren 1837-39 entstehen die Vertonungen des 42., 95. und 114. Psalms, jeweils für Singstimmen und Orchester. Neben den beiden Oratorien »Paulus« und »Elias« und dem Oratorienfragment »Christus« entstand 1845/46 das »Lauda Sion«. Bei dieser einzigen großen Komposition für die kath. Kirche handelt es sich um ein Auftragswerk anläßl. der 600jährigen Wiederkehr des Fronleichnamsfestes. Die Textvorlage stammt von →Thomas von Aquin. Die Verarbeitung jüd. Tradition wird hauptsächl. am »Elias« deutlich. M. verwendet dort eine bes. Moll-Kadenz und eine jüd. Weise, die aus der Synagogalmusik stammen. Die Buchstaben L.e.g.G. (Laß es gelingen Gott), die M. häufig über seine Partituren schrieb, sind Zeichen seiner Verankerung im Glauben. So stand neben seiner Kompositionsweise oftmals gerade auch seine *rel. Haltung* im Blickfeld der Kritik. Zu den schärfsten Kritikern M.s zählen H. →Heine und R. →Wagner, der seiner Kritik antisemit. Züge gab. Im Spannungsfeld zwischen →Romantik und →Klassik ist M., dessen Bewertung als Manierist oder Eklektiker nicht selten von einem abwertenden Beigeschmack begleitet wird, wohl am ehesten als romant. Klassizist anzusehen, der →Bach, →Händel und →Beethoven insofern als Klassiker betrachtete und Vorbilder heranzog, als sie für ihn die Vervollkommnung eines jeweiligen Stils, einer jeweiligen Gattung darstellten.

*Lit.: C. Dahlhaus:* M. und die musikal. Gattung, in: *ders. (Hg.):* Das Problem M., Regensburg 1974, 55-60. – *G. Feder:* Zwischen Kirche und Konzertsaal, in: *W. Wiora u.a. (Hg.):* Rel. Musik in nichtliturg. Werken, Regensburg 1978, 97-117. – *H. Mayer:* Emanzipation und Eklektizismus, in: Felix M.B. (Musik-Konzepte 14/15), München 1980, 29-33. – *R. Riehm:* Das Eigene und das Fremde, in: Felix M.B. (Musik- Konzepte 14/15), München 1980, 123-146. – *W. Stresemann:* Eine Lanze für M., Berlin 1984.

*Sabine Pfeifer*

## Mennoniten

*A.* Anhänger einer auf die →Reformation zurückgehenden täufer. →Freikirche. Der Name leitet sich von dem 1536 zur Täuferbewegung gestoßenen ehemaligen Priester *Menno Simons* (ca. 1496-1561) ab. Schon seit 1525 waren Gemeinden entstanden, die auf Grund der Ablehnung der Säuglings- und Einführung der Gläubigentaufe polemisch als »Wiedertäufer« bezeichnet wurden und sich als Sektierer zum Teil grausamen Verfolgungen ausgesetzt sahen. Ihr hohes missionar. Sendungsbewußtsein, Martyrium, Flucht, Landesverweise und Duldung in gewissen Territorien führten zur Ausbreitung. Im 17. und 18. Jh. wanderten viele M. nach Pennsylvania aus, im 18. und 19. Jh. auch nach Rußland, vor allem in die Ukraine. Ihre Nachfahren haben seit 1917 als »Christen« und »Deutsche« großes Leid erfahren, so daß viele nach dem Zweiten Weltkrieg nach Nordamerika und Paraguay (Chaco) gingen. Die noch in Rußland verbliebenen ca. 50.000 M. gehören z.T. dem Bund der Evangeliumschristen-Baptisten an. Im 19. Jh. begann eine mennonit. Missionsarbeit in Afrika und Asien, wo es heute selbständige Kirchen (→Junge Kirchen) gibt.

*B.* Zur *weltweiten Bruderschaft*, die in der M. – Weltkonferenz zusammengefaßt ist, gehören etwa 600.000 Getaufte, davon 310.000 in Nordamerika, 25.000 in den Niederlanden, 44.000 in Lateinamerika, 74.000 in Asien und 86.000 in Afrika. In Deutschland gibt es die »Vereinigung der Deutschen M.gemeinden«, die der Arbeitsgemeinschaft christl. Kirchen und dem →Ökumen. Rat der Kirchen angehört, daneben den »Verband Deutscher M.gemeinden«, der der Evang. Allianz nahesteht, schließl. die »Arbeitsgemeinschaft mennonit. Brüdergemeinden« mit zusammen 10.000 Gliedern.

*C.* Die M. legen auf *Selbständigkeit* und Freiheit großen Wert. Ihre Bekenntnisschriften sind meist durch äußere Umstände, wie Verfolgung und Erweis ihrer Friedfertigkeit, provoziert, haben aber keine bindende Bedeutung. So ergibt sich, daß unterschiedl. Außeneinflüsse zu einer breiten Meinungsvielfalt geführt haben: Eigenart der Länder, Grad der Anpassung an Sitte und Sprache, Bildungsstand, Gegensatz von Stadt und Land sowie unterschiedl. theol. Erkenntnisse, die mit einer Tendenz zur Gesetzlichkeit gepaart sein können. Die Rückbesinnung auf ihre Geschichte (die auch zu einer Reihe von wissenschaftl. Quelleneditionen Anlaß gab) hat zu einem erneuten Ernstnehmen der mennonit. Grundsätze und zu dem Versuch geführt, das täufer. Leitbild wiederzuentdecken. Die Betonung der *Nachfolge* Christi schließt die Eidesverweigerung ebenso ein wie den Pazifismus und das Wissen, daß Christsein in der Welt mit →Leiden verbunden ist. Die M. sind eine der hist. →Friedenskirchen. Die Arbeit der mennonit. Hilfswerke ist vorbildl.

*Lit.: H. Fast (Hg.):* Der linke Flügel der Reformation, Bremen 1962. – *H.-J. Goertz:* Die M. (Die Kirchen der Welt 8), Stuttgart 1971. – *Ders.:* Der Täufer, München 1980. Studies in Anabaptist and Mennonite History 1929ff. – Mennonit. Lexikon, 4 Bde., 1913-1967. – *J. H. Yoder:* Die Politik Jesu, Maxdorf 1981. – Zeitschrift: Mennonite Quarterly Review.

*Erich Geldbach*

## Mensch, Menschheit

*A. Philosophisch*

Der Begriff M., verstanden als von anderen Geschöpfen zu unterscheidendes Wesen, und auch der Kollektivbegriff M.heit, der die Vorstellung einer gemeinsamen Menschennatur zur Voraussetzung hat, sind weder im Alltagsgebrauch noch in der abendländ. Denkgeschichte unumstritten. Vielmehr fließen in diese Begriffe weltanschaul., rel. oder philos. und rel.- theol. Vostellungen unmittelbar ein.

*I.* Setzt sich die Idee der M.heit und damit der Einheit des Menschengeschlechts sogar erst in der →Stoa (z.B. bei Cicero) durch, findet sich – eben im Gegensatz etwa zur klassischen ind. Philosophie (Lehre der Wiedergeburt, →Hinduismus) und zur frühgriech. Literatur (z.B. Homer und Hesiod) – erst bei den Vorsokratikern (z.B. Alkmaion, Anaximander, Anaxagoras) die Würdigung des M.en als eines Wesens, das mit →Natur und Kosmos nicht nur eine Einheit bildet, sondern auch in Gegensatz zu diesen treten kann. Die noch vorwiegend mythisch und spekulativ orientierten Interpretationen bestimmen auch die Philosophie →Platons und werden erst durch die »naturwissenschaftl.« ausgerichtete Definition des →Aristoteles überwunden. Wie auch für Platon ist für ihn die Ordnung des Kosmos göttl., und beide begreifen den M.en als *vernunftbegabtes* Wesen. Doch erst Aristoteles bringt auf unmyth. Art und Weise die phys. Eigenart des M.en in Zusammenhang mit dessen geistig-sozialen Fähigkeiten. Der M. hat nicht mehr wie bei Anaxagoras Verstand, weil er Hände hat, vielmehr hat er Hände, weil er das verständigste Wesen ist, das sich gegenüber den →Tieren auch durch seinen aufrechten Gang auszeichnet. Auch die bibl. Berichte von der →Schöpfung (→Genesis) betonen die Vorrangstellung des M.en gegenüber Tieren und Pflanzen. An die Stelle der griech. Götter tritt hier aber →Gott, der →Adams Geschlecht nach seinem Ebenbild (Gen 1,26f.; 5,1) geschaffen hat. Diese Auffassung bestimmt dann in hohem Maße das M.enbild der →Kirchenväter (insbes. bei Johannes Damascenus [ca. 650-ca.750]) sowie der ma. Überlegungen; dort werden die M.en als durch →Verstand und freien →Willen ausgezeichnete Wesen begriffen, die laut →Augustinus durch ihre *Zwietracht* die Einheit der M.heit zerstört haben und diese durch Hinwendung zu Gott wiedergewinnen müssen. Die große Frage der ma. Anthropologie wird im Gefolge von Augustinus sein, ob und wieweit die M.en durch die →Sünde ihre Ebenbildlichkeit zerstört haben, inwieweit sie diese selber wiederherstellen können oder dazu der →Erlösung bedürfen. An dieser Frage wird sich der Streit der →Reformation theol. kristallisieren.

*II.* Der Beginn der →Neuzeit kann auch an einer grundlegenden *Änderung im M.enbild* abgelesen werden. Zum einen wird der Begriff der M.heit wesentl. extensiver verwendet, Zeichen für die horizontale Ausweitung des Blicks auf den Raum dieser Erde (→Renaissance). Zum andern tritt der Gedanke des auf sich selbst gestellten, nicht vorrangig von der →Gnade Gottes abhängigen M.en mehr und mehr in den Vordergrund (→Autonomie tritt in Gegensatz zur Theonomie). Schon bei →Nikolaus von Kues und vor allem beim Humanisten G. Vico (1668-1744) findet sich die Aufforderung, die menschl. Natur müsse sich voll entfalten, um das →Ziel, die M.heit, zu erreichen. Diese Forderung wird im Rahmen der Idee des →Fortschritts zum Programm des 18. Jh.s (→Aufklärung). Allerdings führt es nicht zu einem naiven Optimismus. Sieht →Kant die Aufgabe des M.engeschlechts darin, aus der selbstverschuldeten Unmündigkeit herauszutreten und seine Anlagen zu vervollkommnen, so betont der Theoretiker des »radikal →Bösen« doch, der M. sei aus so »krummem Holze« gemacht, daß aus ihm »nichts ganz Gerades gezimmert« werden kann. Zugleich werden neue Elemente in das M.enbild eingeführt. Gehört J. G. Herder (1744-1803) noch zu denjenigen, die – wenn auch sehr differenziert – an der Idee des Fortschritts festhalten, so ersetzt er doch die These von der Einheit der M.heit durch die von der *geschichtl.* Einzigartigkeit aller M.en zu allen Zeiten und bestimmt den M.en in zuvor nicht bekanntem Ausmaß als das sprechende Wesen (→Sprache). Nicht nur für Kant und →Rousseau, sondern auch für ihn ist der M. – im Gegensatz zu den früheren Konzeptionen von F. Bacon (1561-1626) und P.-H. D. Holbach (1723-1789) – keine »unfehlbare Maschine in den Händen der Natur«, sondern hat den »Vorzug der →*Freiheit*« (Herder).

*III.* Inwieweit den M.en dieser Vorzug wirkl. auszeichnet, thematisieren auch die europ. →Anthropologien des 19. und 20. Jh.s. Ist der M. hinreichend umschrieben als das späte Produkt eines Mill. Jahre dauernden →*Evolutionsprozesses* (Spencer, →Darwin), und wird er dadurch keineswegs (T. H. Huxley) oder durchaus (→Teilhard de Chardin) in seiner →Moralität befördert? Ist der M. durch seinen dumpfen Willen (→Schopenhauer) oder seine Triebe (→Freud) letztl. determiniert (→Dertermination) oder auch das »nicht festgestellte Tier« (→Nietzsche)? Liegt da die Wurzel aller Übel in seiner sozial-ökonom. »Entfremdung«, die durch revolutionäre Änderung der Verhältnisse aufzuheben ist und woraus die »Eine M.heit« entsteht (K. →Marx)? Ist der M. bestimmt durch seinen eigenen »Entwurf« oder durch seine »Geworfenheit« (→Heidegger)? Besteht die *Sonderstellung* des M.en im Kosmos nur in seinem Geistsein (Scheler), transzendiert er seine Umweltabhängigkeit (→Verhaltensforschung) durch die psychophys. Fähigkeit zur »Selbstdarstellung« (Plessner, Portmann), oder aber gelingt es dem unspezialisierten »Mängelwesen« M. nur durch stabilisierende →Institutionen, sich zu »entlasten« (Gehlen)? Darf man in der M.heit das »werdende Geschichtssubjekt« (W. Schulz) sehen, oder ist vom »Ende des M.en« zu reden, weil er nur durch ein »Ensemble von Strukturen« mögl. wird, »die er zwar denken und beschreiben kann, deren Subjekt, deren souveränes Bewußtsein er jedoch nicht ist« (Foucault; →Strukturalismus)? Diese und ähnl. Fragen geben nicht nur einen Einblick in die *Explosion mögl. M.enbilder* im 20. Jh., die sich einer Vielfalt weltanschaul. Orientierungen und humanwissenschaftl. Disziplinen zugleich verdankt. Sie zeigen auch, daß neue Deutungen nur in gemeinsamer und interdisziplinärer Anstrengung mögl. sind. Die Beiträge von →Biologie, →Genetik und →Medizin werden ebenso unverzichtbar sein wie die von →Soziologie und Verhaltenswissenschaft, aber auch von →Ethik, →Philosophie, →Recht und neuen fächerübergreifenden Ansätzen von befreiungs- und friedenstheoret. Art. Die Anfragen von feminist. Seite sind dabei ebenso ernst zu nehmen wie die Ansprüche, die →Minderheiten und andere unterdrückte Gruppen heute auf der ganzen Welt stellen. Nur wenn sie ernst genommen und in das Weltgespräch der M.heit integriert werden, besteht Hoffnung auf einen Neubeginn, der Theorie und Praxis der M.heit im Blick auf eine neue M.lichkeit zur Deckung bringt. Dabei kommt dem spezif. Integrationsvermögen theol. Entwürfe eine bes. Rolle zu (zum christl. M.enbild s. →Anthropologie).

*Lit.: A. Diemer:* Elementare Philosophie. Philos. Anthropologie, Düsseldorf/Wien 1978 (Lit.). – *M. Landmann u.a.:* De Homine. Der M. im Spiegel seines Gedankens, Freiburg/München 1962 (Lit.). – *J. Moltmann:* M. Christl. Anthropologie in den Konflikten der Gegenwart, Gütersloh, 2. Aufl. 1983. – *W. Oelmüller u.a.:* Philos. Arbeitsbücher 7. Diskurs: M., München/Wien/Zürich 1985 (Lit.). – *W. Pannenberg:* Anthropologie in theol. Perspektive, Göttingen 1983.

*Rudolf Reuber*

### *B. Kunstgeschichtlich*

Die →Kunst spiegelt im allg. sehr exakt das jeweils *herrschende M.enbild* wider, wobei allerdings nationale, regionale, rel. und soziokulturelle Faktoren oft erhebl. Modifikationen herbeiführen. Der M. als →Individuum oder als Bestandteil einer →Gruppe, sein Verhältnis zu →Natur und Landschaft, seine Einbindung in das soziale Umfeld, seine rel.-weltanschaul. Prägung und seine polit. Überzeugungen bilden ein Beziehungsgeflecht, das bewußt oder unbewußt, direkt oder indirekt in der Kunst zum Ausdruck kommt. Für das M.enbild des →*Christentums* waren die Prototypen idealer M.lichkeit, vor allem also →*Christus und* →*Maria,*

aber auch →Adam und Eva, die →Apostel und →Heiligen, von bestimmender Kraft. Der M. erscheint in der christl. Kunst bis zur →Renaissance stets als das Geschöpf →Gottes, das in eine feste Heilsordnung eingebunden ist. Auch in stark individualisierten Darstellungen, etwa unter dem Einfluß der →Mystik, ist diese Bindung stets gegenwärtig.
Mit der *Renaissance* erfährt diese →Tradition einen entscheidenden Bruch, der das, was bisher selbstverständl. war, grundlegend in Frage stellt. Die Rückbindung an die →Antike fördert das →Ideal der freien Persönlichkeit, des heroischen →Individuums, das seinerseits wiederum auf die christl. Kunst zurückwirkt (z.B. Michelangelos Christusgestalt im Jüngsten Gericht der Sixtinischen Kapelle, Rom, 1534/41). Mit der →Gegenreformation wird im →Barock der eindrucksvolle Versuch unternommen, dieser Tendenz noch einmal entgegenzuwirken. Bezeichnenderweise gelingen →Rembrandt in den calvinist. →Niederlanden, wo die rel. Themen nur eine geringe Rolle spielen, die tiefgründigsten Lösungen im Zeitalter des Barock.
Mit der *industriellen Revolution* zu Beginn des 19. Jh.s setzt eine weitere Bewußtseinskrise ein, die sich in der Kunst als Darstellung bürgerl. Gemütlichkeit (→Biedermeier) oder aber als →Bild eines aufs äußerste gefährdeten M.seins niederschlägt. C. D. Friedrichs M.en stehen einer ungeheuer weiten →Natur in grenzenloser Vereinsamung gegenüber, die Requisiten der christl. →Tradition (Kreuze, Kirchen) werden zu Ausstattungsstücken der Landschaft. Wo sich die christl. Kunst des 19. Jh.s nicht an vergangene Epochen anschließt (→Nazarener, Präraffaeliten), gewinnt sie neue Überzeugungskraft durch die Aufnahme sozialer Aspekte, die Christus als M.enfreund zeigen (z.B. F. von Uhde, 1848-1911). Neben diesen Versuchen, im Christusbild das Bild des »wahren M.en« zu entwerfen, die bis in die Gegenwart fortgesetzt werden, steht die totale Verweigerung des M.enbildes in der →abstrakten Kunst.

*Peter Maser*

**Menschenrechte.** Die M., zuweilen gleichbedeutend verwendet wie Grundrechte, in der »Allg. Erklärung der Menschenrechte« (1948) sowie in zahlreichen Staatsverfassungen (→Verfassung) festgeschrieben, sind ohne Wirkung der christl. Botschaft kaum vorstellbar.

*A.* Allerdings besitzen die christl. Kirchen, insbes. die kath. Kirche, kein ungebrochenes Verhältnis zu den M.n. Die Anfänge oder *Wurzeln der M.* sind in antiken, vorchristl. Philosophien zu suchen (z.B. der Sophist Alkidamas, ein Schüler des Gorgias). Obwohl in der Botschaft der *frühen Kirche* Indizien für ihren alle gesellschaftl. Schranken überwindenden Charakter zu finden sind (vgl. 1 Kor 12, 13; Gal 3, 28), bedurfte es eines langen Prozesses, bis ihre gesellschaftl. befreienden Anstöße gesehen oder gar polit. relevant wurden. Die Beschäftigung der *ma.* →*Scholastik* mit der antiken Philosophie hat dazu beigetragen, die Rechte des →Individuums deutlicher zu erkennen. Inwieweit hierzu auch die ma. Rezeption des röm. Rechtes (→Röm. Reich) beigetragen hat, ist bislang zuwenig erforscht. Die recht unterschiedl. motivierten Freiheitsbewegungen im Europa des MA.s bezogen ihre Legitimation vornehml. aus der christl. Botschaft.
Die →*Reformation* und ihre Folgeerscheinungen waren für die Ausformung eines Katalogs von M.n von einschneidender Bedeutung. Die Respektierung verschiedener Glaubensbekenntnisse bedurfte einer Legitimierung (→Religionsfreiheit). Entspr. theol. oder rechtsphilos. Reflexionen wurden zunächst nur in England polit. wirksam, und dies zudem mit erhebl. Zeitverschiebung, später dann auch in Nordamerika sowie in abgeschwächter Weise in den →Niederlanden.

*B.* Meilensteine dieser Entwicklung sind die engl. *Bill of Rights von 1689* und jene des *US-Staates Virginia* (1776). Der polit. Entwicklung entspricht eine philos. Aufarbeitung der Frage der Grund- oder M. *1690* erschienen J. →*Lockes* »Treatises of Government«, in denen er die Rechte des Individuums beschreibt. Dabei knüpft er an die antiken Philosophen und die ma. Scholastik an, läßt aber auch die →Bibel zu Wort kommen. Mit der →*Franz. Revolution* und der Konsolidierung der Unabhängigkeit der →*Vereinigten Staaten* von Nordamerika (Bundesverfassung vom 1789) erreicht die Entwicklung der M. einen Höhepunkt, bricht jedoch zugleich die bisherige Begleitung der Entwicklung durch christl. Gedankengut ab. War die amerik. Bill of Rights noch vom prot. Bibelpathos durchdrungen, ist die »Déclaration des Droits de l'Homme et du Citoyen« der franz. Nationalversammlung vom 26. Aug. 1789 eines der überzeugendsten Dokumente der franz. →Aufklärung. Sie ruft zum Schutz der Rechte des einzelnen auf. Damit stellt sie einen wichtigen Schritt im Erkenntnisprozeß der M. dar, doch wird den gesellschaftl. Bezügen nur eine beiläufige Beachtung geschenkt.

*C.* In →*Deutschland* blieb den M.n bis zum Bonner Grundgesetz (GG) von 1949 die volle verfassungsrechtl. Anerkennung versagt. Ihre ausführl. Nennung im Entwurf einer Verfassung des Deutschen Reiches vom 28. März 1849 (§§ 130-189) hatte keine polit. Folgen. In der *Weimarer Republik* wurde von den Grundrechten (Art. 109-118 Weimarer Reichsverfassung) bezeichnenderweise behauptet, sie seien nicht mehr als Programmsätze. Damit war die Außerkraftsetzung der M. im Jahre 1933 vorprogrammiert. Die Erfahrungen mit →Faschismus und Stalinismus führten zu *verbindl. Vereinbarungen* über die M.: Allg. Erklärung der M. vom 10. Dez. 1948, Konvention zum Schutz der M. und Grundfreiheiten vom 4. Nov. 1950 mit Pariser Zusatzprotokoll vom 20. März 1952, Schlußakte der Konferenz über Sicherheit und

Zusammenarbeit in Europa (KSZE) vom 1. Aug. 1975; die dt. Länderverfassungen, das Bonner GG vom 23. Mai 1949 (Art. 1-19), die Verfassung der DDR vom 9. April 1968 (Art. 19-40).

*D.* Trotz dieser Erklärungen werden die M. in verschiedensten Ländern wieder in wachsendem Maße verletzt. Freiheitsberaubung, Folter und soziales Unrecht gehören in vielen Ländern noch immer zur Tagesordnung, wie die Arbeit der M.sorganisation »Amnesty international« zeigt. Zwar entspricht die Entstehung und wachsende Anerkennung der M. einem christl. Impuls, der in jüngeren theol. Entwürfen (→Befreiungstheologie, →Kontextuelle Theologie) eine zentrale Rolle spielt. Doch haben sich die Kirchen erstaunl. lange zurückgehalten. Allerdings gehört die Frage der M. von Anfang an zum Kernbestand der →*ökumen. Diskussion* und Theologie. Die Anerkennung der M., insbes. der →Religionsfreiheit, erfolgt in der kath. Kirche erst spät, d.h. mit der entspr. Erklärung des 2. Vat. Konzils (Dignitatis humanae) vom 7. Dez. 1965.

*Lit.: P. Hinder:* Grundrechte in der Kirche, Freiburg/Schweiz 1977. – *M. Pilters/K. Walf:* M. in der Kirche, Düsseldorf 1980. – *L. Swidler (Hg.):* Religious Liberty and Human Rights in Nations and in Religions, Philadelphia/New York 1986.

*Knut Walf*

**Menschenwürde** meint das bes. Wesensmerkmal des →Menschen, das ihn vor anderen Lebewesen auszeichnet. Als sittl.-bindender *Rechtstitel* ist M. zugleich die Bedingung wahrer →Humanität, weil sie die Unverfügbarkeit und Unverletzlichkeit der →Person sowie ihren Anspruch auf →Ehre und →Recht innerhalb der menschl. →Gemeinschaft begründet.

*A.* Der Begriff M. ist schon bei →Thomas von Aquin und im *Spätma.*, insbes. bei den ital. Humanisten (→Humanismus), gebräuchl. und wird dort theol. aus der *Gottebenbildlichkeit* des Menschen (→Anthropologie) und dem Erweis göttl. →Gnade gegenüber dem Menschen begründet. Die theol. Problematik des Begriffs liegt in dieser Epoche daher weniger in der Begründung der universalen Geltung der M., sondern in deren Verlust durch die →Sünde. In der →*Neuzeit* wird die theol. Begründung der M. weitgehend durch einen säkularen Sprachgebrauch abgelöst. Er begründet die M. in der →*Autonomie* und →Freiheit des →Subjekts (I. →Kant). Im Begriff der M. artikuliert das neuzeitl. Subjekt die Selbstzweckhaftigkeit seines Menschseins. Der Begriff der M. steht darin in engem Zusammenhang mit demjenigen der Humanität. Im Unterschied dazu bezeichnet M. jedoch nicht in erster Linie die dem Menschen zukommende Wertqualität, sondern einen *Rechtstitel,* auf den der Mensch Anspruch erheben darf. In diesem Sinne bekommt die M. im Zusammenhang des neuzeitl. Verfassungsrechts (→Verfassung) die wichtige Funktion der Begründung der →Menschenrechte. Die Kategorien →Freiheit und →Gleichheit sind dabei zu zentralen Forderungen der Verwirklichung der M. geworden.

*B.* In der *Menschenrechtsdiskussion* spielt der Gedanke der M. nach wie vor eine große Rolle. So formuliert die »Konvention über bürgerl. und polit. Rechte« der Vereinten Nationen von 1966, daß sich die unveräußerl. Rechte des Menschen aus der ihm innewohnenden Würde herleiten. In der →Theologie wird der Gedanke der M. bes. von der kath. *Moraltheologie* entfaltet (→Ethik). Er wird dort aber nicht als Ausdruck eines zeitlosen, in sich selbst gründenden Wesens des Menschen verstanden, sondern als Ausdruck seiner Geschöpflichkeit (→Schöpfung).

*Lit.: W. Maihofer:* M. im Rechtsstaat, Hannover 1967. – *R. Schneider:* Von der Würde des Menschen, Freiburg 1947.

*Achim Dunkel*

**Messe**

*A. Liturgiegeschichtlich*

*I.* »M.« ist die in den westl. Kirchen verbreitete Bezeichnung für den (spätestens seit Justin um 150 n. Chr. belegten) Gottesdiensttyp, der *Wortgottesdienst* und Mahlfeier *miteinander verbindet (»Hl. Liturgie«, »Göttl. Liturgie« in den östl. Kirchen). Auch die luth.* →Reformation hielt im Gegensatz daran fest, daß jeder Sonntag durch die Feier der M. (Gottesdienst mit Predigt und Abendmahl; ev. M.) ausgezeichnet sein solle (Luther: Formula missae 1523; Deutsche Messe 1526). Im reform. Bereich verwarf man mit der M. (der Sonntagsgottesdienst wurde hier nach dem Vorbild des ma. Predigtgottesdienstes gestaltet und Abendmahl nur viermal im Jahr gehalten) auch die entspr. Bezeichnung (Heidelberger Katechismus, Frage 80).

*1.* Die Kirchen berufen sich bei der Feier des Abendmahls auf das *Vorbild Jesu* selbst. Die →Evangelien zeigen Jesus als den Heilspropheten, der die eschatolog. Gabe des Reiches Gottes in der Symbolik eines Gastmahles darstellt. Beim Abschiedsmahl (Mk 14,12-26) wies er auf das Geschehen seines Todes hin. Die *Urgemeinde,* dem Beispiel Christi folgend, hat dies im »Brotbrechen« (Apg 2,42-47), in der »Gedächtnisfeier« seines heilbringenden Todes (1 Kor 11,23-36) fortgesetzt. Einzelheiten sind nicht überliefert. Zwar wissen wir, daß dieses Geschehen dem Geist nach der jüd. Kultkategorie der *beraka*, dem Lobpreis, der in das Gedenken der göttl. Heilstaten in der Geschichte der Menschheit übergeht, verwandt war. Dieser Gebetsstil blieb kennzeichnend für die M. Sie ist eine »*Eucharistie*«, d.h. *Danksagung* der →Gemeinde für die Heilstaten Gottes, die sich im Leben und Tod Jesu zugunsten von Menschheit und →Welt vollzogen: zur Vergebung der →Sünden, zur →Nachfolge, zum ewigen →Leben.

*2.* In der M. kommen die *Wesenszüge des Christentums* zusammen (→Liturgie). →Gott steht in Verbindung mit der →Geschichte der Gemeinde, des →Menschen, der Welt *(theol.* Aspekt). Gottes Heilshandeln in →Jesus dem Herrn ist Ansatz und Verheißung des eschatolog. Gottesreiches *(christol.* Aspekt, →Jesus Christus). Die Verwirklichung des Heils geschieht durch die Triebkraft des →Hl. Geistes *(pneumatol.* Aspekt). Die Gemeinde ist berufen zur Nachfolge und Weiterführung der Sendung Christi in der Weltgeschichte *(ekklesiol.* Aspekt, →Kirche). Die Eucharistie zielt auf eine Verkündigung, →Diakonie, Weltmission, welche die Grenzen der Gemeinde wesentl. überschreiten (*missiolog.* Aspekt, →Mission) Diese Aspekte wurden je nach Kulturstufe und kirchl. Tradition verschieden betont. Im Osten herrscht der symbol. Abglanz des göttl. Geschehens vor. Der liturg. Vollzug wird vom →Mysterium des Geistesgeschehens her verstanden und gestaltet. In der kath. Tradition war der Zentralpunkt die sakramentale Gegenwart des himml. Christus (→Sakrament): Erneuerung des Kreuzesopfers. In der reformat. Tradition steht die gnadenhafte und sündenvergebende Gegenwart Christi in, mit und unter Brot und Wein im Mittelpunkt. Infolge der *ökumen.* Bemühungen treten die hist. Differenzierungen aber zurück (vgl. Lima-Text). Die Eucharistie soll (wie die Taufe) nicht die Verschiedenheit, sondern die *Einheit* der christl. Konfessionen symbolisieren: *sacramentum unitatis* (Augustinus).

*II.* Die M. kann immer und überall gefeiert werden. Sie ist nicht an best. Umstände gebunden, fordert aber nach kath. Verständnis einen offiziell dazu beauftragten oder geweihten *Amtsträger* der Gemeinde (amtl. Vorsteher: →Priester, →Bischof). Die an der M. *Teilnehmenden* müssen in die Gemeinde aufgenommen (→Taufe) und im Stande der →Gnade sein (gläubige Disposition). Dazu feiert man zuvor die Liturgie der Buße und Versöhnung (→Beichte). Auch nach reformator. Verständnis setzt die Verwaltung der Sakramente eine ordnungsgemäße Berufung voraus (→Augsburger Bekenntnis, Art. 14). In der Eucharistie aktualisiert, bekennt und festigt die Gemeinde die Identität ihres →Glaubens. In diesem Geschehen werden Geist, Auffassung und Orientierung der gläubigen Gemeinde sichtbar. Der →Ritus wird von jeher mit verschiedenen *Namen* bezeichnet; heutzutage steht der Name Eucharistiefeier in den westl. Kirchen im Vordergrund. Das Wort M. stammt aus dem lat. und bezeichnet seit dem 5. Jh. die Liturgie der Eucharistie. Ursprüngl. bedeutet es »Sendung« (in etwa: »Verabschiedung«) am Ende der Feier. Später aber wurde mit M. der gesamte eucharist. Gottesdienst benannt. Dieser Name hat den Vorteil, daß er kaum inhaltl. belastet ist und deshalb den Ritus in allg., formaler Weise bezeichnet.

*III.* Die M. besitzt als Ritus eine eigene *Grundstruktur* und einen eigenen *Kerninhalt.* Den Hergang am Sonntag in der frühchristl. Gemeinde kennen wir durch Justin (um 150). Er erwähnt folgende Elemente: 1. Ein Lektor liest aus den *Schriften* der Apostel (NT) und aus den Propheten (AT) vor; 2. der Vorsteher hält eine *Ansprache;* 3. die Gemeinde spricht – stehend – *Fürbitten;* 4. *Brot und Wein* werden herbeigebracht; 5. über diese Gaben spricht der Vorsteher die *Danksagung* (»Eucharistie«); die Gemeinde bekräftigt dies durch ihr *Amen;* 6. die Gaben werden geteilt (*Brotbrechung)* und von jedem gegessen und durch Diakone zu Abwesenden gebracht (*Kommunion);* 7. gesammelte Güter werden vom Vorsteher unter die Notleidenden verteilt (*Kollekte).*
Diese Beschreibung zeigt die lebendige Verbindung zwischen Gottesdienst (→Liturgie) und Dienst am Menschen (→Diakonie). Überdies kommen die *zwei Hauptbestandteile* des Ritus zum Ausdruck: der Ritus des Wortes und des Mahles. Zusammen bilden sie den Grundstock der christl. Liturgie. Dieser bleibt – ungeachtet späterer Änderungen, Anpassungen und Ergänzungen – in allen liturg. Traditionen erkennbar. Die Änderungen betreffen vor allem den Anfang und den Schluß der Riten wie auch den Übergang vom Wort- zum Mahlteil. Diese M. hat also folgenden *Aufbau:* 1. Eröffnungsriten, 2. die Liturgie des Wortes, 3. Zwischenriten (z.B. Einsammlung der Gaben, Mitteilungen, Zubereitung des Altars mit Brot und Becher), 4. die Liturgie des Mahles, 5. Schlußriten. In dieser Struktur spiegelt sich das Wesen des christl. Glaubens.
*Luther* hat in seiner »Formula missae et communionis« von 1523 die lat. Liturgiesprache zunächst beibehalten, aber alle Stücke, die für ihn den Meßopfergedanken einschlossen (Offertorium und Kanongebete außer Präfation, Sanctus, Einsetzungsbericht und →Vaterunser) gestrichen; es lag ihm daran, deutl. zu machen, daß die M. eine Gabe Gottes an die Menschen, aber nicht eine Gabe der Menschen an Gott sei (V. Vajta). In seiner *Deutschen Messe* und Ordnung des Gottesdienstes von 1526 hat er nicht nur Deutsch als Liturgiesprache eingeführt, sondern auch den eucharist. Teil nach dem Vorbild des ma. Ritus der Gemeindekommunion umgestaltet. Spätere luth. Meßordnungen folgten in ihrer Struktur wieder stärker der »Formula missae«. Heute gibt es im ev. Raum Bestrebungen, das eucharist. Hochgebet zu erneuern (so schon in der luth. Agende I von 1955).

*IV.* Aus ihrer inneren Struktur wird die *mystagog. Bedeutung* der M. deutl. Das Christentum stützt sich auf die →Schrift als Niederschlag der Geschichten der Begegnung der Menschen mit Gott. Sie sind Ausdruck ihrer Gotteserfahrung und deren Bedeutung für Mensch, Volk und Welt. Bevorzugt werden die →*Propheten* →Israels und der endzeitl. Prophet *Jesus von Nazaret.* Ihre Stimmen bilden den Leitfaden für die lesende und zuhörende Gemeinde. Die Liturgie ist denn auch von der Schrift durchtränkt. Die Bibel wird nicht bloß gelesen, sondern auch – gemäß ihrer Heilsbedeutung – in und von der jeweiligen Gemeinde für die Praxis gedeutet. Die Schriften sollen in eine zeitgenöss. Heilsgeschichte für die Gemeinde und deren Sendung übersetzt werden. Diese →Hermeneutik, durch welche die Heilsbotschaft und die aktuelle Situation sich gegenseitig befruchten, ist Aufgabe der Verkündigung (→Predigt). Ohne die Verkündigung würde der Samen des Wortes weder in den Acker der heutigen Gemeinde fallen noch zu gläubigem Verstehen heranwachsen. In den Fürbitten als dem universalen, d.h. weltweiten und weltzugewandten, Gebet der Gemeinde antwortet sie auf ihre Weise zur Welt hin und vollzieht so ihre gottgewollte Sendung. So dürften die *Fürbitten als Höhepunkt* in der Liturgie *des Wortgottesdienstes* betrachtet werden. Sie unterstreichen den Satz, daß das Gebet der höchste Ausdruck des Glaubens ist.

Der christl. Glaube beruht auf dem *Lebensschicksal Jesu von Nazaret*, das sich im Paschamysterium (→Passa) konzentriert (Leiden [→Passion], Tod und →Auferstehung, Erhöhung). Die Erfahrung des Leidens und der Auferstehung Jesu Christi, das Bekenntnis von Jesu Kreuzestod und Auferstehung (→Paulus) war in der Urgemeinde die Quelle rel. Identität und wachsenden Missionsgeistes. In der M. wird – nach dem Vorbild Jesu beim letzten Abendmahl – das danksagende Gedenken an seine völlig Selbsthingabe für das Leben der Welt vollzogen: »Leib, für euch gegeben«, »Blut eines neuen Bundes, für euch vergossen zur Vergebung der Sünden«. Diese zentralen *Deutungsworte* entnehmen ihren tiefsten Sinn den Ostertexten und bilden das Herz des eucharist. Gebetes (Kanon, orthod.: Anaphora, Tischgebet). Die eucharist. *Gaben* sind der Gemeinde gegeben (Justin, um 150): damit sie in Wahrheit Christi Gemeinschaft sei und aus seinem Geiste lebe. Eucharistie ist wesentl. *koinônia, communio,* d.h. Einheit, Gemeinschaft hin angelegt. Deshalb werden die Gaben für die Gemeinde bereitet und das Brot zur *gemeinsamen* Nahrung gebrochen – eine oft vergessene, verkürzte Gebärde in der M. Alle essen von dem einen Brot und trinken aus dem einen Becher. So kommt die rel. Lebensgemeinschaft im Essen und Trinken selber zum Ausdruck (Kommunion, unter beiderlei Gestalten). Diesen rituellen Akt darf man als den Höhepunkt der Mahlliturgie betrachten.

*V.* In der Vergangenheit hat die M. – je nach den kulturellen und kirchl. Zeitströmungen – viele Entwicklungen erlebt; viele *Kennzeichen* sind *hinzugekommen*, die hier unbesprochen bleiben. Markante rel. Texte wurden in den Ritus aufgenommen. Als Beispiel seien hier ledigl. erwähnt: der vielfältige Gebrauch der →*Psalmen* und einzelner *christl. Grundtexte* (das altkirchl. Gloria in der Kirche des Westens, das Credo und das Gebet des Herrn, das Vaterunser). Überdies zeichnete sich die M. in jedem Zeitabschnitt durch je bes. Riten, Kleidung, räuml. Anordnungen und →liturg. Geräte aus. Dies alles hat die M. geschichtl. mitgestaltet. Sie ist der Ritus, in dem die Gemeinde klar zu sich findet.

Das bedeutet aber auch, daß die M. immer wieder inhaltl. und formell in das *liturg. Heute* der Gemeinde hineinwachsen soll. Die Neubelebung der M. für die Gegenwart - ein Programmpunkt des 2. →Vat. Konzils – ist für die Gemeinde eine fortwährende pastorale Aufgabe, namentl. für den Vorsteher und seine Mitarbeiter. So kann der Ritus vor der Gefahr eines versteinerten Ritualismus beschützt werden und dem geistl. Leben der Gemeinde zu Diensten stehen.

*Lit.: A. Angenendt:* Missa specialis, in: Frühma. Studien 17 (1983), 153-221. – *J. A. Jungmann:* M. im Gottesvolk, Freiburg 1970. – *Ders.:* Missarum Solemnia, 2 Bde., Freiburg, 5. Aufl. 1962 (Lit). – *Ders.:* Von der »Eucharistie« zur »M.«, in: Zeitschrift für kath. Theologie 89 (1967), 29-40. – *G. Kretschmar u.a.:* Abendmahlsfeier, in: Theol. Realenzyklopädie I, 229-328 (Lit.) – *E. J. Lengeling:* Die neue Ordnung der Eucharistiefeier, Münster, 4. Aufl. 1972. – *A. Niebergall:* Agende, in: Theol. Realenzyklopädie I, 755-784 (Lit). – *V. Vajta:* Die Theologie des Gottesdienstes bei Luther, Berlin/Göttingen 1958.

*Anton Scheer*

*B. Musikgeschichtlich*

Die M., dem ursprüngl. Wortsinn nach die Entlassung (»ite missa est«) der Katechumenen, hat in ihrer westl. Gestalt mit einer festen liturg. Abfolge und der seit Ausgang der Antike sich durchsetzenden lat. Sprache für die Entwicklung der →Kirchenmusik eine Schlüsselrolle gespielt. Entscheidend wurde dabei die Abfolge von festen (ordinarium missae [*»Ordinarium»*]*:* Kyrie, Gloria, Credo, Sanctus, Agnus Dei) und freien Teilen (proprium missae [*»Proprium«*]*:* Introitus, Graduale, Allelujavers, Offertorium, Communio), die sich nach der Ordnung des Kirchenjahres (proprium de tempore oder de Sanctis, →Jahr) richten. Unterschieden wurde zwischen der schlichten *Missa cantata* und der feierl. *Missa solemnis* (Hochamt). Integrierender Bestandteil der Meßliturgie ist von Anfang an der Gesang des Priesters, des Chores (Schola cantorum) und der Gemeinde in antiphon. (2 Chorgruppen) oder responsorialer (Chor und Schola) Form (→Gregorian. Choral). Die Ordinariumsteile sind in jeder M. textl. gleich, die Melodien werden seit dem 10. Jh. in verschiedenen Fassungen überliefert. Eine Sonderform der M. stellte das →*Requiem* mit seiner Sequenz (→ma.Musik) dar.

*I.* Die Entwicklung des Gregorian. Chorals und die beginnende *Mehrstimmigkeit* (→ma. Musik) vollzieht sich im Rahmen der M. Dabei spielt das *Tropieren* (textl. und musikal. Erweiterung des Chorals) im Ordinarium, vor allem aber im Proprium eine wichtige Rolle. Frühestes Beispiel einer zweistimmigen Bearbeitung ist der Kyrie-Tropus »Cunctipotens genitor Deus« (um 1100). Propriumsgesänge (vorwiegend Graduale und Alleluja) werden im 12. und 13. Jh. bereits mehrstimmig komponiert (→Motette) bei gleichzeitigem Rückgang der Tropen, während erst das 14. Jh. Bearbeitungen des vollständigen Ordinariums bringt, z.B. die anonyme dreistimmige M. von Tournai (Anfang 14. Jh.) und die vierstimmige »Messe de Notre Dame« von G. de →Machaut (1340/64). Die Machaut-M., in unterschiedl. Satztechniken der Zeit gestaltet und das Wort-Ton-Verhältnis der Einzelteile berücksichtigend, wird ausdrückl. als *»Messe«* bezeichnet und damit als Beginn einer eigenständigen Gattung in der Musikgeschichte angesehen.

*II.* Im 15. und 16. Jh. gilt die *durchkomponierte M.* als Regel. Eine vorgegebene Choralmelodie (Cantus firmus) bildet in einer oder mehreren Stimmen die Grundlage einzelner Sätze, bald auch des ganzen Ordinariums. Der *Cantus firmus* kann auch weltl. Herkunft sein. Die dadurch erreichte zykl. Geschlossenheit geht jetzt nicht nur vom Text, sondern auch von der musikal. Satztechnik aus. Dabei wird zwischen Diskantm. (Cantus firmus in der Oberstimme), Tenorm. (Haupttypus, Cantus firmus im Tenor), Chansonm. (Cantus firmus eine weltl. Liedmelodie) und Parodiem. (Übernahme einer mehrstimmigen Vorlage aus Motette oder Chanson) unterschieden. Das Bemühen um musikal. Einheit beginnt bereits in Italien (J. Ciconia, 2. Hälfte 14. Jh.) und England (J. Dunstable, 1. Hälfte 15. Jh.) und wird von den Komponistengenerationen der frankofläm. Schule (→Renaissance) zu erstaunl. Höhe und Vollendung geführt. Die anfängl. Vierstimmigkeit erweitert sich auf 5 oder auch 6 Stimmen, Durchimitation und Kanon belegen eine hochentwickelte Kunst des musikal. Satzes. Eine Beteiligung von *Instrumenten* wird nicht ausgeschlossen.
Nach G. Dufay und J. Ockeghem ist es vor allem →Josquin Desprez, der in seinen M.n (z.B. Missa Pange lingua) eine Gleichberechtigung aller Stimmen, klangl. Ausgewogenheit und erstmals *intensive Textdeutung* verwirklicht. J. Obrecht, H. Isaac (Missa carminum als dt. Liedm.), P. de la Rue, N. Gombert und A. Willaert sind weitere herausragende niederländ. Meister, dazu in Frankreich A. Brumel, in Deutschland L. Senfl, in Spanien Ch. Morales. G. Dufay faßt erstmals Ordinarium und Proprium zu einer sog. *Plenarm.* zusammen (Missa Sancti Jacobi, um 1427), H. Isaac vertont das Proprium in einer Reihe von mehrstimmigen Zyklen (Choralis Constantinus, gedruckt 1550-55). G. da →Palestrina und O. di →Lasso führen die M. als zentrale musikal. Gattung in der 2. Hälfte des 16. Jh.s zu einem abschließenden Höhepunkt.

*III.* Mit Beginn des →Barock werden dessen kompositor. Neuerungen und die beiden Hauptstile auch auf die M. übertragen: Die *konzertierende M.* im Stile moderno mit Vokalsolisten und Generalbaß, auch mehrchörig, und die *kontrapunkt. polyphone M.* im Stilus gravis oder ecclesiasticus. Beide Stilarten existieren bis ins 18. Jh. nebeneinander; zudem gibt es auch einen Stilus mixtus. In Rom wird vorwiegend der an →Palestrina orientierte alte M.typus gepflegt (G. Fr. Anerio, Gr. Allegri), auch im mehrchörigen Satz (zuerst bei G. Gabrieli in Venedig). Ins Extreme gesteigert, findet er sich in der 54stimmigen M. zur Einweihung des Salzburger Doms, früher O. Benevoli, jetzt H. I. Fr. Biber (Ende 17. Jh.) zugeschrieben. Die Missa concertata (Terminus seit 1610) verwenden u.a. A. Grandi und T. Merula. C. →Monteverdi schreibt für Venedig M.n nur im alten Stil. J. J. Fux (Gradus ad Parnassum, 1725) anerkennt und würdigt den aus alt und neu »gemischten Stil« in der →Kirchenmusik. Bei best. Stellen des M.textes wird eine *typisierte*, bis zum Ende des 19. Jh.s praktizierte *Vertonung* beibehalten, z.B. Et incarnatus est als vokalsolist. Satz, Cum Sancto Spiritu oder Et vitam venturi saeculi als Fuge oder Fugato. In Frankreich vertritt M. A. Charpentier die konzertierende M. Die Orgelm. (→Orgel), eine Verbindung von instrumentalen Orgelstücken und vokal vorgetragenen Choralweisen, wird, ausgehend von Italien, ein wichtiger Bestandteil liturg. und konzertanter Praxis in Frankreich (N. Lebègue, Fr. Couperin).
Die *Pastoralm.* für den Weihnachtsfestkreis mit entspr. Liedmelodien bleiben vor allem im ital. und süddt.-österr. Raum bis ins 19. Jh. beliebt (O. Pitoni, G. J. Abbé Vogler, M. Haydn, A. Diabelli).

*IV.* Der in der 1. Hälfte des 18. Jh.s zunehmende Einfluß der →Oper auf alle Bereiche der Musik läßt einen neuen M.typus entstehen, der auch durch die Nähe zur (Kirchen-)→Kantate als *Kantatenm.* (Folge von Arien, Duetten und Chorsätzen) bezeichnet wird. Berühmte Beispiele für diesen Typus sind J. S. →Bachs Messe h-Moll und W. A. →Mozarts c-Moll-Messe. Als Komponisten sind zu nennen A. Scarlatti, G. B. Pergolesi, N. Jommelli, A. Caldara und J. J. Fux (Wien), G. B. Martini (Bologna); in der 2. Hälfte des 18. Jh.s M. Haydn (Salzburg), J. A. Hasse (Dresden), I. Holzbauer und Fr. X. Richter (Mannheim). Um der in Kirchenkreisen angeprangerten Gefahr der Verweltlichung zu entgehen, suchte man einen Ausgleich zwischen polyphonem Kirchenstil, ariosem und konzertierendem Satz zu erreichen. Von den 14 M.n J. →Haydns verbinden die 6 späten Werke (u.a. Paukenm., 1796; Nelsonm., 1798) Einflüsse des →Händelschen Oratoriums mit dem klass. Orchesterstil (→Klassik). Mozart schreibt seine M.n ausschließl. für Salzburg (u.a. Spatzenm., 1775; Krönungsm., 1779) mit Ausnahme der in Wien ohne Auftrag entstandenen unvollendeten Messe c-Moll (1782/83) als neapolitan. Opernm. L. van →Beethovens Messe C-Dur op. 86 entsteht 1807, seine Missa solemnis D-Dur op. 123 1819-23. Kirchenmusikal. Tradition (Chorfugen) steht hier einer Gesamtanlage gegenüber, die nach Form, programm. ideenmäßigem Gehalt und zeitl. Ausdehnung die bisherigen Gattungsgrenzen sprengt und die M. in den *Konzertsaal* überführt.

*V.* Die im 15. Jh. begonnene kontinuierl. Entwicklung der musikal. M. scheint mit Beginn des 19. Jh.s zu stagnieren, auch bedingt durch den polit. und sozialen Wandel (→Kirchenmusik). M.n für den liturg. Gebrauch stehen Werke für eine rein konzertante Aufführung oder solche mit eindeutig restaurativem Charakter (→Caecilianismus) gegenüber. L. Cherubini vertritt den Typus der *symphon. M.*, C. M. von Weber übernimmt Grundzüge romant. Operndramatik (Freischützm., 1818; Jubelm., 1819). F. →Schuberts M.n sind teils der klass. Tradition, teils romant. Klangausdruck verpflichtet. Zwei Festm.n F. →Liszts (Graner Festm., 1856; Ungar. Krönungsm., 1867) orientieren sich am Stil seiner Symphonischen Dichtungen, die Missa choralis (1865) an kirchenmusikal. Reformbewegungen (→Gregorian. Choral, →Palestrina-Stil). A. →Bruckners Orchesterm.n (d-Moll, 1864; f-Moll, 1867/68) zeigen den Reichtum österr.-kath. Kirchenmusik in Verbindung mit seinem Symphoniestil als Ausdruck nahezu myst. Frömmigkeit; die Messe e-Moll mit Bläserbegleitung (1866) entspricht dagegen eher *restaurativen* Tendenzen. In Frankreich bleibt die traditionelle Meßvertonung weitgehend erhalten (Le Sueur, Ch. Gounod, C. Franck, C. Saint-Saens).

*VI.* Konzert und Liturgie tragen auch im 20. Jh. die Meßvertonung, das *Einzelwerk* steht dabei im Vordergrund. Künstler. bedeutsam sind L. Janáčeks Glagolitische Messe (1926), I. →Strawinskys M. für Chor und Bläser (1948) oder P. Hindemiths M. für gemischten Chor a cappella (1963), weiterhin Werke von H. Schroeder (Wechsel Chor-Gemeinde), E. Pepping, Fr. Martin. Die *dt. kath. Liedm.* (Teile des Ordinariums entsprechen volkssprachl. Liedern), von F. Schubert in der Dt. Messe (1827) vorgestellt, findet sich bei J. Haas (1924) wieder. Ein neuer Typus der Liedm. wird heute in Jugendgottesdiensten (Beatm.) unter Verwendung von →Popmusik- und →Jazz-Elementen (→Unterhaltungsmusik) praktiziert.

*VII.* Der →*Protestantismus* sucht von Anfang an die M. im Gottesdienst und als musikal. Form beizubehalten. M. →Luther setzte sich für die lat. Missa (ohne Opferhandlung des Priesters und ohne Canon missae), für eine dt. Liedm. (vorwiegend Psalmlieder) und für dt. Übertragungen der lat. Meßgesänge ein (Formula missae, 1525; Entwurf einer Deutschen M., 1526), freil. ohne bindende Wirkung für die Liturgie. Im Zentrum stand der Predigtgottesdienst mit anschließender Abendmahlsfeier. Das musikal. Meßrepertoire umfaßte auch Werke kath. Komponisten (u.a. H. Isaac, L. Senfl). Die sog. *Kurzm.* (Kyrie und Gloria) hielt sich mit weiteren M.teilen bis ins 18. Jh., wobei *Motette, Geistl.* →*Konzert und (Kirchen)Kantate* im luth. Gottesdienst zunehmend bevorzugt wurden. Unterschiedl. stilist. Richtungen verwendet M. Praetorius (1619), D. Buxtehude oder J. Fr. Fasch (1730) in ihren M.n. J. S. Bach schrieb vier Kurzm.n (zumeist Parodievorlagen aus Kirchenkantaten), vier Vertonungen des Sanctus und bearbeitete eine M. von Palestrina. Die später so genannte Messe in h-Moll (1733/45) entspricht dem Kantatentypus (viele Parodievorlagen) und steht durch ihre künstler. wie kompositor. Vielfalt einzig in der Geschichte der Gattung dar. Eine Wiederbelebung der Chorm. im 20. Jh. streben J. N. David, E. Pepping oder W. Burkhard an. Versuche, von ev. Seite die einstimmige, unbegleitete M. für die liturg. Praxis zu erneuern, gehen von der Alpirsbacher Bewegung und vom Berneuchener Kreis aus.

*Lit.: A. Adrio:* Die Komposition des Ordinarium Missae in der ev. Kirchenmusik der Gegenwart, Festschrift für Fr. Blume, Kassel 1963. – *K. G. Fellerer:* Die M. Ihre musikal. Gestalt vom MA. bis zur Gegenwart, Dortmund 1951. – *Th. G. Georgiades:* Musik und Sprache. Das Werden der abendländ. Musik, dargestellt an der Vertonung der M., Göttingen/Heidelberg 1954. – *J. A. Jungmann:* Missarum Solemnia, 2 Bde., Wien, 6. Aufl. 1962. – *W. Lipphardt:* Die Geschichte des mehrstimmigen Proprium Missae, Heidelberg 1950. – *G. Massenkeil:* Die konzertierende Kirchenmusik, in: *K. G. Fellerer (Hg.):* Geschichte der kath. Kirchenmusik II, Kassel 1975. – *E. Schild:* Geschichte der prot. M.n- Kompositionen des 17. und 18. Jh.s, Diss., Gießen 1934. – *P. Wagner:* Geschichte der M. I, Leipzig 1913, Neudruck Hildesheim 1963.

*Hermann Jung*

**Messiaen,** *Olivier,* geb. 10.12.1908 in Avignon, franz. Komponist und Pädagoge, Sohn des Shakespeare-Übersetzers Pierre M. und der Dichterin Cécile Sauvage.

M. erhielt seine musikal. Ausbildung 1919-1930 am Pariser Conservatoire u.a. bei M. Dupré (Orgel) und P. Dukas (Komposition), ehe er 1931 als *Organist* an die Kirche Ste. Trinité berufen wurde. 1936 gründete er zusammen mit A. Jolivet, Y. Baudrier und D. Lesur die Gruppe »La Jeune France«, eine Gruppe mit dem Ziel, die Musik entgegen den neoklassizist. Tendenzen der Zeit wieder zum Ausdruck menschl. Gefühle zu befähigen. Im gleichen Jahr begann M. seine Lehrtätigkeit an der Ecole normale und der Schola Cantorum in *Paris*, die er ab 1941 nach einjähriger Kriegsgefangenschaft in einem dt. Straflager bei Görlitz in wechselnden Funktionen am Conservatoire fortsetzte (1941 Harmonielehre, 1947 Analyse, Ästhetik und Rhythmus, 1955 Musikphilosophie, 1966 Komposition). Bis heute tritt M. häufig als Dozent auf Kursen im In- und Ausland in Erscheinung.

M.s Werk ist laut eigenem Bekenntnis stark an seinen *kath. Glauben* gebunden. So tragen nicht nur Orgel- und Chorwerke (L'Ascension 1934; La Nativité du Seigneur 1935; Messe de la Pentecôte 1950; O sacrum convivium 1937; La Transfiguration de notre Seigneur Jésus-Christ 1969), sondern auch viele Klavier- und Kammermusikwerke (Visions de l'Amen 1943; Vingt regards sur l'enfant Jésus 1944; Quatuor pour la fin du temps 1940) und das Orchesterwerk Et exspecto resurrectionem mortuorum (1964) rel. inspirierte Titel. Das Resultat ist eine ganzheitlich rel. – nicht kirchl. oder liturg. – Musik (→Kirchenmusik), die durch Entsprechungen in Stil und Geisteshaltung auch Werke nicht explizit rel. Charakters (z.B. die an den »Tristan und Isolde« - Mythos angelehnte Trilogie Harawi 1945; Turangalîla-Symphonie 1948; Cing rechants 1949) mit einschließt. Auch die von starkem ornitholog. Interesse zeugenden Vogelstimmenadaptationen in zahlreichen Werken (Oiseaux exotiques 1956; Réveil des oiseaux 1958; Catalogue d'oiseaux 1958) lassen sich vom rel. Standort her – näml. als Lobpreis des Schöpfers durch die Schöpfung – begreifen. Bezeichnend hierfür ist auch die Stoffwahl von M.s bisher einzigem Opern-Oratorium Saint François d'Assise 1983.

Als wichtigste *Stilmerkmale* M.s – dargelegt in »Technique de mon langage musical« 1944 (dt. 1966) – müssen die Aufwertung des rhythm. Elements unter Einbeziehung hinduist. und altgriech. *Rhythmusmodelle* sowie die Komposition mit sog. »Modi mit beschränkter Transpositionsmöglichkeit« (Tonleitern, bei denen die Oktave so in einzelne Gruppen aufgeteilt wird, daß das Ende einer Gruppe der Beginn der folgenden ist) angeführt werden. Da derart modal gebildete Melodien immer auch mit moduseigenen Tönen harmonisiert werden, sich also melod. und harmon. auf das vorher determinierte Material beschränken, entsteht ein Eindruck von *tonaler Geschlossenheit*, der als musikal. Widerpart zu M.s Weltbild, das den Zerfall in die Bereiche geistlich – weltlich nicht kennt, zu gelten hat.

Neben der kompositor. Tätigkeit muß auch die *pädagog.* hervorgehoben werden, durch die M. direkten Einfluß auf zahlreiche zeitgenöss. Komponisten der jüngeren Generation (P. Boulez, K. H. Stockhausen, I. Xenakis) ausübte.

*Lit.: A. Goléa:* Rencontres avec Olivier M., Paris 1960. – *H. Halbreich:* Olivier M., Paris 1980. – *C. Rostand:* Olivier M., Paris 1957. – *C. Samuel:* Entretiens avec Olivier M., Paris 1967.

*Elisabeth Nicola*

**Messianismus**

*A.* M. ist eine soziorel. Erscheinung, gegründet auf »dem Glauben an das Kommen eines →Messias, der für eine Gruppe oder für die ganze Menschheit die bestehende Ordnung überwinden wird, um eine neue Ordnung von Gerechtigkeit und Glück zu errichten« (H. Koch; H. Desroche). Möglicherweise ist der Messias schon gekommen und wirksam, aber auch die Verheißung und Erwartung seines Kommens kann hinreichend sein. Bisweilen lebt diese Überzeugung ausschließl. innerhalb einer Gruppe weniger *Auserwählter*; meistens richtet sich die messian. Botschaft von einer Gruppe aus mit missionar. Elan an die gesamte Menschheit. Rel. und moral. Überlegungen führen hier zur Überzeugung, daß →Welt und →Gesellschaft unter dem Zugriff von Mächten sind, die das definitive Heil für (alle) Menschen verhindern. Der Kommende wird diese Mächte bekämpfen mit Gottes Hilfe, deren er sicher ist. Bes. Auffassungen innerhalb der Bewegung geben an, wo genau das Versagen dieser Gesellschaft liegt und worin das neue →Heil und seine Formen bestehen werden. Abhängig davon kann die Umkehr als geistl. oder extrem irdisch gerichtet verstanden werden, so daß sich die Erwartungen auf rel., kirchl., polit., ökonom., moral., aszet. oder kosm. Gebiete oder eine Mischung davon zuspitzen. Manchmal beschäftigt man sich mit der Berechnung des genauen Zeitpunkts der Umkehr (→Chiliasmus).

*B.* Im *Westen* ging man lange davon aus, daß jeder M. von seinem Ursprung her jüd.-christl. bestimmt sei: Der einzige Messias ist Jesus, alle anderen neben ihm sind falsche →Propheten. Dagegen zeigt die →Religionswissenschaft, die sich erst seit etwa 1900 ausdrückl. mit dem M. beschäftigt, auch in verschiedenen *anderen Kulturen* Erwartungen auf, die auf das konkrete Eingreifen höherer Mächte in die →Geschichte ausgerichtet sind. Für die jüngste Periode kommen untersuchte und beschriebene Messianismen in Ozeanien, der südl. Sahara und Lateinamerika in Betracht.

*C.* Der →*Hinduismus* und nahezu alle antiken östl. Religionen kannten Erlöser mit messian. Zügen (Krishna; Osiris; Marduk; Baal). Der markanteste, frühchristl. M. blieb in den *Kirchen*, mehr oder weniger prononciert, immer aber in gemäßigter Form gegenwärtig. Extreme messian. Bewegungen, die von wechselndem Einfluß auf die westl. Geschichte waren, zeigen sich in verschiedenen Perioden: Übernommen aus klass. Heilserwartungen entstanden Messianismen um best. *Kaiser* (von Augustus bis Karl d.Gr.); M. ist nachweisbar in *ma. Gegenbewegungen* (u.a. um Tanchelm [erschlagen 1115] und bei franziskan. Spiritualen, die in →Franz von Assisi den neuen Messias sahen [→Franziskaner]), und wirkte extrem weiter in den täufer. Bewegungen zur Zeit der →*Reformation* (vor allem die Wiedertäufer in Münster); M. ist nachweisbar in sozial-rel. orientierten Gruppen nach der *industriellen Revolution* (→Industrie) und unter den →*Pietisten*; es entwickelten sich im Zusammenhang mit dem vorausgehenden und dem aufkommenden Sozialismus messian. Gruppierungen in Nordamerika und nach der →Franz. Revolution, u.a. unter den *utop. Sozialisten.*

Unter dem Einfluß der Bewegung der Raskolniki (seit der 2. Hälfte des 17. Jh.s) kam es zu messian. Sekten in *Rußland und Polen.* Die exklusive, weltweite christl. Mission im 19. und zu Beginn des 20. Jh.s war nicht frei von messian. Zügen.

*Lit.: H. Desroche u.a.:* Dieux d'hommes. Dictionnaire des Messianismes et Millénarismes de l'Ere chrétienne, Paris-La Haye 1969. – *H. Kohn:* Messianism, in: Encyclopaedia of the Social Sciences 9 (1948), 356-364.

*Louis Goosen (Übers.: Hermann Häring)*

## Messias

### A. Der Begriff

*I.* Das Wort »M.« wird im *heutigen Sprachgebrauch* vielfach ganz allg. zur Bezeichnung einer *Führerpersönlichkeit* verwendet, der es gelingt, durch selbstbewußt vorgetragene Versprechungen für die Zukunft Massen zu mobilisieren. So ist es heute auch übl., moderne Freiheitsbewegungen samt ihren Führern als messian. zu bezeichnen. Dieser (im Hinblick auf den konkreten religionsgeschichtl. Ursprung der jüd.-christl. M.erwartung) verwirrende Sprachgebrauch wurzelt letzten Endes darin, daß die bibl. begründete M.erwartung ja tatsächl. aus der Hoffnung auf eine ird. Idealordnung unter der Herrschaft des idealen Nachkommen →Davids hervorgegangen ist. Für den bibl. Bereich gilt es jedoch, die Aspekte des konkreten, bibl. begründeten →Messianismus zu beachten und den Begriff »M.« nicht vorschnell allgemeinmenschl. umzudeuten.

*II.* Das aus hebr. »Maschiach« abgeleitete Wort »M.« bedeutet *»der Gesalbte«*. In bibl. Zeit war die Salbung *Einsetzungsritus* für (Hohe)priester (vgl. Lev 8,12 und Ex 28,41) und Könige (vgl. 1 Sam 10,1). In den Schriften der hebr. Bibel verbinden sich mit dem jeweiligen israelit. König polit. Hoffnungen für die nähere und fernere Zukunft, ohne daß diese als messian. zu bezeichnen wären. Man sollte deshalb nicht alle Texte des AT, die in irgendeiner Weise eine Zukunftserwartung artikulieren, schon deshalb messian. nennen. Das gilt insbes. für die aus der altoriental. Königsideologie entlehnten, poet. übertreibenden Würdebeschreibungen des israelit. Königs (vgl. Ps 2 und 110).

### B. Begriffswandel

Die Hoffnung auf einen Gesalbten (König) erlosch auch dann nicht, als das david. Königshaus von der polit. Bühne verschwunden war. Im Gegenteil: Seit der Zeit nach dem Babylon. Exil (→Judentum) ist die Hoffnung auf das Kommen eines *Idealkönigs* noch lebendiger geworden.

*I.* In dieser Zeit wurde der Begriff »M.« allmähl. zur schlechthinnigen Bezeichnung für den erwarteten *Zukunftskönig aus dem Hause Davids.* Man hat also davon auszugehen, daß »M.« den zukünftigen, menschl., ird.- endzeitl. König aus dem Hause Davids meint. Diese Rolle wuchs dem konkreten israelit. König aus den in Israel nie erlöschenden Zukunftserwartungen zu. Die Erfüllung solcher Zukunftshoffnungen konnte freil. auch von anderen als königl. Heilsbringern erwartet werden. So ist es nicht verwunderl., daß im 2./1. Jh. v. Chr. neben der Erwartung des zukünftigen Heilskönigs auch die eines *Hohenpriesters* belegbar ist (vgl. die »Gemeinderegel« von Qumran 1 QS 9,11). Daneben gab es im Anschluß an Dtn 18,15.18 auch die Erwartung eines zukünftigen *Propheten,* für den jedoch der Titel »M.« konsequenterweise nie gebraucht wurde. Es ist nicht verwunderl., daß diese priesterl. und vor allem prophet. Zukunftsgestalten auch in den messian. Vorstellungsbereich gelangten. Da es nicht mögl. war, alle diese Typen gleichzeitig als den M. zu verstehen, bedurfte es im Falle der Kombination dieser je verschiedenen Vorstellungen einer inneren Rangordnung. So ermöglichten dann geeignete Funktionsteilungen (vgl. etwa den priesterl. und königl. M. in Qumran 1 QS 9,11) die Einordnung in das jeweilige »messian.« Gesamtkonzept. In diesem Zusammenhang ist auch das Hineinwachsen des *wiederkehrenden* Elija (vgl Mal 3,23; Sir 48,10) in seine Rolle als Vorläufergestalt des königl. M. verständl. (vgl. Mk 9,11-13). In diesem älteren messian. Modell ist das Auftreten dieser Gestalten mit der Erwartung einer *innerweltl.* Wende verbunden.

*II.* Im *apokalypt.* Schrifttum besteht zunächst die Vorstellung einer kosm. Endzeit, ohne daß dabei einem M. eine Funktion zugeschrieben worden wäre (vgl. Hen 91,11-16). Die M.vorstellung ihrerseits hat jedoch im Laufe der Zeit Elemente aus der apokalypt. Eschatologie übernommen und den Messianismus um eben die Vorstellung einer *kosm. Wende* erweitert. In diesem neuen messian. Bezugsrahmen erhält dann auch jenes Textmaterial (wie eben Ps 2 und 110) eine neue Bedeutung, in dem sich die altoriental. Königsideologie widerspiegelt. Es wurde nicht mehr als poet. verklärende Huldigung, sondern als real gemeinte Beschreibung des messian. Zukunftskönigs verstanden und so zu einem Bestandteil des apokalypt.-messian. Vorstellungsmodells.

### C. Im Neuen Testament

Durch die ntl. Bezeichnung Jesu als des Gesalbten (M., Christos, Mt 1,1) und die Übernahme dieses Begriffs durch die Christen, die ihn zu einer *Bekenntnisformel* machten, wurde der ursprüngl. (erst in nachatl. Zeit als Fachbegriff voll ausgebildete) M.begriff nochmals entscheidend umgeprägt. Für das NT bestand ebenso wie für die christl. Theologie das Problem, Person und Werk Jesu in bibl. Kategorien als *Vollendung des AT* zu beschreiben. »M.« diente dazu als Schlüsselbegriff. Damit konnte man die Gestalt des hist. Jesus jedoch nicht angemessen erfassen. Wichtig dabei wurde deshalb auch der aus dem Buch Daniel geläufige und zu einer eschatolog. Hoheitsaussage umgedeutete Begriff »Menschensohn«. Als Hoheitsaussage begegnet er, mit »M.« gleichgesetzt, im NT (vgl. Mt 26,63) und auch in den sog. Bilderreden des Henochbuches (→Apokryphen). Erst dadurch konnte man den M.titel und die Aussage einer eigentl. Gottessohnschaft miteinander verbinden und gleichzeitig der Person des *leidenden* Jesus von Nazaret (durch dessen erstes Auftreten ja keine sichtbare Veränderung der ird. Wirklichkeit erfolgte) den M.titel zuerkennen, der die Kontinuität zum AT herstellte.

*D. Im Judentum*

Diese Aspekte der M.erwartung waren für das Judentum im 1. Jh. v. Chr., wie etwa der apokryphe 17. und 18. Psalm Salomos zeigen, keineswegs typ. Das spätere rabbin. Judentum (→Rabbiner) hat konsequent die Erwartung des königl. M. bewahrt und zeitgeschichtl. aktualisiert. Die jüd. M.erwartung ist die eines *ird. Herrschers* geblieben, der die konkrete Welt ideal umgestalten wird, dessen Kommen aber noch aussteht.

*Lit.: J. Becker:* Die M.erwartung im AT, Stuttgart 1977. – *E. Bloch:* Das Prinzip Hoffnung, 3 Bde., Frankfurt/M. 1968. – *F. Dexinger:* Die Entwicklung des jüd.-christl. Messianismus, in: Bibel und Liturgie 47 (1974), 5-31.239-266. – *Ders.:* Das Hoffnungsbedürfnis des Menschen und die Entstehung der Eschatologie, in: *ders. (Hg.):* Tod Hoffnung Jenseits, Wien 1983, 7-16. – *J. Klausner:* The Messianic Idea in Israel, New York 1955. – *E. M. Laperrousaz:* L'attente du Messie, Paris 1982. – *J. Maier:* Die messian. Erwartung im Judentum seit der talmud. Zeit, in: Judaica 20 (1964), 23-58; 90-120; 156-183; 213-236. – *T. N. D. Mettinger:* King and Messiah, Lund 1976. – *A. Silver:* A History of Messianic Speculation in Israel, Boston, 2. Aufl. 1959. – *J. L. Talmon:* Polit. Messianismus, Köln 1963. – *G. Vermes:* The Present State of the »Son of Man« Debate, in: Journal of Jewish Studies 29 (1978), 123-134. – *A. S. van der Woude:* Die messian. Vorstellungen der Gemeinde von Qumran, Assen 1957. – *M. Zobel:* Gottes Gesalbter, Berlin 1938.

*Ferdinand Dexinger*

**Metaethik** stellt einen Typ eth. Reflexion dar, dessen Einheit weniger themat. als methodolog. vom Standpunkt der sprachanalyt. Philosophie (→Sprachwissenschaft) her geprägt ist, vor allem von B. →Russell und G. E. Moore (1873-1958), inhaltl. gestützt auf L. →Wittgenstein. So kann der Begriff M. leicht in die Irre führen, denn wie die →Analyt. Philosophie überhaupt, so sucht M. aus der Analyse der →Sprache philos. Erkenntnisse zu gewinnen. Sie tritt so in Konkurrenz zu anderen philos. Ansätzen, indem sie diese selbst – durch Reflexion auf deren sprachl. Entfaltung – zum Gegenstand macht. In ihr treffen sich also eth. Reflexion und Reflexion *über* →Ethik in einer Weise, die nicht immer klar unterschieden werden kann.

*A.* Gemäß ihrem methodolog. *Selbstverständnis* erhebt die M. den Anspruch, eine Theorie zur Bedeutung moral. Aussagen aufzubauen. Diese Aufgabe unterteilt sich in die Theorie der Bedeutung moral. *Ausdrücke* und die Theorie des *Begründungsverfahrens* für moral. Urteile, d.h. Sätze. Der Standpunkt einer hedonist. Ethik etwa, wonach die Erfüllung unseres Strebens in →Freude und Lust zu suchen sei, müßte metaeth. als die Behauptung formuliert werden: Mit der Aussage, etwas sei gut, meinen wir prinzipiell, es sei lustvoll und freudebringend. Metaeth. Reflexion hätte sich dann die Frage zu stellen, ob diese These mit unseren moral. Argumentationsweisen übereinstimmt.

Die Entwicklung der M. wurde wesentl. initiiert durch die Feststellung Moores, daß gerade dies für die hedonist. These (wie für jede These, die das Wort »gut« durch natürl., empir. beschreibbare Eigenschaften definiert) nicht der Fall ist; denn man kann ohne Widersprüchlichkeit immer noch weiterfragen, ob denn der lustvolle, gelassene oder wie auch immer charakterisierte Zustand auch wirkl. »gut« sei, und wir sind durchaus nicht bereit, diese Frage für den vom Hedonisten oder sonstigen »Naturalisten« (Moore) behaupteten Bereich zurückzuweisen. Damit ist über die zugrundeliegende eth. These kein abschließendes Urteil gefällt, aber es ist gezeigt, daß sie mit dem Inhalt unserer moral. Ausdrucksweisen nicht im Einklang steht. Insofern trägt sie ihm gegenüber die Beweislast, wenn sie für seine Änderung plädiert.

*B.* Die *Grundpositionen* der M. haben sich aus dieser (mit Moores Kritik des Naturalismus eingeleiteten) Analyse moral. Ausdrücke weiterentwickelt.

1. Dem Naturalismus wurde zunächst der *Intuitionismus* entgegengesetzt, wonach ein Wort wie »gut« für eine nichtempir., nur mit moral. Intuition erfaßbare Eigenschaft steht. Daß wir also eine Handlung dann als gut bezeichnen, wenn dieses Urteil unserer moral. Intuition entspricht, ist immer noch eine These über die Verwendung moral. Ausdrücke und ihren Bezug zum sie verwendenden Menschen. Zugleich läßt sich jedoch nicht leugnen, daß in ihr bereits gewichtige eth. Voraussetzungen gemacht werden, etwa die eines moral. Erkenntnisvermögens eigener Art.

2. Noch deutlicher wird dies beim *Emotivismus.* Um die Schwierigkeiten zu lösen, in die sich die naturalist. sowie die intuitionist. Analyse unserer moral. Sprache verstrickt, stellt er erstmals von der M. aus →Ethik prinzipiell in Frage. Die emotivist. Auffassung bestimmt moral. *Ausdrücke als Instrumente* zur Erreichung best. Verhaltensweisen von Menschen im Kampf um die interessengeleitete Gestaltung des Zusammenlebens. Einen moral. Ausdruck versteht man demnach gerade nicht, wenn man danach fragt, was er bezeichnet, sondern wenn man allein seine →*Funktion* im Lebensvollzug der Sprachgemeinschaft beschreibt. Im eth. Sinne begründen lassen sich moral. Aussagen dann gar nicht mehr, moral. Argumentation basiert auf *Selbsttäuschung.*

3. Hingegen ist es nach dem von R. M. Hare entwickelten *Präskriptivismus* gerade ein wesentl. Merkmal moral. Begriffe, daß sie Gegenstand rationaler →Argumentation und Mittel der Handlungsbegründung sind. M. hätte demnach die sprachl. Beziehungen zu untersuchen, die zwischen Behauptung und Begründung sowie zwischen dem beschreibenden und dem vorschreibenden (imperativen) Aspekt moral. Äußerungen bestehen. Sie

wäre so nach Hare eine Theorie der Universalisierbarkeit moral. Urteile.
4. Im sog. *Neonaturalismus* wird die Universalisierbarkeitsthese Hares zu der Frage weiterentwickelt, inwiefern die Begründbarkeit moral. Urteile wiederum auf ganz best. Gründe bezogen werden muß und welcher Art, ja welchen Inhalts diese sein müssen.

*C.* Die *Grenzen* der M. werden durch die Unabgeschlossenheit des sich immer breiter auffächernden Ansatzes der sprachanalyt. Philosophie gezogen, der auch in seinen theoret. Varianten (insbes. der →Wissenschaftstheorie) das Verhältnis von deskriptivem und normativem Status seiner Ergebnisse noch nicht klären konnte. So dürften für die Weiterführung der M. die Arbeiten an einer analyt. Handlungstheorie sowie der Aufbau der →deont. Logik (→Norm) und der rationalen Entscheidungstheorie, aber auch eine Reflexion des Verhältnisses von M. und Ethik wesentl. sein, welche die Voraussetzungen des analyt. Standpunktes übersteigt.

*Lit.: G. Grewendorf/G. Meggle (Hg.):* Seminar: Sprache und Ethik, Frankfurt/M. 1974 (Lit.). – *R. M. Hare:* Die Sprache der Moral, Frankfurt/M. 1972. – *F. Kaulbach:* Ethik und M., Darmstadt 1974. – *G. E. Moore:* Principia Ethica, Stuttgart 1970. – *A. Pieper:* Ethik und Moral, München 1985 (Lit.).

*Walter Schweidler*

**Metaphorik.** Erste systemat. Überlegungen zur M. finden sich in der Poetik und Rhetorik des →Aristoteles, der von der Metapher als der *Übertragung* eines fremden Namens spricht. Kriterium einer gelungenen Übertragung ist die Umkehrbarkeit des Bildes (→Analogie): Der Wortübertragung liegt eine Ähnlichkeit zugrunde, die in der Dechiffrierung (Entschlüsselung) in Eindeutigkeit überführt wird.

*A.* Die lat. rhetor. Schultradition (Quintilian) spricht im gleichen Sinn von der »translatio«. M. bzw. *translatio* sind Arten der uneigentl. Rede (der nichteindeutigen Prädikation). Andererseits gilt, daß bei best. Sachverhalten die M. angemessener ist als die direkte Aussage (das prädikative Nomen), auch wenn sich ein solches immer ersetzen (substituieren) lassen muß. Deshalb lassen sich die an Aristoteles orientierten Überlegungen zur M. als *Substitutionstheorie* kennzeichnen.
Seit ihren Anfängen arbeitet die *christl. Theologie* mit Metaphern, auch wenn sie den Begriff M. erst im MA. in ihren Sprachgebrauch aufgenommen hat. Die metaphor. Rede begegnet vornehml. in der negativen Theologie, ihrerseits Ausdruck eines Paradoxes: Die von der negativen Theologie verschärfte Radikalisierung des atl. *Bilderverbots* (auch die theol. Begriffe sind letztl. Bilder) legitimiert und setzt so gerade eine Fülle von Bildern frei, welche die Unzulänglichkeiten des theol. Begriffs kompensieren. Letzterer erschöpft sich darin, daß er das Anderssein Gottes negativ umschreibt. Die Überlegenheit der rel. Bilderwelt gegenüber dem Begriff entspringt aus deren Möglichkeit und Fähigkeit, zwischen endl. Menschenwesen und unbegreifl. Gottheit zu vermitteln. Auf dieses Argument greift auch →Thomas von Aquin zurück, wenn er erneut an den aristotel. Sprachgebrauch der M. anknüpft. Er zeigt, daß die →Bibel nicht nur ständig Metaphern gebraucht, sondern auch diesen Gebrauch reflektiert. Die Rechtmäßigkeit der Metapher, vor allem in der →Christologie, steht so außer Zweifel: Die *»Menschwerdung Gottes«* (→Inkarnation) als die Versinnlichung des Unsichtbaren legitimiert die metaphor. Rede von Gott. Das Interesse der →Renaissance und des nachfolgenden →Barock an einer Textauslegung, die an Eindeutigkeit ausgerichtet ist, verdrängte zwar solche Überlegungen, ist aber durch seine Allegorese selber Beleg für das Fortwirken einer erweiterten M.

*B.* Zu Beginn der Neuzeit tritt zwar der Begriff der M. zurück, nicht jedoch die Sache. M., auch als rel., begegnet hier als »Symbol« (Kant), »Tropos« (Schleiermacher) oder – bis in die Gegenwart – als »Chiffre« (Jaspers) und konnte so auch religionsphilos. (z.B. in Kants Entgegensetzung von »symbol.« und »dogmat.« Anthropomorphismus) fruchtbar werden. Andererseits können gerade *gegenwärtige Überlegungen* in den Sprach- und Literaturwissenschaften zu einer Überwindung der Probleme der aristotel. Substitutionstheorie mit einem gesteigerten Interesse von seiten der Theologie und Religionsphilosophie rechnen. Zu nennen ist die – in Auseinandersetzung mit der Substitutionstheorie entwickelte - *Interaktionstheorie* der M. (Black, Kurz, Stierle, Weinrich). Sie geht davon aus, daß sich Funktion und Bedeutung der M. nur hermeneut. (→Hermeneutik), in bezug auf best. interpretative Kontexte erfassen lassen – in einem unabschließbaren Prozeß wechselseitiger Interpretation. Dem *Kontext*, nicht dem substituierten Nomen, kommt hier die tragende Bedeutung zu. In eine ähnl. Richtung weisen Ricoeurs Überlegungen zur Hermeneutik (vor allem der rel. →Sprache), in denen die M. als Instrument aufscheint, »neue Welten« zu erschließen. Sieht man in der negativen Theologie einen mögl. Kontext rel. M., kann die Metapher durchaus »Wahrheit« im Sinne *rel. Verbindlichkeit* erfassen und zur Darstellung bringen, auch wenn Wahrheit hier nicht mehr Adäquation, Angleichung an die »Wirklichkeit« bedeuten kann.

*C.* Die Leistungsfähigkeit eines solchen M.begriffs kann deutl. werden im Umgang mit jenen *bibl. Texten*, die unmittelbar metaphor. sind (→Gleichnis und Parabel, Bildreden). Diese rufen eine *Modell*-Ebene auf, in der sich beispielsweise – aus der Unterscheidung zwischen Gott und Welt, zwischen Schöpfer und Geschöpf – ein *»fiktionales« Element* herleitet, das gerade nicht Erdichtung in einem ästhet. Sinne ist, sondern die *Vorwegnahme* (Antizipation) von etwas, was nur annäherungsweise darstellbar ist. Wer z.B. »fiktional« von der »Gottesherrschaft« redet, zielt Bezüge diesseits einer Identifikation von Endlichkeit und Transzendenz an und verzichtet auf begriffl. (d.h. implizit ontolog.) Entsprechungen zu der entfalteten Bilderwelt. Rel. Wahrheit und Verbindlichkeit wären demnach nichts, was »an sich« bestünde. Sie zielten vielmehr auf ein *Einverständnis* des Hörers, das an einer (im Handeln bewährten) Verläßlichkeit orientiert ist, die erst als solche auch zur Verbindlichkeit für das Denken wird. In der metaphor. Sprache der Bilder und Gleichnisse wird dann jener Abstand sichtbar, der das vermeintl. »rel. Objekt« aus der Reihe mögl. Objekte mögl. menschl. Wissens heraushebt. Die Erkenntnis eines solcherart erweiterten M.begriffs besteht darin, daß sich von →Gott eigentl. nur und ausschließl. metaphor. sprechen läßt.

*Lit.: A. Haverkamp (Hg.):* Theorie der Metapher, Darmstadt 1983. – *J. Hochstaffl:* Negative Theologie, München 1976. – *G. Kurz:* Metapher, Allegorie, Symbol, Göttingen 1982. – *P. Ricoeur:* Die lebendige Metapher, München 1986. – *P. Ricoeur/E. Jüngel:* Metapher. Zur Hermeneutik rel. Sprache, München 1974. – *G. Söhngen:* Analogie und Metapher, Freiburg/München 1962. – *H. Weder:* Die Gleichnisse Jesu als Metapher, Göttingen 1978.

*Carl-Friedrich Geyer*

**Metaphysik** bedeutet Prinzipienwissen, allg. eine Weise, die letzte und höchste, das Ganze bestimmende Wirklichkeit diskursiv und rational zu erörtern und zu betrachten.

*A.* Die *begriffl.* Annäherung an diese Wirklichkeit bedient sich seit den Anfängen der Philosophie unterschiedl., z.T. vieldeutiger bzw. widersprüchl. Begriffe wie →Vernunft, →Sinn, Idee, Erstursache, →Schicksal oder Vorsehung, →Gott oder das Göttliche (→philos. Theologie), das ganz Andere, →Welt als →Natur, Welt als →Geschichte. Ihnen entspricht die Abgrenzung von anderen Mitteln der Selbstverständigung und Weltauslegung, etwa vom →Mythos, der →Religion, der →Kunst, der neuzeitl. Wissenschaften und der auf sie gestützten Metaphysikkritik. Der Begriff M. begegnet erstmals im Zusammenhang der Redaktionsarbeiten des Andronikos von Rhodos (um 70 v. Chr.) an den *Schriften des →Aristoteles*, von denen er vierzehn Bücher unterschiedl. Inhalts zu einem Buche unter dem Titel »M.« zusammenfaßte. Verdankt diese Zuordnung sich überwiegend bibliothekar. Gesichtspunkten, so gibt es doch auch einen systemat.-inhaltl. Zusammenhang: Ihre Ausführungen richten sich auf ein Wissen von Gegenständen, die jenseits des Gegenstandsbereichs der →Physik liegen. Ihnen wendet sich die →Theorie *(theoria)* zu, die →Weisheit oder wegen der Erhabenheit ihres Gegenstandes auch →Theologie (natürl. Gotteslehre) genannt wird. Sie ist außerdem *Wissenschaft von der gesamten Wirklichkeit* (im Gegensatz zur Physik, die sich dem begrenzten Einzelphänomen zuwendet).

*B.* Über den aristotel. Ansatz hinaus bleiben zwei Gesichtspunkte für das Selbstverständnis der M. bestimmend: der Anspruch auf *Wissenschaftlichkeit* und der Anspruch auf *Totalität.* Von ihnen ausgehend, kann man auch von einer M. vor ihrem ausgebildeten Begriff sprechen, so von der vorsokrat. Prinzipienphilosophie (der Aufweis von *archai*) und von der platon. Ideenlehre (→Platon). Die nicht nur ontolog., sondern auch theol. Voraussetzungen der griech. M. konnten dazu führen, daß entscheidende Vorgaben der antiken Theoriadiskussion auch für das Denken im Erfahrungshorizont des jüd.-christl. Schöpfer- und Erlösergottes bestimmend blieben, so bei Anselm von Canterbury, →Thomas von Aquin, Johannes →Duns Scotus und Wilhelm von →Ockham, um nur die herausragendsten zu nennen. M. ist hier entweder – wie schon bei →Aristoteles – →Ontologie (Thematisierung des Seins als Ganzen unter der Rücksicht seines Seins), philos. Theologie (Lehre von Gott als einzig wahrem Sein) oder metaphys. Geist- und Seelenlehre (Thematisierung von Geist bzw. Seele als des gemeins. Substrates von Gott und Mensch, Ewigem und Endlichem).

*C.* Der Beginn der neuzeitl. Infragestellung der M. fällt zus. mit ihrer Reduktion auf eine rationale Prinzipienlehre; M. erscheint hier als *Grundwissenschaft*, die angesichts der Grundlosigkeit der fakt. Welt ein sicheres Fundament der Erkenntnis verheißt. Ihr Ziel ist u.a. die Abwehr unkontrollierten Spekulierens und die Überwindung der →Dualismen der traditionellen M. (Geist – Leib; Ewiges – Endliches; Wandelbares – Immerseiendes; Gott - Welt; Urbild – Abbild). So gründete →*Descartes* die Einheit des Wissens auf die Selbstgewißheit des erkennenden Ich, hervorgegangen aus dem method. Zweifel. Diese neue, aus dem Zweifel hervorgegangene Gewißheit bedarf zu ihrer Begründung des Gottes der traditionellen M. nicht mehr. Je mehr aber die Plausibilität solcher Begründungen schwindet, werden metaphys. Diskurse generell fragl. →Hume beispielsweise konnte die M. ein Produkt der blinden Einbildungskraft nennen, die spekulativ (d.h. unbegründet) von bekannten Phänomenen auf unbekannte schließe.
Erst bei →*Kant* findet sich eine – dem gewandelten Problembewußtsein angemessene – *Rehabilitierung* der M., die Neubegründung wie Verabschiedung der M. zu vereinen suchte. Wenn unser Wissen nur an die Gegenstände mögl. Erfahrung heranreicht, ist M. nur noch mögl., wenn sie *Verzicht* leistet auf ein Wissen, das sich versteht in Analogie zu den Wissenschaften, die auf Erfahrungstatsachen und entspr. Gesetze gegründet sind; sie ist ferner nur mögl., wenn sie den Anspruch aufgibt, Theologie zu sein, also auf »letzte« Fragen eine positive Antwort zu geben. Darüber hinaus steht sie unter dem ständigen (skept.) Vorbehalt, ihre Gegenstände wie das Wissen darüber könne bloße Erdichtung sein. Andererseits hält Kant daran fest, daß es allein die M. ist, was wir »in echtem Verstande« Philosophie nennen können,

weil die Fragen, auf die M. antworten will, für den menschl. Verstand unabweisbar sind. Es sind die Fragen nach Gott, nach der menschl. →Freiheit und →Unsterblichkeit, die von seiten der Vernunft Rechenschaft verlangen, auch wenn sie nur »Idee«, »Regulativ« sein können, die Vernunft sie also nicht als Realität zum Gegenstand ihrer Untersuchungen machen darf. Die Fragen der M. sind »Faktum der Vernunft«, wenngleich sie niemals Gegenstand unserer Erkenntnis werden können.

Gegen Kant betonte →*Hegel*, daß M. als *Erkenntnis* der Wahrheit, Gottes, des Wesens der Welt und des Geistes *notwendig* sei. Allerdings leistet Hegel gänzl. Verzicht auf den Begriff M. und spricht von der »Lehre vom Wissen des →Absoluten«, wie sie die »Wissenschaft der Logik« darstellt. Sie richtet sich auf die Totalitäten, welche an und für sich der Vernunft (als dem Denken des in sich konkreten Allgemeinen) angehören – Seele, Welt, Gott. Damit ist – zumindest formal – der Umfang der M. umschrieben, wie sie in neuzeitl. Kontexten begegnet. M. wird gleichbedeutend mit dem Wissen um und von der Totalität.

*D.* Metaphys. Diskurse entwickeln sich neuzeitl. dort, wo – gegen die herrschende Tendenz, Wissen nach seinem Nutzen für den Menschen zu bemessen – am *Wissen um seiner selbst willen* festgehalten wird (das, was die Antike als »theoria« ansprach und von der »techne« bzw. auch der »episteme« unterschied). In diesem Sinne ist der weltanschaul. →Materialismus ebenso M. wie die Versuche, die Vielheit und Unüberschaubarkeit des Wissens generalisierend zusammenzufassen oder eine bestimmte Wissenschaft zur bedeutendsten, fundamentalen und die anderen dominierenden zu stilisieren: bei Scheler etwa die →Anthropologie, bei Whitehead die →Kosmologie oder im log. →Positivismus eine logisch korrekte Sprache (z.B. bei Carnap).

Noch bedeutender in diesem Zusammenhang ist, was Adorno *negative M.* genannt hat. Sie zielt auf ein »Anderes«, das abgegrenzt wird von der Welt der Tatsachen (die in den empir. Wissenschaften zur Sprache kommt), von der »verwalteten Welt« (→Krit. Theorie), von einer fragwürdig gewordenen →Kultur bzw. einem unglaubwürdig gewordenen Fortschrittsdenken. Umgekehrt können aber auch gesteigerte Erwartungen an das *Geschichtsdenken* (etwa bei E. Bloch) zum M.ersatz werden, ebenso wie eine M.kritik, die als Technik- und Fortschrittskritik das archa., unverstellte (Seins-)Denken der Frühzeit wiedererwecken möchte (→Heidegger). Von einer neuzeitl. Variante metaphys. Denkens darf man aber auch dort sprechen, wo die Auseinandersetzung mit der überlieferten *Religion* für die Philosophie themat. wird, ohne daß damit eine →Religionsphilosophie intendiert würde. Hier zu nennen wären die Ansätze von L. Kolakowski (etwa seine Rehabilitierung des →Mythos) und P. Ricoeur (die »Symbolik des Bösen«).

»Metaphys.« sind aber auch – wenngleich schwundstufenhaft – gegenwärtige Weiterentwicklungen bzw. *Umformungen der →Transzendentalphilosophie* (z.B. bei K.-O. Apel und J. Habermas). Gleich jeder M. arbeiten sie Strukturen eines Vernunft- und Wirklichkeitsverständnisses heraus und sind ungeachtet des hist.-kontingenten Charakters nicht bereit, Geltungsansprüche einer ausschließl. historisierenden Betrachtungsweise zu opfern. Solche Traditionen der M., von Diskursen also, die Vernunft für sich reklamieren, ohne zusammenzufallen mit dem, was Horkheimer *instrumentelle* Vernunft genannt hat, scheinen gegenwärtig unübersehbar präsent in einem Denken, das im weitesten Sinne einsteht für den Versuch, den →Positivismus in seinen unterschiedl. Spielarten zu überwinden.

*Lit.: H. Boeder:* Topologie der M., Freiburg/München 1980. – *W. Ehrlich:* M., Tübingen 1955. – *C.-F. Geyer:* Aporien des M.- und Geschichtsbegriffs der Krit. Theorie, Darmstadt 1980. – *G. Jánoska (Hg.):* M., Darmstadt 1977. – *G. Martin:* Allg. M., Berlin 1965. – *W. Oelmüller/R. Dölle-Oelmüller/C.-F. Geyer:* Diskurs: M., Paderborn 1983. – *D. F. Pears (Hg.):* The Structure of Metaphysics, London 1957. – *G. N. Schlesinger:* Metaphysics. Methods and Problems, Oxford 1983. – *W. Schulz:* Der Gott der neuzeitl. M., Pfullingen 1957. – *R. Specht:* Innovation und Folgelast. Beispiele aus der neueren Philosophie- und Wissenschaftsgeschichte, Stuttgart-Bad Cannstatt 1972. – *E. Topitsch:* Vom Ursprung und Ende der M., Wien 1958. – *W. Weischedel:* Der Gott der Philosophen. Grundlegung einer philos. Theologie im Zeitalter des Nihilismus, 2 Bde., Darmstadt 1971. – *A. B. Wolter:* Summula Metaphysicae, Milwaukee 1985.

*Carl-Friedrich Geyer*

**Methode** ist sprachl. abgeleitet vom griech. *methodos:* Weg, etwas zu erreichen. Im prakt. und theoret. Bereich bezeichnet M. ein planmäßiges Verfahren zur Erreichung eines bestimmten Zieles. Von der Vielfalt der Ausgangsbedingungen, der mögl. Wege und der Ziele her ergibt sich eine entsprechende *M.nvielfalt.* Die wissenschaftl. M. grenzt hier weiter ein und läßt nur bestimmte, von der jeweiligen Wissenschaft her zu entwerfende oder bereits bewährte Verfahren zu. Noch weiter geht man in der philos. M. Bereits seit der Antike (vgl. etwa Platons »dialekt.« M.) diskutiert man, ob die philos. M. das allen anderen M.n Gemeinsame deutl. machen könne, also eine »universale« M. darstelle. Solche Versuche eines »M.nmonismus« dürften aber fragl. sein und zudem die Erkenntnismöglichkeiten einengen.

*A.* In der aristotel. Tradition steht die Unterscheidung von *analyt. und synthet. M.* Bei der vor allem in den empir. Wissenschaften angewandten analyt. M. wird von Einzelfällen auf ein Allgemeines (z.B. ein allg. Gesetz) geschlossen (Induktion). Die synthet. M. geht genau umgekehrt vor und schließt vom Allgemeinen auf das Besondere (Deduktion). Eine Variante der letzteren findet sich in der math. →Logik, wenn es um die Ableitung einer Aussage aus einer bereits gesicherten Aussage geht. Die beiden Elemente der Unterscheidung stehen nicht unbedingt gleichrangig nebeneinander. So ist etwa für →Descartes u.a. in der Mathematik die synthet. M. zweitrangig, da sie nur ableitet, was vorher durch die analyt. M. geschaffen wurde. Die hier angesprochene Unterscheidung wirkt bis in die Gegenwart fort. Man denke nur an die analyt. →Wissenschaftstheorie und ihre Unterscheidung von empir. und reinem Teil: im einen werden empir. Aussagen induktiv, im anderen wird die Geltung von Aussagen deduktiv untersucht. Gleichsam zwischen den beiden behandelten M.n liegt die experimentelle M.. Bei ihr geht es um eine Überprüfung oder auch Bildung von Hypothesen mit Hilfe von Experimenten.

*B.* In der →Neuzeit entwickelten die einzelnen Richtungen der Philosophie und Wissenschaften immer stärker ihre *eigenen M.n:* Sei es die transzendentale M. (→Transzendental, →Kant), die dialekt. M. mit ihren verschiedenen Stufen (→Dialektik, →Hegel, →Marx, →Krit. Theorie) oder die hermeneut. M. (→Hermeneutik, →Dilthey), um nur exemplar. einige Beispiele zu nennen. Hier wird zugleich deutl., wie stark die fakt. Entwicklung Tendenzen zur Vereinheitlichung überholt hat.
Die M.nvielfalt hat einige Konsequenzen, die nicht sofort sichtbar sind: So kann jede M. immer nur bestimmte Aspekte und nie ein »Ganzes« in den Griff bekommen. Desgleichen bleibt jede M. ergänzungsbedürftig und damit relativ. Wie weit diese Relativität geht und welche Bedeutung eine M. im einzelnen beanspruchen kann, ist nicht generell und auf Dauer zu beantworten, sondern im Einzelfall zu entscheiden. Damit tritt Descartes' »method. Zweifel« ins Blickfeld, allerdings mit der Frage verknüpft und dahingehend relativiert, ob und welche Sicherheit oder Orientierung trotzdem mögl. ist. Dies bedeutet nicht, einem (radikalen) →Skeptizismus das Wort zu reden. Es nimmt nur die sich immer weiter differenzierende →Wissenschaft und →Gesellschaft ernst. Theologie unterliegt zunächst der allg. M.nproblematik. Insoweit es jedoch um Offenbarung und Glaubenserkenntnis geht, entwickelt sie zusätzl. spezif. M.n (→Hermeneutik, →Erkennen, →Bibelwissenschaft u.a.).

*Lit.: J. M. Bochenski:* Die zeitgenöss. Denkm.n, München, 8. Aufl. 1980. – *Ch. Callo:* Philos. Grundkurs zum Erkenntnisbegriff, München 1983. – *S. Coleridge:* Versuche über die M., St. Augustin 1980. – *H. J. Engfer:* Philosophie als Analysis, Stuttgart 1981. – *H.-G. Gadamer:* Wahrheit und M., Tübingen, 2. Aufl. 1965. – *F. Wenisch:* Die Philosophie und ihre M., Salzburg/München 1976.

*Hermann Punsmann*

**Methodologie** leitet sich (wie →Methode) sprachl. her vom griech. *methodos* (Weg, etwas zu erreichen bzw. Gang der Untersuchung) und *logos* (Lehre). Sie gehört als Teil der →Logik zur →Wissenschaftstheorie. M. ist einmal Theorie der wissenschaftl. Methoden allg. Zum anderen kann M. aber auch als spezielle M. innerhalb einer einzelnen Wissenschaft angesiedelt sein und bezieht sich dann eben auf deren spezielle Methoden. In jedem Fall ist sie den Wissenschaften bzw. deren Methoden vorgelagert und abstrahiert davon. Insofern könnte man sie als Metawissenschaft bezeichnen.

*A.* Die M. ist bislang noch kaum systematisiert oder allg. entwickelt, auch wenn sie bereits als »Erfindung der prot. Schulphilosophie des 17. Jh.s« (Geldsetzer) angesehen wird. Sie kann aus *verschiedenen Perspektiven* an ihren Gegenstand herangehen: es kann der M. um eine Begründung der Methoden, um deren (log.) Analyse oder auch um deren Zusammenfassung gehen. Der Gegenstand liegt dabei sowohl in der theoret. als auch in dem empir. Bereich. Es geht also um eine Analyse theoret. Konstrukte ebenso wie um die von Forschungstechniken. Es kann darüber hinaus um eine Überwindung der zwischen ihnen bestehenden Kluft gehen. Im einzelnen untersucht die M. die verwendeten Begriffe, Bildung und Konstruktion von Theorien, Beweisverfahren, das →Wissen generell, aber auch Techniken, deren Implikationen usw. Die M. bezieht sich also nicht nur auf Bestehendes, sondern auch auf dessen Entstehung. Es geht also sowohl um »Verfahren der Sicherung der Geltung wissenschaftl. Aussagen« wie auch um »Verfahren der Wissensbildung« (Mittelstraß).

*B.* M. wird häufig *unter anderem Namen* geführt. Man denke hier etwa an Poppers »Logik der Forschung« oder Poppers und Adornos »Logik der Sozialwissenschaften« im Rahmen des Positivismusstreites (1961) innerhalb der →Soziologie. Wohl dürfte auch der Positivismusstreit insgesamt in den Rahmen der M. einzubeziehen sein, da es in ihm ja gerade um die Zulässigkeit von bestimmten Methoden innerhalb der Sozialwissenschaften ging (→Positivismus). Gerade weil jede – nicht nur wissenschaftl. – Methode relativ bleibt, ist deren Reflexion und damit M. notwendig, nicht nur im Rahmen einer Einzeldisziplin, sondern auch übergreifend. Daß dies jedoch nur bedingt angestrebt und vielleicht mögl. ist, hat die bisherige Entwicklung der M. gezeigt. Die Gründe dafür dürften nur bedingt im wissenschaftstheoret. Bereich zu suchen sein, wohl eher in der fakt. Macht der nicht mehr hinterfragten oder – fragbaren Voraussetzungen (→Apriori).
In der Theologie dürfte auf Grund nicht ganz dekkungsgleicher Ansätze kein Konsens hinsichtl. der M. zu erwarten sein. So sind zum einen Unterschiede zwischen (traditioneller) kath. und ev. Theologie (ganz zu schweigen von freikirchl. Ansätzen) zu erwarten, andererseits aber auch zwischen traditionellen und krit.-emanzipator. Ansätzen, die im allg. die traditionell konfessionellen Grenzen sprengen und meist als prägender empfunden werden.

*Lit.: A. Baumgarten:* Erkenntnis, Wissenschaft, Philosophie, Tübingen 1927, Neudruck Aalen 1978. – *I. Lakatos:* Die M. der wissenschaftl. Forschungsprogramme, Wiesbaden 1982. – *A. Menne:* Einführung in die M., Darmstadt 1980. – *W. Stegmüller:* Probleme und Resultate der Wissenschaftstheorie und analyt. Philosophie, 2 Bde., Berlin/Heidelberg/New York 1969/70.

*Hermann Punsmann*

**Michabuch.** Im 8. Jh. v. Chr. hat das alte →Israel einen folgenreichen Normenwandel in der Gesellschafts- und Bodenrechtsordnung erlebt. Dagegen polemisieren die Propheten jenes Jh.s, neben →Jesaja und →Amos vor allem Micha, der nach 1,1 aus einem kleinen, in der Nähe →Jerusalems gelegenen Landstädtchen stammt.

*A.* Von seinem Wohnort aus konnte Micha die Praktiken der in Stadt und Land Mächtigen beobachten. Sie erwirtschafteten sich Latifundien, indem sie die Äcker und Häuser von sozial Schwächeren an sich rissen (2,1f., vgl. Am 5,11; Jes 5,8). Die alte Bodenrechtsordnung (ein Mann, ein Haus, ein Bodenanteil) wurde ausgehöhlt (vgl. 2,610). Als Folge der Fehlentwicklung wird erwartet, daß Jahwe einen erneuten Besitzwechsel vornimmt, bei dem das Land an Fremde aufgeteilt wird (2,3-5). Es sind die Leute der ersten Reihe-Richter, Priester und Propheten –, die Micha in einer Art Ständepredigt anprangert, das Recht gebrochen, näml. Recht, Weisung und Prophezeiung gegen Bestechung und Bezahlung ausgegeben zu haben (3,14.58.912).

*B.* Die *sozialkrit. Polemik* muß vor allem in Jerusalem wenig Eindruck gemacht haben, wo angesichts der Gefahr einer assyr. Erorberung feste Mauern und eine unverbrüchl. kult. Tradition (vgl. Ps 46 und 48) den Sicherheitsbedürfnissen entgegenkamen. Deshalb wird den Zentren von Unterdrückung und Korruption, den Hauptstädten der beiden Teilreiche →Israel und Juda: Samaria (1,6f.) und →Jerusalem (3,9-12) der *Untergang prophezeit.* Dabei ist die Vernichtung Jerusalems mit provokator. Bildern ausgedrückt, die in ihrer Radikalität im AT unvergleichbar sind: »... Zion wird als Feld gepflügt, Jerusalem wird zu einem Trümmerhaufen, der Tempelberg zur Waldeshöhe.« In unmittelbarer Nachbarschaft zu dieser Drohung steht eine strahlende Verheißung (4,15; vgl. Jes 2,24), deren Schauplatz ebenfalls der Zion/Jerusalem als Ort der Völkerwallfahrt und der rechten Belehrung ist. Grundlegend ist eine *pazifist. Hoffnung,* nach der in Zukunft die Vermittlung des Kriegshandwerks aus der Belehrung ausgeschlossen werden kann. Von den Völkern wird erwartet, daß sie untereinander Frieden halten; ihre Produktivkräfte sollen der Erhaltung, nicht der Vernichtung des Lebens dienen, »sie werden ihre Schwerter zu Pflugscharen umschmieden und ihre Lanzenspitzen zu Winzermessern« (4,3). Und weil zum bäuerl. Ideal ungestörten Lebens neben der landwirtschaftl. Produktion die Möglichkeit der Muße auf *eigener* Scholle gehört, soll »ein jeder unter *seinem* Weinstock und unter *seinem* Feigenbaum sitzen und niemand ihn aufschrecken« (4,4).

*C.* Die *Beurteilung* der kontrafakt. Ankündigung mag schwierig sein. Die exeget. Forschung verweist auf die allmähl. Entstehung der Texte. Das kann auch für die folgenden Einheiten zutreffen, in denen die Diaspora im Exil und das Ende des Königtums vorausgesetzt sind (4,6-8.9-14, auch 2,12f., vgl. 5,6-8). Es muß aber nicht für jede formulierte Hoffnung gelten, weil die Prophetie nicht starr in den Kategorien des Vernunftgemäßen erfaßt werden kann. Sie will vielmehr Jahwes unvorhersehbares Handeln in Anknüpfung an und im Widerspruch zum Erhofften und Erwarteten erfahrbar machen. So kann auch das bekannte Wort 5,15, daß der zukünftige Herrscher nicht, wie zu erwarten, aus →Jerusalem, sondern aus Betlehem komme, von Micha stammen, der als Landjudäer das Treiben der Hauptstadt mißbilligte. Die planvolle Zuordnung von Unheil und Heil (1,2-2,11/2,12-13; 3,1-12/4,1-5,14; 6,1-7,7/7,8-20) dagegen beruht wahrscheinl. auf späterer Bearbeitung, die mit den Erfahrungen des Exils und zu neuer Lebensmotivation ein positives Gegengewicht setzen wollte zur pessimist. Zukunftsaussicht der vorexil. Zeit.

*Lit.: A. Deissler:* Zwölf Propheten II (Die Neue Echter-Bibel), Würzburg, 2. Aufl. 1986, 165-201. – *C. Hardmeier:* Die judä. Unheilsprophetie. Antwort auf einen Gesellschafts- und Normenwandel im Israel des 8. Jh.s v. Chr., in: Der altsprachl. Unterricht 26 (1983), 20-44. – *H. G. Kippenberg:* Die Typik antiker Entwicklung, in: *ders. (Hg.):* Seminar: Die Entstehung der antiken Klassengesellschaft (stw 130), Frankfurt/M. 1977, 9-61. – *H. W. Wolff:* Mit Micha reden. Prophetie einst und heute, München 1978.

*Rüdiger Liwak*

**Militär** (lat., franz.) ist die Sammelbezeichnung für *Streitkräfte* aller Waffengattungen. Befehlsstruktur, eigene Gerichtsbarkeit, Kriterien der Tauglichkeit und Loyalität (Musterung, →Eid) unterscheiden militär. →Organisation von ziviler, staatl. →Verwaltung. Planung, Ausrüstung und Einsatz des M.s werden durch Sicherheits- und Geheimnismaßnahmen gegen Ausspähung abgeschirmt. Spannungen zwischen ziviler Bevölkerung und M. treten auf, sobald das M. nicht den Willen des →Volkes oder die Stärke eines polit. Systems repräsentiert (Besatzung, M.regierung, →Diktatur). Im nuklearen Zeitalter wandelt sich der Auftrag des M.s zur Sicherung des →Friedens. Zunehmend umstritten ist die Frage, ob militär. →Gewalt im Einsatz zerstört, was sie schützen soll. →Rüstung und Drohung eskalieren destabilisierend, statt durch Abschrekkung zu befrieden.

*A. Bibl. Texte* erwähnen Soldaten, Rüstung, Heer- und Kriegswesen wie selbstverständl. Daß Soldaten im Rahmen von Befehl und →Gehorsam fremdes und eigenes →Leben der Vernichtung aussetzen, wird nicht verharmlost. →Krieg gilt als →Gottes Gericht. Würde M. nur grundsätzl. abgelehnt, ließe sich nicht erklären, warum soldat. Gehorsam als beispielhaft anerkannt wird (Mt 8,5-13 par.). Pau-

lus schildert Missionsdienst als »Militia Christi«. Geistl. Waffenrüstung (Eph 6,11-17 u.a.) ist im NT und bei den →Apostol. Vätern eine eth. Denkfigur. Tertullian (um 210) führt den Fachausdruck der M.sprache »sacramentum« (Fahneneid) für →Taufe und →Eucharistie ein. Ab 170 n. Chr. ist M.dienst Getaufter im röm. Heer belegt. Taufe und M.dienst waren im 2.-4. Jh. n. Chr. nicht prinzipiell unvereinbar.
Der Lehnsmann des →*MA.s* mußte sich selbst bewaffnen und ausrüsten. Stehende Heere seit dem 18. Jh. bedurften einer zentralen Verwaltung. Rüstungs-, Besoldungs-, Verpflegungs-, Sanitäts- und Veterinärwesen sowie die Unterkunfts-, Garnison- und Festungsverwaltung beschäftigte immer mehr auch ziviles Personal im militär. Unterstellungsverhältnis. So verwischt sich die Grenze zwischen einer Welt ziviler und militär. Verhaltensweisen (Militarismus). M.wissenschaft wird an eigenen →Akademien gelehrt. M.seelsorge (→Seelsorge) geschieht im Auftrag des →Staates in militär. Unterstellung.

*B.* In der *Bundesrepublik* werden seit 1955 verfassungsrechtl. »Streitkräfte« zum Zweck der Verteidigung im Rahmen des Bündnisses (Art. 87a Grundgesetz) und zivile, nicht direkt der militär. Führung unterstellte »Bundeswehrverwaltung« unterschieden. Auf Truppengerichte wird verzichtet. Disziplinar- und Strafsachen werden vor ordentl. Gerichten verhandelt. M.seelsorge ist nicht dem M. unterstellt, sondern in »freier Verantwortung der Kirchen auf Zusammenarbeit zugeordnet«. Eine Entwicklung des M.s zum Staat im Staate soll vermieden und der Soldat als »Staatsbürger in Uniform« behandelt werden. Grundsätze der *Inneren Führung* sollen im Gegensatz zur marxist.-leninist. M.theorie die Militarisierung der Gesellschaft verhindern. Der Rang des M.s in einer Gesellschaft entspricht deren offensiver oder defensiver →Ideologie.
M. entwickelt eigene *Berufsfelder.* Auf Grund der M.hilfe bildet es in den Entwicklungsländern (→Dritte Welt) die modernisierende →Elite und wird zu einem Faktor innenpolit. Konflikte.

*Lit.: O. Bauernfeind:* Strateuomai, in: Theol. Wörterbuch, Bd. VII, Stuttgart 1964, 701-713. – *W. Conze:* Militarismus, in: Geschichtl. Grundbegriffe. Hist. Lexikon zur polit.-sozialen Sprache in Deutschland, Bd. 4, Stuttgart 1978, 1-47. – Handbuch zur dt. M.-Geschichte (1648-1939), 6 Bde., München 1979-1981. – *W. Huber (Hg.):* Christentum und Militarismus, Stuttgart 1974. – *K. G. Kuhn/A. Oepke:* hoplon/panhoplia, in: Theol. Wörterbuch, Bd. V, Stuttgart 1954, 292-302. – *W. H. MacNeill:* Krieg und Macht. M., Wirtschaft und Gesellschaft vom Altertum bis heute, München 1984.

*Hartmut Heinrici*

**Militarismus.** In der weltweit anerkanntesten wissenschaftl. Studie über seine Geschichte wird der M. definiert als »eine mächtige Ballung von Gebräuchen, Interessen, Prestige, Handlungen und Ideen, die sämtl. mit Armeen und Kriegen in Verbindung gebracht werden und dennoch über die eigentl. militär. Zwecke hinausgehen« (A. Vagts). Die *M.-Forschung* kann sich auf die verschiedensten Disziplinen stützen, vor allem auf die →Geschichte, die Politikwissenschaft und neuerl. auch die →Soziologie. Die gegenwärtige →Friedensforschung, ebenfalls interdisziplinär angelegt, setzt sich mit dem M. vor allem als jenem Geist und jener Handlungsstrategie des Unfriedens auseinander, der den →Krieg als legales Mittel der Machtausweitung der imperialist. Herrschaft sieht (→Imperialismus). So kommt D. Senghaas zu der Feststellung, daß von einer »unerbittl. *Durchdringung der Welt mit M.*« gesprochen werden muß. Das bestätigt sich durch die Rüstungspolitik sowohl der Supermächte als auch der wirtschaftl. unterentwickelten Staaten in deren gesellschaftl. Binnenverhältnissen wie auch untereinander (→Rüstung, →Dritte Welt). Paarte sich bis zum Zweiten Weltkrieg der M. mit einem von Nation zu Nation unterschiedl. begründeten →Nationalismus, so scheint der M. nunmehr nur eine spezielle Dimension des mühsam aufrechterhaltenen Gleichgewichts internationaler →Interessen als *Bedrohungsm.* zu sein.
Der Höhepunkt dieser Entwicklung kann darin gesehen werden, daß die →Politik der Politiker dem M. der Militärs geopfert wird und so eine Militarisierung aller internationalen Beziehungen (→Internationalismus) entsteht, die bereits auch das *Bewußtsein der einzelnen Menschen* erreicht hat. Denn nur durch ein solches militarist. Bewußtsein, das sich in vielen Formen der kämpfer. Auseinandersetzung auf der mikrosozialen und makrosozialen Ebene abspielt, können demokrat. und diktator. Regime militär. rüsten, aufrüsten und nachrüsten, um angebl. den →Frieden sicherer zu gestalten. So steuert der moderne M. einem *krit. Punkt* zu, an dem nicht mehr menschl. Entscheidung, sondern die Technik, der Computer oder ein Computerfehler das Ende des M. herbeiführen können, zugleich aber auch das Ende menschl. Lebens auf dieser Erde überhaupt.

*Lit.: J. Erickson/H. Mommsen:* Sowjetsystem und demokrat. Gesellschaft, Bd. 4, Freiburg 1971, 527ff. – *E. Obermann:* Soldaten – Bürger – Militaristen, Stuttgart 1958. – *A. Vagts:* History of Militarism, New York 1967. – *J. Weber:* Was ist M.?, Mainz 1954.

*Wilhelm Dreier*

**Mill,** *John Stuart,* geb. 20.5.1806 in London, gest. 8.5.1873 in Avignon. Von der Nationalökonomie sowie dem →*Positivismus* beeinflußter engl. Philosoph, dessen Hauptwerk »System der deduktiven und induktiven Logik« (1843) das Verhältnis von Logik und Sprache auf der Grundlage der klass. →*Logik* zu bestimmen suchte. In seinen »Prinzipien einer polit. Ökonomie« (1848) wollte M. vermitteln zwischen →Sozialismus und →Liberalismus (→Utilitarismus). Philos. bestimmte M. die →Psychologie als die Grundlage aller →Philosophie; als einzige Erkenntnisquelle galt ihm die

→*Erfahrung*, die *induktiv* zu verarbeiten ist (nicht Ursachen lassen sich feststellen, sondern ledigl. die Gesetzmäßigkeiten, nach denen die Erscheinungen aufeinanderfolgen). Die religionsphilos. Stellungnahmen M.s reichen vom Agnostizismus der frühen Jahre bis hin zu einer positiven Würdigung des →Theismus (vgl. den Essay über den Theismus von 1873), die allerdings auf dem Hintergrund der ökonom. Interessen M.s zu relativieren sind.

*Lit.: M. Ludwig:* Die Sozialethik des John Stuart M. (Utilitarismus), Zürich 1963. – *H. Jacobs:* Rechtsphilosophie und polit. Philosophie bei John Stuart M., Bonn 1965. – *A. Ryan:* The Philosophy of John Stuart M., London 1970.

*Carl-Friedrich Geyer*

**Minderheit** (auch Minorität) bezeichnet zunächst eine (im Vergleich zur Mehrheit, Majorität) zahlenmäßig kleinere Gruppe (z.B. bei Abstimmungen, Wahlen).

*A.* Im engeren Sinne meint M. eine *Teilgruppe* innerhalb eines größeren sozialen Gebildes, die sich durch best. gemeinsame Merkmale (z.B. biolog., rel., soziale, ethn., kulturelle, sprachl.) von der Mehrheit unterscheidet. M.en werden, da man ihnen nicht angehört, als Fremdgruppe wahrgenommen; sie stellen zumeist eine negative Bezugsgruppe dar, von der man sich gezielt aus- und abgrenzen möchte. M. ist von den Begriffen des →Außenseiters, der Randgruppen und der Subkultur nicht zu trennen. Mit dem Begriff der Minorität ist eine *negative Bewertung* gegeben: Das zentrale Unterscheidungsmerkmal der M. wird gegenüber dem eigenen als minderwertiger, als schlechter eingestuft.

*B.* Gesellschaften sind ein komplexes Gebilde. Sie bergen immer wieder soziale Gruppen oder →Kulturen in sich, die nicht den →Werten, →Normen, Vorstellungen, Erwartungen und Verhaltensweisen entsprechen, die von der →Gesellschaft als allgemeingültig anerkannt sind. Die tatsächl. oder auf Grund von Vorurteilen und Stereotypisierungen angenommenen *Abweichungen* bilden oft die Grundlage für eine →Diskriminierung der M., die ökonom., polit., rechtl. und/oder sozial wirksam werden kann. →Toleranz gegenüber und die Annahme von andersartigen, fremden M.en ist – je nach Rigiditätsgrad der gesellschaftsl. Werte und Normen – eingeschränkt, so daß die →Integration der M.en sehr erschwert wird und nur sehr langsam – wenn überhaupt – erfolgen kann. Je besser sich eine M. an die herrschenden Normen anpassen kann, um so größer ist die Chance auf Integration. Sowohl die Bemühungen des internationalen Völkerrechts (→Internationalismus) um Verträge, die die M.en schützen sollen, als auch der in den meisten →Demokratien durch die Verankerung der →Menschenrechte in den →Verfassungen garantierte M.enschutz ändern nichts an der Tatsache, daß M.en immer wieder Diffamierung, Isolierung, Diskriminierung und Verfolgung ausgesetzt waren und sind. Die Möglichkeiten, eigene Interessen zu artikulieren und zu verwirklichen, sind sehr begrenzt.

*C.* Die polit. und soziale *Unterdrückung* von M.en war und ist oft Ursache schwerer polit. und sozialer Konflikte mit z.B. (bürger)kriegsähnl. Auseinandersetzungen. Ein Beispiel für die →Diskriminierung und teilweise Verfolgung *rass. M.en* durch irrationale, vorurteilsbehaftete Interpretationen biolog. Merkmale ist der →Antisemitismus oder die Apartheid in Südafrika (→Rassenfrage). Gerade bei der Apartheid ist festzustellen, daß auch zahlenmäßige Majoritäten wie soziale Minoritäten behandelt werden können. U.U. werden M.en als soziale und polit. Kategorien zumindest teilweise von der Teilhabe und Mitwirkung an der allg. →Kultur und →Politik ausgeschlossen (etwa Wahlrecht für ausländ. Arbeitnehmer), woraus Isolation, Apathie und die Fortexistenz der Minorität folgen. Leben *rel. M.en* in einem konfessionell überwiegend anders gebundenen Raum, so spricht man von Diaspora. Werden M.en lokal auf best. Gebiete zwangsweise beschränkt (etwa die Juden im Dritten Reich), so handelt es sich um ein *G(h)etto.* Auch die freiwillige oder sozial bedingte räuml. Eingrenzung von M.en (etwa Ausländer in best. Stadtteilen) kann ein Getto konstituieren. In einem Getto stellt die Minorität die Mehrheit; man lebt relativ isoliert von der übergeordneten Gesamtgesellschaft unter seinesgleichen.

*Lit.: E. K. Francis:* M.enforschung in Amerika I-III, in: Kölner Zeitschrift für Soziologie und Sozialpsychologie 9 (1957), 517-548; 10 (1958), 233-248 und 401-417.

*Siegfried Lamnek*

**Mission**

*A. Problematik*

Die christl. M.stätigkeit stößt heute nicht nur bei Nichtchristen auf Ablehnung, sondern ruft auch bei manchen Christen Bedenken hervor, die z.T. durch die neuzeitl. M.sgeschichte selber verursacht sind: europ. Überlegenheitsbewußtsein (→Europa), Zerstörung fremder Kulturen, Verachtung anderer →Religionen, Intoleranz gegenüber Andersgläubigen, Zwang zur Bekehrung, Verbindung der M. mit →Imperialismus und →Kolonisation. Das positive Ergebnis der M., die →Jungen Kirchen, scheinen zudem best. traditionelle Formen der M. zu erübrigen (»Euthanasie der M.«). Schließl. stehen vom Glaubensverständnis her Fragen an: Ist das Christentum die absolute Religion (→Absolutheit des Christentums)? Ist die christl. →Kirche notwendig, um das →Heil zu erlangen? Kann den nichtchristl. Religionen jede Heilsfunktion abgesprochen werden (→Religionstheologie)?

*B. Begriff*

*I. Geschichte*
Der *Begriff* M. für die Verbreitung des christl. →Glaubens kam erst im 16./17. Jh. auf und ist somit eng mit der Entwicklung der neuzeitl. Weltpolitik verbunden. Er wurde urspr. im →Jesuitenorden verwendet und dann von den kath. und prot. M.stheoretikern übernommen. Vorher wurden seit der →Patristik verschiedene Ausdrücke für die mit M. abgedeckten Sachverhalte verwendet, z.B. apostol. →Predigt, Vermehrung des Glaubens, Wachstum der Kirche, Erleuchtung der Völker. Während die Verbreitung des christl. Glaubens in den nichtchristl. Gebieten schließl. als »äußere M.« bezeichnet wurde, zeigte sich in dem sich entchristlichenden Abendland auch die Notwendigkeit der »Inneren M.« oder der →Evangelisation. Diese Unterscheidung ist heute im Prinzip überholt, denn »M. ereignet sich global, sie vollzieht sich auf sechs Kontinenten« (Weltmissionskonferenz von Mexiko City 1963), als Lebensäußerung der schon in ihrem Wesen missionar. Kirche (2. →Vat. Konzil).

*II. Wesenselemente des Missionsverständnisses*
Während gelegentl. einseitig nach dem Eigenen der M. gefragt oder best. Prioritäten der M. aufgestellt wurden, vertritt eine im Geist der →ökumen. Bewegung und der neueren kath. Theologie ausgerichtete M.stheologie ein ganzheitl. (holist.) M.sverständnis. Es umfaßt folgende Elemente, die im konkreten Vollzug jedoch nicht getrennt werden dürfen:
*1. Wortverkündigung:* Manche Missionare praktizierten die Glaubensverkündigung als verbale Wiederholung ihrer kirchl. Glaubensüberlieferung. Diesem Konzept sind noch heute die →evangelikalen, fundamentalist. (→Fundamentalismus) Missionare verhaftet. Echte missionar. Verkündigung artikuliert jedoch das *Schöpferische* des Wortes Gottes in einer neuen, gegebenenfalls fremden Situation (→kontextuelle Theologie), um eine neue Glaubenstradition entstehen zu lassen. Vorbildl. Modell dafür ist die →Inkarnation. In der M. setzt sich die Auslegungsgeschichte des christl. Glaubens weltweit fort. Dies geschieht in den Sprachen und Ausdrucksmöglichkeiten der Völker und ihrer Kulturen. Dabei stellen sich bei der Übersetzung der Bibel und der Erarbeitung einer christl. Terminologie nur schwer lösbare Probleme. Doch muß die missionar. Verkündigung ihre Adressaten derart ernst nehmen, daß sie selber zu aktiven Tradenten der christl. Botschaft werden können.
*2. Kirchengründung und Gemeindebildung:* Da Christsein nur in Gemeinschaft mögl. ist, bringt die missionar. Verkündigung immer wieder neue christl. Gemeinden hervor. Neue Christenheit entsteht. Auch wenn dabei die Communio (Gemeinschaft) mit der Gesamtkirche bzw. die ökumen. Verbundenheit aller Kirchen unaufgebbar ist, darf es sich nicht um »Wiederholungen dessen« handeln, »was man selber ist« (*M. Kähler*). Anzustreben ist eine wirkl. *Selbständigkeit* und Reife der →Jungen Kirchen, die sich selber *leiten, erhalten* und *ausbreiten* können (die »Drei Selbst«). Doch ebenso wichtig sind die innere Lebendigkeit des Glaubens und seine authent. →Inkulturation in die eigene Umwelt. Werbung für den Glauben und Eingliederung in die kirchl. Gemeinschaft sind oft mißverständl. als →Bekehrung bezeichnet und als M. ausgegeben worden. Das bedeutet jedoch eine kirchenzentrierte Engführung; denn Kirchengründung und Kirchenwachstum können nur Teilziele der M. sein.
*3. Evangeliumsgemäße Gesellschaftsveränderung:* Selbst eine rein rel. verstandene M. bewirkt fakt. gesellschaftl. Veränderungen. Ein ganzheitl. M.sverständnis, das bewußt eine Gesellschaftsveränderung im Geist des Evangeliums anstrebt, ist aber eher neueren Datums. In den 60er Jahren wurde M. als Humanisierung formuliert, wobei auch Einflüsse des Sozialen Evangeliums aufgenommen wurden. Die Kirche wurde als »Kirche für andere« (ÖRK 1967) begriffen, die sich in der Ausübung ihrer M. auch für die Befreiung der Unterdrückten einsetzen muß (*Paul VI.*, Evangelii Nuntiandi, 1975). Daß die missionar. Verkündigung der Christen heute durch die Armen bes. herausgefordert ist, stellte nicht nur die Weltmissionskonferenz von Melbourne (1980) fest, sondern akzeptieren zunehmend auch die Evangelikalen. Weil hier die Welt die Tagesordnung vorschreibt, wechseln je nach Notwendigkeit die Einsatzbereiche und Mittel (Entwicklung, Befreiung, Frieden).

*C. Begründung*

*I. Exegetisch*
*1. AT:* Von bes. Bedeutung ist der im AT mehr oder weniger deutl. ausgesprochene *Universalismus*: Obschon sich Israel in einzigartiger Weise auserwählt weiß, werden die Völker nicht vom Heil ausgeschlossen. Die Erwählung Israels wird gerade auf deren Heil bezogen und soll ihm dienen. Allerdings wird im AT nicht an ein Gehen zu den Völkern gedacht; das AT kennt keine zentrifugale M., sondern erwartet (so z.B. Jesaja) das Herbeikommen der Völker als endzeitl. Ereignis.
*2. NT:* Auch *Jesus* richtete sich ausschließl. an Israel. Dennoch gehören die Völker in seinen Horizont. Für die spätere M.stätigkeit der Kirche sind die innerhalb Israels vorgenommenen Aussendungen der Jünger durch Jesus aber bereits von Bedeutung sowie auch seine Grenzüberschreitungen in der jüd. Gesellschaft, mit denen er die Solidarität mit Randfiguren bekundet hat. Beim letzten →Abendmahl deutet Jesus seinen Tod als Heilsereignis »für viele« (Mt 26, 28; Mk 14, 24).Doch erst Auferstehung und Geistsendung sind die eigentl. Ursprünge der ntl. M., die jedoch nicht einheitl. konzipiert und durchgeführt wurde (gewisse Einzelheiten sind hist. nicht mehr auszumachen). Der entscheidende Schritt für die Urkirche, den *Paulus* theol. rechtfertigte, war die gesetzesfreie Heidenm. (→Gesetz, →Heiden), die dann eine wirkl. Kirche der Völker ermöglicht hat.

Die Vertreter der christl. M. haben sich für deren Begründung oft auf ganz best. klass. Stellen berufen, bes. auf den »*M.sauftrag*« (Mt 28,18-20; Mk 16,15-19; Lk 24,47-49; Joh 20,21), der jedoch nicht isoliert zu betrachten ist. Gerade die Mt-Stelle erweist sich als eine dichte Zufammenfassung des gesamten →Matthäusevangeliums und ist bereits der hist. Niederschlag einer best. M.spraxis. Im Verlauf der Frömmigkeitsgeschichte sind zur Begründung der M. nicht selten jene Stellen herangezogen worden, die einen Zusammenhang zwischen der M. und dem Ende der Zeit nahelegen (z.B. Mk 13,10). Eine M.stheologie auf isolierten Schriftstellen aufbauen zu wollen führt jedoch in Sackgassen und verstellt leicht den Blick dafür, daß das ganze NT voller missionar. Bezüge ist. Auch das heutige ganzheitl. M.sverständnis mit seiner ausdrückl. Gesellschaftsbezogenheit besitzt im NT seine Grundlage (vgl. Mt 25, 31-46).

*II. Systematisch*
Im Rahmen der Dogmatik läßt sich die missionar. Thematik an verschiedenen Orten ansiedeln. Einen konkreten Bezug hat die M.stheologie zur klass. Trinitätslehre entwickelt, wo insbes. bei den Sendungen des Sohnes und des Geistes (→Trinität) angeknüpft wurde. Bezüge gibt es ferner zur →Christologie und →Erlösungslehre, zur →Ekklesiologie und →Eschatologie. Von großer Bedeutung ist die noch in den Anfängen steckende →Religionstheologie. Wichtiger aber, als die M. einem best. Gebiet der Glaubenslehre zuzuweisen, ist es, sie durchgehend *in der ganzen Theologie* zur Sprache zu bringen. Dadurch wird eine Engführung des missionar. Denkens vermieden und zugleich die Theologie in jenen Welthorizont hineingestellt, dessen sie bedarf.

*III. Missionstheoretisch*
Spezifische missionstheoret. Abhandlungen gibt es erst seit dem 16. Jh., missionstheol. relevante Texte indessen seit der frühen Kirche (z.B. Schriften der →Apologeten und →Kirchenväter, Dokumente aus der Germanen- und Islam-M.). Als Ergebnis der im 19. Jh. einsetzenden Reflexion in der →M.swissenschaft entstanden verschiedene missionstheoret. Entwürfe. Solche sind auch heute noch bei aller erforderl. Integration der missionar. Thematik in die Gesamttheologie notwendig; sie müssen dem neuesten Stand der theol. Forschung entsprechen und zugleich die missionar. Praxis reflektieren und programmieren. Die Vielfalt der Probleme und Situationen erfordert zudem Monographien, die erst einer kontextuellen Theologie und M. gerecht werden.

*D. Geschichtliche Situation*

*I. Kritische Aufarbeitung der Neuzeit*
Das Unverständnis und die Ablehnung, auf die die M. heute trifft, sind nicht zuletzt durch die fragwürdigen Aspekte der neuzeitl. M. selber bedingt (koloniale Hypothek, →Kolonisation, weißer Überlegenheitskomplex, unbesehener Export westl. Christentümer). Diese *Fehlhaltungen* sind, soweit dies noch mögl. ist, zu korrigieren durch eine ernstzunehmende Selbständigkeit der Jungen Kirchen, durch Freiheit und Kreativität in der missionar. Verkündigung, durch Respekt vor fremden Kulturen und Religionen (→Inkulturation); durch ehrl. →Dialog mit Andersgläubigen und durch Bewältigung des Nord-Süd-Konflikts (→Dritte Welt, →Entwicklungspolitik). Diese Schritte sind Teil eines umfassenden geschichtl. Prozesses in Richtung einer kulturell *polyzentr. Christenheit*, in der die abendländ. Ursprungsgeschichte immer weniger dominiert.

*II. Mission und zwischenkirchlicher Austausch*
Die M. der Neuzeit präsentierte sich als Sendungsveranstaltung aus dem christl. Abendland in kirchl. Niemandsland. Heute ereignet sich M. indessen global. Damit sie aber nicht konturlos wird, ist sie neu zu strukturieren: Die M. mit ihren erwähnten drei Elementen ist primär als *Sache der Ortskirchen* zu verstehen, wobei sich aus der missionar. Dimension konkrete missionar. Intentionen ergeben müssen; die Vermittlung von ausländ. Missionaren und finanziellen Mitteln ist zwischenkirchl. Hilfe, keine Vormundschaft. Dadurch werden die ausländ. Missionare zu Mitarbeitern der Ortskirchen, denen sie bei der Erfüllung ihres eigenen missionar. Auftrags zur Seite stehen, sofern dies wirkl. notwendig ist. Es ist deshalb immer wieder zu erwägen, ob das von der Weltmissionskonferenz von Bangkok (1973) vorgeschlagene *Moratorium* u.U. zur größeren Selbständigkeit von Jungen Kirchen beitragen könnte. Auf jeden Fall muß ein bloßer Einbahnverkehr auch durch Rückvermittlungen von Erfahrungen aus dem Christentum der Dritten Welt an die älteren Kirchen ausgeglichen werden (→M.sgesellschaften).

*III. Mission und Ökumene*
Der Proselytismus und das Wettrennen um Gebiete und Einflußmöglichkeiten unter den verschiedenen Kirchen und Konfessionen haben der Wirkung der M. großen Schaden zugefügt und sind ein Hindernis für die Einheit der Christen. Zudem hat die neuzeitl. M. auch die Kirchenspaltungen weltweit verbreitet. Trotzdem ist die M. zu einem jener Faktoren geworden, die zur →ökumen. Bewegung geführt haben. Die erste große Weltmissionskonferenz *(Edinburgh 1910)* war auch die erste große ökumen. Konferenz; sie regte die Gründung des Internationalen Missionsrates (1921) an, der 1961 in den →Ökumen. Rat der Kirchen (ÖRK) integriert wurde. In einigen früheren M.sgebieten sind Kirchenunionen entstanden. Seit Jahren laufen Bemühungen für ein gemeinsames Zeugnis in der M. Erschwert wird die ökumen. Zusammenarbeit u.a. durch den Umstand, daß die *kath.* Kirche und viele *evangelikale* M.sbewegungen nicht Mitglieder des ÖRK sind. Ferner gab es seit den 60er Jahren zwischen »Ökumenikern« und »Evangelikalen« Auseinandersetzungen über

das M.sverständnis. Innerhalb der kath. Weltkirche stellt sich das Problem der legitimen Verschiedenheit der Teilkirchen. Dennoch ist in der M.sauffassung der verschiedenen Richtungen eine wachsende Übereinstimmung festgestellt worden.

*Lit.: W. Bühlmann:* Weltkirche, Graz 1984. – *H. Bürkle:* M.stheologie, Stuttgart 1979. – *G. Collet:* Das M.sverständnis der Kirche in der gegenwärtigen Diskussion, Mainz 1984. – *H.-W. Gensichen:* Glaube für die Welt, Gütersloh 1971. – *K. Kertelge (Hg.):* M. im NT, Freiburg 1982. – *G. Rosenkranz:* Die christl. M., Mainz 1977.

*Fritz Kollbrunner*

## Missionsgesellschaften, Missionswerke, Missionsgruppen

### *A. Katholisch*

#### *I. Geschichte*

Die *kath.* Kirche verfügte zu Beginn der →Neuzeit über keine missionar. Strukturen für die Glaubensverbreitung in den neuentdeckten Ländern. Die Regierungen von *Spanien und Portugal* befaßten sich deshalb damit, von den Päpsten dazu beauftragt. Dies entsprach auch dem ausgeprägten iber. Eigenkirchenwesen. Das unter staatl. Aufsicht stehende Missionspersonal stammte aus dem Diözesanklerus und den Orden. Nachdem *1622* in Rom die Kongregation zur Verbreitung des Glaubens (»*de propaganda fide*«) als zentrale Leitungsinstanz der kath. Weltmission geschaffen worden war, die auch die span.-portugies. Patronatsmission ablösen sollte, stellten sich einige Orden in ihren Dienst, und es entstanden ausschließl. M. unter ihrer Leitung. Bis heute ist der missionar. Beitrag der Orden jedoch beträchtl. geblieben. 1660 entstand in den »*Missions Étrangères de Paris*« die erste M. Weitere Gründungen erfolgten im 19. und 20. Jh. Neben den als Weltpriester- und Brüdergemeinschaften konzipierten M. gibt es auch Schwestern-, Brüder- und Laiengemeinschaften, z.T. mit bes. Ausrichtung (→Schule, →Medizin, Entwicklungshilfe); einige sind national, andere international. In jüngster Zeit sind auch in den Kirchen der →Dritten Welt einige M. entstanden, deren Mitglieder in Nachbarländern oder anderen Kontinenten wirken. Dies zeigt, daß M. keine Begleiterscheinungen des →Kolonialismus sein müssen. Von der heimatl. Basis aus unterstützen verschiedene Werke die Missionstätigkeit und Entwicklungszusammenarbeit *(Päpstliche Missionswerke, Misereor, Adveniat, Fastenopfer*).

#### *II. Neuregelung*

Die Trennung von Kirche und Mission war katholischerseits insofern weniger groß als zeitweise im ev. Raum, da die Orden und Kongregationen integrierender Teil der Kirche sind und die M. unter Leitung der Kongregation für die Evangelisierung der Völker stehen. Die tatsächl. *Integration* der M. in ihre Heimatdiözesen war jedoch nicht überall gleich stark, ist nun aber in der Regel besser geworden. Spannungen zwischen den M. und den →Jungen Kirchen konnten aufkommen, nachdem ihre Leitung in einheim. Hände übergegangen war. Den gewandelten Verhältnissen und der Theologie des 2. →Vat. Konzils, wonach Mission zum Wesen der Kirche gehört und somit Sache jeder Ortskirche ist, trug die kirchenrechtl. *Neuregelung von 1969* Rechnung; danach werden den M. keine Gebiete mehr zur Missionierung übertragen, sondern die M. treten mit den Ortskirchen in ein vertragl. geregeltes Arbeitsverhältnis, für das die röm. Kongregation Rahmenbedingungen festsetzt. Die ausländ. Missionare sind somit Mitarbeiter der Ortskirchen. Im Rahmen eines zwischenkirchl. Austauschs vermitteln sie gemachte missionar. Erfahrungen auch zurück in ihre Herkunftskirchen. In der nachkonziliaren Zeit hat das Selbstverständnis der M. *neue Entwicklungen* durchgemacht; vor allem verstehen sie sich konsequenter von der missionar. Funktion her und versuchen, weitere Mitarbeiter zu integrieren oder die Mitgliedschaft auszuweiten. Die meisten M. befassen sich heute vermehrt mit den gesellschaftl. Verhältnissen und verbinden Glaubensverkündigung und Gemeindebildung eng mit gesellschaftspolit. Optionen. Der Ruf nach einem Moratorium (Aussetzen der Missionstätigkeit, →Junge Kirchen, →Mission) ist in der kath. Kirche auf wenig Echo gestoßen, hat aber mitbewirkt, daß die Missionare die Selbständigkeit der Ortskirchen mehr respektieren.

*Lit.: O. Degrijse:* Der missionar. Aufbruch in den Jungen Kirchen, Aachen 1984. – *A. Mulders:* Missionsgeschichte, Regensburg 1960. – *O. Stoffel:* Die kath. Missionsgesellschaften, Immensee 1984.

*Fritz Kollbrunner*

### *B. Protestantisch*

#### *I. Geschichte*

Auf prot. Seite gingen die M. aus der →Erweckung im wirtschaftl. fortgeschrittenen England hervor und waren verbunden mit den Bemühungen um Abschaffung der →Sklaverei (1792 *Baptistische,* 1795 *Londoner,* 1799 *Kirchl. Missionsgesellschaft).* Weitere Gründungen folgten in den entwickelten Regionen Westeuropas, der USA und, vom →Pietismus beeinflußt, im deutschsprachigen Raum (1815 *Basler,* 1824 *Berliner,* 1828 *Rheinische,* 1836 *Norddeutsche* und *Gossner-Mission).* Entspr. dem bürgerl. Vereinswesen waren die M. der Organisationstyp engagierter christl. Privatleute. Sie finanzierten »ihre« Missionare in Übersee (meist keine Theologen, sondern auf Missionsseminaren ausgebildete Handwerker) und betrieben die Arbeit für das →Reich Gottes unabhängig von den meist desinteressierten Großkirchen, dem Selbstverständnis nach jedoch stellvertretend *für* die Kirche, was bes. für die explizit konfessionellen M. zutraf (in Deutschland zunächst die *ev.-luth. Mission in Leipzig,* 1836, und *Hermannsburg,* 1848). Ihr Verständnis der Mission deutete die weltweite wirtschaftl.-kulturelle Expansion des christl. Europa als eine durch die Vorsehung herbeigeführte Möglichkeit und Verpflichtung (persönl. →Berufung) zur christl. Eroberung der →»Heiden« als Vorbereitung auf das Tausendjährige Reich (Mt 24, 14). Die prinzipielle Bejahung europ. Weltmacht (→Europa) und die Tatsache, daß M. fakt. zu Kirchenleitungen der entspr. übersee. Gemeinden wurden, weisen darauf hin, daß die M. die Organisationsform der »Westmission« waren.

*II. Krise und Umbruch*

Der auf der Weltmissionskonferenz von Edinburgh (1910) herrschende Optimismus, die Welt noch »in dieser Generation« evangelisieren zu können, wurde durch den *Glaubwürdigkeitsverfall* des Westens (Weltkriege), die Renaissance der →Religionen und die Erfolge des →Sozialismus (Sowjetunion, China) erschüttert. Die M. gerieten in die Krise, als sich mit dem antikolonialen →Nationalismus in der →Dritten Welt auch kirchl. Unabhängigkeitsbestrebungen verbanden (vgl. →Kimbanguismus). Spätestens mit der Entkolonisierung setzte in Übersee die Bildung →Junger Kirchen ein, so daß die Existenz der M. fragwürdig wurde. Später gegründete Gesellschaften – wie die z.T. *jungen M.* →evangelikaler Herkunft (in der Bundesrepublik seit 1979 zusammengeschlossen in der *Arbeitsgemeinschaft Evangelikaler Missionen*) – fühlen sich von dieser Problematik und der übersee. Kritik der Westmission (vgl. Weltmissionskonferenz in Bangkok 1972/73) weniger betroffen, insbes. wenn sie (noch) keine einheim. Kirche zum Gegenüber haben. Die *älteren M.* hingegen begannen nach dem Zweiten Weltkrieg sich auf die Rolle des Partners übersee. Kirchen und zu Hause auf die schrittweise Integration in die verfaßten Kirchen vorzubereiten. In der Bundesrepublik entstand so die gemeinsam von EKD, Freikirchen und regionalen M. getragene Dachorganisation des *Ev. Missionswerks (EMW, 1977)* mit Sitz in Hamburg. Vorausgegangen war auf internationaler Ebene die (von evangelikalen M. teilweise nicht mitvollzogene) Integration des 1921 gegründeten Internationalen Missionsrates in den →Ökumen. Rat der Kirchen (Neu Delhi 1961) als *Kommission für Weltmission und Evangelisation* (CWME). Die übersee. Partner von CWME wie EMW sind selbständige Kirchen, die gegebenenfalls selbst missionar. tätig sind. Die hist. Folgen der Westmission sind durch das partnerschaftl.-zwischenkirchl. Konzept freil. nicht beseitigt. Noch immer sind die meisten Kirchen der Dritten Welt zur Aufrechterhaltung ererbter Strukturen auf Finanz- oder Personalhilfe aus dem Westen angewiesen. Das Problem internationaler →Gerechtigkeit und einer neuen Weltwirtschaftsordnung wirft auch auf der Ebene der Organisation die Frage eines neuen Verständnisses von Mission auf.

*Lit.: R. Hoffmann:* Die neupietist. Missionsbewegung vor dem Hintergrund des sozialen Wandels um 1800, in: Archiv für Kulturgeschichte 59 (1977), 445-470. – *H. J. Margull/J. Freytag (Hg.):* Keine Einbahnstraßen. Von der Westmission zur Weltmission, Stuttgart/Erlangen 1973. – *St. Neill u.a. (Hg.).:* Lexikon zur Weltmission, Wuppertal 1975.

*Werner Ustorf*

## Missionswissenschaft

*A. Geschichte*

Missionstheoret. Überlegungen in Form von Einzelbeiträgen zu bibl.-exeget., sprachwissenschaftl., geograph., ethnolog. oder religionskundl. Fragen haben die Ausbreitung des christl. Glaubens seit dem 16. Jh. begleitet (→Mission). Als *selbständige Disziplin wissenschaftl. Theologie* ist die M. erst seit dem *19. Jh.* an (vor allem dt.) Universitäten vertreten. Von der nicht weitergeführten missionswissenschaftl. Lehrtätigkeit K. Grauls (Erlangen 1864) und A. Duffs (Edinburgh und Glasgow 1867) abgesehen, erhielt die M. international mit der Honorarprofessur G. Warnecks (Halle 1897) ihren etablierten Platz im theol. Fächerkanon. Warneck hatte 1874 das missionstheoret. führende Organ, die »Allg. Missions-Zeitschrift«, ins Leben gerufen und wurde mit seiner dreibändigen systemat. Gesamtdarstellung (»Ev. Missionslehre«, 1892-1903) zum Begründer der ev. M. Von ihm abhängig war J. Schmidlin, Inhaber des ersten kath. Lehrstuhls für M. (Münster 1910) und Herausgeber der »Zeitschrift für M.« (1911). Der weitere Einzug der M. (einschließl. der ökumen. und religionswissenschaftl. Thematik) in die ev. wie kath. Fakultäten wurde beschleunigt durch die Bildung →Junger Kirchen und den Einbruch von Fragen der →ökumen. Bewegung, der →Entwicklungspolitik und →Dritten Welt in das Bewußtsein des christl. Westens. Auf internationaler und interkonfessioneller Ebene erfolgt die wissenschaftl. Zusammenarbeit seit 1972 in der »International Association for Mission Studies«.

*B. Aufgabe*

Die *Aufgabenstellung* der M. besteht darin, Begründung, Geschichte, Botschaft und Ziel der Mission in Verantwortung gegenüber dem Evangelium und der hist. Situation krit. zu reflektieren. Da die M. bis vor kurzem fast ausschließl. in und von den dominanten Gesellschaften des Nordatlantiks aus betrieben wurde, folgt die Entwicklung missionswissenschaftl. Konzepte durchweg den Einschnitten der jüngsten europ. Geschichte.

1. In der Zeit des →Imperialismus *vor 1914* war mit der Apologie christl. Mission in der Regel zugleich die des Westens (»Geschäftsführer« der Weltgeschichte) verbunden. Ausgehend von der These eines universalen Heilsbedürfnisses (→Absolutheit des Christentums) und der Anbietung dieses Heils (vor allem: »Seelenheil«) durch eine bes. Sendungsveranstaltung (vgl. →Missionsgesellschaften), war die M. auf authent. Antworten der entstehenden übersee. Christenheit kaum vorbereitet. Trotz theoret. Impulse aus der Diskussion um die kirchl. Selbständigkeit (H. Venn, R. Anderson) und

den Volkstumsgedanken in der Mission (R. Grundemann, später B. Gutmann) bestärkte die M. in Überschätzung der europ. Tradition die theol. wie kirchl. Abhängigkeit des Missionschristentums.
2. Während des *Machtverlusts* →*Europas* durch Weltkriege und Entkolonisierung schärften die Weltmissionskonferenzen das Bewußtsein dafür, daß die Kirche insgesamt Träger, Gott jedoch Souverän des Missionsauftrages sei (H. Kraemer) und unter der Verkündigung nicht die Kopie einer »Mutterkirche«, sondern immer etwas Eigenes, Neues entstehe (W. Freytag), näml. »Junge Kirche«, wodurch die Frage der »Partnerschaft« aufgeworfen war. Die Theorie der »Pflanzung der Kirche« als einer jeweils selbständigen, sich in die soziale wie kulturelle Umwelt (→Inkulturation) einwurzelnden Kirche mit einheim. Klerus war ein entscheidender Beitrag kath. Mission (P. Charles) zur Überwindung individualist. gefärbter Missionsverständnisse.
3. In der *gegenwärtigen Krise* westl. Identität führte die Tatsache einer theol. aktiven Christenheit in der Dritten Welt zur Einsicht, daß Christentum nur als kulturell »inkarniertes« (2. →Vat. Konzil) und Theologie nur als gesellschaftl. →»kontextuelle Theologie« authent. bestehen kann (vgl. die »Ökumen. Vereinigung von Dritte-Welt-Theologen«, EATWOT, 1976). Dies aber zwingt die M. dazu, eine grundlegende Revision ihrer Voraussetzungen im Blick auf eine Enteuropäisierung vorzunehmen und den Stellenwert von Solidarität und Armut sowie des Dialogs mit anderen →Religionen und Traditionen für die Mission und eine zukünftige Gestalt des Christentums neu zu überdenken. Das bedeutet nicht zuletzt die Problematisierung der Formen und Möglichkeiten der Inkulturation und Kontextualität auch des Christentums im Westen in Richtung auf die vom Evangelium geforderte Orthopraxis (Mt 25, 35-46).

*Lit.: H. J. Margull (Hg.):* Mission als Strukturprinzip, Genf, 3. Aufl. 1968. – *L. Rütti:* Zur Theologie der Mission, München/Mainz 1972. – *L. Wiedenmann (Hg.):* Herausgefordert durch die Armen, Freiburg/Basel/Wien 1983.

*Werner Ustorf*

**Mitbestimmung** bezeichnet – im Sinne einer institutionellen Gleichberechtigung (→Gleichheit) von →Kapital und →Arbeit – die Mitwirkung der Vertreter der Arbeitnehmerschaft (→Arbeiter) in best. Entscheidungsbereichen, somit Sitz und Stimme in Entscheidungsgremien. Bei der qualifizierten M. ist ein entscheidungsbestimmendes zahlenmäßiges Verhältnis festgelegt.

*A.* In der Bundesrepublik Deutschland wird die M. *gesetzl. geregelt* durch das Montanmitbestimmungsgesetz von 1951 (mit Sicherungsgesetzen von 1956, 1967, 1971 und 1981), das M.sgesetz von 1976 sowie in der öffentl. Verwaltung durch Personalvertretungsgesetze. Ausgenommen von der M. sind »Tendenzunternehmen«, das sind u.a. die Kirchen. Die gesetzl. Bestimmungen gelten für Kapitalgesellschaften und führen je nach Unternehmensgröße zu unterschiedl. Repräsentanz der Arbeitnehmerschaft in den Unternehmensorganen. Zu unterscheiden sind:
1. eine *überbetriebl. M.*: gemeint sind Selbstverwaltungsgremien der Wirtschaft und Beratungsgremien des Parlaments oder der Regierung, u.U. mit dem Recht zur Gesetzesinitiative (z.B. der preuß. Volkswirtschaftsrat [1880-87], der Reichswirtschaftsrat gemäß der Weimarer Verfassung Art. 165 [1920-34]);
2. eine *betriebl. M.*: gemeint sind die Mitwirkungsrechte der Vertretungsorgane der Arbeitnehmerschaft (insbes. des Betriebsrats) in sozialen Angelegenheiten, bei der Gestaltung des Arbeitsplatzes, bei Unfallverhütung, berufl. Bildung, beim Gesundheitsschutz, im Bereich der Personalplanung und -führung sowie bei Betriebsänderungen; diese Rechte sind gesetzl. ausgestaltet als Initiativ- oder als Vetorecht, als Recht auf Widerspruch oder Aufhebung.
3. eine *unternehmer. M.*: gemeint ist die Beteiligung an wirtschaftl. und personalpolit. Entscheidungen durch Vertretung in den Unternehmensorganen; bei deren parität. Besetzung zwischen Arbeitnehmern und Anteilseignervertretern (in Unternehmen, die unter die M.sgesetze von 1951 und 1976 fallen: »qualifizierte M.«) hat die Arbeitnehmerschaft kraft ihres Stimmengewichts einen entscheidungssteuernden Einfluß, der auch bei der Bestellung des Vorstandes, insbes. des »Arbeitsdirektors«, zum Tragen kommt.

*B.* Begründet wird die M. mit der →*Menschenwürde,* die eine Beteiligung an der Gestaltung des wirtschaftl. Geschehens und die Übernahme von →Verantwortung verlangt. Zu den gesellschafts- und ordnungspolit. Zielen der M. gehören die Anpassung der →Wirtschaft an das polit. System durch *Demokratisierung* (Wirtschaftsdemokratie), die Institutionalisierung der *Gleichberechtigung* von Kapital und Arbeit, schließl. die *Kontrolle* wirtschaftl. Macht. Empir. Untersuchungen haben ergeben: Bei unternehmer. Entscheidungen waren die Interessen der Arbeitnehmer stärker berücksichtigt; ein kooperatives Verhalten bei der Entscheidungsfindung sowie den Hinweis auf eine zentrale Stellung des Betriebsrats (»Synergieeffekt« der M.). Über die M. hinaus führen Konzept und Praxis der sog. Partnerschaftsbetriebe.

*Lit.: Dt. Bundestag:* Auswahlbibliographien M. in der Wirtschaft, Bonn 1969 und 1975. – *Dt. Industrieinstitut (Hg.):* Bibliographie zur M. und Betriebsverfassung, Köln 1963. – *W. Kirsch:* M. in der Unternehmenspraxis, München 1984. – *K. Maier:* Interdependenzen zwischen M. und betriebl. Partnerschaft, Berlin 1969 – *F. Naphtali (Hg.):* Wirtschaftsdemokratie, Berlin 1928. – *O. von Nell-Breuning:* Streit um M., Frankfurt/M. 1968. – *A. Pahlke:* Kirche und Koalitionsrecht, Tübingen 1983 – *F. J. Stegmann:* Der soziale Katholizismus und die M. in Deutschland, München 1974. – *H. J. Teuteberg:* Geschichte der industriellen M. in Deutschland, Tübingen 1961.

*August Stiegler*

**Mittelalter**

*A. Begriff, Entstehung und Wertung*

*I.* MA. (media aetas) gilt in der Geschichtswissenschaft nur noch als *prakt. Verständigungsbegriff* im Zusammenhang mit der überkommenen Epocheneinteilung in →Antike, MA. und →Neuzeit. Die nur im Rahmen des europ. Geschichtsbewußtseins verständl. Dreiteilung ist erstmals nachzuweisen bei dem reform. Theologen Gisbert Voetius (gest. 1676), der in der Kirchengeschichte zwischen antiquitates ecclesiae, intermedia aetas und der mit 1517 beginnenden nova aetas unterschied. Die Einteilung wurde dann auf die Universalgeschichte übertragen und erhielt allg. Geltung durch die zwischen 1685/96 erschienene Historia tripartita des in Halle lehrenden Polyhistors Christoph Cellarius (gest. 1706), gegliedert in historia antiqua, historia medii aevi und historia nova. Das MA. umfaßt bei ihm den Zeitraum vom *Ende des →Röm. Reiches bis zur Eroberung* Konstantinopels durch die Türken (1453). Dieser für das MA. beanspruchte Zeitraum ist trotz der Periodisierungsdiskussion (vgl. B, I-II) noch gültig.

*II.* Periodisierungen gehörten zur christl. Deutung der Geschichte als *Heilsgeschichte.* Bestimmend wurde dafür →*Augustinus,* der die Zeit von Christus bis zum Ende der Welt (Zeit der Kirche) als *sechstes Zeitalter* (sexta aetas) zu einer Einheit zusammengefaßt hatte. Obwohl das MA. glaubte, in dieser bis zum Ende währenden »mittleren Zeit« zu leben, gliederten die Geschichtstheologien des MA.s die Epoche in weitere Abschnitte. Unter dem Einfluß reformer. und chiliast. (→Chiliasmus) Vorstellungen faßte man dabei meist mehrere der in der Regel aus sieben Perioden bestehenden Zeit in einem heilsgeschichtl. Dreierschema zusammen. Auf die goldene Zeit des heilen Anfangs folgte eine Zeit des Zerfalls, die jedoch in einer nahen Zukunft oder schon begonnenen Gegenwart durch eine »Neue Zeit« überholt und mit der des heilen Anfangs wieder verbunden sein würde. Aus heilsgeschichtl. Erwartungen wurde also die mittlere Zeit abgewertet und negativ gedeutet.
Im Bildungs- und Erneuerungsideal des →*Humanismus* wurde diese Deutung verallgemeinert und durch die →Reformation rel. vertieft. Dort galt das MA. als Zeit literar. »Barbarismus«, hier als Zeit der *Verfinsterung* des Evangeliums. Die Negation des MA.s war also umfassend. Der Sicht entsprach auch die Behandlung des MA.s in der beginnenden →Geschichtsschreibung des →*Protestantismus.* Es wurde übergangen oder nur als Negativfolie eingeführt für die glanzvolle Zeit des Anfangs bzw. des Evangeliums, das in den Reformationskirchen gegenwärtig ist. Auf jeden Fall galt das MA. als Zeit der Dekadenz. Die heilsgeschichtl.- konfessionelle Geschichtsdeutung des MA.s wurde im *19. Jh.* von der metaphys. Geschichtsspekulation unter dem Vorzeichen einer Fortschrittsgeschichte abgelöst (→Hegel). Das MA. insgesamt blieb damit notwendigerweise negativ gedeutet als eine Epoche, die zu überholen und aufzuheben ist. Das gilt erst recht vom →Marxismus, der überhaupt dazu neigte, die Neuzeit erst mit 1789 (→Franz. Revolution) beginnen zu lassen.

*III.* So ist der Begriff MA. dem Inhalt und der Reichweite nach *strittig* geworden. Auch die moderne bürgerl. Geschichtsschreibung nimmt von ihm Abschied und verwendet zur Epochengliederung inzwischen andere Verständigungsbegriffe. So spricht man häufig von einer »alteurop. Epoche«, die auf die »archa. Zeit« (Spätantike 11./12. Jh.) folgte und vom 13. Jh. bis zum Industriezeitalter (ab ca. 1800) gedauert habe. Je nach Stand und Gesichtspunkt der einzelnen hist. Wissenschaften wird also in Epochen und Perioden gegliedert. Dabei kommt keine der verschiedenen neu eingeführten Gliederungen daran vorbei, die Zeit von etwa 600 bis zum 16. Jh. von der folgenden Zeit abzugrenzen. →Humanismus und →Reformation sind wenigstens in der Geistes- und Kirchengeschichte als *Zäsuren* nicht zu übersehen. So ist es gerade im Blick auf die Periodisierungsdiskussion nach wie vor sinnvoll, vom MA. zu sprechen und den Begriff als Gliederungsprinzip beizubehalten. Auch forschungsprakt. Gründe sprechen dafür. Das MA. hat spezif. Quellen, für deren Aufarbeitung entspr. Hilfswissenschaften entwickelt wurden. Lehrstühle, Institute und andere Forschungseinrichtungen wurden für die Erforschung dieser Epoche eingerichtet. Als Mediävistik hat die Erforschung des MA.s einen hohen Spezialisierungsgrad erreicht.

*B. Periodisierungsfragen*

*I.* Periodisierungsfragen führen in die *Geschichtstheorie.* Auf jeden Fall sind sie Ausdruck eines geschärften hist. Bewußtseins. So ist es unabhängig von geschichtsphilos. und –theol. Überlegungen sinnvoll, im Blick auf die christl.-abendländ. Geschichte vom MA. als einer Epoche zu sprechen. Denn →Germanen und Slawen waren die neuen Subjekte dieser geschichtl. Epoche. Als *neue Völker* gestalteten sie den europ. Binnenraum zum neuen geschichtl. Schauplatz. Damit ist gegenüber der Spätantike eine deutl. Zäsur gesetzt. Darüber besteht in der hist. Forschung weitgehend auch ein Konsens. Eine präzise Datierung kann natürl. für diese Umwandlung der Spätantike in polit., kultureller und sozioökonom. Hinsicht, die sich in einem langen und in verschiedenen Zonen unterschiedl. dichten Prozeß vollzog, nicht angegeben werden. Herausragende *Ereignisse,* wie etwa die Absetzung des Romulus Augustulus (476), der Herrschaftsantritt des Frankenkönigs Chlodwig (482?), der Pontifikat Papst Gregors d.Gr. (590-604), der Beginn der islam. Expansion (633), haben dabei nur den Wert von Orientierungshilfen. Wegen der Vielfalt von epochetheoret. Ansätzen in der modernen Geschichtswissenschaft wird die Frage nach dem *Ende* des MA.s unterschiedl. beantwortet. Da für die Geistes- und Kirchengeschichte der an gesellschaftl. Zuständen (→Feudalismus) orientierte Epochenbegriff »Alteurop. Zeitalter« kaum hinreichend sein dürfte, werden Humanismus und Reformation doch als Zäsuren beachtet werden müssen.

*II.* Bezügl. der Gesamtepoche MA. ergibt sich unter kirchengeschichtl. Aspekt eine mehrfache *Binnengliederung.* Es ist sinnvoll, von einem *Frühma.* zu sprechen. In neuen Räumen und bei neuen Völkern erfolgte die Christianisierung und die Aneignung des Christentums. Jene gemeinsamen Lebensformen und Werte wurden vermittelt und ausgebildet, die dann das christl. Abendland bestimmten. Das karoling. Großreich, in dem das Abendland eine erste großräumige Struktur und Festigkeit erlangte, gehört dazu wie auch dessen Zerfall, der jedoch in den »pränationalen« kleinräumigen Herrschaftsbereichen mit hoher geistiger Kultur verbunden sein konnte. Man wird in einer Grobeinteilung diese Periode auf die Zeit zwischen 400/600 bis ca. 1000 festlegen können. Das *Hochma.* zwischen dem 11. und 13. Jh. wird unter dem Gesichtspunkt von vertiefter Aneignung des Christlichen in Lebensform (→Mönchtum) und Wissenschaft (→Scholastik) zu sehen sein sowie in der Strukturierung der abendländ. Christenheit durch regnum und sacerdotium (Königtum und Priestertum); zuerst als adelige Herrschaftskirche auf das Königtum (Kaisertum) hingeordnet, seit der Gregorian. Reform als klerikale Herrschaftskirche auf das Papsttum. Über das *Spätma.* herrscht in der Forschung insofern eine weitgehende Übereinstimmung, als die Zeit zwischen 1200/1300 als wichtige Zäsur angesehen wird, die als eine bis ins 15. bzw. 16. Jh. hineinreichende »Übergangsperiode« charakterisiert wird. Die Erschütterung der überlieferten kirchl. Verfassung durch Schisma (→Kirchenspaltung) und →Reformkonzile ist Symptom dieses Wandels, der in den Stichworten Verdichtung von Staatlichkeit, Ausbildung des frühneuzeitl. Territorialstaates, landesfürstl. Kirchenregiment angedeutet werden kann, die zu einer Zersetzung der bisherigen Einheit der abendländ. Christenheit führten. Begleitet war dieser Prozeß von einem Auseinanderfallen von Glaube und Wissen (→Ockham), Verinnerlichung und Individualisierung von →Frömmigkeit.

### *C. Bedeutung und Aktualität*

Die damit angeschnittene Thematik ist die nach Bedeutung und Aktualität von →Geschichte überhaupt. Aus forschungsprakt. Gründen wird dabei dem MA. eine Vorzugsstellung einzuräumen sein. Die zur Verfügung stehenden Quellen sind vorbildhaft aufgearbeitet und erlauben daher diffizile Fragestellungen, die zu einem ausgeprägten hist. Bewußtsein verhelfen und auch in die Gegenwart eingebracht werden können. Denn das MA. hat als *Grundlegung des neuzeitl. Europa* bleibende Aktualität; gleiches gilt für die Kirchengeschichte des MA.s als Grundlegung neuzeitl. Christlichkeit. Die Erforschung des MA.s hatte aus diesem Grunde immer Gegenwartsbezug. Das gilt von der heilsgeschichtl.-konfessionellen Geschichtsschreibung bis zur Gegenwart. Die verschiedenen aspektorientier Fachdisziplinen (wie Recht-, Wirtschafts-, Sozial-, Kunstgeschichte usw.) wurden aus gegenwartsbezogenen Bedürfnissen ausgebildet. Wenn man dazu Geschichte als die Wissenschaft vom menschl. Zusammenleben versteht, ergibt sich die Wichtigkeit des MA.s dafür von selbst. Denn in dieser Beziehung gewinnt das MA. eine genet.-interpretative Funktion. Werte, Institutionen und Verhaltensmuster werden in ihrem hist. Werden und Wandel erfaßt. Dafür sind Entwicklungen über lange Zeiträume hinweg zu erforschen. Mit dieser Aufgabe ist die *emanzipator. Funktion* verbunden. Veränderlichkeit, Vermittlung und hist. Bedingtheit auch vieler sog. »Naturkonstanten« menschl. Verhaltens können aufgedeckt werden. Aus der Langzeitbetrachtung ergibt sich auch eine *krit. Funktion* gegenüber Mißbräuchen im Sinne einer verkürzten Heroisierung oder Abwertung hist. Epochen und Phänomene im Dienste polit. oder theol. Utopien. Denn alle radikalen gesellschaftl. und kulturell-geistigen Erneuerungen müssen sich auf die von ihnen berufenen hist. Wurzeln befragen lassen.

*Lit.: H. Bookmann:* Einführung in das Studium der Geschichte des MA.s, München 1978. – *D. Gerhard:* Alte und neue Welt in vergleichender Geschichtsschreibung, Göttingen 1962 (Lit.). – *E. Göller:* Die Periodisierung der Kirchengeschichte und die epochale Bedeutung des MA.s zwischen dem christl. Altertum und der Neuzeit, Freiburg 1919. – *E. Hassinger:* Die weltgeschichtl. Stellung des 16. Jh.s, in: Geschichte in Wissenschaft und Unterricht 2 (1951), 705-718. – *P. Hübinger (Hg.):* Zur Frage der Periodengrenze zwischen Altertum und MA., Darmstadt 1959 (Lit.). – *Ders. (Hg.):* Kulturbuch oder Kulturkontinuität im Übergang von der Antike zum MA., Darmstadt 1968 (Lit.). – *J. Kunisch:* Über den Epochencharakter der frühen Neuzeit, in: FS K. D. Erdmann, Stuttgart 1975, 150-161 (Lit.). – *P. Meinhold:* Geschichte der kirchl. Historiographie, 2 Bde., Freiburg 1967. – *I. Mieck:* Periodisierung und Terminologie der Frühen Neuzeit, in: Geschichte in Wissenschaft und Unterricht 19 (1968), 357-373 (Lit.). – *R. Pernaud:* Überflüssiges MA.?, Dt. aus dem Franz., München 1979. – *H. Quirin:* Einführung in das Studium der ma. Geschichte, Braunschweig, 3. Aufl. 1964. – *K.-V. Selge:* Die Periodisierung der Kirchengeschichte, in: *ders.:* Einführung in das Studium der Kirchengeschichte, Darmstadt 1982, 26-487. – *K. F. Stroheker:* Wann fängt das MA. an?, in: Germanentum und Spätantike, Zürich/Stuttgart 1965, 275-308. – *H. Wolfram:* Die Aktualität der ma. Geschichte, in: Antidosis. FS W. Kraus, München 1972, 458- 476.

*Isnard W. Frank*

**Mittelalterliche Kunst**

*A.* Die Anfänge der M.K. sind unlösbar mit dem Namen Karls d.Gr. (768/814) verbunden, dessen Krönung 800 in →Rom den bewußten Versuch darstellte, an das Erbe des spätantik-byzantin. Kaisertums anzuknüpfen. Das Godescale-Evangelistar (781/83) wurde zum Prototyp einer Hofkunst, die auch als *Karoling. Renaissance* bezeichnet wird. Die Idee der *renovatio* (Erneuerung) des weström. Kaiserreichs im Gegenüber zu →Byzanz prägt den Ausbau der Aachener Pfalz zur »Nova Roma« (Neues Rom). Im →Kirchenbau setzt sich endgültig der Steinbau durch, der sich an der frühchristl. Basilika orientiert. Neue Elemente stellen die Einführung der Krypta, die monumentale Gestaltung der Kirchenfassaden und vor allem das Westwerk dar, das als »Königskirche« interpretiert wird (St. Riquier, Centula, Ende 8. Jh.; Corvey, 837/85). Die Aachener Pfalzkapelle (806 geweiht) führt die Traditionen des frühchristl.-byzant. Zentralbaus (S. Vitale, Rav frühchristl.-byzant. Zentralbaus (S. Vitale, Ravenna) fort und betont diese Tendenz durch die Verwendung ravennat. Spolien. Auch in der Elfenbeinplastik ist der Anschluß an die spätantiken Vorbilder des 5./6. Jh.s festzustellen. Bedeutende Qualität erreichten die Mosaikkunst, die Wandmalerei und vor allem die →Buchmalerei, die den umfassendsten Überblick über die Kunst der Zeit vermittelt. Sie wurde in den Scriptorien (Schreibstuben) der →Klöster gepflegt, die sich zu Zentren des geistigen Lebens entwickeln (Klosterplan von St. Gallen, um 820). Erst in jüngerer Zeit konnte die Existenz einer karoling. →Glasmalerei nachgewiesen werden. Sehr viel reichlicher hingegen ist die Überlieferung von Werken des Kunsthandwerks (z.B. Stephansbursa der Aachener Reichskleinodien).

*B.* Wenn die Karoling. Kunst als Folge ihres Übergangscharakters noch durch einen auffälligen Stilsynkretismus ausgezeichnet war, so gelingt der *Otton. Kunst* zwischen 919 und 1038 die Entwicklung eines verhältnismäßig geschlossenen Stils, der um 1000 voll ausgebildet ist. Domburgen (Hildesheim, Trier), Pfalzburgen mit Dom oder Stift (Magdeburg, Merseburg, Goslar u.a.), Klöster (Reichenau) und adlige Damenstifte (Quedlinburg, Gernrode, Gandersheim u.a.) bilden zusammen mit den Burganlagen und der Entwicklung der →Städte Hauptaufgaben der Kunst der Zeit. Die kirchl. Großbauten werden zumeist basilikal strukturiert, Westwerke und Westquerschiffe begegnen in modifizierten Formen. Eine bes. reiche Entwicklung nimmt die Krypta. Bedeutende Beispiele einer monumentalen Großplastik (Gerokreuz, Köln, um 970; Christussäule und Bernwardstür des Hildesheimer Doms, nach 1000) weisen auf neurezipierte mittelbyzantin. Einflüsse hin. Die Wandmalerei ist nur in Fragmenten erhalten geblieben, um so reicher ist die Buchmalerei bezeugt (Reichenauer Schule u.a.), in der die →Apokalyptik themat. in den Vordergrund tritt.

*C.* In der *Romanik* entsteht der erste gesamteurop. Stil mit zahlreichen territorialen Sonderentwicklungen. Er scheint eine Schöpfung →Frankreichs gewesen zu sein (→Cluny, 2. Klosterkirche, 981 vollendet). Ideolog. Hintergrund ist die Idee der Einheit von »regnum« und »sacerdotium«, von Reich und →Kirche, die sich in einer gottgewollten →Hierarchie verwirklicht. Das →Mönchtum wird bis in das 12. Jh. hinein zum wichtigsten Träger der künstler. Entwicklung. Neben dem →Kirchenbau gewinnt auch der Profanbau zunehmende Bedeutung (Rathaus- und Wohnbauten). Der roman. *Kirchenbau* mit seiner stark akzentuierten Westfassade und seinen Wandmalereien versinnbildlicht die »Heilige Stadt« bzw. »das Reich der →Heiligen«. Die Aufteilung des Kirchenraums in einen Kleriker- und einen Laienraum, die die Gotik vollendet (Lettner), beginnt. Um 1100 wird die Wölbung in den Kirchenbau eingeführt. Die Charakterisierung der Romanik als »Machtkunst« zielt nicht nur auf das streng hierarch. gebundene Menschenbild dieser Kunst, sondern noch mehr auf die Unnahbarkeit eines →Gottes, der in den Portalzonen immer wieder als Weltenrichter erscheint. Ihre reichste Entfaltung fand die roman. Kunst nicht in der →Plastik, sondern in der Wandmalerei, die in Anlehnung an byzantin. Vorlagen ausgedehnte Bildprogramme entwarf. Da von den einmal vorhandenen Fresken fast nur noch Fragmente erhalten geblieben sind, wirken die Denkmäler der Buchmalerei um so eindrucksvoller. Die Vorliebe für großformatige Prachthandschriften weist auf veränderte Nutzung hin. Die Neigung zu monumentalen Gestaltungsformen läßt sich auch hinsichtl. des *plast. Kultgeräts* (Lesepulte, Leuchter) und der Bauplastik (Grabmäler, Portale, Chorschranken, Triumphkreuze) beobachten. In →Frankreich entstand um 1000 der Chorumgang mit Kapellenkranz (Martinskirche, Tours) und die Hallenumgangskrypta (Chartres). In →Italien spielte die Romanik bes. auch im Profanbau eine bedeutende Rolle, der Kirchenbau ist durch den Verzicht auf große Turm- und Fassadenanlagen gekennzeichnet. Eine Sonderentwicklung ist in Skandinavien zu beobachten, wo mit den Stabkirchen bis ins 13. Jh. hinein vorroman. Bauformen weitergeführt werden. In →Deutschland erreicht die Entwicklung ihren Höhepunkt im 1. Drittel des 12. Jh.s, die sog. Spätromanik endet um 1230.

*D.* Die *Gotik* ist der internationale Stil des Hoch- und Spätma.s, der gleichfalls in Frankreich (Ile-de-France) in der Mitte des 12. Jh.s entstand. In Italien endet sie bereits im 15. Jh., in den übrigen Regionen in der 1. Hälfte des 16. Jh.s. Der *Kirchenbau* wird in Grundriß, Wandgestaltung und Wölbung zur Einheit zusammengefaßt. Neu ist die Verwendung von Kreuzrippengewölben und Spitzbogen. Das enzyklopäd. Bildprogramm läßt den Sakralbau zusammen mit der Kirchenausstattung zum Sinnbild des »himml. Jerusalems« werden. Höhepunkte der Entwicklung stellen die franz. Kathedralen dar (Chartres, Reims und Amiens,

Ende 12./Anfang 13. Jh.). In Deutschland ist das erste Bauwerk nach got. Plan der Magdeburger Dom (Beg. 1209), die 1235 begonnene Elisabethkirche in Marburg die erste wirkl. got. Kirche. Den Anschluß an die franz. Gotik stellt der Kölner Dom her (Beg. 1248). Innerhalb der norddt. Backsteingotik werden zunehmend materialgerechte Sonderlösungen gefunden. Einen eigenständigen dt. Beitrag zum got. Kirchenbau stellt die Hallenkirche, die typ. Predigtkirche, dar. Die *sakrale Bauplastik* illustriert die →Theologie der →Scholastik. Die Marienverehrung (→Maria) und die →Mystik wirken gleichfalls intensiv auf diese Epoche der M.K. ein, die mit den ersten echten Porträts der →Neuzeit (Parlerhütte, Prag) und dem →Realismus der Meister um 1500 (Notke, Riemenschneider, Stoß u.a.) zur →Renaissance überleitet. Die Wandmalerei tritt infolge der Auflösung der Wandflächen stark zurück, an ihre Stelle tritt die →Glasmalerei. Ihre Farbigkeit und Transparenz läßt die Raumgrenzen verfließen. Ihre Bilderzählungen ergänzen das plast. Bildprogramm. Eine reiche Blüte erlebt auch die Buchmalerei, die sich bes. der Bibelillustration (Bibles moralisées und historisées) und den Andachtsbüchern widmet (»Très riches heures« des Herzogs von Berry). Seit der Mitte des 14. Jh.s wird die Tafelmalerei, die sich aus den gemalten Altaraufsätzen des 3. Jh.s entwickelte, zum führenden Zweig der →Malerei, in dem die Ansätze zu einer neuen Emotionalität (Marien- und Passionsbilder) ausgebildet werden. Mit dem Niedergang der universalen Kirche verlor auch die M.K. ihre Grundlagen. Fortan prägten nationale und konfessionelle Differenzen die Kunst in immer stärkerem Maß.

*Lit.: K. J. Conant:* Carolingian and romanesque architecture, Harmondsworth 1959. – *H. Fillitz:* Das MA. I (Propyläen Kunstgeschichte 5), Nachdruck Berlin 1984 (Lit.). - *K. Goldammer:* Kirchl. Kunst im MA. (Die Kirche in ihrer Geschichte 2/G 2), Göttingen 1969. – *A. Legner (Hg.):* Die Parler und der schöne Stil 1350-1400 (Ausstellungskatalog), 4 Bde., Köln 1978/80. – *F. Möbius:* Roman. Kunst, Berlin/Wien/München 1969. – Ornamenta Ecclesiae. Kunst und Künstler der Romanik (Ausstellungskatalog), 3 Bde., Köln 1985. – *E. Panofsky:* Gothic Architecture and Scholasticism, Latrobe/Penns., 3. Aufl. 1956. – *H. Sedlmayr:* Die Entstehung der Kathedrale, Zürich 1950. – *O. von Simson:* Das MA. II (Propyläen Kunstgeschichte 6), Nachdruck Berlin 1984 (Lit.). - Die Zeit der Staufer. Geschichte – Kunst – Kultur (Ausstellungskatalog), 5 Bde., Stuttgart 1977/79.

*Peter Maser*

## Mittelalterliche Literatur

*A.* Die ma. L. des Westens hat mit den übrigen L.en der ma. Welt, der arab., jüd., byzant. und der byzantino-slaw., gemeinsam, daß eine *Hochsprache*, Hauptträgerin der rel. Tradition wie der Bildungstradition, einer teils mündl., teils schriftl. L. in der *Volkssprache* gegenübersteht. In dem Verhältnis der beiden Sprachen zueinander ist jedoch ein entscheidender Unterschied zu beobachten. Anders als bei den Arabern und Byzantinern war die Hoch- und Gelehrtensprache des Westens, das *Mittellatein*, für seine Benutzer immer eine erlernte und – trotz der oft staunenswerten Beherrschung ihrer Möglichkeiten – eine fremde Sprache, und es war auch nicht, wie bei den Juden, die Sprache der göttl. Offenbarung und Verheißung. Das Latein war für das westl. MA. ein taugl. Instrument der Wissensvermittlung, des Gedankenaustauschs, auch der dichter. Aussage, aber kein verehrungswürdiges Symbol der eigenen nationalen oder rel. Identität. Von daher wird verständlich, daß auch die klerikale, lat. erzogene Bildungsschicht des Westens von Anfang an starke Bindungen an die volkssprachige Überlieferung hatte. *Irische Mönche* zeichnen vom 6. Jh. an die Sagen und auch die Göttermythen ihres Volkes auf; in *England* dichtet im 8. Jh. ein (mit Vergil vertrauter) Kleriker das *Beowulfepos*; in *Fulda* trägt man um 830 das *Hildebrandslied* in eine Pergamenthandschrift ein und auch für die Fixierung der edd. Lieder muß, zumindest am Anfang, der buchkundige Kleriker die Hand gereicht haben.

*B.* Natürlich ist im ganzen gesehen die westl. L. des *Frühma.s* (ca. 600 – ca. 1050) geistl. und lat. Die große Masse des Schrifttums bildet auch hier *Bibelexegese* (vor allem zu →Genesis, →Psalmen, →Hoheslied, →Evangelien, →Paulusbriefen), →*Theologie* (vorwiegend im Zusammenhang mit den Kontroversen um Adoptianismus, Bilderverehrung, Eucharistie und →Prädestination), →*Predigt* (Homiliare), »*Legende* und Verwandtes (Übertragungs- und Mirakelberichte), *Vita* (Lebensbeschreibung von Herrschern, Bischöfen, Äbten und Missionaren), *Geschichte* (Volks-, Kirchen- und Bistumsgeschichte, Weltchronik, Annalen) und *Fachliteratur* (Philologie, insbes. Grammatik; Philosophie, vorwiegend in der Form von Kommentaren; Musik und Geographie). Dasselbe gilt auch von der frühma. *Dichtung*: Sie bedient sich vorwiegend der Gelehrtensprache und bewegt sich im selben geistl. Themenkreis wie die Prosa: Bibeldichtung, Gedichte theol. Inhalts, Ermahnung, Verslegende, Versvita, ep. Gesta (Verherrlichung der »Taten« einer Person oder Gruppe, wie z.B. die *Gesta Berengarii* [um 915] oder Hrotsviths von Gandersheim [um 935 bis um 975] *Gesta Ottonis*), Schul- und Spruchdichtung (z.B. Walter von Speyer [um 1000] *Libellus Scholasticus*; Egbert von Lüttich [nach 1000] *Fecunda ratis*). Hinzu kommen →Hymnen, Sequenzen (liturg. Chorgesänge in freien Rhythmen, wie z.B. die Sequenzen des Notker Balbulus [um 840 bis 912]), Epitaphien (Grabinschriften in Versform) und andere rel. gefärbte Inschriften, Gelegenheits- und Freundschaftsgedichte. Aber sosehr auch die genannten Gattungen und Formtypen im lat. Sprachgewand das Bild der Epoche prägen, so herrschen sie doch nicht ausschließlich. Zum einen treten die gleichen Typen im angelsächs. und dt. Raum auch volkssprachig auf (z.B. die *Altengl. Genesis*, der *Heliand*, Otfrids *Evangelienbuch*, König Alfreds und Aelfrics Übersetzungen ins Altenglische, Notker Labeos althochdt. Fachprosa), und zum andern gibt es im lat. Bereich neben der Linie der Tradition immer auch das Ungewöhnliche, Überraschende, wie z.B. die Gedichte eines Gottschalk (um 807-867/69) und Sedulius Scotus (Mitte 9. Jh.), das Heldenepos *Waltharius* (letztes Viertel des 9. oder 1. Viertel des 10. Jh.s), die Lesekomödien der Hrotsvith (um 935 bis um 975) oder die Liebesgedichte der Cambridger Sammlung (aufgezeichnet um 1050). Auch das Vordringen von Akzentrhythmus und Reim in die Poesie gehört in diesen Zusammenhang. Weil im Westen die Hervorbringung von Literatur nicht an ein zentrales staatl.-kirchl. Machtzentrum und an eine einzige, unbezweifelbar vorbildhafte Tradition gebunden war, hatte der *einzelne Autor* sprachl. wie themat. *größeren Spielraum.*

*C.* Diese Eigenart der westl. L. kommt im *Hochma.* (ca. 1050 – ca. 1250) vollends zum Durchbruch. Auf der einen Seite entsteht eine breite und qualitativ hochwertige *volkssprachige Schriftliteratur,* die zwar in ihren Anfängen noch weitgehend rel. bestimmt ist (Bibeldichtung, rel. Lyrik, Geschichtsdichtung), aber bald in Laienhände übergeht und *weltl. Thematik* in den Vordergrund rückt (Heldenepos, Versroman, Versnovelle, Prosaroman, Geschichte, Lehrdichtung, Minnesang). Hierbei verbreiten sich Stoffe und Formen von Frankreich als dem geistigen Zentrum aus rasch über den gesamten Westen (England, Deutschland, Italien) und - in Auswahl – auch in den Norden (franz. höf. Epik und dt. Heldenepik in Norwegen). Zu beachten ist, daß diese volksprachige weltl. L. des Hochma.s nicht erst ein mündl. Schattendasein fristen muß, bevor sie aufgezeichnet wird, sondern – gleichberechtigt mit dem Lateinischen – sofort den Weg auf das kostbare Pergament findet. Diese Entwicklung wird auch dadurch nicht beeinträchtigt, daß gleichzeitig die mittellat. L. ihren Höhepunkt erreicht. Zu nennen ist hier vor allem die *rel.* →*Lyrik* (z.B. die reguläre Sequenz), die *weltl. Lyrik* (z.B. Carmina Burana), der *Versroman (Ruodlieb),* das *satir. Tierepos* (z.B. Nivards von Gent *Ysengrimus*), das allegor. Epos (z.B. Alans *Anticlaudianus*), das *Antikenepos* (z.B. Walthers von Chatillon *Alexandreis*), das *Geschichtsepos* (z.B. Gunthers von Pairis *Ligurinus*), die *Verskomödie* der Loire-Schulen, das rel. *Schauspiel* (Weihnachts- und Osterspiele, *Ludus de Antichristo*). Man könnte sich vorstellen, all diese Werke und Werktypen hätten auf die volkssprachige Dichtung lähmend wirken müssen. Das Gegenteil ist jedoch der Fall, eben weil die Hochsprache des Westens einen geringeren emotionalen Stellenwert besaß als etwa das alte Griechisch für die Byzantiner.

*D.* Dies zeigt sich insbes. an der Leichtigkeit, mit der im *Spätma.* (ca. 1250 – ca. 1450) das Mittellatein als Träger schöner L. aufgegeben wurde, um dafür um so intensiver dort eingesetzt zu werden, wo es unentbehrl. war: in der *Wissenschaft,* vor allem in der scholast. Philosophie und Theologie (→Scholastik), in der →Rechtswissenschaft und →Medizin, aber auch in der zögernd sich entfaltenden →Naturwissenschaft (Mathematik, Astronomie, Tierkunde). In all diesen Bereichen spielen die *volkssprachigen Werke* (z.B. Konrads von Megenberg [1309-1374] Übersetzungen) nur eine Vermittlerrolle, während die Dichtungen hohen und höchsten Ranges, etwa →Dantes *Divina Commedia,* Boccaccios *Decamerone,* Chaucers *Canterbury Tales,* sich der Volkssprache bedienen. So kommt im Spätma. eine Entwicklung zum Abschluß, die die westl. L. von allen anderen ma. L.en unterscheidet (und die ihre Vorrangstellung in der Neuzeit begründet): Während die volksnahe L. im arab., jüd., byzant. und slaw. Raum nur einen Nebenzweig der Schriftkultur bildet, eben noch geduldet zum Zwecke anspruchsloser Unterhaltung oder zum Zwecke der Belehrung, erringt die volkssprachige Dichtung im Westen die Führungsrolle. Kennzeichnend dafür ist am Ausgang des MA.s die Haltung der Humanisten, die trotz ihrer Bindung an das (klass.) Latein die Dichtung in der »volgare« (Volkssprache) gleichrangig behandeln und pflegen (Petrarca, Boccaccio).

*Lit.: D. Daiches/A. Thorlby (Hg.):* The Mediaeval World (Literature and Western Civilization 2), London 1973. – Kindler Literaturlexikon, Essays, Bd. 7, 1972, 37-458 (die meisten der auf den genannten Seiten abgedruckten Einzelessays enthalten Abschnitte über ma. L. und die dazu gehörige Standardbibliographie). – Lexikon des MA.s, Bd. 1ff., München/Zürich 1980ff. – Propyläen Geschichte der Literatur, 2: Die ma. Welt. 600-1400, Berlin 1982. – *R. Queneau (Hg.):* Histoire des littèratures, 2: Littèratures occientales, Paris 1968 (die ma. L. ist mitberücksichtigt). – *K. von See (Hg.):* Neues Handbuch der Literaturwissenschaft, Wiesbaden, Bd. 6: Europ. Frühma., hg. von *K. von See,* Wiesbaden 1985; Bd. 7: Europ. Hochma., hg. von *H. Krauss,* Wiesbaden 1981; Bd. 8: Europ. Spätma., hg. von *W. Erzgräber,* Wiesbaden 1978.

*Benedikt Konrad Vollmann*

## Mittelalterliche Musik

*A.* Durch den Beginn der Mehrstimmigkeit und die damit verbundene Sonderstellung der europ. Musiktradition gegenüber allen anderen Kulturkreisen ist die ma.M. für die Musikgeschichte von entscheidender Bedeutung. Grundzüge der antiken Musikanschauung wurden über die Schriften von →Augustinus und Boethius (um 480-524) in die ma. Musiklehre übernommen. Die *Lehre von der Zahl* als Prinzip der Weltordnung, die sich symbolhaft in der Ordnung der Musik spiegelt, ist das Fundament der von Boethius ausgehenden und für das ganze MA. verbindl. Dreiteilung der Musik in *Musica mundana,* der im →Makrokosmos wirkenden Sphärenharmonie, in *Musica humana,* des die Harmonie des Makrokosmos im Menschen spiegelnden Mikrokosmos, und in *Musica instrumentalis,* der real erklingenden Musik oder aber der theoret. Beschäftigung mit deren Zahlenverhältnissen (Streitfall). Die Definition der Musik als math. Wissenschaft, die sie bis ins 16. Jh. im System der sieben »Artes liberales« neben der Geometrie,

Arithmetik und →Astronomie in die vier math. Fächer einordnete, verdeutlicht den hohen Stellenwert der *Musiktheorie* über das MA. hinaus.

*B.* Die ma. *Musikpraxis*, deren Existenz untrennbar mit der des Christentums in Verbindung steht, begann mit dem einstimmigen frühchristl. *Kirchengesang* (→Psalmen, →Hymnen, geistl. Gesänge) spätestens ab dem 4. Jh. ohne Instrumente, die als weltl. und andachtsgefährdend galten. Die →Orgel fand erst im 9. Jh. in die Kirche Eingang.

*I.* Der *liturg. Gesang* war ein wesentl. Bestandteil des Gottesdienstes, die Vortragsart im Wechsel zwischen zwei Chören (antiphonal) oder zwischen Vorsänger und Gemeinde bzw. Chor (responsorial) gestaltet. Ab dem 7. Jh. stand der durch eine liturg./textl. Neuordnung geschaffene →Gregorian. *Choral* im Mittelpunkt. Seine Aufzeichnung wurde ab dem 8./9. Jh. in Neumen (Zeichen ohne Rhythmus- und Tonhöhenangabe) ermöglicht und durch Guido von Arezzo im 11. Jh. mit der Schaffung eines Liniensystems (Choralnotation) entscheidend verbessert. Das gregorian. Repertoire wurde im 9. und 10. Jh. um die Gattungen des Tropus, einer textl. und/oder musikal. Erweiterung eines gregorian. Chorals und der Sequenz, einer Textierung auf das Schlußmelisma des Alleluja (»Jubilus«) bereichert. Daneben führten *Lieder* mit geistl. Texten, die nicht unmittelbar zum engeren liturg. Bereich gehörten (Cantiones), Reimoffizien, liturg. Dramen und geistl. Spiele zur Neu- und Umbildung des Gregorian. Chorals.

*II.* Die einstimmige *weltl. Musik* blühte ab dem späten 11. Jh. in der höf. Liedkunst, ausgehend von den Troubadours (Südfrankreich, z.B. Bernart de Ventadorn) Trouvères (Nordfrankreich, z.B. Adam de la Halle) und den Minnesängern (Deutschland, z.B. Walther von der Vogelweide). Texte und Melodien wurden selbst erfunden und mit instrumentaler Begleitung (Fidel, Laute o.a.) in vielfältigen musikal. Formen vorgetragen. Die älteste Art von *Mehrstimmigkeit* wird in der *Musica enchiriadis*, einem Traktat aus dem 9. Jh., als Verbindung von Stimmen im Quint- oder Quartabstand (Quint-, Quartorganum) beschrieben. Während beim älteren Organum die liturg. Melodie als Oberstimme (vox principalis) zur improvisierten zweiten Stimme (vox organalis) dominierte, erhob sich beim neueren Organum zur Zeit der Schule von St. Martial in Limoges Ende des 11. Jh.s eine melismat. verzierte Oberstimme über dem in langen Einzeltönen zerlegten Gregorian. Choral (Cantus firmus) in der Unterstimme. »Die liturg. Funktion der Organa ist eine feierl. Gestaltung der Messe oder des Offiziums des Festtages, dem der Cantus firmus entnommen ist« (Wörner). Unter Leoninus als Komponist zweistimmiger Organalsätze und Perotinus, der diese zur Drei- und Vierstimmigkeit erweiterte, erreichte der neue mehrstimmige Kirchengesang in der Notre-Dame-Epoche in Paris (1150-1250) einen Höhepunkt.

*III.* Daneben erlangte der *Conductus*, eine geistl., später auch weltl. Liedgattung, sowie die →*Motette* wesentl. Bedeutung für die Entwicklung der Mehrstimmigkeit. Zunehmend das Organum verdrängend, verselbständigte sie sich zur wichtigsten Gattung der *Ars antiqua* (mehrstimmige Musik in Frankreich von 1250-1320). Nach Fortschritten in der Notenschrift wurde in dieser Zeit die in der Notre-Dame-Epoche eingeführte Modalnotation mit ihrer schematisierten Rhythmik u.a. von Franco von Köln zur Mensuralnotation ausgebaut, so daß allein die Form einer Note deren Wert bestimmte. Die folgende Zeit bis 1400, die nach Philippe de Vitry als *Ars nova* bezeichnet wird, kennzeichnete eine neue, fast ausschließl. mehrstimmige Musik. Eine kunstvolle Gestaltung der Motette nach Art der Isorhythmie (→Motette) sowie die Ausbildung des Kantilenensatzes, einer Satzform der weltl. Liedkunst, nahmen nachhaltigen Einfluß auf die neue Gattung der Vertonung des Meßordinariums (→Messe, G. de →Machaut).

*IV.* Gleichzeitig erreichte Italien im Trecento (14. Jh.) mit *Landino* eine weltl. Mehrstimmigkeit von hohem Rang, mit einer dem franz. Formalismus entgegentretenden typ. ital. Kantabilität. Papst Johannes XXII. (1316-1334) forderte in einer Stellungnahme gegen die Musik der Ars nova 1324/25 die Rückkehr zur alten Musik der Notre-Dame-Epoche und der Ars antiqua, indem er diese als einzige zulässige mehrstimmige Musik im Bereich der christl. Kirche ansah.

*C.* Mit den Kompositionen der frankofläm. Schule (G. Dufay u.a.), in denen die ma. Musik zum Teil bis in das 16. Jh. weiterwirkte und die der bis dahin auf Frankreich zentrierten Entwicklung neue Einflußsphären öffneten, vollzog sich der *Übergang* in einen neuen Zeitabschnitt (→Renaissance). Unabhängig von der geistesgeschichtl. Entwicklung, nach der die Musik vor allem im →Humanismus den sprachgebundenen Disziplinen zugeordnet war, blieb ihre Bedeutung als eine math. Wissenschaft bes. im dt.-prot. Umkreis bis in das 18. Jh. erhalten.

*Lit.: H. Besseler:* Musik des MA.s und der Renaissance, Potsdam 1931. – *K. G. Fellerer (Hg.):* Geschichte der kath. Kirchenmusik, Bd. 1, Kassel 1972. – *P. Gülke:* Mönche – Bürger – Minnesänger. Musik in der Gesellschaft des europ. MA.s, Wien/Köln/Graz 1975. – *A. Scharnagl:* Einführung in die kath. Kirchenmusik, Wilhelmshaven 1980. – *J. Smith van Waesberghe:* Musikerziehung. Lehre und Theorie der Musik im MA. (Musikgeschichte in Bildern 3), Leipzig 1969.

*Gabriele Zelt*

**Mittelalterliche Philosophie.** Als ma.Ph. bezeichnet man jene Epoche der abendländ. →Philosophie, welche die →Patristik ablöst und bis zur →Reformation dauert. Allerdings sind Anfang und Ende schwer zu bestimmen, zumal vor allem die Beziehung zum →Humanismus und zur →Renaissance kontrovers ausgelegt wird. Obschon bereits die →Aufklärung ein gewisses Interesse am Denken der MA.s bekundet hat (z.B. →Lessing), war die Erforschung der Philosophie dieser Epoche bis in die neueste Zeit vor allem geprägt durch die Bemühungen Leos XIII., den →Thomismus als kath. Einheitsdoktrin durchzusetzen. Aus diesem Grunde entstand ein sehr einseitiges Bild der realen Vielfalt. Ganze Bereiche der Philosophie (Naturphilosophie, Logik, Politik) wurden wegen eines primär theol. Erkenntnisinteresses ausgeblendet.

*A.* Trotz grundlegender geschichtl. Wandlungen wird das Denken des →MA.s vornehml., aber nicht ausschließl., beherrscht vom Problem des Verhältnisses von →*Vernunft und* →*Autorität*, welchem auf Grund der gesellschaftl. und intellektuellen Vormachtstellung der →Kirche eine bes. polit. Bedeutung zukommt. Als vorherrschende Autorität begegnen in diesem Disput (der die →jüd. Philosophie und das Denken des →Islam in ähnl. Weise prägt) die →Offenbarung und das →Dogma. Während die frühen Versuche von Joh. Scotus Eriugena (9. Jh.) und Anselm von Canterbury (11. Jh.) im Sinne des →Neuplatonismus eine Übereinstimmung von →Religion und →Philosophie behaupten (→Theologie und Philosophie), reflektiert Abälard (12. Jh.) in einem veränderten sozialen Kontext die Widersprüche der christl. →Tradition und hofft dank einer Anwendung der →Logik in der Theologie die Rechte der →Vernunft mit den Ansprüchen der Autorität versöhnen zu können. Die kulturellen, wirtschaftl. und polit. Kontakte zum Islam und der jüd. Minderheit stellen neue Anforderungen an den *intellectus fidei* (Einsicht des Glaubens). Als Antwort auf diese Herausforderung wird nicht nur die Notwendigkeit eines Religionsfriedens (Abälard und später →Nikolaus von Kues) diskutiert, sondern ebenfalls die Möglichkeit einer neuen Logik zum Beweis der →Trinität und der →Inkarnation erwogen (Raymundus Lullus, 13.-14. Jh.). Obschon das Programm der →Scholastik einer *fides quaerens intellectum* (Glaube, der nach Einsicht sucht) oft einer nachträgl. Rechtfertigung des Glaubens (→Apologetik, →Ideologie) gleichkommt, sind auch Versuche einer Aufhebung des Glaubens in der Vernunft zu verzeichnen (Nikolaus von Kues). Eine derartige →Aufklärung intendiert z.B. die philos. Schriftauslegung (Maimonides, Eckhart).

*B.* Die Übersetzung *arab. Schriften* (Avicenna, Averroes) und der bisher unbekannten Werke des →Aristoteles (13. Jh.) bewirkt eine grundlegende Erschütterung, denn diese Texte enthalten Lehren, die den Dogmen zu widersprechen scheinen (Ewigkeit der Welt, Leugnung der →Unsterblichkeit), und erheben den Anspruch, alle wichtigen Fragen rein rational zu lösen. Diese durch die →Hochschulen geförderte Krise ermöglicht eine *Emanzipation der Philosophie* von theol. Bevormundung dank einer method. Trennung von →Theologie und Philosophie (Boethius von Dacien, Siger von Brabant) und führt zur Überwindung eines →klerikalen Wissenschaftsverständnisses. Im Gegensatz zu einer konservativen Ablehnung des →Aristotelismus (Bonaventura) versucht →Thomas von Aquin eine Vermittlung, welche die Selbständigkeit der Philosophie weitgehend respektiert, aber an einer Unterordnung festhält.

*C.* Die durch →Duns Scotus vorbereitete *spätma.* →*Kritik* (→Ockham) zerstört die harmon. Zuordnung von Autorität und Vernunft, →Natur und →Gnade, →Sein und Sollen, Denken und Sein, ebenso wie die Ideen der →Hierarchie, der →Analogie und der Ordnung (→Struktur). Den Zusammenbruch des ma. Ordo besiegelt allerdings erst die Forderung nach einer gänzl. Unabhängigkeit des →Staates von der →Kirche, welches von →Dante, Marsilius von Padua und Ockham als polit. Konsequenz aus der theoret. Trennung von →Glauben und Wissen abgeleitet wird und das durch die Kritik am polit. →Augustinismus die Entklerikalisierung der ma.Ph. in →Theorie und Praxis vollendet.

*Lit.: K. Flasch:* Das philos. Denken im MA., Stuttgart 1986. – *Ders.:* Einführung in die Philosophie des MA.s, Darmstadt 1987. – *R. Imbach/M.-H.Méléard (Hg.):* Philosophes médiévaux, Paris 1986. – *N. Kretzmann/A. Kenny/J. Pinborg:* The Cambridge History of Later Medieval Philosophy, Cambridge 1982 (Lit.).

*Ruedi Imbach*

**Mittelamerika** ist eine Sammelbezeichnung für eine Region, die aus höchst unterschiedl. Natur- und Kulturräumen besteht: Mexiko, die zentralamerik. Landbrücke mit den Ländern Belize, Guatemala, Honduras, El Salvador, Nicaragua, Costa Rica, Panama und schließl. der westind. Inselbogen mit den Ländern Kuba, Haiti, Santo Domingo u.a.

*A.* Der Übergang von einer Jäger-/Sammlerkultur zur Landwirtschaft auf der Basis des Maisanbaus erfolgte im mexik.-zentralamerik. Raum schon um etwa 2000 v. Chr. Aus Dorfkulturen mit zentralen Kultstätten wuchsen dort mit der Zeit *städt. Hochkulturen* (insbes. der Maya und Azteken) mit gelehrten Priesterschaften (Bilderschrift, Kalender) und mächtigen Staatsformen (→Staat). Auf den Karibikinseln, im Nordandenraum Südamerikas und auf der zentralamerik. Landbrücke kam es nicht zur Staatenbildung. Allg. herrschten kleine, als Halbgötter verehrte Stammeshäuptlinge über einzelne oder kleine Gruppen von Dörfern.
Auf die Entdeckung der Karibikinseln durch *Ch. Kolumbus (1492)* folgte die span. Eroberung, die die alten →Indianerkulturen vernichtete und die Bevölkerung z.T. nur oberflächlich christianisierte. Auf den Antillen wurde die Urbevölkerung bis Mitte des 16. Jh.s durch Zwangsarbeit, Versklavung (→Sklaverei) und Epidemien fast völlig ausgerottet

und durch *Negersklaven* aus →Afrika ersetzt, deren Nachkommen die Masse der heutigen Bevölkerung bilden und deren kult. (Vodoo, →Synkretismus) und kulturelle Traditionen bis heute lebendig sind.

*B.* Schon in der Zeit der →Kolonisation bemächtigten sich Briten, Holländer und Franzosen eines Teils der Antillen und des Festlands (Misquito-Küste Nicaraguas, Belize, das von Guatemala beansprucht wird) und legten damit den Grund für die Ausbreitung *prot.* Kirchen, die ab 1898 durch US-Okkupationen Kubas, Haitis, Santo Domingos, Nicaraguas und der Annexion Puerto Ricos sowie der Sezession Panamas weiter gefördert wurde. Die Eroberung des Festlandes wurd 1521 von Cortés durch die Unterwerfung des Aztekenreiches eingeleitet und führte zur Errichtung des Vizekönigreichs Neu-Spanien und der Generalkapitanie Guatemala.
Die Missionierung des vielvölk. und rel. vielfältigen Festlandes oblag wesentl. den →*Orden* (→Franziskaner, →Dominikaner, Augustinereremiten, →Jesuiten), die zunächst auf diese Aufgabe keineswegs vorbereitet waren. Massentaufen, zwangsweiser Besuch von →Katechese und Messe, Unterdrückung einheim. →Kulte als teufl. inspiriert und die Errichtung christl. Strukturen, die das Leben der Indios (→Indianer) von der Wiege bis zur Bahre prägten, führten anfangs zu einer pauschalen, *oberflächl. Christianisierung* der Massen, die sich nach und nach durch das oft selbstlose Wirken einer →Elite von Missionaren vertiefte. Die für 1531 überlieferten Marienerscheinungen des Indios Juan Diego auf dem Tepeyac, der alten Kultstätte der aztek. Erdgöttin Tonantzin, verdeutl. beides: den fortdauernden Einfluß autochthoner (einheim.) Religiosität, der bis heute in Synkretismen (aber z.B. in Guatemala auch in direkten Maya-Parallelkulten mit eigener Priesterschaft) fortwirkt und die Einheimischwerdung des Christentums, denn Maria von Guadelupe erschien mit indian. Zügen. Der Befehl an alle Einwohner Neu-Spaniens (1746), diesem Gnadenbild ihre Treue zu schwören, ist ein Beispiel kolonialstaatl. Mißbrauchs der →Volksfrömmigkeit. Sklaverei, Zwangsarbeit im Kommendensystem (Hörigen-Status auf enteignetem Land mit Arbeitspflicht und Ernteabgaben von selbst bewirtschafteten Parzellen), rel. Druck durch die →Inquisition hatten der Glaubwürdigkeit der Religion der Eroberer ohnehin Abbruch getan.

*C.* Der Zerfall der Zentralamerik. Föderation (1823-39) führte zur *Balkanisierung Zentralamerikas,* dessen »Bananenrepubliken« zum Spielball der wirtschaftspolit. Interessen →Großbritanniens und der USA (1903 Trennung Panamás von Kolumbien, Besetzungen Nicaraguas 1855-56, 1912-1933, 1934, Sturz der sozialreformer. Regierung Arbenz von Guatemala 1954 mit CIA-Hilfe wie der Kampf gegen das sandinist. Nicaragua ab 1981) wurden. Scheinbar unpolit. intensivierten sich die Missionsbemühungen der hist. *Denominationen* (→Konfession, →Sekte) der USA seit der 2. Hälfte des 19. Jh.s, denen kirchl. ungebundene »Faith-Missions« und *Pfingstkirchen* (→Pfingstbewegung) folgten. Letztere erlangten bes. Gewicht in Mexiko, Guatemala und Haiti. Vorher hatten →Anglikaner auf den brit. Antillen und in Belize, die →Brüder-Unität an der Misquito-Küste und →Reformierte auf den holländ. Antillen Fuß gefaßt. Seit den 70er Jahren prägen Massenevangelisationsorganisationen – sog. rel. Multis – und eine unübersehbare Vielzahl »neupfingstler.« fundamentalist. Kleinkirchen und Sekten die Expansion des Protestantismus.
Zu bes. scharfen ideolog. Auseinandersetzungen zwischen der →*röm.-kath. Kirche* und den Liberalen im 19. Jh. und den revolutionären Kräften im 20. Jh. kam es in *Mexiko* und auf *Kuba* (ab 1960). Aber während Mexiko trotz Trennung von →Kirche und Staat (Verbot des →Religionsunterrichts an den öffentl. Schulen, Enteignung kirchl. Besitzes usw.) ein durch und durch kath. Land blieb, geriet der Katholizismus auf Kuba in die Situation einer →Minderheit. Weit mehr als die mexikan. trug die kuban. Revolution (1959) zur Bewußtmachung der ungerechten sozioökonom. Situation in breiteren Kreisen der Bevölkerung M.s bei. Diese Bewußtmachung wird seit der Bischofskonferenz von Medellin (1968) aus eth. Gründen auch zunehmend von Teilen der kath. Kirche, namentl. →Basisgemeinden bzw. der »Kirche des Volkes«, gefördert, aber auch von Teilen nichtfundamentalist. ev. Kirchen (→Fundamentalismus), was zu heftigen Unterdrückungsmaßnahmen der – die Interessen der Ober- und Mittelschicht verteidigenden – Regierungen und ihrer Sicherheitskräfte (bes. in Nicaragua [bis 1979], El Salvador und Guatemala) geführt hat. Repräsentant der Vielzahl ausgewiesener, geflüchteter, gefolterter und ermordeter Christen ist der 1980 umgebrachte Erzbischof von El Salvador, O. A. Romero.

*Lit.: D. Boris/R. Rausch (Hg.):* Zentralamerika, Köln 1983. – *P. Richard/G. Melédez:* La Iglesia de los pobres en América Central, San José 1982. – Weitere Lit. →Südamerika.

*Hans-Jürgen Prien*

**Mittelstand.** Mit M. sind gelegentl. die mittleren →Schichten schlechthin gemeint. In diesem Sinne vertrat H. Schelsky in den 50er Jahren die These von der »nivellierten M.sgesellschaft«. Meist werden unter M. aber best. Berufsgruppen der mittleren Schichten verstanden. In erster Linie der »alte M.«: Selbständige, Gewerbetreibende und ihre →Familien. Seit dem Ersten Weltkrieg und der schnellen Vermehrung der Angestellten und Beamten werden diese als »neuer M.« bezeichnet. Die bes. *Problematik* des M.s ergibt sich aus der polit. Einstellung der genannten Berufsgruppen. Vor allem den »alten M.« kennzeichnet das Bewußtsein einer eigenständigen sozialstrukturellen Stellung (→Sozialstruktur) zwischen dem gesellschaftl.

Oben und Unten, ausgleichendes und bewahrendes Wirken. Dem entspricht ein überwiegend *konservatives* polit. Verhalten, das nur in Situationen, in denen sich der M. in seiner Existenz bedroht glaubt, polit. (Rechts-)→Radikalismus weichen kann. Der »alte M.« unterliegt sehr unterschiedl. Einschätzungen. Marxisten schreiben ihm »falsches Bewußtsein« zu, prophezeien ihm den Untergang und verurteilen seine polit. Funktion. Konservative bemühen sich intensiv um ihn, forcieren »M.spolitik« und halten den M. für eine zukunftsträchtige Sozialkategorie.

*Lit.: K. M. Bolte/S. Hradil:* Soziale Ungleichheit in der Bundesrepublik Deutschland, Opladen, 5. Aufl. 1984. – *Th. Geiger:* Die soziale Schichtung des dt. Volkes, Darmstadt 1972 (zuerst 1932).

*Stefan Hradil*

## Mittler

### A. Religionsgeschichtlich

Der in sich unscharfe *Begriff* M. kann sowohl die Position (in einer →Hierarchie, auch kosmolog.) als auch die Funktion eines helfenden Wesens umschreiben. Das M.tum findet auf drei Ebenen statt.

*I.* Auf rein *symbol. Ebene* begegnet der Begriff in den Religionen. Hinzuweisen ist in diesem Zusammenhang z. B. auf die Vorstellungen von den »Herabkünften« (avatāra) des Gottes Vishnu im →Hinduismus, der durch mehrere Taten (u.a. als Schildkröte, Eber, Zwerg) die kosmolog. Ordnung der Dreiwelt (→Jenseits) rettet. Der transzendete Heilscharakter göttl. M.tums erscheint in derselben Religion in der →Inkarnation Vishnus als Krishna, dessen Liebesverhältnis zu den Hirtinnen exemplar. für das der menschl. →Seele zu Gott wird. Dadurch ist dem Menschen ein neuer Weg zum Göttlichen eröffnet, der der (theist.-personalen) Gottesliebe (bhakti).
Der ganze Mahāyāna-→Buddhismus ist auf solchen rein geistig gedachten heilsvermittelnden Gestalten aufgebaut. Diese Struktur hat sich mit ihm vor allem über ganz Inner- und Ostasien verbreitet, wo die M. auch in weibl. Form erscheinen. Der →Taoismus hat infolge seiner Berührung mit dem Buddhismus eigene M.gestalten hervorgebracht. In Indien hat der →Jinismus eine parallele Entwicklung genommen.

*II.* Auf *menschl. Ebene* können die M. in zwei Funktionen auftreten: 1. Als *Erlösungsm.* ist es eine Person übernatürl. Ursprungs (→Jungfrauengeburt), die zwischen dem Göttlichen oder der ganzen →Schöpfung oder einem Erlösungsgut (wie im Buddhismus) und dem Menschen vermittelt, deren Lehre Sinn, Weg und Ziel des Menschenlebens erkennen und verwirklichen hilft (→Erlösung). Hierzu gehören die Religionsstifter →Buddha, Jina, →Jesus, die »Seher« (Rishis) der Upanishaden. 2. Als *Offenbarungsm.* ist es eine heiligmäßige Person (→heilig), die eine durch myst. Erfahrung (→Mystik) vom Göttlichen erhaltene Lehre an die Mitmenschen weitergibt. Hierzu gehören →Muhammad und viele indische hinduist. Heilige (Gurus, Svamis), wie z.B. →Shankara, die eine neue Exegese der alten Offenbarung der Upanishaden und neue Erlösungsmittel lehren (auch: Guru Nanak; →Sikhismus). Auch mit diesen M.n werden zahlreiche Legenden verbunden, die ihre übernatürl. Kräfte, die Heiligkeit, illustrieren sollen.

*III.* Auf der *Ebene des →Kultes* sind es durch eine →Weihe bes. geheiligte Menschen, die göttl. Gnade, Gegenwart und →Segen vermitteln. Sind es in früher Zeit Schamanen (→Schamanismus), →Propheten und die Sakralherrscher, so sind in den →Weltreligionen die geistl. Lehrer und die →Priester zu nennen.

*Lit.: K. Goldammer:* M., in: Religion in Geschichte und Gegenwart, 3. Aufl., Bd. IV, 1063f. – *G. Mensching:* Die Religion. Erscheinungsformen, Strukturtypen und Lebensgesetze, Stuttgart 1959.

*Irmtraud Höhn*

### B. Systematisch

*I.* Der im hebr. Text des AT nicht vorkommende Begriff wird auch im NT *nur selten* verwendet. Während →Paulus ihn auf →Mose bezieht (Gal 3,19f.), wird er im 1. Timotheus- und Hebräerbrief auf →Jesus Christus übertragen, der so als M. zwischen Gott und den Menschen (1 Tim 2,5) oder des Neuen Bundes (Hebr 8,6; 9,15; 12,24) fungiert. Das seltene Vorkommen des M.begriffs im NT rechtfertigt es nicht, eine verallgemeinerte M.vorstellung in viele Züge der Person und des Wirkens Jesu hineinzulesen und gar zu einer umfassenden Theologie des M.amts auszuziehen. Auch der im Rahmen heilsgeschichtl. Theologie (→Geschichte) unternommene Versuch, die atl. Grundlagen der ntl. →Christologie mittels der Typen des königl., priesterl., prophet. und himml. Heilsm.s auszulegen, bedient sich einer hist.-philolog. so nicht nachweisbaren Vorstellung. Demgegenüber läuft die von der judenchristl. Engel- und der Logoschristologie der →Apologeten und des →Origenes ausdrückl. vertretene M.christologie auf die *Unterordnung* Jesu bzw. des Logos unter den Vater (Subordinationismus) hinaus: wie im Arianismus nimmt Jesus eine Mittelstellung zwischen Gott und Mensch ein (→Logos).

*II.* Obwohl der M.gedanke zur Struktur der Zweinaturenlehre (Jesus Christus als wahrer Gott und wahrer Mensch) in Spannung steht, wird die M.schaft Christi in ma. Christologien mit der hypostat. Union (Einheit der göttl. und menschl. Natur Jesu Christi im Logos) verbunden. Diese Konzeption schließt an Gedanken der →*Kirchenväter* an, so etwa an den Brief Leos I. (449) an den Patriarchen in Konstantinopel, der in Christus den Abgrund zwischen Schöpfer und Geschöpf überbrückt sieht, so daß Christus durch sein gottmenschl. Dasein zwischen Gott und Menschen vermittelt. Die darin ausgsprochene M.schaft ist also weniger an eine von Christus vollzogene Heilstat (→Kreuz), sondern an die Vorstellung gebunden, daß Gott Mensch wurde, damit wir Gott würden (→Inkarnation; vgl. Phil 2,6-11). Diese Sicht hat sich in der *kath. Theologie* bis ins 20. Jh. erhalten. Der Gedanke des →Thomas von Aquin, Christus könne seine M.schaft nur auf Grund seiner Menschwerdung durchführen, rückt →*Calvin* so in das Zentrum seiner Christologie, daß sowohl die *Personeinheit* des Gottmenschen als auch sein *dreifaches Amt* als →Prophet, →König und →Priester auf das M.amt hin funktionalisiert werden. An diese Sichtweise, die in der reform. Orthodoxie in abgeschwächter Form beibehalten wird, knüpfen E. Brunner und K. →Barth an; jener betont die exklusive »Alleinheit« des in Person und Werk ident. M.s, und dieser versteht den M. als die eine »Mitte«, die die Einheit und Totalität des Versöhners und Versöhntseins konstituiert.

*III.* →Schleiermacher überschreitet die traditionelle M.vorstellung in zweifacher Weise. Zwar bezieht er das M.amt auch auf Christus, doch dient die Idee des M.s dazu, die – nach Schleiermacher für das Christentum grundlegende – Vermittlung des *Endlichen mit dem Unendlichen* ein für allemal zu vergegenwärtigen. So ist sie nicht ausschließl. an die hist. Person Christi gebunden, sondern für neue Anwendungen offen. Von der in seiner Glaubenslehre durchgeführten Revision, der zufolge Christus als »Gipfel« und »Ende« des prophet., priesterl. und königl. Amtes zu begreifen sei, ist auch die M.vorstellung indirekt betroffen. Durch den M.begriff kann also die Struktur des Seins Gottes in Christus, der als konkrete Einzelheit existierende *Zusammenschluß von Gott und Mensch*, von Allgemeinheit und Besonderheit nicht adäquat zur Darstellung gebracht werden. Inzwischen bemüht sich auch die kath. Theologie um eine differenzierte Auslegung des M.gedankens.

*Lit.: E. Brunner:* Der M., Tübingen, 3. Aufl. 1937. – *A. Grillmeier:* Jesus der Christus im Glauben der Kirche I, Freiburg 1979. – *A. Oepke:* Mesitès, in: Theol. Wörterbuch zum NT, Bd. 4, 602-629. – *K. Rahner:* Der eine Mittler und die Vielfalt der Vermittlungen, in: *ders.:* Schriften zur Theologie, Bd. 8, Zürich 1967, 218-235.

*Falk Wagner*

**Mobilität (vertikale).** Unter v.r M. versteht man soziale Auf- und Abstiege. Sie werden unterschieden von horizontaler M., d.h. Wechsel von Ort oder Position (z.B. →Wanderungen oder Arbeitsstellenwechsel). V.M. vollzieht sich in modernen →Gesellschaften meist in bezug auf Schichtstrukturen (→Schicht), dem bestimmenden Gefüge vertikaler →Sozialstruktur.

*A. Moderne* »geschichtete« *Gesellschaften* nehmen für sich in Anspruch, größere M.s-, vor allem Aufstiegschancen zu bieten als frühere →Klassen oder →Ständegesellschaften. Es entspricht ihrem Gefühl für →Gerechtigkeit, daß M.schancen im Maß der individuellen →Leistung zu »erwerben« sind. Leistung soll im Bildungssystem gemessen und in leistungsentsprechenden Berufspositionen belohnt werden. »Zugeschriebene« M.schancen, d.h. Chancen auf Grund unbeeinflußbarer (Geschlechts-, Herkunfts-, Nationalitäts- usw.) Merkmale, bestehende M.skanäle und -sbarrieren werden nicht mehr akzeptiert. Von Auf- und Abstiegen im Berufsleben hängen heute nicht nur die wesentl. »objektiven« Lebensbedingungen, sondern auch »subjektive« Erfolgserlebnisse ab.

*B.* Seit der →Industrialisierung hat im dt.sprachigen Raum eine *Vermehrung* von M.svorgängen stattgefunden, aber längst nicht alle waren durch Leistung »erworben«; z.T. wurden sie strukturell erzwungen (z.B. durch den Rückgang der Landwirtschaft und den Zustrom ehemaliger →Bauern in die →Arbeiterschaft), z.T. haben bis heute best. Gruppen (z.B. →Frauen, Ausländer, geburtenstarke Jahrgänge) unabhängig von ihrer Leistung *schlechtere* Aufstiegschancen. Zudem werden die Probleme immer deutlicher, die mit der Koppelung von Erfolg und v.rM. an Leistung verbunden sind: Erfolgszwänge, Konkurrenzängste und eindimensionale Karriereorientiertheit (zugleich der »Ausstieg« daraus) nehmen zu.

*Lit.: K. M. Bolte/H. Recker:* V.M., in: *R. König (Hg.):* Handbuch der empir. Sozialforschung, Bd. 5, Stuttgart 1976, 40-103. – *K. U. Mayer:* Ungleiche Chancen und Klassenbildung, in: Soziale Welt 28 (1977), 466-492.

*Stefan Hradil*

**Modalität** (lat.: *modus*), Art und Weise, in der etwas existiert, gegeben ist und gedacht wird: möglich, wirklich, notwendig, unmöglich. Vor →Kant vereinte der Begriff eine log. und eine ontolog. Bedeutung (→Leibniz: Wenn das notwendige Seiende mögl. ist, dann ist es auch wirkl.). *Kant* zählt die M. unter die *Kategorien.* Sie ist einmal Prädikat und sagt etwas über das Verhältnis des Objekts zum Verstande in seinem empir. Gebrauch und zur Vernunft in ihrer Anwendung auf Erfahrung; sie trifft aber auch die Dinge selbst (Aspekt von Notwendigkeit und →Wirklichkeit). Im *Neukantianismus* wurde die M. den Aussageklassen der exakten Wissenschaften subsumiert, die →*Phänomenologie* schließl. faßte sie quasiontolog. und knüpfte damit an den vorkant. Sprachgebrauch wieder an. Die Bedeutung der Kategorie der M. in den →Naturwissenschaften orientiert sich weithin an den von *Helmholtz* getroffenen Unterscheidungen; danach sind Unterschiede in den Empfindungen verschiedener Sinne Unterschiede hinsichtl. der M. und solche in den Empfindungen eines Sinnes solche hinsichtl. der *Qualität.* In bezug auf die *log.* M. (Grad der

Bestimmtheit eines Urteils entsprechend der Art und Weise der in ihnen vorliegenden Verknüpfung von Subjekt und Prädikat) unterscheidet man zwischen *problemat., assertor.* und *apodikt.* Urteilen.

*Carl-Friedrich Geyer*

**Mode**

*A.* In ihrem Erscheinen flüchtig – in ihrem Wirken jedoch dauerhaft; in ihren Ausdrucksformen oberflächl. – in ihrer gesellschaftl. Funktion aber grundlegend; scheinbar spieler. und dennoch Feld sozialer Konkurrenz und Abgrenzung, ist »M.« ein prototyp. *Ausdruck der* Paradoxien der →*Moderne,* ihrer wahlverwandten Epoche. M.n bezeichnen nicht nur die rasch wechselnden Bekleidungsstandards einer best. gesellschaftl. Gruppe: Haartracht, Schminke, →Freizeitverhalten, Wohneinrichtungen (→Wohnen), sondern auch kulturelle und intellektuelle Vorlieben können M.n unterliegen, »modisch« sein.

*B. Kennzeichen* von M. in diesem breiten Spektrum geschmackl. Standards sind u.a.:
1. Die Zeichenfunktion mod. Attribute (Zutaten) im Feld gesellschaftl. Unterscheidung (P. Bourdieu): Sie werden genutzt, um tatsächl. oder angestrebte *Zugehörigkeiten* zu best. gesellschaftl. Gruppen und Abgrenzungen von anderen zu markieren.
2. Die *normative* Kraft (→Norm) mod. Standards: Sie wirken – wenn auch heute im Unterschied etwa zur ständ. →Gesellschaft (→Stand) ohne verpflichtenden Charakter – verhaltensregulierend und schaffen für die jew. Bezugsgruppe ein hohes Maß an »Uniformität«. Demnach handelt es sich im Falle der M. um eine bes. Form des »Kompromisses zwischen der Tendenz nach Egalisierung und der nach individuellen Unterscheidungszeichen« (G. Simmel).
3. Eine – in erster Linie am Tauschwert der →Ware orientierte – *demonstrative* →*Konsumhaltung* (Th. Veblen), welche die Befriedigung biolog. →Bedürfnisse (sich kleiden, ernähren usw.) in den Dienst prestigeorientierter Strategien (→Ehre) stellt, um das »symbol. Kapital« zu erhalten bzw. zu vergrößern (Bourdieu).
4. Die *inflationäre Tendenz* des Unterscheidungswerts mod. Attribute: Sie wird durch die Nachahmung durch angrenzende Gruppierungen und das Absinken in niedrigere Soziallagen verursacht und nährt den »Kreislauf beständiger Revolutionierung des Geschmacks« (W. Sombart).
5. Die spezif. Wahlverwandtschaft zwischen M. und kapitalist. *Waren- und Konsumgesellschaft*: Einerseits erlaubt erst die moderne Massenproduktion die »absolute Allgemeinheit der M." (Sombart) über alle →Klassengrenzen hinweg, andererseits bedarf sie der M. zur Stillung ihrer gewissermaßen unbegrenzten →Bedürfnisse und zur Steigerung der Nachfrage.
6. Die bes. Nähe mod. Trends mit randständigen Soziallagen (→Schicht): Zum einen rekrutieren sich die Trendsetzer der M.n vorrangig aus den ökonom. und polit. eher marginalen Bildungseliten (→Elite), andererseits zeigen gerade Soziallagen mit strukturell bedingter Statusunsicherheit (→Sozialstruktur) wie Jugendliche (→Jugend) und →Frauen eine bes. ausgeprägte Nachfrage nach mod. Statussymbolen.

*Lit.: S. Bovenschen (Hg.):* Die Listen der M., Frankfurt/M. 1986. – *P. Bourdieu:* Die feinen Unterschiede, Frankfurt/M. 1981.

*Franz Schultheis*

**Modern, Moderne**

*A. Wortgeschichte*

Die *Neuprägung* »modernus« taucht zuerst bei Gelasius I. 494/5 auf. Sie ist abgeleitet von lat. »modo«, »jetzt«, und drückt ein Bewußtsein der Gegenwärtigkeit der eigenen, christl. Epoche gegenüber der »antiquitas« der röm. Kaiserzeit (so bei Cassiodor, gest. ca. 850) bzw. der Zeit der →Patristik aus. Der Gegensatz »antiqui/moderni« schließt an ältere griech. und dann röm. Gegensatzpaare von »Alten« und »Neueren« an, die zunächst in literar. Urteilen, seit Tacitus auch für das Geschichtsdenken ihre Rolle spielen. Die Besonderheit der eigenen Zeit, das Stehen der »Jetzigen« in einem spezif. Sinnhorizont wird mit der neuen Prägung erfaßbar, auch wenn die Verwendbarkeit des neuen Begriffs für eine typolog.-lineare Geschichtstheologie erst im Hochma. deutl. wird (Jauß). Von Anfang an ist der Ausdruck »modernus« nicht nur ein zeitl. gliedernder, sondern zugleich ein normativer Begriff, der die »Jetzigkeit« der eigenen Zeit als eigene Qualität hervorhebt.

*B. Begriffsgeschichte*

*I.* In der →Renaissance wird der Titel des »M.en« aufs neue für eine qualitative Differenz beansprucht, näml. für die Auszeichnung der wissenschaftl. und Bildungsbestrebungen der Humanisten gegenüber einer veraltenden scholast. Bildung einerseits, gegenüber einer zugleich vorbildl. und zur Überbietung herausfordernden antiken Tradition andererseits. Schon Bernhard von Chartres (gest. um 1125) hatte die M.en mit Zwergen, die auf Schultern von Riesen sitzen (und daher weiter sehen), vergleichen können. Das humanist. Ideal der M.ität bezieht die »antiquitas« als aufgehobene mit ein.

*II.* Ch. Perraults »Parallèle des Anciens et des Modernes« (1688-97) sollte ursprüngl. beweisen, daß Künste und Wissenschaften am allg. →Fortschritt von der Antike bis hin zur Gegenwart teilhätten. Die Geschichte der Künste und der Wissenschaften hätte – so ein in der Folge dieser Kontroverse, der »Querelle des Anciens et des Modernes«, durchgesetzter Gedanke – eine je eigene Logik, alle Kunst müsse relativ zu ihrer Epoche beurteilt werden. Eine hist. Einschätzung der Werke unterschiedl. Epochen, in letzter Konsequenz die Historisierung der Kunst- und Geisteswissenschaften, gehört zu den Ergebnissen der Auseinandersetzung, die in Deutschland von Winckelmann, Herder, Schiller, F. Schlegel und (systemat. voll ausgearbeitet) von →Hegel formuliert wurden (P. Szondi). Der Gedanke, daß sich die m.e Kultur von der antiken wesentl. unterscheidet, beendet die jh.ealte Auffassung, daß die Kunst der Alten absolut vorbildl. sei, und zugleich eine normative Ästhetik, die die Nachahmung der Natur und die Nachahmung der Alten gleichgesetzt hatte.

*III.* In der geistigen Vorgeschichte der →*Franz. Revolution* spielt der Begriff »m.« trotz seiner Nähe zu »Neues«, »Fortschritt«, »Geschichte« keine bes. Rolle. Im Gefolge der Revolution kommt es zu einer Aufspaltung des M.e-Begriffs: er verliert einen Teil seiner Legitimationskraft. War für die Frühromantik F. Schlegels M.ität noch ein verbindl. Postulat, so setzt sich die spätere →Romantik vielfach vom M.en, Neuen usw. ab. Überdies tauchen unterschiedl. Begriffe von M.ität (z.B. für Kunst, Wissenschaften, Technik, Politik) auf; es kann jetzt in verschiedenen Sachbereichen miteinander unvereinbare Standards von M.ität geben. Die künstler. M.en überholen einander in immer rascherer Folge (so wird M.ität etwa vom Jungen Deutschland, vom →Realismus, →Naturalismus, von der »Dekadenz«-Literatur der Jh.wende, vom →Expressionismus usw. beansprucht). Rimbauds Satz: »Il faut être absolument moderne« (Man muß absolut m. sein) wird zu einem Schlüsselwort für die künstler. Avantgarden. Von der Mitte des 19. Jh.s an veralten mit der Durchsetzung kapitalist. Produktionsweisen Waren-, Verkehrs-, Denk- und Lebensformen immer rascher. Beispielhaft für die fortschreitende Entwertung des Älteren, Früheren, Traditionalen gegenüber dem »M.en« sind Mode und Warendesign.

*IV.* Ch. Baudelaire (1821-1867) hat die immer raschere Überholung des M.en durch M.eres bereits in den Blick genommen; W. Benjamin (1892-1940) hat sie angesichts des →Faschismus, den er als eine modernist. Revolte gegen die M.e begriffen hat, theoretisiert. Die Ungleichzeitigkeit des von der Entwicklung Ausgegrenzten gehört mit zur M.e, der Antimodernismus ist ihr Schatten. Benjamin versucht, die »Urgeschichte der M.e« aufzuhellen (im nachgelassenen »Passagen-Werk«, 1982) und die M.e zugleich messian. und materialist. als »Jetztzeit« zu begreifen (»Über den Begriff der Geschichte«, 1940).

*V.* Th. W. Adorno (1903-1969) hält (auch gegen Benjamin) an einem emphat.-normativen Begriff künstler. M.e fest. Seine »Ästhetische Theorie« (1970) hebt als »Signa der M.e« hervor: den Rätselcharakter, das Verweigern einer Eindeutigkeit, die Schwärze und Abgebrochenheit vieler m.er Werke, das Zuschandenwerden klassizist. Kategorien von →Sinn und Stimmigkeit, Harmonie und Ganzheitlichkeit in ihnen. Diese »verdunkelte M.e« ist es, der Adornos Kritische Theorie nachfragt; sie habe bereits die Erfahrungen formuliert, die Wissenschaften und Philosophie erst noch machen müßten.

*C. Gegenwartsbedeutung*

In →Philosophie und Wissenschaften ist das Pathos der M.ität mittlerweile fast *verstummt.* Es erscheint als abgesunkenes Pathos in der Produktwerbung; selbst hier rückt »Innovation« an die Stelle von »M.ität«.

*I.* Dem Begriff der M.e wird immer häufiger der (von der Architekturtheorie aus bekannt gewordene) Begriff der »*Postmoderne*« beschreibend oder polem. entgegengesetzt. Mit der Bezeichnung »m.« geht nicht mehr wie selbstverständl. eine positiv auszeichnende Wertung mit. Manche »Modernisierungsimperative« scheinen an die Grenzen des human Erträglichen oder des planetar. Möglichen zu führen. Gegen die Vordenker einer – nicht zuletzt an →Nietzsches Erkenntnis- und Kulturkritik orientierten – »Postmoderne« in den Geisteswissenschaften und der Philosophie wenden sich gegenwärtig vor allem J. Habermas und A. Wellmer. Nach Habermas ist die M.e, verstanden als Epoche seit der →Franz. Revolution, unsere Geschichte, aus der wir nicht einfach aussteigen können. Ob wir wollen oder nicht, wir bleiben danach in die mit der M.e gegebenen Problemlagen eingespannt. Für Habermas geht es darum, am freiheitl. »Projekt der M.e« festzuhalten – gegen verselbständigte Systemzwänge so gut wie gegen eine überschäumende Rationalitätskritik. Wellmer entwickelt parallel dazu den Gedanken Adornos weiter, daß es keine menschenwürdige Zukunft der M.e geben könne ohne eine Aufklärung der Aufklärung über sich selbst.

*II.* In der M.e ist die Verwirklichung der →Menschenrechte auf die hist. Tagesordnung gesetzt worden; zugleich sind Techniken und Einrichtungen zur Unterhöhlung der →Menschenwürde ausgebildet und verfeinert worden. In ihr sind Mittel der Lebensverlängerung und -verbesserung entwickelt und zugleich Instrumente einer zunehmend totalen Bedrohung menschl. Lebens gefunden worden. Die Künste wurden in ihr freigesetzt und zugleich neutralisiert. Ihr Gesicht erscheint, je nach Perspektive, als ein anderes; sie kann als *janusköpfig,* als selbstwidersprüchl. bezeichnet werden. Der Begriff der M.e kann offenbar nicht einfach mit Begriffen wie →Fortschritt und →Vernunft zusammengekoppelt werden; gleichwohl gehören Prozesse wie fortschreitende Rationalisierung, Ausdifferenzierung von Sphären, Potenzierung individueller Möglichkeiten zur Epoche der letzten 200 Jahre. Sicherl. gibt es weithin als verteidigungswert anerkannte

Errungenschaften der M.e. »M.« aber ist kein Begriff mehr, der automat. aufwertet, was darunter gefaßt wird.

*Lit.: H. U. Gumbrecht:* M., M.ität, M.e, in: *O. Brunner/ W. Conze/R. Koselleck (Hg.):* Geschichtl. Grundbegriffe, Bd. 4, Stuttgart 1978, 93-131. – *J. Habermas:* Der philos. Diskurs der M.e. Zwölf Vorlesungen, Frankfurt/M. 1985. – *H. R. Jauß:* Antiqui/moderni (Querelle des Anciens et des Modernes), in: Hist. Wörterbuch der Philosophie, Bd. 1, Basel/Stuttgart 1971, 410-414. – *Ders.:* Der literar. Prozeß des Modernismus von Rousseau bis Adorno, in: *L. Friedeburg/J. Habermas (Hg.):* Adorno-Konferenz 1983, Frankfurt/M. 1983, 95-130. – *R. Piepmeier:* M., die M.e, in: Hist. Wörterbuch der Philosophie, Bd. 6, Basel/Stuttgart 1984, 54-62. – *A. Wellmer:* Zur Dialektik von M.e und Postmoderne. Vernunftkritik nach Adorno, Frankfurt/M. 1985.

*Norbert Rath*

**Modernismus.** Um 1900 zeigten sich innerhalb der röm.-kath. Kirche an verschiedenen Orten und auf verschiedenen Ebenen Tendenzen, den vorgeschriebenen theol. Rahmen der →Neuscholastik zu durchbrechen, um neuen Errungenschaften auf dem Gebiet von →Philosophie und hist. Forschung Raum zu gewähren. 1907 »rekonstruierte« eine *kirchl. Verurteilung* die verschiedenen Linien unter dem *Namen* »M.« zu einem zusammenhängenden System. Anlaß zu diesem Versuch waren der größere Raum, den Leo XIII. (1878-1903) für die Wissenschaft zu bieten schien, und seine etwas offenere Haltung zur »Welt«, insbes. in Frankreich, wo im M. zugleich auch polit. und soziale Fragen mit enthalten waren.

*A.* M. Blondel (1861-1949), der seine Reflexion in Reaktion gegen die objektivist. und intellektualist. Neuscholastik von der Subjektivität und dem menschl. Handeln her aufbaute, plädierte für eine →Apologetik, die von menschl. Grundfragen ausgeht (Immanenzmethode). In *Frankreich* erarbeitete auf seiner Linie *L. Laberthonnière* (1860-1932) eine von →Augustinus inspirierte Form des Personalismus mit der rel. Erfahrung als einem wesentl. Element. Eine vergleichbare Perspektive ist zu finden beim Bergson-Schüler *Éd. le Roy* (1870-1954), der nicht die theoret., wohl aber die prakt. Bedeutung der kirchl. Dogmen gelten lassen wollte: die Glaubensgeheimnisse seien nicht in Formulierungen einzufangen. Mit Hilfe einer von J. H. →Newman inspirierten Entwicklungslehre plädierte *A. Loisy* (1857-1940) von der Schriftexegese her ebenfalls für eine Relativierung und Reform der seines Erachtens erstarrten Glaubensformulierungen und Glaubenspraxis, um so die Errungenschaften der hist. Kritik verarbeiten zu können. In *Großbritannien* schloß sich der gebildete Kosmopolit Fr. von Hügel (1852-1925) in großen Linien diesen Versuchen an und warb für deren Intentionen auch G. Tyrrell (1861-1907), der in prophet. Sprache und mit bes. Nachdruck auf der christl. Spiritualität die Ideen konkretisierte. In *Italien* spielten beim M. (kirchen-)polit. und soziale Elemente eine deutlichere Rolle (R. Murri [1870-1944], A. Fogazzaro [1842-1911]), aber auch dort ging es wesentl. auch darum, die kirchl. Wissenschaft hist. wie (religions-)philos. auf den Stand der Zeit zu bringen (E. Buonaiuti, 1881-1946). An diesem Punkt gab es Verbindungen mit dem *dt. Reformkatholizismus* (F. X. Kraus [1840-1901], A. Ehrhard [1862-1940], H. Schell [1850-1906]), der zum weiteren Kreis des M. zu rechnen ist.

*B.* All diese Strömungen, die sicher keine organisierte Gruppe waren, aber unter der (jüngeren) kirchl. Intelligenz einen zieml. Widerhall fanden, führten zu einer *Überreaktion* bei der auf solche Grundfragen unvorbereiteten Kirchenleitung, vor allem seitdem 1903 Pius X. (1903-1914) Leo XIII. gefolgt war. Nach einigen eher begrenzten Maßnahmen folgte 1907 eine drast. und ausführl. päpstl. Verurteilung, die den M. als »Agnostizismus«, »Immanentismus« und sogar als →Atheismus brandmarkte, die kirchl. Kontrolle verschärfte und die Neuscholastik noch strikter auferlegte, 1910 durch die Verpflichtung auf den Antimodernisteneid für alle Kleriker ergänzt, der 1967 wieder abgeschafft wurde. Diese Reaktion, die im »Integralismus« beschämende Formen annahm, hat den M. zu einem kirchl. Tabuwort gemacht und die Grundfragen, die er in einem Augenblick zur Diskussion stellte, da die röm.-kath. Kirche dafür auch wissenschaftl. noch nicht bereit war, verdrängt. – Auch außerhalb der röm.-kath. Kirche werden vergleichbare Bestrebungen mit dem Begriff M. benannt.

*Lit.: R. Aubert:* M., in: Sacramentum mundi III (1969), 582-591. – *G. Daly:* Transcendence and Immanence. A Study in Catholic Modernism and Integralism, Oxford 1980. – [*T.*] *M. Schoof:* Der Durchbruch der neuen kath. Theologie, Wien u.a. 1969, 68-104.

*Ted Schoof*

**Mönch, Mönchtum**

*A. Religionsgeschichtlich*

*I.* Das Wort M. wird von griech. *monachós* (einzeln, alleinlebend) abgeleitet. Es bezeichnet einen Menschen, der als einzelner *(Eremit)* oder in einer bes. Gemeinschaftsform *(→Kloster, →Orden)* abgesondert von der umgebenden Volks- und Religionsgemeinschaft lebt. Ihn kennzeichnet je nach der Religionszugehörigkeit eine bes. Kleidung: das gelbe Gewand im Theravāda-→*Buddhismus*, das schwarze im Mahāyāna-Buddhismus, das weiße bzw. »Luftkleid« (Nacktheit) bei den *Jainas* (→Jinismus), der geflickte wollene Mantel bei den *Sufis* (Derwische). Mönch. Lebensgemeinschaften werden im allg. häufiger von Männern als von Frauen *(Nonnen)* gebildet. Der Aufnahme in die klösterl. →Gemeinschaft geht meist ein *Noviziat* als Vorbereitungszeit voraus, die mit der Übernahme des →*Gelübdes* abschließt. Die mönch. Lebensweise kann (wie im Buddhismus) vorübergehend oder (wie im Christentum) auf Lebensdauer gewählt werden. Der einzelne M. ist *in der Regel besitzlos*, während die Gemeinschaft über einen gewissen Kollektivbesitz verfügt. Der Lebensunterhalt wird unterschiedl. durch Bettelgang, eigene Arbeit oder Landbesitz bei Bewirtschaftung durch Laienbrüder (früher sogar Sklaven) erworben. Ehelosigkeit und Askese bestimmen die Daseinshaltung; die Betrachtung *(Kontemplation)* und das (liturg.) *Gebet* haben in der Regel den Vorrang gegenüber dem tätigen Leben.

*II.* Das *buddhist.* M.tum hat sich aus dem ind. Āshrama-System der vier Lebensstufen entwickelt. Der Hausvater (Grihastha) zog sich im Alter aus seiner Familie in den Wald zurück, um dort als Waldeinsiedler (Vānaprastha), zuletzt in völliger Einsamkeit als Sannyāsa, Bhikshu (Bettler) oder Yatin (Wanderer, Asket) zu leben. Das mönch. »Gehen in die Hauslosigkeit« verlegt diese Stufen ins frühe Lebensalter.

*III.* Die M.e wirken als *Seelsorger*. Insbes. durch ihr Sein strahlen sie ihre Verbundenheit mit dem »ganz Anderen« an ihre Umgebung aus. Bedeutend sind ihre Leistungen in →Theologie und →Philosophie, in der Pflege von →Kult, →Musik und anderen Künsten. Kulturimpulse gehen von ihnen aus. Zu →Staat und herrschender →Religion stehen sie u.U. in Spannung. Der *Lamaismus* führte zur Bildung einer M.sregierung.

*Lit.: M. Weber:* Gesammelte Aufsätze zur Religionssoziologie, Bd. 1-3, Tübingen, 1. Aufl. 1920-21; Bd. 1 in 4. Aufl. 1947.

*Paul Schwarzenau*

*B. Kirchengeschichtlich*

*I.* Das *christl.* M.tum ist die organisierte Form christl. Askese. Diese hat ihre Wurzeln in den ntl. Aufrufen zur →*Nachfolge Jesu* und in der ntl. Botschaft vom Ende dieser Welt *(→Eschatologie)*. Beide Aspekte urchristl. →Verkündigung enthalten verschiedene asket. Deutemöglichkeiten. In der Begegnung und Auseinandersetzung mit der griech.-röm. Geisteswelt wurde daraus gelebte christl. Askese, die sich an das →Evangelium gebunden weiß, aber doch von einem »asket. Evangelismus« bestimmt und geführt wird. Das christl. M.tum entstand im *späten 3. Jh.* Der Asket verließ die christl. Gemeinde und schuf sich eine rel. Sonderwelt, in der er die →Hoffnung auf die »kommende Welt« in einer »anderen Welt« unverstellt leben wollte. Die andere Welt ist die gewöhnl. nicht bewohnte Welt (Einsamkeit, Wüste); die Lebensform ist von asket. Entsagung »um des Himmelreiches willen« und spiritueller Praxis (Gebet, Meditation usw.) geprägt. Der *altkirchl.* Aufbruch in die Wüste war zunächst eine anonyme Bewegung. *Antonius von Ägypten* (ca. 250-356) ist erst durch Athanasius (»Leben des Antonius«) zum Prototyp des christl. M.tums geworden. Diese Lebensbeschreibung und andere Quellen des frühen M.tums (bes. die Apophthegmata Patrum = Sammlung von Vätersprüchen aus den M.ssiedlungen der ägypt. Wüste) lassen das Einsiedlertum (Eremiten, Anachoreten) als erste Form des christl. M.tums erkennen. Der M. lebt für sich allein, betet und arbeitet allein, aber er weiß sich mit den anderen *Eremiten* verbunden und unterstellt sich freiwillig der Führung eines geistbegabten Vaters. Dieser unterweist ihn durch Vermittlung der eigenen geistl. Erfahrung.

*II.* Aus der lockeren Verbindung der Eremiten wurde im 4. Jh. das gemeinsame Leben der M.e *(Koinobitentum)*. Das Koinobitentum hält an der Einsamkeit fest, macht daraus aber die »Einsamkeit zu mehreren« im →Kloster. Im Kloster fügt sich der M. in die einheitl. Ordnung (»Regel«) ein, die ihm die eigene Sorge abnimmt und ihm das Lebensnotwendige zusichert (Apg 4,32-35). An die Stelle der freiwillig gewählten geistl. Autorität tritt der Klosterobere (Vorsteher, Abt), der umfassende Führung beansprucht und →Gehorsam fordert, aber auch höchste Verantwortung vor Gott für jeden einzelnen M. trägt. Die Organisation des gemeinsamen M.slebens geschah in *Ägypten* durch Pachomius (gest. 346), in *Kleinasien* durch Basilius von Cäsarea (gest. 379). Mit seinen theol. fundierten Aussagen zum asket.-monast. Leben (sog. »M.sregeln«) ist *Basilius* zum wegweisenden Lehrer des M.tums, bes. in den byzant. Ostkirchen, geworden. Das *frühe* M.tum wurde in seiner rel. Eigenart respektiert: Einer Rechtfertigung durch außerklösterl. Aktivitäten bedurfte es nicht. Gastfreundschaft, Pilgerversorgung, Armenunterstützung und →Krankenpflege waren selbstverständl. Erweise christl. Nächstenliebe, aber keine Argumente für die Daseinsberechtigung von Klöstern. Allerdings versprach sich die Welt etwas vom monast. Leben. »Seine Einzigartigkeit und seine Kontemplation sind eine hl. Sache und führen die Seelen zu Gott empor. Nicht nur den M.en selbst, sondern auch allen anderen bringt sie durch ihre Reinheit und Fürbitte zu Gott ungeheuren Nutzen« (Justinian, Nov. 133 praef.).

*III.* Das *lat.* M.tum entstand im späten 4. Jh. unter dem Einfluß des östl. und machte sich dessen Erfahrungen zunutze. *Ambrosius* (gest. 397), *Hieronymus* (gest. 419/20), →*Augustinus* (gest. 430) und *Johannes Kassian* (gest. 430/35) sind die großen Propagatoren, Lehrer und Reformer des monast. Lebens. Sie strebten ein geordnetes, regelgebundenes M.tum an (vom späten 4. bis zum 7. Jh. wurden hier ca. 30 M.sregeln geschrieben, wovon sich die Benediktusregel, 6. Jh., bis heute behaupten konnte). Die →Bischöfe forderten ein eng an die Ortskirche gebundenes M.tum und eröffneten damit einer kirchl. Funktionalisierung des M.tums die Wege. Weltl., vornehme Klostergründer förderten das M.tum, verlangten jedoch eine gesellschaftl. *Funktionalisierung*. Gerade diese doppelte Funktionalisierung – im Dienst der

Kirche, der Gesellschaft, des Landes/Staates – bestimmt die Geschichte des abendländ. M.tums bis in die →Neuzeit hinein. Sie machte aus den Klöstern die bekannten Stätten der →Mission, →Bildung, →Kunst und →Kultur. Sie forderte jedoch auch ständig *Reformbewegungen* heraus, die zum unverzweckten M.sleben zurückführen wollten; andererseits war jede Reform darauf angewiesen, von der kirchl. und staatl. Umwelt angenommen und gefördert zu werden. Die Reform führte zur Auflösung des einheitl. M.tums in monast. →Orden: →Zisterzienser, Kartäuser u.a. Sie führte zu anderen konkurrierenden Ordensgemeinschaften und innerhalb der monast. →Orden zu eigenständigen Verbänden (→Kongregationen).

*IV.* Nach dem kath. →*Kirchenrecht* gelten heute als M.e: →Benediktiner (ca. 9000 Mitglieder); Zisterzienser (ca. 1200 Mitglieder), Reform. Zisterzienser = Trappisten (ca. 3000 Mitglieder), Kartäuser (ca. 350 Mitglieder) und einige kleinere Verbände. Sie tragen in sehr verschiedenen Formen das Erbe des alten M.tums fort, d.h., sie leben das →Evangelium unter den Voraussetzungen/Bedingungen der Ehelosigkeit und der Gemeinschaft. Die innerkirchl. *Krise*, die mit dem 2. →Vat. Konzil und dessen Nachgeschichte markiert ist, führt in den monast. Gemeinschaften zu ernster *Erneuerungsbewegung*. Sie ist bestimmt von der Rückbesinnung auf die ursprüngl. monast. Berufung (Einsamkeit, Kontemplation, Laienm.tum), ökumen. Öffnung der Kommunitäten (verbunden mit der Wiederentdeckung des M.tums in den Kirchen der →Reformation), eigenständige monast. Lebensformen in den Ländern der Dritten Welt, Verständnis der monast. →Armut als Solidarität mit den Armen und Neuentdeckung der menschl. Werte der Gemeinschaft (kleinere Zahl, einfacher Lebensstil).

*Lit.: K. S. Frank:* Grundzüge der Geschichte des christl. M.tums, Darmstadt, 4. Aufl. 1983. – *K. Heussi:* Der Ursprung des M.tums, Tübingen 1936. – *L. Holtz:* Geschichte des christl. Ordenslebens, Zürich/Einsiedeln/Köln 1986. – *L. J. Lekai:* The Cistercians. Ideals and Reality, Kent State 1977. – *F. Prinz:* Frühes M.tum im Frankenreich, München/Wien 1965. – *Ph. Schmitz/L. Räber:* Geschichte des Benediktinerordens, Einsiedeln 1947-60. – *A. Schneider (Hg.):* Die Cistercienser. Geschichte, Geist, Kunst, Köln 1974. – Théologie de la vie monastique, Paris 1961. – *F. Wulf/C. Bamberg/A. Schulz (Hg.):* Nachfolge als Zeichen, Würzburg 1978.

*K. Suso Frank*

### *C. Orthodoxes und orientalisches Mönchtum*

*I.* In der Geschichte der →orthod. Kirche (wie – zumindest größtenteils – auch der →oriental. Nationalkirchen) und ihrer Spiritualität spielt das M.tum bis auf den heutigen Tag eine bes. Rolle und kann als *wesentl. Element* der Aufrechterhaltung des Lebens der Kirche charakterisiert werden, zumal die Bischöfe in der Regel immer aus dem monast. Stand gewählt werden. Klöster waren – bes. für die orthod. Christen in →Griechenland, im Vorderen Orient und auf dem Balkan während der Türkenherrschaft – und sind bis heute Zentren der rel., oft auch weltl. →Bildung, der →Kunst, aber auch der →Seelsorge und →Diakonie. Ziel orthod. M.tums ist dabei nicht primär die Erfüllung von Sozialaufgaben, sondern ein »Wandel im Himmel« (Phil 3,20), d.h. ein *vorbildhaftes christl. Leben* in Selbstverleugnung, Liebe, Gebet, der Freiheit von den Dingen der Welt. Dies bedeutet keine Weltverachtung, sondern Weltverklärung. Das M.tum will nicht etwas Außerwähltes leben, sondern uneingeschränkt den Forderungen Christi gehorsam sein. So ist der M. letztl. nichts anderes als ein normaler Christ, der aber mit seiner Lebensweise versucht, das zu tun, wozu eigentl. jedes andere wahrhaftige Glied der Kirche auch verpflichtet, aber in den Sorgen und Nöten der Welt oft nicht fähig ist. Nach den Worten des hl. Basileios d.Gr. sind damit die M.e »aufrichtige Nachfolger des Erlösers und seines Lebens im Fleische... Sie eifern dem Leben der Engel nach und bewahren, wie diese, sorgfältig die Gemeinschaft« (Patrologia graeca 31,1384).

*II.* Das orthod. M.tum, noch mehr das der oriental. Nationalkirchen (bes. der →koptischen), steht den *Ursprüngen allen christl. M.tums* in →Ägypten in vielem sehr nahe, z.B. in der Beibehaltung der Anachoreten (griech. Zurückgezogener, vgl. Mt 14,13) und Eremiten (griech. Wüstenbewohner), sogar gelegentl. des schon Mk 6,7 bezeugten Wanderasketentums. Das vom Patriarchen Athanasios von →Alexandria (ca. 295-373) verfaßte Leben des hl. Antonius d.Gr. galt zuerst als Richtschnur für ein vorbildl. monast. Leben, wie es sich nun in manchen Asketenkolonien (Leontopolis im Nildelta, nitr. und sket. Wüste u.a.), aber auch in den bis heute vielgelesenen »Apophthegmata« (Vätersprüchen) niedergeschlagen hat. Das M.tum dieser frühen Zeit wies viele *extreme Formen* nebeneinander auf, so jene der Styliten (Säulenbewohner), der Akoimeten (griech. Schlaflosen, d.h. Dauerbeter) oder der in kleinen Gemeinschaften lebenden Sarabiten.

Durch Pachomios (vor 346 kopt. Regel) und bes. *Basileios d.Gr.* (1. Fassung vor 370) erhielt dann das orthod. M.tum seine bis heute bestimmende, von Milde und Zurückhaltung gekennzeichnete koinobit. (gemeinschaftl.) Form, bei der das Kloster nach Art einer Hürde (griech. mandra) umschlossen und von einem Abt (Archimandrit oder Hegoumenos) geleitet wird. Sowohl die eremit. wie die koinobit. Ordnungen breiteten sich nunmehr weiter rasch aus (z.B. Hilarion von Gaza, Epiphanios von Salamis, Euthymios, Theododios Koinobiarch, Sabas in Palästina, Johannes Chrysostomos in Syrien), ohne sich allerdings wie die westl. Orden zu entwickeln, da jedes Kloster durchaus nach seinen Bedürfnissen variierende Satzungen haben kann. Durch den 4. Kanon des IV. Ökumen. Konzils von Chalcedon 451 (→Altkirchl. Konzile) wurden alle Klöster und M.e unter die Jurisdiktion des Ortsbischofs gestellt, um individualist. Willkür zu begegnen. Ausgenommen blieben die den Patriarchen unmittelbar zugeordneten sog. »Stauropegial-Klöster«, später auch jene des →Athos. Die Klostergesetzgebung Kaiser Justinians' förderte entschieden das Koinobitentum auf Kosten der anderen Formen des M.tums, die aber nie ganz verschwanden. Eine bedeutende, ja entscheidende Rolle spielte das orthod. M.tum als Verteidiger der →Ikone im *Bilderstreit* des 8./9. Jh.s (Theodoros Studitēs, Johannes von Damaskos).

*III.* Maßgebl. für viele weitere orthod. Klostergründungen, bes. in der Kiewer Rus, wurde *seit dem 9. Jh.* die Regel (Typikon) des Stoudion-Klosters zu Konstantinopel, die auch das M.tum auf dem Athos prägte, dem seit dem 9. Jh. wichtigsten Zentrum orthod. M.tums. Vom *8.-13. Jh.* hatte das orthod. M.tum wohl auch wesentl. die Beichtseelsorge zur Aufgabe. Ab dem *14. Jh.* kam zu der koinobit. Lebensform die *idiorrhythm.* hinzu, bei der jeder M. das Maß seiner Askese individuell bestimmen konnte. Ursprüngl. als Möglichkeit größerer Strenge und Wiedergewinnung alter Anachoretentugenden gegenüber den teilweise reich gewordenen Konventen und als mehr demokrat. Klosterverfassung gegenüber dem monarch. Abtsamt gedacht, wurde das idiorrhythm. M.tum allerdings nicht selten zu einem Reservat für Laschheit. Seit der *2. Hälfte des 18. Jh.s* gewann – bes. in Rußland – das Starzentum an spiritueller Bedeutung für M.e wie Laien, also eine oft räuml. weit gespannte Seelenführerschaft durch geistl. erfahrene »Ältere«.

*Lit.: P. Deseille:* L'Evangile au desert, Paris 1985. – *K. S. Frank (Hg.):* Basilius von Caesarea. Die M.sregeln, St. Ottilien 1981. – *N. F. Robinson:* Monasticism in the Orthodox Churches, London/Milwaukee 1916. – *St. Schiewitz:* Das morgenländ. M.tum, 3 Bde., Mainz/Mödling 1904/38. – *I. Smolitsch:* Russ. M.tum, Würzburg 1953.

*Nikolaus Thon*

*D. Literarisch*

*I. Geschichte*

Der Einsiedler in H. J. Ch. von Grimmelshausens Roman »Simplicius Simplicissimus« (1669) war noch eine positive Identifikationsfigur für den Romanhelden. Negativ wurde die Darstellung des M.tums in der engl., franz. und dt. Literatur des 18. und beginnenden 19. Jh.s vor allem im sog. *Klosterroman,* in dem klösterl. Motive und Probleme als Beleg für eine »unnatürl. Lebensweise« benutzt wurden. Moderne Sex- und Horrorliteratur findet hier frühe Vorbilder, so z.B. in M. G. Lewis »Ambrosio or The Monk« (1796) und E.T.A. Hoffmanns »Die Elixiere des Teufels. Nachgelassene Papiere des Bruders Medardus, eines Kapuziners« (1816). In der dt. →*Romantik* vollzog sich jedoch eine Wende zur *positiven Darstellung* des M.tums, so z.B. im Roman »Ahnung und Gegenwart« (1815) J. von Eichendorffs oder in dessen Novelle »Das Schloß Durande« (1837). In →Dostojewskis Roman »Die Brüder Karamasow« (1879) formen die orthod. M.e Staretz Sossima und Aljoscha Karamasow eine vom Ostergeheimnis geprägte Gegenwelt zu der des Selbstbetrugs und der Selbstzerstörung der übrigen Romanfiguren. Im hist. Drama und im hist. Roman des 19. und 20. Jh.s findet sich eine überwiegend positive Wertung des christl. M.tums, was der Bedeutung entspricht, die das M.tum für die Kirchen- und Profangeschichte vor der →Franz. Revolution und der →Säkularisierung gehabt hat.

*II. Gegenwartsliteratur*

Im *modernen Drama und Roman* spielen M.e z.T. eine wichtige funktionelle Rolle: So gilt der Jesuit Naphta in Th. →Manns Roman »Der Zauberberg« (1924) als Protagonist marxist. und revolutionärer Ideen, die Mann beim ungar. Literaturtheoretiker G. Lukacs kennengelernt hatte. In H. →Hesses monumentalem Roman »Das Glasperlenspiel« (1943) figurieren die Benediktiner als Vor- und Gegenbild des weltl. kastal. Ordens. Statist. gesehen ist das M.tum im modernen Drama weniger häufig vertreten als im Roman oder der Novelle. Als Teil der hist. Umwelt läßt B. →Brecht, mit entsprechend antikirchl. Attitude, M.e und Nonnen im »Leben des Galilei« (1957) auftreten; F. Hochwälders Schauspiel »Das heilige Experiment« (1943) stellt Blüte und Untergang des Jesuitenstaates in Paraguay dar. In R. Hochhuths Dokumentarspiel »Der Stellvertreter« (1963) begleitet ein junger (fiktiver) Jesuitenpater einen Transport röm. Juden nach Auschwitz, nachdem er vorher vergebl. versucht hatte, den (hist.) Papst Pius XII. zu einem Protest zu bewegen. Die Autoren *utop. Romane* weisen dem M.tum im Entwurf ihrer zukünftigen Welt eine festumrissene, weltgestaltende Rolle zu und lassen es zugleich als Beleg für die zukünftige Existenz und die hist. Kontinuität der kath. Kirche fungieren, so in F. Werfels Roman »Stern der Ungeborenen« (1945).
Die *innere Wirklichkeit* des mönch. Lebens spielt in der modernen Literatur eine sehr untergeordnete Rolle. Gelegentl. wird das *Fehlverhalten* von M.en kritisiert, so die Einstellung der Benediktiner zum Dritten Reich in H. →Bölls Roman »Billard um halb zehn« (1959). Im Gesamt *belletrist.* Literatur steht jedoch die Kritik am Jesuitenorden an erster Stelle. Kritische oder bestätigende Einstellung der Autoren dem →Ordensstand gegenüber ist immer Folge der jeweiligen weltanschaul. Position. Aber selbst dort, wo M.e wertfrei dargestellt werden, wird die Außenseiterstellung dieser Gruppe betont: heiliger Sonderling oder lächerl. Kauz. Nur die Autoren, die von einem entschieden *kath.* Standpunkt aus schreiben, bilden hiervon eine Ausnahme, z.B. E. Langgässer, F. Werfel, P. Dörfler, A. →Döblin nach seiner →Konversion, G. von le Fort, St. Andres und R. →Schneider. Seit den 60er Jahren wird das M.tum in der Literatur zur Randerscheinung. Eine Ausnahme stellt U. Ecos Bestseller »Der Name der Rose« (1985) dar. Der Autor erfindet eine Kriminalgeschichte in

einer ital. Benediktinerabtei und malt dabei ein farbiges Bild der reichs- und kirchenpolit. Verhältnisse im 14. Jh. und beschreibt die Verstrickung des M.tums in die Tagespolitik.

*Lit.: M. G. Hessler:* The Nun in German Literature, Diss., Illinois 1944. – *H. Märzhäuser:* Die Darstellung von Klosterleben und M.tum im dt. Roman des 20. Jh.s, Diss., Frankfurt/M. 1977. – *H. Strauß:* Der Klosterroman, Diss., München 1921.

*Herbert Märzhäuser*

**Monismus**

*A.* Der seit Chr. Wolff (→Aufklärung) eingeführte Begriff M. (griech.: *monos* = einzig, allein) bezeichnet die traditionell metaphys. Lehre, daß die Totalität der Wirklichkeit auf ein einziges →Prinzip der Erklärung zurückführbar bzw. als Manifestation einer einzigen Substanz des Wirklichen begreifbar sei (→Metaphysik). M. ist ein Gegenbegriff zu →Dualismus und →Pluralismus. Was in dualist. oder pluralist. Theorien als unüberbrückbar different behauptet wird, sucht monist. Denken noch einmal auf letzte Einheit hin zu reduzieren. Dies kann entweder so geschehen, daß der Vielfalt der Erscheinungen ein eigenes Prinzip der *Einheitsstiftung vorgeordnet*, also ein relatives Recht von Dualismus bzw. Pluralismus anerkannt wird. Oder eine dualist. bzw. pluralist. Weltsicht wird als *Schein* erwiesen, indem eines der Elemente des Dualismus bzw. Pluralismus selbst als weiter nicht rückführbares Prinzip letzter Einheit aufgezeigt wird.
Kontroversen um den M.begriff haben im *18. und 19. Jh.* weithin diesem zweiten Typ monist. Denkens gegolten: Lassen sich philosophische Grundunterscheidungen wie die von Geist und Materie in eines dieser Differenzelemente aufheben? So wie Materialisten Materie zum einen Prinzip aller Realität erklärt, d.h. →Geist als nur scheinbar anderes von →Materie bestimmt haben, so haben umgekehrt zahlreiche Idealisten Geist zum letzten Prinzip erklärt, auf das hin auch Materie durchsichtig gemacht werden kann. Seit der Erkenntniskritik →Kants läßt sich der dogmat. Charakter der klass. →Metaphysik sowohl in ihren materialist. als auch in ihren idealist. Varianten erkennen. Die *Faszination*, die von der Suche nach letzter Eindeutigkeit ausgeht, hat sich dadurch freil. nicht erledigt. Durch Kant erfährt monist. Denken in Gestalt der Subjektivitätstheorien eine neue Blüte. Darüber hinaus äußert sich das Bedürfnis nach Integration und Einheit zunehmend in der Suche nach »Weltanschauungen«.

*B.* Programmatisch ist der M.begriff von einer rel.-weltanschaul. Reformbewegung im späten *19. und frühen 20. Jh.* aufgenommen worden, die die christl. Tradition durch einen neuen, naturwissenschaftl. fundierten *Wissenschaftsglauben* abzulösen versucht und den kulturellen Einfluß der Kirchen bekämpft. Im Zusammenhang der Auseinandersetzungen über den →Darwinismus protestieren zunächst in England, seit 1860 auch in Deutschland bürgerl. →Intellektuelle gegen ein traditionalist. Kirchenchristentum, das die bibl. Schöpfungsmythen zur →Norm naturwissenschaftl. Forschung erklärt und vom Staat Beschränkungen der →Freiheit der Wissenschaft fordert. Durch den unaufhaltbaren Erkenntnisfortschritt der Wissenschaften sei der Kirchenglaube zum Anachronismus geworden (→Kirchenkritik). Er könne deshalb keine individuelle Sinnstiftung mehr leisten (→Sinn) und sei von einer neuen einheitl. Weltanschauung abzulösen. In *Deutschland* findet dieser vor allem von D. F. →Strauß und A. Drews (1865-1935) sowie den Naturwissenschaftlern E. Haeckel (1834-1919) und W. Ostwald (1853-1932) propagierte pantheist. M. in liberal-bildungsbürgerl. wie in proletar. Sozialmilieus erhebl. Resonanz. Der 1906 gegründete, 1933 von den Nationalsozialisten verbotene »Monistenbund« verliert nach 1918 jedoch schnell an Bedeutung. Dafür sind weniger intensive theol. →Apologetik des alten Glaubens als vielmehr die vom Weltkrieg verstärkten Erfahrungen einer Krise der modernen →Kultur und des Schwundes an Orientierungskraft der Wissenschaften verantwortlich.

*C.* Seit den religions- und kulturpolit. Kontroversen um den weltanschaul. M. wird der Begriff in der philos.-theol. Wissenschaftssprache nur noch zurückhaltend verwendet. Im engl.-amerik. Sprachraum wird er schon seit dem brit. →Idealismus zunehmend durch den Begriff *Holismus* ersetzt, dem zufolge sich Wirklichkeit nur als einheitl. strukturiertes Ganzes und somit alles einzelne erst aus dem Gesamtzusammenhang der →Welt angemessen begreifen läßt (→Ganzheit). Der Holismusbegriff wird in den letzten Jahren verstärkt auch in Deutschland aufgenommen. Durch neues holist. Denken soll nicht nur der modernen Spezialisierung der Wissenschaften entgegengearbeitet werden. Der Holismusbegriff dient hier vielmehr auch dazu, im kulturkrit. Gegensatz zum gesellschaftl. Pluralismus dem Interesse an neuer werteth. Einheit (→Wert) bzw. kultureller Homogenität der Gesellschaft Geltung zu verschaffen.

*Lit.: W. Bröker:* Polit. Motive naturwissenschaftl. Argumentation gegen Religion und Kirche im 19. Jh., Münster 1973. – *F. Gregory:* Scientific Materialism in Nineteenth Century Germany, Dordrecht 1977. – *H. Hillermann:* Zur Begriffsgeschichte von »Monismus«, in: Archiv für Begriffsgeschichte 20 (1976), 214-235 (Lit.). – *Ders.:* Der vereinsmäßige Zusammenschluß bürgerlich-weltanschaul. Reformvernunft in der M.bewegung des 19. Jh.s, Kastellaun 1975 (Lit.). – *J.-C. Kaiser:* Arbeiterbewegung und organisierte Religionskritik. Proletar. Freidenkerverbände in Kaiserreich und Weimarer Republik, Stuttgart 1981. – *H. Lübbe:* Polit. Philosophie in Deutschland, Basel/Stuttgart 1963. – *J. R. Moore:* The Post-Darwinian Controversies, Cambridge 1979. – *F. Niewöhner:* Zum Begriff M. bei Haeckel und Ostwald, in: Archiv für Begriffsgeschichte 24 (1980), 123-126.

*Friedrich Wilhelm Graf*

**Monotheismus und Polytheismus**

*A.* Die weitverbreitete *Definition* des M. besagt, M. sei der →Glaube an einen *einzigen* →*Gott*, der im Unterschied zu Monolatrie (Verehrung eines Gottes ohne Leugnung der Existenz anderer Götter) und Henotheismus (Glaube an fakt. einen Gott, der die Existenz anderer Götter nicht ausschließt) den Glauben an die Existenz anderer Götter grundsätzl. ausschließe, P. sei dagegen der Glaube an *viele Götter* und die Pervertierung des M. Entspr. religionswissenschaftl. Theorien gingen von der Vorstellung aus, daß der M. als Glaube an einen Gott Ursprung und Ziel der theist. Religionen (→Theismus) sei, doch lassen sie sich heute auf Grund des vorliegenden umfangreichen religionsgeschichtl. Materials nur schwer aufrechterhalten. Das gilt sowohl für die Hypothese W. Schmidts vom Urm., die für alle Völker eine Schöpfergottheit annimmt, als auch für die Theorien, die in einer einzigen persönl. Gottheit die Krönung der →Evolution der Gottesidee sehen wollen (z.B. D. →Hume, 1755). Kann man diesen Thesen aber nicht mehr uneingeschränkt zustimmen, dann stehen auch die Abgrenzungen des M. von P., von Monolatrie und Henotheismus, erneut zur Diskussion.

*B.* M. und P. sind sehr viel enger *miteinander verbunden*, als man bisher wahrhaben wollte, weil – wie die moderne Religionsethnologie gezeigt hat – die Verehrung *eines* Gottes zwar die Ablehnung anderer Götter, aber nicht die Leugnung ihrer Existenz einschließt. Bezeichnend dafür ist die Überzeugung der atl. Schriftsteller vor Deuterojesaja, daß Jahwe zwar der einzige und wirkl. *Gott* →*Israels* ist (»Höre, Israel! Jahwe, unser Gott, Jahwe ist einzig« [Dtn 6,4]), daß aber außerhalb Israels durchaus andere Götter herrschen (Ri 11,24; 1 Sam 26,19). Die →Religion Israels war also monotheist. nur im Sinne einer →*Stammesreligion* für die ausschließl. der *eigene Gott* Bedeutung besitzt (Ex 20,2 und 3), während die Existenz der Götter anderer Stämme und Völker belanglos ist: »Alle Götter der Völker sind Nichtse, aber Jahwe hat die Himmel geschaffen« (Ps 96,5). Hier kann von einem »prakt. M.« oder von Monolatrie gesprochen werden.
An der *Religion Israels* läßt sich die Entstehung des M. leicht veranschaulichen und – zumindest phänomenolog. – auf andere monotheist. Modelle in der Religionsgeschichte übertragen. So deuten z.B. die verschiedenen Gottesbezeichnungen in der vordavid. Zeit (wie Gott →Abrahams, Isaaks und Jakobs oder die mit »El« gebildeten kanaanä. Götternamen) auf Lokalgottheiten, die erst in einem langwierigen Prozeß zu einer einzigen Gottheit verschmolzen sind. Eine ähnl. Entwicklung machte die Religion *Zarathustras* durch, als sie die Deven in Dämonen verwandelte und nur noch *Ahura Mazda* als einzigen Gott gelten ließ.
P. und M. spiegeln die soziokulturellen und *polit. Verhältnisse* wider oder bilden deren Projektion. Das Pantheon des →Hinduismus z.B. reflektiert das Kastenwesen, der Ahnenhimmel in den Stammesgesellschaften Südostasiens und Afrikas besteht aus den gleichen Strukturen wie Familie und Clan; im alten Rom gab es für jede Phase des Ackerbaus eine bes. Gottheit, der islam. Gottesbegriff ist nicht ohne das Vaterrecht in der arab. Großfamilie zu verstehen, und die *monarchia* bzw. *hierarchia* des christl. →Dogmas reflektiert die ma. Staatstheorien (→Staat) einschließl. des Kaiserkults.

*C.* →Judentum, →Christentum und →Islam gelten als die *klass. monotheist. Religionen.* Daß sie in den Wüstengebieten des Vorderen Orients entstanden sind, hat zu der Vermutung geführt, daß die *Wüste* monotheist. »besetzt« sei und eine Vielzahl von Göttern nicht zulasse. Da man im Dschungel und Regenwald keine ausgesprochen monotheist. Religionen finde, sei hier die Heimat der Naturverehrung und des Totemismus (→Totem) und gleichzeitig Platz für eine oberste männl. oder weibl. Gottheit, die zwar dem Pantheon vorsteht, aber selbst nicht oder nur kaum angebetet wird. Wir sprechen hier von »Henotheismus«, aus dem sich sowohl der M. wie der P. entwickeln kann. Wenn sich allerdings der einzige Gott in den monotheist. Religionen mit einem himml. Hofstaat umgibt, wenn →Engel und Dämonen eingeführt werden und gar das böse →Prinzip zum Gegengott (→Teufel) erklärt wird, dann lassen sich selbst *polytheist. Reste* auch im Judentum, Christentum und Islam entdecken. Die Diskussion um die Gottessohnschaft →Jesu und den sog. »Tritheismus« (Dreigötterglaube) im Christentum zumal ist seit der Formulierung des trinitar. Dogmas (→Trinität) nie ganz verstummt und gibt Muslimen wie →Unitariern Anlaß zur Kritik (vgl. →Koran, Sure 5,17; 72,116; 112; 4,171; 5,73).

*D.* In den *nationalrel. Bewegungen* der →Neuzeit, die die alten Stammesreligionen wiederbeleben wollen und den →Absolutheitsanspruch der monotheist. Religionen bekämpfen, wird der P. häufig als die überlegenere der beiden Religionsformen bezeichnet, weil er viele Aspekte des →Heiligen enthalte. Der M. dagegen sei zu abstrakt, um allen Bedürfnissen der Gläubigen gerecht zu werden. Doch handelt es sich hier um Überzeugungen, die nicht frei sind von Vorurteilen. Die Religionsgeschichte vermag in bezug auf die Rivalitäten zwischen den beiden Religionsmodellen nur die Fakten zu befragen. Und die Fakten ergeben, daß »Gott viele Gesichter« hat.

*Lit.: H. M. Böttcher:* Gott hat viele Namen. Kulturgeschichte des Gottesbildes, München 1964. – *J. A. Cuttat:* Asiat. Gottheit – christl. Gott. Die Spiritualität der beiden Hemisphären, Einsiedeln o.J. – *M. Eliade:* Geschichte der rel. Ideen, Bd. 2, Freiburg u.a. 1979; Bd. 3,1, Freiburg u.a. 1983 (Lit.). – *E. E. Evans-Pritchard:* Theorien über primitive Religionen, Frankfurt/M. 1981. – *A. Falaturi u.a.:* Zukunftshoffnung und Heilserwartung in den monotheist. Religionen, Freiburg 1983. – *F. Heiler:* Erscheinungsformen und Wesen der Religion (Religionen der Menschheit 1), Stuttgart 1961 (Lit.). – *J. S. Mbiti:* Concepts of God in Africa, New York 1970. – *D. L. Miller:* The New Polytheism, in: Rebirth of the Gods and Goddesses, New York 1974. – *J. K. O'Dea/Th. F. O'Dea/ Ch. J. Adams (Hg.):* Judaism, Christianity and Islam, New York u.a. 1972. – *W. Schmidt:* Der Ursprung der Gottesidee, 12 Bde., Münster 1912-1955. – *N. Söderblom:* Der lebendige Gott im Zeugnis der Religionsgeschichte, München 1942. – *G. Widengren:* Religionsphänomenologie, Berlin 1969, 93-129.

*Peter Gerlitz*

**Monteverdi,** *Claudio,* geb. 15.5.1567 in Cremona, gest. 29.11.1643 in Venedig. Ital. Komponist, Sohn eines Arztes, Schüler von M. A. Ingegneri.

1590 erhielt er eine Anstellung als Violaspieler, bald auch als Sänger am Hof in Mantua und wurde 1602 Hofkapellmeister. 1613 wechselte er nach *Venedig* als *Maestro di capella* in S. Marco und versah dort bis zu seinem Tod eine der wichtigsten musikal. Stellungen im damaligen Europa. Spätestens seit 1632 gehörte M. dem geistl. Stand an.

M.s *Oeuvre* umfaßt vorwiegend weltl. Werke, u.a. 9 Bücher →Madrigale und zahlreiche →Opern, von denen aus der Zeit in Mantua (»Orfeo«, 1607) und Venedig (»Il ritorno d'Ulisse in patria«, 1640; »L'incoronazione di Poppea«, 1642) nur wenige erhalten sind, aber auch eine stattl. Anzahl von *geistl. Werken* in nahezu vollständiger Überlieferung (drei Sammelpublikationen): »Vespro della Beata Vergine/Missa da Capella...»in illo tempore«‹, 1610; »Selva morale e spirituale«, 1641; »Messa a quattro voci e Salmi«, 1650. Hauptkategorien seines kirchenmusikal. Schaffens sind (nach Redlich): 1. →Messen; 2. konzertante Meßordinariumssätze; 3. andere liturg. Kompositionen (Vespern, →Magnifikat); 4. konzertante Psalmen und Hymnen; 5. mehrstimmige →Motetten; 6. Solomotetten (geistl. Monodien) und »Duette«; 7. geistl. Madrigale.

Die →Kirchenmusik M.s wird als Ganzes von einer *stilist. Doppelgleisigkeit,* von Stilgegensätzen und der Vermischung von »antico« und »moderno«, von geistl. und weltl. Elementen, bestimmt. Dies rührt einerseits von der Normierung der Vokalpolyphonie (→Renaissance) durch das →Konzil von Trient und durch →Palestrina her, zum anderen von der frühzeitigen Übernahme weltl. Monodien ins Geistliche, z.B. in L. da Viadanas »Cento concerti ecclesiastici« (1602). Während die »Sacrae cantiunculae« (1582) und die »Madrigali spirituali« (1583) noch als Schulwerke anzusehen sind, wurde M. in Mantua ausschließl. mit weltl. Aufgaben betraut. Die Arbeit an der Marienvesper und der *Messe* mag durch den Tod G. Gastoldis, Kapellmeister an der Kirche S. Barbara, 1609, durch persönl. seel. Erschütterungen (Tod seiner Frau 1607) oder durch die Hoffnung auf eine neue Position außerhalb Mantuas ausgelöst worden sein. Die 6stimmige Messe von 1610 gehört zum Typus der Parodiemessen und hat die Motette »In illo tempore« des Niederländers N. Gombert als Vorlage. Das A-cappella-Werk, dem eine Generalbaßstimme zur Verstärkung des Vokalbasses mitgegeben wurde, vertritt das Stilideal der alten niederländ. Vokalpolyphonie. Dieser von M. (Vorrede zum V. Madrigalbuch, 1605) als »prima pratica« bezeichneten Richtung tritt in der Marienvesper die »seconda pratica« entgegen, die kühne Übernahme *affektgeladener Monodien* aus der Oper, die Einbeziehung harmoniestützender und konzertierender Instrumente und der gelungene Versuch, beim Komponieren dem Textinhalt in ganzer Weise gerecht zu werden (Leopold). Die Wiederaufnahme der Toccata aus dem »Orfeo« im Eröffnungsstück erscheint als ein Beleg für den Funktionszusammenhang der Vesper mit den Festspielen am Hof zu Mantua (Hucke). Auffallend ist auch ihre Großgliederung in zwei Teile: Psalmvertonungen im Wechsel mit Concerti (»Ersatzantiphonen«) – Hymnus und zwei Magnifikats, verbunden durch eine »Sonata« sowie ihre symmetr. Binnengliederungen nach dem Vorbild des »Orfeo«. Insgesamt verbindet die Vesper Religiosität und Theatralik mit kompositor. Durchstrukturierung und sensibler Textdeutung.

Die Druckausgabe von 1610 vereint zwei bewußt als *Gegensätze* konzipierte, gerade fertiggestellte Werke. Die Sammlungen von 1641 und 1650 beinhalten dagegen ein erprobtes, in zahlreichen Aufführungen zurechtgeschliffenes Repertoire in bunter Vielfalt, darunter zwei weitere vollständige Meßzyklen. Hier finden sich auch eine Reihe von in der Zeit übl. Kontrafakturen und Parodien (Umarbeitungen weltl. Werke in geistl. durch neue Texte und kompositor. Veränderung), z.B. der Wandel des »Lamento d'Arianna« in die Marienklage »Pianto della Madonna«. Durch die →Gegenreformation und ihrer mitunter propagandist. Haltung im Bereich der Künste war ein Bedarf an kirchenmusikal. Werken auch außerhalb des Gottesdienstes an Akademien, an Höfen oder in Patrizierhäusern entstanden, dem solche Umgestaltungen Rechnung trugen (Leopold).

Nach M.s Tod übten nur seine venezian. Opern Einfluß auf die nachfolgende Komponistengeneration aus, die Kirchenmusik geriet rasch in Vergessenheit. 1775 gab Padre Martini in seiner Kontrapunktlehre ein Beispiel aus M.s Messe von 1610. Carl von Winterfeld wies 1834 in seinem Buch über »Johannes Gabrieli und sein Zeitalter« erstmals wieder auf M. hin. Im 20. Jh. begann mit den ersten Aufführungen des »Orfeo« in Paris und durch Bearbeitungen namhafter Komponisten (d'Indy, Respighi, Krenek, Dallapiccola, Orff, Henze) die *Wiederentdeckung* M.s. Ihren vorläufigen Höhepunkt erlebte sie zu Beginn der 80er Jahre mit dem Opernzyklus von N. Harnoncourt (Dirigent) und J.- P. Ponnelle (Regisseur) in Zürich sowie durch zahlreiche Platteneinspielungen und Aufführungen geistl. Musik, vor allem der Marienvesper.

*Lit.: D. Arnold:* Formal Design in M.s Church Music, in: Claudio M. e il suo tempo (Kongreßbericht Venedig, Mantua, Cremona 1968), Verona 1969, 187-216. – *L. Finscher*

*(Hg.):* Claudio M., Festschrift Reinhold Hammerstein, Laaber 1986 (Aufsätze zu Werk und Rezeption). – *H. Hucke:* Die fälschlich sog. »Marien«-Vesper von Claudio M., in: Bericht über den Internationalen musikwissenschaftl. Kongreß Bayreuth 1981, Kassel/Basel 1984, 295-305. – *S. Leopold:* Claudio M. und seine Zeit, Laaber 1982. – *H. F. Redlich:* Claudio M., Olten 1949. – *D. Stevens:* Claudio M.: Selva morale et spirituale, in: Claudio M. e il suo tempo, Verona 1969, 423-434.

*Hermann Jung*

**Moral, Sitte, Ethos** sind zeitl. und kulturell bedingt und wandelbar. Erst die vernunftmäßige Reflexion auf das gemeinsame →Prinzip jegl. allgemeinmenschl. Normativität kann den Widerspruch zwischen *Wandel* und *Unbedingtheitsanspruch* vermitteln. Der Grund der M. verweist auf →Sittlichkeit.

*A.* Aller eth. Reflexion vorausgehend, bezeichnet der Begriff *Sitte* grundlegende Verhaltensmuster innerhalb menschl. →Gemeinschaften, deren normative Funktion auf Gewohnheit beruht und durch →Erziehung vermittelt wird. Der Verweis darauf, daß etwas Brauch sei, hat selbst normativen Charakter, solange die hergebrachten Gewohnheiten nicht prinzipiell in Frage gestellt und auf verstandesmäßige Begründung hin geprüft (→Sitten und Gebräuche) werden. Solche Reflexion beginnt damit, daß man den hergebrachten S.n nicht einfach folgt, indem man vorgegebene Handlungsmuster für sich übernimmt, sondern sie aus Einsicht und Überlegung akzeptiert. Erst im letzteren Fall entsteht (wie →Aristoteles am Anfang der »Nikomach. Ethik« darstellt) jene charakterl. Grundhaltung, aufgrund welcher sich das handelnde →Individuum mit den Maßstäben seiner →Gemeinschaft so weit identifiziert, daß es sein Leben bewußt nach ihnen ausrichtet und sie aktiv aufrechterhält.

*B.* Das Wort *Ethos* zerfällt im Griechischen in zwei Bedeutungen: es bezeichnet sowohl die fakt. S. wie die bewußte *charakterl. Ausrichtung* an ihr. Heute heben wir im allg. auf den zweiten Aspekt ab und ordnen ihn meist dem Selbstverständnis einer best. sozialen Gruppe zu, deren E. wesentl. die soziale Rolle ihrer Mitglieder definiert.

*C.* Das lat. Wort »mos« ist eine Übersetzung des griech. Begriffs *ethos* in seinen beiden Varianten. Auch in unserem Begriff der *Moral* liegt eine fakt. beschreibende wie auch eine den normativen Anspruch wiedergebende Bedeutung. Wo Menschen ihren Lebensvollzug auf die Anerkennung der moral. Maßstäbe ihrer →Gemeinschaft stützen, ist zumindest ein Anspruch darauf eingeschlossen, daß ihre Gründe respektiert werden: Die Beweislast für sein Handeln übernimmt nicht, wer sich auf geltende moral. Regeln (bzw. den Einklang seines Tuns mit ihnen) beruft. Vielmehr muß der Kritiker zeigen, wo sich der Widerspruch zwischen behaupteter und wirkl. Begründetheit des Tuns zeigt. Umgekehrt provoziert automat. Einwände gegen sein Handeln, wer gegen die Prinzipien verstößt, die er selbst als moral. behauptet und (womögl. bewußt fälschl.) für sein Tun beansprucht. Wir sprechen dann von *Doppelmoral.*

*Lit.: F. Böckle:* Fundamentalmoral, München 1977. – *A. Gehlen:* Moral und Hypermoral, Frankfurt/M./Bonn 1969. – *W. Kluxen:* Ethik des Ethos, München 1974. – *H. Kron:* Ethos und Ethik, Frankfurt/M./Bonn 1960. – *A. Pieper:* Ethik und Moral, München 1985. – *R. Spaemann:* Moral. Grundbegriffe, München 1982.

*Walter Schweidler*

**Mormonen.** Die M. stellen sicherl. die amerikanischste aller größeren traditionellen Sonderbildungen im Gefolge des Christentums dar. Man hat von einer »Religion des Wilden Westens« gesprochen, so absonderl. sind die Glaubenvorstellungen und so turbulent war die Geschichte.

*A.* Der Farmersohn *Joseph Smith* (1805-1844) soll mit 14 Jahren in einem Wäldchen bei Palmyra/ N.Y. eine leibhaftige →Erscheinung Gottes und Jesu Christi gehabt haben, die dem visionär veranlagten, durch →Erweckung beunruhigten Jungen geboten, sich keiner Kirche anzuschließen, da sie alle im Irrtum seien. Weitere Besuche von Engeln, Aposteln u.a. bibl. Gestalten folgten; sie waren stets mit Offenbarungen und himml. Weisungen verbunden, die der »Wiederherstellung der Kirche« galten.

*B.* Im Zentrum der mormon. Überlieferung steht die Geschichte von der Entdeckung des »*Buches Mormon*«. Sie gleicht einer Abenteurer-Story und erweist das M.tum als eine nicht mehr in der Tradition der christl. Kirchen stehende Religionsbildung, obwohl die bibl. Geschichten auch bei den M. hoch im Kurs stehen und Jesus Christus (nicht J. Smith) die zentrale Figur ihres Glaubens ist. Dem Selbstzeugnis Smiths zufolge erschien ihm im Herbst 1823 ein Engel Moroni und zeigte ihm eine in einem nahen Hügel Cumorah vergrabene Schatztruhe, die goldene Platten mit »ägypt. Schriftzeichen« enthielt. Mittels einer beigegebenen »Prophetenbrille« mußte Smith sie übersetzen, worauf die Platten mitsamt Brille und Truhe wieder verschwanden. Dieses Buch Mormon handelt von einem *amerik. Heilsvolk*, das im 6. Jh. v. Chr. aus Israel eingewandert war, dem dann der auferstandene Christus als Heiland und Lehrer erschienen war, das sich aber 400 Jahre später in Bruderkämpfen völlig aufrieb. Das von einem Propheten Mormon aufgezeichnete und nun von Smith entdeckte »Buch« ist die einzige Kunde von diesem Volk. Das Buch Mormon gilt den M. uneingeschränkt als hl. Schrift (→hll. Schriften), während die Bibel nur gilt, »sofern sie richtig übersetzt ist«. Forscher sind der Überzeugung, daß dem Buch Mormon ein (aus der Druckerei gestohlenes) Romanmanuskript eines gewissen Solomon Spaulding zugrunde liegt. Aus den folgenden Jahren stammen weitere überraschende Zeugnisse einer höchst eigenwilligen Religionsgründung: in Form von *Lehren*, z.B. von körperl. Göttern, die, zusammen mit den Menschen, dem »Gesetz des immerwährenden Fortschritts« unterliegen; von geheimen *Tempelriten* (→Tempel, →Kult) wie stellvertretenden Totentaufen, durch die verstorbene Seelen im →Jenseits gerettet werden sollen; von »Endowments« (Ausstattungen), die dem Gläubigen den Eintritt in die himml. Herrlichkeit sichern; von Eheversiegelungen für die Ewigkeit. In der Zeit von 1843 bis 1896 wurde Polygamie vertreten.

*C.* Auf Grund von Offenbarungen wurde am 6.4.1830 die »Church of Jesus Christ of Latter-day-Saints«, »*Kirche Jesu Christi der Heiligen der letzten Tage*« gegründet. Kernstück der Gemeinschaft ist das von Gott neu eingesetzte hierarch. gegliederte *Priestertum* (→Diakon, Lehrer, →Priester, Ältester, Siebziger, Hohepriester, Patriarch, →Apostel). Hierauf gründet der Ausschließlichkeitsanspruch der M.kirche als Heilsinstitution und zugleich patriarchal. geordnete Heils*familie* mit strengen moral. Grundsätzen (u.a. Speisegeboten) und konservativer Grundeinstellung. Die Eigenwilligkeiten im Glauben und Leben der M. reizten ihre Umgebung; auch die Ermordnung des J. Smith im Gefängnis am 27.4.1844 muß in diesem Zusammenhang gesehen werden. Um Verfolgungen zu entgehen, brachen die meisten M. unter Führung von *Brigham Young* (1801-1877, dem Nachfolger im Amt des »Propheten«) in den unbesiedelten Westen auf, wo sie im Gebiet um den Großen Salzsee das Land urbar machten und den Grundstock für das erwartete Gottesreich legten. Seit 1896 besteht der M.staat »Utah« mit Salt Lake City als Zentrum.

*D.* Die M. sind eine missionar., daher stark *wachsende Glaubensgemeinschaft*; jeder männl. M. sollte zwei Jahre unentgeltl. Missionsdienst leisten. Die Mitgliedschaft wird mit der Taufe durch Untertauchen erworben, das Taufalter beginnt mit 8 Jahren. 1986 gab es 6 Mill. Mitglieder, davon ca. 3 Mill. in den USA, 25.000 in der Bundesrepublik Deutschland, 5000 in der DDR. 42 M.tempel sind in Funktion, einer seit 1985 in Freiberg/Sachsen (DDR), ein weiterer seit 1987 in Friedrichsdorf/Taunus.

*Lit.:* Das Buch Mormon/Lehre und Bündnisse/Die köstl. Perle, neu übers. 1980. – *Le Grand Richards:* Ein wunderbares Werk, ja ein Wunder, neu übers. 1982. – *J. F. Smith:* Lehren des Propheten Joseph Smith, neu übers. 1983. – *J. E. Talmage:* Jesus der Christus, 1980 (Sämtl. Werke, hg. von Kirche Jesu Christi der Heiligen der Ersten Tage). – *R. Hauth:* Tempelkult und Totentaufe, (GTB Siebenstern 777), Gütersloh 1985. – *Ders.:* Die M., in: *H.-D. Reimer/O. Eggenberger:* Neben den Kirchen, Konstanz, 6. Aufl. 1986, 285-310 (Lit.). – *K. Hutten:* Seher, Grübler, Enthusiasten, Stuttgart, 12. Aufl. 1982, 433-470 (Lit.).

*Hans-Diether Reimer*

**Mose** (hebr. *moschäh*) tritt nach der atl. Tradition im wesentl. in drei Überlieferungskomplexen auf: beim *Auszug* (→Exodus) aus →Ägypten (Ex 1-15), bei der Offenbarung am *Sinai* (Ex 19-Num 10,10) und beim Zug durch die *Wüste* (Ex 15,22-18,27; Num 10,11-36,13), wonach er, am Rande des Kulturlandes angekommen, stirbt (Dtn 34). Obwohl die einzelnen Teile in einer fortlaufenden Darstellung erscheinen, ist deren ursprüngl. Selbständigkeit vermutet und die jeweilige Beziehung zu M. erörtert worden: In welchen der Komplexe gehört M. ursprüngl., in einen, in mehrere, in alle, oder etwa in keinen der genannten, sondern in die Landnahmetradition? Jede Möglichkeit hat ihre Verfechter gefunden und ließ dementsprechend M. als Retter des Volkes erscheinen, als Religionsstifter, Gesetzgeber oder als Anführer des Volkes beim Auszug bzw. während der Wüstenwanderung. An M.s Seite steht in vielen Situationen Aaron, der nach Ex 4,14 sein Bruder ist und als M.s »Mund« (Ex 4,14ff.) bzw. Prophet (Ex 7,1) handeln soll.

*A.* Im Gegensatz zu vereinzelten älteren Versuchen, M. für unhist. zu erklären, neigt die neuere Forschung zu einer »maximalen« Lösung, bezieht ihn also in die gesamte Wanderbewegung zwischen →Ägypten und →Palästina ein und läßt ihn so *in allen Überlieferungskomplexen* beheimatet sein. Seine Geburtsgeschichte (Ex 2) kreist um Gefährdung und Bewahrung; sie hat zahlreiche religionsgeschichtl. Parallelen (Sargon von Akkad, Kyros, Romulus), die eine hist. Auswertung erschweren. Sein Name, der in Ex 2,10 volksetymolog. durch das hebr. Verb *mšh*([aus dem Wasser] ziehen) erklärt wird, ist vom ägypt. Verb *mśj* (erzeugen, gebären; z.B. in Thutmose) abgeleitet. Für hist. Schlußfolgerungen besagt auch das nicht viel, weil die Ägypter auch Ausländern einen ägypt. Namen geben konnten (vgl. Gen 41,15).
Die Berufung des M. sieht ihn im midianit. Raum (Dornbuschszene Ex 3). Anscheinend hatte er enge Kontakte zu den *Midianitern* (Ex 24; 18; Num 10,29ff.), einem nomad. Stämmeverband, der seine Weideplätze auf der Ostseite des Golfes von Akaba hatte, wo der Sinai des AT gesucht werden kann. Zwischen Exodus- und Midianitertradition legt sich ein Zusammenhang nahe, der auch eine Beziehung zur Sinaiüberlieferung erkennen läßt. Das gemeinsame Kultmahl von Exodusleuten und Midianitern (Ex 18,12) spricht für eine gemeinsame Verehrung Jahwes, der »vom Sinai kommt« (Dtn 33,2). M. könnte ihn den Exodusleuten bekanntgemacht haben (Ex 3,13-15), zumal sie ihre Befreiung (→Exodus) diesem Jahwe verdanken (Ex 14; 15,21).

*B.* In der übrigen atl. Literatur werden *einzelne Funktionen* M.s betont. Im →Deuteronomium (18,15ff.) erscheint er als Prototyp des →Propheten (vgl. Ex 7,16f.; Num 11,24ff.); in der prophet. Literatur, die ihn selten nennt, tritt er als *Fürbitter* (Jer 15,1; vgl. Ex 8,26 u.ö.), als Anführer (Mi 6,4) und als Gesetzgeber (Mal 3,22) auf.
Das →Judentum hat ihn zum *Verfasser des Pentateuchs* (→Bibelwissenschaft) und zum Überlieferer

des schriftl. und mündl. überlieferten Gesetzes, aber auch zum Offenbarungsmittler und zum hervorragensten Lehrer →Israels gemacht.
Im NT kann M. als *Vermittler des Gesetzes* verstanden werden; außerdem ist er der unverstandene Diener Gottes (Apg 7,23ff.) und Beispiel des Glaubens (Hebr 11,23ff.). Nach Lk 24,27.44ff. weist er auf Christus voraus, im typolog. geprägten Denken überbietet ihn Jesus (Hebr 3,1ff.; 11,23ff.), der als Gegenbild (Joh 1,17) an den Gegensatz von Gesetz und Evangelium erinnert.

*C.* Ohne nachhaltige Wirkung in der *literar. Aneignungsgeschichte* ist der Versuch *S.* →*Freuds* geblieben, M. als einen Ägypter und Anhänger des monotheist. Atonkults (von Amenophis IV. Echnaton um 1360 v. Chr. eingeführt) zu verstehen. Der Monotheismus wird dabei aus einer Vater-Sohn-Beziehung erklärt, in der der eifersüchtige Sohn seinen Vater tötet und damit eine zu sühnende Schuld auf sich lädt, die sich in der Tötung eines Ägypters durch M. wiederholt (Ex 2,11f.). Wenn die M.geschichten in Romanen und Erzählungen verarbeitet werden, wird vor allem seine Rolle im Rahmen der (polit.) Befreiung →Israels betont, wie etwa in der Mose-Trilogie, die *P. Hoffmann* geschrieben hat (→Exodus).

*Lit.: M. Buber:* Moses, Zürich 1948 (Werke II, München/Heidelberg 1964, 9-230). – *H. Cazelles/A. Gelin u.a.:* Moses in Schrift und Überlieferung, Düsseldorf 1963. – *H. Gressmann:* M. und seine Zeit, Göttingen 1913. – *S. Freud:* Der Mann Moses und die monotheist. Religion, in: *ders.:* Ges. Werke XVI, London, 2. Aufl. 1961, 103-245. – *P. Hoffmann:* Der brennende Dornbusch (aus dem Dän. übers. von W. Morf), Zürich/Stuttgart 1957. – *Ders.:* Das ewige Feuer (aus dem Dän. übers. von W. Morf), Zürich/Stuttgart 1958. – *Ders.:* Die eherne Schlange, Stuttgart/Zürich 1959. – *H. Schmid:* Die Gestalt des M., Darmstadt 1986. – *W. H. Schmidt:* Exodus, Sinai und M., Darmstadt 1983 (Lit.). – *R. Smend:* Das Mosebild von Heinrich Ewald bis Martin Noth, Tübingen 1959. – *O. H. Steck:* Moses und Aaron. Die Oper Arnold Schönbergs und ihr bibl. Stoff, München 1981.

*Rüdiger Liwak*

**Motette.** Die M. ist eine der ältesten Formen *vokaler Mehrstimmigkeit.*

*A.* Entstanden durch syllab. Textierung melismat. Organumoberstimmen (vollständige Textierung frei schweifender Oberstimmen mit genauer Entsprechung von Noten- und Silbenanzahl), zeichnet sich ihre Frühform (Notre-Dame-Schule des 13. Jh.s) bald durch gleichzeitige Verwendung verschiedener Sprachen und Texte geistl. und weltl. Gehalts in den zwei bis drei Oberstimmen gegenüber dem lat. Tenor aus, was vermutl. auch zu ihrer Benennung (franz. *mot* = Wort) führte. Eine ausgesprochen artifizielle Form stellt die isorhythm. M. Ph. de Vitrys und G. de →Machauts im 14. Jh. dar, bei der ein gleichbleibendes rhythm. Schema (talea) einer ebenfalls gleichbleibenden Tenormelodie ungleicher Länge (color) überlagert wird, was zu Überlappungen führt.

*B.* Anstelle dieses Konstruktivismus steht bei den niederländ. Meistern des 15./16. Jh.s (frankofläm. Musik; →Renaissance) zunehmend der *Textbezug* im Vordergrund. Kennzeichnend werden textanaloge Abschnittbildungen, die Vereinheitlichung von Sprache und musikal. Material mit dem durchimitierenden Prinzip (sukzessive Themenwiederholung in allen Stimmen) als Resultat und – infolge des Verzichts auf Verwendung präexistenter lat. Tenormelodien – der Wegfall des Cantus-firmus-Prinzips. Auch schwindet allmähl. die liturg. Bindung. Der extremen Affektbetontheit der Niederländer →Josquin Desprez und O. di →Lasso stellt G. P. da →Palestrina einen den Forderungen des →Konzils von Trient gemäßen reineren Satz mit dem Primat von Textverständlichkeit und strenger Dissonanzbehandlung gegenüber, der manchen auch heute noch als das Ideal kath. →Kirchenmusik gilt.

*C.* Seit ca. *1600* umfaßt der M.begriff alle zeitl. relevanten Satztechniken und subsumiert stilist. Monodie (Solostimme mit Generalbaß), gering- und vielstimmiges Concerto (→Konzert), monumentale Mehrchörigkeit nach venezian. Vorbild und traditionell polyphonen Satz. Das *barocke* M.schaffen gipfelt in den Werken von H. →Schütz auf Psalm-, Lied- und Spruchtexte dt. Sprache mit ihrer realist. Deklamation und starken Affektnachzeichnung (»Geistl. Chormusik« 1648). Instrumentale Begleitung ist hier, wie auch schon früher zumeist, nicht ausgeschlossen. Neben die gottesdienstl. Aufführung tritt die in →Andacht und häusl. Kreis. Die M.n J. S. →Bachs, komponiert anläßl. von Beerdigungen, gliedern sich in separate Sätze unterschiedlichster Faktur und unterscheiden sich stilist. kaum von anderen Vokalgattungen bei Bach.

*D.* Das 19. und 20. Jh. bringen eine *neuerl. Blütezeit* der M., ohne jedoch eigentl. neue Formen auszubilden. Soweit die Sätze sich nicht im Zuge des →Caecilianismus an Palestrina anlehnen, greifen sie niederländ. und barocke Formmodelle auf und füllen sie mit zeitgemäßem Material (J. →Brahms, A. →Bruckner, M. →Reger im 19. Jh.; E. Pepping, J. N. David, H. Distler, E. Krenek im 20. Jh.). Mehr und mehr erfolgt im 20. Jh. die Rückbesinnung auf die gottesdienstl. Funktion der M.

*Lit.: L. Finscher:* M., in: Die Musik in Geschichte und Gegenwart, Bd. 9, Kassel/Basel 1961, 637-669 (Lit.). – *H. Hüschen:* Die M., Köln 1974.

*Elisabeth Nicola*

**Motivation** bezeichnet den Zusammenhang der subjektiven und im Individuum liegenden objektiven Gründe für das individuelle Verhalten, soweit es sich der psycholog. Analyse erschließt. Die Frage nach der M. kann als die gemeinsame *Grundfrage aller* →*Psychologie* gelten, insofern sie ein Interesse am jeweils bes. Verhalten des →Individuums voraussetzt.

*A.* Die psycholog. *M.stheorien* behandeln die Frage entweder unter der eher affektiv-energet. Perspektive des Antriebs (Instinkt, →Bedürfnis, Trieb) oder unter der vorwiegend erkennend-steuernden Perspektive von Handlungszielen und Erwartung (→Leistung, Erfolg, →Macht, →Selbstverwirklichung). Eine Zuordnung dieser beiden M.sarten hat jede Theorie vorzunehmen. Die Klassifizierung einzelner Motive und deren Zuordnung zu bestimmtem Verhalten ist als wenig erklärungskräftig aufgegeben worden. Bekannte Antriebstheorien der M. sind die Instinkttheorie von McDougall, S. →Freuds Triebtheorie oder auch die Frustrations-Aggressions-Hypothese von Dollard und Miller. Zu den Theorien, die an kognitiver Motivierung individuellen Verhaltens interessiert sind, gehören u.a. die Dissonanztheorie (Theorie der widersprüchl. Bewußtseinselemente) nach L. Festinger wie auch die meisten Beiträge zur Leistungsm. nach H. Heckhausen. Die Antriebsmodelle schließen im allg. die Annahme ein, daß der Organismus nach einem Zustand der Spannungsfreiheit (Homöostase) strebe (→Bedürfnis). Dagegen bemühen sich vornehml. die Untersuchungen zur Leistungsm. darum, den Austausch zwischen Organismus und Außenwelt als motivierende Ausgangssituation des Handelns zu interpretieren. Gesichtspunkte wie »Kausalattribuierung« (Zuschreibung von Gründen als Handlungsmotiv) spielen dann eine Rolle.

*B.* Das *prakt. Interesse* an zuverlässigen Aussagen über die M. menschl. Handelns liegt in Schule, Arbeitswelt oder Klinik gleich nahe, da entspr. Kenntnisse zur Verbesserung der Lern-, Leistungs- und Reaktionsbereitschaft beitragen können. Das Interesse an Motiven rel. Verhaltens gehört in diesen prakt. Zusammenhang der Bildung und Beeinflussung von Menschen. Da das Handeln gegenwärtig jedoch eher als Geschehen der Interaktion betrachtet wird, ist das Interesse an der M. zurückgetreten.

*Lit.: H. Thomae (Hg.):* Handbuch der Psychologie 2, M., Göttingen 1965. – *Ders.:* Die M. menschl. Handelns, Köln 1970. – *E. Todt (Hg.):* M., Heidelberg 1977.

*Reinhard Schmidt-Rost*

**Mozart,** *Wolfgang Amadeus,* geb. 27.1.1756 in Salzburg, gest. 5.12.1791 in Wien; bedeutenster Komponist der →Klassik neben J. →Haydn und L. van →Beethoven. Erste musikal. Ausbildung durch Vater Leopold M. (u.a. Vizekapellmeister am Salzburger Dom). Als Wunderkind lernte M. auf zahlreichen Reisen, z.B. nach →Frankreich, England, in die →Niederlande, die →Schweiz und insbes. nach →Italien, alle musikal. Stile seiner Zeit kennen. Schon mit 13 Jahren wurde M. zum Salzburger Konzertmeister, 1779 zum Hof- und Domorganisten in *Salzburg* ernannt. Im Mai 1781 kam es zum Bruch mit dem Salzburger Erzbischof Colloredo; von da an lebte M. als freier Komponist und Musiklehrer in Wien. Bedeutsam wurde hier die Freundschaft mit Haydn. Trotz künstler. Erfolge erhielt M. keine feste Anstellung und starb verarmt im 36. Lebensjahr.

Auf nahezu *allen Gebieten* (Klavier- und Kammermusik, Sinfonik, →Konzert, →Oper und →Kirchenmusik) schuf M. Vollgültiges, wobei er die verschiedenen nationalen Stile in genialer Weise zu einem eigenen Stil zusammenfaßte. Der Grund zu einem *ernsten rel. Leben* wurde bereits im Elternhaus gelegt, wovon auch die zahlreichen Familienbriefe zeugen. Die Vertrautheit mit der Salzburger Kirchenmusik war von Anfang an gegeben durch die Tätigkeit des Vaters, der den Sohn stets zur rel. Haltung im Leben wie in der kirchl. Kunst anhielt. Auch die Tradition der barocken Volksfrömmigkeit (→Barock) mit ihrem äußeren Glanz beeinflußte M.s Haltung zur Kirchenmusik. So mußte ihm die rational aufklärer. Haltung Colloredos fremd bleiben und zum Bruch führen.

17 Messen, Litaneien, →Vespern, mehrere Offertorien (Gesänge zur Gabenbereitung [→Messe]), →Motetten und kleinere Kirchenwerke entstanden in seiner Salzburger Zeit. Die Messen gehören auf Grund örtl. liturg. Gegebenheiten meist dem Typus der »*missa brevis*« (Kurzmesse) an, die bei M. höchste Vollendung erfährt. Im Gegensatz zu anderen Komponisten der Zeit hielt sich M. streng an den Messetext; bes. liturg. Bindung beweist auch die gelegentl. Verwendung gregorian. Themen (→Gregorian. Choral). Der alte kontrapunkt. Kirchenstil vertieft M.s »stile moderno«, führt zu einer zunehmend ernsteren Textbehandlung und verbindet liedhafte Melodik mit kunstvollem Stimmengefüge. Die unvollendete große c-Moll-Messe (Wien 1783) bildet den Abschluß von M.s Meßkompositionen. Der Grund liegt, wie bei Haydn, in den aufklärer. Bestimmungen Kaiser Josephs II. zur Kirchenmusik (»Josephin. Verordnungen«), welche die orchesterbegleitete Vokalmusik im kath. →Gottesdienst stark einschränkten.

Die Beschäftigung mit *J. S.* →*Bach* und mit *G. F.* →*Händel* (seit 1782, auch unter dem Einfluß des Barons van Swieten) schlägt sich bereits in der c-Moll-Messe und bes. im unvollendeten →Requiem (1791) nieder; neu ist auch die große, aus der Sinfonik übernommene Instrumentation. M.s Beitritt zum →*Freimaurertum* im Winter 1784 konnte sein geistl. Werk kaum beeinflussen, da es zu dieser Zeit größtenteils abgeschlossen war. Er brachte aber einige →Kantaten und Lieder sowie die »Maurer. Trauermusik« hervor.

Als das *19. Jh.* die vergangenen Kunstformen (→Gregorian. Choral, →Palestrina) als einzig wahren »Kirchenstil« idealisierte (→Cäcilianismus), wurde die Kirchenmusik der Klassik z.T. ganz abgelehnt, sogar ihr Verbot erstrebt. Nicht verstanden wurden die Bemühungen M.s, im musikal. Zeitstil rel. Ausdruck zu schaffen. Anklänge an weltl. Kunstformen führten zum Vorwurf der Verweltlichung der Kirchenmusik, ohne zu beachten, daß die sog. »altklass. Vokalpolyphonie« ebenfalls Ausdrucksmittel ihrer Zeit in kirchl. und weltl. Musik war.

*Lit.: V. Braunbehrens:* M. in Wien, München/Zürich 1986. – *A. Einstein:* M. Sein Charakter – Sein Werk, Frankfurt/M., 2. Aufl. 1980. – *K. G. Fellerer:* Die Kirchenmusik W.A.M.s, Laaber 1985. – *P. Nettl:* M. und die Freimaurerei, Esslingen, 2. Auf. 1956. – *E. Schenck:* W.A.M., Wien, 2. Aufl. 1975.

*Wolfgang Riedel*

**Müntzer,** *Thomas,* geb. um 1490, hingerichtet 27.5.1525, gilt als bedeutendster Gegenspieler →*Luthers* im →Bauernkrieg. Er stellt sich auf die Seite der Aufständischen, so daß nun neben dem theol. Bruch (→Zwingli und Karlstadt) auch ein polit. durch die reformator. Bewegung geht: Fürstenreformation gegen *Volksreformation.* Die Parteinahme M.s resultiert weniger aus polit. Motiven als von einer →Theologie her, in der →myst. und →eschatolog. Elemente miteinander verknüpft werden. Hierdurch erhält die Endzeiterwartung (→Eschatologie) ein aktives Moment; der Heilsplan →Gottes wird von den Auserwählten gegen die Gottlosen hier auf Erden durchgesetzt. In den polit., sozialen und rel. Unruhen der Zeit sieht M. Zeichen des Anbruchs der Endzeit. Nachdem Versuche, in Zwickau (1520/21), in Prag (1521) und in Allstedt (1523) Fuß zu fassen, scheitern, gründet er in Mühlhausen den »Ewigen Bund Gottes« (1524) als Kampforganisation gegen die Gottlosen. Es gelingt ihm nicht, die Fürsten für seine Ideen zu gewinnen. So setzt er nun seine Hoffnungen auf den »gemeinen Mann«. Die auf Thüringen übergreifenden Verwicklungen des *Bauernkrieges* deutet er eschatologisch. Den Fürsten, die auf den falschen →Propheten *Luther* gehört haben, wird jetzt die Schwertgewalt genommen und dem Volke gegeben. In der Schlacht bei Frankenhausen werden die Anhänger M.s vernichtend geschlagen. M. wird gefangengenommen, gefoltert und hingerichtet.
In seinen *Schriften* – »Prager Manifest«, »Vom gedichteten Glauben«, »Protestation«, »Fürstenpredigt«, »Ausgedrückte Entblößung« und »Hochverursachte Schutzrede« – entwickelt er einen eigenständigen theol. Ansatz: Die Weltgeschichte stellt eine Zerfallsgeschichte dar, weil die Menschen einen »gedichteten Glauben« angenommen haben. Die »Wiederherstellung der Christenheit« geschieht in der Wiedererlangung eines »geistigen Glaubens«. Diejenigen, die nun im »Geist der Furcht Gottes« stehen, erkennen den Willen Gottes und gehören somit zu den *Auserwählten,* die gegen die Gottlosen das →Reich Gottes erkämpfen. Bedeutsam sind auch die →liturg. Arbeiten. Noch vor Luther führt er in Allstedt den deutschsprachigen →Gottesdienst ein. Wirkungsgeschichtl. hat M. Einfluß auf die →Täuferbewegung, auf den →Marxismus sowie auf eine Theologie bzw. Philosophie der →Hoffnung.

*Lit.: M. Bensing:* M., Leipzig, 2. Aufl. 1983. – *E. Bloch:* M., Frankfurt/M., 2. Aufl. 1963. – *K. Ebert:* M., Frankfurt/M. 1987. – *W. Elliger:* M., Göttingen, 2. Aufl. 1975.

*Klaus Ebert*

**Muḥammad**

*A.* M.(arab; engl. *Mohammed* mit weiteren Namensformen im Westen: Mohamed, Mahomet, Mahound und auch Baphomet; türk. Mehmed), wörtl. »der Gepriesene«, der Prophet (»an-Nabî«) und Gesandte Gottes (»Rasūl Allah«), wurde um 570 in Mekka geboren und war das jüngste Mitglied einer Großfamilie der Sippe Hāšim aus dem Stamm der Qurayš. M.s Vater 'Abdallah starb noch vor der Geburt des Sohnes, seine Mutter Āmina, als er sechs Jahre alt war. Zunächst wurde er von seinem Großvater 'Abd al-Muṭṭalib erzogen, später von seinem Onkel Abū Ṭālib. Im Alter von 25 Jahren lernte er die wohlhabende Kaufmannswitwe Ḥadîǧa kennen, deren Geschäfte er zuverlässig wahrnahm und die trotz des beträchtl. Altersunterschiedes von ca. 20 Jahren seine Frau wurde. Ḥadîǧa gebar sieben Kinder, von denen nur eine Tochter, Fāṭima, am Leben blieb und selber Kinder hatte. M. bewahrte Ḥadîǧa stets eine tiefe Zuneigung und nahm zu ihren Lebzeiten keine weitere Frau, während er später mehrere Frauen ehelichte, was zu der damaligen Zeit durchaus übl. war. Im Alter von vierzig Jahren erlebte er seine *Berufung zum →Propheten.* Er zog sich period. zu einsamen Andachtsübungen auf dem Berge Hīra zurück, wo er in Form von Visionen und Auditionen durch den Erzengel Gabriel die →*»Offenbarung«* empfing. In der Folgezeit nahm M. krit. zu dem oberflächl. Treiben und unsozialen Verhalten der mekkan. Gesellschaft Stellung. Hauptinhalte seiner →Predigt waren: der →Glaube an den einen gütigen Schöpfergott (→Monotheismus) und die Aufforderung zu einem →Gott wohlgefälligen sozialen Lebenswandel angesichts des nahe bevorstehenden Letzten Gerichts (Koran 102,1-5; 107 u.ö.,→Eschatologie).
Zunächst gewann M. nur wenige Anhänger, die zu einem großen Teil aus *ärmeren Schichten* stammten. Für die reichen Kaufleute stellte M.s Botschaft eine Bedrohung dar; denn seine Lehre kritisierte den polytheist. →Kult und die →Wallfahrtsfeste, die sich um das mekkan. Heiligtum der Kaaba (→hll. Stätten) konzentrierten und den führenden Familien wirtschaftl. Vorteile brachten. Um 615 war der Druck auf die Gläubigen bereits so groß, daß sich eine kleine Schar zur Auswanderung nach →Äthiopien entschloß. Nach der Rückkehr hatten sich die Verhältnisse nicht gebessert. Die Mekkaner bezweifelten die Echtheit von M.s göttl. Sendung. Bes. krit. wurde die Lage, als Abū Ṭālib starb und das neue Sippenoberhaupt Abū Lahab M. seine Unterstützung verweigerte. Schließl. siedelte der Prophet mit seinen Anhängern auf die Aufforderung einiger zerstrittener Stämme hin, die einen Friedensrichter suchten, 622 in die Stadt Yaṯrib über. Später wurde sie *Madînat an-Nabī* (»Stadt des Propheten«) genannt. Dieser Emigration gingen zwei geheime Bündnisse mit Delegationen zweier medinens. Stämme voraus (621 und 622), die M. bei 'Aqaba zunächst rel. und später polit. Gefolgschaft gelobten. Dieses Jahr *622, das Jahr*

*der Hiğra* (»Auswanderung«), wurde später der Beginn der islam. Zeitrechnung (→Zeit). Das Ausscheiden aus dem Stammesverband war ein folgenschwerer Schritt, da M. nun der Rückhalt der eigenen Sippe fehlte. Daher erließ er 623 die *Gemeindeordnung* von Medina, in der die alten Stammesbande offiziell durch die Solidarität des neuen Glaubens ersetzt wurden. Nachdem M. den Streit der sich befehdenden Stämme geschlichtet hatte, bekannte sich bald der größte Teil der Bevölkerung zu seiner Lehre. Es gab jedoch auch Zweifler und Heuchler. Vor allem die Juden, die z.T. durch wirtschaftl. Abkommen an die Mekkaner gebunden waren, glaubten nicht an die von M. behauptete Übereinstimmung der beiden Lehren. Ein jüd. Stamm wurde daraufhin zur Emigration gezwungen, der andere vernichtet, die Frauen und Kinder versklavt.
In Medina erwies sich M. nicht nur als rel. Führer, sondern auch als *Staatsmann*, der sich intensiv mit Fragen des sozialen Zusammenlebens beschäftigte. Neben der Erfüllung seiner rel. Aufgaben ging es im wesentl. darum, für seine Mitauswanderer (Muhāğirūn) und die neuen Verbündeten in Medina (Anṣār) ein gemeinsames Leben in solidar. Einvernehmen zu sichern. Die Mekkaner blieben weiterhin erbitterte Gegner. Es kam zu verschiedenen Auseinandersetzungen mit wechselseitigem Erfolg. 630 zog M. anläßl. eines Beduinenstreits nach Mekka, wo ihm kaum Widerstand begegnete. Bis auf ein paar Ausnahmen wurden die Mekkaner mit unerwartetem Großmut behandelt, so daß sich der größte Teil der Bevölkerung zum →Islam bekannte. Zwei Jahre später starb M. als Führer fast der gesamten arab. Halbinsel.

*B.* Nach M.s Tod wurden seine Lebensweise und Aussprüche zur Richtschnur für die Gläubigen: Man bemühte sich, dem *Beispiel des Propheten* nachzueifern, der in verschiedenen Bereichen als Vorbild und →Lehrer angesehen wurde. M. verstand sich als Gesandter Gottes, der den Menschen den →Koran brachte, so wie andere Gesandte früheren Völkern →hll. Schriften übergeben hatten. Er bezeichnete sich nur als Menschen (18,110), welcher wie andere der göttl. Verzeihung bedürfe (48,1-3). Aus diesem Grund lehnen Muslime die Bezeichnung »Mohammedaner« ab, da sie nahelegen könnte, M. sei nicht nur Übermittler (→Mittler) der göttl. Botschaft, sondern selber Gegenstand göttl. Verehrung. Andererseits gibt es Koranverse, die auf die überdurchschnittl. *Rolle M.s* hinweisen: Er ist als Barmherzigkeit für die Welten gesandt (21,107); Gott und die →Engel segnen ihn (33,56), und er ist von wahrhaft edler Natur (68,4). Mehrere Verse enthalten die Aufforderung: »Gehorcht Gott und seinem Gesandten!« (8,1 u.ö.). In der →Volksfrömmigkeit und in der →Volkskunst wurde deshalb aus dem Propheten eine sündlose, unfehlbare und wundertätige Gestalt, die man auch ersuchte, bei Gott Fürbitte einzulegen. Ebenso wie das Leben anderer Religionsstifter wurden Geburt und Leben M.s bald von *Legenden* umrankt. Eine bes. Bedeutung kommt M. auch in der islam. →Mystik zu. Dort gilt seine Himmelfahrt als Vorbild für den Aufstieg der menschl. Seele zu Gott. In der myst. Prophetenverehrung wird auch der Lichtvers (24,35) auf M. bezogen, der das göttl. →Licht in die Welt brachte und als Licht der Rechtleitung die Menschen zu Gott führte. Der bedeutende Philosoph Ibn 'Arabī (1165-1240) sah in M. den vollkommenen Menschen schlechthin. Für einige heutige Denker gilt M. wegen seiner Kritik an der mekkan. Gesellschaft als *Sozialreformer*, ja als erster Sozialist (→Sozialismus) und Prototyp eines →charismat. Führers, der gegen Unterdrückung und ungerechte Verhältnisse kämpfte.
*Im christl. Abendland* war die Gestalt des Propheten hingegen von Anfang an Gegenstand schärfster Polemik. Man zweifelte seine Offenbarungen an, unterstellte ihm, unwissend und gewalttätig, ein falscher Prophet und ein Sklave ungezügelter Sinnlichkeit zu sein. Das ma. Islambild war (mit Ausnahme etwa von Petrus Venerabilis, der sich ernsthaft mit dem Islam auseinandersetzte und eine Koranübersetzung veranlaßte) durchweg negativ. Auch zur Zeit der →Kreuzzüge wurden die alten →*Vorurteile* wiederbelebt. Für →Melanchthon und →Luther, der zwar auch einige positive Züge in der Religion der »Türken« sah, war M. der personifizierte →Antichrist. In der →Aufklärung entstand allmähl. ein positiveres Islambild. In der 2. Hälfte des 19. Jh.s entwickelte sich die *Islamkunde* zu einem eigenen Fach, das islam. Quellen systemat. heranzog und trotz der hist. Verwandtschaft zwischen →Judentum, →Christentum und →Islam das Eigenständige und Schöpferische in M.s Botschaft hervorhob. Nach der psycholog. Deutung M. Rodinsons verbindet M. individuelle Bedürfnisse (Vatersehnsucht nach einem allmächtigen Gott und als Waise Verteidigung der Unterprivilegierten) mit den Bedürfnissen der Epoche nach einer einheitl. arab. →Ideologie. Frühere Vorwürfe, M. sei ein Betrüger und falscher Prophet, sind längst überholt. An der subjektiven Ehrlichkeit M.s zweifelt heute kein Historiker mehr. Er gehört zu den bedeutendsten Gestalten der Religionsgeschichte und verband die Entstehung des Islam mit tiefer rel. Erfahrung.

*Lit.: K. Hock:* Der Islam im Spiegel westl. Theologie (Kölner Veröffentlichungen zur Religionsgeschichte, Bd. 8), Köln/Wien 1986. – *Ibn Ishaq:* Das Leben des Propheten (Übersetzung), Tübingen 1976. – *A. Noth:* Früher Islam, in: *U. Haarmann (Hg.):* Geschichte der arab. Welt, München 1987, 11-100. – *M. Rodinson:* Mohammed, Luzern/Frankfurt/M. 1975. – *A. Schimmel:* Und M. ist ein Prophet. Die Verehrung des Propheten in der islam. Frömmigkeit, Düsseldorf/Köln 1981. – *M. Watt:* M., Prophet und Statesman, Oxford 1961.

*Monika Tworuschka*

**Musik** (lat./ital. *musica*, franz. *musique*, span./portug. *música*, engl. *music*, schwed./dän. *musik*, russ. *musyka* usw.; Wortstamm in nahezu allen europ. Sprachen). Eine generelle Definition von

Begriff, Erscheinung und Wesen der M. für alle Völker und Zeiten ist nicht möglich. Die folgenden Annäherungen und Aussagen beziehen sich, zeitl. begrenzt, auf den europ. Raum.

*A.* M. ist ein primär *akust. Phänomen.* Sie wird als Gegenstand in Raum und Zeit erfahren, hat wie →Tanz, Pantomime oder gesprochene Rede »transitor.« (I. →Kant) Charakter. Ihre beiden Elemente sind das »akust. Material« und die »geistige Idee«. Das Material, entnommen einer vormusikal. Laut-, Ton-, Klang- und Geräuschwelt der Natur, wird einer Auswahl und Ordnung (Intervalle, Tonskalen, Tonsysteme) unterzogen und zeitl. Gegebenheiten unterstellt. Die Idee macht die M. zu einem Artefakt, zur *Tonkunst,* ein vom Menschen hergestellter »objektivierter« (N. Hartmann) Geist. Dies bedeutet freil. keine objektive Seinsweise des hörbaren Artefakts: Gegenstand und Erlebnis musikal. Phänomene fallen stets zusammen.
Aus der Geistfähigkeit erwächst auch die Sprachfähigkeit, die wiederum eine Geschichtsfähigkeit nach sich zieht. Die M. zeugt stets von ihrem kultur-, sozial- und geistesgeschichtl. Umfeld, ist Teil einer durch →Religion, →Kunst oder →Wissenschaft geprägten Situation. Dadurch lassen sich (insbes. seit dem MA.) unterschiedl. Kompositionstechniken, *Formen, Stile oder Gattungen* feststellen, die eine rein autonome M.entwicklung unterbinden. Davon unberührt bleibt die Tatsache, daß nicht alle M. zugleich auch musikal. Kunst, jedes M.werk zugleich M. ist. Die Komposition drängt nach klangl. Realisation und Ausführung, die M. ist durch ihre immanente wie hist. Prozeßhaftigkeit unwiederholbar und läßt dabei eine Reihe von Konstanten aufscheinen (nach H.H. Eggebrecht): Objektbezogenheit und Vorprägung ihres Sinnes aus der vormusikal. Natur des Klingenden; Verbindung mit Sprache und Tanz; Befähigung zur Theorie; primäre Immanenz jegl. Bedeutens; melod., rhythm. und harmon. Grundprinzipien; physiolog. und psycholog. Grundbedingungen in Form und Gestalt; Polarität von Vokal- und Instrumentalm., von Notation (Komposition), Interpretation und Improvisation; eine begriffslose Konkretheit, d.h. ledigl. Darstellung und Deutung von Prinzipien und Gesetzen der Dinge; Auseinandersetzung auch mit »Inhalten«, mit Sprache und Bild (z.B. *Programm.)*; mögl. Zweck- und Funktionsbildung (z.B. Tanz, →Unterhaltungsm.); Einbindung zwischen Natur und Kunst, Theorie und Praxis, Kontinuität und Wandel.

*B.* Die Geschichte des M.begriffs ist weitgehend mit der der M.auffassungen ident. Die Sumerer verwendeten das gleiche Keilschriftzeichen für Gesang und (rel.) Fest. In Altchina verbanden die Begriffe M. und Freude ein Schriftzeichen, wohl als Indiz bedeutungsmäßiger Zusammengehörigkeit. Das antike Griechenland verstand unter *musiké* (eigentl. *musiké techné* = mus. Kunst) die Einheit von Sprache, M. und Tanz, später die Tonkunst im besonderen. Nach myth. Vorstellung (Hesiod, Theogonie, 94ff.) wird *musiké* den Menschen vom Gott *Apoll* und den *Musen* zum Geschenk gemacht. Dem göttl. Ursprung steht die Erfindung der M. durch Pythagoras (Schmiedelegende, Monochord; Boethius I,10) gegenüber. Zum göttlich mus. und pythagoreisch theoret. Prinzip, zugleich Seele und Verstand ansprechend, tritt zu Beginn des MA.s ein drittes: die Ableitung aus der →Bibel. M. wird zum einen von ägypt. *moys* (Wasser als Lebensspender; *Moses* als Lobsänger Gottes nach Ex 15,1) abgeleitet, zum anderen gelten die Erzväter *Thubal* (Jubal) und *Thubalkain* (Gen 4,21f.) als Erfinder der M.
Antike und christl. Sinngebung prägen fortan Begriff und Anschauung, von M. →Augustinus (354-430) definiert im Anschluß an Quintilian (um 150 n. Chr.): »Musica est scientia bene modulandi« (M. ist die Wissenschaft, im Rahmen eines melod. und rhythm. Maßes vokal und instrumental gut zu gestalten). In Fortführung von Ptolemäus heißt es bei Boethius (475-524): »Musica est facultas differentias acutorum et gravium sonorum sensu ac ratione perpendens« (M. ist die Fähigkeit, welche die Unterschiede zwischen hohen und tiefen Tönen durch Sinneswahrnehmung wie durch Vernunftkenntnis genau erwägt).

*C.* M. in ihrer Doppelfunktion als Wissenschaft *(scientia)* und Kunstübung *(ars)* bleibt bis weit ins 18. Jh. im theoret. Schrifttum erhalten. Die *Musica theoretica* beschreibt die spekulative M.lehre: das durch die →Zahl bestimmte, dreiteilige Ordnungsprinzip der Sphären *(Sphärenharmonie),* der Menschen (Seele-Leib-Harmonie; *Ethos*begriff) und der zahlenmäßig bestimmbaren, möglicherweise auch der real erklingenden M., von Boethius als *musica mundana, musica humana* und *musica instrumentalis* bezeichnet; weiterhin die Lehre von den math.-physikal. Gesetzmäßigkeiten der Töne und der hist. Grundlagen, im 16. oder 17. Jh. die musikal. Temperierung (System der Stimmung) und die *Zahlensymbolik.* Zur *Musica practica* zählen die Gesangslehre (ars canendi, sowohl Choral- als auch Figuralgesang) und die Kompositionslehre (Musica practica). Räumte man der theoret. Beschäftigung lange Zeit den Vorrang vor der prakt. Übung oder dem Handwerk des Komponierens ein, so schreibt F. W. Marpurg im 18. Jh.: »Das Wort M. bezeichnet die Wissenschaft oder die Kunst der Töne; sie ist eine Wissenschaft, insofern ihre Regeln aus gewissen Gründen erwiesen werden können, eine Kunst, insofern die erwiesenen Regeln zur Wirklichkeit gebracht werden können.«
Eine ähnl. Entwicklung nahm auch die Bezeichnung *»Musicus«.* Der in Theorie und Praxis maßgebende Fachmann antiker Prägung erfuhr im MA. eine Teilung in den M.gelehrten, der die Scientia pflegte, und den niederer eingestuften Cantor, der das Handwerkliche beherrschte. Eine allmähl. Generalisierung vereinte ab dem Ende des 15. Jh.s bis zum 18. Jh. den *Musicus theoreticus* (artificialis) und den *Musicus practicus* (naturalis)

erneut. Im dt. Sprachgebrauch verfestigte sich danach die Bedeutung des ausübenden Musikers (Hof-, Cammer-, Stadtmusicus) bis zur verflachenden Kennzeichnung des »Musikanten« im 19. Jh. Eine dritte Klassifizierung der M., seit dem 16. Jh. als *Musica poetica* (griech. *poiein* = etwas Schöpferisches hervorbringen) oft auch der *Musica practica* zugeordnet, bezieht sich auf die Wort-Ton-Verhältnisse der Vokalm., bald auch auf die »redende« Instrumentalm. und hängt so mit dem Wandel der M. von der reinen Zahlenkunst zu den sprachl. Disziplinen zusammen (→Musikwissenschaft). M. wird zur »Tonsprache« oder »Klangrede« (J. Mattheson, 1739), vermag menschl. Affekte auszudrükken und durch musikal.-rhetor. Figuren Texte auszuschmücken und zu deuten (explicatio textus).

*D.* Die Einreihung der M. in das System der »Schönen Künste« (J. G. Sulzer, Allg. Theorie der Schönen Künste, 1771-74) als materiales wie sinnl. Zeitphänomen verlagerte an der Wende zum 19. Jh. den Akzent von der sprachl. auf die Empfindungs- und Gefühlsseite. M. ist »Natur in Sprache der Leidenschaft und Zaubersprache der Empfindung« (J. G. Herder), wird zu »in Tönen ausgesprochenes Sanskrita der Natur« (E. T. A. Hoffmann). Sie nimmt in der Rangfolge der Künste den ersten Platz ein und erhält metaphys. Qualität: Während andere Kunstgattungen nur vom »Schatten« reden, spricht sie vom »Wesen« (A. →Schopenhauer). Dagegen vertritt E. Hanslick mit seiner Charakteristik von M. als »tönend bewegte Form« (Vom musikal. Schönen, 1854) die streng rationalist. formale Position der absoluten im Gegensatz zur programmat. M. (→Romantik).
Das 20. Jh. knüpft einerseits an die kosmolog. Bindungen der M. im antiken und ma. Denken wieder an als »ein Teil des schwingenden Weltalls« (F. Busoni) und ihrem Zweck, »eine Ordnung zwischen den Dingen herzustellen«, »als ein Element, das eine Vereinigung mit unserem Nächsten schafft – und mit dem höchsten Wesen« (I. →Strawinsky). Die »Komposition mit zwölf nur aufeinander bezogenen Tönen« (A. →Schönberg), die serielle und die elektron. M. (→M. im 20. Jh.) scheinen das materiale, rationale und math. Element zu verselbständigen. Th. W. Adorno entwarf als Reaktion auf diese Entwicklung sein utop. Ideal einer »*informellen M.*« (Vers une musique informelle, 1961), die ledigl. auf musikimmanenter Logik basiert und hist. Formen sowie traditionelle kompositor. Kategorien völlig außer acht läßt. Gegenüber einem verstärkten Subjektivismus in den 60er zeigen sich in den 70er und 80er Jahren Tendenzen eines neuen Tonalitäts- und Geschichtsbewußtseins, die das Phänomen M. als klangl. Ereignis von Formung, Ausdruck und Gehalt begreifen.

*Lit.: H. Abert:* Die M.anschauung des MA.s und ihre Grundlagen, Halle 1905, Nachdruck Tutzing 1964. – *C. Dahlhaus:* Musica poetica und musikal. Poesie, in: Archiv für M.wissenschaft 23 (1966), 110-124. – *Ders./H. H. Eggebrecht:* Was ist M.?, Wilhelmshaven 1985. – *H. H. Eggebrecht:* Musikal. Denken. Aufsätze zur Theorie und Ästhetik der M., Wilhelmshaven 1977. – *R. Hammerstein:* Die M. der Engel. Untersuchungen zur M.anschauung des MA.s, Bern/München 1962. – *H. Koller:* M. und Dichtung im alten Griechenland, Bern/München 1963. – *K. Meyer-Baer:* Bedeutung und Wesen der M., Baden-Baden, 2. Aufl. 1975. – *W. F. Otto:* Die Musen und der göttl. Ursprung des Singens und Sagens, Darmstadt, 2. Aufl. 1956. – *H. Pfrogner:* M. Geschichte ihrer Deutung, Freiburg/München 1954. – *O. Wessely:* M. (Das Wissen der Gegenwart), Darmstadt 1972.

*Hermann Jung*

## Musik im 20. Jahrhundert

*A.* Über drei Jh.e, näml. von ca. 1600-1900, bildete das *Dur-Moll-System* die Grundlage musikal.-harmon. Denkens. Schon die Romantiker (→Romantik), vor allem aber Spätromantiker wie R. →Wagner, R. Strauss und H. Pfitzner, versuchten dieses System z.B. durch Hoch- und Tiefalterationen zu erweitern, um auf diese Weise noch mehr musikal. Spannung zu erreichen. Den *Wendepunkt*, den Punkt, an dem die Musik endgültig den Boden dieser harmon. Grundlage verließ, bildete der sog. Tristan-Akkord aus dem Vorspiel zu Wagners Oper Tristan und Isolde; dieser Akkord zeichnete sich dadurch aus, daß er sich *keiner Tonart* mehr direkt zuordnen ließ. Die Fortsetzung der Spätromantik ist im →Impressionismus zu sehen, als dessen Hauptvertreter M. Ravel und C. Debussy anzusehen sind. Durch Bitonalität und vor allem durch parallele Verschiebung von Akkorden wird das Entstehen eines tonalen Bezugspunktes vermieden.

*B.* Als wichtigste *Vertreter* der 1. Hälfte des 20. Jh.s sind *B. Bartok*, I. →*Strawinsky*, P. Hindemith *und* A. →*Schönberg* zu nennen. Während Bartok vor allem Elemente der ungar. Folklore in seinen Kompositionen verwendete, lassen sich die Werke Strawinskys und Hindemiths dem Neoklassizismus zurechnen, wobei unter Neoklassizismus ein Zurückgreifen auf traditionelle Kompositionstechniken zu verstehen ist. Hindemith versuchte außerdem in seiner »Unterweisung im Tonsatz« (Theorie-Lehrbuch von 1937) eine neuartige Beziehung zwischen den Tonarten herzustellen. Schönberg schließl., dessen Frühwerke noch spätromant. Charakter haben, entwickelte in seiner 1911 entstandenen Harmonielehre die *Zwölftontechnik*. Grundlage einer Komposition war nicht mehr eine Dur- oder Molltonart, sondern eine zwölftönige Reihe, zwölftönig deshalb, weil in ihr jeder Ton der zwölftönigen chrom. Skala genau einmal vorkommen sollte. Die Oktavlage und alle übrigen musikal. Parameter (Rhythmus, Lautstärke, Artikulation) waren frei wählbar. Die Schönberg-Schüler *A. von Webern* und *A. Berg* übernahmen von ihrem Lehrer diese Methode und wendeten sie in ihren Werken verschieden streng an. Weberns Werke sind vor allem durch ihre Kürze und Prägnanz bekannt, während Berg immer versucht hat, Verbindungen zwischen dem traditionellen Dur-

Moll-System und der Zwölftontechnik herzustellen. Aus der Zwölftontechnik entwickelte sich schließl. die *serielle Musik*, als deren Hauptvertreter *O. → Messiaen*, P. Boulez und *K.-H. Stockhausen* zu sehen sind. In der seriellen Musik wird die Reihentechnik auch auf andere musikal. Parameter übertragen.

*C.* Neben der Erneuerung der tonalen Grundlagen ändert sich im 20. Jh. vor allem die Behandlung der einzelnen musikal. *Instrumente.* Die Möglichkeit, auf einem Streichinstrument außer Halbtönen auch Viertel- und Achteltöne spielen zu können, wird zur *Klangflächenkomposition* genutzt. *György Ligeti* erreicht Klangflächen durch Mikropolyphonie, d.h. durch eine so subtile Polyphonie, daß sie als solche gar nicht mehr zu erkennen ist. Auch bei Tasteninstrumenten entdeckt man die Möglichkeit, so viele Töne wie mögl. gleichzeitig zu spielen: Cluster ist der Fachbegriff für eine Tontraube aus mehreren nebeneinanderliegenden Tönen wie c, d, e, f, g oder c, cis, d, dis, e, f, fis usw. Um möglichst große Cluster spielen zu können, darf der Pianist oder Organist die gesamte Handfläche oder sogar beide Arme benutzen. Vor allem *K. → Penderecki* ist für die zum Teil recht eigenartige Behandlung musikal. Instrumente, einschließl. der menschl. Stimme, bekanntgeworden. Auch die *Elektronik* wird zum Experimentieren mit neuen Klangeffekten zu Hilfe genommen. In Stockhausens Gesang der Jünglinge im Feuerofen (1956) etwa wird die menschl. Stimme durch elektron. Hilfsmittel bis zur Unkenntlichkeit verzerrt. Schließl. wäre noch auf den Exotismus, den Einfluß der Musik fremder Völker, zu verweisen, der im 20. Jh. eine zunehmend große Rolle spielt.

*D.* Trotz all dieser Neuerungen gibt es auch im 20. Jh. nach wie vor *geistl. Musik* (→ Kirchenmusik). Allerdings findet hier eine Spaltung statt: Während die moderne liturg. Musik eher populären Charakter hat, schließt sich die im weitesten Sinne rel. Musik der musikal. Avantgarde des 20. Jh.s an. Dabei ist vor allem zu bemerken, daß rel. Musik nicht mehr unbedingt christl.-rel. sein muß. Messiaen und Penderecki sind wohl die beiden am stärksten der Kirche verbundenen Komponisten rel. Musik dieses Jh.s. Daneben gibt es aber auch Persönlichkeiten wie den Engländer *M. Tippett*, der sich selbst als Atheisten bezeichnet, der aber dennoch Oratorien mit sehr stark bekenntnishaftem Charakter schreibt (A Vision of St. Augustine, A Child of Our Time, The Mask of Time). Ihnen geht es in ihren Werken weniger um die Verherrlichung Gottes als um das Wohl der Menschheit.

*Lit.: H. Danuser:* Die Musik des 20. Jh.s (Neues Handbuch der Musikwissenschaft, Bd. 7), Laaber 1984. – *E. Karkoschka:* Das Schriftbild der Neuen Musik, Celle 1966. – *H. Vogt:* Neue Musik seit 1945, Stuttgart, 3. Aufl. 1982. – Kolloquium: Kirchenmusik im Spannungsfeld zwischen Kunst und Gottesdienst, in: Bericht über den internationalen musikwissenschaftl. Kongreß der Gesellschaft für Musikforschung Bayreuth 1981, Kassel 1984, 233-277.

*Angelika Brenner*

**Musik und Spiritualität.** In vielen rel. Überlieferungen der Erde spielt → Musik eine bevorzugtere Rolle als andere Künste. »Indem die Musik die Mauern, die unsere Wahrnehmungsfähigkeit einengen, durchbricht«, so Hazrat Inayat Khan, der große Sufi-Weise, »erfahren wir das Eins- Sein mit dem Absoluten... Deshalb haben die Weisen aller Zeitalter Musik als die heiligste der Künste betrachtet...«

*A.* Die großen spirituellen *Bücher der Menschheit* quellen über von Höraufforderungen und Höranweisungen, z.B. die Upanishaden, die Veden (→ Hinduismus), der → Koran, die → Bibel, das tibet. Totenbuch (→ tibet. Religionen). Auf das Mißverhältnis zwischen Hör- und Sehanweisungen in der Bibel ist wiederholt hingewiesen worden. Es gibt viel mehr »Hör-« als »Licht-« und »Sehworte«. Das bekannteste steht bei → Jesaja: »Höre, so wird deine Seele leben!« Allein bei Mose kommt 91mal *hören* vor. Das lapidare »Höre, Israel!« ist als »Schma Israel« noch heute das Kernwort israel. Gläubigkeit, wie »Das Ohr ist der Weg!« ein Kernwort der ind. Upanishaden ist. Fast alle Anweisungen, die im tibet. Totenbuch gegeben werden, beginnen mit der Aufforderung: »O Edelgeborener, höre!«.
M. → Luther sagte in einer Predigt von 1545: »Und ist Christi Reich ein Hör-Reich, nicht ein Sehe-Reich. Denn die Augen leiten und füren uns nicht darein, da wir Christum finden und kennenlernen, sondern die Ohren müssen das tun.« Aufschlußreich in diesem Zusammenhang, daß zwei Weltreligionen, → Islam und → Judentum, den Drang des Auges zur Dominanz bewußt zügeln, indem sie verbieten, sich »ein Bild Gottes zu machen«.

*B.* In der *2. Hälfte des 20. Jh.s* haben vor allem junge Menschen ein Bewußtsein der engen Beziehung von M. und S. entwickelt. Noch in Grimms Dt. Wörterbuch kommt »Spiritualität« (S.) nicht vor. Das »Philos. Wörterbuch« definiert sie als »Geistigkeit; Gegensatz: Materialität, Körperlichkeit«, geht also vorbei an der Bedeutung, in der es heute im allg. verwendet wird. Auf einem Kongreß 1978 in Washington sagte ein Teilnehmer: »Wir sagen S., weil wir das, was im christl. Sinne unter Religiosität verstanden wird, nicht wollen.« Der Benediktiner David Steindl-Rast zieht den Ausdruck S. vor, weil »die christl. Theologie das Religiöse aus der Religion vertrieben« habe.
Bes. häufig verwenden etwa seit der 2. Hälfte der 50er Jahre *Jazzmusiker* das Wort »S.«, allen voran der stilbildende, 1967 verstorbene Saxophonist John Coltrane. Durch ihn drang das Wort zunächst in das Vokabular des → Jazz, dann des → Rock, von dort in die → Pop-Szene und schließl. in den allg. Sprachgebrauch junger Menschen (ähnl. wie viele andere Worte des Jazz: Sound, Soul, roots, relaxa-

tion, drive etc.). Bedenkenswert ist, daß Jazzmusiker bei dem Wort »S.« auch an »Spirituals« denken, die geistl. Gesänge der Schwarzen Amerikas, die eine Grundlage des Jazz und damit der populären Musik des 20. Jh.s bilden. In den Jahren, in denen das Wort »S.« in die »Szene« drang, gab es die Pop-Welle der Soul-Musik, die ihrerseits unmittelbar auf die Musik der schwarzen Kirchen in den USA zurückgeht.
Offensichtl. ist, daß für junge Menschen das Wort »S.« stärker mit →*Erfahrung*, das Wort »Religiosität« stärker mit →Glauben zu tun hat. Die etablierten →Kirchen haben diese Differenzierung und damit den Grund, aus dem das Wort seit einigen Jahren so häufig gebraucht wird, nicht verstanden. Sie haben das Wort ledigl. angepaßt – ähnl. wie den Begriff →»Meditation« –, weil sie merkten, daß beide plötzl. »modern« wurden.

*C.* Die Nähe von S., Musik, Klang und Hörvorgang werden am eindringlichsten in der Meditation von *Mantras* erfahren. Wer Mantras meditiert, das »Om« des Hinduismus, das »Mu« des jap. →Zen, das »O Mani Padme Hum« des Tantrismus, das »Kyrie Eleison« der Ostkirche, erfährt das Mantra, je länger er es meditiert, desto eindringlicher als Klang. Die Sufi-Weisen haben darauf hingewiesen, daß alle Musik, recht verstanden, nur eine einzige Variation des »Urmantras« sei. Und Zen-Meister erinnern immer wieder daran, daß der Klang wichtiger ist als die Bedeutung des Mantras, ja, daß es der Meditation abträgl. sei, wenn sich der Meditierende der Bedeutung seines Mantras gar zu bewußt sei, weil dadurch eben jene Rationalisierung und Intellektualisierung eintreten, die das »Satori«, die Erleuchtungserfahrung, verhindern.
In diesem Sinne steckt auch die christl. Überlieferung voller Mantras. Worte wie Amen, Hosanna, Halleluja, Kyrie etc. haben mantr. Kraft und wurden nicht zuletzt aus diesem Grunde von den Bibelübersetzern unübersetzt gelassen. In der großen abendländ. Kirchenmusik von der Gregorianik (→Gregorian. Choral) bis zu J. S. →Bach, oft auch noch danach, werden sie als Mantren behandelt. Die modernen rationalisierten Kirchen haben die mantr. Bedeutung dieser Worte vergessen oder verdrängt.
In der jap. Schrift besteht das Ideogramm für »Sesshin« (tagelanges Meditieren, tägl. von morgens gegen 5 oder 6 bis abends gegen 10; viele Meditierende erlangen dabei Erleuchtung) aus dem dreimaligen Zeichen für Ohr sowie den Zeichen für Hand und Herz. Meditieren bedeutet also für Zen (und sinngemäß auch für den Buddhismus, Hinduismus, Tantrismus, Sufismus): »Höre! Höre! Höre! Mit Hand und mit Herz!«

*D.* Interessante Aufschlüsse über die Nähe von S., Klang, Musik und Meditation liefert die *moderne Wissenschaft*: Unlösbar mit jedem Hörvorgang verbunden ist die »Einspeisung« einer Obertonreihe in das menschl. Sensorium. Obertonreihen stellen sich als logarithm. Kurven dar, sie aber, die geheimnisvollsten aller mathemat. Gebilde, überführen auch in einem wissenschaftl. Sinne Irdisches und Immanentes in Unendliches und Transzendentes. »Unserem Gehör verdanken wir den Begriff der Unendlichkeit.« Diesen Satz sagt nicht etwa ein asiat. Meditationslehrer, sondern ein maßgebender Ohr-Physiologe und Gehörforscher (E. von Cyon). Bereits der frühe Mensch habe – so Cyon – durch das Hören von Obertönen, also durch Hören schlechthin, denn jeder Hörvorgang ist mit dem Hören von Obertönen verbunden, die Ideen der Unendlichkeit, Ewigkeit, Transzendenz gewonnen. Ein vergleichbarer Einspeisungsvorgang durch das Auge läßt sich physiolog., psycholog. und evolutionsgeschichtl. nicht begründen.

Es kann kein Zufall sein, daß parallel mit dem neu entstandenen Bewußtsein der Nähe von M. und S. gegen Ende des 20. Jh.s eine neue Kultur der *Obertonmusik* entstanden ist. Noch vor wenigen Jahren dachte man bei dem Begriff Obertongesang fast ausschließl. an die tantr. Gesänge tibet. Mönche, an buddhist. Rezitationen in Zen-Klöstern und an Schamanen-Beschwörungen beim sibir. Stamm der Tuwans.Beginnend um 1975, ist in der westl. Welt eine eigene Kunst des Obertongesanges, also der gleichzeitigen Intonation und Modulation mehrerer Töne durch einen einzelnen Sänger, entstanden, die nicht auf asiat., afrik. oder indian. Vorbilder zurückgeht, sondern sich aus westl. Musikempfinden entwickelte. Innerhalb weniger Jahre durchdrang das neue Obertonbewußtsein die verschiedensten Arten und Sparten von Musik in Jazz, Rock, Pop, Konzertmusik etc. Der ital. Oberton-Theoretiker und -Sänger Roberto Laneri: »Die westl. Welt besitzt heute zum ersten Mal wieder seit der Gregorianik, also seit 800 bis 900 Jahren, eine eigene Kunst des Obertongesanges.«

Fast alle Obertonsänger sind meditierende Menschen, seit Jh.en schon in Tibet, →Indien, →China, →Japan und bei den Schamanen Sibiriens, →Afrikas und der →Indianer, aber nun auch bei den modernen Obertonsängern der westl. Welt. Obertonlehrer weisen darauf hin, daß der Vorgang des bewußten Obertonsingens selbst ein *Meditationsprozeß* ist. Die Worte, die sie in ihrem Unterricht verwenden, sind die gleichen, auf die es auch in der Meditation ankommt: bewußt sein, wach sein, aufmerksam sein, hören, sich Zeit lassen, die Innenseite des Geschehens beobachten, keine Sekunde dösen oder dahindämmern, den Vorgang des Beobachtens als Akt der Teilnahme verstehen (was er auch im Sinne der Heisenbergschen Unschärferelation ist).

Die neue Blüte des Obertongesanges und obertonbewußter und bewußt obertonreicher Musik kann als Abwendung von der Intellektualisierung von M. und S. im 19. und in der 1. Hälfte des 20. Jh.s verstanden werden. Bereits in der Vergangenheit hatte die Musik in vielen rel. Überlieferungen die Aufgabe, Rationalität und *Intellektualisierung zu transzendieren.* Dieser Funktion verdankt sich der oft bewunderte und stets nur unzureichend erklärte Aufschwung der Kirchenmusik im →Protestantismus nach Luther.

*Lit.:* *J.-E. Berendt:* Das Dritte Ohr. Vom Hören der Welt, Reinbek 1985. *Ders.:* Nada Brahma. Die Welt ist Klang, Frankfurt/M. 1983.
*Schallplatten: Michael Vetter:* »Overtones« (Wergo). – *David Hykes' Harmonic Choir:* »Current Circulation« (Celestial Harmonies). – J. E. Berendt: *»Ur-Töne«, Bauer-Verlag.* – Roberto Laneri: *»Two Views of the Amazon« (Wergo).* – Wolff-Hennings: *»Tibetan Bells II« (Celestial Harmonies).*

*Joachim-Ernst Berendt*

**Musikwissenschaft,** die wissenschaftl.-theoret. Betrachtung und Erforschung von →Musik als Brauchtum und bewußt gestalteter Kunst nach Wesen und Erscheinung, Ursprung, Geschichte und Wirkung. Der *Begriff* M. taucht erst im 19. Jh. auf, als die Musiktheorie sich weitgehend auf Harmonie- und Formenlehre zurückzog und zusammen mit der M. im Gegensatz zur prakt. Musikübung stand (→Musik), d.h. zur Technik und künstler. Gestaltung des Gesangs und Instrumentalspiels sowie zum schöpfer. Handwerk des Komponierens.

*A.* Sofern Musik theoriefähig und hist. bestimmt ist, hat auch die Wissenschaft von ihr eine *Geschichte.* Obwohl zunächst keine eigene Disziplin, sondern ledigl. Teil übergeordneter Wissenschaften, spricht man heute auch von antiker und ma. M.
Im antiken Griechenland gehörte sie zur Naturphilosophie, bezog →Zahl, Ton und Intervallik aufeinander, stellte Zusammenhänge der Harmonia von →*Makro-* und *Mikrokosmos,* von Theorie und Praxis, Wirkungskraft und Erziehungsfähigkeit der Musik her und machte Harmonik, Rhythmik und Ethos zu ihren bevorzugten Gegenständen. Der mehr spekulativen Betrachtung des Pythagoras stand die mehr empir. best. des →Aristoteles gegenüber.
Als Wissenschaft von Zahlengesetzlichkeiten zählte die Musik im MA. zu den *Septem artes liberales (Quadrivium:* Arithmetik, Geometrie, Astronomie, Musik; *Trivium:* Grammatik, Rhetorik, Dialektik) und damit zum Grundstudium jegl. wissenschaftl. Betätigung. Verbindungen von christl. und antiker Musikanschauung zeigte die theoret. wie prakt. Neuorientierung des Kirchengesangs zur Zeit der *Karolinger* sowie die Beschäftigung mit Kompositionspraktiken, Ausführungsarten und der Notation klingender Musik (Guido von Arezzo, Franco von Köln, Johannes de Grocheo, Philippe de Vitry). M. wurde in den Klöstern, den großen Domschulen, später auch an Universitäten gelehrt (*Reichenau:* Hermannus contractus; *Pomposa:* G. von Arezzo; *Paris:* Joh. de Muris).
Im *15. und 16. Jh.* orientierte sich die M. stärker an den sprachl. Künsten des Trivium und an Fragen prakt. Musikübung. Als eigenständiges Fach jetzt von den Universitäten ausgeschlossen, näherte sie sich anderen Disziplinen wie Poetik und Rhetorik an und entwickelte die Fragestellungen der Antike, theoret. Grundlagen der Musik und ihre Wirkungsfelder, an Akademien sowie in höf. Gelehrtenkreisen weiter (H. Glareanus, F. Gaffori).
Die M. im *17. und 18. Jh.* suchte die math. zahlenmäßige und die sprachl. rhetor. wie poet. Seite der Musik gleichermaßen zu berücksichtigen (→Barock), sie im enzyklopäd. Sinne zu erfassen (M. Praetorius, »Syntagma Musicum«, 1615/20; M. Mersenne, »Harmonie universelle«, 1636/37; J. Mattheson, »Der vollkommene Capellmeister«, 1739). Ein hier erkennbares Spannungsverhältnis von Natur- und Geisteswissenschaft, zu dem noch das Bedürfnis nach Systematik und die Geschichtlichkeit der Musik hinzutrat, wird die M. fortan im wesentl. prägen.
Durch J. N. Forkels (J. S. →Bach) Berufung nach Göttingen 1779 erhielt die M. erstmals seit dem 15. Jh. wieder einen eigenständigen Zugang zur Universität; ihm folgten im *19. Jh.* eine ganze Reihe weiterer Gelehrter und Fachwissenschaftler, u.a. A. B. Marx in Berlin 1832, C. von Winterfeld und R. G. Kiesewetter (beide machten sich bes. um die Wiederentdeckung alter →Kirchenmusik verdient), E. Hanslick in Wien 1861 und dessen Nachfolger G. Adler 1898, A. W. Ambros in Prag 1869. Während die akadem. M. ihre Hauptgebiete in der Musikgeschichte und der Theorie der Musikpraxis sah, legte H. von Helmholtz als Physiologe mit seinem 1863 erschienen Buch »Die Lehre von den Tonempfindungen« die Grundlage für eine systemat. M. Mit der erneuten Etablierung der Universitätsdisziplin verfestigten sich die Begriffe M. und Musikforschung (Vierteljahresschrift für M., 1885; Gesellschaft für Musikforschung, 1868).

*B.* Eine *Aufgliederung* der M. nach Teilgebieten ist stets vor das Problem einer diachronen oder synchronen Betrachtungsweise gestellt. Systematik und Geschichte sind vielfach nicht zu trennen. Dennoch kann man heute von einer Dreiteilung ausgehen: 1. *Hist. M.* (Biographie, Stilkunde, Aufführungspraxis, Quellenkunde, Ikonographie, Terminologie, Instrumenten-, Notations- und Satzkunde/Analyse); 2. *Systemat. M.* (Akustik, Psychologie, Physiologie, Philosophie, Ästhetik, Soziologie, Pädagogik, Ethnologie); 3. *Angewandte M.* (Musiklehre, Instrumentenbau, Musikkritik). Musikal. Quellen werden im RISM (Repertoire International des Sources Musicales), Literatur im RILM und Bilddokumente im RIdIM (Ikonographie) erfaßt; wissenschaftl. enzyklopäd. Werke sind die »Oxford History of Music« (2. Aufl. 1929-1938, Neuausgabe 1954ff.), »Die Musik in Geschichte und Gegenwart« (MGG, 16 Bde., 1949-1979) oder das »Neue Handbuch der M.« (ab 1980, 10 Bde., Bd. 4-10 erschienen). Das Fach M. hat sich neben zahlreichen Universitäten in der ganzen Welt auch an Musikhochschulen sowie weiteren Lehr- und Forschungsstätten und an Akademien etabliert.

*Lit.: H.-W. Borow:* Beiträge zu Theorie und Methode der M., Hamburg 1979. – *C. Dahlhaus:* Grundlagen der Musikgeschichte, Köln 1977. – *Ders./H. de la Motte-Haber (Hg.):* Systemat. M. (Neues Handbuch der M., Bd. 10), Wiesbaden 1982. – *H. Husmann:* Einführung in die M., Wilhelmshaven, 2. Aufl. 1975. – *G. Pietzsch:* Zur Pflege der Musik an den dt. Universitäten bis zur Mitte des 16. Jh.s, Darmstadt 1971. – *W. Wiora:* Methodik der M., in: Enzyklopädie der geisteswissenschaftl. Arbeitsmethoden, 6. Lieferung, München 1970.

*Hermann Jung*

**Musil,** *Robert,* geb. am 6.11.1880 in Klagenfurt, gest. 15.4.1942 in Genf. Nach dem Besuch von Militärschulen beginnt M. 1897 eine Offiziersausbildung an der Techn. Militärakademie in Wien, die er bereits nach einem Vierteljahr abbricht. 1898 nimmt er ein Studium für Maschinenbau an der Techn. Hochschule in Brünn auf, das er 1901 mit der Ingenieurstaatsprüfung abschließt. Ab 1902 arbeitet M. als Volontärassistent an der Techn. Hochschule in Stuttgart und beginnt im Oktober 1903 mit dem Studium der Philosophie und Psychologie in Berlin. 1908 beendet er sein Studium mit der Dissertation »Beitrag zur Beurteilung der Lehren Machs«. 1911 tritt M. dann eine Stelle als Bibliothekspraktikant an der Techn. Hochschule in Wien an und heiratet Martha Marcovaldi. Drei Jahre später scheidet er offiziell aus dem Staatsdienst aus und wird Redakteur der Neuen Rundschau in Berlin. 1914-16 ist M. als Leutnant an der ital. Front eingesetzt, nach einer Erkrankung von 1916- 18 als Redakteur der Soldaten-Zeitung. 1919-20 arbeitet er im Archiv des Pressedienstes beim Österr. Außenministerium und 1920-22 als Fachbeirat im Staatsamt für Heereswesen in Wien. 1921 schreibt er als Kritiker in der Prager Presse. 1923 erhält M. den Kleist-Preis, 1924 den Kunstpreis der Stadt Wien und 1929 den Gerhart-Hauptmann-Preis. 1938 emigriert M. von Wien nach Zürich; im selben Jahr werden seine Bücher in Deutschland und Österreich verboten. 1939 übersiedelt er nach Genf und stirbt dort.

*Werke:* 1906 erscheint der Roman »Die Verwirrungen des Zöglings Törleß«. 1911 erscheinen die beiden Erzählungen »Die Vollendung der Liebe« und »Die Versuchung der stillen Veronika« unter dem Titel »Vereinigungen«. 1920 beendet M. das Schauspiel »Die Schwärmer«, und 1924 werden die »Drei Frauen« veröffentlicht. 1931 erscheint der erste Band des Romans »Der Mann ohne Eigenschaften«, dem 1933 der erste Teil des zweiten Bandes folgt. Die späteren Teile des Romans werden posthum veröffentlicht. Ausgabe: Gesammelte Werke, hg. von A. Frisé, 2 Bde., Reinbek 1978; Tagebücher (1976); Briefe (1981).

*Bedeutung:* Mit dem Bruch des realist. Erzählstils des 19. Jh.s zwischen 1908 und 1911 gehört M. zu einem der wichtigsten Vertreter des modernen Romans, der durch den Übergang von einer kausal-temporal bestimmten zu einer polyperspektiv. Weltsicht beschrieben werden kann. Überlegungen zur →Anthropologie und →Ethik des modernen Menschen in einer wissenschaftl., techn. und ökonom. Lebenswelt bilden einen entscheidenden Aspekt seiner Dichtung. Der Suche nach einer Verbindung von »Rationalität und Mystik« als »den Polen der Zeit« kommt dabei eine bes. Bedeutung zu. M. (vor allem im »Mann ohne Eigenschaften«) geht es dabei um eine Trennung von »Schleudermystik« (dem myst. Geschwätz) einerseits und »tagheller Mystik« andererseits, die als eine andere Art der Erkenntnis der unterscheidenden, analysierenden rationalen Erkenntnis entgegengesetzt ist.

*Lit.: D. Goltschnigg:* Myst. Tradition im Roman Robert M.s, Heidelberg 1974. – *R. von Heydebrand (Hg.):* Robert M. (Wege der Forschung), Darmstadt 1982. – *J. Schmidt:* Ohne Eigenschaften. Eine Erläuterung zu M.s Grundbegriff, Tübingen 1975. – *J. Strutz (Hg.):* Robert M. und die kulturellen Tendenzen seiner Zeit, München/Salzburg 1983. – *R. Willemsen:* Robert M., Vom intellektuellen Eros, München 1985. – *D. Zimmermann (Hg.):* Rationalität und Mystik, Frankfurt/M. 1981.

*Dietmar Mieth*

**Muße und Entspannung.** Das Begriffspaar weist in der unterschiedl. Bezeichnung arbeitsfreier Zeiträume auf einen Gegensatz in der Bewertung der Arbeit, der einen hist. Wandel markiert.

*A.* Als Lebensform der freien Bürger (→Bürgertum) der »Polis« (→Stadt) war M. in der *griech. Antike* ein Zweck und Ziel der Arbeit: »Wir sind tätig, damit wir Muße haben« (→Aristoteles). Die Möglichkeit zur M. und in ihr zur philos. Betrachtung der Welt war mit der polit. →Ordnung der Polis eng verbunden. Die M., nicht das zweckorientierte →Handeln, läßt höchstes →Glück erreichen. Die *christl. Praxis* des betrachtenden Lebens (der vita contemplativa) war in ihrer Besinnung auf →Gott und auf die Ruhe des Schöpfers am siebten Schöpfungstag eine von der älteren nicht unbeeinflußte Lebensform (→Genesis, →Sabbat). Sie gab Gelegenheit, in der Erkenntnis der Welt als geordneter →Schöpfung zugleich den Schöpfer zu erkennen. Als selbstverständlicher, unreflektierter Lebensvollzug gestaltete sich M. am Feierabend und Feiertag nach den Bräuchen der jeweiligen Gemeinschaft. M. bot die Möglichkeit, sich in den Kosmos einzuordnen, sei es durch reflektierende Schau, sei es durch den Mitvollzug von →Riten, die zugleich die soziale Ordnung abbildeten und durch den Vollzug stabilisierten.

*B.* In der →*Neuzeit* kehrte sich mit der Auflösung der überindividuellen Ordnungen das Verhältnis zwischen Arbeit und M. um. Wie die Spiegelung der Welt im individuellen Bewußtsein als Grundlage des Denkens bestimmt wird, so tritt – im Anschluß an →Kant und →Hegel – bei →Marx der wahre, weil wirkl. Mensch als Resultat seiner eigenen →Arbeit hervor. Die M. wird zur abstrakten »freien Zeit«, aus ihrem Bezug auf das soziale Leben gelöst und – analog zur Arbeitszeit – als *Freizeit* behandelt. Wie die maschinelle Fertigung die spezif. Merkmale der Arbeit nivelliert und nur noch in ihrem Nutzen zu betrachten erlaubt, so ist die freie Zeit unspezif. und deshalb gestaltungsbedürftig. Freizeit wird verstanden als die Zeit, die frei von Arbeit ist, aber insofern auf die Arbeit bezogen bleibt, als sie entweder der E. und damit der erneuten Vorbereitung auf die Arbeit dient oder in ihrer Leere der Gestaltung und Verarbeitung bedarf. Sie wird vor allem durch die Massenmedien (→Medien) in einer Weise verwaltet, die der rationalen Gestaltung der Arbeitsprozesse vergleichbar ist. In diesem Zusammenhang sind auch die quasi-psychotherapeut. E.stechniken (autogenes Training; funktionelle E.) als Mittel der Freizeit-»Gestaltung« zu verstehen. Sie helfen, die Reproduktion der Arbeitskraft zu fördern, oder dienen als med. Behandlungstechniken zur Erhaltung der Leistungsfähigkeit.

*C.* Gegen eine Fesselung des arbeitenden Menschen an den Produktionsprozeß als angebl. einzig sinnvoller Verwirklichung menschl. Daseins hofft J. Pieper auf das Geschenk neuer Einsicht in den tiefen Sinn der M. als Anerkennung und *Feier* der gegebenen, nicht erst herzustellenden Welt. Dieser →Sinn erschließt und bestätigt sich im →Kult.

*Lit.: N. Martin:* Muße, in: Hist. Wörterbuch der Philosophie, Bd. VI, 257-260. – *J. Pieper:* Muße und Kult, München, 6. Aufl. 1961. – *P. Spescha:* Arbeit Freizeit Sozialzeit, Frankfurt/M. 1981.

*Reinhard Schmidt-Rost*

**Mysterientheologie.** Die M. ist der (zum größten Teil gelungene) Versuch, aus dem Kern der gefeierten →Liturgie heraus das Gesamt des Christusereignisses und unserer Hineinnahme in diesen Lebensbereich zu durchgründen und dabei vom Zentrum der Heilstat, von Leiden, Tod und →Auferstehung Christi (Paschamysterium [→Passa], →Ostern), die Wertschätzung des christl., vor allem auch des liturg., Lebens zu erkennen.

*A. Begründet* wurde diese theol. Schule von *Odo Casel* (1886-1948), einem →Benediktiner der Abtei Maria Laach, der von den Anschauungen seines Abtes Ildefons Herwegen und anderen führenden Persönlichkeiten der frühen →Liturg. Bewegung beeinflußt war; er konnte als geistl. Leiter des Benediktinerinnenklosters Herstelle (1922-1948) die von ihm und anderen vertretenen Anschauungen in vielen Schriften ausweiten, vertiefen und, in Auseinandersetzung mit Kritikern der M., weiter klären. Auch nach seinem Tod wurde die M. weiter ausgebaut.

*B.* Der *Inhalt* der M. kann kurz wie folgt beschrieben werden. Ausgangspunkt ist das →Mysterium. Dies ist zunächst →Gott in seinem eigenen Leben; dann die konkrete →Offenbarungsgestalt Gottes in Christus; sodann der in der Liturgie der →Kirche fortlebende Herr. Gott hat den Menschen in Christus, vor allem in seinem Leiden (→Passion), seinem Tod (→Kreuz) und seiner Auferstehung, das →Heil gewirkt. Dieses Heil wird im Gedächtnis der Liturgiefeier wieder präsent. Es handelt sich nicht um eine Wiederholung der Heilstat. Vielmehr wird das →Heil, das Gott durch die Heilstat in Christus geschenkt hat, gegenwärtig. Indem die Gemeinde in der Liturgie diese Heilstat im Wort und im Zeichen (→Ritus) feiert, nimmt sie *teil an diesem Heil* und erwirbt es sich. Das Heil, die →Erlösung, die Gott durch Tod und Auferstehung Christi geschenkt hat, wird also in der liturg. Feier, vor allem der →*Taufe und der Eucharistie* (→Abendmahl), aber auch anderer sakramentaler Riten, sowie in der Verkündigung des →Wortes Gottes, gegenwärtig und steht der Gemeinde offen; sie erwirbt sich diese Frucht durch die Feier.

*C.* Die M. vermochte einen *Neuansatz* in der röm.-kath. Theologie zu bilden. Sie nahm ernst, daß die *Initiative* im Heilsgeschehen stets von Gott ausgeht und er das Heil anbietet, das die Menschen in der Feier dankbar annehmen. Sie setzte die →*Liturgie* wieder ein in ihren hohen Wert als Quelle theol. Aussage und als lebensspendende Wirklichkeit, nicht nur vollzogene Zeremonien. Sie half, verkrustete Spekulationen der →Neuscholastik zu durchbrechen, und konnte vor allem durch ihre Sicht der liturg. Anamnese (als wirkendes Gedächtnis der Heilstat), durch die die Frucht der Heilstat gegenwärtig gesetzt wird, ohne daß es zur Wiederholung der Tat kommt, das in der Theologie konfessionstrennende Problem von Mahl und Opfer, von Golgota und Messe durchbrechen.

*D.* Im *ev. Bereich* wurde die M. Casels insbes. im Berneuchener Kreis um W. Stählin und K.-B. Ritter beachtet. Sie war auch von Einfluß auf den umfassenden Entwurf einer Theologie des Gottesdienstes des luth. Theologen P. Brunner. Damit konnte die M. einen stärkeren Einfluß auch auf das *ökumen. Gespräch* gewinnen. Theol. Konsenspapiere konnten erstellt werden und, was noch wesentlicher ist, liturg. Texte für Eucharistiefeiern, die vom →Ökumen. Rat der Kirchen gutgeheißen und verabschiedet wurden, zum Gebrauch für die Mitgliedskirchen herausgegeben werden. Auf röm.-kath. Gebiet ist die *Liturgiekonstitution* des 2. →Vat. Konzils (→Liturgie) und die nachfolgende Liturgiereform in ihren zentralen Aussagen vom Gedankengut der M. durchtränkt.

*Lit.: P. Brunner:* Zur Lehre vom Gottesdienst der im Namen Jesu versammelten Gemeinde, in: Leiturgia 1, Kassel 1954, 83-364. – *M. J. Krahe:* Der Herr ist der Geist. Studien zur Theologie Odo Casels, 2 Bde., St. Ottilien 1986. – *B. Neunheuser:* Casel, Odo, in: Theol. Realenzyklopädie 7, 643- 647. – *A. Schilson:* Theologie als Sakramententheologie, Mainz 1982 (Lit.).

*Thaddäus A. Schnitker*

**Mysterium.** Der ursprüngl. *griech.* Begriff (*mystérion* = was verschwiegen wird, das Geheimnis) bezieht sich auf die Kultfeiern der Mysterienreligionen (→Antike und Christentum) und meint deren unaussprechl., rational-diskursiv nicht vermittelbaren, nur im Mitvollzug erfahrbaren Heilsgehalt. Darüber hinaus bezeichnet M. auch einfachhin das Heilige, Numinose bzw. Göttliche in seiner bes. Qualität als das Unbegreifbare, Unaussprechliche, Erhabene, als »m. tremendum et fascinosum« (R. Otto), furchteinflößend und faszinierend zugleich. Glaubenswahrheiten heißen schließl. Mysterien (Geheimnisse), weil sie auf das M. des unendl. Gottes verweisen und dies nur unvollkommen erfassen können. Der ntl. Sprachgebrauch knüpft an das AT an, wo M. vor allem die dem Menschen verborgenen Geheimnisse Gottes bezeichnet; bestimmend wird auch die jüd. →Apokalyptik, die unter M. meist den geheimen Heilsplan Gottes versteht, der am Ende der Zeit offenbar wird. Zudem bezieht sich M. im NT vorwiegend auf Gottes Heilshandeln in Jesus Christus. Die →Kirchenväter bezeichnen als M. allg. die sinnenfällige Erscheinung verborgener göttl. Heilswirklichkeit. In →Epheser- und →Kolosserbrief meint M. vor allem Gottes Heilsratschluß für die Welt in seiner Offenbarung und Realisierung; dieses göttl. M. erschließt und verwirklicht sich zunächst in →Jesus Christus (Kol 1,26f.; Eph 1,9f.), der selbst das eigentl. M. Gottes ist (Kol 2,2; 4,3). Der universale Gehalt dieses M.s, die in Jesus Christus weltweit angebrochene Gottesherrschaft (Mk 4,11), drängt zur Zusammenfassung der ganzen Welt in Christus (Eph 1,10; Kol 1,20), vermittelt und versinnbildet durch das Gottesvolk der →Kirche (Eph 2,11-3,13; Kol 1,25ff.). M. umfaßt das ganze christl. *Heilsgeschehen*, das verborgen von Gott vorausgeplant, in Jesus Christus wirkmächtig offenbart und durch den →Hl. Geist kirchl. und weltweit verwirklicht wird bis zur eschatolog. Erfüllung; der bes. Akzent liegt auf dem Sichtbarwerden verborgenen →Heils, was die bes. Nähe von M. zu →*Sakrament* erklärt. Die Wiederentdeckung des umfassenden bibl.-patrist. M.begriffs durch die →Mysterientheologie im 20. Jh. wirkte sich aus auf Sakramententheologie und →Ekklesiologie (Kirche als sakramentale Wirklichkeit).

*Lit.: L. Boff:* Die Kirche als Sakrament im Horizont der Welterfahrung, Paderborn 1972. – *R. Hotz:* Sakramente – im Wechselspiel zwischen Ost und West, Zürich/Köln/Gütersloh 1979 (Lit.). – *H. Krämer:* Mystérion, in: Exeget. Wörterbuch zum NT 2, 1098-1105. – *R. Otto:* Das Heilige. Über das Irrationale in der Idee des Göttlichen und sein Verhältnis zum Rationalen, Breslau 1917.

*Arno Schilson*

## Mystik

### A. Religiongeschichtlich

*I.* M. ist die Bezeichnung für eine *außergewöhnl. rel. Erfahrung* einer Vereinigung oder einer Einheit mit oder in einer als →heilig qualifizierten Wirklichkeit, die unendl. größer ist als das empir. Ich. M. ist nach allen Beschreibungen die Erfahrung einer »anderen Wirklichkeit«, für die die Kategorien von →Raum und →Zeit nicht gelten, gleichzeitig von äußerster Unmittelbarkeit. Rel. gesehen ist M. alles andere als eine →Jenseitserfahrung, obwohl sie a-sozial genannt werden kann, unabhängig von sozialen Bindungen ist und ein Leben im →Kloster oder in Einsamkeit voraussetzt. Als »Erfahrung der anderen, unsterbl. Wirklichkeit« hat sie traditionell auch immer →Geheimnischarakter, wie sowohl der griech.-hellenist. Begriff (»myein«: die Augen schließen) als auch die entspr. ind. Parallele ausweisen (Upanishaden, →Hinduismus). Ob die M. als geschichts- und kulturunabhängiges Phänomen beschreibbar ist, ist trotz hoher Neigung in der Religionswissenschaft nach wie vor umstritten. Die Berechtigung, die M. der Weltreligionen als höchstentwickelte Form des Religiösen zu betrachten, bleibt fragl.

*II.* Phänomenolog. lassen sich *drei Typen* der M. unterscheiden: 1. Die *Naturm.*, die ohne den Begriff von Gott als Geist auskommt. Das Erleben stellt eine Einheit her mit allem Sein: Außen und Innen sind eins; →Gott und →Natur erscheinen austauschbar, der →Tod wird als unmögl. begriffen, und die eth. Kategorien sind im Erleben selbst bedeutungslos. Neben dem Philosophen B. →Spinoza gehört die ganze ma. Alchemie in diesen Bereich. Viele Dichter Europas können ebenfalls zu den Naturm.ern gezählt werden. 2. Die *monist.* (nicht personalist.) M. geht von der Identität des Seelenselbst im Menschen mit dem göttlichen Prinzip selber aus, die wiederhergestellt werden soll. Am ausgeprägtesten findet sie sich in Indien (→Shankara), ist aber nicht darauf beschränkt, wie Aussagen z.B. von Meister Eckhart nahelegen. Die M. des →Buddhismus hat nur ein negativ best. Ziel, das auch das der →Erlösung ist, das Verlöschen, Verwehen des empir. Selbst. Der Weg der Konzentration/Meditation soll auch das Bewußtsein löschen. 3. Die *theist. M.* ist mit dem Konzept der Gottesliebe verbunden; deshalb bleibt die Ich-Du-Beziehung der →Seele zur göttlichen Person, die teilweise nur so werthaft erlebt wird, erhalten. Andererseits bekunden merkwürdigerweise bes. christl. und islam. M.er die Sehnsucht, auch diese Trennung im monist. Sinn aufheben zu können. Bislang unerklärt ist, warum seit dem 12. Jh. in Indien eine Tendenz zur theist. M. zu verzeichnen ist.

*III. M.er* sind Persönlichkeiten mit bes. Anlagen und von gesteigerter Sensibilität. Die M.er der westl. Weltreligionen haben das myst. Erlebnis eher gefürchtet und als überwältigenden, zutiefst erschreckenden Einbruch des Heiligen erfahren, während man es im Osten – ausgehend von Indien – geradezu herbeizwingen will und dazu in langer Tradition Methoden ausgebildet hat (→Yoga).

*IV.* Der Westen weist gegenwärtig im Umgang mit der M. große Unsicherheit auf, die sich auch in der Haltung der kath. Kirche niederschlägt. *Psycholog. Theorien* bestimmen myst. Zustände als Symptome oder körperl. Begleiterscheinungen von Krankheitszuständen, wie sie auch von eindeutig Kranken bekannt sind. Hier wird die widersprüchl. Haltung der Psychologie gegenüber dem Phänomen »Religion« bes. auffällig. So lassen sich best. Erfahrungen einer Theresia von Avila leicht mit der Frustration einer zölibatär lebenden Frau wegrationalisieren, während man zu denselben Erscheinungen, die von →Muhammad überliefert sind, lieber schweigt. Entgegengesetzt wirkt das Bestreben westl. Menschen, »Selbsterfahrung« auch im Bereich des Religiösen zu gewinnen (→Psychedelik, →Muße und Entspannung). Dabei zeigt sich eine bemerkenswerte Unfähigkeit, zwischen rel. Kategorien und subjektiven Gefühls-»Erfahrungen« zu unterscheiden.

*Lit.: D. Baumgard:* M. und Wissenschaft, Witten 1963. – *S. Freud:* Der Mann Moses und die monotheist. Religion, Frankfurt/M. 1964. – *C. G. Jung:* Psychologie und Alchemie, Olten 1975. – *G. Parrinder:* Mysticism in the World's Religions, London 1976. – *R. Ch. Zaehner:* Hindu and Muslim Mysticism (Jordan Lectures in Comparative Religion 5), London 1960. – *Ders.:* M., religiös und profan, Stuttgart 1960. – *H. D. Zimmermann:* Rationalität und M., Frankfurt/M. 1981.

*Irmtraud Höhn*

*B. Kirchengeschichtlich*

*I.* Trotz prinzipieller Gegensätze zum bibl. Verständnis des →Heils und des Heilsweges bedienten sich *seit dem 2. Jh.* so verschiedene kirchl. Schriftsteller wie Ignatius von Antiochien (gest. 117), →Origenes (gest. 254) und →Augustinus (gest. 430) einzelner Begriffe und Vorstellungen aus den Mysterienreligionen und aus der neuplaton. Philosophie *(→Neuplatonismus).* In den →Klöstern des Ostens verbreitete sich, u.a. gefördert durch die Schriften des Pseudomakarios (um 400), die Einübung des inneren Aufstiegs der →Seele von der Reinigung *(kátharsis; purgatio)* über die Erleuchtung *(photismós; illuminatio)* zur wesenhaften Einung mit der →Gottheit *(hénosis; Unio mystica).* Mit vermeintl. apostol. Autorität (Apg 17,34) ausgezeichnet, wurden seit dem 6. Jh. die Schriften des christl. Neuplatonikers Pseudodionysius Areopagita durch Johannes Scotus Eriugena ins Lateinische übersetzt (um 850), zur Grundlage einer eigenen »myst. Theologie«.

*II.* Neben diese neuplaton. →Seins- und Gottesm. trat im Westen die bibl. orientierte *Christusm.* (→Jesus Christus) Bernhards von Clairvaux (gest. 1153), der anhand der Aussagen des →Hohenliedes und der →Evangelien die Seele zur Vereinigung ihres →Willens mit ihrem geistl. Bräutigam, dem leidenden Erlöser, aufrief. In der *dt. M.* fand das Lob der Gottesliebe einen bes., visionären und dichter. Ausdruck bei Hildegard von Bingen (gest. 1179) und Mechthild von Magdeburg (gest. 1280). Von einmaliger Innigkeit war die Christusm., zu der, mit den Stigmata (Wundmalen) des Gekreuzigten begnadet, →Franz von Assisi (gest. 1226) gelangte. Sie fand ihr Echo in der Theologie seines Ordens, vor allem bei Bonaventura (gest. 1274), während bei den →Dominikanern die Erneuerung der neuplaton. Gottesm. durch *Meister Eckhart* (gest. 1327) ihren Höhepunkt und ihre – vom kirchl. Lehramt gezogene – Grenze erreichte. Johann Tauler, Heinrich Seuse und Jan van Ruysbroek verkirchlichten Eckharts Lehre vom Adel der Seele, vom äußersten Selbstverzicht (resignatio ad infernum) und von der wesenhaften Gottesgeburt in der Seele.
In der »Imitatio Christi« ( Nachfolge Christi), dem wichtigsten Zeugnis der *Devotio moderna, der »neuen Frömmigkeit« der* Brüder vom gemeinsamen Leben, schränkte Thomas von Kempen (gest. 1471) die M. allerdings auf eine weltabgekehrte Christusfrömmigkeit ein. Im 15. Jh. wurden die Elemente der myst. Theologie mit denen der →bibl. und →scholast. Theologie auf unterschiedl. Weise verschmolzen (Jean Gerson, →Nikolaus von Kues, Dionysius der Kartäuser).

*III.* Luther schätzte vorübergehend Tauler und die »Theologia deutsch«, die er herausgab (1516, 1519). Aber die rechtgläubige ev. Heilslehre räumte der M. keinen Platz ein; →Täufertum und Spiritualismus des 16. Jh.s griffen auf sie zurück. Selbst Ignatius von Loyola knüpfte in seinen →Geistlichen Übungen an die Christusm. der Devotio moderna an, während Theresia von Avila (gest. 1582), Johannes vom Kreuz (gest. 1591) und Johann Scheffler (Angelus Silesius, gest. 1677), wie insgeheim auch der luth. Theologe Johann Arndt (gest. 1621), erneut aus der ma. Gottesm. schöpften. Der →Quietismus der späteren roman. M. des Michael Molinos (gest. 1696) und der Madame Guyon (gest. 1717) wurde jedoch in Rom verurteilt. Unter Einbeziehung der Naturlehre von Paracelsus und Valentin Weigel entwarf der luth. Laie Jakob Böhme (gest. 1624) eine eigenartige, manche Positionen der romant. und spekulativen Philosophie des 19. Jh.s (→Romantik; Novalis, →Schelling, →Hegel) vorwegnehmende myst. Theosophie.
Der →Pietismus aktualisierte die M. von neuem: Spener gab Tauler, die »Theologia deutsch« und die »Imitatio Christi« heraus; für Gottfried Arnold (gest. 1714) waren gerade die M.er die wahren Christen; Pierre Poiret (gest. 1719) erklärte die M. zur eigentl. und einzig wahren christl. Theologie, und der reform. Laie Gerhard Tersteegen (gest. 1769) verband sie in seinen Liedern mit der bibl.-ev. Heilslehre. Vom →Rationalismus und von der neuzeitl. →Erkenntnis- und →Religionskritik als Elemente eines »Mystizismus« verworfen, leben gleichwohl manche myst. Gedanken in modernen →Weltanschauungen fort.

*IV.* Für die Systembildung kirchl. →Theologie dürfte eine Erneuerung der M. neuplaton. Gepräges nicht mehr in Betracht kommen. Sofern aber die M. zum Wesen von →Religion gehört und sich in die christl. Religion hinein erstreckt und sofern das geistl. Leben in der →Nachfolge Christi myst.

Züge trägt, bleibt die M., in jüngster Zeit von Impulsen östl. Religionen ergänzt, auch in der christl. →Kirche lebendig.

*Lit.: J. Bernhart:* Die philos. M. des MA.s (1922), Darmstadt 1966. – *L. Cognet:* Gottes Geburt in der Seele, Freiburg 1980. – *Ders.:* Histoire de la spiritualité chrétienne, 3 Bde., Paris 1960-1966. – *G. Ruhbach/J. Sudbrack (Hg.):* Große M.er. Leben und Wirken, München 1984. – *A. Schweitzer:* Die M. des Apostels Paulus, 1930 (UTB 1091), Tübingen 1981. – *F.-W. Wentzlaff-Eggebert:* Dt. M. zwischen MA. und Neuzeit, Berlin, 4. Aufl. 1969.

*Gustav Adolf Benrath*

## Mythos, Mythologie

*A.* Das griech. *Wort M.* bedeutet »Wort«, »Rede«, »Erzählung« und steht bei Homer noch im Gegensatz zur Tat. Die Sophisten kontrastierten M. und →Logos: Beide wollen belehren, wobei M. »bloße Erzählung ohne Beweisführung«, mit offenem Eingeständnis der »Unverbindlichkeit«, Logos dagegen durch »Argumentieren und Begründen« (K. Kerenyi) gekennzeichnet ist. Seit →Aristoteles bezeichnet M. das Verschwommene, Unklare, die Fabelei. In dieser *abwertenden Bedeutung* kommt M. auch im →NT vor, wo von »Fabeln« (1 Tim 1,4) und »unheiligen, albernen Geschichten« (1 Tim 4,7) die Rede ist, die nichts mit echter →Frömmigkeit zu tun haben. Die Bedeutung des Phantastischen, Unwahrscheinlichen und Erlogenen haftet dem Wort M. seither z.B. in der jüd.-christl. Denktradition und in unserer →Sprache bis heute an.
Unter *Mythologie* ist zweierlei zu verstehen: der »Ausdruck für jenen Bestand an bildhaften Berichten und Erzählungen über Manifestationen des Göttlichen, wie er sich als Zusammenhang der Vorstellungen einer best. Religion darstellt« und die »ordnende Erforschung des Mythenbestands der Welt« (U. Mann).

*B.* Wenn auch »M. und Religion von vornherein in einer best. Verbindung zueinander stehen« (C. Colpe), herrscht auf Grund unterschiedl. theoret. Voraussetzungenen und Wertungen keine Übereinstimmung darüber, was unter einem M. zu verstehen ist. Der Form nach ist der M. ein *narrativer* (erzählender) *Text.* Er ist aber keine primitive Göttergeschichte, »in der die hohen Gestalten der Götter die Hauptrolle spielen« (H. Gunkel). Genaugenommen erzählt der M. nicht nur von →Gott und Göttern, sondern – allgemeiner – von →transzendenten Wesen (Gott, Götter, →Geister, →Engel, Dämonen, →Teufel, Urmenschen usw.) und ihrem Handeln mit Menschen. Ferner wird nicht nur *im* M. gehandelt, sondern der M. hat selbst eine *pragmat. Dimension,* d.h.: *mit* dem M. wird gehandelt. Er wird nicht primär erzählt, um zu unterhalten, sondern um den Zuhörern die eigene Welt- und Lebenserfahrung »vorzustellen« und zu erschließen. Diese Identifizierung des M. mit dem eigenen Leben »ist eine generell narrative und nicht spezif. hist. Kategorie«, die »jenes Weiterhandeln und das zugehörige Nacherzählen« auslöst (H. Weinrich). Darüber hinaus gibt es noch andere, auch *nonverbale Formen* (→Kommunikation), in denen ein M. ausgedrückt werden kann: rituelles →Drama (z.T. unter Mitwirkung der Zuschauer), liturg. Rezitation, rel. →Kunst.

*C.* Einen herausragenden Platz nehmen die zwar nicht in jedem Kulturkreis gleichgewichtigen, doch trotzdem weitverbreiteten *Schöpfungsmythen* ein. Man unterscheidet sie von den Welt*entstehungs*erzählungen, die von einem Weltwerden sprechen und alle Dinge aus einem göttl. Urprinzip hervorgehen lassen. Diese vom Entstehen der Welt, der Götter oder des Menschen (kosmogon., theogon. oder anthropogon.) handelnden Erzählungen haben unterschiedl. Vorstellungen von der göttl. Schöpfertätigkeit. →*Schöpfung* kann durch konkretes Gestalten und Formen einer →Materie (Mesopotamien, →AT); durch Trennung und Zerteilung; durch Erzeugung oder Zeugung; durch das →Wort (AT, ägypt. Gott Ptah); durch Ekstase (z.B. →Tanz in schaman. und altind. Erzählungen); durch Askese (→Hinduismus) und →Verzicht geschehen. Die Schöpfungsmaterie wird unterschiedl. angegeben: Schöpfung aus dem Nichts, einer Gottheit, Urmaterie, z.B. dem kosmogon. Ei. Neben solchen »Ursprungsmythen« (R. Pettazzoni) gibt es Mythen, die erzählen, wie *wichtige Güter* (Waffen, Schmuck, Geräte u.a.) und Techniken (unterschiedl. →Berufe u.a.), →Riten, Stammesmerkmale und auffallende Natur- und Kulturerscheinungen (etwa Seen, Berge, Gebäude, Städte) entstanden sind. *Soteriolog.* Mythen thematisieren die Fragen von →Heil und →Erlösung. *Verwandlungsmythen* schildern Verwandlungen in →Tiere u.a. Wesen.

*D.* M. und Mythologie haben in →Religionswissenschaft und Philosophie verschiedene Deutungen erfahren:
*1.* Für →*evolutionist.* Religionsforscher war der M. ein Versuch vorwissenschaftl. Welterklärung. Die Vertreter der *funktionalist.* Schule (z.B. B. Malinowski) sehen die Funktion des M. darin, die bestehende soziale →Ordnung zu legitimieren und damit zu stabilisieren. Die Mythologie eines Volkes wird dabei als kohärentes System interpretiert, von dem ausgehend die meisten Aspekte des sozialen Lebens gedacht und verwirklicht werden. Die seit den 1920er Jahren von engl. Altorientalisten und Ägyptologen begründete (in sich durchaus uneinheitl.) »Myth-and-Ritual-Schule« sowie die skandinav. »Uppsala-Schule« (S. Mowinckel; G. Widengren) vertraten die Ansicht, daß sich Religion in zwei Aspekten manifestiere: im M. und →Ritus. Dem »eigentl.« M. entspreche immer ein best. Ritual. Nach der (nicht unbestritten gebliebenen) These Th. H. Gasters wird der M. im Ritus in Handlung umgesetzt. Beide Elemente bilden zusammen das Drama. Das »pattern« (Muster) des altoriental. Kultdramas sei nicht allein auf den Alten Orient beschränkt, sondern finde sich über-

all in der Welt. Vertreter des →*Strukturalismus* (C. Lévi-Strauss) sehen in den Mythen ein unabhängiges System mit immanenten Gesetzmäßigkeiten. Der einzelne M. kann nicht isoliert verstanden werden; denn er ist Variante eines Grundmusters mit best. Regeln.

*2.* Für die moderne M.deutung sind die Arbeiten des →Neukantianers *E. Cassirer* (1874-1945) bedeutsam geworden. Nach Cassirer stellt »das myth. Denken« neben →Kunst, →Sprache und →Wissenschaft eine der →symbol. Formen des geistigen Lebens dar. Cassirer betrachtet den M. als »Denkform«, »Anschauungsform« (mit wichtigen Aussagen zu den drei großen »Formmotiven«: →Raum, →Zeit und →Zahl) und »Lebensform«. Für *G. Mensching* (1901-1978), Vertreter der →»Religionswissenschaft des →Verstehens«, ist der M. eine mögl. (in diesem Fall sprachl.) Ausdrucksform »antwortenden Handelns« auf eine »Begegnung mit dem Heiligen«. Den M. betrachtet Mensching als eines der ältesten »Sprachsymbole«, eine Form des hl. Wortes, »und seine im Kultus der frühen Völker vollzogene Darstellung ist ein Mittel der Verwirklichung des Numinosen und damit auch der Begegnung mit ihm«.

*3.* Einen beträchtl. Einfluß auf die Erforschung des M. geht heute von der →Psychologie aus. Insbes. die Tiefenpsychologie *C. G.* →*Jungs* (1875-1961) sieht in den Mythen »in erster Linie psych. Manifestationen..., welche das Wesen der →Seele darstellen«, »symbol. Ausdrücke für das innere und unbewußte Drama der Seele«. Auf der Grundlage von über 80.000 schriftl. archivierten Traumanalysen gelangte Jung zu der Auffassung, daß Mythen und →Märchen Ausdruck der →Archetypen, d.h. des kollektiven Unbewußten, sind. Diese manifestieren sich in →Träumen, aber auch in hellsichtigen Visionen des Wachseins. Nach Jung sind Stammeslehren, Mythen und Märchen bereits bearbeitete und geformte Ausdrücke der Archetypen.

*4.* Insbes. der an der Universität in Rom lehrende R. Pettazzoni – Begründer der religionswissenschaftl. »Schule von Rom« – wies darauf hin, daß der M. im Unterschied zur Fabel eine »wahre« Geschichte zu sein beansprucht und auch als solche betrachtet wird. W. F. Otto sieht das Thema des M. im Unterschied zum Logos im Reden vom Woher, Grund, Ursprung und →Sinn des Daseins und in der Vermittlung *ganzheitl. Sinnes.* »Echter M.« ist für ihn nur derjenige, dem ein →Kult und ein →Ritus entspricht. In diesem Zusammenhang hat G. Widengren darauf hingewiesen, daß es neben der assoziativen Kraft, die den M. an den Ritus bindet, auch eine »dissoziative« gibt, die »dazu tendiert, Ritus und M. voneinander zu trennen«. Epochemachende Beiträge zur Mythenforschung stammen von M. Eliade (1907-1986), der auf das *»Absinken der Mythen«* hingewiesen hat: auf ihr Fortleben u.a. als Ballade, Roman und Legende. Mythen können die Zeiten überdauern und z.B. in modernen →Ideologien und Massenmedien weiterleben.

*E.* Die von der →Aufklärung im Namen *»reiner« Wissenschaft* betriebene Mythenkritik hatte ihre Legitimität, scheint aber der Vergangenheit anzugehören.

*1.* Nicht zuletzt die *neuzeitl. Theologie* hat in aufklärer. Interesse die Kritik an den Mythen bis hin zum Programm der →Entmythologisierung vorangetrieben. Dies geschah nicht nur im *berechtigten Interesse,* die Geschichte des →Christentums auf eine hist. verantwortbare Weise zu rekonstruieren (inbes. zur ursprüngl. Botschaft und Lebenspraxis Jesu zurückzufinden), sondern auch im Interesse eines Redens von Mensch und Welt, das naturwissenschaftl. und spezif. rel. Aussagen über Mensch und Welt nicht miteinander verwechselt. Weil damit zugleich bibl. Aussagen und Weltbilder der Kritik unterzogen wurden, hat dies in den Kirchen des Westens bisweilen zu erhebl. Irritationen geführt. Insbes. war neu über die Bedeutung der Geschichten von Schöpfungs- und Weltgericht, von →Wundern, →Engeln, Himmel und Hölle nachzudenken. Die reinigende *Kraft* dieser Phase hat ihre Wirkung gezeitigt und macht es heute mögl., sich dem M. auch in Kirchen und Theologie neu und konstruktiv zuzuwenden.

*2.* Nach vollbrachter →Emanzipation vom M. ist man auch außerhalb von Theologie und Kirche an einer *Neuentdeckung des M.* und an konstruktiver Mythenforschung auf interkultureller Grundlage interessiert. Dabei geht es einerseits darum, »den rel. Gehalt der Mythen« (K. Th. Preuß) zu erschließen, andererseits darum, die Haltung auch anderer Kulturen (z.B. des →Hinduismus und →Buddhismus) zum Wahrheitsgehalt des M. wahrzunehmen. Die Frage, die dieses neue Interesse am M. inspiriert, lautet: Welches Bild vom Leben auf dieser Erde vermittelt der M.? Welchen Einfluß hat er auf die Gestaltung der menschl. Verhältnisse? Dabei soll nicht nur die »Ehrfurcht und Scheu vor dem göttl. Hintergrund der Welt« neu entdeckt werden (U. Mann). Von theol. Seite aus ist im Interesse von Religion und Christentum noch grundsätzlicher (im Sinne etwa von P. Ricoeur) auf die Eigenart von rel. Sprache im Bezugsfeld von Symbol, Metapher und M. zu achten.

*Lit.: E. Cassirer:* Philosophie der symbol. Formen, Bd. 2 (1924), Darmstadt, 5., unveränd. Aufl. 1964. – *M. Eliade:* Die Religionen und das Heilige, Salzburg 1954. – *K. Kerenyi:* Die Eröffnung des Zugangs zum M., Darmstadt 1967. – *H.-J. Klimkeit:* Schöpfung, in: *U. Tworuschka/D. Zilleßen (Hg.):* Thema Weltreligionen, München/Frankfurt/M. 1977, 79-87. – *C. Lévi-Strauss:* Strukturale Anthropologie, Frankfurt/M. 1967. – *U. Mann:* Schöpfungsmythen, Stuttgart 1982. – *G. Mensching:* Kath. Kultprobleme, Gotha 1927, 49-67. – *Ders.:* Analyse des Symbolbegriffs, in: *H.-J. Klimkeit (Hg.):* Topos und Typos. Motive und Strukturen rel. Lebens, Bonn 1971. – *K. Th. Preuß:* Der rel. Gehalt der Mythen, Tübingen 1933. – *H. H. Schmid (Hg.):* Mythos und Rationalität, Gütersloh 1988. – *G. Widengren:* Religionsphänomenologie, Berlin 1969, 150-187.

*Udo Tworuschka*

# N

## Nachfolge

*A.* »N. Jesu« gilt nicht erst seit dem folgenreichen Buch des Thomas von Kempen »De imitatione Christi« (1441) als Schlüsselbegriff zur Bezeichnung christl. Lebensvollzugs. Schon im NT spielt der Begriff der N. eine hervorragende Rolle. Hier ist er zunächst durchaus im Sinne des jüd. *Schüler-Lehrer-Verhältnisses* zu sehen, z.B. bei den Berufungen der Jünger (vgl. Mk 1,16-20 und ähnl. andere Stellen). Doch stellt sich, gerade im Blick auf das Verhältnis des Christen zum auferstandenen und erhöhten Herrn (→Auferstehung), sehr bald auch eine Vorstellung von N. Jesu heraus, die auf einen *existentiellen Vollzug* abhebt: etwa im Wort von der Kreuzesn. (z.B. Mk 8,34). Dieser Ansatz der synopt. →Evangelien wird in den paul. Briefen und im →Johannesevangelium noch verdichtet. Bei →Paulus geht es um die enge, gewissermaßen organ. Verbundenheit des Getauften mit Christus (in Christus existieren). Aus ihr wird in immer neuen Argumenten und konkreten Mahnungen die Aufforderung abgeleitet, so gesinnt zu sein wie Jesus Christus (Phil 2,5) und aus dieser Gesinnung zu handeln. Bei Johannes bedeutet N. Jesu dann vollends ein neues Sein: »Ich bin das Licht der Welt. Wer mir nachfolgt, wird nicht in der Finsternis umhergehen, sondern wird das Licht des Lebens haben« (8,12). Neues, im Glauben an Jesus begründetes Sein bedeutet zugleich das Bleiben in Jesus und dem Vater.

Von hier aus wird deutl., daß N. Jesu grundlegend den →Glauben meint: den *Glauben als Selbstbestimmung* des Menschen. Selbstbestimmung als aktive N. Jesu meint ein existentielles Sichöffnen für die im →Verkünden und Handeln offenbare Zuwendung Gottes. N. Jesu besteht dann darin, sich von diesem →Gott und seiner befreienden →Liebe bewußt betreffen zu lassen. Dies ist nur mögl., wenn der Glaubende versucht, sich gewissermaßen den Standpunkt Jesu zu eigen zu machen: wenn er vor allem Jesu Gottesverhältnis annimmt als sein eigenes und wenn er seine Mitmenschen, sich selbst, seine Umwelt im Sinne dieses Gottesverhältnisses sieht und versteht.

So ist N. Jesu nicht sogleich moral. zu verstehen, schon gar nicht im Sinne einer moral. Nachahmung Jesu, als käme es nur darauf an, Jesu Handeln rezepthaft aufzugreifen, und als wäre dies das Entscheidende christl. Existenz. Das Erste und Entscheidende ist, *Jesus in seiner Gesamtgestalt* als realen Zeugen der Zuwendung und Liebe Gottes zu verstehen und sich existentiell auf ihn auszurichten.

*B.* Dann hat auch die Moral ihren richtigen Stellenwert. Dann ist sie nicht bloßer →Normenvollzug, hat sie auch *überhaupt nichts* damit zu tun, daß es im Handeln des Christen um »Verdienste« ginge oder gar darum, sich in einem autoritären Verständnis Gott gnädig zu stimmen. Vielmehr wird Moral radikal im Rahmen der →Gerechtigkeit und Liebe Gottes verstanden, wie sie Jesus selbst in seinem mitmenschl. Verhalten, in seinem Leben und Sterben, realisiert: Es geht darum, sich *Jesu entspr. Perspektiven* zu eigen zu machen, um so in Gesinnung und konkretem Verhalten beizutragen zum Leben und Überleben von (Mit-)Mensch und Umwelt. Solche N. Jesu kann nicht in bloßem Nachahmen bestehen, sondern nur im schöpfer. und phantasievollen Aufgreifen der inspirierenden Impulse, die von Jesus ausgehen. Dies setzt eine *stetige Auseinandersetzung* mit dem Verkündigen und Handeln Jesu voraus; nur so ist es mögl., Perspektiven und Impulse zu erkennen und auf die je heutige Wirklichkeit hin auszuziehen.

Hierbei kommt es entscheidend darauf an, diese N. Jesu zwar ganz persönl. zu vollziehen (auch im Ertragen von Leid und Enttäuschung), sie aber zu realisieren im krit. und stimulierenden Eintreten für eine *bessere →Humanität* im engeren Lebensbereich, in →Gesellschaft, →Staat und →Kirche. Hier wird es überhaupt nicht darauf ankommen, das Christsein demonstrativ vorzuzeigen, sondern darauf, die eigene christl. Gesinnung unaufdringl. in ihren humanen Positionen und Zielen zur Geltung zu bringen. Aus alldem ergibt sich die große Bedeutung *christl. →Gemeinde.* Denn durch sie (Austausch, gegenseitige Ermunterung und Kritik) können die Perspektiven und Impulse Jesu immer neu gemeinsam entdeckt, realisiert und in die Gesellschaft vermittelt werden.

*Lit.: J. Blank:* N., in: Neues Handbuch theol. Grundbegriffe 3, München 1985, 175-182. – *J. Weismayer:* N. Christi, in: Lexikon der christl. Moral, Innsbruck/Wien/München 1976, 1105-1110.

*Volker Eid*

**Nahumbuch.** Das N. ist polit. motiviert, denn es ist ein »Ausspruch über *Ninive*« (1,1). Ninive war die Hauptstadt des damals mächtigsten altoriental. Reiches, die etwa 1000 km vom Wirkungsfeld des Propheten Nahum entfernt lag. Als Nahum ihren Untergang ankündigte (2,4-3,19), der 612 Wirklichkeit wurde, hatten das Nordreich Israel und das Südreich Juda eine einhundert Jahre lange Erfahrung mit der assyr. Macht hinter sich, die sich bis zur Eroberung und Zerstörung bedeutender Städte in beiden Reichen erstreckte. Dennoch muß das N. nicht ein propagandist. Dokument sein, das von einem dem Königshof nahestehenden Kultpropheten (→Prophet) inszeniert wurde. Einen Schlüssel zum Verständnis des N.s bietet der Hymnus (→Formen und Gattungen) in 1,28, der den Gott →Israels als Schöpfer und *Herrn der Welt* preist, der retten und zerstören kann. Nach diesem Hymnus am Anfang des Buches liest sich dann der Untergang Ninives als konkretes Beispiel (vgl. 3,8) dafür, daß der Gott Israels immer und überall seine Ordnungen in →Natur und →Geschichte aufrechterhält.

*Lit.: A. Deissler:* Zwölf Propheten II: Obadja, Jona, Micha, Nahum, Habakuk (Die Neue Echter-Bibel), Würzburg, 2. Aufl. 1986, 203-216. – *C. A. Keller:* Die theol. Bewältigung der geschichtl. Wirklichkeit in der Prophetie Nahums, in: Vetus Testamentum 22 (1972), 399-419.

*Rüdiger Liwak*

**Nation, Nationalismus**

*A.* Abgeleitet vom lat. *nasci,* geboren werden, bezeichnet N. eine geschlossene Gruppe von Menschen, die sich als eine *Schicksalsgemeinschaft* empfindet, die durch gemeinsame Herkunft, Abstammung, →Geschichte, →Kultur, →Sitten und Gebräuche, →Sprache, durch einen gemeinsamen →Staat oder eine best. Idee verbunden ist. Ein souveräner Staat ist nicht unbedingt Voraussetzung, sofern nur der Wille besteht, in einem solchen zukünftig die gemeinsame Form der polit. →Organisation zu finden. Gebräuchl. ist die Unterscheidung von *Staatsn.en,* die durch einen Staat grundgelegt werden, und *Kulturn.en,* deren verbindendes Element Sprache und Kultur sind (F. Meinecke). Beide Formen können, aber brauchen sich nicht zu decken; häufig finden sich Mischformen. Vom Begriff →Volk als einer von Natur gegebenen Erscheinung unterscheidet sich die N. durch das gemeinsame Bewußtsein der Eigenwertigkeit und Besonderheit, von dem der →Heimat und des Vaterlandes durch deren Bezug auf persönl. und individuelle Gefühle.

*B. Geschichtl.* ist die *Idee* der N. eine jüngere Entwicklung und wurde erst mögl. durch den Niedergang des universalist., christl. Gemeinschaftsbewußtseins vom *Corpus christianum* am Ende des. MA.s. Bereits das →Konzil von Vienne (1311/12) stimmte nach Herkunft der Teilnehmer in 4 (später 5) »nationes« ab. Die nationale →Kirchenspaltung, die auf den Konzilien von Pisa (1409) und Konstanz (1414-18) deutl. wurde, und die Herausbildung von *Nationalkirchen* infolge der →Reformation trug zusammen mit der vom →Humanismus ausgehenden Entdeckung der kulturellen Individualität der Völker zum Aufstieg des nationalen Gedankens in →Europa bei. Angesichts immer größerer →Mobilität der Menschen und Abhänigkeit der Staaten voneinander mit notwendiger Einschränkung ihrer eigentl. Souveränität ist fragl., ob die N. heutzutage noch die angemessene Bezugsgröße kollektiver →Identität ist.

*C.* Der *Nationalismus* ist im Unterschied zur Idee der N. eine problemat. Erscheinung, da er die N. zum höchsten polit. →Wert macht. Seine Nähe zum Chauvinismus, der Vorstellung eigener Höherwertigkeit vor anderen N.en, ließ ihn seit dem 19. Jh. immer wieder zum Ausgangspunkt von →Krieg und Unterdrückung durch ein angenommenes Recht zur Ausweitung des eigenen »Lebensraumes« (wie z.B. im →Nationalsozialismus) werden.

*Lit.: K. W. Deutsch:* N.enbildung, Nationalstaat, Integration, Düsseldorf 1972. – *H. A. Winkler (Hg.):* Nationalismus, Königstein/Ts. 1978.

*Roland Hahn*

**Nationalsozialismus.** Bezeichnung für die im Januar 1919 von dem Schlosser A. Drexler in München unter dem Namen Dt. Arbeiter-Partei gegründete polit. Bewegung, die 1920 nach dem Eintritt Adolf Hitlers auf sein Betreiben in »*Nationalsozialist. Dt. Arbeiter-Partei (NSDAP)* umbenannt wurde und in einem 25-Punkte-Programm (1920) – in Anlehnung an vergleichbare Bewegungen in Österreich und Deutschland und den faschist. Bewegungen verwandt – Nationalismus und →Sozialismus in einer machtvollen Volksgemeinschaft zu vereinen trachtete.

*A.* Im wesentl. proklamierte sie nur *Protest und Widerstand* gegen die Folgen der dt. Niederlage im Ersten Weltkrieg, gegen die parlamentar. Neuordnung Deutschlands (→Parlamentarismus), gegen →Marxismus und →Kapitalismus, vor allem gegen das →Judentum. Die skrupellose Radikalität ihres Parteivorsitzenden (seit 29.7.1921) und »Führers« Hitler, die Agitation und straffe Organisation der Partei erzielten rasch eine *breitere Wirkung,* bes. in dem durch die Inflation und durch die Weltwirtschaftskrise (seit 1929) zerrütteten Mittelstand. Hitler, durch Nachgiebigkeit seitens ziviler und militär. Instanzen der Weimarer Republik ermutigt und beflügelt durch das Beispiel der ital. Faschisten (→Faschismus), organisierte in München einen erfolglosen *Putsch* (9.11.1923), der ihm Verhaftung und Verurteilung, der Partei die Auflösung eintrug. 1925 neu gegründet, verschrieb sie sich nun der Legalität, verzichtete immer mehr auf polit. Programmatik und setzte statt dessen auf ihren charismat. Führer. Seit 1930 in Reichs- und Landtagswahlen erfolgreich, wurde Hitler nach dem Scheitern des Kabinetts Schleicher am 30.1.1933 von Reichspräsident Hindenburg zum *Reichskanzler* ernannt und in den Wahlen am 5.3.1933 in dieser Funktion bestätigt.

*B.* Hitler gelang es in kurzer Zeit, die Staatsgewalt an sich zu reißen. Gegner der Bewegung wurden in Konzentrationslager gebracht, Beamte entlassen, die übrigen Parteien zur Auflösung gezwungen, der *Föderalismus* in Deutschland *beseitigt,* Widerstand im eigenen Lager rücksichtslos gebrochen (Ermordung Röhms am 30.6./1.7.1934). Nach dem Tod

Hindenburgs (2.8.1934) übernahm Hitler als »Führer des Dt. Reiches und Volkes« auch dessen Amt. Die *Führergewalt* wurde die neue Quelle öffentl. Handelns; sie gewann ihre Verbindlichkeit nicht aus staatl. Amt, sondern außerstaatl. aus der geschichtl. Notwendigkeit. Sie war an keine Norm gebunden, sondern bestand in »Maßnahmen« und umfassendem totalitärem Herrschaftsanspruch, der sich um die Unterordnung (Gleichschaltung) aller gesellschaftl. und möglichst auch privaten Lebensbereiche unter den Willen des Führers bemühte (Hitlerjugend [HJ], NS-Berufsorganisationen, Dt. Arbeitsfront, »Kraft durch Freude«). Dagegen meldeten die →Kirchen Widerspruch an (→Kirchenkampf). In der *Ev. Kirche* hatte die Gruppe der Dt. Christen die »völk. Wiedergeburt Deutschlands« durch Hitler als Gnadengeschenk Gottes gepredigt und eine Ev. Reichskirche anstelle der Landeskirchen unterstützt. Als jedoch im November 1933 Forderungen nach Abschaffung des Alten und »Entjudung« des NT laut wurden, verloren die Dt. Christen durch zahlreiche Austritte an Einfluß. Die Bekennende Kirche bildete sich als Opposition gegen die Dt. Christen, sie lehnte den Totalitätsanspruch des N. ab (Bekenntnissynode der Bekennenden Kirche in Barmen 1934, »Barmer Erklärung«) und gründete ein Notkirchenregiment gegen die Reichskirche. Sie, wie auch Teile der *kath. Kirche*, die insgesamt durch das Reichskonkordat (Juli 1933) stärker an den NS-Staat gebunden war, wurde mit harten Maßnahmen (Amtsenthebung und Inhaftnahme von Pfarrern und Laien, Schauprozesse gegen Pfarrer und Ordensleute, Konzentrationslager) verfolgt.

*C.* Bereits 1933 ließ Hitler heiml., 1935 öffentl. – unter Bruch des Versailler Vertrages – aufrüsten. Die *Expansionspolitik* des N., die Gewinnung von »Lebensraum« im Osten, wurde zunächst ohne Einsatz militär. Mittel (Österreich, Sudetenland, CSSR, Memelgebiet), seit September 1939 als *Krieg* geführt. In seinem Verlauf steigerten sich die totalitären Züge des N. Die militär. Erfolge führten zu weiträumiger Gebietsannexion im Osten und zur Unterdrückung und teilweisen Vernichtung der dortigen Bevölkerung. Fast alle *Juden* Europas wurden in eigens dafür errichteten Lagern ermordet (→Holocaust). Als nach 1942 Deutschland militär. unterlag, wurde die autoritäre Machthandhabung zum despot. Terror, der erst nach Hitlers Selbstmord (30.4.1945) und der bedingungslosen Kapitulation Deutschlands (7./8.5.1945) zusammenbrach.

*Lit.: M. Broszat:* Der Staat Hitlers, München 1969. – *H. Buchheim u.a.:* Anatomie des SS-Staates, Olten/Freiburg/Br. 1965. – *J. C. Fest:* Hitler, Frankfurt/M./Berlin/Wien 1973 (Lit.). – *W. Hofer (Hg.):* Der N., Dokumente 1933-1945, Frankfurt/M. 1957. – *E. Jäckel:* Hitlers Weltanschauung. Entwurf einer Herrschaft, Tübingen 1969. – *Piper-Verlag (Hg.):* Historikerstreit (Dokumentation). Mit Beiträgen von K. D. Bracher, J. Habermas, E. Nolte u.a., München 1987. – *K. Scholder:* Die Kirchen und das Dritte Reich, Bd. 1, Frankfurt/M./Berlin/Wien 1977, Bd. 2, Berlin 1985.

*Volkmar Wittmütz*

## Natürliche Religion, natürliche Theologie

*A.* Im Gegensatz zum Problem der n.n Th. spielt der Begriff der *n.n R.* in der gegenwärtigen Theologie kaum eine Rolle. Die n.R. als Religion des natürl. Lichtes der Vernunft wird im →Deismus und in der →*Aufklärung* entwickelt, bes. durch H. von Cherbury, Reimarus und →Rousseau. Ihre Hauptwahrheiten bringt →Kant auf den Nenner: →Gott, →Freiheit, Unsterblichkeit der Seele. Extreme Vertreter betrachten alle »positiven«, also auf →Offenbarung beruhenden Religionen – damit auch das Christentum – als Verfälschungs- und Verfallsprozeß gegenüber der ursprüngl., maßgebenden n.n R. Andererseits gibt es viele Repräsentanten der n.n R., die positiv den rationalist. →Atheismus überwinden wollen, indem sie aus einer Naturfrömmigkeit heraus die Physikotheologie entfalten: sie versuchen, aus der Ordnung und Zweckmäßigkeit der Natur (Physis) Beweise für die Existenz →Gottes zu erbringen.

*B.* Die *n.Th.* will allein mit dem »natürl.« Licht der Vernunft (→Supranaturalismus) aus Gegebenheiten der Natur das Dasein und bestimmte Wesenszüge Gottes erkennen. Ihr Grundprinzip ist die »analogia entis«, die *Seinsanalogie* (→Analogie); ihr Hauptinstrument sind die →Gottesbeweise; sie versteht sich als Vorstufe oder »Vorwort« des Glaubens (»praeambulum fidei«), die mit Hilfe der »natürl.« Vernunft zum »übernatürl.« Glauben (→Offenbarung) hinführt. Diese klass. Form wurde in der →*Scholastik* und →Neuscholastik vertreten und auf dem 1. →Vat. Konzil dogmatisiert. Die *reformator. Traditionen* standen ihr – von Strömungen der →Aufklärung abgesehen – immer mit Vorbehalt gegenüber (→Luther, →Calvin). Im 20. Jh. hat sie schließl. durch die →dialekt. Theologie K. →Barths extremen Widerspruch gefunden. Die dadurch ausgelöste *Neubesinnung* hat auf seiten kath. Theologie folgenden Grundkonsens gebracht: Es gibt bibl. gesehen ohne bzw. vor Offenbarung und →Glaube keine Gotteserkenntnis; die menschl. Vernunft hat innerhalb von Offenbarung und Glaube eine positive Bedeutung, insofern sie – nachträgl. zum Glauben – aus der universalen, indirekten Offenbarung Gottes in der →Schöpfung bestätigende rationale Hinweise auf Gott erarbeitet. Sosehr dieser Lösung auch viele ev. Theologen zustimmen, bleiben dennoch deutl. *Fronten* bestehen, zumal eine autoritär und →fundamentalist. argumentierende Theologie – Spiegelbild innerkirchl. Entwicklungen – wieder an Anhängern zu gewinnen scheint.

*Lit.: G. Kraus:* Gotteserkenntnis ohne Offenbarung und Glaube?, Paderborn 1986. – *Ch. Link:* Die Welt als Gleichnis, München 1976. – *K. H. Miskotte:* N.R., n.Th., in: Religion in Geschichte und Gegenwart, 3. Aufl., Bd. IV, 1322-1326.

*Georg Kraus*

## Natur

Wenn man einen einzigen Begriff zum *Symbol einer Menschheitsepoche* zu erklären hätte und dafür den abendländ. Kulturraum über drei Jt.e hin als Ganzes ins Auge faßte, dann wäre es der Begriff N., dem dies als einem der ersten unter den tragenden Begriffen zugeschrieben werden könnte. Zu den Phänomenen, die das Abendland trotz seiner ungeheuren Spannungen noch als eine mit sich ident. bleibende Reflexionsgestalt erscheinen lassen, gehört nicht zuletzt die Tatsache, daß die von ihr umfaßte Menschheit im Kampf um Grundorientierung einen durchhaltend verbindl. Standpunkt über der Thematisierung von N. suchte.

*A.* Mit dem Begriff N. sollte ursprüngl. verwiesen werden können auf *unabdingbar Vorgegebenes*, auf Wirklichkeit, in die der Mensch zwar als eingeschlossen gedacht wird, die aber offensichtl. ohne sein Zutun allein aus sich ist und ohne die nichts wäre. Entspr. sollte sich der →Mensch verstehen. Als vorgegebene Wirklichkeit war ihm N. nicht nur die Fülle, sondern auch die →Grenze seiner Möglichkeiten. Damit schienen die Bedingungen einlinig vorgezeichnet. Von N. her konnte das dem Menschen Mögliche jeweils nur ein Aspekt des umgreifend Notwendigen sein, nur eine Weise unabdingbarer Abhängigkeit. Sein →Selbstbewußtsein hatte sich prinzipiell von einem anderen her zu formieren.

*B.* Und dennoch, dieser abendländ. Mensch, der gelernt hatte, sich in umgreifende Vorgänge eingeordnet und zutiefst als abhängig zu verstehen, sieht sich sehr bald in einem differenzierteren, wechselseitigen Verhältnis zur N. Mit dem N.begriff verbinden sich schon früh und zentral →Erkenntnisfragen, von denen sich das N.verständnis bis in die Gegenwart nicht mehr löst. Gerade der *Aspekt des Notwendigen*, unter dem sich der Mensch in die N. einbezogen sah, wird grundsätzl. und neu in Frage gestellt. Er gelangt unter die relativierende, im wesentl. *erkenntnistheoret. Gegenperspektive*, die jetzt prinzipiell vom Menschen als dem Maß des Möglichen urteilt. Problem war es geworden, ob der Mensch von der N., die ihm Vor- und Maßgabe sein sollte, auch das Maßgebliche zu wissen bekomme, und zwar als objektiv wahr und nicht nur vermeintl. in den jeweiligen Verstehensmöglichkeiten. Wie, als ob man dem gefürchteten Übel nur dadurch begegnen könne, daß man es voll bejahe, war die Ahnung zu begründeter Meinung gereift, daß es in der Tat kein Wissen an sich von der N. gebe, daß der Mensch von der N. überhaupt nur etwas erfahre, wenn er auf sie »einwirke«, eben mit den Mitteln, die ihm eigen sind, daß er also auf N. »techn.« zu reagieren habe (in jenem ursprüngl. Sinn von →»Technik« als Sichverstehen auf die N.), daß er N. durch seine Setzungen, durch »seine« →Naturgesetze gezielt befragen und erkunden müsse, wenn er sich nicht den Gefahren ihres Unerkanntseins weiter aussetzen wolle.

Im nachhinein war diese konstruktivist. Sicht (im wesentl. die der Sophisten) für die gesamte Entwicklung des N.verständnisses die entscheidende *Herausforderung*. Im Umgang mit der N. beginnt sich eine →Rationalität anzubahnen, die nicht zuletzt deshalb erkenntnisstimulierend zu immer neuen Thesen vorantreibt, weil sie Spannungen in sich aushält, ja solche noch provoziert. Es ist kaum mehr auszumachen, inwieweit die spätere kontroverse Entwicklung hier im Ansatz schon vorausgenommen wurde. War die verbindlich orientierende Bezugnahme auf N. schon zu einer erkenntnistheoret. Grundinstanz mit moral. Aspekt avanciert, gedacht und zugemutet als Orientierungspol allen Seins, von dem her dem »techn.« tastenden, aber auch »techn.« ausschweifenden Denken Halt, auch Einhalt geboten werden sollte? – Oder mußten die sich zeigenden »techn.« Möglichkeiten im Umgang mit der N. nicht selbst in den Rang des Notwendigen geraten, weil N., gedacht und erfahren als Grenze und Wesen des Möglichen, gar nicht als Notwendigkeit, sondern ebenso plausibel als Vorgabe erst zu erprobender und zu nutzender →Freiheit aufgefaßt werden kann, deren Wahrnehmung dann erst zu Notwendigkeiten führt, die mit den Zwängen des Faktischen, aber auch mit den Einsichten aus dem Faktischen etwas zu tun haben?

*C.* Der wirkungsvollste Versuch zur Klärung dieser Grundfragen wurde mit einem prinzipiellen *erkenntnistheoret. Vorbehalt* gegen alle N.erscheinungen eingeleitet. In seinen über die Zeiten hin sich unendl. abwandelnden Wiederholungen blieb er als sokrat.-platon. Vorbehalt eindeutig identifizierbar. Demnach könnte es menschl. Lebensorganisation gar nicht verwehrt werden, sich techn.-method. wie auch immer auf die N. einzulassen, d.h., sich auf sie verstehen zu lernen. Man dürfte ihr mit Archimedes geradezu auf den Leib rücken, sie mit den Gesetzen der Statik, mit Hebeln und Schrauben in das erkundende »Verhör« spannen und sich gedankl. herausfordernd sogar den Punkt »anmaßen«, von dem aus noch die vermeintl. unverrückbar ins Zentrum der Welt postierte Erde zu bewegen sei. Allein dieses N.vermögen oder auch N.unvermögen besagte, wenn →Platon recht behielte, noch nichts über die N. selbst (»physis« bei Platon an den bezügl. Stellen in der Bedeutung »Wesen«), die vielmehr, den N.erscheinungen »entrückt«, zur Orientierung im Ideenkosmos zu denken oder zu schauen wäre und allein als solche das wahre Wesen repräsentierte.

Mit Platon wäre im N.begriff ein Korrelations- oder auch Differenzbegriff gewonnen, der sich aus einem übergeordneten *transzendeten Blickpunkt* zu den Möglichkeiten fakt. Umgangs mit der N. begründet und jeweils das Wesen einer Sache getrennt von seiner Erscheinung zu bedenken gibt. Der N.begriff wäre dann unmittelbarer Ausdruck einer hierarch. angeordneten Doppelperspektivität, die allein von der »Vernunft« geleitet wird und allein wirkl. Verstehen eröffnet. Phänomene so über ihre Faktizität hinaus auf ihre N. zu befragen hieße, sie auf ihr →Wesen hin zu befragen, und hieße zugleich, ihre Wahrheit nicht im Erscheinenden erschöpft sein zu lassen, aber auch das Erscheinende nie höher einzuschätzen, als es »Abbildhaftem« im Verhältnis zum Eigentlichen nun einmal zukomme.

Am auffälligsten war die mit der platon. Perspektiventrennung erwirkte *Kompetenzaufteilung.* Zuständig für die Erscheinungen bei gleichzeitiger Entlassung aus jedweden Wesensansprüchen waren die *Techniker.* Ihre Möglichkeiten, sich auf N. zu verstehen, waren vorerst allerdings unter dieser Restriktion nicht eingeschränkt. Im Gegenteil, ihre Anstrengungen schienen unermeßl. frei zu werden für das konkret Konstruierbare, weil sie von vornherein entlastet waren von Gültigkeitserwartungen über das hinaus, was sich fakt. zu erweisen hat. Der Mechaniker Archimedes, der Künstler Phidias werden Repräsentanten geradezu unbegrenzter Möglichkeiten im Umgang mit der N. Darüber zu urteilen, was die Sache jeweils in Wahrheit wäre, das allerdings stand ihnen, den Konstrukteuren, den Brückenbauern und Ballistikern, nicht zu. Dies allein obliegt der Vernunft und damit denen, die aus Vernunft zu urteilen vermögen, also den Philosophen, die das Denken über N. zur Wesensphilosophie erklären und die sich damit selbst in die Position der einzig legalen *Physiker* heben (→Naturphilosophie) in Abgrenzung zu jenen anderen, den Technikern, die sich nur auf den Umgang mit der N. verstehen.

*D.* Es war eine Kompetenzaufteilung, die weitreichende Folgen bis in die Moderne hatte und wirkungsvoll erst von den Physikern der Neuzeit (→Physik) durchbrochen wurde. Sie wurden infolge ausbleibenden Erkenntnisfortschritts unter den Prinzipienvorgaben der Philosophen geradezu zum Wagnis des Sakrilegs gezwungen, als sie sich unter Umgehung der Philosophen verbindl. Auskunft über die N. bei den »mechan.« Technikern erhofften und dort auch entscheidende Anregung erfuhren. Eindrückl. ist der Orientierungsbruch bei →Galilei zu beobachten. Nicht auf die Entwicklung der großen techn. Zivilisationsleistungen hatte sich der philos. Vorbehalt zunächst hemmend ausgewirkt. Antike und ma. Kultur demonstrieren das zur Genüge. Zum wirkl. Hindernis auch für das »nur techn.« Denken im Umgang mit der N. wird der Vorbehalt erst, als der weitere Fortschritt auf ein prinzipielles *Erfassen von N.strukturen* angewiesen war, der Prinzipienbereich aber von der Philosophie fest ausgesteckt und »beschlagnahmt« blieb (→Kausalität, →Ziel). Es hat sehr lange gebraucht, bis sich die umwälzende Usurpation, die Rückgewinnung der eigenen Prinzipienverantwortung mit den Kopernikanern (→Kopernikus) mühselig und schmerzl. durchzusetzen begann (→Kepler, Giordano Bruno).

Eigentl. und zutiefst aber galt die platon. Verstehensaufspaltung, die vordergründig zur unglückseligen Kompetenztrennung geführt hatte, einem »höheren« Zweck. Mit ihr erhielt die abendländ. Grundorientierung am N.begriff die nicht mehr wegzudenkende »Institution« des Legitimitätsvorbehalts. Keine äußere wie innere Formierung eines Zustands, keine triftige Auseinandersetzung mit einem Faktenbestand ist seitdem mehr vorstellbar, denen im Prinzip das *Recht auf rationale Mißbilligung,* oder allgemeiner, die Zumutung von rationaler Differenz genommen werden kann. Es ist seitdem legitim, den »Verwaltern der N.« in welchem Zusammenhang auch immer das letzt verbindl. Wort nicht zu überlassen, sofern sie nicht selbst am rationalen Vorbehalt arbeiten.

*E.* Erstaunl. ist es, daß die Weichen für die noch heute verpflichtenden Grunderörterungen über *Modellbildungen* gestellt wurden, die zeitl. weit zurückliegen. Nach Platon sind im Grunde nur noch zwei entscheidende Akzente gesetzt worden. Es war einmal der *aristotel. Ansatz* (→Aristoteles). Er läßt techn. Spielraum jenseits der »natürl.« Vorgaben nicht zu, wenn die Vollkommenheit der N. nicht verlorengehen soll. Die Restriktionen, die von Aristoteles ausgegangen sind, sind enger gehalten als die von Platon und wurden im Grunde auch, wo sie in der Neuzeit bekämpft wurden, wieder mit platon. Gedanken außer Kraft gesetzt.

Und da ist zum anderen der *»christl.« Ansatz,* der im Prinzip eine Gegenbewegung zu jeder Metaphysik der N. darstellt und von hierher nur Fremdkörper im abendländ. Denken sein müßte. Der Begriff N. hätte von den bibl. Vorlagen, speziell vom AT her, gar nicht in die abendländ. Reflexion eingeführt werden können. Wenn der israelit. und dann der christl. Mensch reflektiert, wem er und seine Welt sich verdanken, dann denkt er nicht an Vorgaben durch die N., sondern preist die →Schöpfung und den Schöpfer. Diese Aussagen, dann aber konfrontiert mit abendländ. Rationalität, mußten ihr allerdings einen unverwechselbaren Impuls geben (→Naturwissenschaft und Theologie).

*Lit.: E. J. Dijksterhuis:* Die Mechanisierung des Weltbildes, Berlin u.a. 1956. – *H. von Ditfurth/R. Walter (Hg.):* Im Bann der N., in: Christl. Glaube in moderner Gesellschaft, Quellenbd. 2, Freiburg u.a. 1985. – *A. Maier:* Zwischen Philosophie und Mechanik. Studien zur N.philosophie der Spätscholastik, Rom 1958. – *C. F. von Weizsäcker:* Die Einheit der N., München 1971.

*Dieter Henke*

## Naturalismus

### *A. Erkenntnistheoretisch*

Der N. ist eine Form des nichtreflektierten →Welt- und Selbstverhältnisses, der Sachverhalte für Gegebenheiten ausgibt, ohne die Interpretationsmittel für diese Gegebenheiten explizit zu thematisieren.

*I.* Der metaphys. N. beantwortet die Fragen, woraus alle Dinge zu erklären seien, so, daß sie zu Epiphänomenen (Widerspiegelungen) der →Natur werden. →Erkenntnistheoret. ist der N. ein *naiver →Realismus*, der die Erkenntnis als »naturgetreue Abbildung der Wirklichkeit« versteht (→Erkennen), so daß als wirkl. und wahr allein gilt, was sich in alltägl. →Erfahrung (in »natürl. Einstellung«, E. Husserl [→Phänomenologie]) sinnl. zeigt. Die →Naturwissenschaft gewinnt erste Distanz zum N. des sog. gesunden Menschenverstandes und erarbeitet einen N. auf (einzel-)wissenschaftl. Ebene, indem sie alles aus der Sphäre zu erklären sucht, die sich in Experimenten durch meßtechn. Apparaturen erfassen und in einem mathemat. Formalismus beschreiben läßt (→Mathematik; →Naturgesetze). Die so entstehende Theorie wird als *Abbildung der Natur* verstanden. Die diese Auffassung stützende Philosophie des →Positivismus behauptet, daß Strukturen von Erkenntnismitteln (wie z.B. auch →Logik und Mathematik) von Tatsachen der unbelebten und belebten Natur ableitbar sind (→Materialismus, Biologismus, Evolutionismus, Psychologismus). Der N. erweist sich damit als eine Form des →Monismus oder Reduktionismus (Rückführung allen Erkennens auf einen Ausgangspunkt) und steht in Opposition zu verschiedenen Formen des →Idealismus, der gegen die sensualist. (auf die Sinne verengte) Erkenntnistheorie des N. den entscheidenden Einwand geltend macht, daß allg. Strukturen nicht aus empir. Einzelgegebenheiten erklärbar sind (→Empirismus), und darauf hinwies, daß die Frage nach dem Grund der *Allgemeingültigkeit* von →Theorien nicht durch den →Pragmatismus (eine Form des Realismus mit dem Erfolg als Kriterium der Geltung) beantwortet werden kann.

*II.* Als *eth. N.* sind solche Positionen bezeichnet worden, die präskriptive (vor-schreibende) Begriffe, die ein Sollen ausdrücken, auf deskriptive (beschreibende) Begriffe, die eine Beschreibung von Sachverhalten geben, zurückführen (G. E. Moore [1873-1958], H. Spencer [1820-1903], J. St. →Mill [1806-1873], J. Dewey [1859-1952] u.a.). In diesem Versuch, →Normen (ein Sollen) durch Sachverhalte (→Sein) zu begründen, liegt das Problem des sog. naturalist. Fehlschlusses.
Der Begriff des N. wurde im 17. Jh. im Verlaufe der Auseinandersetzung mit der christl. →Offenbarungs- und →Gnadenlehre gegen den →Supra- oder Supernaturalismus und Spiritualismus entwikkelt. Was sich der empir. oder rationalen Natur des Menschen nicht als zugängl. erweist, wurde als supranaturalist. rel. Quelle verworfen (Ph. de Mornay, R. Carpenter, G. Voetius).

*III.* Im Kontext der *Kunstgeschichte* wird der Begriff weniger als Epochenbegriff als vielmehr zur Kennzeichnung der Darstellungsmittel verwendet, die geeignet sind, ein »zutreffendes Abbild« der sichtbaren Wirklichkeit zu erzeugen, wozu u.a. Raumperspektive, anatom. und farbl. Richtigkeit gehören.

*Lit.: H.-C. von der Gabelentz:* Der N. Seine Deutung und Bedeutung in der Malerei des 19. Jh.s, Altenburg 1966 (Lit.). – *Y. H. Krikorian (Hg.):* Naturalism and the Human Spirit, New York 1944. – *J. Mittelstraß:* N., in: Enzyklopädie Philosophie und Wissenschaftstheorie, Bd. 2, 964. – *R. Stuhlmann-Laeisz:* Das Sein-Sollen-Problem: eine modallog. Studie, Stuttgart-Bad Cannstatt 1983. – *B. Welte:* Determinismus und Freiheit, Frankfurt/M. 1969.

*Ulrich Saßmann*

*B. Literarisch*

*I.* Aus der Kunstwissenschaft entlehnter Begriff der Literaturgeschichte, der die *Epoche zwischen →Realismus und →Symbolismus/*→Impressionismus bezeichnet. In →Frankreich und anderen europ. Ländern ist der Übergang vom Realismus zum N. graduell, in Deutschland dagegen abrupt, militant und kategorial. Um 1885 beginnt in München und Berlin eine Autorengeneration von 20jährigen unter Berufung auf positivist. Maximen (→Positivismus) ihren Kampf gegen eine als süßl. verderbt ausgegebene Dichtung schöner Oberflächlichkeit und gefühliger Wirklichkeitsverfälschung. Die schroffe Abrechnung betrifft aber nicht nur zeitgenöss. Autoren und Richtungen; vielmehr wird die bisherige Literatur fast samt und sonders wegen ihres fehlenden Gegenwartsbezugs in Bann getan; eine der wenigen Ausnahmen bildet G. Büchner, der im N. erstmals zu breiter Wirksamkeit kommt.

*II.* Der Leitbegriff heißt *Wahrheit*; das überprüfende Medium heißt *Experiment*; die Koordinaten entstammen Rasse, Zeit und Milieu (Taine); die Ziele sind Schock und eine Aufklärung vornehml. im Sozialen. In Zeitschriften (»Die Gesellschaft«, »Freie Bühne für modernes Leben«) und in Theatervereinen formuliert sich im Anschluß an nichtdt. Autoren, wie E. Zola, H. Ibsen oder L. N. →Tolstoi, der dt. N. als *Anwalt der Entrechteten*, der gesellschaftl. Deklassierten, der Frauen, der Bettler und der Selbstmörder. Der Vorwurf der »Rinnsteinkunst« kommt bezeichnenderweise nicht nur von ästhet. konservativer Seite; auch die →Sozialdemokraten distanzieren sich auf ihrem Parteitag in Gotha 1895 von einer Pseudodichtung, die anstelle von Erhebung Deprimierung auslöse und nur die Schattenseiten des Lebens reproduziere. →Sozialismus und →Individualismus treffen sich in einem Mitleid, das aus Pathos und Zorn zusammengesetzt ist.

*III.* Geschrieben wird in allen drei dichter. Gattungen, zudem in einer Fülle von publizist.-agitator. Zweckformen. Am wirkungsvollsten wird der dt. N. im Drama; die Stücke von A. Holz, J. Schaf, M. Habe oder G. Hauptmann machen die Probe aufs theoret. Exempel. Gezeigt wird der vielfach *determinierte Mensch*, der auf den Schienen seiner Vorgeprägtheiten in eine fatale Situation läuft, die mit der herkömml. →Metaphysik und →Freiheit nichts mehr zu schaffen hat. Tristheit und Vulgarität, die dem N. von seinen bürgerl. Kritikern vorgeworfen werden, sind den Stürmern und Drängern des N. geradezu programmatisch. Vor allem auf der Bühne, und hier insbes. im »Sekundenstil« einer um Totalität bemühten *Abbildungskunst* (Mimesis), kommt die *neue Sprache* des N. voll zur Wirkung. Diese *Sprache* ist nicht mehr wie alle frühere Dichtungssprache um Glättung und Stilisierung bemüht, sondern im Gegenteil darum, auch die Härten, Schwächen und das Versagen von Sprache genauestens nachzubilden und als Charakterisierungsindikator der psych. Verfassungen der Personen deutl. zu machen. Die →*Seele* ist nicht mehr die Instanz, die selbstfeiernde Teilnahme am Schönen und Göttlichen ermöglicht; die nüchterne *Psyche* ist vor allem Registrierinstrument für Übertriebenheiten und Deformationen.

*IV.* Wille zur Wahrheit und Lust an der Provokation gehen im dt. N. Hand in Hand. Künstlerisch zeichnet sich bald ab, daß die furios begonnene Bewegung in eine Sackgasse geraten würde; der vom N. formal fast erreichte Pointillismus kann dann vom Impressionismus als artist. Erbe benutzt werden. Dennoch: Nach dem Vormärz hat es in Deutschland keine von Kritik und Bürgertum so angefeindete literar. Bewegung mehr gegeben wie den N. Sosehr aber seine Forciertheiten und Befangenheiten (etwa in der Darwin-Apotheose) offenkundig sind: in seinem themat. Engagement, in seiner präzisen Sprachführung und in seinen Normen theatral. Umsetzung hat der N. Maßstäbe gesetzt, die auch für die nachnaturalist. Literatur bis heute wirksam blieben. Vor allem durch G. Hauptmanns bis in die 30er Jahre in Stil und Thematik dem N. verpflichtete Dramen blieb diese Literaturepoche über ihr offizielles *Ende um 1893* noch lange präsent und für die theatral. Formen der Verwirklichung normgebend und anstößig zugleich.

*Lit.: R. C. Cowen:* Der N. Kommentar zu einer Epoche, München 1973. – *G. Mahal:* N. (Dt. Literatur im 20. Jh., Bd. 1), München 1975, 2. Aufl. 1982.

*Günther Mahal*

**Naturgesetze** werden gemeinhin mit period. wiederkehrenden Naturphänomenen oder erklärbaren Beziehungen zwischen diesen gleichgesetzt. Im engeren Sinne sind es für die →Naturwissenschaften feste, oft math. Beziehungen zwischen naturwissenschaftl. Begriffen, stellen ihre →Ziele, Arbeitsgrundlagen und Ergebnisse dar und formen in einer nach Allgemeingültigkeit geordneten →Struktur wissenschaftl. →Theorien. Dabei steht das »Wie« eines Naturgeschehens meist im Vordergrund.

*A.* Im Unterschied dazu prägte bis zum Ende des →*MA.s* ein teleolog., d.h. nach dem Ziel, nach dem »Warum« fragendes, Interesse die naturphilosoph. Auseinandersetzung, wovon sich bis heute die metaphys. Suche nach →Ordnung und Harmonie bewahrt hat. In einer Übergangszeit gelang eine Verknüpfung der neuen, math.-gesetzl. Naturbeschreibung mit →Religion und →Philosophie bes. in der →Astronomie bei →Kepler. Ab dem 18. Jh. entwickelte sich eine Trennung zwischen rein mechanist. orientierter Naturwissenschaft und einer nach Hintergründen fragenden Philosophie. Die Bedeutung von N.n für die Naturerfahrung hat insbes. →*Kant* herausgearbeitet. Danach gründet sich die menschl. Naturbegegnung auf die räuml. und zeitl. Eigenart der sinnl. Wahrnehmung (→Sinne). Diese bedingte →Erfahrung formt durch Verstandeskategorien (→Verstand) unter der Voraussetzung der Gültigkeit von →Kausalität Grundbegriffe einer →aprior. Naturerkenntnis. Ihre Gesetzmäßigkeiten und die hierauf gegründeten Ergebnisse der krit.-analysierenden Vernunft bilden die N. Empir. gefundene N. sind dann aber keine Aussagen über eine objekthafte →Natur, sondern vielmehr über die Möglichkeiten und Begrenzungen menschl. Sinne und der Verstandes.

*B.* Im *20. Jh.* hat die →Wissenschaftstheorie von einem naturwissenschaftl. Standpunkt aus die Bedingungen und Entstehung von N.n untersucht.P. Duhem (1861-1916) betonte den abstrakten und symbol., H. Dingler (1881-1954) den method., auf techn. Anwendung zielenden Charakter von N.n. Für K. R. Popper (geb. 1902) sind die →Theorien, welche die N. zusammenbinden, bedeutsamer als einzelne N., die immer eine →Erklärung vieldeutiger, einzelner Abläufe sind. Überhaupt ist ihre Verifizierung (Beweis) nicht mögl., weil dies die Kenntnis der wahren Naturbeschreibung voraussetzt. Naturwissenschaft besteht nach Popper in der Falsifizierung (Widerlegung) von Theorien, mit dem Ergebnis einer immer besseren Konvergenz (Übereinkunft) mit der wahren Naturerkenntnis.
Die naturwissenschaftl. verstandenen N. werden *induktiv* (→Methode) gewonnen. Experimentell trennt die Wissenschaft Naturphänomene in Einzelgeschehnisse und sucht nach Analogien zwischen Mathematik und den von den Beobachtungsdaten repräsentierten Größen, wobei der ganze Apparat bekannter N. nach Möglichkeit benutzt und erhalten werden soll. Daneben sind allg. N. wie Erhaltungssätze, z.B. der →Energie, oder Symmetrieaussagen Stütze für ganze Theorien, prägen mit ihrem grundlegenden Charakter die Entwicklung von Bereichen einer Naturwissenschaft und erlauben, neue Gesetzmäßigkeiten vorherzusagen. Die →Biologie arbeitet unter Berücksichtigung der physikal. und chem. N. (→Physik; →Chemie) auch mit Regeln, die nicht nur beschreiben, sondern auch Zielaussagen enthalten.

*C.* Das *Naturbild* der neuzeitl. Naturwissenschaft geht allzuoft von einer Unabhängigkeit des Geschaffenen von dem →Menschen aus. Die diesen umgebende, unbelebte und belebte und sogar ihn selbst darstellende, nicht rationale Wirklichkeit scheint objektiv beschreibbar durch die exakten N.

Eine genaue Analyse zeigt aber, daß es keine absolute Exaktheit gibt, vielmehr machen N. oft statist. Aussagen oder sind nur gültig auf Grund von Näherungen. Sie können sogar prinzipiell →*Grenzen* der naturwissenschaftl. Methode aufzeigen, was einen Übergang vom funktionalen »Wie« zum ledigl. darstellenden »Was« bedeutet, z.B. durch die Unschärferelation in der Physik. Jedes N. steht wenigstens mittelbar in Zusammenhang mit Axiomen der Anschauung, also Entscheidungen für eine Naturauffassung mit best. räuml. und zeitl. Strukturen, oder Axiomen der Methode, d.h. der Trennung zwischen Subjekt Mensch und Objekt Natur: Voraussetzung des →Determinismus, der →Kausalität, der Induktion und der Zeitvorhersage. Diese Prämissen (Voraussetzungen) ermöglichen einerseits N., die unsere technisierte Wohlstandsgesellschaft gefördert haben (→Technik). Andererseits darf das Bewußtsein erfolgreicher Pragmatik im Umgang mit den N.n nicht vergessen lassen, daß es sich bei ihnen, wie die Geschichte ihrer Entwicklung gezeigt hat, letztl. um nichtnotwendige »Erkenntnisse« handelt. In jüngster Vergangenheit kamen deutl. Hinweise hierzu aus der →Evolutionstheorie, →Quantentheorie und →Relativitätstheorie.

*Lit.: P. Mittelstaedt:* Philos. Probleme der modernen Physik, Mannheim, 6. Aufl. 1981. – *A. M. K. Müller:* Die präparierte Zeit, Stuttgart, 2. Aufl. 1973.

*Frank Badel*

## Naturphilosophie

*A.* Herkömml. ist N. jene philos. Disziplin, die →Natur zu ihrem Gegenstand macht. Unter den drei theoret. Betrachtungsweisen von Seiendem nimmt sie bei →Aristoteles die zweite Stelle ein, weil ihr alles das zum Thema wird, was nicht →Gott selbst meint, als das Erste unter allem Seiendem, und was nicht die Betrachtung der reinen Formen des →Denkens ausmacht, jenes sinnvollerweise auch gesondert zu sehende Dritte unter dem Seienden. Der *Gegenstand von N.* (griech. *episteme* oder *philosophia physike*) wäre darum alles, was nicht der →Theologie zugewiesen werden muß und was nicht die Theoriebildung in ihren konstitutiven formalen Elementen betrifft, deren Erörterung der →Logik, der →Mathematik, der Strukturen- und Kategorienlehre obliegt. So ist es nicht zufällig, daß Natur zum *Allgemeinbegriff* alles inhaltl. wesenhaft best. Seins wird.

*B.* Dennoch bleibt Natur, auch wenn für fast zwei Jt.e überzeugend postiert zwischen dem Göttlichen und dem Formalen, kein einfach abzugrenzender Seinsbereich. Die →*Erkenntnisfragen* bestimmen mehr und mehr das Sachinteresse. N. wird in entscheidendem Maße (hierin zugleich verpflichtend für die →Philosophie im ganzen) jene Disziplin, die die Bedingungen reflektiert, unter denen ihr Gegenstand überhaupt zum Gegenstand der Erkenntnis werden kann. Darüber spannt sich ein weites Problemfeld, das sich eindrückl. niederschlägt in der Polarität der Begriffe →*Natur und* →*Technik.*

Mit *I.* →*Kant* ist der sich früh abzeichnende abendländ. Entscheidungsprozeß in seine letzte Instanz gegangen. Man mag davon träumen, daß die theoret. Arbeit über Kants method. naturphilos. Ansatz endl. den ihm zukommenden Allgemeinheitsgrad erreicht. Mit ihrem Abschluß würde die gegenwärtige naturphilos. Szene zwar nicht so bunt bleiben, aber die epochale Verwirrung mangels ausbleibender Verbindlichkeit im Ringen um ein eindeutiges Naturverständnis hätte den vernünftigen und humanen Ausgang gefunden. Bereits jetzt aber wird jeder, der im Erfahrungshorizont von Natur-Erscheinungen argumentiert, sich der »krit. Vernunft«-Frage zu stellen haben, inwieweit im von ihm angesetzten Naturbereich die »subjektiven« rationalen Konstruktionsvoraussetzungen als konstitutiv mitverstanden sind. Ist die Rationalität des Ansatzes durchsichtig, dann wird auch eine Objektivität der Naturgegenstände wieder verbindl. ins Kalkül zu bringen sein. Kant hatte sich eine solche erhofft, als er sich in den »Metaphys. Anfangsgründen der Naturwissenschaften« (1786) an die method. Rekonstruktion des zum Epochenwerk neuzeitl. klass. Mechanik und →Physik allg. avancierten Werks von I. →Newton machte, den »Philosophiae naturalis principia mathematica« (1687), ohne es letztl. schon befriedigend zu schaffen.

*C.* Die derzeitige Ausgangslage ist weithin von hierher gezeichnet. Die Anstrengungen in dem von Kant geweckten Methodenbewußtsein aus →transzendentaler oder auch krit. →Metaphysik gehen unvermindert weiter. Währenddessen verabschiedet sich das spekulative Denken keineswegs. Sich absolut setzende Mutmaßungen werden zu naturphilos. Grundideen erklärt, ohne sich weithin Rechenschaft zu geben über die Herkunft und rationale Einordnung ihrer Entscheidungskriterien (vgl. beispielhaft →Vitalismus und Mechanismus, →Makrokosmos und Mikrokosmos). Andererseits haben die Naturwissenschaften eine Bewußtseinsdominanz erreicht, deren Ergebnisse zwangsläufig zu Grundsatzüberlegungen führen, auch zu →Weltbildentwürfen, dabei immer in der großen Gefahr, die originären einzelwissenschaftl. Bezugsbereiche zu vergessen oder zu übersehen.

In diesem Zusammenhang bildet sich krit. eine *neue Art von N.* aus, die sich im wesentl. darin versteht, den Kontext von vereinzelten naturwissenschaftl. Aspekten wiederherzustellen und ihnen einen allg. Verstehensrahmen zu bieten. Weithin ist diese N. Wissenschaftsphilosophie (zum großen Teil auch von Naturwissenschaftlern durchgeführt), mit der wichtigen Funktion, der sprachl. Isolierung der →Naturwissenschaften zu wehren, ihre Ergebnisse einer unsachgemäßen Verwendung zu entziehen, aber auch umgekehrt durch umgreifende Interpretation naturwissenschaftl. Denkens dieses verstärkt zur Selbstreflexion anzuregen.

*Lit.: M. Drieschner:* Einführung in die N., Darmstadt 1981. – *F. Jacob:* Die Logik des Lebenden. Von der Urzeugung zum genet. Code, Frankfurt/M. 1972. – *B. Kanitscheider:* Philosophie und moderne Physik. Systeme, Strukturen, Synthesen, Darmstadt 1979. – *Ders. (Hg.):* Moderne N., Würzburg 1983. – *K. Mainzer:* Symmetrien der Natur. Ein Handbuch zur Natur- und Wissenschaftsphilosophie, Berlin/New York 1988. – *L. Schäfer:* Kants Metaphysik der Natur, Berlin 1966.

*Dieter Henke*

## Naturrecht

### *A. Aktualität*

Kennzeichnend für die →Neuzeit ist die Umstellung von einem vorgegebenen, durch die →Vernunft erkennbaren N. auf positives, d.h. durch →Entscheidung in Geltung gesetztes →Recht. Die Verselbständigung dieses positiven Rechts hat aber den Gegensatz von →Legalität und Legitimität hervorgetrieben. Die Frage, wie die →Pflicht des Bürgers zum →Gehorsam gegenüber dem Recht und den staatl. Anordnungen begründet werden kann, hat sich *verschärft.* Die Gefährdung des →Lebens durch die Zerstörung der →Umwelt und die militär. →Rüstung haben Grenzen des Mehrheitsprinzips bewußtgemacht (es gibt Dinge, über die man nicht abstimmen kann). Da das Grundgesetz in Art. 1 auf einem Bekenntnis »zu unverletzl. und unveräußerl. →Menschenrechten« aufbaut, alle staatl. Gewalt zu Achtung und Schutz der →Menschenwürde verpflichtet und alle drei Gewalten, insbes. auch den Gesetzgeber, an die *Grundrechte* als unmittelbar geltendes Recht bindet, ist der Übergang zwischen (meist als →Grundwerte verstandenen) N.sprinzipien und dem positiven Recht fließend geworden. Die die Grundrechte verbürgenden →Normen sind so unbestimmt, daß sie erst im Bezug auf den zugehörigen Lebensbereich (die »Natur der Sache«) konkretisiert werden können.

### *B. Die Naturrechtskritik*

Der erkenntnistheoret. und der jurist. →*Positivismus* entzieht dem N. den Grund, indem er Sein und Sollen (vgl. →Ontologie) trennt. Unter der Voraussetzung dieser Trennung ist die Ableitung eines Sollens aus einem Sein log. unzulässig (naturalist. Fehlschluß). N.ssätze sind dann nur Leerformeln, die der Legitimation empir. Verhältnisse, die in sie hineinprojiziert werden, dienen (→Ideologie). Auf das - in Reaktion auf den →Nationalsozialismus restaurierte – N., wie es in die *Rechtsprechung* des Bundesgerichtshofs eingegangen ist, traf diese Kritik zu. Ihm lag unreflektiert der positivist. Rechtsbegriff zugrunde, der die Vernunft durch Entscheidung ersetzt. Eine Überwindung des Positivismus setzt eine Überwindung der Trennung von Sein und Sollen voraus. Da diese aus der Herabsetzung der →Natur zum Verfügungsobjekt des neuzeitl. →Subjekts folgt, ist eine Erneuerung des N.s nur auf der Grundlage einer →Versöhnung mit der Natur mögl.

### *C. Naturrecht und christlicher Glaube*

*I.* In der *kath.* Tradition hat das N. den Sinn, zwischen →Glaube und →Welt zu vermitteln. Durch seine relative Eigenständigkeit, die auf dem Naturbegriff gründet, ist das N. ein Korrektiv gegenüber der →Jenseitsorientierung des Glaubens. Die Einheit von Theologie und N. ist aus der Natur als *Gottes →Schöpfung* begründet. In der neuzeitl. Entwicklung bis hin zur →Neuscholastik aber hat sich das N.sdenken sowohl gegenüber der Theologie als auch gegenüber der geschichtl. Wirklichkeit allmähl. isoliert. An die Stelle einer Vermittlung ist die autoritative Entscheidung durch das kirchl. →Lehramt getreten. Die innerkath. *Kritik* an diesem N. hält an dem Vernunftanspruch fest, wendet sich aber gegen die Verabsolutierung eines von der →Kirche für verbindl. erklärten Normenbestandes.

*II.* Für die *ev. Theologie* können Natur und Vernunft nicht eigenständige Größen neben der →Offenbarung →Gottes in →Jesus Christus sein. Parallel zu der Versteinerung des N.s in der Neuscholastik verschwand das N. aus der ev. Theologie. Nachdem sich bereits an der N.sdiskussion nach 1945 ev. Juristen beteiligt haben (Erik Wolf, Hans Dombois), stellt sich heute die Frage nach dem Verhältnis zwischen *Glauben und weltl. Vernunft* neu. Grund ist das durch die drohenden globalen Katastrophen geschärfte Bewußtsein einer →Verantwortung der Christenheit für die Welt. Die Sachprobleme sind nicht lösbar, ohne daß Recht und Natur aufeinander bezogen werden. Daher entsteht heute ein Bedürfnis nach einem N., das nicht mehr konfessionell verengt ist und auch die Zusammenarbeit mit Nichtchristen ermöglicht. Eine Klärung der theologiegeschichtl. Voraussetzungen des neuzeitl. Naturbegriffs könnte kath. und ev. Theologie zusammenführen.

*Lit.: F. Böckle/E.-W. Böckenförde (Hg.):* N. in der Kritik, Mainz 1973. – *R. Eckertz:* Neuzeit und N., in: Zeitschrift für Ev. Ethik 26 (1982), 328-349. – *Th. Herr:* N. aus der krit. Sicht des NT, München/Paderborn/Wien 1976. – *O. Höffe:* N. ohne naturalist. Fehlschluß, Wien 1980. – *K.-H. Ilting:* N. und Sittlichkeit, Stuttgart 1983. – *W. Maihofer (Hg.):* N. oder Rechtspositivismus?, Darmstadt, 3. Aufl. 1981 (Lit.). – *J. Messmer:* Das N., Innsbruck/Wien, 7. Aufl. 1984 (Lit.). – *C. Urban:* Nominalismus im N., Düsseldorf 1979. – *E. Wolf:* Das Problem der N.slehre, Karlsruhe, 3. Aufl. 1964.

*Rainer Eckertz*

**Naturwissenschaft** hat die systemat. Beschreibung der ohne Zutun des →Menschen vorhandenen Realität zum Gegenstand. Durch Geburt und →Tod ist menschl. Existenz in der →Zeit begrenzt. Sinnl. →Erfahrung der →Natur ist immer Erfahrung in der Zeit und notwendig partikular (→Sinne). N. hat somit die in sich stimmige Verarbeitung von Teilaspekten der Natur zur Aufgabe.

*A.* Beim naturwissenschaftl. Vorgehen werden Erfahrungen mit einer Teilwirklichkeit der Natur soweit *abstrahiert*, daß sie sich einerseits reproduzieren und andererseits in ein mathemat. formuliertes Modell übersetzen lassen. Beobachtung und Experiment sind die Mittel, Teilwirklichkeiten der Natur zu isolieren und Phänomene einzuteilen in wesentl., die berücksichtigt werden, und unwesentl., die vernachlässigt bleiben. Experiment und instrumentelle Beobachtung gestatten es, den naturgegebenen Bereich menschl. Sinne extrem auszudehnen. *Experimente* sind zielgerichtete Fragestellungen an die Natur, die einem bereits vorhandenen theoret. Modell entstammen. Es gibt keine theoriefreien Experimente. Umgekehrt haben experimentelle Resultate Rückwirkungen auf eine →*Theorie*. Sie zwingen zur Veränderung einer Theorie oder zur Auswahl zwischen Theorieoptionen. Das *Kriterium*, dem jede naturwissenschaftl. Theorie unterworfen ist, ist die konsistente, in sich stimmige →Ordnung und Deutung des vorliegenden empir. →Wissens. Die empir. Daten allein bestimmen aber die Theorie noch nicht (Induktionsproblem, →Methode). Mit ihrem mathemat. Formalismus lassen sich im Rahmen einer Theorie neue, bisher unbekannte empir. Konsequenzen, *Prognosen* ableiten.

*B.* Die *Quantenmechanik* hat eine gegenseitige Abhängigkeit der verwendeten Begriffssysteme bei der Beschreibung ein und desselben Objekts aufgedeckt (→Quantentheorie). Die Korpuskelqualität (Teilchenqu.) von Photonen, Elektronen usw. (→Materie) kann nicht mehr unabhängig von ihrer Wellenqualität gedacht werden. Beide Begriffe, am selben Objekt vermittelt, schränken sich ein (Vertauschungsrelationen zwischen Orts- und Impulsoperator). Diese Einschränkung erzeugt quantenmechan. Korrelationen, die den *holist. Charakter* der Theorie bewirken (→Ganzheit). Die konsistente Vermittlung der Teilaspekte führt so zur Aufhebung der Identität der ursprüngl. vorausgesetzten Teilwirklichkeiten und damit zurück zur Einheit der →Natur.

*Lit.: A. Einstein:* Physik und Realität (The Journal of the Franklin Institute, Bd. 221, Nr. 3, 1936); Das Fundament der Physik (Science, Washington D.C., 24. Mai 1940), in: *ders.:* Aus meinen späten Jahren, Stuttgart 1979. – *W. Pauli:* Der Einfluß archetyp. Vorstellungen auf die Bildung naturwissenschaftl. Theorien bei Kepler, in: Naturerklärung und Psyche, Zürich 1952.

*Eberhard Müller*

## Naturwissenschaft und Theologie

### A. Die Fragestellung

*I.* Der *definitor. Rahmen* für die artifizielle, »pragmat. Begriffskombination »N. und Th.« muß erst angestrebt werden. Dies gilt in gleicher Weise für die inverse Formel »Th. und N.«, die nicht weniger gebräuchl. ist, nur den Denkansatz in umgekehrter Reihenfolge betont. In strenger Sicht ist der Definitionsbereich gebunden an die Vorstellung, mit der die terminolog. Verknüpfung operiert: zwei klass., mit guten Gründen ausdifferenzierte Wissens- und Reflexionsinstitutionen, eben →Naturwissenschaft wie →Theologie, theoret. gekoppelt sehen zu dürfen.

*II.* Diese Begriffskombination wäre dann gerechtfertigt, wenn sie der *qualifizierenden Benennung* einer Fragestellung diente, näml. der des Umgangs mit Problemen, die zwar aus der Eigenständigkeit je einer der zwei Disziplinen erwüchsen, sich aber erst zusammen mit den Erkenntnismitteln der andern angemessen wahrnehmen ließen.
Die beiden Begriffsmomente »N.« wie »Th.« behielten bei dieser Fragestellung die Bedeutung, die sie namentl. ins Spiel bringen. Mit ihrer gegenseitigen Verknüpfung wäre also nicht ein Rückgängigmachen des spezif. Naturwissenschaftlichen oder des spezif. Theologischen angezeigt. Nicht um die Etablierung eines seine Herkunft leugnenden Dritten jenseits von jetzt maßgebl. N. und jetzt maßgebl. Th. kann es sich handeln. (Dabei ist der Maßstab nicht eine abstrakte Eindeutigkeit abseits des gegenwärtigen Entwicklungsprozesses der Disziplinen, vielmehr die jeweilig überprüfbare Ableitung aus ihm.) Wohl aber ist ein *Zugewinn* zu erwarten, näml. von Themen und Gesichtspunkten, zu denen jeweils in der einen Disziplin ein spezif. Anlaß besteht, zu deren notwendiger Entfaltung und Erörterung aber nur über die hinzukommende andere Disziplin zureichend Anschluß gefunden werden könnte.

*III.* Diese definitor. Eingrenzung entspricht nicht dem, was herkömml. unter dem Stichwort Dialog zwischen den Disziplinen fungierte und zugelassen wurde. Im Gegenteil, sie hat eine ausscheidende Funktion. Gesichtspunkt ist, alles das aus einem nur scheinbar interdisziplinären Gespräch herauszunehmen, was differenziert bereits seinen Ort hat. Nicht eine Grauzone gilt es zu etablieren, durch die die Ernsthaftigkeit der gegenwärtigen interdisziplinären Herausforderung nur verschleiert würde. Demgegenüber setzt das hier vorgetragene Verständnis von *Interdisziplinarität* die Unumgänglichkeit ausdifferenzierter Reflexionsinstitutionen voraus. Es entspricht jenem Verständnis von Wissenschafts- und Gesellschaftsorganisation, wonach es angesichts der Komplexität der notwendigen Bewußtmachungen keine hierarch. Bevormundung von Disziplinen mehr gibt.
Es wird sich erst in der Zukunft zeigen, ob die enge definitor. Eingrenzung eine Hilfe ist. Hier mag ein geschichtl. Rückblick darüber belehren, mit welchen Gedanken und Themen es der Disput zu tun bekommt.

### B. Zur geschichtl. Einordnung der Fragestellung

*I.* Die gegenwärtige Brisanz des Themas N. und Th. läßt leicht vergessen, daß die abendländ. *Entwicklung des Naturverständnisses* (→Natur) langfristig einer Fragestellung dieser Konstellation nicht entgehen konnte, wonach der bewußte Umgang mit der Natur zu einem Problem letzter Begründung menschl. Selbstverständnisses werden wird. Das ausgehende 20. Jh. zeigt sich in mehrfacher Hinsicht als Erbträger betroffen, als ob es von seiner eigenen Herkunft überrascht sein müßte. Es entdeckt nicht nur Natur als →Umwelt, die das Werk des Menschen ist, und zwar in Dimensionen weitreichender Unumkehrbarkeit oder auch Unfähigkeit zur Regenerierung – was sich wiederum schwer verträgl. gibt mit dem Gedanken eigener →Verantwortung oder auch Mächtigkeit (→Technik). Es entdeckt vielmehr auch den Menschen als den, der das begreift – was den erkannten Vorgang in seiner Brisanz nur noch einmal potenziert (→Naturphilosophie). Es kommt, lange vorbereitet, zur Erfahrung von Natur, über der sich der *Mensch als Enthüller* seiner selbst entlarvt.

Daß es sich bei dieser Bewußtmachung um Fragen handelt, die naturwissenschaftl. wie zugleich theol. Perspektiven enthalten, zeigt die Genese der Bewußtmachung. Eine komplizierte und auch dramat. Entwicklung liegt zugrunde, die verstanden sein will. Nur stilisiert auf einfachste Grundmuster, läßt sich der Zusammenhang auch in aller Kürze veranschaulichen.

*1.* Man wird nicht zuletzt den Prozeß als *rel. motiviert* zu deuten haben, selbst wenn die rel. Verstehensweise nicht mehr als solche bewußt wird. Das Abendland war vom griech.-antiken Denken her auf eine Grundeinstellung und →Rationalität vorbereitet, wonach mit Natur für den Menschen die Grenze und der Umfang der Möglichkeiten zu denken war, Natur also zu begreifen als das für ihn Wesenhafte, Maßgebliche und Notwendige, jeweils »exemplar. verbindl. und essentiell vollständig« (H. Blumenberg). Mit Blick auf die Natur sieht sich der Mensch *eingeordnet in den* Kosmos.

Die *Wirkung des Christentums* auf diese Betrachtungsweise ist nicht einhellig zu klären, ja wird umstritten bleiben. Von der Hand aber wird nicht zu weisen sein, daß bes. der christl. Schöpfungsglaube das Gegenüber zur Natur neu bestimmt. Natur ist dem Menschen vom Schöpfer zugeeignet, und in der Natur (so kann er durchaus empfinden, wenn er die christolog. Voraussetzungen mitzudenken versteht) begegnet er dem Schöpfer wieder. Damit ist der Bezug zur Natur grundsätzl. personalisiert. Sich selbst sieht der Mensch in die →Schöpfung gestellt, freigelassen, sie seinerseits zu verantworten. Das eigentl. Maßgebende und Notwendige erfährt er im Blick auf den Schöpfer, in der Natur aber die ihm zugedachte Möglichkeit *als Anreiz.* Sie zu erproben und zu nutzen darf ihm Aufgabe und Lust sein, so langsam den Blick für das Faktische gewinnend, in das er schaffend sich selbst freigibt, auch wenn es ihn dann mit Nötigungen, Notwendigkeiten anderer Art konkrontiert, für die er aber selbst Rechenschaft zu übernehmen hat.

*2.* Hinzu kommen die *langfristigen Wirkungen theol. Herausforderung des Erkenntnisprozesses mit der Natur.* Nicht allein in der frommen Grundeinstellung ändert sich mit der Annahme des christl. Schöpfungsglaubens Entscheidendes. Auch die theoret. Wahrnehmung, die Reflexion, gewinnt neue Gesichtspunkte. Die erwähnte griech. abendländ. Rationalitätsvorgabe kann erst nach beträchtl. Umformungen integriert werden. Wenn Natur nun Schöpfung und als solche Ausdruck göttl. Willensakts ist, ist sie als geschaffene Natur auch nur eine unter anderen Schöpfungsmöglichkeiten, die der Allmacht des Schöpfers offenstünden. Die eine Natur aber nur einmal gedankl. gemessen an der unendl. Fülle nicht verwirklichter Möglichkeiten, bedeutet bereits, sie einer Kette sich anschließender Umdeutungen preiszugeben. Der Versuch ist geradezu provoziert, Erwägungen über nichtexistierende, nicht in die Natur eingegangene Schöpfungsmöglichkeiten anzustellen. Prinzipiell ist mit Verweis auf die unantastbare Allmacht des Schöpfers das jeweils Gegebene nicht mehr das Selbstverständliche. Ob legitim oder nicht, es böte sich von hierher durchaus der Ansatz, sich noch als frommes Denken zu verstehen, wenn die aus der Schöpfung dem Menschen überantwortete Natur als ein *offener Spielraum* entgegengenommen würde, mit der mehr oder weniger lauten Aufforderung, nun mit ihr Neues, Noch-nicht- Geschaffenes zu entdecken. Man muß unterscheiden zwischen den offiziellen Verlautbarungen kirchl. Institution, einem in ihrem Sinn offiziösen Denken, das zugleich im Erbe antiken Geistes mit den Prinzipien wesenhafter Beschränkung die Schranken zum offenstehenden Möglichen noch geschlossen halten kann, und jener sehr wohl bekannten Tatsache, daß theol. denkbar – und hier und dort schon gedacht – die Natur als Schöpfung freigegeben ist von jeder im voraus exemplar. wie essentiellen Verbindlichkeit. (→Kepler und →Galilei haben beides, wenn auch unterschiedl., kennengelernt.)

*3.* Für die Entwicklung der N. aus der Naturphilosophie war es entscheidend, daß es zur *Entflechtung der Natur von metaphys. Vorausannahmen* gekommen war. Zudem stand der freie (wenn auch als solcher so nicht verstandene) techn. Umgang mit der Natur schon längst vor Augen. Die an die Wesensprinzipien von vornherein nicht gebundenen Mechaniker hatten bereits seit zwei Jt.en ein prakt. Naturverhältnis begründet, das nur deshalb erfolgreich war, weil es im Prinzip schon immer das Notwendige vom Möglichen her verstand und jenes auf dieses reduzierte. Der konstruktive Umgang mit der Natur entbirgt nichts anderes. Die Natur *wird zum Substrat,* mit dem gebaut werden kann. →Materie ist sie, und Kräfte birgt sie, die erschlossen, d.h. berechenbar, werden müssen. So einfach gibt sich die Natur in ihrem neuzeitl., entessentialisierten Gewand (→Physik, →Chemie, →Biologie, →Geowissenschaften).

Dennoch wäre diese sich immer wieder «befreit« gebende N. falsch verstanden, wenn sie nur als die Durchsetzung oder gar Absolutsetzung dessen begriffen würde, was mit den Mechanikern bereits da ist. Sie verbreitet weithin gerade dort, wo sie

mit neuen Erkenntnissen Epocheneinschnitte markiert, selbst den Verdacht, auch nur oder wieder *»Wesens«-Wissenschaft* zu sein (→Newton, →Quantentheorie, →Evolution). Ihre funktionelle Konstruktivität lebt mehr, als es zuvor je denkbar war, von der Voraussetzung, daß sich das konstruierende, Objektivitäten setzende Subjekt mit seinen erkenntnistheoret. Maßgaben kennt und immer weiter kennenlernen muß. In seiner Ganzheit ist es in den Erkenntnisprozeß als eingeschlossen mitzudenken (steht also gerade nicht für eine Form von →Naturalismus; →Medizin). Soweit die Subjektivität abgeklärt ist, künden die Resultatenlisten von Objektivitäten (→Astronomie, →Kosmologie, auch →Verhaltensforschung). Beispielhaft kann man sich dies am Kampf der N. um die angemessenen, erst Objektivität garantierenden Metriken verdeutlichen (→Relativitätstheorien, →Einstein, →Zeit). In ihm vollzieht sich ein analyt. und synthet. Ringen um die äußersten »Anschauungs«vorgaben, die dem Menschen mögl. sind. Bei weitem übersteigen sie schon seine «natürl.« Anschauungskraft (→Mathematik).
Diese N. ist also in ihrem Ansatz *selbstreferentiell.* Dies erkannt zu haben heißt nicht, sie der Regression zu bezichtigen, des Rückschritts in ihre eigene Vergangenheit, da nun auch sie ihre Vorgaben, ihre Metaphysik nicht verstecken kann, ja sich von ihnen her konstituiert weiß. Zu Recht teilt sie vielmehr mit dieser Vergangenheit das Interesse, sich ihrer Metaphysik krit. versichern zu müssen. Statt einer aristotel. Metaphysik der Natur oder des platon. Ideenkosmos könnte es jetzt nur eine rationale Repräsentation dessen werden, was die nicht unverfänglich Subjektivität genannte Vorgabe im ganzen wie im partiellen sei, von der her das Naturverhältnis, die N., erst gestiftet würde. Das neuzeitl. Naturverständnis hat es nicht leichter, seiner metaphys. Voraussetzungen ansichtig zu werden. Disziplinenspezif. geschieht die Vergewisserung schon mit jeder Abklärung von Methoden und mit den Erörterungen, die als Wissenschaftstheorie fungieren. Der naturwissenschaftl. Erfolg wird mit diesen, wenn auch nur teilweisen Klärungen erzielt. Auch wenn sich die Wissenschaft für ihre Verifikationsaufgaben hier den Hort rationaler Metaphysik funktional zufriedenstellend eingrenzt, das Subjekt, das diese Wissenschaft konstituiert, ist mehr und anderes.

*II.* In der Zeit, in der Natur in die ausschließl. Verhältnisbestimmung der sich über ihr begründenden N. geriet, hat sich dieses *Subjekt* vielfach gemeldet, fand immer wieder deutl. vernehmbar seine Fürsprecher, wenn auch blitzartig und nicht vermittelbar, stets neu zu erkennen gebend, was es auch noch ist und nicht nur sein will, wenn man es immer wieder mit neuen Objektivitäten naturwissenschaftl. Sicht konfrontiert.
*1.* Es sollte sich äußern auf die Zumutung der Dezentralisierung des ird. Gestirns (→Kopernikus), auf die Drohung absoluter Determinationen (Laplacescher Dämon), auf die Einordnung in eine durchgehende Hierarchie von unten (→Darwinismus). Reizwort an Reizwort hat man ihm vorgehalten: Reduktion, Hypothese, Zufall, Kontingenz, Unendlichkeit. Alle hat es letztl. als *Scheinattacken* überstanden und sich seinen Wert von ihnen nicht antasten lassen.
*2.* Ein immenses Parallelfeld gleicher Anschauung bietet der sog. »eigentl. Dialog« zwischen den Disziplinen, zwischen Th. und N., zwischen N. und Th. Wieder zeigt sich die Subjektivität in unfaßbar wechselnden Veränderungen, getroffen, berührt in →Glauben und →Frömmigkeit, zum eth. Wort herausgefordert, zur Stellungnahme gezwungen, ein »theol.« Weltbild bewährend (→Kreationismus), vielleicht auch nur einen frommen Leitgedanken gegen einen anderen stützend – und das alles, weil die wissenschaftl. formierte Natur in ihrer rigorosen Strenge die Instabilitäten der Seele geradezu hervorkehrt, seismograph. für das Ganze Zeichen anmahnend. Große Entwürfe des →Pietismus hat es gegeben. Leidenschaftl. Leistungen wurden geweckt. Alles hat schließl. wieder *seinen Platz gefunden*, das Bejahende wie das Erschreckte konnte sich zur Ruhe begeben. Zuweilen schaut man gern zu denen, die sich nicht geäußert haben. Dank der Zunahme antholog. Bewußtseins ist es heute weniger schwierig, sich einen Überblick zu verschaffen (J. Hübners bibliograph. Bericht bietet den z.Z. bestmögl. Einstieg), als für die im Rahmen des Themas N. und Th. in der Tat notwendigen Auseinandersetzungen Orientierung zu bieten.

*Lit.: H. Aichelin/G. Liedke (Hg.):* N. und Th. Texte und Kommentare, Neukirchen-Vluyn 1974. – *H. Blumenberg:* »Nachahmung der Natur«. Zur Vorgeschichte der Idee des schöpfer. Menschen, in: Studium Generale 10 (1957); Neudruck in: *ders.:* Wirklichkeiten, in denen wir leben, Stuttgart 1986. – *H. Dolch:* Grenzgänge zwischen N. und Th. Gesammelte Aufsätze, Paderborn 1986. – *K. Heim:* Die Wandlung im naturwissenschaftl. Weltbild. Die moderne N. und die Gottesfrage, Wuppertal 1951. – *J. Hübner (Hg.):* Der Dialog zwischen Th. und N. Ein bibliograph. Bericht, München 1987 (Lit.). – *M. Planck:* Religion und N., in: *ders.:* Vorträge und Erinnerungen, Leipzig 1938. – *A. Titius:* Natur und Gott. Ein Versuch zur Verständigung zwischen N. und Th., Göttingen 1926.

*Dieter Henke*

**Nazarener,** ursprüngl. Spottname für die Mitglieder der 1809 in Wien von J. F. Overbeck, F. Pforr u.a. als *»Lukasbund«* gegründeten Vereinigung von Malern, die die Kunst auf rel. Grundlage reformieren wollten. Ihr theoret. Programm findet sich u.a. in W. H. Wackenroders »Herzensergießungen eines kunstliebenden Klosterbruders« (1791) und L. Tiecks »Phantasien über die Kunst« (1799) sowie F. Schlegels »Gemäldebeschreibungen aus Paris und den Niederlanden in den Jahren 1802-1804«.

*A.* Seit 1810 lebte die Gruppe in enger Arbeits- und Lebensgemeinschaft im röm. *Kloster San Isidoro*, wo u.a. P. von Cornelius, W. Schadow und J. Schnorr von Carolsfeld hinzukamen. Der Versuch einer Wiedererweckung der altdt. (Dürer) und frühital. (P. Perugino, Raffael) →Malerei verband sich mit dem Grundsatz der →»Wahrheit«. Der Rückwendung zu gotisierenden und renaissancist. Formelementen entsprach eine auffällige Neigung zu kath. Auffassungen: Bis 1819 konvertierten 13 der dt. Maler in Rom zum Katholizismus! Die Verbindung von →Realismus und Mystizismus in der Malerei der N. hat bereits 1817 den Unmut →Goethes hervorgerufen, der von der »neuen frömmelnden Unkunst« schrieb. Aus seiner Umgebung stammt auch die erste krit. Geschichte der N., »Neudeutsche rel.-patriot. Kunst« (1817).

*B.* Die *Kritik* hat den N.n immer wieder die Süßlichkeit, Glätte, Unverbindlichkeit und letztl. Unwahrheit ihrer Kunst vorgeworfen und dabei nur allzuoft die billigen industriellen Reproduktionen für das Original genommen. Erst in jüngster Zeit hat sich die Erkenntnis weitgehend durchsetzen können, daß die Kunst der N., deren bedeutendste Beispiele die Fresken der Casa Bartholdy (1816/18, Berlin) und im Casino Massimo (1818/29, Rom) sind, als *Vorläufer des →Jugendstils* und der Präraffaeliten nicht nur maßgebl. an der Ausgestaltung der Kunst des 20. Jh.s überhaupt beteiligt waren, sondern darüber hinaus in der Gestaltung idealer Wirklichkeit und ihrer rel. Überhöhung auch ein beträchtl. Kritikpotential darstellten. Dessen ökumen. Aspekte sind bisher kaum aufgearbeitet worden.

*Lit.: K. Andrews:* The Nazarenes, Oxford 1964. – *W. Hoffmann:* Das Ird. Paradies, München, 2. Aufl. 1974 – *G. Metken:* Die Präraffaeliten, Köln 1974. – *H. Schindler:* N., Regensburg 1982.

*Peter Maser*

**Nehemiabuch.** Das von dem Autor der →Chronikbücher verfaßte N. ist nach dem als Mundschenk (Neh 1,11) im Dienst des pers. Königs Artaxerxes I. (464-424 v. Chr.) stehenden Nehemia benannt, der 445 v. Chr. von diesem bevollmächtigt wurde, die Mauern Jerusalems wiederaufzubauen, und zum Statthalter der Provinz Juda ernannt wurde (Neh 5,14). Der Bau der Befestigung stieß auf den Widerstand der umliegenden Provinzmachthaber, vor allem des Statthalters von →Samaria. Eine soziale Krise, die durch die Überschuldung verarmter Bevölkerungsschichten hervorgerufen wurde, bewältigte Nehemia durch einen Schuldenerlaß (Neh 5). Er legte dar, daß er während seiner Amtszeit auf die ihm als Statthalter zustehenden Abgaben verzichtet habe. Über diese Ereignisse berichtet die sog. *Nehemiadenkschrift*, die die Grundlage des N.s darstellt (Neh 1-7,5). In Neh 8 wird erzählt, wie Esra das Gesetz verliest; eine Klagefeier und die Verpflichtung des Volkes auf das Gesetz wird in Neh 9f. geschildert. Da Neh 8-10 an Esr 7-10 anknüpft und vom Stoff her zum Esrabuch gehört, ist es fragl., ob Esra vor und neben Nehemia gewirkt hat (so Neh 8). Möglicherweise hat Esra zur Zeit Artaxerxes' II. (404-359 v. Chr.) gelebt.

*Lit.: O. Kaiser:* Einleitung in das AT, Gütersloh, 5., grundlegend neubearb. Aufl. 1984, 178-185.

*Udo Rüterswörden*

**Neid** gehört zu den zähen →Tabus unserer →Kultur. Häufig übersehen, beeinflußt er doch das →Handeln von →Individuen, →Gruppen und →Organisationen. Gerade dort, wo er am vehementesten wirkt, verschweigt man ihn, z.B. unter →Männern (Gebär- und Brustn.), in der →Kirche, in der →Politik. N. entsteht aus dem Vergleich des N.ers mit einem anderen, aus dem Gewahrwerden eines (objektiven oder vermeintl.) Mangels. Man sollte unterscheiden zwischen »Destruktiv-« und »Symptomn«.

*A.* Destruktivn. zielt auf die Zerstörung des geneideten →Wertes, eine wirkl. Benachteiligung ist zu seiner Entstehung nicht notwendig. Seine Wurzeln liegen in lebensgeschichtl. erfahrener Verweigerung von Anerkennung, in Ressentiments und →Gefühlen der Minderwertigkeit. Destruktivn. kann überwunden werden durch: Aufklärung über eigene N.impulse (um sie zu verarbeiten), Stärkung des Selbstwertgefühls, Einübung des Geltenlassens anderer, das Hören auf die bibl. Botschaft von der mangelaufhebenden →Liebe Gottes. Destruktivn. kann u.U. in Symtpomn. verwandelt werden.

*B.* Symptomn. weist auf einen objektiven Mangel hin und stellt ein zentrales Motiv zu dessen Überwindung dar. Die positive Funktion dieser N.form wird zumeist übersehen. Symptomn. entspringt einer unzureichenden Selbstverwirklichung und kann zum Anlaß werden, Lebensmöglichkeiten zu entfalten oder angesichts einer ungerechten →Herrschafts- und Besitzverteilung die Entrüstung als Hebel des →sozialen Wandels und als Instrument gegen →Diskriminierung und Ungleichheit (→Gleichheit; →Frau; →Arbeiterbewegung usw.) zu benutzen. →Minderheiten benötigen Symptomn. ebenso wie Individuen, deren Lebenschancen brachliegen, um anhand der Lebensmöglichkeiten anderer zu erkennen, wovon und wozu sie →Freiheit gewinnen wollen. Durch eine Diffamierung des Symptomn.s gelingt es jedoch oft, diesen Wandlungsimpuls zu bremsen.

*C.* Destruktivn. begegnet in der →*Bibel* häufig, z.B. bei →Kain und Abel (Gen 4,1-16), in den Gleichnissen vom guten Vater (Lk 15,11-31) und von den Arbeitern im Weinberg (Mt 20,1-16), aber auch bei den →Kirchenvätern (dort meist als »Wurzelsünde« aufgeführt). Neuerdings ist das Thema »N.« aus der christl. →Verkündigung verdrängt worden, was einer weiteren Tabuisierung in der Gesellschaft nur Vorschub leistet. Im bibl. Gottesbild tritt jedoch keinesfalls ein Phänomen auf, das wir aus der griech. Mythologie kennen: der »Neid der Götter«, die es nicht ertragen können, wenn es Menschen gutgeht und sie sich darüber noch offen freuen.

*D.* Im Unterschied zum N. sind bei *Eifersucht* drei Personen beteiligt: eine Person, um die zwei andere konkurrieren. Dennoch können N. und Eifersucht auch zusammen auftreten, etwa in Partnerschaftskonflikten.

*Lit.: S. R. Dunde:* N. – Tabu und Störungssymptom der Kirche, in: Internationale Kirchl. Zeitschrift 74 (1984), 233-246. – *Ders.:* Symptom oder Destruktivkraft, in: Sociologia Internationalis 22 (1984), 217-233. – *H. Schoeck:* Der N., Freiburg/München 1966.

*Siegfried Rudolf Dunde*

**Neopositivismus.** *Sammelbegriff* für unterschiedl. →erkenntnis- und →wissenschaftstheoret. Positionen. Gemeinsam ist ihnen eine hohe Betonung der mathemat. →Logik für den Aufbau der →Wissenschaft und die Gewährleistung von Wissenschaftlichkeit. Damit hängt eine strikte Ablehnung der →Metaphysik und eine Orientierung an der →*Naturwissenschaft bzw. Physik* zusammen. Durch eine auf diesem Hintergrund betriebene Begriffs- und Sprachanalyse will der N. zu wissenschaftl. sinnvollen Aussagen kommen. Dabei geht es aber nicht um eine Analyse von Alltagssprache, sondern um die von Kunstsprachen. Intersubjektiv und universal ist hier nach Carnap und Neurath nur die Sprache der Physik (»Physikalismus«). Diese Vorgehensweise rührt von einem Gefühl des Unbehagens an der bisherigen Philosophie her, die größtenteils als unwissenschaftl. abgetan wird. Wurzeln des N. liegen etwa im →Positivismus und →Empirismus. Doch wird jetzt die moderne Logik hinzugezogen (»log. Positivismus« bzw. »log. Empirismus«). Grundlegend waren hier die Arbeiten von →Russell, Whitehead und →Wittgenstein. Seine eigentl. Bedeutung gewann der N. jedoch mit dem Entstehen des »*Wiener Kreises*« um 1929, der in Carnap seinen Hauptvertreter fand. Ähnl. Gruppen entstanden in Berlin (Reichenbach) und Warschau (Tarski). Aus dem Wiener Kreis entwickelte sich dann später vor allem im angelsächs. Raum die →analyt. Philosophie.

*A.* Carnap (1891-1970) hat den Philosophen einmal mit einem Ingenieur verglichen, der Flugzeugtypen konstruiert. Genauso sei der Philosoph ein Konstrukteur, aber von *Wissenschaftssprachen.* Wie der Ingenieur sei er mit dieser Arbeit nie am Ende, sondern müsse sie ständig weiterentwickeln. Hier geht es also nicht um endgültige, letzte Wahrheiten, sondern um die dauernde Präzisierung von Begriffen und Aussagen. Die Leitfrage ist deshalb, wann eine Aussage als sinnvoll bezeichnet werden kann. Ursprüngl. wurde geantwortet, daß sie verifizierbar sein muß, daß also angegeben werden kann, unter welchen Bedingungen sie wahr bzw. falsch ist. Dieses *Verifikationsprinzip* wurde vor allem von Popper kritisiert. Er ersetzte dieses Prinzip durch das der *Falsifizierbarkeit*: Aussagen gelten so lange als sinnvoll und wahr, wie sie nicht als falsch erwiesen werden können. Hier muß man allerdings sehen, daß sich dieses Prinzip auf naturwissenschaftl. (All-)Sätze anwenden läßt, auf metaphys. Aussagen aber nicht. Letztere gelten deshalb als sinnlos. Um das Problem sinnhafter oder sinnloser Aussagen geht es Carnap bereits 1928 in den »Scheinprobleme(n) der Philosophie«. Er unterscheidet dabei zwei Arten. Zum einen ist eine Aussage dann *sinnlos*, wenn in ihr sinnlose Wörter vorkommen, d.h. solche ohne empir. Kennzeichen (Carnaps bekanntes »babig«; aber auch das »Nichts«, ebenso alle theolog. Begriffe). Zum andern ist eine Aussage ebenfalls sinnlos, wenn sinnvolle Wörter *gegen die Regeln der Syntax* zusammengestellt sind. Im ersten Fall geht es um eine empir., im zweiten um ein log. Kriterium für Sinnhaftigkeit und Wahrheit. Damit sind zugleich die beiden Elemente genannt, aus denen Wissenschaft rekonstruiert werden soll.

*B.* Wenn auf diesem Hintergrund metaphys. Aussagen als sinnlos bezeichnet werden, muß das nicht für jede Phase der Gesellschaft zutreffen: so etwa nicht bei einer *myth. Weltauffassung*, wo sich Götter z.B. in empir. feststellbarer Weise äußern. Wo »Gott« aber transzendent und nichtempir. verstanden wird, ist der Ausdruck sinnlos. Ausdrückl. sei angemerkt, daß damit keineswegs eine genereller Atheismus behauptet werden soll.

*Lit.: R. M. Hare:* Die Sprache der Moral, Frankfurt/M. 1983. – *E. Kaiser:* Neopositivist. Philosophie im XX. Jh., Berlin (Ost) 1979. – *E. Mohn:* Der log. Positivismus, Frankfurt/M./New York 1978. – *G. Schnitzler:* Zur »Philosophie« des Wiener Kreises, Paderborn 1983. – *W. Stegmüller:* Hauptströmungen der Gegenwartsphilosophie, Bd. 1, Stuttgart, 6. Aufl. 1978, 346-696.

*Hermann Punsmann*

**Nestorianische Kirche**

*A.* Diese ursprüngl. in Mesopotamien beheimatete →oriental. Nationalkirche wird besser als »assyr.« (manchmal auch »ostsyr.«) Kirche bezeichnet, da die Benennung »nestorian.« einen stark abwertenden Charakter und den Vorwurf der →Häresie beinhaltet. Sie selbst nennt sich einfach »(Alte Apostol.) *Kirche des Ostens*« und führt sich auf die Apostel Thomas und Addai zurück. Tatsächl. kommt das →Christentum spätestens im 2. Jh. ins Zweistromland und begründet eine vom semit. Volkstum getragene Überlieferung. Als diese sich nach dem Konzil von Ephesus 431 von der Reichskirche löste (→Altkirchl. Konzile), war sie vor allem im pers. Reich beheimatet, wo sich unter den *Sassaniden* (224-632) trotz einiger Verfolgungszeiten im 4./5. Jh. das Christentum entfalten konnte. Bischof Isaak von Seleukia-Ktesiphon (am Tigris neben dem antiken →Babylon, 35 km südöstl. vom heutigen Bagdad) schloß 410 die einzelnen Diözesen zu einem Verband zusammen, der sich 424 unter Katholikos Dadišo' vom Patriarchat →Antiochia unabhängig machte und den Metropoliten von Ktesiphon zum unabsetzbaren Katholikos erklärte.

*B.* Um dem Verdacht der Sassaniden entgegenzuwirken, die Christen in ihrem Reiche seien potentielle Landesverräter und →Byzanz hörig, suchte man eine stärkere *Abgrenzung zur Reichskirche.* 484/86 (Synode von Seleukia) folgte so die offizielle Absage an das Konzil von Chalcedon (451) und die Annahme der Glaubenslehre des *Nestorios,* dem die Leugnung der hypostat. Union (Einheit der göttl. und menschl. Natur in →Jesus Christus) vorgeworfen worden war, der in Wirklichkeit aber eher eine adoptianist. →Christologie und immer die Unversehrtheit der beiden Naturen in Christus gelehrt hat. Wegen zahlreicher mißverständl. Redewesen hat die Christologie des Nestorios aber durchaus einen Beigeschmack des →Dualismus. Eine Synode von 612 »kanonisierte« sogar die von der Reichskirche verurteilten Theologen Nestorios, Dioskoros von Tarsos und Theodoros von Mopsuestia und nahm die Chalcedon eindeutig widersprechende Formel Babais d.Gr. (gest. 628) von den zwei »Hypostasen« in Christus an. Möglicherweise wurden auch die Vorstellungen →Muhammads vom Christentum durch nestorian. Christen beeinflußt. Unter der *arab.-islam. Herrschaft* (637-1258) war der nestorian. Katholikos Sprecher aller Christen am Khalifenhof und intensivierte die n.K. ihre großzügige Missionstätigkeit bis →Indien (Thomaschristen) und unter türk. wie uiguir. Stämmen bis nach Innerasien (Turkestan, Mongolei, Tibet, Mandschurei, Tarimbecken) und noch Ende des 8. Jh.s nach Südarabien. Vom 7.-11. Jh. war die n.K. das räuml. *ausgedehnteste* christl. Bekenntnis. Die 781 errichtete, 1625 gefundene Säule von Si-ngan-fu berichtet in syr. und chin. Sprache, daß schon vor 635 eine Kirchenorganisation der n.nK. in →China bestand und möglicherweise sogar den Mahāyāna- →Buddhismus beeinflußte. Seit 1368 wurde die n.K. aber dort bedrängt und gegen 1550 ausgerottet.
Zur Zeit der größten Ausdehnung hatte die n.K. etwa 27 Metropoliten (davon 10 in Zentralasien) und *ca. 230 Diözesen* und besaß bedeutende theol. Schulen in Seleukia und Nisibis. Bedeutend ist die Kanonessammlung des Metropoliten Ebejesu (gest. 1318).

*C.* Der im 14. Jh. beginnende Verfall wurde durch den *Mongoleneinfall* Timur-Lenks beschleunigt. Seit 1437 (bis in unsere unmittelbare Gegenwart) wurde das »Katholikossat« (wie auch viele Bischofsämter) vom Oheim auf den Neffen erblich. 1551 bis Ende des 18. Jh.s kam es zu einem Schisma, aus dem die →*unierte assyr. Kirche* erwuchs, die sich selbst »chaldäisch« nennt. In den folgenden Jh.en litt die n.K. unter Verfolgungen der Türken (noch im Ersten Weltkrieg), Kurden und Perser, so daß heute im Irak und →Iran, in →Syrien, →Indien, der UdSSR und Amerika höchstens noch 150.000 Gläubige der n.nK. leben. Seit 1835 war die n.K. Objekt anglik. und presbyterian. Missionare, und rund 20.000 Nestorianer traten 1891/98 im Gebiet des Urmia (Besaijeh)-Sees zur russ. →Orthodoxie über.
Seit der Einführung des Gregorian. Kalenders durch Katholikos Sim'un XXI. Eshai kam es erneut zu einem bis heute nicht beigelegten *Schisma.* So residiert jetzt einer der nestorian. Patriarchen (Mar Denkha IV.) in Teheran, der Gegenpatriarch (Mar Adai) im Irak.

*Lit.: G. P. Badger:* The Nestorians and their Rituals, 2 Bde., London 1852. – *W. Barthold:* Zur Geschichte des Christentums in Mittel-Asien bis zur mongol. Eroberung, Tübingen/Leipzig 1901. – *P. Kawerau:* Amerika und die oriental. Kirchen, Berlin 1958. – *J. Labourt:* Le christianisme dans l'empire Perse sous les Sassanides, Paris 1904. – *W. de Vries:* Der christl. Osten (Das östl. Christentum, NS 12), Würzburg 1951, 235ff. – *G. Yonan:* Assyrer heute (Pogrom), Hamburg/Wien 1978.

*Nikolaus Thon*

## Neue Linke

*A.* Mit dem *Begriff* N.L. (New Left, Nouvelle Gauche) wurde die außerparlamentar. Oppositionsbewegung bezeichnet, die seit Beginn bzw. Mitte der 1960er Jahre in Nordamerika und →Europa auftrat, die überwiegend von Studenten- und Jugendgruppen getragen wurde und die sich bewußt von der traditionellen Linken, näml. den Organisationen und Programmen der »alten«, im wesentl. →sozialdemokrat. oder kommunist. →Arbeiterbewegung, abgrenzte. *Theoriegeschichtl.* knüpfte die N.L. u.a. an K. →Marx, R. Luxemburg, A. Gramsci und Vertreter der →Krit. Theorie der Frankfurter Schule (Th. W. Adorno, M. Horkheimer, H. Marcuse) an, blieb in ihren →Gesellschaftsanalysen und Konzeptionen aber immer heterogen. N.L. war so ein Sammelbegriff für eine Vielzahl unterschiedl. oppositioneller →anarchist., antiautoritärer, rätedemokrat., radikaldemokrat., antikapitalist., marxist., maoist. und →sozialist. Ideen, Gruppen und Organisationen. Gemeinsam war gleichwohl vielen von ihnen, daß sie im →Proletariat nicht mehr – wie Marx und in seiner Tradition sozialdemokrat. und →kommunist. →Parteien – das →Subjekt gesellschaftl. Veränderung und menschl. Befreiung (→Freiheit) sahen, sondern in sozialen Randgruppen.

*B.* Zu einer *Massenbewegung,* die die Elfenbeintürme der Universitäten sprengte, wurde die N.L. dadurch, daß sie polit. und gesellschaftl. Mißstände anprangerte, näml. hierarch. Strukturen und veraltete Lehrinhalte an den →Hochschulen; die Mißachtung der Bürgerrechte; den →Krieg der →Vereinigten Staaten in →Vietnam; das von den Industrienationen mit zu verantwortende Elend in der →Dritten Welt; in der Bundesrepublik →Deutschland die unbewältigte →nationalsozialist. Vergangenheit, die Bildung der Großen Koalition (1966-1969) und die Verabschiedung der Notstandsgesetze (1968). Von der N.n L.n gingen entscheidende polit. Anstöße zur Bildungsreform und zur

Liberalisierung von →Moral- und →Wertvorstellungen sowie zur →Demokratisierung autoritärer Geisteshaltungen und Verhaltensweisen aus. Diese →*reformist.* Erfolge standen jedoch in Widerspruch zur →*revolutionären* Ungeduld, von der große Teile der N.n L.n bestimmt waren: An ihr zerbrach letztl. die Bewegung. Verschiedene Gruppen flüchteten in zentralist. marxist.-leninist. Organisationspraxis, in →Terrorismus oder in Resignation. Andere akzeptierten einen reformist. Weg und traten »den Marsch durch die →Institutionen«, durch →Gewerkschaften und die sozialdemokrat. Partei, an. Indirekt bereitete die N.L. aber auch den Boden für Bürgerinitiativen, →Ökologie-, →Friedens- und →Frauenbewegung vor.

*Lit.: H. L. Gremliza/H. Hannover (Hg.):* Die L. Bilanz und Perspektive für die 80er Jahre, Hamburg 1980. – *H. Heimann:* Theorie und Praxis. Sozialwissenschaften zwischen Gegenreform und Antireformismus, Köln 1977. – *G. Langguth:* Protestbewegung. Die N.L. seit 1968, Köln 1983.

*Peter Lösche*

**Neue Religionen.** Im Gegensatz zur Behauptung vieler Religionen, die letzte und endgültige Gestalt der göttl. →Offenbarung zu repräsentieren, ist die Geschichte der Religionen bis heute nicht abgeschlossen. Vielmehr entstehen immer wieder n.R., die sich (bewußt oder unbewußt) in Gegensatz zu bereits etablierten Religionen stellen. Allen ist die Überzeugung gemeinsam, daß sie die letztgültige →Wahrheit – als »geoffenbarte« oder ursprüngl., nun aber wiederhergestellte – verkünden. So bieten sie ihren Anhängern jeweils (neue) umfassende Systeme der Welterklärung und Lebensbewältigung. Häufig sind sie von der Vorstellung des nahen Weltendes bestimmt, elitär oder auch autoritär; nicht wenige von ihnen erheben einen universalen Anspruch, der über ihr hist. Erscheinungsbild aber oft weit hinausgeht.

*A. Begriff und Überblick*

*I.* Religionshist. dient »n.R.« als *Fachbegriff* für alle rel. Bewegungen, die in der Neuzeit (etwa seit der →Franz. Revolution) entstanden sind und von ihren Herkunftsreligionen als →Häresien oder →Sekten ausgeschieden wurden oder in bewußtem Gegensatz zu diesen auf Grund »völlig neuer« Erkenntnis oder aus bewußten synkretist. Tendenzen sich verselbständigten. Religionssystemat. gehören zu den n.n R. alle rel. Bewegungen, die eine wie auch immer geartete *neue* →*Lehre* verkünden, einen in dieser Lehre begründeten neuen →Kult pflegen und eine um Kult und Lehre zentrierte *neue* →*Gemeinschaft* bilden.
Auffällig ist, daß die meisten der n.n R. in Kontakt, Auseinandersetzung mit oder im *Gegensatz zu* den drei großen missionierenden →*Weltreligionen* (→Buddhismus, →Christentum, →Islam) entstanden sind. Viele versuchen, traditionelle rel. Selbstverständnisse gegenüber den missionierenden Religionen zu bewahren oder mit ihnen zu verbinden. Sie sind also »synkretistisch«, wie überhaupt keine Religion aus dem Nichts entsteht, sondern – sowohl in ihrer Entstehungs- als auch in ihrer Konsolidierungsphase – bereits vorhandene rel. Vorstellungen übernimmt und weiterbildet. Daraus erwächst auch der meist *partikulare Charakter* vieler n.r R., weshalb sie bis heute innerhalb der Religionengeschichte eher eine nebensächl. Rolle spielen. Nur wenigen n.n R. ist eine weltweite, zahlenmäßig aber häufig unbedeutende, Ausbreitung gelungen.

*II.* Mit Herkommen aus *christl.* Hintergrund sind vor allem die →Zeugen Jehovas, →Mormonen, →Adventisten, die →Anthroposoph. und →Theosoph. Gesellschaft sowie evtl. die Vereinigungskirche zu nennen, mit *islam.* Hintergrund die →Baha'i-Religion und →Ahmadiyya; mit zum Teil *buddhist.* Hintergrund Sōka-gakkai und Risshōkōseikai, aber auch die Bagwan-Shree-Rajneesh-Bewegung, die darüber hinaus einen bewußten →Synkretismus propagiert. Als aus dem →*Hinduismus* hervorgegangene n.R. mit universalem Anspruch sind die Rāmākrishna-Mission, Ananda Marga, TM (Transzendentale Meditation) und Divine Light Mission zu nennen, während ISKCON, besser als Hare-Krishna-Bewegung bekannt, eher einem traditionellen Hindu-Selbstverständnis zuzuordnen ist.

*III.* Unter religionssystemat. Aspekt finden sich n.R. mit meist partikularer Bedeutung in *Afrika* über 300 Independent Churches und Erneuerungsbewegungen, in *Japan* über 300 und in *Korea* über 200 n.R., nicht viel weniger in den *Vereinigten Staaten* von Amerika. Auch →Umbanda in Brasilien oder Vodoo, vor allem in Westindien vertreten, gehören ebenso zu den n.R. wie die in *Deutschland* entstandenen: Gralsbewegung, Mazdaznan oder das Heimholungswerk Christi. Für *Nordamerika* seien bes. noch genannt: die Ghost-Dance-Religion, der Peyote-Kult, die Black Muslims sowie die Children of God, die Bewegung um Werner Erhard, Scientology und Eckankar. Die Entstehung n.r R. ist also ein weltweites Phänomen, wie u.a. T'ai-p'ing in *China*, die Cao-Dai-Religion in *Vietnam*, die Cargo-Kulte in *Neuguinea* und auf den *pazif. Inseln*, die Hapu-Religion auf *Hawaii* oder die von Te Ua gegründete Pai-Marire (Hauhau) auf *Neuseeland* zeigen, aber auch die Lou-Bewegung in den *Niederlanden*, die Bewegung um Ida Maria Åkerblom (IMÅ) in *Schwedisch-Finnland* beweisen.

*B. Klassifizierungen als Problem*

Die unterschiedl. Erklärungen in bezug auf die Entstehung n.r R. sind nicht nur bestimmt durch die Komplexität und zugleich Unterschiedlichkeit der zu erforschenden Erscheinungen, sondern auch durch die Grundhaltungen und ideolog. Standpunkte der Forscher.

*I.* Dies wird bereits deutl. an den unterschiedl. *Benennungen* des Phänomens. Soziologen und Sozialanthropologen bevorzugen die Benennung neue rel. Bewegung oder den neutralen, aber nichtssagenden Begriff neue Kulte, der sich dann in weltanschaul. festgelegter Literatur in *abwertender Absicht* als destruktive Kulte oder Psychokulte wiederfindet. In diesen Bereich gehört auch der irreführende Begriff »Jugendreligionen«. Autoren, die die n.n R. unter dem *Aspekt des →Christentums* betrachten, verwenden eine diesem entspr. Terminologie und sprechen von messian., messianist., prophet., chiliast., millenarist. Bewegungen, aber auch von Heilsbewegungen, Heilserwartungsbewegungen und rel. Freiheitsbewegungen. *Daneben* gibt es noch die Bezeichnungen nativist., revivalist., revitalist. Bewegungen u.a.
Freil. ist all diesen Benennungen gemeinsam, daß ihnen Werturteile immanent sind, sie *Einzelaspekte* hervorheben, so zu vereinfachendem Denken verleiten, weshalb sie dem Phänomen n.R. nicht gerecht werden. Eine überzeugende Systematik fehlt also bis heute ebenso wie eine empir. fundierte Typologie.

*II.* Diese zu erreichen wird durch zwei weitere Vorurteile erschwert: Einerseits wird die Entstehung n.r R. als Ausdruck eines *positiven*, aktiv-fortschreitenden rel. Lebens angesehen, andererseits wird sie als rel. *Verfallsprozeß* oder – im Einklang mit dem →Säkularisierungsprozeß – als Niedergang rel. Bewußtseins gedeutet. Von hier aus ist es dann nicht weit, einerseits die Erneuerung der Weltkultur zu feiern oder die schöpfer. Kräfte des Menschengeistes zu verherrlichen, andererseits die n.n R. und die neu sich konstituierende Religiosität als Massenwahn, psych. Epidemien, Psychoterror zu verteufeln.
Dieselben →Vorurteile finden sich in der *Beurteilung der Gründer* und ihres rel. Erlebnisses, das einmal als die letzte Wahrheitswirklichkeit und göttl. Offenbarung gepriesen, zum anderen als Ausdruck teufl. Betrügereien, Mißbrauch rel. Hingabe usw. verdammt wird. Dabei erklärt man nicht zuletzt die Entstehung n.r R. mit psychopatholog. Erscheinungen, indem man auf die Abnormität ihres Gründers (auf sexuellem, soziopolit. oder auch wirtschaftl. Gebiet) verweist.

*C. Die Komplexität der Entstehungsbedingungen neuer Religionen*

Voraussetzung für eine *sachgemäße Auseinandersetzung* mit den n.n R. ist die Anerkennung der Tatsache, daß es sich um Religionen handelt, deren Gründer sich auf rel. Erlebnisse berufen und deren Anhänger davon überzeugt sind, daß ihr rel. Selbstverständnis die für sie gültige Wahrheitswirklichkeit darstellt.

*I.* Da jede uns hist. zugängl. Religion in einem ihr eigenen hist. Zusammenhang steht, läßt sich ihre Entstehung immer auch aus der Komplexität dieser – nicht punktuell, sondern prozessual zu verstehenden – *hist. Gesamtsituation* erklären. Religionsgründer führen häufig die aus dem angestammten Traditionskontinuum nicht mehr beantwortbaren Fragen und die darauf inzwischen gefundenen Antworten zu einer neuen umfassenden Lehre und rel. Wirklichkeit. Dieser Prozeß wird als Erkenntnis, Schau oder Offenbarung erfahren. Jede Religion kann deshalb verstanden werden als die spezif. Reaktion auf konkrete und verschiedenartige Infragestellungen der Menschen; die rel., religionsgeschichtl. Bedingungen, aber auch ökolog., ökonom., geograph., klimat., ethn., soziol., polit. und weitere Faktoren sind bei einer Erklärung n.r R. zu berücksichtigen.

*II.* N.R. sind meist das Ergebnis religionenimmanenter oder religionentranszendenter Infragestellungen und bilden neue Welterklärungs- und Lebensbewältigungssysteme zur Überwindung einer wie auch immer gearteten Krisensituation. Offen bleibt dabei die Frage, weshalb die Mehrzahl der n.n R. geograph., ethn. und soziokulturell partikular bleiben, andere den fast allen eigenen universalen Anspruch in eine universelle *Ausbreitung* umzusetzen verstehen. Die Antwort hängt vermutl. von dem Vermögen n.r R. ab, rel. Tendenzen aufzunehmen, die latent als komplexe Fragen innerhalb einer Gesamtsituation vorhanden sind. Allerdings führt der Übertritt einer n.n Religion in einen ihr fremden Kulturraum zu inneren Verschiebungen (vgl. →Synkretismus) und nicht selten zu Mißdeutungen oder gar gefährl. Verzerrungen, die zu einer krit. Auseinandersetzung herausfordern.

*Lit.: E. Benz:* N.R., Stuttgart 1971. – *H. Biezais (Hg.):* New Religions, Stockholm 1975. – *K. Burridge:* New Heaven New Earth. A Study of Millenarian Activities, Oxford 1969. – R. Kaufmann: Millénarisme et acculturation, Brüssel 1964. – *G. Lanczkowski:* Die n.n R., Frankfurt/M. 1974. – *J. Needleman:* The New Religions, New York 1970.

*Rainer Flasche*

**Neue Sachlichkeit** meint zunächst im weitesten Sinne eine allg. Geisteshaltung im Umgang mit den Dingen der Welt: »Die Wahrheit und Schönheit der Natur beruht in dem, was sich greifen und messen läßt« (H. Wölfflin).

*A. Malerei und Graphik*

In →*Malerei* und *Graphik* wird unter Neuer S. eine in den 20er Jahren hervortretende Gegenströmung gegen →Expressionismus und →Abstrakte Kunst verstanden, die sich der Dingwelt in nüchterner Formverfestigung und stat. Gegenständlichkeit zuwandte. Parallele Strömungen sind weltweit zu beobachten (z.B. Pittura metafisica und Nuova Oggettività in →Italien, Vorticism in →Großbritannien und Neue Gegenständlichkeit in den USA). Der *Begriff* der Neuen S. wurde 1923 von G. Hartlaub popularisiert, daneben werden aber auch Bezeichnungen wie »Magischer Realismus«, »Neorealismus« oder auch – nicht ganz korrekt – »Verismus« gebraucht. In der Neuen S. schlug sich nach den Ausbrüchen des Expressionismus und dem Zerbrechen der Gegenständlichkeit in der Abstrakten Kunst das Verlangen der durch Weltkrieg und soziale Erschütterungen verunsicherten Künstler nach Naturnähe, Menschlichkeit und Schönheit nieder, das dieser →Kunst etwas »Stillebenhaftes« verleiht. Die Bevorzugung des Landschaftsbildes, das nun auch die →Stadt einbezieht, des Stillebens und des Porträts deutet auf das komplizierte Verhältnis dieser Kunst zur →Wirklichkeit hin, die in Einzelfällen bis hin zur kleinbürgerl. Provinzialität abglitt. Die »gefrorene Wirklichkeit« (A. Neumeyer) der Neuen S. gehört auch in die Vorgeschichte der Kunst des →Nationalsozialismus oder des →Faschismus und des Sozialist. Realismus hinein. Bereits die Zeitgenossen haben diese problemat. Aspekte der Neuen S. hart kritisiert (G. Grosz: »eine schlechte Biedermeiermode«, B. →Brecht: »reaktionär«, F. W. Seiwert: »alte Unsachlichkeit«, E. Bloch: »Malerei der übertünchten Gräber«). Die eigentl. Überwindung der Neuen S. vollzog sich im Verismus (O. Dix, Grosz, R. Schlichter u.a.), dessen bohrender →Realismus jede positive →Utopie ausschlägt. Erst in der proletar.-revolutionären Kunst gegen Ende der 20er Jahre wird erneut der Versuch einer Synthese von Realismus und Utopie gewagt. Die Neue S. blieb für die meisten der an ihr beteiligten Künstler eine Durchgangsstation zu anderen künstler. Positionen.

*Lit.: F. Roh:* Nachexpressionismus. Mag. Realismus. Probleme der neuesten europ. Malerei, Leipzig 1925. – *W. Schmied:* Neue S. und Mag. Realismus in Deutschland 1918- 1933, Hannover 1969. – Vgl. auch die Ausstellungskataloge West-Berlin 1961, München/Rom 1968, Hamburg 1968, Stuttgart 1971, Ost-Berlin 1974, Hannover 1974 und Wien 1977.

*Peter Maser*

### *B. Literatur*

*I.* Der Begriff der Neuen S. wurde auf die →Literaturwissenschaft übertragen und bezeichnet den kurzen Zeitraum von etwa 1925-1933. In Selbstverständnis und Stilformen ist sie eine entschiedene *Gegenbewegung zum* (späten) →*Expressionismus*, zu dessen Pathetik, zu dessen gefühlsgetragener Sprache, zu dessen programmat. Irrationalität im Übermaß seiner Idealismen. Ähnl. wie die bildenden Künstler propagieren die *Literaten* – oft unter Berufung auf U. Sinclair – eine Schreibweise, der es unter Verzicht auf subjektives Werten um die möglichst exakte Beschreibung vorgefundener Wirklichkeit geht. Eine Formaldiskussion findet deshalb allenfalls am Rande statt; inhaltl. Fragen genießen unbedingten Vorrang.
Die *Vertreter* der Neuen S., die nach den geistigen Höhenflügen und den tiefen Gefühlsstürzen der voraufgegangenen Dichtergeneration nun den Alltag mit seinen grauen Normalitäten als literar. Brachland entdecken, wählen mit Entschiedenheit das *Dokumentarische* zu ihrem Feld. Hier, im exakten Abbilden nicht arrangierter Wirklichkeit (Verismus), können sich die Autoren – selten unter Berufung auf, öfter in Anlehnung an den Naturalismus – als kühle Beobachter und als unbestechl. Reporter einer prinzipiell nicht mehr schönen oder schön zugerichteten Wirklichkeit betätigen.

*II.* Die selbstgesetzten Maßstäbe der Neue S. erstrecken sich auf alle drei Dichtungsgattungen; am wirkungsvollsten werden diese Maßstäbe freil. im *dokumentar. Theater* E. Piscators und in den bis heute berühmten und vorbildl. *Reportagen* E. E. Kischs umgesetzt. Daneben wird das Medium des →*Rundfunks* erstmals mit spezif. literar. Formen versorgt; die auf wissenschaftl. Recherchen aufgebaute *Biographie* erlebt eine Blütezeit. Im *Gegenwartsroman* etwa H. Falladas und in den Zeitstücken G. Kaisers u.a. wird auf alles stilist. und geograph. Exotische verzichtet und der »Mann von der Straße« zum Exempel von Dramatik und Tragik gemacht. Die →*Lyrik* von W. Mehring, E. Kästner oder K. Tucholsky gibt sich schnoddrig, frivol, unterkühlt, scharf; Chanson, Couplet und andere Formen öffentl. dargebotener Lyrik (vor allem Kabarett) spießen Zeitprobleme auf; sie reflektieren und produzieren zugleich das hemdsärmelig-sachl. Lebensgefühl der Ära zwischen erster Nachkriegszeit und Machtergreifung durch den →Nationalsozialismus.
Ihren unverwechselbaren Rang in der Literatur der »Neuen S.« behaupten *Antikriegsromane* von E. M. Remarque (»Im Westen nichts Neues«, 1929) und A. Zweig (»Der Streit um den Sergeanten Grischa«, 1927), sozialkrit. *Erzählungen* von G. Glaeser (»Jahrgang 1902«, 1928), H. Kesten (»Joseph sucht die Freiheit«, 1927) und A. Seghers (»Aufstand der Fischer von St. Barbara«, 1928); *Lehr- und Zeitstücke* von A. →Döblin (»Die Ehe«, 1931), M. Fleißner (»Pioniere in Ingolstadt«, 1929) und G. Weisenborn (»U-Boot S 4«, 1928); *Volksstücke* von Ö. von Horvath (»Geschichten aus dem Wienerwald«, 1931) und C. Zuckmayer (»Der fröhl. Weinberg«, 1925); →*Lyrik* von B. Brecht am Ende seiner vormarxist. Phase (»Hauspostille«, 1926/27), Klabund und J. Ringelnatz.

*Lit.: H. Lethen:* Neue S. 1924-1932. Studien zur Literatur des »Weißen Sozialismus«, Stuttgart, 2. Aufl. 1975.

*Günther Mahal*

### *C. Architektur und Musik*

*I.* Die Weimarer Republik entfaltet ebenfalls in Architektur und Musik bedeutende Aspekte neusachl. Schaffens. Das herausragende Ereignis auf dem Gebiet der →*Architektur* stellte das *Bauhaus* dar. 1919 von W. Gropius (1883-1969) in Weimar gegründet, 1925 nach Dessau verlegt und dort 1930 bis zu seiner erzwungenen Auflösung 1933 von Mies van der Rohe (1886-1969) weitergeführt, setzte es sich zum Ziel, bildende Kunst und Kunstgewerbe zusammenzubringen. Das Bauhaus gab mit seiner Einheit aus Kunst und Handwerk (unter vorurteilslosem Einschluß der Technik) entschieden der Gestaltung von Wohnvierteln Vorrang vor der Erstellung von Repräsentativbauten für Staat und Großbürgertum.

*II.* Auf dem Gebiet der →*Musik* ragten die Namen von A. →Schönberg (1874-1951) und I. →Strawinsky (1882-1971) als den Schulhäuptern der *»Internationalen Gesellschaft für Neue Musik«* heraus. Die bahnbrechenden musikal. Errungenschaften der Werke von B. Bartok, P. Hindemith, A. Honegger, E. Krenek, D. Milhaud und K. Weill, das Aufkommen des Begriffs *»Gebrauchsmusik«* (Weills »Mahagonny«, Singspiel nach B. →Brecht; E. Nicks' »Lyrische Suite für Radio« nach E. Kästners »Leben in dieser Zeit« [1929]) sowie die Nähe zum →*Jazz* zeigten die Spannbreite der Neuen S. Als ein prägendes Kennzeichen erwies sich auch ihr Bemühen, die einzelnen Kunstgattungen aus der Isolation herauszuführen, sich einem Gesamtkunstwerk aus Malerei und Graphik, Architektur, Musik, Literatur für die Bühne und →Film anzunähern.

*D. Religiös-ethische Dimension der Neuen Sachlichkeit*

*I.* Mit W. Benjamins berühmter Abrechnung (»Linke Melancholie«, 1931) hat es sich eingebürgert, vor allem die Namen von *E. Kästner* (1899-1974), *W. Mehring* (1896-1981) und *K. Tucholsky* (1890-1935) zu nennen, wenn von der *Literatur* der »Neuen S.« zu Rede ist. Seit Benjamins Aufsatz, der in ihren Arbeiten »Fatalismus, Nihilismus und Süffisanz« ausmachte, ist die vorurteilslose Frage nach der eth.-rel. Dimension dieser Autoren nicht gestellt worden.

*II.* Die *Grauen des Ersten Weltkriegs* bestimmten zeitlebens sowohl bei Kästner als auch bei Mehring und Tucholsky das Verhältnis zu →Religion und →Kirchen. Bei dem aus frommem ev. Elternhaus stammendem *Kästner* führte die Unterwerfung eines überwiegenden Teils des dt. Protestantismus unter die Kriegspolitik des Kaisers zum radikalen Bruch mit der ev. Kirche (»Stimmen aus dem Massengrab«, 1928; »Verdun, viele Jahre später«, 1929). *Mehrings* Erfahrungen mit der Kirche im Krieg bestätigten seine Erziehungseindrücke aus einem freigeistigen jüd. Elternhaus. Kirche und Staat gehen eine Große Koalition der Täuschung ein, Christentum ist Byzantinismus, der sich bes. in der Stein gewordenen Sprache und Gestik kirchenamtl. Verkündigung bloßstellt. *Tucholsky*, aus dem assimilierten Berliner Judentum stammend, erreichte in seinen lyr. Arbeiten über die verhängnisvolle Rolle von Religion in der Kriegszeit Aussagen von einzigartiger dramat. Wucht (»Zum ersten August«, 1918; »Gebet nach dem Schlachten«, 1924). Aller drei Antwort auf *kirchl.-offiziöse Versuche*, direkt oder indirekt Einfluß auf das gesellschaftl.-polit. Leben der Weimarer Republik zu nehmen, geriet rigoros ablehnend. Tucholskys Artikel gegen die *Gotteslästerungsprozesse*, Mehrings Kampf gegen *bigotte Sexualmoral* (»In Menschenhaut...«, 1924), Kästners Attacken gegen Versuche, seine Lyrik als *»Schmutz- und Schundliteratur«* zu denunzieren (»Schmutzsonderklasse«, 1929) geben hiervon beredt Zeugnis.

*III.* Auf dem Hintergrund des Kampfes der neusachl. Autoren gegen kirchl. Verfall und rel. verbrämte staatl. Zensurpolitik als Ausdruck auch für die Trauer über den Verlust einer großen Möglichkeit eröffnet vor allem Tucholskys Auseinandersetzung mit dem Katholizismus überraschende Eindrücke. Im Berlin der 20er Jahre suchte er einen (geistigen) Zugang zu *C. Sonnenschein* und dem sozialen Katholizismus (→soziale Bewegungen). Eine Frankreichreise mündete in eine ernsthafte Meditation über *»Lourdes* als Geschäft und Geheimnis« (»Ein Pyrenäenbuch«, 1927): beides Ausdruck der scheuen Annäherung dieses Autors an den Katholizismus. Für Tucholsky unakzeptable Vorgaben kirchenrechtl. Natur (Antimodernisteneid, →Unfehlsbarkeitsdoktrin) und vor allem die Politik der Zentrumspartei verhinderten allerdings eine engere Bindung an die kath. Kirche.
Nicht nur Tucholsky, sondern auch Kästner und Mehring beschäftigen sich lebenslang intensiv mit rel.-eth. Fragestellungen: Kästners Eigendeutung in der Jesusfigur (»Dem Revolutionär Jesus zum Geburtstag«, 1928), Tucholskys sensible Unterscheidung zwischen bibl. und kirchl. Christus (»1. August 1914«, 1920) warfen mehr als nur distanzierte Blicke auf den Mann aus Nazaret. Mehrings Kenntnis des *AT* (»Die verlorene Bibliothek«, 1951) war ebenso groß wie die der *kath. Liturgie* (»Das Ketzerbrevier«, 1921). Kästners Übernahme des Lessingschen *Humanismusideals* (»Fabian«, 1930) zeigt tiefe Einsichten zu der Frage, ob sich moral. Handeln ohne metaphys. Überbau begründen lasse. Höhepunkte schließl. des Umgangs aller drei Autoren mit den großen Themen von Religion und Ethos bildete die an prominenter Stelle des Werks heraus profilierte *Gottesfrage*: bei Tucholsky in seiner Prosaarbeit »Nachher« (1925), bei Mehring im Epilog der »Verlorene Bibliothek«, bei Kästner in dem während der inneren Emigration verfaßten Romanfragment »Der Zauberlehrling« (1936).

*Lit.: H. Bemmann:* Humor auf Taille. Erich Kästner, Leben und Werk, Frankfurt/M. 1985. – *K. Petersen:* »Neue S.«: Stilbegriff, Epochenbezeichnung oder Gruppenphänomen?, in: Dt. Vierteljahresschrift für Literaturwissenschaft und Geistesgeschichte 56 (3/1982), 463-477. – *R. von Soldenhoff (Hg.):* Kurt Tucholsky. Ein Lebensbild, Berlin 1985. – Zu W. Mehring s. vor allem die Anmerkung von *Ch. Buchwald* in der von ihm hg. Werkausgabe, Düsseldorf 1981ff. – *J. Willett:* Explosion der Mitte. Kunst und Politik 1917-1933, München 1981.

*Ulrich Kern*

## Neues Testament

Als NT werden jene 27 Schriften bezeichnet, die für den christl. Glauben im Verlauf der ersten vier Jh.e n. Chr. aus einem doppelten Grund kanon. Bedeutung erlangten (→Kanon C. II): 1. Nach Überzeugung der christl. →Kirche geben sie in unaufgebbarer und unüberbietbarer Weise davon Kunde, wie und wozu Gott in der Person und im Werk →Jesu Christi den durch Israels Propheten verheißenen *Neuen →Bund* (lat.: *novum testamentum*; griech.: *kainê diathêkê*) schloß. 2. Sie beantworten zumindest die wichtigsten jener theol. Fragen, die innerhalb der Glaubensgeschichte Israels, von der das →AT Zeugnis ablegt, noch offen geblieben waren (→D. 1). D.h., das NT gilt als die schriftl. Urkunde jener neuen – mit der Person Jesu von Nazaret unlösbar verbundenen – göttl. Willensverfügung und Stiftung, durch die Gott seine Jer 31,31-34 gegebene Verheißung eingelöst hat (→AT. A).

### *A. Ursprung und Überlieferung der ntl. Schriften*

Jede der 27 ntl. Schriften stellte *ursprüngl.* eine selbständige, in griech. Sprache abgefaßte und an best. Personen oder Gemeinden gerichtete Einheit dar. Die früheste Schrift, der 1. →Thessalonicherbrief, wurde um das Jahr 50 geschrieben, die späteste, der 2. →Petrusbrief, am Beginn des 2. Jh.s, der Hauptteil der ntl. Schriften entstand zwischen 80-100 n. Chr.

#### *I. Ursprung und Sammlung der ntl. Schriften*

Als erste dieser Schriften wurden wahrscheinl. die *Paulusbriefe* gesammelt, da jede Gemeinde, die einen Brief (oder mehrere) von →Paulus empfangen hatte, diesen nicht nur für sich aufbewahrte, sondern ihn auch mit den Gemeinden austauschte, die ebenfalls im Besitz eines Paulusbriefs waren (vgl. Kol 4,16). Vor allem durch das Wirken der christl. Missionare kam es dann auch zur *Sammlung* der übrigen ntl. Schriften, da sie jeweils *das* Evangelium und *die* urchristl. Schriften mitbrachten, die in ihren Herkunftsgemeinden bekannt waren. In dem Maße, in dem die christl. Gemeinden in den Friedenszeiten zwischen den einzelnen Verfolgungen (→Christenverfolgung) über ihre Region und Kirchenprovinz hinaus untereinander Kontakt aufnahmen, wurden so die verschiedenen im →Gottesdienst und in der rel. Unterweisung (→Katechese) verwendeten Schriften ausgetauscht (→Kanon C. II). Auf diese Weise kamen im Lauf des 2. Jh.s (fast) alle christl. Gemeinden in den Besitz der *vier Schriftgruppen:* der →Evangelien; der paulin. Briefe (einschließl. des →Hebräerbriefs); der →Apostelgeschichte und der sog. Katholischen Briefe (→Petrusbriefe) sowie der →Johannesoffenbarung.

#### *II. Zuverlässigkeit des Schrifttextes*

Keine der 27 ntl. Schriften wurde ursprüngl. als »heilige« Schrift betrachtet. Deshalb galt das *Interesse* ihrer Leser auch weniger dem Text, sondern vor allem *dem Inhalt* der einzelnen Schrift. Das hatte eine doppelte Konsequenz: 1. Die Urschriften, die sog. Autographen, genossen kein bes. Ansehen. Sie dürften bereits im 2. Jh. verlorengegangen sein. 2. Der Text der einzelnen Schrift galt noch nicht als unantastbar, weshalb es für spätere Abschreiber durchaus mögl. war, ursprüngl. getrennte Texte aus inhaltl. Gründen zu verbinden (→Korintherbriefe), zu erweitern oder auch aus sachl., grammatikal. oder stilist. Gründen zu verändern. Daß der überlieferte Text der ntl. Schriften dennoch nicht alle Glaubwürdigkeit verlor, verdanken wir einem Doppelten:

1. In den ersten 2 Jh.en wurden die ntl. Schriften – im Zusammenhang mit den Bedürfnissen der neu entstehenden christl. Gemeinden – von *privaten* Schreibern abgeschrieben. Nahm nun ein solcher Schreiber irgendwelche Veränderungen an dem ihm vorliegenden Text vor, so blieben die übrigen existierenden Handschriften davon unberührt. Erst in der Mitte des 3. Jh.s wurde der ntl. Text durch die Arbeit von Skriptorien (»Schreibbüros«) an kirchl. Zentren mit Hilfe des (scheinbar oder wirkl.) besten Textes revidiert bzw. korrigiert. Doch auch jetzt gab es noch – bis zum Beginn des 4. Jh.s – keine kirchl. Instanz, die die Gestalt der überarbeiteten bibl. Texte hätte einheitl. bestimmen können. Auch jetzt wurden keineswegs alle existierenden ntl. Handschriften durch derartige Revisionen bzw. Korrekturen betroffen. Aus dieser Zeit der relativ freien Textüberlieferung sind 43 Handschriften erhalten, deren früheste (mit Joh 18,31-33.37-38) bereits vom Anfang des 2. Jh.s stammt. Vergleicht man diese Handschriften (die auch dort, wo sie nur noch Teile enthalten, doch eine ehemals vollständige Handschrift, wenigstens einer ntl. Schrift, repräsentieren) miteinander, lassen sich *drei Textformen* unterscheiden: a) Ein »fester« Text, der sich genau an die Vorlage des Urtextes hält. b) Ein »Normaltext«, der den Urtext mit den Variationen überliefert, wie sie die ntl. Texttradition bis in die spätesten Zeiten charakterisiert. c) Ein »freier« Text, der mit der Überlieferung relativ großzügig umgeht. Das Verhältnis von a) + b) zu c) ist 30 : 13. D.h.: Wir können davon ausgehen, daß der Text der ntl. Schriften in der Mehrzahl ohne wesentl. Veränderung überliefert wurde. Wo aber eine solche Veränderung vorgenommen wurde, läßt sie sich durch Textvergleich in der Regel als solche erkennen.

2. Für einen derartigen Vergleich ist auch noch wichtig, daß seit 200 der griech. Text der ntl. Schriften ins Lateinische, Syrische und Koptische übersetzt werden mußte; denn dadurch entstanden neue Textformen, die nun ihrerseits nicht mehr von jenen Veränderungen beeinflußt wurden, die u.U. noch später am griech. Text vorgenommen wurden.

Insgesamt war der griech. Text des NTs bis zum Jahr 1980 folgendermaßen überliefert: 2328 Handschriften enthielten (ganz oder teilweise) die Evangelien, 779 die Paulusbriefe, 655 die Apostelgeschichte und die Kath. Briefe, 287 die Johannesoffenbarung (vgl. K. Aland: Bibelhandschriften II. NT, in: Theol. Realenzyklopädie 6, 116,22-24).

*C. Das NT in der Geschichte der Christenheit*

*I.* Je klarer die Kirche erkannte, welche *Bedeutung* gerade den ntl. Schriften bei der Entfaltung ihres Glaubenslebens zukam, um so mehr wurden diese zu einer bes. Größe, die nun von sich aus das Leben und Denken der Kirche in Anspruch nahm. Diese 27 Schriften – und nicht die anderen Schriften der Väter (→Apostol. Väter) – galt es für den Gottesdienst und die →Katechese in die jeweiligen Landessprachen zu übersetzen. Sie waren es, die (zusammen mit den Schriften des ATs) in der *Auseinandersetzung* mit der →Gnosis, dem →Judentum und dem →Heidentum verteidigt werden mußten. Und sie waren es schließl. auch, die bis ins hohe MA. immer aufs neue das systemat. Denken der *Theologen*, der »Lehrer in der Hl. Schrift« (magistri in sacra pagina), herausforderten. (Denn nicht nur in den Klöstern, sondern auch an den Universitäten war und blieb *das* Grundlehrbuch – die Hl. Schrift! Es waren zum Großteil die Fragen [»Quaestiones«], die sich bei der *Bibelauslegung* stellten, die in der →Scholastik – zur Entlastung der eigentl. Exegese – zu den Sentenzenwerken und »Summen« führten!)
Dennoch entwickelte sich das NT zu keiner absoluten Größe, da es (vor allem unter dem Einfluß des →Origenes) immer als Frucht der Fleischwerdung des göttl. Logos, des Wortes Gottes (Joh 1,14), verstanden wurde. Dies aber bedeutete: Die Schriften des NTs waren in ihrem »Gewebe von Wortlaut und Buchstaben« (Origenes) für die Gläubigen nicht nur eine bes. wichtige Schriften*sammlung*, sondern eine *Form*, in der sich der göttl. Logos nicht weniger real als in der Eucharistie *vergegenwärtigte*. Dadurch standen sie aber auch immer schon in einem unlösbaren Zusammenhang mit der Jesu Leben und Werk vorbereitenden Geschichte →Israels, von der die Schriften des ATs Kunde gaben (weshalb noch niemand daran dachte, die →Bibelwissenschaft in zwei Fächer: »Altes Testament – Neues Testament« aufzuteilen!), *und* sie kündeten den Gläubigen zugleich von der zukünftigen, endzeitl. Herrlichkeit, auf die hin Gottes Heilsgeschichte drängte. D.h., die ntl. Schriften galten als ein wesentl. *Element der Geschichte Gottes* mit den Menschen, als deren gegenwärtiger Ort noch ganz selbstverständl. die Kirche empfunden wurde.
Hinzuweisen ist noch auf die Bedeutung der NT für den christl. →Gottesdienst. Bes. in der →orthod. Kirche ist diese enge Verbindung von NT und christl. →Liturgie deutl., da sich der orthod. Gottesdienst weitaus überwiegend aus Schriftworten (neben dem NT vor allem aus den Psalmen) zusammensetzt. Aber auch alle anderen Kirchen haben aus diesem Grunde sehr früh feste Leseordnungen usw. entwickelt. Für die Orthodoxen gilt jedoch in bes. Maße, daß das NT weniger als eigenständige Größe, sondern primär als frühester schriftl. Ausdruck der Tradition geehrt wird und seine authentischste Interpretation vom liturg. Vollzug her erfährt.
Diese Situation änderte sich wesentl., als im Laufe des 11. und 12. Jh.s Wanderprediger – zunächst Kleriker, dann auch Laien (→Waldenser) – ihre Kritik an den reichen, in das feudale Wirtschaftssystem eingegliederten Klöstern und Stiften (→Feudalismus) mit Hilfe des NTs artikulierten und eine Rückkehr zur *»vita apostolica et evangelica«*, d.h. zum apostol. und ev. Leben, nicht nur forderten, sondern auch in neu entstehenden Gemeinschaften praktizierten. Von dieser Zeit an diente das NT nicht mehr nur der →Theologie und →Liturgie innerhalb der Kirche. Es wurde jetzt auch zur Grundlage heftiger *Kritik* am konkreten Leben der Kirche – angefangen von den →Katharern und Albigensern, →Franz von Assisi, →Hus und →Wyclif bis zu →Luther, →Zwingli und →Calvin (→Reformation).

*II.* In dem Maße, in dem sich das NT zu einer eigenständigen, krit. Instanz gegenüber der Kirche und ihrem traditionellen Glaubensleben entwickelte, spielte die Frage nach dem *ursprüngl. Wortsinn* der ntl. Schriften zwangsläufig eine immer entscheidendere Rolle. Dadurch wurden nun aber auch – vor allem im Gefolge der mit der →Aufklärung vordringenden Bibelkritik – viele Widersprüche und Anstöße innerhalb der bibl. Texte unübersehbar. Sofern man nicht wie die →röm.-kath. Kirche versuchte, die →Wahrheit der Schrift durch lehramtl. Erlasse und Entscheidungen zu garantieren, ließen sie sich letztl. nur dadurch überwinden, daß man die einzelnen Texte einerseits immer entschlossener als Glaubenszeugnisse *ihrer* Zeit (also in hist.-krit. Sinn) verstand und auslegte (F. C. →Baur; →Religionsgeschichtl. Schule) und andererseits die durch den tätigen Glauben vermittelte →*Erfahrung der Wahrheit* der ntl. Schriften betonte (vgl. Joh 7,17), die sich nur dem zu erschließen vermag, der ein positives Lebensverhältnis zu ihr entwickelt (→Hermeneutik, →Pietismus, →Schleiermacher).

*III.* Seit der im 19. Jh. aufgekommenen weltweiten und preiswerten *Verbreitung* von Bibeln durch die Bibelgesellschaften (→Bibelverbreitung) ist die Beschäftigung mit dem NT grundsätzl. jedermann mögl. – gleichgültig, wie er zum Christentum bzw. den verschiedenen christl. Kirchen und Glaubensgemeinschaften steht, die das NT der Gegenwart vermittelten. Dementspr. wird das NT heute unter verschiedenen *Gesichtspunkten* gelesen: als Glaubensurkunde; als Zeugnis für die Geschichte des →Urchristentums und zur Erklärung des Phänomens →»Christentum«; als Pflichtlektüre zur Aneignung des (abendländ.) kulturellen Erbes

(Was meint »Judaslohn«?, Wer war »der barmherzige Samariter«?, »Die sieben Worte Jesu am Kreuz« von J. →Haydn; Bilder →Rembrandts u.a.); als Buch großer Hoffnungsbilder; als Materialsammlung zur Deutung eigener psych. Erfahrungen u.a.m.

*D. Die Bedeutung des NTs für die Gegenwart*

Begnügt man sich nicht einfach damit, daß einzelne Texte des NTs auch heute noch in der Lage sind, uns nicht nur unsere Vergangenheit und Gegenwart zu deuten, sondern uns darüber hinaus auch jene Bilder zu liefern, deren wir bedürfen, um voller Hoffnung den Glauben an die →Erlösung in die Tat umsetzen zu können, fragt man vielmehr danach, welche Bedeutung dem *NT insgesamt* auch nach fast 2000jähriger christl. Theologie- und Kirchengeschichte zukommt, lassen sich zumindest folgende 6 Punkte anführen:

1. Da das AT einen wesentl. Bestandteil der christl. Bibel ausmacht, sieht sich dessen Leser letztendl. best. Fragen gegenüber, auf die er *innerhalb* des AT keine eindeutige Antwort findet, etwa: Gilt Gottes gnädiger Gemeinschaftswille allen Menschen (so etwa →Jona) oder nur Israel (so etwa →Joel)? Handelt Gott um seiner eigenen Ehre willen zum Heil des Menschen (so etwa Ez 36,22; Jes 43,7.25), oder entspringt Gottes rettendes Wohlgefallen seiner grundlosen Liebe (so etwa Dtn 7,6-9; 10,21)? Gilt Jes 2,4 (»Dann schmieden sie Pflugscharen aus ihren Schwertern und Winzermesser aus ihren Lanzen!«) oder Joel 4,10 (»Schmiedet Schwerter aus euren Pflugscharen und Lanzen aus euren Winzermessern!«)? Diese und ähnl. Fragen – deren unterschiedl. Beantwortung sehr verschiedenartige menschl. Verhaltensweisen zur Folge haben müssen! – lassen sich innerhalb der gesamten Bibel nur vom NT aus eindeutig beantworten (auch wenn diese Eindeutigkeit innerhalb der christl. Theologiegeschichte sehr bald wieder verlorenging).

2. Nach dem Zeugnis *aller* ntl. Schriften war jene Bewegung, die sich im Laufe des 1. Jh.s n. Chr. aus dem Judentum entwickelte und sich mit der Zeit als Christentum neben dem →Judentum, dem →Hinduismus, →Buddhismus und dem (späteren) →Islam als eine der großen Religionen in der Menschheitsgeschichte etablierte, von Anfang an nicht nur mit der Person und dem Werk →Jesu von Nazaret unlösbar verbunden, sondern auch mit dem Glauben an seine →Auferstehung, die ihm zum Herrn alles Geschaffenen machte (→Ostern). Das aber bedeutet: Es ist das NT selbst, das sich gegen jeden Versuch sperrt, die innerhalb des NTs sich findenden alternativen Lebensmodelle von der *Person Jesu* und dem *Glauben an seine Auferstehung* abzulösen, da man sie dadurch gerade ihrer grundlegenden Voraussetzung beraubt, ohne die sie nach dem Zeugnis ihrer ersten Verkündiger nicht gelingen können (1 Kor 1,17; 15,17-19).

3. Die Schriften des NTs lassen freil. auch daran keinen Zweifel, daß die Auseinandersetzungen, in die sich der urchristl. Glaube von Anfang an verwickelt sah, sehr bald dazu führten, daß das Interesse – und damit auch das persönl. Engagement – der ersten Christen schon relativ früh immer mehr der *theoret.* Begründung und Rechtfertigung ihres eigenen und der Abwehr fremden Glaubens galt (→Johannesbriefe, →Judasbrief, →Johannesoffenbarung, 2. →Petrusbrief). Stand im Leben und in der Verkündigung Jesu noch das rechte *Tun* im Vordergrund (→Bergpredigt), erhielt bereits nach wenigen Jahrzehnten das Festhalten an den *Überlieferungen* (2 Thess 2,15; 3,6; 2 Petr 2,21; Jud 3) und der gesunden Glaubens*lehre* (1 Tim 1,10; 2 Tim 4,3; Tit 1,9) ein immer größeres Gewicht. Allerdings, die im letzten Viertel des 1. Jh.s n. Chr. entstandenen →Evangelien bezeugen gegen diesen »innerkirchl. Trend« die Erkenntnis: Die Wahrheit des christl. Glaubens läßt sich nicht einfach durch die Übereinstimmung in best. Traditionen und Lehren sichern, sondern nur durch die fortwährende *Orientierung am Leben* und Wirken des ird. Jesus. So wichtig die theoret. Begründung und Rechtfertigung des →Evangeliums von Anfang an war und ist – das Leben Jesu von Nazaret bildet auch für die entfaltetste Theologie und die erfolgreichste kirchl. Praxis den unverrückbaren Maßstab. Dieser aber läßt sich allein aus den Schriften des NTs gewinnen.

4. Bereits die frühesten literar. Zeugnisse des NTs – die Briefe des Apostels →Paulus – zeigen, wie schwer es den Jüngern Jesu fiel, die Botschaft Jesu von der Vaterschaft →Gottes, die den Menschen der Notwendigkeit der kult. Vermittlung enthebt, unverkürzt zu leben (vgl. etwa Mt 6,5- 15 sowie Mk 11,27; 12,35.35.41 u.ö.: Es gibt *keine* Stelle innerhalb der Evangelien, die die Teilnahme Jesu am Tempel*kult* erwähnt. Jesus hält sich im →Tempel auf, um dort – wie in den Synagogengottesdiensten – zu *lehren*!).Sehr rasch beteiligten sich Jesu Jünger wieder am Tempelkult (Apg 2,46; 3,1; 21,23f.26), sehr rasch glaubte man wieder, um Gottes Willen heilige Tage und Festzeiten beachten zu müssen (Gal 4,10). Im Gegensatz zu solchen und ähnl. frommen Tendenzen auch innerhalb des Christentums bewahrt das NT die Botschaft von dem Gott, der *das Verständnis* (und nicht den →Kult) des Menschen sucht, da er es mit dem Menschen *bedingungslos* gut meint (Lk 2,14; 15) und daher auch keine »heilige Rangordnung« kennt (Mt 18,10; 23,8-12), die für den Zutritt zu ihm maßgebend wäre (Eph 3,12). Gerade weil menschl. Frömmigkeit stets in Gefahr steht, aus bester Absicht Gott gegenüber eine heilige Distanz aufzurichten, ist das NT an diesem Punkt so aktuell wie eh und je.

5. In dem Bemühen, Gottes heilvollem Willen im Leben des einzelnen und in der menschl. Gemeinschaft Raum zu schaffen, spielte auch schon für die frühen Christengemeinden das →*Gesetz* eine zentrale theol. Rolle. Die Antwort, die dabei von jenen beiden ntl. Theologen gefunden wurde, die

sich *ausdrückl.* mit der Gesetzesproblematik im Licht des Evangeliums befaßten, fand zwar selbst in der christl. Praxis kaum Beachtung, dürfte aber trotzdem immer noch den einzigen Weg zu einer *menschl.* Lösung all jener Probleme bieten, die durch das Gesetz im Leben der Menschen aufbrechen. Diese Antwort lautet: Das Gesetz vermag zwar den Willen Gottes offenkundig zu machen (Röm 7,12), aber es ist *nicht* in der Lage, Gutes zu wirken und *dem* Menschen aufzuhelfen, der mit dem Gesetz in Kollision geriet (Röm 3,19-21). Deshalb darf das Gesetz (nach Jesu Beispiel und Willen) immer nur so angewandt werden, daß »ein geknicktes Rohr nicht gebrochen und ein glimmender Docht nicht ausgelöscht« wird (Mt 12,1-21).

6. Angesichts der noch immer bestehenden, trennenden Lehrunterschiede zwischen den christl. Kirchen kommt schließl. auch noch der *Vielfalt der ntl. Theologien* (→Bibl. Theologie) eine unübersehbare Bedeutung zu; denn daß wir diese Theologien heute als harmonisierbar empfinden können, verdanken wir der hist. *Distanz*, aus der wir mit den ntl. Texten umzugehen vermögen. Dies ändert jedoch nichts an der Tatsache, daß das Evangelium an unterschiedl. Orten und unter differierenden gesellschaftl. und polit. Bedingungen so verschieden zur Sprache gebracht werden konnte, daß die Vereinbarkeit dieser derart unterschiedl. Artikulationen des Evangeliums nicht schon immer zu erkennen war. Und dennoch verzichtete die →Alte Kirche darauf, theol. Texte, die offensichtl. überarbeitet und zumindest teilweise »korrigiert« und verändert waren, als nicht mehr maßgebend zu verwerfen und auszuscheiden (→Kanon). So bleibt das NT *die* fortwährende Mahnung, die Vereinbarkeit scheinbar unvereinbarer Auslegungen und Darstellungen des Evangeliums auch über Jh.e hinweg letztendl. doch für denkbar zu halten - und dementspr. zu handeln. Ohne Zweifel sind die (Glaubens-)Traditionen, in denen der einzelne heranwuchs, auch für sein Verständnis der ntl. Texte von wesentl. Bedeutung (→Hermeneutik). Und dennoch bildet das *NT insgesamt* zugleich die *einzige*, nicht willkürl. gewählte *Grundlage*, von der aus es für den Christen wie für den Nichtchristen auch heute noch mögl. ist, die Botschaften und Ansprüche *zu prüfen*, die sich an ihn aus dem Raum der christl. Kirchen und Gemeinschaften richten.

*Lit.: K. Aland/B. Aland:* Der Text des NT, Stuttgart 1982. – *E. Käsemann:* Das Evangelium und die Frommen, in: *H. J. Schulz (Hg.):* Sie werden lachen – die Bibel, Stuttgart, 2. Aufl. 1976, 125-134. – *H. Köster/J. M. Robinson:* Entwicklungslinien durch die Welt des frühen Christentums, Tübingen 1971. – *W. G. Kümmel:* Das NT. Geschichte der Erforschung seiner Probleme, 2. überarb. und erg. Aufl., Freiburg/München 1970. – *Ders.:* Das NT im 20. Jh., Stuttgart 1970. – *E. Lohse:* Die Vielfalt des NTs, Göttingen 1982. – *D. Lührmann:* Auslegung des NT, Zürich 1984. – Weitere Lit. → Kanon.

*Meinrad Limbeck*

**Neukantianismus**

*A.* Die *Anfänge* der philos. Bewegung des N. liegen 1830- 1848 in der Abkehr der dt. Universitätsphilosophie vom spekulativen →Idealismus. Auf dem Hintergrund der Begründung einer neuen Disziplin →Wissenschaftstheorie durch den Hegelianer F. A. Trendelenburg (1802-1872) entwickeln im Nachmärz (1849-1865) H. von Helmholtz, R. Haym und insbes. J. B. Meyer das spezif. »neu«kantian. Programm, von Kants Erkenntniskritik (→Erkenntnistheorie) her weltanschaul. Absolutheitsansprüche des neuen naturwissenschaftl. Denkens zu bekämpfen. Auch in der *schnellen Ausbreitung* der Bewegung 1865-1880 richtet sich die Rückwendung zu Kant primär gegen die weltanschaul. Popularisierung der →Naturwissenschaften zu einem objektivist. →Materialismus, der die Selbständigkeit philos. Denkens und die prakt. →Freiheit des →Individuums bedroht. In den 80er Jahren gewinnt der N. dann seine klass. Gestalt als *Kulturtheorie*, in der er als die in Deutschland bis zum Ersten Weltkrieg führende Philosophie einen nachhaltigen Einfluß auf frühe dt. →Soziologie (M. →Weber, G. Simmel), prot. →Theologie, →Rechtswissenschaft (R. Stammler, H. Kelsen) und polit. Theorie von →Liberalismus und →Sozialdemokratie ausübt.

*B.* Nach den akadem. Wirkungsorten der führenden Vertreter des N. werden die sog. Marburger und die Südwestdeutsche Schule voneinander unterschieden. Die *Marburger Schule* (F. A. Lange, H. Cohen, P. Natorp, E. Cassirer und der junge N. Hartmann) entwickelt →Kants Philosophie zu einer Theorie der nichtempir. (→transzendentalen) Möglichkeitsbedingungen naturwissenschaftl. Erkennens fort. Um dem raschen Fortschritt der Naturwissenschaften gerecht zu werden, wird Kants System der Kategorien (d.h. der aprior. Grundbegriffe aller Erkenntnis) als ein verbesserungsfähiges, offenes →System konzipiert und Erkennen, anders als bei Kant, als unendl. Aufgabe verstanden: eine vollständige Bestimmung des Erkenntnisgegenstandes sei immer nur annäherungsweise möglich. Das neukantian. Interesse, jeden Dogmatismus zu bekämpfen und durch dauernde Methodenreflexion sowie präzise Begrifflichkeit Geltungsansprüche wissenschaftl. Aussagen krit. zu begrenzen, prägt auch die →Ethik, →Ästhetik und →Religionsphilosophie der Marburger. Im Interesse von →Autonomie vertreten sie einen prinzipiellen Vorrang konstruierender →Vernunft vor jeder Berufung auf irgendein Gegebenes. Religionsphilosophie ist deshalb allein Theorie der Produktivität rel. Bewußtseins.

*C.* Die *Südwestdeutsche Schule* (W. Windelband, H. Rickert, E. Lask, J. Cohn) kämpft gegen die von →Positivismus und proletar. Materialismus betriebene Umformung der →Geschichtswissenschaften in quasi naturwissenschaftl. verfahrende Wissenschaften von überindividuellen, objektiven Bewegungsgesetzen des Geschichtsverlaufs. Durch eine eigene Methodologie der Kultur- bzw. Geisteswissenschaften sucht sie deren prinzipielle Eigenständigkeit gegenüber naturwissenschaftl. Gesetzesdenken zu sichern. Kulturwissenschaften sind nicht »nomothet.«, sie fassen nicht einzelnes durch Kategorien unter allg. Gesetze zusammen, sondern sie sind »idiograph.« und suchen durch sog. Wertbeziehung geschichtl. Individuelles in seiner Individualität zu erfassen. Auch wenn der Wertbegriff (→Wert) und seine Tragfähigkeit für die Kulturwissenschaften umstritten geblieben ist, hat dieses Programm den Kulturwissenschaften des frühen 20. Jh.s einschließl. der prot. Theologie zu neuem Selbstbewußtsein verholfen.

*D.* Gleichwohl ist die zeitgenöss. Rede von einem theol. N. *irreführend.* Zwar bestehen zwischen N. und prot. Theologie der Zeit vielfältige sachl. und personelle Verflechtungen: Im wissenschaftspolit. →*Kulturkampf* gegen den →Katholizismus wird Kant hier wie dort zum autoritätskrit. »Philosophen des Protestantismus« stilisiert, und so wie Natorp in engem Kontakt mit dem Marburger Ritschlianer W. Herrmann arbeitet, so hat E. →Troeltsch intensiven Anteil am Südwestdeutschen N. Alle vom N. geprägten Theologen machen sich jedoch zentrale Elemente neukantian. Denkens, etwa die Marburger Kritik an jeder dem freien Subjekt vorgeordneten Gegebenheit, nicht zu eigen. Erhebl. *Wirkung* hat im Protestantismus freil. der Marburger neukantian. Sozialismus entfaltet: Selbst der junge K. →Barth ist in seinem Sozialismus primär dem n. Protest gegen eine kapitalist. Verdinglichung des Menschen verpflichtet, die kantischer Autonomie zutiefst widerspreche.

*Lit.: W. Flach/H. Holzhey (Hg.):* Erkenntnistheorie und Logik im N., Hildesheim 1979 (Lit.). – *H. Holzhey:* Cohen und Natorp., 2 Bde., Basel/Stuttgart 1986. – *K. C. Köhnke:* Entstehung und Aufstieg des N., Frankfurt/M. 1986 (Lit.).- *H.-L. Ollig:* Der N., Stuttgart 1979 (Lit.). – *B. Tucker:* Ereignis. Wege durch die polit. Philosophie des Marburger N., Frankfurt/M. u.a. 1984. – *T. E. Willey:* Back to Kant. The Revival of Kantianism in German Social and Historical Thought 1860-1914, Detroit 1978.

*Friedrich Wilhelm Graf*

**Neuplatonismus,** philos. Strömung am Ausgang der →Antike, die sich selbst als legitime Auslegung der Philosophie →Platons verstand, aber auch das sonstige philos. Erbe der griech.-röm. Antike aufnahm und zu einem selbständigen Denkansatz weiterentwickelte (→Synkretismus, →Hellenismus). Der N. setzte ein mit Ammonios Sakkas (geb. ca. 242); Hauptvertreter ist Plotin (205-270); bedeutend sind auch seine Schüler Jamblichos (geb. ca. 330) und Proklos (geb. 485). →Augustinus und noch stärker Ps.-Dionysios Aeropagita verbanden N. und christl. Theologie zu einer dauerhaften Synthese, die erst von der hochma. Rezeption des →Aristoteles in Frage gestellt wurde.

*A.* Zielsetzung und Inhalt des N. lassen sich am besten im Rückgriff auf den *Ansatz Plotins* verdeutlichen. Für Plotin ist Philosophie die Wissenschaft vom *Einen* (Hen), des Grundes und des Ursprungs jedes Seienden. Plotin entfaltet den *Hervorgang* des Vielen aus dem Einen (dem Prinzip des →Seins wie des →Denkens) in einem System von »Emanationen« (Hervorgängen), dessen Gliederung zugleich zwischen sinnl. wahrnehmbarer und intelligibler (nur im Denken anschaul. werdender) Welt unterscheidet. Die intelligible Welt umfaßt drei »Hypostasen«: das Eine, den Nous (Vernunft, Denken) und die →Seele, von der die sinnl. wahrnehmbare Welt ihren Ursprung herleitet. Dieser Ursprung ist zugleich das Ziel; vor allem die Seele des Menschen (Philosophen) versucht in der »theoria« (→Theorie) den *Aufstieg* zum Einen, der in der →Ekstase zuteil wird. Die monist. Konzeption in der plotin. Hypostasenlehre entwirft den →Kosmos als ein System in sich stehender Harmonie und führt konsequent zu einer ontolog. Depotenzierung des Negativen, des Leidens und des →Bösen, das die postulierte Harmonie in Frage stellt. Es hat keine eigene Subsistenz, sondern ist nur Ausdruck der Ferne zum Einen, welche die Seele überwinden soll. Dort, wo das Eine geschaut wird, schwindet jede Differenz, und in der Evidenzerfahrung – der wahren Erkenntnis dessen, was ist – wird dem Schauenden unmittelbar die Einsicht in die Güte des Ganzen zuteil. Was im einzelnen geschaut wird, ist freil. nicht unmittelbar; Schauender wie Geschautes übersteigen den →Logos.

*B.* Der quasirel. Aspekt des N. (man hat ihn vielfach eine rel. Heilslehre genannt) ließ sich in vieler Hinsicht mit *christl. Vorstellungen* verbinden, bes. mit jenen Gehalten, die in der Tradition als »Negative Theologie« bezeichnet werden. Plotin selbst hielt seine Lehre allerdings unvereinbar mit dem Christentum, das die Vollkommenheit und Güte des Kosmos leugne, in ihm etwas Gewordenes und Vergängliches sehe und ihm einen neuen Kosmos der Vollendung entgegenstelle. Gleichwohl wurde der N. über die Theologie des →Augustinus zu einem entscheidenden Faktor bei der Herausbildung des abendländ. →Christentums.

*C.* Das *MA.* kannte die platon. Philosophie nur in ihrer neuplaton. Weiterentwicklung und eigenwilligen Akzentuierung (man denke nur an die Identifikation der platon. »Idee« mit dem plotin. »Einen« und beider mit dem christl. Schöpfer- und Erlösergott). Die Entdeckung des »authent.« Platon führte in der →Renaissance – und mehr noch in der Philosophiegeschichtsschreibung der frühen Neuzeit – zur *Deklassierung* des neuplaton. Gedankengutes, das die platon. Lehre verfälscht und in den Dienst fragwürdiger Theologoumena gestellt habe. Erst im dt. →Idealismus, vor allem bei →Hegel, setzt eine vorsichtige *Rehabilitierung* dieses Denkens ein. In ihrem Gefolge wird der N. als eigenständige philos. Leistung begriffen – für die Philosophiegeschichtsschreibung ein eigenständiges Forschungsfeld innerhalb der Traditionen des Platonismus.

*Lit.: C.-F. Geyer:* Einführung in die Philosophie der Antike, Darmstadt 1978. – *R. B. Harris (Hg.):* The Structure of Being. A Neoplatonic Approach, Albany NY 1982. – *H. Meinhardt:* Das Eine vor den Gegensätzen, in: Archiv für Begriffsgeschichte 22 (1978), 133-153. – *Ph. Merlan:* From Platonism to Neoplatonism, Den Haag, 2. Aufl. 1960. – *H. R. Schlette:* Das Eine und das Andere. Studien zur Problematik des Negativen in der Metaphysik Plotins, München 1966. – *V. Schubert:* Plotin. Einführung in sein Philosophieren, Freiburg/München 1973. – *Th. Whittaker:* The Neo-platonists, Hildesheim 1961 (repr. Nachdruck der Ausgabe Cambridge, 4. Aufl. 1928).

*Carl-Friedrich Geyer*

**Neurose**

*A.* N.n sind seel. Erkrankungen, die aus einer gestörten Entwicklung der Persönlichkeit hervorgehen und sich in best. Eigenschaften und Symptomen äußern.

*I.* Der *Begriff* N. wurde von W. Cullen (1710-1790) geprägt und für Störungen der Empfindungen und Bewegungen ohne Fieber und ohne lokalisierte Veränderungen verwandt. Bei Ph. Pinel (1745-1826) findet sich das erste Mal das *Fehlen organ. Veränderungen* als Kriterium in der Definition von N.n, was im Gegensatz zu den Entwicklungstendenzen der Medizin *im 19. Jh.* steht, die gerade durch die Suche nach organ. Veränderungen als Erklärung von Krankheit gekennzeichnet sind. Mit den Fortschritten in der Infektionslehre und Neuropathologie wurden immer mehr organ. Träger für Krankheitserscheinungen gefunden, die ursprüngl. den N.n zugerechnet worden waren. N.n stellten Ende des 19. Jh.s eine *Restklasse* derjenigen Krankheitsformen dar, deren anatom. Grundlage nur noch nicht erkannt worden war.

*II.* Nach einem Studienaufenthalt bei J. M. Charcot (1885/86) blieb es *S.* →*Freud* (1856-1939) vorbehalten, endgültig von der Negativkonzeption des N.begriffs abzurücken und die Anerkennung der N.n als *funktionelle Störungen* durchzusetzen. Durch seine Untersuchungen an hyster. Patienten konnte die psych. Genese dargestellt werden. Die Motivzusammenhänge seel. Lebens, bewußte und unbewußte seel. →Konflikte, Gegensätze zwischen Trieb und Maßstäben des →Gewissens und best. ungünstige (traumat.) Einflüsse der →Umwelt, insbes. in der frühen Kindheit, wurden als Ursache der N.n verantwortl. gemacht. Zusätzl. wird ein konstitutioneller Faktor angenommen, der in einer anlagemäßigen Bereitschaft (»Neurotizismus«) besteht. Die entscheidende Beteiligung *unbewußter Wunschvorstellungen* und ganz best. Konstellationen des Sexual- (→Sexualität) und →Aggressionstriebes, der Zeitpunkt traumat. Einflüsse und situative Bedingungen werden als Schlüssel zum Verständnis verschiedener N.formen herangezogen.

*III.* Während in der →Psychoanalyse die konflikthafte Entwicklung des →Individuums mit dem Wirken unbewußter Triebkräfte (Es) und der bewußten Abwehr (Ich, Über-Ich) im Mittelpunkt der N. steht und das neurot. Symptom als Ausdruck eines intrapsych. Kompromisses angesehen wird, entstehen, aufbauend auf den Reflextheorien I. Pawlows (1849-1936) im *Behaviorismus* (→Handeln, →Verhaltensforschung), die N.n unter lerntheoret. Aspekt nach folgendem Modell: Ausgelöst möglicherweise durch 1. ein oder mehrere traumat. Erlebnisse, wird →Angst 2. klass. »konditioniert« (Kopplung neutraler Reize an einen Reflex) und das neurot. Verhalten 3. bes. durch Angstvermeidung aufrechterhalten (operantes Konditionieren, d.h. →Lernen am Erfolg). N.n werden verstanden als erlernte unangepaßte Verhaltensgewohnheiten (habits), die – meist von Angst begleitet – trotz ihrer Unangepaßtheit nicht erlöschen (J. Wolpe). In *Weiterentwicklung* dieses Konzepts wird kognitiven (Erkenntnis-) Faktoren eine bes. Bedeutung zugeschrieben, wobei verzerrte, übergeneralisierte und idiosynkrat. (überempfindl.) Gedanken und Denkschemata den Kern von N.n bilden. Die hinter dem N.begriff stehenden nosolog. (krankheitstheoret.) Konzepte variieren stark. Im DSM III (Diagnost. und Statist. Manual psych. Störungen) wird der Begriff vermieden und nur noch rein deskriptiv von *Störung* (»Disorder«) gesprochen.

*B.* Angst ist das dynam. Zentrum aller N.n. Der neurot. Mensch zeigt in der Abwehr dieser Angst *zwei Merkmale*: 1. eine gewisse *Starrheit* der Reaktion (best. Symptombildungen), 2. eine Diskrepanz zwischen *Möglichkeit und Leistung* (im Sinne einer Reifungsstörung der Persönlichkeit). Die Intensität der Angst entspricht der Bedeutung, die eine best. Situation für den Betreffenden hat; die Gründe, aus denen er derart verängstigt ist, sind ihm im wesentl. nicht bekannt (»ich weiß nicht, warum«).
Nach W. Bräutigam gehören folgende *Bedingungen* zu einer N.: 1. Die Störungen sind in ihrem zeitl. Auftreten und ihrer verschlüsselten Symptomatik auf eine innere *Konfliktsituation* bezogen, die in wesentl. Anteilen unbewußt ist. 2. Neurotiker sind in ihrer Einstellung verstimmbar, *selbstunsicher*, ängstl., gehemmt. Charakteristisch ist die konflikthafte und ambivalente (gleichzeitiges Vorhandensein gegensätzl. Gefühle) Einstellung zu anderen Menschen. 3. Beim Neurotiker läßt sich eine Fixierung best. *infantiler Komplexe* feststellen. Komplexe sind unverarbeitete, affektiv überwertige, unbewußte Vorstellungen oder Gefühlsinhalte, die wie errat. Blöcke aus der Vergangenheit in den gegenwärtigen Weltbezug hineinragen und ihn stören. Zugleich bleiben damit elementare Lebensbereiche unentwickelt (z.B. leibl. und sexuelle Selbstbejahung, zärtl. und aggressive Spontaneität, Hingabefähigkeit). 4. Zur N. gehören best. *Symptome.* Die Symptome weisen auf eine spezielle Form der Bindung von (neurot.) Angst hin und entsprechen best. Abwehrvorgängen (Verleugnung,

Verschiebung, Projektion, Verkehrung ins Gegenteil, Identifizierung, Isolierung, Ungeschehenmachen).

*C.* N.n neigen zu *chron. Verlauf.* Sie sind *häufig.* Die mittlere Prävalenz (Vorkommen zu einem best. Zeitpunkt) in der gesamten Bevölkerung liegt bei ca. 10% mit einer großen Schwankungsbreite je nach Studie. Die *Unterscheidung von N.n* wird durch typ. Symptombildung (Psychon.n) einerseits und charakterist. Einstellungen, Fehlhaltungen oder auch schwere Deformierungen der Persönlichkeit (Charaktern.n, neurot. Persönlichkeitsstrukturen) vorgenommen.

*I.* Zu den *Psychon.n* gehören die Angstn. (diffuse Angstzustände wechselnder Intensität, Angstanfälle, Tendenzen zu körpernahen Beschwerden im Zusammenhang mit Angst), die Phobien (an best. Situationen und Objekte gebundene unverhältnismäßig große Ängste mit nennenswerter Einschränkung im tägl. Leben, Vermeidungsverhalten. Beispiele: Agoraphobie [Platzangst], Claustrophobie [Angst vor geschlossenen Räumen], Akrophobie [Angst vor großen Höhen] usw.), die hypochondr. N. (übersteigerte Besorgnis und Befürchtungen bis hin zu ängstl. Überzeugungen, an einer Krankheit zu leiden oder an dieser noch zu erkranken), die neurot. →Depression (chronischer depressiver Verstimmungszustand mit Selbstunsicherheit, vermindertem Selbstwertgefühl, Neigung zu anklammerndem Verhalten und Angst vor Ablehnung, Resignation, latente Aggressivität und körperl. Beschwerden), die *Zwangsn.* (subjektiver Zwang, best. Gedanken denken zu müssen) und die hyster. N. (Auftreten best. körperl. Symptome [Kopfschmerzen, Übelkeit usw. bis hin zu psychogenen Lähmungen] und psych. Störungen, z.B. Bewußtseins- und Gedächtnisausfälle, Erlebnisse von Unwirklichkeit und Verfremdung. Die Symptome sind oft durch dramat. Ausgestaltung und eine deutl. Tendenz, Gefühlsreaktionen bei anderen in Gang zu setzen, charakterisiert).

*II.* Zu den *Charaktern.n* rechnet man die *abnormen Persönlichkeiten:* einerseits Patienten, die deutl. an sich selbst leiden (Charaktern.n im engeren Sinne), andererseits auffällige Personen, die durch ihr Verhalten andere Menschen stark beeinträchtigen (»neurot. Charakter«).
Therapie der Wahl bei N.n ist die →Psychotherapie (→Psychoanalyse, Verhaltenstherapie, Gesprächstherapie u.a.), oft verbunden mit medikamentöser Unterstützung durch Psychopharmaka.

*Lit.: W. Bräutigam:* Reaktionen, N.n, Psychopathien, Stuttgart 1969. – *S. Freud:* Studienausgabe, Bd. I-X, Frankfurt/M. 1969. – *S. O. Hoffmann:* Psychon.n und Charaktern.n, in: *K. P. Kisker u.a. (Hg.):* Psychiatrie der Gegenwart, Bd. 1, Berlin/Heidelberg/New York/Tokio, 3. Aufl. 1986. – *P. C. Kuiper:* Die seel. Krankheiten des Menschen, Stuttgart 1980. – *J. Wolpe:* Psychotherapy by reciprocal inhibition, Stanford 1958.

*Burkhard Pflug*

**Neuscholastik** ist der zusammenfassende Name für eine restaurative *theol. und philos.* Strömung in der röm.-kath. Kirche, die sich vor allem seit der Mitte des 19. Jh.s mit Unterstützung der Kirchenleitung als die offiziell gültige Lehrtradition hervortat. Sie entstand innerhalb der Ausläufer der bis ins MA. zurückreichenden →Scholastik, die in den südl. Ländern (insbes. in Italien, Röm. Schule) fortgesetzt, aber unter franz. Einfluß auch in dt. Ländern (Mainz) gepflegt wurde neben Theologieformen, die versuchten, die Errungenschaften der modernen Zeit aufzuarbeiten: Subjektivität und Geschichtlichkeit (kath. →Tübinger Schule, G. →Hermes, A. →Günther; vgl. →Subjekt, →Geschichte).

*A.* Im Widerstand gegen diese Strömungen und gegen die als kirchenfeindl. erfahrene →moderne Kultur und Wissenschaft insgesamt greift die N. bewußt zurück auf die der →Reformation und →Aufklärung vorangehende Tradition. Exemplar. für diese Position ist das »Kampfprogramm« von J. Kleutgen, der das scholast. Denken – für Kleutgen lehramtl. sanktioniert und deshalb in seiner Geltung innerhalb der Christenheit absolut und unantastbar – zu einem *gegen die Modernität* gerichteten »Waffenarsenal« umbauen wollte. Für die ultramontane, die moderne Welt bekämpfende Bewegung innerhalb der röm.-kath. Kirche war dies offensichtl. eine sehr brauchbare Ideologie (»Und-dennoch-Theologie«, B. Welte); es entstanden aber auch kreativere Formen neuscholast. Theologie (M. J. Scheeben [1835-1888], H. Schell [1850-1906], P. Rousselot [1878-1915]).
U.a. unter ital. Einfluß bezog sich die N. immer ausschließlicher auf die *Philosophie des →Thomas von Aquin,* was in einer allg. kirchl. Vorschrift Leos XIII. (1878-1903) seinen Niederschlag fand, der darin eine solide Basis für seine Soziallehre sah (»Aeterni Patris«, 1879). So wurde die N. als »*Neothomismus*« fakt. zur offiziellen Denkrichtung in der röm.-kath. Kirche, was sich im Blick auf spätere Gegenströmungen (→Modernismus, →Nouvelle théologie) noch verschärfte (und innerhalb der N. Fragen nach dem Status anderer scholast. Linien wachrief). Auf dem 2. →Vat. Konzil wurde das fakt. Monopol der N. durchbrochen; für die zentralkirchl. Instanzen jedoch blieb sie bei der Beurteilung der neueren Theologie normativ.

*B.* Auffallend in der N. ist der *vorrangige Platz der Philosophie,* erklärl. aus der apologet. Richtung gegen das moderne Denken, aber auch aus ihrer seit dem späten MA. geltenden Überzeugung, Theologie bestehe eigentl. aus kirchl. Lehre und Philosophie: Die Theologie hat die (vom Lehramt in scholast. Begriffen unveränderl. festgelegte) Lehre mit Hilfe der neuscholast. Philosophie zu verteidigen und zu erklären. In diesem apologet. Rahmen hat krit.-hist. Forschung in der Theologie fakt. nichts zu suchen. Sie richtete sich denn auch vor allem auf die eigene philos. Tradition und erreichte darin beachtenswerte *Resultate,* die

zugleich die Pluralität der ma.-scholast. Strömungen zum Bewußtsein brachten. Nachdem es zu Beginn unseres Jh.s zu mehr Offenheit für neuere Strömungen gekommen war, sind kreativere Formen der neuscholast. Philosophie entstanden (D. J. Mercier [1851-1926] und die »Schule von Löwen«, J. Maritain [1882-1973], E. Gilson [1884-1978], C. Fabro [1878-1944]), die auch die Theologie beeinflußt haben (J. Maréchal [1878-1944], D. De Petter [1905-1971]).
Schon die Diskussionen zwischen 1925 und 1950 über den (seit Leo XIII. zentralen) Begriff einer »*christl. Philosophie*«, der sich fakt. auf das Verhältnis von Natur und »Übernatur« (→Supranaturalismus) bezog, dessen konkreter Inhalt aber die kirchl. Haltung gegenüber der Welt war, verrieten etwas von der *inneren Spannung* in der N.: eine für autonom gehaltene, doch im Dienst des Lehramts stehende Philosophie. Neuere Untersuchungen zeigen übrigens an diesem wie (method. und inhaltl.) an manch anderem Punkt einen beträchtl. Unterschied zwischen den Auffassungen des Thomas sowie seiner Zeitgenossen und denjenigen der N. Paradox genug ist im nachhinein klar: Die N. ist so zeitgebunden, daß sie die eigentl. ma. Grundhaltung nicht aufgreifen konnte.

*Lit.: R. Aubert:* Handbuch der Kirchengeschichte VI/1, Freiburg u.a. 1971, Kap. 15, 24 und 37. – *K. Deufel:* Kirche und Tradition. Ein Beitrag zur Geschichte der theol. Wende im 19. Jh. am Beispiel des kirchl.-theol. Kampfprogramms P. Joseph Kleutgens S.J., München u.a. 1976. – *A. Hamman:* N., in: Religion in Geschichte und Gegenwart, 3. Aufl., Bd. 4. 1433-1437. – *W. Philipp:* Neuthomismus, in: Religion in Geschichte und Gegenwart, 3. Aufl., Bd. 4, 1439-1443. – *B. Welte:* Zum Strukturwandel der kath. Theologie im 19. Jh., in: Auf der Spur des Ewigen, Freiburg u.a. 1965, 380-409.

*Ted Schoof*

## Neuzeit

### *A. Kirchengeschichtlich*

Der *Begriff* N. wurde von Ch. Cellarius (Historia nova, 1696) zur Periodisierung der allg. Geschichte (Alte Geschichte, →MA., N.) eingeführt und Anfang des 19. Jh.s gebräuchl. Meistens wird der Beginn der N. mit der Wende vom 15. zum 16. Jh. angesetzt (Entdeckung Amerikas, →Reformation, Dt. →Bauernkrieg), aber es gibt noch zahlreiche, ebensogut begründete Varianten (→Kirchengeschichte). Die N. wird unterteilt in Frühe N. (bis zur →Franz. Revolution), Neuere Geschichte (1. Industrialisierung/19. Jh. bis zum Ersten Weltkrieg), Neueste Zeit/Zeitgeschichte (seit 1917), Gegenwartsgeschichte (seit dem Zweiten Weltkrieg). Diese Grenzen sind ebenso umstritten wie ihre Übertragung auf die Kirchengeschichte, die im 19. Jh. von K. A. von Hase und J. A. Möhler (→Tübinger Schule) vorgenommen wurde. Denn erstens trifft diese Periodisierung von vornherein auf den ostkirchl.-orthod. Bereich, auch allgemeingeschichtl., kaum zu, und zweitens weisen die Geschichtsbilder der westl. Kirchen sehr unterschiedl. Akzentuierungen auf. So wird der Beginn der kirchengeschichtl. N. mit der →Renaissance und dem →Humanismus, mit der Reformation, der →Gegenreformation, der →Aufklärung oder dem Ende des kirchl.-konfessionell gebundenen Zeitalters angesetzt.

*I.* Hatten die spätma.-frühreformator. Bewegungen bereits auf den rapiden rel.-moral. Niedergang in der Kirche reagiert, so versuchte →Luther mit seiner strengen Bezugnahme auf die Hl. Schrift eine grundlegende Reform zu erreichen. Die Folgen waren jedoch, was die *erste Periode* der kirchengeschichtl. N. kennzeichnet, der endgültige Verlust der westkirchl. Einheit durch Spaltung, die Aufgliederung der Reformation in zahlreiche, teils radikale Richtungen (→Calvinismus, Zwinglianismus, →Täuferbewegungen, Zwickauer Propheten), deren Verbindung mit →sozialen Bewegungen und eine Welle von →Religions- oder Konfessionskriegen (Dreißigjähriger Krieg). In der kath. Kirche führten die innerkirchl. Bemühungen der kath. Reformation sowie die Gegenreformation zu einer Erneuerung und Zusammenfassung der theol. und missionar. Kräfte. Kath.-nationalkirchl. Tendenzen (→Jansenismus, Gallikanismus) konnten damit jedoch nicht verhindert werden.

*II.* Die *zweite Periode* der kirchengeschichtl. N. zeigt den Rückgang des – bereits im 16. Jh. gebrochenen – universalen Einflusses des →Papsttums auch in den kath. Ländern seit dem 17. Jh. Im absolutist. Fürstenstaat (→Absolutismus), dessen die Kirche sich in den Konfessionskämpfen bedient hatte, überlagerten das Prinzip der Staatsräson, die Ideen des →Naturrechts und der Volkssouveränität immer mehr das christl. Herrschaftsideal. Der philos.-polit. Aufklärung entspricht die Neufassung des bislang heilsgeschichtl. Weltbildes von einem allg. krit. →Rationalismus her, der unter dem Einfluß der →Mathematik und der →Naturwissenschaften steht. Die Theologie muß sich mit einer wachsenden Kluft zwischen Glauben und säkularisiertem Denken und Wissen auseinandersetzen. Ihren Höhepunkt findet diese Entwicklung in der →Franz. Revolution und der Napoleonischen Ära, zumal die →Säkularisierung die feudalen Elemente (→Feudalismus) in der kirchl. Struktur, und damit auch die Grundlagen ihres Bildungswesens, zerstörte.

*III.* Die *dritte Periode* ist gekennzeichnet von der generellen, weitreichenden Trennung zwischen Kirche und Staat (→Laizismus). Entwicklungen wie die Hl. Allianz, die →Restauration oder der →Kulturkampf machen das Christentum zum polit. Instrument und gleichen es somit geistig-polit. Strömungen wie →Nationalismus, →Liberalismus und →Sozialismus an. Die Kirchen spiegeln mit ihrem Bemühen, traditionalist. wie auch modernist. Strömungen zu integrieren und eine Soziallehre zu entwickeln, ihre starken gesellschaftl. Bezüge wider. Der →Katholizismus sucht eine neue Geschlossenheit im 1. Vatikanum (→Vat. Konzile, →Unfehlbarkeit) zu finden.

*IV.* Die *vierte Periode* (seit dem Zweiten Weltkrieg) stellt die christl. Kirchen vor bislang nicht gekannte Probleme: die Konfrontation mit dem →Totalitarismus, das Einrichten auf Dauer in atheist.-sozialist. Staaten, die Veränderung des Weltbildes durch →Wissenschaft und →Technik (→Atom- und Astrophysik, Raumfahrt, Elektronik, Gentechnik), der Gegensatz zwischen den Industriegesellschaften des Nordens und den Ländern der »Dritten« und »Vierten Welt«, der Bewußtseinswandel in eth. Fragen wie Verwendung der Kerntechnik, →Ehe und →Sexualität, →Geburtenregelung, fundamentalist. Bewegungen, Renaissance des →Islam, Aufkommen neuer theol. Strömungen, →Befreiungstheologie, →feminist. Theologie. Dieser Herausforderung versucht man mit einer Verbindung zwischen theol.-liturg. Erneuerung, →ökumen. Bewegung und einem weltweiten Dialog zu begegnen, der niemanden ausschließt.

*Lit.:* Propyläen-Geschichte Europas, 6 Bde., Frankfurt/M. 1975ff. – *J. Habermas (Hg.):* Stichworte zur geistigen Situation der Zeit, 2 Bde., Frankfurt/M. 1979. – *H. Jedin (Hg.):* Handbuch der Kirchengeschichte, 7 Bde., Freiburg, 3. Aufl. 1985. – *E. Troeltsch:* Die Bedeutung des Protestantismus für die Entstehung der modernen Welt, München, 5. Aufl. 1928.

*Hans Hecker*

*B. Fundamentaltheologisch*

*I.* Mit dem Begriff der N. oder der Moderne werden *Rahmenbedingungen menschl. Denkens und Handelns* bezeichnet, zu denen alle theol. Entwürfe seit der →Aufklärung des späten 17. und 18. Jh.s Stellung nehmen müssen. Die Auseinandersetzung mit dem epochalen Prozeß der Modernisierung von →Kultur und →Gesellschaft steht im Zentrum der Theologiegeschichte seit der »Sattelzeit« (R. Koselleck) des späten 18. und frühen 19. Jh.s. Innerhalb der →Dogmatik scheinen sich zwar die materialen Themenbestände, d.h. die Entfaltung christl. Lehre von der →Schöpfung bis zur →Eschatologie, gleichzubleiben. Doch verändern sich gesamttheol. Stellenwert und Darstellungsform der Dogmatik: Sind die theol. Lehrsysteme der Tradition, von der →Alten Kirche bis zu den konfessionellen Orthodoxien des 17. Jh.s, ausnahmslos auf der Grundlage der aristotel. Seinsmetaphysik entfaltet worden (→Aristoteles, →Ontologie), so verliert mit dem Ende der rel. Einheitskultur Alteuropas, der Ausbildung der modernen experimentellen Naturwissenschaften in der Renaissance sowie der Erfahrung beschleunigten geschichtl. Wandels dieses ungeschichtl. Seinsdenken an Plausibilität und kultureller Orientierungskraft. Anstelle des alten Substanzdenkens wird das Paradigma von *Subjektivität und →Autonomie* zum grundlegenden kulturellen Verständigungsmuster. Auch die →Theologie sieht sich zu einer Auseinandersetzung mit dem modernen Verständnis von →Freiheit als Autonomie des Individuums genötigt. Die in röm.-kath. wie prot. Theologie der N. zu beobachtenden vielfältigen Auseinandersetzungen zwischen liberalen, aufklärungsoffenen und konservativ bewahrenden, modernitätskrit. Theologen gelten vor allem der Frage nach der christl. Legitimität solcher Autonomie und der von dieser geprägten, zunehmend pluralistischeren Individualitätskultur. Dabei gibt es tiefgreifende konfessionelle Gegensätze, weil sich der Protestantismus insgesamt sehr viel stärker neuzeitl. Denken öffnet als der Katholizismus.

*II.* Modernes Denken beinhaltet eine tiefgreifende Veränderung des *Wahrheitsbewußtseins.* Ist →Wahrheit traditionell als Übereinstimmung von Sache und Denken verstanden worden, so wird auf dem Wege von →Descartes zu →Kant nun der Einsicht Bahn gebrochen, daß die scheinbar objektive Gegenständlichkeit des zu Erkennenden immer schon eine produktive *Leistung des erkennenden Subjekts* ist, also Dinge nicht einfach gegeben, sondern nur so gegeben sind, wie sie von der Wahrnehmung des Subjekts geprägt werden. Kritik der →Vernunft, d.h. Analyse von Leistungskraft und Grenzen menschl. Erkennens (Kant), Skepsis und method. Zweifel werden zum legitimen Weg der Erzeugung von Wissen. An die Stelle der Begründung von Wahrheit durch →Autorität und göttl. →Offenbarung tritt die Legitimation durch *rationale Verständigung.* Wissen ist dabei nicht mehr kontemplative Schau des Ewigseienden, sondern Mittel aktiver Weltbemächtigung. Naturwissenschaften und Ethik, d.h. die Reflexion menschl. Naturaneignung oder des Aufbaus von Kultur, werden deshalb zu Fundamentaldisziplinen der modernen Wissenschaft. Dem entspricht innerhalb der Theologie eine starke *Aufwertung der →Ethik* gegenüber der Dogmatik.

*III.* Der Wandel des Wahrheitsbewußtseins verbindet sich mit einer elementaren *Veränderung des Zeitbewußtseins.* Die Erfahrung eines zunehmend schnelleren geschichtl. Wandels führt zur Ausbildung eines *hist. Bewußtseins.* Diese Historisierung aller Welterfahrung bedeutet nicht nur eine generelle Distanz gegenüber aller Vergangenheit, sondern zugleich die Erfahrung einer prinzipiellen Relativität der je eigenen Position. So zerbricht die in der myth. Rede (→Mythos) erzeugte Gleichzeitigkeit von Ursprung und eigener Gegenwart, etwa die Gleichzeitigkeit zwischen Christus und dem einzelnen Christen. Die Frage nach der Überwindung dieses »breiten garstigen Grabens« (→Lessing) ist in der modernen, wesentl. durch hist. Kritik geprägten Theologie bis heute ohne überzeugende Antwort geblieben.

*IV.* Seit dem 18. Jh. vollzieht sich in aller Theologie eine Wende hin zur *Anthropozentrik* (→Anthropologie). Dies zeigt sich bes. in der →Fundamentaltheologie: Das Verhältnis von Vernunft und →Offenbarung sowie der Religionsbegriff, die Analyse von Religiosität als eines anthropolog. Grundphänomens, treten in ihr Zentrum. Exemplar. gebündelt läßt sich die anthropolog. Wende der Theologie in →Schleiermachers Umformung der Dogmatik zur Glaubenslehre erkennen: Aus der Darstellung objektiv verbindl. Kirchenlehre wird eine Analyse des frommen Selbstbewußtseins (Schleiermacher), d.h., die traditionellen Inhalte der Dogmatik werden nur insoweit reformuliert, als sie sich als Aussagen über das Selbst- und Weltverhältnis des Gläubigen rekonstruieren lassen. Selbst in jenen modernitätskrit. Theologien, die diese anthropolog. Wende zu bekämpfen versuchen, zeigt sich deren Unhintergehbbarkeit: beispielsweise wird in der Entwicklung der neuzeitl. Gotteslehre das Subjektsein Gottes, d.h. seine Persönlichkeit und die →Trinität, zum einzigen Thema. Für die eigentüml. Verbindung von *Modernitätskritik* und Modernität ist in der prot. Theologie des 20. Jh.s vor allem K. →Barth repräsentativ: mit Hilfe der Trinitätslehre wird die Vorstellung entfaltet, daß Gott selbst das einzig autonome Subjekt sei. Auch die antimodernist. Bewegungen in der röm.-kath. Kirche des späten 19. und frühen 20. Jh.s sind in ihrer Weise durchaus moderne Phänomene: lehnen sie zwar die Selbständigkeit des einzelnen Christen ab, so kämpfen sie doch für die Autonomie der Kirche gegenüber Staat und Kultur.

*V.* Die ev. Theologiegeschichte von Schleiermacher bis Barth ist durch die Erfahrung fundamentaler Krisen des Modernisierungsprozesses geprägt. Ein vergleichbarer Prozeß ist in der kath. Theologie von der kath. →Tübinger Schule über die →Neuscholastik und den →Modernismus bis hin zur →Nouvelle théologie und dem 2. →Vat. Konzil zu beobachten. Sozialgeschichtl. haben das moderne Autonomieprinzip und das Pathos wissenschaftl. Weltbeherrschung zu einer *Ausdifferenzierung* von selbständigen, nach je bes. eigenen Gesetzmäßigkeiten funktionierenden gesellschaftl. Teilbereichen geführt. Die →Säkularisierung von Staat und Recht, d.h. ihre Entkoppelung von rel. Begründungen, die Verselbständigung der Naturwissenschaften gegenüber philos. Spekulation, der Siegeszug kapitalist. Zweckrationalität und eine neue Autonomie der Kunst bewirken eine zunehmende Pluralisierung von Kultur und Gesellschaft (→Pluralismus). Für Kirche und Theologie bedeutet dieser Prozeß eine weitreichende Infragestellung ihrer gesamtkulturellen *Geltungsansprüche*, wie sie insbes. in modernem →Atheismus und →Religionskritik zutage tritt. Die Theologien beider Konfessionen haben auf diese Relativitätserfahrung zunächst mit neuen Integrationsprogrammen reagiert: Durch idealist. Geistmetaphysik, Geschichtsphilosophie oder Stärkung eth. Führungsansprüche der Kirche (→Ekklesiologie) soll noch einmal eine gesamtkulturelle Verbindlichkeit der christl. Tradition begründet und durchgesetzt werden. Im Interesse der Bestandserhaltung von Religion und Kirche orientiert sich die Theologie bis in die Gegenwart hinein vorrangig an den *Krisenphänomen* sozialer und polit. Modernisierung. Sie hat zu den Leistungen der »mündigen Welt« (→Bonhoeffer), etwa der Ausbildung einer freiheitl. Individualitätskultur, weithin noch ein gestörtes Verhältnis.

*VI.* In den gegensätzl. Einstellungen zur modernen Kultur spiegeln sich *konkurrierende hist. Deutungen* der Entstehung der N. Entweder wird die N. als Abfall vom Christentum und theol. illegitime Säkularisierung gedeutet, oder aber als eine durch die Geschichte des Christentums ermöglichte und geförderte, christl. legitime Kultur. Eine Theologie ist desto offener für Autonomie, Selbstkritik, hist. Bewußtsein und tolerante Anerkennung des Pluralismus, je mehr sie eine *christl. Legitimität* der N. anerkennt. Begreift Theologie die N. demgegenüber als eine illegitime Folge des Christentums, wird sie sich primär als radikale Modernitätskritik entfalten. Der Streit zwischen beiden Positionen läßt sich hist. nicht entscheiden. Hist. Analysen des Verhältnisses von Christentum und N., wie sie klass. M. →Weber und E. →Troeltsch vorgelegt haben, lassen erkennen, daß die moderne Kultur zwar christl. Wurzeln hat, aber sich nicht allein von diesen Wurzeln her erfassen läßt. Insoweit ist der fundamentaltheol. »Streit um die N.« weithin eine ideologiepolit. Debatte.

*Lit.: H. Blumenberg:* Die Legitimität der N., Frankfurt/M. 1966. – *E. W. Böckenförde:* Zum Verhältnis von Kirche und moderner Welt, in: *R. Koselleck (Hg.):* Studien zum Beginn der modernen Welt, Stuttgart 1977, 154-177. – *F. Gogarten:* Verhängnis und Hoffnung der N. Die Säkularisierung als theol. Problem, Stuttgart 1953. – *F. W. Graf:* Theonomie. Fallstudien zum Integrationsanspruch neuzeitl. Theologie, Gütersloh 1987. – *Ders. (Hg.):* Profile des neuzeitl. Protestantismus I (GTB Siebenstern 1416), Gütersloh 1989. – *R. Guardini:* Das Ende der N., Mainz/Paderborn, 10. Aufl. 1986. – *J. Habermas:* Der philos. Diskurs der Moderne, Frankfurt/M. 1985. – *E. Hirsch:* Die Umformung des christl. Denkens in der N., hg. von H. M. Müller, Tübingen/Goslar, 2. Aufl. 1985. – *F. X. Kaufmann:* Kirche begreifen, Freiburg 1979. – *T. Rendtorff:* The Modern Age as a Chapter in the History of Christianity, in: The Journal of Religion 65 (1985), 478-499. – *H. Renz/F. W. Graf (Hg.):* Protestantismus und N. (Troeltsch-Studien 3), Gütersloh 1984. – *M. Weber:* Die prot. Ethik und der Geist des Kapitalismus, hg. von J. Winckelmann, Gütersloh, 3. Aufl. 1973. – *H.-U. Wehler:* Dt. Gesellschaftsgeschichte I und II, München 1987.

*Klaus Tanner*

**New Age.** Der *Ausdruck* N.A. (dt.: Neues Zeitalter) bezeichnet den Hauptgedanken einer rel. Bewegung, die, von den USA ausgehend, in den 80er Jahren auch Europa erfaßt hat und im deutschsprachigen Raum erhebl. gesellschaftl. Breitenwirkung entfaltet: Diese N.-A.-Bewegung erwartet ein Goldenes Zeitalter des Weltfriedens, der Versöhnung von →Geist und →Natur und die Vergöttlichung der Menschheit. Ein sinnverwandter Ausdruck ist *Wassermann-Zeitalter*, in das auf Grund astrolog. Berechnungen die Erde eingetreten sein soll und das seit Anfang des Jh.s bereits insbes. von →theosoph. Gruppierungen proklamiert wird.

*A.* Die Praxis der N.-A.-Bewegung ist gewollt eklektisch; Überschneidungen mit anderen sozialen Bewegungen, mit der Therapie- und Selbsterfahrungsscene, mit →Ökologie- und →Meditationsbewegung, →Okkultismus u.a. lassen die Ränder der Bewegung als Bewegung äußerst unscharf erscheinen. Dieser Sachverhalt spricht dafür, sie anhand ihrer Weltanschauung zu definieren: Unter Rückgriff auf unterschiedl. wissenschaftl. und außerwissenschaftl. Konzepte sucht die N.-A.-Bewegung ein neues *Paradigma* (→»Weltbild«) zu begründen, das der →*Ganzheit* des Menschen und der →Welt angemessen ist. *Bewußtseinserweiterung* gilt als Voraussetzung zur Erfahrung dieser ont. Ganzheit und als Königsweg ins N.A. *Selbstverwirklichung*, Spiritualität und ein *neues, planetares Bewußtsein* sollen den Neuen Menschen des N.A. auszeichnen. Im Gegensatz zu Jugendsekten (→Sekte) steht nicht eine charismat. Führerpersönlichkeit im Mittelpunkt, sondern der einzelne selbst, der sich verändert und mit Gleichgesinnten in dezentralen, *selbstorganisierten Netzwerken* zusammenschließt. Ziel ist die *Transformation* der Welt, d.h. ihre Umgestaltung zu einer globalen spirituellen Kultur.

*B.* Trotz aller Heterogenität der Bewegung wird das N.A. weithin *chiliast.* verstanden (→Chiliasmus): Millenar. Heilserwartung eines »Kosm. Pfingsten« (Trevelyan) verbindet sich mit →Astrologie, I Ging, Elementen gnost. Mythen und durch Medien vermittelten Offenbarungen (»channeling«) zu einer metaphys.-myth. Gesamtdeutung von Geschichte als einer von kosm.-numinosen Kräften gesteuerten evolutionären Rückkehr der →Seele zu Gott (→Gnosis). Die Gegenwart wird als kosm. Wendezeit bestimmt und als Zeit des Endkampfes zwischen →Licht und Finsternis (Trevelyan; →Apokalyptik). Von einigen Autoren (Trevelyan, Spangler) wird dabei ausdrückl. auf die *kleinen Apokalypsen* (Mt 24,3-31; Lk 17) sowie die millenar. Ankündigung in Offb 20,1-8 Bezug genommen. Probleme wie Umweltzerstörung, Atomrüstung usw. gelten als notwendig zur »Säuberung« und »Reinigung« der Erde (Trevelyan), um die »Spiritualisierung (Vergeistigung) der Menschheit« (Russell) einzuleiten.

*C.* Die N.-A.-Bewegung stellt einen *Reflex auf objektive Problemlagen* dar: Sie greift nicht nur wichtige Überlebensfragen auf (z.B. die Frage nach dem Verhältnis des Menschen zur Natur, auch seiner eigenen), sondern auch die »nach der rechten Art, menschenähnl. zu werden« (Bloch). Dies ist Reaktion auf tatsächl. Krisen- und Entfremdungserfahrungen und auf Sinnverlust gerade auch angesichts des Versagens der Kirchen, zu *lebendiger Spiritualität* anzuleiten. Nicht zuletzt liegt die Faszination der N.-A.-Bewegung darin, daß sie weltanschaul. Orientierung in einem umfassenden Sinn bietet und dem einzelnen suggeriert, zu einer kulturellen Avantgarde zu gehören, welche – endl. – die ersehnte bessere Welt schafft (oder »manifestiert«). Der »Geist des Neuen Zeitalters« wird geradezu mit dem Geist Gottes identifiziert (Schiwy).

*D. Problemat.* ist an der N.-A.-Bewegung vielerlei, vor allem aber ihre Wissenschafts- und Wundergläubigkeit, die – ungeachtet aller (pseudo-)wissenschaftl. Rechtfertigungen – das →Heil allein in der Remythisierung des Denkens sucht: »Wiederverzauberung der Welt« (Berman) – so läßt sich das Gegenprogramm zum »Projekt der Moderne« (Habermas) überschreiben. Naive Hoffnungen auf eine individuelle und gesellschaftl. Rückkehr zur »paradies. Unschuld« ichlosen Bewußtseins und entdifferenzierter Lebensformen verstellen geradezu den Weg zur Lösung der drängenden Probleme hochkomplexer Gesellschaften. Jene werden, zumindest von Teilen der N.-A.-Bewegung, nur ignoriert oder durch »positives Denken« verdrängt. Die populäre, jedoch oberflächl. und inkonsistente Amalgamierung von Quantenphysik, transpersonaler →Psychologie, Ökologie, →Taoismus und Wissenschaftskritik als gesellschaftspolit. Patentrezept (F. Capra) ist zudem von begriffl. Unklarheiten und Denkfehlern durchsetzt und muß sowohl das Niveau wissenschaftl. Diskurse als auch authent. spiritueller Traditionen verfehlen.

*Lit.: M. Berman:* Wiederverzauberung der Welt, Reinbek 1985. – *F. Capra:* Wendezeit, München 1988. – *M. Ferguson:* Die sanfte Verschwörung, München 1987. – *P. Russell:* Die erwachende Erde, München 1984. – *G. Schiwy:* Der Geist des Neuen Zeitalters, München 1987. – *Ch. Schorsch:* Die N.-A.-Bewegung, Gütersloh 1988. – *D. Spangler:* N.A. – Die Geburt eines Neuen Zeitalters, Kimratshofen 1983. – *G. Trevelyan:* Unternehmen Erlösung, Freiburg 1983. – *Ders.:* Eine Vision des Wassermann-Zeitalters, München 1984.

*Christof Schorsch*

**Newman,** *John Henry*, geb. geb. 21.2.1801 in London, gest. 11.8.1890 in Birmingham. Nach einem Bekehrungserlebnis (1816) wählte er ein zölibatäres Leben als anglik. Theologe. Nach dem Studium in Oxford wurde er dort Mitglied des Oriel College (1822) und Pfarrer von St. Mary's (1828). Das Studium der alten →Kirchenväter verstärkte seine Neigung zur hochkirchl. Tradition der →anglikan. Kirche, für die er sich mit gleichgesinnten Freunden ab 1834 in der Schriftenreihe *Tracts for the Times* öffentl. einsetzte. Die Verurteilung seiner Position durch die Universität und die Bischöfe veranlaßte ihn, sich mit Freunden in quasimonast. Abgeschiedenheit in den Oxforder Vorort Littlemore zurückzuziehen. Dort veröffentlichte er 1845 den Essay *on the Development of Christian Dogma* und trat zur röm.-kath. Kirche über. Nach einjährigem Studium und anschließender Priesterweihe in Rom zog er nach Birmingham, wo er eine Gemeinschaft der Oratorianer gründete. Dort engagierte er sich in der Arbeiterseelsorge, ohne seine wissenschaftl. und publizist. Tätigkeit zu vernachlässigen. Aus seiner Mitarbeit an der Gründung einer kath. Universität in Dublin (1851-1857) entstand die Schrift *Idea of a University.* Ab 1850 geriet er zwischen die Fronten eines aggressiven →Protestantismus und eines übertrieben röm. Katholizismus (→Ultramontanismus). Daraus entstanden die Werke: *On Consulting the Faithful* (1858), *Apologia pro vita sua* (1864), *Grammar of Assent* (1870) und die iren. Schreiben *Letter to Dr. Pusey* (1866) und *Letter of the Duke of Norfolk* (1875), vermittelnde Erläuterungen der beiden Papst-Dogmen des 1. →Vat. Konzils. Seine wiederholten Schwierigkeiten mit kirchl. Instanzen endeten erst mit seiner Erhebung zum Kardinal durch Leo XII. (1879). Trotz dieser und anderer Ehrungen behielt er seinen einfachen Lebensstil als Mitglied des Birmingham Oratory bis zu seinem Tod bei.

N. war ein meisterhafter Rhetoriker, jedoch kein Systematiker; sein Denken ist hist.-dialog., nicht spekulativ, geprägt durch die Bibel, die alten und die anglikan. Kirchenväter und die Aristoteles-Renaissance seiner Oxforder Zeit. Seine Gedanken entfalten sich dialekt. in apologet. Gelegenheitsschriften, Predigten, Vorträgen, Essays, aber auch in Gedichten und Erzählungen. Seine zentralen Themen sind Schrift und Tradition sowie Glaubenserkenntnis und kirchl. Lehramt; dabei widmet er der psychosozialen Dynamik der Erkenntnis und ihrer hist. Vermittlung bes. Aufmerksamkeit. Ebenso bedeutend ist die prakt. Ethik und Spiritualität seiner Predigten und Meditationen. Sein prophet. Denken hat die Erneuerung des röm. →Katholizismus wie auch des →Protestantismus geprägt.

*Lit.: G. Biemer/J. D. Holmes:* Leben als Ringen um die Wahrheit: ein N.-Lesebuch, Mainz 1984. – *C. S. Dessain:* John Henry N., Freiburg 1981. – Bibliograph. Orientierung bietet die Zeitschrift N.-Studien, Nürnberg 1948ff.

*Thomas Riplinger*

**Newton,** *Isaak,* geb. 4.1.1643 geb. 4.1.1643 in Woolsthorpe, gest. 20.3.1727 in Kensington. Der vaterlose N. wächst bei Verwandten und seiner Mutter auf und zeigt schon früh handwerkl. und geistige Begabungen. So bekommt der mütterl. Hof keinen Landwirt, sondern N. beginn 1661 in Cambridge ein naturphilos. Studium, wobei er von I. Barrow tatkräftig gefördert wird. Nach dem Abschluß 1664 durchläuft er bis 1669 die ganze akadem. Laufbahn bis zum Mathematikprofessor in *Cambridge.* 1672 wird er Mitglied der Royal Society, die ihn 1703-1727 ununterbrochen zum Präsidenten wählt. Bis etwa zur Jh.wende intensive, vielfältige und sich gegenseitig ergänzende wissenschaftl. Arbeit in →Mathematik, →Chemie, Optik und Mechanik. 1696 Wechsel nach *London,* 1699 Direktor der Königl. Münzanstalt, zeitweise Abgeordneter des Parlaments, 1705 Erhebung in den Adelsstand. Ab etwa 1700 herausragende wissenschaftl. Stellung in England, später in ganz Europa. Als befähigter Experimentator wirkt N. in der Optik; er baut 1669 das erste Spiegelteleskop und entdeckt 1672 die spektrale Zusammensetzung des natürl. Lichts. 1704 Zusammenfassung seiner diesbezügl. Arbeiten in den »Optics«.

Seine bedeutendste *Leistung* erbringt N. aber als Theoretiker 1687 mit den »Math. Prinzipien der Naturphilosophie«. N. hat gleichzeitig und unabhängig von →Leibniz eine mathemat. Analyse entwickelt, die den zeitl. Zusammenhang der physikal. Begriffe Ort, Geschwindigkeit und Beschleunigung herstellt und mit der Differential- und Integralrechnung vergleichbar ist. Damit führt er in Anwendung und Vereinheitlichung bes. der Erkenntnisse von →Kepler und →Galilei alle kosm. und ird. Bewegungen auf Kräfte zurück, deren grundlegendste die Gravitation (»Schwer-«, »Anziehungskraft«) zwischen materiellen Körpern ist. N. formuliert Grundpostulate über →Raum und Zeit mit *drei Grundgesetzen* der Mechanik (Trägheits-, Kraft- und Reaktionsgesetz), wodurch in Verbindung mit der Gravitationskraft erstmals eine theoret., quantitative Behandlung vieler physikal. Probleme mögl. ist. Diese dynam. →Naturphilosophie wird lange durch die Anhänger der vorherrschenden →Physik bekämpft, der die von →Descartes eingeführten Bewegungsformen einer den Raum repräsentierenden Materie zur qualitativen Erklärtung der Naturentstehung und -phänomene dienen. Die von ihnen bestrittene, geheimnisvolle Gravitation vermag der gläubige N. nur durch das beständige und myst. Wirken eines unkörperl. Wesens (→Gott) zu erklären, was ihn und die Verfechter der neuen Physik, z.B. Bentley, allerdings nur noch weiter motiviert.

Bis zum Tode N.s setzen sich die wissenschaftl. Vorteile der dynam. Physik überall weitgehend durch. Er wird sogar zur Leitfigur einer stürm. einsetzenden, auch populär weltanschaul. Mechanisierung. Die Arbeiten N.s haben sich bis heute als Grundlage der klass. Physik bewährt und sind erst durch die →Relativitäts- und →Quantentheorie des 20. Jh.s wesentl. erweitert worden.

*Lit.: E. Mach:* Die Mechanik, Darmstadt 1982 (Nachdruck der 9. Aufl., Leipzig 1933). – *J. Wickert:* Isaac N., München 1983 (Lit.).

*Frank Badel*

**Niederlande.** Kath. 42,6%; Prot. 41,8%; Altkath. 0,6%; Musl. 1%; Nichtgläubige und Atheisten 12,1%.

*A.* Bei der Christianisierung im 7. Jh. erlangte das Bistum Utrecht eine rel. und polit. Vormachtstellung im Lande. Die günstige geograph. Lage förderte einen wirtschaftl. und kulturellen Aufschwung, der seinen Höhepunkt im 14. und 15. Jh. erreichte. Zugleich ergriff eine allg. *geistige Erneuerung* das Land: rel. Genossenschaftsbewegung (Beginentum, Brüder und Schwestern vom Gemeinsamen Leben), →Mystik (Hadewych, Jan van Ruysbroeck, Beatrix von Nazareth), Devotio moderna und →Humanismus (Gerhard Groot, Thomas von Kempen, →Erasmus von Rotterdam). So wurde der Boden für die →Reformation des 16. Jh.s vorbereitet. Obwohl luth., zwingl. und täufer. Impulse schon früh eindrangen, gewann der →Calvinismus als Banner der Revolte von 1567 gegen die span. Herrschaft die Oberhand. Philipp van Marnix (1540-98), ein direkter Schüler Calvins, beriet Wilhem von Oranien (1533- 84), den Führer des Aufstands. Trotz erklärter →Religionsfreiheit wurde die kath. Kirche unterdrückt. Dennoch konnte sich eine kath. Minderheit im Süden und Osten des Landes sowie in den holländ. Städten behaupten.

*B.* Die →*reform. Kirche* wurde nach calvinist. Muster in Presbyterien, Klassen und Synoden gegliedert und erhielt mit der Gründung der Universitäten von Leiden (1574), Groningen (1614) und Utrecht (1636) eigene geistig-wissenschaftl. Zentren. In Leiden äußerte der Theologieprof. Jacobus Arminius (1560-1609) in Anlehnung an die alte humanist. Tradition seine Bedenken gegen den calvinist. Rigorismus, vor allem in der →Prädestinationslehre. In der darauffolgenden Kontroverse (geführt auf orthod. Seite von Frans Gomarus, 1563-1641) formulierten die Arminianer ihre Reformforderungen in der »Remonstranz« von 1610; sie wurden durch die Generalsynode von Dort (1618-19) verurteilt. Dennoch überlebten sie trotz Verfolgung als eine humanist.-liberale Minderheitskirche. Als erste prot. Kirche betrieb die niederländ. Großkirche Heidenmission (Indonesien 1598, Formosa 1624, New York 1626, Indien 1658, Brasilien 1640, Südafrika 1652). Erst 1651 wurde sie zur *Staatskirche* erhoben, sie verlor aber ihre Privilegien 1795 während der franz. Besetzung und wurde 1853 offiziell entstaatlicht. Die liberalen Reformen von 1816 in der Nederlandse Hervormde Kerk riefen verschiedene neucalvinist. Abspaltungen hervor (1834, 1848, 1886 u.a.), die ab 1892 in der Gereformede Kerk in Nederland teilweise vereinigt wurden. Diese ist heute die zweitgrößte prot. Kirche des Landes und besitzt in der Freien Universität von Amsterdam ein weltbekanntes Zentrum. Neben weiteren neucalvinist. Kleinkirchen sowie Remonstranten zählen →Anglikaner, →Kongregationalisten, →Mennoniten, →Lutheraner, Neuapostolische und verschiedene →Pfingstkirchen zum heutigen prot. Spektrum der Niederlande.

*C.* Nach der Auflösung der niederländ. Bistümer wurde die *kath. Kirche* einem von Rom abhängigen Apostol. Vikar mit bischöfl. Rang unterstellt; gegen röm. Einmischung erhob sich aber ein Widerstand mit dem Domkapitel von Utrecht als Zentrum. Die Verurteilung des bischöfl. Vikars Petrus Codde 1702 wegen →Jansenismus führte 1724 zur Gründung des altkath. Erzbistums von Utrecht (→altkath. Kirche). Danach wurde bis zur Wiedererrichtung eines niederländ. Episkopats 1853 die kath. Kirche im Lande von den päpstl. Vertretern am Brüsseler Hof betreut. Die franz. Besetzung 1795-1813 und das Konkordat von 1827 brachten Erleichterung für die Katholiken. Mit Hilfe eigener polit. Parteien und gesellschaftl. Verbände, mit einem eigenen Schulsystem und der Errichtung einer eigenen kath. Universität (1923) erkämpften sie ihre *Gleichstellung.* Als dann nach dem Zweiten Weltkrieg die wesentl. Ziele erreicht waren, war der Weg frei für die liberale Neuorientierung (Pastoralkonzil 1968-70), die als »holländ. Katholizismus« Modellcharakter für nachkonziliare Erneuerungen in aller Welt erlangte, aber auch eine energ., von Rom unterstützte Reaktion (konservative Bischofsernennungen) hervorrief.

*D.* Gefördert u.a. durch starke Säkularisierungserscheinungen, wurden die N. zum Zentrum *ökumen. Aktivitäten* (W. A. Visser t'Hooft, Gründung des →Ökumen. Rates der Kirchen in Amsterdam 1948, Beitritt der kath. Kirche zum Niederländ. Kirchenrat 1968 sowie zahlreiche Initiativen und Organisationen mit gesellschaftspolit. Zielen).

*Lit.: J. Bots:* Kirche in Holland, St. Augustin 1979. – *O. J. de Jong:* Nederlandse kerkgeschiedenis, Nijkerk, 2. Aufl. 1978. – *Ders.:* Die niederländ. Kirche seit dem 16. Jh. (Die Kirche in ihrer Geschichte, Bd. 3), Göttingen 1975. – *E. H. Schillebeeckx u.a.:* Kirche in Freiheit. Gründe und Hintergründe des Aufbruchs in Holland, Freiburg 1970.

*Thomas Riplinger*

**Nietzsche,** *Friedrich Wilhelm,* geb. 15.10.1844 in Röcken bei Lützen, gest. 25.8.1900 in Weimar, dt. Philosoph und klass. Philologe. N.s philos. Entwicklung läßt sich schematisierend drei aufeinanderfolgenden Perioden zuordnen, in denen sich der bestimmende Gedanke jeweils zugunsten eines anderen verlagert. Der *ästhet.* →*Metaphysik* (der noch durch A. →Schopenhauer und R. →Wagner inspirierten »Geburt der Tragödie aus dem Geiste der Musik« [1872] und dem Intermezzo der bildungs- und geschichtskrit. »Unzeitgemäßen Betrachtungen« [1873-76]) folgen die aufklärer. (zu Unrecht positivist. genannten) Aphorismen-Bücher »Menschliches, Allzumenschliches« (1878/79), »Morgenröthe« (1881) und »Die Fröhliche Wissenschaft« (1882). Die letzte, spätestens mit »Also sprach Zarathustra« (1883-85) einsetzende Phase thematisiert die entscheidenden Gedanken vom →Übermenschen, vom Tod Gottes und der Umwertung aller Werte, von dem Willen zur Macht und der ewigen Wiederkehr des Gleichen. Ausgeführt hat N. diese Überlegungen u.a. in den (vorwiegend moral- und religions-, aber eben auch metaphysik-, erkenntnis- und ästhetikkrit.) Schriften »Jenseits von Gut und Böse« (1886), »Zur Genealogie der Moral« (1887), »Der Antichrist« (1895) und zuletzt in der Autobiographie »Ecce homo« (hg. 1908), aber auch in den Nachlaßfragmenten der 80er Jahre. Nach seiner Abwendung von der Philologie versuchte er die griech. Tragödie (wie überhaupt →Kunst und →Ästhetik) durch den Gegensatz apollinisch-dionysisch (Traum und Rausch) zu erhellen. An die Stelle einer *ästhet. Rechtfertigung* der Welt tritt im Laufe seines Philosophierens immer mehr die Entlarvung aller moral., rel., ästhet. u.a. Rechtfertigungen, die er als *lebensfeindl. Haltungen* verwirft. Der »Übermensch« verkörpert ein bislang nicht erreichtes Ideal, den Sieg der Herrenmenschen über die Sklavennaturen, die in undurchschauten rel. und moral. Wertschätzungen befangen bleiben und nicht selber neue Werte zu setzen vermögen. Aufgabe der zukünftigen freien Geister ist es, die provozierende Botschaft vom →*Tod Gottes*, verstanden als Entwertung aller bisherigen Werte und als Ausbruch des →Nihilismus, anzuerkennen und zu überwinden. Dies schließt das Ja zur Lehre vom unbedingten und unendl. wiederholbaren Kreislauf aller Dinge (amor fati) ebenso mit ein, wie zu den unterschiedl. *Willen zur Macht*, die es gibt (u.a. als Kunst, Moral, →Religion). Zu bejahen ist also ein Perspektivismus der Welt, der sich durch kein letztes metaphys. Prinzip aufheben läßt. Dabei muß die Frage offenbleiben, ob dieser Perspektivismus Orientierungshilfen für unser menschl. Dasein bietet, sosehr dieses auch jeden Dogmatismus ausschließt.

Während N. zu Beginn des 20. Jh.s zunächst – vor allem durch den George-Kreis – zum reinen Künstler und Mythologen hochstilisiert wurde, interpretierte man ihn in den 30er Jahren immer mehr als reinen Philosophen: aus fundamentalontolog. Sicht durch M. →Heidegger, aus existenzphilos. durch K. Jaspers, aus kosmolog. durch K. Löwith. Diese ernstzunehmende, aber von den Ideologen des →Nationalsozialismus (z.B. A. Baeumler) verdrängten Ansätze gewannen zu Beginn der 50er Jahre wieder an Bedeutung und forderten zur krit. Auseinandersetzung heraus. Die *gegenwärtigen N.-Interpretationen* des franz. →Strukturalismus (z.B. G. Deleuze, J. Derrida, M. Foucault), aber auch die amerik. (z.B. W. Kaufmann), die dt. (z.B. W. Müller-Lauter, J. Simon) und ital. (z.B. G. Colli, M. Montinari) betonen trotz aller Unterschiede im einzelnen, die Vielschichtigkeit des in seiner Epoche künstlerisch wohl begabtesten Philosophen, die sich auf kein letztes einheitsstiftendes →Prinzip zurückführen läßt: weder auf dasjenige der abendländ. →Metaphysik (M. Heidegger) noch auf das der Existenz (K. Jaspers) oder der Wiederholung der →Antike auf dem Gipfel der →Moderne (K. Löwith).

*Lit.: G. Deleuze:* N. und die Philosophie, München 1976. – *M. Heidegger:* N.s Wort »Gott ist tot«, in: *ders.:* Holzwege, Frankfurt/M., 5. Aufl. 1972, 193-347. – *W. Kaufmann:* N. Philosoph – Psychologe – Antichrist, Darmstadt 1982. – *M. Montinari/W. Müller-Lauter u.a. (Hg.):* N.- Studien. Internationales Jahrbuch für die N.-Forschung, Berlin/New York, Bd. 1, 1972ff. (Lit.).

*Rudolf Reuber*

**Nihilismus**

*A.* Die Wortfamilie N., Nihilist, nihilistisch ist im Deutschen wie in anderen europ. Sprachen seit dem Ende des 18. Jh.s in Gebrauch. Sie geht auf lat. *»nihil«* (nichts) zurück. Im allg. wird unter N. in theoret. Hinsicht die *Leugnung* einer *Seinsbegründung* oder des →Seins überhaupt und in prakt. Hinsicht die Ablehnung einer *Wertorientierung* (→Wert) verstanden. Man spricht auch von ontolog. und moral. N. Außerhalb spezifisch philos. Abhandlungen begegnet das Wort heute zumeist in (gesellschafts-)polit. Auseinandersetzungen. Man wendet es auf Positionen an, die man ablehnt und unterstellt damit, daß diese letztl. auf →Relativismus und Amoralismus hinausliefen. Dabei bleibt der N.-Vorwurf in der Regel begriffl. unbestimmt und wird oft wechselseitig erhoben.

*B.* Die verzweigte und facettenreiche *Geschichte* des Begriffs N. kann hier nur gestreift werden (vgl. dazu die Literaturhinweise). Im polit. Bereich wurde der Begriff schon immer, seit seinem ersten Auftreten in der Frühzeit der →Franz. Revolution, ähnl. vage gebraucht wie heute. In literar., theol. und vor allem philos. Kontroversen hat er dagegen zumeist deutlichere Konturen gewonnen. Als →*Jean Paul* von einem »poet. N.« sprach, hatte er z.B. ein genau umrissenes Phänomen im Blick, näml. die »romant. Ironie«, die seiner Meinung nach in einer nichts mehr ernstnehmenden Unverbindlichkeit enden mußte. Er führte damit die Attacke weiter, die Fr. H. Jacobi gegen Kants →transzendentalen Idealismus und gegen →Fichtes Wissenschaftslehre gerichtet hatte. *Jacobi,* der das Wort N. zum ersten Mal in einem philos. bedeutsamen Sinne verwendet hat, unterstellte diesen Philosophien nihilist. Konsequenzen, weil sie die realen Dinge in bloße Vorstellungen des →Subjekts verwandelten. Auch eine genauere inhaltl. Bestimmung des N.begriffs änderte nichts daran, daß er überwiegend von Kritikern auf Positionen bezogen wurde, die von ihren Autoren gerade nicht als nihilist. verstanden wurden. Das Problem war und ist, was jeweils als reales Fundament bzw. als gültige moral. Orientierung anerkannt wurde und was nicht. Im Verlauf der weiteren Entwicklung blieb der N.vorwurf nicht auf den Idealismus beschränkt. Neben anderen wurden etwa auch der mechan. Materialismus und der →Existentialismus von ihren Kritikern als tendenziell nihilist. gebrandmarkt, der Vieldeutigkeit des Begriffs damit Vorschub geleistet.

*C.* F. →Nietzsche gehört zu den wenigen Philosophen, die ihr eigenes Denken als nihilist. bezeichnet haben. Er hat freil. auch behauptet, daß er den N. schließl. überwunden habe. Seine Ausweitung des N.begriffs ist *in unserem Jh.* vor allem von M. →Heidegger aufgenommen und fortentwickelt worden. Beide Philosophen faßten nicht einen best. Theorieansatz als N. auf, sondern die abendländ. Tradition insgesamt, weil sie auf in sich nichtigen oder vergessenen Fundamenten beruhe. In dieser Form bestimmt die Problematik die heutige philos. Diskussion.

*Lit.: D. Arendt (Hg.):* N., Darmstadt 1970. – *W. Müller-Lauter:* N. als Konsequenz des Idealismus, in: *A. Schwan (Hg.):* Denken im Schatten des N., Darmstadt 1975, 113-163. – *Ders.:* N., in: Hist. Wörterbuch der Philosophie, Bd. 6, 846- 852 (Lit.). – *O. Pöggeler:* Nihilist und N., in: Archiv für Begriffsgeschichte 19 (1975), 179-210.

*Jörg Salaquarda*

**Nikolaus von Kues** (Nicolaus Cusanus). Nikolaus Krebs, geb. 1401 in Kues/Mosel, gest. 11.8.1464 in Todi, studierte Recht, Philosophie, Theologie, entwickelte 1434 eine »Concordantia Catholica« zur Reform von Kirche und Reich. 1438 ergriff ihn visionär der Grundgedanke des »Zusammenfalls der Gegensätze«, entfaltet in einer Fülle genialer Werke (De docta ignorantia, 1440; De coniecturis; Idiota, 1450; De visione Dei, 1453; De beryllo, 1458; De possest, 1460; De non aliud, 1462; De ludo globi, De venatione sapientiae, 1463; u.a.). 1450 Bischof von Brixen, wird er mit Gewalt aus seinem Bistum vertrieben, lebt seit 1460 in Rom als Kardinal und stirbt 1464 in Umbrien. Kennzeichend für N. von K. ist die Verbindung von →Metaphysik mit theol. →Spekulation auf höchster reflexiver Ebene. Als einer der Hauptbegründer neuzeitl. Subjektivität (→Subjekt), angereichert mit dem (neu-)platon. (→Platonismus) und spätma.-nominalist. Erbe, wirken seine Ideen bis in die Systementwürfe des 19. Jh.s, über G. Bruno (1548-1600) zu →Leibniz, J. G. Hamann (1730-1788), →Schelling, Fr. Schlegel (1772-1829) und bis zu →Hegel.

Theologie und →Anthropologie des Cusanus bedingen sich gegenseitig. →*Gott* ist die aller Änderung enthobene Ureinheit, das Sein als »dasselbe« (idem), »nicht andere« (non aliud). Wesentl. ist aber, daß das →Absolute als geistiger Selbstvollzug (→Geist), als eine sich zu sich verhaltende Lebendigkeit, nicht als bloß dinghafte Substanz gedacht wird. Die Dreieinheit Gottes (→Trinität) ist geistig-ichhaft: sie unterscheidet in sich ein anderes ihrer selbst, bezieht es aber vollständig in die Ursprungseinheit zurück, in elementarer dreifacher Urdynamik. Alle empir. nicht aufhebbaren *Gegensätze* sind in Gott *eines:* er ist das Größte und das Kleinste, das →Sein und das Nichts. Ja, seine Einheit kann immer nur Einheit eines einbegriffenen Unterschiedes sein. Demgegenüber ist die →Schöpfung, allem voran der →Mensch, gekennzeichnet durch das relative Mehr und Weniger, durch die »endl. Unendlichkeit« des immer anderen. Einerseits besteht deswegen zwischen Gott und der Welt keine Vergleichsmöglichkeit, andererseits ist die Vielheit der Welt »Ausfaltung« der unendlich einfachen »Einfaltung« Gottes. Insbes. ist der Mensch jene »explicatio« Gottes, als ein »menschl. Gott«, und vermag in dieser relativen Welt gültig und autonom nach der →Rationalität von Maß, →Zahl und Gewicht zu handeln: neuzeitl. Subjektivität in noch unerschrockener quantifizierender Weltgestaltung.

*Lit.: H. Blumenberg:* Cusaner und Nolaner, Frankfurt/M. 1975. – *S. Dangelmayr:* Gotteserkenntnis und Gottesbegriff in den philos. Schriften des N. von K., Meisenheim 1969. – *R. Haubst:* Die Christologie des N. von K., Freiburg 1956.

*Hanna-Barbara Gerl*

**Nolde,** *Emil* (eigentl. Hansen), geb. 7.8.1867 in Nolde/Nordschleswig, gest. 13.4.1956 in Seebüll/Holstein, Maler und Graphiker. N. begegnete nach Studien in Deutschland dem →Impressionismus in Paris und wurde 1901 Mitglied der Berliner Sezession, 1906 gehörte er vorübergehend der »Brücke« an, um dann zu einer eigenen Ausprägung des →Expressionismus zu finden, die entscheidend von seiner norddt.-dän. Heimat bestimmt wurde. Obwohl N. mit den dän. Nationalsozialisten sympathisierte, wurden 1938 aus dt. Museen 1052 seiner Werke entfernt und als »entartet« gebrandmarkt. 1941 erhielt der Künstler *Malverbot.* Bis zum Kriegsende entstanden daraufhin die über 1300 »ungemalten Bilder« (Aquarelle). Wie sein norddt. Landsmann →Barlach zog sich N. ab 1940 aus dem Kunstbetrieb völlig zurück und lebte mit seiner dän. Frau Ada in Seebüll. Die »Autobiographie in vier Bänden« (ab 1931) erweist den Maler auch als eigenwilligen Prosaisten, dessen Sprache die Regeln der Grammatik zugunsten des nordschleswig-dän. Idioms, in dem er lebte, vernachlässigt.

N.s Weg vom Impressionismus *zum Expressionismus* verlief organ. Durch Intensivierung der Farbigkeit und Straffung der Formen versuchte er, seine Visionen Bild werden zu lassen. Nachdem er zunächst bes. Dämonisches, Maskenhaftes und Groteskes gestaltet hatte, rückten seit 1909 *rel. Themen* immer stärker in den Vordergrund. N.s Religiosität ist subjektiv und bekenntnishaft. Dem entsprechen die großen zusammenhängenden Flächen ungebrochener, oft greller Farben, die in späteren Werken dann auch ineinander verfließen können. 1911/12 entstand der Zyklus »Das Leben Christi«, 1912 die »Maria Aegyptiaca«, 1920 »Christus und die Sünderin« und das »Abendmahl«. In diesen und anderen Gemälden mit rel. Thematik erreicht N. eine unvergleichl. *Intensität* der Vergegenwärtigung durch die Unmittelbarkeit, mit der er die heiligen Gestalten als »starke jüd. Typen« mit krasser Drastik vorführt: »Meine rel. Bilder bleiben Wahrheitszeichen für immer, weil sie Kunst und weil sie wahr sind.« In ihrer dramat., eigenständigen Kraft entsprechen die rel. Arbeiten N.s denen von G. Rouault. Auf dem Gebiet des Aquarells und der Graphik hat N. unter Verwendung jeweils neuer techn. Möglichkeiten Werke geschaffen, in denen er vorwiegend eine dramat. erregte Natur thematisierte. Eine »Schule« konnte dieser Künstler nicht bilden. Gelegentl. Versuche, seine Malweise im Sinne einer illustrierenden oder nacherzählenden Darstellungsweise etwa für katechet. Zwecke anzupassen, müssen als unangemessen zurückgewiesen werden.

*Lit.: H. Fehr:* Emil N., Köln 1957. – *W. Haftmann:* Emil N., Köln 1958. – *E. Nolde:* Autobiographie, 4 Bde., Köln 1965/70. – *Ders.:* Mein Leben, Köln 1976.

*Peter Maser*

**Nomaden**

*A.* Ob die Entwicklung der →Kulturen gemäß der Dreistufentheorie des 19. Jh.s vom Jägertum über das Nomadentum zum Ackerbau fortschritt, ob wir von drei gleichzeitig nebeneinander bestehenden Kulturen sprechen müssen (Wiener Schule) oder ob das N.tum die Ackerbaukultur voraussetzt und sich aus ihr sekundär herausentwickelt hat, ist in der →Ethnologie umstritten. Unbestritten aber ist die Überzeugung, daß wir es mit einer genuin geprägten Kultur zu tun haben, die in der Stammeseinheit ihr Zentrum hat. Das gilt unabhängig davon, ob die polit. →Organisation des Stammes akephal (ohne »Haupt«) oder häuptlingszentriert ist. Im ersteren Falle bildet ein dichtes Geflecht der auf Familienzugehörigkeit basierenden Lineages den Zusammenhalt, der sich durch eine strenge →Ethik nach innen auszeichnet, nach außen aber großzügige →Toleranz beweisen kann. Vielfach ist die Ethik durch den →Ehrbegriff gekennzeichnet – das schließt den Gedanken der Blutrache ein –, der zumal bei den Großviehn. mit einem Überlegenheitsgefühl gegenüber den Ackerbauern Hand in Hand geht. Diese bilden verschiedentl. die herrschaftl. Oberschicht. Kleinvieh- und die Bergn., die nach neuerer Theorie aus den »outlaws« der Stadtbevölkerung (→Stadt) sekundär entstanden sind, bilden eine Unterschicht und werden von den Trägern der Ackerbaukultur verachtet.

*B.* Die Bedeutung des *Zuchttieres* (Ziege, Schaf, Rind, Dromedar, Ren, Büffel, Yak) geht für den Stamm weit über den Nutzwert hinaus. Man ist eine solche *Symbiose* (Lebenseinheit) mit ihm eingegangen, daß es zur lebensbestimmenden Mitte wird und das eth., soziale Verhalten und die kulturelle Eigenart und rel. →Symbolik bestimmt. Es wird nicht oder kaum zum eigenen profanen Verzehr geschlachtet, die rituelle Schlachtung jedoch, bei der das Fleisch so verteilt wird, daß die hierarch. →Ordnung des Stammes und die sozialen Verflechtungen der →Familie zum Ausdruck kommen, integriert die →Gesellschaft neu und stärkt die rel. Bindungen.

*C.* Der Gottesglaube ist konstitutives Element nomad. →Religionen. Der *Eingottglaube* herrscht vor, jedoch meist in einer vagen Unbestimmtheit, so daß man nicht von einem →Monotheismus im engeren Sinn sprechen kann. Eine kult. Verehrung des →Gottes wird selten geübt. Gott steht vielmehr für das Unberechenbare, plötzl. hereinbrechende große und anderweitig nicht mehr erklärbare Unglück oder →Glück. In solchen Situationen ruft man ihn an oder dankt ihm, der im übrigen zu groß ist, als daß er sich um die tägl. Verfehlungen seiner Anhänger kümmert. Der Abstand zu dem fernen – oder unkonditional präsenten – Gott wird durch →Geister oder Ahnen gefüllt, die für das eth. Verhalten der Stammesglieder zuständig sind und die strafend und helfend eingreifen. Die uranisch orientierte Religion der N. kennt kein hierarch. gebildetes →Priestertum und bedient sich einfacher Kultgegenstände (hl. Feuer, tragbare Kultgegenstände und Zelte). Zentrale Heiligtümer, die von verschiedenen Stämmen besucht werden, können die rel. Gemeinschaften zu einer größeren Einheit verbinden. Der Einfluß nomad. Religiosität auf die →Weltreligionen (→Judentum, →Hinduismus u.a.) ist groß und hat die Tiefenschicht rel. →Archetypik (Hirtensymbol, Himmelsgott, Gott als Vater) stark besetzt, so daß sie zum unveräußerl. Teil aller Religionen gehört.

*Lit.: H. Donner:* Geschichte des Volkes Israel und seiner Nachbarn in Grundzügen, Teil 1, Göttingen 1984. – *E. E. Evans-Pritchard:* Nuer Religion, Oxford 1956. – *N. K. Gottwald:* The tribes of Jahwe. A Sociology of the Religion of Liberated Israel, London 1979. – *D. L. Johnson:* The Nature of Nomadism: A Comparative Study of Pastoral Migrations in Southwestern Africa and Northern Africa, Chicago 1969. – *G. Lienhardt:* Divinity and Experience. The Religion if the Dinka, Oxford 1961. – *A. Rüstow:* Ortsbestimmung der Gegenwart, 1, Ursprung der Herrschaft, Erlenbach/Zürich 1950. – *T. Sundermeier:* Die Mbanderu. Studien zu ihrer Geschichte und Kultur, St. Augustin 1977.

*Theo Sundermeier*

**Nordafrika** bezeichnet im weiten Sinne die Gesamtheit der islam. Staaten nördl. der Sahara und der Nubischen Wüste und schließt damit auch →Ägypten ein. Im engeren Sinne ist der *Maghreb* gemeint, ein Kulturraum, der sich von Marokko über Algerien nach Tunesien erstreckt und in seiner typ. Prägung erhebl. von Ägypten unterscheidet.

*A.* Schon in der Antike wurde dieses Gebiet erst von den Karthagern, dann von den Römern vereinigt; es entstand eine blühende lat. *Stadtkultur* mitten in einer vorwiegend ackerbautreibenden oder nomadisierenden (→Nomaden) berbersprachigen Bevölkerung. Schon früh breitete sich die →Kirche in N. aus; Karthago, das heutige Tunis, war ihr Zentrum. Männer wie Tertullian (gest. nach 220), Cyprian (gest. 258) und →Augustinus stehen als Zeugen für die Bedeutung der *nordafrik. Kirche* in der damaligen Zeit. Um so erstaunlicher ist das schnelle Verschwinden des Christentums nach der arab. Eroberung im 7. Jh. Das Gebiet wurde vollständig islamisiert und entwickelte sich zu einem Zentrum islam. →Kultur, die auch nach →Spanien und →Portugal kräftig ausstrahlte. Erst im 19. Jh. wurden die Maghrebstaaten von →Frankreich erobert; Libyen wurde ital. Kolonie.

*B.* So ist die Geschichte der Kirche N.s durch drei Erfahrungen gekennzeichnet: 1. allmähl. Aussterben der im →Röm. Reich und über dessen Grenzen hinausgewachsenen *»ersten« Kirche* (die hauptsächl. eine Berberkirche war) und Übergang in den →Islam: Die Kirche ist sterbl., aber der Glaube geht anders weiter. 2. Mißerfolg der christl. →Missionen im 19. und 20. Jh., etwa der »Weißen Väter« (kath.) und vor allem der ev. konservativen Glaubensmissionen (»faith-missions«), z.B. »North Africa Mission«. Es gelingt keine Kirchengründung, nur Individuen und kleine →Gruppen treten über: Mission hat nicht überall Erfolg. 3. Starke Bindung an die europ. →Kultur, insbes. den franz. (in Marokko an den span., in Lybien an den ital.) Siedlerkolonialismus. Die *»zweite« Kirche* war also eine *Ausländerkirche.* Mit dem Auszug des europ. Siedlers bei der Entkolonialisierung geht sie zu Ende: Kirche als ethn.-kultureller Fremdkörper wird ausgeschieden.

*C.* Die heute *»dritte« Kirche* ist auch Ausländerkirche: Europäer, Schwarzafrikaner und christl. Araber aus Nahost. »Einheim.« ist sie nur durch eingebürgerte ehemalige Algerienfranzosen (meist kath. →Priester und Ordensfrauen) und durch christl. Ehepartner christl.-islam. Mischehen. Daraus ergeben sich Fragen, die bis heute noch nicht hinreichend beantwortet sind und über N. hinaus Bedeutung haben: Wie soll sich angesichts dieser drei Erfahrungen die »dritte« Kirche verstehen: als Dienst in einem Entwicklungsland (→Dritte Welt), soll sie also »christl. Präsenz« üben und nur →Dialog mit dem Islam führen, oder muß sie eine verkappte Mission betreiben, da offene Mission in einem islam. Land nicht mehr mögl. ist? Wie können die Fehler vermieden werden, die zum Tod zweier Kirchen geführten haben: Dies waren mangelnde Anpassung an gesellschaftl. Wandel; Gettodasein, konfessionelle Spaltungen und Selbstzerfleischung (z.B. verfolgten im Altertum Katholiken die Donatisten); zu enge Beziehungen mit christl. »Schutzmächten« im Ausland, die zur Desolidarisierung gegenüber den muslim. Landsleuten und schließl. zur Auswanderung der christl. Bevölkerung führten. So suchten einst Christen Schutz bei den Byzantinern (→Byzanz) und bei den Normannen; so verlassen heute immer wieder Christen das Land, nachdem sie sich unter dem Einfluß von Untergrundmissionen oder von westl. ausländ. Radiosendungen und Fernkursen bekehrten.

*Lit.: W. H. C. Frend:* The Donatist Church, Oxford 1971. – *B. Kriegbaum:* Kommunikationsstörung in der frühen Kirche Afrikas, Graz 1986. – *U. Schoen:* Die Kirche der Berber, in: *Th. Sundermeier (Hg.):* Fides pro mundi vita, Gütersloh 1980, 91ff. – *H. Teissier:* Eglise en Islam, Paris 1984.

*Ulrich Schoen*

**Norm**

*A.* Der Begriff der N. markiert einen Punkt, an dem sich die gängige Trennung von →*Sein und Sollen,* →Wirklichkeit und Forderung nicht mehr leicht aufrechterhalten läßt. N.en durchwirken die →Strukturen unserer →Gesellschaft und unseres →Staates, sie bestimmen unser Tun und Denken. Dennoch sind wir als →Menschen frei, diese N.en jederzeit einer Prüfung zu unterziehen und sie gegebenenfalls aufzuheben. N.en erlangen dadurch Realität, daß ihre Geltung anerkannt wird; solche Anerkennung setzt aber wiederum die N. voraus als etwas, was besteht und mithin in best. Weise bereits wirkl. ist. Im Hinblick auf diese Voraussetzung unterscheiden sich soziale, rechtl. und moral. N.en.

*B. Gesellschaften* bestimmen sich nach T. Parsons wesentl. durch verallgemeinerte Erwartungsmuster (*soziale N.en),* die für eine Beständigkeit des Verhaltens sorgen. Wer sich diesen Mustern nicht anpaßt, wird mit gesellschaftl. Sanktionen belegt (→Strafe) und rückt in die Position des Außenseiters. Sie gelten, solange sie befolgt und durch *soziale Kontrolle* stabilisiert werden; sie verschwinden, sobald die Menschen sich ihnen nicht mehr unterwerfen. Wird über eine gewisse Grenze hinaus über sie auch nur nachgedacht und diskutiert, so ist dies schon ein Anzeichen ihrer Erschütterung.

*C.* »Norma« ist ursprüngl. ein rechtsphilos. Begriff, in dem Cicero (gest. 41 v. Chr.) die Richtschnur für das Maß von →*Recht* und *Unrecht* bezeichnet sah. Eine *jurist. N.* ist ein allg. und abstrakter Imperativ, d.h. ein Satz, der – ohne Ansehen der Person und des jeweiligen Einzelfalles – ein best. Verhalten mit einer best. Folge verbindet. Diese Folge wird durch staatl. Zwangsmittel ohne Ausnahme garantiert. Rechtssätze gelten, solange sie nicht aufgehoben oder abgeändert werden. Der Grund ihrer Geltung liegt in jeweils höheren, d.h. allgemeineren, Rechtssätzen, die ihre Legitimation wieder aus dem Akt ihrer Errichtung durch den staatl. Souverän (→Staat) beziehen. Die Problematik des N.begriffs erscheint hier in der rechtstheoret. Frage, inwieweit Rechtsn.en an das Bestehen der sie fakt. hervorbringenden gesellschaftl. Erwartungs- und Befolgungsmuster gebunden sind, sowie im rechtsphilos. Problem der Begründung von N.en überhaupt.

*D.* Die Befolgung gesellschaftl. wie der Erlaß jurist. N.en beruhen auf moral. Überzeugungen, die ihrerseits wieder als N.en verstanden werden können (→Moral). Die klass. philos. Lehre von dem →Naturrecht, das aus der →Ordnung des Universums und der Verfassung des Menschen geboten sei, versuchte →*Recht und* →*Ethik* aus einem Ursprung heraus zu denken. I. →Kant trennte zwar zwischen fakt. Sein und sittl. Sollen, machte jedoch Sittengesetz (und damit die N., der sich die Maximen unseres Willens unterzuordnen haben) zur Erfüllungsbedingung unserer →Freiheit schlechthin. Der für die sittl. Bewertung des Handelns entscheidende →kategor. Imperativ ist danach nicht nur selbst eine N., sondern zugleich eine N., die gebietet, allem →Handeln die Gestalt der N. zu geben: »Handle so, daß du wollen kannst, daß die Maxime deines Handelns allgemeines Gesetz werde.« Fragl. ist freil. immer geblieben, ob aus dieser N. heraus konkrete gesellschaftl. und soziale N.en auf ihren moral. →Wert hin beurteilt werden können oder ob wir nicht jeweils schon an unser →Gewissen, an Wertempfindung und letztl. an unsere geschichtl. und sozialen Voraussetzungen gebunden bleiben, damit sie überhaupt einen Inhalt bekommt. Auch in Kants Philosophie selbst wird der normative Charakter seiner eth. Position durch vorausgesetzte Elemente einer vorgegebenen →Natur des Menschen ergänzt. Auf die sprachl. Voraussetzungen normbegründender und normbefolgender Reflexion hat in neuester Zeit die →deont. Logik aufmerksam gemacht, die die Strukturen unseres Sprechens über N.en zum Gegenstand hat.

*Lit.: K. Eichner:* Probleme der Erklärung sozialen Verhaltens, Meisenheim am Glan 1977. – *H.-G. Gadamer:* Das ontolog. Problem des Wertes, in: *ders.:* Kleine Schriften, Bd. IV, Tübingen 1977, 205-217. – *H. Lenk (Hg.):* N.enlogik, Pullach 1974. – *A. Pieper:* Pragmat. und eth. N.enbegründung, Freiburg/München 1979. – *G. Spittler:* N. und Sanktion, Freiburg 1967. – *R. Spaemann:* Über die Unmöglichkeit einer universalteleolog. Ethik, in: Philos. Jahrbuch 1981, 70-89.

*Walter Schweidler*

**Norwegen.** Ev. 97,6%; Kath. 3,0%; weitere Prot. 0,2%; Nichtgläubige und Atheisten 1,7%.

*A. Allgemein*

*I.* Wachsender Kontakt mit →Europa durch Kaufleute und die Wikinger brachte um 800 *christl. Impulse* zu den norweg. Küsten. Der Umfang der direkten (brit. und kontinentalen) →Mission ist unklar. Die Reichssammlung gegen Ende des 9. Jh.s hat die königl. Missionsvorstöße begünstigt. Der Fall des Märtyrerkönigs *Olav d.Hl.* 1030 hat den endgültigen Sieg des →Christentums bestätigt; die Olav-Legende erhält eine große Bedeutung und führt zu einer christl. Kulturblüte, von der Dichtung und Stabkirchen zeugen. 1152 wird eine eigene Kirchenprovinz mit Erzsitz in Nidaros (Trondheim) gegründet. Ende des 12. und 13. Jh.s kommt es zwischen Bischöfen und der Königsmacht zum dramat. Konflikt. Seit 1397 wird N. mit →Dänemark und →Schweden vereinigt. Das Land verliert an Bedeutung, die Kirche wird mit wechselndem Erfolg zur Vorkämpferin norweg. Selbständigkeit.

Die *luth.* →*Reformation* durch den dän. König Christian III. (1536) war, abgesehen von der dt. hanseat. Kulturenklave in Bergen, kaum vorbereitet. Der polit. Integration in das Königreich Dänemark entspricht eine kirchl.; nach Einführung der königl. Alleinherrschaft (1660) gingen die letzten Reste lokal-kirchl. Selbstbestimmung verloren. Die polit. *Trennung von Dänemark* und eine eigene →Verfassung (1814) bestätigen den →Staat als luth. und den König als Haupt der Kirche. Die spätere Einführung der Religionsfreiheit (1845) und die stufenweise Entwicklung einer kirchl. Synodalstruktur (→Synode) im 20. Jh. haben – trotz mehrfacher kirchl. und polit. Initiativen – am Prinzip der Staatskirchlichkeit wenig geändert.

*II.* Die durch H. N. Hauge in Gang gesetzte *Volkserweckung* (→Erweckung) um 1890 gab den ersten Anstoß zu einer reichgegliederten →Laienbewegung mit einem Spektrum von – untereinander unabhängigen – →Organisationen für innere und äußere Mission, für N. immer noch charakterist. Mehr als 90 % der Bevölkerung sind Mitglieder der *Norweg. Luth. Kirche.* Eine liturg. Uniformität tritt hervor (1977 neue Agende, 1985 →Gesangbuch). Die scharfe Polarisierung zwischen konservativer und liberaler Theologie vom Anfang des 20. Jh.s (O. Hallesby, J. Ording) wurde mit dem kirchl. Kampf gegen den →Nationalsozialismus (1940- 45; E. Berggrav) weithin beseitigt, ist aber seit Mitte der 50er Jahre wieder spürbar.

*III.* →*Freikirchen* sind seit Mitte des 19. Jh.s tätig. Die Mehrheit der ungefähr 20.000 Katholiken sind Einwanderer. Bes. in den 30er Jahren besaß die →röm.-kath. Kirche jedoch einen bes. nationalkirchl. Reiz (vgl. die MA.romane von S. Undset). Die größte freikirchl. Gruppe sind die →Pfingstler (etwa 100.000), die durch den Norweger T. B. Barratt von Amerika in Europa bekannt wurden. Eine luth. Freikirche ist von ihrem Hintergrund her eher pietist. (→Pietismus) als konfessionalist. (→Konfession) und ist ohne internationale ökumen. Zugehörigkeit.

Obwohl geograph. abgeschirmt, fehlt es N. nicht an zeittyp. Strömungen. Der Verlust von Mitgliedern und ein gewisser Rückgang bei kirchl. Handlungen (bes. →Trauungen) in den 70er und 80er Jahren haben Kirchenbesuch und Opferbereitschaft wenig beeinflußt. Erneuerungsbewegungen sind vor allem im Bereich *charismat. Bewegungen* (→Charisma) zu spüren.

*Lit.: A. Aarflot/C. Fr. Wisløff:* Norsk Kirkehistorie, 3 Bde., Oslo 1966-71. – *A. Aarflot:* Norsk Kirke i Tusen År, Oslo 1978. – *P. G. Lindhardt:* Skandinav. Kirchengeschichte seit dem 16. Jh. (Die Kirche in ihrer Geschichte, Bd. 3), Göttingen 1982. – *E. Molland:* Norges Kirkehistorie i det 19. Århundre, 2 Bde., Oslo 1979. – *Ders.:* Church Life in Norway 1800-1950, Minneapolis MN 1971. – *T. B. Willson:* History of the Church and State in Norway from the 10th to the 16th Century, Repr. der Ausgabe 1903, St. Clair MN 1971.

*Per Lønning*

*B. Literarisch*

*I.* Die Herausbildung einer altnord. Schriftsprache infolge der Christianisierung N.s schuf die Voraussetzung für die schriftl. Fixierung des mündl. überlieferten *Erzählgutes.* In der älteren Edda sind die bekanntesten Götter- und Heldenlieder enthalten. Im Gegensatz zu den größtenteils myth. Eddaliedern (→Mythos) werden in den Skaldenliedern die Taten der Wikingerkönige – in Strophen einer kunstvoll verzierten Metaphorik – aus der hist. Sicht dessen gepriesen, der dabeigewesen ist. In der 1. Hälfte des 13. Jh.s schrieb S. Sturlason mit der jüngeren Edda die erste Poetik der altnord. Literatur. Angeregt von seiner Beschäftigung mit der Skaldik, gibt Sturlason in »Heimskringla« eine chronolog. Darstellung der Geschichte der norweg. Könige. Ein Kernstück dieser Sammlung ist die Saga Olav d.Hl., in der die Taten des *perpetuus rex Norvegiae* geschildert werden. Im Zuge der weiteren Christianisierung änderte die Skaldik ihren Charakter; sie griff bibl. Themen auf, wurde von der lat. Hymnik und der zentraleurop. Troubadourdichtung beeinflußt und in Richtung auf balladeske und volksliedhafte Erscheinungsformen weiterentwickelt. Beispielhaft für die christl. geprägte Skaldik ist *E. Skulasons* Lied »Geisli«, in dem der Heiligenkönig Olav mit noch erkennbarer Kenningar-Metaphorik als ein »Strahl« von der Sonne der Gnade bezeichnet wird. Ein Höhepunkt der *spätma.* Dichtung ist das um 1300 entstandene Visionsgedicht »Draumkvedet«, eine an →Dante mahnende Darstellung einer erträumten Höllenfahrt. Anknüpfend an die aufklärer. Schriften der Humanisten, schuf der Pfarrer P. Dass (1647-1707) mit Nordlands Trompet, einer topograph. Darstellung der nordnorweg. Region, das Hauptwerk der norweg. *Barockliteratur* (→Barock). Die überragende Gestalt der →*Aufklärungszeit*, der aus Bergen gebürtige Komödiendichter L. Holberg (1684-1754) lebte und wirkte als Professor in Kopenhagen (→Dänemark). Die literar. Aufnahme der *romant.* Ideen vollzog sich unter nationalen Vorzeichen und äußerte sich im Bereich der →Volkskunde durch die Sammlung und Herausgabe der norweg. Sagen und Volksmärchen durch P. C. Asbjørnsen (1812-1885) und J. Moe (1813-1882), der Volkslieder durch M. B. Landstad (1802-1880) sowie im philolog. Bereich durch die Etablierung einer neunorweg. Sprache, die I. Aasen (1813-1896) auf der Basis von Dialektproben geschaffen hat.

*II.* Als Gründer der *modernen norweg. Nationalliteratur* gilt H. Wergeland (1808-1845), der – im Gegensatz zu seinem Antipoden J. S. Welhaven (1807-1873) – für eine radikale Abkehr von der dän. Tradition eintrat. In seinem großangelegten Hauptwerk »Skabelsen, Mennesket og Messias« (»Die Schöpfung, der Mensch und Messias«) schildert Wergeland im Geiste der Romantik die geistige und materielle Genese der Welt, die Entstehung sozialer Gemeinschaften und Institutionen sowie – in Anlehnung an die Evangelien – Jesu Rolle im Heilsgeschehen – mit utop. Ausblick auf das Heraufdämmern eines ird. Vollkommenheitsreiches. In der Nachfolge wurden seine Bestrebungen von H. Ibsen (1828-1906) und B. Bjørnson (1832-1910) fortgeführt; diese beiden gelten neben J. Lie (1833-1908), A. Kielland (1949-1906) und A. Garborg (1851-1924) als Wegbereiter, Vollender und Überwinder der →*Moderne* in der Literatur der 2. Hälfte des 19. Jh.s. Während Ibsen noch in seinem frühen Versdrama »Brand« die Problematik der christl. Identität in Anlehnung an →Kierkegaards »Entweder-Oder« und im Lichte der bibl. Caritatis-Vorstellung abhandelt, läßt er unter Einfluß der Hegelschen Geschichtsphilosophie in »Kaiser und Galiläer« Julianus Apostata vergebl. für die Synthese eines auf Christentum und Heidentum fußenden Dritten Reiches eintreten. Ibsens Dramen hatten theologiegeschichtl. Wirkungen vor allem im Deutschland der →»dialekt. Theologie« (K. →Barth, E. Brunner, R. →Bultmann). Mit seinen symbol. Spätdramen bereitete Ibsen die neuromant. Wende vor, zu deren wichtigsten Vertretern K. Hamsun mit seinen frühen und Garborg mit seinen späten Romanen sowie H. E. Kinck (1865-1926) mit seinen Novellen gehören. Die Literatur des ausgehenden 19. Jh.s übt in teils polem. Form Kritik an der Institution der Staatskirche mitsamt ihren Vertretern und setzt sich mit Glaubensinhalten auseinander, die durch die Entwicklung der modernen empir. Wissenschaften unter Beschuß geraten waren. So wird z.B. in Bjørnsons Drama »Over Ævne I« (»Über die Kraft I«) die dem Gläubigen zugesprochene Fähigkeit, Wunder zu vollbringen, einem dramat. Test unterzogen und aus dem Erfahrungsbereich der Charcotschen Psychotherapie gedeutet.

Die Literatur des *20. Jh.s* ist mit wenigen Ausnahmen von einem realist. Traditionalismus geprägt (S. Undset [1882-1949], O. Duun [1876-1939]; →Realismus). Einen bes. Anklang fanden Undsets MA.romane, die das Interesse der Leser auf die kath. Vergangenheit der eigenen Geschichte lenkten. Nennenswerte Ansätze zur Überwindung des Realismus gibt es erst seit den 50er und 60er Jahren. Nachdem Vertreter der 68er Generation die →Literatur im Anschluß an eine Phase der Aufarbeitung der klass. Moderne für die Ziele eines ideolog. ausgerichteten Sozialrealismus einzuspannen suchten, hat sich die Literatur der letzten zehn Jahre wieder verstärkt dem Experimentellen zugewandt.

*Lit.: F. Bull u.a.:* Norsk Litteraturhistorie 1-7, neue revidierte Ausgabe, Oslo 1955. – *F. Paul (Hg.):* Grundzüge der neueren skandinav. Literaturen, Darmstadt 1982. – *S. H. Rossel:* Skandinav. Literatur 1870-1970, Stuttgart 1973.

*Knut Brynhildsvoll*

**Notstand, Notwehr**

*A.* Als *Notstand* (Ns.), gleichviel, ob straf-, polizei-, zivil- oder staatsrechtl. Art, wird eine Notlage bezeichnet, deren Bewältigung bes. Anstrengungen und auch *Abweichungen von* dem sonst für die »Normallage« in *der Rechtsordnung* Vorgesehenen verlangt. Im Straf- und Zivilrecht kann er nach Maßgabe einer Güterabwägung die sonst gegebene Rechtswidrigkeit einer Handlung ausschließen oder den Täter jedenfalls entschuldigen. Der *polizeil. Ns.* berechtigt die →Polizei, auch für die Gefahr oder Störung nicht verantwortl. Personen in Anspruch zu nehmen.

*I.* Für alle diese Bereiche ist charakterist., daß heute das »*Ausnahmerecht*« des Ns.s in die normale Rechtsordnung eingefügt ist (z.B. §§ 34, 35 Strafgesetzbuch, §§ 228, 904 Bürgerl. Gesetzbuch). Eine entspr. *Normalisierung* des Staatsns.s im freiheitl.-demokrat. →Rechtsstaat ist wegen der damit verbundenen Gefahren problemat., insbes. deshalb, weil die Notwendigkeiten der Notlage die in der Ns.sverfassung vorgesehenen Begrenzungen überspielen können. Die wegen der bes. hist. Situation sicher nicht verallgemeinerungsfähigen schlechten Erfahrungen mit der sog. Diktaturgewalt des Reichspräsidenten Art. 48 Abs. 2 der Verfassung des Dt. Reiches (Weimarer Reichsverfassung) vom 11. Aug. 1919 in der Endphase der Weimarer Republik sind ein mahnendes Beispiel dafür, wie mit Hilfe derartiger Befugnisse der »legale« Ausstieg aus dem demokrat. Verfassungsstaat betrieben werden kann (→Legalität, Legitimität).

*II.* Begleitet von heftigen polit. Auseinandersetzungen, ist *1968 eine Ns.sverfassung* in das Grundgesetz der Bundesrepublik Deutschland (Grundgesetz) eingefügt worden. Sie trifft Regelungen für den Verteidigungsfall (Art. 115 a-l), den diesem vorgelagerten Spannungsfall (Art. 80a), zur Abwehr drohender Gefahren für den Bestand der freiheitl.-demokrat. Grundordnung des Bundes oder eines Landes (z.B. durch →Bürgerkrieg, nicht aber durch →Arbeitskampf [sog. innerer Ns., Art. 87a Abs. 4, Art. 91 und Art. 35 Abs. 2, S.1]), sowie zur Bekämpfung von Naturkatastrophen und bes. schwerer Unglücksfälle (Art. 35 Abs. 2 und 3). Zusammen mit der Ns.sverfassung ist ein *Widerstandsrecht* in das Grundgesetz aufgenommen worden (Art. 20 Abs. 4). Flankiert wird die Ns.sverfassung von einer sog. einfachen Ns.sgesetzgebung, z.B. für die Gebiete Zivilschutz, Katastrophenschutz, Arbeitssicherstellung und Einschränkung des Post-, Brief- und Fernmeldegeheimnisses.
Von der Ns.sgesetzgebung ist der *Gesetzgebungsnotstand* (Art. 81 Grundgesetz) zu unterscheiden, der unter best. Voraussetzungen erklärt werden kann, wenn eine dringende Gesetzesvorlage der Bundesregierung vom Bundestag nicht verabschiedet wird.

*B.* Als *Notwehr* (Nw.) wird der Selbst-, als Nothilfe der Fremdschutz bezeichnet. Im straf- und zivilrechtl. Sinne ist Nw. ein Rechtfertigungsgrund, der die Rechtswidrigkeit von Verteidigungshandlungen gegen rechtswidrige Angriffe beseitigt (§ 32 Strafgesetzbuch, § 227 Bürgerl. Gesetzbuch). Ob der →Staat über die in →Verfassung und →Gesetz vorgesehenen Eingriffsbefugnisse hinaus ein Nw.recht hat (Staatsnw.), wenn hoheitl. Rechtsgüter angegriffen werden (wie im Fall der Schleyer-Entführung 1977), ist sehr umstritten.

*Lit.:* Lehrbücher und Kommentare zum Strafgesetzbuch und Bürgerl. Gesetzbuch. – *G. Lübbe-Wolff:* Rechtsstaat und Ausnahmerecht. Zur Diskussion über die Reichweite des § 34 StGB und über die Notwendigkeit einer verfassungsrechtl. Regelung des Ausnahmezustandes, in: Zeitschrift für Parlamentsfragen 1980, 110-125.

*Wolfgang Meyer-Hesemann*

**Nouvelle théologie.** Wie der →»Modernismus« seinen Namen von kirchl. Gegnern erhielt, die in ihm einen Angriff auf das Monopol der →Neuscholastik erblickten, so stammt auch die vergleichbare Benennung »N.th.« von ihren Kritikern. Zu dieser Strömung zählen verschiedene Gruppen von Theologen, die, durch kirchl. *Erneuerungsbewegungen* seit den 30er Jahren inspiriert, auch die Theologie erneuern wollten, und zwar – seit dem Modernismus innerhalb der Kirche anscheinend der einzig fruchtbare Weg – von der neuscholast. Denkbewegung und Tradition selbst her.

*A.* Im strikten Sinn benennt der Begriff eine Gruppe von Theologen um die Jesuitenfakultät von *Lyon-Fourvière* (H. de Lubac, J. Daniélou, H. Bouillard, H. U. von Balthasar u.a.). Sie wollten den neuscholast. Rahmen durchbrechen, indem sie hist. neuentdecktes Gedankengut aus der frühen Kirche und dem MA. selbst (»ressourcement«) sowie Grundideen von M. Blondel (1861-1949) aufnahmen. Das führte sie zugleich zu der These, daß die scholast. Glaubensformulierungen in ihrer hist. Bestimmtheit relativ sind und daß Theologie im Wesen »aktuell« zu sein habe. Eine parallele Strömung hatte ihr Zentrum in der dominikan. Fakultät *»Le Saulchoir«* bei Paris (M. D. Chenu, Y. Congar, später auch E. Schillebeeckx). Auf Grund hist. Thomasforschung legte man dort allen Nachdruck auf das geschichtl. Vorgegebene (le donné) des Glaubens, das durch hist. Forschung *und* in heutiger Glaubenserfahrung zu finden ist; die Theologie könne nur deren inneren Zusammenhang »konstruieren«. Die Glaubensformulierungen, so Chenu, waren auch für Thomas nur ein *Weg* zur Gotteserfahrung.

*B.* Neben diesen franz. Gruppen, die kirchl. Experimenten im Blick auf den dortigen säkularen und marxist. Kontext (»Mission de France«, →Arbeiterpriester) eng verbunden waren, ist zur N.th. im weiteren Sinn in *Deutschland* der Kreis um K. →Rahner zu rechnen. Dort versuchte man

– auf der Linie einer von J. Maréchal (1878- 1944) von Kant her neugefaßten Erkenntnistheorie und im Kontakt mit der Existenzphilosophie M. →Heideggers –, die Neuscholastik vor allem von den subjektiven Möglichkeitsbedingungen des Glaubens her zu erneuern (→transzendental): In der Theologie muß auch immer der Mensch in seiner konkreten Situation zur Sprache kommen. – Auch diesen Versuchen einer Erneuerung der kirchl. vorgeschriebenen Theologie folgte eine päpstl. Verurteilung (»Humani generis«, 1950). Auf dem 2. →Vat. Konzil wurden viele ihrer Impulse aber als legitim anerkannt.

*Lit.: Ch. Frey:* Mysterium der Kirche – Öffnung zur Welt: Zwei Aspekte der Erneuerung franz. kath. Theologie, Göttingen 1969. – *H. Rondet:* N.th., in: Sacramentum mundi III (1969), 816-20. – [*T.*] *M. Schoof:* Der Durchbruch der neuen kath. Theologie, Wien u.a. 1969, 131-192.

*Ted Schoof*

**Numeri** ist das vierte Buch Mose, dessen lat. Name vom Inhalt der ersten vier Kapitel mit ihren vielen Zahlen beeinflußt ist, während sich die hebr. Bezeichnung *bammidbar* (»in der Wüste«) auf die Erzählungen über die Wüstenwanderung der Israeliten bezieht. Nachdem im zweiten Buch Mose (→Exodus) der Weg von Ägypten zum Sinai beschrieben war, führt er im N. *vom* Sinai bis *zum Lande Moab* östl. des Jordan weiter. Die Lektüre des Buches vermittelt keinen geschlossenen Eindruck. Deutl. lassen sich *themat. Blöcke* voneinander abgrenzen: 1,1-10,10 enthalten im wesentl. kultgesetzl. Bestimmungen und Anordnungen für die Lager- und Marschordnung der Israeliten. Die Kap. 26-36 bieten kultgesetzl. Materialien und Anordnungen zur Einnahme des Ost- und Westjordanlandes. Dazwischen stehen Erzählungen über den Wüstenzug, die ihren Schwerpunkt in Berichten über Auflehnungen gegen →Mose (11ff.) und über Auseinandersetzungen mit fremden Königen (20ff.) mit der Bileamgeschichte (22-24) haben. Im einzelnen ist der Erzählungsablauf nicht zusammenhängend. Die unterbrechenden gesetzl. Partien sind disparat angeordnet, was auf eine *allmähl. Entstehung* hinweist, die von der neueren Forschung eher mit einer mündl. Überlieferung als mit einer Kombination schriftl. Quellen (→Bibelwissenschaft) erklärt wird. Im Endstadium dieses langen Prozesses hat das Buch N. seinen chronologisch planvollen Platz zwischen dem Auszug aus Ägypten und dem Einzug in das Land →Kanaan.

*Lit.: V. Fritz:* Israel in der Wüste. Traditionsgeschichtl. Untersuchung der Wüstenüberlieferung des Jahwisten (Marburger theol. Studien 7), Marburg 1970. – *M. Noth:* Das vierte Buch Mose: Numeri (Das AT Deutsch 7), Göttingen, 4. Aufl. 1978.

*Rüdiger Liwak*

# O

**Obadjabuch.** Das O. ist mit seinen *21 Versen* das kürzeste atl. »Buch«, in dem zwei Seiten eines Themas zum Ausdruck kommen: das *Gericht* über Israels bzw. Judas Nachbarvolk Edom, dessen Wohnsitze südl. des Toten Meeres lagen, und der »*Tag Jahwes*« (→Zefanjabuch) als ein Gerichtstag über die Völker (für die Edom als Beispiel steht), dem antithet. die zukünftige Heilszeit →Israels gegenübergestellt wird. Wer allerdings literarkrit. (→Bibelwissenschaft) hinter die Endgestalt des O.s zurückfragt, setzt die Akzente anders. Danach beziehen sich die poet. Verse 1-14.15b auf die Eroberung →Jerusalems durch die Babylonier (587/86), bei der die Edomiter in den Augen der Judäer vielleicht durch Besetzung des südl. judä. Gebietes eine unbrüderl. (vgl. Gen 36,1ff.; Dtn 23,8) Rolle gespielt haben sollen. Eine Antwort darauf kann die später in Prosa abgefaßte Hoffnung auf judä. Landerwerbungen (V.19-21) sein: eine Idealvorstellung, welche die aktuellen Verhältnisse durch die erwartete »Königsherrschaft Jahwes« hinter sich läßt. Die poet. Verse 15a.16-18 schließl., in ihrer universalistischen Ausweitung offenbar auch später als der erste Teil der Schrift, erwarten über alle Völker das Gericht und vergleichen dabei →Israel mit einem Feuer, durch das auch Edom zerstört wird.

*Lit.: R. Rendtorff:* Das AT. Eine Einführung, Neukirchen-Vluyn, 2. Aufl. 1985, 236-237. – *H. W. Wolff:* Dodekapropheten 3: Obadja und Jona (Bibl. Kommentar AT 14/3), Neukirchen-Vluyn 1977, 1-51 (Lit.).

*Rüdiger Liwak*

**Objektivität.** Behauptet man, daß eine Aussage eindeutig sei, verweist man üblicherweise auf deren O.: sie sei tatsächl. wahr, ohne subjektive Verzeichnung.

*A. Erkenntnistheoret.* entsteht die Frage nach der O. aus der Spaltung des Erkenntnisaktes in ein subjektives, formgebendes und in ein objektives, formhemmendes Moment. Formal verwirkl. sich der Erkennntnisakt dadurch, daß er Faktisches abbildet. In dieser Abbildung entsteht der bestimmte Erkenntnisinhalt, der in den Formen des Erkenntnisaktes vermittelt ist. Die O. stellt die Erkenntnis als Faktum im Unterschied zur Erkenntnis als Erzeugungsvorgang (→Subjekt) dar. O. besagt so Allgemeingültigkeit. Sie ergibt sich jedoch nicht nur aus der Struktur des Erkenntnisobjekts (→Realismus), sondern aus der *Wechselbeziehung* der →aprior. Formen der Erkenntnis mit ihren Inhalten. Dadurch wird einerseits das Faktum greifbar, also objektiv. Andererseits wird, wer es verstehen will, auf den formalen Erzeugungsakt des →Subjekts (→Erkennen) verwiesen.

*B. Wissenschaftstheoret.* wissen sich gerade die empir. Wissenschaften dem Ideal der O. verpflichtet (→empir. Methoden). Als Kennzeichen der O. gelten dabei die Neutralität des Erkenntnisinhalts gegenüber dem Subjekt und seinen Projektionen, die Unabhängigkeit von Wertesystemen, die intersubjektive und jederzeit mögl. Nachvollziehbarkeit und die Übertragbarkeit auf eine →math. Struktur oder in eine formale →Sprache. Ziel dieser Formalisierung ist die Steigerung der Zuverlässigkeit von Werturteilen. Eth. Maximen (→Ethik), Werturteile (→Wert) und Glaubenssätze scheiden damit aus dem Zusammenhang wissenschaftl. O. aus. Die →Wissenschaftstheorie der →Theologie versucht in diesem Kontext durch die Rationalisierung des Glaubensaktes zu zeigen, wie auch Glaubensaussagen den genannten Kriterien der O. entsprechen können. Gerade für Aussagen solcher Art sucht man neuerdings in einer Ethik der Wissenschaften nach Möglichkeiten der Formalisierung, die Normen, moral. und rel. Sätze dem Ideal der O. annähern soll. Die Erkenntnisse der log. Entscheidungstheorie ermöglicht es, durch ein kompliziertes Verfahren ein best. Werturteil auf eine Verhältniszahl abzubilden, die Handlung und Weltzustand in einen mathemat. beschreibbaren Zusammenhang bringt.

*C. Log.* O. von Aussagen sichert man durch die Einführung von Transformationsgrammatiken, also von Übertragungssystemen zwischen Normal- und Formalsprachen. Log. O. zielt darauf ab, für Aussagen innerhalb einer formalen Sprache Geltung zu erheben. Diese O. der Geltung wird durch die Widerspruchsfreiheit der Axiome gewährleistet, auf die alle Einzelsätze method. gesichert zurückgeführt werden können. Es geht dabei also nicht um die Wahrheit, die jenseits der Spaltung in Subjektivität und Objektivität steht und diese erst begründet (→transzendental). Damit ergibt sich für die Theologie die Möglichkeit, auf die Wahrheit der →Offenbarung (als der Erscheinungsweise →Gottes) zurückzugehen und auf eine andere als die formale Begründung der O. hinzuarbeiten. Theol. kann die O. der Aussagen über die Offenbarung (als Vorgang und als Satzsystem) dadurch gezeigt werden, daß man in transzendentaler Analyse die Bedingungen rekonstruiert, die durch die Offenbarung Gottes für deren O. gesetzt sind.

*Lit.: E. Cassirer:* Substanzbegriff und Funktionsbegriff, Darmstadt, 5. Aufl. 1980. – *F. von Kutschera:* Grundfragen der Erkenntnistheorie, Berlin/New York 1982. – *K. Popper:* Objektive Erkenntnis, Hamburg, 2. Aufl. 1974.

*Christoph Riedel*

**Ockham,** *Wilhelm von.* Der um 1285 in Ockham geborene und um 1349 in München verstorbene engl. →Franziskaner ist der bedeutendste Denker des späten →MA.s, da seine unerbittl. →Kritik an der gesamten philos. und theol. →Tradition nicht nur die Auflösung der hochscholast. (→Scholastik) Harmonie von →Glauben und Wissen, von →Aristotelismus und Theologie bewirkt und auf diese Weise den Weg zur →Reformation geebnet hat, sondern auch, weil sein Werk den →Subjektivismus der →Neuzeit vorbereitet hat. Während seiner Lehrtätigkeit in *Oxford und London* (1317-24) sind seine Hauptwerke entstanden (Sentenzenkommentar, Kommentare zu →Aristoteles) und wurde die Summe der Logik begonnen. Infolge einer Denunziation wurde er 1324 nach Avignon zitiert. Der Zwangsaufenthalt in *Avignon* führte zum endgültigen Bruch mit der Amtskriche. 1328 ergreift O. die Flucht und begibt sich in den Schutz von *Ludwig dem Bayern.* Während dieser zweiten Schaffensperiode verfaßt O. zahlreiche kirchenpolit. Streitschriften, in denen er zum einen den Herrschaftsanspruch des →Papsttums geißelt und zum andern eine folgenreiche →Sozialphilosophie entwirft.

Das gesamte Denken O.s kann als Widerspruch gegen einen durch die arab. und →griech. Philosophie beeinflußten →Rationalismus und Determinismus interpretiert werden: Statt einer erkennbaren Ordnung der →Wirklichkeit betont O. die »*Allmacht* →*Gottes*, der alles kann, was nicht widersprüchl. ist. Dieses Gottesverständnis, das die traditionelle Metapher eines göttl. Gesetzgebers aufgreift und zugleich die Möglichkeit von →Wundern strapaziert, verschärft den Gegensatz von Theologie und Philosophie und erschüttert die Grundfesten der herkömml. →Metaphysik durch theol. motivierte →Zweifel am Prinzip der →Kausalität, an den →Gottesbeweisen und der allg. Teleologie (Zielhaftigkeit). Diese theol. Unterwanderung der →Philosophie erschließt die radikale *Kontingenz* allen →Seins, das nicht mehr als Nachahmung einer →transzendenten Vernunftordnung ausgelegt werden kann. Die Lehre vom Primat des →Individuums in der →Ontologie und die These, das Allgemeine existiere nur im →Bewußtsein (→Universalien), ergänzen sich zu einer →Erkenntnistheorie, welche die natürl. Zuordnung von →Subjekt und Objekt aufgibt und die Subjektvergessenheit des →Realismus überwindet. O.s Theorie der →Wissenschaft stellt die gängige Auffassung der →Objektivität in Frage und zieht die Konsequenzen aus seiner radikalen Sprachkritik: Die Wissenschaft handelt nicht von Dingen, sondern von Begriffen als Zeichen der Dinge (Nominalismus, →Universalien).

Daß O.s Ansatz in einem einzigartigen Verständnis der →*Freiheit* wurzelt, wird durch seine →*Ethik* und polit. Theorie bestätigt, wobei auch hier Modelle aus der →Rechtswissenschaft Verwendung finden, vor allem die Einsicht, daß →Gesetze ihre Geltung in erster Linie der →Autorität des Gesetzgebers verdanken. Da Sein und Sollen nicht übereinstimmen (→Naturrecht), gilt der freie →Gehorsam als Maß der →Sittlichkeit. Der Souveränität Gottes entspricht die freie Zustimmung des Menschen zu →Normen, die weder ontolog. fundierbar noch vernünftig erkennbar sind. Die polit. Theorie O.s wurde entscheidend durch den Streit um die radikale →Armut der Franziskaner angeregt und beschäftigt sich zuerst mit den Problem des →Eigentums als positiv-rechtl. Setzung des Menschen, wendet sich dann aber der Begründung der absoluten Unabhängigkeit des →Staates von der Kirche zu. Diese *Freisetzung der →Politik* schafft zusammen mit O.s Kritik am Ordnungs- und Hierarchiedenken jene Voraussetzungen, ohne welche die Bemühungen von →Kopernikus, Montaigne, →Hobbes, →Descartes und →Luther nur unzureichend erklärt werden können.

*Lit.: R. Imbach:* Wilhelm von O., in: *O. Höffe (Hg.):* Klassiker der Philosophie, Bd. 1, München, 2. Aufl. 1985, 220-244, 284-286 (Lit.). – *Ders. (Hg.):* Wilhelm von O. Texte zur Theorie der Erkenntnis und der Wissenschaft, Stuttgart 1984. – *G. Leff:* Wilhelm of O. The Metamorphosis of Scholastic Discourse, Manchester 1975. – *J. Miethke:* O.s Weg zur Sozialphilosophie, Berlin 1969.

*Ruedi Imbach*

## Öffentlichkeit

### *A. Begriff und Grundstruktur*

*I.* Der *Begriff* der Ö. weist heute hohe Bedeutungsvielfalt auf; er kann gleichermaßen allg. Zugänglichkeit, Transparenz, Kontrollierbarkeit, Informations- und Aufklärungsrechte, →Partizipations- und Mitbestimmungschancen bei nahezu allen polit., rechtl., gesellschaftl., kulturellen u.a. Angelegenheiten gemeinsamen →Interesses bezeichnen. Als *gesellschaftl. Strukturprinzip* ist das nähere Verständnis von Ö. jedoch nach wie vor auf jene – die Herausbildung der bürgerl. →Gesellschaftsepoche prägende – Kategorie bezogen, mit der eine neue Weise der Vergesellschaftung beschrieben wird: die Herausbildung eines zwischenmenschl. Lebenszusammenhangs, der über traditionale, ständische und lokale Unmittelbarkeit und ihre Partikularordnungen, wie →Sitte, Konvention, →Beruf, →Stand und Wohnort, hinausreicht, aus den Konstitutionsbedingungen des vermittelten Wechselbezugs lebt und zunehmend zum tendenziell übergreifenden und bestimmenden Universalmodus des gesellschaftl. Seins und Wollens herangewachsen ist.

*II.* Diese *Ö., verstanden als totale Ausweitung des Gesellschaftlichen auf das gesamte Leben*, hat sich gegen Ende des 18. Jh.s aus in sich festumrissenen, monad., partikularen und der Privatsphäre zugerechneten Sozialgebilden im Gegenüber zum kameralist. Verwaltungsstaat entwickelt, in dem die Repräsentanten öffentl. Gewalt (Fürsten, Stände, staatl. Bürokratie, →Militär, Gerichtsbarkeit und kirchl. Körperschaften) durch hierar. Zuordnung die gesellschaftl. Einheit garantierten. Mit der Herausbildung der bürgerl. Ö. verlieren diese Gliederungseinheiten nicht nur ihren Charakter als jeweils »souveräne Lebenstotalität« (E. Manheim), sondern ihre Lebensform selbst, ihre Legitimation, Gestalt und Ortsbestimmung. Sie werden erst im Funktionszusammenhang des öffentl. Wesens durch Publizität bestimmt und miteinander in Beziehung gesetzt. In diesem Übergang von der feudal-herrschaftl. zur funktional-demokrat. →Integration unterscheidet sich die bürgerl. Ö. mit ihrem Mangel an unmittelbarer Vergesellschaftung sowohl von der *klass.-antiken* Polis, an deren polit. Ideal sie gleichwohl festhält (Ö. als die allen freien Bürgern gleichberechtigt zugängl. Sphäre der →Freiheit, die sich durch Diskurs und gemeinsames Tun freil. im Unterschied zum patrimonial organisierten Privatbereich bildet, in dem die je notwendigen Lebensreproduktionen stattfinden), als auch vom *ma.-städt. Markt*, der als eine – durch Verbreitung und Austausch von Nachrichten und Waren – öffentl. relevant gewordene Privatsphäre der freien Bürger beschrieben werden kann und dessen Kommunikationsstruktur modellbildend in die bürgerl. Ö. eingeht.

### *B. Neuzeitlicher Strukturwandel*

Der Strukturwandel der Ö. spiegelt die Veränderungen ihrer geschichtl.-gesellschaftl. Ausprägungen wider:

*I.* Als die gesellschaftl. »Sphäre der zum Publikum versammelten Privatleute« (J. Habermas) findet die bürgerl. Gesellschaft eine erste Gestalt als *literar. Ö.*, in deren kulturellem Raum sich Autoren und Leser weitgehend über die Medien von Presse und →Literatur, aber auch in selbstorganisierten Assoziationen (Salons, Clubs, →Vereine) begegnen, um in räsonnierenden Diskursen (d.h. durch vernünftiges Einverständnis erheischende publizierte Äußerungen von Gesinnungen, Meinungen und Urteilen) über allg. interessierende Angelegenheiten der Lebensgestaltung eine konsensstiftende und -prägende öffentl. Meinung zu bilden. Diese verhält sich als erfahrungsbezogene und mit vernünftigen Gründen ausgestattete Ö. ebenso krit. gegenüber der herrschaftl. Geheimhaltungs- und Kontrollpraxis des →Staates wie gegenüber dem kulturellen Interpretationsmonopol der Kirchen (→Säkularisierung).

*II.* Zur Sicherung dieses umfassenden Prozesses der Selbstaufklärung der Privatleute über ihre genuinen »privaten« Erfahrungen, die gleichwohl alle Beteiligten gleichermaßen betreffen, wurden →*Informations-, Presse- und Versammlungsfreiheit* als universale →Grundrechte gefordert. Ihre verfassungsmäßige Garantie und parlamentar. Institutionalisierung im liberalen →Rechtsstaat verändert die Legitimitätsgrundlagen staatl. →Herrschaft überhaupt und ersetzt die obrigkeitl. reglementierte repräsentative Ö. durch die vom Volkssouverän kontrollierte *polit. Ö.* Was aber ursprüngl. dem Schutz der Privatinteressen vor staatl. Autorität diente, gestaltet sich in der sozialstaatl. Massendemokratie (→Demokratie) und wirtschaftl. Interessenkonkurrenz zum organisierten Prozeß der polit. Willensbildung und Durchsetzung von Interessen. Dabei wird der Staat von Verbänden, →Parteien und Funktionären genauso in Anspruch genommen, wie er umgekehrt über bloße Ordnungsfunktionen hinaus gestalter. in die Regelung der Gesellschaftsprozesse eingreift. Die Organe und Medien der Publizität werden unter derartigen Bedingungen durch ihre Abhängigkeit vom Markt kommerzialisiert; zugleich werden sie – durch Großorganisationen und staatl. Bürokratie, die in der Darstellung der eigenen Ansprüche zur Manipulation tendieren – instrumentalisiert. So kann die Zustimmungsfähigkeit von Entscheidungen weitgehend als das Ergebnis von Kompromissen gelten, die von Verbänden untereinander und mit der staatl. Bürokratie unter Ausschluß der Ö. bereits ausgehandelt wurden und mit denen nun im Normalfall *Ö. hergestellt* wird (»Ö.sarbeit«). Ö. wird »refeudalisiert« (J. Habermas), indem mit demonstrativer Publizität die Vorwegentscheidungen über allg. interessierende Angelegenheiten nahezu nur noch zur plebiszitären Zustimmung angeboten oder populist. durchsetzungsfähig gemacht werden. Krit. Ö. droht dadurch unterlaufen und entkräftet zu werden, wenn es nicht gelingt, Herrschaftsausübung und Interessenausgleich an allg. Bedingungen von →Rationalität und Partizipation zurückzubinden.

*III.* Das krit. Ö.sideal verdient um so stärkere Betonung, je größer man andererseits die *polit. Gefahr* jener Formen von *totaler Ö.* einschätzt, die entweder – wie in totalitären Verhältnissen (→Totalitarismus) – die Privatmeinung einem gesinnungskonformen Veröffentlichungszwang aussetzt oder die allg. Schutzwürdigkeit einzelner Personen davon abhängig macht, ob sich ihre Belange veröffentl. lassen, oder die für die →Identität einer Person unaufgebbare Privatheit in ihrer komplementären Rolle zur Ö. durch staatl. expansive Erfassung, Verarbeitung und Verbreitung von Persönlichkeitsdaten zerstört (»gläserner Mensch«, →Information).

*IV.* Nach Meinung *konservativer Theoretiker* lassen sich polit. Entscheidungsträger durch demoskop. Erhebung der »öffentl. Meinung« in der Form durchschnittl. Einstellungsmessung zwingen, Strukturen, Ziele und Praktiken ihrer Herrschaftsausübung entspr. zu modifizieren oder beizubehalten (G. Schmidtchen); dies soll aber auch dadurch zu erreichen sein, daß umgekehrt direkte Manipulationsabsichten durch sog. Meinungsführer (»Opinion-leader«) in unmittelbaren Verständigungsprozessen (B. Berelson, H. Janowitz) oder durch die selektive – auf Bestätigung bereits gefestigter Einstellungen gerichtete – Rezeptionsbereitschaft der Adressaten (J. T. Klapper, L. Festinger) gebrochen werden; dadurch ließen sich die Gefahren der Manipulation hinreichend eindämmen.

Während hier Ö. vorwiegend als *passiver Reibungswiderstand* gegen ihre Manipulierbarkeit erscheint, sehen krit. Ansätze das Problem, daß sozialspezif. Erfahrungen der Betroffenheit (z.B. von →Arbeitern, →Frauen usw.) illusionär ausgeblendet und manipulativ abgewiesen werden. Dem suchen sie in der hergestellten Ö. dadurch entgegenzuwirken, daß sie die Bedingungen mögl. *»Gegenöffentlichkeiten«* prüfen und organisieren (→Protestbewegungen), die an krit. Strukturprinzipien festhalten: Allgemeinheit des öffentl. Wohls, Förderung der Partizipation und zensur- wie domestizierungsfreie Bedürfnisäußerung. Richtmaß ist hier eine »Ö. als kollektiver Produktionsprozeß, dessen Gegenstand zusammenhängende menschl. Sinnlichkeit ist«, die Erfahrung und Phantasie in lebensweltl. und -geschichtl. Entfaltung einbezieht, mithin das medial vermittelte Gesellschaftliche als Generalnenner menschl. Beziehungen überhaupt so zu arrangieren sucht, daß dabei die menschl. Subjekthaftigkeit von Ö. nicht verlorengeht (O. Negt, A. Kluge).

### *C. Öffentliches Christentum*

Das neuzeitl. →Christentum ist auf elementare und vielfältige Weise – sowohl seinem Anspruch nach als auch in seinen gesellschaftl. Erscheinungsformen – in den allg. *Strukturwandel* der *Ö. verflochten*, denn teils hat es aus eigenen Gründen die Veränderungen impulsgebend mitgetragen, teils ist es von ihren Folgen grundlegend betroffen.

*I.* In der Universalität der →eschatolog. Heilsverkündigung (vgl. Mt 18,18-20) ist die Unverzichtbarkeit des *christl. Ö.sauftrags* begründet. Er kann sich nicht darin erschöpfen, eine Ö. des Anspruchs zu sein, sondern muß in der Art seines Angebots, der Darbietung des →vertrauenweckenden Verheißungsworts jeweils konkrete Gestalt annehmen. Das als kerngemeindl. Gettoisierung vielbeklagte Ö.sdefizit kirchl. Gottesdienste und anderer Veranstaltungen zeigt, daß vielfältige Bedingungen der →Verkündigung und des öffentl. Verhaltens die Forderung nach Ö. offensichtl. oder latent einschränken. Dies ist der Fall, wenn die Lebens- und Wirklichkeitsorientierung des →Gottesdienstes nicht auf die allg. Selbst- und Alltagserfahrung seiner potentiellen Teilnehmer bezogen, wenn also die Teilnahme am Gottesdienst von den Normvorstellungen eines sozial verengten Milieus abhängig gemacht wird. Der Ö.sauftrag der Kirche verlangt, daß sie zur Kommunikation in und mit der Ö. fähig wird und einen »unkündbaren Zusammenhang von Verheißung und Wirklichkeit« herstellt, damit christl. Verheißung nicht unwirklich, menschl. Wirklichkeit nicht verheißungslos wird (E. Lange). Öffentl. *Verkündigung durch Kommunikation* macht nicht das Evangelium selbst zum Gegenstand der Diskussion, sondern erschließt es in seiner Bedeutsamkeit für das menschl. Leben. Diese Erschließung kann in der öffentl. Kommunikation als christl.-rel. Variante der qualifiziert verstandenen öffentl. Meinung begriffen werden.

*II.* Das krit. Verständnis von Ö. bindet die Teilnahme am Diskurs an die Bereitschaft, die je eigenen organisierten Partikularinteressen nicht so durchzusetzen, daß sie mit der gesellschaftl. Allgemeinheit nicht mehr zu vermitteln sind. Für das Bemühen um »Herstellung« von Ö. stellt sich damit die Frage, wie die Kirchen ihren Ö.sauftrag geltend machen und an den allg. Ö.sstrukturen der Gesellschaft partizipieren. Nach den Erfahrungen im Dritten Reich bleibt die Nötigkeit unumstritten, daß sich der Anspruch christl. Ö. im Widerspruch und in Abgrenzung zu den sie gewaltsam verhindernden Kräften verteidigt. Nur so kann der christl. Glaube gerade auch in seiner sozialen Gestalt unter den Voraussetzungen einer totalen Ö. mit totalitärem Gesinnungs- und Anpassungsdruck bewahrt werden. Doch entfallen solche totalitären Bedingungen, setzt sich die Kirche bei fortwährender Reklamation eines »*Wächteramtes*« gegenüber der Gesellschaft dem Verdacht aus, sich elitär zur übergeordneten Ö.sinstanz aufzuwerten, aus Gründen verbandsinteressierter Selbsterhaltung den kirchl. Binnenraum im öffentl. Leben nur sichern zu wollen und ihre privilegierte Stellung in der Ö. parasitär zur Verfolgung missionar. oder apologet. Nebenabsichten auszunutzen, statt sich selbst in exemplar. Weise öffentl. darzubieten als Dienstgestalt eines »alle mögl. Spielarten eines mitten im modernen Alltags angesiedelten, nicht ausgesonderten, sondern offenen und öffentl. Gottesdienstes« (H. J. Schultz).

*III.* Eine solche gesellschaftl. Ö. setzt freil. voraus, daß sich die Kirchen ihrerseits als Vollzug einer *partizipationsorientierten Ö.* bilden, die das Evangelium, das sie verkünden, nicht durch die Art der Verkündigung konterkarieren, indem sie auf Einsicht, Verstehen und Überzeugung verzichten. Eine partizipative Ö. der Kirche rechnet vielmehr intern und nach außen nicht im vermeintl. Vollbesitz der →Wahrheit auf die Akklamation ihrer habhaften Teilnehmer, würdigt diese also nicht zu Objekten dogmat., kerygmat. (verkündigender) oder moral. Bevormundung herab; sie trägt dem neuzeitl. Umstand Rechnung, daß sie selbst nur im inszenierten Prozeß der Verständigung über die Lebensbedeutsamkeit der christl. Verkündigung bestehen kann. Darüber Einigkeit zu erzielen ist nur dann mögl., wenn es die Sache des Christentums in der Form seiner pluralen, subjektbezogenen und *erfahrungsorientierten Ausdeutung* gibt. Dazu gehört die – gegenüber institutionell-manifester →Kirchlichkeit – neue Ö. eines privaten, undogmat., kirchenkrit. Christentums: eine Ö., die an das ebenso krit. wie emphat. Verständnis ihrer neuzeitl. Ursprünge anknüpft, »deren tragendes Fundament nicht die →Autorität, sondern die menschl. Einsicht darstellt. Wesentl. Kriterien dieser neuen Ö. sind deshalb auch die freie Diskussion, das krit. Bewußtsein und die Abwesenheit von Zwang, also die →Toleranz« (T. Rendtorff, Christentum außerhalb der Kirche, 1969, 79f.).

*Lit.:* *H. Arendt:* Der Raum des Öffentlichen und der Bereich des Privaten, in: *dies.:* Vita activa oder Vom tätigen Leben, Stuttgart 1960, 27-75. – *P. Cornehl/H.-E. Bahr:* Gottesdienst und Ö. Zur Theorie und Didaktik neuer Kommunikation, Hamburg 1970. – *H.-J. Dörger:* Kirche in der Ö., Stuttgart 1979. – *V. Drehsen:* Das öffentl. Schweigen christl. Rede, in: *A. Beutel/V. Drehsen/H. M. Müller (Hg.):* Homilet. Lesebuch. Texte zur heutigen Predigtlehre, Tübingen 1986, 261-286. – *J. Habermas:* Strukturwandel der Ö. Untersuchungen zu einer Kategorie der bürgerl. Gesellschaft, Neuwied/Berlin, 4. Aufl. 1969. – *W. Huber:* Kirche und Ö., Stuttgart 1973 (Lit.). – *S. von Kortzfleisch:* Verkündigung und »öffentl. Meinungsbildung«. Ein Beitrag zur Grundlegung kirchl. Ö.sarbeit, Stuttgart 1960. – *E. Manheim:* Aufklärung und öffentl. Meinung. Studien zur Soziologie der Ö. im 18. Jh., Stuttgart-Bad Cannstatt 1979. – *O. Negt/A. Kluge:* Ö. und Erfahrung, Frankfurt/M. 1976.

*Volker Drehsen*

## Ökologie

*A.* Der *Begriff* Ö. wurde zuerst von E. Haeckel 1866 benutzt, der damit eine neue →Naturwissenschaft über die Beziehungen der Organismen zur umgebenden Außenwelt begründete. Tier- und Pflanzenö. werden seither unter dem Begriff »Autökologie« betrieben. *Oikos,* griech.: Haus, meint im übertragenen Sinne das Haus der Erde; Ö. die *Lehre vom Erdhaushalt.* Wechselwirkungen und Abhängigkeiten, das Vernetztsein aller Teile des Erdganzen sind die zentralen Erkenntnisse. Durch deren Anerkennung ist der →Konflikt mit der menschl. Gesellschaft, mit →Freiheit, →Bewußtsein und menschl. →Bedürfnissen vorprogrammiert. Es ergeben sich vielfältige Probleme, deren Lösungen in Richtung einer →Integration und →Partnerschaft mit der →Natur liegen. Ökolog. Politik bedeutet, daß Rücksichtnahme auf Naturzusammenhänge in allen Bereichen geübt wird und nicht nur auf ein Umweltministerium beschränkt bleibt. Das Vorhaben, Umweltschutz als Staatsziel ins Grundgesetz aufzunehmen, ist Anzeichen eines Umdenkens. Verzicht und Bescheidenheit sind dabei Leitlinien ebenso wie die Internationalität (→Internationalismus). Der Widerstreit zwischen der bisherigen Wirtschaftsweise, vor allem in techn. und chem. →*Industrien*, und den ökolog. Zusammenhängen wird in einer »angepaßten«, »sanften« oder »mittleren« Produktionsweise auflösbar, so daß die Natur nicht länger als ausbeutbares Objekt behandelt wird. Der →Liberalismus in der →Wirtschaft wird problemat. Arbeitsplatzerhalt und finanzieller Gewinn stehen noch häufig dem Schutz der Natur entgegen. →Rüstungsindustrie ist antiökologisch. Da →Leben grundsätzl. ein ressourcenverbrauchender Prozeß ist, wie heutige Naturwissenschaftler feststellen, wird ein restloses Recycling nie erreicht werden. Deutet sich damit eine Urschuld des Lebens an?

*B.* Kritiker befürchten einen »Biologismus«, d.h. ein Verfahren, bei dem die →*Gesellschaft* nach Regeln der Natur eingerichtet wird. Da Ö., →Verhaltensforschung und →Evolutionsbiologie tatsächl. immer mehr die Zusammengehörigkeit aller Lebewesen herausstellen, bieten sich Übertragungen an. Mit der Anerkennung von Ö. wird auch die →Geburtenregelung zur problemat. Aufgabe, da nach ökolog. Erkenntnissen die menschl. Bevölkerung nur überdauern kann, wenn sie sich im Gleichgewicht mit den Populationen zahlloser anderer Lebewesen und den Lebensmedien im ganzen hält. Skeptiker warnen vor einer Art »Ökofaschismus«, d.h. einer →Diktatur, die naturschützende Maßnahmen durch Verbote gegen den Willen der Mehrheit durchsetzt. Umweltkrisen könnten zur Umgehung des demokrat. Willensbildungsprozesses benutzt werden und schnelles Handeln erfordern – →*Demokratie* braucht Zeit.

*C.* Durch die naturwissenschaftl.-rationalen Erkenntnisse von Ö. hat die als irrational kritisierte *ganzheitl.* →*Naturphilosophie* an Bedeutung gewonnen (→Ganzheit). Alte Lehren von der Allbeseeltheit (→Animismus) oder von der Emanation (dem Ausfluß) aus dem Einen (→Neuplatonismus) werden auf wissenschaftl. Ebene bestätigt. Mystiker, Naturheilkundler, Einheitsphilosophen wie J. Böhme (1575-1624), Paracelsus (1493-1541), G. Bruno (1548-1600), →Schelling und →Goethe, liefern Vorformen ökolog. Wissenschaft. In vielen heutigen Repräsentanten spiegelt sich die Nähe von Naturwissenschaft und →Philosophie. Bes. Physiker und Biologen suchen den Brückenschlag, wie z.B. G. Bateson, F. Capra, →Teilhard de Chardin, H. von Ditfurth, Prigogine, C. F. von Weizsäcker. Die ökolog. angeratene Tendenz zu Synthese und Einheit rückt analyt. Getrenntes wie →Materie und →Geist, Anschauung und →Denken, →Verstand und →Gefühl, →Leib und →Seele zusammen. Die Entsprechung von →Makro- und Mikrokosmos, einst mag.-myst. Schau (→Mystik), wird zum neuen Denkmodell, bei dem mechanist. Denken mit seiner monokausalen Struktur (eine Ursache – eine Wirkung) abgelöst wird durch *vernetztes Denken.*

*D.* Die Bedrohung des →Lebens bedingt eine *Umorientierung* im Bereich der →Grundwerte und einzelnen →Normen. Das Abrücken von anthropozentrisch beschränkten Regeln (d.h. von Regeln, die nur das Wohl und Wehe der Menschen betrafen) und die Hinwendung zu einer →Verantwortung für das Ganze des außermenschl. Seins ist angezeigt. In der amerik. Bewegung »For Animal Rights«, in der vorgeschlagenen »Bill of Rights for Nature« ebenso wie bei austral. Philosophen, Passmore und P. Singer, bei der engl. Philosophin Mary Midgley, bei Deutschen wie R. Spaemann und D. Birnbacher wird eine *Achtung der Natur* um ihrer selbst willen teils diskutiert, teils vehement vertreten. Die Formulierung ökolog. Imperative erscheint als Aufgabe zukünftiger →Ethik. Dabei sind christl. Gebote der Fürsorge und Bewahrung in bezug auf die ganze →Schöpfung grundlegend. Christl. Pfarrer gründeten den Tierschutz, und der Zentralwert der Ethik A. →Schweitzers, die »Ehrfurcht vor dem Leben«, führt ein christl. Engagement vor, das sich durch viele ökolog. interpretierbare Bibelworte zu einer ökolog. oder »holist.« Ethik (griech. holos = ganz) verdichten läßt. Die einseitig negative Deutung von »Machet sie euch untertan« (Gen 1,28) in bezug auf die Erde unterschlägt die in der Genesis mitgemeinte Fürsorgepflicht. Problemfragen einer solchen umfassenden Ethik sind: das Anerkennen von Rechten der Tiere, die Ausdehnung des Schutzauftrages, die Frage nach einer subjektartigen Verfassung von Natur und die grundsätzl. Überlegung, ob die bisherige Rangordnung des Lebens mit dem Menschen als »Krone der Schöpfung« im Werte-Bewußtsein geändert werden muß.

*Lit.: D. Birnbacher (Hg.):* Ö. und Ethik, Stuttgart 1980. – *F. Capra:* Wendezeit. Bausteine für ein neues Weltbild, Bern 1982. – *H. Markl:* Natur als Kulturaufgabe, Stuttgart 1986. – *M. Midgley:* Evolution as a Religion, London 1985. – *H. Remmert:* Ö. Ein Lehrbuch, Heidelberg 1980.

*Manon Andreas-Grisebach*

## Ökumene

*A. Das Wort »Ö.« oder »ökumen.«* stammt aus der griech. Sprache und bezeichnet dort einfach »die ganze (bewohnte) Erde«, die →Welt im ganzen also. Neben dieser mehr neutral-geograph. Bedeutung kennt das Griechische allerdings auch noch eine kulturelle und polit., der zufolge die Ö. sich deckt mit dem Geltungs- und Einflußbereich der hellen. oder hellenist. →Zivilisation (→Hellenismus). Darin drückt sich ein häufig beobachtbarer, offenbar tief verwurzelter Ethnozentrismus (→Rassenfrage) aus, der die eigene →Kultur mit menschl. Kultur überhaupt gleichsetzt und ein gefährl. Überlegenheitsbewußtsein gegenüber den »Barbaren« schafft, die (noch) nicht zur Ö., sprich: zur Menschheit, gehören. Der verdeckte →Imperialismus dieser Seh- und Denkweise tritt im röm. Sprachgebrauch offen zutage: »orbis terrarum«, die lat. Übersetzung von Ö., meint schlichtweg das Imperium Romanum, und d.h. im polit. Klartext: Der Vorzug, ein Bürger des röm. Staates und damit im Grunde ein »Weltbürger« zu sein (→Röm. Reich), fordert als Preis von jedem Nichtrömer die freiwillige oder durch Waffengewalt (→Gewalt; →Krieg) erzwungene Unterwerfung unter die imperiale →Ordnung Roms. Im →*NT* klingt dieser polit.-imperiale Nebensinn von Ö. an einigen Stellen an, gelegentl. mit polem. Unterton; im ganzen überwiegt jedoch, dem Vorbild der Septuaginta folgend, der geograph. Ursinn, freil. versehen mit einem bes. Akzent: Ö. bedeutet vorzugsweise den *Raum missionar.* →*Verkündigung* (vgl. Mk 24,14) und, eschatolog. verstanden (→Eschatologie), des künftigen Sieges Christi (vgl. Hebr 2,5). Zunehmend überlagern sich also – entspr. der missionar.

Dynamik des Glaubens – geograph. und theol. Bedeutung. Vom 2. Jh. an – etwa bei Irenäus von Lyon (2. Jh.), Eusebius von Cäsarea (gest. 339) und →Origenes – bezeichnet das Wort immer häufiger den Ausdehnungsbereich der →*Kirche* und schließl. die Kirche selbst in ihrer Gesamtheit: so im Osten erstmals bei Basilius dem Großen (gest. 379) und Athanasius (295-373), im lat. Westen bei Ambrosius (339-397) und →Augustinus. Am Ende lautet die Gleichung: »Ö.« = »die ganze Kirche« = »die *christl. Welt«.*

*B.* Die →Konstantinische Wende fügt eine weitere Bedeutungskomponente hinzu: Da das →kanon. Recht nunmehr Bestandteil des Reichsrechtes wird, erhält das Adjektiv »ökumen.« zusätzl. polit. Gewicht. Bewirkt vor allem durch die Klammer des (Kirchen-)Rechts, verschmelzen das geograph., das kirchl. und das *polit. Element* zu einer kaum noch auflösbaren Einheit, der Aspekt einer – eher jurid. verstandenen – Allgemeingültigkeit schiebt sich zu Lasten einer mehr inhaltl. und symbol. Repräsentanz der Allgemeinheit in den Vordergrund.

Das vielschichtige Ineinander kirchl. und polit. Verhältnisse spiegelt sich noch deutlicher in den beiden wichtigsten Wortverbindungen, in denen die theol. Begriffssprache das Beiwort »ökumen.« überliefert hat: den Fachbegriffen »ökumen. Glaubensbekenntnis« und »ökumen. →Konzil«. Beide Begriffe verweisen sowohl auf *Anerkennung* und Rezeption (An- und Übernahme) durch die ganze Kirche, wie auch auf *Durchsetzung* in der gesamten christl. Welt kraft kaiserl. →Macht und →Gewalt. Dies ist zwangsläufig so, weil eben die synodale (→Synode) und konziliare Praxis der →Alten Kirche, wie die zentrale Rolle des Kaisers darin bezeugt, auf die kirchl. und polit. Einheit gleichermaßen abzielt und die altkirchl. Symbola (→Bekenntnisse des Glaubens) durch sie »ökumen.« Bedeutung erlangen.

*C.* Die symbiot. enge Beziehung zwischen →*Kirche und Staat,* die sich zwar wandelt, in ihrem Kern aber bis in die →Neuzeit unangetastet bleibt, zieht zahlreiche Folgen nach sich, deren Tragweite sich teilweise bis in die Gegenwart erstreckt. Im kirchl.-christl. Binnenraum verhindert sie zunächst über Jh.e hinweg, daß einzelne Häretiker oder Ketzerbewegungen die Einheit der Kirche ernsthaft bedrohen (→Häresie). Sofern nicht ins gesellschaftl. Abseits gedrängt und zur polit. Bedeutungslosigkeit verdammt oder gar vernichtet, überleben sie in der Regel nur dank einer konkurrierenden Schutzmacht. Selbst noch für die →Reformation gilt – unabhängig von der theol. Frage nach ihrer Berechtigung –, daß ihre geschichtl. Wirkung wesentl. abhängt von der Schwäche des Kaisertums und dem Bündnis mit den aufstrebenden Mächten der Fürsten und des städt. →Bürgertums. Im Außenverhältnis schlägt immer stärker jenes verhängnisvolle ethnozentr.-imperiale Grundmuster durch; der Auftrag zur →Bekehrung der →»Heiden« fällt zusammen mit der Aufgabe der Zivilisierung der »Barbaren« oder »Wilden«. Erst Mitte des 20. Jh.s, mit dem Ende des Kolonialismus alten Stils, beginnt sich der christl. →Glaube allmähl. zu befreien aus der unseligen Verquickung mit dem hochfahrenden Zivilisationseifer →Europas, die ihn weithin zu einer Importreligion verkommen ließ, welche die einheim. Kulturen des Missionsländer überfremdete und oft zerstörte (→Kolonisation, →Mission, →kontextuelle Theologie).

*IV.* Vor diesem Hintergrund wird einsichtig, weshalb die Sprachentwicklung zum frühchristl. Verständnis von Ö. fast im gleichen Maße zurückführt, in dem sich die Kirche von ihrer konstantin. Ära entfernt. Denn tatsächl. bezeichnet das Wort im zeitgenöss. Sprachgebrauch *wieder die gesamte Erde und die gesamte Christenheit,* schließt nun aber den Respekt gegenüber der kulturellen Vielfalt der Menschheit und damit auch einen gewissen Polyzentrismus der Kirche mit ein. Darüber hinaus jedoch enthält der aktuelle Wortsinn zwei weitere Bedeutungsnuancen, die (ebenfalls hist. bedingt) dem traditionellen Begriff noch fehlen: die krit. Bezugnahme auf die Wirklichkeit der →Konfessionen und der Nationalstaaten (→Nation). »Ökumen.« gesinnt sein beinhaltet heute wesentl. auch den Willen, die konfessionellen und nationalen Grenzen zu überschreiten und ihre *trennende Wirkung* aufzuheben; nicht zufällig wurden deshalb in Zeiten, in denen Konfession und Nation eine unlösbare Einheit zu bilden schienen, die Vorkämpfer des Ö. als »vaterlandslose Gesellen« beschimpft.

Inzwischen mag das Gewicht dieser antikonfessionalist. und antinationalist. Komponente durch den Wandel der geschichtl. Umstände abgenommen haben; die positive Orientierung am Weltganzen jedoch dürfte im Zeitalter globaler Abhängigkeiten (→Internationalismus) und Bedrohungen (→Rüstung) erhebl. gewachsen sein. Die Weltgesellschaft verlangt ohne Zweifel nach einer *Weltkirche,* die in ihrer Gestalt wie in ihrem Handeln Zeugnis abzulegen vermag von der versöhnenden Kraft des Glaubens (→Versöhnung), und eben diese Notwendigkeit bringt der Ausdruck »Ö.« auf den Begriff. Dazu gehört als unabdingbare Voraussetzung die Wiederherstellung der Eucharistie- oder →Abendmahlsgemeinschaft zwischen den getrennten Konfessionen, doch nicht als Selbstzweck, sondern – der Sendung der Kirche gemäß – als Zeichen des →Reiches Gottes, das inmitten der Völker um ihres Glaubens und Heiles willen aufgerichtet ist.

Zusammenfassend formuliert: Ökumenizität meint keine zweitrangige Dimension konfessioneller »Außenpolitik«, sie bildet vielmehr das im Kontext der Weltgesellschaft entscheidende Kriterium für das *Kirchesein von Kirche,* in dem sich wie in einem Brennglas die vier klass. Kennzeichen der Kirche *(notae ekklesiae)* – Einheit, Katholizität, Heiligkeit und Apostolizität – bündeln (E. Lange).

*Lit.: E. Lange:* Die ökumen. Utopie oder Was bewegt die ökumen. Bewegung?, Stuttgart/Berlin 1972. – *H.-M. Moderow/M. Sens (Hg.):* Orientierung Ö. Ein Handbuch, Berlin (Ost) 1979. – *W. A. Visser't Hooft:* Der Sinn des Wortes »ökumen.«, Stuttgart 1954.

*Heinz-Günther Stobbe*

**Ökumenische Bewegung**

*A.* Der (Sammel-)*Begriff* ö.B. bezeichnet im allg. Sprachgebrauch alle zeitgenöss. Bestrebungen (innerhalb) der christl. Konfessionen, die darauf abzielen, bes. die im 5. (Schisma der →altoriental. Kirchen), 11. (Schisma von Ost- und Westkirche) und 16. Jh. (→Reformation) entstandenen →Kirchenspaltungen der Christenheit zu überwinden. Häufig, wenngleich nicht ganz sachgemäß, werden für ihn die gleichbedeutenden Begriffe →»Ökumene« oder →»Ökumenismus« verwendet.
Der für die ö.B. zentrale bibl. Text, näml. die im »Abschiedsgebet« Jesu formulierte Bitte: »daß alle eins seien,... damit die Welt glaube«, bezieht die Einheit der Glaubenden als Glaubwürdigkeitsmotiv auf den universalen missionar. →Verkündigungsauftrag der →Kirche und begründet sie zugleich christologisch: »daß alle eins seien, wie du, Vater, in mir bist und ich in dir, daß auch sie in uns eins seien« (Joh 17,21). Damit ist klargestellt, daß die ö.B. ihrem Selbstverständnis nach weder eine bloße »Not- und Trutzgemeinschaft« der Christen angesichts einer zunehmend religionslosen oder sogar -feindl. gesellschaftl. Umwelt noch vorrangig eine Kooperations- und Aktionsgemeinschaft von Christen und Kirchen anstrebt, welche die Wirksamkeit kirchl. Handelns erhöhen soll. Sie entspringt vielmehr der Einsicht in den *Widerspruch* zwischen dem erklärten Willen Jesu Christi und dem Zustand der *konfessionellen Trennung* und der Überzeugung, daß das Ärgernis der Kirchenspaltung die Zeichenhaftigkeit der Kirche, wie sie etwa in der Lehre von den »Kennzeichen der Kirche« (»notae ecclesiae«: Einheit, Heiligkeit, Apostolizität, Katholizität) erläutert wurde, verdunkelt und deshalb nicht als unabänderl. hingenommen werden darf.

*B.* Um Größe, Schwierigkeit und Eigenart der Aufgabe der ö.nB. ermessen zu können, ist es notwendig, sich kurz die *konfessionelle Gliederung* des Christentums zu vergegenwärtigen: Von ihrer Mitgliederzahl her umfaßt die christl. Religion zur Zeit etwa 1,139 Mrd. Menschen (zum Vergleich: Islam ca. 546 Mill.; asiat. Religionen insgesamt ca. 1,6 Mrd.; Juden ca. 14,5 Mill.), wobei der Unsicherheitsfaktor der Zählung vergleichsweise hoch ist, da nur ungefähr zwei Drittel der Weltbevölkerung statist. erfaßt werden können. Von der Gesamtzahl der Christen gehören gegenwärtig ca. 400 Mill. den *Mitgliedskirchen* des →Ökumen. Rates der Kirchen (ÖRK) an, der also im Falle eines Beitritts auch der röm.-kath. Kirche nahezu alle Christgläubigen umfassen würde.

1. Auf die röm.-kath. Christen entfallen dabei ca. 709 Mill., auf die prot. Christen ca. 350 Mill. und die orthod. Christen ca. 120-150 Mill. Menschen. Hinsichtl. ihrer inneren Gliederung stellt die *röm.-kath. Kirche* diejenige konfessionelle Großgruppe mit der größten Geschlossenheit dar.
2. Die *Großgruppe* der →*oriental. Nationalkirchen* und der →*orthod. Kirche* teilt sich trotz zahlreicher Gemeinsamkeiten in zwei Hauptgruppen, die wegen verschiedener dogmat. Akzentsetzungen vor allem in der Christologie nicht miteinander in Kommuniongemeinschaft stehen. Die erste umfaßt die Gemeinschaften, deren Trennung von der Großkirche im 5., 6. und 7. Jh. erfolgte, so die nestorian. Kirche, die verschiedenen syr. Kirchen in →Antiochia und →Indien, die Kirche von →Armenien und die →kopt. oder äthiop. Kirche. Die zweite Gemeinschaft ist die orthod. Kirche, welche seit der Kirchenspaltung des 11. Jh.s in einem Gegensatz zur röm.-kath. Kirche steht. Sie setzt sich heute je nach Zählung aus 13-15 voneinander rechtl. und verwaltungsmäßig unabhängigen (»autokephalen«), aber in →Liturgie, Glaubensbekenntnis und Kommuniongemeinschaft geeinten Landeskirchen zusammen.
3. Die *prot. Gruppe* setzt sich aus sieben konfessionellen Weltfamilien (so die heute übl. Selbstbezeichnung) zusammen: »den →Anglikanern, →Baptisten, →Kongregationalisten, Lutheranern, Methodisten und →Presbyterianern (darunter die ›Reformierten‹), denen noch die ›Disciples of Christ‹ zugezählt werden können« (F. W. Kantzenbach). Sie weisen den stärksten Grad innerer *Differenzierung* auf. So gibt es allein in den USA über 250 »Denominationen« mit teilweise beträchtl. quantitativen und inhaltl. Unterschieden. In Afrika existieren derzeit schätzungsweise 6.000 christl. Gemeinschaften von überwiegend prot. Herkunft.
4. Die bes. Struktur des modernen *ökumen. Problems* folgt also, wie diese Verhältnisse klar zeigen, aus dem Umstand, daß sich innerhalb der Christenheit z.T. riesige und weltweit verbreitete Körperschaften gegenüberstehen, die jeweils für sich den Anspruch erheben, nicht nur eine Teilwahrheit des Glaubens zu vertreten, sondern in je spezif. Ausdrucksform das Ganze des Glaubens zu repräsentieren und deswegen einander – oft mehr oder minder grundsätzl. – ihre Christlichkeit oder ihren Charakter als Kirche absprechen. Deshalb kann die angezielte Einheit nicht, wie es die frühere röm.-kath. Konzeption der »Rückkehr-Ökumene« verlangte, auf dem Wege der →Konversion von einzelnen oder Gruppen wiederhergestellt werden. Es bedeutet positiv: Der einzig aussichtsreiche Weg zur Kirchengemeinschaft führt über die Aufhebung der wechselseitigen Lehrverurteilungen und die gegenseitige Anerkennung als Kirchen – unabhängig davon, welches →kirchl. Einheitsmodell konkret leitend sein mag.

*C.* Natürl. fehlte es auch in früheren Zeiten nicht an Bemühungen und *Entwürfen*, die sichtbare Einheit der Kirche wiederzugewinnen. Noch unmittelbar vor dem Schisma von 1054 fand in Bari ein Konzil statt (1038), dem im 11. Jh. Einigungsgespräche in Konstantinopel folgten. Auch im 13. Jh. wurden Versöhnungsversuche unternommen (z.B. beim Konzil von Lyon, 1274), die zunächst gelangen, aber ebensowenig dauerten wie der vermeintl. Erfolg des Unionskonzils von Ferrara-Florenz (1439), das am Widerstand des Kirchenvolks, an polit. Faktoren und auf Grund verletzender Übergriffe der Lateiner scheiterte.

*I.* Ähnl. verhält es sich in und nach der *Reformationszeit.* →Luther selbst hielt eine geraume Weile noch am Willen zur Einheit fest und setzte seine Hoffnung auf ein Konzil, wie denn auch das →Konzil von Trient einen letzten, vergebl., weil zu späten Versuch darstellt, die Kirchenspaltung doch noch zu verhindern.
In der nachfolgenden Periode der →*Religionsgespräche* tritt die Konzilsidee zurück; beherrschend wird der Kampf gegen den völligen Abbruch des theol. Dialogs und das Auseinanderbrechen der reformator. Bewegung, wird die Suche nach einer method. und inhaltl. Basis für das Ringen um die Einheit. Hierhin gehören die theol. und prakt. Anstrengungen des →Erasmus von Rotterdam, von Ph. →Melanchthon, M. Bucer (1491-1551) und →Calvin sowie kath. Theologen, z.B. G. Witzel (1501-1573) oder G. Cassander (1513-1566). Originelle Konkretisierungen und Präzisierungen dieses Ansatzes bieten im 17. Jh. etwa G. Calixt' (prot. Theologe, 1586-1656) Idee eines »Consensus quinquesaecularis« (»Konsens der ersten 5 Jh.e«) oder die Unterscheidung von zweitrangigen Glaubensaussagen und »Fundamentalartikeln«, die an die vom 2. →Vat. Konzil vertretene Lehre von der »Hierarchie der Wahrheiten« erinnert.

*II.* Ein konzeptioneller Neuansatz findet sich dann mit dem Aufkommen von →Pietismus, →Aufklärung und →Erweckungsbewegung: allen drei Richtungen gemeinsam ist eine durch unterschiedl. Gründe und Motive bedingte *Relativierung* der konfessionellen Kirchtümer, ein Impuls der in der ö.nB. des 19. und 20. Jh.s in beachtlichem Maße fortwirkt. Insgesamt gesehen jedoch kehrt vor allem die moderne ö.B. zum *ursprüngl. Ansatz* der nachreformator. Bemühungen zurück, weil und insofern sie die Einheit der Kirchen nicht »jenseits« oder »in« ihnen zu finden sucht, sondern sie vom Boden der konfessionellen Traditionen aus anstrebt. Das wird deutl. bei den meisten der mittlerweile über *30* Kirchenunionen dieses Jh.s, wie vor allem auch durch die wachsende Bedeutung der inner- und interkonfessionellen Zusammenschlüsse, etwa der konfessionellen Weltbünde oder der →Christen- und Kirchenräte.
Im Rückblick schälen sich drei geschichtswirksame *Hauptkonzepte* des Ökumenismus heraus: erstens der »erasm.« Weg einer Konsensbildung in bezug auf einige wenige »Fundamentalartikel«, der heute in Form der Suche nach einem »Grundkonsens« fortgesetzt wird; zweitens der von →Mystik, Spiritualismus und Pietismus gewiesene Weg der »praxis pietatis«, der in gewisser Hinsicht der Idee einer »Dritten Konfession« gleicht, die durch »Orthopraxie« anstelle von »Orthodoxie« charakterisiert ist, drittens der Weg einer umfassenden christozentr. Neubesinnung auf das Wesen der Kirche, wie ihn die moderne ö.B. bevorzugt, ohne die beiden anderen Möglichkeiten auszuschließen.

*III.* Fragt man nach den Gründen für die *Erfolglosigkeit* jener Vorläufer der ö.nB., drängen sich vor allem zwei Antworten auf: zum einen blieben sie im wesentl. Vorstöße einzelner Personen, in selteneren Fällen von kleinen Kreisen: es gelang also nicht, die Konfessionen als Körperschaften zu engagieren; zum anderen wirkten die sog. *nicht-theol. Faktoren* (polit. Interessen und gesellschaftl. Begleitumstände) in der Regel kontraproduktiv. Bes. dies ändert sich zieml. nachhaltig in der 2. Hälfte des 19. Jh.s, das eine drast. Zunahme *internationalist. Tendenzen* zeigt, z.B. in der Gründung der Internationalen Arbeiterassoziation (1864), der Vereinigung für Internationales Recht (1873) oder des Weltpostvereins (1874). Nicht zufällig fallen in den gleichen Zeitraum die ersten *konfessionellen Weltvereinigungen,* etwa die Reformierte Weltallianz (1875), die Utrechter Union der →altkath. Kirchen (1889), der Internationale →kongregationalist. Rat (1891) sowie die ersten ökumen. Zusammenschlüsse: die Ev. Allianz (1846), der Weltbund der →Christl. Vereine Junger Männer [Menschen] (1855) oder der Christl. Studentenweltbund (1895). Mit ihnen beginnt sich die moderne ö.B. abzuzeichnen.

*D.* Die *Entstehung der ö.nB.* wird gewöhnl. auf das Jahr *1910* datiert, genauerhin auf die erste Weltmissionskonferenz in Edinburgh, ein Treffen vornehml. von Vertretern der →Missionsgesellschaften.

*I.* Das ist schon deshalb eine problemat. Fixierung, weil in Edinburgh die Katholiken und Orthodoxen gänzl. fehlten, während die Anglikaner eindeutig im Übergewicht waren, so daß von einer wirkl. Repräsentanz der Ökumene kaum die Rede sein kann. Immerhin wirkten die Tatsache der Konferenz und die dort gemachten Erfahrungen ermutigend und inspirierend, und überhaupt blieb der missionar. Gedanke für die ö.B. fortan prägend. Ein zweiter wichtiger Impuls entsprang der *interkonfessionellen* →*Friedensarbeit,* die sich im Umfeld des Ersten Weltkriegs herausbildete und eigene Organisationsformen schuf: die »Vereinigten kirchl. Komitees zur Pflege freundschaftl. Beziehungen zwischen Großbritannien und Deutschland« (1910), den »Weltbund der Kirchen zur Förderung der internationalen Freundschaft« (1914; ein Jahr später umbenannt in »Weltbund für Freundschaftsarbeit der Kirchen«) oder den »Internationalen Versöhnungsbund« (1919).

In engem Zusammenhang mit diesen Institutionen stand die Bewegung für »Prakt. Christentum« (*Life and Work*), die auf das unermüdl. und energ. Betreiben von Nathan Söderblom (1866-1931) hin 1921 in Stockholm ihre erste Weltkonferenz abhielt, die erstmals offiziell kirchl. Delegierte in hoher Zahl (ca. 600) zusammenführte. Und endl. muß die Bewegung für »Glauben und Kirchenverfassung« *(Faith and Order)* genannt werden, wiederum stark beeinflußt von anglik. Seite und der Idee nach entstanden auf der Edinburgher Weltmissionskonferenz, auf der auch der Plan zur ersten Weltkonferenz von »Faith and Order« geboren wurde, die 1927 in Lausanne mit weit über 400 Teilnehmern aus allen Konfessionen stattfand, die röm.-kath. Kirche als einzige ausgenommen.

In der *orthod. Kirche* wurden bereits früh positive Äußerungen zur ö.nB. laut (Enzykliken des →Ökumen. Patriarchats von 1902 und 1920, Beschluß des Moskauer Landeskonzils von 1918), wenn es auch andererseits skept. bis ablehnende Äußerungen und Beschlüsse gab (Moskauer Kirchenkonferenz von 1948). Inzwischen arbeiten prakt. alle kanon. orthod. Landeskirchen in der ö.nB. engagiert mit und gibt es zudem zahlreiche bilaterale Gespräche, Dialogkommissionen usw.

*II. Drei Merkmale* charakterisieren diese Gründungsphase der ö.nB.: Zunächst das Phänomen der Institutionalisierung, vorangetrieben durch eine relativ kleine Elite, die aber eine starke kirchl. Bindung aufweist; sodann, durch diese Bindung begünstigt, die Verstärkung des kirchl.-offiziellen Charakters; und schließl. die rasche Zunahme der Vernetzung, ermöglicht durch personelle Querverbindungen und Doppelmitgliedschaften führender Persönlichkeiten. Ihren Abschluß findet diese Frühphase mit der *Gründung des Ökumen. Rates im Jahr 1948*, die unbestreitbar neben dem Eintritt der röm.-kath. Bewegung in die ö.B. den bedeutsamsten Einschnitt in deren Geschichte markiert.

*E.* Obschon sich das *Gewicht des ÖRK* für die Integration der ö.nB. kaum überschätzen läßt, dürfen beide nicht einfach gleichgesetzt werden.

*I.* Die bes. Rolle der *röm.-kath. Kirche* in der ö.nB. macht diesen Tatbestand unübersehbar deutl., der sich aus der Existenz einer ganzen Reihe weiterer Akteure der ö.nB. ergibt. Nicht nur haben selbst die Mitgliedskirchen des ÖRK unabhängig von ihm ein Netz *bilateraler* (d.h. zweiseitiger) *Beziehungen* geknüpft, das z.B. bei Unionsverhandlungen ihre Autonomie sichtbar macht. Darüber hinaus gehören zum Beziehungsgeflecht der ö.nB. die *konfessionellen Weltbünde*, lockere Zusammenschlüsse unierter Kirchen, eine große Anzahl *funktionsspezif. Einrichtungen* (z.B. der Ökumen. Arbeitskreis konfessioneller Arbeitnehmerorganisationen), ökumen. *Zentren und Institute*, Gruppen und Kreise, transkonfessionelle *Bewegungen* und sogar ausgesprochen ÖRK-krit. Bewegungen etwa →evangelikaler Herkunft. Aus dieser ungeheuren Komplexität folgt zwangsläufig, daß die Geschichte der ö.nB. eine Vielzahl sich überlagernder und überkreuzender und manchmal auch entgegengesetzter Entwicklungslinien aufweist, die auf keinen einheitl. Nenner zu bringen sind.

*II.* Dennoch heben sich einige *vorherrschende Züge* ab: 1. wachsende Zusammenarbeit im polit. oder karitativen Bereich; 2. die Ausweitung des interrel. Dialogs; 3. die Regionalisierung und Enteuropäisierung der ö.nB.; 4. die wachsende Zahl von Konsens- und Konvergenz-Dokumenten; 5. die Zunahme der sog. »wilden« Ökumene.

Die vielleicht größte Gefahr droht der ö.nB. durch einen radikalen *Generationsbruch*, den Verlust einer engagierten Jugend, die ihrerseits durch mehrere Ursachen bedingt ist. Sie erscheint zum einen als Folge des ständig gestiegenen Institutionalisierungsgrads der ö.nB., der Teilnahmemöglichkeiten verschließt, zum anderen als Konsequenz zunehmender Entkirchlichung der konfessionellen Traditionen (»→Säkularisierung«), des verstärkten Auftretens →fundamentalist. Strömungen innerhalb der Konfessionen und neuer »→synkretist.« Religionen am Rande und jenseits der Konfessionsgrenzen sowie schließl. eines Legitimations- und Vertrauensverlusts der kirchl. Ökumene.

*F.* Die Unübersichtlichkeit und Widersprüchlichkeit der ökumen. Situation macht es nahezu unmöglich, halbwegs sichere *Prognosen* über den Fortgang der ö.nB. zu wagen. Gewiß dürfte sein, daß der ökumen. Prozeß als solcher nicht mehr rückgängig gemacht werden kann. Insofern bleibt die ö.B. »die große Tatsache unseres Jh.s« (W. Temple) und eine der erfolgreichsten Reformbewegungen der Kirchengeschichte. Ob und in welchem Maße sie imstande sein wird, das Antlitz der Christenheit noch stärker als bisher zu verändern, hängt zweifellos wesentl. davon ab, ob es gelingt, ihre Glaubwürdigkeit zu bewahren oder, soweit beeinträchtigt, wiederzugewinnen. In diesem Zusammenhang wird wohl der kirchl. Rezeption der *Lima-Dokumente* über →Taufe, →Eucharistie und →Amt sowie dem *konziliaren Prozeß* in Richtung auf die für 1990 geplante Weltversammlung für Gerechtigkeit, Frieden und Bewahrung der Schöpfung ausschlaggebende Bedeutung zukommen.

*Lit.: R. Frieling:* Ökumene in Deutschland. Ein Handbuch der interkonfessionellen Zusammenarbeit in der BRD, Göttingen 1970. – *F. W. Kantzenbach:* Einheitsbestrebungen im Wandel der Kirchengeschichte, Gütersloh 1979. – *P. Kawerau:* Die ökumen. Idee seit der Reformation, Stuttgart u.a. 1968. - *Kirchenkanzlei der EKD/Sekretariat der DBK (Hg.):* Ökumen. Kontakte in der BRD. Eine Übersicht, Hannover/Bonn o.Jg. – The Orthodox Church in the Ecumenical Movement. Documents and Statements 1902-1075, Genf 1978. – *H. J. Urban/H. Wagner:* Handbuch der Ökumenik, Bd. I und II, Paderborn 1985/86.

*Heinz-Günther Stobbe*

**Ökumenische Theologie** bezeichnet eine Art kirchl. Auftragsforschung, die in multi- und interdisziplinärer Zusammenarbeit über die Konfessionsgrenzen hinweg dem Anliegen kirchl. Einheit dient.

*A. Zum Stand der wissenschaftstheoret. Diskussion*

*I.* In bezug auf das *wissenschaftstheoret. Verständnis* der ö.Th. gibt es gegenwärtig eine Vielzahl unterschiedl. Auffassungen, die sich auf keinen gemeinsamen Nenner bringen lassen. In der seit Mitte der 60er Jahre geführten Diskussion über ihre bes. Voraussetzungen, Ziele und Methoden hat wohl die wenigsten Anhänger der Vorschlag gefunden, als ö.Th. ausschließl. die theol. Reflexion auf die Grundlagen der modernen →ökumen. Bewegung zu bezeichnen (Ch. Davies). Am stärksten bestimmt wurde die Debatte durch die *Alternative* zwischen ö.Th. als einer neuen theol. Disziplin und einer neuen theol. Dimension (K. Lehmann u.a.). Obgleich sofort als falsch zurückgewiesen (W. A. Visser't Hooft), markiert sie bis heute die beiden Pole der Auseinandersetzung.

*1.* Von der überwiegenden Mehrzahl der Autoren wird der ö.Th. *keine disziplinäre Eigenständigkeit* zuerkannt. Man versteht sie statt dessen z.B. als einen christl. Geist, der alle theol. Disziplinen und →Methoden durchwehen solle (G. Söhngen); als eine neue Weise, die traditionellen Disziplinen aufzufassen und zu betreiben (W. M. Horton); als ein wesentl. Moment jeder echten kath. Theologie (H. U. von Balthasar); als Dimension der ganzen Theologie (J. Brosseder); als universalen Grundzug jeder Theologie (A. Ahlbrecht); als Gestalt einer zukünftigen, vor allem an die »nachchristl. →Heiden« adressierten Theologie (K. →Rahner); als modifizierte Form der herkömml. Kontroverstheologie (D. Köster).

*2.* Demgegenüber vertritt eine Minderheit von Autoren die Ansicht, es handle sich bei der ö.Th. doch um eine *eigenständige Größe* im theol. Fächerkanon. So wird sie etwa als enzyklopäd. Disziplin betrachtet (→Enzyklopädie), deren spezif. Aufgabe darin liege, das gesamte ökumen. wichtige Material aufzubereiten und darzulegen (G. Thils). Andere Ökumeniker greifen auf die klass. Unterscheidung von Material- und Formalobjekt zurück: danach konstituiert sich die ö.Th. als solche, indem sie sich mit dem überlieferten christl. Glauben als dem gemeinsamen Gegenstand aller theol. Disziplinen unter dem bes. Gesichtspunkt von Einheit und Spaltung der →Kirche befaßt (P. Lengsfeld/P. Bläser/B. Lambert/P. Wacker u.a.). Im Anschluß daran wurde wiederum betont, ö.Th. als Sonderdisziplin stelle ledigl. eine *Verlegenheitslösung* dar, weil sie gleichsam vikarisch ein Anliegen wahrnehme, das eigentl. von allen Disziplinen aufgegriffen werden müßte (J. B. Metz). Einen ganz anderen Ansatz bietet die Idee, ö.Th. als *Theorie ökumen. Prozesse* zu verstehen (P. Lengsfeld).

*II.* Ein ähnl. verwirrendes Bild zeigt der Blick darauf, wie die ö.Th. *institutionell und organisator.* in Erscheinung tritt. In der Bundesrepublik Deutschland werden ev.-ökumen. *Institute* unterhalten von den Universitäten Bonn, Bochum, Heidelberg, München, Münster und Tübingen; kath.-ökumen. Institute gibt es an den Universitäten München, Münster und Tübingen. Daneben existieren außeruniversitäre Institute mit unterschiedl. Trägerschaft, z.B. das Johann-Adam-Möhler-Institut in Paderborn oder das Ökumen. Institut der Benediktinerabtei Niederaltaich. Die *Leitung* der universitären Institute oder Seminare obliegt in der Regel Lehrstuhlinhabern eines schon länger an der Universität beheimateten Faches (z.B. der →Systemat. Theologie oder →Dogmatik, der →Fundamentaltheologie, der →Religionswissenschaft, der →Missionswissenschaft oder →Kirchengeschichte), allerdings besteht die Kombination von ö.Th. und Religions- oder Missionswissenschaft nur auf ev. Seite (Marburg/Hamburg). Spezielle Einrichtungen zum Studium von Geschichte und Theologie der östl. (→orthod.) Kirchen wiederum werden stets von einem eigenen Fachvertreter geleitet (Erlangen, Würzburg, Münster). Ein Lehrstuhl mit der Bezeichnung »ö.Th.« existiert im dt. Sprachraum nur einer (Münster). Auf europ. Ebene sind die Verhältnisse im Prinzip gleich gelagert, nur die Zahl universitärer Institute liegt deutl. niedriger als in der Bundesrepublik. Die 1978 gegründete *Societas oecumenica* (Europ. Gesellschaft für ökumen. Forschung) umfaßt derzeit 37 Institute unterschiedl. Struktur und Aufgabenstellung.

*B. Das Anliegen kirchlicher Einheit*

*I.* Die Mannigfaltigkeit der geschichtl. Vorformen und aktuellen Erscheinungsformen ö.Th. sprengt offenkundig die starre Schematik der bislang verwendeten Kategorien und verlangt eine dynam. Sicht, wie sie nur ein »transklass.« (G. Günther) Verständnis von Wissenschaft bietet, das Wissenschaft primär als *problemorientierte Forschung* und erst in zweiter Linie als Aussagensystem über einen definierten Gegenstand oder Objektbereich begreift. Dabei hängt das »Big Problem« (A. Weinberg), das meist den Brennpunkt moderner Groß- und Projektforschung bildet, häufig in hohem Maße ab von außerwissenschaftl. Faktoren und Vorgaben, z.B. von gesellschaftl. Bedürfnissen, polit. Zielen und/oder gesetzl. Vorschriften (→Gesellschaft, →Politik, →Recht).

*1.* Im Falle der ö.Th. wirkt sich diese externe, sprich: kirchl., Bindung zusätzl. insofern aus, als sie nicht nur die Definition ihres Grundproblems »von außen« übernimmt, sondern weil auch dessen Lösung ihre →*Kompetenz* grundsätzl. überschreitet. Das bedeutet: »Das ökumen. Problem« (B. Lambert) – im Singular! – als Bezugsgröße der ö.Th. gibt es nur unter der Voraussetzung, daß der gegenwärtige Zustand der Christenheit, d.h. ihre konfessionelle Gliederung (→Konfession), zumindest in gewisser Weise oder Hinsicht als

*Ärgernis* wahrgenommen wird, das dem Willen →Jesu Christi widerspricht und um der Integrität und Glaubwürdigkeit des kirchl. Zeugnisses vor und gegenüber der →Welt überwunden werden muß.
*2.* Das aber, näml. die →Kirchenspaltung aufzuheben durch Wiederherstellung der Kirchengemeinschaft, kann nur auf dem Wege *wechselseitiger Anerkennung* der noch getrennten Konfessionen als Kirche(n) Jesu Christi, also durch einen Akt körperschaftl. Handelns, geschehen, auf den die ö.Th. zwar hinzuarbeiten hat, den sie aber nicht selbst vollziehen kann. In diesem Sinne stellt sie ledigl. ein Teilmoment eines sie umgreifenden Prozesses interkonfessioneller Verständigung dar, der auf kirchl. →Einheit hinzielt, d.h. der →ökumen. Bewegung.

*II.* Unbeschadet der bleibenden Notwendigkeit individueller und konfessioneller Forschung hat darum als elementare Vollzugsform der ö.Th. der *bi- oder multilaterale* (zwei- oder mehrseitige) →*Dialog* zu gelten, in dem Theologen sowohl als (offizielle) Repräsentanten einer konfessionellen →Tradition wie als Vertreter best. Disziplinen nach Konvergenzen (Annäherungen) oder →Konsens im Verständnis des →Glaubens suchen; Art und Zahl der beteiligten Disziplinen richten sich nach der Eigenart des jeweils untersuchten Themas. Allg. gesehen beinhaltet ihre Aufgabe deskriptive und präskriptive (beschreibende und »vorschreibende«) Aspekte.
*1.* Im *deskriptiven Bereich* lassen sich noch einmal eine diachrone und synchrone (geschichtl. interpretierende und systemat. strukturierende) Vorgehensweise unterscheiden, die ihrerseits oft mit der Methode des Vergleichens verknüpft sind. Hierzu gehören Studien exeget. sowie kirchen-, dogmen- und theologiegeschichtl. Art (=diachroner Aspekt) oder Untersuchungen zur →Konfessionskunde und Symbolik (= synchroner Aspekt).
*2.* Der *präskriptive Bereich* umfaßt alle Fragen kontroverstheol. Natur, bes. solche, die das Verständnis der Kirche und ihrer Sendung betreffen, darunter als ökumen. wohl bedeutsamste diejenige nach den notwendigen und hinreichenden Bedingungen von Kirchengemeinschaft oder nach der genuinen Bedeutung des Begriffs »Einheit der Kirche«.
*3.* Schließl. muß die ö.Th. stets auch die dogmat., kirchenrechtl. und pastoralen Voraussetzungen der kirchl. *Aufnahme ihrer Forschungsergebnisse*, vor allem der Konsenserklärung, mitbedenken. So nimmt sie zwangsläufig selbstreflexiven Charakter an, indem sie sich als Element sowohl des Problemfeldes wie der Problemlösung selbst zum Thema macht.
In jeder der genannten Hinsichten macht sich die ö.Th. die Erkenntnisse *nichttheol. Disziplinen* philos. oder wissenschaftl. Art zunutze, soweit es die Struktur ihrer Gesamtproblematik mit ihren vielfachen Verzweigungen jeweils verlangt, vor allem der →Erkenntnistheorie und →Hermeneutik, der →Kommunikations- und Interaktionstheorie, der →Sozialpsychologie und →Soziologie.

*Lit.: J. Brosseder:* Ö.Th. Geschichte – Probleme (Theol. Fragen heute, Bd. 10), München 1967. – *P. Lengsfeld (Hg.):* Ö.Th. Ein Arbeitsbuch, Stuttgart u.a. 1980. – *H. J. Urban/H. Wagner (Hg.):* Handbuch der Ökumenik, Bd. III, Paderborn 1987.

*Heinz-Günther Stobbe*

**Ökumenischer Rat der Kirchen**

*A.* Der Ökumen. Rat der Kirchen (ÖRK; engl.: World Council of Churches [WCC]), gegründet bei der 1. Vollversammlung 1948 in Amsterdam, stellt als weltweites Forum interkonfessioneller Begegnung, Information und Beratung die zweifellos wichtigste Institution der modernen ökumen. Bewegung dar, die zum Vorbild zahlreicher →Christen- und Kirchenräte wurde. Während die ursprüngl. Verfassung als Hauptaufgabe nur den Dienst an der Suche der getrennten Kirchen nach einem gemeinsamen Ausdruck ihrer gottgeschenkten Einheit und nach mehr Gemeinsamkeit im Glaubenszeugnis und Handeln nennt, spricht die neue Verfassung von 1975 (5. Vollversammlung des ÖRK in Nairobi) ergänzend vom *Ziel der sichtbaren Einheit* im Glauben und der einen eucharist. Gemeinschaft sowie der Stärkung der evangelist. und missionar. Dimension der →Ökumene.
Die Vollmitgliedschaft im ÖRK setzt die Anerkennung der sog. *Basisformel*, Unabhängigkeit, eine gewisse Lebensdauer und Mitgliederzahl auf seiten einer antragstellenden Kirche sowie schließl. die Zustimmung einer 2/3-Mehrheit der bei der Vollversammlung vertretenen Mitgliedskirchen voraus. Derzeit umfaßt der ÖRK über 300 Mitgliedskirchen, etwa 30 angeschlossene (kleinere) kirchl. Gemeinschaften und ungefähr 30 assoziierte nationale Christen- und Kirchenräte. Geschäftssitz und Verwaltungszentrum befinden sich in Genf.

*B.* Der ÖRK geht zurück auf eine 1919 in Oud Wassenaar vom schwed. Erzbischof Nathan Söderblom erstmals geäußerte Idee, die 1937 von den Weltkonferenzen für *Prakt. Christentum* (Oxford) und *Glauben und Kirchenverfassung* (Edinburgh) positiv aufgenommen und 1938 in einen Verfassungsentwurf umgesetzt wurde. Beide Bewegungen gingen – in unterschiedl. Form – 1948 in den von 146 Mitgliedskirchen konstituierten Rat ein. 1961 (3. Vollversammlung des ÖRK in Neu-Delhi) wurde der *Internationale Missionsrat*, 1971 der *Weltrat für Christl. Erziehung* integriert. In Neu-Delhi wurde außerdem die Basisformel durch einen trinitar. Zusatz erweitert, so daß neben zahlreichen Jungen Kirchen auch die – *orthod. Kirchen* Rußlands, Rumäniens, Bulgariens und Polens beitreten konnten. Nach der 4. Vollversammlung in Uppsala (1968) hoffte man auf einen Beitritt der *röm.-kath. Kirche*, der aber bis heute aussteht. Geschichte und theol. Entwicklung des ÖRK werden – schon auf Grund ihrer verfassungsrechtl.

Stellung – stark durch die (bislang sechs) Vollversammlungen geprägt, die in der Regel alle sieben Jahre stattfinden und jeweils unter einem spezif. Leitthema stehen, dessen Erörterung meist stark vom jeweiligen »Genius loci« und der welthist. Problemlage beeinflußt wird.

*C.* Die *Struktur des ÖRK* entspricht seinem instrumentellen Charakter im Verhältnis zu den Mitgliedskirchen. Sein oberstes Organ ist daher die *Vollversammlung*, die aus den offiziellen Delegierten das Präsidium und den Zentralausschuß (ca. 150 Mitglieder) wählt sowie die Programmrichtlinien festlegt. Der *Zentralausschuß* als fakt. Leitungsorgan des ÖRK bildet seinerseits den erhebl. kleineren *Exekutivausschuß* und ist zuständig für die Organisation der Verwaltungs- und Programmarbeit, die er durch weitere Ausschüsse und Kuratorien betreut und koordiniert.
Die (theol.) *Studienarbeit* wird hauptsächl. geleistet in drei Programmeinheiten (Glauben und Zeugnis, Gerechtigkeit und Dienst, Bildung und Erneuerung), die wiederum eine Reihe von Untereinheiten mit speziellen Kommissionen und Arbeitsgruppen umgreifen, in denen teilweise auch röm.-kath. Theologen Mitglieder sind. Unter ihnen kommen den Kommissionen für Glauben und Kirchenverfassung, Weltmission und Evangelisation sowie für Internationale Angelegenheiten aus hist. und sachl. Gründen bes. Bedeutung und eine gewisse, durch eigene Statuten geregelte Selbständigkeit zu. Die Kommissionen veranstalten neben ihren regulären Sitzungen in unregelmäßigen Abständen eigene *Weltkonferenzen.* Der ÖRK unterhält ein Büro in New York (Sitz der UNO) und das Ökumen. Institut in Bossey bei Genf, das Seminare, Tagungen und ein (einsemestriges) ökumen. Aufbaustudium anbietet. Der Information der Mitgliedskirchen und der Öffentlichkeitsarbeit dienen eine Kommunikationsabteilung und mehrere Zeitschriften (z.B. »Ecumenical Review«, »International Review of Mission«), die in den offiziellen Arbeitssprachen (Engl./Franz./Dt./Span./Russ.) erscheinen.

*D.* Nach einer treffenden Aussage von E. Schlink ist der ÖRK »wohl das paradoxeste Gebilde der bisherigen Kirchengeschichte«, dessen Neuartigkeit schwierige Probleme aufwirft. Gemäß der Verfassung von 1948 und der *Basisformel* versteht er sich als »eine Gemeinschaft von Kirchen, die unseren Herrn Jesus Christus als Gott und Heiland anerkennen«, eine Formulierung, die leicht den Eindruck eines gemeinsamen Bekenntnisses erweckt und deshalb sehr früh die Frage nach dem kirchl. Status des ÖRK wachrief. Die bis Anfang der 70er Jahre unbestritten gültige negative Antwort gab die berühmte »Toronto-Erklärung« (1950), die den ÖRK streng auf ekklesiolog. Neutralität verpflichtete, seine *instrumentelle Natur* unterstrich und seine Vollmacht(en) im Sinne rein moral. Autorität eng begrenzte. Auf Grund der wachsenden Bedeutung des ÖRK wurde dieses »Toronto-Tabu« (E. Lange) zunehmend angezweifelt und mit der Verfassung von 1975 durch die neue Zielbestimmung (s.o.) de facto durchbrochen.
In jurid. und, nicht zuletzt, finanzieller Hinsicht vollständig *von seinen Mitgliedskirchen abhängig*, geriet der ÖRK häufig wegen seiner theol., vor allem aber sozialeth.- gesellschaftspolit. Orientierung unter Druck, bes. durch evangelikale und orthod. Kritik. Andererseits bot er vor allem den →*Jungen Kirchen* der →Dritten Welt eine unersetzl. Möglichkeit der Artikulation und Kritik an den westl. Kirchen und half damit, den weltweiten Anspruch der ökumen. Gemeinschaft besser zu verwirklichen. In diesem Sinne zeichnet sich, aller Einwände und Bedenken zum Trotz, nirgendwo eine hilfreichere und wirksamere institutionelle Alternative zum ÖRK ab.

*Lit.: H. E. Fey (Hg.):* Geschichte der ökumen. Bewegung, Göttingen 1974. – *H. Krüger:* Wesen und Wirken des ÖRK, in: *H. J. Urban/H. Wagner (Hg.):* Handbuch der Ökumenik, Bd. II, Paderborn 1986, 64-79. – *R. Rouse/St. Ch. Neill:* Geschichte der ökumen. Bewegung 1517-1948, 2. Teil, Göttingen, 2. Aufl. 1963. – *E. Schlink:* Aufgabe und Gefahr des ÖRK, in: *ders.:* Der kommende Christus und die kirchl. Traditionen. Beiträge zum Gespräch zwischen den getrennten Kirchen, Göttingen 1961, 13-23.

*Heinz-Günther Stobbe*

## Ökumenisches Patriarchat

*A.* War der Bischof der alten thrak.-illyr. Siedlung →Byzanz zuerst nur Suffragan (Untergeordneter) des Metropoliten von Herakleia, so hat schon der Kanon 3 des 2. Ökumen. Konzils von Konstantinopel 381 (→Altkirchl. Konzile) den Ort nach seiner Erhebung zur Reichshauptstadt als unmittelbar nach Rom stehend festgelegt und ihm den *Ehrenvorrang* (Ehrenprimat: »presbeia tēs timēs«) vor den oriental. Sitzen zugesprochen, »da es das neue Rom« ist. Diese Festlegung, die zugleich belegt, daß auf den Altkirchl. Konzilen der Primat primär nach polit. und nicht nach theol. Kriterien gewertet wurde, ist durch die Kanones 9, 17 und bes. 28 des Konzils von Chalcedon (451) bekräftigt und erweitert worden. Konstantinopel wurde jetzt auch die *Jurisdiktion* über ganz Kleinasien zugesprochen; es ist von »den gleichen Rechten« die Rede, wie sie der Bischof von Alt-Rom besitzt. Seit Patriarch Akakios (472-488) nannten sich die Oberhirten der Hauptstadt – trotz aller päpstl. Einsprüche, bes. von seiten Pelagius' II. (579- 590) und Gregors I. (590-604) – *»Ökumen. Patriarchen«*, um so ihre Stellung als erste Bischöfe des gesamten (Ost-)Röm. Reiches zu kennzeichnen, wie es dann die Synode von Konstantinopel (518) auch ausdrückl. dem Patriarchen Johannes dem Kappadozier (517-519) zuerkannte.
Durch das Ausscheiden der →oriental. Nationalkirchen aus dem Verband der Reichskirche, dann durch das Vordringen fremder Eroberer (Perser, islam. Araber und Seldschuken) schwand die Bedeutung der Patriarchate von →Alexandria, →Antiochia und →Jerusalem, deren Inhaber zeitweilig als bloße Titulare in Konstantinopel im

Exil residierten. Dies bedeutete eine weitere Steigerung der kirchenpolit. Bedeutung des Ö.P.s, das daher seit der Zeit des Bilderstreits (8./9. Jh.; →Byzanz, →Ikone) mit 624 Bischofssitzen die *eindeutige Führungsrolle* in der gesamten →orthod. Kirche einnahm und zudem ab 988 in der Kiewer Rus ein gewaltiges neues Missionsgebiet gewann, das bis 1439 dem Ö.P. als dessen Metropolie unterstand. Das Ö.P. ist fortan die »Megalē ekklesia«, die Große Kirche schlechthin. Der Vorrang wurde zunehmend auch theol. unter Berufung auf eine Gründung des Sitzes durch den erstberufenen Apostel Andreas begründet, den älteren leibl. Bruder des →Petrus, der Stachys zum ersten Bischof von Byzanz geweiht habe. Da es verschiedene Quellen für diese byzantin. Andreas-Tradition gibt, enthält sie offenbar – wie die röm. Petruslegende – ein Wahrheitsmoment (→Rom). Sie diente allerdings ebensooft auch der Auseinandersetzung mit Alt-Rom um die Kirchenstruktur.

*B.* Das Ö.P. sah sich zunehmend genötigt, dem *Machtanspruch des →Papsttums* in einer jh.elangen Auseinandersetzung entgegenzutreten. Diese fand ihren ersten Höhepunkt im Kampf des gelehrten und tatkräftigen Patriarchen Fotios I. gegen die röm. Primatforderungen, um dann nach einer kürzeren Zeit der Ruhe *im Jahre 1054* in den bis heute andauernden *Bruch* zwischen Rom und den vom Ö. Patriarchen geführten oriental. Patriarchen einzumünden. Die →Kreuzzüge, bes. aber die Errichtung des Lat. Kaiserreiches, bedeuteten, daß anstelle des Ö. Patriarchen von den Abendländern von 1204-1261 in Konstantinopel ein Lat. Patriarch eingesetzt wurde. Nach der Befreiung der Kaiserstadt konnte auch der Ö. Patriarch seinen Platz wiedereinnehmen, obwohl die vordringenden Seldschuken seinen direkten Einflußbereich beschnitten. Trotz evtl. abendländ. Unterstützung gegen die Türken widerstanden der größte Teil des Klerus und das Kirchenvolk von Konstantinopel den von den jeweiligen Kaisern geförderten Unionsversuchen (→unierte Kirchen) auf den Konzilien von Lyon 1274 und von Ferrara-Florenz 1439 und entschieden sich für die Erhaltung der Orthodoxie.
Der endgültige *Untergang des (Ost-)Röm. Reiches* 1453 bedeutete zwar eine gewisse Rechtsunsicherheit des Ö.P.s, da die Hohe Pforte (nicht selten auch auf Intervention der Gesandten kath. oder prot. Mächte) recht häufig ihr mißfallende Patriarchen absetzte, einkerkerte, gar hinrichten ließ, teilweise auch nur, um die mit einem Amtswechsel verbundenen Sonderabgaben zu erhalten (die durchschnittl. Amtsdauer betrug zwischen 1453 und 1821 knapp drei Jahre). Andererseits wurden dem Ö.P. als Ethnarchen (»Volksführer«: Millet Başi) alle orthod. Christen des Osman. Reiches unabhängig von ihrer Nationalität auch in zivilrechtl. Hinsicht unterstellt. Diese sog. »Rum milleti« (türk. »röm. Nation«) bedeutete damit einen gewissen griech. Kulturvorrang, der seinen Ausdruck u.a. in der Aufhebung der slaw. Patriarchate sowohl Serbiens (→Jugoslawien) wie →Bulgariens, der Unterdrückung der slaw. Kultsprache und der Bevorzugung der Phanarioten (Bewohner des vornehmen Stadtteils von Konstantinopel Phanar) fand.

*C.* Der *Unabhängigkeitskampf* →Griechenlands, wie dann auch der Balkanvölker, hatte folgl. erhebl. Auswirkungen auf das Ö.P.: einmal wurde es von der Hohen Pforte für die Aufstände verantwortl. gemacht (Ermordung des Patriarchen Gregorios V. Ostern 1821), zum andern vertrieb der neu erwachte *Nationalismus* der Slawen die griech. Bischöfe und Priester. Bald entstanden eigene orthod. Landeskirchen, denen das Ö.P. nach mehr oder minder langem Zögern auch seine Zustimmung geben mußte, wiewohl es auf der Großen Lokalsynode von 1872 grundsätzl. den Phyletismus, also einen übertriebenen Nationalismus in der Kirche, verurteilte.
Die *Aussiedlung* der pont. und westkleinasiat. *Griechen* aus der Türkei nach dem von Griechenland verlorenen Krieg 1922/23 reduzierte die Zahl der unmittelbaren Diözesanen des Ö.P.s in der Türkei weiterhin, wo die Einführung des schweizer. Zivilrechts 1926 durch Kemal Atatürk (→Türkei) auch das letzte Reservat des Ö.P.s, die Ehegesetzgebung der Griechen des Landes, aufhob. Da das Ö.P. in der Türkei von türk. Seite weiterhin mit dem Griechentum identifiziert wurde und die Gründung einer türk.-orthod. Nationalkirche unter einem gewissen Papa Eftim Episode blieb, wurde die *griech. Minderheit* in Istanbul wiederholt Ziel antigriech. Pogrome (zumeist im Zusammenhang mit Krisen auf →Zypern). Dies brachte ein stetes *Absinken* der griech. Bevölkerung in der Türkei mit sich. Sie betrug 1913 noch 3 Mill., dürfte aber heute kaum 10.000 Menschen umfassen, die in vier tatsächl. Metropolien leben (alle anderen Metropoliten sind Titulare). Sitz des Ö.P.s ist seit 1612 nur noch die kleine St.-Georgios-Kirche im Istanbuler Stadtteil Fener (Phanar).
Andererseits unterstehen dem Ö.P. zunehmend *griech. Bistümer in aller Welt* (Amerika, Australien, Westeuropa; auch die griech.-orthod. Metropolie von Deutschland untersteht dem Ö.P.) wie auch etl. orthod. Diözesen anderer Nationalität und nicht zuletzt die Mönchsrepublik des Hl. Berges →Athos, so daß es in der Weltorthodoxie weiterhin eine klare *Führungsrolle* innehat, auch wenn deren Ausmaß (etwa in Abgrenzung zu den Auslandsbistümern anderer orthod. Landeskirchen, vor allem der russ.) nicht bis ins letzte festgelegt ist; von daher gibt es einige orthod. Landeskirchen, über die das Ö.P. eine Jurisdiktion beansprucht, die aber von ihren Mutterkirchen für autokephal erklärt wurden (ČSSR, Amerika).

*D.* Von ganz bes. Bedeutung ist das Ö.P. seit dem Pontifikat Athanagoras' I. Spyrou (1948-1972) – sowohl im Hinblick auf die panorthod. wie die allg. *christl. Einheit.* Die Federführung des Ö.P.s bei panorthod. Synoden, Dialogkommissionen,

Resolutionen usw. ist unumstritten, während der sehr engagierte Kontakt Athenagoras' I. zu Papst Paul VI. sich offenbar unter den jeweiligen Nachfolgern verlangsamt hat, wenn auch der offizielle Dialog weitergeht.

*Lit.: F.-W. Fernau:* Patriarchen am Goldenen Horn, Opladen 1967. – *Ders.:* Zwischen Konstantinopel und Moskau, Opladen 1976. – *A. Payer:* Der Ö.P. Athenagoras I., Würzburg 1986. – *M. von Sardes:* Das Ö.P. in der orthod. Kirche, Freiburg/Basel/Wien 1980. – *N. M. Vaporis:* Post-Byzantine Ecclesiastical Personalities, Brookline 1978.

*Nikolaus Thon*

**Ökumenismus**

*A.* Der Ausdruck »Ö.«, dessen Endung ihm im Deutschen – anders als etwa in roman. Sprachen – leicht einen abschätzig-wertenden Klang verleiht (insofern alle – ismen als ideologieverdächtig gelten), besitzt zwei miteinander verknüpfte Bedeutungen. In der Regel bezeichnet er einfach die →*ökumen. Bewegung*, so z.B. fast durchgängig im »Dekret über den Ökumenismus« des 2. →Vat. Konzils, das den Ö. definiert als »Tätigkeiten und Unternehmungen, die je nach den verschiedenartigen Bedürfnissen der Kirche und nach Möglichkeit der Zeitverhältnisse zur Förderung der Einheit der Christen ins Leben gerufen und auf dieses Ziel ausgerichtet sind« (Unitatis redintegratio [UR] 4). In einem enger gefaßten Sinne bezieht er sich ledigl. auf die Gesamtheit der für die ökumen. Bewegung kennzeichnenden *Ideen und Vorstellungen*, also auf das ihr innewohnende gleichsam »ideolog.« Moment, das neben theoret. auch prakt. und emotionale Komponenten umgreift, ein mehr oder minder zusammenhängendes Ganzes bildet, aber keineswegs in allen Einzelheiten durchdacht und bewußt sein muß. Als →»Ideologie« (im wertungsfreien Sinne der Wissenssoziologie) der ökumen. Bewegung artikuliert der Ö. deren *theol. Selbstverständnis.* Es setzt sie zur Realität der konfessionellen Spaltungen innerhalb der Christenheit in ein krit. Verhältnis und formuliert gewisse Grundprinzipien »ökumen.« Praxis (z.B. das Verbot des Prosyletismus [→Konversion]), muß muß jedoch nicht unbedingt ein klares Konzept kirchl. Einheit enthalten. Es genügt dazu ein »Verlangen nach Einheit«, das aus einer »inneren Bekehrung« erwächst (UR 7), so daß die »Bekehrung des Herzens und die Heiligkeit des Lebens« als »geistl. Ö.« vom 2. Vat. Konzil mit Recht als »die Seele der ganzen ökumen. Bewegung« angesprochen werden können (UR 8).

*B.* Die Gemeinschaft des Willens zur Einheit begründet die Einheit der ökumen. Bewegung. Trotzdem läßt diese sich nicht durch einen einheitl. Ö. ausreichend charakterisieren, sondern weist in Wirklichkeit *mehrere Ökumenismen* auf. Dies entspricht dem Umstand, daß die ökumen. Bewegung, unbeschadet ihrer Einheit, von mehreren und unterschiedl. →Subjekten getragen wird: von einzelnen Personen über →Gruppen und Bewegungen bis hin zu den →Konfessionen, die über das Wesen kirchl. Einheit, zu konkreten Einheitsmodellen und den Weg zur Einheit zumeist je eigene Vorstellungen entwickelt haben und sie in den ökumen. Prozeß einbringen. In diesen Zusammenhang gehört auch das bekannte, von Hermann P. Kapler 1922 geprägte Wort: »Lehre trennt, Dienst aber verbindet.« Es wurde für lange Zeit zu einer geläufigen Formel, brachte den für die Bewegung für Prakt. Christentum kennzeichnenden Ö. griffig zum Ausdruck und hob ihn zugleich vom Ö. der Bewegung für Glauben und Kirchenverfassung ab, der auf dem Vorrang der Einheit in der Lehre aufbaute.

In gleicher Weise haben etwa die *transkonfessionellen* Bewegungen der Gegenwart bes. Ökumenismen ausgebildet. Allerdings sind sie häufig mehr prakt. wirksam als theol.-systemat. ausformuliert und gelangen deshalb leicht nur in schlagwortartig verkürzter Form (z.B. »indirekte Ökumene«, »Dritte Konfession«) zur Diskussion. Sehr viel prägnanter treten demgegenüber die *konfessionell bestimmten* Ökumenismen in Erscheinung, insbes. der Ö. der röm.-kath. Kirche, der programmat. und normativen Niederschlag im sog. Ö.-Dekret (UR) gefunden hat. Zwar hat das 2. Vat. Konzil mit Rücksicht auf die Einheit der ökumen. Bewegung bewußt nicht von einem bes. röm.-kath. Ö. sprechen wollen und stellte statt dessen röm.-kath. Prinzipien des Ö. heraus; dennoch kann ohne Widerspruch zur Intention des Konzils von einem *röm.-kath. Ö.* die Rede sein, weil das Dekret neben formalen Prinzipien auch inhaltl. und strukturelle *Bedingungen kirchl. Einheit* nennt, die außerhalb der röm.-kath. Kirche nicht anerkannt werden.

*C.* Eine der bedeutendsten Alternativen zu allen traditionellen Ökumenismen stellt der »*Säkularö.*« dar, der das Problem der Einheit der Kirche streng von der Sendung der Kirche her (→Mission) und auf die Einheit der →Welt hin denkt. Bei diesem »missionar.« Ansatz verlieren sämtl. herkömml. Kriterien kirchl. Einheit an Gewicht zugunsten eines primären Maßstabs: wirksamer Einsatz der Kirche für die Humanisierung der menschl. →Gesellschaft. Folgerichtig kann für das Verständnis der ökumen. Problematik darum auch den konfessionellen Trennlinien keine wesentl. Bedeutung mehr zuerkannt werden. Mit gewissen Einschränkungen kann die ökumen. Konzeption der →Befreiungstheologie dem Säkularö. zugerechnet werden. Überboten wird diese – die Existenz der Konfessionen radikal relativierende – Perspektive nur noch durch einen Ö., der den inneren Weg *myst.* →*Erfahrung* (→Mystik) als Königsweg der Ökumene herausstreicht und dadurch auch das Konzept des Säkularö. unterläuft. Auch hier wird das Ziel interkonfessioneller oder kirchl. Wiedervereinigung zweitrangig oder gar bedeutungslos; doch tritt an seine Stelle – anders als im Säkularö. – nicht die Gemeinsamkeit polit. Praxis und Aktion, sondern das spirituelle Erleben der wesentl. Einheit aller →Religion(en) in →Gebet und →Meditation. In beiden Fällen gilt somit der »klass.« Ö. auf Grund seiner Bezogenheit auf Kirchen und Konfessionen als oberflächlich: überholt durch die Idee, allein entscheidend sei die Ausbreitung des →Reiches Gottes – entweder in der Gesellschaft oder in den einzelnen Menschen.

*Lit.: M. Rogness:* Säkularökumenismus: Eine Kirche – Eine Welt, in: *V. Vajta (Hg.):* Evangelium und Einheit. Bilanz und Perspektive der ökumen. Bemühungen, Göttingen 1971, 168-206. – *H. J. Urban/H. Wagner:* Einleitung zu: *dies. (Hg.):* Handbuch der Ökumenik, Bd. 1, Paderborn 1985, 20-36.

*Heinz-Günther Stobbe*

**Österreich.** Kath. 88,8%; Prot. 6,5%; Orthod. 0,8%; Altkath. 0,5%; Musl. 0,6%; Juden 0,1%; Nichtgläubige und Atheisten 2,7%. Die Auflösung des habsburg. Vielvölkerstaats nach dem Ersten Weltkrieg stürzte die Bevölkerung des deutschsprachigen Rumpfteils in eine tiefe nationale Identitätskrise. Erst die bitteren Erfahrungen des →Nationalsozialismus, des Zweiten Weltkriegs und der Besatzungszeit vermochten die neutrale Alpenrepublik zu einer →Nation zusammenzuschweißen, die noch einmal ihre Mittlerrolle zwischen Ost und West wahrnimmt.

*A.* Die schon unter den Römern entstandene kirchl. Organisation fiel den Wellen der *Völkerwanderung* zum Opfer. Der Neubeginn ging von Bayern aus (Erzbistum Salzburg und Bistum Passau), das Missionare und Siedler in das Gebiet schickte. Zahlreiche Klostergründungen spielten eine wichtige Rolle bei der Gestaltung des kirchl. Lebens. Im Osten des Landes entwickelte sich die habsburg. Residenzstadt Wien zu einem kulturellen und rel. Zentrum (Universitätsgründung 1365, Bistumsgründung 1468, Erzbistum 1722).

*B.* Während sich der weltl. Adel zunächst mehrheitl. der luth. →Reformation anschloß, blieben die Habsburger und die geistl. Fürsten dem Katholizismus treu und setzten ab etwa 1580 mit Hilfe der →Jesuiten und Kapuziner die →*Gegenreformation* durch. Dies machte Ö. während und nach dem Dreißigjährigen Krieg zum Bollwerk gegen →Protestantismus und →Islam zugleich (Sieg über die Türken bei Wien 1699). Barocke Frömmigkeit feierte die Sendung des Landes und des Herrscherhauses mit allerlei Werken der Kunst – Architektur, Malerei, Plastik, Musik.
Unter Maria Theresia (1740-1780) und ihrem Sohn Josef II. (1780-1790) wurde eine Kirchenreform im Geiste der →Aufklärung durchgeführt (Josefinismus). Eines der Ziele dieser Reform war, die kirchl. Verwaltung und das kirchl. Vermögen dem →Staat unterzuordnen. Darunter hatten vor allem die →Orden zu leiden. Die berechtigte Kritik dieses Programms läuft Gefahr, seine positiven Wirkungen im Bereich der Pastoral (→Seelsorge) und der kirchl. Praxis zu übersehen. Für die verfolgten →Protestanten luth. und reform. Konfession (Vertreibung der Salzburger Protestanten 1731) brachte das Toleranzpatent (→Toleranz) Josefs II. von 1781 eine erste Erleichterung; völlige Gleichberechtigung erlangten sie erst durch die Gesetze von 1861 und 1961.

*C.* Das kath. Kirchenleben *im 19. Jh.* war durch vielseitige Erneuerungsbewegungen gekennzeichnet, jedoch überschattet von einer konservativ-liberale Polarisierung, die nicht nur eine antiklerikale Gesetzgebung hervorrief, sondern auch zum Übertritt vieler Liberalen zum Protestantismus oder zu den Altkatholiken (→altkath. Kirche) führte. Zahlreiche Vereine (→kath. Organisationen) traten für die Durchsetzung kath. sozial- und kulturpolit. Ziele ein, was aber die wachsende rel. Entfremdung der Gebildeten und der →Arbeiter nicht aufhalten konnte. Die Neuorientierung der kath. Kirche nach dem *Zweiten Weltkrieg* brachte Entspannung im Verhältnis zum →Staat und hat zu anderen rel. und weltanschaul. Gruppen geführt.

*Lit.: F. Klostermann (Hg.):* Kirche in Ö. 1918-1965, 2 Bde., Wien 1966-1967. – *E. Kovacs (Hg.):* Kath. Aufklärung und Josephinismus, München 1979. – *T. Piffel-Percevic:* Kirche in Ö., Graz 1979. – *J. Wodka:* Kirche in Ö., Wegweiser durch ihre Geschichte, Wien 1959. – *P. M. Zulehner:* Religion im Leben der Ö.er, Wien 1981.

*Thomas Riplinger*

**Offenbarung,** griech. »apokalypsis«, lat. »revelatio«, in der Schrift selten gebraucht (→Apokalyptik), meint jeweils enthüllen, öffentl. machen, ans Licht bringen.

*A.* In allg. *religionswissenschaftl. Sinn* bezeichnet O. den gesamten Prozeß, in dem eine (normativ geltende) Botschaft von einem (transzendenten) Ursprung an einen (gläubigen) Empfänger übermittelt wird. Eine große Vielfalt von Erfahrungsmomenten und Begriffen kann als O. verstanden werden: Erkundung des göttl. Willens in →Träumen, Visionen, mant. Praktiken und Orakeln; Erfahrung der →Erscheinung von Gottes Gegenwart (Theophanie) und Heilshandeln in Kultus und prophet. gedeuteter Geschichte. Bisweilen werden auch Teile dieses Prozesses O. genannt, so die Vermittlungen selbst oder die in eine Lehre gegossene Botschaft.
Viele Religionen kennen einen solchen Vermittlungsprozeß, in der Religionsgeschichte jedoch werden insbes. →Judentum, →Christentum und →Islam *O.sreligionen* genannt: nicht die (Wahrnehmung der) →Natur, die (rel.) →Erfahrung oder die Einsicht der →Vernunft, sondern die Autorität einer →transzendenten Initiative (»von jenseits«) steht gemäß dem Zeugnis ihrer →hll. Schriften an ihrem Ursprung. Dieser göttl. Ursprung gilt dann als letzte *Garantie* für Wahrheitsansprüche und →Normen sittl. Handelns. O. fordert gläubiges Anerkennen (→Glaube). Deshalb ist die Berufung auf eine O. problemat. geworden in der →Moderne, die ausgeht von der menschl., auf (eigene) Erfahrung begründeten →Autonomie.

*B.* Im Sprachgebrauch der Schrift und bis in die moderne Zeit auch im kirchl. Sprachgebrauch werden viele *zentrale Begriffe* wie →Evangelium, christl. Überlieferung (griech.: paradosis), Heilsveranstaltung (griech.: oikonomia), göttl. →Erlösung (griech.: soteria) oder Glaubenslehre (lat.: regula fidei; doctrina christiana, doctrina veritatis) O.en genannt. Diese Vermittlungen und Botschaften zwischen Gott und dem empfangenden Menschen erhielten durch diese Benennung ein normatives Gewicht. Die →*Reformation* suchte an Stelle dieser kumulativen und abstrakten Auffassung von O. eine theol. Konzentration im Ereignis von Gottes →Rechtfertigung und menschl. Glaubensantwort. In der →altprot. Orthodoxie wurde aber aus systemat. und apologet. Gründen der Begriff O. bald wiederaufgenommen. Die Konfrontation mit dem Autonomieprogramm der →*Aufklärung* führte schließl. dazu, daß O. – in Theologie und kirchl. Lehraussagen (in päpstl. Enzykliken erstmals 1835; nach dem 1. →Vat. Konzil 1870 dann laufend) – die Schlüsselkategorie zur Beschreibung des Wesens des Christentums wurde. Die Berufung auf O. dient der Abwehr der aufkommenden →Religionskritik (→Apologetik). Die Glaubwürdigkeit des Christentums wird bewiesen, indem man sich auf die O. beruft als eine Garantie für den göttl. Ursprung des Christentums und für die Wahrheit seiner Lehre. O. wird zum legitimierenden und systematisierenden Prinzip, das die Identität des Christentums verdeutlicht (P. Eicher). Sie wird im christl. Sprachgebrauch zur Verpersönlichung des Christentums (»die O.slehre sagt...«; vgl. den parallelen Sprachgebrauch auf der Seite der Antwort: »der Glaube beinhaltet...«).
Allg. gängig ist seit dem 19. Jh. die Vorstellung der O. als einer in Wort und Tat ergangenen *Mitteilung Gottes*, einer strikt übernatürl. Wirklichkeit, die entweder aus ewigen, der kirchl. Lehrautorität anvertrauten Wahrheiten besteht (1. Vat. Konzil) oder aus dem Sein Gottes selbst kommt (→dialekt. Theologie). Die überragende Stellung, die die O. im 20. Jh. (wieder) in kirchl. und theol. Sprechen errungen hat, ermöglicht es, die Identität von Religion und Christentum gegenüber einer oft arel. Modernität herauszustellen. Demgegenüber ist zu betonen, daß die häufige Berufung auf O. einerseits eine inflator. Wirkung haben kann (O. wird eine leere Formel), andererseits positivist. jede Argumentation lahmlegt (vgl. D. →Bonhoeffers Kritik an K. →Barths O.spositivismus und die Gefahr eines Lehramtspositivismus in der kath. Kirche).

*C.* In neueren theol. Entwicklungen hat sich der Blick geschärft für das →*Geheimnis* des O.sgeschehens selbst als Fundament einer unnennbaren Wirklichkeit (R. L. Hart). Das Bewußtsein, daß das O.sgeschehen wesentl. Selbstmitteilung Gottes ist (K. Barth, K. Rahner), der sich indirekt in hist. Ereignissen und im Kontext einer Überlieferungsgeschichte ausspricht (W. Pannenberg, →Tradition), läßt Theologie und kirchl. Sprechen (vgl. 2. Vat. Konzil) wieder zurückkehren zum O.sverständnis der Schrift, das noch nicht ausdrückl. auf den Begriff gebracht ist. Der *Zirkel*, der entsteht, wenn man vom heutigen O.sverständnis her auswählend nach einer O.stheologie in der Schrift sucht, ist hermeneut. unvermeidlich (→Hermeneutik). Ein Blick auf Israel (Glaubenszeugnis in Form der Erzählung; Thematisierung der Bundesgeschichte) und der jungen Kirche (→Auferstehung Jesu von den Toten) kann die Gefahren bannen, die dem modernen O.sverständnis von ihrem Ursprung in der Aufklärungspolemik her drohen: ein →dualist. Verständnis von Natur und Übernatur (→Supranaturalismus), von offenbarten »Wahrheiten« (bewahrt und ausgelegt durch eine kirchl. Lehrautorität, die sich für ihre →Unfehlbarkeit auch wieder auf O. beruft) und rel. Erfahrung, von äußerl. Autoritätsbeweis und dem inneren Erweis von Wert und Wahrheit.
Das »instruktionstheoret. Modell« (M. Seckler) – das fundamentalist. Mißverständnis (→Fundamentalismus), das Informationen über Tatsachen und Wahrheiten in die Mitte rückt und eine dauernde Bedrohung institutionalisierten Glaubens bildet – zeigt sich dann als Verengung der O. Sie ist eher zu begreifen als eine *personale* →*Kommunikation* (H. Waldenfels), in der das O.sgeschehen erst abgeschlossen ist, wenn die Bewegung von Gottes Wort und Handeln an den Menschen in der Antwort des Glaubens offensichtl. verstanden und erfahren ist. Ein O.sverständnis, das so an Schrift und früher christl. Tradition neu normiert ist, vermag die wirkl. Problematik der christl. O. zu erfassen: das Verhältnis der O. des von Gott kommenden endgültigen Heils (E. Schillebeeckx) in Jesus von Nazaret zur O. Gottes in Natur, Geschichte und Religionen (allg., natürl. O., Uroffenbarung) einerseits und die bes. Heilsgeschichte Israels (Röm 9-11) andererseits.

*D.* Ein Verständnis der Heilsgeschichte, in der die O. Gottes in Jesus den Höhepunkt einer kumulativ verstandenen O.sgeschichte bildet (nach der die O. abgeschlossen ist), übersieht die *trinitar. Struktur* des christl. Glaubenbekenntnisses (→Trinität). Der Sohn offenbart das Heilswissen des Vaters von Beginn der Schöpfung an (Kol. 1,15-17); der Geist setzt in der Geschichte das Heils- und Befreiungswerk Christi fort (Röm 8). Die Erweiterung eines einseitig apologet. Kontextes zu einer trinitar. Sicht der Heilsgeschichte ermöglicht es, die Beziehung von O. und Erfahrung wieder zu erkennen und so Aussicht zu bieten auf die Probleme, die moderne Menschen mit der O. haben (J. Moltmann, W. Kasper).

*Lit.: J. Audinet u.a.:* Révélation de Dieu et language des hommes, Paris 1972. – *A. Dulles:* Models of Revelation, Dublin 1983. – *P. Eicher:* O., München 1977. – *W. Kasper:* Der Gott Jesu Christi, Mainz 1982. – *Th. Mahlmann:* Der Begriff »O.« in der neueren Theologie, Darmstadt 1982. – *J. Moltmann:* Trinität und Reich Gottes. Zur Gotteslehre, München 1980. – *E. Schillebeeckx:* Jesus. Die Geschichte von einem Lebenden, Freiburg, 3.

Aufl. 1975. – *M. Seckler:* Aufklärung und O. (Christl. Glaube in moderner Gesellschaft 21), Freiburg 1980. – *M. Seybold u.a.:* Die O. (Handbuch der Dogmengeschichte I/1a), Freiburg 1971. – *H. Waldenfels/L. Scheffczyk:* Die O. (Handbuch für Dogmengeschichte I/1b), Freiburg 1977.

*Nico Schreurs (Übers. Hermann Häring)*

**Offenbarungen, neue**

*A.* Die Überzeugung, daß mit →Jesus Christus die →Offenbarung Gottes nicht abgeschlossen sei, daß es also immer neue O. gebe, wird der offiziellen Kirchenlehre zum Trotz von vielen Christen vertreten. Zwar kennt auch die Theologie ein immerwährendes Offenbarungsgeschehen; doch versteht sie es so, daß Gottes Wesen, Wirken und Wille durch den →Glauben im Leben des Menschen offenbar werden wollen. Die Vertreter einer »fortschreitenden Offenbarung« dagegen meinen die Offenbarung *neuer Wahrheiten,* eine neu geoffenbarte *Lehre.* Solches behaupten vor allem Personen, die selber eine neue Schau bekommen haben, welche für sie und ihre Anhänger Offenbarungsqualität gewann. Die Tatsache, daß es eine auf paranormale Weise erlangte, d.h. visionär geschaute (Vision), durch Stimmen vernommene (Audition) oder »im Geist« (z.B. im Trancezustand) erfaßte, »Wahrheit« gibt (→Erscheinung, →Parapsychologie), muß anerkannt werden. Ob es sich dabei um eigentl. O. handelt, ist eine Frage nicht nur der theol., sondern auch der phänomenolog. Beurteilung.

*B.* Als *Beispiel* in neuerer Zeit ist vor allem der schwed. Visionär *Emanuel Swedenborg* (1688-1772) anzuführen, der – so zwei Titel seiner zahlreichen Bücher – »Himmel und Hölle« sah und die »Hauptlehren der Neuen Kirche« niederschrieb. Auch der Mormonengründer Joseph Smith hatte »O.« (→Mormonen). Oft werden die Offenbarungsträger selbst zu Heilsfiguren, wie Joseph Weissenberg (1855-1941), die zentrale Figur der »Johannischen Kirche«, Oskar Ernst Bernhardt (1875- 1941), der als »Abd-ru-shin« die Gralsbewegung begründete, oder auch Sun Myung Moon, der Gründer der »Unification Church« (Vereinigungskirche, →Neue Religionen). In der Überzeugung oder Behauptung, höhere Erkenntnis gewonnen zu haben, kehrt der Offenbarungsanspruch wieder etwa bei Mary Baker Eddy (→Christian Science) und Rudolf Steiner (→Anthroposophie). Andere Personen und Gemeinschaften wissen sich durch jeweils aktuelle und sehr konkrete O. des göttl. Willens geleitet, so im 16. und 17. Jh. Schwärmer und →Quäker, in neuerer Zeit →Pfingstbewegung und →apostol. Gemeinschaften.

Der spezielle Begriff *Neuoffenbarung* wird auf die Glaubensrichtung bezogen, die von dem Grazer (kath.) Musiker *Jakob Lorber* (1800-1864) ausging. Er vernahm ab 1840 das »Innere Wort«, das er aufzeichnete und so ein 25bändiges Neuoffenbarungswerk schuf. Es enthält u.a. ein – Diesseits und Jenseits umfassendes – →Weltbild und eine weitgespannte Geschichtsschau, die Ur- und Endzeit umgreift. Die »Lorber-Anhänger« sammeln sich in Neuoffenbarungskreisen; eine »Lorber-Gesellschaft« verwaltet das Erbe des Grazer »Schreibknechtes Gottes«. Auch weitere »Träger des Inneren Wortes« in der Tradition Lorbers haben Kreise um sich gesammelt; ebenso – im Übergang zum →Spiritismus – →Medien, durch die angebl. jenseitige Wesen sprechen und die Menschheit lehren. Eine scharf antikirchl. Sondergemeinschaft (→Sekten) bildete sich seit 1971 um die Würzburger (kath.) »Prophetin« Gabriele Wittek, ursprüngl. als »Heimholungswerk Jesu Christi«, dann als »Universelles Leben« bezeichnet.

*C.* Von einem Geschehen, das sich als übernatürl. Direktoffenbarung darstellt, geht auf viele Menschen eine starke *Faszination* aus. Da dieses Phänomen in das moderne Weltverständnis nicht einzuordnen ist, gewinnt es für sie quasirel. Qualität. Das kann dann wie ein Bann wirken, jede krit. Reflexion unmögl. machen und den befreienden Glauben an Jesus Christus vertauschen gegen die Bindung an die neue Lehre und gegen eine oft sklav. Abhängigkeit vom Offenbarer. Aus diesem Grund widersetzen sich die Kirchen vor allem dem Offenbarungs*anspruch,* der bei Neuoffenbarern hervortritt. – Der christl. Glaube muß auf n.O. apolog. reagieren (→Apologetik), und zwar nicht nur mit dem formalen Hinweis auf die →Bibel, mit der die christl. Offenbarung abgeschlossen sei (→Kanon), sondern mit sorgfältiger Unterscheidung: zwischen Gottesoffenbarung (Selbstoffenbarung Gottes) und angebl. Offenbarung von Wahrheiten (Lehroffenbarung), zwischen dem Offenbarungsvorgang als menschl. Widerfahrnis, das in der gesamten Religions- und Kirchengeschichte vorkommt, und dem Offenbarungsinhalt. Dieser kann durch den Offenbarungsvorgang als solchen nicht bewahrheitet werden; allzu verschiedene »Wahrheiten« wurden auf phänomenolog. gleiche Weise »geoffenbart«. Unter formalem Gesichtspunkt kann sich der Offenbarungsinhalt erweisen als ein Hervortreten verschiedener rel. Grundmotive und Klischees; oder auch als rel. Gesamtentwurf, der zwangsläufig zur Bildung einer neuen Religionsgemeinschaft führt; schließl. als prophet.-visionäre Schau, die den traditionellen Glauben von einer neuen Seite aufleuchten läßt. In diesem Fall ist eine intensive theol. und kirchl. Verarbeitung der Vision und anderen Phänomene notwendig.

*Lit.: K. Hutten:* Seher, Grübler, Enthusiasten, Stuttgart, 12. Aufl. 1982, 559-687 (Lit.).

*Hans-Diether Reimer*

**Okkultismus**

*A.* Der Begriff *Okkultismus* (lat. *occultus* = geheim, verborgen) faßt weltanschaul. Richtungen zusammen, die das Wissen und den Umgang mit den unsichtbaren und *geheimnisvollen Seiten* der Natur und des menschl. Geistes bes. pflegen. Er bezieht sich einerseits auf bestimmte »okkulte« Praktiken (wie →Magie, Pendeln, Wahrsagen), andererseits auf das sog. »Geheimwissen« (Esoterik, →Mystik, →Gnosis), wie es von okkulten Weltanschauungsgemeinschaften (z.B. der →Theosophie, der →Anthroposophie, den Rosenkreuzern des 17./18. Jh.s und wieder seit 1900, der Neugnosis) in »Geheimwissenschaften« systematisiert wird, die den Horizont der herkömml. Naturerkenntnis erweitern wollen. Schon von seiner Wortbedeutung her ist O. eng mit *Esoterik* verwandt (das griech. Wort *esóteros* [innerl., verborgen] entspricht dem lat. *occultus*). Dieser Begriff bezieht sich vor allem auf die Geheimhaltung des okkulten Wissens und entspr. Praktiken (→Geheimbünde). Enge Beziehungen bestehen auch zum *mag. Weltbild*, das auf dem Gedanken der Allverbundenheit beruht. Der Begriff O. begegnet dem Sinn nach zuerst bei *Agrippa von Nettesheim* (1486-1535) in seinem Hauptwerk (*»De occulta philosophia*, libri III, sive de magia«), erfuhr aber erst durch *Eliphas Lévi* (den früheren Abbé Alphonse-Louis Constant, 1810-1875) und durch *Carl Kiesewetter* (1854-1895) eine Einführung in den allg. Sprachgebrauch. Der O. ist zu unterscheiden einerseits vom vulgären Aberglauben (→Volksfrömmigkeit), da er einen weltanschaul. Gesamtentwurf darstellt, andererseits von der →Parapsychologie, die okkulte Phänomene mit anerkannten wissenschaftl. Methoden erforscht.

*B.* Das bibl. Weltbild kennt zahlreiche übersinnl. Phänome, u.a. Visionen, Auditionen (→Erscheinung, →Engel); da der moderne O. aber im Grunde eine »säkularist. Religion« ist, sollte man derartige Phänomene nicht als »okkulte« bezeichnen. Okkulte *Praktiken* jedenfalls werden, sofern sie das erste Gebot berühren, von den bibl. Autoren abgelehnt (z.B. Lev 20,6.27; Dtn 18,9-14). Sachgemäß ist weder eine radikale →Entmythologisierung oder Eliminierung übersinnl. Phänomene (als Ausdruck eines angebl. überholten →Weltbildes) noch eine pauschale Dämonisierung des Okkulten, wie sie bes. in Gläubigenkreisen vorherrscht, die im O. die Einbruchstelle widergöttl. Geister fürchten. Aus bibl.-theol. Sicht ist grundsätzl. hervorzuheben, daß es der O. mit einer *erweiterten Natur* zu tun hat. Die okkulten Phänomene reichen also nicht in die →Transzendenz Gottes hinein, sondern gehören zur geschaffenen Welt. Damit stellt sich für die Theologie die Aufgabe, dem bibl. Glauben auch in diesem, aus dem modernen Bewußtsein weitgehend verdrängten Bereich des »Übersinnlichen« Raum zu schaffen und die okkulten Erkenntnisse und Praktiken dem Maßstab der bibl. Wahrheit zu unterwerfen. Denn Gott ist nicht nur der Schöpfer des Sichtbaren, sondern auch des Unsichtbaren (Kol 1,16; Nizänisches →Glaubensbekenntnis).

*C.* Diese theol. Aufgabe ist bes. dringl. angesichts der *»okkulten Explosion«* der Gegenwart, die von Forschern wie C. G. →Jung, M. Eliade, H. Bender und K. Hutten in zahlreichen Publikationen analysiert wurde. Man hat den Ursachen dieser seit dem 19. Jh. in immer neuen Wellen auftretenden okkulten Strömungen verschiedene *Deutungen* gegeben. Die okkulte Weltanschauung wird verstanden als »eine städtisch-bürgerl. Variante des Volksglaubens, wissenschaftl. verbrämt (geistesgeschichtl. ein Nachklingen der Aufklärung) und gruppenbildend« (W. F. Bonin). Bes. im modernen →*Spiritismus*, der als Gegenbewegung zum herrschenden Materialismus entstanden ist, sind aufklärer.-deist. und rationalist. Züge (→Rationalismus) offenkundig. T. W. Adorno hat, obwohl er den O. als die »Metaphysik der dummen Kerle« apostrophierte, auf diese Zusammenhänge hingewiesen: »Die gleiche rationalist. und empirist. Apparatur, die den Geistern den Garaus gemacht hat, wird angedreht, um sie denen wieder aufzudrängen, die der eigenen ratio nicht mehr trauen... Das zetert über Materialismus. Aber den Astralleib wollen sie wiegen« (»Minima Moralia«, 1951). Nach M. Eliade liegen die Ursachen des heutigen »Okkultbooms« in dem Bedürfnis nach »persönl. Initiation« des einzelnen und in der Suche nach einem Weg aus dem Chaos und der Sinnlosigkeit des Lebens. Nach T. Brocher liegen sie in der Enttäuschung über das nicht eingelöste Versprechen des techn.-wissenschaftl. Zeitalters, die Welt vollkommen beherrschbar zu machen. Diese Enttäuschung soll überwunden werden durch eine Art »säkularer Unsterblichkeitstheorie« (H. Thielicke), durch neue *Zukunftshoffnungen ohne Gott*, gestützt auf die höchsten – darunter auch okkulten – Kräfte des Menschen. Der moderne O. ist somit eine der »Protestbewegungen gegen den Säkularismus« und dessen entmythologisiertes Weltbild (K. Hutten).

*D.* In der seit den 70er Jahren aus Kalifornien eindringenden →*New-Age-Bewegung* finden diese Grundtendenzen und Motive des O., in enger Verbundenheit mit »alternativen« gesellschaftl. Bestrebungen und der →»Humanist. Psychologie«, ihre aktuellste Ausprägung. »Unsterblichkeit« wird in Form von *»Bewußtseinserweiterung«* durch »transpersonale« Bewußtseinszustände auf dem säkularen Markt des Psycho- und Okkultbooms als Ware gehandelt und in Form von »Selbsterfahrungskursen«, astrolog. »Lebensberatung« oder schamanist. Ritualen (→Schamanismus) verkauft. »Ewiges Leben« wird zur Eigenschaft des Menschen auf einer Stufenleiter spiritueller →Evolution durch Wiedergeburt (Reinkarnation). Die Vertreter des New Age erheben den Anspruch, die geistige Vorhut einer an der Schwelle zum *»Wassermann-Zeitalter«* stehenden Menschheit zu sein. Der Glaube an die Macht des Bewußtseins, an die Welt als

»Einheit der Dinge« und an eine kosm. Höherentwicklung (»Transformation«) sind die drei wichtigsten Merkmale dieses neuen Wirklichkeitsverständnisses, das die Übereinstimmung von alten mag. und okkulten mit modernen wissenschaftl. Theorien behauptet.

*E.* Die Beschäftigung mit moderner Esoterik und O. kann darüber belehren, daß es sich bei der → *Gnosis* keineswegs nur um eine Erscheinung der Vergangenheit handelt. Auf diesem Wege, und zwar bei der Beschäftigung mit der Alchemie, fand nicht zuletzt *C. G.* → *Jung* die Brücke zwischen dem antiken Gnostizismus und der Neugnosis der Gegenwart: »Die Tradition zwischen Gnosis und Gegenwart schien mir abgerissen... Erst als ich anfing, die Alchemie zu verstehen, erstaunte ich, daß sich durch sie die hist. Verbindung zum Gnostizismus ergibt... Als eine Naturphilosophie des MA.s schlug sie eine Brücke... in die Zukunft, zur modernen Psychologie des Unbewußten« (C. G. Jung: Erinnerungen, Träume, Gedanken). G. Quispel beurteilt die Komplexe Psychologie Jungs als die wichtigste Gnosis unseres Jh.s.
Im Grunde kann man fast alle heutigen okkulten und esoter. Weltanschauungsbewegungen als *»neugnost.«* bezeichnen (Theosophie, Anthroposophie, Rosenkreuzer, New-Age-Bewegung). Es gibt sogar Gruppen, die eine unmittelbare Erneuerung der antiken Gnosis anstreben. Darüber hinaus gibt es auch Versuche, ganz allg. polit. oder wissenschaftl. Entwicklungen als Ausdruck einer Fortsetzung gnost. Denkens zu deuten (Voegelin) oder für das kommende Jt. eine »neognost. Wissenschaft« zu entwickeln. Die Frage ist, ob man die G. nicht als ein *elementares rel. Verhalten* beurteilen muß, das zu allen Zeiten aufbrechen kann. Eine wichtige Auseinandersetzung mit diesem Phänomen moderner Gnosis hat J. Sudbrack geleistet.

*Lit.: W. F. Bonin:* Lexikon der Parapsychologie, Frankfurt/M. 1981 (Lit.). – *M. Eliade:* Das Okkulte und die moderne Welt, Salzburg 1978. – *G. Frei:* Parapsychologie und Esoterik, in: ders.: Probleme der Parapsychologie, München/Paderborn/Wien, 2. Aufl. 1971, 256-272. – *K. Hutten:* Überweltpropheten gegen Diesseitigkeitsapostel, in: *E. Bauer (Hg.):* PSI und Psyche, FS für H. Bender, Stuttgart 1974, 75-93. – *A. Köberle:* Okkultismus, in: Religion in Geschichte und Gegenwart, 3. Aufl., Bd. 5, 1614-1619. – *H.-J. Ruppert:* New Age. Endzeit oder Wendezeit?, Wiesbaden 1985. – *W. Thiede:* Der neuzeitl. O. in theol. Perspektive, in: Kerygma und Dogma 33 (1987), 279-302. – *F. Zahlner/A. Resch:* Kleines Lexikon der Paranormologie, Abensberg 1972. – *Zu E.: M. Albrecht:* Gnosticism, Past and Present, in: New Religious Movements Up-date V (3-4/1981). – *R. Bergeron:* Zu einer theol. Interpretation der neuen Religionen, in: Concilium 19 (1983), 75-81. – *F.-W. Haack:* Geheimreligion der Wissenden. Neugnost. Bewegungen, Stuttgart/Berlin 1966. – *G. Harbsmeier:* Anthroposophie – eine moderne Gnosis (Theol. Existenz heute 60), München 1957. – *G. Quispel:* Gnosis als Weltreligion, Zürich 1972. – *H.-J. Ruppert:* Neugnosis. Gemeinschaften und Weltanschauungen (Dokumentation 1/84, hg. von der Arbeitsgemeinschaft der österr. Seelsorgeämter, Referat für Weltanschauungsfragen), Wien 1984. – *J. Sudbrack:* Neue Religiosität. Herausforderung für die Christen, Mainz 1987. – *J. Taubes (Hg.):* Religionstheorie und Polit. Theologie, Bd. 2: Gnosis und Politik, München/Paderborn/Wien/Zürich 1984.

*Hans-Jürgen Ruppert*

**Ontologie.** Seit dem 17. Jh. bezeichnet man als O. die *Lehre vom Sein* oder die Wissenschaft vom Seienden als Ganzem. In der vorkant. dt. Schulmetaphysik ist ihr Ort die *metaphysica generalis,* d.i. das Studium der allgemeinsten Bestimmungen des Seienden (Chr. Wolff). Sachl., nicht terminolog., ist die O. so alt wie die Philosophie.

*A.* Schon die vorsokrat. → Kosmologien (bes. *Parmenides*) vereinen ontolog. Aspekte mit solchen der Welterklärung. Systemat. entfaltet und begründet, begegnet die O. erstmals in der aristotel. »ersten Philosophie« (Metaphysik); das → *Sein* (usia, Substanz), rein aus sich selbst heraus bestimmt und differenziert im Blick auf die verschiedenen Eigenschaften und Aussageweisen (Kategorien), wird als allgemeinster Grundbegriff eingeführt. Auch die Frage nach dem höchsten, göttl. Sein gehört für Aristoteles zur O., die deswegen auch »Theologie« heißt. Seit der Übernahme des → Neuplatonismus durch christl. Theologen *(→ Augustinus)* und verstärkt noch durch die ma. Aristotelesrezeption *(→ Thomas von Aquin)* bilden Seins- und Gotteslehre eine einzige »fundamentale« Wissenschaft, exemplar. ausgeführt im ontolog. → Gottesbeweis *Anselms von Canterbury. »Gott«* bezeichnet hier das schlechthin vollkommene Sein. Der Schluß vom Begriff auf die Existenz dessen, im Verhältnis zu dem nichts Größeres gedacht werden kann, wird gerechtfertigt mit Hilfe des ontolog. Kernsatzes: Die Gesetze des Denkens bezeichnen solche des Seins und umgekehrt.
Im Blick auf die Aporien eines extremen Ontologismus (im allgemeinsten Begriff des Seins ist der Wirklichkeitsbezug immer schon mitgesetzt) hat die vorkant. Schulmetaphysik an die Stelle des Wirklichkeitsbezugs das Kriterium der log. Widerspruchsfreiheit gesetzt, konnte damit jedoch die O. nicht über den *neuzeitl. Traditionsbruch* hinüberretten. Die → Transzendentalphilosophie → Kants (als Wissenschaft von den allgemeinsten Begriffen und Grundsätzen der Vernunft) beanspruchte die Ablösung des ontolog. Paradigmas. *Kant* sprach von den »Anmaßungen« der O. (Unmöglichkeit synthet. Erkenntnis a priori, Unerkennbarkeit des »Ding an sich«, Eingrenzung der Erkenntnis auf die Erfahrungswelt). Auch *Hegels* Anknüpfung an die O. als »Wesenslehre« (wie auch seine Hochschätzung des ontolog. Gottesbeweises), als gedankl. Rekonstruktion der Welt, vermochte die vorkrit. O. nicht wiederherzustellen.

*B.* Allerdings setzen im 20. Jh. Überlegungen zu einer *Neubegründung* der O. ein, die sich sowohl von den an Aristoteles orientierten wie von den vorkrit. Entwürfen unterscheiden. Auch argumentieren sie nicht mehr bloß von einer realist. Erkenntnistheorie her (vgl. die →Neuscholastik), sondern suchen das Gespräch mit der *Phänomenologie* und den *Erfahrungswissenschaften.* So intendierte *Nic. Hartmann* (1882-1950) eine krit. O., die einerseits festhalten sollte an einem realen Seienden jenseits des Bewußtseins und der Sphäre des Logischen, andererseits aber zu unterscheiden versuchte zwischen Objekterkenntnis und und Erfahrungsbezug. Auch im Umkreis von Existenzphilosophie und Existentialismus begegnen quasiontolog. Überlegungen (vgl. →*Heideggers* »Fundamentalontologie« bzw. Onto-Theologie und *Sartres* Bestimmung des »Seins als Entwurf«), ebenso in der analyt. Sprachphilosophie.

*C.* Auch Ansätze, die bewußt wieder an das *vorsokrat. Denken* anknüpfen möchten, gehören in diesen Zusammenhang (vgl. exemplar. den »Neoparmenideismus« bei *E. Severino*). Severinos radikale O. ist mehr als nur eine Kritik am abendländ. →Nihilismus (Severino nennt jedes Denken nihilist., das den Aspekt des Werdens jenem des Seins überordnet). Dem Theologen kann diese extrem formulierte O. die Augen öffnen für die Fragwürdigkeit der sog. »Onto- Theologie«, der Überführung des griech. Seinsdenkens in die bibl. Gotteslehre und die letztl. Verschmelzung beider. Vor allem die jüd.-christl. Schöpfungs- und Erlösungslehre werden aus der Perspektive der parmenide. O. zur letzten narrativen Veranschaulichung eines abstrakten Schemas und damit ihres genuinen Aussagepotentials entleert.
Darin zeigt sich ein wichtiges *theol. Problem:* Theol. Ansätze, die an die Stelle des griech. Seinsbegriffs quasitheol. Abstrakta treten lassen (das »Sein« als »Liebe«, »Vollzug« und »Kommunikation«), wären um der Eindeutigkeit und Plausibilität ihrer Gedanken willen gut beraten, die Herkunft solcher »Ontoligica« allein aus der jüd.-christl. Überlieferung heraus bewußter zu akzentuieren und nicht dadurch unnötigen Mißverständnissen und Fehldeutungen auszusetzen, daß sie an der liebgewordenen Etikettierung O. festhalten. Gerade die konsequenten und in ihrer Spitze gegen die christl. Tradition gerichteten O.n der Gegenwart können bewußtmachen, wie *entbehrl.* die O. für die christl. Verkündigung ist.

*Lit.: K. H. Haag (Hg.):* Die Lehre vom Sein in der modernen Philosophie, Frankfurt/M. 1963. – *D. Henrich:* Der ontolog. Gottesbeweis, Tübingen, 2. Aufl. 1967. – *U. Hölscher:* Der Sinn vom Sein in der älteren griech. Philosophie, Heidelberg 1976. – *B. Lakebrink:* Klass. Metaphysik, Freiburg 1967. – *M. Lazerowitz:* The Structure of Metaphysics, London 1955. – *G. Martin:* Allg. Metaphysik, Berlin 1965. – *W. Oelmüller/R. Dölle-Oelmüller/C.-F. Geyer:* Diskurs: Metaphysik (Philos. Arbeitsbücher, Bd. 6), Paderborn 1983. – *Jan Rohls:* Theologie und Metaphysik. Der ontolog. Gottesbeweis und seine Kritiker, Gütersloh 1987. – *M. Wundt:* Die dt. Schulmetaphysik des 17. Jh.s, Tübingen 1939.

*Carl-Friedrich Geyer*

**Oper** meint ein Bühnenstück, das ganz oder teilweise mit →Musik versehen und dessen Text (Libretto) mit Rücksicht auf die Musik als gestaltendes Element konzipiert ist.

*A.* Die *Entstehung* der O. ist der Versuch, das antike griech. →Drama zu rekonstruieren, eine Idee der →Renaissance: die Wiedergeburt der Antike. Vorformen sind die Mysterienspiele im MA., Schuldramen des →Humanismus, Pastoralen (Schäferspiele), Maskenspiele, Ballette, Intermedien und →Chöre im 16. Jh. Ein Kreis von Künstlern, Wissenschaftlern und Gelehrten, die sog. *Florentiner Camerata,* versucht die Wiederbelebung der griech. Tragödie mit Hilfe der Monodie (Sologesang) bei Ablehnung der seither herrschenden Polyphonie. 1597 wird die erste O. »Dafne« von J. Peri aufgeführt (Musik verloren). Als erstes vollgültiges Kunstwerk dieser Gattung gilt »Orfeo« (1607) von Cl. →Monteverdi. Die O. ist dem Adel vorbehalten. 1637 öffnet in Venedig das erste, auch dem →Bürgertum zugängl. O.nhaus. Wichtige Komponisten sind neben Monteverdi F. Cavalli und M. A. Cesti. Mytholog. Stoffe (→Mythos) treten zurück; bevorzugt werden jetzt Heldensagen aus der griech. und röm. Geschichte.
In Rom führt man auch O.n mit geistl. Inhalten meist in Adels- und Kardinalspalästen auf. Die dramat. Szenen »Disperazione de Fileno«, »Il Satiro« (1590) und »Giuoco delle cieca« (1595) von E. de Cavalieri zählen dazu, sind aber nicht erhalten. Kardinal Giulio Ruspigliosi (ab 1667 Papst Clemens IX.) gilt mit seinen komischen O.ndichtungen »Che soffre speri« und »Dal male il bene« als Begründer der »Opera buffa«, die sich in Venedig und vor allem in Neapel im 18. Jh. weiterentwickelte. Ab 1652 gibt es auch in Rom öffentl. Theater. Die neapolitan. O. erlangt ab 1720 Weltgeltung. Sie beteiligt die Musik intensiver an der Handlung. Gesangsvirtuose Elemente nehmen zu. Neben dieser sog. »Opera seria« entwickelt sich die »Opera buffa« mit dem Intermezzo »La serva padrona« (1733) von G. B. Pergolesi als Ausgangspunkt.

*B.* Bis ins 18. Jh. beherrschen die Italiener das O.nschaffen. Wichtig für sie war die Darstellung der →Gefühle und →Leidenschaften (Affekte). In England schreibt G. F. →Händel ital. O.n, auch W. A. →Mozart vertont ital. O.ntexte. Die erste dt. O. schreibt H. →Schütz 1627 mit »Dafne« (verschollen). In Hamburg wird 1678 das erste stehende dt. O.nhaus mit der geistl. O. »Adam und Eva« von J. Theile, der Beginn von mehreren bibl. und allegor. O.n, eröffnet. Hamburg erlebt in der nationalen O.nbewegung in Deutschland ihren Höhepunkt 1695 unter J. S. Kusser und 1697 unter R. Keiser. Seit 1721 komponiert G. Ph. Telemann O.n für Hamburg.
Weitere Versuche dt. O.n folgen, so in Mannheim I. Holzbauers »Günther von Schwarzburg« (1777), bis Mozarts »Zauberflöte« (1791) als erste O. mit dt. Text, abgeleitet vom Singspiel, Weltgeltung

erlangt. In →Frankreich entwickelt sich mit J. B. Lully und J. Ph. Rameau die »tragédie lyrique« und später die »opéra comique«. Ch. W. Gluck leitet mit »Orfeo ed Euridice« (1762) und »Alceste« eine O.nreform mit folgenden Merkmalen ein: Musik ganz im Dienst der dramat. Idee, psycholog. Durchdringung des orchesterbegleiteten Rezitativs, Erneuerung der Chorszene im Sinne des antiken Dramas, Ouvertüre als Handlungsprolog.

*C.* Im 19. Jh. findet ein großer Stilwandel statt. Die Komponisten wenden sich von der «Nummerno.« ab (Einteilung der O. in Rezitative, Arien, Ensembles, Chöre) und bevorzugen eine durchlaufende Handlung (durchkomponierte O.). Es bilden sich nationale Richtungen, was sich in der Stoffwahl und einem stärkeren Abheben auf die Folklore zeigt. Neue Nationen treten hervor, z.B. →Rußland, →Tschechoslowakei, Skandinavien. Die neue Gattung der Operette entwickelt ein Eigenleben.
1821 beginnt mit der Uraufführung des »Freischütz« von C. M. von Weber das Zeitalter der romant. O. Dargestellt wird bei Weber die Macht des →Bösen in der Person des Samiel und des Kaspar sowie die Macht des →Guten in der weibl. Hauptfigur der Agathe, die durch die geweihten Rosen eines Eremiten vor dem Bösen bzw. vor dem Tod gerettet wird. R. →Wagner geht den Weg des Gesamtkunstwerks, des intensiven Durchdringens von Wort, Ton, Drama, Musik, Gestik, Aktion und Klangbewegung. Dazu entwickelt er die sog. Leitmotivtechnik: Musikal. Motive werden Personen, Sachen und Begriffen zugeordnet, die gleich einem Netzgewebe vom Orchester her das Geschehen auf der Bühne verdeutlichen. Wagners Musikdramen behandeln mythol. Stoffe, aber auch rel. Themen. »Tannhäuser« schwankt zwischen heidn. Lust (Venus) und christl. Askese und wird durch die Liebe bzw. den Tod Elisabeths, die auf die →Gnade der Gottesmutter vertraut, von seinen →Sünden erlöst. Im »Fliegenden Holländer« und im »Lohengrin« nimmt die Treue bzw. das absolute Vertrauen eine zentrale Rolle ein. Wagners letzte O., »Parsifal«, betrachtet als Bühnenweihfestspiel das Christliche aus der Sicht ma.-ritterl. Geistigkeit.
In →Italien gelangt →Verdi ebenfalls zum Musikdrama. Auch viele seiner O.n befassen sich mit rel. Thematik. Seine Spätwerke sind Ausgangspunkt für die verist. (wirklichkeitsnahe) O.

*D.* Im 20. Jh. wird die O. mit den Ausdrucksmitteln der →Moderne angereichert. R. Strauss schreibt 1905 »Salome« und wendet sich später mit »Daphne« (1938) und »Die Liebe der Danae« (1944) mythol. Stoffen zu. Hans Pfitzner komponiert 1917 »Palestrina«. →Palestrina ist ein päpstl. Kapellmeister, der in einer vorwärtsdrängenden, wirren Zeit den Ernst und die Würde alter, überlieferter Kunst vertritt, der unter der Oberflächlichkeit und dem Mißverstehen der →Welt leidet, der die Meister der Vergangenheit beschwört, um in der Gegenwart nicht unterzugehen. Die →Kirche, die Welt, in der er lebt, erscheint als hohe himml. Vision des →Glaubens und als banale, ird. Karikatur in der Realität, im Gezänk des →Konzils von Trient (Oehlmann). I. →Strawinsky verbindet die O. mit dem →Oratorium in »Oedipus Rex« (1926/27, nach Sophokles). A. →Schönberg zeigt in »Moses und Aron« (1930) die Auseinandersetzung eines modernen Geistes mit dem Gottesbegriff des AT. P. Hindemiths 1935 komponierte O. »Mathis der Maler« stellt als Hauptfigur Mathis Nidhardt (M. →Grünewald) vor, den Schöpfer des Isenheimer Altars, der hin und her getrieben von den Glaubenskämpfen einer revolutionären Zeit, zwischen got. Anonymität und barocker Individualität, zwischen myst. Schwärmerei und leidenschaftl., qualvollem Wirklichkeitserlebnis steht (Oehlmann). Weitere wichtige Komponisten des 20. Jh.s sind Alban Berg, Carl Orff, Boris Blacher, Hans Werner Henze und B. A. Zimmermann.

*Lit.: C. Dahlhaus:* Richard Wagners Musikdrama, Zürich, 2. Aufl. 1985. – *L. Gerhartz:* Einführung in die Geschichte der O., Laaber 1981. – *S. Goslich:* Die dt. romant. O., Tutzing 1975. – *R. Kloiber:* Handbuch der O., Bd. 1 und 2, Regensburg 1978. – *St. Kunze:* Mozarts O.n, Stuttgart 1984. – *W. Oehlmann:* O. in vier Jh.en, Zürich 1984. – *H. Chr. Wolff:* O. Szene und Darstellung von 1600-1900 (Musikgeschichte in Bildern IV/1), Leipzig 1968.

*Jutta Plutz*

**Opfer.** Das O. bezeichnet die Gabe des Menschen an ein Numen (→Gott, →heilig) oder den mehr oder weniger ritualisierten Akt (→Ritus, Ritual) des Gebens selbst. O.gabe kann alles werden, was dem Menschen wertvoll und mächtig oder als Ersatz des Wertvoll-Mächtigen geeignet erscheint.

*A.* Die *O.handlung* stellt ein mag. (→Magie), kult. (→Kult), heilsgeschichtl. (→Eschatologie) oder myst. (→Mystik) Geschehen, bei fortschreitender Ethisierung (→Ethik) des Religiösen auch ein geistig-sittl. Tun dar. Das O. erschöpft sich nicht in seinen wahrnehmbaren Aspekten, so wichtig auch immer die Wahl der richtigen O.gabe oder insbes. im früh- und volksrel. Bereich die genaue Ausführung der O.handlung ist. Seinen eigentl. Wert erhält das O. vielmehr immer erst durch die Stiftung eines numinosen (heilig-göttl.) Wirkzusammenhangs zwischen Veranlasser, Ausrichter, Gegenstand, →Mittler und Empfänger des O.s. Die *Grundformel* des O.s lautet: »do, ut des« oder »do, ut possis dare« (ich gebe, damit du gibst oder geben kannst). Im O. soll also das Numen quasi vertragl. gebunden werden, damit es im Sinne des O.nden zurückwirkt oder zurückwirken kann. Unter dem Einfluß der Lehre von der Allmacht und →Gnade Gottes kommt es in den Hochreligionen zusätzl. zur Umkehr der genannten Formel in Gestalt der freiwilligen Veräußerung und Aufopferung (→Kreuz, Kreuzigung) des Numens zum →Heil der Welt und des Menschen (du gibst, damit ich geben kann). Immer aber bleibt die grundlegende O.struktur erhalten, die auf eine numinose Gemeinschaftsstiftung durch sakrales Geben und Nehmen von konkreten oder vergeistigten Gegenständen zielt.

*B.* Die vielfältigen *O.formen* können an Hand der Kriterien O.gabe, O.funktion und O.empfänger zu drei Gruppen zusammengefaßt werden. Nach der Art der dargebrachten Gaben benannte O. sind etwa das Erstlings-, Rauch- und Brando., ferner das O.n von Speise und Trank (→Essen und Trinken), →Blut, →Tier und →Mensch. Als typ. *Ersatzo.* können Finger-, Haar-, Votiv- und Figureno., ferner Blumen-, Geld- und Weihraucho., als vergeistigte Gabeno. Selbsthingabe, Selbstaufgabe, Askese (→Verzicht), →Gebet und →Sakrament angesehen werden. Nach Funktion und Zweck lassen sich die O. dahingehend gliedern, ob sie einen →Zauber, →Bann, →Segen und Fluch, eine →Tötung, →Buße, Reinigung (→rein und unrein), →Beschneidung, →Versöhnung, Beschwichtigung, →Weihe, Stärkung, Anerkennung, Bitte, Teilhabe (→Messe), einen Dank oder ein Lob beabsichtigen. Bezügl. der im O. *angesprochenen* Numina endl. wird unterschieden in O. an Hochgötter und einzelne Gottheiten (→Monotheismus und Polytheismus), →Geister und Dämonen, mag. →Macht und Mächte, Tote und Ahnen (→Tod), Sonne, Mond und Himmel (→Kosmologie) und, in vergeistigter Form, an den einen →Gott der prophet. und das höchste Gut (→heilig) der myst. Religiosität.

*Lit.: K. W. Bolle:* A World of Sacrifice, in: History of Religions 23 (1983), 37-63. – *F. Heiler:* Erscheinungsformen und Wesen der Religion, Stuttgart 1961, 204-225 (Lit.). – *G. Mensching:* Die Religion, München 1962, 243ff. – *G. Widengren:* Religionsphänomenologie, Berlin 1969, 280-327.

*Sigurd Körber*

**Optimismus.** Im allg. Sprachgebrauch bezeichnet O. eine subjektiv-psych. bedingte *Lebensstimmung,* die allen Ereignissen positiv und bejahend gegenübersteht; angewandt auf *philos. Positionen,* soll der Begriff Systeme kennzeichnen, die die Welt im ganzen oder die →Geschichte als zweckvoll-guten Zusammenhang beschreiben. Jedoch ist der Begriff zu unbestimmt und zu polem. gefärbt, als daß er zu einer solchen Kennzeichnung geeignet wäre, wie ein Blick auf seine Geschichte zeigt.

*A.* Geprägt wurde der Begriff von franz. Jesuiten, um gegen G. W. →Leibniz, der in seiner →Theodizee unsere Welt als die beste aller mögl. Welten bestimmt hatte, zu Felde zu ziehen. Sie unterstellten seinem Weltverständnis eine blind-mechan. Notwendigkeit und also die Leugnung der →Freiheit und die Verharmlosung aller Übel und der →Sünde, der alles, was ist, als gut erscheine. Jedoch trifft diese Charakterisierung nicht Leibniz – der jene blinde Notwendigkeit als Weltgrund und Bestimmung des →Willens nicht bestritten und ebensowenig das Negative zum Positiven umdefiniert hat –, sondern eher eine fortschrittsgläubige, das Leibnizsche System verflachende Aufklärungsphilosophie, als deren Vertreter auch der junge →*Voltaire* von ebenjenen Jesuiten angegriffen wurde. Doch gerade Voltaire hat – nach dem den Fortschrittso. erschütternden Erdbeben von Lissabon 1755 – mit seiner Polemik gegen die »beste Welt« im Roman »Candide oder der O.« den Begriff populär gemacht. Freil. hat er Leibniz' Theodizee, der es um das grundsätzl. Verhältnis Gottes zu seiner Schöpfung, nicht aber um die Bewertung einzelner Weltzustände als »beste« geht, nicht wirkl. getroffen. Was er vielmehr trifft, ist das Mißverhältnis zwischen der Erklärbarkeit der Welt und dem Geschick des einzelnen, das wissend zu überbrücken sich auch Leibniz nicht angemaßt hatte.

*B.* Noch im Erscheinungsjahr von Voltaires »Candide« verteidigte *I.* →*Kant* unter dem Stichwort O. das Leibnizsche System, rückte aber später mit seiner Vernunftkritik von solcher Theodizee ab. In der Folgezeit löste sich das Wort von diesen Auseinandersetzungen und bezeichnet nun zusammen mit →Pessimismus die einander entgegengesetzten Grenzwerte eines vor allem Denken liegenden Daseinsgefühls, das wenig mit philos. oder theol. Deutungen, mehr aber mit Wendungen in →Politik und →Wirtschaft zu tun hat. Zur Bestimmung christl. →Hoffnung und christl. →Vertrauens ist der Begriff daher wenig geeignet.

*Lit.: Y. Belaval/H. Günther:* O., in: Hist. Wörterbuch der Philosophie, Bd. 6, 1240-1246. – *W. Hübener:* Sinn und Grenzen des Leibnizschen O., in: Studia Leibnitiana 10 (1978), 222-246.

*Hans-Gerd Janßen*

**Oratorium** meint eine mehrteilige, auf verschiedene Personen verteilte *Vertonung einer vorwiegend geistl. Handlung* in der Besetzung von →Chor, Solisten, Orchester, die jedoch meist nicht wie die →Oper für eine szen. Aufführung bestimmt ist; eine scharfe Abgrenzung zu →Kantate und →Passion ist nicht mögl.

*A.* Name und Sache des O.s gehen auf die musikal. Andachtsübungen im *»oratorio«* (Betsaal, Kapelle) von Kirchen und Klöstern zurück (um den Reformer F. Neri [1515-1595] entsteht ab 1552 die Kongregation der »Oratorianer« in Rom). Neben Gebeten und Lesungen werden dabei geistl. Gesänge häufig dialog. vorgetragen oder allegor.-moralisierende Darstellungen aufgeführt (sacre rappresentazioni). Im →*Barock* des generalbaßgestützten einstimmigen Gesangs (Monodie) blüht das geistl.-bibl. O. als Gegenstück zur mytholog.-weltl. Oper auf. Ein Erzähler (testo, historicus) treibt die Handlung des meist atl. Stoffes voran; deklamierende Sologesänge oder lyr., bilderreiche Choreinschübe stellen die entsprechenden Gemütsbewegungen dar (vor allem G. Carissimi: Jonas, Jephtha 1645, Abraham; A. Stradella, G. Legrenzi,

A. Scarlatti, G. B. Pergolesi, N. Porpora, N. Jomelli u.a.).

*B.* Unabhängig hiervon entwickelt sich um H. →Schütz im *dt.-prot. Bereich* aus den Wurzeln der ma. Mysterienpiele und luth. Lektionsgottesdienste eine eigenständige Ausprägung des O.s, meist »Historie« genannt. Die Evangelienberichte der hohen Fest- und Feiertage in →Luthers →Bibelübersetzung stehen im Mittelpunkt (so *H. →Schütz:* Auferstehungs-Historie 1623, Weihnachts-Historie 1664 und die späten →Passionen). Im 18. Jh. engt die ital.- neapolitan. Schule den Formenreichtum des O.s auf das Rezitativ und die da-capo-Arie ein; dieser Stil wird prägend für →Kantaten und O.n der Groß- und Kleinmeister um *J. S. →Bach* (→Weihnachten, →Passion, →Ostern; G. Ph. Telemann: Der Tag des Gerichts 1762).

*C.* Zur gleichen Zeit führt *G. F. →Händel* von der Oper her das *engl. Choro.* auf den Höhepunkt. Seine Gabe der Personencharakterisierung, seine Originalität, sein humanes Pathos (»Ich würde bedauern, wenn ich meine Zuhörer nur unterhalten hätte; ich wünschte sie besser zu machen«) geben seinen Werken einen bleibenden Erfolg. Da der Londoner Bischof Gibson die szen. Aufführung von »Esther« 1732 verbietet, formt Händel das O. zu einer eigenständigen Gattung aus: Deborah 1733; Saul 1739, Israel in Ägypten 1739, Samson 1743, Joseph 1744, Judas Maccabaeus 1747, Joshua 1748, Jephtha 1752 u.a.; bes. der »Messias« (1741) erreicht eine ungewöhnl. volkstüml. Wirkung. An Händel knüpft *J. →Haydn* in seinen Spätwerken an (Schöpfung 1798, Die Jahreszeiten 1801), die für die nachfolgende Zeit stilbildend wirken (L. van →Beethoven: Christus am Ölberge 1803; F. Schneider, L. Spohr: Die letzten Dinge 1826; vor allem F. →Mendelssohn: Paulus 1836 und Elias 1846; F. Liszt: Die Legende von der hl. Elisabeth 1867). Es gibt O.en mit weltl. Stoffen in →Deutschland (R. Schumann) und →Frankreich (H. Berlioz, C. Gounod, C. Saint-Saëns, C. Franck), Werke der sittl. Erhebung und rel. Innigkeit für den Konzertsaal.

*D.* Gegen Ende des *19. Jh.s* erlahmt das O.schaffen allmähl. in der Atmosphäre eines organisierten Musikbetriebes der Gesangvereine und O.chöre, die nur die bewährten Stücke eines kleinen Repertoires reproduzieren. Wenige Neuansätze bringt das *20. Jh.* (J. Haas, P. Hindemith, I. →Strawinsky, A. Honegger: König David 1921; W. Burkhard: Das Gesicht des Jesaias 1935).

*Lit.: F. Blume (Hg.):* Geschichte der ev. Kirchenmusik, Kassel, 2. Aufl. 1965. – *P. Damilano u.a.:* O., in: Musik in Geschichte und Gegenwart, Bd. X, 120-167. – *A. Schering:* Geschichte des O.s, Leipzig 1911.

*Martin Rößler*

**Orden, Ordenswesen.** O. sind in der allg. Religionsgeschichte ein häufig anzutreffendes Phänomen. Kommunitäten, →Kongregationen, →Bruder- und Schwesternschaften haben in der Geschichte und →Soziologie aller großen Religionen (→Buddhismus, →Islam) von Anfang an eine entscheidende Rolle gespielt, um der ursprüngl. rel. Lebensauffassung auch eine entspr. Form des gemeinsamen Lebens zu geben.

*A.* Das altkirchl. →Mönchtum (→Alte Kirche) kennt keine Aufspaltung in verschiedene O. Dort gibt es nur das *eine* monast. Leben. Wenn unterschieden wird, dann nach äußeren Formen: Eremiten (Einsiedler), Koinobiten (in Gemeinschaft Lebende) und ungeordnetes Wandermönchtum (vgl. Benediktusregel 1). Es kennt auch die Differenzierung nach Mönchslandschaften: Mönche in Ägypten, in Syrien, in Kappadokien usw. Daß monast. Leben in verschiedenen O. gelebt wird, ist eine ma. und neuzeitl. Erscheinung. Sie ist erstens eine Folge kirchl. und monast. *Reformbewegungen.* Eine monast. Erneuerung setzt sich bewußt von anderen Mönchen und →Klöstern ab und versammelt die von ihrer Reform erfaßten Klöster in einem eigenen Verband. Das geschah zum ersten Mal in →Cluny (gegr. ca. 908) (→Kongregationen). Der »Ordo Cluniacensis« hielt sich zwar weiterhin an die Benediktusregel, stellte daneben jedoch eine eigene Regelauslegung (consuetudo) und organisierte einen straff zentralist. geordneten Klosterverband. Die hochma. Mönchsreform führte in der schöpfer. Rückbesinnung auf die Anfänge des Mönchtums zu neuen monast. O. (→Zisterzienser, gegr. 1098) und zu organisierten Eremitenverbänden (z.B. Kartäuser, gegr. 1084). Die allg. →Kirchenreform zielte vor allem auf eine Reform des →Klerus und führte zu den Chorherrenorden (z.B. Augustinerchorherren, Prämonstratenser). Damit beherrschten zwei große *Familien* die monast. Landkarte: Mönche und Kanoniker. Gemeinsam sind die Verpflichtung auf die O.sgelübde (→Ev. Räte), das Gemeinschaftsleben und auch die gesellschaftl. Zuordnung: das ma. Feudalsystem (→MA.). Unterschiede zeigen sich im klösterl. Alltagsleben, in der Kleidung und in der Tätigkeit. Die zahlreichen monast. Gruppierungen betonten ihre eigene Identität, ihre bes. Tradition; sie standen teils konkurrierend nebeneinander und pflegten ihre Eigenständigkeit in betonter Stilisierung. Andererseits wurde die Vielfalt als Ausweis des vielfältigen Wirkens des Gottesgeistes gedeutet. Zu den männl. Gemeinschaften treten weibl.; sie bilden keine eigenen O., sondern schließen sich den verschiedenen Mönchs- und Kanonikero. an und adaptieren deren Form für ihre Bedürfnisse.

*B.* O. sind zweitens eine Folge der *Anpassung* des monast. Ideals *an veränderte Zeit und Lebensform.* Das zeigt sich bes. beim Aufkommen der sog. Bettelorden im 13. Jh.: →Dominikaner, →Franziskaner, Augustiner u.a. Ihr gesellschaftl. Bezug ist die →Stadt. In diesen neuen O. wird das Mönchtum städt. interpretiert. Ihre Klöster liegen in den Städten, werden zu städt. Institutionen. Die Mitglieder dieser O. suchen ihre Tätigkeit (→Predigt und →Seelsorge) außerhalb des Klosters. Sie leben nicht von festem Besitz, sondern von ihrer Arbeit. Sie kennen die dauernde Bindung an ein Kloster nicht, sondern gehören einem ortsungebundenen Personalverband an. Sie nehmen demokrat. Strukturen in ihre Verfassung auf: der Obere als auf Zeit gewählter Mandatsträger. Mit diesem O.styp sind die Weichen für die weitere Entwicklung des O.swesens gestellt worden.

*C.* O. sind drittens eine Folge der *Funktionalisierung des O.sideals.* Zwar wurde das Mönchtum seit dem frühen MA. von kirchl. und weltl. Obrigkeit in Dienst genommen; doch schon das MA. beginnt, O. für ganz best. Zwecke zu gründen. Die →Kreuzzüge führten zu den geistl. *Rittero.*: Das O.sleben wird verbunden mit dem kämpfer. Einsatz für das Hl. Land. Die Notwendigkeit der Hilfe für Pilger und Kranke führten zur Gründung der sog. *Hospitalo.* Diese gezielte Funktionalisierung beherrscht in der neueren Zeit die O.sgeschichte. Die neuen O.sgemeinschaften bleiben mit den Gelübden als konstitutiven Elementen ihres Lebens an die monast. Tradition gebunden. Aber die Freiheit, die diese Bindung schafft, wird auf apostol. Einsatz gelenkt. Ignatius von Loyola stellte 1540 seine »Gesellschaft Jesu« (→Jesuiten) dem →Papst für jeden kirchl. Auftrag zur Verfügung. Seither wurden für die →Mission, Glaubenserneuerung, Priesterausbildung, den Unterricht und das weite Feld sozial-karitativer Arbeit immer wieder bes. O.sgemeinschaften gegründet. In dieser Epoche der O.sgeschichte wurden erstmals selbständige weibl. Gemeinschaften gegründet: z.B. die Ursulinen durch Angela Merici (gest. 1540), die Englischen Fräulein durch Maria Ward (gest. 1645). In ihnen leisteten Frauen Hervorragendes für Kirche und Welt. Eine Blütezeit erreichten die aktiv tätigen O.sgemeinschaften im 19. Jh., wo sie zu organisierter kirchl. Antwort auf die vielfachen sozialen Notstände wurden.

*D.* Die jüngste Vergangenheit ließ *neue Formen* des O.slebens entstehen: sog. →Säkularinstitute, deren Mitglieder sich ebenfalls zu den Gelübden verpflichten, die aber weithin auf traditionelle Merkmale des O.slebens (Gemeinschaft, O.skleid usw.) verzichteten. Das 2. →Vat. Konzil hat an der alten Überzeugung festgehalten, daß das O.sleben unverbrüchl. zum Leben der kath. Kirche und ihrer Heiligkeit gehört. Es versteht diese Lebensform als geistgewirkte Gabe (→Charisma) und als bestellt zur Auferbauung der Kirche und zum Heil der Welt. In diesem Jh. hat auch in den Kirchen der →Reformation das O.sleben eine Neubewertung erfahren. In den neugegründeten ev. Kommunitäten (Communität Casteller Ring u.a.) kehrt die kommunitäre Bewegung in den →Protestantismus zurück, die von Anfang an zum Wesen der christl. Kirche hinzugehört hat.

*Lit.: G. Le Bras (Hg.):* Les ordres religieux, Paris 1979. – *Ders.:* Les ordres religieux actifs, Paris 1978. – *J. Halkenhäuser:* Kirche und Kommunität. Geschichte und Auftrag der kommunitären Bewegung in den Kirchen der Reformation, Paderborn 1978. – *G. Mensching:* Soziologie der Religion, Bonn, 2. Aufl. 1968. – *Ders.:* Soziologie der großen Religionen, Bonn 1966. – *J. B. Metz:* Zeit der Orden? Zur Mystik und Politik der Nachfolge, Freiburg 1977. – *G. Pollak:* Der Aufbruch der Säkularinstitute und ihr theol. Ort, Vallendar-Schönstatt 1986.

*K. Suso Frank*

## Ordination

*A.* O. ist der Akt der Aufnahme in den geistl. Stand (→Klerus, →Priester). Die kirchenrechtl. und die liturg. Ausgestaltung hängen vom Verständnis des →Amtes ab. →*AT und* →*Judentum* kennen eine Übertragung der zur Amtsführung (z.B. Rabbinat) erforderl. Vollmacht durch Handauflegung in einem öffentl. Rechtsakt. Das frühe Christentum sieht →Berufung und Sendung in Gottes Willen begründet, der der →Gemeinde im →Geist kundgetan wird. So verleiht oder bestätigt die O. die Ausrüstung des Ordinanden mit dem →Charisma des Amtes und begründet seine Autorität in der Kirche. Die O. wird durch das Gebet der Gemeinde begleitet und entsprechend der jüd. Praxis (→Rabbiner) durch Handauflegung vollzogen.

*B.* Gemäß ihrer sakramentalen und hierarch. Struktur (→Hierarchie) ist die O. in der *kath. Kirche* ein →Sakrament und zugleich Einsetzung in die entspr. Weihestufe (Diakonat, →Presbyterat, Episkopat, →Kirchenverfassung). Sie geschieht durch Handauflegung und →Gebet, Spender ist der →Bischof. Voraussetzung zum Empfang insbes. der Priesterweihe (→Priester) sind u.a. männl. Geschlecht, vorgeschriebene Ausbildung, charakterl., moral. und gesundheitl. Bedingungen, Vollendung des 25. Lebensjahres, Ehelosigkeit (Zölibat). Die O. verleiht gemäß einer augustin., im →MA. ausgebauten und auf dem →Konzil von Trient (Denzinger, S. 1609; 1774) definierten Lehre ein »unauslöschl. Prägemal« (character indelebilis): die Fähigkeit, in der Person Jesu Christi das Volk Gottes zu »weiden«. Darum kann sie nicht wiederholt werden (vgl. cc. 1008-1054 Codex Iuris Canonici).

*C.* Die *ev. Kirche* versteht die O. von der Aufgabe des Amtes her, der öffentl. Verkündigung des Evangeliums (vgl. →Augsburger Konfession Art. V und XIV). So konnte sie als →Berufung (Vokation) und Beauftragung (Investitur, Installation) zum Dienst der →Predigt und Sakramentsverwaltung in einer best. →Gemeinde bei Stellenwechsel auch wiederholt werden. Eine sakramentale Bedeutung kommt ihr nicht zu. Im Laufe der Zeit hat sich das Verständnis der O. als »*Generalvokation*« durchgesetzt. Sie wird in den ev. Kirchen heute wechselseitig anerkannt und *nicht wiederholt.* In der Regel wird sie im Gemeindegottesdienst durch den Inhaber eines übergemeindl. kirchl. Leitungsamtes bzw. durch dessen Stellvertreter unter Handauflegung vorgenommen. Sie besteht liturg. aus Segnung, Fürbitte und Sendung, der auf seiten des Ordinanden das *Ordinationsgelübde* entspricht. Darin verpflichtet er sich, das →Evangelium von →Jesus Christus auf Grund der Hl. Schrift gemäß dem →Bekenntnis der ordinierenden Kirche zu verkündigen und die Sakramente ordnungsgemäß zu verwalten (Confessio Augustana XIV). Voraussetzungen der O. sind eine theol. Ausbildung sowie Fähigkeit und Bereitschaft zum Dienst des →Pfarrers mit seinen geistigen, körperl. und eth. Erfordernissen. Einzelne Funktionen des ordinierten Amtes können in vielen ev. Kirchen auch auf Grund von meist zeitl. und örtl. beschränkten Beauftragungen wahrgenommen werden. Ein solcher Dienstauftrag (etwa eines Lektors oder eines Prädikanten) wird nicht durch die O., sondern durch eine Einführung oder Einsegnung erteilt.

*D.* Die *Lehrunterschiede* zwischen den →Konfessionen sind trotz intensiver Diskussionen nicht ausgeräumt (→Amt, →Bischof). Doch haben verschiedene zweiseitige Gespräche (→Ökumenismus) gezeigt, daß durch Uminterpretation des geltenden Amts- und Sakramentsverständnisses eine gegenseitige Annäherung in der Auffassung der O. erzielt werden könnte. Die entscheidende Streitfrage (etwa zwischen den →Freikirchen und anderen) ist deshalb, ob ein (ordiniertes) Amt überhaupt zum Wesen der Kirche, ob demgemäß zur Ausübung dieses Amtes die O. gehört. Die O. der →*Frau* wird von vielen ev. Kirchen seit einigen Jahrzehnten geübt, von der orthod. und kath. Kirche jedoch bisher abgelehnt. Hinter diesen Entscheidungen steht letztl. ein unterschiedl. Verständnis des Amtes entweder als funktionalen Dienstes oder als göttl. gestifteten Priestertums (→Klerus).

*Lit.:* *W. Brunotte:* Das geistl. Amt bei Luther, Berlin 1959. – *P. Fransen:* »Weihen, Heilige«, in: Sacramentum mundi, 4. Bd., 1249ff. – *Th. Harnack:* Die Kirche, ihr Amt, ihr Regiment, Nürnberg 1862, Neudruck Gütersloh 1947. – *K. Kertelge:* Das kirchl. Amt im NT, Darmstadt 1977. – *E. Lohse:* Die O. im Spätjudentum und im NT, Göttingen 1973. – *H. M. Müller:* Kirchengemeinschaft, Abendmahl und Amt, in: Theol. Beiträge 5 (1984), 219-236. – *F. Viering:* Gemeinde-Amt- Ordination, Gütersloh 1970.

*Hans Martin Müller*

**Organisation.** Unter den für *moderne* →*Gesellschaften* charakterist. →sozialen Gebilden kommt dem Phänomen der O. eine bes. Bedeutung zu. Von ihren Anfängen an haben die →Sozialwissenschaften in der Entstehung und Ausdehnung organisierter Sozialformen eine gesellschaftl. Entwicklung mit bestimmender Kraft für die Lebensbedingungen innerhalb moderner Gesellschaften gesehen. O. gilt seither als Ausdruck einer umfassenden →*Rationalisierung* des gesellschaftl. Lebens, der zweckhaft-rationalen Umgestaltung traditionaler Formen menschl. Zusammenlebens wie der Ausweitung herrschaftl. geregelter Sozialbeziehungen in allen Gesellschaftsbereichen.

*A.* Auf die Frage, was O.en sind und was ihre bes. Eigenart ausmacht, haben die Sozialwissenschaften erst in ihrer jüngsten Geschichte eine einigermaßen genaue Antwort gefunden. Danach lassen sich O.en als soziale Gebilde mit folgenden *Eigenschaften* kennzeichnen: 1. Sie dienen einer bes. *Zwecksetzung* und sind bewußt auf best. →Ziele und ihre relativ dauerhafte Verfolgung hin orientiert. 2. O.en haben einen eindeutig angebbaren *Mitgliederkreis.* Die →Rolle als O.smitglied gilt prinzipiell als erworben; sie kann auch aufgegeben oder entzogen werden. Damit lassen sich Grundnormen als Bedingungen der Mitgliedschaft formulieren, deren Geltungsbereich die Grenzen der O. markieren. 3. O.en sind gekennzeichnet durch eine – auf die spezif. Zwecksetzung bezogene – arbeitsteilige *Differenzierung* von Positionen und Rollen und deren Absicherung in einem formell und personenunabhängig festgelegten Regelwerk. Das *Regelwerk* legt in Form von Programmen Bedingungen fest, unter denen das →Handeln richtig ist; es bestimmt Weisungsbefugnisse, →Kompetenzen und →Kommunikationswege. Mit einer Leitungsinstanz ausgestattet, sind O.en nach innen und außen vertretbar und besitzen eine der O. zurechenbare Handlungsfähigkeit. Das Regelwerk legt schließl. Kriterien fest für Rekrutierung, Qualifikation und →Mobilität des Personals und schafft damit Grundlagen für eine spezif. Personalstruktur.

*B.* Mit diesem Merkmalen unterscheiden sich O.en deutl. von *anderen Formen* menschl. Zusammenschlüsse wie Zweierbeziehungen, →Familien, Kleingruppen und Nachbarschaften einerseits und sozialen Bewegungen, →Gemeinden und Gesellschaften andererseits. In dieses (soziol. orientierte) Verständnis von O.en lassen sich die *engeren* begriffl. Fassungen anderer sozialwissenschaftl. Teildisziplinen einordnen; so, wenn die Betriebswirtschaftslehre als O. das System von Regeln zur Erfüllung der betriebl. Aufgaben bezeichnet.
In seiner Bedeutung für den einzelnen wie für die →Gesellschaft ragt bes. jener Typ von O. hervor, den man gemeinhin als *Arbeitso.* kennzeichnet. Die Mitglieder von Arbeitso.en verdienen durch ihre →Arbeit in der O. ihren Lebensunterhalt, oder sie gehen im Rahmen der O. ihrem →Beruf nach. Wie insbes. die gesellschaftl. Bereiche von →Politik und →Wirtschaft, so hat auch die →*Religion* in den differenzierten westl. →Gesellschaften einen hohen Grad der O. angenommen. Die →Kirchen sind in ihren Kernbereichen komplexe Arbeitso.en geworden, und das volkskirchl. Bewußtsein der Zugehörigkeit weicht zunehmend dem für O.en typ. Bewußtsein der Mitgliedschaft. Diese Entwicklung, die alle christl. →Konfessionen der westl. Gesellschaft in vergleichbarer Weise betrifft, ist in ihren Folgeproblemen für Bestand und Weitergabe des →Christentums noch nicht abzusehen.

*Lit.: G. Büschges:* Einführung in die O.ssoziologie, Stuttgart 1983. – *M. Crozier/E. Friedberg:* Macht und O., Königstein 1979. – *Y. Spiegel:* Kirche als bürokrat. O., München 1969.

*Karl Gabriel*

## Organismus

*A.* Der Begriff wird in der →Biologie gleichbedeutend mit →»Individuum« und »Lebewesen« verwendet. Er steht für das *Gesamtsystem der Organe* eines lebenden Körpers, also für die Gesamtheit der hochkomplizierten und kaum je durchschaubaren »Mechanismen«, die sinnvoll geordnetes →Handeln als lebende Einheit ermöglicht. Im Rahmen von Evolutions- und Systemdenken läßt sich der O. in seinem Aufbau theoret. beschreiben:

1. O. ist ein System von Organen. Ein *Organ* (griech. *organon,* Werkzeug) meint in der Biologie einen abgrenzbaren Körperteil mit einer spezif. Funktion (z.B. Herz, Lunge) und leistet einen Beitrag zum Betrieb des Gesamtsystems. Andererseits ist das Gesamtsystem Mittel zur Erhaltung des einzelnen Organs. Diese Gegenseitigkeit hat schon →Kant gesehen.
2. Der O. wird von den Erbanlagen hervorgebracht und dem *Test durch die Umwelt* ausgesetzt – als »Überlebensmaschine« (Dawkins) der Gene, d.h. der Erbträger (→Evolution, →Darwinismus). Er kann beschrieben werden als ein programmiertes Regelsystem (→System, →Kybernetik), das best. Zustände aufrechterhalten oder erreichen soll. Die Sollzustände wurden in der Regel als Überlebens- und Fortpflanzungsvorteile im Ausleseverfahren seiner Entwicklung ermittelt. Ashby prägte für »sollzustandsgesteuerte« Systeme, die gegensteuernd auf Störungen der Umwelt reagieren können, den Begriff »*Homöostat*«. Der O. ist auch aus Gründen der Energieversorgung gezwungen, mit der Umwelt in Kontakt zu treten. Allein schon die Aufrechterhaltung seines Ordnungszustands erfordert Zufuhr von →Energie.
3. Ein solches System muß durch Erbanlagen festgelegt sein. Unter Umständen speichern sie die Reaktion auf verschiedene stammesgeschichtl. »erfahrene« Umwelten. Für unvorhergesehene Umweltsituationen – so läßt sich denken – hat die *Stammesgeschichte* Einrichtungen zur ontogenet. (je individuellen) Bildung von Anpassungsprogrammen hervorgebracht.
4. Bei einer Einzelzelle stellt der Zellkern die *zentrale Steuerinstanz* dar. Schon die Zelle ist wohl als O. anzusehen (ihre Subsysteme nennt man »Organelle«.) Bei Vielzellern kann ein übergeordnetes Steuersystem vorhanden sein. Insbes. Tiere sind dadurch in typ. Weise ausgezeichnet (Nervensystem, Hormonsystem). Wichtigste Besonderheit der tier. Leistungen ist wohl der vielfältige Umweltkontakt über →Sinne und Bewegungssystem. Der Biologe und Philosoph H. Plessner (1892-1985) hebt in diesem Zusammenhang hervor, Tiere besäßen zu einem »Funktionsselbst« zusätzl. noch ein »Aktionsselbst«.

*B.* Der Begriff des O. bzw. des Organischen wird über das →Individuum hinaus auch auf Sozialverbände oder Lebensgemeinschaften, auf den →Kosmos, auf →*Natur und* →*Geschichte* übertragen angewandt. So spielt er etwa in der →Naturphilosophie von G. Bruno eine zentrale Rolle; →Schelling bestimmt die →Natur als teleolog. zweckgerichtetes System (→Vitalismus). Herder versucht, Geschichtsprozesse in Analogie zum Wachstum des Organischen zu begreifen. Neuerdings versuchen Vertreter der →Kosmologie, den Kosmos organizist. auf eine tiefere Einheit von →Makrokosmos und Mikrokosmos zu begreifen (→Ganzheit). Vom Standpunkt der Biologie aus ist zuzugeben, daß auch überindividuelles Geschehen durchaus geordnet ablaufen mag, daß es auch hier Prozesse der Selbstregelung und Rückkopplung gibt. Allerdings ist anzuraten, diese Analogien so genau wie mögl. anzugeben und auszuarbeiten, wenn die Analogie des Organischen über eine unverbindl. und bisweilen wissenschaftskrit. Metaphorik hinauskommen will.

*Lit.: W. R. Ashby:* Design for a Brain, London, 2. Aufl. 1978. – *H. Plessner:* Die Stufen des Organischen und der Mensch, Berlin/New York, 2. Aufl. 1975.

*Bruno Gauger*

## Orgel, Orgelmusik

*A.* Die O., das hochtechnisierte, mächtigste *Blasinstument,* »der könig aller instrumenten« (Mozart), hat trotz der Ersatzinstrumente wie Harmonium oder Elektronium dank ihres raumfüllenden Volumens, ihres Spektrums von Klangfarben, ihres in Höhe und Tiefe an die Hörgrenze reichenden Umfangs und ihrer Spielbarkeit auf mehreren Tastenreihen bis heute nichts von ihrer Faszination verloren. Als *Hydraulis* (Wasserdrucko.) hat sie eine Vorgeschichte in der →Antike (angebl. erfunden von Ktesibios um 246 v. Chr.). Im byzant. Kaiserreich (→Byzanz) wird die O. im Zirkus und beim Hofzeremoniell eingesetzt. 757 n. Ch. kommt sie als ein Geschenk an Pippin ins Abendland und entwickelt sich allmähl. zum Inbegriff der kirchl.-liturg. Spielmusik (um 980 eine O. in Winchester mit 400 Pfeifen). Um 1300 ist sie in fast allen größeren Kirchen vorhanden; sie wird als eigenständiges Solo, im Wechsel mit dem →Chor und zur Begleitung verschiedener Formen des →Gregorian. Chorals benützt. Die ersten überlieferten *O.stücke* in Tabulaturbüchern (Griffschrift) zieren Gesangsvorlagen instrumental aus (der blinde C. Paumann um 1450; A. Schlick und P. Hofhaimer um 1500). Neben der großdimensionierten O. sind Kleinformen wie das *Positiv, das Regal* mit Zungenstimmen und das tragbare *Portativ* in Gebrauch.

*B.* Die *Blütezeit des O.baus* nach 1600 verwirklicht landschaftl. unterschiedl. Typen des Klang- und Kompositionsideals: weiche Prinzipal- und Obertonreihen in →Italien (A. Gabrieli, C. Merulo, G.

Frescobaldi mit »Orgelmessen«: Fiori musicali 1635) und Süddeutschland (J. J. Froberger, J. K. Kerll, J. Pachelbel, G. Muffat); charaktervolle Zungenregister in →Spanien (A. de Cabezon, J. Cabanilles) und →Frankreich (J. Titelouze, F. Couperin, N. de Grigny); gegensätzlicher Spaltklang, helle Mixturen und prächtige Pedalstimmen im norddt. Raum, die eine phantasiereiche, virtuose Literatur anregen. Zudem fällt im späteren 17. Jh. der O. im prot. Bereich mit der Begleitung des *Gemeindegesangs* eine wichtige Aufgabe zu, so daß sich neben Vor- und Nachspielen vielfältige Formen des O.chorals entwickeln. Zentren in O.bau und O.musik sind die →Niederlande (J. P. Sweelinck mit Liedvariationen im Rahmen des bürgerl. O.konzerts) und Mittel- und Norddeutschland (M. Praetorius, S. Scheidt: Tabulatura nova 1624, H. Scheidemann, F. Tunder, vor allem D. Buxtehude, V. Lübeck, G. Böhm und N. Bruhns).

*C.* Die Traditionsströme der O.musik fließen im überragenden und umfangreichen *O.werk J. S. →Bachs* zusammen: Virtuosität und Kantabilität, Melodik und Harmonik, in freigestalteten Formen (Präludium bzw. Toccata und Fuge, Passacaglia, Konzerte, Sonaten) und Kirchenlied-Bearbeitungen (Partiten, Orgelbüchlein, Clavierübung III). Bachs Klangideal ist die O. von A. und G. Silbermann. Bachs *Zeitgenossen* (G. F. →Händel, J. G. Walther) und seine Schüler (C. Ph. E. Bach, J. L. Krebs) vermitteln der späteren Zeit noch Spieltechnik und Setzweise; aber mit dem Verfall der kirchl.-liturg. Bindung verliert die O.musik an Bedeutung. Die →*Klassik* pflegt sie traditionell weiter (J. →Haydn, W. A. →Mozart mit Improvisationen, Kirchensonaten, »Flötenuhr«-Stücken; J. G. Vogler). In der →*Romantik* bekommt sie durch die geschichtl. Rückbesinnung einige Impulse (F. →Mendelssohn, R. Schumann, Fr. →Liszt, J. →Brahms). Durch die Erfindung der pneumat. und elektr. Spieltraktur paßt sich die O. *vor 1900* immer mehr dem Orchesterklang an, sowohl in →Frankreich (A. Guilmant, Ch. M. Widor; C. Franck) wie in Deutschland (ein neuer Höhepunkt in Spieltechnik und Klangvolumen mit M. →Reger).

*D. Im 20. Jh.* erkennt die »O.bewegung« die Grundsätze des barocken O.baus als vorbildl. (A. →Schweitzer, W. Gurlitt, H. H. Jahn, Chr. Mahrenholz): Abkehr von der serienmäßigen Rieseno. zum handwerkl. Einzelstück mit mechan. Traktur, Schleiflade und klarem Registeraufbau. Entspr. verbindet die O.musik seit 1920 die Formenwelt früherer Epochen mit den modernen Klangvorstellungen und schöpft neue Kräfte aus dem Choral (H. Kaminski, P. Hindemith, J. N. David, W. Burkhard, E. Pepping, J. Ahrens, H. Distler, H. Bornefeld, S. Reda, W. Fortner). Auch die neuesten seriellen, aleator. und clusterartigen Techniken vermögen der O. neue Möglichkeiten zu entlocken ( O. →Messiaen, G. Ligeti).

*Lit.: G. Frotscher:* Geschichte des O.spiels und der O.komposition, Bd. I/II, Leipzig, 2. Aufl. 1959. – *H. Keller:* Die O.werke Bachs, Leipzig 1948. – *H. Klotz:* Das Buch von der O., Kassel, 6. Aufl. 1960. – *V. Lukas:* O.musikführer (Reclam), Stuttgart 1963. – O., in: Musik in Geschichte und Gegenwart, Bd. X, 228-396 (Lit., Abb.). – *W. Supper:* Die O.disposition, Kassel 1946. – Zahlreiche Veröffentlichungen der Gesellschaft für O.freunde seit 1951.

*Martin Rößler*

**Orientalische Nationalkirchen.** Mit diesem Sammelbegriff werden in der →Konfessionskunde jene Kirchen bezeichnet, die in den christol. Streitigkeiten der ersten Jh.e eine Position bezogen haben, die von den →Altkirchl. Konzilien als »monophysit.« (d.h. »eine Natur« in →Jesus Christus lehrend) oder *»nestorian.«* abgelehnt worden ist (wobei dahingestellt bleiben muß, ob diese Kirchen die verurteilte Irrlehre auch wirkl. vertreten haben oder nur eine mißverständl. oder andere Terminologie benutzten).

*A.* Die o.nN. zählen also weder zur →röm.-kath. Kirche noch zu den prot. Gemeinschaften, aber auch nicht zur eigentl. (von Theologen der o.nN. manchmal »byzant.« gen.) Orthodoxie, sondern umfassen – im Regelfall auf die Angehörigen einer Nation begrenzt – die einst an den *östl. Grenzen* des antiken Röm. Reiches lebenden Christen oder ihre Nachkommen. Dabei haben allerdings Migrationsbewegungen verschiedener, nicht zuletzt auch des 20. Jh.s starke Bevölkerungsverschiebungen hervorgebracht. Während sich die o.nN. traditionell mit sehr alten, zumeist regional oder national bezogenen *Selbstbezeichnungen* belegt haben (»Armen.-Apostol. Kirche«, »Kirche des Ostens« usw.) gebrauchen sie auf Grund der relativen Nähe in Liturgie, Frömmigkeit und teilweise auch Theologie heute nicht selten den Namen *»orthod.«* in Verbindung mit ihrer Nationenbezeichnung (also z.B. »syr.-orthod.«), obwohl eine vollkommene Kircheneinheit mit der eigentl. →orthod. Kirche des →Ökumen. Patriarchats und der mit ihm in Kommuniongemeinschaft stehenden Landeskirchen trotz intensiver Lehrgespräche in den letzten Jahren noch nicht hergestellt werden konnte. Daher ist es gelegentl. übl. geworden, die o.nN. als *»oriental.-orthod.«* Kirchen von den »östl.-orthod.« zu unterscheiden, eine aber auch nur dem Kenner einsichtige Abhebung.
Obwohl die erwähnten Lehrgespräche gezeigt haben, daß zumindest der Vorwurf des Monophysitismus (und die daraus ab 451 erfolgten Verurteilungen) für die o.nN. weitestgehend zu Unrecht bestehen – unterschiedl. Terminologien, nicht aber Theologien haben hierzu geführt –, bleiben doch noch etl. Fragen offen, bes. bezügl. der Wertung der Kirchenväter, vor allem des 5. Jh.s, und ihrer Schriften, die von der einen Seite für rechtgläubig, von der anderen aber für häret. erachtet werden. Eine andere Bezeichnung für die o.nN. greift den Zeitpunkt der endgültigen Trennung nach dem 4. Ökumen. Konzil auf und nennt sie *»Vor-«* oder *»Nichtchalcedonenser«*.

*B.* Nachdem die o.nN. lange Jh.e bes. unter kath. Unionsversuchen zu leiden hatten, konnten viele von ihnen in diesem Jh. sich in ihrem *Eigenleben* wieder kräftigen, teilweise sogar – wie die →kopt., aber auch die syr. Kirche (vor allem in →Indien) und die Kirche von →Armenien – eine echte Renaissance erleben. Weitgehend desolat ist hingegen der Zustand der →nestorian. Kirche, bei der auch derzeit wenig Hoffnung auf eine baldige Aussöhnung mit der →orthod. Kirche besteht, da hier wohl doch gravierende Lehrunterschiede (und inzwischen auch solche der liturg. Praxis, bes. in der Sakramentenspendung) bestehen. Im einzelnen haben wir es heute mit folgenden o.nN. der (wohl fälschlicherweise sog.) »monophysit.« Richtung zu tun, die untereinander in Kommunion- und Zelebrationsgemeinschaft stehen, wenn diese wegen der sehr unterschiedl. liturg. Traditionen und Formulare in der Praxis auch nicht allzuoft in Anwendung kommt:

1. →*Kopt.-orthod. Kirche* (Papsttum von Alexandria) mit ca. 12 Mill. Gläubigen in Ägypten, aber auch in der gesamten kopt. Emigration (Vorderer Orient, Westeuropa, USA).
2. *Äthiop.-orthod. Kirche*, die seit 1959 selbständige Tochterkirche der kopt., mit rund 18 Mill. Gläubigen in →Äthiopien und der Emigration.
3. *Armen. Apostol. Kirche* in zwei »Katholikaten« (Edschmiazin und Sis, heute im Libanon) und zwei Patriarchaten (Istanbul und Jerusalem) mit etwa 4,6 Mill. Gläubigen (zusammen) in der Armen. SSR, der übrigen UdSSR, dem Vorderen Orient und Westeuropa (vor allem Frankreich mit 180.000 Gläubigen) und Amerika.
4. *Syr.-orthod. Kirche* (Patriarchat von →Antiochia) mit ca. 250.000 Gläubigen in Syrien, dem Vorderen Orient, der Osttürkei und der Emigration in Westeuropa (Bistumssitz in Hengelo/Niederlande), davon rund 30.000 in der Bundesrepublik Deutschland.
5. Syr.-orthod. Kirche in →*Indien*, also eine Gruppe der sog. »Thomaschristen«, mit insgesamt ca. 2 Mill. Gläubigen, von denen ein Teil – mit großer Autonomie – dem syr.-orthod. Patriarchat von Antiochia untersteht, ein anderer Teil aber ein völlig autokephales Katholikat bildet.

*C.* Auch zu den o.nN. zu rechnen ist die *»Kirche des Ostens«*, d.h. die 431 als nestorian. aus der Gesamtkirche ausgeschlossene Gemeinschaft, zu der heute nur noch rund 185.000 Gläubige im Irak, Iran, in Indien (ca. 30.000) und in der Emigration im ganzen Vorderen Orient, Westeuropa und Amerika gehören, die zudem in zwei einander bekämpfende und sich gegenseitig die Rechtmäßigkeit absprechende Katholikate zerfallen sind.
Alle diese o.nN. haben inzwischen auch eigene Seelsorger in der Bundesrepublik, wo sie zumeist eine gute Verbindung sowohl zu den westl. Konfessionen wie der →orthod. Kirche gewonnen haben.

*Lit.: A. A. Atiya:* A History of Eastern Christianity, London 1968. – *F. Heyer (Hg.):* Konfessionskunde, Berlin 1977, 202-308. – *W. Nyssen u.a. (Hg.):* Handbuch der Ostkirchenkunde, Bd. I, Düsseldorf 1984, 34-48; 209-267. – *B. Spuler:* Die morgenländ. Kirchen (Handbuch der Orientalistik, I, 8/II), Leiden/Köln 1961.

*Nikolaus Thon*

**Origenes** (185-254), Sohn eines christl. Elementarlehrers in →Alexandria, mit jungen Jahren bereits Leiter des Katechumenenunterrichts und Schüler des Neuplatonikers Ammonios Sakkas (→Neuplatonismus) ist der *bedeutendste griech. Theologe* der →Alten Kirche. Seine strenge Lebensweise, die ihn zum Vorbild und Wegbereiter des →Mönchtums werden ließ, sein wissenschaftl. Ernst und missionar. Eifer, vor allem aber seine überragende bibl. und philos. Gelehrsamkeit machten ihn zu einem gefeierten Lehrer. Außerhalb Alexandrias war er als Prediger und sachkundiger Theologe bei Disputationen gefragt; auch bei Nichtchristen genoß er hohes Ansehen. Seine Unabhängigkeit, häufige Reisen, aber auch bestimmte spekulative Lehren in seiner →Theologie führten zum *Konflikt* mit dem alexandrin. →Bischof. Zum Bruch kam es, als man O. in Cäsarea (Palästina) zum →Presbyter weihte. O. konnte jedoch in Cäsarea seine *Lehrtätigkeit* mit großem Erfolg bis an sein Lebensende fortsetzen. Viele der späteren Bischöfe in Syrien und Kleinasien waren seine Schüler. Auch in der Schule Alexandrias lebten sein Name und seine Gedanken fort.
Mehrfach aber kam es zum Streit über sein *theol. Erbe*. Vor allem sein systemat.-theol. *Hauptwerk* »Über die Grundlehren« (De principiis), nach 220 in Alexandria entstanden, stieß auf heftigen Widerspruch. In ihm hatte O. ein umfassendes theol.-philos. →System entwickelt, das die Vernünftigkeit und zugleich Überlegenheit des christl. Wahrheitsanspruches erweisen sollte. Zwar betont O. mit Nachdruck die bibl. und kirchl. Grundlage seines Systems, entfaltet aber nach Art der Gnostiker ein *umfassendes →Weltbild*, um so die häret. →Gnosis durch eine kirchl. zu überwinden. Der eine →Gott bleibt Schöpfer der Welt, die nicht als Gefängnis der →Seele, sondern als Ort der Bewährung und Läuterung verstanden wird. Auch ist niemand vom →Heil ausgeschlossen. Doch erinnert das System durch seine Lehre von einer präexistenten →Schöpfung der Geisteswelt und vom vorgeburtl. Sündenfall an gnost. Vorbilder. Überall dort, wo die theol. →Spekulation des O. nicht mehr durch kirchl. →Tradition gedeckt schien, entwickelte sich das Mißtrauen der schlichten Christen und ihrer Anwälte.
Dies ist der Hintergrund der *origenist. Streitigkeiten* um 400 und im 6. Jh., die zur Verurteilung des O. als Häretiker (→Häresie) geführt haben (553). Sie haben mit dazu beigetragen, daß große Teile seines umfangreichen Werkes verlorengegangen sind. Dennoch blieb sein Einfluß auf die Theologie erhalten. In der systemat. Theologie wirkt sein System wie ein Ferment nach, das zu Anknüpfung

und Widerspruch herausfordert. Der →Bibelwissenschaft hat O. mit der *Hexapla* (»die Sechsfache«) ein eindrucksvolles Beispiel seiner intensiven Bemühungen um den Text der →Bibel hinterlassen. Das nur in Bruchstücken erhaltene Werk verzeichnet in sechs Kolumnen nebeneinander den hebr. Urtext, eine griech. Umschrift davon und außer der in der christl. Kirche verwendeten Septuaginta noch drei weitere griech. Übersetzungen des →AT. Gewissenhaft sind die Abweichungen notiert. Die meiste Kraft hat O. auf die *Auslegung der gesamten Bibel* verwandt. O. war der erste Theologe, der AT und →NT als vom →Geist Gottes gewirkte Einheit verstand, deren tieferer Sinn durch den →Logos offenbart ist. Dieser Sinn erschließt sich für O. nach dem Vorbild Philos von Alexandria durch die *allegor. Methode*, die die Brücke schlägt vom vordergründigen Wortsinn zum geistl. Sinn, der den Menschen zu geistiger und sittl. Vollendung führt. Exegese und Systematik des O. sind dabei auf eigentüml. Weise aufeinander bezogen. Denn die Auslegung erweist das menschl. Leben wie die Weltgeschichte als einen Prozeß, der durch die göttl. Pädagogik bestimmt ist.

*Lit.: U. Berner:* O. (Erträge der Forschung 147), Darmstadt 1981. – *H. Crouzel:* Bibliographie critique d'Origène, Den Haag/Steenbrugge 1971; Supplement I 1982 (IP VIII; VIIIa). – *F. H. Kettler:* O., in: Religion in Geschichte und Gegenwart, 3. Aufl., Bd. 4, 1692-1702. – *P. Nautin:* Origène, Paris 1977.

*Wolfgang A. Bienert*

**Orthodoxe Kirche**

*A. Das theologische Selbstverständnis*

In der →Konfessionskunde wird die o.K. oft neben dem →Katholizismus und dem →Protestantismus als dritte christl. →Konfession bezeichnet. Selbst weiß sich die o.K. aber nicht als eine der christl. Konfessionen im Rahmen des gespaltenen →Christentums, sondern versteht sich als die »eine, heilige, kath. und apostol. Kirche« des Glaubensbekenntnisses, als *die unteilbare Kirche Christi*, da die Kirche als Leib Christi untrennbar ist.

*I.* Insofern machen auch alle (rein administrativ zu verstehenden) orthod. Landeskirchen gemeinsam die eine o.K. aus. Ihre *Selbstbezeichnung* als »orthod.« bedeutet dem Wortsinn nach zum einen »rechtgläubig«, dann aber auch »auf rechte Weise Gott die Ehre gebend«. Damit sind die beiden wichtigen Elemente orthod. Kirchlichkeit gegeben: die rechte →*Lehre* und der rechte *Lobpreis.* Die o.K. begründet ihre Überzeugung von der durch sie gelebten Orthodoxie mit der Bewahrung des urchristl. Erbes in Glaube und Leben die Jh.e hindurch. Dies kennzeichnet die orthod. →Tradition, die allerdings nicht als ein stat., totes Element verstanden werden darf, sondern als ein dynam. Kraftfaktor im Leben der Kirche und als bewegende Gegenwart des →Hl. Geistes in ihr. Insofern sieht sich die o.K. als *Repräsentantin der unverfälschten* gesamtchristl. *Überlieferung* der apostol. Kirche und der sieben Ökumen. Synoden (→Altkirchl. Konzile): »Wie die Propheten sahen, wie die Apostel lehrten, wie die Kirche übernahm, wie die Lehrer bestimmten, wie die ganze Christenheit übereinstimmend glaubte..., so glauben wir, so reden wir, so verkünden wir...« (aus dem Gottesdienst am »Sonntag der Orthodoxie«).

»Orthodoxie« meint also nicht nur die formal richtige Lehre, sondern jenen Lobpreis Gottes, der sich im wahren →Glauben, in →Kult und kirchl. Leben verwirklicht. Nicht primär als belehrende, sondern als Gott preisende, betende Gemeinschaft versteht sich daher die o.K. Jede ihrer Ortsgemeinden ist in diesem Sinne Kirche: Ihre *Mitte ist die →Eucharistie*, die »Göttl. Liturgie«, der der →Bischof (oder ein von ihm dazu ordinierter →Priester) vorsteht. Der *Bischof* ist somit Pfeiler der Kirche: Er ist Hirte seiner Diözese, ihr Lehrer, der das →Evangelium Christi in Übereinstimmung mit der gesamten o.K. verkündet und mit allen anderen, ihm letztl. gleichrangigen orthod. Bischöfen in eucharist. Gemeinschaft steht, die Fundament der Einheit ist, denn in der Eucharistie vereinigen sich die Gläubigen im Hl. Geist ganz mit Christus.

*II.* Die o.K. gründet sich auf die Erfahrung der Anwesenheit Gottes in der Geschichte, bes. auf die Erfahrung des Todes und der →Auferstehung Christi. Deshalb hat auch ihre Theologie *Erfahrungscharakter*, was auch die zentrale Stellung des Gottesdienstes erklärt. Entspr. ist auch in der o.K. die →Tradition kein abgeschlossenes Paket mündl. und schriftl. Lehrsätze, sondern vielmehr gleichbedeutend mit dem Leben in Christus und aus Christus: Die o.K. *hat* sozusagen keine Tradition, sie *lebt* die Tradition. Dies erklärt auch die Bedeutung der *Oikonomia*, des auf das →Heil des Menschen gerichteten freiheitl. Umgangs mit den kirchl. Normen, für die →Ethik und das →Kirchenrecht der o.nK.: Die Oikonomia ist nicht Normverletzung, sondern pflichtgemäßes Handeln der Kirche in Analogie zu der göttl. *Philanthropia* (Menschenfreundlichkeit). Orthod. Tradition ist also letzten Endes nicht irgendeine starre Regel oder rechtsverbindl. Institution der o.nK., sondern das orthod. Leben selbst. Gerade in diesem Traditionsverständnis liegt eine grundlegende Differenz zwischen der o.nK. und den Kirchen des Westens. Die meisten Differenzpunkte gegenüber den westl. Kirchen – etwa im Hinblick auf die Kirchenstruktur, die Rolle der →Sakramente, das Heil des Menschen usw. – sind auf dieses unterschiedl. Traditionsverständnis zurückzuführen.

*III.* Als *Zentralthemen* orthod. Glaubens dürfen das Wirken des Hl. Geistes in der →Kirche und →Welt, das Gottwerden (theosis) des Menschen und die Verklärung der Welt schlechthin genannt werden. In der Sicht der o.nK. sind durch die Gnade Gottes alle Geschöpfe berufen, mit Gott, d.h. seinen unerschaffenen Energien, vereinigt zu werden. Diese Verklärung und →Heiligung erfährt die Materie in und durch die →Kirche. Der Mensch ist für die o.K. eine ungeteilte Einheit: So nahm Christus bei seiner →Inkarnation die Materie an und setzte sie in der Himmelfahrt zur Rechten Gottes. Diese ganzheitl. Sicht der Welt und des Menschen erklärt die Fülle von Segnungen der Materie (Wasser, Früchte, Kräuter, Kerzen usw.) in der o.nK. ebenso wie ihre sinnenfrohen Gottesdienste.

*B. Der historische Weg der orthodoxen Kirche*

*I.* Im hist. Sinn ist die o.K. weitgehend aus der *nachkonstantin. Reichskirche*, und in erster Linie ihrer östl. Hälfte, hervorgegangen. Nach dem Verlust der →oriental. Nationalkirchen infolge der Spaltungen nach den →Altkirchl. Konzilen und durch den Vormarsch des →Islam lag das Schwergewicht der o.K. eine Zeitlang eindeutig in der Reichskirche von →Byzanz, allerdings bildeten sich am Ende des 1. christl. Jt.s bereits neben den *altkirchl. Patriarchaten* neue *autokephale Landeskirchen* auf dem Balkan und in Osteuropa (→Bulgarien, →Rußland). Die führende Stellung des →*Ökumen. Patriarchats* in der o.nK. blieb aber bis zum endgültigen Untergang des oström. Kaiserreiches 1453 unberührt, ja wurde noch deutlicher, als – nach mehrfachen früheren Schismen und Rangstreitigkeiten – 1054 das abendländ. Patriarchat von →Rom endgültig mit der o.nK. brach, die die Primatansprüche des →Papstes als ihrem Traditionsverständnis widersprechend nicht akzeptieren konnte. Als sämtl. altkirchl. Patriarchate und die Balkankirchen unter der osman. Herrschaft standen, spielte die *o.K. von Rußland* eine bes. Rolle in der Gesamtorthodoxie, bes. auch im Rahmen der Glaubensverbreitung.

*II.* Dieser, aber auch den Wanderungen des 20. Jh.s aus polit. wie ökonom. Gründen ist es zuzuschreiben, daß heute die o.K. in allen Kontinenten und *fast allen Ländern* der Welt mit Bistümern, Pfarreien, zumindest Seelsorgestationen vertreten und in vielen (insgesamt 107) Ländern Amerikas wie Westeuropas fest verwurzelt ist, aber auch in (Ost)-Afrika, wo eine intensive Missionsarbeit betrieben wird. Die o.K. ist deshalb heute nichts weniger als eine bis in die Neuzeit verlängerte byzant. Reichskirche, kein zurückgebliebenes Glied der Kirche (etwa als »Kirche der Mystik« gegenüber der »Kirche der theol. Wissenschaft« im Westen), sondern eine *geschichtl. Größe* eigener Art, eine dynam. Weltkirche. Von daher ist auch der Ausdruck »Ostkirche« für die o.K. abzulehnen, der nur fälschl. ein europafremdes Relikt nahelegt.

*C. Heutige Struktur*

*I.* Die o.K. zählt heute ca. *120-150 Mill. Gläubige* in aller Welt, in der Bundesrepublik Deutschland etwas mehr als eine halbe Mill. Die Gesamtzahl der orthod. Christen ist wegen des Fehlens exakter statist. Angaben – vor allem aus osteurop. kommunist., aber auch islam. Ländern – allerdings nur schwer genau festzustellen. Die gegenwärtige Struktur der einen o.K. kann man mit einem *dezentralisierten System* vergleichen, d.h., alle autokephalen (von griech. *autos* und *kephalos* = eigen – Haupt) Landeskirchen bilden die liturg., theol. und spirituelle Einheit der o.nK. Andererseits hat jede dieser autokephalen Landeskirchen das Recht, ihre eigene Kirchenleitung selbst zu wählen, ihre →Synoden und anderen Organe und Organisationen zu bilden, die alle innerkirchl. Angelegenheiten ohne den Eingriff anderer Landeskirchen regeln. Diese Eigenständigkeit erklärt auch gewisse Unterschiede in der Verwaltungsstruktur der einzelnen Landeskirchen. Angelegenheiten, welche die Zuständigkeit der einzelnen Landeskirchen übersteigen, werden auf *gesamtorthod. Konzilen*, Konferenzen oder durch wechselseitige Konsultationen geklärt.

*II.* Über die genaue *Zahl der* autokephalen Landeskirchen gibt es gewisse Differenzen zwischen der Zählung des →Ökumen. Patriarchats, welches über einige von ihnen die Oberhoheit beansprucht und anderen Landeskirchen. Die Übersicht folgt der ausführl. Ordnung, welche vor allem von der russ.-o.nK., der weitaus größten Landeskirche, vertreten wird:
1. →Ökumen. Patriarchat von *Konstantinopel* (Türkei, Nordgriechenland, Kreta, griech. Emigration in aller Welt): ca. 2 Mill. Gläubige (weniger als 20.000 in der Türkei); 2. Patriarchat von →*Alexandria* (Afrika), ca. 130.000 Gläubige; 3. Patriarchat von →*Antiochia* (Vorderer Orient und arabischsprachige Emigration in aller Welt): 1,5 Mill. Gläubige; 4. Patriarchat von →*Jerusalem* (Israel und Jordanien): 90.000 Gläubige; 5. Patriarchat von *Moskau* (UdSSR und russ. Emigration): 50-90 Mill. Gläubige; 6. *georg.-o.K.* (Georgien und Georgier im Ausland): 2,3 Mill. Gläubige; 7. *serb.-o.K.* (Jugoslawien und serb. Emigration): 8,8 Mill. Gläubige; 8. *rumän.-o.K.* (→Rumänien und Auslandsrumänen): 20 Mill. Gläubige; 9. *bulgar.-o.K.* (→Bulgarien und bulg. Emigration): 8,5 Mill. Gläubige; 10. *o.K. von* →*Zypern*: 480.000 Gläubige; 11. *o.K. von* →*Griechenland* (Griechenland mit Ausnahme der dem Ökumen. Patriarchat unterstehenden Teile): 9,5 Mill. Gläubige; 12. *o.K. von* →*Polen*: 730.000 Gläubige; 13. *o.K. in der* →*Tschechoslowakei:* 160.000 Gläubige; 14. *o.K. in* →*Amerika:* 1 Mill. Gläubige; 15. *o.K. von* →*Albanien:* derzeit staatlicherseits aufgehoben.

*III.* Außerdem gibt es noch *autonome (halbselbständige) o.K.n* in →Finnland, dem Sinai und →Japan sowie einige o.K.n, welche sich – zumeist aus polit. Gründen – von den jeweiligen Mutterkirchen getrennt und damit eine De-facto- Selbständigkeit erlangt haben, die aber umstritten ist und auch unterschiedl. begründet wird. So sehen sich einige dieser Kirchen als freien Teil der in den

Heimatländern staatlicherseits reglementierten Mutterkirchen (z.B. die »Russ. O.K. im Ausland« mit Hauptsitz in New York), andere beanspruchen eine national begründete Autokephalie (z.B. die »Ukrainische Autokephale O.K.« in der Emigration), wieder andere lehnen kirchl. Entwicklungen ab (etwa die griech. »wahren orthod. Christen« die Einführung des neuen Kalenders 1925). *Kontakte zu den Mutterkirchen* existieren in der Regel überhaupt nicht, zu anderen o.nK.n nur sporad. und meist nicht offiziell. Trotz der von daher oft nicht vorhandenen offiziellen Kommuniongemeinschaft und des ungeklärten kirchenrechtl. Status dürfen und müssen auch diese Kirchen zur o.nK. gezählt werden, da sie die liturg. wie kanon. Regeln, das Glaubesbekenntnis wie die Tradition in vielen Punkten oft sogar akribischer einhalten als ihre Mutterkirchen.

*Lit.: G. Galitis u.a.:* Glauben aus dem Herzen. Eine Einführung in die Orthodoxie, München 1987. – *A. Kallis:* Orthodoxie – Was ist das?, Mainz 1979. – *Erzbischof Paul (Olmari):* Unser Glaube, Köln 1983. – *D. Staniloae:* Orthod. Dogmatik (Ökumen. Theologie 21), Einsiedeln/Köln 1981. – *N. Thon (Hg.):* Quellenbuch zur Geschichte der O.K. (Sophia 23), Trier 1983. – *Ders.:* Einheit in der Vielfalt. Die Kirche in der Sicht der heutigen orthod. Ekklesiologie, in: Christl. Osten 38 (1983), 84-92. – *T. Ware:* L'Orthodoxie – L'Eglise des sept conciles, Paris 1968. – *St. Zankow:* Das orthod. Christentum des Ostens, Berlin 1928.

*Nikolaus Thon*

## Ostern

### A. Neutestamentlich

*I.* Die *Auferstehung Jesu* am dritten Tag nach seiner Kreuzigung wird da, wo sie im NT näher ausgeführt wird, nie als Wunder einer Totenerweckung in dieses Leben wie etwa bei Lazarus, sondern immer zugleich als Verwandlung des Leibes und Erhöhung in den Himmel verstanden. Sie wird von fast allen Schriften des NT ausdrückl. bezeugt und schon im ältesten Dokument des NT (1 Thess) aktiv von Jesus ausgesagt (»Er ist auferstanden«), obwohl die passiven Formulierungen (»Er ist auferweckt worden«) gerade in den Briefen vorherrschen. Die Tatsache, daß eine für die Endzeit ausgeprägte *Hoffnung* auf einen bereits gestorbenen Menschen *übertragen* und behauptet wird, sie sei an ihm erfüllt, ist ebenso auffällig wie die Wirkung dieses »Ereignisses« auf den Tod und die Menschen. Die Auferstehung Jesu ist für *Paulus* nicht nur der Anfang der Auferweckung der Toten, sondern auch die Gewähr dafür, daß der Tod nicht das letzte Wort Gottes über den Menschen ist (1 Kor 15). – In den *Briefen* des NT wird die Auferstehung Jesu häufig bekenntnishaft und ohne Hinweis darauf zur Sprache gebracht, wie sie erkannt worden ist. Ledigl. in 1 Kor 15 wird auf die Erscheinungen verwiesen; das leere Grab wird nur in den Evangelien erwähnt.

*II.* Von *Erscheinungen* Jesu wird in 1 Kor 15 und in den Ostererzählungen der →Evangelien berichtet. Die hist. Kritik an den Bekenntnisformeln von der Auferweckung Jesu durch Gott und den Erscheinungserzählungen hat zu dem Ergebnis geführt (und konnte nur dazu führen): Die Jünger behaupteten, Jesus als Auferweckten gesehen zu haben. Diese Behauptung muß die hist. Kritik im Zusammenhang mit den zahlreichen anderen Erscheinungserzählungen der Antike würdigen. Ungläubigkeit und Kritik daran sind keineswegs auf die Moderne beschränkt (vgl. den Spott Lukians in seinem Werk »Der Lügenfreund«). Gleichwohl zwingen die zahlreichen Erscheinungserzählungen der Antike – in der Moderne sind Erscheinungen zwar auch belegt (vgl. z.B. C. G. →Jung, Briefe I, Olten/Freiburg 1972, 359, 442f.), aber doch als ein seltenes Phänomen anzusehen – zu der Annahme, daß dabei weltbildhafte Elemente eine wichtige Rolle spielen.

*III.* Das Motiv von der Auffindung des *leeren Grabes* hat sich in der Phase der schon schriftl. Überlieferung noch erhebl. entwickelt: Während das leere Grab bei Markus noch allein in der Botschaft des Engels (»Er ist auferweckt worden, er ist nicht hier«) als mit der Auferweckung ident. Motiv auftaucht, wird es bei Matthäus (durch die Grabeswache und den Engel, der den Stein vom Grab wälzt) und Lukas (durch die Mitteilung in 24,3, daß die Frauen den Leichnam Jesu nicht fanden) stärker betont. Bei Johannes kommt der Lieblingsjünger über dem leeren und geordnet zurückgelassenen Grab sogar zum Glauben. Auch diese Tradition spiegelt insofern noch die Überzeugung der →Alten Kirche wider, daß der Glaube an die Auferstehung Jesu kein Rückschluß aus ird. Tatsachen, sondern *gottgewirkte Erkenntnis* ist, als Petrus, obwohl er das gleiche wie der Lieblingsjünger sieht, nicht zum Glauben kommt. – Ein hist. Kern ist wegen der inneren Unwahrscheinlichkeit der ältesten Quelle (Mk 16,1-8) nicht erkennbar, und selbst das Leersein des Grabes ließe noch andere Deutungen zu (vgl. Mk 28,11-15). Neuere Übersetzungsversuche – abgesehen etwa von der Verteidigung der Geschichtlichkeit von Erscheinungen und leerem Grab durch Pannenberg – versuchen, den Glauben an die Auferstehung Jesu von seiner Entstehung her zu erklären: entweder aus der Botschaft Jesu und ihrer Wirkung auf die Jünger (W. Marxsen) oder aber mit Hilfe von damals bekannten *Deutungsmustern*, die die Auferstehung einschlossen und dem Selbstverständnis Jesu entsprachen. Vor aller hist. Rückfrage aber sollten Sinn und Tragweite dieses Verfahrens bedacht werden. Zwar muß auch heute verständl. gemacht werden können, wie der Glaube an die Auferstehung Jesu entstanden ist; beweisbar ist die Auferstehung durch solche Rückfragen aber nicht. Zu fragen bleibt, ob nicht der Eindruck der Person Jesu und die – durch das Sicheinlassen auf seine Botschaft gewonnenen – *Glaubenserfahrungen* der Jünger ausreichten, um zur Überzeugung zu kommen: Dieser Jesus ist nicht mehr tot, sondern zu Gott erhöht.

*Lit.: I. Broer:* »Der Herr ist wahrhaft auferstanden« (Lk 24,34), in: *L. Oberlinner (Hg.):* Auferstehung Jesu – Auferstehung der Christen. Deutungen des Osterglaubens (Quaestiones disputatae 105), Freiburg/Basel/Wien 1986, 39-62. – *H. Kessler:* Sucht den Lebenden nicht bei den Toten. Die Auferstehung Jesu Christi in bibl., fundamentaltheol. und systemat. Sicht, Düsseldorf 1985 (Lit.). – *W. Marxsen:* Die Auferstehung Jesu als hist. und theol. Problem, Gütersloh, 3. Aufl. 1965. – *A. Vögtle/R. Pesch:* Wie kam es zum Osterglauben?, Düsseldorf 1975 (Lit.).

*Ingo Broer*

*B. Systematisch-theologisch*

Anders als in einer früheren apologet. Sicht (→Apologetik) bleibt O. nicht außerhalb der einzelnen Inhalte und Dimensionen des Glaubens als ein starker »Wunderbeweis«, sondern greift inhaltl. und strukturierend ins *Ganze des Glaubens* und der Glaubensexistenz ein. In einem inneren Kreis verbindet sich die Verkündigung des Auferstandenen mit dem Verständnis von Person und Lebenspraxis Jesu, mit der Eröffnung von →Heil für die Welt, mit dem Hoffnungszeugnis der Kirche. Die Lehre von →Jesus Christus, vom →Menschen (→Anthropologie) und von der →Kirche sind hier bes. betroffene Themenfelder, die durch die Auferstehungsbotschaft auf eine geschichtl. offene Zukunft (→Eschatologie) ausgerichtet sind. Zugleich eröffnet O. einen umfassenden Horizont zum Verständnis der Gegenwart (→Hermeneutik): Tod und Auferweckung Jesu einerseits, die Leidens- und Lebenserfahrungen in unserer Welt und Gesellschaft andererseits bilden ein wechselseitiges Verhältnis von Frage und Antwort nach beiden Richtungen: Der Text des Glaubens kann nicht ohne den Kontext unserer →Erfahrung und Praxis verstanden und verwirklicht werden, wie sich umgekehrt der Text unserer Wirklichkeit christl. nur im Kontext des Glaubens an den Auferstandenen deuten und realisieren läßt.

*I. Österliche Christologie*

Die rückblendende Erhellung von Botschaft und Person Jesu stellt nicht nur ein fachexeget. Problem dar, sondern verändert auch unser *Sprechen von Jesus Christus.* Vor allem in der kath. Tradition war es einseitig von der Menschwerdung (→Inkarnation) her grundgelegt und somit geschichtslos vorentschieden. In der ev. Tradition hatten Leiden und Tod Jesu oft einen überstarken Akzent erhalten. Jesu Botschaft und Lebenspraxis dagegen, untrennbar auf sein Persongeheimnis verweisend und damit verbunden, bewegt sich vor O. in einer unabgeschlossenen Offenheit auf das →Reich Gottes und seinen Anbruch zu. Ablehnung und Hinrichtung Jesu stellen die nicht eingelöste Vollmacht Jesu radikal in Frage; diese erlangt erst durch die Auferweckung ihre rehabilitierende und rückwirkende Beglaubigung. Vollmacht, Ohnmacht und Auferweckung vollziehen sich durchgehend in der Beziehung des Geschöpfes und des Sohnes zu seinem Vater, von Gott her und auf Gott hin. In der Verlassenheit des Todes verbirgt sich auch Gott als Grund von Jesu Vollmacht (unabhängig von ausdrückl. messian. Titeln), die Auferweckung offenbart Gott in seinem Verhältnis zu Jesus und Jesus in seinem Verhältnis zu Gott. Dieses *Beziehungsgeschehen* offenbart die Gottessohnschaft Jesu als Geschehensbeziehung, aus der heraus die →Christologie sich nicht ablösen darf: Erhöhung und Herrsein kommen *aus* Auferwekkung. Von daher ist eine Christologie aufzubrechen, die auf die Menschwerdung fixiert ist, noch mehr aber eine Christologie, die einlinig von der Zweinaturenlehre ausgeht. Die Gottessohnschaft Jesu darf nicht zu absoluter Gottheit verkürzt werden.

*II. Österliche Ekklesiologie*

Zu O. gehört die Erfahrung, daß sich der auferweckte Christus durch die Kraft des *lebendigmachenden Geistes* selbst universal vergegenwärtigt. Die Dramatik von Tod und Leben, ausgetragen in persönl. und gesellschaftl. Praxis, trägt in sich die Verheißung des Lebens aus dem Tod. Dieses universale Spannungsfeld von Welt, Menschheit und Gesellschaft kann nicht kirchl. vereinnahmt werden. Erst innerhalb seiner gewinnt die namentl. Proklamation Christi einen Sinn, vollzieht sich also das Osterzeugnis der Kirche. Sie schafft nicht, sondern verdankt sich selber der Lebensgabe Gottes an die Toten, der →Rechtfertigung der Sünder, der Sammlung der Zerstreuten; sie *ist* ein österl. Zeichen. Ohne sich nach außen abzuschließen, leidet sie deshalb in erster Instanz die Todeserfahrungen, Ängste, Unterdrückungen mit, solidarisiert sich mit den Lebensaufbrüchen zu →Hoffnung, Befreiung, →Versöhnung. Erst innerhalb eines solchen *praktizierten österl. Zeugnisses* kann die Kirche in ihrer Verkündigung, in der liturg. Feier der →Sakramente auch zeichenhaft Zeugnis ablegen von der Hoffnung für die »seufzende Schöpfung« (Röm 8,18ff.). Ohne österl. Praxis der Hoffnung wäre der österl. Glaube tot, ohne den Grund des österl. Glaubens die tätige Hoffnung überfordert. Im Geist geschieht aber O. weit über die Kirche hinaus.

*Lit.: H. U. von Balthasar:* Mysterium Paschale, in: Mysterium Salutis III/2, Einsiedeln 1969, 133-326. – *G. Greshake:* Tod und Auferstehung, in: Christl. Glaube in moderner Gesellschaft V, Freiburg 1980, 64-130. – *W. Kasper:* Jesus der Christus, Mainz, 7. Aufl. 1978, 83-188. – *J. Moltmann:* Kirche in der Kraft des Geistes. Ein Beitrag zur messian. Ekklesiologie, München 1975. – *W. Pannenberg:* Grundzüge der Christologie, Gütersloh, 6. Aufl. 1982, bes. 47-122. – *K. Rahner/W. Thüsing:* Christologie – systemat. und exeget. (Quaestiones disputatae 55), Freiburg 1972, bes. 35-78; 123-132. – *F. Reisinger:* Der Tod im marxist. Denken heute. Schaff, Kolakowski, Machovec, Prucha, München/Mainz 1977. – *J. Sobrino:* Christology at the Crossroad. A Latin American Approach, London, 3. Aufl. 1984.

*Dietrich Wiederkehr*

*C. Liturgisch*

*I.* Die liturg. Feier von O. kann nicht getrennt gesehen werden von der Liturgie der unmittelbar voraufgehenden Tage; da das Paschamysterium (Leiden, Tod *und* Auferstehung Christi) ungeteilt ist, muß auch seine Feier als ganzes gesehen werden. Am *Gründonnerstag* wird der Einsetzung jenes →Sakramentes gedacht, in dessen Feier der erhöhte Herr in der →Gemeinde gegenwärtig ist. Am *Karfreitag* gedenkt die Gemeinde des Leidens und Sterbens ihres Herrn, der durch sein Kreuz »Vergebung der Sünden, Leben und Seligkeit« (M. Luther) bewirkt und in die Herrlichkeit des Vaters eingegangen ist. Der Karfreitag hat in der prot. Tradition einen bes. hohen Stellenwert; er ist auch in der DDR staatl. Feiertag geblieben.

*II.* Zentrum dieser Tage ist die Feier der *Osternacht. Sie ist das älteste Fest des liturg.* →Jahres und wurde ab dem 2. Jh., wenn auch mit teilweise kleinen Akzentverschiebungen, überall begangen. In ihr hört die Gemeinde in den Lesungen von den Großtaten Gottes in der Geschichte und bricht in der Freude über die →Auferstehung des Herrn nach Mitternacht das Fasten in der festl. Eucharistiefeier, da sie den Gekreuzigten als Lebenden in ihrer Mitte weiß. Bereits zu Beginn des 3. Jh.s wurde diese Nacht benutzt, um die Taufbewerber zu taufen, um ihnen Gelegenheit zu geben, voll an der wichtigsten Eucharistiefeier des Jahres teilzunehmen. Von daher besitzt im Osten wie im Westen die Osternacht heute einen *doppelten Akzent* in den Lesungen und Riten: Christi *Auferstehung* als Teil des Paschamysteriums und unsere Hineinnahme durch die →*Taufe* in diese Lebensbewegung. Die Feier der Osternacht wird heute mehr und mehr auch von den großen Kirchen der →Reformation wiedergewonnen. In den Ostkirchen blieb sie immer (auch emotionaler und volkstüml.) Höhepunkt des Jahres, wobei in den Kirchen byzant. Tradition der Morgengottesdienst des Ostersonntags den heute allg. als typ. empfundenen Osternachtsgottesdienst darstellt. In der →röm.-kath. Kirche ist ein langwieriger Erziehungsprozeß im Gang, um die theol. hohe Stellung dieser Feier auch im Bewußtsein der Gläubigen lebendig werden zu lassen.

*III.* Die Osternacht mündet ein in die ununterbrochene Feier des »Großen Tages«, der Fünfzig Tage der *Osterzeit* bis Pfingsten. Innerhalb dieser Zeit feiern zwar Christi Himmelfahrt und →Pfingsten nochmals eigene Aspekte der österl. Erfahrung der Gemeinde, jedoch sind sie von der einen großen O.feier nicht loszulösen. Der *Termin der Osterfeier* war lange Zeit zwischen Rom und Kleinasien strittig und weicht auch heute zwischen den westl. Konfessionen und den oriental. Kirchen meistens ab, da die →orthod. Kirche für die Osterberechnung den Frühlingsanfang nach Julian. und nicht nach Gregorian. Kalender zugrunde legt. Außerdem wird in den westl. Kirchen die nizän. Regel nicht mehr beachtet, nach der O. bei einem Zusammentreffen mit dem jüd. →Passa um eine Woche zu verschieben ist. Von daher ergeben sich also die Unterschiede zwischen östl. und westl. Ostertermin von einer, vier oder fünf Wochen.

*Lit.: A. Adam:* Das Kirchenjahr mitfeiern, Freiburg/Basel/Wien 1979, 52-81. – *H. A. P. Schmidt:* Hebdomada Sancta, 2 Bde., Rom/Freiburg/Barcelona 1956f.

*Thaddäus A. Schnitker*

*D. Kunstgeschichtlich*

*I.* Obwohl sich die Auferstehung Christi prinzipiell der künstler. Darstellung entzieht, gehört O. zu den *ältesten Motiven* der christl. →Kunst überhaupt, womit ein Hinweis auf die zentrale Bedeutung dieses →Festes für die →Alte Kirche gegeben ist. In der Hauskirche von Dura Europos (Mitte 3. Jh.) werden bereits die Frauen am Grabe als Wandmalerei gezeigt. Dieser Bildtyp ist um 400 voll ausgebildet. Die Myrophoren (die Myron [Misch-/Salböl] tragenden Frauen) kommen zum Grab Christi, vor dem der →Engel sitzt, der den Frauen die Auferstehungsbotschaft verkündet. Die Wachsoldaten sind vom Schlaf überwältigt. Kombiniert wird dieses Bild oft mit dem der Himmelfahrt. Seine Herkunft aus →Jerusalem darf als gesichert gelten. Dort entfaltete sich eine reiche Passions- und Osterliturgie, deren Hauptschauplätze durch Pilgerandenken in der ganzen →Ökumene bekannt waren. Vom *7. Jh.* an wird die Darstellung der Grabesrotunde durch die des Felsengrabes ersetzt, in dem der Sarkophag mit den Leichentüchern zu sehen ist. Etwa gleichzeitig mit dem Myrophorentyp wird eine symbol. Darstellung des Osterereignisses entwickelt, die innerhalb eines Zyklus von Passionsszenen das Kreuz als Siegeszeichen, mit Christusmonogramm und Lorbeerkranz, zeigt. Tauben picken aus dem Kranz die »Früchte der →Erlösung«. Unter dem Kreuz schläft der eine der Grabeswächter, während der andere zu diesem aufschaut (Passionssarkophage des 4./5. Jh.s in Rom und Arles). Dieser rein symbol. Bildtyp, der die theol. Einheit von Karfreitag und O. herausstellt, wird in →Palästina weiterentwickelt. Auf den Pilgerampullen wird eine halbsymbol. Kreuzigung (Christusbüste über dem Kreuz, Kreuz als Lebensbaum u.ä.) mit dem Bild der Frauen am Grab kombiniert.

*II.* Eine direkte Wiedergabe der Auferstehung ist selten. Das Wissen um das →Mysterium von O. zwang zur Zurückhaltung. Der Rabulaskodex (Syrien, Ende 6. Jh.) deutet das Ereignis als Lichterscheinung an. Gewissermaßen ersatzweise hat die orthod. Ostkirche O. im Bild der *Höllenfahrt Christi* gefeiert, das deshalb auch als *Anastasis* (Auferstehung) bezeichnet wird. Die Szene der Höllen- oder Hadesfahrt Christi (lat. *descensus ad inferos*) geht auf apokryphe und antike Quellen zurück. Das Problem der →Erlösung von →Adam und Eva, der Vorväter und →Propheten des →AT bewegte schon Melito von Sardes (2. Hälfte 2. Jh.) und vor allem Ephraem den Syrer (gest. 373), dessen →Hymnen die Motive weit verbreitet haben dürften. Wo und wann der Bildtyp jedoch entstand, ist noch ungeklärt. Einige Hinweise sprechen für →Syrien. Auf →Ikonen wird das Thema bes. im 14./15. Jh. meisterhaft dargestellt.

*III.* In der →ma. Kunst wird O. erst in *otton. Zeit* übl. (Evangeliar Heinrichs II., Anfang 10. Jh.). Christus steht im offenen Sarg mit Kreuzfahne und -nimbus. Im *12. Jh.* wird dieser Bildtyp durch mehrfigurige Kompositionen (mit Grabeswächtern und anbetenden Engeln) abgelöst, die Christus im Sarg stehend oder sitzend zeigen. Späterhin wird bei der Darstellung von O. die Lichterscheinung Christi immer stärker betont. Einen unüberbietbaren Höhepunkt dieser Auffassung stellt →Grünewalds Auferstehungsbild im Isenheimer Altar (um 1515) dar. Die →*Reformation* betont gegenüber dieser Version, die bis weit in den →Barock hinein gepflegt wird, andere Momente. Die Auferstehung Christi wird als Sieg über →Tod und →Teufel definiert, die der Auferstandene mit dem Kreuzstab durchbohrt. In der Folgezeit tritt das Auferstehungsbild immer stärker in den Hintergrund, sofern nicht die Gestalt des lichtumfluteten Christus, die noch im *Barock* eindrucksvolle Formungen fand, reproduziert wurde. Im *20. Jh.* wird O. gelegentl. mit den Mitteln →abstrakter Kunst vergegenwärtigt, sehr viel häufiger aber greift man dazu auf die reiche Tradition zurück, die das noch bildl. auszudrücken wagte, was heute weithin nicht mehr darstellbar zu sein scheint.

*Lit.: H. Aurenhammer:* Lexikon der christl. Ikonographie, Bd. 1, Wien 1967, 232-249. – *M. Bauer:* Die Ikonographie der Höllenfahrt Christi von ihren Anfängen bis zum 16. Jh., Diss., Göttingen 1949. – *W. Braunfels:* Die Auferstehung, Düsseldorf 1951. – *A. D. Kartsonis:* Anastasis. The Making of an Image, Princeton 1986. – *R. Lange:* Die Auferstehung, Recklinghausen 1966. – *H. Schrade:* Die Auferstehung, Leipzig/Berlin 1932. – *J. Vilette:* La résurrection du Christ dans l'art chrétien du IIe au VIIe siècle, Paris 1957. – *E. Völker:* Die Darstellung der Auferstehung Christi bis zum 13. Jh., Diss., Freiburg 1925.

*Peter Maser*

*E. Literarisch*

Nach →Passions- und Osterspielen des →MA.s, die das →Auferstehungsgeschehen noch realist. auf der Bühne darzustellen vermochten, ist *F. G. Klopstock* der letzte und bedeutenste dt. Schriftsteller, der in seinem Epos »Messias« (1748-73) die Auferstehung Jesu Christi noch als kosm.-apokalypt. Drama direkt beschreiben konnte (13. Gesang). Der Auferstehungsvorgang wird vom Dichter zum Triumpf der christl. Erlösung über den Satan ebenso wie über die jüd. Widersacher Jesu. Den literar. Kontrapunkt dagegen setzt *J. W. von →Goethe* mit »Faust« (1. Teil), einem Drama, das zeitl. mit der Osternacht einsetzt (Studierzimmer des Dr. Faust). Goethe – hier ganz in der Rolle des Aufklärers – bricht mit zwei Traditionen gleichzeitig: Weder ist für ihn die Auferstehung als kosm. Geschehen beschreibbar (nur die Botschaft von O. erklingt in der Nacht von außen als »Engelsgesang«, da Faust zur Selbsttötung ansetzt), noch ist die Auferstehungsbotschaft glaubbar. Mit dem Schlüsselsatz »Die Botschaft hör' ich wohl, allein mir fehlt der Glaube« wird Faust zum literar. →Archetyp des modernen Skeptikers, der das Mirakel der Auferstehung als Widerspruch zur Vernunft ablehnen muß. *B. →Brechts* berühmter »Hauspostillen«-Schluß (1926) mit dem Gedicht »Gegen Verführung« ist dann im 20. Jh. die literar. vollkommenste Umsetzung einer Auferstehungskritik, die den Auferstehungsglauben als Vertröstung und Verführung zurückweist: »Was kann euch Angst noch rühren / ihr sterbt mit allen Tieren / und es kommt nichts nachher.« Nachaufklärer. also ist das Auferstehungsthema literar. nur noch in gebrochener Form rezipierbar. Vier Grundlinien zeichnen sich ab: die individuell-psycholog., die mythologisierende, die gesellschaftskrit. und utop. Deutung.

*I.* Die *individuell-psycholog. Deutung* hat bei *L. →Tolstoi* seine große literar. Gestalt gefunden. In seinem Roman »Auferstehung« (veröffentl. 1899) beschreibt Tolstoi den Entschluß eines Mannes zur freiwilligen Sühne einer alten Schuld als Vorgang innerer Auferstehung. Dem mirakulösen Auferstehungsglauben des NT, den er verwarf, setzt Tolstoi damit sein eigenes »entmythologisiertes«, existentielles Auferstehungsverständnis entgegen: »Danach vollzieht sich die Auferstehung nicht jenseits des Grabes, sondern in diesem Leben« (L. Müller). Dieses Thema von der »Auferstehung mitten im Leben« spielt in der dt. Literatur nach 1945 in Lyrik und Prosa von *M. L. Kaschnitz* eine bedeutende Rolle. In Gedichten wie »Auferstehung« (aus: »Dein Schweigen – meine Stimme«, 1962) und in Prosastücken wie »Der Deserteur« (aus: »Lange Schatten«, 1960) nutzt sie das Wort Auferstehung als Chiffre für einen Verlebendigungsprozeß »mitten am Tag« oder für einen befreienden Vorgang der Selbstannahme.

*II.* Eine *mythologisierende Deutung* der Auferstehung liegt *Th. →Manns* Roman-Tetralogie »Joseph und seine Brüder« (1933-43) zugrunde. Die Geschichte Josephs ist vom Autor nach dem myth. Schema von Niedergang und Aufstieg, Höllenfahrt und Rettung, Tod und Auferstehung gestaltet. Joseph wird auf diese Weise von Th. Mann der ntl. Christusgestalt bewußt angeglichen: er ist als Typus Christi →Prophet, Gesalbter, Menschensohn, guter Hirte, Herr und Retter, der als »Lamm Gottes« durch Erniedrigung und Erhöhung geht. In Josephs Schicksal wiederholt sich demnach auf myth.-archetyp. Weise das Grundschema von Tod und Leben, Verfall und Auferstehung des Heilsbringers; seine Geschichte wird »zum Mittel der mytholog. Interpretation und Aktualisierung messian. Mythologeme« (H. Jendreieck). Parodist. und satir. gebrochen erscheint das myth. Schema von Tod und Auferstehung bereits bei *F. →Dürrenmatt.* Sein Stück »Der Meteor« (1966) ist die makaber-possenhafte Aufhebung jedes myth. Schematismus, indem es die Geschichte eines Mannes erzählt, der »aufsteht und seine Auferstehung nicht glaubt« (F. Dürrenmatt). Indem aber der Dramatiker einen Mann zeigt, der erst durch die Unfähigkeit zu sterben zu seiner eigenen schonungslosen Wahrheit im Leben findet, zeigt er die Verlogenheit der Einstellung der Gesellschaft sowohl gegenüber dem Tod wie gegenüber dem Leben.

*III.* Die *gesellschaftskrit. Deutung* des Themas O. Auferstehung macht sich an der Diskrepanz zwischen der ursprüngl. Botschaft und der bürgerl. Wirklichkeit fest. In Gedichten von *M. L. Kaschnitz* »Am Feiertag« (aus: »Kein Zauberspruch«, 1962) und *I. Drewitz* »O.« (aus: »Samtvorhänge«, 1978) ist die Auferstehungsbotschaft im Massenbetrieb des Feiertagsverkehrs erstickt. O., das Fest des Lebens, ist zu einem »großen Schlachten« auf den Autobahnen pervertiert. Vor allem aber in den »Leichenreden« (1969) des Schweizer Lyrikers *K. Marti* und in den ersten Prosaarbeiten von *R. Kunze* (»Die wunderbaren Jahre«, 1976) ist das Thema Auferstehung als krit. Widerstand gegen die Verwalter des Diesseits präsent. Der Auferstehungsglaube wird zum Protest gegen die »Herren«, in deren Interesse die Verewigung der Klassentrennung von »Herr-Knecht« ist. Auferstehungsglaube aber wird zur eigentl. Beunruhigung totalitärer Herrschaftsformen, die so die Aura des Unveränderlichen verlieren.

*IV.* Auferstehung als *Utopie einer versöhnten Schöpfung* ist Thema der Lyrik von *R. O. Wiemer* (»Ernstfall«, 1973) ebenso wie von *K. Marti* (»Abendland«, 1980). Auferstehung als utop. Hoffnung auf eine allumfassende Liebe dagegen beschreibt *M. L. Kaschnitz* in »Ein Leben nach dem Tod« (aus: »Kein Zauberspruch«, 1972). Das Ineinander von Tod und Auferweckung ist als Motiv in der Lyrik von I. Bachmann und der Dramatik von P. Handke präsent. *I. Bachmann* macht in ihrem Gedichtband »Anrufung des Großen Bären« (1956) in den »Liedern von einer Insel« eine Insel zum Schauplatz für die Passions- und Auferstehungsgeschichte einer Liebe zwischen zwei Menschen. Die Passion Christi ist hier Sinnbild für das Leiden der Menschen, Auferstehung Sinnbild einer erot. Utopie, der Vision eines erot. →Jenseits ohne Schuld und Verrat. *P. Handke* setzt in seinem »dramat. Gedicht« »Über die Dörfer« (1981) der Verfallenheit der überkommenen Sozialstruktur unter Menschen die Verkündigung einer »heiligen, weiten Welt« entgegen. Kunst hat bei Handke in dieser Phase einen quasirel. Verkündigungsauftrag zurückerhalten, nachdem die Plausibilität kirchl. Verkündigung zusammengebrochen ist (»Wunschloses Unglück«, 1974), die entgötterte und entsakralisierte Welt aber gleichzeitig an ihrer eigenen Banalität zu ersticken droht. In Abgrenzung von allem theol.-dogmat. »Jenseits«-Glauben versteht Handke die Kunst als formschaffendes Prinzip einer Transzendenz in der Immanenz (»Die Lehre der Sainte Victoire«, 1980); der Künstler wird zu einer Art »Schmerzensmann« stilisiert, der in der Kunst seine eigene Auferstehung erfährt (die Erzählung »Der Chinese des Schmerzes« spielt in der Karwoche und in der Woche nach O.). Tod und Auferstehung Jesu sind somit archetyp. Vollzüge einer Selbstbefreiung und Selbstvergewisserung des Künstlers im Akt der Poesie.

Die literar. Vergegenwärtigung des Themas Auferstehung in Texten der Gegenwartsliteratur zeigt ein Doppeltes: 1. Auferstehung – losgelöst aus dem Kontext christl.-kirchl. Dogmatik – ist zu einem *anthropolog. Grundthema* geworden. Die →Säkularisierung des Auferstehungsthemas bedeutet dabei zwar ein Verlust an konkreten Glaubensinhalten, gleichzeitig aber auch einen Gewinn an Universalität. Die Sache selbst bleibt säkular verwandelt präsent und verliert mit dem Rückgang kirchl. Identität der Autoren nicht an literar. Relevanz. 2. Inhaltl. ist auch in der Gegenwartsliteratur Auferstehung als Chiffre präsent für einen Zustand nichterreichter gesellschaftl., polit. oder individuell-psych. Identität. »Auferstehung« signalisiert eine Diskrepanz von Realität und →Utopie, von Verheißung und Erfüllung, die handlungsprakt. umzusetzen ist. Das Thema Auferstehung in der Literatur macht krit. bewußt: Ohne den Auferstehungsglauben (in welcher Form auch immer) lebten die »Herren« sicherer, drohte die Welt ihrer eigenen Banalität zu verfallen. Die Provokation des Auferstehungsthemas für Künstler hat dabei F. Dürrenmatt in einem Kommentar zu seinen Kreuzigungsgraphiken (1978) präzis benannt: »Nicht der gekreuzigte Gott sollte unser Skandalon sein, sondern der gekreuzigte Mensch; vermag doch der Tod – und sei er noch so fürchterlich – für einen Gott nie so schrecklich sein wie für einen Menschen: Der Gott wird wieder auferstehen. So ist denn heute nicht mehr das Kreuz, sondern die Auferstehung das Skandalon des Christentums.«

*Lit.: F. Hahn:* Glaube und moderne Literatur. Das Glaubensbekenntnis im Spiegel der Gegenwartsliteratur, Stuttgart 1980. – *H. Jendreieck:* Thomas Mann. Der demokrat. Roman, Düsseldorf 1977. – *K.-J. Kuschel:* Jesus in der deutschsprachigen Gegenwartsliteratur, Zürich/Gütersloh 1978 (Tb.-Ausgabe München 1987). – *Ders.:* Der andere Jesus. Ein Lesebuch moderner literar. Texte, Zürich/Gütersloh 1980 (Tb.-Ausgabe München 1987). – *H. Schröer:* Moderne dt. Literatur in Predigt und Religionsunterricht, Heidelberg 1972.

*Karl-Josef Kuschel*

### *F. Musikgeschichtlich*

*I.* Liturg.-musikal. hat O. längst nicht die Rolle gespielt, die diesem zentralen →Fest der Auferstehung Christi hätte zukommen müssen. Neben einer vom Fasten zur Freude führenden, an →Symbolen reichen Osternachtsfeier entwickelt sich um 950 mit neuen Formen des einstimmig lat. Gesangs ein liturg. *Osterspiel, die* »visitatio sepulchri« (Besuch am Grabe). Im Zentrum steht ein Dialog zwischen dem →Engel und den Frauen am Grab (»Quem quaeritis?« – Wen sucht ihr?...). Hinzugefügt werden später die Sequenz »Victimae paschali laudes« (Wipo von Burgund um 1050: Gotteslob 215f.) und um 1200 die volkssprachl. Leise »Christ ist erstanden« (GL 213, Ev. Kirchengesangbuch 75). Zusammenhängende, szenenreiche Osterspiele sind seit dem 13. Jh. bezeugt (Klosterneuburg; Carmina Burana); in der Folgezeit wird das kirchl. Osterdrama von den ergiebigeren Darstellungen der →Passion verdrängt.

*II.* Der wertvollste Beitrag der prot. Kirchen sind die verkündigenden und erzählenden *Osterlieder:* M. →Luther 1524 »Christ lag in Todesbanden« (EKG 76), M. Weiße 1531 »Gelobt sei Gott im höchsten Thron« (EKG 79, GL 218). N. Herman 1560 »Erschienen ist der herrlich Tag« (EKG 80, GL 225); ferner J. Heermann, P. Gerhardt bis hin zu Chr. F. Gellert 1757 »Jesus lebt, mit ihm auch ich« (EKG 89). Weit weniger als die Passion werden die Osterevangelien als *»Historie«* vertont: österl. Meßformulare bei G. Rhau 1539; orator. anonym um 1550 nach der Evangelienharmonie von J. Bugenhagen 1526 im einstimmigen »Osterton« und mit schlichten Turbae-Chören (→Oratorium); ähnl. A. Scandellus 1568. Die Auferstehungshistorie 1623 von H. →Schütz bietet die traditionelle Form, modernisiert im Stil der Zeit: 4 Gamben begleiten den Erzähler, der melod. aus dem Lektionston in harmon. auskomponierte Kadenzen übergeht; beliebt wird das »Victoria« im Schlußchor. J. S. →Bach formt ein Osteroratorium aus einer fürstl. Geburtstagskantate von 1725. Beachtenswert sind orator. Großwerke von C. Ph. E. Bach 1777/78 und K. Thomas 1934.

*III.* In den orthod. Landeskirchen wird heute der Morgengottesdienst des Ostersonntags als der eigentl. Auferstehungsgottesdienst gefeiert. Sein Kernstück ist der *Kanon*, ein Werk Johannes von Damaskos (ca. 650-750); seinen acht Oden sind die entspr. bibl. Cantica des byzant. Morgengottesdienstes modellhaft zugrunde gelegt. Noch charakterist. für den orthod. Ostergottesdienst aber ist das oft wiederholte *Troparion* »Christ erstand von den Toten, hat den Tod durch den Tod vernichtet und denen in den Gräbern das Leben geschenkt!« Österl. Charakter tragen auch die Texte des Oktoēchos, auch sie ein Werk des Johannes von Damaskos. Diese Gesänge markieren einmal den Ablauf des orthod. Kirchenjahres und dehnen die österl. Auferstehungsfreude über den ganzen Jahreskreis aus.

*Lit.: F. Blume (Hg.):* Geschichte der ev. Kirchenmusik, Kassel, 2. Aufl. 1965. – *K. G. Fellerer (Hg.):* Geschichte der kath. Kirchenmusik, Bd. I, Kassel 1972 (Liturg. Dramen), 305-310. – *W. Lipphardt (Hg.):* Lat. O.feiern und O.spiele, Teil 1-6, Berlin 1975-81. – O., in: Handbuch zum Ev. Kirchengesangbuch, Bd. III/1: Liederkunde, Göttingen 1970, 318-360.

*Martin Rößler*

**Otto,** *Rudolf*, geb. 25.9.1859 in Peine, gest. 6.3.1937 in Marburg, epochemachender ev. Theologe, Religionsphilosoph und -wissenschaftler, in dessen kreativer Wirkung oder krit. Rezeption sich die →Religionswissenschaft dieses Jh.s entwickelte. O. studierte →Theologie in Erlangen und Göttingen (Promotion: »Geist und Wort nach Luther«, 1898) und lehrte in Göttingen (1897), Breslau (1914) und Marburg (1917, emeritiert 1929). Zunächst setzte sich O. mit biolog. und evolutionist. Theorien sowie mit J. F. Fries' in der Nachfolge →Kants stehender →Religionsphilosophie auseinander. O.s *Hauptwerk* »Das Heilige. Über das Irrationale in der Idee des Göttlichen und sein Verhältnis zum Rationalen« (1917, 45.-49. Tsd. 1987) steht in der Mitte seines Schaffens.
Gegenüber der doppelten Phalanx einer rationalist. Theologie (orthod. Supranaturalismus und liberale Theologie) unterstreicht O., daß das Wesen der →Religion nicht in best. dogmat. Aussagen über →Gott besteht oder sich auf →Ethik reduzieren läßt. Im Zentrum der Religion steht vielmehr die *Erfahrung des →Heiligen* oder »Numinosen«. Dieses läßt sich selbst nicht beschreiben, sondern nur auf dem Umweg über die psych. Reaktionen im Menschen (als »mysterium tremendum« und »fascinans«).
O.s Bedeutung für die *Religionswissenschaft* liegt in seinen *Übersetzungen* (Vishnu-Narayana, 1917; Siddhanta des Ramanuja, 1918; Der Sang des Hehr-Erhabenen [Bhagavadgita], 1935), *religionsgeschichtl. Untersuchungen* (Das Gefühl des Überweltlichen, 1932; Gottheit und Gottheiten der Arier, 1932; Reich Gottes und Menschensohn, 1934) sowie in seinen *Religionsvergleichen*, die heute noch vorbildl. sind. In »West-Östl. Mystik« (1926, 3. Aufl. 1971, bearb. von G. Mensching) und »Die Gnadenreligionen Indiens und das Christentum« (1930) arbeitet O. die jeweils charakterist. »Achse« heraus, um welche die betreffende Religion schwingt. O.s religionsgeschichtl. Erkenntnisse verdanken sich nicht zuletzt seinen großen Reisen und den *Begegnungen* mit Menschen anderen Glaubens. Seine Unternehmungen führten ihn u.a., teilweise mehrfach, nach →Palästina, →Ägypten, →Griechenland, →Finnland, →Rußland, →Nordafrika (Marokko) und →Italien. Ein Stipendium erlaubte ihm eine große Ostasienreise (→Indien, Burma, →Japan, →China). Sein Japan-Aufenthalt markiert den Beginn europ. Studien des →Zen-Buddhismus, lange bevor man in Europa überhaupt Zen zur Kenntnis genommen hatte (wichtig ist in diesem Zusammenhang O.s Geleitwort zu Ohasama Shueis »Zen – Der lebendige Buddhismus in Japan«, 1925). Die verschiedenen →Kultgegenstände und Reiseandenken, die O. mitgebracht hatte, bilden den Kern der *Religionsgeschichtl. Sammlung* in Marburg. O.s Ethik, der er sich in seinen späten Jahren zuwandte, ist stark von Kant

her beeinflußt, geht aber über ihn hinaus. O. wirkte auch auf die →Liturgik anregend. In seinen theoret. und prakt. Gottesdienstreformen (→Gottesdienst) ging es ihm darum, neben die dominante Wortverkündigung die Anbetung und den »schweigenden Dienst« zu stellen (»Chorgebete«, 1925, zusammen mit G. Mensching).

O.s Bedeutung für die →*Missionswissenschaft und* →*Ökumene* liegt insbes. darin, daß er 1921 den »Rel. Menschheitsbund« gründete, dessen Ziel u.a. darin lag, »mitzuhelfen an der Herstellung eines ›Weltgewissens‹«. Der Aufsatz »Ein Bund der guten Willen in der Welt« (1931) verdeutlicht sein sozialeth. und ökumen. Anliegen. Während der Zeit des →Nationalsozialismus mußte der »Menschheitsbund« die Tätigkeit einstellen. 1957 wurde er von Freunden und Schülern O.s neu gegründet und als dt. Zweig dem »World Congress of Faiths« eingegliedert.

Die Bedeutung O.s für die Die Bedeutung O.s für die *Religionswissenschaft* ist groß. Einflußreiche Gelehrte, wie G. Mensching, K. Goldammer, E. Benz, J. Wach, M. Eliade u.a., verdanken ihm viel. Heute führt er in der Religionswissenschaft jedoch ein eher hist. Dasein. O.s Wirkung auf die prot. Theologie war in den vergangenen Jahren eher »von geringem Belang« (C. H. Ratschow). P. →Tillich, C. H. Ratschow, U. Mann u.a. sowie unter den Missionswissenschaftlern insbes. H. Bürkle haben sich mit O. auseinandergesetzt und zentrale Anliegen von ihm rezipiert. Im angelsächs. Raum ist eine wachsende Zahl von Theologen und Religionspädagogen in den letzten Jahren zu O.-Schülern geworden.

*Lit.: E. Benz (Hg.):* R.O.s Bedeutung für die Religionswissenschaft und die Theologie heute, Leiden 1971. – *J. S. Boozer (Hg.):* R.O. Aufsätze zur Ethik, München 1981. – *C. Colpe (Hg.):* Die Diskussion um das »Heilige«, Darmstadt 1977. – *H.-J. Greschat:* Was ist Religionswissenschaft?, Stuttgart u.a. 1988, 88-99. – *H. W. Turner:* R.O. The Idea of the Holy. A Guide for Students, Aberdeen 1974 u.ö.

*Udo Tworuschka*

**Ozeanien.** Statistik einschl. Australien: Prot. 29,6%; Kath. 29,0%; Anglik. 21,7%; Orthod. 2%; Nichtgläubige und Atheisten 13,3%; Hindus 1,1%; Musl. 0,4%; Angeh. →Junger Kirchen 0,4%, von Naturrel. 0,3%.

*A.* Die südpazif. Inselwelt besteht heute aus einer Vielzahl von Klein- und Kleinststaaten, die aus den ehemaligen engl., franz., dt., jap. und amerik. Kolonien oder Trustterritorien in jüngster Zeit hervorgegangen sind. Dabei wirken die →Sprache und →Kultur der ehemaligen Herren immer noch prägend. Ethnolog. gesehen bestand das Gebiet vor der →Kolonialisation aus drei großen Kulturkreisen, die in sich eine mehr oder weniger starke rass., sprachl. und kulturelle Vielfalt aufwiesen: 1. *Melanesien* (Neuguinea und die Inselgruppen nordöstl. von →Australien), 2. *Mikronesien* (die Welt der kleinen Atoll-Ketten nördl. davon), 3. *Polynesien* (die Welt der größeren Inselgruppen im Dreieck Neuseeland – Hawaii – Osterinsel).

Der Siedlungsbeginn in O. liegt zwischen dem 2. Jh. v. und dem 1. Jh. n. Chr. (in →Australien mehrere 1000 Jahre v. Chr.). Die *Besiedlung* ist mindestens in zwei Schüben von Südostasien ausgegangen, wobei Mischungen und Trennungen, Eroberungen und friedl. Einflüsse sich abwechseln. Gemeinsam für den gesamten Raum, der auch Australien einschließt, ist seine lange Isolierung gegenüber Kontakten anderer Kontinente; vor J. Cooks Reisen 1768-1779 sind nur gelegentl. Kontakte bekannt. Die *einheim.* schriftlose *Kulturen* haben erstaunl. Kulturleistungen erbracht, sowohl in der Seefahrt wie in der Ermöglichung des Lebens in Atoll, Regenwald und Wüste. Die geograph. Faktoren haben die Entwicklung einer großen Vielfalt von Kulturformen begünstigt; deren jeweils begrenzte Mitgliederzahl hat der Völkerkunde und Kulturanthropologie (→Anthropologie) ein reiches Feld der →Forschung geboten.

*B.* Die →*Religionsgeschichte* unterscheidet Polynesien, Fidschi, Mikronesien, Melanesien und Neuguinea von Australien und Neuseeland. Herausragend ist Polynesien mit einer durch *Adelsfamilien* vermittelten Kulturtradition (55 Generationen), die eine Periode der Vorgeschichte (Manahune, ab 1. Jt.) und drei Perioden der Ariki (Adelsschicht) mit Höhepunkten im 8., 14. und 18. Jh. erkennen läßt. Die Traditionen der übrigen Gebiete sind entspr. einer einfacheren Sozialstruktur mit weniger erbl. Ämtern viel kürzer und verlieren nach zehn, bisweilen nach drei Generationen schon an Klarheit. →Religion ist überall Bestandteil des ganzen Lebens ohne eigenen Namen; die Geburtsgemeinschaft ist die Kultgemeinschaft; die *Ahnen* wirken auf die Lebenden ein und fordern Beachtung. Kulturtechniken wie Bootsbau, Fischfang, Jagd, Gartenbau sind von Heroen und Ahnen vermittelt und erfordern ein begleitendes Ritual (→Ritus); die Stadien des Lebens werden rituell begangen: Die *Initiation* macht den Jungen zum →Mann oder das Mädchen zur →Frau. *Mächte* bedrohen das Leben; Meidungen (→Tabu) und rituell richtiges Verhalten stärken (Mana) das Leben. *Beziehungen* zur benachbarten Gruppe sind Tauschhandel oder (teilweise ritualisierter) →Krieg; Kopfjagd und Anthropophagie (»Menschenesserei«) wurden kult. verstanden, Sanktionen gegen Fehlverhalten (→Lohn und Strafe) kult. vollzogen. Ein *Hochgott* ist ohne Kult, das Pantheon teils sehr vielschichtig, teils einfach und funktional. Die Religion wird meist als *symbol. Darstellung* des sozialen Zusammenhaltes gedeutet und vom →Zauber unterschieden. Sie hat aber kenntnisbezogenen Charakter: Sie deutet die →Welt und das →Leben. Erblichkeit von Ämtern tritt eher bei →Priester und Schamane (→Schamismus) als bei Häuptlingen auf. Soziale Differenzierung vollzieht sich in geheimen Kultgesellschaften.

*C.* Die *Missionierung* ging längere Zeit der polit. Eroberung und Kolonisierung durch westl. Mächte voraus und wurde durch diese beeinflußt. Gelegentl. röm.-kath. Missionsversuche im 17./18. Jh. blieben ohne Folgen; von Dauer dagegen waren die kongregationalist. Kirchengründungen der London Missionary Society auf den Gesellschaftsinseln (1796) und Tahiti (1797) und bald danach in anderen Teilen des Gebiets. Ab 1822 kamen →Methodisten, ab 1848 →Anglikaner und →Presbyterianer. Erst 1827 versuchten die Katholiken wieder Fuß zu fassen. Den Zugang zu den bereits prot. missionierten Inseln Tahiti und Tonga mußten sie mit Hilfe franz. Kriegsschiffe erzwingen. Träger der kath. Mission waren insbes. die Picpus- und Maristen-Gesellschaften.

Eine Besonderheit der Südsee-Mission ist der geschlossene *Übertritt ganzer Stämme* unter ihrer Führungsschicht: Schon 1818 bekehrte sich der Häuptling Pomare jun. auf Tahiti. Es kam bis zur Mitte des Jh.s schon zu *Volkschristianisierungen* in Hawaii, Tahiti, Tonga, Fidschi, Samoa – bes. wo Häuptlinge geschlossene Gruppen beeinflussen konnten. Die Südseeinseln sind in der Mitte des 20. Jh.s im wesentl. christianisiert, wobei die Protestanten gegenüber den Katholiken in der Überzahl waren. Langsamer verlief die Christianisierung kleinerer und abgelegener Inseln und des dichtbesiedelten Inlands von Neuguinea, das bis 1950/60 noch unerschlossene Gebiete hatte.

Andere *Kontakte mit dem Westen* blieben lange Zeit nur vorübergehend (z.B. durch Walfangschiffe). In dieser Lage entwickelten sich missionsgeleitete Theokratien, die bei zunehmendem Kontakt zu »Schutzgebieten« des Heimatlandes der tonangebenden Missionare wurden. Zu scharfen Konflikten kam es in Gebieten *weißer Siedlung.* Die Einwohner Tasmaniens wurden ausgerottet (die Australiens sind abgedrängt und auf 1/6 reduziert), die Maori Neuseelands wurden stark dezimiert. Diese Gebiete sind überwiegend von →Großbritannien aus besiedelt, ihr konfessionelles Spektrum ist um einige Auswanderergruppen – dt. →Lutheraner, →orthod. Griechen und Russen – erweitert. *Einheim. Initiative* tritt in zahlreichen *Kultbewegungen* auf, in denen neue Elemente mit alten verschmolzen werden und die Hoffnung auf Heil, näml. auf Ansehen, Wohlstand und Integration der eigenen Gemeinschaft, erkennen lassen. Die sog. Cargokulte (Gütererwartung) wurden lange als Rückfall, heute eher als Versuche einer neuen Synthese gedeutet.

Die einheim. Kirchen leiden an der konfessionellen Zersplitterung und der geograph. Isolierung; sie äußern sich gegen Fremdbestimmung (Atomtests, Einwanderung) und für ökumen. Kooperation, primär im eigenen Raum, dann aber auch in ganz →Asien.

*Lit.: Ch. W. Formann:* The island Churches of the South Pacific, Maryknoll 1982. – *C. E. Fox:* Lord of the Southern Isles, London 1958. – *J. Garret:* To Live among the stars. Christian Origins in Ozeania, Genf 1982. – *H.-J. Greschat:* Mana und Tapu. Die Religion der Maori auf Neuseeland, Berlin 1980. – *Th. G. Harding/B. J. Wallace:* Cultures of the Pacific, New York/London 1970. – *H. Nevermann/E. A. Worms/H. Petri:* Die Religionen der Südsee und Australiens, Stuttgart u.a. 1968. – *R. M. Wiltgen:* The Founding of the Roman Catholic Church in Oceania, Canberra/London/Norwalk 1981. – *P. Worsley:* Die Posaune wird erschallen, Frankfurt/M. 1973.

*Niels-Peter Moritzen*

# P

**Palästina.** Der Name P. wird in Geschichte und Gegenwart in mehrfachem Sinn verwendet: geograph., geopolit. und staatsrechtl.

*A.* In neuerer Zeit sind es die territorialen und staatl. Probleme der »*Palästinafrage*«, die nach der Proklamation Israels als Staat (1948) und dem ersten israel.-arab. Krieg (1948/49) nicht mehr zur Ruhe gekommen sind (→Israel). Suchte vom Ende des 19. Jh.s an die zionist. Bewegung (→Judentum) eine rechtl. gesicherte Heimstatt in P., so fordern im Rahmen palästinens. Freiheitsbewegungen – seit 1974 existiert die Dachorganisation Palestine Liberation Organization (PLO) – arab. Fedajin einen eigenen Staat in den Grenzen P.s. Die Konflikte zwischen Arabern und Juden wurden schwerwiegend, als →Großbritannien 1920/22 das Völkerbundsmandat für P. erhielt und das Ostjordanland vom Gesamtgebiet als Emirat Transjordanien abtrennte. Staatsrechtl. Implikationen hatte der Begriff P. schon im 2. Jh. n. Chr., als er nach der Niederschlagung des zweiten jüd. Aufstandes durch Hadrian (135 n. Chr.) zum Namen der bis dahin als Judäa bezeichneten Provinz aufstieg.

*B.* Vor und nach dieser Zeit ist P. eine geograph. Bezeichnung. Eine entspr. Namensform (pilischta u.a.) benutzten schon die Assyrer in der Mitte des 1. Jt.s und kennzeichneten damit das *Philisterland.* Für griech. Kaufleute jener Zeit war das »palästin. Syrien« der *Küstenstreifen* zwischen Phönizien und →Ägypten. Im AT ist seit dem Ende des 8. Jh.s v. Chr. der Name »peleschet« bezeugt. Eine ältere Bezeichnung, die zunächst nur Phönizien erfaßte, ist →*Kanaan,* eine wesentl. jüngere spricht vom *»Heiligen Land«* (Sach 2,16 u.a.). Damit ist ein Gebiet gemeint, das in alter Zeit wie heute im hebr. Sprachgebrauch am häufigsten *»Israel«* bzw. das »Land Israel« genannt wird.

*C.* Die geograph. Abgrenzung, die seit der frühchristl. Zeit als P. verstanden wurde, geht auf die

Reform der Provinzialverwaltung durch Diokletian (296 n. Chr.) zurück. Zur Provinz P. gehörten seitdem das ganze Westjordanland, dazu Teile des Ostjordanlandes und der Wüste Negeb. Die *Landschaftsteile*, die sich in Nord-Süd-Richtung erstrecken, sind klar gegliedert: in die fruchtbare Küstenebene mit wenigen natürl. Häfen (Akko, Dor, Jafo, Askalon); in das westl. vom Jordan gelegene Bergland mit dem als Wasserscheide fungierenden galilä., efraimit. und judä. Gebirge, deren höchste Erhebungen zwischen 1000 und 1200 m liegen; in die Jordansenke, einem Grabenbruch, der von Nordsyrien bis Ostafrika reicht und in dessen Bereich der Seespiegel des Toten Meeres mit 392 m unter dem Meeresspiegel des Mittelmeeres die tiefste Stelle der Erdoberfläche ist; und schließl. in das östl. vom Jordan gelegene Bergland.

*D.* Das Klima ist subtrop., mit heißem Sommer und mildem Winter. Die Regenzeit beschränkt sich auf die Monate vom Herbst bis zum Frühjahr und nimmt von Norden nach Süden und von Westen nach Osten ab. Weil Fluß- und Quellwasser nur unzureichend zur Verfügung stehen, bestimmt der Regen weitgehend die Vegetation. So liegt die Getreideernte im Frühjahr, während Wein und Baumfrüchte auch im Herbst geerntet werden können. Die Anbaumöglichkeiten sind recht vielfältig. Schon Dtn 8,8 versprach »ein Land mit Weizen und Gerste, Reben, Feigen und Granatbäumen, ein Land mit Ölbäumen und Honig«. Seit dem →MA. sind Bananen- und Zitrushaine bekannt. Inzwischen werden durch gezielte Bewässerungsmaßnahmen viele Gemüsesorten angepflanzt, daneben Industriepflanzen wie die Erdnuß, und vor allem Baumwolle. Bei der Viehzucht stehen Rinder, Schafe und Ziegen im Vordergrund, neuerdings auch alle Arten von Geflügel; am See Genezareth (Kinneret), am Mittelmeer und am Roten Meer wird Tiefseefischerei betrieben. Die neuzeitl. Industrie beruht auf den landwirtschaftl. Erträgen, auf eingeführten Materialien, aber auch auf heim. Bodenschätzen (Mineralien aus dem Toten Meer, Salz, Phosphat, Schwefel, Asphalt, Kupfer, Eisenerz u.a.).

*E.* Bis zu diesem Tag hat P., das seit der Altsteinzeit besiedelt ist, eine lange und verwickelte Geschichte erlebt. Weil es der Siedlungsraum vieler Völkerschaften war, haben heutige Ansprüche auf ein Territorium mit ideellen Grenzen hist. Grundlagen. Die polit. Motive verbinden sich dabei mit rel. Mit den Erinnerungen und Erwartungen des Judentums, dem das polit. Großreich →Davids als Modell des zukünftigen Reiches des →Messias dient, konkurriert der rel. Anspruch des Christentums und des →Islam auf P. als »Hl. Land« mit Jerusalem als »Hl. Stadt«.

*Lit.: Y. Aharoni:* Das Land der Bibel, Neukirchen-Vluyn 1984. *M. Avi-Yonah:* Palaestina (Sonderdruck aus Pauly's Realencyclopädie der class. Altertumswissenschaft, Supplementbd. XIII), München 1974. *S. Hadawi (Hg.):* Beschlüsse der Vereinten Nationen über das P.-Problem, Bonn 1967. *O. Keel/M. Küchler/Chr. Uehlinger:* Orte und Landschaften der Bibel I, Zürich u.a. 1984.

*Rüdiger Liwak*

**Palestrina,** *Giovanni Pierluigi da* (Familienname: Pierluigi), geb. 1525 oder 1526 in Palestrina oder Rom, gest. 2.2.1594 in Rom, ital. Komponist. P.s Eltern stammten aus Palestrina in den Sabiner Bergen, wohnten aber wahrscheinl. um 1525 in Rom. 1537 als Chorknabe an S. Maria Maggiore eingetragen, wurde P. 1544 Sänger und Organist an S. Agapita in Palestrina. Aus der 1547 geschlossenen Ehe mit Lucrezia Gori gingen drei Söhne hervor. Papst Julius III., zuvor Kardinalbischof von Palestrina, holte ihn 1551 als Kapellmeister an die Peterskirche. In *Rom* veröffentlichte P. 1554 sein 1. Messenbuch. Die Aufnahme in die Sixtinische Kapelle 1555 erfolgte trotz Ehestand und ohne das vorgeschriebene Mitspracherecht der Sänger zu beachten. Noch im gleichen Jahr erfolgte nach zweimaligem Papstwechsel P.s Entlassung und wenig später seine Ernennung zum Kapellmeister an S. Giovanni in Laterano. Von 1561 bis 1566 wirkte er in gleicher Position an S. Maria Maggiore, um danach am Seminario Romano zu unterrichten, das mit der Umsetzung der *kirchenmusikal. Reformen* des →Konzils von Trient in die Praxis betraut war. 1571 kehrte P. an die Peterskirche zurück und blieb dort bis zu seinem Tod 1594. Zwei Berufungen als Hofkapellmeister nach Wien (1567) und Mantua (1583) scheiterten an seinen hohen Gehaltsforderungen. Auch die geplante Rückkehr an den Dom von Palestrina kam nicht mehr zustande.
Wie seine Tätigkeiten in Palestrina und an den Hauptkirchen Roms ausweisen, verbrachte P. sein ganzes Leben im Dienste der *Kirchenmusik.* Nahezu alle damaligen Formen wurden von ihm behandelt, vorrangig die →*Messe* (105 authent. Werke unterschiedl. Typik), die →*Motette* (über 500 Werke) und das →Madrigal (über 100 Werke, auch geistl. Texte). Den in der »röm. Schule« (→Renaissance) ausgeprägten strengen Kirchenstil führte P. zu einem abschließenden Höhepunkt: ein ebenmäßig fließender musikal. Satz, dessen rhythm. und melod. Ausgewogenheit wohl aus dem →Gregorian. Choral abzuleiten ist. Homophone und polyphone Partien wechseln stetig ab, melod. Bewegungen verlaufen stufenweise, die Dissonanzbehandlung ist genau geregelt. Dieser »*Stile alla P.*«, von seiner Zeit aus gesehen konservativ geprägt und in Wortausdeutung und Affektsprache gegenüber Orlando di →Lasso wesentl. schwächer, wurde im 17. und 18. Jh. als Ideal polyphoner Satzkunst angesehen (H. →Schütz, J. S. →Bach) und auch lehrbuchmäßig weitergegeben (J. J. Fux, Gradus ad Parnassum, 1725). Die dt. Frühromantik (E. T. A. Hoffmann, J. Thibaut) begeisterte sich dagegen mehr an einer »in feierl. Akkorden einherschreitenden« Musik als an kunstvoller Kontrapunktik, ein P.-Verständnis, das dem →Caecilianismus den Boden bereitete.

Ob P. im Zusammenhang mit den Reformen des Tridentinums als »Retter der Kirchenmusik« gelten darf, ist umstritten. Einerseits erfüllte er z.B. in der berühmten »Missa Papae Marcelli« (1562/63) Forderungen nach Textverständlichkeit, kunstvollem Vokalsatz und kirchl. Würde und arbeitete auch an der Choralreform mit (→Kirchenmusik). Andererseits war eine solche Entwicklung des Komponierens bereits vor P. in Rom durch die Verschmelzung von niederländ. Satzkunst (→Josquin) und ital. Klangsinn angebahnt worden. Neben der P.-Renaissance im 19. Jh., der eine intensive wissenschaftl. Erforschung des Komponisten seit Anfang des 20. Jh.s folgte, trug auch H. Pfitzners Oper »Palestrina« (1917) zur *Legendenbildung* bei. Hier wurde in freiem Umgang mit der hist. Wirklichkeit zur Zeit des Konzils die Stellung des nur seinem Werk verpflichteten Künstlers zur Welt als bekenntnishaftes Ideendrama gestaltet.

*Lit.: K. G. Fellerer:* P.-Studien, Baden-Baden 1982 (wichtige Aufsätze zur P.-Forschung). – *H. Hucke:* P. als Autorität und Vorbild im 17. Jh., in: Congresso internazionale C. Monteverdi e il suo tempo, Venedig 1968. – *K. Jeppesen:* Der P.stil und die Dissonanz, Leipzig 1925. – *Ders.:* Kontrapunkt, Leipzig 1935, Wiesbaden, 8. Aufl. 1978.

*Hermann Jung*

**Pantheismus.** Der auf den engl. Religionsphilosophen J. Toland (gest. 1722) zurückgehende Begriff besagt ein letztes *Nichtunterschiedensein* bzw. eine Identität von Gott und »allem« (griech. *pan*), was ist. In unterschiedl. Weisen findet er sich religionsgeschichtl. und philos. dort wieder, wo das Verhältnis von →Gott und →Welt oder Natur nicht im Sinne der jüd.-christl. Schöpfungstheologie (→Schöpfung) bestimmt ist (→Dualismus). In der vorrangigen Betonung des Welthaften (Gott nichts anderes als die Welt) berührt er sich auf der einen Seite mit dem →Atheismus; auf der anderen Seite ist er - in der Verleugnung jeden Wesensunterschiedes zwischen Gott und Welt (Welt ist nur die Erscheinungsweise des Göttlichen) – nur die rel. Form des →Monismus. Rückblickend ist er in einer Vielzahl von Erscheinungsweisen wiederzuerkennen, die sich in der Geschichte der abendländ. →Philosophie (von Xenophon, den Eleaten, Heraklit über Plotin [→Neuplatonismus] zu G. Bruno, →Spinoza und dem dt. →Idealismus) und der Religionen, zumal in ihren myst. Strömungen (jüd. Kabbala, islam. →Mystik, →Theosophie, ind. Einheitslehren u.a.), finden.
Die Unsicherheit einer letzten Bestimmung und Bewertung des P. zeigt sich in einer Mehrzahl differenzierender *Bezeichnungen:* u.a. Panentheismus (Gott ist »in« allem) oder auch Theopan(t)ismus (Gott ist alles). Auf die grundlegende Diskussion um Substanz und →Erscheinungen, Einheit und Vielheit kann nicht eingegangen werden. Doch ist nicht zu übersehen, daß eine übersteigerte Betonung der Transzendenz Gottes (»der ganz Andere«; →transzendent) diesen nicht selten in einer Weise von der Welt entfernt (→Deismus), daß im Grunde seine Immanenz, also seine bleibende weltschöpfer. Tätigkeit und Gegenwart, die sich in der »Erhaltung« der Welt bleibend fortsetzt, geleugnet wird. So gesehen bleiben die pantheist. Denkansätze zwar hinter dem Niveau der christl. Schöpfungstheologie zurück, doch geben sie dem Bemühen der geschöpfl. Weltdinge, zumal aber des Menschen, Ausdruck, sich in ihrem Grund verankert zu wissen und diese Verankerung wiederherzustellen. Die christl. Theologie und →Spiritualität wird gegenüber dem P. aber auf dem *dialog. Spannungsverhältnis* zwischen der Welt und ihrem göttl. Grund, zwischen Mensch und Gott bestehen, dies schon im Blick auf das ver»antwort«liche Handeln des Menschen.

*Lit.: W. Dilthey:* Ges. Schriften II, Leipzig, 3. Aufl. 1921. – *S. Morenz:* P., in: Religion in Geschichte und Gegenwart, 3. Aufl., Bd. 5, 37-42. – *S. Pfürtner:* P., in: Lexikon für Theologie und Kirche, 2. Aufl., Bd. VIII 25-29.

*Hans Waldenfels*

**Papst, Papsttum**

*A. Kirchengeschichtlich*

Nach offizieller röm.-kath. Lehre ist das P.tum von →Jesus Christus eingesetzt. Zur Begründung dient seit dem 3. Jh. Mt 16,18. Die Päpste gelten als Nachfolger des →Petrus im röm. →Bischofsamt und beanspruchen den damit verbundenen *Primat*, eine nach heutigem Verständnis geistl. und rechtl. Vorrangstellung.

*I.* Von den röm. Bischöfen der ersten 300 Jahre ist außer Namenslisten (P.listen) wenig bekannt. Die Päpste des 4. Jh.s dürften bereits Urkundenbücher angelegt haben. Diese »P.register« sind bis zu Innozenz III. (1198-1216) nur sporad. erhalten. Um das 4. Jh. beginnt auch die *P.geschichtsschreibung*, die bis zur →Neuzeit teils legendären Charakter aufweist und nach der →Reformation von Polemik geprägt ist. Im 17. Jh. setzt die krit. Erforschung des P.tums ein, die bes. nach Öffnung des vatikan. Archivs (1881) bedeutende Ausgaben hervorbringt. Als Meisterwerke gelten die P.geschichten von L. Ranke (ab 1834), L. Pastor (ab 1886), E. Caspar (ab 1930) und J. Haller (ab 1934).

*II.* Seit dem 3. Jh. wird in der westl. Reichshälfte ein Vorrang der Gemeinde von →Rom erkennbar, der mit der Begründung durch →Petrus und →Paulus legitimiert wird. Nach der →Konstantin. Wende stärkte die polit. Machtverlagerung nach Konstantinopel die Stellung des röm. Bischofs. Als erster Verkünder päpstl. *Vollgewalt* gilt Leo I. (440-461). Bedeutsam für das Verhältnis zwischen →Kirche und Staat wurde die von Gelasius I. (492-496) formulierte Zweigewaltenlehre, die dem P. die geistl., dem Kaiser die weltl. Gewalt zusprach. Zunächst freil. geriet das P.tum unter das byzant. Reichskirchensystem (→Byzanz). Die entscheidende Tat Gregors I. (590-604), auf dessen liturg. Reformen der Gebrauch des →Gregorian. Chorals zurückgeführt wird, war das Ausgreifen nach England. Angelsächs. Missionare begründeten auf dem Festland das Ansehen Roms und bereiteten das Bündnis des P.tums mit dem Frankenreich vor. König Pippin unterstellte sich 754 dem hl. Petrus und verpflichtete sich und seine Nachfolger zum Schutz des P.tums. Durch Schenkungen legte er den Grund zum *Kirchenstaat.* Von beiden Seiten unterschiedl. interpretiert, bedeutete das Bündnis den Beginn der Beziehungen zwischen P.tum und Kaisertum, wobei bald dieses, bald jenes die Oberherrschaft ausübte. So wußte sich Karl d.Gr. trotz Krönung durch den P. (800) als Herr über die Kirche. Im 10. Jh. war das P.tum, dessen Einfluß auf Rom beschränkt blieb, dem röm. Adel unterworfen. Päpste wurden von rivalisierenden Gruppen ernannt, abgesetzt, eingekerkert, ermordet. Später sprach man pauschalisierend vom *»dunklen Jh.«*.

*III. »Reformp.tum«* und *»Investiturstreit«* sind Ausdruck des Struktur- und Mentalitätswandels des 11. Jh.s, des Aufbruchs aus archa. Ordnungen, der Entdeckung der sittl. handelnden →Person. Den Anstoß zur →Kirchenreform gab Kaiser Heinrich III. (1046). Der Reformp. Leo IX. (1049-1054) und seine Nachfolger waren geprägt von den rel. Idealen, die nach heutiger Erkenntnis ihren Ausgang nicht so sehr von →Cluny als von der Eremitenbewegung und von Kanonikerorden nahmen (→Orden). Ihr Kampf galt der Priesterehe (Verpflichtung zum Zölibat), der Simonie (Kauf kirchl. Ämter) und der Laieninvestitur (Investitur = Einsetzung in das geistl. Amt). Gregor VII. (1073-1085) definierte die Stellung des P.tums in der Kirche und sein Verhältnis zur weltl. Macht als unbeschränkte Vollgewalt und Überordnung der geistl. Gewalt. Durch die Absetzung Heinrichs IV. (1076) entkleidete er die Herrscher ihres Sakralcharakters und leitete die Trennung von Geistlichem und Weltlichem (→Säkularisierung) ein. Mit der Forderung strikten →Gehorsams gegen den P. begründete er das *zentralist. Kirchensystem*, dessen Ausbau im Erstarken der →Kurie und im Aufstieg des Kardinalskollegiums (seit 1059 alleiniges Recht zur P.wahl) sichtbar wird. Der Anspruch gegenüber der weltl. Gewalt zeigte sich in der Politisierung des P.tums und in der Führungsrolle bei den →Kreuzzügen. Er schien verwirklicht in der *geistl. Weltherrschaft* Innozenz' III. (1198-1216). Doch setzte mit zunehmender Verweltlichung der Niedergang des P.tums ein, auch wenn erst Bonifaz VIII. (1294-1303) die Weltherrschaftsansprüche auf die Spitze trieb. Das »Exil« des P.tums in Avignon (1305-1377) machte es von der franz. Krone abhängig. Pfründenpolitik und Mißbrauch von Kirchenstrafen erreichten einen Höhepunkt. →Ockham, →Wyclif und →Hus stellten daher das P.tum in Frage. Die Doppelwahl von 1378 führte zum *»Großen abendländ. Schisma«*, zur Spaltung in die röm. und avignon. »Obedienz«. Der Rückgriff auf die Lehre von der höchsten →Autorität der →Bischöfe beim →Konzil (konziliare Idee) ermöglichte den →Reformkonzilien von Pisa und Konstanz (1409-1418), alte Päpste ab- und neue einzusetzen. Seit der Verbindung des P.tums mit →Renaissance und →Humanismus (1447) saßen auf dem Stuhl Petri kunstsinnige, kraftvolle Fürsten (Pius II., 1458-1464; Sixtus IV., 1471-1484; Julius II., 1503-1513). Vom Ideal des Reformp.tums blieb wenig, wie die Geldbeschaffung durch Ablaßbriefe und der Nepotismus (Verleihung kirchl. Ämter an Verwandte und eigene Kinder) zeigt, wobei sich bes. Alexander VI. (1492-1503) hervortat. Kein Wunder, daß der Renaissancep. Leo X. (1513-1521) in M. →Luthers Herausforderung nur »Mönchsgezänk« sah.

*IV.* Der Schock der →Reformation führte seit dem →Konzil von Trient zur Erneuerung des P.tums. Unter sittenstrengen Päpsten (Pius V., Gregor XIII., Sixtus V., 1566-1590) gewann die röm.-kath. Kirche Selbstvertrauen. Zugleich wurden die *Unterscheidungslehren* herausgestellt und das P.amt noch mehr betont. Die *Zentralisierung* wurde verstärkt, z.B. durch Errichtung ständiger Nuntiaturen. In der →Gegenreformation gelang es den Päpsten, mit Hilfe der →Jesuiten und der kath. Landesfürsten die Reformation einzudämmen, wobei man auch nicht vor →Religionskriegen zurückschreckte. Doch offenbarte der Dreißigjährige Krieg die Schwäche des P.tums, dessen Machtverfall auch im 18. Jh. anhielt. Im Inneren der Kirche bildeten →Jansenismus, Gallikanismus, Josephinismus, Episkopalismus zentrifugale Gegenbewegungen. In der Behandlung Pius' VI. (1775-1799) und Pius' VII. (1800-1823) durch Napoleon zeigte sich die polit. Ohnmacht des P.tums. Das Ende der Reichskirche stärkte jedoch seine innerkirchl. Position. Die →Romantik, mehr noch die →ultramontane Bewegung, erblickte angesichts der Bedrohung durch →Aufklärung und →Liberalismus im P.tum ein sicheres Bollwerk. Dieses verstand sich seit Gregor XVI. (1831-1846) im Gefolge von Staatsrechtslehren des →Absolutismus als *monarch. Universalepiskopat.* Unter Pius IX. (1846-1878) wurden die Bischöfe vollends zu Befehlsempfängern des P.tums. Verlautbarungen wie der »Syllabus« (1864), eine pauschale Verurteilung des Liberalismus und der modernen Welt, entfremdete viele Gebildete der Kirche. Aufgipfelung der Zentralisierung bildete das →Dogma vom Universalprimat und von der →Unfehlbarkeit, das mit dem *Verlust der weltl. Macht* des P.tums, des Kirchenstaates, zusammenfällt (1870). Auch Leo XIII. (1878-1903), der sich um die Lösung der →sozialen Frage mühte, blieb im Grunde rückwärtsgewandt (einseitige Förderung der →Neuscholastik). Die von ihm erstrebte sittl. Weltautorität war angesichts des modernen →Pluralismus Utopie. Unter Pius X. (1903-1914) erreichte die Abwehr neuer wissenschaftl. Methoden und Erkenntnisse durch die Verurteilung des →Modernismus ihren Höhepunkt. Der autoritäre Zentralismus dauerte von Benedikt XV. (1914-1922) über Pius XI. (1922-1939) bis zu Pius XII. an (Darstellung der Kirchenverfassung im →Kirchenrecht des »Codex Iuris Canonici« [CIC] 1917; Abwehr der modernen →Demokratie, gewisse Nähe zu totalitären Regimen). Mit →Johannes XXIII. und dem 2. →Vat. Konzil schien eine Neuorientierung des P.tums angebrochen. Trotz umstrittener Entscheidungen zur →Geburtenregelung führte Paul VI. (1958-1963) das Begonnene behutsam fort (Absage an den Triumphalismus, Stärkung der Ortskirchen, Dialog mit anderen Kirchen und Religionen, Öffnung zur Welt). Unter Johannes Paul II. haben die erneute Selbstdarstellung der Kirche als *P.kirche* (Neufassung des CIC 1983), der persönl. Regierungsstil des P.es, die Bevorzugung rechter kirchl. Gruppierungen (Opus Dei), die autoritäre Maßregelung von Theologen und die starke Betonung der →Volksfrömmigkeit zu Spannungen an der Basis geführt und die →Ökumene behindert.

*Lit.: G. Denzler (Hg.):* Päpste und P.tum, Stuttgart 1971ff. (Monographien). – *H. Fuhrmann:* Von Petrus zu Johannes Paul II., München 1980 (Lit.). – *M. Greschat (Hg.):* Das P.tum, Stuttgart 1985 (Lit.). – *B. Schimmelpfennig:* Das P.tum. Grundzüge seiner Geschichte von der Antike bis zur Renaissance, Darmstadt 1984 (Lit.).

*Otto Weiß*

*B. Systematisch*

*I.* Seine Dauer und Stabilität, die Vielschichtigkeit seiner Struktur und Vielgestaltigkeit seiner Erscheinungsformen sowie endl. Ausmaß und Reichweite seiner mannigfachen Wirkungen machen das P.tum zu einer der bemerkenswertesten Institutionen der Geschichte.

*1.* Die *Kette der Amtsträger* dieser ältesten »Wahlmonarchie« der Welt umfaßt derzeit 263 Päpste, deren allmähl. gewachsene hierarch. Stellung (→Hierarchie) am sinnenfälligsten in den päpstl. Insignien (Wappen, weißer Talar, Siegelring usw.) und im vollständigen offiziellen P.titel zum Ausdruck kommt, der lautet: »Bischof von Rom, Statthalter Jesu Christi, Nachfolger der Apostelfürsten, Summus pontifex der gesamten Kirche, Patriarch des Abendlandes, Primas von Italien, Erzbischof und Metropolit der röm. Kirchenprovinz, Souverän des Staates der →Vatikanstadt«. Die Entwicklung dieser ungewöhnl. *Ämter- und Machtfülle* hat im innerchristl. und – kirchl. wie im gesellschaftl.-polit. Raum gleichermaßen tiefe Spuren hinterlassen, z.B. durch den Kampf des P.tums für die →Freiheit der →Kirche gegenüber staatl. Bevormundung, das ungewollte Vorbild aller modernen →Revolutionen. Die hist. Bedeutung des P.tums hat F. Heer prägnant formuliert: »Ohne P.tum kein Abendland.«

*2.* Der *Ausdruck »P.«* leitet sich her vom lat. *papa,* einer in der frühen Kirche vor allem für →Bischöfe und Äbte gebräuchl. Anrede. Das griech. Wort *pappas,* ursprüngl. ostkirchl. Ehrentitel für die Patriarchen von →Alexandrien, →Antiochien, →Jerusalem und Konstantinopel (→Byzanz), bürgert sich ab Mitte des 5. Jh.s auch als Titel des Bischofs von →Rom ein, als dessen Amtsbezeichnung die lat. Version *»papa«* ohne Namenszusatz ab Ende des 8. Jh.s verwendet wird. 1075 reserviert Gregor VII. durch Erlaß den Titel ausschließl. für dem röm. Bischof. Im heutigen Sprachgebrauch kommt dem altkirchl. Wortsinn wohl am nächsten die aus dem 12. Jh. stammende Anrede »Heiliger Vater«.

*3.* Die enge Bindung des P.es an die Stadt *Rom* gründet zunächst auf der seit alters in der Christenheit unbestritten anerkannten Sonderstellung der röm. (Orts-)*Kirche,* Ergebnis der Erinnerung an das dortige Wirken und Martyrium der Apostel →Petrus und →Paulus. Vom 4. Jh. an wird in der westl. Kirche dieser Ehrenvorrang zunehmend mit Amt und Person des röm. (Orts-)*Bischofs* verknüpft, der insbes. unter Berufung auf Mt 16,16-18 (»Du bist Petrus, der Fels...«) immer nachdrücklicher den Anspruch erhebt, Nachfolger des Petrus und Oberhirte der Gesamtkirche zu sein. Diese Akzentverschiebung in der Idee des Primats (Vorrang vor allen Patriarchen und Bischöfen) führt u.a. dazu, daß die Erscheinungsform des P.tums stark von den persönl. Eigenschaften, Zielen und dem Selbstverständnis des jeweiligen Amtsinhabers mitgeprägt wird.

*II.* Die *theol. und kirchenpolit. Entfaltung* des Primatsgedankens gipfelt, erhebl. innerkath. Widerstände (→Konziliarismus, Gallikanismus, Febronianismus) überwindend, in der dogmat. Definition von universellem Jurisdiktionsprimat (rechtsgültiger Vorrang) und →Unfehlbarkeit des P.es durch das 1. →Vat. Konzil (1870/71), der zufolge es sich beim P.tum um konstitutives (»iuris divini«, d.h. »göttl. Rechts«) Element der →Kirchenverfassung handelt. Diese Auffassung wird von den nicht röm.-kath. →Konfessionen ausnahmslos abgelehnt, wobei hist., exeget. und dogmat. Gründe geltend gemacht werden. Insofern stellt das P.tum wohl das größte Hindernis auf dem Wege zur Wiederherstellung voller Kirchengemeinschaft dar (→Ökumenismus).

Auf der Ebene des multilateralen *ökumen. Dialogs* wurde das Problem des P.tums bislang kaum erörtert, wesentl. eingehender dagegen in einigen bilateralen (zweiseitigen) Gesprächen zwischen Lutheranern (→Luthertum) und Katholiken (→röm.-kath. Kirche) sowie vor allem im anglik./röm.-kath. Dialog (→anglik. Kirchen). Dabei zeichnet sich eine Übereinstimmung darüber ab, daß die heutige Gestalt des P.tums nicht unmittelbar aus den Petrus-Texten des NT abgeleitet werden kann, andererseits jedoch ein *univerales Amt der Einheit* (»Petrus-Dienst«) hilfreich und wünschenswert wäre. Eine Einigung in bezug auf den dogmat. Kern dieser Streitfrage indessen dürfte noch lange auf sich warten lassen.

*Lit.: Arbeitsgemeinschaft ökumen. Universitätsinstitute (Hg.):* P.tum als ökumen. Frage, München/Mainz 1979. – *A. Brandenburg/H. J. Urband (Hg.):* Petrus und P. Evangelium – Einheit der Kirche – P.dienst. Beiträge und Notizen, Bd. 1, Münster 1977; Bd. 2, 1978. – *R. E.*

*Brown/K. P. Donfried/J. Reumann (Hg.):* Der Petrus der Bibel. Eine ökumen. Untersuchung, Stuttgart 1976. – *A. Franzen/R. Bäumer:* P.geschichte. Das Petrusamt in seiner Idee und seiner geschichtl. Verwirklichung in der Kirche, Freiburg 1974. – *M. Hardt:* P.tum und Ökumene. Ansätze eines Neuverständnisses für einen P.primat in der prot. Theologie des 20. Jh.s (Beiträge zur ökumen. Theologie 20), Paderborn u.a. 1981. – *W. Klausnitzer:* Das P.amt im Disput zwischen Lutheranern und Katholiken. Schwerpunkte von der Reformation bis zur Gegenwart (Innsbrucker theol. Studien 20), Innsbruck/Wien 1987.

*Heinz-Günther Stobbe*

## *C. Literarisch*

*I.* Von Anfang an ist der P. in der dt. Literatur als umstrittene, widersprüchl., einmal verklärte und einmal verwünschte Figur präsent. Nach Anfängen im MA. (P.-Spottlieder Walthers von der Vogelweide) erreicht der Widerspruch gegen das P.tum in der →*Reformation* ihren Höhepunkt, der auch literar. spürbar ist: 1518 veröffentlicht →*Erasmus von Rotterdam* (anonym) seine dramat. P.satire auf Julius II. »Julius exclusus« und beschreibt in Julius einen P., der ob seiner Skrupellosigkeit nach seinem Tod vom Himmel ausgeschlossen wird. In *M.* →*Luthers* Bildkampfschrift »Passional Christi und Antichrist« (1521) wird ein selbstherrlich triumphierendes Macht-P.tum scharf mit dem ohnmächtigen Christus konfrontiert. Das ma. Antichristdrama wird in der Reformation zu einem antipäpstl. Tendenzstück umfunktioniert.

*II.* Nach einer Phase der P.verklärung in der *frühen Romantik* bei Chateaubriand (»Le Genie du Christianisme«, 1802), vor allem aber bei Novalis (»Europa oder das Christentum«, 1799), kommt es bei Vertretern des *Vormärz* und des *Jungen Deutschland* (→Biedermeier) zu einer erneuten polit. Abrechnung mit dem P. als Symbol polit. Reaktion und Aufklärungsfeindlichkeit (H. →Heine »Geschichte der Religion und Philosophie in Deutschland«; G. Herwegh »Gegen Rom«), später bei F. →Nietzsche bereits zu einer bizarren Vision vom »letzten P.«, dem P., der Gott sterben sah (»Also sprach Zarathustra«, 1883-1885).

*III.* Erst *Mitte des 20. Jh.s* kommt es wieder zu einer bedeutenden, engagierten literar. Auseinandersetzung mit dem P. *B.* →*Brecht* stellt (vor dem Hintergrund von →Faschismus und Stalinismus) in seinem Drama »Leben des Galilei« (1943) den P. als Repräsentanten eines repressiven polit. Systems dar, das angesichts der Herausforderung durch die moderne Welt versagt und somit zur Förderung des Wohls der Menschheit unbrauchbar ist. Ähnl. läßt R. Hochhuth in seinem Stück über Pius XII. (»Der Stellvertreter«, 1961) den P. als bloßen Gefangenen seiner eigenen Interessen auftreten, der eine hist. Chance aus diplomat. Rücksicht verpaßte (öffentl. Protest gegen die faschist. Judenausrottung) und so die Nachfolge des Gekreuzigten als dessen »Stellvertreter« verriet.

Anders dagegen *R.* →*Schneider* und *I. Silone.* Beide sind von derjenigen P.gestalt fasziniert, die als einzige in der Geschichte je freiwillig zurücktrat: Cölestin V. (1294). Schneider geht es in seinem Drama »Der große Verzicht« (1950) um die trag.-schuldhafte Spannung von Christentum und →Macht: Kann man radikal Christ und P. zugleich sein? Indem Schneider diese Frage letztl. bejaht (auch in seinem Stück »Innozenz und Franziskus«, 1952), bleibt das P.tum bei ihm eine mögliche, aber trag.-zwiespältige Form von Christlichkeit. Als →utop. Figur dagegen stellt Silone seinen Cölestin dar (»Abenteuer eines armen Christen«, dt. 1969). Cölestin verkörpert bei Silone ein P.tum, das sich der Macht- und Herrschaftslogik verweigert und dessen Selbstaufhebung (freiwilliger Rücktritt) Ausdruck radikaler Christlichkeit ist. Auch *G. von le Fort* und *Th.* →*Mann* griffen auf hist. P.stoffe zurück, nutzen sie aber zur Einkleidung einer allg. menschl. Problematik. Le Forts »Der P. aus dem Ghetto« (1930), die Geschichte vom Aufstieg eines Judenkindes zum Gegenp., ist aus der Glaubenshaltung heraus geschrieben, daß trotz chaot. Wirrnisse eine göttl. Vorsehung in der Geschichte zu erkennen ist. Th. Manns Roman »Der Erwählte« (1951) erzählt die Geschichte von P. Gregor als eine christl. Umformung der Ödipussage und lebt so vom Vertrauen, daß es letztl. doch einen Weg des Menschen aus der übermächtigen Schuld in die →Gnade gibt.

Als realutop., alternative Figur hat vor allem →*Johannes XXIII.* Künstler der Gegenwart inspiriert. *M. L. Kaschnitz* nannte Johannes einen »als P. verkleideten Menschen« (»Tage, Tage, Jahre. Aufz.«, 1968); der brasil. Dramatiker *Joao Bethencourt* widmete ihm das Stück »Der Tag, an dem der P. gekidnappt wurde« (dt. 1975); *W. Hildesheimer* schrieb krit.-sympathisierende »Exerzitien mit P. Johannes« (1979) und *H.* →*Böll* zeigt in »Ansichten eines Clown« (1963) eine überraschende Geistesverwandtschaft zwischen seinem clownesken Helden und Johannes. Revolutionäre P.utopien entwerfen darüber hinaus *W. Jens* (»Die vierte Vision vom P.«, 1971), *M. L. West* (»The Shoes of the Fisherman«, 1963) und *W. F. Murphy* (»The Vicar of Christ«, 1979). Allen ist der Glaube gemeinsam, daß ein P.tum im Gelen ist gemeinsam der Glaube, daß ein P.tum im Geiste von Mt 25 die Situation in Kirche (ökumen. Versöhnung) und Gesellschaft (neue Herrschaftsformen) radikal verändern könnte.

*Lit.: E. Frenzel:* Stoffe der Weltliteratur, Stuttgart, 3. Aufl. 1970. – *K.-J. Kuschel:* Stellvertreter Christi? Der P. in der zeitgenöss. Literatur, Zürich/Köln/Gütersloh 1980 (Lit.).

*Karl-Josef Kuschel*

*D. Päpste*

Die folgende Aufzählung folgt den offiziellen Angaben des *Annuario pontificio* (Päpstl. Jahrbuch), da es heute keine hist. allg. anerkannte P.liste gibt. Probleme bestehen in bezug auf die frühen Päpste, die Jahre 308-310, die Wirren um Bonifatius VII. (974-985) sowie Silvester III. (1045), im Anschluß an die Doppelwahl 1130 und die Teilung der P.reihen 1378 (Abendländ. Schisma). Gegenpäpste sind nicht numeriert.

1. Petrus, hl. *64/67(?)
2. Linus, hl. 67(65)–76
3. Anaklet I., hl. 76–88
4. Klemens I., hl. 88–97
5. Evaristus, hl. 97–105
6. Alexander I., hl. 105–115
7. Sixtus I., hl.115–125
8. Telesphorus, hl. 125–136
9. Hyginus, hl. 136–140
10. Pius I., hl. 140–155
11. Anicetus, hl. 155–166
12. Soter, hl. 166–175
13. Eleutherus, hl. 175–189
14. Viktor I., hl. 189–199
15. Zephyrinus, hl. 199–217
16. Kalixt I., hl. 217–222
    Hippolyt, hl. 217–235
17. Urban I., hl. 222–230
18. Pontianus, hl. 230–235
19. Anterus, hl. 235–236
20. Fabianus, hl. 236–250
21. Cornelius, hl. 251–253
    Novatian 251
22. Lucius I., hl. 253–254
23. Stephan I., hl. 254–257
24. Sixtus II., hl. 257–258
25. Dionysius, hl.259–268
26. Felix I., hl. 268–274
27. Eutychianus, hl. 275–283
28. Cajus, hl. 283–296
29. Marcellinus, hl. 296–304
30. Marcellus I., hl. 308–309
31. Eusebius, hl. 309
32. Miltiades, hl. 311–314
33. Silvester I., hl. 314–335
34. Markus, hl. 336
35. Julius I., hl. 337–352
36. Liberius 352–366
    Felix II. 355–365
37. Damasus I., hl. 366–384
    Ursinus 366–367
38. Siricius, hl. 384–399
39. Anastasius I., hl. 399–401
40. Innozenz I., hl. 401–417
41. Zosimus, hl. 417–418
42. Bonifatius I., hl. 418–422
    Eulalius 418–419
43. Cölestin I., hl. 422–432
44. Sixtus III., hl. 432–440
45. Leo I., hl. 440–461
46. Hilarus, hl. 461–468
47. Simplicius, hl. 468–483
48. Felix III. (II.), hl. 483–492
49. Gelasius I., hl. 492–496
50. Anastasius II. 496–498
51. Symmachus, hl. 498–514
    Laurentius 498–505
52. Hormisdas, hl. 514–523
53. Johannes I., hl. 523–526
54. Felix IV. (III.), hl. 526–530
55. Bonifatius II. 530–532
    Dioskur 530
56. Johannes II. 533–535
57. Agapet I., hl. 535–536
58. Silverius, hl. 536–537
59. Vigilius 537–555
60. Pelagius I. 556–561
61. Johannes III. 561–574
62. Benedikt I. 575–579
63. Pelagius II. 579–590
64. Gregor I., hl. 590–604
65. Sabinianus 604–606
66. Bonifatius III. 607
67. Bonifatius IV., hl. 608–615
68. Deusdedit
    Adeodatus I., hl. 615–618
69. Bonifatius V. 619–625
70. Honorius I. 625–638
71. Severinus 640
72. Johannes IV. 640–642
73. Theodor I. 642–649
74. Martin I., hl. 649–655
75. Eugen I., hl. 655–657
76. Vitalianus, hl. 657–672
77. Deusdedit
    Adeodatus II. 672–676
78. Donus 676–678
79. Agatho, hl. 678–681
80. Leo II., hl. 682–683
81. Benedikt II., hl. 684–685
82. Johannes V. 685–686
83. Konon 686–687
84. Sergius I., hl. 687–701
    Theodor 687
    Paschalis 687–692
85. Johannes VI. 701–705
86. Johannes VII. 705–707
87. Sisinnius 708
88. Konstantin I. 708–715
89. Gregor II., hl. 715–731
90. Gregor III., hl. 731–741
91. Zacharias, hl. 741–752
92. Stephan II. 752
93. Stephan III. 752–757
94. Paul I., hl. 757–767
    Konstantin 767–769
    Philippus 768
95. Stephan IV. 768–772
96. Hadrian I. 772–795
97. Leo III., hl. 795–816
98. Stephan V. 816–817
99. Paschalis I., hl. 817–824
100. Eugen II. 824–827
101. Valentin 827

102. Gregor IV. 827–844
Johannes 844
103. Sergius II. 844–847
104. Leo IV., hl. 847–855
105. Benedikt III. 855–858
Anastasius 855
106. Nikolaus I., hl. 858–867
107. Hadrian II. 867–872
108. Johannes VIII. 872–882
109. Marinus I. 882–884
110. Hadrian III., hl. 884–885
111. Stephan VI. 885–891
112. Formosus 891–896
113. Bonifatius VI. 896
114. Stephan VII. 896–897
115. Romanus 897
116. Theodor II. 897
117. Johannes IX. 898–900
118. Benedikt IV. 900–903
119. Leo V. 903
Christophorus 903–904
120. Sergius III. 904–911
121. Anastasius III. 911–913
122. Lando 913–914
123. Johannes X. 914–928
124. Leo VI. 928
125. Stephan VIII. 928–931
126. Johannes XI. 931–935
127. Leo VII. 936–939
128. Stephan IX. 939–942
129. Marinus II. 942–946
130. Agapet II. 946–955
131. Johannes XII. 955–964
132. Leo VIII. (Gegenp.?) 963–965
133. Benedikt V. (Gegenp.?) 964–966
134. Johannes XIII. 965–972
135. Benedikt VI. 973–974
Bonifatius VII. 974
136. Benedikt VII. 974–983
137. Johannes XIV. 983–984
138. Johannes XV. 985–996
139. Gregor V. 996–999
Johannes XVI. 997–998
140. Silvester II. 999–1003
141. Johannes XVII. 1003
142. Johannes XVIII. 1004–1009
143. Sergius IV. 1009–1012
144. Benedikt VIII. 1012–1024
Gregor 1012
145. Johannes XIX. 1024–1032
146. Benedikt IX. 1032–1044
(abgedankt, regierte danach noch zweimal: 1045 [nach Silvester III.], 1047–1048 [nach Klemens II.])
147. Silvester III. 1045
148. Gregor VI. 1045–1046
149. Klemens II. 1046–1047
150. Damasus II. 1048
151. Leo IX., hl. 1049–1054
152. Viktor II. 1055–1057
153. Stephan X. 1057–1058
Benedikt X. 1058
154. Nikolaus II. 1059–1061
155. Alexander II. 1061–1073
Honorius II. 1061–1072
156. Gregor VII., hl. 1073–1085
Klemens III. 1084–1100
157. Viktor III., sel. 1087
158. Urban II., sel. 1088–1099
159. Paschalis II. 1099–1118
Theoderich 1100
Albert 1102
Silvester IV. 1105–1111
160. Gelasius II. 1118–1119
Gregor VIII. 1118–1121
161. Kalixt II. 1119–1124
162. Honorius II. 1124–1130
Cölestin II. 1124
163. Innozenz II. 1130–1143
Anaklet II. 1130–1138
Viktor IV. 1138
164. Cölestin II. 1143–1144
165. Lucius II. 1144–1145
166. Eugen III., sel. 1145–1153
167. Anastasius IV. 1153–1154
168. Hadrian IV. 1154–1159
169. Alexander III. 1159–1181
Viktor IV. 1159–1164
Paschalis III. 1164–1168
Kalixt III. 1168–1178
Innozenz III. 1179–1180
170. Lucius III. 1181–1185
171. Urban III. 1185–1187
172. Gregor VIII. 1187
173. Klemens III. 1187–1191
174. Cölestin III. 1191–1198
175. Innozenz III. 1198–1216
176. Honorius III. 1216–1227
177. Gregor IX. 1227–1241
178. Cölestin IV. 1241
179. Innozenz IV.1243–1254
180. Alexander IV. 1254–1261
181. Urban IV. 1262–1264
182. Klemens IV. 1262–1268
183. Gregor X., sel. 1271–1276
184. Innozenz V., sel. 1276
185. Hadrian V. 1276
186. Johannes XXI. 1276–1277
187. Nikolaus III. 1277–1280
188. Martin IV. 1281–1285
189. Honorius IV. 1285–1287
190. Nikolaus IV. 1288–1292
191. Cölestin V., hl. 1294
192. Bonifatius VIII. 1294–1303
193. Benedikt XI., sel. 1303–1304
194. Klemens V. 1305–1314
195. Johannes XXII. 1316–1334
Nikolaus V. 1328–1330
196. Benedikt XII. 1334–1342
197. Klemens VI. 1342–1352
198. Innozenz VI. 1352–1362
199. Urban V., sel. 1362–1370
200. Gregor XI. 1370–1378
201. Urban VI. 1378–1389
202. Bonifatius IX. 1389–1404
203. Innozenz VII. 1404–1406

204. Gregor XII. 1406–1415
Klemens VII. 1378–1394
Benedikt XIII. 1394–1423
Klemens VIII. 1423–1429
Benedikt XIV. 1425–1430
Alexander V. 1409–1410
Johannes XXIII. 1410–1415
205. Martin V. 1417–1431
206. Eugen IV. 1431–1447
Felix V. 1439–1449
207. Nikolaus V. 1447–1455
208. Kalixt III. 1455–1458
209. Pius II. 1458–1464
210. Paul II. 1464–1471
211. Sixtus IV. 1471–1484
212. Innozenz VIII. 1484–1492
213. Alexander VI. 1492–1503
214. Pius III. 1503
215. Julius II. 1503–1513
216. Leo X. 1513–1521
217. Hadrian VI. 1522–1523
218. Klemens VII. 1523–1534
219. Paul III. 1534–1549
220. Julius III. 1550–1555
221. Marcellus II. 1555
222. Paul IV. 1555–1559
223. Pius IV. 1559–1565
224. Pius V., hl. 1566–1572
225. Gregor XIII. 1572–1585
226. Sixtus V. 1585–1590
227. Urban VII. 1590
228. Gregor XIV. 1590–1591
229. Innozenz IX. 1591
230. Klemens VIII. 1592–1605
231. Leo XI. 1605
232. Paul V. 1605–1621
233. Gregor XV. 1621–1623
234. Urban VIII. 1623–1644
235. Innozenz X. 1644–1655
236. Alexander VII. 1655–1667
237. Klemens IX. 1667–1669
238. Klemens X. 1670–1676
239. Innozenz XI., sel. 1676–1689
240. Alexander VIII. 1689–1691
241. Innozenz XII. 1691–1700
242. Klemens XI. 1700–1721
243. Innozenz XIII. 1721–1724
244. Benedikt XIII. 1724–1730
245. Klemens XII. 1730–1740
246. Benedikt XIV. 1740–1758
247. Klemens XIII. 1758–1769
248. Klemens XIV. 1769–1774
249. Pius VI. 1775–1799
250. Pius VII. 1800–1823
251. Leo XII. 1823–1829
252. Pius VIII. 1829–1830
253. Gregor XVI. 1831–1846
254. Pius IX. 1846–1878
255. Leo XIII. 1878–1903
256. Pius X., hl. 1903–1914
257. Benedikt XV. 1914–1922
258. Pius XI. 1922–1939
259. Pius XII. 1939–1958
260. Johannes XXIII. 1958–1963
261. Paul VI. 1963–1978
262. Johannes Paul I. 26.8.–28.9.1978
263. Johannes Paul II. seit 1978

**Paradies.** Das Wort P. ist ein pers. Lehnwort mit der Bedeutung »umzäunter Bereich, *Park*«. Die Bibel benutzt es in diesem Sinne in Hld 4,13. Im NT wird es zum Namen der himml. Wohnung der Seligen (Lk 23,43; 2 Kor 12,4; Offb 2,7).

*A.* Dieser Sprachgebrauch geht auf die griech. Übersetzung des AT (Septuaginta) zurück, die den Garten in Eden (1 Mose 2 und 3) als P. bezeichnet. Dieses P. ist der dem Menschen nach seiner Erschaffung von Gott bereitete Garten, den er bebauen und bewahren soll (1 Mose 2,15). Die P.eserinnerung der →Urgeschichte ist als eine *rückwärtsgewandte* →*Utopie* zu begreifen, als »Erinnerung« an eine Zeit, in der das Leben nicht von zwanghafter →Arbeit, von der Widerständigkeit der Natur und von Schmerz und Mühsal bestimmt war. Die Erzählung von einem solchen P. wendet sich gegen die Auffassung, die gegenwärtigen Gegebenheiten seien die einzig mögl., die von Gott gewollte Welt. Die Erinnerung an das P. kehrt wieder als Hoffnung auf eine paradies. →Zukunft (z.B. Jes 11,6-8). Die Zeit des P.es ist deshalb auch für den bibl. Erzähler keine hist. Zeit, sondern die verlorene Alternative der geschichtl. Erfahrungen. Nach 1 Mose 3 ist dem autonom gewordenen Menschen (der sich seine Lebensregeln selbst setzt) das P. auf Dauer verschlossen.

*B.* In der Auslegungs- und *Wirkungsgeschichte* des P.motivs lassen sich gegensätzl. rel., philos. und polit. Entwürfe unterscheiden. Steht das P. in der kirchl. Tradition für den durch den Sündenfall verlorenen unschuldigen Urstand des Menschen, so war für die Philosophen der →*Aufklärung* und des Idealismus (→Kant, Schiller, →Hegel) das P. Ort eines Menschen, der noch auf der Stufe des Tieres, bzw. des Automaten stand. In dieser Auslegung ist erst der Sündenfall der entscheidende Schritt zur wahren Menschwerdung (→Sünde). In ganz anderer Wertung erscheint das P. in der zivilisationskrit. Sicht der →*Romantik* (zuvor schon →Rousseaus). In beiden Fällen steht das P. der Kultur gegenüber wie die zivilisierte (europ.) Welt dem beneideten *und* verachteten »edlen Wilden« der Völkerkunde des 18. und 19. Jh.s. In *Kleists* »Marionettentheater« bleibt der Eingang zum P. verschlossen, doch gibt es die Möglichkeit, den Weg um die Welt anzutreten und am anderen Ende des P.es anzukommen (d.h. die Überwindung der Zivilisations- und Technikgeschichte durch deren Vollendung zu erreichen).

*C.* Wie eine platte Wiederholung der philos. Auslegungsgeschichte wirkt die Verwendung des P.motivs in der →*Werbung*, in der widersprüchl. Elemente zur falschen Verheißung zusammengebunden sind. Als Stücke vom P. gelten die wilden, fernen Strände ebenso wie die vollendete Technik, die käufl. Unschuld ebenso wie die raffinierteste Mode. Gegen diese Vermarktung menschl. Sehnsüchte hält die bibl. P.esgeschichte eine Erinnerung und eine Hoffnung fest, in der Erlösung nicht machbar ist und nicht im permanenten →Fortschritt aufgeht.

*Lit.: J. Ebach:* Ursprung und Ziel. Erinnerte Zukunft und erhoffte Vergangenheit, Neukirchen-Vluyn 1986. – *O. H. Steck:* Die P.geschichte, Neukirchen-Vluyn 1970. – *H. Tremel (Hg.):* Das P. im Angebot. Rel. Motive in der Werbung, Neukirchen-Vluyn 1986.

*Jürgen Ebach*

**Parapsychologie.** Schon die *Bezeichnung* deutet an, wie schwierig dieses Forschungsgebiet einzuordnen und seine Arbeitsformen im Sinne der empir. →Sozialwissenschaften als wissenschaftl. zu erweisen sind. Ohne sich mit überprüfbaren Ergebnissen wissenschaftl. ausweisen zu können, untersucht P. *»paranormale«* psych. Phänomene, Erscheinungen, die aus dem normalen Verlauf des Seelenlebens heraustreten (M. Dessoir, 1889). Man nennt sie auch Psi-Phänomene.

*A.* Die Haupttätigkeit der P. gilt der *Erforschung außersinnl. Wahrnehmungen* (ASW) und psychokinet. Phänomene (PK). Als Typen außersinnl. Wahrnehmung werden unterschieden: *Telepathie* (Übertragung eines seel. Vorganges von einer Psyche auf eine andere ohne Vermittlung uns bekannter Sinnesorgane), *Hellsehen* (außersinnl. Wahrnehmung von Gegenständen oder objektiven Vorgängen, die psych. nicht repräsentiert, also niemandem bekannt sind) und *Präkognition* (Vorauswissen eines zukünftigen Vorgangs, dessen Eintreten nach den zugängl. Informationen nicht vorhergesagt werden kann und der durch das Vorauswissen auch nicht herbeigeführt werden konnte). Psychokinese heißt der Einfluß der Psyche auf äußere Objekte oder Prozesse ohne Vermittlung bisher bekannter physikal. Energien oder Kräfte (z.B. Metallbiegen).

*B.* Die P. orientiert sich an der *experimentellen Forschungsmethodik* der empir. →Psychologie. Die Erforschung außersinnl. Wahrnehmungen geschieht vielfach mit *quantitativ-statist.* Methodik. Als ein führender Vertreter dieser Forschung gilt J. B. Rhine (Karten-Rate-Versuche; Prüfung überzufälliger Vorhersagegenauigkeit der Kartensymbole in Abhängigkeit von Persönlichkeitsmerkmalen; Messung psychophys. Prozesse bei Experimenten mit außersinnl. Wahrnehmung). Andere Verfahren, wie etwa die Analyse von spontanen Berichten, qualitative Experimente im Wachzustand (z.B. nach dem Sender-Empfänger-Modell) oder in verändertem Bewußtseinszustand (Hypnose, →Meditation, Entspannung sind zwar im allg. erfahrungsnäher, gelten aber als empir. problematisch, da sie nicht wiederholt werden können. Auch die Erforschung der Psychokinese ist wesentl. von der Rhine-Schule geprägt worden (Würfelexperimente). Da es bei Versuchen zur Psychokinese um eine Versuchsanordnung mit möglichst zufälligem Auftreten von Ereignissen geht, benutzt H. Schmidt den als extrem spontan erkannten Zerfall radioaktiven Materials, um einen etwaigen Einfluß von Wünschen von Versuchspersonen auf den Ablauf des Zerfalls zu registrieren.

*C.* In ihrer Gründerzeit diente die P. dem Nachweis von paranormalen Phänomenen. Sie galt es gegen die Bestreitung durch die empir. Psychologie und gegen die Verachtung als →Okkultismus wissenschaftl. zu sichern. Die P. der Gegenwart will sich ebenfalls vom Okkultismus abgrenzen, nun aber so, daß die paranormalen Phänomene nicht mehr in ihrer Besonderheit, sondern *in ihren normal-psych. Zusammenhängen* erklärt werden. Bezweckt wird so eine Psychohygiene und ein Schutz vor Betrug (z.B. durch Wunderheiler).

*Lit.: H. Bender:* Verborgene Wirklichkeit, Freiburg 1973.

*Reinhard Schmidt-Rost*

**Parlamentarismus.** Als P. (parlamentar. System) wird heute ein Regierungssystem bezeichnet, in dem ein Parlament - als allg. und frei gewählte Volksvertretung – die Stellung des obersten, zur Gesetzgebung berufenen Staatsorgans hat, von dem die Regierung abhängig und dem sie verantwortl. ist. Den Gegensatz bildet das Präsidialsystem, bei dem, wie z.B. in den →Vereinigten Staaten, der Präsident direkt vom Volk gewählt wird und auch vom Parlament nicht abgesetzt werden kann.

*A. Geschichtl.* lassen sich Versammlungen oder Kollegien, die als Parlamente bezeichnet wurden, bis ins →*MA.* zurückverfolgen. Sie hatten entweder die Funktion eines Gerichts oder bildeten eine Konferenz der Krone mit den großen Lehnsträgern, die für sich selbst sprachen und keineswegs das →Volk repräsentierten. Es wurden schwierige Rechtsfragen außerhalb gerichtl. Zuständigkeiten erörtert. Diese Parlamente verbindet mit dem P. heutiger Prägung allenfalls noch die – beiden Formen gemeinsame – Übertragung des Gedankens des gerichtl. Prozesses auf den polit. Prozeß der Gesetzgebung (M. Kriele). Der *moderne* P. beginnt mit dem Erstarken des demokrat. Prinzips in der →Franz. Revolution und mit dessen Auseinandersetzungen mit dem monarch. Prinzip. Im dt. Konstitutionalismus (konstitutionelle Monarchie) gingen beide Prinzipien vorübergehend einen Kompromiß ein. Die parlamentar. →Demokratie und die parlamentar. Verantwortung der Regierung wurden in Deutschland erst mit der Weimarer Reichsverfassung (→Verfassung) durchgesetzt. Mit seiner vollständigen →Demokratisierung wurde das Parlament so zum wichtigsten Vermittler demokrat. Legitimität (→Legalität). Zugleich hat das Parlament seine Gestalt dadurch erhebl. verändert, daß die polit. →Parteien den polit. Prozeß dominierten und den Volkswillen bereits vermittelten. Der klass. Gegensatz von Parlament und →Regierung tritt damit zurück hinter den Gegensatz von Regierungsmehrheit und Opposition. Die Abgeordneten geraten in das Dilemma, daß sie einerseits Repräsentanten des ganzen Volkes, andererseits aber in Fraktionen und Koalitionen verbunden sind. Da es für parteilose Bewerber um Abgeordnetenmandate so gut wie keine Wahlchancen und für fraktionslose Abgeordnete im parlamentar. Prozeß vor allem prakt. keine Gestaltungsmöglichkeiten gibt, haben der Parteiwille und der fakt. Franktionszwang eine erhebl. Bedeutung. Sie wird auch nicht dadurch relativiert, daß der Abgeordnete bei seinen Entscheidungen nur seinem →Gewissen unterworfen ist. Das Zusammengehen von parlamentar. Mehrheitsfraktion (bzw. – koalition) und Regierung hat das – durch den fachkundigen Apparat ohnehin gegebene – Übergewicht der Regierung über das Parlament noch verstärkt. Der Ausgestaltung der Minderheitenrechte der Opposition kommt deshalb bes. Bedeutung für die Legitimität des polit. Systems als Ganzes zu.

*B. Stellung und Aufgaben* des Parlament in der Bundesrepublik Deutschland sind im Grundgesetz (→Verfassung) geregelt: Das Parlament des Bundes ist der Dt. Bundestag, die Parlamente der Länder sind die Landtage; im Bundesrat sind »die Länder« als Gliedstaaten des Bundes repräsentiert. Die Parlamente sind als oberste Staatsorgane mit der Rechtsetzungsprärogative (Gesetzgebungsbefugnis) ausgestattet und setzen damit die Maßstäbe für das Handeln von →Verwaltung sowie Rechtsprechung und treffen die Entscheidungen in Grundfragen der →Nation. Das Grundgesetz und die Landesverfassungen schränken aber auch die Befugnisse der Parlamente ein und binden sie ein in ein vielschichtiges horizontales und vertikales System von Funktionsverschränkungen (Gewaltenteilung, →Rechtsstaat). Neben der Gesetzgebung obliegen dem Parlament vor allem die Bestellung weiterer Staatsorgane (z.B. Bundespräsident, Bundeskanzler, Ministerpräsident) und die Kontrolle der Regierung. Kontrollmittel sind z.B. Große und Kleine Anfragen, Untersuchungsausschüsse, die Ministeranklage, das Haushaltsrecht und das Konstruktive Mißtrauensvotum. Ihre innere Organisation und ihr Verfahren regeln die Parlamente autonom in Geschäftsordnungen.

*Lit.: N. Achterberg:* Parlamentsrecht, Tübingen 1984. – *M. Kriele:* Einführung in die Staatslehre. Die geschichtl. Legitimitätsgrundlagen des demokrat. Verfassungsstaates, Reinbek 1975. – *K. Loewenstein:* Der brit. P., Reinbek 1964.

*Wolfgang Meyer-Hesemann*

## Parsismus

*A.* Der *Begriff* P. bezeichnet im engeren Sinne den Glauben jener Parsen, die als Nachkommen der Anhänger des Zarathustra heute noch im →Iran und in →Indien leben. Im weiteren Sinne ist damit jene auf Zarathustra zurückgehende, sich im Laufe der Geschichte entwickelnde Religion gemeint, die als vorislam. Nationalreligion der Iraner bezeichnet werden kann und die auch über die Zeit der islam. Eroberung (um 650 n. Chr.) hinaus lebendig blieb. Nach dem gräzisierten Namen des Stifters, Zoroaster, wird die Religion auch *Zoroastrismus* genannt, während sich die Bekenner des Glaubens selbst als *Mazdayasnier*, also als Verehrer des Gottes *Ahura Mazdā*, bezeichneten, was Anlaß gibt, auch vom *Mazdaismus* zu sprechen.

*B. Zarathustra* selbst hat in altertüml. iran. Sprache abgefaßte rel. Gesänge, sog. *Gāthās*, hinterlassen, die uns einen Einblick in seine prophet. Gotteserfahrung und rel. Botschaft vermitteln. Auf Grund inhaltl. und sprachl. Kriterien bei der Analyse dieser Texte wird seine Lebenszeit heute auf die Zeit vor 1000 v. Chr. angesetzt. Er hat wahrscheinl. im ostiran. Raum gewirkt. Nach anfängl. erfolgloser Predigt fand er im Fürsten Vishtāspa einen königl. Gönner, der sein Anliegen polit. unterstützte. Im Mittelpunkt der Botschaft Zarathustras steht der gute Schöpfergott *Ahura Mazdā*, der im Gegensatz zur Verkörperung des bösen Prinzips, *Angra Mainyu*, und den mit ihm assoziierten Gottheiten steht. Dem Schöpfergott werden die sog. »Unsterbl. Heiligen« *(Amesha Spenta)* zugeordnet, die einerseits himml. Gestalten darstellen, andererseits aber auch unmittelbaren Bezug zur →Frömmigkeit des Menschen haben. Zarathustra ruft auf zu Denken und Handeln in Übereinstimmung mit jener rechten Ordnung *(asha)*, die der durch »Lüge« *(drug)* bezeichneten widergöttl. Ordnung gegenübersteht. Der kosm. →*Dualismus* entspricht einem eth., und die Trennlinie zwischen beiden Bereichen geht quer durch die geistig-spirituelle und körperl. Welt hindurch, so daß es eine gute geistige und eine gute körperl. Welt gibt, die im Kampf mit einer bösen geistigen und verderbten Zone des Geschaffenen steht, zu der Unheil und Tod gehören. Auch wenn diverse von Zarathustra als dämon. abqualifizierte Gottheiten wie *Mithra* ins Pantheon des P. wiederaufgenommen wurden, ist dieser Dualismus Kennzeichen des P. geblieben. Ein weiteres Kennzeichen ist die eschatolog. Ausrichtung der →Religion (→Eschatologie). Zoroastr. Vorstellungen vom →Jenseitsgericht, von der körperl. →Auferstehung und von der Verklärung der Welt am Ende der Tage haben zweifellos auf das →Judentum gewirkt.

*C.* Die Herrscher des Achämenidenreichs (550-331 v. Chr.) bekannten sich in ihren Inschriften zu *Ahura Mazdā*. In der sassanid. Epoche (226-642) gewann die nun straff organisierte *zoroastr. Kirche* gesellschaftl. →Macht und Bedeutung. In dieser Zeit setzte auch die Kodifizierung der →hll. Schriften des P. ein. Damals entstand auf Grund mündl. und vielleicht z.T. auch schon schriftl. Überlieferung jenes als *Avesta* (»Grundtext«) bekannte Korpus von Schriften, von dessen 21 Abschnitten *(nasks)* nur ein Teil erhalten geblieben ist. Auch eine Kommentarliteratur geht auf die sassanid. Zeit zurück. Die Masse der in der Pahlavi-Sprache und -Schrift abgefaßten hl. Texte des P. ist dagegen erst in islam. Zeit (nach 650 n. Chr.) entstanden, wobei ältere Vorlagen einbezogen wurden. Ein Seitenstrang des Zoroastrismus ist der vermutl. schon in achämenid. Zeit begründete, jedoch erst später aufblühende →*Zurvanismus*, der im Gott der Zeit, Zervān, den Vater und Ursprung der zwei Prinzipien Gut und Böse, verkörpert in Ahura Mazdā und Angra Mainyu, sieht. Als häret. wurde auch der →*Manichäismus* betrachtet, betrachtet, der im Gegensatz zum P. Welt und Körper negativ bewertete, den Dualismus von Gut und Böse also mit dem von Geist und Körper gleichsetzte.

*Lit.: M. Boyce:* Zoroastrians. Their Religious Beliefs and Practices, London 1979. – *J. Duchesne-Guillemin:* Symbolik des P. (dt. Übers.), Stuttgart 1961. – *W. Hinz:* Zarathustra, Stuttgart 1961. – *G. Widengren:* Die Religionen Irans, Stuttgart 1965. – *F. Wolff (Hg.):* Avesta. Die hl. Bücher der Parsen, Straßburg 1910, Nachdruck Berlin 1960. – *R. C. Zaehner:* Zurvan. A Zoroastrian Dilemma, Oxford 1955.

*Hans-Joachim Klimkeit*

**Parteien**

*A. Allg.* meint *Partei* (lat. *pars* = Teil) eine →Gruppe gleichgesinnter Bürger (näml. einen »Teil« der →Gesellschaft), die nach Teilhabe an →Macht im Gemeinwesen strebt, um best. polit. Ziele durchzusetzen. Das P.gesetz der Bundesrepublik →Deutschland (1967) definiert P. als »Vereinigung von Bürgern, die dauernd oder für längere Zeit für den Bereich des Bundes oder eines Landes auf die polit. Willensbildung Einfluß nehmen und an der Vertretung des →Volkes im Dt. Bundestag oder einem Landtag mitwirken wollen, wenn sie nach dem Gesamtbild der tatsächl. Verhältnisse, insbes. nach Umfang und Festigkeit ihrer →Organisation, nach der Zahl ihrer Mitglieder und nach ihrem Hervortreten in der →Öffentlichkeit eine ausreichende Gewähr für die Ernsthaftigkeit dieser Zielsetzung bieten«. Von Verbänden, Bürgerinitiativen und anderen Organisationen, die am Prozeß polit. Willensbildung beteiligt sind, unterscheiden sich P. dadurch, daß sie erstens *Kandidaten* für Wahlämter nominieren; zweitens an *Wahlen* teilnehmen und drittens bereit sind, *Führungspositionen* im →Staatsapparat zu übernehmen und auf diese Weise direkt Macht auszuüben.

*B. Hist.* sind je nach Land und polit. →System verschieden P. im 18. und 19. Jh. aus Parlamentsgruppen hervorgegangen, haben sich außerhalb des Parlaments konstituiert und organisiert, ideolog. differenziert und programmat. profiliert. Unterschieden nach *Klassifikationskriterien* – wie Programm, Organisation, Funktion für das polit. und gesellschaftl. System bzw. einer Kombination dieser Kriterien – kann eine Vielfalt von *Parteitypen* entwickelt werden. Gebräuchl., wenn auch in der Literatur nicht präzise bestimmt, sind der Typus der Honoratiorenpartei, der Massenintegrations- bzw. Mitgliedspartei und der Volks- bzw. Allerweltspartei. Als wesentl. *Funktionen* von P. in →Politik und Gesellschaft sind zu nennen: 1. Zielfindung, näml. die Formulierung von Programmen und Politiken; 2. Artikulation und Aggregation von →Interessen und Meinungen; 3. Mobilisierung und →Sozialisation von Bürgern, Wählern und Mitgliedern; 4. →Elitenrekrutierung und →Regierungsbildung. Entspr. der Zahl der P. und ihrer Funktion für Politik und Gesellschaft können *Parteisysteme* unterschieden werden, z.B. Ein-, Zwei- und Mehrp.systeme (wie in der UdSSR und DDR; in den →Vereinigten Staaten; in der Bundesrepublik Deutschland, der →Schweiz oder →Frankreich).

*Lit.: K. von Beyme:* P. in den westl. Demokratien, München, 2. Aufl. 1984. – *P. Haungs/E. Jesse (Hg.):* P. in der Krise?, Köln 1987. – *C. Graf von Krockow/P. Lösche (Hg.):* P. in der Krise, München 1986. – *K. Lenk/F. Neumann (Hg.):* Theorie und Soziologie der polit. P., 2 Bde., Darmstadt/Neuwied, 2. Aufl. 1974. – *R. Stöss (Hg.):* P.-Handbuch. Die P. der Bundesrepublik Deutschland 1945-1980, 2 Bde., Opladen 1983/84. – *E. Wiesendahl:* P. und Demokratie. Eine soziol. Analyse paradigmat. Ansätze der P.forschung, Opladen 1980.

*Peter Lösche*

**Partizipation** meint die Teilnahme der Individuen an gesellschaftl. Entscheidungen, die ihren Lebensraum unmittelbar betreffen. P. trifft den gesellschaftl. Aspekt der →Demokratisierung, die von einzelnen und →Gruppen initiiert wird. Als Angebot der Herrschenden dient sie der Stärkung des plebiszitären Prinzips in der repräsentativen →pluralist. →Demokratie. In monist. Volksdemokratien fehlt schon der *Begriff.* Das →Individuum wird den gesellschaftl. Zielen angepaßt.

*A.* P. findet ihre normative *Begründung* in den →Werten →Freiheit und Selbstbestimmung, die jedoch durch die Kombination von →Entscheidung und →Verantwortung durch das →Subsidiaritätsprinzip umfassender realisiert werden. Der Nutzen für die demokrat. →Gesellschaft liegt 1. in der Chance, die zur Annäherung an bedürfnisgerechte Entscheidung notwendige →Information zu erhalten; 2. erhöht inhaltl. Repräsentation, Entscheidungen im Sinne der Betroffenen, die →Legitimität der →Herrschaft und damit ihre Stabilität; 3. verringert durch Mitwirkung an der Entscheidungsfindung den Aufwand zu deren Durchsetzung (funktionale Begründung).

*B. Formen der P.* können nach ihren Adressaten unterschieden werden: Bürgerinitiativen wirken über die →Öffentlichkeit auf die Entscheidungsträger, die sie unter Rechtfertigungsdruck setzen. Ihre

Hauptleistung liegt darin, daß sie Probleme definieren und öffentl. artikulieren. Die Drohung, den Entscheidungsträgern die Stimme zu entziehen, zwingt diese dazu, die Motive ihrer Entscheidung zu begründen und zu veröffentlichen. P. an öffentl. Willensbildung ist jedoch schwer zurechenbar. Als zeitl. begrenzte Form stellt sie vor die Alternative, eine Partei zu bilden (z.B. Grüne, Alternative) oder sich ins →Private zurückzuziehen. Der P. in →*Organisationen* und →*Parteien* dient die Stärkung der Mitgliederrechte: Wahl, nicht Ernennung, Informations- und Rechenschaftspflicht, Diskussion der Ziele in der Gruppe. Demokrat. Führungsstil, der →Kritik fördert und Gruppenöffentlichkeit herstellt, kann – durch Gruppenziele internalisiert – zu hoher →Motivation der Mitglieder führen und so beweisen, daß Demokratie und Wirksamkeit sich ergänzen und nicht ausschließen.

*C.* In der Hochkonjunktur der Demokratisierung Anfang der 70er Jahre eröffnen →*Regierung* und →*Verwaltung* bes. in Regierung und Verwaltung eine Vielzahl von *P.sangeboten.* Thaysen plädiert dafür, daß ein P.sensemble aus Bürgerantrag, –versammlung, –begehren und -entscheid kommunalrechtl. verankert wird. Das Städtebauförderungsgesetz (1971) schreibt zwingend vor, daß durch Darstellung der Pläne in der Öffentlichkeit und durch Erörterungsveranstaltungen die Bürger an Sanierungs-, Bauleit-, Bebauungs- und Landschaftsplänen beteiligt werden. Zurechenbare *Erfolge,* wie die des Sanierungsbeirats Kreuzberg-Süd (Berlin) 1974/75, der die Wende von der Kahlschlagsanierung zur behutsamen Stadterneuerung einleitete, können nur selten erkämpft werden. Die *P.spraxis* stellt vor eine Reihe von Problemen. Die →Rechte und →Interessen von Mietern und Eigentümern, Gewerbetreibenden und Arbeitnehmern sind kaum miteinander vereinbar und schwer zu gewichten. Wer ist in welchem Grad gegenwärtig, zukünftig betroffen und damit zur Beteiligung legitimiert? Hoher persönl. Aufwand bei geringer Wirkungszurechnung zeigt sich als Problem und kennzeichnet auch die Arbeit in Spielplatzkommissionen und Elternvertretungen von →Kindergärten und →Schulen. Die Institutionalisierung dieser Mitwirkungsrechte sichert Anhörung durch die Verwaltung. P. in der →Wirtschaft greift mit dem Ziel: durch Humanisierung der Arbeitswelt die Chance zur Selbstverwirklichung in der →Arbeit zu eröffnen, über betriebl. und überbetriebl. →Mitbestimmung hinaus. Als Ergebnis der P. in der →Industrie werden verzeichnet: Identifikation mit dem Betrieb, geringere Krankheitsrate und mehr Verbesserungsvorschläge. Für P. der Mieter im sozialen Wohnungsbau gibt es eine Vielzahl von Einzelbeispielen. Die Institutionalisierung eines Beauftragten (Ombudsmann für Ausländer, →Behinderte, →Frauen, Soldaten) versucht, eine Repräsentation der Betroffenen zu gewährleisten und dadurch eine annähernd vollständige Interessenvertretung zu erreichen.

*D.* Der P. sind durch Rechte und Verantwortung der repräsentativen Vertretungskörperschaften enge *Grenzen* gesetzt, da sie abwägend eine Vielzahl von Interessen (also nicht nur diejenigen der direkt Betroffenen) berücksichtigen sollen. Das mangelnde Interesse der Durchschnittsbürger birgt die Gefahr, daß eine nur sich selbst verantwortl. →Minderheit vorherrscht. Somit erweist sich, daß P. sich nicht eignet, im Sinn einer »direkten Demokratie« Herrschaft aufzuheben. Doch ist ihre pädagog. (→Erziehung), informator. (→Information), integrierende und legitimierende Wirkung als plebiszitäre (d.h. auf Volksentscheid stützende) Ergänzung der repräsentativen Ordnung nicht zu unterschätzen.

*Lit.:* *U. Alemann:* P.-Demokratisierung-Mitbestimmung, Opladen 1975. – *B. Gugenberger/U. Kempf (Hg.):* Bürgerinitiativen und repräsentatives System, Opladen 1984. – *U. Thaysen:* Bürger-, Staats- und Verwaltungsinitiativen, Heidelberg 1982. – Polit. P. Beiträge einer internationalen Fachtagung (Bundeszentrale Polit. Bildung), Bonn 1985.

*Ingrid Reichart-Dreyer*

**Partnerschaft**

*A.* P. hat als *neues Leitbild* das patriarchal. →Eheverständnis weitgehend abgelöst. Kirchl. und staatl. Dokumente empfehlen Gleichwertigkeit von →Mann und →Frau und gemeinsames Entscheiden anstelle von hierarch. Überordnung und Vorrechten des Mannes. Nach wie vor sind aber Überbleibsel des patriarchal. Leitbildes wirksam: regional und schichtspezif. in den Familienvorstellungen (→Familie), aber auch berufl., polit. und kirchl. Rollenvorschriften (→Rolle) und Strukturen. Die Ablösung der Leitbilder erzeugt in der Phase des *Übergangs* ein Nebeneinander von unvereinbaren Erwartungen und damit schwer zu bewältigende Probleme. Typ. Beispiel ist die äußerl. noch patriarchal. »Fassadenfamilie«, in der der Vater, der längst keinen Kompetenzvorsprung oder eine echte Leitungs- und Schutzfunktion mehr hat, von den übrigen Familienmitgliedern in seinen Vorrechtsansprüchen abgelehnt wird und zunehmend an den Rand des familialen Geschehens gerät. Ebenso typ. sind Ehekonflikte, die durch die Diskrepanz der geltenden →Normen in →Beruf und →Familie entstehen.

*B. Christl.* →*Ethik* im Dienst christl. →Heilszusage an die →Menschen hat in einer Epoche ihre Arbeitsschwerpunkte immer dort, wo menschl. →Leben und Zusammenleben beeinträchtigt und bedroht ist. Zum Gelingen eines ebenbürtigen Zusammenlebens der Geschlechter muß sie daher an einem geeigneten *Verhaltensrepertoire* arbeiten, das das *gemeinsame* offene *Gespräch, konstruktive Auseinandersetzung* und *wechselseitige* →*Bedürfnisbefriedigung* der Partner fördert. Um gleichberechtigte P. in der →Ehe zu ermögl., wird sie auf gleichberechtigte Positionen von Mann und Frau in der →Gesellschaft hinwirken müssen. Und letztl.

weist das Leitbild der P. über das Zusammenleben der Geschlechter hinaus. Als ein zeitgemäßer Aspekt der christl. →Utopie vom →Reich Gottes, die nicht zuläßt, daß ein Mensch sich über den anderen stellt und ihn zum Objekt seiner →Interessen macht, projektiert P. ein schwesterl.-brüderl. (gerechtes und herrschaftsfreies) Zusammenleben und zielt auf den Abbau jegl. →Diskriminierung und Unterdrückung zwischen den →Ständen, →Rassen und →Völkern.

*Lit.: E. Bleske:* Konfliktfeld Ehe und christl. Ethik, München 1981 (Lit.). – *H. und S. Gastager:* Die Fassadenfamilie, München 1973. – *E. Kleindienst:* P. als Prinzip der Ehepastoral, Würzburg 1982. – *L. Wachinger:* Ehe, München 1986.

*Elisabeth Bleske*

**Pascal,** *Blaise,* geb. 19.6.1623 in Clermont-Ferrand, gest. 19.8.1662 in Paris, franz. Mathematiker, Naturwissenschaftler, Erfinder und Religionsphilosoph.

Auf den *Mathematiker* P. (der schon in der Kindheit als Genie galt) gehen u.a. Erkenntnisse über die Kegelschnitte (»P.scher Satz«), das Problem der Zykloide (d.h. jener Kurve, die von einem Punkt auf dem Radius eines rollenden Kreises, z.B. eines Rades, beschrieben wird) und das »P.sche Dreieck« zurück. Für seinen Vater, der im Auftrag des franz. Finanzministeriums die Steuerordnung in Rouen neu zu regeln hatte, erfand P. eine Rechenmaschine, deren Konstruktionsprinzip bis zum Beginn des Computerzeitalters für alle ihre Nachfolger bestimmend blieb. In Versuchen, die er im Anschluß an Torricelli durchführte, schuf P. die Grundlagen der Hydrostatik und wies nach, daß sich der schwankende Luftdruck auf die Höhe einer Flüssigkeitssäule auswirkt (Urform des Barometers).

In der Nacht vom 23. zum 24.11.1654 hatte P., der bereits seit 1646 mit dem →Jansenismus in Berührung gekommen war, eine *myst. Vision,* die er im sog. »Mémorial« beschrieben hat. Daraufhin zog er sich in das Kloster Port-Royal zurück, um sich den Bußübungen der Jansenisten, rel. →Meditationen und theol. Studien zu verschreiben. In den »Provinzialbriefen« (»Les Provincials«, 1656/57) und in den »Gedanken« (»Pensées«, seit 1654), die sich in ihrer aphorist. Form an Montaigne anlehnen, nahm P., nach seinem Abschied von der Wissenschaft, im Sinne des Jansenismus und in krit. Absetzung von den →Jesuiten Stellung zu religionsphilos. Themen und entwickelte eine theol. motivierte →Anthropologie.

P.s Überlegungen zu den Grenzen der menschl. →Vernunft und des menschl. →Denkens vor der *Unbegreiflichkeit* →Gottes, der →Seele, der Erbsünde und des Grundes der →Welt (vgl. Fragment 230 der »Pensées«) lassen sich im Anschluß an →Augustins Lehre verstehen, daß die Glaubenserfahrung nicht kommunikativ-diskursiv »von außen« vermittelt werden kann, sondern daß sie von Christus im fragenden, modern gesprochen: »existentiellen«, Ich und damit im »inneren Menschen« je neu entzündet wird (vgl. Eph 3,16f.). Gegen den in der →Philosophie des R. →Descartes begründeten Anspruch des Menschen auf Selbst- und Welterkenntnis sowie Naturbeherrschung und über den method. Zweifel des Descartes und dessen Brückenschlag vom zweifelnden Ich über Gott zur Welterkenntnis hinaus beruft P. sich auf das Mysterium des →Glaubens, in dem allein die →Sicherheit des Menschen im →Erkennen und →Handeln sich verankern läßt, die nicht aus dem Begriff Gottes oder aus der Vollkommenheit der →Natur abzuleiten ist.

Das Wesen des →*Menschen,* der – mit einem berühmten Bilde P.s – als das Schilfrohr, das vom All zerknickt wird, diesem doch durch das Bewußtsein seiner Auflösung noch überlegen ist, wird von P. skept., ja verzweifelt beurteilt. Durch die Lektüre der Fragmente der Pensées, die in diesem Sinne eine Apologie des Christentums darstellen, soll der Mensch aus seinem Widerspruch von Größe und Elend eine Möglichkeit für den Glauben gewinnen (J. E. Kummer). In der Unterscheidung einer »Logik des Herzens« von der »Logik des Verstandes«, die sich z.B. mit mathemat. Axiomen befaßt, hat P. das Glücks- und Sinnbegehren des Menschen thematisiert, das für ihn nur über die verderbte Welt hinaus in einem anderen Leben erfüllt werden kann.

P.s →Religionsphilosophie und Anthropologie ist von großer Bedeutung; sie weist in manchen Zügen auf S. →Kierkegaard und die →Existenzphilosophie voraus. Aber schon →Voltaire hat seine Verzweiflung und seinen Skeptizismus hinsichtl. des ird. menschl. Glücks auch kritisiert.

*Lit.: L. Goldmann:* Der verborgene Gott, Neuwied 1974. – *J. E. Kummer:* Blaise P. Das Heil im Widerspruch, Berlin 1978. – *K. Löwith:* Voltaires Bemerkungen zu P.s Pensées, in: *ders.:* Aufsätze und Vorträge 1930-1970, Stuttgart 1971, 100-123. – *E. Wasmuth:* Der unbekannte P. Versuch einer Deutung seines Lebens und seiner Lehre, Regensburg 1962. – *Ders.:* Die Philosophie P.s, Heidelberg 1949.

*Volker Steenblock*

**Pasolini,** *Pier Paolo,* geb. am 5.3.1922 in Bologna, am 1.11.1975 bei Rom von einem Strichjungen ermordet, Maler, Dichter, Filmregisseur und -theoretiker. Die Dialektik von →Marxismus und →Christentum bestimmte das Denken des kompromißlos lebenden Künstlers und Moralisten. In der neorealist. Filmtradition greift P. zunächst *sozialkrit. Themen* auf; seine Helden findet er im Proletariat der röm. Slums (»Accatone«, 1961; »Mamma Roma«, 1963), verweist aber durch zahlreiche *bibl. Zitate und Anspielungen,* teils blasphemisch zugespitzt, auf seine folgenden rel. bzw. mytholog. Werke. P. kritisiert vor allem Konsum und Zivilisation und sucht leidenschaftl. nach →*Erlösung*: im unschuldigen Helden, am Rand des Bürgertums, im reinen Eros. 1964 verfilmt er das →Mathäusevangelium in der archa. Landschaft Süditaliens mit faszinierenden Laiendarstellern. Nach einer witzigen Auseinandersetzung mit Proletariat und Kirche (»Große Vögel – kleine Vögel«, 1966) plädiert P. in seinem symbolist. Schlüsselwerk »Teorema« (1968) für die *subversive Kraft der Religion*, verkörpert in der Gestalt eines geheimnisvollen göttl. Sendboten. Das Lebenswerk endet mit dem grauenvollen Zeitspiegel »Salo oder Die 120 Tage von Sodom« (1975).

*Lit.: E. Siciliano:* P., Weinheim 1980.

*Michael Graff*

**Passa** (hebr.*Pessach,* griech. *Pascha*), bis heute eines der wichtigsten Feste des →Judentums, durchlief in bibl. Zeit mehrere Entwicklungsstufen.

*A.* Ursprüngl. war es ein Ritus der Halbnomaden, der in der Nacht vor dem jährl. Weidewechsel von der Wüste ins Kulturland vollzogen wurde. Dabei wurde mit dem Blut eines Opfertiers ein verderbenbringender Dämon abgewehrt. Nachdem Israel seßhaft geworden war, bekam der nomad. Brauch eine neue Bedeutung. Er wurde mit der *Erinnerung an den Auszug aus Ägypten* (→Exodus) verbunden, so daß P. zum Fest des Eingedenkens der Rettung aus dem Sklavenhause wurde (vgl. Ex 12). In der späten Königszeit wurde im Zusammenhang der Kultreform des Josia (622 v. Chr.) aus dem ursprüngl. Sippen- und Familienfest ein zentrales, ausschließl. am Jerusalemer Tempel begangenes Fest im Staatskult. Doch trat im Exil der Charakter des Familienfestes wieder zutage, das nach dem Bau des zweiten Tempels zugleich als Wallfahrtsfest gefeiert wurde. Das P.lamm wurde am Tempel geschlachtet und dann im Familienverband verzehrt.

*B.* In die Zeit des P.s fallen die *letzten Tage Jesu.* So konnte das letzte →Abendmahl Jesu mit den Jüngern als P.mahl verstanden werden. Von daher bekommt auch das Abendmahl Anteil an der im P. erinnerten und zugleich erhofften (→Eschatologie) Befreiung. Dieser zentrale Inhalt des P.s ging auch auf →Ostern über, so daß P. und das Fest der →Auferstehung Christi nicht nur zeitl. zusammenfallen.

*C.* Im →Judentum ist das bis *heute* im *Familienkreis* gefeierte P. das Fest der Erinnerung an den Exodus, der in der Pessach-Haggada (der Festagende für P.) nachgedacht und nachvollzogen wird. Der Talmud führt dazu aus (im Traktat Pessachim X), daß man in jeder Generation P. so begehen solle, als sei man beim Auszug aus Ägypten selbst dabeigewesen. Neben der *Erinnerung* und Aktualisierung gehört zu P. aber auch die Formulierung der *Hoffnung.* So konnte die Schlußformulierung in der P.feier: »Nächstes Jahr in Jerusalem!« in der Zeit der Zerstreuung Israels zu einem Unterpfand für die Rückkehrhoffnung nach Israel werden, wie sie im →Zionismus polit. Gestalt gewann.

*Lit.: H. Haag:* Vom alten zum neuen Pascha. Geschichte und Theologie des Osterfestes (Stuttgarter Bibelstudien 49), Stuttgart 1971. – *E. Otto/T. Schramm:* Fest und Freude (Urban Tb. 1003), Stuttgart 1977. – *F. Thieberger (Hg.):* Jüd. Fest – Jüd. Brauch, Berlin 1936 (Nachdruck Berlin 1976), 198ff.

*Jürgen Ebach*

**Passion**

*A. Neutestamentlich*

*I. Begriffsbestimmung*
Die christl. Überlieferung bezeichnet mit P. (lat. *passio* = Leiden, Erdulden, Krankheit) die bes. *Leidensgeschichte* des Jesus von Nazaret, wie sie in den vier Evangelien überliefert wird (Mk 14,1-15,47; Mt 26,1-27,61; Lk 22,1-23,56; Joh 18,1-19,42).

*II. Die* Leidensgeschichte Jesu
Die in den Evangelien begegnenden P.sberichte gründen auf einem Bericht, der schon in der mündl. Tradition zusammenhängend bestanden haben muß, da den darin berichteten Ereignissen – wenn überhaupt – nur in einem größeren Zusammenhang ein Sinn abgewonnen werden konnte. Ebendas war aber bereits das Anliegen des frühesten P.sberichts: Mit ihm versuchte die Urchristenheit – unter Rückgriff auf bestimmte Glaubenserfahrungen Israels, d.h. mit Hilfe ihrer Hl. Schrift (z.B. Ps 22, Weish 2,12-20; 5,1- 7) und des im →Judentum weithin akzeptierten Gedankens vom »leidenden Gerechten« bzw. vom »leidenden Propheten« – ihren Glauben an die Sinnhaftigkeit des Leidens und Sterbens Jesu auszudrücken und zu rechtfertigen (vgl. Mk 14,21.27.49; 15,24.29.32.34), den sie von →Ostern her gewonnen hatte. Aus diesem Grund waren die Verfasser der ntl. P.sberichte an den hist. Vorgängen am Ende des Lebens Jesu auch nur nebensächl. interessiert, weshalb nicht wenige der von den ntl. P.sberichten aufgeworfenen hist. Fragen bis heute umstritten sind.

*III. Ablauf der Passion*
Nach dem einstimmigen Zeugnis der ntl. Berichte wurde Jesus auf Veranlassung des Hohen Rats und mit Hilfe eines der Zwölf (→Apostel) bei Nacht in der Gegend des Ölbergs verhaftet und über das Kidrontal in das Haus des Hohenpriesters gebracht (Lk 22,47-65). Dort dürften in einer *Voruntersuchung* Anklagepunkte *für* die spätere *offizielle Sitzung* des Hohen Rats gesammelt worden sein. Spielte hierbei zunächst Jesu Einstellung zum Tempel eine wichtige Rolle (vgl. Mk 14,57), so änderte sich das Ganze bei der offiziellen Sitzung des Hohen Rats (Lk 22,66-71): Jesu Bekenntnis, der Messias (und Menschensohn) zu sein, veranlaßte den Hohen Rat, Jesus als (in seinen Augen falschen) Messias an die Römer zu überstellen (Lk 23,1f.). Auch wenn der Prozeß Jesu vor Pilatus nicht mehr eindeutig zu klären ist, so ist doch sicher, daß *Pilatus* Jesus – als Messias (Mk 15,26) – zum Tod am →Kreuz verurteilte. (Wäre Jesus

nach jüd. Recht verurteilt worden, hätte die Todesstrafe in der Steinigung bestanden.) Die Kreuzigung, der üblicherweise die Geißelung vorausging, wurde am Tag vor →Passa oder am Festtag selbst vor den Mauern →Jerusalems auf einem Hügel vorgenommen, der infolge seines Aussehens »*Golgota* (Schädelhöhe) genannt wurde. Mit dem Beten des 22. Psalms dürfte Jesus gestorben sein. (Nur so läßt sich das Mk 15,37 berichtete Mißverständnis erklären: Das in Ps 22,11 begegnende Bekenntnis: »*Eli atta*« [*Mein Gott bist du!*] konnte von den Umstehenden sehr leicht als »*Elijja ta*« [*Elija, komm!*] mißverstanden werden.) Danach wurde Jesus in einem Familiengrab beigesetzt (Lk 23,50-53).

*Lit.*: *H. Conzelmann u.a.*: Zur Bedeutung des Todes Jesu, Gütersloh 1967. – *D. Flusser:* Die letzten Tage Jesu in Jerusalem. Das P.sgeschehen aus jüd. Sicht, Stuttgart 1982. – *M. Limbeck (Hg.):* Redaktion und Theologie des P.sberichts nach den Synoptikern (Wege der Forschung 481), Darmstadt 1981 . – *G. Lohfink:* Der letzte Tag Jesu, Freiburg, 3. Aufl. 1982. – *L. Ruppert:* Jesus als der leidende Gerechte?, Stuttgart 1972. – *A. Strobel:* Die Stunde der Wahrheit. Untersuchungen zum Strafverfahren gegen Jesus, Tübingen 1980.

*Meinrad Limbeck*

## *B. Kunstgeschichtlich*

*I.* Die Darstellung des Leidensweges Christi vom Einzug in Jerusalem bis zur Grablegung bzw. zur →Auferstehung wird in der *Mitte des 4. Jh.s* in der Sarkophagplastik, wenig später auch in der Wand- und Buchmalerei, geläufig. Die Sarkophage des 4. Jh.s (»Passionssarkophage«) schildern Gefangennahme, Handwaschung des Pilatus, Dornenkrönung und Kreuztragung durch Simon von Zyrene. Anstelle der Kreuzigung wird das →Kreuz als Siegeszeichen (mit Kreuz und Christusmonogramm) in die Mitte der Komposition gestellt. Um 430 findet sich die erste Folge von P.sszenen in der Elfenbeinkunst, die auch die Kreuzigung zeigt (Londoner P.stäfelchen, Brit. Museum). Die Mosaiken des Langhauses von S. Apollinare Nuovo in Ravenna schildern die P. um 520/30 in 13 Szenen. In allen frühchristl. P.sdarstellungen wird das Bild Christi durch Anleihen bei der spätantiken Herrscherikonographie überhöht. Erst im *8. Jh.* lassen sich realist. Leidenszüge feststellen. Um 800 begegnen im Einflußbereich von →Byzanz die ersten Darstellungen des toten Christus. Vom *10. Jh.* an werden auch solche emotionsgeladenen Bildtypen wie die Geißelung Christi, die Annagelung an das Kreuz und die Beweinung verbreitet.

*II.* Die →*ma. Kunst* zeigt sich insgesamt noch stark den älteren Vorlagen verpflichtet, wenn auch die Kreuzigung als *zentrales Heilsereignis* immer stärker hervorgehoben wird. Unter dem Einfluß der →Scholastik werden die narrativen Elemente zugunsten einer typolog. Betrachtungsweise zurückgedrängt. In der →Glasmalerei und an den Lettnern wird die P.sthematik in das Bildprogramm der ma. Kathedralen einbezogen. Durch die →Mystik und die Mysterienspiele werden Andachtsbilder wie der Schmerzensmann, das Vesperbild und der Kalvarienberg, die die Leidensgeschichte vergegenwärtigen und nacherlebbar werden lassen, populär. Im *15. Jh.* entsteht als Ersatz für die →Wallfahrt nach →Jerusalem der *Kreuzweg*, dessen →Andachten an verschiedenen Stationen den Leidensweg Christi nachvollziehen. Übl. wurde der Kreuzweg mit 7 Stationen, seit dem 17. Jh. aber auch mit 14 Stationen. Letzte Station ist der Kalvarienberg, der das Geschehen auf Golgota figurenreich in Szene setzt. Nach den Kreuzwegen in Nürnberg, Bamberg und Görlitz, die um 1500 entstanden, wurde bes. der des Sacro Monte bei Varallo in Piemont berühmt, der mehr als 40 Kapellen, rund 900 Skulpturen und zahlreiche Fresken umfaßt.

*Um 1500* wird das P.sgeschehen u.a. durch M. Schongauer, Dürer und Cranach in graph. Bildfolgen gestaltet, die das Leiden Christi stark betonen. In →Renaissance und →Barock begegnen P.szyklen nur vereinzelt. Erst bei →Rembrandt wird das Thema wiederaufgenommen und in einer subjektiv-eindringl. Weise über das rein Illustrative hinausgehoben.

*III.* Im *19. und 20. Jh.* haben →Nolde, O. Dix, O. Kokoschka u.a. P.sbilder mit stark *zeitgeschichtl. Akzent* geschaffen. Eine bes. ausdrucksstarke Gestaltung gelang G. Rouault 1927ff. mit dem aus 58 Blättern bestehenden »Miserere«. Viel beachtet wurde auch die »Große P.« des Schweizer Malers Willy Fries von 1957, in der das Erleben des Zweiten Weltkrieges verarbeitet wurde.

*Lit.*: *H. M. Biedermann:* Die P., Recklinghausen 1958. – *N. Eckmann:* Kleine Geschichte des Kreuzweges, Regensburg 1968. – *E. Kramer:* Kreuzweg und Kalvarienberg, Straßburg 1957. – *H. Möbius:* P. und Auferstehung, Berlin 1978. – *G. Schiller:* Ikonographie der christl. Kunst, Bd. 2: Die P. Christi, Gütersloh 1968. – *K. Wessel:* Der Sieg über den Tod, Berlin 1956.

*Peter Maser*

## *C. Musikgeschichtlich*

*I.* Die Evangelienabschnitte vom Leiden und Sterben Jesu Christi haben ihren liturg. Ort in den →Gottesdiensten der Karwoche (früher: Palmsonntag nach Mt, Dienstag nach Mk, Mittwoch nach Lk, Karfreitag nach Joh). Schon *seit dem 9. Jh.* ist eine musikal. Rezitation der P. mit verteilten Rollen und wechselnden Lektionstönen des →Gregorian. Chorals belegt: Evangelista (Erzähler), Soliloquenten (Einzelpersonen wie Christus, Pilatus u.a.) und Turbae (Rufe der Menge). Wie die »sieben Worte Jesu am Kreuz« aus allen 4 Evangelien zusammengestellt sind, werden auch die Erzähltexte häufig vervollständigt (Evangelienharmonie vom J. Bugenhagen 1526); seit dem 15. Jh. wird die P. durch eine Praefatio (Einleitung) und Conclusio (Schluß als Danksagung) eingerahmt.

*II.* Im Zuge der polyphonen Vertonung von Bibeltexten entwickeln sich für die P. verschiedene *Typen:*

*1.* In der *responsorialen* oder dramat. P. sind nur die Turbae nebst Einleitung und Schluß mehrstimmig gesetzt, während Evangelista und Soliloquenten im liturg. Lektionston oder, von ihm ausgehend, mit freier ausgestalteten Melodieformeln ihren Text einstimmig rezitieren. Erste lat. Beispiele gibt es nach 1450; dann folgen O. di Lasso (1575 und später), L. da Vittoria 1585; mit dt. Text J. Walter 1530, A. Scandellus 1561, Th. Mancinus 1610, M. Vulpius 1613. Zum Höhepunkt führt diesen Typ H. →Schütz mit seinem Alterswerk nach 1665 (P. nach Joh, Mt, Lk): er weitet Eingang und Schluß aus, steigert die dramat. Kontraste (Stimmenzahl, Gegensätze von hoch und tief), führt symbol. Darstellungen ein (Bewegungsabbilder, expressive Textwiederholungen) und bildet für den Erzähler eine »Neugregorianik« aus liturg. Lektionstönen , Opernrezitation und textdeutenden Liedelementen.

*2.* Bei der *motett. P.* ist der ganze Bibeltext einschl. der Worte der Einzelpersonen mehrstimmig in verschiedenen Teilen durchkomponiert. Der gregorian. Rezitationston wandert meist durch alle Stimmen; am Maß, wie sich der Komponist von ihm frei macht, ist der Grad der subjektiv-deutenden Gestaltung abzulesen. Lat. Beipsiele gibt es im 15. Jh. bei niederländ. Meistern, bei J. Obrecht um 1500 und J. Gallus 1587; dt. Beispiele bei J. A. Burck 1568, L. Lechner 1593, Chr. Demantius 1631. Als selbständige Stücke oder in Verbindung mit der P. werden Responsorien, Lamentationen (Klagelieder), Prophetien (Jes 53, Ps 22) oder gereimte P.szyklen vertont (L. Senfl »Da Jesus an dem Kreuze stund«).

*3.* Im Laufe des 17. Jh.s entsteht die *orator. P.* (→Oratorium). Vielfach werden Gemeindechoräle eingefügt (»O Mensch, bewein dein Sünde groß«, Gotteslob 166, Ev. Kirchengesangbuch 54); überhaupt nimmt die myst.-meditative P.sfrömmigkeit im Lied zu (P. Gerhardt: »O Haupt voll Blut und Wunden«, EKG 63 u.a.). Der Bibeltext wird mit liedartigen Arien und Chorsätzen aus freier Dichtung kontrastiert (Th. Selle 1643; J. Sebastiani 1663; Chr. Flor 1667, J. Theile 1673 mit Chor-Arien, Sologesängen und Instrumental-Ritornellen). Nach 1700 nähert sich die P. den *Großformen* von →Oper und Oratorium. *J. S. →Bach* erreicht in seinen P.en (Johannesp. 1723, doppelchörige Matthäusp. 1729) den Höhepunkt: symbolträchtige, wirkungsvolle Auslegung, Gleichgewicht zwischen dem dramat. erzählten Bibeltext, den lyr. betrachtenden Arien und den der Gemeinde gebräuchl. Choralstrophen. Seine Zeitgenossen bevorzugen gegenüber der bibeltreuen P.shistorie mehr wortreiche, empfindsam pathet. Nachdichtungen, so etwa die P. von B. H. Brockes (in der Vertonung von R. Keiser 1712, G. Ph. Telemann und G. F. →Händel 1716), ferner K. W. Ramlers »Der Tod Jesu« von K. H. Graun 1755, für Jahrzehnte die beliebteste P.smusik überhaupt.

*III.* In klass. und romant. Zeit werden *andere Texte* wichtiger: das →Stabat mater, die Sieben Worte Jesu am Kreuz (J. →Haydn) oder freischöpfer. Oratorienformen (L. van →Beethoven 1803: »Christus am Ölberge«; L. Spohr 1835: »Des Heilands letzte Stunden«). Die Bachpflege seit dem 19. Jh. hat vor allem seine P.en wiederentdeckt, so daß an die Stelle der liturg. P.en im prot. Raum eine regelmäßige Aufführung seiner großen Werke getreten ist, während in der kath. Liturgie die verdeutschte gregorian. Form der P. nach wie vor eine zentrale Rolle spielt. Für alle Typen der P. gibt es auch *neuere Beispiele:* responsoriale P.en (H. Distlers Choral-P. 1933: »Jesus, deine Passion«); motett. A-capella-P.en (K. Thomas 1926: Markusp. E. Pepping 1950: Doppelchöriger »Passionsbericht des Matthäus«, J. Ahrens 1951); orator. P.en (F. Martin 1945/48: »Golgatha«, K. →Penderecki 1964/65: Lukasp. mit allen modernen textl. und musikal. Mitteln). Ein volkstüml., publikumswirksamer Sonderzweig ist seit dem 11. Jh. das *P.sspiel,* das viele Anregungen aus der liturg. und musikal. Gestaltung übernimmt (Oberammergau u.a. Orte).

*Lit.: F. Blume (Hg.):* Geschichte der ev. Kirchenmusik, Kassel, 2. Aufl. 1965. – *B. Stäblein u.a.:* P., in: Musik in Geschichte und Gegenwart, Bd. X, 886-933 (Abb.).

*Martin Rößler*

**Pastoraltheologie**

*A.* In der kath. Theologie wird der *Begriff* P. synonym mit dem der →Prakt. Theologie (P.T.) gebraucht und durch diesen Begriff zunehmend ersetzt. In der *ev. Theologie* bezeichnet der Begriff »P.« eine gegenüber der wissenschaftl. P.T. selbständige Berufstheorie des Pfarrers (Gegenstand dieses Artikels). Charakterist. für die P. im ev. Sinn sind der Verzicht auf streng wissenschaftl. Verfahrensweisen der Theoriebildung und die Konzentration auf die →Berufs- und Lebenspraxis des ev. →Pfarrers. Im Unterschied zur wissenschaftl. P.T. gilt das Erkenntnisinteresse der P. weniger den allg. Strukturen rel. und kirchl. Praxis als vielmehr den konkreten, zeitgebundenen und von der Subjektivität des Berufsträgers best. Erscheinungsformen der pastoralen Lebenswelt. Wie die wissenschaftl. P.T., so beschreibt auch die P. die Berufswirklichkeit des Pfarrers, seine berufl. Rollen und Handlungsweisen in →Gottesdienst und →Predigt, Unterricht und →Seelsorge.

Die spezif. *Aufgabe* der P. besteht jedoch in der Darstellung der subjektiven Seite des Pfarrerberufs. Die P. behandelt ebenso die Einstellung des Pfarrers zu →Kultur und →Bildung, zu →Moral und →Politik, wie seine Familienverhältnisse, seine psych. Probleme, die berufl. Karriere, die lebensgeschichtl. Wandlungen der pastoralen Persönlichkeit und schließl. die alltägl. Ordnung seiner Lebenswelt. Die literar. *Gattungen* der P. reichen vom Pfarrerroman, dem literar. stilisierten Tagebuch, der Skizzierung best. →Erfahrungen, den Memoiren und der Autobiographie bis zum systemat. geordneten Lehrbuch. Ihre klass. Gestalt findet die P. in den Vorlesungen eines erfahrenen Pfarrers und gelehrten Theologen für angehende Pfarrer, in der lehrhaften Tradition pastoraler Berufsweisheit und Berufserfahrung. Die pastoralen Berufslehren werden durch die Berufs*ethik* des Pfarrerstandes begründet und auf die durch den Berufsträger zu verwirklichende Forderung der untrennbaren Einheit von Person und Beruf zurückgeführt. Über ihre unmittelbar prakt. Zweckbestimmung hinaus sind die pastoraltheol. Selbstdarstellungen des Pfarrerberufs von kultur- und sozialgeschichtl. Wert.

*B.* Die P. bildet sowohl *hist.* wie wissenschaftslog. die Voraussetzung der wissenschaftl. P.T. In der Wissenschaftsgeschichte der P.T. werden deshalb diejenigen Entwürfe pastoraler Berufstheorie der P. zugeordnet, die vor der Verwissenschaftlichung des pastoralen Berufswissens und vor der Integration der P.T. in das System der theol. Wissenschaften entstanden. Die ersten wissenschaftl. Bearbeitungen der P.T. zu Beginn des 19. Jh.s (ev.: F. →Schleiermacher, C. Nitzsch; kath. A. Graf) bezeichnen dann die Wende von der P. zur P.T. Sie beanspruchten, die vorwissenschaftl. Entwürfe der P.T. abzulösen, indem sie deren Erkenntnisse in den wissenschaftl. Systemen aufhoben.
In der Auseinandersetzung mit ihnen gewann nun aber die P. ihr *eigenes*, von der P.T. unterschiedenes *Profil.* Als Reaktion auf die zunehmende Verwissenschaftlichung der theol. Erkenntnisse entstanden vor allem diejenigen pastoralen Theorien, die sich *pietist.* Tradition verpflichtet wußten (→Pietismus). Sie machten Vorbehalte gegenüber der ausschließl. wissenschaftl. Behandlung des Pfarrerberufs geltend und entwickelten Begriff und Wirklichkeit des geistl. Berufs nicht aus dessen objektiv beschreibbaren Strukturen, sondern aus der Glaubensüberzeugung des einzelnen Pfarrers. Im Anschluß an die theol. Amtslehre (→Amt) stellt C. Harms (1778-1855) den Pfarrer als Prediger, Priester und Pastor dar. W. Löhe (1808-1872) entfaltet die P. als pastorale Tugendlehre.
In den Entwürfen der P., die sich mehr der →*Aufklärung* und dem *theol.* →*Liberalismus* verbunden sehen, wird der Gegensatz zwischen P. und P.T. relativiert. Sie begreifen den Beruf des Pfarrers nicht als Ausdruck persönl. Frömmigkeit, sondern als eine eigene soziale Welt, die sich dem Berufsträger durch ihre theoret. Beschreibung erschließt. Die P. verliert dann ihren vorwiegend erbaul. Charakter und wird zu einer *verstehenden Theorie* der Berufs- und Lebenswirklichkeit des Pfarrers, deren Verhältnisse, Bedingungen, Funktionen und Regeln beschrieben werden. Die P. tritt entweder der P.T. als eigene Form theol. Theoriebildung gegenüber (Chr. Palmer [1811-1875], P. Drews), oder sie wird zur eigenständigen prakt.-theol. Disziplin neben →Homiletik, →Katechetik und Poimenik (L. Hüffell [1784-1853], A. Krauss [1836-1892]). In anderer Weise wird die P. in die P.T. integriert, indem sie in der Form einer Seelsorgelehre gestaltet wird, in der Beruf und Person des Pfarrers zur Deckung gebracht werden (A. Schweizer [1808-1888], W. Trillhaas [geb. 1903]). Schließl. enthalten die streng wissenschaftl. konzipierten Systeme der P.T. immer auch pastoraltheol. Elemente.

*C.* Sowohl die wissenschaftstheoret. Probleme der P. (G. Rau, W. Steck) als auch deren literar. Ausführung finden *gegenwärtig* wieder Interesse. Neben der unmittelbaren Beschreibung pastoraler Erfahrung (S. Sunnus) und dem Entwurf des Lehrbuchs (M. Josuttis) wendet sich die P. vor allem der Geschichte und Gegenwart des ev. Pfarrhauses zu (M. Greiffenhagen, R. Riess).

*Lit.: M. Greiffenhagen (Hg.):* Das ev. Pfarrhaus, Stuttgart 1984. – *M. Josuttis:* Der Pfarrer ist anders, München 1982. – *G. Rau:* P., München 1970. – *W. Steck:* Der Pfarrer zwischen Beruf und Wissenschaft, München 1974. – Zeitschrift »P.«, Göttingen (77 [1988]).

*Wolfgang Steck*

**Patristik** heißt in der →Theologie die Wissenschaft, die sich mit dem Studium der →Kirchenväter und darüber hinaus mit der Erforschung der →Alten Kirche beschäftigt. Die Sonderstellung dieser Disziplin erklärt sich dadurch, daß in den ersten Jh.en der →Kirchengeschichte Grundlagen für Leben und Lehre der Kirche geschaffen wurden (Bibelkanon, →Bekenntnis, →Dogma), die für die Gesamtchristenheit normative Bedeutung haben.

*A.* Der Begriff *Theologia patristica*, dem die P. ihren Namen verdankt, begegnet zuerst in luth. →Dogmatiken des 17. Jh.s (→Luthertum) und bezeichnet dort den *Väter- und Traditionsbeweis* im Unterschied zur Theologia biblica, scholastica, symbolica und speculativa. Der etwa zur gleichen Zeit aufkommende Begriff Patrologie (patrologia), der von der neueren kath., aber auch der orthod. Forschung (auch zur Bezeichnung entsprechender Handbücher) bevorzugt wird, unterstreicht demgegenüber den hist. Aspekt. Im Vordergrund des Interesses stehen bei ihr Leben und Werk der *altkirchl. Schriftsteller* ohne Beschränkung auf rechtgläubige Autoren (→Kirchenväter). Mit dem Vordringen der *pietist.* (→Pietismus) und *aufklärer.* Kritik am Dogma (→Aufklärung) verstärkte sich die Frage nach seiner Geschichtlichkeit, so daß sich die P. in der prot. Theologie des 18./19. Jh.s in eine Geschichte des altkirchl. Dogmas (Dogmengeschichte) verwandelte, die sich zu einer Geschichte der altkirchl. Theologie weiterentwickelte. Zur gleichen Zeit aber erfuhr die Erforschung der altkirchl. (O. Bardenhewer) bzw. altchristl. (A. von →Harnack) Literatur einen ungeheuren Aufschwung. Zwar stammen die ersten krit. *Väterausgaben* von humanist. Gelehrten des ausgehenden 15. Jh.s, und in der Folgezeit ist auf diesem Gebiet kontinuierl. gearbeitet worden (z.B. von Mönchen der Mauriner-Kongregation in Frankreich im 17./

18. Jh.). Aber erst im 19. Jh., nachdem J.-P. Migne (1800-1875) den Ertrag der voraufgegangenen Forschung in seinem monumentalen Sammelwerk der Patrologia latina (221 Bände) und graeca (161 Bände) der Öffentlichkeit neu zugängl. gemacht hatte, begann auf dem Gebiet der P. – mit der Neuausgabe der Kirchenvätertexte nach den Grundsätzen der klass. Philologie und ihrer Erforschung mit den Methoden der →Geschichtswissenschaft – eine Phase internationaler und überkonfessioneller Zusammenarbeit, die zu einer Fülle neuer Erkenntnisse führte.

*B.* Zu Kristallisationspunkten der Forschung wurden dabei die großen neuen *Textreihen.* Die Wiener Akademie brachte in neuer Edition die *lat. Kirchenschriftsteller* heraus (CSEL, 1866ff.), die Berliner Akademie widmete sich den *»Griech. christl. Schriftstellern«* (GCS, 1897ff.). Die kath. Universität Löwen in Belgien wandte sich den oriental. Autoren zu (CSCO, 1903ff.). In Frankreich kam es zu einer neuen Blüte der P. im Zusammenhang mit der Reihe »Sources chrétiennes« (1942ff.). Das von der Abtei Steenbrügge in Belgien herausgegebene »Corpus christianorum« (1953ff.) ist dabei, das Werk von Migne endgültig abzulösen.

*C.* Die →ökum. Bewegung hat der P. *neue Aktualität* verliehen – einerseits, weil für das Verständnis der Ostkirchen die Kenntnis der altkirchl. Theologie und Tradition notwendige Voraussetzung ist (→orthod. Kirchen), und andererseits, weil eine Theologie im ökumen. Kontext immer wieder auf das altkirchl. Fundament zurückverwiesen wird (→Schrift und Tradition). In der Theologie der →orthod. Kirchen hat die patrist. Tradition im 20. Jh. nach jh.elanger Überfremdung durch ev. wie kath.-scholast. Schultheologien (→Scholastik) eine bemerkenswerte Neubewertung erfahren, so daß bei einigen ihrer führenden Vertreter (G. Florowski, A. Jevtic u.a.m.) von einer »Neopatristik« gesprochen werden kann.

*Lit.: B. Altaner/A. Stuiber:* Patrologie, Freiburg, 9. Aufl. 1983 (Lit.). – *K. Beyschlag:* Grundriß der Dogmengeschichte, Bd. 1, Darmstadt 1982. – *W. Schneemelcher:* Wesen und Aufgabe der P. innerhalb der ev. Theologie, in: *ders.:* Ges. Aufsätze zum NT und zur P., Thessaloniki 1974, 1-22. – *Ders. (Hg.):* Bibliographia Patristica, Berlin 1959ff.

*Wolfgang A. Bienert*

**Patronat.** Das P. ist ein Inbegriff von Rechten und Pflichten, die dem Patron (Wohltäter, Schutzherr, Stifter und dessen Rechtsnachfolger) an einer Kirche, Pfründe (→kirchl. Finanzwesen) oder kirchl. →Amt zustehen. Sein Ursprung liegt im Eigenkirchentum des →MA.s und hängt mit dem Bau einer Kirche sowie deren Ausstattung mit einer Dotation (heute in der Regel Baulast und/oder Einkommensergänzung) zusammen. Das P. kommt in der kath. und ev. Kirche vor. *Dingl.* P.e haften am Grundbesitz; *persönl.* P.e stehen, im Mannesstamm vererbt, einer →Familie, *körperschaftl.* P.e →Klöstern, Stiften, polit. Gemeinden und dem Land (als fiskal. P.e) zu. Die Rechte des Patrons erstrecken sich auf die Präsentation (Vorschlag von Kandidaten), die Mitwirkung in der Leitung der Gemeinde (→Presbyter) und auf Ehrenrechte (Prieche, Gruft in der Kirche, Erwähnung im Fürbittengebet).
Eine abschließende rechtl. Regelung des P.s für die *ev. Kirchen* enthalten die §§ 568-615 II 11 Allg. Landrecht Preußen, auf die noch heute zurückgegriffen wird. Seit 1848 ist das P. als vermeintl. Feudalrecht umstritten. Auf Grund staatl. Einspruchs konnte es nach 1918 nicht durch Kirchengesetz aufgehoben werden. Vereinzelt geschah dies nach 1945, oft bei Wahrung des Besitzstandes des derzeitigen Patrons. Heute wird bei Präsentation und Wechsel des Patrons im allg. eine Mitwirkung der Leitung der Gemeinde vorgesehen. Darüber hinaus wird das P. bewußt als *kirchl. Amt* verstanden, so daß z.B. Kirchenaustritt oder Verkauf des Gutes zum Erlöschen des P. führen.
Das *kath. Kirchenrecht* steht dem P. schon im Codex Iuris Canonici von 1917 reserviert gegenüber, der den Erwerb eines P.s für die Zukunft ausschließt (c. 1450). Im CIC 1983 wird es überhaupt nicht mehr erwähnt. Bestehende Rechte bleiben allerdings geschützt (c. 4).

*Lit.: H. E. Feine:* Kirchl. Rechtsgeschichte 1964, 262; 397ff. – *E. Meyer:* Die Entwicklung der ev. P.srechte im Gebiet der DDR, in: Zeitschrift für ev. Kirchenrecht 5 (1956), 94. – *E. Sperling:* Zur Rechtslage der P.e, in: Zeitschrift für ev. Kirchenrecht 21 (1976), 244ff. – *K. Walf:* Kirchenrecht, Düsseldorf 1984, 168.

*Eberhard Sperling*

**Paulus**

*A. Neutestamentlich*

*I.* »Keine andere Gestalt des Urchristentums steht so wie P. im hellen Licht, aber auch im Zwielicht der Geschichte« (G. Bornkamm). Er ist die greifbarste Gestalt unter den ntl. Autoren und des →Urchristentums überhaupt. Auf Interpretation und Ausbreitung des Glaubens an →Jesus Christus hat er die nachhaltigste Wirkung gehabt. Doch schwankt das Urteil über ihn extrem. Die einen sehen in ihm den genialen Interpreten des Glaubens Jesu, die anderen dessen Verderber. Für die einen hat er das →Christentum vom →Judentum »befreit«, für die anderen hat er es »rabbinisiert«. In beiden Extremen steckt aber wohl das massive antijüd. Vorurteil der christl. Auslegungsgeschichte. Und hier wie dort wird nicht ernst genommen, daß P. allein beansprucht hat, authent. Interpret des Evangeliums für die *Heiden*völker zu sein.
*1.* Als *Quellen* kommen im wesentl. nur die echten P.briefe (1. →Thesalonicherbrief, →Korintherbriefe, →Philipperbrief, →Galaterbrief, →Philemonbrief, →Römerbrief) und in gewissen Grenzen die →Apostelgeschichte in Betracht. Nur mit Vor-

sicht sind die im Namen des P. verfaßten nachpaul. Schriften (→Kolosserbrief, →Epheserbrief, 2. →Thessalonicherbrief) sowie die Pastoralbriefe (→Timotheusbriefe, →Titusbrief) für P. selbst auszuwerten. Ohne hist. Wert für P. sind die »P.akten«, der Briefwechsel zwischen Seneca und P. sowie andere ntl. →Apokryphen und Pseudepigraphen.

*2.* P. entstammt einer streng *jüd. Familie* (Phil 3,5; 2 Kor 11,22) der Diaspora; sein Geburtsort ist vermutl. Tarsus in Kilikien (Apg 22,3). Er hat wohl eine solide griech., zumal rhetor., wie auch eine jüd. Bildung erfahren, letztere vielleicht sogar in Jerusalem (Apg 22,3), wo er mit Eifer die jüd. Überlieferung studiert hat (Gal 1,14). Im Blick auf die →Tora rechnet er sich zu den →*Pharisäern* (Phil 3,5), weshalb er wohl die »Kirche Gottes verfolgte und zu zerstören versuchte« (Gal 1,13; Phil 3,6,; 1 Kor 15,9). Denn das pharisä. Ideal eines in priesterl. Reinheit geheiligten Israel und die in der Kirche programmat. vollzogene Öffnung zu den Sündern (womögl. auch schon zu den →»Heiden«) schlossen einander aus. Durch eine *Vision* des auferstandenen Jesus vom Himmel her (1 Kor 15,8; 9,1; vgl. Apg 9,3ff.), die er auch eine Offenbarung des Sohnes Gottes nennen kann (Gal 1,16), versteht sich P. als →Apostel der Heidenvölker (Röm 11,13). Diese →*Berufung* (nicht Bekehrung) bewährt er sofort in missionar. Aktivität in der Arabia (Nabatäerreich), in Syrien und Kilikien (Gal 1,17ff.). Ersten gemeindl. Rückhalt findet er in →Antiochia (Syrien), auf dem Apostelkonvent in Jerusalem (→Urchristentum) Anerkennung durch die »Urapostel« (Gal 2,1ff.; Apg 15; →Apostel). Eine eigenständige gemeindegründende →Mission entfaltet P. jedoch erst – nach der Trennung von Antiochien (Gal 2,11ff.) – in Kleinasien (→Galaterbrief) und vor allem in Griechenland (Philippi, Thessalonich, Korinth). Seine missionar. Arbeit, im Zusammenhang seiner Berufsarbeit ausgeführt, stößt auf Widerspruch und bringt ihm Schwierigkeiten mit jüd. Gemeinden und röm. Behörden. Auf einer Reise nach Jerusalem (zur Übermittlung einer Kollekte der griech. Gemeinden an die Urgemeinde; Röm 15,25f.) gerät er in eine mehrjährige *Haft*, die ihn schließl. nach →Rom (Apg 21ff.) und dort wohl in den *Märtyrertod* führt.

*3.* Genauer datieren läßt sich die Chronologie seines Lebens durch den ersten Korinthbesuch, der in die Amtszeit des Statthalters L. Junius Gallio – wohl 51/52 n. Chr. – fällt (Apg 18,12). Da Jesus wahrscheinl. um 30 (33?) gestorben ist, dürfte die Berufung um 33 (oder 35), der Apostelkonvent um 48. n. Chr. stattgefunden haben. Die letzte Jerusalemreise wird nicht vor 55 oder 56 n. Chr. gewesen sein, so daß P. den Märtyrertod wohl unter Nero ca. 60 n. Chr. gestorben ist.

*II.* Das Generalthema der *Theologie* des P. ist das Evangelium als Gottes Kraft für jeden, der glaubt (Röm 1,16), d.h., daß Gott im Sühnetod Jesu Juden und Heiden eine Vergebung erwirkt hat, die allein im Glauben als Gerechtigkeit Gottes (Rechtfertigung) ergriffen werden kann. Damit nimmt einer schon in Zeit und Geschichte an der Erlösung teil, die in Jesus Christus im Himmel als Vollendung der Schöpfung schon ans Ziel gelangt ist. Dies impliziert als Kehrseite, daß Juden und Heiden als Sünder unter Gottes Zorngericht stehen und das Tun der Tora, da es Sündern nicht ihre Sünden vergeben kann, nicht rechtfertigt.

*Lit.: S. Ben-Chorin:* P. Der Völkerapostel in jüd. Sicht, München 1970. – *G. Bornkamm:* P., Stuttgart, 5. Aufl. 1983. – *Chr. Dietzfelbinger:* Die Berufung des P. als Ursprung seiner Theologie, Neukirchen-Vluyn 1985. – *G. Eichholz:* Die Theologie des P. im Umriß, Neukirchen-Vluyn, 3. Aufl. 1981. – *K. H. Schelkle:* P. Leben-Briefe-Theologie, Darmstadt 1981. – *K. Stendahl:* Der Jude P. und wir Heiden, München 1976.

*Ekkehard Stegemann*

*B. Systematisch*

*I.* Wie kein zweiter Theologe hat P. das Gesicht zumal des abendländ. Christentums geprägt. Er ist nicht nur »Lehrer der Väter« (K. H. Schelkle) und in entscheidenden Jahren Inspirator der augustin. Theologie (→Augustinus). Auf ihn hat sich M. →Luther berufen, indem er die Rechtfertigungslehre nicht nur als archimed. Punkt seiner Kirchenkritik, sondern eines neu entdeckten Glaubensverständnisses formulierte. Warum wurde P. gerade in dieser krit. Situation der Kirchengeschichte neu entdeckt?

*1.* P. will, wie viele andere Missionare seiner Zeit, nichts anderes als dem Evangelium Jesu Christi dienen. Darin unterscheidet er sich von ihnen nicht. Da er, der pharisä. Jude, sich aber als Missionar der (»Heiden« genannten) Nichtjuden versteht, ist er gezwungen, genau jenen Punkt herauszuarbeiten, an dem die Botschaft des christl. Glaubens das damalige jüd. Verständnis von Gott, Mensch und Heil in einer *universal* besprechbaren Weise auf seinen Punkt bringt und präzisiert, wenn nicht gar übersteigt. Die jüd. Tora und die Propheten müssen neu von einer Mitte her verstanden werden, von der her sie nicht zum tötenden »Buchstaben« (Röm 2,29; 2 Kor 3,6) absinken. P. sieht diesen Kern für die Erinnerung seines Volkes in →Abraham: sein Vertrauen, mit dem er in ein unbekanntes Land aufbrach, wurde ihm zur Gerechtigkeit angerechnet (Röm 4). Erinnerung an das eigene Erbe und prophet. Kritik bedingen sich gegenseitig. Im Namen Abrahams schließen sich jüd. Glaube und Glaube an Jesus Christus nicht aus.

*2.* Mit anderen jüd. und christl. Richtungen seiner Zeit denkt P. *apokalyptisch*; diese →Apokalyptik wird auch ihm zur Mutter christl. Theologie (E. Käsemann): Gottes Plan mit der Welt, die auf ihr Ende zusteuert, ist an den Zeichen der Zeit, näherhin am Kreuz Christi zu entdecken. Das bedeutet Scheidung der Geister und das Nahen des Gerichts; keine Zeit ist mehr zu verlieren. Dieser Ausblick auf Gottes zürnendes Gericht samt dessen kosm. Dimension schlägt bisweilen durch (Röm 2,15f.; 1 Thess 4,15-18). Mit den Christen aber denkt P. zugleich *»eschatologisch«:* Das Ende der Zeit hat im Grunde schon begonnen; die Wahrheit ist offenbar geworden in Jesus, den Gott von den Toten erweckt und als Messias ausgewiesen hat (1 Kor 15 u.ö.; →Auferstehung). Wenn aber diese Zeit des Heils schon begonnen hat, gilt sie für alle. Der krit. Punkt liegt für P. also auch hier in der *Universalität* des von Jesus Christus erwirkten Heils. Einerseits ist es nicht nur *Juden,* sondern auch den *Heiden* angeboten, deshalb kann es nicht mehr von der spezif. jüd. Lebensweise (der Tora) in einengender Weise abhängig sein. Andererseits bleibt die an Israel gegebene Zusage in Geltung: Die Linien der dem Volk Israel gegebenen Verheißungen sind also nicht abzubrechen, sondern bis zum Ende auszuziehen (Röm 9; 11).

*3.* Diese Spannung führt zu einer Radikalisierung des *Glaubensbegriffs,* der die Tora nicht in erster Linie kritisiert (obwohl P. sein eigenes früheres Verhalten daran mißt und über das Verhalten seiner Mitjuden sowie deren Toraverständnis enttäuscht ist), sondern auf ein vorbehaltloses Vertrauen in Gottes rettende Macht hin »vollendet«. Die erste Frage ist also nicht mehr, welcher konkrete Weg zur Erlangung des Heils eingeschlagen werden muß (etwa →Beschneidung und Speisegebote?), sondern wie dieses vorbehaltlose Vertrauen auf Gott angesichts der Erweckung seines Sohnes mögl. ist und an Nichtjuden vermittelt werden kann, welcher Verhaltensanspruch schließl. daraus folgt. Abhängig ist das Heil jetzt nur noch davon, daß Menschen – statt sich an vorletzte rel. Praktiken und immer zwiespältige Traditionen zu binden – sich radikal auf Gottes Treue einlassen, der sie rettet, sie also – so die theol. Ausdrucksweise – zu »Gerechten« macht oder »rechtfertigt« (→*Rechtfertigung*). Diese Position untermauert P. method. im Rückgriff auf jüd. Theologie, inhaltl. im Rückgriff auf die →Schrift und den Glauben Abrahams, in doppelter Hinsicht also jüd. Zugleich werden Tod und →Auferstehung Christi zum untrügl. Doppelzeichen dafür, daß die neue →Freiheit allein in Gott, in Gott aber auch machtvoll gegeben ist.

*II.* Die *Kehrseite* der paul. Botschaft, weder Juden noch Heiden könnten vor Gottes Endgericht bestehen (Röm 2), weil alle sündigten (Röm 5,12) und der ganze Kosmos den Mächten des Todes unterliegt (Röm 5,14; 1 Kor 1,20), sowie die strenge Konzentration auf die »Sünde« des Menschen (der den ersten Adam noch nicht ausgezogen hat) haben vor diesem Hintergrund ihren bedrohenden Charakter verloren. Im Gegenteil, erst von dem um so größeren Heil her (Röm 5,15) kann das frühere Unheil erkannt und besprochen werden; dennoch ist nicht alle Bedrohung geschwunden.

*1.* Jetzt schon können die Glaubenden als »neue Schöpfung« (2 Kor 5,17) an der Befreiung zur *Freiheit* (Gal 5,1) und endgültigem Leben teilhaben, die Jesus Christus in der Erweckung von den Toten erreicht hat. P. sieht den Beginn dieses neuen Lebens in den Gemeinden der Glaubenden und in dem dort wirkenden →Geist und im Selbsterweis seiner Macht. Allerdings stehen die Gemeinden noch im Widerstreit des alten und des neuen Äons. Sie sind von Zerwürfnissen bedroht, weshalb P. zum Kampf aufruft, den Dienst am anderen, *die* →*Liebe* also, als letztes Kriterium des Geistes und seiner außerordentl. →Charismen (1 Kor 12) einfordert. Das »Hohelied der Liebe« (1 Kor 13) endet mit dieser krit. Spitze. Sein wiederholter Verweis auf die Kirche als den »einen Leib« hat zudem vor allem ermahnend beispielhaften Charakter (1 Kor 12,12-31). Erst in zweiter Linie vermischt sich die Leibmetaphorik mit dem »Ein-Leib-Sein« in Christus. Hier zeigt sich, daß die Freiheitsappelle Wachsamkeit und den Dienst an anderen, die Tat also, einschließen.

*2.* Unbestritten ist, daß P. im Dienst der von ihm gegründeten Gemeinden stehen und sie mit den Grenzerfahrungen christl. Glaubens vertraut machen will. Zugleich reagiert er in seinen Briefen immer wieder auf Einzelfragen zu christl. Verhalten, zu Selbst-, Welt- und Gottesverständnis. Also auch für ihn selber ist mit einer freiheitsbezogenen Rechtfertigungslehre nicht alle Problematik gelöst. Bei jeder P.interpretation ist deshalb darauf zu achten, daß seine Briefe kein ausgebildetes theol. System bilden. So gibt es *viele Einzelthemen* zu →Christologie und →Anthropologie, zur Lehre von Kirche und Hl. Geist, zu →Taufe und →Abendmahl, die in oft polem. Zusammenhängen zur Sprache kommen, so daß jede verallgemeinernde Auslegung die Beweislast trägt. Zugleich ist zwar oft, aber nicht immer eindeutig zu entscheiden, in welchen Punkten P. mit den vielen vorgegebenen Formeln und Formulierungen die frühchristl. Verkündigung übernimmt, wo er eine spezif. eigene Auslegung hinzufügt, inwieweit er also die allg. christl. Verkündigung und die Erinnerung an Jesus voraussetzt.

*III.* Wie wichtig die Rolle des P. für die →*Kirche* war und wie verschieden er schon zu seiner Zeit verstanden wurde, zeigen nicht nur die ntl. Dokumente, die in seinem Namen verfaßt wurden. Sein Einfluß auf die altkirchl. wie gerade auf die neuzeitl. Theologie war enorm. Zugleich wurden best. seiner Texte und Aussagen immer wieder verabsolutiert und zu einem System ausgebaut.

*1.* Dies gilt nicht nur für best. Interpretationen der Rechtfertigungslehre von →Augustinus (→Sünde, →Prädestination) über →Luther und →Kierkegaard bis in die gegenwärtige Theologie. Dies gilt viel allgemeiner für eine Lehre vom *Menschen als Sünder,* der unfähig sei zum eigenen Verdienst. Dies gilt auch für die →*Ekklesiologie.* Kath. Interpretationen berufen sich auf die paul. Lehre von Taufe, Abendmahl und Leib Christi, ev. Auslegungen auf seine Christozentrik und Lehre von der Rechtfertigung, freikirchl. Theologien entdecken in ihm den Legitimator einer charismat. Kirchenordnung. Gleichermaßen berufen sich die einen auf seine Überzeugung, daß *Israel vor Gott* seinen Vorrang behalte, die anderen auf seine antijüd. Polemik (1 Thess 2,14-16). Nicht zuletzt stehen die Ausführungen zur staatl. Obrigkeit (Röm 13) in Widerspruch zur Relativierung aller gesetzl. Ordnung, die andere in P. entdecken.

*2.* Daß P. aber immer wieder archetyp. *gegen →Petrus*, den Repräsentanten von Recht und hierarch. Ordnung in der Kirche, gestellt wurde, hat seinen Grund in der Sache selbst (Gal 2,11-21), obwohl die Bischöfe von Rom sich auf das Grab beider »Apostelfürsten« berufen. P. war und ist Lehrer derjenigen, die den Glauben als (Traditionen sprengendes) unbedingtes Vertrauen und damit als unerschöpfl. grenzüberschreitende Potenz zu verstehen suchen. Daß eine solche Position für Institutionen schwierig, wenn auch nicht unmöglich zu verarbeiten ist, versteht sich von selbst. Schwieriger mag vielleicht zu verstehen sein, wie wenig die Großkirchen den paul. Anspruch eines radikalen Glaubens in ihrer Selbstorganisation und der Legitimation ihrer Strukturen bis heute eingelöst haben.

Eine längst fällige *gesellschaftskrit.* Interpretation des P., die einer traditionellen Innerlichkeit den Abschied gibt, steht trotz der vielfältigen Vorstöße von E. Käsemann erst in ihren Anfängen. Er führt von einem erneuerten Rechtfertigungsverständnis her die Kategorie der Macht ein. Glaube und Rechtfertigung werden als »Herrschaftswechsel« begriffen. Eine solche Interpretation wird, wie überhaupt jede Interpretation des P., ausgehen müssen von der Selbstlosigkeit seiner Visonen. Es geht ihm »primär nicht um die Möglichkeit der von ihm verkündeten Botschaft, sondern um die Chance des von ihm angesprochenen Menschen. Es ist seine Chance, mit Hilfe des Christusglaubens einen besseren Gebrauch von seinen existentiellen, mitmenschl. und gesellschaftspolit. Möglichkeiten zu machen« (E. Biser, 280).

*Lit.: E. Biser:* Der Zeuge. Eine Paulus-Befragung, Graz/Wien/Köln 1981. – *J. Blank:* P. Von Jesus zum Christentum. Aspekte der paul. Lehre und Praxis, München 1982. – *H. Feld:* Papst und Apostel in der Auseinandersetzung um die rechte Lehre. Die theol. Bedeutung von Gal 2,11-14 für das Petrusamt in moderner und alter Auslegung, in: *ders. u.a.:* Grund und Grenzen des Dogmas, Freiburg 1973, 9-26. – *E. Käsemann:* Gottesgerechtigkeit bei P., in: *ders.:* Exeget. Versuche und Besinnungen II, Göttingen 1964, 181-193. – *K. H. Schelkle:* P., Lehrer der Väter, Düsseldorf, 2. Aufl. 1959.

*Hermann Häring*

### *C. Kunstgeschichtlich*

Das →*Grab des Apostelfürsten* wird in S. Paolo fuori le Mura an der Via Ostiense in →Rom verehrt, sein Haupt im Altartabernakel von S. Giovanni in Laterano. S. Sebastiano ad Catacumbas an der Via Appia Antica nahm die Gebeine der Apostel →Petrus und P. im 3. Jh. während der Verfolgungen des Decius und Valerian vorübergehend auf, weshalb die Kirche bis ins 8. Jh. als »Basilica Apostolorum« bekannt war.

*I. Seit dem 4. Jh.* wird P. mit längl., kahlem Kopf und spitzem Bart abgebildet. Einen ersten P.-Zyklus bot wahrscheinl. noch im 5. Jh. S. Paolo fuori le Mura. Vorher begegnen Bilder des P. auf Goldgläsern, in der Elfenbeinkunst und auf Sarkophagen. In der →ma. Kunst entstehen umfangreiche Szenenfolgen in der Buchmalerei (karoling. Vivanius-Bibel aus Tours, Mitte 9. Jh.) und in der Mosaikkunst (Dom zu Monreale, um 1185). Schon auf den Goldgläsern des 4./5. Jh.s wurden die Apostelfürsten Petrus und P. gern gemeinsam dargestellt. Bes. Bedeutung erlangte die sog. Traditio legis, die Szene der Gesetzesübergabe durch Christus an Petrus und P. Sie findet sich erstmals auf dem Junius-Bassus-Sarkophag (Rom, Mitte 4. Jh.), wo sie noch als Erscheinung des Auferstandenen und dessen Selbstoffenbarung zu interpretieren ist. Später gewinnt die Szene als Apsisbild immer stärker repräsentativen Charakter (SS. Cosma e Damiano, Rom, um 530). Unmittelbar verwandt ist die Szene Dominus legem dat (»Der Herr erläßt das Gesetz«), die vielleicht oström. Ursprungs ist und den Auftrag zur Verkündigung des Evangeliums an P. akzentuiert im Gegenüber zur Schlüsselübergabe an Petrus. Die frühchristl.-ma. Bildtradition wird durch den Petrus-P.-Zyklus des Masaccio in der Brancacci-Kapelle von S. Maria del Carmine in Florenz (nach 1423) entscheidend geformt. Eine ähnl. Bedeutung kommt den Teppichentwürfen Raffaels für die Capella Sistina des →Vatikans zu, heute im Victoria and Albert Museum in London. Auch die Ausmalung der Capella Paolina im Vatikan durch Michelangelo (1542/49) setzte neue Akzente, die sich auf Caravaggios Bekehrung des P. in S. Maria del Populo in Rom (um 1600) auswirkten.

*II.* Die →*Reformation* macht P. gewissermaßen zum →Apostel der →Evangelischen im Gegenüber zu Petrus und vergeistigt sein Bild (Vischers Nürnberger Sebaldusgrab, Dürer u.a.). Bes. eindringl. P.-Bilder schuf →Rembrandt, der den Apostel als Juden zeigte. Auch L. Corinth hat P. 1911 bewußt als osteurop. Juden gemalt (Golgatha-Triptychon, Tapiau).

*Lit.: E. von Dobschütz:* Der Apostel P. II: Seine Stellung in der Kunst, Halle 1928. – *J. C. Hampe:* P., Berlin 1970. – *C. Tresmontant:* P., Hamburg 1959.

*Peter Maser*

### *D. Literarisch*

Im Gegensatz zu anderen herausragenden Persönlichkeiten des Christentums wie →Maria oder M. →Luther hat der Apostel P. in der Literaturgeschichte des 20. Jh.s zwar nur wenige, aber ebenfalls eindrucksvolle Spuren hinterlassen. Der schwed. Autor *A. Strindberg* macht in seinem Mysterienspiel »Nach Damaskus« (Teile I-III,

1898-1904) die Bekehrung des P. zum Symbol menschl. Selbsterfahrung schlechthin. Die Figuren des Dramas spiegeln Strindbergs kurz zuvor überstandene psych. Lebenskrise wider; das Damaskuserlebnis des Apostels, auf das leitmotiv. angespielt wird, ist hier der →Archetyp für den Prozeß von Krise und Befreiung. *F. Werfel* ist in seiner dramat. Legende »P. unter den Juden« (1926) an der hist. und rel. Problematik interessiert. Mit hist. Strenge entfaltet er den Dreieckskonflikt Judentum – P. – christl. Urgemeinde im Jerusalem der Zeit Kaiser Caligulas (37-41). Die Dialoge zwischen P. und seinem früheren jüd. Lehrer Gamaliel sind in ihrer dialekt. Schärfe auch Ausweis für Werfels eigenes spannungsvolles Verhältnis zum Judentum. Noch stärker an der literar. Vergegenwärtigung der Lebensgeschichte des Völkerapostels interessiert ist der jüd. Erzähler *Schalom Asch* in seinem hist. Roman »Der Apostel« (1942). Ohne den Ehrgeiz, die Gestalt des P. psycholog., soziol. oder religionsgeschichtl. beschreiben zu wollen, nimmt das Werk vor allem durch seine überraschenden Dialogpaarungen (P.-Seneca) für sich ein.

*Lit.:* Überblick über P.-Darstellungen vom MA. bis zum beginnenden 20. Jh. bei: *W. Emrich:* P. im Drama, Berlin/Leipzig 1934. – Zusammenfassungen bei: *E. Frenzel:* »P.«, in: Stoffe der Weltliteratur, Stuttgart, 3. Aufl. 1970, 584-586. – Zusammenfassungen der gen. Arbeiten von Strindberg, Werfel und Asch in den betr. Art. des Kindlerschen Literaturlexikons, Bde. 3, 17 und 21, München 1974.

*Ulrich Kern*

**Penderecki,** *Krzysztof,* geb. 23.11.1933 in Debica, Polen, *poln. Komponist.* P. studierte Komposition an der Musikhochschule in Krakau zuerst bei A. Malawski, dann bei S. Wiechovicz. Im Anschluß an seine glänzend bestandene Abschlußprüfung wurde ihm dort gleich eine Kompositionsklasse übertragen. Er hatte sich schon damals auf alte Kirchenmusik spezialisiert und unterrichtete nebenbei am Krakauer Theologie-Seminar. Außerdem machten sich Einflüsse von Webern, Boulez und →Strawinsky bemerkbar. Sein erstes größeres Werk *Epitafium Artur Malawski in memoriam* ist ein zweisätziges instrumentales Requiem. 1958 wurden die Psalmen Davids für Chor und Schlagzeug fertiggestellt, und 1959 gewann er bei einem Kompositionswettbewerb gleich alle drei Preise.

In den folgenden Werken *Anaklasis* (Strahlenbrechung) für Streicher und Schlagzeug und *Threnos* für die Opfer von Hiroshima für 52 Solostreicher hat P. bereits seinen persönl. Kompositionsstil gefunden. Dazu gehört die Einbeziehung von Geräuschen in sein musikal. Vokabular. Wichtig ist eine neuartige Behandlung der Streicher. Außer Mikrointervallen und verschieden starken Vibrati gibt es bei P. das Spiel auf dem Steg, hinter dem Steg und sogar auf dem Saitenhalter sowie das Klopfen auf dem Griffbrett oder direkt auf dem Resonanzkörper. Den Chor nutzt er phonetisch, d.h., er setzt gezielt die Wirkung best. Vokale und Konsonanten ein, auch Sprechgesang, Flüstern, Zischen und Lachen gehören zu den Möglichkeiten des Chores. P. verwendet Glissandi und Clusterglissandi; in seinen rel. Werken kommt es durch Motive des →Gregorian. Chorals oder der orthod. Kirchenmusik zu einer neuartigen Archaisierung. In Psalmus 1961 nimmt er elektron. Möglichkeiten wahr, kehrt aber daraufhin auch wieder zu traditionellen Mitteln zurück.

Sein →*Stabat mater* für 3 gemischte Chöre a cappella, das am 27.11.1962 uraufgeführt wurde, fügte er später in sein erfolgreichstes Werk, das ihm auch zu internationalem Ruhm verhalf, die *Lukaspassion* (1963-65, Uraufführung 1966), ein. Auf die Lukaspassion folgte 1967 sein Oratorium *Dies Irae,* das dem Gedächtnis der Opfer von Auschwitz gewidmet ist, das aber darüber hinaus als allg. Appell verstanden werden soll, weshalb P. einen lat. Text wählte. Danach entstand die Oper *Die Teufel von Loudun* (Uraufführung 1969) nach einem Text von Aldous Huxley und John Whiting. In den Jahren 1969-71 arbeitete er an dem orator. Doppelwerk *Utrenja,* das sich aus den Teilen Grablegung und Auferstehung Christi zusammensetzt.

Neben vielen Vortrags- und Konzertreisen, in denen er häufig eigene Werke dirigierte, komponierte er in den folgenden Jahren noch sein *Canticum Canticorum Salomonis* (Uraufführung 1973), das *Magnifikat* für Baßsolo, sieben Männerstimmen, zwei gemischte Chöre, Knabenchor und Orchester (Uraufführung 1974), seine zweite Oper *Paradise Lost* (Uraufführung 1978) nach einer von Christopher Fry bearbeiteten Fassung von Miltons Paradise Lost und 1980 ein →*Tedeum* für zwei Chöre und Orchester, das er Papst Johannes Paul II. gewidmet hat. P.s neueste Oper *Die schwarze Maske* nach dem gleichnamigen Schauspiel von G. Hauptmann (1928, aufgeführt zusammen mit einem weiteren Einakter unter dem Obertitel »Spuk am Wiener Burgtheater« 1929), wurde 1986 im Rahmen der Salzburger Festspiele zum ersten Mal gegeben. Sie spielt kurz nach dem Dreißigjährigen Krieg und zeigt »eine Gesellschaft, die von erhebl. Konfessions- und Standesunterschieden geprägt ist und die somit zeichenhaft für die sozialen und konfessionellen Konflikte der Zeit steht« (Rexroth).

Die Musica sacra allg., nicht in jedem Fall liturg. verwendbar, nimmt in P.s Schaffen einen hohen Stellenwert ein. Im Anschluß an die Uraufführung seiner Lukaspassion in Münster 1966 wurde er nach seiner rel. Haltung befragt, worauf er sich als »linksgläubigen Katholiken« bezeichnete. P. ist sicher ein Komponist, der mit seinen Werken stets aufs neue zum Nachdenken über Fragen des Glaubens anregt.

*Lit.: D. Rexroth:* K. P.s »Die schwarze Maske« in Salzburg uraufgeführt, in: Musica 40 (1986), 445f. – *W. Schwinger:* P. Begegnungen, Lebensdaten, Werkkommentare, Stuttgart 1979. – *H. Vogt:* Neue Musik seit 1945, Stuttgart, 3. Aufl. 1982. – *T. A. Zielinski:* Der einsame Weg des Krzysztof P., in: Melos XXIX (1962), 318.

*Angelika Brenner*

## Person

*A.* P. (von lat. *persona* = Maske, Rolle, Persönlichkeit) ist ein Grund- und *Schlüsselbegriff.* Er betrifft verschiedene Wissenschaften vom →Menschen (insbes. Psychologie, Sozialpsychologie, [Kultur-]Anthropologie und Soziologie, aber auch angewandte Wissenschaften wie die Pädagogik) in der Betonung von Merkmalen, Fähigkeiten, Verhaltensweisen und Vorstellungen von →*Individuen* und stellt je nach Kontext dabei unterschiedl. Aspekte in den Vordergrund. In allen Begriffsvariationen bleibt jedoch die grundlegende Spannung sichtbar zwischen biolog.-anthropolog. und psychophys. Disposition, sozialer und kultureller Ausformung und -prägung sowie biographiespezif. Verknüpfung zur je unverwechselbaren Individualität und Identität des modernen Menschen.
P. wird auch, in Anlehnung an den angloamerik. Sprachgebrauch (»personality«), gleichbedeutend mit *Persönlichkeit* gebraucht, um die begriffl. Abstraktion von konkreten P.en stärker zu betonen. P. bezeichnet allg. alle Voraussetzungen, Strukturen und Ausformungen des Verhaltens (→Handeln), →Denkens und Fühlens von Individuen, wobei die →Psychologie eher die kognitiven und emotionalen Grundstrukturen, die →Sozialpsychologie eher die durch individuelles →Lernen und individuelle →Erfahrungen aufgebauten Dispositionen, die →Soziologie eher die sozial geprägten und kulturellen Verhaltens- und Einstellungsmuster und die →Anthropologie eher die biophys. Grundlagen und kulturellen Möglichkeiten betonen. Die Vermittlung all dieser Faktoren ist in der entfalteten P. organisiert und systemat. strukturiert, so daß oft auch vom *Persönlichkeitssystem* gesprochen wird.

*B.* Die P. ist also die *Nahtstelle* von Individuum, →Gesellschaft und →Kultur: Biolog. und psycholog. Strukturfaktoren werden mit den →Normen, →Rollenerwartungen, Verhaltensregulierungen, Wissensbeständen und Weltinterpretationen der sozialen und kulturellen →Umwelt vermittelt. Diese *Vermittlung* geschieht zunächst im Prozeß der →Sozialisation, da der – anthropolog. gesellschaftl. – »instinktarme« und »weltoffene« (A. Gehlen) Mensch erst durch das Erlernen einer grundsätzl. sozial und kulturell definierten Lebensführung zum Menschen wird, eine »zweite«, soziale Geburt erlebt (R. König) und in diesem Prozeß zunächst zur *soziokulturellen P.* wird. Teil dieses Sozialisationsprozesses ist auch die →Inkulturation, d.h. die Einführung in die kulturellen Grundrollen und -fähigkeiten einer jeweiligen hist. oder geograph. abgrenzbaren →Kultur. Im und nach dem Erlernen der in einer Gesellschaft/Kultur geltenden Gewohnheiten, Einstellungen, Verhaltensregeln und →Normen sowie der Aneignung der verschiedenen »kulturellen Werkzeuge« konkreter und symbol. (z.B. der →Sprache) Art kann – im weiteren Verlauf des Heran- und Hineinwachsens und Reifens – eine personspezif. →Integration zu einer stabilen →Identität und *ich-zentrierten P.* im Prozeß der *Personalisation* erfolgen. Diese »persönl. Identität« ist jedoch nicht kulturunabhängig, sondern – als Ziel und Inbegriff personaler Entwicklung – erst langsam in der Kulturgeschichte (gerade auch in rel. fundierten Konzepten) ausformuliert worden und rückt erst im abendländ. Kulturkreis der →*Neuzeit* in den Mittelpunkt. Fundament ist dabei die christl. ausformulierte Wichtigkeit des einzelnen Menschen, gefaßt als →Unsterblichkeit der individuellen →Seele und der individuellen →Verantwortlichkeit für deren →Heil: ein Konzept, das wesentl. zur Ausbildung des modernen Gedankens von der Selbständigkeit des Individuums als →*Subjekt* beigetragen hat, ebenso wie der Gedanke eines persönl. →Gottes und seiner personhaft gedachten →Trinität.

*C.* Psychoanalyt. (S. →Freud) ist die moderne Vermittlung zwischen Natur und Kultur in der P. formuliert durch die Konzepte des *Es* (d.h. der naturhaften Triebregungen), des *Über-Ich* (d.h. der gesellschaftl.-moral. Anforderungen) und des *Ich*, das selbstbewußt zwischen den sozialen Normen und den individuellen Wünschen balancierend handeln kann. P. bedeutet daher nicht nur →Anpassung des einzelnen an →Gesellschaft und Kultur, sondern auch eine gewisse →Autonomie gegenüber äußeren Anforderungen. Zum Ausdruck kommt sie auch in mehr oder weniger ausgeprägten Prozessen des →Konflikts (insbes. von Rollenkonflikten) sowie der passiven und aktiven Distanzierung (→Widerstand, Flucht, »innere Emigration«).
Nur indem Menschen als autonome P.en in ihren sozialen Beziehungen auch mehr als nur soziokulturell Vorgeformtes ausagieren und kreativ einbringen, also auch *»neues« Wissen* erwerben und vermitteln, ist →sozialer und *kultureller Wandel* soziol. befriedigend erklärbar: näml. als »exemplar. Lernen« (J. Habermas) von P.en, das unter best. Bedingungen in die Gesellschaft einströmt. Der Begriff P. thematisiert also die »conditio humana« (Situation des Menschen) in bes. deutl. Weise: von der biolog. Prägung durch Vererbung und Veranlagung über die Menschwerdung durch Kultur und Sozietät zur Personalisation und sozialen *Innovation.*

*Lit.: A. Gehlen:* Urmensch und Spätkultur, Bonn 1956. – *R. Linton:* Gesellschaft, Kultur und P., Stuttgart 1974. – *Th. Luckmann:* Persönl. Identität, soziale Rolle und Rollendistanz, in: *O. Marquardt/K. Stierle (Hg.):* Identität, München 1979. – *G. McClelland:* Personality, New York 1951. – *T. Parsons:* Sozialstruktur und P., Frankfurt/M. 1970. – *G. Wurzbacher (Hg.):* Der Mensch als soziales und personales Wesen, Stuttgart 1974/3.

*Ingo Mörth*

**Personalismus.** Wenn heute in Theologie und Philosophie von P. gesprochen wird, ist hauptsächl. die nach dem Ersten Weltkrieg zuerst innerhalb der →Religionsphilosophie sich entfaltende und dann rasch in die Theologie beider Konfessionen hineinwirkende »dialog. Philosophie« oder »Dialogik« gemeint. Dieser »*dialog. P.*« hat neben der älteren von →Schleiermacher heraufgeführten Tradition, mit dem Begriff P. den christl. Glauben an einen persönl. →Gott zu bezeichnen und gegen den →Pantheismus abzugrenzen, auch andere Ausgestaltungen des P. in den Hintergrund treten lassen. Ein umfassendes Bild der vielfältigen Richtungen personalist. Denkens bietet G. Gloege.

*A.* Umstritten bleibt, ob und inwieweit bereits jedes Denken, das personalem →Sein eine vorrangige Bedeutung beimißt und mittels personaler Kategorien →Wirklichkeit zu deuten versucht, berechtigterweise mit dem Begriff P. belegt werden darf. Entscheidend ist, wie →Person jeweils verstanden wird. In einem engeren Sinne wird man personalist. Denken frühestens mit dem Anbruch der →Neuzeit ausmachen können. Das Personsein wird (etwa bei →*Luther*, der darin in Abwehr der →Scholastik auf Teile der altkirchl. [→Alte Kirche] →Christologie und Trinitätslehre [→Trinität], hier bes. auf →Augustinus, zurückgreifen kann) nicht mehr als für sich bestehende →Substanz, sondern als Relation (Beziehung) bestimmt. Seine weitere Ausprägung erfährt dieses Personverständnis im Umfeld des dt. →*Idealismus*, auf den der P. sich jedoch krit. bezieht: Welt erschließt sich nicht einsamem Denken, sondern im →Dialog stattfindender personaler Begegnung. Mit →Feuerbach erfährt die bereits bei Jacobi und →Fichte erfaßte personale Bezogenheit von »Ich und Du« eine bes. Beachtung. Der für den P. bestimmend werdenden Sicht des »Ich-Du-Verhältnisses« verhelfen *M.* →*Buber*, F. Ebner und F. Rosenzweig zu weiterer Ausgestaltung und führen diesen im Horizont von Sprache und Begegnung stehenden P. zu seinem letzten Durchbruch. Seine *theol. Bedeutung* erfährt dieser phänomenolog. (→Phänomenologie) und existenzphilos. (→Existentialismus) an der →»alltägl. Lebenswelt« mitorientierte »dialog. P.« nicht zuletzt durch seine Rückbesinnung auf die bibl. Grundlagen (→Bibel, →Bibl. Theologie) jüd.-christl. Glaubens. Im Raum kath. Denkens (→Katholizismus) sind vor allem Th. Haecker, Th. Steinbüchel, P. Wust, R. →Guardini und G. Marcel zu nennen. Im dt. →Protestantismus finden Motive des P. ihren Eingang insbes. in die »Wort-Gottes-Theologie« (→Dialekt. Theologie), die den Menschen von Gott her in die »Anrede« gestellt sieht. So bei E. Brunner und Fr. Gogarten, in geringerem Umfang bei K. →Barth und R. →Bultmann.

*B.* Sein Profil gewinnt der P. durch – so seine Kritiker - z.T. sehr vordergründige *Gegenüberstellungen.* So stellt er sich nicht nur in Gegensatz zu einer ma. →Metaphysik der Substanz, sondern überhaupt zu jeder →Ontologie. Auf Grund seiner Betonung des Aktualen und Situativen (→Akt, →Situation) ergeben sich Probleme für jede →Dogmatik, es sei denn, es gelänge ihr in überzeugender Weise, ohne Rückfall in einen alles nivellierenden →Relativismus, ihr jeweiliges hist. und lokales Eingebundensein mit zu thematisieren. Deutl. verworfen wird auch jedwede Form des →Positivismus. Seine Stärke entfaltet der »dialog. P.« vielleicht dort, wo er die Gefährdung des modernen Menschen (→Modernismus) aufzeigt, wie sie in einer ihn ent- und überfremdenden Technisierung, Ökonomisierung und Rationalisierung (→Entfremdung, →Technik, →Rationalität) weitester Lebensbereiche erblickt wird.

*Lit.: M. Buber:* Das dialog. Prinzip, Heidelberg, 5. Aufl. 1984. – *B. Casper:* Das dialog. Denken, Freiburg/Basel/Wien 1967 (Lit.). – *G. Gloege:* P., in: Ev. Kirchenlexikon, Bd. 3, Göttingen, 2. Aufl. 1962, 128-134. – *B. Langemeyer:* Der dialog. P., Paderborn 1963 (Lit.). – *H.- H. Schrey:* Dialog. Denken, Darmstadt 1970. – *M. Theunissen:* Der Andere, Berlin/New York, 2. Aufl. 1977 (Lit.). – *M. Weinrich:* Der Wirklichkeit begegnen..., Neukirchen-Vluyn 1980 (Lit.).

*Hans-Ulrich Pippert*

**Personenkult.** Dem P. liegt die übersteigerte Bewertung einer einzelnen Person zugrunde. Er gilt einer Führerpersönlichkeit an der Spitze einer polit., rel. oder weltanschaul. Bewegung, die sich als radikal (→Radikalismus), oftmals auch als revolutionär (→Revolution) darstellt und in der Regel ein Herrschaftssystem gebildet oder dessen Gründung zum Ziel hat. Der P. äußert sich in einer Glorifizierung dieses *Führers* (Führerkult); um ihn bildet sich ein →Mythos, der ihm außerordentl. Eigenschaften und Fähigkeiten zuschreibt und ihn so aus der →Masse heraushebt (→Übermenschen). Zu diesen Eigenschaften gehören →Charisma, →Unfehlbarkeit, letztverbindl. →Autorität in allen polit., weltanschaul. und oft auch wissenschaftl. oder künstler. Fragen. Dementspr. gruppiert sich um die Kultperson ein »innerer Kreis«, eine elitäre Gefolgschaft (→Elite), die sich deren Forderung nach absoluter →Treue und →Gehorsam unterwirft. Diesem Absolutheitsanspruch steht oft die Bereitschaft zu fanat. Verehrung der Kultperson oder Begeisterung für deren Ziele gegenüber (→Fanatismus). Strukturell weist der P. eine starke Verwandtschaft zum →Totalitarismus auf und schließt daher Elemente der →Toleranz und der →Demokratie weitgehend aus. Als Herrscherkult tritt der P. in allen Abschnitten der *Geschichte* in Erscheinung (Pharaonen [→Ägypten], Tyrannen- oder Kaiserherrschaft in der Antike, fürstl. →Absolutismus der frühen →Neuzeit). In der neueren Geschichte hat sich der P. häufig von den verschiedensten sozioökonom. und polit. Voraussetzungen aus als polit. →System entwickelt; immer ging es dabei um die Stabilisierung labiler, krisenhafter Verhältnisse. Während der →Nationalsozialismus von Anfang an auf dem Führerprinzip beruhte, das im P. um Hitler gipfelte (ähnl. der →Faschismus in →Spanien und →Italien), ergab sich der P. um Stalin aus der Unvereinbarkeit der Zielsetzungen des weltrevolutionären →Sozialismus mit den konkreten Bedingungen innerhalb und außerhalb →Rußlands. Auch in anderen sozialist. Ländern kam es zu P.: in →China (Mao Tse-tung), (Nord-)→Korea (Kim Il Sung), →Rumänien (Ceausescu), →Jugoslawien (Tito). Im rel. Bereich kann sich der P. um Religionsstifter, die ihn (wie z.B. →Buddha) allerdings oft kritisieren, Führer von →Sekten (Gurus u.a.) o.ä. entfalten, die Elemente wie →Offenbarung und →Erlösung überzeugend vertreten. Eine systemimmanente Überwindung des P.s ist in der Regel nicht mögl.

*Lit.*: *G. Mensching:* Soziologie der Religion, Bonn, 2. Aufl. 1968, 203ff. u.ö. – Art. P., in: *C. D. Kernig (Hg.):* Sowjetsystem und demokrat. Gesellschaft. Eine vergleichende Enzyklopädie, Bd. 5, Freiburg 1972. – *J. Wach:* Religionssoziologie, Tübingen 1951, 375ff.

*Hans Hecker*

**Pessimismus** bezeichnet im Gegensatz zum hist. früheren Begriff →Optimismus ein negativ gestimmtes Daseinsgefühl, das – in einer subjektiv-psych. bedingten Stimmungslage begründet – alles Geschehen als überwiegend schlecht, Welt und Leben als sinnlos bewertet und daher mit Weltschmerz und -überdruß verbunden wird. Von dieser Bedeutung im allg. Sprachgebrauch ist der philos. P. zu unterscheiden.

*A.* Von *A.* →*Schopenhauer* (unter Berufung auf die christl. Erbsündenlehre [→Sünde], die Rede von der Erde als »Jammertal« und auf das buddhist. Weltverständnis [→Buddhismus]) gegen den »verruchten Optimismus« gewendet, versteht sich der P. als philos. System: als ein – nach dem Zusammenbruch rel. Sinnvermittlung – »realist.« Wirklichkeitsverständnis, dem alles Leben →Leiden ist. Ist alles Geschehen nur Ausfluß eines triebhaft-blinden Willens zum Leben, das notwendig – allen sinnspendenden Illusionen zum Trotz – Krankheit, Not und endgültigem →Tod ausgeliefert ist, so liegt es am Menschen (in dem dieser Wille zu Bewußtsein kommt), ebendiesen Willen durch Askese und →Mystik, durch Aufhebung der Vereinzelung und unbegrenztes Mitleid mit der ges. Kreatur zu überwinden. So ergeht sich der philos. P. – im Gegensatz zu einem »Gefühlsp.« – nicht im Weltschmerz, sondern will mit seiner illusionslosen Einsicht in die Negativität alles Wirklichen zu *eth. Handeln* anleiten. Daher kann sich nach *M. Horkheimer* mit einem theoret. P., der nach ihm – angesichts des undurchdringl. gesellschaftl. Zwangs- und Unrechtszusammenhangs – heute aktueller denn je ist, durchaus eine »nicht unoptimist. Praxis« verbinden. Im philos. P. wie in seinem Gegensatz, dem Optimismus, sieht F. →Nietzsche einen Ausdruck der Schwächung des Lebenswillens, so daß beide Systeme nur jenen →Nihilismus spiegeln, den er zu überwinden sucht.

*B.* Will christl. →Hoffnung auf solche Weltdeutungen antworten, so muß sie sich auslegen als eine, die das reale Leiden weder verleugnet noch sich mit ihm aussöhnt: als tätige »Hoffnung wider alle Hoffnung«.

*Lit.*: *M. Horkheimer:* P. heute, in: *ders.*: Sozialphilos. Studien, Frankfurt/M., 2. Aufl. 1981, 137-144. – *A. Hübscher:* Denker gegen den Strom, Bonn 1973, 169-185. – *H. Stäglich:* Zur Geschichte des Begriffs P., in: Schopenhauer-Jahrbuch 34 (1951/52), 27-37.

*Hans-Gerd Janßen*

**Pestalozzi,** *Johann Heinrich,* geb. 12.1.1746 in Zürich, gest. 17.2.1827 in Brugg. Das Phänomen des Pädagogen P. läßt sich rational nicht erklären. Daß in der preuß. Volksschule – W. von Humboldt (1767-1835) hatte zwölf Lehrer in die Schweiz zur Erkundung geschickt – seine »Methode« (Schall, Form, Zahl als Elementarmittel der Anschauung) heimisch wurde, war mehr ein *Mißverständnis* als sachl. begründet, da P. eine solche eigentl. gar nicht entwickelt hatte. Die »künstl. Bahn der Schule« (Abendstunde) stand für ihn zeitlebens im Gegensatz zur »Bahn der Natur«, die weder Begriff noch Fragen kannte, dafür ein »katechet. Lehrergeist« par excellence war. Neuhof, Stans, Burgdorf, Iferten als die Stationen seines päd. Wirkens waren denn auch weniger Konkretionen einer vorgegebenen päd. Theorie als vielmehr Manifestationen seines christl.-sozialen Engagements. Die Not verwaister, Hunger leidender Kinder (Helvetische Revolution von 1798) ließ ihn ohne Rücksicht auf Konvention, ökonom. Kalkül und eigene Kraft hilfreich tätig werden. Das *Ethos des Erziehers* (vgl. den Stanser Brief, 1799), der nicht nur von Nächstenliebe sprach, sondern sie immer wieder praktizierte, machte den als Theoretiker durchaus anfechtbaren P. letztl. unwiderlegbar.

Seine literar. Werke, geboren aus dem Mißerfolg, begründeten seinen Ruhm als *Volksschriftsteller* und machten ihn in den Augen des gebildeten Publikums zum Volkserzieher. Dabei war es weniger die log. Geschlossenheit oder philos. Brillanz, die seine Romane und Abhandlungen (angefangen bei »Lienhard und Gertrud«, 1781) auszeichnete, als das von ihm erstmalig und seinerzeit einzig zur Sprache gebrachte Thema des →Leidens in der Menschheit, nicht in abstraktem, sondern in sehr gegenwartsnahem Sinn. P. fragte in immer wiederkehrenden Ansätzen nach dem *Schicksal der Namenlosen*, die in der Geschichte stets unerwähnt bleiben, ohne deren Mitwirkung sie aber anders verlaufen würde. Der sich zunächst für die →Franz. Revolution begeisternde P. – er wurde Ehrenbürger der Franz. Republik – war sicher auch ein *polit. Denker* und Schriftsteller. Ihrer Entartung begegnete er mit geschichtsphilos. Betrachtungen, denen sich anthropolog. Folgerungen und Erkenntnisse anschlossen: →*Natur,* →*Gesellschaft* (→Staat) und →*Sittlichkeit* sind jene drei Zustände, die alle Menschen betreffen, auch und insbes. diejenigen, die auf der Schattenseite des Lebens stehen. Den Armen, Verachteten und Erniedrigten ist es gegeben, sich aus dem Geist der Liebe und unter erzieher. Anleitung zu vervollkommnen. Indem P. den Gedanken der Sittlichkeit an den christl. Glauben band, der Gott als Schöpfer und Erlöser er- und bekannte, ist er zutiefst ein *rel. Erzieher.*

Die von ihm vertretenen Prinzipien der Anschauung und Selbständigkeit führten zunächst in der Volksschule des 19. Jh.s zu einem lebensnahen Unterricht. Sie sind heute *unaufgebbarer Bestandteil* aller method. Überlegungen im differenzierten Schulsystem. Mit seinem Glauben an die Erziehung auch der »niedersten Menschen« zu »reiner Menschenweisheit« (Abendstunde eines Einsiedlers, 1780) wurde P. zum geistigen Vater der *Volksbildung* schlechthin.

*Lit.: M. Liedtke:* Johann Heinrich P., in: *H. Scheuerl (Hg.):* Klassiker der Pädagogik, Bd. I, München 1979, 170-186. – *E. Spranger:* P.s Denkformen, in: Gesammelte Schriften, Bd. IX, Heidelberg, 1972, 94-160. – *O. Wullschleger:* Alles für andere, alles für sich. Studien zur Person Johann Heinrich P.s, Frankfurt/M. 1985.

*Gerd Bockwoldt*

## Petrus

### A. Neutestamentlich

*I.* Sein ursprüngl. Name lautete Schimon, Sohn des Jona (Mt 16,17) oder Johannes (Joh 1,42). Er stammte aus *Betsaida* (Joh 1,44), einer Ortschaft an der Nordseite des Galiläischen Sees, die im Jahre 2 v. Chr. von Herodes Philippus neu erbaut und zu Ehren der Tochter des Kaisers Augustus Julias genannt worden war. P. wuchs also in einem Gebiet auf, in dem *Zweisprachigkeit* auch für Juden selbstverständl. war – nicht zufällig tragen sein Bruder Andreas (Mt 10,2) und der ebenfalls aus Betsaida stammende Philippus (Joh 1,44) griech. Namen –, da dort nicht nur die heidn. Bevölkerung (Syrer und Griechen) vorherrschte, sondern auch ein Herrscher regierte, der sich uneingeschränkt als hellenist. Machthaber verstand. Wohl im Zusammenhang mit seiner Heirat siedelte P. nach Kafarnaum über (Mk 1,29-31), wo er von Jesus als einer der ersten Jünger berufen wurde (Mk 1,16-20; Joh 1,40-42).

*II.* Nach dem einhelligen Zeugnis des NT nahm P. innerhalb des Jüngerkreises Jesu eine *Sonderstellung* ein, die sich auch in seinem (aramä.) Beinamen *kepha*' ([Edel- oder Grund-]Stein; griech. Petros) widerspiegelt: P. erscheint stets als *Sprecher der Jünger* (Mk 8,29; 10,28; Mt 18,21); mit P. beginnt jede Liste der Zwölf (→Apostel); P. wurde als erstem der Männer die →Offenbarung des von den Toten auferweckten Jesus zuteil (1 Kor 15,5); P. leitete anfängl. nicht nur die Jerusalemer Urgemeinde, sondern auch die beginnende (Juden-)Mission (Apg 1-12; Gal 2,8). In der Frage der gesetzesfreien Heidenmission scheint P. allerdings im Gegensatz zu →Paulus wenigstens zunächst keine klare, maßgebende Position eingenommen zu haben (vgl. einerseits Apg 10,9-11, 18; 15,6-11 und andererseits Gal 2,11-14). Später verließ er Jerusalem, sei es, weil er von Herodes Agrippa I. verfolgt wurde (Apg 12,1-17), sei es, weil der Einfluß des (gesetzestreuen) Herrenbruders Jakobus (→Judenchristentum) auf die Jersualemer Gemeinde so stark wurde (Apg 12,17; 15,13-21; Gal 1,19; 2,9.12), daß er deren toratreue Lebensweise (Apg 21,18-24) auf die Dauer nicht mitvollziehen konnte.

*III.* Über den weiteren Weg des P. macht das NT keine Angaben, weder hinsichtl. seiner Missionstätigkeit noch hinsichtl. seiner Theologie. Da das ntl. Schrifttum aber keine zweite Apostelfigur mit gleich umfassender Autorität und *gesamtkirchl. Bedeutung* wie P. vorstellt (Mt 16,17-19; Lk 22,31f.; Joh 21,15-17; →Petrusbriefe), kann kein Zweifel daran bestehen, daß P. für das *frühkirchl. Bewußtsein* von außergewöhnl. verbindender und stabilisierender Bedeutung war. Das geläufigste Zeugnis dafür ist das Wort Mt 16,17-19 (16,18: »Du bist P., und auf diesen Felsen werde ich meine Kirche bauen...«), in dem die frühe Christenheit in einer damals geläufigen Weise (4 Esra 10,57; 12,42; Josef und Asenat 15,6f.; 16,14) ihre Überzeugung ausspricht, daß P. auf Grund seiner Bevorzugung durch den ird. *und* auferstandenen Jesus für die Gemeinschaft der Jünger Jesu eine tragende und bewahrende Funktion hat. Indem dieses Wort freil. im Lauf der Kirchengeschichte vor allem in der westl. Kirche *nicht mehr im Zusammenhang mit der* Auslegung und *Anwendung der* →*Tora,* der Orthopraxie also, *sondern* im Zusammenhang mit der Interpretation *der Glaubenslehre,* der Orthodoxie, verstanden wurde (→Judenchristentum), entwickelte es eine ursprüngl. so nicht gewollte Wirkung. Nach kirchl. Überlieferung soll P. sieben Jahre in Antiochien als Bischof residiert haben, ehe er nach *Rom* kam. Auch wenn das Jahr seiner Ankunft und die Dauer seines Aufenthalts in →Rom ungewiß ist, zweifelt die heutige Forschung nicht mehr daran, daß P. wie →Paulus unter Nero (54-68) in Rom den Märtyrertod (→Märtyrer) erlitten hat. Ob es sich bei dem Grab, das in der Nekropole der Vat. Gärten unter St. Peter gefunden wurde, allerdings um das ursprüngl. Grab des Apostels P. handelt oder nicht, läßt sich weder eindeutig beweisen noch widerlegen.

*Lit.: R. E. Brown u.a. (Hg.):* Der P. der Bibel. Eine ökumen. Untersuchung, Stuttgart 1976. – *O. Cullmann:* P. Jünger, Apostel, Märtyrer, München/Hamburg 1967 (Siebenstern Tb. 90/91). – *M. Guarducci:* P., sein Tod sein Grab, Regensburg 1976. – *P. Hoffmann:* Der P.-Primat im Matthäusevangelium, in: *J. Gnilka (Hg.):* NT und Kirche. FS für R. Schnackenburg, Freiburg/Basel/Wien 1974, 94-114. – *R. Pesch:* Simon-P., Stuttgart 1980.

*Meinrad Limbeck*

### B. Kunstgeschichtlich

Das →Grab des Apostelfürsten wird in S. Pietro in →Rom verehrt, sein Haupt im Altartabernakel von

S. Giovanni in Laterano. Schon Konstantin d.Gr. ehrte die Stätte durch eine Basilika, die nach 354 vollendet wurde. Die Ausgrabungen unter dem Papstaltar von S. Pietro, die Pius XII. veranlaßte und die 1951 im wesentl. abgeschlossen wurden, haben mit an Sicherheit grenzender Wahrscheinlichkeit nachgewiesen, daß die seit dem 2. Jh. am Mons Vaticanus bezeugte P.verehrung hist. begründet ist.

Seit dem *4. Jh.* wird P. als konstanter Typus dargestellt. Er trägt entweder Tunika und Pallium wie die anderen →Apostel auch oder wird als erster →Bischof von Rom in Pontifikalkleidung und Tiara gezeigt. Seine Gestalt ist untersetzt, sein Haupt haarlos bis auf einen Lockenkranz bzw. später eine Stirnlocke. Als Attribut wird P. das →Buch und vor allem der Schlüssel beigegeben, der auf die dem Apostel von Christus zugesprochene Binde- und Lösegewalt (vgl. Mt 16,19) hinweist. Zusammen mit →Paulus begegnet P. auf dem Sarkophag des Junius Bassus in den Vat. Grotten (Mitte 4. Jh.) in der Szene der Übergabe des Gesetzes durch Christus an die Apostelfürsten. Im *6. Jh.* wird das Leben des P. in Zyklen zusammengefaßt, wie sie S. Apollinare Nuovo in Ravenna (556/69) repräsentiert. Neben den ntl. Szenen, in denen P. eine wichtige Rolle spielt, gibt es eine ganze Reihe legendärer Erzählungen, in denen der Apostel dargestellt wird (z.B. Tod und Himmelfahrt der Maria, Wasserwunder des P., Treffen der Apostelfürsten in Rom, die Begegnung des aus Rom fliehenden P. mit Christus auf der Via Appia in der Quo-vadis-Szene, die Kreuzigung des P. mit dem Kopf nach unten).

*Lit.: H. Brinkmann:* Die Darstellung des Apostels P., Düsseldorf 1936. – *C. Cecchelli:* Iconografia dei Papi. II. S. Pietro, Rom 1937. – *E. Kirschbaum:* Die Gräber der Apostelfürsten, Frankfurt/M., 3. Aufl. 1974. – *A. von Kritter:* Die Auswahl und Anordnung der Darstellungen in der Brancacci-Kapelle. Versuch einer Deutung des P.zyklus, Diss., Freie Universität Berlin 1970. – *R. Schneider:* P., Freiburg 1955.

*Peter Maser*

**Petrusbriefe.** Unter den sog. »kath. Briefen«, d.h. unter jenen Briefen, die nicht wie die →Paulusbriefe an eine best. Gemeinde oder an eine best. Person, sondern ganz *allg.* (griech.: *katholikos*) an »die Kirche« gerichtet sind, befinden sich auch zwei mit dem Namen des Petrus verbundene Briefe.

*A. 1. Petrusbrief*

*I.* Der *Inhalt* des 1 Petr kreist immer wieder um das gleiche Problem: um das *Leiden*, das sich ergibt, wenn Christen ihre →Taufe (1,22f.; 2,10.25) ernst nehmen und dadurch ein Leben führen, das sich wesentl. von dem ihrer Mitbürger unterscheidet. Offensichtl. hatten sich die in dem Brief angesprochenen Christen auf Grund ihres neuen Lebensstils das Mißtrauen und den Haß ihrer Mitbürger zugezogen (2,11f.; 4,4.14-16). In dieser Situation *alltägl. Anfechtung* – von staatl. verordneten Verhören oder gar Verfolgungen ist nirgendwo die Rede – versucht 1 Petr deutl. zu machen, daß solch leidvolle Erfahrungen in der Nachfolge des gekreuzigten Jesus nichts Außergewöhnliches sind (2,20- 24; 4,1.12-14) und daher auch kein Grund sind, das Gute *nicht* zu tun (2,15.20; 3,17; 4,19). Die in der →Auferstehung →Jesu Christi geschenkte Hoffnung auf sicheres Heil bei Gott (1,3-12) hat und kann! sich auch unter diesen entmutigenden Verhältnissen bewähren (3,13 4,19). Die immer wieder erneuerten Aufforderungen an die Christen, sich in die Verhältnisse zu fügen (2,13.18; 3,1.5; 5,5), mag heute anstößig klingen. Ein Doppeltes aber ist zu bedenken: 1. Die Urchristenheit stellte auch an der Wende vom 1. zum 2. Jh. noch eine unbedeutende Minderheit in der Gesellschaft dar, die keine polit. Möglichkeit hatte, die Gesellschaft zu verändern. 2. Die Aufforderung wird zur Unterordnung durchaus mit der Erinnerung an die christl. Freiheit verbunden (2,16; 3,14).

*II.* Nach 1,1 sind die *Adressaten* des Briefes (Heiden- )Christen (1,14-19) in den röm. Provinzen im Norden, in der Mitte und im Westen Kleinasiens. Als *Verfasser* wird in 1,1 »Petrus, Apostel Jesu Christi« genannt, der nach 5,12 den Brief »durch den Bruder Silvanus« schrieb. Das könnte bedeuten, daß 1 Petr *eigentl. von* Silvanus, dem langjährigen Paulusbegleiter (Apg 15,40; 18,5), geschrieben wurde im Auftrag und auf Grund allg. Weisungen des Petrus. Das würde zugleich erklären, weshalb in 1 Petr eine Reihe paul. Gedanken anklingt. Gegen diese Annahme spricht jedoch, daß in 1 Petr keinerlei persönl. Erinnerungen des Petrus an Jesus zur Sprache kommen (vgl. dagegen 2 Petr 1,16-18), der Verfasser des Briefes vielmehr deutl. Abhängigkeiten von traditionellen frühchristl. Gedanken und Formulierungen erkennen läßt. Wahrscheinlicher ist daher, daß der Brief wohl gegen Ende des 1. Jh.s von einem *unbekannten Lehrer der Kirche* (in »Babylon«, d.h. Rom: 5,13) verfaßt wurde, der für sein Schreiben die Autorität des Petrus in Anspruch nahm.

*B. 2. Petrusbrief*

2 Petr wendet sich wie der in 2 Petr 2 benützte →Judasbrief gegen eine Gruppe von Christen, die infolge der bislang ausgebliebenen Wiederkunft Christi (Parusieverzögerung) diese Wiederkehr grundsätzl. in Frage stellten (3,2-13). Eigene Glaubensspekulationen werden entwickelt und damit sowohl die apostol. Überlieferung als auch die Einheit der Christen zersetzt (2,1-3; 3,17). Demgegenüber mahnt der Verfasser »alle, die den gleichen Glauben empfangen haben wie wir« (1,1), am überlieferten Glauben mit all seinen Verheißungen und Forderungen festzuhalten (3,14). Wie 1 Petr beansprucht auch 2 Petr, von »Simon Petrus« ver-

faßt zu sein (1,1; 3,1), was freil. aus mehreren Gründen nicht mögl. ist: 2 Petr 3,3f. setzt den Tod der ersten christl. Generation voraus; die Parusieverzögerung ist so weit fortgeschritten, daß die Wiederkunft Christi grundsätzl. in Frage gestellt werden kann; 2 Petr 1,16-18 setzt bereits die Evangelienüberlieferung voraus; nach 2 Petr 3,15f. liegt bereits eine als kanon. anerkannte, freil. nicht mehr voll verstandene Sammlung von Paulusbriefen vor. Kurz, 2 Petr dürfte um 100 n. Chr. in Ägypten oder Kleinasien verfaßt worden sein, um unter Berufung auf Petrus die apostol. Überlieferung zu verteidigen. Die Zugehörigkeit von 2 Petr zum ntl. →Kanon war bis ins 4. Jh. umstritten.

*Lit.: N. Brox:* Der erste Petrusbrief (Ev.-Kath. Kommentar 21), Zürich/Neukirchen 1979. – *W. Grundmann:* Der Brief des Judas und der zweite Petrusbrief (Theol. Handkommentar zum NT 15), Berlin 1974. – *O. Knoch:* Begegnung wird Zeugnis, Kevelaer/Stuttgart 1980, 214-225. – *F. Schräger:* Gemeinde im 1. Petrusbrief, Passau 1981 (Lit.). – *W. Schrage:* Der erste Petrusbrief. Der zweite Petrusbrief, in: *H. Balz/ders.:* Die »Kath.« Briefe (Das NT Deutsch 10), Göttingen 1973, 59-149.

*Meinrad Limbeck*

## Pfarrer

### A. Praktisch-theologisch

#### I. Allgemeine Bestimmungen

Pf. (vom lat. »parochus«: Gastwirt, Gemeindepf.) ist der – in der kath. Kirche vom Diözesanbischof (→Bischof), in der ev. Kirche durch landeskirchl. Verfügung oder gemeindl. Wahl beauftragte – ordentl. Inhaber eines Pfarramts zur *Leitung und Betreuung einer* meist territorialen, seltener auch personalen →*Gemeinde* (Pfarrei, Parochie). Seine Amtspflichten umfassen: →Verkündigung und →Sakramentenverwaltung, →Seelsorge, →Diakonie und Unterricht sowie alle sich daraus ergebenden geistl. und verwaltungsmäßigen Aufgaben, die in Kooperation mit dem Pfarr- oder Kirchengemeinderat auszuüben sind. Dazu ist der Pf. vom allg. Broterwerbszwang befreit und bezieht in der Bundesrepublik Deutschland ein Gehalt aus Kirchensteuermitteln und Staatszuschüssen (im kath. Bereich teilweise noch aus Pfarrbenefizien; vgl. →kirchl. Finanzwesen). Voraussetzung der Amtseinsetzung des Pf.s (»Investitur«) sind in der Regel ein akadem. Studium der →Theologie (und Philosophie), eine kirchl.-prakt. Ausbildung im Prediger- oder Priesterseminar sowie eine dem Glaubens- und Gesinnungscharakter (→Bekenntnis) des Pfarramts entspr. persönl. Verpflichtung, im kath. Raum eine als Sakrament geltende →Weihe (Priesterweihe, →Priester, →Ordination). Der beamtenrechtl. Versorgung und Besoldung entspr. ist in den ev. Kirchen Deutschlands die Stellung des Pf.s durch landeskirchl. Pf.dienstgesetze, die Dienstaufsicht über ihn durch Visitationsordnungen geregelt. Landeskirchl. verschieden sind die Amtsbezeichnungen »Pf.« oder »Pastor« (lat. Hirt), für Leitungsämter auf Bezirksebene: »Superintendent« oder »Dekan«, auf Regionalebene: »Landessuperintendent«, »Prälat« oder »Probst«, für noch nicht bewerbungsfähige Pf.anwärter: »Vikar«, »Hilfsprediger« oder »Pfarrverweser«. Der offizielle Titel der Amtsträger für Pfarreien der kath. Kirche lautet Pf., auf Bezirksebene gibt es Dekane oder Regionaldekane, auf weiterer Regional- (d.h. Diözesan)ebene den Bischof. »(Ehren-)Prälat« und »Probst« sind immer (teils an best. Funktionen oder Orte, teils an die Person gebundene) von Bischof oder Papst verliehene Titel, mit denen in der Regel keine rechtl. Sonderstellung verbunden ist. Seit Ende des Zweiten Weltkriegs werden bei abnehmendem Widerstand in Gemeinden wie in der Pf.schaft selbst auch →Frauen in den ev., nicht in den kath., Pfarrdienst übernommen; eine Doppelberufstätigkeit wird bei Pf.ehepaaren jedoch nur zurückhaltend zugelassen.

#### II. Geschichtliche Entwicklung des evangelischen Pfarrerstandes

Während heute im deutschsprachigen Raum insgesamt die ökonom., kirchenorganisator. und dienstrechtl. Stellung relativ gesichert ist, erscheinen allgemeine Bedeutung, *Kompetenzerwartung* und bes. Berufsausübung des Pf.s – teils als Folge eines veränderten Stellenwerts der Religion in der modernen Gesellschaft überhaupt (→Säkularisierung), teils als Ergebnis der innerkirchl. Entwicklung des ev. Pf.berufs – vielfach *umstritten.*

*1.* Bis ca. 1918 galt der ev. Pf. als ein tragender Teil der *bürgerl. Bildungskultur* in Deutschland. Den Grundstock dazu hatte das reformator. Bild vom Pf. in Abgrenzung vom sakramentalen →Priesterverständnis gelegt. Denn *M.* →*Luther* hatte die Erfüllung der kirchl. →Amtsfunktion (→Predigt und →Sakrament) einem bürgerl. Berufsstand in der Gemeinde (Parochiebindung mit Residenzpflicht, Ehe- und Pfarrhausbildung) übertragen, dessen Ausübung seinerseits an persönl. Qualitäten, wie individuelle Verantwortlichkeit, allg. Lebenserfahrung und theol., vor allem philolog. Gelehrsamkeit, gebunden war. Damit war der geistl. Stand als ein *bürgerl.-gelehrter Beruf* sozial an seinem öffentl. Gesellschaftsnutzen (Sorge um das Seelenheil), geistig an der zur kompetenten Aufgabenerfüllung erforderl. akadem. Vorbildung durch ein →Theologiestudium orientiert.

*2.* Zwar hob in der Folgezeit die →*altprot. Orthodoxie* – angesichts durchschnittl. mangelhafter Bildung der Pf., unzureichender wirtschaftl. Verhältnisse und irrationaler Einstellungspraxis (→Patronat) – die von individuellen Eignungen und Neigungen unabhängige, institutionelle →Autorität und *Objektivität des Pf.amts* hervor; doch rückte langfristig eher seine Macht in den Vordergrund, Kultur zu gestalten. Dies wurde vom →Pietismus vor allem nach der individualisierungsfähigen Seite hin im Bild des Pf.s betont. Seine *Seelsorgepraxis* zielte auf persönl.-psycholog. Verinnerlichung von Religion, auf deren literar.-poet. Äußerung weit über das ausdrückl. rel. Gebiet hinaus, sowie auf die Vergewisserung im unmittelbaren Erbauungskreis (collegium pietatis; →Frömmigkeit), während die *christl. Aufklärer* mehr die verallgemeinerungsfähigen Kulturleistungen, öffentl. Wissenschaftsdiskurs und staatl. Wohlfahrtspflege unterstrichen, wodurch der Pf. zum allg. anerkannten *Volkspädagogen* wurde.

*3. F.* →*Schleiermacher* faßte beide Momente im Idealbild des – das christl. Leben erhaltenden und gestaltenden – Gemeindeleiters zusammen. In ihm verbinden sich »rel. Interesse« und »wissenschaftl. Geist« derart, daß Frömmigkeit jeweils im Horizont des allg. Kulturbewußtseins auszulegen ist. Eine entspr. Bedeutung kam dabei der *theol. Bildung* des Pf.s zu, die nun *im Laufe des 19. Jh.s* – sowohl als akadem.-theoret. wie auch seminarist.-praxisorientierte Ausbildung – durchweg obligator. wurde. Die gleichzeitige relative Verselbständigung der kirchl. Organisation von staatl. Verwaltung (→Kirchenverfassung), die Verbeamtung des Pf.s sowie die Zentralisierung seiner Versorgung bedeuteten für seine Berufsorientierung einerseits einen gewissen Funktions- und Wirklichkeitsverlust (z.B. schrittweise Entpflichtung von staatl. Schulaufsicht, Aufhebung des Taufzwangs, Zivilstandsgesetze von 1875), eine deutl. Verkirchlichung seines Tätigkeitsfeldes (einschließl. standesorganisator. Engagement z.B. in Pfarrvereinen). Andererseits jedoch kam es zur *Ausweitung und Intensivierung* des theologie- und kirchenpolit. Wirkungsfeldes (→Kirchenpolitik, →Synode, Synodalverfassung), der vielfältigen kirchl. und rel.-sittl. Sonder- und Vereinstätigkeiten, der schriftsteller.-publizist. Entfaltung (→kirchl. Publizistik) sowie des nationalen und sozialpolit. Engagements (z.B. beim →Ev.-sozialen Kongreß). So bestimmten insgesamt theol. Verwissenschaftlichung und – sozial verengte wie standespolit. abgestützte – Spezialisierung des kirchenbeamtl. Pf.berufs zunehmend auch seine *Professionalisierung* (→Beruf), deren Grundlagen bis heute noch wirksam sind.

*4.* Eine Neuorientierung und seelsorgerl. Ausrichtung des Pf.berufs setzt seit der *kath. Reform* (→Gegenreformation) auch in der kath. Kirche ein. Im Anschluß an die Beschlüsse des →Konzils von Trient (Reformdekrete von 1563) werden die Residenzpflicht des Bischofs und Pf.s streng geregelt, deren Lehr- und Predigtpflicht herausgestellt sowie die Errichtung von theol. Ausbildungsstätten (»Tridentinische Seminare«) beschlossen, die teils einen eigenen Lehrbetrieb aufrechterhalten, teils →theol. Fakultäten oder anderen Ausbildungsstätten angeschlossen werden. Zwar kommt die Einrichtung dieser Seminare nur zögernd in Gang, doch verfehlen sie bis ins 20. Jh. hinein nicht ihre Wirkung. Das in Rom 1552 auf Betreiben des Ignatius von Loyola eröffnete, heute noch bestehende »Collegium Germanicum et Hungaricum« soll die Ausbildung eines glaubens- und romtreuen (höheren) Klerus sichern und wurde den →Jesuiten übertragen, die auch im übrigen kath. Europa in der theol. Ausbildung und geistl. Formung des Klerus bis zu ihrer Aufhebung eine zentrale Bedeutung erhalten. Das Bildungsniveau des Klerus erhöht sich, der sich nicht als bürgerl. Stand, sondern – der zölibatären Lebensform gemäß – als eine der Kirche und Seelsorge treu verbundene und schlagkräftige Gruppe mit eigener, bis in die Kleidung hinein sichtbarer, kirchl. →Kongregationen (Jesuiten u.a.) anverwandter Spiritualität versteht. Auch der kath. Pfarrberuf professionalisiert sich im 19. Jh. zusehends. Pf., dem neugeordneten Reich nach 1815 und dem dt. Kaiserreich gegenüber eher zurückhaltend eingestellt (→Kulturkampf), werden teilweise zum Träger des sozialen Engagements der kath. Kirche (→soziale Frage, →Kolpingwerk).

*5.* Die Verschiedenheit der Mentalitäten in der Pf.schaft – mehrheitl. kirchl. und polit. konservativ-gemäßigt, zunehmend auch liberal-kulturprot., weniger konfessionalist.-reaktionär – gründeten im *dt. Kaiserreich* auf einer gemeinsamen staatstragenden, wenn auch nicht durchweg obrigkeitshörigen Grundorientierung, die erst nach 1918 mit der verfassungsrechtl. Trennung von →Kirche und Staat zerbrach. Daß sich in der *Weimarer Republik* die Mehrzahl der Pf. gegenüber demokrat. Mitwirkung reserviert verhielt und sich im *Dritten Reich* nur eine Minderheit zum aktiven Widerstand entschließen konnte (z.B. der »Pfarrernotbund«: ein von M. Niemöller 1933 organisierter Widerstand gegen die Dt. Christen), machte offenkundig, daß die Überzahl der Pf. von vermeintl. einseitiger Politisierung ebenso weit entfernt war wie von – gleichwohl gern beanspruchter – unpolit. Neutralität.

*6. Nach 1945* suchten die Kirchen ihre gesellschaftl. Präsenz durch eine Vielzahl differenzierter Sonder- und *Spezialpf.* auf den Gebieten →Erziehung und Unterricht, spezielle Seelsorge und Zielgruppenbetreuung, Öffentlichkeitsarbeit und →Erwachsenenbildung, →Mission und →Diakonie sicherzustellen. Nicht erst dadurch ist der Pf. in ein *Konfliktfeld* unterschiedl. bis gegensätzl. Rollenerwartungen (von seiten der Kirchenleitungen, Gemeindegruppen, öffentl. Interessenverbände, polit. Parteien und Bewegungen), nicht zuletzt auch der eigenen Ansprüche geraten und steht heute vielfach mit einzelnen seiner legitimator., erzieher., beratenden und helfenden Tätigkeiten in *Konkurrenz* zu »weltl.« Berufen, wie z.B. Publizisten, Lehrer, Psychiater, Sozialarbeiter.

*III. Gegenwärtige Tendenzen*

Pf. stehen heute vor der Alternative, sich angesichts der allg. Entwicklung auf ein Berufsbild zurückzuziehen, das eine kirchl. eingeschränkte Bibel- und Bekenntnisgläubigkeit repräsentiert, oder zu versuchen, im →volkskirchl. Rahmen nach wie vor die sozialkulturelle →Öffentlichkeit christl. Religion zu bewähren. Unabhängig davon hat sich insgesamt derjenige *Anteil der individuellen Ausübung* des Pf.amts und Pf.berufs erhöht, der weder in seinen Belastungen noch in seiner Chancenhaftigkeit mit den institutionellen Bedingungen des kirchl. Amts oder der theol.-wissenschaftl. Berufsbildung ident. ist, das Verhältnis von

Amtsautorität, Berufskompetenz und persönl. Eignung jedoch neu bestimmt sein läßt: Die Glaubwürdigkeit und *Überzeugungskraft der Sache des Christentums*, für das die Kirche steht, hängt sowohl in ihrem zustimmungsfähigen Anspruch als auch in dessen realer Einlösung vor allem von der erfahrbaren Person des Pf.s ab, d.h. von der Art, wie er das jeweils auslegungsbedürftige Christentum weniger durch zwingende Amtsautorität als vielmehr durch persönl. überzeugende *Sachautorität* (→Autorität) verbindl. darzustellen vermag: gerade auch in den individualisierten Formen seiner unmittelbaren Lebensvollzüge (Pfarrhaus als anschaul. Integral der Pf.person, Familie und Gemeinde), die freil. ebenso an die allg. Bedingungen der theol. Urteils-, Argumentations- und Begründungsfähigkeit (Wissenschaft) gebunden bleiben wie an die der schöpfer.-kommunikativen Leistungen der →Sprache und anderen Sozialverhaltens (was einst »Kunst« genannt, heute vielfach mit →»Kompetenz« bezeichnet wird): die Anschaulichkeit gelebter und sprachfähiger christl. Religion als Beruf.

*Lit.: H. D. Bastian (Hg.):* Kirchl. Amt im Umbruch, München/Mainz 1971. – *K.-W. Dahm:* Beruf: Pf. Empir. Aspekte zur Funktion von Kirche und Religion in unserer Gesellschaft, München, 3. Aufl. 1974. – *V. Drehsen:* Die angesonnene Vorbildlichkeit des Pf.s. Geschichtl. Reminiszenzen und pastoraleth. Überlegungen, in: Nachrichten des Ev. Pfarrvereins in Westf. 4/87.4-13. Nr.1/88.4-14. – *P. Drews:* Der ev. Geistliche in der dt. Vergangenheit, Jena 1905. – *M. Greiffenhagen:* Das ev. Pfarrhaus. Eine Kultur- und Sozialgeschichte, Stuttgart 1984. – *Ch. Homrichhausen:* Ev. Pf. in Deutschland, in: *W. Conze/J. Kocka (Hg.):* Bildungsbürgertum im 19. Jh., Teil I: Bildungssystem und Professionalisierung in internationalen Vergleichen, Stuttgart 1985, 248-278. – *M. Josuttis:* Der Pf. ist anders. Aspekte einer zeitgenöss. Pastoraltheologie, München 1982. – *B. Möller:* Pf. als Bürger, Göttingen 1972. – *D. Rössler:* Grundriß der Prakt. Theologie, Berlin/New York 1986, 103-138; 282-307; 436-460. – *W. Steck:* Der Pf. zwischen Beruf und Wissenschaft, München 1974. – *G. Wurzbacher (Hg.):* Der Pf. in der modernen Gesellschaft. Soziol. Studien zur Berufssituation des ev. Pf.s, Hamburg 1960.

*Volker Drehsen*

### *B. Vor- und Weiterbildung*

Die *erste Phase* der Ausbildung des Pf.s, das Studium an einer →theol. Fakultät oder Kirchl. Hochschule, dauert wegen des oft nachzuholenden Unterrichts in der lat., griech. oder hebr. Sprache länger als im 19. Jh., als die Pf. meist das vom Humboldtschen Bildungsideal (W. von Humboldt, 1767-1835) geprägte Gymnasium besucht hatten.

*I.* Nach dem ersten theol. Examen folgt *in der →Ev. Kirche in Deutschland (EKD)* als *zweite Phase* das Vikariat in der →Gemeinde und im Predigerseminar. Der Beginn der *dritten Phase* gehört als verpflichtende »Fortbildung in den ersten Amtsjahren« (FEA) bereits in die vom Pastoralkolleg durchgeführte Fortbildung. Die FEA dauert fünf Jahre; in dieser Zeit erfolgt die →Ordination. Seit dem Ende des 19. Jh.s boten einige theol. Fakultäten (z.B. in Bonn) Ferienkurse für Pf. an. Da diese oft von liberaler Theologie geprägt waren, entstanden auf konservativer Seite Fortbildungswochen (z.B. in Bethel). War die Fortbildung zunächst eher kirchenpolit. gestaltet, so übernahmen nach 1945 die →Landeskirchen durch Fortbildungsordnungen die Verantwortung (zuerst in Bayern und Hannover). Die →Vereinigte Ev.-Luth. Kirche Deutschlands (VELKD) hat ein bes. Studienseminar in Pullach.

*II.* Nach dem ersten theol. Examen beginnt in den meisten *kath. Diözesen* im Priesterseminar mit prakt. Gemeindearbeit die *zweite Phase* der Fortbildung, die länger dauert als in der EKD. Die erste Stufe der zweiten Phase schließt mit der Ordination ab; die zweite Stufe ist verpflichtend bis zum »Pfarrexamen«. Für die *dritte Phase*, die allg. Fortbildung, gibt es keine diözesane Institution; überdiözesan arbeiten Institute für →Priester in Mainz und Freising.

*III.* Von der Fortbildung zu unterscheiden ist die *Weiterbildung* des Pf.s; sie zielt oft auf Funktionspfarrämter (z.B. in der →Seelsorge). Am stärksten ausgebaut ist die klin. Seelsorgeausbildung (KSA), die zu abgestuften Zeugnissen der interkonfessionell arbeitenden »Deutschen Gesellschaft für Pastoralpsychologie« (DGfP) führt.

*Lit.: H. Begemann/C. H. Ratschow (Hg.):* Kirchl. Dienst und theol. Ausbildung, Bielefeld 1985. – *Kirchenkanzlei der EKD (Hg.):* Theologiestudium – Vikariat – Fortbildung, Stuttgart 1978. – *Sekretariat der Dt. Bischofskonferenz (Hg.):* Rahmenordnung für die Priesterbildung, Bonn 1978. – *K.-F. Wiggermann (Hg.):* Pastorale Praxis und Fortbildung, Bielefeld (Landeskirchenamt) 1980 (Lit.).

*Karl-Friedrich Wiggermann*

### *C. Literarisch (Film)*

*I.* Die Darstellung des Pf.s im →Film nach literar. Vorlagen zeigt, bedingt durch die Filmsprache, gegenüber dem geschriebenen Wort eine Akzentverschiebung, andere Wertmaßstäbe und Wirkungsmöglichkeiten. G. K. Chesterton schrieb (1911-1935) verschiedene Kriminalgeschichten, in deren Mittelpunkt Pf. und Hobbydetektiv *Father Brown* steht, ein scheinbar sanftmütiger, aber mit scharfer Beobachtungsgabe, Intuition und Witz begabter Priester, der den Verbrecher vor den Berufskriminalisten deshalb findet, weil ihn dessen seel. und rel. Situation zur Entlarvung führt. Verschiedene Verfilmungen vernachlässigen diesen Aspekt zugunsten kriminalist. Spürsinns, so »F. Brown Detective« (USA 1934, Regie: E. Sedgwick), »Father Brown« (USA 1954, Regie: R. Hamer), »Das schwarze Schaf« (Deutschland 1960, Regie: H. Ashley), »Er kann's nicht lassen« (Deutschland 1962, Regie: A. von Ambesser). – 1947 verfilmte J. Ford G. Greenes Roman »Die Macht und die

Herrlichkeit« (1940) unter dem Titel »The Fugitive« (USA). Während der Christenverfolgung 1927 in Mexiko wirkt ein trunksüchtiger *»Whiskypriester«* im Untergrund, verfolgt von einem Polizeileutnant, der ihn schließl. festnimmt, weil er einen sterbenden Verbrecher nicht im Stich läßt. Das theol. Problem, wie ein sündiger Mensch Gott dienen könne, gilt für Verfolger und Verfolgten gleichermaßen. Greene lehnte den Film deshalb ab, weil er »dem Priester alle Integrität, dem Leutnant alle Korrumpiertheit« zuordne. – Die Verfilmung des »Tagebuchs eines Landpfarrers« nach dem gleichnamigen Roman von G. Bernanos durch R. Bresson (1950) kommt dagegen der Intention des Autors sehr nahe: Der junge kränkl. Pf. von Ambricourt möchte einen Funken Gotteserfahrung im Herzen seiner stumpfsinnigen Gemeinde entzünden. Er glaubt jedoch, an seiner phys. und psych. Unzulänglichkeit zu scheitern. Fast zerbrochen an den selbstgestellten Forderungen, bekehrt er eine in Gottes- und Menschenhaß erstarrte Gräfin zum inneren Frieden und stirbt dann im Hause eines befreundeten dispensierten Priesters an Krebs. – Ein ganz anderer Pf.typus ist *»Don Camillo«,* der dem kommunist. Parteisekretär »Peppone« gegenübersteht. G. Guareschi hat in der Romanvorlage (1948) den Ortspf. mit Bauernschläue und der Neigung zu deftigen Handgreiflichkeiten ausgestattet. Die Botschaft des Films (Italien/Frankreich 1951), daß Humanität und Versöhnung auch bei polit. Kontrahenten möglich sind, gerät bei späteren Filmen zum Klamauk (z.B. »Keiner haut wie Don Camillo«, 1984).

*II.* Künstler. und theol. bedeutsamere Filme zeigen z.B. die *Stellung des Pf.s in der amerik. Gesellschaft*: Bing Crosby im Musikfilm »Der Weg zum Glück« (1944), Jugendpf. Flanagan in der Sorge um streunende Jugendliche in »Teufelskerle« (USA 1937) oder Carl Malden als mutiger Pf. im Milieu der von der Mafia gebeutelten Hafenarbeiter in »Die Faust im Nacken«. Die Verfilmung von H. M. Robinsons Roman »Der Kardinal« verwirktlicht nur bruchstückhaft die Absicht des Autors, in der (fiktiven) Biographie eines Priesters zugleich ein Bild des amerik. Katholizismus in der 1. Hälfte des 20. Jh.s zu zeichnen. Probleme des *Beichtgeheimnisses* zeigt A. Hitchcock in »Zum Schweigen verurteilt« (USA 1953).

*III.* Deutschlands erster rel. Film »Die Nachtwache« (Regie: H. Braun, 1949) zeigt prakt. →*Ökumene* zwischen einem kath. und einem ev. Pf. Gert Fröbe schlüpft als Verbrecher in die Rolle eines Pf.s in der Komödie »Der Gauner und der liebe Gott« (Deutschland 1960, Regie: A. von Ambesser). Keiner dieser Filme kann an die theol. Aussage des »Abtrünnigen« (Frankreich 1954, Regie: L. Joanon) heranreichen und an das, was in diesem Film über das »unverlierbare Priestertum der Kirche zum Ausdruck kommt«.

*Lit.:* Kath. Filmdienst. – Kindlers Literaturlexikon.

*Herbert Märzhäuser*

**Pfingstbewegung** bezeichnet eine weltweite Erweckungsströmung (→Erweckung), die im »Wirken des →Hl. Geistes« ihren Ansatzpunkt hat; damit stellt sie im Rahmen der Gesamtchristenheit einen *neuen Frömmigkeitstypus* dar (→Frömmigkeit): Nicht eine neue Lehre, auch nicht Gemeinde- oder Kirchenbildung spielen hier die zentrale Rolle, sondern die Frömmigkeitspraxis, die bes. Glaubenserfahrungen einschließt (→Erfahrung).

*A.* Die P. steht in der Tradition des *prot. Bekehrungschristentums* (→Bekehrung, →Pietismus, →Ev.-methodist. Kirche), wobei folgende Merkmale charakterist. sind: starker missionar. Antrieb (Massenevangelisationen), freie rel. Entfaltung (Independentismus, →Freikirchen), Biblizismus (→Fundamentalismus), vielfach verbunden mit Endzeiterwartung (→Eschatologie, →Apokalyptik), Baptismus (→Baptisten; Wiedertaufe wird geübt) und Heiligungsstreben (→Heiligung).

*I.* Ende des 19. Jh.s streckten sich Gläubigenkreise →»evangelikaler« Prägung nach der endzeitl. *»Ausgießung des Hl. Geistes«* aus. Dabei war das Pfingstereignis (Apg 2) das Urbild (→Pfingsten), insofern hier der Geist auf die Gläubigen kam (»Erfüllung mit dem Hl. Geist«) und sich in best. Wirkungen kundtat. Diese *Wirkungen* erstrebte man nun: neben den »Früchten des Geistes« (nach Gal 5,22: Liebe, Freude, Geduld, Glaube u.a.) vor allem die *»Geistesgaben«* (Gnadengaben nach 1 Kor 12 und 14; Röm 12,6ff.; →Charisma), unter denen die Zungenrede (Glossolalie: eine nichtsprachl., doch artikulierte Äußerung aus dem Unterbewußtsein heraus), die Prophetie (→Prophet) und →Heilung als übernatürl. Gaben bis heute eine hervorragende Rolle spielen. Sie liefern nach Überzeugung der Pfingstler nicht allein den Beweis, daß der Gläubige vom Hl. Geist erfüllt ist; in erster Linie begründen sie einen Glauben, für den Gott wirkl. existent und unmittelbar wirksam ist, und sie bewirken ein christl. Leben, das von wunderbaren Zeichen der Gottesherrschaft und Gottesführung geprägt ist.

*II.* Solche Geisteswirkungen waren stets auslösendes und charakterisierendes Moment der P.: so bereits 1886 in Heiligungsgemeinschaften, die dann 1907 die »Church of God« (Cleveland) bildeten, eine der größten traditionellen Pfingstgemeinschaften; oder in der kleinen Bibelschule des Ch. F. Parham in Topeka/Kansas, wo 1901 die Zungenrede erlebt und zum Erkennungszeichen der Geisterfüllung erklärt wurde. Hier wird der *Beginn* der eigentl. P. angesetzt. In der »Azusa-Street-Mission« des farbigen Predigers W. J. Seymour in Los Angeles fiel dann im Jahr 1906 der Geist auf die Gebetsversammlung. Von hier aus breitete sich die P. »wie ein Feuer« über die ganze Erde aus und führte – im jeweiligen kulturellen Kontext – zu immer neuen Gründungen von eigenständigen Gemeinden, Gemeindeverbänden (im Sinne von Denominationen), missionar. Unternehmen, Glaubenswerken und Bibelschulen. Es herrscht eine große *Vielfalt* vor, die zu keiner Einheit zusammengefaßt werden kann. Ihre bes. Wirksamkeit entfaltete die P. in den USA und den Ländern der →Dritten Welt. Insgesamt stellt sie den am stärksten wachsenden Zweig des Christentums dar: 1986 gab es 50-60 Mill. Pfingstler.

*III.* Lehrbesonderheiten in häret. Sinn (→Häresie) weist die P. in ihren Hauptgruppen nicht auf, denn sie entfaltet ihre Lehre streng biblizistisch durch Zusammenstellung und Interpretation von Bibelstellen (die Devise lautet: »nicht über die Schrift hinaus!«). Auch ist nicht der Geist (wie im schwärmer. Spiritualismus des 16. Jh.s, →Geist), sondern *Jesus* die zentrale Größe pfingstler. Glaubens; und die zentral betonte »*Geisttaufe*« (mit Zungenreden) als Glaubensinitiation oder als Kulminationspunkt des Glaubensweges (»dritte Stufe«, über Bekehrung und Heiligung hinaus) ist ein Punkt der Glaubens*praxis.* Trotzdem trug die P. wie keine andere Erweckungsbewegung zur Zersplitterung der Christenheit bei. Von seinem Ansatz her führt das Pfingstlertum leicht dazu, daß die Erfahrung das Übergewicht bekommt und sich gleichsam verselbständigt. So setzte die P. immer neue Gemeinschaften aus sich heraus, anstatt sich in die jeweils bestehende Kirche einzubringen und die Gemeinde geistl. zu erneuern.

*B.* In *Deutschland* hatte die P. einen ungünstigen Start, der die Situation bis heute belastet. Im Rahmen der Gemeinschaftsbewegung (Gnadauer Verband, →Erweckung), die seit der pfingstl. Erwekkung von Wales (1905) in gespannter Erwartung der endzeitl. Geistesausgießung war, fand *1907 in Kassel* mit Unterstützung zweier norweg. Pfingstlerinnen eine erste Pfingstversammlung statt. Hier kam es zu schwärmer.-enthusiast. Erscheinungen, die tiefes Erschrecken auslösten. Dennoch begannen die Geisteswirkungen, die nun auch andernorts auftraten, auf viele eine übermäßige Faszination auszuüben. Nach heftigen Auseinandersetzungen brach die Gemeinschaftsbewegung auseinander: Seit der Verurteilung der P. durch die »*Berliner Erklärung*« (von 56 führenden Männern der Gemeinschaftsbewegung und der Ev. Allianz [1909] unterzeichnet) gibt es eine eigenständige dt. P. Geführt von Pastor *Jonathan Paul* (1853-1931), sammelte sie sich im »*Christl. Gemeinschaftsverband Mülheim/Ruhr*«. Sie hatte 1985 14.000 Mitglieder und ist als gemäßigte Richtung ökumen. aufgeschlossen. Die 1914 gegründeten amerik. »*Assemblies of God*«, die 1986 weltweit ca. 15 Mill. Anhänger hatten, beeinflußten den zweiten größeren dt. Pfingstverband, in dem sich 1954 freie Pfingstgemeinden, vielfach aus dem Osten Deutschlands (»Elim-Gemeinden«), zusammenschlossen. Seit 1979 nennen sie sich »*Bund Freikirchl. Pfingstgemeinden*«, BFP. (Sie hatten 1986 15.000 Mitglieder; Zentrale, Bibelschule und Leuchter-Verlag in Erzhausen bei Darmstadt.) Zusammen mit drei weiteren kleinen Pfingstverbänden – »Volksmission entschiedener Christen«, »Gemeinde Gottes« (dt. Zweig der o.g. Church of God, Cleveland) und »Apostolische Kirche – Urchristl. Mission« (insgesamt 10.000 Mitglieder) – haben die traditionellen dt. Pfingstgemeinschaften 1979 ein loses »*Forum Freikirchl. Pfingstgemeinschaften in Deutschland*« (FFP) gebildet. Größere Einzelgemeinden und pfingstler. Missionswerke treten ihnen an die Seite, so etwa das »Missionswerk ›Der Weg zur Freude‹«, Karlsruhe (1950), und das »Missionswerk ›Stimme des Glaubens‹«, Konstanz/Kreuzlingen (1960).

*C.* In den 60er Jahren brach eine neue pfingstler. Welle auf, diesmal innerhalb der hist. Kirchen und unter Führung von Pfarrern und Theologen. In Abgrenzung zum »klass.« Pfingstlertum setzte sich die Bezeichnung »charismatic renewal« durch, *charismat. Erneuerungsbewegung.* Der Name zeigt an, daß auch hier die »Charismen« (Zungenreden, Prophetie, Heilung, wie auch das Grunderlebnis der »Geisttaufe«) eine zentrale Rolle spielen; doch wollten die von diesem Aufbruch Ergriffenen ihre angestammte Kirche nicht verlassen. Der Versuch, die neuen Erfahrungen in die vorgegebenen kirchl. Strukturen einzubringen, bedeutet freil. eine starke Herausforderung sowohl für traditionellen Gemeinden wie für die »Charismatiker«, die sich aufeinander einstellen müssen. Das führte in vielen Fällen dann doch wiederum zu einem »charismat.« Wirken neben den Kirchen (»freie Charismatiker«) und zur Bildung eigener Gruppen und Gemeinden, bes. in England (House Church Movement). Trotzdem veränderte die Zielsetzung einer »*geistl. Gemeindeerneuerung*« – so die offizielle Bezeichnung im dt. ev. Bereich – diesen zweiten Aufbruch gegenüber dem ersten so sehr, daß die ursprüngl. Pfingstler zu ihm keinen wirkl. Bezug finden konnten. 1967 ergriff die Bewegung auch die *kath. Kirche*; in den 70er Jahren nahm sie dann insgesamt einen so großen Aufschwung, daß sie heute – mit weltweit etwa 20 Mill. Anhängern – als die größte internationale und interkonfessionelle Glaubensbewegung gilt.
Parallel dazu entstand ein »*Neupfingstlertum*« in Gestalt missionar.-evangelist. Gruppierungen und Unternehmen pfingstler. Herkunft, die jedoch keine eigenen Gemeinden bilden, sondern überkonfessionell wirken: neben den Kirchen, doch nicht gegen sie, auch nicht zugunsten der Pfingstgemeinschaften. Hier sind u.a. zu nennen die »Geschäftsleute des vollen Evangeliums« (1953) und die entspr. Frauenorganisation »Aglow«, »Jugend mit einer Mission« (1960). Bei ihrem Bemühen, »Menschen zu Jesus zu führen«, übermitteln sie jedoch auch ihr fundamentalist. Bibelverständnis, ihr independentes Kirchen- und ihr baptist. Taufverständnis wie auch ihre pfingstler. Glaubenshaltung, womit sie den Kirchengemeinden viele Schwierigkeiten bereiten.

*Lit.: P. Fleisch:* Die P. in Deutschland, Hannover 1957. – *W. J. Hollenweger:* Enthusiast. Christentum, Wuppertal/Zürich 1969. – *Ders. (Hg.):* Die Pfingstkirchen, Stuttgart 1971. – *K. Hutten:* Seher, Grübler, Enthusiasten, Stuttgart, 12. Aufl. 1982, 303-379 (Lit.). – *H.-D. Reimer/O. Eggenberger:* Neben den Kirchen, Konstanz, 6. Aufl. 1986, 124-174. – *H.-D. Reimer:* Wenn der Geist in der Kirche wirken will. 25 Jahre charismatische Bewegung, Stuttgart 1987.

*Hans-Diether Reimer*

## Pfingsten

### *A. Neutestamentlich*

Die nach Lk und Apg vom Auferstandenen, nach Joh schon vom ird. Jesus in Aussicht gestellte Begabung der Jesus-Jünger mit dem →Hl. Geist geschieht nach Apg 2,1-13 am Tag des jüd. Wochenfestes, das 50 Tage nach →Passa eintägig als Erntefest gefeiert wurde, unter auffälligen Wunderzeichen, von denen im joh. Bericht keine Rede ist. Nach Joh 20,19-23 haucht der Auferstandene die Jünger noch am Tage der →Auferstehung an. Die Datierung des Lukas hängt wohl zusammen mit dessen Datierung der Himmelfahrt (40 Tage nach Passa) und spiegelt dessen Interesse wider, die mit →Ostern verbundenen Inhalte chronolog. zu entfalten.

*I.* Dennoch kann seinem Bericht ein *hist. Ereignis* zugrunde liegen. In der Regel wird ein ekstat. Phänomen (»Zungenreden«) als hist. Kern angenommen, das Lukas an zentraler Stelle seinem zweiten Werk eingefügt und – wohl in Anlehnung an die jüd. Sinaitradition, obwohl diese erstmals im 2. Jh. n. Chr. schriftl. bezeugt ist – zu einem Sprachenwunder ausgebildet hat. Ekstat. Phänomene solcher Art waren dem →Judentum und der synkretist. (→Synkretismus) Frömmigkeit des →Hellenismus bekannt. Das Phänomen des Zungenredens steht hinter 1 Kor 12-14, nach Ansicht mancher Autoren aber auch hinter 1 Thess 5,19 und Röm 8,26f.

*II. Lukas* selbst hatte von diesem Phänomen keine klare Anschauung mehr; er scheint auch in Apg 10,46 und 19,6 anders als Paulus (1 Kor 12.14) das Zungenreden als verständl. Reden zu betrachten. Die Tatsache, daß Lukas die erste Geistbegabung der Urkirche in einem erzählten Bild festhält, zeigt, daß er – wie schon im Lk gegenüber den anderen Synoptikern ersichtl. (vgl. vor allem Lk 4,16-30) – dem Hl. Geist in seinem Doppelwerk eine bes. Bedeutung zumißt. Die Begabung der Urgemeinde mit dem Hl. Geist geschieht vor Juden und Proselyten (zum Judentum bekehrten »Heiden«) aus aller Welt, weil die Kirche den Geist nach Lukas nicht für sich selbst zu ihrer eigenen Erbauung, sondern dazu erhält, daß sie für Jesus vor der Welt Zeugnis ablegt. So mündet auch die Pfingstgeschichte in das Zeugnis des Petrus ein (s. auch Apg 1,8; 4,8.29-31). Der Geistempfang gehört nach Lukas zusammen mit der →Taufe zum vollen Stand des Christen (vgl. nur Apg 8,12-17; 10,44-48; 19,5f.) und ist vermittelt durch den erhöhten Christus, der den Geist selbst vom Vater empfangen hat (Apg 2,33; 10,38). Obwohl so nach Lukas der Geist die Gabe Gottes an alle ist, die Gott gehorchen (Apg 5,32), manifestiert sich diese Gabe immer wieder in bes. Ereignissen, die das Fortschreiten des Evangeliums in die Welt in der richtigen, d.h. von Gott gewollten, Weise ermöglichen (vgl. Apg 4,8.29-31; 8,29.39 u.a., bes. 16,6.7).

*III.* Im Vergleich mit der lebendigen Erzählweise des Lukas wirken die Geistaussagen des Johannes *(→Johannesevangelium)* auffällig abstrakt. Daß das joh. Pf. ohne ekstat. Phänomene verläuft, kommt so nicht von ungefähr. Außergewöhnl. Manifestationen des Geistes sind bei Johannes unbekannt, doch wird der Geist in Übereinstimmung mit Apg als die Gabe bezeichnet, die die Jünger leitet (16,12f.) und zu ihrem Zeugnis befähigt (15,27). Deshalb wird der Geist mehrfach *»Beistand«* (Paraklet) genannt und ihm die Fortführung des Werkes Jesu übertragen. Diesen Beistand sendet der Vater in Jesu Namen. Er wird die Jünger alles »lehren« und an Jesu Worte »erinnern« (14,16-24.26): Fortschritt der Lehre und deren Kontinuität mit dem hist. Jesus sind so gewahrt.
Joh 20,22f. (*Anhauchen* der Jünger und Zusage der Vergebung) ist mit den übrigen Geistaussagen des vierten Evangeliums wenig ausgeglichen, wie etwa der Gegensatz zu 14,16.26 und den Parakletsprüchen zeigt. Da von Vergebung der →Sünden im Joh nur hier gesprochen wird, erfolgt die Übertragung der Vollmacht (»Wem ihr die Sünden vergebt, dem sind sie vergeben«) überraschend. Sündenvergebung durch den Hl. Geist ist ohne Vollmachtübertragung in Qumran (1 QS 3,6-8; 4,20f.) angesprochen. Die Joh-Stelle erinnert stark an Mt 16,19; 18,18. Die Vollmacht der Sündenvergebung kann hier kaum den Jüngern als Repräsentanten der Gemeinde übertragen werden, da diese die Vollmacht nicht an sich selbst vollziehen kann.

*IV.* Die griech. Bezeichnung des Pfingsttages (*Pentekoste*) meinte in der →*Alten Kirche* in der Regel die fünfzigtägige Freudenzeit nach Ostern, aber schon in der aus dem 2. Jh. stammenden Epistula Apostolorum ist auch das Pfingstfest bezeugt.

*Lit.: J. Kremer:* Pfingstbericht und Pfingstgeschehen. Eine exeget. Untersuchung zu Apg 2,1-13 (Stuttgarter Bibelstudien 63/64), Stuttgart 1973. – *R. Schnackenburg:* Das Johannesevangelium IV (Herders Theol. Kommentar zum NT IV/4), Freiburg/Basel/Wien 1984, 33-58. – *G. Schneider:* Die Apostelgeschichte I (Herders Theol. Kommentar zum NT V/1), Freiburg/Basel/Wien 1984, 242-248 (Lit.).

*Ingo Broer*

### *B. Kunstgeschichtlich*

*I.* Das älteste Pfingstbild ist das des Rabulas-Kodex von 586. Zusammen mit den palästinens. Ampullen und Beschreibungen der Apostelkirche in Konstantinopel weist er Pf. als Thema der *frühchristl.*

*Monumentalkunst* aus, die zu Pf. – dem Geburtsfest der →Kirche – →Maria als *Sinnbild der Kirche* inmitten der →Apostel zeigt. Diese Komposition wird in otton. Zeit aufgegeben und erst nach 1200 wiederaufgenommen, während das Pfingstbild in →Byzanz und das der →Ikonen die Gottesmutter als Zentralgestalt überhaupt nicht – oder doch erst sehr spät und unter deutl. Einfluß der westl. Ikonographie – kennen. Hier wird in mittelbyzant. Zeit für das Pfingstbild die Ikonographie der ökumen. →Konzile bestimmend: Vor den Aposteln, die auf einer meist hufeisenförmigen Lagerstätte ruhen, erscheinen die Vertreter der Völker (→Mission), die gekrönte Greisengestalt des altgewordenen Kosmos oder – auf späten griech. Ikonen – die des Propheten Joel. Die Pfingstdarstellung kennt zwei Grundformen, die in der Fläche gebundene Aufreihung der Figuren (Chludov-Psalter, um 900) und eine kreisförmige, raumgreifende Anordnung (Bibel von St. Paul vor den Mauern, Rom, um 870). Die Aufteilung der Apostel in vier Dreiergruppen wird im Spätma. wiederaufgenommen.

*II.* In →*Renaissance* und →*Barock* behält man zwar die überkommenen Kompositionsschemata bei. Man dramatisiert sie nun aber durch die Intensivierung von Farbe, Licht und Bewegung. Die Deckenfresken barocker Kirchen lassen im Pfingstbild →Bild und →Architektur ineinander übergehen. So wird in Ottobeuren (um 1760) das Rund der Kuppel zum Bild der →Welt und der →Menschheit. Vor allem im Hochma. kann auch →Petrus, auf den →Christus seine Kirche bauen will, als Zentralfigur dargestellt werden, sofern nicht die Apostelfürsten Petrus und →Paulus gemeinsam dem Apostelkollegium präsidieren. *Christus* erscheint auf dem Pfingstbild nur selten. Neuerdings wird das Tympanon von Vézelay (12. Jh.) als Pfingstdarstellung (Christus als Richter in der Mandorla, von dessen Händen Feuerstrahlen zu den Aposteln gehen, während darunter die »Völker«, ausgestattet mit Hundsköpfen und Riesenohren, entlangziehen) gedeutet. Seit 1400 ist das trinitar. Pfingstbild geläufig, und Hans Baldung Grien verbindet das Pfingstgeschehen mit der Krönung Marias (Hochaltarbild, Freiburg/Br. 1512/16). – Eine singuläre Umsetzung der Pfingstthematik innerhalb der Architektur repräsentiert Borrominis röm. Kirche S. Ivo alla Sapienza (1642/50).

*III.* Im *19. Jh.* gewinnt eine historisierende Auffassung an Boden, die ledigl. noch eine Illustrierung des ntl. Berichts anstrebt. Diese Tendenz ist auch noch in der Kunst des *20. Jh.s* zu beobachten. Allerdings lassen sich nun auch wieder vermehrt Beispiele dafür beibringen, daß das Thema der Geistausgießung unter neuen Aspekten (→Meditation) wiederaufgenommen und eigenständig weiterentwickelt wird (vgl. z.B. G. Meistermanns Glasfenster in St. Kilian, Schweinfurt).

*Lit.: H. Ost:* Borrominis röm. Universitätskirche S Ivo alla Sapienza, in: Zeitschrift für Kirchengeschichte 30 (1967), 101-142. – *S. Seeliger:* P., Düsseldorf 1958.

*Peter Maser*

**Pflicht**

*A.* P. ist die Weise, in der uns das →Gute im →Gewissen erkennbar wird. Verpflichtet sind wir zu dem, was getan werden soll, was also →Gehorsam erfordert. P.en auf gesellschaftl. und rechtl. Ebene entstehen durch die sozialen Verhältnisse, in die wir eintreten, und die →Grenzen, die in unserem Gemeinwesen erlassen werden. *Moral.* P.en entstehen nicht durch einen Akt der Verpflichtung, sondern gehören zu unserer natürl. Wesensverfassung als →Menschen. Verstoßen wir gegen sie, so kommen wir mit uns selbst in Zwiespalt. Nach *christl.* Auffassung gründen die moral. P.en in P.en gegenüber dem Schöpfer der menschl. Wesensnatur, also im Gebot →Gottes (→Schöpfung, →Naturrecht). P.en gegenüber uns selbst und den anderen Menschen gründen in diesem Gebot. Das Prinzip, das Gute zu tun und das →Böse zu meiden, ist nach →Thomas von Aquin Grundlage der gesamten prakt. Ordnung unserer →Vernunft. Es findet seine Entsprechung in der Güte der von Gott geschaffenen und erhaltenen Weltordnung.

*B.* Von der Reflexion auf P. als letztbegründende Tatsache unserer Vernunft geht die →Ethik I. →Kants aus. →Handeln aus P. bedeutet hier autonomes, von Fremdbestimmung gänzl. freies Entscheiden auf Grund des in uns vorfindbaren Gesetzes der →Vernunft (→Autonomie). *P.ethik* fordert den Verzicht auf den Versuch, die Übereinstimmung unserer Neigungen und der Wirkungen unseres Handelns mit der P. zum Bestimmungsgrund unserer Taten zu machen. Nicht das Ergebnis, sondern die Maxime, also der Grundsatz, aus dem heraus wir etwas tun, entscheidet über den sittl. →Wert dieses Tuns. Wir verletzen unsere P., wenn wir etwas in sich Widersprüchliches zum Grundsatz unseres Handelns machen; widersprüchl. aber muß jede Maxime werden, die gegen den →kategor. Imperativ verstößt, den Menschen niemals nur als Mittel, sondern immer auch als Zweck zu brauchen. Denn den Inhalt einer derartigen Maxime könnten wir niemals damit in Einklang bringen, daß wir sie als menschl. →Person gesetzt haben. Wie Kant selbst forderte, ist P.ethik in diesem Sinne vereinbar mit der →Hoffnung auf eine der empir. →Welt jenseitige →Versöhnung von P. und Neigung, →Gesetz und Glückseligkeit. Prinzipiell entgegengesetzt ist eine solche P.ethik hingegen dem Versuch, die Ethik zu begründen in Lust und Unlust (Hedonismus) oder in den Folgen für das Befinden des einzelnen bzw. einer möglichst großen Anzahl der Menschen (→Utilitarismus).

*C.* Das Aufeinandertreffen moral. und rel. P.en, die sich aus verschiedenen →Rollen oder →Situationen ergeben, vor allem aber die Verletzung solcher P.en durch andere Menschen, gesellschaftl. Zustände oder gar staatl. →Gesetze führt zu einander widersprechenden Forderungen, mit denen der Mensch in der →Entscheidung seines Gewissens fertig werden muß. In der Abwägung zwischen den in Frage stehenden Werten und →Gütern muß die Forderung des Gewissens erst ihren *konkreten Inhalt* gewinnen; gerade in derartigen Konfliktsituationen (P.enkollisionen) zeigt sich daher die Beschränkung der reinen P.ethik. Grundsätzl. ist die rechtl. Ordnung des Gemeinwesens, in welchem der Mensch im Zusammenleben mit seinen Mitmenschen existiert, zu respektieren. Ist er mit Elementen dieser Ordnung nicht einverstanden, so hat er die P., sein Gewissen ernsthaft auf mögl. Einseitigkeiten und Überspitzungen seiner eigenen Überzeugungen zu befragen. Bleibt der →Konflikt trotzdem bestehen, muß er letztl. jedoch seinem Gewissen folgen. Insbes. der Verstoß staatl. oder gesellschaftl. Handelns gegen elementar göttl. Verbote (unschuldiges Leben zu töten, zu foltern, aus →Haß zu handeln [→Tötung, →Gewalt]) darf nicht hingenommen werden. Wie der Christ im Positiven seine Persönlichkeit zu entwickeln hat, muß er freil. angesichts der konkreten Situationen seines Leben jeweils entscheiden.

*Lit.: K. Hörmann:* P.enkollision, in: Lexikon der christl. Moral, Innsbruck/Wien/München 1976, 1281-1284. – *G. E. Moore:* Grundprobleme der Ethik, München 1975, Kap. 4. – *J.-E. Pleines:* Eudaimonia zwischen Kant und Aristoteles, Würzburg 1984. – *H. Reiner:* Die Grundlagen der Sittlichkeit, Meisenheim, 2. Aufl. 1974. – *R. Spaemann:* Über die Unmöglichkeit einer universalteleolog. Ethik, in: Philos. Jahrbuch 1981, 70-89.

*Walter Schweidler*

## Phänomenologie

### *A. Begriff und Geschichte*

Ph. meint in einem allg. Sinn die Lehre vom Schein oder den Erscheinungen oder die bloße Beschreibung von Gegebenheiten (z.B. Religionsph.). Als Fachterminus hingegen bezeichnet Ph. »eine an der Wende unseres Jh.s erwachsene *philos. Bewegung,* die es auf eine radikale Neubegründung einer wissenschaftl. Philosophie und durch sie aller Wissenschaften abgesehen hat«, so ihr Begründer E. Husserl (1859-1938). Nach dem Ende der →Metaphysik soll Philosophie als Wissenschaft neu begründet werden: Von den Selbstverständlichkeiten, in denen die Menschen, wie sie zunächst und zumeist leben, und auch noch die Wissenschaften befangen sind, wird »zu den Sachen selbst«, d.h. auf das in der ursprüngl. *Erfahrung Gegebene* (Phänomene), zurückgegangen. Denn dieses stellt den Boden und Horizont jegl. sekundären Sinnbildung in Lebenspraxis und Wissenschaft dar. Es wird erreicht mit Hilfe der *phän. Methode,* die das Verbindende der ansonsten vielfältigen phän. Bewegung ausmacht, die keine einheitl. Doktrin vertritt. Das Gemeinsame liegt eher im Denkstil als in bestimmten philos. Lehren. Die Grundgedanken der Ph., die Husserl selber schon in nicht eindeutigen, »operativen« und darum interpretationsoffenen Begriffen faßte, sind von den verschiedenen phän. Denkern auf verschiedenste Bereiche angewandt und auf je eigene Weise in universalen Gedankengängen (Existenzphilosophie, →Hermeneutik) fortgebildet worden. Neben Husserl gelten als die wichtigsten: M. Scheler, →Heidegger, J. P. Sartre, M. Merleau-Ponty, P. Ricoeur, E. Lévinas). Es war und ist der Ph. mögl., die Humanwissenschaften (bes. →Psychologie, →Soziologie, →Pädagogik) zu befruchten; ihre Fruchtbarkeit zeigt sich auch im Dialog mit anderen philos. Richtungen (bes. →Analyt. Philosophie, →Marxismus) und darin, daß noch ihre Überwindung (etwa im →Strukturalismus) weithin als krit. Transformation der Ph. zu verstehen ist.

### *B. Grundzüge der phänomenologischen Methode*

In natürl. Einstellung nehmen wir immer etwas als seiend, als so oder so beschaffenen Gegenstand wahr. Diese Ausrichtung oder *Intentionalität* des Bewußtseins reflexiv aufzuklären ist Ziel der phän. Analyse. Sie vollzieht dazu eine *doppelte Reduktion:* Die »Weltthesis«, d.h. die Annahme, daß eine vom Bewußtsein unabhängige »Welt« existiert, nicht mitmachend, achtet das Ich nur auf die Bewußtseinserlebnisse, *in* denen etwas gegeben ist; die fakt. Existenz des Gegebenen wird »eingeklammert« (Epoché), das Bewußtseinsfeld selbst zum Gegenstand. Zudem wird nur darauf geachtet, als *was* etwas vermeint wird, nur das »Wesen« (Eidos) unabhängig von den empir. Zufälligkeiten angeschaut. Während Husserl auf diesem Weg eine totale Reflexion des Ich und seiner Akte anstrebt, vollzieht die sog. Wesensph. in den verschiedensten Sachbereichen nur die »eidet. Reduktion« (etwa Scheler in der →Ethik). Andere Phänomenologen sehen den Sinn der phän. Reduktion darin, daß sie sich als *nicht* vollständig durchführbar (Merleau-Ponty), der Weltbezug also als nicht hintergehbar erweist. Sie können dabei an Husserls Analysen der →alltägl. Lebenswelt anknüpfen, die sich schwerl. auf ein weltenthobenes Ich zurückführen läßt.

### *C. Phänomenologie und Theologie*

Die Anwendung des phän.(-hermeneut.) Denkens in der Theologie führt zu einem »induktiven«, *erfahrungsnahen* Theologiestil, der der Weltlichkeit des Glaubens angemessener ist als ein log.-deduktiver. Da Ph. mehr ist als bloße Untersuchung des Bewußtseinsstromes, sondern eine →Ontologie einschließt, stellt sie zugleich vor das Problem, wie unmittelbar *erfahrene* und (theol.) *gedeutete* Wirklichkeit zu vermitteln sind. In phän. Perspektive dürfte eine unmittelbare →Erfahrung Gottes kaum mögl. sein, sondern ausgehend von menschl. Grund- und Grenzerfahrungen, eröffnet sich ledigl. der Horizont des (bewußtseinstranszendenten) →Absoluten.

*Lit.: R. Boehm:* Vom Gesichtspunkt der Ph., 2 Bde., Den Haag 1981. – *K. Held:* Edmund Husserl, in: *O. Höffe (Hg.):* Klassiker der Philosophie, Bd. 2, München 1981, 274-297 (Lit.). – *L. Landgrebe:* Der Weg der Ph., Gütersloh 1963/1978. – *K.Lehmann:* Phänomen. Ph., in: Sacramentum mundi, Bd. III, 1157-1163. – *H. Spiegelberg:* The Ph. Movement, Den Haag, 3. Auf. 1982. – *B. Waldenfels:* Ph. in Frankreich, Frankfurt/M. 1983 (Lit.). – *Ders./J. M. Broekman/A. Pažanin (Hg.):* Ph. und Marxismus, 4 Bde., Frankfurt/M. 1977-79. – Ferner die Werke Husserls und der o.g. Autoren.

*Werner Müller*

**Philanthropismus**

*A.* In ihren anthropolog. Grundsätzen weitgehend der philos. →Aufklärung verpflichtet, offenbart sich im Ph. ein *päd. Optimismus* par excellence. Wo man glaubte, das Geheimnis der →Geschichte in ihrer Evolution vom Unvollkommenen zur Perfektion entdeckt zu haben, erfuhr auch das bislang von kirchl. →Sündenverständnis geprägte Menschenbild eine zuvor noch nicht gekannte Aufwertung. J. →Locke propagierte in seinen »Gedanken über Erziehung« (1693) das →*Glück des Menschen* als dessen eigenes Werk. Damit wurden der →Erziehung große Chancen eingeräumt, hing es doch entscheidend von ihr (d.h. in neun von zehn Fällen) ab, ob der Mensch sich als gut oder böse, nützl. oder unnütz erwies.
Unter diesen Voraussetzungen entwickelten sich im *ausgehenden 18. Jh.* in Deutschland Theorie und Praxis einer menschenfreundl. Erziehung. In Musteranstalten, so z.B. in Dessau (Philanthropinum) und Schnepfental, wurde die Individualpädagogik des sonst hochgeschätzten J. J. →Rousseau überwunden und eine *ganzheitl. Erziehung* praktiziert, die den Namen →Reformpädagogik verdient. →Geist und Körper sind gleichermaßen einbezogen. Landarbeit, Gartenbau, Wandern, Turnen, Krankenpflege, ja sogar Sexualunterricht wechseln mit den traditionellen Schuldisziplinen, die aber didakt. geläutert und method. verfremdet erscheinen.

*B.* Im ganzen ist der *Bezug zur Realität* (berufsbezogenes Lernen) gewahrt. In einem umfangreichen Schrifttum – Schulbücher, Zeitschriften, Bildungsromane, Lexika, theoret. Abhandlungen – haben J. B. Basedow, Ch. G. Salzmann, E. Ch. Trapp, J. H. Campe u.a. neben päd. Problemen brisante Themen ihrer Zeit (→Arbeit, →Armut, Gesundheit, →Recht und rel. →Toleranz) aufgegriffen und somit volksaufklärer. und –bildend gewirkt. Die Glückseligkeit des Menschen als übergreifendes →Erziehungsziel war von der Gottseligkeit vorangegangener Epochen ebenso unterschieden wie von einem modernen Verständnis, das sich von →Religion schlechthin emanzipiert. Mit der Trennung von natürl. und geoffenbarter →Religion waren *J. B. Basedow* (1724-1790) und Salzmann einerseits dem Verdikt mangelnder Rechtgläubigkeit ausgesetzt, andererseits eröffnete sich ihnen dadurch die Chance einer *praktikablen Religionspädagogik.*

*C.* Bes. *Ch. G. Salzmann* (1744-1811) hat in mehreren didakt.-method. Werken (Krebs-, Ameisenbüchlein; Über die wirksamsten Mittel, Kindern Religion beizubringen) die rel. Erziehung oder den →Religionsunterricht als Sozialisationsphänomen beschrieben, sofern beides nicht losgelöst von der allg. →Erziehung und den übrigen geltenden →Wertvorstellungen zu sehen ist. F. D. E. →Schleiermachers und J. F. →Herbarts Positionen vorwegnehmend, überwindet er erkenntnistheoret. Distinktionen und definiert →*Religion als Gesinnung.* Indem er die unterrichtl. Bedeutung von eth. Grundverhältnissen entdeckt (in denen das Kind selbst im Mittelpunkt steht), ist Salzmann bis in die Gegenwart ebenso modern, wie in der Anerkennung der Grenze aller Religionspädagogik, die ohne →Glaube und →Gnade erfolglos bleibe, ein zeitlos gültiges Korrektiv zum Ausdruck kommt. Fantastisch und insofern auch nicht realisierbar waren die Vorstellungen (vgl. Salzmanns »Plan zur Erziehung der Erzieher«, 1806) von einer eigenen Lehrerbildung, der, losgelöst von der Kirche, die einzige Chance blieb, staatl. vereinnahmt zu werden.

*Lit.: U. Herrmann:* Die Pädagogik der Philanthropen, in: *H. Scheuerl (Hg.):* Klassiker der Pädagogik, Bd. I, München 1979, 135-158. – *Ders. (Hg.):* Das päd. Jh. Volksaufklärung und Erziehung zur Armut im 18. Jh. in Deutschland, Weinheim/Basel 1981.

*Gerd Bockwoldt*

**Philemonbrief.** Dieser ist der *kürzeste* und persönlichste unter den echten Briefen des →Paulus. Er ist kein Privatbrief, sondern an einen Philemon und dessen Hausgemeinde gerichtet. Die Adressaten vermutet man zumeist im kleinasiat. Kolossä (→Kolosserbrief). Paulus ist zur Zeit der Abfassung in Haft (V. 1.9.13), wo, erfahren wir nicht. Mögl. wäre Rom, aber auch Caesarea; am wahrscheinlichsten ist Ephesus. Das läßt den Brief etwa auf die Mitte der 50er Jahre datieren.
Mit dem Brief legt Paulus Fürsprache für einen Onesimus ein, den er in der Haft zum Glauben bekehrt hat. Onesimus ist ein Philemon gehörender – entlaufener? – →*Sklave* und vermutl. der Überbringer des Briefes. Paulus erwartet, daß Philemon den Onesimus nicht mehr als Sklaven, sondern als geliebten Bruder empfängt und ihm zur Mitarbeit in der Mission überläßt. Das könnte bedeuten, daß Philemon den Sklaven offiziell freiläßt. Bemerkenswert ist, wie Paulus rhetor. seine Autorität und die Gehorsamspflicht des Philemon einführt, aber an die bereits bewiesene Liebe des Philemon appelliert. Ebenso fragenswert ist aber, warum Paulus die Sklaverei nicht grundsätzl. ablehnt. Erwartete er das baldige Ende der Welt, oder sah er darin – wie in der Unterordnung der Frau (1 Kor 11,3) und in dem Gewaltrecht der

Obrigkeit (Röm 13) - eine göttl. Ordnung? Die Sklavenfrage ist ein Beispiel dafür, daß auch die christl. Kirche sich ihre Moral immer neu erarbeiten und durchsetzen muß (→bibl. Ethik).

*Lit.: J. Ernst:* An Philemon, in: *ders.:* Die Briefe an die Philipper, an Philemon, an die Kolosser, an die Epheser (Regensburger NT 7), Regensburg 1974, 123-139. - *F. Laub:* Die Begegnung des frühen Christentums mit der antiken Sklaverei, Stuttgart 1982. - *P. Stuhlmacher:* Der Brief an Philemon (Ev.-Kath. Kommentar), Göttingen 1975. - *A. Suhl:* Der Brief an Philemon (Züricher Bibelkommentar NT 13), Zürich 1981.

*Ekkehard Stegemann*

**Philipperbrief.** Mit der Gemeinde in Philippi pflegte →Paulus den vertrautesten Umgang; er erlaubte ihr sogar, ihn finanziell zu unterstützen (vgl. 4,10ff.; 2 Kor 11,9). *Philippi* war eine Militärkolonie, die von allen griech. Städten die römischste gewesen ist. Es ist der erste Ort auf europ. Boden, den Paulus missioniert hat (Apg 16,12ff.).

*A.* Da der Brief kein einheitl. Thema hat und der Wechsel oft mit Stilbrüchen und Stimmungsumschwüngen verbunden ist, wird zuweilen damit gerechnet, daß er (ähnl. dem 2. →Korintherbrief) eine *Sammlung* mehrerer Schreiben ist. Unterschieden wird ein »Dankbrief« (4,10-20), in dem Paulus seiner Freude über die empfangenen Liebesgaben Ausdruck gibt. Ein zweites, größeres Schreiben, das 1,1-3,1 und 4,21-23 (mit 4,4-9?) umfaßt haben soll, informiert die Gemeinde über die Lage des Paulus (Haft mit ungewissem Ausgang des Prozesses), ermutigt sie wegen der über sie gekommenen Verfolgung und empfiehlt ihr Timotheus und Epaphroditos, der auch den Brief überbringen soll. Am Horizont tauchen schon Differenzen (mit *Gegenmissionaren*) auf, die Paulus aber versöhnl. bespricht (1,15ff.). Das ist anders in 3,2-4,3 (bzw. 3,2-4,1; 3,2-21 + 4,8f; 3,2-4,9): auch dieser Abschnitt stellt vielleicht einen eigenständigen dritten Brief dar, der in unerhört polem. Weise judenchristl. Missionare angreift, ihnen sogar ketzer. Tendenzen unterstellt. Allerdings ist die Annahme einer Briefsammlung nicht zwingend. Als *Abfassungsort* wird wegen 1,13; 4,22 Rom in Betracht gezogen; mögl. ist auch Caesarea, am wahrscheinlichsten ist Ephesus. Dies alles deutet auf die Mitte der 50er Jahre als Abfassungsdatum hin.

*B.* Von Bedeutung ist der Brief nicht nur, weil er Rückschlüsse auf Persönlichkeit und Biographie des Paulus, auf seinen Kampf für das →Evangelium und sein Verhältnis zu seinen →Gemeinden ermöglicht. Eine weitreichende Wirkungsgeschichte entfaltet der *liturg. Hymnus* (2,5-11), den Paulus aufgenommen und möglicherweise erweitert hat (8b). Christus wird dargestellt im Schema des Abstiegs und Aufstiegs, der Selbstentäußerung (Kenosis) und Einsetzung zum Herrn aller Welt. Diese Spanne vom Tod am →Kreuz zum Triumph der Erhöhung ist in Frömmigkeit und Theologie, aber auch in spirituellen, aszet. und reformer. Bewegungen immer wieder wirksam geworden. Der Gedanke, daß der ewige Gottessohn sich »selbst entäußerte« (2,7), ist in der Kenosis-Theologie der →altprot. Orthodoxie zur bleibend wichtigen Überzeugung gekommen, daß in Jesus Gott selbst sich ganz und gar erniedrigte.

*Lit.: G. Barth:* Der Brief an die Philipper (Züricher Bibelkommentar NT 9), Zürich 1979. - *J. Ernst:* Die Briefe an die Philipper, an Philemon, an die Kolosser, an die Epheser (Regensburger NT 7), Regensburg 1974. - *J. Gnilka:* Der Ph. (Herders Theol. Kommentar zum NT X/3), Freiburg, 2. Aufl. 1976.

*Ekkehard Stegemann/Hermann Häring (B)*

**Philippinen.** Kath. 84,1%; Nationalkath. 7,1%; Prot. 3,6%; Anglik. 0,1%; Musl. 4,3%; Nichtgläubige und Atheisten 0,4%.

*A.* Als einziges Land →Asiens besaßen die Ph. vor ihrer Kolonialisierung im 16. Jh. weder eine einheitl. →Kultur hinduist., buddhist. oder islam. Prägung noch ein entspr. Staatswesen. Nur so ist die fast *vollständige Christianisierung* und Hispanisierung des Landes zu erklären (→Inkulturation), die im 19. Jh. prakt. abgeschlossen wurden. Nur unter den in den Bergen abgedrängten Negritostämmen haben sich Reste der alten animist. Religionen (→Animismus) erhalten; ebenfalls erhalten blieb eine islam. →Minderheit, insbes. auf den südl. Inseln, deren Bevölkerung von den Spaniern nie vollständig unterjocht wurde und bis heute gegen die Zentralgewalt Widerstand leistet.

*B.* Von Anfang an ging die *Missionierung* unter dem span. →Patronatsrecht mit der →Kolonisation Hand in Hand; getragen wurde sie vor allem durch die Augustiner, →Dominikaner, →Franziskaner und →Jesuiten. Diese Orden errangen bald eine beachtl. wirtschaftl. und kulturelle Macht. Schon 1579 wurde das Bistum Manila gegründet und 1595 zum Erzbistum erhoben. Obwohl sich die Kirche zum Schutz der einheim. Bevölkerung einsetzte, bemühte sie sich während der Kolonialzeit kaum um einen einheim. →Klerus. Bis heute blieb sie mit den herrschenden Familien eng verflochten.

*C.* Um die Mitte des 19. Jh.s erhob sich ein *nationalist. Widerstand* gegen die span. Herrschaft in Kirche und Staat. Der Aufstand von 1896-98 führte zu einem amerik. Protektorat (→Vereinigte Staaten). Kirche und Staat wurden getrennt, ein konfessionsfreies öffentl. Schulsystem geschaffen. Amerik. Protestanten missionierten im Lande. Unter der Führung von G. Aglipay entstand 1902 die nationalkath. Philippine Independent Church, die zunächst einen beachtl. Teil des einheim. kath. Klerus und fast 50 % der →Laien mobilisierte, aber bald wieder auf Grund innerer und äußerer Schwierigkeiten bis auf einen kleinen Rest auseinanderfiel. Diese Restgruppe hat sich nach dem Zweiten Weltkrieg mit anglik. Hilfe konsolidiert.

Daneben entstanden weitere nationalist. Kirchen mit prot. Ausrichtung.
In den 60er Jahren begannen Katholiken – Kleriker, Ordensleute und Laien – gegen die sozialen und *polit. Mißstände*, u.a. gegen die Verflechtungen der Kirche mit den Herrschenden, zu protestieren. Zum Sturz der Marcos-Diktatur (1986) trugen diese fortschrittl. Kräfte entschieden bei.

*Lit.: G. H. Anderson (Hg.):* Studies in Philippine Church History, Ithaca NY 1969. – *M. A. Bernad:* The Christianization of the Philippines, Manila 1972. – *R. L. Deats:* Nationalism and Christianity in the Philippines, Dallas 1967. – *A. M. Qaisar:* The contemporary Muslim movement in the Philippines, Berkeley 1985. – *L. Schwarzacher/H. Vinke:* Ph.: die unvollendete Revolution, Bornheim/Merten 1987. – *T. V. Sitoy:* A History of the Philippines, Quezon 1984.

*Thomas Riplinger*

## Philosophie

### A. Selbstbescheidung und Wissenschaftsanspruch

Eine Beantwortung der allg. Frage, was Ph. sei, ist abhängig von den alles andere als allg., näml. sehr subjektiven »philos.« Voraussetzungen des Antwortenden. Die Zahl der Ph.begriffe ist so groß wie die der Philosophen, Historiker der Ph., ihrer Kritiker und Systematiker. Entsprechend lassen sich Gründe dafür nennen, die Ph. als Wissenschaft, wenn nicht gar als die Wissenschaft schlechthin anzusprechen. Ebenso ließen sich Gründe dafür anführen, von der quasirel. Funktion der Ph. zu sprechen. Identifiziert man die Ph. schließl. mit bestimmten, hist. vorgegebenen Positionen, deren Geltungsanspruch problemat. geworden ist, dann kann man auch argumentativ dafür streiten, daß in der Ph. etwas endgültig Vergangenes zu sehen sei. Angesichts dieser *Perspektivenvielfalt*, ihrerseits das Ergebnis des Prozesses, in dem die abendländ. Ph. sich herausbildete und – wie ihre Kritiker vorgeben – an ihr Ende gekommen ist, kann ein lexikograph. Überblicksartikel zweierlei nicht leisten: Er kann weder eine Geschichte der Ph. im kleinen präsentieren noch eine bleibende Definition dessen erarbeiten, was Ph. – kontextunabhängig – sei oder zu sein habe. Zur Sprache kommen kann ledigl. eine mögl. Perspektive, welche die speziellen Artikel zu philos. Begriffen und Namen ergänzt und präzisiert. Im Aufweis bleibender *»Tendenzen«* schließl., die Ph. in einem Prozeß von Traditionskritik und – bewahrung zu situieren suchen, soll eine *nicht abschließende Antwort* auf die Frage gegeben werden, ob und wie Ph. unter den Bedingungen der Gegenwart noch möglich ist.

#### I. Weisheitsliebe

*1.* Bereits die Etymologie des Wortes Ph. verrät die Zurücknahme eines ursprüngl. umfassenderen Anspruchs. Die »ersten Philosophen« nannten sich »Weise« und ihre »Kunst« »Weisheit«. *»Weisheit«* nannte sich sowohl das Wissen um die »erhabensten« Gegenstände (das →Sein, die →Erkenntnis des →Wesens der Dinge und ihrer Ursache[n], →Gott) wie um die Voraussetzungen technisch-künstler. und sittl. Handelns. Der Versuch, diese »Weisheit« mit individuellen und gesellschaftl. Interessen zu identifizieren (Sophistik), provozierte jene Selbstbescheidung (Sokrates), die den Philosophen als einen Menschen charakterisierte, der die *Weisheit liebt*, ohne sie doch vollgültig zu besitzen.
*2.* Dieser Selbsteinschätzung des Philosophen entsprach keineswegs eine Zerstückelung der Erkenntnis. Schon mit →Platon beginnt, als Konsequenz aus der Einsicht in das Vermeintliche allen Wissens, jene philos. *Systematik*, welche die weitere Entwicklung der Geschichte der Ph. bestimmen sollte (Platons Dreiteilung in →Dialektik/→Logik, →Physik/→Kosmologie und →Ethik). Seither stellt sich die Ph. hist. als eine *Abfolge von Systemen* dar, die umfassend beanspruchen, das Ganze der Welt, des Seins, die letzten Prinzipien und Gründe alles Seienden zusammenhängend zu erfassen und zu deuten, rational zu durchdringen, diskursiv zu rechtfertigen und – mit dem Hinweis auf Allgemeingültigkeit und strenge Notwendigkeit – gegen mögl. Kritik abzusichern.
*3.* Wie fragl. solche Bemühungen sind, zeigt freil. schon die *Konkurrenz der Systeme:* Noch eine jede spekulative Deutung hat die entgegengesetzte provoziert, so daß scheinbar nur noch die Hypostasierung der Ph. insgesamt (d.h. ihrer Geschichte und der [hypothet.] *Gesamtheit* all ihrer Einsichten und Irrtümer) jene umfassende Antwort, Einsicht oder Erkenntnis verheißt, welche die spekulative Methode beansprucht. Beispiele einer solchen Hypostasierung sind der →Historismus (→Dilthey) sowie ein extremer Formalismus, der z.B. hist. vorgegebene Ph.n log. rekonstruieren will, geleitet von der Überzeugung, daß er die Philosophen der Vergangenheit besser verstehen kann, als diese sich selbst verstanden haben.

#### II. Wissenschaftsanspruch

*1.* Diesem spekulativen und systemat. (bestimmten Totalitätsvorstellungen verpflichteten) Moment der Ph. entspricht seit ihren Anfängen (→griech. Ph., Vorsokratik) ein *Wissenschaftsanspruch* im Sinne empir. Forschung, der bis zum Beginn der Neuzeit Spekulation und →Naturwissenschaften symbiot. zusammenband. Erst die Differenzierung innerhalb der Wissenschaften, die sich in den neuzeitspezif. Modernisierungsprozessen (→Modern) durchsetzte, setzte die Einzelwissenschaften frei, die sich von der Ph. nicht nur durch eine veränderte Objektwahl unterscheiden. Sie entwickelten auch eigene Methoden und Begriffssysteme, deren Bezugsebene die →Mathematik und nicht mehr die Ph. bildete.
*2.* Auch unter Neuzeitbedingungen verzichtete, wie bei →Kant deutlich wird, die Ph. freil. nicht auf die Rolle einer *Grundlagenwissenschaft.* Ihre Aufgabe sah sie zunehmend darin, die Einzelwissenschaften zu legitimieren sowie deren Resultate und Methoden zu systematisieren. Daß dieses neue Selbstverständnis der Ph. in die traditionelle

Bestimmung der Ph. als *theoria* (→Theorie) integriert werden konnte, zeigt Kants Zuordnung von *Schul- und Weltbegriff* der Ph. Der »Schulbegriff« meint die systemat. Einheit des Wissens und umgreift die Einzelwissenschaften, die er method. rechtfertigt, katalogisierend auf den jeweiligen Wissensstand bezieht (Diagnostik des Wissensfortschritts); ihm entspricht die neuzeitspezif. Etablierung einer Fülle von Einzeldisziplinen auch innerhalb der Ph. (→Erkenntnistheorie, →Naturph., Rechtsph., Geschichtsph., →Religionsph., →Ethik, →Ästhetik, Geschichte der Ph.). Ihrem »Weltbegriff« nach hält die Ph. am traditionellen Selbstverständnis des Philosophen (»Weisen«) fest, der – jenseits disziplinenspezif. Professionalisierung – die *letzten Grundlagen des Seins*, Erkennens und Handelns reflektiert (»Metaphysik-Funktion« der Ph.).

*3.* Daß Ph. in diesem umfassenden Sinne realisiert werden konnte, zeigen die systemat. Entwürfe des *18. und 19. Jh.s.* Nicht nur →Kants transzendentale Neubegründung der Ph. als krit. →Erkenntnistheorie suchte dem verfügbaren Stand des Wissens (Mathematik, Naturwissenschaften, die Reflexion hist. Prozesse) Rechnung zu tragen. Auch Vertreter wie Kritiker des dt. →Idealismus bewegten sich auf der Höhe des Wissens ihrer Zeit und verarbeiteten die verfügbaren Resultate einzelwissenschaftl. Forschung (→Hegel, →Schopenhauer).

*4.* Gerade die hist. bedingten Differenzierungen der Ph. (der Gang von der umfassenden »Weltweisheit« hin zu einer universitären Disziplin neben anderen) machen es unmögl., zu einem *einheitl. Ph.begriff* zu kommen, der sich unterschiedslos auf alle jene Tätigkeiten, Erkenntnisse, Einsichten und Attitüden anwenden ließe, die beanspruchen, Ph. zu sein. Selbst dann, wenn man von allen »inhaltl.« Bestimmungen absieht und »rein formal« das philos. Verfahren zu beschreiben sucht, bleiben Widersprüche und Schwierigkeiten.

*B. Tendenzen der Philosophie*

Als *Kriterien* philos. Diskurse werden gemeinhin →Rationalität (Vernünftigkeit, log. Stimmigkeit), Diskursivität, Allgemeingültigkeit und (in bezug auf die Resultate) Notwendigkeit genannt. Unter Bezugnahme auf eine Vielzahl von Ph.n kann man aber auch zeigen, daß Irrationalität, Narrativität, Bestehen auf dem Besonderen und relative Beliebigkeit die Kennzeichnung »philos.« keineswegs ausschließen. Hinsichtl. des mögl. Gegenstandbereichs der Ph. gilt ähnliches. Erinnert sei hier nur an die gegensätzl. Positionen des →Idealismus und des →Materialismus.

*I. Tendenz Kritik*

*1.* Hilfreicher dürfte daher der Aufweis von *Tendenzen* sein, in denen – epochenspezif. und doch epochenübergreifend – Grundzüge dessen aufscheinen, was die Ph. in ihrem Selbstverständnis (ohne doch eine Statik zu postulieren) bleibend prägt. Man darf sich dabei – auch ohne idealist. Beiklänge – auf →Hegels Wort berufen, die Ph. sei ihre Zeit, in Gedanken erfaßt. Freil. erfordert dies, anders als in der sog. »philosophia perennis« (dem versuchten Nachweis immer und überall gültiger Wahrheiten), die Kriterien der Allgemeingültigkeit und der prinzipiellen Überprüfbarkeit durch jeden preiszugeben.

*2.* Diese Funktion der Ph. ist endgültig übergegangen an die →*Wissenschaftstheorie*, die den prinzipiellen Status empir. Methoden diskutiert und bemüht ist um den Nachweis letzter, etwa sprachl. →Universalien, die zwar für die einzelwissenschaftl. Forschung unerläßl. sind, keineswegs aber – wie noch in der traditionellen philos. Prinzipienlehre – das menschl. Handeln zu normieren beanspruchen. Philos. Positionen, seien es vergangene oder gegenwärtige, können *nicht zwingend bewiesen* oder widerlegt, sondern nur dann »eingesehen« oder bestritten werden, wenn man sich – sie denkend *nachvollziehend* – auf sie einläßt und die ihnen zugrundeliegende Erfahrung in Beziehung setzt zu der eigenen, die den Nachvollzug leitet (→Hermeneutik). In der Einsicht in die hist., weltanschaul. und lebensweltl., unthemat. Vorgaben philos. Grundaussagen geht auf, »was sie zu denken geben« (Ricoeur), ganz unabhängig von dem, was jeweils als »letzter Grund«, Ursache, alles bestimmende Wirklichkeit angesprochen wird, ob es den krit. Einwänden standhalten kann, die formuliert werden aus der Perspektive der Einzelwissenschaften, eines entgegengesetzten Welt- und Selbstverständnisses oder eines unstrittigen Erkenntnisfortschritts.

*3.* Im Unterschied zu den Einzelwissenschaften, die ihre Erkenntnis ständig erweitern und präzisieren (also prinzipiell revidierbar und überholbar sind), bleiben die philos. *Denkmodelle* eine beständige Herausforderung, nicht nur für die hist. Rekonstruktion, sondern auch für den existentiellen Nachvollzug. Gerade wenn hist. vorgegebene philos. Entwürfe von ihren Voraussetzungen her problemat. werden, sind sie nicht nur das Objekt fortgesetzter Kritik, sondern selber auch krit. Instanz. So muß →*Kritik* vielleicht, jenseits epochenspezif. Bejahung, zu jenen bleibenden Grundzügen gezählt werden, auf die eine lexikograph. verkürzte Gesamtcharakterisierung vornehml. abhebt.

*II. Tendenz Aufklärung*

*1.* Eine weitere, die Ph. epochenübergreifend charakterisierende Tendenz ist mit dem Stichwort Aufklärung gegeben. Aufklärung (hier nicht als Kennzeichnung bestimmter hist. Abschnitte verwendet) heißt, auf einer *rationalen Überprüfbarkeit* zu bestehen, die sich alles vor dem »Gerichtshof der Vernunft« (Kant) rechtfertigen läßt. Ph. als Aufklärung ist von der Überzeugung geleitet, daß die Welt als Ganzes der Vernunft und dem Denken prinzipiell zugängl. ist. In der Geschichte der Ph. ist diese These unterschiedl. begründet worden. Man ging entweder von einem rationalen Aufbau der Welt aus, der dem menschl. Verstande entspreche, oder man setzte eine Ähnlichkeit mit dem

höchsten Seienden (Idee, →Gott, Weltseele, hypostasiertem Kosmos) voraus, so daß Rationalität auf Gleichheit in der Substanz (Konsubstantialität) zurückgeführt werden konnte.
*2.* Aufklärung als philos. Tendenz ist daneben (gleichsam auf einer weniger prinzipiellen Stufe) die *Destruktion von Autoritäten*, die versuchen, sich hindernd zwischen autonome Subjektivität (→Autonomie, →Subjekt) und Objektwelt (→Objektivität) zu stellen, sei es kraft bestimmter Traditionen, sei es mit dem Hinweis auf göttl. Sanktionen, unbefragbare Rechts- und Gesetzesnormen (die ohne Bedürfnis zur Legitimation unbedingte Geltung beanspruchen) oder sei es unter Berufung auf soziokulturelle Üblichkeiten.
*3.* In der krit. Zerstörung solcher Ansprüche liegt auch die *polit. Bedeutung* von Aussagen der philos. Theorie. Gerade in der Neuzeit ist dieser Gesichtspunkt immer vorherrschender geworden (Geschichtsph., Sozialph., philos. →Utopien). Ph. als Aufklärung bestimmt unmittelbar eine Reihe philos. Disziplinen, in denen die überlieferte Systematik nicht nur erweitert, sondern korrigiert wird. So sieht sich die Ph. z.B. in der Geschichts- und Sozialph. verantwortl. für das, was sie in der →Ontologie und →Metaphysik seit →Platon und →Aristoteles ausdrückl. von sich wies: das *Individuelle*, dem Entstehen und Vergehen in der Zeit unterworfene Ephemere; das, was das materielle Sein endl. Wesen bestimmt.
*4.* Orientiert an einem Ph.begriff, der sich auf die Aufklärung beruft, konstituiert sich zudem eine »zweite«, zur abendländ. Totalitätsvernunft und ihrer Systemgeschichte *»alternative«* Geschichte der Ph. Hier sei nur an die →*Religionskritik* von Xenophanes bis zu →Feuerbach erinnert.
*5.* In der Gestalt der Aufklärung wird die Ph. sich selbst auch zum Objekt der Kritik, etwa in der *Skepsis* gegenüber der Alleinursächlichkeit einliniger Aufklärungsmodelle (vgl. das Schema »Vom Mythos zum Logos«). Ph. ist dann das Nachdenken über die Widersprüche solcher Konstruktionen, so etwa im Aufklärungs- und Kritikbegriff der →Krit. Theorie. Sie zeigt sich bemüht um den Nachweis, daß sich sog. »aufklärer.« Interessen mit gesellschaftl. und polit. amalgamierten. Als Objekt der eigenen krit. Reflexion wird sie zur →*Ideologiekritik*. Einer solchen Betrachtungsweise wird der hypostasierte »Gerichtshof der Vernunft« zum Zeichen übersteigerter, ins Unendliche projizierter menschl. Selbstbehauptung und -steigerung, die zwangsläufig in Selbstzerstörung umschlagen muß.

*III. Tendenz Praxis*
*1.* Ph. als Aufklärung erschöpft sich freil. nicht negativ im Aufweis, daß das Denken interessegeleitet ist. *Interessen*, bedacht und in der jeweiligen Theorie selbst themat. geworden, erweisen sich als eine weitere, für die Ph. wohl konstruktive Tendenz. Selbst dort, wo die abendländ. Totalitätsvernunft, diese »interesselose Anschauung« eines Absoluten, vorgab, all das zu verneinen, woran das Stichwort »Interesse« erinnert, war sie (in ihrer Funktion und in ihrem Anspruch als *Handlungsnormierung)* eingelassen in Kontexte, die den Einzelwissenschaften – ausschließl. auf Tatsachen zentriert – fremd sind. Bereits die alteurop. theoria-Tradition (→Aristoteles) band die Hinkehr des Philosophen zu den »erhabensten Gegenständen« (das Sein, und letztl. →Gott; daher der mitzubedenkende »soteriolog. Aspekt« der spekulativen Ph.) an die Idee des »guten, gelungenen →Lebens«. Der Hierarchie der Erkenntnisformen entsprach eine Hierarchie der *Lebensformen*. Sie entsprachen einander nicht nur, sondern legitimierten auch einander. Desgleichen ist die platon. Ideenerkenntnis nicht loszulösen vom Interesse an der Unsterblichkeit der →Seele.
*2.* Der Zusammenhang von Vernunfterkenntnis und Handlungsnormierung entspricht einem Bedürfnis, das L. Kolakowski *»Selbstplazierung* des Menschen im Kosmos« genannt hat. Es ist ein Bedürfnis, dem die Wissenschaften nicht entsprechen können. Es ist zugleich das Bedürfnis, das jene *»letzten Fragen«* hervorruft, auf die sich die →Religion als Antwort versteht. Im Unterschied zu diesen Antworten sind die Antworten der Ph. nicht unbefragbar, wie es sich aus dem Anspruch auf göttl. →Offenbarung oder eine letzte (dem Denken nicht zugängl. alles bestimmende) Wirklichkeit ergibt. Zu jeder philos. Antwort läßt sich eine bessere, plausiblere, weiterführende und die vorangegangene als vorläufig decouvrierende Antwort denken.
*3.* Im Unterschied zur Religion versucht die Ph., das beiden voraus- und zugrundeliegende Bedürfnis mit »Vernunftinteressen« zusammenzubringen und auf »wissenschaftlich kontrollierte» (nicht »wissenschaftliche«!) Weise themat. werden zu lassen. »Wissenschaftl. kontrolliert« meint dabei nicht nur das ständige Gespräch mit den Wissenschaften; es bedeutet auch die Abkehr von unzureichenden Weisen vernünftigen Argumentierens (→Ideologie, Religionsersatz) sowie den *Einspruch gegen* einen verkürzten, *formalisierten Vernunftbegriff* (instrumentelle Vernunft; →Positivismus als →Weltanschauung). Antworten auf die Frage nach der »Selbstplazierung des Menschen im Kosmos« richten sich einmal auf die unmittelbare Ebene sittl., polit. und sozialen Handelns, auf eine vernünftige *Praxis* also, dann aber auch auf die sog. »letzten Fragen«, Fragen nach dem Sinn und dem Ziel der menschl. Existenz (→Anthropologie), des Geschichtsprozesses und der außermenschl. Natur.
*4.* Ph.hist. und disziplinenspezif. wird diese Problematisierungsebene der *prakt. Ph.* zugeordnet. Allerdings ist der Praxisbezug der Ph. nicht so zu denken, als stünde hier bevorzugt die Anwendung und Verwertbarkeit theoret. Einsichten zur Diskussion. Prakt. ist Ph., sofern sie die Tatsachen, Voraussetzungen, Bestimmungen und Rechtfertigungen des prakt. Handelns auf die *Ebene der Theorie* überführt. Man kann sogar mit Recht vermuten, daß diese Theoriegestalt den Unbedingtheitsanspruch, der →Theorie auszeichnet, auf die denkbar konsequenteste Weise behauptet und verteidigt, dies

gerade im Blick auf die lebensprakt. und handlungsbedeutsamen Gesichtspunkte und Auswirkungen theoret. Konzepte. So konnte Kant der prakt. Vernunft (die nach seiner Überzeugung ein Unbedingtes als Faktum erfahrbar werden läßt) entschiedener den Primat gegenüber der theoret., reinen Vernunft zusprechen, als dies von den Ergebnissen wissenschaftl. Ableitung gesagt werden könne.
*5.* Freil. kann das nicht – wie etwa im →Pragmatismus – bedeuten, daß die →Theorie der Praxis untergeordnet würde. *Theorie und Praxis* sind beide *gleichursprüngl.* und treffen sich in einem umfassenden Vernunftentwurf, der nachträgl. Schematisierungen voraus- und zugrunde liegt. Ein nachgeordnetes Auseinandertreten von Theorie und Praxis, das strateg. oder einzelwissenschaftl. zu bedenken ist (oder auf bloßer Arbeitsteilung beruht), ist im Verhältnis zu dieser Grundbestimmung willkürl. Die einzelnen Disziplinen der prakt. Ph. (→Ethik, →Politik, Geschichts-, aber auch →Religionsph.) spiegeln diesen Zusammenhang ihrerseits wider. So sind etwa die sehr abstrakten und spekulativen, in den Bereich der Metaphysik vordringenden Antworten auf die →Theodizeefrage der prakt. Ph. zuzuordnen.
*6.* Den Grad der Komplexität und die theoret. Bedeutung der prakt. Ph. kann auch ein *Seitenblick auf die →Theologie* verdeutlichen. Die Scholastiker (etwa J. →Duns Scotus) verstanden, gerade auf dem Hintergrund des komplexen scholast. Paradigmas, die Theologie als *scientia practica* (prakt. Wissenschaft), abgegrenzt von der (spekulativen, auf reinen Erkenntnisfortschritt gerichteten [curiositas]) Ph.

*C. Was ist Philosophie?*

*I. Definition*
Wenn man in der Theologie den Versuch sehen kann, in einer dem →Glauben angemessenen Weise zu Aussagen über das Verhältnis von (offenbarter) Wahrheit und (erfahrener) Geschichte zu gelangen, dann könnte eine Definition der Ph. lauten: Ph. ist der *Versuch einer Bestimmung des Verhältnisses von Vernunft, Wahrheit und Geschichte.*
*1.* Im Blick auf die Frage, ob und wie Ph. unter den Bedingungen unserer Gegenwart mögl. ist, verdeutlicht ein solcher Definitionsversuch eine notwendige *doppelte Distanz*: sowohl zu einem (bloß) wissenschaftl. Rationalitätsbegriff (in dem das Verhältnis von Zweck und Mittel vorherrscht) wie zu dem, was man den traditionell metaphys. →Subjektivismus nennen könnte. Ein derartiger Ph.begriff ist u.a. gekennzeichnet durch die Stichworte »rationale Akzeptanz« (Einsehbarkeit), »Relevanz« und »Intersubjektivität« (Zwischenmenschlichkeit).
*2.* Das schließt Totalität, Universalität und Absolutheit aus, wie die traditionellen philos. Systeme sie repräsentieren; ein mögl. Interesse an ihnen reduziert sich auf die Ebene rein hist. und philolog. Forschung. Gleichsam »schwundstufenhaft« werden Totalität und Universalität zurückgenommen, zugleich festgehalten durch einen Vernunftbegriff, der die *tatsachenbezogene* (an den Wissenschaften orientierte) Bedeutungsebene mit einer *emotiven*, an Werten orientierten vereint, auf ihr kommt all das zum Tragen, was sich mit den Begriffen »Theorie und Praxis«, »Selbst- und Weltverständnis«, »lebensweltl. Kontext« eher nur andeuten als ausführen läßt.

*II. Negative Metaphysik*
Daraus folgt nicht notwendig ein →Relativismus. Freil. steht dieser Begriff von Ph. *quer zu den unterschiedl. →Rationalismen*, die das »Wirkliche« auf das rational Erklär- und Einsehbare, auf bestimmte Rationalitätsstrukturen reduzieren. Sie vergessen dabei, daß die Maßstäbe für das, was wir für wichtig halten (die »Relevanzkriterien«) unser jeweils ganzes Wertsystem (→Wert) einbeziehen, daß es eine Vielzahl von Bezugsmöglichkeiten zur Wirklichkeit gibt, daß also eine je einzige Relation nicht bestimmt werden kann, als wäre allein sie verfügbar.
*1.* Vor allem kann man – ungeachtet großer Differenzen in Einzelfragen – die *Gegenwartsph.* insgesamt werten als den Versuch, die abendländ. Totalitätsvernunft krit. zu destruieren. Man denke dabei an die →Phänomenologie, die Existenzphilosophie (→Existentialismus), den →Strukturalismus und Poststrukturalismus, an die →Krit. Theorie und deren Weiterentwicklungen oder an die →Analyt. Ph., die das Universalienproblem ja ebenfalls in einem Sinne neu formuliert hat, der von den traditionellen totalitätsorientierten Vernunftsentwürfen abweicht.
*2.* Mit einer Verabschiedung monokausaler Rationalitätsschemata (→Kausalität) ist nicht notwendig auch die »Metaphysik-Funktion« von Ph. preisgegeben. Trotz aller Kritik steht doch jedes Denken, das sich der Kluft von Tatsachen und Wert entschlagen hat, in Kontinuität zu den Traditionen der →Metaphysik. Bei der Auswahl unserer Relevanzkriterien wirken die hist. entwickelten metaphys. Annahmen nicht nur als kulturelle Selbstverständlichkeiten mit. Aus der Unmöglichkeit positiver Wesenserkenntnis folgt auch ein *negativer* Begriff von Metaphysik, der das als *Problem* festhalten möchte, was für die traditionelle Metaphysik einfachhin gegeben war oder sich begriffl. ableiten ließ (etwa das Bestehen auf dem erkennbaren Ansichsein der Dinge bei gleichzeitiger Einsicht, daß das »Übersinnliche« nicht nach dem Bilde des Sinnlichen, empir. Gegebenen gedacht oder in inhaltl. Bestimmungen überführt werden kann).
*3.* Metaphysik als Frage nach der *»Transkategorialität«* von Erkenntnis (z.B. nach einem denknotwendigen Allgemeinen *ohne* die gleichzeitige Annahme universaler Strukturen, *einer* zwingend vorgeschriebenen Methode und eines definiten Rationalitätsbegriffs) ist u.a. – jenseits spezieller wissenschaftstheoret. Diskussionen – dort gegenwärtig, wo gefragt wird, wie naturwissenschaftl.

Erkenntnis überhaupt zustande kommt, oder dort, wo man über die Frage nachdenkt, wie sich der Gegenstandsbezug singulärer prädikativer Sätze konstituiert, in bezug auf den Geltungsanspruch der Wissenschaften wie auf die →ontolog. Transformationsversuche im Umkreis von Sprachanalytik und log. →Positivismus.

*III. Dennoch: Metaphysik-Funktion der Philosophie*

Der »Metaphysik-Funktion« von Ph. entsprechen desgleichen auch Ansätze, die sich – unter dem Aspekt einer Vermittlung von Theorie und Praxis, von Rationalität und Lebenswelt – implizit und vorthemat. auf das vorgegebene *überlieferte Ganze* der Metaphysik beziehen.

*1.* Bei Habermas gründet dieser Vermittlungsversuch auf dem Postulat, daß *Überlieferung reflexiv* zu machen sei. Jene formalen Eigenschaften der kulturellen Überlieferung seien auszuwählen, die (in einer entsprechend interpretierten Lebenswelt) rationale Handlungsorientierungen ermöglichen. Diese kognitive Revision soll die philos. Tradition ihrer dogmat. Struktur entkleiden und in ein reflexives Verhältnis zu sich selber bringen, etwa die Vernunft in einer kommunikativen Beziehung zwischen (autonomen) Subjekten ansiedeln. So werden die traditionell metaphys. Bestimmungen von Subjektivität und Vernunft um das Kriterium gesellschaftl. Interaktion erweitert. Dadurch konstituiert sich eine Theorieform, die – zumindest in formaler Hinsicht – die Selbstdefinition metaphys. Theoreme wiederholt, da sie die Einzelwissenschaften zu überbieten beansprucht.

*2.* Diese Selbstdefinition verweist selbst dort noch auf die Verwandtschaft zu traditionell metaphys. Fragestellungen, wo – wie etwa in Luhmanns *Theorie sozialer Systeme* (→Systemtheorie) – Metapysik zurückgewiesen wird als ein überholt und willkürl. gewordenes emphat. Rationalitätsverständnis, überwunden deshalb, weil es unmögl. sei, das →Sein selbstreferentiell zu denken.

*3.* →Kant hat in einem zugegebenermaßen emphat. Sinne von der Ph. als von dem Versuch gesprochen, »sich im Denken zu orientieren«. Verständigt man sich auf diesen sehr weiten Ph.begriff, der geeignet ist, die unterschiedlichsten (ja widersprüchlichsten) Ansätze und Fragestellungen als philos. auszuweisen, dann lassen sich *zwei Wege* der Erschließung von Wirklichkeit benennen, die – ungeachtet auseinanderstrebender Fragestellungen und method. Vorgaben – das Ganze der Ph. umreißen: der Ausgriff nach dem Anderen, Irreduziblen (weiter nicht mehr Rückführbaren), und der Rückgriff auf das Faktische, Seiende in seiner normativen Bedeutung. Auf der Ebene der Selbstdarstellung von Ph. entspricht beiden Fragerichtungen das Nebeneinander von *Kritik* und *Dogmatismus.* Nur im Versuch, sie auszubalancieren (d.h. im Eingeständnis dessen, daß beide Momente unverzichtbar sind), kann sich die Ph. von einer diffusen Sinnsuche ebenso distanzieren wie von »wissenschaftl.« Engführungen und Neorationalismen, welche die Welt auf das Zähl- und Meßbare reduzieren und jene Fragen einer reinen Entscheidungswillkür überantworten, von denen das »Seinkönnen« einzelner wie sozialer und gesellschaftl. Gruppen abhängt.

*Carl-Friedrich Geyer*

**Physik** ist die grundlegende Naturwissenschaft der unbelebten Materie und der ihr innewohnenden Kräfte.

*A.* Empir. lassen sich →Materie und Kräfte unterscheiden. Die *Kräfte* werden weiter unterteilt in gravitative, elektromagnet., schwache und starke Wechselwirkung (WW). Diese WW.en äußern sich in typ. Phänomenen. So hängt die Gravitation mit der Anziehung von Massen zusammen, während der Elektromagnetismus die Kraft zwischen Ladungen, elektromagn. Wellen (Licht, Radiowellen) und Schaltungen (TV, Computer) enthält. Diese beiden WW.en sind langreichweitig, also auch bei großen Abständen der Massen oder Ladungen sind sie noch wirksam. Dagegen sind die schwache und starke WW kurzreichweitig, d.h., oberhalb eines für sie charakterist. Abstandes verschwinden sie. Die schwache WW spielt eine wesentl. Rolle beim radioaktiven Zerfall (ß-Zerfall); die starke WW wird als Ursache für die Stabilität der Atomkerne angesehen (z.B. besteht der Kern des Heliumatoms aus zwei Protonen und zwei Neutronen, die »stark« aneinander gebunden sind, →Atom).

*B.* Theoret. spiegelt sich die Unterscheidung von Materie und Kräften in den Begriffen *»Teilchen«* und *»Felder«* wider. Das sich gegenseitige Bedingen dieser Begriffe ist daher eines der Hauptmerkmale der theoret. Ph. So wird in der Newtonschen Mechanik (→Newton) Materie durch Massenpunkte repräsentiert; das die WW vermittelnde Kraftfeld bleibt unspezifiziert, d.h., die bes. Form der WW kann im Rahmen der Newtonschen Mechanik nicht bestimmt werden. In ihrem Rahmen kann nur festgestellt werden, daß es Kräfte gibt. Die Kräfte selbst sind Gegenstand einer Feldtheorie. Die Newtonsche *Gravitationstheorie* (Schwerkrafttheorie) ist eine solche Feldtheorie, die eine »Kraft« liefert, welche, in die Newtonsche Mechanik eingesetzt, die Berechnung der Planetenbahnen ermöglicht. Jedoch ist auch diese Feldtheorie unspezifiziert, solange nicht die Bewegung von Massen vorgegeben wird. Eine weitere Feldtheorie ist die *Elektrodynamik*, mit der die Endlichkeit und die Konstanz der Lichtgeschwindigkeit verknüpft ist. Verwendet man die Newtonsche Mechanik zusammen mit der Elektrodynamik, so zeigen sich bei sehr hohen Geschwindigkeiten Diskrepanzen. Diese löste A. →Einstein durch die spezielle →Relativitätstheorie.

*C.* Es gibt jedoch Phänomene, die sich mit den bisher dargestellten klass. Theorien nicht beschreiben lassen. Das sind zum einen jene Phänomene, in denen die WW der Teilchen diskrete (als Massenpunkte unterschiedene) und statist. Züge aufweist. Es zeigt sich näml., daß Teilchen bei WW.en nur ganzzahlige Vielfache eines elementaren *Wirkungsquantums* aufnehmen oder abgeben können und daß dies spontan geschieht. Beschrieben wird das durch die →Quantentheorien, die in dieser Hinsicht eine Erweiterung der klass. Theorien darstellen. Andere Phänomene, die ebenfalls weder durch die klass. noch durch die Quantentheorien beschreibbar sind, entstehen bei der Zusammensetzung von sehr vielen (gleichartigen) Einzelsystemen zu einem *Makrosystem.* Solche Makrosysteme haben Eigenschaften, die sich aus denen der Teilsysteme (Mikrosyste e) und deren WW allein nicht beschreiben lassen. Ein solches Phänomen ist die Auszeichnung einer *Zeitrichtung* in Makrosystemen, während die zugrundeliegenden Mikrosysteme in der Zeit umkehrbar sind. Solche Makrosysteme werden durch die Thermodynamik beschrieben. Deren Methoden finden Anwendung auch in anderen Wissenschaften, die sich mit der Dynamik von zusammengesetzten Systemen befassen.

*Lit.: C. Gerthsen u.a.:* Ph., Berlin u.a., 14. Aufl. 1982. – *B. Kanitscheider:* Philosophie und moderne Ph. Systeme – Strukturen – Synthesen, Darmstadt 1979. – *G. Ludwig:* Die Grundstrukturen einer physikal. Theorie, Berlin u.a. 1978. – *R. U. Sexl:* Was die Welt zusammenhält. Ph. auf der Suche nach dem Bauplan der Natur, Stuttgart 1982.

*Thomas Lauxmann*

**Pietät** leitet sich zwar ab von »pietas«, was soviel bedeutet wie »Frömmigkeit« und die rel. Grundhaltung der Ehrfurcht und Achtung gegenüber →Gott zum Ausdruck bringt (→Religion). Doch meint P. in unserem Sprachgebrauch jene *zwischenmenschl. Haltung,* die Ausdruck eines Schuldverhältnisses ist, das auch mit noch so großen Leistungen nicht abgegolten werden kann. Sie ist eng verbunden mit der →Gerechtigkeit, Dankbarkeit und Ehrfurcht. P. wäre jene Hochachtung, Wertschätzung und →Liebe, die Erwachsene gegenüber ihren →Eltern besitzen. Der den Eltern geschuldete →Gehorsam des noch unmündigen →Kindes wird mit Übernahme der Eigenverantwortung abgelöst durch die →Tugend der P., die allerdings heute wenig gefragt ist. Dennoch gehört sie zum rechten →Familiensinn.

→*Thomas von Aquin* versteht P. als Verhältnis des Menschen zu seinen Eltern, zu Gott und zum Vaterland: »Nach Gott ist der Mensch am meisten Schuldner seiner Eltern und des Vaterlandes: wie es also zur Religion gehört, Gott Verehrung zu erweisen, so gehört es... zur P., den Eltern und dem Vaterlande Verehrung zu erweisen.« Hinter diesen Aussagen steht noch das ma. geschlossene Ordnungsbild der →Gesellschaft.

*Lit.: J. Pieper:* Das Viergespann, München 1964, 153- 156.

*Johannes Gründel*

**Pietismus.** Der P. ist neben der →Reformation die bedeutendste innerkirchl. Bewegung des →Protestantismus. Seine Blütezeit erlebte er Ende des 17. Jh.s bis zur Mitte des 18. Jh.s; seine Nachwirkungen reichen durch neue Erweckungsbewegungen (→Erweckung) bis in die Gegenwart. Unabhängig voneinander entstanden der P. reform. (in Holland, England, Deutschland) und luth. Prägung. Gemeinsam ist ihnen die Forderung nach ständiger Erneuerung der Kirche und das Drängen auf die »*praxis pietatis*«, die Übung der Gottseligkeit. Die christl. Vollkommenheit ist das zentrale Anliegen. An die Stelle der →Rechtfertigung tritt oft die Wiedergeburt. Infolgedessen kam es zu heftigen Lehrstreitigkeiten mit der Orthodoxie (→altprot. Orthodoxie) und zu erhebl. innerkirchl. Auseinandersetzungen.

*A. Der reform. P.* in *England* hat seine Wurzeln im →Puritanismus, der auch auf die →*Niederlande* wirkte. Hier kommt für die Entstehung des reform. P. W. Amesius (1576- 1633) bes. Bedeutung zu; die weitere Entwicklung bestimmten z.B. J. Coccejus (1603-69), G. Voetius (1589-1676), J. van Lodensteyn (1620-77) und J. Teellinck (gest. 1674). Zur Abtrennung kam es erst bei J. de Labadie (1610-74), 1666 Prediger in Middelburg, dem Zentrum des reform. P. Stark vom myst. Spiritualismus (→Mystik) geprägt, wurde er nach seiner Gründung der »urchristl.« Abspaltung ausgewiesen und zog 1670 nach Nordwestdeutschland (Herford, Altona). In *Deutschland* war Th. Undereyck (1635-93) wegbereitend, der in Mülheim und Bremen den reform. P. durchsetzte. Am Niederrhein war der reform. P. bes. lebendig; beeinflußt wurde er vor allem durch G. Tersteegen (1697-1769), der, geprägt von der quietist. Mystik (→Quietismus), seit 1725 in Mülheim wirkte.

*B. Der dt. luth. P.* nahm seinen Ursprung bei Philipp Jacob Speners (1635-1705) »Pia desideria« (1675). Spener (1666 Senior in Frankfurt/M., 1686 Oberhofprediger in Dresden, 1691 Propst in Berlin) hatte bereits 1670 Privatversammlungen (*collegia pietatis)* ins Leben gerufen, eigentl. Bibelstunden. In den *»Pia desideria«,* in denen er die Reformvorschläge des dt. →Luthertums zusammenfaßte, legte Spener das Reformprogramm des luth. P. in sechs Vorschlägen dar, die nach »gottgefälliger Besserung der wahren Ev. Kirchen« strebten. Sie betrafen eine größere Verbreitung des Wortes Gottes, die Ausübung des geistl. Priestertums, die Verwirklichung des Christentums, das Verhalten in Religionsstreitigkeiten, die Amtsführung des Pfarrers und die Predigt. Diese Vorschläge übten eine gewaltige Wirkung aus und führten vielerorts zur Sammlung Gleichgesinnter. August Herm. Francke (1663-1727) verleiht dem P. eine auf die christl. Praxis ausgerichtete Note. Während seiner 35jährigen Wirksamkeit (seit 1692) als Professor und Pfarrer in Glaucha und Halle machte er Halle zum Zentrum des P. Dem 1695 gegründeten Waisenhaus folgten weitere Schulen, landwirtschaftl. und gewerbl. Betriebe (darunter Waisenhausapotheke und Verlag). Die

*Halleschen Anstalten* wurden zum Ausgangspunkt z.B. der inneren und äußeren →Mission, der →Bibelverbreitung (1710 Gründung der Cansteinschen Bibelanstalt), der Diasporafürsorge (H. M. Mühlenberg, der »Vater des dt. Luthertums in Nordamerika«, wurde z.B. aus Halle entsandt). Die hier ausgebildeten Theologen wirkten als Sendboten des P. Seine Schulen übten eine bes. Anziehungskraft auf den Adel aus. Auch N. L. Graf von Zinzendorf (1700-60) wurde hier ausgebildet, der sich später jedoch zeitweilig (»Sichtungszeit«) dem myst. Spiritualismus zuwandte. Erst nach manchen Krisen war die Gefahr des Separatismus für die *Brüdergemeine* gebannt. Wichtigster Repräsentant des *württ. P.* war neben Fr. Chr. Oetinger (1702-82) Johann Albrecht Bengel (1687-1752). In ihm verbanden sich der für den württ. P. charakterist. Biblizismus mit wissenschaftl. Arbeit, er hat z.B. Entscheidendes für die ntl. Textkritik geleistet.

*C. Der* radikale P. wurde vor allem von der →Mystik und vom Spiritualismus beeinflußt. Während der P. eine innerkirchl. Bewegung blieb (ecclesiola in ecclesia), strebte der radikale P. aus der Kirche hinaus (erste Abtrennung von der Kirche bereits 1682 in Frankfurt) und lehnte sie z.T. leidenschaftl. ab. Sein bekanntester Vertreter ist Gottfried Arnold (1666-1714), der sich vom gemäßigten zum radikalen P. und zurück entwikkelte. Daneben stehen z.B. F. Breckling und der Lüneburger Superintendent J. W. Petersen mit seiner Frau Eleonore von Merlau (→Frauen spielen im radikalen P. eine bes. Rolle). Entartungen wie z.B. die »Buttlarsche Rotte« sind für den radikalen P. nicht charakteristisch.

*D.* Neben den *Anstößen* auf dem Gebiet der →Bibelwissenschaft und der →Kirchengeschichte (vor allem durch Arnolds »Unpartheyische Kirchen- und Ketzerhistorie«, 1699-1700) stehen neben den Wirkungen, die z.T. zur Aufklärung überleiten (Praxisbezug, Individualisierung des Glaubens), vor allem die *Wirkungen* im Bereich des kirchl. Lebens. Im P. wurden Bibelstunden, →Katechismusunterricht, →Konfirmation gefördert, eine Belebung von →Gottesdienst und →Predigt erreicht, eine Vielzahl von neuen →Kirchenliedern entstand. Er wirkte für die Armenfürsorge, die innere und äußere Mission z.T. wegbereitend. Vor allem hat der P. aber auch auf →ökumen. Gebiet größte Wirkungen ausgeübt. Seine überkonfessionellen Beziehungen im Zusammenhang seiner weltweiten Aktivitäten förderten eine Annäherung der Konfessionen, die bis heute nachwirkt. Nach der Ablehnung des P. durch A. →Ritschl (Geschichte des P., 1880-86) hat dieser in der letzten Generation eine lebhafte wissenschaftl. Zuwendung erfahren (Zentrum: Hist. Kommission zur Erforschung des P.).

*Lit.: M. Schmidt:* P., Stuttgart, 3. Aufl. 1983. – Fortlaufende Bibliographie in: P. und Neuzeit. Jahrbuch zur Geschichte des neueren Protestantismus, Göttingen 1974ff.

*Beate Köster*

## Planung

*A.* P. ist die systemat. Erarbeitung von →*Zielen* und *Strategien* zu deren bestmögl. Verwirklichung. Als Versuch, menschl. Daseinsgestaltung zu rationalisieren (→Rationalität) und Sachprobleme zu bewältigen, bezieht sie als dynam. System →Funktionen, →Strukturen und Zwecke in den P.sprozeß ein und zielt darauf, die Steuerungs- und Lernkapazität des polit.-administrativen Systems zu erhöhen. Ihren Ursprung hat sie im menschl. →Handeln. Polit. P. geht davon aus, daß die gesellschaftl. →Wirklichkeit prinzipiell gestaltet werden kann. Sie hat Vorläufer in der Kriegführung, in der Stadtplanung und im Haushalts- und Finanzwesen. Erst in der 2. Hälfte des 20. Jh.s beginnt die Grundlage durchschnittl. materieller Existenzsicherung als Folge des rapiden techn. →Fortschritts eine neue Dimension der P.sdiskussion. Die menschl. →Bedürfnisse werden umfangreicher, differenzierter und viel stärker von gesellschaftl. Bedingungen abhängig. Die an den →Staat herangetragenen Wünsche übertreffen bei weitem die verfügbaren Ressourcen. Der wachsende Umfang staatl. Aufgaben läßt deren Erfüllung unüberschaubar werden und führt zu Widersprüchen. Neben- und Spätfolgen können bei immer rascherem Wandel nur noch unzureichend korrigiert werden. Das Unbehagen über fehlende Zielabwägung, die Dominanz gut organisierter →Interessen, die Erkenntnis der Grenzen des Wachstums und die Warnung, nicht auf Kosten zukünftiger Generationen zu leben, helfen die P.sangst der Nachkriegszeit (Erfahrung mit totalitären Systemen [→Totalitarismus]) zu überwinden. Die P.seuphorie (1968-73) zielt über widerspruchsfreies staatl. Handeln auf die aktive Gestaltung der Gesellschaft. Eine solche fordert umfassende Information über den Status quo: über P.sdaten (Bevölkerung, Ressourcen), funktionale Zusammenhänge, Strukturen und Zwecke. Um zu verändern, muß bekannt sein, was wie warum funktioniert und wie es sich ohne Eingriff verändern würde (Prognose). Theoret. ließen sich aus der Konfrontation des Ist mit dem Soll empir. wie dogmat. Fehlschlüsse vermeiden und ein gesellschaftl. Zielsystem entwickeln. Die →Konflikte zwischen den Zielen und die zwischen Zielen und Mitteln müßten beseitigt, durch Zuordnung der knappen Mittel müßte eine Rangordnung erstellt werden, dann läge ein Plan vor. Da sich individuelle und gesellschaftl. Prioritäten in der Zeit je nach Erfüllungsstand verändern, kann P. nur erfolgreich sein als kybernet. System (→Kybernetik), das lernen kann und sich ständig korrigiert. Die →Rationalität einer so umfassenden P. bezieht →Werte, Zwecke, →Systeme, →Strukturen, Funktionen und Mittel ein. Sie ist an die →Rechtsordnung gebunden und muß die Bedingungen

→demokrat. Willensbildung berücksichtigen (→Partizipation).

*B.* Die P.sdiskussion benennt *P.stypen* von bloßer →Anpassung (inkrementalist.) über Globalsteuerung (parametr.) und integrierte Aufgaben- und Ressourcenp. bis hin zu sozialist. (totaler) P. Nach dem Zeitraum unterscheidet man zwischen kurz- (1-2 J.), mittel- (3-4 J.) und langfristiger P. (5-15 J.), nach der Reichweite zwischen integrierender, bereichs- bzw. ressortübergreifender Gesamtp. und sektoraler Fachp. Daneben erfolgt die Verteilung der Mittel in der Finanz- und Flächenp. Nach der Wirkungsweise trennt man zwischen informativer, indikativer und normativer P. Der Vielfalt von P.stypen entsprechen die *Methoden* und *Techniken.* Sie reichen von P.sprogrammierungs- und Budgetingsystem (PPBS), Simulation, Netzplantechnik, soziale Indikatoren, Kosten-Nutzen-Analysen über mittelfristige Programmp. (MPP) u.a. mit Delphimethode, Entscheidungsbautechnik, Interdependenzanalyse bis hin zu P.ssystemen, die organisator., polit. und rechtl. Elemente aufnehmen.

*C.* In den *80er Jahren* haben Energiekrise (→Energie), Wachstumseinbußen, →Arbeitslosigkeit und Schuldendienst den polit. Handlungsspielraum schrumpfen lassen. Ernüchterung und Resignation sind mit der Erkenntnis eingetreten, daß die Voraussetzungen polit. P. weitgehend fehlen: fehlerhafte demograph. Daten; Vielzahl sich z.T. widersprechender wissenschaftl. Theorien über →Staat und →Gesellschaft und deren Steuerungsmechanismus; Parteiprogramme, die als konsensgetragene Zielprogramme unbrauchbar sind, weil Marktrationalität (Wahlen) Vorrang genießt; Austragen der Ziel-Mittel-Konflikte über die mittelfristige Finanzp. (Mifrifi), die zur Lähmung führen. Das Schweigen über P. ist eines über die Unzulänglichkeiten unseres polit. Systems. Es ist bedenkl., weil die Probleme, die P. initiierten, fortbestehen. Die Tatsache, daß sie in den 70er Jahren nicht bewältigt wurden, beweist überdies nicht, daß sie prinzipiell unlösbar sind.

*Lit.: C. Böhret:* Grundriß der P.spraxis, Opladen 1975. – *F. Grube/G. Richter/U. Thaysen:* Polit. P. in Parteien und Parlamentsfraktionen, Göttingen 1976. – *N. Luhmann:* Polit. P., Opladen 1971. – *R. Mayntz/F. W. Scharpf:* P.sorganisation, München 1973. – *W. Väth/F. Naschold (Hg.):* Polit. P.ssysteme, Opladen 1973.

*Ingrid Reichart-Dreyer*

**Plastik,** auch Skulptur oder Bildhauerei. Im engeren Sinn werden unter P. nur Arbeiten aus modellier- oder gießbaren Materialien (Ton, Porzellan, Wachs, Metalle und Kunststoffe) verstanden. Zur Skulptur rechnet man dagegen alle in Stein gemeißelten oder in Holz, Elfenbein u.ä. geschnitzten Werke. Die P. bedient sich der Phänomene von Ausdehnung, Helligkeit und Farbe. Die Dreidimensionalität der P. wird beim Relief und noch mehr bei der Ritzzeichnung, die bereits zur Graphik überleitet, eingeschränkt. Neben Groß- und Freip.en sowie Porträt- und Kleinp.en, die als autonome Kunstwerke ausgeführt werden, begegnet die architekturgebundene P. (Baup.), die alle diese Erscheinungsweisen der P. integriert.

*A.* In bewußter *Ablehnung der antiken Traditionen* vermied die →Alte Kirche die Rundp., weil sich mit dieser die Gefahr der götzendiener. Bildverehrung in bes. Weise verband. Einzelne frühe rundplast. Werke, die christl. interpretiert werden, sind entweder ursprüngl. nichtchristl. Herkunft (Guter Hirte, Museo Pio Cristiano, Vatikan) oder nachträgl. christl. adaptiert worden (Sitzstatue des Hippolyt, Bibliotheca Apostolica des Vatikan, Rom, 3. Jh.). Um so reicher entfaltete sich die Reliefp. innerhalb der Sarkophag- und Elfenbeinkunst. Auch Pilgerandenken und Kirchentüren (z.B. Santa Sabina, Rom, Anfang 5. Jh.) sowie →liturg. Geräte wurden mit Reliefs versehen. Im →Kirchenbau werden plast. Schmuckformen bei der Gestaltung von Säulenkapitellen, →Altar und Chorschranken verwandt; eine eigentl. Baup. ist jedoch unbekannt.

*B.* Erst mit der *Romanik* (→ma. Kunst) übernimmt die P. die Interpretation des Kirchenbaus. Es entstehen eigenständige Bildprogramme für den Portalbereich, Kapitelle und Kreuzgänge. Die Westfassaden *got.* Kathedralen lassen die Grenzen zwischen dem eigentl. Baukörper und der Baup. verschwimmen. Ähnl. Tendenzen charakterisieren auch den got. Kirchenraum, in dem Architektur (Wandflächen, Säulen), P. und →Glasmalerei einen unvergleichl. Zusammenklang von Formen, Licht und Farben bewirken. Mit Kruzifixen, Heiligenbildern und vor allem Grabplatten stellte die ma. Kunst die P. vor weitere bedeutende Aufgaben, die jedoch weit von dem Rang übertroffen werden, den die plast. Gestaltung des →Altars einnimmt. Die P. der Zeit war in aller Regel farbig gefaßt, erst Riemenschneider (gest. 1531) verzichtet auf die Fassung.

*C.* Die Tendenz zur Vermischung von Architektur und P. wird durch die →*Renaissance* beendet, die beide Kunstzweige wieder deutl. voneinander trennt. Das gilt prinzipiell auch für den →Barock, wo insbes. bei der Gestaltung der Decken in Schlössern und Kirchen die Grenzen zwischen P. und →Malerei durchlässig werden. Die illusionist. Effekte barocker P. verkörpert in höchster Vollendung Berninis Altar der hl. Therese von 1646 (S. Maria della Vittoria, Rom). Im *19. Jh.* geht die Beziehung zwischen P. und Kirchenbau weithin verloren. Neben guter →Gebrauchskunst spielt der Kitsch eine nicht zu unterschätzende Rolle. Im *20. Jh.* bezeugen etwa die Engelgestalten und Mahnmale →Barlachs die Möglichkeiten der P. im kirchl. Bereich. Daneben etabliert sich allerdings auch vieles, was rein traditionell oder dekorativ-kunstgewerbl. ist. Abstrakte oder mobile Werke haben sich bisher nur vereinzelt durchsetzen können.

*Lit.: H. Appel:* P. am Bau aus dreieinhalb Jt.en europ. Kunst, Berlin 1944. – *F. Baumgart:* Geschichte der abendländ. P., Köln, 2. Aufl. 1966. – *H. H. Hofstätter:* Geschichte der Kunst und der künstler. Techniken 2, München 1967. – Knaurs Lexikon der modernen P., München/Zürich 1960. – *U. Lammert:* Architektur und P., Berlin 1962. – *F. Landsberger:* Vom Wesen der P., Wien/Leipzig/München 1924. – *Th. R. Newman:* Plastics as an Art Form, London 1965.

*Peter Maser*

**Platon,** geb. 427 v. Chr. in Athen, gest. 347 v. Chr. ebd., griech. Philosoph; bedeutendster Schüler des Sokrates, gründete um 380 v. Chr. in Athen eine philos. Schule (Akademie), die bis 529 n. Chr. existierte. Im Anschluß an Sokrates und in der Auseinandersetzung vor allem mit Heraklit und Parmenides entwarf P. ein philos. Konzept, das bestimmend wurde für die weitere Entwicklung der →Philosophie. Es legt den Akzent nicht auf lehrhaft zu vermittelnde Denkinhalte, sondern auf den sich im →*Dialog* entfaltenden Denkprozeß selbst. Im Sichunterreden, im Wechselspiel von argumentierender Rede und Gegenrede (→Dialektik), soll es zur Reinigung (Katharsis) der →Seele des jeweiligen Dialogpartners von bloß eingebildetem →Wissen kommen und zur »Entbindung« dessen, was jeder an Wissen schon immer in sich trägt (Maieutik).
Grundlegend für die platon. Philosophie, die sich als das Streben nach dem Schönen, →Wahren, →Guten versteht (→Eros), ist die Unterscheidung von *Ding und →Idee*, Wahrnehmung und →Denken, Meinung und Wissen. Es besteht für P. eine natürl. Tendenz des Menschen, beim sinnfällig gegebenen Einzelnen nicht haltzumachen, sondern weiterzufragen nach seinem Urbild. Worauf diese Tendenz zurückzuführen ist, erklärt die platon. *Anamnesislehre*: Beim Anblick eines einzelnen Schönen, Wahren, Guten erinnert sich die Seele an jenes wahrhaft Schöne, Wahre, Gute, das sie vor ihrer Geburt geschaut hat. Die Seele realisiert im Erkenntnisakt, daß das abbildhafte einzelne in seinem Mangel auf ein vollkommenes Allgemeines (Urbild, Gattung, Idee) bezogen ist, das nicht aus der Erfahrung stammt, sondern von dem die Seele immer schon Kenntnis hat (→Apriori). Erkenntnis ist für P. immer vermittelte Erkenntnis: Was ein einzelnes, Individuelles, seinem Wesen nach ist, zeigt sich erst im Rückgriff auf die allg. Form, an der das einzelne und Individuelle teilhat. Auch die allg. Formen werden nicht unmittelbar erfaßt, sondern im Prozeß des diskursiven Denkens, des inneren Dialogs der Seele mit sich selbst, begriffen. P.s Philosophieverständnis ist geprägt durch *ethisch-pädagog. Impulse*, Philosophie ist für P. im Kern *paideia* (→Erziehung, →Bildung). Ziel der philos. Erziehung ist die weitgehende »Lösung der Seele von den Fesseln des →Leibes« (Phaidon), um ein am →Logos (Vernunft, Einsicht) orientiertes Leben zu ermögl. P. faßt die *paideia* als eine langwierige, den ganzen Menschen ergreifende »Umwandlung« auf, bei der Wissensvermittlung und das Einüben einer neuen Lebensform Hand in Hand gehen. Im Staat, seinem philos. Hauptwerk, entwirft er ein detailliertes Erziehungsprogramm, in dem Gymnastik, →Musik, →Mathematik und Philosophie (Dialektik) die entscheidende Rolle spielen.
Die im 19. Jh. einsetzenden Bemühungen, die Schriften P.s – von antiken Editoren in systemat. gegliederten Sammlungen überliefert – chronolog. zu ordnen, haben verschiedene *Entwicklungsphasen* innerhalb des platon. Denkens deutl. werden lassen: eine frühe Phase, in der die Themen meist dem Bereich der →Ethik entnommen sind, eine mittlere, in der P. die Ideenlehre entwickelt und sich vorwiegend mit erkenntnistheoret. und polit.-pädagog. Problemen befaßt, und schließl. eine späte, in der es zu einer z.T. tiefgreifenden Korrektur der Ideenlehre kommt. Dialektik und Kosmologie gewinnen jetzt an Gewicht. Zu den wichtigsten der 34 unter dem Namen P.s überlieferten Dialoge zählen (in chronolog. Reihenfolge): Protagoras, Gorgias, Menon; Phaidon, Symposion, Staat; Parmenides, Theaitet, Sophistes, Timaios.

*Lit.: J. Derbolav:* P.s Sprachphilosophie im Kratylos und in den späteren Schriften, Darmstadt 1972. – *P. Friedländer:* P., 3 Bde., Berlin, Bde. 1-2, 3. Aufl. 1964; Bd. 3, 2. Aufl. 1960. – *K. Gaiser (Hg.):* Das P.bild, Hildesheim 1969. – *E. Hoffmann:* P., Zürich 1950. – *T. Irwin:* Plato's Moral Theory, Oxford 1977. – *W. Kamlah:* P.s Selbstkritik im Sophistes, München 1963. – *R. Robinson:* Plato's Earlier Dialectic, Oxford, 2. Aufl. 1953.

*Rudolf Rehn*

**Platonismus**

*A.* Der *Begriff* P. ist mehrdeutig: In einem weiteren Sinne meint er ein Denken, das sich an bestimmten Elementen der Philosophie →Platons orientiert, an der Unterscheidung von intelligibler, nur dem Denken zugänglicher, und empir., sinnl. erfahrbarer, Welt etwa oder an der Ideenlehre; in einem engeren Sinne steht der Ausdruck P. für die Gestalt der platon. Philosophie, die ihr →Hellenismus und →MA. gegeben haben (→ma. Philosophie). *Charakterist.* für die Übernahme Platons durch Hellenismus und MA. sind a) die Betonung der rel. Seite der platon. Philosophie, b) die Tendenz, die Philosophie Platons als ein geschlossenes System zu betrachten (Dogmatisierungstendenz), c) die Abschwächung der Bedeutung der Dialogform und der elenkt. Methode (Widerlegungstechnik) für das platon. Philosophieren, d) die Tendenz, platon. Dialektik und Ontologie in eine hierarch. gegliederte Ordnung zu bringen, e) die Vernachlässigung der polit. Dimension der platon. Philosophie.

*B.* Die *Geschichte* der Platonrezeption ist über weite Strecken die Geschichte einer früh einsetzenden Aus- und Umformung der Philosophie Platons. Schon unter den unmittelbaren Nachfolgern Platons in der Leitung der Akademie verstärkte sich die Bedeutung der →Mathematik, und es kam zu z.T. schwerwiegenden Änderungen der Ideenlehre, deren Revision ein wichtiges Anliegen der platon.

Spätphilosophie gewesen war (→Platon). Die entscheidende Rolle aber im Prozeß der allmähl. Umwandlung der platon. Philosophie spielte der →*Neuplatonismus*, eine spätantike philos. Geistesströmung, in der platon., aristotel., pythagoreische und stoische Inhalte zu einer neuen Einheit verschmolzen. Der Neuplatonismus, deren wichtigste Vertreter Plotin (gest. 270 n. Chr.), Porphyrios (gest. 310 n. Chr.) und Proklos (gest. 485 n. Chr.) sich als legitime Erben und Fortsetzer der platon. Philosophie empfanden, darf als eines der einflußreichsten philos. Systeme der Antike gelten. Er absorbierte nicht nur fast alle anderen philos. Schulen des Altertums, sondern bildete zugleich in der Vermittlung durch →Augustinus, Boethius und Dionysius Areopagita auch eine der Grundlagen des ma. Denkens und der abendländ. Theologie (→Philosophie und Theologie). Neuplaton. geprägt war die Vorstellung von der Transzendenz (→transzendent) →Gottes, der mit dem plotin. Einen *(hen)* identifiziert wurde; von der Unangemessenheit, dem streng als *hen* gedachten Gott weitere Prädikate beizulegen (negative Theologie); von dem Abbildcharakter alles Kreatürlichen; von der hierarch. gegliederten Stufenordnung des →Seins; von der Gottähnlichkeit der menschl. →Vernunft; von dem (stufenweisen) Aufstieg der →Seele zum Einen. Der P. im MA. ist im wesentl. ein neuplatonisch gefärbter P. Von Platon selbst wurde in erster Linie der Timaios gelesen, daneben kannte man den Menon, Phaidon und Parmenides. Andere platon. Traditionsstränge im MA. bildeten die philos. Texte Ciceros und Senecas.

Zur Zeit der ital. →*Renaissance* änderte sich das Bild. 1428 war der vollständige griech. Text der Werke Platons von Konstantinopel nach Venedig gelangt, und in Florenz hatte Cosimo von Medici 1459 eine Akademie gegründet, die unter der Leitung von Marsilio Ficino zu einem Zentrum der Platonforschung wurde. Hier sammelte, übersetzte und kommentierte man die Schriften Platons und erschloß damit erstmals den gesamten Platon dem lat. Westen. Die platon. Akademie in Florenz bildete den Kristallisationspunkt, von dem aus sich der P. über ganz Europa ausbreitete.

*Lit.: W. Beierwaltes (Hg.):* P. in der Philosophie des MA.s, Darmstadt 1969. – *Ders.:* Denken des Einen, Frankfurt/M. 1985. – *G. von Bredow:* P. im MA., Freiburg 1972. – *R. Klibansky:* The Continuity of the Platonic Tradition during the Middle Ages, London 1939. – *H. J. Krämer:* Der Ursprung der Geistmetaphysik, Amsterdam 1964. – *B. Mojsisch:* Egressio/Regressio, in: Lexikon des MA.s, Bd. III, 1615-1616.

*Rudolf Rehn*

**Pluralismus**

*A.* P. charakterisiert die *moderne* Lebenswelt in ihrer Vielfalt der gesellschaftl. →Gruppen, der polit. Kräfte (→Politik), der →Religionen und der →Werte. Frühere →Kulturen mit ihrer in sich geschlosseneren sozialen →Welt boten den Bewohnern ein weit höheres Maß an →Sicherheit und →Identität. Viele Faktoren, wie z.B. das technolog. Wachstum (→Technik) oder die heutige Nachbarschaft zu abliegenden Kulturen, die ein eigenes Daseinsverständnis besitzen, führten zu einer *Relativierung* aller Sicherheiten, die objektive →Traditionen scheinbar auflöste. Glaubensvorstellungen, →Weltanschauungen u.a.m. gerieten in diesen Sog, und im Sinne von *Auswählen* und Aussuchen ist →Häresie zum Imperativ für Gruppen und einzelne geworden, die unter Beachtung des →Gemeinwohls hohe →Verantwortung für ihre Lebensgestaltung haben.

*B.* In diesem Zusammenhang steht auch die gegenwärtige Situation in →*Kirche und* →*Theologie.* Die Unmöglichkeit, sich ausschließl. auf die Kirche als sich immer wieder ereignende Versammlung der von Gott berufenen Menschen zu konzentrieren und ihre sichtbare, feststellbare →Organisation außer acht zu lassen, die sozialen Gesetzlichkeiten nicht enthoben ist, zeigen bereits das →NT und die früheste Kirche, die allerdings trotz verschiedener Theologien, unterschiedl. →Strukturen, entspr. →Konflikte und Parteiungen (Gal 2, Apg 15 u.ö.) bei allen notwendigen Grenzziehungen (Gal 1; 1 Joh 4 u.ö.) an der Einheit festhielt. Der *Überschuß* des →Glaubens über dessen begriffl. Fassung erlaubt von Anfang an eine vielfältige, plurale Denkungsart und →Sprache, die in mannigfachen Erwartungshaltungen, in der unterschiedl. sozialen und kulturellen Herkunft und in der sehr ungleichen Bildungslage von Sprechenden und Hörenden (»Sendern« und »Empfängern«) begründet ist.

Kam es im Verlauf der →Kirchengeschichte zur Aufspaltung der Christenheit in verschiedene Kirchen, →Traditionen, →Bekenntnisse und →Sekten, so gilt es in einer Welt, die ein nur provinzielles, auf die eigene Kirche und →Gemeinde bezogenes →Gewissen der Christenheit immer weniger erträgt, die existierende *Vielfalt der Kirchen,* ihrer Theologien und Lebensstile als Chance zu begreifen, die Enge der jeweils eigenen Tradition und die Beschränktheit des kulturell bedingten Horizonts zu überwinden (→ökumen. Bewegung). Zu lernen, daß →Wahrheiten möglicherweise einander ergänzen, daß Konflikt und Zusammenarbeit verschiedene Phase ein und desselben Vorgangs sein können, ist nicht nur Aufgabe der unterschiedl. Kirchen, die ohne Frage eine Annäherung der Standpunkte erreicht haben. Theol. Fronten in der Lehre und im gesellschaftl. →Handeln verlaufen in der Gegenwart zumindest z.T. quer zu den konfessionellen Abgrenzungen.

*C.* In der *wissenschaftl. Theologie* gibt es – u.a. bedingt durch die →Methodenvielfalt der einzelnen theol. Disziplinen, durch die pluralist. gewordene →Philosophie, durch andere auch für die Theologie wichtige →Wissenschaften, durch das notwendige Verstehen auch des Erkenntnisprozesses neben den Ergebnissen der jeweiligen Theologie – einen P., der unterschiedl. Positionen nicht als einfache Alternativen zuläßt, sondern sie disparat und als gegenseitig nicht vergleichbar stehenläßt. Auch wenn nicht unbedingt Verschiedenheit – wohl aber eine in Ausschließlichkeit erstarrte – schlecht ist, kann ein recht verstandener P. in der Kirche nicht auf die *Frage nach der Wahrheit* verzichten. Bibl. begründeter Glaube wird sich dem Gespräch mit der →Gemeinschaft stellen und Hilfestellungen im jh.ealten Glaubenszeugnis der gesamten Christenheit suchen, das reicher ist als das des einzelnen.

Das Grundproblem ist es, zu zeigen, inwieweit unterschiedl., je gegensätzl. theol. Positionen zugleich legitimer Ausdruck des →Glaubens an das eine →Evangelium sind oder nicht. Ein bloßer Hinweis auf →Jesus Christus und seine Botschaft als entscheidendes *Kriterium* kirchl. Gemeinschaft ist nicht hinreichend, sondern bedarf einer genauen Bestimmung, was Jesus und seine Botschaft sind. Wird hierbei der Mensch als jemand verstanden, der sich selbst verkündet, sucht, findet und rechtfertigt, ist zu widersprechen auf Grund des Evangeliums von dem →Gott, der sich aus reiner →Gnade dem Menschen erschließt und sie auf diese Weise zu Menschen vor ihm werden läßt.

*Lit.: Arnoldshainer Konferenz (Hg.):* P. in der Kirche, Berlin 1977. – *P. L. Berger:* Der Zwang zur Häresie, Frankfurt/M. 1980. – *H. Küng/W. Kasper (Hg.):* Ökumenik, in: Concilium 9 (1973), 525-601. – *K. Rahner:* Der P. in der Theologie und die Einheit des Bekenntnisses in der Kirche, in: *ders.:* Schriften zur Theologie, Bd. 9, Zürich, 2. Aufl. 1972, 11-33.

*Klaus Pönnighaus*

**Polen.** Kath. 81,6%; Orthod. 1,2%; Prot. 0,3%; Altkath. 0,2%; Nichtgläubige und Atheisten 9,5%.

Kirchen- und Nationalgeschichte P.s sind sehr eng miteinander verflochten. Nach der Heirat des ersten bekannten poln. Herrschers Mieszko I. mit der böhm. Prinzessin Dubrava und seiner Taufe (966) beginnt die *lat. Christianisierung* P.s (Missionsbistum Posen 968). Im *Jahr 1000* erhöht Kaiser Otto III. am Grab des hl. Adalbert in Gnesen Mieszko im Rang und gründet die *Kirchenprovinz* Polen (Erzbistum Gnesen, Suffraganbistümer Krakau, Breslau, Kolberg). Im →MA. sichert die Kirche ihre Rechte gegen staatl. Übergriffe (Stanislaus von Krakau), trägt in Phasen der polit. Zersplitterung aber auch zum Erhalt der Einheit bei. Gebietserweiterungen P.s nach Osten und die Union mit Litauen (1386) erfordern den Ausbau der Kirchenorganisation sowie die Auseinandersetzung mit der russ. Orthodoxie (→Rußland). Auch der Kampf gegen die Osmanen fördert das Selbstverständnis P.s als Vormauer der lat. Christenheit. Die →*Reformation* findet, teils aus rel., teils aus polit.-sozialen Gründen, großen Anklang vor allem in den →Städten, an den Universitäten und bei Teilen des Adels. Zwar kommt ihr die große →Toleranz in P. zugute, sie bleibt aber zu zersplittert, um dauerhaft Erfolg haben zu können. Der 1570 beschlossene Konsens von Sandomir, der die gegenseitige Anerkennung der →Lutheraner, →Reformierten und Böhm. Brüder (→Brüder-Unität) proklamierte, scheiterte am Widerstand der Lutheraner. Die von F. Sozzini organisierte →Unitarierkirche (Sozinianer) erlag der Verfolgung; Flüchtlinge trugen den unitar. Glauben nach den →Niederlanden und England. So blieb der →Protestantismus weitgehend auf das städt. dt. →Bürgertum beschränkt. Die →*Gegenreformation* wird vom Ermländer Bischof Stanislaus Hosius (1551-1579) und den →Jesuiten durchgesetzt. Der →Katholizismus wird Staatsreligion; im Kampf gegen Invasionstruppen wird →Maria zur Regina Poloniae (Königin P.s) erklärt (Tschenstochau 1656). Nach den *Teilungen* P.s zwischen 1772 und 1795 wächst die kath. Kirche zur Trägerin des poln. Nationalbewußtseins heran. In der 1918 errichteten Republik P. gewinnt sie als erste unter formal gleichberechtigten →Konfessionen großen Einfluß (Konkordat 1925). Im Zweiten Weltkrieg bekämpft die dt. Besatzungsmacht sie als eine der stärksten nationalpoln. Institutionen. Der →Kirchenkampf der kommunist. Volksrepublik ebbt 1956 (Machtantritt W. Gomułkas) ab; das 2. →Vat. Konzil, die Neuordnung der poln. Bistümer nach der Ratifizierung des Warschauer Vertrags1972, vor allem die Wahl des Krakauer Kardinals Karol Wojtyła zum →Papst (1978) geben der Kirche neue Stärke, die sie in der →Demokratisierungsbewegung 1978-1980 (Solidarność) behutsam einsetzt. Die kath. Kirche hat heute über 19.000 Kleriker, eine eigene Universität (Kath. Universität Lublin) und betreibt offiziell Militärseelsorge. Neben 2 Mill. Konfessionslosen gibt es einige kleine Religionsgemeinschaften – darunter eine autokephale orthod. Landeskirche (vgl. →oriental. Nationalkirchen) mit etwa 600.000 Gläubigen –, zusammengeschlossen im Christl.- ökumen. Rat.

*Lit.: J. Kloczowski (Hg.):* Histoire religieuse de la Pologne (Chrétiens dans l'histoire), Paris 1987. – *K. Völker:* Kirchengeschichte P.s, Leipzig 1930. – Historia kościoła w Polsce, 4 Bde., Poznań-Warszawa 1974-1979.

*Hans Hecker*

**Politik** betrifft den Kampf um →*Macht* und deren Regulierung in →*Gesellschaft* und →*Staat.* Macht ist die Chance, seinen Willen (im Falle von Individuen, Gruppen oder →Klassen) bzw. seine Verfahren (bei institutionalisierten Prozessen der →Herrschaft) durchzusetzen. Der Begriff »P.« übergreift verschiedene Problembereiche: Reichweite und Struktur, das Subjekt polit. →Handelns und die Legitimation polit. Herrschaft.

*A. Reichweite und Struktur des Politischen*

*I.* Die antike P. kennt keinen Staat im neuzeitl. Sinne. Trotzdem stellen die großen *athen.* Philosophen Platon und Aristoteles wesentl. Grundfragen des Politischen heraus: →*Platon* zielt auf die größtmögl. Einheit bei hierarch., ständ. Gliederung, die den Elementen der menschl. →Seele entspricht: →Vernunft – Staatsführung; mutvoll beherrschender Seelenteil – Ordnungswächter, begehrendes Element – körperl. Arbeitende (→Bauern; →Handwerker). →*Aristoteles* bestimmt den →Menschen als Polis-Lebewesen (griech.: zoon politikon). Der Staat (als Polis) vereinigt die Vielzahl verschiedener →Bürger unter dem *gemeins.* →*Gut* (koinon agathon) zu einer vollkommenen Lebensgemeinschaft (societas perfecta, →Gesellschaft). Weil sie den Menschen allseitig in Anspruch nimmt, stellt sie eine *eth. Aufgabe*, die nach den →Normen der →Gerechtigkeit zu regulieren ist. Herrschen und Beherrschtsein sind ungleich verteilt, weil die Menschen verschieden geboren sind. Erst die aus der Krise des antiken Staats entstandenen, z.T. von Sklaven getragenen Philosophien des Epikureismus und der →Stoa begründen die →*Gleichheit der Menschen* in der Weltvernunft (→*Naturrecht).*

*II.* Vom *Staat im modernen Sinn* kann erst seit dem 16. Jh. die Rede sein. Zentralisierung von Macht und →Recht (Gewaltmonopol und Souveränität), Organisation des Finanz- und Militärwesens, die Herausbildung eines gesamtgesellschaftl. →Bewußtseins (polit. →Identität) und die →Legitimität der Zentralinstanzen werden zu polit. Grundfragen. Polit. Wandel und die Steigerung sozialer Komplexität werfen u.a. folgende *Probleme* der P.wissenschaft auf: 1. Artikulation und Durchsetzung von →Interessen; →Parteien, Wahlen; 2. Machteliten und Interessenorganisationen (Verbände); 3. öffentl. Meinung und →Ideologien; 4. polit. Steuerung, Einstellung und →Kultur; 5. Ausdifferenzierung von Subsystemen wie Bürokratie, →Militär, Rechtsprechung; 6. die Reichweite einer die Herrschaftssysteme übergreifenden P. (»Weltinnenp.«; →Internationalismus) in Auseinandersetzung mit nationalen P.en. Das größte weltpolit. Problem heute könnte die asymmetr. Machtverteilung zwischen den Ländern des Nordens und des Südens der Erde sein. »P.« ist deshalb ein Begriff, dessen Gehalte sich geschichtl. erweitern.

*B. Das Subjekt des politischen Handelns*

*I.* Nach *Aristoteles* ist es der im Guten erfahrene, im »prakt.« Denken geübte freie (männl.!) Bürger. Zwar kannte die →Antike eine Vielzahl von Zwischeninstanzen (Paulus in Röm 13,1: vorgesetzte Behörden statt »Obrigkeit«!); trotzdem drängt das polit. Handeln zur Darstellung in einer →Person. Deshalb konzentriert sich das Verständnis von polit. Handeln über Jh.e auf Führungsgestalten.

*II.* Bes. *neuzeitl. Theorien* wollen das Verhältnis von Herrschenden und Beherrschten (→Regierung) klären. Im Unterwerfungsvertrag (der Untertanen unter den Souverän), im Bundesschluß oder in den *Vertragstheorien* (z.B. bei →*Hobbes* und →*Rousseau*) wird eine zumindest anfängl. polit. Aktivität aller Menschen vorgestellt, deren Rechte dann (z.T.) auf die Zentralinstanz übergehen. Umstritten ist, wie bzw. wieweit der Wille des einzelnen in einen polit. Gesamtwillen eingeht (*Rousseau:* volonté générale = Gemeinwille; →*Hegel:* Weltvernunft). Im 19. Jh. will der →*Liberalismus* die *Gesellschaft vom Staat unterscheiden* und die P. des Staates an der P. (im weiteren Sinne) des öffentl. verantwortl. Bürgers ausrichten. →*Konservative Theorien* übersehen diese Unterscheidung oder ebnen sie ein, weil sie den Menschen eher mißtrauen und eine starke Zentralinstanz wollen.

*III.* Eine *funktionale* Betrachtung der P. kann von →Individuen als polit. Handlungssubjekten absehen. Sie fragt nach dem polit. *System* und seinem Bestand bzw. seiner Entwicklung im Zusammenspiel seiner Elemente (vgl. die Aufzählung unter A II). In dieser (scheinbar) abstrakten Auffassung von P. spiegelt sich der hohe Komplexitätsgrad moderner Staats- und Gesellschaftsorganisation.

*C. Legitimation politischer Herrschaft*

*I.* Durchsetzung und Ausübung von Macht will sich rechtfertigen (und so zur Herrschaft, d.h. zur akzeptierten Macht, werden). Ansätze zur Legitimation finden sich im →Mythos, in göttl. →Autoritäten, sodann in Weltentwürfen von Theologen und Philosophen. In der →Neuzeit sind die *Vertragstheorien* wichtig: Menschen in vorstaatl. Existenz schließen sich zum Staat zusammen, dem sie einen Teil ihrer ursprüngl. Rechte (z.B. auf Gewalt zur Selbstverteidigung) übertragen. Vertragstheorien gehen von Grundannahmen über den Menschen aus (z.B., daß er des anderen Feind sei) und legen fest, wie weit Menschen dem Staat unterworfen sind (z.B. bleiben ihnen *unveräußerl. Rechte* gegen den Staat).

*II.* Spezif. *Formen polit. Organisationen* können im Blick auf das Gemeinwohl gerechtfertigt werden, z.B. die →Demokratie als bestmögl. Koordination aller Interessen oder die Monarchie als von →Gott legitimierte Zentralinstanz der Ordnungsverwaltung. Das ältere polit. Denken setzt voraus, daß Menschen das ihnen gemäße →Gesetz erkennen und sowohl →Geschichte wie →Natur eine Koordination im umfassenden Gut (Gemeinwohl) erlauben (Teleologie). In der Neuzeit schwindet diese Überzeugung; statt dessen wird die Überzeugung laut, daß polit. Ordnung zur Vermeidung größeren Übels da ist, während sich ein allg. Gut vielleicht nicht festlegen läßt (Menschen verstehen, was Schmerz und Verletzung ist, können sich aber kaum auf das gute Leben einigen; z.B. Hobbes).

*D. Ansätze politischer Ethik*

*I. Legitimationsstrategien* schließen eth. Fragen ein. Heute zeigen sie sich vor allem an folgender Alternative: Entweder kollidieren die Ziele der Menschen so, daß es die Vernunft gebietet, bestehende Ordnungen bis zum Beweis besserer Möglichkeiten zu bewahren; weil wissenschaftl. Diskussionen zu zeitaufwendig sind, bedarf P. der →Entscheidungen der dazu Berufenen (*Dezisionis-*

*mus*; etwa bei *H. Lübbe*). Oder die Menschen kennen Bedingungen der immer geübten, leider auch verzerrten →Kommunikation, die ein gemeinsames, vernünftiges Interesse im Diskurs begründet und einen moral. Impuls gegen bloße Machtausübung (→Gewalt) freisetzt (*J. Habermas*). Beide Ansätze wollen die Demokratie: der erste ist eher restriktiv und überzeugt von den Möglichkeiten der in der Neuzeit gewonnenen →Freiheit, der zweite will umformen und stellt die Schranken polit. Teilhabe z.B. in wirtschaftl. Entmündigung in Frage (→Demokratisierung). Der letzte Ansatz ist eher in der Lage, die Belange zukünftiger Menschen gegen den kollektiven Egoismus der jetzt Lebenden (und ihrer Menschheitsentscheidungen) zu berücksichtigen (Problem unumkehrbarer und generationenübergreifender Entscheidungen). Eth. Probleme liegen auch in den *Modellen öffentl. Herrschaft.* Zwar wird die Nähe der Demokratie zum →Christentum behauptet. Aber die liberale Demokratie könnte die gebotene →*Solidarität* zugunsten der *Freiheit* vernachlässigen. Deshalb entscheidet sich das Urteil über ein polit. System vor allem an der *Regulierung wirtschaftl. Macht.* Während die Entscheidungen im westl. →Europa in der Bandbreite sozialstaatl. öffentl. Herrschaft fallen, zeigt sich an der →»Dritten Welt«, daß sowohl Markt- wie Zentralwirtschaft versagen und neue Formen von Basisorganisationen notwendig werden.

*II.* Wichtig ist schließl. die *polit. Teilhabe* (→Partizipation). Sie hängt nicht allein von →Erziehung und →Bildung, sondern auch von der *polit. Kultur* und der sozialen wie wirtschaftl. Stellung ab. Inhalte christl. Erziehung und kirchl. Einfluß haben oft autoritäre Einstellungen oder polit. Unterwürfigkeit gefördert. Je überzeugender jedoch eine partizipative Demokratie von ihren Mitgliedern mitvollzogen wird, desto sicherer und toleranter ist auch der Umgang mit sie bedrohenden →Minderheiten. Der Widerspruch gilt hier als fruchtbar.

*E. Theologische Fragen*

P. betrifft nicht nur die →Ethik des Christentums, sondern auch seine Deutung von Welt und Geschichte. Wird Gott gedacht, als delegiere er einen Teil seiner Macht an die Herrschenden, werden hierarch. Vorstellungen gestützt. Gilt seine Macht als allverwandelnd, dann könnten polit. Machtträger mit prophet. Kraft in Frage gestellt werden. →Augustins Lehre von zwei in der Geschichte miteinander kämpfenden *Reichen* stellte den Staat ins Zwielicht: Obwohl er vorläufiger Erhaltung diente, kann er sich dem zum Untergang best. Reich der Welt nicht entziehen. Von Gott gesetzte *Ordnungen*, in die Natur des Menschen gelegt oder gegen das aus der →Sünde folgende Chaos eingesetzt, heben *ma.* Theologen oder prot. Konservative des 19. und 20. Jh.s hervor. →*Luther* will mit der Unterscheidung zweier *Regimente* (→Zweireichelehre) Gottes universalen Liebeswillen außerhalb des →Glaubens wie in ihm hervorheben: Das Christl. ist ganz zu tun, auch im Polit. und um des Nächsten willen. Das *Barmer Bekenntnis* von 1934 sieht Gottes Anordnung im Staat im Lichte des in Christus offenbaren Willens (→Jesus Christus). Demgegenüber steht die kath. Lehre naturrechtl. Vorstellungen näher; der franz. kath. Philosoph *Maritain* (1882-1973) nahm Einfluß auf die →Menschenrechtserklärung der Vereinten Nationen (1948). Prinzipien der polit. Ordnung werden aus einer Metaphysik des Sozialen (*Solidarität*, →*Subsidiarität)* hergeleitet, aber auch von Gottes heilsgeschichtl. bekundetem Willen her gestützt.

*Lit.: E.-W. Böckenförde:* Staat, Gesellschaft, Freiheit, Frankfurt/M. 1976. – *E. Denninger:* Staatsrecht, Bd. I, Reinbek 1973; Bd. II, ebd. 1979. – *O. H. von der Gablentz:* Die polit. Theorien seit der amerik. Unabhängigkeitserklärung, Köln/Opladen, 3. Aufl. 1967. – *H. Heller:* Staatslehre, hg. von H. Niemeyer, Leiden 1970. – *M. Kriele:* Einführung in die Staatslehre, Reinbek 1975. – *F. Neumann (Hg.):* Polit. Ethik, Baden-Baden 1985. – *R. Nozick:* Anarchy, State and Utopia, New York 1974. – *W. Oelmüller/R. Dölle/R. Piepmeier:* P., Paderborn/München/Wien/Zürich, 2. Aufl. 1980. – *J. Rawls:* Eine Theorie der Gerechtigkeit, Frankfurt/M. 1975. – *U. Steinvorth:* Stationen der polit. Theorie, Stuttgart 1981.

*Christofer Frey*

**Politische Romantik.** Die →Romantik ist eine Anfang des 9. Jh.s vor allem in England (S. T. Coleridge [1772-1834]), →Frankreich und →Deutschland, nach der Jh.mitte auch in anderen Ländern →Europas und den →Vereinigten Staaten (R. W. Emerson [1803-1882]), in der →Kunst, im Bereich des →Denkens und teilweise auch der →Politik wirksame Kulturtendenz, die sich gegen den als mechan. empfundenen →Rationalismus der →Aufklärung wendet. Während die Romantik in der Kunst das Spontane, Empfindsame, →Irrationale (E. T. A. Hoffmann [1776-1822]) hervorhebt und dadurch das Formbewußtsein der →Klassik sprengt, im Bereich des philos. und rel. Denkens den →Mythos, die →Mystik (J. von Görres [1776-1848]), den »Genius des Christentums« (F. R. Chateaubriand [1768-1848]) entdeckt, hebt die p.R. angesichts der entstehenden Industriegesellschaft und der Anfänge von →Liberalismus und →Sozialismus die Bedeutung *»natürl.« Einheiten* (wie →Familie und →Volk), von Kulturdimensionen (wie →Tradition und →Autorität), von *polit. Gliederungen* wie den →Ständen und dem Bundesstaat hervor (F. von Baader [1765-1841], A. Müller [1779-1828]). Da insbes. die p.R. (der Begriff wurde von C. Schmitt [1888-1985] geprägt) mit einer Wiederentdeckung des →MA.s einhergeht (Novalis), insofern auch einen neuen Zugang zum Traditions- und Institutionenverständnis der kath. Kirche entwickelte, wird sie heute nicht selten als reaktionär empfunden. Dies ist insofern nicht zutreffend, als gerade p.R.er früher als Sozialismus und Liberalismus die →soziale Frage entdeckten (Baader weist 1835 als erster Deutscher auf das →Proletariat hin). Freil. waren die Vertreter der p.R. meist →Konservative (der Ausdruck geht nicht zufällig auf Chateaubriand zurück); da sie unter dem Einfluß des dt. →Idealismus häufig in Kategorien des →*Organismus* dachten, hatten sie wenig Sympathie für eine →Gleichheit, die gewachsene Strukturen auflöst, und die Republik bzw. →Demokratie, die von ihnen als Frucht der →Franz. Revolution gedeutet wurde, vielmehr betonten sie das Traditionsbewahrende der Monarchie, aber auch – lange vor dem 1. →Vat. Konzil – die Autorität der →Papstes (J.-M. de Maitre [1753-1812]).

Als *Vorläufer* der p.R. werden zuweilen E. Burke (1729-1797), aber auch J. J. →Rousseau genannt; als *Ausläufer* der p.R. können Tendenzen des 20. Jh.s angesehen werden, welche das →Katholische nur noch polit. deuteten und damit eine (von der →Kirche ausdrückl. abgelehnte) Frühform einer →polit. Theologie vertraten, die dem sog. →Faschismus gefährl. nahekam (Ch. Maurras' [1868-1952] Action française). Heute ist die p.R. nur noch von hist. Interesse.

*Lit.: T. Hillway:* Neuromant. Tendenzen in der abendländ. Kultur der Gegenwart, München 1976. – *H. M. Jones:* Revolution and Romanticism, Cambridge 1974. – *C. Schmitt:* P.R., Berlin 1919.

*Nikolaus Lobkowicz*

**Politische Theologie.** Die gegenwärtige p.Th. sucht die in Folge der →Säkularisierung entstandene Kluft zwischen gläubiger →Gemeinde und moderner →Gesellschaft zu überwinden. Der wandelte Kirchenbegriff und ein *dynam.-hist. Verständnis* vom Heilswirken →Gottes in der →Welt führen zu einer gesellschaftskrit. theol.-christolog. Reflexion der menschl. →Geschichte und der sozialen Verhältnissse. Sie nimmt ihren Ausgang von der Praxis des christl. Glaubens. Die christl. →Hoffnung, die sich mit menschl. →Fortschritt verbindet, erhält so eine neue polit. Dimension.

*A.* Die *Begriffsgeschichte* reicht zurück in die →Antike (→Stoa und röm. Staatsreligion) und die altchristl. Rechtstheologie des Eusebius. Die fundamentalist. Idee eines christl. Glaubensstaats wirkte bis heute nach. Schon →Augustinus formuliert aber in seiner Staats- und Geschichtsphilosophie den Vorbehalt gegen eine Theologisierung der polit. Institution. Vor dem Zweiten Weltkrieg hat C. Schmitt (1888-1985) den Begriff »p.nTh« zentral für seine Staatslehre verwendet, um den Staat in ein Legitimationsverhältnis zu →Religion und →Kirche zu bringen. Im starken, funktionsfähigen Staat ist die legale Ordnung mit Legimität verbunden und entspricht dem vorstaatl. Rechtsbewußtsein. Die Begriffe der »p.nTh.« liegen damit nicht außerhalb der polit. Theorie. Dagegen entwickelte zur selben Zeit der kath. Theologe E. Peterson eine Geschichtstheologie, die die von der polit. Umwelt eigenständige Entwicklung des Christentums zeigt. Die *»neue« p.Th.* will dem →Glauben und der →Theologie die polit. Dimension zurückgeben. In einer krit. Form soll Politik mit Theologie verbunden werden mit dem Ziel des Wandels des Politischen von der Theologie her. Der Fundamentaltheologe J. B. Metz löste Ende der 60er Jahre eine breite Diskussion in der kath. und ev. Theologie aus, als er für dieses Anliegen den Begriff p.Th. wählte. Ihm galt es, die krit. Kraft des →Wortes Gottes freizusetzen, Kirche und Theologie zu politisieren. Dabei wollte er keiner polit. Tendenz verfallen. Krit. Korrektiv sollte sie sein und positiv versuchen, gegen die »extreme Privatisierungstendenz« einer metaphys.-naturrechtl. betriebenen Theologie und Soziallehre (die die moderne →Gesellschaft nicht mehr erreichten, →Metaphysik, →Naturrecht) die christl., auf das endzeitl. (eschatolog.) →Heil gerichtete Botschaft unter den Bedingungen unserer gegenwärtigen Gesellschaft zu formulieren. Der Glaube soll durch eine bibl., primär theol. Begründungsweise eine »krit.-subversive Kraft« gewinnen, befreiend und erlösend die Kirche mit ihrer Hoffnung auf das Heil in die moderne Gesellschaft einbringen.

*B.* Die *Diskussion* um die p.Th. befaßte sich mit Einwänden ebenso wie mit ihrem Anliegen. Es bestehe die Gefahr, in den alten kath. Integralismus (polit. Einheit von Glauben und weltl. Gesellschaft) zu verfallen. Die p.Th. könne mit ihrer Argumentationsweise nicht zu inhaltl. positiv best. Kriterien für eine polit. Praxis kommen. Anders als früher bedürfe die →Politik heute keine theol. Begründung, hingegen suche die Theologie sich in die Politik einzubringen. Das alleinige theol. Argument in der Politik bringe die Gefahr eines unkrit. Biblizismus, einer Gleichsetzung ird. mit göttl. Heilserwartung und öffne die Kirche der Kooperation mit jeder anderen krit. gesellschaftl. Macht. So war die kurz vorher entstandene Theologie der →Revolution dem Bemühen von Christen entsprungen, ihre polit. Zusammenarbeit mit Marxisten theol. zu legitimieren. Weitere Gegenargumente sind: unkrit. Nähe zu bloß innerweltl. marxist. Interpretationsmustern; Kirche als →»Institution gesellschaftl. →Freiheit«, zu vage gefaßt, gewinne keine eigene Position, um von da aus ihr Verhältnis zum Staat und zur Politik zu bestimmen; der Kirchenbegriff werde verpolitisiert, ohne dem polit. Engagement der Christen positive Ziele zu geben; das Verhältnis von ird. Geschichte und deren transzendentem Ziel sei ungeklärt, die Berufung auf die »memorativ-narrative Struktur« der Leidens- und Erlösungsgeschichte →Jesu als Heilsverkündigung bringe allein keine Klärung, aus Prophetie lasse sich noch keine polit. Praxis begründen.

*C.* Ein *Kernproblem* ist das Verhältnis von Theologie und Gesellschaftslehre der Kirche. Die p.Th. ist gegen die – wie sie es sieht – traditionelle Arbeitsteilung zwischen beiden. Der p.Th. genüge die soziale Praxis aus dem Glauben zur Grundlage theol. Reflexion. Die kirchl. Amtsträger hätten, statt soziale Lehren zu formulieren, das gesellschaftl. Engagement der Basis zu unterstützen. Die kirchl. Sozialverkündigung → wie ebenso viele Vertreter der → kath. Soziallehre halten aber an allg. gültigen sozialen Prinzipien wie an Sachargumenten fest, um zu sittl. inhaltl. Urteilen im gesellschaftl. Bereich zu kommen. Von einzelnen Schulmeinungen abgesehen, ist unter dem → Naturrecht kein Lehrgebäude von Sätzen, aus dem sich die Schlußfolgerungen eindeutig für jede → Situation ergäben, zu verstehen. Es ist eine dynam. Wirkkraft, nicht unabhängig von → Erfahrung, hin auf die Entfaltung menschl. → Grundwerte, aber kein fertiges Gesellschaftsmodell. Die Grundeinsichten des christl. → Menschen- und Gesellschaftsbildes empfangen wesentl. Impulse aus dem → Evangelium. Als → Wissenschaft bedarf die Soziallehre aber bes. auch unter Anwendung sozialwissenschaftl. Methoden und Erkenntnisse des Arguments aus der Sachnatur gemäß den → Eigengesetzlichkeiten des Sozialen, um mehr als nur appellative und krit. Aussagen zur Lösung der sozialen Fragen zu machen. Bloß krit. Unruhe zu sein gegen den Status quo ist zur Befreiung aus sozialem Unrecht und polit. → Gewalt zuwenig, es bedarf auch eines Freiheitsbegriffs und einer Hoffnung im Rahmen einer Sozialordnung.

*D.* In ihrer *Wirkungsgeschichte* kann die p.Th. neben der Vertiefung des Anliegens, die eigenständige Rolle der Kirche in der Gesellschaft heute zu stärken, auf direkte Impulse für die Entwicklung der → Befreiungstheologie hinweisen. Das Verhältnis von Kirche und Politik ist ein bes. Thema auch im Pontifikat *Johannes' Pauls II.*, es theol.-christolog. zu begründen und zu begrenzen. Die Wirkweise der Kirche in die Welt hinein wird von ihm indirekt bestimmt, vom prophet. Amt aus und doch grundsätzl. und sachorientiert. Dieser Auftrag verwirklicht sich in der Sendung von Laien und kirchl. Amtsträgern gleicherweise, bezieht sich auf Gesinnung und Strukturreform und hält in einer pluralist. Welt an der universalen christl. Wahrheit fest.

*Lit.: E.-W. Böckenförde:* Staat, Gesellschaft, Kirche (Christl. Glaube in moderner Gesellschaft, Teilbd. 15), Freiburg 1982 (Lit.). – Der Glaube und die gesellschaftl.-polit. Wirklichkeit (Themenheft), Concilium 4 (1968), H. 6/7. – *W. Kroh:* Kirche im gesellschaftl. Widerspruch, München 1982. – *J. B. Metz:* Glaube in Geschichte und Gesellschaft, Mainz 1977. – *Ders.:* Zur Theologie der Welt, Mainz 1968. – *E. Peterson:* Theol. Traktate, München 1950. – *H. Peukert (Hg.):* Diskussion zur »p.nTh.«, Mainz 1969. – *L. Roos:* P.Th. und kath. Soziallehre, in: Internationale Kath. Zeitschrift »Communio« 10 (1981), 130- 145. – *T. Rendtorff/H. E. Tödt:* Theologie der Revolution, Frankfurt/M., 2. Aufl. 1968. – *C. Schmitt:* Polit. Theologie, München/Leipzig 1922. – *J. Taubes (Hg.):* Religionstheorie und P.Th., 3 Bde., München 1983-1987.

*Rudolf Weiler*

**Politischer Katholizismus.** Der *Sammelbegriff* »p.K.« gilt durchweg dem Auftreten der Katholiken als polit. Kraft in modernen Staats- und Gesellschaftssystemen. Die dabei verfolgten spezif. *kath. Zielsetzungen* haben eine erhebl. Bandbreite, da die Frage der Staatsform gegenüber der Sicherung kirchl. Einflusses zurücktritt und die Ziele der → kath. Soziallehre auf der Grundlage von → Offenbarung, → Naturrecht und kirchl. Lehrautorität unterschiedl. Interpretationen zulassen (→ christl.-demokrat. Parteien). Als *Träger* des p.K. kommen Vertreter der Amtskirche und → Laien in Betracht, deren kirchenexterne und -interne Formierungen in formellen und informellen Vereinigungungen oder → Parteien eine schillernde Vielfalt erreich(t)en (→ kath. Organisationen). In der neueren dt. Geschichte ragt die *Zentrumspartei* als hervorragende parteipolit. Vertretung des → Katholizismus bis 1933 hervor, wenn auch bei den Reichstagswahlen zuletzt nur ein gutes Drittel aller wahlberechtigten Katholiken für diese Partei votierten.

*Ziele, Inhalte* sowie *Methoden* und *Medien* des p.K. unterscheiden sich je nach den handelnden Personen und Bedingungen in den einzelnen Staaten, Ländern, Regionen und Orten. Dabei lassen sich jedoch vorherrschende *Trends* ausmachen, so z.B. in → Deutschland nach der Säkularisation – auch im Rahmen der restaurativen Staatskirchenhoheit (→ Restauration) – das Bemühen um eine Koordination von → Kirche und Staat in einem »christl. Staat«, zugleich restaurative Ziele eines erneuerten Ständestaates und konsequente Nutzungen von Publizistik und Vereinswesen (1848/49 in modellhafter Breite). Weltweit steht der p.K. heute vor *immensen Problemen* angesichts der komplexen Staats-, Wirtschafts- und Gesellschaftssysteme einschließl. weit(est)reichender → Säkularisierung der Lebensvollzüge. Wie etwa hinsichtl. der → Armut in der → Dritten Welt, die als christl. Herausforderung zu radikalen polit. → Reformen begreifbar ist, bestehen erhebl. innerkath. Kontroversen über die Ausrichtungen des p.K. Der im Vormärz (→ Biedermeier) noch unbekannte, im 20. Jh. gängige, häufig abschätzig oder affirmativ verwandte Begriff p.K. überlagert(e) sich bis heute mit den Begriffen → »Ultramontanismus« (älterer Begriff für streng-dogmat., romtreues Auftreten einschließl. polit. Einsatzes), → »polit. Theologie« und »kath. Milieu« (neuerl. verbreiteter Begriff für den sozialen Nährboden spezif. kath. Verhaltens in → Gesellschaft und → Politik).

*Lit.: E. Heinen:* Staatl. Macht und Katholizismus in Deutschland, 2 Bde., Paderborn 1969-1979. – *H. Hürten:* Geschichte des Dt. Katholizismus 1800-1960, Mainz 1986. – *K.-E. Lönne:* P.K. im 19. und 20. Jh., Frankfurt/M. 1986. – *A. Rauscher (Hg.):* Der soziale und p.K. Entwicklungslinien in Deutschland 1803-1963, 2 Bde., München/Wien 1981-1982.

*Michael Klöcker*

**Politischer Protestantismus.** Der *Begriff* »p.P.« wurde in → Deutschland seit dem Vormärz (→ Biedermeier) in meist abwertendem Sinn in der konfessionellen Polemik gebraucht. Seit den 60er

Jahren des 20. Jh.s wird der Begriff häufiger in der geschichtswissenschaftl. Diskussion benutzt, ohne daß bisher eine eindeutige inhaltl. Festlegung erfolgt wäre. Allg. bezeichnet p.P. den polit. Aspekt des →P. Man hat eingewandt, der Begriff sei tautolog., da »P.« – im Gegensatz etwa zur Bezeichnung »ev. Kirche« – bereits einen polit.-öffentl. Akzent habe. Zu unterscheiden sind die jeweiligen *Epochen,* für die der Begriff gebraucht wird. Für entsprechende Phänomene des sog. konfessionellen Zeitalters (→Gegenreformation) wird der Begriff nur selten benutzt, da in ihm der Zusammenhang von →Konfession und →Politik ohnehin dominiert. Für die Epoche des 19. und 20. Jh.s bezeichnet der Begriff die polit. Implikationen des P. in einer Phase, in der die *Scheidung von* Religion und Politik zunehmend deutlicher zutage tritt.
Der analoge Gebrauch zum Begriff →»polit. Katholizismus« ist auf Grund des unterschiedl. Kirchenbegriffs und unterschiedl. konfessioneller Organisationsstrukturen auf Kritik gestoßen. Zwar gab es im P. – im Gegensatz zu den großen kath. Parteibildungen – in Deutschland nur kleine polit. →Parteien (z.B. die christl.-sozialen Parteien im Kaiserreich und in der Weimarer Republik), jedoch artikulierte sich eine prot. geprägte Politik in starkem Maße in den großen konservativen und liberalen Parteien, später in der →Sozialdemokratie. H. Gollwitzer hat auf die »polit. Transformation genuin rel. Bewegungen« (etwa des →Pietismus oder der →Erweckungsbewegung) hingewiesen und die »Bildung weltl.-geistl. Synkretismen« beschrieben. Danach lassen sich *vier Haupttypen des p.P.* unterscheiden, näml. prot. →Konservatismus, prot. →Liberalismus, Nationalprotestantismus sowie sozialist.P. Doch wird mit einer weltanschaul.-rel. Typisierung der weite Bereich einer spezif. kirchl.-prot. Politik kaum angemessen erfaßt. Ein einheitl. geprägter p.P. dürfte auf Grund konfessionell bedingter Unterschiede bes. im sozialeth. Bereich kaum nachweisbar sein.

*Lit.: H. Gollwitzer:* Vorüberlegungen zu einer Geschichte des p.P. nach dem konfessionellen Zeitalter, Opladen 1981.

*Ferdinand Magen*

## Polizei

### *A. Geschichtliche Entwicklung*

Der *Ursprung* der P. liegt in der Zeit, da die stände. Ordnungskräfte im →MA. versagten und sich der frühmoderne →Staat ausgebildet hat. Neuartige Ordnungsprobleme treten seinerzeit zuerst in den sich ausbildenden →Städten auf, die an sachl. Erfordernissen orientierte Regelungen für die Ordnung vor allem des Bau-, Verkehrs-, Gesundheits- und Feuerwesens benötigen. So tritt mit der Zeit an die Stelle einer als natürl. vorgegeben gedachten Ordnung die durch fürstl. Rechtsgebot gesicherte öffentl. Ordnung, die obrigkeitl. »gute Policey«. Der Begriff der P. wird Ende des 15. Jh.s *aus Burgund* in die Kanzleisprache des Reiches übernommen. Seine sprachl. Wurzel in der »politia« (das wohlgeordnete Gemeinwesen) verweist bereits auf das sich alsbald ausbildende weite Verständnis von P.: Sie kennzeichnet bis ins 19. Jh. die *gesamte obrigkeitl. Regelung* des inneren Lebens im Staate, schlägt um in den »Polizeistaat«, der alle Freiheit und Initiative erstickt. Gegen Ende des 18. Jh.s wird unter dem Einfluß rechtsstaatl.-liberaler Gedanken (→Rechtsstaat, I. →Kant, W. von Humboldt) langsam der →Wohlfahrtsauftrag des Staates aus dem P.begriff ausgeschieden. Dieser wird auf bloße Gefahrenabwehr beschränkt. Die Entwicklung wird erst Ende des 19. Jh.s vollendet und geht mit einer Umformulierung der Staatszwecke einher.

### *B. Gegenwärtiger Rechtsstatus*

Heute verstehen wir in der *Bundesrepublik Deutschland* unter P. in einem engeren institutionellen Sinne nur die im Vollzugsdienst tätigen uniformierten Kräfte und die Kriminalp. Sie haben die Aufgabe, Straftaten und Ordnungswidrigkeiten zu verfolgen, unaufschiebbare Maßnahmen zur Gefahrenabwehr zu treffen, insbes. den Straßenverkehr zu überwachen und zu regeln, und Vollzugshilfe zu leisten. Weite Gebiete der Gefahrenabwehr sind heute »entpolizeilicht«, d.h. nichtpolizeil. (Ordnungs-)Behörden zugewiesen. Die P. darf ihnen nur im Wege der Vollzugshilfe oder im Einzelfall subsidiär zur Seite stehen. Die grundsätzl. für die gesetzl. Regelung des Gebietes der Gefahrenabwehr zuständigen Bundesländer kennen Schutz-, Kriminal- und Bereitschaftsp. Der Bund hat den Bundesgrenzschutz, die Bahnp. und das nicht zu selbständigem Einschreiten ermächtigte Bundesamt für den Verfassungsschutz errichtet. Polizeil. Einschreiten muß stets auf einer *gesetzl. Grundlage* (Spezialermächtigung oder der sog. polizeil. Generalklausel) beruhen, sich in der Regel gegen den Störer richten und das Verhältnismäßigkeitsprinzip beachten. Der Bürger kann sich mit Rechtsbehelfen gegen polizeil. Maßnahmen wenden.
Die dt. P. ist in die internationale kriminalpolizeil. Organisation (Interpol) eingebunden; das Bundeskriminalamt nimmt die Funktion des Nationalen Zentralbüros von Interpol wahr. Die P. als Verwalter des staatl. Gewaltmonopols ist seit Anfang der 70er Jahre durch die Ausweitung ihrer Kompetenzen im Rahmen der →Terrorismusbekämpfung, ferner auf Grund der neuen Möglichkeiten der elektron. Datenverarbeitung zunehmend ins Rampenlicht der öffentl. Kritik geraten: An Stichworten wie gezielter Todesschuß, Rasterfahndung, Videofahndung, Häftlingsüberwachung und beobachtende Fahndung hat sich die Diskussion um das im demokrat. Rechtsstaat stets prekäre Verhältnis von Gewährleistung innerer →Sicherheit und Wahrung der Freiheitsrechte der Bürger (→Menschenrechte) heftig entzündet.

*Lit.: H. Busch u.a.:* Die P. in der Bundesrepublik, Frankfurt/M. 1984. – *J. Feest u.a.:* Die P., Opladen 1971. – *H. Maier:* Die ältere dt. Staats- und Verwaltungslehre (P.wissenschaft), Neuwied 1966.

*Wolfgang Meyer-Hesemann*

**Popmusik,** von engl. *popular music* (dt. volkstüml. Musik; als Terminus seit etwa 1930 im Amerik. heimisch). Der etymolog. Hinweis trifft das Phänomen allerdings nur unzulängl., da »Pop« als Chiffre ein Eigenleben entwickelt hat und seit den 60er Jahren auf ein breites kulturelles Feld – gleichsam auf eine »Popkultur« – von der Bildenden →Kunst über die →Literatur bis zur Kleidermode (→Mode) verweist (→Alternativbewegung, →Hippiekultur, →Protestbewegungen). P. in diesem engeren Sinn ist ein Etikett für Versionen der »U-Musik« mit dem Anspruch des »up to date«. So konnte es noch in den 70er Jahren die →Rockmusik mit ihrer Attitüde von Extravaganz, Protest und Antikultur bezeichnen (während es seither einen eher negativen Beiklang hat).

*A.* P. ist eine emotional und zugleich hedonist. orientierte Musik, die vorwiegend bei Jugendlichen (→Jugend) ihr Publikum findet, dabei aber extrem marktabhängig ist. Schwarzamerik., rhythmisch stimulierende Impulse (→Jazz) verdankt sie der Rockmusik als Mittler. Großen Wert legt sie auf den »Sound«, d.h. auf eine üppige, raffinierte Klangaufbereitung mit multimedialen Tendenzen. Elektrifizierung und studiotechn. Manipulationen spielen daher eine dominierende Rolle. Zur P. zählen Bereiche der Rockmusik, des Schlagers und des →Musicals, Bearbeitungen von Werken der europ. Musiktradition und »Klangtapeten« (Muzak) sowie eine international verbreitete Tanzmusik (→Tanz), die entscheidende Anregungen von den »schwarzen«, tanzzentrierten Musikkulturen der beiden amerik. Kontinente erhalten hat (Twist, Bossa Nova, Reggae). Selbst im Umfeld der →Kirchenmusik ist seit den späten 50er Jahren die Sogwirkung der P. zu registrieren (Jesus Christ Superstar), Jugendmessen, rel. →Lieder Jugendlicher).

*B.* Der sich um 1970 im dt. Sprachraum einbürgernde Terminus Popularmusik, der ebenfalls auf dem angloamerik. popular music fußt, ist der begriffl. schillernde Gegenpol zu Kunstmusik. Er steht einerseits als Synonym für →Unterhaltungsmusik (und Trivialmusik), meint aber andererseits auch die »Folklore«, also die →Volksmusik Europas (unter Einschluß des →Kirchenliedes) und die schriftlosen Musikkulturen der →Dritten Welt, und schließl. sogar Idiome wie Rockmusik und Jazz.

*Lit.: J. Gülden/K. Humann (Hg.):* Rock Session. Magazin der populären Musik Iff., Reinbek 1977ff. – *D. Hartwich-Wiechell:* Pop-Musik, Köln 1974. – *G. Kleinen:* Massenmusik, Wolfenbüttel 1983. – *K. Kuhnke u.a.:* Geschichte der Pop- Musik, Bd. 1, Bremen 1977. – *Dt. Phono-Akademie (Hg.):* Lexikon Pop, Wiesbaden 1977. – Popular Music Iff., Cambridge u.a. 1981ff. – *N. J. Schneider:* P., München/Salzburg 1978.

*Jürgen Hunkemöller*

**Populartheologie.** »Eine Darstellung der Religionslehren, die in so weit mit Gelehrsamkeit ausgestattet ist, als ohngefähr die Kenntnisse und Fassungskraft gebildeter Laien reichen.« Mit dieser *Definition* einer P., die er der systemat. und hist.-krit., der philos. und wissenschaftl. Darstellung der →Theologie gleichberechtigt an die Stelle stellt, faßt der Spätrationalist *K. G. Bretschneider* (→Rationalismus) in seinem »Handbuch der Dogmatik der ev.-luth. Kirche« (4. Aufl. 1838) die Anliegen, Bemühungen und Versuche seiner aufgeklärten Epoche (→Aufklärung) zusammen, das überlieferte →Christentum in einer Sprache und Gestalt zu vermitteln, die nicht nur Fachtheologen, sondern auch Nichttheologen zugängl. und verständl. ist. Mit der Unterscheidung verschiedener Adressaten, des populären vom gelehrten Wissen, ist das aufgeklärte Programm einer P. die hist. Voraussetzung gegenwärtiger Entwicklungen (→Didaktik), in denen es darum geht, das →Buch, die Zeitschrift, das interdisziplinäre Gespräch und die →Erwachsenenbildung als Leitmedien zur Vermittlung (→Vermittlungstheologie) des Christentums in seiner lebensweltl. Bedeutung wiederzuentdekken, die monologisierende Lehrart und trockene Begrifflichkeit wissenschaftl. Theologie zu überwinden.

*A.* Der *Begriff* der *»Theologia popularis«* begegnet erstmals in diesem Zusammenhang bei G. Ch. B. Mosche, der den Auftakt zu einer beachtl. Menge von theol. Literatur bildet, die das Popularisierungsbestreben schon in ihren Titeln signalisiert. Angesichts einer – sich von der →Kirche und ihrer Lebenswelt emanzipierenden – relativ selbständigen und alternativen literar., bürgerl. Kultur sucht das Christentum in der P. nach neuen Wegen und Inhalten der Selbstdarstellung. Das gewandelte Problembewußtsein über die Situation des Christentums in der →Neuzeit findet zwar zunächst nur in der Theorie des →Religionsunterrichts und der →Predigt ihren Niederschlag (J. G. Alberti, J. J. Spalding), das Stichwort der Popularität erscheint aber zwischen 1773 und 1810 auch in →Dogmatik (»nach Verschiedenheit des Zwecks ist die Dogmatik entweder scholast. oder populär«, L. Wachler: Grundriß einer Encyklopädie der theol. Wissenschaften, 1794), Exegese, →Homiletik und teilweise auch als Äquivalent zur →Prakt. Theologie überhaupt (z.B. J. J. Griesbach: Anleitung zum Studium der populären Dogmatik, 1779; G. Less: Handbuch der christl. Religionstheorie für Aufgeklärte oder Versuch einer prakt. Dogmatik, 1779; A. H. Niemeyer: Populäre und prakt. Theologie, 1792), erfährt danach allerdings eine begriffl. Verengung, geht ganz in der Predigtlehre auf und wechselt mit der zunehmenden Verkirchlichung im 19. Jh. auch die Nomenklatur: »Simplizität« und

»Volkstümlichkeit« lauten fortan die entspr. homilet. Parolen (→Volksfrömmigkeit; →Volkskunde).

*B.* P. ist ursprüngl. *ein Programm für die Theologie im ganzen.* Ihre Programmschriften freil. sind zunächst eher an die Theologen der Praxis, die gebildeten Pfarrer, gerichtet, die sie ermutern wollen, »sich die Lehren der Religion so zu denken, und sie so vorzutragen, wie es der Zweck der populären Theologie erfordert« (J. A. Nösselt: Anweisung zur Bildung angehender Theologen, 1791, 260). Neben dem theol. gebildeten Publikum aber, an das sich die P. wendet, erscheint zugleich deren anderer *Adressat*: der nichttheol. Leser, dessen Lebenswelt eben nicht die Theologie, sondern die Religion ausmacht. Zwischen gelehrtem theol.-theoret. und prakt.-rel. Wissen fungiert P. als *Vermittlungsinstanz:* Gegenüber der wissenschaftl. Theologie, dem »Buch der Schrift«, tritt sie als Anwalt der gelebten Praxis für die »Welt als Buch« auf, gegenüber der rel. Praxis aber dringt sie auf Urteils- und Unterscheidungsvermögen. Mit dieser grundlegenden Unterscheidung von populärem und gelehrtem Wissen, von Theologie und Religion, bewahrt die P. das Recht des christl. →Laien zur eigenen, freien Erforschung der →Wahrheit und schützt den so gewonnenen →Glauben vor unduldsamer Orthodoxie oder mechan. und bewußtlos betriebener wissenschaftl. Theologie. P. zielt auf eine motivfähige Vermittlung rel. Wahrheit und setzt deshalb eine Theorie der →Freiheit in der individuellen Aneignung, Orientierung und Ausdeutung von →Frömmigkeit voraus. Die P. lenkt den Blick auf die Deutungs- und Orientierungsbedürftigkeit der gegenwärtigen Lebenswelt, die durch herkömml. kirchl. und theol. Vermittlungsinstanzen nicht mehr oder kaum noch erreicht wird, damit aber grundsätzl. auch auf den Adressaten von Theologie überhaupt. Angesichts der kulturellen Differenzierung und der neuen Medien stellt das Programm einer P. an die wissenschaftl. Theologie die Frage nach ihrer Bedeutung, ihrem Nutzen und ihrer Konsequenz für die Gestaltung der Frömmigkeitspraxis. Die P. erinnert daran, daß wohl das rel., gute popularwissenschaftl. Buch wiederzuentdecken ist, um die gesellschaftl. Sprachlosigkeit der Theologie zu überwinden und das Erbe der Aufklärung unter veränderten Bedingungen zu bewahren.

*Lit.: B. Ahlers:* Die Unterscheidung von Theologie und Religion. Ein Beitrag zur Vorgeschichte der modernen Prakt. Theologie im 18. Jh., Gütersloh 1980. – *H. Blumenberg:* Die Lesbarkeit des Welt, Frankfurt/M. 1983. – *V. Drehsen:* Neuzeitl. Konstitutionsbedingungen der Prakt. Theologie. Aspekte der theol. Wende der sozialkulturellen Lebenswelt christl. Religion, Gütersloh 1988. – *Ders.:* Theologia Popularis. Notizen zur Geschichte der Bedeutung einer prakt.-theol. Gattung, in: Pastoraltheologie 77 (1988), 2- 20. – *J. Habermas:* Strukturwandel der Öffentlichkeit. Untersuchungen zu einer Kategorie der bürgerl. Gesellschaft, Neuwied/Berlin, 4. Aufl. 1969. – *W. Jetter:* Populäre oder elementare Theologie, in: Pastoraltheologie 74 (1985), 400- 406. – *F. X. Kaufmann:* Theologie in soziol. Sicht, Freiburg 1973.

*Manfred Baumotte*

**Portugal.** Kath. 94,1 %; Prot. 1,1 %; Nichtgläubige und Atheisten 4,6 %. Das weitläufige Kolonialreich P. – mit Besitztümern in →Afrika, →Amerika und →Asien – machte das Land einst zu einem der mächtigsten Länder der Erde. Noch in jüngster Zeit erfolgte die schmerzhafte Trennung von den letzten Kolonien in Afrika und Asien. Mit dem Beitritt zur Europ. Gemeinschaft (1986) wurde die Umorientierung des Landes nach →Europa besiegelt.

*A.* Schon in röm. Zeit kam das Christentum nach P.; vieles von dieser ersten Christianisierung ging aber durch die islam. Eroberung verloren und mußte im Zuge der von 722 bis 1249 dauernden *Rückeroberung* neu aufgebaut werden. Mit Hilfe des →Papstes erlangten die Herrscher um die Mitte des 12. Jh.s den Königstitel und die Unabhängigkeit von Kastilien. Im Jahre 1415 begann mit der Eroberung der nordafrik. Stadt Ceuta die portug. Ausdehnung in Übersee; Entdeckungsfahrten erschlossen nach und nach die Atlantikinseln, die Küsten Afrikas, den Weg nach →Indien und dem Fernen Osten, schließl. auch nach Brasilien. Kolonialisierung (→Kolonisation) und →Missionierung gingen Hand in Hand; ein päpstl. verbrieftes Schutzrecht (→Patronat) über die Kirche in den Überseegebieten, das »Padroado Portugunes«, gewährte dem Staat weitgehende Bestimmungsrechte. Auch im Inland versuchte der Staat, nicht zuletzt mit Hilfe der →Inquisition (die jedes Eindringen reformator. Ideen verhinderte), die Kirche von ausländ. Einflüßen abzuschirmen. 1716 wurde das Erzbistum Lissabon zum Patriarchat erhoben. Um die Mitte des 18. Jh.s erreichten die nationalkirchl. Bestrebungen unter dem Marquis de Pombal ihren Höhepunkt: der päpstl. Nuntius wurde 1760 ausgewiesen, die Beziehungen zu Rom wurden neun Jahre lang unterbrochen.

*B.* Die *neuere Geschichte* P.s wurde durch die Kämpfe zwischen »Absolutisten« und den »Liberalen« geprägt, die versuchten, einschneidende antiklerikale Maßnahmen durchzusetzen. Die antirel. Haltung der republikan. Regierung 1910-1918 bildete den Hintergrund der Fatima-Erscheinungen und der kath. *Erneuerungsbewegung*, die unter der Regierung Salazars (1938-1976) in Anlehnung an die päpstl. Soziallehre einen autoritären korporativen Staat faschist. (→Faschismus) Prägung zu verwirklichen versuchte. Nach der Wiedereinführung der Demokratie 1976 haben sich die Beziehungen zwischen Staat und Kirche entkrampft.

*Lit.: F. de Almeida:* Historia da Igreja im P., 4 Bde., Porto, 2. Aufl. 1967-1971. – *S. J. Miller:* P. and Rome, c. 1748-1830, Rom 1978. – *M. Raske u.a.:* Der totalitäre Gottesstaat, Düsseldorf 1970. – *W. E. Shiels:* King and

Church. The rise and fall of the Patronato Real, Chicago 1961.

*Thomas Riplinger*

**Positivismus.** Der P. meint eine erkenntnistheoret. und methodolog. Grundhaltung der Wissenschaft, die sich auf das »Positive«, d.h. das Faßbare, *Erfahrbare als Objekt* konzentriert. Dabei fragt der P. zum einen nach diesen Tatsachen selbst. Er sucht dann aber auch nach Gesetzmäßigkeiten bei ihnen, um von daher künftige Erscheinungen vorhersehen zu können. Jeder →Metaphysik wird eine Absage erteilt.

*A.* Ansätze einer solchen Denkentwicklung lassen sich bereits im Altertum (etwa bei Protagoras) ausmachen, vor allem aber im neuzeitl. →*Empirismus.* Ausgearbeitet in philos. und bes. soziolog. Richtung wurde der P. aber vor allem von *A. Comte* (1798-1857). Er versteht das Positive in mehrfacher Hinsicht: als das Wirkliche, als das Sinnvolle und als das eindeutig Bestimmbare. Sehr deutl. wird seine Denkrichtung in dem bekannten Dreistadiengesetz: zuerst das theol. Stadium, dann das metaphys. und schließl. das positive. Erst im letzten Stadium wird der ideale Zustand erreicht. Jetzt forscht der Mensch nicht mehr nach einem gleichsam »hinter« den Dingen liegenden Wesen, sondern nach Gesetzen im Bereich des Tatsächlichen. Um einer hier mögl. Zersplitterung der Erkenntnis vorzubeugen, soll die positive Philosophie die einzelnen Entdeckungen in eine allg. Theorie einbauen. Die von Comte angestrebte *vernünftige Gesellschaftsordnung* setzt voraus, daß die Menschen den Egoismus überwinden und zu einer altruist. Haltung finden, die sich auf das »Grand Etre«, das große Wesen, und d.h. die ganze Menschheit – nicht eine einzelne Gesellschaft –, richtet. Hier setzt Comte schon fast wieder rel. Elemente an.
Comtesche Gedankengänge finden sich bei engl. Positivisten (→Mill und Spencer). Von hier aus gibt es dann wieder eine Linie zu *dt. Positivisten* (Avenarius, Mach, Laas u.a.): Neben dem Entwicklungsgedanken steht bei ihnen die Ablehnung der Metaphysik und die Orientierung an der →Erfahrung im Vordergrund.

*B.* Der P. lehnt sich eng an die Methoden, aber auch das Weltbild der →*Naturwissenschaften* an: Das Handeln des Menschen ist determiniert (→Determinismus), so daß die Frage auftaucht, ob es noch so etwas wie »Schuld« geben kann. Das Recht ist Produkt der hist. Entwicklung und damit relativ, nur gültig in einer best. Epoche. Im »Rechtsp.« wird es aber nicht hinterfragt: etwa wie es entstanden oder ob es mit einem »höheren« Recht zu vereinbaren ist. Eine solche Position kann vor allem in totalitären Staaten äußerst gefährl. werden, ist aber auch allg. angesichts des gesellschaftl. Wandels nicht unproblematisch.

*C.* Gegen vermeintl. überzogene Spekulation findet sich eine Art »positiver« →*Theologie.* Hier muß man allerdings differenzieren. Zwar wird →Offenbarung u.a. vorgegeben oder vorgelegt und Theologie dadurch notwendigerweise positiv. Durch die Bindung der Offenbarung an den sich selbst mitteilenden Gott und die Notwendigkeit ihrer Auslegung bleibt sie trotzdem an →*Geschichte* gebunden. Wo Theologie dies nicht berücksichtigt und einseitig bei dem Merkmal der Positivität stehenbleibt – also auch nicht mehr hinterfragt –, wird sie zu einer starren positivist. Theologie.

*D.* In der →*Soziologie* entwickelte sich 1961 eine Auseinandersetzung über deren wissenstheoret. Grundlagen. Initiiert wurde die Kontroverse von Popper auf der einen und Adorno auf der anderen Seite (»P.streit«). Dahrendorf charakterisierte den Gegensatz folgendermaßen: »Während Adorno es für mögl. hält, im Erkenntnisprozeß die Wirklichkeit selbst zu reproduzieren..., ist für Popper Erkenntnis stets ein problemat. Versuch, die Wirklichkeit dadurch einzufangen, daß wir ihr Kategorien und vor allem Theorien aufnötigen.« Mittlerweile hat der seinerzeit polem. geführte P.streit jedoch in der allg. Diskussion an Bedeutung verloren.

*Lit.: Th. W. Adorno u.a.:* Der P.streit in der dt. Soziologie, Neuwied/Berlin 1969. – *W. Büttemeyer/B. Möller (Hg.):* Der P.streit in der dt. Erziehungswissenschaft, München 1979. – *A. Kremer-Marietti:* Le positivisme, Paris 1982.

*Hermann Punsmann*

**Prädestination**

*A.* Als Vorherbestimmung zum Heil gehört der *Begriff* der P. im Christentum ursprüngl. in die Gnadenlehre als deren letzte Voraussetzung. Denn die im Begriff der →Gnade verbundenen Gedanken, daß →Gott in →Freiheit gibt und der →Mensch unverdient empfängt, besagen, daß die dem →Bösen unterlegene Lebensführung nicht Bedingung sein kann für den Empfang der gleichwohl zugewandten Gnade und daß Gott in der Zuwendung seiner Gnade nicht nur nachträgl. auf eine Verfehlung des Menschen reagiert, sondern sein ursprüngl. Geben erneuert. Im Begriff der P. sind also zu verknüpfen 1. die Freiheit Gottes in seinem einsinnig-universalen Ja zu Welt und Menschen und 2. die Notwendigkeit, gegenüber der Sündhaftigkeit und Bosheit der Menschen jeweils ein differenzierendes Urteil von Ja und Nein zu sprechen. Nach diesem zweiten Aspekt des Begriffs geht es um Gottes *Erwählung* und *Verwerfung* des Menschen. Wie, wann, warum und in welchem Umfang findet Erwählung statt? Wie ist der Mensch beschaffen, wenn er der Erwählung bedarf und teilhaftig soll werden können? Nach jenem ersten Aspekt steht zur Debatte das grundsätzl. Verhältnis von Gottes Selbstsein und seinem Sein in Beziehung zu anderem überhaupt. Dieser Gedanke führt auf den Begriff der *Vorsehung* und auf die Frage, ob die allg. →Kausalität Gottes in bezug auf die Welt als Rahmen der Gnade gelten kann, der also auch noch die P. umgreift. Unter diesem Gesichtspunkt hat das Christentum teil am Grundproblem aller monotheist. Religionen, wie der eine Gott das unterschiedl. Geschehen der Welt bestimmt (→Islam, →Determinismus).

*B.* Partikulare Erwählungsanschauungen sind in der Bibel breit ausgearbeitet in der deuteronom. (→Deuteronomium) und exilprophet. Theologie des AT (zum Begriff »erwählen«: Dtn 7,6; Jes 41,8), terminolog. uneinheitl., aber theol. markant vorgetragen vor allem im Paulinismus des NT (Röm 8,28-39; 9- 11; Eph 1,4). Die *Tradition* der P.slehre hat den Zwiespalt zwischen diesen bibl. Überlieferungen und religionsgeschichtl. vertrauten Vorstellungen vom allg. Weltlenkertum Gottes nicht ausgleichen können. Auf der einen Seite hat die klass. Tradition des MA.s Vorsehung und Erwählung durch den Begriff des göttl. Vorherwissens vermitteln wollen; dabei blieben die Auslegungsweisen im einzelnen kontrovers (→Duns Scotus, →Ockham). Auf der anderen Seite stehen die radikalen Gnadentheologien, nach denen Gott allein gegen den unfreien Willen des Menschen den rettenden →Glauben wirkt (als Vorkämpfer der P.slehre →Augustinus, die Reformatoren). Sie sehen sich zur Konsequenz der *doppelten P.* (Vorherbestimmung zu Erwählung und Verwerfung) gedrängt, deren Ort dann freil. unbestimmbar bleibt. →Luther spricht vom »verborgenen Gott« (Deus absconditus); →Calvin von der »verborgenen Erwählung« (electio abscondita). Diese Unbestimmbarkeit hat zu verschiedenen, gegensätzl. Folgerungen geführt: man versuchte, sich subjektiv seines Erwähltseins zu vergewissern (→Calvinismus; M. →Weber), man sah sich genötigt, einen vermuteten Willkürgott abzulehnen (→Rationalismus; →Theodizee). Neuerdings möchte man im Gedanken der unbegrenzten Willkürmacht Gottes das Urbild neuzeitl.-humanen Allmachtsanspruches erkennen – mit allen Leistungen (H. Blumenberg) und allen Problemen (H. E. Richter), von denen dieser Anspruch gezeichnet ist.

*C.* Auf das Niveau *neuzeitl. Theoriebildung* hat (nach F. →Schleiermacher) K. →Barth die P.slehre gebracht, indem er in der einen Erwählung Jesu Christi 1. Gottes Verhältnis zur Welt überhaupt grundgelegt findet (damit die Konkurrenz von Vorsehung und Erwählung überwindet), 2. die Verwerfung als die andere Seite an der Erwählung Jesu Christi erkennen läßt (damit den Dualismus der doppelten P. vermeidet), 3. die Erwählung der Gemeinde und der einzelnen als offenes Geschehen beschreibt (damit Verkündigung und Ethik vom Realisierungs- und Vergewisserungsdruck befreit). Diese auch ökumen. akzeptable Lehre verwandelt nun freil. die duale P.svorstellung in eine Lehre von der Erwählung, die sich als Grundlagentheorie endlicher Freiheit auch noch der Reste determinist. Zwangsläufigkeit entschlägt. P. kann danach interpretiert werden als definitive Manifestation des Willens Gottes, durch →Jesus Christus im Horizont der Welt menschl. Freiheit und Subjektivität gegen ihre Tendenz zur Selbstauslöschung zustande kommen zu lassen.

*Lit.:* *G. Kraus:* Vorherbestimmung, Freiburg 1977 (Lit.). – *M. Löhrer:* Gottes Gnadenhandeln als Erwählung des Menschen, in: Mysterium Salutis 4/2, Einsiedeln/Zürich/Köln 1973, 773-830. – *W. Pannenberg:* Erwählung III. Dogmatisch, in: Religion in Geschichte und Gegenwart, 3. Aufl., Bd. 2, 614-621. – *T. Koch:* Erwählung IV. Dogmatisch, in: Theol. Realenzyklopädie 10, 197-205.

*Dietrich Korsch*

**Präexistenz.** »Gezeugt, nicht geschaffen, eines Wesens mit dem Vater, durch ihn ist alles geschaffen« (Denzinger/S. 125). Seit dem Konzil von Nizäa (325) ist es *verpflichtende kirchl. Lehre,* daß →Jesus Christus als der mit →Gott wesensgleiche, ewige Sohn vor der Menschwerdung bereits existierte und als Schöpfungsmittler bei der Erschaffung der Welt beteiligt war. Ausdrückl. wird die von Arius, dem Hauptgegner des Konzils von Nizäa, vertretene Auffassung verworfen, daß es eine »Zeit« gab, da Jesus Christus »nicht war« (DS 126). Das Konzil von Konstantinopel (381) bestätigt diese Lehre und fügt über Jesus Christus hinzu: »aus dem Vater geboren vor aller Zeit« (DS 150). Mit diesem »nicäno-konstantinopolitan.« Glaubensbekenntnis wurden die seit dem 2. Jh. andauernden Streitigkeiten zu einem gewissen Abschluß gebracht. Im Rahmen eines trinitar. Bekenntnisses wurde verbindl. die Lehre von einer eigenen P. Christi festgeschrieben (→Trinität, →Christologie). In ihr kommt zum Ausdruck, »daß, weil der ewige göttl. Logos, der von Ewigkeit her vom Vater gezeugt wird, Mensch geworden ist, die Person, die als Jesus Christus Mensch wird, nicht erst entsteht mit dem zeitl. Beginn der menschl. Natur Christi, sondern diesem Ereignis schon immer vorausexisitert« (K. Rahner).

*A.* Erst mit dem Durchbruch der *→Aufklärung* und der *hist. Bibel- und Dogmenkritik* kommt es in der prot. Theologie des 19. Jh.s zu einer krit. Auseinandersetzung mit der Lehre von der →Trinität und der klass. Zwei-Naturen- Christologie. Unter diesen neuen geistigen Voraussetzungen mußte auch die Lehre von der P. Christi hist. und theol. fragwürdig werden. Für *F. →Schleiermacher* war »das Bewußtsein von einer vorzeitigen abgesonderten P. des Göttlichen« in Jesus deshalb unmögl., weil dies die Einheit der Persönlichkeit Jesu sprenge. *A. →Ritschl* nannte die Vorstellung einer »zeitl. Priorität Christi« vor der Welt einen »kahlen Gedanken« und verzichtete in seiner Theologie konsequent auf alle Aussagen über Christi P. oder »Postexistenz«.
Der Kirchen- und Dogmengeschichtler *A. von →Harnack* unterzog dann in seinem »Lehrbuch der Dogmengeschichte« (1885-1889) die Entwicklung zum →Dogma der späteren Jh.e einer scharfen hist. Kritik. Er hielt insbes. die Aussagen zur

P. für »heidn.« (entstanden im Hellenismus und Spätjudentum), für unjesuan. (Jesus hat über das Geheimnis seiner Person nicht spekuliert) und unvernünftig (sie fordert ein »Aufopfern des Verstandes« vom modernen Menschen). Gegen den »erträumten präexistenten Christus« stellte Harnack den »wirkl. Jesus« und das Geheimnis von dessen »Persönlichkeit«, das auf Jesu einzigartiger persönl. Beziehung zu Gott beruhe.

*B.* Die dadurch aufgeworfenen Fragen spiegeln sich in der prot. Theologie der *1. Hälfte des 20. Jh.s* in der Polarität zweier Theologien: in der Theologie *K. →Barths,* in der auch die P. Christi (als Begründung einer christozentr. Gottes-, Schöpfungs- und Erwählungslehre) einen neuen, wieder den zentralen Ort bekam, sowie in der Theologie *R. →Bultmanns,* der im christolog. Grundansatz mit Barth übereinstimmte, ohne den hist.-krit. Ansatz der Liberalen zu verleugnen. Im Gegenteil: Bultmann verschärfte gegen Barth die Kritik der P.christologie, indem er ihren Ursprung im vorchristl. »gnost. Erlösermythos« ortete, diesen entmythologisieren und existential interpretieren wollte. Mit Barth fand Bultmann allerdings, daß ein Rückgang auf die geschichtl. Persönlichkeit Jesus theol. überflüssig, ja gefährl. sei; ferner habe Christologie (näherhin die ntl. Aussage von der P. Christi) die Tatsache zu reflektieren und zu bezeugen, »daß Person und Schicksal Jesu nicht im Zusammenhang innerweltl. Geschehens ihren Ursprung und ihre Bedeutung haben, sondern daß Gott in ihnen gehandelt hat« (»Theologie des NT«, 1953).

*C.* Die dogmat. Aussagen über die P. Christi mußten auch für eine *kath. Theologie* problemat. werden, die *nach dem 2. →Vat. Konzil* begann, eine anthropolog. oder hist.-krit. akzentuierte »Christologie von unten« ernst zu nehmen (K. →Rahner, H. Küng, W. Kasper). Die »Rückfrage nach dem hist. Jesus« bekam jetzt theol. Gewicht. Ernst genommen wurde die Erkenntnis, daß Jesus selbst sich nicht als »präexistenter Gottessohn« verstand und das NT nie isolierte Spekulationen über eine vorweltl. Existenz Jesu Christi anstellte. Die Synoptiker, Paulus und zahlreiche deuteropaul. Schriften kennen keine eigene P.christologie. Und alle Aussagen des NT, die auf eine himml. Daseinsweise Jesu Christi bei Gott hinweisen (umstritten: Phil 2,6-11; unbestritten: Kol 1,15-20; Hebr 1,1-3; Joh 1,1-17 u.ö.), sind keine selbständigen Überlegungen über die myth. Vorzeit eines göttl. Himmelswesens, sondern auf Grund des →Osterglaubens (meist in hymn. Form) zustande gekommene Bekenntnisaussagen über Jesu Ursprung in Gott und Gottes ursprüngl. Heilswillen in der Geschichte Jesu Christi. Die ntl. P.aussagen sind somit eschatolog.-soteriolog. Bekenntnisse.
In einer bibl. begründeten Neuinterpretation der P.aussagen verband man von daher die P.aussagen stärker mit der konkreten Befreiungs- und Leidensgeschichte Jesu und betonte dabei *drei Merkmale:* In den bibl. Aussagen kommt zum Ausdruck: 1. daß Gott selbst in der Geschichte (Verkündigung, Praxis, →Passion) Jesu Christi sich endgültig und vorbehaltlos geoffenbart, 2. daß Gott sich dadurch als »Vater Jesu Christi« erschlossen, 3. daß Jesus Christus dadurch eine Kosmos und Geschichte umfassende universale Bedeutung für alle Menschen erhalten hat. Die bibl. Aussagen über die P. Christi führen also nicht zu isolierten Spekulationen über die »Gottheit« Christi, sondern zu einem, in der Geschichte Jesu offenbar gewordenen, *neuen Gottesverständnis:* »Geschichte und Geschick Jesu sind im Wesen Gottes begründet; das Wesen Gottes erweist sich selber als ein Geschehen« (W. Kasper).

*D.* Im Rahmen einer neuen trinitar. strukturierten Gotteslehre bekommt die P. Christi auch in der ev. Theologie der Gegenwart einen neuen Stellenwert (W. Pannenberg, E. Jüngel, J. Moltmann). In krit. Auseinandersetzung mit Barth und in krit. Distanz zu Bultmann versucht man, eine *spezif. christl. »nachtheist.« Gotteslehre* zu entwickeln, bei der die Aussagen über die »ewige Gottessohnschaft« die universale Bedeutung und Tiefe des →Kreuzes Christi interpretieren: Gerade im →Leiden des eigenen Sohnes erweist sich Gott selbst (als der in Freiheit liebende) Gott – zum Wohl der Menschen. Die »soziale Trinitätslehre« J. Moltmanns nimmt dabei die Aussagen über die P. und Schöpfungsmittlerschaft Christi am weitgehendsten als polit.-gesellschaftl., patriarchatskrit. und schöpfungstheol. relevante Aussagen ernst.

*Lit.: E. Jüngel:* Gott als Geheimnis der Welt, Tübingen 1977. – *W. Kasper:* Jesus der Christus, Mainz 1974. – *H. Küng:* Christ sein, München 1974. – *H. Merklein:* Zur Entstehung der urchristl. Aussagen vom präexistenten Sohn Gottes, in: *G. Dautzenberg (Hg.):* Zur Geschichte des Urchristentums, Freiburg 1979, 33-62. – *J. Moltmann:* Trinität und Reich Gottes, München 1980. – *W. Pannenberg:* Systemat. Theologie, Bd. I, Göttingen 1988. – *K. Rahner/W. Thüsing:* Christologie, systemat. und exeget., Freiburg 1972.

*Karl-Josef Kuschel*

**Pragmatismus.** Der P. – sprachl. hergeleitet vom griech. *pragma:* Handlung, Tat, Sache – bezeichnet eine philos. Richtung, die die *handelnden Menschen als Mittelpunkt* der Welt sieht. Dabei geht es nicht um »den« Menschen generell, sondern die jeweils einzelnen Menschen. Deren Praxis steht im Vordergrund, auch vor der Reflexion. Auf diese Praxis wird alles bezogen und unter der Frage untersucht, welchen Nutzen es für sie bringt.

*A.* »Wahr ist das, was sich durch seine prakt. Konsequenzen bewährt« (James). →Wahrheit wird hier zur prakt. Nützlichkeit. Frühere Fragen der Philosophie nach →Wesen oder →Ursprung werden hier ersetzt durch die Fragen nach »Barwert«, Nutzen, Erfolg. Auf diesem Hintergrund ist auch die Frage nach der →Wahrheit nur eine Frage für Hörsaal und Predigt, nicht aber für das prakt.

Leben. Allg. gültige und verbindl. →Normen werden abgelehnt: →Moral ist nur ein überkommenes Vorurteil. Dies wiederum führt zu einem Pluralismus von Wahrheiten, Normen etc., der diese in ihrer Geltung relativiert oder im Extremfall in die Nähe der Beliebigkeit führt.

*B.* Verbreitung fand der P. vor allem in den angelsächs. Ländern und hier vor allem in den USA. Angeregt wurde er von *Ch. S. Peirce* (1839-1914), der den Begriff »P.« von →Kant übernahm. Peirce bindet seine →Erkenntnis- und →Wissenschaftstheorie generell an Handlungs- und Konsenstheorie. →Forschung läuft also über den →Konsens von Handelnden und darüber hinaus über die – auch evtl. experimentelle – Wirklichkeit. Es geht dabei aber nicht nur um die Zufriedenheit von Individuen oder Gruppen, sondern um eine allg. »konkrete Vernünftigkeit«, die nur auf Dauer zu entwickeln ist: Anklänge an den »herrschaftsfreien Dialog« heutiger Philosophie (→Krit. Theorie).
Voll entwickelt wurde der P. durch *W. James* (1842-1910). Er betrachtete ihn als eine Einstellung, die sich, wie schon dargestellt, »auf letzte Dinge, Früchte, Folgen und Tatsachen richtet«. Diese Frage- und Argumentationsrichtung überträgt er auf die Philosophie. Sie kann noch so »wahr« und →»log.« sein: angenommen wird sie nur dann, wenn sie sich auf unser Leben richtet.
*J. Dewey* (1859-1952) betont, daß er sich allein auf prakt. →Erfahrung und →Naturwissenschaften stützt. Denken wird bei ihm zum reinen Instrument des Handelns (»Instrumentalismus«). Sowohl bei Dewey als auch bei James geht es nicht darum, etwas Vollkommenes oder Endgültiges zu schaffen. Alles bleibt vielmehr im Prozeß des Werdens und Reifens.

*C.* Der P. ist als eine Form der *Lebensphilosophie* bezeichnet worden und geht auch in vielen Dingen mit dem →Positivismus konform. Viel Gedankengut geht auf →Nietzsche zurück, ist also nicht neu. Dies mag James u.a. bewogen haben, sein Buch »P.« mit dem Untertitel zu versehen: »Ein neuer Name für einige alte Weisen des Denkens«.

*Lit.: E. Arroyabe:* Peirce: Einführung in sein Denken, Königstein 1982. – *A. J. Ayer:* The Origins of Pragmatism, London 1968. – *C. F. Gethmann (Hg.):* Logik und Pragmatik. Zum Rechtfertigungsproblem log. Sprachregeln, Frankfurt/M. 1982. – *C. Schnauber:* Pragmat. Humanismus, Worms 1979.

*Hermann Punsmann*

**Praktische Philosophie**

*A.* Der *Begriff* bezeichnet die Aufgabe der →Philosophie, die menschl. Praxis in allen Lebensbereichen theoret., d.h. wissenschaftl., zu bedenken, um die Praxis zu verbessern. P.Ph. ist eine theoret. Bemühung, wenn auch ihr →Wissen von bes. Art ist. P.Ph. fragt nach den →*Zielen jeder Praxis*, um diese krit. zu bedenken und (normativ) zu begründen. Darin wird auch gegenwärtig erneut die Bedeutung der p.nPh. gesehen, insbes. gegenüber den zersplitterten Wissenschaften, die menschl. Praxis zum Gegenstand haben (→Sozialwissenschaften, →Politik, →Wirtschafts- und →Rechtswissenschaft). P.Ph. ist in bezug auf ihre Aufgabe umfassender als →Ethik, da ihre (theoret.) →Verantwortung von Praxis nicht nur auf die sittl. Aspekte bezogen ist. So kann p.Ph. als übergreifende Disziplin verstanden werden, die →Wissenschaft und Praxis, →Theorie und Praxis vermittelt. P.Ph. zielt also darauf, »Praxis« nicht als Anwendung von Theorie zu verstehen, sondern – entgegen der neuzeitl. Begriffsbildung, die Theorie und Praxis trennt – als einen Lebensvollzug, der theoret. Wissen einschließt und auf solchem beruht. Sie hat zur Aufgabe, zu solcher Praxis anzuleiten.

*B.* Dieser Begriff von p.rPh. geht auf →*Aristoteles* zurück. Die p.Ph. besteht bei ihm aus Ethik, Politik und Rechtsphilosophie, die nur zusammen die Aufgabe der p.nPh. umfassen. Die Disziplinen der p.nPh. sind – hinsichtl. der Sittlichkeit (Ethik) und der polit. und rechtl. Begründung (Politik und Rechtsphilosophie) – auf eine verbesserte Praxis ausgerichtet. Ethik und Politik bilden eine Einheit. Die p.Ph. geht immer schon von sittl. reflektierter Praxis aus, deren Zusammenhang das polit. Gemeinwesen (»Polis«) ist. Die Verbesserung der Praxis zielt auf ein höheres Maß an →Freiheit. Darin kann das Kriterium der p.nPh. (auch schon bei Aristoteles) gesehen werden. P.Ph. ist, sofern sie von sittl. reflektierter Praxis ausgeht und auf solche hinzielt, zirkulär. Das macht die bes. Art ihres Wissens aus, das in der Steigerung solcher Reflexivität besteht. Die p.Ph. ist (bei Aristoteles) von der »theoret.« Ph. unterschieden, die als »Erste Wissenschaft«, d.h. →Metaphysik, das →Sein und das →Erkennen zum Gegenstand hat und deren Disziplinen die →Physik, →Mathematik und →Theologie sind.
Dieser Begriff von p.rPh. ist bis ins 18. Jh. leitend geblieben. In der *Schulphilosophie des 18. Jh.s* ist er weiter ausgearbeitet und verändert worden. Ch. Wolff (Philosophia practica universalis, 1738) unterscheidet theoret., experimentelle (empir.) und p.Ph. Durch die Begründung des neuzeitl. Wissenschaftsverständnisses (insbes. durch →Descartes) verändert sich auch das Verständnis von »Praxis«. »Praxis« tritt jetzt der »Theorie« gegenüber. Die p.Ph. fällt damit aus dem Zusammenhang heraus, in dem sie für Aristoteles stand. P.Ph. im Sinne einer umfassenden theoret. Reflexion menschl. Praxis wird durch die neuverstandene Wissenschaft ersetzt, der auch die Ethik zugeordnet wird.
Durch *I.* →*Kant* setzt die Bemühung um die p.Ph. in neuer Weise ein. Kant erneuert teilweise die Forderung nach einer p.nPh. im Sinne des Aristoteles. Er weist der p.nPh. die Aufgabe der →»Aufklärung« gegenüber den Wissenschaften und auch gegenüber den Moralsystemen der neuzeitl. Ethik zu. P.Ph. zielt damit auf die Gewinnung und Bewahrung von Freiheit gegenüber fragwürdiger Abhängigkeit von Bedingungen oder Instanzen des

Wissens und der →Moral. Für die moral. und polit. Aufgaben sollte die Möglichkeit des (method.) Vernunftgebrauchs neu begründet werden, da für diese die vorliegenden rationalen Verfahren der Wissenschaften und der →Philosophie nicht ausreichten. Mit Aristoteles teilt Kant die Absicht, p.Ph. als (krit.) Reflexion des Lebensvollzugs zu begründen. Kants »Kritik der prakt. Vernunft« zielt freil. auf die fundamentale Begründung der Moralität selbst. Er geht nicht von einer gegebenen sittl. Praxis aus, sondern »nur« von dem Faktum der Vernunft. In der Nachfolge Kants wird p.Ph. als Verfahrenslehre des sittl. Urteilens und moral. Argumentierens weitergeführt und ausgebaut.

Einen anderen Sinn bekommt p.Ph. dort, wo das »Praktischwerden« der Philosophie als solcher im ganzen gedacht und zur Geltung gebracht werden soll. Diese fundamentale Praxisphilosophie (K. →Marx) geht auf das Verständnis von Theorie und Praxis als grundlegender Theorie vom Aufbau der Wirklichkeit (G. W. F. →Hegel) zurück und hat das Ziel, »Praxis« auch für das Denken als Begründungszusammenhang zu begreifen. Hier bleibt fragl., wie es gelingen kann, diesen Anspruch philos. Reflexion mit den vielfältigen Wissenschaften (krit.) zu vermitteln. Fragl. ist auch, ob dieser universalwissenschaftl. Anspruch durch eine universale →Anthropologie oder Geschichtsphilosophie eingelöst werden kann.

*C.* In neuerer Zeit (seit den 60er Jahren) sind Bemühungen um eine *»Rehabilitierung« der p.nPh.* hervorgetreten. Gegenüber der vielfältigen Wahrnehmung menschl. Lebenswirklichkeit in den verschiedenen Wissenschaften wollen sie begründungsfähige Ziele von Praxis bedenken. Darin ist die Aufgabe eingeschlossen, die Wissenschaften durch eine krit. →Wissenschaftstheorie aufeinander zu beziehen. Zugleich gilt es, die *Begründungsprobleme des →Handelns* nicht auf Ethik zu reduzieren, sondern alle Aspekte begründeten Handelns zur Geltung zu bringen und der Trennung von Ethik und Politik, Politik und Ökonomie, Ökonomie und Recht entgegenzutreten. Eine solche übergreifende p.Ph. muß eine ihr entspr. Methode finden, z.B. eine →»Hermeneutik« menschl. Lebenswirklichkeit oder Verfahren einer »Grundrißwissenschaft« (Höffe), die weder das menschl. Handeln vollständig in Theorie aufhebt noch die vernünftige Begründbarkeit von sittl. Handeln bestreitet. Im Anschluß an die p.Ph. Kants sind die Verfahren des prakt. Vernunftgebrauchs, Verfahren des moral. Argumentierens und Urteilens, erforscht worden. Mit diesen Bemühungen treffen verschiedene Richtungen sprachanalyt. Moralphilosophie (→Sprache) zusammen, die Bestandteil der philos. Ethik und →Metaethik sind.

Die Rehabilitierung der p.nPh. ist im technolog.-wissenschaftl. Bedingungszusammenhang des »Handelns« und »Entscheidens« von bes. Bedeutung. Hier bedarf es einer »prakt.« Rehabilitierung mit entspr. institutionellen Konsequenzen. P.Ph. muß dann auch Planungsaufgaben im globalen Zusammenhang und im Zusammenhang des »Ökosystems« bedenken (→Planung; →Ökologie). Darin hat sie weiterhin eine die Wissenschaften übergreifende Zielsetzung. Einzelentwürfe für eine solche weiterreichende, auch über die Ethik im engeren Sinne hinausgreifende p.Ph. liegen vor.

*Lit.: O. Höffe:* Ethik und Politik, Frankfurt/M. 1979. – *A. Pieper:* Ethik und Moral. Eine Einführung in die p.Ph., München 1985 (Lit.). – *M. Riedel (Hg.):* Rehabilitierung der p.nPh., Bd. I, Freiburg 1972; Bd. II, 1974. – *O. Schwemmer:* Philosophie der Praxis, Frankfurt/M. 1980.

*Hans G. Ulrich*

## Praktische Theologie

*A. Begriff, Entstehung und Grundstruktur*

*I.* P.Th. wird hier verstanden als eine – auf die Orientierungs-, Urteils- und Handlungsfähigkeit ihrer zumeist pastoral-kirchenleitenden Subjekte (→Pfarrer) zielende – *theol.-wissenschaftl. Theorie der kirchl.-rel. Praxis des Christentums.* Sie hat sich in der →Neuzeit, zu Beginn des 19. Jh.s, herausentwickelt. Zwar kann sie nach ihren Gegenständen teilweise auf eine lange *Vorgeschichte* zurückblicken, zu der die Pastoralbriefe (→Timoteusbriefe, →Titusbrief) und pastoraltheol. Entwürfe der →Alten Kirche (Gregor von Nazianz, Johannes Chrysostomus, Gregor d.Gr.) ebenso gehören wie die ma. Bestimmungen der Gesamttheologie als eher prakt. statt spekulativer Wissenschaft (→Duns Scotus, →Ockham, →Luther) oder die reform. Theorie der Kirchenleitung (A. Hyperius, W. Zepper, G. Voetius). Doch konnte sich das Bedürfnis nach einer – über pragmat. und eth. Anleitungen zur pastoralen Berufsausübung hinausgehenden (→Pastoraltheologie) – eigenen theol. Praxistheorie erst einstellen, als es angesichts der *universitären Verwissenschaftlichung der Theologie* überhaupt (vor allem in der christl. →Aufklärung; St. Rautenstrauch, S. J. Baumgarten, J. S. Semler) nötig wurde, zwischen theol. Theorie und einer rel. Praxis zu vermitteln, die sich davon bewußt emanzipierte (→Pietismus; vgl. →Populartheologie).

*II.* Die bis heute gültige Aufgaben-, Orts- und Gegenstandsbestimmung hat der P.nTh. jedoch erst *F. →Schleiermacher* gegeben, der sie im Rahmen einer hist., systemat. und eben auch prakt.-theol. Arbeitsweisen umfaßenden und insgesamt »positiv« auf den Zweck der Kirchenleitung bezogenen Theologie – analog zur Pädagogik und →Politik – als wissenschaftl. »Kunstlehre« definiert, deren regelgebende Verfahren für die sachgerechte Ausübung des Kirchendienstes und Kirchenregimentes vonnöten sind, die keineswegs bürokrat.-verwaltungstechn., sondern kommunikationstheoret, darin gleichwohl funktional-berufsprakt. aufgefaßt werden (→Kommunikation). Dieser wissenschaftstheoret. Grundbestimmung haben sich sowohl die ev. C. I. Nitzsch, A. Schweitzer) als auch die kath. Theologie angeschlossen (J. S. Drey, A. Graf), die allerdings bis heute meist die ältere Bezeichnung →»Pastoraltheologie« als Synonym für P.Th. beibehalten hat.

*III.* Die *paradigmat. Grundstruktur* der P.Th. wurde schließl. von C. I. Nitzsch (P.Th., 5 Bde., 1847-67) systemat. entfaltet. Indem er die Theologie als »wissenschaftl. Selbstbewußtsein der Kirche«, die P.Th. näher als »ein Wissen vom kirchl. Handeln« bezeichnete, wurde die →Kirche insgesamt Subjekt desjenigen einheitl. Praxiszusammenhangs, der allen ihren Einzeläußerungen vorausliegt. Die →Ekklesiologie, die nun in ihrer normativen, empir. und krit.-regulativen Fassung über ihre dogmat. Wesensbestimmungen hinausgeht, bildet fortan das fundamentale Thema der P.nTh. Als Theorie der kirchl. Praxis hat die P.Th. diesen übergreifenden Lebenszusammenhang als eigenes Bedingungs- und Wirkungsfeld jedesmal erst zu rekonstruieren. So konnte Nitzsch die P.Th. formelartig als *»Theorie der kirchl. Ausübung des Christentums«* beschreiben. Daran wird auch deutl., daß die P.Th. im Unterschied zu anderen theol. Disziplinen von keinem vorgegebenen Kanon ihrer Themen und Gegenstände ausgehen kann, vielmehr ist sie durch die geschichtl. Praxisprobleme in Kirche und Christentum bestimmt, deren Wahrnehmung die P.Th. selbst darstellt und für die sie entspr. Lösungsmodelle bereitzuhalten sucht. Daß die P.Th. diese grundlegende Offenheit im Laufe des 19. Jh.s nicht bewältigte, sondern sich entweder einem dogmat. Deduktionismus der →Systemat. Theologie (C. A. G. von Zezschwitz) oder der positivist. Arbeitsweise einer Hist. Theologie (E. Ch. Achelis; →Historismus) verpflichtete, also ihre eigenen Gegenstände und Aufgaben entweder aus Grundsätzen oder geschichtl. Überlieferungen herleitete, offenbarte freil. mehr ihre Verlegenheit als ihr Leistungsvermögen.

*B. Themen und Aufgaben*

*I.* Für die heutige Verfassung der P.nTh. wurde bestimmend, daß sie gegen Ende des 19. Jh.s insgesamt eine *Wende zur je gegenwärtigen sozialkulturellen Lebenswelt christl. Religion* vollzogen hat (P. Drews, O. Baumgarten, F. Niebergall). Programmat. griff sie dabei auf Methoden und Sichtweisen der →Soziologie, Statistik (→empir. Methoden), →Volkskunde und →Religionspsychologie zurück, um sich eine Vorstellung von der »ganzen Fülle des kirchl. Lebens der Gegenwart in allen seinen Verzweigungen« zu bilden (H. Bassermann). Auf dieser Grundlage reflektierte sie fortan die Gestaltungsmöglichkeiten und -bedürftigkeiten einer kirchl.-rel. Praxis des neuzeitl. →Christentums unter den Bedingungen seiner gesellschaftsgeschichtl. Differenzierung und Individualisierung (→Säkularisierung). Dabei geht sie von der Frage aus, wie sich im komplexen Zusammenhang der gesellschaftl. und kulturellen Wirklichkeit des neuzeitl. Christentums die Grundsätze der christl. Überlieferung krit. und konstruktiv zur Geltung bringen lassen, ohne ihre transzendente Andersartigkeit preiszugeben oder die kirchl.-rel. Praxis den geschichtl. Veränderungsbedingungen auszuliefern, die ihre strikte, unvermittelte Trennung vom allg. Bewußtsein und Handeln zu zementieren drohen (→Vermittlungstheologie, →Volkskirche). In diesem Problemhorizont vollzieht die P.Th. bis heute ihre prinzipielle Orientierung ebenso wie die schwerpunktmäßig wechselnde Bestimmung ihrer unterschiedl. Gegenstände, Themen und Aufgaben.

*II.* Die *themat. Grundtextur* der P.nTh. stellt sich wie folgt dar: In den grundlegenden Kapiteln geben zunächst die jeweiligen Strukturtypen und Erscheinungsformen des neuzeitl. Christentums, seine kirchl., öffentl. und individualisierte Prägung, den prinzipiellen und problemat. Praxisrahmen ab. In ihm werden dann einerseits die Formen der mehr auf kirchenerhaltende Tradierung und →Sozialisation angelegten Gestalten des »Glaubensgewinns«, andererseits die mehr auf frömmigkeitsgestaltende Manifestation und Vergewisserung angelegten Arten des »Glaubensausdrucks« dargestellt. Da der P.nTh. vor allem auch eine Ausbildungsfunktion für →Pfarrer und →Religionslehrer zukommt, lassen sich auf diesem Hintergrund schließl. die eigens für den berufsmäßigen Umgang mit der kirchl.-rel. Praxis charakterist. Voraussetzungen und Konsequenzen aufzeigen (zur Gesamteinteilung der P.nTh. vgl. D. Rössler):
*1.* Zu den im Zuge der →Säkularisierung wahrgenommenen Problembeständen der Praxis des neuzeitl. Christentums gehört ihre *Verkirchlichung*: Tatsächl. wird →Kirchlichkeit auf den Ebenen individuellen Verhaltens, gesellschaftl. Organisation und kultureller Äußerungen zu einem identifizierbaren Unterscheidungsmerkmal gegenüber nichtkirchl. Erscheinungen und Lebensgebieten. Damit rücken für die P.Th. vor allem solche Aufgaben und Themen in den Vordergrund, in denen sich die theol. genuinen und zentralen Funktionen der Kirche äußern. Dazu gehört die prakt.-theol. Thematisierung der Kirche selbst (→Ekklesiologie, →Volkskirche), ihres Verkündigungsamts (→Amt, →Verkündigung), der →Predigt (→Homiletik) und des →Gottesdienstes (→Liturgie, →Liturgiewissenschaft).
*2.* Die in der Neuzeit auftretende *Entflechtung von Kirchlichkeit und Christentum* (das weitgehend auch einer sich außerhalb von Theologie und Kirche öffentl. artikulierenden Lebenswelt angehört) läßt die Fragen nach der allg. Religions-, Kultur- und Gesellschaftsfähigkeit des verkirchlichten Christentums sowie nach entspr. Praxisformen aufkommen. Dazu zählen Probleme rel. Institutionsbildung (→Religionssoziologie), der allg. Verberuflichung von Religion (→Pfarrer, →Religionslehrer) sowie aller öffentl. Bildungs- (→Religionsunterricht, →Konfirmandenunterricht, →Erwachsenen-

bildung), Kultur- und Sozialleistungen (→Diakonie) der Kirchen wie schließl. überhaupt die unterschiedl. Ausprägungen gemeinsamer Lebensformen auf lokaler (→Gemeinde), regionaler (→Landeskirchentum) und internationaler Ebene (→Ökumene, →Mission).
*3.* Ein letzter Themenkomplex der P.nTh. bezieht sich auf den Umstand, daß die Praxis auch des neuzeitl. Christentums durch die →Autonomie des →Subjekts und jene *Individuationsprozesse* geprägt ist, in denen sich das →Individuum nahezu allen gesellschaftl. →Institutionen sowie kulturellen →Werten und →Normen gegenüber tendenziell eigenverantwortl., kreativ und selbstproduktiv verhält: »Privates« Christentum gibt sich weitgehend als Ablehnung jeder autoritären Vermittlung zugunsten unmittelbar-erfahrungsbezogener Selbstaneignung und -begründung. Dieser für die Neuzeit spezif. Vorgang läßt allen hierauf bezogenen Perspektiven der P.nTh. eine bes. Bedeutung zukommen: etwa der Theorie der →Frömmigkeit und Religiosität (→Religion), den Persönlichkeitsanforderungen im Beruf des Pfarrers und Religionslehrers, bes. aber den Problemen der Seelsorge (Seelsorgelehre: »Poimenik«) oder der lebenszykl. orientierten Kasualfrömmigkeit (→Amtshandlungen).

*III. Unterschiedl. Profile und Präferenzen* der prakt.-theol. Entwürfe ergeben sich nicht nur aus verschiedenen programmat. Ansätzen in der beschriebenen themat. Grundtextur der P.nTh., sondern vor allem auch aus der fundamentalen Richtungsorientierung der jeweils zugrundegelegten →Ekklesiologie. Auf eine theol. eindeutige Identifizierbarkeit kirchl.-rel. Praxis zielen dabei etwa solche Ansätze, die der P.nTh. den »aktuellen Selbstvollzug der Kirche« (K. Rahner) oder deren zentrale Lebensäußerung in der »Verkündigung des Wortes Gottes« (K. Barth) aufgeben. Andere Positionen stellen die Vermittlungsbedürftigkeit kirchl. Praxis im neuzeitl. Lebenszusammenhang in den Vordergrund: »Mit der Ausrichtung auf die Gegenwart von Kirche legt... die P.Th... den Schwerpunkt in die Besinnung auf den bestimmten Bereich geschichtl. geformter Gegenwart, der die authent. Repräsentation christl. Glaubens zu sein beansprucht und unter allen nur denkbaren Hinsichten – auch polit., gesellschaftl. oder wirtschaftl. Art – in die gegenwärtige Lebenswirklichkeit verwickelt ist. Wie unter diesen Bedingungen der erhobene Anspruch zu verantworten und inmitten solcher Verflechtungen zu praktizieren sei, macht das Problemfeld P.Th. aus« (G. Ebeling, Studium der Theologie, 1975, 124). Ein mehr funktional-pragmat. Ansatz definiert schließl. die P.Th. als »Handlungswissenschaft«, in der christl. Grundsätze als krit. Maßstab zur konstruktiven Veränderung kirchl.-christl. Praxis in konkreten Handlungsfeldern auch unter Einbezug humanwissenschaftl. Reflexionen fungieren (R. Zerfaß u.a.).

*C. Praktische Theologie als »Theorie der Praxis«*

Unabhängig davon, ob sich die P.Th. mehr pragmat., krit. oder kulturprakt.-vermittelnd auf die kirchl.-christl. Praxis im Horizont der neuzeitl. Lebenswelt bezieht, hat sie diese Praxis selbst jedoch in ihren vielfältigen und komplexen Ausdifferenzierungen stets im Zusammenhang einer Theorie darzustellen (→Theorie und Praxis), in der sich die »Grundsätze der christl. Überlieferung mit Einsichten der gegenwärtigen Erfahrung« verbinden zur »Grundlage der Verantwortung für die geschichtl. Gestalt der Kirche und für das gemeinsame Leben der Christen in der Kirche« (D. Rössler, 3). Die so geforderte *Einheit der P.nTh.* als betonte »Theorie der Praxis« (F. Schleiermacher) will nicht nur deren berufsmäßige Subjekte in der Kirche vor individueller Beliebigkeit, Verselbständigung und Zersplitterung bewahren, sondern auch ihre →Kompetenz in theoret. Orientierung, theol. Urteilsvermögen und prakt. Handlungsfähigkeit fördern. Denn angesichts der vielfältig mögl. unterschiedl. Modelle und Konkretionen einer kirchl.-christl. Praxis stellt die P.Th. – über ihre Ausbildungsfunktion hinaus (→Pfarrer) – die Nötigung dar, sich immer wieder über die christl. Gemeinsamkeit und Identität der in ihnen wirksamen Grundrichtung zu verständigen.

*Lit.: H. Ammer u.a.:* Handbuch der P.nTh., 3 Bde., Berlin 1975. – *F. X. Arnold u.a. (Hg.):* Handbuch der Pastoraltheologie. P.Th. der Kirche in ihrer Gegenwart, 5 Bde., Freiburg 1964-1972. – *W. Birnbaum:* Theol. Wandlungen von Schleiermacher bis Karl Barth. Eine enzyklopäd. Studie zur prakt. Theologie, Tübingen 1963. – *P. C. Bloth u.a. (Hg.):* Handbuch der P.nTh., 4 Bde., Gütersloh 1981ff. – *V. Drehsen:* Neuzeitl. Konstitutionsbedingungen der P.nTh. Aspekte der theol. Wende zur sozialkulturellen Lebenswelt christl. Religion, Gütersloh 1988. – *F. Klostermann/R. Zerfaß (Hg.):* P.Th. heute, München/Mainz 1974. – *G. Krause (Hg.):* P.Th. Texte zum Werden und Selbstverständnis der prakt. Disziplin der ev. Theologie, Darmstadt 1972. – *N. Mette:* Theorie der Praxis. Wissenschaftl. und methodolog. Untersuchungen zur Theorie-Praxis-Problematik innerhalb der prakt. Theologie, Düsseldorf 1978. – *D. Rössler:* Grundriß der P.nTh., Berlin/New York 1986.

*Volker Drehsen*

**Prediger Salomo**

*A.* Das Buch des P.s, eine der »Schriften« (Ketubot) des →AT, ist eine Sentenzensammlung, die eine Position der späteren (nachexil.) →Weisheit entfaltet. Die hebr. Bezeichnung des P.s, *kohälät* (griech./lat. *ecclesiastes*), verbindet es mit einem »Versammlungsleiter« als Sprecher. Die Stilisierung des Autors als Sohn Davids und von daher die Zuordnung zu →Salomo, dem weisen König schlechthin (→Sprüche Salomos), als fiktivem Verfasser stellt dieses zu den jüngsten Schriften des AT gehörende Buch in die Problemgeschichte der *Weisheit.* Das Buch des P.s weist Berührungen zu Fragestellungen griech.-hellenist. Philosophie auf (man kann an kyn. und sto. Philosophie denken, darüber hinaus an alle skept. Entwürfe). Diese Nähe zur hellenist. Kultur läßt im Zusammenhang mit sprachl. Beobachtungen an eine Entstehungszeit im 4. oder 3. Jh. v. Chr. denken (→Hellenismus).

*B.* Wie das →Hiobbuch markiert der P. eine Krise der Weisheit. P. setzt sich in immer neuen Erwägungen und Selbstbesinnungen mit der Erkennbarkeit der Weltordnung und der Möglichkeit der Einsicht in Gottes Handeln auseinander und gelangt zu einem *skept.-resignativen*, zuweilen geradezu zyn. klingenden Ergebnis. Gottes Allmacht bleibt anerkannt, doch bleibt dieser Gott fern und dem Menschen uneinsichtig. Auch die Regeln der Ethik sind dem P. nicht mehr einseh- und begründbar, der Zusammenhang von Tun und Ergehen (→Weisheit) ist ihm zerbrochen. Doch folgt für den P. aus alldem (anders als für →Hiob) keine Auflehnung, sondern die Ergebung in die gottgegebenen Verhältnisse und die Aufforderung zum Genuß. Der Verfasser gehört offenkundig einer reichen Schicht an (vgl. 2,4ff.; 5,11; 7,12); seine Position kann in mancher Hinsicht als Vor- und Spiegelbild privilegiert-intellektueller Skepsis gelten, wie sie u.a. in verschiedener Beziehung auf den P. bei Montaigne, →Schopenhauer oder G. B. Shaw erkennbar ist.

*Lit.: K. Galling:* Der P., Handbuch zum AT, Tübingen, 2. Aufl. 1969. – i*B. Lang:* Wie wird man Prophet in Israel?, Düsseldorf 1980. – *G. von Rad:* Weisheit in Israel, Neukirchen-Vluyn, 2. Aufl. 1982. – *R. Rendtorff:* Das AT. Eine Einführung, Neukirchen-Vluyn, 2. Aufl. 1985, 278ff.

*Jürgen Ebach*

## Predigt

*A.* Die P. ist das *klass. Medium* rel. Mitteilung, der in die öffentl. Rede gefaßte Ausdruck von →Religion und →Frömmigkeit. Sie bildet das Zentrum des ev. →*Gottesdienstes* und die exemplar. Situation berufl. Selbstdarstellung des ev. →Pfarrers.

*I.* Auf der Kanzel erscheint *der Pfarrer* in der Gesamtheit seiner berufl. Rollen, als Gelehrter, Pädagoge, Seelsorger und in seiner rel. Individualität. Wie in der P.arbeit des Pfarrers Person und Beruf, Frömmigkeit und Bildung, persönl. Betroffenheit und rhetor. Kunstfertigkeit miteinander in Einklang gebracht werden, so wird auch in der homilet. Wahrnehmung *der Zuhörer* die Einheit von rel. Welt- und Selbsterkenntnis, von →Frömmigkeit und christl. Lebensführung hergestellt. Die P. ist schließl. das Medium, durch das kirchl. Christentum vermittelt und die Tradition der Auslegung *bibl. Texte* wahrgenommen wird. Der hohen Bewertung der P. steht eine *Kritik* gegenüber, die sich aus der empir. Beschreibung der Sonntagsp. ableitet. P.en werden - gerade in der ev. Kirche – nur von einem geringen Teil der Kirchenmitglieder regelmäßig gehört. Die Mehrzahl der Kirchenmitglieder beteiligt sich an den kirchl. →Amtshandlungen (Kasualp.en) und an Festtagsgottesdiensten (vorwiegend am Hl. Abend; →Weihnachten).

*II.* Die *Grenzen der P.* sind durch die Eigenart des Kommunikationsmediums bedingt. Der Prediger bedient sich zur Darstellung rel. Erfahrung der *Kanzelsprache.* Er benutzt traditionelle symbol. Ausdrucksformen und eine der P. eigene Darstellungsweise. Verständl. ist die P. daher vorwiegend den regelmäßigen Gottesdienstbesuchern, die sich auf Grund ihrer kirchl. Biographie in selbständiger Weise mit der vom Prediger vorgetragenen rel. Interpretation gegenwärtiger Wirklichkeit auseinandersetzen und diese auf ihre eigene Lebenssituation beziehen können. Die *Kluft* zwischen dem Anspruch der P. und ihrer Wirklichkeit zu überwinden ist die Intention prakt. Reformen der P.arbeit (E. Lange) sowie vielfältiger Experimente mit der Form der P. Wird die Wirkungslosigkeit der P. auf die monolog. Struktur des Kanzelvortrags zurückgeführt, dann werden neue Redeformen an dessen Stelle gesetzt (Dialogp., Diskussionsgottesdienst). Häufig wird die homilet. →Kommunikation durch die Verwendung (meist visueller) Medien belebt. Rundfunkp.en und Fernsehandachten sollen den Öffentlichkeitsanspruch der christl. →Verkündigung zur Geltung bringen.

*III.* So vielfältig sich die Reformversuche der traditionellen Sonntagsp. darstellen, auch deren moderne Varianten folgen der *Grundstruktur homilet. Kommunikation.* In der P. wird die rel. Interpretation gegenwärtiger Lebenswirklichkeit, die der Prediger auf Grund seiner subjektiven Erfahrung formuliert, mit der Lebenssituation des Zuhörers verknüpft. Allerdings verliert sich die P. weder auf der Seite des Predigers noch auf der Seite des Hörers in subjektiver Beliebigkeit. Die P. vermittelt zwischen den objektiv gegebenen Grundzügen rel. Welterkenntnis und deren individuellen Ausprägungen, und sie greift, auch wenn sie nicht ausdrückl. als Auslegung eines Perikopentextes, sondern als themat. Rede gestaltet wird, immer auf die Tradition des Christentums und die in den bibl. Texten bewahrten Symbol- und Anschauungsgehalte zurück.

*IV.* Trotz dieser gemeinsamen Charakteristika stellt sich das *Erscheinungsbild* der Gegenwartsp. überaus *vielfältig* dar. Neben der Lehrp. steht die Erbauungsp., neben der klass. dreiteiligen Rede die erzählende P. und die Textparaphrase (Homilie). Seltener finden sich Katechismus- und Liedp.en. Themen polit. und eth. Orientierung nehmen breiten Raum ein. Kasuellen P.en (Erntedanktag, Totensonntag, Weihnachten) wird zunehmend Aufmerksamkeit geschenkt. Kennzeichnend für die P.kultur der Gegenwart ist deren subjektive Pointierung, die im Ich-Stil präsentierte Erfahrung des Predigers, die in der persönl. Aneignung und Kritik durch den einzelnen Zuhörer ihre Entsprechung findet.

*B.* Die – zumal in der Folge der →dialekt. Theologie betonte – enge Verbindung von Text und P. ist in der Einsicht der Exegese (vor allem der formgeschichtl. Auslegungsmethode) begründet, daß die Texte des →*NT* selbst als Formen der Verkündigung zu begreifen sind.

*I.* In der →*Alten Kirche* (→Augustinus) wird dann im Rückgriff auf die antike Rhetorik ein eigener Stil der christl. P. entwickelt. Rhetor. Aspekte treten im →Humanismus, in der →Aufklärung, im 19. Jh. und schließl. wieder in der Gegenwart (G. Otto) in den Vordergrund der prakt. →Homiletik. Im →*MA*. wird die P. zum Medium öffentl. →Kommunikation. Es entsteht eine breite P.kultur, die vor allem von Ordensangehörigen (Predigerorden) gepflegt wird. Die P. erhält ihre bis heute gültige Bedeutung für die Entwicklung und Pflege der dt. Sprache. Die P. wird als Instrument der →Mission begriffen. Sie wird in der Form von Bibelparaphrasen, der Einprägung kirchl. Lehrstücke und der Erzählung von Heiligenlegenden gestaltet. Während die karoling. Reform darum bemüht ist, die volkstüml. P. in den sonntägl. Meßgottesdienst einzubeziehen, entwickelt sich im Hochma. vor allem in den Städten eine neue Blüte der P. in einem selbständigen P.gottesdienst, dem »*Prädikantengottesdienst*«. Er wurde zur liturg. Grundform des reformator. Gottesdienstes in den oberdt. Reichsstädten.

*II.* Durch ihre hohe Bewertung der Hl. Schrift als Heilsmittel und die entspr. Hochschätzung der P. schafft die →*Reformation* die zentrale Stellung der P. im Zusammenhang des christl. Lebens und im Rahmen des ev. Gottesdienstes. →*Luther* verbindet in seinen P.en eine existentielle Interpretation der bibl. Texte mit der reformator. Grunderkenntnis der Rechtfertigung aus Glauben. Seine P.en sind überaus konkret, anschaul. und volkstüml. →*Zwinglis* P.en sind eher polit. und pädagog. akzentuiert, →*Calvins* P.en lehrhafte Schriftauslegungen.
Ihre neuzeitl. Gestalt erhält die P. in der Folge von →*Pietismus* und →*Aufklärung*. Während die P. im Pietismus als persönl. Zeugnis des Predigers und als Mittel zur rel. Erbauung des einzelnen Christen aufgefaßt wird, sind die der Aufklärung verpflichteten Prediger darum bemüht, die Beziehung von Christentum und moderner Kultur, von Religion und Bildung zu pflegen. Hier knüpft die P.tradition des *beginnenden 20. Jh.s* an. Im Umkreis der liberalen Theologie entsteht eine breite homilet. Bewegung, die »*moderne P.*«. Sie bedient sich psycholog. und soziolog. Erkenntnisse, um den modernen Menschen in seiner Lebenswelt aufzusuchen, zu bilden und zu erbauen.

*III.* Die P. der *Gegenwart* nimmt einerseits das Erbe der Aufklärung wieder auf; Themen des gesellschaftl. Lebens werden in der polit. und eth. P. abgehandelt. Andererseits findet die von F. →Schleiermacher betonte Integration der P. in die gottesdienstl. →Liturgie neue Beachtung. Die P. wird als Ausdruck des Glaubens der gottesdienstl. Gemeinde begriffen. Sie wird zur Erbauungsrede.

*IV.* Greift die Reformation auf die P.tradition des MA.s zurück, so ist umgekehrt die Geschichte der *kath. P.* von der Entwicklung der ev. P. beeinflußt. Im →Konzil von Trient werden die Pfarrer verpflichtet, an Sonn- und Feiertagen die Schrift auszulegen. Nach einer Epoche konfessioneller Auseinandersetzungen (Kontroversp.en) verliert die P. zunächst an Bedeutung. Im Zuge der Liturgiereform wurde die P. sowohl innerhalb der →Meßfeier als auch in selbständigen P.gottesdiensten (z.B. Fastenp.en) neu belebt. Dabei wird die katechet. und volksmissionar. Intention der P. betont. Wie in der neueren ev. Diskussion wird der organ. Zusammenhang von gottesdienstl. Liturgie und P. hervorgehoben.

*Lit.: K. F. Daiber u.a.:* Predigen und Hören, Bd. 1-3, München 1980ff. – *H. W. Dannowski:* Kompendium der P.lehre, Gütersloh 1985. – *J. Konrad:* Die ev. P., Bremen 1963. – *G. Otto:* P. als Rede, Stuttgart 1976. – *F. Wintzer:* Die Homiletik seit Schleiermacher bis in die Anfänge der »dialekt. Theologie«, Göttingen 1963.

*Wolfgang Steck*

## Presbyter, Presbyterialverfassung

### *A. Presbyter im Alten und Neuen Testament*

*I.* »Älteste« (griech.: *presbyteroi* = Ältere, »Älteste«) als Träger eines best. Amtes begegnen bereits am Beginn von Israels staatl. Zeit (Jos 24,1; Ri 11,3-11; 1 Sam 16,4). Ihre Aufgabe war es, als Häupter in den Städten ansässiger Sippen die innere Ordnung ihres Gemeinwesens zu schützen und dieses nach außen zu vertreten (Dtn 21,1-9.18-21; Rut 4,1-12; 1 Sam 11,3). Mit dem Aufkommen des Königtums und im Verlauf der damit verbundenen Zentralisierung des Staatswesens verloren sie freil. ihre ursprüngl. Selbständigkeit. Ihre Aufgabe bestand nun in der Beratung des Königs (2 Kön 10,1.5; Ez 7,26). Nach dem Untergang des Königtums erlangten sie jedoch für die Verwaltung des Volkes noch einmal größere Bedeutung (Jer 29,1; Ez 8,1; Esr 10,7-17; Judit 6,16.21), nur daß sie jetzt nach Auflösung der Sippenverbände von den *führenden Familien* gestellt wurden (Esr 1,5; 2,68; 10,16). Bes. Gewicht kam dabei den Ältesten zu, die von den *Jerusalemer Familien* am Sitz der polit. Macht gestellt wurden; denn sie bildeten bis zum Untergang des jüd. Staates im »Ältestenrat« (*gerousia*, später: *synedrion*, die oberste jüd. Regierungsbehörde) die dritte maßgebende Partei (Mk 11,27; 14,43.53; 15,1). Nach der Zerstörung Jerusalems änderte sich allerdings die Zusammensetzung des »Ältestenrats«: Jetzt waren die (pharisä.) Schriftgelehrten gerufen, sich als wissende und darum zuverlässige Träger und Vermittler der Tradition um die Wege ihres Volkes zu kümmern. Doch auch jetzt waren sie gleichberechtigte *Mit-*

*glieder eines Rates,* der in gemeinsamer Verantwortung Entscheidungen zu fällen und das Volk zu führen hatte.

*II.* Ähnl. P.-Kollegien begegnen am Ende des 1. Jh.s n. Chr. nun auch *in christl. Gemeinden,* und zwar keineswegs nur innerhalb des →Judenchristentums (vgl. dazu Apg 11,30; 15,2.4; 21,18; Jak 5,14). Die Lehrer und Gemeindeleiter, die noch aus apostol. Zeit stammten, starben allmähl. aus. Ferner stellte sich die Frage nach der rechten Auslegung des →Evangeliums immer dringlicher. In dieser Zeit des Umbruchs war es nur natürlich, sich an die »Älteren« zu wenden, die in den Gemeinden eine geachtete Stellung hatten und deren Urteil man schätzte. So war es nur folgerichtig, daß zunächst aus den Kreisen der Älteren *die* hervorgingen und dann auch mit deren bes. Segen eingesetzt wurden (1 Tim 4,14), die sich allmähl. »hauptamtl.« (1 Tim 5,17f.; 1 Petr 5,2) *als* P. bzw. Episkopoi (→Bischof) um das Leben und die Lehre innerhalb der christl. Gemeinde zu kümmern hatten (Tit 1,5-9; 1 Petr 5,1-4; Jak 5,14). In der Überzeugung, daß das apostol. Erbe nicht zuletzt *durch die P.* treu bewahrt werde, führten die ntl. Autoren das P.amt direkt auf die →Apostel zurück (Apg 14,23; 2 Tim 1,6). Erst im Lauf des 2. Jh.s durchdringen sich dann Episkopal- und Pv., kommt es dann zur Überordnung des Bischofs über den P. und Diakon (→Hierarchie; →Klerus).

*B.* Es bedeutet deshalb für die Geschichte der →Kirchenverfassung einen (ökumen. bis heute herausfordernden) Neubeginn, als im Zug der →*Reformation* eine Pv. gefordert und entwickelt wurde, der zufolge im Protest gegen Ansprüche der →Hierarchie →Kirchenleitung und →Kirchenzucht einem Kollegialorgan der Gemeinde übertragen wurden. Zu nennen sind Oekolampad, Bucer (er fordert das Ältesten- und Diakonenamt), →*Calvin.* Nach ihm gehört das Ältestenamt (neben Pastoren, Doktoren, →Diakonen) zu den vier von Christus zur Regierung seiner Kirche eingesetzten Ämtern. In Emden gründet a Lasco 1544 das Presbyterium als Organ der Kirchenzucht. 1550-1553 schafft er in London eine streng presbyteriale →Kirchenordnung. Das aufgegliederte Ältestenamt umfaßt nach »apostol. ordnung« auch »mitregierer«, die nicht »im wort« arbeiten. Grundlegend für die Pv. der →reform. Kirchen Westeuropas wurden die Beschlüsse der *Emder Synode* 1571. Vorbereitet durch mehrere Konvente (Wesel 1568), ordnen sie die gleichberechtigt nebeneinanderstehenden niederländ. Gemeinden, aufbauend auf den Konsistorien (Leitungsorgane) aus Predigern, Ältesten und Diakonen der Einzelgemeinden, zu Klassen mit Konventen, Provinzial- und Generalsynoden (→Synode). Diese *»reine« Pv.* basiert z.T. auf der Discipline ecclésiastique, die 1559 von der Pariser Nationalsynode angenommen wurde. In den im Zuge der »2. Reformation« reformiert geprägten Reichsterritorien entstehen *Mischformen* aus landesherrlich-konsistorialer Verfassung luth. Herkunft und presbyterial-synodalen Elementen (z.B. Kurpfalz und Hessen-Kassel).
In den *luth. Reformationskirchen* (→Reformation) gab es nur schwache Ansätze für eine Pv., bes. im Wirkungsbereich Bugenhagens. Göttl. Rechts blieb nur das Predigtamt; nach reform. Lehre sind es alle vier calvin. Ämter. Im 19. Jh. begünstigt die liberale Forderung nach kirchl. Selbstverwaltung die Übertragung konstitutionalist.-parlamentar. Elemente aus dem polit. in den kirchl. Bereich. In Anknüpfung an die Neubesinnung auf die theol. Grundlagen der Pv. im Kirchenkampf (Düsseldorfer Thesen 1933; Theol. Erklärung zur Gestalt der Kirche 1934) wurde das Ältestenamt in der →Ev. Kirche in Deutschland (EKD) und ihren Gliedkirchen als zentrales Verfassungselement zur Leitung der Gemeinden und der Gesamtkirche ausgebaut. Die →Synode der EKD besteht zu fünf Sechsteln aus gewählten Ältesten.

*C.* Die *ökumen. Diskussion* ist nicht abgeschlossen. Eine reine Pv. bereitet wegen der entgegenstehenden Episkopalverfassungen und der Frage nach übergeordneten Leitungsfunktionen Schwierigkeiten. Schon sehr früh wird deshalb an Mischtypen gedacht, in denen sich die konfessionell gewachsenen Grundtypen wiederfinden können. Der demokrat. Impuls (→Demokratie) der Pv. sollte daher aus ntl. und kirchentheoret. Gründen (→Kirche) gestärkt werden.

*Lit.: G. Bornkamm:* presbys (usw.), in: Theol. Wörterbuch zum NT, Bd. 6, 651-680. – *N. Brox:* Die Pastoralbriefe (Regensburger NT, Bd. 7/2), Regensburg 1969, 42-46.147-152. – *J. P. van Dooren:* Der Weseler Konvent 1568. Neue Forschungsergebnisse, in: Monatshefte für Ev. Kirchengeschichte des Rheinlandes 31 (1982), 41-55. – Einleitungen zu den Kirchenordnungen Ostfrieslands und der Kurpfalz, in: *E. Sehling (Hg.):* Die ev. Kirchenordnungen des 16. Jh.s, Bd. VII, 1 und XIV, Tübingen 1963 und 1969. – *H. Frost:* Der Konvent von Wesel im Jahre 1568 und sein Einfluß auf das Entstehen des dt. ev. Kirchenverfassungsrechts, in: Zeitschrift der Savigny-Stiftung für Rechtsgeschichte 87 (1970), 325-387. – *J. F. G. Goeters:* Die Akten der Synode der Niederländ. Kirchen zu Emden vom 4.-13.Okt.1571, Neukirchen-Vluyn 1971. – *O. J. de Jong:* Die Emder Generalsynode vor dem Hintergrund der westeurop. Reformationsgeschichte, in: Jahrbuch der Gesellschaft für niedersächs. Kirchengeschichte 68 (1970), 9-24. – *W. Köhler:* Zürcher Ehegericht und Genfer Konsistorium, Leipzig 1932/42. – *W. Michaelis:* Das Ältestenamt der christl. Gemeinde im Lichte der Hl. Schrift, Bern 1953. – *P. Münch:* Zucht und Ordnung. Ref. Kirchenverfassungen im 16. und 17. Jh., Stuttgart 1978. – *zagen* (= alt), in: Theol. Wörterbuch zum AT, Bd. 2, 639-650. – *R. Zollitsch:* Amt und Funktion des Priesters, Freiburg/Basel/Wien 1974, 15-177.

*Meinrad Limbeck (A)/*
*Anneliese Sprengler-Ruppenthal (B)*

**Presbyterianer.** Zusammen mit den →Kongregationalisten, einem Teil der →Baptisten sowie einigen →Anglikanern machen die P. den größten Teil der englischsprachigen →Reformierten aus, die ihre theol. Basis im wesentl. →Calvin und seinen Erben verdanken. Ihren *Namen* leiten die P. vom griech.

*»presbyteros«* her (älter, der Älteste, →Presbyter). Für sie, die Christus als Haupt und die →Schrift als Autorität anerkennen, gründet sich das presbyteriale oder konsistoriale Prinzip auf die von den »Ältesten« verwaltete →Kirche. Diese lehren und leiten – nicht immer als Ordinierte (→Ordination) – die unterschiedl. Gremien: Ortskongregation (sog. Kirchensession), Kreissynode *(presbytery)*, →Synode und Generalversammlung. Die P. sind überzeugt, daß sich die ihrer Kirche zugrundeliegende Ordnung im Einklang mit der Schrift befindet. Zugleich ist inzwischen das Bewußtsein dafür gewachsen, daß es sich nicht um die einzig mögl. Ableitung aus den bibl. Schriften handelt. Jede Ordnung ist zudem dem Mißbrauch und der Verkehrung preisgegeben: Ein Presbyterianismus, dessen Stärke in der Einbeziehung aller durch die Wahl ihrer Amtsträger besteht, birgt die Gefahr eines lähmenden Bürokratismus in sich.

*A.* Mit dem Wirken von *John Knox* (1513/15-1572) in England, Frankfurt/M. und Genf konnte sich 1560 die →reform. Kirche in *Schottland* etablieren. In der Folgezeit, insbes. in den ersten Jahren nach Knox' Tod, waren es vor allem Andrew Melville (1545-1622) und ein kleinerer Kreis aus den Reihen der Geistlichen, die das presbyteriale Prinzip übernahmen. Nach mancherlei Auf und Ab erlangte ihr Konzept 1690 staatl. Anerkennung. Trotz der Bemühungen eines Thomas Cartwright (1535-1603) und anderer Zeitgenossen erwies es sich in den Jahren nach 1662 (Act of Uniformity) als unmögl., einen organisierten Presbyterianismus in ganz England zu sichern. Auch die Blütezeit der Cromwellschen Ära (1649-1660) vermochte eine solche Entwicklung nicht erfolgreich voranzutreiben. Die Erben jenes presbyterian. Restes, der sich nicht dem Unitarismus des 18. Jh.s zuwandte (→Unitarier), vereinigte sich mit schott. Einwanderern, um schließl. die presbyterian. Kirche in *England* zu gründen (1876). Die *irischen* P. gehen auf zwei Wurzeln zurück: Zum einen auf die südirischen P. des späten 16. Jh.s, zum andern auf Schotten, die im 17. Jh. eingewandert sind. Die erste Kreissynode konstituierte sich am 10.6.1642 in Carrickfergus. Die Wurzeln der presbyterian. (oder calvinist.-methodist.) Kirchen in *Wales* (Konstituierung 1811) finden sich in der Erweckungsbewegung (in calvinist. Gestalt, →Erweckung), angeführt von den Walisern Howel Harris (1714-73), Daniel Rowland (1713-90) und William Williams (1717-91). Die erste Kreissynode (presbytery) auf *amerik.* Boden konstituierte sich 1706 in Philadelphia. Brit. Einwanderer brachten den Presbyterianismus u.a. auch nach Australien (1803) und Neuseeland (1840). Presbyterian. Missionare des angloamerik. Sprachraums erreichten 1824 Indien, 1846 Nigeria und gelangten 1897 nach Venezuela. Am weitesten verbreitet und in Gebrauch ist das *Glaubensbekenntnis von Westminster* (1647), das einige Kirchen jedoch inhaltl. revidierten oder in best. Wendungen abänderten. Obwohl die P. ihre »*Books of Order*«in der Regel einer festgeschriebenen →Liturgie vorziehen, schätzen sie von jeher Würde und Ehrfurcht im →*Gottesdienst.* Die →Predigt ist ihnen ein zentrales Anliegen, und die beiden sonntägl. →Sakramente legen davon Zeugnis ab. Zur Zeit läßt sich eine Tendenz zur häufigeren Teilnahme am →Abendmahl beobachten, doch bildet in manchen Kongregationen immer noch der alljährl. einmalige Empfang des Altarsakraments die Norm. Das spricht nicht gegen die große Bedeutung, die der Feier des Abendmahls beigemessen wird. In einigen nicht englischsprachigen Kirchen wurden die überlieferten Formen einem Wandel unterzogen. Man hat sie eines gewissen Schmuckes beraubt. So singt auch fernerhin eine Minderheit der Kirchen die Psalmen ohne musikalische Begleitung.

*B.* Die P. haben von jeher →*Erziehung* und →*Bildung* einen nicht geringen Wert beigemessen. Unter den Gelehrten, die in unserem Jh. aus ihren Reihen hervorgingen, befinden sich John und Donald Baillie, William Barclay, J. H. S. Burleigh, David S. Cairns, James Denney, H. H. Farmer, John A. Mackay, J. T. Mc Neil, T. W. Manson, W. D. Maxwell, James Moffatt, J. H. Oldham und John Oman. Wenn auch ein Teil der presbyterian. Kirchen der Sache der *Ökumene* keine Beachtung schenkt, so weiß sich die Mehrheit der Ökumene verpflichtet. Ihren Wunsch nach innerfamiliärer Einheit brachten sie 1875 mit der Gründung der »*World Presbyterian Alliance*« zum Ausdruck. 1970 ging diese Allianz ein Bündnis mit dem »*International Congregational Council*« von 1891 ein, um schließl. den Reform. Weltbund (*World Alliance of Reformed Churches)* zu gründen. Der Reform. Weltbund umfaßt 164 Mitgliedskirchen; einige von ihnen sind presbyterianisch, andere sind uniert, oft mit einem presbyterian. Erbe, wieder andere sind reformiert oder kongregationalistisch. Im ganzen gehören etwa 70 Mill. Mitglieder dem Reform. Weltbund an. Die P. waren auch unter den ersten, die mithalfen, den →Ökumen. Rat der Kirchen ins Leben zu rufen (Weltkirchenkonferenz Amsterdam 1948), eine Vereinigung, deren zweiter Generalsekretär, *Eugene Carson Blake* (1906-85), den P.n angehörte. Die P. u.a. folgender Länder schlossen sich zu Kirchenunionen zusammen: Kanada (1925), Nordindien (1970), England und Wales (1972), Australien (1977), wenn auch getrennte presbyterian. Kirchen weiterhin in Kanada und Australien existieren. Die Notwendigkeit einer tiefen innerfamiliären Einheit fordert die P. heraus, die vergangenen und jüngeren Spaltungen zu überwinden. Weitere Herausforderungen sind: das schnelle *Wachstum* in einigen Längern (z.B. in Südkorea und in einigen Teilen Afrikas), das sowohl menschl. als auch andere Kräfte aufs äußerste beansprucht, aber auch ein im Westen zu verzeichnender *Rückgang.* Rückläufige Mitgliederzahlen geben Anlaß, von einer zunehmenden Marginalisierung bisher mächtiger Kirchen zu sprechen. Schließl. muß die eigene Existenzberechtigung bes. dort neu nachgewiesen werden, wo konservative Minderheiten das Christentum Seite an Seite mit einem Katholizismus bezeugen, der durch das 2. Vatikanum (→Vat. Konzile) geprägt ist. Zugleich müssen die P. gemeinsam mit anderen Christen in ihren missionarischen Bemühungen Einigkeit erzielen über den →Jenseitsglauben, über ihren Einsatz für den →Frieden und das Vorantreiben eines ökolog. Bewußtseins (→Ökologie) in einer bedrohten und gespaltenen Welt.

*Lit.: J. H. S. Burleigh:* A Church History of Scotland, London 1960. – *K. Halaski (Hg.):* Die Reform. Kirchen der Welt (Die Kirchen der Welt, Bd. 17), Stuttgart 1977. – *G. D. Henderson:* The Claims of the Church of Scotland, London 1951. – *S. M. Jackson/G. W. Gilmore (Hg.):* The New Schaff-Herzog Encyclopedia of Religious Knowledge, Bd. 9: Presbyterians, Grand Rapids 1950, 205-243. – *J. Moffat:* The Presbyterian Churches, London 1928.

*Alan Sell (Übers.: Birgit Keune)*

**Preußen**

*A.* Der preuß. Staat entstand als künstl. Produkt der Hohenzollern-Dynastie (seit 1415 Kurfürsten von Brandenburg), die ursprüngl. heterogene Gebiete durch Erbverträge und Eroberungen miteinander vereinte. Seine Kerngebiete, Brandenburg und Ostp., wurden dauerhaft erst seit dem *12. Jh.* für das →Christentum und die dt. Besiedlung gewonnen. Zwar kam es bereits unter Otto I. (936-973) zur Errichtung dt. Markgrafschaften auf ostelb. Gebiet und 948 zur Gründung der Missionsbistümer Brandenburg und Havelberg (dem Erzbistum Magdeburg unterstellt), aber der große Slawenaufstand von 983 stellte die Herrschaft der einheim. Fürsten und der heidn. Religionen wieder her. Den überwiegend friedl. Neuaufbau der christl. Kirchen im Hochma. trugen in Brandenburg die Prämonstratenser und →Zisterzienser, während Ostp. gewaltsam vom Dt. Orden, den der poln. Herzog Konrad von Masowien 1226 zum Kampf gegen die heidn. Pruzzen ins Land gerufen hatte, unterworfen und missioniert wurde. 1525 wandelte der Hochmeister des Dt. Ordens, Albrecht I. von Hohenzollern, Ostp. in ein weltl. Herzogtum um, das sich zum luth. Glauben bekannte. Erst 1539 ging Brandenburg unter Joachim II. zur →*Reformation* über. 1618 fiel Ostp. kraft Erbfolge an Brandenburg. In beiden Gebieten kam es zu einer engen Verbindung von hochkonservativer luth. Orthodoxie und Adelsherrschaft. In der Überzeugung, daß der →Calvinismus eine eth. leistungsfähigere Form des Christentums als das →Luthertum sei, trat Kurfürst Johann Sigismund 1613 zum reform. Glauben über. Er sicherte sich damit die Unterstützung der →Niederlande im Jülich-Cleveschen Erbstreit (1614: Xantener Vertrag: Cleve, Grafschaft Mark und Ravensberg fallen an Brandenburg). Auf Grund des Widerstands der luth. Stände verzichtete der Kurfürst darauf, seinem Land den reform. Glauben aufzuzwingen. Die 1613 entstandene konfessionelle Situation verwies die Hohenzollern auf den Weg der rel. →Toleranz und der Vereinigung der beiden ev. Kirchen.

*B.* Unter dem Großen Kurfürsten (1640-1688) entwickelte sich P. zur *Vormacht des →Protestantismus* in Deutschland. Er holte →Mennoniten, poln. Sozinianer, Wiener →Juden (1671) und franz. →Hugenotten (1685) nach Brandenburg-P., die das im Dreißigjährigen Krieg verwüstete Land aufbauen helfen sollten. Durch die Organisation eines stehenden Heeres, eines neuen Behördenapparates (Kriegskommissariat) und eines modernen Steuersystems (Akzise) schuf der Große Kurfürst die Grundlagen für einen absolutist. Macht- und Einheitsstaat. Alle Konfessionen wurden der Staatsaufsicht unterworfen. Die Toleranzpolitik der Krone stieß auf den Widerstand der →altprot. Orthodoxie und der Stände. Erst durch die Etablierung des →Pietismus (1691 Berufung Ph. J. Speners nach Berlin und Gründung der Universität Halle) gewannen *konfessionelle Toleranz* und Achtung der Gewissensfreiheit in der Gesellschaft an Boden. Seinen Anspruch auf europ. Geltung meldete P. unter Friedrich III. (I.) (1688-1713) durch die Krönung zum König (1701) an. Die →Pädagogik A. H. Franckes leistete mit ihrer *asket. Ethik* und der Erziehung zur berufl. Tüchtigkeit einen wichtigen Beitrag zur Sozialdisziplinierung der Untertanen und über pietist. Feldprediger auch des Heeres, das unter Friedrich Wilhelm I. (1713-1740) auf Grund der Dienstpflicht der Bauernsöhne (Kantonreglement 1733) zur drittstärksten Armee Europas ausgebaut wurde. Friedrich der Große (1740-1788) benutzte dieses Machtinstrument, um in den Schlesischen Kriegen (1740-1742; 1744-1745; 1756-1763) dem österr. Rivalen die reiche Provinz Schlesien zu entreißen und P. in den Rang einer Großmacht zu erheben. Die im Einvernehmen mit Rußland und Österreich vollzogenen Poln. Teilungen (1772, 1793, 1795; → Polen) brachten dem Staat zwar mit Westp. die wichtige Landbrücke zwischen Brandenburg und Ostp. ein, belasteten ihn aber zugleich mit nicht assimilierbarer poln. Bevölkerung.

*C.* Der absolutist. preuß. Obrigkeitsstaat brach 1806 im Kampf mit dem revolutionären bürgerl. Frankreich zusammen. In den Stein-Hardenbergischen Reformen (1807-1816) gelang zwar eine beachtl. *Modernisierung* von Staat und Gesellschaft (Aufhebung der Erbuntertänigkeit der Bauern 1807, Selbstverwaltung der Städte 1808, Heeresreform 1807-1816, Bildungsreform ab 1810, Judenemanzipation 1812), aber die Vorherrschaft der Bürokratie und des Adels blieb erhalten, und die Pläne für ein vom Volk gewähltes Parlament des Gesamtstaates scheiterten. Mit der im Befreiungskrieg gegen Napoleon (1813-1815) geborenen Erweckungsbewegung begann ein neuer Frühling der ev. Kirche. 1817 erreichte die von den Hohenzollern seit 1640 betriebene Kirchenpolitik mit der Gründung der →Ev. Kirche der Union (dem Zusammenschluß der Lutheraner und

Reformierten zur Kultusgemeinschaft, →Landeskirchentum) ihr Ziel. Das Bündnis von Thron und Altar blieb trotz der Abtrennung der kirchl. von der staatl. Verwaltung auf Grund des königl. Summepiskopates (der Fürst als höchster Bischof) erhalten. Deshalb stand die ev. Kirche während der 48er Revolution im Kampf gegen →Demokratie und →Liberalismus und später auf seiten der Konservativen (→Konservatismus). In drei Kriegen (1864 gegen Dänemark, 1866 gegen Österreich und 1870/71 gegen Frankreich) vollzog P. die *Einigung Deutschlands* auf kleindt. Basis (18.1.1871 Krönung Wilhelms I. [1858- 1888] zum »Dt. Kaiser« in Versailles). Dem →»Kulturkampf« gegen die kath. Kirche (1870-1879) lagen bei Bismarck primär polit., bei seinen Mitstreitern, den Nationalliberalen, vorwiegend weltanschaul. Motive zugrunde, da die mit der kath. Kirche eng verbundene Zentrumspartei (gegründet 1870) in seinen Augen eine gefährl. Ansammlung von »Reichsfeinden« (Elsässer, Polen, nord- und süddt. Separatisten) darstellte, während die Nationalliberalen in der seit 1815 wiedererstarkten kath. Kirche einen fortschrittsfeindl. »Köhlerglauben« bekämpften. Die prot. Konservativen distanzierten sich vom Kulturkampf. In der →sozialen Frage plädierte die ev. Kirche für die obrigkeitl. Lösung der Bismarckschen Sozialgesetzgebung (1881-1889). Erst die Abschaffung der Monarchie in der Novemberrevolution 1918 und der →Kirchenkampf lösten die Synthese von ev. Kirche und preuß.-dt. Obrigkeitsstaat auf.

*Lit.: G. Heinrich:* Geschichte P.s, Berlin 1981 (Lit.). – *C. Hinrichs:* Pietismus und P.tum, Göttingen 1972. – *O. Hintze:* Die Epochen des ev. Kirchenregiments in P., in: *ders.:* Gesammelte Abhandlungen, Bd. 3, Göttingen, 2. Aufl. 1967.

*Klaus Deppermann*

## Priester

### A. Religionsgeschichtlich

*I.* P., griech. *presbyteros,* Ältester. Ursprüngl. Bezeichnung für den *Vorsteher* der (Stammes-)Gemeinschaft, wird der Begriff heute eher vom Verständnis des griech. *hiereus,* lat. *sacerdos, Geweihter,* geprägt. In allen Religionen hat der P. (als →Mann oder →Frau) im rel. →Kult die Aufgabe der Mittlerschaft zwischen Gottheit und menschl. Bereich. Einen bes. Kraftbesitz (Mana), erworben durch erbl. Übertragung oder →Ordination, hat die soziale Sonderstellung des P.s als Lehrer, Berater oder Führer der →Gemeinschaft zur Folge. Auf Grund der verschiedenen rituellen Aufgaben (→Opfer, Orakel, →Heilung, →Lehre) wurden die P.klassen und -hierarchien immer wieder unterteilt. Im frühen →Judentum war die P.schaft das erbl. Privileg der Nachkommen Aarons (Ex 28,1) und führte später zur Aufteilung in Hohep., P. und Leviten, von denen die Schriftgelehrten (als Ausleger des »Gesetzes«) zu unterscheiden sind (→Rabbiner).

*II.* Das →*Christentum* leitet die Bedeutung des P.tums in neuer Weise vom →Glauben an →Jesus Christus als dem eigentl. Hohenpriester und →Mittler zwischen →Gott und →Mensch ab (Hebr 3-9) und unterscheidet ein allg. *P.tum aller Gläubigen* auf Grund der →Taufe, das durch Zeugnis und Hingabe (Röm 12,1) an der Teilhabe des P.tums Christi befähigt (1 Petr 2,4-10; Offb 1,6; 5,9f.), und ein eher kult. orientiertes Amtsp.tum, das auf der →Berufung und bes. Geistausrüstung der →Apostel gründet (Apg 1,8; 1 Tim 1,12).

*III.* Entwicklung, Zuordnung und Gewichtung dieser beiden Verständnisse waren in der Geschichte der *christl.* →*Konfessionen* häufig sehr umstritten und sind bis heute ein wichtiges Thema des *ökumen. Dialogs* (→Amt). Im Gegensatz zur kath. Theologie betonte mit →Luther die *prot.* Theologie stets mehr das allg. P.tum aller Gläubigen und lehnt generell geistl. Unterscheidungen in der Beauftragung zum P.tum ab. Dementspr. kennt man hier keine →Weihe (Wesensmerkmal), sondern nur eine Berufung (Funktionsmerkmal) zum priesterl. Dienst, keine geschlechtl. Beschränkung und keine Zölibatsverpflichtung.

*Lit.: E. O. James:* Das P.tum: Wesen und Funktion. Eine vergleichende und anthropolog. Studie, Wiesbaden 1957.

*Joachim Opahle*

### B. Systematisch-theologisch

Die Herkunft des Wortes P. vom griech. *presbyteros* (Ältester, Vorsteher) verdeutlicht nur teilweise, welche Rolle der Begriff P. in der Geschichte der verschiedenen christl. Kirchen spielte und wie er heute wirkt bei den inner- und zwischenkirchl. Diskussionen über →Amt, Zölibat, P.mangel, allg. P.tum der Gläubigen, Frauenordination, Stellung der Pastoralreferent(in)en, Recht der Gemeinde auf P. und Eucharistie, Spiritualität des Seelsorgers, gegenseitige Anerkennung von →Abendmahl und Eucharistie. Für die Begriffsbestimmung ist ebenso von Bedeutung, was im AT, aber vor allem im NT mit »hiereus« (»sacerdos«) umschrieben wird. Diese *doppelte Herkunft* des Begriffs P. bestimmt Entwicklung, Themen und Probleme der späteren christl. Reflexion.

*I.* Im NT wird *»hiereus«* auf zwei verschiedene Weisen verwendet: für die levit. P. und für die christl. Glaubensgemeinschaft in ihrer Gesamtheit (Offb 1,6; 5,10; vgl. 1 Petr 2,4-9); dasselbe gilt für »Hohep.« (archihiereus): für den Vorsitzenden des jüd. »Sanhedrin« und für Christus (Hebr, wo er auch P. genannt wird; vgl. für die hohepriesterl. Funktionen wie Fürsprache und Zugang gewähren zu Gott: Joh 2,1; 17,19; Röm 5,2; 8,34; Eph 2,18). Wegen dieses ausschließl. Gebrauchs (von Hohep.) für *Christus* und des umfassenden Gebrauchs von

P. für die *Gemeinschaft* ist es begreifl., daß im NT und in den ersten Jh.en der Kirche P. und die damit verbundenen (atl.) Konnotationen (Mittlersein, opfern, Zugang haben zum Allerheiligsten) auf eine best. Gruppe innerhalb der Gemeinschaft nicht angewendet werden.

*II.* Das *3. Jh.* bietet einen anderen Ansatz, der in den folgenden Jh.en immer mehr ausgearbeitet wird. Die *priesterl. Terminologie* wird nun auch für eine Leitungsfunktion verwendet: für den Episkopos (→Bischof) und den Rat der ihn umgebenden →Presbyter (Presbyterium; in einigen Fällen sind auch die →Diakone darin mit eingeschlossen). Mit einigen Akzentunterschieden ist diese terminolog. Verschiebung im Osten wie im Westen zu finden, in den Schriften von u.a. Klemens, →Origenes, Tertullian, Cyprian, Hippolyt und in Weihetexten (namentl. der Traditio Apostolica). Amtstheol. gesehen bleibt in den folgenden Jh.en in erster Linie der *Bischof der P.*; der Presbyter wird nur im abgeleiteten und abhängigen Sinn P. genannt (vgl. für einen heutigen Ausdruck dieser Perspektive Presbyterorum ordinis 2,7). Aber durch das Wachstum der Kirche und das Aufkommen der Landpfarreien entsteht im Westen ein selbständig funktionierender Presbyter, der prakt. dieselbe (liturg.) Arbeit verrichtet wie der Bischof.
Seit Beginn des *6. Jh.s* wird der offizielle Sprachgebrauch auf die veränderte Aufgabenstellung der *Presbyter* angewendet: Das Substantiv »Sacerdos« wird auf den Presbyter übertragen, und »Sacerdos« ersetzt schließl. »Presbyter«. Im Zusammenhang mit dem Bild von Kirche, Gesellschaft und Welt gewinnen im Westen für die weitere inhaltl. Bestimmung von »P.« an Bedeutung: die Unterscheidung von →Klerus und →Laien, der Gegensatz von Sakral und Profan, das Aufkommen von Bußpraktiken (→Buße) sowie eucharist. Diskussionen über die Konsekration (→Abendmahl). Dadurch erhält der P. als →Mittler seinen Ort neben und über der Gemeinschaft, und seine Aufgabe ist vornehml. *liturg. bestimmt* (→Messe). In der Theologie des hohen MA.s schlägt sich diese Entwicklung in einer näheren Bestimmung des Sakramentes der P.weihe (→Ordination) nieder.

*III.* In der →*Reformation* und →*Gegenreformation* steht die skizzierte Entwicklung zur Diskussion. Einerseits legen die Reformatoren den Akzent auf das allg. Priestertum der Gläubigen, andererseits lehnen sie den Opfercharakter der Messe ab, verwerfen die Bußpraxis (→Beichte) und weisen damit den priesterl. Charakter des Amtes zurück. Das →Konzil von Trient bestätigt im Zusammenhang der Lehre über Eucharistie und Sündenvergebung die Selbständigkeit des amtl. P.tums (Denzinger/S. 1763-1778) und führt zugleich im Blick auf Ausbildung (Seminar) und seelsorgl. Praxis des P.s Reformen durch. In der Periode nach Trient hat namentl. die sog. Franz. Schule (P. de Bérulle, 1575-1629 u.a.) mit ihrer christozentr. Spiritualität Bild und Erleben des P.s beeinflußt.

*IV.* Mit dem *2.* →*Vat. Konzil* beginnt in der Entwicklung eine neue Phase: Die Bestimmung des P.tums selbst wird ausgeweitet (Sorge auch für →Verkündigung und →Seelsorge; vgl. Presbyterorum ordinis 4-6); die Stellung des P.s innerhalb der Kirche wird von der Gemeinschaft der Kirche her bestimmt (Communio der Gläubigen, Kirche als Sakrament der Einheit [Lumen gentium 1,4] und Volk Gottes [LG 9-17]), innerhalb deren das Amt als Dienst funktioniert. Im Rahmen dieser Gemeinsamheit wird auch dem allg. P.tum Aufmerksamkeit geschenkt (LG 10-11). Den Rahmen bietet das dreifache Amt Christi (Prophet, P., König), an dem jeder Gläubige durch →Taufe und →Firmung teilhat (vgl. LG 31). Dieses allg. P.tum ist »dem Wesen nach und nicht nur graduell« vom amtl. oder hierarch. P.tum unterschieden, beide aber haben im P.tum Christi ihre Wurzel.
Im Anschluß an diese doppelte Ortsbestimmung mit ihren inneren Spannungen und Problemen für die Identität der priesterl. Existenz sind, in Reaktion auf die P.krise nach dem Konzil (Sinken der Weihezahlen, Amtsniederlegungen), auf theol.-spirituellem Gebiet verschiedene Tendenzen wahrzunehmen: Rückkehr zu einem vorkonziliaren Denken, Wiederbelebung einer christozentr. Interpretation mit bes. Rücksicht auf den prophet. Charakter von →Leiden und Sterben →Jesu sowie eine Neubesinnung auf Amt und Kirche und die grundlegende Rolle des Geistes in ihnen.

*Lit.: J. Auer:* Die Sakramente der Kirche, Kleine Kirchl. Dogmatik VII, Regensburg 1979, 295-367. – Der priesterl. Dienst I-V (Quaestiones disputatae 46-50), Freiburg u.a. 1970-1973. – *G. Greshake:* P.sein. Zur Theologie und Spiritualität des priesterl. Amtes, Freiburg 1982. – *E. Schillebeeckx:* Christl. Identität und kirchl. Amt. Plädoyer für die Menschen in der Kirche, Düsseldorf 1985. – *Th. Schneider:* Zeichen der Nähe Gottes, Mainz 1979, 237-269. – *A. Vilela:* La condition collegiale des prêtres au 3ème siècle, Paris 1971. – *H. Vorgrimler:* Sakramententheologie, Düsseldorf 1987. – *J. Waldram:* Van presbyter tot priester. De betekenis verandering van het woord »sacerdos« van de derde tot de achtste eeuw, in: *W. Beuken/H. Goddijn/M. Marlet (Hg.):* Proef en Toets, Amersfoort 1977, 144-165.

*Herwi Rikhof (Übers. Hermann Häring)*

**Primitivismus.** Der *Begriff* P. hat mehrere Bedeutungen, die alle nicht abwertend, sondern positiv zu verstehen sind. In der →*Kunst* wird P. als »die Anregung des Denkens und Schaffens moderner Künstler durch Kunst und Kultur der Naturvölker« bestimmt (Rubin). In der →*Anthropologie* bezeichnet er in der Kombination »Organprimitivismen« den »Mangel an hochspezialisierten, d.h. umweltspezif. angepaßten, Organen« des Menschen. Unter »Spezialisierung« ist demgegenüber der »Verlust der Fülle der Möglichkeiten« zu verstehen, »die in einem unspezialisierten Organ liegen« (Gehlen). In seiner dritten Bedeutung ist der Begriff im Deutschen kaum gebräuchl. und vermutl. erst durch die dt. Kenntnisnahme der Arbeiten von Boas und Lovejoy sowie anderer Arbeiten zum Thema »primitivism« aus dem Englischen übernommen worden. »Primitivism« ist ein Sammelbegriff für all jene Auffassungen, die gegen die Annahme eines →*Fortschritts* in der Geschichte und den Wert der Zivilisation mit ihren Institutionen die natürl. Ursprünglichkeit, Primitivität, des Menschen behaupten.

*A.* Beim *»primitivism«* wird zwischen einem »chronological« und einem »cultural p.« unterschieden. Während der chronolog. P. davon ausgeht, daß das früheste Stadium der menschl. Geschichte das beste war und seitdem ein fortschreitender Verfall stattgefunden hat, nimmt der kult. P. an. daß alle kulturellen Zusätze zum →*Naturzustand* des Menschen von Nachteil sind, wobei diese Form des P. durchaus mit der Annahme vereinbar ist, daß selbst der Frühmensch bereits in →Institutionen eingebunden war. Primitivist. Auffassungen gehen bis weit in die Antike zurück (Hesiods Mythos von den fünf Weltaltern). Typ. Ideen des P. sind der Verzicht auf Institutionen und Gesetze, das Fehlen von Privateigentum, Handel und Kriegen, die sich in Vegetarismus und Verzicht auf Ackerbau ausdrückende Einstellung zur →Natur, →Armut und Askese sowie Antiintellektualismus. Diese Topoi finden sich jedoch selten alle zusammen bei dem jeweiligen Vertreter des P., sie sind teilweise sogar als idealtyp. Bestimmungsmomente des Naturzustandes oder als erstrebenswerte Aspekte des Lebens mit bestimmten primitivist. Positionen unvereinbar. Die Auswahl erfolgt nach Maßgabe der spezif. Interessen und Ziele des jeweiligen Autors. So kann das vorgestellte bzw. geforderte Leben entsprechend der Natur die verschiedensten Formen annehmen. Als beispielhafte Orientierungsvorgaben dienen das →Kind, das →Tier, der Hirt, die ersten Menschen im →Paradies sowie der Eingeborene. Diese Vielfalt ist zum einen darauf zurückzuführen, daß der Ursprung der Menschheit bzw. der Mensch im Naturzustand nicht unmittelbar zugängl. ist, sondern es zu seiner Vorstellung schwieriger Rekonstruktionen bzw. Abstraktionen vom bzw. von den Menschen bedarf, die gegenwärtig auf kulturell vielfältige und teilweise recht unterschiedl. Weise existieren. Zum andern liegt diese Vielfalt darin begründet, daß der skizzierte Naturzustand häufig in sozial- und zivilisationskrit. Absicht als *Kontrastmodell* zum Gesellschaftszustand entworfen wird, in dem der Autor lebt (→Zukunft). Diese Perspektivenbedingtheit der Darstellung kommt selbst dort wesentl. zum Tragen, wo die Ursprünglichkeit des Menschen bzw. von Menschen nicht in einen fiktiven Urzustand projiziert, sondern noch konkret erfahren wird, wie dies z.B. im Zuge der Entdekkung der Neuen Welt geschieht. Den idealisierenden Darstellungen der indian. Kulturen, wie sie, mit Kolumbus beginnend, in den Reiseberichten und Kompilationen der damaligen Zeit anzutreffen sind, liegt eine »Verschränkung von Imagination, Wirklichkeitssinn und Zivilisationskritik« zugrunde. Sie sind damit Ausdruck kultureller Fremd- und zivilisator. Selbsterfahrung (Kohl). Daher ist die moderne Anknüpfung an antike Überlieferungen des P. nicht beliebig, sondern an bestimmte, hist.-soziale, meist konfliktreiche Bedingungen gebunden.

*C.* Da die *Themen* des antiken P. im Laufe der Geschichte immer wieder aufgegriffen wurden und sie Eingang in die verschiedensten Bereiche (Theologie, Philosophie, Psychologie, utop. Literatur u.a.) gefunden haben, ist ein der Fülle des Stoffes gerecht werdender hist. Überblick hier nicht möglich (vgl. Lit.). Aus heutiger Perspektive, vor dem Hintergrund der ökolog. Krise, erscheinen jene Positionen des P. als bes. aktuell, in denen sich die *Sensibilität für die Natur*, unsere Umwelt, ausdrückt. Vor allem in polit. Hinsicht bes. gefährl. dagegen sind *antiintellektualist.* Auffassungen, sofern sie für den Verzicht auf die krit. Reflexion unserer wissenschaftl. und gesellschaftl. Institutionen u.a. plädieren. Sofern der P. nicht nur einzelne Mißstände der Zivilisation anprangert, sondern Kultur als solche in Frage stellt, ist er fragwürdig, da der Mensch von Natur aus ein Kulturwesen ist.

*Lit.: A. O. Aldridge:* Primitivism in the Eighteenth Century, in: Dictionary of the Hist. of Ideas, Vol. III, 1973, 598-605 (Lit.). – *W. Biesterfeld:* Die literar. Utopie, Stuttgart 1974 (Lit.). – *G. Boas:* Essays on Primitivism and Related Ideas in the Middle Ages, Baltimore 1948. – *Ders.:* Primitivism, in: Dictionary of the Hist. of Ideas, Vol. III, 1973, 577-598 (Lit.). – *A. Gehlen:* Der Mensch, Frankfurt/M., 12. Aufl. 1978. – *K.-H. Kohl:* Entzauberter Blick. Das Bild vom Guten Wilden und die Erfahrung der Zivilisation, Berlin 1981. – *A. O. Lovejoy/G. Boas:* Primitivism and Related Ideas in Antiquity, Baltimore 1935. – *L. Marx:* The Machine in the Garden. Technology and the Pastoral Ideal in America, New York 1967. – *W. Rubin (Hg.):* P. in der Kunst des zwanzigsten Jh.s, München 1984.

*Eve-Marie Engels*

**Prinzip,** lat. *principium* (Anfang) bezeichnet den *Ausgangspunkt* einer gegebenen →Ordnung in sachl. (und also nicht in zeitl. oder räuml.) Hinsicht. Handelt es sich dabei um die Ordnung der Dinge, so sind die P.ien metaphys., in bezug auf die Ordnung von →Argumenten log. und hinsichtl. der moral. →Normen sittl. Der sachl. Ausgangspunkt ist jeweils dadurch definiert, daß auf ihn alle anderen Elemente der betreffenden Ordnung zurückgeführt werden können; doch ist auch ein P. insofern relativ, als man von niedrigen und höheren P.ien sprechen kann, zwischen denen noch einmal ein Ableitungsverhältnis besteht.

*A.* In der klass. christl. →*Philosophie* und →*Theologie* ist →Gott immer als das P. allen →Seins begriffen worden (→Philosophie und Theologie; →Metaphysik); in der dogmat. Formulierung der innergöttl. »Hervorgänge« (→Trinität) werden wiederum die göttl. →Personen gegenseitig als P.ien bezeichnet. Die →*Logik* und →Erkenntnistheorie bemühen sich um die Entfaltung derjenigen P.ien, die wir im Sprechen und in der →Wissenschaft implizit voraussetzen, wenn wir auf dem Boden der →Realität bleiben wollen. So spricht man in der Logik vom →Widerspruchsp., wonach eine Aussage nicht zugleich und unter derselben Rücksicht wahr und falsch sein kann, in der Erkenntnistheorie etwa vom Kausalp. (→Kausalität), wonach alles Wirkliche eine Ursache an anderem Wirklichen haben müsse.

*B.* In das Gebiet der →*Ethik* fallen die Grundsätze unseres →Handelns bis hinauf zu den höchsten P.ien der →Moral. Moralp.ien gelten dann, wenn die Ordnung der →Wirklichkeit durch ihren Schöpfer ein in sich werthaftes, auf das →Gute hin ausgerichtetes Gepräge hat (→Schöpfung). Als allgemeinstes sittl. P. hat →Thomas von Aquin den Grundsatz formuliert: Das Gute ist zu tun, das →Böse zu meiden. Freil. ist aus der Moral keine strenge Wissenschaft ableitbar; die Konkretisierung dessen, was gut und böse ist und wie unsere P.ien im einzelnen zu lauten haben (etwa die Forderungen des →Dekalogs; das P., niemandem zu schaden; die →Goldene Regel), stößt immer auf die Bedingungen des →Gewissens und der →Situation und fordert das sittl. Urteil heraus. Dieses selbst hat nur einen Halt, wenn es einen objektiven Maßstab menschl. Handelns, ein Sittengesetz, gibt: das P. der sittl. →Entscheidung, aus dem heraus man (in der Formulierung →Kants) vom Grundsatz seines jeweiligen Handelns wollen kann, daß er ein allg. →Gesetz werde.

*C.* Die *allg. Grundsätze* des →Handelns bedürfen, um auf den Bereich menschl. Zusammenlebens und der dieses regelnden Lebensformen und →Institutionen angewendet werden zu können, der Ergänzung durch P.ien der Soziallehre, an erster Stelle das des →Gemeinwohls und in bezug auf dieses die P.ien der Solidarität, →Toleranz, →Subsidiarität bis hin zu den modernen Verfassungsprinzipien und der Vermittlung mit den P.ien des Rechts. Der Erstellung der sozialeth. P.ien liegt freil. neben allg. Ethik auch die anthropolog. Fundierung in der sozialen →Natur des Menschen zugrunde, die wieder ergänzender theoret. Reflexion bedarf.

*Lit.: W. Cramer:* Die Monade. Das philos. Problem vom Ursprung, Stuttgart 1954. – *R. Hönigswald:* Grundfragen der Erkenntnistheorie, Tübingen 1931. – *H. J. Paton:* Der kategor. Imperativ, Berlin 1962. – *J. Rawls:* Eine Theorie der Gerechtigkeit, Frankfurt/M. 1975.

*Walter Schweidler*

## Privat

### *A. Begriff und Entstehung*

*I.* Obwohl *das Wort p.* bereits im 16. Jh. (entlehnt vom lat. »privatus«: vom Staat abgesondert, ohne Amt für sich lebend, eine einzelne Person betreffend) alle Angelegenheiten bezeichnete, die nicht durch öffentl. Herrschafts- und Standesordnung bestimmt waren, zeigt die seit Ende des 18. Jh.s zunehmende Häufung der Komposita von »P.angelegenheiten« bis »P.zusammenkünfte«, daß der Begriff erst im Kontext der bürgerl. Gesellschaft eine bes. Bedeutung erlangt hat (→Bürgertum): Das P.e meint hier jenen Verfügungsraum sozialer und individueller Lebensgestaltung, der gleichermaßen von öffentl. Gewalt und gesellschaftl. Publizität unterschieden ist, wie er vor deren Ein- und Übergriffen bewahrt sein will (→Öffentlichkeit).

*II. P.heit* als ausgesonderte, von Fremdbestimmung weitgehend freie, normativ kaum vorstrukturierte Sphäre von selbstgestaltungsfähiger Natur entsteht *komplementär zur bürgerl. →Öffentlichkeit* durch wachsende gesellschaftl. Differenzierung, in deren Gefolge immer mehr Lebensbereiche aus einem kulturellen Wertsystem ausgespart werden, das unterschiedslos universale Geltung beansprucht und mit hoheitl. Sanktionsschutz versehen ist. Wie die staatsfreie Öffentlichkeit das Forum der allg. zu besprechenden Regelung privatisierter, doch öffentl. bedeutsamer Angelegenheiten darstellt, so macht P.heit den Bürger zum Subjekt seines öffentl. und nichtöffentl. Verhaltens, das vor allem durch P.- und Persönlichkeitsrechte geschützt ist. P.heit gilt somit zugleich als →liberaler Raum individueller Selbstentfaltung.

*III.* Wichtig für die Entwicklung der bürgerl. Gesellschaft wurde das auf best. →Eigentumsvorstellungen beruhende *P.recht* (ius privatum: z.B. Bürgerl. Recht, Handels-, Gesellschafts-, Wechsel-, Scheck-, Urheber- und Wettbewerbsrecht), das die Verhältnisse der Bürger untereinander nur formal festschreibt: Rechtssubjekte können ohne Begründungszwang oder inhaltl. Vorgaben nach eigener freier Entscheidung vertragl. Beziehungen eingehen, dies im Unterschied zum staatl. Handeln nach *öffentl. Recht*, das an seine positiv-rechtl. Grundlagen gebunden ist und dessen Entscheidungen begründungspflichtig sind (→Rechtsstaat). Zum öffentl.-rechtl. unbestimmten Raum der P.heit zählt darüber hinaus vor allem die Kultivierung der persönl. und *primärgesellschaftl. Lebensverhältnisse* in →Familie, →Freundschaft und →Freizeit. Seine weitgehend geschützte Intimität bietet eine reichhaltige Differenzierung der Chancen zu seel. wie sozialkultureller Entfaltung und Individualisierung, die durchstrukturierte Sozialordnungen der weiteren Umwelt (→Beruf, →Politik, →Organisationen) eher verwehren.

*IV. Gefahren und Grenzen* der P.heit ergeben sich von zwei Seiten. Einerseits kann sie in einer Öffentlichkeit denaturieren, die in staatl. Übergriffen, rigide disziplinierenden Rollenfestlegungen oder publizist. Indiskretionen zur Totalität neigt. Andererseits läßt sich gerade an bürgerl. Lebensformen aufweisen, wie P.heit sich selbst bedroht. Durch Abschirmung gegen Impulse aus der Öffentlichkeit, durch Entpolitisierung und Kulturabstinenz legt sie eine Selbstgenügsamkeit an den Tag (→Selbstinteresse), in der sie nicht nur überfordert (vgl. etwa Isolierung der Kleinfamilie) und primitivisiert, sondern gerade darin auch hochgradig →ideologie- und →manipulationsanfällig wird: Das Moment der Selbstgestaltung erschöpft sich dann etwa im p.en →Konsum, das Selbstbewußtsein droht vom Ausblendungseffekt der Idylle zu leben, die ihr Glück im p.en Winkel, im »bildgewordenen Wunsch nach einem Leben ohne →Entfremdung« (U. Held) sucht. Das P.e wird zum kompensator. Fluchtpunkt, an dem man sich der Komplexität, Dynamik und ebenso bedrohl. wie konfliktreichen Zumutungen gesellschaftl. Öffentlichkeit entrückt wähnt.

*B. Privates Christentum*

*I.* Die Herausbildung eines neuzeitl. p.en →Christentums ist vor allem die Folge zweier Voraussetzungen: Zum einen verlangte der einheitsstiftende und den Frieden aufrechterhaltende Anspruch des absolutist. Staates (→Absolutismus) nach den Erfahrungen der Konfessionskriege im 17. Jh. die *Ablösung* staatl. Selbstregulierung *von rel. Wahrheitsfragen*, die damit nicht mehr gewaltsam durchgesetzt werden müssen. Die Privatisierung des Glaubens schlägt sich hier in der Trennung der einzelnen →Konfessionszugehörigkeit (des →»Bekenntnisses«) von der allg. Bürgerrechtsfähigkeit nieder und ist eine wesentl. Bedingung der →*Religionsfreiheit*, die sich in der Religionsmündigkeit der einzelnen →Person, in der Erweiterung ihres rel. Entscheidungs- und Verantwortungsbereichs, verwirklicht. Zum andern wird das Schlagwort »Religion ist P.sache« zur Forderung der bürgerl. →Emanzipation gegenüber der öffentl. Gewalt, in deren Grundlagen und Maßnahmen das staatl. anerkannte kirchl. Christentum eine seiner wichtigsten legitimator. Stützen fand. So konnte »Privatisierung« *religionskrit.* darauf zielen, daß die Geltung einer best. Religion als allgemeinverbindl. »cultus publicus« (öffentl. Staatskult; vgl. →Konstantin. Wende) oder »Polis-Religion« (E. W. Böckenförde) abgeschafft wird; andererseits konnte sie aber auch in den Dienst einer institutionskrit., auf das Subjekt, auf Erfahrung wie →Unmittelbarkeit bezogenen *p.en Religiosität* treten. Daß damit p.es Christentum in der modernen Gesellschaft für die programmat. oder auch nur schleichende Emanzipation von öffentl. →Kirchlichkeit in Anspruch genommen wurde, spiegelt nicht nur unterschiedl. Religionsverständnisse, sondern auch die zwiespältige Bedeutung der bürgerl. Vorstellungen vom P.em wider.

*II.* Die *christl. Aufklärung* begründet »P.religion« oder »P.theologie« als neue Äußerungsgestalten p.en Christentums. Die Gründe für den lebensbedeutsamen Glauben werden von äußerer, kirchl. institutioneller Normierung auf die individuell angeeignete, vernunftfähige und moral. Motivation der rel.-sozialen Einstellungen verlagert und darin so verankert, daß diese sich notfalls auch krit. gegen erstarrte Orthodoxie, dogmat. Anspruch und kirchl. Autorität durchzusetzen vermögen. Solche Emanzipation wird nur als p.e Möglichkeit für diejenigen Christen beansprucht, die zum »eigenen Gebrauch der Wahrheit«, zum »eigenen Antheil an der christl. Religion und an christl. Wohlfahrt« fähig sind (J. S. Semler). Diese Einschränkung soll zum Schutze der dazu noch Unfähigen verhindern, daß dadurch zugleich die öffentl. Ordnung des gemeinsamen christl. Lebens insgesamt in Frage gestellt wird. Hier stand noch der *Schutz des p.en Vernunftgebrauchs* auch in Sachen christl. Religion vor obrigkeitl. und klerikalem Gesinnungszwang im Vordergrund. Gegen eine →Aufklärung, die mittlerweile selbst in ihren rationalist.-volkspäd. Bemühungen zum Bestandteil der kirchl. und staatl. Gewalt geworden ist, reklamieren so die *Frömmigkeitsbewegungen des 18. und 19. Jh.s* (→Pietismus, →Erweckungsbewegungen) das Recht auf geschützte P.heit für ein bibel- und konfessionsorientiertes Glaubensleben, das sich weitgehend auf die Pflege intimer Kreise (Konventikel) und individueller Innerlichkeit zurücknahm. Dem entsprachen zumindest im Resultat (wenn auch nicht in der Motivation) die →Säkularisierungsbemühungen jener Strömungen, die – wie etwa Vertreter der »eth. Kultur« und der →Sozialdemokratie – unter der Parole »Religion ist P.sache« eine Verdrängung des Christentums aus der staatl. und gesellschaftl. Öffentlichkeit betrieben.

*III.* Widerspruch hingegen fanden solche Privatisierungsprogramme, die den Verzicht auf christl. Weltgestaltung einschlossen, vor allem im *kulturprot. Versuch*, die Polarisierung von P.heit und Öffentlichkeit programmat. in ein komplementäres Verhältnis umzuwandeln: Unter dem Eindruck der persönlichkeitszerstörenden (→Person), sozial verelendenden und vermassenden Auswirkungen einer rel. weitgehend entwurzelten kapitalist.-bürokrat. Gesellschaft ging es darum, den P.raum subjektiver Religiosität so zu stärken, daß er zugleich als *Quelle* sozialer und *kultureller Gestaltungsfähigkeit* dient, in der sich die individuell-p. erworbene rel.-sittl. Motivation des einzelnen an öffentl.-prakt. Verantwortung bewähren kann.
Da sich das Gesellschaftssystem jedoch gegenüber solchen Bestrebungen weitgehend immun zeigte und diese als »bildungsbürgerl. Illusion« theol. diskreditiert wurden, trat im ev. Raum eine Mehrzahl unterschiedl., um allg. Anerkennung konkurrierender *Theologien* auf den Plan. Zwar bestritten sie die P.heit ihrer dogmat. höchst individuellen Gestalt, tatsächl. konnten sie jedoch selber dem Vorwurf nicht entgehen, daß sie den öffentl. und sozialen Charakter der bibl. →Heilsverheißung sowie die universalen Dimensionen christl. →Versöhnungspraxis zumindest unbewußt verkannten und ihrerseits eine Privatisierung des christl. Glaubens förderten, der nur auf Innerlichkeit beschränkt (→Individuum), polit. indifferent war,

die Frage nach der Konkretisierbarkeit des »guten Lebens« allenfalls auf persönl. Intimbeziehungen eingrenzte und sich damit der spätbürgerl. Gesellschaftskultur anpaßte. So jedenfalls kritisiert eine →*polit. Theologie* herrschende Strömungen als »bürgerl. Theologie« oder »bürgerl. Religion«, die sich gerade in »einer ausgesprochenen Tendenz zur Privatisierung« äußere: »Sie betreibt →Entmythologisierung um den Preis des Mythos der weltlosen Existenz und privaten →Subjektivität« (J. B. Metz, 102).

*IV.* Solche allg. Kritik übersieht nicht nur spezif. Unterschiede konfessionell bedingter theol. Entwürfe. Bei aller Entdeckung der primären Gemeinschaft, vor allem der Familie als dem Eckstein christl. Erziehung und der Wiege des Glaubens, blieb die offizielle kath. Theologie gegen die zahlreichen Privatisierungstendenzen widerstandsfähiger, weshalb in der kath. Theologie mit Kritik und Verteidigung meistens erstaunl. global umgegangen wird. Diese Kritik unterscheidet auch nicht hinreichend zwischen denaturierten Erscheinungen von P.heit und derjenigen, die für die Überlieferung und Aneignung von Religion in der modernen Gesellschaft bedeutungsvoll und zur Voraussetzung eines individualisierten Glaubens geworden ist, dem ein Rückgang in selbstgenügsame Innerlichkeit ebenso versperrt bleibt wie ein Vorstoß zu polit. allgemeinverbindl. konkreten Vorgaben – außer ebendieser einen, daß die Unversehrtheit jedes einzelnen Menschen als Ausdruck seiner Subjekthaftigkeit vor Gott zum »letzten Kriterium des Gesellschaftssystems und seiner polit. Organisation« zu erheben ist (W. Pannenberg). Unabhängig von ihren bürgerl. zwiespältigen Ausprägungen in Geschichte und Gegenwart ist die Privatisierung der Religion (und damit auch ihre Aufgabe, p.-wahlweise Sinn zu stiften) ein unhintergehbares Ergebnis der Differenzierung in moderner Gesellschaft. Wer sie beklagt, droht zugleich ihre *Chancen* zu übersehen: die Möglichkeit einer unerschöpfl. Individualisierung von christl. Vorstellungen und Lebensgestalten. Gerade auf dem Boden p.er Sinndeutungsoptionen beziehen diese Lebensgestalten zunehmend die natur-, menschheits- und kulturgeschichtl. Dimensionen des Welterlebens in den eigenen lebensgeschichtl. Horizont ein, machen sie nicht nur zum rel.-eth. Bestimmungsmoment der p.en Lebensführung, sondern auch zum öffentlichkeitsfähigen Gegenstand gemeinschaftl. Diskurse und bewahren p.es Christentum davor, sich in familiären oder provinziellen Formen zu erschöpfen. Schon deshalb können sie sich nicht zwangsläufig als unpolit. erweisen.

*Lit.: H. P. Bahrdt:* Öffentlichkeit und P.heit als Grundformen städt. Vergesellschaftung, in: *ders.:* Die moderne Großstadt. Soziol. Überlegungen zum Städtebau, Hamburg 1961, 36-68. – *P. Berger:* Der Zwang zur Häresie. Religion in der pluralist. Gesellschaft, Frankfurt/M. 1980. – *R. zur Lippe:* Autonomie als Selbstzerstörung. Zur bürgerl. Subjektivität, Frankfurt/M. 1975. – *Th. Luckmann:* The invisible religion. The problem of religion in modern society, New York 1967. – *J. B. Metz:* Zur Theologie der Welt, Mainz/München 1968, 99-116. – *T. Rendtorff:* Kirche und Theologie. Die systemat. Funktion des Kirchenbegriffs in der neueren Theologie, Gütersloh, 2. Aufl. 1970, 37-41.

*Volker Drehsen*

**Proletariat.** Einen ökonom., sozialen und weltanschaul. genau best. Inhalt erhält der *Begriff* P. erst durch den →Marxismus. Nannte man in der feudalen und ständ. geprägten →Gesellschaft die Mitglieder der untersten Schichten in den Städten Proletarier, so bestimmte *K.* →*Marx* auf dem Erfahrungshintergrund der industriellen Entwicklung im 19. Jh. das P. als die soziale →Klasse der *industriellen Lohnarbeiter*, die, um überhaupt leben zu können, ihre Arbeitskraft verkaufen müssen, weil sie keine Produktionsmittel besitzen. Das macht das P. zur ausgebeuteten und unterdrückten Klasse. Im P. findet die durch die kapitalist. Wirtschaftsform erzeugte →Entfremdung des menschl. Lebens ihren letzten und umfassenden gesellschaftl. Ausdruck. Der Warencharakter der →Arbeit verhindert näml. nicht nur die Bestimmung über das Ergebnis der Arbeit durch den Arbeiter, er verunmöglicht auch die schöpfer. menschl. →Selbstverwirklichung durch Arbeit, und er verkehrt alle menschl. Beziehungen in der Gesellschaft grundlegend. Die inneren Widersprüche des →Kapitalismus führen notwendig in eine Situation, in der der Kapitalismus revolutionär überwunden wird und eine qualitativ neue, von den Widersprüchen und Entfremdungen bisheriger Geschichte befreite Gesellschaft, der →Kommunismus entsteht. Das gesellschaftl. und geschichtl. identifizierbare →*Subjekt* dieser gesamtmenschl., totalen →Emanzipation ist das P. Es ist vor allem diese geschichtsphilos. Bestimmung, durch die der Begriff P. in der →Arbeiterbewegung im 19. Jh. und zu Beginn des 20. Jh.s zu einem *Kampfbegriff* mit stark idealisierten Zügen wurde. Er diente dazu, das revolutionäre Klassenbewußtsein der Arbeiterschaft zu formieren (→Revolution), das teilweise von einer geradezu eschatolog. Gewißheit künftigen →Heils im Kommunismus durchstimmt war (→Eschatologie). *W. I.* →*Lenin* (1870-1924) ersetzte das P. als revolutionäres Handlungssubjekt durch die *kommunist. Partei*, die sich als Avantgarde des P.s versteht. In den gegenwärtigen, hochentwickelten kapitalist. Gesellschaften ist eine empir. genaue Identifizierung des P.s als soziale Klasse nicht mehr mögl. Insofern wird auch verständl., daß im offiziellen marxist.-leninist. Sprachgebrauch der Begriff P. zur Kennzeichnung der Arbeiterklasse kaum noch Verwendung findet.

*Lit.: W. Conze:* Vom »Pöbel« zum »P.«, in: Vierteljahresschrift für Sozial- und Wirtschaftsgeschichte 41 (1954), 333-364. – *K. Marx/F. Engels:* Manifest der Kommunist. Partei, in: *dies.:* Werke, Bd. 4, Berlin 1969, 459-493. – *H. Rolfes:* Jesus und das P., Düsseldorf 1982.

*Helmuth Rolfes*

**Prophet.** Ein P. muß nach weitläufigem Verständnis voraussagen können, was in Zukunft geschieht, ohne daß er es aus seiner Gegenwart ableiten kann. Wer künftige Entwicklungen benennen soll, pflegt deshalb zu betonen, er sei kein P. Unbewußt aber verkürzt er den Definitionsrahmen prophet. Tradition in scheinbar prophet. Manier.

*A. Begriff und Abgrenzung*

*I.* Der *Begriff* P. deckt nur teilweise das populäre Verständnis; denn das griech. Wort *prophetes* bezeichnet erst in nachchristl. Zeit zuweilen jemanden, der etwas »vorhersagt«. Die Bedeutung zur Zeit des AT ist neutraler und umfassender: Der P. sagt nicht »vorher«, sondern etwas »offen hervor«. Wahrsager ist er nur, sofern er als »Sprecher« oder »Verkündiger Gottes« die Wahrheit zu Wort kommen läßt. Um genauere Begriffe zu gewinnen, versucht die religionswissenschaftl. Forschung, den P.en gegenüber anderen Autoritäten des kult. Lebens abzugrenzen. Dabei kann das atl. P.enverständnis ganz entscheidend helfen. Seine häufigste Bezeichnung ist *nabi*, der »Berufene«.

*II.* Da der P. gemäß eigener Erfahrung unmittelbar von einem persönl. und fordernden Gott auch wider Willen berufen und wiederholt beauftragt wird, da er Gottes Wollen hört, sieht und in ekstat. Erregtheit erfährt, können neben den atl. P.en viele andere, auch →Muhammad (→Islam), u.U. Zarathustra oder etwa die german. Seherin Veleda als einflußreiche P.en angesehen werden. Wie bes. polit. und soziale Faktoren ein charismat. Verhalten begünstigen und prophet. Gestalten hervorbringen, zeigte sich in den vergangenen Jh.en in Amerika an Indianervertretern (Tenskwatawa u.a.), die sich im göttl. Auftrag gegen die Überfremdung angestammter Lebensgewohnheiten und gegen imperialist. Zugriffe der Weißen einsetzten (→Imperialismus); ähnl. in Afrika, im Kongo (→Kimbanguismus) und in den separatist. Bantu-Kirchen Südafrikas (Äthiop. Bewegung, →Junge Kirchen).
Die gesamte phänomenolog. Vorgabe wird selten idealtyp. erreicht. Das gilt grundsätzl. für die Aufgliederung in die beiden universalen religionsgeschichtl. Strukturtypen: Mystik und Prophetie. Es gilt aber auch für die Abgrenzung zwischen Prophetie und →Schamanismus. Wie etwa Zarathustra zeigt, der P. und Priester war (vgl. →Ezechielbuch), können einzelne Personen durchaus mehrere Aufgaben vollzogen haben.

*B. Erscheinungsformen und Funktionen alttestamentlicher Prophetie*

*I.* Im AT ist die Prophetie schwerpunktmäßig in der 1. Hälfte des 1. Jt.s v. Chr. nachweisbar. Im altoriental. Raum ist sie jedoch nicht die erste und einzige: Schon aus dem frühen 2. Jt. gibt es Texte, in denen charismat. begabte Personen *göttl. Offenbarungen* durch Beamte, gleichsam über den Dienstweg, an den König weiterleiteten, als Entscheidungshilfe bei innen- und vor allem außenpolit. bedeutsamen Fragen.

*II.* Schon um 1000 v. Chr. werden *Gruppen und Individuen* nebeneinander erwähnt. Die Gruppen treten punktuell auf, mit Musik und Tanz, als (wortlose) Ekstatiker (1 Sam 10,5ff.; 19,18ff. *nabi* genannt), wie sie auch die kanaanä. Religion (→Kanaan) kennt (1 Kön 18,19ff.: Baalsp.en). Die Einzelpersonen treten vor allem im Zusammenhang mit dem Königtum auf: zunächst wohl unter der Bezeichnung »Seher« (einige Male: »Gottesmann«), dann unter dem Titel »P.« (*nabi*, vgl. 1 Sam 9,9). Seher bzw. P. werden z.B. Samuel und Natan genannt. Der eine salbt Saul zum König, der andere →David; trotzdem stehen sie nicht in opportunist. Gefolgschaft, sie kritisieren notfalls auch den König (1 Sam 15; 2 Sam 12). Die Gruppenprophetie ist nur noch für das folgende Jh. bezeugt. Sie war wohl örtl. gebunden (Betel, Gilgal, Jericho, 2 Kön 2,1ff.) und organisiert (2 Kön 4,38; 6,1), nicht so Elia und Elisa, ohne Anspruch auf Autorität bzw. einen Repräsentanten. Bes. Elia tritt hervor, wenn er den Vorrang des israelit. Gottes erweist und soziales Unrecht aufdeckt (1 Kön 21).
In den folgenden Jh.en blieb die *Einzelgestalt* vorherrschend. Im 8. Jh. distanzierte sich Amos (in Am 7,12 als Seher angesprochen) vom gruppenorientierten *nabi* (7,14). Auch die anderen P.en, auf Grund ihrer literar. Hinterlassenschaft als Schriftp.en bekannt (→Bibelwissenschaft), beanspruchen den Titel *nabi* vielleicht deshalb nicht, weil sie eher in der Tradition des wachsamen und krit. »Sehers« stehen. Distanz zum König ist außerhalb der Schriftp.en bei Elia, aber auch bei anderen zu spüren. P.en waren eng mit der Geschichte verbunden. Immer wenn Israel in außenpolit. Gefahren verstrickt wurde, traten sie auf: zur Zeit der Aramäerkriege (8. Jh.), zur Zeit der babylon. Eroberungen (7./6. Jh.). Aber auch dann, wenn die Macht der Großreiche erlosch, waren P.en zur Stelle, schließl. in der neuen Situation gewaltfreier pers. Oberhoheit (→Amosbuch, →Hoseabuch, →Jesajabuch, →Michabuch, →Joelbuch, →Jeremiabuch, →Nahumbuch, →Zefanjabuch, →Habakukbuch, →Obadjabuch, →Ezechielbuch, →Haggaibuch, →Sacharjabuch, →Maleachibuch, →Jonabuch).

*III.* Auch *soziale Versäumnisse* und Verfehlungen richten sich gegen den König, aber ebenso gegen eine aristokrat. Oberschicht. Sie unterlief die altisraelit.-kleinbäuerl. Wirtschafts- und Bodenordnung, die für jeden freien Mann zur Bewirtschaftung einen Bodenanteil vorsah, diskriminierte durch ihre Latifundienwirtschaft die auf Gleichheit gerichteten Prinzipien eines in vorstaatl. Zeit bewährten Sippendenkens und führte freie Bauern in die Verarmung und schließl. in die Schuldsklaverei. Die P.en betrieben mit ihrer Kritik keine nostalg. Flucht; sie waren vielmehr um die Zukunft einer integren Volksgemeinschaft besorgt.

Allerdings klagten sie nicht nur die Aristokratie an. Ordnungwidrig verhielt sich in ihren Augen das ganze Volk; *Schuld* (→Sünde) wurde durch die Schriftp.en *demokratisiert:* Elia, Hosea, Jeremia und Ezechiel beklagen die Hinwendung zu fremden Göttern; Amos, Hosea, Jesaja, Micha, Jeremia, Zefanja und Ezechiel, im Rückblick auch Deuterojesaja (→Jesajabuch), verurteilten Formen pervertierten →Gottesdienstes. Wenn die göttl. Ordnung verletzt wird und so der Schutz des Menschen verlorengeht (z.B. Jer 7,9), ergreift der P. im Namen seines Gottes das Wort, aber auch dann, wenn die Zukunft durch Riten und nicht durch den Gehorsam gegenüber Jahwe (vgl. 1 Sam 15,22) gesichert werden soll.

*C. Der Prophet und seine Verkündigung*

*I.* Den gesellschafts- und kultkrit. Angriffen scheinen die Betroffenen mit einer rel.-elitären Heilsgewißheit begegnet zu sein (Mi 3,11), der der P. eine »privilegierte« Unheilsankündigung entgegensetzt (Am 3,2). Analyse und Prognose kommen zusammen: Exemplar. zeigt dem P.en die Vergangenheit, wie gegenwärtiges *Tun* und zukünftiges *Ergehen* zusammengebunden sind; in einer mehrdimensionalen Geschichtsbetrachtung werden in die Zukunft und in die Vergangenheit weisende Wirkungen des Handelns verknüpft: Jahwe führt das →Böse auf den zurück, von dem es ausgegangen ist, wie etwa 1 Kön 2,44 prägnant (allgemeiner z.B. Spr 24,12) formuliert. Weil das Volk und seine Repräsentanten also heillos handeln, spricht der P. das Unheil offen aus, das auf sie (zurück)fällt.
Nicht immer ließen die polit. Machtkonstellationen kommende Gefahren erahnen. In solchen Situationen zeigt sich der P. als Charismatiker (M. →Weber), der zu seinem Dienst berufen ist (Jes 6; Jer 1; Ez 1-3) und mit seinem Hinweis auf den *göttl. Auftraggeber* – »so hat Jahwe gesprochen / so spricht Jahwe« – seine Berufung immer wieder aktualisiert. Mit dieser geprägten Formulierung kann der P. seine Unheilsworte, seinen gesamten das künftige Unheil benennenden Spruch, aber auch dessen Begründung einleiten. Obwohl die Zukunft auf Grund des Tun-Ergehen-Zusammenhangs zumindest allg. aus Gegenwart und Vergangenheit ableitbar ist, bleibt der Bereich über das Vorfindliche hinaus Jahwe vorbehalten, zumal er allein den Zusammenhang unterbrechen kann.

*II.* Nicht immer behielten die P.en mit ihrer Aussicht recht. Spätere Generationen konnten diese »Leerstellen« vor allem dann neu besetzen, wenn keine konkreten Namen genannt waren. Die *Heilsworte,* die neben den Unheilsworten stehen, sind häufig von späteren Bearbeitern der Schriften hinzugefügt, gleichsam als Kontrapunkt zum inzwischen erfahrenen Unheil. In einzelnen Fällen kann aber auch der P. durch das Unheil hindurch eine qualitativ neue Zeit wahrgenommen haben.
Der Leser der einzelnen P.enschriften begegnet einer kunstvollen *poet. Sprache* und Prosaabschnitten, einer Fülle von Bildern und Formen: Trinkliedern, Spottliedern, Totenklagen, Hymnen, Klageliedern, die neben die Mahn-, Heils- und Unheilsworte treten (→Formen und Gattungen). Damit erschlossen die P.en die Gegenwart und eine Zukunft, die in Zeichenhandlungen vorweggenommen werden konnte. Die Zukunft schließl. wurde dann auch die Domäne der →Apokalyptik, die auf die Prophetie folgte.

*D. Der Prophet und sein Verständnis in der Wirkungsgeschichte*

*I.* Noch einmal lebte die Prophetie in der christl. *Urgemeinde* auf, in der das →Charisma allen, nicht nur einzelnen zukommen konnte (1 Kor 14,5). Der Funktionsbereich weitete sich, ohne daß immer genaue begriffl. Trennlinien zwischen P., Apostel und Lehrer deutl. wären. Der P. sagt Zukünftiges voraus (Apg 11,27; 21,10f.) und den Willen Gottes hervor (z.B. 1 Tim 1,18; 4,14), er ist Mahner (1 Kor 14,3) und Missionar (Apg 13,1). Wie im AT ringt man auch im NT um die Kriterien der Legitimation eines P.en. Jer 23,16 z.B. spielt auf »der Herren eigener Geist«, 1 Tim 4,1; 1 Joh 4,1-3 daneben auf »fremder Herren Geist« an; Jer 23,9ff. nennt als Kriterium eines »falschen P.en« seinen unmoral. Lebenswandel, ebenso versteht Mt 7,15f. jene »Wölfe im Schafspelz«. Innerhalb der altchristl. Kirche nennt noch die Didache (11) die P.en neben den Aposteln, geht aber schon davon aus (13,4), daß einige Gemeinden keinen P.en mehr haben. Am Anfang des 3. Jh.s n. Chr. scheint es in keiner Gemeinde mehr P.en und Apostel gegeben zu haben. Unverzichtbar blieben →Lehrer, die jetzt allem häret. Denken mit einer festgelegten →Tradition begegnen konnten, in der nun auch die ehemals charismat. auftretenden P.en als Vermittler und Bewahrer der Tradition erschienen.

*II.* Spätere Theologie dachte weiter über den P.en und seine Aufgabe nach. Für *M. →Luther* fließen in den P.en nachlaufende und vorlaufende Erkenntnisse zusammen, indem sie »durchs Gesetz jedermann zu Christus bringen«; für J. Wellhausen sind sie, die »keine andere Wahrheit als die ihnen innerhalb ihres Volkes überlieferte« kennen, im wesentl. traditionsorientiert, für B. Duhm dagegen Vorkämpfer, »Männer des ewig Neuen«. Je nach dem idealist., romant. oder rationalist. Standort fiel im 19. Jh. die Beurteilung der P.en aus. Die Forschung des *20. Jh.s* bezieht vor allem die Geschichts- und Kulturbezogenheit der P.en stärker ein. Heutige traditionsgeschichtl. Exegese zeigt, daß die P.en des AT bei ihrer Verkündigung sowohl rezeptiv als auch spontan waren. Was sie mit ihren Worten bezwecken wollten, läßt sich nicht pauschal umschreiben, auch wenn ihnen theol. wie religionsphilos. Interpretationen (E. Bloch, M. →Buber) ausschließl. den Drang zuschreiben, die Zukunft zu verändern. Auch darin haben sie ihren Auftrag gesehen (Mahnwort), aber damit war er nicht erschöpft. Die Unheilsverkündigungen gelten bisweilen als unwiderrufl. (z.B. Am 7,8); das Heil ist dann nur eine Möglichkeit Gottes (Ez 36-39, v.a. 36,26f.; Jer 30-31, v.a. 31,31ff.), die jegl. Gehorsamsforderung übersteigt. Den Ernst des in der nächsten Zukunft erwarteten Unheils quittierten die Hörer mit Spott: »Ein Narr ist der P.« (Hos 9,7, vgl. 2 Kön 9,11; Jer 29,26). Bei dem Versuch rel. Wahrheitsvermittlung wird nicht der Priester, sondern der P. mit seiner unbequemen Botschaft allzu leicht in eine nur scheinbare Anormalität verdrängt, deren unerwünschte Wirklichkeit nicht gerne wahrgenommen wird.

*Lit.: J. Blenkinsopp:* A History of Prophecy in Israel, Colchester/London 1984 (Lit.). – *E. Bloch:* Atheismus im Christentum. Zur Religion des Exodus und des Reichs, Frankfurt/M. 1968, 126-148. – *M. Buber:* Der Glaube der Propheten, in: *ders.:* Werke, Bd. 2, Heidelberg 1964, 231-484 (2. Aufl. der Einzelausg., Heidelberg/Darmstadt 1984). – *E. Fascher:* Prophetes. Eine sprach- und religionsgeschichtl. Untersuchung, Gießen 1927. – *S. Herrmann:* Ursprung und Funktion der Prophetie im alten Israel, Opladen 1976. – *A. Jepsen:* Nabi. Soziol. Studien zur atl. Literatur und Religionsgeschichte, München 1934. – *K. Koch:* Die Profeten I: Assyr. Zeit, Stuttgart u.a., 2. Aufl. 1987; Die Profeten II: Babylon.-pers. Zeit, Stuttgart u.a. 1980. – *L. Kolakowski:* Der Priester und der Narr. Das theol. Erbe in der heutigen Philosophie, in: *ders.:* Der Mensch ohne Alternative, München 1964, 250-280. – *G. von Rad:* Die Botschaft der Propheten, Gütersloh, 4. Aufl. 1981. – *M. Weber:* Das antike Judentum (Ges. Aufsätze zur Religionssoziologie III), Tübingen, 6. Aufl. 1976.

*Rüdiger Liwak*

**Prostitution** ist das Angebot und die Ausführung sexueller Dienstleistungen durch weibl. (Dirnen, Huren, Nutten) oder männl. (Callboys, Stricher) Prostitutierte gegen Entgelt. P. wird ausgeübt in Bordellen, bordellähnl. Betrieben (z.B. Bars, Saunaklubs), auf dem Straßenstrich, durch telefon. Vermittlung (Callgirls und -boys, Begleitservice). P. ist kein anerkannter Beruf, Prostituierte sind aber steuerpflichtig (nach § 22,3 des Einkommensteuergesetzes). P. ist nicht verboten. Wenn sie in sog. Sperrbezirken (vgl. § 129 Ordnungswidrigkeitengesetz) stattfindet, wird sie als Ordnungswidrigkeit bestraft.

*A.* P. ist keine neue Erscheinung. Neben der Tempelp., die in *frühen Hochkulturen* Kleinasiens und Nordafrikas aufzuweisen ist (→Jungfrauengeburt), hat sich profane P. schon früh in größeren *Städten* entwickelt und sich in →MA. (»Freudenhäuser«) und →Neuzeit durchgehalten. Mit der Industrialisierung erfuhr die P. eine starke Ausweitung.

*B.* Trotz der großen Nachfrage (auf 1.000 Einwohner = 1 Prostituierte) ist P. eine gesellschaftl. tabuisierte Tätigkeit, deren Ausübende als Randgruppe angesehen werden (F. W. Stallberg). Kunden von Prostituierten, die sich in ihrer Heimat der Kontrolle ihres sozialen Umfeldes nicht aussetzen wollen oder die hiesigen Prostituierten als nicht demütig genug empfinden, fliegen in südostasiat. Länder, um dort ihre Bedürfnisse zu befriedigen (B. Latza). Anlaß zur Aufnahme einer Tätigkeit als Prostituierte/r sind zumeist finanzielle und/oder emotionale Probleme, für die eine Lösungsmöglichkeit unter Zuhilfenahme des Prostituiertenlohnes angestrebt wird. Meistens besteht der feste Vorsatz, diese Tätigkeit auszuüben, bis die Situation, die Anlaß für den Einstieg war, bereinigt ist oder eine finanzielle Grundlage für eine bürgerl. Existenz (z.B. Eröffnung eines Lokals oder kleinen Ladens) geschaffen wurde.
Bei *Kinderp.* (bis 14 Jahre) und *Jugendlichenp.* (bis 18 Jahre) stehen meist emotionale Defizite im Vordergrund (G. Sereny), z.B. Streitigkeiten, mangelnde Liebe und Anerkennung im Elternhaus veranlassen die Kinder und Jugendlichen, sich einer Gruppe (Gang, Clique) oder Person (z.B. Zuhälter) anzuschließen, zu deren Lebensunterhalt sie durch den P.slohn beitragen. Durch diesen Beitrag erhoffen sie sich enge Bindung (Liebe) und Wertschätzung der o.g. Personen. Auch kommt es vor, daß Kinder und Jugendliche mit phys. Gewalt zur Aufnahme der P. gezwungen werden und sich dieser Gewalt nicht widersetzen, weil sie keine Personen ihres Vertrauens haben, auf deren Hilfe sie hoffen könnten. *Beschaffungsp.* ist die P. von Drogenabhängigen, um Geld für Rauschmittel zu beschaffen.

*C.* Prostituierte sind bei Offenlegung ihres Broterwerbs mit dem Verlust der Achtung ihnen nahestehender Personen bedroht und daher um *Geheimhaltung* bemüht. Sie geraten so in Isolation und Abhängigkeit von Personen aus dem Milieu (z.B. Zuhälter, vgl. Strafgesetzbuch § 181a). Gefühle von →Einsamkeit und Wertlosigkeit werden kompensiert durch Einkauf von Luxusgütern und Statussymbolen, was das Ansparen der Zielsumme für den Ausstieg herauszögert oder verhindert. Die stärksten Probleme von Prostituierten sind z.B.: finanzielle und emotionale Abhängigkeiten, Suchtmittelabhängigkeit, Unsicherheit im Umgang mit offiziellen Stellen, Isolation, Verlust der Selbstachtung, Realitätsverlust.
Hinzu kommt die *Angst vor* einer Infizierung mit Geschlechtskrankheiten, bes. vor *Aids* (Acquired Immune Deficiency Syndrome), für das bisher keine Heilungsaussichten bestehen und kein Gegenmittel existiert. Aids ist eine Viruserkrankung und kann durch Blut und andere Körpersäfte (Sperma) übertragen werden, mit denen Prostituierte bei der Ausübung ihrer Tätigkeit in Berührung kommen. Dieses Risiko kann durch den Gebrauch von Kondomen und Verzicht auf Sexualpraktiken, die Verletzungen der Schleimhäute oder blutende Wunden hervorrufen, gemindert werden. Dies setzt allerdings auch Problembewußtsein und Einsicht der Kunden (»Freier«) voraus.

*D. Hilfe* für Prostituierte im Milieu, beim Ausstieg und für ehemalige Prostituierte (z.B. beim Aufbau des Selbstwertgefühls und einer bürgerl. Existenz, beim Aufarbeiten von Ekel- und Schuldgefühlen) leisten z.B. die Ev. Mitternachtsmissionen, der Sozialdienst Kath. Frauen (SKF) und vereinzelt Selbsthilfegruppen (z.B. HYDRA, HWG = Huren wehren sich gemeinsam).

*Lit.: B. Latza:* Sextourismus in Südostasien (Fischer- Tb.), Frankfurt/M. 1987. – *G. Sereny:* Dann schon lieber auf den Strich (Heyne-Tb.), München 1986. – *F. W. Stallberg:* Prostituierte in der Gesellschaft. Zur Analyse einer vernachlässigten Randgruppe, in: *Sozialdienst Kath. Frauen (Hg.):* P. in der Bundesrepublik Deutschland und die kirchl. Verantwortung, Hamm 1986.

*Jutta Geißler-Hehlke*

**Protestantische Ethik.** Der Begriff einer »p.nE.« geht auf *M.* →*Webers* Aufsatz *»Die p.E. und der ›Geist‹ des Kapitalismus«* (1904/05) zurück, der der Debatte um die Entstehungsursachen des kapitalist. →Wirtschaftssystems angehört. Gegenüber monokausalen Deutungen, die von einer ökonom. Eigendynamik ausgehen, dem röm. Recht oder den Juden die »Schuld« für die Entwicklung zuschreiben, geht Weber von einem komplexen Kausalzusammenhang aus. Ohne ökonom. Faktoren zu leugnen, hält er diese als Erklärung für unzureichend. Denn die Institutionalisierung des modernen →Kapitalismus macht einen grundlegenden Wandel im Arbeitsethos notwendig, der vom Wirtschaftssystem keineswegs automat. mitproduziert wird. Angeregt von *G. Jellineks* Arbeit über die Rolle des amerik. →Protestantismus bei der Herausbildung der →Menschen- und Bürgerrechte, greift Weber die von anderen Autoren festgestellte Nähe von Protestantismus und Kapitalismus auf. Er zeigt, daß nicht das →Luthertum, sondern vor allem →Calvinismus, →Pietismus und prot. →Sekten (die er unter dem Begriff des *»asket. Protestantismus«* zusammenfaßt) zur Brechung traditionalist. Verhaltensweisen beigetragen haben. Trotz ihrer Weltablehnung führten die rel. Heilsinteressen und das →Bedürfnis nach Heilsgewißheit zu einer Bewährung in der →Welt und zu einer →*Rationalisierung der Lebensführung.* Die strikte Selbst- und Sozialkontrolle, die Prinzipien der Sparsamkeit und der Schuld gegenüber →Gott (→Sünde) und vor allem der *rel. Bewährung im →Beruf* bedeuteten eine Revolutionierung der Lebensführung. Diese rel. →Ethik hat nach Weber einen wichtigen Beitrag zur Umformung des wenig berechenbaren Handels- bzw. Abenteuerkapitalismus in einen rationalen Betriebskapitalismus geleistet.

Die »Weber-These« war von Anfang an umstritten, wozu keineswegs nur Fehlinterpretationen, sondern auch method. Mängel der Untersuchung selbst beigetragen haben. Die einseitige Betonung der rel. Faktoren ohne ausreichende Analysen der Trägerschaft wie der institutionellen Voraussetzungen für die Durchsetzung ihrer ökonom. →Interessen haben den heurist. Wert der These beeinträchtigt. Eine Einbettung der Protestantismusthese in eine komplexe Deutung der westl. Sonderentwicklung hat Weber erst in seiner Spätsoziologie geleistet.

*Lit.: C. Seyfarth/W. L. Sprondel (Hg.):* Religion und gesellschaftl. Entwicklung (stw 38), Frankfurt/M. 1973.

*Martin Riesebrodt*

**Protestantismus**

*A.* P. ist nicht nur ein →konfessionskundl., sondern auch ein kulturgeschichtl. *Begriff,* umfaßt also mehr als die →ev. →Kirche. Dieser Umstand ist bereits im Entstehungszusammenhang des Begriffs angelegt, der in dieser abstrakten Bedeutung erstmals 1649 von John Milton verwendet worden ist. Ursprüngl. leitet sich der Begriff von der »Protestation« zu Speyer (19./25.6.1529) her, mit der 6 Reichsfürsten und 14 Reichsstädte gegen die altgläubige Reichstagsmehrheit das Prinzip der individuellen Verantwortlichkeit des Christen vor →Gott verfochten hatten, also von einem polit. Akt, der einer Minderheit im Sinne einer Vorbehaltserklärung eine Option offenhalten sollte. »Protestanten« wurden daher – in durchaus herabsetzender und ausgrenzender Absicht – die Vertreter dieser Minderheit im Reich durch ihre Gegner genannt. Unter diesen Umständen mochte sich die entstehende ev. Kirche mit diesem Begriff nicht identifizieren, wie er denn auf Grund seiner dogmat. Unschärfe auch während des 16. und frühen 17. Jh.s – also im Zeitalter der Konfessionalisierung (→Konfession) – als Selbstbezeichnung weniger bei den →Reformationskirchen Verwendung fand als bei den polit. Repräsentanten der ev. Staaten. In wachsendem Maße neigte in →Deutschland vor allem das →Luthertum dazu, seine seit 1555 (Reichstag von Augsburg; →Augsburger Religionsfriede) reichsrechtl. sanktionierte Stellung auch in begriffl. Hinsicht gegenüber der aufkommenden →reform. Konkurrenz abzusichern, die das gemeins. prot. Erbe zu betonen suchte.

*B.* Seit der Mitte des 16. Jh.s gewann im Gegensatz zur innerdt. Entwicklung der Begriff P. in den Ländern *Westeuropas* auch als Selbstbezeichnung der reformator. Kräfte rasch an Bedeutung. Dazu mag die lat. Herkunft des Wortes und dessen universale Funktion in der abendländ. Rechtstradition ebenso beigetragen haben wie der Umstand, daß auch in den westeurop. Staaten die reformator. Bewegung nicht ohne polit. Mittel und Organisationsformen gegenüber dem wiedererstarkenden →Katholizismus (→Gegenreformation) aufzukommen vermochte (→Calvinismus). In England waren es im 17. Jh. dann vor allem Dissenters, die ihre gefährdete Stellung gegenüber der →anglik. Staatskirche durch Rückgriff auf den polit.-aktivist. gefärbten P.-Begriff stärker wollten, ein Vorhaben, das durch die »Glorious Revolution« von 1688 im Prinzip erreicht wurde.

*C.* Die Wiederbelebung des P.-Begriffs in Deutschland im Zeichen der →Aufklärung ist auch auf engl. Einfluß zurückzuführen. Wichtiger waren jedoch die Überwindung der starren konfessionellen Schranken zwischen Lutheranern und Reformierten und der Bedeutungsverlust der institutionellen Kirche für den ev. Christen. Die notwendigen Voraussetzungen für die Entfaltung des »*Neup.*« (E. →Troeltsch) in den dt. Territorien schufen – neben den auf konfessionellen →Frieden bedachten Obrigkeiten – vor allem die pietist. Laienbewegungen (→Pietismus), die seit dem Ende des 17. Jh.s innerweltl. Aktivitäten mit weitreichenden kulturgeschichtl. Folgen einleiteten. Während der 2. Hälfte des 18. Jh.s wurde der P. vornehml. vom gebildeten →Bürgertum als emanzipator. Kategorie mit polit.-kulturellem Inhalt begriffen. Schließl. erfaßte der »Protestantisierungsprozeß« auch die ev. →Theologie selbst, die sich unter dem Druck aufklärer. →Wissenschaft andererseits auch rationalist. Positionen annäherte (→Rationalismus). An diese Entwicklung knüpfte die liberale Verfassungsbewegung des dt. Vormärz bewußt an (→Liberalismus), die den P. polit.-moral. verstand und in diesem Sinne glaubte, das Erbe der Reformation antreten zu können. Auf dieses P.-Verständnis, das →Säkularisierungsbestrebungen entgegenkam, vermochte auch Bismarck während des →Kulturkampfs zu bauen, als die Fronten der Reformationsepoche in gewisser Hinsicht aktualisiert zu werden schienen (Kulturp.). Überhaupt fand der Begriff P. in zunehmendem Maße dann Verwendung, wenn polit. Aktivismus wünschenswert schien, gelegentl. während der Wilhelmin. Ära auch in dt.nationaler Verengung. Seither wurde, beginnend mit der →ökumen. Bewegung nach dem Ersten Weltkrieg und dann verstärkt in der Auseinandersetzung mit dem →Nationalsozialismus (→Kirchenkampf), allmähl. wieder das Bewußtsein der gemeins. Herkunft der ev. Glaubensgemeinschaften geschärft. Unter P. wird daher heute die *Gesamtheit der Nichtkatholiken* innerhalb der abendländ. Christenheit verstanden, zugleich aber auch die durch sie geprägten Kulturen. Obgleich keine verbindl. Auslegung der gemeins. dogmat. Positionen erreicht wurde, ist man sich doch einig in der Wahrung der reformator. Prinzipien des allg. Priestertums der Gläubigen, der →Rechtfertigungslehre und der →Schriftautorität. Die Definition des Begriffs im weiteren Sinne ist dagegen weiterhin unabgeschlossen.

*Lit.: K. Barth:* Die prot. Theologie im 19. Jh., Zürich 1946. – *J. Böhmer:* Protestari und protestatio. Protestierende Obrigkeit und prot. Christen, in: Archiv für Reformationsgeschichte 31 (1934), 1-22. – *W. Maurer:* P., in: Handbuch theol. Grundbegriffe I/II, hg. von H. Fries, München 1963, Bd. II, 372-387. – *P. Tillich:* Der P. Prinzip und Wirklichkeit, Stuttgart 1950. – *E. Troeltsch:* Gesammelte Schriften, Bd. I, Tübingen, 3. Aufl. 1923; Bd. IV, Tübingen 1925. – *Zedlers* Großes Universal-Lexikon, Leipzig/Halle 1732.

*Rudolf von Thadden/Thomas Klingebiel*

**Protestbewegungen.** In der →Öffentlichkeit der Industriegesellschaften Anstoß erregende Gruppierungen von hauptsächl. jüngeren Menschen werden *seit den 60er Jahren* summar. als P. bezeichnet. Ihre Erscheinung kann jedoch weder hist. noch soziol. eindeutig eingegrenzt und begriffl. erfaßt werden. P. umfassen sehr vielfältige und divergierende Erscheinungen. Vergleichbare Äußerungen von öffentl. Protest und von opponierenden →sozialen Bewegungen sind aus früheren hist. Perioden bekannt. Endl. gehören öffentl. Kontroversen und demonstrative Verteilungskämpfe zwischen gesellschaftl. →Gruppen zu den Spielregeln der pluralist. →Gesellschaft.

*A.* Doch haben die heute als P. bezeichneten Gruppierungen einige *spezif. Merkmale* gemeinsam, die sie u.a. auch von abtrünnigen Glaubensgemeinschaften der Vergangenheit oder von protestierenden Interessenverbänden der Gegenwart unterscheiden. Sie entstehen in Situationen der Betroffenheit von Menschen durch einen zunehmend kollektiv erfahrenen, doch ihnen unnötig erscheinenden Mangel an Befriedigung ihnen wichtiger →Bedürfnisse. Die Protestierenden verlassen und kündigen bewußt den →Konsens der »schweigenden Mehrheit« mit den herrschenden Machtverhältnissen. Sie suchen die öffentl. Debatte, wirken außerhalb des etablierten Systems von →Institutionen, wie Parlamenten, →Parteien und Vereinigungen. P. haben einen relativ geringen Grad und Umfang an →Organisation und keine formellen Mitgliedschaften. Sie sind daher frei zugängl., allerdings auch für bereits bestehende festgefügte Verbände, die dann – ebenso wie ein sich herausschälender Kern von Aktivisten – zur Bildung sich befehdender Fraktionen führen können. Ihre Anhängerschaft besteht oft vorwiegend aus Studenten, →Intellektuellen und Akademikern, ihre Wirksamkeit ist auf einen Zeitraum von einigen Jahren beschränkt. Der Protest appelliert an die manchmal nur noch rituell propagierten →Ideale einer freiheitl.-humanen Gesellschaft und zielt auf die Differenz zwischen →Verfassungsrecht und Verfassungswirklichkeit.

*B.* P. haben *Probleme des →Gemeinwohls* und der individuellen →Selbstverwirklichung thematisiert; wie z.B. →Rüstung, →Krieg, Zerstörung der →Umwelt (→Ökologie), Kernenergie (→Atom), Verhältnisse in der →Dritten Welt, autoritäre →Erziehung, →Entfremdung der →Arbeit, leistungsgesellschaftl. Disziplinierung (→Leistung), →Emanzipation der →Frauen, ethn. und sexuelle Diskriminierung (→Rassenfrage, →Sexualität). Der Protest erscheint außer in verbalen Formen, Märschen und Kundgebungen oft in spektakulären, herkömml. →Normen und Regeln verletzenden Demonstrationen, wie z.B. Happenings, Sit-ins, Friedensketten von Menschen, Straßenblockaden, das Besteigen von Schornsteinen, Mahnwachen. Militantes und alternativ-kulturelles *Protestverhalten* markiert Grenzen und signalisiert die Auflösung der P. Aktionen der P. haben vorwiegend und notwendigerweise einen →symbol. und gewaltlosen Charakter (→Gewalt); sie wollen nichts erzwingen – was sie gar nicht können –, sondern durch →Aufklärung zur Änderung gesellschaftl. Tendenzen, industrieller Entwicklungen (→Industrie) oder staatl. Maßnahmen beitragen. Die Legitimation und damit der Begriff von P. erstreckt sich nicht auf Formen permanenten →Widerstandes, Attentate, →Terror oder den Guerillakampf (→Bürgerkrieg) mit der Staatsgewalt. Von P. sind auch *keine* Haltungen der Abkehr, der *Resignation* von »no future« und der Hinwendung zu anderen Lebensstilen zu erwarten (→Alternativbewegungen), wie sie sich im Auftreten von Gammlern, Punks, Rokkern und der Flucht in Landkommunen zeigen. Der Ausstieg aus der Gesellschaft ist auch ein Ausstieg aus der P.

*Lit.: K. W. Brand:* Neue Soziale Bewegungen und die Linke in der Bundesrepublik, in: Polit. Vierteljahresschrift-Literatur, Nr. 2 (1981), 158-167 (Lit.). – Bürgerinitiativen, Bürgerprotest – eine neue Vierte Gewalt, in: Kursbuch 50 (1977), 1-184. – *W. A. Gamson:* The strategy of social protest, Homewood/Ill. 1975. – *Infratest Wirtschaftsforschung (Hg.):* Polit. Protest in der Bundesrepublik Deutschland, München 1981. – *G. Langguth:* Die P. in der Bundesrepublik Deutschland 1968-1976, Köln 1976.

*Kurt Tudyka*

**Prozession**

*A.* Als bes. Figurationen rel. Handlungsabläufe sind P.en dramat., häufig vor einem Publikum vollzogene und mit symbolhaften Bedeutungen behaftete Vorwärtsbewegungen: *Um- oder Aufzüge* (auch Ein- oder Auszüge) einer – nicht selten streng formierten, etwa durch eine relative »Langsamkeit und Getragenheit« (E. Canetti) bestimmten, sozial kontrollierten und angeführten – Menschenanzahl zu Land oder zu Wasser, zumeist im Umkreis →hll. Stätten. P.en haben *Sinn und Anlaß,* einen →Mythos darzustellen, →Heiliges oder Unheil zu bannen, Heiliges zu begleiten oder zu empfangen oder sich Heiligem zu nähern; oft unterstreichen sie dies durch →Gebet, Gesang, Bekleidung sowie andere symbol. Praktiken (z.B. Geißelungen) und Dinge (z.B. Bilder, Statuen, Schreine, Gefäße, Fahnen); manchmal sind die Körper (→Leib) der Teilnehmer (und Zuschauer) in besonderer Weise diszipliniert.
Darin unterscheiden sich P.en von *anderen* kollektiven *Ausdrucksbewegungen* wie beispielsweise Polonaisen und sonstigen Formen des geselligen →Tanzes, Umzügen, polit. Demonstrationen, Paraden oder Aufmärschen. Gleichwohl haben letztere oft auch rel. Ausdruckselemente adoptiert, können P.en umgekehrt polit. Funktionen haben, ja in direkte polit. Kundgebungen übergehen, von Tänzen begleitet oder tänzer. geformt sein (z.B. bei Tanzp.en), sich bis zur →Ekstase steigern oder in Volksbelustigungen »ausschweifen« (→Feste und Feiern).

*B.* Auf P.en stoßen wir in den meisten vor- und außerchristl. →Religionen, innerhalb des →Christentums finden sie – insbes. in der *kath. Kirche* und in den *orthod. Kirchen* – zu verschiedenen *Anlässen* als selbständige oder integrierte liturg. Handlungen innerhalb oder außerhalb des Kirchenraumes statt: z.B. bei →Taufe, →Bestattung (schon vor der →Konstantin. Wende), →Ordination und anderen →Übergangsriten, bei liturg. festl. und feierl. Anlässen, bei →Wallfahrten, als Buß-, Sühn- oder Bittgänge, als Übertragungen von →Reliquien und Gnadenbildern.
Das auch heute noch zentrale – und ehemals durchaus mit antiprot. Propaganda verknüpfte – P.sfest der röm.-kath. Kirche ist *Fronleichnam,* an dem die geweihte Hostie in einer Monstranz (unter einem Baldachin) vom →Priester durch die Straßen getragen wird.

*C.* Viele *Orte* verdanken ihren überregionalen oder sogar internationalen Bekanntheitsgrad bes. P.en: z.B. Echternacher Springp. (Luxemburg), Karfreitagsp. von Mendrisio (Schweiz), Pfingstp. in Haakendover (Belgien), Blutritt in Weingarten, Traunsteiner Georgiritt, Seehausener Schiffsp., Leonhardi- Fahrt in Bad Tölz usw. Aber auch in weniger bekannten Orten sind P.en (z.B. als Schiffsp.en oder Pferdep.en) Bestandteile regional- und lokalspezif. Brauchmuster mit zentraler Bedeutung für die lokale Zusammengehörigkeit und →Identität (→Volkfrömmigkeit), freil. oft auch folklorisiert und für den →Tourismus vermarktet.

*Lit.: E. Canetti:* Masse und Macht, Düsseldorf 1960. – *W. Heim:* Volksbrauch im Kirchenjahr heute, Basel 1983. – *B. Kötting:* Peregrinatio religiosa, Münster 1950. – *L. Petzold:* Volkstüml. Feste. Ein Führer zu Volksfesten, Märkten und Messen in Deutschland, München 1983, bes. 264-286.

*Michael N. Ebertz*

**Prozeßphilosophie, Prozeßtheologie**

*A. Prozeßphilosophie*

*I.* Die Pph. geht auf das Werk des Mathematikers, Naturwissenschaftlers und Philosophen *A. N. Whitehead* (1861-1947) zurück, der in →Europa vor allem als Mitverfasser der »Principia Mathematica« bekannt wurde. Whiteheads philos. Werk besteht in der Entwicklung einer →Metaphysik, die eine Brücke schlagen will zwischen dem →naturwissenschaftl. Denken des 20. Jh.s, der klass. abendländ. →Philosophie, einem unterstellbaren →Common sense der Gegenwart und Einstellungen des rel. Bewußtseins. Es gipfelt in einer umfassenden *Theorie der →Welt.* Dieser »Entwurf einer Kosmologie« ist eine der großen relativist. Theorien unseres Jh.s, die auch »nachneuzeitl.« oder »postmodern« genannt werden.
Whiteheads →Kosmologie ersetzt die konventionellen Zwei-Welten-Theorien und die Orientierung am Subjekt-Objekt-Modell der Wahrnehmung des

Einzeldings durch die Konzeption eines *mehrperspektiv. erschließbaren Prozesses.* Diese komplexe Figur eines Konkretionsprozesses soll alle wichtigen Aspekte der überlieferten Theorien der Subjektivität (→Subjekt) und der Substantialität erfassen und neu formulieren, sie soll ihre Zusammenhänge zu klären und besser zu erschließen erlauben. Auf diese Weise sollen der Substanzbegriff des mechanist. →Weltbildes, die klass. Verbindung von Subjektivitätstheorie und →Selbstbewußtseinslehre, aber auch dualist. Theorien der Natur und der Welt in einen Denkzusammenhang gebracht und »aufgehoben« werden.

*II.* Bes. wirksam geworden sind bisher die *→Erkenntnistheorie,* die im Hauptwerk »Process and Reality« (1929, dt. 1979) in der »Theory of Prehension« entfaltet wird und die eine nicht-anthropozentr. Theorie der Subjektivität darstellt, sowie Whiteheads *Theorie der →Religion,* die am klarsten »Religion in the Making« (1926, dt. 1985) bietet. Die wichtigsten Hilfen zur Einführung in Whiteheads schwer zugängl. Theorie der Welt geben seine Werke »The Organisation of Thought« (1917) und »Science and the Modern World« (1925, dt. 1984). Eine verkürzende Vereinfachung der – der Systemtheorie verwandten – Pph. Whiteheads bietet das Werk seines Schülers Ch. Hartshorne. Aus den zahlreichen *Interpretationsbeiträgen* zu Whiteheads Werk sind bis 1986 hervorzuheben die von W. Christian, L. Ford, G. Kline, W. Mays, D. Sherburne und R. Wiehl.

*Lit.: B. A. Woodbridge (Hg.):* Alfred North Whitehead: A Primary-Secondary Bibliography, Bowling Green 1977. – *H. Holz/E. Wolf-Gazo (Hg.):* Whitehead und der Prozeßbegriff, Freiburg/München 1984. – *F. Rapp/R. Wiehl (Hg.):* Whiteheads Metaphysik der Kreativität, Freiburg/München 1986. – *M. Welker:* A. N. Whitehead: Relativist. Kosmologie, in: *J. Speck (Hg.):* Grundprobleme der großen Philosophen. Philosophie der Gegenwart I, Göttingen, 3. Aufl. 1985.

*B.* Prozeßtheologie

Die Pth. ist seit den 20er Jahren bes. in Nordamerika entwickelt worden. Gemeinsam ist allen Richtungen und Ausprägungen, daß sie sich auf das Werk Whiteheads berufen, obwohl einzelne Vertreter fakt. primär von *Ch. Hartshornes* Metaphysik und von seinem »Neo-Classical Theism« geprägt sind, der der Komplexität der Religionstheorie Whiteheads nicht entspricht. Bedeutendster Vertreter der von Hartshorne geprägten Richtung ist *Sch. Ogden* (The Reality of God, 1963, dt. 1973). Die zweite, dem Werk Whiteheads näherstehende und größere sachl. und inhaltl. Herausforderungen bietende Richtung der Pth. ist die bisher vor allem an der University of Chicago entwickelte *»Empirical Theology«.* H. N. Wieman, B. E. Meland und B. Loomer sind die wichtigsten Vertreter dieser Ausprägung der Pth.
Systematisch stehen der Theorie Whiteheads am nächsten die Beiträge von J. B. Cobb (A Christian Natural Theology. Based on the Thought of Alfred North Whitehead, 1965) und *R. Neville,* die Whiteheads Werk in Situationen interkultureller, interrel. und interdisziplinärer Verständigung sowie in polit., sozialen und ökolog. Krisenlagen als *Leittheorie* einzusetzen suchen. Das von Cobb geleitete Center for Process Thought (Claremont, Kalifornien) und die Zeitschrift »Process Studies« (1971ff.) dienen seit den 70er Jahren der Verbreitung der Pth.

*Lit.: D. Brown/R. E. James/G. Reeves (Hg.):* Process Philosophy and Christian Thought, Indianapolis 1971. – *H. J. Cargas/B. Lee (Hg.):* Religious Experience and Process Theology, New York/Toronto 1976. – *J. B. Cobb/D. R. Griffin:* Process Theology. An Introductory Exposition, Philadelphia 1976, dt. 1979. – *E. H. Cousins (Hg.):* Process Theology. Basic Writings, New York/Toronto 1971. – *M. Welker:* Universalität Gottes und Relativität der Welt. Theol. Kosmologie im Dialog mit dem amerik. Prozeßdenken nach Whitehead, Neukirchen, 2. Aufl. 1988.

*Michael Welker*

**Psalmen.** Die P. sind rel. Lyrik. Im AT gibt es P. in Ex 15,1-18; 15,21; Dtn 32; Ri 5; 1 Sam 2,1-10; 2 Sam 1,19ff.; Jes 12; 38,10-20; Nah 1,2ff.; Hab 3; Jona 2; im Buch der →Klagelieder und im Psalter.

*A.* Das Kennzeichen der *hebr. Poesie* ist die Parallelisierung der Verse (»parallelismus membrorum«); der Gedanke eines Verses wird mit anderen Worten im folgenden Vers wiederholt: »Wasche mich rein von meiner Schuld, / und von meiner Sünde reinige mich« (Ps 51,4). Durch den Lobpreis am Ende einiger P. (sog. Schlußdoxologien: »Gesegnet ist der Herr...«) gliedert sich der Psalter in fünf Untereinheiten: Ps 1-41; 42-72; 73-89; 90-106; 107-150. Die *Fünfteilung* ist gewollt; so erklärt die jüd. Tradition: Mose gab Israel die fünf Bücher, und David gab Israel die fünf Bücher der Psalmen. Da es Doppelüberlieferungen gibt (Ps 14 = Ps 53), existierten die Teilsammlungen vermutl. unabhängig voneinander. Die *Datierung* ist umstritten. Erst spätere Überschriften schreiben die P. best. Verfassern, häufig →David, zu (Ps 3-41; 51-72). Wie etwa Lk 24,44-46 zeigt, wurden die P. seit der frühen Christenheit auf *Christus* bezogen. Man verstand sie als Gebete und Gesänge der Christenheit, und sie fanden Eingang in den christl. →Gottesdienst.

*B.* In kurzen liturg. Formeln sind dort die beiden wichtigsten Weisen bewahrt, in denen die P. von Gott reden:

*I.* In dem hebr. *Halleluja* (Lobet den Herrn) klingt der *Hymnus* an. Hymn. P. beginnen mit einer Aufforderung (»Jauchzet, ihr Gerechten, dem Herrn«, Ps 33,1) und leiten den Hauptteil mit dem charakterist. »denn« ein (»Denn das Wort des Herrn ist wahrhaftig«, Ps 33,4).

*II.* In dem *Kyrie eleison* (Herr, erbarme dich, Ps 41,5.11) und *Hosianna* (Hilf doch [mein Gott]) kommt die Klage zum Ausdruck. Richtet sich der Aufruf des Hymnus an die Gemeinschaft, so wendet sich die Klage an Gott und ist damit ein →Gebet. Neben den *Klageliedern des einzelnen* gibt es *Klagelieder des Volkes*, die wahrscheinl. bei allg. Volkstrauerfeiern (1 Kön 8,33f.) angestimmt wurden. Dabei finden sich folgende Stilelemente: 1. *Anrede* an Gott (»Mein Gott, mein Gott, warum hast du mich verlassen«, Ps 22,2); 2. *Klage*, in der der Beter die Not schildert, in der er sich befindet: Krankheit, Not, Verfolgung durch Feinde, Gottverlassenheit; 3. *Bitte*, das Herzstück der Gattung, das oft mit einem Imperativ formuliert ist (»Schaffe in mir, Gott, ein reines Herz...«, Ps 51,12f.). Oft gibt der Beter vor der Bitte seinem Gottvertrauen Ausdruck. 4. *Lobgelübde*, das nach der Rettung Lob und Dank verspricht (Ps 7,18; 13,6; 79,13).
Die Erfüllung der Lobgelübde findet Ausdruck in den *Dankpsalmen* (Ps 118); das Bekenntnis der Zuversicht formulieren die *Vertrauenslieder* (Ps 23); auch die Gemeinschaft spricht das Lob Gottes aus (»Unsere Hilfe steht im Namen des Herrn, der Himmel und Erde gemacht hat«, Ps 124,8).

*Lit.: J. Becker:* Wege der P.exegese (Stuttgarter Bibelstudien 78), Stuttgart 1975. – *H. Gunkel:* Die P. (Göttinger Handkommentar zum AT II/2), Göttingen, 5. Aufl. 1968. – *W. H. Schmidt:* Einführung in das AT, Berlin/New York, 2. Aufl. 1982, 298-309.

*Udo Rüterswörden*

**Psychedelik,** »das Entzücken der Seele«, umschreibt einen Ausnahmezustand des menschl. Bewußtseins, einen *Rauschzustand.* Als solcher ist er ein uraltes immer neu vom Menschen gesuchtes Phänomen, dessen Gefährlichkeit ebenso lange bekannt ist. Gesteigertes Wahrnehmungsvermögen und erweitertes Bewußtsein (bis hin zur Auslöschung des Ich) charakterisieren ihn.

*A.* In der *Geschichte der Religionen* hat der Einsatz von *Rauschmitteln* eine lange Tradition. Sie werden eingesetzt, um die mag. und geistl. Kräfte von Schamanen (→Schamanismus), →Mystikern und →Priestern zu stärken oder um die Gläubigen der stimulierenden Wirkung teilhaftig werden zu lassen, die die rel. Versenkung im →Gebet oder →Ritus vertieft. Unverzichtbar dabei ist sowohl der Rahmen rel. Lehren als auch der hl. Ort, an dem dies geschehen darf. Einige *Drogen* seien genannt: Bei wichtigen Riten benutzten die alten Inder und Iraner den Soma/Haoma-Trank, Opium wurde bei den Ceres-Mysterien genossen, die Azteken und Mayas nahmen Psilocybin ein, einige Derwischorden im Islam Cannabis oder Wein. Weihrauch wird in mehreren Religionen (kath. →Christentum, →Hinduismus und →Buddhismus) intensiv angewandt. Moderne mittel-/amerik. Formen von Einnahme von Meskalin und Cannabis beim →Gottesdienst sind auch unter den folgenden Gesichtspunkten zu betrachten.

*B.* Seit dem Zweiten Weltkrieg hat in *Europa und Amerika* eine starke rel. Unruhe um sich gegriffen, deren zentrales Anliegen man als *Selbsterfahrung* rel. →Wahrheit und Wirklichkeit beschreiben kann. Mit der Psychologisierung myst. Religiosität wirkte hier ein Mißverständnis des aus Indien übernommenen Seelenbegriffs, dessen Übersetzungsäquivalent das »Selbst« ist (→Seele). So begann in den 50er Jahren ein Experimentieren mit Drogen, das sich als rel. Selbsterfahrung verstanden wissen wollte (A. Huxley, T. Leary, R. Alpert u.a.) und eine *»psychedel. Religion«* propagieren konnte. Daß die Bewegung von Künstlern ausging, die sich ihrerseits auf solche beriefen, sollte dabei im Auge behalten werden. Asiat. Musikformen und neu entwickelte elektron. Musik mit psychedel. Effekten, die die →Meditation stützen sollten, schlossen sich dem an. Religionsgeschichtl. kann an diesen gesellschaftl. Erscheinungen nichts überraschen: es handelt sich um →Erlösungssehnsucht aus einer sinnentleerten, weil rein rational verstandenen Weltsicht.
Auf keinen Fall jedoch sollten die durch LSD, Meskalin usw. bewirkten Bewußtseinszustände in naiver Weise gleichgesetzt werden mit *rel.* Eines der Argumente, die dagegen sprechen, ist der nachweisbare Wandel der rel. Persönlichkeit mit myst. Erfahrungen zu einer persönlichkeitsübergreifenden Mitmenschlichkeit hin – während jede Drogeneinnahme ohne einen rel. gesetzten Inhaltsrahmen die Isolation des einzelnen noch verstärkt, da seine im Rausch (→Sucht) gemachten Erfahrungen keine allgemeingültige oder gar sinnstiftende Kraft besitzen. Nach diesem Kriterium sind große *Künstler* auszunehmen (u.a. der Maler Hieronymus Bosch, die Dichter Ch. Baudelaire, G. Benn und G. Trakl), die Drogen als Stimulantien nahmen, deren völlig unspezif. Art der Religiosität jedoch nicht in den engeren Bereich von Religion fällt.

*Lit.: G. Lanczkowski/G. M. Martin:* Drogen, in: Theol. Realenzyklopädie 9, 192f. – *Chr. W. Thomsen/J. M. Fischer (Hg.):* Phantastik in Literatur und Kunst, Darmstadt 1980. – *R. Ch. Zaehner:* Mystik, rel. und profan, Stuttgart 1960.

*Irmtraud Höhn*

**Psychiatrie,** Seelenheilkunde, befaßt sich als med. Lehre mit psych. Störungen und →Krankheiten und hat deren Ursachen, Erkennen und Behandlung zum Inhalt. Ihr Gegenstand ist der *psych. kranke Mensch* in seiner Ganzheit. Dies bedingt vielfältige method. Zugänge in Forschung und Therapie. Die sich daraus ergebenden Spannungen werden im Dualismus von Erkennen und Verstehen (Jaspers) sichtbar. Muß in der Forschung ein reduktionist. Standpunkt eingenommen werden, so ist in der Praxis die gesamte Vielfalt der Bedingungen psych. Krankseins, der Zugänge zum psych. Kranken und der therapeut. Möglichkeiten zu beachten.

*A.* Der Krankheitsbegriff in der P. ist eng mit der *hist. Entwicklung* des Menschenbildes verbunden.

*I.* Seit den Anfängen kultureller Überlieferungen wurde der Mensch als ein von einer übergeordneten Macht best. Wesen gesehen, das in den Kosmos eingebunden ist und durch Krankheit für seine Übertretungen von Geboten und Lebensvorschriften gewarnt oder bestraft wird. Krankheit galt seit den →Kirchenvätern weithin als Folge der →Sünde (übernatürl. Krankheitsvorstellung, Iatro[Heil-]theologie, Iatrodämonologie). In diesen Fällen war die *sündige* →*Seele* Hauptschauplatz der Krankheit, der Körper eher ein Nebenschauplatz. Durch Sündenvergebung, Exorzismus, erzieher. (»moral. Behandlung«) und mag. Mittel (→Magie) wurde versucht, Einfluß auf die Krankheit zu gewinnen. Mit der Entwicklung der Naturwissenschaften wurde der kranke Mensch »entschuldet«. Die naturalist. Krankheitsvorstellung sah Krankheit als Einwirkung von Stoffen und *Kräften der Natur* auf den menschl. Leib an. In der P. wurde die Rolle des *Gehirns* und seiner Funktionen erkannt und einbezogen (Griesinger, 1817-1868).

*II. Gegenwärtige* Entwicklungstendenzen heben das Anrecht des Menschen auf Gesundheit (Definition der Weltgesundheitsorganisation) hervor und machen mangels einer anderen anzurufenden Instanz die *Gesellschaft* für die Verweigerung dieses Rechts verantwortlich. Demzufolge fordert man von der Gesellschaft, sie solle so beschaffen sein, daß man durch sie und in ihr nicht krank werden könne.

*B.* Grundlage der Diagnostik in der P. ist die *Psychopathologie* (Lehre der psych. Krankheiten). Sie befaßt sich mit den Erscheinungsweisen des seel. Abnormen, deren Dynamik, Strukturen und Ordnungsprinzipien, also der Krankheitserkenntnis und der Entwicklung dessen, was als abnorm oder krank in Erscheinung tritt.

*I.* Zu Beginn stand sie ganz im Dienste der Nosologie (Krankheitskunde) entspr. der Systematik E. Kraepelins. K. Jaspers gab der Psychopathologie aus einem verstehenspsycholog. Ansatz eine allg. method. Grundlage. Weiterentwicklungen erfolgten durch Einflüsse von →Psychoanalyse, Daseinsanalyse (→Logotherapie), →Anthropologie, →Psychologie und Psychophysiologie (Lehre von psychovegetativen Zusammenhängen).

*II.* Die Ätiologie (Ursachenlehre) psych. Erkrankungen berücksichtigt durch äußere Einflüsse verursachte Psychosen, organ. Psychosyndrome (d.h. psych. Krankheitsbilder bei Hirnabbau), Demenzen (d.h. Formen von erworbenem Schwachsinn), ferner genet. (erbl.) bedingte Faktoren (z.B. best. Formen der Oligophrenie [Intelligenzschwäche]), endogene (anlagebedingte) Psychosen; schließl. psychodynam. und soziale Bedingungen (z.B. →Neurosen, psychosomat. Erkrankungen, →Sucht, Verhaltensstörungen). Ein *Zusammenhang* vielfältiger Bedingungen mit Schwerpunkt in dem einen oder anderen Bereich kennzeichnet die moderne Auffassung der Ursachen psych. Erkrankungen. Er liegt auch den endogenen →Psychosen (Schizophrenien und Affektpsychosen) zugrunde, bei denen ein Dispositionsfaktor (Bereitschafts-, Risikofaktor) mit zu berücksichtigen ist. Die verschiedenen Forschungsansätze versuchen dies auf mehreren Ebenen zu klären (z.B. Biochemie, Psychophysiologie, Genetik, Chronobiologie).

*C.* Für die Nosologie ist grundlegend und auch heute noch von Bedeutung die psychiatr. Systematik von Kraepelin (1913). Die Unterteilung psych. Störungen nach organ., endogener und psychogener Verursachung bestimmt die international verwendete Klassifikationsschemen (ICD [Internationale Klassifikation der Krankheiten], DSM [Diagnost. und Statist. Manual Psych. Störungen]). Der Einteilung nach Kraepelin liegt die Zuordnung von charakterist. Krankheitsbild und typ. Verlauf zugrunde. In der franz. P. sind die Kategorien der Krankheitskunde vor allem syndromorientiert. Andere nosolog. Kriterien werden durch psychoanalyt. Einflüsse geltend gemacht.

*D.* Die psychiatr. *Therapie* ruht im wesentl. auf *drei Säulen*: Psychopharmakologie, →Psychotherapie und Soziotherapie. Diese Verfahrensweisen schließen sich nicht aus, ergänzen sich vielmehr. Der Schwerpunkt liegt jeweils bei einer der drei Verfahrensweisen, je nach Ursachen, Schweregrad, Dauer der Erkrankung, je nach Persönlichkeit des Patienten und unter Berücksichtigung seiner aktuellen Situation sowie seines Milieus. Spezielle Entwicklungen ergaben sich auf dem Gebiet der Rehabilitation, der Verhütung (Prävention) und Vorbeugung (Prophylaxe) psychiatr. Krankheiten. Im Zentrum aller psychiatr. Behandlung steht das ärztl. Gespräch.

*E.* Neben engen Beziehungen der P. zur →Psychologie und somat. Medizin spielt eine *interdisziplinäre* Zusammenarbeit mit den Naturwissenschaften (biolog. P.) und den Sozialwissenschaften (Sozialpsychiatrie) eine große Rolle. In der Verknüpfung mit den Rechtswissenschaften stellt die Fähigkeit zur →Verantwortung des Patienten das Grundproblem der forens. (Gerichts-)P. dar. Durch den Einfluß der Tiefenpsychologie (bes. C. G. →Jung) haben Grenzbereiche zu den Geisteswissenschaften eine zunehmende Bedeutung erfahren. Für die Theologie schlägt sich dies z.B. in der Praxis der Krankenhaus- und Telefonseelsorge, der Sterbebegleitung und Betreuung Selbstmordgefährdeter und durch Mitarbeit in Ethikkommissionen nieder.

*Lit.: H. F. Ellenberger:* Die Entdeckung des Unbewußten, Bern 1973. – *W. Griesinger:* Die Pathologie und Therapie der psych. Krankheiten, Braunschweig, 4. Aufl. 1876. –

*K. Jaspers:* Allg. Psychopathologie, Berlin, 9. Aufl. 1973. – *E. Kraepelin:* P., Leipzig, 8. Aufl. 1913.

*Burkhard Pflug*

**Psychoanalyse**

*A.* P. wird von ihrem Begründer S. →Freud definiert als »Wissenschaft von den unbewußten seel. Vorgängen« (→Seele). Zwei Hypothesen sind für diese Wissenschaft grundlegend: 1. Psych. Vorgänge sind *kausal determiniert*, also auf frühere Erfahrungen rückführbar. Wenn es gelingt, solche Verbindungen herzustellen, erscheinen psych. Phänomene als sinnhaft; sie werden verstehbar. 2. Allerdings sind gerade frühkindl. Erfahrungen dem Bewußtsein nicht mehr zugängl., sondern in den Bereich unbewußten Seelenlebens abgedrängt. Dieser *Bereich des* Unbewußten hat jedoch einen größeren, das Verhalten in höherem Maß bestimmenden Einfluß als das →Bewußtsein. Bereits in den mit J. Breuer herausgegebenen »Studien zur Hysterie« (1895) hat Freud diese grundlegenden Annahmen entwickelt und damit die P. – im Gegensatz zu seinem eigenen Wunsch, sie als →Naturwissenschaft zu verstehen – als eine hermeneut. verstehende Wissenschaft begründet (→Hermeneutik). Das *Unbewußte* erhält seine verhaltensbestimmende Energie durch die Triebe, verstanden als biolog. verankerte Bedürfnisspannungen, die nach motor. Entlastung und Befriedigung (Lustprinzip) drängen. Im Vordergrund steht der Sexualtrieb (Libido), immer vermischt mit Elementen des Aggressionstriebes (→Aggression).

*B.* Die *psychoanalyt.* →*Entwicklungspsychologie* stellt dar, wie sich durch die Entwicklung des Sexualtriebs in Anlehnung an primäre Körperfunktionen (oral [Mund], anal [After], phallisch [Glied], genital [Geschlechtsorgane]) die Entfaltung der Psyche und ihrer Beziehungen zu ihren Objekten vollzieht und wo mögl. Ansätze zu neurot. Fixierungen (→Neurose) oder Regressionen (Rückfälle in frühere Entwicklungsstufen) liegen.
Neben diesem genet. Modell hat Freud ein *Strukturmodell* der Psyche entworfen: Aus dem Bereich des Unbewußten, des Es, differenziert sich im Lauf der frühkindl. Entwicklung das Ich heraus, das vorwiegend bewußte Steuerungs- und Entscheidungsvermögen des Menschen. Das Ich reguliert die aus dem Es stammenden Triebbedürfnisse nach Maßgabe seiner Wahrnehmung der Wirklichkeit (Realitätsprinzip); dabei wird es entscheidend mitbestimmt vom Über-Ich, dem internalisierten (verinnerlichten) Niederschlag gesellschaftl., durch →Eltern und Erzieher vermittelten Normen und →Werte. Die Triebbedürfnisse, die angesichts des strengen Über-Ich nicht annehmbar sind, müssen mit Hilfe von Abwehrmechanismen (Projektion, Verleugnung, Wendung gegen das Selbst, Sublimierung usw.) verdrängt werden. Dieser Vorgang ist für jede Entwicklung notwendig (Kultur erfordert nach Freud Triebverzicht). Werden die Konflikte jedoch zu stark, bilden sich neurot. Symptome, die als Ersatzbefriedigung für verdrängte Wünsche zu verstehen sind.

*C.* Die P. als Theorie allg. menschl. Erlebens und Verhaltens hat sich entwickelt aus der *Therapie*, also dem heilenden Umgang mit neurotisch gestörten Patienten. Zunächst arbeitete Freud mit Hypnose, ersetzte sie aber bald durch freie Assoziation und Traumarbeit: Der Patient, der auf einer Couch liegt, berichtet dem Therapeuten, den er nicht sieht, möglichst frei und unzensiert alle Einfälle. Die affektgeladene Erinnerung an verdrängte »Verwundungen« (Traumata) erweist sich dabei immer wieder als entscheidender Beitrag zur Heilung und Integration. Auf diesem Weg sind Widerstände und Abwehrmechanismen gegen eine Bewußtwerdung solcher Traumata zu überwinden; ein wichtiges Mittel dazu ist die Bearbeitung der Übertragung (der Patient überträgt frühkindl. Verhaltensmuster gegenüber wichtigen Bezugspersonen auf den Therapeuten) und der Gegenübertragung des Therapeuten.

*D.* Freud hat mit seinen individualpsycholog. gewonnenen Einsichten auch *sozialpsycholog. Zusammenhänge*, z.B. die Entwicklung der Gesellschaft wie der →Religion, zu verstehen gesucht. Dadurch ist die P. für alle neueren Humanwissenschaften und auch für die Theologie bedeutsam geworden. Seit ihren Anfängen hat sich die P. zu einem höchst komplexen Wissenschafts- und Therapiebereich mit unterschiedlichsten Schulrichtungen entfaltet. Die →humantist. Psychologie ist ohne ihren hermeneut. Ansatz nicht denkbar. Für die neuere Pastoralpsychologie sind neben den direkten Anregungen der P. für die →Seelsorge und Beratung vor allem das neue Verständnis des Narzißmus (Kohut) und ein veränderter →Symbolbegriff (Lorenzer) wichtig geworden, um neue Zugänge zu den Zusammenhängen von Verstehen und Kommunikation in Theologie und Kirche zu erarbeiten.

*Lit.: Textausgaben: S. Freud:* Studienausgabe, 10 Bde., Frankfurt/M. 1969ff. – *G. Bally:* Einführung in die Psychoanalyse Sigmund Freuds (rde), Hamburg 1961. – *H. Kohut:* Formen und Umformungen des Narzißmus, in: Psyche 20 (1966), 561-587. – *A. Lorenzer:* Sprachzerstörung und Rekonstruktion, Frankfurt/M. 1973. – *J. Scharfenberg:* S. Freud und seine Religionskritik als Herausforderung für den christl. Glauben, Göttingen 1968. – *Ders.:* Einführung in die Pastoralpsychologie, Göttingen 1985. – *D. Wyss:* Die tiefenpsycholog. Schulen von den Anfängen bis zur Gegenwart, Göttingen 1961.

*Michael Klessmann*

**Psychologie** (griech. *Seelenkunde*) bezeichnet vor allem die moderne Wissenschaft vom psych. (»seel.«) Geschehen. Der Begriff faßt eine Vielfalt wissenschaftl. Theorien zusammen, die individuelles Verhalten und Erleben bei →Mensch und →Tier zu erklären oder zu verstehen suchen mit dem Ziel, gegenwärtiges Verhalten zu beschreiben, künftiges vorauszusagen oder Einstellungen und

Verhaltenstendenzen zu beeinflussen. »Psycholog.« wird aber auch jede vorwissenschaftl. Einstellung und Verhaltensform genannt, die ein Wissen über menschl. Verhalten und Erleben im alltägl. Umgang bewußt in Rechnung stellt. Das Erscheinungsbild der P. als Wissenschaft gliedert sich nach Schulen und Sachgebieten auf.

*A. Zur Entwicklung der modernen Psychologie*

Als rationale Beschäftigung des Menschen mit seiner eigenen →Person in ihrer Begegnung mit der →Welt hat die P. zu allen Zeiten und in mancherlei Gestalt (→Kunst, →Literatur, →Philosophie, →Theologie) den *Willen zur Selbstaufklärung* über die inneren und äußeren Bedingungen individuellen Lebens zum Ausdruck gebracht. Die moderne P. – in ihrer Entwicklung als →Sozialwissenschaft seit Mitte des 19. Jh.s – orientiert sich zentral am Streben des →Individuums, sich selbständig in seiner Welt zu orientieren, sich so zu einer eigenständigen Persönlichkeit zu entwickeln und die Welt menschl. zu gestalten, oder andererseits die Bedingungen individuellen Verhaltens zu kontrollieren, um die an Vielfalt zunehmende Lebenswelt weitgehend zu beherrschen. Auf der Suche nach erkenntnisleitenden Grundbegriffen einer P. mit naturwissenschaftl. Anspruch wurden nicht nur traditionelle Einteilungen (Gefühl – Wille – Verstand) abgelöst, es wurde auch der Begriff »Seele« zersetzt und ersetzt durch die Vorstellung einzelner Empfindungen oder Assoziationen (Verknüpfungen) als den elementaren *Prozessen* psych. Geschehens. Aufbauend auf einer psychophys. P. (der zufolge psych. und phys. Vorgänge parallel verlaufen; Helmholtz, Fechner), erreichte die wissenschaftl. Entwicklung der P. mit der Assoziationsp. von W. Wundt den Stand eines selbständig organisierten wissenschaftl. Fachs (1879 Eröffnung eines psycholog. Laboratoriums in Leipzig). Der Analyse des psych. Geschehens nach dem Vorbild der Naturwissenschaften stellte vor allem W. →Dilthey eine geisteswissenschaftl. P. gegenüber, die die »zergliedernde« Elementep. durch eine *»verstehende«* P. zu ersetzen strebte.

*B. Psychologische Schulen*

Die P. wird gegenwärtig von ganz verschiedenen wissenschaftstheoret. Grundpositionen aus betrieben:

1. Als Erbe der Assoziationsp. und unter dem Einfluß des amerik. →Pragmatismus gelangte der *Behaviorismus* (behavior, amerik.: Verhalten) zu umfassender wissenschaftl. Geltung. Von seiner empirist. Grundposition aus hält er nur Aussagen über beobachtbare Vorgänge für wissenschaftl. sinnvoll. Der Tatbestand einer »P. ohne Seele« (A. Lange) hat sich durch die Geltung dieses behaviorist. Dogmas weithin verwirklicht. Auch in der neueren Kognitionsp. (»Erkenntnisp.«, die zentrale organisierende Funktionen im psych. Geschehen – als sog. intervenierende Variablen zwischen den verhaltensauslösenden Reizen und den daraus folgenden Reaktionen – als Hypothese wieder zugesteht) gelten wesentl. anthropolog. Begriffe wie →Gewissen oder →Liebe und →Haß als experimentell nicht weiter aufzuhellende Erklärungsbegriffe, also als hypothet. Konstruktionen.

2. *Geisteswissenschaftl.* P.n, wie sie von der philos. →Phänomenologie (E. Husserl, M. Scheler), vom →Existentialismus und (ausdrückl. unter dieser Bezeichnung) von W. Diltheys Schüler E. Spranger ausgearbeitet wurden, waren demgegenüber gerade darum bemüht, psych. Grundsachverhalte (Akte, Funktionen, Strukturen) in ihrem Wesen zu erfassen. Trotz ihrer beträchtl. Wirkung im philos. und prakt.-päd. Denken erreichte diese psycholog. Theoriegestalt im wissenschaftl. Betrieb der P. keine bleibende Geltung.

3. An Bedeutung dem Behaviorismus gleich kommen die Denkmodelle und Interpretationsansätze der *Tiefenpsychologie* (→Psychoanalyse). Diese unterscheidet sich vom Behaviorismus grundlegend, da sie annimmt, daß unbewußte psych. Prozesse das bewußte Verhalten und Erleben motivieren und verursachen. Über ihren ursprüngl. Anwendungsbereich, die →Psychiatrie, hat sich die Tiefenpsychologie längst hinausentwickelt zu einer allg. →Hermeneutik (Verstehenslehre) kultureller Phänomene (A. Mitscherlich, M. Foucault u.a.).

4. Wissenschaftstheoret. *vermittelnde Positionen* nehmen der psycholog. →*Strukturalismus* in der →Entwicklungsp. J. Piagets und die Gestaltp. (Köhler, Wertheimer, Lewin, Metzger) ein, die mit dem Behaviorismus eine grundsätzl. empir. Ausrichtung teilen, mit der Tiefenpsychologie hingegen das Interesse an einer integrierenden Deutung psych. Prozesse (Gestaltqualitäten als Grundformen der Wahrnehmung).

*C. Sachgebiete der Psychologie*

Die Gliederung der wissenschaftl. P. in verschiedene Sachgebiete hat – gegenüber der besprochenen Differenzierung nach wissenschaftl. Prinzipien – geringere Trennschärfe. Aus didakt. Gründen werden im Studium der P. die Bereiche der Grundlegung und der Angewandten P. unterschieden. Zur *Grundlegung* zählen die Fächer Methodenlehre, Allg. P., Differentielle und Persönlichkeitsp., Entwicklungsp., →Sozialp., Physiolog. P. Zur *Angewandten P.* zählen u.a. Psycholog. Diagnostik, Klin. P., Arbeits- und Betriebsp., Ökolog. P., Verkehrsp., Päd. P. Diese Zweiteilung bedeutet jedoch nicht, daß die »angewandten« Fächer auf der Grundlegung aufbauen; vielmehr dient die Grundlegung im Rahmen des P.studiums als eine erste Einführung und Einübung zur angewandten P. Diese analysiert in ihren verschiedenen Bereichen jeweils selbständig und grundlegend ihr Tätigkeitsfeld.

*D. Arbeitsweise und Bedeutung der Psychologie für die Erfahrung*

Die naturwissenschaftl. Orientierung, der die P. ihre derzeitige Organisation als Einzelwissenschaft verdankt, hat das vormalige Grundmotiv des Forschens (Vergewisserung über die Ursachen menschl. Verhaltens, →Motivation) ersetzt durch die Frage nach Prognose und Möglichkeiten der Veränderung. Verhalten wird nun nicht mehr von Ursachen her, sondern aus dem Zusammenhang interpretiert, in dem es regelmäßig auftritt (Fragebogen-Methode, Testp.). Die *statist.-quantifizierende* Arbeitsweise stellt fest, welches Verhalten unter gegebenen Umständen wahrscheinl. ist. Eine solche Erforschung psych. Geschehens dient gerade nicht dem ursprüngl. Ziel, sich durch Aufklärung über die Grundlagen des Lebens seiner selbst existentiell gewiß zu werden, vielmehr hebt sie die Relativität aller Erfahrung scharf hervor und vergrößert damit die Probleme, die zur vielfältigen Verunsicherung im Verhalten führen.

Die *psycholog. Beratung* hat sich im Umgang mit solchen Störungen profiliert. Sie antwortet auf ein Problemfeld, das die moderne P. selbst mit entfaltet, wiewohl nicht verursacht hat. Auf wissenschaftl. Ebene herrscht noch die Tendenz, die Präzision der Erkenntnisse durch math. Datenanalyse zu verfeinern (Varianz-, Faktorenanalyse). Die Resultate gelten auf Grund der Methodik als gültig (»valide«) und verläßlich (»reliabel«); ungeklärt bleibt jedoch, was die jeweiligen Ausgangsdaten für veränderte Lebensverhältnisse bedeuten. Diese Untersuchungen enthalten method. die Tendenz, die in ihnen erforschten Vorgänge aus ihrem hist. Zusammenhang herauszunehmen: Die Ergebnisse können ja nur übertragen werden, wenn die Situation der Datengewinnung mit der Vergleichssituation in hohem Maße übereinstimmt. Darüber hinaus relativiert die psycholog. Analyse menschl. Erfahrung durch die Vielfalt der Vergleiche und teilt sie zum Zwecke der Datenbearbeitung in Teilstücke auf. Die »Erfahrung«, die durch die P. begründet wird, ist somit wissenschaftl. Konstruktion, keinesfalls Lebenserfahrung. Es ist deshalb nur folgerichtig, daß zum Erkenntnisrelativismus in der P. →Weltanschauungen auf psycholog. Grundlage ergänzend hinzutreten (B. F. Skinner; →Humanist. P.) und daß die →New-Age-Bewegung in ihrem Streben nach Ganzheitlichkeit neue psych. Erfahrung aus den alten Quellen östl. rel. Praktiken (→Yoga, →Zen) zu gewinnen sucht.

*E. Theologie und Psychologie*

Das Interesse der Theologie an P. richtet sich ebenfalls auf eine Vertiefung von Erfahrung: in der berufl. Praxis des →Pfarrers (Pastoralp.), zur theoret. Bestimmung des Phänomens »Religion« (→Religionsp.) und für eine (tiefen)psycholog. →Hermeneutik der bibl. Tradition (P. Ricoeur, E. Drewermann). Eine grundlegende Auseinandersetzung zwischen Theologie und P. leisten allerdings erst solche Beiträge zur theol. →Anthropologie und →Erkenntnistheorie (G. Ebeling, W. Pannenberg, E. Herms), die zu erkennen geben, daß das Verhältnis von Theologie und P. nicht als interdisziplinäres Problem im Sinne einer Ergänzung abzuhandeln ist. Es wird vielmehr neu als Aufgabe der Theologie erkennbar, die vielfältigen wissenschaftl. Aussagen über den Menschen in eine christl. Interpretation menschl. Existenz zu integrieren – als eine Stimme unter den neuzeitl. Weltdeutungen.

*Lit.:* Kindlers P. des 20. Jh.s, 15 Bde., Zürich 1976ff. – *H. E. Lück u.a. (Hg.):* Geschichte der P., Darmstadt 1984. – *W. Pannenberg:* Anthropologie in theol. Perspektive, Göttingen 1983. – *L. J. Pongratz:* Problemgeschichte der P., München, 2. Aufl. 1984.

*Reinhard Schmidt-Rost*

**Psychose** ist ein Begriff für Seelenkrankheiten, der erstmals im »Lehrbuch der ärztl. Seelenkunde« von E. von Feuchtersleben (1806-1849) verwandt wurde. Im Laufe der Zeit spiegelt seine Definition und Verwendung die *unterschiedl. Strömungen und Standpunkte* psychiatr. Lehre wider. Insbes. gilt dies für die Frage nach der ursächl. Bedeutung körperl. Faktoren und nach der Differenzierung von P.n. So schwierig der Begriff wissenschaftl. zu begründen und allgemeingültig abzugrenzen ist, hat er in der Praxis eine große Bedeutung und läßt sich von der Psychopathologie her beschreiben. Es gibt keine einzelnen psychopatholog. Symptome, die für P.n spezif. sind, vielmehr sind es der Zusammenhang und die Verknüpfung von Symptomen sowie best. Verlaufsgesetzmäßigkeiten, die die Diagnose einer P. stellen lassen. Dies gilt auch für andere psychiatr. Krankheitsbilder (z.B. →Neurosen).

*A.* Es gibt formale und inhaltl. Kriterien der P. Die *formalen Kriterien* lassen in in vier Gruppen zusammenfassen: 1. Es kommt zu einem *Einbruch in die Kontinuität* der psych. oder phys. Entwicklung eines Individuums (»Knick in der Lebenslinie«, persönlichkeitsfremde Auffälligkeiten, Bewußtseinsstörungen bei Affektionen des Gehirns). 2. Die Auffälligkeiten erreichen einen gewissen *Schweregrad*, der zu belangvollen Konsequenzen führt (akute Behandlungsnotwendigkeit, prophylakt. Maßnahmen, Rehabilitation, Änderung psychosozialer Beziehungen). 3. Best. *Verlaufsmerkmale* bestehen in Krankheitsepisoden, die akut auftreten und einmalig oder von Zeit zu Zeit wiederkehrend zu beobachten sind, schubweise zu Residualzuständen (Restsymptomen) führen können, oder kaum merkl. beginnen und langsam fortschreitend in eine chron. Entwicklung (Prozeß) münden. 4. Es kommt zu einer Veränderung der *Beziehung zur Realität* (die bei den Neurosen erhalten bleibt). Diese kann auf Grund hirnorgan. Beeinträchtigungen in Verschiebungen des Bewußtseins sich äußern (Benommenheit bis zur Bewußtlosigkeit, Verwirrtheit), oder bei den endogenen (ohne organ. Krankheiten bedingten) P.n durch Vorherrschen best. Affekte (negative bei →Depressionen, übersteigerte bei Manien) oder Desintegration (Verlust des Zusammenhanges verschiedener psych. und körperl. Funktionen bei der Schizophrenie) gekennzeichnet sein. In vielen Fällen führt die Einschränkung der Kritikfähigkeit zu einem Verlust der Krankheitseinsicht.

*B. Inhaltl. Kriterien* bestehen in Gedanken, die neu, unableitbar und unreflektiert einbrechen und das Erleben und Verhalten bestimmen (z.B. Wahn). Es können weiterhin Gedankeninhalte, die sich aus der persönl. Entwicklung ableiten, in veränderter Wertigkeit (übersteigert, zugespitzt, verformt) für das Individuum dominierend sein (ein Ansatz für die →Psychotherapie von P.n). Schließl. kann es auch zu einer Verarmung und Entleerung von Gedanken kommen, was sich bei schleichend beginnenden chron. verlaufenden P.n findet.

*C.* Die *Einteilung* der P.n erfolgt in körperl. nicht begründbare (endogene) P.n und körperl. begründbare (exogene, organ.) P.n. Zu den *endogenen P.n* gehören die Affektp.n, die Schizophrenien und die schizoaffektiven P.n. Bei den *Affektp.n* diktiert eine best. Gefühls- und Stimmungsqualität das gesamte Erleben und Wahrnehmen eines Menschen. Diese ist bei der endogenen Depression (Melancholie) ein negativer Affekt mit Hoffnungslosigkeit, Verlust an Freude und Interesse, Leistungseinbuße, Beeinträchtigung von Antrieb und Bewegung sowie vegetativen Funktionen (Appetit, Schlaf, Verdauung usw.). Formale und inhaltl. Denkstörungen zeigen sich im depressiven Wahn (Schuld-, Verarmungs-, Versündigungs-, Krankheitswahn). Bei der endogenen Manie kommt es durch übersteigerten Affekt zu euphor., manchmal auch zu gereizt-zornmütigen Zuständen mit Herabsetzung der Kritikfähigkeit, Selbstüberschätzung, erhöhtem Tatendrang, unsinnigen Handlungen (z.B. grenzenlose Kaufsucht), sexuellen Enthemmungen usw. Bei manchen Menschen treten im Laufe des Lebens depressive und man. Krankheitszustände auf, die unter dem Begriff Zyklothymie zusammengefaßt werden.
Die *Schizophrenien* sind durch eine Desintegration der Persönlichkeit gekennzeichnet, wobei es infolge von Lockerung, Verschiebung und Verlust des Zusammenhangs der verschiedenen psych. Funktionen (z.B. im Fühlen, Wollen, Denken, Handeln) zur Schwächung von sog. Ich-Funktionen kommt (»Ich« als hypothet. Begriff, definiert z.B. durch die Abgrenzung einer Persönlichkeit gegenüber der Umwelt, durch ihre Unterscheidung von Phantasie und Realität sowie die Kontrolle von Körperfunktionen). Häufige Merkmale von Schizophrenien sind Denkstörungen (z.B. Verfolgungs- und Beeinträchtigungswahn, zerfahrenes Denken), Ängste vor Verlust der intakten Persönlichkeit, unerwartete Verhaltensauffälligkeiten im sprachl. und motor. (Bewegungs- )Bereich, inkonstantes Verhalten, Entscheidungsschwierigkeiten (Ambivalenz). Überlappungen zwischen Affektp.n und Schizophrenien schaffen einen Übergangsbereich, den der schizoaffektiven P.n.
Den *exogenen P.n* liegen unmittelbare oder mittelbare organ. Beeinträchtigungen des Gehirns zugrunde. Akut äußern sie sich in Störungen des Bewußtseins, chron. in der Entwicklung einer Demenz (Abbau intellektueller Funktionen).

*Lit.: M. Bleuler:* Lehrbuch der Psychiatrie, Berlin/Heidelberg/New York, 11. Aufl. 1969. – *K. Bonhoeffer:* Die P.n im Gefolge von akuten Infektionen, allg. Krankheiten und inneren Erkrankungen, in: *G. Aschaffenburg (Hg.):* Handbuch der Psychiatrie, Bd. III, Leipzig 1912. – *R. Degkwitz/S. O. Hoffmann/H. Kindt:* Psych. krank, München/Wien/Baltimore 1982. – *E. von Feuchtersleben:* Lehrbuch der ärztl. Seelenkunde, Wien 1845. – *K. Schneider:* Klin. Psychopathologie, Stuttgart, 9. Aufl. 1971.
*Burkhard Pflug*

**Psychosomatik**

*A.* Die P. ist die Lehre von der *Wechselwirkung seel. und körperl. Funktionen.* Ihre Voraussetzung ist die enge Verbindung dieser Funktionen und deren Abhängigkeit von psychosozialen Faktoren. Als selbständiger Zweig der Medizin entwickelte sich die P. im 20. Jh., nachdem Fortschritte in der Methodologie und Begriffsbildung gemacht worden waren, die über naive Vorstellungen von der »Psychogenetik« vieler Krankheiten, über die man früher wenig wußte (z.B. Pest, Lungentuberkulose), hinausgingen und das Leib-Seele-Problem in das Zentrum der Betrachtung des →Menschen als eines Ganzen rückte. Vor allem die Erkenntnisse der →Psychoanalyse - insbes. die Wirkung ins Unbewußte verdrängter Triebwünsche - waren für die Entwicklung der psychosomat. Bewegung von Bedeutung. Als Gegenbewegung gegenüber der naturwissenschaftl.-materialist. Medizin betonte sie die Rolle des *erkrankten →Subjekts* gegenüber der →Krankheit. Ein extremer Standpunkt wurde von G. Groddek (1866-1934) vertreten, der organ. Krankheiten letztl. auf eine psycholog. Natur als Äußerung unbewußter Konflikte zurückführte.

*B.* Psychosomat. Phänomene entstehen, wenn Emotionen (Gefühlsbewegungen) zu *Veränderungen von Körperfunktionen* führen; umgekehrt weist der somato-psych. Weg auf sekundärpsych. Veränderungen hin, die als Reaktion auf körperl. Erkrankungen (z.B. bei Patienten mit Krebs) aufzufassen sind. Im Gegensatz zur Konversionsneurose (Hysterie), wo infolge Symptombildung emotionale Spannungen entladen werden, wird im psychosomat. Symptom die emotionale Spannung perpetuiert. So entlastet z.B. ein erhöhter Blutdruck als Ausdruck von Wut nicht von der Konfliktspannung, sondern erhält sie aufrecht.
Die psychosomat. Symptombildungen spielen sich vor allem an den *inneren Organen* (z.B. Magen-Darm, Herz- Kreislaufsystem, endokrine Drüsen) und an der *Haut* ab. Die psychosomat. Krankheiten entstehen durch chron. (langanhaltende) oder häufig rezidivierende (sich wiederholende) emotio-

nale Konfliktspannungen, die infolge eines Defizits an psych. Verarbeitungsmöglichkeiten zu Organveränderungen führen. Charakterist. emotionale *Konfliktmuster* beziehen sich auf Abhängigkeit – Unabhängigkeitswünsche, Nähe- oder Distanzprobleme, →Aggressionshemmungen und Störungen des Selbstwertgefühls. Die Suche nach spezif. Konfliktmustern für best. psychosomat. Krankheiten war erfolglos – solche kommen auch allg. häufig vor, ohne daß psychosomat. Krankenheiten entstehen. Es muß also ein weiterer Faktor angenommen werden, der in einer anlagebedingten oder erworbenen *Organempfindlichkeit* besteht. Dieses sog. somat. Entgegenkommen zeigt sich beispielsweise in einer vermehrten Magensaftproduktion bei später an Dünndarmgeschwüren Erkrankten. Eine dritte Bedingung stellen *situative Faktoren* dar. So entwickelt eine Person mit einer spezif. Organverletzlichkeit und mit einem charakterist. Konfliktmuster die entspr. psychosomat. Symptome dann, wenn psychosoziale Einflüsse den *zentralen Konflikt* mobilisieren, wobei es zu einem Zusammenbruch psycholog. Abwehreinrichtungen und Verarbeitungsmöglichkeiten kommt. Viele psychosomat. Patienten fallen dadurch auf, daß sie Schwierigkeiten haben, Gefühle zu äußern und emotional mitzuschwingen (Alexithymie); vielmehr bleiben sie in der Schilderung ihrer Beschwerden oft mit einer ausgeprägten Phantasiearmut am Konkreten haften.

Neben den von der Psychoanalyse ausgehenden Konzepten, bei denen der Schwerpunkt mehr auf psych. Seite gesehen wird, werden anhaltenden *Streß- und Gefahrsituationen* sowie den unterschiedl. Fähigkeiten adaptiven Verhaltens (Coping-Strategien) beim Entstehen psychosomat. Erkrankungen große Bedeutung zugemessen.

*C.* Zu klass. psychosomat. *Erkrankungen* gehören u.a. Asthma (bronchiale Zustände mit anfallsartig auftretender Luftnot), essentielle Hypertonie (anhaltender Bluthochdruck ohne organ. Ursache), Ulcus duodeni (Zwölffingerdarmgeschwür), Colitis ulcerosa (unspezif. Entzündung der Schleimhaut des Dickdarms mit Geschwürbildungen), Neurodermitis (best. stark juckende Hautveränderungen), coronare Herzkrankheiten (Herzinfarkt), Anorexia nervosa (Magersucht) und Adipositas (Fettsucht).

Die Schwierigkeiten bei der Untersuchung und Behandlung psychosomat. Erkrankungen entsprechen den komplexen psych., biolog. und sozialen Faktoren und ihrer gegenseitigen Beziehungen.

*D.* Die *Therapiemethoden* umfassen unterschiedl. therapeut. Verfahren (→Psychoanalyse, Verhaltenstherapie, Gesprächstherapie), Entspannungstechniken (z.B. autogenes Training), Psychopharmaka und internist. Maßnahmen. Die Therapieformen sind im Sinne der Ganzheit eines betreffenden Individuums sich gegenseitig ergänzend und unterstützend anzuwenden. Oft arbeiten in speziellen therapeut. Einrichtungen neben Medizinern auch Psychologen, Theologen und Sozialarbeiter zusammen (»Ulmer Modell« von Uexküll).

*Lit.: F. Alexander:* Psychosomat. Medizin, Berlin/New York 1971. – *G. Groddek:* Das Buch vom Es, Leipzig 1923. – *I. P. Kisker/H. Freyberger/H. Rose/E. Wulff:* Psychiatrie, P., Psychotherapie, Stuttgart/New York, 4. Aufl. 1987. – *Th. von Uexküll:* Psychosomat. Medizin, München/Wien/Baltimore 1986.

*Burkhard Pflug*

**Psychotherapie**

*A.* P., die Lehre von der Heilung seel. Krankheiten, bezeichnet im Gesundheitswesen eine Vielfalt von Techniken und Verfahren, die versuchen, die psych. Grundfunktionen des menschl. Organismus heilend zu beeinflussen. Sie verkörpert damit als Gesamterscheinung sowohl die Absicht der wissenschaftl. →Medizin, gegen organ. Einwirkung offenbar widerständige Störungen durch psych. Einwirkungen zu beseitigen, als auch den Anspruch psycholog. Therapeuten, dem Individuum bei krankhaften Störungen seiner Lebensführung zu helfen. Die P. verweist somit auf die Grenze naturwissenschaftl. Medizin wie auf deren Erfolg, denn die Einsicht in die Grenzen therapeut. verwertbarer Forschungen am menschl. Organismus führte zur Untersuchung der psych. Funktionen. Dies geschah aber wiederum nach dem Muster der Naturwissenschaften.

*B.* Gemeinsam sind allen psychotherapeut. Verfahren folgende Voraussetzungen: 1. eine Differenzierung zwischen organ. und psych. Funktionen, die als prinzipiell gleichrangig gelten und einander zugeordnet sind; 2. die Bestimmung von individuellen Störungen und Verhaltensauffälligkeiten als →Krankheit des einzelnen, nicht aber der Gemeinschaft, in der er lebt, als ganzer, der allenfalls Mitwirkung bei der Entstehung der Krankheit zugeschrieben wird. Zwar übertragen familien-, sozio- oder gruppentherapeut. Verfahren oft die am Individuum gewonnenen psychotherapeut. Erfahrungen auf Gemeinschaften, entwickeln aber auch eigenständige, aus soziol. Forschungen gewonnene Methoden (→Sozialpsychologie). 3. Die psychotherapeut. Verfahren zeigen sich im allg. als Akzentuierung normaler Lebensfunktionen, als einfühlendes Gespräch, Konzentration und →Entspannung, Lernvorgang (→Lernen) oder auch als Traumdeutung (→Traum) im Zusammenhang mit freier Assoziation. Zwar ist das Wissen um psychotherapeut. Möglichkeiten so alt und vielfältig wie Kultur überhaupt, die moderne P. aber wird einhellig auf die Erkenntnisse S. →Freuds, des Begründers der →Psychoanalyse, zurückgeführt. Von den Vorstufen der modernen P. im 19. Jh. wie Magnetismus (Mesmer), Hypnose oder →Suggestion (Charcot) unterscheiden sich die therapeut. (Heil-)Verfahren unter dem Einfluß der Psychoanalyse dadurch, daß sich die auf Verstehen und Verhalten zentrierten Methoden deutl. differenziert haben. Während die klass. psychoanalyt. Kur und die an sie anschließenden Verfahren (Komplexe Psychologie nach C. G. →Jung; Individualpsychologie nach A. Adler; →Logotherapie nach V. Frankl; Daseinsanalyse nach M. Boss und L. Binswanger; Gesprächspsychotherapie nach C. Rogers und R. Tausch) die Bearbeitung sprachl. Äußerungen als Heilmittel einsetzen, versuchen die ausschließl. in trieb- und energietheoret. Hinsicht an S. Freud anschließenden Therapiekonzepte (Orgon-Therapie nach W. Reich; Gestalttherapie nach F. Perls; Primärtherapie nach A. Janov) die als gestört angenommenen Körperfunktionen durch Entspannung zu beeinflussen. Die in krit. Distanz zur Psychoanalyse entworfenen, lerntheoret. fundierten Verhaltenstherapien schließl. sind bestrebt, das symptomat. Verhalten durch Trainingsvorgänge abzubauen.

*C.* Der Vielfalt der Therapiekonzepte entspricht ein breites Spektrum von *Therapiezielen*, das von der Auflösung schwerer neurot. Störungen über die Beseitigung lästiger Verhaltensauffälligkeiten bis zur Entwicklung der individuellen Erlebnisfähigkeit, ja zur →»Ganzheit« der Persönlichkeit reicht. Die *wachstumsorientierten* Psychotherapieformen werden mit psycholog. Beratungsmodellen (wie sie auch im Rahmen der Pastoralpsychologie vertreten werden) weithin identifiziert. Eine klare Abgrenzung zwischen →Beratung und P. wird vor allem bei amerik. Autoren nicht vorgenommen. Die Seelsorgelehre aller Konfessionen ist von der Entwicklung der modernen P. deutl. beeinflußt worden. Allg. kam es zu einer Verstärkung der →Seelsorge am einzelnen, der sogar die Aufgabe einer *»P. im kirchl. Kontext«* zugewiesen wurde.

*D.* Christl. eth. *Beurteilungen* der P. kommen zu gegensätzl. Auffassungen:
1. Die seel. Erkrankung, der die P. sich zuwendet, sei im Bereich des *Vorpersonalen*, der unbewußten Prägungen der Persönlichkeit angesiedelt, deshalb sei die P. eth. ohne Belang;
2. die P. nehme bei der Analyse der Prägungen des individuellen Verhaltens einen eth. Freiraum in Anspruch, der nur auf der Basis einer allein (christl.-)*weltanschaul.* zu begründenden Auffassung vom Menschen (etwa als gerechtfertigtem Sünder; →Rechtfertigung) verantwortl. genutzt werden könne.

Krit. zu betrachten ist zudem im Zusammenhang christl.-eth. Reflexion die Entwicklung der verschiedenen Formen der P. zu einer »Wachstums-Bewegung«, wie sie sich nach amerik. Muster auch in Europa ausbreitet. Sie ist Symptom fortschreitender Selbstliebe und Isolierung (Narzißmus) oder der Flucht in die künstl. Intimität von Kleingruppen, damit eines unbeabsichtigt gemeinschaftszerstörenden Prozesses.

*Lit.: L. Pongratz (Hg.):* Handbuch der Psychologie 8: Klin. Psychologie, Göttingen 1976/77.

*Reinhard Schmidt-Rost*

**Puritanismus.** Der *Begriff* »P.« bzw. »Puritaner« hat je nach Zeit und Ort eine unterschiedl. Bedeutung: Im *20. Jh.* wird er als abschätziger Ausdruck verwendet, um Prüderie in sittl. Angelegenheiten und in der Lebensführung zu verurteilen. In diesem Zusammenhang werden die Normen des Viktorian. Zeitalters (England, 1837-1901) fälschlicherweise als »puritan.« identifiziert. Im Rahmen der *amerik. Kirchengeschichte* wird der Begriff gebraucht, um die »Nicht-trennenden Kongregationalisten« (die »Non-separating Congregationalists«, die eine Staatskirche befürworten) in den Massachusetts-Bay- und Connecticut-Kolonien von denen zu unterscheiden, die zum Separatismus oder →Freikirchentum tendierten (→Kongregationalismus).

In der *Theologiegeschichte der →anglik. Kirche* dient der Begriff dazu, die innere theol. *Protestbewegung* (1558-1642) zu kennzeichnen, die gegen die Liturgie (Prayer Book), die lockere Kirchenzucht und mangelhafte Ausbildung des Pfarrerstandes, den Pluralismus und in einzelnen Fällen gegen die episkopale Kirchenverfassung der Staatskirche gerichtet war. Ein Anliegen dieser Kritiker war es, die kath. Reste, die im kirchl. Leben und in der Verwaltung noch vorhanden waren, zu beseitigen, um die anglikan. Kirche besser mit den Normen der →ev. Kirchen des Festlandes, bes. denjenigen der oberrhein. Kirchen, in Einklang zu bringen. Ein anderes Anliegen des P. war der Kampf gegen die separist. Bewegung, die weniger wegen ihrer Theologie als vielmehr wegen ihrer Kirchenverfassung Anstoß erregte. Der P. begründete seine Kritik dabei mit bibl. Normen, die er im Sinne der reform. Föderaltheologie (→altprot. Orthodoxie) auslegte, die die normative Theologie der Staatskirche bis zum Ausbruch der Engl. Revolution 1642 und den Beschlüssen der Westminster Assembly (1643-1653) weitgehend bestimmte.

Die größte *Leistung* des P. liegt auf dem Gebiet der prakt. Theologie, in der er eine Psychologie der →Bekehrung entwickelte. William Perkins (1558-1602), Theologe in Cambridge, und sein Schüler William Ames (1576-1633) verfaßten Handbücher einer kasuist. Sittenlehre (→Kasuistik), die die Strenge der reform. →Prädestinationslehre erhebl. gemildert haben. Der bedingte Cromwellsche kirchl. Pluralismus enttäuschte die Puritaner, die nach der Wiederherstellung der Monarchie 1660 gänzl. von der Staatskirche ausgeschlossen wurden. Bis 1689 wurden sie unter dem Verdacht des Separatismus und Nonkonformismus verfolgt, bis sich ihre Bewegung unter dem Druck der frühen →Aufklärung auflöste. Der P. wird darüber hinaus schließl. noch als *Sammelbegriff* benutzt, der sowohl den polit. Kampf des Parlaments gegen die Errichtung des →Absolutismus unter der Stuart-Monarchie als auch die sozioökonom. Umwälzung der Gesellschaft in England von der Mitte des 16. Jh.s bis zur »Glorreichen Revolution« (1688) bezeichnet.

*Lit.: P. Collinson:* The Elizabethan Puritan Movement, London 1969. – *C. H. K. George:* The Protestant Mind of the English Reformation, Princeton 1961. – *M. R. Watts:* The Dissenters, Oxford 1978. – *M. Weber:* Die prot. Ethik und der Geist des Kapitalismus, in: *ders.:* Ges. Aufsätze zur Religionssoziologie, Bd. 1, Tübingen, 8. Aufl. 1986, 1-206.

*Robert C. Walton*

# Q

**Quäker.** Die Q. sind als spiritualist. Flügel des engl. →Puritanismus entstanden. Begründer war der Schuhmacher *George Fox* (1624-1691), der auf Grund einer inneren Berufung zu predigen begann. Grundlegend wurde die Lehre vom »Inneren Licht« (Joh 1,9), das als Anknüpfungspunkt zur rel. Erleuchtung jedem Menschen von Gott eingepflanzt ist. Die Ergriffenheit einzelner Andächtiger durch den →Hl. Geist führte gelegentl. zu körperl. Zittern, weshalb sie den Spottnamen Q. (*to quake* = zittern) erhielten. Ihre Selbstbezeichnung lautet: »Religiöse Gesellschaft der Freunde«.

*A.* Der Weg der Q. ist durch Verfolgung und durch immer neue Anläufe gegen die Übel der Welt gekennzeichnet: »Alles, was in der Welt geschieht, geht uns an.« Die Lehre vom »Inneren Licht« bedingte die Gleichheit aller Menschen, so daß die Q. für die Gleichberechtigung der →Frau, gegen Standesunterschiede, gegen →Sklaverei (John Woolman, 1720- 1772), Rassendiskriminierung und Ausbeutung gekämpft haben. Als eine der hist. Friedenskirchen haben sie sich stets aktiv für Entspannung, →Frieden und →Gerechtigkeit eingesetzt (z.B. heute durch ihre Vertreter bei der UNO), Hilfsprogramme (Q.-Speisung) und Ersatzdienste entwickelt und sind Vorkämpfer für das Recht auf Kriegsdienstverweigerung. Ehrlichkeit und Wahrhaftigkeit ließen sie den →Eid ablehnen und als Geschäftsleute zu Wohlstand kommen. Sie zogen nicht ehrerbietig den Hut vor Höhergestellten und redeten alle mit »du« (engl. *thou*) an. Deshalb mußten viele nicht nur wegen rel. Vergehen, sondern wegen Beamtenbeleidigung der Richter in die Gefängnisse. Was sie dort erlebten, ließ sie für Gefängnisreform (bes. Elizabeth Fry, 1780-1845) eintreten. Sie waren Vorkämpfer der →Religions- und Gewissensfreiheit (»soul liberty«), weshalb William Penn (1644-1718) die Kolonie Pennsylvania auf dem Prinzip der Gewissensfreiheit und der Gewaltlosigkeit (Vertrag mit Indianern) aufbaute. Er nannte dies ein »hl. Experiment«. Seine Pläne zur Friedenssicherung in →Europa durch einen Völkerbund (UNO, →Internationalismus) sind noch immer aktuell. Die amerik. und engl. Hilfskomitees der Q. wurden 1947 mit dem Friedensnobelpreis ausgezeichnet.

*B.* Das Weltquäkertum umfaßt etwa 200.000 Freunde, davon 120.000 in Nordamerika, 20.000 in England, 36.000 in Afrika und 11.000 in Lateinamerika. In Deutschland gibt es knapp 500 mit Sitz in Bad Pyrmont. Ein Weltkomitee sorgt für gegenseitige Beratung.
Die Q. vertreten eine »Religion ohne →Dogma« und verzichten auf →Bekenntnisse, →Sakramente und →Hierarchie. Ihr →Gottesdienst vollzieht sich in schweigender Andacht, im Warten auf Gottes Gegenwart. Der →Hl. Geist kann einen oder mehrere Andächtige dazu treiben, sich laut zu best. Fragen, oft der prakt. Lebensführung, zu äußern. In größeren Versammlungen gibt es inzwischen auch Prediger, und man ist dazu übergegangen, auch Lieder zu singen. Entscheidungen werden durch Konsens aller gefällt. Amerik. Q. gehören zum →Ökumen. Rat der Kirchen; in Deutschland sind die Freunde Gastmitglieder der Arbeitsgemeinschaft christl. Kirchen.

*Lit.: H. Otto:* Werden und Wesen des Q.tums und seine Entwicklung in Deutschland, Wien 1972. – *R. C. Scott (Hg.):* Die Q. (Die Kirchen der Welt 14), Stuttgart 1974. – *H. Wellenreuther:* Glaube und Politik in Pennsylvania 1681-1776, Köln 1972.

*Erich Geldbach*

**Quantentheorien** sind das Teilgebiet der →Physik, deren Grundlage der diskrete und statist. Charakter der Wechselwirkungen (WW) ist.

*A.* Die Erkenntnis, daß bei WW-Prozessen nur ganzzahlige Vielfache eines elementaren »Wirkungsquantums« aufgenommen oder abgegeben werden, gibt für die *klass. Physik* eine tiefere Begründung. Denn werden bei Prozessen sehr viele Quanten ausgetauscht, geht der diskrete (in Quanten unterschiedene) Charakter des WW-Prozesses verloren; der Prozeß erscheint kontinuierl. und kann daher klass. beschrieben werden. Die klass. Theorien sind dadurch also nicht widerlegt, sondern sie werden durch die Qu. in ihrem Gültigkeitsbereich eingeschränkt. Die Qu. sind *statist.* Theorien. Im Gegensatz zu klass. Theorien sind einzelne Teilchen durch sie nicht beschreibbar; sie verhalten sich zufällig. Erst wenn man Ensembles von Teilchen (sehr viele mit best. Eigenschaften gleichartiger Teilchen) betrachtet, ergeben sich Gesetzmäßigkeiten, die physikal. beschrieben werden können. Die Unmöglichkeit, einzelne Teilchen zu beschreiben, drückt sich in der Unschärferelation aus, die als Folge des diskreten Wirkungsübertrags betrachtet werden kann.
Obwohl über die math. Struktur der Qu. eine breite Übereinstimmung besteht, sind verschiedene Interpretationen der in ihr vorkommenden physi-

kal. Begriffe umstritten. Dies gilt also auch für die hier vorgelegte.

*B.* Die *Quantenmechanik* ist diejenige Qu., der die WW von massenbehafteten Teilchen mit dem elektromagnet. Feld zugrunde liegt. Dabei wird das elektromagnet. Feld klass. behandelt, und nur die Teilchenbeschreibung enthält Quantencharakter. Diese Theorie wird von ihrem formalen Aufbau her als abgeschlossen betrachtet. Ihr Erfolg liegt in der Beschreibung der →Atome und bildet somit die Grundlage der →Chemie.
Die konsequente Anwendung der Quantisierung ist damit noch nicht erreicht. Sie führt auf die *Quantenfeldtheorien*, in denen zusätzl. zu den massenbehafteten Teilchen auch Felder quantisiert werden. Im Gegensatz zur Quantenmechanik ist es in Quantenfeldtheorien mögl., Erzeugungs- und Vernichtungsprozesse von massenbehafteten Teilchen (nicht nur von Photonen) zu beschreiben.
In den klass. Theorien werden Materie als Teilchen und Kräfte als Felder beschrieben. In den Quantenfeldtheorien werden massenbehaftete Teilchen und Kräfte sowohl als Quanten als auch als Felder beschrieben. In diesem Sinn erhält man eine einheitl. Beschreibung von Materie und Kräften.

*C.* Die theoret. am besten erfaßte Quantenfeldtheorie ist die *Quantenelektrodynamik*. Darin wird das elektromagnet. Feld quantisiert. Die Quanten werden Photonen genannt. Dies führt dazu, daß neben dem Wirkungsquantum auch die Lichtgeschwindigkeit eine wesentl. Rolle spielt. Diese Theorie hat sich trotz einiger theoret. Probleme in vielen Experimenten der Elementarteilchenphysik bewährt.
Neben der Quantenelektrodynamik gibt es noch Quantenfeldtheorien für die schwache WW und für die starke WW. Während es bisher gelungen ist, für die schwache WW eine Theorie zu entwikkeln, die Vorhersagen über den Ausgang von Experimenten machen kann, ist eine entspr. Theorie für die starke WW Gegenstand aktueller Forschung.

*Lit.: K. Baumann/R. U. Sexl:* Die Deutungen der Qu., Braunschweig 1984. – *P. A. M. Dirac:* The principles of quantum mechanics, Oxford, 4. Aufl. 1958. – *W. Heisenberg:* Physikal. Prinzipien der Qu. (BI Hochschul-Tb.), Mannheim 1958. – *M. Jammer:* The conceptual development of quantum mechanics, New York u.a. 1974. – *H. Primas:* Chemistry, Quantum Mechanics and Reductionism, Berlin 1981.

*Thomas Lauxmann*

## Quietismus

*A.* Der Q. stellt eine rel. Lebenshaltung und -einstellung dar, der es um die innere Ruhe (lat. *quies*) des →Menschen, seine Orientierung am göttl. →Sein und seine *Ergebung* in den göttl. →*Willen* geht. Phänomenolog. eng mit rel. →*Mystik* verwandt, ist der Q. ein allg.-rel. Phänomen und nicht nur im →Christentum, sondern z.B. auch in der jüd. Kabbala (→Judentum) oder im →Buddhismus anzutreffen. Im engeren Sinn jedoch wird unter Q. eine →*theologiegeschichtl. Strömung* verstanden, die gegen Ende des 17. Jh.s durch den in →Rom wirkenden span. →Priester *M. de Molinos* (1628-1696) vertreten wurde. Molinos leitete mit Hilfe einer Technik der *vita contemplativa* (»betrachtendes Leben«) zu passiver Lebenshaltung an. Er wurde allerdings 1687 wegen mit seiner Lehre angebl. verbundener Esoterik (→Okkultismus) verurteilt. In den Sog antiquietist. Kritik der kath. Kirche gerieten auch der *franz. Q.* von Mme. Guyon (J.-M., geb. Bouvier de la Mothe, 1648-1717) und des Abbé Fénelon (Fr. de Salignac de la Mothe, 1651-1715). Gleichwohl ist der Q. im 17. Jh. in →Italien und →Frankreich eine breite, auch innerhalb verschiedener →Orden (u.a. der Kapuziner, →Franziskaner, sogar der →Jesuiten) vertretene Geisteshaltung gewesen. Molinos' Denken wirkte überdies auf den dt. Pietisten A. H. Francke (1663-1727) ein – wie überhaupt der luth. und reform. →*Pietismus* (G. Tersteegen [1697-1769], Ph. J. Spener [1635-1705], N. L. von Zinzendorf [1700-1760]) mit seinem Streben nach myst. Christuseinheit und nach Ruhe in →Gott deutl. quietist. Züge trägt.

*B.* Über die theologiegeschichtl. Bedeutung hinaus kommt dem Q. ein erhebl. *philos. Stellenwert* zu. *A.* →*Schopenhauer* hat den Q. sogar ausdrückl. als das Kriterium wahrer →Philosophie bezeichnet. Seiner pessimist. →Metaphysik zufolge bedeutet Q. Askese (→Verzicht), Resignation und Weltentsagung; aus einer quietist. Lebenseinstellung heraus sollen für den Menschen →Freiheit, innerer →Friede und →Erlösung entstehen. So gesehen bedeutet der Begriff Q., daß der →»Wille zum Leben« zur Ruhe gelangt und sich selbst aufhebt. Menschl. Welterkenntnis, die als Einsicht in das →Leiden der →Welt zu verstehen ist, soll, statt zum »Motiv« für Leben und →Handeln, zu einem resignativen »Quietiv« im Blick auf das Leben und den menschl. Willen werden. Freil.: In schroffer *Antithese* zu einem solchen philos. Q. hat *J.-P. Sartre* hervorgehoben, daß aus der menschl. Existenz gerade nicht verzweifelnde Weltentsagung, sondern die Forderung nach Weltbejahung und aktiver Wertgestaltung abzuleiten ist. Der philos. →Existentialismus hat sich ihm zufolge mit »optimist. Härte« jedem Q. entgegenzustellen, da dieser den Menschen zu eth. Untätigkeit verleitet. Auf diese Weise hat Sartre den Q. als ein *eth.* Problem (→Ethik) angesprochen. Dies berührt sich mit dem Gesichtspunkt, daß der Vorwurf des eth. Q. wiederholt als Einwand gegen das Christentum erhoben worden ist: Auf Grund seiner Lehre von der →Rechtfertigung verleite das Christentum zu eth. Passivität; der christl. Rechtfertigungsgedanke rücke die eth.-aktive Dimension der →Religion in den Hintergrund. Diesen *christentumskrit.* Einwand haben aus jüd. Sicht M. →Buber und G. Scholem formuliert. Vor allem aber gegen *M .*→*Luther* ist der Vorwurf des eth. Q. erhoben worden, z.B. von Th. →Mann und M. Scheler (1874-1928). In der Tat dürfte einzuräumen sein, daß im

→Luthertum myst.-innerl. Züge anzutreffen sind, die ein aktives Ethos (→Moral) gelähmt und zur passiven Untertanenmentalität innerhalb des luth. legitimierten Obrigkeitsstaates geführt haben (→Zweireichelehre, →Regierung).

*C.* Gerade von *heutiger →Theologie* sollten deshalb die *Einwände* gegen einseitig quietist. Tendenzen des Christentums beachtet werden, damit die Vielzahl aktueller eth. Herausforderungen des Christentums in der Gegenwart nicht verkannt und der eth. Aspekt der Theologie nicht überspielt wird. Dennoch gilt es, andererseits auch das berechtigte *Anliegen* des Q. zur Geltung zu bringen; denn innere Ruhe, verstanden als Sinnvergewisserung und existentielles Grundvertrauen (→Vertrauen), läßt sich als eine humane Lebenseinstellung begreifen, aus der heraus ein eth. aktives Leben und weltbejahendes Handeln erst mögl. werden. Die Formulierung des Kirchenvaters →*Augustinus*: »Unruhig ist mein Herz, bis es ruht in dir, o Gott«, weist darauf hin, daß das Phänomen des Q. die grundlegende Sinnfrage menschl. Existenz betrifft (→Sinn).

*Lit.: M. Bendiscioli:* Der Q. zwischen Häresie und Orthodoxie, Wiesbaden 1964. – *L. Cognet:* Q., in: Lexikon für Theologie und Kirche, Bd. VIII, 939-941 (Lit.). – *V. Conzemius:* Q., in: Sacramentum mundi, Bd. III, 1426-1432. – *H. Heppe:* Geschichte der quietist. Mystik in der kath. Kirche, Berlin 1875 (Hildesheim/New York 1978). – *J.-P. Sartre:* Ist der Existentialismus ein Humanismus?, in: *ders.:* Drei Essays, Frankfurt/M./Berlin/Wien 1983, 7-51. – *M. Scheler:* Von zwei dt. Krankheiten, in: *ders.:* Ges. Werke VI, Bern/München, 2. Aufl. 1963, 204-219.

*Hartmut Kreß*

**Qumran**

*A.* Der vom Tamire-Beduinen Mohammad edh-Dhib 1947 gemachte *Zufallsfund* der alten Dokumente in der ersten von *elf Höhlen* löste systemat. Durchsuchungen des Gebietes und 1951 Ausgrabungen der Ruinen von Khirbet Q. am Westufer des Toten Meeres aus. Als Ergebnis kann angenommen werden, daß es sich dabei um die 150/140 v. Chr. gegründete Niederlassung der schon in antiken Berichten (Plinius d.Ä., gest. 79; Josephus Flavius, gest. 100) genannten »*Essener*« handelt. Offenbar im Zusammenhang mit dem Ersten Jüd. Krieg wurden etwa im Jahre 68 n. Ch. die Schriften dieser Gemeinde von Q. in nahegelegenen Höhlen versteckt. Dank der bes. klimat. Verhältnisse überdauerten die Beschreibstoffe Leder, Papyrus und Kupfer die Zeit von mehr als 2000 Jahren. Man hat davon auszugehen, daß es sich bei dem Textmaterial um ursprüngl. Dokumente aus der Zeit des 3./2. Jh. v. Chr. bis zum 1. Jh. n. Chr. handelt. Method. ist freil. zu beachten, daß in mehreren Wadis ähnl. Texte gefunden wurden. So wird man besser vom »Schriftfund vom Toten Meer« oder der »Wüste Juda« sprechen. Leider ist bis heute nur ein Teil des Materials veröffentlicht worden.

*B.* Die Angehörigen der Gemeinde von Q. sind am besten zu beschreiben als Vertreter einer *radikalen* »*Nahzeiterwartung*«, die sich aus jener Bewegung der »Frommen« herausgelöst haben, die zu den Unterstützern der Makkabäer zählten (vgl. 1 Makk 2,43; →Makkabäerbücher). Sie wollten jedoch nicht einem pragmat. Weg folgen, wie es die Makkabäerfürsten taten, sondern verstanden sich als das eigentl. Israel und wollten durch ihre spezif. Gesetzesbefolgung die Endzeit herbeizwingen.

*C.* Die *Texte*, die aus den elf Höhlen der Umgebung von Q. stammen (Abkürzung 1 Q bis 11 Q), lassen sich übersichtshalber in vier große Gruppen einteilen: 1. *kanon. Texte* aus der hebr. Bibel (z.B. Jesaja, Samuel und Fragmente fast aller bibl. Bücher); 2. paraphrasierende *Kommentare* (Pescharim) zu einzelnen bibl. Büchern (z.B. zu Jesaja, Nahum, Habakuk); 3. pseudepigraphe Schriften, die z.T. schon in alten Übersetzungen bekannt waren (z.B. Henochbuch, Testament der Zwölf Patriarchen; →Apokryphen); 4. Schriften, die nur *aus Q.* selbst bekannt sind (Sektenkanon, Genesis-Apokryphon, Tempelrolle).

*D.* Die verschiedenen Kategorien der Texte lassen auch die Bereiche erkennen, in denen die *wissenschaftl. Bedeutung* des Materials liegt. Die →Bibelhandschriften liefern einmalige Belege für die verschiedenen Textgestalten, in denen das AT überliefert ist. Damit wurde erstmals (abgesehen von dem aus dem 2. Jh. v. Chr. stammenden, den Text der Zehn Gebote enthaltenden sog. »Papyrus Nash«) handschriftl. Material verfügbar, das knapp vor der Festlegung des hebr. Konsonantentextes der Bibel entstanden und 1000 Jahre älter ist als das bisher vorhandene Material. Naturgemäß suchte man schon bald nach dem Bekanntwerden der Texte vom Toten Meer nach inhaltl. *Beziehungen zum NT.* Versuche, den »Lehrer der Gerechtigkeit« mit Jesus zu identifizieren oder unter den Fragmenten ntl. Texte nachweisen zu wollen, sind wissenschaftl. unhaltbar. Auch wenn Jesus und seine Anhänger die Erwartung des baldigen Weltendes mit den Q.-Essenern verband, so verstand die Jesusgruppe ihre Lehre nicht als Geheimlehre. Die Texte haben freil. keineswegs nur für das Christentum Bedeutung. Das Textmaterial gibt ja Auskunft über eine *jüd. Sondergruppe.* Darüber hinaus handelt es sich um wichtige Zeugnisse für die hebr. *Sprachgeschichte.* Durch dieses Material wird auch die Lücke in der hebr. Paläographie (Schriftkunde) zwischen dem 3. Jh. v. Chr. und dem 1. Jh. n. Chr. geschlossen. Die jüd. Religionsgeschichte findet in den Texten wichtige Belege für die *Entwicklung der* Halacha (Religionsgesetz, →rabbin. Literatur) und einzelner Vorstellungsberichte, die sowohl für die jüd. und nicht minder für die christl. Religion von Bedeutung sind: für →Bund, Erwählung, →Prädestination, →Eschatologie, →Messianismus, Geist und Geister und nicht zuletzt die Gemeindestrukturen.

*Lit.: H. Braun:* Q. und das NT, Tübingen 1966. – *J. H. Charlesworth:* John and Q., London 1972. – *F. M. Cross:* Die antike Bibliothek von Q., Neukirchen 1967. – *M. Delcor (Hg.):* Q., Paris 1978. – *F. Dexinger:* Henochs Zehnwochenapokalypse..., Leiden 1977. – *J. A. Fitzmyer:* The Dead Sea Scrolls, Missoula 1977 (Lit.). – *E. M. Laperrousaz:* Qoumran, Paris 1976. – *M. Limbeck:* Die Ordnung des Heils, Düsseldorf 1971. – *E. Lohse:* Die Texte aus Q., München 1964. – *J. Maier/K. Schubert:* Die Q.-Essener, München 1973. – *J. Maier:* Die Tempelrolle vom Toten Meer, München 1978. – *J. M. Oesch:* Petucha und Setuma, Göttingen 1979. – *L. H. Schiffmann:* The Halakhah at Q., Leiden 1975. – *G. Vermes:* The Dead Sea Scrolls, Philadelphia 1981.

*Ferdinand Dexinger*

# R

## Rabbiner

*A.* Im Gegensatz zum Geistlichen der christl. Kirchen ist der R. in erster Linie *Schriftgelehrter* und Lehrer der →Tora. Mit hebr. »rabi« bzw. »rabuni« (auch »raban«) = »mein Herr« bzw. »unser Herr« redete der Schüler seinen Lehrer an, von dem er den mündl. überlieferten Traditionsstoff lernte und die →Ordination zum Gesetzeslehrer erhielt. Daß solche Anrede auch krit. beurteilt wurde, belegt Mt 23,7. Johannes der Täufer (vgl. Joh 3,26) und Jesus (vgl. z.B. Mk 9,5; 4,45; Joh 1,38.49; 3,2; 6,25; 9,2 u.ö.) werden von ihren Jüngern, aber auch von anderen als Rabi (Jesus auch als didaskalos = »Lehrer«, z.B. Mk 4,38; 9,17 u.ö.) tituliert. Im →*MA.*, wo der Titel erst nach 1100 gebräuchl. wird, übten die R. weithin die Gerichtsbarkeit in Zivilangelegenheiten zunächst unentgeltl. aus. Seit Mitte des 14. Jh.s wurde das Rabbinat zu einem fest besoldeten Amt, das sich vornehml. mit der Leitung des Lehrhauses und der Gerichtsbarkeit befaßte, während die Betreuung der Gemeinden und die Predigt dahinter zurücktraten. Zu Beginn des *19. Jh.s* war die Position des R.s in Westeuropa so weit abgesunken, daß L. Zunz noch 1843 den R. als einen für die Gemeinde entbehrl. Kultusfunktionär beurteilte.

*B.* Mit dem Aufkommen der Wissenschaft des →Judentums und der Durchsetzung der →*Emanzipation* der Juden wuchs das Ansehen des R.s wieder. Von staatl. Seite wurde gefordert, der R. solle die jüd. Mitbürger zu nützl. Staatsdienern erziehen. Die von den Behörden geforderte akadem. Ausbildung der R. führte zur Gründung zahlreicher *R.seminare* in ganz Europa (z.B. Padua 1829, Breslau 1854, Berlin 1872, Budapest 1877) und in den USA (z.B. New York 1886, Cincinnati 1897). Seitdem haben sich die Aufgaben des R.s (Seelsorge, Gottesdienst, Predigt, soziale Fürsorge) weithin denen des christl. Geistlichen angeglichen, was auch in der synagogalen Tracht des R.s (Talar, Beffchen, Barett) erkennbar wird.

*C. Nach dem →Holocaust* mußten viele der europ. Restgemeinden ohne R. auskommen. Während in Westeuropa die Versorgung der jüd. Gemeinden durch R. inzwischen wieder gesichert werden konnte, ist die Situation in Osteuropa immer noch deprimierend. Ledigl. das Budapester R.seminar bietet eine Ausbildungsmöglichkeit.

*Lit.:* Vgl. u.a. die einschlägigen Artikel bei *G. Herlitz und K. Kirschner (Hg.):* Jüd. Lexikon, 4 Bde., Berlin 1927, Nachdruck Königstein/Ts. 1982.

*Peter Maser*

## Rabbinische Literatur

*A.* Die r.L. versteht sich als *Auslegung und Entfaltung der →Tora.* Während die Tora sich vorwiegend an das Volk →Israel als Ganzes wendet, zielt die r.L. auf den einzelnen, dessen Leben sie durch Ausgestaltung, Präzisierung und Fortbildung des Gesetzes formen will.

*I.* Nach traditioneller Auffassung repräsentiert die r.L. die »mündl. Tora«, die bereits →Mose offenbart worden ist, wobei auf Grund innerer und auch äußerer Entwicklungen teilweise Weiter- und Neubildungen nötig wurden. Im Bereich der →*Lehre* geht es insbes. um Anschauungen über den →Hl. Geist, die Schechina (die göttl. Gegenwart unter den Menschen), das →Wort Gottes, seine →Gerechtigkeit und →Gnade, um die →Engel und →Dämonen, um das →Jenseits und den →Messias. Auffällig ist, daß die →Gebote der Tora erweitert werden, um dadurch deren Übertretung unmöglich zu machen (»Zaun um die Tora«). Im Bereich der *Institutionen* sind die Regelungen über das →Gebet, die Toralesung, den Schulunterricht und das Eherecht neu. Zwar entgingen die rabbin. Autoritäten keineswegs immer der Gefahr realitätsferner Erstarrung; dennoch hinterläßt die r.L. insgesamt den Eindruck einer unbedingten Hingabe an den Willen Gottes, einer radikal-konkreten →Ethik und einer lebensstarken →Frömmigkeit.

*II.* Die Beschäftigung mit der r.n L. bedeutet dem jüd. Gläubigen höchstes Glück und Sinnerfüllung des Lebens. Die Entstehung der r.n L. kann von der Situation des Exils und der Diaspora nicht getrennt werden, versucht die r.L. doch, die Grundlagen jüd. Existenz den veränderten Lebensverhältnissen des →Judentums – bes. nach der Zerstörung des →Tempels 70 n. Chr. – anzupassen. Die Kraft der r.n L. zur *Anpassung und Integration* hat, zusammen mit der Institution der →Synagoge, die konkrete und geistige Einheit des

Judentums über Jh.e hinweg bewahrt. Das war mögl., weil das Studium der r.n L. neben dem der Tora zur →Pflicht jedes jüd. Mannes wurde, an deren Erfüllung er weder durch Bildungsprivilegien noch durch ökonom. Schranken gehindert werden durfte. Solange innerhalb des Judentums das soziale Ansehen abhing von der gelehrten Kenntnis der Tora und r.n L. und solange diese Gelehrsamkeit von den übrigen Mitgliedern dieser »geschlossenen« Gesellschaft im Lehrhaus (der »Schul«) kontrolliert wurde, bewährte sich die integrierende und einheitl. bildende Kraft der r.n L.

*III.* Erste *Aufweicherscheinungen* zeitigten die *Kabbala*, die jüd. →Mystik, und der →Chassidismus, obwohl diese insgesamt den Rang der r.n L. nicht in Frage stellten. Eindeutig abgelehnt wurde die r.L. hingegen von der *Haskala*, der jüd. →Aufklärung seit der Mitte des 18. Jh.s.

*B.* Frühe Formen der r.n L. finden sich in den *Pseudepigraphen* des →AT, die zwischen 200 v. Chr. und 100 n. Chr. entstanden, eine Brücke zum →NT schlagen und in der Vielfalt der literar. Gattungen (z.B. →Psalmen, →Weisheitsdichtung, →Apokalypsen, Orakel, Legenden) den formalen Reichtum der eigentl. r.n L. vorbereiten. Das bes. Interesse an der →Eschatologie und der Engellehre hat nach 70 n. Chr. zur Verdrängung der Pseudepigraphen durch die pharisä. Orthodoxie geführt. Diese erfuhren damit ein ähnl. Schicksal wie die Texte der Gemeinschaft von →Qumran, in denen eine ausführl. →Apokalyptik mit strengster Gesetzlichkeit zusammenging.

*I.* Nach der Zerstörung des Tempels entfaltet sich die r.L. in der *Halacha* (»Wandel«). Sie ist der normgebende Teil der mündl. Tora, der entweder bibl. begründet oder von einer approbierten Autorität abgeleitet sein muß. Sitz der Halacha ist das Lehrhaus, in dem der Disput der Schriftgelehrten geführt, protokolliert und immer neu wiederholt wird. Ziel aller Halacha ist die Gebotserfüllung und damit die →Heiligung.
Die *Haggada* (»Erzählendes«) sammelt den nichtgesetzl. Stoff der Bibelauslegung und hat ihren »Sitz im Leben« in der →Predigt der →Synagoge, wobei sie sich der vielfältigsten Formen (z.B. Anekdote, Legende, Wundergeschichte, →Gleichnis, →Sprichwort, →Weisheitsdichtung) bedient. Obwohl Halacha und Haggada in gleicher Weise als Gesetzesauslegung betrachtet werden, gilt die Haggada doch als der leichtere Teil. Haggad. Motive haben auch tief auf →Christentum sowie →Islam eingewirkt und gehören im Judentum bis in die moderne israel. Literatur hinein zu den wichtigsten erneuernden Elementen.
Der *Midrasch* (»Forschung«, »Schriftauslegung«), das Studium und die ausführl. Auslegung der Tora mit dem Ziel, Recht zu finden und zu begründen, faßt die Auslegung des Pentateuchs (der fünf Bücher Mose) zusammen. Dabei folgt er dem Gebot: »Wende die Tora um und um, denn in ihr steckt alles.« Später traten an die Stelle des Midrasch allmähl. »einerseits die moderneren Wissenschaften: Geschichte, Religionsphilosophie und grammat. Auslegung, andererseits das Gegenteil der Wissenschaft: die Kabbala« (H. L. Strack).

*II.* In der *Mischna* (»Wiederholung«, »Lehre«) sind Sätze des außerhalb der Tora entstandenen, mündl. tradierten, nachexil. Gewohnheitsrechts zu unterschiedlichsten Themen in 6 Ordnungen und 63 Traktaten (durch *Juda ha-Nassi*, den »Heiligen«, 135-220) kanon. kodifiziert. *Mischnajot* (»Lehrsätze«) ohne Namensnennung sind autoritativ, während sonst die Namen der Kontrahenten genannt werden, bevor eine abschließende Entscheidung gefällt wird.

*III.* Die Mischna bildet zusammen mit der *Gemara* (das »Gelernte«, »Vollkommene«: Erläuterung der Mischna durch die Amoräer, d.h. Gesetzeslehrer des 3. bis 5. Jh.s) den *Talmud* (»Studium«, »Lehre«, »Belehrung«), der in zwei Fassungen vorliegt, einer kürzeren und älteren aus Palästina (»Jeruschalmi« genannt) und einer wesentl. umfangreicheren und jüngeren aus Babylon (genannt »Babli«). Durch die Zusammenführung der Lehre der Tannaiten (Lehrer der Mischna), der Amoräer (Lehrer der Gemara) und der Suboräer (spätere Kommentatoren) entstand schließl. ein enzyklopäd. Werk, das über Jh.e hinweg das Zentrum allen geistigen Lebens innerhalb des Judentums bildete. Bereits 1519/23 wurde bei Bomberg in Venedig der erste Druck des Babylon. Talmuds veranstaltet, dem 1523/24 der des Jerusalem. Talmuds folgte.

*C.* Obwohl die r.L. im wesentl. etwa 100 Jahre jünger ist als das NT, ist die Kenntnis der r.L., insbes. aber des Talmuds, für das Verständnis des NT *unerläßlich*. Allerdings wurde in der Geschichte der Kirche die r. L. bis in die Gegenwart hinein immer wieder verachtet, verdächtigt und vernichtet (→Antisemitismus). Noch M. →Luther hat 1543 in wüster Weise zur Beschlagnahme der »Betbüchlin und Thalmudisten« aufgefordert. Immer wieder kam es zu Autodafés und zu eingreifenden Zensurmaßnahmen gegen die r.L. In →Humanismus, →Pietismus und →Erweckung wurden erste Versuche unternommen, die r.L. vorurteilsfrei zur Kenntnis zu nehmen (→Judaistik). Man wollte einerseits gegen den Antisemitismus wirken, andererseits aber den Zwecken der Judenmission dienen. Wegweisende Leistungen zur Erschließung der r.n L. waren die dt. Übersetzung des Babylon. Talmuds durch Lazarus Goldschmidt (ab 1896) und die »Einleitung in Talmud und Midrasch« von Hermann L. Strack (1. Aufl. 1887).

*Lit.: L. Ginzberg:* The Legends of the Jews, 7 Bde., Philadelphia 1954/59. – *N. N. Glatzer:* Geschichte der talmud. Zeit, Neukirchen-Vluyn, 2. Aufl. 1981. – *L. Goldschmidt:* Der babylon. Talmud, 12 Bde., Berlin 1929/36; Nachdruck Basel 1970. – *P. N. Levinson:* Einführung in die rabbin.

Theologie, Darmstadt 1982 (Lit.). – *R. Mayer (Hg.):* Der Talmud, München, 5. Aufl. 1980. – *R. C. Musaph-Andriesse:* Von der Tora bis zur Kabbala, Göttingen 1986. – *H. L. Strack:* Einleitung in Talmud und Midrasch, München, 6. Aufl. 1976 (Lit.). – Talmud Jeruschalmi, 8 Bde., Jerusalem 1960.

*Peter Maser*

**Radikalismus** bezeichnet eine Einstellung, die ihre Ziele starr von →Prinzipien ableitet und bestehende Verhältnisse von Grund auf (bis auf die Wurzel = *radix*) verändern will. Auch ein sich daraus ergebender Einsatz für solche Veränderungen erhielt den Namen R. Schließl. gelten die konsequente Übereinstimmung von Denk- und Handlungsweise sowie Kompromiß- und Konzessionslosigkeit bei vielen Bewegungen als Zeichen von R. So hat sich in der polit. Umgangssprache der Begriff des R. auch dem des militanten Extremismus angeglichen, so daß formelhaft verkürzt von Links- und Rechtsr. gesprochen wird und das Wort R. einen polit. Gegner *diffamierenden Sinn* und Zweck erhalten hat.

*A. Ursprüngl.* bezeichnet der Begriff dagegen Entwürfe, Programme und Argumente theoret. Reflexion, die dem →Liberalismus, der →Aufklärung und der →Franz. Revolution entstammten und die sich gegen die Privilegien der feudal-aristokrat. →Gesellschaft (→Feudalismus), die →Gewalt des absolutist. Staates (→Absolutismus) und die Diskriminierung von Teilen der Bevölkerung richteten. Die Träger und Bewegungen dieses R., wie z.B. Parteien in England, →Frankreich, →Spanien, Argentinien, den USA, forderten beispielsweise Parlamentsreform, allg. und gleiches Wahlrecht, Republik und →Demokratie, Trennung von →Kirche und Staat, öffentl. →Schulen. Seit der Mitte des 19. Jh.s übernahmen nach dem damals herrschenden Verständnis →Sozialismus und →Arbeiterbewegung die Rolle des R. von Liberalismus und →Bürgertum. Innerhalb der sozialist. Arbeiterbewegung selbst aber wurde der R. als Extremismus an den Rand gedrängt oder ausgegrenzt, wie der Aktionismus des →Anarchismus, die Kampagne für polit. Massenstreiks, die Opposition gegen →Parlamentarismus und gegen eine Zusammenarbeit mit den reformist. →Gewerkschaften.

*B. Im 20. Jh.* bekämpfte die Hauptströmung der →Sozialdemokratie den →Marxismus-Leninismus als R., doch dieser brandmarkte seinerseits entschieden »linken Doktrinarismus« und »revolutionäres Sektierertum« als R., wie es u.a. →Lenins Wort vom R. »als Kinderkrankheit der kommunist. Bewegung« (→Kommunismus) ausdrückt. In hist. *Rückschau* zeigt sich, daß R. in idealist., bekenntnishaften und gesinnungseth. Frühphasen von polit. Bewegungen auftritt, aber aufgegeben wird, sobald diese sich mit der Erlangung materieller Grundlagen und durch die Erfahrung eigener →Macht in die bestehende →Gesellschaft zu integrieren beginnen. Andererseits ist eine Erscheinung wie der R. eine symptomat. Reaktion auf erstarrte polit. und gesellschaftl. Zustände, wie das Wiederaufkommmen der sich als radikal verstehenden sozialen und ökonom. Denkweise in den 70er Jahren gezeigt hat.

*Lit.: E. Brittner:* Radicalism and the organization of radical movements, in: American Sociological Review 28 (1963), 928-940. – Linksr., in: Handbuch der Politikwissenschaft, 213. – Rechtsr., in: Handbuch der Politikwissenschaft, 343. – *P. Wende:* R., in: Geschichtl. Grundbegriffe, Bd. 5, 113-133.

*Kurt Tudyka*

**Rahner,** *Karl*, Jesuit, geb. 5.3.1904 in Freiburg/Br., gest. 30.3.1984 in Innsbruck, zählt zu den bedeutendsten *kath. Theologen* des 20. Jh.s. R. lehrte zwischen 1949 und 1971 an den Universitäten Innsbruck, München (Nachfolger von R. →Guardini) und Münster; er war theol. Berater beim 2. →Vat. Konzil. Bekannt wurde R. durch eine ausgedehnte Vortragstätigkeit und vielfältiges Schrifttum, worin er originell und weiterführend fast alle Themen aus Glauben, Theologie, Kirche, christl. Leben sowie Zeit- und Grenzfragen aufgriff. Hervorzuheben sind die religionsphilos. Werke »Geist in Welt« (1939) und »Hörer des Wortes« (1941), die »Schriften zur Theologie« (16 Bde.; 1954-1984), der »Grundkurs des Glaubens« (1976) sowie die zahlreichen geistl. Schriften. Bedeutung erlangte R. auch als Mitherausgeber (und vielfacher Autor) des »Lexikons für Theologie und Kirche« (2. Aufl. 1957-67), des »Handbuchs der Pastoraltheologie« (1964-72), der Enzyklopädie »Christl. Glaube in moderner Gesellschaft« (1981/82) sowie anderer Sammelwerke. Beachtl. sind auch R.s ökumen. Beiträge, deren Bilanz er (mit H. Fries) so formulierte: »Einigung der Kirchen – eine reale Möglichkeit« (1983).

R.s theol. Weg versteht sich als Antwort auf die Not des vom →Rationalismus der (erst im 20. Jh. »an die Basis« gelangenden) →Aufklärung angefochtenen Christen – in der (von G. W. →Leibniz abgeleiteten) Problemfassung von G. E. →Lessing: Wie soll es verantwortbar sein, auf zufällige, fehlbare, durch neue Nachrichten jederzeit überholbare hist. Fakten und Wahrheiten hin (die Berichte der →Apostel über die Taten →Jesu) ein ganzes Menschenleben zu gründen, statt auf überzeitl., notwendige, sittl.-rel. Vernunftwahrheiten allein? Was soll es rechtfertigen, die allg. menschl. Vernunftbegriffe von →Gott und →Moral umzubilden allein auf Veranlassung von hist. Nachrichten und Zeugnissen? In seinem religionsphilos. Werk *»Hörer des Wortes«* (»Geist in Welt« ist eine Vorstudie dazu) setzt R. sich mit dieser Problemstellung auseinander und sucht sie (im Widerspruch zum frühen K. →Barth) zu überwinden durch den Aufweis, daß der Mensch an der Grenze seiner durch Vernunft zu leistenden Existenzanalyse vor das »absolute →Geheimnis« gerät, welches als »der freie Unbekannte« am fernen Horizont des menschl. Begreifenkönnens aufscheint. Schon immer gestellt vor das verhüllte Antlitz dieses

»freien Unbekannten« und im Wissen, daß er diesem sein Dasein ursprüngl. verdankt, ahnt der Mensch, daß dieses unverfügbare Geheimnis sich ihm neu und tiefer erschließen kann und daß diese Selbstoffenbarung des Gottgeheimnisses zugleich eine neue und tiefere Grund-legung seines Mensch-seins bedeuten müßte. Daher ist für R. »der Mensch wesentl. schon immer der Horcher auf eine mögl. Offenbarung Gottes«, eben »Hörer des Wortes«. Dieses Wort aber muß den Menschen dort treffen, wo er dank seiner sinnenhaften Erkenntnisweise immer schon zu Hause ist, *»in →Welt«*, d.h. »an ird. Ort, in ird. Stunde«, mithin als hist. Wahrheit (gegen Lessing). K. Barths Anliegen, d.h. der Selbstbegründung der Offenbarung, trat R. später näher, als er seinen Ansatz differenzierte: Gottes →Wort, die Mitteilung seiner selbst, schenkt sich dem Menschen als übernatürl. »inneres Wort«, welches nach Gottes allg. Heilswillen als sog. »übernatürl. Existential« allen Menschen gnadenhaft angeboten ist. Durch das »innere Wort« ist der menschl. Geist unreflex schon immer für Gottes Wahrheit aufgeschlossen; diese ist also der Vernunft »intimer« (an-)vertraut und präsent als jede sog. Vernunftwahrheit. Das »innere Wort« bedarf jedoch, um erkennbar und konkret zu werden, der Begegnung mit dem »äußeren Wort«, d.h. mit Jesus Christus, seiner Botschaft und der sie verkündigenden und bezeugenden Glaubensgemeinschaft. Diese Beziehung und Entsprechung zwischen »innerem Wort« und »äußerem Wort« Gottes (oder zwischen »transzendentaler« und »kategorialer« →Offenbarung) überwindet, nach R., Lessings »garstigen Graben« zwischen notwendigen Vernunftwahrheiten und zufälligen Geschichtswahrheiten.

Hinzu kommt, daß R.s philos.-theol. →Hermeneutik zutiefst getragen ist vom Impuls des *Ignatius von Loyola* (1491-1556), Gott in allen Dingen zu suchen und zu finden (→Jesuiten). Leitbild für R.s Theologie war nach eigenem Bekunden die Gott-Mensch-Gott-Beziehung der »Exerzitien«. Durch deren (von E. Przywara beeinflußten) Ausweitung und Verallgemeinerung war R.s Theologie von Anfang an auch Mystagogie, d.h. Anleitung zur »Erfahrung der →Gnade«, zum Suchen und Finden des Gotteswortes und -willens im Alltag und im Leben des einzelnen; auch im Leben des sich gar nicht als »Christ« wissenden oder bekennenden sog. »anonymen Christen«.

R.s theol. Denken ist – vermittelt durch den neuzeitl. Begriff des →Subjekts – um das *Glaubensverständnis des einzelnen* besorgt. Die Möglichkeit und Notwendigkeit, Glaube und Gnade auch als Gruppe oder in Gemeinschaft zu erfahren, hat er zuletzt noch gesehen und bejaht. Eine entspr. Neuformulierung seines philos.-theol. Ansatzes war jedoch nicht mehr zu leisten. Unberührt von dieser Einschränkung, bleibt es R.s Verdienst, sich in seinen Vorträgen und Schriften mit ungewöhnl. Mut und seltener denker. Kraft und Leidenschaft (gepaart auch mit wachsender Distanz zu seinem philos. »Ausgangspunkt«) den Lebens- und Glaubensfragen seiner Zeit zugewandt und diese vielfach mit neuen Durch- und Ausblicken bereichert zu haben. Auch als spekulativer Theologe wollte R. im Grunde immer nur Seelsorger sein.

*Lit.:* *K. P. Fischer:* Der Mensch als Geheimnis. Die Anthropologie K. R.s, Freiburg, 2. Aufl. 1975. – *Ders.:* Gotteserfahrung. Mystagogie in der Theologie K. R.s und in der Theologie der Befreiung, Mainz 1986. – *K. Lehmann:* Karl R. Ein Porträt, in: *K. Lehmann/A. Raffelt:* Rechenschaft des Glaubens. K.R.-Lesebuch, Freiburg/Zürich 1979. – *N. Schwerdtfeger:* Gnade und Welt. Zum Grundgefüge von K.R.s Theorie der »anonymen Christen«, Freiburg/Basel/Wien 1982. – *H. Vorgrimler:* K. R. verstehen. Eine Einführung in sein Leben und Denken, Freiburg 1985. – *K.-H. Weger:* Karl R. Einführung in sein theol. Denken, Freiburg 1978.

*Klaus P. Fischer*

**Rassenfrage**

*A.* R.n werden heute vielfältig aufgeworfen durch gesellschaftl. Probleme, die zusammenhängen mit unserem Verhalten gegenüber Asylsuchenden (→Asyl) aus Ländern der »→Dritten Welt«, gegenüber Migranten (Zuziehenden) aus Südeuropa und Kleinasien (»Gastarbeiter«), mit unserer Stellung gegenüber dem auf Rassentrennung beruhenden System im →südl. Afrika sowie den rassist. motivierten Verbrechen an →Sinti und Roma und an Juden (→Judentum) im →Nationalsozialismus.

Als *Rassismus* ist jede Abgrenzung (und nicht erst eine Abwertung) von Bevölkerungsgruppen anzusehen, die auf Grund angebl. festgestellter oder nur vermuteter biolog. bestimmter Eigenschaften erfolgt. Mit einer solchen Abgrenzung verbinden sich im allg. Werturteile über Menschen mit einer anderen Hautfarbe, →Religion usw., bes. dann, wenn soziale Gegensätze oder gesellschaftl. Konkurrenz hinzukommen. Rassismus ist daher ein Sonderfall ethn. →Diskriminierung, der alle Formen der Ablehnung und →Aggression gegen →Minderheiten, →Fremde und →Außenseiter aufweisen kann. Kennzeichnend für rassist. Diskriminierung sind dabei die Vorstellungen, →Vorurteile und Überzeugungen, die sich auf angebl. oder tatsächl. biolog. bestimmte Merkmale der betroffenen Bevölkerungsgruppe beziehen.

*B. Rassen* sind *biolog. gesehen* Fortpflanzungsgemeinschaften, die sich in der Häufigkeitsverteilung ihrer Gene (und damit in der Häufigkeit genet. bestimmter Merkmale [→Genetik]) unterscheiden. Merkmale einer Rasse kommen also (mit einer anderen Häufigkeit) auch bei anderen Rassen vor. Reine Rassen gibt es nicht. Die genet. Unterschiede zwischen Menschen ein und derselben Rasse sind so groß wie oder größer als die durchschnittl. Unterschiede zwischen den Rassen. In keinem Fall stimmen die biolog. feststellbaren Rassenunterschiede mit den Merkmalszuschreibungen oder den Abgrenzungen rassist. Diskriminierungen überein. Auch aus der *Evolutionslehre* (→Evolution) sind weder ein biolog. bedingter »Rassenkampf« noch irgendwelche Prinzipien zur »Erhaltung« von Rasse oder Art ableitbar. Die in der Darwinschen Selektionstheorie angenommene Konkurrenz (der »Kampf ums Dasein«) betrifft die Einzelorganismen und nicht die überindividuellen Einheiten wie Kulturen, Gesellschaften, Völker oder Rassen, auf die sie durch »organizist.« und »ganzheitl.« Anschauungen fälschlicherweise übertragen wurde (→Darwinismus).

*C.* Rassismus konnte *theol. begründet* werden, indem »Rasse« neben →Volk und →Staat zur →Schöpfungsordnung verbrämt wurde. Wirkungsgeschichtl. bedeutsamer ist die Idee des *Auserwähltseins* des eigenen Volkes bzw. der eigenen Rasse, die auch in der Geschichte der christl. →Mission eine Rolle gespielt hat. Auf diese Weise hat sich der Gegensatz zwischen »Schwarz« und »Weiß« in calvinst. (Südafrika) und puritan. geprägten Ländern (→Vereinigte Staaten von Amerika) herausgebildet, während in kath. Gebieten der Gedanke einer die ganze →Menschheit umfassenden Völkerfamilie einen derartigen auf Rassentrennung zielenden Gegensatz ausschloß, ohne die zwischen den Bevölkerungsgruppen bestehenden sozialen Unterschiede aufzuheben (→Südamerika). Die negative Entsprechung zum Auserwähltsein des eigenen Volkes ist die *Verwerfung* des jüd. Volkes, wie sie im christl. motivierten →Antisemitismus ihren Ausdruck findet. Der rass. motivierte Antisemitismus konnte bruchlos auf dem rel. aufbauen. So sind die Judenverfolgungen (nicht deren Motive) von kirchl. Seite häufig als Ausdruck der Verwerfung der Juden verstanden worden. Für die Mitgliedschaft und die Rechte in der →Kirche können indes rass. Unterschiede keine Rolle spielen, da →Evangelium und →Sakramente für alle Gemeindeglieder gleichermaßen gelten. Konsequenterweise wurde 1933 die Anwendung des Arierparagraphen in der Kirche zur →*Bekenntnisfrage*, da durch den Ausschluß von →Judenchristen vom Pfarramt deren volle →*Kirchenmitgliedschaft* in Frage gestellt war. Dem nationalsozialist. Staat wurde jedoch von der Bekennenden Kirche nicht bestritten, die Juden in Abwehr der von diesen ausgehenden »Gefahren« unter einschränkendes Fremdrecht zu stellen (→Kirchenkampf). Wie bei der →Sklaverei blieb schließl. auch in der R. die innerkirchl. Praxis nicht ohne Folgen für das polit. Handeln der Christen. Bes. der →Ökumen. Rat der Kirchen hat sich mit seinem *Antirassismusprogramm* (seit 1969) gegen alle Formen der Rassentrennung und ethn. Diskriminierung eingesetzt. Zunehmend wurde dabei nicht nur das innerkirchl. Verhalten (z.B. getrennte schwarze und weiße Kirchen), sondern auch der Kampf gegen gesellschaftl. Strukturen der Rassentrennung zur Bekenntnisfrage.

*Lit.: K. M. Beckmann (Hg.):* Rasse, Kirche und Humanum, Gütersloh 1969. – *E. Heininger:* Ideologie des Rassismus (Neue Zeitschrift für Missionswissenschaft – Suppl., Bd. 28), Immensee 1980. – *U. Kattmann (Hg.):* Rassen – Bilder vom Menschen, Wuppertal 1973 (Lit.). – *C. Meyers-Herwartz:* Die Rezeption des Antirassismus-Programms in der EKD, Stuttgart 1979.

*Ulrich Kattmann*

## Rationalismus

*A.* Wie schon die unterschiedl. Eindeutschung von »ratio« (Vernunft, Verstand) andeutet, ist R. zur Sammelbezeichnung für unterschiedl. Denkansätze und Erkenntnisansprüche geworden. Ihre größte gemeinsame Klammer bildet der behauptete *Vorrang geistiger* und rationaler gegenüber sinnl. und empir. *Erkenntnisquellen* und -kräften des Menschen. Während der »reine« (idealtyp. und real so nicht existierende) Rationalist davon überzeugt ist, daß Vernunft und Verstand – unabhängig von Sinneswahrnehmungen - Einsichten bzw. Begriffe gewinnen können, die Gewißheit garantieren, verwirft der »reine« Empirist (→Empirismus) sowohl diesen Weg der Gewißheitsfindung als auch die vorgebl. erreichte Gewißheit selbst: sie könne, wenn überhaupt, nur entstehen durch das Sammeln, Ordnen und Überprüfen sinnl. wahrnehmbarer Einzeltatsachen. Dieser Abwertung rationaler Erkenntnis durch Empiristen und sinnl. Erfahrung durch Rationalisten ist jedoch das Vertrauen gemeinsam, alles, was ist, lasse die *Vergewisserung durch »natürl.« Kräfte* des Menschen zu. Daraus ergeben sich Leugnung und Ablehnung des »übernatürl.« Offenbarungs- und Geheimnischarakters des →Glaubens sowie Bibel- und →Religionskritik, die – im Zuge der →»Aufklärung« dessen, was vorgebl. »dunkel« ist – auf eine Vernunftreligion (→Deismus) hinauslaufen kann.

*B.* Der neuzeitl. Erkenntnis-Optimismus des R., wie ihn R. →Descartes begründet, fordert den *Widerspruch* der engl. Empiristen heraus, insbes. D. →Humes, durch den I. →Kant aus dem »dogmat. Schlummer« erwacht: sein vorher unkrit. Vertrauen in die Allmacht eines aprior. (d.h. aller Erfahrung vorausliegenden) Denkens, das sich aus Vernunft- Ideen bzw. Verstandesbegriffen speist, führt ihn dazu, Reichweite und Grenzen menschl. Erkenntnisfähigkeiten radikal zu überprüfen. Kant unterscheidet und begrenzt: »Alle unsere Erkenntnis hebt bei den Sinnen an, geht von da zum Verstand und endet bei der Vernunft«; für ihn ist auch in Glaubensfragen dieser »krit. Weg... allein noch offen«. Im 18. Jh. versuchen die »*Neologen*«, ausgehend vom Glauben an übernatürl. →Offenbarung, Glaubensaussagen rational zu überprüfen und zu rechtfertigen. Dabei werden die Einsichten der Vernunft für diese Theologen zum Gültigkeitsmaßstab für Offenbarung. Seit der Mitte des 19. Jh.s wird die bleibende *Spannung* zwischen Offenbarung und Vernunft von seiten verschiedener theol. Ansätze (z.B. dem der →dialekt. Theologie) erneut thematisiert.

*C.* Der R. tritt nicht immer als ausdrückl. Lehre auf, oft hingegen als *latente Grundhaltung*, die das »Wissenkönnen um seiner selbst willen« überschätzt und dabei alle anderen Fähigkeiten und Kräfte des Menschen mißachtet. Diese einseitige Tendenz begegnet gegenwärtig vor allem in der Überbewertung der math.-naturwissenschaftl. Wissenschaften und in der zunehmenden »Rationalisierung« nicht nur wirtschaftl.-techn. Prozesse, sondern auch menschl. und zwischenmenschl. Lebensvollzüge.

*Lit.: L. Goldmann:* Der christl. Bürger und die Aufklärung, Darmstadt 1968. – *J. Habermas:* Technik und Wissenschaft als »Ideologie«, Frankfurt/M., 6. Aufl. 1973. – *E. Hirsch:* Geschichte der neuern ev. Theologie, I-V, Gütersloh, 4. Aufl. 1968. – *P. Pütz:* Die dt. Aufklärung, Darmstadt 1978. – *R. Specht (Hg.):* R., Stuttgart 1979.

*Karl-Dieter Ulke*

**Rationalität, Rationalisierung**

R. (von lat. »ratio«: Vernunft, Grund) bezeichnet ursprüngl. den epochenspezif. Anspruch der neuzeitl. Philosophie, sich im Rückgriff auf die natürl. →Vernunft selbständig zu begründen (→Aufklärung, →Rationalismus, →Descartes, →Kant). Seitdem jedoch *M. →Weber* sein sozialwissenschaftl. Werk vor allem als einen »Beitrag zur Typologie und Soziologie des Rationalismus« ausgewiesen hat, erfuhr die Begriffsanwendung von R. einerseits eine *universalgeschichtl. Ausweitung*. R. wurde verstanden als anthropolog. Fähigkeit überhaupt und galt auch für vormoderne Gesellschaften und Kulturen (z.B. B. Malinowskis These von der R. rel. Rituale; →Ethnologie). Andererseits wurde der Begriff auf diejenigen Bestimmtheiten sozialen Handelns und Bewußtseins verengt, die von bloß affektiv-emotionalem und traditionalem Verhalten (→Gefühl, →Tradition) typ. unterschieden sind. R. bezeichnet in diesem Sinn die Fähigkeit und Eignung von Personen, Gruppen oder Systemen, ihre Lebens- und Handlungsführung bewußt *an Regelmäßigkeiten zu orientieren*.

*A.* Nach M. Weber umfaßt R. im *sozialwissenschaftl. Sinn* alle kognitiven Prozesse, die eine ansonsten amorphe →Wirklichkeit auf best. →Prinzipien, →Werte, Regeln oder →Gesetze hin ordnen und systematisieren, um Wirklichkeit entspr. absehen, erklären, berechnen, planen, organisieren und beherrschen zu können (→Planung). Für die Diskussion ist die von Weber nach Art, Ansatz und Verwirklichungsgrad von R. vorgeschlagene Typologie bedeutsam geworden:

*I.* Der *Wert- oder materialen R.* gemäß verhält sich, »wer ohne Rücksicht auf die vorauszusehenden Folgen handelt im Dienst seiner Überzeugung von dem, was Pflicht, Würde, Schönheit, rel. Weisung, Pietät, oder die Wichtigkeit einer ›Sache‹ gleichviel welcher Art ihm zu gebieten scheinen« (M. Weber). Wertpostulate von eth., rel. oder ästhet. Art dienen hier als vereinheitlichender Maßstab des Weltverhaltens, in dessen Perspektive jede andere Wertsetzung als »irrational« erscheint. Während Weber diesen unendl. »Polytheismus der Werte« durchaus mit Wertr. vereinbaren konnte, stellt sich in der Philosophie heute vielfach die Frage, wie denn eine normative Handlungsorientierung rational begründet werden (→Wert, →Ethik) und wie es zu einer allgemeingültigen Wertr. kommen kann (→Theorie und Praxis, →Geschichte).

*II.* Dem Typus der *Zweckr.* rechnet M. Weber allg. zu, »wer sein Handeln nach Zweck, Mitteln und Nebenfolgen orientiert und dabei sowohl die Mittel gegen die Zwecke, wie die Zwecke gegen die Nebenfolgen, wie endl. auch die verschieden mögl. Zwecke gegeneinander rational abwägt«.
*1.* Zweckrational ist zunächst das alltägl. Verhalten *prakt. R.*, das im Blick auf prakt. Zwecke jeweils situationsangepaßt die taugl. Mittel nach seiner Kenntnis von Kausalitäts- und Austauschbeziehungen einsetzt (z.B. Kaufleute, Handwerker, Kleinunternehmer).
*2.* Zweckrational in einem abstrakten Sinn sind aber auch die rel.- oder philos.-intellektuellen Versuche einer *theoret. R.* Sie übersteigen die unmittelbare Wirklichkeit auf Vorstellungen eines zusammenhängenden, sinnvollen Kosmos hin, gelangen zu einem einheitl., in sich stimmigen Bild der Welt (→Weltbild), das trotz der Universalität des →Leidens dieser Welt Sinnhaftigkeit bescheinigt (→Theodizee; ind. Karmanlehre [→Hinduismus], calvinist. →Prädestinationsglaube, luth. →Rechtfertigungs- und kath. →Sakramentenlehre).
*3.* Zweckrational ist schließl. das Prinzip *formaler R.*, nach dem alles menschl. Verhalten method. berechenbar und beherrschbar wird. Zum Inbegriff dieses Typs von R., der sein klares Profil erst auf dem Boden des neuzeitl. Abendlands gewann, rechnet Weber vor allem die modernen Erscheinungsformen von experimenteller →Wissenschaft, staatl. Bürokratie, positiver Rechtsprechung und industriell-techn. Betriebskapitalimus (→Technik, →Industrie, →Kapitalismus).

*B.* Nach gegenwärtiger übereinstimmender Meinung taugen die Typologien der R. allenfalls als begriffl. Rahmen, in dem sich verschiedene hist. Erscheinungen von R. universalgeschichtl. vergleichen lassen. Es lassen sich aber keine einlinig-evolutionären Gesetze von Stadien aufstellen, in denen sich R. unumkehrbar verwirklicht. Die *moderne Gesellschaft* ist jedoch durch die *universale Vorherrschaft* einer – ihrer rel.-eth. Wurzeln weitgehend entledigten (→prot. Ethik) – formalen, zweckrationalen oder *instrumentellen R.* zu charakterisieren.

*I.* Die Ablösung einer wertrationalen, Sinn stiftenden Vernunft durch eine formale Zweckr. bestimmt als *Strukturmerkmal der modern-industriellen Gesellschaft* gegenwärtig auch den allg. Sprachgebrauch: R. erscheint weitgehend als ein Systemkonstrukt, das auf ihr ökonom. Prinzip

(Erzielung maximaler Erfolge bei minimalem Aufwand der Mittel) zusammengeschrumpft ist (→Systemtheorie). Ihre umfassende Durchsetzung in den Lebensbereichen von →Wirtschaft, →Technik, →Organisation, →Recht, →Wissenschaft und Sozialtechnologie wird als *Prozeß der Rationalisierung* (Ra.) beschrieben. Im engeren Sinn wird darunter ein *betriebstechn. Prinzip* verstanden; auf der Grundlage von Arbeitsteilung (→Arbeit), Spezialisierung, Stereotypisierung und Normung einzelner Arbeitsvollzüge sowie von deren teilweisen mechan. oder automat. Ausübung strebt es die Optimierung der Produktionsfaktoren an.

*II.* Das von F. W. Taylor (1856-1915) unter der Bezeichnung *»Scientific management«* entwickelte System der Ra. des Arbeitsablaufs von Zeit und Kraft drohte zur Maximierung der Arbeitsproduktivität den Menschen auf seine bloße Leistungsfunktion hin zu verkürzen. Es ist inzwischen durch Organisationsprinzipien überwunden, die elementar-humane Aktivitäts- und Sozialbedürfnisse, wie Arbeitsplatzwechsel (job rotation), Aufgabenerweiterung (job enlargement), -bereichung (job enrichment) und teilautonome Arbeitsgruppen, berücksichtigen.
Über betriebswirtschaftl. Gesichtspunkte hinaus werden auch *globale Strukturveränderungen* zur Anpassung an internationale Wirtschaftsmärkte und zur Modernisierung der eigenen Volkswirtschaft als Ra. bezeichnet. Dabei ist noch kaum abzusehen, wie sich insbes. der rapide zunehmende Einsatz von *Informationstechniken* (elektron. Datenverarbeitungssysteme, EDV) verändernd auf Inhalte und Organisation der Arbeit, auf ihren Stil und ihre Beziehungen auswirkt, welche Wirkungen dadurch langfristig erzielt oder polit. in Kauf genommen werden (→Arbeitslosigkeit).

*III.* Die sozialpolit., *kulturkrit. und sozialeth. Diskussionen* entzünden sich immer wieder an dem Umstand, daß die zweckrationale Durchorganisierung nahezu aller Lebensverhältnisse mittlerweile eine *»irrationale Eigenmacht der Organisation«* (K. Löwith) freigesetzt hat, die im Rückgriff auf sog. »rationale Sachzwänge« den Verlust an polit. Entscheidungsfreiheit herbeiführt und zugleich die Chancen zu einer wertrational konsistenten Lebensführung erhebl. beeinträchtigt hat. Sogar das unbewußte und triebhaften Antrieben entstammende Handeln sieht sich fortwährend zur »Ra.« genötigt. Allerdings sucht es sich nachträgl. mit R.sunterstellungen zu rechtfertigen, was auf individueller Ebene durch »Abwehrmechanismen« (A. Freud), auf kollektiver Ebene durch →Ideologien (V. Pareto) geleistet wird.
Die Möglichkeit zum Widerstand dieser Gefahr gegenüber sah schon M. Weber nur in einer materialen R. (also im wertrational begründeten Verhalten). Jede »Kritik der instrumentellen Vernunft« (M. Horkheimer) sieht sich dabei allerdings einem Dilemma ausgesetzt, nachdem mit der Verdrängung von Wertr. eine normative Begründungslücke entstanden ist. Wenn sie diese Lücke mit »einer über bloße Zweckrationalität hinausreichenden Handlungsrationalität« nicht zu schließen vermag (H. Schnädelbach, 13), arbeitet sie im Unbehagen an der Moderne nur einem neuen Irrationalismus vor, der nichts anderes als den rationalisierten Rückfall in vormoderne Wert- und Lebensformen betreibt.

*Lit.: Th. Caplow:* Soziologie der Arbeit, Meisenheim 1958. – *A. Freud:* Das Ich und die Abwehrmechanismen, München 1964. – *St. Kalberg:* Max Webers Typen der R., in: *W. M. Sprondel/C. Seyfarth (Hg.):* Max Weber und die Rationalisierung sozialen Handelns, Stuttgart 1981, 9-38. – *N. Luhmann:* Zweckbegriff und Systemrationalität, Tübingen 1968. – *H. Schnädelbach (Hg.):* R., Frankfurt/M. 1984. – *W. Schluchter:* Die Entwicklung des okzidentalen Rationalismus, Tübingen 1979. – *M. Weber:* Wirtschaft und Gesellschaft. Grundriß der verstehenden Soziologie, Tübingen, 5. Aufl. 1972.

*Volker Drehsen*

## Raum, Zeit, Ewigkeit

*A.* Bis hin zu →Kant ging die →Philosophie von der *Objektivität und Realität* von R. und Z. als phys. Gegebenheiten (Empirie) aus. In dem bekannten Wort Demokrits (ca. 470-380 v. Chr.), nur die →Atome und der (leere) R. seien wirkl., alles andere aber bloß Meinung, wird dem R. darüber hinaus eine objektbegründende Bedeutung zugesprochen. Noch →Newton und →Leibniz gehen von der absoluten Realität von R. und (objektiver) Z. als einer selbstverständl. Grundannahme aus. Im Verhältnis zu R. und Z. ist E. zum einen *unbegrenzte Dauer*, zum anderen *Zeitlosigkeit*. Themat. wird sie vor allem in der →philos. Theologie, bes. in den Aussagen über →Gottes vollkommene, von den geschöpfl. und endl., in der Z. entstandenen Dingen abgehobene, unveränderl. und überzeitl. Wesensfülle. Diese Bestimmung des Ersten Prinzips *(primum principium)* ist es auch, die den *regressus in infinitum* (Rückschritt ins Unbegrenzte; fehlgeleiteter Rückschluß) ausschließt (→Gottesbeweise). Von der philos. Spekulation verschieden ist die Aufnahme der Begriffe Z. und E. in der *rel.* Tradition. Nach dem Plausibilitätsschwund der philos. Theologie, die Spekulation und →Offenbarung zusammenzubringen versuchte, sind Überlegungen zu Z. und E. in der Theologie auf die bibl. →Eschatologie zurückverwiesen. Anders als in der Philosophie sind sie nicht letzte Gegebenheiten, sondern bleiben auf Größen wie →»Reich Gottes«, »Heilsgeschichte« (→Heil) und →»Erlösung« bezogen.
In der Tradition →Platons gilt die Zeitlosigkeit bzw. E. daneben als Kennmal wahrer →Erkenntnis, die *zeitlose Wesensschau* ist. Noch →Leibniz sprach auf dem Hintergrund dieses Theorems von den denknotwendigen Vernunftwahrheiten als *ewigen Wahrheiten* (neben der zeitlosen Geltung der mathemat. und log. Wahrheiten).

*B.* → *Kant* dreht diesen Objektivismus gleichsam um und spricht von R. und Z. als »aprior.« *Anschauungsformen* (→ Apriori). Als allgemeine und notwendige Formen liegen sie zwar allen Anschauungen zugrunde, sind aber nicht real, also objektiv, gegeben. Zu dieser Neuformulierung der Frage nach R. und Z. führte das erkenntnistheoret. Problem, wie sich die Entstehung unserer Vorstellungen von Dauer und Ausdehnung ohne Widersprüche bestimmen läßt. Ist es nicht zulässig, sie aus der Erfahrung abzuleiten – und sollen sie auch nicht, wie die vorkrit. Lösung nahelegte, gleichsam an sich bestehende leere Behälter zur Aufnahme der Dinge sein –, dann müssen sie im erkennenden Subjekt selbst angesiedelt werden. Darüber hinaus verweist die Existenz einer »Wissenschaft von den Größen«, die Mathematik, auf das Vorgängigsein von R. und Z., welche die Einbildungskraft – ihrerseits zeitlos – immer schon umschließt. Andererseits räumte Kant ein, daß außerhalb des erkennenden Subjekts, in der Welt der »Dinge an sich«, andere Weisen der Gleichzeitigkeit und Aufeinanderfolge mögl. sind. Die Philosophie aber, die ihre Vorgaben von den Einzelwissenschaften herleitet, kann nur die Probleme einer solchen Zuordnung, jedoch keine Antworten darauf formulieren.
Eine neuzeitl. Variante der ontolog. Betrachtung von R. und Z. ist die *Existenzphilosophie* (→ Existentialismus). So hypostasiert → Heidegger die Z. zum *Seinscharakter* und unterscheidet – in Anlehnung an die traditionellen → Dualismen (Zeit-Ewigkeit) – zwischen *eigentl.* Z. (das ausdrückl. Existieren) und *uneigentl.* Z. (Verfallensein an die Welt des »Man«). Daneben sprechen die Existenzphilosphen von der *Zeitlichkeit*, abgehoben von der objektiv-hist. Z., als der Strukturform des menschl. Daseins.

*C.* Eine genuine Weiterentwicklung der Überlegungen Kants ist dagegen die moderne → *Relativitätstheorie*. Auch hier sind Dauer und Umfang (R. und Z.) keine absoluten Größen, sondern relativ, sowohl in bezug auf die bewegten und bewegenden Körper wie die Bezugskörper, den Bewegungszustand des Messenden usw. Anders als bei Kant wird jedoch die Vorstellung von sog. »Eigenschaften des wirkl. Raumes« nicht aufgegeben (so, wenn gesagt wird, diese »Eigenschaften« entsprächen nicht den euklid. Axiomen).

*Carl-Friedrich Geyer*

**Realismus**

*A. Philosophisch*

Philos. gesehen ist R. ein schwer zu umreißender Begriff, der sehr *unterschiedl. gebraucht* wird. Grob gesprochen geht es um die Konstitution des → Seins und der Seienden. Dabei kommt die Bezeichnung R. gänzl. unterschiedl. zur Sprache. Im folgenden sind die wichtigsten Möglichkeiten aufgeführt:

*1.* R. ist zunächst einmal ein Name für die objektiv-idealist. *metaphys.-erkenntnistheoret. Grundhaltung* der → Scholastik, die sich auf die Stellung zum Problem der → Universalien bezieht. R. ist dann die philos. Richtung, die dem Allgemeinen (also den Ideen oder → Universalien) vor den konkreten Einzeldingen das primäre Sein zuspricht. Dieses Allgemeine existiert nicht in gleicher Weise wie die uns umgebenden Gegenstände, sondern ist ihnen – im Gegensatz zum Nominalismus (→ *Ockham*) – voraus, und zwar in Gott. Da den Ideen selbst Realität zugesprochen wird, kann man sowohl von Ideal-R. als auch Real-Idealismus sprechen. Dieser Vorrang des Seins vor den Dingen kann – wie im platon. oder *extremen R.* – zeitl. oder auch – wie im aristotel. oder *gemäßigten R.* (dem → *Thomas von Aquin* zugehörte) – ontolog. als das Wesen der Dinge verstanden werden. In diesem Verständnis wird R. so gebraucht wie → Idealismus, obwohl doch gerade gegensätzl. Auffasssungen gemeint zu sein scheinen. Doch die Ideen werden gerade als real bezeichnet. Diese Position wurde in der → Antike, → Scholastik und → Neuscholastik vertreten. Die dritte Position im Universalienstreit wurde von den *Nominalisten* vertreten, die in den Universalien den Gegenständen nachträgl. angehängte Verallgemeinerungen sahen. Das Universale hatte für sie keine selbständige Realität, sondern war nur ein »flatus vocis«, ein Stimmhauch. Damit ist die verstärkte Einzelbetrachtung der Dinge eingeleitet, und das Verhältnis Subjekt-Objekt und die Verläßlichkeit der Wahrnehmung werden zum Problem. Diese Entwicklung findet ihren repräsentativen Ausdruck in → Descartes' grundsätzl. → Zweifel an der Wahrnehmung der Dinge.

*2.* Darüber hinaus wird der Begriff R. auch für die → Erkenntnistheorie der Neuscholastik, insbes. des Neuthomismus gebraucht (→ Thomismus), um diesen von einem Idealismus subjektivist. Prägung abzugrenzen. Besser als R. wäre hier die Bezeichnung *objektiver Idealismus.*

*3.* R. wird auch als Name für diejenigen erkenntnistheoret. Lehren gebraucht, die von einer *objektiv-realen Existenz der Außenwelt* ausgehen (→ Objektivität). Damit ist aber noch nichts darüber gesagt, ob diese Außenwelt aus sich existiert oder aus Gott. → *Kant* ließ unsere Erkenntnis nur noch auf → Erscheinungen zurückgehen, hinter denen die Dinge an sich für uns verborgen liegen. Doch auch dieser Vermittlungversuch bleibt letztl. idealist.

*4.* Im 20. Jh. reduziert sich der R. fast ganz auf die Frage der Realitätserfahrung und somit auf die Untersuchung der Phänomene. Doch bleibt in der → Phänomenologie das wahrnehmende Ich z.B. ein Problem rein phänomenolog. Beschreibung. Neuerdings werden auch Neopositivismus und der moderne → Empirismus (Wiener Kreis) als Realismus oder *Neor.* bezeichnet. Ja auch der → Materialismus selber wird R. genannt, gerade weil er Ideen nicht anerkennt.

Im *krit. R.* wird ein subjektiver →Idealismus gegenüber den Konsequenzen eines Solipsismus vertreten, der nur den Akt des Denkens und das eigene Subjekt als sicher gegeben betrachtet. Im *naiven R.* wird die objektive Gegebenheit des Wahrgenommenen schon in der Wahrnehmung gesetzt. In Wirklichkeit läßt sich ein reiner R. in dem Sinne, daß ihm jede Verallgemeinerung fremd ist, nicht durchhalten und entspräche auch nicht unserem →Denken.

*Lit.: N. Hartmann:* Diesseits von Idealismus und R., in: Kleinere Schriften II: Abhandlungen zur Philosophiegeschichte, Berlin 1957, 278-322. – *H. Heimsoeth:* Die sechs großen Themen der abendländ. Metaphysik und der Ausgang des MA.s, Darmstadt, 8. Aufl. 1987. – *H. Krings:* Die Wandlung des R. in der Philosophie der Gegenwart, in: Philos. Jahrbuch 70 (1962), 1-16.

*Nicolaus Klimek*

*B. Kunstgeschichtlich*

R. bezeichnet ein spezif. Verhältnis der →Kunst zur →Wirklichkeit, dessen konkrete Ausgestaltungen in vielfältigen Formen begegnen und sich der exakten Definition weithin entziehen.

*I.* Elemente des R. begegnen in *jeder Kunstepoche* mit unterschiedl. Intensität. Als ausschließliches künstler. Prinzip ist R. jedoch kaum praktikabel, wird Kunst es doch immer zugleich mit Elementen des →Symbols, des R. und des →Naturalismus zu tun haben. Der »Sozialist. R.« verkörpert eine Kunst zwischen Symbol und Naturalismus. Sein ideolog. verordnetes held. Menschenbild (→Mensch) und der aufgesetzte revolutionäre Optimismus (→Revolution) verzichten bewußt auf realist. Elemente, wie z.B. die Darstellung von →Alter, →Krankheit und →Sterben, Angehörige von Randgruppen, Niederlagen und →Umweltzerstörung.

*II.* Der christl. Kunst hat sich das Problem des R. von Anfang an in bes. Weise gestellt. Die →*Alte Kirche* mußte diesen mit doppelter Begründung ablehnen. Einmal waren gerade die →Bilder der heidn. Götter von einem starken und künstler. hochstehenden R. geprägt, zum anderen ließ sich die christl. →Verkündigung im wesentl. nur mit Hilfe von Symbolen künstler. ausdrücken, zu denen dann auch die Kurzfassungen bekannter bibl. Szenen in der Katakombenmalerei und in der Sarkophagplastik zu rechnen sind. Daß auch in diesen Kunstzweigen und dann bes. in der Elfenbein- und Mosaikkunst realist. Elemente begegnen, erklärt sich aus dem reichen antiken Erbe, das die christl. Künstler verarbeiteten. Mit auffälliger Entschiedenheit wird der R. zunächst in der →ma. Kunst zurückgedrängt (Romanik), um dann später in Teilbereichen zu bedeutender Blüte zu gelangen. Das hochtheol. Gesamtphänomen *got. Kunst* schließt realist. Menschengestaltungen von stärkster Ausdruckskraft ein. Gegen Ende des →MA.s nehmen Elemente der Naturbeobachtung, einer differenzierenden und individualisierenden Menschendarstellung und die Szenen des alltägl. Lebens immer stärker zu.

*III.* Als *eigentl. Geburtsstunde* des R. wird man die →*Renaissance* bezeichnen können, in der erstmals künstler., hist. und naturwissenschaftl. Interessen zur Einheit verschmelzen (Leonardo da Vinci, Dürer u.a.). Die Kunst erlebt wie die Welt insgesamt einen Prozeß der →Säkularisierung, der nicht mehr nach dem »höheren →Sinn« der Wirklichkeit fragen muß und ganz wesentl. durch das →Bürgertum getragen wird. In der →*Reformation* beginnen sich bereits die Gegenkräfte zu regen (prot. Lehrbilder), die dann in →Gegenreformation und →Barock noch einmal triumphieren. Der Siegeszug des R. ist jedoch unaufhaltbar. Zu ihm sind auch die sich immer stärker ausprägenden nationalen Komponenten zu rechnen, die im *19. Jh.* voll ausgebildet sind. In der 2. Hälfte dieses Jh.s sind in allen nationalen Kunstregionen die Kräfte des R. in bes. eindrucksvoller Weise präsent mit der Darstellung des Elends der unteren Volksschichten, Szenen aus dem Arbeitsleben und eindringl. Porträts. Die Motive der christl. Kunst werden von dieser Tendenz gleichfalls erfaßt, indem man die Heilsgeschichte als gegenwärtiges Geschehen unter ganz konkreten Umständen darstellt. Der Optimismus, der letztl. hinter diesem Aufblühen des R. steht, zerbricht schon mit Beginn des neuen Jh.s.

Seitdem ist R. eigentl. nur als *indirekter R.* denkbar, als Einsatz realist. Gestaltungsmittel zur Verdeutlichung best. Aussagen und Befindlichkeiten. Die verschiedenen Formen des zeitgenöss. R., sofern sie programmat. Art sind, setzen deshalb meist auch an die Stelle der primären Wirklichkeit die sekundäre Wirklichkeit bereits vorgegebener Bilder (Reproduktionen, Fotos).

*Lit.:* Der frühe R. in Deutschland 1800-1850 (Ausstellungskatalog), Nürnberg 1967. – *K. Farner:* R. in der bildenden Kunst, Darmstadt/Neuwied 1973. – *R. Grimm/J. Hermand:* R.theorien in Literatur, Malerei, Musik und Politik, Stuttgart 1975. – *H. Koch u.a.:* Zur Theorie des sozialist. R., Berlin 1974. – *H. Lother:* R. und Symbolismus in der altchristl. Kunst, Tübingen 1931. – *L. Nochlin:* Realism, Harmondsworth 1971. – *P. Sager:* Neue Formen des R. Kunst zwischen Illusion und Wirklichkeit, Köln 1973.

*Peter Maser*

*C. Geistesgeschichtlich-literarisch*

*I.* »Wenn der Realist ein Künstler ist, muß er versuchen, uns nicht eine banale Fotografie des Lebens zu bieten, sondern eine Vision, die reicher, genauer und überzeugender ist als die Wirklichkeit selbst. Realisten, die etwas können, sollte man lieber Illusionisten nennen.« Auf dem hist. Höhepunkt des europ. Erzählr. formuliert G. de Maupassant 1888 im Vorwort zu »Pierre et Jean« die *Dialektik künstler. Darstellung von Wirklichkeit:* R. erfüllt sich dort in Vollendung, wo er sich selbst transzendiert. Maupassant benennt außerdem

Klippe und Wendepunkt der R.geschichte: die Fotografie; zu ihr gehört parallel der 1877 von Edison erfundene Phonograph. Mit der Möglichkeit der techn. Reproduktion opt. und akust. Sinnesrealität werden die Künste von ihren Reproduktionsverpflichtungen entlastet.

*II.* →*Aristoteles* hatte in seiner Abhandlung »Von der Dichtkunst« diese Reproduktion als »Mimesis«, als Nachahmung, bezeichnet und zu einem der wichtigsten Prinzipien von Literatur und auch zum Grund des Vergnügens an ihrer Aufnahme erklärt. Zugleich aber hat Aristoteles mit Blick auf die attische Tragödie bereits die Relativität des »mimet. Prinzips« durchschaut. Denn was dort nachgeahmt wird, das Handeln der Götter, ist nicht hist. und sinnl. erfahrene Realität, sondern eine vom Menschen bereits als →»Mythos« geformte und interpretierte Wirklichkeit, ist nicht äußere, sondern innere Erfahrung. Der »R.« literar. Werke läßt also von früh an eine Beziehung zu bereits geformter innerer Wirklichkeit erkennen. »R.« besteht auch darin, daß diese Werke ihrerseits eine Realität erst konstituieren, die so vor- und außerkünstler. nicht existiert.

*III.* Die antike →Rhetorik und Poetik unterschied zumindest *drei Stilarten*, denen best. literar. Gattungen und auch die Darstellung spezif., vor allem sozial definierter Wirklichkeitsbereiche, zugeordnet waren. Danach war die niedrigste Stilebene das »*Genus humile*«, mit ihr etwa der derbe Schwank und in ihm die Darstellung des Lebens von arbeitenden →Sklaven im Haus, im →Handwerk und auf den Feldern. Sie war die realistischste Stilebene, während der hohe Stil der *Tragödie* mit der Darstellung der Taten von Königen und Heroen vom R. am weitesten entfernt war. E. Auerbach registriert in seinem für die R.diskussion zentralen Buch »Mimesis« gegen Ende der klass. Antike ein markantes Durchbrechen der Stilkonventionen: »Es war die Geschichte Christi, mit ihrer rücksichtslosen Mischung von alltägl. Wirklichem und höchster, erhabenster Tragik, die die antike Stilregel überwältigte.«
Die *neue Realität Christi und des →Christentums* läßt also auch die höheren Stil- und Gattungsniveaus »realistischer« werden, mischt und relativiert die Stilebenen untereinander. Sowohl die antike als auch die christl. Tradition orientiert die realist. Verfahren in →Kunst und →Literatur sozial, auf die Realität der Erniedrigten und Beleidigten, so z.B. in den Ständeklauseln für Komödie und Tragödie bis ins 18. Jh. Auch die starken Entwicklungsschübe in Richtung auf einen literar. R. im Europa des 19. Jh.s verbinden sich mit sozialrevolutionären Veränderungen, bes. denen der Jahre 1830 und 1848, und mit den neuen sozialen Realitäten, auf die K. →Marx und F. Engels ihr Wirken richten. So erscheinen die entspr. literar. Phänomene vornehml. als »bürgerl.«, proletar. oder »sozialist.« R. (dies eine offizielle Kunstdoktrin in sozialist. Gesellschaften, neuerdings auch dort relativiert).

*IV.* Ein Mehr oder Weniger an R. landläufiger Definition ist auch abhängig von – einander konträren – ästhet. Voraussetzungen: Sollen Kunstwerke die uns umgebende *Lebensrealität repräsentieren* (G. Lukács: »widerspiegeln«), oder sollen sie sie *transzendieren in idealen utop. Gegenentwürfen?* Die erste Voraussetzung wird realistischere Werke hervorbringen als die zweite. Künstler. unzulängl. Werke des Kitsches intendieren beides forciert: Repräsentation von Lebenswirklichkeit (»aus dem Leben gegriffen«) und Konstruktion eines Idealentwurfs (Märchenglück in Liebe, Schönheit und Reichtum); sie verfehlen beides, R. und →Utopie.
Das gelungene literar. Werk, gleich welcher Stillage, Gattung und Epoche, steht in *doppelter Beziehung* zum R.: Es bleibt in unabänderl. künstler. Differenz zur Realität, getrennt von ihr durch den ästhet. Schein. Es ist alles andere als ident. mit dem Wirklichkeitsstoff, den es sprachl. darstellt. Zugleich aber ist es unausweichl. realist. darin, daß es als künstler. Gebilde Realität konstituiert: eine eigene künstler. Realität des in sich stimmigen ästhet. Gebildes. Extrembeispiel ist die moderne konkrete Poesie: Sie ist einerseits verfremdend abstrakt und ungegenständl., schafft andererseits aus der Materialität der →Sprache die eigene Wirklichkeit des Textkörpers, der handgreifl. real und konkret ist.

*Lit.: Th. W. Adorno:* Erpreßte Versöhnung, in: *ders.:* Noten zur Literatur II, Frankfurt/M. 1961. – *E. Auerbach:* Mimesis. Dargestellte Wirklichkeit in der abendländ. Literatur, Bern, 6. Aufl. 1977. – *R. Brinkmann:* Wirklichkeit und Illusion, Tübingen, 3. Aufl. 1977. – *G. Lukács:* Wider den mißverstandenen R., Berlin 1958.

*Klaus Jeziorkowski*

**Recht.** In der heutigen Alltagssprache gebrauchen wir die Begriffe R. und staatl. →Gesetz vielfach synonym. Ist die Gleichsetzung auch zumeist akzeptabel, so schöpft sie doch das Thema bei weitem nicht aus. Neben dem staatl. gesetzten (objektiven) R. (Gesetz, Rechtsverordnung u.a.) kennen wir subjektive R.e (z.B. Grundrechte, gesetzl. oder vertragl. Ansprüche; →Verfassung), die nach heute vorherrschender Auffassung nur auf Grund und nach Maßgabe des objektiven R.s bestehen; weiterhin gibt es (ungeschriebenes) →Gewohnheitsr.

*A. Recht als soziale Norm*

Das soziale Phänomen R. wird erst dann zureichend gewürdigt, wenn es im Zusammenhang mit dem Problem sozialer Normierung (→Norm) gesehen wird. Menschl. Verhalten ist von Natur aus nicht durch artspezif. Instinkthandlungen fixiert, ihm ist auch kein normativer →Sinn erkennbar vorgegeben. Dieser »Mangel« nötigt zum sinnhaften Aufbau einer sozialen Welt weiterer, sog.

*sekundärer Systeme.* In ihr wirkt alles von Menschen für Menschen »gemachte«, sozial eingerichtete R. für das menschl. Erleben und Handeln als eine normative Struktur unter anderen, wie z.B. Brauch, Sitte und →Moral. Von diesen und anderen sozialen Normen unterscheidet sich das R., das in seiner entwickelten Form – bei schriftl. Fixierung und inhaltl. Zusammenhang – sehr wandelbar, aber institutionell verfestigt (R.sstab, Verfahrensordnungen) und mit hoher Verbindlichkeit versehen ist.

*B. Entwicklung des positiven Rechts*

R. im heutigen Sinne ist die Errungenschaft einer langen Entwicklung. Der Bedarf nach diesem leistungsfähigen und vielseitigen Regelungsinstrument entsteht mit der Entwicklung moderner →Gesellschaften. Im Verlauf dieses Prozesses *verselbständigt sich* das R.ssystem weitgehend vor allem von moral. Normen. Ältere R.skulturen zeigen sich noch überwölbt von einem für den Menschen unverfügbaren →(Natur- )R. göttl. Herkunft; R. bleibt in diesem Stadium noch eng mit Sitte, rel. Vorstellungen und Praktiken verbunden (→Religion und Moral). Die Zunahme der Regelungsprobleme moderner Gesellschaften führt schließl. zur Ausbildung eines verselbständigten R.ssystems, in dem R. von bes. Instanzen *verbindl. gesetzt* und von einem bes. R.sstab interpretiert, angewandt und fortgebildet wird; seine typ. Ausprägung ist das →*Gesetz.* Diese Geltung kraft Gesetztheit (»Positivität«) macht den Kern des Begriffs des »positiven R.s« aus; hinzu kommen muß aber ein Mindestmaß an Wirksamkeit.

*C. Recht und Moral*

Heißt das, daß jeder beliebige Inhalt (positives) R. werden kann? Kann das positive R. seinem Wesen nach letztl. nur dann als R. (»richtiges R.«) und damit als normativ verbindl. gelten, wenn gegenüber »dem R. wie es ist« moral.- ethisch (bzw. natur- oder vernunftrechtl.) Vorstellungen darüber ins Spiel gebracht sind, »wie das R. sein soll«, oder ist für die Bestimmung des R.sbegriffs allein die Positivität des R.s maßgebl.?

*I.* Erst jüngst ist wieder ein grundsätzl. Streit darüber ausgebrochen. Ein heute – in dieser Form überlebter - verengter Gesetzes- und R.spositivismus sieht nicht nur R. und Wirklichkeit, sondern auch R. und Moral strikt geschieden. Bei der Erörterung des Problems des R.spositivismus muß allerdings genau zwischen der *Positivität* des R.s und dem *»Positivismus«* unterschieden werden, bei letzterem zudem noch zwischen dem *jurist.* Gesetzes- bzw. R.spositivismus (einer best. Art und Weise des Verständnisses und des method. Umgangs von Juristen und Rechtswissenschaftlern mit dem positiven R.) und dem *philos.*, vor allem erkenntnis- und wissenschaftstheoret. →Positivismus, der vor allem vom Methodenideal der →Naturwiwssenschaften geprägt ist.

*II.* Der *jurist. Positivismus* im Anschluß von Hans Kelsen und H. L. A. Hart begreift R. als eine normative →Ordnung menschl. Verhaltens, d.h. als ein System von menschl. Verhalten regulierenden Normen, die ein best. Verhalten vorschreiben, beispielsweise gebieten, verbieten, erlauben oder dazu ermächtigen. Somit erschöpft sich die R.swelt für diese Auffassung in einer autoritativ gesetzten und sozial wirksamen, i.ü. aber rein normativen Sollensordnung, die darüber hinaus allenfalls noch immanente →Prinzipien, Leitideen oder →Werte kennt. R.snorm und R.swirklichkeit sind jedoch keineswegs so radikal geschieden, wie solcher »Normativismus« glauben machen will. Ganz im Gegenteil: Die mit Hilfe sprachl. →Symbole schriftl. fixierten, in den Worten, Begriffen und normativen Sätzen der R.ssprache zum Ausdruck gelangenden R.svorschriften enthalten die tatbestandsmäßigen Voraussetzungen der R.snormen sowie z.B. die Androhung von R.sfolgen für den Fall ihrer Nichterfüllung nicht als apriorische (vorgängige; →Apriori), sondern sie sind und bleiben in ihrem normativen Bedeutungsgehalt vom jeweiligen polit., wirtschaftl. und sozialen *Kontext abhängig,* in dem sie Verwendung finden. Dies haben die sog. Freirechtslehre und die Interessen- und Wertungsjurisprudenz ( R. von Ihering, Ph. Heck) schon zu Beginn unseres Jh.s klar gegen positivistisch verengte Positionen herausgearbeitet. An sie anknüpfend, wird die heutige R.swissenschaft und prakt. R.sanwendung von einem *»nachpositivist. R.srealismus«* beherrscht. Auch für diesen fungiert jedoch (im kontinental-europ. Verfassungsstaat) die Staatsverfassung (→Verfassung) als letzter normativer Geltungsgrund allen R.s. Dies schließt keineswegs aus, daß Vernunft- oder Moralprinzipien inhaltl. in das positive R. einfließen (z.B. als die von Verfassungs wegen erhebl. polit. Leitideen, Prinzipien, Grundsätze und →Grundwerte). Jedoch haben sie durch das Verfassungsgesetz im polit. Prozeß eine Positivierung erfahren, die ihren Geltungsanspruch auf eine gänzl. neue, institutionell (parlamentar. Versammlung u.ä.) *vermittelte* und normativ eigenständige *Geltungsgrundlage* gestellt hat. Maßgebend für die Bestimmung des R.sbegriffs bleibt damit die Positivität des R.s.

*III.* Die Perversion des R.s in *totalitären Systemen,* insbes. während des →Nationalsozialismus, hat den Geltungsgrund der Positivität erschüttert, obgleich er in Gestalt des parlamentar. Gesetzes hist. ein Kind der →Demokratie war und als Garant innerer →Liberalität wirkte. Eine Auffassung will bestimmten oder allen nationalsozialist. Vorschriften von vornherein R.squalität absprechen und sie als »Unrecht« qualifizieren. So versuchte z.B. Gustav Radbruch nach 1945 in Abkehr von seinem zuvor vertretenen positivist. →Relativismus den Konflikt von positivem R. und →Gerechtigkeit bzw. Billigkeit dadurch zu lösen, daß bei einem unerträgl. Widerspruch des Gesetzes zur Gerechtigkeit »gesetzl. Unrecht« *der Gerechtigkeit zu weichen* habe. Die Kriterien der Gerechtigkeit seien dabei der Tradition der →Menschen- und Bürgerrechte zu entnehmen. Ganz ähnl. erlebte die höchstrichterl. Rechtsprechung in der Bundesrepublik nach 1945 eine schnell abklingende *Naturrechtsrenaissance.*

*IV.* Unter dem Eindruck der Diskussionen um die Zulässigkeit *»zivilen Ungehorsams«* (→Widerstand) ist jüngst die Frage nach dem Geltungsgrund des R.s aus moraltheoret. erweiterter Perspektive, d.h. nach seiner Verbindlichkeit im Verhältnis zu anderen, insbes. moral. Normen, aufgeworfen worden. Dabei hat man versucht, im R.sbegriff nicht allein die autoritative Gesetztheit und die soziale Wirksamkeit, sondern auch die materiale Richtigkeit einer Norm in ein vernünftiges Verhältnis zu bringen (R. Dreier).
Die Gegenauffassung, die zwar »nachpositivistisch« (→Rechtswissenschaft) ist, aber den Geltungsgrund des R.s allein in seiner Positivität entdeckt, sieht hierin einen »neuen Fundamentalismus« (W. Krawietz), der die hist. Leistung der Vernunftaufklärung (→Aufklärung), näml. die Differenzierung von →Religion, →Politik und R., aufs Spiel setze. In der Tat wird einer modernen *hochdifferenzierten →Industriegesellschaft* allein ein R.sverständnis gerecht, das die Frage der Geltung des positiven R.s nicht an Überzeugungen darüber koppelt, ob es mit best. Moral- und Vernunftprinzipien vereinbar ist (→Pluralismus). Eine ganz andere Frage ist es, daß sich solche vom positiven R. abweichenden, ihm widersprechenden Überzeugungen im *polit. Prozeß* artikulieren können und eine Positivierungschance haben.

*D. Recht, Moral und Politik*

Die Frage, ob jeder beliebige Inhalt R. werden kann, ist damit aus der Perspektive des R.ssystems grundsätzl. mit Ja, aus der Perspektive moral.-eth. oder vernunftprinzipieller Normensysteme mit Nein zu beantworten. Der Kampf ums »richtige R.« findet im polit.-sozialen System statt. Vom positiven R. abweichende moral. Überzeugungen entbinden rechtl. betrachtet nicht von der *Pflicht der R.sbefolgung*, erschüttern nicht die Geltung des positiven R.s. Wer z.B. unter totalitären Verhältnissen gleichwohl die Stärke zum Ungehorsam aufbringt, verstößt aus Sicht dieses Systems gegen geltendes R. Erst recht gilt dies bei »zivilem Ungehorsam« gegen als ungerecht abgelehnte R.sbestimmungen in einem ansonsten akzeptierten Verfassungsstaat, der umfassenden R.sschutz und Chancen der polit. Durchsetzung gewährt. Wer seine moral.-eth. o.ä. Überzeugungen im polit.-sozialen Prozeß durchsetzt, sei es im Wege der →*Revolution* oder der Gesetzgebung, verschafft ihnen so Positivität; das alte R. tritt ab. Weniger spektakulär kann Vergleichbares dadurch geschehen, daß veränderte soziale oder moral. Vorstellungen in der prakt. *R.sanwendung* über die im R.sstab (Richter, Staatsanwalt, Rechtsanwalt u.a.) agierenden Personen Eingang finden und das positive R. in der Anwendung auf den Einzelfall in eine neue Richtung fortentwickeln (→Rechtswissenschaft).
R., Moral und →Politik sind immer zusammen zu denken; der polit.-soziale Prozeß stellt das Medium dar, das unter Bedingungen der Positivität des R.s moral.-eth. und anderen Überzeugungen eine Positivierungschance gibt.

*Lit.: R. Dreier:* R.-Moral-Ideologie. Studien zur R.stheorie, Frankfurt/M. 1981. – *Ders.:* Der Begriff des R.s in: Neue Jurist. Wochenschrift 1986, 890-896. – *W. Krawietz:* R. als Regelsystem, Wiesbaden 1984. – *N. Luhmann:* R.ssoziologie, Opladen, 2. Aufl. 1983. – *W. Maihofer:* Begriff und Wesen der R.s, Darmstadt 1973.

*Wolfgang Meyer-Hesemann*

**Rechtfertigung.** In Anknüpfung an die Theologie des Apostels →Paulus bezeichnet R. die Einsicht in den Zusammenhang von Selbst–, Welt- und Gottesverhältnis des Menschen, die der christl. Glauben zu erschließen vermag. Die prominente Stellung des Begriffs im Gesamtzusammenhang christl. Theologie ist vor allem von den Reformatoren des 16. Jh.s herausgearbeitet worden. So ist R. bis ins frühe 20. Jh. auch ein konfessionspolit. Kampfbegriff zur Abgrenzung des spezif. Protestantischen von konkurrierenden konfessionellen Auslegungen des Christlichen gewesen. Seit dem Ende des Zweiten Weltkriegs ist Luthers Hervorhebung der theol. Zentralstellung des Begriffs zunehmend zum Gemeingut christl. Theologie aller Konfessionen geworden.

*A.* Der zum *Paulus* bekehrte jüd. Rabbiner Saulus hat sein Verständnis der →Gerechtigkeit des Menschen vor Gott in Auseinandersetzung mit dem Gesetzesverständnis des Judentums entwickelt. In Paulus' polem. Sicht der jüd. Tradition gilt dieser Gesetz (→Tora) als Inbegriff des Willens Gottes. Deshalb eröffne dem Juden allein der Weg der Toraerfüllung Teilhabe am göttl. Heil. Rückblikkend behauptet Paulus, daß dies nur zur Erfahrung der Grenzen menschl. Handelns vor Gott führe (→Sünde). Wahre Heilsgewißheit könne nur erlangt werden, wenn Gott selbst sie gewähre. In diesem Sinne bezeichnet R. eine neue Struktur des Verhältnisses von Gott und Mensch: An die Stelle des Versuchs, →Heil selbst zu erwerben, tritt die im →Glauben sich erschließende Gewißheit, daß Gott durch seine Zuwendung in Jesus Christus (→Gnade) dem Menschen selbst Heil schenken will (Röm 3, 21; Röm 5, 21; Gal 3, 22; Röm 10, 3).

*B.* Die paul. R.slehre ist schon innerhalb der *frühen Christenheit* in hohem Maße umstritten gewesen. Diese Auseinandersetzungen haben in erster Linie der Frage gegolten, welcher Stellenwert menschl. Handeln in der christl. Existenz noch zuerkannt werden könne, wenn über das Heil des

Menschen allein durch Gottes Handeln entschieden werde. Aus der Sorge, die paul. R.slehre befördere Trägheit und Gleichgültigkeit gegenüber den Herausforderungen der Ethik Jesu (→Bergpredigt), hat vor allem *Pelagius* betont, der von Gott gegebene freie Wille des Menschen sei heilsnotwendig auch im Sinne von Gottes Gebot zu betätigen. Der prominenteste altkirchl. Kritiker dieser als häret. verworfenen Lehre, →Augustinus, hat demgegenüber eine grundlegende Unfähigkeit des Menschen zum Tun des Guten behauptet (»non posse non peccare«: der Mensch könne nicht nicht-sündigen) und damit jegl. menschl. Mitwirkung am Heilserwerb (Synergismus) abgelehnt. In diesem Streit um das Verhältnis von Glauben und Werken sind alternative Grundpositionen theol. Deutung von Möglichkeiten und Grenzen menschl. Handelns formuliert worden, die die Geschichte der Auslegung des R.sglaubens bleibend bestimmt haben.

*C.* Als der entscheidende Erneuerer der R.slehre gefeiert, hat →*Luther* gleichwohl keinen systemat. Traktat »De iustificatione« hinterlassen. Doch bildet der R.sglaube das organisierende Zentrum seiner Theologie. Deren Ausgangspunkt sind Leidenserfahrungen mit der Frömmigkeitspraxis der spätma. Kirche. Vor allem die Bußpraxis ist wesentl. vom Anspruch der Institution geprägt gewesen, dem einzelnen nach Maßgabe seiner Teilnahme an den sakramentalen Handlungen und Riten der Kirche Heil zuteilen zu können (→Sakrament). Durch ein Pathos rel. Heilssuche geprägt, wird Luther auf diesem Heilsweg in eine zunehmend radikalere Verzweiflung geführt. Erst die im Studium der paul. Theologie gewonnene Einsicht, daß Glaube wesentl. →*Vertrauen auf Gottes sich schenkende Liebe* sei, führt ihn zu einer Neubestimmung des Heilsverständnisses und damit der gesamten Theologie. Deren Leitthema ist der Mensch vor Gott, d.h. in seiner doppelten Bestimmung als Sünder und Gerechter. R. wird dabei als passive Konstitution menschl. Freiheit gedeutet. Das rechtfertigende Handeln Gottes befreie den Menschen von der Sorge um sich selbst und ermögliche ihm Resistenz gegenüber allen innerweltl. Verfügungsansprüchen. Gerade dies befähige ihn zu einer dem Wohl des Nächsten und des Gemeinwesens verpflichteten christl. Lebensführung. Mit dieser personalist. Deutung des Heilsgeschehens ist Luther einer der Wegbereiter der modernen Auslegung von Freiheit als →Autonomie.

*D.* Die *röm.-kath. Kirche* hat auf dem →Konzil von Trient, mit dem sie die Folgen der Reformation zu verarbeiten und sich theol. wie disziplinar. zu erneuern versucht hat (→Gegenreformation), auch ihre R.slehre verbindl. festgelegt: durch indirekte polem. Abgrenzung wie durch teilweise Aufnahme von reformator. Theologie. Dabei bestreitet sie die Zentralstellung des R.sbegriffs. Im Anschluß an →Thomas von Aquin wird dieser als Teil einer →Gnadenlehre entfaltet, in der das R.sgeschehen vorrangig in der *Perspektive eines Zusammenwirkens* von Gott und Mensch gedeutet wird. Einerseits betont das Konzil mit Paulus, daß der sündige Mensch von sich aus keine R. erlangen könne. Infolgedessen wird R. als ein Handeln Gottes am Menschen gedeutet, welches seine Grundlage in der in Jesus Christus offenbaren →Versöhnung Gottes mit dem Menschen habe. Andererseits wird auch eine relative Mitwirkung am R.sgeschehen betont, die selbst wiederum durch Gottes zuvorkommende Gnade ermöglicht sei: beginnend mit dem Glauben, der zur →Taufe führe, wirke der Mensch an der »Vorbereitung« seiner R. mit. Anders als reformator. Theologie deutet das Trienter Konzil solche R. als eine sozusagen »sakramentale« innere Umkehr, Verwandlung und Erneuerung des Menschen, die nicht im bloßen Glauben, sondern erst in der »Vollgestalt« christl. Existenz, der Einheit von Glaube, Hoffnung und Liebe, real werde. Diese innere Erneuerung wird als Gliedschaft am Leibe Christi oder als Bindung an die Kirche gedeutet, wobei das Konzil eine Identität zwischen der Kirche als Corpus Christi mysticum und der röm.-kath. Kirche betont (→Ekklesiologie). So hat die R.slehre des Trienter Konzils in der röm.-kath. Tradition bis ins 20. Jh. als antiprot. Unterscheidungslehre wirksam werden können.

*E.* Erst die *neuere*, ökumen. orientierte hist. *Forschung* hat betont, daß die antireformator. Verurteilungen des Tridentinum den Reformatoren nur eingeschränkt gerecht werden und in Spannung zur Aufnahme best. Elemente reformator. Tradition stehen. Röm.-kath. Theologen haben seit den 50er Jahren deshalb *Neuinterpretationen* der R.slehre des Trienter Konzils vorgelegt, mit denen Abgrenzung durch das Interesse an Verständigung abgelöst und der zuvorkommende Charakter der göttl. Gnade betont wird. Luth. Weltbund und röm.-kath. Kirche haben in ihrem bilateralen offiziellen Dialog 1972 gemeinsam davon gesprochen, daß sich in der Interpretation der R.slehre heute ein weitreichender Konsens abzeichne. Solchen Konsens gibt es insbes. bezügl. der alten Kontroversen über eine aktive Mittätigkeit des Menschen im R.sgeschehen: auch die röm.-kath. Theologie lehnt um der Souveränität der göttl. Gnade willen synergist. Deutungen der R. heute weithin ab. Im Hinblick auf den gesamttheol. Stellenwert des R.sbegriffs und insbes. die Zuordnung von R.slehre und →Ekklesiologie gibt es zwischen Luthertum und röm. Katholizismus noch *elementare Lehrdifferenzen*, die in ihrem Kern Ausdruck gegensätzl. Deutungen des Verhältnisses von frommem Individuum und kirchl. Institution sind. Bes. zeigt sich dies in der gegensätzl. Bedeutung der sog. »Laien«. Folgert der Protestantismus aus dem R.sglauben die prinzipielle Gleichheit aller Gläubigen vor Gott und erkennt keinen substantiellen Unterschied zwischen sog. »Priestern« und allen anderen getauften Christen an, so hält der röm. Katholizismus an einer eigenen theol. Dignität des priesterl. →Amtes gegenüber den »Laien« fest.

Betont röm.- kath. Theologie die Vermittlung von Gottes R. durch die Kirche als »Heilsanstalt«, so beinhaltet die prot. Deutung von R. als Freiheit eine theol. Minimalisierung der Institutionalität der Kirche, die rein funktional als Ort der Predigt von Gottes Wort und der Darreichung der Sakramente verstanden wird. Das entscheidende Subjekt der Erzeugung von Heilsgewißheit ist nicht die Kirche mit ihren Amtsträgern, sondern allein der →Hl. Geist. Für den weiteren ökumen. Diskurs über die R. dürfte deshalb weniger die theol. Klärung der R.slehre als vielmehr die Konzentration auf den Zusammenhang von R.sglaube, Kirchenverständnis und Ämterlehre von Bedeutung sein.

*F.* Die – vor allem im ev. Raum explizit geführte – theol. *Grundkontroverse des 20. Jh.s,* der Streit um das Verhältnis von Christentum und Kirche zur modernen →Kultur, ist im Kern eine Auseinandersetzung um das Thema der R. Zwei Positionen stehen sich gegenüber: Der R.sglaube wird einerseits als Gegenprinzip zu moderner →*Autonomie* ausgelegt, weil diese als Inbegriff des theol. Illegitimen, der sündhaften Fixierung des Menschen auf sich selbst gilt. Andererseits wird R. so als Freiheit des Menschen in und gegenüber der Welt gedeutet, daß *erfahrungsmäßige Entsprechungen* zum R.sglauben in der modernen Kultur thematisiert werden können. Wo immer einer prinzipiellen Selbständigkeit des Individuums gegenüber innerweltl. Verfügungsansprüchen Geltung verschafft wird, ist die im R.sglauben erschlossene Einsicht gegenwärtig. In Kirchen und rel. Kultur ist dies der Fall, wenn ein Recht zu Zweifel und Skepsis anerkannt (P. →Tillich) und rel. →Toleranz Geltung verschafft wird. In der aufgeklärten polit. Kultur wird die Einsicht des R.sglaubens vor allem in der Achtung von →Menschenrechten konkret.

*Lit.: J. Baur:* Salus christiana. Die R.slehre in der Geschichte des christl. Heilsverständnisses I, Gütersloh 1968. – *R. Bultmann:* Theologie des NT, Tübingen, 6. Aufl. 1968. – *W. Gräb/D. Korsch:* Selbsttätiger Glaube. Die Einheit der Prakt. Theologie in der R.slehre, Neukirchen 1985. – *W. Härle/E. Herms:* R. Das Wirklichkeitsverständnis des christl. Glaubens, Göttingen 1979. – *K. Holl:* Luther (Ges. Aufsätze zur Kirchengeschichte I), Tübingen 1921. – *K. Kertelge:* »R.« bei Paulus, Münster, 2. Aufl. 1966. – *H. Küng:* R., Einsiedeln 1957. – *K. Lehmann/W. Pannenberg (Hg.):* Lehrverurteilungen – kirchentrennend?, Bd. I: R., Sakramente und Amt im Zeitalter der Reformation und heute, Freiburg/Göttingen 1986. – *W. Lohff/Ch. Walther (Hg.):* R. im neuzeitl. Lebenszusammenhang, Gütersloh 1974. – *G. Müller:* Die R.slehre. Geschichte und Probleme, Gütersloh 1977. – *O. H. Pesch:* Theologie der R. bei Martin Luther und Thomas von Aquin, Mainz 1967. – *V. Pfnür:* Einig in der R.slehre?, Wiesbaden 1970. – *T. Rendtorff:* Menschenrechte und R., in: *D. Henke u.a. (Hg.):* Der Wirklichkeitsanspruch von Theologie und Religion, Tübingen 1976, 161-174. – *P. Stuhlmacher:* Gerechtigkeit Gottes bei Paulus, Göttingen, 2. Aufl. 1966. – *P. Tillich:* R. und Zweifel, in: *ders.* Gesammelte Werke VIII, Stuttgart 1970.

*Friedrich Wilhelm Graf*

**Rechtsstaat.** Gegenüber staatl. Handeln (→Staat) grenzt ein R. subjektive, vornehml. in Grundrechten bes. abgestützte Freiheitsräume des einzelnen aus (→Verfassung), die institutionell und verfahrensmäßig abgesichert werden. Das staatl. Handeln erfährt im R. eine weitere Mäßigung, indem die Funktionen des Staates auf verschiedene, einander z.T. gegenseitig kontrollierende Organe aufgeteilt und durch übergreifende Prinzipien (wie Rechtssicherheit und Verhältnismäßigkeit) geregelt werden.

*A. Geschichtliche Entwicklung*

Der Begriff R. taucht erstmalig *1808* bei *Adam Müller* auf. Nach ihm ist in diesem Staat »das erste unter allen Besitzstücken des Bürgers die Freiheit, seine Kraft und sein eigentüml. Wesen geltend zu machen, zu wachsen, zu regen, sich zu streiten«. Die Schranke für diese →Freiheit des einzelnen, »ist nichts anderes als die Freiheit der übrigen Bürger«. Der Kern der R.idee ist allerdings sehr viel älter. Er findet sich sowohl im antiken, christl.-ma. als auch im aufklärer.-idealist. *Naturrecht.* Vor allem I. →Kants Philosophie ist von bes. Bedeutung für die Ausprägung des R.begriffs in Deutschland geworden.

Im *19. Jh.* wurde der R.begriff zu einem *polit. Kampfbegriff* des erstarkenden Bürgertums gegen den Polizeistaat (→Polizei) absolutist. Prägung. Er stand dabei vor allem in einem engen Zusammenhang mit der frühliberalen Forderung nach einer Beschränkung der Staatszwecke (»Nachtwächterstaat«). Im Gegensatz etwa zur vergleichbaren angelsächs. »rule of law« trat bei der spezif. dt., besitzbürgerl. liberalen R.konzeption vor allem nach 1846 die *Form des staatl. Handelns* (→Legalität) in den Vordergrund. Die Fragen nach einer aktiven Beteiligung an der polit. Macht und einer freiheitl. Staatsgestaltung traten zurück. Die Hauptmerkmale dieses »formalen R.s« bildeten die sog. Gesetzmäßigkeit der →Verwaltung und deren Kontrolle durch unabhängige Verwaltungsgerichte.

*B. Der Rechtsstaat des Grundgesetzes*

Nach Art. 20 Abs. 1 Grundgesetz ist »die Bundesrepublik Deutschland... ein demokrat. und sozialer Bundesstaat«. In einem hist. Kompromiß verschmilzt das Grundgesetz demokrat. (→Demokratie), rechtsstaatl. und sozialstaatl. Elemente (→Sozialstaat) miteinander. Sie dürfen nicht gegeneinander ausgespielt, sondern müssen als sich gegenseitig bedingende *Grundpfeiler* einer freiheitl. und sozialen →Gesellschaft begriffen und in ihren konkreten Ausformungen fortentwickelt werden. Erst die demokrat. Verknüpfung der Entscheidungsprogramme der Herrschenden mit den Forderungen und Interessen der Beherrschten, erst die rechtl. Zuordnung, Begrenzung und Kontrolle der Befugnisse der Herrschaftsausübung machen den »fundamentalen Widerspruch zwischen →Herrschaft und menschl. Selbstbestimmung« (F. Scharpf) erträgl. Eine freiheitl. Existenz aber können viele Menschen allein dann verwirklichen, wenn auch die dafür notwendigen gesellschaftl. Bedingungen durch sozialstaatl. orientierte Gesellschaftspolitik geschaffen werden. Neben die Aspekte der rechtsstaatl. Freiheitssicherung sind damit gleichrangig andere Aufgaben getreten: die der Teilnahme an polit. und gesellschaftl. Prozessen, der Teilhabe an sozialstaatl. Leistungen sowie des Schutzes durch die Solidargemeinschaft.

*Lit.: E. Forsthoff (Hg.):* R.lichkeit und Sozialstaatlichkeit, Darmstadt 1968. – *F. Scharpf:* Die polit. Kosten des R.s, Tübingen 1970. – *M. Tohidipur:* Der bürgerl. R., 2 Bde., Frankfurt/M. 1978.

*Wolfgang Meyer-Hesemann*

**Rechtstheologie** bezeichnet jene Theorie des →Rechts, vornehml. des →Kirchenrechts, die auf einer theol. Begründung des Rechts basiert.

*A.* In der *kath.* Kirche und →Theologie gibt es eine nahezu ungebrochene →Tradition naturrechtl.-philos. Denkens, von →Augustinus über →Thomas von Aquin bis ins 20. Jh. Danach beruht das (kath.) Kirchenrecht unabgeleitet auf dem »ius divinum« (göttl. Recht); eine R., angeregt durch R. Sohm und insbes. das 2. →Vat. Konzil, führte zu keiner breiten Entfaltung. Prakt. Grundlage für das Recht und damit auch für das Rechtsdenken in der ganzen kath. Kirche, für das →kanon. Recht, ist gegenwärtig der Codex Iuris Canonici (CIC) von 1983.

*B.* Die *prot.* Theologie hat zum Recht bis heute ein eher gebrochenes Verhältnis. *R. Sohm* (1841-1917) machte dies am Ende des letzten Jh.s durch die Behauptung deutl., daß das Recht mit der in der →Kirche zu verkündigenden →Liebe im Widerspruch stehe und Kirchenrecht darum ein Widerspruch in sich sei. Die Gedanken des Naturrechts werden nicht wie in der kath. Kirche übernommen, so daß das Schwergewicht der prot. R. auf die Lehre vom »ius divinum positivum« (positives, gesetzes göttl. Recht) fiel und fällt. Vor allem nach den Erfahrungen mit dem →Nationalsozialismus und der Bekennenden Kirche im →Kirchenkampf kam es zu einer erneuten Beschäftigung mit der R. Dabei blieben konfessionelle Unterschiede, allerdings in vermindertem Maße, erhalten. Ziel aller Nachkriegsentwürfe war es, das ev. Kirchenrecht durch eine theol. Begründung beliebiger Verfügbarkeit von seiten des →Staates, aber auch der Kirchen selbst, zu entziehen. Die drei wichtigsten Entwürfe sind die von *J. Heckel*, der sich intensiv mit der R. M. →Luthers auseinandergesetzt hat, von *Erik Wolf*, der von der Theologie K. →Barths beeinflußt war, und von *H. Dombois*, der sich bei der Grundlegung eines ökumen. Kirchenrechts mit der →Alten Kirche beschäftigt hat. Dombois konnte sein umfangreiches Werk erst 1983 abschließen; in der gegenwärtigen Diskussion treten die beiden anderen Entwürfe zunehmend in den Hintergrund. Heckel und ihm folgend sein Schüler S. Grundmann bemühen sich, innerhalb der Theologie Luthers den Gedanken der Liebe auf das Recht zu übertragen, und begründen und entfalten das Recht von daher. Heckel antwortet damit auf Sohm und die Lutherrenaisscane in der 1. Hälfte des 20. Jh.s. Wolf knüpft an reform. Gedanken zur →Ordnung an, die er in der Vermittlung K. Barths übernimmt, dessen theol. Position auch durch die Situation von →Kirche und Staat im Dritten Reich und in der Schweiz sowie insbes. durch die Betonung des →Bekenntnisses geprägt ist. Beiden Elementen begegnet man bei Wolf. Im Rückgriff Dombois' auf die Alte Kirche wird bes. der →Gottesdienst zur Basis der Reflexion und Darstellung des Kirchenrechts. Kirchenrecht gewinnt einen liturg. Aspekt (→Liturgie). Hier steht Dombois insbes. auch in der Diskussion mit der kath. Kirche. Er hat auf die Neufassung des CIC Einfluß genommen.

*C.* Die inhaltl. Diskussion rechtstheol. Fragen wird an Bedeutung gewinnen. Theol. Probleme im *ökumen. Bereich* und insbes. darauf gefundene theol. Antworten warten auf ihre Umsetzung in kirchl. Ordnungen. Der Kommission für »Glauben und Kirchenverfassung« des →Ökumen. Rates der Kirchen als Drehpunkt für das Gespräch aller christl. Kirchen miteinander wird dabei eine bes. Bedeutung zukommen. Offen ist aber, ob die Bedeutung der Frage in der Praxis ernst genommen wird. R. erscheint im Alltagsbetrieb von Forschung und Lehre oft nur als Randerscheinung und manchmal nicht einmal als das.

*Lit.: W. Böckenförde:* Das Rechtsverständnis der neueren Kanonistik und die Kritik Rudolf Sohms, Diss., München 1969. – *E. Corecco:* Theologie des Kirchenrechts, Trier 1980. – *H. Dombois:* Das Recht der Gnade, Bd. I, Witten, 2. Aufl. 1969; Bd. II, Bielefeld 1974; Bd. III, Bielefeld 1983. – *S. Grundmann:* Abhandlungen zum Kirchenrecht, hg. von R. Zippelius u.a., Köln 1969. – *J. Heckel:* Lex charitatis. Eine jurist. Untersuchung über das Recht in der Theologie M. Luthers, hg. von M. Heckel, Köln/Wien, 3. Auf. 1973. – *U. Nembach (Hg.):* Begründungen des Rechts, Göttingen 1979. – *N. Ruf:* Das Recht der kath. Kirche nach dem neuen CIC, Freiburg, 3. Aufl. 1983. – *R. Sohm:* Kirchenrecht, Bd. I, Leipzig, 2. Aufl. 1923; Bd. II, Leipzig 1923 (unv. Nachdruck, Berlin 1970). – *A. Stein:* Ev. Kirchenrecht, Darmstadt, 2. Aufl. 1985. – *E. Wolf:* Ordnung der Kirche, Frankfurt/M. 1971.

*Ulrich Nembach*

**Rechtswissenschaft**

*A. Geschichte und Begriff*

Die kontinentaleurop. R. hat sich im Hochma. als dogmat. Buchwissenschaft konstituiert. Sie war auf die Auslegung und systemat. Behandlung autoritativer Texte fixiert und gewann ihre spezif. Methodik aus Logik, Philosophie und Historik. Ihr Kernstück ist die auch als »Jurisprudenz« bezeichnete jurist. *»Dogmatik«* oder besser: prakt. R.; häufig werden diese Begriffe gleichbedeutend verwendet. R. im weiteren Sinne umfaßt aber auch – die z.T.

als Bindestrich-R. bezeichneten – Disziplinen wie z.B. Rechtssoziologie, -geschichte, -ethnologie, -linguistik, -informatik, -philosophie und -theorie. Innerhalb der prakt. R. unterscheidet man verschiedene Fachdogmatiken (u.a. Verfassungs-, Verwaltungs-, Zivil- und Strafrechtsdogmatik). Auf die verschiedenen Staatsfunktionen bezogen sind die Verfassungslehre, die Rechtsprechungslehre, die Gesetzgebungslehre und die Verwaltungslehre oder -wissenschaft; sie gehen über den engeren, auf prakt. Rechtsanwendung orientierten Rahmen der Fachrechtsdogmatiken hinaus. Innerhalb der R. im weiteren Sinn sind zudem verschiedene *Niveaus der Theoretisierung* zu unterscheiden: Die Rechtstheorie reflektiert die Eigenart des Rechtssystems sowie die Implikationen prakt. Rechtsanwendung und prakt. R. im Zusammenhang des staatl. organisierten Rechtssystems. Die prakt. R. macht demgegenüber *anwendungsorientierte Aussagen* über das geltende Recht sowie normative Vorschläge für neu zu schaffendes Recht; method. angeleitet interpretiert sie das geltende Recht sowie seine Anwendung ständig neu, bearbeitet es begriffl.-konstruktiv und formuliert so Teilrechtssysteme aus; sie ist im wesentl. anwendungsorientiert und auf den Einzelfall bezogen. Die jurist. Methodenlehre bietet einen Leitfaden richtiger richterl. Entscheidungsfindung im Einzelfall, aber auch für interpretator. und konstruktive Arbeit prakt. R., die diese Entscheidungsfindung vorbereitet.

*B. Selbstverständnis und Methodik*

Der Begriff »Jurisprudenz« führt in das methodolog. *Hauptproblem* der R.: Hat sie sich als *scientia*, mithin als – auf method. Erkenntnis des Seienden aus seinen Prinzipien gerichtete – Wissenschaft zu verstehen, oder richtet sie sich als *prudentia* (»Klugheit«) auf die sittl. Einsicht, auf die abwägende Wahl des Guten in einer konkreten Situation? Dieser schon im 16. Jh. entflammte Streit über ihr Selbstverständnis lebt bis heute fort in der Gegenüberstellung der beiden großen Konzeptionen des jurist. Realismus und der jurist. Hermeneutik. Der jurist. *Realismus* unterwirft auch die R. dem naturwissenschaftl. Wissenschaftsbegriff; die jurist. →*Hermeneutik* dagegen bekräftigt die Eigenständigkeit geisteswissenschaftl. Erkenntnis (→Geisteswissenschaft). Überwiegend ist man sich heute jedoch darin einig, daß die R. eine »mehrdimensionale Disziplin« (R. Dreier) ist, die sich nicht in der begriffl.-systemat. Behandlung des geltenden Rechts erschöpft, sondern sich wertenden Erwägungen und nachbarwissenschaftl. Einflüssen öffnet. Am Entscheidungsprogramm der Gesetze orientiert, geht sie hinter den Text auf die Sachprobleme und Interessenkonflikte zurück und übersetzt im Fall von Regelungslücken anwendungsorientiert und mit professionellem Sachverstand die regelmäßig im Gesetz verankerte Lösung des Gesetzgebers; darin übt sie eine – oft heiml. – normative Funktion aus.

*Lit.*: *R. Dreier:* Recht – Moral – Ideologie. Studien zur Rechtstheorie, Frankfurt/M. 1981. – *J. Esser:* Vorverständnis und Methodenwahl in der Rechtsfindung, Frankfurt/M. 1972. – *W. Krawietz:* Recht als Regelsystem, Wiesbaden 1984.

*Wolfgang Meyer-Hesemann*

**Reform** (neulat.). R.en sind Maßnahmen, die auf die *Abschaffung* als veraltet erkannter Zustände oder von Mißständen und auf die *Anpassung* von Ideen, Methoden, Formen und Institutionen an die Erfordernisse der Gegenwart und der näheren Zukunft abzielen. R. ist immer *evolutionäre Modernisierung*, wobei sich das Problem wirkl. Fortschrittlichkeit stets neu stellt (→Fortschritt).

*A.* Die *Religions-* und →*Kirchengeschichte* ist gekennzeichnet von R.bestrebungen, die sich auch verselbständigen und neue Kirchen und →Konfessionen begründen können. So handelt es sich bei den Ketzerbewegungen (→Häresie) vom Ansatz her um R.bewegungen, die sich nicht durchsetzen konnten und sich nach ihrem Scheitern isolierten. Auch die →Reformation →Luthers strebte die R. der →Kirche an. Da sie aber nur einen Teil der rel.-polit. und sozialen Kräfte mobilisieren konnte, kam es zur →Kirchenspaltung. Die ev.-reform. Kirchen verstehen sich nicht als Abspaltung, sondern als die folgerichtige – da reform. – Fortsetzung der Kirche →Jesu Christi. Auch bei ihnen kommt es immer wieder zu reformbedingten Neuformierungen, die nach der vollzogenen Differenzierung veranlassen, neu nach der verlorengegangenen Einheit zu fragen. Eine Reihe von kirchl. R.bewegungen gab ihre Papstbindung (→Papst) nicht auf, sondern ging von ihr aus, so etwa die →R.konzilien oder die →Gegenreformation. Doch haben →Konzilien genaugenommen immer R.en der Kirche zur Aufgabe gehabt. Dabei konnten sie – vor allem wenn sie die Lehre der Kirche (→Dogma) betrafen – neue Abspaltungen bewirken (z.B. die →altkath. Kirche nach dem 1. →Vat. Konzil). Vergleichbare Entwicklungen traten bei den ev. Kirchen mit den Altlutheranern (→Selbständige Ev.-Luth. Kirche) oder →Altprotestanten auf, in der russ. Orthodoxie mit den Altgläubigen (Raskolniki). Eine Strömung wie der sog. R.katholizismus will grundsätzl. und ständig an der Übereinstimmung der Kirche mit der modernen Welt arbeiten. Eine völlig andere Problematik versuchte das R.judentum (seit Anfang des 19. Jh.s, →Judentum) zu bewältigen, indem es mit rel. R.en (Aufgabe messian. Ideen, Verzicht auf Hebräisch in der Liturgie u.a.) die jüd. Assimilation in Europa und den USA zu fördern suchte. Diese Bestrebungen wurden vor allem nach der Judenvernichtung (→Holocaust) durch den →Nationalsozialismus weitgehend als sinnlos aufgegeben.

*B.* Eine auf R.en gerichtete *Politik* differenziert sich in eine prinzipiell reformist. Richtung, die mit Hilfe von R.en auch die →Gesellschaft schrittweise verändern will (demokrat. Linke), und in eine liberal-konservative Richtung, die eher dazu neigt, durch R.en Krisen zu vermeiden oder zu beheben (→Liberalismus, →Konservatismus). Auf jeden Fall trägt die R.politik dem →sozialen Wandel Rechnung, gleich ob sie ihn mehr fördert oder mehr begleitet. Sie beabsichtigt eine möglichst weitgehende →Integration aller Gruppen und Schichten. Dennoch besteht an ihren radikalen und extremen Rändern stets die Gefahr von tiefgreifenden Divergenzen und Abspaltungen (→Radikalismus). Sowohl traditionalistisch-reaktionäre und restaurative Gruppen auf der Rechten (→Restauration), die jede R. verneinen, als auch linke revolutionäre Gruppen, die eine allmähl. Veränderung der von ihnen kritisierten Verhältnisse ablehnen (→Revolution), sondern sich leicht ab und betonen die Gegensätze. In der *polit. Geschichte* wird dies bes. deutl. am Beispiel der Kontroverse zwischen dem revolutionären →Marxismus(-Leninismus) und der – als Reformismus und Revisionismus gekennzeichneten – →Sozialdemokratie. Gelegentl. vereinen sich die Extreme im Kampf (zu dem auch →Terrorismus gehören kann) gegen R.en, da ihnen deren Erfolg den Boden entzieht (z.B. NSDAP und KPD zu Beginn der 30er Jahre). Aus einer grundsätzl. reformbetonten Haltung heraus – in der die Religions- und Kirchengeschichte mit der polit. Geschichte der →Neuzeit zutiefst miteinander verbunden sind – entstehen R.bewegungen in allen Lebensbereichen, so z.B. Ende des 19. und Anfang des 20. Jh.s antibürgerl. lebensreformerische Bewegungen (R.kleidung, R.häuser, →Jugendbewegungen), aber auch die →R.pädagogik.

*Lit.: M. Greschat (Hg.):* Die Reformationszeit, 2 Bde., Stuttgart 1981-82. – *O. Schroeder:* Aufbruch und Mißverständnis. Zur Geschichte der reformkath. Bewegung, Graz/Wien/Köln 1969.

*Hans Hecker*

## Reformation

### A. Begriffe

Begriffe der R. ergeben sich aus den Deutungen ihrer Ursachen und Verflechtungen, ihres Verlaufs und ihrer Wirkungen. Gegenwärtig ist der engste Begriff der R., der sich an der Tat →*Luthers* und ihren Folgen orientierte, ebenso in Frage gestellt wie das klass. Muster der dt. Geschichtsschreibung seit Ranke, das →Kirchenreform und Reichspolitik miteinander verband. Wenn R. einen Prozeß meint, der Glauben und Leben in der →Gesellschaft bis ins 17. Jh. hinein bewegte, übergreift der Begriff die engere Epoche der dt. Geschichte von 1517 bis 1555 (→Deutschland). Dieser weitere Begriff kann den europ. Raum miterfassen, in dem sich gesellschaftl. Strukturen und polit. Verfassungen und Intentionen zu Kirche und →Religion verschieden stellten. Obwohl mehr als eine Reform der Kirche oder nur neue Lehre, lassen die Verflechtungen mit den anderen Lebensbereichen, mit →Kultur, →Staat und →Wirtschaft, *die* R. nur als eine der Signaturen des Zeitalters erscheinen. Die theol. Neuerungen Luthers oder →Zwinglis und →Calvins, aus deren dramat. Perspektive man ihre Zeit als Einsatz der →Moderne bestimmt hat, traten in den Schatten der gesellschaftl. Strukturen langer Dauer. Dieser Zeit waren Sinnstiftungen durch Religion jedoch unentbehrlich. Die R. bildete, weil sie die rel. Grundlagen veränderte, ein Bewegungszentrum, dessen ausstrahlende Kraft auf die anderen Lebensgebiete in seiner Reichweite und Tiefe noch genauer bestimmt werden muß. Die R. schloß in Staat und Gesellschaft an vorhandene Möglichkeiten an, sie machte aber auch neue Bewegungen möglich. So verstanden war R. ein Prozeß, der nicht allein und einheitl. von der Theologie bestimmt war, sondern der in der Gesellschaft mehrdimensional und vielgestaltig verlief, in Bewegungen und Krisen, sich im Erreichbaren stabilisierte und neue Schübe zuließ.

### B. Reformation und Politik

Sowenig ein Konzept der Veränderungen 1517 bei Versendung des 95 Thesen in Luthers Kopf schon fertig war, so unbestritten bleibt, daß seine theol. Entwürfe und Verwerfungen einen Ausgangsimpuls der R. bildeten. In der *frühen reformator. Bewegung* (1520-25) setzten mündl. und schriftl. Kommunikation (Predigten, Flugschriften, Bibeldrucke, Graphik) den Impuls um in soziales Handeln, das theol. Reflexion verwirklichte. Die reinen Ideen verwandelten sich, wenn sie aufgenommen wurden. Sie gewannen Durchschlagskraft, wenn sie an die Kritik am →Klerus und die Bereitschaft bürgerl. →Frömmigkeit, sich mit Kirche zu identifizieren, anknüpften. Dadurch wurden konkrete Veränderungen in Kirche und Gesellschaft ausgelotet. Das *Veränderungspotential* schien so gewaltig, daß erst die Krise von 1524/25 (→Bauernkrieg) den Beharrungskräften (vor allem Kaiser, geistl. und weltl. Fürsten) Gelegenheit bot, es einzudämmen. Der Formelkompromiß des Reichstags 1526, der beschloß, Gott und dem Kaiser zu gehorchen, verdeckte den Widerstand des Kaisers, der sich im Wormser Edikt 1521 gegen die rel. Neuerungen festgelegt hatte, und bot dadurch Handlungsspielraum für erste Einrichtungen fürstl. →Landeskirchen und die Weiterbildung städt. Gemeindekirchen. Die reformator. Kirchen stabilisierten sich auf einem niedrigeren Niveau, als es die frühen Entwürfe der Reformatoren und die Erwartungen der niederen Kleriker, die sie zuerst verbreiteten, zugelassen hätten. Als der Kompromiß von 1526 dann vom Reichstag 1529 widerrufen wurde, formierten sich die Protestanten, die dagegen Widerspruch einlegten, zu einem *polit. Bündnis* des →Widerstands, dem Schmalkaldischen Bund. Daß das Bündnis sich auf ein luth. →Bekenntnis verpflichten sollte, trieb Lutheraner und Zwinglianer, einige Schweizer Orte und oberdt. Reichsstädte, zu →Konfessionen auseinander (→Protestantismus). Ihre Differenz in der Lehre vom →Abendmahl konnte ein Gespräch in Marburg 1529 nicht beheben, ebensowenig hatten Religionsgespräche zwischen Anhängern des alten Glaubens und reformator. Theologen Erfolg. Die 30er Jahre führten den Protestanten neue Städte und Territorien zu. Den Gewinn der R. stellte die Krise in Frage, in die die Protestanten durch eine rekatholisierende Reichsreligionsordnung, das Interim von 1548, gerieten. Das Interim sollte die vorreformator. kirchl. Ordnung wiederherstellen, nur Abendmahl mit Kelch und Brot und die Priesterehe waren zugelassen. Das Interim war durch einen militär. Sieg des Kaisers, die Lösung der Krise im →Augsburger Religionsfrieden 1555 durch dessen Niederlage 1552 möglich. In ihm gelangen Formulierungen, die die polit. Auseinandersetzungen der Konfessionen entspannen konnten, die Stände, die dem →Augsburger Bekenntnis 1530 anhingen, wurden der rechtl. Verfolgung enthoben. Dem →Luthertum wurde so ein Spielraum eingeräumt, den sich der →Calvinismus in Westeuropa selbst erobern mußte. Die luth. R. breitete sich nochmals aus. Erst die kath. Fürsten konnten die neue Expansion der R. eindämmen und in gewaltsamen Konflikten die Einbrüche bereinigen, als sie sich der kath. Reform zuwandten, gestärkt durch die Klärungen der Lehre und Ordnung der Kirche, die das →Konzil von Trient (Ende 1563) bot. Zugleich setzte in den drei Konfessionskirchen eine *Wendung nach innen* ein, in deren Folge die Erziehung und Belehrung von Klerus und →Laien und die Kontrolle von Glauben und Leben intensiviert wurden.

*C. Religion und Gesellschaft*

Der Begriff R. kann den kurzfristigen Prozeß der 20er Jahre, aber auch den längeren des ganzen 16. Jh.s meinen, der gemeinhin als »Konfessionalisierung« bezeichnet wird (→Konfession, →Gegenreformation). Je nach Prozeßphase war die Berührung der Lebensbereiche durch Religion unterschiedl. intensiv. Die agitierende Publizistik und Predigt der Anfangszeit erfaßte auch soziale Themen und weckte auch bei Bauern soziale und polit. Erwartungen. Die Drucke ab 1530, deren Zahl die vor 1525 nicht erreichte, dienten der gelehrten Bildung der Geistlichen, versorgten die Laien mit rel. Grundwissen (→Katechismen) und lieferten Erbauungsliteratur, die christl. Religion für das Leben auslegte. Den Einsatz vor allem gebildeter Laien für das →Evangelium, das anfangs alles in seinen Bann zu reißen schien, belohnte das Luthertum nicht durch deren Gleichstellung mit den Geistlichen, wohl aber räumten die reform. Kirchen den Laien Mitwirkungsrechte ein. Den schriftgelehrten Geistlichen verlieh der Anschluß an die bürgerl. Bildungsbewegung und die Aufnahme der neuen Wissensstandards des →Humanismus eine dauernde Überlegenheit in der Auslegung des Wortes Gottes. Da der Schwerpunkt des gottesdienstl. Handelns sich vom →Sakrament auf die Predigt verschoben hatte, stand die Vermittlung rel. →Wissens und von →Normen sozialen →Handelns im Mittelpunkt. Dieser Umschwung war schon vor der R. von bürgerl. Laien in Gang gebracht worden, er schlug jetzt als Folge der reformator. Theologie durch. Auf dem →Land konnte die Berufung auf das Wort der Hl. Schrift durch dauernde Bibellektüre nicht eingeholt werden, da die Bauern nicht lesen konnten. Das rel. Wissen blieb ihnen noch lange lebensfremd. Die Reform der kirchl. Struktur ergab sich aus dem Wegfall der →Hierarchie und der →Orden: Der neue Klerus rekrutierte sich aus dem →Bürgertum und war nur noch für die geistl. Leitung der →Gemeinde verantwortlich. Die Verwerfung des →Mönchtums und der Ehelosigkeit der Geistlichen setzte einheitl. Lebensregeln für alle Christen in Geltung. In der *Stabilisierungsphase* traten so die traditionalen Strukturen deutl. hervor: Die Laien blieben unmündig; die Gemeinden wurden durch die Pastoren geleitet. In den Territorien sollte die jeweilige konfessionelle Lehre ausschließl. gelten, weil man die Einheit des Glaubens für unverzichtbar hielt, um die staatl. verfaßte Gesellschaft zu integrieren. In den gespaltenen Kirchen konnten einzelne den Glauben wechseln, wenn sie auswanderten, eine der Ursachen geograph. →Mobilität, die bis nach Nordamerika ausgriff. Im ganzen blieben aber die Möglichkeiten individueller Gewissensfreiheit (→Gewissen) hinter den erhöhten Chancen der Herrschaft zurück, das Leben zu disziplinieren. Die *obrigkeitl. Sittenzucht* trat an die Stelle der priesterl. Ohrenbeichte. Die Stabilisierung der R. verschüttete neu erschlossene Möglichkeiten. Das markanteste Beispiel bilden die →Täufer, deren Gemeinden sich vom Staat freihalten wollten, und die Spiritualisten, die beide als Schwärmer gesellschaftl. verbannt und verfolgt wurden. Das Neue der R. durchsetzte sich mit den gesellschaftl. Strukturen langer Dauer. Eine →Revolution, auch eine »frühbürgerl.«, blieb aus, wenn auch die Anpassungen nicht ohne Spannung erfolgten und die Frontlinie der durch Europa laufenden Konflikte oft durch die umstrittene Religion markiert wurde. Eine Deutung der R. muß Gewinne und Kosten gegenüberstellen: Wurde die →Freiheit des Christenmenschen nur geistl. errungen? Warum wurde sie nicht soziale Realität? Blieb die →Gleichheit aller Getauften am wiedergefestigten Netz der Amtskirche hängen? Gerieten die neuen Kirchen des →Wortes Gottes nicht unter die Kontrolle der sich verdichtenden absolutist. Staaten? Wurde die Chance, die Gesellschaft zu verchristl., vom Staatskirchenzwang behindert und in die Innerlichkeit verwiesen? Das Neue der R. fügte sich auf die Dauer der nächsten Jh.e in die *Wirklichkeit Alteuropas.* Die →Arbeit blieb noch lange mühselige Nahrungssorge, nicht ausgreifende Bemächtigung der Welt. Das →Eigentum sollte weiter der Norm des gemeinen Nutzens einer Gesellschaft unterstellt bleiben, deren Prinzip sozialer Differenzierung soziale Ungleichheit war. Daher sollte →Armut gelindert, nicht behoben werden. Die →Ehe, nun sorgfältiger kontrolliert, blieb auf Fortpflanzung orientiert, die →Familie sollte auch in einer Zeit der Knappheit Nahrung sichern. Liebe blieb in das »Haus« verwiesen. Die soziale Wahrheit der Religion, weiterhin als Gebot verstanden, emanzipierte den Menschen nicht zu freier Selbstbestimmung. R. bot einen ambivalenten Vorgriff auf die Moderne. Die Auslegungen der modernen Gesellschaft wiesen dann auf die R. als Symbol des Beginns der neuen Zeit zurück.

*Lit.: J. Engel (Hg.):* Die Entstehung des neuzeitl. Europa (Handbuch der europ. Geschichte 3), Stuttgart 1971 (Lit.). – *B. Moeller:* Deutschland im Zeitalter der R. (Dt. Geschichte 4), Göttingen 1977. – *St. Ozment (Hg.):* Reformation Europe, St. Louis (Miss.) 1982 (Lit.). – *H.-Chr. Rublack:* Gesellschaft und Christentum (Reformationszeit), in: Theol. Realenzyklopädie 13, 1-13 (Lit.). – *R. W. Scribner:* For the Sake of the Simple Folk, Cambridge 1981. – *Ders.:* The German Reformation, London 1986. – *G. Strauss:* Luther's House of Learning, Baltimore/London 1978. – *R. Wohlfeil:* Einführung in die dt. R., München 1982 (Lit.). – *E. Wolgast:* Reform, Reformation, in: Geschichtl. Grundbegriffe 5, Stuttgart 1984, 313-360. – Archiv für R.sgeschichte – Literaturbericht, Gütersloh 1972ff. (laufende Lit.).

*Hans-Christoph Rublack*

**Reformierte Kirchen.** Nach Angaben des Reformierten Weltbundes gehörten ihm 1986 161 reform., presbyterian. (→Presbyterianer) und kongregationalist. Kirchen (→Kongregationalismus) in aller Welt an.

*A.* Die unterschiedl. Selbstbezeichnungen verweisen auf die *vielfältige Entstehungsgeschichte*, wobei hist. Persönlichkeiten ebenso bedeutungsvoll waren wie jeweilige Situationen und zugrundeliegende Überzeugungen. Dennoch ragen unter den reform. Vätern des 16. Jh.s J. →*Calvin* und *U.* →*Zwingli* unbestritten hervor. Spezifisch reform. Gedankengut wirkte aber bis weit in das 17. Jh. auf die Entstehung prot. Kirchen in Europa und Nordamerika ein, sei es, daß man sich gegen hierarch.-bischöfl. Kirchenregiment absetzte oder daß Einwanderer und Flüchtlinge am neuen Ort ihr gewohntes kirchl. Leben weiterführen konnten (»Kirche unter dem Kreuz« am Niederrhein, →Hugenotten, →Vereinigte Staaten von Amerika). Die Weltmissionsbewegung des 19. und 20. Jh.s führte zur Bildung zahlreicher r.rK. in Asien, Afrika und Lateinamerika.
Neben der Ausbreitung gab es von Anfang an *Bemühungen um Einmütigkeit* der reformator. Kirchen »luth.« und »reform.« Prägung, angefangen vom Marburger Religionsgespräch 1529 bis zu den theol. Gesprächen der Gegenwart (1957 Arnoldshainer Thesen, 1974 Leuenberger Konkordie und anschließende Lehrgespräche).
Aus dem Bewußtsein der Zugehörigkeit zur weltweiten Kirche Christi heraus haben sich r.K. in aller Welt von Anfang an an der →*ökumen.* Bewegung auf nationaler und internationaler Ebene beteiligt (→Ökumen. Rat der Kirchen, →Christenräte).

*B.* Trotz ihrer vielfältigen Organisationsformen und unterschiedl. Entstehungsgeschichte sind r.K. durch *gemeinsame Merkmale* miteinander verbunden (schmucklose Kirchenräume, »liturgieloser« Predigtgottesdienst mit bes. gepflegtem →Psalmengesang, Gebrauch gebrochenen Brotes beim →Abendmahl, auf allen Ebenen kirchl. Organisation Leitung durch Gremien aus ordinierten Amtsträgern und →Laien). Sie entspringen best. Glaubensüberzeugungen: Gleichwertigkeit des →Alten und →Neuen Testaments, Betonung des dreifachen Amtes Christi (→Christologie) als Grundlegung christl. Ethik, eigenständige Darlegung der Gegenwart Christi im →Abendmahl, Betonung der absoluten Souveränität Gottes (→Prädestination), Verständnis der →Sakramente als »Wahrzeichen und Siegel«.
Der unterschiedl. Entstehung r.rK. entsprechen auch die zahlreichen →*Bekenntnisschriften*, die zwar zu keiner verbindl. Sammlung zusammengefaßt wurden, von denen jedoch einige über ihren Entstehungsbereich hinaus Bedeutung erlangten. Da nach reform. Überzeugung Bekenntnisschriften der Hl. Schrift grundsätzl. untergeordnet sind und der aktuelle Vorgang des Bekennens gleichwertig neben dem hist. Bekenntnis steht, ist der Prozeß der Bekenntnisbildung nie abgeschlossen, vielmehr wird das Bekenntnis immer wieder der Situation entsprechend neu formuliert. Dieser Offenheit entspricht auch die häufig anzutreffende Ablehnung des Begriffs »Calvinisten« und die Selbstbezeichnung als »nach Gottes Wort reform. Kirche«.

*C.* Reform. Kirchentum und *reform. Theologie* haben den Gesamtprotestantismus vielfältig befruchtet. Im Miteinander und in der Ergänzung zu anderen prot. Richtungen ebenso wie in dauernd angestrebter Konzentration auf das Wort Gottes muß man das Werk von Theologen wie *Johannes Coccejus,* →*Schleiermacher* und *Abraham Kuyper,* oder in der Gegenwart *K.* →*Barth, Emil Brunner* und *Otto Weber,* aber auch kirchengeschichtl. Ereignisse wie die *Kirchenunionen* des 19. und 20. Jh.s oder die *Barmer Erklärung* von 1934 im Ganzen des →Kirchenkampfes betrachten.

*Lit.: J. Calvin:* Unterricht in der christl. Religion. Nach der letzten Ausgabe übersetzt und bearb. von O. Weber, Neukirchen, 3. Aufl. 1984. – *K. Halaski (Hg.):* Die r.K., in: Die Kirchen der Welt, Bd. 17, Stuttgart 1977. – Der Heidelberger Katechismus, hg. vom Moderamen des Reformierten Bundes, Neukirchen, 8. Aufl. 1981. – *P. Jacobs (Hg.):* Reform. Bekenntnisschriften und Kirchenordnungen in dt. Übersetzung, Neukirchen 1949. – *Ders.:* Theologie reform. Bekenntnisschriften in Grundzügen, Neukirchen 1959. – *J. H. Leith:* An Introduction to the Reformed Tradition, Atlanta (USA), 2. Aufl. 1978. – *G. W. Locher:* Die Zwingl. Reformation im Rahmen der europ. Kirchengeschichte, Göttingen 1979.

*Claus Kemper*

**Reformkonzile.** Zu den R.n gehören Pisa (1409), Konstanz (1414-18), Pavia-Siena (1423-24), Basel

(1431-37 bzw. 1449), Ferrara-Florenz (1437-45). Bei aller Verschiedenheit zeichneten sich die einzelnen Versammlungen durch die Anliegen *Kircheneinheit und - reform* aus. Der konziliaren Theorie kam dabei eine herausragende Bedeutung zu. So ist auf den Zusammenhang von Einheit, Reform und → *Konziliarismus* bes. zu achten.

*A.* Zur Überwindung der durch die Doppelwahl 1378 in eine röm. und eine avignones. Obödienz (Gefolgschaft) gespaltenen abendländ. Christenheit rief eine von ihren Päpsten abgerückte Kardinalsgruppe zu einem Konzil nach *Pisa.* Kraft gesamtkirchl. Vollmacht machte das am 25.3.1409 zusammengetretene Konzil den beiden Päpsten den Prozeß, schritt zu ihrer Absetzung und wählte in Alexander V. einen neuen Papst. Als Pisaner Obödienz sammelte sich die Mehrheit der Christenheit um diesen und seinen Nachfolger Johannes XXIII. Einzelne Staaten hielten jedoch noch zu Gregor XII. (röm. Obödienz) oder Benedikt XIII. (avign. Obödienz). Der Überwindung dieses Restschismas diente *Konstanz.* Auch auf diesem Konzil wurden die auf ihrem Papat verharrenden Päpste abgesetzt (Gregor XII. hatte resigniert). Am 11.11.1417 wurde als neues und von der gesamten abendländ. Christenheit anerkanntes Oberhaupt Martin V. gewählt.

*B.* Seit Ausbruch des Schismas (→ Kirchenspaltung) spielte in der Diskussion das Konzil als Mittel zur Überwindung der Spaltung eine wichtige Rolle. Man konnte dafür auf die ältere Kanonistik zurückgreifen, die trotz ihres päpstl. Konzilsbegriffs für best. Fälle eines kirchl. Notstands auf das → Konzil verwies. So sollte ein solches als höchste richterl. Instanz gelten gegenüber einem häretisch gewordenen oder auch einem notorisch schlechten → Papst. Pisa berief sich in erster Linie auf diesen konservativen und von der Tradition abgesicherten Konziliarismus. In diesem war jedoch das Verhältnis von päpstl. und gesamtkirchl. Vollmacht nicht in allem abgeklärt bzw. einheitl. beantwortet. Zu einer prakt. und theoret. *Überordnung des Konzils* über den Papst schritt Konstanz. Nach der Auflösung des Konzils durch Johannes XXIII. erklärte sich das Konzil als im Hl. Geist versammelte *Repräsentanz der Gesamtkirche,* der auch der Papst zu gehorchen habe (Dekret »Haec sancta« vom 6.4.1415). Aus dem damit verbundenen gesamtkirchl. Verantwortungsbewußtsein erließ das Konzil eine Reihe von Dekreten, die den Papst der Gesamtkirche, d.h. dem Konzil, einbinden sollten. Das gilt bes. vom Dekret »Frequens« (9.10.1417), das die *period. Abhaltung* von Konzilien vorsah. Die Aushöhlung dieser konziliaren Kirchenverfassung bestimmte in den folgenden Jahren die päpstl. Konzilspolitik. Martin V. berief zwar 1423 Pavia ein, verlegte es dann kurzfristig nach Siena und hob die Versammlung kurze Zeit später auf. Gleiches hatte Eugen IV. mit dem am 14.12.1431 in Basel zusammengetretenen Konzil vor. Doch nach der päpstl. Suspension blieben die Konzilsväter zusammen und pochten unter Berufung auf »Haec sancta« auf ihre konziliare Autorität. Auf polit. Druck hin schloß sich am 15.12.1433 der Papst wieder dem Konzil an. Anläßl. der Frage nach dem Verhandlungsort mit den Griechen kam es dann zur Konzilsspaltung. Eine Minderheit folgte dem Papst auf das am 18.9.1437 nach Ferrara einberufene und am 16.1.1439 nach Florenz verlegte Konzil. Durch die hier vollzogene »*Griechenunion* (6.7.1439) geriet Basel ins Hintertreffen. Im Sinne eines radikal konstitutionellen Konziliarismus hatte es am 16.5.1439 »Haec sancta« erneuert, Eugen IV. abgesetzt und in Felix V. (5.9.1439) einen neuen Papst gewählt. Dieses Konzilsschisma fand in der Christenheit wenig Resonanz. Als Rumpfkonzil löste sich das 1448 von Basel nach Lausanne verlegte Konzil am 24.4.1449 auf, nachdem Felix V. am 7.4.1449 abgedankt hatte.

*C.* Der im Zuge des Einheitsanliegens weiterentwickelten konziliaren Theorie und Praxis ging es immer auch um Reform. Nicht nur in Notsituationen sollte das Konzil zuständig sein, sondern als ständige Einrichtung gesamtkirchl. Verantwortung tragen. So erließen Konstanz und Basel eine Reihe wichtiger *Reformdekrete.* Diese richteten sich in erster Linie gegen den Fiskalismus und die Stellenbesetzungspraxis der → Kurie. Doch auch für die Hebung der Klerikerbildung und die Verbesserung der → Seelsorge wurden Reformdekrete erlassen. In dem Geflecht der verschiedenen Interessen von Kurie, Landesfürsten und bischöfl. Zuständigkeitsanspruch verfingen sich viele Reformansätze, doch sind die Impulse für verschiedene spätma. Reformen nicht zu übersehen (bes. bei den Ordensreformen). Einzelne Länder, wie Frankreich, übernahmen verschiedene Reformdekrete; in den Abmachungen zwischen Papst und dt. Fürsten sowie im Wiener Konkordat (17.2.1448) wurden verschiedene berücksichtigt. Doch gerade diese Rezeptionsgeschichte zeigt, daß auch das Konzil als Repräsentant der Gesamtkirche in einer sich in Nationalstaaten aufteilenden Christenheit an Autorität und Wirksamkeit verloren hatte.

*Lit.: G. Alberigo:* Chiesa conciliare, Brescia 1981. – *R. Bäumer (Hg.):* Die Entwicklung des Konziliarismus, Darmstadt 1976 (Lit.). – *J. B. Pascoe:* Jean Gerson. Principles of Church Reform (Studies in medieval and reformation thought 7), 1973. – *H. J. Sieben:* Traktate und Theorien zum Konzil (Frankfurter theol. Studien 30), 1983 (Quellen und Lit.). – *J. W. Stieber:* Pope Eugenius IV, the Council of Basel and the Secular and Ecclesiastical Authorities in the Empire (Studies in the history of Christian thought 13), 1978. – *B. Tierney:* Foundations of the Conciliar Theory, Cambridge 1955 (Nachdruck 1968).

*Isnard W. Frank*

**Reformpädagogik.** Den Reformpädagogen in der *Zeit von 1895-1933* ist bei aller Differenziertheit in Ansatz, Methode und Ziel ihres Anliegens und den dabei objektivierbaren Unterschieden eines gemeinsam: der Glaube an die *Veränderung des Menschen* und seiner Lebensumwelt durch die

Erziehung. Das internationale europ. Gepräge der Bewegung läßt auf eine gemeinsame Wurzel schließen: die polit. Verhältnisse jener Zeit. Die Kritik, eingekleidet in das Gewand päd. Leitsätze und Reformideen, manifestiert sich allerdings (ob nun in Schweden, Rußland, Frankreich oder Deutschland) in erster Linie als *Kritik an Zivilisation und Kultur.*

*A.* Man mag dies – insbes. was die dt. Verhältnisse und das Scheitern der Bewegung 1933 angeht – im ganzen als polit. Unmündigkeit bzw. Unfähigkeit beklagen, in ihren auf das elementar Erzieherische beschränkten Erneuerungen aber zeigte sich eine verhältnismäßig geschlossene Konzeption, deren *Modellcharakter* in vielerlei Hinsicht bis heute fortwirkt.

1. Polit. Charakter hatte am ehesten noch die sog. *Einheitsschulbewegung.* Von ihr ging die Forderung nach einem Gesamtschulsystem (J. Tews [1860-1937], P. Oestreich [1878-1959]) aus, das alle Institutionen vom →Kindergarten bis zur →Hochschule umfassen, die alte Standes- und Stoffschule ablösen und konfessionsneutral wie koedukativ ausgerichtet sein sollte. Wie die Geschichte des dt. Schulwesens auch nach der polit. Wende 1919 bis in die Gegenwart ausweist, sind solche Konzeptionen nach wie vor umstritten. Wo solche Pläne nur unzureichend verwirklicht werden konnten, bot sich zumindest der teilweise Auszug aus dem bestehenden gesellschaftl. System an.

2. In den *Landerziehungsheimen* (H. Lietz, P. Geheeb, G. Wyneken, M. Luserke, C. Bondy, K. M. Hahn) in landschaftl. und klimatisch exponierter Lage ließen sich Selbstbestimmung der Schüler, Partnerschaft zwischen →Erziehern und Zöglingen und damit verbunden neue Wege des →Lernens, insbes. des →Sozialverhaltens, in einer bis dahin nicht gekannten Weise konkretisieren.

3. Außerhalb des schul. Rahmens emanzipierte sich in der →*Jugendbewegung,* in sog. Bünden, die junge Generation von aller Bevormundung durch die Älteren. Sie wollte ihr Leben selbst gestalten mit »innerer (!) Wahrhaftigkeit« und für »innere (!) Freiheit«, wie es in der Resolution hieß, die 1913 von 2.000 Jugendlichen auf dem Hohen Meißner verabschiedet wurde.

4. In den Vorschlägen für die *Volksbildung* (Volkshochschule, Erwachsenenbildung) wurden u.a. die Ideen des Dänen N. F. Grundtvig (1783-1872) ins Deutsche übersetzt.

5. Die jenseits aller polit. Ambitionen ansetzende *Kunsterziehungsbewegung* glaubte glaubte in der Pflege und Förderung künstler. Betätigung, worunter man im umfassenden Sinne Bildende →Kunst, →Musik, →Literatur, Leibeserziehung verstand, ein Bollwerk gegen geistigen Verfall errichten zu können.

6. In dem Prinzip der *Arbeitsschule* (G. Kerschensteiner, H. Gaudig) schließl. kam die Wertschätzung des →Handwerks (Werk- und Bastel-AG usw.) ebenso zum Ausdruck wie das formale Lernen von Lernen.

*B.* Wesentl. Anteil an der R. in all ihren Denominationen hatten *ev. und kath. Pädagogen.* So gehörten liturg. Feiern zum festen Bestandteil vieler Verbände, wurden in der konfessionellen Erwachsenenarbeit neben theol. Fragen insbes. solche des kirchl. Lebens diskutiert. Innerhalb der Jugendbewegung fand sich ein Großteil ev. und kath. Schüler wie junger Erwachsener in eigenen Bünden und unter eigenen Führern zusammen. Ihre prekäre Situation bestand häufig darin, sich einerseits gegenüber der Amtskirche bezügl. ihrer Orthodoxie rechtfertigen, sich andererseits gegenüber der Jugend legitimieren zu müssen. Das Prinzip des unmittelbaren Lernens, der Bildung durch Erfahrung und Erleben, wurde schließl. durch R. Kabisch (1868-1914), H. Scharrelmann (1871-1940), O. Eberhard (1875-1966) u.a. in der Religionspädagogik heimisch gemacht.

*C.* Das Scheitern der R. angesichts der Herausforderung durch den →Nationalsozialismus offenbarte sinnfällig ihre *Schwäche.* Die Überschätzung schöpfer. Kräfte im →Kinde und →Jugendlichen, die irrationalen romant. Strukturen der einzelnen Gemeinschaften und Bewegungen (→Sprache, Führertum usw.) machten nicht nur gegenüber den gesellschaftl. Notwendigkeiten blind, sondern arbeiteten der Demagogie z.T. geradezu in die Hände. Nichtsdestoweniger fanden in den 20er Jahren reformpäd. *Grundsätze* Eingang in die staatl. Gesetzgebung, was Schule im allg. und Lehrpläne im bes. angeht. Auch die Jugendfürsorge beruht auf reformpäd. Einsichten.

*Lit.: W. Flitner/G. Kudritzki (Hg.):* Die dt. R., Bd. I: Die Pioniere der päd. Bewegung, Stuttgart, 3. Aufl. 1982; Bd. II: Ausbau und Selbstkritik, 2. Aufl. 1982. – *H. Röhrs:* Die R. Ursprung und Verlauf in Europa, Hannover/Berlin/Darmstadt/Dortmund 1983. – *Ders. (Hg.):* Die Schulen der R. heute. Handbuch reformpäd. Schulideen und Schulwirklichkeit, Düsseldorf 1986. – *W. Scheibe:* Die reformpäd. Bewegung 1900-1932. Eine einführende Darstellung, Weinheim/Basel, 9. Aufl. 1984.

*Gerd Bockwoldt*

**Reger,** *Max,* geb. 19.3.1873 in Brand bei Kemnath (Oberpfalz), gest. 11.5.1916 in Leipzig, dt. Komponist. Aus einem musikal. Elternhaus stammend, erhielt R. ab 1884 regelmäßigen Unterricht bei dem Organisten A. Lindner, zugleich der erste Biograph seiner Jugendjahre. 1888 entschied sich R. unter dem Eindruck einer Bayreuther *Parsifal*-Aufführung (R. →Wagner) für den Musikberuf. H. Riemann, die große musiktheoret. Autorität seiner Zeit, wurde 1890 sein Kompositionslehrer in Sonderhausen und Wiesbaden. Anstellung und Durchbruch als Komponist blieben R. zunächst versagt; es folgten vielmehr Jahre körperl. wie seel. Leidens. Der Wechsel nach München 1901 brachte ihm teilweise Anerkennung als Komponist (Klavier-, Kammermusik, Orchesterwerke) und Pianist, zugleich auch starke Widerstände durch die sich progressiv gebende »Neudeutsche Schule« (→Romantik). R. war ein Verehrer von R. Strauss

und schloß Freundschaft mit Ph. Wolfrum. 1907 folgte er einem Ruf als Universitätsmusikdirektor, Kompositionslehrer und Prof. nach Leipzig. 1908 verlieh ihm die Universität Jena das philos. Ehrendoktorat, initiiert von F. Stein, dem Freund und späteren Biographen. R.s Dank war der 100. Psalm für Chor und Orchester. Seit 1910 wurden mehrtägige R.-Feste durchgeführt. Mit der Übernahme der Meininger Hofkapelle 1911 konnte R. seine jetzt entstehenden Orchesterwerke auch beispielhaft aufführen (u.a. 4 Tondichtungen nach Böcklin, Konzert im alten Stil, Mozart-Variationen). Mit Ausbruch des Krieges 1914 begann R. ein lat. Requiem (unvollendet). Kurz vor seinem Tode zog er nach Jena und schloß sein Werk mit dem Klarinettenquintett (1916) ab. Zu seinen Schülern zählen u.a. J. Haas und O. Schoeck als Komponisten, der Musikkritiker A. Berrsche und die Interpreten A. und F. Busch.
R.s Schaffen umfaßt, mit Ausnahme der Oper, das *gesamte* formale und gattungsmäßige *Spektrum* der Musik. In manchen Stileigenheiten R. Schumann, J. →Brahms und R. Wagner verpflichtet, suchte R. eine Verbindung von barocker Linearität, volksliedähnl. Schlichtheit, klassizist. Formstrenge und *hochromant.* Ausdruck zu erreichen. Neben der Kammermusik und zahlreichen sinfon. Werken spielen die Orgelmusik und das geistl. Schaffen eine entscheidende Rolle. Die *rel. Thematik* erweist sich zugleich als ein »entscheidendes Merkmal des R.schen Personalstils« (Dürr). Im kath. Glauben erzogen und ihm zeitlebens mit wechselnder Intensität zugetan (»Ich bin kath. bis in die Fingerspitzen«, 1910), war er auch an ev. Kirchenmusik und ihrer liturg. Erneuerungsbewegung (→Kirchenmusik) interessiert, bes. am Werk J. S. →Bachs. Er schrieb Kompositionen mit rein liturg. Bestimmung (Choralvorspiele, Responsorien, →Kantaten), außerliturg. geistl. Musik (Choralfantasien, →Motetten, 100. Psalm, Die Nonnen, Requiem) sowie weltl. Werke mit rel. Einschlag (Der Einsiedler, Vaterländische Ouvertüre). Durch seine vielseitige Verwendung des prot. Chorals gilt R. als Wegbereiter der neuen ev. Kirchenmusik (Söhngen). Die Freundschaft mit dem Thomaskantor und Organisten K. Straube intensivierte R.s Beschäftigung mit Bach. Neben Variation und Fuge als eigenständige Formen stehen die Verbindung von Choralvariationen und sinfon. Dichtung im Mittelpunkt seines mehr konzertanten Orgelschaffens. Hier fällt die *Grenzziehung* zwischen rel. und profaner Musik schwer, auch bei der Stilisierung von Themen →Mozarts oder Hillers zu einem »Choral« als Schlußapotheose eines Orchesterstücks. Wie R. sich als »Christ von individueller Frömmigkeit« (Dürr) fühlte, so erhebt er die Kunst bisweilen zur Religion.

*Lit.: A. Dürr:* Zur geistl. Musik Max R.s, in: *W. Wiora u.a. (Hg.):* Rel. Musik in nichtliturg. Werken von Beethoven bis R., Regensburg 1978, 195-219. – *J. Lorenzen:* Max R. als Bearbeiter Bachs, Wiesbaden 1981. – *G. Stange:* Die geistesgeschichtl. und rel. Grundlagen im kirchenmusikal. Schaffen Max R.s, Diss., Leipzig 1966. – *F. Stein:* Max R., Potsdam 1939. – *H. Wirth:* Max R., Hamburg 1973.

*Hermann Jung*

**Regierung**

*A.* R. kann in einem weiteren und in einem engeren Sinn verstanden werden. Den *weiteren Sinn* erschließt das engl. Wort »government«, das die organisierte polit. Fähigkeit, für soziale →Bedürfnisse zu sorgen, einbezieht; deshalb betrifft es die Gesamtheit der polit. →Institutionen und entspricht der alten Redeweise vom »gut Regiment«. R. setzt ein soziales →System voraus, das durch Zwischengrößen wie →Parteien und Interessengruppen, ferner durch Wahlverfahren und polit. Rekrutierung R.sinstanzen installiert (eine oberste Exekutive, Parlament [→Parlamentarismus], Kommissionen und gehobene →Verwaltungen); R. führt in polit. Entscheidungen, die auf gesellschaftl. Verteilungsprozesse, →Sozialisation und soziale →Integration Einfluß nehmen. R. muß sich gegenüber Berufs- und Interessengruppen und anderen lobbyist. Verbänden, →Gewerkschaften, Bürgerrechtsorganisationen, →Kirchen und kulturellen Vereinigungen u.a., legitimieren. Dabei wird sie ständig in den Widerstreit von Einzelinteressen und →Gemeinwohl hineingezogen. Für die →*Kirchen* ist es wichtig, ihre Rolle zwischen Verbänden und der Anwaltschaft für diejenigen, die keinen starken Verband für sich sprechen lassen können, genau zu bestimmen. Als »Mund der Stummen« können Kirchen nur beschränkt auftreten, da sie auch ein Selbsterhaltungsinteresse hegen. Weil das Verbandsinteresse im demokrat.-parlamentar. →Staat vielen verdächtig ist, artikuliert sich in den Kirchen oft der Wunsch nach einer unparteil., starken und moral. R., die den Sonderinteressen wehrt und das mögl. Chaos – Folge des Sündenfalls (→Sünde) – eindämmt (für den luth. Bereich →Zweireichelehre). Deshalb war das Verhältnis der Kirchen zu demokrat. R.sformen lange problemat. Der »Führer« konnte von luth. Theologen als »gut Regiment« begrüßt werden (→Nationalsozialismus), denn sie neigten einer monopolist., nicht einer auf Wettbewerb aufbauenden Willensbildung zu. Man hat damit übersehen, daß →Herrschaft monist. oder pluralist. ausgeübt werden kann.

*B.* Im *engeren*, institutionellen *Sinn* ist R. das die Spitze der Exekutive bildende Verfassungsorgan (→Verfassung). »Regieren« heißt nicht »herrschen«, weil (seit J. J. →Rousseau) das →Volk der Souverän, die R. aber der Treuhänder seiner →Macht ist. Die *Gewaltenteilung* (Montesquieu, 1689-1755) schränkt die Ausübung der Hoheitsrechte durch die R. ein (auf dem Weg zu konstitutionellen Verfassungen entsagen die Fürsten der Rechtsprechung und der Gesetzgebung). Der →*Rechtsstaat* erlaubt der Exekutive keine selbständige Gesetzgebung. Parlamentar. und präsidentiale R.sformen sollen für ihre Kontrolle sorgen. Sie werden in den zentralist. R.sformen der Staaten unter marxist. →Ideologien (→Marxismus) allerdings unwirksam. In den westl. Staaten ist die R. nicht nur ein Ausschuß des Parlaments, sondern ein mit selbständiger Rechtsstellung versehenes Staatsorgan.

*C.* Ein bes. Problem stellt der Gebrauch des Wortes »*Obrigkeit*« dar, das – personal oder funktional – eine Überordnung, aber nicht unbedingt den Träger hoheitl. →Gewalt bezeichnet und ursprüngl. auswechselbar neben »Regiment« stand. In *M.* →*Luthers* Übersetzung von Röm 13,1 (»Jedermann sei untertan der Obrigkeit...«) gewann es eine legitimator. Kraft, die allerdings nicht die Differenzierung neuzeitl. Gewaltenteilung nachvollzog. Indem sie obrigkeitl. Anschauungsformen stützten, arbeiteten die Kirchen oft einer Sozialisation mit dem Ziel krit. und verantwortl. Teilhabe an demokrat. Entscheidungsprozessen entgegen (→Demokratie; →Demokratisierung).

*Lit.: K. W. Deutsch:* The Nerves of Government, New York 1963. – *C. J. Friedrich:* Constitutional Government and Democracy, Boston, 2. Aufl. 1950. – Weitere Lit. s. Art. →Politik; →Diktatur.

*Christofer Frey*

## Reich Gottes

### *A. Terminologie und Bedeutungen*

Trotz der Mißverständnisse und Nachteile hat sich terminolog. der Begriff R.G. eingebürgert. R.G. erinnert mehr an den räuml. vorgestellten Herrschafts*bereich* Gottes oder den zeitl. erreichten Herrschafts*zustand*; dazu kommen Ab- oder Ausgrenzungen zwischen einem ird.-jetzigen und einem jenseitig-künftigen Zustand sowie die stat. Gleichsetzung mit der bestehenden →Kirche. Der Begriff »*Gottesherrschaft*« wahrt mehr das personal-dynam. herrschaftl. Handeln Gottes und den so bewirkten erlöst-befreiten neuen Zustand der Welt. Ähnl. Bedeutungswandlungen weist das »*Himmelreich*« (Mt) auf: Während Mt mit dem »Reich der Himmel« den Namen des herrschaftl. handelnden Gottes und die Handlungsrichtung umschreibt (vom Himmel her *auf die Welt* bezogen), tendiert die landläufige Bezeichnung »Himmelreich« umgekehrt von der Erde weg auf ein davon räuml. und zeitl. unterschiedenes himml. Reich. Mit der bibl. Bedeutung Gottesherrschaft und Himmelreich ist beidemale ein *Handeln Gottes an und mit den Menschen* gemeint, das sich an der ganzen gegenwärtigen Welt vollzieht. Bei der Befragung der bibl. Quellen durchdringen sich die Breite der bibl. Bedeutungen sowie die Wirkungstiefen der geschichtl. Auslegung und Verwirklichung. Es ist nicht mehr mögl., diese verschmolzenen Horizonte zu trennen. Dennoch ist es nötig, die verschiedenen Akzentuierungen, Einseitigkeiten, Verkürzungen und Ausweitungen zu unterscheiden und zu verbinden.

### *B. Altes und Neues Testament: Horizont und Konkretisierung*

*I.* Jesus betritt mit seiner Verkündigung von der Gottesherrschaft einen vorfindl. →*Erfahrungs- und Erwartungskontext.* Gottes Königtum bestimmt die Existenz und den Glauben →Israels, auch und erst recht nachdem es sich die Institution des Königtums gegeben hat. →Bund und →Gesetz umfassen schon immer die Komponenten des befreienden Handelns und Beistands Gottes sowie seines herrschaftl. Anspruchs. Die Kontrasterfahrung der Fremdherrschaft und die spätjüd. Radikalisierung einer entfremdenden Satansherrschaft über die Welt verleiht der endzeitl. *Erwartung* der sich offenbarenden und durchsetzenden Herrschaft Gottes den dominanten Grundton der Befreiung. Dabei bestehen, ohne letzte Systematisierung, nebeneinander die Erwartung eines von Gott her und vor Gott gerechten messian. Königs und die Vision einer sich ohne Vermittlung offenbarenden Herrschaft Gottes selber. Mit der *universalist. Ausweitung* des →Monotheismus, vielmehr gerade in ihr, ist die Gottesherrschaft auch zu einem Geschehen ausgeweitet worden, das sich auf das Volk Israel, auf alle Völker und die ganze →Schöpfung erstreckt.
Diese →Hoffnung und ihre Universalität nimmt Jesus mitsamt ihrer Vieldimensionalität auf: sie umgreift die leibseel. Ganzheit des Menschen, den rel. Gottesbezug *und* die Lebens- und Handlungsbereiche unter dem Gotteswillen, den Gottesdienst *und* die alltägl. soziale und polit. →Gerechtigkeit. Ferner greift er viele der dafür verwendeten Bilder und Gleichnisreden auf. Dennoch verleiht Jesus der Gottesherrschaft eine darüber hinausführende Konkretheit und eschatolog.-präsent. Intensität.

*II.* Das *R.-G.-Verständnis Jesu,* seinem Auftreten programmat. vorangestellt (Mk 1,15), wird nicht theoret.-definierend greifbar, sondern nur konkret aus den vielen *Gleichnisreden und -handlungen*: in der erbarmenden Sammlung auch der Zerstreuten, Ausgestoßenen und Sünder, in der nicht nur bildl. symbolisierenden, sondern auch realisierenden messian. Tischgemeinschaft (Lk 14,15; →Abendmahl), in der Heilung von Kranken und Besessenen aus der dämon. Entfremdung.
*1.* Die Verkündigung von der herannahenden Gottesherrschaft setzt selber dieses Geschehen in Gang. Die vielen Gleichnisse beschreiben nicht etwa ein in sich geschlossenes R.G., sondern *stiften ein neues Verhältnis* zwischen der Gottesherrschaft als der neuen Ordnung zwischen Gott und den Menschen sowie unter diesen in ihrem bisherigen Verhältnis zu Gott und zueinander. Gott und seine Herrschaft wollen aufgenommen sein wie eine Saat (Lk 8,5-8), setzen sich aber aus eigener Kraft durch (Mk 4,26-29), überraschen durch das ungleiche Verhältnis zwischem dem kleinen Anfang und der großen Vollendung, dem unterlegenen Kräfteverhältnis und dem schließl. Sieg (Senfkorn Mk 4,30-32). Im Kommen des R.es G. wendet sich Gott den

Menschen zu mit seiner erbarmenden verzeihenden →Liebe (verlorenes Schaf, Drachme, Sohn; Lk 15), die allerdings auch den dringl. Umkehrruf einschließt (Mt 21,13). Auch eine noch so umfangreiche Zusammenstellung der neuen Lebenspraxis, wie sie etwa die →Bergpredigt bietet, ist innerhalb des »Notenschlüssels« der nahekommenden Gottesherrschaft zu verstehen und zu praktizieren; nur so sind die fast übermenschl. Zumutungen an die Reichen zu erfüllen (Mk 10,25).

*2.* Die Transparenz der Gleichnisse auf die *Person und das Wirken Jesu* ist von unterschiedl. Ausdrücklichkeit, muß aber sowohl bei den Heils- wie den Gerichtsreden, bei der gnädigen Heilszuwendung wie bei der menschl. Umkehr präsent bleiben, sonst verkümmern die Bilder entweder zu unverbindl. jenseitiger Vorspiegelung und Vertröstung oder aber zu einer überfordernden eth. (auch sozialeth.) Gesetzlichkeit. Entscheidend für alle Gleichnisreden und -handlungen vom R.G. ist aber ihre Verknüpfung mit der konkreten Existenz und Präsenz, dem Auftreten, Verkündigen und Handeln Jesu und seinem Geschick in Tod und Auferweckung, wie umgekehrt in dieser Verknüpfung Jesu mit der anbrechenden Gottesherrschaft die erste implizite Grundlage für ein späteres christolog. Bekenntnis zu Jesus gelegt ist. Jesus gehört nicht nur als Erzähler und Übermittler einer Botschaft zu seinen Gleichnissen und seiner Umkehrpredigt, sondern diese gehen von ihm wie von dem Brennpunkt der Gottesherrschaft aus. So wie sich Gottes Zuwendung zur Welt in seiner Person konkretisiert, geschieht auch die glaubende Umkehr der Menschen auf Gott hin: sie glauben und gehorchen der Predigt Jesu.

*3.* Dies erklärt das *spannungsvolle Zeitverhältnis* des R.es G.: Einerseits bewegt sich Jesus mit der übrigen jüd. Erwartung auf das kommende R.G. zu, andererseits »zieht« er sie mit größerer Annäherung bis in seine und seiner Hörer *Gegenwart* herein. Durch sein Verkünden und Handeln wird der Satan (→Teufel) mit seiner Herrschaft vom Himmel gestürzt (Lk 10,18) und kommt die Gottesherrschaft bei den von den Dämonen befreiten Menschen an (Mt 12,28). Dennoch bleibt eine Ausständigkeit aufrechterhalten, die sich dem menschl. Zugriff entzieht (Gleichnis vom Unkraut, Mt 13,24-30), angesichts des eigenen Todesgeschicks Jesu beim Abendmahl noch verstärkt wird, aber auch neue Hoffnung erhält (Lk 22,16). Immer aber ist um das Kommen des R.es G. zu bitten (Lk 6,10).

*III.* Trotz dieser christolog. Kristallisierung und Zentrierung ist das R.G. auf *den Gott hin offenzuhalten,* von dem her und auf den hin Jesus existiert. Wenn auch Jesus im Kontext des R.es G. selber zum Christus wird und gelegentl. vom Reich *Christi* die Rede ist (Lk 22,30; Eph 5,5; 2 Petr 1,11), sollte auch im Christentum der größere Horizont des R.es *Gottes* erhalten bleiben (1 Kor 15,24). Gerade im Gespräch zwischen Christen und Juden darf Jesus als der Christus das R.G. nicht in sich absorbieren, noch darf das weltweite Bemühen um Gerechtigkeit und den *universalen Schalom* nicht vom →Absolutheitsanspruch des Christentums oder der Kirche vereinnahmt werden. Die Christen werden, gerade auch von Jesus innerhalb des Horizonts des R.es G., auf den größeren und erst noch kommenden Gott und die von ihm vollendete Welt geöffnet und verwiesen.

*C. Geschichtliche Transformationen*

*I.* Zur Verdeutlichung seien die themat. Stränge skizziert, in denen aus dem bibl. Integrationssymbol R.G. zu verschiedenen Zeiten einzelne Aspekte hervorgehoben werden.

*1.* Die *eschatolog. Tendenz* der R.-G.-Verkündigung Jesu und der frühen Gemeinde wird weitergeführt in den Spekulationen des Millenarismus der →Apostol. Väter (Tausendjähriges Reich), bricht nach längerem Verschwinden wieder auf in den chiliast. Utopien des MA.s (Joachim von Fiore; →Chiliasmus), in der prophet. Geschichtsdeutung des →Pietismus, schließl. in den säkularisierten Messianismen des →Marxismus.

*2.* Die *spiritualisierende Tendenz* wählt unter Ausklammerung des sozialen und welthaften Bezugs des R.es G. die bis ins Herz treffende Umkehrpredigt Jesu aus und erwartet das R.G. von einer eth. idealen Vervollkommnung (Klemens von Alexandrien), als Fülle der Weisheit und Gerechtigkeit, die das R.G. »in euch« (Lk 17,21) ankommen läßt (→Origenes).

*3.* Das Verhältnis zwischen R.G. und Kirche kennt zudem mehrere, eine mehr *kirchenidentifizierende* und eine *kirchenkrit. Gestalt.* Mit der staatl. Anerkennung und schließl. Erhebung des Christentums zur (ideolog.) Staatsreligion bezeichnet R.G. das →Friedensideal des Reiches in einer »Symphonie« von Reich und Kirche (Eusebius von Cäsarea), eine ähnl. Harmonie schwebt dem ma. »Corpus christianum« vor und der von beiden Seiten abwechselnd erstrebten und zertrennten Einheit von Regnum und Sacerdotium (Königtum und Priestertum). Aus der labilen Einheit entsteht aber nicht nur eine Gleichsetzung der Kirche mit dem R.G., sondern es gibt auch eine krit. Differenz zwischen Kirche und R.G. Dafür hat schon →Augustinus' »Gottesstaat« ein spannungsvolles Interpretations- und Praxismodell entworfen, das mehr dem kirchenkrit. als dem kirchenbestätigenden Typus zuzuordnen ist: Die »civitas Dei« stellt erst die Vollendungsgestalt von Gesellschaft *und* Kirche dar. Die Kirche ist zwar eine Vorweggestalt des Reiches, läßt sich aber nicht mit diesem gleichsetzen, weil in ihr selber (nicht nur zwischen Kirche und Reich) der Kampf zwischen dem Dienst Gottes und dem Dienst des →Bösen ausgetragen wird. Diese *offene Spannung* ist nicht von allen späteren Schülern der augustin. Geschichtstheologie durchgehalten worden. Noch kirchenkritischer war schon die eth. Radikalität Tertullians, der das R.G. einer institutionellen, verbürgerlichten Kirche gegenüberstellte (Montanismus), wie später in der

radikalisierten Reformation Th. →Müntzers und der →Täufer oder – unter anderen theol. Vorzeichen – in der →dialekt. Theologie (K. →Barth).
4. *Säkularisierungstendenzen* zeichnen sich ab im →Humanismus, der im R.G. ein moral. und kulturoptimist. Ideal sieht. M. →Luther hat mit dieser Überschneidung zwar in der Lehre von den »Zwei Regimenten« auch eine Befreiung von kirchl.-klerikaler Bevormundung erreicht (→Zweireichelehre), wollte aber den weltl. Bereich nicht aus der Einheit des Herrschaftswillens Gottes entlassen. Noch die Aufklärung I. →Kants vermittelt das *menschl.-sittl. Streben* mit einer nur durch Gott zu erreichenden Vollendung. G. W. F. →Hegel läßt die Linie menschl. Vollkommenheitsstrebens zusammenfallen mit dem Endzweck der Weltgeschichte zu einer vollendeten Realisierung der Freiheit. R.G. wird zum »Reich der Freiheit«, in einer Versöhnung zwischen der individuellen Freiheit und der allg. Ordnung, ebenso in einer Versöhnung von Staat und Kirche, allerdings nicht in einer Verkirchlichung der Welt, sondern in einer Weltwerdung Gottes.

*II.* Die polit. und theol. Krisenstimmung zu Beginn des 20. Jh.s wird verstärkt durch eine *Reeschatologisierung des R.es G.*, zunächst durch die Wiederentdeckung des eschatolog. Charakters des R.es G. bei Jesus (J. Weiß: Die Predigt Jesu vom R.e G., 1892) gegen die rationale und eth. Abschwächung in der Aufklärung (A. →Ritschl). Ch. F. Blumhardt d.J. (1842-1919) konkretisiert die soziale Umkehrpredigt Jesu kraft des R.es G. auf die soziale Weltumwandlung, L. Ragaz (1868-1945) noch mehr gegen die bürgerl.-reaktionäre Kirche (→Rel. Sozialismus). Die marxist. Gesellschaftsveränderung bleibt nicht ohne *polit.-messian. Vision*, die bei K. →Marx gegen die Religion, bei E. Bloch unter Beerbung der Religion verwirklicht wird.

*III.* Die *lateinamerik.* →*Befreiungstheologie* greift, ausgehend von einer polit. Analyse der Unterdrükkungssituation und in Solidarität mit den Armen sowie ihrem Befreiungskampf, auf die atl. Exodustradition und auf die prophet. Verheißung von Schalom und Gerechtigkeit zurück. Sie greift auch auf die R.-G.-Praxis und Predigt Jesu in einer Tradierungsweise zurück, welche die europ. Zäsur der →Säkularisierung unterläuft und teilweise überspringt. Die Wirkungs- und Interpretationsgeschichte des R.es G. bleibt unabgeschlossen und ohne adäquate Systematisierung. Die *Spannungen* in der Predigt Jesu und in den verschiedenen Überlieferungssträngen müssen aber auch offen bleiben: zwischen gegenwärtiger Verwirklichung und zukünftiger Ausständigkeit, personaler Verinnerlichung und sozial-struktureller Breitenwirkung, zwischen eigener eth. Bemühung und sozialer Veränderung einerseits und gnadenhafter, nicht vorwegnehmbarer Vollendung durch Gott andererseits, zwischen kontinuierl. Fortschrittsbewegung und apokalypt. oder säkularisiert-revolutionärer Diskontinuität.

*Lit.:* *L. Boff:* Jesus Christus, der Befreier, Freiburg 1986, bes. 43-62; 365-448. – *M. Kehl:* Eschatologie, Würzburg 1986. – *J. Moltmann:* Theologie der Hoffnung. Untersuchungen zur Begründung und zu den Konsequenzen einer christl. Eschatologie, München, 11. Aufl. 1980. – *G. Sauter:* Zukunft und Verheißung. Das Problem der Zukunft in der gegenwärtigen theol. und philos. Diskussion, Zürich, 2. Aufl. 1973. – *A. R. van de Walle:* Bis zum Anbruch der Morgenröte. Grundriß einer christl. Eschatologie, Düsseldorf 1983. – *D. Wiederkehr:* Perspektiven der Eschatologie, Zürich 1974.

*Dietrich Wiederkehr*

**Rein und unrein** sind rel. Prinzipien zur Bewertung und Trennung sozialer Verhaltensweisen und Hierarchien. Sie setzen die menschl. Wirklichkeit in Beziehung zu einem →Heiligen, in dessen urtüml. →Tabubereich r. und u. gehören.

*A.* Ist das U.e wesenhaft das Chaotische, das *Ungeordnete und das rituell Schmutzige*, so ist das R.e das sozial-rituell-kosm. wirksame Wertegefüge, die →Ordnung und das rituell Gute. Deshalb ist die in einer →Kultur einmal festgelegte Ordnung von hl. Natur; dagegen verursacht jede Störung U.heit, die rituell beseitigt werden muß. Deshalb erscheinen das Heilige, das R.e und U.e bei den verschiedenen Völkern und zu verschiedenen Zeiten in vielfältigem Zusammenspiel mit den jeweils gegebenen Faktoren gesellschaftl. Stellung und beinhalten diese Prinzipien auch die Grenzen einer Gemeinschaft, ihre Absonderung von Fremden als Selbstverständnis. In allen alten Kulturen sind die Ausländer »unrein« (→Fremde).

*B.* Der →Hinduismus hat bis heute ein differenziertes rel. legitimiertes Sozialsystem dieser Art bewahrt: die *Kastenordnung.* In ihr bestimmt die Geburt den rituellen Status in der Wertehierarchie. Als sich die rel. Lehren vollständig gewandelt hatten (ab 800 v. Chr.), blieb dieses System dennoch bestehen; das nach dem geschichtl. Bruch (der Neudefinition von →Seele) verstandene Heilige wird nur dadurch direkt erreichbar, daß der Mensch, der ihm leben will, aus der Kastenordnung heraustritt und sich ins gesellschaftl. »Jenseits« begibt. Das bedeutet: er lebt als Bettelmönch, hl. Sucher u.ä. In diesem Fall wird er als über der Kastenordnung stehend betrachtet; deren Gebote und auch sein darin gültiger Status sind aufgehoben. Die alte Macht des Tabus beweist sich jedoch darin, daß er in keinem Fall wieder in das Kastengefüge zurückkehren kann. Für alle übrigen, die innerhalb der Kastenordnung ein »weltl.« Leben leben, sind die Prinzipien von »R. und U.« absolut bestimmend für →Essen (und Trinken), Heirat und Berufspflichten. Noch zu Beginn dieses Jh.s wurden Hindus, die Europa besuchten, aus ihrer Kaste ausgestoßen, weil sie in die Fremde gegangen waren. Traditionellerweise sind die »*Unberührbaren*« kastenlos. Sie gehören nicht zum rituellen System, fallen gleichsam nach unten hinaus. Bei ihnen hat sich – wie ihre Benennung zeigt – die alte substantielle Vorstellung erhalten, daß rituelle U.heit durch Berührung übertragbar sei. Ob sich das Kastensystem durch die gegenwärtige säkulare Verfassung Indiens, die von der Gleichheit der Menschen vor dem Gesetz ausgeht, ändern lassen wird, ob sich die (früher sogar in der Gesetzgebung verankerte) Ungleichheit auf ein rein rituell-rel. Gebiet zurückdrängen läßt, ist noch offen. Neuinterpretationen, welche die Kastenordnung psycholog. interpretieren (Radhakrishnan), haben allerdings keine Breitenwirkung.

*C.* *→Islam*, *→Judentum*, *der jap.* *→Shinto* besitzen ausgeprägte Systeme von R.heitsgeboten. Sie beziehen sich wie alle diese Ge- und Verbote auf die existentiell wichtigen Lebensereignisse des Menschen. Geburt, →Tod, Menstruation, Schwangerschaft, Geschlechtsverkehr, Speisen und Getränke bringen Gefahren mit sich und stellen mögliche Quellen ritueller U.heit dar. Diese muß etwa durch Enthaltsamkeit oder vorgeschriebene Speisen abgewehrt werden. Als rituelle Reinigungsmittel können kult. Wasser, Feuer, →Blut, Kuhprodukte (in Indien) oder Pflanzen dienen.
In den *Erlösungsreligionen* innerhalb der Weltreligionen wird das System von R. und U., das sich vornehml. als Ritualismus äußert, abgelehnt, erscheint dann aber in einer gänzl. anderen Form: als R.heit oder U.heit des Herzens (im →Christentum), als innerpsych. R.heit oder U.heit des Seelenselbst im Hinduismus, als Fehleinstellung des Bewußtseins im →Buddhismus. Den Wertungscharakter behalten auch diese Begriffe bei, ebenso ihre ordnende Funktion, auch wenn nach völlig anderen Kriterien unterschieden wird.

*D.* Im *säkularen Bereich* finden sich auch im Westen noch unzählige Formen solcher Bewertungsprinzipien: So entschuldigen wir uns beim Verschlucken, für ein zu lautes Schneuzen oder für eine dem Anlaß nicht gemäße Kleidung. Auch die an den gesellschaftl. Status einer Person geknüpften Erwartungen, etwa bezügl. der Art seines Besitzes oder der Marke seines Autos, sind weithin wirksam. →Arbeitslose erfahren die Stigmatisierung des »U.en«. Gerade die Versuche, die gesellschaftl. Wertungsregeln nicht anzuerkennen, lassen durchscheinen, wie stark sie sich ihrer »heimlich« bewußt sind.

*Lit.:* *M. Douglas:* Ritual, Tabu und Körpersymbolik, Frankfurt/M. 1981. – *Dies.:* R.heit und Gefährdung, Berlin 1985. – *E. Durkheim:* Elementary forms of religious life, London 1912. – *P. Ricoeur:* Metapher: Zur Hermeneutik rel. Sprache (Ev. Theologie, Sonderheft), München 1974.

*Irmtraud Höhn*

**Relativismus.** In der →Ethik bezeichnet R. eine Theorie, die die Allgemeingültigkeit sittl. Maßstäbe bestreitet (→Moral; →Wert); diese sind dann »relativ« auf den einzelnen →Menschen oder eine best. →Kultur bezogen.

*A.* Dieser eth. R. kann zunächst als eine rein *empir. These* aufgefaßt werden, nach der die fakt. herrschenden sittl. Überzeugungen von Mensch zu Mensch, von Kultur zu Kultur verschieden sind. Ein tatsächl. →Pluralismus in den eth. Überzeugungen ist nicht zu leugnen und ist durch kulturanthropolog. Forschungen reichl. belegt. Allerdings ergibt sich der Eindruck einer fast unbegrenzten Verschiedenheit nur auf den ersten Blick. Bei differenzierter Betrachtung zeigt sich, daß die tatsächl. Variationsbreite sehr begrenzt ist und vor allem speziellere Regeln, nicht die grundlegenden →Prinzipien, betrifft. Für die tatsächl. Unterschiede hat eine große Bedeutung der eth. Partikularismus, der nur die Angehörigen des eigenen Stammes (→Volkes) als seinesgleichen anerkennt.

*B.* Log. unabhängig von dieser empir. These ist der *normativ-eth. R.*, nach dem es keine allg. gültigen eth. Maßstäbe gibt, die Maßstäbe von Richtig und Falsch also abhängig sind von der jeweiligen Kultur oder auch vom einzelnen Menschen. Eine solche Anschauung, verbunden mit dem empir. R., erklärt sich meist aus der Opposition zu einem Ethnozentrismus (Fixierung auf einen Stamm oder ein Volk), der von vornherein die Anschauungen der eigenen Kultur für überlegen hält. Ihm gegenüber plädiert der R. für →Toleranz. Allerdings dürfte der R. diese Toleranzforderung untergraben, da sich eine Forderung nach universaler Toleranz auf relativist. Basis nicht begründen läßt. Der normativ.-eth. R. widerspricht vor allem dem grundlegenden eth. Kriterium der →Goldenen Regel, nach dem in sittl. Dingen jeder Mensch mit gleichem Maß zu messen ist. Dabei geht es um den grundlegenden Maßstab unpartei. *→Liebe.* Daß die Anwendung dieses Maßstabs bezügl. des sittl. richtigen →Handelns je nach Kultur, →Situation usw. zu unterschiedl. Konsequenzen führen kann, ist dabei nicht bestritten. Hier von einem »Normenwandel« zu reden ist übrigens mißverständl.; denn wo sich die Bedingungen ändern, wird nicht die →Norm als normatives *Urteil* revidiert, sondern die Aussage dieses Urteils, also der normative *Satz.*

*C.* Ernsthaft zu diskutieren ist heute nur noch der *metaeth. R.* (→Metaethik). Nach ihm ist nicht der Inhalt der sittl. Forderung relativ, sondern ihre *Geltung.* Moralität ist rein deskriptiv (beschreibend) das unpartei. Bedachtsein auf das Wohl aller, nicht bloß das eigene (→Wohlfahrt). Für eine nichtrelativist. metaeth. Theorie ist mit diesem *deskriptiven* Unterschied dem Menschen zugleich der *axiolog.* (Wertunterschied) zwischen sittl. Güte (das →Gute) und sittl. Schlechtigkeit (das →Böse) vorgegeben. Die sittl. Forderung hat kategor., also unbedingte, Geltung (→kategor. Imperativ). Für einen metaeth. R. dagegen ist der axiolog. Unterschied subjektiv bedingt. Die Wertungsprädikate »gut« und »schlecht« sind Ausdruck einer emotionalen Stellungnahme (Emotivismus) oder einer souveränen subjektiven →Entscheidung (Dezisionismus); die sittl. Forderung hat dann nur hypothet. Geltung.

*Lit.: R. Ginters (Hg.):* R. in der Ethik, Düsseldorf 1978 (Lit.). – *W. Wolbert:* Zur Rede vom »Wandel der Normen« im Kontext normativer Ethik, in: Erwachsenenbildung 29 (1983), 149-151.

*Werner Wolbert*

**Relativitätstheorie.** Den R.n liegt die Erfahrung zugrunde, daß Naturvorgänge unabhängig von Beobachtern ablaufen, wenn die phys. Größen durch dieselben Meßvorgänge beschrieben werden (Relativitätsprinzip).

*A. Meßvorgänge* sind spezielle phys. Prozesse, die mit dem zu vermessenden phys. Körper nicht wesentl. wechselwirken. Im Rahmen der R. sind Meßvorgänge von →Raum und Zeit von grundlegendem Interesse. Sie ergeben Eigenschaften von Raum und Zeit, die in dem Begriff Metrik zusammengefaßt werden können. Beobachter werden in der →Physik durch Inertialsysteme (IS; Trägheitssysteme) dargestellt.
IS sind spezielle räuml. und zeitl. Koordinationssysteme, auf die keine Kräfte wirken sollen. Dadurch charakterisieren sie Eigenschaften von Raum und Zeit unabhängig von einer speziellen Wechselwirkung. Durch dieselben Meßvorgänge (Metrik) lassen sich Naturvorgänge bezügl. verschiedener IS gleich, d.h. beobachterunabhängig, beschreiben. Die verschiedenen R.n unterscheiden sich auf Grund der zugrundegelegten Wechselwirkungen der Meßmittel und durch die Realisierbarkeit von Kräftefreiheit (IS).

*B.* Legt man den Meßvorgängen die *Wechselwirkung von Festkörpern* in Form von starren Maßstäben und mechan. Uhren zugrunde, so führt das auf die räuml. *euklid. Metrik* mit der →Zeit als unabhängigen Parameter. Raum- und Zeitmessungen sind voneinander unabhängig. Kräftefreiheit und damit IS sind im Prinzip in unbegrenzter Ausdehnung realisierbar. D.h., obwohl prakt. immer Grenzen durch die Verwirklichung der Meßanordnung gegeben sind (z.B. läßt sich der Abstand Erde-Mond nicht mit starren Maßstäben ausmessen), gibt es im Rahmen dieser Meßmittel keinen Grund, die Ausdehnung von IS.n über diese Grenzen hinaus zu extrapolieren.
Benutzt man die elektromagnet. Wechselwirkung in Form von →*Licht* als Meßmittel, so sind – wegen der Endlichkeit und der Konstanz der Lichtgewindigkeit – Raum- und Zeitmessungen nicht mehr unabhängig voneinander. Dies drückt sich in der *Minkowsi-Metrik* aus, die Grundlage der *speziellen R.* ist. Da Messungen mit Licht universell sind, solche mit Festkörpern dagegen nicht, umfaßt die Minkowski-Metrik die euklid. Metrik. In der speziellen Relativitätstheorie werden also phys. Gesetze bezügl. IS so formuliert, daß sie mit dieser Metrik in Einklang sind. IS können auch in der speziellen R. prinzipiell global verwirklicht werden.

*C.* Erst die Wechselwirkung der Schwerkraft führt zu prinzipiellen Einschränkungen in dieser Hinsicht. Ist näml. ein Gravitationsfeld vorhanden, so lassen sich nur noch örtl. begrenzte kräftefreie Koordinationssysteme (also IS) mit Minkowski-Metrik (bei Messungen mit Licht) verwirklichen. Global werden alle Prozesse von der Gravitation beeinflußt – insbes. auch die Meßprozesse. Dies drückt sich dadurch aus, daß die Metrik global von der Gravitation abhängig wird und dadurch von Raum und Zeit. Diese Metrik nennt man *Riemannsche Metrik.* Sie umfaßt ihrerseits die Minkowski-Metrik. Diese Änderungen der Raum- und Zeiteigenschaften bei Berücksichtigung der Gravitation bilden die Grundlagen der *allg. R.*.

*Lit.: A. Einstein:* Grundzüge der R., Braunschweig, 7. Aufl. 1984. – *Ders.:* Über die spezielle und die allg. R., Braunschweig, 22. Aufl. 1972. – *N. Calder:* Einsteins Universum, Frankfurt/M., 4. Aufl. 1983. – *R. U. Sexl/H. K. Schmidt:* Raum-Zeit-Relativität, Braunschweig, 2. Aufl. 1983.

*Thomas Lauxmann*

**Religiöser Kitsch**

*A.* Eine befriedigende *Definition* des Ende des vorigen Jh.s in München aufgekommenen Begriffs K. ist bisher nicht gelungen. Hauptmerkmale jegl. Form von K. sind Unwahrhaftigkeit und →Manipulation, die sich vor allem im Produzenten-Konsumenten-Verhältnis des K.es aufdecken lassen. Die Grenzen zwischen →Kunst und K. bleiben fließend, ihre Definition ist von konkreten hist. Bedingungen abhängig. Die Behauptung, K. sei wesentl. durch die Möglichkeit der industriellen Herstellung und Vervielfältigung von Kunst bedingt, bleibt vordergründig und vernachlässigt das Produzenten-Konsumenten-Verhältnis innerhalb weiter zurückliegender →Kulturen. Vor »Verkitschung« ist kein Bereich des menschl. Lebens gesichert.
Neben der →Unterhaltungsliteratur und →-musik, die das Sentiment kommerziell verwerten, sind bes. →*Politik und* →*Religion* Domäne des K.es, der sich oft durchaus gewollt auch solcher Begriffe, Tatbestände und Ziele bemächtigt, die erst durch ihre »Verkitschung« fragwürdig oder gefährl. werden. Überall da, wo es um eine möglichst intensive Motivierung von Mitgliedern einer best. →Gruppe (z.B. →Kirche, →Sekte, →Partei, Heimatverband, →Dritte-Welt-Gruppen, Öko- und →Friedensbewegung) geht, ist K. als Manipulationsinstrument prakt. nicht zu vermeiden. Wenn auch hier nicht schlechthin von Unwahrhaftigkeit gesprochen werden darf, wird man doch die Beschränkung auf Teilwahrheiten und die Tendenz zur Simplifizierung komplizierter Sachverhalte als Mittel der ideolog. Manipulierung der Gruppe (→Ideologie) regelmäßig diagnostizieren können. Noch deutl. werden diese Funktionsmechanismen des K.es in

totalitären →Gesellschaften, die den K. zum wichtigsten Gestaltungsprinzip ihrer Propaganda machen (→Nationalsozialismus, →Faschismus und sozialist. Staaten).

*B.* Speziell im *Bereich der Kirche* ist der K. von Anfang an virulent gewesen. In →Liturgie, →Predigt, →Seelsorge, →Kirchenbau, →Kirchenausstattung, →Kirchenmusik, rel. Erbauungsliteratur (→Erbauung), →Volksfrömmigkeit und →- kunst begegnen Elemente des K.es, gegen die sich die Kirche durch die Festlegung verbindl. Standards wandte. Die Bilderfrage (→Bild) ist auch vor dem Hintergrund der K.problematik zu sehen. Erhebl. Auseinandersetzungen gab es in dieser Hinsicht auch in der Geschichte der →Kirchenmusik. Weniger bewußt war und ist der Predigt-K., der nicht nur die Sentimentalisierung, sondern auch die Simplifizierung und eine billige Aktualisierung pflegt. Daß der K. in der *rel. Volkskunst* eine feste Domäne habe, läßt sich leicht behaupten und auch auf die Erbauungsliteratur ausweiten. Hier wird man sich aber der Gefahr eines elitären Aburteilens bewußt werden müssen und unter dem Gesichtspunkt von →Verkündigung und Seelsorge die tatsächl. Funktionen auch »billigster« Devotionalien sorgfältig zu bedenken haben. Auf tiefgehende theol. Identitätsprobleme weist der heute weitverbreitete rel. *Edelk. in* →Kirchenbau und →-ausstattung hin, der allzu glatt, gefällig und letztl. unverbindl. ledigl. der Dekoration sakraler Räume dient. K. ist und bleibt weniger eine Frage des »Geschmacks«, der sich ständig ändert, es geht vielmehr immer um die Frage der →Wahrhaftigkeit. Insofern bleibt R. Egenters These von dem »Boden des K.es in den Folgen der Erbsünde« beachtenswert.

*Lit.: R. Egenter:* K. und Christenleben, Ettal, 2. Aufl. 1958. – *L. Giesz:* Phänomenologie des K.es, München, 2. Aufl. 1971. – *W. Killy:* Dt. K., Göttingen 1961. – *J. d'Osta:* Encyclopédie du K., Brüssel 1972. – *H. Pross (Hg.):* K., München 1985. – *W. Wolf:* Die Phänomenologie des »K.es«, Osnabrück 1980.

*Peter Maser*

**Religiöser Sozialismus.** Der R.S. will im Gegensatz zu den →Christl.-Sozialen (A. Stoecker) und zum liberalen →Ev.-sozialen Kongreß (F. Naumann) die *Brücke zum →Sozialismus* schlagen. Der R.S. ist in der Schweiz entstanden und hat von dort nach Deutschland herübergewirkt. Er hat seine Wurzeln in der Blumhardt-Bewegung (Bad Boll).

*A.* Als *Vorläufer* kann in Deutschland P. Göhre gelten (»Drei Monate Fabrikarbeiter«, 1891), der als Pfarrer 1899 in die SPD eintrat und in hohe Staatsämter aufstieg. Ch. Blumhardt (d.J.) trat 1899 ebenfalls in die SPD ein und war sechs Jahre lang Landtagsabgeordneter in Württemberg. Er versuchte das pietist. Erbe seines Vaters (»Jesus ist Sieger!«) in den polit. Tageskampf zu übersetzen. Blumhardts Kampf gegen das »verfluchte Seligkeitschristentum«, das sich rein jenseitig orientiert und die Nöte dieser Welt übersieht, wird von den beiden Schweizer Theologen H. Kutter (»Sie müssen!«, 1903) und *L. Ragaz* weitergeführt. Ragaz gab der Bewegung ein Programm: »Der lebendige Gott und sein Reich für die Erde!«, gründete 1906 die (bis heute bestehende) Zeitschrift »Neue Wege« und lehrte auf der Basis des »heiligen Materialismus« der →Bibel die »Revolution Jesu« als Grundlage aller sozialen Veränderung. Sein Weg führte ihn »Von Christus zu Marx – von Marx zu Christus« (1929). In Deutschland traten nach 1918 mehr und mehr *ev. Pfarrer* in die SPD ein und begannen in ihren Gemeinden Arbeiterbildung: so die hess. Pfarrer Emil Fuchs (bereits 1905 in Rüsselsheim), O. Herpel und H. Schultheis im Vogelsberg (Neuwerk). Ragaz tat dasselbe im Gartenhof in Zürich, E. Blum auf dem Habertshof bei Schlüchtern. Um sich nicht dem Verdacht der →Mission für die →Kirche auszusetzen, vermied man bewußt bibl. Lehrstoffe.
Gleichwohl wollte man neben der sittl. Hebung und einer »sozialist. Lebensgestaltung« die leidenden Massen nicht der Religionslosigkeit preisgeben. So bildete sich auf der Grundlage der Triade →Evangelium – Bildung – Sozialismus ein *Bildungskonzept* heraus, das von A. Grimme, dem späteren preuß. Kultusminister, bereits 1923 formuliert wurde: »Wir sind Künder des Menschen, dessen Persönlichkeitsideal der Sozialist aus rel. Verpflichtung ist.«

*B.* In Deutschland bildeten sich zunächst regional kleine *Gruppen* (in Berlin, Köln, Baden und Württemberg), die sich 1926 in Meersburg zum »Bund der Religiösen Sozialisten Deutschlands« zusammenschlossen. In *Baden* als dem eigentl. Zentrum hatte es seit 1921 den »Volksbund ev. Sozialisten« unter Führung von H. Dietrich, E. Dietz und G. Wünsch gegeben. E. Eckert übernahm 1926 die Führung des Bundes und die Herausgabe des »Sonntagsblattes des arbeitenden Volkes«, trat 1931 als erster ev. Pfarrer der KPD (→Kommunismus) bei und verließ den Bund und die Kirche. Die Badener Gruppe formulierte bereits 1920 ein radikales Bekenntnis zum Sozialismus: »Die polit. Revolution hat auch das Christentum frei gemacht und das Evangelium seiner reinen Bestimmung wiedergegeben... Es ist die Aufgabe der Kirche, die Sache aller Unterdrückten zu der ihrigen zu machen; denn die Sache der Unterdrückten ist stets die Sache Gottes.« *G. Wünsch*, Pfarrer in Meßkirch, dann Prof. für ev. Sozialethik in Marburg, hatte 1921 in einer kleinen Programmschrift den »Zusammenbruch des Luthertums als Sozialgestaltung« proklamiert. Seine »Ev. Wirtschaftsethik« (1927) und sein »Wirklichkeitschristentum« (1932) versuchen, die Situation des wirkl. Menschen und den Klassenkampf als »notwendende Notwendigkeit« zu deuten. Aus der Sicht des *Berliner Kreises* um P. →Tillich (C. Mennicke, E. Heimann), der dem R.S. eine eigene geistige Gestalt zu geben versuchte, stellt sich der Bund als innerkirchl. (ev.) Phänomen dar. Gleichwohl gab es in

seinen Reihen →Quäker (E. Fuchs, H. Kappes), die wie G. Fritze (Köln) im antifaschist. Kampf bes. gelitten haben.
Auf *kath. Seite* ist der Kreis um H. Mertens, W. Dirks und E. Michel zu nennen, in Österreich Otto Bauer und seine Freunde. M. →Buber darf als einer der Vordenker des R.S. gelten (Heppenheimer Pfingsttagung 1928 mit Ragaz, Blum, Tillich, de Man, Radbruch u.a.). *Nach 1945* sammelten sich die Rel. Sozialisten zuerst wieder in Frankfurt/M. um L. Metzger, E. Fuchs und W. Dirks. Neugründung des Bundes: Kassel 1948. Zeitschrift: »Christ und Sozialist« (Tübingen).

*Lit.: F.-M. Balzer:* Klassengegensätze in der Kirche. E. Eckert und der Bund der Rel. Sozialisten, Köln 1973. – *R. Breipohl:* R.S. und bürgerl. Geschichtsbewußtsein zur Zeit der Weimarer Republik, Zürich 1971. – *W. Deresch:* Der Glaube der rel. Sozialisten, Hamburg 1972. – *M. Mattmüller:* L. Ragaz und der R.S., Bd. 1 und 2, Zürich 1957 und 1968. – *A. Pfeiffer:* Rel. Sozialisten, Olten/Freiburg 1976. – *H. Röhr:* Geschichte und Utopie im R.S., in: Neue Zeitschrift für systemat. Theologie und Religionsphilosophie 23 (1981), 15-28. – *A. Vollmer:* Die Neuwerkbewegung 1919-1935, Diss.phil., Berlin 1973.

*Heinz Röhr*

## Religion

### *A. Der Begriff Religion in Geschichte und Gegenwart*

*I.* Zunächst steht der Begriff R. für ein intuitiv *allg. Verständnis* für die unübersehbare Fülle hist. Gesamterscheinungen, in denen Menschen ihre Beziehung zu einem Jenseitig-Göttlichen je persönl. erfahren, gemeinsam vollziehen, in Wort und Verhalten thematisieren und begehen. R. umfaßt individuell innerl. und sozial »rel.« Vollzüge, wie →Gebet und →Meditation, →Kult und →Feste, →Verkündigung und →Bekenntnis, streng geregelte und ekstat. Erscheinungen. R.en kristallisieren sich um Erzählungen, →Mythen und hll. Bücher, sie lokalisieren sich an →hll. Stätten (→Tempel) und im Rhythmus hll. Zeiten. R. verwirklicht sich als Erinnerungs- und Kult-, als Werte-, Handlungs- oder Glaubensgemeinschaft, sie realisiert →Sinnentwürfe und Daseinshaltungen, stimuliert →Utopien oder schreibt Einverständnis ins Geschick fest. R. thematisiert Unheil und →Heil, die →Absolutheit und Bedingtheit letzter →Wahrheiten. Eine R.sgemeinschaft kann auskommen mit einem Minimum an Organisation, sich stützend auf eine Vielzahl von Anhängern; sie kann sich auch ausbilden zu einer straff organisierten Institution mit eindeutig erfaßten Mitgliedern, mit →Klerikern und →Laien, mit →Mönchtum und einer göttl. legitimierten →Hierarchie.
R.en, in der Regel ein Kulturfaktor ersten Ranges, können mit →Kultur, →Gesellschaft oder →Staat enge Bindungen eingehen oder sich (polar oder plural) aus ihnen emanzipieren. Oft sind sie der Kultur und dem Leben von Völkern eng verbunden und auf sie beschränkt; sie können aber auch die Kulturen von ganzen Erdteilen übergreifen. Sie lassen sich gruppieren in Volks- (Natur-) und →Welt- (Universal-)religionen. Ihren Bezug zur →Transzendenz artikulieren sie in der Verehrung anwesender Ahnen und Geister (→Animismus), von jenseitigen Göttern oder einem einzigen Gott (→Monotheismus). Ihr Göttliches ist jeweils der →Welt engstens verbunden oder in einem erhabenen Jenseits, im Innern des Menschen gegenwärtig oder unerreichbar. R.en können sich gegenseitig durchdringen und umformen (so der →Shintoismus mit →Buddhismus und →Konfuzianismus), oder sie bilden Familien gegenseitiger Abkunft und Konkurrenz (so der →Parsismus, der →Zurvanismus und der →Manichäismus). Die Familie der monotheist. R.en (→Judentum, →Christentum, →Islam) steht unserer kulturellen Herkunft am nächsten.

*II.* Daß diese Vielfalt der R.en zwar vielfältig charakterisiert, aber nicht mehr eindeutig auf den Begriff gebracht werden kann, leuchtet ein. Damit ist jedoch ein *Definitionsversuch* nicht zum Scheitern verurteilt, sofern er nur von einem umrissenen Standpunkt und im Rahmen einer best. Geschichte geschieht. Wir orientieren uns hier am fakt. Gebrauch des Begriffs, wie er sich in unserer Kultur bis hin in die Gegenwart, im Rahmen unserer gesellschaftl. Situation, entwickelt hat. Erst in der neuzeitl. →Aufklärung tritt der R.sbegriff seine Karriere als Allgemeinbegriff an; seitdem benennt er sowohl die geschichtl. R.en (einschließl. ihrer theoret. Vorstellungen und prakt.-kult. Vollzüge) als auch eine – als universal angenommene – anthropolog. »Anlage« oder »Dimension«.
*1.* Demgegenüber bezeichnet der der *röm. Kultur* entstammende Begriff »religio« die auf die Götter bezogenen Einstellungs- und Handlungsweisen, die wörtl. »deos colere« (die Götter verehren) heißen. Etymolog. kann – damit in Übereinstimmung – »religio« sowohl auf »relegere« (das genaue Beachten der Götter) als auch auf »religari« (die Bindung an die Götter) zurückgeführt werden. »Religio« wird anderen Verhaltensweisen nebengeordnet: der Frömmigkeit (pietas), Heiligkeit und Ehrwürdigkeit (sanctitas) und Verehrung (cultus). Die Gottesverehrung wird insbes. in der Form zumeist öffentl. Gebete, Opfer und Zeichendeutungen vollzogen und gilt als eine der iustitia (Gerechtigkeit) untergeordnete →Tugend.
Diese Bedeutung behält »religio« auch im *altkirchl.* Sprachgebrauch, wird also nicht mit dem →Glauben (fides) identifiziert, der die Besonderheit des Christentums ausdrückt. Zwar unterscheidet insbes. →Augustinus zwischen eurer R. (r. vestra) und unserer R. (r. nostra) oder zwischen falscher und wahrer R. (r. falsa und vera) – und verwendet log.-sachl. damit »religio« als Allgemeinbegriff – , jedoch sind damit nicht verschiedene »R.en«, sondern unterschiedl. kult. Verhaltensweisen gemeint.
*2.* Auch im →*MA.* bezeichnet »religio« weiterhin die der →Gerechtigkeit untergeordnete moral.

*Tugend der Gottesverehrung.* Daneben wird »religio« als Fachbezeichnung des →mönch. Ordensstandes verwendet, wie heute noch im kath. Kirchenrecht Ordensinstitute »instituta religiosa« heißen. Dagegen wird nicht »religio«, vielmehr »secta« (von »sequi« = Gefolgschaft) oder »lex« (Gesetz) als Allgemeinbegriff verwendet, um die bei einzelnen Völkern verschiedenen Arten der Gottesverehrung zu benennen.
Die oft wiederholte These, die Anfänge des spezif. neuzeitl. R.sbegriffs seien in der →*Renaissance* zu suchen, läßt sich nur eingeschränkt aufrechterhalten. Zwar wird die »religio« (jetzt nicht mehr der Tugend der Gerechtigkeit zugeordnet) als eine allen Menschen gemeinsam zukommende natürl.-geschöpfl. Gegebenheit betrachtet, ebenso können »religio« und »fides« bedeutungsgleich werden; »religio« dient also als Oberbegriff, um alle Elemente des christl. Glaubens zusammenzufassen. Gleichwohl herrscht auch im →Humanismus die Bedeutung «Gottesverehrung« vor, durch die ursprüngl. alle Menschen gemeinsam ausgezeichnet seien, die sich also bei allen Völkern finde. Ebenso wird die Gemeinsamkeit zwischen verschiedenen Überzeugungen (oder zwischen dem christl. Glauben und anderen Weisen der Gottesverehrung) nicht durch »religio«, sondern weiterhin durch »lex« oder »secta« ausgedrückt. Allerdings bahnt sich bei *Marsilio Ficino* (1433-1499) ein neues Verständnis der christl. R. an, das erst im 19. Jh. voll durchgeführt werden wird: In der dem →Juden-, →Heidentum und dem →Islam überlegenen christl. R. sollen alle Arten der Gottesverehrung ihre Einheit finden.
In der →*Reformation* zeichnet sich keine Erweiterung des R.sbegriffs ab. Freil. hat sich zur Zeit des →Augsburger R.sfriedens (1555) der Begriff »R.« als Lehnwort im Dt. durchgesetzt; es bezeichnet die christl. R. oder die →Konfessionen.

*III.* Seine bis heute entscheidende Änderung in Bedeutung und Funktion erfährt der R.sbegriff in der *europ.* →*Aufklärung:* Die in der menschl. Vernunft verankerte und somit allen Menschen gemeinsam zukommende →natürl. R. stellt zugleich den *allg.gültig-rationalen Kern* dar, auf den sich alle hist. gegebenen R.en zurückführen lassen.
*1.* So leitet *Herbert of Cherbury* (1583-1648), der Begründer des neuen R.sverständnisses, die rational verbindl. Grundlagen und Inhalte der natürl. R. ausdrückl. aus dem menschl. Verstand ab, damit sie – angesichts der konfessionellen Spaltung des Christentums und der →R.skriege – ihre auf die Identität von Vernunft und Glaube gegründete Einheitsfunktion ausüben kann. Trotz aller Unterschiede stimmen die im engl. →Deismus, in der franz. und dt. →Aufklärung des 17. und 18. Jh.s ausgebildeten Entwürfe einer natürl. R. in drei wesentl. Grundsätzen überein: Die rational begründeten (und so mit den Grundannahmen der →natürl. Theologie übereinstimmenden) Inhalte zielen *erstens* auf eine Gottesverehrung, die *zweitens* durch eine *prakt.- moral.* Lebensführung geleitet sein soll. Da aber *drittens* die positiv-christl. R. nicht als vernunftwidrige Erscheinung ausgeschieden wird (obwohl sie auf →Offenbarung beruht), läßt sie sich nur dadurch rechtfertigen, daß ihre geoffenbarten Inhalte am Leitfaden der Vernunft überprüft und auf das vernünftig Einsehbare eingeschränkt werden.
Beispielhaft läßt sich dieses Verständnis an →*Kants* Bestimmung der »R. innerhalb der Grenzen der prakt. Vernunft« verdeutl.: Die natürl.-moral. R. tritt als Folge der autonom begründeten Moral in Erscheinung und dient dem Ziel, die allgemeingültige Moral im Blick auf den einzelnen Menschen zu verwirkl., dessen empir. Dasein durch den Bruch zwischen Vernunft und →Natur bestimmt ist. Diesem Ziel ist die positive R. förderl., soweit sich ihre Inhalte von allen übernatürl., wunderhaften, mag. und wahnhaften Einflüssen reinigen und auf der Basis prakt.-moral. Begriffe rekonstruieren lassen.
*2.* Der vor allem von theol. Seite oft wiederholte Vorwurf, die natürl. R. laufe auf eine *geschichtslose Abstraktion* hinaus, bedarf der Einschränkung. Denn die natürl. R. wird in dem Raum bürgerl. Moral und Öffentlichkeit ausgebildet, der von der Politik des absolutist. Staates freigelassen ist; die natürl. R. wird daher nicht nur von selbständig denkenden Bürgern produziert, sondern ebenso an das bürgerl. Publikum adressiert, das – unabhängig vom Druck des staatskirchl.- polit. Systems und unbelastet vom dogmat. Gezänk der R.sparteien – seinen vernünftig gerechtfertigten rel.-moral. Überzeugungen nachgehen will. Diese Überzeugung wird von der zeitgenöss. ev. Aufklärungstheologie geteilt. Die vor allem von J. S. Semler (1725-1791) durchgeführten Unterscheidungen zwischen öffentl. und privater R., Theologie und R. will es den zum Selbstdenken fähigen Christen ermöglichen, sich die moral. interpretierte R. anzueignen, die von der Amtskirche und ihrer professionellen Theologie emanzipiert und frei ist.

*IV.* Am *Ende des 18. und am Anfang des 19. Jh.s* versuchen insbes. J. G. Herder, F. D. E. →Schleiermacher und G. F. W. →Hegel das R.sverständnis neu zu begründen. Ihre bis heute bestimmenden Konzeptionen erteilen zwar der natürl. R. eine Absage, doch stimmen sie in wesentl. Punkten mit dieser überein. Zwar orientieren sie sich an der *positiven* R. und ihren geschichtl. Erscheinungsweisen, doch unterscheiden auch sie streng zwischen gelebter R. und Theologie als ihrer theoret.-reflexiven Bearbeitung. Ebenso geht es ihnen darum, das allen geschichtl. R.en gemeinsame Wesen zu erfassen, wofür sie (wie in der natürl.-moral. R.) best. Bewußtseinstätigkeiten als konstitutiv erachten.
*1.* Im Zentrum der modernen Diskussion steht jedoch die neue Frage: Wie läßt sich die *Selbständigkeit* der R. so begründen, daß sie weder durch metaphys.-spekulative Vorgaben überfremdet noch als bloße Folge der prakt. Vernunft von dieser ver-

wertet wird? Diese Forderung nach Selbständigkeit erklärt sich aus den grundlegenden Veränderungen der modernen Gesellschaft, die sich sozialgeschichtl. und soziol. als funktionale Differenzierung begreifen lassen: Die grundlegende Unterscheidung zwischen polit. →Staat und bürgerl. →Gesellschaft sowie weitere Binnendifferenzierungen lassen die R. als ein *soziales Subsystem* neben anderen erscheinen, das sich für die Wahrnehmung best. Funktionen ausdifferenziert hat. Die Selbständigkeit der R. trifft sich folgl. mit dem Sachverhalt der →*Säkularisierung.* Er meint in unserem Zusammenhang nicht so sehr die Verweltlichung rel. Gehalte (sog. Säkularisate), sondern den Tatbestand, daß die sozialen Systeme außerhalb der R. keine rel. Funktionen ausüben; nicht die R., sondern ihre soziale Umwelt ist säkularisiert.

*2.* Zwar kann die R. ihre Selbständigkeit nicht auf der Basis der theoret. oder prakt. Vernunft formulieren, doch ist sie für eine Besonderheit der modernen →Kultur grundlegend: R. gründet ihre →Autonomie auf bes. Akte der individuellen Subjektivität; das *rel. Bewußtsein* repräsentiert das Subjekt der R. Wie auch immer seine Akte beschrieben werden, als Gefühl, Anschauung, Erfahrung, Erleben, Vertrauen, Glaube oder Vorstellung: durch sie geht das rel. Bewußtsein jeweils eine Beziehung zu der Instanz ein, die es als seinen Grund namhaft macht. Wenn R. also als Selbstdarstellung des rel. Bewußtseins verstanden wird, erscheint sie als die Beziehung, die dessen eigenen Grund mit zur Darstellung bringt. Es ist eine Beziehung der *Abhängigkeit* von seinem Grund, des passiven Empfangens, unmittelbares Erlebnis. Damit schert es nicht aus der modernen Subjektivitätskultur aus. Denn diese Abhängigkeit setzt voraus, daß der Mensch in seinem Selbstbewußtsein davon wissen kann, wie immer auch die R.stheorien Art und Vollzug des rel. Bewußtseins beschreiben, mit welchen Vorstellungen auch sie den Grund der R. vergegenwärtigen: R. im Sinne einer anthropolog. Dimension kann bestimmt werden als die *Beziehung des rel. Bewußtseins auf seinen Grund.*

*3.* Somit tritt R. für die Belange des einzelnen Subjekts ein, das den Grund seiner (empir. nicht abschließend erklärbaren) Tatsächlichkeit verstehen will. Sie sagt dem Subjekt, daß es sich gegeben ist und führt dieses Sichgegebensein auf die Abhängigkeit von dem Grund zurück, von dem zugleich die Welt insgesamt abhängt. Sofern R. in der →Moderne aber an das sich wissende rel. Bewußtsein gebunden ist, legt sie sich in reflexiver Gestalt aus: sie ist *Theorie des rel. Bewußtseins.* Da aber die R., wie die Kritik der natürl. R. lehrt, allein in den geschichtl. R.en gegenwärtig ist, bleibt sie auf die überlieferten Inhalte einer positiven R. bezogen. Diese Inhalte werden jedoch nicht als bewußtseinsunabhängige objektive Gegebenheiten, sondern als funktionale Ausdrucksphänomene des rel. Bewußtseins vergegenwärtigt.

*B. Religion als Gegenstand der Religionswissenschaften*

Die R. ist nicht nur Gegenstand religionsphilos. und fundamentaltheol., sondern ebenso Gegenstand *religionswissenschaftl. Bemühungen,* vor allem der →R.ssoziologie, der →R.spsychologie und der →R.swissenschaft.

*I.* Im Rahmen religionstheoret. Grundlagendiskussion nimmt die *R.ssoziologie* eine vorherrschende Stellung ein. Sofern sie aber einseitig nach der *Funktion der R.* für die Gesellschaft fragt, überläßt sie das moderne (auf das rel. Bewußtsein konzentrierte) R.sverständnis unbegriffen sich selbst. Das macht sich in der Form von Gegensatzpaaren geltend, die für eine Reihe religionssoziol. Entwürfe bestimmend sind.

*1.* Wo die R.ssoziologie die (primär an archa. Stammesgesellschaften gewonnene) *Integrationsfunktion* der R. auf die moderne Gesellschaft überträgt, zeigt sich, daß die gegenwärtig institutionalisierte R. offensichtl. nicht über Inhalte verfügt, auf die die Integration der Gesellschaft angewiesen ist. Hält sie dennoch an der Integrationsfunktion fest, muß sie die fehlenden Vorstellungen durch Funktionen ersetzen, die sie u.a. den polit.-weltanschaul. Ideologien entlehnt. R. und *R.sersatz* werden so unter derselben Funktion eingeordnet. Die Integrationsthese kann auch anders gewendet werden: Die an den Rand der Gesellschaft gerückte kirchl. R. werde durch eine neue Sozialform der R. abgelöst.

*2.* Der Zwiespalt zwischen derart marginalisierter R. und neuer Sozialform der R. (von der →Kirchensoziologie zur Polarität zwischen Gesellschaft und der aus ihr emigrierten Kirche verfestigt) verdankt sich einem *doppelten Mangel* der religionssoziol. Theoriebildung: Zum einen wird die Annahme einer neuen Sozialisationsform gefordert, damit an der Integrationstheorie festgehalten werden kann. Diese neue Sozialform der R. entspricht jedoch in hohem Maße der modernen Form des christl.-rel. Bewußtseins, so daß sich beide Formen nicht voneinander trennen lassen. Doch artikuliert die R.ssoziologie nicht nur den Zwiespalt zwischen (funktionslos werdender) alter und funktionsgesättigter neuer Form der R., sondern vergegenwärtigt auch die gesellschaftl. Strukturveränderungen, aus denen sich auch die veränderte soziale Stellung der R. ergibt.

*3.* Der alle Lebensbereiche durchdringenden →*Rationalisierung* wohnt die Tendenz inne, daß sich die Selbsterhaltung der Gesamtgesellschaft auf Kosten der Einzelsubjekte durchsetzt. Die Rede vom »Ende des Individuums« oder die Vorstellungen der Entmenschlichung und Entpersonalisierung der Gesellschaft gehören daher zum Bestand religionssoziol. Theoriebildung. Wenn aber ökonom. Verwertung, Technisierung und Bürokratisierung den Maßstab für Rationalität bilden, dann wird – wie es scheint – die im Interesse des einzelnen Subjekts agierende R. in das Abseits der Irrationalität gedrängt, um dort die verinnerlichten, aber rational nicht verwertbaren Bedürfnisse privater Subjekte zu pflegen. Dann aber trägt auch die R. zur Aufrechterhaltung der Rationalität des gesellschaftl. Systems bei: Indem sie sich des Lebensschicksals der Einzelsubjekte annimmt, *kompensiert* sie zugleich deren enttäuschte, an der Eigendynamik der sozialen Systeme abprallenden Erwartungen.

*4.* Dieser Zwiespalt zwischen den Rationalitätserfordernissen der sozialen Systeme und der im Privaten gelebten R. kann als Hinweis dafür verstanden werden, daß die Vermittlung zwischen Gesellschaft und R. nicht gelingt. Aber dadurch wird doch nur der fortgeschrittene Stand der *Säkularisierung* bestätigt: Die als Privatsache gelebte R. trifft auf eine soziale Umwelt, die von rel. Funktionen entlastet ist. Darauf ist weder resignativ noch in der Form einer rückwärtsgewandten →Utopie zu reagieren. Vielmehr muß die R. ihre Autonomie so ausbauen, daß sie ihre hauptsächl. Funktion, die Ausübung *geistl. Kommunikation,* einsichtig macht. Dazu aber muß die →Theologie die Transparenz des Glaubens erhöhen.

*II.* Sieht man von der →Psychoanalyse ab, so steht auch die *R.spsychologie* vor strukturell ähnl. Problemen. Zwar gibt es ihr zufolge keine Bewußtseinsfunktionen und Formationen des Unbewußten, die dem rel. Bewußtsein bes. zuzurechnen seien. So sind die rel. Vorstellungen, Handlungsweisen und Gefühle, die das Besondere der R. ausmachen sollen, nur die *abgeleiteten Anwendungsfälle,* an denen das allg. Funktionieren der Psyche demonstriert werden kann. Die Furcht vor solchem »Psychologismus« schlägt jedoch in eine gegenteilige Abstraktion um: Man konzentriert sich auf die substantielle Integrität der rel. Gehalte und drängt ihr psych. Bedingtsein zurück. Beide Spielarten bedingen sich: Entweder verdrängen die (psycholog. klassifizierten) Bewußtseinsvollzüge die Gehalte, die dem rel. Bewußtsein zugerechnet werden, oder die als substantiell geltenden Inhalte lassen die von ihnen einseitig abhängige Psyche zurücktreten.

*III.* Ihrem Anspruch, alle wissenschaftl. Beschäftigungen mit R. zu integrieren, kommt die →*R.swissenschaft* allenfalls vereinzelt nach; in den meisten Fällen arbeitet sie als R.sgeschichte und R.sphänomenologie, ohne religionssoziol. und religionspsychol. Fragestellungen ausdrückl. zu berücksichtigen.

*1.* Sie definiert R. als Beziehung des rel. Bewußtseins zu einem *göttl.-machtvollen Grund,* der sich in bes. →Erfahrungen, Erlebnissen oder »Begegnungen« manifestiert. Allerdings erblickt sie in der Verfaßtheit des rel. Bewußtseins eine allg. menschl. »Anlage«, die als Erlebnis des »Heiligen« zum Ausdruck komme. Folgl. greift sie immer wieder auf das von R. →Otto eingeführte Verständnis des →Heiligen zurück, das sich durch ein wertphilos. verankertes *Gefühlserlebnis* auszeichnet. Nun verlangt die R.swissenschaft auch vom R.swissenschaftler, daß er (auf Grund eigener Erfahrung) die Erfahrung des rel. Menschen (»Homo religiosus«) teile: Da die einzelwissenschaftl. Methoden der Philologie, Geschichte, Soziologie und Psychologie nicht geeignet seien, das innere Wesen der R. zu erfassen, sei der R.swissenschaftler auf ein aus existentieller Betroffenheit geborenes intuitives Verstehen angewiesen, um die für jede R. konstitutive Selbstaussage des rel. Bewußtseins zu erschließen. Dies aber besagt einen ausweglosen method. Dualismus.

*2.* Die R.swissenschaft schirmt diese Selbstaussagen gegenüber allen Einwänden der neuzeitl. →R.skritik ab: sie würden nur von rel. best. Menschen verstanden. Gleichzeitig gleicht sie ihren R.sbegriff der modernen Verfaßtheit der R. an: Sie legt den R.en eine →Anthropologie des rel. Verhaltens zugrunde. Da sie sich vornehml. an den R.en schriftloser Völker und frühgeschichtl. und antiker Hochkulturen orientiert, läuft diese Anthropologie fakt. auf das rel. *Verhalten in archa. Gesellschaften* hinaus, die auf der unmittelbaren Einheit von R. und soziokulturellem Leben fußen. Gegenüber der Einsicht, die Sehnsucht nach dem archa. Ursprung komme zu spät, erklärt sie die substantielle R. des archa. Homo religiosus zum Leitfaden wiederzubelebender rel. Werte. Damit trägt sie jedoch der modernen Privatisierung der R. ungewollt Rechnung; denn die an Werte appellierende rel. Einstellung ist von den Gefühlen einzelner Subjekte abhängig.

### *C. Religionskritik und Religionsbegründung*

*I.* Die verschiedenen religionswissenschaftl. Bemühungen geben direkt und indirekt Auskunft über die prekäre Stellung der R. in der Moderne. Ihr Grundproblem wird jedoch erst dann sichtbar, wenn sie mit den Argumenten radikaler →*R.skritik* konfrontiert wird.

*1.* Zwar ist die Kritik der R. so alt wie die R. selber, doch wird die Berechtigung der R. erst durch die radikale R.skritik der Neuzeit von Grund auf bezweifelt. Sie führt die *Entstehung der R.* auf den Unterschied von Individuum und menschl. Gattung (L. →Feuerbach), den trüger. Reflex falscher sozioökonom. Verhältnisse (K. →Marx), eine nihilist.-dekadente Lebensschwäche (F. →Nietzsche) oder auf ein unbewußt-neurot. gesteuertes Wunsch- und Schuldbewußtsein (S. →Freud, →Sünde und Schuld) zurück. Damit erhebt sie den Anspruch, den Ursprung der R. aus nichtrel. Faktoren erklären zu können.

*2.* Nach G. Dux fußt die R. gemäß einer Entwicklungslogik der Weltbilder auf einem subjektiv., im Sozialbereich der Familie entstandenen Deutungsschema, das in der Neuzeit im Bereich der Natur- und Welterklärung durch ein funktional-relationales Schema ersetzt ist. Darum sei der Einwand nicht zu entkräften, daß sich der Gottesgedanke einer Hypothese der menschl. Subjektivität verdankt. Diese Kritik trifft sich mit den *unlösbaren Problemen,* die eine auf das rel. Bewußtsein zentrierte R. mit sich bringt. Denn der als unbedingt behauptete Grund, von dem sich das rel. Bewußtsein abhängig weiß, ist durch dieses Bewußtsein selber bedingt; das Gottesbewußtsein des rel. Subjekts gründet in dessen einseitiger Beziehung, so daß sich der vermeintl. grundlos gründende Grund in einen gegründeten Grund verkehrt.

*II.* Obwohl der R.sbegriff in der modernen *ev. Theologie* vom 18. Jh. bis zum Ersten Weltkrieg die Funktion des philos.-theol. Basisbegriffs übernommen hat, ist es ihr nicht gelungen, die Einwände der radikalen R.skritik argumentativ auszuräumen.

*1.* Der u.a. von *E.* →*Troeltsch* unternommene Versuch zur Ausbildung eines rel. →Apriori verleiht zwar der Krise der R. Ausdruck. Auf Grund seiner von Kant und dem →Neukantianismus best. Vorgaben vermag er jedoch die angenommene rel. »Substanzbeziehung« nicht von dem Verdacht zu befreien, sie sei das Produkt des selbsttätigen menschl. Geistes. Die →*dialekt. Theologie,* angeführt von K. →Barth, macht aus der Not der Krise der R. eine Tugend: Mit den Argumenten der R.skritik löst er den R.sbegriff auf und ersetzt seine Funktion durch den Offenbarungsbegriff. Auf diese Weise schert der christl. Glaube – der vorgegebenen →Offenbarung gehorsam – aus dem Verband der R.en aus, die dem Illusionsverdacht preisgegeben sind. Dadurch kommt es zugleich zu einem weitgehenden Stillstand der religionsphilos. und religionswissenschaftl. Arbeit in der dt.sprachigen ev. Theologie.

*2.* Allerdings ändert sich dieser Zustand seit dem Ende der 1960er Jahre. Der R.sbegriff rückt in der (sich von der dialekt. Theologie absetzenden) ev. Theologie ebenso wie in der röm.-kath. →Fundamentaltheologie erneut in das *Zentrum des Interesses.* Hinzu kommen in wachsendem Maße entspr. religionssoziol., religionsphilos. und religionshist. Bemühungen, die zugleich von einer »Wiederkehr der R.« in unserer Lebenswelt begleitet werden. Diese *Wiederbelebung der R.sthematik* bedeutet freil. nicht die Erledigung religionskrit. Einwände. Sie werden vielmehr – im Zuge einer überwiegend *funktionalen* Interpretation der R. – überspielt statt log. entkräftet. Zugleich beruft man sich auf fakt. Gegebenheiten, auf Leitvorstellungen gegebenen Lebens, passiver Erfahrung, der Sinnfindung und anthropolog. verankerter Ganzheitsbezüge. Dadurch wird jedoch – vergleichbar der dialekt. Theologie – die Konzentration auf eine positive Offenbarung mit den Mitteln des R.sbegriffs fortgeschrieben und verallgemeinert: Das rel. Bewußtseins ist jetzt nicht allein abhängig von der Christus-Offenbarung, sondern von einer Vielzahl sog. Gegebenheiten des natürl. und soziokulturellen Lebens. Von einer so gedeuteten R. her können jedoch die Prozesse des rel. Bewußtseins nicht mehr vermittelt werden.

*3.* Zu Recht wurde gegenüber der dialekt. Theologie die Einsicht erneuert, daß sich die Theologie bei ihrer Beschäftigung mit der christl. R. auch mit einem allg. R.sbegriff (und mit außerkirchl. rel. Phänomene wie →Civil religion oder Bürger- und Kulturr.) zu beschäftigen hat. Doch muß diese Einsicht von dem Bemühen um Kritik und Begründung der R. begleitet werden. Dieses Bemühen ist auf eine Erneuerung der →*R.sphilosophie* angewiesen, die in Anknüpfung an die Problemstellung von Hegels Philosophie der R. erfolgen kann. Denn Hegel hat seine R.sphilosophie im Wissen um die Ausweglosigkeit vorgetragen, in die sich die – von Kant und Schleiermacher ausgehende – R.sphilosophie manövriert hat. Er wurde von der R.skritik und den R.sphilosophien des 19. und 20. Jh.s bestätigt und festgeschrieben. Die auf das rel. Bewußtsein konzentrierte R.sphilosophie versteht dieses Bewußtsein zwar als Gottesbewußtsein; aber sie setzt die R.skritik ins Recht, weil sie das *Gottesbewußtsein* einseitig zum *funktionalen Konstrukt* des rel. Bewußtseins erklärt. Wenn das Sein Gottes für das rel. Bewußtsein jedoch nicht nur als abhängiges Sein für anderes, sondern zugleich als eigenständiges Selbstsein gedacht werden soll, dann ist es im Gottesgedanken zu verankern. Dieser aber ist als Sachnotwendigkeit des →Absoluten auszulegen. Nur eine auf einer *Theorie des Absoluten* aufbauende R.sphilosophie verfügt über das Potential der Kritik und Begründung, um die Geltung der R. von ihren zufälligen Auf- und Abwertungen zu unterscheiden, die sich aus hist. wechselnden Marktlagen ergeben.

*4.* Weniger dramat. und kontinuierlicher als in der ev. Theologie verlief die Geschichte solcher Theoriebildung in der *kath. Theologie* des 19. und 20. Jh.s. Seit Beginn des 19. Jh.s entwickelte sie – nicht zuletzt aus Gründen der R.sbegründung – die neue Disziplin der Fundamentaltheologie (damals noch →Apologetik genannt), bei J. S. Drey (1777-1853) nicht ohne deutl. Bezugnahme auf Schleiermacher entworfen (→Tübinger Schule). Die in der Mitte des 19. Jh.s aufkommende und offiziell propagierte →Neuscholastik verdrängte allerdings die Fragen nach Subjektivität und Geschichtlichkeit und warf die kath. Theologie weitgehend auf eine rationalist. und einseitig philos. Auslegung des →Thomas von Aquin mit dem Anschein einer objektiven Beweisbarkeit Gottes zurück (Neuthomismus). Allerdings beginnt dann mit dem franz. R.sphilosophen *M. Blondel* (L'action, 1893) ein neuer Ansatz, der die spezif. neuzeitl. Fragestellungen ernst nimmt: In seinen individuellen und kollektiven Verhaltensweisen scheitert der Grundwille des Menschen am Verlangen, sich selbst zu verwirklichen: Verweis auf einen Gott, der sich selber in seiner →Gnade gibt. Eine Reihe anderer Versuche (darunter schon J. H. →Newman) schließt sich sehr zum Unbehagen der vorherrschenden Theologie zu einem neuen Ansatzfeld zusammen. Nach der kirchenoffiziellen Verurteilung dieses →»Modernismus« beginnen ab 1920 neue Versuche, u.a. von *J. Maréchal* (1878-1944) initiiert, in denen Gott als Möglichkeitsbedingung menschl. Erkennens und menschl. →Freiheit verstanden wird und in deren Tradition die

R.sphilosophie von K. →Rahner und J. B. Lotz einzuordnen ist. Die Forschungen vor allem der →Nouvelle théologie haben zu einem neuen Thomasverständnis geführt. In ihm erfahren die →Gottesbeweise eine Auslegung, die der menschl. Subjektivität in neuer Weise Rechnung trägt.
Diesen Denkerfahrungen wird im ev. Raum wieder mehr Aufmerksamkeit geschenkt. Allerdings läßt sich auch zeigen, daß eine Theorie des Absoluten zwar die Wertung der R. dem unmittelbaren Tagesgeschäft und einseitig funktionalen Betrachtungsweisen entzieht, den *Anspruch menschl.* Subjektivität und →*Freiheit* aber nicht einfach integrieren kann. So wird die Begründung von R. zum exemplar. Fall einer verbindl. Wahrheit, welche die Entscheidung des Menschen zwar leiten will und begründet, deren Einsichtigkeit aber zugleich von einer *prinzipiellen Zustimmung* des Menschen abhängt. Noch weiter ist diese Einsicht inzwischen durch Ansätze der →Befreiungstheologie getrieben: Erst von einer glaubenden (d.h. für Christen zugleich solidar.) *Praxis* her kann sich der verbindl. Wahrheitsgehalt von R. nicht nur dem Individuum, sondern auch der solidar. Gemeinschaft zeigen. Damit aber ist auch deutl., daß R. nach christl. Verständnis erst dann verbindl. auf Gott als den sie rechtfertigenden Grund verweist, wenn sie die Sache menschl. Gemeinschaft in einen je umfassenderen Horizont des Heils zu stellen und als Reich Gottes hier und jetzt schon zu thematisieren vermag.

*Lit.: Ch. Elsas:* R., München 1975 (Lit.). – *E. Feil:* Religio, Göttingen 1986. – *G. W. F. Hegel:* Vorlesungen über die Philosophie der R., hg. von W. Jaeschke, 3 Teile, Hamburg 1983-85. – *W. Herrmann:* Die R. im Verhältnis zum Welterkennen und zur Sittlichkeit, Halle 1879. – *I. Kant:* Die R. innerhalb der Grenzen der bloßen Vernunft (1793), Hamburg, 6. Aufl. 1956. – *W. Kern/H. J. Pottmeyer/M. Seckler:* Handbuch der Fundamentaltheologie, Bd. 1: Traktat R., Freiburg u.a. 1985 (Lit.). – *H. Lübbe:* R. nach der Aufklärung, Graz u.a. 1986. – *W. D. Marsch (Hg.):* Plädoyers in Sachen R., Gütersloh 1973. – *T. Rendtorff (Hg.):* R. als Problem der Aufklärung, Göttingen 1980. – *D. Rössler:* Die Vernunft der R., München 1976. – *N. Schiffers/H.-W. Schütte:* Zur Theorie der R., Freiburg u.a. 1973. – *F. Schleiermacher:* Über die R. Reden an die Gebildeten unter ihren Verächtern (1799), hg. von R. Otto, Göttingen, 6. Aufl. 1967. – *H. Timm:* Zwischenfälle. Die rel. Grundierung des All-Tags, Gütersloh 1983. – *F. Wagner:* Was ist R.?, Studien zu ihrem Begriff und Thema in Geschichte und Gegenwart, Gütersloh 1986 (Lit.).

*Falk Wagner*

## Religion und Moral

*A.* Das Verhältnis von R. und M. bietet auf mehreren Reflexionsebenen einen unerschöpfl. komplizierten und bis heute offenen Problembestand. *Kulturgeschichtl.-ethnolog.* stellt man fest, daß menschl. Gemeinschaften – im Sinne sowohl reinen Überlebens wie kultureller Selbstfindung – auf einem einheitl. Zusammenhang von R. und M. beruhen und sich beides dennoch nicht aufeinander zurückführen läßt. M. ist im Ursprung rel. motiviert und etabliert, R. äußert sich im Wesen immer auch als prinzipielle moral. Regelungsinstanz. *Religionswissenschaftl.* zeigen etwa der islam. Sittenkodex, die buddhist. Überzeugung, daß moral. Handeln eine Stufe auf dem Weg zur Heiligkeit bildet, und die hinduist. Vorstellung, daß Verzeihen und Friedfertigkeit der Reflex weltübersteigender Erlösung sei, den fundamental eth. Charakter großer geschichtl. wirksamer Glaubenssysteme.
*Philosophiegeschichtl.* beginnt die systemat. – auf objektive Darstellung und Begründung gehende – Reflexion der M. in der griech.-röm. Antike in enger Verbindung mit mytholog. (→Mythos) und rel. Grundmotiven, paradigmat. in den Dialogen →Platons. Das christl. geprägte Menschenbild durchdringt alle großen abendländ. Ansätze der M.begründung bis zu den Systemen →Kants und der dt. Idealisten im 19. Jh. (→Idealismus); M.kritik und →Religionskritik nähern sich von →Hume bis →Nietzsche in zunehmender Radikalität einander an.

*B. Exeget.* bilden der →Bund Gottes mit den Menschen im →AT und Christi Botschaft der Nächstenliebe (→Liebe) im →NT eine umfassende Kennzeichnung der alles Handeln grundlegenden menschl. Verfaßtheit, wie sie an *Radikalität* von keiner profanen M.bestimmung übertroffen werden kann. Weder M.theologie noch philos. →Ethik vermochten aber die *Lücke* zu schließen, die zwischen der christl. Verhältnisbestimmung von →Vernunft und →Offenbarung einerseits und dem philos. (vor allem in der →Neuzeit radikalisierten) Projekt autonomer Moralbegründung andererseits besteht (→Autonomie). Von *philos.* Seite sind R. und M. in absoluten Gegensatz (N. Hartmann) wie in völlige Identität (→Hegel) gebracht worden. Auch auf *theol.* Seite gibt es in der ganzen Neuzeit bis zum liberalen Christentum des 20. Jh.s einerseits einen Zug zur Identifikation von R. mit allgemeinmenschl. M., andererseits wird jegl. Bezugsetzung von göttl. mit weltl. Handlungsmaßstäben zurückgewiesen (K. →Barth).

*C.* Die *heutige Verhältnisbestimmung* von R. und M. kann auf christl. Grundlage nicht in Entgegensetzung gegen neuzeitl. Autonomiestreben, aber auch nicht in der Unterwerfung unter dieses enden; vielmehr kann der Maßstab vernunftmäßiger Überprüfbarkeit einer jegl. moral. Zwecksetzung durchaus mit dem Beharren darauf vereinbart werden, daß *nicht* alle moral. Zwecksetzung aus menschl. Vernunft ableitbar ist, dementspr. auch nicht aus ihr allein stammt. Ethik als prakt. Wissenschaft hat eine vollständige Ableitung nicht geleistet und kann sie auch nicht leisten. Ihre Grundkonzeptionen stehen zudem jederzeit in Ergänzung zum christl. Menschenbild oder setzen dieses voraus. Wo der Christ auf Grund seines →Glaubens die moral. Maßstäbe und Zwecksetzungen seines Lebenszusammenhangs akzeptieren

kann, kann er deren Begründung auch dann respektieren, wenn seine Mitmenschen sie aus anderen →Prinzipien geben als er.
Wo es zu *Konflikten* zwischen christl. begründeten und fakt. geltenden moral. Grundsätzen kommt, können Christen jedoch von der bislang nicht widerlegten Erwartung ausgehen, daß in der rationalen Auseinandersetzung um das Richtige ihre Gründe die besseren sind, auch wenn sie nicht akzeptiert werden. Weder in der inhaltl. Bestimmung noch in der grundsätzl. Rechtfertigung des Handelns geht daher R. in M. auf. Umgekehrt zeigt sich nicht zuletzt in der Auseinandersetzung mit Ablehnung und Gleichgültigkeit gegenüber christl. M.prinzipien, daß M. für das rel. gegründete Weltverhältnis nicht die letzte Instanz darstellt.

*Lit.: D. von Hildebrand:* Christl. Ethik, Düsseldorf 1959. – *L. Honnefelder:* Die eth. Rationalität der Neuzeit, in: Handbuch der christl. Ethik, Bd. 1, Freiburg/Basel/Wien 1978, 19-45. – *W. Korff:* Theol. Ethik, Freiburg/Basel/Wien 1975. – *H. van Oyen:* Ethik des AT, Gütersloh 1967. – *W. Pannenberg:* Ethik und Ekklesiologie, Göttingen 1977. – *A. Pieper:* Ethik und M., München 1985. – *C. H. Ratschow (Hg.):* Ethik der Religionen, Stuttgart/Berlin/Köln/Mainz 1980. – *R. Schnackenburg:* Die sittl. Botschaft des NT, München, 2. Aufl. 1962.

*Walter Schweidler*

**Religionsfreiheit**

*A.* Die *Vielschichtigkeit* des Problems der R. wird in →Gesellschaft, →Staat und →Kirche erst während der letzten Jahrzehnte voll erkannt und angemessen behandelt. Es ist zu *unterscheiden* zwischen individueller und korporativer R. (individuell: Bekenntnis-, Glaubens- und Gewissensfreiheit; korporativ: Kultfreiheit für →Kirchen bzw. Religionsgemeinschaften). Ferner wird zwischen positiver und negativer R. unterschieden (positiv: Freiheit zu jegl. rel. Bekenntnis; negativ: Freiheit zur Enthaltung von jegl. rel. Bekenntnis). Während die Garantie der korporativen R. als ein Ergebnis der bürgerl. →Revolutionen (17./18. Jh.) betrachtet werden kann, setzte sich die rechtl. Respektierung der individuellen R. erst im 20. Jh. durch. Garantien der individuellen R. finden sich in der Allg. Erklärung der →Menschenrechte der UNO (1948; Art. 18), im Internationalen Pakt über bürgerl. und polit. Rechte (1966; Art. 18), in der Konvention zum Schutz der Menschenrechte und Grundfreiheiten des Europarates (1950; Art. 9) und in der KSZE-Schlußakte von Helsinki (1975; Korb 1, VII).

*B.* Auch *kirchl. Erklärungen* zur R. sind neueren Datums. Vom →Ökumen. Rat der Kirchen wurde sie 1961 in dessen Erklärung »Christl. Zeugnis, rel. Freiheit und Proselytismus« erwähnt. Der kath. Kirche fiel es auf Grund ihres Selbstverständnisses bes. schwer, abzurücken von ihrem traditionellen Verständnis von R. als einer durch den Staat garantierten Freiheit für die (kath.) Kirche. Von hist. Bedeutung ist die »Erklärung über die R.« des 2. →Vat. Konzils vom 7. Dez. 1965, die für einen Wandel der kath. Auffassung von R. steht. Der Erklärung zufolge gründet die rel. Freiheit des einzelnen zunächst in der Würde des Menschen (→Menschenwürde, so der Beginn der Erklärung »Dignitatis humanae«), erst in zweiter Linie auf der →Offenbarung. So ist es dem →Gewissen des einzelnen überlassen, für welche Religion er sich entscheidet (→Toleranz). Eine Minderheit der Konzilsväter (unter ihnen Kardinal Ottaviani und Erzbischof Lefebvre) hat lange versucht, die Abstimmung über die Erklärung hinauszuzögern.

*C.* Es ist gar nicht zu verkennen, daß die Erklärung des Konzils wie auch jene des Ökumen. Rates der Kirchen zu einer *Krise des Missionsgedankens* traditionellen Stils geführt und eine Tendenzwende bewirkt hat (→Mission), durch die im Missionsgedanken an die erste Stelle statt der →Evangelisation die Humanisierung (→Humanität) getreten ist. Dies mag mit dazu beigetragen haben, daß zumindest die gegenwärtige Leitung der kath. Kirche dem Gedanken der R. wieder reservierter gegenübersteht. In zunehmendem Maße versteht man R. wieder allein als Freiheit für die Kirche (Libertas Ecclesiae). Während der Arbeiten an einem neuartigen Grundgesetz für die kath. Kirche, dessen Inkrafttreten völlig unsicher ist, wurden die beharrenden Tendenzen bes. deutlich. Dies zeigt ein Vergleich zwischen den Entwürfen eines Grundgesetzes von 1971 und 1976. Damit ist das seinem Wert nach höhere (und allgemeinere, umfassendere) Prinzip der R. *wieder herabgestuft* auf die untere, speziellere Ebene der Freiheit der kath. Kirche. Die R. wird hier weder als ein individuelles noch als ein interkonfessionelles Recht betrachtet, sondern nur noch als »das Grundprinzip, durch das die Beziehungen zwischen der Kirche und den polit. Mächten sowie der ganzen bürgerl. Ordnung bestimmt werden« (c. 53 § 1 Lex Ecclesiae Fundamentalis 1976).

*D.* Im Rahmen der *ev. Kirchen* ist das Recht auf R. allg. anerkannt. Allerdings betonen auch hier verschiedene Gruppierungen mit Nachdruck, daß R. die Freiheit zur Mission und →Evangelisation, sowie zur Kritik an anderen Religions- und Glaubensformen einschließt. Allerdings ist →Manipulation in Glaubensdingen auszuschließen. R. findet in jedem Fall ihre Grenze an (angebl. rel.) Theorien und Praktiken, die die Menschenrechte und →Menschenwürde verletzen und dem sittl. Empfinden entgegenstehen.

*Lit.: C. Andresen/G. Denzler:* R., in: Wörterbuch der Kirchengeschichte, München 1982, 509-510. – *J. Listl:* Die Verpflichtung des Staates zur Gewähr rel. Freiheit, in: *J. Listl/H. Müller/H. Schmitz:* Handbuch des kath. Kirchenrechts, Regensburg 1983, 1032-1034. – *H. Lutz (Hg.):* Zur Geschichte der Toleranz und R., Darmstadt 1977. – *R. Sebott:* R. und Verhältnis von Kirche und Staat, Rom 1977. – *L. Swidler (Hg.):* Religious Liberty and Human

Rights in Nations and in Religions, Philadelphia/New York 1986.

*Knut Walf*

**Religionsgeschichtliche Schule** bezeichnet eine Gruppe prot. *Theologen*, die sich 1886-1893 *in Göttingen* für verschiedene Fächer der Theologie habilitierten und im Willen zu einem konsequent geschichtl. Verständnis der jüd.- christl. Überlieferung einig wußten. Wichtigste Mitglieder dieser auch »Kleine Göttinger Fakultät« genannten Gruppe waren die Alttestamentler A. Rahlfs (1865-1935) und H. Gunkel (1862-1932), die Neutestamentler W. Bousset (1865- 1920), J. Weiß (1863-1914) und W. Wrede (1859-1906), der Kirchenhistoriker A. Eichhorn (1856-1926) sowie der Systematiker E. →Troeltsch (1865-1923).

*A.* Der Begriff R. *Schule*, vermutl. eine Fremdbezeichnung, ist irreführend, weil die Religionsgeschichtler durch unterschiedl. theol. Traditionen geprägt wurden. Sie wußten sich keinem akadem. Schulhaupt gemeinsam verpflichtet. Zwar übernahmen sie intensiv die Theologie A. →Ritschls. Doch wandten sie sich (mit Ausnahme von Ritschls Schwiegersohn Weiß) seit den späten 80er Jahren zunehmend gegen Ritschls harmonist. Synthese von →Luthertum und bürgerl. Fortschrittsglauben und erkannten unter dem Einfluß der →Theologie- und →Kirchenkritik des Göttinger Orientalisten und Ritschl-Kritikers P. de Lagarde (1827-1891) tiefe Gegensätze zwischen christl. →Religion und moderner →Kultur. Da die Theologie hinter den philolog. Standards anderer hist. Kulturwissenschaften zurückzubleiben drohe, nahmen sie breit die außertheol. *Erforschung rel. Phänomene* und hier insbes. die methodisch führende engl. und niederländ. Religionsgeschichtsschreibung auf. Atl. Religion und Christentum sollten nicht mehr gegenüber anderen Religionen dogmat. privilegiert und isoliert gesehen werden. Vielmehr suchte man ihre Besonderheit vom jeweiligen religionsgeschichtl. Zusammenhang her zu verstehen. Dabei suchte man die ältere Literarkritik durch eine traditions- und formgeschichtl. Erforschung von rel. Stoffen, Motiven, →Formen und Gattungen zu überwinden. In den exeget. Disziplinen bewirkten die Religionsgeschichtler damit eine Revolution der überkommenen Methodologie, die das Bild des →Judentums sowie der Entstehung und Entwicklung des frühen Christentums tiefgreifend veränderte. In der Systemat. Theologie provozierten sie seit der Jh.wende eine breite fundamentaltheol. Debatte über die →Absolutheit des Christentums.

*B.* Weil die ältere Exegese auf den →Kanon zentriert war, hatte sie das →NT allein vom →AT her zu verstehen versucht. Demgegenüber überschritten die Religionsgeschichtler die engen Grenzen des Kanons und verstanden die *nichtkanon.* urchristl. *Literatur* (→Apokryphen) als methodisch gleichberechtigten Forschungsgegenstand der Exegese. Nicht das AT, sondern der →Hellenismus und das von ihnen so genannte Spätjudentum, d.h. das →Judentum zwischen den Testamenten, hätten ur- und frühchristl. Religion entscheidend geprägt. Indem sie traditionsgeschichtl. die starken Einflüsse des antiken →Synkretismus und der →Apokalyptik auf das Urchristentum nachwiesen, konnten sie dessen Eigenart sehr viel genauer als bisher bezeichnen. Sie betonten insbes. die hohe Bedeutung des →Kultes für die urchristl. Überlieferung und den *eschatolog. Charakter* der →Verkündigung Jesu (→Eschatologie). Dies verschärfte den Gegensatz zur Schule Ritschls, in der der Begriff des →Reiches Gottes nicht eschatolog., sondern kultureth. verstanden wurde. Entspr. gilt für die vor allem an der stark mytholog. Prägung der atl. Überlieferung erläuterte These, daß Religion weder theol. Wissen noch sittl. Praxis, sondern eine eigenständige irrationale Lebensmacht sei, die sich durch Theologie nur begrenzt erschließen lasse.

*C.* Durch gezielte Popularisierung ihrer Forschungsergebnisse übten die Religionsgeschichtler einen breiten *Einfluß* auf das rel.-liberale Bildungsbürgertum und die religionshist. Forschung außerhalb der Theologie, etwa auf die frühe →Religionssoziologie, aus. In Theologie und Kirche wurden sie der Auflösung der Theologie in Geschichte und des Verrats der Kirche zugunsten einer außerkirchl. individualist. →*Frömmigkeit* bezichtigt. Die allmähl. Durchsetzung ihrer Methoden und Ergebnisse in der exeget. Theologie hat dies nicht verhindern können. Die Grundbegriffe der R. Sch. sind heute Gemeingut der internationalen exeget. Wissenschaft aller christl. Konfessionen, und ihre Suche nach dem »Sitz im Leben« von Texten, Formen und Gattungen gilt als Grundlage der modernen sozialgeschichtl. Exegese.

*Lit.: F. W. Graf:* Der »Systematiker« der »Kleinen Göttinger Fakultät«, in: *H. Renz/F. W. Graf (Hg.):* Troeltsch-Studien I, Gütersloh, 2. Aufl. 1986, 235-290 (Lit.). – *W. Klatt:* Hermann Gunkel (Forschung zur Religion und Literatur des A und NT 100), Göttingen 1969. – *G. Lüdemann:* Die R. Sch., in: *B. Moeller (Hg.):* Theologie in Göttingen, Göttingen 1987, 325-361. – *Ders./R. Schröder:* Die R.Sch. in Göttingen, Göttingen 1987 (Lit.). – *H. Rollmann:* The Historical Methodology of William Wrede, Ph. D. Mc Master University 1980. – *A. F. Verheule:* Wilhelm Bousset, Amsterdam 1973.

*Friedrich Wilhelm Graf*

**Religionsgespräche** im engeren Sinn bezeichnen die seit dem 16. Jh. geführten *Einigungsverhandlungen* zur Lösung der *causa religionis* und zur Überwindung des Glaubenszwiespalts, der den Frieden und die einheitl. Rechtsgeltung im Reich und in den Territorien gefährdete. Die R. auf Reichsebene (Augsburg 1530, Hagenau/Worms 1540/41, Regensburg 1541, Regensburg 1546, Augsburger Interim 1548, Worms 1557) stellen neben der Konzilslösung eine Alternative zur Anwendung des Ketzerrechtes und zur Durchführung der Reichsexekution dar.

*A.* In ihrer *Methode und Zielsetzung* sind diese R. (wie die Leipziger R. von 1534 und 1539) von den Disputationen im Rahmen des theol. Schulbetriebes (vgl. Leipziger Disputation 1519) wie auch von den (in der Zeit von 1523-1528 in einzelnen Städten durchgeführten) Streitgesprächen zur Verteidigung oder Abwehr der reformator. Neuerungen zu unterscheiden. Ziel der nach festgelegten Regeln (vgl. die Verwarnung Karlstadts in Leipzig wegen Ablesens) durchzuführenden Disputation ist der Sieg, sei es als *respondens* (Antwortender) durch die glänzende Verteidigung der eigenen zugespitzten Thesen oder als *opponens* (Opponent) durch die dem Gegner aufgenötigten Zugeständnisse. So sollte in der Vorstellung J. Ecks 1530 die Religionsfrage durch eine große Disputation in Anwesenheit des Kaisers entschieden werden. Dabei sollten die Protestanten vor die Alternative gestellt werden, entweder die in den 404 Artikeln zusammengestellten überspitzten reformator. Äußerungen als ihre Thesen zu verteidigen oder sich davon zu distanzieren und sich so als besiegt zu erklären. Entgegen diesem vom Kaiser nicht gebilligten Konzept kam es Mitte August 1530 auf der Basis der Confessio Augustana (→Augsburger Bekenntnis) zu Religionsverhandlungen mit der Bestimmung, »daß diese Handlung ohne Streit und ohne Disputation in einem freundl. Gespräch der Parteien (amicum colloquium) geschehe«.

*B.* Unter dieser Vorgabe wurde 1530 in *Augsburg* und 1540/41 in *Worms* unter maßgebl. Beteiligung von Eck und Ph. →Melanchthon und 1541 in *Regensburg* auf der Grundlage des Regensburger Buches eine erstaunl. weitgehende theol. *Einigung* erreicht. Die sachl. Basis dafür lag in der Bereitschaft, die Gegenseite trotz leidvoller Erfahrungen in ihren Aussagen ernst zu nehmen und nicht auf Extrempositionen festzulegen, sei es eine spätscholast.-nominalist. verstandene kath. Position oder eine reformator. Position, die aus einseitig zugespitzten (in der Confessio Augustana inzwischen korrigierten oder modifizierten) und ohne Kontext mißverständl. ungeschützten Formulierungen abgelesen wurde. Bei bewußter Anerkennung der Unterschiedlichkeit der Terminologie kam es zu einer Einigung in der Sache, etwa 1530 »in der Rechtfertigungslehre durch die Zuordnung des scholast. Gnadenbegriffs zum reformator. Glaubensbegriff« (Lehmann, 58f.; für Worms 1541 vgl. 51f.).

*C.* Wenn die R. (abgesehen von Worms 1541) an einzelnen Punkten sich festliefen, so ist dies kein Argument gegen die Ernsthaftigkeit der erreichten theol. Übereinstimmung, sondern verweist auf die *vielfältigen Schwierigkeiten* des vielschichtigen Einigungsprozesses, angefangen von persönl. Animositäten und innerparteil. Disharmonien (innerkath.: Regensburg 1541, innerluth.: Worms 1557) bis hin zu entgegenstehenden polit. Interessen einzelner Reichsstände. Hinzu kommt die Schwierigkeit der Umsetzung der in gewonnenem Vertrauen erreichten Einigung (mit Aufgabe oder Annahme von Kampfworten, z.B. »sola fide« 1530 und 1541) in eine Athmosphäre des Mißtrauens sich abgrenzender Gruppen, in der Einigungen nur nach der Alternative: »Unsere Vertreter haben unsere Sache verraten« – oder: »Endlich haben die Gegner nachgegeben«, bewertet oder Gespräche in sich nur als Vorteil der Gegenseite angesehen werden, da man darauf verzichte, dieser ihre Schändlichkeiten vorzuhalten (J. Fabri, ähnl. E. Billick). Auch wenn »der Weg der Colloquien, den Spaltungen unserer christl. Religion dadurch abzuhelfen«, nicht zum Ziel führte, so war er für den Augsburger Religionsfrieden von 1555, in dem den Reichsständen Augsburgischer Konfession dauernder Friede zugesichert wurde, von nicht zu unterschätzender Bedeutung.
Nach 1557 verlagern sich die R. auf die territoriale Ebene. Neben den ev.-kath. R.n von Baden und Emmendingen 1589/90, Regensburg 1601, Neuburg 1615 und Leipzig 1631 werden luth.-reform. R. in Maulbronn 1564, Mömpelgard 1586, Kassel 1661, Berlin 1662/63 (vgl. schon 1529 Marburg und 1536 Wittenberger Konkordie), aber auch innerluth. R. in Weimar 1560 und Altenburg 1568/69 geführt. Das Modell des R.s wurde außerhalb des Dt. Reiches im R. von Poissy 1561 und in den R.n in Polen (Sandomir 1570; Thorn 1645) aufgenommen.

*Lit.: C. Augustijn:* De godsdienst-gesprekken tussen rooms-katholieken en protestanten van 1538 tot 1541, Haarlem 1967. – *M. P. Fleischer:* Kath. und luth. Ireniker, Göttingen 1968. – *P. Fraenkel:* Einigungsbestrebungen in der Reformationszeit. Zwei Wege, zwei Motive, Wiesbaden 1965. – *M. Hollerbach:* Religionsgespräch als Mittel der konfessionellen und polit. Auseinandersetzung im Deutschland des 16. Jh.s, Frankfurt/M. 1982. – *E. Honée:* Der Libell des Hieronymus Vehus zum Augsburger Reichstag 1530. Untersuchungen und Texte zur kath. Concordia-Politik, Münster 1988. – *E. Iserloh (Hg.):* Confessio Augustana und Confutatio, Münster 1980. – *Ders. (Hg.):* Johannes Eck (1486-1543) im Streit der Jh.e, Münster 1988 (die Beiträge von A. P. Luttenberger, 192-222, und V. Pfnür, 223-249). – *K. Lehmann/W. Pannenberg (Hg.):* Lehrverurteilungen – kirchentrennend? I, Freiburg/Göttingen 1986. – *A. P. Luttenberger:* Glaubenseinheit und Reichsfriede, Göttingen 1982. – *G. Müller (Hg.):* Die R. der Reformationszeit, Gütersloh 1980. – *W. H. Neuser (Hg.):* Die Vorbereitung der R. von Worms und Regensburg 1540/41, Neukirchen-Vluyn 1974. – *H. Sowade:* Das Augsburger Interim, Münster 1977. – *H. Steigelmann:* Die R. zu Baden-Baden und Emmendingen 1589 und 1590, Karlsruhe 1970.

*Vinzenz Pfnür*

## Religionskriege

*A.* Kriege hatten im Altertum, im MA. und noch in der Neuzeit oft rel. Implikationen, insofern die Kämpfenden im Namen oder im Schutz ihres Gottes in den Kampf zogen. R. im allg. sind solche, die *aus rel. Gründen geführt* wurden. Zu nennen sind hier z.B. die →Christenverfolgungen des Altertums, die Hl. Kriege des →Islam, die →Kreuzzüge und die Albigenser Kriege. Im engeren Sinne versteht man unter R.n die *Konfessions-*

*kriege* des 16. und 17. Jh.s. In Frankreich sind es die Hugenottenkriege, im Bereich des Deutschen Reiches vor allem der Schmalkaldische Krieg von 1546/47, der Aufstand der prot. Fürsten von 1552 sowie der Dreißigjährige Krieg von 1618-1648.

*B.* Der *Schmalkaldische Krieg* wurde von Kaiser Karl V. gegen die seit 1531 im Schmalkaldischen Bund zusammengeschlossenen ev. Fürsten geführt, um sie zur Teilnahme am →Konzil zu zwingen, das seit dem 13.12.1545 in Trient tagte. In der Schlacht von Mühlberg am 24.4.1547 gelang dem Kaiser zwar ein glänzender Sieg, doch sein Kriegsziel konnte er nicht erreichen, weil das Konzil mittlerweile vom Papst nach Bologna verlegt worden war. Auf dem Augsburger Reichstag von 1547/48 gelang es dem Kaiser kaum, seine militär. Überlegenheit zur Einigung in der Religionsfrage zu nutzen (Interim). Mit dem *Fürstenaufstand* von 1552 wollte Kurfürst Moritz von Sachsen seine Kurwürde sichern, die er 1547 als Dank für die dem Kaiser geleistete Kriegshilfe erlangt hatte. Der Krieg sollte Moritz aus der kaiserl. Abhängigkeit befreien und sein gutes Ansehen unter den Glaubensgenossen wiederherstellen. Die Folgen des Krieges waren die Besetzung der Städte Cambrai, Metz, Toul und Verdun durch den mit Moritz verbündeten franz. König sowie die Beendigung der zweiten Konzilsperiode in Trient (1551-52), an der zahlreiche dt. Bischöfe teilgenommen hatten und bei der die Ankunft prot. Theologen unmittelbar bevorstand. Die konziliäre Lösung der Reformationsfrage war damit endgültig gescheitert.

*C.* Dem →*Augsburger Religionsfrieden* von 1555 folgte eine längere Friedensepoche, ohne daß die rel. Gegensätze zur Ruhe gekommen wären. Die Spannungen entluden sich im *Dreißigjährigen Krieg*, der im Reich zwischen den mit ausländ. Mächten verbündeten konfessionellen Gruppen geführt wurde. Der Friede von Münster und Osnabrück brachte auf rel. Gebiet neben Katholiken und Lutheranern auch den Calvinisten die reichsrechtl. Absicherung.

*Lit.: H.-W. Gensichen:* Weltreligionen und Weltfriede, Göttingen 1985 (Lit.). – *A. P. Luttenberger:* Glaubenseinheit und Reichsfriede. Konzeptionen und Wege konfessionsneutraler Reichspolitik (1530-1552), Göttingen 1982. – *H. Lutz:* Reformation und Gegenreformation (Grundriß der Geschichte, Bd. 10), München/Wien 1979. – *A. Noth:* Hl. Kampf und Hl. Krieg im Islam und Christentum, Bonn 1966. – *H. Rabe:* Reichsbund und Interim. Die Verfassungs- und Religionspolitik Kaiser Karls V. und der Reichstag von Augsburg 1547/1548, Köln/Wien 1971.

*Rolf Decot*

**Religionskritik** (lat. »religio«, ursprüngl. Bedeutung ungeklärt; griech. »krinein«, trennen, [be]urteilen) bestreitet die Glaubwürdigkeit von →Religion mit rationalen Argumenten im Kontext wechselnder geschichtl. Bedingungen. Religion wird seit dem frühen Altertum bis zur unmittelbaren Gegenwart kritisiert – sei es von innen (interne R.), sei es von außen (externe R.). Solche R. wird wiederum von den Betroffenen kritisiert, was Gegen-Gegeneinwände auslöst. Angesichts der Unmöglichkeit, allen diesen durch zweieinhalb Jt.e gewachsenen Konflikt- und Problemverflechtungen nachzugehen, werden hier mit bes. Blick auf die Gottesfrage einige *exemplar. Positionen* moderner R. umrissen.

*A.* Anknüpfend an den jungen →*Hegel*, der »die Verdrängung der heidn. Religion durch die christl.« untersucht und »die Schätze, die an den Himmel verschleudert worden sind, als Eigentum des Menschen« zurückfordert, deutet *L.* →*Feuerbach* Religion als Projektion: »Das *absolute* Wesen, der Gott der Menschen, ist sein *eigenes* Wesen. Im Gefolge Feuerbachs erklärt *K.* →*Marx* 1844, für Deutschland sei damit »die Kritik der Religion im wesentl. beendigt...«. Hierin irrt Marx, denn 1882 schreibt F. →Nietzsche sein programmat. Wort »Gott ist tot« in der Absicht, die lebensfeindl. →Moral des (zeitgenöss.) Christentums zu entlarven. Es widerspreche der →Autonomie des Menschen, einen übergeordneten Herrn anzuerkennen, vor dem er sich zu verantworten hätte; darum läßt Nietzsche seinen »Zarathustra« sagen: »Seht, ich lehre euch den Übermenschen. Der →Übermensch ist der Sinn der Erde. Euer Wille sage: der Übermensch *sei* der Sinn der Erde! Ich beschwöre euch, meine Brüder, *bleibt der Erde treu* und glaubt denen nicht, welche euch von überird. Hoffnungen reden! Giftmischer sind sie, ob sie es wissen oder nicht.« *S.* →*Freud*, als R.er in einer geistesgeschichtl. Linie mit der vorausgegangenen R. (etwa Feuerbachs, aber auch Nietzsches), vermutet 1907, daß »die Neurose als eine individuelle Religiosität, die Religion als eine universelle Zwangsneurose« zu deuten sei, und erklärt 1927, Religion sei eine wunschgeborene Illusion; sie setze »den Leiden und Entbehrungen..., die dem Menschen durch das kulturelle Zusammenleben auferlegt werden«, eine tröstende Schein-Geborgenheit entgegen.

*B.* Die *sprachanalyt.*, der Tradition des →Empirismus verpflichtete R. von Autoren wie L. →Wittgenstein, R. Carnap und A. J. Ayer will eindeutig trennen zwischen dem, was man in klarer, rational (→Rationalismus) zu rechtfertigender →Sprache sagen kann (nur das sei zulässig), und dem, was man in solcher Sprache nicht sagen kann. Insofern blieben Glaubensaussagen ohne rational nachprüfbare Bedeutung und seien semant. sinnlos.
Obwohl gegen diese grob skizzierten Positionen moderner R. im Namen der Eigenart rel. Glaubens vieles einzuwenden ist, gilt mit gleichem Recht der *Gegeneinwand* M. Horkheimers: »Den Zweifel in die Religion einzubeziehen ist ein Moment ihrer Rettung.« Jeder Religion, die auf kopflose Selbstbehauptung verzichtet, gibt R. zu denken. Verschließt sich Religion gegen Zweifel und krit. Einwände – sei es von innen, sei es von außen –, so endet sie als ein Irrationalismus, der weder tragfähig ist

nach innen noch diskursfähig nach außen. Denn einerseits gehört es zum tragfähigen rel. Selbstverständnis, auch Verlegenheiten und Antwortlosigkeiten gegenüber offenzubleiben, statt sie entweder unkrit. abzutun oder willkürl. zu entscheiden. Andererseits aber sind Verständigung und Auseinandersetzung mit und in nichtrel. Öffentlichkeit nur mögl., wenn sich Religion dem rationalen Diskurs öffnet. Religion ist so lange kritikfähig, als sie ihrerseits kritisierbar bleibt.

*Lit.: D. M. High (Hg.):* Sprachanalyse und rel. Sprechen. Mit einer Einführung von H. Peukert, Düsseldorf 1972. – *F. W. Kantzenbach:* R. der Neuzeit, München 1972. – *K. Löwith:* Von Hegel zu Nietzsche, Hamburg, 7. Aufl. 1978. – *R. Schaeffler:* Die R. sucht ihren Partner. Thesen zu einer erneuerten Apologetik, Freiburg/Basel/Wien 1974. – *H. R. Schlette:* Skept. Religionsphilosophie, Freiburg 1972. – *Ders.:* Zur Erforschung der R., in: Kairos (1982), 67-86. – *K.-D. Ulke:* Agnost. Denken im Viktorian. England, Freiburg/München 1980. – *K.-H. Weger (Hg.):* R. von der Aufklärung bis zur Gegenwart. Autoren-Lexikon von Adorno bis Wittgenstein, Freiburg 1979. – *H. Zirker:* R., Düsseldorf 1982.

*Karl-Dieter Ulke*

## Religionslehrer

*A.* Nach Grundgesetz Art. 7; 3,3 darf kein Lehrer gezwungen werden, *Religionsunterricht zu erteilen.* Diese Bestimmung schützt ihn einmal vor Gewissenskonflikten, ein Fach – wenn auch nur beiläufig – unterrichten zu müssen, mit dem er sich nicht identifizieren kann. Zum anderen wird die Kompetenz des R.s geschützt und der wissenschaftl. Charakter der Disziplin gewahrt. Diese Trennung bewegt sich im weiten Rahmen der grundgesetzl. verankerten relativen Trennung von →Staat und Kirche, wie sie bereits in der Weimarer Verfassung festgehalten war.

*B.* Den *ausschließl.* Religion unterrichtenden Lehrer gibt es derzeit eigentl. nur als Kirchenbeamten (Katechet, Religionspädagoge, →Pfarrer, →Priester) neben Berlin vornehml. in den süddt. Ländern. Mit dieser Institution sind sowohl Vor- als auch Nachteile verbunden. Mit der deputatmäßig unterdurchschnittl. Tätigkeit verbindet sich zumeist ein Defizit an Integration in den Schulbereich, auch wenn es sich um einen anspruchsvollen Unterricht handelt.
Für das ordentl., staatl. Lehramt an den verschiedensten Schulen erscheint Religion als *Studien- und Lehrfach* unter mehreren (in der Regel 2-4). Die Sonderstellung des Faches Religion, zwischen Kirche und Staat angesiedelt, kommt auch kath.seits durch die sog. *Missio canonica* (kirchenamtl. »kanon. Sendung«), in einigen ev. Landeskirchen durch die sog. *Vokation* (»Berufung«) zum Ausdruck; ohne sie ist das Erteilen des Religionsunterrichts nicht möglich.

*C.* Das *Berufsbild* des R.s, in der Gegenwart oft soziol. vom Rollenkonflikt unter den Ansprüchen von Staat, Kirche, →Gesellschaft, →Schule, →Eltern, Schülern und Kollegen gekennzeichnet, schwankt in der Geschichte. So ließ sich der auf ev. Seite von *liberaler Theologie* geprägte R. um die Jh.wende unschwer in die von Psychologie und modernem Herbartianismus (→Herbart) beeinflußte Schule einordnen. Ein Bild, das sich mit dem Ersten Weltkrieg und unter den Verdikten der →*dialekt. Theologie* radikal änderte. Der als Zeuge und Herold (M. Rang, G. Bohne, O. Hammelsbeck, H. Kittel) das →Evangelium verkündigende R. übte im Grunde priesterl. Funktionen aus, wie denn auch die Unterschiede von Konfirmandenunterricht und schul. Unterweisung kaum mehr ins Gewicht fielen und sein Unterricht als »Kirche in der Schule« (Rang) erscheinen konnte. Auf kath. Seite wurde der R. ohnehin in erster Linie als *Vermittler der kath. Glaubenslehre* und kath. Lebensführung gesehen. Als die vor allem in den bibl. Disziplinen fortschreitende *hist.-krit. Forschung* Eingang in die höheren Schulen – wenn auch in propädeut. Form – fand, wertete dieser Umstand auch den R. auf. Er wurde etwa wie der Altphilologe oder Historiker zumindest am Gymnasium als *Wissenschaftler* betrachtet.
Die hohen Abmeldungsquoten vom Religionsunterricht Ende der 60er Jahre, die weniger eine spez. Kritik an diesem Fach als vielmehr eine allg. Schulverdrossenheit ausdrückten, führten zu einer bis dahin nicht gekannten *Verunsicherung,* die man in der Folgezeit auf verschiedene Weise zu kompensieren versuchte.

*D.* Eine insbes. *didakt. Neubesinnung* erklärte den R. zum mehr oder weniger neutralen *Moderator* und Inaugurator von Lernprozessen und Interaktionen, während andererseits Diagnostiker einer angebl. sozialisationsgeschädigten →Gesellschaft wie Schule nach dem R. als *Therapeuten* verlangten.
Grundsätzl. wird man eine *Diskrepanz* von →Theorie und Praxis im Berufsbild des R.s konstatieren müssen, was sogar oft das Selbstverständnis des Betreffenden angeht. Auch wenn infolge der Kriegswirren eine best. Altersgruppe in den Schulkollegien dezimiert erscheint, wird der R. in der *prakt. Bewährung* vor Ort angesichts vielfältiger Anschauungen, Verhaltensweisen und Herausforderungen mehr geprägt als durch seine vorangegangenen Studien. Nicht zuletzt lassen die inzwischen allg. verbindl. Zensurengebung im Religionsunterricht wie deren versetzungs- und studienrelevante Bewertung die Position des R.s im ganzen als gefestigt erscheinen. Nichtsdestoweniger erwachsen dem R. durch die *zunehmende Entchristlichung* unserer Gesellschaft – gekennzeichnet durch Kirchenaustritte oder zumindest durch Indifferenz – objektiv und subjektiv Probleme. Der Hinweis auf die dem R. eigene »Spiritualität« ist in diesem Zusammenhang als prakt. Hilfe gedacht.

*Lit.:* Die Dt. Bischöfe – Kommission für Erziehung und Schule: Zum Berufsbild und Selbstverständnis des R.s, hg. vom Sekretariat der Dt. Bischofskonferenz, Bonn 1983. – *Dies.:* Zur Spiritualität des R.s, ebd. 1987. – Der Ev. Erzieher 35 (1983), Heft 4: Beruf: R. – *H.-G. Heimbrock (Hg.):* R. – Person und Beruf, Göttingen 1982. – *K. Kürten:* Der ev. R. im Spannungsfeld von Schule und Religion. Eine empir. Untersuchung, Neukirchen-Vluyn 1987.

*Gerd Bockwoldt*

**Religionspädagogik.** Die R. ist eine verhältnismäßig junge Hochschuldisziplin. Ihren wissenschaftstheoret. Ort hat sie zwischen →Theologie und Pädagogik. Zu ihren Bezugswissenschaften zählen u.a. →Psychologie, →Philosophie, →Soziologie, →Anthropologie.

*A. Historische Rahmenbedingungen*

*I.* Als um die Jh.wende der schul. →Religionsunterricht bei Schülern an die unterste Grenze der Beliebtheitsskala gerückt war – vgl. empir. Untersuchungen von M. Lobsien und W. Stern (1905, 1908) –, ließen sich dafür zunächst die herrschenden Rahmenbedingungen verantwortl. machen, die sich vor allem aus den polit. Verhältnissen, insbes. der engen Verbindung von *Thron und Altar* im dt. Protestantismus, ergeben hatten. Dies hatte dazu geführt, daß in Preußen als dem größten Staat im Dt. Reiche der Geistlichkeit die Ortsschulaufsicht über die Volksschule oblag, die damit über Lehrpläne und -bücher hinaus unmittelbar in den Unterricht eingreifen konnte. Die damalige Kirche vergab sich damit nicht nur über lange Zeit die Chance, an der Liberalisierung der Schule mitzuwirken. Ein Großteil der Aversionen, insbes. aus der Lehrerschaft, richtete sich direkt gegen sie. Zum anderen – und darin liegt der tiefere Grund der Schwierigkeiten – erschienen *Inhalt und Ziele* des Religionsunterrichts unter kirchl. Vormundschaft derart *veraltet*, dogmat. verengt, daß nur noch rechtl. Rahmenbestimmungen den Religionsunterricht am Leben erhielten. Offiziell wurde er zudem mit Vaterlandsliebe, Treue zum Herrscherhaus, Wehrertüchtigung usw. begründet. Daß es unter diesen Voraussetzungen nicht zum völligen Bruch mit dem Christentum kam – immerhin gab es das Marxsche Vorbild –, ist ein bedeutsames Phänomen.

*II.* In diesem Rahmen skizzierte A. Diesterweg »seinen« Religionsunterricht unabhängig von kirchl. Bevormundung. →Religion war danach mehr als Theologie und nicht konfessionell gebunden. Unter diesem Aspekt sind dann jene Ende des 19. Jh.s einsetzenden *Reformbestrebungen* zu sehen (u.a. der Herbartianer W. Rein), die die Konfessionsschule durch die sog. Simultanschule ersetzt wissen wollten. Es gehören weiter dazu jene didakt. *Neuerungen*, wonach der weitverbreitete →Katechismusunterricht vom Religionsunterricht ausgeklammert bzw. ganz ausgeschaltet wurde. Die Kulturhoheit der einzelnen Staaten begünstigte solche Regelungen. Bremen, Hamburg, Sachsen, Meiningen u.a. wurden tonangebend. Die Bremer Lehrerschaft forderte 1905, unterstützt durch namhafte Stimmen aus dem In- und Ausland, den gänzl. Verzicht auf Religionsunterricht und seinen Ersatz durch Moralkunde. Dies war in diesem Zusammenhang wohl die revolutionärste Manifestation der Unzufriedenheit. Auf dieser Linie liegen die teilweise rigorosen Veränderungen nach dem Zusammenbruch des Reiches 1918.

*B. Wissenschaftliche Grundlegung der Disziplin*

Es war das Verdienst der neuetablierten R., den Religionsunterricht interessant und damit für die Schule im ganzen bedeutsam gemacht zu haben. Durch die Übernahme und Verarbeitung erziehungswissenschaftl., psycholog. Forschungsergebnisse wie -methoden wurde sie zu einer Wissenschaft eigener Art.

*I.* Einen entscheidenden Anteil an dieser Entwicklung hatten u.a. R. Kabisch und Fr. Niebergall. Kabisch lieferte mit seinem umfangreichen und vielfach aufgelegten Unterrichtswerk »Wie lehren wir Religion?« (1910) eine »Methodik des ev. Religionsunterrichts für alle Schulen auf psycholog. Grundlage«, die damals schon mehr war, als der enge Begriff der Methodik anzeigt. Kabisch nahm dabei u.a. ein vieldiskutiertes Problem seiner Zeit auf, näml. die Frage nach der *Lehrbarkeit von Religion.* Im Rückgriff auf F. D. E. →Schleiermachers Religionsbegriff (Anschauung und Gefühl) und best. Unterscheidungen (u.a. Fantasie) der zeitgenöss. Wundtschen Psychologie gelang ihm eine plausible Antwort. Religion wirke als Religiosität ansteckend und sei damit lehrbar. In der Konzeption des Erlebnisunterrichts, zu dem weitere Autoren wie O. und E. Zurhellen, H. Scharrelmann beitrugen, fand diese Methode breite Resonanz in den Schulen, zumal sie auch durch die →Diltheysche Philosophie Unterstützung erhielt. Mit einer so breit angelegten neuen Disziplin, die außer den genannten noch religionswissenschaftl., anthropolog. und schulrechtl. Fragen umschloß, schien in der Tat das Postulat Schleiermachers (Kurze Darstellung, 1810) nach einer über die Katechetik hinausreichenden Wissenschaft erfüllt.

*II.* Daß es sich dabei um eine grundsätzl., gewichtige und keineswegs periphere Kulturerscheinung handelte, geht auch daraus hervor, daß in der *kath. Kirche* ähnl. Reformbestrebungen anzutreffen sind. In der sog. *Münchner* und *Wiener Schule* setzte man sich sowohl mit der eigenen →Neuscholastik als auch mit dem Herbartianismus auseinander, dessen Formalstufenlehre, durch O. Willmann abgewandelt, in der kath. Katechetik rezipiert wurde. Nicht zuletzt unter dem Einfluß von Fr. W. Foerster, J. Göttler und H. Stieglitz wird die Unterrichtsmethode auf die Prinzipien der *Anschaulichkeit* und des *Erlebnisses* verpflichtet, gelten als Ziel die Vermittlung von Wertgefühl und eine entspr. Charakterbildung. Ihren institutionellen Rahmen finden die neuen religionspäd. Ideen in den 1887 in München und 1899 in Wien gegründeten *Katechetenvereinen.* Während der Münchner 1921 seine Tätigkeit auf ganz Deutschland ausdehnte (seitdem *»DKV«*) und heute zusammen mit dem Vereinsorgan, der Zeitschrift Katechetische Blätter, auf eine lange Tradition zurückblicken kann, überlebten ledigl. die Christl.-päd. Blätter die Liquidation ihres Wiener Vereins 1938.

*C. Didaktische Neubesinnung*

*I.* Je nachdem, welches Gewicht die Bezugsdisziplinen im allg. wissenschaftl. und gesellschaftl. Kontext einnehmen, verändert sich auch das Bild der R. So ist auffallend, daß sowohl nach dem *Ersten* als auch nach dem *Zweiten Weltkrieg* theol. Fragen vorherrschten. Dies gilt gleichermaßen für die ev. wie kath. R. So entspricht dem *Kirchl. Unterricht* bzw. der *Ev. Unterweisung* auf kath. Seite die *kerygmat. Katechese* bzw. *rel. Unterweisung,* mit der J. A. Jungmann (»Die Frohbotschaft und unsere Glaubensverkündigung«, 1936) auf eine christozentr. Verkündigung abhob. Bezeichnenderweise wurde dabei ein unterrichtsprakt. Defizit, wie man zunächst vermuten könnte, gar nicht empfunden. Die Verkündigung des Evangeliums und die Antwort des Glaubens genügten offenbar in schwerer Zeit und waren sich selbst Methode genug.

*II.* Die Situation hat sich inzwischen sehr gewandelt. Von der »Kulturrevolution« *Ende der 60er Jahre* war auch der Religionsunterricht betroffen. Er wurde grundsätzl. als Prototyp des Reaktionären verdächtigt und bekämpft. Es bedurfte mannigfacher Anläufe und Anstrengungen, um ihn wissenschaftstheoret. neu zu begründen und zu legitimieren. Es hatte sich gezeigt, daß gesetzl., selbst verfassungsrechtl. Bestimmungen nicht ausreichten, wenn es den Geist, der sie geschaffen hatte, inzwischen nicht mehr gab. So wurden dann in mehr oder weniger glückl. Formulierungen die »Grundsätze der Religionsgemeinschaften« neu interpretiert. Nicht mehr starre Lehren, sondern die *Dynamik des Glaubens,* die sich in →Kommunikation und Interaktion zeigte, bewegte die Gemüter. Immerhin gelang es durch die *Öffnung des Religionsunterrichts* für die Probleme der Zeit und vor allem die der Jugendlichen selbst, seine Notwendigkeit und den Anspruch auf seinen Verbleib im Kanon der Fächer sinnvoll zu demonstrieren.

*III.* Inzwischen ist der schul. Religionsunterricht (von dem man sich nach wie vor befreien lassen kann) versetzungs- und numerus-clausus-relevant geworden. Der Gefahr einer illegitimen Säkularisierung des Faches begegnet man in beiden Konfessionen durch einen verstärkten Rückgriff auf den *Religionsbegriff* und seinen Bedeutungsgehalt. In der *kath.* Theologie liegt das um so näher, als von jeher ein weiter religionsgeschichtl. bzw. – wissenschaftl. Rahmen vorausgesetzt wurde. So ergeben sich dann auch für die sog. Vorfeldkatechese und ihre Inhalte keine großen Schwierigkeiten. In der *ev. R.* wirkte bes. das Religionsverständnis *P. →Tillichs* (»Ergriffensein von einem letzten, unbedingten Anliegen«) integrierend. Einer kurzschlüssigen Vereinnahmung desselben galt und gilt es allerdings unter Hinweis auf den Gedanken der Korrelation zu wehren, mit dem Tillich selbst die dialektische Einheit der wechselseitigen Beziehungen anthropolog. Fragen und theol. Antworten gewahrt hatte.

*D. Konzeptionen der Gegenwart*

*I.* Die verschiedenen religionspäd. Konzeptionen lassen sich am besten chronolog. darstellen. Auf die *liberale R.* folgte, wie beschrieben, die *Ev. Unterweisung* bzw. der *kerygmat. Unterricht.* Diese Epoche ist die längste (1930-1960) und zeigt am meisten Profil. Mit den Namen G. Bohne, M. Rang, O. Hammelsbeck, H. Kittel und K. Frör verbinden sich zugleich gewichtige literar. Leistungen, eine erfolgreiche Lehrerbildung und nicht zuletzt eine deutl. polit. Haltung im Dritten Reich. Um die Umsetzung atl. und ntl. Forschungsergebnisse ging es in den 60er Jahren im sog. *hermeneut.* Religionsunterricht; er sollte, wie auch andere Schulfächer, wissenschaftsorientiert sein. Als Antwort auf die kulturpolit. Herausforderungen (Studentenunruhen, Abmeldungen vom Religionsunterricht usw.) läßt sich seit etwa 1967 eine Reihe von Entwürfen begreifen, die aber alle fragmentar. geblieben sind. So ist der als *problemorientiert* bezeichnete Religionsunterricht keineswegs eine inhaltl., didakt. Alternative zum vorangegangenen sog. Bibelunterricht, sondern eine andere Methode, die Fragen und Probleme des Menschen heute aufzunehmen. Dem *religionskundl.* Unterricht liegt das Interesse an wertungsfreier Information zugrunde. Im *sozialisationsbegleitenden* Religionsunterricht wird Rücksicht genommen auf die Vorgaben bzw. Prägungen aus Familie und Kindergarten. Im *therapeut.* Religionsunterricht geht es um die Hilfe zur Ichfindung angesichts polit. Indoktrination, ökonom. und gesellschaftl. Zwänge.

*II.* Indem in diesen und auch anderen Entwürfen das jeweils zugrundeliegende Anliegen in der Formulierung von *Lernzielen* zum Ausdruck kommt, sind sie noch am ehesten unter diesem formalen Kriterium vergleichbar. In der kath. R. der Gegenwart wurden dgl. Ansätze nur teilweise bzw. in abgeschwächter Form wirksam. Als innovativ können dort allerdings die als *korrelations-* und *symboldidakt.* bezeichneten Entwürfe zum Religionsunterricht gelten. In den Schulen selbst herrscht oft eine bunte *pragmat. Vielfalt,* die den theoret. Hintergrund kaum sichtbar werden läßt. Der fortschreitenden Entkirchlichung (→ Säkularisierung) entspricht auf der anderen Seite angesichts technoökonom., militär. und atomarer Herausforderungen ein *neues Bedürfnis* nach integrierender Religiosität, dem sich die R. zu stellen hat.

*E. Religionspädagogik und Katechetik*

Das Verhältnis von R. und →Katechetik ist von mehr als nur wissenschaftstheoret. Interesse, weil im Blick auf die Wertung der jeweils vermittelten Inhalte, der Zielsetzungen, des Handelns schlechthin doch damit sehr *prakt. Folgen* verbunden sind. Wo die Aufgaben und Funktionen beider Disziplinen als wesensgleich empfunden werden oder sich wechselseitig integrieren lassen, wie es in der Geschichte mehrfach der Fall war – so zu Beginn des 20. Jh.s und nach 1945 – genügt *ein* Begriff, entweder R. oder Katechetik, um das Ensemble des theol.-päd. Handelns zu umfassen. Wo diese Stimmigkeit nicht gegeben ist, bezeichnen R. und Katechetik *verschiedene Bereiche* oder gar eine Abfolge von Stufen. Dieses Verständnis findet sich in jüngster Zeit in einigen offiziellen Verlautbarungen der kath. Kirche zur Erneuerung der →Katechese.

*Lit.: W. Bartholomäus:* Einführung in die R., Darmstadt 1983. – *G. Bockwoldt:* R. Eine Problemgeschichte (UTB 183), Stuttgart/Berlin/Köln/Mainz 1977. – *E. Feifel:* Von der curricularen zur kommunikativen Didaktik. Zur Situation der R., in: *E. Paul/A. Stock (Hg.):* Glauben ermöglichen. Zum gegenwärtigen Stand der R., FS für G. Stachel, Mainz 1987, 21-32. – *U. Hemel:* Theorie der R. Begriff-Gegenstand-Abgrenzungen, München 1984. – *Ders.:* R. im Kontext von Theologie und Kirche, Düsseldorf 1986. – *K. E. Nipkow:* Grundfragen der R., 3 Bde., Gütersloh 1975/1982. – *K. Wegenast (Hg.):* R., Bd. I: Der ev. Weg, Darmstadt 1981; Bd. II: Der kath. Weg, 1983.

*Gerd Bockwoldt*

**Religionspädagogisches Schulbuch**

*A. Geschichte und Funktion*

Das r.S. hat sich neben der →Bibel, dem →Katechismus und dem →Gesangbuch seit der →Aufklärung sowohl als Ergänzung wie als Korrektiv eines einseitigen, vornehml. theol. akzentuierten Religionsunterrichts entwickelt. Die ersten Anfänge datieren aus der Zeit des →Philanthropismus und der →Romantik (Hebels Bibl. Erzählungen, 1824) und waren häufig orthod. Kritik ausgesetzt. Relativ eigenständig wurde diese Gattung erst Ende des 19. Jh.s, wobei dogmen- und kirchengeschichtl. Kompendien für *höhere Schulen* vorherrschten. Die während der Zeit der →Reformpädagogik erschienenen Unterrichtsbücher für die Hand des Schülers (u.a. von Reukauf, Heyn, Falk, Schuster, Franke, Tögel, Rang) waren weit verbreitet und prägten das Bild des Religionsunterrichts über Jahrzehnte. An ihre didakt. Konzeption ließ sich z.T. nach dem Zweiten Weltkrieg (s. z.B. H. Schuster/W. Tebbe, Quellenbuch zur Kirchengeschichte; P. Börger, Am Quell des Lebens) wieder anknüpfen. Allerdings galt das religionspäd. Interesse kaum dem *Anfangsunterricht.* Wenige, aber dafür weitverbreitete Werke wie ev.seits »Der gute Hirte« (1963), »Schild des Glaubens« (1941), das »Gottbüchlein« (1933) und in der kath. Kirche »An Gottes Hand« (1957) oder »Jesus, ich bin Dein« (1960) genügten anscheinend den Erfordernissen bzw. den Bedürfnissen der Zeit.
Ihr heils- bzw. kirchengeschichtl. Aufriß macht schon formal deutl., daß es um die Ableitung und Weitergabe *theol.* →*Wahrheiten* ging (→Theologie), die zudem noch – oft unverstanden – anhand vorgeformter Texte auswendig zu lernen waren. Hinzu kommt im ganzen gesehen eine theologie- bzw. kirchenintrovertierte, der sonstigen Realität aber weitgehend *entfremdete Sprache*, wie Syntax und Wortwahl belegen. Die unter ästhet. und rel. Gesichtspunkten häufig als kitschig ausgewiesenen *Bildteile*, z.T. unterstützt durch got. Schriftbild, mußten dem kindl. Betrachter eine rel. Scheinwelt vorspiegeln.

*B. Didaktische Neuorientierung*

Mit der religionspäd. Neubesinnung zu Beginn der 70er Jahre wurde auch das Schulbuch für den *Elementar- und Primarbereich* neu entdeckt. Die idealtyp. Konzeption, die den meisten ev. und kath. Werken gegenwärtig zugrunde liegt, besteht darin, daß Glaube und Wirklichkeit *korrelativ* gesehen werden, das bedeutet, daß die Erfahrungs- und Erlebniswelt der Kinder thematisiert wird – so z.B. der *Alltag* und die →Feste in der →Familie, mit Nachbarn, Freunden, in der →Schule. Die eth. Grundverhältnisse spielen eine wichtige Rolle. Zu dieser erfahrbaren Wirklichkeit gehören dann auch die verschiedensten Manifestationen von →Kirche, die jeweils aus ev. und kath. Sicht für alle Jahrgänge aufgezeigt werden. Ebenso lassen sich – und dies wird zum qualifizierenden Kriterium des modernen r.S.s im Unterricht – die den *bibl. Aussagen* zugrundeliegenden →Erfahrungen auf die unsrigen beziehen, so daß sie sich gegenseitig erhellen. Z.B. können die verschiedenen Weisen des Sehens bereits in den ersten Schuljahren ein symbolhaftes Verständnis bibl. Wundergeschichten (Bartimäus, Mk 10, 46-52) anbahnen. Auch die auf den Text verweisenden, dessen Kernaussage erschließenden *Bilder*, Zeichnungen, Fotos und Collagen haben mehr denn je eine motivierende und vertiefende Funktion.
Eine Leerformeln und altertüml. Redewendungen vermeidende *Sprache* wird als wirklichkeitsnah und ansprechend empfunden. Fragen und Arbeitsanweisungen schließl. zu den zumeist themat. und lehrgangsartig angeordneten Kapiteln tragen der Lernpsychologie Rechnung und machen die neuen Bücher im ev. und kath. →Religionsunterricht insgesamt interessant und lesenswert. Viele Autoren von Schulbüchern bieten zugleich für die Hand des Lehrers (Lehrerhandbuch) didakt. und method. Hilfen an.

*Lit.:* Religionsunterricht. Zeitschrift für die Praxis des Religionsunterrichts 11 (1981), Heft 1, Thema: Schulbuchanalyse. – *F. Weidmann:* Das Religionsbuch, in: *ders.*

*(Hg.):* Didaktik des Religionsunterrichts, Donauwörth, 4. Aufl. 1985, 168-179.

*Gerd Bockwoldt*

**Religionsphilosophie**

*A. Bestimmung*

Zu den Entstehungsbedingungen der R. als spezif. neuzeitl. Disziplin zählt der Plausibilitätsschwund der philos. (auch »natürl.«) Theologie (→Theologie und Philosophie), deren Kontext die traditionelle →Metaphysik war. Gekennzeichnet war sie durch den Anspruch, sie könne Einsichten in einen Bereich vermitteln, der – so die neuzeitl. Metaphysikkritik – der Vernunft unzugängl. bleiben muß. Die philos. oder natürl. Theologie wollte (in Konkurrenz bzw. in Abhängigkeit von der »Offenbarungstheologie«) mit den Mitteln der Vernunft Aufschluß geben über das Dasein →Gottes, die Unsterblichkeit der →Seele, den →Kosmos als Totalität. Anders als die philos. Theologie betrachtet die neuzeitl. R. nicht mehr die Gegenstände des (rel.) Glaubens als *Formalobjekte*, sondern *die Religionen*, sofern sie hist. Gebilde sind und dem Verstand zugängl. Ansprüche erheben. Für die R. wird die Religion immer dort zum Thema, wo diese auf ihrer Vernunftmäßigheit (etwa auf log. Widerspruchsfreiheit oder auf der prinzipiellen Vereinbarkeit von Vernunft und Glaube) besteht. Daraus ergibt sich, daß die R. auf weite Strecken auch →Religionskritik ist; sie bindet die Geltungsansprüche von Religionen an *Kriterien* (etwa »Wahrheit« und »Verbindlichkeit«), die auch außerhalb rel. Kontexte zustimmungsfähig sein müssen.

*B. Unterscheidungen*

Die R. unterscheidet sich nicht nur von der philos. Theologie und der *Religionsphänomenologie*, d.h. von einer vergleichenden – und auf Wertungen verzichtenden – Beschreibung des Religiösen, dessen unterschiedl. Erscheinungsformen in den einzelnen Religionen. Sie unterscheidet sich auch von der *religionssoziol.* Betrachtungsweise, wenngleich der (für die religionssoziol. Betrachtungsweise zentrale) Funktionalismus gegenwärtig einen immer größeren Stellenwert gewinnt, so wenn man auf eine explizite Auseinandersetzung mit den kognitiven Ansprüchen der Religion in wachsendem Maße verzichtet. Wo die R. sich dagegen von diesen Ansprüchen her definiert, lassen sich im wesentl. zwei Betrachtungs weisen unterscheiden:

1. Die *philos.* Auseinandersetzung mit Wesen, Sinn und Bedeutung der →Religion steht einerseits in großer Distanz zu den konkreten Ausformungen und Manifestationen der Idee des Religiösen in den empirisch vorfindbaren Religionen. In diesem Spannungsverhältnis verfährt die R. *»konstruktiv«.* Sie fragt beispielsweise nach dem log. Status rel. Sätze und analysiert die rel. Sprache; sie vergleicht die Wahrheitsansprüche der Religionen mit konkurrierenden Wahrheitsansprüchen und zielt auf eine abstrakte Ebene, die von der empir. vorfindbaren Religion abgehoben ist und auf der idealtyp. Aussagen und Wertungen mögl. werden. Diese würden selbst dann nicht bedeutungslos, wenn es die empir. Religion gar nicht gäbe. Das Beispiel eines solchen Ansatzes ist Kants »Religion innerhalb der Grenzen der bloßen Vernunft«.

2. Dagegen steht ein *«rekonstruktives«* Verfahren. R. versteht sich dann selber als (eine mögl. Weise der) Auslegung der Religionen, die sich hist. herausgebildet haben, auch wenn sie nicht die Verbindlichkeit der institutionalisierten bzw. organisierten Religion beansprucht und in die Zuordnung von Traditionskritik und -bewahrung eingebunden bleibt. Eine so argumentierende R. setzt sich explizit mit der →Fundamentaltheologie auseinander und arbeitet gleich jener an festzustellenden Kriterien für die Wahrheit oder Unwahrheit der Religion. Sie orientiert sich dabei u.a. an Vorstellungen wie Angemessenheit und Objekt rel. Aussage. Sie ist im weitesten Sinn →*Hermeneutik*, argumentiert aber im Unterschied zur theol. Hermeneutik nicht aus der Binnenperspektive der Religion heraus.

*C. Entstehung*

Die Entstehung des Begriffs R. läßt sich ins ausgehende 18. Jh. zurückdatieren; als eigenständige Disziplin entstand sie mit →Kants und →Fichtes religionsphilos. Schriften (die zur Relativierung des Anspruchs der hist. Offenbarungsreligionen beigetragen haben). Die Fragen, die in dieser neuen philos. Disziplin diskutiert werden, resultieren aus dem Auseinandertreten von moderner Welt (krit. Subjektivität) und rel. Überlieferungen und Institutionen, d.h. aus dem *Fraglichwerden* des Vernunftaspekts *von Religion.* Das, was →Hegel das »Bedürfnis der Erkenntnis« der Religion nennt, wird nunmehr zu einem *Dauerproblem.* Hegel selbst versuchte deshalb, den Stellenwert der Religion innerhalb seines Systems zu bestimmen; Kant fragte, wie sich krit. Subjektivität und neuzeitl. (in der →Transzendentalphilosophie gründender) Wissenschaftsanspruch spannungsfrei auf die Gehalte der rel. Überlieferung und der traditionellen Metaphysik (Ideen der Vernunft) beziehen lassen, wie die fatalen Folgen von Dogmatismus und Anthropomorphismus vermieden werden könnten. Anthropomorphismuskritik, Analysen der undurchschauten gesellschaftl. und kulturellen Funktion der Religion sowie die Kritik an der Verflechtung von Religion und traditioneller Metaphysik (→Platonismus) stehen auch im Vordergrund jener philosophisch-krit. Überlegungen zur Religion, die man systemat. der →*Religionskritik* zuordnet (→Feuerbach, →Marx, →Nietzsche, →Freud). Als frühe Form von R. ist dagegen der →*Deismus* anzusprechen; er wollte die überlieferten rel. Anschauungen auf ein System immergültiger vernünftiger, vor allem moral. Gesetze reduzieren. R. als Forderung nach zeitlosen Wahrheiten, den hist. entwickelten Religionen vorgeordnet, sind

– neben der Analyse der rel. Sprache – die transzendentalphilos. Begründungsversuche der Religion (im Ausgang vom Ansatz Maréchals), personalist. oder existentialist. Ableitungen der Religion, z.B. aus anthropolog. Voraussetzungen, aus der Ich-Du-Beziehung (→Buber), aus konstruierten ursprüngl., das Wesen des Menschen konstituierenden Akten (des Fragens, des Hörens etc.).

*Lit.*: *W. Jaeschke:* Die R. Hegels, Darmstadt 1983. – *W. Oelmüller:* Die unbefriedigte Aufklärung. Beiträge zu einer Theorie der Moderne von Lessing, Kant und Hegel (suhrkamp tb. wissenschaft 263), Frankfurt/M. 1979. – *Ders. (Hg.):* Religion und Philosophie (Kolloquien zur Gegenwartsphilosophie), 3 Bde., Paderborn 1984ff. – *R. Schaeffler:* R., Freiburg/München 1983. – *Ders.:* Religion und krit. Bewußtsein, Freiburg/München 1973. – *H. R. Schlette:* Skept. R. Zur Kritik der Pietät, Freiburg 1972.

*Carl-Friedrich Geyer*

**Religionspsychologie**

*A. Grundfragen*

Die R., die Wissenschaft zur psycholog. Erforschung der →Religionen, geht von der Annahme aus, daß menschl. Verhalten oder Erleben durch die Beziehung zu außer- oder überweltl. Wirklichkeiten beeinflußt sein kann. Als ein Teilgebiet der modernen Humanwissenschaften unterscheidet sie sich von Ausdrucksformen gelebter Religion (Selbstzeugnisse, Reflexion in Gebeten und Liedern), aber auch von theol. und philos. Verhältnisbestimmungen der →Seele zur Transzendenz. Sie erhebt Anspruch auf *weltanschaul. Neutralität* und die daraus folgende Distanz zu ihrem Erkenntnisobjekt. Die R. fragt nach dem Ursprung von Religion, nach den Motiven rel. Verhaltens, der Entwicklung von Religiosität im Seelenleben, der Funktion von Religion für das Individuum in der Gemeinschaft und nach Formen patholog. (kranker) Religiosität und deren Entstehung.

*B. Wege der wissenschaftlichen Religionspsychologie*

*I.* Die *religionsphänomenolog. orientierte empir. R.* erhielt ihre ersten Impulse im Rahmen der Gesamtentwicklung der modernen Wissenschaft in der 2. Hälfte des 19. Jh.s. Bestimmend wurden (1) als Zusammenhang die psychophysiolog. Untersuchung der Grundtatsachen des Seelenlebens (G. Fechner, W. Wundt, →Psychologie), (2) als Rahmen der Religionsvergleich in der →Religionswissenschaft (Max Müller), (3) als Gegenstandsbereich die psychopatholog. Untersuchung abnormen Verhaltens, (4) als Problem die Gesellschaftstheorie, (5) dies als eine philos.-anthropolog. Grundfrage (M. Scheler) (6) im Zusammenhang des theol. Interesses an einer psycholog. Klärung des Glaubensvorgangs und der Glaubensgewißheit. Diese phänomenolog.-empir. Forschungsrichtung nimmt an, daß es ein spezifisch »rel. Verhalten« oder »Erleben« gibt, das nicht in anderen psych. Funktionen, Erlebnis- oder Verhaltensweisen aufgeht und deshalb empir.-psycholog. Untersuchung oder Erschließung als eigener Forschungsgegenstand zugängl. gemacht werden kann. Als Begründer dieser empir. R. gelten die amerik. Psychologen Leuba und Starbuck aus der Schule von St. Hall und W. James. Allerdings gilt das Gesagte nur für diese von W. Wundts Assoziationspsychologie und vom engl. Empirismus beeinflußte experimentelle Analyse individueller Religiosität und deren wissenschaftl. Institutionalisierung.
W. Wundt selbst bearbeitet Fragen der R. im Rahmen seiner *»Völkerpsychologie«*, einer Sozialpsychologie auf ethnolog. Grundlage. Ihm folgten in dieser Arbeitsweise N. Söderblom, R. Otto, F. Heiler u.a. Die Würzburger (O. Külpe) und Dorpater (Girgensohn, Gruehn) Schulen der R. vertraten hingegen eher die empirisch-experimentelle Version der amerik. R. Die skandinav. (H. Sundén) und die belg.-niederländ. (A. Vergote, A. Godin, N. Fortmans) Schule, die im Sinne dieses Forschungsansatzes auch gegenwärtig noch aktivsten, integrieren verschiedene Methoden und bemühen sich darum, sozial- und entwicklungspsycholog. Hypothesen zur Erklärung rel. Phänomene zu nutzen.
Bei aller Vielfalt der Forschungsmethoden und -interessen ist den genannten Entwürfen das Objekt gemeinsam: der »*Homo religiosus*« (der rel. Mensch). Es liegt aber auch in der Konsequenz der erfahrungswissenschaftl. Forschung, daß sie bei der Annahme einer transzendenten Wirkkraft nicht stehenbleiben kann, sich vielmehr auch um deren Analyse bemühen muß. An dieser immanenten Logik scheiterten schon die Hoffnungen liberaler ev. Theologen vor dem Ersten Weltkrieg. Sie hatten von der amerik. R. eines W. James eine Erhellung der psycholog. Grundlagen rel. Lebens erhofft (G. Vorbrodt, G. Wobbermin), mußten aber erkennen, daß der Weg der Analyse nicht zum Urgrund führt, sondern allenfalls zu differenzierter Wahrnehmung. Daraus erklärt sich aber auch die geringe Bedeutung der experimentell-empir. R., die bei den unstrittig rel. Einzelphänomenen stehenbleiben mußte, aber die Bedeutung der Religion für das Seelenleben allg. nicht zu erläutern vermochte.

*II. Der religionskritische Weg der Religionspsychologie*

Nach dieser Bedeutung der Religion für die Psyche des Menschen fragen seit L. →Feuerbach Philosophen und Psychologen kritisch. Religion erscheint als ein Oberflächenphänomen seel. und gesellschaftl. Vorgänge. Folgerichtig gaben die Theorien der Tiefenpsychologie die wichtigsten Antworten auf die Frage nach der psycholog. Funktion der Religion. Den überaus krit. Deutungen S. →Freuds, der die Religion zunächst als kollektive Zwangsneurose, dann immerhin noch als Projektion einer Vater-Imago verstand, stehen die neutralere Auffassung von E. →Fromm (Religion als Funktion der menschl. Bedürfnisse nach Orientierung und Hingabe) und die grundsätzl. positive

Auffassung von C. G. →Jung (Religion als eine Gestalt der Teilhabe am Kollektiven Unbewußten) gegenüber. Daß auch Freuds polem. Kritik der Religion, als »Illusion« im Interesse der Erziehung zur Realität entworfen, in seinen eigenen Werken abgelöst wird von einer positiven Würdigung der rel. Vorstellungen (Träger hist. Erinnerungen und damit Garanten der →Tradition), zeigt sich in den Arbeiten über die Gestalt des →Mose. Aber auch bei einer positiven Bestimmung der Religion wurde die Vorstellung, diese sei ein selbständiger Teilbereich des Lebens, religionskrit. in einzelne psycholog. Tatbestände aufgelöst.
Zwischen dem religionsphänomenolog.-empir. und dem religionskrit. Weg steht eine Variante der →Religionskritik, wie sie etwa Th. Reik im Anschluß an S. Freud vertreten hat. Religion wird nicht als Illusion entlarvt und aufgelöst, sondern als eigener Phänomenbereich, ja als »Kulturmacht« angesehen, deren neurotisierende Einflüsse jedoch zu beachten und abzuwehren sind.

*III. Der praktische Weg der Religionspsychologie*
Zwar ist die religionspsycholog. Forschung durch die analyt. Arbeit der Tiefenpsychologie zu einem Ende geführt worden: der Gegenstand »Religion« ist als selbständiges Element menschl. Lebens nicht mehr selbstverständl. anerkannt. Doch bemühen sich neuere Ansätze der R. darum, ihren Gegenstand, also das rel. Verhalten oder Erleben, unter den Bedingungen einer säkularen Gesellschaft (→Säkularisierung) zu rekonstruieren. Man erforscht nicht mehr ein »Wesen der Religion« oder deren Ursprung, sondern fördert deren Praxis in ihrer jeweiligen modernen Gestalt. Dies geschieht in der päd. R. (G. Heimbrock, B. Grohm, N. Mette), der Pastoralpsychologie (K. Winkler, D. Stollberg, J. Scharfenberg, H. Gastager), aber auch der theoret. Psychologie des Glaubens (H. Müller-Pozzi) mit ihrer Intention, eine Praxis symbol. Kommunikation zu errichten. Im Mittelpunkt solcher Praxis stehen der Mensch, seine Entwicklung zu einer reifen rel. Persönlichkeit (bzw. die Reifung seiner Ich-Identität), die Entfaltung seiner →Phantasie und →Kreativität oder die therapeut. Förderung (→Psychotherapie) seiner Selbstverwirklichung. Eine soziale Gestalt rel. Praxis steht bei diesen Theorien im allg. nicht zur Diskussion.

*C. Psychologie als Weltanschauung*

Es liegt nahe, von der tiefenpsycholog. Analyse der Religion als einer Lebenspraxis oder einem Faktor der Lebensgestaltung fortzuschreiten zu einer Synthese von Lebensformen und weltanschaul. Orientierungen, die dem Aufklärungsanspruch der Psychoanalyse genügt. So hat die Psychologie selbst die Tendenz entwickelt, Formen gemeinsamen Lebens mit *eigenen Normen* zu begründen. Dies läßt sich schon sehr früh am Protest christl. Seelsorger gegen den »Ich-Kultus« der Psychoanalyse ablesen (E. Jahn, 1927). Die Vorstellungen der →Humanist. Psychologie zur Selbstverwirklichung des →Individuums haben mit ihrer quasirel. Wertestruktur die Pastoralpsychologie bes. in den USA maßgebl. beeinflußt (personal growth, H. Clinebell).

*Lit.: G. Condrau (Hg.):* Transzendenz Imagination Kreativität, (Kindlers Psychologie des 20. Jh.s, Bd. XV), Zürich 1979. – *A. Vergote:* R., Olten 1970. – *F. Wagner:* Was ist Religion?, Gütersloh 1986.

*Reinhard Schmidt-Rost*

**Religionssoziologie**

*A. Thematik, Erkenntnisinteresse und Ortsbestimmung* der R. sind bis heute umstritten. In der Regel wird R. umschrieben als der auf →Religion – als institutionelles Glaubenssystem von nicht-empir. wertendem Charakter (T. Parsons) – bezogene spezielle Forschungszweig der →Soziologie, der sich insgesamt mit den Wechselbeziehungen zwischen Religion und →Gesellschaft beschäftigt. Diese Auskunft ist mehrfach unzureichend:
1. Sie setzt voraus, daß Religion und Gesellschaft trennbar, die Bereiche womögl. mit →»Heiligem« und »Profanem« gleichzusetzen seien (R. →Otto, D. Durkheim). Dies legt die Vermutung nahe, als könne die Soziologie einerseits Religion außerhalb ihrer geschichtl.-gesellschaftl. Zusammenhänge, andererseits Gesellschaft ohne Rücksicht auf Religion oder deren funktionale Äquivalente (d.h. ähnl. Erscheinungen mit gleicher gesellschaftl. Bedeutung) betrachten. Tatsächl. drückt sich in dieser *bereichsspezif. Trennung* jedoch nur eine epochenspezif. Sicht aus, die selbst von best. prakt. Interessen – sei es dem religionskrit. Interesse an sozialer Religionsverdrängung (→Religionskritik), sei es dem kirchenapologet. Interesse an Bestandssicherung und Bedeutungsnachweis von Religion (→Säkularisierung) – geleitet war.
2. Empir.-analyt. Aussagen über das Verhältnis von Religion und Gesellschaft lassen sich nur im Kontext ihrer *konkreten Erscheinungen* formulieren, der in Europa weitgehend durch die institutionelle Form der →Kirchen bestimmt ist. Würde sich aber R. in denjenigen ihrer Theorien erschöpfen, die tatsächl. am Phänomenbestand von Kirchlichkeit orientiert bleiben, böte sie keine hinreichende Trennschärfe mehr zur →Kirchensoziologie und grenzte damit die ihr eigenen erkenntnistheoret. Möglichkeiten und Probleme aus.
3. Nicht zuletzt mit diesen Schwierigkeiten hängt es wohl zusammen, daß (zumindest in Deutschland) eine R. als *eigene Disziplin* der Fachwissenschaft Soziologie anderen »Bindestrich-Soziologien« vergleichbar nicht existiert. Statt dessen kommt die R. im soziol. Forschungsbetrieb eher beiläufig vor; ein zunehmendes Interesse findet sie in der allgemeinsoziol. Theoriebildung (vgl. K. F. Daiber/Th. Luckmann). Ansonsten hat sie eine Art Asyl in den Theologien und entspr. kirchl. Instituten gefunden. Als Fülle von Einzelperspektiven ist sie in unterschiedl. Wissenschaften (wie etwa →Geschichts- und →Literaturwissenschaft, Päd-

agogik, →Volkskunde) präsent und stellt vor allem in der →Philosophie – freil. in soziol. unspezif. Zusammenhängen – einen beträchtl. Anteil an deren Bemühen um die fundamentaltheoret. und zeitdiagnost. wiederentdeckte Religionsthematik (vgl. H. Lübbe, W. Oelmüller).

*B. Die Problemlage* ergibt sich vor allem aus einer Geschichte, deren Grundzüge unterschiedl. Quellen entstammen und nach wie vor die Diskussion bestimmen.

*I.* Ein vorwiegend *innertheol. Motiv*, sich der wissenschaftl. Beschreibung gelebter Religion zuzuwenden, folgt der Einsicht, daß durchaus unterschiedl. Lebensvollzüge des Christentums mögl. sind. Schon die im 12. Jh. einsetzende Entflechtung von Kleriker- und Laienkultur (O. Brunner) bot Gelegenheit zur differenzierten Betrachtung einer in offizieller Kirchlichkeit nicht aufgehenden christl. →Volksfrömmigkeit. Als dann im Gefolge der →Reformation spätestens seit dem 17. Jh. »eine Pluralität selbständiger Ausprägungen des Christentums« (W. Pannenberg) entstand, unterschieden vor allem Naturrechtstheoretiker und christl. Aufklärungstheologen zwischen kirchl. und allg. gesellschaftl. Religion und begründeten diese Unterscheidung, um an der Gleichursprünglichkeit von *Religion und Sozialität* festzuhalten (J. F. Buddeus, Ch. Thomasius, J. S. Semler, I. →Kant, J. J. →Rousseau; vgl. →Deismus). Ein zentrales Thema des dt. →Idealismus (F. →Schleiermacher, R. →Rothe, G. W. F. →Hegel) bildete schließl. die Allgemeinheit der christl. →Welt, die sich als Inbegriff vollendeter Humanität vor allem auch der Reformation und deren Folgen für Entstehung und Gestalt der neuzeitl. Kultur verdanke. Die Gemeinsamkeit solcher Ansätze bestand in dem Nachweis, daß die christl. Religion eine größere gesellschaftl. und kulturelle Allgemeinheit besitze, als an ihren geschichtl. partikularen Erscheinungsbildern jemals ersichtl. wird.

*II.* Demgegenüber kehrte die positivist. und linkshegelian. *Religionskritik des 19. Jh.s* die Perspektive von Religion polem. ins genaue Gegenteil um: In betonter Abgrenzung zu aller Theologie gewann sie ihren soziol. Religionsbegriff vorwiegend an →Kirchlichkeit, um darin den exemplar. Ausdruck dessen zu finden, was als Instanz der Fremdbestimmung und *ideolog. Verschleierung* der Entwicklung und Entfaltung der Gesellschaft zu ihrem wahren Charakter entgegenstand (→Soziologie, →Ideologie). In den anthropomorphen Projektionen ihrer Gottesvorstellung etwa galt Religion generell als mangelhafte Form des menschl. Selbstbewußtseins (L. →Feuerbach), als klerikal-ideolog. Ausdruck für die herrschaftl. Verzerrungen und Verbrämungen von entfremdeten gesellschaftl. Grundverhältnissen (K. →Marx) oder als rudimentäre Form eines noch nicht zu seiner wissenschaftl. Blüte herangereiften Weltverhaltens (A. Comte, H. de Saint-Simon, →Positivismus, →Sozialismus). Im alternativen Gegenüber zur kirchl. Religion verschaffte sich in der Soziologie ein gesellschaftl. Selbstverständnis Gestalt, das Religion nun nicht mehr nach ihrem Wahrheitsgehalt, sondern allein an ihrem gesellschaftl. Nutzen und ihren Funktionen maß. Religion wurde ihm zum exemplar. Fall von gesellschaftl. Ideologien und →Wissenssystemen, →Organisationen und →Institutionen der →Herrschaft sowie des sozialen →Handelns wurde, die von entlastender, aber auch entfremdender Bedeutung sind. Der Gewinn eines allg. Verständnisses von Gesellschaft wurde mit der Verengung des Religionsbegriffs auf ihre vorwiegend sozialschädl. Erscheinung erkauft.

*III.* Die religionstheoret. Perspektiven der *klass. Soziologie* rückten hingegen die *grundlegende Bedeutung* von Religion für die Gesellschaft wieder in den Mittelpunkt. Religiosität wird hier als grundlegende Bedingung des Gesellschaftlichen selbst betrachtet: Die Gesellschaft verleihe ihrem maßgebl. geordneten, verpflichtenden und disziplinierenden Strukturzusammenhang einen symbol. Ausdruck in dem »gemeinschaftl. System von Glaubenssätzen und Riten, die auf heilige, daher abgesonderte Dinge bezogen sind: Glaubenssätze und Riten, die alle Mitglieder in derselben Gemeinschaft vereinigen« (E. Durkheim) und Religion so als zentrale Kraft gesellschaftl. →Integration erscheinen lassen; rel. Vorstellungen des →Heils, der →Gerechtigkeit, der Einheit und des →Glücks fänden ihren Ort im integrativen Fluchtpunkt Gottes: dem »transzendenten Ort der Gruppenkräfte«, auf den hin die gesellschaftl. ansonsten unabgegolten bleibenden Bedürfnisse und Energien (gerade auch in der Gestalt hist. gewordener und individuell gelebter Religion) gelenkt und ebendadurch in ihren Widersprüchen und Gegensätzen vor ruinösen →Konflikten bewahrt werden (G. Simmel); oder spezif. →Rationalitätstypen und →Sinnsysteme würden durch den Glauben und das Gemeinschaftsleben best. Religionsausprägungen prämiert, dadurch verdichteten sich Konstellationen und Wirkungen zu einer Art der Lebensführung, die ihrerseits wiederum die Herausbildung unterschiedener Gesellschaftsformationen begünstigt (M. →Weber; vgl. →prot. Ethik).

*C.* Zwar drohte die R. sich zeitweilig, vor allem unter dem Einfluß der →strukturell-funktionalen Theorie, völlig zur Kirchensoziologie zu verkürzen und hielten dabei Theorieaussagen der →Säkularisierung her, um den Zusammenhang von Religion und Gesellschaft zu problematisieren, doch ist in jüngster Zeit in den Hauptströmungen der allgemeinsoziol. Theoriebildung, aber auch in bes. Forschungsaktivitäten, das *Interesse an Religion* wieder beachtl. angewachsen. Im Mittelpunkt stehen dabei vor allem das Schicksal rel. Manifestationsformen, aber auch die sozialkulturellen Konstitutions- und Funktionsleistungen von Religion selbst. Geachtet wird daher auf Zusammenhänge der »gesellschaftl. Konstruktion von Wirklichkeit« (P.

L. Berger, Th. Luckmann), die hist.-evolutionär und strukturell-figurativ diagnostizierbar sind, auf die Erhaltung und Stabilisierung von gesellschaftl. Gesamt- oder Teilsystemen, die chiffriert und motivfähig auf Kontingenzbewältigung zielen (→Systemtheorie: N. Luhmann), sowie auf die individuell-persönl. →Identitätsfindung (H. Lübbe). Ob dabei der Interessenschwerpunkt mehr auf den Kulturobjektivationen symbol. Sinnsysteme liegt (→Kultur), mehr auf der sozialen Geltung eines sinnselektiven Plausibilitätssystems (→Gesellschaft) oder auf individueller Lebensgesinnung, in der man sein Verhältnis zu Welt und Gesellschaft (in alltagsweltl. und lebensgeschichtl. Identität) erfährt und sich entspr. zu verhalten weiß: in jedem Fall hat die soziol. Frage nach dem sozialkulturellen Beglaubigungswert der Religion an Bedeutung gewonnen. Der ihr eigene Anspruch, selbst eine Kultur des vernünftigen Umgangs mit den Zumutungen der Daseinskontingenz zu sein, wird in dem Maße zur Kenntnis genommen, als überhaupt das zeit- und krisendiagnost. Potential der Soziologie gefragt ist, die versucht, die Erfahrung von Gesellschaft auf den Begriff zu bringen.

*Lit.: K. W. Dahm/V. Drehsen/G. Kehrer:* Das Jenseits der Gesellschaft. Religion im Prozeß sozialwissenschaftl. Kritik, München 1975. – *K. F. Daiber/Th. Luckmann (Hg.):* Religion in den Gegenwartsströmungen der dt. Soziologie, München 1983. – *W. Fischer/W. Marhold (Hg.):* R. als Wissenssoziologie, Stuttgart 1978. – *F. Fürstenberg (Hg.):* R., Neuwied/Berlin, 2. Aufl. 1970. – *Ders./I. Mörth:* R., in: *R. König (Hg.):* Handbuch der empir. Sozialforschung, Bd. 14, Stuttgart 1979, 1-84. – *H. Lübbe:* Religion nach der Aufklärung, Graz/Wien/Köln 1986. – *J. Matthes:* Einführung in die R., 2 Bde., Reinbek 1967/1968. – *I. Mörth:* Die gesellschaftl. Wirklichkeit von Religion. Grundlegung einer allg. Religionstheorie, Stuttgart 1978. – *W. Oelmüller u.a.:* Diskurs: Religion, Paderborn 1979. – *F. Wagner:* Was ist Religion? Studien zu ihrem Begriff und Thema in Geschichte und Gegenwart, Gütersloh 1986, 165-241. – *J. Wössner (Hg.):* Religion im Umbruch. Soziol. Beiträge zur Situation von Religion und Kirche in der gegenwärtigen Gesellschaft, Stuttgart 1972.

*Volker Drehsen*

## Religionstheologie

*A.* Bei der R. geht es nicht, wie man im Vergleich zur →Religionsphilosophie vermuten könnte, um eine Theologie von (Sinn und Recht der) →Religion an sich, also nicht um die Fortschreibung des fundamentaltheol. Traktats »de religione« (Über die Religion; →Fundamentaltheologie), sondern um eine Theologie der *konkreten Religionen.* Vorbild eines solchen (bislang weithin unentwickelten) Unternehmens könnte die Theologie des →Judentums sein. Sie wird heute nicht mehr allein als theol. Nachdenken *über* das Judentum betrieben, vielmehr bezieht sie die Juden in ihrem Selbstverständnis als Subjekte in die theol. Befassung ein und verbindet im theol. Denkhorizont Christen und Juden miteinander. Die Forderung nach einer solchen Theologie – stichwortartig als →Dialog der Religionen bezeichnet – ist eine Folge der neuen Weltsituation, in der die verschiedenen Religionen durch die Begegnung ihrer Anhänger miteinander in Kontakt kommen. Auf der Basis ihrer rel. Grunderfahrungen wird eine Klärung ihres gegenseitigen Verhältnisses erforderlich.

*B.* Bei einer →transzendentaltheol. Behandlung des Themas werden die Religionen global in den – als umfassend vorgestellten – Horizont des christl. Glaubens eingeordnet (K. →Rahner), so daß es nur *vor*christlich-adventhaft, auf ihre Erfüllung wartende (→Advent), und *nach*christlich von der Höhe des christl. Glaubensverständnisses abrükkende Religionen gibt. Dies wird dem hier skizzierten Ansatz nur bedingt gerecht, da so das *konkrete Selbstverständnis* der »fremden« Religionen unbeachtet bleibt und diese als solche »Fremdreligionen« bleiben. Eine angemessene R. muß sich deshalb, wie mühsam auch immer, →religionswissenschaftl. Forschung aneignen und den Religionen so Aufmerksamkeit schenken, wie sie sich selber verstehen. Angesichts der in jedem Menschen wirksamen Sehnsucht nach Sinnerfüllung und Zukunftsansage (→Hoffnung) sowie angesichts der konkreten Aufgaben, die sich der menschl. Gesellschaft als Ganzes im Ruf nach →Gerechtigkeit und →Freiheit, →Frieden und →Solidarität stellen, muß es in Theorie und Praxis zu einem ehrl. Ausgleich der Ansprüche der Religionen kommen. Nicht zuletzt im Blick auf die zahlreichen →Religionskriege, die es im Laufe der Jh.e gegeben hat, wird den Religionen dabei ein bes. Beweis des Willens zum Frieden abverlangt (vgl. →Nikolaus von Kues, De Pace Fidei [Über den Frieden des Glaubens]).

*C. Katholischerseits* bietet die Erklärung des 2. →Vat. Konzils über das Verhältnis der Kirche zu den nichtchristl. Religionen (1965) eine deutl. Bestätigung des hier skizzierten Ansatzes. Zeitgeschichtl. und religionsphilos. bewertet sie die Religionen als versuchte »Antwort(en) auf die ungelösten Rätsel des menschl. Daseins« (Nr. 1), bringt ausdrückl. →Hinduismus und →Buddhismus, →Islam und Judentum zur Sprache (Nr. 2-4) und mahnt, »mit Klugheit und Liebe... jene geistl. und sittl. Güter und auch die sozial- kulturellen Werte, die sich bei ihnen finden, an(zu)erkennen, (zu) wahren und (zu) fördern« (Nr. 2). Diese neue Einstellung der kath. Kirche zu den anderen Religionen und ihren Werten ist theol. deshalb mögl., weil sich in ihnen »Strahl(en) jener Wahrheit erkennen lassen, die alle Menschen erleuchtet« (ebd.). Angesichts des universalen Heilsangebots Gottes, → das das Christentum im Blick auf Jesus von Nazaret, seinen Tod und seine Auferstehung verkündet (→Mission), bleibt die Frage nach dem →Heil im Umgang mit den Religionen ein zentrales Thema.

*Lit.: H. Bürkle:* Einführung in die Theologie der Religionen, Darmstadt 1977. – *H. R. Schlette:* Zur Theologie nichtchristl. Religionen, in: Orientierung 51 (1987), 151-156. – *M. Seckler:* Theologie der Religionen mit Fragezeichen, in: Theol. Quartalschrift 166 (1986), 165-184. - *H. Waldenfels:* Kontextuelle Fundamentaltheologie, Paderborn 1985. - *Ders.:* R., in: *ders. (Hg.):* Lexikon der Religionen, Freiburg 1987, 557ff.

*Hans Waldenfels*

**Religionsunterricht**

*A.* Die Verankerung des R.s im *Weimarer Verfassungsrecht* (Art. 149) – ein Phänomen ohne Entsprechung in anderen Ländern – läßt sich nur aus der *hist. Entwicklung* begreifen. Angesichts einer drohenden Trennung von →Kirche und Staat ergaben sich in der Nationalversammlung nach z.T. heftigen Auseinandersetzungen jene Kompromisse, wonach zwar »keine Staatskirche« (137, →Kirche und Staat) existiere, die »Religionsgesellschaften« aber als »Körperschaften des öffentl.Rechtes« (ebd., Abs. 5) und die →theol. Fakultäten als solche an den Universitäten (149,3) erhalten blieben.

*I.* Der R. an öffentl. Schulen muß »in Übereinstimmung mit den Grundsätzen der betreffenden Religionsgesellschaft« erteilt werden (149,1). Als Akt der Liberalisierung wird man freil. die Festlegung der Religionsmündigkeit mit dem vollendeten 14. Lebensjahr (Reichsgesetz über die rel. Kindererziehung, 1921) ansehen können, war es doch damit in die freie Entscheidung des jungen Menschen gestellt, am R. teilzunehmen oder sich u.U. abzumelden. Bedenkt man außerdem, daß auch den →Eltern dieses Recht zukam (149,2), dann ist die Sonderstellung des R.s im Fächerkanon der Schule offenkundig. Den R. als ordentl. Lehrfach zu bezeichnen muß widersprüchl. anmuten.
Die Frage, was man unter den »Grundsätzen der betreffenden Religionsgesellschaft« zu verstehen habe, schien lange Zeit eindeutig zu sein. Nur so ist die nahezu wörtl. Übertragung dieses Artikels – statt Gesellschaft heißt es jetzt Gemeinschaft – ins *Grundgesetz* (Art. 7,3) zu erklären. Es handelte sich um einen R. in »konfessioneller Positivität und Gebundenheit« (G. Anschütz) und hinsichtl. der Grundsätze um die »Summe objektiv feststehender Glaubenssätze« (W. Landé). Die geforderte Übereinstimmung zwischen Kirche und Staat zeigt sich dabei am sinnfälligsten in der Lehrplangestaltung, für die in theol. Hinsicht die Kirche (als jeweilige Landeskirche, Bistum usw.) in Kompetenz zuständig ist. Ganz gleich, ob die Initiative mehr von dieser oder jener Seite ausgeht – was wiederum abhängig ist von der konfessionellen Struktur des Bundeslandes bzw. des Kultusministeriums –, es sind gemischte Gremien von Fachleuten, die die Pläne erarbeiten.

*II.* Als *Ende der 60er Jahre* eine Flut von Abmeldungen über den R. hereinbrach, schienen eine Zeitlang auch diese rechtl. Bestimmungen in Frage gestellt. In einem vielbeachteten Gutachten der →Ev. Kirche in Deutschland (EKD, 1971) wurden Art. 4 – er handelt von der *Freiheit des →Glaubens,* →Gewissens, rel. und weltanschaul. Bekenntnisses – und Art. 7 des Grundgesetzes miteinander verschränkt. Wenn der pluralist. moderne Staat sich an keine Konfession und Weltanschauung binde, vielmehr alle toleriere, könne Art. 7,3 auch nicht mehr im Sinne eines »Privilegs der Kirchen« ausgelegt werden. Insofern sei den weltanschaul. Gemeinschaften die Möglichkeit einzuräumen, sich »an der Planung und Ausrichtung des R.s *kooperativ* zu beteiligen«.
Diese sehr liberalen Äußerungen warfen allerdings mehr Fragen auf, als daß sie Probleme lösten. Insbes. war das Verhältnis zur kath. Kirche unberücksichtigt geblieben. Allein schon deshalb verbot sich jede einseitige Änderung. Ein vorschnell proklamierter bi- oder interkonfessioneller bzw. ökumen. R. ließ sich nur zeit- und teilweise in die Praxis umsetzen. Zwar sah man die Bekenntnisgebundenheit des R.s durch Lehrer und Inhalte gewährleistet (EKD 1974), eine »stillschweigende Änderung« rechtl. Bestimmungen hatte jedoch trotz »neuerer religionspäd. Überlegungen« nicht stattgefunden.

*III.* Die Wiedereinsetzung des R.s in seine alten Rechte erfolgte dann auch durch *Verwaltungsvorschriften (1972),* die ihn zum Wahlpflicht- und Prüfungsfach deklarierten. Zwar blieben Gewissens- und Abmeldefreiheit unangetastet, jedoch wurde auf der Oberstufe ein *alternativer Unterricht* in Philosophie, Religionskunde, Ethik, Werten und Normen – die Bezeichnungen sind in den einzelnen Bundesländern unterschiedl. – zwingend. Auch galt künftig unter dem Gesichtspunkt der Vergleichbarkeit von Schulabschlüssen der R. als versetzungs- und studienrelevant. Die z.T. geübte Praxis, auf Zensuren zu verzichten oder diese nicht anzurechnen, wurde also aufgegeben: Der wissenschaftl. bzw. ordnungsgemäße Charakter des Faches erscheint seitdem zumindest formal gesichert.

*B.* Die *inhaltl. Fragen,* insbes. die nach seiner Legitimation, bleiben jedoch bestehen. Wie die neuere Schulgeschichte – seit 1800 – ausweist, war es immer wieder strittig, ob und in welchem Umfang die Religion zum Kanon der Fächer gehören sollte. Waren es im 19. Jh. im wesentl. »vaterländ.« Gesichtspunkte, mit denen Staat und Kirche den R. an Schulen begründeten und förderten, so zeigt sich in den letzten Jahrzehnten ein mehr oder weniger *kulturgeschichtl. und anthropolog. Interesse.* Die gesteigerte Religionsbedürftigkeit des modernen Menschen im techn. und atomaren Zeitalter, mag sie sich auch in unterschiedl. Weise und in unkonventioneller Form (→Neue Religionen) manifestieren, ist ein nicht zu leugnendes Phänomen und eröffnet dem R. trotz aller →Säkularisierung neue Chancen. Unter diesem Gesichtspunkt gewinnen neu zu formulierende Zielvorstellungen, die auf die Dialog- bzw. Kommunikationsfähigkeit des Schülers ausgerichtet sind, an Bedeutung, setzt doch das ev.- reformator. Verständnis von der

christl. Freiheit dem verantwortungsvollen päd. und theol. Handeln einen weiten Rahmen.
*Katholischerseits* hat die Gemeinsame Synode der Bistümer (1974) in einer Grundsatzerklärung dem R. ein Zielspektrum zuerkannt, in dem die Theologie selbst als weltoffen, gesellschaftsbezogen und am Menschen orientiert definiert wird. Ebenfalls von kath. Autoren wird in jüngster Zeit mit sog. *korrelations-* und *symboldidakt.* Entwürfen zum R. der für Schüler und Lehrer anspruchsvolle und vielversprechende Versuch unternommen, Glaube und →Erfahrung, →Tradition und Gegenwart aufeinander zu beziehen und miteinander zu verbinden.

*Lit.: G. Baudler:* Korrelationsdidaktik: Leben durch Glauben erschließen (UTB 1306), Paderborn u.a. 1984. – *U. Früchtel:* Leitfaden R. Arbeitsbuch zur Didaktik des R.s, Göttingen, 4. Aufl. 1987. – *H. Halbfas:* Das dritte Auge. Religionsdidakt. Anstöße, Düsseldorf 1982. – *Ders.:* Religionsbuch für das 1., 2., 3. und 4. Schuljahr, Zürich/Düsseldorf 1983-1986; Heft 1, überarb. Aufl. 1987. – *Ders.:* R. in der Grundschule. Lehrerhandbuch, 4 Bde., Zürich/Düsseldorf 1983-1986; Bd. 1, überarb. Aufl. 1987. – *E. Ch. Helmreich:* R. in Deutschland. Von den Klosterschulen bis heute, Hamburg/Düsseldorf 1966. – *Kath. Elternschaft Deutschlands (Hg.):* Probleme des R.s heute, Bonn 1984. – *A. Läpple:* Der R. 1945-1975. Dokumentation eines Weges, Aschaffenburg 1975. – *D. Stoodt:* Arbeitsbuch zur Geschichte des ev. R.s in Deutschland, Münster 1985. – *B. Weber:* Aspekte zu einer Sozialgeschichte des (ev. und kath.) R.s, in: *A. Mannzmann (Hg.):* Geschichte der Unterrichtsfächer, Bd. II, München 1983, 108-176.

*Gerd Bockwoldt*

**Religionsvergehen.** Als R. oder Religionsdelikte werden im *(bundes-)dt. Recht* Straftaten bezeichnet, die sich auf →Religion oder →Weltanschauung beziehen. Dabei wird zwischen unmittelbaren und mittelbaren Schutznormen unterschieden: Die unmittelbaren richten sich gegen Beschimpfung von Bekenntnissen, Religionsgesellschaften und Weltanschauungsvereinigungen sowie gegen die Störung der Religionsausübung (§§ 166.167 Strafgesetzbuch [StGB]); mittelbare Normen stellen die Störung einer Bestattungsfeier und der Totenruhe unter Strafe (§§ 167a.168 StGB). Der sog. Gotteslästerungs- (Blasphemie-)Paragraph (früher § 166 StGB) wurde durch die Strafrechtsreform von 1969 zwar abgeschafft, doch wird der Tatbestand weiterhin durch die Neufassung des § 166 abgedeckt (»Wer... den Inhalt des rel... Bekenntnisses... beschimpft...«). R. werden staatlicherseits nur dann verfolgt, wenn sie öffentl. oder durch Verbreiten von Schriften begangen worden sind; Schriften stehen jedoch »Ton- und Bildträger, Abbildungen und andere Darstellungen« gleich (§ 11 Abs. 3 StGB). Das (bundes-)dt. StGB kennt weitere Straftatbestände, die als Vergehen gegen die Religion angesehen werden: § 243 Nr. 4 (Diebstahl aus einem sakralen Gebäude), § 304 (Sachbeschädigung sakraler Gegenstände [»Sakrileg«]) und § 306 Nr. 1 (Brandstiftung gottesdienstl. genutzter Gebäude).
Auch der *Codex Iuris Canonici 1983* der kath. Kirche enthält eine – sehr weit gefaßte – Strafbestimmung im Hinblick auf R. Gemäß c. 1369 sind Gotteslästerung in der Öffentlichkeit sowie Beleidigungen der Religion und der Kirche »mit einer gerechten Strafe«, also mit Urteilsstrafe, zu belegen.
In *christl. Staaten* sind R. häufig sehr viel härter (bis zur Todesstrafe) bestraft worden als durch die Kirche(n) selbst, da R. als Antastung der rel. Grundlage des Staates betrachtet wurden. In der Bundesrepublik wurden die R. erst im Zuge der Strafrechtsreform(en) im Sinne der demokrat. Verfassungsnormen (Neutralitätsverpflichtung des Staates) neu formuliert: Ausdehnung auf Religion *und Weltanschauung*, Wegfall des Gotteslästerungsparagraphen im strengen Sinn, der seit langem umstritten war (L. →Feuerbach: »Daß die Gottheit injuriiert werde, ist unmöglich«). Die reform. Strafnormen können zu neuartigen Konflikten führen (z.B. Auseinandersetzungen mit sog. Jugendreligionen, z.B. neohinduist. Sekten).

*Lit.: A. Eser:* Strafrechtl. Schutz des rel. Friedens, in: Handbuch des Staatskirchenrechts der Bundesrepublik Deutschland II, Berlin 1975, 821-838. – *J. Müller-Volbehr:* Gotteslästerung, in: Ev. Staatslexikon, Stuttgart, 2. Aufl. 1975, 906-907. – *W. Schilling:* Gotteslästerung strafbar?, München 1966.

*Knut Walf*

**Religionswissenschaft**

*A. Gegenstand und Begriff der Religionswissenschaft*

*I. Gegenstand* der R. sind alle konkreten Religionen der Vergangenheit und Gegenwart. Eingrenzungen auf best. rel. Traditionen, wie z.B. die »Fremdreligionen«, oder Ausweitungen auf das →Wesen *der* →Religion, sind heute unter den R.lern nicht mehr konsensfähig. Als Religionen werden »sämtl. kulturellen und geistigen Strömungen außerhalb →Europas (mit Ausnahme des →Marxismus) und in Europa all die bezeichnet, die nicht zur abendländ. →Philosophie, zur europ. →Wissenschaft oder zu den neuzeitl. →Ideologien gerechnet werden« (P. Antes). Der Religionsbegriff sollte nicht zu eng gefaßt werden: Die R., die sich nur auf die konkreten Religionen selbst unter Verzicht auf die Kontexte (→Kultur, →Gesellschaft, →Politik und →Wirtschaft) und die traditionellen wie auch modernen Vermittlungsformen beschränkt, läßt eine wichtige Aufgabe unberücksichtigt. Ein Verständnis von »Religionen« als »Daseinshaltungen«, d.h. »Deutungen der menschl. Existenz..., die die Gesamtwirklichkeit als Bezugspunkt haben und die Normen für die Realisierung der Existenz implizieren« (U. Berner), eröffnet die Möglichkeit, auch (theol. sog.) »Pseudo-«, »Krypto-«, Ersatzreligionen (P. →Tillich) oder »Religionsersatz« (G. Mensching) zum

Gegenstand religionswissenschaftl. Forschens zu machen.
Die R. ist *keine bekennende Theologie,* »die rel. beginnt und es bleiben will« (C. Colpe), auch wenn →theol. Fakultäten sich teilweise als religionswissenschaftl. Fachbereiche bezeichnen. Die R. ist auch nicht mit der →Missionswissenschaft ident., obgleich sie an vielen theol. Fakultäten in Verbindung mit ihr gelehrt wird und beide Fächer heute fruchtbar kooperieren. Die R. setzt keine bewußte →Glaubenszustimmung voraus, hält also weder die christl. noch sonst eine →Offenbarung für verbindl., mag der Forscher auch überzeugter Christ oder Vertreter einer anderen Tradition oder Atheist sein. Im Gegenteil: Die »Theologien« der Religionen selbst sind Gegenstand religionswissenschaftl. Forschungen. Auch wenn die R. darauf verzichtet, dogmat. Aussagen über die Existenz →Gottes zu machen, so empfiehlt sich angesichts der Versuche, das Fach humanwissenschaftl. zu begründen, eine dem Selbstverständnis der Religion(en) angemessene *»Offenheit«* (P. Antes), welche diese nicht von vornherein als »Projektionen« bezeichnet.

*II.* Die R. ist eine relativ *junge Wissenschaft,* die zwar »Vorläufer« in aufklärer. Krisenzeiten (→Antike, →Humanismus) hat, doch im strengen Sinne erst in der neuzeitl. →Aufklärung entstand und »eher ein Kind einer antichristl.-aufklärer., mindestens aber der hist.-krit. Haltung« ist (C. Colpe). Befördert wurde die R. durch die zunehmende *Entdeckung fremder Kulturen,* die die Relativierung der eigenen Religion zur Folge hatte und den →Toleranzgedanken förderte. In den europ. Ländern wurde wohl Pionierarbeit geleistet (insbes. in England, den Niederlanden, Deutschland, Skandinavien), heute aber ist die R. international verbreitet, in den USA ebenso wie in Japan und Afrika, in Südasien oder Neuseeland. R. kann in der Bundesrepublik Deutschland zur Zeit an 13 dt. Universitäten studiert werden; außerhalb der theol. Fakultäten (als »Missions- und R.«) steht sie in den →Geisteswissenschaften meist in Verbindung mit anderen Fächern (z.B. Indologie, Ägyptologie). Traditionsreiche religionswissenschaft. Lehrstühle befinden sich in Marburg, Bonn und Tübingen.

*III.* Der *Begriff* »R.« soll auf M. Müller (1823-1900), den Indologen und Sprachwissenschaftler, zurückgehen, der ihn 1870 im Titel seiner vier Lectures »Introduction to the Science of Religion« verwendet. J. Wach (1898-1955) verdankt das Fach seine wissenschaftstheoret. Grundlage als empir. Disziplin und seine Einteilung in einen *hist.* und *system.* Zweig. Der hist. Zweig, der die Grundlage für das system. Studium der Religionen bildet, heißt *Religionsgeschichte.* Infolge der Beschäftigung mit Religionsgeschichte in unterschiedl. Wissenschaften (so vor allem der Erforschung der Christentums- und →Kirchengeschichte in der →Geschichtswissenschaft und →Theologie; der Beschäftigung mit der außereurop. Religionsgeschichte in der viele Einzelwissenschaften umfassenden Orientalistik, schließl. in der R.) werden konkurrierende Begriffe von Religionsgeschichte verwendet. Interdisziplinäre Zusammenarbeit auf diesem Forschungsfeld aber ist unverzichtbar. Nach der »Studienordnung für das Fach Vergleichende R. an der Universität Bonn« (1975) versteht sich R. nicht so sehr als übergreifendes Studienfach, sondern sieht »ihren wissenschaftl. Ort als Stätte der Koordination best. interdisziplinär aufeinander bezogener Studien- und Forschungsrichtungen«. Religionsgeschichtl. Forschung erstreckt sich innerhalb der R. grundsätzl. auf alle konkreten Religionen.

*B. Zweige und Methoden der Religionswissenschaft*

*I.* Die *Religionsgeschichte* gliedert sich in allg. und spezielle Religionsgeschichte. Die *spezielle* Religionsgeschichte erforscht *rel. Einzeltraditionen,* z.B. die Geschichte des →Christentums, des →Hinduismus, der aztek. Religion usw. Dabei gilt es, mit A. von →Harnack (der die allg. Religionsgeschichte nicht als Gegenstand einer theol. Fakultät ansah) zu beachten, daß »das Studium jeder einzelnen Religion von dem Studium der gesamten Geschichte des betr. Volkes einschließl. seiner Sprache, seiner Literatur, seiner sozialen und polit. Zustände nicht losgelöst werden« darf. Die Religionsgeschichte »will die hist. Ursprünge von und Abläufe innerhalb von Religion klären, von best. Zeiten an auch Wechselbeziehungen zwischen ihnen in Herausforderungen und Antworten, Konvergenzen und Abhängigkeiten, Missionen und Verschmelzungen, Rezeptionen und Metamorphosen« (C. Colpe).
*Allg.* Religionsgeschichte bedeutet nicht die Geschichte *der* Religion, ist auch nicht als Forschungsgegenstand, sondern als Lehre im Sinne eines religionsgeschichtl. Grundgerüsts existent. Der engl.sprachige Terminus »history of religions« formuliert präziser. Die hist. Religionsforschung interessiert sich vor allem für die →*Individualität* rel. Traditionen, während die Systemat. R. generalisierende Zielsetzungen verfolgt. Dies bedeutet nicht, daß die Religionshistorie – (neo-)historist. (→Historismus) – völlig ohne Generalisierungen auskommt. In der neueren geschichtswissenschaftl. Diskussion werden individualisierende und generalisierende Methoden nicht länger als Kontradiktionen betrachtet, vielmehr miteinander verbunden.

*II.* Die Religionsgeschichte dient als empir. Grundlage für die *systemat.* Erforschung der Religionen. »Systemat.« bedeutet in der R. im Unterschied zur Theologie, die eher normativ ausgerichtet ist, keine Beschäftigung mit →Wahrheit, →Wert und Verbindlichkeit von Aussagen, sondern meint: ordnen, klassifizieren, Typen bilden. Zu den weiteren Aufgaben der *Systemat. R.* werden neuerdings gezielt auch die Begriffsbildung und die Formulierung →empir. überprüfbarer Theorien gerechnet.

Die traditionellen *Hauptmethoden* der Systemat. R. sind Vergleichen und →Verstehen. Beide Begriffe stehen jedoch für sehr Unterschiedliches. *Vergleiche* wurden in der Vergangenheit für →apologet. Zwecke verwendet, um z.B. die Höherwertigkeit einer Religion »nachzuweisen«. Auch führten Vergleiche dazu, religionsgeschichtl. Individualitäten aus geschichtl. Zusammenhängen zu isolieren, um das in ihnen verborgene »Wesen« zu entdekken – eine Zielsetzung, die insbes. der klass. Religionsphänomenologie Kritik eingetragen hat. Vergleiche ermöglichen die Feststellung der genet. Abhängigkeit (»Entlehnungen«) von Phänomenen und können zur Feststellung typolog. Übereinstimmungen führen. Sie tragen zur Relativierung geschichtl. Erscheinungen und der →Absolutheit von Religionen bei. Das →*Verstehen* oder die →Hermeneutik ist die zweite, seit einiger Zeit kontrovers diskutierte Methode. Über die hermeneut. Aufgabe (»Einschalten in das eigene Leben«, van der Leeuw u.a.; Nacherleben fremden Seelenlebens) der klass. *»R. des Verstehens«* (J. Wach, R. →Otto, F. Heiler, G. Mensching, G. van der Leeuw, K. Goldammer) hinaus wird die Zielsetzung der R. auch in der *Analyse von Bedingungen, Wirkungen und Funktionen* gesehen, die in →religionssoziol. und →religionspsycholog., in religionsgeograph., religionsphysiolog. und kulturanthropolog. Fragestellungen hineinführt.

*III.* Ein Schwerpunkt der Systemat. R. ist die *Religionsphänomenologie.* Allg. gesagt versteht man darunter die Erforschung »religionskonstituierender Elemente« (C. Colpe): →hll. Gegenstände, Orte, Zeiten, Handlungen, Worte und Schriften; Menschen, Gemeinschaften, →Gottes-, →Offenbarungs-, →Erlösungs- und →Jenseitsvorstellungen sowie Formen rel. Erlebens (nach F. Heiler). Als eigenständige religionswissenschaftl. Disziplin wurde die Religionsphänomenologie von dem niederländ. Religionsforscher *Chantepie de la Saussaye* begründet, der in seinem »Lehrbuch der Religionsgeschichte« (1887) den Versuch unternahm, die »Hauptgruppen rel. Erscheinungsformen« zu ordnen. Die älteren religionsphänomenolog. Arbeiten skandinav. und niederländ. Forscher (z.B. E. Lehmann, C. P. Tiele, W. Brede Kristensen) waren weithin beschreibender Natur. Unter dem Einfluß *G. van der Leeuws* (1890-1950) machte sich ein starker philos. Einschlag bemerkbar, der zur Begründung der →phänomenolog.-verstehenden Religionsphänomenologie führte. Van der Leeuws insbes. auch von Theologen bis heute rezipiertes Hauptwerk »Phänomenologie der Religion« (1933, 4. Aufl. 1977) wird von der R. mittlerweile sehr in Frage gestellt.
Die Religionsphänomenologie befindet sich in einem *Methodenstreit*, der wichtige Voraussetzungen der sog. »Klassiker« nicht mehr uneingeschränkt teilt: Eher wenige R.ler halten heute ein »rel. Sensorium« für notwendig, viele für unnötig, einige sogar für hinderl. Kritisiert wird vor allem das Ziel der »Wesensschau«. Auf die notwendige Verbindung von Religionsphänomenologie und Religionsgeschichte haben insbes. R. Pettazzoni, G. Widengren, G. Lanczkowski hingewiesen. Kritisiert wird auch, daß die Religionsphänomenologie die religionsgeschichtl. Phänomene vom gesamtkulturellen Bereich isoliert betrachtet, d.h. die kulturellen, gesellschaftl., polit. und wirtschaftl. Kontexte nicht oder nur ungenügend beachtet habe. Dies gilt für van der Leeuw, Heiler, Eliade zweifellos stärker als für Mensching und Wach, die außerdem grundlegende religionssoziol. Arbeiten vorgelegt haben. Dem verstärkten Interesse heutiger Theologen und Religionspädagogen an Symbolen kommt der religionswissenschaftl. Ansatz Menschings entgegen, für den R. in erster Linie das Verstehen von Symbolen war (→Mythos).
Während sich die Religionsphänomenologie mit Einzelphänomenen beschäftigt, erforscht die *Religionstypologie* rel. Ganzheiten. Als »Typologie der Religion« (G. Mensching) dient sie der »Feststellung von typ. Gemeinsamkeiten« und zur Konstruktion von Typologien: gestiftete/nichtgestiftete, →missionierende/nichtmissionierende, →Volks-/Universalreligionen usw.

*C. Religionsgeographie und Religionsphysiologie*

*I.* Religionsgeograph. Forschung wird sowohl von der R. als auch von der Geographie betrieben. Obwohl der Begriff *Religionsgeographie* in Deutschland vermutl. erst im 18. Jh. auftaucht, ist die damit bezeichnete Fragestellung älter. Sie hat ihre Vorläufer in der griech. Antike, wird im Jh. der →Reformation als »Entfaltung der Providentialehre mit geograph. Material« konfessionell betrieben, emanzipiert sich zur Zeit der Aufklärung von der Theologie und erreicht eine neue Wende unter dem Einfluß der Studien M. →Webers. Als Aufgabe der Religionsgeographie wird das Studium der dialekt. Beziehungen zwischen einem Religionskörper und seiner Umwelt gesehen. Es wird untersucht, »welchen Einfluß die Anhänger einer best. Religionsgemeinschaft auf ihre Umwelt ausüben, und welche ›Rückkoppelungseffekte‹ von der Umwelt auf den Glauben, die Ethik, den Kult usw. dieser Gemeinschaft ausgehen« (M. Büttner). Unter der Bezeichnung »*Religionsökologie*« hat sich diese Disziplin insbes. in den skandinav. Ländern innerhalb der R. etabliert. Untersuchungsgegenstand sind hier vor allem die wechselseitigen Beziehungen zwischen den traditionellen Religionen und der Umwelt.

*II.* Die im Unterscheidungsfeld von →Medizin/→Biologie und R. stehende, sich neu konstituierende *Religionsphysiologie* untersucht die »biolog. Seite rel. Praktiken«. Sie geht der Thematisierung vitaler Funktionen (z.B. →Essen und Trinken, Atmen, →Sexualität, Gesundheit und →Krankheit usw.) in den Religionen nach, hat aber »auch die *Thematisierung* von Religion in den biolog. Einzelwissenschaften unter biolog.-med. Gesichtspunkten zu beachten« (Wuttke-Groneberg).

*D. Grenzüberschreitungen und Organisation der Religionswissenschaft*

*I.* An der Peripherie der R. stehen Versuche, das Fach praxisorientiert zu konzipieren. W. Cantwell Smith will z.B. nicht Religionen, sondern deren Glaubensvertreter (»the personal faith of men and women«) nach deren eigenem Selbstverständnis untersuchen. Die R. bekommt →*Dialogaufgaben.* Ein weiterer Versuch religionswissenschaftl. Grenzüberschreitungen besteht in der Forderung K. Rudolphs, die →*Ideologiekritik* verstärkt aufzunehmen. Religionsphilos. Versuche, ideologie- oder religionskrit. Akzente zu setzen, stammen von H.-R. Schlette, der eine »Religionskritik in humanisierender Absicht« fordert. In gewisser Weise sind eth. Prinzipien aber schon in der »R. des Verstehens«, insbes. bei G. Mensching, wirksam gewesen, für den der Toleranzgedanke einer der zentralen Punkte seines religionswissenschaftl. →Interesses war.

*II.* Seit 1950 besteht »The International Association for the History of Religions« (IAHR), eine Fachorganisation, die auf ihrem 7. Kongreß in Amsterdam gegründet wurde. Der IAHR sind die nationalen Gemeinschaften angeschlossen, so die »Dt. Vereinigung für Religionsgeschichte« (DVRG), deren Sekretariat sich z.Z. in Tübingen befindet.

*Lit.: J. B. Asmussen/J. Laessøe in Verbindung mit C. Colpe (Hg.):* Handbuch der Religionsgeschichte, 3 Bde., Göttingen 1971-75. – *M. Büttner u.a. (Hg.):* Geographia Religionum. Interdisziplinäre Schriftenreihe zur Religionsgeographie, Berlin 1985ff. – *H. Cancik/B. Gladigow/F. Laubscher (Hg.):* Handbuch religionswissenschaftl. Grundbegriffe, 4 Bde., Stuttgart 1988ff. – *W. Cantwell-Smith:* Towards a World Theology. Faith and the Comparative History of Religion, London/Philadelphia 1981. – *A. Falaturi/M. Klöcker/U. Tworuschka (Hg.):* Religionsgeschichte in der Öffentlichkeit (Kölner Veröffentlichungen zur Religionsgeschichte, Bd. 1), Köln/Wien 1983. – *H.-J. Greschat:* Was ist R.?, Stuttgart u.a. 1988. – *M. Klöcker/F. Magen:* Zur Erforschung der Kirchen- und Religionsgeschichte, Köln 1981. – *M. Klöcker/U. Tworuschka u.a.:* Ethik der Religionen – Lehre und Leben, 5 Bde. (Sexualität; Arbeit; Gesundheit; Besitz und Armut; Umwelt), Göttingen/München 1984-1986. – *G. Lanczkowski (Hg.):* Selbstverständnis und Wesen der R., Darmstadt 1974. – *G. Mensching:* Die Religion. Erscheinungsformen, Strukturtypen und Lebensgesetze, Stuttgart 1959. – *H.-R. Schlette:* Einführung in das Studium der Religionen, Freiburg 1971. – *M. Schwind (Hg.):* Religionsgeographie, Darmstadt 1975. – *F. Stolz:* Grundzüge der R., Göttingen 1988. – *U. Tworuschka:* Method. Zugänge zu den Weltreligionen, Frankfurt/M./München 1982 (u.a. Kurzdarstellung zu den Positionen der klass. Religionsphänomenologen). – *Ders.:* Die vielen Namen Gottes. Weltreligionen heute (GTB Siebenstern 776), Gütersloh 1985. – *J. Waardenburg:* Religionen und Religion. Systemat. Einführung in die R., Berlin u.a. 1986. - *F. Whaling (Hg.):* Contemporary Approaches to the Study of Religion, 2 Bde., Berlin u.a. 1984/85.

*Udo Tworuschka*

**Reliquien.** Es entspricht allgemeinmenschl. Pietätsempfinden, *Erinnerungsstücke* an geliebte und hochgeschätzte Menschen aufzubewahren und in Ehren zu halten, dies um so mehr, wenn es sich um Menschen handelt, in denen →Gottes Kraft sich augenfällig mächtig erwiesen hat. Das auch jenseits des Christentums (bes. im →Buddhismus) weitverbreitete Phänomen des R.kults betrifft im engeren, eigentlich rel. Sinn die ehrfürchtige *Aufbewahrung und Verehrung der Gebeine* (lat. reliquiae = Überreste) von →Märtyrern, →Heiligen und Seligen. Im weiteren Sinn gelten als R. auch Dinge, mit denen diese gotterfüllten Menschen in Berührung kamen (etwa Kleider, Marterwerkzeuge), aber auch die mit den Primärr. in Kontakt gebrachten Gegenstände (Berührungsr.).

*A.* An ntl. Vorbilder anknüpfend (vgl. Mt 9,20; Apg 5,15; 19,12), begannen die Christen nachweisl. bereits im 2. Jh. die ihnen »wertvoller als pures Gold« (MartPolycarpi) erscheinenden Gebeine ihrer Blutzeugen ehrenvoll aufzubewahren und deren Gräber als Orte persönl. und gottesdienstl. Betens aufzusuchen (Graffiti am Petrusgrab). Am Todestag des Märtyrers feierte man, an die Tradition heidn. Totenmähler anknüpfend, die Eucharistie (→Abendmahl) neben, später über dem Heiligengrab. Die so ursprüngl. an das *Grab* gebundene R.verehrung löste sich aus dieser lokalen Bindung durch die seit dem 4. Jh. aufkommenden Überführungen (»Translationen«: Ambrosius v. Mailand etwa übertrug 386 die Gebeine von Gervasius und Protasius) und Teilungen von R. Jedes Reliquiar und das Sepulchrum (R.grab) jedes →Altars konnten nun zum Ort der Gegenwart mächtiger Heilsmittler werden. Grundsätzl. hat die *kath. Kirche* auch nach dem 2. →Vat. Konzil an dem Brauch der Beisetzung von R. unter dem Altartisch festgehalten. Auch die →*orthod. Kirche* hält daran fest, daß die Eucharistie (»Göttl. Liturgie«) auf den R. der Märtyrer gefeiert werden soll. Die sich unter vielen Altartischen befindenden R. werden teilweise durch diejenigen ersetzt, die in ein – bei der Eucharistie auf dem Altartisch ausgebreitetes – oftmals seidenes Tuch (Antimension) eingenäht sind. Es wird heute auch auf solchen Tischen verwendet, die R. enthalten, da es im Laufe der Zeit zum Kennzeichen der Verbindung mit dem Ortsbischof geworden ist. Darin spiegelt sich die Überzeugung, daß die Heiligen, in deren Leben sich Gott als mächtig erwiesen hat, auch nach ihrem Tod bei Gott bes. wirksame Fürsprecher und Mitbeter ihrer noch den Fährnissen der Zeit ausgesetzten Brüder und Schwestern sind.

*B.* Die scharfe *reformator. Kritik* (vgl. etwa →Calvins Traité des reliques) an dem häufig ins Abergläubische abgeglittenen, ausgeuferten spätma. R.kult abwehrend, betonte das →*Konzil von Trient* (sess. XXV) die grundsätzl. Legitimität einer R.verehrung: Die Überreste eines Heiligen, dessen Leib Wohnung des →Hl. Geistes war und der bestimmt ist, auferweckt und verklärt zu werden (→Auferstehung), sind es wert, in Ehren gehalten zu werden. Diese Verehrung gilt jedoch nicht der R. als solcher, als ob diese eine gleichsam aus sich selbst heilspendende Sache wäre (mag. Mißverständnis), sondern ist rückbezogen (relativer Kult) auf die →Person des jeweiligen erlösten Menschen, in dessen Erdenleben sich in auffallender Weise die Kraft Christi siegreich erwiesen hat, worauf sich die →Hoffnung gründet, daß Christus um seiner Freunde und Zeugen willen auch nach deren Tod den noch unvollendeten Gliedern seines Leibes zu Hilfe kommt.

*C.* Seit der →*Aufklärung* spielt die R.verehrung in der →Volksfrömmigkeit nur noch eine sehr untergeordnete Rolle. Einer großen Teilnahme erfreuen sich jedoch bis in die Gegenwart die noch geübten *R.prozessionen* (etwa Paderborn: Liborius; Echternach: Willibrord). Die Richtlinien des kirchl. Rechtsbuchs (Codex Iuris Canonici 1983) empfehlen die Beibehaltung der Beisetzung von R. im Altar (sofern deren Echtheit gesichert ist), ächten jede Art von R.handel und machen die Translation bedeutender R. von der Zustimmung Roms abhängig (c. 1190, 1237). – Auch im *nichtrel. Bereich* gibt es – aus anderer Motivation – »R.verehrung« (Lenin-Mausoleum; Grab des »unbekannten Soldaten«); hier zeigt sich das Bedürfnis staatl. Repräsentation.

*Lit.: St. Beissel:* Die Verehrung der Heiligen und ihrer R. in Deutschland bis zum Beginn des 13. Jh.s, Freiburg 1890. – *Ders.:* Die Verehrung der Heiligen und ihrer R. während der 2. Hälfte des MA.s, Freiburg 1892. – *F. Heiler:* R., in: Religion in Geschichte und Gegenwart, 3. Aufl., Bd. 5, 1044-1047. – *B. Kötting:* R.verehrung, ihre Entstehung und ihre Formen, in: Trierer Theol. Zeitschrift 67 (1958), 321- 334.

*Andreas Heinz*

**Rembrandt,** eigentl. *R. Harmensz van Rijn*, geb. 5.7.1606 in Leiden, gest. 4.10.1669 in Amsterdam, niederländ. Maler und Graphiker, hinterließ etwa 600 Gemälde, darunter 100 Selbstbildnisse, 300 Radierungen und über 1300 Handzeichnungen. In der reform. Kirche beheimatet, unterhielt R. zu →Mennoniten und zum marranisch-sephard. →Judentum Amsterdams enge Beziehungen, die eine undifferenzierte Inanspruchnahme des Künstlers für den →Calvinismus problemat. erscheinen lassen. Gerade der spätere R., etwa ab 1655, wurde in gesellschaftl. und kirchl. Hinsicht zunehmend zum *Einzelgänger.* Seinem Werk kann in seiner Fülle der Themen, in seiner hintergründigen Tiefe und seinem ästhet. Reiz (Farbbehandlung, Lichtführung) in der damaligen Kunst nichts Vergleichbares an die Seite gestellt werden. Nach bemerkenswerten Porträts, eigenwilligen Landschaften und lebensfrohen Genreszenen wandte sich R. immer stärker der bibl. »Historie« zu, deren Themen nach subjektiv-biograph. Maßstäben ausgewählt werden: z.B. Abraham-Hagar-Szenen, Josefsgeschichte (→Josef), →Gleichnisse Jesu. Die späten rel. Bilder zeigen oft Gegenüberstellungen von *Menschen im Konflikt*, im Moment des zutiefst erregten Gesprächs und von einem »plötzl. oder sonderbaren Unglück betroffen(e)« (A. Seghers). R. gestaltet, dabei künstler., gesellschaftl. und kirchl. Konventionen zunehmend hinter sich lassend, die Gebrochenheit menschl. Existenz im »Bedeutungslicht« einer überkonfessionellen rel. Gewißheit, die ihren stärksten Ausdruck in der Ausformung des *Christusbildes* findet. Hatte R. zunächst einen leicht idealisierten Christustyp in den Traditionen des →Barock bevorzugt, so zeigt er später Christus »in seinem menschl. Dasein als jüd. Jüngling« (A. Seghers) aschkenas. Herkunft, dessen Anspruch und Macht durch ein R. eigentüml. Lichtzeichen, eine Art Aura um das Haupt, ausgedrückt wird. Auch wenn bei R. die →Biographie eine bisher unbekannte Bedeutung für das künstler. Werk gewinnt, so wirkte dieses doch vor allem wegen seiner unvergleichl., zeitlosen Konzentration auf das Bild des Menschen in Grenzsituationen weiter.

*Lit.: O. Benesch:* R. Werk und Forschung, Wien 1935. – *Ders.:* The Drawings of R., 6 Bde., London 1954/57, Nachdruck 1973. – *N. Reiling: (d.i. A. Seghers):* Jude und Judentum im Werk R.s, Heidelberg 1924, Nachdruck 1981. – *O. von Simson/J. Kelch:* Neue Beiträge zur R.-Forschung, Berlin 1973. – *W. A. Visser't Hooft:* R.s Weg zum Evangelium, Zürich 1955.

*Peter Maser*

**Renaissance**

*A. Kirchengeschichtlich*

*I.* »R.« bedeutet »Wiedergeburt« oder »Wiederwachsen«, näml. der Studien, Künste und Wissenschaften im weiten Sinn, beginnend in →Italien etwa um 1300 und sich in Kürze auf das übrige →Europa bis zum Ende des 16. Jh.s ausbreitend (insgesamt also der Zeitraum zwischen Petrarcas Geburt 1304 und G. Brunos Tod 1600). Bereits von Vasari wird der Terminus *»rinascità«* geprägt, der über verschiedene Vermittlungsstufen sich bei Michelet 1855 als Epochentitel durchsetzt und 1860 von J. Burckhardt in seiner »Cultur der R. in Italien« bestätigt wird. Mit dem Namen ist eine Wiederbelebung der klass. →Antike und eine Ablösung vom (scholast.) →MA. unterstellt, mehr noch aber steht die R. von Anfang an im Bewußtsein einer Epochenschwelle zu einer neuen Zeit (→Neuzeit). Dabei kennt sie eine innere Zäsur, also zwei Phasen der Innovation: den →*Humanismus* von 1300 bis 1470 (in Italien) mit der Neubelebung der »studia humanitatis« aus den antiken Quellen: Grammatik, →Rhetorik, →Ethik, →Geschichte, Poetik und →Dialektik/Topik (vor allem sprach- und handlungsbezogene »Künste«). Eine zweite Phase, die *Hochr.*, tritt ein mit dem Wiederaufleben des (Neu)→Platonismus in der Florentiner Akademie um 1470, vorbereitet durch den *Cusaner* (→Nikolaus von Kues), angeleitet durch Marsilio Ficino. Dadurch verschiebt sich die Fragestellung wieder erhebl. auf →Metaphysik,

→Theologie und den Hermetismus (als vorchristl. angesehene rel. Weisheitsschriften der Spätantike). Für die anderen europ. Länder gelten hier zeitl. Verschiebungen bei Übernahme derselben Konzeptionen.

*II.* Faßt man die R. insgesamt ins Auge, so fällt eine Doppelentdeckung auf unter einer Reihe bedeutender Innovationen (der →Kunst ebenso wie der →Naturwissenschaften und der →Philosophie/Theologie): die Gewinnung des →*Raumes* und die Gewinnung der *Ichstärke* (Subjektivität, Individualität). In der R. geschieht ein Durchbruch zu dem unbegrenzten Raum, der in allen drei Dimensionen ins Unendliche weist (G. B. Bruno u.a.). Dies darf nicht nur als physikal. Problem mißverstanden werden, vielmehr entspricht dem ein sich bildendes Bewußtsein der Unendlichkeit nach innen; auch das Denken wird »dreidimensionales Messen«. *Mens,* der →Geist, ist von seiner Anlage her *mensura,* also Maß (Nikolaus von Kues). In der →Anthropologie schon der Humanisten bildet sich wieder und neu akzentuiert heraus das Verständnis vom →Menschen als »Maß aller Dinge«, in einem noch unerschrockenen Willen zur Bemächtigung der →Welt im →Wissen und im (techn.) →Handeln. Auch die Entdeckung der →Zeit als Geschichtszeit (die ma. Chroniken werden nun von Historien abgelöst) setzt die Selbstbewußtwerdung des Menschen als zeit-räuml. gebundene Größe, eigenverantwortl. für den Gang seiner Geschichte, voraus. Das Ideal des »uomo universale«, des umfassend gebildeten, zu freier Entscheidung fähigen, von Gott in die Mitte der Welt gesetzten Menschen (Pico della Mirandola) bestimmt eine Umwertung auch des bisherigen christl.-asket. Hintergrundes der Ethik: Gesucht wird nun eine neue Rechtfertigung der Lebensweise entweder in der christl.-patrist. oder verstärkt in der heidn. Antike (Lob der »Lust« im Epikureismus des 15. Jh.s). Der sozioökonom. Wandel, die Befreiung aus dem Stände- und Ordodenken des MA.s, ist dazu nur ein weiteres Begleitphänomen, ebenso der nachdrückl. Übergang der wissenschaftl. →Kultur an den →Laien, eingeschlossen die Frauenbildung (→Frau) im privaten oder schon universitären Bereich.
Die Schärfung des Ichstandpunkts hat *theol.* die Betonung der Gewissensfreiheit (→Gewissen) zur Folge. Von den Aufständen gegen die hierarchische kirchl. →Autorität (→Wyclif, →Hus) über die →Reformation bis zur Herausbildung einer bes. Laienfrömmigkeit (so in der niederländ. *devotio moderna*) tritt der →Laie gleichberechtigt gegen den Kleriker (→Klerus) auf (L. Valla behauptet 1433 in »De professione religiosorum« sogar das vorrangige Lebensideal des Laien). →Luthers kämpferische Schrift »Von der Freiheit eines Christenmenschen« stellt mit der Betonung des allg. Priestertums aller Gläubigen eine theol. Variante dieses Denkens dar, dessen Anthropozentrik er allerdings modifiziert.

*Lit.: J. Burckhardt:* Die Kultur der R. in Italien. Ein Versuch (Basel 1860), Stuttgart (Kröners Taschenausgabe 53), 10. Aufl. 1976. – *A. Buck (Hg.):* Zu Begriff und Problem der R., Darmstadt 1969. – *K. Burdach:* Reformation, R., Humanismus, Berlin/Leipzig 1926. – *P. O. Kristeller:* Humanismus und R., 2 Bde., München 1974-76.

*Hanna-Barbara Gerl*

*B. Kunstgeschichtlich*

*I.* Die Bezeichnung der *Epoche* zwischen etwa 1410/20 und 1580/90 als R. (ital. *rinascimento*) begegnet zuerst bei →Voltaire (1756), Vasari sprach von »rinascità« und Dürer von der »itzigen Wiedererwachsung«. Die Erforschung der R. wurde durch J. Burckhardt (1818-1897) eingeleitet. Bedeutende Beiträge zur Kunstgeschichte der R. lieferten u.a. H. Wölfflin, A. Schmarsow, E. Panofsky und H. Sedlmayr. Die Kunst der R. möchte zur naturgetreuen Gestaltung zurücklenken (→Realismus) und knüpft deshalb an die darin für vorbildl. angesehene →Antike an. Das Aufkommen der R. ist unauflösbar mit dem Niedergang des Adels und dem Erstarken des →Bürgertums verbunden. Das neue *Menschenbild* der R., das den Übergang vom →MA. zur →Neuzeit kennzeichnet, prägt auch die →Kunst. Das Ideal des »uomo universale«, des Genies, als Wissenschaftler, Unternehmer, Künstler sowie fürstl. oder städt. Beamter schlägt sich in Porträts nieder, die zum Besten gehören, was die R. hinterlassen hat. Der →Mensch soll als →*Individuum* erfaßt werden, auch das Häßliche und Absonderliche genießt ästhet. Wertschätzung. Die Bejahung der →Sexualität und des nackten Körpers läßt die Aktdarstellung im Anschluß an antike Vorbilder wiederaufleben. Das starke naturwissenschaftl. Interesse, das sich in anatom. Studien niederschlägt, manifestiert sich auch in Naturbeobachtungen und Landschaftsbildern. Die Konzentration auf Denkmalspflege, →Kunst- und →Geschichtswissenschaft bestimmt die Themenwahl zahlreicher Künstler und führt auch zu Werken, die vorwiegend der Demonstration kunstwissenschaftl. Prinzipien dienen. Brunelleschi entdeckt das System der Zentralperspektive, das von Leonardo da Vinci wesentl. weiterentwickelt wird.
Die *Periodisierung* der R. in der Kunstwissenschaft orientiert sich vorwiegend an der Entwicklung in →Italien: Etwa 1410/20 setzt die Frühr. ein, ab 1480/90 datiert man die Hochr., die gegen 1520/30 endet. Die Spätr. reicht bis 1580/90, ist also zeitgleich mit dem →Manierismus, ohne sich mit diesem vollständig zu decken. In den übrigen Ländern →Europas treten teilweise erhebl. Phasenverschiebungen auf.

*II.* In →*Italien* begegnet in der Frühr. zunächst ein monumentaler →Realismus, der durch →Humanismus und national verstandenes Erbe der Antike angereichert wird. Die Rückbesinnung auf die Antike beinhaltet zugleich die Lösung aus kirchl. Bindungen. →Rom bietet eine Fülle konkreter Beispiele antiker Kunst (→Architektur, Laokoongruppe, Apoll von Belvedere), die nun auch in

Museen gesammelt und konserviert werden. Im Norden konnte sich das antike Erbe nicht in gleicher Weise auswirken, doch sind die Grundtendenzen der R. (z.B. Naturbeobachtung, Porträtkunst) auch dort zu registrieren. Italien übernimmt nicht nur für →Deutschland, sondern auch für →Frankreich und die →Niederlande die Führungsrolle. Die Entwicklung der Hallenkirche und die Kunst der Parler-Schule bedeuten entscheidende Schritte bei der Durchsetzung der R. im Norden. In den *Niederlanden* wird zuerst die Ölmalerei in der Tafelmalerei angewandt, die sich um 1460/70 auch in Italien durchsetzt. Mytholog. und rein profane Themen drängen die rel. Motive zurück, unter denen als Neuschöpfung nur die Versammlung der →Heiligen, die »Sacra Conversazione«, zu nennen ist.

*III.* In der →*Architektur* gewinnt der Städtebau eine immer wichtigere Bedeutung. Im →Kirchenbau Italiens wird der Zentralbau ausgeformt, dessen Kuppel das Stadtbild beherrscht (Michelangelos Kuppel von S. Pietro, Rom, und Brunnelleschis Kuppel des Doms von Florenz). Rathäuser, Stadtpaläste, Villen und Schlösser bilden jedoch die eigentl. Bauaufgaben. Im Norden begnügt man sich häufig mit der Überarbeitung überkommener Bauten im Geist der R.
In der *Graphik* (→Malerei und Graphik) erleben Holzschnitt und Kupferstich ihre Blüte. Sie verbreiten die Gestaltungsprinzipien der R. massenwirksam, stellen sich in den Dienst aktueller Auseinandersetzungen (Flugblätter) und bereichern noch im 15. Jh. die Buchillustration. Zur gleichen Zeit wird die Handzeichnung zur selbständigen Form künstler. Schaffens. Auch das Kunsthandwerk erfährt einen bedeutenden Aufschwung durch die Wiederbelebung alter und die Erfindung neuer Techniken, die der Goldschmiedekunst, dem Möbelbau und der Glaskunst neue Impulse verleihen.

*Lit.: O. Benesch:* The Art of the R. in Northern Europe, London, 2. Aufl. 1965. – *J. Biatostocki:* Spätma. und beginnende Neuzeit (Propyläen Kunstgeschichte 7), Nachdruck Berlin 1984. – *E. H. Gombrich:* Studies in the Art of R., 3 Bde., London 1966/76. – *G. Kauffmann:* Die Kunst des 16. Jh.s (Propyläen Kunstgeschichte 8), Nachdruck Berlin 1984. – *E. Panofsky:* R. and Renaissances in Western Art, Stockholm 1960. – *H. Wölfflin:* Die klass. Kunst, München 1899, 7. Aufl. 1924. – *Ders.:* R. und Barock, München, 4. Aufl. 1926, Nachdruck Leipzig 1986.

*Peter Maser*

*C. Musikgeschichtlich*

Die Anwendung des Begriffs R. auf die Musik bereitet *Schwierigkeiten.* Die Hauptvertreter mehrerer Komponistengenerationen zwischen 1400 und 1600 stammen nicht aus Italien, sondern aus den Niederlanden. Vor allem gibt es keine Wiedergeburt einer alten Kunst: Die antike Musik ist *notationsmäßig nicht überliefert,* ledigl. die Musikanschauung wird im musiktheoret. Schrifttum der R. als Idee und Vorbild aufgegriffen (Humanismus), oder es werden Vergleiche bezügl. Qualität und Rangordnung unter den Künsten angestellt (J. Tinctoris, H. Glareanus, G. Zarlino).

*I.* Dennoch lassen sich (nach H. Ch. Wolff und K. H. Wörner) der R.-Charakter und R. *als musikgeschichtl. Epoche* in einzelnen Merkmalen nachvollziehen. Entspr. der Naturauffassung und Einbeziehung der Sinnenwelt in den bildenden Künsten sucht die Vokalmusik als *unmittelbare Ausdrucksmöglichkeit* des Menschen Rhythmik, Affektgehalt und Bedeutung des vertonten Textes in sich aufzunehmen. Zugleich wird in der Klarheit der *Formanlage,* in einer auf deutl., abschnittsweise Gliederung bedachte Vertonung dem Rationalisierungsprozeß der Zeit Rechnung getragen. Klang, gemäßigter Ausdruck und Gehör korrespondieren miteinander. Durch *Simultankomposition,* d.h. gleichzeitige Konzeption aller Stimmen im kompositor. Entstehungsprozeß wie im Erfassen durch den Hörer (vergleichbar mit der aufkommenden Zentralperspektive in der →Malerei), erreicht der auf Klangschönheit ausgerichtete Tonsatz gegenüber der Additivkomposition der →ma. Musik einen Kunstcharakter von unteilbarer Einheit (→Motette).
Die Musiker sind sich ihres hohen Ansehens als »*Komponisten*« bewußt. Ihre Kunst zeigt sich in Satztechnik (Imitation, Kanon, Mensurschichtung) und Symbolbezügen (Zahlen, Proportionen). Dies wirkt auch auf die sich allmähl. verselbständigende *Instrumentalmusik* (→Barock). Eine Verschmelzung niederländ. polyphoner Satzkunst mit dem meist homophonen ital. Klangempfinden bildet im 16. Jh. den Höhepunkt der R. als musikgeschichtl. Epoche und zeigt gegen Ende des Jh.s in der Übersteigerung der Mittel und der einsetzenden Chromatik Tendenzen zum →Manierismus.

*II. Funktionen und Gattungen* rücken gegenüber dem MA. noch stärker ins Blickfeld: Musik für die Kirche, für weltl. Feste, für breite Volksschichten oder aristokrat. Gesellschaftskreise (Musica reservata). →Messe, →Motette, Chanson (Diskantlied) und →Madrigal bilden die Hauptgattungen der R.-Musik. Dabei überwiegen die *Mehrstimmigkeit* und die geistl. Werke; ihre rasche Verbreitung begünstigt der um die Wende zum 16. Jh. aufkommende Notendruck (Hahn in Rom, Attaignant in Paris, Petrucci in Venedig).

*III. Fünf Komponistengenerationen* schließen sich der gängigen Musikgeschichtsschreibung nach zu einer Epoche zusammen. Statt von den »Alten Niederländern« spricht man heute richtiger von der »*frankofläm. Musik*«. Fast alle Komponisten stammen aus diesem Raum (heute Nordfrankreich, Belgien, Niederlande) und verlegen dann ihren Wirkungskreis nach Italien, auch nach Frankreich. Eine *erste Gruppe* mit G. Dufay und G. Binchois (1. Hälfte 15. Jh.) zeigt ansatzweise die neue kompositor. Richtung einer sich zunehmend differenzierenden Polyphonie. J. Ockeghem und A. Busnois als Vertreter der *zweiten Gruppe* (2. Hälfte 15. Jh.) verbinden die Durchimitation des vierstimmigen Satzes und weitere Kunstfertigkeiten (z.B. Rätselkanons) mit dem Prinzip freischwebender Akzentuierung der Musik (im Gegensatz zum modernen Taktbegriff seit dem →Barock), was durch eine *dritte Gruppe* um →Josquin Desprez und J. Obrecht (in Deutschland: H. Isaac) zum ersten Höhepunkt der Epoche gelangt. Mit ihr ist auch die klare kompositor. Gliederung und eine bewußte musikal. Affektsprache erreicht. N. Gombert, A. Willaert und J. Clemens non Papa als *vierte Gruppe* führen die Errungenschaften der linearen Stimmführung, des Zusammenklangs und des Ausdrucks weiter, wobei mehr Gewicht auf Chorteilung und Echowirkung sowie auf bildhaft-textdeutende Vertonung gelegt wird. Eine *fünfte Gruppe* mit O. di →Lasso und Ph. de Monte baut bei souveräner Beherrschung der Kompositionstechnik das Wort-Ton-Verhältnis weiter aus und mündet mit der »Venezian. Schule« um C. de Rore, G. Zarlino, A. und G. Gabrieli direkt ins Zeitalter des →Barock, während die »Röm. Schule« mit G. da →Palestrina an der Spitze die Vorherrschaft der »Niederländer« endgültig beendet, ein ital. Stilideal (Palestrina-Stil) ausbildet und die Epoche abschließt.

*IV.* Eine *Neubesinnung* auf die niederländ. Vokalpolyphonie, insbes. auf die Musik Palestrinas, versucht unter restaurativem Aspekt der →Caecilianismus im 19. Jh., während die R.-Musik allg. durch die Erschließung der Quellen und der hist. Musizierpraxis seit den ersten Jahrzehnten des 20. Jh.s immer mehr an Bedeutung gewinnt (→Musik).

*Lit.: H. Besseler:* Musik des MA.s und der R., Potsdam 1928. – *Ders.:* Das R.-Problem in der Musik, in: Archiv für Musikwissenschaft 23, 1966. – *E. A. Bowles:* Musikleben im 15. Jh. (Musikgeschichte in Bildern III/8), Leipzig 1977. – *G. Reese:* Music in the R., New York 1954. – *W. Rüegg/A. Schmitt (Hg.):* Musik in Humanismus und R., Weinheim 1983. – *W. Salmen:* Musikleben im 16. Jh. (Musikgeschichte in Bildern III/9), Leipzig 1976. – *D. P. Walker:* Der musikal. Humanismus im 16. und frühen 17. Jh., Kassel/Basel 1949. – *K. H. Wörner:* Geschichte der Musik, Göttingen, 7. Aufl. 1972. – *H. Ch. Wolff:* Die Musik der alten Niederländer, Leipzig 1956.

*Hermann Jung*

**Renouveau catholique** ist die *Erneuerung* der →Literatur aus dem christl. Glauben heraus. Hist. in →Frankreich aus der Krise von 1870/71 mitten in einer Situation geistiger Unentschiedenheit (M. Proust) entstanden, versucht er einen Weg der Erneuerung nach innen, vorbereitet durch Dichter wie Baudelaire, Rimbaud oder Schriftsteller wie Huysmans und →Claudel. Die Autoren des R.c. verbinden wie →Augustinus (Conf. X,VIII) ihr Suchen mit der Sinnfrage und machen wie B. →Pascal (1623-1662) die Sittlichkeit des Herzens gegen die Sittlichkeit der Vernunft geltend. Trotz seiner zeitl. Begrenzung führte die christl. →Verantwortung, die er wahrnahm, den R.c. weit über seine Anfänge hinaus.

*A. F. Mauriac* (1885-1970) zeichnet das von Geiz und Ehebruch entstellte Herz der Menschen, die er durch Steigerung des →Bösen in jenen Abgrund führt, wo Menschen nur noch der →Gnade teilhaftig werden können (Le Désert de l'amour, 1924; Thérnese Desqueyroux, 1927; Le Noeud de vipères, 1932). Bei Mauriac ist die Grenze zwischen *Lust und Gnade* der Ort der →Erkenntnis, und der eleg. Schwung seiner Sprache trägt selbst das Pathos des Inzests. Seit 1952 (Nobelpreis) ist ihm die Sprache der →Häresie näher als die der Konventionsmoral, sie gewinnt ihre Pointensicherheit in der krit. Polemik (Bloc-Notes, 1958; Le Nouveau Bloc-Notes, 1961). Mauriac schreibt Zeitgeschichte (IV. Republik und die Ära de Gaulle) als *Sozialkritik*, er fragt, ob Politiker nach den Maßstäben von Gerechtigkeit und Wahrheit die richtige Entscheidung treffen. So entsteht die *totale Moralisierung des Politischen.* Er selbst versteht sich als Vorsehungsfunktionär, für den zunächst der Politiker P. Mendès-France angesichts der »complicité des médiocres« (Kumpanei der Kümmerlinge) und später Ch. de Gaulle inmitten der »Imbéciles« (Dummköpfe) die Heilsbringer sind. Die Zwiespältigkeit Mauriacs zeigt sich in seinen öffentl. Stellungnahmen an der Doppelpoligkeit von Ironie und Mitleid. Mit *Ironie* bringt Mauriac den Gegner stets in ein fragwürdiges Licht und verwundet ihn, gleichzeitig kennt er aber das Mitleid mit der leidenden Kreatur.

*B. G. Bernanos'* (1888-1948) Denken ruht in den Wertbegriffen Gerechtigkeit (Justice), →Ehre (Honneur) und Treue (Fidélité). In »Die großen Friedhöfe unter dem Mond« (1938) polemisiert er leidenschaftl. gegen den Terror Francos im damaligen Spanien: »Die Welt ist von dem Zorn der Dummköpfe erfüllt«, ist ein Schrei der Empörung über den Verrat an der →Freiheit und über die *Spiritualisierung des Wortes* (Désincarnation du Verbe) als letzte Ursache des Bösen. Im Mittelpunkt zahlreicher Werke von Bernanos steht der Kampf zwischen Gut und Böse, Gott und Satan um den Menschen. Im ersten Roman »Sous le Soleil de Satan« von 1926 (Sonne Satans) erscheint der Teufel dem Priester Donissant sogar leibhaftig, im Roman »Monsieur Ouine« von 1943 (Die tote Gemeinde) wirkt das Böse dagegen als hoffnungslose Gleichgültigkeit einer toten Gemeinde. Die Perversion des Bösen ist so gesteigert als Zersetzung und Auflösung ins Anonyme. Dazwischen liegt Bernanos' Werk »Journal d'un curé de campagne« von 1936 (Tagebuch eines Landpfarrers), in dem die höll. Situation der Leere und der geistigen Stumpfheit einer Gemeinde und ihres Priesters durch die göttl. Gnade letztl. überhöht wird. So zeigt Bernanos meist Priester oder Heilige (»Dialogues des Carmélites«, 1949; Die begnadete Angst) in Lebens- und Todesangst, deren Überwindung nur durch die Gnade möglich ist.

*C.* Bei der nichtkonvertierten Jüdin *Simone Weil* (1909-1943) ist »Unglück« ein Strukturbegriff für menschl. Dasein überhaupt. Als Arbeiterin in den Renault-Werken hatte sie das Unglück mit den Ärmsten konkret auf sich genommen. Nur so vermochte sie die Gott gegenüber einzig angemessene Haltung des *vollendeten Gehorsams* (Obéissance) eines wartenden Sklaven einzunehmen (Attente de Dieu). Unglück bedeutet für S. Weil *déracinement* (Entwurzelung), und *Entwurzelung* wie *enracinement* (Einwurzelung) sind in ihrem Schrifttum die beiden Brennpunkte derselben Ellipse: zentrale Existentiale ihres Denkens. Dazu gehört die Grundeinsicht, daß Gott sich aus Liebe zu den Menschen aus seiner Schöpfung zurückgezogen hat (Décréation). So liegt in der Polarität von »Schwerkraft und Gnade« (La Pesanteur et la Grâce, 1947) ein Abglanz der inneren Ferne, die den Abstand meint, mit dem sich Gott von den Menschen entfernt hat.

*Lit.: G. Bernanos:* Oeuvres romanesques – *F. Mauriac:* Oeuvres romanesques, in: Bibliothneque de la Pléiade. – *H. U. von Balthasar:* Bernanos, Köln/Olten 1954. – *S. Weil:* La Pesanteur et la Grâce, 1947. – *Dies.:* L'Enracinement, 1949. – *Dies.:* La Condition ouvrière, 1951. – *Dies.:* L'Attente de Dieu, 1957. – *H. Platz:* Geistige Kämpfe im modernen Frankreich, 1922. – *H. K. Weinert:* Dichtung aus dem Glauben. Einführung in die geistige Welt des Revouveau catholique in der modernen franz. Literatur, Hamburg, 2. Aufl. 1948.

*Fritz Paepcke*

**Requiem**

*A.* Das R., die Meßliturgie für die *Verstorbenen* in der Ordnung der kath. →Liturgie, ist benannt nach dem Textanfang des (früher einzigen) Introitus (Eingangslieds): »Requiem aeternam dona eis, Domine« – »Ewige Ruhe schenke ihnen, Herr«. Gemäß dem nachtridentin. (bis 1965 geltenden) Ritus umfaßte es in der Regel 9 musikal. Teile: Introitus – Kyrie – Graduale (»Requiem aeternam«) – Tractus (»Absolve Domine«) Sequenz (44>Dies irae, dies illa«) – Offertorium (»Domine Jesu Christe») – Sanctus und Benedictus – Agnus Dei – Communio (»Lux aeterna luceat eis«). . Dem ernsten Charakter entspr. entfallen u.a. das Gloria und Credo der →Messe. In der musikal. Ausgestaltung gewinnt im Lauf der Zeit das *»Dies irae, dies illa«* immer mehr an Raum und Gewicht. Diese Sequenz wurde bisher Thomas von Celano (gest. 1256) zugeschrieben, ist aber schon um 1150 nachweisbar. Sie schildert die Wehen des Endgerichts, und die musikal. Vertonung läßt sich die Darstellung der »tuba mirum spargens sonum«, der Posaune des Jüngsten Tages, selten entgehen.

*B.* Die ältesten *Bearbeitungen* leben noch aus dem Melodienschatz des →Gregorian. Chorals: P. de la Rue, J. de Kerle, G. P. da →Palestrina vor 1591 und O. di Lasso 1589. Mit dem Stilwandel um 1600 tritt die instrumental gestützte, effektvoll dramat. Anlage und Deutung in den Vordergrund. Für den *Gottesdienst* geeignet sind noch: A. →Bruckner 1845, F. →Liszt 1868, C. Saint-Saëns 1878, M. Duruflé 1947. Zum *Konzertgebrauch* tendieren: N. Jomelli, W. A. →Mozart (1791, vom »Lacrimosa« an von seinem Schüler F. X. Süßmayr vollendet), L. Cherubini 1816 und 1836, H. Berlioz 1837 mit dem Großaufgebot von 4 Blasorchestern, G. →Verdi 1874 in hoher Dramatik, G. Fauré 1887, A. Dvorak 1890, G. Raphael 1927.

*C.* Abseits von dieser R.tradition entstehen bedeutende *persönlichere Gestaltungen* einer musikal. Totenfeier: H. →Schütz' »Musikal. Exequien« (1636, mit dt. Bibelworten und Kirchenliedstrophen); J. →Brahms' »Ein deutsches R.« (1867, mit Texten aus dem AT, dem NT und →apokryphen Schriften). Auch in der symphon. Literatur ist in neuerer Zeit der Einfluß des R.s zu spüren: A. Bergs Violinkonzert (1935, mit dem Bach-Choral »Es ist genug«), A. Honeggers »Symphonie liturgique« (1946) und I. →Strawinskys »R. Canticles«.

*Lit.: K. G. Fellerer (Hg.):* Geschichte der kath. Kirchenmusik, Bd. I/II, Kassel 1972/76. – *A. Seay:* R., in: Musik in Geschichte und Gegenwart, Bd. XI, 297-302.

*Martin Rößler*

**Restauration.** Der Begriff R. (von lat. *restaurare* – wiederherstellen) wurde in hist.-polit. Sinne von K. L. von Haller (»Die R. der Staatswissenschaften«, 1816-1843) geprägt. Er bezeichnet die Rückkehr von polit. Mächten, Kräften und Konstellationen sowie der mit ihnen verbundenen Ideen und Verhältnisse, die bereits durch einen revolutionären Umbruch (→Revolution) beseitigt worden waren. Ihrer Zeit und Tendenz nach ist die R. zwischen →Romantik und →Biedermeier, →Konservatismus und Reaktion (Gegenrevolution) angesiedelt. Die Geschichtsschreibung verwendet den Begriff R. für alle Epochen der Weltgeschichte; die polit. Polemik kennt ihn auch heute noch als Kampfbegriff. Als *Epochenbezeichnung* innerhalb der neueren Geschichte hat er sich für die Zeit vom Wiener Kongreß 1815 bis zur Revolution von 1848 eingebürgert. In dieser Zeit versuchte das »System Metternich« (nach dem österr. Staatsmann Metternich), von →Rußland unter Nikolaus I. garantiert und von →Preußen unterstützt, mit Hilfe einer auf Revolutionsunterdrückung gerichteten Politik die christl. legitimist. Monarchie als Idee und System, das Ancien régime, fortzusetzen, nachdem die →Franz. Revolution den Prinzipien der →Menschenrechte, des →Liberalismus und frühen →Sozialismus, des →Nationalismus und des säkularisierten →Rationalismus zum Durchbruch verholfen hatte. Die kath. Kirche (→Katholizismus) gewann dank der R. etl. verlorengegangene Bastionen zurück, v.a. den wiederhergestellten Kirchenstaat, sie begab sich damit aber polit. wie auch theol. in eine belastende Nähe zu den fortschrittsfeindl. Kräften (→Fortschritt). In der *Gesamtbewertung* der R. lassen sich zwei Hauptrichtungen erkennen: Die eine sieht in ihr v.a. das retardierende Element im Geschichtsverlauf, das nach dem revolutionären Umsturz die konstruktive Phase des Wiederaufbaus, der Konsolidierung, der Ordnung und Besinnung einleitet und damit eine Sammlung der Kräfte, auch der missionarischen, ermöglicht. Die andere betont die Tendenz der R., überlebte Ideen, Kräfte und Strukturen mit einer Gegenrevolution der Reaktion in eine gewandelte Welt hinüberzuretten, ohne auf deren Fragen zukunftsweisende Antworten geben zu können.

*Lit.: H. Maier:* Revolution und Kirche, Freiburg, 3. Aufl. 1973. – *Th. Schieder (Hg.):* Handbuch der europ. Geschichte, Bd. 5, Stuttgart 1981.

*Hans Hecker*

**Revolution**

*A.* Der *Begriff* R. (von lat. *revolvere* = umdrehen, umwälzen) wird zumeist im doppelten Sinne gebraucht. Einerseits als allg. Bezeichnung für strukturverändernde, *tiefgreifende Umwälzungen* und Wandlungen sozialer, ökonom. oder techn. Strukturen, Prozeßabläufe und Wissensbestände (also R. = umfassender Wandel, z.B. die →»industrielle R.«), andererseits im engeren Sinne als *polit. R.*, die bestehende polit. (→Herrschafts-)Strukturen rasch, gegen Widerstände (oft auch gewaltsam) und absichtl. verändert und durch neue Formen polit. →Macht und Kontrolle ersetzt. Im Gegensatz zum Staatsstreich (bzw. der »Palastr.«) werden als polit. R. nur totale Veränderungen in allen Macht- und Herrschaftspositionen auf allen Ebenen polit. Willensbildung bezeichnet, wobei die *Grundlagen der →Legitimität* bisheriger Machtausübungen radikal außer Kraft gesetzt und durch neue Kriterien legitimer Herrschaft ersetzt werden. Die Unterdrückung großer, benachteiligter sozialer Gruppen motiviert und legitimiert sowohl die revolutionäre Umwälzung als auch deren Durchsetzung gegen die Widerstände der alten herrschenden →Klasse und die Festigung der neuen polit. →Ordnung auch durch →Gewalt und Zwang (z.B. in Form einer →»Diktatur des Proletariats«). Versuche, die frühere polit. Ordnung auch gegen Widerstand und gewaltsam wiederherzustellen, werden demgemäß als *»Konterr.«* bezeichnet.

*B. Theoret. Erklärungsversuche* für polit. R.en gibt es innerhalb der Sozialwissenschaften seit der Epoche der →Franz. R. viele. *K. →Marx und F. Engels* sehen *R.* als den Höhe- und Wendepunkt von Klassenkämpfen an, in denen bisher unterdrückte →Klassen von Nichteignern von Produktionsmitteln die polit. und ökonom. Herrschaft der Klasse der Eigentümer der Produktionsmittel durchbrechen und so die Voraussetzungen für eine neue Stufe der sozioökonom. Entwicklung schaffen. Die systemat. Agitation, Organisation und Bewußtseinsbildung durch Kader und →Parteien (z.B. der Arbeiterpartei in der proletar. R.) wird auch in der marxist. R.stheorie als wichtiges Element im – durch die Produktionsverhältnisse bestimmten – allg. Klassengegensatz angesehen, um einen revolutionären Prozeß in Gang zu setzen, erfolgreich abzuschließen und dann die Ergebnisse der Umwälzung zu sichern. Dieses Kozept mündet dann in die Theorie einer *permanenten R.* (L. D. Trotzki).
Nichtmarxist. R.stheorien betonen stärker auch die »subjektiven« Aspekte revolutionärer Bewußtseinslagen, etwa das Gefühl relativer Deprivation, und gehen auch stärker auf *auslösende Elemente* sowie Aspekte des *Verlaufs* von R.en ein.

*C.* Schon Marx und vor allem Engels erkannten, daß *rel. Vorstellungen*, als →utop. Vorgriff auf neue gesellschaftl. und polit. Strukturen, zur motivierenden, revolutionären →Ideologie werden können (Engels analysiert unter diesem Aspekt das →Urchristentum sowie die dt. →Bauernkriege). Rel. Legitimation polit. und →sozialer Bewegungen vor allem in der →Dritten Welt, die gegen kolonial best. Abhängigkeiten und Herrschaftsstrukturen gerichtet sind (→Kolonisation), also die *rel. Delegitimierung* als Element revolutionärer Prozesse, lassen sich seit Beginn der Kolonialgeschichte in direkter und indirekter Form beobachten. Deutlichstes, wenn auch widersprüchl. Beispiel ist der →islam. →Fundamentalismus und seine polit. Umsetzung in der *islam. R.* im →*Iran*.

*I.* Innerhalb der *christl. Theologie* der beiden großen, europ. →Konfessionen hat sich diese in der Wurzel rel. Denkens (als prinzipielles →Transzendieren diesseitiger Herrschaft) liegende Beziehung von Religion, Herrschaft und R. als *»Theologie der R.«* prägnant ausformuliert. Der revolutionäre Kampf gegen soziale, ökonom. und polit. Unterdrückung wird dort aus christl. Gesellschaftsdeutung und →Ethik als unter best. Umständen legitim, ja notwendig definiert (z.B. in der →Befreiungstheologie in Lateinamerika). Dabei spielte auch der →Dialog zwischen Christen und Marxisten über Fragen der Sozialethik und polit. Verantwortung unter dem Eindruck der sozialen und polit. Bewegungen der 60er Jahre eine wesentl. Rolle.

*II.* Während die damaligen sozialen Bewegungen im Westen den polit. Charakter der revolutionären Veränderung der Gesellschaft noch deutl. betonten, tritt der Anspruch der polit. Umgestaltung bei der aktuellen, eher diffusen *Alternativ- und Jugendszene* zugunsten eines Anspruchs der grundlegenden Umgestaltung des eigenen →Bewußtseins, dessen Transformation zu neuen, teilweise auch rel. legitimierten und überhöhten Seinszuständen, in den Hintergrund. Nicht im polit. Kampf, sondern in einer »sanften Verschwörung« zu neuem Bewußtsein gelangender Menschen soll sich eine nicht minder revolutionäre Umwälzung der gesamten Gesellschaft im Wassermann-Zeitalter vollziehen.

*Lit.: H. Arendt:* Über die R., München 1963. – *S. Lipset:* R. and Counterr., London 1968. – *E. Bloch:* Th. Münzer als Theologe der R., Frankfurt/M. 1921, 3. Aufl. 1969. – *M. Ferguson:* Die sanfte Verschwörung, Basel 1983. – *H. Fischer-Barnicol:* Die islam. R., Stuttgart 1980. – *V. Lanternari:* Rel. Freiheits- und Heilsbewegungen unterdrückter Völker, Neuwied 1966. – *H. Maier:* R. und Kirche, München, 4. Aufl. 1975. – *M. Mildenberger:* Die rel. Revolte. Jugend zwischen Flucht und Aufbruch, Frankfurt/M. 1979. – *I. Mörth:* Religionssoziologie als Krit. Theorie, in: *K. F. Daiber/Th. Luckmann (Hg.):* Religion in den Gegenwartsströmungen der dt. Soziologie, München 1983. – *T. Rendtorff/H. E. Tödt:* Theologie der R. Analyse und Materialien, Frankfurt/M. 1969.

*Ingo Mörth*

**Rhetorik.** Die R. ist nach antiker *Definition* die Kunst, gut zu reden (Quintilian). Gemeint ist ein Reden, das sowohl ästhet. anspruchsvoll und wirkungsbezogen ist als auch moral.-sittl. Ansprüchen gerecht wird. Das antike Rednerideal ist nach Catos allg. akzeptierter Definition verkörpert im *vir bonus dicendi peritus* (im guten Menschen, der zu reden versteht). Unterschieden wird zwischen der theoret. Redekunst und der prakt. Beredsamkeit.

*A.* Die *Geschichte* der R. beginnt mit den Sizilianern Korax und Teisias im 5. Jh. v. Chr. Sie befaßten sich im Zusammenhang mit der Gerichtspraxis der Zeit zuerst theoret. mit der überzeugenden Rede. →*Aristoteles* legte in seiner »R.« später *drei Gattungen* der Rede fest: die Gerichtsrede, die polit. Rede und die Lobrede, eine Unterscheidung, die für die gesamte Antike verbindl. wurde. Er definierte die R. als die systemat. Darstellung der Mittel, die dem Redner helfen, »bei jedem Gegenstand die durch ihn mögl. Überzeugungsmittel zu überblicken... Denn dafür ist keine andere Kunst zuständig, weil jede andere nur über den ihr eigenen Gegenstand lehrt und überzeugt.« Zu den Überzeugungsmitteln dieser seit der Antike über die Einzeldisziplinen hinausreichenden Kunst gehört nicht nur der *Appell an die Vernunft*, der Redner hat auch die *Affekte* seiner Zuhörer anzusprechen. R. ist somit *Psychagogie* (also »Seelenführung«). Als Aufgaben des Redners sahen die Rhetoriken der röm. Antike das Belehren, das Unterhalten und das Bewegen des Zuhörers (docere, delectare, movere) an.
Die *Rhetoren* der Antike, allen voran Cicero und Quintilian, entwickelten ein umfangreiches theoret. Gebäude, das sich auf die redner. Erfindungskunst (inventio), die geschickte Anordnung des Stoffes (dispositio), die sprachl. Gestaltung (elocutio), das Einprägen (memoria) und den Vortrag (actio) der Rede bezog. Durch ihre interdisziplinäre Anlage wirkte die R. auf andere Künste und Disziplinen und wurde von diesen beeinflußt, so daß sie sich neben der Philosophie zu einem der wichtigsten und einflußreichsten Bildungssysteme in der abendländ. Geschichte entwickelte.

*B.* Die Offenheit des rhetor. Systems und die allseitige Anwendbarkeit (sowohl zur Textproduktion wie zur Textanalyse) bewirkten auch ihre Aufnahme durch das *Christentum.* →*Augustin* forderte in Anlehnung an das antike Vir-bonus-Ideal in seiner Schrift »De doctrina christiana« den weisen christl. Redner. Er sah den hermeneut. Wert der R. bei der Schriftauslegung wie auch den prakt. Nutzen für die christl. Predigt. Bes. in der *Lehre von der Predigt* als der situations- und wirkungsbezogenen Rede wurde immer wieder an die R. angeknüpft (→Homiletik), auch in Zeiten des Verfalls der Beredsamkeit im ausgehenden 18. und im 19. Jh.
Im *20. Jh.* wird – nach ihrer Ablehnung in der →dialekt. Theologie Thurneysens und →Barths – der R. bei der Predigt wieder eine bestimmende Rolle eingeräumt, denn auch derjenige, der sie aus Überzeugung ablehne oder über sie aus Unkenntnis nicht nachdenke, praktiziere R.: indem er die Sache des Evangeliums in der Sprache öffentl. Rede vertrete. Es komme darauf an, daß sich der Prediger dessen bewußt werde und seine Sprache bewußt gestalte (Josuttis).

*Lit.: R. Jamison/J. Dyck:* R. – Topik – Argumentation (Bibliographie), Stuttgart-Bad Cannstatt 1983. – *W. Jens:* R., in: Reallexikon der dt. Literaturgeschichte, Bd. 3, 432a-456a. – *H. Lausberg:* Handbuch der literar. R., 2 Bde., München 1960. – *G. Ueding/B. Steinbrink:* Grundriß der R., Stuttgart 1986.

*Bernd Steinbrink*

**Richterbuch.** Nach der im →Josuabuch geschilderten Eroberung des Westjordanlandes setzt im deuteronomist. Geschichtswerk mit dem R. eine neue Epoche ein. Im →Deuteronomium und Josuabuch stand Israel treu zu Jahwe; nun beginnt die Geschichte des Abfalls. Diese wird anders als in den →Königebüchern in einem *zykl. Schema* geschildert: Auf den Abfall von Jahwe folgt die Bedrängung durch äußere Feinde; das Volk ruft um Hilfe zu Jahwe, der die Rettung bewirkt; dennoch fällt das Volk wiederum ab. Die Unglücksspirale dreht sich weiter (Ri 2,6ff.).

*A.* Retter sind die sog. *Richter*, charismat. berufene Stammeshelden, von deren Taten Ri 3-16 berichtet. Kap. 3-9 liegt eine Sagensammlung zugrunde, die im 9. Jh. v. Chr. in Nordisrael entstand. Wahrscheinl. ist die Bezeichnung »Richter« mit der in Ri 10,1-5; 12,7-15 überlieferten Liste von Personen zu verbinden, die »Israel richteten«, also ein stämmeübergreifendes Amt innehatten. Von krieger. Aktivitäten dieser Gruppe verlautet nichts. Jiftach, von dem in Ri 10-12 berichtet wird, gehört sowohl zu dieser Gruppe (Ri 12,7) als auch zu den Rettern; wahrscheinl. liegt in dieser Gestalt der Grund für die Übernahme der Bezeichnung »Richter« auch für die *charismat. Führer.* Dieser Begriff, der Herrschaftssoziologie M. →Webers entnommen, kennzeichnet eines der Hauptprobleme der israelit. Frühgeschichte. Israel ist eine Gesellschaft ohne →Staat (was in Ri 17-21 negativ beurteilt wird).

Für das Zusammenleben der Stämme hatte die ältere Forschung in Analogie zu griech. Institutionen die Theorie einer altisraelit. Amphiktyonie aufgestellt. Danach bildet Israel einen Verband von *zwölf Stämmen* mit einem zentralen Heiligtum; Amtsträger sind die in Ri 10 und 12 genannten Richter. Das Hauptproblem dieser Sichtweise ist, daß sich ein ständiges Heiligtum, das Zentrum des Stämmebundes, nicht nachweisen läßt.

*B.* Durch ethnograph. Forschung angeregt, geht man zunehmend davon aus, daß *Israel* in dieser Zeit *eine akephale (obrigkeitslose) Gesellschaft* war und bewußt in diesem Zustand beharrte. Die charismat. Führer haben eine örtl. und vor allem zeitl. begrenzte Wirksamkeit. Zwar üben sie Macht aus, doch wird diese nicht institutionalisiert; dies geschieht erst im Übergang zum *Königtum* (→Samuelbücher).

*Lit.: H. Donner:* Geschichte des Volkes Israel und seiner Nachbarn in Grundzügen, Teil 1: Von den Anfängen bis zur Staatenbildungszeit (Grundrisse zum AT 4/1), Göttingen 1984, 145-167.

*Udo Rüterswörden*

**Rigorismus**

*A.* R. bezeichnet zunächst die *Haltung* eines Menschen, der an sich und andere (allzu) strenge sittl. Maßstäbe anlegt (→Sittlichkeit). R. steht dann im Gegensatz zum Laxismus als sittl. Leichtfertigkeit. Er kann als Haltung imponieren; abgelehnt wird er vor allem da, wo er an Gewohnheiten und Überzeugungen festhält, die auf Grund geänderter Verhältnisse nicht mehr angebracht erscheinen. Psycholog. spricht man hier von Rigidität im Gegensatz zu Flexibilität. R. bezeichnet schließl. eine *eth. Theorie* (abgesehen von ihrer prakt. Verwirklichung). In jedem Fall bezeichnen R. wie Laxismus ein Extrem. Offen bleibt dabei, welche Theorien als rigorist. einzuordnen sind.

*B.* Der *Vorwurf* des R. kann zunächst die Erklärung des *sittl.* →*Guten* betreffen, etwa *I.* →*Kants* Bestimmung des sittl. Guten als eines →Handelns aus →Pflicht und nicht aus Neigung. Das rigorist. Verständnis dieser Bestimmung würde jede mit der Neigung übereinstimmende Handlung von vornherein nicht als moral. ansehen. Damit wäre aber Kants Absicht mißverstanden, denn er erläutert Moralität (→Moral, Sitte, Ethos) am Kriterium ihrer Echtheit. Wo ein Handeln der (egoist.) Neigung des Menschen entgegensteht, wird die sie tragende uneigennützige Haltung deutl. Daraus folgt aber nicht, daß Handlungen zum Vorteil des Handelnden, deren Moralität nicht deutl. sichtbar wird, nicht moral. sind. Ein rigorist. Verständnis zeigt sich nicht nur in der Kant-Interpretation, sondern auch da, wo man etwa im Rahmen der Auslegung bibl. Weisungen (→Bibel; →Schriftauslegung) die Feindesliebe als allein wahrhaft selbstlos hinstellt. Hier verwechselt man Moralität mit dem Kriterium ihrer Echtheit.

*C.* Der Vorwurf des R. kann sich auch auf die Bestimmung des *sittl. Richtigen* beziehen. So mögen deontolog. →Normen (→Ethik), nach denen best. Handlungen (Falschaussage, Empfängnisverhütung) sittl. verboten sind, auch wenn sich dadurch schwerwiegende Übel verhindern ließen, dem als rigorist. erscheinen, der den (gegenteiligen) teleolog. Standpunkt einnimmt, nach dem die Folgen der Handlung Kriterium ihrer sittl. Richtigkeit sind. Für den Deontologen (→deont. Logik) dürfte gerade in diesen Normen die Unbedingtheit der sittl. Forderung zum Ausdruck kommen. Doch beruht dieser Eindruck auf einer Verwechslung der unbedingten Forderung nach sittl. Güte mit dem Kriterium des sittl. Richtigen. In der Kontroverse zwischen Deontologen und Teleologen (→Ziel, →Verantwortung) ist der unbedingte (kategor.) Charakter der sittl. Forderung nicht berührt (→Metaethik). Abgesehen von der zugrundeliegenden Normierungstheorie kann R. bestimmte das Gebiet des sittl. Richtigen betreffende Auffassungen bezeichnen, die aus einer negativen Einstellung zum →Leib und zur Sinnlichkeit resultieren (→Dualismus).

*D.* In der Kontroverse um die *Moralsysteme* (→Moral, Sitte, Ethos) ist der Laxismus das konträre Gegenteil des *Tutiorismus.* Nach ihm muß bei einem Gewissenszweifel (→Gewissen), ob ein →Gesetz einzuhalten oder ein entgegenstehendes Handeln erlaubt sei (→Freiheit), die Freiheit vom Gesetz sicher erwiesen sein. Diese Kontroverse dürfte überholt sein, da die aktuelle sittl. Pflicht sich erst unter Abwägung aller wichtigen Faktoren ergibt.

*Lit.: H. Reiner:* Die Grundlagen der Sittlichkeit, Meisenheim, 2. Aufl. 1974. – *B. Schüller:* Die Begründung sittl. Urteile, Düsseldorf, 2. Aufl. 1980.

*Werner Wolbert*

**Ritschl,** *Albrecht,* geb. 25.3.1822 in Berlin, gest. 20.3.1889 in Göttingen, gilt als einflußreichster systemat. Theologe im wilhelmin. →Protestantismus. Zwar ist die von ihm begründete Ritschlsche Schule von konfessionellen Lutheranern, Liberalen und einer Gruppe ehemaliger R.-Schüler, der sog. →Religionsgeschichtlichen Schule, heftig bekämpft worden, doch haben bedeutende Ritschlianer wie W. Herrmann, A. von →Harnack, M. Rade, Th. Haering und F. Kattenbusch ihrem Lehrer in Theologie und Kirchenpolitik zu breiter Durchsetzung verholfen.

Zwischen R., dem Ritschlianismus und dem →Neukantianismus bestehen vielfältige Querverbindungen. R.s Rezeption von →Kant zeigt sich bes. in seinem Religionsverständnis. Allein →*Religion* verbürge geistig-sittl. →Freiheit des →Individuums gegenüber der →Natur, und nur in der Bindung an den in Christus gnädigen Gott könne der

einzelne die Kraft souveräner Weltbeherrschung gewinnen. Mit kant. Argumentationsmitteln polemisiert R. gegen materialist. →Monismus, →Pantheismus und idealist. →Metaphysik, die alle die Selbständigkeit freier Persönlichkeit bedrohten. Dem entspricht seine Kritik an der spekulativen Geschichtssicht seines Lehrers F. C. →Baur: eine evolutionist. Gesamtdeutung der Geschichte bedrohe die Freiheit der jeweils handelnden Individuen. Abgrenzungsinteressen bestimmen auch R.s hist. Arbeiten über →Mystik, →Reformation und →Pietismus: die Mystik sei heidn. →Neuplatonismus, der →Katholizismus folgl. →Häresie; die *Reformation* sei Kampf gegen das asket.-weltflüchtige kath. Lebensideal zugunsten rel. Weltbeherrschung durch den aktiven prot. Berufsmenschen; der Pietismus sei Rückfall in katholisierende Weltflucht und deshalb durch eine Erneuerung des genuin reformator. *Tatmenschentums* zu überwinden. Mit dieser programmat. Hervorhebung von Luthers Reformation und ihrer scharf antikath. Grundorientierung weist R.s Theologie auch Züge einer Ideologie des →Kulturkampfs auf.
Die →dialekt. Theologen haben R. deshalb als Bismarck der Theologie und selbstzufriedenen Bourgeois karikiert. Doch trotz seines Pathos von Autonomie und Naturbeherrschung läßt R. sich nicht umstandslos zum wilhelmin. Bürgertheologen stilisieren. Den liberalen Individualismus lehnt er gerade ab, weil sich »Rechtfertigung und Versöhnung« – so der Titel seines Hauptwerkes – nur in der konkreten Gemeinschaft der Gemeinde Jesu Christi erfahren ließen. Diese Gemeinde ist die *Avantgarde wahrer Kultur*: sie sammelt jene, die in der Bindung an Christus die Kraft zur Weltbeherrschung gewinnen und in der zunehmenden Umformung von Natur in Kultur allmähl. das Reich Gottes auferbauen, in dem alle vom Zwang der Natur befreit sind.

*Lit.*: *J. Richmond:* A. Ritschl, Göttingen 1982. – *R. Schäfer:* Ritschl, Tübingen 1968. – *H. Timm:* Theorie und Praxis in der Theologie A. Ritschls und W. Herrmanns, Gütersloh 1967. – *M. Zelger:* A. Ritschl, in: *F. W. Graf (Hg.):* Profile des neuzeitl. Protestantismus II, Gütersloh 1989 (Lit.).

*Friedrich Wilhelm Graf*

**Ritus, Ritual.** Der R. stellt ein geregeltes Geschehen dar, in dem der →Mensch allein oder in der →Gruppe den sichtbaren Umgang mit dem von ihm gefürchteten oder verehrten Numen (→Gott, →heilig, →Geister und Dämonen, →Macht) pflegt. Als solches ist der R. fest im rel. Brauchtum (→Tradition), in Heilsgegenwart und Heilsgeschichte (→Eschatologie) der jeweiligen sakralen →Gemeinschaft verankert und von der profanen →Gesellschaft akzeptiert.

*A.* Die durch seine Festlegung wiederholbar gewordene rituelle Handlung wird als die nach außen getragene Antwort auf ein inneres Geschehen verstanden und mit entspr. Symbolik (→Symbol) ausgestattet. Das *antwortende Handeln* wird hierbei als Reaktion auf eine »erlebnishafte Begegnung mit dem Heiligen« (G. Mensching, 1959, 18), d.h. auf eine Kontaktaufnahme des nach →Offenbarung oder Vereinigung drängenden Numens mit der →Welt und dem Menschen, oder als Ort der Ermöglichung einer solchen Begegnung gedeutet. Die Sinngebung (→Sinn) und →Erklärung des R. erfolgt im →*Mythos*. Umgekehrt findet der Mythos im →Drama des sich wiederholenden R. seine fortwährende lebendige Wiederkehr. R. und Mythos sind daher als zwei sich gegenseitig bedingende Größen zu denken. Hinsichtl. der *Einhaltung* der Riten gibt es große Unterschiede. Während in den noch stärker von der →Magie geprägten →Stammes- und Volksreligionen häufig die minuziöse Einhaltung des Rituals unabdingbare Voraussetzung für sein machtvolles Gelingen, das Ritual also fast zum automat. wirkenden Selbstzweck wird, dient es in den sublimierten Formen der Hochreligion (→Religion, →Weltreligionen) oft nur als bedeutungsreduzierte Vorbereitung für das »Einwohnen des Numens« (→Sakrament) und das »inwendige Gespräch« (→Gebet) mit ihm.

*B.* Die Tendenz zur strikten *Festlegung* des R. hat dazu beigetragen, daß er oft als »von ewiger Dauer, unabänderl. oder aus dem Jenseits stammend« interpretiert wird. Doch unterliegen sowohl der äußere Handlungsablauf als auch die myth. Sinngebung einem fortwährenden *Wandel*. Wenn bei diesem Wandel rituelles Geschehen und myth. Begründung in eine Deckungsungleichheit geraten (etwa weil zentrale Teile des R. als »unzeitgemäß« durchschaut werden oder der Sinngehalt des Begründungsmythos nicht mehr verstanden wird), erreicht der R. ein *krit. Stadium*. Er verliert seinen Begegnungscharakter. Ohne diesen aber wird er zur sinnentleerten Hülse und verfällt der Kritik durch prophet., reformator. oder myst. Verinnerlichung (→Reform, →Reformation, →Prophet, →Mystik). Den überholten Charakter eines konkreten Rituals versucht man durch Umbildung des R. (→liturg. Bewegungen), dem Sinnverlust durch aktualisierende Sinnverschiebung oder Neubildung von Mythen zu begegnen.

*C.* Der R. kann einzeln zur Ausführung gelangen oder zu ganzen *Zeremonialkomplexen* zusammenwachsen. Um bei der Fülle der verwendeten Rituale den Überblick und die genaue Durchführung zu gewährleisten, sind in vielen Religionen Ritenkompendien angelegt worden (altägypt. Totenbuch, kath. Rituale Romanum, altind. Brahmanas, konfuz. Li Gi, buddh. Mahavagga usw.). Häufig vorkommende Ritenarten sind Abwehr-, Beseitigungs-, Reinigungs-, Weihe- und Einigungsriten, ferner das →Opfer und die →Übergangsriten (vgl. auch →Abendmahl, →Exorzismus, →Gottesdienst, →Kult, →Liturgie, →Prozession, →Weihe).

*Lit.: O. Fröbe-Kapteyn (Hg.):* Mensch und R., Zürich 1951, Eranos-Jahrbuch 19 (1950). – *K. Goldammer:* Die Formenwelt des Religiösen, Stuttgart 1960, 328-378 (Lit.). – *F. Heiler:* Erscheinungsformen und Wesen der Religion, Stuttgart 1961, 176-266. – *G. Mensching:* Die Religion, Stuttgart 1959, 257-277. – *S. Mowinckel:* Religion und Kultus, Göttingen 1953. – *J. P. Platvoet (Hg.):* Analysis and Interpretation of Rites, FS für D. J. Hoens, in: Nederlands Theol. Tijdschrift 37 (1983), 175-273 (Lit.).

*Sigurd Körber*

**Rockmusik,** von angloamerik. *to rock* (dt. tanzen, den Geschlechtsakt vollziehen), terminolog. eine Ableitung von Rock 'n' Roll, im dt. Sprachraum lange mit dem Synonym →Popmusik konkurrierend.

*A.* Die Gleichrangigkeit musikal. und außermusikal. Aspekte erlaubt keine nur-musikal. Erklärung. Obwohl stark marktabhängig, ist R. Repräsentant und Medium (vor allem) jugendl. →Subkulturen (→Jugend), in dem sich Abgrenzung, Protest und Gegenkultur manifestieren (→Protestbewegungen, →Psychedelik). Weniger auf kompositor. Arbeit als auf spontane, »totale« Präsentation aus, entwickelt R. ein hohes emotionales Reizniveau, das körperhaft-motor. stimuliert. Klangl. Grundvoraussetzung ist die Elektrifizierung. Die schwarzamerik. Musik (→Jazz) hat genet. die Qualität des wichtigsten Basiselements, wenngleich der Hang zur »Bastardisierung«, d.h., jedwede Musik für sich zu nutzen, ebenfalls zu den Grundgegebenheiten zählt. Ursprüngl. in der städt. afroamerik. »U-Musik« verwurzelt (Rhythm & Blues), beginnt die Geschichte der R. Mitte der 50er Jahre in den USA (→Vereinigte Staaten von Amerika) mit dem Rock 'n' Roll. Bei dieser vorwiegend »weißen« Imitation »schwarzer« Musik sind zugleich Einflüsse der euroamerik. »U-Musik« wirksam (Country & Western). Um 1960 erhielt das Idiom mit dem Beat neue Konturen in Europa, um sich schließl. als »synthet.« Phänomen weltweit zu verbreiten.

*B.* Die Ambivalenz der R., einerseits suggestiv zu sein, und damit populär in einem elementaren Sinn, andererseits engagiert und damit in der Attitüde progressiv, hat unter den Musikern immer wieder zu Grenzübertritten geführt, wie die Musik selbst beständig auf →Pop- und Trivialmusik (→Unterhaltungsmusik) und auf Kunstmusik und Jazz abstrahlt. Das Unkonventionelle, die Vitalität und der »Bastardisierungsdrang« des Idioms haben zu einer nicht mehr systematisierbaren Vielfalt geführt (Classic Rock, Hard Rock, Surf-Rock, Jazz-Rock, New Wave u.a.). Der revolutionäre Einbruch in die Industriekultur und die Vehemenz, mit der die Apologeten für diese Musik einstehen, darf als säkularrel. Phänomen gedeutet werden: als Auflehnung gegen eine Welt der Gleichgültigkeit und Unaufrichtigkeit, der Verdinglichung und →Entfremdung; und als Erlebnisqualität, die den »ganzen« Menschen erfaßt und dabei das Hier und Jetzt ekstat. auslöscht (→Ekstase).

*Lit.: J. Gülden/K. Humann (Hg.):* Rock Session. Magazin der populären Musik Iff., Reinbek 1977ff. – *A. Jerrentrup:* Entwicklung der R. von den Anfängen bis zum Beat, Regensburg 1981. – *T. Kneif:* R., Reinbek 1982.

*Jürgen Hunkemöller*

**Römerbrief.** Dieser unbestritten echte Brief des →Paulus hat große und *folgenreiche Wirkungen* gehabt, nicht nur in der →Alten Kirche, sondern vor allem zu Beginn der →Neuzeit, zumal in der Geschichte der reformator. Kirchen und Theologie, von M. →Luther bis K. →Barth. Auch gegenwärtig ist er wohl die meistkommentierte Schrift des NT, gerade deshalb immer noch einflußreich und in vielen seiner Auslegungen nicht unumstritten. Er ist etwa 55 oder 56 n. Chr. vermutl. von Korinth aus geschrieben.

*A.* Adressiert ist der Brief an die »berufenen Heiligen«, d.h. an die Kirche in Rom. Paulus hat sie zwar nicht gegründet und war noch nicht dort. Doch als Kirche »aus den Heiden« untersteht sie seiner Autorität als Heidenapostel (1,5f.; 11,13). Zudem sind zahlreiche Mitarbeiter seiner Mission im Osten (wieder) in Rom, wie die Grußliste in Röm 16 ausweist. Zu ihnen gehören auch Priska und Aquila, die vermutl. zu den Gründern der röm. Kirche zählen, wegen eines Ediktes des Kaisers Claudius um 49 n. Chr. aus Rom vertrieben wurden und um 50/51 n. Chr. mit Paulus in Korinth Bekanntschaft machten (vgl. Apg 18,2). In der Mehrheit dürfte die Kirche Roms sich zusammengesetzt haben aus ehemaligen Heiden, vielleicht auch »Gottesfürchtigen« (d.h. Menschen, die schon zuvor mit dem →Judentum sympathisiert hatten, ohne zu diesem freil. direkt zu konvertieren). Paulus hat seine Missionsarbeit im Osten (Griechenland, Kleinasien, Syrien-Palästina) abgeschlossen (15,19) und will nach einer Jerusalemreise in Spanien missionieren, auf der Durchreise in Rom Station machen (15,24.32). Als der für alle Gemeinden aus den Heiden zuständige Apostel und authent. Interpret des →Evangeliums erlaubt er sich, den röm. Gemeinden *»sein« Evangelium* darzulegen. Er tut das zugleich im Blick auf ihm bekanntgewordene Probleme in Rom, die in Konflikten zwischen Heiden- und Judenchristen ihren Ausdruck finden (vgl. Röm 14f.).

*B.* Offenbar behaupten die Heidenchristen, daß Gott →Israel verworfen habe (vgl. Röm 11), und forderten eine deutl. Distanzierung von jüd. Lebensweise. Darauf geht Paulus sehr grundsätzl. ein. So findet der theol.-prinzipielle Teil des Briefes (Röm 1-11) in der Behandlung der Rolle Israels (Röm 9-11), der ermahnende (Röm 12-15) in der Auseinandersetzung mit diesem Konflikt zwischen Heiden- und Judenchristen (Röm 14f.) jeweils seinen Höhepunkt. Im *theol. Teil* zeigt Paulus, warum das Evangelium Gottes Kraft ist zur Erlösung für jeden, der glaubt (1,16; →*Rechtfertigung*, →Glaube); denn eins seien Juden und Heiden in der →Sünde (1,18-3,20), eins aber auch in der vom

Glauben an →Jesus Christus erreichten Gerechtigkeit (1,17; 3,21-31). Dies wird weiter entfaltet im Blick auf den Glauben →Abrahams (Röm 4) und die Geschichte des jüd. Gesetzes (→Tora) zwischen →Adam und Christus (Röm 5-8). Röm 9-11 legt in einer intensiven Auslegung der Schrift dar, warum Israel mehrheitl. das Evangelium ablehnt: Gott selbst hat gehandelt und es verstockt, damit die Heidenvölker sich sammeln und in der endgültigen Erlösung beide – ganz Israel und die Vollzahl der Heiden – ans Ziel kommen.

*C.* Damit ist nur die Hauptlinie des Gedankengangs angegeben, in den allerdings alle *Einzelargumente* einzuordnen sind. Zwar ist für Paulus die Geschichte Gottes mit den Menschen in eine neue Phase eingetreten, die von Israel einen Schritt neuer Bekehrung zum vorbehaltlosen →Glauben Abrahams fordert; in der Endphase muß die Geschichte Israels jetzt durch die Zeit der Verstokkung hindurch; zwar kommt der glaubende Mensch gerade nicht auf Grund seiner sittl. oder rituellen Taten ins Heil, und kein anderer als Christus ist der Neue Adam, durch den das Heil geoffenbart wird. Aber weder hat Israel dadurch seine Vorrangstellung verloren (11,2), noch hat Gott (mit →Augustinus gesprochen) die einen aus unergründl. Güte geliebt, die anderen aber auf Grund der Sünde Adams (5,12) gehaßt (9,13); weder wird dadurch der Glaube zu einer tatenlosen Haltung verinnerlicht, noch gilt es allein noch, auf Gottes Endzorn zu warten. Daß der R. zu viel Mißverständnissen Anlaß gab und in manchem mißverständl. oder zu kritisieren ist (man denke an die Lehre von der Obrigkeit: »Es gibt keine Obrigkeit außer vor Gott« [13,1]), sollte nicht geleugnet werden. Zugleich aber bleibt seine kirchengeschichtl. explosive Wirkung ungeschmälert. Mit dem – ökumen. inzwischen akzeptierten – Satz, daß der Mensch *durch den Glauben gerechtfertigt* wird *ohne die Werke* des Gesetzes (3,28), und dem Gegen-Satz von der alleinigen Pflicht zur gegenseitigen *Liebe* – »wer den anderen liebt, hat das Gesetz erfüllt« (13,8) – ist eine Spannweite angegeben, von der die christl. Botschaft umrissen wird und die bei M. →Luther in klass. Weise wiederkehrt. Nur von beiden Polen her kann erwiesen werden, was christl. gesprochen die Selbstbezogenheit der Sünde ausmacht, in die nach Paulus alle Menschen verstrickt sind, was zugleich die Macht des →Geistes bedeutet, mit dessen befreiendem Wirken Paulus bedingungslos rechnet. Gerade wegen seiner kirchenkrit. Wucht gehört dieses Dokument zu dem Besten, womit Kirchen ihre Situation bestimmen und ihren Glauben an Jesus Christus vor Selbstgerechtigkeit und Weltferne schützen können.

*Lit.: E. Käsemann:* An die Römer (Handbuch zum NT 8a), Tübingen, 4. Aufl. 1980. – *O. Michel:* Der Brief an die Römer (Krit.-exeget. Kommentar über das NT 4), Göttingen, 5. Aufl. 1978. – *R. Pesch:* R., Würzburg 1983. – *H. Schlier:* Der R. (Herders Theol. Kommentar zum NT VI), Freiburg 1977. – *U. Wilckens:* Der Brief an die Römer (Ev.-Kath. Kommentar zum NT VI), Bd. 1 1978, Bd. 2 1980, Bd. 3 1982. – *D. Zeller:* Der Brief an die Römer (Regensburger NT), Regensburg 1985.

*Ekkehard Stegemann/Hermann Häring (C)*

## Römisches Reich

### A. Kirchengeschichtlich

*I.* Das R.R. entsteht durch Ausbreitung der Herrschaft des republikan. →Rom über den ganzen Mittelmeerraum. Seine endgültigen Grenzen findet es im wesentl. unter Augustus (30 v.-14 n. Chr.): Es reicht vom Atlantik über Rhein, Donau und Euphrat bis zu den arab. und nordafrik. Wüstenrändern. Augustus hat ihm in der Form des röm. Prinzipats auch langfristig stabile *polit. Strukturen* gegeben: In die bestehende Verfassung wird die rasch alles beherrschende *Monarchie* der röm. Kaiser eingefügt, die sich auf das Heer und eine eigene Bürokratie stützt. So vermag sich das R.R. über rund zwei Jh.e hinweg vor großen Kriegen zu bewahren (pax Augusta). Das antike Städtewesen und mit ihm die antike Zivilisation erleben ihre Blüte und weiteste Ausbreitung (→Antike und Christentum). Rings um das ganze Mittelmeer kommt es zum freien Austausch in Wirtschaft, Gesellschaft und Kultur. Im Blick auf die *Verwaltung* ist das R.R. auf einer unteren Ebene weitgehend in Städte eingeteilt, denen jeweils das sie umgebende ländl. Territorium zugeordnet ist. Die umfassende innere Selbstverwaltung der städt. Einheiten wird von der lokalen Aristokratie getragen. Die Stadt ist der primäre Bezugspunkt der Reichsbewohner für alle Belange. Erst in weitem Abstand über der städt. Ebene erscheint die Reichsverwaltung in Gestalt der Provinzstatthalter. Sie fungieren hauptsächl. als höhere Richter und Truppenkommandeure. Über den rund 30-40 Provinzen erhebt sich Italien und Rom als mächtiges Herrschaftszentrum des Reichs und Sitz des Kaisers. Diesem wird zunehmend auch göttl. Verehrung entgegengebracht. Die *Gesellschaft* des R.R.s besteht an ihrer Spitze aus einer schmalen, reichen, landbesitzenden Oberschicht von Senatoren, Rittern und Dekurionen (Aristokratie der Städte). Die Unterschicht wird von der großen Masse der arbeitenden Bevölkerung gebildet. Der soziale Status ihrer Mitglieder hängt davon ab, ob sie in den gewerbl. orientierten Städten oder auf dem Land tätig, ob sie Freie, Freigelassene oder Sklaven (→Sklaverei) sind, ob sie das röm. Bürgerrecht besitzen oder nicht.

*II. Kulturell* ist das R.R. in zwei große Hälften geteilt: den griech.sprechenden hellenist. *Osten* und den lat. *Westen*, der in vielerlei Hinsicht der nehmende Teil ist. Unter dem außenpolit. Druck immer neuer nach Süden drängender →Germanenstämme gerät das R.R. im 3. Jh. n. Chr. in eine schwere Krise, die weitreichende Veränderungen in allen Lebensbereichen nach sich zieht. Erst durch umfangreiche *Reformen* kann es den neuen militär. Erfordernissen angepaßt werden. Hier wird in der Regel das Ende der klass. Antike und der Beginn der Spätantike angesetzt. Das →Christentum war in seinen ersten beiden Jh.en vor allem als Unruhefaktor auf lokaler Ebene in Erscheinung getreten. Erst in der Krise des 3. Jh.s wurde es vom Kaisertum als eine die rel. Grundlagen des R.R.s ablehnende Bewegung generell verfolgt. In dieselbe Zeit fiel ein weiteres starkes Anwachsen seiner Anhängerzahlen, eine weitere Ausformung seiner Organisation, und seine soziale und geistige Assimilation an die antike Umwelt setzte sich fort. Von der anderen Seite bewegte sich aber auch die antike Kulturentwicklung (z.B. Erlösungsreligionen, Neuplatonismus) auf Inhalte der christl. Lehre zu. Das sind Voraussetzungen der →Konstantinischen Wende, die dann eine forcierte Christianisierung des ganzen Reichs einleitet. Gegen Ende der Spätantike ist *»Romanus«* prakt. ident. mit *»Christianus«*. Das Kaisertum der Spätantike erscheint als absolute, in rel. Formen überhöhte Monarchie (Dominat). Mit Hilfe einer stark vermehrten Staatsbürokratie wird die Reichsbevölkerung einem wachsenen Steuerdruck ausgesetzt. Ende des 4. Jh.s kommt es zur Reichsteilung. Das Oström. Reich mit Konstantinopel, dem neuen christl. Rom als Hauptstadt, erlebt im Zeitalter Justinians (527-565) einen eigenen Höhepunkt und findet im ma. Reich von →Byzanz seine Fortsetzung. Das Weström. Reich ist schon 476 den weitläufigen Invasionen german. Stammesverbände erlegen. Außer der christl. Religion haben lat. Sprache, röm. Kaiser- und Reichsidee sowie das röm. Recht Geschichte und Kultur Westeuropas bis in die →Moderne nachdrückl. beeinflußt.

*Lit.: J. Bleicken:* Verfassungs- und Sozialgeschichte des röm. Kaiserreiches, 2 Bde., Paderborn 1978. – *K. Christ:* Die Römer, München 1979 (Lit.). – *F. G. Maier:* Die Verwandlung der Mittelmeerwelt, Frankfurt/M. 1968. – *C. Wells:* Das R.R., München 1985.

*Jörg A. Schlumberger*

### *B. Religionsgeschichtlich*

#### *I. Frühzeit und Republik*

Die röm. →Religion bezog sich auf im konkreten Leben verspürte göttl. →*Mächte*, deren unpersönl., funktionsbezogenes Wesen zuerst weder →Mythen noch Kultbilder hervorbrachte. Beides wurde von der etrusk. und griech. Religion (griech.-röm. Götteridentifikation ab ca. 500 v. Chr.) übernommen. Der →Kult der Götter war Teil der gesellschaftl. *Rechtsordnung*. *Pietas* (fromme Pflichterfüllung gegen die Götter, aber auch gegen →Familie und →Staat) bedeutete, den Göttern das ihnen Zustehende zu geben, um das allg. Wohl zu sichern und zu erneuern, wenn ein ungewöhnl. Ereignis göttl. Zorn ahnen ließ. Die Klärung des göttl. Willens durch die etrusk. geprägte *Zeichendeutung* (aus Vogelflug, Tiereingeweiden) leitete stets den Kult (Reinigungen, →Gebete, →Opfer) ein. Der vom Hausherrn (pater familias) vollzogene bäuerl. *Hauskult* galt Ahnen-, Haus-, Erntegöttern (Manen, Laren, Penaten usw.), Schutzgeistern von →Mann und →Frau (Genius; Juno [umstritten]) u.a., der ihm nachgebildete *Staatskult* staatstragenden Göttern (einschließl. Kriegsgöttern) in zahlreichen Funktionen (Jupiter, Juno, Minerva, Vesta, Mars, Janus usw.), betreut von je eigenen →Priestern oder Priesterkollegien.

#### *II. Kaiserreich*

Die röm. Religion, die schon früh für etrusk. und griech. Einflüsse empfänglich war, konnte der im →Hellenismus aufgekommenen Suche nach persönl. →Heil und universalen Göttern um so weniger genügen, als diese im Verband mit philos. Mythenkritik (→griech.-röm. Philosophie, →Mythos) überall die Grenzen der Volksreligionen sprengte. So war die Restauration der röm. Religion durch *Augustus* weder in Rom noch im Reich sehr erfolgreich. Der *Kaiserkult* wurde eher aus seinen oriental.-universalist. als röm. Wurzeln (Geniuskult) heraus zum Reichskult. Schicksalsglaube, monotheist. Tendenzen, Heilssuche in myst.-ritueller Identifikation mit dem sterbenden und auferstehenden →Gott in den *oriental. Mysterienkulten* um Isis, Kybele, Mithras u.a. beherrschten den spätantiken →Synkretismus, aus dem das →Christentum siegreich hervorging. Die Auffassung vom Gottesgnadentum, die Verflechtung von →Kirche und →Staat, die Übernahme von Festdaten der Herrscher (→Feste) und Kultplätzen, von Zügen des Isis- im →Marien- und des Lokalgötterkultes im →Heiligenkult sowie die Hl. Stadt →Rom sind antikes Erbe im Christentum.

*Lit.: M. Eliade:* Geschichte der rel. Ideen, Bd. 2, Freiburg 1979 (Lit.). – *K. Latte:* Röm. Religionsgeschichte, München 1960 (lit.).

*Adelheid Herrmann-Pfandt*

### *C. Rechtsgeschichtlich*

#### *I. Römische Verfassungsentwicklung*

In ältester Zeit stand →Rom unter der Herrschaft eines Königs (rex), welchem sowohl die militär.-polit. Führung, die Gesetzgebung und Rechtsprechung als auch die sakrale Repräsentation der Gemeinde oblagen. Das Volk versammelte sich in den sog. Kuriatkomitien, die Häupter des patriz. Adels bildeten im Senat einen Beirat des Königs. Nach dem Sturz der tarquin. Dynastie (um 508 v. Chr.) kam es zur Ausbildung einer *Magistratsverfassung*. Die Königsgewalt (imperium) fiel an Jahresbeamte (praetores, consules), die, bisweilen von einem »Zwischenkönig« (interrex), mit Zustimmung der Zenturiatkomitien ernannt und von den Kuriatkomitien bestätigt wurden. Das Königtum, im »Opferkönig« (rex sacrorum) fortbestehend, behielt ledigl. sakrale Funktionen. Auf Grund seiner auctoritas überragendes Staatsorgan war der sich zunehmend aus ehemaligen Amtsträgern zusammensetzende Senat – bezeichnend die Formel »SPQR« (»Senatus populusque Romanus«). Zu diesen aristokrat. Elementen treten genossenschaftl. hinzu (die Komitien). Der griech. Geschichtsschreiber Polybios (2. Jh. v. Chr.) sah in Rom das hellenist. Ideal einer »gemischten« Verfassung verwirklicht.

Nach dem Scheitern von Caesars Alleinherrschaftsbestrebungen gelang es Oktavian (Augustus), inmitten bestehenbleibender republikan. Verfassungseinrichtungen der Sache nach eine Monarchie zu errichten. Das Wesen der *auguste. Verfassung* ist allerdings schwer faßbar und umstritten. Die bekannte Kennzeichnung als »Dyarchie« (Doppelherrschaft, Th. Mommsen) wird von der herrschenden Meinung abgelehnt. Es bestand grundsätzl. Gesetzesbindung des Prinzeps. Seine Herrschaft beruhte auf der Innehabung wichtiger Ämter und Befugnisse (späterhin zusammengefaßt durch Volksgesetz, lex de imperio übertragen) und seiner auctoritas (etwa = persönl. Ansehen). Die *Prinzipat* genannte Herrschaftsform erstarkte alsbald zur Institution und zeigte autokrat. Tendenzen. Von Anfang an trat die röm. Monarchie als solche in den östl. Provinzen auf, wo sie einen – an hist. Traditionen anknüpfenden – Kaiserkult duldete und förderte. Vom Stadtstaat der Frühzeit hatte sich Rom zum Zentrum eines komplexen Bündnis- und Herrschaftssystems entwickelt, und es nahm schließl. den Charakter eines Flächenstaates an. Das röm. Bürgerrecht ist an Einzelpersonen, Gemeinden, Provinzen verliehen worden, bis 212 n. Chr. die Constitutio Antoniniana es auf das gesamte Reichsgebiet erstreckte. Nach den schweren polit. und wirtschaftl. Krisen der 2. Hälfte des 3. Jh.s n. Chr. konsolidierte sich das Reich als *absolute Monarchie* hellenist.-oriental. Stils, zu deren Wesen der Anspruch des Herrschers auf rel. Verehrung gehörte. Die von Diokletian eingerichtete Tetrarchie (Viererherrschaft) hatte keinen Bestand. Schicksalhaft wurde jedoch die damit eingeleitete räuml. Spaltung des Reiches in einen lat. westl. und einen griech. östl. Teil. Das Westrom noch lange überdauernde Oström., Byzant. Reich (→Byzanz) war eine absolute Monarchie christl. Prägung, in der der Herrscher sich als von Gott gesandtes »beseeltes Gesetz« (nomos empsychos – lex animata) göttl., in Rückgriff auf altes Königsgesetz (eine lex antiqua »regia«) aber auch weltl. legitimiert sah.

*II. Römischer Staatsbegriff*

Der röm. Staatsbegriff ist nicht der heutige. Die Römer faßten den →Staat zu keiner Zeit als ein Abstraktum auf. Für sie war der Staat vielmehr die Gesamtheit aller Bürger (populus Romanus), in späterer, byzant. Zeit das im Autokrator verkörperte Volk. Im Gegensatz zum heute herrschenden Staatsbegriff (mit seinen Elementen Staatsgebiet, -volk, -gewalt) ist dieser eingliedrig.

*III. Zeitgenössische christliche Staatsauffassung*

Die ntl. Quellen geben ein sehr widersprüchl. Bild, das sich nur verstehen läßt, wenn man bedenkt, daß die einzelnen Schriften unter sehr unterschiedl. polit. Bedingungen entstanden: Röm 13,1-7 enthält christl. Staatsmetaphysik. Doch erscheint dort und an anderen Stellen (Mt 17,24-27, Mk 12,13-17) der röm. Staat unter eschatolog. *Vorbehalt* oder wird doch sonst relativiert (Joh 18,36; Phil 3,20). 1 Kor 6,1-11 ruft bei innergemeindl. Problemen zur Abwendung von staatl. Institutionen auf, während es nach Apg 5,29 sogar die Notwendigkeit des aktiven Widerstands geben kann. Äußerste Abwertung erfährt der Staat Lk 4,6, leidenschaftl. Ablehnung in Offb 14,8; 16,17-21; 17; 18; 19,1-3 (→Johannesoffenbarung B). Dennoch wird der röm. Staat von den Christen der Frühzeit im allg. und prinzipiell als von Gott gesetzte Obrigkeit anerkannt. Nicht anerkannt wird aber der *Anspruch des Kaisers* auf göttl. Verehrung, was den Christen den Vorwurf der Staatsfeindschaft einbringt. Im 4. Jh. treten Kirche und Staat in ein engeres Verhältnis. Zugleich wandelt sich die Stellung des Kaisers in rel. Hinsicht, vom Gottkaisertum zum *Gottesgnadentum*. In diesem Sinne sah Konstantin sich als *tōn ektos episkopos* (»Bischof des (?) Äußeren«). Unterschiedl. Auffassungen vom Staat im Verhältnis zur Kirche hat man als »theokrat.« und »byzant.« zu klassifizieren und dem Westen oder Osten zuzuordnen versucht.

*Lit.: W. Kunkel:* Röm. Rechtsgeschichte, Köln/Wien, 11. Aufl. 1985 (Lit.). – *E. Mayer:* Röm. Staat und Staatsgedanke, Zürich/München, 4. Aufl. 1975. – *Th. Mommsen:* Röm. Staatsrecht, 3 Bde., Leipzig, 3./1. Aufl. 1887/88.

*Dietmar Schanbacher*

**Römisch-katholische Kirche**

*A.* Katholizität (wörtl.: Allumfassendheit) ist Eigenschaft der Kirche Christi. In ihr ist die Fülle der Erlösungstat Christi präsent; deshalb realisiert sie Gottes Heilsangebot universal, d.h. für alle Menschen, an allen Orten und zu allen Zeiten (qualitativer und quantitativer Aspekt von →»katholisch«). Dieses Verständnis von Katholizität machen sich alle Kirchen und Konfessionen in dem Maße zu eigen, in dem sie sich als Teilhabe an oder als Ausprägung der Kirche Christi verstehen. Hist. Gesichtspunkte (sehr ähnl. Entfaltungen kirchl. Strukturen, bes. im Ämtergefüge) haben dazu geführt, daß eine Reihe von Kirchen (wie z.B. die griech.-kath., die altkath. Kirche und best. luth. Gruppierungen) explizit als »kath.« Kirchen bezeichnet (und im Raum der →Ökumene als »kath. Block« zusammengefaßt) werden. Unter ihnen nimmt die r.-k.K. noch einmal eine bes. Stellung ein. Sie ergibt sich nicht nur aus quantitativen Gesichtspunkten (die r.-k.K. zählt mehr Anhänger als alle anderen christl. Gemeinschaften zusammen), sondern auch und vor allem aus der Bedeutung des »Römischen« in dieser und für diese Kirche. Das »Römische« spezifiziert die Gemeinschaft, von der hier die Rede ist, zu einer konkreten →Konfession.

*B.* Näherhin bedeutet diese *Orientierung an Rom* die Ausrichtung an der »sedes apostolica« (dem Apostol. Stuhl) des Bischofs von Rom: Dieser versteht sich seit den 1. Jh.en als der Nachfolger des Apostels →Petrus. Die Kirche von Rom gilt von alters her als Garant wahrer christl. Überlieferung. Die primatiale Stellung des →Papstes erhielt im Laufe der Jh.e auch häufig weltl. bzw. polit. Abstützung und fand innerkirchl. ihren Höhepunkt in den Papstdogmen des 1. →Vat. Konzils (→Unfehlbarkeit des *Papstes*; sein allg. Jurisdiktionsprimat). Das 2. →Vat. Konzil setzte neue Akzente, indem es den Papst deutlicher in das Bischofskollegium integrierte und den Ortskirchen den Weg in größere, den jeweiligen regionalen und völk. Umständen Rechnung tragende Unabhängigkeit wies. Dies bedeutete aber keine Abwertung des Papstamtes, sondern führte eher dazu, daß die Bischöfe von Rom in neuester Zeit ihre Hauptaufgabe, näml. christl. Einheit zu repräsentieren, zu fördern und zu garantieren, in Theorie und Praxis sehr intensiv wahrnehmen. Teile und Einzelpersönlichkeiten der nichtkath. Christenheit sehen in einem solchen Amt christl. Einheit auch eine Chance, daß sich das Christentum innerhalb einer nach Einheit strebenden Menschheit wirkungsvoll darstellen könne.

*C.* Eine Reihe von (weiteren) strukturellen und theol. *Merkmalen* macht das Besondere der r.-k.K. aus. Eine Kategorie, die vieles davon zusammenfaßt, ist die des »*Sakramentalen* (→Sakrament).

*I.* Jesus Christus, der Offenbarer, ist zugleich Inhalt der →Offenbarung Gottes und insofern definitives, vollgültiges, wirkmächtiges Zeichen der Anwesenheit Gottes in dieser Welt und in diesem Sinn sein *Grundsakrament* (Ursakrament). In der Menschwerdung des Sohnes (→Inkarnation) wurde dieses Grundsakrament der Welt und ihrer Geschichte eingestiftet. Die Gemeinschaft der Kirche, die nach Aussagen des 2. Vat. Konzils (in denen eine lange theol. Entwicklung kulminiert), wesenhaft am Geheimnis des fleischgewordenen →Logos teilhat, zeigt dessen Gegenwart in der Welt real an und teilt ihn (in ihrer Verkündigung und in ihren Einzelsakramenten) der Menschheit mit. Sie ist somit *Wurzelsakrament* (sofern man nicht auch sie selbst Ur- oder Grundsakrament nennen möchte, da sie ja Christi »myst. Leib« ist). Die hauptberufenen Amtsträger der Kirche, die vor allem den Verkündigungsdienst wahrnehmen und die Sakramente ausspenden, stehen kraft ihrer →Ordination selbst in sakramentalen Zusammenhängen. Kirchl. Einheit und kirchl. Tun nehmen die *Einheit der Menschheit* im Ansatz vorweg und tragen zu deren Gelingen bei. So ist Kirche (im weiten Sinne) »sakramental« bedeutsam für die Welt. Daß es oft Versuchung der r.-k.K. war, sakramentale Kategorien in jurid. überzuführen, und daß sie dieser Versuchung oft erlegen ist, läßt sich hist. schlechterdings nicht bestreiten.

*II.* Das inkarnator.-sakramentale Selbstverständnis der r.-k.K. (und ihrer Theologie) war und ist zugleich Fundament ihrer einzigartigen *Kraft zur Assilimation* und Symbiose. Ob die Grenzen zu synkretist. Unschärfen in der Geschichte der r.-k.K. fakt. je überschritten wurde, bleibe dahingestellt. Wahrscheinl. waren aber ihre gewaltigen, weltweiten Missionserfolge nur auf der skizzierten Grundlage möglich. Die neuere Kirchen- und Theologiegeschichte zeigt in den klass.-christl. Ländern eine Neubesinnung und Reduktion auf das spezifisch Christliche bei gleichzeitigem Rückgang kath. Volkskirchlichkeit, in den jungen Kirchen freil. deren vitale Neuartikulation in überraschender Vielfalt. Eine bes. Akzentuierung des inkarnator. Aspektes bedeutet auch, daß die r.-k.K. den Menschen in seiner *Geschöpflichkeit* eine bes. Würde zuspricht. Auf vielen Ebenen r.-k. Theologie wird herausgestellt, daß und wie Gott sich des Geschöpflichen zur Vermittlung seines Heiles bedient. Die herausgehobene Rolle der Mariologie (→Maria) erklärt sich von daher ebenso wie die r.-k. Frömmigkeit (→Abendmahl) – bei bes. Betonung der eucharist. Frömmigkeit –, die die Sinnenhaftigkeit des Menschen so sehr anspricht.

*D.* Die r.-k.K. beansprucht nicht, christl. Kirchesein exklusiv zu verwirklichen; auch andere Gemeinschaften sind in ihrer Sicht »Kirchen« und »kirchl. Gemeinschaften« (vgl. das Ökumenismusdekret des 2. Vatikanums). Nach ihrem Selbstverständnis verwirklicht sich aber in ihr die *Fülle des Christlichen.* Das erstere ist Grundlage für die Mitarbeit der r.-k.K. an den ökumen. Bemühungen, das zweite Fundament für den über das →Konzil hinaus gebliebenen Anspruch der r.-k.K., die Kirche Christi unverfälscht und in Einzigartigkeit darzustellen. Die Aporien, die in solchen Spannungen liegen, sind ungelöste Probleme nachkonziliarer kath. Ekklesiologie. Von den nichtkath. Kirchen bzw. kirchl. Gemeinschaften wird das Besondere des Katholizismus häufig als eine Abweichung vom ntl. Weg gedeutet (»Verfall«). Das, was sich geschichtl. als kath. Weg entfaltete, wird →»Frühkatholizismus« genannt (in eher illegitimer Deutung).

*E.* Die r.-k.K. zählt weltweit etwa *800 Mill. Mitglieder.* Ihre Schwerpunkte liegen in Südamerika, Süd- und Mitteleuropa sowie Nordamerika (zahlenmäßig in dieser Reihenfolge). An der Spitze der Kirche steht der *Papst* (als Petrusnachfolger), eingebunden in das Kollegium der *Bischöfe* (Apostelnachfolger). Diese stehen ihrerseits den Teilkirchen (Diözesen) vor, tragen aber auch weltkirchl. Verantwortung. Nach dem »Annuario Pontificio« 1988 gibt es 2.444 Diözesen. Die *Diözesen* sind ihrerseits in territoriale Untergliederungen *(Pfarreien)* aufgegliedert, deren Bewertung als »Teilkirchen« nur zögernd einsetzt, da bislang der →Pfarrer als Stellvertreter und Mitarbeiter des Bischofs, nicht aber als eigenständige hierarch. Instanz unter ihm verstanden wurde. Seit dem Konzil sind Elemente des Synodalen (→Synode), Tendenzen der →Demokratisierung und der Aufwertung der →Laien innerhalb der r.-k.K. verstärkt wahrzunehmen. Es muß derzeit noch als offen gelten, in welchem Maße diese Tendenzen zu strukturellen Änderungen innerhalb der r.-k.K. führen werden.

*Lit.: W. Löser (Hg.):* Die r.-k.K. (Die Kirchen der Welt, Bd. 20), Frankfurt/M. 1986. – *H. de Lubac:* Katholizismus als Gemeinschaft, Einsiedeln 1943. – *K. Rahner/H. Vorgrimler:* Kleines Konzilskompendium, Freiburg 1966. – *J. Ratzinger:* Das neue Volk Gottes, Düsseldorf 1969.

*Harald Wagner*

## Rolle

*A.* Das soziale →Handeln und Verhalten des →Menschen verweist auf die Positionen, die der Mensch in der arbeitsteilig funktional sowie hierarch. vertikal (Status, →Stand) differenzierten →Gesellschaft innehat. Diese sozialen Positionen sind inhaltl. (z.B. durch →Rechte und →Pflichten) als soziale R. (normativ) typisiert. So kann von beliebigen Inhabern einer Position in spezif. sozialen →Situationen die Ausführung seiner R. vorhergesehen, legitim erwartet und sanktioniert (belohnt, bei Abweichung bestraft) werden (→Lohn und Strafe). Soziale R.n bezeichnen so die *Regelmäßigkeit,* Wiederholbarkeit und personenbezogene *Austauschbarkeit* sozialen Handelns im Gegensatz zu dessen Zufälligkeit und Individualität.

*B.* In den – an die Konzeption des Kulturanthropologen R. Linton anschließenden – r.ntheoret. Ansätzen variiert die Definition des Begriffs »soziale R.« von tatsächl. *beobachtbarem Verhalten* bis hin zur R. als idealem *Verhaltensmuster. In Theorie und Praxis gewinnt dabei das Problem der sozialen Bestimmtheit* (→Determination) des Menschen um so mehr an Gewicht, je konkreter, verbindlicher und situationsneutraler soziale R.n ausgeprägt sind. Sind Eigenleistungen des Handelnden notwendig und mögl., oder ist seine →Entfremdung in einer ihm vorgängig best. sozialen →Wirklichkeit (→Macht) unumgängl.? Selbst in wenig differenzierten und stat. →Gesellschaften, ebenso wie in totalen →Institutionen (z.B. Gefängnis, →Kloster, →Militär), kann festgestellt werden, daß ein R.nhandeln ohne jede subjektive *Interpretationsleistung* die Funktionalität der Institutionen gefährden kann. Damit relativiert sich zumindest für die →alltägl. Lebenswelt das gelegentl. mit normativen R.nkonzeptionen verbundene Verständnis von sozialen R.n als ausschließl. Ausdruck sozialer →Kontrolle und Konformität (Homo sociologicus = der Mensch in soziol. Perspektive).

*C.* Dem *Freiheitsspielraum* im sozialen R.nhandeln tragen Ansätze Rechnung, die davon ausgehen, daß der Handelnde zwischen Engagement und Distanz zur R. eine Balance finden, sich mit ihr also differenziert identifizieren kann. Der *R.nspieler* ist in der Lage, sein R.nhandeln zu inszenieren. Die Bedingungen, unter denen jemand sich mit seinen ihm kulturspezif. *zugeschriebenen* R.n (z.B. Geschlechtsr., Altersr., Verwandtschaftsr.) oder *erworbenen* R.n (z.B. in →Beruf und →Freizeit) identifiziert (R.nübernahme und R.ninternalisierung [R.nverinnerlichung]), kommen vor allem im Prozeß der →Sozialisation in den Blick. Merkmale jeweiliger Bezugspersonen (z.B. Vater, Mutter, Lehrer, Pastor) bzw. Bezugsgruppen (z.B. Familie, Freunde, Schulklasse) beeinflussen das Gelingen souveräner R.nbeherrschung und den Aufbau einer inneren Einstellung zu R.n (innere soziale Kontrolle, →Moral, Ethos, →Kreativität). Da einerseits jeder Mensch viele Positionen innehat, andererseits die Struktur gesellschaftl. Positionen und R.n komplex ist, treten R.nkonflikte auf. Bei Inhaberschaft zweier in den Augen der R.npartner nicht oder nur schwer vereinbarer R.n (z.B. Christ und Kommunist) spricht man von Interrollenkonflikten. Von Intrarollenkonflikten ist die Rede, wenn sich mit der Inhaberschaft einer R. unterschiedl. bis gegensätzl. Erwartungen verschiedener Bezugsgruppen verbinden (z.B. bei einem Pfarrer die Erwartungen der Gemeinde, der Kirchenverwaltung, der »Politik«, junger und alter Gemeindemitglieder). Für die Bewältigung dieser →Konflikte gilt wie für R.nhandeln allgemein: Neben sozialen →Ordnungsvorgaben, die →Verstehen, →Vertrauen und →Sicherheit vermitteln, stellen subjektive Interpretationen von Situationen und Variationen des Verhaltens konstruktive Elemente sozialer Interaktion dar.

*Lit.: R. Dahrendorf:* Homo Sociologicus, Köln/Opladen, 15. Aufl. 1977. – *H.-P. Dreitzel:* Die gesellschaftl. Leiden und das Leiden an der Gesellschaft, Stuttgart, 3. Aufl. 1980. – *H. Jonas:* Die gegenwärtige Lage der R.ntheorie, Frankfurt/M., 3. Aufl. 1978. – *H. Popitz:* Der Begriff der sozialen R. als Element der soziol. Theorie, Tübingen, 4. Aufl. 1975. – *H. Reimann/C. Mühlfeld:* Soziale R., in: *H. Reimann u.a.:* Basale Soziologie – Hauptprobleme, Opladen, 2. Aufl. 1979, 165-189. – *E. Wiswede:* R.ntheorie, Stuttgart 1977.

*Herbert Zigann*

## Rom

*A.* Die »ewige Stadt« (Roma aeterna), die seit 1871 die Hauptstadt →Italiens ist, gewann in ihrer rund 3000jährigen Geschichte immer neue *Führungsfunktionen*: als Hauptstadt des →Röm. Reiches in der →Antike, als einer der Hauptbischofssitze der →Alten Kirche und als Sitz des →Papsttums in →MA. und →Neuzeit. Die →Johannesoffenbarung kennzeichnet R. in Nachfolge des →Judentums als das »große Babylon« (14,8) und die »große Hure« (17,1.5). Nirgendwo hat die Alte Kirche mehr →Märtyrer gehabt. Die Apostelfürsten →Petrus und →Paulus, deren Bedeutung für die frühchristl. Gemeinde R.s noch keineswegs restlos geklärt ist (→Römerbrief), sind dort hingerichtet worden. Erst mit der →Konstantin. Wende endet die Verfolgung. *Älteste Zeugnisse* des →Christentums in

R. sind die unterird. Grabanlagen der Katakomben (Coemeterien, seit Ende 2. Jh.) mit ihren Malereien, die noch bis ins 5. Jh. hinein benutzt werden. Von den ältesten Kirchen (Haus- bzw. Titelkirchen) hat sich nichts außer den Namen erhalten (z.B. S. Sabina auf dem Aventin).

Mit *Konstantin* beginnt die glanzvolle Geschichte des →Kirchenbaus in R. S. Giovanni in Laterano, die Bischofskirche R.s, trägt den Ehrentitel »cunctarum caput et mater ecclesiarum« (Haupt und Mutter aller Kirchen). Die Verehrung der →Gräber und →Reliquien der Märtyrer und →Heiligen, insbes. der Apostelgräber (S. Pietro in Vaticano; S. Paolo fuori le mura), stellt dem Kirchenbau immer neue Aufgaben, die die →Malerei und vor allem die Mosaikkunst einschließen. R. wird zum Zentrum großer christl. Kunstwerkstätten, in denen die Synthese von Christus- und Herrscherkult immer weiter ausgebaut wird. Im →*MA.* sinkt die Bedeutung R.s fühlbar, nachdem mit der Krönung Karls d.Gr. in R. im Jahr 800 die Idee von der Renovatio imperii Romanorum, von der Erneuerung des Röm. Reiches, im Gegenüber zu →Byzanz sichtbaren Ausdruck gefunden hatte. Die →ma. Kunst beschränkt sich zumeist auf Umbauten und Neuausstattungen bereits vorhandener Bauten. Roman. sind S. Anselmo, die Oberkirche von S. Clemente, S. Maria in Cosmedin und S. Maria in Trastevere. Der Gotik zugerechnet werden S. Maria sopra Minerva und S. Maria in Aracoeli. Im 12./13. Jh. prägt die »Protorenaissance« der Cosmaten den röm. Kirchenbau mit farbstarken Inkrustationen. Von der Mitte des *13. Jh.s* an läßt sich eine Wiederbelebung der Kunst in R. feststellen, die Malerei, Mosaikkunst und →Plastik betrifft.

Mit dem Einsetzen der →*Renaissance* knüpft die Stadt wieder an ihre alte Größe an, neben der Erneuerung und dem Umbau zahlreicher Kirchen entsteht vor allem eine Vielzahl von Palazzi und Platzanlagen, die das Stadtbild prägen. Der Neubau der Peterskirche leitet bereits zum →*Barock* über. Im Zeitalter der →Gegenreformation entstehen mehrere Kirchen für neue →Orden, insbes. die Mutterkirche der →Jesuiten, SS. Nome di Gesù (Il Gesù), die zu dem »kleinen Kreis der typenbildenden Bauwerke der abendländ. Architektur« gerechnet werden muß (A. Henze) wegen ihrer Verbindung von zentralisierendem Raumsystem der Renaissance und Langhausbau des MA.s. *Seit dem 18. Jh.* wird R. unter dem Einfluß von →Klassizismus und →Romantik immer stärker zu einem europ. Zentrum der Kunst und der →Wissenschaft. Im →Vatikan werden die Grundlagen für die heutigen Museen geschaffen, die mit denen der Kommune wetteifern. Im *19. Jh.* wird R. zu einem verpflichtenden Bildungserlebnis. Zahlreiche Künstler arbeiten, oft in Genossenschaft vereinigt, im Geist des Klassizismus und der Romantik (z.B. Nazarener).

*B.* Die *wissenschaftl. Studien* zur Geschichte R.s und des →Papsttums erfahren einen spektakulären Auftrieb, als 1881 das Vat. Archiv zugängl. wird. Neben die ital. Institute treten die Hist. Institute prakt. aller europ. Nationen und der USA, die noch heute (bis auf die der osteurop. Staaten, die mit Ausnahme des Poln. und Bulgar. Instituts geschlossen wurden) mit umfangreichen Forschungsprogrammen tätig sind. Als Zentrum der Wissenschaft verfügt R. heute über eine kaum zu übersehende Fülle von staatl. und kirchl. Studieneinrichtungen. Im kirchl. Bereich ragen die päpstl. Universitäten, die Università Gregoriana (1552) und die Università Lateranense (1824), neben zahlreichen Ordenshochschulen hervor. Die Priesterkollegien bieten in nationaler Gliederung (z.B. Collegio Teutonico di S. Maria in Campo Santo, Collegio Teutonico di S. Maria dell'Anima) die Basis für das Studium ausländ. Geistlicher. Teilweise hochspezialisierte Forschungsinstitute (z.B. Istituto Biblico, Istituto Russicum, Istituto di Archeologia Cristiana) ergänzen das Programm, zu dessen Verwirklichung die verschiedensten Archive und Bibliotheken (vor allem die Bibliotheca Apostolica Vaticana) unentbehrl. sind.

*C.* Das →*Bistum R.* greift über das Stadtgebiet hinaus. Sein →Bischof ist der →Papst, der sich durch einen Vikar im Kardinalsrang vertreten läßt. Die rund 200 Pfarreien werden größtenteils von Ordenspriestern betreut. Ihre Seelenzahl schwankt zwischen 200 (Lateran) und über 40.000. Die →Seelsorge gilt in R. traditionell als ausgesprochen schwierig, da die antipäpstl.-antikirchl. Strömungen des 19. Jh.s noch unterschwellig weiterwirken. Die →Sozialstrukturen der modernen Großstadt komplizieren die Situation zusätzlich.

*Lit.: H. Brandenburg:* R.s frühchristl. Basiliken des 4. Jh.s (Heyne Stilkunde 14), München 1979. – *L. Bruhns:* Die Kunst der Stadt R., 2 Bde., Wien 1951. – *W. Buchowiecki:* Handbuch der Kirchen R.s, 3. Bde., Wien 1967/74. – *E. Calvi:* Bibliografia generale di Roma, Rom 1906/08. – *F. Coarelli:* R. Ein archäolog. Führer, Freiburg 1975. – *F. Gregorovius:* Geschichte der Stadt R. im MA., 8 Bde., Stuttgart 1859/72 (oft nachgedruckt). – *A. Henze:* R. und Latium (Reclams Kunstführer Italien 5), Stuttgart, 4. Aufl. 1981. – *L. von Matt/F. Barelli:* R. (DuMont Kunst-Reiseführer), Köln, 5. Aufl. 1982. – Monumenti di Roma 1ff., Rom 1941ff. – *P. E. Schramm:* Kaiser, R. und Renovatio, Darmstadt, 2. Aufl. 1957.

*Peter Maser*

## Romantik

### A. Kirchengeschichtlich

Die R. als eine *Lebenshaltung* und Weltsicht, der etwas Gemüthaftes, Antirationalistisches, Naturbezogenes eignet, gibt es stets, auch heute noch. Als Kampfbegriff unterstellt sie dem »R.er« einen verklärenden Realitätsverlust und mangelnde Befähigung zur Lebens- und Problembewältigung.

*I.* Die R. als *hist. Epoche* (Ende des 18. Jh.s bis ca. 1830) stellte zunächst eine Antwort auf die →Franz. Revolution dar, eine umfassende Umorientierung der Welt- und Ichempfindung gegenüber dem polit. Triumph der Ideale der franz. →Aufklärung. In manchen Punkten verwandt mit der →Restauration und dem →Biedermeier, dem →Quietismus des polit. weitgehend kaltgestellten, auf Bildung und Wirtschaft abgedrängten →Bürgertums, war die R. selbst weder restaurativ noch quietist., sondern eher revolutionär in ihren Idealen und zugleich konservativ in deren Begründung (→Konservatismus). In ihren künstler., vor allem literar. und philos. Äußerungen wird ihre Ablösung vom →Klassizismus und vom aufklärer. →Rationalismus am augenfälligsten.

*II.* Die R., eine so komplexe wie diffuse und widersprüchl. Bewegung, die eine exakte Definition nicht zuläßt, geht von der *Literatur* aus. Ihre Fragestellungen sind primär literar.-philos.; von hier aus wirkt sie nicht nur auf die anderen Bereiche des geistigen, polit. und gesellschaftl. Lebens ein, sondern auch – von ihrer eigentl. Heimat →Deutschland aus – auf benachbarte Völker und Länder wie →Frankreich, →Polen oder →Rußland. Ihre →*Philosophie* stellt das →*Individuum* in den Mittelpunkt, und zwar in seiner alle rationalen Begrenzungen sprengenden, letztl. nur noch mythisch-mystisch erfahrbaren Beziehung zum Universum, zum Unendlichen, aus der heraus auch die kleinsten, unscheinbarsten Dinge einen tiefen Sinn bekommen (Novalis, →Mystik). Steht am Beginn der Grundgedanke von der völligen, ja willkürl. schöpfer. →Freiheit des einzelnen (J. G. →Fichte), so wird er in der Hoch- und Spätr. weitergeführt zur Vorstellung einer organ. Einbindung des Individuums in →Natur, →Gesellschaft, →Geschichte, →Staat und →Religion. →Nation und →Volk werden zu gefühlsmäßig erfahrbaren, gewachsenen →Gemeinschaften, für deren Freiheit und Bestand z.B. die Burschenschaften eintreten (Wartburg, Hambacher Fest) und die mit Hilfe intensiv weiterentwickelter →Wissenschaften (Geschichtsschreibung, Rechts-, Sprach- und Religionsgeschichte) ihr Ideal in der Vergangenheit suchen. Von hier aus bekommen die Staatsidee (ma. Kaiserreich) oder das Gesellschaftsbild (freie, natürl. Verbindung zur Gemeinschaft) eine neue, bis weit ins 20. Jh. hineinwirkende Grundlage und Zielsetzung (→Jugendbewegung, konservative Revolution, »Dritter Weg« zwischen →Kapitalismus und →Sozialismus).

*III.* In *rel.* Hinsicht war die R. das Zeitalter der großen Konversionen (Graf Stolberg, A. Müller, F. Schlegel u.a.). Die *kath.* R.er, die sich in lokalen Kreisen zusammenfanden (Münster: Gräfin A. von Gallitzin; München: F. Baader, F. W. →Schelling, J. Görres; Wien: Clemens M. Hofbauer u.a.) fühlten sich von dem stabilen dogmat. Lehrgebäude, dem Mystizismus und Universalismus, der liturg. Form der →Kirche angezogen, deren Idealform sie – aus ihrem grundlegenden →Historismus heraus – im →MA. zu finden glauben. Auf *ev.* Seite tritt v.a. →Schleiermacher für die ungebundene, persönl.-gemeinschaftl. Religiosität ein, gegen das formale, hierarch. Prinzip. Die →Erweckungsbewegung verdankt der R. starke Impulse.

*Lit.: H. Grassl:* Aufbruch zur R., München 1968. – *H. Jedin (Hg.):* Handbuch der Kirchengeschichte, Bd. VI, 1, Freiburg 1971. – *O. Köhler:* R., in: Staatslexikon, Bd. 6, Freiburg 1961, 944-954. – *L. Scheffczyk (Hg.):* Theologie im Aufbruch und Widerstreit. Die dt. kath. Theologie im 19. Jh., Bremen 1965. – *F. Schnabel:* Dt. Geschichte im 19. Jh., 4 Bde., Freiburg 1929ff. – *K. Scholder:* R., in: Religion in Geschichte und Gegenwart 3. Aufl., Bd. 5, Tübingen 1961, 1166-1181.

*Hans Hecker*

## *B. Kunstgeschichtlich*

In der →Kunstwissenschaft wird R. erst nach 1906 zum Stil-, Epochen- und Methodenbegriff, der die künstler. Reaktion auf den verflachten →Rationalismus der →Aufklärung und die Konsequenzen der →Franz. Revolution zusammenfaßt. Im engeren Sinn ist die R. eine *Gegenbewegung zu* →*Klassik* und →Klassizismus. Indem sie auf der subjektiven →Freiheit des →Individuums und der Freigabe des →Gefühls, bes. auch im rel. Bereich, bestand, leistete die R. einen unverzichtbaren Beitrag zum modernen Menschenbild.

*I.* Bezeichnenderweise hat die R. auf dem Gebiet der →*Architektur* die geringsten Auswirkungen gehabt. Stilprägungen wie die »Neogothic« in England (Strawberry Hill, Middlesex, ab 1749) und der Rundbogenstil konnten sich nicht mehr allg. durchsetzen. Bedeutendes leistete die R. jedoch in der Denkmalspflege (Vollendung des Kölner Doms ab 1821). Was eigentl. angestrebt wurde, verdeutlichen Schinkels Entwürfe für einen preuß. »Nationaldom« (1814), eine got. »Gralskirche« von S. Boisserée (1834) und den »Wunderbau der Allkirche« von Görres (1836). Auch in der →Plastik vermochte die R. wirkl. Eigenständigkeit niemals zu erreichen, blieben hier doch die Grenzen zum →Klassizismus stets fließend.

*II.* Ihren überzeugendsten Ausdruck fand die R. in der →*Malerei*, die die Komplexheit des romant. →Weltbildes zu erfassen vermochte. Hier erweist sie sich als ein gesamteurop. Phänomen mit starken nationalen Akzenten. Trotzdem lassen sich Motive feststellen, die der ganzen R. gemeinsam sind. Es geht nicht mehr um die Gestaltung der sichtbaren →Wirklichkeit, sondern um das in und hinter dieser Wirklichkeit *zu erfassende Unsichtbare*, das auf →Geist und →Seele einwirkt. Zur Domäne dieser Welterfahrung wird das Landschaftsbild, das nicht mehr nur Abbild der →Natur sein soll, sondern Sinnbild für rel. Gefühle, das Ahnen der Unendlichkeit, Einsamkeit und eine grenzenlose unbestimmte Sehnsucht. Als Sinnbild

ist das romant. Landschaftsbild voller →Symbole, Allegorien, Parabeln und Metaphern, die es im Sinne einer »Ideen-Kunst« auch für die Dimension der →Geschichte öffnen. Die Geschichte wird vor allem im Gegenüber zur →Kunst und →Literatur des →MA.s erfahren, das von der R. neu entdeckt wird. Damit verbindet sich die Entwicklung des Nationalbewußtseins und eine Hochschätzung des Volkstums.
Die Grundlagen des →Historismus des 19. Jh.s finden sich jedoch in Klassizismus und R. gleicherweise. Bes. in →Frankreich und →Spanien greift die R. auch direkt polit. Themen auf (J. L. David, E. Delacroix, H. Daumier, F. J. de Goya y Lucientes). Realist. ist die Kunst der R., solange sie sich zu ungelösten Widersprüchen bekennt, das Emotionale und →Transzendente, ja →Irrationale gegenüber dem Objektiven und Rationalen behauptet, die Zerrissenheit der menschl. Existenz in gültigen Metaphern zum Ausdruck bringt und einen Grundgestus der Sehnsucht artikuliert, der die Kraft der →Utopie besitzt. Das hohe Durchsetzungsvermögen romant. Kunst erweist sich schließl. auch in der Schaffung einer neuen Ikonographie, die der Imagination des Betrachters weite Spielräume läßt. Die Aktualität der R., die tief auf die →Volkskunst eingewirkt hat, haben die C. D. Friedrich-Ausstellung in Hamburg/Dresden 1974 und die L. Richter-Ausstellung in Dresden/Hannover 1984 erwiesen.

*III.* In England wird das *Landschaftserlebnis* der R. maßgebl. geformt. In den Werken von J. M. W. Turner und J. Constable etabliert sich das Landschaftsbild als eigenständiges Genre. Insbes. Turners Schaffen hat noch auf →Impressionismus und →Expressionismus eingewirkt. Den →Realismus dieses Romantikers belegen seine Bilder der Industrielandschaft und der Eisenbahn (»Regen, Dampf und Geschwindigkeit«, 1844). Typ. Ausdruck romant. Welterfahrung ist auch der Landschaftsgarten, der die romant. Tendenz, Kunst als Religionsersatz anzubieten, verkörpert. Nur mit Einschränkungen der R. zuzurechnen ist die Preraphaelite Brotherhood, die bis zum Ende des 19. Jh.s wirkte. In →Deutschland vertraten Ph. O. Runge und C. D. Friedrich die *Frühr.*, in der die Regionallandschaften (Elbsandsteingebirge, Rügen) entdeckt und Phantasielandschaften zu metaphys. →Symbolen von erschütternder Faszination verdichtet werden. In der jüngeren Generation der R.er, bes. bei den →Nazarenern, für die →Rom zum alles bestimmenden Erlebnis wird, beginnt der Übergang zur →Restauration und Orthodoxie. Die Erforschung dieser Entwicklung steht allerdings noch immer in den Anfängen, da die Rahmenbedingungen dieser Kunst zwischen →Revolution und Restauration noch weithin der Aufarbeitung bedürfen.
Zur *Spätr.* rechnet man vor allem L. Richter und M. von Schwind, deren »Volkstümlichkeit« oft mißverstanden worden ist. Das trifft noch mehr auf K. Spitzweg zu, dessen Menschenbild akrib. die Brüche und →Kompromisse des →Bürgertums in der 2. Hälfte des 19. Jh.s festgehalten hat. In →Spanien ist die R. fest mit dem Namen Goyas verbunden, dessen →Realismus und Nationalbewußtsein eine spezif. Variante ergeben. In →Italien gehören R. und Risorgimento gleichfalls eng zusammen. Die Bedeutung des Nationalen prägt auch die R. in →Belgien, →Rußland (A. A. Iwanows »Christus erscheint dem Volk«, 1837/57), →Polen (J. Matejkos Historienbilder; Wandmalereien in der Krakauer Marienkirche 1889/91) und im übrigen Osteuropa, wobei es teilweise zu auffälligen Phasenverschiebungen kam.
Als künstler. Sehweise und als Gestaltungsmittel sind Elemente der R., oft in *volkstüml. Ausprägung*, in der gegenständl. Kunst stets gegenwärtig, ohne jedoch die Tiefe der R. selbst noch zu erreichen. Bei der Überwindung des Akademismus des sozialist. Realismus in Osteuropa scheint die *Rezeption* der R. eine ausschlaggebende Rolle zu spielen.

*Lit.: W. Geismeier:* Die Malerei der dt. R., Dresden 1984. – *W. Hofmann:* Das ird. Paradies. Kunst im 19. Jh., München 1960. – *Ders. (Hg.):* C. D. Friedrich (Ausstellungskatalog Kunsthalle Hamburg), München 1974. – *E. de Keyzer:* Das Abendland der R. (Kunst-Ideen-Geschichte 3), Genf 1965. – La Peinture française de 1774 à 1830 (Katalog), Paris 1974. – *R. Lister:* British Romantic Art, London 1973. – *H. J. Neidhardt:* Die Malerei der R. in Dresden, Leipzig 1976. – *F. Novotny:* Painting and Sculpture in Europe 1780- 1880, Harmondsworth 1960. – *H. Ost:* Einsiedler und Mönche in der Dt. Malerei des 19. Jh.s, Düsseldorf 1971. – *M. Praz:* Liebe, Tod und Teufel. Die schwarze R., München, 2. Aufl. 1963. – *H. Robels:* Sehnsucht nach Italien. Bilder dt. R.er, München 1974. – *P. F. Schmidt:* Die Lukasbrüder. Der Oberbecksche Kreis und seine Erneuerung der Malerei, Berlin 1924. – *H. Schrade:* Dt. Maler der R., Köln 1967. – Staatl. Kunstsammlungen Dresden (Hg.): L. Richter und sein Kreis (Katalog), Leipzig/Königstein/Ts. 1984. – The Romantic Movement (Katalog), London 1959. – *R. Zeitler:* Die Kunst des 19. Jh.s (Propyläen Kunstgeschichte 11), Nachdruck Berlin 1984.

*Peter Maser*

### *C. Literarisch*

Seit dem Abebben der Studentenbewegung (1968) ist das Interesse an der R. gewachsen. Das Scheitern des polit. Aktionismus begünstigte den Weg nach innen. Traum und Rausch, Gefühl und Phantasie, Mythos und Religion haben wieder Konjunktur. Dennoch ist die R. nicht einfach reaktionär. Ihre Wirkung ist irritierend vieldeutig. Als konservativ galt sie seit der Kritik H. →Heines und des Linkshegelianismus (→Hegelianismus) sowie im Urteil der Spätr. selbst. J. von Eichendorff definierte sie als Heimweh des Protestantismus nach der kath. Kirche (Sämtl. Werke, Bd. 9, 470). Als progressiv galt sie Teilen der Studentenbewegung (Parole »Die Phantasie an die Macht«). Manche Ideen der alternativen Gruppierungen von heute stehen in der romant. Tradition, und auch die Frie-

gung setzt eine romant. Utopie gegen aufkl... Realpolitik«.

*I. Programmatik und Kritik*
Das *Wort* »romantisch« bedeutet ursprüngl. »romanhaft« im Sinn von »phantastisch« und bezieht sich auf die exot. Welt der Ritterlichkeit in den roman. Literaturen des →MA.s. Von vornherein hebt der Begriff also auf das Nichtwirkliche, das Nichtalltägliche, das Bizarre und Wunderbare, das aus der freien Schöpfungskraft des poet. Genies Erzeugte, ab. Die R. setzt von daher nicht auf →Politik im Sinne berechenbarer Manipulationen des Geschichtsverlaufs und ist insofern unpolitisch. Veränderung erwartet sie nicht vom diplomat. Ränkespiel, sondern von großen wunderbaren Bewegungen. Die romant. →*Utopie* wird, anders als die aufklärer., nicht durch eine Folge von kleinen Schritten erzielt, sondern impliziert immer den Gedanken des Sprungs, des plötzl. Wechsels, des Übertritts in ein neues, Goldenes Zeitalter. Deshalb ist die R., obgleich unpolit., *enormer polit. Wirkungen* fähig gewesen. Doch geht sie stets aufs Ganze. Sie will den Schatz der Utopie nicht in die kleine Münze der Tagespolitik wechseln. Im Gefolge der *R.kritiker* →*Hegel* (der sie des wirklichkeitslosen Subjektivismus zieh), →Kierkegaard (der eine Entscheidung forderte) und →*Marx* (der die soziale Bodenlosigkeit der romant. Kapitalismuskritik sah) bezeichnete deshalb in unserem Jh. C. Schmitt die R. als polit. unzurechnungsfähig: sie weiche der Wirklichkeit aus und ziehe ihr die Schauer der unberührten Möglichkeiten vor. Die *romant.* →*Ironie* spiele eine Wirklichkeit gegen die andere aus, um die jeweilig gegenwärtige zu paralysieren und jeder Entscheidung aus dem Weg zu gehen. Das ureigene Reich der R. ist deshalb die →*Kunst*, denn nur sie kann Standpunkte nebeneinander stehenlassen, ohne eine Entscheidung zu fällen.

*II. Entwicklungsphasen*
Literarhist. wird die dt. R. in der Regel in drei Phasen aufgeteilt: die *Frühr.* oder Jenaer R., ca. 1797-1800, mit Friedrich und August Wilhelm Schlegel, Novalis, F. →Schleiermacher, H. Wackenroder und L. Tieck als wichtigsten Autoren, die *mittlere* oder Heidelberger R. in den Jahren bis zu den Befreiungskriegen mit C. von Brentano, A. von Arnim, J. Görres und J. von Eichendorff und die *Spätr.* in München, Wien und Berlin während der Restaurationszeit von 1815 bis 1848, mit den Spätwerken von Eichendorff, Görres, Brentano und Friedrich Schlegel. Die *engl.* (Wordsworth, Byron, Shelley, Scott), die *franz.* (Chateaubriand, Constant, Hugo), die *ital.* und die *poln.* R. nehmen einen etwas anderen Verlauf. Überall ist der Begriff R. umstritten und wenig trennscharf.
*1.* Die philos. Voraussetzung des Programms der dt. *Frühromantiker* ist die →Transzendentalphilosophie →*Kants* und →*Fichtes.* Fichtes subjektiver Idealismus, das Setzen der Welt durch das denkende Ich, wird radikalisiert zu einem Schaffen neuer Welten durch eine transzendentale Poesie. Der »magische Idealismus« des *Novalis* (1772-1801) betrachtet die gegenwärtige Welt als erstarrte, versteinerte und verzauberte Erscheinungsform eines ursprüngl. flüssigen, wunderbaren Weltzustands. Die transzendentale Poesie bringt alles mit allem in Berührung, macht alles flüssig und entzaubert so die Welt. »Die Welt muß romantisiert werden. So findet man den ursprüngl. Sinn wieder.« Nach *F. Schlegel* (1772-1829) ist die romant. Poesie eine »progressive Universalpoesie« (Athenäumsfragment Nr. 116), Naivität und Reflexion vereinigend, die Reflexion wie in einer unendl. Reihe von Spiegeln vervielfachend, unabschließbar und frei. Die R. zielte so zwar auf die Totalität der zu verwandelnden Welt, begründete aber fakt. nur den Primat des Ästhetischen, der sich im Laufe des 19. Jh.s zum »L'art pour L'art« zuspitzen sollte.
Sowenig wie ihr Poesiebegriff hat die frühromant. Idee einer *»neuen* →*Mythologie«* zunächst etwas mit Irrationalismus zu tun. Durch freie Geistestätigkeit, nicht durch Aufgabe des Verstandes soll die neue Mythologie erzeugt werden. Sie ist eins mit der Poesie. Aus der Zerstörung der philiströsen Aufklärung durch die transzendentale Poesie soll eine *neue* →*Religion* erwachsen, ewiger Friede, das Neue Jerusalem: Novalis, Die Christenheit oder Europa; F. Schlegel, Rede über die Mythologie; mit etwas anderer Intention F. →Schleiermacher, Über die Religion.
*2.* Die Frühromantiker blieben weitgehend im Theoretischen stecken. Andere sollten die Früchte ernten. So entstand durch die Anregung »neue Mythologie« wenigstens eine Sichtung und Sammlung der alten. Es kam in der zweiten Phase, der *mittleren R.*, zur Wiederbelebung der ma. Literatur, zu den großen Sammlungen von *Volksliedern* (Des Knaben Wunderhorn), →Märchen (Brüder Grimm), Legenden und Volksbüchern. Es entstanden die großen Werke der romant. *Mythosforschung* (F. Schlegel, J. Görres [1776-1848], Creuzer, später Grimm und Bachofen). Nur auf einem Felde bildet sich wirkl. ein neuer Mythos: der nationale. Im Vorfeld der Befreiungskriege gegen Napoleon wird die R. nationalist.
*3.* Die dt. *Spätr.* ist *konservativ.* F. Schlegel hatte sich schon 1808 öffentl. von den Zielen der Frühr. distanziert: die ästhet. Träumerei, der unmännl. pantheist. Schwindel und die Formenspielerei müßten aufhören, die Kraft und der Ernst der Wahrheit wieder in ihre alten Rechte eintreten. Wie andere Romantiker konvertiert Schlegel zur kath. Kirche. Sein Spätwerk kritisiert die Auflösung alles Festen und Wahren in Dichtung, Philosophie und Politik der napoleon. Epoche und fordert die Restauration des »lebendig Positiven«, womit er de facto die Monarchie und die kath. Kirche meint. Die *Zentren* der konservativen Spätr. sind in Wien (Schlegel, Hofbauer, Werner, J. von Eichendorff, Adam Müller), in München (C.

Brentano, J. Görres, →Schelling) und in Berlin (Eichendorff, Tieck). Der alte Brentano wird zum auflagenstarken kath. Erbauungsschriftsteller (Das bittere Leiden unsers Herrn Jesu Christi, nach den Betrachtungen der gottseligen Anna Katharina Emmerick, 1834). Beziehungen zum franz. Traditionalismus (L. de Bonald, J. de Maistre), später auch zu den Ideen von Lamennais und Montalembert lassen das spezifisch romant. Profil immer mehr verblassen. In zahlreichen Epigonen wirkt jedoch die romant. Strömung das ganze 19. Jh. fort, und große Autoren wie Heine, *R.* →*Wagner* und *F.* →*Nietzsche* denken ihre Impulse weiter.

*III. Religion und Kirche*

Der epochale Bruch von der frühen zur späten R. spiegelt sich im Deutungswandel der großen theol. Themen Gott, Jesus, Maria, Kirche. Das *Gottesverständnis* ist zuerst pantheist. (→Pantheismus) und ästhet., auf Liebe und auf Verschmelzung mit dem Subjekt abzielend, später personalist. und legitimist., auf Autorität und auf die Demütigung des Subjekts abzielend. Die Konkretion der Gestalt →*Jesu* zergeht in der Frühr. in der philos. Spekulation. Der nazaren. Jesus der Spätr. (→Nazarener) hingegen ist antiphilos. und konkret, ein demütig auf Erden wandelnder heiliger Pilger. In der späten R. werden das Rosenkranzgebet, die barocke Herz-Jesu-Frömmigkeit, die Fronleichnamsprozession und viele →Wallfahrten wieder erneuert. Manches, was heute als alte kath. Tradition auftritt, ist in Wahrheit romant. Restauration, sowenig ursprüngl. wie ein Trachtenverein, der auch erst dann gegründet wird, wenn man die Trachten normalerweise nicht mehr trägt. Neuentdeckt wird auch Jesus als Kind (vgl. das Lied »Stille Nacht«, zuerst 1808). Die Tendenz zu einer sentimental-frömmler. und reaktionär-gegenaufklärer. Religiosität ist stark. Die Gottesmutter →*Maria* findet das Interesse bereits der Frühromantiker (Wackenroders »Herzensergießungen eines kunstliebenden Klosterbruders«, 1796, ferner bei Novalis und den Brüdern Schlegel). Diese Texte sowie die Mariengedichte der mittleren und der späten R. bereiten die Wiedergeburt der Marienfrömmigkeit im Zuge der kath. Restauration vor und nach der Jh.mitte vor (Marienlieder). Auffallend ist die Reästhetisierung der Gestalt Marias in der Neur. (St. George, R. M. Rilke). Das Bild der →*Kirche* schließl. wandelt sich vom Neuen Jerusalem der chiliast. Spekulation zur türmebewehrten Festung gegen die Modernität (Ein Haus voll Glorie schauet, 1876).

*Lit.: R. Brinkmann (Hg.):* R. in Deutschland, Stuttgart 1978. – *G. Dischner/R. Faber:* Romant. Utopie – utop. R., Hildesheim 1979. – *H. Heine:* Die romant. Schule (1835), Stuttgart 1976. – *H. Kurzke:* R. und Konservatismus, München 1983. – *Autorenkollektiv:* R., Berlin (Ost), 3. Aufl. 1977. – *C. Schmitt:* Polit. R. (1919), Berlin, 3. Aufl. 1968. – *H. Steffen (Hg.):* Die dt. R., Göttingen 1967.

*Hermann Kurzke*

*D. Musikgeschichtlich*

In der Musikgeschichte läßt sich der *Begriff* R. in zweifacher Hinsicht definieren. Einmal steht R. für eine zeitl. Eingrenzung eines Abschnitts innerhalb der Musikentwicklung, die wenige Jahrzehnte nach ähnl. Erscheinungen in der Literatur nahezu das ganze 19. Jh. beherrschte. Zum anderen ist mit dem Begriff eine ästhet. Haltung verbunden, die sich gegen den Rationalismus der vorangegangenen →*Klassik* stellt. (Dagegen vertritt F. Blume eine einheitl. »klass.-romant. Stilepoche«.) Sie ist geprägt durch eine schwärmer., phantast. Welt, die dem Traum und dem Märchenhaften nähersteht als der Wirklichkeit. Dadurch erfährt die Musik eine *Aufwertung* innerhalb der Künste, da sie die besten Voraussetzungen für den Ausdruck des Irrationalen in sich trägt.

*I.* Die *subjektive Haltung* der Komponisten dieser Epoche äußert sich je nach Seelenzustand in einem überschwengl., alle Formen sprengenden oder in einem zarten, innigen Werk (H. Berlioz, Symphonie fantastique; R. Schumann, Traumeswirren, op. 12). Die romant. Denkart der Komponisten wurde von Schriftstellern wie L. Tieck, →Jean Paul und E. T. A. Hoffmann mit beeinflußt. Der Künstler sieht sich als freies Individuum eingebunden in die Natur und in das Weltganze. Auf der Suche nach dem Ursprünglichen entwickelt er ein verstärktes *Geschichtsbewußtsein*, findet Gefallen an Sagen, Märchen und Volksliedern, die in Sammlungen und Nachdichtungen (z.B. »Des Knaben Wunderhorn«, Heidelberg 1805-08) veröffentlicht werden. Aber auch die Musik des →*MA.s* und der →*Renaissance* wird erschlossen und zugängl. gemacht. Man glaubte in dieser alten Musik den einheitl. und reinen Ausdruck einer zeitlos gültigen Kunstübung gefunden zu haben. Der Komponist hält sich für einen Seher, ja Priester, der seine individuelle Weltanschauung dem Publikum vermitteln will (F. →Liszt, R. →Wagner). Er hat sich von den Fesseln der Aristokratie und der Kirche, einschließl. ihrer Geschmacksrichtungen, weitgehend gelöst, um sich als *freier Künstler* einem ihm unbekannten Publikum, von dem er sich als »Genie« entrückt fühlt, zu stellen. Die Befreiung von staatl. und kirchl. Herrschaft läuft parallel zu polit. Ereignissen, die durch die →Franz. Revolution und die daraus resultierende →Säkularisierung eingeleitet wurden.

*II.* Musikal. unterscheidet sich die R. von der →*Klassik* durch ein Hervorheben der Klangbilder, die durch ihre Unbestimmbarkeit einen bes. Reiz im Sinne des Romantischen bergen. Die instrumentalen Hauptgattungen der Klassik wie *Sonate*, *Symphonie* und *Solokonzert* (→Konzert) werden weitergeführt. Auch die ihnen zugrundeliegende Sonatenhauptsatzform bleibt erhalten, wobei sie jetzt nur noch Mittel zum Zweck und nicht mehr Träger des musikal. Geschehens ist. Selbst in die »Symphonische Dichtung« (F. Liszt), die sich im

19. Jh. als Gattung der Programmusik verselbständigt, findet die Sonatenhauptsatzform Eingang. In der Vokalmusik erreicht das Sololied mit Klavierbegleitung (F. →Schubert, R. Schumann) bes. Ausdruck dank seiner sublimen Wechselwirkung von Wort- und Tonkunst, die einen Schritt zum romant. Universalkunstwerk darstellt. Daß das →Lied ein typ. Ausdruck der dt. R. ist, zeigt sich noch heute im Sprachgebrauch der Franzosen, Engländer und Italiener, die das Wort unübersetzt verwenden. Die →*Oper* erschließt sich in der R. volkstüml. märchenhafte Inhalte (C. M. von Weber, »Der Freischütz«), ohne sich grundlegend zu ändern. Erst mit R. →Wagner wandelt sie sich in der 2. Hälfte des Jh.s zur neuen Form des Musikdramas. Zuvor schon war auch das Selbstbewußtsein des Bürgertums gewachsen, was sich in Gründungen von Chorvereinigungen und Liedertafeln äußerte, die zu Kompositionen weltl., aber auch geistl. Chorwerke anregten (J. →Brahms, F. →Mendelssohn-Bartholdy, R. Schumann).

*III.* Die *geistl. Vokalmusik* orientiert sich im dt. Bereich an der Tradition von J. →Haydn sowie an W. A. →Mozart und übernimmt deren Gattungen. Die →*Messe* wird zur »Symphonischen Messe« ausgeweitet, wobei auch hier, wie für die romant. Musik allg., L. van →Beethoven ein Vorbild war. Wie seine »Missa solemnis« sprengen auch die romant. Messen den gottesdienstl. Rahmen, auch wenn sie für den liturg. Gebrauch komponiert wurden (F. →Schubert, A. →Bruckner). Ein wesentl. Bestandteil der kirchenmusikal. Reformbewegung (→Caecilianismus) ist die Wiederbelebung alter Meister (→Palestrina). Die Diskussion um die »wahre Kirchenmusik« war überkonfessionell. Sie begann bereits mit C. Ph. E. Bach im 18. Jh. und artikulierte sich bei J. G. Herder, E. T. A. Hoffmann und A. J. Thibaut in Schriften wie in Musiksammlungen. Das Ende der R. als Epoche läßt sich mit A. →Schönbergs *Zwölftonmusik* (ab 1923) angeben, da diese eine deutl. Zäsur in der bisher vom Dur-Moll-System geprägten Musik setzt und sich einer vielfältigen Kompositionsformen sowie dem Experiment verpflichteten neuen Musikwelt öffnet (→Musik des 20. Jh.s).

*Lit.: F. Blume:* R., in: Die Musik in Geschichte und Gegenwart, Bd. 11, Kassel 1963. – *C. Dahlhaus:* Die Idee der absoluten Musik, Kassel/München 1978. – *Ders.:* Die Musik des 19. Jh.s, in: Neues Handbuch der Musikwissenschaft, Bd. 6, Wiesbaden/Laaber 1980. – *A. Einstein:* Die R. in der Musik, München 1950. – *S. Goslich:* Die dt. romant. Oper, Tutzing 1975. – *E. Istel:* Die Blütezeit der musikal. R. in Deutschland, Leipzig/Berlin, 2. Aufl. 1921.

*Annette Bronner*

**Rotes Kreuz**

*A.* Das RK bekennt sich *weltweit* zu *sieben Grundsätzen:* Menschlichkeit (praktizierte →Humanität); Unparteilichkeit (weder Staatsangehörigkeit, Rasse, Religion, soziale Stellung noch polit. Haltung hindern); Neutralität (Schutzzeichen ist auf weißem Grund das Rote Kreuz, in islam. Staaten der Rote Halbmond); Unabhängigkeit (von jeder Bevormundung); Freiwilligkeit (weitgehende Ehrenamtlichkeit); Einheit (im Staat nur eine Gesellschaft); Universalität (nach innen und außen). Jede der 145 nationalen Gesellschaften bestimmt ihre Organisationsform autonom, arbeitet mit anderen direkt oder über die 1919 gegründete Liga in Genf zusammen, bedarf der Anerkennung des seit 1863 in Genf beheimateten »Internationalen Komitees«, das aus höchstens 25 Schweizer Staatsbürgern besteht und über die vier Genfer Konventionen (letzte Fassung vom 2.8.1949) zum Schutze von Kriegsopfern wacht, die dem RK einen völkerrechtl. privilegierten Status sichern, der auf internationalen Konferenzen durch die Vertreter der RK- Gesellschaften und der Unterzeichnerstaaten der Konventionen aktualisiert wird.

*B.* Mitgründer des RK und Urheber der Konventionen ist der Genfer *Henry Dunant* (1828-1910), der auch erster Träger des Friedensnobelpreises und Mitschöpfer des CVJM-Weltbundes (→Christlicher Verein Junger Männer [heute: Menschen]) war. Die älteste nationale RK-Gesellschaft wurde am 12.11.1863 durch Pfarrer Chr. U. Hahn (auch Gründer der Ev. Gesellschaft Stuttgart) mit dem *Württ. Sanitätsverein* geschaffen. Erstmalig schlossen sich die von Genf veranlaßten Dt. Hilfsvereine am 22.4.1869 in Berlin zu einer Arbeitsgemeinschaft zusammen, der nach 1870 auch die RK-Frauenvereine angehörten, die in →Sozialarbeit und Gesundheitswesen Pionierarbeit leisteten.

*C.* Ein *Deutsches RK* (DRK) gibt es als e.V. seit dem 5.2.1950 in Bonn und für die DDR seit 1952 in Dresden. Gemeinsamer Vorgänger war das DRK vom 25.1.1921, das als e.V. in Berlin föderalist. residierte und von 1938-45 zentral dirigierte. Die Bonner Bundesorganisation gliedert sich in 14 Landesverbände mit 399 Kreisverbänden, die über 3,7 Mill. fördernde Mitglieder in rund 4000 Ortsvereinen und 350.000 ehrenamtl. Aktive in Bereitschaften, Arbeitskreisen und Jugend-RK-Gruppen verfügen. Das DRK ist auch Spitzenverband der Freien Wohlfahrtspflege. Weitere Schwerpunkte bilden der Katastrophenschutz (viele Auslandseinsätze), der Rettungs- (Hauptträger des Krankentransports und bei Ausbildung in Erster Hilfe) und Suchdienst (Familienzusammenführung) sowie das Blutspendenwesen (2,5 Mill. Jahresspenden). Zum DRK gehören 37 Schwesternschaften. Angeschlossen sind das Jugendsozialwerk (Frankfurt/M.) und das Elsa-Brandström- Haus (Hamburg). Die Losung des DRK lautet: »Durch Menschlichkeit zum Frieden«.

*Lit.: W. Gruber:* Das Rote Kreuz in Deutschland, Wiesbaden 1985. – *W. Heudtlass:* J. Henry Dunant. Biographie, Stuttgart, 4. überarb. Aufl. 1985. – *A. Schlögel:* Die Genfer Rotkreuzabkommen, Bonn 1985 (DRK).

*Walter Gruber*

**Rothe,** Richard, geb. 28.1.1799 in Posen, gest. 20.8.1867 in Heidelberg. 1817-1820 Theologiestudium in Heidelberg und Berlin; 1824-1828 Gesandtschaftsprediger in Rom; 1828-1837 Prof. am Predigerseminar Wittenberg; 1837-1849 und 1854-1867 Universitätsprof. in Heidelberg, 1849-1854 in Bonn; 1863 Mitbegründer des Protestantenvereins.

R. ist ein markanter Vertreter des durch die →Aufklärung heraufgeführten *Neuprotestantismus* (→Protestantismus). Er vereinte persönl. Christusfrömmigkeit (→Jesus Christus; →Christologie) mit kulturoffener spekulativer →Theologie. Die Motivstränge von →Rationalismus (Elternhaus) und →Erweckungsbewegung (J. A. Neander [1789-1850], F. A. Tholuck [1799-1877]), dt. →Idealismus (K. Daub [1765-1836], →Hegel, →Schelling, →Schleiermacher) und empir. →Wissenschaft (R. W. Bunsen [1811-1899]) sind bei ihm zu einer Spätgestalt idealist.-theosoph. →Spekulation zusammengeschmolzen (→Theosophie). Aufsehen erregte er durch seine heilsgeschichtl. Deutung des →Christentums, die statt der →Kirche den christl. durchgeformten Kulturstaat in den Mittelpunkt rückte und die Mündigkeit der →modernen Welt legitimierte, indem das →Reich Gottes der Geistmenschheit als das ident. Ziel von Christentum und →Humanität gewußt wird. Literar. ist R. nur mit wenigen Veröffentlichen hervorgetreten. In seiner Schrift »Die Anfänge der christl. Kirche und ihrer Verfassung« (Wittenberg 1837) formulierte R. erstmals seine These vom Absterben des kirchl. und dem Aufblühen des weltl. Christentums, die sich wirkungsgeschichtl. mit seinem Namen verband und ihn zum Vordenker des *Kulturprotestantismus* werden ließ. Das monumentale Hauptwerk »Theol. Ethik« (5 Bde., Wittenberg, 2. Aufl. 1867-1871) entfaltet R.s spekulatives →System, das mit der Zentralkategorie der Entwicklung (→Evolution) die gesamte →Wirklichkeit in eine universale Heilsgeschichte einzeichnet. Das System teilt sich in die Lehre von →Gott, die von der Urtatsache des →Denkens im frommen →Bewußtsein ausgeht, daß mit dem Ichgedanken zugleich immer auch der Gottesgedanke gegeben ist, und in die Lehre von der natürl. und geschichtl. →Welt. Die →Ethik als Lehre von der geschichtl. Welt konstruiert zunächst die heilsgeschichtl. Entwicklung der Menschheit und des Einzelmenschen, bevor sie in einer empir. Analyse für den jetzigen heilsgeschichtl. Standort die angemessenen →Normen des →Handelns ermittelt.

*Lit.: H.-J. Birkner:* Spekulation und Heilsgeschichte, München 1959 (Lit.). – *D. Rössler:* Richard R., in: *M. Greschat (Hg.):* Gestalten der Kirchengeschichte, Bd. IX/1, Stuttgart 1985, 254-262.

*Günter Meckenstock*

**Rousseau,** *Jean-Jacques,* geb. 28.6.1712 als Bürger von Genf, gest. 2.7.1778 in Erménonville; zunächst Musiker, Musiktheoretiker, Botschaftssekretär. Ab 1742 lebte der Autodidakt R. mit Unterbrechungen in Paris. Seine polit. und religionstheoret. Hauptschriften wurden von kirchl. und weltl. Autoritäten von Genf und Paris verurteilt; betrieb in seinen letzten Lebensjahren botan. Studien, rechtfertigte sich in autobiograph. Schriften und war Notenkopist. R. zielte auf eine polit., rel. und pädagog. *Reform*; bedeutender Repräsentant und Diagnostiker der →Moderne. Sein philos. Rang wurde schon von →Kant und →Fichte anerkannt. Die Einheit und Systematik seines Werkes wird heute immer deutlicher gesehen.

In seiner ersten, preisgekrönten »Abhandlung über die Wissenschaften und die Künste« (1750) behauptet R. die Verwobenheit von →*Fortschritt* und *Niedergang.* Als Gegenbild zur desintegrierten Konkurrenzgesellschaft preist R. die antiken Bürgertugenden. In seinem »Diskurs über die Ungleichheit« (1755), der eine hypothet. Geschichte des Gesellschaftssystems und der menschl. Gattung enthält, gibt R. den teleolog. (an Zweck und Ziel orientierten) →Naturbegriff preis und verzichtet auf die bibl. Heilsgeschichte. R. entwickelt einen hist.-genet. Naturbegriff und kommt zu einer tiefen Kluft zwischen dem vorsozialen »natürl.« und dem »künstl.« Menschen der Kulturwelt.

Überzeugt von der Unvereinbarkeit der Existenzform des Menschen und des →Bürgers (citoyen), entwirft R. im »*Sozialvertrag*« (1762) einen polit.-bürgerl. und im »Émile« (1762) einen pädagog.-menschl. Idealzustand unentzweiter Existenz. Die Bürgerfähigkeit erfordert eine »Denaturierung« und »Entfremdung« des Menschen. Das Grundproblem der Staatsbildung sieht R. in der freiwilligen polit. Verpflichtung gleicher Bürger auf das →Gemeinwohl. Das Kunststück der *Erziehung* besteht in der Bildung eines Menschen gemäß der Natur unter den Bedingungen der inneren Widersprüchlichkeit und Selbstentfremdung des neuzeitl. Menschen. Eine »negative Erziehung« soll dem Zögling möglichst lange seine Natur und Spontaneität erhalten.

In allen seinen großen philos. und literar. Schriften setzt sich R. mit der →*Religion* auseinander. Er geißelt die Intoleranz und Herrschsucht der »Priesterreligion« und plädiert für ein postdogmat., metaphysikfreies Christentum gemäß dem reinen →Evangelium bzw. für eine »natürl. Religion«, deren Quelle und Organ Herz und Gefühl sind (»Emil« IV; »Brief an Beaumont«, »Neue Héloïse«). Maßstab der wahren Religion ist die richtige Praxis. R. verwirft die Erbsündenlehre und hält an der »ursprüngl. Güte« des Menschen fest. Für polit. Zwecke ist das ev. Christentum unbrauchbar, ja schädlich. Als Stütze der Bürgermoral konstruiert R. eine »Zivilreligion« (→Civil religion; »Sozialvertrag« IV, 8; »Briefe vom Berge«).

In seinem Spätwerk (»Bekenntnisse«; »Dialoge«; »Träumereien«) findet R.s lebenslange Suche nach einem authent. Selbst einen gesteigerten Ausdruck. Es bezeugt das *Scheitern* der von ihm geforderten hindernislosen Selbsttransparenz. R.s Philosophie erweist sich weniger als eine Philosophie des Glücks als des Unglücks und als eine unablässige Reflexion über die Heilmittel verlorener Unschuld.

*Lit.:* *I. Fetscher:* R.s polit. Philosophie, Frankfurt/M., 3. Aufl. 1975. – *M. Forschner:* R., Freiburg/München 1977. – *H. Kleger/A. Müller:* Bürgerreligion und polit. Verpflichtung, in: Archiv für Begriffsgeschichte, Bd. XXIX, Bonn 1985, 47-98. – *A. Philolenko:* J.J.R. et la pensée du malheur, Paris 1984. – *R. Spaemann:* R. – Bürger ohne Vaterland, München 1980. – *J. Starobinski:* J.J.R. – La Transparence et l'obstacle, Paris 1979.

*Alois Müller*

**Rüstung**

*A.* Das mit dem Stichwort R. bezeichnete *Problem* ist auch in der theol., bes. der eth. Diskussion unserer Tage zu einem entscheidenden Thema existentieller Auseinandersetzung um die →Zukunft der →Menschheit geworden. Begriffe wie Nachr., Überr., R.sspirale oder auch R.swettlauf machen deutl., welche Entwicklung von der ehemaligen Ritterr. bis zur nuklearen R.sspirale (→Atom) wir hinter uns gebracht haben. Damit wird auch der klass. Spruch: »Wer den →Frieden will, rüste zum →Kriege«, hinfällig, obschon genau dies – zwar nicht zum Kriege, sondern zur Kriegsverhütung – den derzeitigen Bewußtseins- und Aktionsstand des sog. atomaren Gleichgewichts bestimmt. Im R.sexport ist das R.sgut eine Ware, mit der man handelt. Ungerüstet zu sein gilt als Ausdruck der Schwäche oder minderwertigen Nationalgefühls. Selbst wo der Hunger grassiert, werden auch die kleinsten Armeen hochgerüstet. Hier zeigt sich die Verbindung zum →*Militarismus.* Die vorhandenen Verteidigungsstrategien von Ost und West enthalten eine enge Verbindung, einen kontinuierl. Übergang von konventioneller zu nuklearer Verteidigung, wobei alte Spekulationen, daß der Angriff (→Aggression) die beste Verteidigung sei, wieder aktuell sind. Die Einfuhr hochentwickelter Waffen durch einen →Staat nützt der R.sindustrie (→Industrie) eines anderen. Die Notwendigkeit der Stabilität des einen Militärblocks findet ihre Bestätigung in der R. des anderen Blocks.

Nach dem *Zweiten Weltkrieg* (1939-1945) sind die internationalen Beziehungen zu einer internationalen Militärordnung degradiert, die durch gegenseitige Bedrohung, R. und Nachr. charakterisiert sind. Im atomoren R.swettlauf, im internationalen Waffenhandel, in der Konfrontation der Militärblöcke und der zunehmenden Militärherrschaft sowohl in den großen und reichen als auch in den kleinen und armen →Nationen erhalten die Beziehungen untereinander einen ganz neuartigen militarist. Charakter. Es ist ein höchst gefährl. und instabiles Gleichgewicht, das sich auf die →Herrschaft militär. Denkens über polit. Denken gründet, auf eine →Macht, die jene an sich ziehen, die im R.sgeschäft oder auch in der spieler. wie rücksichtslosen Wahrnehmung militär. Macht das Bewußtsein der →Gesellschaft prägen. »Auf diese Weise stärkt die Militärordnung die rückschrittlichsten Elemente jeder Gesellschaft. Verschwendung in einem riesenhaften Maßstab, Zentralisation von Macht, unzugängl. →Hierarchien und aufgeblähte Bürokratien werden ergänzt durch gegenseitige Furcht und Feindseligkeit, Verherrlichung von →Gewalt, Unfähigkeit zur →Toleranz der Meinungsvielfalt und die Beschneidung von →Freiheit und →Menschenwürde. Das ist nichts Neues, aber alle diese Probleme schulden ihre gegenwärtige Zuspitzung der internationalen Militärordnung« (M. Kidron, D. Smith).

*B.* Der *R.swettlauf* bedeutet, wie Paul II. am 10.1.1972 ausführt: »1. Eine Gefahr. Ob die Waffen ganz oder teilweise eingesetzt oder nur angedroht werden, durch sie wird die Abschreckung bis zur Erpressung getrieben und zur Norm der zwischenstaatl. Beziehungen [→Internationalismus]. 2. Eine Ungerechtigkeit. Tatsächl. ist er a) eine Verletzung des Rechts durch den Primat der →Gewalt: Die Anhäufung der Waffen wird zum Vorwand für einen Wettkampf um die Macht. b) Eine Veruntreuung: Die ungeheueren Summen, die zur Herstellung und Lagerung von Waffen verwendet werden, stellen eine wahre Unterschlagung von seiten der Führungskräfte der großen Nationen oder begüterten Bündnissysteme dar. Der klare Widerspruch zwischen der verschwender. Überproduktion an Rüstungsmaterial und der Summe unbefriedigter Lebensbedürfnisse... ist schon ein Angriff auf jene, die seine Opfer sind. Ein Angriff, der zum Verbrechen wird: selbst wenn man die Waffen nicht tatsächl. anwendet, allein schon durch ihre Kosten töten sie die Armen, denn sie verurteilen diese zum Hungertod... 3. Ein Irrtum. Eines der hauptsächlichsten Argumente, die man gewöhnl. zugunsten des R.swettlaufs anführt, ist die Wirtschaftskrise und die →Arbeitslosigkeit, die sich mit der Schließung der Waffenfabriken und -arsenale ergeben würden. Bei einer plötzl. Kursänderung könnte das zutreffen. Andererseits jedoch haben die Industriegesellschaften trotz ständiger Produktionsumstellungen ihren Wohlstand vermehrt... 4. Ein Vergehen. Der Ablehnung einer solchen Umstellung ›muß der Mensch und erst recht der Christ ganz energ. entgegentreten‹, denn ›wie kann man zulassen, für Hunderttausende nur dadurch Arbeitsplätze zu beschaffen, daß man sie zum Bau von Werkzeugen des →Todes anstellt?‹ (Paul VI., Ansprache an das Diplomatische Korps, 10.1.72)... 5. Ein Wahnsinn. Dieses System internationaler Beziehungen, das auf →Angst, Gefahr und Unrecht beruht, stellt eine Art kollektiver Hysterie dar; einen →Wahnsinn, über den die Geschichte ihr Urteil fällen wird. Er ist sinnlos, weil er ein Mittel darstellt, das seinen Zweck verfehlt. Der R.swettlauf garantiert keine →Sicherheit. a) Was die Kernwaffen angeht, führt der R.swettlauf nicht zu größerer Sicherheit, da es ja bereits ein Übermaß solcher Waffen gibt (Overkill); er schafft nur zusätzl. Risiken, indem er Unsicherheiten aufkommen läßt, die das ›Gleichgewicht des Schreckens‹ stören können. b) Was die klass. Waffen angeht, so setzt ihre Vermehrung, insbes. in den Ländern der →Dritten Welt (Waffenhandel), das regionale Gleichgewicht aufs Spiel und kann so Ursache von Konflikten werden oder schon bestehende Konflikte verschärfen... Die Kirche verurteilt den R.swettlauf.« Was hier die Päpstl. Kommission »Justitia et Pax« erarbeitete und als Dokument den Vereinten Nationen übergab, spiegelt die derzeitige Sorge um eine R.sspirale, die uns lähmt, die berechtigten Anliegen der Menschen auf Befriedigung ihrer Grundbedürfnisse aufzugreifen und den Frieden zu sichern.

*C. Neuere Entwicklungen:* erste Schritte zur *Abrüstung* im Ost-West-Konflikt. Mit der Unterzeichnung eines Vertrags zwischen der Union der Sozialist. Sowjetrepubliken (→Rußland) und den →Vereinigten Staaten von Amerika über die Beseitigung ihrer Raketen mittlerer und kürzerer Reichweite soll zum ersten Mal in der Nachkriegsgeschichte der R.sspirale eine ganze Klasse sowjet. und amerik. Kernwaffen beseitigt werden. Der Generalsekretär und der Präsident bekräftigten in einer gemeinsamen Erklärung ihre Überzeugung, daß es in einem Kernwaffenkrieg keine Sieger geben kann und daß er niemals entfesselt werden darf. Sie bekräftigten ihre Entschlossenheit, jeden Krieg zwischen der Sowjetunion und den Vereinigten Staaten – sei er nuklear oder konventionell geführt – zu verhindern, sowie ihren Verzicht auf jegl. Absichten, militär. Überlegenheit zu erlangen. Über diesen INF (Intermediate Range Nuclear Forces)-Vertrag hinaus sind weitere Verträge über die Abschaffung auch aller anderen Atomraketen geplant. Beide Seiten stimmten darin überein, daß eine größere Offenheit aller Staaten als ein Weg zur Stärkung des Vertrauens und zur Festigung des Fundaments für eine wirksame Konvention von lebenswichtiger Bedeutung ist. Sie verurteilten ferner entschieden die gefährl. Verbreitung und den rechtswidrigen Einsatz von *chem. Waffen* unter Verletzung des Genfer Protokolls von 1925.
Wenn dieser neue Entspannungsprozeß heute glaubwürdiger ist als die ersten Ansätze zu Beginn der 70er Jahre, dann liegt dies nicht zuletzt an der durch die Stichworte »Glasnost« und »Perestroika« gekennzeichneten Reformbewegung unter der Leitung des Generalsekretärs M. Gorbatschow in der Sowjetunion. Diese lassen die Hoffnung zu, daß Inspektionen zur Überprüfung und Vor-Ort-Beobachtung der Vernichtung von strateg. Waffensystemen mögl. erscheinen, so wie sie bislang nicht vereinbart werden konnten. Die fernerhin im Laufe des Moskauer Gippeltreffens zwischen der UdSSR und den USA unterzeichnete Vereinbarung über die Ankündigung von Starts interkontinentaler und U- Boot-geschützter ballist. Raketen stellt einen weiteren wichtigen Schritt dar, der das Streben der Seiten widerspiegelt, die Gefahr des Entstehens eines Kernwaffenkrieges – insbes. in Folge einer falschen Auslegung, eines Fehlers oder eines Zufalls – zu verringern. So sind Ausgangsdaten gesetzt, der weiteren Entwicklung der R.sspirale ein Ende zu setzen.

*Lit.:* *W. Dreier:* Sozialethik, Düsseldorf 1983. – *M. Kidron/D. Smith:* Die Aufr. der Welt, Reinbek 1983. – *M. Kidron/R. Segal:* Hunger und Waffen, Reinbek 1981. – *B. Luber:* Bedrohungsatlas Bundesrepublik Deutschland, Wuppertal 1982. – *D. Schulze-Marmeling:* Kann der Westen abrüsten? Die neue Strategiedebatte in der Nato, Köln 1988. – Gemeinsame Erklärung zum Abschluß des Moskauer Gipfeltreffens vom 1. Juni 1988 (Auszüge), in: Blätter für dt. und internationale Politik, 7/88, 882-888.

*Wilhelm Dreier*

**Rumänien.** Orthod. 62,7%; Prot. 5,8%; Kath. 4,9%; Kryptochristen 0,9%; Nichtgläubige und Atheisten 15,9%.

*A. Kirchengeschichtlich*

*I.* Die *frühe Geschichte* R.s ist seit dem 2. Jh. v. Chr. die der thrak. Daker mit ihren Reichsbildungen unter Burebista (ca. 70-44 v. Chr.) und Decebalus (87-100), auch der griech. Städte am Schwarzen Meer bzw. der röm. Dobrudscha und der röm. Provinz Dakien (106 eingerichtet). Nach dem Rückzug röm. Legionen 271 unter Aurelian bleibt trotzdem eine stark *romanisierte Bevölkerung* (Dakoromanen) von Bauern und Hirten als Hauptelement im Prozeß der Herausbildung des rumän. Volkes, auch nach der teilweisen Slawisierung im 7. Jh.; denn die »Vlahi« in ma. Quellen sind als ethn. Nachkommen der Dakoromanen anzusehen, weshalb eine sprachl.-ethn. Kontinuität der Rumänen von der röm. Zeit bis zur Gegenwart anzunehmen ist.
Die *Christianisierung* begann schon früh: Eindeutige Zeugnisse liegen aus der Zeit Diokletians vor (→Märtyrer von Niculitel). Ein blühendes Christentum besaß vor allem die Dobrudscha (Johannes Cassian [ca.330-ca.430], Dionysius Exiguus [470-ca.550]). Nach dem Wiederaufbau der kirchl. Organisation im rumän. Raum im 9./10. Jh. gehörte das Land zuerst in die Enflußsphäre →Bulgariens (Diözesen Silistria und Vidin), geriet dann aber in Abhängigkeit von →Byzanz (byzant. →Liturgie und slaw. Sprache). Im 10.-13. Jh. entstanden die ersten nachweisbaren polit. Formationen (kleine Woiwodschaften) der bodenständigen rumän. Bevölkerung (Vlahi); im 13. Jh. werden die Rumänen erstmals als Volk erwähnt.
Das ebenfalls teilweise von Rumänen besiedelte *Siebenbürgen* wurde allerdings ab dem 10./11. Jh. von Magyaren, ab etwa 1150 von Deutschen (Siebenbürger Sachsen) kolonisiert, während die Donaufürstentümer eigene Herrschaften erhielten: 1352 Dragos in der Moldau und 1310-52 Basarab I. in der Walachei (Tara Românescă). Entspr. entstanden auch die eigenen Metropolien Suceava 1401 (ab 1565 in Iasi) und Curtea de Arges 1359 (dort bis 1517, dann in Tîrgoviste, ab 1668 in Bukarest), jedoch in Abhängigkeit vom →Ökumen. Patriarchat. Die rumän. Gottesdienstsprache

anstelle des Slawischen oder Griechischen wurde sogar erst ab 1648 eingeführt.

*II.* Trotz erbitterten und teilweise erfolgreichen Widerstands einiger Fürsten (Mircea d. Alten, 1386-1418, und Vlad Tepes, 1456-62, in der Walachei, und Stefan d.Gr., 1457-1504, in der Moldau) geriet R. aber unter *osman. Herrschaft*: die Walachei 1391, die Moldau 1513. Die Unzuverlässigkeit der einheim. Herrscher veranlaßte die Pforte schließl., in der Moldau ab 1711, in der Walachei ab 1716 den Fürstenthron an griech. Adlige, die sog. »Phanarioten« (nach ihrem Stadtteil in Istanbul) zu verpachten, was eine *Gräzisierung* der rumän. Orthodoxie zur Folge hatte. Siebenbürgen hingegen – seit dem 11. Jh. unter der ungar. Stefanskrone – stand zwar 1541 als eigenständiges Fürstentum auch zeitweilig unter osman. Oberherrschaft, fiel aber schon 1691 an das Haus *Österreich* (nach dem Ausgleich von 1867 dann bis 1918 an Ungarn) und zeigte sich stark nach Westen ausgerichtet. Hier hatte die orthod. Kirche stets gegen kath. Einflüsse der Feudalherren aus Ungarn und Polen zu kämpfen.

*III.* Der *Toleranzbeschluß* von 1572 sicherte so in Siebenbürgen zwar vier Konfessionen (→röm.-kath. Kirche, →Luthertum, →Calvinismus, →Unitarier) volle →Religionsfreiheit zu, den Orthodoxen aber nur Duldung. Ein Großteil von ihnen nahm so 1697/1700 die Union mit Rom an (seit 1721 Erzbistum Făgăras und Alba Julia), trug aber doch erhebl. zur Weiterbildung des Nationalgedankens in R. bei, den Ende des 17. Jh.s in der Moldau die Chronisten Gigore Ureche, Miron Costin und Ion Neculce formten. Seit dem Frieden von Kücük Kaynarci 1774 gerieten die Donaufürstentümer zunehmend unter *russ. Einfluß*, bis mit Unterstützung Napoleons III. 1859 der moldau. Herrscher Alexandru Ioan Cuza zum gemeinsamen Herrscher der Moldau und Walachei gewählt und gleichzeitig auch die Unabhängigkeit der orthod. Landeskirche erklärt werden konnte. 1862 rief Cuza das vereinigte R. aus, und 1865 nahm der Metropolit von Bukarest den Titel eines »Primas von R.« an. Da Cuza sich aber u.a. durch seine Säkularisierung des Kirchenbesitzes (1/5 des Bodens) 1863 diskreditierte, mußte er schon 1866 die Herrschaft an das Haus Hohenzollern-Sigmaringen abgeben, das bis 1947 regierte. 1881 wurde R. zum Königreich ausgerufen, und 1885 erhielt die orthod. Kirche die Autokephalie vom →Ökumen. Patriarchat zugestanden. Auch die in Siebenbürgen lebenden orthod. Rumänen erhielten 1869 die Autonomie (Metropolie von Sibiu/Hermannstadt), nachdem sie 1783-1864 dem serb. Patriarchat von Karlevci unterstanden hatten. 1873 wurde dann noch das seit 1785 ebenfalls unter Karlovci stehende Bistum Cernăuti/Tschernowitz aus dieser Verbindung gelöst und zur selbständigen Metropolie für alle Rumänen der zisleithan. Länder, vor allem der Bukowina, erklärt, so daß die Orthodoxen R.s auf drei selbständige Kirchentümer verteilt waren, bis R. 1918 mit Bessarabien, Bukowina, Siebenbürgen und dem Banat sein Staatsgebiet mehr als verdoppeln konnte. Entspr. wurde 1925 das eine rumän. Patriarchat anstelle der bisherigen drei Autokephalien ausgerufen.

*IV.* Am *Zweiten Weltkrieg* nahm R. unter der Diktatur des Generals Ion Antonescu zuerst auf dt. Seite teil, nach dessen Sturz 1944 auf der der Alliierten. Als König Mihai Ende 1947 ins Exil gehen mußte, wurde R. *kommunst. Volksrepublik.* Schon 1948 wurde das mit →Rom 1929 geschlossene →Konkordat wieder aufgehoben und die →unierte Kirche mit ihren 1,5 Mill. Gläubigen 1948 wieder in die Orthodoxie eingegliedert.

*Heute* besteht die orthod. Kirche in R. aus 5 Metropolien mit 12 Bistümern und darin 106 Dekanaten mit 8.185 Gemeinden sowie 8.600 Priestern. Rund 570 Mönche und 1.500 Nonnen leben in 57 Klöstern und etl. kleineren monast. Gemeinschaften. Die kath. Kirche besteht heute allein aus dem lat. Ritus mit etwa 1,2 Mill. Gläubigen. Unter den ev. Kirchen ist die auf Petrus Melius (1554) zurückgehende →reformierte die größte, welche vor allem Mitglieder der ungar. Minderheit umfaßt (ca. 690.000).

*B. Kulturgeschichtlich*

Die Kunst R.s spiegelt die verschiedenen *Kultureinflüsse* und -landschaften wider. So waren im orthod. R. vor allem die Klöster als Träger der *kirchenslaw. Literatur* von großer Bedeutung. Die wechselseitige Durchdringung von slaw.-byzant. und westl.-roman. Elementen zeigt sich in der rumän. *Baukunst* und *Kirchenmalerei*, vor allem in den Klosterkirchen der Moldau mit ihren prachtvollen Außenfresken (vor allem ab dem 15. Jh.). Die →*Ikonenkunst* stand zunächst unter byzant., später russ. Einfluß. Bemerkenswert ist allerdings die zwar relativ späte, aber für R. als typ. erachtete bäuerl. Hinterglasmalerei. Die rumän.-orthod. →*Kirchenmusik* ist eng mit der griech. verwandt. Auch die klass. Volksmusik ist auf Kirchentonarten aufgebaut. Kunstmusik und städt. Baukunst entwickelten sich in der Moldau und Walachei erst im 19. Jh. in Anlehnung an westeurop. Muster, während Siebenbürgen schon seit dem Beginn der ungar. Herrschaft westl. Einflüssen unterlag. Hier sind bes. die wehrhaften Kirchenburgen zu nennen.

*Lit.: F. J. Bulhardt:* Die Rumän. Orthod. Kirche in der Vergangenheit und heute, Bukarest 1979. – *B. Grancea/ N. Thon:* Rumän. Hinterglas-Ikonen, Kassel 1984. – *R. Hootz (Hg.):* Kunstdenkmäler in R., Darmstadt 1986. – *M. Huber:* Grundzüge der Geschichte R.s, Darmstadt 1973. – *I. Iupas:* Istoria bisericii române, Craiova 1941. – *W. Nyssen:* Bildgesang der Erde. Außenfresken der Moldauklöster in R., Trier 1977. – *P. Panaitescu:* Einführung in die Geschichte der rumän. Kultur, Bukarest 1977. – *E. Chr. Suttner:* Beiträge zur Kirchengeschichte der Rumänen, Wien/München 1978.

*János Hauszmann/Nikolaus Thon*

**Rundfunk**

*A.* Der R. gehört zu den beliebtesten *Unterhaltungsmedien* sowohl vielfach während der →Arbeit als auch in der →Freizeit (→Medien). Die Geschichte des R.s begann in Deutschland mit der ersten Sendung der Berliner »Radio- Stunde AG« im *Jahre 1923.* Später schlossen sich die Programmgesellschaften in den Ländern zur Reichsrundfunkgesellschaft zusammen, wobei der sendetechn. Bereich in der →Kompetenz der Dt. Reichspost (DRP) lag – eine Trennung, die im Prinzip auch heute noch existiert und rundfunkpolit. von nicht unerhebl. Bedeutung ist. Die Nationalsozialisten erkannten sehr früh die Möglichkeiten für eine wirksame Informations- und Propagandapolitik (→Nationalsozialismus), die in der Faszination des neuen Mediums lag. Ab 1933 konzentrierten sie daher die Leitung des nun gleichgeschalteten Mediums beim Ministerium für Volksaufklärung und Propaganda.

*B.* Auch die Alliierten suchten *nach 1945* die Möglichkeiten des R.s dadurch zu nutzen, daß sie ihn in den Dienst ihrer Reeducation-Politik stellten. Da zum Konzept des »kulturellen Neuanfangs« auch eine Dezentralisierung durch Kompetenzverlagerung der Kulturhoheit auf die Länder gehörte, wurde der R. fortan Ländersache, unter Beibehaltung der Kompetenz der Bundespost für den *sendetechn.* Bereich. Es wurde die Konstruktion einer »öffentl.-rechtl. Anstalt« für die Programmveranstalter gewählt. Nach der Gründung der Bundesrepublik Deutschland regelten die Länder die Prinzipien der Programmgestaltung und die Organisationsformen oder Verantwortlichkeiten durch R.gesetze. Danach stehen an der Spitze der Anstalten drei Organe: R.rat, Verwaltungsrat und Intendanz. Der R.rat repräsentiert die →Öffentlichkeit und kontrolliert die Grundlagen der Programmgestaltung und die Haushaltsführung. Der Verwaltungsrat – meist aus der Mitte des R.rats gewählt - unterstützt und überwacht die Intendanz in der Geschäftsführung.

*C.* Die Veranstaltung von R. und →Fernsehen war in der Bundesrepublik durchgängig Gegenstand bedeutender *verfassungsrechtl. Grundsatzurteile,* in denen sich der Streit um polit. Einfluß und um die durch techn. Entwicklungen ermöglichte Ausweitung bisher knapper Frequenzen widerspiegeln (1961, 1971, 1981). So definierte das Bundesverfassungsgericht in seinem sog. »Fernsehurteil« 1961 die Begriffe »R.«, »gesellschaftl. relevante Gruppen« und »Ausgewogenheit«. Das bedeutete eine Veränderung der landesgesetzl. definierten Zusammensetzung der R.räte in Richtung auf eine größere Vielfalt. Gleichwohl zeigt sich in der Verfassungswirklichkeit, daß auch die Vertreter der »gesellschaftl. relevanten Gruppen« (z.B. Wirtschaftsverbände, →Kirchen, Sportverbände, Hausfrauenverbände usw.) sich zumeist best. →Parteien zuordnen lassen. Auch das Prinzip der »Ausgewogenheit« erzeugt ein Spannungsfeld: der einzelne journalist. Beitrag dürfe parteipolit. ausgerichtet sein, im Gesamtprogramm müsse aber Ausgewogenheit herrschen. Das führt nach Meinung von Kritikern aus unterschiedl. polit. Lagern in der Regel zu einer polit.-intellektuellen Nivellierung; der Journalist richte sich gemäß dem Prinzip der »Schere im Kopf« tendenziell nach den Mehrheitsverhältnissen im R.rat.

*D.* Nach Meinung des Bundesverfassungsgerichts (1981) darf R. auch von *privaten Veranstaltern* betrieben werden, wenn sie, wie die öffentl.-rechtl. Anstalten, die »gesellschaftl. relevanten« Kräfte zu Wort kommen lassen. Darauf haben die Länder in unterschiedl. Schnelligkeit entspr. Regelungen erlassen, deren Kern (überwiegend) ein als Lizenz- oder Kontrollorgan fungierender Landesrundfunkausschuß ist. Von bes. Problematik ist seitdem die Frage der Finanzierung: Während die R.anstalten herkömml. Art sich aus Pflichtgebühren und Werbeeinnahmen finanzieren, sind die neuen Veranstalter allein auf Werbeeinnahmen als Finanzierungsgrundlage verwiesen (→Werbung). Der unter dem Stichwort »Neuordnung des R. (Fernseh-)wesens« bekanntgewordene Prozeß ist in seinem Endergebnis derzeit noch nichtt abzusehen.

*E.* Zur Frage der Wirkung von/und Beeinflussung durch Massenmedien s. →Fernsehen. Bezügl. der *Nutzung* des R.s gilt, daß seit Einführung des Fernsehens R. eher zu einem Begleitmedium (z.B. Autoradio) geworden ist, dessen höchste Nutzungsintensität in den Morgenstunden und am Spätnachmittag liegt: Zeiten, in denen die Chancen für eine breite Höreransprache (z.B. R.andachten) am größten sind. Dabei sind freil. unter Wirkungsgesichtspunkten mediale (*Hör*funk) und programmdramaturg. Bedingungen (*Kurz*beiträge mit Musikunterbrechung im sog. Magazinstil) zu beachten.

*Lit.: J. Aufermann/H. Bohrmann/R. Sülzer (Hg.):* Gesellschaftl. Kommunikation und Information, Bd. 2, Königstein/Ts. 1973. – *Hans-Bredow-Institut (Hg.):* Internationales Handbuch für R. und Fernsehen 1988/89, Hamburg 1988, sowie die Jahrbücher von ARD und ZDF. – *H. Bethge:* R.freiheit und öffentl.-rechtl. Organisationsvorbehalte, Baden-Baden 1987.

*Andreas Feige*

**Russell,** *Bertrand Earl of,* geb. 18.5.1872 in Trelleck/Wales, gest. 2.2.1970 in Penrhyndeudreath/ Wales, Philosoph, Mathematiker, Sozial- und Gesellschaftskritiker. In den zusammen mit *A. N. Whitehead* 1910/13 verfaßten »Principia Mathematica« entwickelte R. eine Ableitung der →Mathematik aus der →Logik; ihre These: Nur unter Zuhilfenahme log. Prinzipien (einschl. des Unendlichkeits- und Auswahlaxioms) bzw. auf ihrer Grundlage lassen sich die Grundbegriffe der Mathematik, Mengenlehre und Analysis konstituieren. Auf R. gehen auch die Einführung der *Satzfunktion,* des mathemat. *Symbolismus* und der *Typentheorie* zurück, desgleichen die Anwendung des Ökonomieprinzips (»Rasiermesser«) → Ockhams auf die Mathematik.

R.s Neuerungen auf dem Felde der Mathematik und Logik wurden philos.geschichtl. einflußreich durch ihre Rezeption im Neoempirismus (→ Empirismus) und *Wiener Kreis*. Während des Ersten Weltkriegs und in der Folgezeit immer wieder wandte sich R. als polit. Schriftsteller gesellschaftl. und sozialkrit. Themen zu; nach dem Zweiten Weltkrieg wurde er einer der Mitbegründer der internationalen Kampagne für Abrüstung und gegen den Atomkrieg. 1950 erhielt er den Nobelpreis für Literatur. Er initiierte und förderte auch das moral. Tribunal, das unter Jean-Paul Sartre (→ Existentialismus) im April 1967 in Stockholm zusammentrat, um die Kriegführung der USA in Vietnam zu untersuchen und zu verurteilen – ebenso wie es sich in den folgenden Jahren weltweit gegen die Verletzungen der → Menschenrechte (auch in der Bundesrepublik Deutschland) einsetzte. In R.s Skepsis gegenüber polit. Institutionen und Heilslehren jeder Art, die er als Obskurantismus zurückwies, wurzelte auch seine vielfältige *Kritik am institutionalisierten Christentum*. Theorie (etwa die sog. → Gottesbeweise) und Praxis (die kirchl. Sexualmoral) der rel. Überlieferung maß R. an den Standards seiner gesellschaftskrit. Essays wie seiner logisch-mathemat. Studien, gegenüber denen die quasirationalen Verbindlichkeitsansprüche des überlieferten Christentums eher blaß wirken mußten.

Die Berechtigung dieser Kritik zeigt sich darin, daß sie – wenn auch nicht in direktem Rückgriff auf R. – theol. fruchtbar werden konnte. Die Destruktion des quasiwissenschaftl. Anspruchs der Theologie, blind gegenüber den Entwicklungen innerhalb der neuzeitl. Wissenschaften, ist inzwischen zu einem entscheidenden Argument für einen Paradigmenwechsel innerhalb der Theologie geworden. R.s Kritik an der Praxis des Christentums kann letzterem den Blick öffnen für ideolog. Vereinnahmungen, die querstehen zur eigenen Überlieferung. Diese Kritik trifft ein primär rel. Selbstverständnis, das in der Identifikation mit der bürgerl. Moral offenbar einem Selbstmißverständnis erlegen ist.

*Lit.: R. Jager:* The Development of Bertrand R.s Philosophy, London/New York 1972. – *G. Nakhnikian (Hg.):* Bertrand R.s Philosophy, Worcester/London 1974. – *B. Russell:* The Principles of Mathematics, Northampton, 8. Aufl. 1964. – *Ders.:* Warum ich kein Christ bin, München 1963. – *Ders.:* Philos. und polit. Aufsätze, hg.von U. Steinvorth, Stuttgart 1971. – *Ders.:* Philosophie. Die Entwicklung meines Denkens, München 1973. – *A. N. Whitehead/B. Russell:* Principia Mathematica, 3 Bde., Cambridge, 2. Aufl. 1927 (Reprint 1963).

*Carl-Friedrich Geyer*

**Rußland, Sowjetunion (UdSSR).** Nichtgläubige und Atheisten 51,2%; Orthod. 22,5% (um 1900 72,6%); Prot. 1,6%; Kath. 1,4%; Musl. 11,3%; Juden 1,2%.

*A. Orthodoxie*

Die russ.-orthod. Kirche ist der Zahl ihrer Mitglieder nach die größte orthod. Landeskirche und hat durch alle Krisen ihren äußeren und inneren Bestand bis heute erhalten. In Aufbau, → Liturgie und Lehre mit den Schwesterkirchen eins, gehört sie zu den wichtigsten Traditionsträgerinnen der → orthod. Kirche.

*I.* Zwar hat der frommen (allerdings stark legendären und nicht hist. erwiesenen) Überlieferung nach schon der Apostel Andreas, der Patron des → Ökumen. Patriarchats von Konstantinopel, auf dem Boden der späteren Rus das Christentum gepredigt und existierten in den griech. besiedelten Gebieten um das Schwarze Meer sowie an den Hängen des Kaukasus bereits hist. gesicherte christl. Gemeinden in den *ersten nachchristl. Jh.en*, gab es auch vor der allg. Taufe des Landes bereits unter den Warägern wie der slaw. Bevölkerung etl. Christen (darunter die Großmutter Wladimirs, Olga, oder die Märtyrer Fedor und Johann) und sogar eine orthod. Kirche in Kiew (jene des hl. Propheten Elias).
Die eigentl. *Christianisierung* der ostslaw. Völker (Russen, Ukrainer, Weißrussen) begann jedoch erst, als der später als »apostelgleicher Erleuchter« seines Volkes kanonisierte Kiewer Großfürst Wladimir sich nach reifl. Prüfung für die Annahme des Christentums entschied. Im Jahre 988 erklärte er die orthod. byzant. Tradition zur Staatsreligion, was eine gewaltige kulturelle und moral. Umwandlung in den ihm unterstellten Fürstentümern und Stämmen der heutigen Ukraine und R.s bewirkte. Während in den ersten Jahren nach der Christianisierung Kiew wohl unter dem Patriarchat von Ochrid (→ Bulgarien) stand, gehörte dann von 1037-1448 das dortige Bistum als eine – bis auf wenige Ausnahmen – stets von griech. Bischöfen geleitete Metropolie zur Jurisdiktion des Ökumen. Patriarchats von Konstantinopel (→ Byzanz), empfand sich aber stets als eine nationale Kirche. Doch eröffnete die Anbindung an das polit., kirchl. und kulturelle Zentrum der orthod. Christenheit der Rus schnell die reichen geistl. und theol. Schätze des »Neuen Rom«. Dessen spirituelle Reichtümer verbreiteten sich rasch im ganzen ostslaw. Bereich (neben Kiew in Nowgorod, Smolensk, später Wladimir an der Kljazma), wie die bald entstehenden Kirchen (von denen die wichtigsten nach dem Konstantinopeler Vorbild der Göttlichen Weisheit, der Hagia Sophia, geweiht werden) und vor allem die Klöster erweisen, die durch Antoni und Feodosi in die monast. Traditionen des »Hl. Berges« → Athos einbezogen werden.
*II.* Bereits *im 10. Jh.* gab es innerhalb der Kiewer Metropolie acht Bischofssitze (Belgorod, Wladimir in Wolynien, Nowgorod, Polock, Rostow, Tmutara-

kan, Turow und Tschernigow); zu Beginn des 14. Jh.s waren es schon fünfzehn. Allerdings rangierte die Kiewer Metropolie ungeachtet ihrer Größe innerhalb der Bistumsliste des Patriarchats von Konstantinopel erst an der 61. (später gar der 71.) Stelle, und ihr Oberhirte wurde – normalerweise ohne eine Absprache mit den Kiewer Fürsten oder gar eine Bestätigung durch die russ. Ortsbischöfe – vom Ökumen. Patriarchen aus zumeist griech. Kandidaten ausgewählt. Nur ausnahmsweise waren vor dem Mongolensturm auch Slawen Metropoliten der Rus, näml. von den 24 Amtsträgern der Periode von 989-1305 nur drei: 1051-54 Ilarion und 1147-54 Klim(ent) Smoljatitsch, der dann aber wegen der fehlenden Zustimmung des Patriarchen auf sein Metropolitenamt verzichten mußte, und schließl. Kyrill III. (1250-1280).

Die fruchtbare Verbindung zur byzant. Mutterkirche wurde erst schwächer, als der *Mongoleneinfall 1237/40* die reiche, um Kiew zentrierte Staats- und Kirchenkultur vernichtete, wobei auch der damalige Metropolit den Tod fand. Sein Nachfolger, Kyrill III., war zugleich der erste Metropolit von *Kiew*, der – unter Beibehaltung des Titels – überwiegend in dem neuen Machtzentrum Wladimir an der Kljazma residierte.

Trotz der Bedrückungen und Zerstörungen, welche die tatar. Eroberung für die Kiewer Rus mit sich gebracht hatte, und der äußeren polit. Unterdrükkung in der Zeit des tataromongol. Jochs erstarkte die Kirche innerlich; sie war fast der einzige Hort des Volkstums und der nationalen Traditionen, zumal die russ. Kirche bald entschlossen die *»Sammlung der russ. Erde«* durch die Moskauer Großfürsten unterstützte und sich als moral. Macht ein großes Ansehen erwirbt durch den unermüdl. Einsatz für die Belange des Volkes (und eine Art geistl. Wiederbesinnung). Dies gilt um so mehr, als nur aus der rel. Kraft auch der zweite Angriff abzuwehren war, der in dieser Zeit R. traf – und zwar vom Westen. Nachdem die päpstl. Versuche, auf diplomat. Wege eine Unterstellung der vermeintl. geschwächten russ. Christenheit zu erreichen, trotz erster Teilerfolge kein ausreichendes Echo gefunden hatten, erfolgte der militär. Zugriff des schwed. Schwertbrüderordens und des Dt. Ritterordens. Es ist bezeichnend, daß bis heute jener Kriegsheld, der die Kriegszüge der abendländ. Ritterheere – im Vertrauen auf den Beistand Gottes und im Bewußtsein, für den orthod. Glauben zu kämpfen – abwehrte, als einer der größten russ. Nationalheiligen gilt, näml. der hl. Alexander von der Newa, denn sein Sieg bot die Möglichkeit zu einem Wiederaufbau des Staates, der sich nun um Moskau als neuer Hauptstadt zentrierte.

*III.* Ab 1326 weilte der Kiewer Metropolit vornehml. in Moskau, und nach dem unglückl. Unionsversuch von Ferrara-Florenz (1438/39), der die innere Schwäche des byzant. Staates und seiner Kirche offenbarte, wurde 1448 die russ. Kirche autokephal, d.h. unabhängig von Konstantinopel. Am 26.1.1589 folgte ein weiterer Schritt in die endgültige Eigenständigkeit der russ. Kirche durch die von den östl. Patriarchen der →Alten Kirche anerkannte *Erhebung zum Patriarchat*, wobei Moskau der prestigeträchtige fünfte Rang der Ehrenordnung nach den altkirchl. Sitzen von Konstantinopel (→Ökumen. Patriarchat), →Alexandria, →Antiochia und →Jerusalem zuerkannt wurde. Das neue Selbstbewußtsein der russ. Kirche spiegelte sich in der Ideologie von *»Moskau, dem 3. Rom«* genauso wider wie in der →Kunst (→Ikone) und →Literatur.

Seit der Eroberung Konstantinopels durch die Osmanen 1453 begriff sich die russ. (als die zahlenmäßig weitaus größte) orthod. Landeskirche zunehmend auch als *Schutzmacht* der Orthodoxen des Vorderen Orients und des Balkans, die von den islam. Herren und westl. Proselytierungsbestrebungen (→unierte Kirchen des Ostens) vielfach bedrängt wurden. Durch eine intensive und erfolgreiche Missionstätigkeit, deren Wurzeln schon in die vormongol. Zeit zurückreichen, dehnte sie sich in den folgenden Jh.en zudem über Sibirien bis nach China, Japan, Alaska, ja bis nach Kalifornien aus.

*IV.* Im Inneren allerdings erlebte die russ. Kirche im 16./17. Jh. einige schwerwiegende *Erschütterungen* und hatte sich gegen verschiedene →Häresien (Strigolniki, »Judaisierende«) zu wehren. Asket. Ideale führten ebenso zu einer monast. Renaissance (Sergi von Radonež) wie zu einem kirchenpolit. Streit um den Klosterbesitz (Jossif von Wolokolamsk und Nil von der Sora). Die »Hundertkapitelsynode« (Stoglaw) von 1551 unter Iwan IV., »dem Gestrengen«, bezeichnet den Abschluß dieser restaurativen Epoche nach der Befreiung von den Mongolen. Sie kommt zum Ausdruck auf der Ikone der »Streitbaren Kirche« (um 1550) und – als Symbol Moskaus als »Neuem Rom« – der Mariä-Obhut (Wasili des Seligen) – Kirche auf dem Roten Platz. Die inzwischen zum poln.-litau. Staat gehörigen Gebiete der alten Kiewer Metropolie, welche die Übertragung der Leitung nach Moskau nie akzeptiert haben, gingen allerdings der russ.-orth. Kirche teilweise verloren, als viele ihrer Bischöfe 1596 eine Union (→unierte Kirchen des Ostens) mit Rom schlossen, um eine Gleichstellung mit der röm.-kath. Hierarchie im Königreich →Polen zu erzielen. Die vom Bürgertum getragenen Bruderschaften hielten allerdings der Orthodoxie die Treue und ermöglichten eine Wiederherstellung der orthod. Hierarchie durch das Ökumen. Patriarchat.

In der *Zeit der Wirren* (1605-1613) stand die russ.-orthod. Kirche an der Seite des nationalen Befreiungskampfes gegen die poln. Besetzung, erlebte aber bald ihre schwerste Krise, als ein – im Grunde schon mehr als ein Jh. alter – Streit um die Notwendigkeit und Gestalt liturg. Reformen unter dem Patriarchen Nikon (1652-66) zur Trennung (Raskol) einer großen Gruppe sog. »Altgläubiger« von der offiziellen Kirche und damit indirekt zur Schwächung der Patriarchenmacht führte, denn gerade unter den konservativen »Altgläubigen« waren viele bes. kirchentreue Elemente zu finden. Im »russ. Barock« zeigt sich bald diese von den Altritualisten abgelehnte Neuinterpretation alter Formen und Inhalte in Malerei, Kirchenbau und -gesang.

*V.* Unter Zar Peter I. (1682-1725) kam es zur *entscheidenden Krise* in den Beziehungen zwischen der Autorität des Patriarchen und der des weltl. Herrschers, als deren Ergebnis der Imperator nach dem Tode des Patriarchen Adrian 1700 eine Neuwahl des Kirchenoberhaupts nicht mehr zuließ und schließl. 1721 das Patriarchenamt überhaupt zugunsten einer – nach prot. Vorbildern gestalteten – kollegialen Leitung der Kirche unter erhebl. staatl. Kontrolle aufhob. Auch wenn dieses höchste Organ der Kirchenleitung, der »Heiligste Dirigierende Synod«, von den östl. Patriarchen als ein ihrem Amte gleichwertiges Institut anerkannt worden ist, bedeutete es doch de facto weitgehend eine *Auslieferung* der kirchl. Selbständigkeit *an den autokrat. Staat,* der in der Kirche weniger eine Heilsinstitution als eine für rel. Angelegenheiten zuständige Behörde sah, die nach allen Normen der Bürokratie verwaltet wurde.
Trotzdem wäre es verfehlt, wollte man die Synodalperiode der russ. Kirche allein und ausschließl. als eine Zeit des geistl. Niedergangs werten: Die Fesselung der äußeren, vor allem polit. Aktivitäten der Kirche bedeutete auf der anderen Seite eine *geistl. Selbstbesinnung,* wie sie sich wohl am markantesten in der Bewegung des sog. »Starzentums«, also der Sammlung um weitbekannte und vielbesuchte geistl. Führergestalten, ausdrückt, von denen der fromme Serafim von Sarow und die Starzen der Einsiedelei von Optina die bekanntesten, aber keineswegs die einzigen sind (→Mönchtum). Ebenso sind etl. Bischöfe als missionar. Gestalten, als tapfere Hirten ihrer Herde, als Kirchen- und Klostergründer, aber auch als geistl. Schriftsteller und Asketen hervorgetreten. Zwar entstanden auch neue Sekten (Molokanen, Duchoborzen), aber ebenso eine reiche asket. Literatur (slaw. Version der »Philokalia«, d.h. einer Sammlung asket.-spirit. Werke zur Anleitung des »Herzensgebetes«, durch Paisi Welitschkowski). Eine bedeutsame Erscheinung bildet auch das »gelehrte Mönchtum« um die Geistl. Akademien. Eigene, nicht selten mit der offiziellen Kirche kollidierende Vorstellungen von einer humanitären, jenseits der →Konfessionen stehenden Orthodoxie entwickeln etwa Chomjakow, →Dostojewski, →Tolstoi und →Solowjow. Sie werden später von →Florenski theol., philos. und in Richtung einer eucharist. →Ekklesiologie im Sinne der eigentl. Orthodoxie berichtigt und vertieft.
Die offizielle Kunst und Musik unterliegt zwar einer starken Verwestlichung, bleibt aber im Rahmen der Tradition, während sich außerhalb derselben neue rel. Tendenzen ankündigen (Nesterow, Wrubel, Tschaikowski u.a.).

*VI.* Nach der *Februarrevolution 1917,* welche die zarist. Regierungsform des Landes abschaffte, ist ein von vielen seit langem ersehntes und – mehr oder minder intensiv – auch seit der ersten Revolution von 1905 vorbereitetes Lokalkonzil der russ. Kirche zur Lösung der wichtigsten Fragen der Kirchenordnung endl. einberufen worden. Die wohl wichtigste Entscheidung des Konzils war die Wiederherstellung des Patriarchenamtes im November 1917. Zum neuen Vorsteher der russ.-orthod. Kirche und Patriarchen von Moskau und der ganzen Rus wurde der bisherige Metropolit von Moskau, Tichon (Bellawin), gewählt. Allerdings konnte das Landeskonzil nach der sozialist. *Oktoberrevolution* und wegen des nachfolgenden Bürgerkriegs seine Arbeit nicht beenden. Die russ.-orthod. Kirche sah sich vor einer Situation, für die es keinen »Modellfall« gab: Es folgten turbulente Jahre der Zerstörung, ja der blutigen Verfolgung, die viele Bischöfe, Geistliche und Gläubige als neue Glaubenszeugen erwies und sie das Leben und die Freiheit kostete, zumal die Spaltung der »Neuerer« sie auch in ihrem äußeren wie inneren theol. und liturg. Bestand bedrohte.
Zugleich begann die nicht leichte und keineswegs von Irrwegen freie Suche nach neuen Wegen der Gestaltung des kirchl. Lebens im sich festigenden sozialist. Staat. Nach dem Tode von Patriarch Tichon 1925 war es zuerst unmögl., einen neuen Patriarchen zu wählen; vielmehr folgten – zuerst in raschem Wechsel – mehrere Verwalter des Patriarchenstuhles. Ab 1941 begann ein systemat. *Wiederaufbau* der weitgehend zerstörten Verwaltungsstrukturen der russ. Kirche, und 1943 konnte der langjährige Verwalter des Patriarchenstuhles, Metropolit Sergi (Stragorodski), durch ein Landeskonzil zum Patriarchen gewählt werden. Ihm folgte dann 1945 der bisherige Metropolit von Leningrad, Aleksi (Simanski), der bis zu seinem Tode 1970 über 25 Jahre der russ.-orthod. Kirche als Patriarch vorstand. In seiner Amtszeit wurde die orthod. Kirche in →Amerika in die Autokephalie entlassen. Das Landeskonzil von 1971 wählte dann den jetzt regierenden Patriarchen Pimen (Izwekow, geb. 1910) zum vierten Patriarchen seit der Wiederherstellung des Patriarchats.

*VII.* Die Politik der Umgestaltung (*Perestroika)* der sowjet. Gesellschaft durch Generalsekretär M. Gorbatschow hat ab etwa 1985 auch deutl. Auswirkungen auf die Religionspolitik der UdSSR gezeigt. So wurde das älteste Moskauer Stadtkloster, das des hl. Fürsten Daniil, der orthod. Kirche als Verwaltungszentrum und offizielle Patriarchenresidenz zurückgegeben. Bes. die Feierlichkeiten zur Jahrtausendfeier der Taufe der Rus 1988 waren durch eine positivere Einstellung der Staatsmacht gekennzeichnet: so wurde das Jubiläum unter Beteiligung führender Staatsvertreter begangen, teilweise vom Fernsehen direkt übertragen und in der Presse weitgehend wohlwollend breit dargestellt. Konkreter waren noch die Rückgabe der Einsiedelei von Optina, des Tolga-Klosters in Jaros-

lawl und vor allem eines Großteils der Kiewer Mariä-Entschlafen Höhlen-Lawra (die während der religionsfeindl. Politik N. Chruschtschows 1961 erneut geschlossen worden war) in kirchl. Nutzung. Zahlreiche Neueröffnungen von Gemeinden, neue oder restaurierte Kirchbauten, eine neuerrichtete großzügige Metropolitenresidenz in Leningrad und vor allem die Aufhebung des Pfarrstatuts von 1961, welches den Pfarrer von der Gemeindeleitung ausschloß und zum reinen Kultdiener machte, kennzeichnen die *bessere Lage der Kirche:* nicht mehr am Rande, sondern als Teil der sowjet. Gesellschaft. Eine beim Millenium angekündigte Änderung des veralteten Religionsgesetzes von 1929 soll den Religionsgemeinschaften auch bessere Publikationsmöglichkeiten und sogar eine Art von eigener »Sonntagsschul«-Katechese ermöglichen.
Heute umfaßt die russ.-orthod. Kirche rund *50-80 Mill. Gläubige* in 67 Bistümern mit ca. 7.000 Gemeinden; hinzu kommen 10 Bistümer im Ausland, darunter zwei in der Bundesrepublik (Düsseldorf und Baden/Bayern). Die Verteilung der Gemeinden innerhalb der innersowjet. Diözesen ist sehr unterschiedl. (1.051 im Bistum Lwow, 20 in Irkutsk). Etwa 6.700 Priester und 723 Diakone amtieren in den Gemeinden, ca. 1.200 Mönche/Nonnen leben in den 10 Frauen- und 9 Männerklöstern. Auf zwei Akademien und drei Seminaren (Moskau, Leningrad und Odessa) studieren rund 2.000 Theologiestudenten. Eine Verlagsabteilung publiziert – allerdings in unzureichender Auflagenhöhe – Ausgaben bibl., liturg. und theol. Bücher, während eine kircheneigene Fabrik in Sofrino bei Moskau Kerzen, liturg. Geräte und Ikonen herstellt. Für die theol. Forschung stehen der period. Sammelband »Theol. Arbeiten« (Aufl. ca. 3.500) und für die Gemeinden die »Zeitschrift des Moskauer Patriarchats« (Aufl. ca. 35.000) zur Verfügung. Mit ihren reichen theol. und geistl. Traditionen nimmt die russ.- orthod. Kirche in der internationalen Friedens- und der →ökumen. Bewegung (seit 1961 im →Ökumen. Rat der Kirchen) eine bedeutende Stellung ein.

*B. Andere Konfessionen*

War R. durch Jh.e ein rein orthod. Land, so brachte seine neuzeitl. Ausdehnung *Kontakte zur Westkirche* in ihrer röm.-kath. und ev. Ausformung mit sich. Mit der schrittweisen Teilung und Einverleibung Polen-Litauens Ende des 18. Jh.s fielen erstmals Gebiete mit einer geschlossenen *kath. Bevölkerung* an R. Bes. problemat. war die Stellung der unierten Weißrussen und Ukrainer, die sich als Erben des alten Kiewer Reiches den »moskowit.« Russen überlegen fühlten und sich westl. orientierten. Staatl. Pressionen führten zwar zu mehr oder weniger erzwungenen synodalen Trennungen von Rom (1841 und 1946), vermochten aber nicht die volle Sympathie aller Kreise der Bevölkerung zu gewinnen, zumal die Verbundenheit zur unierten Kirche für viele auch ein Bekenntnis zu einem eigenen ukrain. Volkstum gegenüber der »Moskauer« russ.-orthod. Kirche darstellt. Auch die lat. Katholiken Polens und Litauens sowie die eingewanderten Deutschen wurden im zarist. R. teilweise einer Russifizierungspolitik ausgesetzt, die auf eine Distanzierung zu Rom zielte. Als nach der Oktoberrevolution die kath. Kirchenorganisation im Rahmen der allg. Religionsunterdrückung teilweise zum Erliegen kam, antwortete Rom mit dem Aufbau einer in ihrem Bestand stark umstrittenen Untergrundkirche.
Mit der Gewinnung von Estland und Livland (1710) sowie Kurland (1796) kamen auch geschlossene *ev. Gebiete* an das Kaiserreich R. Auch die Einwanderungspolitik bevorzugte ev. Deutsche, die sich an der Wolga, am Schwarzen Meer, auf dem Kaukasus und in Sibirien niederließen. Sie wurden auf zarist. Befehl 1825 in der Ev.-Luth. Kirche R.s zusammengefaßt, deren innerer Zusammenhalt nach der Revolution aber erhebl. gelitten hat.
Die wichtigste prot. Kirche ist heute die 1944 gegründete →*Baptist. Unionskirche*, in die ältere prot. und adventist. Gruppen (Brüder, Stundisten, →Mennoniten, →Pfingstler) integriert worden sind. In den früher zu Ungarn gehörenden Territorien der Westukraine gibt es auch Gemeinden der ungar.-reform. Kirche, während eine Vielzahl prot. Gemeinden verschiedener Couleur im Untergrund existiert.

*Lit.: S. Ackermann:* Auf der Suche nach dem Hl. R., Stuttgart 1988. – *E. Amburger:* Geschichte des Protestantismus in R., Stuttgart 1981. – *H.-D. Döpmann:* Russ.-Orthod. Kirche in Geschichte und Gegenwart, Berlin, 2. Aufl. 1981 (Lit.). – *J. Ellis:* The Russian Orthodox Church. A Contemporary History, London 1986. – *J. von Gardner:* Gesang der russ.-orthod. Kirche bis zur Mitte des 17. Jh.s, Wiesbaden 1983. – *B. Geissler/G. Stökl:* In oriente crux. Versuch einer Geschichte der reformator. Kirchen im Raum zwischen Ostsee und dem Schwarzen Meer, Stuttgart 1963. – *P. Hauptmann:* Altruss. Glaube. Der Kampf des Protopopen Avvakum gegen die Kirchenreform des 17. Jh.s, Göttingen 1963. – *W. Kahle:* Ev. Christen in R. und der Sovetunion, Wuppertal/Kassel 1978. – *F. Mayer/Erzb. Pitirim:* Die Orthod. Kirche in Rußland, Zürich 1982. – *K. Onasch:* Russ. Kirchengeschichte, Göttingen 1967. – *G. Podskalsky:* Christentum und theol. Literatur in der Kiever Rus', München 1982. – *I. Reißner (Hg.):* Das Hl. R. – 1000 Jahre Russ.-Orthod. Kirche, Freiburg 1987. – *I. Smolitsch:* Russ. Mönchtum, Würzburg 1952. – *Ders.:* Geschichte der Russ. Kirche 1700-1917, Leiden 1964. – The Russian Orthodox Church, Moskau 1982. – *N. Thon (Hg.):* Gottesdienst zu Ehren Aller Heiligen der Rus', Würzburg 1987.
*Konrad Onasch (A)/Thomas Riplinger (B)/Nikolaus Thon*

*C. Kunstgeschichtlich*

*I.* Die Geschichte der russ. →Kunst ist durch die Jh.e von wechselnden äußeren Einflüssen geprägt worden. Mit der *Taufe R.s 988* wird die Orientierung auf →Byzanz entscheidend. Neben Kiew werden Polozk, Tschernigow und Pskow zu wichtigen Zentren, in denen im 11. Jh. die Kunst der Kiewer Rus (Kiewer Reich) ihren Höhepunkt erreicht. Erst jetzt setzt sich der monumentale Steinbau endgültig durch (Kremlbauten, Kreuzkuppelkirchen, Kiewer Höhlenkloster). Im 12. Jh. wird in

Nowgorod die aus Byzanz übernommene Backsteintechnik heimisch. Die zahlreichen Kirchen des 12.-14. Jh.s erreichen im allg. nicht mehr das Format der *kirchl. Großbauten* des 11. Jh.s in Kiew, Nowgorod und Tschernigow. In der →Gebrauchskunst und der Buchmalerei bleiben die Anregungen aus der →Volkskunst spürbar, obwohl auch hier das byzant. Erbe vorherrscht. *Erste →Ikonen* russ. Meister sind aus dem Nowgorod des 12. Jh.s bekannt, aber schon um 1100 wird in Kiew ein Olympios oder Alimpi als Ikonenmaler bezeugt. Um 1155 gelangt die Ikone der Gottesmutter von Kiew nach Wladimir, die als »Wladimirskaja« in die Geschichte R.s einging und seit 1480 in Moskau aufbewahrt wird (heute in der dortigen Tretjakow-Galerie). In Wladimir, 1108 als Stadt begründet und seit 1156 Residenz, entsteht zusammen mit Susdal ein neues Kunstzentrum, dessen Ikonenmalerei sich durch einen bes. volkstüml. Charakter auszeichnet.

*II.* Wie das gesamte Leben R.s wird auch dessen Kunst durch den *Einfall der Tataren* (1223/38) aufs schwerste getroffen. In der Epoche des »Tatarenjochs«, die bis in das 15. Jh. hineinreicht, können sich die Künste nur in dem von den Mongolen nicht besetzten Nowgorod und in Pskow weiterentwickeln. Die Moskauer Ikonenmalerei wird durch die Einwanderung von Künstlern aus Wladimir und Susdal angeregt. Um 1390 kommt Theophanes der Grieche (Feofan Grek) von Nowgorod in die Hauptstadt, wo er bis zu seinem Tod um 1410 wesentl. Impulse vermittelt (Ikonostase der Verkündigungskathedrale des Moskauer Kremls). Wenig später, etwa um 1405, beginnt die Hauptschaffenszeit Andrei Rubljows, dessen Dreieinigkeitsikone (Troiza, Tretjakow-Galerie Moskau, um 1420?) das bedeutendste Werk der altruss. Kunst überhaupt darstellt. Ist Rubljow noch stark vom Geist des myst. Hesychasmus (eine Bewegung im orthod. →Mönchtum, die durch stille Konzentration das Taborlicht [s. Mt 17,2], das Gott umgebende ungeschaffene Licht, zu schauen sucht) und möglicherweise auch häret. Strömungen bestimmt, so gewinnen bei Dionissi (um 1440-1508) optimistischere Töne die Oberhand.

*III.* Eng mit der *→Renaissance* der russ. Kultur, die durch die Befreiung vom »Tatarenjoch« hervorgerufen wird, verbunden ist die Moskauer Stroganowschule, deren Malweise in Malerdörfern wie Palech und Mstera bis heute fortwirkt. Vom 16. Jh. an gewinnt die Druckgraphik an Bedeutung, die sich zunehmend Einflüssen aus dem Westen öffnet. Im 17. Jh. nimmt der sog. »Reichsstil« Anregungen des →Barock auf. Eine entscheidende Neuorientierung bedeutet das 18. Jh., das Zeitalter Peters d.Gr., in dem sich ein eigenständiger Barock mit klassizist. Prägung verbindet. Der →Klassizismus ital. Meister bestimmt das Bild der Städte und in Details auch den →Kirchenbau bis in das 19. Jh. hinein. Die reiche →Malerei des 19. Jh.s behandelt intensiv auch rel. Themen (A. Iwanow »Die Erscheinung Christi vor dem Volk«, 1838/57, Tretjakow-Galerie Moskau), in denen die grundlegenden Probleme der Epoche mit den Mitteln des →Realismus in oft tiefsinniger Symbolik gestaltet werden.

*IV.* Mit der *Oktoberrevolution* bricht die Entwicklung der rel. Kunst in R. abrupt ab. Trotz gegenteiliger Bemühungen →Lenins werden ungezählte Kirchen zerstört oder anderen Zwecken dienstbar gemacht. Der kirchl. Kunstbesitz wird generell in Volkseigentum überführt, in vielen Fällen vernichtet oder auch ins Ausland verkauft. Hervorragende Kunstdenkmäler der Vergangenheit erfahren zur gleichen Zeit aber auch eine sorgfältige Konservierung, wissenschaftl. Bearbeitung und Sicherstellung in den großen Museen der Sowjetunion, gelten sie doch – wie auch die bedeutenden Kirchenbauten – als wichtige Zeugnisse der nationalen →Geschichte. Erst nach dem Zweiten Weltkrieg begegnen rel. Themen wieder in verstärktem Maß in der sowjet. Kunst, wo sie oft als Versuch zu bewerten sind, den starren Prinzipien sowjet. Kulturpolitik einen Gegenentwurf gegenüberzustellen, der die Rolle des Menschen, der →Nation und des rel. →Glaubens neu zu definieren versucht (I. Glasunow »Das Mysterium des 20. Jh.s«, um 1976). Die Werke der *Dissidenten* spielen in der öffentl. Kunstdiskussion bisher jedoch noch kaum eine Rolle. Auch die →orthod. Kirche nimmt zumindest öffentl. zu ihnen keine Stellung und beschränkt sich auf die Pflege des reichen Erbes.

*Lit.: H. Faensen/W. Iwanow:* Altruss. Baukunst, Berlin, 2. Aufl. 1974. – *V. Fiala:* Die russ. realist. Malerei des 18. und 19. Jh.s, Prag 1956. – *J. Golomshtok/A. Glezer:* Unofficial Art from the Soviet Union, London 1977. – *I. E. Grabar/V. N. Lazarew/W. S. Kemenow:* Geschichte der russ. Kunst (bisher 6 Bde.), Dresden 1957ff. – *G. H. Hamilton:* The Art and Architecture of Russia, Harmondsworth 1954. – *V. N. Lazarew:* R. (Propyläen Kunstgeschichte NF 3), Berlin 1968. – *P. Maser:* Il'ja Glazunow: »Mysterium des 20. Jh.s«, in: Ostkirchl. Studien 20 (1980), 143-156. – *K. Onasch:* Groß-Nowgorod und das Reich der Hl. Sophia, Leipzig/Wien 1969. – *D. Talbot Rice:* Die Kunst R.s, Zürich 1965.

*Peter Maser*

## *D. Literarisch*

### *I. Bis zum 17. Jahrhundert*

*1.* Beim Aufbau einer neuen *byzant. Kirchenprovinz* in der Rus Ende des 10. Jh.s war das theol. (homilet., hagiograph., liturg., kirchenrechtl.) Schrifttum zunächst überwiegend *Übersetzungsliteratur* von byzant. und oriental. Vorbildern, die durch große Prediger (Ilarion, gest. 1054; Kyrill von Turow, gest. 1183), Hagiographen (Nestor: Lebensbeschreibung der ersten nationalen Märtyrer, Boris und Gleb, gest. 1015; Lebensbeschreibung Feodossis vom Höhlenkloster; Nestorchronik) und Kanonisten (Kirik) selbständig interpretiert wurden. Sammelschriften (Isborniki) verschiedenen Inhalts und apokryphe Literatur mit ihrer Mischung von rel. Folklore und dualist. Weltanschauung waren beliebter Lesestoff.

*2.* Zur Zeit der *Mongoleninvasion* (ab 1237, Zerstörung Kiews 1240) entstanden die Predigten Serapions von Wladimir (gest. 1275) und das Kiewer Väterbuch. Der nationalen Identität diente die Vita Alexanders von der Newa (gest. 1263) ebenso wie der Bericht über den Sieg gegen die Tataren 1380 (die Sadonschtschina). Als wichtigstes geistl. Bildungsmedium (mit der →Ikone) verarbeitete die Vitenschreibung ältere mit nachbyzant.- balkan. Traditionen (Jepifani der Weise, gest. 1392; Stefan von Perm, gest. 1396; Kyrill vom Weißen See, gest. 1427). Die von der Kirche unterstützte »Sammlung der russ. Erde« (Legitimitätslegende; Filofei von Pskow über das Dritte Rom) durch Moskau stieß auf den Widerstand vor allem Nowgorods (Legende vom weißen Klobuk und vom Untergang der Stadt). Nonkonformist. bis häret. Ideologien waren zu bekämpfen, asketisch-theol. und kirchenpolit. Fragen (Kirchenbesitz) zu klären (Gennadi von Nowgorod, gest. 1504; Jossif von Wolokolamsk, gest. 1515; Nil von der Sora, gest. 1508).

*3.* Die *Epoche* Iwans des Schrecklichen (gest. 1584) schließt mit der Hundertkapitelsynode 1551, dem Domostroi (Hausbuch), den Lesemenäen (nach den 12 Monaten geordnete Lektüre aus allen Bereichen der kirchl. Literatur) und dem Stufenbuch (Genealogie russ. Großfürsten) und seinem Briefwechsel mit Fürst Kurbski die ma. Literatur ab und eröffnet zugleich mit einer z.T. auch konfessionell bestimmten *Kontroversliteratur* (Parfeni, Artemi, Sinowi von Oten, Feodossi Kossoi) eine Entwicklung, die zum russ. →Barock des 17. Jh.s führt. Die Ablösung eines symbol. orientierten Kulturmilieus durch ein nichtsymbol. zeigt sich am deutlichsten in der *Autobiographie* des Protopopen Awwakum (verbrannt 1682), in der sich die klass. Hagiographie mit den Zügen einer zeitgenöss., vitalen und barocken Persönlichkeit verbindet – ein Prozeß, der wiederum mit der gleichzeitigen Ikonenmalerei parallel ging. In derselben Zeit meldet eine *weltl.-laikale Literatur* ihren Anspruch auf Öffentlichkeit an.

*Lit.: D. Čiževskij:* History of Russian Literature. From the 11th to the end of die Baroque, 'S-Gravenhage 1960. – Denkmäler der Literatur der Alten Rus, Bd. 3-7, Moskau 1981-85 (russ.). – *N. K. Gudzij:* Geschichte der russ. Literatur 11.-17. Jh., Halle (Saale) 1959 (übers. von F. von Lilienfeld). – *D. S. Lichatschow:* The great heritage: The classical literature of Old Rus, Moskau 1981. – *Ders.:* Der Mensch in der altruss. Literatur, Dresden 1975. – *K. Onasch (Hg.):* Altruss. Heiligenleben, Berlin/Wien 1977 (übers. von D. Freydank). – *G. Podskalsky:* Christentum und theol. Literatur in der Kiewer Rus, München 1982. – *A. Stender-Petersen:* Geschichte der russ. Literatur, Bd. 1, München 1957. – *S. A. Zenkovsky:* Aus dem Alten R. – Epen, Chroniken und Geschichten, Darmstadt 1968.

*Konrad Onasch*

*II. 18. bis 20. Jahrhundert*

*1.* Die von Peter I. eingeleitete neue Periode in der Geistesgeschichte R.s bedeutete im *18. Jh.* auch eine weitgehende Angleichung der Literatur an westeurop. Formen. Hingegen bestimmten im *19. Jh.* die *Slawophilen* das russ. Denken als ein rel. par excellence. So taucht in den 40er Jahren dieses Jh.s das alte historiosoph. Thema von der bes. heilsgeschichtl. Erwählung R.s in neuem Kontext wieder auf. Dabei ist vielen russ. Schriftstellern dieser Zeit – wie Nikolai Gogol (1809-1852; vgl. seinen Kommentar zur Göttl. Liturgie), F. M. →Dostojewski (1821-1881), Nikolaj Leskow (1831-1895; etwa in der »Klerisei«, 1872) oder Fjodor Tjutschew (1803-1873) – eine Wende zur rel. Problematik eigen. Spannungen zur →orthod. Kirche sind dabei auffällig; sogar Trennungen von der offiziellen Kirche mögl. (1903 offizielle Exkommunikation L. →Tolstois oder auch zeitweilige Konversion zum Katholizismus durch W. →Solowjow). Die »christl. Inspiration der russ. Literatur« ist selbst bei solchen Schriftstellern zu konstatieren (etwa in der Wahl und Behandlung ihrer Themen), die sich als ungläubig bezeichnen, wie etwa Iwan Turgenjew (1818-1883), Nikolaj Nekrassow (1821-1877) oder Anton Tschechow (1860-1904), welche auch rel. Themen krit. aufgreifen (etwa Tschechow 1902 im »Bischof«). Hauptnerv des russ. Literaturschaffens des vergangenen Jh.s ist das Ringen um Universalität, um »Allmenschlichkeit« (Höhepunkt ist Dostojewskis Rede zum Puschkin-Fest 1880).

*2.* Dieses zutiefst rel. Interesse an den allg. Fragen des →Seins und der menschl. →Gesellschaft blieb auch in der russ. Literatur des *20. Jh.s* ununterbrochen. Hier kann man zwei Hauptlinien unterscheiden: einmal die lyr.-philos. Richtung, wie sie vor allem von Michail Priswin (1873-1954) und in der Gegenwart von Viktor Astafjew (geb. 1924), in der Poesie von Anna Achmatowa (eigentl. Gorenko, 1889-1966) und Boris Pasternak (1890-1960) vertreten worden ist; sodann die episch- philos. Richtung, als deren Vertreter Leonid Leonow (geb. 1899), Andrei Platonow (eigentl. Klimentow, 1899-1951), Michail Bulgakow (1891-1940) sowie eine Reihe von Autoren der nächsten Generation – Tschingis Aitmatow (geb. 1928), Sergei Salygin (geb. 1913), Wasili Suksin (geb. 1929) oder Walentin Rasputin (geb. 1937) – genannt werden können.

Die Suche nach dem Sinn und Gesetz des Lebens, der Versuch, ewige Fragen des Seins zu beantworten, bewegen diese Literaten, deren Werke teilweise lange Zeit in der UdSSR totgeschwiegen wurden und nur im Ausland oder nur in kleinen Auflagen erscheinen konnten. Auffällig ist dabei bes., in welchem Ausmaß christl. Gedankengut und christl. Themen selbst einen der Herkunft nach der islam. Kultur angehörigen Autor wie den Kirgisen Aitmatow (»Der Richtplatz«, 1986) oder einen primär an völk. Traditionen interessierten Schriftsteller wie Wladimir Solouchin (geb. 1924) prägen (»Ein Tropfen Tau. Erinnerungen an ein russ. Dorf«, 1961; »Schwarze Bretter«, 1969). Mögen auch etl. der hervorragenden russ. Literaten der Gegenwart formell mit dem Christentum und der Kirche nicht verbunden sein, so zeigen ihre jetzt auch im Lande selbst zunehmend verbreiteten

Werke, daß ihre moral. Kriterien und Werte in der tausendjährigen christl. Tradition des Landes wurzeln und diese auch zunehmend ausdrückl. bejahen.

*Lit.: N. Ludwig (Hg.):* Handbuch der Sowjetliteratur (1917- 1972), Leipzig 1975. – *K. Mehnert:* Über die Russen heute – was sie Lesen, wie sie sind, Stuttgart 1983.

*Nikolaus Thon*

**Rutbuch.** Das R. gehört zu den »Schriften« (Megillot) des →AT und wird in der jüd. Tradition am Wochenfest (wuot) gelesen. Es ist nach seiner *Hauptfigur* Rut (der Name bedeutet vermutl. »Genossin«) benannt. Die wahrscheinl. aus der Königszeit stammende Novelle erzählt eine Episode aus der Richterzeit (deshalb wird das R. in den meisten dt. Bibelausgaben zwischen den →Richter- und den →Samuelbüchern eingereiht). Noomi, die Frau eines Israeliten, wandert mit ihrer Familie wegen einer Hungersnot aus der Heimat Betlehem in das Land Moab aus und bleibt dort nach dem Tode von Mann und zwei Söhnen mit den beiden moabit. Schwiegertöchtern allein. Sie wandert nach Betlehem zurück, wobei ihre Schwiegertochter Rut sie in »Treue« (ein Schlüsselwort des R.s) begleitet. In Betlehem sammelt Rut auf dem Felde ihres Verwandten Boas Ähren; die Begegnung mit *Boas* wird für sie und Noomi zur Lösung ihrer sozialen Probleme, denn Boas löst für Noomi einen Acker ihres Mannes aus. Er ist der »Löser« (der Verwandte, der nach Lev 25 die Aufgabe hat, in fremde Verfügung gefallenen Familienbesitz zurückzukaufen). Zugleich ist er der, der nach dem Brauch der (Schwager- )Leviratsehe (vgl. Dtn 25,5ff.; Gen 38) die schutzlose Witwe (Rut) heiratet und damit die Familie des verstorbenen Verwandten weiterführt.
Rut und Boas retten damit den Fortbestand der Familie; Rut wird, wie am Ende des R.s erzählt wird, zur Stammutter →Davids (und letztl. Jesu, vgl. Mt 1). Die Geschichte von der somit *ausländ. Ahnfrau Davids* (die durch ihr Verhalten aus dem mögl. Mangel einen Vorzug macht) dürfte der Zielpunkt der gesamten Erzählung sein. Wegen der (gerade nicht exklusiv-nationalist. behandelten) Ausländerthematik, wegen der zentralen Stellung der Solidarität (Ruts zu Noomi, des Boas zu Rut), wegen der poet. Kunst der Erzählung (die u.a. →Goethe und Herder rühmten) und nicht zuletzt wegen der in der patriarchal. Struktur Israels ungewöhnl. aktiven Praxis der Frauengestalten (und ihrer Höherachtung der Solidarität gegenüber der Konvention) nimmt das R. trotz seiner Kürze einen bedeutenden Rang unter den atl. Büchern ein.

*Lit.: G. Gerlemann:* Ruth/Hoheslied (Bibl. Kommentar AT), Neukirchen-Vluyn, 2. Auf. 1981. – *R. Rendtorff:* Das AT. Eine Einführung, Neukirchen-Vluyn, 2. Aufl. 1985, 272ff. – *H. H. Witzenrath:* Das Buch Ruth. Eine literaturwissenschaftl. Untersuchung (Studien zum A und NT 40), München 1975.

*Jürgen Ebach*

# S

**Sabbat**

*A.* Der S. (»Ruhe, Ruhetag«), der siebte Tag der jüd. Woche, der als Tag der Arbeitsruhe, der Heiligung und der *Erinnerung an die Schöpfung* (Ex 20,11) sowie an den Exodus (Dtn 5,15) gefeiert wird, entstand wohl schon in der »Frühzeit der Jahwegemeinde« (E. Kutsch). Ex 31,13.17 wird der S. »Zeichen« des →Bundes zwischen Gott und Israel genannt, das im Exil neben der →Beschneidung zum Bekenntnisakt gegenüber der Umwelt und zum wichtigsten Teil der →Tora wurde. Auch in der folgenden Zeit, in der die S.kasuistik von den →Rabbinern ständig weiter ausgeformt wurde, ging der (in Dtn 5,15f. u.ö. begründete) soziale Aspekt des S.s, der auch für das wohl nur gelegentl. praktizierte S.jahr grundlegend wurde, niemals verloren. Im S. erblickt das →Judentum das Zeichen seiner göttl. Erwählung und den Hinweis auf die ewige Herrlichkeit, die als »ewiger S.« vorgestellt wird und sofort anbrechen würde, wenn in Israel nur zwei S.e wirklich toragemäß gehalten würden.

*B.* Der S. ist für den Juden der Tag, an dem er sich Gott bes. nahe fühlt und sich ihm eine »besondere Seele« zugesellt. Die Beachtung der vielfältigen *Gebote und Rituale* des S.s wird nicht als Last, sondern als »herrl. Geschenk« empfunden, so daß die freudige Stimmung dieses Tages nicht durch offene Trauer getrübt werden darf. Die Feier des S.s beginnt am Freitagabend mit der S.weihe des Hauses und der festl. S.mahlzeit und endet am Sonnabend mit dem Morgengottesdienst in der →Synagoge, einem zweiten S.mahl, rel. Betrachtungen, dem Besuch von Kranken und Trauernden, einem dritten S.mahl und schließl. dem synagogalen Abendgebet (mit der Weihezeremonie des S.ausgangs). Dies alles läßt den Juden »das Wiederschaffende und Versöhnende, die Erholung, in der die Seele, sich zurückholt, das Atemholen der Seele das Sabbatliche des Lebens« (L. Baeck) erfahren.

*C. Jesus* und seine Jünger haben am S.gottesdienst teilgenommen, zugleich hat Jesus aber auch die starre Beachtung der S.vorschriften kritisiert und den Vorrang des Liebesgebotes vor der S.beachtung herausgestellt. Während der S. in judenchristl.

Kreisen weiterhin beachtet wurde, feierte die →Alte Kirche den Sonntag in bewußter Abgrenzung gegen den S. als Tag der Auferstehung Christi.

*Lit.:* *J. Ebach:* Ursprung und Ziel, Neukirchen 1986, bes. 101ff.; 143ff. – *J. Ehrlich:* Schabbat, München 1982. – *F. Thieberger (Hg.):* Jüd. Fest – Jüd. Brauch, Berlin 1936, Nachdruck Berlin 1976.

*Peter Maser*

**Sacharjabuch.** Mit der Eroberung →Jerusalems durch die Babylonier (587/86) wurde auch der Tempel, das kult. Zentrum des Volkes, zerstört. Haggai (→Haggaibuch), aber auch Sacharja setzten sich dafür ein, daß nach dem Exil ein *neuer Tempel* gebaut wurde. Etwa im Jahre 520 v. Chr. wurde damit begonnen. Wie für Haggai (2,15-19) beginnt für Sacharja (8,9-13) das Heil mit der Grundsteinlegung. Es ist bes. ablesbar in der Natur, deren Funktion an eine geordnete geschichtl. Welt gebunden ist (»Aussaat des Friedens«, 8,12). Das zu verwirkl. wird vom Provinzstatthalter Serubbabel und vom Hohenpriester Josua erwartet, die in 4,14 und 6,9-15 zusammen als Garanten der Heilszeit erscheinen wie später in →Qumran der königl. und der priesterl. →Messias (im →MA. Kaiser und →Papst).

*A.* Diese Hoffnungen sind Bestandteile eines Zyklus von Visionen (sog. *Nachtgesichte*, 1,7-6,8), der in einer Fülle von Bildern Jahwes universalist. (1,8-15; 6,1-8), polit. (2,1-4.5-9) und eth. (5,1-4.5-11) bezogenes Handeln zeigt. Im Zentrum der Visionen stehen die beiden zukünftigen Regenten (4,1-14). Während die vorexil. Propheten Jahwes Willen unmittelbar erfahren, erläutert hier ein Engel (angelus interpres), oder besser: ein Bote (1,8ff.), neben dem noch eine ganze Anzahl anderer Wesen auftreten, den Willen Jahwes. Kaum zu entscheiden ist, ob das in einer Hinwendung zur Mythologie (→Mythos), zur tiefer erfahrenen →Transzendenz Jahwes oder in einer differenzierenden Gotteserfahrung begründet ist. Umrahmt werden die Visionen von einem Ruf zur Umkehr (1,1-6) und von einer Sammlung von Worten (7f.), die die Fastenpraxis kritisieren (7,4-7; 8,16-19), einen Geschichtsrückblick (7,8-14) sowie Heilsworte für Jerusalem und Juda bieten (8). 1,1-6 entspricht 8,14f. Die Verheißung wird nicht von der Umkehr abhängig gemacht. Es handelt sich vielmehr um die sich ergänzenden Seiten einer grundlegenden Wandlung.

*B.* In 9 und 12 stehen neue Überschriften. Die Forschung spricht gern von *»Deuterosacharja«* (9-11) und *»Tritosacharja«* (12-14), auch wenn zumindest für 12-14 kaum mit einem einzigen Verfasser zu rechnen ist. Im Mittelpunkt steht das Heil Jerusalems (9,1-8; 12,1-13,6; 14) und die Erwartung eines Friedensherrschers (9,9f.).

*C.* Nach den Datierungen in 1-8 ist Sacharja nur zwei Jahre lang, von 520-518, aufgetreten. Sein *Erfolg* steht zusammen mit dem Haggais in keinem Verhältnis zu dieser kurzen Zeit. Zwar haben sich seine personalen Hoffnungen (Serubbabel, Josua) einschließl. ihrer Folgen nicht erfüllt, mit der Förderung des Tempelbaus aber haben beide, Haggai und Sacharja, dem Volk Israel für Jh.e ein Zeichen seiner Identität gesetzt.

*Lit.:* *K. Elliger:* Das Buch der zwölf Kleinen Propheten II (Das AT Deutsch 25), Göttingen, 8. Aufl. 1982, 94-176. – *K. Koch:* Die Propheten II. Babylon.-pers. Zeit, Stuttgart u.a. 1980, 163-178.

*Rüdiger Liwak*

**Säkularinstitute**

*A.* S. (»Weltgemeinschaften« kath. Konfession) entstanden schon zu *Beginn des 19. Jh.s* in Frankreich, erhielten aber erst im 20. Jh. eine größere Bedeutung. Trotz manchen Widerstandes wurden sie 1947 durch Pius XII. *kirchenrechtl. anerkannt.* Sie sind heute definiert als »Institute des gottgeweihten Lebens, in denen Gläubige, die in der Welt leben, nach Vollkommenheit der Liebe streben und sich bemühen, zur Heiligung der Welt bes. von innen her beizutragen« (c. 710 Codex Iuris Canonici [CIC]). Die Mitglieder verpflichten sich (1) auf die drei →ev. Räte (c. 712 CIC); sie bezeugen (2) den Glauben in ihrer jeweiligen persönl. und berufl. Situation, in der evangeliumsgemäßen Gestaltung der →Welt (c. 713 CIC); vor allem führen sie (3) ein Leben unter den gewöhnl. Bedingungen der Welt (entspr. den Konstitutionen ihres Instituts allein, in ihrer Familie oder in einer Gruppe, c. 714 CIC) und heben sich so von den →Ordensverbänden ab; schließl. erstreckt sich (4) ihre Bindung an das Institut in der Regel nur auf den rel.-aszet. Bereich. Berufsarbeit, soziale Verpflichtungen und Apostolat werden nur indirekt berührt (c. 716 CIC).

*B.* Durch diese Freiheit zur persönl. Lebensgestaltung sowie durch die weitreichende rechtl. *Gestaltungsfreiheit* der einzelnen S. wird diesen sowie ihren Mitgliedern die Möglichkeit gegeben, sich den Umständen und Bedürfnissen ihrer jeweiligen Aufgabe in hohem Maße und sehr effizient anzupassen, somit ihr jeweiliges Programm unter den Bedingungen einer säkularisierten Welt (→Säkularisierung) zu verwirklichen. Darin ist ihr Wesen zu suchen, und von daher versteht sich, daß S. oft von einem ausgeprägten Sendungsbewußtsein getragen und durch Programme der Kirchenreform (→Reform) hoch motiviert sind, deshalb immer wieder in den Widerstreit der Meinungen geraten. Sie spiegeln oft die *reformer. Impulse* ihrer Entstehungszeit, die in einer veränderten Situation in konservative Tendenzen umschlagen können.

*C.* In *Deutschland* gibt es über 20 S. von sehr unterschiedl. Größe. Bekannt sind folgende S.:

Christkönigsgemeinschaft, Christkönigs-Institut, Gemeinschaft Unserer Lieben Frau vom Wege, Institut St. Bonifatius, Institut Notre Dame de Vie sowie die S. der Schönstatt-Bewegung für Frauen, Männer, Familien, Schwestern und Priester. Auf Weltebene gibt es etwa 300 S.

*Lit.:* Acta Congressus Internationalis Institutorum Saecularium (Romae 20-26 IX 1970), Milano 1971. – *J. Beyer:* Berufung Apostolat Weihe. Welthaftigkeit und Weihe des Lebens in den Säkular-Instituten, Freising 1970. – *K. S. Frank:* Grundzüge der Geschichte des christl. Mönchtums, Darmstadt 1975.

*Alfred Hierold*

## Säkularisierung, Säkularismus

### *A. Begriff und Problematik*

*I.* Allg. dient der *Begriff* S. (lat. »saeculum«: Zeitalter, Welt) zur entstehungsgeschichtl. sowie strukturellen Beschreibung und Beurteilung des Verhältnisses zwischen Geist und Gestalt des →*Christentums* einerseits und der *modernen Welt* der →Neuzeit andererseits. Die genauere Bedeutung von S. ist also an ihren Entstehungskontext gebunden; erst nachträgl. wurde der Begriff auf vergleichbare Erscheinungen, etwa auf Modernisierungsschübe in der →Dritten Welt, angewandt. In der Fassung »*Säkularisation*« ursprüngl. rechtshist. Herkunft (im kanon. Recht meint er die Rückkehr eines Ordensangehörigen in den weltl. Stand), ist der Begriff in Europa durch den Reichsdeputationshauptschluß von Regensburg (1803) bedeutsam geworden. Er bezeichnet dort die Konfiskation und Überführung kirchl. Güter in staatl. Verfügungsgewalt oder deren Verwendung zu profanen, kirchl. nicht gebilligten Zwecken.

*II.* In der Folgezeit hat sich der Begriff S. zu einer *umfassenden Orientierungskategorie* ausgeweitet. Er wurde auf nahezu alle Arten und Bereiche von »Verweltlichung« ausgeweitet, in der – fakt. oder vermeintl., begrüßt oder inkriminiert – Religion an Bedeutung und Einfluß verlor. Kaum entwirrbar schienen dabei die definitor.-beschreibenden, analyt.-diagnost., die weltanschaul. und geschichtsphilos. deutenden sowie die ideenpolit. und kulturprakt. wertenden Elemente. Erst eine breite ideologiekrit. Auseinandersetzung mit unterschiedl. Auffassungen von S. (J. Matthes) hat seit Mitte der 60er Jahre den Blick sowohl auf die in ihnen zusammengefaßten Phänomene und Prozesse selbst (F. X. Kaufmann, T. Luckmann, N. Luhmann) als auch auf ihre begriffsgeschichtl. und ideenpolit. Verwendung (H. Blumenberg, H. Lübbe) freigegeben, so daß auch der Theologie – sowohl von kath. (K. Lehmann, J. B. Metz) wie auch ev. Seite (D. Sölle, T. Rendtorff) – ein eher *unbelasteter Umgang* mit dem vielschichtigen Komplex von S. ermöglicht wurde.

### *B. Phänomene und Prozesse*

Die Bedeutung des Begriffs S. bezieht sich vor allem auf drei ineinander verflochtene Sachkomplexe:

*1.* S. beschreibt zunächst die Entstehung und Entfaltung der modernen Welt als *Auflösung des ma. Einheitsideals* einer rel.-integrierten Lebenskultur im »Corpus christianum«. In diesem Prozeß wird weniger eine universalgeschichtl. Enteignung von Religion erkannt als vielmehr die gesellschaftsgeschichtl. *Ausdifferenzierung* einzelner Lebenssegmente (etwa →Staat, →Wirtschaft oder →Wissenschaft), die sich in →Organisation und Legitimation relativ verselbständigt haben und zunehmend auf vernunftgemäßem Naturgesetz (→Naturrecht) und autonomen Zwecksetzungen (→Autonomie) statt auf kirchl.-geistl. Maßgaben aufbauen.

*2.* S. bezeichnet ferner die →religionskrit. *Verselbständigung* und *Verallgemeinerung der »bürgerl.« →Kultur* (→Bürgertum). Diese wurde zum Ort und Medium der sozialen Verständigung über die polit., sittl., gefühlsmäßige und ästhet.-literar. Wirklichkeit, gliederte sich tendenziell aus dem rel. Überlieferungszusammenhang aus und mußte nun individualisierungsfähig durch eigene Agenten und Institutionen (→Erziehung und →Bildung, →Kultur- und →Wissenschaftsbetriebe, Medien der →Öffentlichkeit) vermittelt werden. →Fortschritt begründende →Geschichtsphilosophien wurden nach dem Muster →eschatolog. →Heilsgeschichte auf innerweltl. Entwicklungskonstrukte übertragen, wobei das rel. Glaubenswissen oft nur noch als Vorstadium eines zu sich selbst gelangenden Geistwissens erscheint (A. Comte, →Ideologie, G. W. F. →Hegel).

*3.* S. umfaßt schließl. eine weitgehende *Entkirchlichung* der →*alltägl. Lebenswelten* nicht nur ganzer Sozialschichten (Bildungsbürgertum, Proletariat, →Arbeiterkultur, →Schicht). Überhaupt formt, kontrolliert und orientiert das kirchl. Christentum kaum noch Verhalten und Mentalität einzelner oder Gruppen. Deren kirchl. Verbundenheit tritt allenfalls in einer Form auf, die dem eigenen differenzierten Erfahrungshorizont anverwandelt ist, so daß die rel. Szene insgesamt durch →Pluralismus, Individualisierung (→Individuum) und immer neue →Synkretismen gekennzeichnet ist und zunehmend unüberschaubar wird (→Kirchlichkeit, →Kirchenzucht).

Mit S. ist im sachl. Kern also die *Aufhebung der Identität von kirchl.-rel. Christentum* einerseits und moderner Gesellschaftsstruktur, neuzeitl. Geisteskultur und auch alltägl. Lebenswelt andererseits festgestellt. Zu einer Kategorie ideenpolit. Deutung und kulturpolit. Orientierung konnte S. erst werden, indem man *einzelne Aspekte* dieses umfassenden Prozesses interessiert vereinseitigte und verallgemeinerte, indem man kirchl., kulturelles und privates Christentum unterschiedslos gleichsetzte und sie einem Religionsbegriff einverleibte, der dem allg. Bewußtsein und der modernen Entwicklung gegenübersteht.

*C. Theorie und Praxis der Säkularisierungsthese*

*I.* Tatsächl. diente das Bewußtsein vom Unterschied zwischen Religion und Gesellschaft, seit dem Ende des 18. Jh.s in der S.sthese festgeschrieben, sowohl den *Interessen* kirchl. Bestandserhaltung als auch Programmen, die Religion vollständig verdrängen wollten. Die S.sthese wurde so zur gemeinsamen, wenn auch unter gegenläufigen Vorzeichen geltend gemachten ideenpolit. *Grundlage unterschiedl. Praxis.* So betrieben bes. im 19. Jh. die *Kirchen* durch organisator. Ausbau (→Kirchenordnung), Zentralisierung (→Kirchenverfassung) und Professionalisierung (→Pfarrer) der kirchl. Strukturen eine entschiedene »Verkirchlichung der Religion« (E. →Troeltsch), begleitet von einer zunehmenden theol. Thematisierung der →Kirche selbst, vom verstärkten Einsatz apologet., polem. und missionar. Arbeitsweisen (→Apologetik, →Innere Mission, →Evangelisation, →Katholizismus) sowie einer deutl. Tendenz zur dogmat. und kirchl.-sittl. Normenverschärfung.
So wurde insgesamt das Bild eines vom »säkularisierten« Lebenszusammenhang *abgesonderten Christentums* entworfen (Rechristianisierungsprogramme), das gleichwohl universale Ansprüche erhob. Auf der anderen Seite befanden sich →laizist. und weltanschaul.-alternative Bewegungen (z.B. →Marxismus, →Monismus, »Säkulare Gesellschaften«, Vereine für »eth. Kultur«), die versuchten, nicht nur klerikalen Ansprüchen in Politik, Wirtschaft, Wissenschaft und Bildung entgegenzutreten, sondern auch entweder andere, offenere Gestalten des Christentums (→Liberalismus, Dt. Protestantenverein seit 1863) durchzusetzen oder überhaupt seine gesellschaftl. Institutionen abzuschaffen oder deren Wirkung einzudämmen (»Privatisierung«). Beiderseits wurden so die *polare Orientierungsstruktur* der S.sthese nur noch verfestigt. Erst nach 1945 nahmen die ideenpolit. und kulturprakt. Auseinandersetzungen um die S. gemäßigtere Formen an (vgl. →Akademien).

*II.* Im Laufe des 19., aber auch des ersten Drittels des 20. Jh.s blieb in der *Theologie* unter den vielfältigen Eindrücken des neuzeitl. Krisenbewußtseins (→Erweckungsbewegung, →Konfessionalismus, →dialekt. Theologie) lange Zeit eine Einschätzung vorherrschend, die gegenüber jeder Art von ausgemachter »Verweltlichung« auf der eindeutigen *Identifizierbarkeit christl. Einstellung und Praxis* besteht. Neuerdings haben wieder andere theol. Positionen an Interesse gewonnen. In Erinnerung an Problemsichten der →Vermittlungstheologie, des →Modernismus und Kulturprotestantismus (→Kultur) erkennen sie gerade im *differenzierten Erscheinungsbild* des neuzeitl. Christentums – auch außerhalb der Kirchen – nicht nur die rel. in Gang gesetzten Folgen von S., sondern auch legitime Formen eines →Glaubens, der die →Welt zu ihrer Weltlichkeit (→Schöpfung) befreit (F. Gogarten). Die *Teilnahme an der Welt* wird als Folge einer rel. Praxisorientierung begriffen, die innerhalb der Welt der ihr eigenen Tendenz widersteht, sich selber heilsideolog. und nihilist. absolut zu setzen (»Säkularismus« als verfehlte Form der S.). Nur einer solchen Praxis kann es gelingen, daß es nicht in Furcht vor der S. zu einer »Emigration der Kirche aus der Gesellschaft« (J. Matthes) kommt, durch die die Kirche selbst zu einer wirkungslosen Gestalt verurteilt würde, die der modernen Welt die Botschaft einer christl. Sinnverwirklichung schuldig bliebe.

*Lit.: H. Blumenberg:* Die Legitimität der Neuzeit, Frankfurt/M. 1966. – *V. Drehsen:* Neuzeitl. Konstitutionsbedingungen der Prakt. Theologie. Aspekte der theol. Wende zur sozialkulturellen Lebenswelt der Religion, Gütersloh 1988, 222-287. – *F. X. Kaufmann:* Kirche begreifen. Analysen und Thesen zur gesellschaftl. Verfassung des Christentums, Freiburg 1979. – *H. Lübbe:* Religion nach der Aufklärung, Graz/Wien/Köln 1986, 91-106. – *Ders.:* S. Geschichte eines ideenpolit. Begriffs, München/Freiburg, 2. Aufl. 1975. – *J. Matthes:* Die Emigration der Kirche aus der Gesellschaft, Hamburg 1964. – *T. Rendtorff:* Zur S.sproblematik. Über die Weiterentwicklung der Kirchensoziologie zur Religionssoziologie, in: *ders.:* Theorie des Christentums, Gütersloh 1972, 116-139. – *U. Ruh:* S. als Interpretationskategorie. Zur Bedeutung des christl. Erbes in der modernen Geistesgeschichte, Freiburg/Basel/Wien 1980. – *H. H. Schrey (Hg.):* S., Darmstadt 1981 (Lit.).

*Volker Drehsen*

## Sage und Legende

*A. Die S.* ist eine volkstüml., kurze, von Haus aus mündl. Erzählung, in der Menschen mit *übernatürl.-dämon. Wesen* zusammentreffen (z.B. in der Teufelss. [Faust], Totens.n [Fliegender Holländer] Zaubers. [Tannhäuser]) oder in der Geschehnisse und Gegenstände der realen Welt (Naturereignisse und Naturobjekte) aus der Einwirkung solcher Wesen erklärt werden (z.B. die S. von der Entstehung des Toten Meeres [Sodom und Gomorra], S.n über die Entstehung von Bergen [Ätna, Watzmann] oder von Quellen [Niobe]). Im Unterschied zum →Märchen, das den Handlungsträger in die Welt des Wunderbaren integriert, bleibt in der S. der *Mensch*, dem das Übernatürliche begegnet, ganz *in der Sphäre des Diesseitig-Irdischen*: Er zeigt die zu erwartenden psycholog. Reaktionen (Furcht), und das sagenhafte Geschehen findet an einem realen, namentl. genannten Ort und zu einem hist. definierten Zeitpunkt statt. Die Figuren der S.nwelt entsprechen dem jeweiligen *Volksglauben*; am häufigsten begegnen Riesen (z.B. Rübezahl), Zwerge (z.B. die Kölner Heinzelmännchen), Kobolde (z.B. der Klabautermann), →Teufel (z.B. in der S. »Der Schmied von Jüterbog«), →Hexen (z.B. in der S. von der Walpurgisnacht), Tote (z.B. Dracula), meist als Schadensmächte, seltener als Helfer. Das Zusammentreffen mit den Überirdischen kann rein zufällig erfolgen, es kann aber auch durch Fehlverhalten (Tabuverletzung, Neugier, Bosheit) provoziert sein.

*B.* Im Gegensatz zur S. ist *die L.* von Haus aus schriftl. (*legenda*, »das Vorzulesende«) und besitzt von daher eine natürl. Affinität zur literar. Tradition; sie entsteht im Schwerefeld der jeweiligen Hochreligion – →Buddhismus (z.B. die Buddhal.), →Islam (z.B. die L.n um die Heldentaten von Muhammads Schwiegersohn 'Alī), →Christentum (z.B. die *Marienl.n* [Marienmirakel], *Apostell.n* [u.a. Andreas, Thomas, Jacobus], *Märtyrerl.n* [u.a. Laurentius, Sebastian, ältere Georgsl.] *Bischofsl.n* [u.a. Nikolaus, Martinus], *Mönchsl.n* [u.a. Antonius Eremita, Benedikt, Franziskus], Jungfrauenl.n [u.a. Agnes, Agatha, Caecilia], *Büßerl.n* [u.a. Gregorius]) – und ist deshalb jederzeit für Theologie offen; der *Träger* der L.nerzählung ist eine überragende rel.-sittl. Persönlichkeit, ein *Heiliger*; die *Gegner* des L.nheiligen sind in erster Linie (mächtige) böse Menschen, während von den überird. Mächten der S. nur der Teufel auch für die L. relevant ist (Teufelsl. [z.B. Theophilus]); seiner negativen Gewalt steht die positive Gewalt Gottes, der →Engel, der Seligen u.ä. entgegen. Der Heilige geht deshalb immer siegreich aus der Begegnung mit den (ird. und überird.) Feinden hervor, selbst wenn er (wie in der Märtyrerl.) sein Leben verliert.

*C.* Zwar spielen *in der S. wie in der L.* wunderbare, außergewöhnl. Ereignisse eine Rolle, aber während die S. erzählt wird, um Ungewöhnliches zu erklären, wird in der L. das Ungewöhnliche erzählt, um den Heiligen zu erklären. Der Mensch in der S. wird von außen – und meist gegen seinen Willen – mit dem Wunderbaren konfrontiert; der L.nheilige zieht das Wunderbare an, bringt es fast zwangsläufig aus sich hervor. Die S. kann ethisch indifferent sein, die L. nie. Ihr Held verkörpert höchste sittl. Werte, zu deren Nachahmung die L. aufrufen will. Deswegen werden auch Erzählelemente der Volkss. oder der antiken S. bei Übernahme in die L. (z.B. Perseus und Andromeda – jüngere Georgsl.) dieser sofort anverwandelt: Die Schadensmächte haben nur den ihnen von Gott zugewiesenen Spielraum und tragen – gegen ihren Willen – letztl. zum Sieg des Guten bei.

*Lit.: W. Brückner:* Volkserzählung und Reformation, Berlin 1974. – *L. Röhrich:* S. (Sammlung Metzler 55), Stuttgart 1966. – *H. Rosenfeld:* L., in: Reallexikon der dt. Literaturgeschichte 2, Berlin, 2. Aufl. 1965, 13-31. – *Ders.:* L. (Sammlung Metzler 9), Stuttgart, 4. Aufl. 1982. – *L. Schmidt:* Die Volkserzählung, Berlin 1963. – *G. Schweikle:* L., in: Metzler Literaturlexikon, Stuttgart 1984, 248. – *Ders.:* S., ebd., 382 (Lit.).

*Benedikt Konrad Vollmann*

## Sakrament

*A.* »Sacramentum« (von *sacrare* weihen, heiligen) meint vorchristl. einmal eine Geldsumme, die prozessierende Parteien beim Priester im Heiligtum niederlegen, zum anderen hat es die Bedeutung »Militäreid«. Im lat. NT ist es an einigen Stellen Übersetzung des griech. »mysterion« (Geheimnis, →Mysterium; Eph. 3,9; 5,32), jedoch nicht als Bezeichnung kirchl. Handlungen, sondern des Christusgeheimnisses. Bei Tertullian (um 200) ist *sacramentum* dann auch Bezeichnung von →Taufe und →Abendmahl und hat den Doppelsinn von »rel. Geheimnis« und »Fahneneid«. Grundlegend für den abendländ. S.sbegriff wurde →Augustin, dem zufolge S.e *sichtbare Zeichen* sind, die sinnbildhaft auf eine unsichtbare Wirklichkeit verweisen, diese (die göttl. →Gnade) aber zugleich enthalten. S.e beruhen auf einer bes. Anordnung Gottes und setzen sich zusammen aus einem sichtbaren »Element« und dem Glaubenswort der Kirche. Die Zahl der S.e schwankte im MA., bis die Hochscholastik sich auf die *Siebenzahl* festlegte: Taufe, →Firmung, Eucharistie (→Abendmahl), Buße (→Beichte), →Krankensalbung, Ordo (→Ordination), →Ehe. Einige S.e (Taufe, Firmung, Ordo) prägen ein unverlierbares Kennzeichen (lat: »character indelebilis«) ein und können nicht wiederholt werden.

*B.* Nach offizieller *röm.-kath. Lehre* (→Konzil von Trient, 1547) ist ein S. ein wirksames Gnadenmittel, die Gnade ist im Zeichen als der von Gott benutzten Instrumentalursache enthalten, und zwar unabhängig von der Haltung des Empfängers (auf Grund des Werkes selbst; lat.: *ex opere operato*). Allerdings ist die Absicht (*intentio*) des Spenders und Empfängers nötig zu tun, was die Kirche tut. Die Heilswirkung kann durch einen »Riegel« (fehlender Glaube und fehlende Reue) verhindert werden. Die S.e sind im Prinzip notwendig zum →Heil, wenn auch nicht alle S.e in gleicher Weise. Sie sind von Christus eingesetzt und dürfen nur auf Grund bes. kirchl. Auftrags gespendet werden. Wie die kath. Kirche zählen auch die *orthod.* Kirchen seit dem 13. Jh. sieben S.e (Mysterien), die auf Grund der Anrufung des →Hl. Geistes wirksam sind. Zu ihrem gültigen Vollzug ist nach orthod. Auffassung stets ein mit der Kirche Christi in kanon. Gemeinschaft stehender Priester notwendig.
In den Kirchen der *Reformation* ist das S.sverständnis bes. durch das Verhältnis zum Wort der →Verkündigung bestimmt (z.T. als »sichtbares Wort«, *verbum visibile* verstanden). Nach offizieller luth. Lehre (Apologie 13,3) sind S.e Riten (gottesdienstl. Handlungen), die auf eine ausdrückl. Einsetzung durch →Jesus Christus zurückgehen und durch göttl. Verheißung ähnl. der röm.-kath. Auffassung Mittel göttl. Gnade sind. Dies letztere gilt im Unterschied zur calvinist.-reform. Lehre, wo S.e als Vergewisserungszeichen für unseren Glauben gelten (Heidelberger Katechismus, Frage 66). In den Reformationskirchen kennt man nur *zwei S.e:* Taufe und Abendmahl. Luther und die Confessio Augustana konnten allerdings die Buße als drittes S. nennen. Die →anglikan. Kirche zählt →Konfirmation, Buße, Ehe, Ordination und Krankensalbung als »kleinere S.e« (minor sacraments).

*C.* Die gegenwärtige Gesprächslage ist insbes. durch den *ökumen. Dialog* bestimmt, in dem es bereits Konvergenzdokumente zu Taufe, Eucharistie, Amt und Ehe gibt, in dem aber eine Klärung des S.sbegriffs selbst noch aussteht. Einer Neuentdeckung der S.e im ev. Raum entspricht katholischerseits eine Besinnung auf die Bedeutung des Wortes, um so beiderseitige Mängel zu korrigieren. Es bleibt aber die Differenz, daß S. in der ev. Theologie (von der Reformation her) wesentl. als göttl. Zeichen und Gabe, katholischerseits (und auch in ökumen. Dokumenten) zugleich als anamnet. (erinnerndes) Gebetshandeln der Kirche verstanden wird. Allerdings gibt es den (ev.) Vorschlag, den Begriff »S.« (als Bezeichnung einer instrumentalen Vermittlung von Gottes Gnade) allein auf Christus zu beziehen. Das S. sei also Christus; Taufe und Abendmahl dagegen seien antwortende, aber nichtsakramentale Handlungen der →Gemeinde (K. →Barth, E. Jüngel). Im kath. Raum wird demgegenüber auch die Kirche als S. verstanden (z.B. Konstitution des 2. Vat. Konzils über die Kirche, Nr. 1), wodurch dann die Sakramentalität kirchl. Handlungen wie Taufe und Eucharistie vom Kirchenverständis her begründet wird (E. Schillebeeckx, K. →Rahner u.a.). Zu fragen ist, ob nicht häufig falsche Alternativen (etwa in der Frage: göttl. oder menschl.-kirchl. Handeln) eine Rolle spielen. Ein gemeinsames Problem ist angesichts der hist. Kritik die Frage der Einsetzung der S.e durch Christus, die man im Sinne eines Stiftungszusammenhangs (vom vorösterl. Jesus zum Geist des Erhöhten [→Auferstehung]) lösen könnte. Gemeinsame Bemühungen gelten auch einem anthropolog. soziol. Zugang zum Verstehen der S.e, näml. im Sinne symbol. Vollzüge leibhaften Menschseins oder im Sinne von Grundfiguren gemeinsamen Lebens. Unter den zuletzt genannten Gesichtspunkten zeigt sich eine Gesprächsoffenheit im Blick auf die Zahl der S.e.

*Lit.: E. Jüngel/K. Rahner:* Was ist ein S.?, Freiburg 1971. – *U. Kühn:* S.e (Handbuch System. Theologie 11), Gütersloh 1985. – *Th. Schneider:* Zeichen der Nähe Gottes, Mainz 1979.

*Ulrich Kühn*

**Sakramentalien.** Die S. umfassen im Raum der kath. Kirchen einen weiten Bereich sehr verschiedenartiger *liturg. Handlungen.* Gemeinsam ist ihnen, daß sie über den Kernbereich kirchl.-liturg. Handelns in den →Sakramenten hinausgreifen, diese vorbereiten, ausdeuten, umlagern, und daß sie auf nahezu alle Bereiche christl. Alltagserfahrung und -bewältigung bezogen sind.

*A.* Schon der Name S. weist auf die innere Beziehung zu den grundlegenden gottesdienstl. Zeichen der Sakramente hin, von denen sie seit dem 12. Jh. – nach der Herausbildung der Siebenzahl – deutl. unterschieden werden. Während zu den S. im weiteren Sinn auch die →Riten gehören, die die Sakramente begleiten und ausdeuten (z.B. Katechumenatsriten, Taufwasserweihe, Übergabe von Taufkleid und Taufkerze, Handauflegung bei →Buße und →Krankensalbung, Übergabe von Gewändern und liturg. Geräten bei den Weihen [→Ordination]), ferner die liturg. Vollzüge, die im Lauf des Kirchenjahres (→Jahr) ihren eigenen Platz haben (z.B. Fußwaschung am Gründonnerstag oder die verschiedenen Prozessionen), sowie der →Exorzismus, versteht man unter S. im engeren und eigentl. Sinn den *Bereich der Segnungen (→Segen).*
Hier ist wiederum zu unterscheiden zwischen Segnungen, durch die →*Personen* (z.B. Abtsweihe) oder *Dinge* (Konsekration von →Altar, Kelch, →Glocken) für dauernd dem Dienst Gottes übergeben werden, und anderen Segnungen, durch die der Segen →Gottes im allg. herabgerufen wird (z.B. Krankensegen, Blasiussegen, Segnung der Kinder, ferner Segnung von Gebäuden, Fahrzeugen, Früchten, →Bildern und Medaillen). Innerhalb der ersten Gruppe werden jene Segnungen, die mit einer Salbung verbunden sind, als →*Weihen* bezeichnet (sie sind aber von den »Weihen« als Stufen der sakramentalen Ordination zu unterscheiden), so daß sich folgende Einteilung ergibt: Weihen (consecrationes), konstitutive Segnungen (benedictiones constitutivae), invokative Segnungen (b. invocativae). *Spender* der S. sind im allg. Kleriker, bes. Bischof und Priester, mit deutl. Abstufung der Zuständigkeit auch der Diakon. Auch die Spendung gewisser S. durch →Laien ist vorgesehen.

*B.* Die S. werden nur dann richtig verstanden, wenn man sie im Zusammenhang sieht mit der liebenden Hinwendung Gottes zu seiner →*Schöpfung,* die in Menschwerdung (→Inkarnation) und Erlösertod →Jesu Christi ihren Höhepunkt erfuhr. Statt des mag. Mißverständnisses und Mißbrauchs (dingl. Festhaltenwollen der →Gnade) sind gläubiger Vollzug des Zeichens, möglichst in gemeinschaftl. Feier, und die Bereitschaft, auf Gottes →Wort zu hören, verbunden mit dem Vertrauen auf die Fürbitte der →Kirche, gefordert. So dienen die S. dem Ziel, den Menschen zu heiligen und durch rechten Gebrauch der materiellen Dinge den Schöpfer zu *loben.* In ökumen. Gottesdiensten, z.B. anläßl. der Übergabe öffentl. Einrichtungen (U-Bahn), steht das →Gebet im Mittelpunkt.

*C.* Auch die *orthod. Kirche* kennt eine Reihe von →Gottesdiensten, Weihen und Segnungen, die – ohne daß dieser Name gebräuchl. wäre – in der kirchl. Praxis weitgehend den kath. S. entsprechen. Eine allzu scharfe Abgrenzung zu den – in der orthod. Tradition ohnehin erst relativ spät und unter westl. Einfluß ausgeprägten – Siebenzahl der Sakramente wird dabei aber genuin nicht gezogen: beide vermitteln die göttl. Gnade in und durch zeichenhafte Handlungen, bezeichnen also das im →Bilde, was sie zugleich auch bewirken.

*Lit.: J. Baumgartner:* Segnungen – veraltet oder zeitgemäß?, in: *ders. (Hg.):* Wiederentdeckung der Volksreligiosität, Regensburg 1979, 263-290. – *A. Franz:* Die Benediktionen im MA., 2 Bde., Freiburg 1909. – *G. Langgärtner:* Magie oder Gottesdienst?, in: Hl. Dienst 29 (1975), 97-110. – *C. Vagaggini:* Theologie der Liturgie, Einsiedeln 1959, 182-263.

*Georg Langgärtner*

**Salomo**

*A.* S. ist der *Sohn* und *Nachfolger* → *Davids* auf dessen Thron; seine Regierungszeit liegt in der 2. Hälfte des 9. Jh.s v. Chr. Jünger als Davids Sohn Adonija, war S. nicht der erwartete Thronfolger; nur durch eine Intrige des Hofpropheten Natan und S.s Mutter Batseba konnte die Einsetzung S.s als König erreicht werden (1 Kön 1f.). Adonija und seine Parteigänger wurden beseitigt (1 Kön 2,24ff.). Das Reich Davids, das aus der Vereinigung des Nordreichs Israel, des Südreichs Juda, des Stadtstaats Jerusalem (das durch eigene Söldnertruppen erkämpfte Eigentum des Königshauses) und der abhängigen Randstaaten bestand, vermochte S. im großen und ganzen zu bewahren, nicht jedoch auszudehnen. Kriege hat S. nicht geführt; seine Festungsbauten (1 Kön 9,15.17ff.) sprechen eher für defensive Absichten. Eine Festigung seines Reiches versuchte S. wie kein anderer König vor und nach ihm durch den Ausbau diplomat. Beziehungen. Dazu gehört nach oriental. wie auch abendländ. feudalem Verständnis die Verschwägerung mit selbständigen (1 Kön 3,1; 9,16) und abhängigen Herrscherhäusern (1 Kön 11,1ff.). Die Errichtung von Heiligtümern für die heimatl. Kulte seiner Frauen wertet das deuteronomist. Geschichtswerk als Abfall von Gott und als Grund für den Zerfall des Reiches nach S.s Tod. Der Verkehr mit dem Ausland führte auch zu einer Verstärkung der wirtschaftl. Beziehungen. Der vermehrte Reichtum indes blieb auf den Hof und die Stadt Jerusalem beschränkt, während die Bevölkerung, vor allem die des Nordreichs, mit Abgaben und Fronarbeit belastet wurde. Die daraus resultierenden Spannungen waren die Ursache für den Zerfall des Reiches (1 Kön 12). Zu S.s Bauvorhaben zählen die Erweiterung und Befestigung Jerusalems sowie der Palast- und Tempelbau.

*B.* Die Ausweitung des Gesichtskreises führte zur Pflege der → *Weisheit*, einer Vorform der Wissenschaft, der es um Beschreibung und Erfassung der Natur zu tun ist (1 Kön 4,29ff.). Auch die Wandersage 1 Kön 3,16ff. (das »salomon. Urteil«) hebt S.s Weisheit hervor. Durch die lange Friedenszeit, das Aufblühen der Stadt Jerusalem, den Bau des → Tempels und seine weitgespannten Beziehungen bis hin zur legendären Königin von Saba (1 Kön 10,1ff.) lebt S. in der Erinnerung als der glänzendste Herrscher Israels fort (Hld 3,11; Mt 6,29; 12,42; Apg 7,47).

*Lit.: H. Donner:* Geschichte des Volkes Israel und seiner Nachbarn in Grundzügen, Teil 1: Von den Anfängen bis zur Staatenbildungszeit (Grundrisse zum AT 4/1), Göttingen 1984, 215-229. – *S. Herrmann:* Geschichte Israels in atl. Zeit, München, 2., überarb. und erw. Aufl. 1980, 218-256.

*Udo Rüterswörden*

**Salve regina**

*A.* Das S.r. gehört in das weite Feld der *Mariendichtung* (→ Maria), die sich in der altgriech. Kirche als verherrlichender Gesang an die Gottesmutter bei den Marienfesten entwickelt. In der lat. Kirche des Westens finden sich in der Frühzeit nur vereinzelte Beispiele (Hilarius von Poitiers, Ambrosius, Sedulius, Fortunatus; vgl. → Hymnus), die im Stundengebet (→ Tag) gepflegt werden. Reiche Symbolik und innige Verehrung Marias entfalten sich bes. im Zusammenhang mit der Reformbewegung von → Cluny (Hymnus »Ave maris stella«, Gotteslob [GL] 596 lat., GL 578 dt. »Meerstern, sei gegrüßet«) und der Frömmigkeit der → Franziskaner (» → Stabat mater«).

*B.* Aus der Blütezeit der ma. Mariendichtung stammen die 4 *Marian. Antiphonen*: »Alma redemptoris mater« (GL 577 in dt. Liedform: »Maria, Mutter unsres Herrn«), »Ave regina caelorum« (GL 579 ebenfalls als dt. → Lied: »Maria, Himmelskönigin«), »Regina caeli laetare« (GL 544/575 lat./dt.: »O Himmelskönigin, frohlocke«) und S.r. (GL 570 lat., GL 571 dt., als Lied GL 572, 573: »Gegrüßet seist du, Königin«). *Antiphon* meint ursprüngl. einen refrainart. Gesang des → Gregorian. Chorals, der zwischen einzelne Psalmverse eingeschoben oder zu Anfang und Ende des Psalms als Rahmenstück verwendet wird. Prozessions- und marian. Antiphonen entwickeln sich psalmfrei zu selbständigen Liedformen. In ihnen wird die Gottesmutter mit Hoheitstiteln gegrüßt und als Fürsprecherin angerufen; sie sind rühmendes Lob und bittendes Gebet.

*C.* Das S.r. stammt von *Hermann dem Lahmen* von Reichenau (gest. 1054). Im 15. und 16. Jh. wird es zur Keimzelle einer liturg. Volksfeier, der Salve-Andacht; vielfach wird es dafür in volkssprachl. Lieder umgestaltet und mit Texten aus dem bibl. Hohenlied umgeben. Es bilden sich Salvebruderschaften und -stiftungen, die diesen Gesang in feierl. Weise ausführen und aufführen lassen. Von M. → Luther scharf angegriffen, wird das S.r. im ev. Bereich auf → Christus umgedichtet. Seit 1500 gibt es für den wechselweisen Vortrag zwischen → Chor und → Orgel zahlreiche Orgelbearbeitungen. Die polyphonen Vertonungen reichen von den Trienter Codices, J. Obrecht, → Josquin Desprez bis zu F. → Schubert.

*Lit.: K. G. Fellerer (Hg):* Geschichte der kath. Kirchenmusik, Bd. I/II, Kassel 1972/76. – *J. Maier:* Beiträge zur Geschichte der Marienantiphon S.r , München 1939. – *P.*

*Wapnewksi:* Mariendichtung, in: Religion in Geschichte und Gegenwart, Bd. IV, 758-60.

*Martin Rößler*

**Samaritaner.** Die S. verehren den Gott Israels, wie er sich in den fünf Büchern des →Mose (Pentateuch) offenbart. Sie stimmen in den religionsgesetzl. Bestimmungen, wie sie sich aus dem Pentateuch ergeben, mit den Juden überein, haben jedoch im Unterschied zu Juden und Christen keine anderen hl. Schriften als eben diese →*Tora des Mose.* Das Interesse an den S.n ist nicht nur in dem Umstand begründet, daß sie im NT genannt werden. Vielmehr läßt die Existenz dieser Gruppe und das Verständnis ihrer Eigenart auch die Entwicklung der jüd. Religion besser begreifen.

*A.* Im *NT* werden die S. mehrfach erwähnt (Lk 10,30-37; 17,16-18, Apg 8,4-25; Joh 4,4-42). In diesen Texten spiegeln sich die Bekehrungserwartungen der Urgemeinde, aber auch das zeitgenöss., jüd. Urteil über die S., nur indirekt. Die traditionelle Sicht in der →*rabbin. Literatur* (vgl. Midrasch Bereschit Rabba 94,7) bringt den Ursprung und die Eigenart der S. tendenziös oder irrtüml. mit 2 Kön 17,24-41 in Verbindung. Demnach wären die S. die Nachfahren halbbekehrter, aus Kuta stammender heidn. Kolonisten, die nach der Zerstörung des Nordreiches 722 v. Chr. in Samaria angesiedelt wurden.
Die *S. selbst* verstehen sich als das eigentl. Israel und die rechten Beobachter der Tora des Mose, zu der sich in der Endzeit auch die Juden bekehren werden.

*B.* Die *wissenschaftl. Erforschung* der S. begann am Ende des 16. Jh.s mit J. J. Scaliger (1540-1609) und führte zu einer erhebl. Differenzierung der traditionellen Sichtweisen. Das entscheidende Ereignis in der Forschungsgeschichte war das Bekanntwerden des *samaritan. Pentateuchs* in Europa, nachdem Pietro della Valle 1616 ein vollständiges Exemplar in Damaskus erworben hatte. Das eigentl. *Problem* bei der Erforschung der antiken Geschichte der S. ist die Quellenlage. Die Textform der fünf Bücher des Mose (und nur der Pentateuch bildet ja die Hl. Schrift der S.) mit ihren spezifisch samaritan. Partien (etwa die samaritan. Fassung des →Dekalogs in Ex 20) ist das älteste vorchristl. Zeugnis samaritan. Religionsgeschichte. Von den S. selbst stammende literar. Zeugnisse gibt es dann erst wieder ab dem 4. Jh. n. Chr. Neben dem samaritan. Targum (→rabbin. Literatur) ist vor allem der »Memar Markah« zu nennen, eine Schrift, die eine Verherrlichung des Mose enthält, dem in der samaritan. Religion insgesamt eine beherrschende Position zukommt. Ein wichtiger Bestandteil der samaritan. Literatur sind die *liturg.* Texte zu den mit den jüd. weitgehend ident. Festen und Gottesdiensten.
Die *samaritan. Gemeinde* zählt in den beiden Zentren Nablus (Sichem) und Holon (Tel Aviv) heute zusammen etwa 500 Seelen. Mittelpunkt für die S. ist jedoch nicht Jerusalem, sondern der hl. *Berg Garizim.* Dort werden, im Unterschied zum jüd. Brauch, zu Ostern auch noch Osterlämmer geschlachtet.

*C.* Die Analyse der Textform des samaritan. Pentateuchs läßt zusammen mit den in →Qumran gefundenen Bibelfragmenten und unter Berücksichtigung der charakterist. samaritan. Buchstabenform erkennen, daß hier eine *originale Textgestalt* aus dem 2. Jh. v. Chr. vorliegt. Demnach sind die S. in der hasmonä. Zeit (bes. seit 129 v. Chr.) als selbständige rel. Gruppe aus den in und um Sichem lebenden Juden hervorgegangen. Im Unterschied zum rabbin. Judentum haben sie weder Mischna noch Talmud (→rabbin. Literatur) entwickelt. Wenn auch, wohl seit der *Zerstörung ihres Altars* (sie hatten dort wohl keinen eigentl. Tempel) auf dem Garizim durch Johannes Hyrkanus (129 v. Chr.), kein eigentl. Opferkult mehr besteht, kommt den Priestern (seit 1624 nur noch Leviten) eine führende Stellung zu. Gegenwärtig (1988) hat Joseph ben Ab-Hisda die Hohepriesterwürde inne.

*Lit.: Z. Ben-Hayyim:* The Literary and Oral Tradition of Hebrew and Aramaic amongst the Samaritans, 5 Bde., Jerusalem 1957-1977. – *J. Bowman:* Samaritan Documents, Pittsburgh 1977. – *R. J. Coggins:* Samaritans and Jews, London 1975. – *A. D. Crown:* A Bibliography of the Samaritans, Metuchen/London 1984. – *Ders. (Hg.):* The Samaritans, Tübingen 1988. – *F. Dexinger:* Das Garizimgebot im Dekalog der S., in: *G. Braulik (Hg.):* Studien zum Pentateuch, FS für W. Kornfeld, Wien 1977, 111-133. – *H. G. Kippenberg:* Garizim und Synagoge, Berlin 1971. – *R. Pummer:* The Present State of Samaritan Studies I; II, in: Journal of the Semitic Society 21 (1976), 39-61; 22 (1977) 927-947. – *J. D. Purvis:* The Samaritan Pentateuch and the Origin of the Samaritan Sect, Cambridge (Mass.) 1968.

*Ferdinand Dexinger*

**Samuelbücher.** Die jüd. Tradition nahm gemäß 1 Chr 29,29 an, die S. seien von dem →Propheten Samuel geschrieben worden. Dies ist jedoch ausgeschlossen, denn die S. in ihrer jetzigen Gestalt sind Teil des deuteronomist. Geschichtswerks (→Königebücher), das ältere Materialien verarbeitet, aber nicht vor Beginn des Babylon. Exils geschrieben worden sein kann (2 Kön 25). Die Einteilung der S. und die Grenze zu den Königebüchern zerreißen die Fäden der Erzählung und sind deutl. von späterer Hand. Die Septuaginta und die Vulgata (→Bibel) bezeichnen die S. als das erste und zweite Königebuch.

*A.* Das Hauptproblem der S. ist die *Entstehung und Beurteilung des Königtums.* 1 Sam 11 schildert, wie der Prophet Samuel, über dessen Jugend in 1 Sam 1-3 berichtet wird, Saul nach dessen Sieg über die Ammoniter zum König salbt. Da Saul in diesem Bericht als Charismatiker (→Charisma) beschrieben wird, ist anzunehmen, daß sein Königtum die vorstaatl. Funktion des Richters (→Richterbuch) weiterführt und zu einer festen Institution werden läßt. Neben 1 Sam 11 (der wahrscheinl.

ältesten Erzählung über die Errichtung des Königtums in Israel) berichtet 1 Sam 9,1- 10,16, wie Saul durch Samuel zum Anführer über Israel gesalbt wird: eine Erzählung, die beschreibt, »wie jemand auszog, Eselinnen zu suchen, und eine Königskrone fand« (H. Greßmann); 1 Sam 10,17ff. schildert die Krönung Sauls in Mizpa. In 1 Sam 16 – 2 Sam 5 findet sich dann die Geschichte von Sauls Nachfolger →David.

*B.* Eine *krit. Sicht des Königtums* begegnet in 1 Sam 8. Das »Recht des Königs« legt fest, daß die freien Israeliten für den König Dienste leisten, Besitztümer an ihn abtreten und Steuern zahlen müssen. Zwar entstammen die Verse 11-17 wahrscheinl. nicht der Zeit *Sauls*, doch drücken sie deutl. eine Oppositionshaltung aus, die schon Erfahrungen mit dem Königtum voraussetzt. Man muß sich vor Augen halten, wie unerhört die Einführung von Steuern und Frondienstpflichten für Menschen gewesen sein muß, die zuvor in einer staatenlosen Gesellschaft lebten. Die hier begründeten Spannungen führten schließl. u.a. wegen der stärkeren Belastung der Nordstämme dazu, daß die Personalunion zwischen Israel und Juda in zwei autonome Königreiche auseinanderbrach (926 v. Chr.). Züge von Kritik finden sich auch in der alten Erzählung von der Thronnachfolge →*Davids* (2 Sam 6 – 1 Kön 2). Sie zeigt, wie sich der König David von altisraelit. Recht und Ethos gelöst hat, um ein dynast. Königtum zu errichten. Sein Nachfolger →Salomo wurde nach der Darstellung in einer Verbindung gezeugt, die durch Ehebruch und Mord zustande kam (2 Sam 11f.); die Inthronisation Salomos ist das Resultat einer Intrige von Höflingen; die Schilderung der Beseitigung der Gegner ist zugleich Kritik (1 Kön 1f.).

*C.* In ganz anderer Weise redet 2 Sam 7 von *Davids Königtum.* Den Nachfolgern Davids gilt die göttl. Verheißung: »Ich will sein Vater sein, und er soll mein Sohn sein« (V 14). Umstritten ist, ob die theol. Urteile (»Jahwe hatte es so gefügt«, 2 Sam 17,14; vgl. 11,27; 12,24; 14,14) zum ursprüngl. Bestand dieser Thronfolgegeschichte gehören. Das Neben- und Ineinander von Verheißung und Ablehnung des Königtums hat zur Annahme von mindestens drei Redaktoren geführt, die das deuteronomist. Geschichtswerk nacheinander bearbeiteten und jeweils ihre Sicht zum Ausdruck brachten.

*Lit.: F. Crüsemann:* Der Widerstand gegen das Königtum. Die antikönigl. Texte des AT und der Kampf um den frühen israelit. Staat (Wissenschaftl. Monographien zum A und NT 49), Neukirchen-Vluyn 1978. – *H. Greßmann:* Die älteste Geschichtsschreibung und Prophetie Israels (Die Schriften des AT II/1), Göttingen 1910. – *R. Smend:* Die Entstehung des AT (Theol. Wissenschaft 1), Stuttgart, 3., durchges. und erg. Aufl. 1984, 118-134. – *E. Würthwein:* Die Erzählung von der Thronfolge Davids – theol. oder polit. Geschichtsschreibung (Theol. Studien 115), Zürich 1974.

*Udo Rüterswörden*

**Schamanismus**

*A.* Das Wort Schamane kam aus dem Tungusischen über das Russische zu uns. Die Herkunft des *Begriffs* ist unklar und zur Klärung des Phänomens entbehrlich. Sch. ist keine →Religion, sondern erscheint innerhalb verschiedener Religionssysteme als *Ekstasetechnik*, die dazu dient, mit Göttern und Geistern in Verbindung zu treten (→Ekstase); dies in der Regel zum Nutzen der Sippe oder des Dorfes. Mit Hilfe des Schlagens der runden oder ovalen Schamanentrommel, die den Kosmos symbolisiert oder als Sitz der Geister dient, die der Schamane herbeizitiert, sowie durch →Tanz oder berauschende Mittel gerät der Schamane in Trance, in der er - begleitet von seinen Hilfsgeistern – eine Himmelsreise unternimmt, um böse →Geister zu vertreiben oder verloren geglaubte →Seelen heimzugeleiten. Er ist jedoch nicht nur für das Geleit der Seelen, sondern auch für die Jagd verantwortl.: Er findet die Erklärung für das Ausbleiben jagbaren Wildes, die für Abhilfe sorgt. Weiter gehört zu seinen wichtigen Aufgaben die mündl. Überlieferung der Stammes- und Sippentraditionen.

*B.* Schamane wird man in der Regel durch die →*Berufung* durch Geister oder einen Geist, der man sich nicht ohne Lebensgefahr widersetzen kann. Lehrzeiten bei älteren Schamanen sind bekannt. Oft folgt auf eine Berufung eine scheinbar geistig-psych. Störung, was bis vor kurzem Anlaß war, das ganze Phänomen des Sch. psychopatholog. zu deuten. Inzwischen hat sich gezeigt, daß die schwierigen und vielfältigen Aufgaben des Schamanen, seine psych. und mentalen, aber auch körperl. *Leistungen* diese Deutung nicht zulassen. Man wird in der Berufung zum Schamanen eine beginnende psych. Störung sehen können, doch hat der den Beruf ausübende Schamane diese Krise gemeistert. Für das Zustandekommen der Ekstase ist mit Recht die Notwendigkeit einer guten Interaktion zwischen Schamane und Gruppe betont worden.

*C.* Schamanen sind keine →Priester. Für ihre herausragende *Stellung* innerhalb der →Gemeinschaft ist kennzeichnend, daß sie oft neben anderen *Kultfunktionären* (Priestern oder Medizinmännern) auftreten. Hier wird der Schamane um Hilfe gebeten, wenn andere Spezialisten nicht helfen konnten. Das erklärt auch die hohe Achtung, die man den Schamanen als *Spezialisten für übersinnl. Kontakte* entgegenbringt, eine Achtung, die auch Elemente der Abscheu und Furcht enthalten kann. Die vielfältigen, sehr speziellen Aufgaben des Schamanen lassen es gerechtfertigt erscheinen, ihn als *Helfer* in bes. schwierigen und gefährl. Lebenslagen zu bezeichnen.

*D.* Personen, die man auf Grund ihrer Funktion und Tätigkeit sowie nach ihren Ausrüstungsgegenständen Schamanen nennen kann, findet man vor allem bei den zirkumpolar wohnenden Völkern *Eurasiens* und *Nordamerikas.* Das in jüngster Zeit anwachsende *Interesse am Sch.*, das zu regelrechten Schamanenkongressen auch in Westeuropa und zu einer Flut meist ethnograph.-biograph. Literatur geführt hat, entdeckt sie freil. in aller Welt. Für ein abschließendes Urteil ist es zwar noch zu früh, der Fachbegriff »Schamane« wird aber einer wachsenden Unschärfe anheimfallen. Das *Alter des Sch.* hat man auf Grund von Felsbildern auf archa. Zeit zurückführen wollen. Als gesichert wird man annehmen können, daß es ihn schon 2.000 bis 1.000 Jahre v. Chr. gegeben hat.

*Lit.: M. Eliade:* Sch. und archa. Ekstasetechnik, Zürich/Stuttgart 1954. – *H. Findeisen/H. Gehrts:* Die Schamanen, Jagdhelfer und Ratgeber, Seelenfahrer, Künder und Heiler, Köln 1983. – *D. Schröder:* Zur Struktur des Sch., in: Anthropos 50 (1955). – *L. Vajda:* Zur phaseolog. Stellung des Sch., in: Uralaltaische Jahrbücher 31 (1959).

*Jörn Kroll-Mermberg*

**Schelling,** *Friedrich Wilhelm Joseph,* geb. 27.1.1775 in Leonberg (Württ.), gest. 20.8.1854 in Bad Ragaz (Schweiz), Philosoph des sog. dt. Idealismus.

Nach einem ungewöhnl. frühzeitigen Abschluß seiner Schulbildung und seines Studiums, das er gemeinsam mit →Hegel und →Hölderlin in Tübingen (Stift) betrieben hatte, trat S. bereits als 20jähriger mit ersten eigenständigen *philos. Publikationen* an die Öffentlichkeit. In den Schriften »Vom Ich als Prinzip der Philosophie oder über das Unbedingte im menschl. Wissen« (1795) und »Philos. Briefe über Dogmatismus und Kritizismus« (1796) schließt er sich an →Fichtes Fortführung der Kantischen Philosophie an, insofern die Menschheit in diesem Idealismus anfange, in sich selbst zu suchen, was sie so lange in der objektiven Welt gesucht habe. →Spinozas →Metaphysik der Einen Substanz behält ebenfalls Vorbildcharakter, doch müsse ihr höchster und grundlegender Begriff nicht den Charakter der Substanz, sondern den des →Subjekts, des Ich, haben. Da aber aus dem Ansatz Fichtes für die Würdigung der Natur kein angemessener philos. Ort bleibt, wendet sich S. in einer *zweiten Phase* seines Denkens eigens der *Frage der Natur* zu. Die nicht mechanist.-atomist. zu verstehende Natur stellt S. in »Von der Weltseele« (1798) als →Organismus dar, die organizist. verstandene Welt zeigt sich ihm als lebendige Verbindung von Natur, als sichtbarem →Geist, und Geist, als unsichtbarer Natur. Die Welt, als Einheit widerstrebender Kräfte und Prinzipien verstanden, wird durch ein lebendiges, poiet. (bildendes) Prinzip, die Weltseele, in ein System vereint. Dem hat eine poet.-phantasievolle Weise der Welterfassung zu entsprechen. Naturphilosophie hat sich als spekulative von der empir. Physik zu unterscheiden. Nachdem S. 1798 in Jena eine außerplanmäßige Professur erhielt, ließ er auf *weitere Ausarbeitungen* zur Naturphilosophie das »System des transzendentalen Idealismus« (1800) folgen. Dieses versteht sich, entspr. der Fichteschen Wissenschaftslehre, als Wissen des Wissens, als Wissenswissen, steht insofern gewissermaßen der objektiven Systematik der Naturphilosophie als subjektives Pendant gegenüber. In diesem System verbinden sich theoret. (Idealismus) und prakt. (Realismus) →Wissen. Einen Zusammenschluß der widerstrebigen Systemteile in einem geschlossenen System, das ein Ganzes nach dem Vorbild der Metaphysik des Spinoza bildet, soll das sog. *»Identitätssystem«* leisten. (»Darstellung meines Systems der Philosophie«, 1801; »Bruno oder über das göttl. und natürl. Prinzip der Dinge«, 1802). Die in Zusammenarbeit mit Hegel entwickelte, an Spinoza orientierte Substanzmetaphysik war in der Folge wiederholt den Vorwürfen des Spinozismus, →Pantheismus, →Atheismus – unter anderem durch F. Schlegel, den früheren Freund Hegel und Jacobi – ausgesetzt. Die nun noch folgenden Schriften S.s haben daher oft einen polem. Grundzug.

Für die Fortbildung von S.s Denken macht sich nach dem Übergang nach Würzburg (1803) und später nach München (1806) der Einfluß des →Neuplantonismus und Böhmes geltend. Die Welt kann nicht in Einheit mit dem Absoluten, sondern nur durch eine Entfernung, einen Abfall vom Absoluten erklärt werden (»Philosophie und Religion«, 1804). In der Schrift »Über das Wesen der menschl. Freiheit« (1809) wird das Problem des Abfalls radikalisiert zu der Frage nach der *Herkunft des →Bösen.* Die Frage nach der menschl. Freiheit und nach dem Ursprung des Bösen führt S. zu der Überzeugung, daß das höchste, letzte und grundlegende Sein den Charakter des Wollens habe: Wollen ist Ursein. Von der (lichten) Existenz Gottes wird sein (dunkler) Grund als Urgrund und Ungrund unterschieden. Das Wirkenlassen dieses Grundes erweist sich als Quelle des Bösen. Der Geist als Versöhnungsinstanz wird nur übertroffen durch das Prinzip der Liebe, die sich als letzte Ausformung des bereits am Anfang gesuchten Eins in Allem, Eins und Alles (Hen kai Pan) offenbart. Diese Schrift bedeutet in eins einen Höhe- und Endpunkt des dt. Idealismus; mit der Gewinnung des Willens als eigentl. Dimension des Seins sprengt die Vernunftspekulation selbst ihren Rahmen. Wirkungen hat insbes. die Freiheitsschrift im Denken →Heideggers nach sich geführt.

*Lit.: H.M. Baumgartner (Hg.):* S. Einführung in seine Philosophie, Freiburg/München 1975. – *M. Heidegger:* S.s Abhandlung über das Wesen der menschl. Freiheit (1809), Tübingen 1971 (Freiburger Vorlesung SS 1936). – *W. Schulz:* Die Vollendung des Dt. Idealismus in der Spätphilosophie S.s, Stuttgart 1955; 2., erw. Aufl., Pfullingen 1975. – *X. Tilliette:* S. une philosophie en devenir, 2 Bde., Paris 1970.

*Hans-Christian Lucas*

**Schicht**

*A.* Als Sch.en werden große, jeweils höher oder tiefer stehende *Gruppierungen* innerhalb der →Sozialstruktur fortgeschrittener →Industriegesellschaften bezeichnet. Die Grenzen zwischen Sch.en sind relativ fließend und durchlässig. Sch.en unterscheiden sich durch die Höhe von Einkommen und Vermögen, durch →Bildungsgrad, Prestigestufe (→Ehre) und →Machtstellung sowie durch spezif. Lebensstile. Alle diese Merkmale stehen in enger Beziehung zur jeweiligen berufl. Stellung (→Beruf).
Das berufl. verankerte Sch.ungsgefüge rückte in den Vordergrund der →Sozialstruktur, als sich *Berufspositionen* im Laufe des 20. Jh.s immer weiter auffächerten, u.a. weil sich die in sich vielgestaltige Angestellten- und Beamtenschaft ausdehnte und die Lage von immer mehr Menschen von ihrer berufl. Stellung abhing. Insoweit drängte die berufsbezogene Gliederung in Sch.en das durch Besitz begründete Gefüge der →Klassen in den Hintergrund, und →Stände überlebten nur als Rest. Für die Menschen bedeutete dies weniger soziale Barrieren innerhalb der →Gesellschaft, mehr Aufstiegsmöglichkeiten, aber auch größere Abstiegsrisiken (→Mobilität) und *gesteigerte Abhängigkeit* vom individuellen Erfolg (→Leistung) im Beruf und im Ausbildungs- und Bildungswesen, das für den Beruf qualifiziert.

*B.* Während viele Aspekte des Sch.gefüges (z.B. die Verteilung von Einkommen und Prestige) seit Jahrzehnten bemerkenswert stabil blieben, haben es drei Entwicklungen der letzten Jahre stark *verändert:* 1. Das →*Bildungswesen* wurde ausgeweitet; immer größere Anteile der jüngeren Generation erwerben »höhere« Qualifikationen. Problemat. wird das für diejenigen, die Bildungserfolge nicht in angemessene Berufspositionen ummünzen können (z.B. viele Frauen), und für diejenigen, die ohne Qualifikation bleiben (z.B. viele ausländ. Jugendliche). Sie haben angesichts der allg. Bildungsexpansion wenig Chancen. 2. *Ausländ.* →*Arbeiter* verrichten in vielen Industrieländern die unqualifizierten, gefährl. und schmutzigen Arbeiten. Sie haben die einheim. Bevölkerung weitgehend »unterschichtet«. Damit treten ethn. völk. Kriterien im Sch.ungsgefüge und Alltagsleben stärker hervor. 3. Sch.spezif. Lebensformen (Stile von →Sprache, →Erziehung, →Konsum u.a.) überlappen sich und fächern sich auf. Es ergibt sich keine »nivellierte Mittelstandgesellschaft« (H. Schelsky), auch kein Zerfallen in sch.spezif. Subkulturen, sondern eine *Pluralisierung* der Lebensstile (→Pluralismus).

*Lit.: K. M. Bolte/S. Hradil:* Soziale Ungleichheit in der Bundesrepublik Deutschland, Opladen, 5. Aufl. 1984. – *S. Hradil:* Sozialstrukturanalyse in einer fortgeschrittenen Gesellschaft. Von Klassen und Schichten zu Lagen und Milieus, Opladen 1987.

*Stefan Hradil*

**Schicksal.** Mit dem Wort Sch. bezeichnet man »das unvermeidl. Notwendige, Verfügte, Verhängte«, und zwar »das Unerwartete und Plötzliche« ebenso wie »das, was dem jeweiligen Leben lebenslang bestimmt, auferlegt und zugeteilt ist: das Los« (O. Marquard, 7f. und 68). Philos. und existentiell erhebt sich damit sogleich das Problem des Zusammenhangs von Bestimmtsein und Selbstbestimmung, von →Determinismus und →Freiheit.

*A.* In *rel. Deutung* geht Sch. vom *Göttlichen* aus, welches dann zumeist als eine nicht- oder überpersonale Wirklichkeit vorgestellt wird, die, für die Menschen unbegreifl., letztl. »alles« Seiende und Geschehende – jegl. →»Zufall« ausschließend – bereits festgelegt hat (griech.: *moira, heimarmene;* lat.: *fatum;* doch vgl. auch die chin. Vorstellungen von *Tao* sowie *Yin* und *Yang* ). Daher kann Sch. als blind, unberechenbar, willkürl., aber auch als gütig und sinnvoll erscheinen, dementspr. als Ohnmacht und Tragik, jedoch auch als →Ordnung, Vorsehung und →Geheimnis erlebt werden.
In Religionen, die das Göttliche *personhaft* vorstellen, eignet dem Sch. weniger der Charakter des Anonymen, da es als von dem (freien und guten) →»Gott« ausdrückl. gewollt und gewirkt gilt (vgl. Wörter wie Heilsplan oder auch – hier personal verstanden – *Vorsehung*). Zwar hält man auf dem Boden personalist. Gottesauffassungen die Idee des Sch.s oft für überwunden, doch fixiert man dabei Sch. einseitig auf seine impersonale Auslegung und verkennt die – lebensweltl. unabhängig von der Gottesvorstellung anzutreffende – →Erfahrung ontolog. Abhängigkeit und existentieller Ausgeliefertheit.
In einem weiteren Sinne kann Sch. auch die von früheren Menschen geschaffenen Zusammenhänge (also die →*Geschichte*) benennen, insofern jeder einzelne, aber auch gesellschaftl. (Groß-)Gruppen diesen unentrinnbar zugehören. Geschichtlichkeit als fundamentale Bestimmtheit alles Seienden (und vielleicht sogar des Seins selbst) wird auch durch das Wort »Geschick« (M. →Heidegger) gekennzeichnet, in dessen Horizont dann alle Freiheit immer schon einbezogen ist, so daß wir nur aus dem etwas »machen« können, was aus uns schon gemacht ist (K. →Marx, J.-P. Sartre).
*Theol.* bedeutet insbes. die Rede von →»Offenbarung« und →»Gnade« eine Art Sch. (oder eben Vorsehung), das als Erwählung, →Berufung, Stellvertretung u.ä. interpretiert werden kann, wenn die geschichtl. Ausdrücklichkeit der »Gnade« (etwa als Christentum) der universellen, implizit- anonymen Gegenwart von Gnade gegenübergestellt wird.

*B.* Gegenüber jeder Rede von Sch., vor allem gegenüber säkularisierten Äquivalenten wie der neofatalist. Empfehlung, sich in materiell-gesetzl. Abläufe oder ökonom.- techn. Notwendigkeiten (»Sachzwänge«) usw. einzufügen, ist philos. wie theol. die →Freiheit und *Verantwortlichkeit* der Menschen zu verteidigen, wenngleich gegenüber idealist. Übertreibungen die Eingegrenztheit und

Endlichkeit von Freiheit zu betonen ist. Allg. gehört zum Gedanken des Sch.s (gerade in der von der Gleichheitsidee geleiteten Neuzeit) die Erfahrung von dessen Ungleichheit als Ungerechtigkeit (z.B. bei individueller Benachteiligung durch →Krankheit, mangelnde Begabung u.a.). Von hier aus wird das Problem der →Theodizee und Kosmodizee berührt, das den metaphys. Protest gegen das Sch. rechtfertigt. Gleichzeitig ist aber ein nicht blinder, sondern bewußter Bezug zum Sch. gefordert, der neben der Anerkennung der (kreatürl.) →Endlichkeit auch die der Vernetzung von →Mensch und →Natur verlangt. Der realist. Kampf gegen das Sch. als der aus Freiheit und Vernunft hervorgehende Widerstand gegen Anonymität und Fremdbestimmung bleibt eine permanente, selbst »schicksalhafte« Aufgabe der Menschheit.

*Lit.: R. Guardini:* Freiheit, Gnade, Sch., München 1948. - *O. Marquard:* Ende des Sch.s? Einige Bemerkungen über die Unvermeidlichkeit des Unverfügbaren, in: Sch.? Grenzen der Machbarkeit. Ein Symposion (dtv 1236), München 1977, 7-25 (Lit.) - *Ders.:* Abschied vom Prinzipiellen (reclam 7724), Stuttgart 1981, 67-90.

*Heinz Robert Schlette*

**Schleiermacher,** *Friedrich Daniel Ernst,* geb. 21.11.1768 in Breslau, gest. 12.2.1834 in Berlin, ev. Theologe und Philosoph. Sch. ist die herausragende Gestalt des neuzeitl. Protestantismus. Seine fortdauernde Wirkung, die ihn in den Rang eines Klassikers erhoben hat, erweist sich in erster Linie auf dem Felde der Theologie, dann aber auch in einzelnen philos. Disziplinen, insbes. der →Hermeneutik und der →Erziehungswissenschaft. Aus einem Pfarrhaus Herrnhuter Prägung stammend, hat Sch. sein Studium am theol. Seminar der →Brüder-Unität in Barby begonnen (1785). Die entscheidende wissenschaftl. Anregung empfing er an der Universität Halle (1787-1789), wohin er sich gegen den Wunsch seines Vaters wandte. In Halle fand er in dem Philosophen J. A. Eberhard seinen maßgebl. akadem. Lehrer, der ihn mit einer psychologisierenden Variante Wolffscher Schulphilosophie (→Aufklärung), nicht zuletzt in der Auseinandersetzung mit →Kant, vertraut machte.
Seine erste selbständige Berufsanstellung fand Sch. als Krankenhauspfarrer an der Berliner Charité. In Berlin gewann er, vor allem durch F. Schlegel (gest. 1829), auch Zugang zur Welt der →Romantik. Die frömmigkeitsgeschichtl. Prägung durch den Herrnhuter →Pietismus, die philos. Ausbildung durch die Hallenser →Aufklärung und die geistige Atmosphäre der Berliner literar. Salons fanden ihren Niederschlag in der berühmten Schrift: »Über die Religion. Reden an die Gebildeten unter ihren Verächtern«. Sprachl. dem Stil seiner romant. Zeitgenossen folgend, entwickelt Sch. ein sowohl der philos. wie der theol. Lehrtradition gegenüber neues Verständnis der →Religion. Vor dem Hintergrund der veränderten geistesgeschichtl. Lage der →Neuzeit, die das Scheitern der bisherigen (metaphys., physiko-theol. [→natürl. Religion] und moral.-anthropolog.) Begründung von Religion offenbar gemacht hat, und angesichts der sozialgeschichtl. Umwälzungen, die die Privatisierung der →Religion einleiteten, entwirft Sch. ein *Verständnis von Religion,* das den Voraussetzungen moderner, z.T. dem Christentum bereits entfremdeter, →*Bildung* gerecht wird und zugleich die Unverwechselbarkeit und →*Autonomie* der Religion zur Geltung bringt. Weder →Metaphysik noch →Moral, sondern die auf das →*Gefühl* gegründete Religion bringt das individuelle und soziale Selbstverständnis des Menschen zur Darstellung.
Mit seinem Eintritt ins akadem. Lehramt (Halle 1804-1806; Berlin 1810-1834) beginnt zugleich eine weitgespannte öffentl. Wirksamkeit als Prediger und preuß. Kulturpolitiker. An der neugegründeten Berliner Universität – neben →Hegel lehrend – hat er sein Verständnis von →*Humanität* und →*Christentum* in eine breitgefächerte systemat. Darstellung überführt. Die inhaltl. Gliederung des Systems umreißt die »philos. Ethik«, eine in bewußtem Gegensatz zu Kant konzipierte *Philosophie der →Kultur.* Die formale und →transzendentale Grundlegung bietet die »Dialektik«. Der Grundriß seines theol. Systems liegt in der »Kurzen Darstellung des theol. Studiums« vor. Neben Vorlesungen auf allen Gebieten der theoret. und →prakt. Theologie hat Sch. vor allem durch seine »Glaubenslehre« gewirkt. Auf der Grundlage einer ausgeführten philos. Theologie (Einleitung) wird die gesamte inhaltl. →Dogmatik der ev.-christl. Lehrtradition als Ausdruck des *christl.* →*Selbstbewußtseins* verstanden und rekonstruiert. Dabei gelangt Sch. zu einer *Wesensbestimmung des Christentums,* in der sich die eth. Sicht der individuellen und sozialen Lebenswirklichkeit und ein rel. fundiertes geschichtsphilos. Selbstverständnis der eigenen Gegenwart wechselseitig ergänzen.

*Lit.: U. Barth:* Christentum und Selbstbewußtsein, Göttingen 1983. – *H.-J. Birkner:* Sch.s christl. Sittenlehre im Zusammenhang seines philos.-theol. Systems, Berlin 1964. - *A. L. Blackwell:* Sch.s early philosophy of life, Harvard theological studies no. 33, 1982. – *W. Gräb:* Humantität und Christentumsgeschichte, Göttingen 1980. – *E. Herms:* Herkunft, Entfaltung und erste Gestalt des Systems der Wissenschaften bei Sch., Gütersloh 1974. – *D. Lange (Hg.):* Friedrich Sch. 1768-1834, Göttingen 1985. – *K.-V. Selge (Hg.):* Internatioanler Sch.-Kongreß Berlin 1984, 2 Bde., Berlin 1984. – *T. N. Tice:* Sch. Bibliography, Princeton 1966. – *R. R. Williams:* Sch. the theologian, Philadelphia 1978.

*Wilhelm Gräb*

**Schneider,** *Reinhold,* geb. 13.5.1903 in Baden-Baden als Sohn eines Hoteliers, gest. 6.4.1958 in Freiburg/Br. Nach dem Abitur zunächst landwirtschaftl. Praktikum und kaufmänn. Ausbildung in einer Druckerei in Dresden (1921). Auf Grund einer väterlicherseits vererbten Disposition zur →Depression unternimmt Sch. (nach dem Freitod des Vaters) einen eigenen Selbstmordversuch (1922). Entscheidende geistige Prägung erfährt der junge Sch. durch →Kierkegaard, →Schopenhauer, →Nietzsche und M. de Unamuno. Vor allem

Unamunos trag. Lebensgefühl (Pantragismus) prägt die *erste Phase* des literar. Werkes von Sch. (1928-1938). Es entstehen – nach Reisen in die betreffenden Länder – geschichtstrag. Abhandlungen über europ. Monarchien: Portugal (»Leiden des Camoes«, 1930), Spanien (»Philipp II«, 1931), Preußen (»Die Hohenzollern«, 1933) und England (»Das Inselreich«, 1936). Seine geschichtsphilos., vor allem aber religions- und christentumskrit. Reflexionen vertraut Sch. in den Jahren 1930-35 seinem Tagebuch an (ersch. 1983). Sch. erweist sich hier als unnachsichtiger Kritiker der Kirche im Geiste Nietzsches, der die trag. Zwiespältigkeit der Verquickung von Christentum und institutioneller Macht (verkörpert im →Papsttum) luzid durchschaut: »Der Papst will Christus und Cäsar sein. Rom krankt an dieser dämon. Herrschaft zweier Lebensformen: an Cäsar und Christus.«

1938 kommt es – auf dem Höhepunkt faschist. Herrschaft in Deutschland – zu einer bewußten Selbstbindung Sch.s an die kath. Kirche. Nach dem Vorbild Kierkegaards leistet Sch. um der Propagierung der kirchl. Wahrheit willen als Künstler Verzicht; das Dilemma zwischen Künstler und Katholik wird zugunsten der Kirche gelöst. Rel. Lyrik und Traktate entstehen. Während des Krieges wird Sch. für viele Christen damit zu einem prophet. Mahner und Tröster. Zahllose seiner erbaul. Schriften gehen im Untergrund von Hand zu Hand. 1938 kann – trotz Zensur – sein literar. bedeutendstes Werk dieser Zeit »Las Casas vor Karl V.« erscheinen, das verschlüsselt eine Faschismuskritik aus christl. Geist enthält. Diese *zweite, »kath.« Phase* von Sch. ist spätestens 1948 zu Ende.

Für Sch.s *dritte Phase* (1948-1958) ist das Wiederaufbrechen alter Zweifel am Sinn christl. Existenz und an der polit. Praxis der kath. Kirche, aber auch die Wiederbelebung seiner künstler. Freiheit charakteristisch. Sch. kehrt sich nun fast ganz von der rel. Erbauungslyrik ab und gewinnt im Drama und der Autobiographie komplexere, kommunikativere Ausdrucksformen. In seiner Autobiographie »Der verhüllte Tag« (1954) distanziert sich Sch. entschieden von der Erwartungshaltung seiner christl. Leserschaft und bekennt freimütig, nur »rel. Sanitätsdienst« während des Krieges geleistet zu haben. In seinen Papstdramen (»Der große Verzicht«, 1950; »Innozenz und Franziskus«, 1952) kommt Sch. auf das Problem des trag. Widerspruchs von →Kirche und →Macht zurück, löst dieses Dilemma jetzt freil. von seiner ihm eigentüml. christl. Kreuzesspiritualität her. Hintergrund ist die Wiederbewaffnungsdebatte in der Bundesrepublik Deutschland. Sch.s vehemente Kritik an der Politik der kath. Amtskirche in dieser Frage führt zu öffentl. Verleumdungen des Schriftstellers als Komplize des →Kommunismus durch konservative kirchl. Blätter. 1956 erhält Sch. den Friedenspreis des Dt. Buchhandels. Vor allem aber in seinen noch kurz vor dem Tode vollendeten Aufzeichnungen »Winter in Wien« legt Sch. schonungslos seine Zweifel am christl. Vater-Gott, am Zweck des Gebetes, am Leben nach dem Tode, ja am Sinn von Kosmos, →Evolution und →Geschichte bloß. Seine Erfahrung des »Schweigens der unendl. Räume«, der Gnadenlosigkeit der Tierwelt (Fressen und Gefressenwerden) und der unablässigen Tragödien in der Geschichte führt Sch. zu einer illusionslosen »theologia tenebrarum« (Theologie der Dunkelheit), die Anklänge an span. Mystiker, aber auch an buddhist. Spiritualität verrät. Im Werk der jüd.-christl. Mystikerin Simone Weil sieht der späte Sch. ein »buddhist. Christentum« verwirklicht, dessen Geistigkeit auch er auf der Spur war. Diese theologia tenebrarum sowie seine Vision eines »buddhist. Christentums« bleibt im Raum zeitgenöss. Theologie in ihrer Herausforderung noch zu entdecken.

*Lit.:* Die Hauptwerke von Sch. sind jetzt in folgender Ausgabe gut greifbar: Ges. Werke in 10 Bde.n, im Auftrag der Reinhold-Sch.-Gesellschaft hg. von *E. M. Landau*, Frankfurt/M. 1977-1981. – Zu Leben und Werk: *K.-J. Kuschel:* Können Macht und Machtausübung geheiligt werden? Reinhold Sch.s Auseinandersetzung mit dem Papsttum, in: Reinhold Sch. Blätter, Heft 13, Dez. 1987, 17-40. – *K.-W. Reddemann:* Der Christ vor einer zertrümmerten Welt, Freiburg 1978. – *F. A. Schmitt/B. Scherer:* Reinhold Sch. Leben und Werk in Dokumenten, Karlsruhe 1973. – *C. P. Thiede:* Über Reinhold Sch., Frankfurt/M. 1980 (Lit.). – *I. Zimmermann:* Reinhold Sch. Weg eines Schriftstellers, Berlin 1982.

*Karl-Josef Kuschel*

**Schönberg,** *Arnold,* geb. 13.9.1874 in Wien, gest. 13.7.1951 in Los Angeles. Österr. Komponist, bildet zusammen mit seinen Schülern Alban Berg und Anton Webern die »Zweite Wiener Schule« (→Musik im 20. Jh.). Aus einer österr. Kaufmannsfamilie stammend, spielte Sch. zunächst als Autodidakt Violine und Violoncello, lernte bei A. von Zemlinsky Tonsatz und begann mit ersten Kompositionen (Streichquartett, Lieder) um die Jh.wende. Als Dirigent und Kompositionslehrer ging Sch. 1901 nach Berlin, kehrte 1903 jedoch wieder nach Wien zurück, scharte einen größeren Schülerkreis um sich und veröffentlichte 1911 seine für die Folgezeit grundlegende *»Harmonielehre«.* Von 1911-1915 wieder in Berlin, hielt Sch. Vorlesungen am Sternschen Konservatorium, nachdem er zuvor (1910) in München auch Beachtung als Zeichner und Maler bei einer Ausstellung des »Blauen Reiter« gefunden hatte. Sein Ansehen als Komponist war schon vor Ausbruch des Ersten Weltkriegs international. In Wien leitete Sch. von 1918-1921 den von ihm gegründeten »Verein für musikal. Privataufführungen«, dessen Ziel die Hinführung zum Hören und Verstehen moderner Musik war. 1925 erhielt er als Nachfolger F. Busonis eine Professur für Komposition an der Akademie der Künste in Berlin. Im Mai 1933 verließ Sch. Deutschland und ging nach Paris, nachdem die Nationalsozialisten ihn »beurlaubt« hatten. In Frankreich nahm er wieder den jüd. Glauben an, den er 1892 durch die Konversion zum →Protestantismus abgelegt hatte und dem er nun bis zu seinem Tode als entschiedener Verfechter treu

blieb. Eine Zusammenführung aller Juden über gesellschaftl. und ideolog. Schranken hinweg war eines seiner Hauptanliegen. Im Herbst 1933 nach Amerika emigriert, erhielt Sch. zwei Universitätsprofessuren, zuletzt in Los Angeles, und wurde 1940 amerik. Staatsbürger. Einer Einladung zu den Internationalen Ferienkursen für Neue Musik in Darmstadt 1950 konnte er wegen seiner angegriffenen Gesundheit nicht mehr folgen.
Das *Werk* Sch.s, der zu den bedeutendsten und einflußreichsten Komponisten unseres Jh.s zählt, umfaßt wenig mehr als 50 Werke, davon etwa zehn mit rel. Thematik. *Drei Schaffensperioden* lassen sich bestimmen: eine noch der Spätromantik verpflichtete tonale Phase 1899-1907 (Streichsextett »Verklärte Nacht«, »Gurrelieder«), eine freitonale (atonale) Phase 1908-1921 (George-Lieder, »Pierrot lunaire«) und eine zwölftönige Phase 1921-1951 (Serenade, Variationen für Orchester). Die wesentl. rel., dem jüd.-christl. Glauben verbundenen Werke beginnen mit dem unvollendeten Oratorium »Die Jakobsleiter« (1917/22), eine »Verherrlichung der Kraft des Betens« (W. Reich), in dem Bezüge nicht nur auf die →Bibel, sondern auch auf die →Theosophie, →Anthroposophie, →Mystik und den →Chassidismus enthalten sind. Die ursprüngl. als dreiteiliges Oratorium konzipierte unvollendete Oper »Moses und Aron« (1930/32, Text nach →Exodus, Kap. 2,3,32) kreist gedankl. um den *unvorstellbaren Gott*, um das auserwählte Volk und um den Volksführer. »Kol nidre« op. 39 (1938) stellt einen rhythm. Dialog zwischen Rabbi und Chor dar, in dem am Versöhnungstag Jom Kippur alle im Widerspruch zum mosa. Glauben geleisteten Gelübde für nichtig erklärt werden. In »A Survivor from Warsaw« op. 46 (1947) beschreibt Sch. im melodramat. Stil die Schrecken des Warschauer Ghettos. Sein Opus 50 (1949/50) beinhaltet »Dreimal tausend Jahr« und »De profundis« (130. Psalm), jeweils für Chor a cappella, und »Moderner Psalm« (unvollendet). In zahlreichen Schriften äußert sich Sch. zu kompositor., ästhet. und rel. Fragen. Seine Bach-Bearbeitungen (J. S. →Bach) für Orchester (Zwei Choralvorspiele, 1922; Präludium und Fuge Es-Dur, 1928) suchen Verdeutlichung und Durchsichtigkeit des motiv. Verlaufs von Barockmusik horizontal und vertikal zu erreichen.

*Lit.: W. Reich:* A. Sch. oder Der konservative Revolutionär, München 1974. – *J. Rufer:* Die Komposition mit zwölf Tönen, Berlin/Wunsiedel 1952. – *H. H. Stuckenschmidt:* Sch. Leben – Umwelt – Werk, Zürich/Freiburg 1974. – *K. H. Wörner:* Gotteswort und Magie. Die Oper »Moses und Aron«, Heidelberg 1959 (engl. London 1963).

*Hermann Jung*

**Schöpfung**

»Sch.« oder »das Geschöpfliche« nennt der säkulare »gesunde Menschenverstand« die Totalität, die →Welt oder die →Natur, sofern er sie von einem →Gott, von Göttern oder von anderen ursprünglicheren, schlechthin überlegenen oder überweltl., übernatürl. Kräften oder Instanzen *hervorgebracht* und abhängig sieht (creatura). Ferner wird der – wie auch immer vorgestellte und gedachte (→Mythen, →Sagen, kosmogon. Theorien) – *Akt der Hervorbringung* »des Ganzen«, der Welt oder der Natur als »Sch.« bezeichnet (creatio). Entspr. scheinen die Fragen nach einem letzten »Woher«, nach ursprüngl. und bleibender Abhängigkeit des Erfahrbaren auf das →Verstehen des Geschaffenseins und auch eines *Schöpfers* abzuzielen.

*A.* Die *christl. Lehre von der Sch.* wird von solchen Gedanken und Fragestellungen nicht einmal oberflächl. getroffen. Gott, der Schöpfer, ist nicht ein irgendwie höchstes Wesen, das die kreatürl. Geschicke nur verursacht und begründet (→Kausalität). Die Sch. ist nicht die Totalität, die Welt, die Natur, nur unter das Vorzeichen einer äußeren Begründung und in ein uneinholbares Abhängigkeitsverhältnis gestellt. Deshalb kann die Sch.slehre weder zur bloßen objektiv erklärenden Sch.stheorie und einer entspr. →Weltanschauung werden, sich auf eine solche Weltanschauung stützen, für eine solche garantieren (K. →Barth) oder sich durch sie eine solche garantieren lassen.
Der christl. Lehre von der Sch. zufolge hat Gott *»Himmel und Erde«* geschaffen, d.h.: nicht nur die den Menschen zugängl., von ihnen ermeßbare und vermeßbare Wirklichkeit. Der Himmel ist mehr als der aus der Sicht der Menschen über der Erde liegende Raum, der Bereich der Gestirne, der Bereich, der durch Zufuhr oder Entzug von Licht, Wärme, Wasser usw. das Leben auf der Erde wesentl. bestimmt. Die bibl. Überlieferungen sehen den Himmel wohl als den Ort der *unmanipulierbaren natürl. Kräfte* an, von denen das →Leben auf der Erde abhängt, zugleich aber auch als Bereich der das ird. Leben lenkenden *sozialen Kräfte*, die eindrucksvoll erfahren werden und doch sich der Verfügung entziehen, die in ihrem Woher und Wohin undurchschaut bleiben. Die Erkenntnis des Himmels und seiner Kräfte als geschöpfl. läßt Vergottungen und Dämonisierungen des →»Jenseitigen« bekämpfen und natürl. wie kulturelle Transzendenzen der fortschreitenden begreifenden Betrachtung und Erschließung anheimgeben. Die Lehre von der Sch. *öffnet so das Denken* für die Entwicklungen der Wissenschaften und des →Common sense und integriert – schon in den bibl. Überlieferungen – diese Entwicklungen, ohne sich an best. Ergebnisse oder an eine best. Theorie der Welt (→Kosmologie) zu binden.

*B.* Die differenziert als Himmel und Erde (d.h. z.B. als Unermeßbares und Ermeßbares, relativ Unzugängliches und relativ Zugängliches, Sichtbares und Unsichtbares) geschaffene Totalität ist nach den Sch.sberichten des AT (1 Mose 1,1-2,4a, ca. 550 v. Chr. entstanden; 1 Mose 2,4b-24, vermutl. um 950 v. Chr.) *auf den →Menschen hin* konzentriert. Gott schafft den Menschen »als Mann und Frau« nicht nur wie die Welt und mit »Himmel und

Erde«, sondern er schafft die Erde »zum Wohnen« für den Menschen (z.B. Jes 45,12ff). Die auf den Menschen konzentrierte Sch. (Anthropozentrik) ist von vornherein für den Menschen bestimmt, vom Menschen wahrzunehmen, weiterzugestalten und zu erhalten (Sch.sauftrag). »Sch.« ist also keineswegs nur naturalist. zu verstehen, sondern ist, als wesentl. auf den Menschen gerichtet, von Anfang an zugleich *kulturelles Ereignis*, Begründung und Erschließung von →Kultur.
Dies kommt im Sch.sbericht der Priesterschrift (1 Mose 1,1-2,4a) auch darin zum Ausdruck, daß die Vollendung der Sch. im →Sabbat und in der *Sabbatruhe Gottes* gesehen wird. Selbstzurücknahme, Zu-sich-Kommen, gelassene, zufrieden betrachtende *Distanznahme* – nicht rastlose Produktion und Produktivität – sind das Ziel der Sch. Der zur Teilnahme an der sabbatl. Ruhe bestimmte Mensch soll entspr. seine Geschöpflichkeit in der bewußten, frohen und dankbaren Wahrnehmung von Schöpfer und Geschaffenem bewähren. Daß Sch. nicht nur die Natur, sondern auch die Kultur, die bewußte Sozialität, umfaßt, wird ferner darin deutlich, daß das ausschließl. Gott zukommende Schaffen (bārā) auch im Blick auf die Entstehung des *Volkes* →*Israel* oder eines »neuen Volkes« ausgesagt werden kann. Die Welt als Sch. zu verstehen heißt, sie als menschengemäße Welt zu verstehen.

*C.* Obwohl auf den Menschen hin konzentriert, ist die geschaffene Welt für den Menschen nicht in der Weise gegenwärtig und durchsichtig, wie sie es für Gott ist (vgl. Jes 40,26; Hebr 4,13). Auch ist sie offen für die zerstörer. Selbstherauslösung und Selbstgefährdung der Menschen (→Sünde). Die darin zum Ausdruck kommende *Differenz von Gott und den Menschen*, Schöpfer und Geschöpfen, soll den Menschen aber nicht zur Qual und zum Verhängnis gereichen, sondern zur →Offenbarung der Herrlichkeit Gottes und seines guten Vorhabens mit den Menschen dienen. Dies deuten einige atl. Texte mit der Rede vom »Neues« schaffenden Gott und von Gottes Erschaffen des Gotteslobs und der →Freude in Israel an.
Deutl. und zugängl. wird die Bestimmung der Sch. zur Offenbarung Gottes in *Jesus Christus* (Sch.smittler). In ihm werden die von Gott beabsichtigte Unterscheidung und Beziehung von Schöpfer und Geschöpf kenntlich. Die Offenbarung des wahren und »neuen« Menschen in Jesus Christus macht den Menschen ihre geschöpfl. Bestimmung deutl. und die Tatsache, daß die Verfehlung dieser Bestimmung überholt ist. In →Freiheit, Gerechtigkeit und Gotteslob sollen und können die Menschen dem vertrauten Verhältnis Gottes zu seiner Sch. (Vater) entsprechen und ein für die ganze geschaffene Welt wohltätiges und heilsames Gegenüber Gottes werden (z.B. Röm 8). (S. auch die Art. →Anthropologie, →Natur, →Naturwissenschaft und Theologie, →Ökologie, →Sabbat, →Sünde und Schuld.)

*Lit.:* Der Anfang der Heilsgeschichte, in: Mysterium Salutis II, Einsiedeln 1967, 440-1019. – *K. Barth:* Kirchl. Dogmatik III/1-4, Zürich 1945-1951. – *D. Bonhoeffer:* Sch. und Fall, München 1968. – *E. Brunner:* Dogmatik II, Zürich, 3. Aufl. 1972. – *A. Ganoczy:* Sch.slehre, Düsseldorf, 2. Aufl. 1987. – *J. Moltmann:* Gott in der Sch., München 1985. – *A. R. Peacocke:* Creation and the World of Science, Oxford 1979. – *L. Scheffczyk:* Einführung in die Sch.slehre, Darmstadt 1975. – *M. Schmaus:* Kath. Dogmatik II/1, München, 5. Aufl. 1954. – Sch. I-V, in: Religion in Geschichte und Gegenwart, 3. Aufl., Bd. V, 1469-1492. – *O. H. Steck:* Der Sch.sbericht der Priesterschrift, Göttingen, 2. Aufl. 1981.- *C. Westermann:* Genesis (Bibl. Kommentar AT I/1), Neukirchen-Vluyn, 3. Aufl. 1983.

*Michael Welker*

**Scholastik**

*A.* Das noch *verbreitete Bild* der S. als Inbegriff eines epigonenhaften Dogmatismus (→Dogma, →Dogmatik) im Dienst obskurantist. Mächte kann wissenssoziolog. aus den Kämpfen der frühen →Neuzeit um ein neues Paradigma von Wissenschaft erklärt werden, hat sich aber hist. als unhaltbar erwiesen. So läßt sich der Begriff S. heute wertneutral verwenden und bezeichnet eine Strömung in der abendländ. Theologie, Philosophie und Wissenschaft, die im Laufe des 11. bis 13. Jh.s mit der Bildung eines Hochschulwesens auf der Basis einer aristotel. Wissenschaftstheorie (→Aristotelismus) ihren Ausgang genommen und den philos. und theol. Lehrbetrieb →Europas im Wechsel schöpfer. Entfaltung und epigonenhafter Konsolidierung weitgehend ist ins 18. Jh. beherrscht hat. Sie gliedert sich in die ma. bzw. Ersts. und die neuzeitl. bzw. Zweits. Nach deren Versiegen am Ende des 18., Anfang des 19. Jh.s entstand die →Neus. als bewußter Rückgriff auf ältere Tradition.

*B.* Die *ma. Ersts.* zeigt vier Etappen: Die *Vors.* (etwa 800-1050) ist gekennzeichnet durch die Wiederbelebung patristisch-spätantiken Bildungsgutes, aber – abgesehen von der zunächst wirkungslos gebliebenen Leistung des Scotus Eriugena – ohne spekulative Systembildung. Die *Frühs.* (1050-1200, mit Zentren in Laon, Chartres und Paris [Viktoriner]) entfaltet – unter dem Motto des Anselm von Canterbury »Glaube auf der Suche nach Verstehen« – eine kritisch-spekulative Bibeltheologie mit Hilfe aristotel. Logik bzw. Dialektik und augustin.-platon. Begrifflichkeit (→Augustinismus, →Platonismus). Während dieser Zeit entstand die ma. Form der Disputation: Eine Frage (quaestio), die aus einer Ansammlung widersprüchl. Argumente aus angesehenen Texten (auctoritates) und empir. Beobachtungen entsteht, ist dialekt. zu lösen (z.B. Abälards Werk Sic et non). Daraus entwickeln sich die klass. Literaturgattungen der Sentenzensammlungen (z.B. des Petrus Lombardus), des Textkommentars in Form von »quaestiones« und der systemat. geordneten Quaestionen-Sammlung oder Summa nach den Regeln der aristotel. →Wissenschaftstheorie. Ab 1200 wird Europa überflutet mit Übersetzungen griech.-arab.-

jüd. →Naturwissenschaft, →Psychologie, →Ethik, Gesellschaftslehre und →Metaphysik, darunter insbes. alle Werke des Aristoteles mit den Kommentaren des Avicenna und Averroes. Aus diesem Impuls entwickelt sich die *Hochs.* (1200-1300/50). Die explosionsartige Wissenvermehrung sprengte den bisherigen geistigen Horizont des augustinisch-platon. Paradigmas und rief eine Krise hervor, die man als Gegensatz zwischen →Glaube und Wissen empfand. Die unterschiedl. Konfliktlösungen bei den großen Systematikern dieser Epoche (Robert Grosseteste, Albertus Magnus, Bonaventura, →Thomas von Aquin, Ägidius Romanus, Heinrich von Gent, →Duns Scotus, Wilhelm von →Ockham, Gregor von Rimini, Johannes Buridan, Thomas Bradwardine u.a.) führt (verquickt mit universitäts-, ordens- und kirchenpolit. Gegensätzen) zur Spaltung in rivalisierende Schulen, die die Zeit nach etwa 1270 prägt. Für die *Späts.* (1300/50-1500) sind charakteristisch: das Zurücktreten der Exegese zugunsten der theol. →Spekulation, die Verselbständigung der log. Sprachanalyse sowie einer mathemat.-empir. Naturwissenschaft, schließl. ein wachsender Gegensatz des akadem. Lehrbetriebs zur myst. Frömmigkeit (Eckhart, Devotio moderna) einerseits und zum →Renaissance- →Humanismus andererseits. Bei →Nikolaus von Kues wird der scholast. Rahmen gesprengt, die Konturen neuzeitl. Denkens werden sichtbar.

*C.* Die *neuzeitl. S.* (Zweits.) beginnt gegen 1500 mit einem bewußten Rückgriff auf →Thomas von Aquin und entfaltet sich insbes. auf der span. Halbinsel, in Deutschland und in Italien. Charakterist. ist die Frontstellung gegen →Reformation, Humanismus und die aufkommenden modernen Natur- und Gesellschaftswissenschaften, was eine starke Beeinflussung durch diese Strömungen keinesfalls verhindert. Ihr Wissenschaftsideal unterscheidet sich vom ma. durch das Vorherrschen synthetisch-deduktiver Denkweise nach dem Muster eines zu beweisenden geometrischen Lehrsatzes. Nicht mehr die erklärende, sondern die vergewissernde Funktion des Beweises steht im Vordergrund, was tendenziell zu einer Gleichsetzung von Autoritäts- und Vernunftargumenten in der Theologie führt. Äußerst einflußreich wirkte vor allem die systemat. Metaphysik und Gesellschaftstheorie des Jesuiten Francisco Suarez (1548-1619). Seine Werke prägten bis ins 18. Jh. den philos.-theol. Lehrbetrieb in prot. wie kath. Universitäten und übte so einen nicht zu unterschätzenden Einfluß aus, nicht nur auf Denker wie →Descartes, →Pascal, →Leibniz, Wolff (→Aufklärung) und →Kant, sondern auch auf die Bildung des modernen Verfassungsstaats (→Verfassung) und seines Rechtsempfindens. Die schöpfer. Leistung der →*Barocks.* ging ab Mitte des 17. Jh.s rapide zurück. Symptomat. sind der Fall Galilei und die nie gelösten Streitigkeiten um Fragen der →Gnadenlehre und →Ethik (Probabilismus). Die verbreiteten kleinen Handbücher für den Lehrbetrieb wirken zunehmend steril, obwohl sie sich im 18. Jh. immer mehr an Descartes und Leibniz orientieren.

*Lit.: P. Böhner/E. Gilson:* Christl. Philosophie, Paderborn, 3. Aufl. 1954. – *M. Grabmann:* Geschichte der kath. Theologie, Freiburg 1933, Nachdruck Darmstadt 1961. – *J. Hirschberger:* Geschichte der Philosophie, 2 Bde., Freiburg, 9. Aufl. 1976. – *N. Kretzmann u.a. (Hg.):* The Cambridge History of Medieval Philosophy, Cambridge 1982. – *W. Totok:* Handbuch der Geschichte der Philosophie, Bd. II- IV, Frankfurt/M. 1973-1981.

*Thomas Riplinger*

**Schopenhauer,** *Arthur,* geb. 22.2.1788 in Danzig, gest. 21.9.1860 in Frankfurt/M. Nach der Ausbildung zum Kaufmann sowie nach Studien der Philosophie und Naturwissenschaften Privatdozent in Berlin (1820). In seinen Vorlesungen konnte Sch. sich nicht gegen →Hegel, als dessen Antipode er sich verstand, behaupten und zog sich als philos. Schriftsteller ins Privatleben zurück (ab 1832 in Frankfurt/M.).

Sch.s philos. System, im wesentl. identisch mit seinem Hauptwerk »Die Welt als Wille und Vorstellung« (1818), ist eine Absage an alle Harmoniebestrebungen rel. und geschichtsphilos. Art. An ihre Stelle tritt eine »*Willensmetaphysik*«, die von folgenden Grundannahmen ausgeht: Die Welt ist Wille; die Welt ist meine Vorstellung, d.h., nichts in der Welt der Erscheinungen kann existieren, es sei denn, es ist Objekt eines erkennenden Subjekts. Ferner unterliegt alles Seiende dem Satz vom Grunde (Kausalprinzip). Unter *Wille* versteht Sch. das vernunft- und erkenntnislose Grundprinzip alles Seienden, das sich in den mannigfachen Hervorbringungen der Natur und des Geistes verwirklicht. In der *Kunst* gelangt dieser Wille gleichsam zur Anschauung seiner selbst (so kann Sch. sagen, die Musik sei nicht nur Abbild der Idee, sondern des Willens selbst). Der die Natur wie die Menschen beherrschende Wille ist *ziellos,* so daß – außerhalb des Kunstgenusses – dauernde Befriedigung und Glück versagt bleiben.

Auf dieser Ausschließung beruht Sch.s sprichwörtl. gewordener →»Pessimismus«: Die Willensmetaphysik mündet ein in die Lehre von der *Allgegenwart des →Leidens* in der Welt. Das Leben der Menschen ebenso wie die Existenz der von der Natur hervorgebrachten Formen (die Tiere und Pflanzen, selbst die anorgan. Materie) sind Erscheinungen ewig fortdauernden Leidens; ihm endgültig zu entrinnen ist nur durch eine gänzl. *Verneinung des Lebens* möglich. Ausgeschlossen sind damit ebenso der Heilsoptimismus der Hochreligionen (ledigl. im →Hinduismus und →Buddhismus sieht Sch. verwandte Züge) wie säkuläre Fortschrittsideen (Theoreme von einer Vervollkommnung der Welt über die →Geschichte). Sch. sucht der Sinnlosigkeit alles Lebens durch eine *Mitleidsethik* zu begegnen, die auch die vernunftlose Kreatur einschließt; ihre Basis ist die Einsicht in die Identität vom eigenen und fremden Wesen. Neben →Nietzsche, der allerdings die Lehren Sch.s nicht weiterentwickelte, hat sich vor allem das Künstler- und

Literatentum des Fin-de-siècle (ausgehendes 19. und beginnendes 20. Jh.) an Sch. orientiert. Einflüsse spiegeln das Werk Thomas Manns ebenso wie das Schaffen Samuel Becketts. Philos. versuchte die →*Krit. Theorie* an Sch. dort anzuknüpfen, wo sie die Geschichte als Prozeß des Verfalls deutete.

*Lit.: A. Hübscher:* Denker gegen den Strom, Bonn 1973. – *U. Pothast:* Die eigentlich metaphys. Tätigkeit, Frankfurt/M. 1982. – *A. Schmidt:* Die Wahrheit im Gewande der Lüge. Sch.s Religionsphilosophie, München 1986.

*Carl-Friedrich Geyer*

## Schrift und Tradition

*A.* S. und (mündl.) T. (lat.: *traditio*, Überlieferung) sind die beiden urspünglichsten Weisen, auf die Menschen mit wichtigen Ereignissen und →Erfahrungen im Leben anderer, an anderen Orten und Zeiten in Verbindung kommen. Im Zusammenhang von →Religion werden sie bes. hochgeschätzt und →heilig genannt, wenn sie andere, insbes. spätere Generationen in Verbindung bringen mit den normativ geltenden *Ursprungsereignissen* oder -erfahrungen (→Religionswissenschaft). S. und T. sind dann nicht mehr bloße Mittel des Überlieferns, sondern Berufungsinstanzen und *Kriterien* für die →Wahrheit späterer Interpretationen (T.*en*), weil sie →Identität und Kontinuität mit dem normgebenden Ursprung garantieren (→hll. Schriften, →Tradition).

Im →*Christentum* wird unter der Wortkombination S. und T. eine sehr grundsätzl. *Kontroverse* geführt über die Hinlänglichkeit (Suffizienz) einer einzigen normgebenden Quelle oder deren notwendige Ergänzung durch eine zweite Quelle. Bis zur Epoche der ökumen. →Dialoge (→Ökumene) standen sich die Standpunkte scharf gegenüber: Suffizienz der S., wobei mündl. T. und spätere kirchl. T.en an der Norm der S. gemessen werden (prot.); ein umfassender Begriff von T., in der die S. aufgenommen ist (→Orthodoxie), oder die Notwendigkeit einer zweiten, ergänzenden Quelle, die mündl. T. neben der S. (kath.). Heute werden in den Kirchen wie in der theol. →Hermeneutik S. und T. meistens als komplementär (sich ergänzend) betrachtet: Die grundsätzl. Suffiziens der S. wird anerkannt (norma normans non normata: die nicht mehr normierte Norm), aber tatsächl. kann die S. nicht ohne kirchl. T. und Auslegung wirksam werden (norma normata: normierte Norm; regula fidei proxima: die nächstliegende Glaubensregel).

*B.* In der *Anfangszeit* des Christentums waren die mündl. und die schriftl. T. die normalen Mittel, um Erwartungen, →Lehre und rel. Leben (insbes. das sakramentale und das Gemeinschaftsleben) zu überliefern und zu verbreiten. Kriterium der Rechtgläubigkeit war die Übereinstimmung mit der *apostol. T.* (→Apostel). Diese hat ihre Quelle ja in der unmittelbaren (Augen-)Zeugenschaft der →Verkündigung und Praxis, insbes. des Sterbens und der →Auferstehung des als →Messias und Sohn Gottes bekannten (→Jesus Christus, →Bekenntnis) Jesus. In diesem T.sprozeß sind viele *S.en entstanden:* Briefe, Sammlungen von Jesusworten, Osterberichte, →Evangelien, Glaubensbekenntnisse, liturg. Texte und Apokalypsen (→Apokalytik). Um deren Einheit und Rechtgläubigkeit sicherzustellen, hat die Gemeinschaft der Kirche daraus die authent. apostol. T. ausgewählt: das →NT, das zusammen mit dem jüd. →Kanon der hll. S.en, dem →AT (der hebr. →Bibel), die »Hl. S.« bildet.

Während der Umfang der Hl. S. vom Ende des 4. Jh.s an kaum mehr Änderungen unterworfen ist und die ntl. kanon. S.en in kurzer Zeit (von etwa 50 bis etwa 110) entstanden sind, wächst die T. im Sinne dessen, was die Kirche als *Glaubensschatz* (depositum fidei) für überlieferungswert erachtet, noch an. Die eine Berufungsinstanz, die S., scheint also geschlossener und klarer umschrieben zu sein als die andere, die T. Für die →orthod. Kirchen sind – neben den von prakt. allen Christen angenommenen Glaubensbekenntnissen und Konzilsbeschlüssen der ersten 5 Jh.e (*»consensus quinquesaecularis«*: Fünfjahrhundertkonsens) – auch die S.en der →Kirchenväter (→Patristik) normgebend für den Glauben. Entscheidend für die Zugehörigkeit zur Glaubenst. sind Einheit und Kontinuität, mit den Worten des Commonitorium des *Vincentius von Lerinum* (gest. vor 450): was überall, immer und von allen geglaubt wurde (434). Während des MA.s werden S. und T. nicht scharf unterschieden. Erst im späten MA. entsteht eine Diskussion über die Geltung kirchl. T.en, die immer mehr die S. und apostol. T. zu überwuchern drohen. Dem widersetzt sich die →Reformation.

*C.* Im Streit um den Vorrang von S. oder T. schließt sich die *Reformation* im 16. Jh. (→Luther, →Calvin, →Zwingli) früheren Formulierungen des »S.prinzips« bei J. →Wyclif, J. →Hus u.a. an. Für *Luther* ist das »sola scriptura« (»allein die S.«) nicht ein formelles Prinzip, sondern Hinweis auf den Inhalt der Christusbotschaft, die durch sich selber spricht. Deren Kern ist die Lehre von der →Rechtfertigung des Sünders, die nicht – wie den kirchl. T.en und Praktiken vorgeworfen wird – an menschl. Werke gebunden ist, sondern ausschließl. an Christus, den →Glauben und die göttl. →Gnade (solo Christo, sola fide, sola gratia). Erst in der →altprot. *Orthodoxie* des 17. Jh.s wurde das sola scriptura zu einem formellen Prinzip mit der Gefahr des Biblizismus (Berufung auf den wörtl. S.text; vgl. auch →evangelikal).

Das →Konzil von *Trient* (1545-1563) legt sich umgekehrt auch nicht auf das entgegengesetzte T.sprinzip fest. Es spricht vom Evangelium, das zu finden ist in S.en und nichtschriftl. T.en, die über die kirchl. T. zu uns kommen und mit gleichem Respekt aufzunehmen seien (Denzinger/S. 1501). Diese Formulierung wurde auch vom 1. →*Vat. Konzil* 1870 übernommen (DS 3006), obwohl es in der →Gegenreformation eine starke Tendenz gab, von zwei Quellen der →Offenbarung zu sprechen, wobei die kirchl. mündl. T. die S. im eigentl. Sinn ergänzt. Erst in den Diskussionen auf dem 2. Vat. Konzil anläßl. des zurückgewiesenen Entwurfs über die Quell*en* der Offenbarung wurde erklärt, daß nicht von einer doppelten Quelle, sondern von dem einen →Evangelium zu sprechen ist, das in S. und T. zu uns kommt (Dogmat. Konstitution über die Offenbarung, Dei Verbum, Nr. 9-10). Auch der →Ökumen. Rat der Kirchen hat auf seiner Vollversammlung in *Montreal 1963* unterschieden zwischen der »Tradition« (dem Evangelium), der »tradition« (dem Überlieferungsprozeß), und den »Traditionen« (den kulturell best. kirchl. [konfessionellen] Praktiken). Die S. ist ein Teil des T.sprozesses. Damit sind die Einseitigkeiten sowohl des »sola scriptura« als auch der Zweiquellentheorie überwunden: Die Frage nach dem Wahrheitskriterium ist damit aber zugleich auf die Frage nach der authent. Auslegung durch die T.smittel verschoben (→Lehramt).

*D.* Für eine Theologie, die sich versteht als krit. Auslegung von S. und T. unter Anwendung der hist.-krit. Methode in der Exegese, sind Biblizismus wie Traditionalismus unhaltbar. Die theol. →Hermeneutik weiß deshalb, daß es nie eine S. gibt ohne Bindung an einen Überlieferungsprozeß in hist. Kontexten und daß die Auslegung der ev. Botschaft eine kirchl. oder konfessionelle T. voraussetzt und schafft, die für den geltenden hist. Kontext eine authent. Aktualisierung der ursprüngl. ev. Botschaft zustande bringt. Eine krit. *hermeneut. Theologie* muß auf die Gefahren der Verselbständigung von S. oder T. weisen. Die göttl. Inspiration der S. und die Leitung des →Geistes bei dem Prozeß der kirchl. T. und Auslegung muß – auf der Linie der geschichtl. Menschwerdung (→Inkarnation) des Wortes in Jesus Christus – von seiner Einbettung in den hist., kulturellen und sozialen Kontext seiner Zeit her betrachtet werden (→kontextuelle Theologie). Der Forderung einer treuen Auslegung von S. und T. für das Heute ist nicht schon durch die krit. Interpretation des Verhältnisses zwischen ursprüngl. Botschaft und deren hist.-kulturellem Kontext (gemäß dem letzten Stand exeget. Wissenschaft) entsprechen, es muß vielmehr eine theol. Durchleuchtung des heutigen Kontextes hinzukommen, zu dem S. und T. in ein best. krit. Verhältnis treten. Die *Entsprechung* der genannten Verhältnisse zwischen Botschaft und Kontext (sowohl im Ursprung, während des T.sprozesses und in der heutigen Auslegung) ist ein Maßstab für die Kontinuität mit der ursprüngl. Aussagekraft von S. und T.

*Lit.: J. Beumer:* Die mündl. Überlieferung als Glaubensquelle, in: *M. Schmaus u.a. (Hg.):* Handbuch der Dogmengeschichte I/4, Freiburg 1962. – *Y. Congar:* Die T. und die T.en, Mainz 1965. – *E. Feifel/W. Kasper:* Tradierungskrise des Glaubens, München 1987. – *J. R. Geiselmann:* Die Hl. S. und die T. (Quaestiones disputatae 18), Freiburg/Basel/Wien 1962. – *P. van Leeuwen:* Het groeiproces van het Tweede Vaticaans Concilie in de leer over de goddelijke openbaring en het doorgeven ervan, in: Concilium 3 (1967), 7-20. – *P. C. Roger/L. Vischer:* Scripture, T. and Traditions, London 1964, 50-61. – Vaticanum II. Dogmat. Konstitution über die göttl. Offenbarung, in: Lexikon für Theologie und Kirche. Das zweite Vat. Konzil. Konstitutionen, Dekrete und Erklärungen, Teil II, Freiburg/Basel/Wien 1967, 497-583.

*Nico Schreurs (Übers. Hermann Häring)*

**Schriftauslegung**

S. bezeichnet eine *vergegenwärtigende*, verlebendigende und prakt. sich in der gegenwärtigen Lebenswelt verwirklichenden *Interpretation der Bibel* und ihrer Texte. Für das neuzeitl. Christentum ist sie zu einem grundlegenden Problem der eigenen Überlieferung, Erhaltung und Vergewisserung geworden, seitdem Traditionstreue durch Einsicht in Geschichtlichkeit (→Schrift und Tradition) die Geltung von Autoritäten durch krit. Bewußtsein (→Autonomie) und die Ansprüche der Wirklichkeit durch den Stellenwert subjektiver Erfahrungen (→Emanzipation) ihre ungebrochene Selbstverständlichkeit eingebüßt haben.

*A.* S. ist jedoch *kein spezif. neuzeitl. Problem.* Schon im Judentum, zumal unter Diasporajuden, entstehen im 1. Jh. v. Chr. genaue Auslegungsregeln. Bei →Paulus wie in anderen Texten des NT lassen sich deutl. Ansätze einer auf Christus abzielenden typolog. Auslegung des AT erkennen. Im Anschluß an Philon (13 v.-ca. 50 n. Chr.) gewinnt →*Origenes* eine überragende Bedeutung, da er die Schrift in Übereinstimmung mit seiner (neu-)platon. →Ontologie in *dreifacher Weise* auslegt: »somatisch« (buchstäbl., d.h. hist.-grammat.), »psychisch« (moral.) und »pneumatisch« (allegor.-mystisch). Von Origenes anerkannt, von Tertullian (gest. nach 220), später von →Augustinus nachdrückl. betont, wird die *kirchl. Glaubensregel* (»regula fidei«) als vornehml. pneumat. Leitlinie zur Auslegung der in sich an vielen Punkten für dunkel erachteten Schrift.
Die Theologen des MA.s bauen die durch Augustinus und Vinzenz von Lerin (gest. v. 450) systematisierten Ansätze aus und vertreten in der Regel einen *vierfachen Schriftsinn*, der schon bei J. Cassian (gest. um 430) zu finden ist. Dem Literalsinn entspricht die wörtl.-hist., dem allegor. Sinn die dogmat.-theol., dem »tropol.« oder moral. Sinn die moraltheol., auf die Liebe bezogene, dem »anagog.« Sinn die hoffnungsstiftende, auf die endgültige Vollendung bezogene Interpretation.
Eine erste Wende und in gewissem Sinn eine Professionalisierung der S. setzt durch die Sprachstudien und Textausgaben der Humanisten (→Erasmus von Rotterdam) ein, die den Text als Textgestalt und möglichst unabhängig von anderen autoritativ eingreifenden Elementen zu untersuchen beginnen. In dieser Tradition steht zunächst auch *M.* →*Luther*, dem die traditionellen Auslegungstechniken allerdings zum grundsätzl. Problem geworden sind und der schon in seinen frühen Arbeiten eine auf Jesus Christus zentrierte

Auslegung intensiviert. Damit gewinnt er schon vor 1518 gegenüber den Humanisten sein eigenes Profil. Der Durchbruch der →*Reformation* hat intensive Bemühungen um eine Neubegründung der S. freigesetzt und schon früh zum Standardwerk des M. Flacius (Clavis scripturae sacrae, 1567) geführt. Sofern sowohl die antike, ma., aber auch die frühe reformator. S. noch im institutionellen Rahmen des kirchl. Glaubens oder der Bekenntnisschriften verliefen, mußte auch die Frage nach der Selbstbegründung einer verantworteten S. noch nicht gestellt werden.

*B.* Dies ist *im neuzeitl. Christentum* der Fall und von F. →Schleiermacher als erstem erkannt (→Hermeneutik). Jetzt steht der Modus der S. selbst in Frage. Sie setzt die wissenschaftl., hist.-exeget. und systemat.-theol. Bemühungen voraus, nimmt die in Schrifttexten literar. dokumentierte Symbolwelt zur Kenntnis, stellt aber die Frage: Wie ist eine Interpretation der Schrift mögl., die auf zeitgemäßes Verstehen, lebendige Erfahrbarkeit und motivfähige Aneignung (»applicatio«) zielt und neben deren rel. Aussagekraft zugleich deren *hist. Distanz* anerkennt? Damit ist die hermeneut. Vermittlung der S. benannt. Ein überlieferter Text tritt in den Horizont des Gegenwartsbewußtseins, eine – weitgehend in kirchl. Präsenz gegebene – rel. »Offenbarungskunde« in den Horizont allgemeingeistiger Lebensbezüge, ein prinzipieller Wahrheitsanspruch in den Horizont von individuell-konkreten Erlebenszusammenhängen.
S. hat nun das →Verstehen des Textes so zu entfalten, daß sich der bibl. Horizont und die Lebenswelt des Auslegers wechselseitig erschließen (H. G. Gadamer: »Horizontverschmelzung«). S. ist dabei stets als eine über bloße Rezeption hinausreichende *produktive Leistung des Subjekts* verstanden, die jeweils auf der Grundlage seines »Vorverständnisses« den Bibeltext wieder erzeugt, gleichsam sich die bibl. Geschichten aneignet, um darin seine eigene Lebensgeschichte zu finden, die als rein empir. erfahrene ohne die Begegnung mit dem betreffenden Text unerkannt bliebe (→Amtshandlungen, →Biographie, →Identität).

*C.* Unterschiedl. Ansätze und Richtungen der S. versuchten immer wieder ein Doppeltes: Einerseits hielten sie die hermeneut. *Aneignungsprozesse allg. zugängl.* und setzten sich mit den intellektuellen und institutionellen Voraussetzungen in akadem. Theologie und offizieller Kirche auseinander, die ihrerseits die Bibeltexte esoter. oder monopolist. in Beschlag nahmen, abstrakt oder partikular vergegenständlichten und so dafür sorgten (oder in Kauf nahmen), daß Bibelgehalte weitgehend vergleichgültigt wurden. Andererseits sicherten sie diese allg. Zugänglichkeit ab, indem sie die S. auf verschiedenen Ebenen immer wieder *elementarisierten.* So suchte etwa M. Luther, den lebendigen Anrede- und Geschehnischarakter der Schrift aus ihrer christolog. Mitte heraus »gegen den vernünftigen Moralismus der Humanisten, gegen den Geistbesitz der Schwärmer und gegen die institutionelle Lehrautorität der Kirche« freizuhalten (K. Frör, 24), indem er der Theologie die Aufgabe übertrug, immer wieder die Hl. Schrift als einzigen Berufungsgrund christl. Vergewisserung zur Geltung zu bringen. Dabei vertraute er auf die Kraft der Schrift, sich selbst vollständig zu erschließen. *Spätere Strömungen* der S. waren darum bemüht, etwa gegen Dogmatisierung die Übereinstimmung der Schrift mit der Erkenntnis der natürl. Vernunft (christl. →Aufklärung) oder gegen die Abstraktheit zeitlos geltender Vernunftwahrheiten das Verhältnis der Schrift zur Selbstentfaltung des menschl. Geistes (→Romantik) in Anschlag zu bringen. Dadurch versuchten sie, der *umfassenden Integrationsaufgabe* der S. gerecht zu werden. Dabei bleibt der Prozeß der S. notwendigerweise *unabgeschlossen* und ideologieanfällig zugleich, wie die neuzeitl. prot. Geschichte der S. zeigt. Immer wieder kristallisierte sich ein weiteres Vorverständnis der S. heraus, indem es christl.- konfessionsstiftend frühere Positionen überwandt, verfiel unter veränderten Bedingungen aber der Kritik und wurde durch erneute Versuche eingestellt. Dieses Schicksal erfuhren etwa übergeschichtl.-systemat. Lehrsätze (→altprot. Orthodoxie), die Ideen geschichtsimmanenter Entwicklungsstufen des rel. Bewußtseins (→Idealismus), objektivist. Wissenschaftsideale (→Positivismus, →Historismus), zeitspezif. Manifestationen von allg. rel.-sittl. Ideen und Werten (liberale Theologie; →Kultur) sowie fundamentalist. Äußerungen rel. Unmittelbarkeit (→Pietismus, →Erweckung, →Fundamentalismus).

*D.* Weit weniger bewegt verlief die Entwicklung in der *kath. Theologie*, für die die S. angesichts ihrer mehrschichtigen Verhältnisbestimmung von Schrift, →Tradition, Lehramt und →Sakrament eine weniger existentielle Dringlichkeit besaß und die dementspr. schneller, wenngleich nicht ohne hist. Bewußtsein, auf den stabilisierenden Rahmen der institutionell *garantierten →Lehre* zurückgreifen konnte. So gelang es lange Zeit, unter modifizierter Beibehaltung der klass. Schriftsinne, die spirituelle Kraft der Schrift für verschiedenste →Frömmigkeitsstile und Haltungen der Kirchlichkeit aufzuschließen, deren institutionelle Sprengkraft aber gegenüber dem Lehranspruch der hierarch. Kirche zu *domestizieren.* Dennoch zeigen sich auch in ihr wechselnde, etwa aufklärer. rationalist., romant. oder historisierende Vorverständnisse. Erst z.Z. des →Modernismus kam es zum großen Konflikt, in dem nicht nur das Recht einer best. S., sondern die Eigenständigkeit und normierende Legitimität der S. überhaupt zur Diskussion stand und der eine Zeit des Stillstands für Exegese und deren hist. Erforschung einleitete.

*E. Neuere Ansätze* der S. entstanden vor allem in Auseinandersetzung mit der seit Ende des 19. Jh.s in der ev. Theologie etablierten und auch von einzelnen kath. Theologen intensiv betriebenen, in der kath. Theologie seit der Enzyklika »Divino

afflante Spiritu« (1943) und der Konstitution »Über die göttl. Offenbarung« (2. →Vat. Konzil) anerkannten hist.-krit. Exegese einerseits (→Bibelwissenschaft), mit den Auswirkungen der →Wort-Gottes-Theologie andererseits. Sie haben je auf ihre Weise die abständige Fremdheit und Andersartigkeit der Schrift und die veränderten Bedingungen ihres Verstehens und ihrer Aneignung in der Neuzeit zum Ausdruck gebracht.
Hiergegen erhob sich jedoch *krit. Einspruch.* Dieser richtete sich vor allem auf die Lebensferne, am Ideal wissenschaftl.-distanzierter Objektivität orientierter S., oder auf ihre rein intellektuelle Variante, die den ästhet. und emotionalen Erfahrungswert des →Mythos, der →Erzählung und der sprachl. Metaphern (→Metaphorik) verdrängte, oder gegen ein Vorverständnis, das sich existentialist., individualist. (→Existentialismus), elitär-avantgardist. oder in fundamentalist. Frömmigkeit in entschiedenen Gegensatz zur Welt, zu ihrer Kultur und Gesellschaft stellte. Demgegenüber hat sich eine Reihe *neuer Zugänge* zum Bibelverständnis entwickelt. Auf der Grundlage vor allem der sozialen, (tiefen-)psycholog. und sprachl. Dimensionen des neuzeitl. Erfahrungshorizontes versuchen sie, die Bedeutung der Bibelgehalte für die gegenwärtige Lebenswelt umfassend rel. und eth. zu erschließen:
*1.* Eine *materialist. und sozialgeschichtl. S.* (F. Belo, M. Clevenot, K. Füssel, L. und W. Schottroff, W. Stegemann) knüpft dabei an die →polit. Theologie an. Sie will nicht nur den Entstehungskontext bibl. Texte herausarbeiten, sondern auch deutl. machen, unter welchen geschichtl., ökonom., sozialen und ideolog. Bedingungen sie heute verstanden werden können. Der Ansatz führt die form- und gattungsgeschichtl. Frage (→Formen und Gattungen) nach dem »Sitz im Leben« eines Textes fort, befragt ihn dann auf rel. Hoffnungen und die polit. Möglichkeiten einer humanisierenden Befreiungspraxis hin. So erscheinen Bibeltexte einerseits als Reaktionen auf reale Situationen des Konflikts, Kampfes und Widerspruchs der damaligen Zeit (→Armut, →Krieg). Andererseits werden deren problemlösende Grundmuster – teils in unmittelbarer Identifikation, teils in struktureller Analogie der Gegenwart – als Antrieb und Legitimation zur bewußten Parteinahme für eine christl. Hoffnung stiftende Gesellschaftspraxis der »kleinen Leute« aufgegriffen (E. Cardenal, P. Freire, G. Casalis, →Befreiungstheologie, →kontextuelle Theologie).
*2.* Ein mehr *(tiefen-)psycholog.,* auch auf *Selbsterfahrung* bezogener Ansatz sucht psycholog. Interpretationsfiguren fruchtbar zu machen. Im Anschluß an die bibl. Lebenswelt erschließt er vor allem christl.-rel. Ganzheitserfahrungen des Menschen, bezieht dessen Vergangenheit und Träume als Ausdruck des Unbewußten, aber auch dessen Körperleben ein. Geeignete bibl. Geschichten werden nach Analogie der kollektiven Träume und Mythen, Märchen und Sagen neu interpretiert (E. Drewermann, Y. Spiegel, J. Scharfenberg) oder im szen. Nachspiel zur Wiedergewinnung zwischen menschl. Begegnungen und Beziehungen wiederentdeckt (→Bibliodrama). Ziel solcher Ansätze und Methoden ist nicht nur ein einfühlsames Verstehen bibl. Texte. Vielmehr soll ihre befreiende Wirkung etwa für jene Betroffenheitsschichten des Menschen aktualisiert werden, die durch familiäre →Erziehung, kirchl. →Sozialisation oder individuelle Persönlichkeitsentwicklung vielfach befangen und verstellt sind.
*3.* Ein *semiot.* (→Symbol) und *linguist.* (sprachstrukturalist.) Ansatz (J. Greimas) sucht den Zugang zum Bibelverständnis weniger über sozialgeschichtl. oder psycholog. Zusammenhänge, sondern über rel. und allgemeinmenschl. Sprachstrukturen (→Sprachwissenschaft). Im Mittelpunkt der S. steht hier die *narrative Grammatik* und Logik von Erzählungen, metaphor. Einheiten und Symbolwelten. Deren mannigfaltige und reichhaltige Sinnpotentiale sollen für das Verstehen und die Pragmatik der Prozesse von christl.-rel. Aneignung und →Kommunikation in Vergangenheit und Gegenwart erschlossen werden.

*F.* In all diesen Neuansätzen der Gegenwart drückt sich interkonfessionell wie international ein *praxisorientiertes Bemühen* aus, das hierzulande hauptsächl. von Institutionen der →Erwachsenenbildung verfolgt wird: Bibl. S. soll der esoter. Einkapselung in akadem. Theologie und dem kirchl. *Interpretationsmonopol* entwunden werden; christl. Religiosität soll in Herkunft und Wirkung auf der ganzen Breite kulturellen und gesellschaftl. Lebens, aber auch in der ganzen Tiefe psych. und ästhet. Erlebenszusammenhänge mitgeteilt werden können, damit sie auch für theol. nicht vorgebildete Menschen konkrete Lebenssituationen erschließt.

*Lit.: I. Baldermann:* Bibl. Didaktik. Die sprachl. Form als Leitfaden unterrichtl. Texterschließung am Beispiel synopt. Erzählungen, Hamburg, 3. Aufl. 1966. – *Ders.:* Die Bibel – Buch des Lernens. Grundzüge bibl. Didaktik, Göttingen 1980. – *H. Barth/T. Schramm:* Selbsterfahrung mit der Bibel, München/Göttingen 1977. – *G. Casalis:* Die richtigen Ideen fallen nicht vom Himmel. Grundlagen einer induktiven Theologie, Stuttgart 1980. – *E. Drewermann:* Tiefenpsychologie und Exegese, 2 Bde., Olten 1984/1985. – *K. Frör:* Bibl. Hermeneutik. Zur S. in Predigt und Unterricht, München 1961. – *E. Lange:* Brief an einen Prediger, in: Predigtstudien Bd. III/1, Stuttgart 1968, 7-17. – *O. Merk (Hg.):* S. als theol. Ausklärung, Gütersloh 1984. – *J. Scharfenberg/H. Kämpfer:* Mit Symbolen leben, Olten 1980. – *W. Schottroff/W. Stegemann (Hg.):* Der Gott der kleinen Leute. Sozialgeschichtl. Auslegungen, 2 Bde., München/Gelnhausen 1979. – *H. Schröer:* Wesen und Methode der Predigtmeditation. Ein prakt.-theol. Beitrag zu einer applikativen theol. Hermeneutik, Habil.-Schrift, Heidelberg 1967.

*Volker Drehsen/Hermann Häring (A)*

**Schubert,** *Franz,* geb. 31.1.1797 in Lichtenthal bei Wien, gest. 19.11.1828 in Wien, österr. Komponist, Sohn eines kinderreichen Schullehrers. 1808 wurde Sch. als Hofsängerknabe im kaiserl./königl. Konvikt zu Wien aufgenommen und damit Schüler von Ruzicka (Orgel, Klavier) und A. Salieri (Generalbaß, Kontrapunkt). Nachdem er wegen des einsetzenden Stimmbruchs 1813 aus dem Konvikt entlassen worden war, arbeitete Sch. bis 1817 als Schulgehilfe seines Vaters und widmete sich dann als *freischaffender Komponist* völlig der Musik. Seine Bemühungen um eine feste Anstellung als materielle Sicherung seiner Existenz blieben zeit seines Lebens erfolglos. Die einzigen Abwechslungen in seinem äußerl. ereignislosen und durch Krankheiten gezeichneten Leben bildeten die beiden Sommeraufenthalte in Zelesz (Ungarn) 1818 und 1824 sowie kurze Erholungsreisen nach Graz, Linz und Steyr. Sch. stand im Mittelpunkt eines großen *Freundeskreises*, dem u.a. die Dichter F. Grillparzer, F. Schober und J. Mayrhofer sowie der Maler M. von Schwind angehörte und der Sch. in jeder Hinsicht unterstützte. Die meisten Kompositionen Sch.s erlebten bei den geselligen Abenden dieser Freunde, den sog. »Schubertiaden«, ihre Erstaufführung.

In Sch. vollzieht sich der fließende Übergang zwischen den großen Epochen →Klassik und →Romantik der Musikgeschichte. Mit der lyr. Ausweitung seiner Themen, schnellen Wechseln der Harmonik, häufig überraschenden Modulationen und der steigenden *Bedeutung des Klanges* als Ausdrucksmittel anstelle des melod. Motivs weist sein Stil jedoch bereits deutl. in Richtung des 19. Jh.s.

Sch. schuf wichtige Werke verschiedenster Gattungen: neun Sinfonien, Kammermusik (u.a. Streichquartette »Der Tod und das Mädchen« und »Forellenquintett«), Klaviermusik sowie über 600 klavierbegleitete Sololieder, die eine neue Ära der Gattung →Lied im 19. Jh. einleiten. Eine bes. Stellung nehmen durch ihre zykl. Geschlossenheit die beiden Liederzyklen »Die schöne Müllerin« (1823) und »Die Winterreise« (1828) ein. Wenig Erfolg war seinen Opern (Singspielen) beschieden.

Den Kern von Sch.s *kirchenmusikal. Kompositionen* bilden die sechs Orchestermessen, die im wesentl. der klass. Tradition verhaftet sind. Die ersten vier in F-, G-, B- und C-Dur entstanden in rascher Aufeinanderfolge zwischen 1814 und 1816. Mit der fünften in As-Dur (sie liegt in zwei Fassungen von 1819 und 1822 vor) und der sechsten in Es-Dur (1828) ist der Höhepunkt von Sch.s kirchenmusikal. Schaffen erreicht. Die beiden letztgenannten folgen dem Typus der Missa solemnis (→Messe) und fordern als Besetzung das volle klass. Orchester mit Posaunen. Die Es-Dur-Messe gelangt durch melod. Verknüpfungen zwischen den einzelnen Sätzen zu einer bis dahin ungeahnten Komplexität. Bemerkenswert ist, daß in sämtl. Messen Sch.s die Worte »Et unam sanctam catholicam et apostolicam ecclesiam« im »Credo« fehlen. Bis heute gibt es für diese Lücke, die nur stellvertretend für eine auch sonst sehr freie Textbehandlung steht, keine hinreichende Erklärung. Neben den erwähnten sechs lat. Messen komponierte Sch. an weiteren kirchl. Tonwerken eine Dt. Messe, 5 Salve Regina, 4 Tantum ergo, 2 Stabat mater, das Oratorium Lazarus (Fragment) u.a.

Nur ca. ein Zehntel seiner Werke waren bei Sch.s Tod im Druck erschienen, und zu seinen Lebzeiten brachte auch das bis dahin einzige öffentl. Konzert mit seinen Werken am 26.3.1828 nur einen verhältnismäßig bescheidenen Erfolg. Bis heute steht Sch. etwas im Schatten des von ihm zutiefst verehrten L. von →Beethoven.

*Lit.: O. E. Deutsch:* Sch. Die Dokumente seines Lebens, Leipzig/Kassel 1964. – *A. Einstein:* Sch. Ein musikal. Portrait, Zürich 1952. – *A. Simon:* Die frühen Messen Sch.s, Karlsruhe 1968. – *O. Wissig:* Franz Sch.s Messen, Leipzig 1909.

*Silke Nonnenkamp*

**Schütz** (lat. Sagittarius), *Heinrich,* geb. 8.10.1585 in Köstritz bei Gera, gest. 6.11.1672 in Dresden, Hauptmeister der ev. Kirchenmusik im 17. Jh.

Die helle Knabenstimme von Sch. fällt dem Landgrafen Moritz von Hessen auf, der ihn 1598 als Sängerknaben anstellt und in Kassel erziehen läßt. 1607 studiert Sch. Jura in Marburg. Mit einem Stipendium des Landgrafen geht er zur Ausbildung als Organist und Komponist 1609 zu G. Gabrieli nach Venedig; dort werden die fünfstimmigen ital. →Madrigale gedruckt (op. 1, 1611) und seinem Gönner gewidmet. Sch. wird 1613 Hoforganist in *Kassel* und 1617 Hofkapellmeister in *Dresden* als Leiter der führenden ev. Kantorei (Kreuzchor). Dieses Amt hat er mit kurzen Unterbrechungen 55 Jahre inne. Auf seinen Hochzeitstag datiert er die 26 mehrchörigen →Psalmen Davids (op. 2, 1619). Es folgen die Auferstehungshistorie (op.3, 1623; →Ostern) und die 40 vierstimmigen lat. Cantiones sacrae (op. 4, 1625), →Motetten in ausdrucksstarker Polyphonie zu Texten aus der Bibel und der augustin.-bernhardin. →Mystik. Über den frühen Tod seiner Frau tröstet er sich mit der schlichten homophonen Vertonung der dt. Psalmlieder von C. Becker (op. 5, 1628, 1661 2. Aufl.). Bedeutsam wird für Sch. die Begegnung mit C. →Monteverdi 1628 in Venedig. Ihm verdankt er Geist und Technik der »Monodie« (Melodieführung über einem bezifferten Baß), wie er sie in den gesangl.-solist., instrumentalbesetzten lat. Symphoniae sacrae I (op. 6, 1629) zur Geltung bringt. Als →Requiem mit dt.sprachigen Bibel- und Liedtexten schreibt er für H. P. von Reuß die Musikal. Exequien (op. 7, 1636). Die Not der Kriegsjahre und die Zuversicht des Glaubens spiegeln sich in den Kleinen Geistl. Konzerten (op 8/9, 1636/39), Stücken von größter Konzentration und intensivster Wortauslegung. Die Symphoniae Sacrae II (op. 10, 1647) zeigen den Glanz des Kopenhagener Hofes, an dem er sich mehrmals aufhält. Hohe Vollendung der dt. Kantorenkunst bringen die 29 fünf- bis siebenstimmigen →Motetten der Geistl. Chormusik (op. 11, 1648 den Thomanern in Leipzig gewidmet) und die Symphoniae sacrae III (op. 12, 1650). Sch. organisiert den Wiederaufbau verschiedener Hofkapellen, indem er Noten und Instrumente besorgt, Sänger und Spieler betreut. Eindrucksvoll sind die einfachen 12 Geistl. Gesänge als liturg. Gebrauchsstücke seiner Dresdener Kantorei sowie zahlreiche Einzelwerke. Sch. ist bis ins hohe Alter schöpfer. tätig: Weihnachtshistorie (1664) und 3 responsoriale →Passionen (ab 1665). Als »Schwanengesang« entstehen das doppelchörige →Magnifikat, Psalm 100 und 119 in vielteiligen Formen (1670). Die *weltl. Werke* treten in den Hintergrund, zumal die wichtigsten verloren sind: Ballettmusik »Orpheus und Euridice« (1638) und die erste dt. Oper »Daphne« (1627) nach M. Opitz. Instrumentalmusik hat Sch. nicht hinterlassen. Sch., eine hochgebildete, im ev. Glauben verwurzelte Persönlichkeit, der größte Deklamator der dt. Sprache zwischen →Luther und →Bach, weiß wie kein zweiter die Worte der →Bibel in rhetor. und rhythm. Tonfiguren zu verwandeln, die den Bedeutungsgehalt dramat. und bildl. symbolisieren. Über 150 Jahre vergessen, wird Sch. in der →Romantik wiederentdeckt (C. von Winterfeld 1834), erforscht und dem →Gottesdienst erschlossen (Ph. und Fr. Spitta 1885). Die Singbewegung hat sein Werk gepflegt; aus ihr ging 1929 die Neue Sch.gesellschaft hervor mit Musikfesten, einer Gesamtausgabe und vielen prakt. Ausgaben.

*Lit.: W. Bittinger (Hg.):* Sch.-Werke-Verzeichnis (SWV), Kassel 1960. – *W. Blankenburg (Hg.):* H. Sch. in seiner Zeit (Wege der Forschung 614), Darmstadt 1985. – *O. Brodde:* H. Sch., Weg und Werk, Kassel 1972. – *H. H. Eggebrecht:* Musicus poeticus, Göttingen 1959, erw. Neuausgabe, Wilhelmshaven 1984. – *H. Eppstein:* H. Sch., Neuhausen-Stuttgart 1975. – *M. Gregor-Dellin:* H. Sch., sein Leben, sein Werk, seine Zeit, München 1984. – *H. J. Moser:* H. Sch., Leben und Werk, Kassel, 2. Aufl. 1954 (grundleg.).

*Martin Rößler*

**Schule**

*A.* Die Vielfalt heutiger Sch.n läßt leicht vergessen, daß die *Geschichte* derselben vornehml. die der Volkssch. ist. Auf dt. Boden in *Karolingischer Zeit* (spätes 8. bis Anfang 10. Jh.) als Klostersch.n gegründet, erfüllten sie in volksmissionar. Hinsicht eine wichtige Funktion. Die aufkommenden Stadtsch.n (12./13. Jh.) treten dann zu diesen geistl. orientierten Sch.n in Konkurrenz. Wenn auch zunächst die Lehrinhalte noch wenig differierten, so gewannen doch mit der Zeit die sog. Realien (»Sachkunde«), die den städt. Belangen (Zunftwesen usw.) dienen, die Überhand. Mit der →Reformation geraten auch die Sch.n in eine ernsthafte *Krise*, weil auf Grund struktureller Veränderungen sehr oft die finanziellen Ressourcen versiegen.

Unter diesem Gesichtspunkt sind dann auch →Luthers Schriften an die Ratsherren aller Städte, an den christl. Adel ein eindringl. Appell, wieder für ein intaktes Schulwesen zu sorgen. Die ev. wie kath. Kirchen- und Schulordnungen des *16. Jh.s* tragen diesem elementaren Bedürfnis Rechnung, wobei dem Gymnasium (so ab Mitte des 16. Jh.s die Bezeichnung für Sch.n, in denen mindestens zwei alte Sprachen gelehrt werden) das Hauptinteresse von seiten der Schulträger gilt. Für die Volkssch. gewinnt indes der Gedanke einer allg. Schulpflicht zunehmend an Bedeutung, obwohl er in den einzelnen Ländern und Städten unterschiedl. realisiert wird.

*B.* So wird auch das *Schulsystem in Deutschland* zum Abbild der polit. Verhältnisse: Die Sch. ist konfessionell, ständ. und föderalist. gegliedert. Mit der *Allg. Schulordnung* wird 1774 in Österreich, durch das *Allg. Landrecht* 1794 in →Preußen, mit dem *Generalmandat* 1802 in Bayern die allg. Schulpflicht eingeführt. Mit der kodifizierten Praxis, daß Sch.n »Veranstaltungen des Staates« sind (Allg. Landrecht), kommt ein aufklärer. Prinzip zum Tragen (→Aufklärung), das in der Folgezeit allerdings nur zum Teil eingelöst wurde; denn die *Ortsschulaufsicht* über die Volkssch. blieb an die Geistlichkeit delegiert. Erst 1919 (Weimarer Verfassung) wurde dieser Anachronismus aufgehoben und zugleich das Schulwesen im Zuge der polit. Neuordnung vereinheitlicht (ein Postulat seit 1848): Die allg. Schulpflicht wird auf Reichsebene (Art. 145) und die gemeinsame Grundsch. für alle (Reichsgesetz von 1920) eingeführt.

*I.* Mit der *Ausdifferenzierung* des weiterführenden Schulwesens (Real- und Berufssch.n, Gymnasien) zeigt sich jedoch eine grundsätzl. *Spannung*, die dem Einheitsschulgedanken im demokrat. Staat eine Grenze setzt – anders als im Dritten Reich, als die sog. Gemeinschaftssch. den Einfluß der Kirchen beseitigen sollte, und auch anders als nach 1945 in der Sowjetischen Besatzungszone und späteren DDR. So bleibt für die bundesdt. Verhältnisse u.a. die Vergleichbarkeit und Anerkennung der verschiedenen Schulabschlüsse ein permanentes Problem. Mit der Aufhebung der konfessionellen Volkssch. – zuletzt 1968 in Bayern – wurde dem Prinzip der relativen Trennung von →Kirche und Staat auch auf diesem Sektor Rechnung getragen.

*II.* Die Errichtung von *Gesamtsch.n* (kooperativ oder integrierend) Anfang der 70er Jahre (gemäß den Empfehlungen des Dt. Bildungsrates, 1969) in den meisten Bundesländern wurde zu einem Kulturpolitikum ersten Ranges, zumal der Bezeichnung Regelsch. eine mehrdeutige Begrifflichkeit zugrunde liegt. Allg. kann man sagen, daß in den christl.-demokrat. regierten Bundesländern das herkömml., d.h. im ganzen *dreigliedrige, Schulsystem* beibehalten wurde – allerdings auch dort mit wesentl. organisator. und didakt. Veränderungen. Hervorzuheben ist vor allem die innere und äußere Entflechtung der Volkssch. und ihre Aufteilung in *Grund-* und *Hauptsch.* Fakt. wurde letztere damit jedoch zur »Restsch. der Nation« degradiert. Die Konzentration auf sog. Mittelpunkt-, Verbund-, Dörfergemeinschaftssch.n schuf indes wieder neue Probleme, was die Erziehung im allg., die Gesundheit der Schüler, längere Schulwege usw. angeht.

*C.* Grundsätzl. wurde für alle Schularten die *Wissenschaftsorientierung* ihrer Inhalte unter curricularen Rahmenbedingungen bestimmend (→Didaktik und Methodik), was allerdings bei den Schülern auch zu negativen Erscheinungen wie mangelndem Sozialverhalten und Schulstreß führte. So konnten sich durch einen einseitig betonten Fachunterricht in der Grundsch. ebenso päd. Defizite ergeben, wie in der Studien- bzw. Kollegstufe des Gymnasiums die Leistungsansprüche zu einem rigorosen Kampf aller gegen alle um die versetzungs- und studienrelevanten Punkte herausfordern. So gibt es seit Jahren Aktionen für eine »humane Sch.«, die gleichermaßen von Eltern, Schülern und Lehrern getragen werden. Die Kirchen nehmen in diesem Zusammenhang durch öffentl. Appelle und Interventionen ein wichtiges Wächteramt wahr.
Eine grundsätzl. »Entschulung der →Gesellschaft« (Ivan Illich) erscheint weder realisierbar noch wünschenswert, wohl aber die *ständige Revision* der Lehrinhalte, -methoden wie institutionellen Rahmenbedingungen, wodurch auch die Sch. zu einer semper reformanda (»immer zu reformieren«) wird. Sch.n in freier Trägerschaft, worunter auch die Kirchen zu verstehen sind, haben in Deutschland wenig, am ehesten noch im Süden (dann allerdings eine profilierte) Tradition. Auf Grund der gen. Schwierigkeiten und Probleme gewinnen diese (z.B. Waldorfsch.n) in letzter Zeit jedoch immer mehr an Bedeutung.

*D.* Zur modernen Industrie- und Leistungsgesellschaft gehören aber auch vermehrt Kinder, die minderbegabt bzw. in ihrer geistigen Entwicklung gehemmt oder geschädigt sind. In diesem Zusammenhang üben *Sondersch.n* mit einer z.T. unter heilpäd. Gesichtspunkten entwickelten →Didaktik und Methodik eine sozialintegrative Funktion aus. Steigende Anforderungen in den Lernberufen haben sodann zu einem differenzierten Ausbau des *Berufsschulwesens* geführt. In *Dt. Auslandssch.n* wird dt. Sprache und Kultur vermittelt.
Als *Verschulung* bezeichnet man in der Gegenwart häufig gesellschaftl. Vorgänge, die eine geistige Bevormundung bzw. Reglementierung erkennen lassen.

*Lit.: Arbeitsgemeinschaft Freier Schulen (Hg.):* Handbuch Freie Sch.n. Päd. Positionen, Träger, Schulformen und Sch.n im Überblick, Reinbek 1984. – *Th. Ballauff:* Funktionen der Sch. Hist.-systemat. Analysen zur Scolarisation, Köln/Wien, 2., durchges. Aufl. 1984. – *E. E. Geißler:* Die Sch. Theorien, Modelle, Kritik, Stuttgart 1984. – *I. Illich:* Entschulung der Gesellschaft, München, 2. Aufl. 1972. – *Kirchenamt der EKD (Hg.):* Die Denkschriften der Ev. Kirche in Deutschland, Bd. 4: Bildung und Erziehung (Gütersloher Tb. 417), Gütersloh 1987. – *P. Lundgreen:* Sozialgeschichte der dt. Sch. im Überblick, 2 Bde., Göttingen 1980/81. – *W. Spies/K. Westphalen:* Die Gestalt unserer Sch. Verfassung, Zustand und Wandel einer gesellschaftl. Institution, Stuttgart 1987.

*Gerd Bockwoldt*

**Schwangerschaftsabbruch**

*A.* Der Sch. ist seit der →Antike bekannt, in der Regel unter *vaterrechtl.* Vorzeichen (im alten →Griechenland z.B. konnte ein Mann einerseits einen Sch. erzwingen, andererseits seine Frau bestrafen lassen wegen Kindstötung, wenn sie den Sch. ohne seine Einwilligung vornahm). Seit →Aristoteles wurde Sch. als *nichteigentl.* →*Tötung* verstanden: der männl. Embryo besitze erst vom 40. Tag, der weibl. vom 90. Tag an »Leben und Empfindung«; vorher sei kein wirkl. Menschenleben. *Beseelungsgedanken* (→Seele) und *Fristentheorie* sind seitdem nicht mehr aus der Sch.diskussion verschwunden. Hellen.-jüd. Lehrschriften (Pseudo-Phokylides) und frühe christl. →Kirchenordnungen (Didache) widersprachen solchen Anschauungen: Der Mensch sei bereits im Mutterleib eine von →Gott gebildete und angeredete →Person, deren Leben durch das 5. Gebot geschützt sei. Vom Konzil von Konstantinopel an (692) ist die christl. beeinflußte Rechtsentwicklung durch z.T. drast. Bestrafung des Sch.s geprägt.

*B.* Der Sch. ist zwar auch noch nach der Reform von 1976 in der Bundesrepublik Deutschland *grundsätzl.* verboten, aber es gibt strafbefreiende Ausnahmen; alle an einem Sch. Beteiligten bleiben in jeder Hinsicht straffrei, wenn die folgenden Stationen durchlaufen werden: soziale Beratung (§ 218b I,1 StGB), ärztl. Beratung (§ 218 b I,2), formale Indikationsfeststellung (§ 219) und objektiv indizierter Abbruch (§ 218a). Als Indikationen werden die med. (fristenunabhängig), die eugen. (22-Wochenfrist), die kriminol. und die soziale Indikation (12-Wochenfrist) anerkannt. Mitwirkungspflicht für Ärzte, Schwestern u.a. besteht nicht. Z.Zt. werden 70-80% der Sch.e auf Grund sozialer Indikation vorgenommen. Geschätztes Monatsmittel: 10-12.000 Sch.e.

*C.* Abgesehen davon, daß Sozialfachleute (auch kirchl.) zunehmend zu der Überzeugung gekommen sind, daß man mit Mitteln des *Strafrechts* werdendes →Leben nicht schützen und soziale Probleme nicht lösen kann, zeigt sich als weitere Grundproblematik, daß hier ein *allgemeingültiger Rechtsgrundsatz* (Wert des Lebens) zu *individuellen Ansprüchen* (Abtreibungswunsch der Mutter) in Konkurrenz tritt. Schließl. zeigt sich die Problematik, daß der Versuch einer *differenzierten Lösung,* die *zwischen* Sch.-Verbot und -Freigabe liegt (das Bundesverfassungsgericht hatte die in der Fristenlösung gegebene Verlagerung zu letzterem hin – so 1974 in einem ersten Reformgesetz vom Bundestag beschlossen – 1975 zurückgewiesen), kaum zu realisieren ist; tatsächl. schafft die *relative* Freigabe einen Sog zur »verkappten Fristenlösung«. Daran änderte auch die Auflage des Bundesverfassungsgerichtes nichts, wonach der obligator. →Beratung die Tendenz zur Erhaltung der Schwangerschaft eigen sein muß. Die →Kirchen argumentieren, daß Sch. nicht nur individuell gewollt, sondern Ausdruck umfassender Lebensfeindlichkeit, Lebensbedrohung und Lieblosigkeit in der →Gesellschaft ist. Daher stehen neben kirchl. Beteiligung an der Schwangerschaftskonfliktberatung (§ 218b I,1 StGB) und Hilfen aus kirchl. Stiftungen für Frauen in Konfliktsituationen Appelle an die christl. →Gemeinden, mit dafür Sorge zu tragen, daß unter uns Leben als lebenswert erfahren werden kann. Die Art kirchl. Mitwirkung in der Hilfe in Problemen des Sch.s spiegelt die Position wider: Theol. ist der Sch. zwar nicht zu rechtfertigen, aber der Mensch kann gerechtfertigt werden, gerade der schuldig gewordene. Daher sind kirchl. Beraterinnen und Berater gehalten, Frauen in Sch.skonflikten jene Annahme voll zuteil werden zu lassen, die diese ihrem Kind (noch) verweigern.

*Lit.: S. Naaf:* Der § 218 StGB – eine Herausforderung für Staat, Kirche und Gesellschaft, in: *M. Schick/H.Seibert/Y. Spiegel (Hg.):* Diakonie und Sozialstaat, Gütersloh 1986, 272-296 (Lit.).

*Horst Seibert*

**Schwarzafrika** ist die Sammelbezeichnung für →Afrika südl. der Sahara, eine Region, die aus höchst unterschiedl. Natur- und Kulturräumen besteht. Ethnolog. unterscheidet man vier Bevölkerungstypen: 1. die sudan. Völker, die die Sahelzone südl. der Sahara bewohnen; 2. die guine. Völker der westafrik. Küsten und Waldgebiete; 3. die nilot. Völker Ostafrikas und 4. die Bantu-Stämme südl. des Äquators. An der ostafrik. Küste entstand die eigenständige Swahili-Kultur durch Mischung arab. und Bantubevölkerungsteile. Reste einer noch älteren Bevölkerung haben sich an verschiedenen Stellen im Bantu-Gebiet erhalten: Pygmäen, San (Buschmänner) und Khoikhoin (Hottentoten).

*A. Religionsgeschichtlich*

Die Völker Sch.s gehörten ursprüngl. *verschiedenen →Stammesreligionen* an, deren Erfassen die Religionswissenschaft vor die ungewohnte Aufgabe stellte, die mündl. →Tradition ihrer schriftlosen →Kultur zu verstehen. So sprach man früher abwertend von »primitiven Religionen«, →Animismus, Ahnenkult, →Zauber und →Magie, während wir heute in Afrika Menschen anderen lebendigen →Glaubens im →*Dialog* begegnen. Aus der Vielfalt ihrer rel. Erscheinungsformen schälen sich einige Gemeinsamkeiten heraus.

*I.* Die Stammesreligionen sind darin *holist.* (ganzheitl.; →Ganzheit), daß nicht getrennt wird zwischen leibl., seel., geistigen, gesellschaftl., wirtschaftl., polit. und rel. Lebensbereichen. Der einzelne ist Glied seiner Sippe, die mit der Glaubensgemeinschaft identisch ist und zu der neben den Lebenden auch die Toten gehören. Viele Stämme sind mit ihrer →Umwelt durch ein →Totem eng verbunden. Fast alle Stämme wissen um einen *Hochgott*, der ihre Gemeinschaft und ihren Lebensraum hervorgebracht hat. Er ist allmächtig und unsichtbar und wird nicht bildl. dargestellt. Als →*Mittler* zwischen ihm und den Menschen stellt man sich →Geister, Kultbringer, Heroen und die Ahnen vor. Ihre →hll. Stätten sind Berge, Wasserfälle und Bäume. Das zykl. (im Kreislauf wiederkehrende) Kultjahr (→Jahr) wird nach dem Stand von Mond und Sternen errechnet. Im *Lebenszyklus* begeht die Gemeinschaft Geburt, Reife, Hochzeit und →Tod ihrer Glieder durch *rites de passage* (→Übergangsriten). Auf die Reifefeier bereitet eine Stammes-Buschschule vor, wobei die →Beschneidung heute immer seltener geübt wird. Durch Begräbnis und Heimholung erhebt man den Verstorbenen in den Rang eines mächtigen »lebenden Toten«.

*II.* Der Schlüssel zum Verständnis der Stammesreligionen liegt in der Überlieferung des →Mythos, der die *Urzeit* als heile Segenszeit darstellt. Als Gott noch bei den Menschen wohnte, waren sie gesund und mehrten sich, kannten sie weder Blutvergießen (→Blut, →Tötung) noch →Krankheit und Tod. Später zog sich der Schöpfer wegen ihres Fehlverhaltens von ihnen zurück. Die Folge dieser Trennung war der Tod. So gibt es nur eine →Hoffnung auf neue Lebenskraft: Der Hochgott muß wieder zum Eingreifen bewegt werden. Durch den →Ritus wird die verlorene Heilszeit für heute lebende Menschen bedeutungsvoll und heilbringend vergegenwärtigt. Dabei wird das Geschehen der Urzeit rezitiert (gesprochen) und von der Sippe *symbol. wiederholt.* Das Wissen um die Tradition qualifiziert zum Amtsträger (→Priester), der den →Kult leitet.
Oft ist das der sakrale *König* oder Häuptling, der für die Lebenskraft seines Stammes verantwortl. ist, oder der *Medizinmann*, den wir heute von seiner Funktion her sachgemäßer als Arzt-Priester bezeichnen. Er erklärt Unheil und Krankheit in einer der Gemeinschaft einsichtigen Weise und bewirkt →Frieden und →Heil weniger durch eigenes verantwortl. Handeln als durch →Versöhnung und →Gebete, die stets an Gott gerichtet sind. Bei einem früher als →Opfer bezeichneten Gemeinschaftsmahl bittet er die Ahnen, diese Gebete vor Gott zu tragen.

*III.* In der Begegnung mit dem →Islam und dem →Christentum, denen heute die meisten Afrikaner angehören, wandeln sich auch die Stammesreligionen. In einer dynam. Anpassung an die sich schnell verändernden Verhältnisse in Afrika erleben sie eine Wiedergeburt; Arzt-Priester berichten von neuen →Offenbarungen und legen sie schriftl. nieder, und neue rel. Bewegungen entstehen an vielen Orten.

*Lit.: E. Dammann:* Die Religionen Afrikas, Stuttgart 1963. – *J. S. Mbiti:* Introduction to African Religion, London 1970. – *G. Parrinder:* African Mythology, London 1967. – *J. B. Taylor (Hg.):* Primal World Views, Ibadan 1976. – *H. W. Turner:* Bibliography of New Religious Movements in Primal Societies, I: Black Africa, Boston (Mass.) 1977 (Lit.).

*Hans-Jürgen Becken*

*B. Missionsgeschichtlich*

*I.* Sch. trat mit den Entdeckungsfahrten der Portugiesen gegen *Ende des 15. Jh.s* in den Bereich der Evangelisierung. Bekannt wurde vor allem die Kongo-Mission der Kapuziner (1645-1835). Klimat. Schwierigkeiten, polit. Ränkespiele zwischen →Spanien, →Portugal und den →Niederlanden, die →Franz. Revolution und schließl. das unglaubwürdige Verhalten »christl.« Mächte (→Sklaverei) führten zum erfolglosen Ausgang dieser Missionsphase. Ähnl. wie die Evangelisierung von →Nordafrika nach 6 Jh.en hinterließ diese erste Phase nach 3 Jh.en fast keine Spuren.

Mit dem Aufbrechen des Kolonialismus (→Kolonisation) und der Antisklaverei-Bewegung begann eine *neue Missionswelle*, der es innerhalb eines Jh.s gelungen ist, bleibende Kirchen zu begründen. Ev. und kath. Missionare durchquerten die weiten Gegenden, sammelten Christengemeinden, bauten die großen Missionszentren und konnten – nach Anlaufphasen vor allem zwischen den beiden Weltkriegen – durch das Schulwesen die junge Generation für den christl. Glauben gewinnen. Mit großer Zielstrebigkeit suchte man auch einen einheim. →Klerus aufzubauen und katholischerseits die Leitung der →jungen Kirchen afrik. Bischöfen anzuvertrauen. Der erste afrik. anglik. Bischof, Ajayi Crowther in Nigeria, wurde 1864 geweiht (seine Nachfolger waren wieder Nichtafrikaner). Die ersten zwei kath. Bischöfe (nach Bischof Henrique von Kongo, der 1518 geweiht wurde) traten 1939 ins Amt.

Für die →kirchl. *Statistiken* muß man beachten, ob nur die tatsächl. Getauften oder auch die Katechumenen (Taufbewerber) oder auch die Sympathisanten gezählt werden. Dementspr. gab der Vatikan für 1980 für →Afrika 58 Mill. Katholiken an, D. Barrett hingegen 71 Mill., Regierungsstatistiken gar 77 Mill. Wichtig sind die tatsächl. und erwarteten *Wachstumsraten.* Bezogen auf ganz Afrika, lauten die Angaben von D. Barrett für 1950/ 1980/ 2000 in Millionen folgendermaßen: Katholiken: 14/ 71/ 175; andere Christen: 20/ 75/ 176; Muslime: 92/ 190/ 326; traditionelle afrik. Religionen: 96/ 113/ 91. Dies entspricht einer Gesamtbevölkerung von 222/ 449/ 768. Demgemäß betragen die Christen im Jahre 2000 46% der afrik., 57% der schwarzafrik. Bevölkerung. Der Grad der Evangelisierung beträgt nach diesen Berechnungen 1900 23,1%, für 1980 74,4%, für 2000 85,5%.

*II.* Die neue kirchl. Problemlage kann wie folgt umschrieben werden:

*1. Vom Kolonialismus zu den unabhängigen Staaten:* Nach der Zeit des Kolonialismus folgte 1960 das »Afrika-Jahr«, in dem 17 Kolonien die Unabhängigkeit erhielten. Heute zählt Afrika 54 unabhängige Staaten. Die Kirchen haben die Unabhängigkeitstage mitgefeiert, haben den Übergang zur →»Freiheit« entgegen gewissen beängstigenden Prognosen recht gut überstanden, aber nehmen heute auch teil an der großen Ernüchterung infolge der wirtschaftl. und polit. Krise in den meisten Ländern. Ihre wichtigste Aufgabe ist es, an der Umkehr und Zuverlässigkeit der Menschen zu arbeiten und zu bewirken, daß die Hoffnung nicht untergehe.

*2. Von den Missionen zu den Ortskirchen:* Die Missionare, die ehemaligen Patrone »ihrer Missionen«, sind nun ins zweite Glied, in den Dienst der →jungen Kirchen getreten. Afrika hatte 1951 erst zwei afrik. kath. Bischöfe, 1980 waren es 293. Das Überleben der restl. »weißen Missionsbischöfe« (ca. 1/3) ist nur noch eine Frage der Zeit. Die ev. Kirchen sind nahezu vollständig in den Händen der Afrikaner. Auf kontinentaler Ebene besteht katholischerseits die SECAM (Symposium of Episcopal Conferences of Africa and Madagascar) mit Sitz in Accra, protestantischerseits die AACC (All Africa Conference of Churches) mit Sitz in Nairobi.

*3. Von den Werken zur Botschaft:* Die Missionen in Afrika hatten durch ihre Werke, die Schulen und Spitäler, Entwicklungshilfe geleistet, längst bevor dieses Wort geprägt war. Nach der Erlangung der Unabhängigkeit haben die meisten Staaten, eifersüchtig auf ihre →Autonomie, alle Schulen und Spitäler verstaatlicht. Die Kirchen protestierten in der Regel, waren später aber froh, daß sie von dieser Last befreit wurden. Statt Manager zu sein, können sie nun die Frohe Botschaft verkünden. Allerdings sollen die Christen merken, daß Christsein nicht bloß mit Kirchenbesuch und →Gottesdienst zu tun hat, sondern auch mit Verwirklichung der Heilsgeschichte, mit Befreiung von Unwissenheit, →Krankheit und →Armut. Sie sollten bei diesem Bemühen die besten Animatoren sein.

*4. Vom Europäismus zur Afrikanisierung:* Nachdem Afrika (weitgehend) christianisiert worden ist, soll nun das Christentum in Afrika afrikanisiert werden. Das Problem der →Inkulturation wird im kulturell so lange gedemütigten Afrika stärker empfunden als anderswo. Die unabhängigen afrik. Kirchen (→Junge Kirchen; vgl. auch →Kimbanguismus) mit ihrer Spontaneität und schöpfer. Kraft (afrikan. Kleidung und Musikinstrumente, charismat. Elemente mit u.a. Exorzismus und Heilung[→Charisma], reichhaltige Liturgien) üben auch auf die Großkirchen eine wachsende Faszination aus. In bezug auf →Theologie (→kontextuelle Theologie, →schwarze Theologie), →Liturgie und eine eigene Disziplin steht man noch am Anfang dieses Prozesses. Um schneller voranzukommen, wird ein »afrik. Konzil« gefordert.

*5. Von der Konkurrenz zur →Ökumene:* Bis noch vor 30 Jahren herrschte in Afrika eine ausgesprochen antiökum. Haltung. Die Kirchen ignorierten oder bekämpften sich vor allem wegen der Schulen. Mit Papst Johannes XXIII. (1958-1964) kam auch für Afrika die Wende. An vielen Orten führt man nun gemeinsame Projekte auf sozialer Ebene durch. Man arbeitet auch an rund 80 Projekten für die gemeinsame →Bibelübersetzung und – verbreitung. In manchen Ländern gibt es einen gemeinsamen Rat aller Kirchen, um gegenüber der Regierung wie eine Kirche dazustehen.

Ein bes. Problem bilden die viele Tausende zählenden afrik. »*Unabhängigen Kirchen*«, meistens von einem »Propheten« gegründet, die mit der Bibel in der Hand ihren Weg gehen und durch ihre totale Inkulturation die Leute faszinieren (→Junge Kirchen). Sie belasten die Ökumene, andererseits fordern sie die Kirchen heraus, auch noch vermehrt afrik. zu werden.

*Lit.: D. B. Barrett (Hg.):* World Christian Encyclopedia, Oxford/Nairobi 1982. – *Ders.:* Schism and renewal in Africa. An analysis of six thousand contemporary religious movements, Oxford 1968. – *W. Bühlmann:* Afrika, Mainz 1963. – *Ders.:* Missionsprozeß in Addis Abeba, Frankfurt/M. 1977. – *T. Filesi/I. de Villapadierna:* La »Missio antiqua« dei Cappuccini nel Congo, Rom 1978. – *C. P. Groves:* The planting of christianity in Africa, I-IV, London 1948-1958. – *A. Hastings:* A history of African christiantiy 1950-1975, Cambridge 1979. – *P. E. Ofori:* Christianity in tropical Africa: Annotated bibliography, Nendelen 1977. – *UNESCO (Hg.):* Histoire générale de l'Afrique, Paris 1980ff. - Pour un Concile africain, Paris 1978.

*Walbert Bühlmann*

**Schwarze Theologie** ist ein Versuch nordamerik. und südafrik. Christen, die Situation ihrer ethn. Gruppe als Opfer eines jh.elangen Rassismus (→Rassenfrage) im Licht des Evangeliums zu begreifen, somit ein deutl. Beispiel →kontextueller Theologie.

*A. Nordamerika* (→Vereinigte Staaten von Amerika; →Afroamerikaner): Die Wurzeln der s.T. liegen in den alten Negerkirchen aus der Sklavenzeit (→Sklaverei). Gesang (Negro-Spirituals) und Predigt nährten den Glauben an einen Gott der Befreiung. Dieser »revolutionäre« Glaube motivierte damals den Widerstand (Aufstände von Plantage-Sklaven) und lebte unter dem Ansporn von M. L. King (gest. 1968) wieder auf, der sich für eine amerik. Gesellschaft einsetzte, in der die schwarze →Minderheit integriert anstatt diskriminiert ist (→Diskriminierung). Andere schwarze rel. Führer, darunter der Muslim Malcolm X (gest. 1965) betonten die kulturelle Eigenart (→Kultur), riefen zu einem separatist. Nationalismus (→Nation) auf und dachten, die herrschende Ordnung allein durch den Einsatz von →Gewalt (»Black Power«) zu durchbrechen. Schwarze Prediger, anfängl. Befürworter der Integration, begriffen, daß die eigene schwarze Identität bejaht werden mußte. Die Bestätigung dieser vom Schöpfer-Gott gewollten *schwarzen Identität* war für sie eine Tat des Glaubens. Im Auszug aus Ägypten (→Exodus) – als aktuelle Offenbarung erfahren – wird Gott als Befreier aus der Unterdrückung erkannt, während in →Jesus Christus die wirksame Gegenwart des Sklave gewordenen Gottes bekannt wird. Die s.T. versuchte anfängl., ihr akadem. Niveau durch »weiße« Kriterien zu beweisen. Später begriff man, daß sie vor allem für die schwarzen Kirchen von Bedeutung sind, ferner die afrik. Theologie und die übrige →Dritte Welt zum Gesprächspartner haben mußte. Zugleich bestand das Bedürfnis nach einer *Gesellschaftsanalyse*, damit die Theologie nicht in eth. Aufrufen und Forderungen steckenblieb. Zu dieser Einsicht führte vor allem der Kontakt mit der lateinamerik. →Befreiungstheologie. Aufmerksamkeit gewann auch die Befreiung der schwarzen Frau (→feminist. Theologie). Die bekanntesten Repräsentanten sind: J. H. Cone, A. B. Cleage, W. R. Jones, J. D. Roberts, J. R. Washington, G. S. Wilmore.

*B. Südafrika:* Die schwarze Studentenbewegung (u.a. *Steve Biko*) setzte sich vor allem seit 1968 dafür ein, daß sich die schwarze Bevölkerung sowohl ihrer Entfremdung als auch ihres eigenen Wertes bewußt wurde, indem sie ihre Geschichte, Kultur und ihr – von Weißen verwaltetes – Christentum neu auslegte. Man startete Projekte zur Verselbständigung (*selfreliance*), darunter eines für s.T. Inhaltl. besteht Ähnlichkeit mit der amerik. s.T. Der Gedanke vom Menschen als Bild Gottes wird akzentuiert. Zugleich bestehen Unterschiede: Die südafrik. s.T. befürwortet eine *vielrassige Gesellschaft* (Integration unter Anerkennung der schwarzen Minderheit); sie geht mit dem Problem der →Gewalt äußerst behutsam um; sie betont nicht die stammeskulturelle Eigenart, sondern die Einheit aller Schwarzen; sie rechnet zu den »Schwarzen« auch die Andersfarbigen, Inder und solidar. Weiße; sie ist eine Initiative von Intellektuellen. 1981 wurde in Braamfontein das Institut für kontextuelle Theologie (ICT) errichtet, das eine aufs Volk gerichtete Theologie entwickeln will und mit den vielen Afrik. Unabhängigen Kirchen (→Schwarzafrika) Kontakt sucht. Die bekanntesten Repräsentaten sind: A. Boesak, M. Buthelezi, O. Goba, S. Govender, Z. Kameeta, T. Mofokeng, M. Motlhabi und D. Tutu.

*Lit.:* Lit. zu A.: J. H. Cone: *For my people, Maryknoll 1984.* – G. S. Wilmore/J. H. Cone (Hg.): *Black Theology, Maryknoll 1979.* – Zu B.: A. Boesak: *Black and Reformed, Maryknoll 1984.* – *Kairos-Dokument. Materialdienst des Ev. Missionswerk im Bereich der BRD und Berlin/West e.V., Nr. 14, erw. Aufl. 1986, 4-10.* – Z. Kameeta: *Gott in schwarzen Gettos, Wuppertal 1983.* – T. A. Mofokeng: *The Crucified Among the Crossbearers, Kampen 1983.* – B. Moore (Hg.): *S.T. in Afrika, Göttingen 1973.* – L. Scherzberg: *S.T. in Südafrika, Frankfurt/M. 1982.* – I. Tödt (Hg.): *Theologie im Konfliktfeld Südafrika. Dialog mit Manas Buthelezi, Stuttgart/München 1976.*

*J.P. Heijke (Übers. H. Häring)*

**Schweden.** Prot. 67,6%, davon 93% Angeh. der luth. Staatskirche; Kath. 1,4%; Orthod. 1,0%; Nichtgläubige und Atheisten 26,7%. Auf Handelsfahrten und Wikingerzügen lernten die S. schon im

9. Jh. das →Christentum kennen und holten *Ansgar von Bremen* (801-865) ins Land; die endgültige Christianisierung erfolgte aber erst im 11. und 12. Jh. durch Missionare aus England und Bremen. Zwei Kirchenprovinzen, Lund (1103) und Uppsala (1164), entstanden. Bettelorden, insbes. →Dominikaner und →Franziskaner, sowie der von der hl. Brigitte (1302-1373) gegründete Brigittenorden prägten das geistl. Leben. Als die nationale Erhebung gegen die dän. Herrschaft 1523 *Gustav Wasa I.* auf den schwed. Thron brachte, führte dieser eine konservative →Reformation durch, bei der Olaus Petri (1493-1552) und sein Bruder, der Erzbischof von Uppsala, Laurentius Petri (1499-1579), führende Rollen spielten. Privilegien und Reichtum des →Klerus wurden beschnitten, luth. Lehren und Riten langsam eingeführt. Man hielt jedoch an der kath. Kirchenordnung (einschl. der hist. Sukzession der Bischöfe) fest. Erst nach dem Scheitern der Rekatholisierungsversuche unter König Johann (1569-92) nahm die Synode von Uppsala (1553) das →Augsburger Bekenntnis an. Repressive Maßnahmen gegen Katholiken folgten. Die →Erweckungsbewegung des 19. Jh.s gab der Volksfrömmigkeit eine stark pietist. Note (→Pietismus), drängte das sakramentale Element zurück und ließ verschiedene →Sekten entstehen. Im 20. Jh. begann eine kirchl. Erneuerung in enger Verbindung mit der →ökumen. Bewegung, die neben den luth. auch die altkath. Elemente in →Theologie, →Ekklesiologie und →Liturgie wieder zur Geltung brachte. Auch in der Exegese des →NT und in der Religionsgeschichte finden schwed. Beiträge weltweit Beachtung. Die luth. Kirche ist heute noch Staatskirche unter König und Parlament; aber seit dem 19. Jh. herrscht rel. Freiheit. Auch Anhänger der anderen prot. Kirchen bleiben z.T. in Verbindung mit der Staatskirche. Die röm.-kath. Kirche (Bistum Stockholm seit 1953) hat einen starken Anteil an Ausländern oder Einwanderern, der die →Inkulturation erschwert. Für alle Kirchen wirft die fortschreitende →Säkularisierung des Landes erhebl. Probleme auf.

*Lit.: A. Åberg u.a.:* Katolska kyrkan i Sverige 1783- 1983, Uppsala 1983. – *C. Bergendoff:* Olavus Petri and the ecclesiastical transformation in Sweden, Philadelphia 1965. – *Y. Brilioth/H. Holmquist:* Handbok i svensk kyrkohistoria, 3 Bde., Stockholm 1952-1959. – *B. Gustafsson:* Svensk kyrkohistoria, Stockholm 1957. – *P. G. Lindhardt:* Skandinav. Kirchengeschichte seit dem 16. Jh., Göttingen 1983. – *R. Murray:* A brief history of the church of Sweden, Stockholm, 2. Aufl. 1969.

*Thomas Riplinger*

**Schweigen.** Das Sch. wurde rel. lange vordringl. bedacht als ein Verstummen, Stillwerden, Nichtreden in der →Liturgie, in der meditativ-myst. Versenkung sowie als moral.-asket. Verhalten. Nicht zuletzt die Begegnung mit den »Schweige«-Religionen Asiens, zumal dem →Buddhismus, hat den Sinn für das Verhältnis von →Wort und Sch. erneut geschärft. Dabei erweist sich das Reden von einem redenden Gott (→Wort Gottes) als das Nicht-Selbstverständliche. Lebt der Buddhismus aus der deutl. Absage an einen worthaft-tathaft sich mitteilenden Gott, so steht im Zentrum der jüd.-christl. Verkündigung die Erfahrung eines lebendigen, weil worthaft-tathaft in der →Geschichte wirksamen Gottes (→Offenbarung). Deshalb hat die Erfahrung des Sch.s Gottes, der Abwesenheit und Ferne Gottes im Christentum eine andere Wertigkeit als das »Sch. des Buddha« etwa im Buddhismus, wo der Buddha letztendl. »nichts« zu sagen hat.

In einer philos.-metaphys. Betrachung stehen sich gegenüber: das Leben aus dem Unsagbaren und dem »beredten Sch.« (das sich menschl. Wort letztl. entzieht, aber im Grunde doch Wort ist und im Wort [griech. *logos*] an seiner Worthaftigkeit teilhaben läßt) und das Leben aus einem namenlosen Grund (der wortlos ist und bleibt und daher im Grunde »nichts« ist). Beidemal stellt sich die Frage, wie Wort und Sch. zu überbrücken sind. Wo das Wort aus dem Sch. als dem absoluten Nicht-Wort kommt, kann man (analog zu M. →Heidegger) fragen: Warum gibt es überhaupt →Sprache und Gespräch und nicht vielmehr Sch.? Wo das menschl. Wort als Antwort auf das absolute göttl. Wort erscheint, führt die Frage nach dem Unterschied zwischen menschl. und göttl. Wort in und durch das Sch. Die christl. Theologie hat in Patristik (→Kirchenväter) und Hochma. die Vermittlung mit Hilfe der sog. negativen Theologie zu leisten versucht; in ihr ging der theol. Erkenntnisweg (im Dreischritt von Bejahung [*via affirmationis*] über die Verneinung [*via negationis*] zur Überbietung [*via eminentiae*]) über in die Bemühung um eine myst. Gottbegegnung und Theologie (→Mystik). Erst vor dem Hintergrund einer theol.-philos. Reflexion des Sch.s erhält dieses in seinen verschiedenen Lebensvollzügen und -erfahrungen seinen vollen Sinn.

*Lit.: J. Hochstaffl:* Negative Theologie, München 1976. – *G. Mensching:* Das hl. Sch., Gießen 1926. – *M. Picard:* Die Welt des Sch.s, Erlenbach/Zürich, 2. Aufl. 1950. – *R. Sesterhenn (Hg.):* Das Sch. und die Religionen, München 1983.

*Hans Waldenfels*

**Schweitzer,** *Albert,* geb. 14.1.1875 in Kaysersberg (Elsaß), gest. 4.9.1965 in Lambarene. Sch., den die Welt als Urwalddoktor und »Genie der Menschlichkeit« kennt und verehrt, ist von Haus aus Theologe und bleibt dies sein Leben lang. Im Dorfpfarrhaus zu Günsbach wächst er auf. Alles, was später sein Wesen kennzeichnet – die Ehrfurcht vor der →Wahrheit, die tolerante Gesinnung, die Liebe zur →Musik, das Mitleid mit der Kreatur –, in diesem Dorf und durch die liberale Predigt des Vaters wird es grundgelegt.

Sch. hat eine reiche Begabung. In drei Fakultäten der *Straßburger Universität* studiert und promoviert er: der philos., der theol. und der med. In der →Musikwissenschaft macht er sich als Bach-Forscher und -Interpret weltweit einen Namen (J. S.

→Bach), hält der niedergehenden Kultur mit seiner scharfsinnigen Analyse einen Spiegel, mit seiner »Ethik der Ehrfurcht vor dem Leben« ein Rettungsseil vor die Augen und vertieft seine Gedanken gar in die »Weltanschauung der ind. Denker« (1935). Er wird Arzt und baut in *Lambarene* (Äquatorial-Afrika) ein Spital – ein Symbol der helfenden Tat in unserer Zeit. Mehr als 50 Jahre arbeitet er dort bis zu seinem Tode. In dieser Zeit werden ihm hohe Auszeichnungen zuteil: Goethepreis der Stadt Frankfurt (1928), Friedenspreis des Dt. Buchhandels (1951), Friedensnobelpreis (1953). Seine Erinnerungen »Aus meinem Leben und Denken« (1931) zählen zur Weltliteratur. Aber immer wieder kehrt Sch. zu der eigentl. Mitte seines Lebens zurück, zur →Theologie, um derentwillen er ein Predigtamt in Straßburg übernimmt, eine akadem. Laufbahn in der philos. Fakultät ablehnt, um sich statt dessen 1902 für das Fach →NT zu habilitieren.

Als *Theologe* hat Sch. nur *ein* Thema: →Reich Gottes und →Christentum. An dem Manuskript zu diesem Buch (1967 posthum erschienen) arbeitet er noch in den letzten Lebensjahren. Es ist aber auch das Thema, das schon den Straßburger Studenten beschäftigt und das schließl. den Stoff zu jenen Büchern liefert, mit denen Sch. seinen Namen für immer in die Theologiegeschichte unseres Jh.s eingetragen hat, die »Geschichte der Leben-Jesu-Forschung« (1906) und »Die Mystik des Apostels Paulus« (1930). Es sind nicht die theol. Problem*lösungen*, mit denen Sch.s theol. Werk noch heute in der Diskussion präsent ist, sondern die *Fragestellungen* und eine entscheidende Grundeinsicht: Jesus, das frühe →Urchristentum und →Paulus sind durch und durch von der *jüd.-apokalypt. Enderwartung* bestimmt. Mit dieser Einsicht vermag Sch. sowohl die modernen Leben Jesu als Phantasieprodukte des jeweiligen Zeitgeistes zu entlarven als auch sein eigenes, der Historie abgerungenes Jesusbild zu rekonstruieren. Es ist der Jesus, der die nahe Gottesherrschaft verkündigt, sie schließl. durch seinen Tod herbeizuzwingen versucht – und scheitert. Diesen Jesus gibt Sch. für immer an die hist. Vergangenheit zurück und behält für die Gegenwart allein die »eschatolog. Ethik« Jesu, das unbedingte Gebot der Nächstenliebe als die Begegnung »von Wille zu Wille« bei. Für den heutigen Glauben ist nur der *Geist Jesu* maßgebl.

Auch die *Paulus-Studien* treibt Sch. in dem Bewußtsein, daß die bisherige Forschung versagt hat. Statt den →Apostel konsequent aus der frühjüd. →Apokalyptik herzuleiten, erklärt sie ihn aus dem griech. Geist. Die auch hier in Sch.s System obwaltende Einseitigkeit fördert dennoch das wichtige Ergebnis zutage, daß Paulus *beiden* Wahrheiten gerecht wird, daß das Ende des alten Äons nahe und der neue Äon mit Christus schon angebrochen ist. Zwischen Jesus und Paulus muß man also nicht wählen. Paulus hat die Gedanken Jesu sachl. zu Ende gedacht.

Sch.s theol. Arbeit ist vielfach kritisiert worden. In einem bleibt sie *unantastbar:* Sie hat der Theologie eingeschärft, daß sie nur in der »Achtung vor der hist. Wahrheit« glaubhaft bleibt und daß ohne den geschichtl. Jesus von Nazaret die Botschaft von →Jesus Christus grund-los ist. Sch.s Vermächtnis an die Welt aber ist die →Ethik der Ehrfurcht vor dem →Leben. An ihr kann sich sehr wohl und vielleicht schon bald entscheiden, ob die Menschheit eine Zukunft hat oder nicht. 1965 ist Sch. gestorben: »Ein Leitbild der Menschlichkeit. Ein Zeichen unter Völkern, ein Gewissen der Welt« (E. Wölfel).

*Lit.: E. Gräßer:* Albert Sch. als Theologe, Tübingen 1979. – *Ders.:* Albert Sch., in: *K. Scholder/D. Kleinmann (Hg.):* Prot. Profile. Lebensbilder aus fünf Jh.en, Königstein/Ts. 1983, 307-323. – *H. Groos:* Albert Sch. Größe und Grenzen, München 1974. – *W. Picht:* Albert Sch. Wesen und Bedeutung, Hamburg 1960. – *H. Steffahn:* Albert Sch. in Selbstzeugnissen und Bilddokumenten, Hamburg 1979. – *E. Wölfel:* Albert Sch. als Christ. Eine notwendige Erinnering, in: *K. Jürgensen/F. O. Scharbau/ W. H. Schmidt (Hg.):* »Gott loben das ist unser Amt«. Gedenkschrift Johann Schmidt, Kiel 1984, 123-135.

*Erich Gräßer*

**Schweiz.** Kath. 52,8 %; Prot. 42,9 %; Altkath. 0,8 %; Juden 0,3 %; Nichtgläubige und Atheisten 1,9 %. Das geläufige Bild der S. als friedfertige Urdemokratie übersieht die lange Geschichte kämpfer. Auseinandersetzungen, die sich bis in die jüngste Zeit (Kanton Jura, Jesuitenverbot, Kloster- und Bistumsartikel) erstreckte. Dabei vermengten sich seit der →Reformation in unheilsamer Weise gesellschaftspolit. und wirtschaftl. Gegensätze (Stadt – Land, roman. – germ., Kapital – Arbeiterschaft) mit rel. Spaltungen des Landes.

*A.* Die *erste Christianisierung* des Landes ging in den germanisierten Gebieten weitgehend verloren; diese wurden im 7. Jh. von iroschott. Mönchen missioniert. Übergriffe der Habsburger veranlaßten die Gebiete Uri, Schwyz und Unterwalden, 1291 einen Schutzbund zu gründen, dem sich bald weitere Orte anschlossen. Dank des ausgeprägten Sinnes für →Tradition und überkommmene Rechte blieben in der S. die ursprüngl. kirchl. Rechte der Gemeinden – z.B. das Pfarrerwahlrecht – weitgehend unangetastet.

*B.* Die →*Reformation* spaltete das Land. Die von U. →Zwingli in Zürich 1519 begonnene Reformation breitete sich vor allem in den durch →Humanismus und Laienfrömmigkeit geprägten Städten des Landes aus, während die ländl. Kantone der Inners. mit den benachbarten Städten am überkommenen Glauben festhielten. Mehrere Waffengänge vermochten diese Teilung nicht wesentl. zu ändern. J. →Calvins Neuordnung in Genf 1536 strahlte auch auf die anderen reform. Gemeinden aus. Die konfessionelle Einheit drückte sich in der Zweiten Helvetischen Konfession (1566) aus. In den kath. Gebieten wurde die Gegenreform durch C. Borromeo, P. Canisius und Fr. von Sales geprägt.

*C.* Aufklärer. Reformgedanken (→Aufklärung) und die Auswirkungen der →Franz. Revolution entfesselten einen bis in die Gegenwart dauernden *Konflikt* zwischen »liberalen« (→Liberalismus) und »konservativen« Christen beider Konfessionen, der im 19.Jh. zu zahlreichen antiklerikalen Maßnahmen, →Bürgerkrieg und →Kulturkampf führte und die Gründung der →altkath. (schweiz. auch christkath.) Kirche (1872) beeinflußte. Die Kirchen reagierten mit konfessioneller Geschlossenheit und entfalteten ein reichhaltiges innerkirchl. Leben, das von Vereinen mit sozialer, volkspäd., diakon. oder missionar. Ausrichtung unterstützt wurde. Bevölkerungsbewegungen in Zusammenhang mit der Industrialisierung haben die geograph. Trennung der Konfessionen zunehmend abgebaut, und in jüngster Zeit hat der →Ökumenismus ebenso wie die kath. Synode (1972-1976) zur Entschärfung der geistigen Gegensätze beigetragen.

*Lit.: G. W. Locher:* Die Zwingl. Reformation im Rahmen der europ. Kirchengeschichte, Göttingen 1979. – *R. Pfister:* Kirchengeschichte der S., 3 Bde., Zürich 1964-85. – *A. Stoecklin:* Schweizer Katholizismus... 1925-1975, Zürich 1978.

*Thomas Riplinger*

## Seele

### A. Religionsgeschichtlich

Mit diesem Wort werden sehr unterschiedl. best. Seinsweisen einer dem →*Tod nicht unterworfenen* menschl. Identität beschrieben, deren Vielfalt hier nur angedeutet werden kann.

*I.* In den frühen und heutigen →*Stammesreligionen* existiert die Vorstellung einer Mehrzahl von S.n. Der Grundtypus geht von einer sterbl. *Körpers.* aus, die die Lebenskräfte in sich zusammenfaßt. Das eigentl. Lebensprinzip all dieser Kräfte stellt die sog. *Hauchs.* dar, die deshalb nach dem Tod zum jeweils gelehrten göttl. Urprinzip zurückkehrt. Die *Freis.* bezeichnet in dieser Verständniswelt das Prinzip des Erlebens in →Traum, Bewußtlosigkeit und Trance. Sie ist der eigentl. menschl. Identitätsträger, und von ihrer Rückkehr aus diesen Zuständen hängt das Daseinsleben des Menschen ab. Er überlebt in ihr nach dem Tode. Sie wird u.a. als kleiner Mensch, Vogel, Schmetterling oder Feuerfunken vorgestellt.

*II.* Die →*Weltreligionen* fassen den Menschen – und damit auch S.nbegriff neu; sie gehen alle von *einer einzigen S.* aus. Die Entwicklung des Konzepts eines seel.-geistigen Prinzips, das unsterbl. ist, liegt in →Indien sogar in Textüberlieferung vor (Upanishaden). Zur Unterscheidung gegenüber den vorderasiat. und westl. Religionen wird der entspr. ind. Begriff mit *»Selbst« (atman)* übersetzt. Dieses Selbst ist ungeschaffen, ewig-existent (weshalb es in Indien sogar einen Erlösungs- ohne einen Gottglauben geben kann), jenseits personalist. und eth. Bestimmungen. Ziel rel. Lebens ist es, dieses Selbst aus dem Kreislauf des Wieder-verkörpert-werden-Müssens zu befreien (→Erlösung). Der Zwang zur S.nwanderung wird durch die Vergeltungskausalität der Taten *(karman)* erklärt, die bewirkt, daß der Mensch zwischen dem Selbst und seinem Ich nicht unterscheiden kann. Der →Buddha leugnet ein »Selbst«, lehrt jedoch die Erlösungsbedürftigkeit des Menschen (→Buddhismus).
Die Vorstellung einer *S.nwanderung* (Metempsychose, Reinkarnation) findet sich auch in der jüd. Kabbala und im →Chassidismus, in einigen islam. Sekten (→Islam) sowie in der →Theosophie und →Anthroposophie (beide ind. ausgerichtet) Philos. ist sie bei →Platon belegbar.

*III.* Ganz anders definieren →*Judentum, Christentum und Islam* die S.: Sie ist von Gott geschaffen, unsterbl., und kraft ihrer eth.-verantwortl. Natur fähig, mit →Gott eine persönl. Beziehung aufzunehmen. Der Mensch hat die Aufgabe, in seinem sozialen Bereich ein seiner S. würdiges Leben zu führen. Innerhalb des Christentums resultierten aus diesen Lehren in Verbindung mit dem Glauben an die *Einmaligkeit der eigenen Existenz* →Religionskriege und Einstellungen, die mit dem Jenseitsglauben begründet wurden, (Phänomene, die auch im Islam aktuell sind). Deshalb setzte hier die →Religionskritik an. Dies führte in neuerer Zeit sogar zu theol. Diskussionen darüber, ob das NT überhaupt die Lehre von einer unsterbl. S. kenne. Die damit verbundene *Psychologisierung* des Problems der →Unsterblichkeit hatte u.a. zur Folge, daß der westl. Mensch heute die *Selbsterfahrung* des Seelischen sucht.
Der moderne *philos.* Begriff eines *S.ngeistes* unterscheidet nicht mehr zwischen Psyche als S. im rel. Sinn und Psyche als bloßer Bewußtseinsgeistigkeit. Diese Tatsache erklärt die Faszination des Buddhismus für westl. Akademiker.

*Lit.: A. Hultkrantz:* S., in: Religion in Geschichte und Gegenwart, 3. Aufl., Bd. V, 1634-1636. – *C. G. Jung:* S.nprobleme der Gegenwart, Olten 1973. – *G. Mensching:* Die Religion. Erscheinungsformen, Strukturtypen und Lebensgesetze, Stuttgart 1959.

*Irmtraud Höhn*

### B. Systematisch

*I.* Grundbegriff der →Anthropologie von ursprüngl. rel. Herkunft. In der abendländ. Tradition bezeichnet »psyché« beim griech. Dichter Homer (8./7. Jh. v. Chr.) die *Totens.* oder das vom Tod bedrohte Leben. Daneben kennt Homer eine Lebenskraft (»thymos«), die Menschen und Tieren gemeinsam ist und wie die *psyché* beim →Tode entweicht. Ferner kennt Homer eine Anzahl von Organs.n. Für den lebendigen Menschen gibt es die Begriffe S. und →Leib noch nicht. Im Tod fällt der Mensch in Totens. *(psyché)* Leichnam *soma* auseinander. Wichtig erscheint die *ausschließl. Bindung* des Wortes psyché *an den Menschen.*

*1.* Bis zur klass. Philosophie Griechenlands durchläuft der Begriff eine doppelte Entwicklung: eine rel. und eine philos. In der *rel. Tradition* bildet sich über die Mysterienfrömmigkeit (→Mysterium; →Gnosis) ein Gegensatz von Allgemeinheit des Lebendigen und Unverwechselbarkeit des Individuellen heraus. Die Orphik baut diesen Gegensatz zu einer neuen Lehre durch die Gottesverwandtschaft der S. und deren →Unsterblichkeit aus zu einer neuen Lehre von den Letzten Dingen (→Eschatologie), der zufolge die Befreiung aus dem Rad der Geburten und die Rückkehr zum göttl. Ursprung als dem wahren Leben das Ziel des Menschseins ist. Die *philos. Tradition* bedenkt die S. einmal als Teil der →*Natur* im Zusammenhang von Makro- und Mikrokosmos, zum anderen im Kontext des →*Geistes* als →Verstand (griech.: *nous*) und →Logos.

*2.* →Platon integriert die Vielzahl der Elemente zu einem neuen S.nbegriff. Einerseits korrigiert er die orph. Annahme der Göttlichkeit der S.: sie bleibt die Mitte zwischen Ideen- und Dingwelt; andererseits aber betont er die S. in ihrer Eigenständigkeit dem Körper gegenüber. Darin einen →Dualismus zu sehen entspricht nicht platon. Geist. Vielmehr sucht Platon durch die S.nunsterblichkeit die Bedeutung des Menschseins zu erläutern, insofern es Zeit und Leben übersteigt und so auf das Göttliche verwiesen ist. Eben deswegen sind auch die Elemente der S.nlehre wie S.nwanderung, Wiedergeburt und →Erlösung aus dem Rad der Geburten nicht einfach auszuklammern. Die *aristotel. Einheit* von S. und Leib (→Aristoteles) enthält immerhin noch ein platon. Element, insofern der Geist »von draußen« kommt. Nur dieser ist unsterbl., nicht jedoch die individuelle S.

*II.* Im *atl. Sprachgebrauch* kennzeichnet »nefesch« in nahezu definitor. Weise das menschl. Sein als →Leben; sie ist zugleich Trägerin der →Gefühle und des Gotteslobes, nie aber kommt ihr intellektuelle Tätigkeit zu. Als die Septuaginta (die erste umfassende griech. Übersetzung des →AT) *nefesch* in den meisten Fällen mit »psyché« übersetzte, hatte das griech. Wort schon eine lange Entwicklung hinter sich, während das hebr. Wort nahezu archa. geblieben war. Deshalb wäre die atl. Lehre vom Menschen nicht mit der klass. griech., sondern mit der homer. zu vergleichen.

Auch in der *ntl.* Auffassung vom Menschen herrscht diese Sicht vom Menschen vor, so daß »psyché« den lebendigen Menschen bezeichnet. Es ist aber nicht zu übersehen, daß die Bewahrung der *psyché* (Mk 8,35) teilweise in eine Differenz zum *soma* (Leib) tritt (Mt 10,28), auf jeden Fall aber die Todesgrenze überschreiten muß. Dies wurde in den späten Schriften des AT mit der griech. Unsterblichkeitslehre und mit der Hoffnung auf →Auferstehung ausgedrückt. Diese bleibt im NT grundlegend; sie wird nicht gedacht als Rückkehr des Menschen auf die Erde noch als Rückgabe des Leibes an die S., sondern als Auferweckung des Menschen durch →Gott.

Der christl. *Auferstehungsglaube* begegnete in der →Alten Kirche der an die S. geknüpften Unsterblichkeitshoffnung. Diese führte zunächst zur Auffassung einer gnadenhaften Unsterblichkeit der S. und zur Betonung der Auferstehung des »Fleisches«, nicht aber zur neuzeitl. Entgegensetzung von Unsterblichkeit und Auferstehung. In der kirchl. Lehre des MA.s setzte sich die thomist. Auffassung durch. Einerseits übernahm man von Aristoteles die Einheit des Menschen (»die Seele ist die Form des Leibes«; anima forma corporis; →Leib) und erblickte in dieser Einheit von Leib und S. eine größere Gottähnlichkeit als in einer vom Leibe getrennten S. (so →Thomas von Aquin), andererseits ließ die mögl. Seligkeit einer »bloßen S.« nach dem Tod nicht nur die Bedeutung der Auferstehung fragl. erscheinen, sondern auch Rückschlüsse auf die mindere Bewertung des Leibes im ird. Leben zu.

*III.* Die vor allem im reformator. Raum aufgestellte, aber auch in der kath. Theologie behandelte Alternative: Unsterblichkeit *oder* Auferstehung bezieht sich auf ein Verständnis von Unsterblichkeit, durch das man die Gnadenhaftigkeit ewigen Lebens in Frage gestellt sowie die menschl. Ganzheit gefährdet sieht. Es geht also um das Verständnis des Menschen und des →Heils. Die *theol.* Lehre von der S. und ihrer Unsterblichkeit faßt die S. jedoch als ein Geschöpf auf und betont, daß auch sie auf das Heilshandeln Gottes verwiesen ist; gerade der Auferstehungsglaube setzt ein Prinzip voraus, durch welches die *Geschichte des Menschen gesammelt* wird. Von diesem theol. S.verständnis sind die Auffassungen von S. in den Humanwissenschaften (Psychosomatik, →Psychologie) zu unterscheiden, welche ebenfalls ein Selbstverständnis des Menschen anzeigen. Deren Ergebnisse können aber nicht davon dispensieren, den eigenen Charakter des *theol.* S.nbegriffs zu bestimmen.

Ein Blick auf die Religionen Asiens und ihren S.nglauben zeigt, wie wichtig für das Christentum eine Standortbestimmung ist. S.wanderung, Reinkarnation, Reinigung und Erlösung aus dem Rad der Wiedergeburten setzen ein S.nverständnis voraus und erfordern für die Dialogfähigkeit des Christentums eine theol. wie philos. Auseinandersetzung. Diese muß einerseits der Wirklichkeit von Werden und Wandlung gerecht werden, darf andererseits aber die Besonderheit menschl. Geschichtlichkeit und der damit verbundenen Individualität, Einmaligkeit und Unwiederholbarkeit nicht aus den Augen verlieren. Hier stellt sich das Problem nicht auf der Ebene des Weiterlebens, sondern auf derjenigen der Unsterblichkeit.

*Lit.: P. Althaus:* Die letzten Dinge, Gütersloh, 7. Aufl. 1957. – *W. Breuning (Hg.):* S. Problembegriff christl. Eschatologie, Freiburg 1986. – *O. Cullmann:* Unsterblichkeit der S. oder Aufstehung der Toten?, Stuttgart 1962. –

*G. Dautzenberg:* Sein Leben bewahren. Psyché in den Herrenworten der Evangelien, München 1966. – *M. Eliade:* Geschichte der rel. Ideen, 2 Bde., Freiburg, 2. Aufl. 1979. – *J. A. Fischer:* Studien zum Todesgedanken in der alten Kirche, München 1954. – *G. Greshake/G. Lohfink:* Naherwartung – Auferstehung – Unsterblichkeit, Freiburg, 5 Aufl. 1986. – *G. Greshake/J. Kremer:* Resurrectio mortuorum. Zum theol. Verständnis der leibl. Auferstehung, Darmstadt 1986. – *H. Küng:* Ewiges Leben?, München 1982. – *J. Mundhenk:* Die S. im System des Thomas von Aquin, Hamburg 1980. – *W. F. Otto:* Die Manen. Oder von den Urformen des Totenglaubens, Darmstadt, 4. Aufl. 1981. – *K. R. Popper/J. C. Eccles:* Das Ich und sein Gehirn, München 1982. – *K. Rahner:* Zur Theologie des Todes, Freiburg, 3. Aufl. 1958. – *J. Ratzinger:* Eschatologie – Tod und ewiges Leben, Regensburg, 4. Aufl. 1978. – *H. Sonnemans:* S. – Unsterblichkeit – Auferstehung. Zur griech. und christl. Anthropologie und Eschatologie (Frankfurter theol. Studien 128), Freiburg 1984. – *H. W. Wolff:* Anthropologie des AT, München 1973.

*Heino Sonnemans*

## Seelsorge

### *A. Begriff*

S. bezeichnet in einem allg. Sinn die *Praxis der →Verantwortung* für eine Lebensführung im Vertrauen auf die christl. Verheißung. Sie vertritt die prinzipielle Selbständigkeit des individuellen →Gewissens vor →Gott. Der in der kath. Kirche für S. gebräuchl. Begriff der *Pastoral* unterstreicht diese Allgemeinheit des S.auftrags als einer dauerhaften und umfassenden Begleitung der »Herde« durch den »Hirten« (lat.: *pastor*). Als Hirt wird neuerdings vielfach nicht mehr der →Priester allein angesehen, vielmehr wird die pastorale Verantwortlichkeit aller Christen untereinander betont. Als Zuwendung zum einzelnen Nächsten *(spezielle S.)* gestaltet sich S. in der Mitteilung des →Evangeliums an den einzelnen in seiner bes. Situation als tröstende Vergewisserung im →Glauben (→Trost), in der →Beichte und persönl. →Beratung als Orientierung an den →Normen christl. Lebensführung. Praxisgestalt der speziellen S. ist das Gespräch. Diese Intentionen (Orientierung und Vergewisserung des einzelnen im christl. Glauben und Leben) geben aber auch anderen Gestalten christl. →Handelns (→Predigt, →Gottesdienst, diakon. Diensten [→Diakonie]) u.U. den Charakter der S. (*generelle S.*).

### *B. Zur Geschichte*

Lehre und Organisation der S. gewinnen bes. Gewicht in Zeiten, in denen krisenhafte Vorgänge in →Gesellschaft oder →Kirche die Selbstverständlichkeit christl. Lebensführung gefährden. Als Belege sind zu nennen: die *Pastoralbriefe* (→Timotheusbriefe, →Titusbrief) als Beiträge zur Konsolidierung christl. Lebensordnung in den frühkath. →Gemeinden; die pastoraltheol. Schriften der →*Kirchenväter* als profilierte Darstellungen christl. Lebensformen im Zusammenhang mit der veränderten Stellung des Christentums nach der →Konstantin. Wende und allg. Auflösung der Lebensformen in der Zeit der Völkerwanderung (Gregor von Nazianz [gest. um 390], Basilius d.Gr. [gest. 379], Joh. Chrystostomus [gest. 407], →Augustinus, Gregor d.Gr. [gest 604]); Mönchsorden (→Mönch), Pfarrinstitut (Parochialordnung), Buß- und Beichtwesen im →*MA.* als Wahrnehmung der Verantwortung, die aus der →Mission und dem Aufstieg der Kirche zur europ. Großmacht erwuchs; pastoraltheol. Schriften und →Kirchenordnungen der →*Reformationszeit* und die Bestimmungen des →Konzils von Trient als Reaktion auf die →Kirchenspaltung; die volksmissionar. Bestrebungen der kath. Reformorden und die Reformvorschläge des →Pietismus nach den europ. →Religionskriegen; →Innere Mission und kath. und ev. Sozialreformen (→soziale Bewegungen) als Reaktion auf die sozialen Folgen der Industrialisierung in →Europa (→Industrie).

### *C. Zeitgenössische Seelsorge*

*I.* Im Unterschied zu allen älteren Vorstellungen und Gestaltungen der S. bis ins 19. Jh. ist die zeitgenöss. S.lehre geprägt vom Verlust der selbstverständl. Geltung eines christl. Ethos und von der Lockerung der institutionellen Bindung der S. an die wenig ausgeprägte soziale Gestalt der →Volkskirche. Die S. als rel. Institution der Lebensführung scheint im Prozeß gesellschaftl. Wandels aus den grundlegenden Lebensprozessen ausgegliedert zu werden. *Anzeichen* für diesen Vorgang sind: Traditionelle Formen genereller S. als Träger *prägnant christl. Lebensbildung werden entwertet (Wandel der Pfarrordnung, Funktionsverlust der* →Kirchenzucht, Verblassen kirchl. Brauchtums [→Sitten und Gebräuche], Wandel des Pfarramtes zum »Beruf« →Pfarrer, Vorrang des lebenskundl. gegenüber dem explizit rel. Unterricht); neue Formen genereller S. werden gesucht (→Akademiewesen; Spezialaufträge für S.r in verschiedenen Lebensbereichen und Institutionen); die Ausbildung zum S. konzentriert sich auf eine Praxisgestalt, die sich am Vorbild der ärztl. bzw. psychotherapeut. Sprechstunde orientiert (→Psychotherapie), damit verbunden werden christl. Heilsvorstellungen in Anlehnung an einen med. Gesundheitsbegriff revidiert (→Krankheit und Gesundheit). Die spezielle S. bestimmt als *»beratende« oder »therapeut.« S.* mehr und mehr das Berufsbild des Pfarrers als S.r, inzwischen z.T. auch in der kath. Kirche trotz deren größerer institutioneller Stabilität. In der Theorie der beratenden S. kommt Kirche vor allem als »Kontext« vor; in den Beratungseinrichtungen einschließl. der Telefons., aber auch in den verschiedenen Formen der Mediens. tritt der soziale Kontext mit der Kirche oder Gemeidne weit zurück; die Beratungsarbeit hat sich als eine selbständige Praxis zwischen Pfarramt und *diakon. Diensten* etabliert, letzteren enger verwandt. Die Zwecke der S. werden im Zuge dieser Entwicklung als Lebenshilfe und Glaubenshilfe zusammengefaßt und unterschieden, die S.lehre wird im System der Prakt. Theologie mehr und mehr der Diakonie zu- und eingeordnet.

*II.* In der Konzentration auf die Begegnung im *Gespräch* kommen alle Beiträge zur S.lehre in der Gegenwart überein, die verkündigende (kerygmat.) S. ebenso wie die zurechtweisende (nouthet.), mahnend-tröstende (paraklet.) oder die beratende bzw. therapeut. S. Bei allen Unterschieden der Begründung und Zielbestimmung erweisen die Merkmale der Gesprächsstruktur eine grundsätzl. Verwandtschaft: Das S.gespräch ist Teil eines zeitl. prinzipiell begrenzten sozialen Kontakts, es orientiert sich an den Problemen und Konflikten eines Gesprächsteilnehmers, zielt auf Abhilfe durch Bearbeitung des Konflikts, setzt dazu method. →Kompetenz voraus. Das unvermeidl. Gefälle der →Autorität wird somit nicht getragen von der Stabilität gemeinsamen Lebens, sondern muß sich auf die aktuelle persönl. Beziehung und auf die method. Kompetenz des S.rs gründen. Deren Schulung steht deshalb auch im Zentrum des Interesses der S.-Ausbildung (Klin. S.-Ausbildung [KSA] bzw. Clinical Pastoral Education [CPE]), die durch Einzelgespräche in seelsorgerl. Standardsituationen, durch Selbsterfahrung in der →Gruppe, psycholog. Grundinformationen und begleitende Supervision (Kontrolle) die psychosoziale Selbst- und Fremdwahrnehmung, Echtheit des →Verhaltens und sprachl. Ausdrucksfähigkeit und zugleich den individuellen Reifungsprozeß zu fördern bestrebt ist. Lebenserfahrung als Erfahrung von Alltagswirklichkeit in sozialen und biograph. Zusammenhängen spielt daneben für die Ausbildung ebenso wie die theol. Bildung eine vergleichsweise geringe Rolle. Die *Orientierung* der Gesprächss. *am einzelnen Fall* macht sie auch zum geeigneten Mittel der Kasuals., der Betreuung und Beratung derer, die eine Amtshandlung begehren. In den volkskirchl. Lebensformen in der Bundesrepublik Deutschland ist die Kasuals. geradezu eine Grundform des Kontaktes der Christen zu ihrer Gemeinde geworden.

*D. Theoretische Orientierung zur Seelsorgelehre*

*I. Prakt.-theol. Ort:* Die Theorie der S. ist Teil der →Prakt. Theologie. Sie ist dort aber nicht eindeutig zuzuordnen, sie kann als allg. Theorie kirchl. Lebensäußerungen, als Theorie des Handelns eines jeden Christen im Hinblick auf einzelne andere entworfen werden, wiewohl sie zumeist auf die Berufstheorie des Pfarrers eingeschränkt wird. Sie wird aber auch als Organisationstheorie zur Verhältnisbestimmung von Organisationsformen der Parochie (Pfarrei), der diakon. Anstalten, des kirchl. →Bildungs- und →Freizeitbereichs im Sinne einer generellen S. ausgearbeitet.

*II. Eigenheit und Menschenbild:* Zum Aufweis einer selbständigen Bedeutung im Vergleich mit den psychosozialen Diensten der freien und kirchl. Wohlfahrtsverbände (→Wohlfahrt) werden bisweilen dogmat. Lehrstücke als Begründungstheorie der S. entfaltet oder wenigstens zitiert. So hat E. Thurneysen (1888-1974) die S.lehre in den Zusammenhang der Lehre vom →*Wort Gottes* eingefügt, E. Herms den therapeut. Vorgang in der S.beziehung als eine anthropolog. akzentuierte Entfaltung (→Anthropologie) des Sinns der →*Rechtfertigungslehre* detailliert dargelegt, während D. Stollberg die psych. Dynamik in Gemeindegruppen mit *Geistwirkungen* in Verbindung bringt (→Charisma). Gegen andere Beiträge, die von der →Humanist. Psychologie beeinflußt, den *»ganzen Menschen«* als Ziel der S.bemühung als eine geniun christl. Perspektive präsentieren, sind Bedenken geltend zu machen: Christl. S., gleich welcher Gestaltung, geht von der prinzipiellen Zerrissenheit und Bedürftigkeit des Menschen in seinem Gottesverhältnis aus. Sie kann ihre →Verantwortung gerade deshalb aber nicht darin sehen, den Menschen in einzelnen Bedürfnissen zu bedienen oder ihn gar zu einem vollkommenen Menschsein zu befördern; Ziel ihrer Verantwortung ist vielmehr Begleitung und Orientierung im Zeichen der →Hoffnung auf eine letztendl. Geborgenheit in →Gott. Die Bedeutung der →Psychologie für die S. liegt dementspr. nicht in der Ausbildung therapeut. Kompetenz des S.rs, sondern in der Vertiefung der Einsicht in die Vielfalt menschl. Lebens.

*III. Für die Aufgabe der S.* gibt es eine Fülle von Einteilungsprinzipien, wie sie aus den Unterschieden der Menschen (z.B. sündig, irrend, leidend; vgl. C. I. Nitzsch), der Altersgruppen oder aus soziol. Unterscheidungen, aber auch aus den Zwecksetzungen des Handelns (z.B. pädagog., kybernet., diakon.) konstruiert wurden; sie sind nicht unbeeinflußt von der Entwicklung der →Medizin, →Soziologie und Psychologie. Ihnen sind allgemeinere Bestimmungen der S.aufgabe vorzuziehen: Der *theol.* Sinn der S. liegt in der Bewahrung des einzelnen im →Glauben, der *soziale* Sinn ergibt sich aus der Selbstverständlichkeit, mit der Christen aufeinander hin- und angewiesen sind, der *eth.* Sinn der S. ergibt sich aus der Einsicht in die unvermeidl. Konfliktbeladenheit christl. Existenz und besteht in der Zuwendung von Hilfe im Konflikt. Zusammengefaßt lassen sich diese drei Perspektiven im Begriff der *Lebensgewißheit* verbinden, die zu stärken Aufgabe der S. prinzipiell ist.

*Lit.: I. Becker/K. H. Bieritz u.a.:* Handbuch der S., Berlin 1983 (Lit.). – *E. Herms:* Pastorale Beratung als Vollzug theol. Anthropologie, in: Wege zum Menschen 29 (1977), 202-223. – *C. I. Nitzsch:* Prakt. Theologie, 3 Bde., Bonn 1847ff. – *D. Rössler:* Grundriß der Prakt. Theologie, Berlin 1986. – *R. Schmidt-Rost:* S. zwischen Amt und Beruf, Göttingen 1988. – *D. Stollberg:* Therapeut. S., München 1969. – *Ders.:* S. durch die Gruppe, Göttingen 1971. – *E. Thurneysen:* Die Lehre von der S., München 1948. – *Ders.:* S. im Vollzug, Zürich 1968. – *F. Wintzer (Hg.):* S., München, 2. Aufl. 1985. – *R. Zerfaß:* Menschl. S., Freiburg 1985. – *P. Zulehner:* Pastoraltheologie, Freiburg 1986ff.

*Reinhard Schmidt-Rost*

**Segen und Fluch** bezeichnen Worte und Handlungen, die kraft ihrer symbolhaften und gebundenen Ausdrucksweise im Falle des S.s eine rituell reinigende, ordnungs- oder *heilswirksame Folge* zeitigen; im Falle des F.s aber das Unreine abwehren, dem Chaos zuweisen oder rechtl. Schaden und seel. *Unheil bewirken* sollen.

*A.* Gemäß einer *mag. Weltsicht* (→Magie) wirkt in S. und F. eine alles verbindende unsichtbare und übersinnl. Machtidentität, die ursprüngl. als impersonales Geschehenmüssen erfahren wird. Als gleichsam selbsttätiges Gesetz scheiden S. und F. →*rein* von *unrein* und schützen das →Heilige. In den theist. Weltreligionen wird der S. dann als Wirkung Gottes erklärt. Der mag.-substantielle *Machtcharakter* des S.s liegt im →Hinduismus klar zutage, wenn z.B. allein »das Sehen« einer heiligmäßigen Person oder eines heiligen Ortes als heilsfördernd erfahren wird; doch kennen auch alle anderen Religionen diese Art des S.s als →Wallfahrtenergebnis, im Reliquienkult u.ä. In allen Weltreligionen ist der S. Bestandteil der →Weihen. Der S. kann durch Handauflegung, best. Fingerzeichen, *Berührung* mit hl. Gegenständen, mit geweihtem Wasser u. ä. erteilt werden. Auch das Rezitieren hll. Texte, Gebete und dgl. spendet ihn.

*B.* Untrennbar mit dem S. verbunden ist der F., der ermöglicht, Unreines oder Übles – sei es als Kraft, sei es in einem Menschen verkörpert – abzuwehren, zu *bannen.* Außer im →Islam spielt der F. in den Weltreligionen als Ausstoßung aus der →Gemeinschaft eine immer geringere Rolle. Solange die Rechtsprechung noch eng mit den rel. Lehren verbunden ist, gilt der F. auch dem Gesetzesbrecher, was für ihn Strafen im Diesseits und →Jenseits zur Folge hat. Im Hinduismus ist das Problem hochaktuell, nachdem die säkulare Verfassung dieses rel. Disziplinierungsmittel und das daraus folgende Recht den »Kastenräten« entzogen hat, »weil die Ausstoßung aus der Kaste weit schlimmere Folgen sozialer Art nach sich zöge, als es rel. Sitten rechtfertigen könnten«.
Im →Alten Orient verfluchte man bei einem Vertragsabschluß sich selbst, um einen Bruch auszuschließen. Die alten Inder hielten die Wassersucht für einen F. des die Eide bewachenden Gottes Varuna. Sarkophage in →Ägypten, Phönizien, →Griechenland trugen F.formeln, um Grabschänder abzuwehren. Arme, die ausgebeutet wurden, konnten ihre Unterdrücker verfluchen. Vereinzelt setzt sich in *Indien* noch heute der Beleidigte oder Rechtsberaubte auf die Hausschwelle des Beleidigers und fastet sich zu Tode, um jenem die dafür traditionell vorgegebenen Folgen für die Seelenwanderung aufzubürden. F.e werden in Indien vor allem von Göttern und Lehrern (Gurus) ausgestoßen. Sie können in keinem Fall rückgängig gemacht werden, sondern gehen unfehlbar in Erfüllung, ehe an eine Änderung gedacht werden kann. Wie Wasser geweiht, so kann es auch – etwa im alten Judentum – verflucht werden; es führt dann für den Trinkenden das Gottesurteil herbei.

*C.* S. und F. sind untrennbar mit →*Autorität* verbunden, sei sie göttl. oder menschl. Natur. So kann nicht in jeder sozialen Stellung nach der Wirkungsmacht des F.es gegriffen werden: Der Vater, die Mutter, der Dorfälteste, der Kastenrat können fluchen, aber nicht etwa der Sohn, die Tochter usw. In allen Kulturen findet das F.en natürl. im *Alltagsleben* statt, wobei man sich rel. Vorstellungen bedient (»Geh zur Hölle« in allen Varianten). Nachdem es im Christentum verboten war, griff der Volksmund zu Verformungen wie »Sapperament« für »Sakrament«.

*Lit.: H. C. Brichto:* The problem of »curse« in the Hebrew Bible, Philadelphia 1963. – *A. E. Crawley:* Cursing and blessing, in: Encyclopaedia of Religions and Ethics, Bd. IV, 367f. – *F. Houtart/G. Lemercinier:* The great Asiatic Religions and their social functions, Louvain-la-Neuve 1980. - *H. von Glasenapp:* Glaube und Ritus der Hochreligionen in vergleichender Übersicht (Fischer Bücher des Wissens 346), Frankfurt/M. 1960.

*Irmtraud Höhn*

**Sein.** Der Begriff des S.s ist einer der wichtigsten der →Metaphysik, zentraler Begriff der →Ontologie und von grundlegender Bedeutung für das Verständnis dessen, was in der philos.-theol. Tradition unter →Gott verstanden wurde und wird.

*A. Systematisch*

*I.* Das S. begegnet zunächst in der Aussage, und zwar als Kopula »ist« in zweifacher Weise. Einmal als Dasein, als bloße Existenzbehauptung (»Gott ist«), zum anderen als Zuschreibung einer Eigenschaft (»S ist P«), als Sosein. Aus diesem urteilstheoret. S.sbegriff wird abgeleitet der substantivierte Infinitiv S. (lat.*esse;* griech. *to einai*) und das substantivierte Partizip Seiendes (lat.*ens;* griech. *to on*). Das S. bezeichnet dann den Inbegriff alles Seienden, alles dessen, was überhaupt in irgendeiner Weise ist (existiert); man sagt dann, allem Seienden komme S. zu, alles Seiende habe Anteil am S. Das S. ist so einerseits der allumfassendste und *allgemeinste* Begriff, da er auf alles, was ist, anwendbar ist, andererseits aber auch der dem Inhalt nach ärmste, da er von jeder inhaltl. Bestimmung absieht. Den Unterschied von Seiendem, also dem, was jeweils existiert, und dem S., dem Grund der Existenz, nennt →Heidegger *ontolog. Differenz.* Als S.sweisen unterscheidet man reales S., das raumzeitl. und individuell ist, von idealem, überzeitl. S. (Werte, Ideen usw.). Eine nähere Bestimmung des Daseins erfolgt durch die »S.smodi« Möglichkeit, Wirklichkeit und Notwendigkeit (→Modalität). Die allgemeinsten Aussageweisen und damit auch Bestimmungen des S.s heißen seit →Aristoteles *Kategorien.* Man erhält sie, indem man von der Fülle der Begriffe, die Seiendem zukommen können, zu immer allgemeineren Oberbegriffen und schließl. zu den höchsten Gattungen der Prädikate, den Kategorien (Substanz, Quantität, Qualität u.a.), fortschreitet. Die *Transzendentalien* schließl. sind Bestimmungen des S.s, die die Kategorien noch übersteigen und dem S. notwendig zukommen; traditionell sind dies Einheit, Wahrheit, Gutheit, auch Schönheit.

*II.* Die christl. ma. Philosophie und Theologie betrachtet →*Gott* als den im uneingeschränkten Sinne Seienden, den Urgrund alles Seienden und damit das absolute S. selbst. Auf Grund dieser Identifizierung von Gottes- und S.sbegriff spricht man auch von *Ontotheologie.*

*B. Historisch*

In den *Anfängen* der abendländ. Philosophie erscheint das S. bei Parmenides (um 515-445 v. Chr.) als das Unwandelbare, Ewige hinter den Veränderungen der Welt. Für →Platon sind die ewigen Urbilder der Dinge, die Ideen, das eigentl. S.; den sinnl. wahrnehmbaren Dingen kommt nur eine unvollkommene Teilhabe an den Ideen zu. →*Aristoteles* entwirft in seiner →Metaphysik eine differenzierte S.slehre, durch Unterscheidung von →Akt und Potenz, Substanz (Zugrundeliegendes, das im Wandel der Bestimmungen gleich bleibt) und Akzidenz (veränderl. Bestimmung der Substanz), →Materie und Form, und den zehn Kategorien. Für die →*ma.* Philosophie wird darüber hinaus noch wichtig der Gegensatz von Gott, dem Schöpfer und ungeschaffenen S., und der Welt als dem von Gott geschaffenen S. In der →Neuzeit gerät die Ontologie und damit auch die Ontotheologie durch die Kritik →*Kants* in eine Krise. Daran anschließend bestreiten sowohl der →Idealismus als auch der →(Neo)Positivismus die Bedeutung des Seinsbegriffs für die Philosophie. In diesem Jh. hat Heidegger die Frage nach dem S. in den Mittelpunkt seiner Philosophie gestellt und so für Philosophie und Theologie (vgl. etwa K. →Rahner) einen Anknüpfungspunkt geliefert, um wieder vom S. sprechen zu können.

*Lit.: Aristoteles:* Metaphysik, übers. und hg. von F. Schwarz, Stuttgart 1970. – *M. Heidegger:* Einführung in die Metaphysik, Tübingen, 3. Aufl. 1966. – *R. Schaeffler:* Religionsphilosophie (III. Kap.), Freiburg 1983. – *B. Weissmahr:* Ontologie, Stuttgart 1985 (Lit.).

*Thomas Dewender*

## Sekte

*A. Zum Begriff*

*I.* Das Lehnwort »S.« (lat. *secta;* von *sequi,* nachfolgen) hat eine Geschichte, von der es nicht gelöst werden kann. Es ist wirksam geworden nicht in seinem ursprüngl. neutralen Sinn (Gefolgschaft, Richtung), der von der modernen Religionswissenschaft wieder aufgegriffen wurde (rel. Sondergruppen; kleinere Abspaltung von einer Mutterreligion), sondern als *Begriff der Kirche* für häret., separatist. Bildungen in ihrem Raum. Dieser klass. S.nbegriff wirkt bis heute nach. Mit ihm ist ein Dreifaches gesagt: 1. Die S. ist nicht für sich allein »S.«, vielmehr setzt sie die Kirche voraus, ist »S.« in ihrem *Bezug* zur Kirche. 2. Mit dem geschichtl. *Wandel* sowohl der Kirche wie auch der S. wandelt sich auch dieser Bezug, was den S.nbegriff verändert. 3. Der Begriff ist *negativ besetzt*; man muß folgl. zu anderen Wortbildungen greifen, will man heute eine Disqualifizierung rel. →Minderheiten vermeiden. So wird etwa von »christl. Sondergemeinschaften« oder allgemeiner von »rel. Gemeinschaften« gesprochen.

*II.* Da die S.n in überaus vielfältigen Formen auftreten und die Gründe für ihre Bildung ganz unterschiedl. sind, da sie zudem unter verschiedensten Aspekten betrachtet werden, ist eine überzeugende, das Gesamtphänomen wirkl. erfassende Definition bisher nicht gefunden worden. So wird einmal ein Idealtypus »S.« herausgearbeitet (E. →Troeltsch), das andere Mal in soziol. Sicht die S.nneubildung der etablierten Traditionskirche gegenübergestellt (z.B. M. →Weber); immer wieder werden Charakterzüge, die nur best. S.n eignen, zur Begriffsbestimmung herangezogen. Das befriedigt nicht. In solcher Situation dürfte es hilfreich sein, den Begriff zunächst durch Gegenüberstellungen zu verdeutlichen: Im Unterschied zur →Kirchenspaltung, bei der ein ganzer Zweig sich von der Kirche abwendet, ist die S. ein *kleinerer Zusammenschluß* von Einzelpersonen. Verglichen mit einer schismat. Gruppe, bei der entscheidend ist, daß sie sich aus der Rechtsoberhoheit der Mutterkirche gelöst hat, ist die S. eine Neugründung primär aus *Glaubensgründen.* Von der →Häresie als zentraler *Lehrabweichung* ist die S. als *Gruppen*bildung zu unterscheiden. Bes. durch ihren Separatismus hebt sie sich negativ von der →Freikirche ab, die anderen christl. Kirchen und Gruppen gegenüber offen ist und die innerhalb einer gesamtkirchl. Glaubensübereinstimmung steht. Die S. ist (in jurist. Sinn) *Religionsgemeinschaft,* insofern bei ihr eine Gottes-Lehre (→Theologie) und ein →Kult (→Gottesdienst) mit Kultdienern (→Amt) und Kultgemeinschaft im Mittelpunkt stehen; damit unterscheidet sie sich von der →Weltanschauungsgemeinschaft (Zusammenschluß auf Grund einer gemeinsamen Wahrheitsüberzeugung und Gesinnung; →Freimaurer; →Freidenker; →Theosophie; →Anthroposophie u.a.m.). Neben den christl. S.n stehen außer- oder nachchristl. Gemeinschaften (meist synkretist. Art, →Synkretismus). Man spricht hier von *»rel. Neubildungen«* (etwa →Mormonen; →Baha'i; Die Gralsbewegung des Abd-ru-shin [→Offenbarungen, neue]). Für neu auftretende Gruppen dieser Art wurde in Amerika der Begriff »cult« geprägt (auch →Neue Religionen). Eine Sekundärbildung eigener (liberaler) Art stellt die →Freirel. Bewegung dar. Im übrigen reicht der S.nbegriff nicht aus, um das rel. Leben in seinen vielfältigen Erscheinungsformen abzudecken.

*B. Zum geschichtlichen Bezug der Sekten*

Das Phänomen der S. darf nicht isoliert bewertet, etwa nur nach ihrem Lehrgehalt beurteilt werden. Sie ist in hohem Maße ein Produkt ihrer Entstehungszeit (der sie meist verhaftet bleibt), ist Reaktion auf rel.-weltanschaul. und moral. Mangelerscheinungen in Kirche und Gesellschaft.

*I.* Die frühchristl. S.n waren daher anders als die ma. Es gibt typ. S.n der →Reformationszeit; prot., kath., russ., afrik. S.n und solche, die die kirchl., rel. und gesellschaftl. Verhältnisse des 19. und 20. Jh.s zur Voraussetzung haben und uns bes. vor Augen stehen. Auch das Verständnis und die Einschätzung der S. von seiten der Kirche (und Öffentlichkeit) – folgl. auch deren Verhalten den S.n gegenüber – ist weitgehend von der *jeweiligen Gestalt der Kirche selbst* bestimmt: Für die ersten christl. Gemeinden war eine Glaubensabweichung existenzgefährdend; daher trug in ihrer Sicht die →Häresie und S. antichristl. Züge (→Antichrist), und die apostol. Schreiber reagierten dementspr. scharf (Gal 1,6-9; 2 Thess 1.8f.; Tit 3,9-11; 1 Joh 2,18-27; 2 Petr 2). Zur Zeit der Staatskirche (d.h. der von Staats wegen obligator. Kirche) ist die S. gesetzwidrig und wird verfolgt (Ketzerverfolgung, →Häresie, →Inquisition).

*II.* Mit der →Neuzeit setzte sich dann das Prinzip der →Religionsfreiheit durch und die innere Geschlossenheit der Kirche(n) brach auf. Nun wird die S. zunehmend empfunden als *Abweichung vom gesellschaftl.*, näml. christl.-bürgerl. (→Volkskirche) oder auch zeitgemäß-modernen *Konsens.* Damit veränderte sich der klass. S.nbegriff: Ausschlaggebend wird jetzt die sektentyp., »*sektierer.*«*Haltung*, die grundsätzl. in jeder Gruppierung (auch innerhalb der Kirchen) auftreten kann. Kennzeichen sind: 1. Überbewertung bzw. Übertreibung einzelner Glaubenspunkte und Lebenshaltungen; 2. Tendenz zur Verselbständigung und Abkapselung (in sich geschlossene Plausibilitätsstruktur; Separatismus); 3. ein Selbstbewußtsein, das sich in der Opposition zum Vorgegebenen entwickelt. Nach diesem Verständnis, das sich heute im deutschsprachigen Raum durchzusetzen scheint, ist eine rel. Sonderbildung nicht deshalb »S.«, weil sie sich von einer anerkannten christl. Kirche abgespalten hat oder in ihrem Raum entstanden ist, sondern weil sie in phänomenolog. Sicht solche sektierer. Züge aufweist.

*C. Typologie*

*I.* Die S.nbildung vollzieht sich unter dem Einfluß derselben rel. Leitvorstellungen und -motive, Erfahrungen und Impulse, die in der Religions- und Kirchengeschichte auch sonst zu Neuansätzen und Gemeinschaftsbildungen führen und die immer dann bes. wirksam werden, wenn sie im Raum der vorgegebenen institutionellen Religiosität verblaßt und verkümmert sind. Unter diesem Gesichtspunkt lassen sich verschiedene *Grundthemen* erkennen, die bei der Bildung neuer Gruppen, vor allem auch von S.n, eine typenbildende Rolle spielen, auch wenn kein Typ rein erscheint, Mischformen also die Regel sind.

*1.* Das Verlangen, im Gegensatz zur etablierten Kirche den Glauben wieder in seiner *einfachen und konsequenten* Form zu leben, läßt z.B. laienmissionar. Gruppen (Urtyp: →Waldenser) oder bibl. Gläubigen-Gemeinden entstehen (Urbild: →Täufer, →Mennoniten; auch →Brüderbewegung; Heiligungsgemeinschaften wie Gemeinde Gottes, Kirche des Nazareners; Gemeinden Christi; Gemeinde der Christen »Ecclesia«).

*2.* Auf dem Boden einer *konservativen Lebenseinstellung* kann das Motiv des rechten Glaubens (→Orthodoxie) zu Sonderbildungen führen, etwa im Rahmen der biblizist. Strömungen (→Fundamentalismus), mit z.B. stark gesetzl. Zügen (Ernste Bibelforscher), im kath. Raum zu traditionalist. Gruppen (M. Lefèbvre) oder kleinen Gegenkirchen (Palmarianische Kath. Kirche). Die russ. S.n wandten sich vor allem gegen Liturgiereformen.

*3.* Der Gedanke der *Wiederherstellung* der wahren Kirchenform enthält einen starken Impuls zu Neugründungen, die entweder unter dem Leitmotiv der Kirchen- und Ämterordnung (bes. Apostelgemeinschaften; auch →Mormonen) oder aber unter dem Leitbild des hl. Priesterdienstes und →Kultes (→Christengemeinschaft) erfolgen.

*4.* Wenn, in bibl.-apokalypt. Tradition (→Apokalyptik), die Erwartung des Weltendes, der Wiederkunft Christi und des Tausendjährigen Reiches neu aufbricht, führt dies zur Bildung von *Endzeitgemeinschaften* (→Adventisten, →Zeugen Jehovas u.a.).

*5.* Um faszinierende Einzelpersonen, die als →Propheten, als Repräsentanten oder Verkörperungen Gottes bzw. des Hl. Geistes auftreten, sammeln sich *Gefolgschaften* (z.B. die Johannische Kirche um Joseph Weissenberg und die Gralsbewegung um Oskar Ernst Bernhardt).

*6.* Bes. Gottes- und Geisteserfahrungen myst., *enthusiast.*, visionärer Art (z.B. Christus- und Marienerscheinungen, →Erscheinung; →Wunder; →Heilung) stehen am Beginn vieler S.n (z.B. Berufungsvision des S.ngründers). Darüber hinaus kennzeichnen sie einen best. Typ von Glaubensgemeinschaften, in denen der Bezug zum übernatürl., geistig-jenseitigen Bereich erfahrbar gemacht wird (z.B. →Pfingstbewegung; →Spiritismus).

*7.* Andere Gemeinschaften sind geprägt von einer (esoter.) *Gesamtschau* von Diesseits und Jenseits bzw. vom Menschen und der Menschheitsgeschichte. Diese Schau setzt sich entweder als höhere Erkenntnis durch (→Gnosis, →Okkultismus, →Anthroposophie; auch →Christian Science), oder sie wird durch Kundgaben über

Medien direkt aus dem →Jenseits übermittelt (→Offenbarungen, neue). Sie eröffnet in der Regel einen gnost. Stufenweg der Erlösung, Läuterung und Vollendung (→Gnosis).

*II.* Über diese Grundmotive und bes. Erfahrungen hinaus sind noch *andere Faktoren* zu nennen, die die S.n kennzeichnen und sie für viele anziehend machen: die warme →Gemeinschaft, Gelegenheit zu persönl. Engagement in der S., konsequente Glaubenshaltung und eindeutige Führung, Antworten auf die Grundfrage nach →Leben und →Tod, Deutung der »Zeichen der Zeit«, konkrete Heilsverheißungen; oder auch nur die Möglichkeit, im Rahmen der S. eine zweite Existenz aufzubauen.

*D. Neuere Entwicklungen*

*I.* Die Behauptung, die S.nbildung sei ein »typisch prot. Phänomen«, ist so nicht aufrechtzuerhalten. Zwar ist die Bindung von kath. Christen an ihre – als priesterl.-sakramentale Heilsinstitution und geistl. Ordnungsmacht erfahrene – Kirche stärker, als dies bei Protestanten der Fall ist, die sich als Glaubende in höherem Maße Gott unmittelbar verantwortl. wissen, folgl. auch leichter zu einem Glauben neben der verfaßten Kirche neigen. Der entscheidende Grund für die vermehrte S.nbildung in jüngerer Zeit ist jedoch im Siegeszug des →Toleranzgedankens zu suchen. Wo →*Religionsfreiheit* herrscht, da bestehen natürlicherweise viele rel. Richtungen und Gruppierungen, denn →Religion stellt ein Feld unbegrenzter Möglichkeiten dar. Die Anziehungskraft der S.n ist mittlerweile auch für die kath. Kirche ein weltweites Problem geworden, so daß 1983 mit einer Umfrage an alle Bischofskonferenzen ein großangelegtes Forschungsvorhaben eingeleitet wurde.

*II.* Die →*Vereinigten Staaten* sind *das* Land der Religionsfreiheit, in das mehr als 250 Jahre lang viele aus Glaubensgründen Verfolgte eingewandert sind. Nun kommen in umgekehrter Richtung seit etwa 150 Jahren die meisten S.n aus den USA oder auf dem Weg über die USA zu uns. In den letzten 20 Jahren sind dies auch *neuartige rel.- weltanschaul. Gruppierungen,* bei denen in einem bisher nicht gekannten Maße die Verkündigung, Praxis und das (zuweilen exklusive) Gruppenleben verbunden sind mit *modernen Methoden* der Werbung und Indoktrination, mit übersteigerten Leistungsforderungen, Psychopraktiken, mit handfesten wirtschaftl. bzw. imperialist. Interessen ihrer Führer, die den »rel. Trend« unserer Tage ausnützen (Vereinigungskirche des Sun Myung Moon; Scientology Church). Östl. Meditationsmethoden (→Meditation) werden als Wissenschaft ausgegeben (TM = Transzendentale Meditation) oder mit der →Humanist. Psychologie des Westens verbunden (Bhagwan Shree Rajneesh) und einem Meister- oder Gurukult dienstbar gemacht.

*III.* Man hat dieses weitgehend zeit- und gesellschaftsspezif. Phänomen »*Jugendreligionen*« (F. W. Haack) bzw. »*Jugendsekten*« (auch →Neue Religionen) genannt; auf Grund der z.T. erschreckenden Erfahrungen mit ihnen haben sich »Elterninitiativen zur Hilfe gegen seel. Abhängigkeit« gebildet. Doch sind keineswegs nur junge Menschen betroffen. Überdies wechselt die Szene rasch. Z.T. scheint das Verlangen nach Erlösung, Befreiung und Selbstfindung aus dem rel. Rahmen auszubrechen und zu einer Psychomethodik zu werden, die freil. wiederum dazu neigt, sich mit esoter. Wissen zu verbinden (→Okkultismus). Dadurch entstehen viele Unternehmen und Gruppierungen, die mit dem herkömml. S.nbegriff nicht mehr zu fassen sind.

*E. Reaktion der christlichen Kirchen*

*I.* Die allein angemessene Reaktion der christl. Kirchen auf Sonderströmungen und –gruppierungen in ihrem Raum (wie auch auf fremde bzw. neue Religiosität) ist eine erneuerte →*Apologetik.* Wenn dieser Begriff bis heute katholischerseits oft der →Fundamentaltheologie zugeordnet oder im prot. Raum verstanden wird als »Vertretung des christl. Glaubens gegenüber nichtchristl. Philosophien und Weltanschauungen« (H. Trebs), dann spiegelt sich darin das Mißverständnis wider, als liege der Umgang mit S.n und Sektierern außerhalb des apologet. Bereiches, als sei er ledigl. Sache der rechtl. und pragmat. Handhabung, der →Seelsorge, oder Aufgabe einer Volksmission. Der Glaube aber hat auf jede Herausforderung in umfassender Weise apologet. zu reagieren: in Wort und Verhalten.

*II.* Solche *prakt. Apologetik* angesichts rel. Gruppierungen hat eine dreifache Richtung: Im Blick auf die eigene Gemeinde will sie die fremde Glaubensform darstellen, Verstehen wecken, unterscheiden und abgrenzen, den eigenen Glauben fördern. Der andersgläubigen Gruppierung zugewandt, hat sie zu antworten in Form von krit. Klärung und positiver Glaubensverkündigung. Im Rahmen der Öffentlichkeit ist ihre Aufgabe informierend, orientierend und korrigierend; u.U. hat sie sogar →Minderheiten zu schützen. Das schließt jenes selbstbestätigende, rasch (ver-)urteilende und damit repressive Verhalten aus, das sich auf allen kirchl. Ebenen durch die Jh.e hindurch eingespielt hat. Es fordert eine *intensive Beschäftigung* mit Lehre und Praxis der anderen, auch unmittelbare Begegnung und Konfrontation, vor allem aber *selbstkrit. Befragen* der eigenen Gemeindepraxis und den Versuch, das kirchl. Leben hinsichtl. ganz best. Schwachpunkte zu stärken, den christl. Glauben immer wieder neu und situationsgerecht zu formulieren. Zur Unterstützung dieser Aufgabe wurden in den ev. Landeskirchen und den deutschsprachigen Diözesen »Beauftragte für Weltanschauungsfragen« bestellt. Die →Ev. Kirche in Deutschland (EKD) errichtete 1960 die »Ev. Zentralstelle für Weltanschauungsfragen« (EZW) in Stuttgart. In der Schweiz besteht seit 1963 eine »Ev. Orientierungsstelle« (Zürich).

*Lit.: O. Eggenberger:* Die Kirchen, Sondergruppen und rel. Vereinigungen, Zürich, 4. Aufl. 1986. – *K. Hutten:* Seher, Grübler, Enthusiasten, Stuttgart, 12. Aufl. 1982 (Lit.). – *H. Obst:* Apostel und Propheten der Neuzeit, Berlin (Ost), 2. Aufl. 1981. – Referat für Weltanschauungsfragen (kath.): Werkmappe »S.n und rel. Sondergemeinschaften«, Pastoralamt Wien 1978ff. – *H.-D. Reimer/O. Eggenberger:* Neben den Kirchen, Konstanz, 6. Aufl. 1986. – *H.-D. Reimer:* Apologetik, in: Aktuelle Orientierungen, Heft 1, hg. von Kath. Sozialeth. Arbeitsstelle, Hamm 1986. – *H. Reller/M. Kießig (Hg.):* Handbuch Rel. Gemeinschaften, Gütersloh, 3. Auf. 1985 (Lit.). – *K. Rudolph:* Wesen und Struktur der S., in: Kairos 21 (1979), 241-254. – *E. Troeltsch:* Die Soziallehren der christl. Kirchen und Gruppen (1912), in: *ders.:* Gesammelte Schriften, Bd. 1, Aalen 1977. – *J. Wach:* Religionssoziologie, Tübingen 1951. – *M. Weber:* Gesammelte Aufsätze zur Religionssoziologie, Tübingen, 3. Aufl. 1947. – *B. R. Wilson:* Rel. S.n, München 1970.

*Hans-Diether Reimer*

**Selbständige Evangelisch-Lutherische Kirche (SELK).** In der SELK haben sich 1972 in der Bundesrepublik und Berlin (West) drei bis dahin organisator. eigenständige Kirchenkörper zusammengeschlossen: die Ev.-Luth. (Altluth.) Kirche, die Ev.-Luth. Freikirche und die Selbständige Ev.-Luth. Kirche, deren Namen auf den Zusammenschluß übertragen wurde. 1976 stieß die »Ev.-Luth. Bekenntniskirche« dazu, so daß die SELK heute das ganze *freikirchl. verfaßte Luthertum* in diesem Gebiet umfaßt. Eine Ausnahme bildet ledigl. die »Ev.-Luth. Kirche in Baden«, zu der die SELK aber in Kirchengemeinschaft steht.

*A.* Die *geschichtl. Wurzeln* dieser Kirche liegen in der Erweckungsbewegung (→Erweckung) des 19. Jh.s. Erste Gemeindebildungen erfolgten ab 1830, nach Einführung der Union in Preußen (1817-1830). Mit dem Widerstand gegen diese Union (ausgelöst von dem Breslauer Theologen J. G. Scheibel, gest. 1843) verband sich bald die Erkenntnis (des Breslauer Juristen E. Huschke, gest. 1886), daß nur ein bekenntnisgebundenes Kirchenregiment den Bestand einer luth. Kirche sichern könne. So kam es, trotz scharfer Unterdrückungsmaßnahmen des preuß. Staates (1830-1840), zur Konstituierung einer *ersten staatsfreien luth. Kirche* auf dt. Boden, die sich von Schlesien und Pommern aus in alle preuß. Gebiete ausbreitete (»Altlutheraner«). In Hessen (Einfluß der Brüder Vilmar, »Renitenz«) und Baden trat später eine ähnl. Entwicklung ein; in Hannover (L. und Th. Harms) und Sachsen bildeten sich selbständige luth. Gemeinden aus dem Widerstand gegen Rationalismus (→Aufklärung) und liberale Theologie (→Liberalismus). Diese Minderheitskirchen bemühten sich schon frühzeitig um Beziehungen zum übrigen →Luthertum (1841 Forderung »allg. luth. Concilien«, Verbindungen zu Löhe, Petri u.a., 1836 Mitgründung der Leipziger Mission, Teilnahme an gesamtluth. Zusammenschlüssen).

*B.* Trotz unterschiedl. theol. Akzentsetzungen verband sie alle die heute in der »Grundordnung« der SELK festgeschriebene *Bindung an die Hl. Schrift* »als an das unfehlbare Wort Gottes« und an die luth. Bekenntnischriften, »weil in ihnen die schriftgemäße Lehre bezeugt ist« (Art. 1). Diese Position wird durch strenge Ordinationsverpflichtung der Pfarrer (→Ordination) auf Schrift und Bekenntnis unterstrichen und wirkt sich heute in der Ablehnung einer Lehrvielfalt aus: Die SELK hat die Leuenberger Konkordie verworfen, ist kein Mitglied im →Ökumen. Rat der Kirchen, weil sie bei Wahrung ihres Selbstverständnisses als Kirche »in der Einheit der heiligen, christl. und apostol. Kirche« (Art. 1) Einheit der Kirche nur bei *Lehrübereinstimmung* gegeben sieht. Die Gottesdienste werden zumeist nach der Agende der luth. Landeskirchen gehalten, das Ev. Kirchengesangbuch wird benutzt. Liturg. Reichtum und häufige Abendmahlsfeier sind bewußt gepflegtes Erbe.

*C.* Der freikirchl. *Verfassungsform* wird in der SELK keine eigene theol. Qualität zugemessen (→Freikirchen), sie wird aber als geschichtl. bedingte Existenzform bejaht. An der Spitze der SELK steht ein →Bischof, den die Pfarrerschaft nominiert und die Kirchensynode wählt (diese tritt als oberstes Organ alle vier Jahre zusammen). In den rund 170 Gemeinden mit 37.500 Mitgliedern amtieren etwa 125 Pfarrer, die an der SELK-eigenen Theol. Hochschule in Oberursel und an staatl. Universitäten ihr Studium ablegen. Die Frauenordination wird durch die Grundordnung ausgeschlossen. Finanziell stützt sich die SELK auf die aus Selbstverpflichtung entrichteten Gaben ihrer Gemeindeglieder (ohne Kirchensteuereinzug).

*D.* Die SELK steht in engen *Beziehungen* zu verwandten Kirchen in der DDR, dem europ. Ausland und zu mehreren (im 19. Jh. durch Auswanderung entstandenen) luth. Kirchen in Übersee (Australien, Missouri-Synode in USA). Sie unterhält →diakon. Einrichtungen und betreibt im südl. →Afrika eine eigene Missionsarbeit (Bleckmarer Mission), aus der eine →Junge Kirche mit etwa 20.000 Gliedern hervorgegangen ist.

*Lit.: M. Kiunke:* Johann Gottfried Scheibel, Göttingen, 2. Aufl. 1985. – *J. Schöne:* Kirche und Kirchenregiment im Wirken und Denken G. Ph. E. Huschkes, Berlin 1969 (Lit.). – Die Selbständige Ev.-Luth. Kirche (SELK), Informationsschrift, Berlin, 3. Aufl. 1985.

*Jobst Schöne*

**Selbstbewußtsein**

*A.* In der →*Psychologie* meint S. die *Zentriertheit* der Akte und Funktionen des Bewußtseins. Indem die →Person Selbstgefühl und Selbstwert entwikkelt, unterscheidet sie sich von der menschl. und natürl. Umwelt. S. artikuliert also den Personkern als Antriebszentrum jenseits der →empir. Wirklichkeit. Im subjektiven Sinn ist es die →soziale und →geistige Mitte der Person. Objektiv betrachtet bezieht das S. das Umweltverhalten und die Umweltbestimmtheit der Person auf deren Mitte und stellt nach W. James (1842-1910) eine spezielle Funktion des Gegenstandsbewußtseins dar. Man kann von einer *Funktionstheorie* des S.s sprechen. Mit der Entwicklung des S.s steigert sich die Integrations- und Identitätsfähigkeit der Persönlichkeit (J. Piaget). Die empir. Psychologie versteht das S. als – objektiv-methodisch analysierbares – Zentrum der Verhaltensstrategien und als deren Steuerungsakt. Dieser beschreibende Begriff des S.s. bildet die Grundlage kognitiver und therapeut. Theorien. Die Reflexivität (Selbstbezüglichkeit) des S.s als *Einheitsakt* des individuellen Ich spielt allenfalls in der →Psychoanalyse eine Rolle.

*B.* Die →*Philosophie* legt ihrem Begriff des S.s, allg. gesprochen, eine *Reflexionstheorie* zugrunde, die in der platon. Tradition entstanden ist und im Zusammenhang mit der Frage nach der Struktur der Vernunft entfaltet wurde. R. →Descartes beschreibt das S. als eine Gewißheit, die allen Zweifeln widersteht. Diese →transzendentale Analyse des S.s erreicht einen gewissen Höhepunkt in *I.* →*Kants* Strukturformel von der »ursprüngl. Einheit der Apperzeption«. Für ihn bildet das S. zwar den Mittelpunkt aller Vorstellungs- und Bewußtseinsformen, in denen wir das Objekt erkennen. Aber er blieb die Analyse der Prinzipien, die das S. konstituieren, unter Verweis auf die »regulative Vernunft« schuldig. *J. G.* →*Fichte* erstellt in der Theorie der allg. →Vernunft den →transzendentalphilos. Begriff des S.s. Es ist der alles Wissen begründende Akt, der sich in der individuellen Vernunft prakt. äußert. Einen Mittelweg zwischen dieser reflexionstheoret. und einer eher analytisch-empir. Sichtweise des S.s versucht die *anglo- amerik. Philosophie* zu gehen. Sie analysiert zunächst auf der Sprachebene die Verwendung und die Bedeutung des Wortes »Ich« im Satz. Die selbstbezügl. Form von Ich-Sätzen verweist auf eine Bewußtseinsstruktur, die sich als Selbstreferenz (Selbstbezogenheit) aller Ich-Aussagen äußert. Durch die Selbstreferenz scheinen solche Aussagen irrtumsfrei und im Blick auf ihre Bedeutung unmittelbar zu sein (→Objektivität). Das S. bedarf bei der Selbstidentifikation keiner äußeren Vermittlung, sondern begründet diese (→Sprache, →Symbole) durch seine ursprüngl. Identität.

*C.* In der Philosophie findet man zwei grundsätzl. *Theorieansätze* zum Begriff S. vor. Zum einen wird S. verstanden als ein →Bewußtsein, das sich als Subjekt selbst zum Objekt hat. Weil aber in diesem Begriff des Objekts (→Objektivität) das Bewußtsein sich selbst voraussetzt, ist ein Begriff des S.s zu suchen, welcher das Subjekt-Objekt-Schema durchbricht. Das ist bei I. →Kant und vor allem bei →Fichte geschehen. In ihrer Tradition ist das S. derjenige Akt der →Vernunft, in dem das Ich als Synthese zwischen wissendem →Subjekt und gewußtem Objekt angesetzt ist. Das Ich ist im S. als Subjekt zugleich sein Objekt. Es weiß sich nicht – wie in der erwähnten ersten Theorie des S.s – als Funktion des Objektbewußtseins in der Form objektiver Analyse, sondern reflektiert sich selbst, sieht sich zugleich als Subjekt und Objekt seiner Reflexion. Die →Objektivität des Ich tritt dem Subjektpol im Reflexionsakt nicht gegenüber, etwa in einer Zeitreihe, so daß das Ich zuerst die Subjekt- und dann die Objektstelle einnähme. Das S. im strengen Sinn ist die *Einheit der Subjekt- und der Objektform des Wissens.* Material gesehen erfaßt die Vernunft im S. ihre individuelle Realität als Ich und weiß, daß sie setzendes Bewußtsein ist. Präreflexive (vor der ausdrückl. Reflexion gegebene) Prinzipien und das sekundäre Reflexionsbild des S.s bedingen einander (→transzendental). Das S. setzt also in einer Prinzipienstruktur, der Vernunft, →a priori an und bildet in der Reflexion erst einen ausdrückl. Begriff von sich. Im S. stellt sich die Ich-Vernunft als ein →Bewußtsein dar, das durch sich selbst bestimmt ist: als Selbstbestimmung. Damit aber übersteigt der philos. Begriff vom S. den der Psychologie und rührt an den Kern menschl. Identität, die sich vor aller Empirie in Wissen und Freiheit konstituiert.

*Lit.: F. Bader:* Die Ursprünge der Transzendentalphilosophie bei Descartes, Bd. 1, Bonn 1979, 250-276. – *D. Henrich:* S., in: *R. Bubner u.a. (Hg.):* Hermeneutik und Dialektik, Bd. 1, Tübingen 1970, 257-284. – *M. Theunissen:* Der Andere, Berlin 1977.

*Christoph Riedel*

**Selbstinteresse.** Der Begriff des S.s bezeichnet eine Handlungsdisposition, die der Selbstgestaltung und Selbstbehauptung des eigenen Ich dient. In ihm wird das »*Ich* sich selbst *zum Gegenstand* eines →Interesses im Unterschied zu den vielen Einzelinteressen. Allerdings liegt den Einzelinteressen immer schon ein ursprüngl. S. zugrunde. Ohne diese Fähigkeit und Bereitschaft zum Interesse am eignen Selbst verkümmern die Vollzüge menschl. Daseins – bis hin zur psych. Apathie und zum phys. →Tod.

*A.* Der Sachverhalt begegnet zunächst im rel.-moral. Sprachgebrauch der christl. Tradition unter dem Begriff der *Selbstliebe.* Während im ntl. Gebot der Nächstenliebe und in der →Goldenen Regel die Selbstliebe als natürl. Tatsache vorausgesetzt ist, erfährt sie in der theol. Tradition bis heute eine *zwiespältige Beurteilung.* Einerseits wird sie im Gegensatz zur Gottesliebe und Nächstenliebe negativ als Eigennutz und Selbstsucht qualifiziert (→Liebe). Nach →Augustinus ist die Selbstliebe die erste →Sünde des Menschen; ähnl. formuliert auch M. →Luther: Gott lieben heißt sich selbst hassen. Andererseits bilden schon für Augustinus wahre Selbstliebe und Gottesliebe eine notwendige Einheit. Ausgangspunkt dieser Zusammengehörigkeit ist die christl. Grunderfahrung, daß der →Mensch nicht aus sich selbst lebt, sondern aus der liebenden Zuwendung →Gottes. Die

Selbstliebe setzt die Konstitution und *Anerkennung* des eigenen Selbst *durch Gott* voraus. Daher kann der Mensch nur durch die Liebe zu Gott wahrhaft sich selbst lieben, während alle Selbstliebe, die nicht zugleich Gottesliebe ist, zur selbstsüchtigen und sündigen Fixierung des Menschen auf sich selbst wird. Die traditionelle theol. Erörterung des Problems findet sich in psycholog. Theorien der Gegenwart wieder (→ Psychologie).

*B.* Im 18. Jh. löst sich der Begriff S. aus dem rel.-moral. Sprachgebrauch heraus und gewinnt eine breitere philos.-anthropolog. Grundlage im Kontext der Herausbildung eines allg. Begriffs von → *Interesse*, ohne allerdings in der Folgezeit selbst ein definierter Begriff der → Anthropologie oder → Philosophie zu werden. In bewußter Abkehr von seiner negativen Bedeutung als Eigennutz wird S. als *positive Handlungsdisposition* zur Gestaltung des eigenen Daseins verstanden. Eine bes. Rolle spielt der Begriff im Denken des schott. Philosophen und Soziologen Adam Smith (1723-1790), der im individuellen S. das Motiv des wirtschaftl. Austausches sah und damit zum theoret. Vorläufer des modernen Wirtschaftsliberalismus (→ Wirtschaft; → Liberalismus) wurde. In einem weiteren Sinn versteht man unter S. den allg. anthropolog. Sachverhalt, daß allen Zielsetzungen und Verhaltensweisen der natürl. Antrieb eines *elementaren Lebenswillens* zugrunde liegt, der die Befriedigung lebensdienl. Bedürfnisse zum Ziel hat. Dieser Antrieb ist jedoch weitgehend nicht durch konstante biolog. Funktionen fixiert, sondern durch eine sich wandelnde soziale Bedürfniswelt vermittelt. Das → Interesse am eigenen Selbst wird von der konkreten Erfahrung des *sozialen Miteinanders* geprägt; es artikuliert sich in konkreten Erwartungen und Interessen, die sich mit den Erwartungen und Interessen anderer überlagern, von ihnen beeinflußt sind oder ihnen entgegenstehen. Im Widerstreit der Bedürfnisse und Interessen dient das S. der Herausbildung einer eigenen → Identität. In dieser → Funktion ist es ein Prinzip der schöpfer. Hinwendung und *Auseinandersetzung mit der → Umwelt*, das nicht in Gegensatz zu den Interessen anderer tritt, weil das Selbst, auf welches sich das eigene Interesse richtet, nicht allein durch sich selbst konstituiert ist, sondern auch durch die ihm im sozialen Miteinander zuteil werdende Anerkennung.

*C.* Das S. ist daher ein Verhältnis spannungsvoller *Gegenseitigkeit.* Einerseits bewahrt es das Selbst vor sozialer Anpassung und trägt zur → Bildung und Erhaltung der eigenen → Identität bei; andererseits bleibt es auf die Anerkennung im personalen Miteinander angewiesen. Das S. kann deshalb sogar zu einem verallgemeinerungsfähigen *Maßstab des → Verhaltens* gegenüber dem Nächsten werden: Die dauerhafte Anerkennung des Eigeninteresses ist nur dann gegeben, wenn darin auch die Interessen der anderen ihre Berücksichtigung finden. Andernfalls wird das S. zum Egoismus oder Narzißmus, der eine gesteigerte Konzentration der Interessen auf das eigene Ich darstellt. Dabei hat die → Psychoanalyse deutl. gemacht, daß die narzißt. Übersteigerung des S.s mit einem Mangel an einfühlender Anerkennung des eigenen Selbst durch die Umwelt in der Phase der frühkindl. Entwicklung beruht, während die einfühlende Anerkennung des eigenen Selbst zu einem gesunden S. führt, das seinerseits zur Anerkennung des anderen befähigt.

*Lit.: H. Kohut:* Narzißmus. Eine Theorie der psychoanalyt. Behandlung narzißt. Persönlichkeitsstörungen, Frankfurt/M. 1973. – *A. J. Krailsheimer:* Studies in self-interest, Oxford 1962. – *E. Todt:* Das Interesse, Bern/Stuttgart 1978.

*Achim Dunkel*

**Selbstverwirklichung** meint die bewußte und zielgerichtete Entfaltung der Persönlichkeit auf eine die individuellen Bedürfnisse befriedigende → *Identität des einzelnen* hin; in ihr verwirklicht das → Subjekt seine → Autonomie. Unter den Bedingungen der gegenwärtigen pluralist. Gesellschaft ist S. zum Ausdruck des Wunsches nach individueller → Freiheit im Unterschied zu kollektivem Zwang und Fremdbestimmung geworden.

Der Begriff der S. beschreibt zunächst psych. und soziale Vorgänge der *Persönlichkeitsentfaltung*, die für ein positives Erleben des eigenen Ich unerläßl. sind. S. ist demgemäß die aktive Ausrichtung auf das Konzept, das das → Individuum von sich selbst hat. Das Selbstbild oder Selbstkonzept richtet sich dabei nicht nur auf die Verfügbarkeit eigener Fähigkeiten, → Gefühle und Verhaltensweisen, sondern auch auf soziale Anerkennung. In einem weiteren Sinn verbindet sich mit dem Begriff der S. im Kontext neuzeitl. Denkens die Wertvorstellung der Verwirklichung eines *menschenwürdigen*, von jeder Fremdbestimmung befreiten → *Lebens* überhaupt. S. wird zum krit. Begriff der → Emanzipation von Traditionen und traditionellen Ordnungen des menschl. Zusammenlebens einerseits und des Anspruchs auf → Autonomie und Selbstbesitz des Subjekts andererseits. Der Gedanke der S. als der Realisierung einer von allen Zwängen befreiten → Humanität und Individualität des Subjekts wird allerdings dort zum Subjektivismus verzerrt, wo der andere als Hindernis schrankenloser Selbstdurchsetzung erscheint oder zu deren Instrument wird. Das individualist. und subjektivist. Mißverständnis von S. übersieht, daß wirkl. Selbstsein nur durch die Gegenseitigkeit personaler und sozialer Anerkennung mögl. ist. Die Chance echter S. läßt sich daher nicht ohne Rücksicht auf die Pflichten gegenseitiger Verantwortung und Rücksichtnahme wahrnehmen. In der neueren Diskussion tritt daher neben den Begriff der S. der Begriff der Selbsterziehung.

*Lit.: H. Barz:* Stichwort S., Stuttgart/Berlin 1981. – *M. Theunissen:* S. und Allgemeinheit, Berlin 1982.

*Achim Dunkel*

**Sexualität** als Lebenskraft prägt die individuelle Entwicklung und Persönlichkeit des Menschen entscheidend (→Psychoanalyse, →Entwicklungspsychologie): seine/ihre →Identität als →Mann oder →Frau und ihre Fähigkeit, →Leben als geglückt zu erfahren. *Integrität des Lebens und Zusammenlebens* (entspricht dem bibl. Heilsbegriff: der Zusage der Veränderung aller leidbringenden Strukturen und Beziehungen; →Heil) ist daher untrennbar mit der Integrität der S. eines Menschen (ihrer Ganzheit und Eingebundenheit) und mit den sexuellen und geschlechtsspezif. Einstellungen, Verhaltens- und Beziehungsmustern (bis hin zum allg. Verhältnis zwischen Männern und Frauen) in einer →Gesellschaft verbunden.

*A.* Die *Bedeutsamkeit* der S. und die *Verletzbarkeit* ihrer Integrität ist Erfahrung der Kultur- und Religionsgeschichte. In vielen →Kulturen spielten sexuelle Vorgänge eine rel. zentrale Rolle, gerieten aber auch in einen Verfallsprozeß: Der kult. Liebesakt glitt entweder ins bloß Genüßliche ab oder wurde moral. entwertet. Die Balance zu schaffen zwischen beiden Fehlhaltungen bleibt sittl. Aufgabe jeder Epoche. Nach einer Phase des sexuellen →Liberalismus, der die Selbstregulation der Triebe proklamiert und die Gefährdung, Schutz- und Regulationsbedürftigkeit der S. verleugnet hat, nimmt heute - nicht zuletzt dank feminist. Aufmerksamkeit (→feminist. Theologie) – das Bewußtsein davon zu und mit ihm die Suche nach einer »erot. Kultur«, einer humanen →Ethik der S. Entspr. der bipolaren Gefährdung scheint die Gefahr einer Ethik der S. gerade zuzeiten und in Kulturen, die einer Verflachung und Verrohung der S. wehren wollten, darin gelegen zu haben, die Triebkräfte der S. aufzuteilen und zu isolieren. (Die Trennung von →Eros und Agape in der christl. Theologie ist ein Beispiel dafür.) Statt in einer »erot. Kultur« S. in ihrer Einheit zu pflegen, ihre Sensibilität und verletzbare Zartheit zu lieben und zu bewahren und im Schutz ihrer Sensibilität sich gleichermaßen ihres Drängens nach kreativer Gemeinschaft wie ihrer kraftvollen Impulsivität zu erfreuen, hat die →Moral dann den vermeintl. sichereren Weg beschritten: Sie hat die als bedrohl. erlebten Antriebe weitgehend *unterdrückt* und damit unbewußt gemacht und somit – der bewußten Kontrolle und Steuerung entzogen – ihrer Entgleisung in vielfältiger (sozialer und polit., psych. und körperl.) Ausprägung Vorschub geleistet.

*B.* Die *Geschichte der christl.* Sexualmoral und ihrer gesellschaftl. Bedingungen und Folgen kann beispielhaft für diesen Vorgang stehen: Obwohl sich ein Sexualpessimismus bibl. nicht begründen läßt, sind christl. Theologen über die – oft sehr krit. – Auseinandersetzung mit außerchristl. Theorien und Systemen zunehmend in eine *Abwertung* der S. hineingeraten. Schon im christl. Altertum haben (mißverstandene) atl. Reinheitsvorschriften, gnost.-dualist. (→Dualismus, →Gnosis) und manichä. (→Manichäismus) Einstellungen die Leibfeindlichkeit, röm.-rechtl. Auffassungen die →Naturrechtslehre und einen einseitigen Biologismus und stoi. Wertsetzungen (→Stoa) die Unterdrückung emotional- sensitiver wie auch triebhafter Impulse in die christl. Theologie eingeführt. Daß diese Einflüsse biograph., soziokulturell und – strukturell bedingten Bedürfnissen nach Abwehr beängstigender, weil wenig kultivierter Triebimpulse entgegenkamen, mag an der Biographie des für die Sexualmoral maßgebenden Theologen →Augustinus exemplar. deutl. werden.
Auch im →MA. und in der beginnenden →Neuzeit opfern namhafte rel. Gruppierungen diesem Bedürfnis. Zwar werden *rigorist.* (→Rigorismus) *Strömungen* (z.B. Albigenser, →Waldenser, →Jansenisten) von der kath. Kirche als Irrlehren zurückgewiesen, aber sie üben einen bleibenden Einfluß aus: S. wird auf den Raum der →Ehe und weitgehend auf den *Aspekt der Zeugung* beschränkt. →Erotik wird zunehmend aus der Ehe verdrängt und sucht sich über die Ausprägung einer doppelten Moral ihren außerehel. Lebensraum. Leidtragende dieser Entwicklung sind die vielen aus gesellschaftl. Gründen von der Ehe Ausgeschlossenen und allg. die →Frauen, die als Ehefrauen auf ihre Gebärfunktion reduziert werden – auch die →Reformation vermochte dies nicht zu überwinden. Als eine fiktive *erot. Gegenkultur* hat im MA. der Minnesang die erot. und zartfühlende Liebe (außerhalb der Ehe) besungen und die Liebesbeziehung des Mannes mit der von ihm hochangesehenen Frau als Möglichkeit entworfen, ihn zu fördern und seiner persönl. Vollendung näher zu bringen. Dieser erstaunl. Entwurf erot. Hochkultur blieb – ebenso wie die sublime Stilisierung erot.-sexueller Antriebe in der →Mystik – ohne Folgen für die kirchl. Wertung der S.

*C.* Im *20. Jh.* ist im Zuge einer weitgehenden *Liberalisierung* die soziale →Toleranz und damit der Freiraum für sexuelle →Selbstverwirklichung erhebl. größer geworden. Neue Kenntnisse über die sexuellen Antriebe des Menschen in ihrer umfassenden Bedeutung für die psychosexuelle Entwicklung und ihre Störbarkeit (→Neurose) haben eine Reihe von Vor- und Fehlurteilen, Schuldgefühlen und Schuldzuschreibungen abgebaut. Früher als →»Sünde« bestimmte Verhaltensweisen (Onanie, Masturbation, sexuell atyp. Verhalten) sind heute zunächst in ihrer med.-psycholog. und soziolog. Bedeutung zu sehen. Erst dann können eth. Weisungen hilfreiche Orientierung bieten als ermutigende Beschreibung von Einstellungen und →Zielen (nicht mehr als festlegende Beurteilung best. Verhaltensweisen als »in sich gut« oder »in sich schlecht«), die die Integrität der betroffenen Menschen und ihres Zusammenlebens fördern.

*D.* Immer ist es die beschädigte und gefährdete Integrität des Menschen, die christl. Handeln auf den Plan ruft, damit Heil nicht nur verkündet, sondern auch ermöglicht werde. So ist einer *christl.*

*Ethik* des ausgehenden 20. Jh.s aufgegeben: die Überwindung von Sexismus (Minderbewertung der Frau) und →Gewalt gegenüber Frauen, sexueller Konsumhaltungen und der Überbewertung des Orgasmus im Gesamt der sexuellen Begegnung, der →Diskriminierung von sexuell atyp. lebenden Menschen und der S. →Behinderter und die Gestaltung einer weltweit solidar. →Geburtenregelung. Es gilt, sich der *Vision einer erot. Kultur* zu nähern, in der in der sexuellen Begegnung gewalttätige →Aggression, →Angst und Mißtrauen überwunden sind und Gegenseitigkeit und →Vertrauen eine das eigene Ich überschreitende Liebeserfahrung (→Liebe) ermöglichen, die die schließl. darauf drängt, die Grenzen privaten Glücks zu überwinden.

*Lit.: F. Böckle:* Geschlechterbeziehung und Liebesfähigkeit, in: Christl. Glaube in moderner Gesellschaft, Teilbd. 6, Freiburg 1981, 109-153 (Lit.). – *M. Carrera:* Sex, Berlin u.a. 1982. – *A. Greeley:* Erot. Kultur, Graz u.a. 1977. – *J. Gründel:* Grundlinien einer christl. Sexualmoral, in: *S. Rehrl (Hg.):* Christl. Verantwortung in der Welt der Gegenwart, München 1982, 157-177. – *H. Halter u.a.:* S. und Ehe, Zürich 1981. – *H. Hunger:* Die Heilige Hochzeit, Wiesbaden 1984 (Lit.). – *M. Klöcker/U. Tworuschka:* Ethik der Religionen, Bd. 1: S., München 1984. – *W. Mertens:* Psychoanalyse, Stuttgart u.a. 1981 (Lit.). – *S. H. Pfürtner:* Kirche und S., Reinbek 1972 (Lit.). – *D. Sölle:* Lieben und arbeiten, Stuttgart 1985.

*Elisabeth Bleske*

**Shankara** (lt. Tradition 788-820), neben Bādarāyana, Rāmānuja und Vallabha Hauptvertreter des *Vedānta* (»Ende des Veda«), einer ind. Religionsphilosophie, die sich auf die relevanten Texte der Veden, die Upanishads, stützt und sie vielartig und individuell weiterentwickelt. Sh. entstammt einer brahman. Familie Südindiens und hat seine monist.-illusionist. Lehre durch öffentl. Disputationen im Lande verbreitet. Er ist der strikteste Logiker (im klass. Sinn) unter den Vedāntins.

Das höchste Prinzip, das Eine, ist ihm das *Brahman*, das als Urgrund alles Wahrhaftseienden die Geistsubstanz selber ist. Ident. mit ihm ist das Ewige im Menschen, der *Ātman*. Aus dieser monist. Bestimmung des Brahman, des absolut »Zweitlosen« (Advaita), muß folgerichtig die Lehre von unterschiedl. Realitätsgraden der Erscheinungswelt und der ihnen entspr. menschl. Erkenntnisstufen hervorgehen. Auf der »niederen Erkenntnisstufe der Alltagswahrheit« erscheint die Welt als vielfältig und differenziert, einschließl. ihrer Bewußtseinsprodukte. Von »der höchsten Erkenntnisstufe aus betrachtet, erweist sich diese *Vielfalt* jedoch als bloße Illusion«, als ein ontolog. nicht bestimmbarer »objektiver Schein« (Māyā), bewirkt durch die verhüllende Kraft des Nichtwissens (Avidyā). Diese Illusion wirkt, solange der Mensch existiert. Der persönl. gefaßte Gottesbegriff, die Aussage, als der Ātman des Universums sei das Brahman Gott, der Herr, und »der Stoff der Welt, die in anfangs- und endloser Wiederholung aus Ihm entsteht und in Ihn zurückkehrt«, gehört in den Bereich der niederen Erkenntnis, die nur die Vorstufe der höheren ist. Damit kann Sh. alle Religionsformen sowohl in sein System integrieren als sie auch relativieren.

Die *Selbsterlösung* besteht in der Aufhebung der gesetzmäßigen Wirkungen der eigenen Taten *(karman)* und damit im Verlassen des Kreislaufs der Wiedergeburten *(saṃsāra)*. Sie ist nicht allein durch ein mönch. Leben und rein verstandesmäßige Erkenntnis vollziehbar, sondern muß durch die →Meditation, eine Art myst. Schau (→Mystik) der in den Upanishads geoffenbarten →Wahrheit, zur inneren Erfahrung gebracht werden. Nach dem Tode geht der Ātman eines solcherart wissend gewordenen Mönchs ein in das Brahman »wie Flüsse ins Meer«, d.h., die scheinbare Individualisierung erlischt.

Sh.s Lehre trug wesentl. mit zum *Erlöschen des →Buddhismus* innerhalb Indiens bei. Durch seinen Orden, den er selbst gegründet haben soll, übt diese Schule des Vedānta bis heute eine große Wirkung aus. Moderne Vedānta-Formen berufen sich gerne auf Sh.s Schule, sind jedoch Neuinterpretationen, aus der Begegnung mit dem Westen erwachsen (wie auch dieser Einflüsse von ihnen aufnehmen mußte).

*Lit.: H. von Glasenapp:* Die Philosophie der Inder (Kröners Taschenausgabe 195), Stuttgart, 2. Aufl. 1958. – *P. Hacker:* Kleine Schriften (Glasenapp-Stiftung Bd. 15), Wiesbaden 1978.

*Irmtraud Höhn*

**Shintoismus,** jap.: *Shintō/Kami no michi/Kannagara no michi:* »Weg der Götter«, nach Motoori Norinaga (1730-1801) der von den Göttern gestiftete Weg. Sh. ist der Sammelbegriff für die verschiedenen Formen der von den *Japanern* selbst vor Eindringen des →Konfuzianismus im 4. und des →Buddhismus im 6. Jh. entwickelten und in Auseinandersetzung mit diesen fremden Einflüssen je neu gestalteten Religion. Ihren Wertmittelpunkt bildet heute die Nation: das Volk mit dem Land →Japan (nach Kitabatake Chikafusa [1293-1354] ist Japan »das Land der Götter«).

*A. Formen des Shintoismus*

Neben dem *(I) schreinlosen Altsh.* gibt es den *(II) Schreinsh.* Dieser wird eingeteilt in: 1. den Schreinsh. der *Sippen* im allg.; 2. den Schreinsh. der *kaiserl.* Sippe, d.h. der Yamato-Dynastie, die sich seit dem 4. Jh. durchsetzte und neben Konfuzianismus und Buddhismus auch die Verehrung ihrer Ahnengottheit (der Sonnengöttin Amaterasu) den übrigen Sippen auferlegte; 3. der mit dem *Buddhismus* verbundene Schreinsh. (Ryōbu-Sh.), der vom 8. bis 19. Jh. die Praxis des Sh. bestimmte; 4. der mit dem *(Neo-)Konfuzianismus* verbundene Schreinsh., der im 17. Jh. die Theorie des Sh. bestimmte; 5. der von allen buddhist. und konfuzianist. Elementen gereinigte, *nationaljap.* Schreinsh. (Restaurationssh.), der im 18. Jh.

erwachte und im 19. Jh. die Aufhebung des Shōgunats (Militärregentschaft) und die Wiederaufnahme der Regierung durch den Kaiser nach dem Ideal der Einheit von Religion und Politik (Saisei-itchi) bzw. von priesterl. und herrscherl. Handeln (Matsurigoto) unterstützte; 6. der von Kaiser Meiji 1889 (1870) zum *Staatssh.* erhobene Schreinsh., an dessen Riten teilzunehmen Staatsbürgerpflicht jedes Japaners wurde, gleich welcher Religion er sonst angehörte; 7. der reprivatisierte Schreinsh. nach der demokrat. Verfassung von 1946.
Ferner gibt es den *(III) Sektensh.:* Während der formalen Herrschaft des Staatssh. wurden alle Religionsgemeinschaften, die sich weder als buddhist. noch als christl. bekannten, jurist. als »Sekten« (Kyōha) des Sh. registriert. Zu den 13 registrierten Sekten gehören auch solche jap. →Neureligionen des 19. Jh.s, die sich auf Grund der demokrat. Verfassung von 1946 ganz vom Sh. trennten und heute als selbständige (→Welt-)Religion betrachtet werden wollen (z.B. Tenrikyō).
Zu verweisen ist schließl. auf den *(IV) mit dem nichtorganisierten jap. Volksglauben verbundenen* Sh. (z.B. Verehrung von Glücksgöttern, Gespensterglaube, Orakelwesen, Fruchtbarkeitszauberei usw., mit Einfluß von →Taoismus und →Schamanismus).

*B. Eigenart des Shintoismus*

Der Altsh. verehrte die *Kami* (s.u.) da, wo sie erschienen, oder bereitete für ihre Ankunft zum *Fest* einen reinen Platz in der Natur oder im Wohnbereich der Sippe. Auch die Kaiserfamilie verehrte ihre Ahnen zunächst innerhalb ihrer Residenz. Der myth. 10. Kaiser Sujin (vermutl. 3. Jh. n. Chr.) soll als erster der Sonnengöttin außerhalb seines Palastes einen ständigen *Schrein* (= →Tempel) haben bauen lassen. Aber auch beim Schreinbau blieb die Naturnähe und -reinheit des Platzes, des Materials und der Bauweise entscheidend (vgl. die Schreine von Ise und Izumo). Verehrung der unerschöpfl., lebensspendenden Kräfte der →*Natur* (als Kosmos) und Vertrauen auf ihre grundsätzl. Menschenfreundlichkeit (trotz bedrohl. Momente) bestimmen das Lebensgefühl des Gläubigen, vor allem als Mitglied seiner Sippe oder seines Volkes. Wie die Natur, so ist auch der Mensch ursprüngl. gut. In alter Zeit bedeutete die vor →Gebet und →Opfer geforderte Reinigung mit Wasser die Aufhebung kult. Verunreinigung (z.B. durch →Blut).
Durch Konfuzianismus und Buddhismus (seit dem 16. bzw. 19. Jh. auch durch das →Christentum) klärte sich im Sh. die Unterscheidung zwischen *kult. Unreinheit* (→Rein) und *eth. Schuld* (sowie rel. →Sünde). Die Forderung nach dem »reinen Herzen« gewann immer mehr die Bedeutung des »Herzens ohne Bindung an sich selbst« (buddhist. Einfluß) oder des »Herzens, das die fünf sozialen Bindungen in aufrichtiger Treue pflegt« (konfuzianist. Einfluß: Treue zwischen Kaiser und Untertan, →Eltern und →Kindern, Ehemann und Ehefrau, älteren und jüngeren Geschwistern, Freunden). Im Sh. konzentrieren sich die Hoffnungen auf das Diesseits und die Gegenwart. Die Seinsweise der Toten gilt als Leben im Schatten »unten« oder im Nebel der »Ferne«.
Zwei *Weltvorstellungen* tauchen in jap. Mythologien auf: die vertikal aufgerichtete Dreistockwerk-Welt (kontinental-asiat.?) und die horizontal zusammengesetzte Zweiräume-Welt (südostasiat.?).
Die *Gottesvorstellung* in ihrer Vielseitigkeit ist am Sprachgebrauch von Kami erkennbar. In den Mythologien Kojiki und Nihongi (8. Jh.) sowie im Ritualienbuch Engishiki (10. Jh.) werden Naturkräfte und Naturerscheinungen, Sippenahnen, als Wohnung einer göttl. Kraft betrachtete Steine, Pflanzen, Tiere, Menschen (Kaiser/Kaiserin, Priester/Priesterin u.a. medial begabte Personen) als *Kami* bezeichnet. Ihre Zahl ist grundsätzl. unermeßlich. Heute gibt es eine Tendenz zum Panentheismus (d.h.: alles ist in Gott; →Pantheismus).

*Lit.: W. G. Aston:* Shinto. The Way of the Gods, Tokio 1968 (Nachdruck). – *K. Florenz:* Die hist. Quellen der Shinto-Religion, Göttingen 1919. – *H. Hammitzsch (Hg.):* Japan-Handbuch, Wiesbaden 1981, 1632-1648 (Lit.). – *N. Naumann:* Die einheim. Religion (Japans), Teil I: Bis zum Ende der Heian-Zeit. Handbuch der Orientalistik, V. Abt., 4. Bd., 1. Abschn., Leiden 1988. – *S. Ono:* Shinto. The Kami Way, Tokio 1962. – *E. Schiller:* Shinto, die Volksreligion Japans, Berlin, 3. Aufl. 1947. – *G. Schurhammer:* Shinto, Bonn/Leipzig 1923. – *Y. Watanabe:* Shinto Art. Ise and Izumo Shrines, New York/Tokio 1974.

*Johannes Laube*

**Sicherheit.** Sich in S. vorzufinden entspricht einer menschl. Grundstrebung. Immer geht es dabei um den möglichst weitgehenden *Ausschluß von Gefahren* des →Leibes und der →Seele sowie der dementspr. →Ängste. Die Ausbildung von individuellen und kollektiven S.ssystemen zeigt deutl., daß der Mensch von den sozialen Beziehungen abhängig ist.

*A.* So ist das →*Individuum* als Kleinkind zunächst ausschließl. auf den Schutz seiner →Eltern bzw. Betreuungspersonen angewiesen (→Kind). Heranwachsend entwickelt der einzelne durch notwendige Krisen im Beziehungsbereich hindurch immer weitergehend körperl. Fähigkeiten, aber auch Strukturen des →Erlebens und →Verhaltens, um sich mit seinen körperl., seel. und geist. Bedürfnissen abzusichern. Je nach Sozialisation und Umwelteinfluß werden spezif. →Konfliktsituationen im personalen und sachl. Bereich als bes. gefährdend erlebt. Aus deren Abwehr heraus (und damit im Dienste der S. gegenüber wirkl. oder auch eingebildeten Gefahren) erwachsen typ. Charakterstrukturen. In ihrem Rahmen wird die realitätsbezogene Sorge um die S. der im Lebenslauf erworbenen Positionen zur Voraussetzung für das Erleben einer tragfähigen →Identität. Dagegen kann ein übertriebenes und von neurot. Ängsten gesteuertes Absicherungsbestreben (→Neurose) einengen und an der vollen Lebensentfaltung hindern.

*B.* Im *kollektiven* Bereich weist die für den Bestand einer Gemeinschaft notwendige Absicherung ebenfalls die doppelte Möglichkeit einer Einstellung auf: Ist die S. gegenüber wirkl. bestehenden Gefährdungen durch grundsätzl. (äußere und innere) Abwehrfähigkeit gewährleistet, so kann im Bedarfsfall in ausreichender Gelassenheit nach Konfliktlösungsmodellen gesucht werden. Überwiegen dagegen in →Gruppen, sozialen →Gemeinschaften oder Volksmengen und →Massen irrationale Ängstigungen (oder aber zeigen sich die Gefährdungen als nicht mehr eingrenzbar), so kann das gemeinsame Bedürfnis nach S. in →Aggression umschlagen, die dann nur noch bedingt kontrollierbar ist. Weltweite Friedenssicherung erscheint immer deutlicher von der sich ausbreitenden Einsicht in diese Mechanismen abhängig (→Frieden, →Friedensforschung).

*C.* Zum festen Bestand *christl. Glaubensaussagen* und deren theol. Reflexion gehört die klare Unterscheidung zwischen einer bleibend angstbezogenen Absicherung (securitas) und einer auf Vertrauen gründenden inneren Sicherheit (certitudo). Die *Gewißheit*, sich einer existenznotwendigen Grundbeziehung sicher sein zu können, entsteht für den Christen aus der Glaubensverbindung mit →Gott bzw. aus dem Vertrauen auf dessen rechtfertigende Zuwendung in allen menschl. verunsichernden Lebenslagen.

*Lit.: E. H. Erikson:* Kindheit und Gesellschaft, Stuttgart, 5. Aufl. 1974. – *H. Fricke:* Sicherung, soziale, in: Prakt. Wörterbuch der Pastoral-Anthropologie, Wien/Göttingen 1975, 986ff. – *E. Jüngel:* Gott als Geheimnis der Welt, Tübingen, 3. Aufl. 1978 (bes. § 12: Die Gewißheit des Glaubens als Entsicherung). – *F. X. Kaufmann:* S. als soziol. und sozialpolit. Problem, Stuttgart, 2. Aufl. 1973 (Lit.). – *W. Sluga:* Sicherungsbedürfnis, in: Prakt. Wörterbuch der Pastoral-Anthropologie, a.a.O., 988f.

*Klaus Winkler*

## Sikhismus

*A.* Der S. ist eine von *Guru* (»Lehrer, Meister«) *Nānak* (1469-1531) gestiftete →Offenbarungsreligion. Er ist in 19 Ländern verbreitet. Die Zahl der *Sikhs* (sanskr. »Schüler, Jünger«) beträgt heute ca. 16 Mill., von denen in →Indien allein ca. 14 Mill., d.h. 87% aller Sikhs, leben. Sie bilden jedoch nur 2% der ind. Gesamtbevölkerung. Der S. ist *seit 1983* über Indien hinaus durch *Konflikte* bekanntgeworden, die gewaltsame Höhepunkte erreichten. Die Tragödie dieser ind. Minderheit ist in ihren Auswirkungen noch gar nicht abzusehen. Den Ansprüchen, im heutigen Panjāb (wo sie die Mehrheit bilden) größere Freiheiten für ihre rel. Selbstbestimmung zu erlangen, folgte deren Radikalisierung durch eine militante Minderheit. Daraus entwickelten sich: die Erstürmung des Goldenen Tempels in Amritsar (zuletzt 1988), die Ermordung der Ministerpräsidentin Indira Gandhi (31.10.1983) durch zwei Sikh-Leibwächter und schließl. *Pogrome* von Hindus an Sikhs und umgekehrt mit Tausenden von Opfern. Das weitere Schicksal dieser Religionsgemeinschaft innerhalb Indiens wird auch das der ind. Staatsunion mitbestimmen.

*B. Nānak,* der Gründer der Bruderschaft, stammte aus einer hinduist. Tradition, die sich selber krit. gegenüberstand und auch zum Islam der Herrscher Nordindiens einen Ausgleich suchte. Dennoch hat Nānak eine eigenständige Lehre geschaffen. Neun weitere *Gurus* leiteten nach ihm seine Sikhs. Der fünfte Guru, Arjan Mal, stellte erstmals die von den Lehrern in mehreren Landessprachen abgefaßten Hymnen im *Ādi Granth, dem »ursprüngl. Buch«,* zusammen und führte ihn 1604 in das Zentrum der Religionsgemeinschaft, den Tempel zu Amritsar, ein. Während Arjan Mal die Guruwürde für erbl. erklärte, ernannte der *zehnte und letzte* Guru, *Govind Singh* (1675-1708), keinen Nachfolger mehr (»Wer den Guru zu sehen wünscht, suche im Ādi Granth«). Mit den Zusätzen der zehn Gurus ist diese Hymnensammlung mit ihren 15.575 Versen die zentrale rel. Autorität der Sikhs (→hll. Schriften).
Die *Lehre* des S. betont die Alleinheit →Gottes (jenseits aller Benennungen, Bildlichkeit und Geschichtlichkeit), seine Weltimmanenz wie →Transzendenz sowie das myst. Erfahrungselement der Gottesliebe. Daraus ergibt sich die →Gleichheit aller Menschen (einschließl. der →Frauen) vor Gott, die auch soziale Wirklichkeit sein soll und mit dem Kastenwesen nicht zu vereinbaren ist. Als Zeichen der aufgehobenen Kastenzugehörigkeit trägt jeder Sikh den Nachnamen Singh (»Löwe«) und wird mit »Sardar« (»Prinz«) angeredet. Die →Seele unterliegt dem Moralgesetz der Vergeltung der Taten (karma), die sie bis zur →Erlösung in den Kreislauf der Wiedergeburten (samsāra) binden; hierbei wirkt eine Gnadenlehre auf das rigide Karmagesetz einschränkend.

*C.* Damit sind grundlegende Anschauungen sowohl des →*Hinduismus* als auch des →*Islam* zurückgewiesen. Erbitterung (bis hin zu Morden an Gurus) wie auch rel. Reintegrationsversuche dieser beiden Religionen sind bis heute für deren Verhältnis zum S. bestimmend. Die (dogmat. nicht einheitl. abgesicherte) Lehrexegese und die enge Verbindung der Sikhs mit den sozial relevanten Sitten der Hindus ließen der *Unterscheidbarkeit* durch Kleidung (Turban usw.), der Anerkennung als gesonderte Religion durch die ind. Verfassung u.ä. eine unverhältnismäßig große Bedeutung zukommen. Hier liegen die Ursachen für den erneut hochaktuellen Kampf der Sikhs um eine territorial gesicherte Gruppenidentität. Für rel. Studien hat der S. seit 1969 an der Universität Patiala ein Zentrum.
Die *Militarisierung* der Religionsgemeinde ist seit dem zehnten Guru als Khālsā, (»Brudergemeinschaft«) zur Verteidigung des Glaubens gegen die islam. Moguln institutionalisiert. Von 1799-1839 bestand ein eigener Staat (mit größerer Fläche als der heutige Panjab). Seit Verlust ihrer Souveränität

1849 stellen die Sikhs auf Grund ihres Bildungsgrades und ihrer hervorgehobenen sozialen Stellung einen bedeutenden polit. Faktor u.a. als Armeeangehörige in Indien dar.
Der S. versteht sich heute als →Weltreligion und missioniert im Westen.

*Lit.: J. Gonda:* Die Religionen Indiens, II: Der jüngere Hinduismus (Die Religionen der Menschheit, Bd. 12), Stuttgart 1963. – *M. A. Macauliffe:* The Sikh Religion. Its Gurus, Sacred Writings and Authors, 1-6, Oxford 1909. – *W. H. McLeod:* Gurū Nānak and the Sikh Religion, Oxford 1968. – *Kushwant Singh:* A history of the Sikhs, vols. 1-2, Princeton/N.J. 1963-1966.

*Irmtraud Höhn*

**Singen** ist die wohl älteste und ursprünglichste musikal. Äußerungsform der Menschen, deren »Instrument« der menschl. Körper selbst (Lunge, Kehlkopf, Stimmbänder, Resonanzräume) ist. Dadurch können Seelisches und Emotionales unmittelbar zum Ausdruck kommen, was das S. gerade für den rel. Kult so bedeutungsvoll macht. Man unterscheidet zwei Grundformen: den virtuosen Kunstgesang und das liedhafte, volkstüml. schlichte S.

*A.* Eine wichtige Ansatzstufe für die Entwicklung des S.s dürfte im →*Kult* liegen (Götter- und Dämonenbeschwörung); so waren z.B. in der griech. Antike die →Priester Anwälte der Musikausübung. Der Altargesang des Priesters ist uralte kirchl. Praxis, Vorbilder des christl. Kirchengesangs reichen zurück bis auf jüd.-syr. und griech.- röm. Bräuche; die Ursprünge des →Gregorian. Chorals lassen sich somit in vorchristl. Zeit nachweisen. Seit der Zeit der *frühen Kirche* begleitet →Musik die →Liturgie; in den Antwort- und Lobgesängen wird das S. selbst zur liturg. Handlung. Vom Abschluß des letzten →Abendmahls berichten die Evangelien: »Und nach dem Lobgesang gingen sie hinaus zum Ölberg« (Mk 14,26; Mt 26,30). Das →NT setzt hier die alte →Tradition des bibl. Psalmengesangs fort, wovon auch die Paulusbriefe zeugen: »Laßt in eurer Mitte Psalmen, Hymnen und Lieder erklingen... Singt und jubelt aus vollem Herzen zum Lob des Herrn!« (Eph 5,19). Anfangs steht das S. der versammelten →Gemeinde im Vordergrund. Jede instrumentale Musik wird als heidn. Element im →Gottesdienst streng abgelehnt. Ist der Gesang zunächst einfach »das Gefäß zur Darbietung des göttl. Wortes« (H. Musch), so entwickelt sich in der *Folgezeit* der reichverzierte, melismat. Sologesang (Jubilus), dessen textlos-ausdrucksvolles S. über die eigentl. Aussagekraft des Wortes hinausgeht. →Augustinus bezeichnet den Jubilus als »eine Melodie, die bedeutet, daß das Herz hervorbringt, was es in Worten nicht aussprechen kann«. S. wird zum Ausdruck der Verbundenheit mit →Gott, die wichtigste Funktion der Lobpreis des →Schöpfers: »Wer für Gott lebt, besinge Gott« (Augustinus).

*B.* Diese Auffassung des kirchl. Gesangs beinhaltet wesentl. die *aktive Teilnahme* aller Gläubigen; jeder einzelne soll in der gottesdienstl. Gemeinschaft seinen Glauben singend zum Ausdruck bringen. Da das Latein auch in Missionsgebieten die Liturgiesprache blieb, als Träger der Liturgie immer stärker der Klerus anstelle der ganzen Gemeinde angesehen wurde und das antike Kulturwesen auf Grund mißverstandenen christl. Eifers fast gänzl. ausgerottet wurde, verlor der Lob- und Dankgesang der Gemeinde ab dem Ende des Altertums immer mehr an Boden. Diese Tätigkeit wurde von *Klerikerscholen* übernommen, so daß der Gemeinde Passivität »zukam«. Bereits vor 800 gab es erste deutschsprachige Gesänge, die jedoch ledigl. als Einschübe ohne liturg. Funktion galten. Nachdem in der ev. Kirche der →*Reformation* das dt. →Kirchenlied als liturg. Gemeindegesang feststand (→Kirchenmusik), erhielt im Gegenzug der landessprachl. Volksgesang in der kath. Kirche neuen Auftrieb (erstes kath. Gesangbuch 1537 in Leipzig; →Liturg. Bewegung). Vollgültige Anerkennung fanden landeseigene Sprache und Gesänge hier aber erst seit dem 2. →Vat. Konzil.

*C.* Auch in der allg. Musikgeschichte war das S. stets gleichsam das »*Maß aller Dinge*«. Noch im →Barock, einer Zeit also, in der sich die Instrumentalmusik gegenüber der Vokalmusik emanzipiert hat, erkannten die Komponisten die überragende Bedeutung des S.s So fordert J. S. →Bach im Vorwort zu seinen Inventionen für Klavier, »eine cantable (gesangl.) Art im Spielen zu erlangen«. Noch deutlicher sagt G. Ph. Telemann (1681-1767): »S. ist das Fundament zur Music in allen Dingen.« Eine bes. gemeinschaftsbildende Funktion erhielt das S. zu Beginn des 20. Jh.s in der →Jugendbewegung (Singbewegung). In jüngerer Zeit wurde der gesundheitl. Aspekt des S.s entdeckt und z.B. für den Bereich der Musiktherapie nutzbar gemacht.

*Lit.: C. Bernsdorf-Engelbrecht:* Geschichte der ev. Kirchenmusik, 2 Bde., Wilhelmshaven 1980. – *H. Musch (Hg.):* Musik im Gottesdienst, 2 Bde., Regensburg, 3. Aufl. 1987. – *A. Scharnagl:* Einführung in die kath. Kirchenmusik, Wilhelmshaven 1980.

*Wolfgang Riedel*

**Sinn** als Übereinkunft des →Menschen mit sich selbst, seiner Geschichte, seiner →Welt und mit →Gott (bzw. den Göttern, dem Göttlichen oder der →Transzendenz) begegnet heute in seiner *Fraglichkeit.* Diese kann einen Teil oder das Ganze betreffen. Dabei muß die Verneinung eines unbedingten S.es des Ganzen nicht jegl. Teils. ausschließen, noch gar die Annahme eines Teils.s als einschlußweise Annahme eines Volls.s gedeutet werden.

*A.* Die S.frage (als Frage nach dem S. des Lebens, des Daseins und der →Geschichte) wird entweder für sinnlos oder unbeantwortbar gehalten, oder sie setzt eine anfängl. Vorstellung von S. voraus, der am Anfang nicht als Frage, sondern als →*Erfahrung*, als anwesend gegeben war. Doch trat er sowohl in der →griech. Philosophie wie in der jüd.- christl. Tradition (→Bibel) als →*Ziel* (griech.: télos, lat.: finis) auf, worauf alles ausgerichtet ist. Dieses bildete die Vor-gabe, welche es zwar wahr- und anzunehmen galt, deren Wirklichkeit jedoch alles zusammenfügte. Der (philos. wie rel.) S. von Geschichte rechtfertigt sich vom göttl. gesetzten Ziel her, das weder die →Freiheit menschl. Handelns noch seine →Verantwortung aufhebt. Insofern ist hier eine Einheit von S.gebung und S.findung zu sehen. Solange eine solche Anschauung das Leben prägte, konnten Menschen zwar suchend und (an)klagend nach einem erfüllten Dasein Ausschau halten, jedoch wurde die S.frage nicht in ihrer bedrängenden Form als *Grundfrage des Lebens* gestellt. Das wird erst durch den *S.verlust* ermöglicht, welcher der heutigen S.frage vorausgeht, der nicht nur eine Verdunkelung oder ein Entschwinden, sondern auch und noch viel mehr eine Störung, Zerstörung und Verneinung von S. beinhaltet. Die Fraglichkeit des S.s enthält zugleich Fehl und Forderung sowie die Möglichkeit von Absurdität und Verneinung.

*B.* Es wäre aber voreilig, die Frage nach dem S. des Daseins oder des Lebens als mit der Frage nach Gott ident. zu erklären. Ohne Zweifel geht die S.problematik über das fakt. Verfügbare hinaus und enthält die Dimension der Transzendenz und nicht nur des Transzendierens; auch ist ihr eine Nähe zu →Religion und →Theologie eigen. Doch gibt es S. »diesseits« Gottes, einen welthaften S. Solcher S. wird dem Menschen und seiner Welt nicht vorgegeben; es ist der S., den er selbst der Welt und der Geschichte gibt. Somit wird der Verlust des S.s durch die eigene S.gebung ergänzt. Weil jedoch solche S.gebung nicht willkürl. sein kann, wird sie in Welt und Geschichte auf Spurensuche gehen müssen: *Die S.gebung bleibt auf S.findung angewiesen*, so begrenzt solcher S. auch sein mag und sosehr beide auch zunächst auseinanderzufallen scheinen.

*C.* Die Grenze von S., ein Teils. also, markiert erneut die Forderung nach dem Ganzen, nach einem unbedingten S., einem *Volls.* Nach christl. Überzeugung aber ist dieser ohne Gott nicht zu retten, da nur durch Gott eine umfassende →Gerechtigkeit *und* eine schöpfer. und vergebende →Liebe mögl. ist, durch welche die Möglichkeit der Erfahrung eines solchen absoluten S.s nicht zur unsinnigen Unmöglichkeit wird. Dabei bleibt bei aller Übereinkunft von Gott und S. deren Differenz erhalten. Denn der Glaube an Gott beantwortet nicht die Frage nach dem S., wie die Geschichte aller Rechtfertigung Gottes angesichts des →Leidens offenlegt (→Theodizee); der *göttl. S.* bleibt in der Geschichte unerforschlich. Der →Glaube an Gott führt also die Lösung der S.frage nicht mit sich, sondern gilt als deren notwendige Voraussetzung. Er eröffnet die →Hoffnung auf S. als endgültige Wirklichkeit. Damit zeigt sich S. letztl. als *Verheißung*. In ihr ist, bibl. gesehen, gerade auch alles das aufgenommen, was wir als S.verlust erfahren. Christl. vermag sie sogar dort noch S. zu schenken, wo dieser schuldhaft verwirkt war. Solch unbedingter S. umfaßt deswegen sowohl die Dimension des Noch-Nicht (in der Verheißung) als auch die Dimension des Nicht-Mehr (in der Vergebung). Dessen äußerste Grenze sind die *Toten*, ohne deren erfüllte S.forderung ein Volls. nicht gerettet werden kann. Der unbedingte S. schließt deswegen das ewige Leben (→Jenseits) notwendig ein.

*Lit.: E. Feil:* Zum S. der S.frage, in: Stimmen der Zeit 102 (1977), 3-16. – *V. E. Frankl:* Der Mensch vor der Frage nach dem S., München/Zürich 1979. – *M. Horkheimer:* Die Sehnsucht nach dem ganz Anderen. Ein Interview mit Kommentar von H. Gumnior, Hamburg 1970. – *R. Lauth:* Die Frage nach dem S. des Daseins, München 1953. – *J. B. Lotz:* Wider den Un-S., Frankfurt/M. 1977. – *M. Müller:* Der Kompromiß oder Vom Uns. und S. menschl. Lebens, Freiburg 1980. – *W. Pannenberg:* Eschatologie und S.erfahrung, in: *ders.:* Grundfragen systemat. Theologie. Ges. Aufsätze II, Göttingen 1980, 66-79. – *A. Paus (Hg.):* Suche nach S. – Suche nach Gott, Graz/Wien/Köln 1978. – *G. Sauter:* Was heißt nach S. fragen?, München 1982. – *R. Schaeffler:* S., in: Handbuch philos. Grundbegriffe, Bd. III, 1325-1341 (Lit.). – *G. Scherer:* S.erfahrung und Unsterblichkeit, Darmstadt 1985.

*Heino Sonnemans*

## Sinne

*A.* »Sinn« ist – biolog. gesehen – die Fähigkeit der Reizaufnahme und Verarbeitung. Zur Aufnahme und ersten Verarbeitung dienen S.sorgane. Dem →Organismus dienen S. zur Vermittlung des Umweltkontakts. *S.sreiz* ist von sonstigen Umwelteinwirkungen zu unterscheiden. Er muß die im Organismus vorhandenen Mechanismen der Reizverarbeitung zum Ansprechen bringen (also – wie man dazu auch sagt – »physiolog.« sein). Um eine interne Verarbeitung auszulösen, braucht der Reiz dem S.s-»Organ« nur sehr wenig →Energie zuzuführen. Als Reaktion kann man vielleicht schon die *geordnete Reizverarbeitung* gelten lassen. Unter dem Aspekt des Selektionsvorteils (→Evolution, →Darwinismus) läßt sich S.stätigkeit verstehen, wenn man die Reaktion gegenüber der →Umwelt einbezieht. Zudem läßt sich S.sphysiologie ohne den Begriff der →*Information* darstellen, die – neben anderen Definitionsmöglichkeiten, z.B.: Information als ordnungsbildender Vorgang – geradezu als geordnete Reizverarbeitung verstanden werden kann. Von Information und S.n zu reden erscheint um so angebrachter, je mehr (auf Grund einer zentralen Reizverarbeitung im Gehirn) ein Abbild der Umwelt gefertigt wird, was zunehmend auch zentrale Reizverarbeitung (Gehirn) voraussetzt. In evolutionstheoret. Deutung bewährt sich diese zentrale Abbildung (K. Lorenz: »zentrale Repräsentation des Raumes«) dadurch, daß sie für vielfältige »angepaßte« Reaktionen verfügbar ist, daß also ein internes Weltmodell zum »trockenen« Erproben von →Handlungen (K. Lorenz, K. Steinbuch) erstellt wird.

*B.* Physiolog. Untersuchungen zur Funktionsweise von S.sorganen erweisen, daß S.sreize in Form eines elektrochem. Zustands (»Erregung«) der Nervenzellmembran codiert werden. Einer best. Reizstärke entspricht eine best. Frequenz von »Impulsen«. In dieser Hinsicht sind S.sreize also *»objektivierbar«.* Soll die S.sphysiologie aber auf subjektive Auskünfte über Wahrgenommenes verzichten? Ergiebig scheint gerade die Suche nach Entsprechungen zwischen Wahrnehmungserlebnissen und Vorgängen der Reizverarbeitung. Doch gilt die Möglichkeit eines »physiolog. Parallelismus« als ungeklärt (→Leib, →Seele). Es läßt sich allenfalls der *Gesichtssinn* hervorheben als ein Sinn, der bes. viel Sachinformation liefert. Unter der philos. Voraussetzung, daß nur räuml. Tatsachen gelten, wäre opt. Information die einzige objektive. Allerdings ist mit solchen Aussagen die Philosophie mit ihrer umfassenden erkenntnistheoret. Tradition (→Erkenntnistheorie, I. →Kant) äußerst zurückhaltend.

*C.* Die Tatsache, daß wir nur über unsere S. Informationen über die →Welt – und damit über uns selbst – bekommen, verlockt nicht nur zu erkenntnisphilos. Fragen, zu denen die →evolutionäre Erkenntnistheorie eine darwinist. »Lösung« bietet (R. Riedl). Diese Tatsache macht auch die zentrale Rolle verständl., die den S.n, ihren Eindrücken und Grundmustern in →Kultur und Selbstverständnis des →Menschen, insbes. in →Kunst und →Religionen zukommt (→Musik und Spiritualität). Die S. vermitteln den Menschen nicht nur Informationen über die Welt, sondern durch die S. sind die Menschen *in und bei der Welt,* nehmen sie sich als ein Stück Welt wahr (→Phänomenologie). Auch die Rede von →Seele und →Geist, von Unsichtbarem und von →Gott kann auf diese Vermittlung nicht verzichten. Dieser Gesichtspunkt macht naturwissenschaftl.-physiolog. Untersuchungen über die S. nicht überflüssig. Doch kann er von ihnen auch nicht eingeholt werden.

*Lit.: K. Lorenz:* Die Rückseite des Spiegels, München, 5. Aufl. 1981. – *R. Riedl:* Biologie der Erkenntnis, Berlin/Hamburg, 3. Aufl. 1981. – *R. F. Schmidt (Hg.):* Grundriß der Neurophysiologie, Berlin u.a., 4. Aufl. 1977. – *K. Steinbuch:* Automat und Mensch, Berlin u.a., 4. Aufl. 1971.

*Bruno Gauger*

## Sinti und Roma

*A.* Die S., ursprüngl. mehr im mittel-, und die R., mehr im osteurop. Raum beheimatet, sind die bekanntesten *zigeuner. Ethnien* (Volksstämme). An ihnen wird deutl., wie diese Gruppen immer mehr in Bedrängnis und Verfolgung geraten sind, indem sie versuchten, an ihrer →Tradition und damit an ihrer →Identität festzuhalten. Durch den fortschreitenden →Zivilisationsprozeß werden ihr Lebensraum und ihre Lebensrechte immer mehr eingeengt, der Assimilationsdruck zu nichtzigeuner. Kulturen hin wächst. Zum anderen erscheinen in der Gegenwart ein allg. Bedürfnis nach solchen kulturellen Inhalten und der Wille, diese Gruppen am Leben zu erhalten, zu wachsen. Allerdings stellt sich einer interkulturellen →Kommunikation und einem kulturellen Austausch eine Vielzahl von →Vorurteilen entgegen. Die dominanten europ. Kulturen erkennen den zigeuner. Ethnien keine kulturelle Eigenständigkeit zu, ordnen sie vielmehr sozialen Prozessen der deprivierten Randgruppen der Eigenkultur zu und setzen sie dadurch einer ähnl. →Diskriminierung und Stigmatisierung aus. Die Verfolgung und Vernichtung der S. und R. unter dem →Nationalsozialismus stellen einen schreckl. Höhepunkt einer Entwicklung dar, die – wenn auch graduell verschieden – international zu beobachten ist. Diese treibenden sozialen Mechanismen können aufgebrochen werden durch den Aufweis ihrer eigenen →Kultur, die sich darstellt durch eigene →Sprache, →Sitte, Brauchtum, soziale und verwandtschaftl. Gliederung, →Wohnformen, →Kleidung, →Wirtschaftsformen, →Religion, →Erziehung, künstler. Produktivität und nicht zuletzt durch eine eigene leidvolle Geschichte.

*B.* Die zigeuner. Ethnien pflegen eine schriftlose Tradition, so daß die Frage nach ihrem *Ursprung* nur indirekt – etwa durch Ausschöpfung von Dokumenten und Quellen bei anderen Kulturen – zu beantworten ist. Vor allem sprachwissenschaftl. Vergleiche des *Romani* (die Gesamtheit der Dialekte der zigeuner. Ethnien) mit dem Sanskrit und ind. Dialekten der Gegenwart legen den Nordwesten →Indiens, die Uferregion des Indus und die an Afghanistan grenzenden Gebiete als *Heimat* der Zigeuner nahe. Von hier aus sind die möglicherweise auf Grund wirtschaftl., polit. oder auch klimat. Veränderungen in mehreren →Wanderbewegungen zwischen dem 5. und 7. Jh. n. Chr. nach Persien (→Iran) und →Armenien aufgebrochen. Es ist also nicht von einem einheitl. Zigeunervolk zu sprechen. In *Kleinasien* geriet die Wanderbewegung wahrscheinl. in Verbindung mit einer →häret. →Sekte, die durch bes. →Reinheitsgebote und mag. Praktiken (→Magie) einen großen Einfluß ausübte und sich selbst als Unberührbare, *Atsingani,* bezeichnete. Davon ließe sich die Sammelbezeichnung Zigeuner (franz. *Tsigan;* poln. *Cygan;* türk. *Tschinghiane*) ableiten. Die Mehrzahl der Gruppen zog über den Bosporus auf den *Balkan,* der zu einem Sammelbecken wurde. Der Weg führte dann weiter nach West-, Nord- und Osteuropa, wo sie im 15./16. Jh. eintrafen. Ein Teil zog nach →Griechenland und hielt sich eine Zeit auf dem Peloppones auf, dem vermeintl. →Ägypten, wovon sich die Bezeichnung *Gypsies* herleitet. Von hier aus ging es vielleicht auf dem Seeweg weiter nach →*Spanien.* (Eine Gruppe ist wahrscheinl. längs der nordafrik. Küste nach Spanien gelangt.)

Kurze Zeit nach ihrem Auftreten wurden sie fast überall als Fremde *vertrieben und verfolgt*, wahrscheinl. auf Grund ihrer nichtseßhaften, nomadisierenden Lebensweise, ohne echte →Nomaden zu sein. Während des Kolonialzeitalters wurden von den jeweiligen Kolonialmächten Deportationen von R.-Ethnien nach Nord-, Mittel- und Südamerika sowie an die Westküste →Afrikas in die dortigen Kolonien vorgenommen (→Kolonisation). Mit dem Rückgang der Türkenherrschaft auf dem Balkan nach dem Jahre 1829 wurden viele Zigeuner in der Walachei und Moldau (→Rumänien) aus der Leibeigenschaft (→Sklaverei) entlassen. Sie suchten neue Wohnsitze. Zwischen 1855 und 1920 ist in Bessarabien, →Rußland, →Bulgarien, Serbien, →Ungarn, Mittel- und Westeuropa eine *neue Wanderbewegung* zu beobachten, die sich dann bis nach Nord- und →Südamerika, Mexiko und →Australien ausdehnt.

*C.* In Konfrontation mit den neuen geograph. und kulturellen Bedingungen bildeten die zigeuner. Ethnien unterschiedl. *Lebensformen* aus. Diese Unterschiede schlagen sich auch in ihrer *Sprache* nieder. Es läßt sich ein lexikal. Bestand von etwa 75% ind. Ursprungs nachweisen, während etwa ein Viertel des Wortschatzes aus Lehnwörtern aus den Wandergebieten besteht. Je nach Aufenthaltsdauer und Intensität der kulturellen Durchdringung ist dieses Viertel austauschbar. Damit sind Beständigkeit der eigenen Kultur und Anpassungsfähigkeit an andere Kulturen miteinander verbunden.
Gleiches gilt für die *musikal.* Aktivitäten. Das Beispiel der ungar. Zigeuner zeigt, wie gekonnt sie sich die ungar. →Volksmusik angeeignet, diese interpretierten und dabei etwas Neues entstehen ließen. Ähnl. gilt von ihrer Pflege des Flamenco in Spanien. Auf die jeweiligen Verhältnisse abgestimmt sind auch die berufl. Tätigkeiten. Es finden sich u.a. Handwerker (Kesselschmiede, Löffelschnitzer, Siebmacher), Händler, Schausteller und Musiker.
Auch in rel. Hinsicht verbinden sich Anpassung und Eigenständigkeit. Die Zigeuner ließen sich *missionieren* (→Mission), wurden jeweils kath., prot., griech.-orthod. oder auch islam. Dabei wurde ein strenges →Wert- und →Tabusystem gegenüber Personen und Gegenständen meistens erhalten, das vor allem das Verhältnis der Geschlechter (→Sexualität) zueinander und das Verhältnis der Lebenden zu den Toten bestimmt (→Tod).

*D.* Vielleicht läßt sich eine zigeuner. *Grundhaltung* aus den verschiedenen Lebensformen herauslesen. Der Zigeuner ist best. kein »Homo faber«, sondern stellt sich mitten im →Industriezeitalter in seiner Geschöpflichkeit dar und versucht, die Abhängigkeiten in einer symbol. zu nennenden Weise zu ertragen. Der westl. →Rationalismus, das Trennen von →Subjekt und Objekt sowie die schmalen Gratwanderungen schlußfolgernden →Denkens machen zigeuner. Denken und Fühlen mißtrauisch. So erklärt sich auch, daß die Integrationsversuche – in der Bundesrepublik Deutschland und anderen europ. Ländern von den Verwaltungen mit mehr oder weniger Beteiligung der zigeuner. Ethnien in Gang gesetzt – oft die Zielgruppe nicht erreichen. Die Bürgerrechtsbewegungen zur Wahrung der Interessen der Zigeuner aber sind meist Erfindungen von Nichtzigeunern, welche die Identität der S. und R. nicht nur schützen, sondern auch gefährden. Das Zusammenleben mit S. und R. wird für die Nichtzigeuner noch lange eine *Herausforderung* bedeuten, die die Lösung grundsätzl. Aufgaben beinhaltet.

*Lit.: M. Block:* Zigeuner. Ihr Leben und ihre Seele, Leipzig 1936. – *A. Hundsalz:* Stand der Forschung über Zigeuner und Landfahrer (Schriftenreihe des Bundesministeriums für Jugend, Familie und Gesundheit, Bd. 64), Stuttgart 1978. – *K. Jokisch:* Zigeuner – Fremdgebliebene unter uns (Beilage zur Wochenzeitung des Parlament, Bd. 12), Bonn 1981. – *H. Mode/S. Wölffling:* Zigeuner – Der Weg eines Volkes in Deutschland, Leipzig 1968. – *R. Vossen:* Zigeuner: R., S., Gitanes, Gypsies zwischen Verfolgung und Romantisierung, Frankfurt/M./Basel/Wien 1983 (Lit.). – *H. von Wlislocki:* Volksglaube und rel. Brauch der Zigeuner (Darstellungen aus dem Gebiet der nichtchristl. Religionsgeschichte, Bd. 4), Münster 1891. – *S. Wolf:* Großes Wörterbuch der Zigeunersprache. Wortschatz dt. und anderer europ. Zigeunerdialekte, Mannheim 1960. – *J. Yoors:* Die Zigeuner, Stuttgart 1970. – *T. Zülch (Hg.):* In Auschwitz vergast, bis heute verfolgt. Zur Situation der R. (Zigeuner) in Deutschland und Europa, Hamburg 1979.

*Karl Jokisch*

## Sitten und Gebräuche

*A.* Zumeist unscharfe Sammelbezeichnung für *kollektive Verhaltensmuster* ganz unterschiedl. sozialer Verbindlichkeit. In der von M. →Weber geprägten Soziologie jedoch meinen »Brauch« und »Sitte« zwei begriffl. klar zu trennende Typen von *fakt. Regelmäßigkeiten,* also sich tatsächl. wiederholenden Abläufen sozialen →Handelns. Im Unterschied zu individuellen Gewohnheiten sind sie *in einem Kollektiv* in best. Situationen verbreitet und bilden grundlegende Bestandteile der →alltägl. Lebenswelt. Im Vergleich zu Konventionen und →Recht (soziale →Normen) fehlt Brauch und Sitte die normative Kraft. Sie sind nichts »Geltendes« (M. Weber), und die Abweichung von ihnen hat *keine Sanktionen* zur Folge, allenfalls Unbequemlichkeiten und Unzuträglichkeiten. Ein Brauch, etwa im Kleidungsverhalten von Frauen, lange Hosen anzuziehen, oder von Ministranten – vielleicht sogar entgegen den Erwartungen des Pfarrers – Turnschuhe zu tragen, die →Mode, die Haare wieder kürzer zu schneiden, ist nicht verbindl. und wird ebensowenig durch Kontrollmöglichkeiten und Sanktionen gestützt wie die Sitte, etwa morgens ein Frühstück einzunehmen, eine Speise in best. Art zu bereiten, vier Wochen vor →Weihnachten einen Adventskranz in der Wohnung aufzustellen, an der Hochzeit Reis zu werfen oder heimlich die Braut zu »entführen«.

Allerdings wird die Stabilität einer *Sitte*, deren Ursprung oft unbekannt ist und sich oft in verschiedenen Überlieferungen verliert, durch eine relativ lange kollektive *Eingelebtheit* gestützt und oftmals auch noch durch den Glauben daran gestärkt. Die Stabilität eines *Brauchs* hingegen ist relativ *offen* und labil, gesichert allein durch die wechselseitige Orientierung der Handelnden an ihm und aneinander. Freil. ist der *Übergang* vom Brauch zur Sitte fließend; ebenso deren Übergang in die normative Verbindlichkeit von Konventionen oder sogar des Rechts. So kann sich z.B. aus dem »Althergebrachten«, aus dem tatsächl. Verhalten vieler (»normative Kraft des Faktischen«) oder gerade aus der wachsenden Erschütterung von Brauch und Sitte die Auffassung durchsetzen, daß man sich ihrem Muster gemäß verhalten soll oder sogar muß.

*B.* Im Rahmen dieser Begriffsabgrenzung sind die namentl. von der →*Volkskunde* (→Ethnologie) als »Brauch« (»Volksbrauch«) oder »Brauchtum« untersuchten überindividuellen Verhaltensweisen (einschließl. der →Volksfrömmigkeit) zumeist *»Sitten«* oder sogar »Sittennormen«, also traditionell überlieferte »Konventionen« (»Leben in überlieferten →Ordnungen«), die in best. begrenzten →Gemeinschaften (nur vage mit →Volk bezeichnet) verankert sind. Entspr. gilt für die kaum mehr überschaubaren volkskundl. Untersuchungen über »Braucherosionen«, »Brauchverschiebungen«, »Brauchrevitalisierungen« und »Brauchinnovationen« in →Land und Dorf sowie in der →Stadt.

*C.* Die üblicherweise mit *»Anstand«, »Etikette«, »Manieren« oder »Schicklichkeit« (vgl. dagegen* →Sittlichkeit als Thema der →Ethik) bezeichneten Verhaltensstandards (etwa bezügl. der Kontaktaufnahme, der Kleidung, des →Essens, der →Trauer), gelten als zumutbar und verbindl. Wer gegen sie verstößt, muß mit Ahndungen der unmittelbar beteiligten Handlungspartner rechnen. Sie sind deshalb mit normativer Kraft ausgestattet und den »Konventionen« bzw. »Sittennormen« zuzuordnen. Selbst für den legitimen (kollektiven) *Ausbruch aus den Regelmäßigkeiten* und Geregeltheiten des Alltags halten →Gruppen und →Gesellschaften – zur Neutralisierung von angestauten Versagungen, →Aggressionen, Spannungen und →Konflikten – Verhaltensmuster parat, die selbst wieder durch Normen sowie Brauch und Sitte geprägt sind: die sog. Ventilsitten oder Ventilinstitutionen (z.B. Kampf-→Spiele; orgiast. →Feste; →Fastnacht; →Sport; Prostitution; geschlossene Männervergesellschaftungen). Sie haben sozusagen eine sozialhygien. Funktion und sollen dadurch indirekt zur Aufrechterhaltung des sozialen Lebens beitragen.

*Lit.: N. Elias:* Über den Prozeß der Zivilisation, 2 Bde., Frankfurt/M., 3. Aufl. 1970. – *W. Heim:* Volksbrauch im Kirchenjahr heute, Basel 1983. – *H.-V. Krumrey:* Entwicklungsstrukturen von Verhaltensstandarden. Eine soziol. Prozeßanalyse auf der Grundlage dt. Anstands- und Manierenbücher von 1870-1970, Frankfurt/M. 1984. – *B. Oeschger:* Zwischen Santiklaus und Martinsritt. Strukturen jahreszeitl. Brauchphänomene in Endingen am Kaiserstuhl, Frankfurt/M./Bern 1981 (Lit.). – *M. Weber:* Wirtschaft und Gesellschaft, Tübingen, 5. Aufl. 1972, 14-19; 177-180; 181-194. – *I. Weber-Kellermann:* Saure Wochen – Frohe Feste. Fest und Alltag in der Sprache der Bräuche, München 1985 (Lit.).

*Michael N. Ebertz*

**Sittlichkeit** ist ein eth. Begriff. Durch ihn werden moral. *Verhalten* von Menschen oder die moral. *Verfaßtheit* von →Institutionen mit den äußersten Maßstäben vernünftiger Moralbegründung beurteilt und als *gerechtfertigt* eingestuft.

*A.* S. vereinigt den subjektiven und den objektiven Aspekt absoluter *Vorbildhaftigkeit.* Einerseits kann sittl. nur sein, was aus freiem →Willen hervorgeht, was der Handelnde also nicht auf Grund von Fremdbestimmung tut (→Freiheit). Andererseits setzt der umfassende Anspruch der S. voraus, daß es ein objektives, allgemeingültiges *Maß* gerade des freien menschl. →Handelns gibt. Das sittl. →Gute ist vorbildhaft über die jeweilige →Situation hinaus für humanes Wirken insgesamt und eines jeden einzelnen. Insbes. hat die Regelung gesellschaftl. und staatl. Einrichtungen diesem Maß zu genügen, getragen von der freien Zustimmung der Menschen, deren Leben durch sie gestaltet wird. S. schließt deshalb die Ablehnung eines eth. →Relativismus ein.

*B.* S. als Verwirklichung des objektiv Guten ist Maß des individuellen →*Gewissens*, lebt aber so wesentl. wiederum von der selbstverantworteten menschl. Personalität (→Person), daß selbst das irrende Gewissen, das sein vorgegebenes Maß verkennt, eine sittl. absolut verpflichtende Instanz darstellt. *Gewißheit* über das objektiv Gebotene kann der endl. verfaßte Mensch gegenüber der Gesamtheit seiner Lebensaufgaben immer nur in begrenztem Umfang erreichen. Deshalb sind S. und jede Form von →Fanatismus unvereinbar. *Philos. Einsicht* vermag S. in den Grenzen eth. Konzeptionen (→Ethik) zu begründen, während das Maß christl. S. in der Person →Jesu Christi eine reale Vereinigung des subjektiven und objektiven Aspekts findet. In der →Nachfolge Christi konkretisiert sich menschl. Personalität als Responsorialität, d.h. als Antwort auf einen Anspruch, der den Menschen prinzipiell übersteigt und ihm dennoch und gerade dadurch gerecht wird.

*Lit.: H.-M. Baumgartner:* Die Unbedingtheit des Sittlichen, München 1962. – *R. Bubner:* Handlung, Sprache und Vernunft, Frankfurt/M. 1976. – *O. Höffe:* Prakt. Philosophie, München 1971. – *R. Schnackenburg:* Die sittl. Botschaft des NT, München, 2. Aufl. 1962. – *R. Spaemann:* Die zwei Grundbegriffe der Moral, in: Philos. Jahrbuch 74 (1966/67), 368-384.

*Walter Schweidler*

**Situation**

*A.* Der Begriff der S. hat seine *philos. und moraltheol. Bedeutung* in neuerer Zeit im Rahmen denker. Positionen erhalten, die sich gegen eine – gemäß ihrer Kritik – stat. und abstrakte Auffassung vom »Wesen« des →Menschen und seiner →Pflichten wenden. Wer dem Menschen Aufklärung über sich selbst geben will, beginnt (so etwa der existenzphilos. Ansatz bei K. Jaspers (1883-1969) in der konkreten S., in die sich der einzelne hier und jetzt gestellt sieht. →Sinn ist nur zu finden im einmaligen, unwiederholbaren und höchstpersönl. Geschehen des *eigenen* Existenzvollzugs. Alle *allg.* Aussagen über Mensch und →Welt bleiben entweder auf eine beschreibende wissenschaftl. →Erklärung begrenzt oder sind nur als indirekte Hinweise auf die konkreten existentiellen Aufgaben brauchbar. Die S. tritt damit in Gegensatz zu Begriffen wie »Natur« oder unveränderl. »Wesenserfassung« des Menschen. Der →Existentialismus, aber u.a. auch der Ansatz von M. →Heidegger in »Sein und Zeit« (der aus der Klärung des situativen Existenzvollzugs des Menschen zu einer Antwort auf die philos. Urfrage nach dem →Sein und damit zu einer Neugründung der →Ontologie kommen wollte), verzichtet auf Grund dieser wesensskept. Position grundsätzl. auf den Entwurf einer →Ethik (wenn auch, wie bei J. P. Sartre, gegen den ursprüngl. Willen des Philosophen). Vielmehr reagiert Philosophie der S. bereits – ausgehend von →Kierkegaard und im 20. Jh. dann vorherrschend – auf die Herabsetzung und das Verschwinden philos. Ethik überhaupt.

*B.* Eine *S.sethik* als Alternative zur →Pflicht-, →Tugend-, →Wert- oder →Gesetzesethik gibt es nicht. Richtig ist, daß alle allg. eth. Grundsätze erst in der konkreten S. des →Handelns ihren jeweiligen Sinn gewinnen und daß bisweilen entgegengesetzte Handlungsweisen ein und demselben eth. Gebot gehorchen können, weil die jeweilige S. eine andere ist. Der Ort, an dem die rechte Zuordnung von allg. Gebot und Einschätzung der einmaligen S. zu geschehen hat, ist das →*Gewissen.* Da es diesen Ort ohne die beiden genannten Komponenten gar nicht gäbe, können das Gewissen und damit auch die S. nicht gegen allgemeingültige Forderungen ausgespielt werden, die ihnen erst die eth. Dimension verleihen. Wird hier ein Gegensatz aufgestellt, so wehrt man sich gegen Ethik überhaupt.
Wer die S. gegen ein vermeintl. stat. Verständnis von »Wesen« oder →Natur des Menschen ins Feld führt, gibt damit indirekt selbst eine nicht weniger grundlegende Wesenskennzeichnung des Menschen. Denn der Begriff der S. ist zwar formal offen gegenüber zeitnaher und aktueller inhaltl. Füllung; wird er jedoch zum Prinzip vernünftiger Handlungsbeurteilung und damit der Auslegung prakt. →Vernunft, dann wird der jeweils gegebene Status des Menschen auch zum letzten Horizont menschl. Möglichkeiten gemacht. Das Ziel des Menschen wird dann *an seiner fakt. S. gemessen* und letztl. mit dieser identifiziert oder aber umgekehrt als deren radikaler und nur durch einen paradoxen *Sprung* realisierbarer Gegensatz gefordert.

*C.* Das so umrissene Schema entspricht dem von →Kierkegaard ausgegangenen philos. →Existentialismus. Die Vereinbarkeit dieser Position mit zentralen Ausgangspunkten einer *christl.* →*Theologie* (insbes. der Lehre von →Schöpfung und →Gnade) ist zumindest umstritten. Für sie befindet sich der Mensch in einer S. des Mangels gegenüber seiner ursprüngl. Verfassung und seinem von →Gott gesetzen Ziel. Ob man die *Spannung* in erster Linie gemäß kath. Tradition als ein Nacheinander von Urstand, Fall und heiligender →Rechtfertigung rekonstruiert oder gemäß ev. Tradition als ein Nebeneinander von unaufhebbarer Korrumpiertheit und rettendem Freispruch im →Glauben, ob man die Einsicht in diese Spannung in erster Linie an metaphys. Wesensforschung (→Metaphysik) oder unmittelbarer an die Auslegung des →Wortes Gottes bindet: in jedem Fall soll gelernt werden, die jeweilige S. zu beherrschen, statt sich von ihr beherrschen zu lassen (→Freiheit). Zu solcher *Beherrschung* gehören sowohl die realist. Erkenntnis der →Macht des Faktischen als auch das Festhalten an der Überzeugung, daß diese Macht eine Orientierung am überfakt. Richtmaß nicht ganz unmögl. macht.
Zumindest besteht in jeder denkbaren S. eine *negative Orientierung* des menschl. Handelns darin, daß in sich schlechtes, absolut sündhaftes Tun (z.B. Taten wie Vergewaltigung, Folterung, Ermordung Unschuldiger) als solches eindeutig erkennbar und unter allen Umständen unerlaubt ist. Wenigstens in diesem negativen eth. Horizont zeigt sich, daß die S. zuletzt nicht →Prinzip, sondern Gegenstand moral. Selbstbestimmung des Menschen ist.

*Lit.:* *M. Heidegger:* Sein und Zeit (1928), Tübingen, 15. Aufl. 1984. – *K. Jaspers:* Philosophie, Bd. 2, München 1932. – *Ders.:* Der philos. Glaube angesichts der Offenbarung, München 1962. – *H. Lipps:* Untersuchungen zu einer hermeneut. Logik, Frankfurt/M. 1959. – *U. Lück:* Das Problem der allgemeingültigen Ethik, Heidelberg 1963. – *K. Rahner:* Der Anspruch Gottes und der einzelne, in: *ders.:* Schriften VI, Zürich 1965, 521-536.

*Walter Schweidler*

**Skepsis, Skeptizismus.** Mit S. (vom griech. *skepesthai,* spähend umherblicken) und Skeptizismus werden unterschiedl. →Methoden und Haltungen des →Fragens und →Zweifelns bezeichnet. Gemeinsam lehnen sie jegl. Dogmatismus (also jedes unkrit. Verfechten einer Lehrmeinung oder →Ideologie) ab. Die philos. S. geht davon aus, daß die →Wahrheit der →Sinnes- und Vernunfterkenntnis aus der jeweiligen gegenwärtigen Sicht des Skeptikers nicht (relative S.) oder aber überhaupt nie (absolute S.) bewiesen werden kann, sich also keine evidenten Aussagen (→Stoa) ermitteln lassen.

*A.* Pyrrhon (um 360-270 v. Chr.) gilt als der *erste Vertreter* einer konsequenten S. Nach ihm sind alle Dinge (z.B. gerecht und ungerecht) an sich gleichgültig (adiaphoron, »ununterschieden«): Der Weise müsse sich deshalb des Urteils enthalten (epoché), ohne der »Väter Sitte und Gesetz« zu mißachten. Hieraus folge das moral.- prakt. →Ideal der Unerschütterlichkeit (ataraxia), eben des Gleichmuts und der Gelassenheit gegenüber allem und jedem, weil nichts zu einem absoluten Wert erhoben werde. Weitergeführt wurde der Pyrrhonismus vor allem von Arkesilaos (3. Jh. v. Chr.), durch den die S. in die →platon. Akademie eindrang, von Karneades (2. Jh. v. Chr.), der insbes. die dogmatischen stoischen →Gottesbeweise kritisierte, von Ainesidemos (1. Jh. v. Chr.), der die Relativität der Dinge überhaupt betonte, nicht zuletzt von Sextus Empiricus (2. Jh. n. Chr.), dessen Schriften dann die Hauptquelle für die antike S. bilden.

*B.* Auch bei →Augustinus finden sich skept. Überlegungen, allerdings nur bezügl. der →Sinneserkenntnis. An dem Zielsinn aller Dinge (Teleologie) und an der →Vernunft hat er nicht gezweifelt, auch nicht an der →Wahrheit, die für ihn gleichbedeutend mit dem göttl. →Logos ist. Das, was man – in Erinnerung an →Descartes' method. S. - das »Cogito Augustins« (»wenn ich mich täusche, bin ich«) genannt hat, wird man vergebl. bei *neuzeitl. Skeptikern* wie Montaigne (1533-1592) suchen, der in seinen Essais – Pyrrhon vergleichbar – die Relativität der →Theorien, →Sitten und →Sinneswahrnehmungen hervorhebt. Zwar ist es sinnvoll, von →Kants »skept. Methode« (O. Marquard) zu sprechen, weil er durch Auseinandersetzung mit →Hume (der »zuerst den dogmat. Schlummer unterbrach«) dazu veranlaßt wurde, alle dogmat. Ansprüche der →Metaphysik zu zerstören. Doch den Skeptizismus (auch den Humes) lehnt er ähnl. wie →Hegel ab, da er die »Grundlagen aller Erkenntnis untergräbt«. Mit größerem Recht kann man in →Nietzsche einen Skeptiker sehen, der auch im Anschluß an die franz. Moralisten die »Schule des Verdachts« verehrte. Auch heutige Skeptiker wie etwa O. Marquard beziehen sich auf Nietzsche, um an die Stelle der »prinzipiellen Philosophie« (Metaphysik, →Transzendental- und Geschichtsphilosophie, philos. →Anthropologie) eine »unprinzipielle Philosophie: die S.«, zu setzen. Wenn sie nicht selbstwidersprüchl. zum Dogmatismus erstarrt, kann sie auch gegenwärtig Wege des →Denkens und →Fragens eröffnen.

*C.* Eindeutige *Urteile* über die genannten Richtungen und Argumentationslinien sind verfehlt. Zum einen lassen sich bei genaueren Analysen immer die Dogmatismen angeben, gegen die die Vertreter des Skeptizismus zu Recht kämpfen. Zum andern ist seit Kants erkenntnistheoret. Durchbruch Raum geschaffen worden für ein Verständnis von Wahrheit, das die prinzipiellen Grenzen menschl. Erkenntnis ernst nimmt, ohne deren Wahrheitsfähigkeit überhaupt zu leugnen. Einsichten in die Geschichtlichkeit, soziale Bedingtheit und Sprachbezogenheit (→Hermeneutik) menschl. Verstehens haben die Anlässe selbstkrit. Gewißheit nur noch erhöht. Schließl. aber haben die großen »Meister des Verdachts« (→Freud, →Marx und Nietzsche) je auf ihre Weise auf die Perspektivität, auf die psych. und soziale Bedingtheit sowie auf die Verwobenheit von Erkenntnis und Interesse, von Theorie und eine entspr. Praxis verwiesen. Hier ist das Anliegen skept. Theorieansätze in fruchtbarer Weise aufgenommen und kann aus der erkenntnistheoret. Diskussion nicht mehr weggedacht werden. Die christl. Tradition hat von bibl. Inspirationen her (z.B. Weisheitsliteratur [→Weisheit], 1 Kor 1,10-31: Torheit Gottes gegen Weisheit der Welt) neben allem Wahrheitsoptimismus immer auch eine skept. Linie gegen menschl. Wahrheitsfindung bewahrt (→Glaube und Wissen, →Luther, →Mystik). Zugleich zeigt die Erfahrung, daß die Theologie zu einem tieferen Verständnis ihrer Aufgabe vorgedrungen ist, je ernster sie sich dem Skeptizismus der sie umgebenden Denkgeschichte gestellt hat.

*Lit.: M. Hossenfelder:* Sextus Empirikus. Grundriß der phyrrhon. S. Einleitung, Frankfurt/M. 1968. – *M. Horkheimer:* Montaigne und die Funktion der S., in: *ders.:* Krit. Theorie. Eine Dokumentation, hg. von A. Schmidt, Frankfurt/M., 3. Aufl. 1977, 585-643. – *O. Marquard:* Skept. Methode im Blick auf Kant, Freiburg/München 1958, 2. Aufl. 1978. – *Ders.:* Abschied vom Prinzipiellen. Philos. Studien, Stuttgart 1984. – *W. Stegmüller:* Metaphysik, Wissenschaft, S., Wien 1954.

*Rudolf Reuber*

**Sklaverei** bezeichnet eine extreme Form menschl. Unfreiheit. Sie ist in den meisten Kulturen des *Altertums* bekannt. In verdeckten Formen, wie z.B. in der Ausbeutung von Frauen unter dem Deckmantel der →Ehe in Ländern der Dritten Welt, in verschiedenen Arten von Zwangsarbeit, Zwangsprostitution u.ä.m., lebt sie *bis heute* fort.

*A.* Wird sie *rechtl. fixiert*, so erscheint der Sklave ohne persönl. Rechte wie ein dingl. Besitz als Eigentum in der vollen Verfügbarkeit seines Herrn. Umstände, die in die S. führten, waren →Krieg, Piraterie, Menschenraub, unfreie Geburt, Kindesaussetzung, Selbstverkauf oder Verkauf von Kindern, Schuldknechtschaft. Sklaven waren im Haus, auch als Schreiber, Erzieher oder Ärzte, in der Landwirtschaft, als Handwerker oder in Bergwerken beschäftigt. Für Freilassungen gab es verschiedene Gründe und Formen. Der Makel unfreier Herkunft pflegte den Nachkommen über Generationen hin anzuhaften. Der *Anteil* der Sklaven in antiken Gesellschaften hat in verschiedenen Regionen und Zeiten erhebl. geschwankt. Moderne Angaben beruhen weithin auf Schätzungen. Umstritten ist die These des →Marxismus, nach der die →Antike im ganzen als Sklavenhaltergesellschaft gekennzeichnet werden müsse, die den hist. Formationen der feudalist. (→Feudalismus), dann der kapitalist. Gesellschaft vorausgehe.

Das antike Denken ging überwiegend von der *Ungleichheit der Menschen* aus, die z.T. zur Sklavenarbeit geradezu geboren seien (→Aristoteles). Anders als etwa im älteren röm. Recht (→Röm. Reich) erscheinen Sklaven dabei im →AT als Menschen, die eigene Rechte haben und durch entspr. Gesetze zu schützen sind (Exodus 21). Später lehrt die →Stoa eine naturgegebene →Gleichheit aller Menschen, das →Christentum eine Gleichheit der Gläubigen vor →Gott (→Philemonbrief). Beide bewirken in der *röm. Kaiserzeit* eine Milderung des Sklavenrechts. Die Abschaffung der S. wird damals nicht zur Diskussion gestellt.

*B.* Mit der Verbreitung *anderer Formen abhängiger →Arbeit* verliert sie jedoch bis ins →MA. hinein immer mehr an Bedeutung. Einen *Sklavenhandel* allerdings gibt es bes. im Umfeld des →Islam bis zur →Neuzeit. Europ. Handelsunternehmungen stoßen an den Küsten →Afrikas auf einen innerafrik. Sklavenhandel, aus dem sich mit dem Aufbau großer Plantagen und Bergbauwirtschaften in der Neuen Welt seit dem 16. Jh. der umfangreiche afrik.-amerik. Negersklavenhandel entwikkelt. Ende des 18. Jh.s kommt es zur polit. Forderung nach *Abschaffung* der S. (Abolition). Nicht letztl. geklärt ist, welchen Anteil daran die →Philosophie der →Aufklärung, christl. oder rein wirtschaftl. Denken hatten. Im Verlauf des 19. Jh.s wird das Verbot der S. in allen Staaten →Europas und →Amerikas durchgesetzt. Die Erklärung der →Menschenrechte durch Völkerbund und UNO bedeuten eine weltweite Ächtung aller S.

*Lit.: N. Brockmeyer:* Antike S., Darmstadt 1979. – *M. Craton (Hg.):* Roots and Branches, Toronto usw. 1979. – *M. I. Finley:* Die S. in der Antike, München 1981. – *F. Laub:* Die Begegnung des frühen Christentums mit der antiken S., Stuttgart 1982 (Lit.). – *C. Verlinden:* L'esclavage dans l'Europe médiévale, 2 Bde., Brügge 1955/1977. – *J. Vogt:* S. und Humanität, Wiesbaden, 2. Aufl. 1972 (mit Ergänzungsheft 1983). – *A. Wirz:* S. und kapitalist. Weltsystem, Frankfurt/M. 1984.

*Jörg A. Schlumberger*

**Slawische Religion.** Unsere Kenntnis der altslaw. Religion ist lückenhaft und unsicher. Die überkommenen Berichte stammen aus der Zeit der Christianisierung, die bei den Südslawen (Slowenen, Serbokroaten und Bulgaren) im 9. Jh., bei den Ostslawen (Russen, Weißrussen und Ukrainer) Ende des 10. Jh.s und bei den Westslawen (Elb- und Ostseeslawen, Polen, Tschechen und Slowaken) im 10. bis 12. Jh. erfolgte (→Mission).
Das ostslaw. Pantheon wird von *Perun*, dem Gott des Donners, Blitzes und Eides, angeführt. Zentrum seines Kultes war neben Nowgorod vor allem Kiew, dessen Herrscher Wladimir sich 988 für das byzant. →Christentum entschied. Mit Perun wird *Volos* (Vlas), der Gott des Viehs und der Toten, genannt (auf ihn geht der männl. Vorname *Blasius* zurück). *Svarog* (diminutiv: Swarojič) ist Feuer- und Sonnengott; ein Epitheton ist *Daźbog* (»Spender«). Eine bes. Rolle spielt die Göttin *Mokoš*. Ein Hauptgott des westslaw. Pantheons ist *Zuarasici* (der russ. Svarog), der seinen Tempel in Riedegost (Mecklenburg) hatte und wohl mit dem Kriegsgott *Redigast* ident. ist. Der dreiköpfige *Triglav*, dessen Herrschaft Himmel, Erde und Unterwelt umfaßt, wurde in Stettin und Wollin verehrt. Bis 1169 stand in Arcona auf Rügen (abgeleitet von »Rujewist«) in einem Tempel das Standbild des vierköpfigen *Svetovit* (oder Svantovit), des hl. Siegers und Herrn der Ernten. Den niederen Gottheiten gehört *Siwa*, die Göttin des Lebens, an.
In den →Tempeln lag der Vollzug des →Kultes in den Händen von →Priestern. Aber älter und weitaus häufiger waren die Kultstätten in hll. Hainen, an Quellenn, Bäumen und auf Bergen, wo die numinosen Naturkräfte ihren Sitz haben (→hll. Stätten). Das ganze Leben ist von →Geistern umgeben: Der *domovoj* oder Hausgeist, der *lešij* oder Sylphe des Waldes, der *vodjanoj* oder Wassergeist und die *rusalka* oder Undine bzw. Sirene u.a.m. helfen oder bedrohen den Menschen (→Wahrsagung). Geopfert wurde von den Erzeugnissen des Ackerbaus und der Viehwirtschaft, zuweilen wurden aber auch Menschen (z.B. dem Svetovit) geopfert. Elemente altslaw. Religion sind auch Divination (Pferdeorakel), →Magie und Hexerei (→Hexen, →Zauber). Zu letzterer gehört neben der Werwolfvorstellung vor allem der Vampirglaube, die Furcht vor der Wiederkehr des »lebendigen Kadavers«. Der Totenkult will mit der Einäscherung die Rückkehr des Toten verhindern (→Tod), seine →Seele aber durch Beisetzung der Asche bewahren und durch ein oftmals orgiast. Festbankett besänftigen.

*Lit.: L. Honko:* Religion der slaw. Völker, in: *J. P. Asmussen u.a. (Hg.):* Handbuch der Religionsgeschichte, Bd. I, Göttingen 1971, 225-243. – *A. Schmaus:* Zur altslaw. Religionsgeschichte, in: Saeculum 4 (1953), 206-230. – *J. Schütz:* Denkformen und Sinngehalt ostslaw. Götternamen, in: Das heidn. und christl. Slaventum. Acta II Congressus internat. hist. Slavicae, Wiesbaden 1970, 90ff.

*Heinz-Jürgen Loth*

**Solowjow,** *Wladímir Sergejewitsch*, geb. 16. (28.)1.1853 in Moskau, gest. 31.7. (13.8.)1900 in Uskoje bei Moskau, russ. Philosoph, Dichter und Publizist. Seit 1875 Privatdozent für Philosophie, gab er 1881 die Universitätslaufbahn auf und lebte seitdem als freier Schriftsteller.
Nach Abstreifen des Kinderglaubens und Überwindung einer Glaubenskrise kam S. über →Spinoza und →Schopenhauer zu einem spiritualist. gefärbten, von →*Mystik* und →*Theosophie* bestimmten Christentum. Mit dieser »positiven christl. Philosophie« verband er die Idee der *universalen Theokratie*, deren gesellschaftl. und polit. Verwirklichung er nahe bevorstehend glaubte. Zunächst betrachtete er →Rußland allein als das theokrat. Reichsvolk. Seit 1881 (Ermordung des Zaren Alexander II., Hinrichtung der Zarenmörder) zweifelte er freil. in zunehmendem Maße daran, daß der russ. Staat und die russ. Kirche die Verwirklichung dieser Theokratie ermöglichen könnten. Besser als

die russ. Staatskirche entsprach dann die →*röm.-kath. Kirche* seinem theokrat. Ideal. Mit dieser Überzeugung setzte er sich nun mit allen Kräften für die *Wiedervereinigung der Ost- mit der Westkirche* ein. Er hoffte, der russ. Zar werde vor dem röm. →Papst das Knie beugen, so daß dann auch Juden und Protestanten sich mit der wiedervereinigten Weltkirche vereinen würden.
Mit dem Scheitern dieser Pläne und der Preisgabe der als utop. erkannten Hoffnungen (um 1890) wurden apokalypt. Erwartungen in S. wach. Er verlor den Glauben an den bruchlosen Übergang der Weltgeschichte in das Reich Gottes und sah von nun an alle geistigen und polit. Erscheinungen unter dem Blickpunkt des baldigen Erscheinens des →*Antichrist* (»sub specie Antichristi venturi«). Angesichts des nahe geglaubten Endes hielt er es für die Pflicht aller Christen, sich »nach dem Maß dessen, was einem jeden sein Gewissen erlaubt, an Rom als das traditionelle Zentrum der christl. Welt anzuschließen«. Er selbst tat das, indem er 1896 bei einem mit Rom unierten ostkirchl. Priester kommunizierte, ohne damit aus seiner angestammten (russ.- orthod.) Kirche auszuscheiden und ohne seine der kath. Dogmatik widersprechenden Meinungen aufzugeben. Das war ein kirchenrechtl. problemat., aber kirchengeschichtl. bedeutsamer, prophet. Akt. Kurz vor seinem Tod legte S. in seiner »Kurzen Erzählung vom Antichrist« sein letztes Wort zur konfessionellen Frage nieder.

*Lit.:* S.s Werke, Gesamtausgabe in russ. Sprache in 10 Bde.n, St. Petersburg 1911-1914, Nachdruck mit Hinzufügung zweier zusätzl. Bde., Brüssel 1966-1970. – S.s Werke. Dt. Gesamtausgabe in 8 Bde.n und Ergänzungsbd., *hg. von W. Szylkarski,* München 1953-1979. – Erzählung vom Antichrist, München, 6. Aufl. 1986. – *L. Wenzler:* Die Freiheit und das Böse nach Vladimir Solov'ev, Freiburg/ München 1978 (Lit.).

*Ludolf Müller*

**Sozial**

*A.* Als s. kann alles bezeichnet werden, was das mehr als bloß biolog. und weniger als das im engeren Sinne polit. Zusammenleben von Menschen betrifft. Insofern irrte das MA., als es die aristotel. Wendung vom *zoon politikon* (»polit. Wesen«) mit *animal sociale* (»s.es Wesen«) übersetzte: →Aristoteles, wie in anderer Weise später →Hegel, wollte das *Staatliche* deutl. vom bloß *Gesellschaftlichen* abheben (→Staat, →Gesellschaft). Dies spiegelt sich heute in der Unterscheidung zwischen →Soziologie und →Politikwissenschaft wider, wobei freil. häufig versucht wird, Politisches auf Soziologisches zu verkürzen. Als Kulturwesen (→Kultur) lebt der →Mensch in enger Verflechtung mit anderen Menschen; obwohl er dieses *Verflechtungsnetz* weitgehend bewußt gestalten kann, vermag er es nicht wie das Staatswesen zu »errichten«. Als →Bürger ist er Mitglied eines polit. Gebildes; als arbeitender, mit seinen Produkten handelnder Mensch, der freil. mit anderen Menschen auch eine gemeinsame →Sprache spricht und in vielfacher Weise verkehrt, ist er Teil einer mehr oder weniger genau abgegrenzten (Teil)→Gesellschaft. Deshalb besteht vielfach die Neigung, das S.e mit dem *Wirtschaftlichen* zu identifizieren (→Wirtschaft), am deutlichsten im →Marxismus, für den die Lösung der Probleme des →Eigentums die Antwort auf alle sozio-polit., möglicherweise sogar allg. menschl. Fragen ist. Jedoch sind auch die →Ehe, ein Orchester oder ein Verein von Kaninchenzüchtern ein s.es Gebilde, es sei denn, man wollte von S.em nur dort sprechen, wo Menschen nicht kraft einer ausdrückl. Entscheidung aller Beteiligten zusammenwirken. Insofern ist das S.e ein äußerst *unscharf umschriebener* Bereich, der nach sehr verschiedenen Modellen dargestellt werden kann und leichter als jeder andere →Ideologien anheimfällt.

*B.* Während die Antike und das MA. neben dem Politischen auch das S.e als Gegenstand der →prakt. Philosophie ansahen, die sich mit dem befaßt, was sein (was man tun) soll, ist es heute übl., das S.e als einen Gegenstand rein *theoret.* (bloß betrachtender) *Analysen* anzusehen. Dabei ist man nicht immer der Gefahr entgangen, den einzelnen bloß noch als einen Schnittpunkt s.er Bezüge anzusehen und den in →Naturwissenschaften angenommenen →Determinismus vorauszusetzen. Dies führt auf Holzwege, da der Betrachter selbst *in die s.en Bezüge eingewoben* ist (meist sogar derselben Gesellschaft) und S.es fast nie dargestellt werden kann, ohne die Art und Weise zu berücksichtigen, in welcher es von den Betroffenen selbst verstanden wird.

*Lit.: P. Koslowski:* Gesellschaft und Staat, Stuttgart 1982. – *J. Morel:* Enthüllung der Ordnung, Innsbruck 1977. – *F. H. Tenbruck:* Die unbewältigten Sozialwissenschaften, Graz 1984.

*Nikolaus Lobkowicz*

**Sozialarbeit, Sozialpädagogik.** Sozialarbeit (Sa.) und Sozialpädagogik (Sp.) sind Sozialberufe, die sich als *angewandte* →*Sozialwissenschaften* definieren; sie werden trotz unterschiedl. Traditionen (Sa. hat sich aus dem Berufsbild des früheren Wohlfahrtspflegers bzw. Fürsorgers, Sp. aus dem Frauenberuf Jugendleiterin mit dem ursprüngl. Arbeitsfeld →Kindergarten bzw. Hort entwickelt) wegen vieler Gemeinsamkeiten zunehmend als integrierte Studiengänge an Fachhochschulen für Sozialwesen angeboten. Wo sie noch als gesonderte Disziplinen erscheinen, wird in der Sp. der Akzent stärker auf →entwicklungspsycholog. und -pädagog. Fragestellungen gelegt: um in der sozialen Praxis vor allem Sozialisationshilfen, ergänzende und unterstützende →Erziehung vermitteln zu können.

*A.* Weithin gemeinsam sind Sa. und Sp. die *Zielvorstellungen* (darauf hinwirken, daß Menschen durch soziales Lernen zunehmend fähig werden, sich selbst zu helfen: zur Eigenlenkung ihres

Sozialverhaltens, zu sozialer Beteiligung und Mitverantwortung in der →Gesellschaft; Interessenvertretung für Unterprivilegierte: weil in keinem Rechtsbereich soviel entgegen geltendem →Recht gehandelt wird wie in der →Sozialhilfe) und die Vorstellungen über die *Methoden der Verwirklichung* (soziale Intervention: Veränderungen auslösender aktiver Einfluß auf Personen und Zustände, ohne Zwang, eher als Vermittlung von Chancen und Erfahrungen, planer., vorbeugend, beratend unter Einsatz fachl. überprüfbarer Arbeitsformen wie Einzelfallhilfe, →Beratung, →Familientherapie, soziale →Gruppenarbeit, Gemeinwesen- bzw. Stadtteilarbeit, Methoden und Didaktik der →Bildungsarbeit). Je nach Anteil und Ausformung derjenigen Sozialwissenschaften, die der Ausbildung in Sa. und Sp. zugrunde liegen (→Soziologie, Sozialempirie, →Psychologie, →Pädagogik, Sozial-→Medizin, Recht, →Verwaltungslehre, →Organisationstheorie u.a.), arbeiten Sa.er und S.pädagogen eher individual- oder gesellschaftsorientiert, d.h. polit., entweder symptom- oder situations- oder klientenzentriert oder in Mischformen von all dem.

*B.* Sa.er und S.pädagogen arbeiten bei Sozialbehörden, in Sozialdiensten (z.B. →Krankenhaus- oder Gefängnis-Sa.), in betriebl. Sozialbüros o.ä., bei Krankenkassen, →Gewerkschaften und vor allem bei den Verbänden der freien →Wohlfahrtspflege, so auch in →Caritas und →Diakon. Werk. Ihre Arbeitsfelder sind überwiegend: *Hilfe bei wirtschaftl. Problemen* (z.B. Schuldnerberatung), *Kinder-* und *Jugendhilfe* (Adoptions- und Pflegestellenvermittlung, Erziehungsberatung, Erziehungsbeistandschaften, Vormundschafts- und Pflegschaftsarbeit, Jugendgerichtshilfe, Kinder- und Jugenderholungsmaßnahmen, Initiativen für arbeitslose Jugendliche u.a.), *Familienhilfe* (z.B. Arbeit mit sozial benachteiligten Familien, mit Alleinerziehenden, mit Mädchen und Frauen in schwierigen Lebenssituationen, Schwangerschaftskonfliktberatung, Familienerholung, Mutter-Kind-Kuren; sozialpädagog. Familienhilfe), *Altenhilfe* (Seniorenberatung, Clubarbeit, Organisation von Besuchs- und Haushaltshilfediensten, Essen auf Rädern u.ä.; Führen von Gebrechlichkeitspflegschaften u.a.), *Sozialdienst im Krankenhaus, Einsatzleitung bei ambulanten pfleger. Diensten, Hilfen für Ausländer* (Organisation von Eingliederungshilfen, Sprachkursen, Hausaufgabenhilfe), *Hilfen für Aussiedler aus Ostblockländern* (Eingliederungshilfen u.ä.), *Hilfe für →Arbeitslose* (Beratung zur Sicherung des Lebensunterhalts, Initiierung von Selbsthilfegruppen, alternativen Arbeitsprojekten), *Arbeit in sog. Sozialen Brennpunkten/Obdachlosensiedlungen* (Gemeinwesen- und Stadtteilarbeit, Spielstubenarbeit u.a.), *Behindertenhilfe* (Beratung, Gruppenarbeit mit Behinderten und Angehörigen, Behindertenfreizeiten, Begleitung von Selbsthilfegruppen), *Suchtkrankenhilfe* (ambulante Therapie, Nachsorge nach stationärem Aufenthalt, Ausbildung von Suchtkrankenhelfern u.a.), *Straffälligenhilfe* (Beratung während des Vollzugs, Begleitung bei Entlassung, Hilfe bei Wohnungs- und Arbeitsplatzbeschaffung), *Nichtseßhaftenhilfe* (Wohngruppenarbeit u.a.m.).

*C.* In Sa. und Sp. stecken natürlicherweise *Spannungen:* z.B. zwischen angebotenen persönl. Hilfen und erkannter gesellschaftl. Bedingtheit vieler Formen von Hilfebedürftigkeit; zwischen Rechtsorientierung und der Notwendigkeit, normverändernd zu arbeiten (Sa. ist gewissermaßen ein Teil der →Sozialpolitik, bezieht ihre Legitimation durch rechtl. definierte Anlässe, vor allem aus dem Bundessozialhilfegesetz [BSHG] und dem Jugendwohlfahrtsgesetz [JWG]); zwischen dem durch →Sozialwissenschaften erarbeiteten Anspruch und institutioneller Begrenzung (Sa. und Sp. bekommen meist durch Verwaltungsrichtlinien, Finanzierungsmaßgaben u.ä. den Rahmen abgesteckt, in dem soziale Therapie erfolgen soll). Obwohl dies als unzulängl. erkannt wird, geschehen Sa. und Sp. in der Regel im Rahmen des allg. Anerkannten und polit. Zugelassenen. Ähnliches gilt bei konfessionellen Wohlfahrtsverbänden – für den Rahmen kirchl. Maßgaben.
Zweifellos sind Sa. und Sp. *normativ gesteuert.* In der Regel stecken in ihren Methoden relativ optimist. Menschenbilder und weltanschaul. eingefärbte Bewertungen der Vergesellschaftung der Zeitgenossen (→Weltanschauung). K.-F. Daiber spricht gar von »*religionsanalogen Daseinsinterpretationen*«. Deswegen kann es bei *kirchl. Sa.* zu Geltungskonflikten zwischen →Theologie und Sa. kommen, aber auch – bei gegenseitiger Akzeptanz – zu einer gesellschaftl. einzigartigen →Dialogkultur: zumal Sa. wie Theologie »dem verletzten Lebensganzen auf der Spur« sind, und beide wollen »Wege ausfindig machen, die zu weniger verletztem oder verletzendem Leben führen könnten« (K.-D. Ulke).

*Lit.: K.-F. Daiber:* Sa. – Diakonie, in: Soziale Arbeit 6 (1987), 207-214. – *H. Seibert:* Sa./Sp., in: Die soziale Arbeit der Kirche. Ein Diakonie-Lexikon, Gütersloh 1982, 146-148. – *K.-D. Ulke:* Philosophie und Sa., in: Sp. 4 (1984), 180-182.

*Horst Seibert*

## Sozialdarwinismus

*A.* Nachdem der Amerikaner A. R. Wallace um 1890 den Ausdruck »Darwinismus« geprägt hatte, um die auf Darwin zurückgehende Theorie von der Entstehung der Arten durch einen »Kampf ums Dasein« auf Grund natürl. Auslese zu umschreiben (→Darwinismus), wurden im Deutschen etwa seit der Jh.wende Versuche, diese Lehre auf die →Geschichte der menschl. →Gesellschaft anzuwenden, als »S.« bezeichnet. Obwohl die meisten Autoren, die einen S. vertraten, Engländer (der Philosoph H. Spencer, gest. 1903; der Biologe Th. H. Huxley, gest. 1895) oder Amerikaner (der Wirtschaftswissenschaftler W. Graham Sumner, gest. 1910) waren, wird der Ausdruck im Englischen nur selten gebraucht; man spricht eher von *sozialen Evolutionstheorien*, weil man klarer als in →Deutschland sieht, daß fast alle Philosophen des 19. Jh.s geschichts- und entwicklungstheoret. waren. Schon K. →Marx verstand seinen hist. →Determinismus als ein sozialgeschichtl. Gegenstück zur biolog. →Evolutionstheorie und wollte ursprüngl. »Das Kapital« Darwin widmen.

*B.* Der S. wurde ebenso von *Konservativen* wie von *Sozialisten* vertreten. Bedeutende amerik. Unternehmer wie J. D. Rockefeller und A. Carnegie, aber auch Präsident Th. Roosevelt neigten ihm zu, da er ihren oft mit viel Rücksichtslosigkeit errungenen wirtschaftl. oder polit. Erfolg zu rechtfertigen schien; nicht zuletzt konnte der S. herangezogen werden, um staatl. Eingriffen in die →Wirtschaft entgegenzutreten. In den meisten Fällen war jedoch der S. eine Philosophie der Linken, ja des →Sozialismus. Er unterstützte näml. die von Sozialisten vertretene Auffassung, es gebe keine überzeitl. gültigen Wirtschaftsordnungen oder polit. →Institutionen. Ebenso kam der S. der sozialist. Tendenz entgegen, im Bereich der Wirtschaft und →Politik alle eth. Überlegungen als bloße Sentimentalität, ja sogar eine kapitalist. Rechtfertigungstheorie abzutun. Grundsätzlicher ist der S. eine Variante des →*Utilitarismus*, also der Lehre, daß die Gültigkeit eth. und polit. →Normen allein nach deren Folgen für die Menschheit als Ganzes zu beurteilen sei. Die meisten Sozialdarwinisten, so ausdrückl. Huxley, aber auch Schriftsteller wie B. Shaw, sahen im Menschen bloß ein Produkt natürl. Auslese und betrachteten die Menschheitsgeschichte als Fortsetzung derselben Entwicklung.
Heute ist der S. nur noch von hist. Bedeutung, obwohl immer noch Anklänge ebenso bei den amerik. Neokonservativen wie bei Neomarxisten zu finden sind.

*Lit.: G. Himmelfarb:* Darwin and the Darwinian Revolution, New York 1959. – *R. Hofstadter:* Social Darwinism in American Thought, Philadelphia 1944.

*Nikolaus Lobkowicz*

**Sozialdemokratie.** Der *Begriff* »S.«, der 1848 zum erstenmal auftaucht, bezeichnet die Bewegung der polit. →Emanzipation der →Arbeiter, die über die Teilhabe an der Staatsmacht (→Staat) zu einer gerechten und solidar. Gesellschaftsordnung (→Gesellschaft) gelangen will. Die in der Sozialist. Internationale von 1951 zusammengeschlossenen sozialist. →Parteien versuchen, einen »*dritten Weg*« zwischen →Kapitalismus und freiheitsfeindl. →Kommunismus zu gehen.

*A.* Die dt. S. (→Deutschland) ist aus *zwei Wurzeln* entstanden: 1. dem von F. Lassalle 1863 gegründeten »Allgemeinen Deutschen Arbeiterverein«, 2. der 1869 in Eisenach begründeten »Sozialdemokratischen Arbeiterpartei Deutschlands«. Begründer dieser anfängl. stark marxistisch ausgerichteten Partei waren A. Bebel und W. Liebknecht. In *Gotha* kam es 1875 zur Verschmelzung der beiden Parteien. Unter dem Sozialistengesetz 1878-1890 verstärkten sich vorübergehend die klassenkämpfer. Züge in der S. Die Programmdiskussion ist vom Dualismus von →Revolution und →Reform, revolutionärer →Diktatur und →Demokratisierung bestimmt. Im ganzen läßt sich die Entwicklung der dt. S. als Wandlung von einer radikalen Klassenkampfpartei (→Sozialisierung) zur *staatstragenden Reformpartei* beschreiben. Vom klassisch marxist. Standpunkt aus (→Marx, →Marxismus) stellt sich dieser Weg zur Anpassung an die Gegebenheiten als Abfall vom revolutionär-demokrat. Ideal der Anfangszeit dar (W. Abendroth). Die Partei wuchs im Zeichen des Erfurter Programms von 1891 zur *Massenpartei* der dt. Arbeiter heran. Der Revisionismus (E. Bernstein), der die S. als demokrat. Reformpartei verstehen will, wurde zwar auf dem Dresdner Parteitag (1903) offiziell von der Mehrheit zurückgewiesen, bestimmte aber bis 1914 die prakt. Politik der S.
Der *Kriegsausbruch* 1914 führte zur Politik des »Burgfriedens« mit dem imperialist. Staat, und der Kriegstaumel ließ die Sozialdemokraten (nicht nur in Deutschland) vergessen, daß sie als Partei des →Internationalismus und der Arbeitersolidarität angetreten waren. Im Laufe des Krieges erfolgte die Abspaltung der Spartakusgruppe (R. Luxemburg, K. Liebknecht; ab 1919: KPD) und der linksgerichteten »Unabhängigen Sozialdemokratischen Partei Deutschlands« (USPD). Nach dem Ersten Weltkrieg wurde die S. zur stärksten Stütze des Weimarer Staates (Ablehnung des »Ermächtigungsgesetzes« 1933).

*B.* Die S. wurde *nach 1945* vor allem durch K. Schumacher auf eine streng antikommunst. Linie festgelegt. Hauptziel bleibt die Öffnung zur *Volkspartei* und die Gewinnung der neuen Mittelschichten. An die Stelle des Rufes nach Sozialisierung tritt die Forderung nach gleichen Chancen für alle. In W. Brandt, dem Vorsitzenden der Sozialist. Internationale und der sog. Nord-Süd- Kommission, hatte die S. bis 1987 einen international anerkannten Parteivorsitzenden. Das Godesberger Programm von 1959 schreibt den Abschied von der sozialist. Klassenpartei und vom →Sozialismus als Weltanschauung fest. Dem *Grundwertekatalog* (→Freiheit, →Gerechtigkeit, Solidarität) kann jeder Christ, ob ev. oder kath., zustimmen. Die Vorbehalte der Sozialenzyklika »Quadragesimo anno« (1931) gegen die S. sind damit hinfällig geworden (O. von Nell-Breuning). Kirchen und S. treffen sich heute mehr und mehr in der Sorge um den →Menschen und im Kampf um den Weltfrieden (→Frieden).

*Lit.: W. Abendroth:* Aufstieg und Krise der dt. S., Frankfurt/M., 2. Aufl. 1969. – *L. Bergsträsser:* Geschichte der polit. Parteien in Deutschland (1921), München, 11. Aufl. 1965. – *S. Miller:* Die SPD vor und nach Godesberg,

Bonn-Bad Godesberg, 2. Aufl. 1975. – *O. von Nell-Breuning:* Die Soziale Enzyklika (1932), Köln, 3. Aufl. 1950.

*Heinz Röhr*

**Soziale Bewegungen.** Im weitesten Sinne sind auch die ursprüngl. Jesusbewegung oder die →Franz. Revolution s.B. Hier sollen unter s.n B. die Bemühungen im Bereich der beiden großen →Kirchen um die *Lösung der →sozialen Frage* verstanden werden, die im 19. Jh. begannen und sich unter dem Begriff →christl.-sozial (kath.-sozial, →ev.-sozial) zusammenfassen lassen.

*A.* Den Anfang der *kath.-sozialen* Bewegung kann man in den Predigten und Reden des Mainzer Bischofs W. E. Freiherr von Ketteler sehen. Seine Adventspredigten, die er 1848 im Mainzer Dom hielt, setzten sich mit dem alle sittl. und gesellschaftl. Ordnung zerstörenden →Liberalismus auseinander. Einzig aus den eth. Grundkräften des →Christentums könne Hilfe für »die großen sozialen Fragen der Gegenwart« kommen. Seine berühmte Rede auf dem Liebfrauenberg bei Offenbach (1869) über »Die Arbeiterbewegung und ihr Streben im Verhältnis zu Religion und Sittlichkeit« gilt als Magna Charta der kath.-sozialen Bewegung in →Deutschland. Neben dem »sozialen Bischof« sind vor allem Männer wie A. Kolping (→Kolpingbewegung) und F. Hitze, A. Pieper und A. Stegerwald zu nennen. Die aufstrebende kath. →Arbeiterbewegung (Arbeitervereine) war der ev. stets an Zahl und Geschlossenheit überlegen. Angehörige beider →Konfessionen gründeten 1894 die Christl. →Gewerkschaften. Für die Weiterentwicklung der kath.-sozialen Bewegung sind die großen Sozialenzykliken »Rerum novarum« (1891) von Leo XIII. und »Quadragesimo anno« (1931) von Pius XI. maßgebend.

*B.* Die s.n B. im *ev. Bereich* sind an den Begriffen »christl.-sozial« (V. A. Huber, J. H. Wichern, A. Stoecker, F. von Bodelschwingh), »ev.-sozial« (F. Naumann), »kirchl.-sozial«, »rel.-sozial« (L. Ragaz, H. Kutter) und »rel.-sozialist.« (→Rel. Sozialismus) festzumachen. K. →Barth hat in seinem berühmten Tambacher Vortrag (1919) »Der Christ in der Gesellschaft« jeder Form von »Bindestrich-Christentum« widersprochen, dabei aber übersehen, daß sich rel.-soziales Wollen auf einer anderen Ebene bewegt: der Synthese von →Evangelium und sozialist. Bewegung (→Sozialismus). Die christl.-soziale Bewegung erhielt im Jahre 1896 durch den Ev. Oberkirchenrat in Berlin nach einem Telegramm Kaiser Wilhelms II. an seinen ehemaligen Lehrer Hinzpeter (»Christl.-sozial ist Unsinn!«) den Todesstoß. Dabei hatte mit der Begründung der →Inneren Mission durch Wichern (nach seiner berühmten Rede auf dem Kirchentag in Wittenberg 1848) eine verheißungsvolle Auseinandersetzung mit den brennenden sozialen Fragen begonnen. Wicherns Modell der »rettenden Liebe« kam über die Grenzen der individuellen Samariterdiakonie (→Diakonie) nicht hinaus. Wer arm war, war in die →Sünde gefallen. Das →Proletariat mußte also zuerst »bekehrt« werden. Eine gesellschaftl. Analyse wie im →Marxismus fehlte. Die Innere Mission hat daher das Pochen der Arbeitermassen an das Tor der Geschichte (im Gegensatz zu →Marx) nicht vernommen (Shanahan). Stoekker, das Urbild des »politisierenden Pastors«, scheiterte an seinem verbissenen →Antisemitismus und seinem Haß auf die »Gottlosigkeit« der →Sozialdemokratie. Der Ev.-soziale Kongreß (Stoecker, Naumann, P. Göhre, A. von →Harnack) wandelte sich zwar in Richtung auf den kirchl. Liberalismus, versuchte den Brückenschlag zur Arbeiterbewegung aber vergebl. Dieser gelingt erst im 20. Jh. durch die Bemühungen der Schweizer Rel.-Sozialen (Ragaz, Kutter) und des Rel. Sozialismus in Deutschland.

*Lit.: G. Brakelmann:* Die ev. Kirche und die soziale Frage im 19. Jh., Witten 1962. – *W. Bredendiek:* Christl. Sozialreformer im 19. Jh., Leipzig 1953. – *J. Höffner:* Die dt. Katholiken und die soziale Frage im 19. Jh., Paderborn 1954. – *W. O. Shanahan:* Der Protestantismus vor der sozialen Frage 1815-1871, München 1962.

*Heinz Röhr*

**Soziale Frage**

*A.* »Heute, da die ganze Welt von Sozialkritik widerhallt, ist die s.F. zur geschichtsmächtigen, weltbewegenden Frage geworden« (O. von Nell-Breuning). Im Zusammenhang mit der polit. Emanzipationsbewegung der →Arbeiterschaft um die *Mitte des 19. Jh.s* entstanden, ist die s.F., deren antike Entsprechung die Frage der →Sklaverei darstellt, als Frage nach der Arbeiterverfassung durch die →Industrialisierung und die damit zusammenhängende Verelendung des →Proletariats zur brennendsten aller Fragen geworden. Die christl. →Verkündigung hat im ganzen gesehen wie schon im Altertum die bestehenden Zustände eher wieder sanktioniert, als tatkräftig an ihrer Beseitigung mitzuwirken. Die wenigen beachtl. Versuche im Bereich der →*Kirchen*, die sich in den →sozialen Bewegungen manifestieren, konkurrieren allerdings mit dem *marxist. →Sozialismus.*

*B.* Beschrieb das Wort »sozial« ursprüngl. das rechte Verhältnis zwischen Menschen, →Ständen und überhaupt zur →Umwelt, so wandelte sich sein Sinn in Richtung auf den Ausgleich der Lebenssituation der wirtschaftl. und gesellschaftl. Benachteiligten und auf die Aufhebung der →Entfremdung der lohnabhängigen →Massen. *Hauptursache der Verarmung* der Industriearbeiterschaft war die Landflucht, die das Heer der billigen Arbeitskräfte vermehrte. Der Druck auf die Löhne führte zur Ausnutzung der Frauen- und Kinderarbeit. Mangelhafte Wohnverhältnisse, körperl. und seel. Schädigungen sowie fehlende Ausbildung verstärkten das Elend. *Staatl. Maßnahmen*, zuerst in England, dann auch in →Preußen, brachten erste Ergebnisse im Bereich des *Arbeiterschutzes* (Verbot der Nachtarbeit für Kinder, staatl. Fabrikauf-

sicht u.a.). Die Aufhebung des Koalitionsverbotes ermöglichte 1824 in England die Gründung von »Trade Unions«. 1839 wurde in Preußen durch das »Regulativ« die Arbeit von Kindern unter neun Jahren verboten. Die Gewerbeordnung des Norddt. Bundes (später Reichsgewerbeordnung) verstärkte die Arbeiterschutzbestimmungen. Weitsichtige *Nationalökonomen* (Kathedersozialisten), vor allem G. Schmoller, forderten die Geltung sittl. →Normen auch auf dem Gebiet der →Wirtschaft. Bismarcks soziale Gesetzgebung (Kranken-, Unfall-, Altersversicherung) sollte den Forderungen der →Sozialdemokratie den Wind aus den Segeln nehmen, was aber nicht gelang.
Von *J. H. Wichern* (→Innere Mission), A. Stoecker (→christl.-sozial), F. von Bodelschwingh und F. Naumann (→ Ev.-sozialer Kongreß) gingen Impulse zur Lösung der s.n F. aus. W. E. von Ketteler ist ein Beispiel kath. Sozialverantwortung in einem antisozialen Jh. Die päpstl. *Sozialenzykliken* – »Rerum novarum« Leos XIII. (1891), »Quadragesimo anno« Pius' XI. (1931) und »Mater et Magistra« Johannes' XXIII. (1961) – spiegeln die Wandlung der kath. Sozialauffassung.

*C.* Die s.F. hat in den letzten hundert Jahren auf dem Gebiet des Sozialgesetzgebung, der Sozialpädagogik (→Sozialhilfe) wie der Sozialethik und der →Sozialwissenschaften große Kräfte mobilisiert, ohne allerdings verhindern zu können, daß es zur sog. *Neuen s.n F.* gekommen ist. Entwicklungshilfe, Weltarmut (→Dritte Welt) und Bevölkerungsexplosion haben dieses Problem heute zur dringlichsten s.n F. gemacht. Die s.F. ist und bleibt vordergründig eine reine »Magenfrage«. Trotz weltweiten Wohlstands für einige geograph. bevorzugte Regionen wird die Frage immer brennender: »Wie müssen wir die Welt einrichten, damit alle, die hungrig sind, einen gedeckten Tisch finden und sich satt essen könne? Oder wird es einmal nicht mehr mögl. sein, sie zu sättigen, und müssen wir daher der Zunahme der Menschenzahl Einhalt gebieten?« (O. von Nell-Breuning). Die s.F. ist aber mehr als die Bemühung um die Stillung des Hungers auf der Erde: Es geht um →Freiheit und →Menschenwürde und um eine *gerechte Lebensordnung* in einer sinnerfüllten Gesellschaft. Die s.F. ist im Grunde keine rein rel. Frage, aber sie fordert die Zusammenfassung aller rel. und eth. Kräfte, deren unser Jh. fähig ist, soll für kommende Generationen ein sinnvolles Miteinander mögl. sein. Insofern gehört zur Bewältigung der s.F. auch und vor allem die Sicherung des →Friedens.

*Lit.: G. Brakelmann:* Die s.F. des 19. Jh.s, Witten, 5. Aufl. 1975. – *J. Messner:* Die s.F. (1928), Innsbruck, 7. Aufl. 1964. – *O. von Nell-Breuning:* S.F., in: Lexikon für Theologie und Kirche, 2. Aufl., Bd. 9, 905-907. – *Ders./H. Sacher (Hg.):* Wörterbuch der Politik, Heft 3 (1949), Freiburg, 2. Aufl. 1958. – *W. O. Shanahan:* Der Protestantismus vor der s.n F. 1815-1871, München 1962. – *H.-U. Wehler (Hg.):* Moderne dt. Sozialgeschichte, Köln/Berlin 1966.

*Heinz Röhr*

## Sozialhilfe

*A.* S. ist eine sozialstaatl. Leistung für Menschen in wirtschaftl. Not, die dann in Betracht kommt, wenn alle eigenen und sonstigen Hilfemöglichkeiten (durch andere Sozialleistungssysteme oder unterhaltspflichtige Angehörige) ausgeschöpft wurden bzw. wenn Bürger erst gar nicht oder nicht ausreichend Ansprüche auf existenzsichernde Leistungen der Sozialversicherung oder anderer Sozialleistungsträger erworben haben (z.B. Anspruch auf Altersrente). Diese also grundsätzl. *nachrangige* Hilfe soll dem Hilfeempfänger die Führung eines Lebens ermögl., das der *Würde des Menschen* entspricht; so erklärt es das *Bundessozialhilfegesetz* von 1961 (BSHG), das zwischenzeitl. mehrfach novelliert wurde. Dieses Hauptziel soll vor allem auch mit Hilfe des Prinzips der *»Hilfe zur Selbsthilfe«* erreicht werden: Hilfeempfänger sollen instand gesetzt werden, wieder ohne fremde Hilfe leben zu können (§ 1 BSHG). Nicht zuletzt deswegen wurde 1961 der bis dahin geltende Begriff »Fürsorge« durch den S.begriff ersetzt.

*B.* Im Gegensatz zu sonstigen Formen sozialer Versorgung, die ganz best. Lebensrisiken (z.B. Invalidität) mit ganz bestimmten, normierten Leistungen abdecken oder mildern (wenn best. Voraussetzungen erfüllt sind), orientiert sich die S. an der *individuellen Situation*, an bes. →Bedürfnissen einzelner S.empfänger. Verbunden mit diesem individualisierenden Hilfeverständnis, dessen Angemessenheit die krit. Sozialforschung von Anfang an hinterfragt, ist das Prinzip der *familiengerechten Hilfe:* Die *vorbeugenden* und *nachsorgenden* Hilfen des BSHG sollen im Interesse einzelner Hilfebedürftiger deren Familienzusammenhalt festigen. Das der Verwirklichung des BSHG zugrundeliegende Zentralprinzip ist das der kath. Soziallehre entstammende →*Subsidiaritätsprinzip*, das den Vorrang der Hilfeerbringung durch die jeweils kleinere, personnähere Gruppierung regelt und die Verpflichtung des →Staates, a) den →Familien, Kommunen, →Kirchen, →Wohlfahrtsverbänden u.a. die sozialen Aufgaben zu belassen, die sie erfüllen können, b) diese Gruppierungen wirtschaftl. instand zu setzen, ihre Hilfen personnah auszuüben. Grundsätzl. wird S. von örtl. (in der Regel kommunale Sozialämter) und überörtl. Trägern (teils staatl. Behörden, teils kommunale Selbstverwaltungskörperschaften) erbracht, doch bestimmt § 10 BSHG, daß die öffentl. Träger der S. von der Durchführung eigener Maßnahmen abzusehen haben, wenn die Hilfe durch die freie Wohlfahrtspflege gewährleistet werden kann. Auf diese Weise sind die Kirchen – speziell durch ihre Wohlfahrsverbände, →Caritasverband und →Diakon. Werk – in das S.system eingebunden.

*C.* Zwei unterscheidbare Leistungsarten werden durch das BSHG geregelt: 1. die sog. *Hilfe zum Lebensunterhalt,* auf die Menschen einen Rechtsanspruch haben, die unter der gesetzl. festgelegten Mindesteinkommensgrenze liegen; diese Hilfe wird als ständige Leistung oder als einmalige Hilfe erbracht (z.B. für Kleidung, Möbel u.ä.). 2. *Hilfe in bes. Lebenslagen,* best. für Menschen, die in außergewöhnl. Situationen (z.B. →Krankheit, →Behinderung, Schwangerschaft) Unterstützung benötigen; hierzu gehören z.B. Ausbildungshilfen, vorbeugende Gesundheitshilfen, Krankenhilfe, Hilfe für werdende Mütter, Eingliederungshilfen für Behinderte (»Reha«[bilitations]- Maßnahmen), Hilfe zur Weiterführung des Haushalts, Altenhilfe. *Gründe* für die Bewilligung von S. sind: nicht ausreichende Rente (24%), →Arbeitslosigkeit (16%), Väter, die nicht für ihre Kinder zahlen (13%), Krankheit (8%), nicht ausreichendes Einkommen (6%; Angaben aus 1982). 1984 waren rund 5% der Bevölkerung S.empfänger (Steigerung seit 1970 um über 50%); die Zahl der tatsächl. S.empfangsberechtigten dürfte wesentl. höher liegen (verschämte →Armut). Sozialexperten schätzen z.Z. die Zahl der Armen in der Bundesrepublik Deutschland auf *15% der Bevölkerung.* Ende der 80er Jahre dieses Jh.s zeigt sich, daß die vorhandenen Sozialsysteme nicht ausreichen, der Zunahme der Verarmung großer Bevölkerungsteile wirkungsvoll zu begegnen.

*Lit.: G. Heun:* S., in: Ev. Soziallexikon, Stuttgart/Berlin, 7. Aufl. 1980, 1176-1179. – *E. Link:* Das Subsidiaritätsprinzip, Freiburg 1955.

*Horst Seibert*

### Sozialisation

*A.* Als *Friedrich II.* von Hohenstaufen (13. Jh.), um die strittige Frage nach der Ursprache der Menschheit zu klären, im Experiment Säuglingen die menschl. und sprachl. Zuwendung versagen ließ, weil man glaubte, auf diese Weise am ehesten die Urlaute zu hören, ahnte er nicht, daß er damit der heutigen S.sforschung eine wesentl. Erkenntnis vorweggenommen hatte. Der Versuch mußte damals klägl. scheitern: Die Kinder starben. Wie man außerdem aus den Biografien aufgefundener Kinder weiß (vgl. z.B. die Gestalt Kaspar Hausers), die in der Wildnis unter →Tieren aufgewachsen waren, vermochten sie weder den aufrechten Gang noch die menschl. →Sprache zu erlernen; überhaupt war ihre Lebenserwartung begrenzt. In umfangreichen med., psycholog. und kriminolog. Untersuchungen hat sich bestätigt, daß Kinder irreparable Schäden an Körper, →Seele und Geist erleiden, wenn sie nach der Geburt ohne mütterl. Nähe und Liebe aufwachsen. Modifiziert kann auch von der Notwendigkeit einer Bezugsperson gesprochen werden.

*B.* Der *Begriff* S., wenn auch schon von E. Durkheim um 1900 vorgestellt, hat sich – wie die einschlägige Literatur ausweist –, aus den USA kommend, erst seit den 60er Jahren in *Deutschland* eingebürgert. Er wird unterschiedl. gebraucht und erfährt ebenso verschiedene Bedeutungszuweisungen. Der anfängl. Formulierung Sozialisierung (W. Brezinka 1961) liegen deutl. Vorstellungen vom päd. Handlungscharakter (→Erziehung) zugrunde, die in Begriffen wie Sozialisator und Sozialisand zumindest unterschwellig weiterwirken, auch wenn nicht ausdrückl. die päd. Intention gemeint ist. Im Zuge einer Differenzierung tradierter Disziplinen wurde der Begriff sehr schnell neben der →Soziologie und →Psychologie auch von der →*Erziehungswissenschaft* übernommen, die sich in der damit verbundenen Kompetenzausweitung mehr denn je als Sozial- und Handlungswissenschaft verstehen konnte. Die sprichwörtl. Verlegenheit, über die Rahmenbedingungen des erzieher. Aktes nichts oder nur wenig aussagen zu können, schien somit überwunden. Der fast gleichzeitig wieder eingeführte Begriff der *Enkulturation* tendiert in dieselbe Richtung, näml. den engen Gegenstandsbereich der eigentl. Erziehung hinsichtl. seiner Prämissen, Umstände und Folgeerscheinungen zu erweitern. Strittig ist, ob die Begriffe austauschbar sind oder etwa in Belebung jenes alten Gegensatzes von Zivilisation und Kultur inhaltl. und damit in der Bewertung differieren.

*C.* Der Begriff S. ist spannungsgeladen. Er kann sowohl ein *Geschehen* als auch eine *Handlung* bezeichnen. Sodann kann einerseits die Eingliederung in ein Geflecht sozialer Verhaltensweisen *(Vergesellschaftung)* und andererseits die Ausbildung der Persönlichkeit (*Individuation)* gemeint sein. Schließl. gibt es eine altersspezif., d.h. *primäre* (Kindheit), *sekundäre* (Jugend) und *tertiäre* (Erwachsene) S., stellen →Familie, →Schule, →Beruf oder →Arbeit und nicht zuletzt die →Medien einander ergänzende, korrigierende und miteinander konkurrierende S.sagenturen dar.
Der interdisziplinäre Charakter der S.sforschung hat bislang zu verschiedenen theoret. Ansätzen geführt. 1. Unter *lernpsycholog.* Gesichtspunkten wird auf die Konditionierbarkeit von sozialem →Lernen abgehoben. 2. *Psychoanalyt.* Interesse berücksichtigt Trieb- und Identifikationsmechanismen und unterscheidet zwischen idealer und mißratener S. 3. Auf die Untersuchung des Rollenverhaltens konzentriert sich die *soziol.* Forschung.
Diese grobe Unterteilung läßt sich jedoch noch differenzieren, indem z.B. entwicklungspsycholog., etholog., rel. und nicht zuletzt polit. Kriterien herangezogen werden können. Unbefriedigend an diesen hypothet. Entwürfen ist allerdings, daß sie trotz aller postulierten Wertfreiheit jeweils ein normatives Menschenbild voraussetzen. Deswegen, aber auch wegen der offenbaren Kompetenzstreitigkeiten artikuliert sich das Interesse an einer sog. krit. oder Metatheorie, in der die wissenschaftstheoret. Antagonismen dialektisch, d.h. »zugleich«, aufgehoben wären.

*D.* Der rel. S.sforschung fällt unter *theol. Aspekt* vorweg die Aufgabe zu, zu klären, was unter →Religion zu verstehen ist. Dabei können sich ähnl. Schwierigkeiten, wie oben ausgeführt, ergeben, je nachdem, ob der Religion eine korrigierende, systemaufbrechende oder stabilisierende, neutralisierende Funktion zuerkannt wird, ob Religion einen Ausschnitt gesellschaftl. Prozesse oder ein alle Lebensbereiche erfassendes Ferment bzw. Deutungsschema darstellt. Ein sozialisationsbegleitender →Religionsunterricht, der nicht von vornherein den Abbau falscher S. und eine diesbezügl. →Emanzipation intendiert, bietet die Chance, religionspäd. Probleme besser erkennen und lösen zu können. Angesichts der Ineffizienz weiterer theoret. Distinktionen erscheint für die religionspäd. Praxis die Konkretisierung rel. S.saufgaben bes. dringlich.

*Lit.: H.-J. Fraas:* Rel. Erziehung und S. im Kindesalter, Göttingen, 3. Aufl. 1978. – *W. Gottschalch:* S. Theoret. Annäherungen und Gegenwartsprobleme, Weinheim/Basel 1985. – *K. Hurrelmann/D. Ulich (Hg.):* Handbuch der S.sforschung. Studienausgabe, Weinheim 1983. – *R. Oerter:* Entwicklung und S. Kindheit, Jugend, Alter, Donauwörth, 2. Aufl. 1981. – *A. K. Treml:* Theorie struktureller Erziehung. Grundlagen einer päd. S.stheorie, Weinheim/Basel 1982.

*Gerd Bockwoldt*

**Sozialisierung**

*A.* Im *weiteren Sinn* werden unter S. alle Maßnahmen zur Überwindung des →Kapitalismus und zum Aufbau des →Sozialismus bezeichnet. In einem davon abgeleiteten Verständnis wurden zeitweise auch sozialpolit. Maßnahmen (→Sozialpolitik) als S. angesehen. Nach *marxist. Auffassung* (F. Engels; →Marxismus) wird durch S. der aus der Mehrwertlehre sich ergebende Widerspruch zwischen gesellschaftl. Produktion und der Aneignung der Produkte durch den Kapitalisten aufgehoben. S. heißt in diesem Sinne die Überführung in Kollektiveigentum. Die »Systemsozialisierung« (O. von Nell-Breuning) ist nach marxist. Lehre beim Übergang vom Kapitalismus zum Sozialismus geschichtl. notwendig.
Gebräuchl. ist die begriffl. Verwendung von S. im *engeren Sinn* als Vergesellschaftung der Produktionsmittel durch Überführung in Gemeineigentum oder andere Formen der Gemeinwirtschaft (Art. 15 Grundgesetz [GG]). Grund und Boden, Naturschätze und Produktionsmittel können nach Art. 15 GG unter Entschädigung der Eigentümer sozialisiert werden. Unter S. ist also nach dem GG keine Verstaatlichung zu verstehen. S. darf deshalb z.B. nicht zum Zwecke der Konzentration wirtschaftl. Macht in staatl. Hand vorgenommen werden.

*B.* Im Mittelpunkt der *Auseinandersetzung* um S. stehen einerseits Wirtschaftszweige, die eine Schlüsselstellung für die →Wirtschaft insgesamt einnehmen (z.B. der Energiebereich oder die Montanwirtschaft nach dem Zweiten Weltkrieg), andererseits wird S. für Branchen gefordert, die unter Anpassungsdruck wegen Struktur- und Marktveränderungen stehen und in einer best. Wirtschaftsregion vorherrschend sind (z.B. Werftindustrie, Kohle und Stahl). Durch S. soll zumindest eine nicht von erwerbswirtschaftl. Zielen getragene, sozial tragbare Lösung der wirtschaftl. und sozialen Probleme erreicht werden.
Unter dem Begriff S. wurde auch die Idee der Zusammenführung von wirtschaftl. und polit. →Demokratie verstanden. In diesem Zusammenhang ist die →Mitbestimmung als *»kalte S.«* bezeichnet worden.

*C.* Die →kath. Soziallehre sieht unter Hinweis auf die *Sozialfunktion des →Eigentums* in den Fällen S. als sittl. gerechtfertigt an, in denen das →Gemeinwohl diesen Schritt erforderlich macht (so das Dokument des 2. →Vat. Konzils »Gaudium et spes« [1965] n. 71 und die Sozialenzyklika »Populorum progressio« Pauls VI. [1967] n. 24).
Mit S. werden *gemeinwirtschaftl. Ziele* verfolgt. Damit verbindet sich die Erwartung einer sozialen Wirtschaftsordnung. Im einzelnen sind schwierige Probleme aufgeworfen, so etwa die Verwirklichung des gemeinwirtschaftl. Zielsystems, der optimalen Kombination der Produktionsfaktoren bei Fehlen des Preismechanismus, der Machtkontrolle und der Wirksamkeit bürokrat. Entscheidung. S. im Sinne einer kollektivist. Gesellschaftsordnung widerspricht dem christl. →Menschenbild.

*Lit.: O. von Nell-Breuning:* Zur sozialen Frage. Beiträge zu einem Wörterbuch der Politik, Freiburg 1949. – *G. Gundlach:* Die Ordnung der Gesellschaft, Bd. 2, Köln 1964. – *L. von Mises:* Die Gemeinwirtschaft, Neuauflage München 1981. – *G. Winter (Hg.):* S. von Unternehmungen, Köln 1976.

*August Stiegler*

**Sozialismus.** Von lat. »socius« (gesellig, gesellschaftl., genossenschaftl.) abgeleitet, bedeutet S. formal soviel wie »gemeinschaftsbezogenes Leben«, z.B. auf der Basis des Gemeineigentums (sei es aller Güter, sei es nur der Produktionsmittel). In diesem allg. Sinne gibt es S. im alten →China, in →Israel, im →Urchristentum, in best. →Sekten und →Mönchsorden. Der S. im heutigen Verständnis ist eine Erscheinung des 19. Jh.s. In seiner Entstehungszeit berührt er sich eng mit dem →Kommunismus (von lat. »communis«, d.h. gemeinschaftl.). K. →Marx und F. Engels nannten sich Sozialisten wie Kommunisten. S. galt beiden wie ihren Zeitgenossen als die gemäßigtere Form (s. das 1848 erschienene »Kommunist. Manifest«). Der S. kämpft in gleicher Weise gegen den →Kapitalismus wie gegen den utop. S. Der Kapitalismus fragt nicht nach dem Schicksal des einzelnen Arbeiters, der zum Zubehör der Maschine wird und entfremdete →Arbeit leistet. Indem sich der →Arbeiter gleichsam in sein Produkt inkarniert, erfährt er den Warencharakter seiner Arbeit, die ledigl. der Gewinnmaximierung als einzigem

Zweck dient. Die Erfahrung des Ausgebeutetseins verstärkt sich noch durch die immer größer werdende Industriekonzentration und durch die gigant. Zunahme der Wirtschaftsmacht in den Händen weniger. Der *utop.* oder *Frühs.* versucht der industriellen →Revolution entgegenzusteuern, indem er den Glauben an die Allmacht der Vernunft mit rel. Endreicherwartungen verbindet. In →Frankreich, England und →Deutschland entstehen (im Rückgriff auf →Utopien des 16. und 17. Jh.s und beeinflußt von den Ideen der →Franz. Revolution) harmonist. Gesellschaftsentwürfe, die im wesentl. auf zwei Grundgedanken beruhen: der Kritik am Privateigentum und der Idee der Produktionsgenossenschaft. Die Hauptvertreter des utop. S. sind H. de Saint-Simon, Ch. Fourier und P. J. Proudhon (»Eigentum ist Diebstahl«) in Frankreich, R. Owen in England und W. Weitling in Deutschland. Trotz schwärmer. und utop. Elemente finden sich bei den Frühsozialisten auch konkrete Forderungen nach Arbeitszeitregelung (10 1/2 Stunden), Einschränkung der Kinderarbeit, Arbeitsschutz und Altersversorgung. Diese sozialreformer. Gedanken haben bis in die Gegenwart weitergewirkt. Der Einfluß frühsozialist. Ideen reicht bis nach Amerika (E. Cabet, R. Owen: »New Harmony«). Der *marxist.* oder *»wissenschaftl.« S.* wurde von K. Marx begründet, dessen →Menschenbild und Geschichtsauffassung (→Geschichte) aus bibl., klass.-antiken und idealist. (→Hegel) Motiven gespeist wird. Der Proletarier ist von seinem Wesen als »reicher, all- und tiefsinniger Mensch« »entfremdet«. Der »Sündenfall des Kapitals« leitet seine Unheilsgeschichte ein. Er kann aber sein Menschsein wiedergewinnen, wenn er im revolutionären Kampf gegen den Klassengegner nicht nur die bestehenden Verhältnisse ändert, sondern auch seine Eigentlichkeit als menschl., d.h. gesellschaftl., Wesen wiedergewinnt (→Revolution). Beim späten Marx findet eine Verschiebung von der so eindrucksvollen »Besorgtheit um den Menschen« (Thier) zum »naturnotwendigen« Prozeß (Geschichtsdeterminismus; Unterbau-, Überbauschema) statt, der in in der »klassenlosen Gesellschaft« endet. Der *klass. S.* wurde (bes. in der dt. →Sozialdemokratie) vom →Marxismus des »Kommunist. Manifests« und des »Kapitals« geprägt. Erst unser Jh. hat mit der genauen Kenntnis der »Frühschriften« (S. Landshut, 1932) den ganzen Marx entdeckt (Marcuse, Lukacz, Korsch, Kofler, Thier). Mit der Aufnahme von Werten wie »Zärtlichkeit« (P. Neruda) und »Compassion« (W. Brandt) hat der S. eine gedankl. und emotionale Bereicherung erfahren. S. im Vollsinn bedeutet »sich tätig begreifende Menschlichkeit« (E. Bloch). Die →Arbeiterbewegung selbst ist nie ganz vom marxist. S. beherrscht gewesen. Bes. in England, der führenden Industrienation →Europas, gab es von Anfang an starke gewerkschaftl. und genossenschaftl. Strömungen (Fabianismus). Pragmat. und ohne ideolog. Rückbindung an eine Philosophie wurde hier Sozialreform betrieben. In Deutschland hat der Revisionismus (E. Bernstein) dogmat. Verkrustungen aufgebrochen. Der traditionell kirchl. Deutung stellte sich der S. dennoch als doktrinäre (atheist.) Weltanschauung dar. Einzig der →*Rel. S.* gelangte auf der Basis des »S. Jesu« (L. Ragaz) zu einer positiven theol. Bewertung des S.

*Lit.: E. Bloch:* Das Prinzip Hoffnung (1959), in: *ders.:* Gesamtausgabe in 16 Bde.n, Bd. 5, Frankfurt/M. 1968. – *M. Buber:* Pfade in Utopia (1950), 3., erw. Aufl., Heidelberg 1985. – *F. Engels:* Die Entwicklung des S. von der Utopie zur Wissenschaft (1883), in: *Marx/Engels:* Ausgewählte Schriften, Bd. 2, Stuttgart 1953, 83-144. – *H. de Man:* Zur Psychologie des S., Jena 1925, 2. Aufl. 1927 und Bad Godesberg 1976. – *H. Röhr:* Pseudorel. Motive in Frühschriften von K. Marx, Tübingen 1962. – *Th. Steinbüchel:* S. als sittl. Idee, Düsseldorf 1921.

*Heinz Röhr*

**Sozialphilosophie**

*A.* Der Begriff »S.« wird heute vorwiegend verwendet als *Sammelbegriff* zur Kennzeichnung von Theorien des sozialen Lebens, die das menschl. Zusammenleben in →Gesellschaften mit best. Ordnungsstrukturen durch Rückgriff auf ein oder mehrere grundlegende →Prinzipien zu erklären versuchen, die die tatsächl. gesellschaftl. Erscheinungsformen (mit Rücksicht auf die jeweils gewählten Prinzipien) entweder rechtfertigen oder kritisieren, die Verbesserungsvorschläge machen, um den Bestand einer best. Gesellschaftsordnung angesichts sich ändernder Lagen zu garantieren, die der bestehenden Gesellschaft utop. Gegenentwürfe als Kontrast entgegenhalten usw. Aus der Unbestimmtheit der Begriffe →»sozial« und →»Philosophie« folgt eine große *Variationsbreite* der in den verschiedenen S.n angenommenen Prinzipien, aus denen das Soziale erkannt, gerechtfertigt oder kritisiert werden soll. Entspr. diesen unterschiedl. Prinzipien unterscheiden sich die Entwürfe einer bestandsfähigen, rechtfertigbaren oder wünschbaren gesellschaftl. Ordnung.

*B.* Die Wahl der Prinzipien ist zumeist mit best. *anthropolog. Konzeptionen* verbunden (→Anthropologie). Für einige Sozialphilosophen ist der Mensch von →Natur aus ein polit.-soziales Wesen (→Aristoteles, Cicero [gest. 43 v. Chr.], →Thomas von Aquin u.a.), infolgedessen lebt es notwendigerweise in polit. organisierten Gesellschaften, die ihrerseits äußere Manifestationen der Sozialnatur des Menschen darstellen. Andere Theoretiker dagegen (→Hobbes, →Locke, →Rousseau u.a.) gehen davon aus, daß in den Menschen die asozialen Triebregungen vorherrschen, so daß, würden diese nicht durch künstl. geschaffene polit. Rechtsintentionen eingeschränkt, das Zusammenleben der Menschen zur Anarchie ausarten würde (→Anarchismus). Für die einen, die der *»via antiqua«* (dem alten Weg) folgen, ist also eine polit. organisierte Gesellschaft nicht nur der Normalfall, sondern eine der Menschennatur entspr. →Erscheinung und etwas natürl. Gewachsenes; für die Sozialphilosophen der *»via moderna«* (dem modernen Weg) dagegen beruhen der Bestand und die Stabilität des gesellschaftl. Lebens auf einem Kunstprodukt, einer Erfindung der menschl. Klugheit im Dienst des Überlebens angesichts der Gefährdungen, die von der Triebnatur des Menschen selbst ausgehen. Während die Alten die polit. organisierte Gesellschaft im wesentl. als Personalverband und als Ordnungsgestalt eines »guten Lebens« betrachteten, für dessen Bestand die polit. →Tugend grundlegend ist, ist für die Modernen die Gesellschaft vor allem eine – durch unpersönl. →Institutionen garantierte – Rechtsordnung, die das Überleben und die Rechtssicherheit der vielen einzelnen gewährleistet und die so zu gestalten ist, daß das gesellschaftl. Leben noch ungefährdet wäre, wenn die Bürgertugenden sich auf ein Minimum reduzierten.

*C.* Wie grundsätzl. die Differenz der antik-klass. Auffassung (des Sozialen als der naturgemäßen Lebensweise des Menschen) einerseits und der modernen Sichtweise (der Gesellschaft im Sinne einer künstl.-institutionellen Regelung des Zusammenlebens) andererseits auch sein mag, in beiden Fällen ist der *Vorrang des Polit.* als der grundlegenden Bedingung des gesellschaftl. Lebens anerkannt (→Politik). Gleichgültig, ob man das polit.-sozial verfaßte Leben als eine Erscheinung betrachtet, die mit der Menschenwelt natürlicherweise verbunden ist, oder ob man die staatl. organisierte Gesellschaft (mit den modernen Theoretikern des Sozialvertrags) als Produkt eines Vertrages ansieht, durch den eine Menschenmenge sich als Volk konstituiert, immer ist die polit. Konstitution der Gesellschaft unbestritten. Daher sind die theoret. Bemühungen, die man bis zum 18. Jh. als S. bezeichnen kann, als ein *Gattungsbegriff* zu bestimmen. Er umschließt als Arten andere philos. Disziplinen, näml. Rechtsphilosophie (→Recht) und Staatsphilosophie. Eine solche Form der S., die zugleich Rechts- und Staatsphilosophie ist, ist noch bei →Hegel anzutreffen. Im Ausgang von der Geistnatur des Menschen hat Hegel die sozialen Gebilde der →Familie, der →Gesellschaft, der Korporationen (d.i. der berufl. Interessenverbände) und des →Staates allesamt als Manifestationen des menschl. Geistes und als Garanten äußerer →Freiheit begriffen. Dabei gilt der Staat als die Freiheitsinstitution schlechthin. Er stellt die Spitze der Hierarchie dar, in der Hegel den »objektiven Geist« strukturiert sieht.

*D.* Im Gefolge der Unterscheidung von Staat und bürgerl. Gesellschaft, die sich immer mehr durchgesetzt hat, wurde in neueren Zeiten die Gesellschaft immer mehr für sich selbst, also im Unterschied zum Staat, zum Gegenstand philos. Untersuchungen. So wurde für die S. eine Eigenständigkeit gegenüber der Rechtsphilosophie und der Staatsphilosophie eingefordert. Hatte noch Hegel – selber doch der große Theoretiker des begriffl. Unterschieds von Staat und bürgerl. Gesellschaft – an der staatl. polit. Konstitution der Gesellschaft festgehalten, so wurde vor allem von den sozialist. Theoretikern immer stärker die Eigenständigkeit und das *Eigengewicht der Gesellschaft* hervorgehoben (→Sozialismus). Bei K. →Marx – für den die →Arbeit der anthropolog. Schlüsselbegriff und daher die ökonom. Infrastruktur der entscheidende Faktor der Vergesellschaftung ist – erlangt diese Tendenz die Form einer revolutionären Theorie (→Revolution). Man kann sie umschreiben als eine Theorie der *Auflehnung* der Gesellschaft *gegen den Staat.* Er gilt nur noch als ein absterbendes oder abzuschaffendes Überbauphänomen, durch das der Mensch seiner selbst entfremdet und an der freien Entfaltung seines «Gattungslebens« gehindert wird. Ein Nachklang dieser →Utopie einer staatsfreien Gesellschaft ist heute vernehmbar in der von J. Habermas vollzogenen Konfrontation einer – durch kommunikative →Rationalität strukturierten – »Lebenswelt« mit der Welt der »Systeme« (näml. →Wirtschaft, →Recht und Staat), die ausschließl. durch pragmat.-strateg. Rationalität gekennzeichnet sein soll.

*E.* Diejenigen Formen der S., die das gesellschaftl. Leben abgelöst von seiner staatl. Verfassungsstruktur (oder gar im Gegensatz zu dieser) thematisieren, sind im allg. Theorien der gesellschaftl. Interessenlagen, der →Klassen und Klassenkämpfe. Nicht selten ergreifen sie ganz offen Partei für eine der gesellschaftl. Klassen und stellen sich in den Dienst einer gesellschaftl. Umwälzung, bleiben also einem *einseitigen Interessenstandpunkt* verhaftet. L. von Stein (1815-1890), der Zeitgenosse von K. Marx, hat gezeigt, daß das →Interesse das Prinzip der Gesellschaft ist und daß aus dem gesellschaftl. Widerspruch von Interessen notwendigerweise sozial bedingte Unfreiheiten folgen, weil die einzelnen unterschiedl. befähigt sind, ihre Interessen durchzusetzen. Theorien im Dienst eines Interessenstandpunktes, die eine der Parteien stärken, sind nichts anderes als Katalysatoren eben dieser sozial bedingten Unfreiheiten. Eine der vordringlichsten Aufgaben der S. ist es deshalb, die Bedingungen der rechtl. Regulierung gesellschaftl. Konflikte und eines *gerechten Interessenausgleichs* aufzuzeigen. Der soziale Friede kann realpolit. nicht als Resultat einer Gemeinschaft von Werten begriffen werden; denn diese läßt sich nicht herstellen. Die Beschwörung einer Gesellschaft als »Wertgemeinschaft« ist nicht mehr als ein Appell; denn in einer pluralist. Gesellschaft (→Pluralismus) entstehen Konflikte nicht nur aus gegenläufigen Interessen, sondern auch aus *unterschiedl. Wertauffassungen* (→Wert). Auch bei fehlendem Wertkonsens sind die Bedingungen unserer Freiheit sicherzustellen. Der Aufgabe, diesen Sachverhalt auf den Begriff zu bringen, kann nur eine S. gerecht werden, die auf die Funktionen des →Rechts- und →Sozialstaats reflektiert, die also die Disziplinengrenze zur Rechts- und Staatsphilosophie überschreitet.
Sofern S. eine auf die Konstitutionsbedingungen der Gesellschaft reflektierende Disziplin ist, kann

sie von Recht und Politik als den Grundlagen des menschl. Zusammenlebens in der Gesellschaft nicht abstrahieren. Eine von Staats- und Rechtsphilosophie grundsätzl. abgekoppelte S. sucht entweder Zuflucht in nichtstaatl. Grundlagen der Gesellschaft, d.h., sie verläßt die Allgemeinheitsebene, die der weltanschaul. neutrale moderne Staat darstellt; oder aber sie verfehlt die Ebene der Prinzipien überhaupt und entpuppt sich als bloß soziol. bzw. politolog. Gesellschaftslehre. »Wertediskussionen«, in denen sich ebenfalls partei. Optionen geltend machen, sind in der polit. Auseinandersetzung in einer pluralist. Gesellschaft nicht vermeidbar. Da aber der Meinungsunterschied zwischen christl., humanist. und sozialist. Wertsetzungen im Rahmen der Wertedebatte nicht zu schlichten ist, sollte eine auf die Voraussetzungen eines friedl. Zusammenlebens reflektierende S. (und eine dem Gemeinwohl verpflichtete Politik) den Kampf um Werte nicht verschärfen, indem sie auf sog. »absolute« Werte setzt. Sie sollte eine minimalist. Wertposition einnehmen, indem sie auf die das friedl. Zusammenleben fördernden Rechts- und Verfassungsprinzipien abhebt, wobei den Mitgliedern der Gesellschaft nur jene Werthaltungen angesonnen werden, die für den rechtl. Verkehr der Individuen untereinander unerläßl. sind.

*Lit.: R. Albrecht:* Sozialtechnologie und ganzheitl. S., Bonn 1973. – *J. Habermas:* Theorie des kommunikativen Handelns, Frankfurt/M. 1981. – *M. Horkheimer:* Krit. Theorie, Frankfurt/M. 1977. – *F. Jonas:* S. der industriellen Arbeitswelt, Stuttgart 1960. – *G. Maluschke:* Philos. Grundlagen des demokrat. Verfassungsstaates, Freiburg/München 1982. – *R. Nozick:* Anarchy, State, and Utopia, Oxford 1975. – *J. Rawls:* A Theory of Justice, Oxford 1972. – *F. Schneider:* Systemtheoret. Soziologie und dialekt. S., Meisenheim 1976.

*Günther Maluschke*

**Sozialpolitik** läßt sich definieren »als das polit. Handeln, das darauf abzielt, die wirtschaftl. und/oder gesellschaftl. Stellung von als schwach angesehenen Gruppen durch den Einsatz geeignet erscheinender Mittel im Sinne der in einer →Gesellschaft verfolgten wirtschaftl. und sozialen (Grund-)ziele zu verbessern« (H. Lampert). Schon in dieser *Definition* ist trotz ihrer Abstraktheit die →Verantwortung für die Schwachen als bestimmendes Element eingegangen und legt so (vorrangig) staatl. Handeln eine zutiefst diakon. Dimension bei (→Diakonie), deren hist. Wurzeln schwer auszumachen, aber in den Anfängen neuzeitl. S. in →Deutschland zu vermuten sind.

*A.* In der guten »Polizey« (→Polizei) des sich im 18. Jh. herausbildenden modernen →Staats gab es auch schon ein Stück S., die sich der Armen in der äußersten Not annahm, aber unter der freihändler. Wirtschaftsdoktrin der beginnenden Industrialisierung unterging, die soziale Sicherung den Resten überkommener korporativer Bindungen (Zünfte u.ä.) überließ und damit die Erscheinungen des *Pauperismus* hervorrief. Die rechtl. Befreiung der Bauern von der Erbuntertänigkeit sowie der Stadtbewohner vom Zunftzwang in →Preußen (1807, 1811, 1850; Stein/Hardenberg) war immer weniger mit wirtschaftl. Selbständigkeit verbunden. Eigentumslosigkeit und absolute Lohnabhängigkeit, eine sich schnell wandelnde Arbeitswelt mit Trennung von Arbeits- und Lebensraum und daraus folgender Gefährdung des Zusammenhalts der →Familien, der sich zum Klassenkampf steigernde Gegensatz von →Kapital und →Arbeit ließen die →»soziale Frage« des 19. Jh.s entstehen. Neuzeitl. S. setzt zunächst beim Arbeitnehmerschutz ein (Preuß. Regulativ über die Beschäftigung jugendl. Arbeiter in den Fabriken von 1839). Von dort war es ein langer Weg bis zur heutigen Gestalt, die Arbeitszeit- und Arbeitsvertragsschutz, Tarifhoheit u.ä. umschließt und mit der fraglosen Übertragung in der industriellen Arbeitswelt entwickelter Vorschriften auf den Dienstleistungsbereich auch neue Probleme auslöst.

*B.* Das Herzstück der S. bleibt die Absicherung des Risikos von →Krankheit, Invalidität, →Alter und →Tod des Ernährers. Die *Bismarcksche* Sozialversicherung, in der Kaiserl. Botschaft vom 17.11.1881 verkündet und im Jahrzehnt darauf in der Kranken-, Unfall- und Alters- und Invaliditätsversicherung verwirklicht, hat in ihrer heutigen *Fortentwicklung* in der Bundesrepublik Deutschland beinahe das Ausmaß einer Volksversicherung erreicht. Die Bindung der Renten an das geltende Lohneinkommensniveau in der Rentenreform 1957 (Dynamisierung) ist dabei ein entscheidender Fortschritt gewesen. Unübersichtlichkeit in der Vielfalt der Versicherungsträger, *Probleme* der Finanzierbarkeit namentl. der Alterssicherung wegen der ungünstigen demograph. Entwicklung und die aus dem gleichen Grund immer dringl. werdende Lösung der Absicherung des Pflegerisikos im Alter, die »Kostenexplosion« im Gesundheitswesen sind Fragen, die die Diskussion in der Zukunft beherrschen werden. Das Risiko der →Arbeitslosigkeit, seit der Weimarer Republik durch eine Arbeitslosenversicherung erträglicher gemacht, zwingt S. zu einer umfängl. Arbeitsmarktpolitik, die als Vollbeschäftigungspolitik, auch ein Grundziel der parallelen Wirtschaftspolitik, immer wieder über die Grundstrukturen des Wirtschaftssystems (→Marktwirtschaft contra Investitionslenkung) nachdenken läßt.

*C.* Eine Überwindung oder wenigstens Minderung des Gegensatzes von →Kapital und Arbeit beabsichtigt die Betriebs- und Unternehmensverfassungspolitik, die in der paritát. →*Mitbestimmung* von 1976 ihren bisherigen Gipfel erreicht hat. Hier sind die Grenzen, an denen eine betriebl. Mitbestimmung das eine Marktwirtschaft bestimmende Verfügungsrecht über →Eigentum und die für sie unentbehrl. unternehmer. Entscheidungsfreiheit gefährdet oder gar aufhebt, noch nicht festgestellt. Der Trend der S., »möglichst alle Risiken möglichst für alle« aufzufangen, wird insbes. deutl. im

*Bundessozialhilfegesetz* von 1961, das grundsätzl. jedem Bedürftigen einen Anspruch einräumt, wenn auch eingeschränkt durch das das ganze Sozial- (und Jugend-)hilfewesen bestimmende Prinzip der →Subsidiarität, das auch das Verhältnis von öffentl. und freier Wohlfahrtspflege regelt. Freie Wohlfahrtspflege, insbes. auch →Diakonie und →Caritas, findet ihren Platz im System der S. vor allem darin, daß sie persönl. und unmittelbar und in gesetzl. schwer oder gar nicht faßbaren Randfällen der Not helfen kann.

*D.* S. entwickelt sich immer mehr zur *Ausgleichs- und Gesellschaftspolitik* entspr. dem Gebot eines sozialen Rechtsstaats (GG Art. 28) zur Sicherung des sozialen Friedens und der sozialen Gerechtigkeit. Sie will einen Ausgleich der Vermögens- und Einkommensunterschiede und der unterschiedl. Belastung der Familie dort erreichen, wo diese Unterschiede die Verwirklichung demokrat. Rechte behindern können. Dabei ist in der Familienpolitik die Ausweitung des »Generationsvertrags«, der die Alterssicherung trägt, erst als Einstieg gelungen (Anerkennung von Erziehungszeiten, Kindergeld, Ausbildungsförderung u.ä.). Hierher gehören auch im wesentl. die Wohnungsbau-, Mietpreis- und Wohnungsgeldpolitik. Die Wohnungsbaupolitik berührt sich mit der Vermögenspolitik, die im ganzen in den Ansätzen steckengeblieben ist (624-DM bzw. 936-DM-Vermögensbildungsgesetz), obwohl sie am ehesten die Chance einer Überwindung des Gegensatzes von Kapital und Arbeit hätte und in Zeiten zunehmender Finanzierungsschwierigkeiten der sozialen Sicherung der Stärkung der Eigenvorsorge dienen könnte.
Die bei anhaltender Arbeitslosigkeit wieder heftiger diskutierte Frage der »neuen Armut«, die auf eine der S. innewohnende Orientierung am »Normalbürger« und auf Vernachlässigung der Randgruppen der Gesellschaft hindeutet, die ungeklärte Gewichtung von Zentralisierung und Dezentralisierung sowie von sozialen Investitionen und sozialen Transferleistungen, die Überlegungen und Versuche, mit Formen gesellschaftl. Selbststeuerung drohender Bürokratisierung der S. zu begegnen, und die unvollkommene Erfassung des Bedarfs an sozialen Leistungen zeigen die weitere *Entwicklungsbedürftigkeit* des Systems der S., dessen Entfaltung Aufgabe der S. als Wissenschaft ist.

*Lit.: A. Bäcker u.a.:* S. Eine problemorientierte Einführung, Köln 1980. – *H. Geissler:* Die neue soziale Frage, Freiburg 1976. – *V. Hentschel:* Geschichte der dt. S. 1880-1980, Frankfurt/M. 1983. – *H. Lampert:* Die Wirtschafts- und Sozialordnung der Bundesrepublik Deutschland, München/Wien, 8. Aufl. 1985. – *Ders.:* S., Berlin/Heidelberg 1980 (Lit.). – *E. Pankoke u.a.:* Neue Formen gesellschaftl. Selbststeuerung in der BRD, Göttingen 1975. – *J. Strasser:* Grenzen des Sozialstaats?, Köln/Frankfurt/M., 2. Aufl. 1983.

*Manfred Schick*

**Sozialpsychologie**

*A.* Das Denken, Fühlen und Handeln von Individuen unter dem Einfluß der tatsächl., vorgestellten oder stillschweigend vorausgesetzten Anwesenheit anderer Menschen zu verstehen bezeichnen die verschiedensten Vertreter der S. übereinstimmend als ihre *Aufgabe.* Die S. behandelt demnach einen Aspekt, der zur allg. und differentiellen Psychologie hinzutritt, näml. die Auswirkung sozialer Reize auf das allg. psych. Geschehen, das zunächst für sich, »a-sozial« betrachtet wird. Innerhalb der →Soziologie treten die Fragestellungen der S. auf, sobald neben den allg.soziol. Gesichtspunkten die individuellen Faktoren und Dimensionen sozialen Verhaltens betrachtet werden. Darüber hinaus finden sich Fragen der S. auch in kulturanthropolog., völkerkundl. und sozialmed. Studien.

*B.* Die wissenschaftl. Beschäftigung mit der S. wurzelt in den sozialen Problemlagen, zu denen die Industrialisierung im 19. Jh., bes. aber die Verschmelzung verschiedenster Kulturkreise in Nordamerika führten. Die – lange als Grundlage der S. angesehene – »Völkerpsychologie« von W. Wundt hatte mit ihrer kulturanthropolog. Methodik dagegen auf die *Entwicklung des Fachs* S. wenig Einfluß. Vielmehr prägten Soziologen wie Durkheim und Cooley, behaviorist. orientierte Psychologen wie F. H. Allport und M. Sherif, ferner Vertreter der Gestalttheorie (K. Lewin, J. L. Moreno) den heutigen Stand der S. vor.

*C. Bedeutung und Weg* der S. lassen sich in drei Gesichtspunkten zusammenfassen:
*1. Alle bedeutenden Schulen* der Individualpsychologie haben sich nach und nach mit sozialpsycholog. Hypothesen beschäftigt. Die *Psychoanalyse,* seit S. →Freuds Studie zur »Massenpsychologie und Ich-Analyse« dieser Thematik zugewandt, hat u.a. in E. →Fromm und A. Mitscherlich namhafte Vertreter einer sozialpsycholog. Denkweise. Die *Gestaltpsychologie* wurde von K. Lewin zu einer Feldtheorie des sozialen Handelns weiterentwikkelt, auf der die Theorien der Kleingruppenforschung und Gruppendynamik (→Gruppe) aufbauen. Die *lerntheoret.* Variante der S. übertrug das behaviorist. Reiz-Reaktions-Schema (mit dem die Lernprozesse beim Individuum erklärt werden) auf die wesentl. komplexeren Vorgänge zwischen (zwei) einander beeinflussenden Subjekten, dies bes. im Zusammenhang und Interesse der Erforschung der →Sozialisation.
*2.* Die S. löste die Frage nach der individuellen →Motivation des Verhaltens als zentrale Frage der Psychologie ab. Je mehr sich die Psychologie den beobachtbaren Daten zuwandte, verloren Annahmen und Angaben über →Bedürfnisse und →Gefühle an wissenschaftl. Beachtung, weil sie nur der Innenschau zugängl. sind. Feststellungen über gemeinsame Ereignisse ließen sich dagegen empir. eher sichern. Die S. ist somit eine Domäne der *empirist. Psychologie*; sie verzichtet aber

dadurch zugleich darauf, das ursprüngl. Interesse der wissenschaftl. Psychologie, näml. auf die Untersuchung der grundlegenden Ursachen menschl. Verhaltens. Die Theorien über Ursachen werden ersetzt durch Aussagen über gegenseitige Abhängigkeiten verschiedener Verhaltensklassen.
*3.* Auch mit ihrer Orientierung an *prakt. Fragestellungen* gehört die S. zu den jüngeren Entwicklungen der psycholog. Forschung. Im kirchl. Leben gewannen davon bisher vor allem die Kleingruppenforschung (in Jugendarbeit und Erwachsenenbildung) und die S. der →Organisation, im diakon. Bereich auch die therapeut. Gruppenpsychologie einige Bedeutung. Forschungsergebnisse, Denkmodelle und Handlungsempfehlungen zu den Themen →Kommunikation (z.B. Konformität, Führungsverhalten in Gruppen), Einstellung und →Vorurteil, →Aggression, Rollenverhalten (→Rolle) genießen bes. Interesse in der Praxis.

*D.* Das Arsenal sozialpsycholog. *Untersuchungsmethoden* enthält zusätzl. zu den allgemeinpsycholog. Methoden (wie Experiment, systemat. Beobachtung oder Einstellungsmessung) sozialempir. Methoden wie Befragung und Erhebung, Soziometrie und interkulturelle Vergleiche.

*Lit.:* *L. Berkowitz:* Grundriß der S., München 1976. – *C. F. Graumann (Hg.):* Handbuch der Psychologie, Bd. 7, 1 und 2, Göttingen 1969, 1972 (Lit.).

*Reinhard Schmidt-Rost*

## Sozialstaat

*A.* Als S. wird ein →Staat bezeichnet, der soziale →Gerechtigkeit verwirklicht, plant (→Planung), verteilt, gestaltet, der individuelles und soziales →Leben erst ermöglicht. Der Gedanke staatl. Vorsorge für das Dasein findet sich in Ansätzen schon bei →Kant, →Hegel und Lorenz von Stein (1815-1890). Aber erst die mit der Entfaltung der modernen Industriegesellschaft (→Industrie) im 19. Jh. aufgeworfene →soziale Frage führte zu einer umfassenderen Sozialgesetzgebung (ab 1883 durch *Bismarck* initiiert). Die Weimarer Reichsverfassung (→Deutschland) enthielt schließl. eine ganze Reihe von Sozial- und Wirtschaftsartikeln.

*B.* Das Grundgesetz (GG) der *Bundesrepublik Deutschland* spricht in Art. 20 Abs. 1 und Art. 28 Abs. 1 Satz 1 vom sozialen Bundes- und →Rechtsstaat. Es begründet eine durchaus spannungsreiche Einheit der Strukturprinzipien und Staatsziele Rechtsstaat, →Demokratie und S. Der *»soziale Rechtsstaat«* des GG kennt keinen Gegensatz von Rechtsstaat und S. (wie ihn z.B. E. Forsthoff annimmt). Die grundgesetzl. Ordnung erkennt vielmehr die individuelle →Freiheit in ihrer gesellschaftl. Bedingtheit und macht sie zum Ziel des S.s. Daraus folgt zugleich, daß sozialstaatl. Aktivität den einzelnen nicht übermäßig beschränken und dadurch ihrerseits die Realbedingungen der Freiheit aufheben darf. Das S.sprinzip des GG beinhaltet bestimmte Regelungsprinzipien, etwa im Hinblick auf den sozialversicherungsrechtl. Solidarausgleich, die Gewährleistung sozialer Mindeststandards, die Begrenzung nichtstaatl. Machtpositionen, das Streben nach einem Mindestmaß materieller →Gleichheit.

*C.* Ausgehend von der Erkenntnis, daß Freiheitsrechte wertlos sind, wenn man sie in Wirklichkeit nicht wahrnehmen kann, wurde in jüngster Zeit aus dem Gleichheitsgrundsatz (Art. 3 Abs 1 GG) und dem S.sprinzip die Lehre von den einklagbaren *Teilhaberechten* entwickelt. Da sich das wirtschaftl. Wachstum inzwischen verringert hat, tritt gegenwärtig die Frage nach den Grenzen des S.s in den Vordergrund. Sie findet nicht zuletzt deshalb eine Zuspitzung, die die gesellschaftl. Solidarität fordert, weil das in der Wirtschaftskrise bes. belastete »soziale Netz« nicht mehr durch Verteilung von Zuwachsraten, sondern nur noch durch Umverteilung des Vorhandenen gehalten werden kann.

*Lit.:* *E. Forsthoff:* Rechtsstaatlichkeit und S.lichkeit, Darmstadt 1968. – *H.-H. Hartwich:* S.spostulat und sozialer Status quo, Opladen 1970. – *J. Strasser:* Grenzen des S.s?, Köln u.a. 1979.

*Wolfgang Meyer-Hesemann*

## Sozialstruktur

*A.* Wer den Zustand einer →Gesellschaft zusammenfassend beschreiben will, benutzt hierzu in der Regel den *Begriff* S. S.en sind u.a. die polit., ökonom. und kulturelle →Ordnung einer Gesellschaft, ihre Bevölkerungs-, →Familien-, →Bildungs-, →Arbeits-, →Berufs-, →Wirtschafts- und Siedlungsstruktur, das System der sozialen Sicherheit (→Sozialpolitik). Strukturen sozialer Ungleichheit, d.h. vorteilhafte und nachteilige Lebensbedingungen und diesbezügl. soziale Gruppen, gelten als bes. wichtiger Aspekt der S. (→Stand, →Klasse, →Schicht, →Mobilität).

*B.* Im Laufe des Industrialisierungsprozesses (→Industrie) ergab sich eine typ. S. von *Industriegesellschaften*: Immer weniger Menschen arbeiten in der Landwirtschaft und der Fischerei (im primären ökonom. Sektor), der sekundäre Sektor der Güterproduktion herrscht vor. Diese vollzieht sich immer seltener in Handwerks-, und immer häufiger in fabrikmäßigen Großbetrieben als Massenproduktion. Arbeits- und Wohnort werden getrennt. In allen Bereichen der Gesellschaft nimmt die Technisierung (→Technik), die Arbeitsteilung, die Spezialisierung, aber auch die Verflechtung und das Aufeinander-Angewiesensein zu. Immer mehr Arbeiten werden in Berufsform als Lohnarbeit ausgeführt. Er erfolgt ein stetiger Ausbau der Bildungseinrichtungen. Der →Staat spielt eine immer größere Rolle. Er ist nicht mehr nur Ordnungsmacht, sondern mehr und mehr auch Leistungsinstanz. Es entwickelt sich eine »sparsame« Bevölkerungsweise mit niedrigen Sterberaten, langer Lebenserwartung und niedrigen Geburtenzahlen. Die Menschen leben kaum mehr in Großfamilien von mehreren Generationen, sondern in Kleinfamilien von zwei Generationen. Mitglieder von Industriegesellschaften haben meist »materielle«, auf das diesseitige individuelle Wohlergehen gerichtete →Wertvorstellungen.

*C.* Diese typ. S. von Industriegesellschaften hat sich seit den 70er Jahren bemerkenswert *verändert:* Nicht mehr der produzierende (sekundäre), sondern der (tertiäre) Dienstleistungssektor herrscht vor. Über die Hälfte der Erwerbstätigen verwaltet, forscht, lehrt, leistet soziale Dienste usw. Angestellte und Beamte überflügeln an Zahl die Arbeiter. »Materielle« Wertvorstellungen werden ergänzt durch »immaterielle«, die auf Selbstverwirklichung, →Gemeinschaft und →Kommunikation zielen. Die Geburtenzahlen, die Heiratshäufigkeit und die Stabilität der →Ehen sinken. Die Haushaltsformen werden vielgestaltiger: Ein-Personen-Haushalte, unvollständige Familien, »Ehen ohne Trauschein« und Wohngemeinschaften nehmen an Zahl zu. Berufstätige legen auf Arbeitsinhalte und Freizeitchancen relativ zum erzielten Einkommen und Ansehen immer größeres Gewicht. »Neue soziale Bewegungen« (wie die →Friedens-, →Frauen- und →Ökologiebewegung) erlangen große Bedeutung.
Es ist noch nicht absehbar, ob diese Entwicklungen nur begrenzte Veränderungen der S. von Industriegesellschaften darstellen, ob sie den Übergang in die »postindustrielle« Dienstleistungs- und Wissensgesellschaft markieren, oder ob sie gar – wie es Theorien der »Postmoderne« nahelegen – eine Abkehr von der →Moderne überhaupt anzeigen, d.h. eine Rücknahme des linearen Entwicklungsdenkens, des Vernunft- und Fortschrittsglaubens, der Säkularisierung und der Individualisierung.

*Lit.: U. Beck:* Risikogesellschaft. Auf dem Weg in eine andere Moderne, Frankfurt/M. 1986. – *D. Bell:* Die postindustrielle Gesellschaft, Hamburg 1979. – *B. Schäfers:* S. und Wandel der Bundesrepublik Deutschland, Stuttgart, 4. Aufl. 1985.

*Stefan Hradil*

**Soziologie**

*A. Begriff und Entstehung*

Die S. (von lat. »socius«: Geselle, Gefährte, Mitmensch; und griech. »logos«: Wort, Lehre) ist als *wissenschaftl. Theorie des Gesellschaftlichen,* seiner Entstehung und Geltung, seiner Formen, Strukturen, Prozesse und Wirkungen, erst in jener *modernen →Gesellschaft* zur Bedeutung gelangt, die ihr Profil aus den Folgen der polit. und industriellen →Revolutionen des 18. und 19. Jh.s gewonnen hat.

*I.* Zwar gab es bereits vorher *Gesellschaftslehren,* etwa in der röm.-griech. antiken (→Platon, →Aristoteles) und christl. Staatslehre (→Augustinus, →Thomas von Aquin), aber die Gesellschaft als »eine selbständige Form des Lebens überhaupt« (L. von Stein) konnte erst zu einem eigenen problemat. Thema werden, als sich mit der polit. →Emanzipation des →Bürgertums eine Abkehr von der alteurop. Lebensordnung ergab und sich die – auf sich selbst gegründete – Gestalt der Gesellschaft *vom Staat zu unterscheiden* begann. Die S. wird dabei zur wissenschaftl. Begleitmelodie eines Umbruchs, in dem die Ruhe der feudalen Unterordnung den Unsicherheiten der bürgerl. →Freiheit weicht (H. Zeisel), um darin das Selbstbewußtsein, aber auch den Entschluß zur Selbstregie der modernen Gesellschaft zum Ausdruck zu bringen.

*II.* In dem Doppelcharakter, Kritik der alten wie Konstruktion der neuen Gesellschaft zu sein, Sprachrohr zugleich der Opposition gegen das Überkommene wie der Ordnungsmacht des Kommenden, Krisendiagnose und Programm in einem, hat die S. ihre *prägenden Vorbilder* in der schott. Moralphilosophie (A. Ferguson, 1723-1816; A. Smith, 1723-1790), in den philos. Sozialutopien (Th. Morus, Campanella), in den naturrechtl. Vertragstheorien (H. Grotius, S. Pufendorf, Th. →Hobbes, J. →Locke, J. J. →Rousseau), bei den Frühsozialisten (C. H. de Saint-Simon, 1760-1825; Ch. Fourier, 1772-1837) wie bei den Theoretikern bürgerl. Geselligkeit unter den dt. →Idealisten (I. →Kant, J. G. →Fichte, F. Schlegel, F. D. E. →Schleiermacher, G. W. F. →Hegel, F. W. →Schelling). Gemeinsamer Nenner dieser Bestrebungen war es, die gesellschaftl. Verhältnisse als Ergebnis menschl. Handelns nach der Vernunft des »sozialen Menschen« in Szene zu setzen: die widerstrebenden (→herrschafts- )interessegeleiteten →Ideologien und →Institutionen analyt. und diagnost. zu entlarven (→Religionskritik) und die dabei gewonnenen Einsichten in die Aufbaulogik des Gesellschaftlichen prognost. und planer. für die Ausgestaltung sozialer Beziehungen, →Organisationen und Institutionen fruchtbar zu machen. Um einen derartigen Praxisanspruch wetteiferten *im 19. Jh.* gleichermaßen →Positivismus (A. Comte, 1798-1857, der – die ältere Bezeichnung »physique sociale« [Sozialphysik] ersetzend – der S. 1838 erstmals ihren Namen verlieh), →Sozialismus (K. →Marx) und →Liberalismus (H. Spencer, 1820-1903), die allesamt bemüht waren, jeweils ihren spezif. Gesellschaftsentwurf als vollendetes Stadium einer langfristigen universalgeschichtl. Entwicklung (→Fortschritt) mit Hilfe der S. wissenschaftl. zu begründen.

*B. Klassische Ausprägung*

*I.* Die Konturen einer selbständigen Fachwissenschaft erhielt die S. in Deutschland aber erst gegen *Ende des 19. Jh.s.* Sie kristallisierte sich auf verändertem realgeschichtl. Hintergrund mit vergleichsweise bescheideneren Ansprüchen aus verschiedenen Patenwissenschaften – etwa Nationalökonomie, Staats- und →Rechtswissenschaft, →Geschichte, Völkerpsychologie, →Philosophie und →Erziehungswissenschaft – zur *klass. Gestalt* heraus, wie sie vor allem G. Simmel (1858-1918), M. →Weber (1864-1920), E. →Troeltsch (1865-1923), F. Tönnies (1855-1936), A. Vierkandt (1867-1953), M. Scheler (1874-1928) und K. Mannheim (1853-1947) vertreten haben.

*II.* Nachdem sich Deutschland seit 1871 gleichsam über Nacht von einer Agrar- zur Industriegesellschaft gewandelt hatte, trat gegen Ende des 19. Jh.s die Eigenmacht sozialökonom. Verhältnisse in ihrer ganzen Zwiespältigkeit zutage (→soziale Frage): Angesichts des hochindustrialisierten Betriebskapitalismus, des Siegeszugs von →Technik und →Naturwissenschaften und der hierarch., militär. wie beamtenmäßigen Staatsbürokratie (die sich gegenüber den unterschiedl. →Weltanschauungen, →Ideologien und Wertsystemen weitgehend indifferent verhielten) stellte sich die Frage nach den *Bedingungen und Strukturen gesellschaftl. Handelns* für einzelne und Gruppen (→Schichten) erneut, wenn man den »depersonifizierenden« Wirkungen von überindividuell drohender Abhängigkeit, von →Entfremdung und Verelendung entgegentreten wollte. Die S. konnte entweder als *Fachwissenschaft* die Bedingungen und Formen der Vergesellschaftung und Vergemeinschaftung im einzelnen beschreiben, hist. wie strukturell analysieren, oder sich als *Generalwissenschaft* erneut als Weltanschauungsmacht bewähren, indem sie universale Entwicklungsgeschichten mit menschl. Idealzielen konstruierte (so E. Troeltsch). Daß sie sich angesichts dieser Alternative in der Folgezeit hauptsächl. für den ersten – ihr bes. von M. Weber gewiesenen und auf der Grundkategorie sozialen →Handelns ebenso »verstehend« wie »kausal erklärend« aufbauenden – Weg entschied, hat ihr zwar bis heute lebhafte Streitigkeiten um ihre Grundlagen eingetragen (z.B. sog. Werturteils-, Positivismus-, Technokratiestreit), doch auch die Grenzen zur →Sozialphilosophie hin deutlicher markiert.

*C. Soziologie als akademische Fachdisziplin*

*I.* Bis die S. 1933 durch die NS-Herrschaft zum Stillstand oder zur Emigaration gezwungen wurde, widmete sie sich als *akadem. Einzelwissenschaft und sozialwissenschaftl. Grundlagendisziplin* hauptsächl. der begriffl. Erarbeitung soziol. Theorien zur erfahrungswissenschaftl. Analyse der als »Tatsachen« konstituierten gesellschaftl. Zusammenhänge. Richtungweisend wurde hierbei der von E. Durkheim (1858-1917) in seiner Programmschrift »Die Regeln der soziol. Methode« (1895) formulierte Grundsatz, daß Soziales nur durch Soziales ohne Rückgriff auf andere, etwa psych. oder rel. Daseinsdimensionen des Menschen zu erklären sei. Daraus ergab sich ein breitgefächertes kategoriales System von Grundbegriffen. Mit ihm lassen sich diesseits globaler Gesellschaftsdiagnosen im einzelnen vor allem Strukturen und Wirkungen *sozialer Beziehungen* (vgl. →Wert, →Rolle, →Norm, →Anpassung usw.), typ. Formen und Dynamiken *sozialer Gebilde* (vgl. →Gruppe, →Freundschaft, →Organisation, →Herrschaft, →Stand, →Sozialstruktur, →Familie) sowie die Gesetzmäßigkeiten von Abläufen und die Kräfteverhältnisse *sozialer Prozesse* (vgl. →Integration, →Mobilität, →Sozialisation, →Konflikt ermitteln, ferner die sie begleitenden Prozesse und Strukturen handlungsorientierter *kultureller* Symbolisation (vgl. →Wissen, →Kultur, →Ideologie usw.).

*II.* Daraus hat sich eine Vielzahl *komplexer Theorien* entwickelt. Insgesamt versuchen sie, nach unterschiedl. Ansätzen begründet, aufschlußreiche und empir. überprüfbare Aussagen über die Zusammenhänge sozialer Wirklichkeit zu machen, welche die menschl. Lebenswelt bestimmen: Verhaltenstheorien (→Handeln, Verhalten, →Gruppe), symbol. Interaktionismus (→Rolle, →Identität), phänomenolog. Analyse (→Phänomenologie) und Ethnomethodologie (→Wissen, →Wirklichkeit) beziehen sich dabei mehr auf die Handlungsebene von Individuen und Kleingruppen, während die strukturellen und institutionellen Seiten des Sozialen mehr auf der →strukturell-funktionalen und →Systemtheorie betrachtet werden. Darüber hinaus waren stets auch *marxist. Ansätze* (→Marxismus) und die →Krit. Theorie für die gesellschaftl. Gesamtanalysen der S. bedeutsam, was nicht zuletzt während der Studentenrevolte der 60er Jahre zu ihrer Resonanz in der Öffentlichkeit beigetragen hat.

*III.* Für ihren *Forschungsalltag* blieben jedoch bis heute die materialen Anwendungsmöglichkeiten soziol. Forschungsmethoden und -sichten auf einzelne Lebensbereiche der Gesellschaft bestimmend. Nach 1945 wurden sie in Deutschland – vor allem unter dem Eindruck der amerik. S. und empir. Sozialforschung – lange Zeit bes. nachhaltig von R. König (geb. 1906) und H. Schelsky (1912-1984) gefördert und verleihen der S. mittlerweile an den Universitäten einen fest institutionalisierten Standort und ein professionelles Gepräge. In den sog. Bindestrich-S.n (z.B. →Religions- oder →Kirchens.) ist ein theoret. wie method. →*Pluralismus der Ansätze* und Bearbeitungsweisen unverkennbar, die je nach Erklärungsbedarf im Einzelfall zu »Theorien mittlerer Reichweite« (R. K. Merton) zusammengeführt und interdisziplinär diskutiert werden.

*D. Die Antisoziologie und die Theologie*

*I.* Vielfach hat die S. durch ihre breite Forschungstätigkeit nicht nur in der Praxis ihrer Untersuchungsfelder, sondern auch in den ihnen ursprüngl. gewidmeten Wissenschaftsdisziplinen selbst eine solche Plausibilität gewonnen, daß bereits immer häufiger vor der Gefahr einer umfaßenden *»Soziologisierung«* (oder eines »Soziologismus«) gewarnt wird. Die S. überziehe längst vergangen geglaubte Ansprüche, habe jenseits ihrer Fachgrenzen – nicht nur auf theoret. Gebiet – ein sozialdominantes Wissenschaftsbewußtsein entwickelt und sei in der allg. Lebenspraxis so etwas wie »Bewußtseinsführungswissenschaft« (H. Schelsky).

*II.* Diese unter dem Titel »Antis.« jüngst aufgetretene Selbstkritik der S. (neben H. Schelsky auch F. H. Tenbruck) fand vor allem in der →Theologie *große Beachtung.* Sie bestreitet zu Recht, daß nahezu alle menschl. Wissensbestände umfassend soziologisierbar und die sich daran knüpfenden Erwartungen von →Fortschritt und →Heil berechtigt seien. In solchen überwissenschaftl. Wirkungen der S. sieht die Antis. nicht nur die Seriosität des eigenen Fachs, sondern mehr noch die jeweils eigenständige Substanz der Materie bedroht, deren sich die S. jeweils bemächtigt. Beispielsweise stelle sich die »soziologisierte« Religion immer mehr vom Seelenheil auf Sozialheil um und beraube sich dabei selbst ihrer Kraft zur →Transzendierung.

*III.* Allerdings wird hier in überzogen polem. Schärfe nicht immer hinreichend zwischen dem *dilettant. Gebrauch* der S. (etwa als Hilfswissenschaft) und den ihr eigenen erkenntnistheoret. Bedingungen unterschieden. Zudem verkennt die Antis., daß etwa die Theologie nicht nur aus pragmat. Gründen, sondern um der von ihr thematisierten christl. Praxis willen ein *genuines Interesse* an der soziol. Analyse der gesellschaftl. Bedingungen und Prozesse haben muß. Erst in ihnen näml. vermag Religiosität ihre Transzendierungskraft zu entfalten, wenn sie sich nicht mit einer sozialen Sonderrolle begnügen will. Insofern ist die S. ein mitkonstitutiver Bestandteil der neuzeitl. Theologie selbst (→Religionss., →Prakt. Theologie).

*Lit.: R. Aron:* Hauptströmungen des klass. Denkens, 2 Bde., Reinbek 1979. – *F. Jonas:* Geschichte der S., 4 Bde., Reinbek 1968. – *G. Kiss:* Einführung in die soziol. Theorien, Opladen, 3. Aufl. 1977. – *R. König (Hg.):* S., Neuausgabe Frankfurt/M. 1967. – *F. H. Tenbruck:* Die unbewältigten Sozialwissenschaften oder Die Abschaffung des Menschen, Graz/Wien/Köln 1984.

*Volker Drehsen*

**Spanien.** Kath. 96,9%; Prot. 0,1%; Nichtgläubige und Atheisten 3%. Im Laufe der span. Geschichte entwickelte sich jene eigenartige Verflechtung kath. Glaubens mit elitärem Nationalbewußtsein und konservativ-autoritären Gesellschaftsformen, die sowohl in S. selber wie auch in den ehemaligen Kolonien bis heute noch wirksam ist. Erst in jüngster Zeit – als Folge des 2. →Vat. Konzils und des Endes des Franco-Regimes (1892-1975) – bemüht sich die Kirche, sich daraus zu befreien.

*A. Allgemein*

*I.* Begonnen hat diese Entwicklung 589 mit dem Übertritt der Westgoten zum kath. Glauben. Der Kampf gegen die islam. Eroberung trug weiter dazu bei. Vor allem im Süden etablierte sich der →Islam und entfaltete eine kulturelle Blüte, die im 10. Jh. ihren Höhepunkt erreichte. Nur im Norden konnten die Christen sich behaupten. Von dort ging die sog. *»Reconquista«* (Rückeroberung) aus, die mit der Einnahme Granadas 1492 vollendet wurde. Durch die Heirat der »kath. Majestäten« Ferdinand und Isabella (1469) wurde das langgehegte Ideal eines kath.-span. *Nationalstaates* polit. Wirklichkeit. →Juden und Muslime in den nach und nach eroberten Gebieten wurden zunächst toleriert und geschätzt, mit der Zeit aber gerieten sie unter Druck. Viele bekehrten sich nur äußerl. zum Christentum: Nach 1492 wurden die verbliebenen Juden und Muslime zur Auswanderung gezwungen. Zur Überwachung der Bekehrten (»conversos«) wurde die *Span. Inquisition* 1478 als staatl. Tribunal mit geistl. Vollmacht gegründet; sie erwies sich in den folgenden Jh.en als wirksames Instrument der →Gegenreformation und zur Bekämpfung liberaler Strömungen.

*II.* Die *Entdeckung →Amerikas* durch Kolumbus 1492 öffnete den Weg zur kolonialen Ausdehnung in Übersee (Mittel- und Südamerika, Philippinen) und brachte unermeßl. Reichtum in das Land. Das »Goldene Jahrhundert« unter Karl V. und Philipp II. war zugleich eine Blütezeit kirchl. Reformeifers (J. Ximenes, Ignatius von Loyola), scholast. (→Scholastik) Wissenschaft (Melchior Cano, Francisco Suarez) und ergreifender →Mystik (Theresia von Avila, Johannes vom Kreuz). Danach folgte ein langsamer Niedergang. Durch das Patronatsrecht schuf die Monarchie ein von röm. Kontrolle weithin unabhängiges landesherrl. Kirchenregiment. Im 18. Jh. geriet die königl. Kirchenpolitik unter den Einfluß eines aufklärer. →Absolutismus (Vertreibung der →Jesuiten 1767). Unter Napoleon erfolgten weitere liberal-antiklerikale Maßnahmen. Die darauffolgende Polarisierung zwischen →Konservatismus, →Liberalismus und →Sozialismus prägte die span. Politik im 19. und 20. Jh. und bildete den Hintergrund für Bürgerkrieg und Franco-Diktatur. Trotz repressiver Maßnahmen des Staates gelang es einigen prot. Denominationen, sich als kleine, durch antikath. Haltung gekennzeichnete Minderheiten zu organisieren (→Toleranz seit 1868, rel. Freiheit seit 1967), die durch die ökumen. Reformen der kath. Kirche in eine tiefe Identitätskrise gestürzt wurden.

*Lit.: R. Garcia Villorlada (Hg.):* Historia de la Iglesia en Espana, 5 Bde., Madrid 1979ff. – *M. Gutierrez Marin:* Historia de la Reforme en Espana, Barcelona 1975. – *F. M. Hernandez:* Espana cristiana, Madrid 1982. – *F. Lannon:* Privilege, persecution and prophecy, the Catholic Church in Spain, 1875-1975, Oxford 1987. – *A. Moncado:*

Los espanoles y su fe, Madrid 1982. – *S. G. Payne:* Spanish Catholicism, Madison 1984.

*Thomas Riplinger*

## *B. Literarisch*

*I.* Die frühe Literatur *vom 12. bis 16. Jh.* muß wie die eines jeden Landes rel. und episch gewesen sein. Von den frühen Dramen ist das »Auto de los Reyes Magos« überliefert, ein span. Mysterienspiel vom Ende des 12. oder Anfang des 13. Jh.s, dessen Quelle vermutl. francolatein. liturg. Stücke gewesen waren. *Gonzalo de Berceo* (ca. 1180-1247) war der erste kastil. Dichter, dessen Name auf uns gekommen ist, ein Vorläufer auf dem Gebiet der rel. Hirtengedichte und der frommen Dichtung. *Alphons der Gelehrte* (ca. 1220-1284) verwandelt mit seinen »Cantigas de Santa Maria«, auf galiz. verfaßt, die Heiligengeschichte in melod. und gemütvolle Erzählungen. Sowohl in Aragonien als auch in Kastilien führten die kirchl. Feierlichkeiten, die am Fronleichnamsfeiertag stattfanden, zur Entwicklung des »auto sacramental« (Fronleichnamsspiel). Ein liturg. Drama von *Gomez Manrique* (1415?-1450) führt dabei die Tradition des »Auto de los Reyes Magos« fort, während sein Schüler Fray *Iñigo de Mendoza* in seiner »Vita Christi por coplas« einen anderen Versuch unternimmt, die Formen der Volkspoesie frommen Zwecken anzupassen. Fray *Luis de Leon* (ca. 1528-1591) ist der Autor von »De los nombres de Cristo«, ein Werk, das – abgesehen von seiner theol. und humanist. Gelehrsamkeit – ein Meisterstück kastil. Prosa darstellt.

*II.* Teresa de Jesús (1515-1582) und *Juan de la Cruz* (1542-1591) repräsentieren ihrerseits die Höhepunkte der *span.* →*Mystik des 16. und 17. Jh.s.* In Werken wie »Camino de la Perfección«, »Conceptos de Amor« und »Castillo interior« behandelt Teresa de Jesús mit gleicher Meisterschaft in der Prosa die Nichtigkeiten des gemeinen Alltagslebens. In den »Obras espirituales« von Juan de la Cruz, dem »ekstat. Doktor«, findet die span. Mystik ihren erhabensten Ausdruck, vor allem in seiner Dichtung. Die Liste span. Mystiker und Asketen ist sehr lang; Nicolás Antonio verzeichnet in seiner »Bibliotheca Hispana« (Madrid 1788) wenigstens dreitausend myst. und asket. Dichtungen. Jegl. Mystizismus fehlt dagegen in dem »Don Quijote de la Mancha« (1605) von *Miguel de Cervantes* (1547-1616). Eine zur Renaissance gehörige Haltung durchzieht den Roman: In ihm sind keine Zeichen von dem im MA. immer latenten Glauben an den Sündenfall (später auch in S. durch die →Jesuiten verbreitet) zu finden, sondern Optimismus gegenüber dem Leben und eine Moralität des gesunden Menschenverstands. Don Quijote steht aber auch als Beispiel für die biolog. Notwendigkeit des Menschen, an etwas zu glauben und für die Schwierigkeiten seines Verstandes, die Grundlagen dieses Glaubens zu finden; Don Quijote stirbt, als er seinen Glauben verliert, während Sancho Panza, kein Mensch von Verstand, weiterlebt und Erfolg hat. Cervantes setzt damit in der span. Literatur eine Kettenreaktion des →Zweifels in Bewegung, die später in *M. de Unamuno* (1864-1936) ihren wichtigsten Vertreter haben wird. Von der Hinwendung zum Religiösen bei *Lope Felix de Vega y Carpio* (1562-1635) zeugen vor allem seine »Pastores de Belén«, aber auch seine in der Tradition der »autos sacramentales« geschriebenen Theaterstücke (»La siega«). *Tirso de Molina* (ca. 1571-1648) ist Autor mehrerer »autos«, von denen »El Colmenero divino« seine beste Leistung auf diesem Gebiet ist. Mit *Pedro Calderón de la Barca* (1600-1681) erreicht das »auto sacramental«, die dramat. Darstellung des Mysteriums vom hl. Abendmahl, seinen Höhepunkt.

*III.* Während des ganzen *18. Jh.s* überwog in S. wie im ganzen übrigen Westeuropa der franz. Einfluß. Die Literatur der *1. Hälfte des 19. Jh.s* leidet stark unter der klerikal. Reaktion (Juan Donoso Cortes: »Ensayo sobre el Catolicismo, el Liberalismo y el Socialismo...« (1851), die auf den Unabhängigkeitskrieg gegen Napoleon folgte. Erst der Romantizismus wird dann zum Ausdruck liberaler Gesinnung in der →Lyrik: *Nuñez de Arce*, 1834-1903; *Adolfo Bécquer*, 1836-1870, mit bemerkenswerten Parallelen zu H. →Heine; *Rosalia de Castro*, deren Hauptthematik in »En las orillas del Sar« die Sehnsucht nach einem Leben jenseits des Todes wird. Er führt zu einem pantheist. Gefühl gegenüber der Natur (*Eduardo Pondals* »Queixumes d'os Pinos«), aber auch zum offenen und radikalen Antiklerikalismus (*Manuel Curros Enriquez, 1851-1908). Gabriel y Galán* (1870-1905) besingt seinerseits die Arbeit auf dem Felde, die Liebe zur Familie und das Vertrauen in Gott. Aus Katalonien ist das Werk des Priesters *Jacint Verdaguer* (1845-1902) von bes. literar. Bedeutung. Ausdruck der Volksreligiosität sind außer den traditionellen Weihnachtsliedern *(villancicos)* vor allem die *saetas*, eine bes. Form der andalus. Folklore während der →Prozessionen in der Karwoche. In der Prosa sind erwähnenswert hauptsächl. die Romane »Pepita Jiménez« und »Doña Luz« von *Juan Valera* (1824-1905), Schauplätze einer distanzierten theol. Auseinandersetzung und einer neugierigen Haltung des Autors gegenüber der Religion. *Benito Pérez Galdós*, der größte span. Vertreter des Realismus, zeichnet in »Doña Perfecta« den klerikalen Obskurantismus der span. Provinz; sein Roman »Gloria« hat als Thema die Liebe eines jungen intelligenten Mädchens zu einem edlen Juden und die dazugehörige rel. Auseinandersetzung; der Roman »Angel Guerra« ist die Geschichte einer rel. Bekehrung aus psycholog. Sicht. Galdós, ein überzeugter Liberaler, bejaht trotzdem in seinen Romanen die Figur Jesus als Vertreter des Mitleids mit den niedrigen und armen Schichten (z.B. in »Nazarin«, »Halma«, »Misericordia«). Der Roman »La araña negra« von *Vicente Blasco Ibañaz* (1867-1928) stellt eine virulente und voluminöse Attacke gegen den Jesuitenorden in S. dar.

Die Literatur des *20. Jh.s* wird stark von der »Institución Libre de Enseñanza« geprägt. Sein Begründer, *Francisco Ginér de los Ríos* (1839-1915), gilt als der Ignatius von Loyola der liberalen Ideologie. In dieser Linie stehen die meisten Schriftsteller der »Generación del 98«, auch ihr Begründer *Angel Ganivet* (1862-1898): ein Autor von starken rel. Neigungen, die ihn hinderten, die Dogmen der kath. Kirche zu akzeptieren. Während in der lyr. Dichtung (Antonio Machado, Juan Ramon Jiménez, José Moreno Villa, Rafael Alberti, Vicente Aleixandre, Federico Garcîa Lorca, Luis Cernuda, Manuel Altolaguirre) fast durchgehend eine agnost. Haltung und eine Verherrlichung der Natur festzustellen ist, stellt das Werk von Miguel de Unamuno (1864-1936) die tiefste und radikalste Auseinandersetzung mit der Religion dar, die jemals in S. stattgefunden hat. Seine Dramen, Romane, Gedichte, Essays und philos. Schriften sind Ausdruck des trag. Lebensgefühls eines sich auf der konfliktreichen Suche nach Gott und Unsterblichkeit befindl. Menschen des 20. Jh.s. Ausdruck eines tiefverwurzelten Katholizismus und einer triumphalist. Haltung ist das später unter der Diktatur Francos sehr populäre Theaterstück »El divino impaciente« (1933) von *José Mariá Pemán* über das Leben des hl. Franz Xaver, während in den Gedichten von *Dámaso Alonso* (geb. 1898; insbes. sein Buch »Hombre y Dios«, 1955) das Ringen mit einem stummen Gott thematisiert wird, der nicht willens ist, die Rätsel des Ich und der Welt in einer Sinngebung zu lösen.

*Lit.: M. Franzbach:* Abriß der span. und portug. Literatur in Tabellen, Frankfurt/M./Bonn 1968. – *F. Karlinger/ A. Antón Andrés:* Span. Literatur. Gestalten und Formen, Stuttgart 1975. – *W. Kreutzer:* Grundzüge der span. Literatur des 19. und 20. Jh.s, Darmstadt 1982.

*Rafael Sevilla*

**Spekulation** meint eine →Methode des →Denkens, die von den Gegebenheiten der unmittelbaren →Erfahrung ausgeht, diese dann aber erforschend auf ihre letzten Gründe hin zu durchdringen versucht. So möchte sie über das innere →Wesen des →Erfahrenen zum metaphys. →Sein vorstoßen. Dazu bedient sie sich absoluter Wesens- und Seinsgesetze und letzter →Ursachen. Letztl. erreicht sie dabei den tiefsten Einheitsgrund: →Gott. Von ihm her sucht sie dann wieder alles Erfahrbare zu verstehen und zu deuten.

*A.* Im →*MA.* und in der →Scholastik wird S. von *speculum* (Spiegel) abgeleitet und auf die indirekte →Erkenntnis Gottes aus seinen Werken bezogen, in denen sich sein Wesen gleichsam spiegelt. In der Spätscholastik wurde aus »verantworteter« S. dann oft ein »willkürl.« Verbinden von metaphys. Begriffen, und so kam die S. zunehmend in Verruf. Bes. →*Kant* hat sich dann gegen alle S. ausgesprochen und sich bemüht, die Fähigkeiten der reinen Vernunft in ihrer Beschränktheit zu beschreiben, um so zu »besser verantworteten« Sätzen zu kommen. S. gehört für ihn nicht in den Bereich dessen, was ernsthaft gedacht werden kann. Über die →Meta-physik können wir nichts wissen. Er kennt statt dessen aber Postulate, unbeweisbare, aber andererseits auch unverzichtbare Annahmen der →Vernunft. Gott ist für Kant ein Postulat der prakt. Vernunft aus eth. Gründen. Anders hat →*Hegel* dann noch einmal einen großen spekulativen Entwurf in seiner →*Dialektik* gewagt, in dem er den hist. Prozeß als Selbstwerdung des →Geistes auslegte und darauf seine Philosophie aufbaute, die von der letzten Einheit hinter den Gegensätzen ausgeht. Hier wird deutl., wie sich log. Denken mit aus der Erfahrung gewonnenen, diese aber überschreitenden Vermutungen zu einem neuen, welterklärenden System verbinden. Über Kant, *Hegel* und →*Schleiermacher* ist spekulative Theologie auch ein eigenes Thema des modernen →Protestantismus.

*B.* Im *Krit.* →*Rationalismus* wurde noch einmal deutl. jeder Metaphysik und S. eine Absage erteilt. Nur empir. überprüfbare Sätze sollten gelten. Doch schon bald hat sich gezeigt, daß die Philosophie nicht auf jegl. S. verzichten kann, ohne völlig bedeutungslos zu werden. Selbst die →Naturwissenschaft versteht ihr eigenes Arbeiten heute sehr ähnl. der spekulativen Methode. Auf Grund empir. feststellbarer Daten wird eine →Theorie entwickelt, die in ihrer Bedeutung über empir. Feststellbares hinausgeht (z.B. in den All-Sätzen; →Logik). Sie ist so lange gültig, bis es eine besser an die empir. Daten angepaßte Theorie gibt. Die Grenze zwischen Theoriebildung und S. als Methode ist fließend und hängt im wesentl. von der empir. Angebundenheit und dem Aussagegegenstand ab. In der →*Anthroposophie* und der →*New-Age-Bewegung* (→Okkultismus), die verschiedene kosmosumfassende Erklärungsmodelle kennen, sind wieder verstärkt spekulative Gedankengänge erkennbar, die zwar in sich ein festes, wenn auch nicht konsequent log. System bilden, aber nicht streng empir. angebunden sind, sondern sich stärker auf Erfahrung und →Erlebnis beziehen.

*Lit.: W. Becker:* S., in: Handbuch Philos. Grundbegriffe, Bd. 5, München 1974, 1368-1375. – *Ders.:* Idealist. und materialist. Dialektik, Stuttgart 1970. – *F. W. Graf/F. Wagner (Hg.):* Die Flucht in den Begriff. Materialien zu Hegels Religionsphilosophie, Stuttgart 1982. - *R. Kroner:* Speculation and Revelation in Modern Philosophy, Philadelphia 1961. – *G. Pöltner:* Die spekulative Deutung des Christentums bei Hegel, in: Theologie und Glaube 72 (1982), 310-329. – *H. Thielicke:* Glauben und Denken in der Neuzeit: Die großen Systeme der Theologie und Religionsphilosophie, Tübingen 1983.

*Nicolaus Klimek*

**Spiel.** Als Möglichkeit des zweckfreien und mehrdeutigen Umgangs mit sich selbst, mit anderen und mit Gegenständen kommt dem S. zentrale Bedeutung für die Ausbildung sowohl des Individuums als auch der Kultur insgesamt zu.

*A.* Wie kaum ein anderer Lebensbereich trägt das S. zum *Selbstwerden* und -sein des Ich bei (G. E. Schäfer): In spieler. Übungen mit dem »Übergangsobjekt« (D. W. Winnicott) löst sich das Kleinkind aus seiner symbiot. (zwischen Selbst und anderem nicht differenzierenden) Verbindung mit der Mutter, nimmt Beziehungen zu der Wirklichkeit außerhalb seiner selbst auf und gewinnt so eine Basisidentität (→Identität). Deren weitere Entwicklung wird wesentl. durch die altersspezif. S.handlungen vorangetrieben; sie verhelfen zu einer allmähl. Aneignung von Welt und Gesellschaft. Zugleich wohnen dem S. *selbstheilende Kräfte* inne, die ggf. durch therapeut. Eingriff angeregt und unterstützt werden können. Wo es zu Selbstentfremdungen kommt, eröffnet das regenerierende S. Wege, zu sich selbst zurückzukommen. Diese wiedergefundene Einheit mit sich selbst kann Ausgangspunkt sein, →kreativ nach anderen Möglichkeiten auszugreifen, sich daran zu erproben und zu erweitern (selbstbereicherndes S.).

*B.* Demnach tragen die *Wirkungen* des S.s nicht nur zur Ausbildung einzelner Fähigkeiten (→Entwicklungspsychologie) bei; sie reichen bis auf den Grund des Selbst, sind für es konstitutiv. Das Ich erfindet und bildet sich allererst im S. Deshalb ist das S. nicht nur typ. für die Kindheit, sondern begleitet in unterschiedl. Ausprägungen alle Stufen der Entwicklung. Von daher greifen theoret. Ansätze zu kurz, die versuchen, S.e ledigl. für das Lernen nutzbar zu machen. Nach Sartre setzt das S. die Subjektivität frei. Die *Praxis der Freiheit*, eine lebenslang immer neu gestellte Aufgabe der Befreiung von Umständen, findet im S. ihren Anfang, ihr Wachstum, ihre Erprobung und ihre Bekräftigung. Das S. läßt immer wieder das eigene Selbst Gewißheit finden; diese Selbstgewißheit ermutigt, sich im S. los- und auf anderes und andere einzulassen. Deshalb bilden S. und Ernst genausowenig Gegensätze wie S. und Arbeit.
Wie für die individuelle, so hat man im S. auch die Wiege für die kulturelle Entwicklung erblickt. Man entdeckte, daß die »Ritualisierungen« der Alltagswelt in vormodernen Kulturen stark von Elementen des S.s geprägt sind. Seinen Höhepunkt findet dieses S. in dem Kultus als dem *»hl. S.«*, in dem eine Dimension sinnenfällig zum Ausdruck kommt, die den Alltag übersteigt und zugleich begründet. Darin liegt der Verweis auf eine geheimnisvolle Wirklichkeit, wie es auch dem kindl. S. eigen sein kann. Erfahrungen gelungener Selbstwerdung in der Vergangenheit werden wiederbelebt, um schöpfer. Zuversicht für die ungewisse →Zukunft zu erlangen.

*C.* Wo jedoch die erforderl. S.räume nicht oder nur in dafür vorbehaltenen gesellschaftl. Reservaten vorhanden sind, kann das S. seine selbstbildenden Kräfte weder in individueller noch in kollektiver Hinsicht entfalten. Statt dessen dient es der *Kompensation für* erfahrene Versagungen und →*Entfremdungen.* Industriell vorprogrammiert, werden S.e zu leerlaufenden Beschäftigungen, die jegl. produktiven →Phantasie und kreativer Kraft beraubt sind und genau jenes →»Rollens.« kopieren, das den einzelnen auf die Verrichtung vorgegebener Funktionen zurücknimmt. (Auch die kirchl. Liturgie ist vor solchen Tendenzen nicht gefeit.) In einer krit. Theorie des S.s muß darum auch gefragt werden, ob und inwiefern die sozialen Voraussetzungen für ein S. gegeben sind, in dem das Selbst werden und Selbst sein kann.

*Lit.: Bayr. Akademie der Schönen Künste (Hg.):* Der Mensch und das S. in der verplanten Welt, München 1976. – *R. Caillois:* Die S.e und die Menschen. Maske und Rausch, Frankfurt/M. u.a. 1982. – *J. Huizinga:* Homo ludens. Vom Ursprung der Kultur im S., Reinbek 1956. – *W. Pannenberg:* Anthropologie in theol. Perspektive, Göttingen 1983, 312-328. – *G. E. Schäfer:* Das Selbst im S., in: Zeitschrift für Pädagogik 26 (1980), 13-27 (Lit.).

*Norbert Mette*

**Spinoza,** *Baruch de* (Vorname auch Bento, nach dem Bann Benedictus; in Briefen auch Despinosa), geb. 24.11.1632 in Amsterdam, gest. 21.2.1677 in Den Haag. Der Philosoph entstammt einer Familie von Amsterdamer Marranen, d.h. von sephard. »neukath.« Juden. Der streng jüd. erzogene S. wurde 1656 wegen »schreckl. Ketzereien und ungeheuerl. Handlungen« mit dem →Bann belegt und aus der Synagoge exkommuniziert. Die Berechtigung des *Banns*, der offenbar auf dubiose Denunziationen zurückging, ist bis heute umstritten, dieser ist jedoch niemals aufgehoben worden. Seinen Lebensunterhalt verdiente er durch das Schleifen von Linsen für Mikroskope und Teleskope, auf diese Weise hielt er auch Kontakt zu führenden Wissenschaftlern seiner Zeit. Das Angebot einer Professur in Heidelberg lehnte er 1673 aus dem Bedenken ab, nicht zu wissen, »in welche Grenzen die Freiheit zu philosophieren einzuschließen« sei.
Zu S.s Lebzeiten erschienen »Renati Des Cartes Principiorum Philosophiae Pars I & II more geometrico demonstratae« (1663; dt.: Descartes' *Prinzipien der Philosophie* auf geometr. Weise begründet), eine krit. Rekonstruktion der Cartesianischen Philosophie in euklid. Methode, sowie – anonym und mit fingiertem Druckort Hamburg – der »Tractatus Theologico-Politicus« (1670; TTP). Auf der Grundlage einer hist.-hermeneut. *Bibelkritik* (→Bibelwissenschaft), die gerade hinsichtl. des Rückfragens auf die Umstände des Entstehens der Texte Vorbild einer modernen Bibelkritik wurde, und einer krit. an →Hobbes orientierten naturrechtl. Vertragstheorie des →*Staates* legt er darin der staatl. Obrigkeit nahe, daß Religionsfreiheit und Freiheit des Philosophierens weder der Frömmigkeit noch dem Frieden im Staate abträgl. seien, sondern diese bedingten. Im TTP und dem fragmentar. gebliebenen, erst posthum veröffentl. Polit. Traktat (»Tractatus Politicus«) erweist sich S. als früher Verfechter von →Toleranz, Bürgerfreiheit

und →Demokratie. Der TTP wurde nach dem Tode Jan de Witts 1674 verboten. Das philos. Hauptwerk »Ethica Ordine Geometrico demonstrata« (dt.: Die *Ethik* nach geometr. Methode dargestellt), an dem S. spätestens seit 1663 gearbeitet hatte, erschien erst im Rahmen der »Opera Posthuma« (1677). S.s gesamtes Werk, insbes. seine polit. Schriften, wurden in Frankreich als Quellen eines philos. Deismus und Materialismus wirksam, in Deutschland führte die Neubesinnung auf seine Schriften gegen Ende des 18. Jh.s zu neuen Ansätzen der Naturbetrachtung, sein Monismus der Einen Substanz regte in wesentl. Weise die Ausbildung des sog. dt. Idealismus an (→Schelling, →Hegel).
Das Werk, in dem S. dem Cartesianischen →Dualismus in einem einzigartig geschlossenen System seinen *metaphysisch. →Monismus* entgegenstellt, bedeutet einen Höhepunkt des →Rationalismus: Die Substanz ist als solche unüberschreitbar – so nennt er sie »deus sive natura« (Gott oder Natur) –, insonderheit diese Gleichsetzung hat sein Denken dem, in Grundzügen zutreffenden Vorwurf des →Pantheismus ausgesetzt. Die so verstandene Substanz kann als solche erkannt werden, da der Mensch zwei ihrer unendl. vielen Attribute zu erkennen vermag: Ausdehnung und →Denken. Die Erkenntnis der Substanz durch ihre Attribute aber ist gewährleistet, da diese der Substanz wesensgleich sind. In der Abstufung Substanz – Attribut – Modus gehört der Mensch zwar nur dem Bereich der Modi an. Da er aber die gleichartige Ordnung im Bereich des Materiellen und Spirituellen zu durchschauen vermag, kann er auch die stets als chaot. erscheinende Welt verstehen in Gestalt der Ewigkeit (»sub quadam aeternitatis specie«): als Substanz und entsprechend ihrer relationalen Notwendigkeit. Die These eines harten metaphys. →Determinismus wendet sich hier auf eine Befreiung des Menschen, indem sie Triebe, Begierden, ebenso aber auch irrationale Institutionen als Knechtschaft des Menschen offenbart. Der Titel des Hauptwerks erklärt sich aus dieser Intention.

*Lit.: E. G. Boscherini:* Lexicon Spinozanum, 2 Bde., Den Haag 1970. – *M. Gueroult:* S., Bd. I: Dieu, Paris 1968; Bd. II: L'Ame, Paris 1974. – *H. G. Hubbeling:* S., Freiburg/München 1978 (mit Auswahlbibliographie).

*Hans-Christian Lucas*

**Spiritismus,** von lat. *spiritus* = Geist, bezeichnet die Annahme und Lehre einer Verbindung *Verstorbener* mit Lebenden (bzw. Lebender mit den »Geistern« Verstorbener) mit Hilfe einer sensitiven Person oder unter Verwendung von Befragungstechniken, wie Tischchenrücken, automat. Schrift, Tonband u.a.m.

*A.* Die Grundüberzeugung des S. von einer mögl. Verbindung mit Verstorbenen entspringt einem *Grundstreben* des Menschen (→Volksfrömmigkeit). Ansätze finden sich im →Animismus archa. Völker, in der Ahnenverehrung →Chinas und in der Umwelt Alt-→Israels. Auch die griech.-röm. →Antike und das christl. →MA. (vgl. die Lehre vom Fegefeuer und die Verehrung der →Heiligen), ja noch die →Renaissance kennen die Möglichkeit eines Kontaktes mit den Verstorbenen. Als mit Beginn der Aufklärung →Rationalismus und Wissenschaftsgläubigkeit die Todesfrage verdrängten, ein Fortleben nach dem →Tode leugneten und eine →Geisterwelt ablehnten, entstand aus dem elementaren Interesse an einem →Jenseits der Versuch, das Weiterleben empir. zu begründen, um ihm wissenschaftl. Beachtung zu sichern. Als Ansatz dienten der »Animalische Magnetismus« F. A. Mesmers und die Lehre des »schwed. Geistersehers« Emanuel Swedenborg (→Offenbarungen, neue).
Die *erste Aufzeichnung* von Gesprächen mit »Geistern« erfolgte 1787 mit einem Medium im schlafwandler. Zustand (Trance). In der Nacht zum 1.4.1848 nahmen die Geschwister Fox in Hydesville, USA, mit einem Klopfgeist Kontakt auf. Die Klopflaute wurden mit einem Klopf-ABC gedeutet. Diese Technik fand großes Interesse und wurde durch das Buch »Die Philosophie des geistigen Verkehrs« (1851) von *A. J. Davis* ausgebaut. In Frankreich veröffentlichte H. L. D. Rivail, alias *Allan Kardec* (Name einer früheren Inkarnation), »Das Buch der Geister« (1857; Neuauflage Freiburg 1964), das zum Grundwerk des modernen S. wurde. Im Gegensatz zum angelsächs. S. lehrt Kardec die Reinkarnation (→Seele), verneint die Gottheit Christi und die Hl. Schrift (auch die ewige Verdammnis), was zur Ablehnung des S. durch die Kirchen führte.

*B.* Die ev. Theologen und Kirchen setzen sich von den spiritist. (wie von allen okkulten) Praktiken ab, weil diese die Aufmerksamkeit völlig in ihren Bann ziehen und von dem befreienden Glauben an Jesus Christus wegführen (»der okkulte Krieg«, →Okkultismus). Die kath. Kirche verurteilte den S. als unvereinbar mit der Offenbarung durch Dekrete von 1856, 1897, 1898, 1917. Der gegenwärtige S. ist jedoch sehr vielschichtig und reicht von Ablehnung christl. Grundwahrheiten bis zur vollen Annahme kirchl. Lehren. Daher ist eine *differenziertere Beurteilung* geboten, zu der auch die parapsycholog. Forschung (→Parapsychologie) beitragen kann.

*Lit.: E. Mattiesen:* Das persönl. Überleben des Todes, Berlin, 2. Aufl. 1962. – *A. Resch:* Fortleben nach dem Tode, Innsbruck, 4. Aufl. 1987. – *W. Thenhaeff:* Kontakte mit dem Jenseits, Berlin o.J.

*Andreas Resch*

**Sport** bezeichnet eine äußerl. beobachtbare *körperl. Aktivität* des Menschen, die einem persönl. Können zurechenbar ist, nach Regeln ausgeführt wird und durch ihre weitgehende Ausgrenzung aus den Zwängen der Welt Spielcharakter besitzt. Der Unterschied zum →Spiel liegt im *systemat. Betreiben* mit dem Ziel der Leistungssteigerung. Während S. in dieser allg. Form in fast allen Kulturen anzutreffen ist, zeigt er sich in seiner konkreten Ausformung, bes. in den ihm zugeschriebenen Werten als zeitabhängig. So ist die uns heute vorliegende Form des modernen S.s in Anlehnung an die Industrialisierung aus verschiedenen Wurzeln entstanden, dem Zeitvertreib Adliger, Schauwettkämpfen, Spielen. Er zeigt auf der einen Seite die Grundzüge der →Industriegesellschaft bes. deutlich (Leistung, Konkurrenz, Gleichheit), andererseits bietet er als künstl. geschaffene »Spielwiese« eine Möglichkeit zur *Kompensation* von in der modernen →Gesellschaft auftretenden Defiziten (von Krockow). Die Abhängigkeit des S.s von gesellschaftl. vorhandenen Werten zeigt sich in einem im S. anzutreffenden Wertepluralismus, der zu einer Ausdifferenzierung in Spitzens., Leistungss., Freizeits. und Gesundheitss. (Rehabilitation) geführt hat.

*A.* Der S. bietet dem Menschen die *Chance*, mit seiner Körperlichkeit spieler. umzugehen, dabei können Gesundheit, Spiel, Geselligkeit, aber auch Spannung und Bewältigung von Extremsituationen im Vordergrund stehen. Durch Identifikation mit der erbrachten sportl. Leistung und durch Erfahrung eigener Fähigkeiten und Grenzen sind Gefühle tiefer Befriedigung und Selbstfindung möglich. In Grenzsituationen des S.treibens erlebt der Aktive bisweilen eine im Alltagsleben sonst unbekannte Einheit von Körper und Geist, die gleichnishaft den Menschen in der *Fülle seiner Möglichkeiten* erahnen läßt. Der Mythos des S.s beruht wohl darauf, daß in ihm, durch Spielregeln entschärft, stilisierte *»Urkämpfe«* stattfinden, in denen Grundsituationen des Menschen zum Ausdruck kommen und die durch ihren offenen Ausgang eine hohe Dramatik gewinnen (H. Lenk). Hierin liegt auch die Faszination für den Zuschauer; der S.ler vollbringt an seiner Stelle Leistungen, zu denen er selbst nicht in der Lage ist. Angesichts der »Urkämpfe« kann eine Übertragung auch anderer ungelebter Wünsche und Sehnsüchte auf den S.ler erfolgen.
Hier zeigt sich die *Ambivalenz* des S.s, die Bewunderung schlägt schnell in eine Idolisierung um. Umgekehrt ist der S.ler in der Gefahr, sich selbst und die Bedeutung des S.treibens zu überschätzen. Das dahinterstehende *eth. Grundproblem* zeigt sich im Spitzens. bes. deutlich: S. erhält einen unangemessenen Stellenwert. Während der S. in der Antike in die →Religion eingebettet war, wird er nun in einer säkularisierten Welt leicht zur Ersatzreligion, aus dem hl. Spiel wird das Heiligtum selbst. Anzeichen dafür sind die Totalaskese der S.ler zum Zweck der Leistungssteigerung, Verhaltensweisen der Fans, der Sprachgebrauch der →Medien sowie die Unterordnung von Werten wie →Umwelt, Gesundheit, →Freiheit unter den der sportl. Leistung. Der S. ist aber nicht imstande, dem gesamten menschl. Leben einen Sinn zu geben; Fragen wie Mißerfolg, sportl. Invalidität, das Ende einer S.lerkarriere werden nicht beantwortet. Andererseits kann er sich als relativ wertneutraler Bereich nicht selbst vor Mißdeutungen schützen, daher ist er auf die eth. Zusammenarbeit mit sinnstiftenden Institutionen angewiesen, die ihm seine Möglichkeiten und Grenzen aufzeigen.

*B.* Das *Verhältnis der →Kirche* zum S. war lange Zeit sehr distanziert. Trotz einiger positiver Würdigungen des →Leibes (z.B. durch →Thomas von Aquin) wurde er, als dem Geist untergeordnet, eher negativ gesehen. Die ausdrückl. Beschäftigung mit ihm erschien suspekt. Seit Mitte des 19. Jh.s war ein Umdenken zu verzeichnen, das zur Duldung aktiver S.gruppen in kirchl. Verbänden führte. Pius X. (1903-1914) erkannte als erster die positiven Seiten des S.s an. Seither haben fast alle Päpste den S. als päd. Mittel zur Gesundheitsförderung, Persönlichkeitsbildung und Tugenderziehung gewürdigt. Heute läßt sich die Beziehung der Kirchen zum S. als die einer *krit. Partnerschaft* beschreiben; verbindend ist die Sorge um das Wohl der Menschen (Gemeinsame Erklärung der Kirchen und des Dt. S.bundes zur Entwicklung im S., 1980). Die Zusammenarbeit, die bisher nur einen kleinen Kreis erreicht, spielt sich vor allem auf drei Ebenen ab, die nicht streng voneinander zu trennen sind: 1. Prakt. Zusammenarbeit durch *seelsorgerl. Angebote* der Kirchen bei S.veranstaltungen (z.B. Olympiaden) und durch S.ausübung innerhalb der kirchl. Arbeit (z.B. Seniorens., S. in der Jugendarbeit). 2. Zusammenarbeit auf *Verbandsebene.* Hier sind vor allem die gemeinsamen Gespräche, Tagungen und Arbeitsgruppen der Kirchen und des Dt. S.bundes zu nennen. 3. *Wissenschaftl. Zusammenarbeit.* Gemeinsame Diskussionsfelder, wenn auch aus sehr verschiedener Sicht, sind →Anthropologie, eth. Fragen, soziale Auswirkungen. Darüber hinaus kann die Theologie durch eine theol. Deutung des S.s helfen, ihm sowohl im Leben des einzelnen als auch in der →Gesellschaft einen angemessenen Stellenwert zu geben.

*Lit.: Dt. S.bund (Hg.):* Die Zukunft des S.s, Schorndorf 1986. – *P. Jakobi/H.-E. Rösch (Hg.):* S. und Religion (Christl. Perspektiven im S., Bd. 8), Mainz 1986. – *W. Kuchler:* S.ethos, München 1969. – *H. Lenk:* Die achte Kunst. Leistungss.-Breitens., Osnabrück 1985. – *Ders./S. Moser/E. Beyer (Hg.):* Philosophie des S.s, Schorndorf 1973. – *H. Plessner/H. E. Bock/O. Grupe (Hg.):* S. und Leibeserziehung, München 1967.

*Johannes Doll*

## Sprache

### *A. Alttestamentlich*

Der Gedanke einer Sprachverzweigung ist schon im AT thematisiert. Auf der Ebene der *Sprachvielfalt* (Gen 10,31) beklagt die Geschichte über den Turmbau zu Babel (Gen 11,1-9) den Verlust der Einheit als Kommunikationsverlust, der die Begegnung von Menschen erschwert. Im AT wird jedoch nicht theoret. über S. als Kommunikationsmittel

nachgedacht. Von zentraler Bedeutung ist der energet. Aspekt: Die S. bewegt die Wirklichkeit. Die Macht (→Magie), die sich aus der sprachl. Äußerung entwickelt (Jes 11,4), wirkt sich zum Guten und zum Schlechten aus (→Segen und Fluch).
Die S. des AT, die »S. Kanaans« (Jes 19,18), ist Hebräisch: eine semit. S., die zu den Berbersprachen Nordafrikas, dem Altägyptischen und den kuschit. S.n Ostafrikas Beziehungen erkennen läßt. Man unterscheidet das *Althebräische*, das sich in den atl. Schriften etwa vom 10.- 6. Jh. v. Chr. findet, vom *Mittelhebräischen*, der Sprachform später atl. (5.-2. Jh. v. Chr.) und außerbibl. Texte aus →Qumran sowie rabbin. Werke (→Judentum). Im vorigen Jh. wurde die hebr. S. wiederbelebt und (in grammat.-lexikal. veränderter Gestalt) 1948 die offizielle S. des Staates →Israel. Sie trägt die Bezeichnung *Neuhebräisch* oder *Iwrit* (hebr.). Da die Schriften des AT insgesamt eine tausendjährige Entstehungsgeschichte aufweisen, ist schon das Hebräisch des AT zahlreichen sprachgeschichtl. *Wandlungen* unterworfen, die ein genaues Verständnis der sprachl. Formen häufig erschweren und so Raum für Interpretationen schaffen.
Einige Partien des AT (→Danielbuch, →Esrabuch) sind in aramä. S. abgefaßt, die seit etwa 400 v. Chr. Verkehrssprache und auch »Kirchensprache« (Targume, →Bibelwissenschaft) wurde. Vom 2. vorchristl. Jh. an versuchten in →Palästina konservative jüd. Kreise, die aramä. S. auf den profanen Gebrauch zu beschränken; das rabbin. Judentum bestimmte schließl. Hebräisch zur *»hl. Sprache«* (Mischna Sota 7,1ff.), die allein im Gottesdienst verwendet werden konnte. Die archaisierende Rückbindung (auch) an die sprachl. Tradition stand im Zusammenhang mit dem Einfluß des →Hellenismus, in dessen Gefolge sich die griech. S. durchsetzte, in die im 3. und 2. Jh. v. Chr. in Ägypten das AT für das griech.sprechende Diasporajudentum übersetzt wurde. Diese Übersetzung, die sog. *Septuaginta* (→Bibelwissenschaft), wurde die »Hl. Schrift« des →Urchristentums.
Bis heute ist der Text der Septuaginta Grundlage des AT und seiner Übersetzungen in der *orthod. Kirche*. Er wird im liturg. Bereich ausschließl., weitgehend auch im theol. Bereich verwandt, da nach orthod. Auffassung im masoret. Text viele christolog. Bezüge des AT unzureichend zum Ausdruck kommen.

*Lit.: G. Bergsträsser:* Einführung in die semit. S.n, München 1928, Nachdruck 1977. – *G. Gerlemann:* Struktur und Eigenart der hebr. S., in: Srensk exegetisk årsbok 22/23 (1957/58), 252-264. – *E. Würthwein:* Der Text des AT, Stuttgart, 4. Aufl. 1973.

*Rüdiger Liwak*

### *B. Neutestamentlich*

*I.* Das →NT ist in griech. Sprache abgefaßt, allerdings nicht in dem klass. Griechisch eines →Platon oder Xenophon, sondern in der sog. *Koiné* (»die Gemeinsame«), in der man sich im gesamten →Röm. Reich verständigen konnte. Sie hatte sich auf der Grundlage des att. Dialekts entwickelt und vor allem im Gefolge der Eroberungen Alexanders d.Gr. (356-323 v. Chr.) gegen die übrigen griech. Dialekte durchgesetzt und verbreitet. Auch →*Jesus* dürfte etwas Griechisch gekonnt haben; aber seine Muttersprache, in der er predigte, war das Aramäische. Soweit seine Worte im NT überliefert sind, sind sie also irgendwann, und sicher nicht erst von den Evangelisten, übersetzt worden. Ihre ursprüngl. Fassung kann nur in sehr wenigen Fällen mit einiger Sicherheit rekonstruiert werden. Autoren wie →Matthäus, →Markus und →Paulus sind wie viele Juden offensichtl. *zweisprachig aufgewachsen.* Inwieweit diese Tatsache auf ihr Griechisch abgefärbt hat oder ob das NT gar ein bes. »Judengriechisch« (eine Art Koiné-Dialekt der Juden) widerspiegelt, ist umstritten. Die *semit. Färbung* der ntl. S. ist wohl weitgehend darauf zurückzuführen, daß man Ausdrücke und Wendungen aus der (sehr wörtl.) griech. Übersetzung des →AT, der Septuaginta , benutzt hat.

*II.* Durch die Nachahmung der Septuaginta hat bes. →*Lukas* einen ganz eigentüml., biblizist. Stil geschaffen, der in den neueren Übersetzungen des NT zumeist verlorengeht (etwa das häufige »Und es geschah...«, »Es begab sich aber...«, »Und siehe...«). Dieser biblizist. Stil kennzeichnet einen großen Teil seines Evangeliums und die erste Hälfte der →Apostelgeschichte; im zweiten Teil dagegen finden sich Septuaginta-Wendungen nur noch vereinzelt. Auch *Matthäus* benutzt gern solche Wendungen, weniger *Markus* und →*Johannes.* Einen gehobenen literar. Stil pflegt im NT neben Lukas der Verfasser des →*Hebräerbriefes.* Ein sehr eigenwilliges, volkstüml. Griechisch zeigt der Verfasser der →Johannes*offenbarung.* Seine »Semitismen« sind zum Teil bewußte Verstöße gegen die griech. Grammatik und griech. Stilgefühl. Doch sind auch die übrigen Schriften des NT in einer schlichten, dem gesprochenen Griechisch mehr oder weniger nahestehenden S. abgefaßt. Gebildete verachteten sie als vulgär, auch →Augustinus gesteht einen anfängl. Widerwillen dagegen (Bekenntnisse III 5,9). Durch einen sehr persönl. Stil sind die Briefe des Paulus geprägt, die oft in Erregung geschrieben oder diktiert sind (→Galaterbrief). So erklären sich auch manche abrupte Satzabbrüche, ungewöhnl. Fügungen und stark verkürzte Redeweisen. Die →Evangelien, insbes. das Markusevangelium, sind mit ihrer schlichten S. und ihrem einfachen Erzählstil der hellenist. Volksliteratur verpflichtet. Für ein genaueres Studium des NT oder einzelner Abschnitte empfiehlt es sich, neben einer modernen auch ältere Übersetzungen heranzuziehen, da diese oft genauer und wörtlicher sind.

*Lit.: A. Debrunner:* Grundfragen und Grundzüge des nachklass. Griechisch, Berlin 1954 (bearbeitet von A. Scherer, Berlin 1969). – *A. Wikenhauser/J. Schmid:* Einleitung in das NT, Freiburg/Basel/Wien, 6. Aufl. 1973, 186-202.

*Marius Reiser*

*C. Philosophisch*

Die S. ist das grundlegende *Ausdrucksmittel des Menschen.* Sie wird in unserer Lebenswelt in den vielfältigsten Arten und in allen Lebensbereichen gebraucht und erweist sich im allg. als ein genaues und differenziertes Medium, so daß ihre Bedeutung und Funktion im Alltagsbewußtsein zurücktritt hinter die Inhalte, um derentwillen sie gebraucht wird. Erst wenn der problemlose Umgang mit der S. einmal nicht mehr funktioniert oder man prinzipiell zu fragen beginnt, wird über sie selbst (u.a. in S.wissenschaft und S.philosophie) nachgedacht. Man fragt dann etwa nach dem Wesen, der Bedeutung, dem Verhältnis von S. und →Wirklichkeit, dem Aspekt der →Kommunikation, nach S. als Form des Philosophierens, nach der Rolle der S. im Zusammenhang von Erkenntnis, Wissenschaft und Religion.

*I.* Das Phänomen der S. hat den menschl. Geist früh beschäftigt. *Erste wichtige Zeugnisse* sind die platon. Sprachdialoge, vor allem »Kratylos« und »Theaitetos« (→Platon) oder die Thematisierung der Sprachverwirrung in der bibl. Geschichte vom Turmbau zu Babel; auch in der →Scholastik finden sich Elemente der Sprachreflexion (→Universalien). In der Romantik entfalteten sich sowohl die →Sprachwissenschaft (F. Bopp, B. Rask, J. Grimm) als auch die Sprachphilosophie. Waren für die erstere vor allem die »äußeren« Sprachformen zum eigentl. Thema geworden, so ging es W. von Humboldt, dem bedeutendsten Sprachphilosophen des 19. Jh.s, vor allem um die »innere« Sprachform. Er betrachtete S. nicht als Werk *(Ergon),* sondern als Tätigkeit *(Energeia).* Humboldt versteht S. als Ausdruck der einer Sprachgemeinschaft eigentüml. Weltsicht und wirkt mit diesem Ansatz in unserem Jh. auf L. Weisgerber und die Sprachinhaltsforschung, die auch Parallelen aufweist zum »sprachl. Relativitätsprinzip« (H. Gipper), das von E. Sapir und B. L. Whorf diskutiert wurde. Während sich bei Kant im Konzept einer sprach- und geschichtsfreien Vernunft die *»ratio«* (Vernunft) von der *»oratio«* (Rede) gelöst hatte, protestierten J. G. Hamann, W. von Humboldt und J. G. Herder gegen diese Trennung und wiesen auf die zentrale Bedeutung der S. für das Verständnis des Menschen hin (»Freigelassener der Natur«).

*II.* Im *20. Jh.* gewinnt S. im sog. *»linguistic turn«* eine zentrale Funktion. Nach der antiken und christl. Metaphysik, nach der klass. Bewußtseinsphilosophie und nach dem Materialismus steht sie nun im Zentrum des Denkens einer ganzen geistesgeschichtl. Epoche, freil. in sehr verschiedenartigen Ausprägungen:

Da ist zunächst die →analyt. Philosophie mit ihren Konzepten einer Konstruktion idealer S.n oder der Analyse von Normalsprachen (vgl. auch →Wittgenstein). In ihrem Rahmen wurde, vor allem im Zusammenhang mit der Diskussion von Wahrheitstheorien, die Unterscheidung zwischen »Objektsprache« (d.h. der S. der wissenschaftl. Untersuchung) und »Metasprache« (d.h. der S., in der über die Objektsprache reflektiert wird) eingeführt. Für die analyt. Philosophie sind die Ideal- oder Normalsprachkonzepte der einzig mögl. Zugang zur Beurteilung der Frage nach der Leistungsfähigkeit von Wissenschaft und Metaphysik. Als weitere philos. Hauptströmung umfaßt der →Konstruktivismus der »Erlanger Schule« ebenso »Elemente der S.kritik«, wie ferner die →Krit. Theorie sich zur »Theorie des kommunikativen Handelns« entwickelt hat. In all diesen Positionen geht man davon aus, daß S. Denken und Philosophie begründet. Für K. O. Apel wird sie in »Transformation« von →Kants →Transzendentalphilosophie zur Bedingung, die Denken und Philosophie überhaupt erst ermöglicht. Schließl. geht auch der →Strukturalismus konstitutiv auf S. zurück; er leitet sich von jenem Neuansatz in der S.reflexion der Jh.wende her, in dem F. de Saussure (1857-1913) gegen die »diachrone« (hist.) S.betrachtung die »synchrone« (zeitgleiche) Analyse des Sprachzustandes setzte. Neben genet. und struktureller Sprachwissenschaft und Sprachphilosophie ist die S. in unserem Jh. auch zum Objekt der Sprachpsychologie und der Sprachsoziologie geworden, die vor allem auf die »Sprachbarriere« zwischen Sprechern des »restringierten« und des »elaborierten« »Codes«, d.h. auf sozialisationsbedingte Sprachunterschiede, verwiesen hat.

Nach der beschriebenen Konjunktur der Thematisierung der S. in der Philosophie wird man inzwischen die Frage wieder vorsichtiger beurteilen müssen, ob Sprachphilosophie im Sinne einer Fundamentaldisziplin – sei es als Theorie des kommunikativen Handelns, sei es als Transformation der Transzendentalphilosophie, sei es als Idealsprachkonstruktion – heute den Diskussionen in →Metaphysik, →Ethik, →Theologie und →Wissenschaftstheorie zur Klärung zu verhelfen vermag. Vor allem gibt es nicht *die* unhist. S. und ebensowenig *die* universell geltende Philosophie der S. Aber auch wenn die Sprachreflexion die zeitweise in sie gesetzten hohen Begründungserwartungen nicht erfüllen kann und sie nicht *die* Instanz zur Lösung philos. Probleme ist, behalten Sprachkritik und der Rekurs auf die sprachl. Verfaßtheit des Denkens eine im heutigen Diskurs unhintergehbare Funktion.

*Lit.: K. O. Apel:* Die Idee der S. in der Tradition des Humanismus von Dante bis Vico, Bonn 1963. – *Ders.:* Transformation der Philosophie, 2 Bde., Frankfurt/M. 1973. – *M. Hartig:* Einführung in die Sprachphilosophie, Stuttgart 1978. – *E. Heintel:* Einführung in die Sprachphilosophie, Darmstadt 1975. – *W. von Humboldt:* Über die Verschiedenheiten des menschl. Sprachbaus, in: *ders.:* Werke in 5 Bd., Bd. 3, Darmstadt 1963. – *R. Rehn:* Der Logos der Seele, Hamburg 1982. – *H. Schnelle:* Sprachphilosophie und Linguistik, Reinbek 1973.

*Volker Steenblock*

**Sprachwissenschaft** ist diejenige Wissenschaft, die den Aufbau und die Leistung von Sprachen bzw. sprachl. Elementen hist. oder systemat. erforscht.

*A.* Unterschiedl. Standardbeispiele sowie unterschiedl. Annahmen über das Wesen der →Sprache und der →Wissenschaft haben zu unterschiedl. *Ausprägungen der S.* geführt, vor allem zu diesen:
1. Die *Junggrammatiker* des 19. Jh.s ermitteln in »Übertragung der in den Naturwissenschaften übl. Betrachtungsweise auf die Kulturwissenschaft« (H. Paul) »kausale« Gesetze des Laut- und Bedeutungswandels.
2. Gegen die positivist.-einheitswissenschaftl. auf die »äußere Sprachform« gerichteten Junggrammatiker stellt sich eine – ebenfalls hist. orientierte – S., die an *W. von Humboldt* (1767-1835) und dessen Auffassung von der Sprache als »Ausdruck des Geistes und der →Weltanschauung der Redenden« anschließt: In jeder Sprache kommt die nationale Eigenart eines Volkes zum Ausdruck. In der Nachfolge dieser Auffassung steht die im 20. Jh. in Deutschland sehr einflußreiche *Sprachinhaltsforschung*, die vor allem durch die Untersuchung von Wortfeldern oder semant. Feldern das »Weltbild der deutschen Sprache« (Weisgeber) herauszustellen versucht.
3. An den Positivismus des 19. Jh.s knüpft in methodolog. Hinsicht der →*Strukturalismus* an, der durch »neutrale« Analyse und Beschreibung eines endlichen Bestands von Äußerungen zur Darstellung der Struktur einer Sprache gelangen will. Entscheidender Unterschied zu den Junggrammatikern ist, daß Sprache nicht als bloße Mannigfaltigkeit von Äußerungen angesehen wird, sondern – auf der Basis einer gesellschaftswissenschaftl. konzipierten Bedeutungslehre (Semiotik) – als sozial vereinbartes System von Zeichen, »dessen Glieder sich alle gegenseitig bedingen« (Saussure).
4. Vom Strukturalismus ausgehend, aber nicht der positivist., sondern der rationalist. Philosophie (→Rationalismus) verpflichtet, entwickelt Chomsky (geb. 1928) die »*generative Transformationsgrammatik*«: Mit Hilfe von Beispiel und Gegenbeispiel ermittelt er intuitiv ein Regelsystem zur Überführung abstrakter Einheiten und Strukturen in die Einheiten und Strukturen der konkreten Äußerungen der betreffenden Sprache. Er beschreibt damit die *Sprachkompetenz* als die schöpfer. Fähigkeit, aus begrenzt vielen sprachl. Einheiten und Strukturen unendl. viele Sätze zu erzeugen.
5. Anschließend an →*Wittgensteins* »Gebrauchstheorie« der Bedeutung und an eine handlungstheoretisch fundierte Auffassung von der Kommunikation, entwickeln die Philosophen Austin und Searle die Sprechakttheorie, die in der *linguist.* Pragmatik zu einem eigenen Zweig der S. wird: In ihr wird analysiert, was man tut, wenn man etwas sagt. Pragmat. Analysen der Sprache sind in jüngster Zeit nicht nur in der S., sondern auch in Philosophie und Theologie erfolgreich durchgeführt worden. Von Hare wurde das Moralurteil, von Schaeffler »die lehramtl. Entscheidung« als Sprachhandlung genommen und entsprechend analysiert.
Die bes. Beachtung gesellschaftl. Faktoren wie des sozialen Status des Sprechers und der Institution, in deren Rahmen gesprochen wird, führt zur Etablierung der *Soziolinguistik*.

*B.* Wie die angeführten Ausprägungen der S. in wissenschaftsgeschichtl. Hinsicht aufzufassen sind – ob etwa als miteinander konkurrierende Paradigmen im Sinne Kuhns oder als Untersuchungen jeweils neuer, einander ergänzender Aspekte (Kanngießer) –, ist umstritten. Wer angesichts der vielfältigen und deutl. voneinander abweichenden Ausprägungen der S. deren Begriff angemessen erläutern will, darf jedenfalls nicht nur eine explizite Definition von »S.«, sondern muß auch eine Skizze der Geschichte der S. präsentieren.

*Lit.: H. P. Althaus/H.Henne/H. E. Wiegand (Hg.):* Lexikon der Germanist. Linguistik, Tübingen 1973 (Lit.). – *K. Baumgärtner/H. Steger (Hg.):* Funk-Kolleg Sprache, Frankfurt/M. 1973 (Lit.). – R. Schaeffler: Wahrheit und Institution, in: *W. Kern (Hg.):* Die Theologie und das Lehramt, Freiburg/Basel/München 1982, bes. 194f. – *D. Wunderlich (Hg.):* Wissenschaftstheorie der Linguistik, Kronberg 1976.

*Werner Strube*

**Sprichwort.** S.r (Sprichwörter) sind allg. bekannte, festgeprägte Sätze, die eine Lebensregel oder Weisheit in prägnanter, kurzer Form ausdrücken. Sie gehen immer von einem Individuum aus, so daß auch Sentenzen, geflügelte Worte oder Slogans durch häufigen Gebrauch und Geläufigkeit zum S. werden können. S.e sind zu unterscheiden von sprichwörtl. Redensarten und Vergleichen, die nur aus Satzteilen bestehen.

*A.* Aus der →*Bibel* sind etwa 300 eigentl. S.r in der dt. Sprache im Umlauf. Im AT sind das Buch →Genesis, →Jesus Sirach, die →Psalmen, →Hiob und die →Sprüche Salomos bes. sprichwortreich, darunter z.B. »Wo ein Aas ist, da sammeln sich die Adler« (Hiob 39,30), »Bleibe im Lande und nähre dich redlich« (Ps 36,3), »Wer andern eine Grube gräbt, fällt selbst hinein« (Spr 26,27) und »Ein Messer wetzt das andere« (Spr 27,17). Im NT sind es die →Evangelien, die →Apostelgeschichte, der →Römerbrief und die →Korintherbriefe, wie z.B. »Der Mensch lebt nicht vom Brot allein« (Mt 4,4), »Niemand kann zwei Herren dienen« (Mt 6,24), »Ehre, wem Ehre gebührt« (Röm 13,7) und »Einen fröhl. Geber hat Gott lieb« (2 Kor 9,7). →*Luther* hat viele S.r verwendet, und überhaupt gelten das 16. und 17. Jh. als Blütezeit des S.s. Benutzte man schon im →MA. S.r oft als didakt. und eth. Regeln in Klosterschulen und in der Literatur, so wurden sie auch von Predigern wie Berthold von Regensburg, Abraham a Santa Clara und Jeremias Gotthelf als Lehrstoff verwendet. Die meisten S.r zeichnen sich durch Bildhaftigkeit und Formelhaftigkeit

(Reim, Alliteration, Parallelismus usw.) aus. Viele sind aus der Antike durch die »Adagia« von →*Erasmus von Rotterdam* sowie aus der Bibel überliefert. Diese sind durch Lehnübersetzungen oft international geworden, während andere S.r aus den Nationalliteraturen und S.sammlungen nur nationale oder regionale Geltung haben. S.r in Sammlungen sind relativ bedeutungslos, da sie dort ohne Sinnzusammenhang aneinandergereiht werden. Erst im sprachl. Kontext, sei es in der mündl. oder schriftl. Verwendung, offenbart sich die eigentl. Bedeutung eines S.s.

*B.* S.r spiegeln alle Lebensaspekte wider, sie enthalten allg. *Volksweisheit* in einfachster Sprache, und sie werden von allen mühelos zu verschiedenen Zwecken und Situationen geäußert. Dabei drücken viele S.r durchaus krit. Volksweisheit gegenüber der kirchl. Institution aus, wie etwa »Wer lobt, hat eine volle Kirche«, »Es beten nicht alle, die in die Kirche gehen«, »Der Schleier allein macht die Nonne nicht«, »Wie der Priester, so die Absolution« und »Wie die Bischöfe sind, so ist auch ihre Lehre«. Heutzutage haben S.r manches an Geltung und Lehrhaftigkeit eingebüßt, wie viele Parodien und Wortspiele zeigen, doch spielen traditionelle S.r in der Alltagsphilosophie und Ethik sowie im innovativen Gebrauch in der modernen →Literatur, →Presse, →Politik und →Werbung weiterhin eine beachtl. Rolle.

*Lit.:* *C. Fontaine:* Traditional Sayings in the Old Testament, Sheffield 1982. – *L. Haefeli:* S. und Redensarten aus der Zeit Christi, Luzern 1934. – *W. Mieder (Hg.):* Ergebnisse der S.forschung, Bern 1978. – *Ders.:* International Proverb Scholarship. An Annotated Bibliography, New York 1982. – *O. Moll:* S.bibliographie, Frankfurt/M. 1958. – *L. Röhrich/W. Mieder:* S., Stuttgart 1977. – *C. Schulze:* Die bibl. S.r der dt. Sprache, Göttingen 1860, Nachdruck 1987. – *F. Seiler:* Dt. S.kunde, München 1922, Nachdruck 1967. – *A. Taylor:* The Proverb, Cambridge 1931, Nachdruck 1985. – *E. Thiele (Hg.):* Luthers S.sammlung, Weimar 1900.

*Wolfgang Mieder*

**Sprüche Salomos.** Das Buch der S. (lat. Proverbia) ist eine Sammlung, die ihrerseits aus mehreren *Sammlungen weisheitl. Sprüche* und Lehrreden aus der israelit. Königszeit gebildet ist. Drei dieser Sammlungen (1-9; 10,1- 22,16; 25-29) und von daher das gesamte Buch werden traditionell als Sprüche Salomos überliefert. Daneben stehen weitere Sammlungen: Worte Agurs (Spr 30), Worte Lemuels (31), aber auch ein angefügter Text wie das städt. Frauenideal (31,10-31). Unter den Salomo zugeschriebenen Texten wurden Spr 25-29 nach 25,1 in der Zeit des Hiskia (Ende des 7. Jh.s) gesammelt.

*A.* Hinter der Zuschreibung an →Salomo steht also weniger eine literar. Autorschaft als vielmehr das stilisierte Bild Salomos als des weisen Königs schlechthin, aber auch die Erinnerung an die Entstehung der Sprüchesammlung in der höf. und städt. Erziehung der Königszeit. Ziel dieser Erziehung ist die →*Weisheit.* Weisheit bedeutet dabei die Einsicht und die Vermittlung der Einsicht in die Weltordnung und die Grundstruktur der Ethik, der zufolge die Taten der Menschen ihre Folgen in sich tragen, Folgen, die auf den Täter selbst zurückfallen. Diese Auffassung vom Zusammenhang von Tun und Ergehen ist Ausdruck der Erfahrung und der Hoffnung, daß böse Taten für den Täter böse Folgen haben mögen und daß der Guttäter die Früchte seiner guten Taten genießen könne. Gott ist dabei die Instanz, von der die Verwirklichung der den Taten selbst innewohnenden Folgen erwartet wird.
Die Texte der S. reichen von kurzen Sprichwörtern (als Beispiel dafür und zugleich für den Tun-Ergehen-Zusammenhang Spr 28,10; vgl. 12,14: Wer den Rechtschaffenen irreführt auf bösem Weg, der fällt in die eigene Grube, der Unsträfliche aber gelangt zu Glück) bis zur weisheitl. Lehrdichtung (z.B. Spr 8; 9, wo die Weisheit – und ihr Gegenbild, die Torheit, geradezu als Personen auftreten).

*B.* Zahlreiche Texte der S. gehen auf vorisraelit. Literatur zurück; deutl. ist vor allem *ägypt. Einfluß* (Spr 22,17-24,22 stellen eine Parallele zur ägypt. Lehre des Amenemope dar, aber auch in 1-9 ist ägypt. Material verarbeitet, →Ägypten). In der Sammlung 10,1-22,16 zeigt sich eine Interpretation älterer Sprüche durch Hinzufügung solcher, die sich ausdrückl. auf Jahwe beziehen. Auf diese Weise wird die Weisheit in den Gottesglauben Israels eingebunden. So kann man den programmat. Satz der ersten Sprüchesammlung (1-9) als eine Art Motto des gesamten Buches lesen: »Die Furcht Jahwes ist der Anfang der Weisheit« (1,7; vgl. 9,10).

*Lit.:* *B. Lang:* Frau Weisheit. Deutung einer bibl. Gestalt, Düsseldorf 1975. – *O. Plöger:* Die Sprüche Salomos (Bibl. Kommentar AT), Neukirchen-Vluyn 1984. – *G. von Rad:* Weisheit in Israel, Neukirchen-Vluyn, 3. Aufl. 1985. – *R. Rendtorff:* Das AT. Eine Einführung, Neukirchen-Vluyn, 2. Aufl. 1985, 268ff. – *H. H. Schmid:* Wesen und Geschichte der Weisheit. Eine Untersuchung zur altoriental. und israel. Weisheitsliteratur (Zeitschrift für die atl. Wiss., Beih. 101), Berlin/New York 1966.

*Jürgen Ebach*

## Staat

### *A. Rechtswissenschaftlich*

Im dt. Sprachgebrauch wird der S. heute zumeist als ein Verband konkreter Menschen (S.svolk) auf einem best. (S.s)Gebiet mit einer wirksamen polit. Herrschaftsordnung (S.sgewalt) verstanden (sog. Drei-Elementen-Lehre G. Jellineks).

*I.* Die als S. bezeichnete polit. Organisationsform ist in →Europa *seit dem 13. Jh.* entstanden und hat sich seither über die gesamte zivilisierte Welt (→Zivilisation) verbreitet. Bedarf für kollektiv-verbindl. Entscheidungen gab es zwar auch schon in

früheren Stadien der Sozialentwicklung. Die Ursprünge polit. Herrschaft liegen bereits bei den Häuptlingstümern, aus denen sich die ersten bekannten primitiven Staaten und primären archai. Zivilisationen entwickelt haben. Aber erst seit dem späten MA. bildete sich in Europa mit zunehmender Verselbständigung und Komplizierung einzelner Lebensbereiche (→Wirtschaft, →Militär u.a.) und einer damit einhergehenden →Säkularisierung der polit. Ordnung (→Politik) der frühmoderne und alsbald der moderne S. heraus, der aus der nunmehr »bürgerl.« →Gesellschaft heraustritt, aber mit ihr in engem Zusammenhang steht und seine innere wie äußere Souveränität beansprucht als Bedingung des inneren und äußeren →Friedens.
Als organisierte polit. Wirkungs- und Entscheidungseinheit (H. Heller) ist er in seiner Tätigkeit *auf die Gesellschaft bezogen.* Er kann dabei sehr unterschiedl. Gestalt annehmen: Seine Wirksamkeit kann sich die gesamte Gesellschaft unterwerfen und alle Freiräume ersticken (totaler S., →Totalitarismus) oder sich auf die Gewährleistung von Ruhe und Ordnung der frei konkurrierenden Bürger beschränken (»Nachtwächters.«); die Herrschaftsbefugnisse in ihm können unbeschränkt von einem Souverän beansprucht oder nach Maßgabe einer machtbeschränkenden →Verfassung in Form von Kompetenzen auf verschiedene S.sorgane verteilt sein.

*II.* Die *gegenwärtige polit. Ordnung* in der Bundesrepublik Deutschland und ihren westl. Nachbarländern stellt einen demokrat. Verfassungss. dar (→Demokratie). Er vereinigt die Gewährleistung von Grund- und →Menschenrechten, die Prärogative (das Vorrecht zur Bestimmung) des frei gewählten Parlaments (→Parlamentarismus), die Trennung und gegenseitige Verschränkung der S.sfunktionen Gesetzgebung, →Verwaltung und Rechtsprechung (sog. Gewaltenteilung) und die Gesetzesbindung aller S.sgewalt (→Gesetz). Von Volkssouveränität als unbeschränkter Herrschaftsgewalt im demokrat. Verfassungss. kann deshalb im strengen Sinne nicht gesprochen werden; auch das →Volk besitzt *in ihm* nur die verfassungsrechtl. vorgesehenen Kompetenzen (→Demokratie).

*III.* Der moderne S. der Industriegesellschaft (→Industrie) hat sich heute zum *Wohlfahrtss.* entwickelt (→Sozialstaat), der vorsorgt, versorgt und damit auch die nachteiligen Folgen der von ihm garantierten sozialen und wirtschaftl. Ordnung für das Leben des einzelnen und der Gesamtgesellschaft zunehmend nur noch nachträgl. ausgleicht. Dem entspricht allerdings eine *Erwartungshaltung,* die den S. zum Letztadressaten für jegl. Unbill und alle Ansprüche macht. Der S. wird so polit. verantwortl. gemacht für die sozialen, ökolog. (→Ökologie) und anderen Folgen von gesellschaftl. (insbes. wirtschaftl.) Prozessen, die autonom geworden sind. Zugleich kann er als demokrat. Verfassungss. auf diese nur beschränkt einwirken. Diese Diskrepanz führt zu einer permanenten *Selbstüberforderung* des S.s und kann schließl. zum Sprengsatz seiner Ordnung werden (Unregierbarkeit, Legitimationskrise [→Legalität und Legitimität]). Die gegenwärtige Krise der Arbeitsgesellschaft (→Arbeit) zieht deshalb notwendig die Krise des Wohlfahrtss.es nach sich, birgt aber womögl. auch die Chance in sich, Abschied zu nehmen von der gesellschaftl. Selbsterzeugung der hohen Sozialkosten und vom bloß kompensator. Wohlfahrtss., der soziale Existenzprobleme in technisierte Geldbeziehungen auflöst und die Gesellschaft immer mehr entsolidarisiert.

*Lit.: E.-W. Böckenförde:* Gesellschaft, Freiheit, Frankfurt/M. 1976. – *W. Hennis u.a. (Hg.):* Regierbarkeit, 2 Bde., Stuttgart 1977 und 1979. – *N. Luhmann:* Polit. Theologie des Wohlfahrtss.es, München 1981. – *M. Kriele:* Einführung in die S.slehre, Reinbek 1975. – *E. R. Service:* Ursprünge des S.s und der Zivilisation, Frankfurt/M. 1977.

*Wolfgang Meyer-Hesemann*

## *B. Ethisch*

### *I. Grundsätzliches*

*1. Religion und →Ethik* haben zu allen Zeiten die innere Begründung (Legitimation) von polit. →Macht und →Herrschaft wie die Begrenzung staatl. Gewalt (→Widerstandsrecht) thematisiert. Inwiefern vor der →Neuzeit begriffl. von einem Staat zu reden ist, ist strittig. Die älteren Begriffe Gemeinwesen (res publica), Bürgerschaft (civitas), Herrschaft (imperium) und Königtum (regnum) werden seit der →Renaissance abgelöst. Die polit. Ordnung, das Ziel der Herrschaft (Verwirklichung des →Guten und Gerechten) und die Bedeutung des →Rechts wurden seit jeher in der Philosophie bedacht (→Platon, →Aristoteles). Dabei ist die Geschichtlichkeit des jeweiligen S.s und die Wandelbarkeit von S.sformen (Monarchie, Republik, →Demokratie) zu beachten.
2. Die *heutige Diskussion des S.s* hat zu bedenken, daß der S. nicht einziger Inhaber polit. Macht ist. Auch →Wirtschaft, →Parteien und Verbände sowie übernationale Organisationen (→Internationalismus) sind Machtzentren. Damit stellt sich die Frage der inneren und äußeren Souveränität (Hoheitsrechte) des S.s neu. Die Aufgaben des S.s sind entspr. den geschichtl. und gesellschaftl. Verhältnissen zu bestimmen. Die klass. Aufgabe des S.s, für →Frieden und →Ordnung (vgl. die Formeln: pax et tranquillitas, iustitia et pax) zu sorgen, ist angesichts der Entwicklung der techn.-wissenschaftl. Zivilisation ständiger Veränderung unterworfen. Die Friedenssicherung (→Frieden) nach außen und die Existenzsicherung nach innen (Wohlfahrtss., →Sozials., der S. als Verwalter der Daseinsvorsorge der Bürger) verbinden sich mit Anforderungen an den →Rechtss. und Kulturs. Die Anforderungen an die Legitimation des S.s in der Anerkennung seitens der Bürger und in einem

polit. →Konsens werden durch die Ausweitung der S.saufgaben gesteigert.

*II. Geschichtlicher Rückblick*

Die Beurteilung des S.s durch die theol. Ethik greift auf überlieferte Kriterien und Modelle zurück.

*1.* Die Beurteilung des Königtums und des charismat. Führertums (→Charisma) im →*AT* ist mehrdeutig. Neben einer nahezu sakralen Begründung vor allem des david. Königtums (→David) findet sich eine prinzipielle Kritik an polit. Herrschaft und an der Monarchie. Im →*NT* finden sich nur wenige ausdrückl. Äußerungen zum Verhältnis von christl. →Glauben und polit. Macht. Die Zinsgroschenfrage (Mk 12,13ff.) sowie das Gebet für den Herrscher (1 Tim 2,2; 1 Petr 2,13) relativieren angesichts der bevorstehenden Gottesherrschaft und unter Erinnerung an den Herrschaftsanspruch Gottes die staatl. Autorität (eschatolog. Relativierung; →Eschatologie, →Reich Gottes). Als grundlegender Schriftbeleg für den Gehorsam des Christen dient die Anerkennung der Obrigkeit als Anordnung Gottes (Röm 13) in der Auslegungsgeschichte. Sie wird zur Kernbelegstelle für den Untertanengehorsam und für die Einsetzung der Obrigkeit durch →Gott. Dagegen sieht Offb 13 in der polit. Macht den Repräsentanten des Antichristen. Die große Spannweite der NT-Aussagen zur Deutung des S.s war so lange weniger gewichtig, als die S.smacht nicht in den Händen von Christen lag. Mit der →konstantin. Wende stellte sich das S.sproblem daher neu (eusebian. Reichstheologie).

*2.* Die *nachkonstantin. Kirche* begründete das S.sverständnis mit Hilfe des →Naturrechts. Das klass. kath. Verständnis begreift den S. als allgemeinmenschl. Phänomen und versteht den S. auf Grund der christl. Aufnahme der aristotel. Lehre von der Sozialnatur des Menschen her (→Aristoteles; →Thomas von Aquin). Das Naturrecht begründet und begrenzt den S. (→Widerstandsrecht; Schutz des →Gewissens gegen totalitäre Beanspruchung durch staatl. Macht). Ziel des S.s ist die Verwirklichung des →Gemeinwohls (das bonum commune). Im 19. Jh. wurde die S.stheorie als Lehre von der societas perfecta (vollkommene Gesellschaft) ausgebildet. Seit Papst Leo XIII. wird die Neutralität der Kirche gegenüber den S.sformen betont, während bis dahin die christl. Monarchie bevorzugt wurde. Die Pastoralkonstitution »Gaudium et spes« (Nr. 42) des 2. →Vat. Konzils stellt die heutige Sicht mit der Bejahung von Rechtss., →Menschenrechten, Gewaltenteilung, Demokratie dar. Die kath. →Soziallehre sieht ihr S.sverständnis als Mitte, Drittes zwischen →Individualismus (→Liberalismus) und Kollektivismus (→Kommunismus).

*3.* Die →*Reformation* hat gegen das MA. die Weltlichkeit und Eigenständigkeit der staatl. Herrschaft betont (M. →Luther, Von weltl. Obrigkeit, 1523; →Zweireichelehre). Das Amt der Obrigkeit ist unmittelbar von →Gott eingesetzt und wird nicht von der Kirche verliehen. Die Obrigkeit wird ganz personal gedacht. Der Oberherr ist Landesherr, Landesvater (Patriarchalismus). Diese personalist. Sicht von Obrigkeit, die noch durch Bischof O. Dibelius 1956 geltend gemacht wurde, machte es dem →Luthertum schwer, Verständnis zu finden für Demokratie, institutionelle Regelungen der →Verfassung und die Herrschaftsbefristung durch Wahlen. →malvin bevorzugte, verglichen mit Luther, zwar die Aristokratie als S.sform. Die Demokratie gründet freil. nicht in der reform. S.sidee, sondern in einem Gemeindeideal, das alle Bürger ohne Ansehen der Person der →Kirchenzucht unterwarf.

*4.* Die →*Neuzeit* brachte einen tiefgreifenden Wandel im S.sverständnis. a) Die traditionelle Lehre von der Einsetzung der Obrigkeit durch Gott wird durch *Vertragstheorien* ersetzt (Th. →Hobbes, J. →Locke, J. J. →Rousseau). Der S. beruht auf Vereinbarungen, dem »Vertrag« der Bürger (Volkssouveränität). Daher kann eine Gesellschaft S.sform und Verfassung ändern (→Revolution). b) Der rel. und konfessionelle →*Pluralismus* führt zur Preisgabe des Konfessionss.s. Die rel. Neutralität des S.s ist eine Forderung der →Toleranz und →Religionsfreiheit. Der S. wird säkular (→Kirche und S.). c) Die *techn.-wissenschaftl.* Entwicklung führt zu einer Erweiterung der S.saufgaben in Daseinsvorsorge, →Wirtschaft, →Wissenschaft usw.

*5.* Die Auseinandersetzung mit dem *Totals.* des Dritten Reiches (→Nationalsozialismus) und der →*Kirchenkampf* bewirkten eine Neufassung der ev. S.sauffassung (in der 5. Barmer These). Der S. wird funktional an seinen Aufgaben gemessen und nicht mehr metaphys. von einem (zeitlosen) Wesen her erfaßt. Damit werden Achtung der →Menschenwürde und Anerkennung der Freiheit der Bürger zur obersten Norm der Beurteilung des S.s. Die theol. Begründung des S.s, bei K. →Barth aus der →Christologie (Königsherrschaft Christi) und polit. →Predigt, polit. →Gottesdienst und damit die Stellung zur staatl. →Autorität sind freil. seit dieser Zeit strittig. Für das Luthertum ist der S. »Notverordnung«, nicht Gleichnis des Gottesreiches, notwendig vornehml. zur Eindämmung des →Bösen (remedium peccati).

*III. Ausblick*

Die geschichtl. Entwicklung hat die Einsicht vermittelt, daß zwischen S.sverständnis und Menschenverständnis eine Wechselwirkung besteht. Achtung von Personwürde, Menschenrechte und Freiheit der Bürger machen auch für den christl. →Glauben eine Nähe zu *gemäßigten S.sformen* evident – in Abgrenzung zu absolutist. und totalitären S.sformen (→Diktatur). Die Eindämmung der Macht durch Gewaltenteilung trägt dem Rechnung. Dies fordert die Aufmerksamkeit für die institutionelle Verfaßtheit (→Verfassung) eines S.s und nicht nur für die persönl. Ausübung von Macht (vgl. die Denkschrift der Ev. Kirche in Deutschland »Ev. Kirche und freiheitl. Demokratie«, 1985). Die jeweilige Ausgestaltung der Verfassungswirklichkeit ist Sache der →Vernunft, der Konsensbildung in allg. einsichtig zu machenden eth. Kriterien (Menschenrechte, Menschenwürde, Freiheitswahrung, Gemeinwohl, soziale Gerechtigkeit, Friede, Umwelterhaltung u.a.), mißt den S. an den Ansprüchen von Recht und Gerechtigkeit und sieht in der staatl. Organisation von Herrschaft nicht nur ein Instrument, sondern eine *sittl. Aufgabe.* Diese Aufgabe ist notwendig, um das Recht zu schützen und der Anarchie durch die Durchsetzung des staatl. Gewaltmonopols zu wehren. Angesichts der weltweiten Abhängigkeit der S.en voneinander stößt freil. die Wahrnehmung der S.saufgaben im Nationals. (→Nation) an Grenzen und wird die Ausgestaltung einer neuen internationalen polit. Ordnung dringl. (→Internationalismus).

*Lit.: H. Dombois/E. Wilkens:* Macht und Recht. Beiträge zur luth. S.slehre der Gegenwart, Berlin 1956. – Ev. Kirche und freiheitl. Demokratie. Der S. des Grundgesetzes als Angebot und Aufgabe. Eine Denkschrift der EKD, Gütersloh 1985. – *N. Hoerster (Hg.):* Klass. Texte der S.sphilosophie (dtv 6067), München, 2. Aufl. 1979. – *M. Honecker:* Ev. Theologie vor dem S.sproblem, Opladen 1981. – *M. Jacobs (Hg.):* Die ev. S.slehre (Quellen zur Konfessionskunde, Reihe B, Heft 5), Göttingen 1971. – *E. Jüngel u.a. (Hg.):* Ev. Christen in unserer Demokratie (GTB 580), Gütersloh 1986. – *A. Klose:* Kath. Soziallehre, Graz 1979. – *G. Lindgens (Hg.):* Freiheit, Demokratie und pluralist. Gesellschaft in der Sicht der kath. Kirche, Stuttgart 1985. – *W.-D. Marsch:* Die Freiheit planen. Christl. Glaube und demokrat. Bewußtsein, Göttingen 1971. – *W. Schweitzer:* Der entmythologisierte S., Gütersloh 1968. – *Ders. (Hg.):* Das Zeugnis der Kirche in den S.en der Gegenwart, Frankfurt/M. 1979.

*Martin Honecker*

## Staatskirchenrecht

### *A. Begriffe*

Das S. regelt die *Beziehungen zwischen →Kirche und →Staat* (→Kirche und Staat) durch staatl. Normen im Rahmen des öffentl. →Rechts. Es setzt den Rahmen, in dem sich die rel. Bedürfnisse des einzelnen und das Leben der Religionsgemeinschaften (bzw. –gesellschaften) entfalten können. Es ist wesentl. geprägt von einer Spannung kirchl. →Freiheit und Einfügung in die staatl. Gesamtordnung. Die über diese Materie hinausgehende Gesamtheit der Rechtsnormen, die im Zusammenhang mit individuellen oder korporativen rel. Interessen stehen (z.B. im bürgerl. Ehe- und Familienrecht, im Straf- oder Arbeitsrecht), wird als »staatl. Religionsrecht« (P. Mikat) bezeichnet. Einen weiteren, sich nur partiell mit dem S. überschneidenden Bestand staatl. Rechtsnormen, der (z.B. in Präambeln, verfassungsrechtl. verankerten Erziehungsgrundsätzen u.ä.) ein unmittelbares rel. →Interesse des Staates repräsentiert, kann als »rel. Staatsrecht« (H. Lübbe) bezeichnet werden, das zivilrel. Ursprünge und Funktion im säkularen Staat besitzt.

### *B. Die deutsche Entwicklung*

*I.* Normen über die Stellung der Religion im Staate bildeten sich bereits infolge der rel. Kämpfe des 16. Jh.s aus. Das kirchenpolit. System des Grundgesetzes (GG) wurzelt aber stärker im damals noch sog. *Kirchenstaatsrecht* des Spätabsolutismus des *18. Jh.s.* Es hat seither verschiedene, eng mit den Wandlungen der Sozial- und Staatsordnung einhergehende Veränderungen erfahren, welche gegenüber dem institutionellen Moment immer mehr die individuelle Glaubensfreiheit stärkten, die enge Bindung des Staates an eine best. Religionsgemeinschaft lösten, der inneren Selbständigkeit der Religionsgemeinschaften Achtung und der Bedeutung des rel. Elements für die soziale und polit. Ordnung Anerkennung verschafften.

*II.* Die Väter des GG vom 23. Mai 1949 haben nach langwierigen Auseinandersetzungen als Kompromiß, aber deswegen nicht weniger klar und tragfähig, die bereits ihrerseits kompromißhaften Bestimmungen der Verfassung des Dt. Reiches vom 11. Aug. 1919 teilweise inkorporiert (Art. 140 Grundgesetz [GG]), daneben aber das Grundrecht der Religions- und Weltanschauungsfreiheit neu formuliert (Art. 4 Abs 1 und 2 GG) sowie Diskriminierungsverbote und Neutralitätsverbürgungen (Art. 3 Abs 3 und Art. 33 Abs. 3 GG), Regelungen zum →Religionsunterricht und zur →Schule (Art. 7 Abs 2, 3 und 5, Art. 141 GG) und zur Frage der Fortgeltung des Reichskonkordats vom 20. Juli 1933 (Art. 123 Abs. 2 GG) eingefügt. Ergänzt wird die staatl. Rechtssetzung durch eine in der Gegenwart zunehmende Zahl von Verträgen des Staates mit der Kirche (→Konkordate und Kirchenverträge). Die Verfassung der DDR vom 7. Okt. 1974 verbürgt in Art. 39 jedem Bürger das Recht, in Übereinstimmung mit der Verfassung und den gesetzl. Bestimmungen sich zu seinem rel. Glauben zu bekennen und rel. Handlungen auszuüben. Sie berechtigt die Kirchen und andere Religionsgemeinschaften, in den bereits erwähnten Schranken ihre Angelegenheiten selbst zu ordnen und ihre Tätigkeit auszuüben. Vereinbarungen zwischen Staat und Kirche sind möglich.

### *C. Trennung von Kirche und Staat*

*I.* Das S.ssystem des GG kann als eines der »*hinkenden Trennung*«, der »Distanz« von Kirche und Staat oder der »offenen Neutralität« des Staates charakterisiert werden. Es fordert Zurückhaltung des Staates im Verhältnis zu den einzelnen Religionsgemeinschaften, schließt aber aktive Beziehungen des Staates zu den rel. und weltanschaul. Gruppen (zwischen denen er keine willkürl. Unterscheidungen treffen darf – Parität) nicht aus. Der öffentl. Wirkung der Kirchen wird in diesem System Rechnung getragen durch die Zuerkennung des bes. Rechtsstatus als eigenartige Körperschaften des öffentl. Rechts (→Kirche und Staat).

*II.* Die Religionsgemeinschaften haben das Recht, innerhalb der Schranken des für alle geltenden Gesetzes ihre inneren Angelegenheiten selbständig zu regeln. Dieses *Selbstbestimmungsrecht* umfaßt nach der Rechtsprechung des Bundesverfassungsgerichts alle Maßnahmen, die im Gefolge der vom kirchl. Grundauftrag her best. Aufgaben zu treffen sind, z.B. die Vorgaben struktureller Art, die Personalauswahl (Ämterautonomie, →Amt) und die mit all diesen Entscheidungen untrennbar verbundene Vorsorge zur Sicherung der rel. Dimension des Wirkens im Sinne des kirchl. Selbstverständnisses. Die *Schranke* des für alle geltenden Gesetzes bilden staatl. Normen, die entweder grundlegende Ordnungen des Staates sichern, oder solche, die ihrer Natur nach die kirchl. Interessen nur an speziellen sachl. Punkten berühren, ohne sie aber im entscheidenden rel. Bezug einzuengen. Die Einhaltung dieser Schranken und die Überprüfung von Maßnahmen außerhalb des Bereiches der innerkirchl. Angelegenheiten obliegt entweder der staatl. Aufsicht oder der Justiz.

*D. Offene Fragen*

Es ist unbestritten, daß nicht zuletzt auf Grund der Erfahrungen im Dritten Reich das S.ssystem der Bundesrepublik Deutschland von *hohem Wohlwollen* gegenüber den Religionsgemeinschaften getragen ist und zu einem partnerschaftl. Verhältnis von Kirche und Staat geführt hat. Einzelne *Konflikte* (etwa zur Lehrfreiheit von Theologen) haben jedoch die rechtstheol. Frage aufgeworfen, ob die Neutralität des demokrat. Staates die berechtigten Interessen und Rechte einzelner und kleiner Gruppen innerhalb der Kirchen gegenüber der starken Stellung leitender Institutionen immer noch hinreichend wahrt. Die Frage kann z.B. gestellt werden, wer die rel. Dimension offiziell kirchl. Handelns von anderen Dimensionen inhaltl. abzugrenzen weiß, zumal dann, wenn einzelne und kleine Gruppen Mittel gegen sich gerichtet sehen, die der Staat den Kirchen zur Erfüllung ihres Auftrags zur Verfügung stellt (→Kirche und Staat).

*Lit.: A. von Campenhausen:* S., München, 2. Aufl. 1983. – *E. Friesenhahn/U. Scheuner (Hg.):* Handbuch des S.s der Bundesrepublik Deutschland, 2 Bde., Berlin 1974. – *H. Lübbe:* Staat und Zivilreligion, in: *N. Achterberg (Hg.):* Legitimation des modernen Staates, Wiesbaden 1981, 40. – *P. Mikat (Hg.):* Kirche und Staat in der neueren Entwicklung, Darmstadt 1980.

*Wolfgang Meyer-Hesemann*

**Stabat mater**

*A.* Neben den 4 berühmten Sequenzen (Victimae paschali laudes [→Ostern], Lauda Sion salvatorem [Fronleichnam], Veni sancte spiritus [→Pfingsten], Dies irae [→Requiem]), die das →Konzil von Trient aus dem reichen ma. Liederschatz liturg. Festformularen zuordnete, hat seit 1727 das *»S.m. dolorosa«* (»Es stand die Mutter schmerzensvoll«) am Fest der Sieben Schmerzen Mariä einen Platz erhalten. Seit 1970 kann es vor dem Evangelium am 15. Sept. gesungen werden. Die Sequenz, in der Karolingerzeit (wie der Tropus) eine Prosadichtung auf die Jubilus-Melismen (»Jubel-Melodien«) des Alleluja-Verses, nähert sich im MA. dem regelmäßigen Versaufbau und Endreim und legt sich zuletzt auf die dreizeilige Strophenform fest, wobei die Melodie nach 2 Strophen als Doppelversikel jeweils wechselt.

*B.* Das S.m. stammt aus dem *franziskan. Gedankengut,* wurde wahrscheinl. von Jacopone da Todi (gest. 1306) verfaßt und durch die Bußbewegung der Geißler in Rom bekannt. In den 10 dreizeiligen Doppelstrophen soll sich der Gläubige in die Seelenregungen der Mutter Jesu unter dem →Kreuz versenken, ihren Schmerz miterleben, Reue empfinden und um die Aufnahme ins Paradies bitten. Der lat. Text hat eine starke Anziehungskraft ausgeübt: er wird schon im MA. ins Dt. *übersetzt* und später in unterschiedl. Liedfassungen verbreitet. Klopstock, Wieland, Simrock u.a. versuchen poet. Übertragungen, ohne jedoch die Dichte und Tiefe des Originals zu erreichen. Im heutigen kath. Gesangbuch ist eine Fassung von H. Bone (1847) in Gebrauch (Gotteslob 584 »Christi Mutter stand mit Schmerzen«).

*C.* In allen kirchenmusikal. bedeutenden Zeiten ist das S.m. eine beliebte Textgrundlage für *Vertonungen,* die die expressiven Aussagen in affektgeladenen Tönen ausdrücken: als A-capella-Chorwerk (→Josquin Desprez, G. P. da →Palestrina); als kantatenartige Reihung von lyr. Arien (→Kantate), einer dramat. Szene und zusammenfassenden Fuge (A. Steffani, G. B. Pergolesi 1736 für Sopran, Alt, Streichorchester); z.T. mit großbesetztem Orchester (J. →Haydn 1767, G. Rossini 1831/41, A. Dvorak 1876 mit folklorist Zügen, G. →Verdi 1896 in Quattro Pezzi sacri) bis in die neuere Zeit (F. Poulenc 1950, K. →Penderecki 1962).

*Lit.: K. G. Fellerer (Hg.):* Geschichte der kath. Kirchenmusik, Bd. I/II, Kassel 1972/76.

*Martin Rößler*

**Stadt, Großstadt**

*A. Soziologisch*

*I.* S. ist ein mehrdimensionaler *Beziehungsbegriff* zu →Land und Dorf, wird aber in den →Sozialwissenschaften (einschl. der →Volkskunde, »Großstadtvolkskunde«, Gegenwartsvolkskunde) *nicht einheitl.* gebraucht. Bedeutung erlangt haben die Minimaldefinition von S. »als eine relativ große, dicht besiedelte und dauerhafte Niederlassung gesellschaftlich heterogener Individuen« (L. Wirth) und diejenige von H. P. Bahrdt, der die moderne Großs. als eine Ansiedlung begreift, »in der das gesamte, also auch das alltägl. Leben die Tendenz zeigt, sich zu polarisieren, d.h. entweder im sozialen Aggregatzustand der Öffentlichkeit oder in dem der Privatheit stattzufinden«. Bei den vielfältigen Versuchen, S. zu definieren, sind fünf Verfahrensweisen üblich.

*II.* Unter der *Klassenbildung* (Verfahren 1) ist am gängigsten die Einteilung der →Gemeinden nach *Bevölkerungszahl und Siedlungsdichte.* Unabhängig von der Vergabe des S.rechts gilt nach der statist. Definition in der Bundesrepublik Deutschland jede Siedlung mit mehr als 2.000 Einwohnern als S., wobei man Lands. (2.000-5.000 Einw.), Kleins. (5.000-20.000 Einw.), Mittels. (20.000-100.000 Einw.), Großs. (über 100.000 Einw.) und evtl. noch Millionen- oder Welts. (über 1 Mill. Einw.) unterscheidet. Problematisch an einer rein quantitativen Klassifizierung ist u.a. die Ausblendung qualitativer Sozialmerkmale.

*III.* Klass. Konstruktionen von *Idealtypen* (Verfahren 2) der S. stammen zum einen von F. Tönnies (1855-1936), der – entlang der Dichotomie von →Gemeinschaft und →Gesellschaft – die formale, unpersönl. und rationale *Zweckassoziation* der S. der gewachsenen und gefühlsmäßigen Verbundenheit des dörfl. Zusammenlebens gegenüberstellte; zum anderen von M. →Weber, der die S. der Antike und des →MA.s als »Sitz der Frömmigkeit« (auch »die frühchristl. Religiosität ist städt. Religiosität«), die S. der →Neuzeit als »Träger des *modernen Rationalismus*« erkannte. Zum idealtyp. Strukturmuster der abendländ. S.gemeinde rechnet er – in Absetzung vom Dorf – folgende Elemente: die Vorherrschaft von Handels- und Gewerbebeziehungen innerhalb eines klar abgegrenzten und durch eine Befestigung geschützten Siedlungsverbandes, eine legale, relativ selbständige Verwaltungsbehörde und ein Gericht mit (zumindest teilweiser) Rechtsautonomie, insbes. einen regelmäßigen Markt. In der sozialen Wirklichkeit kommen diese Idealtypen ebensowenig rein vor wie andere Typen der S.
Beigetragen haben die Idealtypen aber zur empir. Überprüfung sowohl der aufgestellten *Merkmalskombinationen* (Verfahren 3) als auch der Wechselbeziehung weiterer Charakteristika: Konzentration einer relativ großen Bevölkerungszahl auf einen beschränkten Siedlungsraum; Erwerbstätigkeit vor allem im Gewerbe- und Dienstleistungssektor, verbunden mit der Trennung entspr. Funktionsräume, so daß die S. einem »Mosaik sozialer Welten« gleicht (L. Wirth); Naturferne mit entspr. »Künstlichkeit« der sozialen Umgebung; Heterogenität der Bevölkerung mit starken Unterschieden in der sozialen Schichtung und relativ hoher horizontaler und vertikaler →Mobilität; starke Ausprägung von flüchtigen und tendenziell anonymen Sozialbeziehungen, die sowohl soziale Distanz und →Einsamkeit als auch plurale, mit hoher →Toleranz versehene Lebensformen begünstigen. Diese Merkmale verschaffen sich auch Ausdruck in entspr. Formen des →Wohnens und der →Architektur (z.B. große Kirchen, Verwaltungsgebäude, Kaufhäuser, Banken, Bahnhöfe, Straßen, Plätze und Passagen), machen die S. zum sozialen Ort von Modernität (→modern), haben aber auch kulturpessimist. Sozialkritik hervorgerufen (z.B. S. als »Eiterbeule« [P. Rosseger] oder als »Kloake« [M. Gotthelf]).

*IV.* Der tiefgreifende Strukturwandel der modernen Gesellschaft und entspr. Untersuchungen haben jedoch dazu geführt, die traditionelle Dichotomie von S. und Land durch die Vorstellung eines *Kontinuums* mit fließenden Übergängen zwischen diesen beiden Extremen zu ersetzen (Verfahren 4). Allerdings vermag ein solches Kontinuum nicht alle Siedlungsweisen und deren Veränderungen zu erfassen. Zwar laufen immer deutlicher gewisse Angleichungsprozesse ab, z.B. durch die Industrialisierung des Agrarsektors oder die Ablösung der Landwirtschaft durch Fremdenverkehr (→Tourismus); aber solche Prozesse lassen sich kaum unter die Kategorie der Verstädterung bringen ( man denke an Wohnsiedlungen, Pendlergemeinden, sog. Trabantenstädte, und kleine Fremdenverkehrsorte ohne Landwirtschaft).
So wächst in den →Sozialwissenschaften die Neigung, die traditionellen Vorstellungen von S. als Gegensatz von Land aufzulösen und nur noch als eine Verknüpfung von *raumbezogenen Strukturmerkmalen* (Verfahren 5) unter vielen anderen empir. Kombinationsmöglichkeiten zu begreifen und auf seine wechselseitigen Beziehungen mit anderen Elementen sowie auf den Zusammenhang von Raumgestaltung und Sozialverhalten zu befragen.

*V.* Trotz aller Vorbehalte der Polarität sowie dem Kontinuum von S. und Land gegenüber sind die nach wie vor vorhandenen *Unterschiede* (bis hin zu denjenigen der »Kirchentreue«) kaum zu übersehen, und jede menschl. Siedlung tendiert dazu, sich auf einen der beiden Bezugspole auszurichten. S. als Konzentration großer Menschenkonglomerate ist nicht nur Wohngebiet und Arbeitsstätte, sondern auch »der initiator. und beherrschende Mittelpunkt des ökonom., polit. und kulturellen Lebens" (L. Wirth). Diese *Mittelpunktkonzentration* befördert – z.B. an best. Einkaufstagen auch punktuell – die Bevölkerungsgröße, -dichte und -heterogenität und damit auch die Herausbildung einer von der Privatsphäre scharf abgegrenzten Interaktionssphäre der →Öffentlichkeit, d.h. einer offenen oder »unvollständigen Integration« (H. P. Bahrdt) von unterschiedl. sozialen →Normen, →Werten, kommunikativen Stilen und Ausdruckformen, von unverbindl. und distanzierten sozialen Kontakten in einem zumeist reizüberfluteten »Gewimmel« untereinander wenig bekannter Menschen (vgl. den alltägl. Sprachgebrauch: S. als S.zentrum oder »City«). Zusammen mit dem Bestreben, die Privatssphäre von den übrigen Lebensbereichen abzuschotten, liegt hierin vielleicht eines der zentralen Momente eines sozialkulturellen Verhaltensmusters, was mit »Urbanismus« oder *Urbanität* als Lebensform gemeint ist und über zahlreiche Vermittlungskanäle freil. auch die Bevölkerung von Land und Dorf sowie zahlreicher anderer Siedlungsformen nicht unberührt läßt.

*Lit.: P. Atteslander/B. Hamm (Hg.):* Materialien zur Siedlungssoziologie, Köln 1974 (Lit.). – *H. P. Bahrdt:* Die moderne Großstadt, München, 3. Aufl. 1974. – *A. Hahn/ H.-A. Schubert/H.-J. Siewert:* Gemeindesoziologie, Stuttgart/Berlin/ Köln/Mainz 1979 (Lit.). – *U. Herlyn (Hg.):* S.- und Sozialstruktur, München 1974 (Lit.). – *A. Jansen:* Die Kirche in der G., Freiburg/Basel/Wien 1969. – *H. Kötter:* S. und Land, in: Der Bürger im Staat 33 (1983), 147-151. – *H. Korte:* S.soziologie, Darmstadt 1986 (Lit.). – *M. Weber:* Wirtschaft und Gesellschaft, Tübingen, 5. Aufl. 1972, 275- 279; 287f.; 727-814.

*Michael N.Ebertz*

*B. Literarisch*

Eine die G. thematisierende Dichtung entstand in Deutschland erst nach 1880 im Gefolge stürm. Industrialisierung und ihrer immensen Bevölkerungsballungen. Der →*Naturalismus* schuf eine »soziale Dichtung«, die sich auf das vom flachen Land eingeströmte, entwurzelte Arbeiterproletariat (A. Holz, K. Henckell, B. Wille, R. Dehmel, J. Hart) bezog. Wo sozialkrit. Engagement aus Mitleid und Empörung über ein menschenunwürdiges Dasein (materielle Not, Wohnelend, Vermassung) fehlte, wie in den bürgerl.-elitären Reaktionsformen Neuromantik (→Romantik), →Symbolismus und →Jugendstil, entstand keine nennenswerte G.literatur. Der antinaturalist. wie antiästhetizist. →*Expressionismus* besaß ein *zwiespältiges Verhältnis* zur G.: Sie wird wegen ihres Erlebnispotentials emphat. als lebenssteigernd gefeiert sowie als Fluchort, ird. Hölle dämonisiert; seine frühe Lyrik (1909-1914) bildete quantitativ wie rangmäßig den Höhepunkt dt. G.dichtung (G. Heym, E. Stadler, G. Benn, J. R. Becher, M. Herrmann-Neisse). Im einzigen dt. G.roman von Weltrang, *A. →Döblins* noch expressionist. Geist atmendem »Berlin Alexanderplatz« (1929), figuriert die G. als »große Hure« und »die Babel«, wobei der theol. Gehalt weit über bloße Anspielungen auf das AT hinausgeht. Die →*Neue Sachlichkeit* der 20er Jahre dagegen entdämonisierte die G. (E. Kästner »Fabian«, 1931), die erstmals als moderne Lebensform positiv erlebt und prinzipiell akzeptiert wird. Die »*Arbeiterdichtung*« (P. Zech, M. Barthel, O. M. Graf, W. Bauer) verband G. und Industriearbeit, artikulierte einen Stadt-Land- als Werktag-Sonntag-Gegensatz: Natur als Sehnsuchtssymbol und Wunschbild. Die *Belletristik* des →Nationalsozialismus mit ihrer Vorliebe für »Blut und Boden« mied das Thema G. *Nach 1945* wurde die G. zum selbstverständl. Raum menschl. Existenz, ja zu einer Art Heimat: Die soziol. Anpassung scheint abgeschlossen, damit zugleich das literar. Schreckbild G. erledigt (W. Borchert, M. L. Kaschnitz, G. Eich, G. Grass, G. B. Fuchs). Der initiale Schock, das Grauen vor und Leiden an ihr, Klage und polit. Anklage verschwinden aus der Literatur.

*Lit.: V. Klotz:* Die erzählte Stadt, München 1969. – *K. Riha:* Dt. G.lyrik, München 1983 (Lit.). – *W. Rothe (Hg.):* Dt. G.lyrik vom Naturalismus bis zur Gegenwart, Stuttgart 1973.

*Wolfgang Rothe*

## Stammesreligionen

*A.* Der *Name* »S.« fungiert als religionswissenschaftl. Fachwort, doch nur so lange, bis ein besserer gefunden sein wird. Warum brauchen wir einen besseren?

*I.* →*Weltreligionen* stellt man »S.« gegenüber: Jene haben Millionen Gläubige, diese nur ein paar Tausend oder Hundert oder weniger. Für »S.« spricht ihre relative Überschaubarkeit: Ein ganzes Dorf lernt man besser kennen als einen halben Kontinent. Gegen »S.« wird mit der größeren Zahl argumentiert. Indessen gilt groß und klein in der Religionsforschung als untergeordnete Kategorie.

*II.* »Hochreligionen« heißt ein weiterer Kontrast zu »S.«. Er meint den Gegensatz von hoch und niedrig im Sinne von zivilisiert und unzivilisiert. Mit diesem Unterschied haben Forscher vor Jahrzehnten gearbeitet. Heute wissen wir, daß vieles, was sie voraussetzten, nicht haltbar war.
*1.* »Primitive Religionen« sagte man früher am liebsten. Gelehrte meinten damit altertüml. Religionen, der Urreligion am ähnlichsten. Heute weiß man: »Primitive« Religionen haben sich fortentwickelt wie andere. »Primitiv« meint aber auch ungebildet, ungeschliffen, unkultiviert. Seit wir jene Religionen genauer kennen, wissen wir, daß nichts dergleichen auf sie zutrifft.
*2.* »Naturreligionen« sagte man, um »primitiv« zu vermeiden. Positiv meinte man die naturnahen Lebensformen jener Gläubigen. Negativ wird der Name als Gegensatz zu »→Kultur«: Einer »Naturreligion« traut niemand »echte« Kultur zu.
*3.* »Schriftlose Religionen« soll »primitiv« wie »kulturlos« umgehen. Auch jene Gläubigen haben Kultur, wenn auch keine »Hochkultur« mit einer Schrift. Doch sollte man bedenken: »Schriftlos« bedeutet nicht »literaturlos«. Mündl. Überlieferungen sind über unser Erwarten reich und vielfältig. Gedruckt verlieren sie ihr Leben und werden Sezierstücke für Wissenschaftler.
*4.* Wer *»S.«* sagt, denkt eher an viel und wenig als an hoch und niedrig. Deshalb ist »S.« der beste Name, den wir zur Zeit haben. Er ist es aber nur auf dt. Gegen engl. »tribal religions« z.B. erheben viele Einspruch, weil niemand die Europäer in »tribes« einteilt.

*B.* Hoch und niedrig oder groß und klein sind Kategorien von außen. Zur sachgerechten Unterscheidung von Religionen gehören aber auch *rel. Merkmale.*

*I.* Was ist das an S. rel. Eigentümliche? Europäer haben diese Frage früh gestellt und verschieden beantwortet. Eine Antwort hieß z.B. »*Fetischismus*«, Verehrung lebloser Dinge (Fetische). Eine andere hieß →»*Animismus*«, Glaube an die Beseeltheit auch von Pflanzen und Dingen. Eine dritte hieß »*Dynamismus*«, Glaube an unpersönl. »Potenzen«, die man mit der Elektrizität verglich. Diese und andere Begriffe wurden in europ. Studierstuben ausgedacht. Je genauer man die Wirklichkeit von S. erforschte (Detail um Detail), desto mehr verloren sie an Gewicht. Heute sind sie eher für die Erforschung europ. Selbsteinschätzung geeignet als für die von S.

*II.* Was Menschen glauben, kann man nicht sehen. Deshalb irrt leicht, wer fremden Glauben zu charakterisieren trachtet. Sehen kann man rel. Tun, was Irrtümer einschließt. Was also ist *charakterist.* für das rel. Handeln in S.? Die Antwort: Niemals und nirgendwo wird missioniert. Hier begegnet uns der Gegensatz von partikular und universal. Universale heißen auch »Weltreligionen«, aber wegen ihres missionar. Zieles und nicht wegen der Statistik. Ob sie missionieren oder nicht, das ist ein inneres, kein äußeres Merkmal von Religionen, und es läßt sich eindeutig feststellen. Somit folgt als nächste Frage: Welche *Strukturen* lassen sich von der Tatsache her erschließen, daß S. →Mission nicht kennen?

*1.* Ihre *Mitgliedschaft* wird vererbt. Zugehörigkeit zur Religion deckt sich mit der Zugehörigkeit (durch Geburt oder Adoption) zu Stamm oder →Volk sowie zur gemeinsamen →Kultur. Eine →Konversion zur Religion allein scheint so unmögl. wie undenkbar.

*2.* Ihre *Lehre* ist demzufolge nicht auf Bekehrung zugeschnitten und nur teilweise öffentl. Je wichtiger ein Text, desto eher halten die →Priester ihn geheim. Weitere Unterschiede zu missionierenden Religionen zeigen sich anhand der drei Zeiten. Nach der *Vergangenheit* richten sich Religionen mit abgeschlossener →Offenbarung in bes. Weise. Wichtig ist sie jedoch für jede Religion: Aus der Urzeit stammt die Urordnung der Welt, Vätertraditionen oder Stifterworte liefern weitere Leitlinien. Von der *Zukunft* leben missionierende Religionen, die →Heil und Unheil als bevorstehend und für ewig erwarten. Von der *Gegenwart* leben S., in denen Heil und Unheil im Hier und Jetzt erfahren werden. Heil oder Unheil in der Gegenwart dauert nicht ewig. Mithin liegt alles daran, gegenwärtiges Heil zu verlängern, gegenwärtiges Unheil zu verkürzen. Tun ist folgl. weit wichtiger als Theoretisieren.

*3.* Ihr *rel. Handeln* macht sich sogar die Lehrüberlieferung dienstbar: Hl. Worte bewirken in rituellem Rahmen unmittelbar Heil. Und weil ihre Offenbarungen nicht als abgeschlossen gelten, erschließt sich den Gläubigen von S. durch Medien, in Trance, im →Traum und im Orakel der göttl. Wille in den Wechselfällen ihres Lebens.

*Lit.: Th. P. van Baaren:* Menschen wie wir, Gütersloh 1964. – *E. E. Evans-Pritchard:* Theories of Primitive Religion, Oxford 1965. – *F. Gölz:* Der primitive Mensch und seine Religion, Gütersloh 1963. – *V. Grønbech:* Primitive Religion I; *J. Prytz Johansen:* Primitive Religion II„ in: *P. Asmussen u.a. (Hg.):* Handbuch der Religionsgeschichte, Bd. 1, Göttingen 1971. – *J. Halifax:* Die andere Wirklichkeit der Schamanen, Bern/München 1981. – *F. Herrmann:* Symbolik in den Religionen der Naturvölker, Stuttgart 1961. – *W. Müller:* Indian. Welterfahrung, Frankfurt/M. 1981. – *Ders.:* Neue Sonne, Neues Licht, Berlin 1981. – *E. G. Parrinder u.a.:* Religions of Illiterate People, in: *C. J. Bleeker/G. Widengren (Hg.):* Historia Religionum, Bd. II, Leiden 1971. – *P. Radin:* Die rel. Erfahrung der Naturvölker, Zürich 1951. – *Ders.:* Primitive Religion, New York 1957.

*Hans-Jürgen Greschat*

**Stand.** Als St. wird eine große *gesellschaftl. Gruppierung* bezeichnet, die in sich (durch ihre Selbsteinschätzung und Lebensweise) und nach außen hin (durch die Einschätzung anderer) relativ geschlossen ist (z.B. der Adel). Stände hatten früher oft ungleiche Rechte, →Pflichten und →Funktionen, die durch →Gesetze und Vorschriften festgelegt waren. In Ständegesellschaften beherrschten St.esgliederungen die →Sozialstruktur, und die St.eszugehörigkeit des einzelnen blieb meist lebenslang durch seine »Geburt« festgelegt. Ständegesellschaften bestanden in Mitteleuropa bis ins 19. Jh. hinein. Dann ebnete die *Angleichung* von Bürgerrechten und die Industrialisierung (→Industrie) mit →Demokratisierungs-, Liberalisierungs- und →Mobilitätsprozessen die Barrieren zwischen dem Adel-, Bürger- und Bauernst. allmähl. ein. Andere sozialstrukturelle Gruppierungen, die →Klassen der →Arbeiter und Unternehmer, später berufl. verankerte →Schichten, traten in den Vordergrund. Freil. waren Arbeiter noch bis ins 20. Jh. hinein so benachteiligt und so wenig integriert, daß sie als »vierter St.« bezeichnet wurden. Wenn heute noch von Ständen gesprochen wird, dann im eingeschränkten Sinne von polit. organisierten und selbstbewußten Berufsgruppen (Ärztest., →Mittelst.).

*Lit.: K. M. Bolte/S. Hradil:* Soziale Ungleichheit in der Bundesrepublik Deutschland, Opladen, 5. Aufl. 1984. – *M. Weber:* Wirtschaft und Gesellschaft, Tübingen 1956, 177-180, 531-540.

*Stefan Hradil*

**Sterben**

*A.* Das St. bezeichnet die letzte Phase einer menschl. Lebensgeschichte. In ihr verdichten sich die widersprüchl. Einstellungen, die die →Gesellschaft und der einzelne zum →Leben und zum →Tod einnehmen. In med. Betrachtung erscheint das St. als *Zerfallsprozeß*, in dessen Verlauf die phys. und geistigen Kräfte eines Menschen schwinden. St. meint aber ebenso einen Lebensprozeß *intensiver Auseinandersetzung* des St.den mit sich selbst und mit seiner Lebenswelt. Indem die Rechtsprechung die Möglichkeit med. St.hilfe begrenzt und die →med. Ethik die Erhaltung der phys. Bedingungen des Lebens fordert, wird zugleich die →Hoffnung des St.den auf eine Verzögerung des Lebensendes und dessen Angst vor dem Tod verstärkt. Dem St.den stellt sich die Aufgabe, den →*Sinn seines Lebens* an dessen Ende festzuhalten und zurückzugewinnen, indem er die Erkenntis der Sterblichkeit aller als für ihn selbst gültig anerkennt.

*B.* Die Sterbeforschung beschreibt den *Verlauf des Sterbeprozesses* und des Sterbeaktes. Der Sterbeprozeß wird eingeleitet, indem der Sterbende die Erkenntnis seines nahen Lebensendes als unabweisbare Tatsache erkennt, sich gegen diese Erkenntnis aber mit großer Energie auflehnt. Auf eine Phase, in der der St.de mit dem Tod zu verhandeln und dabei sein Leben und sein St. als die beiden untrennbaren Kehrseiten seiner →Biographie zu erfassen beginnt, folgt ein Zustand tiefer →Depression, der Beginn des Trennungs- und →Trauerprozesses. Schließl. bejaht der St.de seinen Tod und begreift das St. als ein Element des Lebens, das sich an seinem Ende verdichtet. Der Sterbeakt wird im Spiegel von Interviews mit Reanimierten als meist überaus positiv besetzte Erlebnissituation dargestellt.

*C.* Die Vorstellungen vom St. und die Gestaltung des Sterbeprozesses wandelten sich im Laufe der *Geschichte.* Während im *frühen* →*MA.* der Tod als allgemeingültiges Schicksal aller begriffen und das St. rituell geordnet wurde (Sterbesakramente), verstanden das späte MA. und die →*Reformation* den Tod als biograph. Passage in eine neue Verfassung des Lebens. Das St. wurde als Lebensaufgabe begriffen, die »Kunst des St.s« gepflegt. Die Todessehnsucht der →*Barockzeit* machte die Grenze zwischen Leben und St. fließend; das Leben wurde insgesamt zur Sterbevorbereitung. Die →*Romantik* stilisierte das St. zu einem individuellen Lebensakt, in dem der einzelne mit sich eins zu bleiben trachtet. Romant. Vorstellungen sind bis in die Gegenwart lebendig geblieben. Der St.de möchte nicht in der anonymen, technisierten und isolierten Situation des Krankenhauszimmers, sondern in seiner heimatl. Welt sterben, in der Umgebung der Menschen, mit denen er sein Leben auch in seiner letzten Phase teilt.

*D.* Die →*Seelsorge* an St.den zielt auf das Gelingen des Sterbeprozesses hin, auf die Überwindung der Isolation des St.den, die Bearbeitung der Todesangst und die Entwicklung einer rel. Lebens- und Todeseinstellung, die es dem St.den ermöglicht, im Glauben gefaßt zu leben und zu sterben (s. auch →Krankensalbung).

*Lit.: Ph. Ariès:* Studien zur Geschichte des Todes im Abendland, München 1984. – *W. Fuchs:* Todesbilder in der modernen Gesellschaft, Frankfurt/M. 1964. – *J. Chr. Hampe:* St. ist doch ganz anders, Stuttgart 1975. – *E. Kübler-Ross:* Interviews mit St.den, Stuttgart/Berlin 1971.

*Wolfgang Steck*

**Stoa.** Griech.-röm. Philosophenschule (→griech.-röm. Philosophie), Blütezeit von ca. 300 v. Chr. bis 200 n. Chr. Der Name leitet sich her von dem ursprüngl. Versammlungsort, der *stoa poikilē* (»geschmückte Halle«). Die Vertreter der S. verstanden sich als Fortsetzer jener philos. Tradition, die von *Sokrates* über den *Kynismus* führte, und betonten den Vorrang der prakt. Philosophie gegenüber der theoret. Spekulation. Ihr Interesse richtete sich aber dennoch auch auf Fragen der Naturerklärung (→Physik und →Kosmologie).
Den spiritualist. Tendenzen der klass. griech. Philosophie (→Platon, →Aristoteles) ist ledigl. die Begrifflichkeit der S. verpflichtet; das von ihnen angenommene Weltprinzip (pneuma [Geist]) trägt durchaus körperl.-materielle Merkmale; auch der *Logos* (logos spermatikos), die *weltbeherrschende Vernunft,* ist an das Feuer als materielles Substrat gebunden. Die Identifikation dieses Allprinzips mit der →Welt selbst (pantheist. Tendenz, →Pantheismus) – wobei die Welt als ewig, unendl. und sich selbst genügend vorgestellt wird – schließt →Transzendenz aus. Auch in der →Erkenntnistheorie überwiegt der materialist. Aspekt (Sensualismus): Wahrnehmung, Vorstellung und Einsicht bzw. Erkenntnis gelten als quasikörperl. Vorgänge; zu ihnen treten die *koinai ennoiai* (die notwendigen und allg. Vorstellungen aller Menschen infolge ihrer Teilhabe am Logos). Die stoische Annahme, die menschl. →Seele sei *Abbild der* Allseele, ist auch leitend bei den eth. Forderungen, auf denen – gemäß dem Beharren auf dem Vorrang der prakt. Philosophie – der Hauptakzent des stoischen Denkens liegt. Das Abbildverhältnis zwischen Einzelseele und Allseele verpflichtet – zumindest den Philosophen – zu einer Lebensführung, die ausschließl. vom Logos, von Einsicht und Vernunft geleitet ist.
Solch vernunftgeleitetes Handeln vermag dem Ideal wahrer *Glückseligkeit* nahezukommen. Wer sich ihm annähert, ist frei von Affekten *(apatheia)* und zeichnet sich durch Unerschütterlichkeit *(ataraxia)* und Unabhängigkeit von äußeren Beeinflussungen aus; er lebt in Übereinstimmung mit sich selbst und seiner Natur. Zu einem solchen Handeln verpflichtet auch die stoische Oikeiosislehre (Verpflichtung zur Erhaltung und Entfaltung des eigenen Wesens). Aus der Verbindung von allg. Weltgesetz und individuellem freiem (und dennoch im Weltgesetz gründendem) Handeln ergeben sich aber auch Probleme, die von den Vertretern der stoischen Denkrichtung nicht befriedigend und ohne Widersprüche gelöst werden konnten. Die Frage nach der Vereinbarkeit von Vorherbestimmung (→Determination) und freier Willensentscheidung bleibt – über die S. hinaus – ebenso ein Dauerproblem wie die – ebenfalls bei den Stoikern ohne Antwort gebliebene – Frage nach

dem →Leiden und dem →Bösen, die instrumentalisiert, keineswegs aber erklärt werden.

*Lit.: H. von Arnim (Hg.):* Stoicorum veterum fragmenta, 4 Bde., Leipzig, 2. Aufl. 1921-23. – *R. Bultmann:* Zur Frage nach der Anknüpfung der ntl. Verkündigung an die natürl. Theologie der Stoa, in: Theol. Zeitschrift 2 (1946), 401- 418.

*Carl-Friedrich Geyer*

**Strafe** ist, *jurist.* gesehen, die Auferlegung eines Übels als Reaktion des →Staates auf eine »mißbilligenswerte Tat« (Schmidhäuser, Strafrecht, AT, 1982, 1/14). Das Vorhandensein von verschiedenen Formen von S. in der →Gesellschaft ist ein Problem der →Sozialethik.

*A. Zur Rechtfertigung von S.* können 3 Theoriebildungen unterschieden werden:
1. Die *Einwilligungstheorie* geht davon aus, daß, wer in Kenntnis der S.gesetzes ein Verbrechen begangen hat, mit dem Begehen in die Folgen einwilligt. Dem Täter kann die S. mit demselben Recht auferlegt werden, mit dem man die Erfüllung eines eingegangenen Vertrages zu fordern berechtigt ist.
2. Die *»absoluten« S.theorien* sehen den Sinn von S. in Vergeltung, Repression, Zufügung eines Übels oder Sühne. Sie werden u.a. von →Kant, →Hegel und K. L. Binding (1841-1920) vertreten.
3. Die *»relativen« S.theorien* sind zu unterscheiden in a) die Theorie der *Generalprävention*; *danach ist Zweck der S. die* Abschreckung aller Menschen vor der zukünftigen Begehung strafbewehrter Taten. Sie wird u.a. von →Feuerbach vertreten; b) die Theorie der Spezialprävention; danach geht es bei S. um die Verhinderung zukünftiger Straftaten eines straffällig gewordenen Täters durch dessen Resozialisation, insbes. durch Vorbeugung, →Erziehung, Behandlung. Sie wird u.a. vertreten von F. von Liszt (1851-1919); c) die *Vereinigungstheorien* gehen davon aus, daß alle genannten Aspekte in der S. enthalten sind, wobei im Einzelfall der eine oder andere Gesichtspunkt in den Vordergrund treten kann.

*B.* Nach *dt. Strafrecht* sind einige Verhaltensnormen der Sozialethik strafbewehrt, in diesem Sinne Bestandteil der Rechtsordnung als letztes Mittel (»Ultima ratio«). Diese sind zusammengefaßt im Strafgesetzbuch von 1871, gültig in der Neufassung von 1975 und anderen Gesetzen. S. ist danach jeweils Rechtsfolge einer best. Straftat (keine Anknüpfung an Tätereigenschaft, Tätergesinnung oder bes. Täterzustand). Was die Sanktionen betrifft, hat das dt. Strafrecht ein zweispuriges System, in dem sowohl das Schuld- als auch das Resozialisierungsprinzip zum Ausdruck kommen. Man unterscheidet zwischen S.n und Maßregeln zur Sicherung und Besserung.
Die *S.* setzt vorhandene Schuld (→Sünde und Schuld) voraus. Dies ist ein Verfassungsprinzip (→Verfassung), abgeleitet aus dem Rechtsstaatsprinzip und der →Menschenwürde des Art. 1 Abs. 1 Grundgesetz (GG). Hier bedeutet Schuld Vorwerfbarkeit: »Mit dem Unwerturteil der Schuld wird dem Täter vorgeworfen, daß er sich nicht rechtmäßig verhalten hat, daß er sich für das Unrecht entschieden hat, obwohl er sich rechtmäßig verhalten, sich für das Recht hätte entscheiden können« (BGHSt. 2, 194, 200, s.a. BVerGE 20, 331). Problemat. ist die Voraussetzung der Willensfreiheit (→Wille, →Freiheit). Bei den vorhandenen S.n wird unterschieden zwischen Haupts.n (Freiheitss.n und Gelds.n) und Nebens.n (Fahrverbote, Verlust der Amtsfähigkeit, der Wählbarkeit und des Stimmrechts u.a.), die nur neben einer Haupts. verhängt werden können.
Bei der Verhängung von S. sind folgende *Verfassungsgrundsätze* zu beachten: Bestimmtheit der S., Angemessenheit der S. (verfassungsmäßiger Grundsatz der Verhältnismäßigkeit), Schuldgrundsatz (s.o.: keine S. ohne Schuld [»nulla poena sine culpa«]), »keine S. ohne →Gesetz« (»nullum crimen, nulla poena sine lege poenali praevia«), →Subsidiaritätsprinzip (s. Art. 103 Abs. 2 GG, § 1 Stgb), Beachtung des Verfassungsrechts (bes.: Unantastbarkeit der →Menschenwürde (Art. 1 GG), Gleichheitssatz (Art. 3 GG), Glaubens- und Gewissensfreiheit (Art. 4 GG), Rechtmäßigkeit des Verfahrens.
Grundlage für *Maßregeln zur Sicherung und Besserung* ist der Gedanke der Resozialisierung. Bei der Auferlegung der Maßregeln wird an die Sozialgefährlichkeit des Täters angeknüpft; Schuld ist keine Voraussetzung (zur theol.-eth. und päd. Problematik →Lohn und S.).

*Lit.: J. Baumann:* Strafrecht im Umbruch, Neuwied/Darmstadt 1977. – *H. Bianchi:* Alternativen zur Strafjustiz, München 1988. – *W. Discher:* Recht und S., Wien 1976. – *H. Dombois:* Mensch und S., Witten 1957. – *B. Gareis/E. Wiesnet (Hg.):* Hat S. Sinn?, Freiburg 1974. – *H. Gollwitzer:* Das Wesen der S. in theol. Sicht, Universitätstage 1964 I, Berlin 1964, 29-55. – *E. Naegeli:* Das Böse und das Strafrecht, München 1966. – *E. Schmidhäuser:* Vom Sinn der S., Göttingen, 2. Aufl. 1971. – *G. Stratenwerth:* Schuld und Sühne, Ev. Theologie 1958, 337. - Todess.? Theol. und jurist. Argumente, Sammelband, Stuttgart 1960.

*Ulrich Nembach*

**Strauß,** *David Friedrich,* geb. 27.1.1808 in Ludwigsburg, gest. 8.2.1874 ebd., hat wie kein anderer dt. prot. Theologe des 19. Jh.s tiefgreifende Kontroversen über die Plausibilität der christl. →Tradition im Horizont einer von →Aufklärung und polit. Modernisierung bestimmten →Kultur (→modern) provoziert. Er durchläuft die Institutionen der *württ. Theologenausbildung,* wobei er stark von F. C. →Baur geprägt wird. Intensive Auseinandersetzung mit →Schleiermacher und →Idealismus konkretisiert sich im Plan einer spekulativen Dogmatik, die dem von Kirchendistanz und Fortschrittsglauben geprägten vormärzl. →Bürgertum (→Biedermeier) die Vernünftigkeit des →Christentums demonstrieren soll. 1835/36 veröffentlicht der damals 27jährige zunächst »Das Leben Jesu, krit. bearbeitet«, auf Grund dessen er aus dem Tübinger Stift und später aus dem Kirchendienst entlassen sowie an einer akadem. Laufbahn gehindert wird. Als äußerst erfolgreicher *freier Schriftsteller* publiziert er 1840/41 die krit.-spekulative »Glaubenslehre«, Biographien zu U. von Hutten (1488-1523), H. S. Reimarus (1694-1768), →Voltaire und Ch. F. Schubart (1739-1791) sowie zahlreiche fächerübergreifende Studien zur bürgerl. Kultur, wobei er neben aufgeklärter →Christentumskritik auch Zusammenhänge zwischen rel. und polit. →Liberalismus thematisiert. Mit der Trennung von bürgerl.-liberaler und radikaler demokrat. Bewegung in der →Revolution von 1848/49, in der S. sich als Abgeordneter des Württ. Parlaments engagiert, sowie der Entstehung der →Arbeiterbewegung wird er polit. zunehmend konservativer. Trotz vielfältiger Beziehungen zur →Tübinger Schule lehnt er die von prot. Liberalismus und →Vermittlungstheologie entworfenen Synthesen von christl. Tradition und modernem →Autonomiebewußtsein zugunsten einer nachchristl. ästhet. *Humanitätsreligion* ab, die er in dem zwei Jahre vor seinem Tod erschienenen Erfolgsbuch »Der alte und der neue Glaube« zur zivilrel. Integrationsbasis (→Civil religion) für das neue Dt. Reich erklärt.

Innertheol. hat S. primär durch exeget.-krit. *Mythentheorie* (→Mythos) und radikale Zerstörung der überlieferten →Dogmen gewirkt. Die ntl. Jesus-Überlieferung, etwa die von →Jungfrauengeburt, Wunderheilungen (→Wunder) und →Auferstehung, sei nicht Schilderung hist. Ereignisse, sondern myth. Darstellung des überzeitl. Vernunftgehaltes der christl. Idee vollkommener →Versöhnung von →Absolutem und Endlichem (→Endlichkeit). Urgemeinde und später die Kirche hätten Jesus als exklusives Subjekt dieser Idee vorgestellt. Das daraus entstehende Grundproblem der →Christologie, →Gott und →Mensch als in einem →Individuum vereint denken zu müssen, löse sich auf, wenn die menschl. Gattung als Träger der christol. Prädikate erkannt werde. S. sozialisiert Christi Privateigentum, seine Göttlichkeit, so zum Gemeinbesitz der Gattung, daß *jeder Mensch Teilhaber* göttl. →Freiheit wird. Weil er den Gottesbegriff pantheist. faßt (→Pantheismus), erklärt er die zunächst als vernünftiger Inbegriff des Christlichen gedeutete →Autonomie des Individuums zunehmend zum Prinzip einer *nachchristl.* →*Weltanschauung.* Mit dieser von →Nietzsche als bourgeoiser Philisterglaube verhöhnten Humanitätsreligion hat S. einen tiefgreifenden Einfluß auf die →freirel. Bewegung, den →Monismus und andere christentumskrit. Bewegungen im dt. Bürgertum und →Proletariat ausgeübt. In Theologie und Kirche ist er paradoxerweise von antiliberalen Traditionalisten und polit. Konservativen in Anspruch genommen worden: als Beleg dafür, daß eine Theologie, die sich neuzeitl. Autonomie öffne (→Neuzeit), im Antichristentum ende.

*Lit.: F. W. Graf:* Kritik und Pseudospekulation, München 1982 (Lit.). – *D. Lange:* Hist. Jesus und myth. Christus, Göttingen 1975. – *M. Ch. Massey:* Christ Unmasked. The Meaning of The Life of Jesus in German Politics, Chapel Hill and London 1983. – *J.-M. Paul:* D. F. Strauss (1808-1874) et son Epoque, Paris 1982. – *D. F. Sandberger:* D. F. S. als theol. Hegelianer, Göttingen 1972. – *J. F. Sandberger*: D. F. S., in: *M. Greschat (Hg.)*: Gestalten der Kirchengeschichte 9/2, Stuttgart 1985, 20-32.

*Friedrich Wilhelm Graf*

**Strawinsky,** *Igor Fjodorowitsch,* geb. 17.6.1882 in Oranienbaum bei St. Petersburg, gest. 6.4.1971 in New York, russ. Komponist. Sein Vater war ein anerkannter Bassist an der Kaiserl. Oper in St. Petersburg, die Mutter spielte Klavier. S. erhielt ab seinem 9. Lebensjahr Klavierunterricht. Schon früh galt sein Interesse auch der Oper, dem Theater, der Literatur und bildenden Kunst, was sich später u.a. in der Zusammenarbeit mit S. Diaghilew bemerkbar machte. Ab 1903 nahm S. Privatstunden bei dem russ. Komponisten N. Rimski-Korsakow und beendete 1905 das für Söhne des russ. Adels übl. Jurastudium.

1909 begegnete er S. Diaghilew, der mit seinem Petersburger Kreis bestrebt war, hist. und zeitgenöss. Kunst dem Publikum zugängl. zu machen. Berühmt wurde dieser Impresario durch *Ballettproduktionen* mit eigenem Ensemble (»Ballets Russes«), deren Uraufführungen größtenteils an Pariser Theatern stattfanden. Ihm verdankte S. seine ersten internationalen Erfolge und eine Freundschaft über Diaghilews Tod hinaus (S. wurde 1971 neben Diaghilews Grab auf San Michele in Venedig begraben). S.s rasch berühmt gewordene Ballettkompositionen wurden für Diaghilews Ensemble komponiert: »Der Feuervogel« (1910), »Petrouschka« (1911), »Le sacre du printemps« (Das Frühlingsopfer, 1913) und »Pulcinella« (1920). Während die ersten drei Werke von ekstat. Orchesterklängen, kühnen Harmonien, wild hämmernden Rhythmen und von aus der russ. Volkstradition entnommenen Sujets geprägt sind, zeigt »Pulcinella« einen Rückgriff auf hist. Form- und Klangmodelle des 18. Jh.s.

Entspr. wird S.s Schaffenszeit in *drei Perioden* gegliedert: Die *russ.,* deren Entwicklung in »Le sacre du printemps« ihren Höhepunkt findet, endet mit »L'histoire du soldat« zeitgleich mit dem Ersten Weltkrieg und S.s Schweizer Exil. Bezeichnend für »L'histoire du soldat« sind der russ. Märchenstoff, dem diese Geschichte zugrunde liegt, sowie die westl. orientierten musikal. Formen (Marsch, Walzer, Tango, Ragtime). Sie kündigen die folgende *klassizist.* Schaffensperiode an, von der die Jahre um 1920 bis 1950 geprägt waren. Eingeleitet wird dieser Abschnitt von »Pulcinella«, in dem S. Musik von G. B. Pergolesi (1710-1736) und Stücke weiterer Barockmeister verarbeitete. Die romant., klass., barocken sowie ma. Stilmittel, auf die S. nun in den folgenden Jahren zurückgreift, zeigen einen hist.-musikal. Universalismus, der mit S.s persönl. Entwicklung zum Weltbürgertum (russ., franz., amerik. Staatsbürgerschaft) einher-

geht. Ein weiteres Beispiel aus dieser Periode ist die Oper »The Rake's Progress« (Der Weg eines Wüstlings, 1951), in der S. Chr. W. Glucks, W. A. →Mozarts, G. →Verdis und Ch. Gounods Opernprinzipien miteinander verknüpfte. In der *Altersperiode* ab etwa 1950 beschäftigte sich S. auch mit serieller Musik (→Musik des 20. Jh.s), ohne dabei sein harmon. Denken aufzugeben. Die Rhythmik wird ebenso in die Reihenbildung einbezogen, woraus sich teilweise Entsprechungen zur ma. Isometrie (→ma. Musik) ergeben (»Movements« für Klavier und Orchester, 1960). Sowohl die Wende zum Klassizismus als auch zur Reihenkomposition zeigen S.s Streben nach Ordnungsprinzipien und seine Ablehnung romant. Subjektivität. Für S. ist die Daseinsberechtigung der Musik unabhängig vom Ausdrucksbedürfnis des Komponisten.
S.s rel. Werke resultieren aus einer tief verwurzelten *Frömmigkeit* griech.-orthod. Prägung. Das →*Opern*-→*Oratorium* »Oedipus Rex« entstand 1927, die »Symphonie de psaumes« (Psalmensymphonie) 1930. Seine geistl. Hauptwerke »Canticum sacrum« (1955) und »Threni. Id est Lamentationes Jeremiae Prophetae« (1958) wurden für den Markusdom in Venedig geschrieben. Die lat. »Messe« (→Messe) für Chor und Blasinstrumente (1948) knüpft an ma. Kompositionspraktiken (Messe Notre Dame von G. de →Machaut) an, das »Requiem Canticles« für Chor und Orchester stammt von 1966. S.s Wendung zu Kirchentonarten (Modi) zog die Beschäftigung mit der Reihentechnik, insbes. mit der Musik A. →Schönbergs nach sich, als dessen Antipode in der 1. Hälfte des 20. Jh.s er gilt. Von großer Bedeutung für S.s Biographie und Musikanschauung sind seine Schriften, so die »Chronique de ma vie« (1935) und die unter dem Titel »Poétique musicale sous forme de six leçon« 1942 erstmals veröffentlichten Vorlesungen an der Harvard-University.

*Lit.: W. Burde:* S., Mainz 1982. – *Th. Hirsbrunner:* S. in Paris, Laaber 1982. – *H. Kirchmeyer:* S.s russ. Ballette, Stuttgart 1974. – *H. Lindlar:* I. S.s sakraler Gesang. Forschungsbeiträge zur Musikwissenschaft VI, Regensburg 1957. – *I. Strawinsky:* Chronique de ma vie, Paris 1935; dt. Zürich/Berlin 1937. – *Ders.:* Poétique musicale, Paris/New York 1942; dt. Mainz 1949. – *Ders./R. Craft:* Erinnerungen und Gespräche, Frankfurt/M. 1972.

*Annette Bronner*

## Struktur, Ordnung

*A.* Beide Begriffe werden in der Alltagssprache vielfältig gebraucht, zunehmend auch beeinflußt von den Wissenschaftssprachen. Hinzu kommen (schon im Griech.) mehrere sinnverwandte Wörter: Aufbau, Gefüge usw. In den verschiedenen Wissenschaftssprachen und -theorien sind die Bedeutungen z.T. (mehr oder weniger genau) methodolog. oder theoret. festgelegt, haben teils gleiche, teils verschiedene Bedeutungen. Der *Begriff* O. hat in seiner →Geschichte insbes. durch den Begriff »*ordo*« (lat.) einen anderen Verlauf genommen. In den Begriffen Welto., Erkenntniso., polit. O., Gesellschafto., Wirtschafto. meint O. (auch in erkenntnistheoret. Hinsicht) etwas je Verschiedenes. Zu unterscheiden ist insbes. O. im Sinne von »eine O. auffinden« oder im Sinne von »eine O. schaffen«. Beide Begriffe werden in erkenntnistheoret. und wissenschaftstheoret. Hinsicht verschieden gebraucht: als Bezeichnung für Gegenstände, als Anschauungsformen oder als transzendentale Begriffe.

*B.* Der *Begriff S.* ist in verschiedenen →Wissenschaften (ausgehend von der →Biologie) zunehmend seit dem 19. Jh. in Gebrauch gekommen. Er bezeichnet verschiedene Erkenntnishinsichten oder Gegenstände. Gemeinsam ist den Wissenschaften, daß die Wahrnehmung von S.en darauf zielt, Einzelelemente eines geordneten *Ganzen* (→Ganzheit) in bezug auf dessen Gesamtaufbau zu bestimmen. Damit ist der Begriff S. gegen die isolierte Betrachtung von Einzelelementen gerichtet, ebenso wie gegen best. (z.B. deduktive oder diachron.) Erkenntniswege und Wahrnehmungsweisen, die Einzelelemente nicht im Zusammenhang eines Ganzen sehen. Vor allem gegenüber der →Geschichtswissenschaft kommt damit eine Differenz zur Geltung.
Die *Wissenschaften* erforschen als S. Verschiedenes: In der Linguistik (→Sprachwissenschaft) geht es um den Aufbau (natürl.) Sprachen oder um die Analyse des Aufbaus von Texten; in den →Sozialwissenschaften um die S. von »sozialen« Ganzheiten (→Systemen), verbunden mit der »funktionalen« Bestimmung von Einzelelementen (→strukturell-funktionale Analyse). In den verschiedenen Richtungen des (vor allem in Frankreich entwikkelten) →Strukturalismus sind entspr. Theorien und Methoden auch in programmat. Weise entwikkelt worden: für die →Anthropologie, die →Ethnologie, die Sprachwissenschaft und die →Psychologie. Eine programmat., für die Wissenschaft fundamentale Bedeutung hat der Begriff S. insbes. in der Psychologie. →Dilthey kennzeichnet mit »psych. S.« den Zusammenhang von psych. Tatsachen. Damit soll es mögl. sein, individuelle Gegebenheiten wahrzunehmen und sie zugleich in ihrer Beziehung zueinander als Ganzes zu erfassen. Die darin begründete »Logik der Individualität« kann über die Psychologie hinaus auch für andere Wissenschaften zur Geltung gebracht werden, sofern in diesen Wissenschaften (allen Kulturwissenschaften) das einzelne in seiner Beziehung auf das Ganze erkannt werden muß. Davon zu unterscheiden ist das Verständnis von S. in der →Mathematik. Freil. ist dort strittig, was »S.« meint. Insbes. der S.begriff, wie ihn B. →Russel entwickelt hat, ist wichtig geworden: Danach ist eine Wissenschaft als formale S.theorie denkbar, die in verschiedenen »materialen« Theorien Aussagen der gleichen log. Form aufweist.

*C.* Die *wissenschaftstheoret. Bedeutung* des S.begriffs besteht vor allem darin, daß die Wissenschaften begründen müssen, was ihre Gegenstände je für sich und im Zusammenhang sind. Damit wird die wissenschaftl. Erkenntnis auf die →ontolog. Frage nach der Beschaffenheit der →Welt bezogen. Im Begriff der O. ist ein fundamentaler Begriff vorgegeben (der auch zu den →Universalien gerechnet wurde), ohne den der Zusammenhang von Welt, das, worauf sich wissenschaftl. Erkenntnis bezieht, nicht gedacht werden kann. Als ontolog. Begriff bringt er den Zusammenhang und die Einheit von →»Sein« und (erkennendem) →Geist zur Geltung. Dies ändert sich dort, wo der →transzendentale Charakter des Begriffs O. als nur »subjektiv« – im Sinne der neuzeitl. Trennung und Unterscheidung von →Subjekt und Objekt – verstanden wird. Als fundamentaler ontolog. Begriff hat so auch der Begriff O. eine *wissenschaftskrit.* Bedeutung. Sofern diese im Begriff S. aufgenommen ist, kann auch durch diesen Begriff die ontolog. Frage in den Wissenschaften zur Geltung gebracht werden.

*Lit.: F. Kambartel:* Erfahrung und S., Frankfurt/M. 1968. – *H. Krings:* Ordo. Philos.-hist. Grundlegung einer abendländ. Idee, Halle 1941. – *F. Krüger:* Der S.begriff in der Psychologie, Jena, 2. Aufl. 1931. – *H. Rombach:* Substanz, System, S., Freiburg/München 1965. – *G. Schiwy:* Der franz. Strukturalismus, Reinbek 1969.

*Hans G. Ulrich*

**Strukturalismus.** Bezeichnung für Methoden im Bereich der Humanwissenschaften (z.B. →Anthropologie, →Ethnologie, →Geschichts-, →Literatur-, →Sprachwissenschaft und →Psychologie), die mit vorwiegend antimetaphys. und antigeschichtl. Grundtendenz bewußtseinsunabhängige Ordnungen menschl. Äußerungen und Verhaltensweisen untersuchen.

*A.* Seinen Ausgang nimmt der S. mit den Überlegungen *F. de Saussures* (1857-1913), der im Gegensatz zur hist.-vergleichenden (diachron.) Sprachwissenschaft des 19. Jh.s eine vollständige »zeitgleiche« (synchron.) Beschreibung des →Systems einer →Sprache beabsichtigte. Sprachwissenschaftl. ausgebaut wurde dieser Ansatz vor allem bezügl. der Phonologie (Lautlehre) durch die Prager Schule (N. Trubetzkoy und R. Jakobson), bezügl. der Morphologie (Formenlehre) durch die Schule von L. Bloomfield in den USA und L. Hjelmslev in Kopenhagen. Der zunächst vorwiegend linguist. ausgerichtete S. wurde u.a. von *C. Lévi-Strauss* für die Ethnologie, von J. Mukařovský/R. Barthes für die →Ästhetik, von J. Lacan für die →Psychoanalyse und von L. Althusser für den →Marxismus weiterentwickelt. Alle diese Ansätze ähneln sich darin, daß sie den Menschen als Produkt anonymer Regeln auffassen. Insbes. M. Foucault, der vielen als der »Philosoph« unter den franz. Strukturalisten gilt, hat u.a. in »Les mots et les choses« (»Die Ordnung der Dinge«), in »L'archéologie du savoir« (»Archäologie des Wissens«) und in seinen späteren Beiträgen zu einer Analytik der →Macht – im Gegensatz zur traditionellen Geschichtsphilosophie – die totale Abhängigkeit des →Subjekts von →aprior. Ordnungen herausgearbeitet. Analog zu →Nietzsches Rede vom »Tod Gottes« hat er den »Tod des Menschen« verkündet. Die für M. Foucault charakterist. Kritik von anthropozentisch (→Mensch als Mittelpunkt), teleologisch (Zielgerichtetheit jeder Entwicklung), →bewußtseins- und →transzendentalphilos. orientierter Verfahrensweisen findet sich auch bei den Autoren des sog. Neo- bzw. *Posts.* wieder: J. Baudriard, G. Deleuze, J. Derrida, J. Kristeva und J.-F. Lyotard. Entgegen dem klass. S. geht es dieser Strömung nicht mehr darum, allg. Ordnungsprinzipien und universelle Regelmäßigkeiten aufzudecken. Insofern gibt sie den Begriff eines in sich geschlossenen Systems preis.

*B.* Die durch den alten und neuen S. herbeigeführte radikale Kritik an traditionellen →Metaphysik-, Geschichts-, Subjekt- und Sinnvorstellungen stellt eine erst zögernd angenommene *Herausforderung* an das abendländ. Denken dar. Die Erörterung der Grenzen und Möglichkeiten der nur notdürftig durch den Begriff S. zusammengehaltenen →Methoden aus der Sicht der →Phänomenologie (z.B. B. Waldenfels), der →Hermeneutik (z.B. M. Frank) und einer →krit. Theorie der Gesellschaft (z.B. J. Habermas) hat gerade erst begonnen. In der →Bibelwissenschaft hat eine method. Erprobung zu ersten Ergebnissen geführt. Die systemat. Theologie aber wird an zwei Punkten getroffen, die bislang als ihre Stärken galten: ihre intensive Historisierung sowie ihre Konzentration auf die Frage nach dem Menschen als einem Subjekt, das durch Gott in seine Freiheit und Selbstverantwortlichkeit eingesetzt ist (K. →Rahner). Es wird sich noch zu erweisen haben, ob Foucaults Programm auch den Tod einer anthropozentr. Theologie herbeiführt oder ob eine solche Theologie den Protest gegen die von Foucault signalisierte Entwicklung zur Sprache und Wirkung bringen kann.

*Lit.: J. M. Broekman:* S., Moskau-Prag-Paris, Freiburg/München 1971 (Lit.). – *K. Chvatic:* Tschechoslowak. S., München 1981. – *M. Frank:* Was ist Neos.?, Frankfurt/M. 1984. – *G. Schiwy:* Der franz. S., Reinbek 1969. – *F. Wahl (Hg.):* Einführung in den S., Frankfurt/M. 1973.

*Rudolf Reuber*

**Strukturell-funktionale Theorie**

*A.* Die s.-f.Th. ist ein vor allem vom amerik. Soziologen *Talcott Parsons* (1902-1979) in den 40er Jahren ausgearbeitetes, nach 1945 auch in der Theorie und Forschung der dt. →Soziologie lange vorherrschendes *Paradigma von Begrifflichkeiten und Kategorien,* das den Anspruch erhebt, unter Berücksichtigung empir. Bezüge auf umfassende Weise die sozio-*logischen* Konstitutionsbedingungen gesellschaftl. →Ordnung auf der Grundlage sozialen →Handelns autonomer Subjekte zu erklären. Dazu dienten Parsons zentral die Grundbegriffe →»Struktur« und →»Funktion«. Struktur wurde dabei als eine Art Gleichgewichtszustand vorgestellt, in dem das Sozial-, Kultur- und Persönlichkeitssystem einer Gesamtgesellschaft einerseits durch best. Austauschbeziehungen (Funktionen wie: wirtschaftl.-techn. →Umwelt-→Anpassung, rollengerechte Zielverwirklichung, polit. →Integration und kulturelle →Legitimationsleistungen), andererseits durch die Institutionalisierung, Verzahnung und individuelle Aneignung von sozialen →Rollen miteinander verbunden sind und so das gesellschaftl. Gesamtsystem bilden.

*B.* Parsons selbst hat in Auseinandersetzung mit der →Religionssoziologie M. →Webers und älterer Vertreter des →Funktionalismus (B. Malinowski, E. Durkheim) der →*Religion* einen zentralen Ort in jenem Bereich des Kultursystems zugewiesen, der es mit der Bewältigung hintergründiger Spannungen und der legitimierenden Aufrechterhaltung von ordnendem Handeln zu tun hat, um hier grundsätzl. Zweifel am normativen Orientierungskonsens einer →Gesellschaft zu beseitigen (→Legitimation), Enttäuschungen aus erlebter Zufälligkeit, Machtlosigkeit und individuellem →Leid aufzufangen (→Theodizee) oder drohende demoralisierende Erfahrungen der Sinnlosigkeit zu entdramatisieren (→Sinn, →Integration). Dabei können diese Funktionen für Parsons auch von religionsähnl. Gebilden (z.B. →Ideologien) erfüllt werden (»funktionale Äquivalente«). Ähnl. Ansätze, die zur Religionsbetrachtung Gesichtspunkte von Integration, Kompensation und →Säkularisierung kombinierten, vertraten Schüler und Kollegen Parsons, die sich durch die s.-f.Th. verbunden wußten: R. K. Merton, W. G. Goode, T. F. O'Dea und R. N. Bellah. Die in Deutschland an der s.-f.Th. orientierte →Kirchensoziologie ist hauptsächl. bemüht, die von Parsons für die Erhaltung und Integration des gesellschaftl. Gesamtsystems als erforderl. beschriebenen Funktionszuweisungen der →Religion an den kirchenbezogenen Einstellungen und Motiven der westdt. Bevölkerung aufzuweisen und damit den Kirchen selbst einen zentralen Beitrag zur sozialen Vermittlung eth. Grundorientierung (→Sozialisation), zur Legitimation des kulturellen Wertkonsenses und zur kirchl.-kompensator. Integration aller mögl. gesellschaftl. Desintegrierten (Flüchtlinge, ältere Menschen, Kranke, von Lebenskrisen Bedrohte usw.) zuzuschreiben (→Kirche und Gesellschaft).

*C.* An dieser – von Parsons selbst schon auf evolutionäre Wandlungsbedingungen von Gesellschaften und Kulturen hin überholten – »konservativen Schlagseite« der s.-f.Th. (R. Dahrendorf) hat sich seit den späten 60er Jahren *eine krit. Auseinandersetzung* entzündet, die den einseitig auf →Anpassung und Stabilisierung ausgerichteten, formal normativist.-institutionellen Religionsbegriff ebenso in Zweifel zog wie die vorgängige Gleichgewichts- und Integrationsannahme von →Gesellschaft. Zunehmende Aufmerksamkeit fanden dafür die konfliktfördernden, subversiven und →sozialen Wandel beschleunigenden Dimensionen und Wirkungen von (nicht nur kirchl. institutionalisierter) Religiosität. Dadurch wurde der s.-f.Th. ein Weg zur differenzierten Analyse eröffnet, in der verschiedenen Funktionsmomenten der Religion auf unterschiedl. individuellen, interpersonalen und kollektiven Strukturebenen nachgespürt werden konnte. In ihrem gesamtgesellschaftl. Erklärungsanspruch ist die s.-f.Th. mittlerweile weitgehend von der →Systemtheorie N. Luhmanns beerbt.

*Lit.: V. Drehsen:* Kontinuität und Wandel der Religion. Die strukturell-funktionale Analyse in der dt. Religions- und Kirchensoziologie nach 1945. Versuch einer problemgeschichtl. und systemat. orientierten Bestandsaufnahme, in: *K. F. Daiber/Th. Luckmann (Hg.):* Religion in den Gegenwartsströmungen der dt. Soziologie, München 1983, 86-135 (Lit.). – *Ders./G. Kehrer:* Religion – die log. Notwendigkeit der Gesellschaft: B. Malinowski und T. Parsons, in: *K. W. Dahm/V. Drehsen/G. Kehrer:* Das Jenseits der Gesellschaft. Religion im Prozeß sozialwissenschaftl. Kritik, München 1975, 155-172. – *Dies.:* Religion – ein gesellschaftl. Agent für Stabilität oder Wandel?, in: ebd., 175-199.

*Volker Drehsen*

## Sturm und Drang

*A.* Eine *literar. Bewegung* zwischen 1770 und 1790, die ihren Namen F. M. Klingers 1776 erschienenem, ursprüngl. »Wirrwarr« betitelten Drama verdankt. Der Begriff setzte sich schnell durch zur Bezeichnung des Lebensgefühls einer Gruppe junger Autoren – u.a. J. W. →Goethe, J. G. Herder, F. M. Klinger, R. M. Lenz, J. H. Merck, F. Müller, F. Schiller, H. L. Wagner –, die zum größeren Teil den unteren sozialen Schichten entstammen; seine Zentren hat der S. und D. in prot. Gebieten des Südwestens – Rhein-Main, Elsaß, Schweiz. Erst Anfang des 19. Jh.s verwendet A. W. Schlegel den Begriff mit negativem Vorzeichen als Epochenbezeichnung.

*B.* Im Vergleich mit der →Aufklärung kennzeichnet den S. und D. eine völlig veränderte *Auffassung von Produktion und Rezeption künstler. Werke.* Mit den Schlüsselwörtern Natur, →Geschichte, Individualität, →Ganzheit und Genie lassen sich einige Grundsteine benennen, die nicht vereinzelt, sondern eng miteinander verbunden zu sehen sind. Herders vor allem an der Dichtung des →AT entwickelte hist.-genet. Sehweise verbindet sich mit einer *neuen Auffassung von →Natur* im Sinn eines lebendigen, schöpfer. →Organismus. Wie dem Menschen, so kommt auch dem einzelnen Werk und jeder Epoche eine eigene Individualität zu, die Herder wiederum eingebettet sieht in einen organisch verlaufenden Entwicklungsprozeß der Menschheit. Im Gegensatz zu dem →Fortschrittsgedanken der →Aufklärung besitzt jede Epoche ihren eigenen Wert, jedoch können die Angehörigen der späteren kaum mehr die unmittelbare Ursprünglichkeit und die bildhafte Sprache der Empfindung der frühen Zeiten erreichen; nur in der *Poesie* liegt eine Möglichkeit, die vergangenen schöpfer. Kräfte zu erneuern. Die veränderte Sehweise auf Natur und Geschichte hat für die dt. Literatur einen von G. E. →Lessing schon vorbereiteten Wechsel vom franz. zum engl. Vorbild zur Folge, und W. Shakespeare wird zum Prototyp des *Genies*, das aus dem Zentrum seiner ganzen Person wie ein zweiter Schöpfer wirkt und bisher gültige →Normen und Formen aufhebt. Nicht nur für die *neue →Anthropologie*, die das Wesen des Menschen in der Ganzheit von Leib, →Seele und →Geist bestimmt, lassen sich *luth. und pietist. Wurzeln* ausmachen; vielmehr ist die neue →Ästhetik und, stärker noch, die neue →Hermeneutik des unmittelbaren Einfühlens in die Seele des Autors ohne den →Pietismus nicht zu verstehen; die in ihm ausgebildete *rel. Selbsterfahrung* wird im Bereich profaner Literatur unter Erneuerung auch der weltl. Sprache aus dem Wortschatz der Frömmigkeit säkularisiert. Außer in der →Lyrik hat der S. und D. seinen Schwerpunkt im →Drama, das vor allem soziale Themen aufnimmt. Im Blick auf die das Jh. überdauernde Aufklärung sieht man den S. und D. heute nicht mehr als radikale Gegenbewegung, sondern als eine kurze, stürm. komplementäre Strömung, die für einige Autoren – Goethe, Herder, Schiller - ein Stadium in der persönl. und dichter. Entwicklung bildet und ohne die sowohl die literaturtheoret. Konzepte wie auch die Werke der →Klassik und →Romantik nicht denkbar sind.

*Lit.: G. Kaiser:* Aufklärung, Empfindsamkeit, S. und D. (UTB 484), München, 3., überarb. Aufl. 1979. – *A. Schöne:* Säkularisation als sprachbildende Kraft. Studien zur Dichtung dt. Pfarrersöhne, Göttingen, 2. Aufl. 1968. – *B. von Wiese (Hg.):* Dt. Dichter des 18. Jh.s. Ihr Leben und Werk, Berlin 1977. – *H.-G. Winter:* Gesellschaft und Kultur von der Jh.mitte bis zur Franz. Revolution, in: *V. Žmegač (Hg.):* Geschichte der dt. Literatur vom 18. Jh. bis zur Gegenwart, Bd. I/1, Königstein/Ts., 2., durchgesehene Aufl. 1984, 175-256.

*Dieter Gutzen*

**Subjekt.** Ausgehend von →Aristoteles, ist der Begriff S. bis ins 18. Jh. hinein weitgehend gleichbedeutend mit Substanz (→Sein) als Träger von Eigenschaften und Wirkungen. Seit →Descartes meint S. im engeren Sinn das denkende und wollende Ich und erhält seinen theoret. Zuschnitt schließl. im Zusammenhang der →Erkenntnistheorie und Geschichtsphilosophie (→Geschichte).

*A. Historisch*

In der →Philosophie der →Neuzeit wird durch den Einfluß der →Naturwissenschaften die →Objektivität der Erkenntnis zur drängenden Frage, so daß nicht nur der Gegenstand der Erkenntnis (Erkenntnisobjekt), sondern auch das *Erkenntnisvermögen* analysiert wurde. Gemäß der aristotelisch bestimmten Theorie muß das Objekt dem S. ähnl. sein, um von ihm abgebildet werden zu können. Gemäß den neuzeitl. Erkenntnistheorien geht das S. konstitutiv in den Erkenntnisvorgang ein. Durch die sinnl. Wahrnehmung werde das S. angeregt, sich die wahrgenommenen Gegenstände vorzustellen. Das S. wird so im Aufbau der Vorstellungen des Gegenstands *aktiv*; diese hängen in ihrer Form vollständig vom Akt des S.s ab. Die vorgestellte Wirklichkeit ist also durch die formale Struktur des S.s bestimmt und insofern subjektiv. Dieser Begriff des S.s wird in der →Transzendentalphilosophie I. →Kants und J. G. →Fichtes verändert. Das S. wird wieder mehr im Zusammenhang mit der →Objektivität gesehen, da es in seiner erkannten Welt handelt und lebt. In der Verwirklichung seiner *Freiheit* wirkt das S. weltgestaltend, übernimmt es →Verantwortung für sich und seinen Handlungszusammenhang. So nähert →Hegel das S. (»der als Totalität gesetzte Begriff«, Enzyklopädie, § 163) dem →Selbstbewußtsein an. Dagegen wendet sich K. →Marx. Wenn das S. nur theoret. handle, bleibe es in seiner Wirksamkeit der objektiven Welt entfremdet und auf die »Dialektik des reinen Gedankens« beschränkt (Frühschriften, hg. von S. Landshut, 263). Erst die →Arbeit hebe die Trennung zwischen S. und Natur auf. Die an Hegel orientierte Geschichtsphilosophie verstand das S. als sinngebendes und deutendes Moment der Geschichte. Die marxist. Theorie der Geschichte sieht das S. unter den Bedingungen der gesellschaftl. Verhältnisse so handeln, daß es die Entfremdung seiner selbst aufhebt. Zum Begriff des S.s tritt das Moment der *Selbstverwirklichung*, so daß S. und →Individuum – wie im spätromant. Denken (→Romantik) – angenähert werden, wobei das S. immer als das *sich bestimmende Allgemeine* (→Kierkegaard) auftritt. Das S. ist ohne die dialekt. Entgegensetzung der Allgemeinheit nicht denkbar, insofern ist Subjektivität immer der →Rationalität verpflichtet.

*B. Analytisch*

Dieser Zusammenhang von S. und Bewußtseinsstruktur wird durch die →analyt. Philosophie kritisiert. Wie L. →Wittgenstein betont, ist das S. eine grammatikal. Struktur, so daß die Beziehung (»Referenz«) des S.s auf die Objekte an der Satzstruktur, näml. in der Beziehung des syntakt. S.s auf das Prädikat, abzulesen ist. Eine Sonderstellung nimmt der Ich-Satz ein, indem das S. von sich selbst spricht, also als sein eigenes Objekt erscheint. In Ich-Sätzen besteht also eine (log.) *Selbstreferenz*, die – falls so ein Satz nicht zur Tautologie werden soll – von der Frage nach einem ont. Selbstbewußtsein nun doch nicht absehen kann. Festzuhalten bleibt nach S. Shoemaker, einem der wichtigsten Vertreter der anglo-amerik. Referenztheorie, daß die Selbstreferenz des S.s seine Beziehung auf Objekte →a priori begründet.

*C. Hermeneutisch-pragmatisch*

Das S. ist also der Träger der Objektreflexion und in seiner Selbstreferenz reflexiv. Diese log. Fassung des S.s ist um die hermeneutisch-pragmat. zu

erweitern. Das S. muß sich näml. im Kontext der jeweiligen hist.-sozialen Bedingungen begreifen, als deren Funktion es erscheint. Zugleich bedingen sich sein Selbstverständnis und das Verstehen der Horizonte wechselseitig. So gewinnt das S. seinen *Standpunkt*, von dem aus es zu diesem Bedingungszusammenhang theoret. und prakt. Stellung nimmt, wodurch sich die Bedingungen seines Selbstverständnisses ändern. Das S. konstituiert den »hermeneut. Zirkel« (H. G. Gadamer, →Hermeneutik). Das Wechselverhältnis zwischen S. und Bedeutungshorizont kann in einer Theorie kommunikativen Handelns (→Kommunikation) nun auf die konkrete Handlungsebene des S.s übertragen werden, das sich im Interesse an der Gestaltung seiner Sozialisationsformen entfaltet (J. Habermas).
In der »postmodern« genannten Debatte nun wird das Ende des neuzeitl. S.begriffs verkündet, da die traditionelle Verbindung von S. und →Rationalität angesichts der technokratisch heraufgeführten Gegenwartskrisen fragl. geworden ist. Nur in der Befreiung von den rational-theoret. Engführungen im Begriff des S.s (M. Foucault) sei die konkrete Individualität zu retten. Diese Kritik ist ernst zu nehmen und u.a. als Frage an eine Theologie zu begreifen, die glaubte, in einer »anthropolog. Wende« endl. den Anschluß an neuzeitl. Denken erreicht und damit den christl. Glauben gerechtfertigt zu haben.

*Lit.: M. Frank:* Die Unhintergehbarkeit der Individualität, Frankfurt/M. 1986. – *J. Habermas:* Erkenntnis und Interesse, Frankfurt/M., 4. Aufl. 1977. – *W. Schulz:* Ich und Welt, Pfullingen 1979 (Lit.).

*Christoph Riedel*

**Subjektivismus.** Systemat. gesehen wird ein philos. Entwurf dann zum S., wenn das →Subjekt alleiniges Prinzip der theoret. Reflexion und der prakt. Verwirklichung ist. Dann verwirklicht das S. in jedem in jedem Bewußtseinsakt und in allen Wissenshandlungen ausschließl. sich selbst, grenzt sich also hinsichtl. des Verstehens und der Beurteilung seiner Akte von anderen Subjekten ab, weil diese nur für das Subjekt Geltung haben, das sich in ihnen ausdrückt. Erkenntnistheoret. ergibt sich aus dem S. ein →Relativismus, da jeder allgemeingültige Geltungsanspruch aufgehoben ist; auch kann das Subjekt nicht mehr moral. zur Verantwortung gezogen werden. Dieser Solipsismus, die *Selbstgeltung* der subjektiven Welt, führt das Subjekt in die existentielle Isolation. K. →Marx richtet den Vorwurf des S. an die bürgerl. Philosophie, in der der Kleinbürger durch seine Subjektivität (→Subjekt) die gesellschaftl. Verhältnisse zu rechtfertigen sucht. Dabei greift er auf M. Stirners (1806-1856) Philosophie des »Einzigen« zurück, der die radikale Befreiung des Ich von der Gesellschaft vertritt.

*A.* Der – bei Stirner extrem formulierte – Rückzug in die Innerlichkeit wurde durch die *romant. Philosophie* (→Romantik) vorbereitet. Die Subjektivität wird zum Inbegriff des Lebenstätigkeit und zum Zentrum der Universalgeschichte. Die Dialektik der →Liebe begündet die Sympathie aller Subjekte. Diese entdecken sich allerdings erst im Rückgriff auf ihre Subjektivität. Aus diesem inneren Wissen um sich selbst entsteht die willentl. Persönlichkeit (Novalis, 1772-1801; Fr. Schlegel, 1772- 1829). Verbunden mit dem Genie-Gedanken →Goethes und J. →Pauls (1763-1825), führt dies zur Verneinung der äußerlich-sozialen Bedingungen für das selbstmächtig handelnde Subjekt. Dieser S. äußert sich in einem *Wirklichkeitsverlust*, wie er sich in den irrationalen Werken von E. T. A. Hoffmann (1786-1822) findet. Das an sich selbst verlorene Subjekt mit »seiner patholog. Angst vor der Verwirklichung« (E. Bloch: Neuzeitl. Philosophie II, Frankfurt/M. 1985, 361) bringt S. →Kierkegaard zur begriffl. Selbstanschauung. Das Subjekt versteht sich moral. als Bezugspunkt der Daseinsakte (→Fichte, →Schelling) und ist in seiner universalen →Verantwortung gegenüber der Geschichte überfordert. Theol. ist dann der einzelne als einzelner mitverantwortl. am Erlösungswerk. Im franz. →Existentialismus schließl. ist der einzelne in die Dialektik von subjektiver Verantwortung und geschichtl. Notwendigkeit hineingestellt. Diese Variante des S. bedingt den modernen Kultur- und Gesellschaftspessimismus, weil der einzelne angesichts der Mitverantwortung am Gesamtprozeß der Geschichte keine Entlastungen sieht.

*B.* Theol. versucht man diese Ausweglosigkeit in der →*dialekt. Theologie* aufzuarbeiten, indem man auf die existentielle Entscheidungs- und Aufnahmebereitschaft des Glaubenden abhebt, dessen Glaubensakt unvertretbar ist und sozial nicht mehr vermittelt werden kann. Auch in der →Krit. Theorie bleibt angesichts der Negativität der Geschichte nur die Empfehlung des »mikrolog. Glücks« (Th. Adorno, 1903- 1969), die dem Subjekt die Solidarität mit den Leidenden ermöglicht. Neuerdings entdeckt man im Mythos die Möglichkeit, dem S. gegenüber dem Objektivitätsideal der technokrat. Gesellschaft zur Geltung zu verhelfen. Abermals erhält der S. eine neue Wendung. Er wird zur Möglichkeit, sich selbst zu erhalten gegenüber einer theoretisch-rationalist. Zweckorientierung, welche die Individualität durch selbstgeschaffene Institutionen einebnet.

*Lit.: C.-F. Geyer:* Leid und Böses in philos. Deutungen, Freiburg/München 1983. – *Chr. Riedel:* »Mytho-Philie« statt Philosophie, in: Franz. Studien 65 (1983), 103-108. – *J. Schmidt:* Die Geschichte des Genie-Gedankens, 2 Bde., Darmstadt 1985. – *H. Timm:* Die heilige Revolution, Frankfurt/M. 1978.

*Christoph Riedel*

**Subkultur** kann gemäß den zwiespältigen Nebenbedeutungen der Vorsilbe »sub« in doppelter

Weise verstanden werden: sowohl als ein für spezif. Gruppen kennzeichnendes Gesamt kultureller Ausdrucksformen *»unterhalb«* des als legitim definierten »Niveaus« der herrschenden →Kultur wie auch als eine »von unten« initiierte *»Gegenkultur«*. In beiden Fällen handelt es sich nicht um isolierte, eigenständige Kulturen eigener Art, sondern um – in Beziehung zu einer herrschenden Kultur gedachte – »Teilmengen«, die sich durch je spezif. *Unterscheidungszeichen* (Lebensstil, Bekleidung, Jargon u.a. Symbolisierungen sozialer →Identität) aus- bzw. eingrenzen.
S.en *rekrutieren* sich vorwiegend unter spezif. Altersgruppen (z.B Jugendkultur), Soziallagen (z.B. »Subproletariat«), ethn. Minoritäten (die Farbigen der USA), rel. →Minderheiten (→Juden in der europ. »Emigration«) oder den verschiedenen Trägern spezif. sozialer Stigmata (z.B. →Homophilie). Gemeinsames Merkmal dieser unterschiedl. Träger von S.en ist eine relative Randposition im Feld der herrschenden Kultur und eine damit einhergehende Statusunsicherheit (→Stand). Diese im Erscheinungsbild sehr verschiedenartigen S.en finden darüber hinaus ihre Wahlverwandtschaft in der Strategie der ostentativen *Selbststigmatisierung* (so z.B. die Bewegung »black is beautiful« oder die Selbstbezeichnung homophiler Männer als »Schwule«).

*Lit.: R. Schwendter:* Theorie der S., Köln 1979.

*Franz Schultheis*

**Subsidiarität.** Das S.sprinzip ist neben dem Personal- (→Person), dem Solidaritäts- und dem →Gemeinwohlprinzip die tragende Säule der von der →kath. Soziallehre entwickelten sozialmetaphys. →Seins- und Sollenslehre, in der Seiendes – gemäß dem scholast. Schulsatz »agere sequitur esse« (»das Handeln folgt aus dem Sein«; →Scholastik) – zum eth. Sollen erklärt wird (→Ethik). Das S.sprinzip zielt als eine Art Organisationsprinzip darauf, die Zuständigkeiten dieses Sollens zwischen →Individuen und →Gesellschaft, zwischen den einzelnen gesellschaftl. →Gruppen, →Institutionen und →Organisationen abzuklären. Wie sehr das S.sprinzip eher empir. als seinshaft erkannt wird – was auch einen Teil der Kritik am Gesamt der prinzipiellen Lehre vom →Naturrecht bestimmt –, kommt in der klass. Formulierung des S.sprinzips in der päpstl. Sozialenzyklika »Quadragesimo anno« (1931) von Pius XI. zum Ausdruck: »Wenn es näml. auch zutrifft, was ja die →Geschichte deutl. bestätigt, daß unter den veränderten Verhältnissen manche Aufgaben, die früher leicht von kleineren Gemeinwesen geleistet wurden, nur mehr von großen bewältigt werden können, so muß doch allzeit unverrückbar jener höchst gewichtige sozialphilos. Grundsatz festgehalten werden, an dem nicht zu rütteln noch zu deuteln ist; wie dasjenige, was der Einzelmensch aus eigener Initiative und mit seinen eigenen Kräften leisten kann, ihm nicht entzogen und der Gesellschaftstätigkeit zugewiesen werden darf, so verstößt es gegen die →Gerechtigkeit, das, was die kleineren und untergeordneten Gemeinwesen leisten und zum guten Ende führen könnten, für die weitere und übergeordnete →Gemeinschaft in Anspruch zu nehmen; zugleich ist es überaus nachteilig und verwirrt die ganze Gesellschaftsordnung. Jedwede Gesellschaftstätigkeit ist ja ihrem Wesen und Begriff nach subsidiär; sie soll die Glieder des Sozialkörpers unterstützen, darf sie aber niemals zerschlagen oder aufsaugen« (Nr. 79). Bereits in den Kämpfen um eine gerechte Sozialordnung gegen den Liberalkapitalismus (→Kapitalismus) und abgehoben vom marxist. →Sozialismus hatte das S.sprinzip eine wichtige →Erkenntnis- und →Ordnungsfunktion. Heute kommt ihm in der Übersetzung »Hilfe zur Selbsthilfe« vor allem in der →Entwicklungspolitik der verarmten und ausgebeuteten Gesellschaften der sog. →Dritten Welt große Bedeutung zu. Es kann als eine wichtige Perspektive in Theorie und Praxis autozentrierter Entwicklung eingebracht werden.

*Lit.: W. Dreier:* Sozialethik, Düsseldorf 1983. – *J. Höffner:* Christl. Gesellschaftslehre, Kevelaer, 8. Aufl. 1983. – *F. Klüber:* Naturrecht als Ordnungsnorm der Gesellschaft, Köln 1966.

*Wilhelm Dreier*

**Sucht** ist Ausdruck einer psych. Fehlentwicklung, die zu einer passiven *zwanghaften Abhängigkeit* von einem schädl. Bedürfnis (Alkohol-, Drogen-, Medikamentenzufuhr, triebhaftes Handeln) führt. Solchen Bedürfnissen liegen best. Tendenzen zugrunde, wie z.B. der Veränderung des Realitätserlebens mit Beseitigung von Unlunst, dem Verlangen nach Wiederholung und Steigerung einmal erlebter Lust (→Freude), weiterhin dem unersättl. Verlangen, einen Trieb zu befriedigen. Diese Tendenzen entstehen nach der Lerntheorie (→Lernen) durch erlerntes Verhalten (Prinzipien von Belohnung und Bestrafung), nach der →Psychoanalyse sind sie Ausdurck mangelnden Reizschutzes durch Störung der Entwicklung des Selbstwertgefühls (→Identität) und normativer Funktionen.

*A. Erscheinungsformen* der S. sind süchtige Triebentartungen (z.B. Stehls., Sammels., Spiels., gewisse sexuelle Triebentartungen), Alkoholismus, Medikamenten- und Drogenabhängigkeit (drug dependence). Eine einheitl. für eine S. anfällige *Persönlichkeitsstruktur* konnte nicht beschrieben werden. Das Spektrum reicht von primär unauffälligen Charakteren (10-20 % der Drogenabhängigen) über empfindsame, labile, willensschwache, verschlossene, depressive (→Depression), geltungssüchtige bis hin zu übergewissenhaften zu erhöhtem Leistungsanspruch neigenden Persönlichkeiten. In der *Verwandtschaft* Süchtiger finden sich gehäuft Alkoholismus, Drogen- und Medikamentenabhängigkeit, Selbstmorde und Selbstmordversuche sowie Charakterabnormitäten. Bei der Entwicklung einer S. spielen *sozio-kulturelle Faktoren* eine große Rolle. Neben dem frühkindl. Milieu (z.B. Trennung der Eltern, wechselnde Aufenthalte in Heimen, Fehlen von positiven Leitbildern) sind dies Sozialstatus, →Beruf, →Modeströmungen, Trinksitten, Einstellung zum Drogenkonsum, Gesetzgebung, →Religion, →Werbung.

*B.* Wachsende Bedeutung haben *Alkohol-, Medikamenten- und Drogensucht.* Bei ihnen kommt es neben den Merkmalen der *psych. Abhängigkeit* (übermächtiges seel. Verlangen nach Zufuhr) auch zu *körperl.* Abhängigkeit in Form von Toleranzentwicklung (bei welcher immer größere Mengen gebraucht werden, um die gleiche Wirkung zu erzielen) und Entzugserscheinungen (z.B. Schlaflosigkeit, Zittern, Unruhe, Schweißausbrüche, Schmerzen, epileptiforme Anfälle, Halluzinationen) wechselnden Ausmaßes und unterschiedl. Dauer. *Motive*, die den unmittelbaren Anlaß zur Einnahme von S.mitteln bilden, sind u.a. Schmerzlinderung, Beseitigung leibseel. psychosomat.) Störungen (z.B. Kopfschmerzen) und Verstimmungszustände (z.B. Depression), Betäubung, Anregung, Leistungssteigerung, Beseitigung des Gefühls innerer Leere, konformes Verhalten in best. Gruppen.

*C.* Bei chron. Gebrauch führt das S.mittel neben körperl. Folgekrankheiten sekundär zu einem *Persönlichkeitswandel.* Es werden diejenigen Persönlichkeitsschichten verformt, welche dem Menschen ein Leben als soziales Wesen ermöglichen. Es kommt zu psych. Instabilität mit Abschwächung und sogar Verlust der Fähigkeit zu zwischenmenschl. Bindungen, Intoleranz gegenüber Frustration, vermindertem Durchhaltevermögen, Sprunghaftigkeit, Unzuverlässigkeit, Verzerrung von Wertvorstellungen und sozialen Haltungen sowie Verwahrlosungstendenz (Depravation). Die *Behandlung* besteht nach der Entgiftung in einer Entwöhnung über mehrere Monate und sozialen Stabilisierung, häufig mit Hilfe spezieller Rehabilitationsmaßnahmen. Das Ziel der Entwöhnung ist die Umorientierung der Persönlichkeit als Ausgangspunkt einer Nachreifung, die zur Selbständigkeit führt, zu eigenverantwortl. Handeln und der Fähigkeit, →Konflikte im Beziehungsfeld angemessen zu lösen.

*Lit.: V. Faust (Hg.):* S.gefahren in unserer Zeit, Stuttgart 1983. – *W. Feuerlein:* Alkoholismus – Mißbrauch und Abhängigkeit, Stuttgart 1979. – *O. Schrappe:* Toxikomanie, in: Die Psychologie des XX. Jh.s, Bd. X, Zürich 1980. – *W. Steinbrecher/H. Solms (Hg.):* S. und Mißbrauch, Stuttgart, 2. Aufl. 1975.

*Burkhard Pflug*

**Südamerika.** Angaben rel. Statistik für Lateinamerik insgesamt sind kaum exakt zu geben. In →Mittelamerika ist der Anteil der Protestanten vielfach auf 15-20% gestiegen. Auch in Brasilien dürfte das prot. Umfeld mindestens 15% der Gesamtbevölkerung umfassen. Andererseits wird damit gerechnet, daß von den nominellen Katholiken Brasiliens mehr als 20% im afroamerik.-spiritist. Mischkult →Umbanda rel. beheimatet sind, während bei nominellen Protestanten dieser Prozentsatz eher unbedeutend sein dürfte. Der Anteil von Anhängern der orthod. Kirche, von asiat. Religionen oder von Naturreligionen liegt weit unter 1%.

*A. Geschichte*

*I.* Zu Beginn der iber. Invasion im 16. Jh. kann man in S. grob *drei Kulturstufen* unterscheiden:
*1. Jäger, Fischer und Sammler* ohne Landwirtschaft (Marginalstämme) oder bes. im Amazonas- und Orinoco-Becken mit beginnender Landwirtschaft (Urwaldstämme des trop. Tieflands) mit der Verehrung eines Hochgottes, von Tiergeistern oder Vegetationsgottheiten (Animismus).
*2.* Völker der *intermediären Kulturstufe* im zirkumkarib. Gebiet und den südl. Andenausläufern, deren kulturelles Niveau der formativen Phase der Hochkulturen, deren rel. Vorstellungswelt derjenigen der Jäger- und Ackerbauer entspricht, aber durch einen differenzierten Kult nach dem Muster der Hochkulturen ergänzt wird mit der Dreiheit: Tempel – Priester – Idole (Gottesbilder).
*3.* Völker der Stufe der *Hochkulturen*, z.B. die *Chibcha* in der zentralen Hochebene des heutigen Kolumbien und die *Inka* südl. davon mit stärker ausgebildeter Klassengesellschaft und speziell bei den Inka einem regelrechten Staatsgebilde in Form eines Imperiums mit einer bes. Priesterklasse für den Reichskult des Sonnengottes Inti oder die Kulte regionaler Gottheiten, die sich vom Schamanentum abhoben, das auf der Ebene der Religiosität der Sippen seine Bedeutung behielt. Kennzeichnend sind weiter hohe Produktivität in der Landwirtschaft, städt. Siedlungszentren und Spitzenleistungen in Weberei, Bewässerungssystemen und Terrassierungen, Metallurgie, Verwaltungsaufbau und Wirtschaftslenkung. Der Respekt vor der Erdgöttin und den Tiergeistern hat in allen Kulturen in bemerkenswerter Weise das ökolog. Gleichgewicht aufrechterhalten.

*II.* Mit der Entdeckung des Pazifiks durch Vasco Núñez de Balboa nahm 1513 die Geschichte der *blutigen Eroberung* und Inbesitznahme von S. *durch Spanier und Portugiesen* ihren Anfang, mit der ebenfalls von 1513 von Rom genehmigten Gründung des Bistums Darién de Panamá auch die →Missions- und →Kirchengeschichte des Subkontinents.
*1.* Aber nicht Núñez kam in den Besitz der sagenhaften Schätze des *Inka-Reiches* – mit 4800 km Nord-Süd-Erstreckung der ausgedehnteste Staat der damaligen Welt –, sondern sein Waffengefährte F. Pizarro, nachdem er Núñez umgebracht und 1532 den Inka Atahualpa unter Mitwirkung des Dominikanerpaters V. Valverde durch einen verräter. Akt in seine Gewalt gebracht hatte. Die *Ausschreitungen Pizarros* und seiner Leute übertrafen noch erhebl. die seines Vorbildes Cortés'. Im Gegensatz zu anderen Conquistadoren (»Eroberern«) hat er nie vorgegeben, wegen der →Bekehrung der →Heiden gekommen zu sein. Obwohl die Bistümer

Santa Marta und Cartagena im Gebiet des heutigen Kolumbien schon 1531/33 und Cuzco in der Hauptstadt des Inka-Reichs 1534 gegründet waren, wurde das 1540 in Lima geschaffene Bistum 1546 zum Erzbistum und Sitz des Primas für das gesamte span. Amerika südl. der Generalkapitanie Guatemala vom heutigen Nicaragua bis Chile erhoben.

*2.* Die Eroberung des 1500 von Cabral für →Portugal entdeckten *Brasiliens* vollzog sich mit zahlreichen Feldzügen sakralen Charakters (Bandeiras) bis ins 19. Jh. hinein weniger spektakulär, aber keinesweg weniger grausam. Die →Ideologie des *iber.* →*Messianismus* bedingte einen polit.-militär., kulturell-rel. Zusammenstoß mit den einheim. →Staaten, →Völkern, →Kulturen und →Religionen, bei dem es keinerlei Möglichkeit zu einer partiellen Koexistenz von Siegern und Besiegten gab, sondern nur völlige Unterwerfung und Anpassung bis hin zum Verlust der eigenen →Identität. Die Folge des – aus der Sicht des NT unhaltbaren – Missionsbegriffs (→Mission), nach dem Menschenbildung (im Sinne der →Erziehung zur iber. →Zivilisation) zur Voraussetzung der Christianisierung gemacht wurde, war, daß den *Indios* (→Indianer) verstärkt durch jh.elange Unterdrückung und Diffamierung ihr Selbstbewußtsein und ihre Eigeninitiative geraubt wurde; dies stellt noch heute einen schweren entwicklungspolit. Nachteil dar.

*3.* Ähnl. gilt für die kirchl. noch mehr vernachlässigten *Negersklaven*, die hauptsächl. in die karib. und atlant. Küstenregionen S.s verschleppt wurden. Die polit. →Emanzipation im 1. Viertel des 19. Jh.s führte zwar zur mehr oder weniger schnellen Aufhebung der Negersklaverei, änderte aber wenig an der *fakt. Rechtlosigkeit* und Ausbeutung der Masse der Bevölkerung, ähnl. wie das Verbot der Indianersklaverei im 16. Jh. oder das der in der Kolonialzeit nie ganz überwundenen indian. Zwangsarbeit (Kommende). In Brasilien signalisierte die Abschaffung der Reste der Negersklaverei 1888 mit dem Zusammenbruch der Sklavenhaltergesellschaft auch den des Kaiserreichs (1889).

*4.* Wie es in Mittelamerika *Vorkämpfer* für eine evangeliengemäße, friedl. Missionsmethode gegeben hat – z.B. Antonio de Montesinos und Bartolomé de las Casas –, so auch in S., wo solche Bestrebungen ihren überzeugendsten Ausdruck in den *Jesuitenreduktionen* von Paraguay gefunden haben, dem Versuch zur Mission als Rettung des ganzen Menschen in einer kolonialen Enklave. Die Deportation der →Jesuiten 1767, die die Auflösung der Reduktionen bedingte, verdeutlicht das Scheitern der kolonialist. Zwangsehe von →Kirche und Staat.

*III.* Die →Aufklärung, der nordamerik. Unabhängigkeitskampf (→Vereinigte Staaten) und die →Franz. Revolution bildeten den geistigen, die napoleon. Besetzung der iber. Halbinsel (1808) den polit. Hintergrund der *Unabhängigkeitsbewegung* in S.

*1.* Sie verlief im mittleren und nördl. *Andenraum* sehr blutig, da König Ferdinand VII. von Spanien nach der monarch. Restauration 1814 mit starken Truppenkontingenten in S. intervenierte, so daß sich der Befreiungskampf mit wechselndem Erfolg unter Führung von S. Bolívar, Santander, San Martin u.a. bis 1824 hinzog. Nur in *Brasilien* forderte die Unabhängigkeit geringe Opfer, da der portug. Hof 1808 mit brit. Hilfe nach Brasilien geflüchtet war und der königl. Statthalter, Prinz Pedro, 1822 selbst die Unabhängigkeit proklamierte, so daß Brasilien bis 1889 als einziger Staat S.s eine Monarchie war. Die Periode der Unabhängigkeitskämpfe mit Stellungnahmen der Mehrzahl der Bischöfe für die Monarchie und revolutionärer Parteinahme erhebl. Teile des kreol. Klerus führte zu einem *Tiefstand der Kirche*, weitgehender Auflösung der →Orden und ihrer →Missionsarbeit. Unter dem Druck der Mächte der Hl. Allianz (ab 1815, →Restauration) mit ihrem Legitimitätsprinzip (→Legalität) sah sich Rom lange Jahre außerstande, die bischöfl. Vakanzen zu füllen, so daß die →Hierarchie kontinental fast zusammenbrach.

*2.* Die *unabhängig gewordenen Staaten* S.s, von denen namentl. Venezuela, Brasilien, Uruguay, Paraguay, Argentinien und Chile im 19. und 20. Jh. ihr Bevölkerungspotential durch europ. Einwanderer vergrößerten, versuchten freil., die Zwangsehe von Kirche und Staat mit Hilfe des *Patronatsrechts* zur Legitimierung ihrer scheindemokrat. Herrschaftssysteme bis ins 20. Jh. hinein aufrechtzuerhalten. Rom versuchte, die Lage mit →*Konkordaten* rechtl. zu ordnen, um die Vorrechte der kath. Kirche zu wahren und eine kath. Einheitsgesellschaft (Modell der Christenheit) als Schutzwall gegen liberale Ideologie und prot. Mission zu erhalten.

*3.* Unter dem Druck prot. Einwanderer, Handelspartner und liberaler Politiker setzte sich im 19. Jh. indes überall rel. →Toleranz durch. →*Prot. Kirchen* faßten am stärksten in Brasilien, am La Plata und in Chile Fuß, wobei zahlenmäßig die *Pfingstkirchen* (→Pfingstbewegung) in Brasilien und Chile das größte Gewicht gewannen. Die Protestanten trugen zwar zur Modernisierung der Gesellschaft bei, merkten aber nicht, daß sie damit ebenso einer Ideologie dienten wie die kath. Hierarchie, erstere derjenigen der liberalen, letztere der der konservativen um die Erhaltung des Status quo besorgten Kräfte. In Brasilien fühlen sich zahlreiche nominelle *Katholiken* stärker afroamerik.-spiritist. *Mischkulturen* (z.B. →Umbanda; →Candomblé) verbunden. Im Andenraum und Amazonasbecken, dessen →Umwelt seit den 70er Jahren durch wirtschaftlt. Erschließung systemat. zerstört wird, spielen indian.-synkretist. oder *indianische Stammeskulte* noch eine Rolle (→Synkretismus).

*4.* Wie in Mittelamerika drang der Protestantismus nach S. in verschiedenen Ausprägungen vor. Speziell in Brasilien, den La-Plata-Staaten und Chile spielte der *Einwanderungsprotestantismus* seit der 1. Hälfte des 19. Jh.s eine bahnbrechende Rolle (Herausbildung volkskirchl. →Synoden). Ihm folgte in der 2. Hälfte des 19. Jh.s der *Missionsprotestantismus* angelsächs. Herkunft mit den hist.

Denominationen, freikirchl. Missionen und nicht bekenntnismäßig geprägten Glaubensmissionen. Den großen Durchbruch von der unteren Mittelschicht in die Unterschicht brachte erst die seit der Weltwirtschaftskrise von 1929 verstärkte Ausbreitung der →Pfingstbewegung, deren Hochburgen in Brasilien (stärkste Pfingstkirche der Welt) und Chile liegen.
»Church Growth«-Strategie, Tiefen- und *Massenevangelisation* sowie die Tätigkeit »neupfingstler.« Kleinkirchen und Sekten mit starker Finanzhilfe aus den USA prägen weithin das Bild des Protestantismus in der Gegenwart, der im Zeitalter der →Ökumene kein gemeinsames theol. Profil aufweist, nachdem er auch den vom Einwanderungsprotestantismus schon früher abgelehnten kleinsten gemeinsamen Nenner des Antikatholizismus verloren hat.

*IV.* Die gravierenden *sozioökonom. und polit. Probleme* des Subkontinents stellen die größte Herausforderung für die Christenheit dar.
*1.* Sie wird charakterisiert durch *wirtschaftl. Abhängigkeit* von der Ersten Welt und deren multinationalen Unternehmen im Zusammenhang mit der Ausbeutung durch nationale Oligarchien, durch verfehlte →*Entwicklungspolitik* mit seit der ersten Ölkrise (1974) vom internationalen Finanzkapital geradezu aufgedrängten Krediten (Petrodollar), die – durch den Zinsanstieg verstärkt – zu einer astronom. Auslandsverschuldung geführt haben. Hinzu kommen die Verhinderung aller Ansätze zu Agrarreformen und (etwa in Brasilien) ein weiteres Anwachsen des unproduktiven Großgrundbesitzes, aber auch der neuen »Agromultis«. Dies führte in den letzten 20 Jahren einerseits zu vermehrten Landbesetzungen und Protestbewegungen, andererseits zur *Landflucht* von über 29 Mill. Kleinbauern ohne sichere Bodentitel mit einem entspr. uferlosen Wachstum der städt. *Elendsviertel* (favelas). Zugleich geht – inflationär bedingt – die Kaufkraft der Mindestlöhne zurück; es kommt zu Massenarbeitslosigkeit und in Verbindung damit zu instabilen Partnerschaften in der Unterschicht, somit zur Verwahrlosung der Kinder (Mill. streunender Kinder und Jugendlicher in Metropolen wie São Paulo, Rio de Janeiro, Bogotá usw.), zu verbreiteter *Unterernährung* (allein in Brasilien verhungerten 1985 mehr als 360.000 Kinder), katastrophalen Wohnbedingungen, kaum vorhandener med. Versorgung, schul. Unterversorgung usw.
*2.* Revolutionen der verzweifelten Volksmassen konnten in den 70er Jahren nur durch repressive Militärregimes mit ihrer am Ost-West-Konflikt, orientierten Ideologie der *nationalen Sicherheit* unterdrückt werden. Das Beispiel Brasilien zeigt, daß sich die Repression auch unter neuer demokrat. Fassade kaum ändert und strukturelle Probleme ungelöst bleiben.
*3.* Seit den 60er Jahren ist es in den *Kirchen* zu einer unterschiedl. starken *Bewußtmachung* dieser Probleme gekommen, z.B. in der Bewegung »Kirche und Gesellschaft« und in der sowohl von kath. wie prot. Theologen konzipierten →*Befreiungstheologie*, die von vielen Seiten bekämpft, des →Marxismus bezichtigt, sich sogar gegen die röm. Glaubenskongregation (→Kurie) behauptet hat (vgl. die von mehr als 100 lateinamerik. Bischöfen unterstützte Veröffentlichung der »Bibliothek der Befreiung«, 53 Bde.). Ihre Hauptstütze sind die inzwischen mehr als 200.000 kirchl. →*Basisgemeinden* in ganz Lateinamerika, davon mehr als die Hälfte in Brasilien, wo die Befreiungstheologie den stärksten Rückhalt im Episkopat hat. Innerhalb der röm.-kath. Kirche hat die Option für die Armen und die Forderung nach integraler Befreiung des Menschen ihren Ausdruck auf den kontinentalen Bischofskonferenzen von *Medellín* (1968) und *Puebla* (1979) gefunden, wenngleich es von Land zu Land und Bistum zu Bistum verschieden starke Hochburgen konservativer oder reaktionärer Theologie gibt.
*4.* Widerstand gegen die Ausbeutung der Bevölkerungsmasse wird auch artikuliert von ökumen. offenen nichtfundamentalist. *prot. Kirchen*, die sich 1982 zum kontinentalen »Lateinamerik. Rat der Kirchen« (CLAI) zusammengeschlossen haben, während im selben Jahr die evangelikalen und fundamentalist. Kirchen als Gegenstück die »Ev.-lateinamerik. Bruderschaft« (CONELA) gründeten, die auf der Linie der Reagan-Administration (vgl. das Santa-Fe-Papier) den Hauptgrund für die Probleme Lateinamerikas in der Ausbreitung fremder Ideologien wie des Marxismus und die Befreiungstheologie sehen, aber nicht im Elend der Bevölkerungsmasse.
Ein ermutigendes Zeichen ist hingegen die Bildung des »*Nationalen Rates christl. Kirchen*« (CONIC), ebenfalls 1982 in Brasilien, in dem erstmals eine kath. Bischofskonferenz mit prot. Kirchen – u.a. Methodisten (→Ev.-methodist. Kirche), Episkopalen, Reformierten und der Ev. Kirche Luth. Bekenntnisses in Brasilien – zusammenarbeitet. Deren Bodenpastoral-Kommission nimmt sich aktiv der Probleme der Kleinlandwirte und Landlosen an.

*Lit.:* Historia General de la Iglesia en América Latina, hg. von CEHILA, Salamanca/Petrópolis, ab 1977. – *M. Lange/R. Iblacker:* Christenverfolgung in S., Freiburg, 2. Aufl. 1981. – *H.-J. Prien:* Die Geschichte des Christentums in Lateinamerika, Göttingen 1977 (2., verb. Aufl. span. Salamanca 1985). – *Ders. (Hg.):* Lateinamerika: Gesellschaft-Kirche-Theologie, Bd. 1-2, Göttingen 1981. – *Ders.:* Von den Dt.-ev. Einwandergemeinden zur Ev. Kirche Luth. Bekenntnisses in Brasilien. Nationale Kirchwerdung im ökumen. Kontext (Die Luth. Kirche, Geschichte und Gestalten), Gütersloh 1988.

*Hans-Jürgen Prien*

*B. Literarisch*

*I.* Die lateinamerik. Literatur wurde in der Wende von den 60er zu den 70er Jahren weltweit bekannt durch den polit. Widerstand von Autoren gegen Militärdiktatur, Totalitarismus und Imperialismus. Wenigstens die drei letzten Nobelpreisträger der lateinamerik. Literatur, der guatemaltek. Autor

Miguel Angel Asturias (1967; 1899-1974), der Chilene Pablo Neruda (1971; 1904-1973) und der Kolumbianer Gabriel García Márquez (1982; geb. 1928) repräsentieren diese Strömung *engagierter Intellektueller*, die ihre polit. Option für soziale →Gerechtigkeit und Befreiung auch in ihrem Werk zum Ausdruck bringen. Zum Hauptrepräsentanten dieses literar. Aufschwungs wurde *Márquez* mit seinen Romanen »Hundert Jahre Einsamkeit« (1967, dt. 1970) und »Die Liebe in den Zeiten der Cholera« (dt. 1987) mit deren Anprangerung und Anklage von Korruption und Wucher, dem Untergang von Großfamilien und der sensiblen Beschreibung seiner Personen (des Colonel, des Alchemisten, des Doktors). Bekannt sind auch sein dichter Roman »Der Oberst hat niemand der ihm schreibt«, die Novelle »Chronik eines angekündigten Todes« und »Der Herbst des Patriarchen«. Teil dieser engagierten Literatur sind die Prosa des Argentiniers Julio Cortázar (1914-1984), der Uruguayer Eduardo Galeano und Mario Benedetti (geb. 1920) sowie die Poesie etwa von Ernesto Cardenal (geb. 1925; Nicaragua) und das frühere Werk von Ruben Darío (1867-1916; Kuba) und Thiago de Mello (Brasilien).

*II.* Neben dieser Literatur krit. Intellektueller werden zwei weitere Strömungen sichtbar, die entweder aus dieser Literatur folgen oder parallel zu ihr entstanden sind. So ist für einige dieser Autoren das soziokulturelle und rel. Selbstbewußtsein verschiedener Sektoren des Volkes, das den engagierten Intellektuellen nur als Material diente, in zunehmendem Maße zum Ausgangspunkt ihrer Literatur geworden. Diese *am Volk orientierte* Strömung verläßt, schafft neu oder verbreitert damit das bestehende symbol. Universum der engagierten Literatur. Davon ist eine zweite Strömung zu unterscheiden, die sich ausdrückl. myth. oder surrealist. Quellen zuwendet und sich vor allem um die Vervollkommnung literar. Techniken bemüht.

*1.* Die erste, *am Volk orientierte literar. Strömung* verarbeitet die soziokulturellen Spannungen so, daß Literatur selber auch zum Ausdruck und zur Quelle der Inspiration für eine neue soziale Standortbestimmung verschiedener ethn. Gruppen und Rassen wird. Das gilt u.a. für Prosa und Poesie aus indian. Kulturen und Religionen, die – nach einer ersten Welle der Kritik an den Erzeugnissen der romant. Indianerliteratur des 19. Jh.s – vor allem José Maria Arguedas (1911-1969; Peru) zum Wortführer erhielt. Durch seine Fähigkeit, ethn. und soziale Konflikte dieses Jh.s mit ursprüngl. Mythen sowie der Sprache der *Andino-Kultur* zu verbinden, hat er einen tiefgehenden Streit um die symbol. Hegemonie bloßgelegt, die bei der Bildung nationaler Identitäten in Lateinamerika eine wichtige Rolle spielte.

*2.* Auch die *afrolateinamerik. Literatur* (vor allem aus Kuba, Brasilien und Haiti) läßt den Unterschied zwischen der engagierten Literatur der vorangehenden und der nun folgenden Generation erkennen, die sich nun die literar. Produktion aneignet und neu zum Leben erweckt. Der Beitrag von u.a. afrobras. Religionen und Kulturen hat über die Volksprosa wichtige *Ursymbole* aufgewiesen, in denen sich eine veränderte Wahrnehmung der heutigen sozialen Wirklichkeit spiegelt. Der afrolateinamerik. Kultur verdankt die Poesie ferner die Polyrhythmik, die Wiederholung verschiedener Klänge durch Alliteration. Die Vorarbeiten von Aime Césare und Leon Damas (1912-1978) in den 30er bis 40er Jahren werden später und in anderer Weise vor allem von Jorge Amado (geb. 1912; Brasilien) vertieft.

*3.* Sowohl das afrolateinamerik. als auch das indian. Genre lassen sich auf die Erfahrung völk. Sektoren ein, die den tägl. Kampf ums Überleben in erster Linie als ein *spirituelles Problem* sehen. Diese Literatur greift die Auffassung des Volkes auf, daß das Leben auf einem rel. Fundament ruhe, und verarbeitet dabei den Einfluß ökonom. und sozialpolit. Veränderungen im vorgegebenen kulturell-rel. Universum. Subjektive Erinnerungen spielen dabei als Faktoren hist. Identitätsbildung eine Rolle.

*III.* Die zweite Strömung, die sich teils gleichzeitig mit der engagierten Literatur entwickelte, bisweilen mit ihr auch themat. Berührungspunkte aufweist, konzentriert sich vor allem auf *literar. Techniken.* Repräsentativ dafür ist der Argentinier Jorge Luis Borges (1899-1986), der mit Hilfe von hochgebildeten Sprach- und Stilformen eine Verbindung schafft zwischen mytholog. Fabeln und aktuellen Traumbildern und der so die vertraute alltägl. Sicht der Wirklichkeit durchbricht. Das gilt auch für Mario Vargas Llosa (geb. 1936; Peru), der in seinem Werk unterschiedl. Erzähltechniken mit verschiedenen Schreibstilen zu verknüpfen weiß. Bras. Autoren, die auf dieser Linie arbeiten, sind u.a. João Guimarães Rosa (1908-1967) und Jorge de Lima (1895-1953).

*IV.* Schließl. ist auf eine aufsehenerregende Tendenz zu verweisen, die in letzter Zeit in der ursprüngl. engagierten Elite entstanden ist und die *polit. Symbole* (den Archetyp des Diktators, des Colonel) der früheren engagierten Literatur als bloße literar. Verlängerung der damaligen Widerstandsideologie kritisiert. Diese Literatur erschöpfe sich und verliere, wie z.B. Octavio Paz (geb. 1914; Mexico) und Pablo António Cuadro (Nicaragua) behaupten, im lateinamerik. Kontext der 80er Jahre an Vitalität. Eine andere junge Tendenz in der lateinamerik. Literatur ist die interessante *Neuentdeckung* von Autoren aus dem Ende des 19. Jh.s, die (so etwa Machado de Assis [1839-1908]; Brasilien) der Romantik entwachsen waren und gegenüber dem damals herrschenden franz. Realismus relativ unabhängig blieben. Neu belebt werden dabei Themen wie der Wahnsinn des Glaubens, die Unzulänglichkeit der Vernunft und die völlige Sinnlosigkeit des Leidens.

*Lit.: M. Alvar:* Historia de la literatura hispanoamericana, Madrid/Cátedra 1982. – *J. Franco:* An introduction to Spanish American literature, Cambridge 1975. – *D. P. Gallagher:* Modern Latin American literature, London/ Oxford 1973. – *C. Mainer:* Atlas de literatura Latinoamericana (siglo XX), Barcelona/Ed Lover 1976.

*Berma Klein Goldewijk (Übers. Hermann Häring)*

**Südliches Afrika.** Statistik für die Republik Südafrik.: Prot.38,7%; Mitglieder unabhängiger Kirchen 21,9%; Kath. 10,1%; Anglik. 6,9%; Angeh. von Stammesrel. 15,9%; Hindus 2,0%; Musl. 1,3%; Nichtgläubige und Atheisten 0,9%; Juden 1,2%.
Der geograph. Raum des s.n A. besteht aus den Staaten: Angola und Mosambik; Sambia und Malawi; Simbabwe; Lesotho, Swasiland und Botsuana; Namibia (verwaltet von der Republik Südafrika); Südafrika. Wichtigster *Machtfaktor* im s.nA. ist die Republik *Südafrika*, deren gesamte sozio- und ökonom. Ordnung auf dem Prinzip der »Apartheid« (→Rassenfrage) beruht.

*A. Geschichte der Kolonisierung*

*I.* Vor der Ankunft der *holländ. Kolonisten* mit Jan van Riebeek am Kap der Guten Hoffnung (1652) war *Südafrika* von nomadisierenden Verbänden der Khoi Khoikoi, der San und z.T. von schwarzafrik. Gemeinschaften besiedelt. Die weißen Siedler am Kap entzogen der Urbevölkerung durch Viehraub und Landenteignung ihre Lebensgrundlage: Die San erlagen dem →Völkermord.
*1.* Die Einfuhr von Sklaven im 18. Jh. führte zur Entstehung einer weißen *Sklavenhaltergesellschaft am Kap.* Als →Großbritannien um 1800 die Macht übernahm, sahen die holländ. Großgrundbesitzer (»Buren«) ihre Privilegien in Frage gestellt; bes. entrüstete man sich über die Abschaffung des Sklavenhandels (1807) und der →Sklaverei (1834) durch die neue Kolonialmacht. Ab 1835 zogen die Buren im sog. »Großen Treck« ins Landesinnere, wo sie auf Grund ihrer waffentechn. Überlegenheit die schwarze Bevölkerung, die in verschiedenen Gemeinschaftsformen organisiert war, unterwarfen. Wie auch in den engl. Territorien am Ostkap wurde in vielen Kriegen die Macht der afrik. Herrscher gebrochen. In den Burenrepubliken (Transvaal, Oranje-Freistaat) wurde Mitte des 19. Jh.s gesetzl. geregelt, daß es weder in der Kirche noch im Staate eine Gleichberechtigung für Schwarze geben sollte. Nach Diamanten- und Goldfunden in der 2. Hälfte des 19. Jh.s rückten die Burenrepubliken ins Blickfeld des engl. Imperialismus. Die folgenden Auseinandersetzungen zwischen Buren und Briten spitzten sich im *Burenkrieg* (1899-1902) zu, der von den Engländern unter Anwendung brutaler Mittel gewonnen wurde. Im Frieden von Vereeniging (1902) wurde indes der Weg geebnet, um ab 1910 zu einer gemeinsam regierten Südafrik. Union zu gelangen. Diese Union zementierte die Vorherrschaft der weißen Minderheit und baute sie durch neue Gesetze weiter aus. 1913 wurde das den Schwarzen zugestandene Gebiet auf nur 13% des Landes eingeschränkt.
*2.* Seit 1948 wurde die Herrschaft der weißen Südafrikaner durch die bis heute regierende bur. *National Party* systemat. weiter ausgebaut. Mit allen Mitteln staatl. Repression versuchte die Regierung, den schwarzen Widerstand gegen das *Apartheid-Regime* zu brechen. Die Organisationen der Schwarzen (African National Congress [ANC] und Pan Africanist Congress [PAC]) wurden nach dem Massaker an friedl. Demonstranten in Sharpeville (1960) gebannt. Um sich internationalem Druck zu entziehen, trat Südafrika *1961* aus dem Commonwealth aus und erklärte sich zur *Republik.* Nach der blutigen Niederwerfung der Soweto-Aufstände (1976) erreichte der Widerstand der schwarzen Bevölkerungsmehrheit eine neue Dimension: Massenbewegungen wie die Black-Consciousness-Movement (BCM), die United Democratic Front (UDF), die schwarzen Gewerkschaften sowie die vom Exil aus operierenden Befreiungsbewegungen drängen auf eine Beendigung des auf Diskriminierung, Unterdrückung und Entrechtung basierenden Apartheid-Systems, wobei sie in zunehmendem Maße die Unterstützung der Kirchen erhalten.

*II.* Die Geschichte der *übrigen Gebiete* des sn.A. ist geprägt durch den engl. Kolonialismus, der nach der Berliner Kongo-Konferenz (1884/85) einen Höhepunkt erreichte.
*1.* Während bei der Annexion von *Lesotho, Botsuana* und *Swasiland* eher diplomat.-takt. Motive bestimmend waren, stellte die Übernahme der nördl. Territorien durch die von Cecil Rhodes gegründete British South Africa Company (BSAC) einen massiven Eingriff in die Geschichte der afrik. Völker dar. (1889 »Vertrag« mit dem König der Ndebele Lobengula über die Exklusivrechte zum Abbau der Bodenschätze und folgende militär. Aktionen gegen den Widerstand der Ndebele und Shona). Ziel war die Schaffung einer Kette von Kolonien, die den afrik. Kontinent vom Kap bis nach Kairo durchziehen sollten. In diesem Zusammenhang schuf der brit. Imperialismus die Kolonien Südrhodesien, Nordrhodesien und Njassaland.
*2.* Während Nordrhodesien *(Sambia)* und Njassaland *(Malawi)* 1964 in die Unabhängigkeit entlassen wurden, konnte die schwarze Bevölkerung in der Siedlerkolonie Südrhodesien *(Simbabwe)* erst nach langem bewaffneten Kampf ihre polit. Autonomie erringen (1980).
*3.* Schwarze Befreiungsbewegungen sozialist. Prägung übernahmen 1975 auch die Regierung der ehemals portug. Kolonien. *Angola* und *Mosambik*, nachdem in Portugal das diktator. Regime Salazars beseitigt worden war.
*4.* Damit ist *Namibia* – von 1884-1915 unter dt. »Schutzherrschaft« – das einzige Gebiet im sn.A., das auf Grund der völkerrechtswidrigen Besetzung durch die Republik Südafrika noch einen kolonialen Status hat. 1966 beschloß die UN-Generalver-

sammlung, Südafrika das Mandat zu entziehen und unterstellte es dem UN-Rat für Namibia. International anerkannt ist die einen bewaffneten Befreiungskampf führende South West African Peoples Organisation (SWAPO). Die unabhängigen Staaten des sn.A. haben sich zu einem Bündnis zusammengeschlossen, um dem destabilisierenden Druck Südafrikas, das die Nachbarstaaten Lesotho, Swasiland und Botsuana in völliger ökonom. und polit. Abhängigkeit hält, zu widerstehen. Die Situation der Kirche und die theol. Diskussion im sn.A. wird weitgehend vom Rassenkonflikt und dessen sozioökumen. Ursachen bestimmt.

*B. Missionsgeschichtlich*

*I.* Von Südafrika gingen im *19. Jh.* nicht nur die koloniale Expansion ins s.A., sondern auch die *missionar.* Bestrebungen aus.

*1.* Die *Missionstätigkeit* in *Südafrika* begann 1736 mit dem Herrnhuter Missionar Georg Schmidt, doch entscheidend für die Ausbreitung des →Christentums unter den einheim. Völkern Südafrikas war die Arbeit der *London Missionary Society* (LMS), die von Johannes Theodorus van der Kemp (1748-1811) aufgenommen wurde. Die Missionare der LMS setzten sich für die unterdrückten Ureinwohner ein und wurden von den Buren scharf angegriffen. Dies galt vor allem für den →philanthrop. gesinnten Dr. John Philip (1775- 1851), der enge Verbindungen zu engl. Parlamentariern hatte und eine Liberalisierung der »Eingeborenengesetze« bewirkte.

Auf Philips Initiative nahmen auch *weitere Missionsgesellschaften* ihre Arbeit auf: 1829 begann die Rheinische Missionsgesellschaft (RMG) ihre Tätigkeit; ihr folgte die Berliner Mission 1834, und seit 1835 versuchte die American Board of Commissioners for Foreign Missions (ABCFM) in dem von Zulu und Buren umkämpften Natal (1709-1785) Fuß zu fassen. In den östl. der Kapkolonie gelegenen Xhosa-Gebieten entstanden Stationen der engl. Methodisten und der schott. Presbyterianer. In den Burenrepubliken waren die dt. Missionare der Berliner und Hermannsburger Missionsgesellschaft willkommen. Die letztere gründete einen Kreis von festgefügten afrik. Bauerngemeinden unter der patriarchal. Leitung der Missionare. 1876 begann die Mission der schwedischen Kirche ihre Tätigkeit an der Grenze von Zululand.

Im Jahre 1847 wurde mit der Gründung des Bistums Kapstadt durch Bischof Robert Gray (1809-1872) der Beginn der *anglik. Mission* im sn.A. eingeleitet, die von der Society for the Propagation of the Gospel in Foreign Parts (SPG) und später von Mönchs- und Nonnenorden (Society of St. John, the Evangelist, Cowley) wahrgenommen wurde.

*2.* Das nur schwach bevölkerte *Südwestafrika (Namibia)* war seit Mitte des 19. Jh.s Arbeitsfeld der RMG (1842 Namamission; 1844 Hereromission); bekannt wurde der eigenwillige Pioniermissionar Hugo Hahn (1818-1895). Erst 1870 folgte die finnische Mission, die unter dem Volk der Ovambo wirkte. Die Geschichte der Mission ist durch den dt. Kolonialismus belastet (Völkermord im Hereroaufstand 1904).

Aus der Arbeit dieser Missionen gingen die beiden *schwarzen Kirchen* Ev.-Luth. Kirche (ELK = ehem. Rheinische Missionskirche) und die Ev.-Luth. Ovambokavango Kirche (ELCIN) hervor. Im Gegensatz zu der Dt. Ev.-Luth. Kirche (DELK), die weithin mit der Politik der Weißen solidar. ist, stehen die schwarzen luth. Kirchen ebenso wie die im Namibianischen Kirchenrat (NCC) zusammengeschlossenen Kirchen, die Anglikaner, Methodisten, Kongregationalisten, Afrik. Methodisten (AMEC) und Katholiken in Opposition zur Politik Südafrikas.

*3.* Der LMS-Missionar Robert Moffat (1795-1883) gilt als Pionier der *prot. Mission* in *Botsuana* und *Simbabwe*; 1859 erhielt er vom König der Ndebele Msilikazi die Erlaubnis, eine Gruppe von Missionaren in Matabeleland anzusiedeln. Von dem Stützpunkt Kuruman ausgehend, unternahm sein Schwiegersohn, der berühmte Missionar und Entdecker David Livingstone (1813-1873), seine Forschungsreisen ins Innere Afrikas. Er war der erste Europäer, der die Gebiete des heutigen Sambia und Malawi durchquerte. Mit Eugène Casalis (1812-1891) betrat die reform. Pariser Mission südafrik. Boden. Casalis wirkte lange Zeit als Berater des Königs Moshoeshoe I., dem Begründer der Basutho-Nation. Eine ähnl. Rolle spielte auch der franz. Missionar François Coillard (1834-1904), der am Hofe des Königs Lewaniká von Barotseland am Sambesi wirkte.

Die systemat. Missionierung Rhodesiens kam erst nach der Okkupation dieser Gebiete durch die BSAC in Gang, die die zivilisator. »Tätigkeit« der Missionare förderte. Bes. Erwähnung bedarf die Arbeit der *schott. Missionare*, die sich vor allem der schul. Ausbildung der afrik. Konvertiten widmeten. Bekannt wurde das seit 1866 von James Stewart geleitete Institut von Lovedale bei Alice/Kapkolonie, aus dem bekannte afrik. Persönlichkeiten wie Tiyo Soga und Pambani J. Mzimba hervorgegangen sind. Auch in Malawi erlangte die Station Livingstonia (1873) unter der Leitung des schott. Missionars Robert Laws großes Ansehen, ebenso wie die Station Blantyre, die 1876 von der Kirche von Schottland errichtet wurde.

*4.* In den Kolonien *Angola* und *Mosambik* hatte die *röm.-kath. Kirche* seit Jh.en eine privilegierte Stellung: Sie wurde vom portug. Kolonialstaat massiv unterstützt und hatte im Schulwesen eine Monopolstellung. Die prot. Missionen (1881 ABCFM) mußten dagegen unter erschwerten Bedingungen arbeiten; sie hatten unter Beschränkungen der Einreise und Aufenthaltserlaubnis und beim Schul- und Kirchenbau zu leiden.

Hervorzuheben ist die Pionierleistung des Amerikaners *William Taylor*, der 1884 von der Generalkonferenz der nördl. bischöfl. Methodistenkirche zum »Bischof von Afrika« ernannt und in den portug. Kolonien tätig wurde. Kath. Missionare kamen erst spät ins s.A. Wichtige Schwerpunkte

lagen in der Kolonie Natal, wo die Trappisten 1882 das Kloster Marianhill gründete, und in Lesotho.
*5.* Die Weißen Väter begannen die Missionsarbeit 1889 in *Malawi* und 1891 in *Sambia.* In *Namibia* übernahm der Orden der »Oblaten von der Unbefleckten Jungfrau« die Missionsarbeit. Organisation und Gottesdienste der kath. Kirche sind rass. gemischt. Zu den etwa 34 Mitgliedern der Bischofskonferenz zählen die seit Mitte der 70er Jahre erstmals von Schwarzen geleiteten Diözesen Lesotho, Swasiland, Transkei, Kwazulu, Bloemfontein und Kapstadt. Seit dem Massaker von Sharpeville (1960) nimmt die Bischofskonferenz entschieden gegen die Apartheid Stellung; der amtierende Erzbischof Denis Hurley fordert eine radikale Veränderung des Systems. Er vertritt damit die gleiche Position wie führende Persönlichkeiten des Südafrik. Kirchenrats und dessen Mitgliedskirchen.

*II. Südafrika* gilt als das am stärksten *christianisierte Land* →Schwarzafrikas: Von den Schwarzen (74,22%) zählen offiziellen Schätzungen zufolge 70% zu christl. Kirchen, die aus der Tätigkeit der euroamerik. Missionen hervorgegangen sind. Die sogen. Coloureds (8,14%) gehören zu über 90% christl. Kirchen an und von den Weißen (14,54%) bekennen sich über 94% zu einer christl. Kirche, und zwar – bis auf 8,2% Katholiken – überwiegend prot. Richtung. Rund die Hälfte der weißen Christenheit gehört den niederländ. reformierten Kirchen an, die anderen verteilen sich auf Anglikaner (10%) und andere Denominationen (→Konfession), wie Methodisten, →Kongregationalisten, Lutheraner, →Baptisten, Siebenten-Tags-Adventisten usw.
Zahlreiche Kirchen und ökumen. Organisationen haben sich zum *Südafrik. Rat der Kirchen* (SACC) mit Sitz in Johannesburg zusammengeschlossen. Der SACC, der 63% der christl. Bevölkerung Südafrikas vertritt, hat keine Weisungsbefugnis, ist aber durch seine koordinierende Tätigkeit, durch die Ablehnung der Apartheid und durch ihm zur Verfügung gestellte Finanzierungsmöglichkeiten einflußreich; er wird von Kirchen in afrik. und westl. Ländern ideell und materiell unterstützt. Dem SACC stehen die niederländ. reformierten Kirchen gegenüber (vor allem die Nederduitse Gereformeerde Kerk [NGK]), die als staatstragende Kirche der Buren in der Vergangenheit die Rassentrennung legitimiert haben. Die Ideologie der Apartheid ist in der rel. Tradition des Burentums tief verankert.

*III.* Unter dem Einfluß der Missionsschulbildung entstand eine christl. *schwarze →Elite,* die ihrem kulturellen Milieu entfremdet war, aber auf Grund der rassist. Strukturen nicht in die europ. Gesellschaft integriert werden konnte. Hier liegen die Wurzeln für eine Bewegung, die seit der Jh.wende die Kirchengeschichte Südafrikas prägte: Es entstanden *afrik. unabhängige Kirchen* (AUK), deren Führer sich der Kontrolle westl. Missionen entzogen hatten und die versuchten, ein afrik. Christentum zu begründen, das in stärkerer Übereinstimmung mit dem eigenen kulturellen und rel. Erbe stehen sollte. Aus dieser sog. *äthiop. Bewegung* sind inzwischen mehr als 3.000 afrik. unabhängige Kirchen hervorgegangen (20% der schwarzen Christenheit Südafrikas), die verschiedene Typen schwarzer Religiosität repräsentieren. Die Verschärfung der Apartheidpolitik hat in den etablierten Kirchen, die im South African Council of Churches (SACC) zusammengeschlossen sind, *Widerstand* hervorgerufen. Vor allem schwarze Christen verwerfen die Rassentrennung als →Häresie (→Rassenfrage) und fordern demokrat. Rechte und polit. Mitbestimmung für alle Bevölkerungsgruppen.
Die Bewegung der kontextuellen →*schwarzen Theologie* hebt unter den Bedingungen von Unterdrückung und Ausbeutung die Bedeutung des Evangeliums für die Opfer des Rassismus hervor, entlarvt das weiße Christentum als Herrschaftsideologie und drängt auf die Befreiung der schwarzen Mehrheit. Schwarze Theologen (Desmond Tutu, Allan A. Boesack, Gabriel Setiloane, Simon Maimela, Frank Chikane) sehen heute als wichtige missionar. Aufgabe die Wiedergewinnung der nicht zuletzt durch die europ. Missionstätigkeit verlorengegangenen schwarzen Identität im Kontext eines eigenständigen afrik. Christentums. Ein wichtiges kirchengeschichtl. Ereignis im Kontext der sich verschärfenden Konfrontation von Staat und »Bekennender Kirche« war die Veröffentlichung des sogen. Kairos-Dokuments im Jahre 1985 und die sich daraus ergebende theol. Debatte.

*Lit.: A. A. Boesak:* Unschuld die schuldig macht, Hamburg 1977. – *C. P. Groves:* The Planting of Christianity in Africa (Bd. I-IV), London 1948, 1954, 1955, 1958. – *M. Hope/J. Young:* The South African Church in a Revolutionary Situation, Maryknoll/New York 1981. – *E. Kamphausen:* Anfänge der kirchl. Unabhängigkeitsbewegung in Südafrika, Frankfurt/M./Bern 1977. – *H. Loth:* Apartheid und Kirchen, Köln 1977. – *J. J. Mosala/B. Tlhagale (Hg.):* The Unquestionable Right to Be Free, Braamfontein 1986. – *J. Richter:* Geschichte der ev. Mission in Afrika, Gütersloh 1922. – *M. Wilson/L. Thompson (Hg.):* The Oxford History of South Africa, Bd. I: South Africa to 1870, Bd. II: South Africa 1870-1960, Oxford 1969/1971. – Christen im Widerstand. Die Diskussion um das südafrik. Kairos-Dokument (texte 40), hg. von »Dienste in Übersee«, Stuttgart 1987.

*Erhad Kamphausen*

### *C. Religionsgeschichtlich*

Neben dem vorherrschenden Christentum sind für das s.A. hauptsächl. →Stammesreligionen und in den meisten Ländern als Minderheiten →Islam, →Hinduismus, →Judentum und →Buddhismus von Bedeutung. Der religionsgeschichtl. Befund ist nach Ländern sehr unterschiedlich; die statist. Angaben unterscheiden sich z.T. erheblich. Den größten Anteil nehmen die *Stammesreligionen* ein (hauptsächl. Bantusprachen). Hervorzuheben sind in diesem Bereich prophet. Heilserwartungen (→Prophet), die auf alteinheim. →Traditionen gründen oder auf christl. Einfluß zurückgehen. Die

Bewegungen des ersten Typs sind als Reaktion auf die europ. →Kolonisation im 19. Jh. entstanden. Auf christl. Einfluß gehen die sionist. Heilserwartungsbewegungen zurück, deren Ziel vor allem in der →Emanzipation der Schwarzen bestand. Der *Islam* hat in den meisten Staaten keine große Bedeutung: sein Anteil an der Bevölkerung von Angola, Namibia, Simbabwe und Lesotho beträgt nur 0,1%. Auf den Komoren (wie Madagaskar im strengen Sinn nicht mehr zum sn.A. gehörig) dagegen, die Mitglied der Islam. Weltkonferenz sind, erreicht der Islam nach minimaler Schätzung 50%, nach maximaler sogar 95-99%. Die Muslime gehören hauptsächl. der schafiit. Rechtsschule (→Islam) an. In Madagaskar gibt es ca. 1,7-7% Muslime: Schafiiten und Hanbaliten, aber auch Anhänger der Zwölferschia. Auf Mauritius leben ca. 16,5-17% Muslime, überwiegend asiat. Herkunft (→Asien): Hanafiten, Zwölferschiiten. In der Republik Südafrika gibt es 1,0-2,5% Muslime, hauptsächl. Einwanderer aus asiat. Ländern (z.B. Kap-Malaien). Mehrheitl. sind sie Sunniten; es existiert aber auch eine schiit. Minderheit. *Jüd.* Minoritäten leben in Simbabwe und der Republik Südafrika. Rund 2% *Hindus* existieren in der Republik Südafrika nur als Bürger zweiter Klasse. Mahatma Gandhi (→Hinduismus) verbrachte 15 Jahre in Südafrika und setzte sich als Rechtsanwalt für seine in Kohleminen und Plantagen hart arbeitenden Landsleute ein. Hier entwickelte er seine bes. Weise des gewaltlosen polit. Handelns (*satyagraha* = »Festhalten an der Wahrheit«). Ein großes Hindu-Kontingent gibt es auf Madagaskar (50%), wo außerdem auch 0,6% Buddhisten leben.

*Lit.: E. Kamphausen:* Anfänge der kirchl. Unabhängigkeitsbewegung in Südafrika, Frankfurt/M./Bern 1977. – *M. Wilson/L. Thompson (Hg.):* The Oxford History of South Africa, 2 Bde., Oxford 1969-1971.

*Udo Tworuschka*

## Sünde und Schuld

### A. Religionsgeschichtlich

#### I. Differenzierungen im Sündenbegriff

In der *Religionsgeschichte* gibt es unterschiedl. S.nauffassungen. Nach der klass. Untersuchung von G. Mensching (→Religionswissenschaft) ist grundsätzl. zwischen *»aktuellen und konkretisierten S.n«* einerseits sowie der *»essentiellen und generellen S.nidee«* andererseits zu unterscheiden. Aktuelle S.n sind konkrete Verfehlungen gegenüber →Gott, Göttern, einer kosm. Ordnung (→Kosmologie) usw. Sie finden sich in allen Religionen als *kult.* oder *moral.* S.n. Zu den ersteren zählen kult. Verfehlungen (→Kult), wie z.B. der Abfall von der eigenen zur fremden Gottesverehrung, die Unterlassung oder fehlerhafte Verrichtung gebotener Kultformen (z.B. →Opfer), die Verletzung der kult. →Reinheit durch das Unterlassen von Waschungen, sexueller Enthaltsamkeit, Fasten, →Verzicht usw., der Verrat kult. Geheimnisse u.a. Sogar der Kultus selbst kann als S. betrachtet werden, wenn er zu selbstsicherem automat. Handeln entartet. Eth. S.n manifestieren sich in der Übertretung sittl. Gebote. Zu den Wesensmerkmalen der aktuellen Tats.n gehört die Auffassung von einer prinzipiell erreichbaren Sündlosigkeit (z.B. →Muhammads *'ismah,* d.h. seine S.nimmunität) sowie die der S.nstaffelung (Unterschiede zwischen *Tods.n* und *läßl. S.n* im →Katholizismus; S.n gegenüber Gott und S.n Menschen gegenüber im →Islam; Kastenverlust bewirkende S.n und nur unrein machende, jedoch grundsätzl. »abwaschbare« S.n im →Hinduismus usw.). S. wird in vielen Religionen oft substantiell als *S.nschmutz* begriffen. Sie haftet am Täter, kann jedoch durch Reinigungsriten (→Ritus), Wegwischen, Verbrennen oder durch Übertragung auf andere Wesen beseitigt werden. Der altisraelit. *»S.nbock«* hat Parallelen u.a. in der altind. und -griech. →Religion (Pharmakos).

#### II. S./Sch. als Situation menschlicher Existenz

Von den bisher analysierten S.n unterscheidet sich grundsätzl. *die S. im Singular,* von der es keinen Plural gibt. Es handelt sich nach Mensching um eine »Gesamtsituation«, um »ein vor aller Tat und vor aller Gesinnung liegendes Sein«. S. meint nicht in erster Linie ein moral. Versagen, sondern ein →Symbol für das »Urmysterium unserer eigenen und aller menschl. Existenz«. P. Ricoeur hat drei Grundsymbole unterschieden: *Befleckung* (auf Reinheit bezogen), *Sünde* (Bruch eines Freiheitsverhältnisses zu Gott) und *Straffälligkeit* (Sch.). Die prinzipiell vorgegebene, unheilvolle *»Gesamtsituation«* ist nicht nur für das →*Christentum,* sondern auch für andere →Weltreligionen charakteristisch. Die »essentielle und generelle S.« tritt nach Mensching in den Formen der »Ichsüchtigkeit« und »Ichhaftigkeit« in Erscheinung. In den prophet. Religionen (z.B. Judentum, Christentum, Islam) zeigt sich die *»Ichsüchtigkeit«* in der Richtung aller Wesenskräfte des →Menschen auf das Ich und seine Bedürfnisse und heißt dort Unglaube (→Glaube), der z.B. in einer Rebellion gegen Gott, als »Beigesellung anderer Götter« (*širk*; Islam) oder in der Schwachheit und Vergeßlichkeit (Islam) besteht. In den *myst.* Religionen sind »das Ich und das Ichbewußtsein... die Faktoren, gegen die als heilshindernde Größen sich das Erlösungsverlangen in erster Linie richtet, weil das Ichbewußtsein für die →Mystik der markanteste Ausdruck unerlöster Existenz ist«. Ichhaftigkeit tritt z.B. als »körperl. Existenz« auf, die als unheilvoll betrachtet wird (→Hellenismus, →Manichäismus, →Gnosis), oder als irrige Annahme des Menschen, daß es überhaupt ein Ich gibt (→Buddhismus).

#### III. S. und Sch. im Buddhismus und Islam

Die der christl. Erbs. analoge Unheilssituation heißt im Buddhismus *»dukkha«* (Leiden). Dukkha betrifft jeden, ist also universell. Siddhārtha Gautama →Buddha entdeckte einen alten Weg wieder,

der aus dem Leiden in die Leidlosigkeit (*nirvāna*) führt. In allen buddhist. Schulen findet sich ein breiter Strom von S.nbewußtsein und Reue. In der Beichtfeier (*patimokkha*) erheben →Mönche vor versammelter Mönchsgemeinde Anklage gegen sich selbst wegen Verletzung der Mönchsregeln (→Beichte). Im Mahāyāna-Buddhismus bezieht sich die Reue auf die »allg. Sündhaftigkeit des Menschen« (H. Dumoulin). Insbes. im Shin-Buddhismus (→Japan) glaubt man, daß der Mensch auf Grund seiner extremen Sündhaftigkeit in der Endzeit (*mappo*) zu keiner guten Tat mehr fähig ist. In der *hōza*-Praxis (»Gruppentherapie«) der buddhist. Laienbewegung *Rissho-Kosei-kai* wird versucht, den Zusammenhang zwischen →Leiden und Sch. aufzudecken. Die Teilnehmer sollen ihre →Identität zurückgewinnen und zur Erleuchtung geführt werden.

Dem *Islam* ist zwar ein ausgeprägtes S.ngefühl und ein damit einhergehender depressiver Grundton fremd (im Unterschied zur islam. Mystik, welche die Erfahrung tiefer Sündhaftigkeit und rel. Unwertgefühls kennt), doch weiß auch der →Koran um eine Unheilssituation. Als der von Gott gut geschaffene, mit freiem →Willen versehene »Ḥalifa« (Statthalter) hat der Mensch trotzdem viele negative Züge. Die Menschheit gilt aber nicht als generell verderbt. Eine der drei islam. →Adam-Erzählungen (Sure 20,121) charakterisiert den Menschen als »widerspenstig«. Allg. wird die Unheilssituation jedoch im Islam in der Schwachheit des Menschen erblickt. In dem bedeutsamen →Jesus-Roman (»Stadt des Unrechts«, Kairo 1954) des Ägypters Kamil Hussein wird S. von ihrer kollektiven, strukturellen Seite her begriffen.

Hier zeigen sich Konvergenzen zur S.nauffassung P. →Tillichs, P. Schoonenbergs u.a. So wie es bei einigen christl. Theologen *Neuinterpretationen* von S. und Sch. gibt, werden auch bei der S.nauffassung anderer Religionen Bezüge zur Gegenwart hergestellt. Im Islam z.B. hat der Begriff *»širk«* eine starke →ideologiekrit. Potenz. Ursprüngl. gegen Polytheismus (→Monotheismus) und →Trinitätslehre gerichtet, meint *širk* auch die Vergötzung von Sachen und Personen. So wurde etwa bei Khomeini die Schah-Verehrung als *širk* verurteilt.

*Lit.: H. Dumoulin:* The Consciousness of Guilt and the Practice of Confession in Japanese Buddhism, in: Studies in Mysticism and Religion, presented to Gershom G. Scholem, Jerusalem 1967, 117-129. – *M. Klöcker/U. Tworuschka (Hg.):* Ethik der Religionen. Lehre und Leben, 5 Bde., Göttingen/München 1984-1986. – *G. Mensching:* Die Idee der S., Leipzig 1931. – *C. E. Padwick:* Muslim Devotions, London 1960. – *R. Pettazzoni:* La confessione dei peccati, 3 Bde., Bologna 1929-1935. – *P. Ricoeur:* Phänomenologie der Sch., Bd. 1 und 2, Freiburg/München 1971.

*Udo Tworuschka*

*B. Systematisch-theologisch*

Das rel. Bewußtsein der monotheist. geprägten Kulturen kennt wenige so prägende Begriffe wie die der S. und der Sch. Zugleich werden Religion und Christentum seit F. →Nietzsche und S. →Freud kaum wirksamer und nachdrücklicher angegriffen als durch die radikale Kritik des in ihnen produzierten, als krankmachend und erniedrigend qualifizierten christl. Bewußtsein von S. und Sch. Dessen Beurteilung spielt zudem beim Auseinanderdriften von Theologie und Philosophie in der →Neuzeit angesichts der Forderungen nach menschl. Freiheit und →Autonomie eine wesentl. Rolle. Zugleich sind S. und Sch. als Elemente menschl. Freiheitserfahrung weder psycholog. noch philos., noch theol. zu leugnen. So erfordert die gegenwärtige Diskussion weniger Bejahung oder Ablehnung von S. und Sch., sondern deren differenzierende Auslegung.

*I. Zusammenhänge und Unterscheidungen*

*1.* Zum besseren Verständnis gegenwärtiger Diskussionen sind eine spezif. *psycholog.* und eine umfassend *anthropolog. Fragestellung,* sind also Sch.gefühl und (sachbezogenes) Sch.verhältnis zu unterscheiden. Ferner kann nicht alles Sch.bewußtsein, sofern es sich auf fakt. →Verantwortungen für ein Handeln oder Unterlassen bezieht, als *Zeichen von Krankheit,* eines unverarbeiteten Über-Ich (S. Freud) oder nichterfüllter Licht- und Schattenseiten der Person (C. G. →Jung) interpretiert werden. Zugleich sind die Anfragen von Psychologie und Humanwissenschaften im Rahmen des real existierenden Christentums sensibel wahrzunehmen, angemessen und selbstkrit. zu beantworten. Der sachbezogenen Verantwortung entsprechen Wiedergutmachung, Bestrafung oder Vergebung, dem kranken Sch.gefühl entsprechen Verständnis, Ent-schuldigung und Heilung. In einer Epoche der diffusen und konkurrierenden Orientierungssysteme ist eine hohe Bandbreite von unentscheidbaren Fällen zu erwarten. In ihnen kommt es ebenso auf heilende Hilfe wie auf Klärung der verschuldeten Verhältnisse an.

*2.* Die *Begriffe S. und Sch.* sind zu unterscheiden. Sch. bezeichnet im Objektsinn das Geschuldete, das zurückzugeben oder wiedergutzumachen, gegebenenfalls im Sch.spruch festgestellt ist. Im Subjektsinn ist Sch. *Folge der Verantwortlichkeit* für eine Normverletzung. In dieser Verantwortlichkeit ist das *Bewußtsein* der Sch. mit eingeschlossen, d.h. die Beziehung eines verantwortl. Menschen zu sich selber, da er sich als Schuldigen erfährt. Durch den (metaphor.) Bezug zu einer urteilenden Instanz (nach innen verlegt als der Sch.spruch des →Gewissens) eignet der Sch. der Charakter des Objektiven und Faktischen, obwohl von der Sch. nur ein (verantwortl.) Subjekt betroffen sein kann, so daß Sch. nur in beschränktem Maße objektivierbar ist.

*3.* Sch. kommt durch Verfehlung zustande. Von ihr unterscheidet sich der Begriff S. durch seine *rel. Dimension.* Er besagt eine schuldhafte Verfehlung gegenüber Gott oder einer transzendenten, als →heilig erfahrenen Instanz und hat – ähnl. wie Verfehlung – in erster Linie *Tatcharakter.* Im radikaleren, vor allem in der christl. Tradition entfalteten Sinn bezeichnet *die* S. (Singular) allerdings die mit Sch. verwobene und zu S.n treibende →Situation des Menschen vor Gott. S. hat damit *Existenzcharakter.*

*4.* Weder im AT noch im NT, noch erst recht in der späteren *Geschichte des Christentums* sind das Verständnis von S. und Sch. unverändert geblieben. Es radikalisierte sich mit einem vertieften Verständnis von menschl. Freiheit, veränderte seinen Stellenwert mit dem Wandel der Bilder von Gott und erfuhr in seiner Bedeutungsbreite Verengungen und Erweiterungen, je nachdem sich der Welthorizont des Glaubens gewandelt hat.

*II. Schuld und menschliche Freiheit*

*1.* Die archa. Vorstellung von Befleckung und Verfehlung, an objektiven Geboten und Verboten gemessen, demgemäß unabhängig von persönl. Zuständlichkeiten sanktioniert, bleibt auch im AT Ausgangspunkt und Basis rel. Umgangs mit dem →Bösen. Gegenüber diesem mag. Verständnis bedeutet die Idee einer sich selbst bestrafenden, automat. sich stabilisierenden →Welt einen Prozeß der Entmythisierung und →Rationalisierung (→Weisheit). Unüberholbar bleibt die *Entwicklung des AT* allerdings mit seiner prophet. Tradition, in der – parallel zu entspr. Entwicklungen im ind. und griech. Raum – die Frage der Sch. erscheint: Menschen übernehmen Verantwortung (oder sprechen Verantwortung zu) für das, was sie getan haben und ziehen Schlüsse auf die Frage, wer sie (vor dem hl. Gott, vor der ihn bindenden Gemeinschaft und dem Kosmos der Welt) eigentl. sind (→Gerechtigkeit). Dieser in Freiheit gesetzte Sch.spruch drängt nicht (nur) auf äußere Sanktion, sondern auf →Bekehrung und die Fragen nach der eigenen →Identität (Ps 51,7: In Sch. bin ich geboren, und in S. empfing mich meine Mutter). Sch.übernahme und Sch.erfahrung bedeuten deshalb *Entdeckung der menschl. Freiheit* als einem moral., zu Selbststeuerung aufgerufenen Vermögen. Entspr. diesem Entdeckungsvorgang wird die Freiheitsidee in den bibl. Religionen nie mehr von der Frage nach Verfehlung und Sch. abgekoppelt.

*2.* Diese Entwicklung verändert das Verhältnis zu den Mitmenschen und zu Gott: Es ist jetzt zu regeln nach Prinzipien einer auf *Verinnerlichung* drängenden Moralität und kann in den Rahmen eines →Gesetzes nicht mehr erschöpfend aufgenommen werden. Dies zeigt sich in den Texten des →Deuteronomiums. Die Propheten klagen an oder trösten, die →Bergpredigt schließl. geht – ohne Realitätsverlust – von der Tat auf die Gesinnung als deren Wurzeln zurück. Zugleich aber kann Gott selber moral. Kategorien unterzogen werden, da das im Gewissen des Menschen etablierte Gericht den Heiligen selbst seinem Gerichtsspruch nur unter Erfahrungen des Schreckens entziehen kann (→Hiobbuch, →Theodizee).

*3.* Dieses Zusammenspiel von Sch.- und Freiheitserfahrung hat das Christentum und die westl., zumal die neuzeitl. →Kultur tief geprägt und wurde oft als belastend erfahren, weil es mit der Freiheit zugleich deren Kosten präsentiert. Aber offensichtl. ist ein Freiheitsverständnis schon halbiert, wenn es sich von Sch.übernahme abkoppeln oder Freiheit einlinig auf das Niveau dessen fixieren will, was polit. und sozial an ihr eingeklagt werden kann. Denn einerseits erweist sich die Tat unbedingter Freiheit gerade in der Übernahme von Verantwortung und Sch., andererseits wird die Sch. von Menschen gerade dort ausweglos, wo Freiheit überhaupt nicht mehr – jenseits von Einklagbarem – wahrgenommen wird (→Demokratie, →Partizipation). Allerdings ist umgekehrt auch auf die tödl. Halbierung eines Sch.verständnisses zu achten, das sich von Freiheitserfahrungen abkoppeln und undialekt. als sozialen oder angeborenen Tatbestand objektivieren will. Dieser Gefahr ist das neuzeitl. Christentum in manchen seiner Ausformungen und in spiegelbildl. Entsprechung zu säkularen Entwicklungen erlegen und steht fatalist. oder determinist. Entwürfen näher, als dies auf den ersten Blick scheint.

*III. Sünde und Schuld als religiöse Kategorien*

*1.* Der rel. Charakter des S.nbegriffs erweist sich darin, daß die Sch. vor Gott ausgetragen wird. Angesichts der Heiligkeit Gottes hat dieser Tatbestand eine *totalisierende* Wirkung; denn vor Gott zählen nicht mehr beliebige S.n, sondern die Grundhaltung der Menschen oder einer Gruppe an sich. Angesichts der umfassenden Güte Gottes ergibt sich zugleich eine *polarisierende* Wirkung; denn in einer von Gott geschaffenen und von ihm zu beurteilenden Welt (→Schöpfung) grenzen sich sündige Menschen aus dem Weltganzen aus; sie treten in Gegensatz zur Schöpfungsordnung an sich (→rein und unrein).

Totalisierung und Polarisierung bilden den Antrieb *späterer S.ntheorien.* Sie führen im Rahmen best. Ethiken nicht nur zur Radikalisierung von moral. Forderungen, sondern auch polarisierend zur Überzeugung, daß der Mensch aus eigener Kraft seine S. nicht überwinden kann. Allein das unbedingte Vertrauen auf Gott ermöglicht deshalb Rettung und Heil (→Rechtfertigung). Anlaß einer das Christentum bestimmenden Radikalisierung ist die Erfahrung des →Paulus, daß auch die Tora nicht (mehr) als verfügbares Medium des Heils gelten könne.

*2. →Augustinus* greift die paul. Entdeckung auf, interpretiert sie aber unter den Bedingungen der entstehenden Volkskirche, die in den →Sakramenten den Gläubigen den Weg zum Heil ermöglicht. Angesichts des Heilsanspruchs der Kirche steht dann die Frage zur Debatte, warum Gott – in Umkehrung der paul. Rechtfertigungsbotschaft – niemanden ins Heil berufen muß. Augustinus radikalisiert die paul. Position zu der These, daß die Menschen schon »in Adam« (so die falsche Übersetzung von Röm 5,12d) – also bevor ihre eigene Freiheit zu sich kommt – gesündigt haben. Darum stehen sie vor Gott in einer Sch., die ihnen alles Recht zur Rettung nimmt. Diese Erbsündentheorie, der zufolge einem Nichtgetauften keine Hoffnung auf die Anschauung Gottes zusteht, hat Kirchen und Theologien des Westens bis ins 20. Jh. hinein bestimmt.

*3. M.* →*Luther* nimmt den paul. Impuls erneut auf, um jetzt die kirchl. Praktiken der Heilsvermittlung ebenso zu kritisieren, wie Paulus die Tora als Heilsweg relativiert hat. Anders aber als bei Paulus und Augustinus tritt der S.r jetzt in eine individuelle und elementare Grundbeziehung zu Gott, dem er als Individuum begegnet. Luther leitet damit einen Prozeß der *Individualisierung* von S. und Sch. ein, die in →Kierkegaard ihre letzte Zuspitzung und Ausweglosigkeit erfahren hat, dem zufolge der Mensch schon dadurch S.r wird, daß er sich überhaupt seiner Freiheit bedient, also von der träumenden Unsch. erwacht. Für das gegenwärtige theol. Bewußtsein hat Luther die Totalisierung der S. zu Ende gebracht, da er die S. paradigmat. als *Grundsituation menschl. Freiheit* entdeckt hat, die →Kant später als das »radikal Böse« beschreibt. Das Hauptproblem ist nicht moralischer (weil alle Menschen sich fakt. Gott widersetzen), sondern rel., d.h. machthaltiger, Art: Die Menschen haben nicht die Kraft, das Gute zu wollen. Insofern ist S. vor allem Mißbrauch – nun in konsequenter Polarisierung – deren Gefangenschaft selbst (Ricoeur).

*4.* Für die →Neuzeit ist mit dieser Aussage eine *gefährl. Grenze* erreicht, da die Verneinung von Freiheit nicht nur deren Entdeckung der menschl. Autonomie zuwiderläuft, sondern auch von den Kirchen zur Durchsetzung eigener Lehr- und Orientierungsansprüche eingesetzt wird. Zwar hat Luther das Eigenrecht der Welt legitimiert und freigesetzt; die Theologien der →Aufklärung versuchten, zwischen kirchl. S.n- und allg. Unrechtsverständnis zu vermitteln (→Naturrecht). Doch mußten die später einsetzenden Säkularisierungsprozesse angesichts eines schwindenden S.nbewußtseins dem Verdikt auch der reformator. Tradition verfallen (→Katholizismus, →Konservatismus). Allerdings hat sich im *philos. Bewußtsein* der vergangenen 150 Jahre die Dialektik von (partikularer) Freiheitsantizipation und (universal schuldhaftem) Freiheitsverlust wiederholt (→Existentialismus, →Strukturalismus, →Determinismus), so daß gerade die Leugnung menschl. Freiheit im Namen naturwissenschaftl. und sozialphilos. orientierter Theorien mit den rel. *Zweifeln an der Freiheit* des Menschen nicht zu konkurrieren braucht.

*IV. Sünde und Welt*

*1.* S. und Sch. entstehen und zeigen sich – auch bei rel. orientierten Normsystemen – immer an dem »weltl.« Verhalten, also *am »Material«* von Ich, Mitmensch und Welt, die je nach Kultur, Epoche und Interessen verschieden wahrgenommen, strukturiert und normiert sind. Zwar hat in allen Epochen des Christentums die →*Liebe* als das oberste und integrierende, S. und Sch. identifizierende Gebot gegolten. Doch kommt es – in globaler Perspektive gesprochen – zu bemerkenswerten *Ausweitungen und Einschränkungen* des Gesichtsfeldes.

Für das AT bemißt sich die S. am Bruch der →*Gerechtigkeit,* die an der prakt. Anerkennung von Jahwes Herrschaft in der Solidarität mit den Schwachen und der Liebe zum Nächsten verwirklicht wird (→Tora, →Gesetz) und primär auf das Volk Israel bezogen bleibt. Mit dem Christentum setzt eine Entgrenzung aus der jüd. Tradition und mit dem Verblassen der Endzeiterwartung (→Eschatologie) die allmähl. Übernahme *säkularer eth. Modelle* ein, so daß sich S. und Sch. mehr und mehr im Bruch der jeweils öffentl. anerkannten Normen zeigt. An diese Materialisierung von S. und Sch. wird oft die Frage gestellt, ob in ihnen die Erwartung der Reiches Gottes noch hinreichend zur Geltung kommt. S. verwirklicht sich im Blick darauf als die mangelnde Bereitschaft zum Aufbruch, d.h. am Mangel weiterführender Zukunftsperspektiven, welche die Welt als Ganzes unter Kritik zu stellen fähig sind. Doch innerhalb dieses Gesichtsfeldes bleibt eine andere Konkretisierung von S. und Sch. als durch →Inkulturation gar nicht möglich.

*2.* Als im Spätma. das kirchl. und kosm. geordnete Weltganze zerbricht, setzt im Zuge der neuzeitl. Ideale und Anthropologie eine *Individualisierung* des S.n- und Sch.verständnisses ein. Problemat. wird die Situation für die Kirchen aber erst, als seit dem Ende der Aufklärung diese sich gegen die säkularisierte Welt (→Säkularisierung) absetzen und damit – im Versuch neuer, konfessioneller Verkirchlichung der Gesellschaft – den Prozeß der Aufteilung in eine private und öffentl. Moral und die sich daraus ergebende Entwirklichung ihres individuell orientierten S.nverständnisses nicht aufhalten können. Fixierungen auf Probleme der Sexualität, des Gehorsams und einer hierarch. gebundenen Kirchlichkeit von kath., auf die emphat. Betonung des S.rseins und frommer Innerlichkeit von ev. Seite scheinen nur Folge dieser Entwicklung zu sein.

*3.* Das Verhalten der Kirchen im →Nationalsozialismus, die gegenwärtige sozioökonom. Weltsituation und die globalen Herausforderungen zur Bestandserhaltung von Menschheit und Natur gegenüber Überrüstung und Ausbeutung haben den Blick für die polit., sozialen und strukturellen Dimensionen von S. und Sch. geschärft (→Böses, →Befreiungstheologie), so daß sich eine globale *Neudefinition* von S. und Sch. im Sinne einer individuell zu realisierenden Gesamtverantwortung für das vom Tode bedrohte Leben ankündigt. Im Blick sowohl auf die getanen S.n und konkret angebbaren Verantwortlichkeiten als auch auf die vielen und notwendigen Aktivitäten für eine bessere Zukunft ist allerdings vor einem Aktivismus zu warnen, der die grundlegende, gerade in Zeiten des Neuaufbruchs thematisierte *Unheilssituation* verdrängt, aus der Menschen sich nicht befreien können. Angesichts eines wieder welthaltigen S.nverständnisses ist dabei kein Rückfall in Untätigkeit zu befürchten.

*V. Sünde, Schuld und Vergebung*

Die Kritik, die Kirchen hätten ihr Glaubensverständnis auf S. und Sch. hin fixiert und dadurch die Hoffnungsstruktur der christl. Botschaft in geradezu widerchristl. Weise unterlaufen, ist ernst zu nehmen. Dabei fällt auf, daß Theologen wie Paulus, Augustinus oder Luther das S.nbewußtsein nicht vom Standpunkt des Scheiterns, sondern der Neuentdeckung von Gnade und Vergebung formulierten. Deshalb ist zu fragen, warum sie zu den großen *Verdüsterern der christl. Botschaft* geworden sind. Gegenüber diesen kryptomanichä. Entwicklungen ist daran festzuhalten, daß – vielleicht deutlicher als in allen anderen Religionen – Gott nach jesuan. und christl. Verständnis ohne Vorbedingungen die *S.n vergibt* und – nach Ausweis des Lebensweges Jesu – bereit ist, Schuldige in seiner Menschenfreundlichkeit als Opfer anzunehmen und zu heilen (→Freundschaft). Die innovator. Potenz des Christentums könnte deshalb darin liegen, daß sie in der Welt das Bewußtsein der in Gott überwindbaren S. und Sch. realisiert und es ihr gerade dadurch ermöglicht, entgegen dem modernen »Unschuldswahn« (J. B. Metz) zu ihrer je individuellen wie gemeinsamen, über die Maßen großen Sch. zu stehen. Unter diesen Voraussetzungen wären denn auch angesichts einer vom Untergang bedrohten Welt neue Aktivitäten zu erhoffen, die in der Angst vor neuem Scheitern nicht erstikken.

*Lit.: U. Baumann:* Erbsünde? Ihr traditionelles Verständnis in der Krise heutiger Theologie, Freiburg 1970. – *G. Condrau/F. Böckle:* Sch. und S., in: Christl. Glaube in moderner Gesellschaft 12, Freiburg 1981, 91-135. – *H. Haag:* Vor dem Bösen ratlos? In Zusammenarbeit mit Katharina und Winfried Elliger, München/Zürich 1978. – *H. Häring:* Die Macht des Bösen. Das Erbe Augustins, Zürich/Köln/Gütersloh 1979. – *Ders.:* Das Problem des Bösen in der Theologie, Darmstadt 1985. – *I. Kant:* Von der Einwohnung des bösen Prinzips neben dem guten: oder Über das radikale Böse in der menschl. Natur, in: *W. Weischedel (Hg.):* Werke in zehn Bänden VII, Darmstadt 1968, Nachdruck 1975, 665-705. – *W. Pannenberg:* Anthropologie in theol. Perspektive, Göttingen 1983, 77-150; 236-303.

*Hermann Häring*

*C. Ethisch*

Der rechtl. Sch.begriff (Gesetzesbruch) und der rel. S.nbegriff *(Abwendung von Gott)* sind älter als der eth. Begriff von S. und Sch. Daß »Sch.« im alltägl. Sprachgebrauch zu einem eth. Phänomen wird, setzt die Entwicklung oder die Verallgemeinerung eines Verständnisses von Sittlichkeit voraus, das eine Eigenständigkeit gegenüber einer jurid. Legalität und gegenüber der Unmittelbarkeit göttl. Gebote und Verbote besitzt. Diese Entwicklung, wiewohl in der klass. philos. Ethik angelegt, hat erst nach der →Aufklärung und →Säkularisierung Erfolg. Sie läßt Unterscheidungen und Entwicklungen zu, auf die kurz einzugehen ist, ehe die eth. Dimension der S. wieder mit der theol. Dimension der Sch. verbunden wird.

*I. Juridische und ethische Schuld*

In der Ethik wird Sch. nur in zweiter Linie von außen festgestellt; der betroffene Mensch stellt selbst fest, was an seinen Einstellungen und Handlungen subjektiv »böse« oder objektiv »falsch« ist. Wo das Falsche dem Menschen als Schlechtes oder →Böses anrechenbar ist, da ist eth. Sch., Verfehlen des Richtigen trotz seiner sich anbietenden Möglichkeit. Das jurid. Sch.urteil kommt immer *von außen*, auch wenn es die Frage der Sch.fähigkeit im Sinne der Annäherung an das Subjekt einschließt; die eth. Sch.erfahrung ist dagegen eine *Selbstbeurteilung*, welche die Orientierung über das sittl. Richtige und Falsche einschließt. So bleibt auch die Sanktion der Sch. beim Betroffenen selbst, sie wird nicht fremdbestimmt (→Lohn und Strafe). Einsicht in das Unrecht und Wollen des Unrechts gehören zwar ebenso zur klass. jurid. wie zur klass. eth. Definition von Sch., aber im einen Fall muß in Konfliktsituationen von außen entschieden werden, im anderen Fall im →Gewissen. Die →»Buße« liegt daher auch im Ausfluß der Reue des negativ urteilenden Gewissens. Der Ethiker (oder in der kath. Kirche der Pönitentiar) ist zunächst nur Gutachter für das Gewissen, wenn ihm nicht, etwa in rechtl. Fassung sakramentaler Praxis, zusätzl. Aufgaben zugewiesen werden, die jedoch nicht spezif. eth. sind.

*II. Ethisch Schuld – theologisch Sünde*

Sch. ist, eth. gesehen, ein *am sittl. Richtigen orientierter Gewissensspruch.* Er markiert das Zurückbleiben hinter dem anerkannten und dadurch zum sittl. →Wert gewordenen Anspruch der Wirklichkeit an die →Verantwortung der menschl. →Person. Wenn nun theol. die Wirklichkeit auf →Offenbarung als kommunikative Selbstmitteilung Gottes erschlossen ist, kommt in ihr der anrufende Gott zu Wort. Auf der Ebene des Tatbestands erscheinen hier nicht neue und andere Möglichkeiten der eth. Sch., es sei denn, weil das sittl. Richtige zuvor nur mangelhaft erkannt und anerkannt wurde, womit man rechnen muß. Wenn wir aber vor uns selbst schuldig werden, so sehen wir uns *im Lichte* der Schöpfungs- und Heilsmacht *Gottes* nicht nur als »unrichtig«, sondern (im Sinne einer Zuständlichkeit) als »böse« an und damit seiner Gutheit nicht entsprechend. Indem die Sch. als S. verstanden wird, erweitert sich der Horizont der sittl. Sch. über die unmittelbar einsehbaren menschl. Folgen und Zusammenhänge hinaus auf die göttl. Heilswirksamkeit, der der S.r, wenn auch im ganzen vergebl., im einzelnen widersteht. »Wir sind alle S.r, aber mehr oder weniger schuldig« (P. Ricoeur), besagt, daß die im einzelnen bestehende *Gegenständlichkeit* der sittl. Sch. (ich habe dies oder jenes getan) im ganzen immer zur *Zuständlichkeit* der Sch. als S. führt (ich bin sündig). Daß dies im einzelnen zu ändern ist, aber nicht im Ganzen, macht die Heilsbedürftigkeit des Menschen aus.

Die Gewissensbildung der eth. Sch.diagnose gilt theol. um so eindeutiger. S. ist im *Gewissensspruch vor Gott* offenbar: Wo das Gewissen in unausweichl. Intensität »frei« spricht, da kann es zwar »falsch«, nicht aber »schlecht« sprechen, d.h., nur objektive Sch. wäre dann möglich, zuzurechnen wäre sie aber nicht (vgl. K. →Rahner).

*III. Änderung von Sünden- und Schulderfahrung*
Die *eth.* Tradition in Begriff und Vorstellung von S. und Sch. ist – im Gegensatz zur dogmat. – legalist. (→Augustinus: »contra legem aeternam« [»gegen das ewige Gesetz«]; Thomas: »contra regulam naturae, rationis« [»gegen die Regel der Natur, der Vernunft«]), auch wenn man weltl. Normwidrigkeit und personale Entscheidung gegen Gott in der Perspektive auseinanderhielt (vgl. →Thomas von Aquin, S.th. 1-2q 71 a 6 ad 5). Im Vordergrund stehen *Gesetz und Gebot*, auch wenn sie durch die Relativierung der →Rechtfertigungslehre hindurchgegangen sind. In der kath. Lehre vom »per se« (an sich) oder »intrinsice« (innerl.) Bösen eines einzigen Aktes wird der eth. Legalismus bes. deutlich. Gerade hier setzt die Kontrasterfahrung an. Die *moderne Sch.erfahrung* sieht weniger die Verletzung des Sittengesetzes oder des Willens Gottes als die schlechten Vorbedingungen der menschl. Existenz und die schlechte Nutzung der Möglichkeiten, sie zu ändern. Weniger der Akt als die *Unterlassung* steht hier im Vordergrund. Indem die Authentizität der Sch.erfahrung bedroht und aufgelöst wird in psychopatholog. Motivationszusammenhänge, biolog. vorgeprägte Verhaltensmuster und gesellschaftl. →Determinationen, antwortet die neue Kultur der Sch. z.B. in der Gegenwartskunst mit der Aussage, die zeitgemäße Sch. liege in der Gleichgültigkeit als »Komplizenschaft« (A. →Camus) mit dem Bestehenden und seiner zerstörer. Kraft.
In der vor allem von P. →Tillich theol. geprägten Lehre von der *»Entfremdung«* (Verdinglichung und Privatisierung der menschl. Person, gestörte →Kommunikation; Unmöglichkeit, die Folgen eigenen Tuns einzuholen) erscheint vorgeprägt, was in der →Befreiungstheologie als »soziale S.« bezeichnet wird (vgl. C. Boff). Die schuldlose Sch.haftung des beschädigten Lebens wird dabei ebenso gesehen wie die schuldhafte »Sch.losigkeit« in der Indifferenz.

*IV. Christlich-ethische Impulse aus befreiendem Gedächtnis*
Für den Christen ist Sch. nicht primär Verletzung des Sittengesetzes, sondern *Nichtentsprechung zum Heilsweg* (vgl. Röm 5,21; 6,18-23; 8,3ff.,12). Die jesuan. Haltung zur S. betont nicht die Vermeidungsimperative, sondern die Umkehr auf den neuen Weg (vgl. Lk 14,11ff.). Die Tats. ist eher Symptom des falschen Soseins, das sich auch in der Blindheit für den Weg offenbart (vgl. Joh 9). Insofern läßt sich von einer Begegnung mit der neuen Kultur der Sch. durchaus sprechen. Daraus ergeben sich ebenfalls gewichtige *pastorale Gesichtspunkte*: Wichtiger als das Akt- und Normverständnis der S. ist die Offenheit für Korrektur gegenüber der Verschlossenheit des selbstmächtig planenden Menschen; wichtiger als das einzelne S.nsubjekt ist die Zunahme der kollektiv-kommunikativen und institutionellen Bedeutung der S.; wichtiger als die Sch.zuweisung an die Täter und Verursacher ist die Sch.anerkennung im Nichthandeln.

*Lit.: J. Blank (Hg.):* Der Mensch am Ende der Moral, Düsseldorf 1971. – *F. Böckle:* Fundamentalmoral, München 1977, 93-150. – *C. Boff:* Pecado social y conversion estructural, Bogota 1978. – *K. Demmer:* Entscheidung und Verhängnis, Paderborn 1976. – *R. Goetschi:* Der Mensch und seine Sch. Das Sch.verständnis der Psychotherapie in seiner Bedeutung für Theologie und Seelsorge, Zürich/Einsiedeln 1976. – *W. Korff:* Norm und Sittlichkeit, Mainz 1973, 151-178. – *J. Pieper:* Über den Begriff der S., München 1977. – *K. Rahner/A. Röper:* Objektive und subjektive Moral, Freiburg u.a. 1971. – *P. Ricoeur:* Sch., Ethik, Religion, in: Concilium 6 (1970), 384-393. – *M. Sievernich:* Sch. und S. in der Theologie der Gegenwart, Frankfurt/M. 1982.

*Dietmar Mieth*

*D. Literarisch*

*I.* S. und Sch. gehören in der Dichtung zu den primären Produzenten von *Geschichtsentwürfen* (→Geschichte). Der Mythos vom Sündenfall – Luzifers und →Adams – wird zum Muster einer variantenreichen Literatur und ist selbst noch in der nachaufklärer. Entwertung der rel. Begrifflichkeit als Inspirationsmoment wirksam. Entfaltete sich die entschieden →christl. Literatur in einer Ausdeutung der bibl. Erzählung (z.B. ma. Adamsspiel, geistl. Drama des →Barock, →Welttheater), bewahrte und exemplifizierte sie die dogmat. Vorstellungen von S. und Sch., so rückte die dichter. Produktion seit der →Aufklärung von der Verbindlichkeit der christl. Lehre ab. Der Mensch wurde durch die Annahme einer prinzipiell positiv bewerteten →Natur und Natürlichkeit entsündigt. An die Stelle des erbsündl. verschuldeten, zur S. verführbaren und durch Versündigung ins Unheil stürzenden Menschen tritt der allenfalls durch ein Übermaß an Affekten sich fehlerhaft verhaltende Mensch. Der christl. Begriff der S. als willentl. Abkehr von Gott, die die Verstoßung nach sich zieht, verschwand als produktive Vorstellung aus der Literatur. Wo er noch präsent war, wurde er als Zitat tradiert und als →Ideologie problematisiert oder bekämpft.

*II.* Einen neuen Reiz löste er in Verbindung mit der romant. geprägten →Psychologie aus. Die poètes maudits (verworfenen Dichter) der Avantgarde des *19. Jh.s* – Ch. Baudelaire, P. Verlaine, A. Rimbaud – bedienten sich des alten Potentials als ästhet. Anregung ihrer »saison en enfer« (»Jahreszeit in der Hölle«; Rimbaud). Die S. wurde als Komplex Teil von künstler. Privatmythologien. Entspr. dieser mehrfachen Aufhebung der S. erfuhr der Sch.begriff eine Neuinterpretation. Indem →Gott als Herrscher der Geschichte entthront und Satan als Verführer zur S. entlassen wird, fällt die Verantwortung für alles Übel in der Welt dem Menschen zu; die →Theodizee wird zur Anthropodizee (Rechtfertigung des Menschen). Als Konsequenz daraus ergibt sich eine Intensivierung der menschl. Verantwortlichkeit, die zunächst zu einer Steigerung, dann zum Zusammenbruch des Sch.bewußtseins führt. Daraus resultieren Entlastungsbewegungen, in denen versucht wird, entweder Sch. anderen zuzuweisen (Sündenbockliteratur) oder die Übelstände auf soziale und anthropolog. Verhältnisse zurückzuführen (→Naturalismus, →Expressionismus) oder die Sch. überhaupt zu kollektivieren.

*III.* Die Literatur des *20. Jh.s* folgt einerseits diesen Entlastungsbewegungen und zeigt das Individuum ausgeliefert an eine Welt, die es verschlingt. Das zeigt B. →Brecht in seinen späten Stücken. Andererseits treibt die traumat. Erfahrung des →Faschismus Kritik an der Entlastungstendenz hervor. H. Broch gestaltet sie im Roman »Die Schuldlosen« (1950). Th. →Mann hingegen verknüpft das Motiv einer kollektiven Sch. mit dem Psychogramm eines Volkes, das im Schöpfungswahn und der Versuchungsbereitschaft des Künstlers gipfelt (»Doktor Faustus«, 1947). Schließl. erscheinen S. und Sch. auch immer wieder als Prägungen des nichtkollektiven Individuellen angesichts einer unbegriffenen Geschichte – so in der christl.-existentiellen Dichtung R. →Schneiders, der Franzosen G. Bernanos und P. →Claudel, des Engländers T. S. Eliot.

*Lit.: O. Marquard:* Schwierigkeiten mit der Geschichtsphilosophie, Frankfurt/M. 1973. – *Ders.:* Abschied vom Prinzipiellen, Frankfurt/M. 1983. – *M. Praz:* Liebe, Tod und Teufel. Die schwarze Romantik, München 1963. – *R. Warning:* Funktion und Struktur. Die Ambivalenz des geistl. Spiels, München 1974.

*Klaus Schuhmacher*

**Suggestion** bedeutet affektive Beeinflussung durch gedankl. Bewußtseinsinhalte. Von der Wortbedeutung her betrachtet, wird bei einer S. ein *ichfremder »Bewußtseinsinhalt«* der eigenen Persönlichkeit der eigenen Persönlichkeit »unterschoben« (lat. subgerere) und wird nun vom Suggerierten als dessen eigene Meinung, eigene Handlung, eigenes →Gefühl, eigener →Wille erlebt (Stokvis). Im Gegensatz zum »Suggerieren« werden beim »Überzeugen« die log. Gründe vorangestellt, nicht die gefühlsmäßige Beeindruckung. Die S. geht von einem »Suggestor« aus und richtet sich an den »Suggerendus«.

*A.* Die Tatsache, daß eine suggestive Wirkung nicht nur von einem Menschen ausgehen kann, sondern auch von einer Sache oder einem Geschehen, weist darauf hin, daß vor allem der Persönlichkeit des Suggerendus eine wichtige Rolle zukommt. Er muß eine gewisse Bereitschaft, *Erwartungshaltung* und affektive Empfänglichkeit für Bewußtseinsinhalte besitzen. Situativen Faktoren (»Gesamtatmosphäre«) kommt eine große Bedeutung zu, z.B. in der ärztl. Sprechstunde, im Milieu des Gerichtssaales, einer Demonstation, einer rel. Versammlung. Das suggestive Geschehen wird in drei Stadien eingeteilt: Im 1. Stadium, der »Acceptio«, kommt es zur affektiven *Übernahme* von Bewußtseinsinhalten auf Grund eines Wir-Erlebens ohne Realitätsüberprüfung. Das folgende Stadium, »Suggestio«, führt diese Inhalte der bewußten *Denksphäre* (Realisation) zu, um sie im 3. Stadium, der »Effectio«, zu einer *Ausführung* als Gedankeninhalt, Vorstellung, Handlung, Gefühl oder Willensakt zu bringen.

Treten bei der Heteros. zwei Personen in Beziehung, sind dies bei der Autos. zwei Teile derselben einheitl. Persönlichkeit: das Ich und das Selbst. Die *Inhalte* der S. werden von Vorstellungen, Wünschen und Willensimpulsen geprägt, die im Interesse der Änderung der subjektiven Wirklichkeit stehen und über einen kommunikativen Aspekt zustande kommen (→Kommunikation).

*B.* Die S. gehört zum menschl. Alltag und bezeichnet nach J. H. Schultz ein allg. *geläufiges Phänomen*, welches in »Einflußbeziehungen auf Grund des Gemeinschaftserlebens« besteht. Bereiche in denen die S. große Bedeutung hat, finden sich in →Erziehung, Ausbildung, →Seelsorge, →Werbung, öffentl. Meinungsbildung, Gerichtspraxis usw. In der →Medizin gehört die S. mit der Hypnose (S. in einem veränderten Bewußtseinszustand) und dem autogenen Training zu psychotherapeut. Verfahren (→Psychotherapie), die direkt oder indirekt zu Entspannung und der Beseitigung von neurot. Symptomen (→Neurose) und funktionellen Beschwerden dienen. Jede Beziehung zwischen Arzt und Patient ist durch suggestive Komponenten gekennzeichnet, die mehr oder weniger deutl. bemerkt und eingesetzt werden.

*Lit.: H. Kind:* Psychotherapie und Psychotherapeuten, Stuttgart/New York 1982. – *E. Kretschmer:* Med. Psychologie, Stuttgart 1956. – *J. H. Schultz:* Die seel. Krankenbehandlung, Stuttgart, 8. Aufl. 1963. – *B. Stokvis:* S., in: *V. E. Frankl/V. E. von Gebsattel/J. H. Schultz (Hg.):* Handbuch der Neurosenlehre, Bd. 4, München/Berlin 1959, 1-59.

*Burkhard Pflug*

**Supranaturalismus**

*A.* Oft nur Schlagwort für unbegründbares Festhalten am vorneuzeitl. →Weltbild, meint S. zugleich eine prot. Position um 1790-1830. Gegen den →Rationalismus der aufklärer. Neologie gründete sie die Wissens- und Wahrheitsansprüche des christl. Glaubens auf eine übernatürl., in der inspirierten →Bibel überlieferte, durch erfüllte Weissagungen und geschehene →Wunder beglaubigte →Offenbarung; so G. Chr. Storr (ältere →Tübinger Schule), F. V. Reinhard, J. A. H. Tittmann u.a. Es bestand kein völliger Gegensatz (I. →Kant); denn der S. gebrauchte auch vernünftige (v.a. hist. und erkenntniskrit.) Argumente für die Glaubwürdigkeit der übernatürl. Offenbarung, während der Rationalismus die gänzl. Leugnung von Offenbarung (→Naturalismus) ablehnte. Beide wurden bald als »rationaler S.« oder »supranaturaler Rationalismus« verknüpft, d.h. als eigenständige Positionen aufgelöst: Christentum sei immer »vernunftehrend« und »offenbarungsgläubig« zugleich; so K. F. Stäudlin, K. G. Bretschneider u.a., die mit dem traditionellen »über, nicht gegen die Vernunft« freil. die neue Situation des vernünftigen Zugriffs auf die ganze →Natur und die ganze →Geschichte unterschätzten (vgl. F. →Schleiermacher).

*B.* Der S. bedarf einer theol. →Aufklärung: Wer angebl. Offenbarung (→Entmythologisierung, Gott-ist-tot-Theologie) kritisiert, kann nicht zugleich diesseitige und jenseitige »Tatsachen« und »Wirklichkeiten« (→Fundamentalismus) zu weltanschaul. Gegenständen machen; wer von der Autorität einer »über alle Vernunft« (2 Kor 5,10) neuen Offenbarung spricht, widerspricht dem weltanschaul. Anspruch der neuzeitl. Vernunft (→Autonomie, →Ideologie). Weil →Gnade und →Natur in der prot. Tradition im Gegensatz stehen, gibt es neben den Ansätzen bei der geglaubten Offenbarung widerstreitende Ansätze beim erfahrenen →Glauben, eine christolog. (K. →Barth) und eine apologet. (P. →Tillich) Überwindung von S. und Rationalismus stehen einander gegenüber.

*C.* Die Zuordnung von Natur und Übernatur oder Gnade in der *kath. Tradition* hatte im Prinzip dieselben Spannungen zu verarbeiten, wenngleich Natur und das Übernatürliche in der Regel nicht als Gegensatz, sondern als Basis und Vollendung gesehen wurden (»die Gnade vollendet die Natur«). In Frontstellung gegen die Aufklärung kommt es im 19. Jh. immer mehr zur Verselbständigung des Übernatürlichen zur »Übernatur« (M. Scheeben), die als unbedingt ungeschuldet gilt und deren Bezogenheit auf die Natur immer mehr aufgegeben wird. Erst die Arbeiten der →Nouvelle théologie, insbes. von H. de Lubac, ergaben die Möglichkeit, beider Einheit wiederzuentdecken, die K. →Rahner mit dem Gedanken eines »übernatürl.« Existentials, der natürlicherweise sich selbst übersteigenden Natur, auf den Begriff brachte. Hier wie dort zielt die Analyse der →natürl. Religion, d.h. der Erfahrungsorte von →Transzendenz, auf einen theol. Begriff von →Wirklichkeit.

*Lit.: H. Blumenberg:* Naturalismus und S., in: Religion in Geschichte und Gegenwart, 3. Aufl., Bd. IV, 1332-1336. – *P. Eicher:* Offenbarung, München 1977. – *E. Hirsch:* Geschichte der neuern ev. Theologie, Bd. 5, Gütersloh, 4. Aufl. 1968, 3-144. – *H. Zahrnt:* Die Sache mit Gott, München 1966, 155-217; 260-438.

*Walter Sparn*

**Surrealismus,** avantgardist. Richtung in →Literatur und →Kunst, die, insbes. von der →Psychoanalyse →Freuds beeinflußt, die Wirklichkeit im Unbewußten, in Visionen, Träumen, Rauschzuständen und mit Hilfe traumwandler. und hypnot. Praktiken zu ergründen suchte. Die *Bezeichnung* S. geht auf G. Apollinaire zurück, während A. Breton die grundlegenden Manifeste des S. (1924 und 1930) verfaßte: »Das Wunderbare ist immer schön, ganz gleich welches Wunderbare, es ist sogar nur das Wunderbare schön.« Der S., der in der Zeit des franz. Widerstands (1940-1944) eine gewisse Nachblüte erlebte, hat weitreichende Wirkungen außerhalb →Frankreichs gezeitigt, so in →Südamerika (P. Neruda), in den USA (H. Miller), in →Spanien (F. Garcia Lorca) und in →Deutschland (u.a. A. →Döblin, H. →Hesse, F. →Kafka, H. Kasack, A. Kubin).

*A.* In der *bildenden Kunst* erscheint der S. als eine aus dem →Dadaismus hervorgehende und im abstrakten →Expressionismus des Tachismus und der Action painting aufgehende Stilrichtung, die in ganz →Europa und in →Amerika beheimatet war. Bes. Bedeutung erlangten in ihr u.a. H. Arp, M. Ernst, S. Dali, J. Miró, R. Magritte und P. Delvaux. Gemeinsam ist diesen allen eigentl. nur der Wunsch, überkommene Denk- und Sehgewohnheiten zu verunsichern, das Unbewußte selbst in den Schaffensprozeß einzubinden (»Ecriture automatique«) und das bislang Unmögliche zu ermöglichen. Stilist., themat. und inhaltl. Gemeinsamkeiten sind hingegen kaum festzustellen.

*B.* Auch im →*Film* hat sich der S. in Arbeiten von R. Clair, L. Buñuel, J. Cocteau u.a. ausgewirkt.

*C.* In der Nachfolge von →Symbolismus, Expressionismus, »pittura metafisica« (G. de Chirico) und Dadaismus hat der S. ein Element formuliert, das zum Wesen der Kunst von Anfang an gehört: das des Übersinnlichen, Wunderbaren und →Irrationalen. Freuds Welt des Unbewußten ist hier immer gegenwärtig gewesen, wie P. Klee es meinte: »Kunst gibt nicht das Sichtbare wieder, sondern macht sichtbar.« Da reine Abbildung der →Natur kaum je das Ziel des Kunstwollens gewesen ist, sondern die Versinnbildlichung transzendenter Sachverhalte, begleiten Elemente des S. die Kunst durch ihre Geschichte hindurch und gewinnen in dem Moment an Kraft, in dem die traditionell-rel. Weltvorstellung im 16. Jh. zerbricht. Die Phantasmagorien des →Manierismus und die häret. Visionen H. Boschs eröffnen eine Tradition, in der das Surreale zum Ersatz des →Transzendenten wird.

*Lit.: S. Alexandrian:* Surrealist. Maler, Berlin 1973. – *A. Breton:* Manifestes du S., Paris 1962 (dt. Reinbek 1968). – *P. Bürger:* Der franz. S., Frankfurt/M. 1971. – *R.Passeron:* Encyclopédie du S., Paris 1976. – *J. Pierre:* Lexikon des S., Köln 1973. – *W. S. Rubin:* Dada und S., Stuttgart 1972. – *Ders.:* S., Stuttgart 1979.

*Peter Maser*

**Symbol,** griech. das Zusammengefügte, Zusammengeworfene, und davon abgeleitet: *Erkennungszeichen*, Zeichen, Vertrag. Eine theoret. Akzentuierung gewinnt der Begriff in der frühen christl.

Theologie; S. wird gleichbedeutend mit jenen Kriterien, an denen sich die Zugehörigkeit zum Christentum, aber auch zu abweichenden Lehrmeinungen ablesen läßt (→Glaubensbekenntnis [Homologien], rel. Riten und Gebräuche, das →Sakrament). Der neuzeitl. Gebrauch des S.s, etwa in den unterschiedl. Kunsttheorien, bleibt im weitesten Sinne an diesem Sprachgebrauch orientiert. Die Religionsgeschichte als spezif. neuzeitl. Disziplin hat den S.begriff auf die Beschreibung rel. Phänomene jenseits des Christentums ausgedehnt; S. repräsentiert im wesentl. die *Erscheinungsformen des Heiligen*, seine Gegenwart inmitten des Profanen, das zum S. wird, sofern es auf die Gegenwart des →Heiligen verweist.

*A.* Die philos. Auseinandersetzung mit den unterschiedl. rel. Traditionen ließ den S.begriff in die Philosophie Eingang finden, themat. vor allem in der Religionsphilosophie P. →Tillichs (1886-1965) und in der Lehre K. Jaspers' (1895-1969) von der universalen Kommunikation, deren letzte Wirklichkeit, die →*Transzendenz*, im deutenden und deutbaren S. zum Ausdruck kommt. Unthemat. findet sich der S.begriff bereits in den Überlegungen →Kants zur Religion, so in seiner Abwehr des dogmat. →Anthropomorphismus, dem Kant mit dem Hinweis begegnet, alle unsere Erkenntnis von Gott könne bloß symbol. sein.
Zum zentralen Topos philos. Denkens wird der S.begriff bei *E. Cassirer* (1874-1945). In seiner »Philosophie der symbol. Formen« spricht Cassirer in einem dreifachen Sinne vom S.: im übl. Wortsinn, sodann vom S. als Ausdruck und Erscheinungsform unterschiedl. kultureller Formationen und Artikulationsweisen (Mythen, Sprachen, wissenschaftl. Paradigmata), die auf der Kraft des S.s basieren bzw. ausgearbeitete Strukturen der Symbolisierung sind; sowie von symbol. Beziehungen (z.B. →Ursache, →Raum, Zeit, →Zahl) als Voraussetzung der Objektivität, die in den einzelnen symbol. Formen jeweils erreichbar ist. Während die →metaphys. und →ontolog. Entwürfe der Vergangenheit nicht nur formal Totalität behaupteten, sondern auch inhaltl. Entwürfe entwickelten, die an der Totalitätsidee orientiert waren, versteht Cassirer das S. als die gleichsam *ordnende Kraft*, die es erlaubt, die Welt sinnvoll zu strukturieren. Ziel des Philosophen ist es, die S.bedeutung auszudrükken und sie in den kulturellen Formationen als wirksam herauszustellen. So gründet jede menschl. Aktivität auf S.en, die nach ihren verschiedenen Bedeutungen (etwa Kunst, Mythos, Religion) zu unterscheiden sind. Zwar ordnen sie die Wahrnehmung anders als das systematisierende Denken, aber sie sind diesem zugängl. und können durch es beschrieben werden.

*B.* Zentral ist der S.begriff auch für *P. Ricoeur*; bei ihm sind die ursprüngl. rel. Beiklänge des Begriffs auch noch deutlicher erkennbar als bei Cassirer. Ausgangspunkt ist hier der »Konflikt der Interpretationen«, d.h. die Widersprüche zwischen →Mythos und →Religion bzw. →Offenbarung, Mythos und →Philosophie, kognitiver und affirmativer Vergegenwärtigung des Mythos, zwischen dem Mythos als einer überholten Weise der Welterklärung und dem Mythos als einer (nach wie vor mögl.) Zustimmung zu einer letzten, das Ganze bestimmenden Wirklichkeit. Nach Ricoeur ist es das S., das nicht nur zwischen Mythos und Reflexion vermittelt, sondern das zugleich in dem, was es bezeichnet, seine *objektive Entsprechung* findet. Dem Mythos, den Ricoeur die »sekundäre Symbolik« nennt, ist das S. überlegen, weil es frei ist von vorwissenschaftl. Weltdeutungen, objektivierenden Vorstellungen, von der Zweideutigkeit des Mythos. In seiner Hinordnung auf die Reflexion, mit der es nicht zusammenfällt, kann das S. die ursprüngl. Intentionen des Mythos wiederherstellen. In ihm wird dem Menschen etwa seine Abhängigkeit von einer Wirklichkeit bewußt, die sich am Ursprung wie an der Grenze seiner Welt befindet. Zugleich bewahrt das S. davor, daß aus den rel. Aussagen »Idole« werden, daß also das Absolut-Andere verfügbar wird und damit aufhört, im Verhältnis zu uns ein »Anderes« zu sein.

*C.* Relativ weit ist der Sprachgebrauch vom S. in der *Psychologie*. Alles, was bedeutsam sein kann für die Analyse (bei →Freud vornehml. der Bereich des Genitalen, bei →Jung Traumäußerungen, die in den Bereich des »kollektiven Unbewußten« verweisen), läßt sich als symbol. Äußerung ansprechen. Noch weiter ist der Sprachgebrauch in der *Mathematik* und in den Naturwissenschaften, die Zahlen und Zeichen als S.e ansprechen, nicht um damit eine best. Bedeutung auszudrücken, sondern um den Grad angestrebter Abstraktion und Formalisierung deutl. zu machen.

*Lit.: E. Cassirer:* Wesen und Wirkung des S.begriffs, Darmstadt, 7. Aufl. 1977. – *D. de Chapeaurouge:* Einführung in die Geschichte der christl. S.e, Darmstadt 1985. – *C.-F. Geyer:* »Neue Mythologie« und »Wiederkehr von Religion«, in: *W. Oelmüller (Hg.):* Wiederkehr von Religion?, Paderborn 1984, 25-54. – *H. J. Helle:* Soziologie und S., Berlin, 2. Aufl. 1980. – *S. K. Langer:* Philosophie auf neuem Wege. Das S. im Denken, im Ritus und in der Kunst, Frankfurt/M. 1984. – *P. Ricoeur:* Symbolik des Bösen. Phänomenologie der Schuld II, Freiburg/München 1971. – *J. Scharfenberg:* »Das S. gibt zu denken«. Beiträge zur Psychologie und Theologie des rel. S.s, in: FS für A. Köberle, Darmstadt 1978, 297-310. – *F. Schupp:* Glaube – Kultur – S., Düsseldorf 1974. – *D. Sperber:* Über Symbolik, Frankfurt/M. 1975. – *D. Ph. Verene:* Cassirers Kulturphilosophie, in: Allg. Zeitschrift für Philosophie 9 (1984) 2, 1-18. – *St. Wisse:* Das rel. S., Essen 1963.

*Carl-Friedrich Geyer*

## Symbolismus

*A. Literar. Bewegung* um die Jh.wende (ca. 1895-1910), die ihr Zentrum in →*Frankreich* hat und mit den Namen Charles Baudelaire (1821-1867), Paul Verlaine (1844-1896), Stéphane Mallarmé (1842-1898) und Arthur Rimbaud (1854-1891) ver-

bunden ist. Inwieweit der Begriff sich als Epochenbezeichnung auch für die *dt.* Literatur eignet, ist umstritten, da keiner der in Frage kommenden Autoren – Stefan George, Hugo von Hofmannsthal, Rainer Maria Rilke – sich als Symbolist bezeichnet und da die dt. Literaturwissenschaft sich weitgehend auf →Naturalismus, Neuromantik, →Impressionismus und →Jugendstil als Etikettierungen für literar. Strömungen in diesem Zeitraum verständigt hat. Hervorzuheben ist jedoch die *Gleichzeitigkeit* des S. mit anderen literar. Erscheinungsformen und Theorien zur Dichtung, vor allem mit dem →Positivismus und Naturalismus, zu denen er sich als *Gegenbewegung* versteht, und mit dem Impressionismus, von dessen neuer Erfahrung des Sehens und dessen neuer künstler. Technik er stark beeinflußt ist.
Sowohl aus den *Einflüssen* der dt. →Romantik (Novalis, E. T. A. Hoffmann) wie aus denen der engl. Präraffaeliten (Rossetti) oder dem E. A. Poes als auch aus der Übersetzungstätigkeit der Autoren des S. wird der *internationale Entwicklungszusammenhang* der modernen europ. Literatur deutl., und es ist gerechtfertigt, vom *europ. S.* zu sprechen. Darunter ist im engeren Sinn die Gruppe der franz. Autoren und ihrer unmittelbaren Nachfolger zu verstehen, zum anderen aber die *Poetik und literar. Praxis,* die über diese zeitl. Eingrenzung hinaus für die →Lyrik bis in die Gegenwart wirksam geblieben ist. Von symbolist. Dichtungsweise beeinflußt sind z.B. auch, und das zeigt die Schwierigkeiten der Abgrenzung in dieser Übergangszeit, Arno Holz und Johannes Schlaf, die dem Naturalismus zugerechnet werden, Gerhard Hauptmann, Thomas →Mann, Georg Heym und Georg Trakl.

*B.* Als Jean Moréas am 18.9.1886 im »Figaro« sein »Manifeste de Symbolisme« (Manifest des S.) veröffentlichte, hatten sich die Autoren, die er mit diesem Begriff charakterisieren und von der gebräuchl. Gruppenbezeichnung der »Décadents« absetzen wollte, schon im literar. Leben der Zeit durchgesetzt. Die *Definition* des S. hat mit der aus dem Goethe-Schiller-Briefwechsel geläufigen Bestimmung des →Symbols, in dem das Allgemeine zum Ausdruck kommen soll, weil es der Anschauung bedürfe, die dichter. Darstellung ihm gebe, kaum etwas zu tun; vielmehr wird die Bezeichnung gebraucht zur Beschreibung einer Dichtung, die Dinge und Gegenstände gerade nicht mehr benennen und als solche anschaul. machen will. Mallarmé bezeichnet als Symbol das *Geheimnis,* »nach und nach einen Gegenstand aufzurufen (évoquer), um eine Gestimmtheit der Seele (état de l'âme) zu zeigen oder, umgekehrt, einen Gegenstand zu wählen, um aus ihm eine Gestimmtheit der Seele freizusetzen durch eine Reihe von Dechiffrierungen« (zit. Hoffmann, 122). Daran wird deutl., daß im Symbol nicht mehr ein Gegenstand, eine Idee im Goetheschen Sinn faßbar werden kann, sondern daß der Begriff als Zeichen für ein Verfahren, für einen Prozeß steht und im Grunde das »Geheimnisvolle der Unbestimmtheit« (W. Kayser) meint.
Der S. bedeutet *Bruch mit allen traditionellen Vorstellungen* über Kunst, indem er alle Nützlichkeitserwägungen, mit denen Kunst sich seit der Antike stets vor der Philosophie, der Theologie und der Gesellschaft zu legitimieren hatte, verwirft und die Kunst aus der Fremdbestimmung befreit: »Die Poesie... hat gar kein anderes Ziel als sich selber... Kein Gedicht wird so groß, so edel, so wahrhaftig des Namens Gedicht würdig sein, wie dasjenige, das einzig geschrieben ist um des Vergnügens willen, ein Gedicht zu schreiben« (Baudelaire). Der S. erfüllt zum ersten Mal den 1818 von Victor Cousin geprägten Begriff der *l'art pour l'art* (Kunst für die Kunst), d.h., die Kunst ist autonom und hat keine andere Aufgabe als sich selbst: »Die Kunst drückt nicht die Zeit, sondern sich selbst aus« (O. Wilde). Diese *Befreiung der Kunst zu sich selber* enthält die bewußte Absage an das Publikum der Zeit und seine Erbauungsansprüche an die das bürgerl. Leben veredelnde Wirkung der Kunst. Diese aber verweigert sich und läßt sich auch nicht mehr als Ausdruck von Gefühlen und Erlebnissen ihres Schöpfers lesen, sondern erfüllt sich im intellektuellen Spiel, das sprachl. und metr. Techniken so souverän zu handhaben weiß, daß völlig neue und fremd anmutende Möglichkeiten und Wirkungen der Sprache entdeckt werden (z.B. Rimbaud: Voyelles – Vokale; Baudelaire: Correspondances – Einklänge).

*C.* Die *Ausdrucks- und Wirkungsmittel* lassen sich mit den folgenden Stichworten benennen: »Musikalität, Synästhesie, Suggestion, Evokation, freie Assoziation, Befreiung von sprachl. Logik und anderen Zwängen alltägl. Kommunikation« (E. Koppen). Den Symbolisten geht es um die Ausdruckskraft der Sprache, die sie in der herkömml. Dichtung verschüttet sehen und die sie in ihrer ursprüngl. energet. Macht wieder zum Leben erwecken wollen. Wenn in diesem Zusammenhang, vor allem bei Mallarmé, von Sprachmystik und Sprachmagie die Rede ist, so steht dahinter wohl noch der Gedanke an *jüd.-christl. Sprachmystik,* die in Sprache die Emanation des göttl. Wortes fortwirken sieht; doch hat symbolist. Sprachauffassung mit einer auf Transzendenz zurückführenden wirkenden Kraft der Sprache nichts mehr zu tun, sondern wird geprägt von dem Glauben an die »semant. Kraft, die dem Wort als solchem eigen ist« (H. Weinrich), und die zu entbinden alleinige Aufgabe des Dichters ist. Diese Absicht führt zu dem Aufbrechen der Satzkonstruktionen, der Ablösung der traditionellen Metrik durch den »vers libre« (freien Vers), zur Häufung der Reime und dem Spiel mit Assonanzen und Alliterationen. Nichtgegenständl. Sehen leitet zur freien Assoziation, zu ungewöhnl. Bild- und Farbzusammenstellungen, zur suggestiven Evokation, z.B. der Blume aus der im Künstler sich bildenden Idee: »Sie, die anderes ist als alle bekannten Kelche, sie, die Idee selbst und lieblich, sie, die in allen Sträußen abwesend ist« (Mallarmé, zit. Hoffmann, 125). Aus dem allmähl. Verfertigen und Zusammensetzen der sprachl. Elemente eines Gedichts entsteht nicht nur das Ineinander- Vermischtsein der unterschiedl. Sinneseindrücke (Synästhesie), sondern auch das Geflecht, in dem alle einzelnen Teile aufeinander bezogen und miteinander verbunden sind.

*D.* Verständlicherweise geht mit der Autonomie der Kunst ihr *Auszug aus der →Gesellschaft* Hand in Hand; der Esoterik der Dichtung entspricht das neue Selbstverständnis ihrer Schöpfer, wie es in Deutschland vor allem an St. George und seinem Kreis deutl. wird. Allerdings verändert George auch die Bedeutung des Symbols, das nicht mehr nur ein Zeichen ist für etwas, was auf andere Weise nicht zu benennen ist, sondern Ausdruck der *Eigengesetzlichkeit* der Kunst, deren Wirklichkeit als eigentl. und höheres Leben dem rationalen Weltbild der bürgerl. Industriegesellschaft entgegengesetzt wird. Reflexion über die Dichtung, Stil- und Ausdruckselemente des S. entfalten ihre Ausstrahlungskraft in alle europ. Länder, nach →Amerika und bis →Australien; sie wirken über die literar. Bewegungen, die den S. ablösen, den →Surrealismus in Frankreich, den →Expressionismus in Deutschland, bis in die Lyrik der Gegenwart weiter.

*Lit.: H. Friedrich:* Die Struktur der modernen Lyrik, Reinbek, 3. Aufl. 1970. – *P. Hoffmann:* S. (UTB 526), München 1987. – *W. Kayser:* Der europ. S., in: Die Vortragsreise, Bern 1958, 287-304. – *H. Koopmann:* Gegen- und nichtnaturalist. Tendenzen in der dt. Literatur zwischen 1880 und 1900, in: Neues Handbuch der Literaturwissenschaft, Bd. 18, Wiesbaden 1976, 189-224. – *E. Koppen:* Décadence und S. in der franz. und ital. Literatur, in: Neues Handbuch der Literaturwissenschaft, Bd. 18, Wiesbaden 1976, 69-102.

*Dieter Gutzen*

**Synagoge** (griech. »Gemeinde, Versammlung«; hebr. *beit ha kenesset* = »Haus der Gemeinde«; auch »Lehrhaus«, »Schul[e]« und »Tempel«). Die Entstehung der S. wird heute allg. in der Zeit des Babylon. Exils vermutet, während die →rabbin. Literatur die S. als Institution der Mose-Zeit betrachtet. Ihre überragende Bedeutung für das →Judentum gewann die S. nach der Zerstörung des Jerusalemer →Tempels (70 n. Chr.), als sie zum alleinigen Zentrum jüd. Lebens in →Palästina und der Diaspora wurde.

*A.* Älteste archäolog. Belege für S.nbauten weisen in das 1. Jh. n. Chr. (Massada). Im NT wird die Existenz von S.n als selbstverständl. vorausgesetzt: →Jesus predigt in ihnen ebenso wie die →Apostel, die von den S.n aus ihre →Missionstätigkeit organisierten. Die *Bauformen* der S. wechselten im Lauf der Geschichte erheblich. Ob die basilikale Ausformung spätantiker S.n den →Kirchenbau beeinflußt hat, ist umstritten. Querverbindungen hat es sicher gegeben. In aller Regel zeigen die S.n die künstler. Formen der →Umwelt, wobei es unter spezif. Bedingungen auch zu eigenständigen Lösungen kommen konnte (Holz- und Wehrs.n in Polen, S.n der Marranen [zwangsgetaufte Juden] unter dem Einfluß des reform. Kirchenbaus in den →Niederlanden, »maur.-oriental.« S.n, von G. Semper [1803-1879] angeregt, in Deutschland). Über die *Lage* der S.n gibt es keine wirklich verbindl. Vorschriften, die unter den Bedingungen der Diaspora auch kaum durchzusetzen gewesen wären, während die Ausrichtung nach Jerusalem gewöhnl. beachtet wurde. Zum *Hauptinventar* jeder S. gehören der Toraschrein und das Vorbeterpult (Almemor, Bima); Frauenabteilungen oder -emporen sind vielleicht schon in der Spätantike übl. gewesen, begegnen im ma. S.nbau seit dem 13. Jh. (»Weiberschul«) und wurden erst im 20. Jh. in den Reforms.n bewußt abgelehnt. Die Einführung der →Orgel in der S. (Seesen 1810) war die umstrittenste S.nreform des 19. Jh.s, die sich nur teilweise durchsetzen konnte. Im 20. Jh., in dem der S.nbau vor allem in den →Vereinigten Staaten und in →Israel eine bedeutende Blüte erlebt, hat sich die Tendenz weiter verstärkt, die S. zum Gemeindezentrum auszubauen.

*B.* Damit gewinnt die S. die *Funktionsvielfalt* zurück, die sie schon in Spätantike und →MA. vereinte, als sie nicht nur dem →Gottesdienst diente, sondern auch der Gemeindeverwaltung, der Abhaltung von Gemeindeversammlungen und Leichenfeiern, dem Vollzug von Rechtsakten, der Beherbergung von Gästen sowie dem Unterricht und dem Studium in der →Tora. S.ngemeinden organisieren sich nur teilweise nach territorialen Prinzipien, häufig sind sie auch Zentrum best. sozialer, rel., personengebundener und ethn. Gruppierungen des →Judentums, das in der S. die →Liturgie des →Sabbat und der →Feste feiert. Die *Leitung* der S.ngemeinde obliegt dem Vorstand, die dominierende Rolle von Chasan (Vorbeter, Kantor) und →Rabbiner bildete sich erst im 19. Jh. heraus. Unabdingbare Voraussetzung jedes S.ngottesdienstes ist das Vorhandensein eines Minjan (»Zahl«), der Mindestzahl von 10 männl., rel.mündigen Betern.

*C.* Als Zentrum jüd. Lebens war und ist die S. immer wieder *Hauptangriffspunkt antijüd. Aktionen.* In den Figuren der Ekklesia (Kirche) und S. des Straßburger Münsters (um 1235) ist der antijüd. Affekt des Christentums in die →Kunst des Abendlandes eingegangen. Die Verwüstung und Umwandlung von S.n in Kirchen gehört zu den Stigmata der →Kirchengeschichte durch die Jh.e hindurch. Furchtbarstes Ergebnis des neuzeitl. →Antisemitismus ist die fast völlige Zerstörung der S.n in Deutschland in der sog. »Reichskristallnacht« vom 9./10.11.1938 als Auftakt des →Holocaust gewesen. Während des Zweiten Weltkrieges wurden in den besetzten Gebieten ungezählte S.n geschändet und zerstört, von denen ein gewisser

Teil nach 1945 dem Gottesdienst zurückgegeben wurde.
Einen Eindruck von dem künstler. Reichtum, der damals vernichtet worden ist, vermittelt für Böhmen und Mähren das heutige Staatl. Jüd. Museum in Prag, dessen Sammlungen ab 1942 aus dem verzweifelten Wunsch erwuchsen, in einem Akt kulturellen →Widerstandes wenigstens das materielle Erbe einer ausgelöschten Tradition zu bewahren.
In nur allzu vielen Fällen erinnert aber, bes. in den Ländern Osteuropas, noch nicht einmal eine Gedenktafel an die »Heiligtümer im Kleinen« (vgl. Ez 11,16) und die Menschen, die dort einst beteten.

*Lit.:* Berlin-Museum: S.n in Berlin, 2 Teile, Berlin 1983. – *P. Blake (Hg.):* An American Synagogue for Today and Tomorrow, New York 1954. – *I. Elbogen:* Der jüd. Gottesdienst, Frankfurt/M., 3. Aufl. 1931. – *H. Eschwege:* Die S. in der dt. Geschichte, Dresden 1980. – *A. Grotte:* Deutsche, böhm. und poln. S.ntypen vom XI. bis Anfang des XIX. Jh.s, Berlin 1915. – *J. Gutmann (Ed.):* The Synagogue, New York 1975. – *H. Hammer-Schenk:* S.n in Deutschland, 2 Bde., Hamburg 1981. – *K. Hruby:* Die S., Zürich 1971. – *F. Hüttenmeister/G. Reeg:* Ancient Synagogues in Palestine and Greece, London 1934. – *H. Volavková:* Schicksal des Jüd. Museums in Prag, Prag 1965. – *R. Wischnitzer-Bernstein:* Synagogue Architecture in the United States, Philadelphia 1955. – *Dies.:* The Architecture of the European Synagogue, Philadelphia 1964.

*Peter Maser*

**Synkretismus.** *Vermischung* von Elementen aus verschiedenen rel. Traditionen ist ein in der Religionsgeschichte häufiger, nicht von vornherein negativ zu bewertender Vorgang. Dem *neutralen* Begriff des S. in der Religionswissenschaft steht freil. in Teilen der Theologie ein *abwertender* Gebrauch des Wortes gegenüber. S. wird dann verstanden als illegitime, die Reinheit des →Glaubens gefährdende Vermengung mit außerchristl. Elementen oder als Versuch, aus traditionellen Elementen eine neue Universalreligion zu schaffen (Ökumen. Vollversammlung 1975 von Nairobi).

*A.* Trotz unterschiedl. Verwendung des Begriffs gibt es eine weitgehende theol. *Übereinstimmung* darüber, daß das Evangelium sich im Prozeß seiner →Inkulturation kontextuell ausprägen und mit vorhandenen Elementen verbinden (»synkretisieren«) muß (→kontextuelle Theologie), daß aber das unterscheidend Christliche durch Übernahme aus fremden Religionen gefährdet werden kann. Insofern ist die Charakterisierung des →Christentums als einer synkretist. Religion (H. Gunkel, R. Bultmann) zugleich zutreffend und mißverständlich. Die zunehmende Begegnung und wechselseitige Beeinflussung rel. Traditionen gibt der Thematik gegenwärtig eine bes. *theol. Bedeutung.* Eine bes. Form des S. ist die Verschmelzung oder Gleichsetzung von Gottheiten (Theokrasie). Sie wird legitimiert durch Religionssynthesen auf der Grundlage einer monist. Philosophie (→Stoa und →Neuplatonismus in hellenist. Zeit; Advaita Vedanta als Grundlage des hinduist. »Inklusivismus«).

*B.* →Neue Religionen und rel. Bewegungen sind häufig das Ergebnis eines bewußten (z.B. Manichäismus; →Mani) oder unbewußten S., der von den charismat. Gründern oft nicht als solcher empfunden wird. Doch spielen *synkretist. Prozesse* auch bei der Entstehung und Gestaltung der klass. →Weltreligionen eine große Rolle (→Buddhismus, →Hellenismus, →Hinduismus, →Röm. Reich, →Shintoismus, →Taoismus, →Mani, →Parsismus). Solche Verschmelzungsprozesse wiederholen sich heute nicht nur in der →Dritten Welt (→Kimbanguismus, →Umbanda, →Junge Kirchen). Sie werden in den westl. Industriegesellschaften in spezif. Weise gefördert durch die wachsende funktionale Differenzierung der →Gesellschaft (→modern) und die damit verbundene Pluralisierung von konkurrierenden →Weltanschauungen und rel. Sinnangeboten (→Pluralismus).
Bei gegenwärtigen Verschmelzungsprozessen wird oft übersehen, daß einzelne Religionselemente bei ihrer Übernahme in einen anderen rel. oder kulturellen Zusammenhang ihren *Stellenwert ändern.* So gilt etwa die Wiedergeburt (Reinkarnation) im traditionellen →Hinduismus und →Buddhismus als ein zu vermeidendes Übel, im Zusammenhang des modernen Evolutions- und Fortschrittsglaubens dagegen als ein Weg zu individueller und kollektiver Höherentwicklung und Vollendung (Persönlichkeitskultur, →Anthroposophie). Ähnl. Verzerrungen treten auf, wenn östl. Meditationspraktiken in den Dienst westl. Selbstverwirklichungsideale oder christl. Spiritualität gestellt werden (→Meditation).

*C.* →*Volksfrömmigkeit* ist häufig das synkretist. Ergebnis der Überlagerung örtl. gewachsener Traditionen durch eine missionierende Weltreligion. Diese Prozesse sind auch beim Eintritt des Christentums in neue Kulturräume zu beobachten, wiewohl es viele Praktiken und Erfahrungen verketzert hat (Aberglaube, →Hexe, →Tanz). Viele dieser Elemente, die unter dem Einfluß von Rechtgläubigkeit und →Aufklärung in den Untergrund gedrängt wurden, gewinnen heute wieder an Bedeutung. Auch →Mystik und Esoterik (→Okkultismus) leben wieder auf und fördern, wie schon immer, die Entstehung synkretist. Bewegungen. Ein typ. Beispiel ist die →Theosophische Gesellschaft, die ihrerseits auf den hellenist. S. zurückgreift.

*Lit.:* *S. S. Hartmann (Hg.):* Syncretism, Stockholm 1966. - *G. Lanczkowski:* Begegnung und Wandel der Religionen, Düsseldorf 1971. – *M. Visser't Hooft:* Kein anderer Name, Basel 1965. – *G. Wiessner (Hg.):* S.forschung, Wiesbaden 1978.

*Reinhart Hummel*

## Synode, Synodalverfassung

### A. Historisch

S. (griech.: *synodos*, Zusammenkunft) ist das früheste Institut gemeinsamer *übergemeindl. Entscheidung*, in der Bischöfe einer Region als Vorsteher und Repräsentanten ihrer Gemeinden zusammenkommen und – nach dem Vorbild von Apg 15,28 – »im Hl. Geist« vorwiegend disziplinar. Entscheidungen über Personen und Fragen der Kirchenordnung treffen. Sie sind das klass. Instrument *kirchl. Einheit*. S.n treten im 2. und 3. Jh. fallweise, seit dem 4. Jh. regelmäßig auf der Ebene der *Kirchenprovinzen* zusammen. Seit den nachnizän. Streitigkeiten zu Fragen der →Christologie werden fallweise einberufene S.n zum Instrument von oft weitreichender Konsensbildung in Fragen kirchl. Lehre. So spielen diese S.n bei der Herausbildung der altkirchl. Christologie eine grundlegende Rolle. Die von den Kaisern auf Reichsebene einberufenen »Ökumen.« S.n werden später auch Ökumen. →Konzile genannt.

S.n (lat.: *Konzil*) spielen später *im Westen*, etwa bei den Westgoten und Franken, auf nationaler Ebene eine wichtige Rolle. Aus der in Rom tagenden ständigen S., die schon früh Anspruch auf die Regelung übergreifender Fragen erhob, entwickelten sich später die *Laterans.n*, von denen einige unter päpstl. Leitung im Westen in den Rang ökumen. Konzile erhoben wurden. Mit wachsendem Vorrang des röm. Papstes gegenüber der westl. Kirche sank im Westen die Bedeutung lokaler und regionaler S.n, die seit der →Gegenreformation, wie wohl vom Kirchenrecht gefordert, stark in den Hintergrund gerieten. Die 1965 erstmals angekündigte und im neuen Codex Iuris Canonici (§§ 342-348) verankerte *Bischofss.* der kath. Kirche setzt sich in ihren verschiedenen Formen aus Repräsentanten der kath. Gesamtkirche zusammen und will ein Konzil im kleinen sein, doch hat es im Gegensatz zum klass. Konzil keinerlei eigenes Recht zu Einberufung, Tagesordnung und Beschlüssen. Es ist ein reines Beratungsorgan des Papstes.

*Hermann Häring*

### B. Orthodoxe Kirche

*I.* Im Verständnis der →orthod. Kirche ist einzig die synodale Entscheidung legitim und kompetent zur Lösung kirchl. Probleme. Dabei sind die unterschiedl. synodalen Instanzen – wie lokale S.n, Provinzials.n oder allg. (ökumen.) S.n (oder →Konzile) – nur verschiedene Realisierungen einer einheitl., im Wesen der Kirche grundgelegten synodalen Basis, die weit über diese prakt. Umsetzungen hinausreicht und ihre theol. Begründung in der innertrinitar. Liebesgemeinschaft sowie in einer Ekklesiologie hat, die auf der paul. Vorstellung von der Kirche als dem einen *Leib Christi* aus vielen Gliedern aufbaut (Röm 12,4f.; 1 Kor 12). Grundlage ist dabei der Gedanke, daß die Gesamtkirche aus den an einem Ort um den →Bischof versammelten Eucharistiegemeinden besteht (→Abendmahl), die die Fülle der Gaben besitzen, die der Kirche Christi vom →Hl. Geist gegeben worden sind (→Charisma). Dabei ist jedes Bistum in seiner Verwaltung im Grunde autonom; um aber den Problemen, die mehrere Diözesen in einem breiteren geograph. oder verwaltungsmäßigen Raum (Staat) betreffen, zu begegnen, existieren ja die verschiedenen autokephalen Landeskirchen und innerhalb derselben die – mit unterschiedl. Titeln (Patriarch, Metropolit, Erzbischof) ausgestatteten – Ersthierarchen. Aber auch sie geben nach orthod. Kirchenverständnis ihren Inhabern letztl. keine Primatsrechte über die anderen Bischöfe, so daß alle Entscheidungen im Einklang der Bischöfe gefällt werden müssen. Dies geschieht auf den S.n, die somit einen Ausdruck des »demokrat.« und kollegialen Prinzips der Orthodoxie darstellen, nicht aber eine der Kirche übergeordnete Leitungsinstanz bilden.

Selbst die Bestimmungen der ökumen. S.n bilden kein Lehrsystem oder eine Kontrollinstitution, sondern sie drücken das aus, was die Kirche in ihrer Fülle glaubt und lebt. Das *lebendige Glaubensbewußtsein* des ganzen Gottesvolkes ist das Kriterium für jede theol. Formulierung und jede Handlung der Kirche. Es bestätigt auch die Entscheidungen der S. oder verwirft sie. So ist letztl. das orthod. Volk alleiniger Hüter der Orthodoxie (d.h. des wahren Glaubens) und der rechten Überlieferung (→Tradition). Ihm als dem Leib Christi kommt die →Unfehlbarkeit zu, nicht den S.n, die allein die Aufgabe haben, den Glauben zu verkünden und das Wort der Wahrheit recht zu verwalten. Eine vorwiegend jurid. Wertung der Synodalität, die mit der S. als Institution gleichgesetzt und von ihren Wurzeln in der eucharist. Ekklesiologie abgeschnitten wird, so daß sie schließl. als eine Kategorie eines Machtmechanismus erscheint, widerspricht als gegen das Wesen der Kirche gerichtet orthod. Verständnis: Die S. ist gerade nicht primär Institution der Kirche, sondern ein permanentes Ereignis der Kirchengemeinschaft und der Glaubensübereinstimmung der Ortskirchen. Synodalität bedeutet somit gemeinsames Leben unter Führung des →Geistes, das nicht durch ein Ordnungssystem verwirklicht wird, sondern durch das Band der Liebe. Als organ. Prinzip der Kirche steht sie in Analogie zur göttl. →Trinität.

*II.* Diese theol. Grundprinzipien haben sich im Laufe der orthod. Kirchengeschichte in unterschiedl., aber letzthin trotz aller formalen Abweichungen gleicher Weise realisiert. Eine große Bedeutung hatte so die »*synodos endimousa*« (griech.), die »ständige S.«, deren erste Zusammenkunft 394 stattfand. Sie setzte sich aus den in Konstantinopel anwesenden Bischöfen zusammen, die im →Ökumen. Patriarchat in dauernder Gemeinschaft tagten und deren Entscheidungen für das gesamte Patriarchat unmittelbare Bedeutung hatten, in einigen Fällen sogar das Geschehen in anderen Landeskirchen wesentl. beeinflußten. Auch alle anderen orthod. Landeskirchen haben heute – neben der S. aller Bischöfe (und zumeist auch weiterer Vertreter des Klerus, des monast. Standes und der Gläubigen) – ähnl. ständige S.n, durch die die Bischöfe zusammen mit den jeweiligen Ersthierarchen in der Leitung der autokephalen Ortskirchen zusammenwirken. Zwar haben seit 787 keine S.n mehr stattgefunden, die offiziell den Namen einer »ökumen. S.« tragen, aber auch im 2. Jt. gab es des öfteren *panorthod. S.n* zur Lösung allg. Probleme. Derzeit wird eine solche »Hl. und Große S.« aller orthod. Landeskirchen durch die panorthod. Konferenzen (zuerst 1961 auf Rhodos) vorbereitet.

*Lit.: A. Jensen:* Die Zukunft der Orthodoxie. Konzilspläne und Kirchenstrukturen (Ökumen. Theologie 14), Zürich/Einsiedeln/Köln 1986. – *A. Kallis:* Orthodoxie – Wie ist das?, Mainz 1979. – *M. K. Krikorian:* Die Rezeption der Konzilien, in: Kyrios, N.F. XIII (1975), 129-143. – Konziliarität und Kollegialität als Strukturprinzipien der Kirche, PRO ORIENTE, Innsbruck/Wien/München 1975. – Konzile und die ökumen. Bewegung (Studien des Ökumen. Rates, Nr. 5), Genf 1968. – *B. Plank:* Katholizität und Sobornost (Das östl. Christentum, N.F., Bd. 14), Würzburg 1960. – *P. Plank:* Die Eucharistieversammlung als Kirche (Das östl. Christentum, N.F., Bd. 31), Würzburg 1980. – *N. Thon:* Einheit in der Vielfalt. Die Kirche in der Sicht der heutigen orthod. Ekklesiologie, in: Christl. Osten 38 (1983), 84-92.

*Nikolaus Thon*

## *C. Reformierte Kirchen*

*I.* Nach der →Reformation wurde der Synodalgedanke 1526 in die (freil. unausgeführte) *hess. Reformationsordnung* (Homberger Kirchenordnung) aufgenommen: Die S., die sich aus Predigern und von den Gemeinden direkt gewählten Abgeordneten zusammensetzte, sollte der Überprüfung der Pfarrstellenbesetzungen und der Visitationen dienen sowie Fragen aus den Gemeinden entscheiden. Eine (schließl. viergliedrige) Synodalverfassung entstand aber erst unter *calvinist. Einfluß* in den franz. Kirchen (Discipline Ecclesiastique, erste franz. Nationals. 1559 in Paris: In den von jeder außerkirchl. Autorität unabhängigen S.n traten Pfarrer, Älteste und Diakone gleichberechtigt zur Entscheidung von →Kirchenzuchtfällen, Lehrfragen und anderen Fragen aus den Gemeinden zusammen, wobei die Verfassungsbestimmungen jegl. Vorherrschaft einzelner Gemeinden oder Personen vermeiden helfen sollte (Beschränkung der Befugnisse der Synodalmitglieder auf die Synodaltagungen). Diese Verfassung, die sich in der *Zeit der Verfolgung* bewährte, hat die Synodalverfassungen in Schottland (1561 Presbyterialverfassung), in den Niederlanden (Emdener S. 1571, Dordrechter S. 1619), im Rheinland (Duisburger Generals. 1610 und Kirchenordnung 1671), in England, Amerika, Deutschland und Polen stark beeinflußt.
*Nicht überall* vermochte sich freil. der Gedanke der Synodalverfassung durchzusetzen. Dort, wo prot. Provinzialstaaten (landesherrl. Kirchenregiment) das Recht der Sorge für die äußere Gestalt der Kirche für sich beanspruchten, kam es meist nicht zur Bildung von unabhängigen Generals.n als Organen der Gesamtleitung der Gemeinden, während unter kath. Obrigkeit die unterdrückten »Kirchen unter dem Kreuz« (Niederrhein) oft nur heiml. zusammentreten konnten. Im 19. Jh. erhielt der Gedanke einer kirchl. Synodalverfassung *neue Impulse* aus dem Raum der staatl. Verfassungsentwicklung (Vertretung des Kirchenvolks dem Kirchenregiment und dem geistl. Amt gegenüber, Gewaltenteilung) und bekam dadurch auch Einfluß in anderen dt. Kirchenverfassungen.

*II.* Die unterschiedl. hist. Bedingungen haben in den *Kirchen der →Reformation* – bei gemeinsamer Kritik der behaupteten →Unfehlbarkeit des Allg. →Konzils – zu verschiedenartigen Verwirklichungen des Synodalgedankens geführt. Kannte man bis ins 18. Jh. hinein in den – durch das landesherrl. Kirchenregiment geordneten – luth. Kirchen (→Luthertum) S.n als *Pfarrkonvente* zur Durchführung der Kirchenvisitation, so entwickelten sich insbes. in den →reform. Kirchen, die in Territorien mit kath. Herrschaft existierten, synodal-presbyteriale →*Kirchenverfassungen* (1559 die Synodalverfassung der franz. Kirche, »Kirchen unter dem Kreuz« am Niederrhein, →Presbyter, Presbyterialverfassung). Parallel zur Entwicklung des staatl. Verfassungsrechts im 19. Jh. (→Verfassung) fanden S.n Eingang in die Kirchenverfassungen auch der luth. Kirchen (Vorbild für die weitere Entwicklung wurde die Rheinisch-Westfäl. →Kirchenordnung von 1835). Gelangten damit Postulate der staatl. Verfassungstheorie (Gewaltenteilung, Vertretung des Kirchenvolkes, Beschränkung der Kirchengewalt) in das kirchl. *Verfassungsrecht,* so wurden im Anschluß an die Erfahrungen des →Kirchenkampfs (1. Bekenntnissynode der Dt. Ev. Kirche in Barmen 1934) die Unterschiede zwischen kirchl. S.n und weltl. Parlamenten betont: S. als Repräsentantin der Gesamtkirche gegenüber den →Gemeinden und als Repräsentantin der Gemeinden in der Landeskirche (S. Grundmann).
Dem synodalen Element kommt heute in allen dt. ev. Kirchenverfassungen *grundlegende Bedeutung* zu. In den Landess.n werden die grundsätzl. Fragen des kirchl. und öffentl. Lebens beraten. Sie können Anregungen an kirchl. Stellen geben und sich mit Kundgebungen an die Gemeinden wenden. Zu ihren wichtigsten Aufgaben gehören das Gesetzgebungs- und das Wahlrecht (z.B. des Landesbischofs) sowie das Recht, den landeskirchl. Haushalt festzustellen und Berichte der Kirchenleitung oder Kirchenbehörde entgegenzunehmen. Unterschiede ergeben sich daraus, ob die übrigen kirchenleitenden Organe aus der S. hervorgehen oder ob sie institutionell von ihr unterschieden sind.

*Lit.: H. Frost:* Strukturprobleme ev. Kirchenverfassung, Göttingen 1972 (Lit.). – *S. Grundmann:* Kirchenverfassung I.C.2. Die Ordnung der Partikularkirchen, in: Ev.

Staatslexikon, 2. Aufl. 1975, 1260-1269. – *P. von Tiling:* Das Konsensprinzip bei der S., in: Veröffentlichungen der Lutherakademie Ratzeburg, Bd. 5, Erlangen 1983, 99-115 (Lit.).

*Michael Wöller*

**Syrien.** Musl. 89,6%; Drusen 3%; Jasiden 0,2%; Orthod. 3,4%; Kath. 1,6%; Nichtgläubige und Atheisten 1,4%. S. ist weder geograph. noch hist. ein fest umrissener Begriff. Der Name bezeichnet nach Herodot (gest. 430) das assyr. Weltreich ohne →Ägypten. Im →Hellenismus bezeichnete er das vorderasiat. Gebiet, das sich von Mesopotamien bis zum Mittelmeer und vom Taurus bis zum Norden →Palästinas erstreckte. In röm. Zeit entstanden die Provinzen Syria Palaestina, Arabia, Syria Phoenice und die eigene Provinz Syria. Die Bevölkerung bestand immer hauptsächl. aus Semiten: Kanaanäer, Aramäer, Araber.
Die *Geschichte* S.s ist bestimmt durch seine geograph. Lage zwischen den alten Kulturen und Mächten am Nil, im Zweistromland (Mesopotamien) und in Kleinasien. Dadurch wurde S. ein *Schmelztiegel* der verschiedensten →Kulturen, blieb aber auch Zielscheibe der Machtpolitik der Großreiche. Während der südl. Teil S.s im 14. Jh. v. Chr. unter ägypt. Herrschaft gelangte, fiel der Norden an die Hethiter. Nach deren Niedergang gelang es aramä. Völkerschaften aus der Wüste, selbständige Stadtstaaten zu bilden. Nach den Eroberungen durch die Assyrer wurden *Vasallenverhältnisse* gebildet. 605 v. Chr. fiel S. an das neubabylon. Großreich, 130 Jahre später an die Perser. Unter Alexander d.Gr. (gest. 323) gelangte S. unter griech. Einfluß. Danach wurde es Teil des Seleukidenreiches und 63 v. Chr. röm. Provinz. Nachdem S. im 6. Jh. n. Chr. unter sassanid. Herrschaft geraten war, wurde es um 635 Teil der →*islam. Umma* und später Zentrum des ersten islam. Weltreiches der Umaiyaden (661-750). Während der →Kreuzzüge trat S. polit. bes. hervor. In den folgenden Jh.en kam es unter den Einfluß der ägypt. Mamelucken. Von 1516 bis zum Ende des Ersten Weltkriegs gehörte S. zum *Osman. Reich.* Nach Ausrufung des Großkönigreichs S. wurde es 1920 von →Frankreich besetzt und zum franz. Mandat erklärt. 1926 erfolgte die Unabhängigkeitserklärung des →Libanon, 1941 die S.s. 1946 erhielt S. seine volle Unabhängigkeit und wird seit 1963 von der Baath-Partei regiert.
*Religionsgeschichtl.* weist S. verschiedene Religionsformen auf: die amorit.-kanaanä., zu der später die aramä. und hellenist. Religionen hinzukamen. Das →Christentum verbreitete sich – im Gegensatz zur semit.- aramä. Landbevölkerung – sehr schnell unter den griech. Städtern. Das Christentum S.s war mit seinem Zentrum →Antiochia von großer theologiegeschichtl. Bedeutung. Die wichtigsten Gruppen sind die westsyr. (jakob. »Monophysitismus«) und die ostsyr. (→nestorian.) Kirche. Daneben stehen griech.-orthod. und mit →Rom unierte Syrer verschiedenster Herkunft. Die rel. Zersplitterung wurde so groß, daß sie 1926 sogar eine polit. Zweiteilung des syr. Raumes auslöste: Einem muslim., sunnit. bestimmten »S.« steht seither ein in vielem christl. geprägter →»Libanon« gegenüber.

*Lit.: U. F. Abd-Allah:* The Islamic struggle in Syria, Berkeley 1983. – *R. M. Haddad:* Syrian Christians in Muslim society. An interpretation, Princeton 1970. – *W. S. McCullough:* A short history of Syrian Christianity of the rise of Islam, Chico CA 1982. – *C. D. G. Müller:* Geschichte der oriental. Nationalkirchen (Die Kirche in ihrer Geschichte, 1, D 2), Göttingen 1981.

*M. Ali Hachicho*

**System.** Sprachl. aus dem griech. *systema,* wo es soviel wie »Gebilde« oder vom Ursprung her »Zusammenstellung« bedeutet. Der Begriff bezeichnet ein *Ganzes* (→Ganzheit), das von (vielen) *Einzelelementen* gebildet wird und in dem diese Elemente auf das Ganze hin durchgegliedert und untereinander abhängig sind. In etwa dieser Bedeutung findet sich der S.begriff im allg. in vielen Bereichen von →Gesellschaft, →Technik und →Wissenschaft.

*A.* In der →Philosophie taucht er bereits bei der →Stoa auf. Den eigentl. Aufschwung hat der S.begriff jedoch erst in diesem Jh. bekommen (vgl. etwa Universalismus und Gestaltpsychologie). Dabei geht es wiederum um ein Ganzes und seine Einzelelemente; diese Elemente können ihrerseits ein S., d.h. ein Ganzes mit Einzelelementen, bilden (»S.differenzierung«). Aber es wird nicht nach einem →Wesen gefragt, sondern nach →*Funktionen* der Elemente untereinander wie auch in Beziehung zu dem Ganzen. S.e werden in wissenschaftl. Analysen häufig als in sich geschlossene Größen betrachtet. Kontakte zur →Umwelt bleiben dabei außer acht. Man spricht dann von einem *»geschlossenen« S.* Dies mag in begrenztem Umfang und vor allem in der Theorie mögl. sein. Wo ein System dazu in der Lage ist und sich gleichsam von der Umwelt »abschottet«, spricht man von einem »grenzerhaltenden« S. Grenzerhaltend muß ein S. in bestimmtem Umfang sein, wenn es die eigene Identität gegenüber der Umwelt erhalten will. Normalerweise aber werden Elemente des S.s und das S. selbst mit der Umwelt in Beziehung stehen, d.h., es ist offen gegenüber der Umwelt *(»offenes« S.).* Organisationss.e etwa können ohne diese Umweltbeziehungen auf Dauer gar nicht existieren.

*B.* Ein zentraler Begriff der strukturell-funktionalen Theorie wie auch der →S.theorie ist das *»soziale« S.,* das sich u.a. auf →Personen, →Organisationen oder deren aufeinander bezogene Handlungen bezieht. Zum sozialen S. wird eine Mehrzahl handelnder Personen oder Organisationen dann, wenn ihr Handeln in einer abgrenzbaren Situation geschieht und aufeinander bezogen ist, wenn das S. zudem eine gewisse Kontinuität und Regelmäßigkeit besitzt. Die Größe ist – wie bei S.en allg. – nicht näher bestimmt: es kann eine

Familie ebenso sein wie das Personal eines Krankenhauses oder sogar eine Nation. Abstrakter unterscheidet Luhmann »einfache Sozials.e elementarer Interaktion«, »organisierte Sozials.e« und »Gesellschaftss.e«. Das Handeln untereinander und gegenüber dem Gesamts. orientiert sich an gemeinsamen Werten und Normen oder einem »S. geteilter kultureller Symbole« (Matthes). Luhmann spricht von *Sinnaspekt*, d.h. von einer »sinnhaften Beziehung«. »Sinn« weicht hier aber vom gängigen Sprachgebrauch ab und bezeichnet eine Größe, die die »Weltkomplexität« erfaßt und »reduziert« und dadurch handlungsorientierend wird.
Bei dem (sozialen) S. handelt es sich um ein *theoret. Konstrukt*. Das gemeinte Ganze wird deshalb nur teilweise damit abgedeckt, weil diese Konstruktionen und Begriffe aus einer Perspektive gebildet werden, die notwendigerweise vereinfacht und stilisiert, erst dadurch – den »Idealtypen« M. →Webers vergleichbar – ihre Deutlichkeit erhöht. Bahrdt differenziert hier noch weiter. Eine soziale Wirklichkeit kann »partiell S.charakter« haben, so daß man von einem »realen sozialen Modell« sprechen kann. Es kann sich aber auch um bloße Modellvorstellungen handeln: entweder in den Köpfen derer, die in der jeweiligen Wirklichkeit leben, oder auch in den Köpfen der beobachtenden Wissenschaftler. (Soziale) S.e sind also nicht mit der »Wirklichkeit« zu verwechseln. Ein Denken in diesen Kategorien kann deshalb nur bedingt Handlungs- und Entscheidungsgrundlage sein.

*Lit.: W. L. Bühl (Hg.):* Funktion und Struktur, München 1975. – *J. Habermas/N. Luhmann:* Theorie der Gesellschaft oder Sozialtechnologie – Was leistet die S.forschung?, Frankfurt/M. 1971 (dazu mehrere Bde. »Theorie-Diskussion«). – *N. Luhmann:* Soziale S.e. Grundriß einer allg. Theorie, Frankfurt/M., 2. Aufl. 1985.

*Hermann Punsmann*

**Systematische Theologie**

*A.* S.Th. ist ein spezif. *neuzeitl. Phänomen.* Sie entsteht im Zusammenhang einer tiefgreifenden Umformung des Wissenschaftsverständnisses, die sich, vorbereitet durch die Subjektivitätsmetaphysik R. →Descartes, in der →Aufklärung durchsetzt. Sowohl die röm.-kath. als auch die prot. Theologie haben ihre kategorialen Leitbegriffe bis ins 18. Jh. hinein im wesentl. der aristotel. →Metaphysik entlehnt. Mit Hilfe von Unterscheidungen wie Substanz und Akzidenz, Wirklichkeit und Möglichkeit, Sein und Werden sind die christl. Gehalte in einem heilsgeschichtl. Schema von der →Schöpfung bis zur →Eschatologie ausgelegt worden (→Dogmatik). Neben diese weithin additive Zusammenstellung einzelner Lehrgehalte *(loci)* treten seit der frühen →Neuzeit Versuche, den überkommenen Lehrbestand von einer *einheitl. rationalen Leitidee* her zu reformulieren.
Für dieses neue Systemdenken, das Bemühen um eine harmon., innerl. stimmige Organisation des Stoffes, ist die Orientierung an vernünftiger Subjektivität grundlegend. Die rationale Durchsichtigkeit systemat. Darstellung dient dem Interesse, eine freie vernünftige Aneigung der rel.-theol. Gehalte zu ermöglichen. Um solcher Vermittlungsleistung willen wird der traditionelle dogmat. Stoff in der Weise neu strukturiert, daß *Vernünftigkeit und →Frömmigkeit* des Menschen zum Prinzip der Organisation und Darstellung aller theol. Gehalte erklärt werden. Theol. Inhalte werden nicht mehr als kirchl. vorgegebene, subjektunabhängige Wahrheiten verstanden, sondern als Reflexiongehalte, die es nicht unabhängig von ihrer *Reflexivität*, d.h. ihrer Bezogenheit auf den sie erkennenden Menschen, gibt (→Erkentnnistheorie). S.Th. wird dort zur Programmformel theol. Reflexion, wo diese die »anthropolog. Wende« mitvollzieht, die im 18. Jh. zu einem tiefgreifenden Umbau aller Wissenschaften führt.

*B.* Im *heutigen theol. Sprachgebrauch* bezeichnet der Begriff S.Th. zunächst eine gegenüber Exegese (oder →Bibl. Theologie), →Kirchengeschichte und →Prakt. Theologie selbständige theol. Disziplin. Diese Disziplin entsteht im Zusammenhang eines Wandels des Wissenschaftsverständnisses, in dem die Theologie sich parallel zur wachsenden Differenzierung der Einzelwissenschaften auch intern differenziert. 1600 führt der reform. Theologe B. Keckermann den Begriff des Systems in die altprot. Theologie ein. Seit dem frühen 17. Jh. dient der Begriff »theologia systematica« zur Bezeichnung der sog. scholast., thet. oder akadem. Theologie, wobei jedoch die Art der Abgrenzung der Systemat. gegenüber der Bibl. Theologie und ihr Umfang umstritten bleiben.
Einen relativ festgefügten Begriffsgebrauch kennt erst die *Neologie*, die humanitär-vernünftige Reformtheologie der Aufklärung, die S.Th. als sachl. geordnete und begriffl. präzise Gesamtdarstellung der in der Bibel enthaltenen vernünftigen Religionswahrheiten bestimmt, deren Teildisziplinen *Dogmatik und Ethik* sind. Seit dem dt. →Idealismus wird der Begriff von manchen Richtungen der Theologie, insbes. der sog. spekulativen Theologie, als Beleg dafür in Anspruch genommen, daß eine vernünftige Rechtfertigung des Glaubens überhaupt nur in Gestalt eines Systems der Theologie, d.h. als begriffl. Darstellung der Einheit alles theol. Wissens, mögl. sei. Die Geschichte des Begriffs ist seitdem durch permanente Auseinandersetzungen darüber bestimmt, ob S.Th. sich notwendig als umfassender Systemtwurf darstellen müsse.

*C.* In der Entstehung einer eigenständigen S.Th. reflektiert sich auch der tiefgreifende soziale und kulturell-polit. *Umbruch des 18. Jh.s*: Innerhalb der Universitätstheologie tritt das Interesse an einer eigenständigen vernünftigen Rechtfertigung der christl. Überlieferung in genau dem Maße in den Vordergrund, wie sich die jeweilige konfessionelle Homogenität der dt. Territorien auflöst und die Kirchen durch rel. Reformbewegungen, absolutist. Reformpolitik und Entstehen einer bürgerl.-

literar. aufgeklärten Öffentlichkei ihr Monopol auf *gesamtkulturelle Sinnstiftung* und Wertevermittlung verlieren. S.Th. ist deshalb als Wissenschaft von den mögl. Geltungsansprüchen des Christlichen innerhalb einer modernen Kultur zu bestimmen, die wesentl. durch Trennung von →Kirche und Staat, Privatisierung der →Religion und einen breiten Pluralismus rel.-weltanschaul. und polit. Einstellungen gekennzeichnet ist.

*D.* Je mehr die Theologie ihre alte Funktion als normendefinierende Leit- und Letztbegründungswissenschaft verliert, desto intensiver wird sie sich selbst zum Thema.

*I.* Seit ca. 1770 gibt es in röm.-kath. und prot. Theologie eine reiche Literatur zur →*Enzyklopädie* oder →Wissenschaftstheorie der Theologie, die bis in die 60er und 70er Jahre unseres Jh.s hinein durch einen bemerkenswerten Mangel an Übereinstimmung über Begriff, Umfang und innere Differenzierung der S.nTh. bestimmt ist. Schon im 19. Jh. gibt es vor allem im Protestantismus keinen Konsens darüber, ob wirkl., wie im späten 18. Jh. behauptet, →Dogmatik und →Ethik die grundlegenden Fächer der S.nTh. sind. Prominente Theologen wie F. D. E. →Schleiermacher und R. →Rothe ordnen aus Gründen ihrer allg. Wissenschaftssystematik die Dogmatik der Hist. Theologie zu und weisen die von vielen anderen zum Kennzeichen der S.nTh. erklärte Aufgabe einer Vermittlung zwischen allg. Wahrheitsbewußtsein und positivem theol. Wissen einer eigenen Philos. Theologie zu.

*II.* Auch in bezug auf mögliche weitere Fächer der S.nTh. gibt es in kath. wie prot. Tradition keine Übereinstimmung. Je stärker die Theologie den Kontakt mit den anderen Wissenschaften zu verlieren droht, desto mehr wird die Notwendigkeit einer neben Dogmatik und Ethik eigenständigen →*Fundamentaltheologie* betont, die all jene Themen bearbeiten soll, die traditionell in den Prolegomena der Dogmatik behandelt worden sind: Prinzipien theol. Erkenntnis, Unterscheidung zwischen natürl. und geoffenbarter Gotteserkenntnis, religionsphilos. begründete Darstellung des Religionsbegriffs, Bedeutung der Schrift sowie im Protestantismus die Bedeutung der →Bekenntnisschriften und im Katholizismus der Bezug auf →Lehre und Lehramt der Kirche. In der Fundamentaltheologie wird die wissenschaftstheoret. Selbstreflexion der Theologie gleichsam auf Dauer gestellt. In der kath. Tradition nimmt sie deshalb zumeist die Gestalt einer neben Dogmatik und Ethik völlig eigenständigen prinzipientheoret. Begründung der Theologie in allen ihren Teilen an. Demgegenüber wird sie in der prot. Theologie, die den Begriff seit 1800 aus der kath. Tradition aufnimmt, zumeist als ein integraler Teil der S.nTh. verstanden.

*III.* Seit dem späten 18. Jh. werden zumeist auch →*Apologetik* und sog. *Polemik* oder Kontroverstheologie, d.h. die Rechtfertigung der eigenen konfessionellen Sondertradition, gegenüber anderen, zur →Häresie erklärten christl. Konfessionen, zu Teildisziplinen der S.nTh. erklärt. Prakt. wandern Apologetik und Polemik schon im 19. Jh. allmähl. aus der S.nTh. aus. Die Apologetik, die Verteidigung des Glaubens gegenüber →Christentumskritik und modernem →Atheismus, wird zunehmend zum Gegenstand einer populartheol. *Weltanschauungsliteratur*, die weniger vernünftiger Auseinandersetzung als vielmehr ideenpolit. Propaganda dient. Die Polemik wandelt sich im Prozeß der Historisierung aller theol. Fächer zu einer →Konfessionskunde, die primär am Vergleich der jeweiligen konfessionellen Sondertraditionen interessiert ist und seit 1945 deshalb in eine nicht mehr an Abgrenzung, sondern Konsensbildung orientierte →*Ökumen. Theologie* umgeformt werden kann. Das Verhältnis dieser neuen Ökumen. Theologie zur überkommenen konfessionellen Dogmatik und Ethik wird in kath. wie prot. Theologie noch kontrovers diskutiert.

*E.* Daß Begriff, Funktion, Umfang und innere Gliederung der S.nTh. in der enzyklopäd. Diskussion seit 1800 äußerst vielgestaltig bestimmt werden, teilen prot. und röm.-kath. Theologie, auch wenn im Protestantismus die *Tendenz zum →Pluralismus* insgesamt deutlicher als im Katholizismus ausgeprägt ist. In der Praxis der Wissenschaftsorganisation gibt es jedoch einen gewichtigen Unterschied. Innerhalb der prot. Fakultäten ist die S.Th. als *ein* Fach institutionalisiert, wohingegen in den deutschsprachigen kath. Fakultäten Fundamentaltheologie, Religionsphilosophie, Dogmatik und Ethik in jeweils selbständigen Instituten, also als eigene theol. Fächer, organisiert sind. In dieser *wissenschaftsprakt. Differenz* drückt sich ein elementarer Unterschied des jeweiligen Theologieverständnisses aus: Für die offizielle röm.-kath. Theologie gründet die Einheit ihrer Fächer primär im gemeinschaftl. Bezug auf das Lehramt der Kirche. Demgegenüber muß prot. Theologie, die nicht in vergleichbarer Weise durch einen Kirchenbezug konstituiert ist, ihre Einheit selbst erzeugen. Der anthropolog. Wende entspr., in deren Zusammenhang die Disziplin entstanden ist, wird solche Einheit derzeit vor allem auf zwei Wegen zu konstruieren versucht: erstens auf dem Wege einer Theorie der trinitar. Subjektivität Gottes (→Trinität), die Gott als Grund aller welthaften Wirklichkeit und zugleich als Grund menschl. Freiheit erweisen soll; zweitens durch eine Reflexion auf den Erfahrungsbezug aller theol. Aussagen, wobei insbes. die lebensdienl. Funktion rel. Sprachsymbole erschlossen werden soll.

*Lit.: E. Herms:* Theologie – eine Erfahrungswissenschaft, München 1978. – *W. Joest:* Fundamentaltheologie. Theol. Grundlagen und Methodenprobleme, Stuttgart, 2. Aufl. 1981. – *W. Kern u.a. (Hg.):* Handbuch der Fundamentaltheologie I-IV, Freiburg 1985-1987. – *W. Pannenberg:* Wissenschaftstheorie und Theologie, Frankfurt/M. 1973. – *H. Peukert:* Wissenschaftstheorie, Handlungstheorie, Fundamentaltheologie. Analysen zu Ansatz und Status theol. Theoriebildung, Düsseldorf 1976; Frankfurt/M., 2. Aufl. 1978. – *J. Ratzinger:* Theol. Prinzipienlehre. Bausteine zur Fundamentaltheologie, München 1982. – *O. Ritschl:* System und systemat. Methode in der Geschichte des wissenschaftl. Sprachgebrauchs und der philos. Methodologie, Bonn 1906. – *Ders.:* Literarhist. Beobachtungen zur Nomenklatur der theol. Disziplinen im 17. Jh., in: Studien zur systemat. Theologie. FS für Th. Haering zum 70. Geburtstag, Tübingen 1918, 76-95. – *G. Sauter (Hg.):* Theologie als Wissenschaft, München 1971. – *Ders. u.a.:* Wissenschaftstheoret. Kritik der Theologie, München 1973. – *A. von der Stein:* Der Systembegriff in seiner geschichtl. Entwicklung, in: *H. Diemer (Hg.):* System und Klassifikation in Wissenschaft und Dokumentation, Meisenheim 1968, 1-13. – *H. Wagner:* Einführung in die Fundamentaltheologie, Darmstadt 1981.

*Klaus Tanner*

**Systemtheorie.** Die S. analysiert →Systeme als Ganzes mit ihren Elementen angesichts ihrer →Umwelt(en). Solche Systeme sind aber nicht einfach gegeben. Deshalb muß man hier noch einen Schritt weitergehen: Die S. geht davon aus, daß Phänomene im weitesten Sinne als Systeme betrachtet werden können.

*A.* Daß diese Phänomene »insgesamt« erfaßt werden, wird damit nicht behauptet. Aber Phänomene werden unter dem Aspekt der inneren Organisation sowie der Interaktion der einzelnen Elemente (oder deren Gesamtheit), schließl. auch ihrer Beziehung zur Umwelt untersucht. Dazu ist es jedoch notwendig, durch Abstraktion, Vereinfachung und bes. Betonung best. Elemente solch ein System – etwa im Sinne des Weberschen Idealtypus – erst zu *konstruieren.* Das zu analysierende System stellt also immer ein gedankl. Erzeugnis dar und darf nicht mit der Wirklichkeit verwechselt werden. Die Erklärungsmodelle in der S. beziehen sich darauf, welche →*Funktionen* und Bedeutungen Elemente füreinander und für das Ganze haben. Sie bleiben also funktional oder richten sich teleolog. auf ein →Ziel (etwa Systemziel oder auch Systemgleichgewicht) und gehen nicht kausal vor.

*B.* Die S. bildet keineswegs ein einheitl. Gebilde. Systemdenken orientierte sich zunächst an der Modellvorstellung des *Organismus.* Der Biologe Bertalanffy verallgemeinerte »organism. Systemkonzeptionen« und übertrug sie auf andere Phänomene. Seine Theorie verband sich schon bald mit *kybernet.* Denken (Wiener, Steinbuch u.a.) und der Informationstheorie (Shannon u.a.). Gemeinsam war die Frage nach Prozessen, die das *Gleichgewicht* erhalten. Die Entwicklung lief in Richtung einer »System- bzw. Regelkreisentwurfstechnik« (Kieser/Kubicek) oder einer Art »techno-kybernet. S.« (Jensen) und wirkte in dieser Form stark in die Organisationssoziologie hinein. Aus einer anderen Richtung kommt eine weitere Variante systemtheoret. Denkens. Gemeint ist der →*Strukturalismus* mit Parsons als einem Hauptvertreter. Ausgangspunkt ist eine Analyse der →Struktur eines Systems. Dies bleibt auch das grundlegende Problem. Erst danach fragt er »nach den funktionalen Leistungen, die erbracht werden müssen, damit die Systeme erhalten bleiben« (Luhmann). Die Kritik an dieser →strukturell-funktionalen Theorie setzte vor allem bei der Frage an, ob hier nicht harmonisiert oder ein Status quo festgeschrieben werde; umgekehrt: ob Wandel, →Herrschaft und →Konflikt mit den vorliegenden Kategorien überhaupt thematisiert werden könnten. Diese Einwände nimmt Luhmann auf und will sie beheben, indem er die →Funktion der Struktur vorordnet und so aus der strukturell-funktionalen eine funktional-strukturelle Theorie macht. Dadurch können Systemstrukturen selbst (funktional) problematisiert und als Fragen des Wandelns, Konflikts etc. diskutiert werden.

*C.* Die S. arbeitet auf einem hohen *Abstraktionsniveau.* Aussagen und Schlüsse werden nicht nur auf ein System oder einen einzigen Bereich bezogen, sondern auch auf andere Bereiche übertragen. Man geht im Analogieschluß von einer Vergleichbarkeit verschiedener Vorgänge in unterschiedl. Bereichen aus. Dasselbe gilt für die Systemsprache. Es wird dieselbe →Sprache für unterschiedl. Phänomene gebraucht. Möglicherweise werden so Erkenntnisse über Grenzen hinweg mögl. und Interdisziplinarität erhöht. Doch besteht auch die Gefahr, daß eine Sprache inadäquat für ein Phänomen wird. Wie abstrakt S.en mittlerweile argumentieren, mag man daraus ersehen, daß sie zur Kritik wie auch zur Bestätigung der Gesellschaft geeignet sind. Von daher wird ihr von manchen »Positionslosigkeit« vorgeworfen. Aber selbst hier könnte sie noch antworten, daß dies nicht ihr Denkniveau trifft. So ist S. heute »unprakt.« und entzieht sich empir. Forschung, zum wenigsten der im engeren Sinne.

*Lit.:* *J. E. Bergmann:* Die Theorie des sozialen Systems von Talcot Parsons, Frankfurt/M. 1967. – *E. Leinfellner/W. Leinfellner:* Ontologie, S. und Semantik, Berlin 1978. – *W. Loh:* Kombinator. S., Frankfurt/M./New York 1980. – *N. Luhmann:* Soziol. Aufklärung. Aufsätze zur Theorie sozialer Systeme, Köln/Opladen 1970.

*Hermann Punsmann*

# T

**Tabu.** Die so benannte Vorstellung ist Teil des Ganzen eines fremden Glaubenssystems. Dort fügt sie sich sinnvoll ein und hilft mit, das rel. Gefüge am Leben zu erhalten. Gelehrte haben diese Vorstellung aus ihrer Ordnung herausseziert und das nun leblose Präparat in Zusammenhänge eingebaut, die sich Europäer ausgedacht haben, um Lösungen für eines ihrer Probleme anzubieten. Früher nahmen sie sich in ihren Kolonien, was sie brauchen konnten, materielle wie geistige Rohstoffe. Heute sind materielle Güter aus der sog. →Dritten Welt teurer geworden, die geistigen bekommt man nach wie vor umsonst. Was sie in ihren Ursprungsländern bedeuten, dafür interessieren sich höchstens ein paar europ. Spezialisten, während unsere Verbrauchermassen auch geistige Rohstoffe aus Übersee nur in der Form europ. »Veredelungen« kennen.

Psychoanalytiker, Völkerkundler, Soziologen u.a. haben »T.« zu eigenen Produkten verarbeitet. Als rel. Phänomen zeigt sich T. freil. nur dort, wo es notwendig zum Ganzen einer Religion gehört. Das war der Fall bei polynes. Maori, deren Traditionen auf Neuseeland gut belegt sind. Bei ihnen war Religion keine Privatsache, sie betraf alle, die als Blutsverwandte eine Glaubensgemeinschaft bildeten. Ihr →Heil suchten sie nicht erst im →Jenseits. Unheil fürchteten sie als Hunger, →Krankheit, militär. Ungleichgewicht usw. Heil war gesichertes →Leben (*Ora*). Das hing ab von einer Innen- und Außenpolitik, einer Ernährungsgrundlage, Verteidigung, die *Mana* besaß. Mana zu sichern war Aufgabe der Religion. *Tapu* (so das ursprüngl. Wort) war ein Mittel dazu. Allem, was tapu war, begegnete man mit Respekt. Wer sich verging, erntete Unheil für sich und die seinen. Überschießendes Tapu ließ sich durch eine normalisierende Kraft (*Noa*) löschen, was das Alltagsleben sichern half, das Heil aber auch von innen gefährden konnte. Darum galt die Bewahrung der feinen Balance dieser Kräfte jedermann als Pflicht um der Gemeinschaft willen. *Ora, Mana, Tapu, Noa* sind Europäern unbekannte Vorstellungen. Wir machen diese Erfahrungen nicht und kennen daher auch kein Wort, das sie treffend übersetzen würde. Um zu begreifen, müßten wir, unsere Vorstellungen verlassend, an der fremden Vorstellungswelt teilhaben.

*Lit.: H.-J. Greschat:* Mana und Tapu, Berlin 1980. – *J. Prytz Johansen:* The Maori and his religion in its nonritualistic aspects, Kopenhagen 1954. – *F. Steiner:* Taboo, London 1956.

*Hans-Jürgen Greschat*

**Täufer.** Die T.bewegung entwickelte sich aus der Unzufriedenheit mit den Ergebnissen der →Reformation. Die Wittenberger Reformatoren diffamierten sie als »Schwärmer«, ein Kampfbegriff, der den gesamten *linken Flügel der Reformation* von H. →Zwingli bis Th. →Müntzer degradieren sollte.

*A.* Sozial ist sie zuerst faßbar *in* Zürich und seinen Landgemeinden, wo die radikalen Freunde →Zwinglis seit 1523 die Kommunalisierung des Zehnten, die Beseitigung der Bilder aus den Kirchen, die sofortige Einführung einer ev. →Abendmahlsfeier und schließl. – als letztes – die Erwachsenentaufe (→Taufe) forderten. Impliziert war damit die →Autonomie der demokratisch verfaßten Kirchengemeinde vom weltl. Magistrat. Der Zürcher Rat und seine sozialkonservativ eingestellten Theologen hielten jedoch an der Einheit von →Kirche und Territorium fest und lehnten die Erwachsenentaufe (zuerst praktiziert am 21.1.1525) ab, weil sie zur Spaltung der Gesellschaft führte. Wesentl. Impulse empfingen die T. für ihr Reformprogramm von A. Karlstadt und Th. Müntzer. In der Frage der →Gewaltanwendung kam es zu einer *frühen Spaltung:* Während die T. in der Stadt Zürich (K. Grebel, F. Mantz) die Umsturzideen Müntzers ablehnten, wurden sie in den Landgemeinden (S. Stumpf, W. Reublin) als letztes Mittel bejaht. In der Ostschweiz und in Waldshut nahmen die T. am →Bauernkrieg teil. Nach der Niederlage sammelte M. Sattler die Reste des geschlagenen und orientierungslosen T.tums und legte sie im Schleitheimer Bekenntnis (1527) auf einen separatist. *Pazifismus* (→Friede) fest. Die dort proklamierte asket. Weltverneinung forderte von den Gläubigen – gemäß den Geboten der →Bergpredigt – absolute Wehrlosigkeit, Abstinenz von allen öffentl. Ämtern, Eidverweigerung (→Eid) und Distanzierung von der als unchristl. empfundenen Gesellschaftsordnung einschließl. ihrer Volkskultur. Als Ziel galt jetzt die Aufrichtung einer von der Welt deutl. getrennten, freiwilligen »Kirche ohne Flecken und Runzeln«, die zur Bewährung ihrer Reinheit auch den →Bann gegen ungehorsame Mitglieder verhängen konnte. Daneben gab es noch täufer. Gruppen, die weiterhin die *Gewaltanwendung* bejahten, sei es als Mittel der Selbstverteidigung (B. Hubmaier) oder der Weltveränderung (H. Hut, der Erbe Müntzers). Auch in der Bestimmung des Verhältnisses von »Geist« und »Buchstabe« standen sich Spiritualisten (H. Denck, L. Hätzer) und Biblizisten (M. Sattler) unversöhnl. gegenüber.

*B.* Von den offiziellen Theologen angetrieben (vor allem von Ph. →Melanchthon, M. Bucer und J. Eck), verfolgten die Obrigkeiten seit 1528/29 die T. im ganzen Reich, bes. grausam in den kath. Gebieten. Bis zum Dreißigjährigen Krieg (→Religionskriege) fanden viele T. →Asyl in Mähren, wo sie unter dem Schutz adliger Grundherren Produktionsgenossenschaften, die Bruderhöfe der *Hutterer* (nach J. Hut[t]er) aufbauten. Einen neuen Aufschwung erfuhr die T.bewegung durch M. Hoffman, der in Straßburg, Ostfriesland und Holland eine chiliast. Massenbewegung (→Chiliasmus) entfesselte, die mit der Säuberung der Erde von den Gottlosen vor der unmittelbar bevorstehenden Wiederkunft Christi rechnete. Dadurch wurde er zum Wegbereiter des militanten *T.reiches zu Münster* (1534/35), das dem Ansehen der T. auf Grund der dort praktizierten Polygamie und Gütergemeinschaft unheilbaren Schaden zufügte. Nach dem Fall Münsters gelang es M. Simons, die Mehr-

zahl der revolutionären »Melchioriten« in friedl. →*Mennoniten* zu verwandeln. Nach 1535 bekannten sich alle drei großen T.gruppen (Schweizerbrüder, Hutterer, Mennoniten) zur Wehrlosigkeit und zur Einheit von →Geist und →Schrift.
Die *heute* noch existierenden T.gruppen unterscheiden sich erhebl. voneinander in ihrer Einstellung zur modernen Welt. Extrem konservativ verhalten sich die in Nordamerika lebenden, aus dem Berner Oberland stammenden Amischen Brüder (so genannt nach ihrem Führer J. Amman) und die Hutterer. Von den aus dem 16. Jh. stammenden T.gruppen sind zu unterscheiden die engl. →Baptisten und ursprüngl. aus Deutschland kommenden Neutäufer (= »Duncker« oder »Church of the Brethren«), die im 17. Jh. gegründet wurden.

*Lit.: H.-J. Goertz:* Die T., München 1980. – *J. M. Stayer:* The Anabaptists and the Sword, Lawrence/Kansas, 2. Aufl. 1976.

*Klaus Deppermann*

**Tag.** Im Ablauf des T.s erfahren wir die →*Zeit in ihrem Wechsel* von →Licht und Finsternis, Hell und Dunkel in ursprüngl. Weise. Diese Erfahrung wird von der kirchl. →Liturgie in Bezug gesetzt zur Heilsgeschichte, vor allem zu Leiden, Tod und →Auferstehung Christi. Da auf Grund der techn. Möglichkeiten die Abhängigkeit des →Individuums und der →Gesellschaft vom T.eslicht für die →Arbeit und sozialen Kontakte fast gänzl. geschwunden und auch nächtl. Schichtarbeit Teil des Arbeitsprozesses für viele ist, bestimmen heute weniger Sonnenauf- und -untergang den T.esablauf als vielmehr Arbeitsbeginn, Feier»abend« (selbst wenn er morgens anfängt) und →Freizeit.

*A.* Durch die gesamte *Religionsgeschichte* hindurch kommen →Gottesdienste vor zum Aufgang der Sonne, die für den T. Licht und Wärme bringt, und zu ihrem Untergang als Bitte um Schutz in der Nacht. Im →*AT* wurden diese beiden Zeiten bereits vor dem Exil verbunden mit der Erinnerung an die bedeutendsten Heilstaten Jahwes für sein Volk: Beim Abendgebet im →Tempel und in der →Synagoge wurde des Auszugs aus Ägypten (→Exodus) und des ersten →Passa gedacht, beim Morgengebet des Bundesschlusses am Sinai. Jahwe hält seinem Volk weiterhin die Treue, solange es sich unter seinen Schutz stellt, und die Heilswirklichkeit beider grundlegender Ereignisse ist für die →Gemeinde in der Feier wieder präsent. Als frommer Jude nahm *Jesus* an den regelmäßigen Synagogalgottesdiensten teil.
Die nachösterl. *Gemeinde* gab auch bald diesen beiden Gebetszeiten eine christozentr. Interpretation. Der abendl. Gottesdienst wurde in Zusammenhang gebracht mit Leiden und Sterben Jesu (→Passion), der morgendl. mit seiner Auferstehung. Beide Gebetszeiten wurden von den frühen Kirchenschriftstellern als für alle Gemeindemitglieder verpflichtend angesehen; ab dem *4. Jh.* wurden sie in den Kirchen öffentl. mit →Psalmen, →Hymnen und →Gebeten gefeiert, die auf die entspr. Stunde Bezug hatten. Da in den Städten und Wirtschaftszentren die *T.esstunden* öffentl. ausgerufen wurden, entwickelte sich dort noch im 2. Jh. der Brauch privater Gebete zur 3., 6. und 9. Stunde (vormittags, mittags, nachmittags). Im zönobit. →Mönchtum wurden alle diese Gebetszeiten gemeinsam gehalten, zusammen mit nächtl. Zusammenkünften, die aus langen Psalmen und →Lesungen bestanden. Während im Westen – anders als bis heute in der orthod. Kirche – zu Beginn des MA.s die *gemeindl. Feier* am Abend und Morgen zum größten Teil unterging, blieb das monast. T.esprogramm erhalten. Da das Mönchtum als Vorbild für alle Christen und vor allem den →Klerus galt, bildete es die Grundlage der tägl. Gebetszeiten. Ab dem 12./13. Jh. sind sie im Brevier festgelegt. Die Reformen des Breviers 1568 und 1970-72 blieben, wenn auch mit großen Abstrichen, innerhalb dieses monast. Rahmens.

*B.* Die tägl. Liturgie der →Kirche, das zusammen gefeierte Morgen- und Abendgebet, ist, zumindest in der *röm.-kath. Kirche* des deutschsprachigen Raums, in den Gemeinden noch nicht wieder beheimatet. Im *prot. Bereich* wird in einigen Gemeinden, vor allem aber auf Rüstzeiten und Tagungen, dem Morgen- und Abendgebet (Mette und Vesper; vgl. die Ordnungen in den Gesangbüchern) wieder ein fester Platz gegeben. Luthers Morgen- und Abendsegen wird oft im privaten Gebet benutzt. Die Kirche von England (→*anglik. Kirchen)* hat (zumindest in der Vergangenheit) das Morning und Evening Prayer zu einem der Zentren ihrer Spiritualität und Liturgie machen können.
In der →*orthod.* wie den anderen →*oriental. Kirchen* ist die T.esheiligung des Stundengebets weiterhin fest in der liturg. Frömmigkeit des Kirchenvolkes verankert. Die Vespern, welche nach jüd. und altkirchl. Tradition ja den bei Sonnenuntergang beginnenden Festtag einleiten, werden als Anfang der T.esfeier ebenso besucht wie die eucharist. Liturgie. Vielfach ist es im slaw., aber auch im griech. Bereich übl., die Vesper und den Morgengottesdienst (Orthros) zu einem die ganze Nacht währenden Gottesdienst (Agrypnia) zusammenzufassen. Unbedingt wird auch die eucharist. Liturgie mit einem kleinen Teil des Stundengebets verbunden: im slaw. Gebiet meistens mit der Terz oder Sext, im griech. mit einem verkürzten Morgengottesdienst.

*C.* Der Wechsel von →Hymnen, →Psalmen, Lesungen und Gebeten bietet für eine Gemeindeliturgie auf Grund ihrer literar. und ausführungstechn. Vielfalt gute Möglichkeiten zur *gemeinsamen Feier.* Vor allem kann so der Verengung des liturg. Lebens auf reine Eucharistiefeiern (→Abendmahl) oder Predigtgottesdienste begegnet und ein größerer Reichtum erreicht werden, der den spirituellen Gegebenheiten der Gemeinden mehr entgegenkommt. Die durch die techn. Möglichkeiten veränderte Lebensgestaltung (»Glühbirne«, Arbeitstag) ist für die Kirchen eine *Herausforderung* an ihre Bereitschaft, den T. auch in der →Erfahrung heutiger Generationen zu einer Heils-Zeit werden zu lassen. Hier ist noch einiges zu tun. Ansätze gibt es in der Jugendarbeit (»Frühschicht« und »Spätschicht«, z.T. ökumen.). Die liturg. Nacht gewinnt an Bedeutung (bes. auf Kirchentagen).

*Lit.: H. Goltzen:* Der tägl. Gottesdienst, in: *K. F. Müller/ W. Blankenburg (Hg.):* Leiturgia, Bd. III, Kassel 1956, 99-296 (Lit.). – *Th. Schnitzler:* Was das Stundengebet bedeutet, Freiburg/Basel/Wien 1980. – *R. Taft:* The Liturgy of the Hours in East and West, Collegeville, Minn. 1986.

*Thaddäus A. Schnitker*

**Tanz**

*A.* Der T. ist für den Menschen eine *elementare Ausdrucksform.* Mit seinem ureigensten »Instrument«, dem Körper, gestaltet er als einzelner, als Paar oder in der Gruppe das ihn Bewegende, mit Hilfe von →Musik rhythm. gefügt, in den Raum hinein aus. Die Art der Bewegung ist potentiell unendl. mannigfaltig und erstreckt sich von der unmerklichsten Geste bis hin zur Auflösung des ganzen Körpers in akrobat. Verrenkung und ekstat. Raserei (→Ekstase). Der Weg des Tänzers kann zwischen dem Treten auf der Stelle und weiträumigem Kreisen oder dem Schreiten in einer →Prozession vielfältige Figuren zeichnen. Kostüme, Masken und Requisiten (→Kleider) tragen dazu bei, die Aussage der Bewegungen zu verdeutlichen.

*B.* In Zeiten der →Säkularisierung einer →Kultur manifestiert sich verstärkt oder überhaupt erst eine Scheidung in *rel.* und *profanen T.* Während der eine als →Ritus im →Kult vollzogen und meist als Erfindung und Gabe einer Gottheit angesehen wird, d.h. myth. Geschehen vergegenwärtigt (→Mythos), ist der andere als Volkst., Gesellschaftst., Ballett, moderner T., →Jazz-, Disco-, »Break«-T. usw. ein sportl., therapeut. oder künstler. Tun und Geschehen, Unterhaltung, Vergnügen, Ausdruck des Lebensgefühls. Der *rel. Tänzer* fühlt sich den dem T. Form und Inhalt gebenden göttl. Mächten verpflichtet. Nach tiefenpsycholog. Verständnis »verkörpert« er ein seel. Geschehen, das ihn von innen her ergreift. Immer wieder auch den Mächten des Kollektiven Unbewußten neu sich öffnend, tradiert er zugleich das Erfahrene im Ritus. Rel. Tänze sind vor allem aus schriftlosen Kulturen etwa mfrikas, Amerikas, der Südsee, Australiens, aber auch aus sog. Hochkulturen wie dem alten Griechenland, dem vergangenen und modernen Indien (→Hinduismus) bekannt; in letzterem ist der rel. T. seit alters in bes. Weise differenziert, systemat. in T.büchern (Nāṭyashāstra ca. 2. Jh. n. Chr., Abhinayadarpaṇa ca. 13. Jh. n. Chr.) zur »Sprache« ausgebildet und auch heute noch mit Shiva Naṭarāja, dem König der Tänzer, ursächl. verbunden. Demgegenüber ist etwa das *Ballett* Vollzug einer von Menschen teils bewußt, teils aber auch intuitiv geschaffenen Choreographie, die in Musik eingebundenen Themen und literar. Stoffen Gestalt gibt; oder es sucht der *moderne Tänzer,* dabei aber ähnl. dem rel. ergriffen, seinem eigenen Innenleben Ausdruck zu verleihen.

*C.* Wie in den nichtchristl. Religionen, so war im alten →Israel der T. als kult. Vollzug durchaus gebräuchlich. Auch die frühen Christen tanzten noch in der Tradition ihres jeweiligen Brauchtums. Die *abendländ. christl. Kirchen* aber lehnten bis in die moderne Zeit hinein weitgehend den T. offiziell als Kultbrauch von →Heiden und →Häretikern bzw. als unsittl. ab. Trotz dieser massiven Kritik waren sie aber nicht in der Lage, den T. als liturg. Form, rel. Brauch oder →Symbol (→Mystik, →Totent.), noch als weltl. Tun aus dem Erscheinungsbild des christl. Abendlandes zu eliminieren. Die Lebenskraft des T.es, religionswissenschaftl. Erkenntnisse, die den T. als Weg zur oder Ausdruck der Teilhabe am →Heiligen ausweisen, der Stellenwert, den der traditionelle T. in außereurop. christl. Kirchen gerade auch als →Gottesdienstbestandteil wieder einnimmt, der heilende und Erleben ausformende Wert, den die →Psychologie und Pädagogik dem T. zuerkennen, sowie seine künstler. Bedeutung im allg. haben eine *Neuorientierung* der abendländ. Kirchen unumgängl. gemacht. Zahlreiche Ansätze neuerer Zeit, bes. die →Liturgie dem T. als *Verkündigungs- oder Gebetsform* zu öffnen, sind ein deutl. Anzeichen einer solchen Neubesinnung.

*Lit.: R. Berger:* African Dance. Afrik. T. in Vergangenheit und Zukunft. Ursprung und Diaspora, Wilhelmshaven 1984. – *V. Junk:* Handbuch des T.es, 1930, Nachdruck Hildesheim/New York 1977. – *H.-M. Lander:* T.en will ich. Bewegung und T. in Gruppe und Gottesdienst, München 1983. – *W. A. Poort:* The Dance in the Pacific. A comparative and critical Survey of Dancing in Polynesia, Micronesia and Indonesia, Katwijk 1975. – *E. Rebling:* Die T.kunst Indiens, Wilhelmshaven 1982. – *O. F. Regner:* Das Ballettbuch, Hamburg 1954. – *W. J. Stüber:* Geschichte des Modern Dance. Zur Selbsterfahrung und Körperaneignung im modernen T.theater, Wilhelmshaven 1984. – *U. Wössner:* Zur Deutung des Göttert.es in Indien und Griechenland, Köln 1981 (Lit.).

*Ulrich Wössner*

**Taoismus.** Westl. Bezeichnung, mit der 1. eine philos. Schultradition *(tao-chia)* und 2. eine rel. Tradition *(tao-chiao)* in →China bezeichnet werden. Das verbindende Element des philos. und des rel. T. besteht darin, daß beide die dem Lao-tzu (→Lao-tse) zugeschriebene Schrift *Tao-te ching* als autoritativ betrachten. Neben →Konfuzianismus und →Buddhismus stellt der T. die dritte, prägende *Geistestradition Chinas* dar.

*A. Philosophischer Taoismus*

Die beiden wichtigsten Werke des »klass.« philos. T., das *Tao-te ching* (»Buch vom Urprinzip und seiner Wirkkraft«) und das *Nan-hua chen-ching* (»Wahres Buch vom Südl. Blütenland«), werden in der Regel mit den Namen ihrer vorgebl. Verfasser, Lao-tzu und Chuang-tzu, bezeichnet. Beide sind als hist. Personen schwer faßbar; die Schriften dürften etwa im 4. Jh. v. Chr. entstanden sein.
Im Zentrum der taoist. Philosophie steht der Begriff des *Tao*, was wörtl. »Weg« bedeutet, hier aber das höchste →metaphys. →Prinzip bezeichnet. Das Tao kann als »Urprinzip« umschrieben werden; es ist ohne Eigenschaften, ohne Anfang und Ende, es ist aber die Voraussetzung allen Seins, Handelns und Wirkens, dabei selbst ohne weitere Voraussetzungen, d.h. →absolut. Da es begriffl. Denken nicht zugängl. ist, kann es nur intuitiv erfaßt werden. Die taoist. Philosophie trägt im Gegensatz zum Konfuzianismus stark individualist., aber auch *natur- oder kosmosmyst. Züge*, doch kam es insbes. im Neotaoismus (3.-6. Jh. n. Chr.) zu einer Verbindung mit den eth. Vorstellungen der Konfuzianer. Nach der Einführung des Buddhismus in China (1. Jh. n. Chr.) erfolgte außerdem eine wechselseitige Beeinflussung mit dessen philos. Tradition. Die klass. taoist. Schriften üben bis heute einen bedeutenden Einfluß auf das chin. Geistesleben aus, ohne daß man deshalb von einer klar abgrenzbaren taoist. Schule sprechen kann.

*B. Religiöser Taoismus*

Seit der Han-Zeit (206 v. Chr. bis 220 n. Chr.) lassen sich in China verschiedene Strömungen erkennen, deren Ziel es ist, durch die Anwendung verschiedener Techniken (Alchemie, Diätetik, Atemübungen u.a.) das Leben zu verlängern und sogar Unsterblichkeit zu erlangen. Diese als »*Unsterblichkeits-T.*« bezeichnete Richtung wurde vorwiegend in Kreisen der Oberschicht gepflegt.
Dagegen entstanden in den ersten Jh.en n. Chr. verschiedene rel. Bewegungen, die sich ebenfalls auf Lao-tzu beriefen und zahlreiche Anhänger unter der Masse des Volkes gewinnen konnten. Diese *taoist.* →*Sekten* standen unter der Führung von →Priestern, die Rituale durchführten, durch die →Sünden getilgt und →Krankheiten geheilt werden sollten. Der Sekten-T. entfaltete sich im Laufe der folgenden Jh.e in unterschiedl. Richtungen, wobei sowohl Einflüsse des Buddhismus als auch der unorganisierten Volksreligion aufgenommen wurden. Die taoist. Priester entwickelten komplizierte *Rituale*, in denen die drei »Himmlischen Ehrwürdigen« (T'ien-tsun) verehrt wurden, die als personale Manifestationen des Tao gelten. Durch diese Zeremonien sollten die Verstorbenen im →Jenseits erlöst und für die Lebenden →Glück und die Beseitigung von →Sünde und Unheil bewirkt werden. Bis in die Gegenwart nahmen die taoist. Priester eine wichtige Stellung im rel. Leben der chin. Bevölkerung ein.
Während in Taiwan der rel. T. auch heute noch eine lebendige Kraft darstellt, wurde er in der Volksrepublik China bekämpft und kam nach der kommunist. Machtübernahme weitgehend zum Erliegen. Offiziell ist die Religion heute in der Chin. Taoistischen Vereinigung oranisiert, deren Sitz das Pai-yün Kuan (Weiße-Wolke-Kloster) in Peking ist. Seit Beginn der 80er Jahre lassen sich auch wieder taoist. rel. Aktivitäten in der Volksrepublik China erkennen, deren Bedeutung bisher jedoch sehr gering ist und nicht annähernd an die des Buddhismus heranreicht.

*C. Rezeption des Taoismus in Europa*

In →Europa wurde der T. zuerst durch die Berichte christl. Missionare bekannt. Anders als im Falle des Konfuzianismus war die europ. Sicht der taoist. Religion durch eine überwiegend negative Bewertung gekennzeichnet. Allerdings erfreute sich die taoist. Philosophie in Gestalt der Lehren des Lao-tzu und Chuang-tzu seit dem 19. Jh. einer gewissen Wertschätzung unter Europäern, wobei insbes. die myst. Elemente in den Vordergrund gerückt wurden. Auch in der Gegenwart läßt sich in manchen Kreisen alternativer Spiritualität ein Interesse für den T. beobachten. Das Interesse konzentriert sich dabei vor allem auf die naturmyst. und antirationalen Züge der taoist. Philosophie, die etwa im Kontext der →New-Age-Bewegung aufgegriffen werden. Die taoist. Religion im engeren Sinne wird im Westen erst seit einigen Jahrzehnten genauer erforscht und ist in der Öffentlichkeit prakt. unbekannt.

*Lit.:* *M. Kaltenmark:* Lao-tzu und der T., Frankfurt/M. 1981. – *K. M. Schipper:* Le corps taoïste, Paris 1982. – *H. Steininger:* T., in: China-Handbuch, Düsseldorf 1974, 1372- 1380 (Lit.). – *N. Vandier-Nicholas:* Le taoisme, Paris 1965. – *K. Walf:* Westl. Taoismus-Bibliographie (WTB), Limburg 1985. – *H. Welch:* Taoism. The parting of the Way. Revised edition, Boston 1965.

*Hubert Seiwert*

**Tapferkeit.** Mit T. ist jener Starkmut gemeint, der den Menschen gegenüber drohenden Gefahren und Schwierigkeiten des Lebens auszeichnet. In der antiken Ethik wird T. dem muthaften Seelenteil und den vier Kardinaltugenden zugerechnet. Es ist jene Haltung des Vertrauens und der Furchtlosigkeit, die den Menschen auch in größten Schwierigkeiten ausharren läßt (Beharrlichkeit). Die →Bibel sieht T. als Kraft Gottes, die dem Gläubigen durch →Hoffnung vermittelt wird. Im Martyrium kommt christl. T. beispielhaft zum Ausdruck. Doch geht es nicht nur um ein Ertragen, sondern auch um das Wagnis und die Bewährung im Leben. Nicht blinder Wagemut, sondern Einsatz für die Verwirklichung des →Guten und Gerechten ist Ausdruck von T. Darum bedarf die T. der Information durch die →Weisheit (→Klugheit), um nicht zum blinden Draufgängertum oder zur Verwegenheit zu entarten. Wer seine Kräfte nur aus Ruhm- und Geltungssucht, nicht aber zur Verwirklichung hoher sittl. Ziele einsetzt, ist noch nicht tapfer. T. bleibt darum ebenso bezogen auf das rechte Maß und auf die →Gerechtigkeit. Die heute geforderte »Zivilcourage« und der christl. Freimut sind auch Ausdruck der Tugend der T.

*Lit.: J. Pieper:* Vom Sinn der T., München, 8. Aufl. 1963. – *J. Sayer:* Christl. Zivilcourage – eine Gemeindetugend, in: Diakonia 18 (1987), 340-345.

*Johannes Gründel*

**Taufe**

*A. Systematisch*

*I.* Die T., der durch *Untertauchen oder Begießen des Kopfes mit Wasser* vollzogene Ritus der Aufnahme in die christl. Gemeinde, ist nach dem Vorbild der Taufpraxis →*Johannes' des Täufers* entstanden (Mk 1,2-8; Mt 3,1-12). Diese Johannest. ist, anders als die kult. Reinigungsriten zahlreicher antiker Religionen, Bußtaufe zur Vergebung der →Sünden und zur Vorbereitung auf das nahe hereinbrechende →Reich Gottes. Jesus, der sich von Johannes taufen läßt (Mk 1; Mt 3) und seine Jünger haben aber nicht getauft. Doch die *Urgemeinde* gestaltet nach Tod und →Auferstehung ihres Herrn (→Jesus Christus) die Aufnahme in die Gemeinde als eine T. »auf den Namen Jesu Christi«, die Elemente der Johannest., →Buße und Sündenvergebung, mit den Vorstellungen der Hineinnahme des Getauften in den Schutz- und Herrschaftsbereich Christi sowie der Zueignung des →Hl. Geistes verbindet.
Der bekannte *Taufbefehl* Mt 28,18-20 ist kein authent. Jesus-Wort, sondern stellt eine hist. relativ späte theol. Begründung dieser Praxis dar. Aus der Vielzahl unterschiedl. akzentuierter Tauftheologien, die in den Schriften des NT sich finden, sind primär folgende Deutungsmotive wirkungsgeschichtl. folgenreich geworden: T. sei endgültige Abwaschung der Sünde, totale Neugeburt des Menschen, Versiegelung vor den Schrecken des Endgerichts und eine den Täufling aus der Unfreiheit der Sünde in die →Freiheit Christi überführende Teilhabe an Christi Tod und Auferstehung.

*II.* Indem *Paulus* T. und →Abendmahl einander parallelisiert (1 Kor 10), bereitet er deren Deutung als grundlegender *Sakramente* der Kirche den Weg. Vor allem Tertullian deutet T. und →Abendmahl als →Sakramente im ursprüngl. Sinn dieses Begriffs, d.h. als →Eid der Diensttreue gegenüber Christus und als rel. →Geheimnis.
*1.* Die Grundlagen der abendländ. Sakramententheologie entwickelt dann →*Augustinus*: Sakramente seien sichtbare Zeichen für die unsichtbare Wirklichkeit der →Gnade Gottes, wobei das Bezeichnete (die Gnade) im Bezeichnenden (den sichtbaren Elementen wie Wasser und Brot in ihrer Zeichenqualität) selbst enthalten sei. So sei das Wasser sichtbares Zeichen der inneren Gnadenwirkung der T., durch die der Täufling ein für allemal der Macht der Erbsünde absterbe oder wiedergeboren werde. Weil die T. in jedem Falle, auch bei unbekehrten Täuflingen, die unwiderrufl. Gliedschaft am Leibe Christi begründe, sei sie unwiederholbar. Indem Augustinus die Heilsnotwendigkeit des Sakraments betont, muß er mögliche Ungewißheit über dessen rechte Verwaltung und Austeilung beseitigen: Die Wirksamkeit des Sakraments sei von der Lebensführung oder individuellen Heiligkeit oder Unheiligkeit des Priesters unabhängig, der es spende; es wirke nicht »ex opere operando«, sondern »ex opere operato« (auf Grund des vollzogenen Werkes selbst), rein durch seinen Vollzug.
*2.* In Augustins Sakramentenlehre tritt die Entscheidung für Christus hinter die rituelle *Vermittlung* der Heilszusage *durch die →Kirche* als Heilsanstalt zurück. So wirkt sie auch als Rechtfertigung der T. von Säuglingen und zu eigener Glaubensentscheidung noch unfähigen Kleinkindern. In der Urgemeinde hat es solche Kindert. nur insoweit gegeben, als bei der Bekehrung ganzer Häuser oder Familien auch die Kleinkinder mit getauft worden sind. Doch die elementare Sorge um das Seelenheil der in großer Zahl sterbenden Neugeborenen und Kleinkinder führt seit dem Ende des 2. Jh.s zur Kindert., die sich parallel zur dogmat. Fixierung der Erbsünde, also der konstitutiven Sündhaftigkeit schon der Neugeborenen (→Sünde), und mit dem Wandel des Christentums zur Staatsreligion vom 4. Jh. an allg. durchsetzt.
*3.* Das theol. Grundproblem dieser Praxis, für die Kindertäuflinge noch keine selbständige Bereitschaft zur T. oder noch keine eigene »fides formata« voraussetzen zu können, löst die ma. Theologie durch ein *Stellvertretungsmodell*: Kind, Eltern und Kirche seien im Hl. Geist so sehr miteinander verbunden, daß der Glaube von Eltern und Kirche den des Täuflings vertreten könne. Durch die T. werde das Kind dann insofern zum Gläubigen, als es später der Wahrheit des Sakraments selbst zustimmen könne. Zugleich begründe die T. einen Schutz des Kindes vor feindl. Mächten. Diese Schutzvorstellung erlaubt der Kirche eine weitgehende Integration der Volksfrömmigkeit, in der das Taufwasser primär magisch, als wundersames Mittel der Rettung des Menschen verstanden wird.

*III.* Alle *Reformatoren* halten, in krit. Abgrenzung von den täufer. Bewegungen des 16. Jh.s, an der Kindert. fest. Doch können sie keine Übereinstimmung bezügl. des sakramentalen Charakters der T. gewinnen.
*1.* Gegenüber einem – Volksfrömmigkeit wie kirchl. Taufpraxis prägenden – Sakramentsobjektivismus, dem zufolge die T. sicheren Heilserwerb bedeute, rückt →*Luther* die im Glauben immer neu geschehende Aneignung der Taufzusage (→Rechtfertigung) in den Vordergrund, so daß die gesamte Vita christiana zum »geistl. T.n ohne Unterlaß« wird. Die T. sei von Christus eingesetzt

und werde allein durch ihn vollzogen. Da Gott selbst den Glauben wirke, könne er ihn auch Säuglingen mitteilen. Im Anschluß an Augustinus hält Luther am sakramentalen Charakter der T. fest, ohne in der Zuordnung von Zeichen und Wort Gottes eine einheitl. Position zu gewinnen: Betont er zunächst die Entsprechung von göttl. Sündenvergebung und menschl. Glauben, so hebt er in den Auseinandersetzungen mit den Schwärmern zunehmend das Eigengewicht des Zeichens und die liturg. Korrektheit der Taufpraxis hervor.
*2.* Auch →*Calvin* gilt die T. als Sakrament. Doch gemäß seiner starken Betonung der →Transzendenz Gottes und seiner Lehre von der doppelten →Prädestination muß Calvin die Heilsnotwendigkeit der Wassert. bestreiten. Werde ein Nichterwählter getauft, bleibe er gleichwohl verworfen. Für den Erwählten aber sei seine Adoption durch Gott (→Erwählung) der eigentl. heilschaffende Akt. So sei die T. primär nur Zeichen der Aufnahme in die sichtbare Kirche oder das öffentl. Bekenntnis des Gläubigen zur Gliedschaft im Gottesvolk.
*3.* Demgegenüber lehnt →*Zwingli* das Sakramentsverständnis Augustins ab. Er verwirft die herrschende kath. Sakramentspraxis als Zauberei und versteht die Zueignung der Gnade als ein an keine sichtbaren Zeichen gebundenes Wirken des Geistes. T. sei ein verpflichtendes Symbol des Christenvolkes, mit dem der Gläubige seine Gliedschaft am Gottesvolk und die Bereitschaft zu Umkehr und Leben nach der Regel Christi bekunde. In der Kindert. wird diese Bereitschaft durch die Verpflichtung von Eltern und Paten repräsentiert, den Täufling christl. zu unterweisen.
*4.* Das →*Konzil von Trient* bekräftigt gegenüber der Reformation die Tauflehre der →Scholastik. Dabei wendet es sich insbes. gegen die Annahme der Reformatoren, daß zur Vergebung von Sünden des bereits Getauften dessen Erinnerung an die definitiv zugesagte Taufgnade genüge.

*IV.* Der epochale polit.-soziale Wandel des *18. und 19. Jh.s* spiegelt sich auch in der Geschichte von Tauftheologie und -praxis aller →Konfessionen. Entstehung konfessionell gemischter Territorien und die für die modernen Verfassungsstaaten grundlegende Anerkenntnis eines vorstaatl. Menschenrechts auf Religions- und Gewissensfreiheit machen den staatl. Zwang zur Kindert. sowie die Verknüpfung von Christsein und Bürgerrechtsstatus zu einem Anachronismus.
*1.* Dieser Anachronismus wird in Deutschland mit der Zivilstandsgesetzgebung 1875 beseitigt, die von der →röm.- kath. Kirche und vom konservativen →Luthertum heftig bekämpft wird. Doch bleibt die T. im Dt. Reich das *»Entreebillet«* (H. Heine) zur höheren Gesellschaft: Insbes. in der staatl. Bürokratie und im Militär werden mosa. Juden und erst recht sog. »Religionslosen« der Zugang zu Führungspositionen bis 1918/19 verwehrt. Viele Juden können das Ziel bürgerl. →Emanzipation und kultureller Integration deshalb nur dadurch erreichen, daß sie sich – zumeist prot. – taufen lassen.
*2.* Ende des staatl. Taufzwanges und allmähl. Auflösung einer unbefragten Gleichsetzung von Christlichkeit und wahrer Bürgerlichkeit führen in beiden Großkirchen zu heftigen Auseinandersetzungen über die *überkommene Taufpraxis*, insbes. die Kindert. Diese Auseinandersetzungen sind letztl. ein Streit um die →Volkskirche. Deren Anhänger verteidigen die für den sozialen Bestand der *Volkskirche* grundlegende Kindert. vorrangig mit dem Argument, daß sich in der T. von Kindern die Unbedingtheit der Annahme des Sünders durch den gnädigen Gott (→Gnade, →Rechtfertigung) widerspiegele. T. gilt im Protestantismus dabei wesentl. als Akt symbol. Vergegenwärtigung der Individualität des Täuflings, der als dieser individuelle Mensch von Gott zur Teilnahme am Heil bestimmt sei. In der röm.-kath. Kirche, die das theol. Recht der Kindert. schon auf dem Konzil von Trient feierl. legitimierte und durch eine Instruktion der »Kongregation für die Glaubenslehre« 1980 noch einmal ausdrückl. bekräftigt hat, steht demgegenüber die sakramentale Einbindung des Täuflings in den Leib Christi im Zentrum der Tauftheologie.
*3.* Die *Kritiker der Kindert.* wollen die Volkskirche in eine *Bekenntnisgemeinschaft* hochengagierter Christen umformen, wobei häufig die rel. Organisationstypen von →Sekte und kongregationalist. Freikirche als Vorbild dienen. So erklären sie eine rel. Mündigkeit des Täuflings, dessen eigene aktive Entscheidung für den christl. Glauben, zur notwendigen Bedingung der T. Im dt. Protestantismus berufen sie sich dabei zumeist auf die umstrittene *Tauflehre K.* →*Barths*, der den Beginn des christl. Lebens als Zusammenwirken von Gott und Mensch gedeutet hat: die göttl. Tat der Geistt., der best. Menschen sich erschließenden Selbstbezeugung Jesu Christi, rufe nach der ihr entspr. menschl. Tat der Wassert., dem Anfang aktiver und verantwortl. Umkehr im Gehorsam gegenüber Gott. Selbst Schüler Barths haben dagegen eingewandt, dieses Ideal des mündigen Täuflings sei nur eine theol. illegitime Anpassung an das neuzeitl. Ideal der Autonomie des Menschen.

*V.* Bes. Gewicht hat die T. für den *ökumen. Dialog.* Denn die verschiedenen Konfessionskirchen erkennen die von jeweils anderen Kirchen vorgenommen T.n traditionell als rechtsgültig an. So ist die T. sowohl ein krit. Zeichen der Relativierung der Ausschließlichkeitsansprüche einzelner Konfessionskirchen als auch das Grundsymbol einer elementaren Einheit der Christen im konfessionellen Pluralismus.

*Lit.: G. Beasley-Murray:* Die christl. T., Kassel 1968. – *J. Finkenzeller:* Die Lehre von den Sakramenten im allgemeinen, Freiburg/Basel/Wien 1980. – *A. Ganoczy:* Einführung in die kath. Sakramentenlehre, Darmstadt, 2. Aufl. 1984. – *W. Kasper (Hg.):* Christsein ohne Entscheidung oder Soll die Kirche Kinder taufen?, Main 1970. – *J. Katz:* Zur Assimilation und Emanzipation der Juden,

Darmstadt 1982. – *Chr. Lienemann-Perrin (Hg.):* T. und Kirchenzugehörigkeit. Studien zur Bedeutung der T. für Verkündigung, Gestalt und Ordnung der Kirche, München 1983. – *E. Jüngel:* Karl Barths Lehre von der T. Ein Hinweis auf ihre Probleme, Zürich 1968. – *K. Rahner/E. Jüngel:* Was ist ein Sakrament?, Freiburg 1971. – *C. H. Ratschow:* Die eine christl. T., Gütersloh 1972.

*Friedrich Wilhelm Graf*

*B. Liturgisch*

Die Vielschichtigkeit der theol. Bedeutung der T. kommt auch in ihrem *liturg. Vollzug* zum Ausdruck.

*I.* Schon die frühesten →Kirchenordnungen ab dem 3. Jh. sahen, neben dem *Eintauchen* und Übergießen mit Wasser unter der *trinitar. Formel* (Mt 28,19; →Trinität), vorbereitende und ausdeutende →Riten vor, die im Verlauf der Jh.e eine Ausweitung erfuhren. Im Westen hatte die Abspaltung der dem →Bischof vorbehaltenen Besiegelung der Neugetauften mit dem →Hl. Geist außerdem die fatale Folge, daß der Teil der T., der von den Ostkirchen noch immer als wesensmäßig zur T. gehörend angesehen wird, nun losgelöst von der Wassert. gespendet wurde (→Firmung). Das Zentrum der T. blieb aber, über alle →Konfessionsgrenzen hinweg, stets das Eintauchen und (oder) Übergießen des Täuflings mit Wasser.

*II.* Während die →orthod. Kirchen für die T., Firmung und →Erstkommunion der Täuflinge (christl. Initiation) *ein* Formular für *Säuglinge* und Erwachsene zur Verfügung haben (ebenso wieder die Lutheraner und Anglikaner in den USA), gibt es im Bereich der →röm.-kath. Kirche und der meisten Kirchen der →Reformation getrennte Formulare für die Initiation Erwachsener und der T. von Säuglingen. Die Grundgestalt der T. und ihr voller ritueller Ausdruck ist dabei in den Formularen für die Initiation Erwachsener zu finden; theol. ist diese (und nicht die T. von Säuglingen) normativ. Das Lima-Dokument über die T. des →Ökumen. Rates der Kirchen (1982) sieht für eine umfassende *Taufliturgie* in den Mitgliedskirchen zumindest folgende Elemente als wünschenswert an: Wortverkündigung, Anrufung des Hl. Geistes, Absage an das →Böse, →Bekenntnis des →Glaubens an Christus und die Dreieinigkeit, Verwendung von Wasser, Erklärung über die neue Identität der Getauften als Kinder Gottes und Glieder der →Kirche zum →Zeugnis für das →Evangelium (Nr. 20).

*III.* Nach röm.-kath. und ostkirchl. Auffassung gehört die Versiegelung der Getauften mit der Gabe des Hl. Geistes und der erste Empfang der Eucharistie (→Abendmahl) mit zur vollständigen *christl. Initiation.* In ev. Kirchen gilt der →Katechumenen- und Konfirmandenunterricht oft als nachgeholter Taufunterricht, die →*Konfirmation* als Tauferinnerungsfeier, die die Zulassung zum Abendmahl einschließt. In einer wachsenden Zahl ev. Gemeinden werden jedoch auch (nichtkonfirmierte) Kinder (meist im familiären Kontext) zum Abendmahl zugelassen, die Konfirmation wird in zeitl. Erstreckung als »konfirmierendes Handeln« verstanden und gestaltet. In zunehmender Zahl werden Konfirmanden kurz vor oder im Konfirmationsgottesdienst getauft. Die Konfirmation als Familienfeier hat in kirchenfernen Kreisen oft einen höheren Stellenwert als die Taufe.

*Lit.: J. Baumgartner:* Das Sakrament der T., Freiburg/ Schweiz 1976. – *E. L. Brand:* Der Lima-Text als Maßstab heutiger Taufinterpretation und Taufpraxis, in: Jahrbuch für Liturgik und Hymnologie 29 (1985), 1-22. – *G. Kretschmar/B. Jordahn/E. Schlink:* Der Taufgottesdienst (Leiturgia, Bd. 5), Kassel 1970 (Lit.). – *A. Stenzel:* Die T., Innsbruck 1958 (Lit.).

*Thaddäus A. Schnitker*

## Technik

*A.* Mit T. ist einer der umfassenden Leitbegriffe für →Zivilisation genannt, speziell für Zivilisationsgewinn durch »mechan.« Entlastung wie Steigerung menschl. Kräfte, in deren Gefolge sich jeweils auch die *Weltgestaltung* ändert. Der Begriff umfaßt also die realisierte wie ideelle Potenzierung menschl. Möglichkeiten, die im Ansatz nur unter dem Ziel der Humanisierung der Lebensverhältnisse zu denken ist. Dies mag auch noch für das Zivilisationsverständnis im spätindustriellen Zeitalter gelten, obschon dessen Grundstruktur von einer in ihrer Idee nicht mehr überschaubaren allgegenwärtigen Technifizierung gezeichnet ist. Unvergleichl. neue Qualitäten hat sie angenommen und bringt ihren eigenen Schöpfer, den Menschen, soweit er zur Besinnung kommt, in ein *zwiespältiges Verhältnis* zu sich und seiner →Umwelt. Man erinnert sich heute leichter daran, daß prinzipiell Zweifel am Fortschreiten techn. Humanitätsgewinns schon lange, wenn nicht gar schon immer, mit der T. verbunden waren.
Techn. markieren gegenwärtig die Möglichkeiten der Elektronik im weitesten Sinn den entscheidenden Unterschied zu vorausgehenden Zivilisationen. Alle derzeitigen techn. Revolutionen werden durch Elektronik in Gang gehalten. Ihr Anwendungsspektrum ist im Prinzip unerschöpflich (→Kybernetik). Betroffen davon sind nicht nur die Automatisierung, die Regelungs-, Informations- und Meßt., sondern auch die herausragenden Schwerpunktt.en im Bereich der →Engerie, der Biosphäre bis hin zur Molekulart., der Kunststoffgewinnung, der Weltraumfahrt wie des →Verkehrs allgemein. Ausmaß wie innere Struktur der T. lassen sie in einem unlösbaren Verbund mit →Wissenschaft und Industriesystem erscheinen.

*B.* Da T. den gegenwärtigen Lebensraum weltumfassend durchdringt, folgl. jede gesellschaftl. wie polit. Standortbestimmung immer auch zugleich, wenn nicht sogar vorrangig, mit Phänomenen hochtechnisierter Verflechtungen zu rechnen hat, haben nicht nur die →Naturwissenschaften, son-

dern auch die → *Geistes- und Gesellschaftswissenschaften* die T. zu ihrem Gegenstand. Sie faßt sich ihnen zusammen im Problem der drohenden Irreversibilität, der nicht mehr rückgängig zu machenden Verhaftung in umgreifend techn. etablierte Lebensbedingungen und Umweltverhältnisse, und in der nicht geklärten Frage, welche → Freiheitsgrade dem Menschen in der von ihm selbst zu verantwortenden Zivilisation gegeben sind. Alle Ängste wie Hoffnungen, Kalkulationen wie Appelle, die im Zusammenhang der Bewußtmachung umgreifend technisierter Welt zutage treten, sind – ohne sich dessen weithin klarzuwerden – schon wieder mit Erwartungen und Folgen von hochgradig techn. Ausmaß verknüpft. Sie haben selbst gegen ihre eigene Intention nur unter der Voraussetzung von T. einen Realitätsgehalt.
Die Bewußtmachung der techn. Verflechtung menschl. Lebens hat im abendländ. Kulturraum einen *kontroversen Abklärungsweg* hinter sich. Wohl stand von Anbeginn an außer Frage, daß dem Menschen in seiner Lebensherausforderung (wenn er sich in der → Natur, aber auch gegen die Natur erhalten und behaupten sollte) nichts anderes übrigblieb, denn als Homo faber zu agieren, als T.er und damit als »Mechaniker« (in der griech. Bezeichnung »techne mechanike« klingt noch der Hinweis auf »List« mit an; zu verstehen als »kluges« Umgehen mit der Natur). Problematisiert wurde darum auch nicht ernsthaft die techn. Grundeinstellung zum Leben. Die Probleme mußten erwachen aus der immer bewußter und ausschließlicher werdenden Konfrontation mit einer → Welt, die der Mensch weithin als sein eigenes Erzeugnis erkennen muß und die, was in der Sache liegt, im Prozeß ihrer ständigen Überbietung *nirgends abschließend Eindeutigkeit* gewinnt. Nichts hat so zu Fragen Anlaß gegeben wie diese reflexive Konfrontation. Sie münden alle in der Frage nach mögl. → Verantwortung von Wirklichgewordenem, dessen Verbindlichkeit selbstverschuldete Faktizität ist.

*Lit.: H. Blumenberg:* Wirklichkeiten, in denen wir leben, Stuttgart 1986. – *F. Dessauer:* Streit um die T., Frankfurt/M. 1956. – *A. Huning/C. Mitcham (Hg.):* T.philosophie im Zeitalter der Informationst., Braunschweig/Wiesbaden 1986. – *H. Stork:* Einführung in die Philosophie der T., Darmstadt 1977.

*Dieter Henke*

**Tedeum**

*A.* Das »Te Deum laudamus« oder der »Ambrosian. Lobgesang« (Gotteslob 706, übertr. von R. → Guardini) ist im Kern ein aus der orient. Kirche stammender, psalmodisch *rhythmisierter Prosagesang,* ähnl. dem Gloria der → Messe, und wird der Legende nach Ambrosius und → Augustinus als Verfassern oder Niketas von Remesiana (gest. nach 414) als Bearbeiter zugeschrieben. Es ist aus 3 Teilen zusammengewachsen: Gotteslob (V. 1-13 mit dreimaligem «Sanctus« als Mitte), Christushymnus (V. 14-21) und Bittgebet (V. 22-29) mit einer Reihe von Psalmversen. Dieser feierlichste aller liturg. Lobgesänge mit einfach volkstüml. Melodieformeln findet im Stundengebet als Abschluß der Lesehore (Stundengebet) seinen Ort, ferner als jubelndes Danklied bei → Prozessionen, Priesterweihen (→ Ordination), Bischofswahlen und anderen großen, liturg. begangenen Ereignissen (bezeugt etwa bei der Kaiserkrönung Karls II. 869). Bis heute hat das T. in der lat. Liturgie seinen festen Ort.

*B.* Das früheste *mehrstimmige T.* ist in England aus dem 13. Jh. erhalten. Für die lat. singenden Schulchöre in der luth. Mettenordnung komponieren J. Walter, S. Dietrich u.a. (bei G. Rhau 1544f.). Noch M. Praetorius (1607) schreibt teils kunstvoll, teils einfach, »daß auch das gemeine Volk in der Kirchen den Choral zugleich mit dreinsingen kann«. Wie beim → Magnifikat wird die Alternativpraxis von einstimmigem Gesang und Orgelparaphrase geübt. Nach 1600 nimmt das T. den Charakter einer glanzvoll instrumentierten, mehrchörigen Festmusik barocken Stils an, meist für einen spektakulären Anlaß bestimmt: J. H. Schein 1618 für eine Hochzeit, J. B. Lully 1677, M. A. Charpentier 1690 (daraus die heutige Eurovisionsmelodie), H. Purcell 1694, G. F. → Händel mit dem Utrechter T. 1713 zum Friedensschluß und dem Dettinger T. 1743 zum engl. Sieg, J. A. Hasse 1751 zur Einweihung der Dresdener Hofkirche, C. H. Graun 1762 für Friedrich II. von Preußen, J. → Haydn 1799f. für Kaiserin Maria Theresia. Symphonisch gestaltet sind das monströse T.D. von H. Berlioz mit 900 Mitwirkenden zur Pariser Weltausstellung 1855, A. → Bruckner 1884, A. Dvorak 1892, G. → Verdi 1894/96. Aus neuerer Zeit sind G. Raphael 1930 und E. Pepping 1956 zu nennen.

*C. Verdeutschungen* setzen mit den Murbacher Hymnen um 1000 ein. M. → Luthers Übersetzung (1529) fügt den Endreim hinzu (Ev. Kirchengesangbuch 137: »Herr Gott, dich loben wir«); I. Franz formt das T. 1771 ganz zum Strophenlied um (Gotteslob 257: »Großer Gott, wir loben dich«).

*Lit.: E. Kähler:* Studien zum T., Göttingen 1958. – *K.-H. Schlager/W. Kirsch:* T. in: Musik in Geschichte und Gegenwart, Bd. XIII, 164-172.

*Martin Rößler*

**Teilhard de Chardin,** *Pierre,* geb. 1.5.1881 in Sarcenat in der Auvergne, gest. 10.4.1955 in New York. T. trat 1899 dem → Jesuitenorden bei, dem er bis zu seinem Tode angehörte. T. war sowohl ordinierter → Priester als auch ausgebildeter Geo- und Paläontologe (→ Geowissenschaft). Forschungsreisen führten ihn zu den wichtigsten paläontolog. Fundstätten der Welt, vor allem aber nach → China. Sein Lebenswerk galt einer Synthese von → Evolutionslehre und → Christentum. Für seine diesbezügl. Schriften erhielt er zeit seines Lebens nicht die kirchl. Druckerlaubnis. Mit ihrer Veröf-

fentlichung begann erst nach seinem Tod ein internationaler Herausgeberkreis.
T.s Ziel ist eine Gesamtschau der →Welt, wie er sie vor allem in seinem Hauptwerk »Der Mensch im Kosmos« (Le Phénomène humain) entwickelt. Die Welt befindet sich danach in einem evolutiven Prozeß, der sinnvoll und zielgerichtet verläuft. Erkennbar sei näml. eine zunehmende *Komplexität* der →Materie bei gleichzeitiger Vereinigung der Teile. »Einigung differenziert.« Der →Geist, der nach anderen Äußerungen T.s eine andere Seite der Materie ist, entsteht durch diese wachsende Komplexität. Im →Menschen kommt dadurch die Evolution zur Erkenntnis ihrer selbst. Auch auf der Stufe des Menschen gilt dasselbe Gesetz der Vereinheitlichung. T. sieht Zeichen eines solchen qualitativen →Fortschritts im Ansatz zu kollektiven →Organismen, im Erwachen humanitärer Gefühle und von Sympathien für das *Universelle* und in der Ausweitung wissenschaftl. Entdeckungen. Das Übel, das notwendig mit der Pluralisiertheit der Materie verbunden ist (das →Böse), wird schließl. durch die vollkommene Vereinigung im *Punkt Omega*, der theol. mit der Parusie (Wiederkunft) Christi (→Eschatologie) identifiziert werden kann, überwunden.
An T.s Werk wurde sowohl von naturwissenschaftl. wie auch theol. Seite *Kritik* geäußert. Diese Kritik bezieht sich u.a. 1. auf seinen unklaren Wissenschaftsbegriff, der ihn oft verleite, die Grenzen der Wissenschaft unbemerkt oder ungesagt zu überschreiten, 2. auf seinen →Optimismus und sein teleolog. Denken (→Ziel), 3. auf seine auf Grund seiner Gesamtschau »kühle Distanz« gegenüber dem Bösen und dem menschl. →Leid, 4. auf verschiedene theol. »Umdeutungen«, etwa sein Verständnis der →Sünde als »Eingrenzen« der Entwicklungskraft.
Andererseits kann nicht genug hervorgehoben werden, daß T. ein höchst *origineller Denker* war; so hat er z.B. interessante Analogien zwischen biolog. und kultureller Evolution aufgezeigt. Unabhängig von der älteren angelsächs. →Prozeßtheologie hat er den Evolutionsgedanken theol. verarbeitet (→Evolution).

*Lit.: Quellenangaben: P. T. de Chardin:* Der Mensch im Kosmos, München 1959; *ders.:* Die Entstehung des Menschen, München 1961; *ders.:* Werke, Bd. 1-10, Freiburg/Olten 1962ff. - *E. Benz:* Schöpfungsglaube und Endzeiterwartung, München 1965. – *J. Hemleben:* T. de Chardin (rororo monographien 116), Reinbek 1966. – *G. Schiwy:* T. de Chardin. Sein Leben und seine Zeit, Bd. I und II, München 1981.

*Günter Renz*

**Tempel,** eine aus dem Lat. stammende Bezeichnung für »einen *abgegrenzten hl. Bezirk*«, dessen Grenzen meist von einer Mauer gebildet werden. Innerhalb dieser befindet sich mindestens ein Kultbau, »das Heiligtum« (→heilig) mit dem Kultbild. Warum an best. Orten T. errichtet wurden, ist in allen Kulturen und Zeiten theol. ganz unterschiedl. begründet worden. Wie im Christentum →Klöster oft einer Kirche, so sind diese im →Hinduismus und →Buddhismus einer T.anlage angeschlossen.

*A.* Die *Gestaltung* des T.s ist kulturspezif. und geschichtl. vielen Wandlungen unterworfen. Es lassen sich jedoch einige Grundzüge skizzieren: 1. Eine *Vertikaltendenz,* das Streben in den Himmel. Die symbolhafte Bedeutung ist leicht einsichtig und bes. anschaul. in den akkad. T.n, den mexikan. Terrassenbauten der Azteken, in den T.türmen der hinduist. T.anlagen, in den ostasiat. buddhist. Bauwerken bis hin zum Kirchturm der christl. Kirche. 2. Die entgegengesetzte Tendenz, die Nachbildung der wohl frühesten menschheitsgeschichtl. Orte (neben dem Kult im Freien) für die Verehrung des →Heiligen, sind *Höhlen.* Der dunkel-geheimnisvolle Charakter ist in vielen rel. Bauten in deren innerstem Raum nachgeahmt, der das Kultbild beherbergt.
Die *Vorbilder* der T.bauten sind naturgemäß meist in den Wohnhäusern und – wo es bereits ein Königtum gibt (wie im alten →Ägypten, →Judentum und in Asien) – in den Palästen zu suchen. Die Bezeichnung »Haus Gottes« für den T. findet sich z.B. in Indien – ähnl. wie für den Kirchenbau im Westen.
Eine *Sonderform* stellt der buddhist. *Stupa* (»Erd-, Backsteinhaufen«) dar; er ist ursprüngl. nicht mehr als der Reliquienhügel des →Buddha, der von einem Steinzaun umgeben ist, dessen Reliefs vorgeburtl. Begebenheiten aus dem Leben des Buddha darstellen, das sie darüber hinaus illustrieren. In den südost- und ostasiat. Ländern verband sich der ind. Typus des Stupa mit *einheim. Bauformen.* Das hatte u.a. eine ungeahnte Vervielfachung, die unterschiedlichste architekton. Behandlung der sieben Schirme zur Folge, die den ind. Stupa als Hoheitszeichen recht bescheiden abschlossen (von Sri Lanka über Burma bis hinauf nach Japan). Die Dagoba, Pagode und buddhist. Schreine entsprechen diesem Typ eines Kulthauses.

*B.* In den Kulturen mit einem aufwendigen T.dienst (altes Ägypten, frühes Judentum, hinduist. Indien) ist die T.anlage in *unterschiedl. Zonen* aufgeteilt, die nur best. Gruppen zugängl. sind, den rituell →Reinen, wobei oft Männer und Frauen getrennt sind. Im heutigen Indien stellt dies ein Problem dar, da die rituell »Unberührbaren« per Gesetz Zutritt erhalten müssen. Häufig sind ein T.teich, ein Baum (von theol. Bedeutung), in Indien evtl. auch →Tiere und mindestens eine Feuerstelle vorhanden, die für den Kultus wichtig ist.
Im hinduist. T. ist auch heute die tägl. *Verehrung des Kultbildes* eines T.s ein langwieriges, tagfüllendes Ritual, dem ganze Priester-, Diener- und Laiengruppen über Generationen hinweg verpflichtet sind. In der Zahl der Beteiligten eingeschränkt, gilt dies auch für buddhist. Schreine in Japan.
T. sind als Pilgerzentren (→Wallfahrt) von *sozialer Bedeutung.* Die rel. Belehrung der Pilger (in Indien anhand der Bildwerke des T.baus, durch die Anhö-

rung und Erklärung heiliger, dem Volk erlaubter Schriften) und die Begegnung mit wichtigen rel. Persönlichkeiten bei T.festen stellten nicht nur in medienferner Zeit eine unverzichtbare, kulturstabilisierende Tradition dar; ohne sie hätte sich der Hinduismus (der keinerlei zentralisierte und institutionalisierte Lehrgewalt kennt) gar nicht entfalten können.

*C.* Ist es in Christentum, Judentum und Islam Pflicht der Frommen, zu Gebets- und Unterweisungsversammlungen oder sakramentaler Feier an best. Tagen Kirche, Moschee oder Synagoge zu besuchen, so kennen die asiat. Religionen keine solche Verpflichtung. In den rein monist.-spirituellen Hinduismus-Richtungen Indiens gilt (schon vor der Anklage durch Muslime und christl. Missionare, Götzenbildern zu huldigen) der T.besuch als niedrigerstehende, »volkstüml.« Form der Gottesverehrung.

*Lit.: W. Andrae:* Das Gotteshaus und die Urformen des Bauens im Alten Orient, Berlin 1930. – *S. M. Bhardwaj:* Hindu Places of Pilgrimage in India (A Study in Cultural Geography), Delhi 1973. – *K. Erdmann:* Das iran. Feuerheiligtum, Leipzig 1941. – *H. G. Franz:* Buddhist. Kunst Indiens, Leipzig 1965. – *C. J. Fuller:* Servants of the Goddess: The priests of a South Indian temple (Cambridge Studies in Social Anthropology 47), Cambridge/New York 1984. – *E. Hoerschmann:* Chin. Architektur, 2 Bde., Berlin 1925/26.

*Irmtraud Höhn*

**Terrorismus**

*A.* Allg. meint T. eine Form der Machtausübung, die auf systemat. Erzeugung von Furcht und Schrecken (lat. *terror*) beruht. Diese *Definition* umfaßt auch die Anwendung von Terror durch staatl. →Institutionen zur Aufrechterhaltung der eigenen →Herrschaft, wie sie uns z.B. aus faschist. und stalinist. Regimen (→Faschismus) bekannt ist. Schließt man Gewaltanwendung von seiten des →Staates oder von sozialen und polit. →Klassen bzw. Großorganisationen in einer →Revolution aus, so meint T. im engeren Sinne die Methode, durch die eine organisierte →Gruppe versucht, ihre Ziele zu erreichen: die system. Androhung oder Anwendung von →Gewalt, die in der Regel gegen solche Personen und Sachen gerichtet ist, die staatl. oder öffentl. →Macht repräsentieren oder symbolisieren.

*B.* Für diese Art des T. lassen sich *drei Merkmale* nennen: 1. die direkte, unmittelbare und aktuelle Drohung mit oder Anwendung von Gewalt gegen Sachen und Personen; 2. die organisator. und systemat. Zusammenarbeit mehrerer Täter in einer Gruppe, um eine Tat, in der Regel aber eine genau geplante Abfolge von Taten, durchzuführen; 3. die Berufung auf eine polit. Zielsetzung. Im T. können Taten verschiedenartig ideolog. (»rechts« oder »links«) begründet werden (→Ideologie).

*C.* Folgende *Strömungen* können im zeitgenöss. T. unterschieden werden: 1. nationale, häufig zugleich antikolonialist. Befreiungsbewegungen (hier ist der Übergang zum Guerillakrieg fließend [→Bürgerkrieg, →Kolonialismus]); 2. regionale autonomist. oder separatist. Bewegungen (z.B. die ETA der Basken); 3. sozialrevolutionäre Bewegungen (hist. z.B. die russ. Gruppe Narodnaja Wolja); 4. »Selbstschutzverbände«, die best. Gruppenrechte bzw. -vorrechte zu bewahren trachten (z.B. der rassist. Ku-Klux-Klan in den →Vereinigten Staaten); 5. Oppositionsgruppen in →Diktaturen (wie in mehreren südamerik. Staaten in den 60er und 70er Jahren des 20. Jh.s).

*Lit.: Y. Alexander/S. M. Finger (Hg.):* T.: Interdisciplinary Perspectives, New York 1977. – *M. Funke (Hg.):* T. Untersuchungen zur Strategie revolutionärer Gewaltpolitik, Bonn 1977. – *W. Lacquer:* T., Kronberg 1977.

*Peter Lösche*

**Teufel**

*A. Systematisch-theologisch*

*I.* T. (griech.: *diabolos*, Verleumder), hergeleitet vom atl. »*Satan*« (Widersacher, Feind), bezeichnet eine personifizierte widergöttl., mit hoher Intelligenz, Geschick und übersinnl. Kräften ausgestattete →Macht und gilt gemäß apokryphen Quellen als der von Gott abgefallene oberste →Engel mit Namen »Luzifer« (Lichtträger). Ihm ist auch am Ende der Zeiten keine →Versöhnung mit Gott mehr gestattet (→Eschatologie), weil er sich (so spätere christl. Erklärungen) gegen die Menschwerdung Gottes (→Inkarnation) aufgelehnt habe, der zufolge er vor einem menschl. Wesen die Knie hätte beugen müssen. Seitdem führt er als Herr seines Reiches einen Kampf der Finsternis gegen das →Licht von geschichtl. und kosm. Dimension gegen das Reich Gottes und um jede menschl. →Seele. In der christl. →Frömmigkeit gilt er als Fürst der Hölle.
Den »Glauben« an den T., so E. Bloch, habe man in der →Aufklärung zu kampflos aufgegeben. Seither sei es nicht mehr gelungen, die Sache des Bösen »auf das Problem« zu bringen. Der »Abschied vom T.« (H. Haag) ruft jedoch immer noch Emotionen hervor. Innerhalb der kath. Kirche ist er zum *Testfall* des Problems der →Entmythologisierung geworden (→Hexen, →Exorzismus). In fundamentalist., zugleich antikommunist. Kreisen gelten er und sein Reich des Bösen als der große Feind, der nach 1000 Jahren zum apokalypt. Endkampf von Gog und Magog in Israel (Offb 20,8) losgelassen wird (→Chiliasmus). In der Bundesrepublik Deutschland ist ein Wiedererwachen satan. →Kulte zu beobachten.

*II.* Die Gestalt des T.s ist vor dem Hintergrund der →*Geister und Dämonen* zu verstehen, die in den verschiedenen →Religionen einen je unterschiedl. Stellenwert einnehmen und in Prozessen des

→Synkretismus oft ihre Bedeutung verändert haben. Auffallend ist die Zurückhaltung des →AT. Der Satan tritt erst in nachexil. Zeit auf als der »Widersacher«, d.h. als *Ankläger* vor dem göttl. Gerichtshof, der für die Ordnung der →Welt zu sorgen hat (Sach 3,1-7) und als »Sohn Gottes« die Prüfungen →Hiobs durchsetzt (Hiob 1,6-2,10). In den →Chronikbüchern übernimmt er in strenger Abhängigkeit von Gott dessen Zorn und dunkle Eigenschaften (z.B. 1 Chr 21,1) und wird so in einer zwiespältigen Gotteserfahrung zum Träger von deren negativem Anteil.

In den →Evangelien ist die Figur Satans – am bildkräftigsten in der Versuchungsgeschichte (Mt 4,1-11; Lk 4,1-13) – als *Gegenpol des →Messias* schärfer profiliert. Auch hier stellt Satan (im Auftrag Gottes?) den Gerechten auf die Probe. Das →Johannesevangelium nennt ihn »Menschenmörder von Anfang an« und antijüd. »Vater der Lüge«, weil er die Wahrheit Christi nicht annimmt (8,44). Dagegen sah Jesus »den Satan wie einen Blitz vom Himmel fallen« (Lk 10,18); nach frühchristl. Verständnis hat Satan also seine übermenschl. Macht als Verführer und Ankläger verloren. Jesu Auftreten erscheint als Tat der machtvollen Befreiung. Das zeigen auch die Erfolge von Jesu exorzist. Wirken. Hinter dieser Erfahrung neuer Messianität muß die Existenz Satans und der Dämonen also nicht mehr zum ausweglosen Problem werden. Ähnl. haben im paulin. Schrifttum die »Herrschaften« (griech.: *archai*), »Mächte« (*dynameis*), »Gewalten« (*exousiai*; 1 Kor 15,24 u.ö.) und »Elemente« (*stoicheia*; Gal 4,3 u.ö.) ihre Schrecken verloren.

Nicht zu unterschätzen ist jedoch die *Sprach- und Bildkraft*, mit der das Reden von Satan und anderen Mächten zumal in der →Johannesoffenbarung verbunden ist, die jetzt – aus der Situation der Verfolgung heraus verständl. – das Judentum als die »Synagoge Satans« (2,9f. u.ö.) und den Staat als den »Drachen« bezeichnet (12,3f. u.ö.), der dem »Tier, das aus dem Abgrund heraufsteigt« (vgl. 11,7), die Kraft zu seinem widergöttl. Kampf verleiht (13,4-7).

*III.* Seit der Zeit der →*Kirchenväter* (u.a. →Augustinus) wird die Rolle des T.s im Heilswerk mit zunehmendem Interesse besprochen und mit wachsender Intensität gefürchtet. Im späten MA. und in der Zeit der →Reformation bildet er einen Fixpunkt von privatisierter Sündenangst, von Weltkritik und Polemik. *Offizielle Äußerungen* der (kath.) Kirche wehren dualist. Folgerungen ab; selbst der T. ist als Geschöpf Gottes gut; die →Sünde bleibt also Tat des freien Willens. Allerdings wird ihm eine Eingebung zur Sünde und das »Imperium des Todes« in dieser Welt zugestanden, wogegen nur mit den Heilsmitteln der Kirche anzukommen ist. Aber es war wohl mehr die →apokalypt. Bildwelt mit ihren kosm.-dualist., in Gegensätzen agierenden Dimensionen als theol. Reflexion, welche die christl. Geschichte des T.s bestimmte und sie zum Brennpunkt von →Ängsten, →Aggressionen und →Fanatismus, zur Legitimation von →Judensowie →Frauenhaß, von →Hexenwahn und Praktiken eines entwürdigenden →Exorzismus werden ließ. Darauf reagierte die aufgeklärte *T.skritik* im Namen der →Humanität, indem sie scharf zwischen myth. Vorstellungen und Projektionen einerseits und der Existenz eines (mit personalen Kräften ausgestatteten) Wesens andererseits unterschied.

*IV. Vermittelnde Lösungen* (W. Kasper: »keine personale Gestalt, sondern eine sich auflösende Ungestalt, ein Wesen, das sich ins Unwesen pervertiert;... Person in der Weise der Unperson«) verschleiern das Problem und werden vom aufgeklärt neuzeitl. Denken her nicht als befriedigend empfunden. Zunächst muß die apokalyptisch kosm., d.h. universalgeschichtl., Dimension wiedergewonnen werden, die sich hinter der Vorstellungswelt »T.« verbirgt. Dann erscheint es in *nachmyth.* Weise mögl. und selbst notwendig, übermenschl., die Menschheit niederzwingende Situationen und Strukturen neu in ihrer tödl. Übermacht zu benennen (→Böse, das). Unterdrückung, Ungerechtigkeit, →Gewalt, eine die →Umwelt zerstörende Ausbeutung als »teufl.« oder »satan.« zu qualifizieren heißt, ihnen eine zerstörer. Unheilsqualität zuzuerkennen, die sich blind gegenüber dem, was sie anrichtet, reproduziert und mit der keine Kompromisse zu schließen sind. Eine solche Sprache hat also *entlarvenden* und anklagenden Charakter. Darum kann der *Abschied* von einem myth. objektivierten T. der Herausarbeitung des verborgenen Sachproblems nur dienen, das durch ihn benannt wird. Vom christl. Pathos der →Hoffnung und Befreiung her kann dann auch deutl. werden, wem der christl. Glaube zu widerstehen beansprucht und was es heißt, Angst durch Hoffnung zu überwinden.

*Lit.: H.-M. Barth:* Der T. und Jesus Christus in der Theologie Martin Luthers, Göttingen 1967. – *E. Bloch:* Aufklärung und T.sglaube, in: *O. Schatz (Hg.):* Hat die Religion Zukunft?, Graz 1971, 120-134. – *H. Haag u.a.:* T.sglaube, Tübingen 1974. – *Ders.:* Abschied vom T., Einsiedeln, 4. Aufl. 1973. – *W. Kasper/K. Lehmann (Hg.):* T., Dämonen, Besessenheit, Mainz 1978. – *H. A. Oberman:* Luther. Mensch zwischen Gott und T., Berlin, 2. Aufl. 1983.

*Hermann Häring*

### *B. Kunstgeschichtlich*

Der Vielgestaltigkeit der T.svorstellungen in →Theologie und →Volksfrömmigkeit entspricht die des T.bildes in der →Kunst, wo der T. niemals isoliert, sondern stets als Bestandteil unterschiedl. Motive auftritt.

*I. Seit dem 6. Jh.* begegnet der T. in Darstellungen der Heilung von Besessenen, und seit dem 7. Jh. hat er seinen Platz im Bild der Höllenfahrt Christi, wo er mit der Gestalt des Hades verschmilzt. In den Bildern des Jüngsten Gerichts erscheint der T.

als →Antichrist, Höllenfürst, menschenverschlingender Höllendrachen, Leviatan und in der Gestalt mehrerer kleiner T. als Helfer, die die Verdammten der Hölle zuführen. In der Versuchung Christi wird der T. oft als eleganter Verführer gezeigt, während der hl. Antonius d.Gr. von T.n geplagt wird, die als monströse Dämonen oder schöne Frauen erscheinen. Bei der →Kreuzigung Christi übernehmen kleine Flügelt. die →Seele des unbußfertigen Schächers, gleiches geschieht beim Selbstmord des →Judas Iskariot. In →Byzanz bevorzugte man die menschengestaltige Darstellung des T.s als eines gefallenen →Engels (Luzifer), während im Westen T. bevorzugt als dämon. Mischwesen und Tiere abgebildet wurden.

*II.* Vor dem Hintergrund des →Hexenwahns im *späten →MA.* wird der T. wieder konkreter vorgeführt als Hexen- und Zaubermeister sowie Höllenfürst. →Frauen und →Juden werden im Zuge eines sich verbreitenden T.sglaubens als Assistenten Satans denunziert. Die Illustrationen der volkstüml. T.sliteratur vermitteln eine Vorstellung von der aus →Angst und Furcht gespeisten Aggressivität dieses Aberglaubens, der in der →*Reformation*, bes. bei →Luther, eine neue Blüte erlebt. Die reformator. Flugblattliteratur führt →Papst und Papsttum in zahlreichen Varianten als T. und Antichrist in einer apokalypt. Szenerie vor (L. Cranachs »Passional Christi und Antichristi«, 1521). Diese Tradition wird in den Illustrationen von Predigtbüchern, →Katechismen und T.sbüchern der Zeit, teilweise auch ohne konfessionelle Frontrichtung, aufgenommen und vertieft.

*III.* Erst unter dem Einfluß der →*Aufklärung* verschwindet das T.sbild aus der Kunst. Ein gewisses Nachleben hat es jedoch, oft unter Betonung burlesker Züge, in der Karikatur, populären Bilderbögen, Votivbildern und auf den sog. »Teifltafeln« gegeben. Einen festen Platz behielt der T. auch in der →Bibelkunst und in der Illustration literar. Texte, in denen der T. bis in die Gegenwart hinein präsent ist.

*Lit.: H. Daniel:* Devils, Monsters and Nightmares, London/New York 1964. – De duivel in de beeldende Kunst (Ausstellungskatalog), Amsterdam 1952. – *O. A. Erich:* Die Darstellung des T.s in der christl. Kunst, Berlin 1931. – *M. Praz:* Liebe, Tod und T., Stuttgart 1970. – *A. Rosenberg:* Engel und Dämonen, München, 2. Aufl. 1986. – *M. Schaible:* Darstellungsformen des Teuflischen, Diss., Tübingen 1970.

*Peter Maser*

### *C. Literarisch*

*I.* Der literar. T. kann erst Kontur annehmen, nachdem aus dem ledigl. widermenschl. Satan des AT im NT ein *Widersacher Gottes und der Menschen* ansatzweise ausgeprägt wurde und in der →*Patristik* ein T. mit geistigen Eigenschaften und sinnl. wie aggressiven Potenzen entsteht, der im Verschmelzungsprozeß mit best. Glaubensüberzeugungen zu meist *abschreckender Körperlichkeit und verderbl. Verschlagenheit* ausgeformt wurde. Die T.sgestalt des NT erscheint noch weithin auf spirituelle Qualitäten eingeengt; das T.sbild der →Kirchenväter bildet sich erst nach fundamentalen Kontroversen heraus, in denen z.B. der Apokatastasistheorie (Versöhnung aller am Ende der Zeiten) des →Origenes der Konsens verweigert wird. Innerhalb der Patristik erhält die christl. Vorstellung vom »Diabolus« erstes »Eigenleben« durch Vorstellungsmuster eines T.s in Menschengestalt. Die Pia-fraus-Theorie (Theorie vom frommen Betrug) bereitet einem umfängl. Sagenfeld des *MA.s* den Boden: dem variantenreichen Erzählkreis vom *dummen oder geprellten T.* – Der literar. T. des MA.s, wie er in den *Schwankerzählungen* vorkommt, tendiert zu einer narrativ immer pralleren, tölpelhafteren, leicht zu überlistenden, eher gutmütigen und jedenfalls kaum noch gefürchteten Gestalt. Allein in den *Geistl. Schauspielen* erhalten sich noch Spuren des einst menschenvernichtenden Unheilswerks des T.s.

*II.* Erst der *reformator. Rückgriff* auf die bibl. Aussagen belebt auch literar. den T. wieder in seiner fürchterl. *Gefährlichkeit* und seelenjäger. *Raffinesse.* In →Luthers Jh. werden die neu erstarkten T. geradezu inflationär und verbissen allzuständig zur geistl. Ermahnung und zu drohender Narrativik eingesetzt; das 1587 erscheinende Faustbuch (→Faust) bildet hier die konsequente Summe und den Ausgangspunkt weiterer, dem Diabolischen verdankter Tugendlehren. Der Engländer J. Milton dagegen stattet im 17. Jh. den T. bereits mit Zügen *edler Rebellion* aus (»Verlorenes Paradies«, 1667), während ein Jh. später in Klopstocks aufklärer. Epos »Der Messias« (1748/1773) der T. Abbadona schon gänzl. ohne Dämonie erscheinen kann, ja als eine erlösungswillige Gestalt. Die Anknüpfung an →Origenes ist deutlich. Die Darstellung des literar. T.s mußte durch die aufklärer. →Entmythologisierung ihre theol. Direktheit verlieren. Der Leser, der nicht mehr an den T. glaubt, wird den von seinen äußeren Kennzeichen her nach wie vor attraktiven Höllenagenten nur noch als pittoreske Kuriosität akzeptieren, deren metaphys. Dimension durch Verlagerung auf das →Böse ersetzt wird. Seit etwa 1730 nimmt die T.sgestalt nervenkitzelnde Elemente das *Vampirismus* auf; der enttheologisierte T. transportiert den alten Merkmalskatalog mit den neuen Reizen und Schaudern heidn. Zwanghaftigkeit.

*III.* Das *19. Jh.* setzt mit →Goethes →»Faust« (I: 1805; II: 1832) diese aufklärer. Linie fort. Der T. ist im »Faust« als Geist, »der stets das Böse will und stets das Gute schafft«, letztl. nicht Zerstörer, sondern Erhalter der Schöpfungsordnung, der Gottes Heilswillen zugunsten des Menschen am Ende doch nicht außer Kraft setzen kann. In der *Romantik* bilden sich zwei →Archetypen literar. T.sdarstellungen, deren Auswirkungen bis ins *20. Jh.* zu verfolgen sind. E.T.A. Hoffmann beschreibt

die psycholog. verheerenden Wirkungen eines geheimnisvollen T.selixiers: Das Geheimnisvolle, Unheimliche und Entsetzliche des T.s ist ganz ins Psychologische verlagert; Kontakt mit dem Bösen führt zu Zerstörung des Ich, zu Wahnsinn und Identitätsauflösung (»Elixiere des T.s«, 1815/16). Diese Psychologisierung und damit Säkularisierung des Teuflischen findet im 20. Jh. in Th. →Manns Roman »Doktor Faustus« (1947) ihren literar. Höhepunkt. Dieser Roman ist vor dem Hintergrund des faschist. Wahns der Versuch einer Aufklärung, wie es in Deutschland zu einem derartigen »katastrophalen Rückfall des hoch- und überentwickelten Geistes in archa. Primitivität« kommen konnte. In den 80er Jahren greift A. Muschg in seiner Erzählung »Das Glockenspiel« (in: Leib und Leben, 1982) das T.sthema erneut auf als Ausdruck seel. Zerstörung eines Menschen (der T. als sexueller Verführer) sowie privater wie gesellschaftl. Ordnungsmuster.
In W. Hauffs Erzählungen »Mitteilungen aus dem Memoiren des Satans« (1826/27) ist die T.sdarstellung *Stilmittel einer gesellschaftl. Satire*, einer Entlarvung und Lächerlichmachung des sterilen Universitäts- und Literaturbetriebs. Diese Art der T.sdarstellungen findet in den →Welttheatersatiren eines O. Panizza (»Das Liebeskonzil«, 1895) und W. Hasenclever (»Ehen werden im Himmel geschlossen«, 1928) ihren Höhepunkt. Nach 1945 greift St. Heym in seinem Roman »Ahasver« (1983) diese Form und Technik wieder auf. Der T. ist hier ironisch gebrochen der Typus des Konservativen, der sich jeder Veränderung der Welt widersetzt, weil nur die unveränderte Welt »zum T. gehen« wird. In dieselbe Richtung geht auch das Stück von T. Dorst »Merlin oder das wüste Land« (1981), während I. Merkel in ihrem Roman »Die letzte Posaune« (1985) die gegenwärtig zu beobachtende irrationale Hinwendung zum Teuflischen als Ausdruck spiritueller Entleerung und rel. Orientierungslosigkeit brandmarkt. Diese Faszination für das Irrationale, Okkulte, Unheimliche in einer ansonsten rational und technisch gesteuerten Welt ist heute vor allem in *Hexenfilmen* der 60er Jahre (bes. das Motiv Besessenheit und →Exorzismus bei R. Polansky »Rosemary's Baby«, 1967, sowie »Der Exorzist«, 1973), aber auch in *T.sfilmen* der 70er Jahre zu beobachten (»The Brotherhood of Satan«, 1971; »The Cult«, 1971; »Race with the Devil«, 1974; »The Omen«, 1975).

*Lit.: W. Falk:* Des T.s Wiederkehr. Alarmierende Zeichen in der neuesten Dichtung, Stuttgart 1983. – Faust und Satan - multimedial, in: Zeitschrift für Literaturwissenschaft und Linguistik 17 (1987), Heft 66 (Themenheft). – *G. Mahal:* Mephistos Metamorphosen. Fausts Partner als Repräsentant literar. T.sgestalt, Göppingen 1972, 2. Aufl. 1982. – *G. Roskoff:* Geschichte des T.s, 2 Bde., Leipzig 1869, Nachdruck Aalen 1967.

*Günther Mahal/Karl-Josef Kuschel (III)*

**Thailand.** Buddh. 92,1% (überwiegend Theravāda); Musl. 3,9%; Konfuzianer 1,3%; Christen 0,5% (Gesamtbevölkerung 50 Mill.). Kaum ein Land ist so *vom →Buddhismus geprägt* wie T. Der Theravāda-Buddhismus ist nicht nur thailänd. Staatsreligion, sondern auch die Religion fast der gesamten Bevölkerung.

*A. Religionsgeschichtlich*

*I.* Daß der →Buddha selbst im Gebiet des heutigen T. gewirkt habe, ist Legende. Funde von Buddhabildern, z.T. im südind. Amaravati-Stil, bezeugen buddhist. Präsenz nördl. des heutigen Bangkok im 1./2. Jh. n. Chr. Während in der Folgezeit manches auf ein Nebeneinander von Mahayana-Buddhismus und ind. Brahmanismus deutet, brachte um 500 das Mon-Volk den *Theravāda-Buddhismus* ins Land, der sich auch während der Zeit der Khmer-Herrschaft hielt und schließl. unter den im 13. Jh. aus Südchina eingewanderten Thai endgültig zur vorherrschenden Religion wurde. Der König Ram Kaheng erbaute Sukhothai als Regierungssitz und rel. Zentrum mit zahlreichen →Tempeln, →Klöstern, Stupas und Buddhastatuen, deren Stil bis heute als klass.-siames. gilt. Kontakte mit Sri Lanka gewährleisteten die Reinheit der Lehre und die autoritative Geltung der hll. Schriften in der Pali-Sprache.

*II.* Nach dem Sturz der Sukhothai-Dynastie, Anfang des 14. Jh.s, trat ein *neues Herrscherhaus* mit der Hauptstadt Ayuthia das Erbe an. Die Ruinen der mehrfach von den (ebenfalls buddhist.!) Burmesen überfallenen Stadt geben noch heute einen Eindruck von der Macht der buddhist. Institutionen. Sie blieb auch dann erhalten, als sich das Land im 19. Jh. behutsam den Einwirkungen der Moderne öffnete, ohne je seine Unabhängigkeit aufzugeben. Unter König Rama I. (1782-1809) und Rama IV. (1851-1868) wurden Staat und Religion reformiert: man suchte in den Pali-Schriften den »wahren« Buddhismus im Gegensatz zum »Aberglauben« der traditionellen Religion. Unter König *Rama V. Chulalongkorn* (1868-1910) wurden die verschiedenen Klöster in einem einheitl. Orden unter seinem Bruder Wachirayan als Patriarch zusammengefaßt. Mit dieser rel. Konsolidierung gingen soziale Reformen wie die Abschaffung der Leibeigenschaft, Kontakte mit dem Westen, Ausbau des Erziehungs- und Gesundheitswesens Hand in Hand. Bis heute gilt die Regel, daß jeder männl. Thai wenigstens einmal im Leben ins Kloster gehen soll (wie dies selbst die Aktivisten der student. Rebellionen von 1973 und 1976 getan haben).

*III.* Die zahlreichen innenpolit. Putsche der *Nachkriegszeit* haben weder die Monarchie noch die Geltung des Buddhismus als Staatsreligion erschüttert. Bangkok beherbergt den Hauptsitz der World Fellowship of Buddhists (1950) und gilt als Zentrum der Bestrebungen zur Verständigung der verschiedenen Richtungen des Buddhismus untereinander. Zwar wurde der Buddhismus in Abwehr gegen europ. Kolonialismus (→Kolonisation) zum

Träger des nationalen Bewußtseins erhoben; dennoch stehen die rel. Minderheiten unter dem Schutz der verfassungsmäßig garantierten →Religionsfreiheit. Zwei besonders bemerkenswerte Phänomene der gegenwärtigen buddh. Erneuerung in T. sind die Wiederentdeckung der Meditation und die Entwicklung eines sozialen Gewissens bei Mönchen und Laien zugleich.

*Lit.: S. Tambiah:* World Conqueror and World Renouncer. A study of Buddhism and polity in T., Cambridge 1976.

*Hans-Werner Gensichen*

*B. Missionsgeschichtlich*

Dadurch daß T. im Gegensatz zu den übrigen hinterind. Gebieten *nie eine westl. Kolonie* war, verlief die christl. Missionsgeschichte hier anders als in anderen Ländern. Die Christen sind wie in →Burma Mitglieder rass. Minderheiten (Chinesen und alteingesessene Stämme). Die kath. →Mission existiert seit 1554. Kath. Missionare erzielten im 16./17. Jh. einige Erfolge, die aber durch Verfolgung im 18. Jh. weitgehend zunichte gemacht wurden. Im 19. Jh mußte die kath. Mission von neuem beginnen. Prot. Missionare aus England, den Niederlanden und Amerika kamen im 2. Drittel des Jh.s. 1934 schlossen sich mehrere prot. Kirchen zu einer Unionskirche, der »Kirche Christi in T.«, zusammen. Die Kirchen versuchen nun eine Annäherung an die Kultur des thailänd. Volkes, doch ist es sehr schwierig, mit dem →Buddhismus in einen Dialog zu treten. Die *Erfolge* sind *bescheiden.*

*Lit.: K. Wenk (Hg.):* T. (Kultur der Nationen), Heroldsberg 1976. – *D. K. Wyatt:* T.: a short history, London/Cornell 1984.

*Arnulf Camps/Thomas Riplinger*

**Theismus.** Die Theologie redet seit →Tillich oft vom *»nachtheist. Zeitalter«:* die bisherigen Vorstellungen von →Gott seien überholt, dementspr. müsse das Reden von Gott neu bedacht werden. Dabei sind zwei Tendenzen, die Hand in Hand gehen, unübersehbar: Man versucht zum einen das Reden von Gott stärker am bibl. Gottesglauben zu orientieren, zum anderen die Vorstellung von Gott als eines personhaften, weltüberlegenen Gegenübers und Weltschöpfers in »a- theistischer« Korrektur zu überwinden.

*A.* Im 17. Jh. entstanden, besagt der Begriff zunächst nur den Gegensatz zum →Atheismus und wird gleichbedeutend mit →Deismus gebraucht. Erst allmähl. bildet sich ein begriffl. Gegensatz zwischen *Deismus und Theismus* heraus. →Kant hat gültig formuliert, »der Deist glaubt einen Gott, der Theist aber einen lebendigen Gott«. Damit sind die Versuche der natürl. Theologie (→natürl. Religion) verabschiedet; ledigl. die sittl. Gesetze fordern einen (theist.) Gott. *Deismus* ist hier also die Annahme einer Beziehung zwischen der →Welt und einem nichtpersonalen Gott. *Theismus* zielt auf einen Gott, der mit personhaften Qualitäten ausgestattet ist. Offenbarungsglaube ist hierbei aber nicht unbedingt vorausgesetzt (weder bei Kant noch generell). Daneben kennt Kant aber auch eine Erkenntnis des »Urwesens« aus →Offenbarung. Hier deutet sich schon an, daß die Bejahung oder Ablehnung eines aus der natürl. Theologie entstandenen Th. mit der prinzipiellen Bewertung einer solchen Theologie zusammenhängt.

*B.* Die *kath. Theologie* ist hier vor allem auf die Vorgaben des 1. →Vat. Konzils verwiesen, nach denen eine »natürl. Gotteserkenntnis« mögl. ist, während man *ev.seits* diese in der Regel nur in ihrem »Nicht-zuende-Kommen« oder Scheitern würdigt. Jedoch mehren sich auch kath.seits die Versuche, die »natürl. Gotteskerkenntnis« und die Gotteserkenntnis aus der Offenbarung in ihrer inneren Verbindung (bei grundsätzl. Primat der Wortoffenbarung) zu sehen. Beides ist Reden über denselben personalen Gott und deshalb Theismus. Über die Notwendigkeit, das Reden über Gott *neu* zu bedenken, herrscht Einmütigkeit. So scheint es nicht angemessen, Gott ausschließl. in die Dimension des »ewig Seienden« einzuordnen und die Werdekategorie in jeder Hinsicht Gott abzusprechen, hat doch der göttl. →Logos geschichtl. Existenz angenommen. Auch läßt sich die Frage stellen, ob man Gott – wie es der Theismus nahelegt – als »causa« (»Ursache«) alles Seienden bezeichnen kann, da er doch eher dessen Grund ist. Gottes »Transzendenz« darf, so wird heute allg. angenommen, nicht schlechthin vom Diesseits getrennt werden (→transzendent). Zwar kann Gott nicht »leiden«, aber das →Kreuz weist doch auch in Richtung einer »Sympathie« Gottes, die die »Theologie des Schmerzes Gottes« systematisiert hat. Ebenso ist weithin akzeptiert, daß der Atheismus (gerade als Verneinung des Theismus) ein krit. Moment christl. Theologie artikuliert, das im Gottesbegriff selbst zur Geltung zu bringen ist. Der konkrete Weg jedoch, eine Position zwischen Th. und Atheismus zu orten, ohne den unlösbaren Problemen der »Gott-ist-tot-Theologie« zu verfallen, ist noch nicht gefunden.

*Lit.: E. Jüngel:* Gott als Geheimnis der Welt, Tübingen, 4. Aufl. 1982. – *W. Kasper:* Der Gott Jesu Christi, Mainz 1982. – *W. Schulz:* Der Gott der neuzeitl. Metaphysik, Pfullingen 1957. – *W. Weischedel:* Der Gott der Philosophen, 2 Bde., Darmstadt 1971-72.

*Harald Wagner*

**Theodizee**

Schon der antike Philosoph *Epikur* (341-270) formulierte zum Zwecke der Widerlegung einer ordnenden gütigen Weltinstanz das mit Gottes Macht und Liebe argumentierende klass. Dilemma: Gott wolle die Übel beseitigen, könne es aber nicht, dann sei er ohnmächtig; er könne es beseitigen, wolle es aber nicht, dann sei er neidisch; wenn er es weder wolle noch könne, dann sei er ohnmächtig und neidisch zugleich; wenn er es aber beseitigen wolle und zugleich könne, warum tue er es nicht? Damit ist die Behauptung der Existenz eines zugleich guten und mächtigen →Gottes widerlegt. Zugleich ist die für spätere Zeit *klass. Frage der Th.* formuliert: Wie kann Gottes Güte und Macht angesichts des Übels in der Welt gerechtfertigt werden? Radikaler formuliert: »Wenn es Gott gibt, woher die Übel?« Nicht erst *Boethius* (»De consolatione philosophiae« [ein während des ganzen MA.s weitverbreitetes »Trostbuch der Philosophie«, geschrieben 524 von dem im Kerker auf seine Hinrichtung wartenden röm. Philosophen], I, 4,30) war auch die dialekt. Gegenfrage klar: »Woher aber kommt das Gute, wenn es Gott nicht gibt?« Das *intellektuelle Problem* scheint darin zu liegen, daß es beides, →Gutes *und* →Böses gibt.

*A.* Das Th.problem im strengen Sinn entsteht im 18. Jh. als Reaktion auf die Zweifel, die angesichts eines übermächtigen, rational unerklärl. Gottes (→Prädestination) einerseits, auf die Grenzen eines rationalen Gottesbegriffs andererseits, aufgekommen sind (B. →Pascal, P. Bayle). In neuer Weise gilt es, →Vernunft und →Glauben zu versöhnen, die Hypothese »Gott« für den autonomen Menschen zu erhellen. Der Begriff wird von *G. W.* →*Leibniz* 1693 in Anschluß an Röm 3,5 geprägt; 1710 erscheinen die »Studien zur Th., über die Güte Gottes und den Ursprung des Übels«. Leibniz nimmt die klass. Argumente der theol. Tradition auf: Gottes unendl. Güte, die Rolle menschl. Freiheit, die notwendige Strafe für die Sünde, den Ausgleich durch Belohnung und Bestrafung im →Jenseits. Er bindet diese Tradition allerdings ein in seine (nicht im Namen des Glaubens, sondern der Vernunft argumentierende) Gegentheorie von der *bestmögl.* →*Welt.* Gott ist die höchste Weisheit, verbunden mit unendl. Güte, woraus folgt: »Es gibt keinen besseren Plan, denn sonst hätte Gott ihn vorgezogen.« Der geheime Mittelpunkt dieser Theorie ist die menschl. →*Freiheit*, der Leibniz in seiner Monadenlehre im Blick auf den Gesamtlauf der Welt Rechnung tragen will. Die menschl. Seele ist eine Art »geistiger Automat«, alles ist im voraus sicher und bestimmt, ohne daß dadurch die Freiheit des Menschen gestört wird. Leibniz' Theorie wird weithin diskutiert und von verschiedensten Nachfolgern in Aufklärungsphilosophie und -theologie übernommen, bricht aber für →Voltaire (1694-1779) angesichts des Erdbebens von Lissabon (1755) mit seinen nahezu 30.000 Toten zusammen.
*I.* →*Kant* verweist im Interesse des Glaubens darauf, daß ein solcher Versuch einer Th. Gott nicht die Ehre gibt, sondern ihn vor den Richterstuhl der menschl. Vernunft zwingt. So stellt er dieser »doktrinalen Th.« eine »andere Th.« gegenüber, zu deren Prototyp ihm das Buch →Hiob wird. Es ist die *»authent. Th.«*, in der Klage als Klage ausgesprochen wird. *F. W.* →*Schelling* und K. Daub (1765- 1836) wenden sich der Frage dennoch wieder philos. zu und gestehen dem Bösen eine »von Gott unabhängige Wurzel« zu. *G. W. F.* →*Hegels* System kann vor diesem Hintergrund insgesamt als Rekonstruktion der tatsächl. Th. gesehen werden, die Gott selbst durch die →Geschichte hin veranstaltet.

*B.* Allerdings zeigen solche Umbenennungen, daß im 19. Jh. – von einigen Ausläufern abgesehen – die große Zeit der Th. abgelaufen ist, ohne daß sich die Fragen gelöst hätten. Es kommt zu allg. Antwortversuchen auf die sinnzerstörende Erfahrung von Bösem und Negativem, die spiegelbildl. als »*Antith.*, als »Anthropodizee« (Verteidigung des Menschen) zu Lasten Gottes, als Anklage Gottes bis hin zu seiner Verabschiedung verlaufen. Allerdings kommt jetzt auch *Bewegung* in die Fragen selbst. Für *A.* →*Schopenhauer* sind →Leiden und →Tod Anstöße zur →Metaphysik, jedoch ohne jeden Rechtfertigungsversuch. Jeder Rechtfertigungsgedanke hat sich auch bei *F.* →*Nietzsche* verflüchtigt, für den es nur noch das fraglose Hinnehmen des Je-Jetzt gibt. Für *K.* →*Marx* geht es darum, das Böse, das sich als →Entfremdung der ausgebeuteten Klasse manifestiert, von seinem materialist. Ansatz her zu lösen. »Th.« heißt für ihn Vertröstung. Im 20. Jh. wird die Ablehnung des Th.problems zur vielseitig variierten Figur. *A.* →*Camus* macht die Absurdität menschl. Existenz zum trotzig durchgehaltenen Thema (vgl. auch J.-P. Sartre), und für *E. Bloch* schließl. höhlen die Fragen nach dem Sinn des Negativen notwendigerweise die Antworten auf die Th.frage aus.
So kommt es allenfalls noch zur *Rechtfertigung von* →*Religion*, die von ihrer Funktion der »Reduktion von Komplexität« (N. Luhmann) oder Kontingenzbewältigung her (H. Lübbe u.a.) definiert wird. Damit will die →Religionssoziologie zwar den Wahrheitsanspruch der Religion nicht ablehnen, sie nimmt ihn aber im Blick auf die Th. auch nicht mehr wahr. Religion wird, wenn es bei dieser Begründung bleibt, um besserer Leistung willen von ihrem Wahrheitsanspruch entbunden. Das aber wäre der Tod eines von der Gesellschaft vereinnahmten Christentums.

*C.* Damit ist das heutiger →Theologie *aufgegebene Problem* umschrieben. Einerseits sind ihre traditionellen Leistungen dem Vorwurf der →Ideologie verfallen, andererseits sind gerade beim Verlust eines sinngebend normierenden Systems die *Versuche unausweichl.*, Erfahrungen von Negativität, Leid und Enttäuschung auf einen umfassenden Sinnhorizont hin zu orientieren. Nun wird bisweilen zwar darauf hingewiesen, daß die Frage der Th. im NT jedenfalls nicht ausdrückl. gestellt wird, doch wird sie im Blick auf konkrete Themen, angefangen vom Gespräch der Emmausjünger über Jesu Tod (»Wir aber hofften...«, Lk 24,21), über die Frage des Paulus nach dem Ziel seiner →Hoffnung (»Die er vorherbestimmt hat, die hat er auch berufen«, Röm 8,30) bis hin zur Offb (»Und er wird alle Tränen abwischen«, 21,4) bearbeitet. Das Problem des von Gott verlassenen Sohnes (Mk 15,34) bildet geradezu Ursituation und Ausgangspunkt des christl. Glaubens. Richtig verstanden wird also der christl. Glaube nicht vom Th.problem überfallen, sondern ist schon produktive Reaktion auf diese Frage.

*D.* Dies hat für eine Neubearbeitung der Th. eine *doppelte Konsequenz. Erstens* kann Gott nicht abstrakt von aller Negativität ferngehalten werden, zumal wenn er als Schöpfer der Welt erkannt ist; vielmehr ist im Blick auf das Geschick der Welt, exemplar. Wirklichkeit geworden im Geschick Jesu, mit der *Betroffenheit Gottes* durch das →Böse, mit seinem (Mit-)Leiden zu rechnen (H. Küng u.a.). Diese Aufgabe ist auf dem Niveau der →Verkündigung durch den Abschied von einem übermächtigen Herrengott (D. Sölle), auf dem Niveau der gedankl. Reflexion durch eine erneuerte →Trinitätslehre (J. Moltmann, E. Jüngel) zu lösen. *Zweitens* aber kann ein derart erneuertes Gottesverständnis die Th. nur glaubhaft und wirksam lösen, wenn sie von *jesuan.* Praxis aus, d.h. im Rahmen unverbrüchl. Solidarität mit Leidenden, geschieht. Sie wirkt dann als »Anthropodizee« zugunsten eines Gottes, der das →Heil des Menschen in Gang setzt. Die Vermittlung aber zwischen →Theorie und Praxis geschieht in klassisch christl. Weise: durch den Bericht von Tod und Auferstehung Jesu Christi, der die authent. Th. durchgestanden hat, der er unterlegen ist; denn darin hat sich offensichtl. die Erfahrung erschlossen, daß im Leiden für andere gemeinsame Hoffnung entstehen kann (→Auferstehung).

*Lit.: C.-F. Geyer:* Leid und Böses in philos. Deutungen, Freiburg/München 1983. – *H. Häring:* Das Problem des Bösen in der Theologie, Darmstadt 1985. – *U. Hedinger:* Wider die Versöhnung Gottes mit dem Elend. Eine Kritik des christl. Theismus und A-Theismus, Zürich 1972. – *J. Hick:* Evil and God of Love, London 1966. – *E. Jüngel:* Gott als Geheimnis der Welt, Tübingen, 2., durchges. Aufl. 1977. – *N. Luhmann:* Funktion der Religion, Frankfurt/M. 1967. – *W. Sparn:* Leiden - Erfahrung und Denken, München 1980.

*Hermann Häring*

**Theologie**

*A.* Th., abgeleitet vom griech. *theos* (Gott) und *logos* (Wort), kann allg. umschrieben werden als *denker. verantwortete Rede von Gott.* Ihre Sache ist umstritten, weil →Gott unaussprechl. ist und weniger selbstverständl. denn je. Ihr Begriff führt angesichts einer komplexen Geschichte mit unterschiedl. Formen, Orten und Subjekten zu Mißverständnissen.

*I.* Kaum eingrenzbar bezeichnet Th. im weitesten Sinn *alles* (verantwortete) Reden von Gott. Nicht nur jede →Religion hat und treibt also Th., sofern sie Gott als Grund oder letzte Instanz der Wirklichkeit der Welt auch nur benennen will, sondern auch jede Person und Gruppe, die Gott als Grund oder Mitte ihrer Weltsicht ins Gespräch bringt. Dieser Begriff wird oft in krit. Absicht verwendet, z.B. um das allen Christen eigene Verständnis von Gott und somit ihren eigenen Beitrag zur Th. einzufordern. In engerem Sinn bezeichnet Th. jede (systemat. entwickelte und method. geordnete) *Lehre* von Gott, gleich ob sie hist., religionswissenschaftl., philos. oder – quer durch diese Möglichkeiten hin – vom Standpunkt eines Glaubenssystems aus geschieht. Diese Th. läßt sich (in inhaltl. Begrenzung) von der Reflexion auf andere Wirklichkeitsbereiche, etwa die Natur (Naturphilosophie, Schöpfungslehre) oder den Menschen (Anthropologien verschiedenster Art) unterscheiden. Man spricht dann von einer religionswissenschaftl., philos. oder theol. Lehre von Gott.
Im *engsten* Sinn bezeichnet Th. die denker. verantwortete Rede von Gott vom Standpunkt des (von einer Religion vorgegebenen) *Glaubensbewußtseins* aus. Dieses Glaubensbewußtsein erstreckt sich aber (in inhaltl. Entgrenzung) auf Aussagen zu *allen Wirklichkeitsbereichen* (Gott, →Welt, →Mensch) und zu allen Wirklichkeitsstufen (→Natur und →Leben, menschl. →Handeln und Verhalten, →Geschichte und →Kultur). In diesem Sinn gibt es eine jüd., muslim., hinduist. oder christl. Th.

*II.* Der Begriff *christl. Th.* bezeichnet hier die in der Geschichte christl. Kirchen gewachsene und vom christl. Vorverständnis her betriebene Th. Sie hat in der Neuzeit die Form einer (wissenschaftl. betriebenen) *Universitätsth.* angenommen, wird also vorwiegend von einer akadem. gebildeten →Elite mit systemat.-wissenschaftl. Anspruch im Kontext einer universitären Lebensform betrieben. Sie hat eine *enzyklopäd. Struktur* ausgebildet und umfaßt gegenwärtig eine Bibl. (Einleitungswissenschaften, →AT, →NT), eine Hist. (→Kirchengeschichte des Altertums einschließl. →Patristik, des →MA.s, der →Neuzeit, Dogmengeschichte), eine Systemat. (→Fundamentalth., →Dogmatik, →Moraltheologie, evtl. →Kirchenrecht) und eine Prakt. Th. (Religionspädagogik, →Katechetik, →Pastoralth., →Liturgiewissenschaft, →Homiletik). Neben diesen klass. Fächern gibt es einen Kreis von Th.n, die in Funktion zu *best. Zielen* oder Problemkonstellationen stehen oder sich als Theorie von best. Bewegungen begreifen, so etwa die →Befreiungs-, die →ökumen. oder die →feminist. Th. Sie lassen sich nicht genau abgrenzen gegenüber Th.n, die sich innerhalb des genannten Fächerkanons einer *best. Methode* verschreiben, so etwa eine →empir., hermeneut., kerygmat., →kontextuelle oder →krit. Th.

*III.* Von anderen Wissenschaften unterscheidet sich die Th. durch drei Merkmale: Sie will zu behauptenden *Aussagen über Gott* und einen Sinn der Wirklichkeit kommen, der sich prinzipiell innerweltl. Erfahrbarkeit und Verfügbarkeit entzieht; sie erstrebt dieses Ziel vom *Standpunkt* des christl. Glaubens, d.h. von einem inhaltl. schon umschriebenen Vorverständnis, aus (→Hermeneutik); sie bezieht sich schließl. – gleich ob sie sich als kirchl. versteht oder nicht – auf eine soziol. angebbare (vom Glaubensbewußtsein aus zugleich normativ umschriebene) Gruppe: *die →Kirche*. Damit sind Wissenschaftlichkeit und Kirchlichkeit der Th. zu bleibenden, aber konfliktträchtigen Dimensionen der Th. geworden. In der →Neuzeit hat sich diese Sondersituation aus zwei Gründen zusätzl. kompliziert. Durch die Spaltung der westl. Kirche kommt es zu *konfessionell unterschiedl.* Th.n (sie nennen sich z.B. ev., kath., prot. oder orthod. Th.); in einer →säkularisierten Gesellschaft hat Th. ihr *Deutungsmonopol* eingebüßt, das sie als Agentin der einen →Wahrheit behaupten muß. Daraus ergeben sich von seiten kirchl. wie von seiten wissenschaftl. Interessen Verdächte (der hist. gewachsene Verdacht, Herrschaft zu legitimieren und strukturelles Unrecht zu verschleiern, kommen hinzu), die theol. besprochen werden müssen.

*B.* Th. läßt sich angesichts dieser Situation nur aus ihrer Geschichte sowie aus einer inneren und äußeren Problemstruktur beschreiben. Die *Geschichte der Th.* ist dabei stets auch ihre Kritik.

*I.* Das Wort entstammt nicht bibl., sondern *griech.-philos. Denken* (→Th. und Philosophie). Bei →Platon, bei dem das Wort erstmals aufscheint (Politeia I, 379a), steht Th. im Zusammenhang der krit. Mytheninterpretation seiner Zeit. Bei →Aristoteles, der die »Theologen« genannten Mythenmacher verspottet, ist Th. – als philos.-metaphys. Betrachtung des Seienden in seinem Sein – dagegen bereits ident. mit der »Ersten Philosophie« (→Metaphysik). In der →Stoa (M. Varro) schließl. kommt es zur Unterscheidung einer dreifachen Art von Th.: der »myst. Th.« der Dichter und Göttersagen; der »phys. Th.« der Philosophen, denen es um das wahre Wesen (»physis«) der Wirklichkeit zu tun ist, und der »polit. Th.«, die sich mit der gesetzl. Ordnung, insbes. dem öffentl. staatl. Kult befaßt. Von Anfang an verfügt damit Th. über eine intellektualist.-individualist. wie eine polit.-öffentl. Dimension, die noch heute ihre Größe und ihr Elend ausmachen.

*II.* Am Anfang des Christentums stehen weder ein Theologe noch eine Th. Jesus von Nazaret war *kein Theologe*; er sprach nicht »theol.«, sondern vorzugsweise in →Gleichnissen von Gott, seine Jüngergemeinschaft bestand aus ungebildeten »untheol.« Gefolgsleuten. Auch die christl. Urkunden, die das Jesus-Ereignis als →eschatolog. Ereignis bezeugen und bedenken, weisen nicht die Form theol. Traktate oder Systeme auf. Dabei kennt das NT durchaus eine Fülle unterschiedl. Formen theol. Denkens: durch Form und Struktur von →Erzählungen, durch katechet. Glaubensformeln, →Schriftauslegung, Paränese (Ermahnung) u.a. Das NT kennt auch in sich transparente und folgerichtig argumentierende theol. Entwürfe oder theol. argumentierende Texte (z.B. bei Paulus, Johannes, Hebräerbrief, denen jeweils auch eine Th. zugeschrieben werden kann). Eine eigentl. systemat. Th. dagegen kennt das NT weder von seiner Intention (die Verfasser wollten primär »Rechenschaft ablegen von der Hoffnung, die in uns ist«, 1 Petr 3,15) noch von seiner Form (Glaubensgeschichten, Gelegenheitsbriefe), noch vom Ort seiner Entstehung (Gemeinden) her. Das Wort Th. ist denn auch weder im AT noch im NT bezeugt, obwohl in ihnen oft und ausführl. von Verkünden, Bekennen und Bezeugen des Glaubens die Rede ist.

*III.* Bleibender Grund und Gegenstand christl. Th. ist das Erinnern, Bezeugen und Bedenken des Ereignisses →*»Jesus Christus«.* Daß der gekreuzigte Nazarener letztl. nur angemessen als Wort und Offenbarung verstanden werden kann, macht Freiheit und Schwäche der Th. aus. Denn die Selbstbindung der Th. an dieses Urzeugnis, das sie in jeweiligem Zeitkontext neu zu verstehen sucht, läßt sie frei sein von allen nichttheol. Fremdbegründungen und institutionellen Verrechnungen. Diese ihre Legitimation im Nichtlegitimierbaren aber macht zugleich ihre Schwäche aus, kann sich Th. doch einem Beweisdenken gegenüber ebensowenig rechtfertigen wie dem Ideologieverdacht entkommen. Denn die Verkündigung ausgerechnet des gekreuzigten Christus als »Gottes Kraft und Gottes Weisheit« (1 Kor 1) war schon bei Paulus den Juden »ein empörendes Ärgernis«, den Heiden »eine Torheit«. Th. als »Wissenschaft von der Torheit« (K. Schwarzwäller) lebt deshalb stets im Bewußtsein einer doppelten Niederlage: der Niederlage vor der menschl. →Vernunft einerseits (Dialektik von Torheit und Weisheit) und vor der Wirklichkeit Gottes andererseits. Die Erkenntnis der wahren und stets neuen »Niederlage der Th.« (K. Barth) besteht also nicht in der Einsicht in das individuelle Versagen einzelner Theologen bei der intellektuellen Bewältigung theol.-philos. Sachprobleme (obwohl es auch das gibt), sondern hat mit dem unbegreifl. Gott selbst zu tun, dessen Angebot der Vergebung und Versöhnung in Jesus Christus vom Menschen nie »verstanden«, wohl aber dankbar vertrauend angenommen werden kann.

*IV.* Formen und Weisen des Th.treibens waren in den ersten Jh.en nicht unter einem einheitl. *Begriff* von Th. zusammengefaßt. Erst im 4./5. Jh. kommt es zu einer mehr positiven Verwendung des Wortes Th., bei *Eusebius von Cäsarea* jetzt als wahre Gotteskunde verstanden, bei *Ps. Dionysius-Areopagita* in apophat. (negative), kataphat. (affirmative, bejahende) und myst. Th. unterschieden, bei →*Augustinus* als »ratio sive sermo de Divinitate« (Denken und Reden vom Göttlichen, De civitate Dei VIII,1) bestimmt. Die Form der Th. war nicht das wissenschaftl. umfassende System, sondern vor allem der apologet. *Traktat* (oft auch in Form von Dialogen: Justin), der in patrist. Zeit oder bei Augustin, aber auch an anderen großen Wendepunkten der Th.geschichte stets neu seine Verwendung fand: bei →Thomas von Aquin (Summa contra gentiles) ebenso wie bei Bonaventura (1217-1274; die antiaverrorist. Schriften), bei →Luther (reform. Programmschriften) nicht weniger als bei →Kierkegaard, J. N. →Newman (und den anglik. Tractarians) und den Vertretern der »dialekt. Th.« (jetzt neutraler »Aufsätze« und »Vorträge« genannt). Neben den Traktaten findet Th. vor allem in Katechesen (Gregor von Nyssa [gest. 394], »Große Katechese«) und in Schriftkommentaren statt. Bei →Origenes stehen neben seinem (frühen) systemat. Werk »Peri Archon« (Über die Prinzipien) ebenso zahlreiche Exegesen wie bei Thomas, dessen »Summen« und Bibelkommentare ein theol. vielfältiges Spektrum bilden. Die Pluralität der Formen und Annäherungsweisen verhinderte damit bei aller Intellektualisierung und Verschulung der Th. durch jetzt ausgebildete und gelehrte Theologen die Vorstellung, Th. könne das »Ganze« der Geschichte Gottes mit den Menschen »in den Griff« bekommen (→Th. und Philosophie).

*V.* Einen ausgesprochenen *Wissenschaftscharakter* erhält Th. im →*MA*. Th. wird nun »Glaubenswissenschaft«, zunächst in Klöstern und Domschulen verschult (→»Scholastik«), dann als Leitwissenschaft anderer Wissenschaften etabliert und übernimmt die Erwartung, daß sie sich in ihrem Kontext rechtfertige und behaupte. Ihr eigentl. Ort ist nun immer weniger die →Gemeinde oder Ortskirche, sondern die neugegründete Universität (12./13. Jh.), wo die Sache der Th. sich innerhalb der Artes liberales (klass. Kanon von sieben Fächern) wissenschaftl. zu legitimieren hatte. Die in der Antike noch unvermittelt nebeneinander bestehenden Th.n (myth., kult., polit., philos.) werden nun in eine Einheit gebracht, »in der die myth.-kult. Th. nur mehr eine hist. gewordene Größe darstellt und von der wahren, in Jesus Christus zuhöchst offenbar gewordenen Gotteskunde abgelöst wird, die ihrerseits die philos. Th. nicht aufhebt, sondern als Partner anerkennt, in einer best. Weise sie voraussetzt und vollendet, ja sie eigentl. zu sich selbst bringt« (H. Fries).
Vorstufen der klass. gewordenen, anspruchsvollen und auf gedrängte *Systematisierung* zielenden ma. »Summen« des Alexander von Hales (1185-1245), des Albertus Magnus (um 1200-1280), der Ulrich und Hugo von Straßburg (13. Jh.) und vor allem des Thomas von Aquin waren dabei die Quaestionen-Summen und Sentenzenkommentare von Peter Abälard (1079-1142), Hugo von St. Viktor (gest. 1141) und insbes. Petrus Lombardus (1095-1160). Denn die zahlreichen »Sentenzen« der Kirchenväter, insbes. Augustins und Gregors d.Gr. (um 540-604), waren – so die Überzeugung – ob ihrer echten oder vermeintl. Widersprüchlichkeit der Vermittlung, begriffl. Durchdringung und systemat. Bewältigung bedürftig. Bei Thomas, der das Ganze der christl. Offenbarungswahrheit im großen Kreislauf eines Abstiegs von Gott (descensus a Deo) und eines Aufstiegs zu Gott (ascensus ad deum) zu beschreiben trachtete, fand diese Art der Th. ihren epochalen Höhepunkt, der freil. seinen Kontrapunkt in der Kritik der →Reformation (M. →Luther, Ph. →Melanchthon) erhielt, die der angebl. *theologia gloriae* (Glorienth.) der →Scholastik eine entschiedene *theologia crucis* (Kreuzesth.) entgegensetzte. Ein neues Bewußtsein von der Gebrochenheit theol. Erkennens und seiner Angewiesenheit auf die Schrift hatte sich gebildet. Die bedeutendsten und einflußreichsten systemat. Werke der Reformationszeit (J. →Calvins »Institutio christianae religionis«; Melanchthons schon 1521 veröffentl. »Loci theologici«) waren denn auch ursprüngl. nicht mehr auf eine umfassende Systemth. aus. Erst später wurde die ev. Th. dazu ausgebaut (→altprot. Orthodoxie, →Dogmatik, →Systemat. Th.).

*VI.* Der Übergang zu einer noch schärferen Geschlossenheit hat sich schrittweise vollzogen. Von *Th. als einem System*, einem nach Prinzipien innerl. geordneten Ganzen, das in geschlossener Form und perfekter Stringenz dargeboten werden müsse, spricht man erst seit dem 17. Jh. Die großen Barockscholastiker (Schule von Salamanca, G. Vázquez [gest. um 1568], F. Suárez [1548-1617], →Barock) entwerfen gegen Ende des 16. Jh.s ihre umfassenden, den Ansatz des Thomas sprengenden Systeme. 1602 veröffentlicht der reform. Dogmatiker B. Keckermann ein erstes »Systema theologiae« (System der Th.), das Th. – analyt. von einem Prinzip oder Grundziel ausgehend – als geordnete Lehrstruktur präsentiert. In der →*Aufklärung*, insbes. bei Chr. Wolff (1679-1754), werden System und Wissenschaft nun vollends ident. Die Folgen für die Th. sind bei →Hegel (Christl. Th. wird »aufgehoben« im philos. System) ebenso zu spüren wie in der kath. →Neuscholastik des 19. Jh.s (Renaissance der ma. Summen).
Die *Paradoxie einer Systemth.* freil. wird erst später deutlich. Jetzt produziert die Th. ihre eigenen Probleme. Sie beantwortet Fragen, die mehr ihrem Systemzwang als der Schrift oder der Lebenssituation von Menschen entspringen. So wird sie für Menschen lebensprakt. um so unerheblicher, je mehr Probleme sie gelöst zu haben vorgibt. Umgekehrt haben sich nicht nur einzelne theol. Disziplinen wie Exegese, Geschichte und Ethik aus dieser systemat.-übergeschichtl. Th. emanzipiert, sondern über die Jh.e kann schon ein theol. Denken Faszination ausüben, dessen Fragment- und Annäherungscharakter von der Form her spürbar und von der Lebenssituation der Verfasser her erzwungen ist. Während im MA. die myst., später die individuell frommen, sich aller Verschulung entziehenden Th.n vom offiziellen Kanon theol. Lehraussagen abgedrängt werden, zieht sich seit dem Beginn der →Neuzeit unterstromartig eine andere Form von Th. durch die Geschichte, die der akadem. abgedichteten Systemth. die Authentizität des fragenden und gefährdeten, des hoffenden und verzweifelten Subjekts entgegenstellt. Des Ignatius von Loyola →Geistl. Übungen und →Pascals »Pensées« sind hier ebenso zu nennen wie →Descartes »Meditationen« und P. Bayles Anfragen an die dogmat. und dogmatisierende Vernunft,

→Schleiermachers Reden »Über die Religion« ebenso wie Kierkegaards »Einübung im Christentum«, K. →Barths »Römerbrief« und →Bonhoeffers »Gefängnisbriefe«.

*C.* Die Folgerung ist eindeutig: Th. bleibt gegenüber der christl. Botschaft und Offenbarung stets fragwürdig und relativ. Jede ihrer Formen fordert Widerspruch zu Verbesserung oder Korrektur heraus. Th. ist immer auch eine *Geschichte des Konflikts.*

*I.* Seit Paulus, Origenes und Augustinus hat eine gute Th. um ihrer Wahrheit willen kirchl. Praxis kritisiert, polem. herausgefordert, wurde sie zugleich von Gegenpositionen aus bekämpft, bisweilen ins Abseits gedrängt. Was sich aber im MA. als Auseinandersetzung zwischen theol. Schulen (so schon Bonaventura und Thomas von Aquin), aber auch zwischen der offiziellen Th. und aufständ. »Ketzerbewegungen« (→Katharer und Albigenser, →Waldenser), in der Reformationszeit (seit den Vorläufern →Wyclif und →Hus) als Streit zwischen den sich herausbildenden →Konfessionen abspielte, gerät in der Neuzeit zunehmend zu einer Geschichte des Konflikts von Th. und *Wissenschaft* einerseits, von Th. und →*Kirche* andererseits.
*1.* Eine Geschichte der Th. zu erzählen, ohne die von ihr mitproduzierte Ketzergeschichte zu erwähnen, wäre Verrat an den Opfern. Th.geschichte war von ihren Anfängen an eine Konfliktgeschichte, bei der der kirchl. Kampf um die Wahrheit nicht selten der umstrittenen Sache selbst Hohn spottete und in der sich so im Verlauf der Jh.e eine immense *Schuldgeschichte* auftürmte: Athanasius fünfmal verbannt und wiederholt der Gewalt ausgesetzt (auch er selber in seinen Reaktionen oft ebenso gewaltsam); J. Hus und G. Bruno (1548-1600) auf dem Scheiterhaufen exekutiert; M. Luther und mit ihm alle Reformatoren exkommuniziert; →Erasmus von Rotterdam auf dem Index der verbotenen Bücher; Origenes und →Teilhard de Chardin ins Exil geschickt, der →Häresie verdächtigt. Chr. Wolff von fanat. Pietisten von seiner Lehrkanzel vertrieben; A. von →Harnack mit einer »Strafprofessur« gezähmt; R. →Bultmann in seiner eigenen Kirche als Ketzer desavouiert. Theologen von der Patristik bis in die Gegenwart waren dabei nicht nur Opfer, sondern auch Täter kirchl. Repression.
*2.* Gerade die Geschichte der Opfer aber zeigt eine *»Ironie der Geschichte«* gerade auch in Th. und Kirche. Viele Opfer von einst stehen heute gerechtfertigt da: 50 Jahre nach seiner kirchl. Verurteilung wird Thomas von Aquin heiliggesprochen; M. Luther, der Erzketzer, wird heute in beiden Kirchen »Vater des Glaubens« genannt; der »zweideutige Erasmus« – heute ein Kronzeuge innerkath. Reform; der zeit seines Lebens angefeindete und verdächtigte J. H. Newman – am Ende ein Kardinal der röm. Kirche.
*3.* Spektakuläre Fälle im 20. Jh. zeigen eindrückl., wie sehr die Freiheit der Th. gegen den Konformitätsdruck kirchl. Erwartungen sich behaupten mußte und das Ringen um eine zeitgemäße Erneuerung von Th. und Kirche ihren Preis forderte: Von Origenes über Luther bis M. J. Lagrange (1855-1938) und R. Bultmann war der *Kampf um die Wahrheit* immer auch ein Kampf um die rechte Schriftauslegung; von G. Bruno und G. →Galilei bis Teilhard war der Kampf um die Wahrheit immer auch ein Kampf um ein erneuertes Natur- und Schöpfungsverständnis (→Naturwissenschaft und Th.); von Erasmus und B. Las Casas (1474-1566) bis zu A. Loisy (1857-1940), K. →Rahner, H. Küng, L. Boff war der Kampf um die Wahrheit immer auch ein Kampf um die →Kirchenreform, die Reform der hierarch., disziplinären und moralist. Verkrustung der Kirche.

*II.* Die Tatsache ruft nach Erklärungen. Die Wissenschaften verdächtigen die Th. mangelnder *Wissenschaftlichkeit*, weil sie sich illegitim an den christl. Glauben als ihr Vorverständnis und an die Autorität der kirchl. Lehre als ihre Bezugsgruppe binde. Wie hat sie sich zu verhalten?
*1.* Die Behauptung, daß Th. wissenschaftl. sein müsse, ist nicht mehr selbstverständl., nachdem die moderne Wissenschaft selber der öffentl. Kritik ausgesetzt ist. Doch hat die Th. heute Forschungsbereiche und -methoden aus der Philosophie, der Geschichte, den Sozial- und Verhaltenswissenschaften übernommen, ohne die sie ihre Arbeit nicht durchführen könnte. Am Recht solcher wissenschaftl. Bearbeitung und Methodik besteht ebensowenig Zweifel wie an der Tatsache, daß Th. zusammen mit anderen Wissenschaften an der Kritik und Selbstrelativierung des wissenschaftl. Gesamtbetriebs teilhat. Unbestreitbar sind deshalb auch ideologiekrit. und *kontextuelle Kritik* am gegenwärtigen Wissenschaftsbetrieb der Th., die ihre Methoden differenziert, verabsolutiert und zu immer »reineren«, aber lebensferneren Ergebnissen verfeinert. Während die Naturwissenschaften in der Technik unbestechl. Bestätigung und Kritik finden, während sich Humanwissenschaften und →Soziologie ihre Teilbestätigungen in Politik und der Gestaltung der Öffentlichkeit erringen können, hat die Th. solches öffentl. Echo weitgehend verloren. Hier liegt eine Gefahr.
*2.* Die Antwort der Th. kann aber nicht die Rückkehr zu einem vorwissenschaftl. Verfahren sein, sondern nur die Erinnerung an ihre gesellschaftl. Verantwortung, in der sie ihr *Wahrheitsgewissen* noch selbstkritischer ernst nimmt. Bei aller geschichtl. und kulturellen Relativität der Th. als Universitätsth. also, bei aller Gebrochenheit der Institution Universität, Wissenschaft, des →Buchs als kulturellen Vermittlungsträgern, bei aller Einsicht, daß Th. in anderen Kulturen andere Produktionsstätten und Erfahrungsquellen aufweist (→Basisgemeinden; Aktionsgruppen, →Alternativbewegungen), wird Th. in einer von wissenschaftl. Denken geprägten Zeit nicht darauf verzichten

können, ihre Sache *denker. verantwortet*, systemat. transparent und argumentativ widerspruchsfrei vorzutragen. Diese Form von Wissenschaftlichkeit wird dabei um so glaubwürdiger, je weniger Th. Spezialprobleme der akadem. abgekapselten Sonderwelt traktiert und Antworten auf Fragen gibt, die kaum ein Mensch noch stellt, sondern Grundfragen des neuzeitl. Bewußtseins klärt und wissenschaftl. Fragen zu Lebensfragen von Menschen werden läßt. So hat die Th. nicht nur eine reagierende, sondern auch eine provozierende und entdecker. Funktion. Sie hat nicht nur Fragen zu beantworten, sondern neue Aufgaben und Probleme zu stellen.

*3.* Mit ihrem Anspruch auf Wissenschaftlichkeit gerät die Th. neuzeitl. freil. in eine *doppelte Frontstellung:* sie muß sich als Wissenschaft unter Wissenschaften ideologiekrit. Fragen über Grundlagen, Methoden und Ergebnisse ihres Denkens (→Ideologiekritik) stellen; sie kann ihrerseits aber auch krit.-offensiv den Wahrheitsanspruch anderer Wissenschaften befragen sowie die Absolutheitsansprüche im Raum der Wissenschaften relativieren helfen (→Wissenschaftstheorie). Nur als offensive Wissenschaft kann Th. im Spannungsfeld von Wissenschaftlichkeit und Kirchlichkeit dem Dilemma von Identität und Relevanz entkommen, da sie nur so ihre Kirchlichkeit als Gespräch mit den Wissenschaften aktiviert und den Verdacht widerlegt, Th. sei um so »kirchlicher«, je »unwissenschaftlicher«, um so »wissenschaftlicher«, je »unkirchlicher« sie sich präsentiere.

*III.* Allerdings verdächtigen Kirchen ihre Th.n *mangelnder Kirchlichkeit*, weil sie sich illegitim den (glaubensneutralen) Methoden und Gesetzen der Wissenschaft ausliefere. Wie hat sie sich dazu zu verhalten?

*1.* Die Behauptung, Th. müsse kirchl. sein, ist *in der ev. Th. nicht unbestritten* (→theol. Wissenschaftstheorie). Diese Bestreitung hat zwei Wurzeln und zielt dementspr. auf zwei Korrekturen. Allg. betont ev. Th. den Vorrang von Schrift und Offenbarung vor der kirchl. Lehre (Korrektur 1). Eine Bindung an das →Bekenntnis der Kirche wird in der Regel zugestanden, sofern es nichts anderes als die *Schrift* auslegen will. Zumindest theoret. kann an diesem Punkt hohes ökumen. Einverständnis erzielt werden, je vorbehaltloser sich kath. Th. auf ihre eigenen klass. Kriterien einläßt, die Schrift näml. als *erstverbindl. Norm* in Anschlag bringt. Th. muß dann Glaubensinhalte auslegen, Vorverständnisse besprechbar machen, zwischen Entdekkungs- und Begründungszusammenhängen (dem Paradox vorbehaltlosen Vertrauens auf Gott und der daraus folgenden Weltsicht) unterscheiden. Th. hat dann nicht den Glauben zu entdecken, ihn aber log. kohärent im öffentl. Diskurs zu erklären. Dieses Th.verständnis hat im westl. Kulturraum eine hohe Zustimmung gefunden. Glaubwürdig wird es von kath. Seite allerdings erst dann, wenn die Kirchen ihrer Th. auch den entspr. Freiraum der Rede und des Denkens gewähren.

*2.* Daran knüpft sich von ev. Seite bisweilen die zweite Bestreitung. Kirchlichkeit wird dann als ausschließender *Gegensatz* zur Wissenschaftlichkeit gesehen und um der Wissenschaftlichkeit der Th. willen prinzipiell abgelehnt (Korrektur 2). Diese Kritik reagiert auf die Fülle konkreter Erfahrungen, in denen kirchl. Institutionen und Gruppen versuchen, das wissenschaftl. Gewissen der Theologen zu ersetzen, Denkergebnisse ohne deren Begründungen zu beurteilen, Sachkompetenz mit Entscheidungskompetenzen zu überlagern, kurz: Th. zur Funktion von begrenzten kirchl. Öffentlichkeiten zu machen und Th. als eine Institution eigenen Rechts nicht anzuerkennen. Dagegen läßt sich Kirchlichkeit nicht nur unterordnend defensiv, sondern auch als offensive, wenn nicht gar *prophet. Qualität* verstehen, kraft deren Theologen ihre Sache ins Gespräch der Kirche einbringen und dort wie in der allg. →Öffentlichkeit dem Test christl. Praxis aussetzen können. Kirchlichkeit besagt dann das *Recht*, in der Kirche im Namen des gemeinsamen Glaubens die Stimme zu erheben und mit der einer Wissenschaft eigenen Autorität gehört zu werden.

*3.* Allerdings fügen sich daran auch *Verpflichtungen* der Th. Ihren Anspruch auf Wissenschaftlichkeit wird eine Th. um so glaubwürdiger erfüllen, je transparenter ihr *Verhältnis zur Kirche und zur kirchl. Autorität ist* (Lehramt, Bekenntnisschriften). Die Stellung der Th. ist in beiden christl. Großkirchen gegenwärtig prekär. Klafft im Raum des Protestantismus oft eher eine Lücke von Theorie und Praxis, Universität und Kanzel, Wissenschaft und Verkündigung, so im Raum des Katholischen nicht selten eine Diskrepanz von Autorität und Freiheit, Lehramt und Lehrstuhl, dogmat. Starre und wissenschaftl. Forschungsfreiheit. Und während kath. Theologen oft ungerechtfertigt ihre Kirchlichkeit abgesprochen wird, sind die ev. Proteste gegen die subtilen, fiskal. und machtpolit. Strategien einer hierarch. Bevormundung schon lange verstummt. So bleiben wissenschaftstheoret. Grundfragen der Th. auf dem Schnittpunkt von Theorie und Praxis unentschieden, bei ökumen. Gesprächen zudem im Grau allg. Formeln verdeckt. Die Unerträglichkeit dieser Situation wird meist übersehen.

*IV.* Der letzte Raum theol. *Eigenverantwortung*, über die keine andere Instanz verfügen kann, wird in der christl. Sprache dem →Hl. Geist zugeschrieben (→Charisma) und neuzeitl. auf den säkularen, nicht unchristl. Begriff der →*Freiheit* gebracht.

*1.* Die Freiheit der Th. ist dabei grundsätzl. eine doppelte: Theologinnen und Theologen können und müssen zum einen die Freiheit beanspruchen, an der sie als Christenmenschen mit allen Christen partizipieren (»Freiheit eines Christenmenschen«); sie können und müssen zum anderen die Freiheit ausschöpfen, welche die Verfassung etwa der Bundesrepublik Deutschland polit. der Wissenschaft einräumt (»Freiheit der Wissenschaften«); denn nur so gelingt es, dem differenzierten Wahrheitsge-

wissen einer säkularisierten, auf dialogfähige Übersetzung der rel. Botschaft wartenden Öffentlichkeit gerecht zu werden.
*2.* Wie die Theologinnen und Theologen mit dieser Freiheit *freil. konkret* umgehen, ist letztl. Ergebnis ihres Urteilsvermögens. Die Th. wird auch hier einen delikaten *Mittelweg zwischen Entfremdung und Anpassung* zu gehen haben. Sie wird sich binnenwissenschaftl. oder traditionskrit. weder so von der Kirche isolieren, daß eine krit. Loyalität mit Gemeinschaft und Tradition nicht mehr mögl. ist, noch kann es ihre Aufgabe sein, das fakt. Bestehende stets zu rechtfertigen oder wissenschaftl. zu überhöhen. Die (auf Grund der Erteilung einer kirchl. Lehrbefähigung, kath. »Missio canonica«) vollzogene fakt. Bindung der Theologen an die Kirche verpflichtet sie zwar in bes. Maße auf die Gemeinschaft und Tradition der Kirche, entbindet sie aber nicht von der Verantwortung, Gemeinschaftsformen und Traditionslasten stets neu krit. zu hinterfragen. Th. hat sich näml. – ohne es auf einen Bruch mit der kirchl. Gemeinschaft und Tradition anzulegen – als Avantgarde einer *christlicheren Kirche* zu behaupten und ihre Dienste zur Begründung und Rechtfertigung eines aufgeklärteren Glaubens, einer glaubwürdigeren Praxis und einer versöhnteren Gemeinschaft krit.-loyal einzubringen. Die gegenwärtige Kluft etwa zwischen theol. Aufklärungs- und Versöhnungsarbeit in Sachen →Ökumene der christl. Kirchen (Aufhebung der Kirchenspaltung) und der Akzeptanz durch die Kirchenleitung zeigt die Unverzichtbarkeit, aber auch das Dilemma der Th. innerhalb der kirchl. Institutionen.

*D.* Der inneren entspricht die *äußere Problemstruktur der Th.* Ihrer zwiespältigen Geschichte eingedenk wird eine zeitgemäße und ursprungsbezogene Th. fünf Dimensionen ernst zu nehmen haben:

*I.* Th. ist und bleibt *auf die Schrift bezogen.* Mit dieser Eigenschaft unterstellt sie sich nicht nur dem ersten Kriterium des Glaubens selber, sondern wahrt auch die Kontinuität mit ihrer eigenen Herkunft. Wie die Th. anderer Religionen, so ist auch die christl. Th. Auslegung der Schrift (im MA. noch »sacra pagina« [»hl. Blatt«] genannt), die lange Zeit noch Meinungen früherer Interpreten sammelt, neu auslegt und systematisiert.
Nimmt Th. diese ihre *bibl. Dimension* ernst, nimmt sie krit. an ihrem Ursprung Maß. Sie läßt sich darauf behaften, daß sie ihre große Konstante im Wechsel der Zeit (der Glaube an Gottes befreiendes Wort in Jesus Christus) in ursprungs- wie gegenwartsbezogener Weise adäquat zur Sprache bringt. Gerade in einer Zeit epochaler Krisen, die nicht mehr vom säkularen Fortschrittsglauben geprägt, sondern von Zerstörungsangst, Erschütterung der Institutionen und der Möglichkeit global tödl. Konflikte bedroht ist, ist Th. herausgefordert, den Glauben an den »in Christus« befreiten Menschen krit.-widerständig wachzuhalten.

*II.* Th. ist und bleibt *auf die Geschichte bezogen.* Mit dieser Eigenschaft unterstellt sie sich dem umfassenden Gespräch mit früheren Generationen, prüft, übernimmt vielleicht deren Sprachmöglichkeiten für unsere Zeit, relativiert und präzisiert zugleich aus gegenwärtiger Perspektive das, was frühere Generationen sagten und meinten. Dieses geschichtl. Verfahren ist schon im NT zu finden, das mit Hilfe von Gesetz und Propheten Jesus als den Messias begreift: Alte Kirche und MA. suchen das vergangene Wort als Weg weiterer Wahrheitserkenntnis. In der Neuzeit ist die Geschichte nicht nur zur krit. Befragerin, sondern (im 19. Jh. vollends) zur Leitwissenschaft der Th. überhaupt, damit zur großen Herausforderung und ökumen. Erneuerung der Th. geworden. Das krit. Potential der Geschichte mit ihrer relativierenden, »vergeschichtlichenden«, aber auch profilierenden Kraft ist noch nicht abgearbeitet.
Nimmt Th. diese *geschichtl. Dimension* ernst, so kann sie nicht nur zu einem anderen Verhältnis zur Geschichte gelangen (das eine neue Symbiose von menschl. Geschichte und natürl. Umwelt ermöglicht), sondern sieht in der geschichtl. Kritik auch immer wieder ein Instrument, Absolutheitsansprüche dogmat. und institutioneller Verfestigungen zu kritisieren und zu relativieren. Das schließt die Relativierung des eigenen Standorts ein, ohne daß Th. dadurch das Recht auf bezeugende Behauptungen verlieren müßte (→Relativismus). Geschichtl. ihrer eigenen Begrenzung eingedenk, wird aus einer triumphierenden, alles beherrschenden und alles kontrollierenden Th. eine selbstkrit.-solidar. Th.

*III.* Angesichts der modernen gesellschaftl. Pluralisierung und Säkularisierung bleibt Th. – lebensnotwendiger denn je – auf die Möglichkeiten und Lücken *gegenwärtiger Erfahrung* bezogen, die in der westl. Gesellschaft weitgehend den Denk- und Sprachzusammenhang des rel. Erbes verlassen hat. Dieser Gesichtspunkt wird in ev. Kirchen bisweilen als Auslieferung des Glaubens an die Subjektivität der Erfahrung diskreditiert, im kath. Raum oft nicht wahrgenommen. Schleiermachers Verweis auf das rel. Bewußtsein aber ist ebenso aktuell wie P. →Tillichs Folgerungen für eine »korrelative« Methode oder K. Rahners These, daß jedem Menschen Gotteserfahrung mögl. sei. Zudem haben sich die Th.n der Alten Kirche und ein Gutteil der ma. Th. durchgehend auf kulturell bindende wie systemsprengende persönl. Erfahrungen bezogen. In neueren Diskussionen zu Fragen kontextueller Th. wird diese Notwendigkeit (als Defizit akadem. Th.) neu erkannt. Merkmal der patrist. Th. war m.a.W. ihr Versuch, →*»Weisheit«* zu sein. Sie bezog deshalb ihre Auslegung von Schrift und Tradition auf ihr Welt- und Selbstverständnis insgesamt und betrachtete ihr Glaubenssystem zugleich als kulturell prägenden Faktor (→Kultur).

Nimmt die Th. diese *Erfahrungsdimension* ernst, so wird sie heute nicht nur archa., fundamentalist. oder integralist. die frühere Botschaft reproduzieren, sondern auch →Sprachwissenschaften, →Symbolforschung und →Psychologie, →Literatur und →Kunst zu Hilfe nehmen, um neue Wege zum säkularen Gespräch zu finden. Ihre Selbstlosigkeit im Namen des christl. Glaubens wird sie erst dadurch erweisen, daß sie es lernt, ihre alten Sprachgehäuse zu verlassen, sobald sie auf neue und elementarere, nötigenfalls auf vorrel. Weise sagen kann, was Glaube an Gott bedeutet.

*IV.* Seit den 60er Jahren ist die polit. Dimension der Th. neu ins Bewußtsein gerückt (→polit. Theologie). Als Agentin von →Werten und →Sinnorientierung, als Legitimatorin der wechselnden Gestalten von Glaube und Kirche, als Produzentin von →Ordnungsmodellen für →Gesellschaft und →Staat, als krit. Gewissen von Regelungen und Verhalten hat Th. immer (als Verteidigerin wie als Kritikerin von Kirche) eine *polit. Funktion* ausgeübt, die sich mit wachsendem kulturell-polit. Einfluß der Kirche verstärkte (→Konstant. Wende). Nicht daß Th. diese Funktion ausübte und immer noch ausübt, erscheint gegenwärtig als Problem, sondern daß sie sich – zumal in der Neuzeit – unter dem Anschein eines zunehmend →privatisierten oder auf den Markt existentieller Sinnangebote (→Pluralismus) zurückgeworfenen Glaubens dieser Funktion nicht mehr bewußt war, ihre scheinbare Distanz zu Politik geradezu als Stärke propagierte und sich so für polit. Ziele mißbrauchen ließ. Die Reflexion auf diese Dimension aber führt unmittelbar zu bewußten – wenn auch schwer verfügbaren – *polit. Optionen* und zur Frage nach den Kriterien für die polit. Dimension von Glaube, Kirche und →Christentum überhaupt. Angesichts der fälligen Selbstkritik zumal westl. Kultur und Zivilisation, angesichts der von ihr weltweit mit verursachten polit. und ökonom. Folgen kann sich Th. dieser Fragestellung nicht mehr entziehen.
Nimmt Th. diese ihre *polit. Dimension* ernst, dann hat sie allen Versuchen zu wehren, sich in einen Schonraum polit. Neutralität und Unverbindlichkeit zurückzuziehen, aber auch allen Versuchen einer vordergründigen Politisierung zu widerstehen. Sosehr die Th. für die Formulierung konkreter Sachaussagen auf eine bibl. begründete Kriteriologie verzichten muß, wenn sie polit. das Wort ergreifen will, so sehr ist heute in jedem Fall eine »Option für die Armen« (→Befreiungsth.) unerläßl., so sehr hat sie gerade in einer Zeit tödl. Gefahren für die Menschheit als Ganzes unzweideutig wieder bekenntnishaft zu reden. In jedem Fall wird Th. heute eine Th. im *Gedächtnis der Leidensgeschichten* unserer Zeit sein müssen (einschließl. der von den Kirchen mit verschuldeten), eine Th. *nach* Auschwitz, Hiroshima und Archipel Gulag, die gegenwärtig immer mehr auch zu einer Th. *vor* dem atomaren →Holocaust werden muß. Sie wird vor allem die polit. engagierten, emanzipator., weil in ihren Kontexten polit. und sozial unmittelbar herausgeforderten Th.n im Gesamtgespräch als vollwertige Schwestern akzeptieren und auf sie hören müssen.

*V.* Die Unglaubwürdigkeit einer nach Konfessionen gespaltenen Th. ist heute ebenso offenkundig wie der kulturelle, in ihnen aufbewahrte *Reichtum.* Bei allen unterschiedl. Grundentscheidungen und inhaltl. Prägungen, mögen sie in ihrer Zeit berechtigt und sinnvoll gewesen sein, zeigt sich, daß die Alternativen »christl.-unchristl.«, »wahr-falsch«, »rechter Glaube-Häresie« ungerecht, ungeschichtl. und überhebl. sind.
Nimmt Th. also ihre *ökumen. Dimension* ernst, dann wird sie ihre partikular-konfessionellen Traditionen nicht länger als Verwirklichung der ganzen, sondern als Teil einer umfassenden christl. Wahrheit zu verstehen suchen; dann wird sie sich der Erschütterung der Vorherrschaft des Christentums als der »einzig wahren«, »alleinseligmachenden und absoluten Religion« bewußt sein. In Auseinandersetzung mit der *Vielfalt der Religionen* wird sie – jenseits von Beliebigkeitspluralismus und Absolutheitsanspruch – die Einzigartigkeit des christl. Glaubens zu verstehen und zu interpretieren suchen. Katholizität und Ökumenizität von Th. und Kirche sind ein noch unvollendetes Projekt der Geschichte. Ökumene meint dabei heute nicht nur die Versöhnung zwischen Kirchen, Religionen und Kulturen, sondern auch zwischen den Geschlechtern (→feminist. Th.). Sie beginnt dort, wo die Vorherrschaft des Patriarchats gebrochen, Spuren des Sexismus beseitigt sind und eine wahrhaft globale Gemeinschaft von Brüdern und Schwestern entsteht.

*E.* Th. kann sich, wie jede andere Wissenschaft, aber auch wie jede lebendige Institution von Christentum und Kirche, in ihrer Selbstdefinition nie endgültig festlegen. Deshalb ist zum Schluß auf die *weltweiten Entwicklungen* zu verweisen, in denen die christl. Th. wieder aus den Hallen der (westl.) Universitäten auszieht und – in Wiederaufnahme des Th.begriffs im ursprüngl. weitesten Sinn – ihren *Ort in Gemeinden* mit ihrem tägl. Kampf, ihrer konkreten Inspiration, ihren Enttäuschungen und Hoffnungen auf Gottes Reich zurückverlagert hat. So impossant der autonome Th.betrieb an westl. Universitäten auch ist, er hat sich neu der Tatsache zu stellen, daß Th. als *Theorie einer Bewegung* (näml. der Kirche) begonnen und daraus durch die Jh.e ihre Vitalität bezogen hat. In erkenntnistheoret. Kategorien formuliert bedeutet dies, daß christl. Th. als *christl. Praxis* mit deren spezif., lebenspraktisch. durchaus glaubwürdiger Rationalität zu beginnen und sich letztl. an ihr zu messen hat, weil es ihre Aufgabe ist, kirchl. und gesellschaftl. Praxis krit. zu begleiten. Dieser in einem »epistemolog. Bruch« (Bonino) in Kulturen der Dritten Welt errungene Neuansatz nimmt nicht nur die alten Traditionen einer die Schrift auslegenden, der eigenen Geschichte eingedenk bleiben-

den, nach der Wahrheit gegenwärtiger Erfahrungen suchenden, die Wissenschaften zur Reflexion herausfordernden und zudem ökumen. umfassenden Th. auf, sondern nimmt auch selbstkrit. die polit. Dimension der christl. Glaubenspraxis ernst, sieht in der *kontextuellen* (kulturellen, polit., sozialen) *Analyse* eine unaufgebbare Voraussetzung der eigenen christl. Wahrheit. Diese Th. führt zugleich vor Augen, daß es »die Th.« (im Singular) nicht oder nur zum Schein gibt. Jede lebensfähige Th. beginnt näml. *von unten,* d.h. als lokale, für konkrete Ziele engagierte und best. Bewegungen vertretende, als emanzipator. Th. Erst unter dieser Voraussetzung wird es langfristig wieder mögl., eine gesprächsfähige (nicht von Selbstzweifeln zernagten oder szientist. unverständl.) Gesamtth. aufzubauen, die Gesprächsmöglichkeiten eröffnet, statt sie definitor. zu schließen.
Im Blick auf diese weltweite Demokratisierung und Solidarisierung von Th. wird die reichdotierte, über wertvolle Materialien, differenzierte Methoden und hohe Sachkompetenz verfügende westl. Th. neben der Beantwortung der ihr unmittelbar gestellten Fragen eine *Dienstfunktion* für ihre Schwesterth.n zu erfüllen haben, die es ihr mit elementar christl. Inspiration zu danken wissen.

*Lit.: C. Boff:* Th. und Praxis. Die erkenntnistheoret. Grundlagen der Th. der Befreiung, München/Mainz, 2. Aufl. 1984. – *J. M. Bonino:* Th. im Kontext der Befreiung, Göttingen 1977. – *G. Ebeling:* Th., in: Religion in Geschichte und Gegenwart, 3. Aufl., Bd. VI, 754-769. – *P. Eicher:* Th. Eine Einführung in das Studium, München 1980. – *H. Fries:* Fundamentalth., Graz/Wien/Köln 1985. – *H. Häring/K.-J. Kuschel (Hg.):* Gegenentwürfe. 24 Lebensläufe für eine andere Th., München 1988. – *W. Kasper:* Th. und Kirche, Mainz 1987. – *H. Küng:* Menschwerdung Gottes. Eine Einführung in Hegels theol. Denken als Prolegomena zu einer künftigen Christologie, Freiburg 1970, 345-356. – *Ders.:* Th. im Aufbruch. Eine ökumen. Grundlegung, München/Zürich 1987. – *K.-J. Kuschel:* Th. des 20. Jh.s. Ein Lesebuch, München 1986. – *W. Pannenberg u.a.:* Grundlagen der Th. Ein Diskurs, Stuttgart u.a. 1974. – *Ders.:* Wissenschaftstheorie und Th., Frankfurt/M. 1977. – *H. Peukert:* Wissenschaftstheorie – Handlungstheorie – Fundamentale Th., Düsseldorf 1978. – *E. Schillebeeckx:* Theologisch geloofsverstaan anno 1983, Baarn 1983. – *R. J. Schreiter:* Constructing local theologies, Maryknoll 1984. – *K. Schwarzwäller:* Die Wissenschaft von der Torheit. Ev. Th. im Schnittpunkt von christl. Glauben und krit. Vernunft, Stuttgart/Berlin 1976. – *M. Seckler:* Im Spannungsfeld von Wissenschaft und Kirche. Th. als schöpfer. Auslegung der Wirklichkeit, Freiburg 1980.

*Hermann Häring/Karl-Josef Kuschel*

## Theologie und Philosophie

### *A. Ein umstrittenes Verhältnis*

*I.* Bereits der *Begriff der Th.* läßt das umstrittene Verhältnis zur Ph. anklingen. Er ist ebenso philos. Herkunft wie andere zentrale Begriffe der christl. Th., etwa der des →Dogmas, der ursprüngl. die philos. Lehrmeinung bezeichnete. Bei →*Platon,* der als erster von Th. spricht, steht Th. für die typolog. überarbeiteten, d.h. von allem Anstößigen befreiten, traditionellen Göttersagen (→Mythen). →Aristoteles stimmt mit diesem Sprachgebrauch weithin überein, mit Ausnahme zweier umstrittener Textstellen, die von einer »theol. Ph. bzw. Wissenschaft« sprechen. Im übrigen realisiert die Th. einen best. Aspekt der →Ph.: Jene Wissenschaft (näml. die →Metaphysik), die zur Prinzipienerkenntnis befähigt und sich als →»Ontologie« auf das erste →Sein (das Sein an sich) bezieht, kann wegen der Erhabenheit ihres Gegenstandes auch Th. genannt werden. Wie dann die →Stoa zeigt, waren im antiken Kontext Aussagen über →Gott bzw. die Götter aus der Perspektive der Ph. selbstverständlich. Dennoch treffen solche Aussagen nicht das, was auf dem Hintergrund des Christentums – ungeachtet der →Hellenisierung der jüd.-christl. Überlieferung – Th. im heutigen Sprachgebrauch qualifiziert.

*II.* Die *stoische philos. Th.* (→Stoa) ist nichts anderes als eine *Überhöhung der Physik.* Man rekonstruierte den überlieferten Mythos in einer Weise, daß sich die Gebildeten mit den rel. Selbstverständlichkeiten ihrer Zeit (→Polytheismus) entweder krit. verstehend oder loyal identifizierend auseinandersetzen konnten. Zugleich, spätestens mit den philos. Diskussionen im Zeitalter des →Hellenismus (Plotin, Jamblichos, Proklos), wurde der Widerspruch zwischen einer philos. Rede über Gott (z.B. als »primum principium« oder »causa sui«) und den primitiven, z.T. abenteuerl. Anschauungen der sog. Th.n (d.h. der →Mythologie) zum Thema. Neben Tendenzen, den Mythos verächtl. zu machen, stehen Bemühungen, dem in den Mythen Artikulierten philos. Bedeutung zuzuerkennen; mit Hilfe von Etymologien der Götternamen, der →Mythen und kult. Verrichtungen (→Kult) versuchte man, den Mythos verkürzt als die Beschreibung und Symbolisierung des göttl. Wirkens zu verstehen. Eine philos. *Rehabilitierung des Mythos* sind auch die Überlegungen Varros (geb. 82 v.Chr.), den Mythos (Varro spricht von »polit.« und »poet.« Th.) gleichberechtigt neben die philos. Naturth. zu stellen. Zumindest diejenigen, die keinen Zugang zur Ph. finden können, bleiben auf jene Th.n verwiesen. Trotz der vielfältigen Gegenwart des griech. Mythos, dem das →Transzendente nur als ein Immanentes vorstellbar war, hat sich die Ph. in ihren Argumentationszusammenhängen selber nicht preisgegeben, bewahrte sie ihre Eigenart als Ph. doch gerade darin, daß sie in der (angestrebten) Gemeinschaft mit der Gottheit ein →*Erkennen* der Gottheit sah.

*III.* In einen solchen Denkrahmen ließen sich der Mythos, aber auch (wie bei *Philon*) die geoffenbarte Religion, nur integrieren unter der Bedingung möglichst weitgehender *Allegorisierung* (→Metaphorik). Die Anstößigkeiten der rel. Überlieferung zwangen dazu, vom Buchstaben abzurükken und die (wahre) Intention des Überlieferten hervortreten zu lassen; der allegor. Deutung wurde

auch dort der Vorzug gegeben, wo bildhafte Ausdrücke auf Wesentlicheres hinzudeuten schienen, das sich prinzipiell dem menschl. Sprechen und →Denken verschließt (zugleich auch ein wichtiger Grundsatz der späteren christl. negativen Th.). Philons dritte hermeneut. Grundregel geht noch weiter; nach ihr ist hinter allen *hist.* Aussagen und Ereignissen, die in den rel. Schriften berichtet werden, ein geheimer Sinn zu suchen.
Philon selbst wandte diese method. Vorgaben in strenger Konsequenz an, um seine These zu begründen, alles Wertvolle der griech. Ph. müsse entweder ausdrückl. oder sinngemäß in den Texten der fünf Mosebücher (Pentateuch) enthalten sein. Auf dieser Hypothese baute ein System der →*Religionsphilosophie* auf, das stoische →Logoslehre, platon. Ideenlehre und bibl. →Weisheitslehre so miteinander verband, daß man intellektuell anspruchsvoll von der →Transzendenz und Unendlichkeit Gottes, die alles Begreifen und Vorstellen übersteigt, sprechen konnte. Philons rel.-philos. System – eine Synthese von →Platonismus (nicht im Sinne einer philos. Systematik, sondern einer kulturellen Selbstverständlichkeit) und jüd. Überlieferung – darf zumindest in Intention, Aufbau und method. Vorgaben als *Vorbild der christl. Th.* (gerade auch in ihrem Verhältnis zur Ph.) gelten.

*B. Christlicher Glaube als wahre Philosophie?*

*I. Aktuelle Versuche,* der Th. ihren Platz im Gefüge der neuzeitl. Wissenschaften, näherhin im Geflecht der universitären Institutionen und Disziplinen zuzuweisen, argumentieren häufig mit dem Hinweis, die christl. Überlieferung repräsentiere im Gegensatz zu den anderen →Weltreligionen, die keine ausgesprochene Th. (bzw. Th. nur in sehr unvollkommener Weise) hervorgebracht hätten, die einzige Religion, die von der Gestalt der ihr zugrundeliegenden →Offenbarung her schon auf Th. verwiesen sei. Ja, Th. selbst liege bereits den bibl. Texten unmittelbar zugrunde. Man kann diese These mit guten Gründen bestreiten. Zumindest Th. als rational verfaßte, in Analogie zu der wissenschaftl.-philos. Systematik konzipierte Verhältnisbestimmung von geoffenbarter, rel. Wahrheit und Welt (Logos, Kosmos, Physis, Geschichte) ist den *bibl. Texten fremd.* Die Systematisierung ihrer Gehalte in Th.n verdankt sich der (hist. zufälligen) Auseinandersetzung mit der Ph., näherhin dem Umstand, daß sich das →Christentum im Abendland ausbreitete und sich langfristig im »okzidentalen Rationalisierungsprozeß« (Max →Weber) behaupten mußte, den es aber auch mitkonturieren und -steuern konnte.

*II.* Als erste suchten die frühchristl. →*Apologeten* das Gespräch mit der Ph. Zwar kann rückblickend der Eindruck entstehen, daß sie vor allem die Vereinbarkeit best. theol. mit den philos. Anschauungen der Zeit (z.B. des Mittelplatonismus) nachweisen wollten. Doch kennzeichnet ihre Schriften ein viel umfassenderer Anspruch; sie wollten die christl. Lebensform als Ganzes als Antwort auf die Fragen herausstellen, deren Gesamtheit das kulturelle Selbstverständnis der Zeit repräsentierte. Aus dem ursprüngl. Ziel, eine best. Lebenspraxis als verbindl. herauszustellen, entwickelte sich ein *Anspruch auf →»Wahrheit«*, der – im Gegensatz zum bibl. Wahrheitsverständnis – zunehmend von Kategorien wie »wahr«, »wirklich« und »tatsächlich« beherrscht wurde, bezogen auf »wahre Sachverhalte« und »richtige« oder »gewisse« »Tatbestände« (etwa Seinsaussagen). Am Ende der Akzentverschiebung, die hier einsetzt, steht die problemat. Gestalt eines Christentums, das sich selbst als Ph., ja als die *»wahre Ph.«* deklariert.

*III.* Erst dieses neue Selbstverständnis des Christentums ermöglichte es, einzelne, umstrittene *philos.* Anschauungen und *Überzeugungen zu übernehmen*, wie sie die Th. des 4. und 5. Jh.s und die zu dieser Zeit einsetzende inhaltl. Ausgestaltung des kirchl. →Dogmas prägt. In Analogie zur →griech. Ph. und in Auseinandersetzung mit dem alteurop., undifferenzierten Wissenschaftsbegriff konstituierte sich ein Anspruch auf Wahrheit und Verbindlichkeit, der es erst erlaubte, von Th. zu sprechen. Er fand u.a. seinen Niederschlag in einem zusammenhängenden *System von Sätzen,* das der Anspruch auszeichnet, das Ganze der Wirklichkeit zu erklären. In der Th. wird die »Weltbildfunktion« von Religion systematisiert. Plausibel wurde ein solches »System« unter der Voraussetzung, daß – ebenso wie in der Ph. – Affektbildung, Kulturbildung und Handlungsnormierung verbunden werden zu einer einheitl. Gesamtsicht der Welt, die sich dann als Alternative zur spätantiken Kultur präsentieren konnte. Aus alledem ergibt sich ein sehr zwiespältiges Verhältnis zur Ph. Aus allen von den Apologeten überlieferten Texten spricht eine entschiedene *Ablehnung der Ph.* Ihre Lehren werden als widersprüchl. und moral. nicht nachahmenswert dargestellt. Sie sind bestenfalls strittige Hypothesen, keineswegs jedoch unbezweifelbare Aussagen über erwiesene Tatsachen. Gleichzeitig zeigen sich die Apologeten überzeugt von der Überlegenheit und Unüberbietbarkeit der christl. Lebensform, hinter der die Betonung einzelner »rel. Wahrheiten« zurücktritt, die sie alternativ zu den Dogmen der Philosophen offerieren.

*IV.* Auf der anderen Seite führt gerade der Wille zur universalen Ausweitung dieser (partikularen) Lebensform zu einer *Auseinandersetzung mit der Ph.,* die über die anfängl. Polemik hinausgeht. Aber auch diese Auseinandersetzung führt noch nicht zu einer in der Sache begründeten Übernahme. Aus ihr folgt vielmehr die radikale These, das Christentum selbst sei *die »wahre Ph.«*, weil es einen »logos« repräsentiere, der jenem der vielen, einander widersprechenden Philosophenschulen überlegen sei. Drei Aspekte konkretisieren diese Selbsteinschätzung: 1. die Anwendung des für den Mittelplatonismus typ. *Anciennitätsprinzips* auf die eigene Überlieferung (die Bibel bietet die »älteste« Ph.), 2. die Einführung einer neuen, an den platon. Dialogen orientierten *Sprachform* (→Platon) sowie 3. die Übernahme des *»Titels« Ph.* im Sinne von »glaubwürdiger Überlieferung« für die eigene Lehre. Dabei wird jeder Gedanke an eine Kontinuität zwischen Ph. und Christentum ebenso zurückgewiesen wie eine künftige Übereinstimmung oder gar Identität von vornherein ausgeschlossen wird.

*V.* Mit der Überzeugung, allein das Christentum könne am glaubhaftesten die kulturelle Grundübereinstimmung repräsentieren, geht eine *Umformung* der *ursprüngl. rel. Überlieferung* einher, in deren Verlauf die christl. Religion sich neu als *Erkenntnis* (→»Gnosis«; vgl. K. von Alexandrien; →Kirchenväter) begreift. Schon die offensichtl. Erklärungsmängel der bibl. Texte gegenüber der Ph. legten eine solche Neubegründung nahe, zumal die – von den frühen Theologen nahegelegte – Überlegenheit des Christentums gegenüber der Ph. im Wissen des Göttlichen erhebl. Defizite in Fragen der →Ontologie und →Kosmologie offenbarte. Zumindest auf dieser Ebene war die Ph. voll anzuerkennen. So mußte man gerade auf dieser Ebene von einer *Widerspruchsfreiheit* zwischen Ph. und Christentum ausgehen. Die teilweise Anerkennung und schließl. die Übernahme des Vernunft- und Rationalitätsbegriffs, für den die zeitgenössische Ph. einstand, durch das Christentum waren die Folge. So wollte →Origenes gegenüber Celsus, der vom Christentum als einer Welt ohne Logos gesprochen hatte, die *Vernünftigkeit* des Christentums (im Sinne dieses Vernunft- und Rationalitätsbegriffs) plausibel machen. Allerdings konnte der »Erweis der Vernünftigkeit der Offenbarung« nicht heißen, daß diese Wahrheiten der Vernunfterkenntnis einfach zugängl. seien. Nicht die Inhalte der Offenbarung sind vernunfteinsichtig. Einsichtig machen läßt sich nur ihre »Wahrheit«, und zwar deshalb, weil sich durch die Offenbarung der »Logos« Gottes allen Menschen begreifbar machen wollte. Offenbarung und Logos (Christentum und natürl. Weisheit, Th. und Ph.) können deshalb keine Gegensätze sein. Gerade darin besteht die Ökonomie der Offenbarung, daß Gott – mit gleichsam pädagog. Absicht – seinen Logos in die Weltwirklichkeit einläßt, um auf diese Weise seine →Transzendenz erahnen zu lassen. Bei Origenes kommt als zusätzl. Argument – auch darin die spätere Th. vorwegnehmend – die *Moralisierung der Vernunft* hinzu: die Lebenspraxis der Christen belege hinlänglich, daß der göttl. Logos weit mehr in ihr Leben eingetreten sei als in dasjenige der meisten Philosophen, deren Lehren kaum je so viele Menschen zu einem logosgemäßen Leben geführt hätten.

*C. Philosophie als Magd der Theologie*

*I.* Bedeutsam für die Herausbildung der christl. Th. wurde daneben die Übernahme des klass., über die Ph. vermittelten *Bildungsideals.* Es kam zu einer »Pädagogisierung des Christentums« und der damit verbundenen Unterscheidung zwischen Gebildeten und Ungebildeten (der Gegensatz von *gnosis* und *pistis*, Erkennen und Glaube). Auf dem Hintergrund dieser Übernahme verwandelten sich die Argumente der Philosophen gegen das Christentum in solche der Theologen gegen ein naives und vergegenständlichtes Christentum. Dies alles bedeutet eine Indienstnahme der Ph. durch die Th. Sie hob zwar das kulturelle Selbstverständnis der Ph. auf, erlaubte es andererseits aber der Ph., in wenngleich depotenzierter Form in einem neuen kulturellen Kontext als »Magd der Th.« (ancilla theologiae, sacrae doctrinae) zu überdauern. Ansätze zu einer solchen »Aufhebung« der Ph. finden sich etwa ganz deutl. im Werk des Aurelius →*Augustinus.*

*II.* Die von ihm durchgeführte Abgrenzung der geoffenbarten Wahrheit von der Ph. bei gleichzeitiger Übernahme zentraler philos. Grundaussagen (→Neuplatonismus) nimmt jenen eigentüml. Konfliktbereich vorweg, innerhalb dessen sich Th. und Ph. voneinander abzugrenzen versuchen, zugleich aber auch aufeinander verwiesen bleiben: die *Philos. Theologie.* Sie steht für diejenige Rede von →Gott (»Th.«), die – im Gegensatz zur Offenbarungstheologie – auf die natürl. →Vernunft zurückgreift. Noch →Kant spricht – in Abgrenzung von dem, was er »bibl. Th.« nennt – von einer philos. Th. auf dem Felde der Wissenschaften, die sich »innerhalb der Grenzen der bloßen Vernunft« bewege. Zwar berührt sich diese Gestalt von Th. mit der →Metaphysik (beide suchen die letzte, alles bestimmende Wirklichkeit zu denken), geht aber unter zweifacher Rücksicht *über die Metaphysik hinaus.*

. Einmal liegt ihr Akzent auf der Bestimmung als Th.: Der Gott der christl. Offenbarung als die alles bestimmende Wirklichkeit stellt sich nicht etwa diskursiv und gleichsam »am Ende« der Argumentation heraus, sondern wird von *Anfang* an in dieser Weise angestrebt.

2. Sodann zeigt die Bestimmung »philos.« ledigl. eine *Instrumentalisierung* der Ph. an: Ihre Methoden und ihr Wissenschaftsanspruch werden zwar übernommen, ihre Selbsteinschätzung aber wird abgewehrt.

*III.* Eine solche Symbiose konnte nur so lange unproblemat. sein, als es der Th. gelang, ihren *Anspruch auf den ersten Platz* innerhalb der Hierarchie der Wissenschaften zu behaupten und die Ph. auf eine mehr oder minder verbindl. Methodenlehre zu reduzieren. Unter den Bedingungen der →Neuzeit dagegen (Differenzierung innerhalb der Wissenschaften, Anthropozentrik, Plausibilitätsschwund der überlieferten rel. Deutungsschemata) mußte sich – gerade auf dem Felde der philos. Th. – die Ph. gegen die Th. und deren

Deutung der Welt wie des Menschen wenden, die der christl. Offenbarung entnommen sind. Wo die philos. Th. auf der Höhe des Bewußtseins ihrer Zeit erschien, wandelte sie sich zur →*Religionsphilosophie*, deren Fragehorizont nicht mehr bestimmt wurde vom christl. Gottesbegriff (und auch nicht mehr vom »Gott der Philosophen«), sondern von der Frage nach der Funktion von Religion im neuzeitl. Lebenszusammenhang.

*IV.* Bis dahin (→Scholastik) präsentierten sich Th. und Ph. – nicht nur auf der Ebene der philos. Th. – als *ununterschiedene Einheit*, wie gerade im MA. die Integration neuerschlossener philos. Quellen (→Aristotelismus, arab. Ph.) in die Th. zeigt. Ein weiteres Zeugnis für diese Einheit ist Anselms ontolog. Gottesbeweis (wie überhaupt die ma. →Gottesbeweise), der von der Voraussetzung ausgeht, die Vernunft könne die Einsicht des vorausgesetzten Glaubens nachträgl. rechtfertigen. Vollends von einer Identifikation läßt sich bei →*Thomas von Aquin* sprechen, der →aristotel. Ph. und überlieferte rel. Tradition (→Dogma) zu einer deduktiv-systemat. Gesamtdarstellung des rel. »Wissens« verband, das – als Prinzipienerkenntnis (→Metaphysik) – einen Wissenschaftsanspruch erhob, der unter den Bedingungen des vorneuzeitl. Verständnisses von Wissenschaft auch eingelöst werden konnte.

*D. Bruch der Einheit*

*I.* Mit dem Beginn der Neuzeit zerbrach diese Einheit von Th. und Ph. Der reformator. Rückgriff auf das geoffenbarte →Wort Gottes gab vor, alle philos. Gehalte aus der Th. herauszulösen, konnte jedoch allein schon um einer schlüssigen Argumentation willen nicht gänzl. auf dieses Instrumentarium verzichten. So bleibt z.B. in der luth. →Orthodoxie der →Aristotelismus nach wie vor integraler Bestandteil der Th. Der *philos. Bezug* auf theol. Grundannahmen jedoch wurde zunehmend *funktional.* Fallweise bezog man sich (etwa im →Deismus oder der →natürl. Religion der →Aufklärung) auf die rel. Ebene zurück. In seinen orthodoxiekrit. Aussagen zeigte man aber, daß jetzt nicht mehr die Th., sondern die *autonome Vernunft* und krit. Subjektivität als legitimierende Instanz gelten. Sie wies die von der Th. beherrschte Hierarchisierung der Wissenschaften als erledigte Vergangenheit aus.

*II.* Spätestens mit dem Beginn der Neuzeit hatte die Th. auch ihre legitimierende Funktion gegenüber Politik, Gesellschaft, individuellem und kollektivem Verhalten an die Ph. abgetreten. Nun, am Ende der Neuzeit, droht auch die Ph. diese Funktion einzubüßen, nachdem sie durch die neu entstandenen und *gefestigten Einzelwissenschaften* an den Rand gedrängt wurde.

*E. Ein neues Verhältnis*

*I.* Die Vorherrschaft der instrumentellen Vernunft (→Krit. Theorie), die auch ein Ergebnis dieses Prozesses ist, setzt Th. und Ph. in ein völlig neues Verhältnis zueinander. Beide repräsentieren nicht nur jene Traditionen, von denen her sich ein mögl. *Einspruch gegen ein verdinglichendes Bewußtsein* herleiten und begründen läßt. Neu zu bestimmen sind auch ihre gegenseitige Beeinflussung, Begründung sowie mögl. wirkungsgeschichtl. Aspekte. Th. und Ph. verhalten sich nicht mehr wie Frage und Antwort zueinander (das →scholast. Modell, das die neuzeitl. →Orthodoxien wieder zu erneuern suchten). Unter den Bedingungen der Gegenwart läßt sich der *Zielpunkt theol. Rede* nur noch erschließen von der je aktualen Welt- und Daseinserfahrung von Individuen und gesellschaftl. Gruppen her, welche die Ph. bedenkt und systematisiert.

*II.* Auf diese Weise wird die Ph. zum *bevorzugten Gesprächspartner* der Th.; sie muß ihrerseits versuchen, das Offenbarungsgeschehen im Rückgriff auf verschiedene – hist. wie systemat. und sachl. unterschiedl. – Ph.n, außertheol. Traditionen und Deutungsschemata zu aktualisieren. Die →*Pluralität* in der Th. der Gegenwart (erinnert sei nur an so unterschiedl. Ansätze wie die transzendentale Th. [K. →Rahner], die existentiale Th. [R. →Bultmann], die dialekt. Th. [K. →Barth], an vom dialog. →Personalismus beeinflußte Th.n, an im weitesten Sinne hist. argumentierende Ansätze, aber auch an die →Befreiungstheologie und →polit. Theologie) verdankt sich der Vielfalt der Ph.n, mit denen die Th. das Gespräch sucht.

*III.* Die wechselvollen Beziehungen zwischen Th. und Ph. in der Geschichte lassen *Vorhersagen* über die zukünftige Gestaltung dieses Verhältnisses problemat. erscheinen. Allerdings ist es unwahrscheinl., daß beide einmal in völliger Beziehungslosigkeit nebeneinanderstehen werden. Das kann nicht bedeuten, ihr Verhältnis ließe sich idealtyp. bestimmen. Zwei Gesichtspunkte dürften jedoch gegenwärtig von bes. Bedeutung sein. Es ist dies einmal der Aspekt der *Inanspruchnahme der Ph.* durch die Th. im Blick auf die von der Th. immer stärker erwarteten *Synthese.* Zum anderen ist es der Aspekt eines (wie der Blick auf die Geschichte zeigt: fortdauernden) *Konkurrenzverhältnisses.* Je mehr die Th. auf die Einzelwissenschaften (vor allem die →Humanwissenschaften) angewiesen ist, um so mehr braucht sie einen method. begründeten Rahmen sowie Verfahren, die der Beliebigkeit einzelner enthoben sind, um diese neuen Gesichtspunkte zu integrieren und sich selbst zu den Einzelwissenschaften in ein durchdachtes Verhältnis zu setzen. Dabei ist der Rückgriff auf einen weiten, darum aber doch nicht unspezif. *Ph.begriff* (→Philosophie) unerläßlich. Hinzu kommt die *inhaltl. Auseinandersetzung* mit der Ph. in der Gegenwart. Die Tatsache, daß sich auch in ihr – wie in der gesamten Tradition der Ph. – Erkenntnis- und Heilsinteresse überschneiden, zwingt die Th., das in der christl. Offenbarung gründende Heil von innerweltl. Heilsansprüchen abzugrenzen, ohne jedoch den Dialog zu verweigern.

*Carl-Friedrich Geyer*

**Theologiekritik**

*A.* Obwohl die angezielte Fragehinsicht ebenso alt wie die Theologie überhaupt ist, kann der Begriff noch nicht als allg. eingeführt gelten; er wird weithin unspezif. gebraucht. Im Unterschied zur →Religions- und →Christentumskritik, die ihren Widerspruch von außen formulieren, ist die T. vor allem eine *innertheol. Bemühung*, die sowohl vor ungeschichtl. dogmat. Erstarrung (→Dogma) als auch vor einer unkrit. Angleichung an das jeweils vorherrschende Verständnis von →Wirklichkeit und →Wissenschaft bewahren soll. Die Theologie verfügt ebensowenig wie die →Kirche über die Wahrheit des →Evangeliums, sondern hat – je in ihrer Zeit – im Zeugnis der →Bibel nach der Wahrheit zu fragen. Aus dem Interesse an möglichst pünktl. Angemessenheit ihres jeweiligen Redens ergibt sich die Aufgabe *ständiger Selbstkorrektur.* Diese *theol.* Aufgabe der Selbstkritik überragt sachl. alle nach außen gerichtete Kritik an der Welt und ihren →Ideologien. Die T. ist für die Kirche eine substantiell wesentl. Aufgabe, indem sie den prinzipiell relativen Charakter jeder Theologie als einer menschl. Angelegenheit (systemat. Aspekt) in je wacher Wahrnehmung der aktuellen Zeitumstände (hist. Aspekt) ins Bewußtsein hebt. Die T. bleibt bewegt vom realen Vorrang des vom Evangelium geweckten →Glaubens gegenüber all unserem theol. *Nach*denken.

*B.* Durch die ganze *Theologiegeschichte* hindurch hat sich ein Wissen darum bewahrt, daß das Evangelium selbst theologiekrit. ist. Die →Kirchenväter thematisierten dies in dem Gegensatz von Glauben und →Wissenschaft. In der *ma. Theologie* waren es vor allem Petrus Damiani (1007-1072) und Bernhard von Clairvaux (um 1090-1153), die sich gegen die frühscholast. Verwissenschaftlichung der Theologie (Problematisierung des Verhältnisses von Theologie und Philosophie; →Scholastik) wenden. Die *Reformatoren* konzentrieren ihre Kritik an der theol. Tradition in der fundamentalen Feststellung, daß die Bibel weder durch irgendwelche Auslegungskünste noch durch kirchl. Festlegungen, sondern nur durch sich selbst verstanden werden kann: Die Schrift legt sich selber aus (→Reformation). Diese theologiekrit. Berufung auf die Bibel wird später auch vom →Pietismus gegen die →altprot. Orthodoxie in Anschlag gebracht. Herausgefordert durch die Aufklärung, spannt sich ein theologiekrit. Bogen von der Neologie über den Rationalismus, die spekulative Theologie und die Vermittlungstheologie zum Kulturprotestantismus und schließl. zur Religionsgeschichtl. Schule; dieser Bogen bekommt seine Spannung durch die prinzipielle Vorordnung der Vernunft vor das Bekenntnis, was in seiner konsequenten Durchführung zur Selbstaufhebung der Theologie führt, wie sich nicht nur am Beispiel von E. →Troeltsch zeigen ließe. Gegen die neuzeitl. apologet. Angleichung der Theologie an das aufklärer. und dann idealist. Selbstbewußtsein des Menschen (→Aufklärung, →Idealismus), der die prot. mehr als die kath. Theologie verfallen war, ergeht von *S.* →*Kierkegaard* eine einschneidende T., in der die Theologie an den »absoluten qualitativen Unterschied zwischen Gott und Mensch« erinnert wird. Ihre schärfste Form erhält dann die T. bei *F. Overbeck* (1837-1905), der prinzipiell die Möglichkeit von Theologie bestreitet, denn sie versuche den Glauben mit Kategorien der →Erkenntnis zu beschreiben, die seinem Wesen zuwiderlaufen. Schon die →Alte Kirche habe insofern mit der urchristl. Gemeinde gebrochen, als sie sich positiv in der →Welt eingerichtet und das Denken der Welt für ihre Selbstverständigung übernommen habe. Die Theologie wird zum Selbstbetrug, indem sie die Vereinbarkeit von Glaube und Wissenschaft vorspiegele. Die theologiekrit. Impulse Kierkegaards und Overbecks werden vor allem von *K.* →*Barth* aufgenommen, dessen bibl. orientierte Theologie stets von einer theologiekrit. Linie durchzogen bleibt. In der Gegenwart meldet sich bes. in den →Befreiungstheologien eine bedenkenswerte T. zu Wort (→schwarze Theologie, →feminist. Theologie, →Befreiungstheologie), ebenso wie die Anfragen aus dem jungen christl.-jüd. Dialog eine theologiekrit. Herausforderung darstellen.

*Lit.: K. Barth:* Die prot. Theologie im 19. Jh., Zürich 1947. – *P. Eicher:* Bürgerl. Religion, München 1983. – *S. Kierkegaard:* Einübung im Christentum. Gesammelte Werke, hg. von E. Hirsch und H. Gerdes, 26. Abteilung, Gütersloh 1980. - *F. Overbeck:* Über die Christlichkeit unserer heutigen Theologie, Nachdruck der 2. Aufl. 1903, Darmstadt 1981. – *M. Weinrich (Hg.):* T. in der Neuzeit, Gütersloh 1988.

*Michael Weinrich*

**Theologiestudium**

*A.* Das Th. an den →theol. Fakultäten der Universitäten und an den Kirchl. →Hochschulen in der Bundesrepublik ist ein gesetzl. mindestens vier, tatsächl. aber fünf bis sieben Jahre dauernder Teil der Ausbildung für den Pfarrerberuf, in dem es um eine »wissenschaftl. erworbene, systemat. und theol. Allgemeinbildung« (Gesamtplan der Ev. Kirche in Deutschland) in den Disziplinen →AT, →NT, →Kirchengeschichte, →Systemat. Theologie, →Prakt. Theologie geht. Das Studium schließt mit dem Ersten Theol. Examen (Examen pro licentia concionandi, Diplomexamen) ab. Ihm folgt mit der prakt. Ausbildung in den Prediger- bzw. Priesterseminaren eine zweite Ausbildungsphase. Verbindl. Voraussetzung für den Weg ins Pfarramt ist ein – auch in der Dauer fest geregeltes – Studium erst seit dem 18./19. Jh. Nach Gründung der Universitäten im →MA. hat zunächst immer nur ein Teil des →Klerus eine systemat. wissenschaftl. Vorbil-

dung erhalten, und auch in den ersten Jh.en nach der →Reformation gab es, vor allem auf dem →Land, viele Pfarrer ohne gründl. Studium.
In einem speziellen Studiengang mit verminderten Anforderungen können Studenten mit dem *Berufsziel des →Lehrers* Theologie (grundsätzl. zusammen mit einem zweiten Studienfach) studieren; daneben hat es schon immer auch einzelne Studierende gegeben, die mit dem Th. eine Grundqualifikation auf dem Weg zu anderen Berufen – z.B. als Bibliothekar oder (Kirchen-)Journalist – erwarben.

*B.* Gerne hat man das Th. auch als »*Vor*bildung« bezeichnet und damit zugleich eine Position in der Frage nach dem »*Praxisbezug*« bezogen: Th. als Vorbildung soll gegenüber dem auf Handlungskonzepte gerichteten Druck der Praxis Distanz schaffen und zu selbständiger theol. Urteilsbildung führen. Die Gefahr solcher Einübung in die mit wissenschaftl. Theoriebildung verbundene Distanz zur Praxis (um der Praxis willen!) besteht darin, daß sich das Studium im Wissenschaftsbetrieb mit seinen Eigengesetzlichkeiten verselbständigt.
Die Spannung von Distanz und Bezug zur Praxis bestimmt auch die Entwicklung des Th.: Gegenüber einer kirchl. Praxis, die sich in unkrit. Überlieferung von ihren Ursprüngen gelöst und verselbständigt hat, betont M. →Luther die Dringlichkeit des Studiums der →Bibel einschließl. des Studiums ihrer *Sprachen.* Gegenüber einer sich verselbständigenden Diskussion der Lehre in der (→Altprot.) Orthodoxie hat der →Pietismus Luthers Verständnis der Theologie als einer Scientia practica *(prakt. Wissenschaft)* weitergeführt und bes. Gewicht auf die Lebens- und Glaubenspraxis sowie die geistl. Betreuung der Studenten gelegt. →Schleiermacher schließl. hat die Spannung in einem System aufgehoben, in dem er die wissenschaftl. Beschäftigung mit der Theologie auf den *Zweck des Kirchendienstes* hinordnet und ein organ. Verhältnis zwischen der »philos.« Theologie als der Wurzel, der »hist.« als dem Stamm und der »prakt.« Theologie als der Krone des Studiums sieht. In der Gegenwart ist die Frage des Praxisbezugs vor allem thematisiert worden durch die Forderung nach Praktika im Th. (inzwischen weitgehend eingelöst) sowie – in Kritik an einer ausschließl. humanist.-geisteswissenschaftl. Ausrichtung des Studiums (→Humanismus; →Geisteswissenschaften) – nach stärkerer Berücksichtigung erfahrungsbezogener Wissenschaften wie →Psychologie und →Soziologie (teilweise verbunden mit der Forderung nach Verzicht auf eine der drei alten Sprachen). Der vorläufige Abschluß der Studienreformarbeit ist auf ev. Seite dokumentiert im »Gesamtplan der Ausbildung für den Pfarrerberuf« von 1978; auf kath. Seite entspricht ihm die »Rahmenordnung Studium kath. Theologie« von 1975. Beide Kirchen haben dabei an der Forderung der drei alten Sprachen und auch an der klass. Gliederung in Disziplinen festgehalten, aber die Bedeutung der Interdisziplinarität und der Schwerpunktbildung im Studium (auch im Blick auf wichtig gewordene Sonderdisziplinen wie →Missions- und →Diakoniewissenschaft) hervorgehoben.

*Lit.: H. Begemann/C. H. Ratschow (Hg.):* Kirchl. Dienst und theol. Ausbildung, FS für Heinrich Reiß, Witten 1985. – *K.-H. Lütcke:* Grundsätze und Probleme der Theologenausbildung in Deutschland, in: Zeitschrift für Theologie und Kirche 80 (1983), 103-118. – *R. Mau:* Programme und Praxis des Th.s im 17. und 18. Jh., in: Theol. Vers. 11 (1980), 71-91.

*Karl-Heinrich Lütcke*

## Theologische Fakultäten

*A.* Für die Ausbildung der Geistlichen, der →Religionslehrer und des sonstigen theol. Personals unterhalten Staaten und Kirchen der Bundesrepublik Deutschland an (privaten oder staatl.) Universitäten eigene th.F. Das war nicht immer so. Zwar begann mit dem Aufkommen der Universitäten (ab dem 12. Jh.) eine neue Periode theol. Bildung, doch anfängl. war die Theologie an vielen neugegründeten Universitäten nicht etabliert. Erst die landesherrl. Universitäten *(seit dem 15. Jh.)* hatten neben den polit. wichtigen Fakultäten für →Recht und →Medizin auch die →Theologie für den dritten staatstragenden Beruf des Geistlichen eingeführt. Bis dahin wurden die Geistlichen an Dom- und Kapitelschulen bzw. privat ausgebildet gemäß dem Grundsatz, daß der heranwachsende →Klerus unter den Augen des →Bischofs am besten gedeihe. Im 16. Jh. war einerseits die Ausbildung an den Kloster- und Domschulen auf einem Tiefpunkt angelangt, andererseits waren die Universitäten humanist. ausgerichtet (→Humanismus) und grundsätzl. reformfreundl. Ansichten gegenüber offen. Darum wollte das *→Konzil von Trient* (1563, Sitzung XXIII Dekret c.18 De reform.) die Geistlichen (nur) in bischöfl. Seminaren ausgebildet wissen. Die th.F. gehören also keineswegs zum Grundbestand der abendländ. Universitäten. Erst durch die *→Aufklärung* und die landesfürstl. Interessen des 18. Jh.s wurde die theol. Ausbildung auch der Seelsorgsgeistlichkeit vor allem in Mitteleuropa an die th.F. der (landesherrl.) Universitäten verlagert.

*B.* Das *kirchl. Gesetzbuch* (der kath. Kirche) von 1983 schreibt vor, daß an allen kath. Universitäten eine th.F. (oder wenigstens ein theol. Lehrstuhl) vorhanden sein müsse (c. 811 § 1). Kirchl. Universitäten und (kath.-theol.) Fakultäten können nur vom Hl. Stuhl (→Papst) oder mit seiner Anerkennung eingerichtet werden (c. 816 § 1). Die Ordnung der kirchl. Universitäten und th.F. ist durch die Apostol. Konstitution »Sapientia Christiana« vom 24.9.1979 einläßl. geregelt (Acta Apostolicae Sedis 71, 1979, 469- 521).

*C.* Die *staatl. Regelungen* bezügl. der th.F. sind nach Ländern und →Konfessionen verschieden. Sofern es überhaupt th.F. an staatl. Universitäten gibt, ist in der Regel die direkte kirchl. Einflußnahme begrenzt auf eine gewisse *Mitwirkung* bei der Bestellung der Lehrenden und der Aufstellung der Studien- und Prüfungsordnung sowie der Beanstandung bei Verstößen gegen die kirchl. Lehre und evtl. gegen die (christl./geistl.) Lebensführung. In den meisten Staaten müssen die Kirchen *eigene →Hochschulen* bzw. Fakultäten errichten, wenn sie eine Ausrichtung von Forschung und Lehre im Sinne ihrer Glaubenslehren wünschen.

*I.* Obwohl in der Bundesrepublik Deutschland die Theologie an den Universitäten an der allg. *Wissenschaftsfreiheit* gemäß Art. 5 III des Grundgesetzes teilhat, haben die Kirchen weitgehende Rechte zur Einflußnahme auf die Ordnung und die konkrete Ausgestaltung sowie die Arbeitsweise der th.F. erreicht.

*II. Ev. Fakultäten* sind nach reformator. Verständnis zwar Glieder der Kirche, doch können sie weder Objekt kirchl. Lehraufsicht sein noch lehramtl. Kompetenz für sich in Anspruch nehmen. Nach diesem Verständnis verbietet sich anzunehmen, eine best. kirchl. Instanz hätte in der Kirche die alleinige Lehrverantwortung (W. Huber). Den ev. Kirchenleitungen kommt bei der Berufung von Dozenten somit ledigl. ein beratendes Votum zu. Deshalb sind die Professoren der th.F. von kirchl. Lehrbeanstandungsverfahren höchstens hinsichtl. ihrer kirchl. Rechte aus der →Ordination betroffen, nicht jedoch in ihren Funktionen in Forschung und Lehre. Allerdings hat der prot. Jurist M. Heckel exzessive kirchl. Einwirkungsmöglichkeiten gegenüber den staatl. Universitäten gefordert und pseudotheol. begründet.

*III.* Die *kath. Kirche* beansprucht gegenüber den th.F. ein umfassendes Weisungs- und Kontrollrecht. Eine erhebl. Verdeutlichung der kirchl. Rechtsansprüche hatte die Novellierung des Bayer. Konkordats vom 4.9.1974 gebracht (AAS 66, 1974, 601-619; Archiv für kath. Kirchenrecht 143, 1974, 546-585): U.a. müssen beanstandete (Hochschul-)Lehrer aus der th.F. ausscheiden (Schlußprotokoll zu Art. 3 § 3). Die diesbezügl. allg. Grundsätze sind in der Apostol. Konstitution »Sapientia Christiana« festgelegt, die durch das Dekret der Kongregation für das Kath. Bildungswesen über die kath.-th.F. an den staatl. Universitäten im Bereich der Dt. Bischofskonferenz vom 1.1.1983 der Rechtslage in der Bundesrepublik (extensiv) »angepaßt« wurden, da hier bereits wesentl. Fragen durch →Konkordat und Verfassungsrecht geregelt sind (AAS 75, 1983, 336-342; AfkKr 152, 1983, 178-182). Ansatzpunkt ist *Art. 19 des* Reichskonkordats von 1933, der einerseits den Bestand der kath.-th.F. garantiert und andererseits bestimmt, daß ihr Verhältnis nach den jeweiligen Konkordaten (der Länder) und den dazugehörigen Schlußprotokollen – unter Beachtung der »einschlägigen kirchl. Vorschriften« – zu entwickeln ist. Daraus folgt, daß zum konkordatären das kirchl. Hochschulrecht subsidiär hinzutritt. Die Vereinbarung des Landes Nordrhein-Westfalen mit dem Hl. Stuhl vom 26.3.1984 (AAS 77, 1985, 294-304; AfkKr 153, 1984, 549-562: In Art. III Abs. 2 wird bestimmt: Nur Katholiken können Mitglieder einer Berufungskommission sein!) übernahm bereits die Rechtsvorstellungen von »Sapientia Christiana«. Das bedeutet: In allen Bereichen, die in den Konkordaten »nicht abschließend oder insoweit sie nicht abschließend geregelt sind, ist das *kirchl.* Hochschulrecht maßgebend« (H. Schmitz: Kirchl. Recht für staatl. kath.-th.F., 31). Damit sind die kath.-th.F. auch an staatl. Universitäten weithin den *binnenkirchl. Regelungen unterworfen*; sowohl bezügl. ihrer Studien- und Prüfungsordnungen, der Berufung von Professoren und der Anstellung von wissenschaftl. Mitarbeitern als auch bezügl. der rel. Voraussetzungen (Zeugnis über Glauben und sittl. Haltung) bei der Zulassung zu Prüfungen (insbes. zur Promotion und Habilitation [Nr. 20]). – Ein weiteres Problem stellen die Habilitation und die Berufung von →»Laien« als Professoren an th.F. dar, die die Ausnahme darstellen sollen.

*D.* Gegenüber dem 1949 geltenden Staatskirchenrecht ist es (in der Bundesrepublik) den Kirchen – insbes. der kath. Kirche – gelungen, in sie interessierenden Fragen ihre *Position zu verbessern.* Dies gilt abgesehen von stärkeren Mitspracherechten bei Studien- und Prüfungsordnungen vor allem für die Verfahrensweisen bei der Erteilung des Nihil-obstat sowohl für Dozenten als auch für das übrige wissenschaftl. Personal (z.B. Bayer., K. Art. 3 § 2, i.V.m. Änderungsvertrag vom 7.7.1978, durch den u.a. auch Mitarbeiter, die nicht zur selbständigen Lehre berechtigt sind, des Nihil-obstat bedürfen).

*I.* Vor allem das Erfordernis der kirchl.-rel. Voraussetzungen für Promotion und Habilitation wird mit der dadurch verliehenen staatl.-*kirchl.* wissenschaftl. Qualifikation begründet: Die Graduierung in Theologie verleihe dem so Qualifizierten den »Status eines geprüften und approbierten ›ev.‹ bzw. ›kath.‹ Theologen. Das bedeute vor dem Forum der theol. Fakultät und der Gesamtuniversität, der Kirche wie auch aller ›Welt‹, dieser von den Theologen seines Bekenntnisses examinierte und approbierte Wissenschaftler als ev. bzw. kath. Theologe im Sinne des Selbstverständnisses dieser Glaubensgemeinschaft anzusehen ist« (M. Heckel, 313f.; AA.: S. Offic. vom 17.7.1961 bezügl. der Zulassung von Nichtkatholiken zum Erwerb akadem. Grade an kirchl. Fakultäten [Herder-Korrespondenz 16, 1961/62, 201]). Die Argumentation Heckels ist zwar in der Rechtswissenschaft weithin akzeptiert, doch ist sie weder log. noch theol. einsichtig; sie läßt überdies die Eigenart wissenschaftl. Argumentation außer Betracht. Nach allg. Wissenschaftsverständnis besteht die Freiheit der Forschung gerade darin, daß die traditionellen Ergebnisse und Forschungsüberzeugungen auf ihre Plausibilität überprüft werden (müssen). Die *Diskrepanz zum allg. Wissenschaftsverständnis* wird noch offenkundiger bei der Möglichkeit des Ausschlusses von Laien von der Habilitation und von der Berufung zu Professoren allein auf Grund ihres Nichtordiniertseins. Die fachwissenschaftl. Qualifikation bei einem allein die wissenschaftl. Fertigkeiten betreffenden Vorgang wird, wenn nicht abhängig gemacht, so doch in Zusammenhang gebracht mit einer für diesen Bereich nicht ausschlaggebenden Qualität, näml. der Ordination, die ihrer Natur nach auf ein gemeindeleitendes Amt gerichtet ist.

*II.* Zwar gibt es die *Möglichkeit* eines formgebundenen *Lehrbeanstandungsverfahren* (seit 21.9.1972 bei der Dt. Bischofskonferenz; seit 15.1.1971 bei der Glaubenskongregation), doch müssen diese Verfahren weder vom Bischof noch vom Hl. Stuhl eingehalten werden.

*III.* Die Kirchen können zweifellos hinsichtl. der Ausbildung ihrer Amsträger best. rel. Voraussetzungen sowohl bei den Ausbildungskandidaten als auch bei den Dozenten verlangen. Es stellt jedoch objektiv eine Verletzung der vom Grundgesetz der Bundesrepublik Deutschland, von den Verfassungen der dt. Bundesländer, aber auch (fast aller) westl. Demokratien geforderten *rel. Neutralität des Staates* dar, wenn dieser den Kirchenleitungen solche Sonderrechte gegenüber den th.F. an den von ihm unterhaltenen Universitäten einräumt. Das individuelle Recht auf Glaubens- und Gewissensfreiheit wird dadurch ebenso wie das institutionalisierte Recht auf Freiheit der Forschung und Lehre beeinträchtigt. Den Kirchen bliebe für ihre speziellen Interessen die Möglichkeit privater Hochschulen in kirchl. Trägerschaft, die es (auch in der Bundesrepublik) in reicher Anzahl – insbes. als Ordenshochschulen – gibt und die in der Bundesrepublik (in weitem Ausmaß) staatl. finanziert werden.
Die wissenschaftstheoret. und kulturpolit. bedeutsame Frage, ob eine solchermaßen rechtl. von einer nichtwissenschaftl. Institution abhängige »Wissenschaft« überhaupt in das Spektrum der vom Staat geförderten und gesicherten Wissenschaftseinrichtungen gehört, wird derzeit von der »zünftigen« dt. Staatskirchenrechtslehre so gut wie nicht gestellt. Solange diese Frage nicht beantwortet ist, fehlt den kirchl. Rechtsansprüchen jegl. wissenschaftstheoret. Plausibilität (J. Neumann: Grundriß, 346, Anm. 16).

*Lit.: E. Fischer:* Trennung von Staat und Kirche, Frankfurt/M./Berlin, 3. Aufl. 1984, 307-315. – *M. Heckel:* Die t.F. im weltl. Verfassungsstaat, Tübingen 1986 (Jus Eccl. 31). – *A. Hollerbach:* Die Theol. Falkultät und ihr Lehrpersonal im Beziehungsgefüge von Staat und Kirche, in: Essener Gespräche zum Thema Staat und Kirche 16, Münster 1982, 69-102. – *J. Neumann:* Die Th.F. an den Staatl. Universitäten nach dem Grundgesetz der BRD, in: *A. Scheuermann/G. May (Hg.):* Jus Sacrum, München/Paderborn/Wien 1969, 853-879. – *Ders.:* Kirchenrechtl. Stellungnahme, inwieweit Nichtordinierte zur Habilitation an Kath. Th.F. zugelassen, oder als Prof. an sie berufen werden können, in: *K. Rahner:* Zur Reform des Theologiestudiums, Freiburg/Basel/Wien 1969, 99-110. – *Ders.:* Kirchenrechtl. Stellungnahme zum geplanten interkonfessionellen und interdisziplinären theol. Institut der Universität Bielefeld, in: *J. B. Metz/T. Rendtorff (Hg.):* Die Theologie in der interdisziplinären Forschung, Düsseldorf 1971, 101-107. – *Ders.:* Grundriß des kath. Kirchenrechts, Darmstadt 1981, 346f. – *H. Schmitz:* Habilitation von Nichtpriestern zu Hochschullehrern der kath. Theologie, in: Trierer Theol. Zeitschrift 95 (1986), 319-330. – *Ders.:* Kirchl. Recht für staatl. Kath.-Th.F., in: Theol. Quartalschrift 167 (1987), 25-40 (Lit.). – *Ders.:* Kath.-Th.F. im Spannungsfeld kirchl. und staatl. Hochschulrechte, in: Archiv für kath. Kirchenrecht 154 (1985), 433-451. – *H. Schwendenwein:* Kath. Universität und kirchl. Fakultäten, in: *Amon u.a. (Hg.):* Ecclesia Peregrinans, Wien 1986, 379-389. – *E.-L. Solte:* Theologie an der Universität, München 1971 (Jus Eccl. 13).

*Johannes Neumann*

## Theologische Wissenschaftstheorie

*A.* Das Christentum zeichnet sich gegenüber vielen Religionen durch die Ausbildung einer wissenschaftl. →Theologie aus, die auf der Verbindung einer rel. Überlieferung mit der →griech.-röm. Philosophie beruht. Theologie als deutende und diskursive Rede von Gott und seinem Heil gibt es schon bei den →Kirchenvätern und im frühen MA.

*I.* Allerdings bürgert sich das Verständnis der Theologie als →Wissenschaft erst in der *ma.* →*Scholastik* des 12. und 13. Jh.s im Rahmen des Universitätsbereichs ein. Denn der Begriff der Theologie im engeren Sinn wird seit dem 4. Jh. allein auf die Gottes- und Trinitätslehre bezogen, die von der Darstellung des göttl. Heilshandelns unterschieden ist. Erst in der →Scholastik setzt sich der weite Sprachgebrauch so durch, daß »Theologie« auf die wissenschaftl. Behandlung aller Glaubensinhalte abhebt. Zugleich wird die Theologie im Zuge der →Artistoteles-Rezeption nicht länger als *Weisheit* (sapientia), sondern als *Wissenschaft* aufgefaßt. →Thomas von Aquin versucht, sie als abgeleitete theoret. Wissenschaft zu begründen. Das auf dem »Wissen Gottes und der Seligen« beruhende übergeordnete Wissen solle die Evidenz der Glaubenswahrheiten verbürgen, die als →Offenbarungsautorität vorausgesetzt sind. So galt die Philosophie lange als Magd der Theologie. Dieses Verständnis hat vor allem in der kath. Theologie lange, bis hin zur →Neuscholastik, nachgewirkt.

*II.* Vor allem die Kritik von →Duns Scotus an der vorausgesetzten Evidenz der Glaubenswahrheiten hat dazu geführt, daß in der soctist.-ockhamist. und *reformator. Tradition* – wiederum an →Aristoteles orientiert – die Theologie als *prakt. Wissenschaft* verstanden wird. Die wissenschaftl. Vorgehensweise, auf der sie fußt, kann als *darstellendes* Tun interpretiert werden. Die auf Grund der →Offenbarung als gegeben vorausgesetzten Glaubensinhalte werden nach bestimmten method. Gesichtspunkten geordnet. In der →altprot. Orthodoxie etwa wird mit Hilfe der analyt. Methode der göttl. Seinsgrund entsprechend den vier Ursachen *(causae)* als Wirkursache, Mittel, Form und Ziel entfaltet. Das darstellende Tun weiß sich durch seinen Gegenstand so bestimmt, daß es ihm nicht als selbsttätiges Subjekt gegenübertritt. Die gegebenen Glaubensinhalte gehen seinsmäßig dem Bewußtsein des Theologen voraus. Theologie als wissenschaftl. Tätigkeit wird daher als eine von Gott verliehene Fähigkeit angesehen.

*III.* Diese Verhältnisbestimmung erfährt jedoch unter den Bedingungen der *Moderne* einen entscheidenden Paradigmenwechsel, der sich im →Protestantismus seit dem Ende des 18. Jh.s durchsetzt und in der kath. Kirche im Zuge des 2. →Vat. Konzils vollends sanktioniert wird. →Religion und Theologie werden jetzt so unterschieden, daß dem (lebensweltl. verorteten) →Glauben die bewußt professionalisierte *Theologie gegenübersteht.* Die so als positive Wissenschaft entworfene Theologie verändert den überlieferten Lehrbestand dadurch tiefgreifend, daß sie ihn - im Leitfaden hist. wechselnder Inhalte des rel. Bewußtseins – bewußt rekonstruiert. Diese selbsttätige Rekonstruktion dient so immer auch der Durchsetzung einer theol. Position, die zugleich die rel.-kirchl. Lebenswelt beeinflussen will. Der damit erreichte *positionelle Charakter* der modernen Theologie erscheint (synchron.) als Konkurrenz und (diachron.) als Wechsel einander ablösender und überbietender Positionen. Ihr →Pluralismus reflektiert den kirchl.-rel. und weltanschaul. Pluralismus der funktional differenzierten modernen →Gesellschaft. Zur konfessionellen Spaltung der neuzeitl. Theologie tritt also ihre positionelle Innendifferenzierung hinzu.

*B.* Obwohl über die enzyklopäd. Binnengliederung der Theologie weitgehend Übereinstimmung besteht, ist insbes. in der ev. Theologie die Frage umstritten, ob und inwieweit die →Systemat. Theologie, die die Gegenwartsbedeutung des Christentums artikuliert, auf einer – die frühere →Apologetik ablösende – *→Religionsphilosophie oder →Fundamentaltheologie* aufbauen soll.

*I.* Die Beurteilung dieses Problems hängt zugleich von der Antwort auf die Frage ab, worin die Notwendigkeit der Theologie als Wissenschaft zu erblicken sei. Wenn man die Theologie als *»Glaubenswissenschaft«,* d.h. als Entfaltung eines Glaubens versteht, der als gegeben und uneinholbar vorausgesetzt wird, muß die Theologie diesen Glauben als Basis, Norm und Ziel ihrer Aussagen vorab anerkennen. Damit setzt sie sich aber dem Verdacht aus, von einem rational nicht überprüfbaren Glaubensstandpunkt abhängig zu sein. Dieser Einwand kann nicht durch das Argument entkräftet werden, auch die Entschlossenheit zu krit.-rationaler Prüfung basiere letztl. auf einer irrationalen Entscheidung. Denn wer überhaupt zu argumentieren gedenkt, steht immer schon auf dem Boden einer krit., an die Regeln der Logik gebundenen →Rationalität. Wenn die Theologie also den Einwänden der →Religions- und →Theologiekritik auf der Basis einer allgemein und öffentlich anerkannten krit. Rationalität Rechnung trägt, muß sie Aussagen zu begründen wissen, die das Selbstverständnis des christl.-rel. Bewußtseins bestimmen. Diese *Begründungsfunktion* muß – im Rahmen einer Religionsphilosophie oder philos. Fundamentaltheologie – in erster Linie auf die log. (syntakt.), kategoriale (semant.) und epistemolog. Klärung des *Gottesgedankens* zielen, da das rel. →Bewußtsein (das für den Gegenstand der Theologie, die christl. Religion, grundlegend ist) sich primär als Gottesbewußtsein versteht.

*II.* Fakt. ergibt sich der Wissenschaftscharakter der Theologie daraus, daß ihre einzelnen Disziplinen ihre Arbeit im Anschluß an die (im Rahmen der Geistes- und Kulturwissenschaft übl.) hist.-philolog., philos.-hermeneut. und empir.-analyt. Methoden vollziehen. Dennoch kann ihr wissenschaftstheoret. Status kaum als zureichend geklärt gelten; denn in der Regel soll sich die Theologie nicht nur mit der Kirche beschäftigen, sondern grundlegend »kirchl.« sein. Ihr kirchl. Charakter kommt in der Regel darin zum Ausdruck, daß sich die kath. Theologie auf das →Schrift und Tradition bindend interpretierende →Lehramt und die prot. Theologie auf die Normen der Schrift und des →Bekenntnisses bezogen wissen.

Da Wissenschaftlichkeit mindestens an die Formulierung widerspruchsfreier, gegenstandskohärenter und rational kontrollierbarer Aussagen gebunden ist, kann die Theologie deshalb so lange ihrem Anspruch auf allgemeingültige Wissenschaftlichkeit nicht nachkommen, als sie diese Forderung mit dem Anspruch einer *»kirchl. Wissenschaft«* nicht zu versöhnen mag. Alle Versuche, die im Interesse der wissenschaftl. Überprüfbarkeit der Theologie immer wieder unternommen werden, laufen folgerichtig darauf hinaus, die Theologie auf der Basis einer öffentl. und allgemeingültig überprüfbaren Religionswissenschaft bzw. -philosophie zu begründen. Sie wären jedoch nur dann allg. durchsetzbar, wenn die Theologie an ihrem eindeutig wissenschaftl. Charakter festhält. Dies kann in die Forderung münden, daß die Theologie ihr Zwitterdasein als wissenschaftl. *und* kirchl. Theologie zugunsten ihres eindeutig wissenschaftl. Charakters aufgibt.

Vertreter der *kath. Theologie* sehen – im Vertrauen auf die Wahrheitsfähigkeit der Vernunft wie im Vertrauen auf die Wahrheitsfähigkeit der Kirche als Gesamtgemeinschaft der Glaubenden – zwischen Wissenschaftlichkeit und Kirchlichkeit keinen prinzipiellen Widerspruch. Allerdings setzt solche Kirchlichkeit voraus, daß Theologen – method. und lebensprakt. – ihrem wissenschaftl. Gewissen unbedingt folgen und kirchl. Instanzen auf ihre Argumente glaubwürdig hören. Vor diesem Hintergrund kann Kirchlichkeit zu einer Qualifikation werden, die den wissenschaftl. Charakter der Theologie nicht untergräbt, sondern gerade gegenüber der Kirche als Anspruch und Verpflichtung auf Wahrheit zur Geltung bringt.

*Lit.: M. Gatzemeier:* Theologie als Wissenschaft?, 2 Bde., Stuttgart 1974/75 (Lit.). – *W. Pannenberg:* Wissenschaftstheorie und Theologie, Frankfurt/M. 1973. – *H. Peukert:* Wissenschaftstheorie – Handlungstheorie – Fundamentale Theologie, Düsseldorf 1976. – *K. Rahner:* Theologie, in: Sacramentum mundi. Theol. Lexikon für die Praxis, Bd. 4, Freiburg 1969, 860-874 (Lit.). – *G. Sauter u.a.:* Wissenschaftstheoret. Kritik der Theologie, München 1973. – *G. Sauter (Hg.):* Theologie als Wissenschaft, München 1971, 221-264. – *H. Scholz:* Wie ist eine ev. Theologie als Wissenschaft möglich?, in: Zwischen den Zeiten 9 (1931), 8-35.

*Falk Wagner*

**Theorie.** Der allg. Sprachgebrauch identifiziert Th. mit Wissenschaft überhaupt und assoziiert Abstraktheit; kontrastierend wird ihr ein unmittelbarer, auf Nützlichkeitserwägungen aufbauender Umgang mit der Welt entgegengestellt (→Th.-Praxis-Problem). Das theoret., vermittelnde Verfahren kennzeichnet jede Wissenschaft, sofern sie nach allg. Prinzipien und log. Regeln verfährt. Th.n, d.h. die in sich *schlüssig formulierten Ergebnisse der Einzelwissenschaften,* sind hypothet., d.h. prinzipiell revidierbar. Ihre Plausibilität bemißt sich an ihrem Vermögen, komplexe Zusammenhänge bzw. Gegebenheiten zu erklären, d.h., in ihrem Aufbau und in ihrer Struktur durchsichtig werden zu lassen.

*A.* In seinen *Ursprüngen* ist das Wort Th. vorwissenschaftl. und vorphilos. Im Griechischen bezeichnet es das Schauen bzw. Anschauen, wobei Anklänge an Sakrales (→Heilig) mitschwingen (das kult. Schauspiel, die Festschau). Mit der Herausbildung der Philosophie verlagerte sich die Wortbedeutung zunehmend auf das rein *geistige Schauen,* synonym mit betrachten, untersuchen, überlegen, folgern. Das »Theoretische« ist das, was sich in geistiger Schau (»theoria«) erfassen läßt – im →Platonismus zuletzt die *Schau der Ideen.* →*Aristoteles* spricht von der Th. als dem Wissen von der Wahrheit; erworben wird es in der betrachtenden (»theoret.«) Tätigkeit des Philosophen, die den anderen Lebensformen (tätiges und polit. Leben) abgewandt ist. Der ursprüngl. sakrale Akzent wird dabei keineswegs verdrängt. Die »Schau«, die sich auf das gestaltlose wahrhaft Seiende richtet, ist – wenn auch in einem eher metaphor. Sinne – Schau des Himmels bzw. der unsichtbaren Götter. Wendet sich ihnen die Seele des Schauenden zu, wird sie der Gerechtigkeit, Besonnenheit und der Wissenschaft selbst inne, die das einzelne Seiende auf jede denkbare Weise übersteigen. Die »theoria«/Th. wird damit zur »wahren« Aussage über das *»Wesen« der Dinge;* in der Schau des Wahren gelangt das Sein selbst zur Ansicht.
Th. im alteurop. Sinne ist *Totalitätsdenken.* Die »theoria« zielt auf eine Gesamtsicht des Seins sowie der letzten Gründe und Ursachen von allem, was ist (→Metaphysik). Daneben kommt ihr eine *lebensprakt. Bedeutung* zu: Sie ist von allen Tätigkeiten am meisten anzustreben, weil von ihr das eigentl. →*Glück* des Menschen abhängig gemacht wird (es ist kein Zufall, daß die zentralen Passagen über die »theoria« sich bei Aristoteles in der »Nikomachischen Ethik« finden). Ähnl. dachte auch das MA., vor allem, was die Verbindung von Th. und Ethik angeht. Die »visio beatifica« (beseligende Anschauung: der Terminus, mit dem man versuchte, die jenseitige Vollendung des Menschen zu umschreiben) transponierte das aristotel. Th.verständnis ins Christliche.

*B. In Frage gestellt* wird die alteurop. »theoria«-Tradition erst durch das Aufkommen des *»neuen Naturwissens«* (F. Bacon). Th. wird synonym mit dem (in Analogie zur →Mathematik konzipierten und method. reflektierten) Zugriff auf die empir. Wirklichkeit. Unter dem Einfluß des Cartesianismus (→Descartes) konnte sich dieses Verständnis von Th. dann endgültig festigen: Th.n sind *Systeme sich streng deduktiv verstehender Aussagen,* die von ihren Voraussetzungen her unmittelbar evident sein müssen. Zwar gibt man den metaphys. Anspruch, das wahre Wesen der Wirklichkeit auszusagen, nicht ausdrücklich preis, aber er tritt zunehmend in den Hintergrund und wird schließl. bei →*Kant* – als mit Th. und Wissenschaft im strikten Sinne unvereinbar – ausgeschieden. Das theoret. (»reine«) Wissen, ident. mit den modernen Naturwissenschaften, bleibt eingegrenzt auf die Welt der Erscheinungen (»Phainomena«), während die metaphys. Implikationen des alteurop. Th.verständnisses auf die prakt. →Philosophie übergehen.

*C.* Das Th.verständnis, das Kant in seinen »Kritiken« entwickelt hat, herrscht auch – modifiziert und weiterentwickelt – in den Th.diskussionen der *Gegenwart* vor. Von diesem, vielfach vom →*Positivismus* akzentuierten Verständnis von Th. ist ein weiterer Th.begriff zu unterscheiden, der im Anschluß an →*Hegel* konzipiert worden ist. Vor allem Hegels Geschichtsphilosophie führte zu einer Einebnung der Differenz zwischen theoret. und prakt. Wissen, eine Differenz, die nicht nur für die alteurop. theoria-Tradition konstitutiv war, sondern auch für deren Neubewertung durch →*Descartes* und Kant. →*Marx* hat dieses »andere« Th.verständnis auf die Formel von der Praxis der Philosophie und Th. gebracht (die Kritik, die die Idee an der Wirklichkeit mißt und die Wirklichkeit an der Idee). Ansätze zum Th.-Praxis-Problem innerhalb der verschiedenen marxist. bzw. marxolog. Orthodoxien leiten sich ebenso von diesen Überlegungen her wie die →*»Krit. Th.«* (M. Horkheimer), die sich als explizite Gegenposition zur sog. traditionellen Th. (von der alteurop. theoria-Tradition bis hin zum Neopositivismus) konstituierte. Ihr Vorwurf lautet, die traditionelle Th. habe sich selber diskreditiert, da sie in der Formalisierung und Instrumentalisierung der →Vernunft eine kritiklose Anpassung an die bestehenden

Kräfte betrieben habe. Gegen sie gelte es, den Aspekt von *Totalität*, der die alteurop. theoria-Tradition ausgezeichnet habe, neu so zu aktualisieren, daß sich damit nicht wiederum unkrit. Affirmation verbinde.

*Lit.: H. Blumenberg:* Das Lachen der Thrakerin. Eine Urgeschichte der Th., Frankfurt/M. 1987. – *M. Horkheimer:* Traditionelle und krit. Th., Frankfurt/M. 1970. – *N. Lobkowicz:* Theory and practice. History of a concept from Aristotle to Marx, London 1967. – *H. Rausch:* Theoria, München 1982.

*Carl-Friedrich Geyer*

**Theorie und Praxis.** Das Verhältnis von Th. und P. gehört zu den alten Problemen von Philosophie und Theologie sowie des Christentums überhaupt. Die Bezeichnung kann sich allerdings ändern. Man spricht dann von Idee und Wirklichkeit, →Denken und →Handeln, →Erkenntnis und →Interesse. Behandelt wird der Gegenstandsbereich zudem unterschiedlich. Inhaltl. geht es ganz allg. um die Frage, ob und in welcher Weise Wirklichkeit oder menschl. Handeln mit Denken (oder Gedachtem) in einer Beziehung stehen.

*A.* »Theorie« kann *losgelöst von der »Praxis«* gesehen werden. Man denke etwa an die aristotel. Unterscheidung von Theorie, Praxis (Handeln) und Poiesis (Werken): Während es in der Theorie um zweckfreies geistiges Schauen und Geschautes geht, richtet sich das Erkennen in Praxis und Poiesis auf Handeln und Werken. Im Nominalismus (→Universalien) verselbständigen sich die allg. Begriffe des Denkens gegenüber der Wirklichkeit. Oder es sei an die Axiomatik erinnert (→Wissenschaftstheorie). Eine solche Trennung muß jedoch nicht bedeuten, daß Theorie ohne Einfluß auf das prakt. Leben bleibt.

Th. und P. können aber auch mehr oder weniger *als Einheit* behauptet werden, wie es im Marxismus geschieht: Theorie darf dort nicht als →Ideologie gesellschaftl. Verhältnisse unterstützen und stärken, sondern soll als krit. Theorie durch →Revolution bestehender gesellschaftl. Verhältnisse ihre eigene Aufhebung anstreben; in dieser Revolution werden Th. und P. identisch. In einer etwas weniger drast. Form ist es auch mögl., einen Begriff dem anderen unterzuordnen bzw. bedeutungslos werden zu lassen, wie es etwa der →Pragmatismus tut.

Weniger stark ist der Zusammenhang von Th. und P., wenn es um eine *Umsetzung von Th. in P. oder umgekehrt* geht. Man denke zum einen etwa daran, wie im →Empirismus →Erfahrung als Quelle von Erkenntnis und Wissen behauptet wird. Zum anderen kann mit Hilfe von Theorie Wirklichkeit gedeutet oder erklärt werden. Th. und P. können aber auch dahingehend voneinander abhängig gemacht werden, daß Theorie als Hypothese in der Praxis bestätigt bzw. verifiziert oder falsifiziert wird.

Schließl. kann *Theorie* hinsichtl. der Praxis *an Bedeutung verlieren.* Dies läßt sich etwa im →Existentialismus beobachten. Extrem ausgebildet findet es sich im »Aktionismus«: Bei ihm geht es um soziale Bewegungen, die ohne theoret. Hintergrund gesellschaftl. Verhältnisse durch (blindes) Handeln – evtl. auch im größeren Rahmen durch ungeplante Revolution – verändern oder umstürzen wollen.

*B.* Konkrete Probleme der Beziehung von Th. und P. stellen sich auf unterschiedl. Ebenen in den *Religionen* wie auch im *Christentum.* Sie sind hier etwa verknüpft mit den Begriffen »Orthodoxie« und »Orthopraxie«, also den Problen rechten (richtigen) →Glaubens und rechten (richtigen) Handelns. Schwierigkeiten beginnen bereits mit der Frage, wie – nicht nur bei der Auseinandersetzung zwischen Religionen und →Konfessionen, sondern auch innerhalb einer einzigen Konfession – Orthodoxie begründet werden soll. Man kann sie zwar binden an eine »Hl. Schrift«, wie im Christentum. Da diese aber an eine best. Zeit und Situation gebunden ist, muß sie interpretiert oder weiterentwickelt, muß beides begründet werden. Wo zudem eine Religion zur →Weltreligion wird, bricht die Frage auf, ob und wie ein für alle Menschen in gleicher Weise »richtiger« Glaube mögl. oder ob ein best. →Pluralismus einzuräumen ist (→kontextuelle Theologie). Hinzu kommt das Problem, daß dasselbe Wort in unterschiedl. Situationen unterschiedl. Bedeutungen erfährt. Ein Berg von Problemen türmt sich auf, der »einfache« Lösungen unmögl. macht.

Unbemerkt ist hier die Ebene der Theorie längst verlassen und der Bereich der Praxis hinzugekommen. Zwar muß eine Theorie in sich selber wahr sein, also »in sich« geprüft und fortentwickelt werden können. Zum anderen aber müssen gleichzeitig *von »außerhalb« stammende Probleme* in diese Theorie eingebracht und für sie konstitutiv verbunden werden. Auf den Bereich der Theologie angewendet, bedeutet dies, daß für die Theologie systemat. bzw. dogmat. Fächer und prakt. Fächer in gleicher Weise verantwortl. sind. Von einer Über- oder Unterordnung kann nicht gesprochen werden. Vielmehr wird »Prakt. Theologie« mit konstitutiv für Theologie insgesamt.

*Lit.: P. L. Berger:* Der Zwang zur Häresie, Frankfurt/M. 1980. – *J. Habermas:* Erkenntnis und Interesse, Frankfurt/M. 1968. – *Ders.:* Th. und P., Neuauflage Frankfurt/M. 1974. – *N. Lobkowicz:* Theory and Practice: History of a Concept from Aristotle to Marx, London 1967. – *J. B. Metz:* Glaube in Geschichte und Gesellschaft, Mainz, 2. Aufl. 1978. – *M. Theunissen:* Die Verwirklichung der Vernunft. Zur Theorie-Praxis-Diskussion im Anschluß an Hegel, Tübingen 1960. – *M. Thurian:* Aktion und Kontemplation, Göttingen 1963.

*Hermann Punsmann*

**Theosophie, Theosophische Gesellschaft**

*A.* Unter *Theosophie* (Gottesweisheit) versteht man *mystisch-spekulative* Lehren, die philos. Begriffe in rel. Anschauungen umsetzen (Windelband) und alles Wissen unmittelbar auf Gott beziehen.

*I.* Diese Erscheinung begegnet in vielen Religionen. *Christl. T.* geht davon aus, daß dem auf Gottes Wort Hörenden auch »göttl. →Weisheit« (griech.: *sophia theou*) geschenkt wird (vgl. 1 Kor 1,30; Kol 2,3). Daraus ergibt sich die Aufgabe, das →Denken vom Glauben her fruchtbar zu machen. T. steht immer im Gegensatz zu einer scholast. Engführung von →Philosophie und →Religion, zu einer sich allein auf begriffl. Erkenntnis stützenden →Theologie. In diesem Sinne sind nach Alfons Rosenberg (»Die Seelenreise«, 222) als »Theosophen« zu bezeichnen: →Origenes, die alexandrinischen Väter (→Kirchenväter, →Alexandria), Honorius von Autun, Hildegard von Bingen, in gewisser Hinsicht auch →Dante, Pico della Mirandola, Franz von Baader, W. S. →Solowjew u.a.m. Theosoph. Strömungen treten v.a. auf als *Gegenbewegungen* gegenüber Tendenzen der Isolierung entweder des Glaubens vom Denken oder der Wissenschaft von der Religion. Solchen Tendenzen soll mit einem rel.-weltanschaul. »Universalismus« oder mit »Pansophie« (Allweisheit, →Comenius) begegnet werden. Die eigentl. Bedeutung der christl. T. besteht in dem Versuch, die →Säkularisierung und »Entgöttlichung«, damit die Neutralisierung von Natur und Kosmos zu überwinden.

*II.* In Deutschland gab es vor allem zwei Einbruchstellen theosoph. Denkens: in der →Renaissance und in der →Romantik. Auch die Anfänge der modernen →Naturwissenschaft z.Z. der Renaissance und des →Humanismus waren nach Windelband »theosophisch«. Von *Jakob Böhme* (1575-1624) zieht sich eine Hauptlinie theosoph. Denkens über seine Schüler *Gichtel* und *Pordage*, die schwäb. Theosophen *Oetinger* (1702-1782) und *J. M. Hahn* (1758-1819), die Böhme-Entdecker *Saint-Martin* (1743-1803) und *F. von Baader* (1765-1841) bis zu *→Schelling* (1775-1854). Namentl. unter Schellings Einfluß entwickelte sich in Rußland eine eigenständige Religionsphilosophie auf theosoph. Grundlage bei *W.S. →Solowjew* (1853-1900) und seinen Schülern *N.A. Berdjajew* (1874-1949) und *S. N. Bulgákow* (1871-1944), in dessen »Sophiologie« (Lehre von der göttl. Weisheit) eine klass. Verbindung theosoph. Gedanken mit Inhalten der kirchl. Glaubenslehre vorliegt.

*B.* Von dieser Hauptlinie christl.-abendländ. T. zu unterscheiden sind die Ende des 19. Jh.s entstandenen *Theosoph. Gesellschaften*, die sich in erster Linie aus dem →Spiritismus heraus entwickelt haben und im weiteren Verlauf einen →Synkretismus aus buddhist. (→Buddhismus), hinduist. (→Hinduismus) und christl. Elementen bildeten. Sie haben ihre Wurzel in der Gründung der »Theosophical Society« durch Mme. *Helena P. Blavatsky* (1831-1891) und *Oberst Olcott* im Jahre 1875 in New York. Es handelt sich hierbei um »eine nicht völlig geglückte synkretist. Neubildung« (R. Hummel), deren Führerinnen (H. Blavatsky; A. Besant; A. Bailey) »eine Wesenserkenntnis des Christentums so gut wie fehlt« (G. Wehr). Das Streben dieser Gesellschaften richtet sich bis heute auf die Begründung einer von östl. rel. Denken dominierten Welteinheitsreligion. 1902 bis 1912 war Rudolf Steiner, der Begründer der →Anthroposophie (1913), Generalsekretär der »Deutschen Sektion der Theosophischen Gesellschaft (Adyar)«.

*Lit.: A. Köberle:* Theosophie, in: Religion in Geschichte und Gegenwart, 3. Aufl., Bd. 6, 845-847. – Zu A.: *G. Wehr:* Alle Weisheit ist von Gott, Gütersloh 1980 (Lit.). – Zu B.: *H. P. Blavatsky:* Der Schlüssel zur Theosophie, Stuttgart 1920. – *P. Michel:* Die Botschafter des Lichtes, 2 Bde., Forstinning 1983, Grafing 1984. – Kritisch: *K. R. H. Frick:* Weltanschauungen des »modernen« Illuminismus, in: *A. Peisl/A. Mohler (Hg.):* Kursbuch der Weltanschauungen, Frankfurt/M. 1981, 245-300. – *J. Frohnmeyer:* Die theosoph. Bewegung, Stuttgart 1920. – *R. Hummel:* Ind. Mission und neue Frömmigkeit im Westen, Stuttgart 1980, 183-192.

*Hans-Jürgen Ruppert*

**Thessalonicherbriefe.** Das zentrale Thema beider T. ist die Erwartung der Endzeit (→Eschatologie). Der 2. T. repräsentiert eine relativ späte Entwicklung. Dagegen bietet der 1. T. die ältesten (uns erhaltenen) Erwartungen des Apostels →Paulus.

*A.* Der *1. T.* ist vermutl. der älteste Paulusbrief und damit die älteste Schrift des NT. Er ist an die von Paulus gegründete (2,1ff.; vgl. Apg 17) Gemeinde in Thessalonich (Saloniki) gerichtet und vermutl. um 50 n. Chr. vielleicht in Korinth verfaßt worden. Die Mitglieder der Gemeinde waren ehemalige Heiden (1,9; 2,14). Der Brief setzt Verfolgungserfahrungen (2,14-16 u.ö.) voraus, die den →Apostel bangen ließen, ob ihre Mitglieder beim Glauben blieben (3,1). Da er selbst nicht nach Thessalonich reisen konnte, schickte er seinen Mitarbeiter Timotheus (2,18; 3,2), der mit guten Nachrichten zurückkam (3,6). Paulus geht im Brief von dieser Situation aus und bemüht sich darum, die Erfahrung des →Leidens theol. zu »verarbeiten«. Dazu erinnert er zunächst an seinen eigenen »Eingang« bei den Thessalonichern (2,1-12). Er selbst war schon (aus Philippi) als einer nach Thessalonich gekommen, der um des Evangeliums willen gelitten hatte. Dem entspreche nun ihre Annahme des Evangeliums unter vielen Leiden. Doch darin ahmen die Apostel wie die Thessalonicher den leidenden Christus und die ersten Christengemeinden in Judäa nach (1,6; 2,14f.).
Im Mittelpunkt des Briefes stehen Ermahnungen des Paulus (Kap. 4-5), in denen insbes. der Blick auf die *Wiederkunft des Herrn* Jesus gerichtet wird (4,13-5,11). Äußerer Anlaß ist der Tod einiger

Gemeindeglieder, der vielleicht in einem Zusammenhang mit der Verfolgung steht (4,14). In endzeitl. gefärbter Sprache enthüllt der Apostel die Vorgänge, die er – noch bei seinen eigenen Lebzeiten – bei der Wiederkunft des Herrn Christus erwartet. Wenn der Herr vom Himmel herabkommt, werden zuerst die Toten in Christus auferstehen. Danach werden die Auferstandenen zusammen mit den lebenden Christen weggerissen und zur Einholung des Herrn in die Luft entrückt werden (4,16f.). Den kühnen Gedanken der Auferstehung entwickelt Paulus nicht aus einer Lehre von der allg. Auferstehung der Toten, sondern aus dem Glauben an den auferstandenen Christus (4,14). Er erinnert hier also an das Glaubensbekenntnis der Thessalonicher. Auf dem Hintergrund der Leidenserfahrungen wird man schließl. die Überlegungen des Paulus zum *Zeitpunkt* der Parusie verstehen müssen (5,1-11). Der Tag des Herrn kommt wie ein Dieb in der Nacht. Man weiß nicht, wann er kommt, doch man kann vorbereitet sein. Äußerer »Frieden und Sicherheit« (pax et securitas: 5,3; spielt Paulus hier auf die polit. Ideologie Roms an?) sind trügerisch. Das künftige Zorngericht Gottes (5,9) ist unvermeidlich. Aus ihm kann nur Christus bei seiner Parusie retten (1,10) – und zwar diejenigen, die an ihn glauben (5,8-11).

*B.* Der *2. T.* scheint eine späte Kopie des ersten (echten) Briefes zu sein. Er wurde als erster kanon. Paulusbrief der Unechtheit verdächtigt (J. E. Chr. Schmidt, 1801). Seitdem ist die Auseinandersetzung über die Frage seiner Abfassung durch Paulus nicht zur Ruhe gekommen. Bis in den Wortlaut hinein ist er vom 1. T. literar. und inhaltl. abhängig. Er setzt wie der erste eine Verfolgungserfahrung voraus (1,4-8), rechnet freil. mit ihrem Andauern zur Abfassungszeit des Briefes. Entspr. gehen seine endzeitl. Mahnungen auf diese Situation ein. Gerade auch diese eschatolog. Ausführungen (zumal in 2,1-12) weisen charakterist. *Unterschiede* zum 1. T. auf. Denn im 2. Brief wird die Ferne der Wiederkunft betont. Ja, es wird ausdrückl. davor gewarnt, denen Glauben zu schenken, die sagen, daß der Tag des Herrn da ist (2,2). Ebenso fällt das Thema des Abfalls und eines endzeitl. Widersachers auf, das in den Paulusbriefen sonst keine Parallele hat (2,3ff.). Tatsächl. sind diese apokalypt. Themen traditionell und haben etwa in den →Evangelien sowie in der →Johannesoffenbarung 13/17 und den →Johannesbriefen Parallelen. Eher verdächtig ist schließl. die ausdrückl. Bekräftigung am Schluß des Briefes (3,17), wonach Paulus den Gruß mit eigener Hand als spezif. Zeichen seiner Briefe hinzusetze. Eigenhändige Schlußbemerkungen sind durchaus paulinisch (1 Kor 16,21; vgl. Gal 6,11). Doch ihre Funktion als Garant der Echtheit des Schreibens deutet auf einen pseudopaulinischen Verfasser (vgl. auch Kol 4,18). Es spricht demnach viel dafür, daß der Verfasser des 2. T.s seinem Schreiben die Autorität des Paulus verliehen hat. Er setzt schon die Verzögerung der Parusie voraus, kann also im letzten Drittel des 1. Jh.s (vielleicht in Makedonien) entstanden sein.

*Lit.: T. Holz:* Der erste Brief an die Thessalonicher (Ev.-Kath. Kommentar 13), Zürich/Neukirchen 1986. – *F. Laub:* 1. und 2. Thessalonicherbrief (Die Neue Echter-Bibel 13), Würzburg 1985. – *W. Schmithals:* Die hist. Situation der T., in: *ders.:* Paulus und die Gnostiker, Hamburg-Bergstedt 1965, 89-157. – *W. Trilling:* Der zweite Brief an die Thessalonicher (Ev.-Kath. Kommentar 14), Zürich-Neukirchen 1980.

*Wolfgang Stegemann*

**Thomas von Aquin** (1224/25-1274). Als jüngster Sohn einer ital. Adelsfamilie im Dienst Friedrichs II. wurde Th. schon als Kind den →Benediktinern von Montecassino (Italien) anvertraut. Bei seinem →Philosophiestudium (1239-1244) an der aristotel. orientierten kaiserl. Universität von Neapel entschied er sich aber gegen den heftigen Widerstand seiner Familie zum Eintritt in den →*Dominikanerorden* (1244). Zwischen 1245 und 1252 studierte er →Theologie an Ordensschulen in Paris und Köln, wo er bald zum bevorzugten Schüler des Albertus Magnus wurde. Auf Alberts Empfehlung ging Th. 1252 an die Pariser Universität; dort promovierte er 1256/57 nach vierjähriger assistierender Lehrtätigkeit (Sentenzenkommentar). Dies hatte mehrere päpstl. Interventionen zugunsten des Bettelordens zur Voraussetzung (→Orden). Bis 1259 bekleidete er in *Paris* den Ausländern vorbehaltenen Dominikaner-Lehrstuhl. Bis 1269 lehrte er an verschiedenen Ordensschulen in Mittelitalien, oft in der Nähe des päpstl. Hofs (was ihm Zugang zu den Originalakten der großen ökumen. →Konzilien ermöglichte). Während dieser Zeit beschäftigte er sich zunehmend mit der griech. →Patristik und den Werken des →*Aristoteles.* Er vollendete seine *Summa contra gentiles* (ein Handbuch für den Dialog mit →Islam und →Judentum) und begann seine monumentale *Summa theologiae* als anspruchsvolles Handbuch für Theologiestudenten. Ebenfalls aus dieser Zeit stammen seine *Catena aurea,* ein patrist. Evangelienkommentar sowie weitere exeget. Vorlesungen. Die Zuspitzung der Pariser Streitigkeiten über die theol. Wertung der aristotel. →Wissenschaften (→Aristotelismus) und über den Status der Bettelorden veranlaßte 1269 seine außerordentl. Rückberufung auf einen der Dominikaner-Lehrstühle an der Pariser Universität. Dort setzte Th. neben den exeget. Vorlesungen (→Johannesevangelium, →Römerbrief), akadem. Disputationen und Gelegenheitsschriften die Arbeit an der Summa fort und begann die Veröffentlichung seiner Aristoteles-Kommentare. Eine 1270 in Paris ausgesprochene Verurteilung aristotel. Lehrsätze konnte sein weiteres Wirken nicht beeinträchtigen. 1272 kehrte er nach Italien zurück, um die Ordenshochschule in Neapel zu gründen. Ein außerordentl. seel. Erlebnis am 6.12.1273 veranlaßte Th., die Arbeit an seiner Summa sowie an seinen →Psalmen- und Aristoteles-Kommentaren unvollendet abzubrechen. Drei Monate später (7.3.1274) starb er auf dem Weg

nach Lyon, wo er an dem dort zur Wiedervereinigung mit der Ostkirche einberufenen Konzil als Sachverständiger teilnehmen sollte.
Im Gegensatz zur philos. Fakultät von Paris, die sein Werk hochschätzte, dauerte die *Opposition* in der (antiaristotel. gesinnten) theol. Fakultät über seinen Tod hinaus an. Einige seiner Positionen wurden 1277 in Paris und Oxford verurteilt. Dieser Widerstand formierte sich vor allem bei den →Franziskanern in der Tradition Bonaventuras und pflanzte sich unter den Anhängern von →Duns Scotus und →Ockham fort, während die Dominikaner ihre Reihen hinter ihm zu schließen suchten. Mit seiner Heiligsprechung 1323 begann die Kette *päpstl. Empfehlungen* seiner Lehre (u.a. Erhebung zum Kirchenlehrer 1567 und die Enzyklika »Aeterni patris« 1870), die in der Verpflichtung auf seine Lehre durch die cc. 589 und 1366 des 1917 erlassenen CIC ihren Höhepunkt erreichten, aber auch im Hintergrund der antimodernist. Maßnahmen Pius' X. und noch Pius' XII. (→Modernismus) standen. Zusammen mit dem Verhalten seiner Anhänger in Kontroversen wie denen mit →Luther und →Galilei verfestigte dies das Bild eines »Chefideologen« des röm.-kath. Systems und rief nicht zuletzt nach dem 2. →Vat. Konzil heftige Ablehnung hervor. Inzwischen bemüht sich die *hist. Forschung*, Th. aus dieser ideolog. Umklammerung zu befreien und die krit.-emanzipator. Züge seines Denkens wiederaufzudecken (→Thomismus).

*Lit.: M. D. Chenu:* Das Werk des Hl. Th. von Aquin (Die dt. Thomas-Ausgabe, Erg.-Bd. 2), Heidelberg/Graz 1960. – *Ders.:* Th. von Aquin: mit Selbstzeugnissen und Bilddokumenten (Rowohlts Monographien 45), Reinbek 1960. – *J. A. Weisheipl:* Th. von Aquin, Graz 1980 (dort auch die frühere Literatur).

*Thomas Riplinger*

**Thomismus**

*A.* Das *Wort* bezeichnet zum einen die verschiedenen Denkrichtungen in der Geschichte, die sich auf das Werk des →Thomas von Aquin berufen, zum anderen das jeweilige Gedankengebäude, das ihm oder seiner Schule zugeschrieben wird. So ist die hist. Rekonstruktion der Lehre des Aquinaten unweigerl. mit der Geschichte ihrer Rezeption verbunden. Auch die kirchenpolit.-ideolog. Festlegungsversuche (→Neuscholastik) gehören dazu.

*B.* Die *Geschichte* des Th. entspricht der Epocheneinteilung der →Scholastik. Ihre ursprüngl. Frontstellung gegen averroist. und neuplaton. →Aristoteles-Deutungen einerseits und theol. →Augustinismus andererseits entwickelte sich im Laufe des 14. Jh.s zu einer Mittelposition zwischen den Anhängern des →Duns Scotus und denen des W. von →Ockham. Mit der beginnenden →Neuzeit jedoch wurde in Italien die Frontstellung gegenüber Neuplatonismus und Averroismus wieder wirksam (Averroes, 1126-1198, arab. Philosoph), während in Nordeuropa die Auseinandersetzung mit →Humanismus und →Reformation in den Vordergrund trat. Gerade im Kampf gegen die Reformation festigte sich der Th. zur tragenden Ideologie des röm. →Katholizismus. Bei den →Jesuiten entstand früh eine eigenständige, nicht zuletzt eklektizist. Richtung, die in Francisco Suarez (1548-1619) gipfelte. Diese Linie, die später auch cartesian. (→Descartes) und andere moderne Ideen in sich aufnahm, übte einen starken Einfluß aus auf die →altprot. Orthodoxie sowie auf die Philosophie und Theologie der engl. und dt. →Aufklärung. Die im 19. Jh. entstandene →Neuscholastik – eine Reaktion auf die nachkant. Philosophie und den theol. →Fideismus – behielt zunächst noch starke cartesian.-wolff. (Ch. Wolff) Züge. Ausgehend vom Werk von J. Maréchal (1878-1944), versuchte eine bes. in Deutschland beheimatete Richtung (z.B. K. →Rahner), an die →Transzendental- und Existenzphilosophie anzuknüpfen. Diese Richtung interpretiert die Gedanken des Thomas von seinen theol. oder ausgesprochen metaphys. Schriften her. Eine andere, vor allem in der angelsächs. Forschung vertretene Richtung geht insbes. von der Natur- und Humanwissenschaft der Aristoteles-Kommentare aus und deutet von dorther seine metaphys. und theol. Aussagen.

*C.* Die *zentrale Frage* für das Verständnis der Lehre des Thomas von Aquin betrifft das Verhältnis von →Glauben und Wissen. Die eine Interpretationsrichtung sieht das Glaubenslicht bis in die Philosophie hineinwirken (daher ihre Skepsis gegenüber den Aristoteles-Kommentaren), die andere unterscheidet streng zwischen vernunftgemäßer, empir. orientierter Naturerkenntnis einerseits und übervernünftiger durch die Schrift vermittelter Glaubenserkenntnis andererseits. Letztere kann weder bewiesen noch durchschaut, wohl aber mit Hilfe analog. Erkenntnisse aus dem Bereich der Natur annäherungsweise erläutert und als nicht vernunftwidrig verteidigt werden. Die Spannung zwischen →*aristotel. und neuplaton.* (→Platon) *Elementen* bei Thomas wird entspr. unterschiedl. bewertet. Die zweite Interpretationslinie ordnet die platon. Elemente eher der Ebene der Glaubenserkenntnis zu und begründet die Metaphysik weder in der Abstraktion noch in einer Seinsintuition, sondern in einer Extrapolation empir. Naturerkenntnisse. Auf diese Weise wird der nicht dinghafte Charakter der thomas. theol. Prinzipien betont und die eher erklärende als beweisende Funktion seiner Argumente hervorgehoben. Diese Deutung des thomas. Denkens hebt sich von den übl. neuthomist. Darstellungen stark ab und ist offen für den Dialog nicht nur mit der modernen Philosophie, sondern auch mit den modernen Natur- und Humanwissenschaften. Ihre Folgen für die Kritik des neuscholast. Dogmatismus in der Theologie sind noch nicht ausgelotet. Ebensowenig hat die hier aufgezeigte Interpretationslinie bislang eine systemat. Gesamtdarstellung gefunden. Die Bedeutung der Naturwissenschaften für Thomas sind in den engl.sprachigen Veröffentlichung von

J. A. Weisheipl und W. A. Wallace herausgearbeitet. Beispielhaft für die Theologie sind die Werke von Y. Congar und E. Schillebeeckx.

*Lit.: R. E. Brennan:* Thomist. Psychologie (Die dt. Thomas-Ausgabe, Erg.-Bd. 1), Heidelberg 1957. – *L. J. Elders:* Die Metaphysik des Thomas von Aquin, 2 Bde., Salzburg 1985-1987. – *Ders. (Hg.):* Lex et Libertas. Freedom and Law according to St. Thomas Aquinas (Proceedings of the 4th Symposium on St. Thomas Aquinas philosophy, Rolduc, Nov. 8 and 9, 1986), Vatikan 1987. – *W. A. Wallace:* From a realist point of view. Essays on the philosophy of science, London, 2. Aufl. 1983. – *J. A. Weisheipl:* Nature and Motion in the Middle Ages, Washington 1985. – *Ders.:* Thomas von Aquin, Graz 1980. – *Ders.:* Th., in: New Catholic Encyclopedia XIV, New York 1967, 126-135. – *P. Wyser:* Der Th., Bern 1951.

*Thomas Riplinger*

## Tibetische Religionen

### *A. Bon-Religion*

Die tibet. Völker bekennen sich zu einer einheim. Hochreligion (*Bon*) *und zwei* →Weltreligionen (→Buddhismus und →Islam), die sämtl. stark von volksrel. Vorstellungen und Praktiken aus ältester Zeit geprägt sind. Das →Christentum faßte in Tibet nicht Fuß. Trotz →nestorian. Spuren in Westtibet und kath. und prot. →Mission – im frühen 18. Jh. wirkten Kapuziner und der →Jesuit Ippolito Desideri sogar in Tibets Hauptstadt Lhasa – gibt es heute nur eine kleine Gemeinde der Mährischen Brüder (→Brüder-Unität) in Ladakh. Der Islam hat sich seit etwa 1500 im westl. Teil des ethnograph. Tibet (Ladakh, Kargil, Baltistan) verbreitet. Die wenigen Muslime Zentraltibets sind meist nichttibet. Herkunft. Muslim. Gruppen leben auch in Ost- und Nordtibet. Die meisten Tibeter sind Anhänger des Buddhismus und der Bon-Religion.

Die ursprüngl. *Bon-Religion* (von tibet. *bon-pa* »Gebete rezitieren, um dadurch Götter und Geister zu beschwören«) bildete sich im heutigen Westtibet aus volksrel. Formen und unter buddhist., shivait.-hinduist. (→Hinduismus) und iran. Einfluß. In Zentraltibet, wo sie sich mit der dortigen Volksreligion vermischte, trat sie in rel. und polit. Konkurrenz mit dem Buddhismus, der sich während des tibet. Großreichs (7.-9. Jh.) verbreitete und den Bon-Priestern die führende Stellung streitig machte. Der Fall des Großreichs bedeutete auch das polit. Ende der Bon-Religion. Rel. überlebte sie bis heute, indem sie sich theol.-philos. und organisator. weitgehend dem Buddhismus anpaßte, ohne den Anspruch auf die Ursprünglichkeit ihres Systems aufzugeben. Der Buddhismus übernahm seinerseits Elemente der Bon- Religion. Als ihr Stifter gilt *gShen-rag*, »der beste Priester«. Ob sich hinter ihm eine hist. Persönlichkeit verbirgt, ist zweifelhaft. Seine Vita ähnelt der →Buddha-Biographie, enthält aber auch Züge des zentralasiat. Erlöser-Helden. Ziel der systematisierten Bon-Religion ist wie im Buddhismus die Befreiung vom →Leiden und die Erlangung der Buddhaschaft. Das rel. *Lehrsystem* wird in neun *»Fahrzeuge«* eingeteilt. Als Heilsmittel gelten nicht nur die höheren Wege der →Moral und →Meditation, sondern auch volksrel. Praktiken, z.B. Krankenheilung und Zukunftsschau durch Schamanen (→Schamanismus). Die Bon-Religion hat eine umfangreiche, aber noch wenig erforschte Literatur.

### *B. Lamaismus*

Die geistig und polit. bestimmende Religion Tibets ist der Buddhismus. Die Bezeichnung *»Lamaismus«* wird von den Tibetern abgelehnt, da sie den Eindruck erweckt, der tibet. Buddhismus sei nicht mehr die reine Lehre Buddhas. Nach tibet. Auffassung wird diese jedoch gerade in Tibet in ihrer Vielfalt bewahrt, wie sie in Form der drei Fahrzeuge Hīnayāna, Mahāyāna und Tantrayāna offenbart worden ist. Das, was als primitiver Dämonenkult oder abstoßende Sexualpraxis erscheint, ist aus guten Gründen in das System integriert und als relative →Wahrheit, die der Erkenntnis der absoluten Wahrheit dient, gerechtfertigt worden. Dennoch ist der Begriff »Lamaismus« insofern sinnvoll, da er auf die für den tibet. Buddhismus bes. charakterist., überragende *Rolle des rel. Lehrers*, des Lama (Guru) verweist. Der Lama ist der wichtigste →Mittler zum →Heil; er ist die Gesamtform der drei Heilsmittel Buddha, Lehre und Gemeinde. Der Lama unseres Weltzeitalters ist Buddha Shākyamuni. Nach ihm kommen viele andere aus dem Kreislauf des Leidens Erlöste, um die noch Unerlösten vom Leiden zu befreien, indem sie sich in der Welt wiederverkörpern, die Buddhalehre verkünden und durch ihr exemplar. Leben zur heilsbringenden Nachfolge Buddhas veranlassen. Neben dem *Panchen Lama* (geb. 1937, lebt z.Z. in China), der als →Inkarnation des Buddha Amitabha gilt, ist der bedeutendste der *Dalai Lama* (geb. 1935, 1940 inthronisiert), Verkörperung des Bodhisattva Avalokiteshvara, des mitleidsvollen Patrons von Tibet.

Seit dem 17. Jh. weltl. und geistl. Oberhaupt von Tibet, ist er Endpunkt einer *Entwicklung*, die bereits zur Großreichszeit begonnen hat. Im 8. Jh. wurde der Buddhismus Staatsreligion. In seiner Blütezeit im 8./9. Jh. wurde der Grundstein für die riesige rel. Literatur gelegt. Der Zusammenbruch des Großreichs führte auch zum Niedergang des Buddhismus, von dem sich dieser erst nach einem Jh. erholte. Es kam zur Gründung jener Schulrichtungen, die – gestützt auf Klöster als Zentren kultureller, polit. und ökonom. Macht – fortan die Geschicke Tibets im wesentl. bestimmen sollten. Der Schule, aus welcher der Dalai Lama hervorging, gelang es, auch die Mongolen endgültig zum Buddhismus zu bekehren. Die mit mongol. Hilfe 1642 errichtete Theokratie, die 1950 chin. Herrschaft unterstellt wurde, endete mit der Flucht des 14. Dalai Lama 1959 nach Indien. Der tibet. Buddhismus lebt auch unter kommunist. Hoheit und im Exil weiter. Seit neuester Zeit treibt er sogar im Westen Mission.

*Lit.: H. Hoffmann:* Die Religionen Tibets, Freiburg/München 1956. – *D. L. Snellgrove:* Buddhist Himālaya, Oxford 1957. – *G. Tucci/W. Heissig:* Die Religionen Tibets und der Mongolei, Stuttgart u.a. 1970 (Lit.).

*Klaus Sagaster*

**Tier.** Die Beziehung des Menschen zum T. ist von Beginn an eine bes., in ihr finden sich widergespiegelt die konkrete gesellschaftl. Lebensstruktur (nomad., agrar., städt., industriell) sowie das rel. begründete Selbstverständnis des Menschen.

*A.* Der *archa. Mensch* begegnete im T. anderen Lebewesen mit Fähigkeiten, um die er sie beneidete, mit einer überlegenen Körperstärke und Fruchtbarkeit, die ihm Bewunderung und in Verbindung damit Scheu und Ehrfurcht, eine Erfahrung von Fremdartigkeit und »andersartigen« Mächten vermittelt haben müssen, d.h. aber eine Erfahrung des →Heiligen. Diese Einstellung zu T.en erhält sich in →Indien bis heute. Die hll. Kühe, Affen, Schlangen, ja selbst Ratten, legen Zeugnis davon ab. Die Sonderstellung, die die Hindus weißen Elefanten zuschrieben, hat sich in ganz Asien verbreitet (Symbol des Königtums).
Der *zwiespältige Charakter* alles Heiligen, die Gefährlichkeit, kann in der T.verehrung religionsgeschichtl. am ind. Gott *Shiva* demonstriert werden: Lebensbedrohl. erfahrene T.e der Bergwildnis, die als Manifestationen von dämon. Kräften galten, wurden, gebündelt zu einer Gruppe, einem späteren Hochgott unterstellt, mit ihm identifiziert als »Herrn der T.e«. So erhielt er einen dunklen, zerstörer. und gefährl. Aspekt, der theol. und myth. bis heute lebendig wirkt. In diesen →Stammesreligionen spielen dann Speisetabus (→Essen und Trinken) in der rituellen Praxis eine entscheidende Rolle, da das T. als →Totem Leben und Gedeihen des Stammes garantieren soll.

*B.* In *späteren Religionsformen* werden diese T.e entweder zu Begleitern eines personal gedachten Gottes, oder der Gott, die Göttin wird theriomorph dargestellt. Solche tiergestaltigen Götterfiguren bezeugen also gerade eine nichtanthropomorphe rel. Bezugswelt des Menschen und sind als Symbolgestalten »des ganz Anderen« zu begreifen. Im alten →Ägypten ist diese Verbindung bes. augenscheinl.: vom sperberköpfigen *Sonnengott Ra*, der *Isis* mit den Kuhhörnern, dem ibisköpfigen *Thot* bis zum *Horus* mit Falkenkopf. Daneben gab es dort auch lebendige Verkörperungen göttl. Wesen in T.en, wie die des Flußgottes *(Nil)* als Stier. Tier. Begleiter kennen vor allem die griech. Religion (*Zeus* mit dem Adler, *Athena* mit der Eule usw.) und die ind. Volksreligionen (*Vishnu* mit dem Vogel Garuda, *Ganesha* mit dem Elefantenkopf, Vishnu selbst in T.- und halb T.-, halb Menschengestalt als Retter der durch dänom. Mächte vom Untergang bedrohten Welt).
In →Japan ist der Fuchs das hl. T. der (bald männl., bald weibl. vorgestellten) Reisgottheit *Inari.* Unzählig sind indian. Stammesgötter in T.gestalt. Mehreren indogerm. Völkern (→Germanen, →Kelten, Indern) war das Pferd heilig. Manche frühen →Mysterien kannten als Mittel der Lebenserneuerung das Tragen spezieller Felle bei den Riten (z.B. Osiris-Mysterien) und im Falle des Todes das Einnähen des Leichnams in eine T.haut.

*C.* In den →*Weltreligionen* spielen die T.e nur noch eine abstrahiert symbol. Rolle, da sie alle – mit Ausnahme des →Hinduismus – den *T.kult ablehnen.* Die Verbindungen mit der Erlöser- oder Unheilsgestalt (Christus als Fisch und Lamm; Buddha als Löwe; die Schlange als Verführerin, das Böse im jüd.-christl. Bereich) stammen dabei aus verschiedenen Entwicklungssträngen der Bedeutung des T.es.
In den Glaubensformen, die die Wiedergeburt lehren, gründet sich die Achtung vor dem Leben des T.es darauf, daß eine →Seele auch in T.gestalt eingehen kann. Eine solche Verkörperung gilt als schlecht, weil die »Dumpfheit« tier. Bewußtseins nicht des Erlösungsgedankens fähig ist, also viele neue Geburten nach sich zieht.

*D.* Neben der rel. entstand (von Indien ausgehend) eine literar. und volkstüml.-erzähler. Tradition von T.mythologien in *Fabeln* und →*Märchen.* In ihr ist die urtüml. Verbindung von göttl. Kräften in T.gestalt aufrechterhalten, u.a. sind →Weisheit, Tücke, →Geist so ausgedrückt (C. G. →Jung).
Die heutige westl., ungesunde (weil anthropomorphisierende) Sentimentalität dem (Haus-)T. gegenüber wird immer mehr vom Verständnis eines *existentiellen Zusammenhangs* mit ihm als Lebewesen auf dieser Erde verändert, dessen Lebensbedrohtheit durch den Menschen auch den Menschen selbst gefährdet (→Ökologie).

*Lit.: C. G. Jung:* Bewußtes und Unbewußtes, Frankfurt/M. 1963. – *G. Mensching:* Die Religion. Erscheinungsformen, Strukturtypen und Lebensgesetze, Stuttgart 1959. – *W. Pangritz:* Das T. in der Bibel, München 1963.

*Irmtraud Höhn*

**Tillich,** *Paul,* geb. 1886 in Starzeddel, Kr. Guben, gest. 22.10.1965 in Chicago/Ill., prot. Theologe. T. studierte in Halle Theologie und Philosophie, 1914-18 Feldprediger, 1919 Privatdozent in Berlin, 1924 a.o. Prof. der Theologie in Marburg, 1925 Prof. der Religionswissenschaft in Dresden, 1929 o. Prof. der Philosophie in Frankfurt/M., 1933 fristlose Entlassung, 1933-35 Prof. of Philosophical Theology am Union Seminary in New York, 1955-62 University Prof. in Harvard, 1962 bis zu seinem Tode 1965 an der University of Chicago Divinity School.
T. hat neben K. →Barth und R. →Bultmann (→dialekt. Theologie) der →Theologie des 20. Jh.s wesentl. Anstöße vermittelt und dem prot. →Christentum, dem er angehört, einen Weg in die Zukunft gezeigt. Schon früh hat T. die *Grenze* als

den eigentl. fruchtbaren Ort theol. Erkenntnis bezeichnet. Die Grenze trennt und verbindet zugleich. Die Grenzsituation ist voller Spannung und Bewegung, kein Stehen, vielmehr ein Überschreiten und Zurückkehren, ein Hin und Her, dessen Ziel es ist, ein Drittes zu schaffen, in das die begrenzten Gegensätze aufgehoben werden können. Das Stehen auf der Grenze hat dem Lebenswerk T.s eine lange Zeit umstrittene Aktualität verliehen. Die Grenze von Theologie und →Philosophie, Heteronomie und →Autonomie, von →Religion und →Kultur, →Kirche und →Gesellschaft, von →Idealismus und →Marxismus, →Luthertum und →Sozialismus, ist der Ort einer dynam. Verbindung der Theologie mit philos., soziol. und polit. Einsichten, die für eine neue Epoche prot. Denkens maßgebl. geworden ist. In dieser offenen Synthese des christl. →Glaubens mit seiner Welt liegt die gegenwärtige Bedeutung T.s.

Kriterium seiner philos. Theologie ist der paul.-luth. →*Rechtfertigungsgedanke*, der es T. ermöglicht, die →Autorität der bibl.-christl. Überlieferung weiterhin anzuerkennen und gleichzeitig die →Kritik autonomen hist. und philos. Denkens zu bejahen. Der Rechtfertigungsgedanke, oder wie T. es bezeichnet: das prot. Prinzip (→Protestantismus), besagt, daß auch der Zweifler – trotz seines →Zweifels an →Gott – gerechtfertigt ist, der Zweifel an Gott »nicht von Gott zu trennen« braucht, denn Gott ist nicht ident. mit irgendeinem Gedanken, den die Väter in seinem Namen gedacht, oder mit irgendeinem Werk, das sie um seinetwillen getan haben. Da nichts Menschliches, Endliches und geschichtl. Bedingtes mit dem Unbedingten, dem →Absoluten, mit Gott identifiziert werden darf, ist Kritik an der Religion und ihrer Überlieferung, an der →Wahrheit der Gottesgedanken, geradezu geboten. Diese Einsicht in die geschichtl. Bedingtheit allen menschl. Redens von Gott ermöglicht es T., den neuzeitl. →Atheismus in seine philos. Theologie zu integrieren; denn nur der Glaube vermag den Glauben zu bestreiten, und nur wer ergriffen ist von dem, was ihn unbedingt angeht, kann für oder gegen Gott sprechen. Das *Ergriffensein* von dem, was den →Menschen unbedingt angeht, braucht sich darum auch nicht in Formen auszudrücken, die im engeren Sinne rel. sind. Alle Schöpfungen der Kultur, →Kunst und →Literatur können vielmehr Gefäße für einen rel. Inhalt werden. Die Substanz jeder Kultur ist Religion. Dies ist der zentrale Satz der T.schen Religionsphilosophie und Kulturtheologie, zu der er bereits 1919 einen ersten Entwurf vorgelegt hat (»Über die Idee einer Theologie der Kultur«), aber auch umgekehrt gilt: Ausdruck jeder Religion ist die Kultur; denn jede Antwort auf die Frage, was den Menschen unbedingt angeht, bedarf der kulturellen Form, in der sie sich ausdrückt. Die Infragestellung aller endl., profanen Formen durch das Ewige und →Heilige (R. →Otto) ist darum das Grundprinzip jeder »prot. Gestaltung«: »Das Jetzt entscheidet über die jeweilige Aufgabe.«

Nach dem Ersten Weltkrieg, von T. als Kulturkatastrophe, als Enthüllung der bürgerl. Dämonie erlebt, war diese Aufgabe einer theonomen Kultursynthese, die Erfüllung der autonomen Formen mit rel. Substanz (von T. auch als Kairos bezeichnet), durch den Riß gekennzeichnet, der sich zwischen der Kirche und dem →Proletariat auftat, zwischen der →Jenseitshoffnung der Christen und der diesseitigen Dynamik der revolutionären Bewegungen. In dieser Situation vollzog T. (im Anschluß an E. →Troeltsch) eine »Wendung zu einer soziol. begründeten und polit. ausgerichteten Geschichtsphilosophie«, die ihn zum Mitbegründer der dt. Bewegung der →*Rel. Sozialisten* machte und ihn zur Analyse jener gesellschaftl. Verhältnisse führte, »die unvermeidl. jeden geistigen Anruf an die ihnen unterworfenen Menschen zunichte mache«. Mit K. →Marx, aber auch mit S. →Kierkegaard und F. →Nietzsche, analysiert T. als Rel. Sozialist die →Entfremdung, von der im 19. Jh. vor allem das Proletariat, nach dem Ersten und Zweiten Weltkrieg aber auch die gesamte Industriegesellschaft betroffen ist. »Der Mensch ist eingesogen in das System der Gegenstände, die er selbst geschaffen hat, in dieses System von Produktion und Konsumtion, in dem er ein Stück Ware und Arbeitskraft, ein Gegenstand unter Gegenständen geworden ist.« T.s Hauptwerk zum Rel. Sozialismus erschien Anfang 1933 unter dem Titel »Die sozialist. Entscheidung«. Es war im ersten Teil eine Auseinandersetzung mit den geistigen Voraussetzungen und gegenwärtigen Erscheinungsformen jener →polit. Romantik, deren Vertreter soeben die Macht in →Deutschland in die Hand nahmen. Der größere Teil der Aufl. mußte schon bald eingestampft werden; T. selbst wurde im gleichen Jahr als erster nichtjüd. Hochschullehrer fristlos entlassen und emigrierte in die USA.

Während der New Yorker Lehrtätigkeit auf dem Lehrstuhl für »Philos. Theologie« entstand seine dreibändige *»Systemat. Theologie«* (1951-1963), in der er die theol. Begriffe: →Offenbarung, →Gott, →Jesus Christus, →Geist und →Reich Gottes in Korrelation zu den ihnen entspr. philos. entfaltet: →Vernunft, →Sein, Existenz, →Leben und →Geschichte. T. entwickelt darin ein Konzept von Theologie, in dem →Theismus und Atheismus gleichermaßen aufgehoben sind und der Mensch der Gegenwart ganz ernst genommen wird. T., der die *Zweideutigkeit des menschl. Lebens*, der eth. und rel. Vorstellungen und kulturellen Errungenschaften in die Mitte seiner →Anthropologie rückt, der die Zerrüttung des Innenlebens, die Heillosigkeit und Zerstörung gesellschaftl. Existenz selbst erfahren hat, geht es in seiner philos. Theologie um einen Glauben an ein unzweideutiges Leben unter den Bedingungen der Existenz und im Prozeß der Geschichte, der aus der Erfahrung des Abgrundes hervorgeht. Diesen Glauben an das heilende Ganze (→Heil), das die Teile über sich hinausweist und aus der Entfremdung in sich integriert, hat T. als *»Mut zum Sein«* bezeichnet. Es ist der Mut, sich als bejaht zu bejahen.

*Lit.: P. Tillich:* Auf der Grenze. Eine Auswahl aus dem Lebenswerk (Serie Piper 593), München 1987; Dogmatik. Marburger Vorlesungen von 1925, Düsseldorf 1986; Ges. Werke, 14 Bde., hg. von R. Albrecht; Ges. Werke. Ergänzungs- und Nachlaßbde., 6 Bde.; Main Works/Hauptwerke, 6 Bde., hg. von C. H. Ratschow; Rel. Reden, Bd. 1: In der Tiefe ist Wahrheit, 8. Aufl. 1982; Bd. 3: Das Ewige im Jetzt, 3. Aufl. 1980; Systemat. Theologie, 3 Bde, alle Berlin; T.-Auswahl, Bd. 1: Das Neue Sein, Bd. 2: Die Zweideutigkeit des Lebens, Bd. 3: Der Sinn der Geschichte, hg. von M. Baumotte mit einer Einf. von C. H. Ratschow (Gütersloher Tb. Siebenstern 426-428), Gütersloh 1980. – *J. L. Adams:* Paul T.s Philosophy of Culture. Science and Religion, New York 1965. – *E. Amelung:* Die Gestalt der Liebe. Paul T.s Theologie der Kultur, Gütersloh 1972. – *R. M. May:* Paulus. Reminiscences of a Friendship, New York 1973. – *R. Mokrosch:* Theol. Freiheitsphilosophie, Frankfurt/M. 1976. – *W. und M. Pauck:* Paul T. – Sein Leben und Denken, Frankfurt/M. 1978. – *H. Tillich:* From Time to Time, New York 1972. – *Dies.:* From Place to Place, New York 1976. – Werden und Wirken Paul T.s. Ein Gedenkbuch, Stuttgart 1967. – *H. Zahrnt:* Die Sache mit Gott. Die prot. Theologie im 20. Jh., München 1966.

*Manfred Baumotte*

## Timotheusbriefe

### A. Grundsätzliches

Unter den im NT überlieferten Briefen des →Paulus nehmen die beiden T. und der →Titusbrief in mehrfacher Hinsicht eine *Sonderstellung* ein:

1. Sie sind weder an best. Gemeinden noch an eine Privatperson, sondern *an »Hirten«* von Gemeinden gerichtet daher auch »Pastoralbriefe« (lat. *pastores* = Hirten) genannt.

2. Sie bilden zwar im Hinblick auf die vorausgesetzte Situation und die sprachl. Eigenart eine Einheit, und doch unterscheiden sie sich gerade hier von den anderen Paulusbriefen: Alle drei Briefe setzen eine bereits in feste Sätze gefaßte, vorgegebene Lehre (1 Tim 6,20; 2 Tim 4,2f.; Tit 1,9) sowie eine fortgeschrittene *kirchl. Verfassung* (1 Tim 3,1-13; Tit 1,5-9) voraus. Sie formulieren ihr Anliegen in einer Sprache, die deutl. von der Popularphilosophie, dem kaiserl. Hofstil und der griech. Frömmigkeit geprägt ist. Typisch paulin. Begriffe (wie Rechtfertigung, Gesetzeswerke, Leib, Fleisch, Kreuz, Freiheit) fehlen. Hinzu kommt, daß die in diesen Briefen vorausgesetzten Reisen des Paulus weder durch die anerkannten Paulusbriefe (Röm 15,23.24.28) noch durch die Apostelgeschichte (20,25) bestätigt sind. Dies alles erklärt sich am einfachsten, wenn man annimmt, daß die beiden T. wie auch der Titusbrief nicht von Paulus selbst, sondern von einem Schüler oder *Anhänger des Paulus* geschrieben wurden. Dieser hat wohl um 100 n. Chr. an einem nicht näher bestimmbaren Ort und in Anlehnung an die bereits vorhandenen, gesammelten Paulusbriefe die immer noch lebendige Erinnerung an Paulus benutzt, um mit Hilfe dieser drei Briefe an anerkannte Paulusschüler den gegenwärtigen und zukünftigen Gemeindeleitern zu zeigen, was es bedeutet, in echter Paulusnachfolge (1 Tim 1,2; Tit 1,4) für ihre Gemeinden zu sorgen. Trotz der bedrohl. Irrlehren und des Ausbleibens der Wiederkehr Christi (Parusie) könnten sie »das ewige Leben erben, das wir erhoffen« (Tit 3,7).

### B. 1. Timotheusbrief

Timotheus, Sohn einer Judenchristin und eines heidn. Vaters (Apg 16,1-3), war ein enger, zuverlässiger Mitarbeiter des Paulus (1 Thess 3,1-6; 1 Kor 16,10f.). Das erste, was der Brief verlangt, ist, über die *Verkündigung des Evangeliums* zu wachen, dessen Wahrheit Paulus ja am eigenen Leib erfahren hatte (1,3-20). Dann aber soll Timotheus sich um die rechte Ordnung kümmern: im →Gottesdienst (2,1-15), mehr aber noch im konkreten Leben der einzelnen Stände (3,1-13; 4,12-6,2.17-19), da der wahre Glaube keineswegs nur durch Irrlehren (4,1-11; 6,20f.), sondern ebenso durch eine verkehrte Lebensführung (6,2-10) gefährdet bleibt. Dies alles verpflichtet nun aber auch Timotheus zu einem vorbildl. Lebenswandel »in seinen Worten und in seinem Verhalten, in der Liebe, im Glauben, in der Lauterkeit« (4,12).

### C. 2. Timotheusbrief

Er stellt das Testament des Paulus dar. Angesichts seines *Martyriums* (4,6-8) wird die Tradition von bes. Bedeutung (1,6-14). Für sie wie Paulus zu kämpfen bringt zwar Leiden (2,1-7; 3,10-4,5), das →Leiden aber führt zum →Heil (2,8-13; 4,4-8.18). Sich für das überlieferte Evangelium einzusetzen bedeutet allerdings nicht, mit den aufgetretenen Irrlehrern zu streiten (2,14-26; der Unterschied zu Paulus wird hier bes. augenfällig, vgl. Gal 1,6-9!), sondern »das Wort« zu verkünden, ob gelegen oder ungelegen, und das Leiden zu ertragen (4,1-5). »Der Kranz der Gerechtigkeit« liegt ja schon bereit (4,8).

*Lit.: N. Brox:* Die Pastoralbriefe, Regensburg 1969. – *J. Jeremias:* Die Briefe an Timotheus und Titus (Das NT Deutsch 9), Göttingen 1975. – *K. Kertelge (Hg.):* Paulus in den ntl. Spätschriften, Freiburg/Basel/Wien 1981. – *O. Knoch:* Begegnung wird Zeugnis, Kevelaer/Stuttgart 1980, 192-199.

*Meinrad Limbeck*

**Titusbrief.** Er gehört wie die beiden →Timotheusbriefe zu den sog. *Pastoralbriefen.* Auch er hat einen der engsten Mitarbeiter des Paulus, den Heidenchristen Titus (2 Kor 7,6f.13f.; Gal 2,1.3), zum Adressaten. Wie die Timotheusbriefe beschäftigt sich der T. mit der Situation der christl. Gemeinde, nach dem Weggang des Paulus freil. unter einem etwas veränderten Aspekt: Ausdrückl. mahnt der Brief gleich zu Beginn, in den einzelnen Stadtgemeinden →*Presbyter-Bischöfe* einzusetzen (1,5), die auf Grund ihres nüchternen und gewinnenden Lebensstils (1,6-9) und ihrer Orientierung an dem »wahren Wort der Lehre« in der Lage sind, die Irrlehrer, die den Bestand der christl. Gemeinden gefährden (1,10-16; 3,9-11), zu widerlegen und die

Gemeinden zu ermahnen, »gerecht und fromm in dieser Welt zu leben«, während sie auf »die selige Erfüllung« ihrer Hoffnung warten: auf das Erscheinen ihres »Gottes und Retters Jesus Christus« (2,1-15). Denn nur ein solch gutes, für alle Menschen nützl. Leben entspricht der Menschenfreundlichkeit Gottes, die in Christus Jesus erschienen ist (3,1-8).

*Lit.: N. Brox:* Die Pastoralbriefe, Regensburg 1969. – *J. Jeremias:* Die Briefe an Timotheus und Titus (Das NT Deutsch 9), Göttingen 1975. – *K. Kertelge (Hg.):* Paulus in den ntl. Spätschriften, Freiburg/Basel/Wien 1981. – *O. Knoch:* Begegnung wird Zeugnis, Kevelaer/Stuttgart 1980, 192-199.

*Meinrad Limbeck*

**Tobiasbuch.** Im Septuaginta-Kanon (→Bibelwissenschaft) zu den »hist. Schriften« gerechnet, ist das griech. geschriebene T. trotz geschichtl. Anspielungen auf das 8. Jh. v. Chr. eine um 200 v. Chr. entstandene Erzählung, die die Lebensverhältnisse dieser Zeit in der jüd. Diaspora Mesopotamiens widerspiegelt. Eine hebr. oder aramä. Vorlage liegt ihr zugrunde.

*A.* Das T. erzählt eine *Geschichte: Tobit,* der sich dadurch auszeichnet, daß er verstorbenen und getöteten Volksgenossen ein Begräbnis zuteil werden läßt, erblindet und verarmt. Er wünscht sich den Tod, genauso wie in der medischen Stadt Ekbatana die Jüdin Sara, die unter Mordverdacht gerät, nachdem der Dämon Asmodäus jeweils in der Hochzeitsnacht insgesamt sieben Männer getötet hat. Im Hauptteil der Erzählung zieht *Tobias,* der Sohn des Tobit, fort, um einen Auftrag seines Vaters zu erledigen. Unerkannt zieht der Engel *Rafael* mit ihm. Er weiht ihn in mag. Praktiken ein, mit denen er den Dämon bannen kann, wenn er die Brautnacht mit der für ihn best. Sara verbringt. Tobias heiratet Sara, überlebt die Hochzeitsnacht und kehrt nach Beendigung seines Auftrags zu seinem Vater zurück, der nach mag. Manipulationen sein Augenlicht wiedererhält. Ein Dankgebet und ein Bericht über den Tod Tobits und das weitere Schicksal des Tobias schließen die Erzählung ab.

*B.* Die Erzählung verarbeitet Romanmotive (Achiqar-Roman) und Märchenmotive (Märchen vom dankbaren Toten), Elemente einiger Familiengeschichten der →Genesis und mahnende Sprüche. Das Individuelle trifft sich *im Beispielhaften* mit dem Allgemeinen: Der Gesetzesfromme kann Schicksalsschläge ertragen, weil er mit Gottes Hilfe rechnen kann. Theol. interessant ist der *Engelglaube* und der Glaube an Dämonen. Deren Wirken soll durch mag. Handlungen neutralisiert werden, die der Engel nicht nur toleriert, sondern geradezu empfiehlt.

*Lit.: H. Groß:* Tobit/Judit (Die Neue Echter-Bibel), Würzburg 1987, 7-54. – *L. Ruppert:* Das Buch Tobias ein Modellfall nachgestaltender Erzählung, in: *J. Schreiner (Hg.):* Wort, Lied und Gottesspruch, FS für J. Ziegler, Würzburg 1972, 109-119.

*Rüdiger Liwak*

**Tod**

*A. Religionsgeschichtlich*

Der T. als das Ende eines eben noch lebendigen Organismus und dessen Zerfall, ist seit je Ursache von Schrecken, Furcht und Abwehr für den Menschen. Die *Ambivalenz der Einstellung* dem T. gegenüber ist religions- und menschheitsgeschichtl. wie individuell immer neu gegeben, und so ist die Geschichte des T.es paradoxerweise die Geschichte des →Lebens, das als Leben im Angesicht des T.es bestimmt wird.

*I.* Die *mytholog. Antwort* auf die Frage, wie denn der T. in die Welt gekommen ist, lautet, dies sei der Wille der Götter oder eines Gottes, oder aber die Folge schuldhaften Verhaltens diesen Mächten gegenüber. Eine todlose vorhergegangene Zeit wird von den meisten Völkern angenommen. Vor diesem Hintergrund bildet sich – nach dem Modell der sich durch Fortpflanzung, d.h. Wandlung der Daseinsformen, erneuernden Natur – der Glaube an ein *Weiterleben* einiger Lebenskräfte des Toten aus. Die noch Lebenden sind verpflichtet, dem Totengeist das Weiterleben an einem »Ort der Väter« oder »bei den Göttern« zu sichern und ihm die Reise dorthin rituell zu ermöglichen. Diese →Geister sind dann die Garanten und Wächter über die Kontinuität der →Normen im Sinne der jeweiligen sozial-rel. Tradition einer Menschengruppe.

*II.* In der *dogmat.* Antwort der *→Weltreligionen* kommt dem T. ein neuer Deutungsinhalt hinzu. Hat der Mensch näml. durch seine →Seele teil an einem unsterbl., ewig-lebendigen göttlichen Sein, so ist der T. einerseits auf den Bereich rein naturhaften Lebens (als dessen Gegensatz) verwiesen und wird andererseits zum Bedeutungsträger alles dessen, was überwunden werden kann und soll. Er gehört wesenhaft in die Sphäre des Un-Heils, aus der →Erlösung verheißen ist. Hier setzt jede Askesepraxis und der Jenseitsglaube der Weltreligionen an. Der T. erhält damit im rel. Leben hier und jetzt bereits einen Ort; er kann und muß – etwa durch →Meditation über die Vergänglichkeit (→Endlichkeit) – in das eigene Lebensverhältnis integriert werden. Seinen striktesten Ausdruck fand dies in den ind. Religionen, die *alles* Leben als →Leiden bestimmen (also auch seine Freuden), dessen »Endlosigkeit« den Kreislauf der Wiedergeburt treibt.

*III.* Die Einstellungen zum T. wirken sich in der Art der *Totenriten* innerhalb der Sozietäten aus und können in ihrer Vielfalt hier nur angedeutet werden. In den *→Stammesreligionen* müssen die Geister bei ihrer Reise ins →Jenseits geleitet und

daran gehindert werden zurückzukehren, müssen durch Speiseopfer ernährt und am Fortleben erhalten werden (meist jährl. zu wiederholen). Der T. macht die Hinterbliebenen zeitweise rituell unrein (→rein und unrein). Diese urtüml. Schicht hat sich im →*Hinduismus* bis heute erhalten, wo sie in ihrer sozial-normativen Funktion ganz deutl. als Garant der patriarchalen Kastenordnung erscheint – obwohl die späteren rel. Entwicklungen sie hätten außer Kraft setzen können. Eine Sonderform des Ahnenkults findet sich im →*Konfuzianismus*. Mit ihm wird keinerlei Unsterblichkeitsglaube verbunden, und das Weiterleben der Toten im Gedächtnis der Lebenden ist gänzl. auf die normativ-soziale Funktion beschränkt.
Hindus und Buddhisten übergeben den Leichnam dem reinigenden Feuer (mit Ausnahme der bereits als rituell rein betrachteten Heiligen, die man begräbt), die Knochenreste dann einem Fluß. Christen, Juden und Mohammedaner begraben ihre Toten. Im Christentum äußert sich die Fürsorge für die Toten in den Begräbnisriten und in jährl. Seelenmessen. Letzterem Analoges kennt auch der ostasiat. →Buddhismus.

*IV.* Totenbräuche, wie Leichenschmaus, das Tragen bes. Kleiderfarben (im Westen: schwarz, im Osten: weiß), die Abstinenz von Vergnügungen nach einem Todesfall usw., sind im Westen rapide im Schwinden begriffen. Kollektive *Totengedenkfeiern* sowohl rel. als auch nur säkularer Art halten christl. und jüd. Gemeinschaften ab.
Eine der Folgen des T.es, der im Westen auch →Gott zugeschrieben wurde, ist die *Verlagerung* des Kampfes um Unsterblichkeit auf die →Wissenschaft (die in Amerika bereits zu Manifizierungspraktiken, etwa durch Einfrieren, führt): →Alter, →Krankheit und T. werden zum »Problem« des genet. Codes.

*Lit.: Ph. Ariès:* Geschichte des T.es (Hanser Anthropologie), München 1980. – *H. Ebeling:* Der T. in der Moderne (Neue Wissenschaftl. Bibliothek), Königstein 1979. – *W. Fuchs:* T.esbilder in der modernen Gesellschaft, Frankfurt/M. 1969. – *J. Manser:* Der T. des Menschen. Zur Deutung des T.es in der gegenwärtigen Philosophie und Theologie (Europ. Hochschulschriften, Reihe 23, Bd. 93), Bern 1977.

*Irmtraud Höhn*

## B. Systematisch

*I.* Die in der theol. Tradition am nachdrücklichsten betonte Aussage über den T. besagt: Der T. ist eine Folge der Sünde. Diese Aussage scheint heute in mehrfacher Hinsicht problemat., interpretations- und ergänzungsbedürftig: Zum *biolog.* Wissen über den genet. Zusammenhang des →Menschen mit der außermenschl. Natur paßt schlecht die Vorstellung, der Mensch sei ursprüngl., in der Absicht der Schöpfungsordnung (»vor dem Sündenfall«), von dem natürl. Gesetz des Werdens und Vergehens ausgenommen gewesen. Und leben nicht – *sozial* gesehen – die Jüngeren davon, daß die Älteren ihnen Platz machen? Wäre – *psycholog.* – ein Leben ohne den Randdruck der Endlichkeit nicht spannungslos-langweilig? Gehört also das Sterben nicht in jedem Fall zum Menschsein?

*II.* Zu den Einwänden aus der Erfahrung kommt hinzu, daß auch die *Bibel* sehr unterschiedl. über den T. urteilt: Einerseits gilt der T. als *Folge der* →*Sünde* (vgl. Röm 5,12; 6,23; Gen 2,17; 3,3.19; Sir 25,24), als Feind der Menschen, der durch Gottes Handeln überwunden werden soll (vgl. die Totenerweckungserzählungen 1 Kön 17,17-24; 2 Kön 4,32-37; Mk 5,21- 43 parr; Lk 7,11-17; Joh 11,1-44; Apg 9,36-42; 20,7-12). Andererseits kann der T. auch als *das Normale,* selbstverständl. zum Leben Gehörende angenommen werden (vgl. z.B. Gen 25,8; Ijob 5,26). Drittens aber ist im NT von einem Sterben die Rede, das nicht im Gegensatz zum Leben steht, sondern geradezu als dessen eigentl. Vollzug erscheint: Christl. Existenz wird zum *Sterben mit Christus* (Röm 6,3-8). Das Leben wird gewonnen im Loslassen; wer es festhalten will, verliert es (vgl. Mk 8,35 parr; Joh 12,24f.).

*III.* Diesen Schriftbefund bringt *die neuere Theologie* (K. →Rahner) zur Geltung, wenn sie den T. nicht nur als »Leiden«, sondern gleichzeitig auch als »Tun« des Menschen begreift, und zwar beides in eins: Das »Tun« des T.es geschieht im Erleiden. Die auf den ersten Blick widersprüchl. Aussagen von Schrift und Tradition könnten in einen stimmigen Zusammenhang gebracht werden, wenn man davon ausgeht, daß der sinnerfüllende Grundvollzug personalen Lebens die Bewegung der →Liebe ist, daß gerade diese Bewegung ein *Sichüberschreiten,* Sichwegwagen an den anderen, Sichloslassen bedeutet. Liebe besagt nicht nur höchste Aktivität, sondern gleichzeitig auch die Bereitschaft, etwas mit sich geschehen zu lassen. Insofern könnten Lieben und Sterben miteinander verwandt sein. Insofern könnte auch das Sterben Tat des Menschen sein: Sichloslassen im Vertrauen darauf, aufgefangen zu werden. Die *Grundbewegung des Sterbens* könnte gleichzeitig die Grundbewegung intensivsten Lebens sein. Von hierher könnte auch der Zusammenhang von T. und Sünde interpretiert werden. Allerdings wird man dann nicht den T. an sich, die unvermeidl. Gegebenheit biolog. Endlichkeit, als Sündenfolge verstehen, sondern die Erfahrung des T.es als eines lebenswidrigen Geschehens. Sünde ist ja Verweigerung von Liebe. Weil und insoweit der Mensch von der Haltung der Verweigerung geprägt ist, muß er den T. als Katastrophe empfinden. Umgekehrt: Weil und insoweit er dazu herangereift ist, sein Menschsein in liebender Hingabe zu verwirklichen, wird für ihn der T. (als grundsätzl. Bestimmung, nicht jede Art des T.es) den »Stachel« des Furchtbaren verlieren (vgl. 1 Kor 15,55f.). Voraussetzung für ein solches Begreifen des T.es ist allerdings der Glaube an Auferstehung als Vollendung der Liebe.

*Lit.: E. Jüngel:* T., Stuttgart 1971. – *W. M. Klein:* Christl. Sterben als Gabe und Aufgabe, Frankfurt/M. 1983 (Lit.). – *F.-J. Nocke:* Liebe, T. und Auferstehung, München, 2.

Aufl. 1986. – *K. Rahner:* Zur Theologie des T.es, Freiburg 1958. – *H. Vorgrimler:* Der T. im Denken und Leben des Christen, Düsseldorf, 2. Aufl. 1982. – Vgl. die Lit. zum Artikel Unsterblichkeit.

*Franz-Josef Nocke*

### C. Kunstgeschichtlich

*I.* Als Personifikation des T.es kannte die →*Antike* den geflügelten alten Mann (Thanatos) oder auch Jüngling, den Zwillingsbruder des Schlafes. Der Typ des Genius mit gesenkter Fackel wird auf Grabmälern des →Klassizismus wiederaufgenommen. In der *christl.* →*Kunst* fehlen Darstellungen des personifizierten T.es bis ins 12. Jh. fast vollständig. Das Uta-Evangeliar (1002) zeigt nach Offb 14,14 den T. als Schnitter. Als Knochenmann ist die Darstellung des T.es aus →Bildern des Grabes →Adams mit dem Skelett des Protoplasten hervorgegangen (Hortus deliciarum, 12. Jh.; Westfassade Straßburger Münster). Seit dem 15. Jh. werden die Bilder von Toten in Auferstehungsszenen des Jüngsten Gerichts und der Höllenfahrt Christi geläufig. Frühestes Beispiel dieses Typs ist jedoch das Fresko mit der Ezechiel-Vision (Ez 37) in der →Synagoge von Dura Europos (Mitte 3. Jh.!). Eine regelrechte T.es-Ikonographie bildet sich seit dem 12./13. Jh. im Zusammenhang mit T.es- und Totenlegenden aus, die aus →Frankreich stammen und in der Wand- und →Buchmalerei illustriert wurden. Unter dem Eindruck der *Pestkatastrophen* des 14. Jh.s entstehen Bilder vom »Triumph des T.es« (Camposanto Pisa, um 1350). In der →Renaissance wird der T. vorzugsweise als Chronos mit dem Stundenglas abgebildet. Um 1562 schuf P. Breughel d.Ä. den visionären »Triumph des T.es«, auf dem insektenhafte Skelette in militär. Formation die sich verzweifelt wehrenden Menschen angreifen. Unter dem Einfluß der →*Gegenreformation* und des Vergänglichkeitsgedankens (Vanitas) dominieren in der Grabplastik des →Barock Totenschädel und Skelette als Allegorien des T.es. Die exaltiertesten Beispiele dieser barocken T.esfaszination schuf der Spanier J. de Nisa Valdés Leal (1622-1690) für das Spital de la Caridad in Sevilla. In der Mitte des 19. Jh.s läßt sich ein neues Interesse an T.esdarstellungen feststellen. Der →*Symbolismus* des Fin de siècle liebt bes. die pikanten Beziehungen zwischen T. und →Eros. Späterhin begegnen personifizierte Bilder des T.es nur noch ausnahmsweise und als bewußtes Zitat aus der älteren Ikonographie.

*II.* In den *Sterbebüchlein* der Ars moriendi (die Kunst zu sterben), spätma. Erbauungsbüchern, werden in 11 Bildern die Kämpfe zwischen Himmel und Hölle um die →Seele des Sterbenden illustriert. Älteste Beispiele stammen aus der 2. Hälfte des 15. Jh.s.

*III.* Zur →*Volkskunst* gehören die Marterln, die spätestens seit dem 17. Jh. in Oberbayern und im Alpengebiet Verbreitung finden. Der Name leitet sich von den Kreuzigungs- oder →Passionsdarstellungen (»Marterpilt«) dieser Bildstöcke ab, die an Wegen und Brücken in oft drast. Weise die Erinnerung an durch Unglücksfälle Gestorbene lebendig halten und um ein →Gebet für deren Seelenheil bitten.

*IV.* In den Grenzbereich der →Kunst gehören schließl. die *Totenmasken.* Schon in →Ägypten wurden Bildnisse der Verstorbenen angefertigt (Mumienporträts). Bis in den →Barock hinein dienten Totenmasken fast ausschließl. als Grundlage für posthume Porträts. Vereinzelt wurden Totenmasken jedoch auch schon aufbewahrt (Luthermaske, Wittenberg; Maske Peters d.Gr., Leningrad). Erst gegen Ende des 18. Jh.s wurden Totenmasken allg. übl., gesammelt und publiziert. Die Abnahme der Totenmaske hervorragender Persönlichkeiten gehört heute zu den Aufgaben des Bildhauers. Die starke Faszination, die das »letzte Antlitz« eines Menschen auszuüben vermag, liegt in der Konzentration auf das Wesentliche und Charakteristische, die in den Gesichtszügen Verstorbener auf eigentüml. Weise in Erscheinung tritt.

*Lit.: E. Benkart:* Das ewige Antlitz, Berlin, 3. Aufl. 1935. – *J. Dünninger/B. Schemmel:* Bildstöcke und Marterln in Franken, Würzburg 1970. – *R. Helm:* Skelett- und T.esdarstellungen bis zum Auftreten der Totentänze, Straßburg 1928. – *L. Luchner:* Die Darstellung des T.es in der dt. Malerei bis zu H. Holbein d.J., Diss., Innsbruck 1948. – Mensch und T. (Katalog), Düsseldorf 1976. – *M. Picard:* Das letzte Antlitz, München/Ahrbeck 1959. – *A. Reuter:* Beiträge zu einer Ikonographie des T.es, Diss., Leipzig 1913.

*Peter Maser*

## Tod Gottes

*A.* Die Rede vom T.G. tritt in den 1960er Jahren, vermittelt durch nordamerik. Versuche zu einer »Gott-ist-tot-Theologie« (Th. Altizer, W. Hamilton, G. Vahanian u.a.), als aufsehenerregendes Schlagwort ins Bewußtsein der Öffentlichkeit. Die Beobachtung, daß der christl. Glaube in der säkularen (d.h. ökonom.-industriell und wissenschaftl.- techn. bestimmten) modernen Gesellschaft an Bedeutung verliert (→modern) oder nur im Blick auf seine ökonom. Verwertbarkeit überlebt, verdichtet sich zum Bewußtsein der *Funktionslosigkeit Gottes* im Zusammenhang eines allseits gelebten →Atheismus. Dieser kultur- und gesellschaftskrit. Ansatz der »Gott-ist-tot-Theologie« scheint jedoch weitgehend auf der – soziol. und theol. nicht begriffenen – funktionalen Differenzierung der modernen →Gesellschaft zu beruhen. So zieht die unzureichend bedachte Tatsache, daß Religion Privatsache ist, weil die soziale Umwelt des Religionssystems (→Kirchen und Denominationen) säkularisiert, d.h. nicht länger rel. bestimmt, ist, die vorschnelle verallgemeinernde Behauptung nach sich, Gott sei abwesend oder tot. Mit dieser Feststellung ist der individuellen Erfahrung eines abwesenden und funktionslosen Gottes kein Abbruch getan.

*B.* Geistesgeschichtl. gesehen beruft sich die »Gott-ist-tot-Theologie« auf →Hegel, →Nietzsche und bes. auf D. →Bonhoeffer, der in seinen fragmentar. Hinweisen zur atheist. Religionslosigkeit des neuzeitl. Welt- und Selbstverständnisses versucht, die Gottlosigkeit der Welt christolog. zu deuten. Während *Nietzsche* die Zerstörung des – Schwäche und Unfreiheit sanktionierenden – nihilist.-dekadenten christl. Gottes proklamiert und so den T.G. als Voraussetzung eines »Willen zur Macht« versteht, der auf Lebensstärke und →Freiheit setzt, thematisiert *Hegel,* wahrscheinl. durch →Luther angeregt, den christolog. Ursprung der Rede vom T.G. Im Unterschied zu altluth. Lehren, die vom Tode des *Gottmenschen* sprechen, sagt Hegel den T.G. von *Gott selbst* aus, weil er die Menschwerdung und den Tod Christi als Entwicklungsstufe der sich verwirklichenden →Trinität (vom Vater über den Sohn zum Geist) begreift. Indem er den T.G. hist. in den »spekulativen Karfreitag« übersetzt, ihn also ins Bewußtsein des Menschen versetzt, erblickt er die welt- und bildungsgeschichtl. Bedeutung des T.es G. im Bewußtsein *neuzeitl. →Autonomie.* Dieses Bewußtsein könne aber die konkrete Freiheit nur als Geist, näml. als gestaltete Vermittlung von Gott und Mensch, von Allgemeinheit und Besonderheit verwirklichen. Die gegenwärtig zu beobachtende »Heimkehr der Rede vom T.e G. in die Theologie« (E. Jüngel) lenkt den Blick von Hegel auf Luther zurück, um so die *Teilhabe Gottes am Leiden und Tod Christi* auszusagen. Damit wird die traditionelle Behauptung, Gott könne nicht leiden und sei unveränderl., aufgehoben. →Christologie und →Trinität werden eng verzahnt.

*Lit.: W. Bishop:* Die Gott-ist-Tot-Theologie, Düsseldorf 1968 (Lit.). – *E. Jüngel:* Gott als Geheimnis der Welt, Tübingen, 4., durchges. Aufl. 1982. – *J. Moltmann:* Der gekreuzigte Gott. Das Kreuz Christi als Grund und Kritik christl. Theologie, München, 4. Aufl. 1981.

*Falk Wagner*

**Todesstrafe**

*A.* Art. 102 Grundgesetz (GG) erklärt die Abschaffung der T. Mit ihr ist nach dem Wortlaut die zielgerichtete Vernichtung der phys. Existenz gemeint. Bisher wird in bezug auf Art. 102 GG die Anerkennung eines »sozialen Todes« im Hinblick auf die deformierenden Persönlichkeitsveränderungen bei langen Freiheitsstrafen überwiegend abgelehnt. *Abschaffung* bedeutet, daß der einfache Gesetzgeber sie nicht androhen, die Gerichte sie nicht verhängen, die Exekutive sie nicht vollstrecken darf (vgl. BVerfGE 18, 112, 116). Strittig ist in der Diskussion, ob die dt. Staatsgewalt einen Ausländer im Rahmen der zwischenstaatl. Amtshilfe auch dann an das *Ausland ausliefern* darf, wenn dadurch die Verhängung oder Vollstreckung der T. ermöglicht wird. Das Bundesverfassungsgericht schloß unter Berufung auf die Völkerrechtsfreundlichkeit des GG eine solche Auslieferung nicht schlechthin aus (vgl. BVerfGE 18, 122). Diese Auslegung verstößt jedoch gegen den Grundsatz der →Menschenwürde (Art. 1 GG) und das Grundrecht auf →Leben (Art. 2 Abs. 2 Satz 2 GG; →Menschenrechte). Eine entspr. Auslieferung wäre demnach verfassungswidrig.

*B.* Die T. hat ihren Ursprung wohl im sakral kult. Bereich und war – auch nach ihrer Entsakralisierung in fränk. Zeit – in den Staaten →Europas allg. verbreitet. Erst im *18. Jh.* tritt eine Wende ein. Für wenige Jahre wurde sie in Österreich und in der Toscana abgeschafft. In der Frankfurter Nationalversammlung (1848) wurde mehrheitl. gegen die T. – vorbehaltl. kriegsrechtl. Regelungen – votiert. Das dt. Strafgesetzbuch von 1871 sah in Friedenszeiten die T. bei Hochverrat und Mord vor. In der Weimarer Republik gab es mehrere erfolglose parlamentar. Initiativen zu ihrer Abschaffung. Allerdings wurde die T. zuletzt nicht mehr praktiziert. In der Zeit des →Nationalsozialismus kam es zu einer inflator. Ausweitung der Straftatbestände, an die fakultativ oder obligator. die T. geknüpft war. 1939 erfolgten 219 Hinrichtungen, 1943 ergingen 5.336 Todesurteile. Im Parlamentar. Rat wurde Art. 102 GG beschlossen. Die Schätzungen der zwischen 1933 und 1945 insgesamt ergangenen Todesurteile schwanken zwischen 40.000 und 50.000 (ohne Standgerichte des Militärs und der Polizei). Allein der Volksgerichtshof fällte zwischen 1937 und 1944 5.191 Todesurteile.

*C.* Der Parlamentar. Rat hat die T. mit großer Mehrheit abgeschafft, dennoch dauert der Meinungsstreit über Für und Wider sowie über eine mögl. *Wiedereinführung* bis heute an. Vor allem im Gefolge spektakulärer Kapitalverbrechen steigt jeweils die Zahl der Befürworter. Alle Versuche, das Verbot der T. in Art. 102 GG durch Parlamentsbeschluß abzuschaffen, sind bisher gescheitert. Strittig ist, ob Art. 102 gemäß Art. 79 Abs. 3 GG überhaupt einer *Verfassungsänderung* zugängl. ist. Da Art. 102 GG eine Konkretisierung des Schutzes der Menschenwürde des Art. 1 Abs. 1 Satz 1 GG darstellt und auch als konstitutionelle Entscheidung über einen materialen Gehalt des Rechtsstaatsprinzips (Verhältnismäßigkeitsgrundsatz) zu den in Art. 20 GG niedergelegten Grundsätzen gehört, ist gemäß Art. 79 Abs. 3 GG eine Verfassungsänderung mit dem Ziel der Wiedereinführung der T. wohl nicht möglich. Eine Wiedereinführung würde auch eine Änderung des Art. 2 Abs. 2 Satz 2 GG erfordern, da Art. 102 GG eine Konkretisierung des Rechts auf Leben darstellt.

*D.* Die Befürworter der T. machen u.a. geltend: Zum einen die überwiegende Bevölkerungsmeinung, zum anderen die bes. Abschreckung, ferner die Ansicht, daß schwere Verbrechen bes. streng gesühnt werden müßten. Dagegen ist anzuführen, daß die Bevölkerungsmehrheit nicht unbedingt maßgebl. ist, da der Laie das kriminalpolit. und auch verfassungspolit. Problem nicht erfassen kann. Die bes. Abschreckungswirkung ist empir. nicht belegt (auch in Staaten mit T. ist die Zahl der mit T. bedrohten Verbrechen nicht geringer). Die Vergeltung nach dem *Talionsprinzip* (Auge um Auge) ist der heutigen Rechtsauffassung fremd (→Strafe). Ferner ist hinzuweisen auf die Gefahren des nicht wiedergutzumachenden Justizirrtums sowie der Rechtsunsicherheit angesichts der rechtsdogmat. Abgrenzungsprobleme zwischen Mord und Totschlag, falls Mord allein mit der T. bestraft würde. Schließl. ist auf die Gefahr verbreiteter Verrohung hinzuweisen, da die Ehrfurcht vor dem Leben durch die praktizierte T. möglicherweise geschmälert würde. Zudem müßte der →Staat gegebenenfalls einen Richter gegen dessen Gewissensnöte zur Verurteilung eines Angeklagten zum Tode zwingen.

K. →Barth wies in seiner »Kirchl. Dogmatik« (Bd. III/4) darauf hin, daß das Todesurteil, das Sühne ist, am →Kreuz auf Golgota ein für allemal vollstreckt wurde. Der Hinweis auf den Sühnegedanken entfällt darum nach dem Kreuz →Jesu Christi. In jüngster Zeit wurde von J. Jeziorowski auf Joh 8,7 verwiesen: der werfe den ersten Stein, der ohne Sünde ist.

*Lit.: H.-P. Alt:* Das Problem der T., München 1960. – *P. Althaus:* Die T. als Problem der christl. Ethik, München 1955. – *J. Baumann:* Strafrecht. Allg. Teil, Bielefeld, 5. Aufl. 1968. – *H. Büchert:* Die T., geschichtl., rel. und rechtl. betrachtet, Berlin 1956. – *E. H. Hoffmann:* Der Ruf nach dem Scharfrichter, Hamburg 1967. – *J. Jeziorowski:* T., in: *H.-W. Heßler (Hg.):* Kirche und Gesellschaft, München/Wien 1978, 326-333. – *K. Leder:* T., Ursprung, Geschichte, Opfer, Wien/München 1980. – *W. Middendorf:* T. – Ja oder Nein, Freiburg 1962. – *K. Rossa:* T.n. Ihre Wirklichkeit in drei Jt.en, Oldenburg/Hamburg 1966.

*Ulrich Nembach*

**Tötung**

*A.* Die normativen →Ethiken bringen dem Problembereich der T. ein bes. Interesse entgegen. Der Grund ist ein zweifacher: Einerseits ist das →Leben ein grundlegendes →Gut, die Voraussetzung für die Verwirklichung anderer →Werte und Güter, was sowohl *Schutz* wie auch *Konfliktregelung* im Fall konkurrierender →Interessen erforderl. macht; andererseits fällt beim Menschen die instinktive T.shemmung gegenüber Artgenossen (→Verhaltensforschung) fast vollständig aus. Dieser biolog. Mangel muß durch moral. Regeln (→Moral) und durch das →Recht ausgeglichen werden. Um zu einem sachgerechten Handlungsurteil in Konfliktfällen zu kommen, in denen Lebensschutz und Beeinträchtigung oder Vernichtung von Leben in Konkurrenz geraten, sind zwei formale Prinzipien maßgebl.: 1. das Prinzip der *Fundamentalität*: darnach ist demjenigen Gut der Vorzug zu geben, welches die Voraussetzung für die Verwirklichung eines andern ist. So kann die leibl. Unversehrtheit beeinträchtigt werden, wenn Leben anders nicht erhalten werden kann (ärztl. Ethik); 2. das Prinzip der *Dignität*: *es ordnet Güter und Werte nach dem eth. Prinzip der* →Menschenwürde, die in der →Freiheit (→Selbstbestimmung) ihren Ausdruck findet und dem biolog. Leben seine Würde verleiht. Von daher kann die *Gefährdung* des Lebens erlaubt sein, wenn sie der sittl. Selbstverwirklichung oder einer humanitären Zielsetzung dient (z.B. Einsatz in Katastrophen); demnach sind auch lebenserhaltende und lebensverlängernde Maßnahmen nicht geboten, wenn ihr Verzicht oder ihre Absetzung die bewußte Annahme des Sterbeprozesses nicht verhindern (→Sterben). Dies sind zwar Vorzugsregeln im Umgang mit dem Leben, doch ist damit über ein evtl., totales Verfügungsrecht über das Leben noch nichts entschieden.

*B.* Die *christl.* →*Tradition* (→Augustinus) erkannte im 5. Gebot des →Dekalogs (Ex 20,13) den elementaren moral. Sinn, →Leib und Leben grundsätzl. zu schützen und zu sichern. Im ursprüngl. Verständnis bezieht sich das T.sverbot auf den hinterlistigen Mord an einem einzelnen Menschen, genauerhin am Volksgenossen. Sowohl exeget. Befunde wie auch fundamentaleth. Überlegungen machen deutl., daß in der Diskussion über →Schwangerschaftsabbruch, Euthanasie, Selbstt. und →Todesstrafe nicht direkt auf das bibl. T.sverbot zurückgegriffen werden kann. Obwohl zwar die christl. Ethik dem Schutz des Lebens einen hohen Stellenwert beimißt, wird in der Regel anerkannt, daß die Hilfe zum Leben »notfalls« nicht ohne Anwendung von →Macht und unter Umständen nicht ohne gewaltsame Einschränkung von Leben (→Gewalt) erfolgen kann. So wurde in der Tradition das T.sverbot durch *drei Ausnahmen* eingeschränkt: die T. in der Notwehr; die T. im »gerechten →Krieg« und die T. eines Menschen, von dem man annahm, er habe sein Lebensrecht durch eine bes. ruchlose Tat verwirkt. In diesen Grenzfällen liegt heute die bes. Problematik, da das Recht auf Leben unteilbar ist und sich auf alle Subjekte wie auch auf alle Lebensphasen bezieht. Die neuere theol. Ethik bezeichnet deshalb prinzipiell jede direkte T. als ungerechtfertigt und ungerecht, ausgenommen, es handle sich um eine unmittelbare *Notwehr* (Tyrannenmord) oder um eine vitale *Notsituation* (med. Indikation).

*C.* Vor allem kontrovers diskutiert werden die *freiwillige Selbstt.* wie auch die *T. auf Verlangen.* Die Selbstt. im Sinne der Lebenshingabe um des Nächsten willen muß wohl als hero., selbstlose Tat gewürdigt werden (→Liebe). Der Suizid (Selbstt. aus Mangelsituation) ist in der Regel der trag. Abschluß einer Entwicklung im Rahmen einer akuten Einengung oder des Verlustes der psych. Selbststeuerung. Insofern ist er mehr ein Zeichen vielfältig individuell und gesellschaftl. bedingter Unfreiheit als ein Ausdruck souveräner Selbstbestimmung. Ein institutionalisiertes Recht auf Selbstt. würde die soziale Verpflichtung für stigmatisiertes Leben unterlaufen und im Endergebnis mehr Inhumanität hervorbringen. Übereinstimmend lehnt die theol. Ethik zwar die direkte, aktiv vollzogene Euthanasie ab, doch treffen deren argumentative Voraussetzungen nicht mehr auf eine vollumfängl. gesellschaftl. Zustimmung. Folgeüberlegungen (allg. Verhaltensunsicherheit, Verunsicherung des ärztl. Ethos) lassen es geraten erscheinen, die geltende kulturelle Übereinkunft weder rechtl. noch gesundheitspolit. auszuhöhlen.

*Lit.: F. Böckle:* Menschenwürdig sterben, Köln 1979. – *A. Holderegger:* Ein Recht auf den freigewählten Tod, in: Concilium 21 (1985), 223-239. – *V. Lenzen:* Selbstt. Ein philos.-theol. Diskurs, Düsseldorf 1987.

*Adrian Holderegger*

**Toleranz** meint gemeinhin rel., weltanschaul. und polit. *Duldsamkeit und Achtung* gegenüber anderen →Personen. Über den formalen Gesichtspunkt bloßer Duldsamkeit hinaus versteht man unter T. in einem inhaltl. qualifizierten Sinne eine →Tugend humanitärer Gesinnung, die sich einer gemeinsamen →Wahrheit verpflichtet weiß. T. ist daher nicht zu verwechseln mit einer Haltung der Gleichgültigkeit gegenüber Gewissensüberzeugungen und -forderungen in rel., polit. und weltanschaul. Fragen. Sie erfüllt sich vielmehr erst in einer wirkl. gegenseitigen Anerkennung, die jedem sein →Recht zukommen läßt.

*A.* Die *Problematik* der T. begegnet zunächst in der Religionsgeschichte. Während sich in den Volksreligionen die Duldung fremder →Religionen aus der selbstverständl. Annahme ergibt, daß andere Völker ihre eigenen Götter haben, führt der Anspruch der sog. Universalreligionen zumeist zur Intoleranz und in extremen Formen zum →Fanatismus. Das gilt auch für die Geschichte des →Christentums, in der sich der T.gedanke erst im Übergang vom →MA. zur →Neuzeit herausgebildet hat. Obgleich das Christentum dem →Röm. Reich gegenüber für sich selbst T. forderte und schließl. durchsetzte, blieb das Christentum im Verhältnis zu Andersgläubigen (Muslimen und Juden) und Häretikern (→Häresie) trotz pragmat. Regelungen weitgehend intolerant. Eine *Wende* im Verständnis von T. bahnt sich erst im 16. Jh. mit der →Reformation und dem →Humanismus an. So konnte M. →Luther anerkennen, daß auch die Irrgläubigen und Schwärmer nach ihrem →Gewissen handeln und deshalb nicht durch →Gewalt, sondern durch die Schrift (→Bibel) zu überwinden seien. Wie weit Luther aber damit noch von einem polit.-rechtl. Verständnis der T. entfernt war, zeigt der Umstand, daß er unter dem Eindruck der – mit dem Auftreten der →Täufer verbundenen – Unruhen die polit. Gewalt zu unnachsichtigem Eingreifen aufforderte. Zwar bilden sich bereits früh als Resultat der Glaubensspaltung prakt. Regelungen zur Duldung rel. Minderheiten aus (→Konfession), aber erst der Dreißigjährige Krieg, der den dramat. Höhepunkt der Konfessionsstreitigkeiten bildete, brachte die Notwendigkeit wirkl. rel. T. im Interesse der Erhaltung staatl. →Ordnung voll zum Bewußtsein.

*B.* Der T.gedanke kommt daher erst im 17. und 18. Jh. mit den *staatsrechtl. Theorien* des aufgeklärten →Absolutismus zum Durchbruch, die die →Religionsfreiheit des →Staates forderten und aus dem →Naturrecht begründeten. Zu den herausragenden Vertretern dieses auf Staatsphilosophie und →Naturrecht begründeten T.gedankens gehören insbes. J. Bodin (1529-1596), Th. →Hobbes, J. →Locke und S. Pufendorf (1632-1694). Bei J. Locke wird der Begriff der T. zu einem stehenden Ausdruck (A Letter concerning Toleration, 1689). Während der staatsrechtl. begründete T.gedanke die Neutralisierung und Indifferenz des Staates zum Ziel hatte, bildete sich in →Theologie und Philosophie der →Aufklärung T. als *Tugend* humanitärer und christl. Gesinnung aus. Für die →Freiheit christl. Lebensführung trat z.B. S. Franck (1499-1542) mit dem Gedanken ein, daß nur →Gott allein die wahren Gläubigen kenne und daß es den Menschen unmögl. sei, zu bestimmen, wer ein Ketzer sei oder nicht. Sowohl die Einsicht in die Beschränktheit der menschl. Gotteserkenntnis wie auch der Respekt vor dem Menschen als Geschöpf Gottes (→Anthropologie) bildete dabei die übergreifende Klammer des T.gedankens. Einen bedeutenden Beitrag zur Entwicklung der T.idee leistete G. E. →Lessing, in dessen T.gedanken sich die unbedingte Achtung vor der →*Autonomie* des einzelnen mit der Suche nach einer gemeinsamen Wahrheit verbindet. Gegenüber der Relativität der Offenbarungsreligionen (→Offenbarung) ist das Kriterium solcher Wahrheit die der Menschlichkeit verpflichtete sittl. Praxis (→Sittlichkeit), die zugleich im Vertrauen auf die göttl. Vorsehung (→Prädestination) geschieht.

*C.* In der Folgezeit wird der T.gedanke zunehmend durch die Differenzierung und Pluralisierung des gesellschaftl. Lebens beeinflußt. Die →Demokratisierung der polit. Ordnung (→Politik), die Herausbildung des Wirtschaftsliberalismus (→Liberalismus) sowie der beschleunigte gesellschaftl. Wandel insgesamt lassen die Forderung nach T. zur *prakt. Notwendigkeit* werden. Unter den Bedingungen der Neuzeit droht die Forderung nach T. ledigl. die Kehrseite des rel.-weltanschaul. →Pluralismus zu werden. Die T.idee drängt zum Verzicht auf die Klärung jegl. (rel.) Wahrheitsanspruchs überhaupt. Wirkl. T. bleibt jedoch nur erhalten, wenn die unterschiedl. Gewissensforderungen zur gemeinsamen Suche nach einem verbindenden Einverständnis führen.

*Lit.: J. Blattner:* T. als Strukturprinzip, Freiburg/Basel/Wien 1985. – *U. Schultz (Hg.):* T., Hamburg 1974.

*Achim Dunkel*

**Tolstoi,** *Lew Nikolajewitsch,* Lew Nikolajewitsch, geb. 28.8. (9.9.)1828 in Jasnaja Poljana, gest. 7. (20.)11.1910 in Astapowo, russ. Dichter und Publizist. Sohn eines Gutsbesitzers, nimmt T. 1851-1856 als Offizier der Kaukasusarmee am Krimkrieg teil. Über Tagebuchaufzeichnungen (»Sewastopol«, 1855) und Autobiographie findet er zur Literatur (»Aus meinem Leben«, dt. 1890). Schon bald ein berühmter Autor, zieht er sich aus dem Petersburger literar. Betrieb auf sein Gut Jasnaja Poljana zurück, wo er u.a. auch als Pädagoge unter Bauernkindern und als sozialer Reformer wirkt.

T.s Religion ist bestimmt von der →*Aufklärung*; den stärksten Einfluß hat J.J. →Rousseau auf ihn ausgeübt. Er hat den Glauben der östl.-→orthod.Kirche schon früh kritisiert, aber den äußeren und auch den inneren Bruch zunächst bewußt vermieden. Er bekennt 1852: »Ich glaube an den einigen, unergründl., guten Gott, an die Unsterblichkeit der Seele und an die ewige Vergeltung unserer Taten. Ich begreife das Geheimnis der Dreieinigkeit und der Geburt des Gottessohnes nicht, aber ich achte den Glauben meiner Väter und verwerfe ihn nicht« (Tagebuch 14.11.1852). 1855 beschließt T., sein Leben der *Gründung einer neuen Religion* zu weihen, die der augenblickl. Entwicklungsstufe der Menschheit entspreche. Es ist »die Religion Jesu, gereinigt von Dogma und Mystizismus« (Tagebuch 15.3.1855). Dieser Plan freil. versinkt zunächst. T. neigt in den folgenden 20 Jahren eher zum →*Pantheismus*, den er künstler. in dem Roman »Krieg und Frieden« (1864-1869) gestaltet und der den Hintergrund seines psycholog. Realismus bildet, mit dem es T. gelingt, die komplexen psych. Strukturen des Menschen, seiner gesellschaftl. Abhängigkeit wie seine leib-seel. Vielschichtigkeit in weiteren Romanen (»Anna Karenina«, 1878) und Dramen (»Die Macht der Finsternis«, 1886) zu erfassen.

Am *Ende der 70er* Jahre findet T. durch eine tiefe existentielle Krise hindurch den Sinn seines Lebens und die Überwindung der Todesfurcht in einer stärker theist. bestimmten Weltanschauung, die er die *»Lehre Christi«* nennt. Der nun unternommene Versuch einer neuen Annäherung an seine Kirche scheitert. In zahlreichen publizist. und künstler. Werken (u.a. »Die Kreuzersonate«, 1889; »Auferstehung«, 1899; »Und das Licht leuchtet in der Finsternis«, 1902) kritisiert T. in den letzten 30 Jahren seines Lebens aus schärfste die Dogmatik und die Staats- und Kulturlehre aller Großkirchen und stellt ihnen seine eigene Auffassung vom →Evangelium entgegen, das »nicht eine myst. Lehre, sondern ein neues Lebensverständnis« sei. Dessen *Zentrum* ist für ihn das *Verbot, dem Bösen mit Gewalt Widerstand zu leisten.* Er kommt von hier aus zu einer radikalen Ablehnung der Zwangsordnung des Staates. Das Heil sieht T. nun in einer Rückkehr zu einem *einfachen Leben* der harten Arbeit und der bedingungslosen Erfüllung des Willens Gottes, den er in der →Bergpredigt ausgedrückt findet. Vom Staat wird T. 1882 unter geheime Polizeiaufsicht gestellt. 1901 von der orthod. Kirche exkommuniziert starb T., unversöhnt mit der Kirche, auf der Flucht vor seiner Familie, die ihn daran hinderte, seinem sittl. Ideal gemäß zu leben.

T.s rel. und soziale Lehren fanden zu seinen Lebzeiten zahlreiche Anhänger, die sich in Rußland zu einer Art →Sekte formierten. Seine radikale Kritik an Staat und Kirche verschärfte die revolutionäre Stimmung in Rußland vor dem Ersten Weltkrieg. Der positive Gehalt seiner Lehre wurde von den Bolschewisten aber abgelehnt; T.s Anhänger wurden nach der Revolution von 1917 verfolgt. Nach dem Zweiten Weltkrieg hat sein entschiedener Pazifismus und seine Forderung nach einem einfachen Leben eine neue Aktualität gewonnen.

*Lit.: W. Lettenbauer:* T. Eine Einführung, München/Zürich 1984 (Lit.; Gesamtdarstellung). – *L. Müller:* Leo T.s rel. Entwicklung, in: Quatember 42 (1978), 214-226. – *R. Rolland:* Vie de Tolstoi, Paris 1911 (dt. Übersetzung 1922 und viele weitere Aufl.). – Russ. Gesamtausgabe der Werke in 90 Bde.n, Moskau 1928-1958.

*Ludolf Müller*

**Tora** (»Lehre« bzw. »Weisung«) meint im allg. die Einzelbelehrung etwa der Eltern an die Kinder, des Weisen an den Toren und der Priester an das Volk, dann aber bes. die Weisung Gottes an →Israel, die sich im Pentateuch (fünf Bücher Mose) findet, der von →Mose nach Gottes Diktat niedergeschrieben wurde und deshalb bis in den letzten Buchstaben heilig ist. In diesem Sinne bildet die T. zusammen mit den »Propheten« und den »Schriften« die hebrä. Bibel.

*A.* Die Vorgeschichte und Geschichte Israels, Prophetien und unterschiedlichste Vorschriften bilden als T. ein unteilbares Ganzes, auch wenn die hist.-krit. Forschung verschiedenste Quellen und Traditionsschichten aufzuweisen vermag. Als *Gottes Selbstoffenbarung* und als Grundlage des →Judentums schlechthin steht die T. im Mittelpunkt jüd. Denkens und Lebens, das sie bis in Einzelheiten regelt. Der immerwährende →Dialog des Judentums mit der T. vollzieht sich in der »mündl. T.« des Midrasch, der Halacha, der Haggada und der jüd. →Religionsphilosophie. Die Gebote bzw. Verbote der »schriftl. T.«, von denen 613 gezählt werden, sind göttl. Ursprungs und werden deshalb den unzähligen Regelungen vorgeordnet, die in der »mündl. T.« gesammelt wurden, um damit einen »Zaun um die T.« zu ziehen und die »Ehre der T.« zu sichern (→rabbin. Literatur).

*B.* Das Judentum liebt die T., in der es seine *Erwählung*, →Heiligung und *Weisung* erfährt, als das »Kind« Gottes, sein erhabenes »Spiel« und überweltl. →Mysterium. In der T. begegnet der Mensch Gott, deshalb ist das »Lernen« der T. wichtigste Aufgabe und größte Freude eines Juden. Wo T. »gelernt« wird, ist Gott gegenwärtig, und wer die T. hält, rettet seine →Seele. Durch die Gabe der T. ist Israel von den »Völkern« geschieden, die die T. ablehnten, während Israel die »Last der T.« und damit die Erwählung auf sich nahm. Die ganze Tiefe jüd. T.frömmigkeit zeigt sich im

Umgang mit den *T.rollen*, die fehlerfrei mit der Hand auf Pergament geschrieben sein müssen. Sie stehen im Mittelpunkt des synagogalen →Gottesdienstes, werden geküßt, feierl. in →Prozession getragen, kostbar bekleidet und für den Fall, daß sie unbrauchbar werden, würdig betrauert und bestattet. Bei den großen Privatgebeten schließt der Vorbeter die T.rolle in seine Arme, und zu »Simchat Tora«, dem T.freudenfest, tanzt man mit der T. Unzählige Juden haben ihre Treue zur T. mit dem Martyrium besiegelt, sind für die »Ehre der T.« eingetreten und haben sie als ewiges Zeichen der Güte Gottes gepriesen.

*C.* Neuzeitl. religionsphilos. Interpretationen der T. haben unterschiedl. Anklang gefunden und das Bild jüd. T.frömmigkeit insgesamt nicht grundsätzl. geändert. Seit der Gründung des Staates →Israel ist das Problem der Erfüllung der T.forderungen neu gestellt. Die →Konflikte, die sich daraus ergeben, bestimmen das →Leben der israel. Gesellschaft in erhebl. Ausmaß.

*D.* Der Reichtum des jüd. T.begriffs und der jüd. T.frömmigkeit wird von der landläufigen christl. Rede vom →»Gesetz« nicht getroffen. R. Hillel brachte die jüd. Auffassung von der T. auf die Formel: »Was dir nicht lieb ist, das tue auch deinem Nächsten nicht« (vgl. Mk 12,28-35 par.). Schon im →NT wird ein solches Verständnis nicht mehr angemessen wiedergegeben, sondern polem. verkürzt und verzerrt.

*Lit.: W. D. Davies:* Torah in the Messianic Age and/or the Age to come, Philadelphia/Pens. 1952. – *H. J. Grünewald:* Die Lehre Israels, München/Wien 1970. – *I. Heinemann:* Le loi dans la pensée juive, Paris 1962. – *L. Hirsch:* Jüd. Glaubenswelt, Basel 1978. – *P. von der Osten-Sacken (Hg.):* Treue zur Thora. FS für G. Harder, Berlin, 2. Aufl. 1979 (Lit.). – *D. Rössler:* Gesetz und Geschichte, Neukirchen 1960. – *A. Wittstock:* T.liebe im jüd. Volk, Berlin 1981.

*Peter Maser*

**Totalitarismus** bezeichnet eine polit. Herrschaftsidee, die das Recht des →Staates fordert, die gesellschaftl. Abläufe und das Leben des einzelnen (entspr. dem Menschenbild einer →Ideologie) *total* zu erfassen, zu kontrollieren, zu lenken und zu organisieren. Das →Individuum wird dabei in allen Lebensbezügen in den Dienst des durch den totalen Staat repräsentierten Kollektivs gestellt.
Im Unterschied zum *autoritären* Staat und zum →Absolutismus, in denen nur die klass. Staatsfunktionen der Kontrolle durch das →Volk entzogen sind, verstehen sich totalitäre Regime als revolutionäre Vollstrecker einer geschichtl., sozialen oder polit. Idee im Namen eines zur →Herrschaft vorherbestimmten Volkes, einer →Klasse, einer →Rasse usw. (→Revolution). Dieses Herrschaftsrecht soll im *totalitären* Staat gegen einen – anhand der Ideologie immer wieder neu ausgemachten – inneren oder äußeren Feind (→Feindschaft) in einem geschichtl. Kampf erstritten und auf Dauer gesichert werden. Dazu muß die totalitäre Ideologie durch ständige Propaganda im →Denken und Fühlen des Menschen verankert, die Gesellschaft in allen Lebensbereichen durch sog. *Massenorganisationen* gelenkt und durch ständige, erzwungene Parteinahme zur inneren Geschlossenheit in diesem Kampf gebracht werden. Pluralität, Interessenvielfalt, Raum für das →Private und individuelle →Menschenrechte sind mit dem T. nicht vereinbar. Ihre Beanspruchung wird als Ausweis der Gegnerschaft gegen die verbindl. Ideologie angesehen und verfolgt. Alle →Macht im totalitären Staat ist in einer (Staats-)→Partei konzentriert, an deren Spitze ein charismat. *Führer* (→Charisma) oder eine mehrköpfige Führungsgruppe steht. Obwohl der Staatsapparat formell fortbesteht, ist er von der totalitären Partei völlig usurpiert; seine Machtmittel wie →Polizei, →Militär werden zusammen mit einer mächtigen Geheimpolizei zur Unterdrückung jegl. Opposition eingesetzt. Trotz seines zumeist demokrat. Anstrichs (→Demokratie) ist der totalitäre Staat nur als →Diktatur denkbar. Gegen den Begriff des T. wird vielfach eingewandt, daß durch ihn vor allem →Nationalsozialismus und (Sowjet-)→Kommunismus unter Mißachtung ihrer unterschiedl. Ziele auf eine Stufe gestellt würden, was ihn als Kampfformel aus dem kalten Krieg ausweise.

*Lit.: M. Funke (Hg.):* T., Düsseldorf 1978. – *W. Schlangen:* Theorie und Ideologie des T., Bonn 1972.

*Roland Hahn*

**Totem.** Aus der Ojibwa-Indianersprache entlehntes Fachwort für ein →Tier (selten Pflanze, Gegenstand), zu dem eine Gruppe, oft ein Klan, oder ein einzelner in *myst.-mag. Identitätsbeziehung* steht. Das T.tier – stets als Gattung gemeint – ist Ahn, Verwandter oder Schützer der Gruppe oder Person, die Namen und →Symbole von ihm annimmt und es nicht töten darf (→Opfer und kult. Verzehr des T.s sind kaum belegt); beider Schicksal hängt voneinander ab. Der T.ismus kommt in vielen Naturreligionen (→Australien, →Indianer u.a.) vor und geht auf die frühe Jägerzeit zurück; er beruht auf der psych. Einheit des frühen Menschen mit seiner →Umwelt und zugleich auf der numinosen Macht des Tieres als vertrauten und doch fremden Mitgeschöpfes. Trotz des Fehlens von Vergöttlichung und →Kult des T.s und trotz seiner manchmal vorherrschenden sozialen Wirkungskomponente ist der T.ismus somit wesensmäßig ein rel. Phänomen. Seine Deutung als Ursprung der →Religion durch W. R. Smith (der 1889 das →AT totemist. deutete), S. →Freud und E. Durkheim (→Religionssoziologie) wurde gleichwohl von der →Ethnologie widerlegt.

*Lit.: S. Freud:* T. und Tabu, in: *ders.:* Ges. Werke in Einzelbde.n, Bd. 9, Frankfurt/M., 8. Aufl. 1986. – *J. Haekel:* Der heutige Stand des T.-Problems, in: Mitteilungen der Anthropolog. Gesellschaft 82, Wien 1952, 33-49 (Lit.). – *A. M. di Nola:* T., in: Enciclopedia delle religioni (I), Florenz, Bd. V, 1831f. (Lit.). – *W. R. Smith:* Lectures on the Religion of the Semites (1889); dt. von R. Stäbe: Die Religion der Semiten (1899).

*Adelheid Herrmann-Pfandt*

**Totentanz**

*A. Literarisch*

Bildl. Darstellungen des T.es demonstrieren die Allgewalt des →Todes über die Menschheit in allegor. Gruppen mit Verskommentaren als Mahnung angesichts des Todes zu →Buße und Askese.

*I. Hist. Voraussetzung* ist die Pestzeit (ab 1348), die von panikartiger Verunsicherung gesellschaftl. Verhältnisse begleitet wird. Schrecken verbreitet das hilflose Warten auf das Eintreffen der Pest, wobei die →Angst vor dem drohenden Tod nicht nur die Bußfertigkeit steigert, sondern auch das Bedürfnis, die verbleibende Zeit noch auszukosten. In der Kombination →Tanz – Tod treffen dionys. Rausch und Vernichtungsgefühle aufeinander als →grotesker Ausdruck einer kollektiven Massenhysterie. In der →Ritualstruktur des T.es ist die ganze Menschheit als gesellschaftl. Kosmos erfaßt, um in einem letzten verzweifelten Bemühen die aus den Fugen geratene Welt noch einmal auf eine Folie zu bannen und in ihrer überkommenen Struktur zu konservieren. In der geschlossenen Form des Reigentanzes, der als Ständerevue vom →Papst bis zum Bettler alle umfaßt, wird der Sinn- und Wahllosigkeit des Peststerbens eine drohendes Unheil abwehrende Ordnungsstruktur entgegengesetzt.

*II.* Angstgespenst des →MA.s und der beginnenden →Neuzeit ist der jähe, unvorbereitete Tod, der keine Zeit für Umkehr und →Buße läßt. Rel. Grundlage dieser *Todesangst* ist die Auslegung des Todes als Strafe für →Sünde auf Grund der Verfallenheit des Menschen an die Erbsünde. Ende des hohen MA.s setzt sich die Vorstellung vom Individualgericht durch, wonach nicht mehr allein das universale Gericht des Jüngsten Tages (→Augustinus' Weltgerichtslehre) entscheidend ist, sondern auch die →Verantwortung für ird. Vergehen. Dabei dient der T. zur Bannung des Schreckens im →Ästhetischen, um die individuelle Todesbetroffenheit über das Medium der →Kunst wieder in eine *kollektive Erfahrung* überzuführen. Diese Kunstform bietet dabei keine Entlastung, deutl. kommt vielmehr das Gefühl des Ausgesetzt- und Ausgeliefertseins zum Ausdruck. Deshalb konnte der T. als Formel nach Kriegsereignissen immer wieder zitiert werden (nach 1945 M. L. Kaschnitz; M. Hausmann). Weitere literar. T.-Motive bei A. Schnitzler, »Der Reigen«; B. →Brecht, »Salzburger T.«; St. Andres, »Tanz durchs Labyrinth«.

*Lit.: G. Kaiser (Hg.):* Der tanzende Tod, Frankfurt/M. 1983. – *H. Rosenfeld:* Der ma. T., Köln/Graz, 3. Aufl. 1974.

*Helmut Bachmaier/Eva-Maria Salb*

*B. Kunstgeschichtlich*

Als T. werden zumeist von Versen begleitete Darstellungen einer Reihe von Personen unterschiedl. Stände (→Papst, Kaiser, Adel, Bürger, Kleriker, Bettler) bezeichnet, die der Tod anführt. Auf volkstüml. Legenden basierend, gewann der T. durch die Bußpredigt der →Franziskaner und →Dominikaner an Popularität, durfte jedoch nur in kirchl. Nebenräumen gezeigt werden. Ältestes erhaltenes Beispiel ist das Wandgemälde in La Chaise-Dieu (1. Hälfte 15. Jh.), um 1482 entstand der T. der Berliner Marienkirche. Zur gleichen Zeit werden regelrechte Totenorchester vorgeführt (»Der Doten Dantz«, Heidelberg 1485). Höhepunkt der T.darstellungen aber ist Holbeins Holzschnittfolge »Bilder des Todes« (1522/26, 1538 gedruckt). Ein Nebentyp, der den wilden Tanz der Skelette zeigt, stammt gleichfalls wohl aus Frankreich (B. Notke in St. Marien Lübeck, um 1463). Die Idee von der Todesverfallenheit des Menschen gewann im 19. Jh. an neuer Ausdruckskraft (A. Rethels »Auch ein T.«, 1850). Im »T. von Basel« (1966) aktualisiert HAP Grieshaber in 40 Farbholzschnitten den Dialog von Tod und Mensch.

*Lit.: G. Buchheit:* Der T. Entstehung und Entwicklung, Berlin 1926. – *St. Cosacchi:* Makabertanz, Meisenheim 1965. – *S. Kosaky:* Geschichte des T.es, 3 Bde., Budapest 1936/44. – *W. Stammler:* Der T., München 1948.

*Peter Maser*

**Tourismus.** Moderne Sammelbezeichnung für *Reisen* bzw. für den vorübergehenden *Aufenthalt* in einer vom Wohnort entfernten Gegend zu Erholungs-, Vergnügungs-, Bildungs-, Heil- und Heilszwecken (s.a. →Wallfahrt).

*A.* T. war bis in die Anfänge des 20. Jh.s zumeist nur Angehörigen der gehobeneren Gesellschaftsschichten (insbes. dem Adel, seit Ende des 18. Jh.s auch dem Bildungs- und Besitzbürgertum) möglich. Nach ersten Demokratisierungsschüben durch die →Arbeiterbewegung (z.B. »Naturfreunde«) und die →Jugendbewegung (»Aus grauer Städte Mauern...«) um die Jh.wende wurde er für die breitere Bevölkerung erst realisierbar auf dem Hintergrund einer – sich in der Industriegesellschaft herausbildenden – Sphäre der →*Freizeit*, eines in den letzten drei Jahrzehnten enorm ausgedehnten, rechtl. garantierten *Jahresurlaubs* (1951: 9 Tage; 1986: 30 Tage, in den Niederlanden 37, in Spanien 21, in den USA 12, in Japan 10 Tage), der Verkürzung der Wochenarbeitszeit (1960) sowie eines angewachsenen finanziellen *Überschusses* in den privaten Haushalten, d.h. also auch im Rahmen einer modernen Wirtschafts-, Sozial- und Gesellschaftspolitik. Weitere *Faktoren* waren das Aufkommen neuer Massenverkehrsmittel (Eisenbahn, Auto, Motorrad, Autobus) sowie die NS-Massenorganisationen (»Kraft durch Freude«) in der Zwischenkriegszeit.

B. Dennoch unternimmt nach wie vor nur ein – wenn auch stetig wachsender – Teil der über 14jährigen bundesdt. Bevölkerung (1954 ca. 24%; 1987 ca. 60%) mindestens eine Urlaubsreise im Jahr. Seit den 60er Jahren haben sich in der Bundesrepublik →Deutschland, die selbst Ziel von jährl. ca. 25 Mill. ausländ. Besuchern ist, die Reiseströme vom davor vorherrschenden Inlandsreiseverkehr (1954 85%) ins europ. und außereurop. *Ausland* (vorzugsweise nach Italien, Spanien und Österreich) verlagert (1987 68%). Damit unterscheiden sie sich von denjenigen der meisten EG-Touristen (ca. 60%) und DDR-Touristen (ca. 90%), die in ihrem Land verbleiben (müssen). Im Vergleich zur DDR (60% Touristenanteil) herrscht in der bundesdt. Bevölkerung der *Individualtourist* vor, der sich seine Ziele – zumeist mit dem PKW (ca. 62%) – auf eigene Faust aussucht, ohne von den Pausschalangeboten der zahlreichen kommerziellen oder gemeinnützigen Veranstalter Gebrauch zu machen (z.B. Einrichtungen der →Erwachsenenbildung, Jugendverbände). *Hauptreisezeiten* liegen in den Sommermonaten, aber auch um →Ostern, →Pfingsten und →Weihnachten. Die Reisehäufigkeit steigt mit dem Niveau der sozialen Schicht, des Einkommens und vor allem der Bildung sowie mit der Siedlungsgröße und -dichte des Heimatortes (→Stadt) und ist etwas stärker bei den Protestanten ausgeprägt. Ganz bes. nimmt sie im letzten Jahrzehnt unter den zwischen 60- und 70jährigen, aber auch unter der Arbeiterschaft zu. In den →Familien mit Kindern ist die Reiseintensität genauso hoch wie in der Gesamtbevölkerung, sinkt aber erhebl. in Familien mit mehreren Kindern, mit Kleinkindern und mit Alleinerziehenden sowie mit dem Haushaltseinkommensniveau.

C. *Kirchl. Appelle* für familienfreundlichere Urlaubsbedingungen und diakon. Maßnahmen (z.B. Familienferienwerke) zielen darauf ab, zum Abbau der tourist. Benachteiligungen dieser und anderer Gruppen beizutragen. Überhaupt wächst kirchlicherseits das mehr oder weniger koordinierte und erfolgreiche Bemühen, den T. als Herausforderung anzunehmen. Wichtige *Institutionen* sind der »Arbeitskreis Freizeit, Erholung und T. in der →Ev. Kirche in Deutschland«, die »Kath. Arbeitsgemeinschaft Freizeit und T.«, das Referat »T. und Verkehr« im »Auslandssekretariat der Dt. Bischofskonferenz«. Kirchen arbeiten mit im Vorstand des »Studienkreises für T. e.V., Starnberg«. Der T. wird theol. *Deutungen* unterzogen und seine – empir. weitgehend noch unerforschten – *soziokulturellen Folgen* für Reisende wie Bereiste werden untersucht (Bewußtseins- und Verhaltensveränderungen, Norm- und Wertewandel, Identitätsprobleme, Gefährdung des Sonntags durch Wochenendt. usw.).
Mit *Angeboten*, die »von Spiel- und Wandergelegenheiten über Gesprächsangebote bis zum sonntägl. Gottesdienst reichen« (R. Bleistein), wird er zunehmend als pastorales Feld wie als missionar. Chance »erobert« (Touristenseelsorge, z.B. Camping-, Kur-, Flughafen- und Wallfahrtseelsorge; Unterhaltung von Autobahnkirchen; Verkauf von Ferien- und Hotelbibeln zu subventionierten Preisen usw.).

*Lit.: J. Bischoff/K. Maldaner (Hg.):* Kulturindustrie und Ideologie, Hamburg 1982, 38-70. – *R. Bleistein (Hg.):* Menschen unterwegs. Das Angebot der Kirche in Freizeit und T., Frankfurt/M. 1988. – *Ders. (Hg.):* T.pastoral, Würzburg 1973 (Lit.). – *A. Hahn/F. Reuter/G. Vonderach:* Fremdenverkehr in der dörfl. Lebensumwelt, Frankfurt/M. 1987. – *Kl. D. Hartmann:* Auslandsreisen, Starnberg 1974. – *B. Hofmeiser/A. Steinecke (Hg.):* Geographie des Freizeit- und Fremdenverkehrs, Darmstadt 1984 (Lit.). – *P. Keller:* Soziol. Probleme im modernen T., Frankfurt/M. 1973. – *K. Kulinat/A. Steinecke:* Geographie des Freizeit- und Fremdenverkehrs, Darmstadt 1984. – *F. Pöggeler (Hg.):* Jugendt. zwischen Erziehung und Kommerz, Detmold 1986. – *N. Ropers:* T. zwischen West und Ost, Frankfurt/M. 1986. – Urlaub und T., in: Lebendige Seelsorge 38 (1987), 77-143 (Lit.).
*Michael N. Ebertz*

**Tradition** (lat. *traditio* = Übergabe, übertragen Überlieferung) umfaßt all das, was an Sitten, →Gebräuchen, →Moral und →Kultur innerhalb einer Gruppe an die jeweils nächste Generation weitergegeben wird; auch der Vollzug solcher *Weitergabe*, gelegentl. sogar die Annahme des Überlieferungsinhalts, heißt T.

A. Mündl. oder schriftl. vollzogen, sichert T. die *Identität* einer Gruppe sowie die *Kontinuität* menschl. Lebens überhaupt. Zur T. gehören Selektion, Rezeption, Kritik und Innovation: Bisher Tradiertes wird z.T. ausgeschieden, weil es keinen Überlieferungswert mehr hat; T. wird frei angenommen und so als Lebenswissen übernommen; diese Rezeption geschieht krit. angesichts neuer Lebenssituationen; andere Erfahrungen erfordern Umgestaltung, Neuformulierungen und Anreicherungen des bisherigen Überlieferungsgehaltes. Wo T. nicht als solch lebendig-geschichtl. Prozeß und verantwortungsvoller Umgang mit dem Erbe der Vorfahren bzw. der Menschheit vollzogen wird, droht ein restaurativer Traditionalismus, der nur starres Bewahren und Weitergeben festgefügter Überlieferungsinhalte kennt. Bes. Bedeutung hat T. für die *Religionen:* Ihre Vollzugsweisen sind der →Mythos, der →Ritus und die →hll. Schriften, die hl. Geschehen ursprüngl. Art überliefern und vergegenwärtigen. Wo Religionen auf geschichtl. Offenbarung gründen (z.B. →Judentum, →Christentum), ist T. konstitutiv: Nur durch Überlieferung läßt sich der geschichtl. Grund des Glaubens erreichen; der Vergleich mit der Urt. erlaubt die krit. Überprüfung der Wahrheit des Glaubens; die Weitergabe von Glaubenserfahrungen kann ein Modell für die Bewältigung von Krisen bieten.

B. In den *christl. Kirchen* hat sich – bedingt durch anhaltende Auseinandersetzungen um die Wahrheit des Glaubens – ein umfassendes System von Kriterien ausgebildet, nach dem die Wahrheit der christl. Botschaft zu vermitteln ist. Darin spielt

die T. eine hervorragende Rolle. Schon im NT wird die T. (griech. *paradosis*) zur verbindl. Norm (z.B. 1 Kor 11,2; 15,3; Lk 1,1-4); als Theorie und Praxis, Erinnerung und Hoffnung umgreifendes »anvertrautes Gut« (*paratheke*, 1 Tim 6,20; 2 Tim 1,12-14) ist sie nicht satzhaft-begrifflich ausformuliert. Auch steht sie nicht in Konkurrenz zur Schrift (→Schrift und Tradition), zumal das NT noch nicht als Kanon t.sbegründender Schriften besteht. Die altkirchl. *»Glaubensregel«* (regula fidei), Summe und Norm der Glaubenswahrheit, umfaßt die Hl. Schrift und das →Glaubensbekenntnis als verbindl. Tradition. Wie sehr die Identität christl. Lehre in der →Alten Kirche vom Phänomen der T. her gefaßt wird, zeigt das Prinzip des *Vinzenz von Lerinum* (gest. um 450), dem zufolge wahr ist, was »immer, überall und von allen« geglaubt wurde.
Zugleich wird die T. nicht auf die Vergangenheit fixiert, sondern als *lebendiger Prozeß* verstanden. Als endzeitl. Größe (→Eschatologie) bringt die Christus-T. das absolut Neue; sie überragt und richtet alle menschl. T.en und lenkt den Blick vom Gewesenen zum Kommenden (→Zukunft). Zudem wird unterschieden zwischen der einen verbindl. T. des Christusgeschehens (→Evangelium; diese ist zwar von Menschen getragen, gilt aber letztl. vom →Hl. Geist selbst umgriffen und so vom Verfall bewahrt) und anderen T.sgehalten, die – als konkretisierende Auslegung dieser Mitte – einen unterschiedl. Verbindlichkeitsgrad haben (z.B. sittl. Weisungen, Gemeindeordnungen, rituelle Vorschriften u.ä.).

*C.* In der grundsätzl. Bewertung der T. vollzieht sich in der →*Neuzeit*, bes. seit der →Aufklärung, eine einschneidende Veränderung: Während bislang T. als das von alters her Gültige, Anerkannte und verbindl. Vorgegebene fraglos legitimiert war und eine der Vernunft vor- bzw. übergeordnete Erkenntnisquelle darstellte, wird dieser Anspruch nun prinzipiell bezweifelt und zurückgewiesen; die Gründe liegen in der Emanzipation der autonomen Vernunft von jegl. Autorität, in der grundlegend krit. (und meist ablehnenden) Haltung gegenüber geschichtl. überlieferter Wahrheit schlechthin, aber auch in der Erkenntnis der geschichtl. Vielfalt, Wandelbarkeit und Widersprüchlichkeit verschiedenster T.en, woraus deren nur relative Geltung zu folgen scheint. Eine T. kann ledigl. dann noch Verbindlichkeit beanspruchen, wenn ihr Geltungsanspruch sich zugleich als vernünftig begründbar erweisen läßt. Vollends ortlos und überflüssig erscheint T. schließl. in einem Denken, das maßgebl. zukunftsorientiert ist und deshalb den Bruch mit der Vergangenheit als notwenig erachtet.
Dieser grundsätzl. Legitimitätsverlust aller T. hat die christl. Theologie zu einer *radikalen Neuorientierung* gezwungen, da alle sie tragenden Momente (Offenbarung, Schrift, lebendige Glaubensüberlieferung, Liturgie u.ä.) davon betroffen waren: Die hist. Kritik erlaubt zuverlässige Vergewisserung über den geschichtl. Wahrheitsgrund und die unveränderte Gültigkeit (Identität) zentraler Glaubenst.en; eine vernünftig verantwortbare Aneignung, ermöglicht durch zeitgemäße Auslegung und aktualisierende Neuinterpretation, vermag die unabdingbare Bedeutung (Relevanz) der christl. T. zu erneuern; endl. lassen sich die unabgegoltenen und wieder zu erinnernden T.en des christl. Glaubens als stimulierendes Moment der fortschreitenden Freiheitsgeschichte, wachsender Aufklärung und erfüllter Zukunft erweisen. Diese krit. Rezeption und Behauptung der Überlieferung und ihrer fundamentalen Bedeutung im christl. Glauben kennzeichnet die neuzeitl. Theologie und ihre Antwort auf die Herausforderung durch die allg. Krise der T.

*D.* Die Unterscheidung zwischen der einen verbindl. T. des Christusglaubens und den vielen T.en innerhalb des Glaubens eint und trennt die christl. *Konfessionen* bis heute: Während kath. Glaube innerhalb der umgreifend verstandenen T. als deren Momente bzw. Garanten Hl. Schrift, →Kirche, apostol. Sukzession, →Lehramt u.ä. unterscheidet, kennt der ev. Glaube die absolute Vorordnung der Hl. Schrift vor aller T., weil diese als vorwiegend menschl. Größe gilt (vgl. →Augsburger Bekenntnis, Art. 7). Die Rückbesinnung auf die legitime Vielfalt verschiedener T.en innerhalb der einen gemeinsamen christl. T. einerseits und auf das Wirken des Hl. Geistes im christl. T.sgeschehen andererseits weist Wege ökumen. Einigung.

*Lit.: Y. Congar:* Die T. und die T.en I, Mainz 1965. – *R. Kampling:* T., in: Neues Handbuch theol. Grundbegriffe, Bd. 4, München 1985, 221-235. – *J. Pieper:* Überlieferung. Begriff und Anspruch, München 1970. – *M. Seckler:* T. und Fortschritt, in: Christl. Glaube in moderner Gesellschaft, Bd. 23, Freiburg/Basel/Wien 1982, 5-53.

*Arno Schilson*

**Tragik** ist eine Abstraktion dessen, was die Tragödie als Handlung gestaltet. Als Phänomen ist T. jedoch nicht an die dramat. Gattung der Tragödie gebunden. Letztere hat in der Poetik des →*Aristoteles* ihre wirkungsmächtigste Erklärung gefunden, erstere ist seit der →*Romantik* Gegenstand einer variantenreichen Reflexion. »Seit Aristoteles gibt es eine Poetik der Tragödie, seit →Schelling erst eine Philosophie des Tragischen« (P. Szondi). Die Schwierigkeiten des *Begriffs* liegen darin, daß er keine rein ästhet.-dramaturg. Kategorie ist, sondern sich in ihm ebenso metaphys., psycholog., eth. Fragestellungen vermitteln. Neben Dramatikern, die – wie z.B. F. Hebbel – eine Theorie des Tragischen formulierten, haben immer Philosophen (M. de Unamuno, Das trag. Lebensgefühl, 1933), Psychologen (E. →Fromm, Der moderne Mensch und seine Zukunft, 1955) und Theologen (H. Rahner, Das christl. Mysterium und die heidn. Mysterien, 1945) den Begriff zu klären versucht.

*A.* Der span. Existenzphilosoph M. de Unamuno leitet ein »trag. Lebensgefühl« aus der Tatsache ab, daß Leben ausschließl. durch *Widerspruch* gekennzeichnet, mehr noch, selbst ein Widerspruch sei. *R.* →*Schneiders* christl.-trag. Lebensgefühl ist von daher beeinflußt. *F.* →*Nietzsche* hatte in der »trag. Gesinnung« die menschl. Substanz gesehen und das Fortleben dieser Gesinnung als die »eine Gewähr für die Zukunft des Menschlichen« bezeichnet. Elemente der trag. Dialektik, des Lebens im gespannten Widerspruch, sind →Wert, →Wille, →Gesetz, Notwendigkeit. Das trag. →Individuum ist ausgezeichnet durch seine elitäre Qualität, sei sie durch den Stand vorgegeben, sei sie als differenzierte Psyche ausgeprägt. Die elitäre Qualität macht die Fallhöhe, das Erregungsmoment des Scheiterns aus. Ihm gesellt sich ein Wille zu, der mit einer festgefügten Ordnung konfrontiert ist.*F. Schiller* charakterisierte den Menschen als »das Wesen, das will« (der Begriff des »Erhabenen«). Außerindividuelle Notwenigkeit bricht diesen Willen. Der *trag. Konflikt* kann sich aktualisieren als Konflikt von Pflichten, Konflikt einer Ordnung (eth. oder metaphys.) mit einer äußeren oder inneren Wirklichkeit, Konflikt zwischen Mensch und Welt. A. Lesky unterscheidet zwischen trag. Weltsicht – die Welt als Schauplatz der Vernichtung –, trag. Konflikt – die Welt als Schauplatz von Gegensätzen – und trag. Situation – die Welt als Schauplatz des Scheiterns. Die »immanente Überspannung des Individuellen« (L. Ziegler), die sich als Wille entäußert, trifft nicht zu auf Tragödien wie Shakespeares »Hamlet«. Hier ist der Konflikt verinnerlicht. Und sie erschöpft sich nicht in der reinen trag. Situation, da der Wille auch auf das →Böse abzielen kann. Das Böse relativiert nach →Lessing (»Hamburgische Dramaturgie«) die Entfaltung des Tragischen.

*B.* Entscheidender als mit dem Willensbegriff ist das Tragische daher mit der *Idee des Schicksals* verbunden. Schicksal kann in diesem Zusammenhang als Verflechtung von Freiheit und Notwendigkeit – Wille zur Tat und Dynamik der Verhältnisse – definiert werden. Der →Zufall konstituiert keinen Schicksalsbegriff, sowenig wie sich aus ihm T. ableiten läßt. Prägt die Vorstellung von der Notwendigkeit die Schicksalsidee, so ist mit dem Begriff der →Freiheit und Individuation die Frage nach der *Schuld* (→Sünde) verbunden. Sie spielt vor allem in der von →Hegel inspirierten Theorie des Tragischen eine wichtige Rolle. F. Hebbel verknüpft in der Nachfolge Hegels die Schuld unauflösl. mit der Individuation. Damit ist sie existentiell, als *Erbschuld* vorgegeben. Christl. Dogmentradition und existentiell-metaphys. Daseinsanalyse verbinden sich. Umgekehrt verknüpft *F.* →*Dürrenmatt* das Ende des Tragischen mit dem Verschwinden einer vom Individuum abhängigen Schuldkonzeption. »In der Wurstelei unseres Jahrhunderts... gibt es keine Schuldigen und auch keine Verantwortlichen mehr« (»Theaterprobleme«, 1955). Schuld, die aus der Individuation, aus dem Konflikt zwischen dem je einzelnen und der Ordnung des Ganzen resultiert, überschreitet die moral. Dimension des Begriffs, vor allem deshalb, weil unter diesem Aspekt die Unverhältnismäßigkeit zwischen trag. →Leid und persönl. Verschuldung ein unbefriedigt gelöstes Problem ist. Der moral. Schuldbegriff legt überdies ein Moment der Subjektivität nahe, das der Objektivität des Tragischen, dem Unverdientsein des Leides widerspricht.

*C.* Die Größe des Leids, seine Furcht, Mitleid und Schrecken erregende Macht, charakterisiert die *trag. Katastrophe.* Sie ist als Ziel der trag. Handlung das Ende aller Verwicklung. Damit ihre Wirkung uneingeschränkt ist, müssen Höhepunkt und Vernichtung zusammenfallen. Dies ist der Moment der *Katharsis*, der Reinigung. In ihr vermitteln sich, folgt man der griech. Tradition, die eth. Substanz und die poet. Gestalt des Tragischen. Die Katharsis ist die bedeutendste rezeptionsästhet. Kategorie der T., »ein aus dem Erleben nicht bloß des Zuschauens, sondern des Betroffenseins hervorgehendes Offensein für das Sein« (K. Jaspers).

*Lit.: E. Fromm:* Der moderne Mensch und seine Zukunft, Frankfurt/M. 1955. – *K. Jaspers:* Über das Tragische, München 1958. – *A. Lesky:* Die griech. Tragödie, Bern, 2. Aufl. 1958. – *D. Mack:* Ansichten zum Tragischen und zur Tragödie, München 1970. – *H. Rahner:* Das christl. Mysterium und die heidn. Mysterien in: Eranos 6, Bd. 11, Zürich 1945. – *J. Söring:* Tragödie, Stuttgart 1983. – *P. Szondi:* Versuch über das Tragische, Frankfurt/M. 1961. – *M. de Unamuno:* Das trag. Lebensgefühl, München 1933. – *L. Ziegler:* Zur Metaphysik des Tragischen, Leipzig 1902.

*Klaus Schuhmacher*

**Transzendent.** Als t. (lat.: überschreitend) wird diejenige Wirklichkeit bezeichnet, die *jenseits des Verfügbaren* und Objektivierbaren existiert. Der Begriff »t.« ist von →»transzendental« zu unterscheiden.

*A.* Seit Beginn *abendländ. Philosophie* wird jene Wirklichkeit als die unbedingte, unsere Wirklichkeit begründende und tragende verstanden (Xenophanes [→Anthropomosphismus]: der einzige, gegenüber menschl. Wirklichkeit andersartige →Gott; →Platon: die Idee des Guten als Grund aller Idealität; →Aristoteles: der unbewegte Beweger). Das →MA. überformt das hier mitgegebene Seinsverständnis theol.: Das in und aus sich seiende, »subsistierende« Sein Gottes ist vollendete Transzendenz. Das Sein Gottes und das Sein der →Welt stehen freil. nicht in einem beziehungslosen, sondern in einem analogen Verhältnis (→Analogie). Erst auf solcher Grundlage läßt sich die Wirklichkeit Gottes auch als eine Gegenwärtigkeit deuten, die allem Vorfindbaren innerl. (immanent) ist. M.a.W.: Gott ist im Blick auf die Welt zugleich fern und nah. Weil er der Grund der →Schöpfung ist und eher innerstes Prinzip, deshalb muß er die Kreatur auch qualitativ unendl. überschreiten.

Dennoch läßt sich von Gott (ebenso wie von allem, was nicht Gott ist) auch sagen, daß er »ist«, wenn auch in einer die Schöpfung absolut überbietenden, weil göttl. Weise. Den Begriffen »immanent« (innewohnend) und Immanenz entsprechen die Ausdrücke t. und Transzendenz.

*B.* Da →Glaube und →Heil in allen Konfessionen lange als rein übernatürl. Gabe gesehen wurden (→Supranaturalismus), war innerhalb der christl. theol. Gottesvorstellung im Westen der Gedanke der Immanenz lange Zeit von dem der Transzendenz abgekoppelt und trat bis zum fast völligen Verschwinden zurück. Heutige Gotteslehre möchte auf die Vorstellung vom t.en Gott nicht verzichten, stellt jedoch klar heraus, daß es sich um eine *»immanente Transzendenz«* handelt: um eine Gegenwart Gottes in der Tiefe der Weltwirklichkeit, ohne daß Gott mit dieser Wirklichkeit ident. wird, da er sie ja als der Andere begründet. Neuzeitl. Denken hat es zudem mögl. und nötig gemacht, das Verständnis der Wirklichkeit an das Selbstverständnis der *Menschen* zu binden. In der Innerlichkeit des Menschen liegt eine t.e Instanz, die menschl. →Erkennen und Wollen (→Wille) erst mögl. und verständl. macht. Damit aber ist der Begriff der Transzendenz →transzendental vertieft: Der Überstieg vom Seienden auf den tragenden Grund hin macht menschl.-endl. Erkennen und Wollen überhaupt mögl.; im Vorgriff auf das Sein des Seienden – so etwa K. →Rahner – ist die Wirklichkeit Gottes immer schon mitbejaht.
Der durch den Begriff der Immanenz ergänzte und transzendental vertiefte Begriff t. ist für die christl. Gotteslehre kaum ersetzbar, weil damit der *bibl. Befund* am ehesten getroffen wird. Dies gilt bes. für ein Gottesbild, das sich an der Person von →Jesus Christus orientiert und sich als Auslegung seiner Lebenspraxis versteht. Sachl. und begriffl. Übersetzungsversuche (z.B. J. Moltmann) sind damit nicht ausgeschlossen.

*Lit.: G. Hasenhüttl:* Einführung in die Gotteslehre, Darmstadt 1980. – *G. Keil:* Eine krit. Propädeutik des Gottesglaubens, Meisenheim 1971. – *J. Moltmann:* Die Zukunft als neues Paradigma der Transzendenz: Internationale Dialog Zeitschrift II, Freiburg 1969, 2-13. – *H. Zahrnt:* Gott kann nicht sterben, München 1970.

*Harald Wagner*

**Transzendental.** Der Begriff t. kennzeichnet ähnl. wie der Begriff →transzendent die Beziehung einer »überschreitenden« zu einer überschrittenen Größe und nimmt deshalb in der Geschichte der →Philosophie – je nach dem Wandel zentraler Problemstellungen – verschiedene Bedeutungen an.

*A.* In der *scholast. Philosophie* (→Thomas von Aquin, →Duns Scotus) geht es um Eigenschaften, die prinzipiell jedem Seienden zukommen, sofern es ist. Genannt werden in der Regel →Wahrheit, Gutheit (→Gute), Einheit, bisweilen auch Schönheit (→Sein). Jedes Seiende ist also, sofern ihm Sein zukommt, wahr, gut, eines (schön). Da diese Bestimmungen das Seiende auf das →Sein selbst beziehen, »überschreiten« sie die einzelnen Seinskategorien (→Verstand), sind ihnen gegenüber also →»transzendent«, nicht kategorial. Deshalb sind sie untereinander austauschbar (Thomas von Aquin). Transzendent sind sie also nicht in dem Sinn, daß sich in ihnen das Sein selbst zeigt; vielmehr bestimmen sie als log. Beziehungen Seiendes vom Sein her (Duns Scotus). Man nennt sie im Unterschied zum Transzendenten selbst t. Derart qualifizierte Begriffe und Seiende werden Transzendentalien genannt.

*B.* In der von →Kant erarbeiteten →*Transzendentalphilosophie* wird der Begriff von der ontolog. auf die *erkenntnistheoret.* Ebene verlagert. *Kant* zeigt: Weder der zu erkennende Gegenstand noch das erkennende →Subjekt allein ermöglichen bestimmte Erkenntnis. Vielmehr ist sie – von ihren »Möglichkeitsbedingungen« her – zu denken als die Wechselwirkung der Erkenntnis*form* mit deren materialem *Gehalt.* Die t.e Reflexion also denkt im Wissensakt die Synthese von Wissensform und Wissensgehalt mit. Kant bezeichnet deshalb diejenige Erkenntnis als t., die »sich nicht sowohl mit den Gegenständen, sondern mit unserer Erkenntnisart von Gegenständen insofern diese →a priori möglich sein soll, beschäftigt« (Kritik der reinen Vernunft, B 25).
→*Fichte* geht einen Schritt weiter. Er zeigt in seiner Wissenschaftslehre, daß in der t.en Reflexion das philos. Wissen neu grundgelegt und gerechtfertigt wird. Er spricht von der »Als-Form« des Wissens (Wissenschaftslehre 1805) und der »Bild-Form« der Vernunft (Transzendentale Logik 1812). Das Wissen erscheint als Bild des →Absoluten; die Vernunft entsteht in dem Akt, in welchem das Absolute sich als →Erscheinung setzt. Sie entsteht in diesem Erscheinungsbild mit. So ist sie aber gespalten: einerseits Bild dieses dynam. Vorgangs (Erscheinen des Absoluten), andererseits dessen Ergebnis (ruhendes Bild dieser Erscheinung). Wie aber weiß sie von dieser Gespaltenheit? Doch nur, wenn sie als Bild zugleich das *Wissen dieses Bildes* ist. Die Vernunft weiß also, daß sie ihr eigenes Bild erzeugt und zugleich Ergebnis des Bild-Werdens ist. Fichte hat damit den Zusammenhang zwischen dem aprior. Prinzip (dem Absoluten) und der Bild-Form der Vernunft verdeutlicht und ist damit über Kant hinausgegangen. Die Vernunft reflektiert nie unmittelbar, sondern immer durch die Vermittlung ihrer Akt-Form. T. meint jetzt also nicht mehr die Formulierung der »Möglichkeitsbedingung« wie bei Kant, sondern die prinzipielle Form philos. Denkens.
Im *»dt. Idealismus«* vor allem *F. W.* →*Schellings* bezeichnet t. die Reflexivität des Subjekts, das sich in der Selbstanschauung zum →Selbstbewußtsein, der Identitätsform alles Wissens, erhebt. T.es Wissen erscheint hier nur als einfaches »Begreifen des Begriffs« (→Hegel).

*C.* In der *gegenwärtigen Philosophie* bezeichnet t. einen Bereich unhintergehbarer Voraussetzungen, die innerhalb der →Logik und der →Wissenschaftstheorie den Zusammenhang zwischen axiomat. Grundlagen und den wissenschaftl. Aussagen begründen und regeln. Diese Voraussetzungen umfassen die Grundlagen einer →Theorie ebenso wie den hist.-sozialen Kontext, der auf theoret. Aussagen abgebildet ist. Die Geltung der t.n Voraussetzungen hängt nicht mehr von wissenschaftl. Bestätigungsverfahren ab, deren Bedeutung von ebendiesen Aussagen festgelegt wird. Insofern ist der Geltungsbereich t.r Voraussetzungen auf einen wissenschaftl. oder sozialen Konsens eingeschränkt.

*Lit.: K. O. Apel:* Szientistik, Hermeneutik, Ideologiekritik, in: *ders.:* Transformation der Philosophie, Bd. 2, Frankfurt/M. 1976, 96-127. – *R. Lauth:* Begriff, Begründung und Rechtfertigung der Philosophie, München/Salzburg 1967. – *Chr. Riedel:* »Transzendentaler Realismus« und Transzendentalphilosophie, in: Franz. Studien 64 (1982), 81-83. – *M. J. Siemek:* Die Idee des Transzendentalismus bei Fichte und Kant, Hamburg 1984.

*Christoph Riedel*

**Transzendentalphilosophie** bezeichnet seit I. →Kant dasjenige System erkenntniskrit. Denkens, welches die →aprior. Bedingungen untersucht, die aller Erfahrung und Erkenntnis vorausgehen, ihr gegenüber also →transzendental sind.

*A.* Systemat. gesehen beansprucht die T., aus der Einheit eines Prinzips zu philosophieren, das das Gefüge aller anderen Prinzipien begründet, ohne selber vom Vollzug der Begründung abzuhängen. Ihren *Ausgangspunkt* nimmt sie in der transzendentalen Einheit der →Vernunft. Kein Wissensgehalt kann ohne die Form gedacht werden, durch welche er im Wissensakt abgebildet wird. Doch hält die T. entgegen dem →Idealismus daran fest, daß das *Bild der Wirklichkeit rekonstruiert* wird, verwechselt also das Wissensbild nicht mit der Sache selbst. Nun reflektiert die T. nicht nur das Wissen von der Realität, vielmehr nimmt sie über ihr objektives Wissen hinaus den Reflexionsvollzug selbst in die Reflexion auf. Der Zusammenhang zwischen den Objektbildern und dem Wissen von deren Entstehung bildet die transzendentale Einheit der Vernunft. Kant nennt dies »transzendentale Apperzeption« des Bewußtseins. Für J. G. →Fichte ist diese Einheit der Vernunft selbst noch einmal Bild. Wenn die Vernunft aber versucht, die Bedingungen anzugeben, unter denen dieses Bild ihrer selbst entsteht, setzt sie sich in Beziehung zum Ersten Prinzip, als dessen Erscheinungsbild sie sich versteht. *Method.* versucht die T. zu zeigen, wie die einander bedingenden Einsichten (Disjunktionen) in der Reflexion entstehen. Damit hängt ihre *Systemstruktur* unmittelbar zusammen; denn in der Entwicklung des gesamten Prinzipiengefüges in Beziehung zu seinem Ersten Prinzip vollzieht sich in aufsteigender Konstruktion das Ganze der Philosophie in genetisierter Form.

Hier aber zeigt sich das Grundproblem der T., die sog. *Wahrheitslehre* (→Wahrheit). Wie näml. ist das Erste Prinzip, wenn es keine Reflexion mehr zuläßt, für die Reflexion zu erreichen? Zur Lösung der Frage wichtig ist die Einsicht der Vernunft, daß sie von Anfang an Geltung beansprucht, die sie aus sich heraus nicht mehr zu begründen vermag. Sie setzt also einen Reflexionsstandpunkt voraus, der sich *außerhalb* der Vernunft befindet, näml. das Erste Prinzip, zu dessen Einsicht die Vernunft freigesetzt wird, sobald sie sich willentl. als Reflexionsvermögen zurücknimmt. Sie erkennt sich im Prozeß der Rekonstruktion als das Abbild des Ersten Prinzips (Fichte), geht von der (problemat.) Selbstbehauptung zur Gewißheit über und kann sich nun als *spezielle* Philosophie entfalten. Von da aus konstruiert sie die materialen Bereiche der Reflexion und der Wirklichkeit: die Naturlehre, die Rechtsphilosophie, die Moralphilosophie und die Religionsphilosophie (Liebe als freie, interpersonal vollzogene Entsprechung zur materialen Erscheinung Gottes). Den Systemzusammenhang dieser speziellen Bereiche der Philosophie bildet die *Wissenschaftslehre.*

*B.* Als *Vorläufer* der T. werden →Platon und der →Neuplatonismus genannt, da dort untersucht wird, wie die Vernunft (nous) das begründete Wissen (episteme) formal vermittelt. Die T. im engeren Sinne wird dann durch *R.* →*Descartes* vorbereitet, der mit dem Argument vom Zweifel konsequent im Bewußtseinsakt ansetzt und dessen Reflexionsleistung im Ersten Prinzip, Gott, verankert. *Kant* legt eine umfassende Kritik der Wahrnehmungs- und Verstandesurteile vor. Im →transzendentalen Bewußtsein, das um sich selber begriffl. weiß (→Selbstbewußtsein), finden die Einzelleistungen des Verstandes ihren aprior. Grund. *Fichte* entwickelt diesen Ansatz zum ersten geschlossenen System der T. weiter. Im →*Neukantianismus* wird die T. funktionalist. verengt fortgeführt. Zugleich entstehen transzendentalisierende Philosophien. Parallel zum Neukantianismus führt *Husserl* in der phänomenolog. Reduktion Tatsachen, die dem Bewußtsein objektiv gegeben sind, auf Phänomene im Bewußtsein zurück (→Phänomenologie). Das einzelne Ich erweist sich als sinnstiftender →Akt und schafft die intersubjektive Realität. Die phänomenolog. Analyse gelangt schließl. zum transzendentalen, konstitutiven Ich-Akt. *M.* →*Heidegger* sieht das Ich als vorhandenes Dasein, das zur Existenz wird. Einerseits überschreitet diese die Objektivität, ist der Welt also transzendent; andererseits bleibt sie in der Welt, da sie sich als verstehendes Dasein nicht aufgeben kann. Für *K.-O. Apel* ist das »Apriori der Kommunikationsgemeinschaft« die Seinsweise der Existenz. Durch das »Leibapriori«, die Individuationsbedingung für den Menschen, nimmt der einzelne am Kommunikationsgeschehen teil. Diese Teilnahme wird für eine Kleingruppe oder eine Kulturgemeinschaft sinn- und normstiftend. So entsteht ein normativer Diskurs, den jedes Individuum mitbestimmt und durch den es zugleich bestimmt ist. Die transzendentalen, normativen Bestimmungen der idealen, ungestörten Kommunikationsgemeinschaft sind mit den Verhältnissen der realen zu vermitteln.

*C.* Die T. blieb nicht ohne Einfluß auf neuere *theolog. Ansätze*, die der erkenntnistheoret. Problemstellung Kants und der dadurch ausgelösten Krise der →Fundamentaltheologie Rechnung trugen. Zu nennen ist vor allem J. Maréchal (1878-1944), der versuchte, die transzendentale Methode auf die thomist. Erkenntnislehre zu übertragen. Dies führte nicht nur zu einer Renaissance des →Thomas von Aquin und zur Überwindung neuscholast. Engführungen, sondern machte es auch mögl., innerhalb kath. Theologie fruchtbar mit dem Kantschen Problem umzugehen. Neben J. B. Lotz hat vor allem K. →Rahner – beide Schüler von M. Heidegger – einen (wenn auch nicht unumstrittenen) transzendentaltheol. Ansatz entwickelt, von dem die gegenwärtige deutschsprachige kath. Theologie stark geprägt wurde.

*Lit.: K.-O. Apel:* Transformation der Philosophie, 2 Bde., Frankfurt/M. 1976. – *F. Bader:* Der Ursprung der T. bei Descartes, 2 Bde., Bonn 1979, 1983. – *K. Hammacher (Hg.):* Der transzendentale Gedanke, Hamburg 1981 (Lit.). – *H. Krings:* Transzendentale Logik, München 1964. – *R. Lauth:* Zur Idee der T., München/Salzburg 1965.

*Christoph Riedel*

**Trauer** ist die differenzierte und *vielschichtige Reaktion* in Form eines Aktes, einer kurzfristigen Haltung, einer länger dauernden Einstellung oder eines Dauerzustandes eines Menschen: entweder auf die *Abwesenheit* einer geliebten Person, die man durch Lebensschicksale (Entfernung, Scheidung) bzw. durch den →Tod verloren hat, oder in Analogie dazu auf den *Verlust* von objektiv und vor allem subjektiv hoch eingestuften Werten wie Vaterland, Freiheit, Ehre, Jugend, Keuschheit, Schwangerschaft, oder auf den Verlust von als unersetzbar gedachten Tieren und Gegenständen.

*A.* T. entsteht in der Erfahrung einer *bedrohl. Leere*, die den Menschen um so mehr auf sich selbst zurückwirft und von anderen Menschen zu isolieren droht, je mehr er vorher seine Existenz mit dem Leben des verlorengegangenen Menschen verbunden hat. Die Lebenswirklichkeit des in Liebe Miteinanderseins existiert nicht mehr.

*I.* T.arbeit besteht im Aufbau einer »neuen« Lebenswelt. Die Reaktionsmöglichkeiten auf die Trennung sind typolog. mit drei Begriffen zu umschreiben. Jede Reaktion kann sich bis ins Pathologische steigern. Man muß sich diese drei Reaktionsweisen eher als facettenreiche und durchaus kombinierbare Stimmungen, abhängig von personengebundenen Begegnungen und psychosomat. Erfahrungen, und nicht so sehr als aufeinanderfolgende Phasen vorstellen.

*1.* T.n heißt *protestieren:* Man will die Abwesenheit nicht wahrhaben (den Leichnam nicht sehen, alles im Hause beim alten lassen, die Situation mumifizieren, die geliebte Person so schnell wie mögl. durch z.B. eine neue Ehe, Zeugung ersetzen, schockartig in der Vergangenheit stehenbleiben).
*2.* T.n heißt *verzweifeln:* Man zweifelt an den eigenen Lebensmöglichkeiten, an der Fähigkeit und dem →Sinn des eigenen Lebens (man überläßt alles, angefangen bei der →Bestattung, soweit wie mögl. anderen, man kann und will nicht mehr schlafen, essen, trinken, leben, man verliert das Zeitgefühl, ist arbeitsunfähig und bekommt psychosomat. Beschwerden).
*3.* T.n heißt *sich abfinden:* In der Leere findet die trauernde Person sich zurück, und die eigene Ichstärke befähigt den Menschen, mit der nicht ausfüllbaren und nicht ausgefüllten Leere zu leben. Die verlorene Person ist gleichzeitig die abwesende und anwesende geworden. Man läßt die verstorbene Person in Dankbarkeit und Anerkennung ohne falsche Glorifizierung im eigenen Leben weiterleben und erfährt dies als eine Lebensbereicherung.

*II.* Die Weisheit von Völkern und Religionen ahnt die große Anstrengung, der ein Mensch in T. ausgesetzt ist. Die Vielfalt und Verschiedenheit der *T.riten* befähigen einen Menschen, den Verlust zu bewältigen und als Mensch an der T. zu reifen. Die Funktion der T.kleidung ist einerseits, das Bedürfnis nach Isolation, nach Konzentration auf die eigenen Ich-Kräfte zu ermöglichen und zu stimulieren, andererseits bewirkt das ritualisierte Ablegen der T.kleidung die Integration in Alltag und Gesellschaft. Tabuisierung des Sterbens und des →Todes, →Säkularisation, Verlust von →Riten und →Symbolen, Privatisierung vieler Lebensbereiche erschweren die T. oder machen sie unmöglich.

*B.* Organisierte und spontane Hilfen im T.prozeß *(Therapie)* dienen dazu, den Trauernden Zeit (z.B. Freistellung von Aufgaben und Arbeit), Raum (z.B. Friedhof, Riten) und Gelegenheit (z.B. Gespräch) zu geben, daß T. überhaupt mögl. wird. Mitmenschl. und fachmänn. Beistand und der eigene Beitrag, den →Weltanschauung, →Religion, →Glaube an einen →Gott, der Menschen mit einer ewigen Liebe liebt, liefern können, bereiten Menschen auf die T.arbeit vor bzw. machen es ihnen mögl., durch die T. hindurch sich selbst und den Verlorenen wiederzufinden, situationsgerecht und wirklichkeitsgemäß. Trauernde Menschen zu *trösten* (→Trost) ist Aufgabe der Menschheit und der Religionen, die in einer trostlosen Gesellschaft Appell- und Beispielfunktion haben können.
Bes. Aufmerksamkeit verdient die T. um den Verlust eines geliebten Menschen durch (Ehe-)Scheidung, Unfall, Mord oder Selbsttötung. Personen und Gruppen, die durch →Mobilität oder Ein- und Auswanderung gesellschaftl. nicht integriert sind, werden in ihrer T.arbeit meistens *überfordert.*

Gerade die Pastoraltheologie steht dadurch vor einer neuen Aufgabe: Möglichkeiten, Modelle, Riten und Symbole zu finden, um dem (alleingelassenen) Menschen in seiner T. zu Hilfe zu kommen.

*Lit.: R. Bärenz:* Die Trauernden trösten, München 1983. – *I. Caruso:* Die Trennung der Liebenden, München 1968. – *F. J. Illhardt:* T., Düsseldorf 1982. – *V. Kast:* T.n, Stuttgart 1982. – *W. Pisarski:* Anders trauern anders leben, München 1983. – *Y. Spiegel:* Der Prozeß des Trauerns, München/Mainz 1973.

*A. M. J. M. Herman van de Spijker*

**Traum**

*A. Religionsgeschichtlich*

*I.* Für das Denken im Bereich der Natur- und →Stammesreligionen unterscheiden sich T. und →Wirklichkeit nicht. Im T. tun überird. Wesen (Götter, →Geister und Dämonen, →Teufel) dem Menschen ihren Willen kund. Der *antike* →Mensch übt auf hl. Boden die Inkubation (Tempelschlaf). Er erwartet eine wegweisende T.offenbarung, insbes. im Blick auf seine Gesundung (Krankenheilung im Asklepioskult). T.erfahrungen sind oft Hinweise auf das zu bestehende →Schicksal des Alltags (unheilvolle Träume, Totenerscheinungen). Früh taucht in der Literatur auch der T. als Kunstmittel ohne rel. Aussagegehalt auf. Er dient zur Erzählung königl. Taten oder zur philos. Belehrung (Cicero: Somnium Scipionis). Träume spielen auch in →Kult und →Politik eine große Rolle, z.B. bei der Vorhersage der Geburt von Großen (→Mose, →Buddha, Perikles, Augustus, →Jesus).

*II.* Auch für die *Gedankenwelt der →Bibel*, bes. des *→AT,* haben Träume eine überragende Bedeutung. Jakobs T. in Bet-El (Gen 28,11-22) ist das Musterbeispiel einer Theophanie. Die elohist. Quellenschrift läßt →Gott mit Vorliebe durch Träume mit den Menschen sprechen, nicht direkt wie der Jahwist. Der T. als Orakel erfordert den T.deuter, der oft zu hohen Ehren gelangt (vgl. die Josefsgeschichte, Gen 41, und →Daniel, an den sich in späterer Zeit zahlreiche T.bücher anschließen). Im AT findet sich auch gelegentl. T.kritik aus rel. Motiven (z.B. im Kampf gegen Lügenpropheten, Jer 23,16-32). Im *→NT* tritt der T. im Gegensatz zum frühen →Judentum (Josephus, Philo; →Apokalyptik) zurück, ohne jedoch ganz zu verschwinden (Herodesgeschichte, Mt 2,13-23.; →Paulus, Apg 16,9f.).

*III.* Der eigentl. Schlaft. ist zu unterscheiden vom »*Tag- oder Wacht.* (Vision). Eine bes. Form des polit.- prophet. T.s ist die →Utopie, jener »T. nach vorwärts«, der in der »Kategorie Novum« (E. Bloch) sein real-utop. Ziel hat. Solch traumhaft-utop. Wollen gehört nach P. →Tillich als »Negation des Negativen« wesentl. zum Menschsein. In dichter. Überhöhung der alltägl.-realen Welt kann der T. sogar zum Medium einer quasirel. *→Heilserwartung* werden: »Unseren tägl. T. gib uns heute« (Hans Arp).

*Lit.: E. Bloch:* Das Prinzip Hoffnung, in: *ders.:* Gesamtausgabe in 16 Bde.n, Bd. 5, Frankfurt/M. 1968. – *E. L. Ehrlich:* Der T. im AT (Beiträge zur Zeitschrift für atl. Wissenschaft 73), Berlin 1953. – *M. Eliade:* Mythes, rêves et mystères, Paris 1957. – *A. L. Oppenheim:* The Interpretation of Dreams in the Ancient Near East, Philadelphia 1956. – *P. Tillich:* Die polit. Bedeutung der Utopie im Leben der Völker, in: *ders.:* Der Widerstreit von Raum und Zeit. Schriften zur Geschichtsphilosophie (Ges. Werke VI), Stuttgart 1963.

*Heinz Röhr*

*B. Psychologisch*

*I.* Die Bedeutung des T.s als sinnhaftes psych. Geschehen ist von der →Psychoanalyse neu entdeckt worden. *S. →Freud*, der ihn als »königl. Weg« zum Unbewußten bezeichnet, unterscheidet zwischen dem manifesten und latenten T.inhalt. Der manifeste, vom Träumer erinnerte Inhalt ist in der Regel deswegen so verzerrt und unverständl., weil es latent (verborgen) um unbefriedigte *frühkindl. Triebwünsche* geht, die mit den Normvorstellungen des Wachbewußtseins unvereinbar sind. Durch die Zensur oder T.arbeit (Verdichtung, Verschiebung usw.) verändert das Ich diese Wünsche so, daß sie nicht mehr bedrohl. erscheinen; dadurch erfüllt der T. seine Funktion als Hüter des Schlafs. Erst der Psychoanalyse gelingt es, mit Hilfe der freien Assoziation die latenten, unerledigten Triebwünsche aufzudecken, sie im Zusammenhang mit der Lebenssituation des Träumers verständl. zu machen und so zur Heilung beizutragen.

*II.* Neben dieses im Blick auf Wirkursachen (kausal) entwickelte, dem neurot. Symptom (→Psychiatrie) entspr. T.verständnis Freuds stellt *C. G. →Jung* eine finale Deutung, die die Ziel- und Zukunftsgerichtetheit des T.s hervorhebt. Jeder T. ist Abbild des Unbewußten und kann als solches das →Bewußtsein ergänzen, korrigieren oder kompensieren. Über den T. hat der Mensch Verbindung zur Weisheit der »*Archetypen*« des kollektiven Unbewußten. Deswegen deutet Jung den T. durch Erweiterung (Amplifikation), durch Motive aus →Mythen, →Sagen und →Märchen, so daß er in seiner Zukunftsgerichtetheit zum Sprechen kommt und zur »Individuation« (Ganzwerdung) der Person beiträgt.

*III.* Der Begründer der Gestalttherapie *F. Perls* stellt die These auf, daß jeder Teil des T.s einen – häufig verleugneten – Teil des Träumenden darstellt. Es geht darum, in der therapeut. Arbeit mit Träumen diese Teile neu zu integrieren, sich neu mit ihnen zu identifizieren und so für die eigene Integration Verantwortung zu übernehmen.

*IV.* Die experimentelle Schlaf- und T.forschung hat die T.e bestimmten Schlafphasen (REM-Phasen; REM = rapid eye movement) zugeordnet; zum inhaltl. Verständnis hat sie wenig Schlüssiges beizutragen.

*Lit.: S. Freud:* Die T.deutung, Studienausgabe Bd. 2, Frankfurt/M. 1972. – *C. G. Jung:* Über psych. Energetik und das Wesen der Träume, Studienausgabe Bd. 8, Olten 1971. – *F. Perls:* Gestalt-Therapie in Aktion, Stuttgart 1976. – *H. J. Schulz (Hg.):* Was weiß man von den Träumen?, Stuttgart 1972.

*Michael Klessmann*

**Trauung.** Die liturg. Feier als Beginn christl.-gelebter →Ehe mit ihren Wurzeln im →Judentum und im vorchristl. rel. Brauchtum ist in den einzelnen →Konfessionen verschieden geordnet.

*A.* Die *→röm.-kath. Kirche* bezeichnet nicht die T. als *→Sakrament,* sondern die →Ehe (als gelebten Prozeß), die allerdings mit dem Ja-Wort der Partner als Akt des →Glaubens beginnt. Nach kath. Kirchenrecht (neuer Codex Iuris Canonici c. 1063, 1108-23) ist die T. wesentl. Eheschließungshandlung: Die Partner müssen sich vor einem kath. →Priester und zwei Trauzeugen das Ja-Wort geben. Diese »kanon. Form« der Eheschließung gilt seit dem →Konzil von Trient (Dekret Tametsi 1563) bzw. dessen rechtsverbindl. Veröffentlichung (in →Deutschland erst 1906 bzw. 1918). Die *→orthod. und →oriental. (National)kirchen* begehen die T. als Feier der Krönung. Bei ihnen wird an dem Grundsatz festgehalten, daß jedes →Sakrament vom →Bischof bzw. in seinem Auftrag vom Priester gespendet wird. Daher kann eine Ehe nach orthod. Verständnis nur durch den vom Priester gefeierten Traugottesdienst mit den entspr. Gebeten und Segnungen und der Krönung sakramentalen Charakter erhalten. Auch für das oriental. Recht der mit Rom unierten Kirchen (vgl. c. 85 des 1949 verkündeten Eherechtes »Crebrae allatae«, der sicher bei der anstehenden Neubearbeitung des kath. oriental. Rechtes übernommen werden wird) gehört die Segnung durch den Priester zu der zur Gültigkeit vorgeschriebenen Form. Die *Kirchen der →Reformation* haben in Deutschland ihre Trauordnungen auf Grund der 1848-1875 eingeführten Zwangszivilehe nach dem Zweiten Weltkrieg so gestaltet, daß die Eheschließungshandlung dem kirchl. Tun vorausgeht. Die T. ist deshalb eine *Segenshandlung,* mit der der christl. Ehe*stand* beginnt, wobei Gottes →Wort verkündet wird als Grund und →Heiligung der Ehe, die Eheleute sich mit ihrem Ja zur göttl. Ordnung und Führung der Ehe bekennen und daraufhin den Segen Gottes für ihren Ehestand empfangen.
Trotz dieses verschiedenen Trauverständnisses ist es der kath. und ev. Kirche heute mögl., für bekenntnisverschiedene Paare, die bewußt in ihren Kirchen beheimatet bleiben wollen, die gemeinsame kirchl. T. anzubieten *(sog. ökumen. T.):* Über die dafür bisher vorliegenden Ordnungen hinaus könnte gemeinsames Handeln der Geistlichen so geschehen, daß jeder das tut, was aus seiner Sicht wesentl. ist, während sie dem zu trauenden Paar den Segen unter Gebet und Handauflegung gemeinsam zusprechen (vgl. entspr. Formulare in der →Schweiz und in Baden).

*B.* Allerdings werden sich →Theologie und →Seelsorge um die Klärung *offener Fragen* weiterhin bemühen müssen: Die *kath.* Kirche wird vor allem von den Kirchen des Ostens gefragt werden, ob die Bedeutung des priesterl. Handelns bei der T. im derzeitigen Kirchenrecht nicht unterbewertet wird; jedenfalls ist die T. eine Handlung »im Namen der Kirche« (c. 1108). Somit hat die Kirche eine wesenhafte Funktion für das Ehesakrament, weil ja der Ehebund letztl. im →Bund Gottes mit den Menschen angesiedelt bleibt. Die *reformator.* Kirchen halten auch angesichts des zivilen Eherechts in ihren Trauformularen bei der Frage nach dem dauernden Ehewillen fest. Eine Wiedertrauung Geschiedener ist aus seelsorgerl. Gründen mögl., sofern sie in der Gemeinde kein »Ärgernis« erregt.

*C.* Der *Ritus der kath. T.* war stets mit lokalen Sonderbräuchen verbunden. Mit der »Collectio rituum« (Offizielle Ritensammlung, 1950) gab es in →Deutschland erstmals eine Ordnung, bei der Mann und Frau die gleichen Traufragen gestellt wurden. Das 2. →Vat. Konzil veranlaßte die Erstellung eines Musterritus, der von den Bischofskonferenzen auf die jeweiligen Verhältnisse angepaßt wurde. Die Bearbeitung für den dt. Sprachraum (1975) sieht bedauerlicherweise für die eigentl. Vermählung (Eheerklärung) drei Formen vor: Dabei entspricht der »Kleine Vermählungsspruch« der vormaligen dt. Tradition; der »Große Vermählungsspruch« aus dem angelsächs. Raum war bereits 1950 wegen seiner Ausführlichkeit als unnötig erschienen; die »Vermählung durch das Ja-Wort«, die alte röm. Praxis, bleibt angesichts der vorherigen Traufragen ganz unbefriedigend.
Immer soll die Feier der T. im Rahmen eines Wortgottesdienstes mit Schriftlesung und Ansprache gehalten werden, nach Möglichkeit auch verbunden mit der Eucharistiefeier (Brautmesse, →Abendmahl), wobei die Eheleute unter beiden Gestalten kommunizieren können. Für Schriftlesungen, Fürbitten und Segenszuspruch liegen zahlreiche Vorlagen zur Auswahl vor. Unter den Kasualien ist der Rückgang der Zahl der T.en am größten. Der Grund liegt z.Z. in der Zunahme der »Ehen ohne Trauschein«, aber auch darin, daß der Vollzug der Zivilt. für viele ein hier angesiedeltes »rituelles Bedürfnis« durchaus zu befriedigen vermag (Verlust des kirchl. Ritenmonopols).

*Lit.: R.-C. Gerest:* Als die Christen noch nicht in der Kirche heirateten, in: Die Ehe, Freiburg 1969. – *P. J. Huizing:* Kirchl. und standesamtl. T., in: Liturg. Jahrbuch 1972, 137-147. – *G. Koch/W. Breuning:* Die Ehe des Christen, Freiburg/Basel/Wien 1981. – Luth. Liturg. Konferenz: T. – das kirchl. Handeln bei einer Eheschließung. Überlegungen, Ordnung und Texte zur Revision der kirchl. T.sagenden, Hannover 1983. – *G. Reidick:* Die

Mischehe – Stein des Anstoßes zwischen den Konfessionen, in: Una sancta 16 (1961), 212-226. – *K. Richter/H. Plock/M. Probst:* Die kirchl. T. Werkbuch für die pastoralliturg. Praxis, Freiburg/Basel/Wien 1979. – *W. Sanders/H.-C. Schmidt-Lauber:* Gemeinsame kirchl. T., in: Una sancta 31 (1976), 257-263. – *J. Wagner:* Der alte und der neue dt. T.sritus, in: Gottesdienst 18 (1975), 137-140.

*Wilm Sanders*

**Treue** als →Tugend ist jene menschl. Fähigkeit und Kraft, die den Wechsel der Umstände und den *Wandel der Zeit zu überdauern* versucht. Sie umfaßt die Bereitschaft des Menschen, seine Versprechen einzuhalten. T. begründet das Vertrauen der Menschen untereinander, das für ein gedeihl. Zusammenleben erforderl. bleibt. Sie ist zugleich Ausdruck der →Wahrhaftigkeit.

*A. In der Bibel* erscheint →Gott als Ursprung und Inbegriff der T.; Jahwe hält seinem ungetreuen Volk Israel den mit ihm geschlossenen →Bund (Hos 2,16-23; 11,7-9). Im NT betont →Paulus die T. Gottes: »Gott ist treu« (1 Kor 10,13; 1,9; 2 Kor 1,18; 1 Thess 5,24). Die Verheißungen Gottes erfüllen sich in seinem Sohn als dem »getreuen Zeugen« (Offb 1,5; 3,14; 19,11).
In der T.verpflichtung bindet sich der Mensch an ein gegebenes Versprechen und müht sich, es auch einzuhalten. Eine solche Bindung ist noch nicht rechtl. erzwingbar, es sei denn, sie wird in Form eines Vertrags festgelegt. Die *Bundest. Gottes* (→Bund) ist Voraussetzung und Grund aller menschl. T. Letztere ist Antwort auf die T. Gottes. T. und Zuverlässigkeit werden von den Dienern eines →Amts, in bes. Weise von den Gemeindevorstehern (Tit 2,10), schießl. aber auch von allen Christen erwartet.

*B.* Innerhalb der hochentwickelten →Technik setzen wir bei Instrumenten, Geräten und Maschinen ein hohes Maß an Verläßlichkeit voraus. T. meint letztl. die Zuverlässigkeit oder das Einstehen des Menschen für sein künftiges Verhalten. Dies fordert die Befähigung des Menschen, sein jetziges Wollen auch auf die künftigen Verhaltensweisen auszurichten. Ob in →Freundschaft oder →Beruf, in der →Ehe und im →alltägl. Leben – überall wird Zuverlässigkeit des Menschen eingefordert. Wo T. nur noch ein »leerer Wahn« ist (C. Orff), schwindet die *Basis für menschl. Zusammenleben.* In der Vergangenheit wurde der sittl. Wert der T. beschworen. Heute ist der Zugang zur sittl. T. erschwert. Dennoch erwartet man vom Mitmenschen Zuverlässigkeit, die letztl. eine Art von versachlichter T. bildet. Sie will die Verläßlichkeit und Bindung umschreiben, dient aber auch dem Mitmenschen. T. im engeren Sinne wird sich jedoch nur auf einen best. Menschen oder auf einen kleinen Kreis von Personen erstrecken.

*C.* Eine unbedingte T.verpflichtung ist nur mögl. mit der Überzeugung, daß das, wozu man sich verpflichtet, auch richtig ist. Niemand kann durch die Forderung zur T. zum Unrechttun angehalten werden; T. kann es *nur zum →Guten,* nicht zum →Bösen geben. Mit »Gefolgschaftst.« wurde schon oft frevelhaft Mißbrauch getrieben.
Eine bes. Form der T.bindung sind der ausdrückl. →Glaube des Christen, das Gelöbnis, das ehel. Versprechen und der Amtseid bei Übernahme einer öffentl. oder polit. Aufgabe.

*Lit.: O. F. Bollnow:* Wesen und Wandel der Tugenden, Berlin 1958, 171f. – *R. Guardini:* Tugenden, Mainz/Würzburg/Paderborn, 3. Aufl. 1987, 67-74. – *H. Klomps:* Die Tugenden des modernen Menschen, Augsburg 1969, 72-74.

*Johannes Gründel*

**Trinität**

*A. Aussage und Problem*

*I.* Der *Begriff* der T. (»Dreifaltigkeit«) verweist auf den Zentralsatz der christl., in der →Alten Kirche entwickelten Gotteslehre. Gemäß ihm sind drei Personen im Einen Gott: Vater, Sohn und Hl. Geist; Gott ist also in ungeschmälertem Sinn alle drei. Aus anderer Perspektive ist der Eine Gott – sich selbst unterscheidend – in drei Personen: dem Vater, dem Sohn und dem Hl. Geist; diese drei sind ungeschmälert eins. Gott ist also je nach Akzentsetzung dreifaltig oder dreieinig. Kein zweiter Lehrsatz setzt das christl. Gottesverständnis so sehr von den anderen verwandten →Religionen ab. →Islam und →Judentum erkennen im Bekenntnis zur T. Blasphemie und Verrat am →*Monotheismus.* Zeitgenossen halten den Satz aus Gründen der Logik und ihres aufgeklärten Gottesverständnisses für unannehmbar. Kaum mehr verständl. ist zudem die metaphor. und anthropomorphe Sprache, mit der das Verhältnis der drei Personen in den zentralen Texten der Alten Kirche bestimmt wird: Der Sohn werde vom Vater »gezeugt«, der Geist werde »gehaucht« und dies »vor aller Zeit« (→Präexistenz). So ist die T.slehre, die sich in keinem Glaubensbekenntnis findet und von der Kirche des Westens erst seit 1334 liturg. gefeiert wird, zu einer der umstrittensten Aussagen des christl. Glaubens geworden.

*II.* Die T.slehre hat zur Aufgabe, das bibl. Bekenntnis zum Einen Gott *denker. zum Ausgleich* zu bringen mit dem →Bekenntnis zu drei unterschiedenen Instanzen (= »Personen«), die das christl. Glaubensbewußtsein *in der Geschichte* als göttl. erfährt: den die Welt schaffenden und erhaltenden Gott (→Schöpfung), das in →Jesus Christus menschgewordene Wort (→Logos) sowie den Mensch und Welt vollendenden →Hl. Geist. Zur Lösung des Problems entwickelt die Alte Kirche vornehml. *im 4. und 5. Jh.* ein widerspruchsfreies *Modell:* Sie unterscheidet zwischen der einen »ousia« (»Wesen«) und den drei »Hypostasen«; im Westen setzt sich – in nicht spannungsfreier Übersetzung – Tertullians Redeweise von einer »Substanz« *(substantia)* und drei »Personen« *(per-*

*sonae)* durch: Gott ist in einem Wesen drei Personen. Die Formel soll das Problem (jetzt verschoben in die Unterscheidung von Wesen und Person) aber nicht entschärfen, sondern besprechbar machen: Gott *handle* oder zeige sich nicht nur in drei Dimensionen, er *sei* diese drei Dimensionen wesenhaft selbst. Man weiß, daß die ausgesagte Sache ein »striktes«, das zentrale und unaussprechl. Geheimnis des chrtistl. Glaubens bleibt.

*III.* Von weittragender Bedeutung für die *westl.* T.slehre ist die Weiterführung bei Augustinus und bei Thomas von Aquin. Während die *östl. T.slehre* im Vater (als der ersten Person) Ausgang und Prinzip des ursprungslosen Gottes sieht, von dem der Sohn und der Geist in hierarch. Ordnung ausgehen und auf den sie in gegenseitiger Durchdringung (der »Perichorese«) bezogen bleiben, rekonstruiert →*Augustinus* die T.slehre in eigenständiger, neuplaton. inspirierter Weise als metaphys. Urbild der menschl. Seele (»psycholog. T.slehre«) und erzielt dadurch eine abstrahierende Wirkung: Nicht mehr der Vater, sondern die Dreiheit an sich wird zum Ausgangspunkt. Sie differenziert sich in das Identität begründende Gedächtnis (der Vater), das Zweiheit ermöglichende Erkennen (der vom Vater erkannte Sohn) und das zur Einheit zurückkehrende Wollen (der Geist als das Band gegenseitiger Liebe). →*Thomas von Aquin* denkt Augustins Ansatz konsequent als Beziehungssystem, so daß die Personen jetzt als »subsistierende Relationen« (d.h. als Beziehungen an sich) erscheinen. So werden gemäß der Dreifaltigkeitspräfation der kath. Liturgie – in deutl. Gegensatz zur Frömmigkeit des Volkes – nicht mehr Gott der Vater oder die drei Personen angebetet, sondern »Gott... in der Dreifaltigkeit einer Wesenheit«, genauer: »in den Personen die Verschiedenheit, in der Natur die Einheit, in der Majestät die Gleichheit«.

*IV.* Die *Frage* ist zu stellen, ob sich in der westl. Theologie die Spannung zwischen log. Präzision und inhaltl. Paradoxie gehalten hat, ob die weitere Entwicklung sachgemäßer Erfahrung Gottes oder einem math. Staunen entspringt. Unbezweifelbar *verhüllt* das Bekenntnis zur T. in seiner gegenwärtigen Gestalt sein Anliegen eher, statt es zu erklären. Während deshalb die Aufgeklärten unter den Glaubenden auf den Einen Gott setzen, ist der Glaube kirchengebundener Christen einem Tritheismus (Dreigötterglauben) oft nicht fern (K. →Rahner).

*B. Entstehung und Bedeutung*

*I.* Zwar ist die kirchl. Lehre von der T. unter intensiver Berufung auf ntl. Zeugnisse entstanden, aber sie läßt sich nicht unmittelbar, weder krit. noch bestätigend, von *ntl. Ansätzen* her entwickeln. Die hist.-krit orientierte ev. Theologie gibt das T.sdogma deshalb seit dem Ende des 19. Jh.s auf, während kath. Theologie, hermeneut. an der verbindl. Glaubenslehre orientiert, noch in den 50er Jahren davon überzeugt sein kann, die T. sei im AT schon in Spuren anwesend, im NT aber in ihren Eckpunkten geoffenbart. Inzwischen hat sich eine differenziertere Beurteilung Gehör verschafft. Einerseits werden nicht nur Entstehungswege berichtet, sondern Sachaussagen zu Gottes Handeln und deren log. Zusammenhang *rekonstruiert* (Gott hat die Welt geschaffen, in Jesus Christus ist er selber gegenwärtig, als Geist ist er ausgegossen: wie paßt das zusammen?), andererseits werden *Sprachcharakter* und Aussageabsicht der Schrift (Erzählung, Bekenntnis, rel. Kommunikation) mit demjenigen der späteren T.stheologie verglichen (Reflexion, Argumentation, rationaler Diskurs). In diesem geschärften Bewußtsein zeigt sich die Relativität der Lehre; ihre krit. Begründung aber büßt an Anfälligkeit ein.

*II.* Nüchtern ist also zu sehen, daß sich in der Schrift *keine T.slehre* finden läßt. Die *Dreierformeln* Mt 28,12 (»Taufet im Namen des Vaters und des Sohnes und des Hl. Geistes«), 2 Kor 13,13 (»Die Gnade des Herrn Jesus Christus und die Liebe Gottes und die Gemeinschaft des Hl. Geistes sei bei euch«) besagen für ein trinitätstheol. Interesse wenig, weil sie nur drei Größen nebeneinandersetzen und (nur) dynam. aufeinander beziehen. Das ntl. »ho theos« (»der Gott«) meint immer und ohne Seitenblick auf T. *den Einen,* handelnden und als Du ansprechbaren Gott, den Jesus ebenso wie die ersten Christen »Abba«, Vater, nennt (Mt 11,25-30); dagegen bleibt die Göttlichkeit →Jesu Christi auf Handeln und Offenbarung bezogen (→Präexistenz). Die Metapher vom Hl. Geist aber übernimmt die Redeweise des AT (»Windhauch«), verweist auf Gottes ungreifbare, aber unmittelbare Gegenwart und wird im NT nie ein angesprochenes Gegenüber.

*III.* Zwei Faktoren machen die kommende Entwicklung erst begreiflich:

*1.* Mit der Zerschlagung des jüd. Staates verliert die Christengemeinde weitgehend den *kulturellen Zusammenhang,* in dem das NT unmittelbar verstanden wird. Das Weltbild des →Hellenismus wird zum neuen Verstehenshorizont, die weitere Auslegung zu einem *kontextuellen* Problem. Deshalb schiebt sich über die Texte des NT langfristig ein neues Geflecht von Theologie, Verkündigung und weltanschaul. Theorie mit rel.- metaphys. argumentierenden Zügen (→Metaphysik).

*2.* Die Lehre von der T. setzt die Auseinandersetzungen um *Christologie* und den →*Hl. Geist* voraus. Wichtigste Station ist die Reichssynode (Nizäa 325). Erst auf dieser Basis kommt es auf der Synode von Alexandrien im Jahre 362 zu einer breiten, Ost und West *übergreifenden Einigung,* die mit »Hypostase« und »Person« Einheit und Unterschied in Gott benennt. Die T.slehre dient jetzt als Rahmen späterer christolog. und pneumatolog. Diskussion.

*3.* Konstantin d.Gr. (gest. 337) und seine Nachfolger suchen in der erstarkten Kirche eine staatstragende, die *Einheit des Reichs* garantierende und justitiable Ideologie (→Dogma). Die Erwartung wird von der Kirche zwar krit. aufgenommen, doch produziert die neue Dynamik verfügbares Wissen (M. Foucault: »episteme«) und zwingt zu polit. tragfähiger, nun offensiv argumentierender Präzision. An seinem Ende stehen keine neuen rel. Ausdrucksweisen, sondern diskussionsgestählte und diskussionsgehärtete *Formeln*, deren rel. Bedeutung nur noch mittelbar zum Tragen kommt.

*IV.* Um dieser Situation gerecht zu werden, ist deshalb zwischen trinitar. und trinitätstheol. Reden zu unterscheiden.
*1.* Wie das NT redet auch das →Apostol. Glaubensbekenntnis *trinitar.*, da es die Heilstaten Gottes in dreistufiger Abfolge berichtet. Der Sinn solchen Redens ist heute weithin akzeptiert. Dem trinitar. Bericht und Bekenntnis folgen *Lehren* von der Göttlichkeit Christi und des Geistes (erste Ebene der Abstraktion). Erst sie führen zur dogmatisierten Lehre von der T. (zweite Ebene der Abstraktion). Sie dient als umfassende Theorie, d.h. als *Rahmentheorie*, in der Gott, Christus und Geist im Maßstab hellenist. Denkens einander prinzipiell zugeordnet sind.
*2.* Die T.slehre verbleibt nicht im Raum hoher Spekulation, sondern stimuliert in ihrer Unmittelbarkeit ein neues trinitätstheol. Glauben und Bekennen, das die gewonnene Sprachregelung *über 1500 Jahre stabil* und ökumen. wirksam gehalten hat. So hat die T.stheorie nicht nur eine (binnen-)theol. Bedeutung, sondern wirkt auch als »umgreifender Schutz für alle Aussagen des Glaubens..., auch für das Gebet und die Anbetung« (Schlink, 754). Sie verdankt dies dem Umstand, daß die auf Dreifaltigkeit oder Dreieinigkeit zielende Grundformel ihre innere Spannung nie hat ausgleichen können, sondern zu immer neuen Auslegungen stimuliert hat.
Die innertheol. Diskussion der *Neuzeit* geht im Rahmen hist. Forschung vom trinitätstheol. zum trinitar. Denken zurück; zugleich kommt es außertheol. zu systemumfassenden Rekonstruktionen. Sie begreifen Welt und Geschichte in einem dreifach wirksamen und anwesenden Gott, der in seinem Geist die Menschheit zur Vollendung des Reiches führt. *G. W. F. →Hegel* sowie die an ihn sich anschließende »spekulative Theologie« des 19. Jh.s (C. Daub, Ph. K. Marheineke, J. A. Dorner, A. E. Biedermann) sind dafür Beispiele, an denen sich noch die Auseinandersetzungen zeitgenöss. Theologie entzünden.

### *C. Trinitätstheologisches und trinitarisches Denken im 20. Jh.*

Von *F. →Schleiermachers* anthropolog. Theologie für irrelevant erklärt (»nicht eine unmittelbare Aussage über christl. Selbstbewußtsein«) und auf den letzten Platz der systemat. Theologie verbannt (»Der christl. Glaube«, 1831); von *L. →Feuerbach* als Projektion menschl. Bewußtseins (»Das Bewußtsein des Menschen von sich in seiner Totalität ist das Bewußtsein der T.«) entlarvt (»Das Wesen des Christentums«, 1841); von *A. von →Harnack* als hellenist.-spekulative Entfremdung vom ursprüngl. Evangelium Jesu hist.-krit. entzaubert (»Lehrbuch der Dogmengeschichte«, 1885-1889), schien die – abgesehen von der spekulativen Theologie – so als vernunft-, welt- und bibelfremd erklärte T.slehre im 19. Jh. endgültig ins Reservat luth. Orthodoxie oder kath. →Neuscholastik verbannt.

*I.* Erst der mittlere *K. →Barth* (ab 1923/24), kühn mit seinen »liberalen Lehrern« (Schleiermacher, →Ritschl, Harnack, →Troeltsch) und seinen eigenen theol. Anfängen (»Römerbrief«, 1918) brechend, holte die T.slehre in den Diskurs neuzeitl. Theologie krit.-konstruktiv zurück. Barth meinte aus der Logik des Gottes- und Offenbarungsbegriffs selber heraus gar nicht anders als trinitätstheol. denken zu können: Der Gott (als absolutes Subjekt verstanden), der sich in Jesus Christus geschichtl. zum Heil der Menschen als Schöpfer, Versöhner und Erlöser offenbare, sei nur dann der in Freiheit sich offenbarende Gott, wenn er dies »zuvor in sich selbst«, d.h., wenn er in sich selbst als Schöpfer (Vater), Versöhner (Sohn) und Erlöser (Geist) unterschieden sei. Der Glaube an eine *Selbstoffenbarung Gottes* fordert bei Barth also den Begriff der Selbstunterscheidung in Gott selbst.
Mit diesem stets neuen Rekurs auf das »zuvor in sich selbst« Gottes, wollte Barth die christl. Gotteslehre *neuzeitkrit.* (nicht neuzeitfeindl.) »aus sich selbst heraus« begründen, die Freiheit Gottes in und trotz aller geschichtl. Offenbarung sicherstellen, der Gefahr der Objektivierung Gottes durch den Menschen wehren und Theologie letztl. freimachen von allen Fremdbegründungen und Fremdlegitimationen durch →Geschichte, →Psychologie und →Anthropologie. Barth zögerte deshalb nicht, die klass. T.slehre entschlossen wieder an den Anfang aller Theologie (»Prolegomena zur Kirchl. Dogmatik«, 1932) zu setzen, obwohl er sich seinerseits auch Korrekturen an der klass. T.slehre vorzunehmen gestattete (statt von »Personen« in Gott wollte er unmißverständlicher von »drei Seinsweisen« Gottes sprechen).

*II.* Katholischerseits versuchte *K. →Rahner* die T.slehre aus den Fesseln der Neuscholastik zu befreien, welche die T.slehre zu einem steril-abgeschlossenen, spekulativen Aussagegefüge hatte werden lassen. Neuscholast. konnte das Miteinander der »drei göttl. Personen« beschrieben werden (im klass. Traktat: »De deo trino«), ohne daß auf die konkrete Geschichte Jesu Christi zurückgegriffen werden mußte (sie folgte erst im Traktat »De verbo incarnato«). Rahner war wie Barth klar, daß neuzeitlich durch die inhaltl. *Verschiebung des Personverständnisses* (→Person jetzt gleich Bewußtsein, Freiheit, »eigenständiges Aktzentrum«, autonomes Subjekt) der Begriff der Person in der klass. T.slehre automat. zu Mißverständnissen führen mußte (»Drei-Götter-Lehre«), und schlug seinerseits zur Wahrung der Einheit und Verschiedenheit Gottes vor: »Der eine Gott subsistiert in drei distinkten Subsistenzweisen.« Rahner sah die Bedeutung trinitätstheol. Denkens primär in der Lehre vom Heil, der Selbstmitteilung Gottes in Jesus Christus begründet. Denn auf Grund seines →transzendentaltheol. Ansatzes war die Selbstmitteilung Gottes in Christus nur mögl. auf Grund der innertrinitar. Selbstunterscheidung Gottes. Rahners Bemühung um eine unauflösbare Verknüpfung von trinitar. Gotteslehre (»immanente T.«) und konkreter christolog. Heilsgeschichte (»ökonom. T.«) gipfelte in dem (vor Mißverständnissen zu schützenden) Satz, welcher zum Axiom gegenwärtiger T.stheologie geworden ist: »Die ökonom. T. *ist* die immanente und umgekehrt.«

*III.* Freil. gelang es weder Barth (zu sehr an der Logik des →Offenbarungsbegriffs orientiert) noch Rahner (über eine Inkarnationschristologie kaum hinauskommend), die Rede vom dreieinigen Gott konkret mit der *ganzen Geschichte Jesu Christi* zu vermitteln. Bei allen Unterschieden in der Durchführung des Redens vom Gott als Vater, Sohn und Geist geht heutige christl. Theologie (vor allem: E. Jüngel, J. Moltmann, W. Pannenberg, L. Boff, P. Schoonenberg, W. Kasper, H. Küng) über die Konfessionsgrenzen hinweg von dem Grundsatz aus, »daß der Ansatz der christl. T.slehre die bibl. bezeugte Heilsgeschichte sein muß: die Geschichte des Vaters, Sohnes und Geistes« mit den Menschen (J. Moltmann). D.h.: nicht aus Lust an abstrakter Spekulation oder aus dem Zwang begriffl. Logik, sondern aus der konkreten Geschichte und Verkündigung Jesu Christi selbst heraus kann Gott (Vater, Sohn und Geist) als transzendenter Grund des Christusereignisses erschlossen, erst von der Christologie her kann auf Wesen und Geschichte Gottes zurückgefragt werden, kurz: Erst die Erfahrung von Befreiung und →Erlösung in Christus läßt nach dem Grund des Seins (→Ontologie) forschen.

*IV.* Inwieweit es christl. Theologie heute im Lichte der bibl. Botschaft, angesichts erhebl. pastoraler Vermittlungsprobleme und globaler ökumen. Herausforderung (interrel. Dialog) ratsam ist, spekulative Aussagen über das »innere Leben Gottes« selber zu machen und unbibl. Kategorien wie »Selbstunterscheidung in Gott« zu verwenden, ist gegenwärtig innertheol. umstritten. Zwei theol. Richtungen stehen sich gegenüber, die als trinitätstheol. oder trinitar. Denkweisen unterschieden werden können.
Bei den explizit *trinitätstheol. Entwürfen* sind *verschiedene Ausgangspunkte* festzustellen: Für Barth und Rahner war die innere Selbstunterscheidung des göttl. Subjekts die transzendentale Bedingung der Möglichkeit göttl. Selbstoffenbarung und Selbstmitteilung. Für *E. Jüngel* und *J. Moltmann* ist theol. das →*Kreuz Christi* zentrales Grundereignis: die Identifikation Gottes selbst mit →Leiden und →Tod des Nazareners. Von hierher wird Gottes dynam. Wesen und ewiges Sein als Freiheit und Liebe erschlossen (E. Jüngel: »Gottes Sein ist im Kommen«).
*J. Moltmann* protestantischerseits und *L. Boff* katholischerseits versuchen darüber hinaus die *gesellschaftl. Bedeutung* der T.slehre durch Integration in eine →polit. Theologie oder eine →Befreiungstheologie unter Beweis zu stellen (»soziale T.«), wobei insbes. Moltmann nach seiner polit. motivierten Monotheismus-Kritik die Einheit Gottes nur noch eschatolog.-geschichtl. deuten kann und die Rede von Gottes Einheit durch die von der »Einigkeit der drei Personen untereinander« ersetzt. Für *W. Kasper* dagegen ist die T.slehre als »konkreter Monotheismus« die Bedingung der Möglichkeit, im Horizont neuzeitl. Religionskritik Gott neu als Beziehung von *Geschichte, Freiheit und* →*Liebe* zu denken und so eine »christl. Antwort auf die Gottesfrage von Menschen« zu geben. Die unbest. offene Frage des Menschen nach Einheit und Sinn der Wirklichkeit werde durch die trinitar. Selbstoffenbarung Gottes konkret bestimmt.

*V.* Solchen explizit trinitätstheol. Entwürfen stehen Versuche gegenüber, *von der Schrift her trinitar. zu denken*, d.h., die bibl. Rede von Vater, Sohn und Geist für heute aufzugreifen, ohne eine traditionelle trinitätstheol. Ontologie vorauszusetzen. Für *P. Schoonenberg* (»Ein Gott der Menschen«, 1969) bleibt die Frage, »ob Gott abgesehen von seiner heilsgeschichtl. Selbstoffenbarung trinitar. ist... unbeantwortbar und scheidet damit als sinnlos aus der Theologie aus«. *E. Schillebeeckx* geht in seiner bibl.-narrativen Christologie von der Grundüberzeugung aus, daß »der Mensch Jesus bei der Bestimmung dessen, was er ist, tatsächl. mit dem Wesen Gottes zu tun« hat, gleichzeitig schreckt Schillebeeckx davor zurück, »das Geheimnis einer Person, vor allem der Person Jesu, sozusagen bis auf die Knochen umreißen zu wollen«. *H. Küng*, der von der spekulativen T.stheologie Barths und Hegels herkommt, verfolgt seit »Christ sein« (1974) und »Existiert Gott« (1978) eine »Christologie von unten«, welche die ntl. Jesus-Geschichte einerseits und die Anliegen der klass. T.slehre andererseits zu verbinden trachtet. Der bibl. Ein-Gott-Glaube dürfe in keiner T.slehre aufgegeben werden; über die Zuordnung von Gott, Jesus und Geist in Verschiedenheit und Einheit müsse nachgedacht werden, ohne daß heutige Theologie auf die Kategorien der hellenist. T.slehre verpflichtet werden könne. Die Einheit von Vater, Sohn und Geist müsse als Offenbarungsgeschehen und Offenbarungseinheit verstanden werden.

*VI.* So unterschiedl. die trinitätstheol. und trinitar. Entwürfe sind: im Ziel eines *durch die konkrete Geschichte Jesu*, des Gekreuzigten und Auferstandenen, *radikalisierten Gottesverständnisses* für heute dürften sie sich treffen. Konkret in der Kor-

rektur eines geschichtslosen, abstrakt-metaphys., menschen- und wirklichkeitsleeren Gottesverständnisses zugunsten eines »nachtheist.«: Gott, der in der Geschichte Jesu Christi als Vater des »geliebten Sohnes« sich erschloß und dessen Geist (des Vaters und des Sohnes) als »Herr und Lebensspender« gegenwärtig bleibt und wirkt, ist stets neu als geschichtl.-dynam., relational-personale Wirklichkeit zu glauben und zu denken: als der lebendige Schöpfer, Versöhner und Erlöser zum Heil des Menschen.
Die T.slehre dagegen in einen ökumen. *Dialog mit den Weltreligionen* einzubringen ist ein noch unerfülltes Desiderat christl. Theologie. Dieses Defizit ist um so schmerzlicher, als die T.slehre gerade für die streng monotheist. Religionen (→Judentum, →Islam) immer wieder Anlaß zu Mißverständnissen und Polemik gab. Der Dialog über die T. mit den prophet. monotheist. Religionen semit. Ursprungs hat aber heute ebenso nur in Ansätzen begonnen (Moltmann/Lapide), wie der Dialog mit den Religionen ind. Ursprungs (Hinduismus: R. Panikkar, M. von Brück).

*Lit.: C. Andresen (Hg.):* Handbuch der Dogmen- und Theologiegeschichte I, Göttingen 1982, 99-221. – *K. Barth:* Kirchl. Dogmatik, Bd. I/1, Zürich 1932. – *L. Boff:* Der dreieinige Gott. Gott, der sein Volk befreit, Düsseldorf 1987. – *W. Breuning (Hg.):* T. Aktuelle Perspektiven der Theologie, Freiburg 1984. – *M. von Brück:* Gott, Gotteserfahrung und Meditation im hinduist.-christl. Dialog, München 1986. – *E. Jüngel:* Gott als Geheimnis der Welt. Zur Begründung der Theologie des Gekreuzigten im Streit zwischen Theismus und Atheismus, Tübingen 1977. – *W. Kasper:* Der Gott Jesu Christi, Mainz 1982. – *H. Küng:* Existiert Gott?, München 1978. – *J. Moltmann:* T. und Reich Gottes, München 1980. – *Ders./P. Lapide:* Jüd. Monotheismus – Christl. T.slehre, München 1979. – *R. Panikkar:* Der unbekannte Christus im Hinduismus, Mainz 1986. – *W. Pannenberg:* Systemat. Theologie, Bd. I, Göttingen 1988. – *K. Rahner:* Der dreifaltige Gott als transzendentaler Urgrund der Heilsgeschichte, in: Mysterium Salutis II, Einsiedeln/Köln 1967, 317-401. – *Ders. (Hg.):* Der eine und der dreieine Gott. Das Gottesverständnis bei Christen, Juden und Muslimen, München 1983. – *L. Scheffczyk:* Lehramtl. Formulierungen und Dogmengeschichte der T., in: Mysterium Salutis II, 146-200. – *E. Schillebeeckx:* Die Auferstehung Jesu als Grund der Erlösung, Freiburg 1979. – *E. Schlink:* Ökumen. Dogmatik. Grundzüge, Göttingen 1983, 743-760. – *M. Schmaus:* Der Glaube der Kirche II, Ottilien 1972. – *P. Schoonenberg:* T. – der vollendete Bund. Thesen zur Lehre vom dreipersönl. Gott, in: Orientierung 37 (1973), 115-117.

*Hermann Häring/Karl-Josef Kuschel*

**Trivialliteratur**

*A.* In einem nicht unproblemat. Dreischichtenmodell literar. Qualität (→Unterhaltungsliteratur) nimmt die T. den untersten Rang ein. Der *Begriff* »T.« leitet sich vom lat. Wort *»trivium«* (Dreiweg, Kreuzweg) her, wonach »trivial« also das wäre, was auf öffentl. Straße verhandelt wird, jedem geläufig ist. »Trivium« bezeichnet aber auch den Fächerkanon der Unterstufe der ma. Schule, so daß »trivial« auch auf die Bedeutung von etwas Einfachem hinweist. Der Begriff trägt also keinen von vornherein abwertenden Akzent und ist gerade deswegen geeignet, eine Literatur zu bezeichnen, die in ihren Kommunikationszusammenhängen und nicht nur unter ästhet. Kriterien gesehen werden sollte. Die *Entstehungsbedingungen* trivialer, massenhaft verbreiteter Literatur liegen im 18. Jh. Als Folge der zunehmenden Lesefähigkeit insbes. der Stadtbevölkerung bildet sich ein literar. Markt, der das Publikum mit Buchangeboten überhäuft. Die Schriftsteller können sich aus Rücksichtnahmen, die sie – häufig Inhaber staatl. oder kirchl. Ämter – bis dahin zu wahren hatten, zunehmend lösen, müssen sich gleichzeitig aber, um wirtschaftl. überleben zu können, dem Geschmack des lesenden bürgerl. Publikums anpassen. Dieser Geschmack ist im 18. Jh. von einem starken Verlangen nach Innerlichkeit geprägt, das man immer wieder als Reaktion auf den Zwang zu vernunftgemäßem Verhalten bzw. zu Affektunterdrückung unter der absolutist. Willkürherrschaft und auch als Kompensation polit. Einflußlosigkeit erklärt.

*B.* Das Bedürfnis nach Darstellung intensiver Gefühlsäußerungen, das keineswegs nur zu trivialen Bucherzeugnissen führt, begünstigt die Perfektionierung literar. Techniken, die sich zum großen Teil bis heute als wirksam und marktgerecht erweisen (und die im übrigen schon in der viel älteren »Volkspoesie«, deren Einfluß auf die T. erst in Ansätzen erforscht ist, angelegt sind). Zu ihnen gehört die *Typisierung der Figuren,* die es erlaubt, unerfüllte eigene Wünsche in ein Identifikationsobjekt zu projizieren; die *bipolare Gruppierung der Figuren* in »gute« und »böse« sowie die *Überhöhung des Helden,* wodurch eine schnelle gefühlsmäßige Orientierung mögl. ist; die *aktionist. Handlungsführung,* die – durch sprachl. Klischees unterstützt – schnelles Lesen erlaubt und die Reflexion zurückdrängt; die Beanspruchung des Zufalls für die *Darstellung eines* Happyends (→Unterhaltungsliteratur). Diese Techniken können auch heute noch wirken, weil die Bedürfnislage des Publikums bei anderen sie verursachenden Voraussetzungen (wie z.B. der Selbstentfremdung als Folge industrieller Arbeitsteilung) relativ konstant geblieben ist. T. erzeugt *»Kompensationsemotionen«* im Leser: Die Spannung, die sie hervorruft, wirkt gegen die fade Alltäglichkeit; der von ihr ausgelöste Schauder gegen den das ganze Leben beherrschenden Intellektualismus; die Überdimensionierung des Helden läßt die eigene Abhängigkeit vergessen, sein Sieg in einem Konflikt das eigene erlittene Unrecht, usw.

*C.* Die geschichtl. Entwicklung der T. ist hier nicht zu verfolgen, ihre verschiedenen Genres sind nicht aufzuzählen. Ihre größte Verbreitung findet sie heute in den *Heftromanen,* die in der Bundesrepublik wöchentl. zu etwa sechs Mill. Exemplaren erscheinen und ca. sechs Leser pro Heft finden.

Diese Hefte stellen somit einen bewußtseinsbeeinflussenden Faktor dar, dessen Bedeutung gar nicht zu unterschätzen ist. Die bes. *Gefahren*, die von einem großen Teil dieser Literatur ausgehen, liegen darin, daß sie den Gegenspieler als den schlechthin Bösen wahrzunehmen einübt, den es mit allen Mitteln zu vernichten gilt, daß sie an das damit verbundene Denken in einem festgefügten *Freund-Feind-Schema* gewöhnt, für das sie leicht verfügbare Begriffe – vor allem auch aus dem Vokabular der christl. Mythologie (man vgl. etwa die weitverbreitete Metaphorik vom →Teufel) – bereitstellt, und daß sie durch die Darstellung des stets wie selbstverständl. wirkenden hilfreichen Eingreifens transzendenter Mächte zugunsten des »Helden« und der von ihm vertretenen Wertvorstellungen eine unaufgeklärte und auch zutiefst unchristl. Einstellung zur Wirklichkeit fördert.

*Lit.: G. Fetzer:* T.forschung, in: Wirkendes Wort 31 (1981), 98-125. – *P. Nusser:* Romane für die Unterschicht. Groschenhefte und ihre Leser, Stuttgart, 5. Aufl. 1981. – *H. Plaul:* Illustrierte Geschichte der T., Leipzig/Hildesheim 1983. – *A. Rucktäschl/H. D. Zimmermann (Hg.):* T., München 1976. – *W. Schemme:* T. und literar. Wertung, Stuttgart 1975. - *R. Schenda:* Volk ohne Buch. Studien zur Sozialgeschichte der populären Lesestoffe 1770 bis 1910, Frankfurt/M. 1970.

*Peter Nusser*

**Troeltsch,** *Ernst*, geb. 17.2.1865 in Haunstetten bei Augsburg, gest. 1.2.1923 in Berlin, studierte nach einem philos. Propädeutikum in Augsburg in Erlangen (G. Claß), Berlin (J. Kaftan) und Göttingen (A. →Ritschl) ev. Theologie. Bereits seine ersten Veröffentlichungen lassen mit der Ausarbeitung der Grunddifferenz von Alt- und Neuprotestantismus und mit der Metakritik des philos. Naturalismus T.s Interesse an der Möglichkeit einer Übereinstimmung von →Theologie und →Philosophie innerhalb einer krit. →Metaphysik der Individualität erkennen. 1891 Privatdozent in Göttingen, 1892 Professor in Bonn und 1894 Professor in Heidelberg (seit 1910 auch in der philos. Fakultät), legte T. ein *weitgespanntes Theologieprogramm* vor, in dessen Zentrum der variationsreiche Versuch steht, die kulturelle Mitteilbarkeit theol. Gehalte in der neuzeitl. Lebenswelt zu sichern. T.s Wechsel auf den damals bedeutendsten Lehrstuhl der Philosophie in Deutschland nach Berlin im Jahre 1915 läßt sich deshalb auch weniger als Abschied von der Theologie, sondern eher als eine Übernahme ihrer Intentionen in einen institutionell freieren Raum verstehen. In seiner Berliner Zeit wurde T. der bedeutendste dt. *Geschichtsphilosoph* nach →Hegel und intensivierte seine kulturtheoret. und polit. Tätigkeit. An der Seite der reformbereiten Intellektuellenpolitiker (M. →Weber, W. Rathenau, F. Meinecke, F. Naumann) setzte sich T. für eine Strukturreform des Dt. Reiches ein und begegnete der Revolution von 1918, vor allem aber der →Demokratie von Weimar mit einem polit. Konzept, das auf der Basis seiner kulturprakt. dimensionierten Geschichtsphilosophie die Notwendigkeit und die Orientierungsbedürftigkeit eines gesellschaftl. Wandels betonte. Diese Haltung führte ihn zur linksliberalen Dt. Demokratischen Partei, die er 1919-1920 in der Preuß. Landesversammlung und als Unterstaatssekretär im preuß. Kultusministerium vor allem bei der Neuordnung der kirchl. Verhältnisse in Preußen vertrat.
T. ist in die Theologiegeschichte als Vermittler der Problemzusammenhänge eingegangen, die sich aus der Identitätskrise des nachidealist. Zeitalters ergaben. Die *historist. Grundlinie* seines Denkens führte ihn zu einem Theologieprogramm, das die überlieferten Geltungsansprüche des Christentums problematisierte, gleichwohl dessen Höchstgeltung sichern wollte. Indem sich diese Grundlinie an der Materialismusdiskussion der Zeit orientieren mußte, wurde T. zum prominenten Kritiker einer ausschließl. ideengeschichtl. Betrachtung des Christentums. Und angesichts einer zunehmenden kulturtheoret. Einschränkung der universalgeschichtl. Konzeptionen (aus dem Geist eines Historismus, der sich selber hist. verstehen mußte) gelangte T. zu einer Diagnose des Christentums in der →Moderne, die einerseits dessen Geltungseinschränkungen konstruktiv aufnehmen wollte, um die christl. Religion definitiv zu verorten, und die ihr andererseits nur noch die Bedeutung eines *Kulturfaktors* unter anderen zusprechen konnte.
Mit seinen christentumstheoret. und geschichtsphilos. Überlegungen hat T. in der →Philosophie, →Soziologie und →Geschichtswissenschaft anhaltende Wirkungen erzielt. Die prot. Theologie hat er mit seinem Wahrheitsbewußtsein und seinem Wirklichkeitssinn aus der Enge eines wissenschaftl. Bezirks in die Weite einer *kulturgeschichtl. Disziplin* geführt, die an der Erneuerung der Religion durch eine Vertiefung des Kulturbewußtseins ebenso interessiert ist wie an der Befestigung der Kultur durch eine lebendige Religion.

*Lit.: K.-E. Apfelbacher:* Frömmigkeit und Wissenschaft (Beiträge zur Ökumen. Theologie, Bd. 18), München/Paderborn/Wien 1978. – *F. W. Graf/H. Ruddies:* Ernst-T.-Bibliographie, Tübingen 1982. – *Dies.:* Ernst T. Geschichtsphilosophie in prakt. Absicht, in: *J. Speck:* Grundprobleme der großen Philosophen. Philosophie der Neuzeit IV., Göttingen 1986, 128-164 (Lit.). – *H. Renz/F. W. Graf (Hg.):* T.-Studien, Bde. 1, 2, 4, Gütersloh 1982-1987.

*Hartmut Ruddies*

**Trost.** Im engl. »to trust«, vertrauen, ist die etymolog. Verwandtschaft von T. mit *»trauen«* noch erkennbar; T. ist die Festigkeit, aus der sich Lebensgewißheit, Zuversicht und →Vertrauen entwickeln können. Passiv. drückt T. die Empfindung der Festigkeit aus, aktiv. die Gewährung von Festigkeit durch Wort und Tat (Schutz, Hilfe).

*A.* T. geht von einer →Ordnung der →Wirklichkeit und von der Wirklichkeit dieser Ordnung aus und bemüht sich darum, die vom einzelnen leidvoll empfundene Differenz zwischen mögl. Ordnung und gegebenem Zustand zu bearbeiten. Die Unterscheidung von T. und *Vertröstung* ist nur im Lebensvollzug mögl.; sie ist immer wieder nötig, um die Versuche zur Veränderung des Veränderbaren nicht zu hemmen. T. interpretiert alltägl. Wirklichkeit auf einen tieferen, »anderen« →Sinn hin als den unmittelbar zugängl. Religionssoziolog. wird T. die Funktion zugeschrieben, das Kontingente zu legitimieren, die →Gesellschaft zu stabilisieren oder »Enttäuschungsabwicklung« (N. Luhmann) zu betreiben. Christl. Verständnis sieht jedoch darüber hinaus T. im Widerstreit mit Hoffnungslosigkeit. Der aus dem →Wort Gottes geschöpfte T. ist Christen zugleich eine Gestalt der →Hoffnung.

*B.* Im Zusammenhang mit dem Autoritätsverlust der Ordnungssysteme traditioneller →Weltanschauungen wird die *Gegenwart* vielfach als t.los empfunden. Als Belege dafür werden der ausufernde Gebrauch der »kleinen Tröster« (Drogen) und die Vermarktung des Seelentrostes auf einem psychotherapeut. Markt, auf dem selbst die Kommerzialisierung von Sterbebegleitung mögl. geworden ist, angeführt. T. war so lange ein Kernstück der →Seelsorge, bis die Verbindung von *Seelsorge und →Psychotherapie* das Ansehen von T. entwertete und Hoffnungen auf eine wirksame Bearbeitung von →Leid durch Therapie heraufbeschwor. Nicht von ungefähr ist in der Seelsorgelehre der Gegenwart eine gewisse Ratlosigkeit im Umgang mit T. festzustellen, denn eine auf spürbare Hilfe und Beratung ausgerichtete Seelsorge läßt sich sachl. nur schwer mit einem verantwortungsvollen Arrangement mit Mangel und Not verbinden.

*Lit.: F. W. Menne:* Die Verelendung des T.es in unserer Gesellschaft, in: *P. Becker/V. Eid (Hg.):* Begleitung von Schwerkranken und Sterbenden, Mainz 1984, 130-149. – *H. T. Weyhofen:* T., Frankfurt/M./Bern 1983.

*Reinhard Schmidt-Rost*

**Tschechoslowakei.** Kath. 50,4%; Prot. 7,1%; Hussitenkirche 4,2%; Orthod. 0,6%; Nichtgläubige und Atheisten 19,3%. Die Kirchengeschichte der T. ist sehr zergliedert und vielschichtig, eine dauerhafte Identität von →Konfession und →Nation kennt sie nicht. Der Staat T. wurde 1918 aus den zu Österreich-Ungarn gehörenden Ländern Böhmen, Mähren, Slowakei, österr. Schlesien zusammengefügt, 1938 aufgelöst (Münchner Abkommen), 1945 wiedergegründet, seit 1948 kommunist. regiert.

*A.* Die *Christianisierung* erfolgte im 9. Jh. von Bayern aus sowie durch die Slawenapostel Kyrill und Method von Mähren aus. Die Slowakei wurde Anfang des 10. Jh.s →Ungarn angegliedert. Böhmen bekam 973 mit Prag (1344 Erzbistum), Mähren 1063 mit Olmütz ein eigenes Bistum, die enge Bindung an das Reich (→Deutschland) blieb dauerhaft erhalten. Unter Karl IV. (1346-1378) wurde Prag zu einem Zentrum der →Kunst (Parler-Bauhütte) und →Wissenschaft (Universität, →Humanismus).
Seit dem 14. Jh. entstanden Bewegungen, die kirchl., polit. und soziale Forderungen im nationaltschech. Sinne erhoben (→Waldenser, Hussiten [→Hus]) und die →Reformation wesentl. beeinflußten. Sie gliederten sich im wesentl. in zwei *volkskirchl. Strömungen*, die gemäßigten *Utraquisten* (sie wollen das →Abendmahl »sub utraque specie« [unter beiderlei Gestalt]) oder *Calixtiner* (lat. calix = Kelch) und die radikalen *Taboriten* (nach dem südböhm. Berg Tabor). Von ihren Forderungen (freie Predigt, Laienkelch, →Armut der Kirche, weltl. Bestrafung von Todsünden) wurde nach den Hussitenkriegen der Laienkelch gestattet (Prager Kompaktaten 1433). 1457 verselbständigte sich die Unität der Böhmischen (Mährischen) Brüder (1467 Bischofsweihe durch einen →Waldenser; →Brüder-Unität) und wanderte nach →Ungarn und →Polen. Ab 1519 verbindet sich die tschech. mit der luth. Reformation (Neu-Utraquisten bis 1560).
Den ständigen Abspaltungen versucht man durch *Einigungsbemühungen* entgegenzuwirken (Kuttenberger Vertrag 1485, verlängert 1512; Böhmische Konfession 1575). Daran nicht beteiligt ist u.a. die Täufersekte der Hutterischen Brüder (seit 1529). Die zunächst erfolgreiche →*Reformation*, die auch die ganze Slowakei erfaßte, wurde durch die Niederlage des prot. Adels (Schlacht am Weißen Berg 1620) und die Massenausweisung von 30.000 prot. Familien in der Substanz getroffen. Die von den →Jesuiten betriebene Rekatholisierung stellte die enge Verbindung zur Entwicklung in ganz →Österreich her.

*B.* Die Gründung der *1. Tschechoslowak. Republik* brachte große personelle und polit. Probleme mit sich, da die überwiegend dt. und ungar. Bischöfe das Land verlassen hatten und die kirchl. Grenzen mit den polit. in Übereinstimmung gebracht werden mußten. Wenn auch die Einheit von →Kirche und Staat erhalten blieb, kam es zu einer *Austrittswelle* aus der kath. Kirche und zur Gründung national-prot. Gemeinschaften, die auf das hussit. und reformator. Erbe zurückgriffen. Die bedeutendste von ihnen, die Tschechoslowakische Nationalkirche (gegr. 1920, 1930: 228 Pfarren, 800.000 Anhänger), orientierte sich nach anfängl. liberal-prot., unitar. Vorstellungen an der reformkath. Tradition. Die 1939-1945 selbständige Slowakei wurde wesentl. vom kath. Klerus getragen.
In der 2. Republik begann die kommunist. Regierung einen →*Kirchenkampf*, dessen Schärfe in der Ära des »Prager Frühlings 1968« nur vorübergehend nachließ. Von dem niederen Klerus wurde der Loyalitätseid erzwungen, der Widerstand des Episkopats durch Prozesse, lange Haftstrafen und Verweigerung von Neuernennungen gebrochen. Eine vom Staat geförderte, systemtreue »Bewegung patriot. Priester« konnte schon Anfang der 50er Jahre Einfluß gewinnen. Sie bemüht sich um eine Verbindung von →Christentum und →Kommunis-

mus, wobei sie von seiten prot. Religionsgemeinschaften unterstützt wird (J. L. Hromádka, F. M. Bartoš). Die griech.-unierte Kirche wurde von der russ.-orthod. Kirche zwangsweise eingegliedert.

*C.* Auch die *heutige T.* kennt keine Trennung zwischen der →Kirche und dem Staat, der alle kirchl. Besitzungen beschlagnahmt hat, die Kirchen vollständig finanziert und weitestgehend deren Leitung wahrnimmt. Nach Schätzungen (letzte Zählung 1930) ist die kath. Kirche die weitaus größte Glaubensgemeinschaft mit dem böhm. Erzbistum Prag und dem mähr. Erzbistum Olmütz. Die lange geplante slowak. Kirchenprovinz ist noch nicht eingerichtet. Daneben gibt es mehrere reform. Kirchen, eine Nationalkirche, eine orthod. Kirche.

*Lit.:* Archiv für Kirchengeschichte von Böhmen - Mähren - Schlesien, Bd. 1, Königstein/Ts. 1967ff. - Handbuch der Geschichte der böhm. Länder, 4 Bde., Stuttgart 1966ff. - *J. K. Hoensch:* Geschichte Böhmens. Von der Landnahme bis ins 20. Jh., München 1987. - *Ders.:* Geschichte der Tschechoslowak. Republik, Stuttgart 1966. - *A. Naegle:* Kirchengeschichte Böhmens, 2 Bde., Wien 1915/1918. - *F. Seibt (Hg.):* Bohemia sacra. Das Christentum in Böhmen 973-1973, Düsseldorf 1974.

*Hans Hecker*

## Tübinger Schulen

### *A. Evangelische Schulen*

Der Begriff »Tübinger Schule« (T.Sch.) wird in der deutschsprachigen Theologie beider Konfessionen für *drei* personell wie theol. grundlegend verschiedene theol. *Schulen* verwendet. Zu unterscheiden sind der Reihenfolge ihrer Entstehung nach die prot. *ältere T.Sch.*, die von F. C. →Baur begründete prot. *jüngere T.Sch.* und die kath. T.Sch. Der Begriff *kath. T.Sch.* ist jüngeren Datums als die Bezeichnungen beider prot. T.Sch.n. Der seit 1862 nachweisbare Begriff dürfte nach Analogie der Bezeichnung von Baurs Schule geprägt worden sein, um Selbständigkeit und akadem. Ebenbürtigkeit der an der 1818 gegründeten Tübinger kath.-theol. Fakultät betriebenen Theologie zu demonstrieren. Diese Vermutung gewinnt dadurch hohe Wahrscheinlichkeit, daß die kath. Schulhäupter J. S. Drey (1777-1853) und J. B. Hirscher (1788-1865) Baurs Arbeit mit krit. Interesse intensiv wahrnahmen, Dreys bedeutendster Schüler J. A. Möhler (1796-1838) in langwierige literar. Auseinandersetzungen mit Baur verstrickt war und sich an den seit Ende der 40er Jahre geführten Kontroversen um die jüngere T.Sch. neben zahlreichen prominenten Protestanten auch mehrere röm.-kath. Theologen beteiligten.

*I.* Die *ältere T.Sch.* ist von G. Chr. Storr (1746-1805), einem literar. wie kirchenpolit. äußerst einflußreichen Vertreter des prot. →Supranaturalismus, begründet worden. Ihr werden neben Storr und seinen Schülern F. G. Süskind, J. C. Flatt und K. C. Flatt auch die Tübinger Theologen E. G. Bengel und J. C. F. Steudel zugerechnet. Im Zentrum ihrer Theologien steht eine Kritik der von Aufklärungstheologie und →Rationalismus betriebenen hist.-krit. Exegese. Durch Betonung der *Autorität der Hl. Schrift* soll die Substanz des christl. Glaubens gegen hist. Zweifel und rationalist. Skepsis geschützt werden. Diese Schriftautorität wird aber selbst wissenschaftl., durch hist. Beweis der Zuverlässigkeit der uns überlieferten ntl. Schriften, erwiesen.
Als sich die aufgeklärte Kritik des alten Kirchenglaubens zunehmend intensiver auf die Religionsphilosophie →Kants und dessen Abwertung der positiven Kirchenlehre zugunsten einer allg. Vernunftreligion stützt, sucht Storr durch eine ausführl. Kant-Kritik den Nachweis zu führen, daß Kants theoret. wie prakt. Philosophie, gegen Kants Selbstverständnis, nur unter der Bedingung einer Anerkenntnis des gegebenen Kirchenglaubens in sich stimmig sei. Mit Kant betont Storr, daß sich menschl. Erkenntnis nur auf Gegenstände mögl. Erfahrung beziehen könne. Folgl. sei es, so Storr gegen Kant, eine dogmat. Selbstüberschreitung der Vernunft, wolle sie über die Geltung der ntl.-kirchl. Lehre entscheiden. Kantischer Kritizismus verlange gerade eine Selbstbescheidung der Vernunft gegenüber der *tradierten Kirchenlehre.* Nicht ein allg. Vernunftglaube an die Existenz Gottes und an die Unsterblichkeit der →Seele, sondern nur der Kirchenglaube könne darüber hinaus moral. Handeln garantieren. Mit dieser Kant-Kritik hat Storr nicht nur einen tiefgreifenden Einfluß auf das aufklärungskrit. konservative Luthertum des 19. Jh.s ausgeübt. Vielmehr hat er auch der Radikalisierung der Kritik des Kirchenchristentums in →Idealismus und →Religionskritik indirekt den Weg bereitet. Denn zwei prominente Schüler Storrs aus dem Tübinger Stift, G. W. F. →Hegel und F. W. J. →Schelling, haben unter dem Eindruck der Kant-Kritik ihres Lehrers erkannt, wie leicht sich Kants Moralphilosophie kirchendogmat. vereinnahmen läßt, und deshalb eine absolute Autonomie der prakt. Vernunft vertreten.

*II.* Im Gegensatz zur älteren blieb die *jüngere T. Sch.* nicht auf die prot. Universitätstheologie beschränkt. Zu dieser Schule, die ihr Organ in den 1842 gegründeten, 1857 eingestellten »Theol. Jahrbüchern« hatte und im engen Kontakt mit dem polit. →Liberalismus ein freies, vernünftiges Christentum proklamierte, zählten neben Baurs Schwiegersohn E. Zeller vor allem A. Schwegler, K. Chr. Planck, K. R. Köstlin, G. Volkmar, A. Hilgenfeld, K. Holsten sowie A. →Ritschl, der 1857 mit Baur brach, und O. Pfleiderer, der nur noch kurz bei Baur hatte studieren können. Sie alle veröffentlichten Bücher zum NT und frühen Christentum, in dem sie das Christentum als *geistige Religion der →Freiheit* deuteten. Die Christentumsgeschichte verstanden sie als einen Prozeß zunehmender Realisierung menschl. →Autonomie, der in →Reformation und →Aufklärung kulminiere. Wegen ihrer Offenheit für radikale hist. Kritik (D.

F. →Strauß) und ihrer teils stark kirchenkrit. liberalen Sicht des Christentums blieb den meisten von ihnen jedoch eine akadem. Karriere innerhalb der Theologie verwehrt. So etablierte sich neben der Theologie, in Philosophie und Geschichtswissenschaft, eine krit. Erforschung des Christentums oder eine *»freie Theologie«*, die von Theologen getragen wurde, die aus dem Fach ausgegrenzt wurden und innerhalb der Kirche zunehmend an Einfluß verloren. Die freie Theologie wurde dadurch zunehmend kirchenkritischer, und Baurs Programm der Einheit von krit. Geschichtswissenschaft und Theologie löste sich in den Gegensatz von Theologie und untheol., positivist. Erforschung der christl. Religionsgeschichte auf. Theologen wie Pfleiderer, die auch im späten 19. und frühen 20. Jh. noch an Baurs evolutionist. Deutung der Christentumsgeschichte als Freiheitsgeschichte festhielten, vermochten zwar den *bürgerl.-liberalen Protestantismus* zu prägen. Doch blieb dieser Protestantismus kirchenpolit. immer gegenüber den konservativen Kräften in der Minderheit. So spiegelt die Geschichte der T.Sch. die mangelnde Integrationskraft des dt. Protestantismus nach der Revolution von 1848/49: Dem Prozeß der Ausgrenzung liberaler Positionen aus Theologie und Kirche entsprach eine zunehmende Kirchendistanz des liberalen Bürgertums.

*Lit.: F. W. Graf:* Ferdinand Christian Baur, in: *H. Fries/ G. Kretschmar (Hg.):* Klassiker der Theologie II, München 1983, 89-110; 411-414; 443-447. – *Ders.:* Theonomie, Gütersloh 1987, 128-192. – *H. Harris:* The Tübingen School, Oxford 1975 (Lit.). – *K. H. Hinfurtner:* Christian Gottlob Storr, in: *F. W. Graf (Hg.):* Profile des neuzeitl. Protestantismus I, Gütersloh 1989. – *H. Pölcher:* Adolf Hilgenfeld und das Ende der T.Sch., Diss., Erlangen/ Nürnberg 1961.

*Friedrich Wilhelm Graf*

*B. Katholische Schule*

*I.* Aus einem vielfältig differenzierten Sprachgebrauch hat sich der Begriff »Katholische Tübinger Schule« als eine *Fremdbestimmung* herauskristallisiert, die erstmals 1862 durch A. von Schmid erfolgte und 1866 durch C. Werner eine gewisse Publizität erhielt. Der Begriff konnte sich nur langsam und außerhalb Tübingens durchsetzen. Von Anfang an wurde er einseitig auf die spekulativen oder systemat. Disziplinen angewandt. P. Schanz, ein Vertreter der »dritten Generation«, reklamierte 1898 eine Gleichförmigkeit in der theol. Richtung und wissenschaftl. Methode. Weiter ausgeprägt wurde der Begriff zu einer Zeit, da man, dem allg. Sprachgebrauch folgend, viele theol. Schulen konstruierte.

*II.* Nachhaltig hat K. Adam im Jubiläumsjahr der Universität Tübingen 1927 das geistige Profil der Fakultät porträtiert. Durch J. R. Geiselmann wurde die T.Sch., insbes. durch Quellenpräsentationen ihrer Frühphase und zum Werk J. A. Möhlers, zum Forschungsobjekt. Einen Zusammenschluß von Wissenschaftlern, die in ihrem Denken, in ihren Methoden und Ergebnissen übereinstimmen, hat es in Tübingen nie gegeben. »Die Projekte, Methoden, Denkrichtungen und Inhalte haben von Generation zu Generation gewechselt. Zu einzelnen Sachfragen wurden vielfach höchst gegensätzl. Standpunkte eingenommen« (M. Seckler). Deshalb ist eine *Verständigung*, wer dieser Schule angehört, *kaum möglich*. Unklar bleiben die Anfänge. Verschieden werden die »unbestreitbaren Häupter« postuliert. Das Ausblenden unbequemer Theologen ist weitgehend Methode. Solche Bedenken zwingen nicht zum Verzicht auf den Begriff »Schule«, wie schon gefordert wurde (R. Reinhardt), wohl aber muß die Systematik die Ergänzungen und Korrekturen durch die kirchenhist. Forschung in ihre Reflexion einbeziehen.

*III.* Unter diesen Voraussetzungen schließt die gegenwärtige Diskussion eine explikativ und normativ gemeinte *Charakterisierung* der Theologie, die sich hinter dem Begriff »Schule« verbirgt, nicht aus. Das Schulbildende wird nicht in der »Gemeinsamkeit von Fragestellungen« (H. Fries), Inhalten oder Themen (W. Fürst) gesehen, sondern im Formalen, wie dies schon C. Werner erkannt hat. Als das eigentl. formale Kennzeichen der Kath. Theol. Schule Tübingens gilt das *»Selbstdenkertum«, wie es im Selbstverständnis der ersten Generation* (J. S. Drey, P. A. Gratz, J. G. Herbst, J. B. Hirscher und J. A. Möhler) ausgelegt wurde: »strenge Wissenschaftlichkeit, prakt. Gegenwartsbezogenheit und unbeirrbare, wenngleich selbständige Kirchlichkeit des Theologietreibens« (M. Seckler). Je nach Fragestellung oder Interesse werden die formalen Kennzeichen abgewandelt oder ergänzt, so daß man auch die »Freiheit«, die »Liberalität«, die »Offenheit«, den »Mut zur Auseinandersetzung und Kritik« oder das »geschichtl. Denken« hervorgehoben findet. Allein diese *vielfältigen Möglichkeiten* der Umschreibung sind ein Ausdruck dafür, daß Theologie in Tübingen nie ausschließl. an eine Richtung gebunden war. Sie ist »Theologie im offenen Strom der Zeit« (W. Kasper).

*Lit.: J. T. Burtchaell:* Drey, Möhler and the Catholic School of Tübingen, in: *N. Smart u.a. (Hg.):* Nineteenth Century Religious Thought in the West II, Cambridge 1985, 111-139 (Lit.). – *H. Fries:* T.Sch., kath., in: Lexikon für Theologie und Kirche, 2. Aufl., Bd. 10, 390-392 (Lit.). – *W. Fürst:* Wahrheit im Interesse der Freiheit. Eine Untersuchung zur Theologie J. B. Hirschers (1788-1865), Mainz 1979. – *A. van Harskamp:* Theologie: tekst in context: op zoek naar de methode van ideologiekrit. analyse van de theologie, geïllustreerd aan werk van Drey, Möhler en Staudenmaier, Nijmegen 1986. – *W. Kasper:* Verständnis der Theologie damals und heute, in: Theologie im Wandel (Tübinger Theol. Reihe, Bd. 1), München/Freiburg 1967. – *A. P. Kustermann:* »Kath. T.Sch.«. Beobachtungen zur Frühzeit eines theologiegeschichtl. Begriffs, in: Catholica 36 (1982), 65-82. – *R. Reinhardt:* Die Kath.-Theol. Fakultät Tübingen im ersten Jh. ihres Bestehens. Faktoren und Phasen der Entwicklung, in: *ders. (Hg.):* Tübinger Theologen und ihre Theologie (Contubernium,

Bd. 16), Tübingen 1977, 1-42. – *M. Seckler:* Johann Sebastian Drey und die Theologie, in: Theol. Quartalschrift 158 (1978), 92-109. – *Ders.:* Weltoffene Katholizität. Die Idee des Wilhelmsstifts Tübingen in Geschichte und Gegenwart, in: Theol. Quartalschrift 162 (1982), 178-202.

*Joachim Köhler*

**Türkei.** Musl. 99,2%; Orthod. 0,3%; Kath. 0,1%, Nichtgläubige und Atheisten 0,1%.

*A.* Die moderne T. ist seit 1923 Rechtsnachfolger des im 15. Jh. begründeten Osman. Reiches, von der Tradition her *Kernland des →Islam*, heute ein laizist. Staat, dessen Bürger zu etwa 99% Muslime sind. Christen gibt es in diesem zentralen Missionsgebiet des Apostels →Paulus und späteren Hauptgebiet des Reichs von →Byzanz fast nur noch in Istanbul, der einstigen Hauptstadt Konstantinopel, Sitz des →Ökumen. wie des Armen.-Apostol. Patriarchats, Wohnort der meisten noch vorhandenen griech. und arabischsprachigen Orthodoxen sowie vieler der verbleibenden →Armenier und syr. Christen, nachdem deren traditionelle Wohngebiete in Ostanatolien heute durch Binnenwanderung und Emigration immer mehr den christl. Bevölkerungsteil verlieren.
Alle →Verfassungen seit 1923, zuletzt 1982 Art. 24, garantieren das Recht auf freie Ausübung der Religion (→Religionsfreiheit), betrachten diese jedoch als Privatangelegenheit. In dem von *Kemal Atatürk* (gest. 1938) geprägten Staat hatte der Islam jegl. →Autonomie eingebüßt, wodurch zunächst die Religion völlig aus dem öffentl. Leben schwand. In der Zeit nach dem Zweiten Weltkrieg, verstärkt durch die allg. islam. »Erneuerung« seit etwa 15 Jahren, nimmt das Islambewußtsein in der T. wieder zu; doch bleibt die Religion auch weiterhin in staatl. Regie.

*B.* Den Religionsunterricht an den Schulen und die Theologenausbildung an inzwischen acht Fakultäten verantwortet das *Erziehungsministerium* in Ankara. Die Betreuung der Moscheen und ihres Personals, der Provinz- und Kreis-Müftü, der Hoca usw., obliegt einem gesonderten »Präsidium für Religionsangelegenheiten«, das dem Ministerpräsidenten unterstellt ist: dieses ist ebenfalls auf das »Laizismusprinzip« festgelegt, wodurch eine Einflußnahme der Religion auf den Staat, eine Autonomie des Islam und staatl. Geltung rel. Gesetze (Scheriat) ausgeschlossen, Einmischungen in die Politik wie Förderung von Religionsparteien verboten sind. Andererseits dient diese *Religionsbehörde* dem Staat zur Durchsetzung eines einheitl. »Staatsislam« sunnit. Tradition, geprägt von der Rechtsschule der Hanafiten. Die rel. →Minderheiten wie vor allem die schiit. Alevis (etwa 10-20% der türk. Muslime), die traditionellen Orden (Nakschibendiye, Mevleviye, Bektaschiye usw.) oder neue islam. Bewegungen (Ticanilik, Nurculuk, Süleymancilik usw.) sind verboten und existieren demzufolge teils im Untergrund, teils unter den Auslandstürken. Die Darbietung der Religion in Massenmedien und Literatur ist staatl. gelenkt und kontrolliert. Wirtschaftl. bedeutend ist das Generaldirektorium für Fromme Stiftungen in Ankara, das alles rel. gebundene Kapital in der T. verwaltet und kontrolliert und damit vielfältige Aktivitäten finanziert (Schulen, Bibliotheken, Krankenhäuser, Denkmalspflege, Pilgerfahrten usw.).
Neben diesem »offiziellen« Islam blüht auch in der T. der *»Volksislam«* mit seinen jahreszeitl. Festen, Heiligenverehrung und reichem rel. Brauchtum. Die christl. Minderheiten stehen seit der Auflösung des osman. Millet- Systems unter erhebl. Druck, der teilweise auch zur blutigen Verfolgung werden konnte (Völkermord an den Armeniern 1916, Vertreibung der pont. Griechen ab 1921). Auch heute ist ihre Lage prekär und ihre freie Entfaltung oft gestört (Einschränkung eigener Schulen, Schließung der orthod. Akademie Chalki usw.). Viele Syrer haben daher auch hierzulande als Asylanten Zuflucht gesucht.

*C.* Seit 1969 beteiligt sich die T. zunehmend an polit. *Kontakten* mit anderen islam. →Institutionen, Ländern und Gruppen: Inzwischen ist sie z.B. Mitglied der Islamischen Konferenz, erhält Wirtschaftshilfe von der Islamischen Entwicklungsbank und Unterstützung aus dem islam. Solidaritätsfonds. Tendenziell wird gegenwärtig die Einbeziehung der T. in diesen vorderasiat. und nordafrik. Islamverbund intensiver, nicht zuletzt wegen Schwierigkeiten im Hinblick auf ihre volle EG-Mitgliedschaft, deren geist. Hintergrund die »Europäisierung« der T. durch die Übernahme von Rechtskorpora seit dem 19. Jh. und vor allem durch Atatürks »Kulturrevolution« ist. Die gegenwärtige Symbiose zwischen christl.-europ. und islam.-oriental. Traditionen in der T. gibt diesem Land eine einmalige Scharnierfunktion zwischen →Europa und Vorderasien auf wirtschaftl., kulturellem und rel. Gebiet.

*Lit.:* *K. Binswanger:* T., in: *W. Ende/U. Steinbach:* Der Islam in der Gegenwart, München 1984, 212-220. – *J. Blaschke/M. van Bruinessen:* Jahrbuch zur Geschichte und Gesellschaft des Vorderen und Mittleren Orients 1984. – Thema: Islam und Politik in der T., Berlin 1985. – *U. Spuler- Stegemann:* Der Islam; *B. Spuler:* Rel. Minderheiten, in: *K.- D. Grothusen:* Südosteuropa-Handbuch, Bd. IV: T., Göttingen 1985, 591-612; 613-620.

*Ursula Spuler-Stegemann*

**Tugend**

*A.* Ursprüngl. meint T. eine Kraft, ein Vermögen oder eine Fähigkeit, etwas zu wirken und durchzustehen – Tüchtigkeit, Tauglichkeit. Es geht bei der T. nicht um ein Tun oder Lassen, sondern um eine überaktuelle Wertantwort (→Wert), um das rechte Menschsein. T. ist nicht eine Maximierung, sondern eine Optimierung menschl. Wirkens – und zwar individuell bezogen auf die persönl. Möglichkeiten wie auf die gesellschaftl. Erfordernisse. T.en sind typisierende Formen des sittl. richtigen Verhaltens. Als eine spezif. abendländ.-europ. Form entwickelte sich die Lehre von den vier Grund- oder *Kardinalt.en*: Klugheit, Gerechtigkeit, Tapferkeit, Maß. Sie entstammt dem griech. Erbe. Bereits Pindar (518-446) entwickelt sie aus den drei Altersstufen des Mannes: für den jungen Mann die →Tapferkeit; für den Erwachsenen die →Gerechtigkeit; für den Greis die →Weisheit; allen Altersstufen kommt die Maßhaltung als Ziel zu. →Platon ordnet den von ihm angenommenen drei übereinandergelagerten Schichten der menschl. Seele auch drei Grundfunktionen menschl. Aktivität zu: der vernünftigen die Einsicht oder Weisheit, der mutartigen die Mannhaftigkeit oder Tapferkeit, der triebhaft-begehrenden die Maßhaltung. Ihnen entsprechen auch gleichzeitig die drei hierarch. geordneten Stände in der →Gesellschaft: der Lehrstand, der Wehrstand und der Nährstand. Die Gerechtigkeit aber hat für das Zusammenwirken dieser drei T.en im psych. und polit. Bereich Sorge zu tragen. Dagegen ist für →Aristoteles T. eine durch Übung erworbene gefestigte seel. Haltung, die immer wieder als rechte Mitte zwischen zwei extremen Lastern zu sehen ist. Der Mensch vermag dank der T. die Regungen des sinnl. Strebevermögens der Vernunft zu unterstellen. Dem erkennenden Seelenvermögen ordnet Aristoteles die Verstandest.en (dianoetische), dem begehrenden die eth. T.en zu, wobei es keine Rangordnung gibt.

*B.* Das →*NT* kennt keine eigentl. T.lehre. Die darin aufgezählten T.en und Laster gehen auf spätjüd. Traditionen zurück. Dem endzeitl. Charakter der Heilsbotschaft Jesu (→Eschatologie) entsprechen die Grundhaltungen der Wachsamkeit, der Bereitschaft, der Nüchternheit, der Standfestigkeit und der →Hoffnung. Paulus betont den Primat der →Liebe gegenüber →Glaube und Hoffnung (1 Kor 13). Über die Kirchenväter Ambrosius und →Augustinus gelangt unter dem Einfluß stoi. Philosophie (→Stoa) die griech. Lehre von den Kardinalt.en in das christl. Abendland und wird verbunden mit den drei sog. theol. T.en Glaube, Hoffnung und Liebe. Als übernatürl., eingegossene T.en ordnen sie das gesamte rel.-sittl. Leben unmittelbar auf Gott hin. Im *Hochma.* gliedert →Thomas von Aquin in seiner theol. Summe den Lehrstoff der speziellen Moral nach den T.en Glaube, Hoffnung, Liebe, Klugheit, Gerechtigkeit, Tapferkeit, Maß. Nach ihm sind diese T.en dem Christen bereits in der →Taufe als grundlegende Befähigung »eingegossen«. Sie vermitteln zwar noch kein unmittelbares Können, unterstreichen aber den Gnaden- und Geschenkcharakter allen menschl. sittl. Handelns.

*C.* Im *19. Jh.* rücken bes. *sekundäre T.en* wie →Gehorsam und →Demut in den Vordergrund. Eine feudalist. gesellschaftl. Struktur (→Feudalismus) und ein verzerrtes Gottesbild (Gott als Lükkenbüßer) führen in der bürgerl. Moral zur Entleerung des T.begriffs. Trotz des Versuchs einer »Rehabilitierung der T.« durch Max Scheler und die dt. Wertphilosophie (→Wert) lassen sich angesichts veränderter sozial-ökonom. Strukturen traditionelle T.en *heute* nicht einfach neu aufwerten. Doch will die Lehre von den T.en die grundlegenden Dimensionen menschl. Existenzentfaltung einsichtig machen und der konkreten Bedrohung wesentl. sittl. Werte begegnen. Neue gesellschaftl. Gegebenheiten und Bedürfnisse des Menschen verlangen auch andere Akzentsetzungen und neu motivierte Grundhaltungen des Menschen. So werden heute andere T.en wie Solidarität, →Toleranz, Kompromißbereitschaft, →Wahrhaftigkeit, Zivilcourage (→Tapferkeit) im Vordergrund stehen.

*D.* Eine völlig andere Lehre von den T.en finden wir in der *chin. Tradition* des Fernen Ostens. Gegenüber der stark rational und individualist. geprägten westl. T.lehre steht die ganzheitl. kontemplative Haltung des Menschen im Vordergrund. Zu den Hauptt.en zählen hier das Wohlwollen als Liebe und Erbarmen, die Rechtheit und Ehrfurcht, das Wissen um den Menschen, die Aufrichtigkeit und →Treue.

*Lit.: O. Betz (Hg.):* T.en für heute, München 1973. – *O. F. Bollnow:* Wesen und Wandel der T.en, Frankfurt/M. 1958. – Concilium 23 (1987), Heft 3. – *V. Eid:* T. als Werthaltung, in: *J. Gründel/V. Eid:* Humanum, Düsseldorf 1972, 66-90. – *J. Endres:* Menschl. Grundhaltungen, Salzburg 1958. – *J. Gründel:* Welche T.en braucht der Christ heute?, in: Diakonia 18 (1987), 316-322. – *M. Heinrichs:* Die Bedeutung der Missionstheologie, ausgewiesen am Vergleich zwischen den abendländ. und chines. Kardinalt.en, Münster 1954. – *H. Klomps:* T.en des modernen Menschen, Augsburg, 3. Aufl. 1972. - *D. Mieth:* Die neuen T.en, Düsseldorf 1984. – *J. Pańcowski:* T. – Weg zum Heil, in: Ostkirchl. Studien 32 (1983), 105-116. – *J. Pieper:* Das Viergespann, München 1964. – *K. Rahner/B. Welte (Hg.):* Mut zur T. Von der Fähigkeit, menschl. zu leben, Freiburg u.a. 1979. – *E. Schockenhoff:* Bonum hominis. Die anthropolog. und theol. Grundlagen der T.ethik des Thomas von Aquin, Mainz 1987.

*Johannes Gründel*

# U

**Übergangsriten**

*A.* Ein von dem franz. Gelehrten A. van Gennep (1873-1957) mit seinem Hauptwerk »Les Rites de Passage« (1909) geprägter Begriff für Riten (→Ritus), welche alle bedeutenden krit. *Schwellen des menschl.* →*Lebens* sozial begleiten, sichern und damit von einer Existenzform oder →Rolle (→Identität) zu einer anderen hinüberführen, ins-

bes. bei Geburt, Geschlechtsreife, Heirat und →Tod. Hinzu kommen zahlreiche andere *Gelegenheiten*, bei denen das →Individuum Übergänge vollzieht und Zugehörigkeiten erlangt: als →Mann oder →Frau, zu →Gruppen, →Klassen (→Beruf und →Alter, zu →Familie, Stamm, →Gemeinde, →Volk), beim Eintritt in neue Zeitperioden (u.a. Tag, Nacht, →Jahr [Neujahr] und Jahreszeiten), bei sonstigen krit. Lebensereignissen (z.B. →Krankheit, Schwangerschaft), beim Eintritt in die Sakralsphäre.
Sowohl für den einzelnen wie für die Gruppe bedeutet »leben«: immer neue →Grenzen überwinden, »sich unaufhörl. auflösen und neu bilden, den Zustand und die Form verändern, →sterben und wiedergeboren werden; es bedeutet: →handeln, dann innehalten, warten und sich ausruhen, um dann von neuem zu handeln, aber auf andere Weise« (van Gennep). Dementspr. sind Ü. oft durch das Gleichnis von →*Tod* und Wiedergewinnung des *Lebens* bestimmt und folgen einem triad. Ablaufschema: 1. Trennung, 2. Zwischenstadium (»période de marge«), 3. Aufnahme oder →Integration. Grundbestandteile jedes Ü. sind also *Trennungsriten*, Riten des *Zwischenstadiums* und *Aufnahmeriten*, jeweils unterschiedl. ausgefaltet (z.B. Trennungsriten beim →Begräbnisritual; Aufnahmeriten beim Heiratsritual) oder »verkümmert«. Zwischenstadien können manchmal eine relative Autonomie aufweisen (Noviziat zur Mitgliedschaft eines →Ordens, Verlobung). Ü. sind nicht selten mit einem konkreten materiellen Übergang (z.B. Ortswechsel bei Heirat) verbunden oder werden damit symbolisiert (z.B. das »Abstreifen des alten Menschen« bei rel. Waschungen, Einzug durch die enge Pforte des Triumphbogens). Zumeist sind sie auch mit anderen Riten, die jeweils ihren eigenen →Sinn haben, verknüpft.

*B.* Der Ausdruck »*Initiationsriten*« wird oft gleichbedeutend mit »Ü.« verwendet, meint aber im engeren Sinn nur diejenigen Ü., die in relativ geschlossene soziale Einheiten, Gruppen oder →Organisationen (z.B. →Bruderschaften, →Kloster, →Orden, →Geheim- und Mysterien-→Bünde, →Sekten, →Klerus, Studentenverbindungen usw.) einführen (s.a. →Ordination), häufig nicht ohne Initiationsauflagen (Namenswechsel; Mutproben; asket. Übungen; →Beschneidung, Tonsur und Tätowierung; moral. Unterweisungen; Änderung der Lebensführung). In der *theol. und religionssoziol.* Diskussion kann im Blick auf das kirchl. Ritenangebot (→Sakramente und →Sakramentalien, →Amtshandlungen, insbes. →Taufe, →Erstkommunion; →Firmung; →Konfirmation) eine solche Unterscheidung wichtig sein. Zu denken ist z.B. an die *Ritenkonkurrenz* im →Sozialismus (etwa »Jugendweihe«) oder rituelle Praktiken der popularen Religiosität (→Volksfrömmigkeit), welche aus dem Spektrum der kirchl. Riten vorwiegend die Ü. »auswählt« und die kirchl. »Initiationsriten« vorwiegend als familienbezogene Ü. deutet. Volksfrömmigkeit konkretisiert sich heute überwiegend als Fest- oder Familienreligiosität bzw. eben als »*Passagenreligiosität*«. Dies zeigt sich auch an der auffälligen und demoskopisch bestätigten Tatsache, daß die Praxis des →Gebets am häufigsten bei →Krankheiten, Prüfungen und am Übergang in die Nacht ausgeübt wird.

*C.* Darüber hinaus ist kaum zu übersehen, daß auch in der modernen →Gesellschaft zahlreiche →Sitten und Gebräuche sowie andere *symbol. Verhaltensweisen* ohne ausdrücklich rituellen Charakter (z.B. Schultüte; das erste Taschengeld; das erste Fahrrad; Kindergeburtstagsparties) praktiziert werden, welche die vielfältigen Lebensübergänge begleiten.

*Lit.:* Concilium 14 (1978), Heft 2, 71-138: Liturgie des Übergangs im menschl. Leben. – Concilium 15 (1979), Heft 2, 73-135: Strukturkrise christl. Initiation. – *M. N. Ebertz/F. Schultheis (Hg.):* Volksfrömmigkeit in Europa. Beiträge zur Soziologie popularer Religiosität aus 14 Ländern, München 1986. – *A. van Gennep:* Ü. – les rites de passage, Frankfurt/M./New York 1986 (franz. 1909). – *Th. Luckmann:* Riten als Bewältigung lebensweltl. Grenzen, in: Schweizer Zeitschrift für Soziologie 3 (1985), 535-550. – *K. Richter:* Jugendweihe – ein Initiationsritus in der sozialist. Industriegesellschaft der DDR, in: Theol. Revue 83 (1987), 1-14 (Lit.).

*Michael N. Ebertz*

**Übermensch** bezeichnet einen durch Größe, Begabung, →Willen oder Leistung den (gewöhnl.) →Menschen Überragenden. Das Wort ist vom griech. *hyperanthropos* abgeleitet, das aus dem antiken Heroen- und Herrscherkult herkommt. Oft wird es auch in Protest dagegen iron. gebraucht. Bei gegenwärtigen Diskussionen spielt es in psycholog., soziolog, theol. und polit. Zusammenhängen eine unübersehbare Rolle. In den →Mythen der Religionen begegnet der Ü. im Uranfang, z.B. Purusha (Indien) und Pánka (China).

*A.* In der urchristl. →Anthropologie gilt der Begriff dem →Charismatiker, dem mit göttl. Kräften begabten Menschen der neuen Heilsperiode des Parakleten. In der →*Gnosis* wird er auf Christus als den neuen →Adam angewandt, der den gefallenen Menschen zu höherer Qualität aufhebt als vor dem Sündenfall (Anspielungen auf Ps 81,6). Die frühchristl. Linie setzt sich in der *spätma.* →*Mystik* fort in der Gleichung des Übermenschlichen mit Charismatischem, Vergeistlichtem, Engelhaftem. In der →Reformationszeit wird er gelegentl. wieder iron. auf die jeweils andere →Konfession angewandt.
Durch pietist. Erbauungsliteratur (→Pietismus) findet der Begriff nach christl.-charismat. Verständnis Eingang in die *dt. Literatur.* Heinrich Müller (1631-1675) schreibt über das Ziel der Frömmigkeit, Christus gleichförmig zu werden, und führt das seitdem geläufig gewordene Begriffspaar Ü.-Unmensch als Entgegensetzung von »Gottes- und Christenmensch« und »Untermensch« ein. Das führte in spiritualist. Kreisen leicht zu einem sittl.

Libertinismus, gerichtet auf das Zeitalter des →Hl. Geistes. →*Hegel* verwendet den Begriff, wegen des Zusatzes des Göttlichen in ihm, für →Jesus. Die altkirchl. Verwurzelung (→Alte Kirche) in der Geistlehre und →Christologie blieb also bis in jene Zeit erhalten, in der die antichristl. Bedeutung aufkam und über die *Ambivalenz* des Faustischen (→Faust) bei →Goethe seitdem geläufig wurde.

*B.* Die →Evolutions- und Abstammungslehre des 19. Jh.s übertrug die Ü.idee vom *Charismatiker* auf das *Genie* und ließ erwarten, daß sich im Laufe der Zeit ein Ü. entwickeln würde. Für F. →Nietzsche ist nicht mehr der Heilige, der den Willen zum Leben überwindet, das Ziel aller →Kultur (A. →Schopenhauer), sondern der Ü., für den die bisherigen Tugenden und Werte nicht mehr verbindl. sind und der deshalb »jenseits von Gut und Böse« steht. Im Neohindu Sri Aurobindo (1872-1950) und in →Teilhard de Chardin findet das 20. Jh. wieder zurück zu einer *myst. Betonung* der Wandlung des Menschen zu einem verinnerlicht-vergeistigten Ü.en.

*C.* Das *Problem* des Ü.en besteht in der heiklen Ambivalenz zwischen einer dem Menschlichen kritisch-positiv gesonnenen Christologie und Geistlehre und einer immer drohenden Selbsterhöhung des Menschen. Die gegenwärtige Kultur, →Literatur und →Kunst hat den Gedanken des Ü.en in dieser Ambivalenz aufgegriffen; selbst der für die Geschichte des Begriffs charakterist. iron. Gebrauch hat in der *Trivialisierung* des Gedankens z.B. in →Comics und →Filmen seine Entsprechung gefunden. Der Ü. wird zum mirakelhaft oder durch nackte Gewalt siegenden, zum durch Intelligenz oder Technik überlegenen Retter, somit zum unrealist. Erfüller unverarbeiteter Sehnsüchte. Dabei sind der in Begriff und Sache enthaltene Vorbildaspekt und dessen Negation (Untermensch) in →Ethik und →Psychoanalyse erarbeitet worden. Die polit. Bedeutung und Virulenz von »Ü.en« in unserem Jh. läßt sich an »Führern« wie Hitler, Stalin, Perón, aber auch am großen öffentl. Erfolg rel. Führergestalten zeigen.

*Lit.: E. Benz:* Der Ü., Zürich/Stuttgart 1961.

*Alphons van Dijk*

**Ultramontanismus.** Der Gebrauch des Schlagwortes U. hatte bis ins 18. Jh. seinen ursprüngl. geograph. Sinn behalten. Je nach Standort wurden Deutsche, Italiener oder Franzosen als Ultramontane (»jenseits der Berge«) bezeichnet, womit ledigl. und ohne jegl. Wertung deren geograph. Herkunft gemeint war.

*A.* Doch schon *Ende des 17. Jh.s* hatte sich in Frankreich ein Begriffswandel angebahnt: Vertreter eines universalen päpstl. Bischofsamts *(»Universalepiskopat«)* und der monarch. Kirchenverfassung galten demnach als Ultramontane. Allmähl. setzte sich diese Bedeutungsänderung in der antipäpstl. kirchenrechtl. Literatur durch und erreichte in →Deutschland bei den Kämpfen um die Selbständigkeit der Reichskirche gegen die röm. →Kurie in der 2. Hälfte des 18. Jh.s einen Höhepunkt. Dabei kam es zu einer weiteren, folgenschweren Begriffsverschiebung: U. wurde mit *mangelndem Reichspatriotismus* gleichgesetzt. Bei den innerkirchl. Streitigkeiten um →Theologie, →Liturgie, Bildung des →Klerus und Stellung der →Bischöfe gegenüber dem →Papst im 19. Jh. blieb »Ultramontane« der abschätzige Sammelname für die Anhänger eines traditionellen, streng den Vorschriften des →Konzils von Trient folgenden →Katholizismus.

*B.* Durch die Herausbildung des →polit. Katholizismus infolge des Kampfes der *im 19. Jh.* sich enger an Rom anschließenden Nationalkirchen gegen den Staat (→Kirche und Staat) wurde U. unter Rückgriff auf seinen polit.- propagandist. Nutzen im 18. Jh. von vielen Liberalen und Protestanten zum Inbegriff antinationaler, romhöriger Gesinnung hochstilisiert. Erst vor dem Hintergrund des Bedeutungsverlusts kath. Parteien in Europa, der Beschlüsse des 2. →Vat. Konzils zu einem erneuerten Kirchenverständnis und des Abflachens konfessioneller (bzw. konfessionspolit.) Gegensätze (→Konfession) büßte das Schlagwort U. seinen negativen Gebrauchswert weitgehend ein. Die gegenwärtige Kirchengeschichtsschreibung (z.B. Roger Aubert oder Hubert Jedin) hat es – anknüpfend an überlieferte kirchl. Positionen – aufgegriffen, um die übersteigerten Ansprüche der Kurie, die röm. Bevorzugung der →Neuscholastik, den Zentralismus in der Kirchenverfassung, das Wiederaufleben älterer kath. Frömmigkeitsformen (→Prozession, →Wallfahrt) und die Abschließung der kath. Kirche von der »modernen« Welt zu kennzeichnen.

*Lit.: H. Jedin (Hg.):* Handbuch der Kirchengeschichte, Bd. VI/1, Freiburg 1971, Sonderausgabe 1985 (Lit.). – *H. Raab:* Zur Geschichte und Bedeutung des Schlagwortes »ultramontan« im 18. und frühen 19. Jh., in: Hist. Jahrbuch 81 (1962), 159-173. – *O. Weiß:* Der U. Grundlagen – Vorgeschichte – Struktur, in: Zeitschrift für bayer. Landesgeschichte 41 (1978), 821-877.

*Ernst Heinen*

**Umbanda.** Größte nichtkath. rel. Bewegung Brasiliens (→Synkretismus) am bisherigen Endpunkt der Verschmelzung ethn. und rel. Elemente von extrem verschiedener Herkunft (afrik. Religionen, portug. Volkskatholizismus, indian. Glaube, »wissenschaftl. →Spiritismus« des A. Kardec [1804-1869]). Im Gegensatz zur Neubelebung afrik. Kulte in der *Macumba* ist die U. nicht das zufällige Produkt von →Kulturkontakten, sondern dient einer bewußten »Modernisierung« afrik. rel. Vorstellungen, die dadurch auch für Andersrassige annehmbar werden. Die U. kennt außer →Gott (Zambi oder Olorun) zwei Arten von geistigen Individuen: →Seelen, die nach dem →Tod zu Totengeistern werden, und →Geister, die niemals direkt an die

Materie gebunden waren. Charakterist. für den →Kult sind: Regelmäßige Zusammenkünfte in einem Kultraum mit →Altar; Gesänge und rhythm. Klatschen oder Trommeln; »Geistinkorporationen« (Orixas = höchste inkorporierte Gottheiten; Alte Schwarze = Geister verstorbener Kultchefs; Caboclos = Indianergeister; Exus = Dämonen; Jemanja = Königin des Meeres und der Liebe, oft mit →Maria gleichgesetzt; Kindergeister) und deren direkter Verkehr mit allen Gläubigen; »Festsetzungen« von Geistern und positiven oder negativen »Fluida« in Gegenständen. Auffälligstes Merkmal ist die Konstruktion der sog. *Linien*, ausgehend von der kardecist. Vorstellung, daß sich die Geister der Verstorbenen je nach ihrem Vollkommenheitsgrad und anderen Gemeinsamkeiten zu Phalangen zusammenschließen. Die Grenze zum Volkskatholizismus (→Volksfrömmigkeit, →Dritte Welt) ist fließend, da oft dieselben rel. Symbole benutzt werden. Gegenüber dem rass. Vorurteil der Weißen ist U. zu verstehen als der Versuch, afrik. Traditionen neu aufzuwerten, soweit sie unter dem Zeichen des Kreuzes überlebt haben. Zugleich bot er den entwurzelten Massen der Großstädte ein Minimum zwischenmenschl. Solidarität und schenkte eine neue Möglichkeit der Identifikation. Heute wird die Zahl der umbandist. Kultstätten in Brasilien auf ca. 100.000 registrierte »Terreios« geschätzt. Gelebte Emotionalität, die Verbindung von →Magie und →Wissenschaft sowie Heilungserfahrungen wecken mehr und mehr auch das Interesse von Weißen. Neben Katholizismus, Protestantismus und Spiritismus gilt U. heute als vierte große Religion in Brasilien, die inzwischen Angehörige aller Schichten zu ihren Anhängern zählt.

*Lit.: H. Fichte:* Xango. Die afroamerik. Religionen, Frankfurt/M., 2. Aufl. 1981. – *M. Gebert:* Religionen in Brasilien, Berlin 1970.

*Wilfried Weber*

**Umwelt**

*A.* Im engeren, biolog. Sinne versteht man unter U. die artspezif., lebensnotwendige *Umgebung einer Tierart.* →Tiere sind von ihrer U. grundlegend abhängig. Lange Zeit gingen und auch heute noch gehen Theorien davon aus, daß der Mensch das einzige Wesen sei, das nicht an eine best. U. gebunden ist. M. Scheler (1874-1928) etwa nennt dies »weltoffen«. Die vom Menschen selbst produzierte Kulturu. enthebe ihn der unbedingten Abhängigkeit von seiner ursprüngl., natürl. Umgebung. Der Mensch lebe statt dessen in einem best. *sozialen Milieu.* Statt von natürl. U. könne man daher auch von Sozialökologie sprechen, die sich mit den sozial bedingten Lebenszusammenhängen der Menschen befaßt. Die Erfahrungswelt des Menschen wird also aus dieser Perspektive auf seine sozialen und kulturellen Bedingungen verkürzt.

An dieser Position tauchen in den letzten Jahrzehnten zwar immer mehr Zweifel auf. Verhaftet bleibt ihr aber immerhin der Begriff U. selbst, der nicht in erster Linie die natürl. Umgebung und die Eingebundenheit des Menschen in natürl. Zusammenhänge meint, sondern einen *Lebensraum* bestimmt, der durch soziale →Organisation, wirtschaftl. Unternehmungen (→Wirtschaft), →Technik und wissenschaftl. →Forschung geprägt ist. Die Entwicklung der Industriegesellschaft (→Industrie) hat dazu geführt, daß diese *produzierte U.* immer künstlicher, naturfremder und – auf Grund der Zerstörung des natürl. Milieus – auch immer gefährlicher für den Menschen geworden ist, und zwar selbst dort, wo der Mensch noch der →Natur zu begegnen scheint.

*B.* Begriffl. ist es insofern auch angemessen und drückt den herrschenden Wertehorizont aus (→Wert), wenn nicht von Natur-, sondern von *U.schutz* gesprochen wird. U. bezieht sich in diesem Zusammenhang eben nur auf die augenblickl., industriell geprägten Lebenszusammenhänge der Menschen, so daß auch begriffl. Konstruktionen, wie soziale und techn. Wohn- und Arbeitsu., geläufig geworden sind. I.ü. behält das Wort Natur gegenüber dem Wort U. ohnedies einen fremden Klang. Im Wort »U.« bleibt die Natur Gegenstand des Menschen, mit dem er umgehen darf ohne Rücksicht auf die natürl. Welt, der also keinesfalls ein Zweck an und in sich selbst ist. Diese *Anthropozentrik* (Mensch als Mittelpunkt der Welt) vergißt letztl. die Naturbedingtheit des Menschen, denkt ihn als vor allem rationales Wesen (→Rationalität), das sich von seinem natürl. Ursprung befreien könne und daher auch die natürl. Umgebung umwandeln dürfe, wie es ihm beliebe. Um diesen anthropozentr. Bestrebungen im Wort »U.« zu entgehen, hat K. M. Meyer-Abich vorgeschlagen, den Begriff der U. durch den Begriff der *Mitwelt* zu ersetzen.

*C.* Für eine im Blick auf die Mitwelt betriebene, ganzheitl. →Anthropologie verliert die heute mit bekennerhaftem Eifer forcierte Polarisierung von Anthropozentrik und Kosmozentrik (Kosmos als Mittelpunkt) an Gewicht. Unverzichtbar ist, daß die *Natureingebundenheit des Menschen* mit bedacht wird. Als Einheit von Körper und →Geist bedarf er nicht nur gesunder Lebensbedingungen. Natürl. U. besitzt auch entscheidende Erlebnisqualität, die für die Entfaltung des Menschen eine wohl unersetzbare Voraussetzung bildet. Eine natürl. U. hat für die körperl., seel., geistige und damit letztl. auch für die metaphys. Wahrnehmungs- und Einsichtsfähigkeit (→Metaphysik) des Menschen eine entscheidende Bedeutung – eine Bedeutung, die auch nicht ohne Folgen für die soziale, techn. und ökonom. U. bleiben kann. →*Ökologie* im weiteren polit. und philos. Sinne als Lehre von der Eingebundenheit des Menschen in Naturzusammenhänge gewinnt angesichts einer immer künstlicher und zerstörerischer werdenden

U. die Notwendigkeit einer *normativen Leitwissenschaft*, die über den Charakter einer U.wissenschaft als bloß zusätzl., ebenfalls spezieller Disziplin der Erforschung einiger den Menschen umgebenden, »sozialökolog.« Zusammenhänge hinauszugehen hat, wenn der Mensch mit dem Wort »U.« nicht einen weiteren Bezug zu sich selbst als natürl. Wesen verlieren will.

*Lit.: E. R. Koch/F. Vahrenholt:* U.-Atlas, Hamburg 1983ff. – *P. C. Mayer-Tasch:* Aus dem Wörterbuch der polit. Ökologie, München 1985. – *K. M. Meyer-Abich:* Wege zum Frieden mit der Natur, München 1984.

*P. C. Mayer-Tasch/H.-M. Schönherr*

**Unfehlbarkeit**

*A. Das →Dogma* von der U. besagt in der vom 1. →Vat. Konzil definierten Fassung zunächst, daß der →Papst, wenn und sofern er »ex cathedra« (d.h. in seiner Eigenschaft als oberster Hirte und Lehrer der Gesamtkirche und mit der erklärten Absicht, kraft apostol. Vollmacht *letztverbindl.* zu entscheiden) über Fragen des →Glaubens und der Sitten (»de fide vel moribus«) urteilt, stets vor Irrtum bewahrt bleibt und daß ein solches Urteil aus sich heraus und nicht dank der Zustimmung der Kirche (»ex sese non ex consensu ecclesiae«) gilt (vgl. Denzinger/S. 3073/3074). Das 2. Vat. Konzil hat diese Lehre ausdrückl. bekräftigt, das Bischofskollegium in Gemeinschaft und das Ökumen. Konzil als bes. Form der Ausübung des außerordentl. →Lehramtes einbezogen (vgl. Lumen gentium 25), zugleich aber (einen Hinweis des 1. Vat. Konzils aufnehmend) vorweg betont, die Fähigkeit der Irrtumsfreiheit in Sachen des Glaubens und der Sitten eigne in erster Linie der Gesamtheit der Gläubigen auf Grund des ihr vom →Hl. Geist verliehenen Glaubenssinnes (»sensus fidei«) und äußere sich in der allg. Übereinstimmung aller Gläubigen (vgl. Lumen gentium 12). Von daher muß theol. zwischen der U. im Glauben (»infallibilitas in credendo«) und der U. im Lehren (»infallibilitas in docendo«) unterschieden werden.

*B.* Die schon von der ma. Theologie vertretene, immer aber umstrittene Lehre von der U. wird von der *→orthod. Kirchen* grundsätzl. anerkannt, jedoch auf die Kirche als Gemeinschaft der Orts- oder Bischofskirchen begrenzt, wobei es hinsichtl. der Rolle der →Bischöfe keine einhellige Lehrmeinung gibt. Die Kirchen der *→Reformation* und die nachreformator. Kirchen (→Konfession) lehnen sie unter Verweis auf die alleinige Autorität der Hl. Schrift strikt ab und verneinen insbes. die Möglichkeit unfehlbarer Entscheidungen durch best. Rechtsorgane (Lehramt). Dennoch kennt die reformator. Theologie die Idee als solche, wie vor allem die Lehrstücke von der Inspiration und Selbstauslegung der Schrift (»sui ipsius interpres«) zeigen (→Schriftauslegung). Das *ökumen. Gespräch* hat sich dem Problem nur zögerl. zugewandt und vornehml. die in vielen Kirchen tatsächl. geübte Praxis »verbindl. Lehrens« thematisiert, gelangte jedoch nicht über die Anerkennung einer prakt. Notwendigkeit von Lehrentscheidungen hinaus.

*C.* Die *innerkath. Auseinandersetzung,* nach dem 1. Vat. Konzil fast zum Erliegen gekommen, wurde neu entfacht durch B. Haslers Beitrag zur »Pathogenese« des Dogmas von der U. sowie vor allem durch H. Küngs »Anfrage« (1970), die trotz zahlreicher Stellungnahmen und Erwiderungen leider zu keiner einvernehml. Klärung führte.

*I.* Als sprachtheoret. Ergebnis der Debatte bleibt immerhin festzuhalten, daß U. keine Eigenschaft von Sätzen, Aussagen oder Urteilen, sondern eine – geistgewirkte – *Fähigkeit von urteilenden Subjekten* meint, auf die sich der Wahrheitsanspruch best. Lehraussagen (Dogmen) gründet. Da sich infolgedessen das U.sdogma nicht auf die sprachl. Ausdrucksform des mit einer Lehrentscheidung angezielten propositionalen Gehalts bezieht, widerspricht es nicht der Einsicht in die Geschichtlichkeit der Dogmen, die einerseits hinsichtl. der Vergangenheit eine hist.-krit. Dogmenhermeneutik fordert, andererseits in bezug auf die Zukunft die Möglichkeit und unter Umständen die Notwendigkeit der Neuformulierung von Dogmen einschließt. Insofern besagt das Dogma von der U. im Blick auf das Verhältnis von dogmat. Gehalt und sprachl. Ausdrucksform rein negativ, daß deren geschichtl. Bedingtheit niemals dazu führen kann, diesen Gehalt gänzl. zu verfehlen oder zu verfälschen. In diesem und nur in diesem Sinne beinhaltet jedes Dogma die mit ihm gemeinte →Wahrheit, ohne sie jemals vollständig und unüberholbar auszudrücken zu können.

*II.* Es gilt außerdem zu bedenken, daß eine unfehlbare Lehrentscheidung strenggenommen nicht den Wahrheitsanspruch eines Dogmas als solches, sondern die Zugehörigkeit des darin ausgedrückten propositionalen Gehalts *zum »Glaubensgut«* (»paratheke«, »depositum fidei«: 1 Tim 6,20; 2 Tim 1,14; →Tradition) oder zur →Offenbarung betrifft. Aus ihr folgt im positiven Falle – wegen der Wahrhaftigkeit des sich offenbarenden Gottes – die Gültigkeit des mit ihnen erhobenen Wahrheitsanspruchs. Die im Dogma von der U. benannte Fähigkeit kann und darf deshalb (insoweit sie sich im bes. auf das Lehramt bezieht) niemals von der glaubenden Kirche als Ganzes losgelöst gedacht werden, deren Glaube die nicht hintergehbare Voraussetzung lehramtl. Entscheidens darstellt. Insofern handelt es sich bei jedem Dogma um das Resultat einer Selbsterkenntnis des Glaubens, d.h. einer reflexiven Urteilsbildung, durch die Glaubensaussagen als solche identifiziert werden.

*III.* Daß dieser Vorgang amtl. Charakter tragen kann (oder im Falle einer formellen Lehrentscheidung trägt) und dadurch im Endeffekt autoritativrechtl. bindet, bildet nach wie vor den Stein ökumen. Anstoßes, weil durch die *Erzwingbarkeit des Rechts* die Freiheit in der Annahme der Glaubenswahrheit eingeschränkt oder gar ausgeschlossen scheint. Demgegenüber wird die kath. Theologie zu verdeutlichen haben, daß der vom Lehramt geforderte →Gehorsam selbst nur als freie Tat des Glaubens an das Wirken des →Hl. Geistes geleistet werden kann, der nicht allein in die Wahrheit einführt, sondern auch das Recht in den Dienst zu nehmen vermag, um die Kirche in der Wahrheit zu halten.

*Lit.: A. B. Hasler:* Pius IX. (1846-1878). Päpstl. U. und 1. Vat. Konzil. Dogmatisierung und Durchsetzung einer Ideologie (Päpste und Papsttum 12), 2 Bde., Stuttgart 1977. – *H. Küng:* Unfehlbar? Eine Anfrage, Zürich u.a. 1970. – *Ders. (Hg.):* Fehlbar. Eine Bilanz, Zürich u.a. 1973. – *H. J. Pottmeyer:* U. und Souveranität. Die päpstl. U. im System der ultramontanen Ekklesiologie des 19. Jh.s (Tübinger Theol. Studien, Bd. 5), Mainz 1975. – *DÖSTA (Hg.):* Verbindl. Lehren der Kirche heute. Arbeitsbericht aus dem DÖSTA und Texte der Faith and Order-Konsultation Odessa 1977, Frankfurt/M. 1978. – Was gilt in der Kirche? Die Verantwortung für Verkündigung und verbindl. Lehre in der ev. Kirche. Ein Votum des Theol. Ausschusses der Arnoldshainer Konferenz, Neukirchen-Vluyn 1985.

*Heinz-Günther Stobbe*

**Ungarn.** Kath. 53,9%; Prot. 7,1%; Orthod. 0,5%; Juden 0,9%; Nichtgläubige und Atheisten 15,9%. 895 begann der *Zustrom der Magyaren,* eines Volkes finnougrisch-altaisch. Herkunft, ins Karpatenbecken. Die Erfolge der ersten →Mission von →Byzanz wurden durch die Landnahme der heidn. U. vernichtet. Die Umwandlung U.s in einen *christl. Staat* erfolgte erst unter König Stephan (I.) dem Heiligen (997-1038), der 1001 das Erzbistum Gran (Esztergom) gründete. Im Aufbau von Staat und Kirche diente das Röm. Reich Dt. Nation als Vorbild. Trotz heidn. Aufstände und Mongolensturms (1241-42) vermochte das ungar. Königtum im MA. die Kirche zu festigen. Auf die Unabhängigkeit von Staat und Kirche von →Rom wurde stets geachtet. In der Vermittlung der ma. →Frömmigkeit fiel in U. den →Orden eine bedeutende Rolle zu. Die Kontakte zum byzant. Christentum und somit zur →orthod. Kirche blieben zuerst erhalten. Die zwangsweise Latinisierung der »häret.« Orthodoxie wurde erst unter der Anjou-Dynastie im 14. Jh. praktiziert. Unter dem Renaissance-König Matthias (1458-1490) setzte sich der →Humanismus durch.

Nach der Niederlage gegen die Türken bei Mohács (1526) fand die →*Reformation* Verbreitung, zunächst in der Ausprägung →Luthers, später →Calvins. In Siebenbürgen nahmen kurzfristig die →Unitarier überhand. Die Festigung der →reform. Kirche geschah auf der Synode von Debrecen (1567). In der kommenden Zeit wurde die kath. →*Gegenreformation,* der Kampf gegen den →Protestantismus, von den Habsburgern unterstützt. Die kath. Kirche blieb bis zum →Konkordat von 1855 unter der Vormundschaft des Staates. Die angestrebte →Autonomie wurde bis 1918 nicht erreicht. Die 1919 ausgerufene Räterepublik beschloß die Trennung von →*Kirche und Staat.* Auch nach 1945 wurde die kath. Kirche unterdrückt. Zwischen dem kommunist. Regime und der Kirche besteht seit 1957 eine Art friedl. Koexistenz.

Die *kommunist. Machtübernahme* nach dem Zweiten Weltkrieg wurde von antikirchl. Maßnahmen begleitet; ein Schauprozeß gegen den kath. Primas, Kardinal J. Mindszenty, machte ihn zur Symbolfigur des antikommunst. Widerstands. Nach Stalins Tod und dem zerschlagenen Aufstand von 1956 setzte sich eine liberalere Linie durch, die auch den Kirchen zugute kam. In jüngster Zeit hat sich unter Inspiration von G. Bulanyi eine kath. →Basisgemeinde gebildet, die sich u.a. für die Kriegsdienstverweigerung einsetzt.

*Lit.: Th. Bogyay:* Grundzüge der Geschichte U.s, Darmstadt 1977. – *M. Bucsay:* Der Protestantismus in U. 1521-1978, Wien/Köln/Graz 1977. – *E. Hermann:* A katolikus egygáz története M.-on 1914-ig, München 1973. – *H. H. Hücking:* Kath. Basisgruppen in U., in: *H. Frankemölle (Hg.):* Kirche von unten, München/Mainz 1981, 189-211. – *P. M. Zulehner:* U.: dem Staat genehme Rechtgläubigkeit, in: Orientierung 50 (1986), 245-247 (Lit.).

*János Hauszmann*

**Unierte Kirchen des Orients**

*A.* U.K.O. nennt man jene Gemeinschaften, die zu irgendeiner Zeit die *Vereinigung* (lat. unio) *mit der →röm.-kath. Kirche* eingegangen sind und sich dem Primat des →Papstes unterstellt haben. Mit Ausnahme der zur Gänze unierten Maroniten und der in →Italien lebenden Griechen und Albaner bedeutete dies stets einen Bruch mit der Mutterkirche, die entweder →orthod. oder eine →oriental. Nationalkirche ist. Bei der Union wurden die röm. →Dogmen angenommen, die eigene →Liturgie, Disziplin (→Kirchenordnung, →Kirchenrecht) und hierarch. Leitung (→Hierarchie) aber beibehalten – wenigstens theoret.; denn in der Praxis unterlagen die meisten u.K. mehr oder minder starken Latinisierungen (Zölibat, Still-Liturgien, Fronleichnamsprozessionen, Reduzierung der Ikonostasen o.ä.). Bei der Förderung der Union ging die röm.-kath. Kirche davon aus, daß die als →nestorian. oder monophysit. betrachteten oriental. Nationalkirchen häret. (→Häresie), die orthod. Kirche aber zumindest schismat. (→Kirchenspaltung), wenn nicht seit ihrer Zurückweisung der päpstl. →Unfehlbarkeit und der jüngeren marian. Dogmen des →Katholizismus ebenfalls häret. seien und ihre Gläubigen zum Erwerb des →Heils daher der Gemeinschaft mit dem »Nachfolger Petri auf dem Stuhl von Rom« bedürften. Die orthod. wie die oriental. Nationalkirchen haben dagegen die u.K. stets als Proselytismus (→Konversion) ebenso abgelehnt wie eine – ihrer Ansicht nach der Lehre Christi widersprechende – Übernahme der speziellen Dogmen, vor allem aber des zentralen Verwaltungssystems der röm.-kath. Kirche. Trotzdem zeigt die Geschichte der u.K. das unablässige

Bemühen →Roms, wenigstens Teile der östl. Kirchen für eine solche Vereinigung zu gewinnen.

*B.* Schon in der Zeit der →Kreuzzüge kam es zu solchen zeitweiligen Vereinbarungen in →Bulgarien (1204-35), mit den →Armeniern (1198-1375), den →Nestorianern und zur Aussendung von entspr. Missionaren bis →Indien und →China. Allerdings versuchte man in dieser Zeit noch, eine *Gesamtunion* wenigstens mit der orthod. Kirche zuwege zu bringen, so 1274 auf dem Konzil von Lyon und bes. 1439/42 in Ferrara-Florenz, wobei polit. Vorteile (Schutz des →Byzant. Reiches vor den Türken) ebenfalls einen Anreiz zum Abschluß der Union bildeten. Aber selbst im Angesicht des osman. Vorstoßes lehnte das orthod. Kirchenvolk, von Bischöfen wie Markos Eugenikos geführt, die Union ab, die nach dem Fall von Konstantinopel 1453 endgültig gescheitert war. Somit wandte sich das päpstl. Interesse nunmehr den *Teilunionen* zu, wobei der seit dem 18. Jh. bes. von →Frankreich den u.K. im Vorderen Orient bei der Hohen Pforte und gegenüber dem orthod. →Rußland gewährte Schutz ihrer Interessen einen gewissen Erfolg hatte. Die Verwirklichung der Union brauchte gewöhnl. ein konvergierendes Zusammenwirken mehrerer *Faktoren*: Zuerst von lat. Missionaren gepredigt, versuchte die Unionsbewegung, einen kath. Kandidaten zum Patriarchen wählen zu lassen, was aber fast immer eine Doppelwahl und damit eine Spaltung der jeweiligen Christen in unierten und orthod. Hierarchien zur Folge hatte. Fast immer wirkte bei der Durchsetzung der u.K. die Hilfe der Staatsgewalt mit. So hatte auch in →Polen und Österreich-Ungarn die Union, die von der weltl. Macht geschützt und durchgeführt wurde, Teilerfolge. Wechselte jedoch die polit. Gesamtlage, kam es - allerdings oft ebenfalls unter Beteiligung staatl. Gewalt - wieder zu Rückführungen der u.K. in ihre orthod. Mutterkirchen (so im zarist. Rußland in den durch die poln. Teilungen erworbenen Gebieten 1772/95, 1839 und 1875; in der sowjet. gewordenen Westukraine 1946; in der Karpatoukraine oder Ostslowakei 1948/50; in →Rumänien 1948).

*C.* Das *2. →Vat. Konzil* hat zwar einerseits durch ein eigenes Dekret über die u.K. »Orientalium Ecclesiarum« diese wieder aufgewertet, andererseits im Ökumenismus-Dekret »Unitatis redintegratio« (Kap. 14-18) die orthod. und oriental. Kirchen als solche gewürdigt, so daß – auch durch die nachfolgenden Begegnungen zwischen den Päpsten und östl. Patriarchen – viele Beobachter hofften, daß die →Kurie von der alten Unionspolitik Abstand nimmt und die Gleichrangigkeit der orthod. und oriental. Kirchen akzeptiert und sich die ökumen. Beziehungen festigen würden. *Jüngere Vorgänge*, bes. die von kath. Seite immer lauter erhobene Forderung nach einer Wiedereinführung der derzeit aufgehobenen u.K. in der sowjet. Ukraine, aber auch personell stark besetzte unierte Pfarrstellen in orthod. Seelsorgebereichen (etwa ein Bischof, 17 Priester für nur 3.000 unierte Katholiken in →Griechenland oder ein eigenes russ. Kolleg in Rom zur Ausbildung der Geistlichen für 1.000 unierte Russen in aller Welt), lassen es allerdings fragl. erscheinen, ob die Durchsetzung der päpstl. Primatansprüche mit Hilfe der u.K. nicht auch heute Ziel des →Vatikans ist. Orthod. Forderungen nach einer Beendigung der Union und der Rückgliederung der u.K. in ihre Mutterkirche (etwa bei der Vollversammlung der Dialogkommissionen in Bari 1987) wurden von kath. Seite mit dem Hinweis auf das Selbstbestimmungsrecht der unierten Christen zurückgewiesen.

*D.* Rechtl. gelten die u.K. als Katholiken, aber nicht als Angehörige des Patriarchats von Rom, weshalb sie auch nicht der Gültigkeit des röm. →kanon. Rechts (CIC) unterliegen, sondern für sie seit 1935 ein eigenes →Kirchenrecht kodifiziert wird. Ihre Angelegenheit innerhalb der Kurie regelt seit 1862 eine eigene Abteilung in der Propaganda-Kongregation, die 1917 in eine unmittelbar dem →Papst unterstehende Ostkirchen-Kongregation umgewandelt wurde, an deren Spitze aber ein lat. Prälat steht. Da unierte Katholiken außerhalb der Heimatgebiete nicht der jeweiligen u.K., sondern direkt dieser Kongregation unterstellt sind, hat es gelegentl. auch Schwierigkeiten mit den Leitungen der u.K. selbst gegeben (bes. bei den Melkiten und Ukrainern).

*E.* Heute existieren folgende u.K.:
Aus den *oriental. Nationalkirchen:* 1. Das maronit. Patriarchat (seit dem 13. Jh.), die einzige geschlossene unierte Gemeinschaft, rund 1,4 Mill. Gläubige; 2. das chaldä. (ostsyr.) Patriarchat (seit 1830), die von der sog. »nestorian.« abgespaltene u.K., rund 280.000 Gläubige; 3. das syr.-kath. (westsyr.) Patriarchat von →Antiochia (seit 1760), rund 90.000 Gläubige; 4. die syromalabar. Kirche Indiens (seit 1661/63 bzw. 1923), rund 2,5 Mill. Gläubige; 5. die syromalankar. Kirche Indiens (seit 1930), über 200.000 Gläubige; 6. die äthiop.-kath. Kirche (Ende 19. Jh.), rund 90.000 Gläubige; 7. das →kopt.-kath. Patriarchat (Ende 19. Jh.), rund 105.000 Gläubige; 8. das armen.-kath. Patriarchat (seit 1845), rund 100.000 Gläubige.
Aus den *orthod. Landeskirchen:* 1. Die ukrain.-kath. Kirche (seit 1595, seit 1946 nur noch in der Emigration, vor allem USA und Kanada), rund 1,5 Mill. Gläubige, und die ebenfalls dieser Union entwachsene weißruthen. Kirche (nur in der Emigration), rund 5.000 Gläubige; 2. das griech.-kath. melkit. Patriarchat von →Antiochia (seit 1709), rund 500.000 Gläubige; 3. die griech.-kath. Kirche in der Slowakei (seit 1689, nach Aufhebung 1948/50 wieder seit 1967), rund 200.000 Gläubige, und die hieraus erwachsene ruthen.-kath. Kirche (in der Emigration, vor allem USA), rund 280.000 Gläubige; 4. die u.K. von Rumänien (seit 1697/1700, seit 1948 nur in der Emigration), rund 13.000 Gläubige; 5. die griech.-kath. Kirche in →Jugoslawien (seit 1777), 60.000 Gläubige; 6. die u.K. in

→Ungarn (seit 1912), 260.000 Gläubige; 7. die u.K. in Bulgarien (seit 1883 oder 1947), rund 15.000 Gläubige; 8. die u.K. in Griechenland (seit 1861 oder 1922), rund 3.000 Gläubige; 9. die kath. Seelsorgestellen für Russen (seit 1917), rund 1.000 Gläubige; 10. die italoalbanes. Diözesen des byzant. Ritus in Italien (seit 1919 oder 1937), rund 62.000 Gläubige.

*Lit.: J. Hajjar:* Zwischen Rom und Byzanz. Die unierten Christen des Nahen Orients, Mainz 1972. – *R. Janin:* Les églises orientales et rites orientaux, Paris, 4. Aufl. 1955. - *J. Madey:* Die Ostkirchen. Unsere Nachbarn, Köln 1964. – *Ders.:* Die kath. Ostkirchen, Freiburg 1973. – Oriente Cattolica. Cenni storici e statistiche, Vatikan, 4. Aufl. 1974. – *W. de Vries:* Rom und die Patriarchate des Ostens, Freiburg/München 1963.

*Nikolaus Thon*

**Unitarier.** Weil sie die *Einheit Gottes* betonen, lehnen die U. die →Trinität ab und gelangen so zu einer umfassenden Kritik und Verwerfung der →Dogmen. Im folgenden werden innerhalb der vielgestaltigen Bewegung fünf Gruppen hervorgehoben:

*A.* In der →Reformation traten die *Antitrinitarier* auf, die in Polen ab 1558 die ecclesia minor (Minderheitskirche) bildeten. 1605 gaben sie den Rakauer Katechismus heraus. Hervorragender Vertreter war *Fausto Sozzini* (1539-1604). Auch in *Siebenbürgen* konstituierte sich 1548 eine unitar. Kirche (»Unitar. Kirche Siebenbürgen«), die ab 1680 unter der →Gegenreformation zu leiden hatte, sich aber seit dem Toleranzpatent *Josefs II.* (1781, →Toleranz) wieder entfaltete. 1861 führte man den Bischofstitel ein. Die Theologen werden an der Klausenburger Akademie (Institut Teologic in Cluj) ausgebildet. Durch Vertreibung gelangten einige U. aus Polen nach *England* (1658), doch hat erst Theophilus Lindsey (1723-1808) eine unitar. Kapelle zu bauen gewagt. Gegenüber der atheist. Haltung vieler Intellektureller versuchte *Joseph Priestley* (1733-1804) die »Corruptions of Christianity« zu entfernen, um die freie Vergebung des einen Gottes für alle einsichtig zu machen. Der geistreichste brit. U. war *James Martineau* (1805-1900), der eth. und religionsphilos. Arbeiten schrieb.

*B.* Unter James Freeman wurden 1785 alle Hinweise auf die Trinität in der Liturgie der anglik. King's Chapel in Boston gestrichen. Damit begann die »Unitarian Controversy«. 1805 wurde der U. *Henry Ware* auf die theol. Hollis-Professur der Harvard-Universität gewählt, was eine Spaltung innerhalb des in Neu-England herrschenden →Kongregationalismus auslöste und 1808 zur Gründung eines trinitar.-lehrenden Seminars in Andover führte (heute: Andover-Newton Seminary). Die U. bildeten 1825 die *American Unitarian Association.* Geistiger Führer war William Ellery Channing (1780-1842), der eine »reinere Form« des Christentums im Unitariertum erwartete und sich unerschrocken sozialen Problemen (Erziehung, Temperenz, Abschaffung der Sklaverei) zuwandte. Im »Transcendental Club« um Ralph Waldo Emerson (1803-1882) erwachte großes Interesse an dt. Literatur, aber auch an nichtchristl. Religionen (z.B. J. F. Clarke). Die U. spielten eine große Rolle bei der Einberufung des *Weltparlaments der Religionen* anläßl. der Weltausstellung in Chicago 1893. Schon 1900 wollten amerik. U. die liberalen Kräfte auf Weltebene organisieren. Daraus ging die »International Association for Religious Freedom« (IARF) hervor. 1961 schlossen sich die U. mit den Universalisten (Lehre von der Erlösung aller) zur *Unitarian-Universalist Association* mit etwa 200.000 Mitgliedern zusammen. Weil das (dogmenfreie) »Christliche« in Gefahr ist, gegenüber einer Betonung des »Humanistischen« zu verschwinden, bildete sich eine Gruppe christl. U. mit eigener Zeitschrift (The Unitarian Universalist Christian).

*C.* In *Deutschland* sind die U. seit ihrem Auftreten im 19. Jh. eher freigeistig eingestellt gewesen; einige Gruppen fanden 1921 zur Freidenkerbewegung, andere öffneten sich völkisch-rel., gottgläubigen Ideen (Klüther Blätter). Aus dem 1927 gegründeten Dt. Unitarierbund gingen nach dem Zweiten Weltkrieg die *Unitar. Freie Religionsgemeinde* mit Sitz in Frankfurt (*Clemens Taesler* 1887-1969) und die *Religionsgemeinschaft Dt. U.* (*Rudolf Walbaum* 1869-1948) hervor. Einheit von Glauben und Wissen, Ehrfurcht vor dem Ewigen und vorbehaltlose Duldsamkeit sind ihre Kennzeichen.

*Lit.: E. Geldbach:* Comparative Theology. Mission und Ökumene bei J. F. Clarke, in: *R. Flasche/E. Geldbach (Hg.):* Religionen-Geschichte-Ökumene, Leiden 1981, 147-160. – *S. Taesler:* Ehrfurcht, Humanität, Toleranz, Frankfurt/M. 1982. – *E. M. Wilbur:* A History of Unitarianism, 2 Bde., Boston, 2. Aufl. 1965. – *G. H. Williams:* The Polish Brethren, 2 Bde., Missoula 1980. – *C. Wright (Hg.):* A Stream of Light, Boston 1975.

*Erich Geldbach*

**Universalien**

*A.* In den indogerm. Sprachen werden nicht nur Ausdrücke verwendet, die für ein →Individuum oder ein Einzelding stehen (»singuläre Terme«), sondern auch allg. Begriffe, die gemäß der klass. (auf →Aristoteles zurückgehenden) Definition von vielem ausgesagt werden können. So stellt sich die Frage nach dem Stand des in der Sprache und im Denken begegnenden *Allgemeinen* unter dem Gesichtspunkt der →Logik, der →Erkenntnistheorie sowie der →Ontologie. Die Fragen, ob es U. gibt, ob sie nur im Geiste oder bloß als sprachl. Zeichen existieren, gehören in einem weiteren Sinne seit →Platon zum traditionellen Problembestand der →Philosophie. Als Höhepunkt des sog. U.streits dürfen das 12., 14. und 20. Jh. betrachtet werden. In den verschiedenen Phasen dieses Disputs steht das Problem zur Diskussion, ob man neben den konkreten, sinnl. wahrnehmbaren Einzeldingen eine andere Art von Seienden (→Sein), näml. allg. Gegenstände, anerkennen will.

*B.* Die *hist. Entwicklung* des U.problems bis zum Ausgang der →ma. Philosophie läßt sich in schemat. Vereinfachung durch folgende vier Positionen verdeutl.:
1. Nach →Platon ist die Idee als reales Allgemeines Seins- und Erkenntnisgrund der gesamten Wirklichkeit (→Idealismus). An der Idee als dem wahrhaft Seienden hat das Besondere teil. Man pflegt in diesem Falle von →*Realismus* zu sprechen, da die U. das wahrhaft Wirkliche sind.
2. Die Position Abälards (12. Jh.) ist eher als ein *Nicht-Realismus* denn als Nominalismus (U. sind bloße Namen) zu interpretieren. Abälard leugnet vor allem die dinghafte Existenz der U., ohne daß es ihm gelingt, ihren ontolog. Status zwischen bloßem Wortschall und individuellem Einzelding zu klären.
3. Auf der Kritik des →Aristoteles an der von den Einzeldingen abgetrennten Existenz der Ideen (wie sie Platon unterstellt wird) und arab. Vorbildern aufbauend, entwirft →Thomas von Aquin einen *gemäßigten Realismus*, der die göttl. Ideen als Vorbilder der real existierenden Einzeldinge begreift, so daß der Wirklichkeitsgehalt der aus den konkreten Individuen abstrahierten Allgemeinbegriffe gewährleistet wird.
4. →Ockhams Kritik am Realismus, welche gemeinhin als *Nominalismus* angesprochen wird, deutet die U. als allg. Zeichen, mit deren Hilfe der Mensch sich auf die allein wahrhaft existierenden Einzeldinge bezieht.
Die Schärfe des ma. U.streits kann nur verstanden werden im Blick auf die theol. Verflechtungen dieser Debatte, die von der Theologie der →Trinität über die Erbsünde bis zur Sakramentenlehre reichen.

*C.* In den 30er Jahren dieses Jh.s ist der U.streit im Zusammenhang mit der sog. *sprachl. Wende* der Philosophie (→analyt. Philosophie) neu entfacht. In dieser Diskussion, an der namentl. W. V. Quine, N. Goodman, W. Stegmüller und P. F. Strawson beteiligt waren, erscheinen Nominalismus und →Platonismus als vollständige Disjunktion (Stegmüller); nach Quine unterscheiden sich die Platonisten darin von den Nominalisten, daß sie eine Welt von Wesenheiten, eben U., postulieren, die abstrakten Worten entsprechen. Nach Goodman besteht der Nominalist darauf, daß die Welt als *aufgebaut aus Individuen* beschrieben wird. Im Zentrum dieser neueren Diskussion steht die Frage, welche ontolog. Voraussetzungen von einer best. Theorie gemacht werden. Nach Quine liegt dann eine nominalist. Position vor, wenn in einer Sprache nur solche Variablen vorkommen, zu deren Wertbereich ausschließl. konkrete Gegenstände gehören. Den neuen wie die älteren Formen des Nominalismus ist eine bes. *Sprachkritik* eigen: Während Ockham vor dem Irrtum warnt, jedem Wort entspreche ein Ding, steht in der zeitgenöss. Debatte die Einsicht im Vordergrund, daß man allg. Prädikatsausdrücke nicht als Namen auffassen darf, die für einen Gegenstand stehen, ein Gedanke, der u.a. durch →Wittgensteins Postulat gefördert worden ist, die Bedeutung eines Ausdrucks bestehe in seiner Verwendungsweise.

*Lit.: W. Stegmüller:* Das U.problem einst und jetzt, Darmstadt 1965. – *Ders. (Hg.):* Das U.-Problem, Darmstadt 1978. – *P. F. Strawson:* Einzelding und log. Subjekt, Stuttgart 1972.

*Ruedi Imbach*

**Unmittelbarkeit**

*A.* »Unmittelbar« ist jedes unverstellte, direkte, einer *Vermittlung* ledige Verhältnis zwischen Subjekten bzw. zwischen →Subjekt und Objekt. Dem Bereich der →Erfahrung im weitesten Sinn zugehörig, kommt dem Begriff neben einer lebensprakt., intentionalen auch eine erkenntnistheoret. Bedeutung zu (→Erkenntnistheorie). Während bei der Vermittlung eine Synthese geleistet wird – zwei voneinander im wesentl. unterschiedene Bereiche, Gegebenheiten, Begriffe werden durch ein Mittleres zu einer Einheit verbunden, die gleichwohl ihre prinzipielle Verschiedenheit nicht leugnet (→Dialektik) –, bezeichnet U. den unproblemat. Zugang zum jeweils anderen. Seine Voraussetzung: bei aller Verschiedenartigkeit von Subjekt und Objekt überwiegen die Gemeinsamkeiten. Die allg. Annahme, daß Vermittlung notwendig sei, charakterist. für die philos. Bearbeitung des Erkenntnisproblems seit →*Platons* Ideenlehre, schließt aber U. nicht aus. Gerade die Möglichkeit eines Zugangs zu einem im letzten Unvermittelten (der Idee in der »Schau«, der Wesensmerkmale eines Dings im konkret Gegebenen, der Zugang zu einer unverstellt gedachten →Wirklichkeit) erfordert eine Vielzahl vermittelnder Schritte, z.B. im method. gesicherten begriffl. Rückgang auf die allgemeinsten Prinzipien des Erkennens wie des →Seins. Das in solcher Vermittlung Erreichte kann zu Recht den Anspruch unvermittelten Gegebenseins erheben, dem prinzipielle Erkennbarkeit und ont. Gegebensein entsprechen. So sind z.B. in der →*Scholastik* »intentio recta« (U.) und »intentio obliqua« (Vermittlung) keine unversöhnl. Gegensätze, sondern komplementäre Zugangsweisen zu einem im Verhältnis zum Denken anderen, das ihm aber nicht a priori fremd ist. Im neuzeitl. Denken treten U. und Vermittlung zunehmend auseinander, bis sie in →*Hegels* System die zwei unversöhnl. Gegensätze markieren. Anders als die (im Ausgang von der →*Dialektik* geforderte und konzipierte) Vermittlung läßt die U. den Gegensatz (von Begriff und Sache, Subjekt und Objekt, Subjekt und Subjekt) in seiner begriffslosen Sinnlichkeit bzw. nur gedachten, nicht realisierten →Abstraktion bestehen. Das Bestehen auf U. hemmt den Fortgang des (philos.) Prozesses, dessen Motor die dialekt. Vermittlung ist. In ihr werden gegensätzl. oder sich auseinander entwickelnde Anschauungen und Begriffe so überwunden, daß sich in der Auflösung der →Widersprüche ein rationales Begreifen und damit eine Perfektionierung des Denkens (→Idee) vollziehen kann.

*B.* Im *rel.* Kontext haben U. und Vermittlung noch eine andere, über die philos. Dimension hinausgehende Bedeutung. Sowohl aus der theol. wie aus der religionssoziolog. Perspektive läßt sich die organisierte bzw. institutionalisierte →Religion als ein umfassendes System von Vermittlungen ansprechen, deren Gegensatz U. im Sinne eines persönl. Zugangs zur →Transzendenz darstellt. Die Spannung zwischen unmittelbarem Transzendenzbezug und indirekter, vermittelter Gotteserfahrung (durch eine →Offenbarung, ein auf sie gegründetes System von Sätzen, eine durch sie legitimierte →Hierarchie, durch die Unterscheidung zwischen Amtsträgern und →Laien) bestimmt die Christentumsgeschichte und ist ein sich durchhaltendes Motiv bei Spaltungen (→Sekte, →Häresie). Die *Spannung,* die sich hier ausspricht – gegenwärtig etwa im Verhältnis zu neuen Synkretismen und Privatmythologien (→Okkultismus) – kann seitens der Theologie nicht ein für allemal ausbalanciert und in einem stat. System aufgefangen werden (→Neuscholastik, →Altprot. Orthodoxie); sie muß vielmehr in einem primär lebensweltl. bestimmten Kontext offen reflektiert und an der ursprüngl. Offenbarung gemessen werden, die ja zu ihrer Zeit primär durch den Anspruch auf U. ausgewiesen war.

*Lit.: H. Blumenberg:* Lebenszeit und Weltzeit, Frankfurt/M. 1986. – *C.-F. Geyer:* Metaphysik zwischen Wissenschaft und Lebenswelt, in: *W. Oelmüller (Hg.):* Metaphysik heute?, Paderborn 1987, 9-23. – *H. Schnädelbach (Hg.):* Rationalität, Frankfurt/M. 1984.

*Carl-Friedrich Geyer*

**Unsterblichkeit.** Der Gewißheit, sterben zu müssen, wurde und wird auf unterschiedl. Weise begegnet: mit der Verdrängung des Todeswissens, mit der bewußten Bescheidung auf das begrenzte Dasein, der Verlagerung des grenzenlosen Lebenswillens auf die Intensität (statt auf die Ausdehnung) des Lebens, mit der solidar. Identifikation mit der künftigen →Menschheit, aber auch mit der Überzeugung, daß es trotz der unbestreitbaren Erfahrungswirklichkeit des Todes etwas gebe, was den Menschen unsterbl. macht. Diese Überzeugung hat nochmals *verschiedene Gestalten:* den (bes. fernöstl. Religionen beheimateten) Glauben an eine Kette von Wiedergeburten (Reinkarnation), die (vor allem in der griech. Philosophie vertretene) Lehre von einer unsterbl. →Seele im sterbl. →Leib, die (bibl.) →Hoffnung auf Auferweckung der Toten.

*A.* Die *christl. Glaubenstradition* verband die beiden letztgenannten Vorstellungen miteinander: Gott hat den Menschen mit einer unsterbl. Seele erschaffen, im Tod trennt sich die Seele vom Leib, am Ende der Menschheitsgeschichte (Jüngster Tag) werden auch die Körper der Verstorbenen wieder zum Leben erweckt und mit ihrer Seele vereinigt. In der jüngeren Theologie wurden aber, zunächst von prot., später auch von kath. Seite, gegen diese Sicht *Bedenken* angemeldet: Die Rede von U. nehme den Tod (als den ganzen Menschen und nicht nur seine leibl. »Hülle« treffendes Ereignis) nicht genügend ernst, sie entwerte das ird. Leben, sie begünstige einen Heilsindividualismus, sie verdunkele das Auferweckungshandeln Gottes, dem allein der Mensch eine Zukunft nach dem Tod zu verdanken habe (→Auferstehung). Die Unterscheidung von Leib und Seele bringe überdies die Gefahr der Leib-, Materie- und Weltverachtung mit sich; die Vorstellung einer vom Leib getrennten Seele (in der Zwischenzeit zwischen Tod und →Auferstehung) sei philos. unhaltbar, wenn man – zur Vermeidung eines leibfeindl.- →Dualismus – Leib und Seele nicht als zerlegbare Teile des Menschen, sondern als aufeinander bezogene Prinzipien seiner Ganzheit verstehe. Bei beiden Begriffen, »U.« und »Seele«, handele es sich um eine unbibl. Redeweise.

*B.* In der Tat bietet *die Bibel* nicht nur andere Bilder und Begriffe, sondern auch eine andere *Gesamtperspektive* als das (spät-)griech. Denken, das stark auf das einzelne Individuum konzentriert und weltdistanziert ist. Längst vor dem Glauben an die Auferstehung kennt das AT eine Hoffnung über den Tod hinaus: das Weiterleben in den Nachkommen. Am Anfang steht also eine auf der Identifikation mit den kommenden Geschlechtern beruhende, sozial geprägte Hoffnung. Dieser Akzent wird in der späteren, vor allem ntl. Verkündigung der Auferstehung nicht überholt, sondern weitergeführt. Diese steht ja im größeren Rahmen der Botschaft vom →Reich Gottes, welche wesentl. ein neues Miteinander der Menschen auf Grund der neuen Nähe Gottes meint. Diese Hoffnung, die nun auch den einzelnen ausdrückl. mit einbezieht, ist gleichzeitig Hoffnung auf *gelingendes Miteinander* und auf das Ans-Ziel-Kommen der Menschheitsgeschichte.

*C. Neuere Theologen* versuchen, diesen Einsichten Rechnung zu tragen, indem sie entweder auf den Begriff der U. ganz verzichten und vom »Ganztod« der Menschen und seiner radikalen Neuschöpfung durch Gott (K. →Barth), von der »Unaufhebbarkeit des personhaften Gottesverhältnisses« (P. Althaus) oder von »Auferstehung im Tod« (G. Greshake) sprechen oder aber den Begriff der U. anders auslegen: er sei in christl. Verständnis wesentl. dialogisch, ganzheitl. und mitmenschl. zu fassen (J. Ratzinger).

*Lit.: P. Althaus:* Die letzten Dinge, Gütersloh 1922, 10. Aufl. 1970. – *K. Barth:* Die Auferstehung der Toten, Zollikon-Zürich, 4. Aufl. 1953. – *G. Greshake/J. Kremer:* Resurrectio mortuorum. Zum theol. Verständnis der leibl. Auferstehung, Darmstadt 1986, bes. 165-276 (Lit.). – *F.-J.*

*Nocke:* Eschatologie, Düsseldorf, 2. Aufl. 1985. – *H.-J. Klimkeit (Hg.):* Tod und Jenseits im Glauben der Völker, Wiesbaden 1978. – *J. Ratzinger:* Eschatologie – Tod und ewiges Leben, Regensburg 1977. – *G. Stephenson (Hg.):* Leben und Tod in den Religionen, Darmstadt 1980. – *H. Vorgrimler:* Hoffnung auf Vollendung, Freiburg 1980 (Lit.).

*Franz-Josef Nocke*

**Unterhaltungsliteratur**

*A.* Die Trennung zwischen Dichtung, U. und →Trivialliteratur beruht auf einem *Dreischichtenmodell* literar. Qualität. Es überwindet zwar die alte Trennung zwischen guter und schlechter Literatur (Kunst und Kitsch [→rel. Kitsch]), ist aber schon deswegen *nicht unproblematisch*, weil es suggeriert, es gäbe zwischen den Qualitätsschichten klare Abgrenzungen und die Kriterien dafür seien eindeutig. Dabei bestehen – schon in der Wahl der Stoffe und Motive – zahlreiche Wechselbeziehungen zwischen der Literatur der verschiedenen Qualitätsschichten; unter ästhet. Gesichtspunkten sind zudem gleitende Übergänge die Regel. Ganz allg. gilt: Die U. eröffnet im Gegensatz zur Dichtung so gut wie keine neuen Wahrnehmungs- und Erkenntnismöglichkeiten der Realität, sondern bestätigt eher die gängigen Sichtweisen des Publikums und den gesellschaftl. anerkannten Normenhorizont. Im Gegensatz zur Trivialliteratur aber überhäuft die U. den Leser nicht ausschließl. mit Vorurteilen, Denk- und Sprachklischees, sondern differenziert stärker bei der Darstellung der Wirklichkeit und variiert breiter innerhalb der Schemata, die durch die jeweils gewählte Gattung vorgegeben sind.

*B.* Bei aller durch die literar. Gattung und den hist. Kontext bedingten Verschiedenartigkeit der vornehml. auf Unterhaltung zielenden Literatur und unabhängig davon, ob es sich eher um spannungserzeugende, rührende oder belustigende Texte handelt, läßt sich ein für alle diese unterhaltenden Texte (und auch für die Trivialliteratur geltender) *grundlegender Mechanismus* erkennen, der offenbar ein allg. menschl. Bedürfnis anspricht. Je nach Genre verschieden, versuchen die Texte durch die Darstellung von Gefahren, von Unglück, von Übertretungen der Norm zunächst Gefühle der →Angst oder Beunruhigung im Leser auszulösen, dessen »Angstlust« zu befriedigen, um diese Gefühle dann anschließend durch die Darstellung angemessener Reaktionen auf Gefahren, Unglück usw. wieder zu beschwichtigen. In der *Spannungsliteratur* (z.B. in Abenteuerromanen) geschieht dies vornehml. durch die Gewaltanwendung oder die List eines Helden, in der um *Rührung* bemühten Literatur (z.B. in Liebesromanen) durch die Leidensfähigkeit einer Identifikationsfigur, die schließl. durch das Eingreifen des Schicksals oder Zufalls belohnt wird, in der *belustigenden* Literatur (z.B. im Witz, im Schwank, im Boulevardstück) durch das auf sehr unterschiedl. Weise provozierte Lachen der Normträger über die beunruhigende Abweichung bzw. den beunruhigenden Störenfried.

*C.* Bei all diesen Reaktionen handelt es sich letztl. um Formen der Bestrafung (→Strafe), ob es nun um die Überwältigung eines Feindes oder die Ausschaltung eines Gegenübers, um Selbstbestrafung im Leiden oder im Verzicht oder um das Verlachen anderer Menschen geht. Normalerweise werden die »strafenden« Handlungen der Protagonisten schließl. durch ein Happyend belohnt, dessen Eintreten durch glückl. Fügungen oder das *Eingreifen* transzendenter Mächte zumindest unterstützt wird.
Zu der Bedeutung, die dieses Zusammenspiel von Angsterregung, Bestrafung des →Bösen bzw. des von der →Norm Abweichenden) und Belohnung auch in der →Kirchengeschichte gehabt hat (Hinweise auf den strafenden →Gott, Schuldzuweisungen [→Sünde]; →Ketzerverfolgungen, →Hexenverbrennungen; Vergebung der Sünden, →Gnadenzuspruch [z.B. für die Teilnehmer am →Kreuzzug], Vertröstung aufs →Jenseits usw.), und zu deren Anteil am Aufbau dieser Vorstellungsstruktur gibt es bisher noch keine umfassenden Untersuchungen.

*Lit.: C. Bürger:* Textanalyse als Ideologiekritik. Zur Rezeption zeitgenöss. U., Frankfurt/M. 1973. – *J. Hienger (Hg.):* U. Zu ihrer Theorie und Verteidigung, Göttingen 1976. – *V. Klotz:* Bürgerl. Lachtheater, München 1980. – *W. Langenbucher:* Der aktuelle Unterhaltungsroman. Beiträge zu Geschichte und Theorie der massenhaft verbreiteten Literatur, Bonn 1964, 2. Aufl. 1974. – *P. Nusser:* Entwurf einer Theorie der U., in: Sprache im techn. Zeitalter 1982, Heft 81, 28-58.

*Peter Nusser*

**Unterhaltungsmusik.** Der Begriff der U. (U-Musik, auch leichte Musik) wird etwa ab Mitte des 18. Jh.s geprägt. Er steht für eine Reihe aus dem menschl. Unterhaltungsbedürfnis entstandener vielfältiger Formen der Musik mit unterschiedl. ästhet. Anspruch.

*A.* Während die Begriffsbildung erst zu dieser Zeit erfolgt, existiert jedoch die Ausführung unterhaltsamer Musik *von jeher*. Unterhaltsamkeit ist eine der mögl. Komponenten jeder Art von Kunst. Zweifelhaft wird der Begriff der U. durch die ihm anhaftenden qualitätsmindernden Beiklänge. So steht nicht selten U. für seichte, minderwertige Musik im Gegensatz zur E-Musik (ernste Musik), der gehobenen, anspruchsvollen Musik. Zu beachten bleibt das *Problem*, daß für den in seiner Hörgewohnheit gebildeten auch ein kompositionstechn. anspruchsvolles Werk unterhaltsam wirken kann. Daraus folgt, daß es im Grunde keine gute und schlechte Musik als Gattungskategorie geben kann, sondern in allen Bereichen ledigl. von gut- und schlechtgemachter Musik zu sprechen ist. Trotz dieses problemat. Ansatzes hat sich in der Praxis die Trennung und *Klassifikation* in U- und E-Musik eingebürgert (z.B. im Rundfunk). Aus der

Salonmusik entstanden, stellt die U. zunächst eine für einen intimen Kreis musizierte Musik dar, die auch für den Laien ausführbar ist. Die Entwicklung der *techn. Medien* (Schallplatte, Rundfunk, Fernsehen) führt im 20. Jh. zur Kommerzialisierung der Ware »Musik« und zum Konsumverhalten der Hörerschaft. Durch die stete Reproduzierbarkeit (ursprüngl. Kammermusik, gespielt in den literar. Salons nach franz. Vorbild des 17. und 18. Jh.s; im 19. Jh. auch Hausmusik der bürgerl. Gesellschaft) wird die Popularität eines jeweiligen Musikstücks erreicht. Der hieraus entstandene Begriff »Populäre Musik« (teilweise gleichbedeutend mit U.) wird oft für die durch den Geschmack der Masse nivellierte Musik gebraucht (Massengesellschaft). In neuester Zeit ist im Bereich der zeitgenöss. Musik statt der traditionellen Abgrenzung eine Wechselbeziehung von musikal. Avantgarde und →Jazz zu beobachten.

*B.* Die Einflüsse der U. auf die →*Kirchenmusik* haben ihre Wurzeln in der afroamerik. Musik, der auch der →*Jazz* zuzuordnen ist. Die Verbindung von Kirche und Jazz hat in den USA bereits eine lange Tradition, die auf die rel. Bewegung der Schwarzen in Amerika zurückgeht. Zunächst nahmen die Schwarzen am →Gottesdienst der Weißen teil und lernten dort deren Choräle und Kirchenlieder kennen. Um *1850* kam die →Erweckungsbewegung auf, die mit ihren spontanen Glaubensäußerungen, ekstat. Massenveranstaltungen und rel. Tänzen den kult. Formen der Schwarzen bereits weit näherstand. Gesungen wurden hauptsächl. *Spirituals* (auch White Spirituals oder Camping Spirituals genannt); die Bezeichnung Spiritual ist den engl. prot. Gesängen entnommen: »Booke of Psalmes with Hymnes Evangelicall and Songs Spirituall«, Thomas Ravencraft 1621). Diese wurden von den Farbigen übernommen, variiert, umgedichtet und in ihren Wirklichkeitskontext aufgenommen. Von ihrer Form her sind die Negro Spirituals durch die Übernahme der abendländ. Liedform, des geraden Taktes, und den Ablauf Vorsänger/Chor (shout and response) gekennzeichnet. Inhaltl. werden die Texte und die Bilderwelt des →AT auf die Situation der Schwarzen in Amerika übertragen. So wird beispielsweise der Fluß, ursprüngl. Zeichen des Verbindenden, Fruchtbaren, durch das Erlebnis der Gefangenschaft zum Symbol der ewigen Trennung von der Heimat (Deep river); der Wagen wird für den von vornherein für die Erlösungsbotschaft des Christentums prädestinierten Sklaven der Südstaaten (vgl. Babylon./ägypt. Gefangenschaft) zum Sinnbild der ersehnten Freiheit (Sweet chariot). Mit dem Ende des amerik. Bürgerkriegs wird auch das Negro Spiritual der Öffentlichkeit bekannt. F. W. Allen, C. P. Ware und L. McKim Garrison veröffenlichen die erste Sammlung der Negro Spirituals »Slave songs of the United States« im Jahr 1867. Zu diesem Zeitpunkt entwickelt sich eine zweite, der europ. Kunstmusik angeglichene mehrstimmige Form des Spirituals. Diese Form wird von den 50er Jahren an auch in dt. Kirchen gesungen. Die Anfangsschwierigkeiten dieser Darbietungen sowie die heutige Kritik gegenüber der Beat-, →Rock- und Jazzmusik in der Kirche entspringen aus dem Problem der Gegensätzlichkeit der Kulturmodelle. Das soziokulturelle Verständnis der Farbigen ist von einem absolut *ganzheitl.* Denken geprägt, das keine Trennung von Seelischem und Materiellem, Körperlichem und Geistigem, Profanem und Sakralem kennt. Diese Totalität überträgt sich auch auf die Musik, die alle von Gott erschaffenen Elemente erfassen kann. Das abendländ. Denken hingegen ist →dualist. In den 60er Jahren nimmt das neue Lied der christl. Kirche jazzoide Elemente auf. Relativ schnell konnte sich auch der Beat durchsetzen, da er sich gegenüber dem Jazz in Rhythmus und Harmonik unkomplizierter zeigt. Anfang der 70er Jahre kommt durch die weltweite Wirkung des *Musicals* »Jesus Christ Superstar« eine neue Jesus-Welle nach Westeuropa, die der neuen geistl. Musik eine Prägung in Richtung Pop und Rock-Pop gibt. Die neuesten Liedschöpfungen werden hauptsächl. von einer Nostalgie-Welle und der Friedensbewegung getragen. Diese Entwicklung spiegelt sich bes. bei den ev. Liedermachern wider. Die meisten Gemeinden pflegen heute neue geistl. Formen, vorwiegend schlagerähnl. Lieder, Spirituals und Lieder aus dem Bereich des Sacropop. Dies geschieht häufig in Kinder-, Jugend- und Familiengottesdiensten. Zum Teil entstanden auch neue Gottesdienstformen wie die Beat-Messe (Jazz-Messe, rhythm. Messe) oder die Liturg. Nacht. Form und Terminologie sind hier jedoch nicht vollends geklärt. In einer kirchenmusikal. Umfrage von G. Schmidtchen 1973 wird deutl., daß die Einstellung zum Kirchenlied ein Index für die Einstellung zur Kirche ist. Die Nachfrage nach populärer Musik aus der afroamerik. Musikkultur spiegelt möglicherweise das Aufkommen eines *neuen Gemeinschaftsbedürfnisses* wider, das der afrik. Stammesgesellschaft nähersteht als der anonymen Massengesellschaft.

*Lit.: J. E. Berendt:* Spirituals, München 1955. – *C. Bohländer:* Jazzführer, Stuttgart 1980. – *C. Dahlhaus (Hg.):* Studien zur Trivialmusik des 19. Jh.s, Regensburg 1967. – *Ders.:* Die Musik des 19. Jh.s (Neues Handbuch der Musikwissenschaft, Bd. 6), Wiesbaden 1980. – *Ders./H. H. Eggebrecht:* Was ist Musik?, Wilhelmshaven 1985. – *K. Kuhnke/M. Miller/P. Schulze:* Geschichte der Popmusik I, Bremen, 2. Aufl. 1977. – *H. Musch:* Musik im Gottesdienst, Regensburg 1983.

*Sabine Pfeifer*

**Urchristentum.** Dem U. kommt hist. und theol. gegenüber der nachfolgenden Zeit und Wirklichkeit der →Kirche(n) eine bes., auch wertende *Stellung* zu. Für das heutige Selbstverständnis der Kirchen und die Erneuerungsbestrebungen der →Ökumene ist eine Rückbesinnung auf das U. unerläßlich.

*A. Definition und Abgrenzung*

Unter U. versteht man übereinstimmend die durch den gekreuzigten und auferstandenen →Jesus von Nazaret (→Auferstehung, →Passion) ausgelöste *missionar. Bewegung* in →Jerusalem und →Palästina, ihre Ausbreitung unter →Juden und →Heiden in den Mittelmeerraum hinein und die anfanghafte Entwicklung der Kirche. Umstritten ist die Frage nach der zeitl. Abgrenzung, ob etwa als Anfang das Wirken des ird. Jesus und als Abschluß die 1. Hälfte des 2. Jh.s mit einzubeziehen sind.

*B. Geschichte des Urchristentums*

Die Quellenfrage ist auf Grund des Zeugnischarakters der ntl. Schriften (→NT) schwierig. Eine entspr. behutsame Auswertung ergibt aber ein bewegungs- und spannungsreiches Bild.

*I.* Am Anfang steht das *»Osterereignis«* (also die Erfahrung des Auferstandenen durch die Jünger, →Ostern), das in einer Art Initialzündung zur (Wieder-)Sammlung der Jesus-Jünger geführt hat. Der geograph. Schwerpunkt lag in *Jerusalem* als dem Zentrum der »Urgemeinde« (erste christl. Gemeinde, »Muttergemeinde«, »Mutterkirche«) mit Petrus und den »Zwölfen« (der »Zwölferkreis« des ird. Jesus, →Apostel) und wenig später den »Säulen« (Gal 2,9: Jakobus, Kephas und Johannes) an der Spitze. Tragende Elemente dieser Urgemeinde waren: die →Verkündigung des Heilsgeschehens in der Person und im Werk Jesu, die Feier des Herrenmahls (→Abendmahl) sowie die →Taufe im Rahmen der →Mission, die sich zunächst dem Vorbild Jesu entspr. ausschließl. den Juden zuwandte (Judenmission).

*II.* Von ihr zu unterscheiden ist die *Heidenmission*, die bald einsetzte und zeitweilig parallel verlief. Sie wurde initiiert von den im »Stephanuskreis« (Apg 6,1) versammelten »Hellenisten« (die griech. sprechenden →Judenchristen in Jerusalem), die wegen Verfolgungen Jerusalem verlassen mußten und über Samaria ins syr. Antiochia kamen. Dort stieß wohl →Paulus zum Christentum und wurde zum größten uns bekannten Befürworter der Heidenmission, die ihren Weg bis in den Mittelmeerraum gefunden hat. Die paul. Briefe (1 Thess, 1 und 2 Kor, Gal, Röm, Phil, Phlm) verschaffen Einblick in die Missionspraxis, das Leben, die Zusammensetzung und Struktur sowie die Probleme heidenchristl. Gemeinden. Obwohl die Autorität des Paulus in seinen Gemeinden trotz gegner. Ausbootungsversuche (vgl. Galatien, →Galaterbrief) anerkannt war, in manchen Gemeinden bereits Episkopen (→Bischof) und →Diakone tätig waren (vgl. Philippi, →Philipperbrief), kann von einer hierarch. Struktur (→Hierarchie) noch keine Rede sein. Jeder hatte seinen Teil zum »Aufbau« der Gemeinde der verliehenen Geistesgabe gemäß (→Charisma) beizusteuern. In der urchristl. Lehre und Praxis kam es in dieser und in der Folgezeit zu verschiedenen, oft gleichzeitig nebeneinander bestehenden, noch nicht systematisierten Ausprägungen. Die hier angesprochenen sich entwickelnden →»Theologien«, →»Christologien« bzw. →»Ekklesiologien« stehen nicht im Gegensatz oder Widerspruch zueinander, sondern charakterisieren jene Anfangszeit, in der die Reflexion über jenes vielgestaltige missionar. Geschehen zunahm. Schwierig war das Spannungsverhältnis zwischen Judenchristentum und Heidenchristentum, aber auch zwischen Christentum und Judentum.

*III.* Dabei entwickelte sich neben dem →Judenchristentum, das neben dem Evangelium weiterhin an →Beschneidung und der Beobachtung des Gesetzes festhalten wollte, die Heidenmission mit ihrer Verkündigung des gesetzesfreien Evangeliums (→Paulus) zu einer *Sammelbewegung* aller Christen, die sich allmähl. zur christl. Großkirche bzw. Weltkirche entwickelte. Während sich das Christentum als das »Neue Israel« ansah, in dem das Volk Gottes weiterbesteht, bedeutete für das Judentum diese weltweite Öffnung eine Abspaltung, die Entwicklung hin zu einer Weltreligion, die sich von der Mutterreligion gelöst und neu gebildet hat. Als Beginn für diese geschichtl. einschneidende Trennung gilt das Jahr *70 n. Chr.* War das U. vor 70 vor allem durch seine Naherwartung (der Wiederkunft Christi und Vollendung) von Spontaneität, Enthusiasmus und charismat. Stärke gekennzeichnet, so hat das Ausbleiben der Wiederkunft – man stellt sich auf eine »Zeit der Kirche« ein, Irrlehren und heimsuchende Verfolgungen treten auf – die Entwicklung des U.s (oder der »Urkirche«) zu jener Großkirche beeinflußt, die nach heutigen Erkenntnissen vom Anfang des U.s aus nicht vorausgesehen werden konnte, auch nicht ausschließl. in Frage kam, deren Entstehung aber aus verständl. Gründen nachvollzogen werden kann. Unter den im U. sich abzeichnenden Kirchenentwürfen paul., joh., nachpaulin., matthä. u.a. Art entsprach den Zeitumständen am ehesten wohl das Kirchenbild des Lukas (→Lukasevangelium, →Apostelgeschichte) mit seiner Vorstellung von einer kirchl. Lehre, die von den Aposteln her kontinuierl. und in lückenloser Reihenfolge weitergegeben wird und so die Zuversicht garantiert.

*IV.* Im Bestreben nach einer Konsolidierung des U.s kam es zu einem fest institutionalisierten Christentum, das *durch Amtsträger organisiert* ist, die »gesunde Lehre« festigt und in den damaligen sozialen Strukturen im Blick auf Natur-, Staats-, Familien-, Standes-, Individualrecht sowie auf die unterschiedl. Strukturen in Stadt und Land verweilt. So blieb das U. mehr als jeder andere urchristl. Entwurf, wenn nicht gar ausschließl., als Leitbild für die spätere Kirche bestimmend. Ob diese Entwicklung als Verfall gegenüber dem anfängl. U. (so die Verfallstheorie im →Protestantismus) oder aber als unausweichl. Fortentwicklung des U.s (so im →Katholizismus) im sog. →»Frühkatholizismus« zu bewerten ist, dies gehört innerhalb der Ökumene zu den umstrittenen Fragen. Diese Frage kann um so eher beantwortet werden, als die Geschichte des U.s in ihren endzeitl., theol., charismat., sozialen Komponenten durchschaubar wird.

*Lit.: J. Blank:* Vom U. zur Kirche, München 1982. – *H. Conzelmann:* Geschichte des U.s, Göttingen, 2. Aufl. 1971. – *W. Schneemelcher:* Das U. (Urban-Bücher 336), Stuttgart/Berlin/Köln/Mainz 1981. – *G. Theißen:* Soziologie der Jesusbewegung, München, 3. Aufl. 1981.

*Franz Georg Untergaßmair*

**Urgeschichte**

*A. Bedeutungsebenen*

*I.* Im theol. Sprachgebrauch bezeichnet man als U. die *Kap. 1-11* des Buches →*Genesis* bzw. die in diesen Kapiteln dargestellten *Ursprungsgeschichten der Welt* und der Menschheit. Gegenüber den mit Gen 12 einsetzenden Vätererzählungen als Vorgeschichte Israels ist der Blickwinkel der U. universal (menschheitsgeschichtl.) orientiert. Die U. schildert den Zeitraum von der Weltschöpfung bis an den Beginn der Geschichte →Abrahams. Die Genealogien (Geschlechterfolgen/Abstammungsreihen), die das erzählende Gerüst der U. bilden (Gen 1,1-2,4a; 4,1.17ff., vor allem in den Kap. 5; 10; 11,10ff.), stellen dieses Geschehen in einen chronolog. Ablauf (und erlauben deshalb die dem jüd. Kalender bis heute zugrundeliegende Zeitrechnung vom Datum der Weltschöpfung an, in christl. Zeitrechnung übertragen im Jahre 3760 v. Chr.).

*II.* Ist die U. von daher ein geschichtl. und chronolog. zu denkender Abschnitt (die ältere Terminologie der Geschichtswissenschaft kennt eine U. entspr. der Vor- und Frühgeschichte), der die älteste Epoche der Menschheitsgeschichte (und zuvor die Abstammungsgeschichte der Erde, vgl. Gen 2,4) umfaßt, so bezeichnet die U. zugleich eine nicht im hist. Verlauf der Geschichte aufgehende *Struktur von →Welt, →Mensch und →Geschichte.* So steht die bibl. U. nicht allein *vor* der Geschichte Israels, sondern bildet auch den Hintergrund, vor dem sie sich abspielt, begründet zugleich die Lebensbedingungen, die der israelit. Bauer vorfindet: die widerständige →Natur, die Feindschaft der Schlange, die Mühsal der →Arbeit, die Schmerzen beim Gebären (vgl. Gen 3,14ff.). Wichtige Bereiche der →Anthropologie sind in der U. grundgelegt (Verhältnis Mensch-Tier, Mann-Frau, Autonomie, Arbeit, kulturelle Errungenschaften), indem der für den israelit. Leser gegenwärtige Zustand erzählend aus Ereignissen abgeleitet wird. Dieser Aspekt der U. ist in der dogmat. Theologie oft unter der Überschrift »locus de homine« (etwa: Grundbegriffe vom Menschen) aufgenommen.

*III.* Neben der hist. und dieser strukturell-anthropolog. Dimension enthält die bibl. U. eine ebenso wichtige dritte Ebene: die der *utop. Erinnerung.* Hier kommen in der erzählenden Erinnerung mit und vor der Begründung des vorfindl. Ist-Zustandes solche Lebensbedingungen in den Blick, die aller hist. Erfahrung entgegenstehen. Diese utop. Erinnerung an ein Leben ohne Blutvergießen (Gen 1,29), ohne Feindschaft zwischen Mensch und Natur (Gen 2,15), ohne Herrschaft des Mannes über die Frau (die nach Gen 3 zu den »verfluchten« Lebensbedingungen gehört) korrespondiert den utop. Zukunftshoffnungen prophet. Texte (vgl. z.B. Gen 1,29f. mit Jes 11,68). Der Zusammenhang zwischen utop. Erinnerung und eschatolog. Erwartung (anders formuliert: zwischen »erhoffter Vergangenheit« und »erinnerter Zukunft«) zeigt die dem hist. Verlauf gegenüber krit. Kraft der U., die dem, was sich durchgesetzt hat, nicht das letzte Wort zugesteht.

*B. Das Textgefüge*

*I.* Die Texte der U. gehören zwei zeitl. und in ihrer Zielsetzung verschiedenen Quellen (→AT) und weitgehend parallel dazu zwei literar. Gattungen (→Formen und Gattungen) an. In den Texten der älteren (in der Forschung nach dem von Anfang an gebrauchten Eigennamen Jahwe als Gottesbezeichnung »*Jahwist*« genannten) Quelle aus der israelit. Königszeit überwiegend *erzählende* Texte (darunter die Erzählung vom →Paradies in Gen 2 und 3, die Geschichte von →Kain und Abel in Gen 4, die Fluterzählung innerhalb von Gen 6-9 und die Geschichte vom babylon. Turm in Gen 11). Sie behandeln die Geschichte der menschl. →Autonomie zugleich als →Fortschritts- wie als Verlustgeschichte, sie berichten nicht von dem *einen* Sündenfall, sondern von *Sündenketten,* Geschichten von den lebensmindernden Folgen der angemaßten Autonomie (→Sünde).

*II.* In den Texten der jüngeren, in der Forschung (wegen ihres hauptsächl. in ihren Teilen außerhalb der U. deutl. Interesses an kult. Regelungen) »*Priesterschrift*« genannten Quelle aus exil.-nachexil. Zeit überwiegen *aufzählende* Texte, »Genealogien«, darunter die »Abstammungsgeschichte« der Erde (→Schöpfung) in Gen 1, die Abstammungsgeschichte der Menschen, Völker und Sippen in Gen 5 und 11, die Geschichte Noahs mit der Flutgeschichte innerhalb von Gen 6-9. Zeigt die vorpriesterl. Quelle am Ende der U. mit dem Neueinsatz in Gen 12 in erster Linie einen Bruch, indem sich der Blick von der Universalgeschichte auf die Geschichte des aus der Welt der Hochkulturen ausziehenden Abraham (Gen 12ff.) wendet, so setzten sich die auf Kontinuität ausgerichteten Texte der »Priesterschrift« in den Genealogien über Gen 11 hinaus in den weiteren Mosebüchern fort. Auch wenn in der neueren Forschung sowohl die Zuweisung der älteren Abschnitte der U. zur »jahwist.« Quelle als auch die Quellentheorie selbst umstritten sind, bleiben diese Unterschiede für die verschiedenen Textabläufe prägend.

*III.* Im jetzt vorliegenden literar. *Gesamtgefüge* der U., in dem beide Quellen und beide Formen miteinander verwoben sind, bilden die Geschichten der Brüche und Katastrophen und die den Fluß des Lebens bezeichnenden Texte der »Priesterschrift« (die damit ihrerseits einen Geschichtsentwurf darstellen) jene Einheit, die *Brüche und Kontinuität,* anthropolog. Grundstrukturen und utop. Gegengeschichte *zugleich* benennt.

*Lit.: E. Drewermann:* Strukturen des Bösen, Bd. 1-3, Paderborn 1977f. – *J. Ebach:* Ursprung und Ziel. Erinnerte Zukunft und erhoffte Vergangenheit, Neukirchen-Vluyn 1986. – *G. von Rad:* Das erste Buch Mose (Das AT Deutsch 2-4), Göttingen, 9. Aufl. 1972. – *O. H. Steck:* Der Schöpfungsbericht der Priesterschrift. Studien zur literarkrit. und überlieferungsgeschichtl. Problematik von Genesis 1,1-2,4a (Forschungen zur Rel. und Lit. des AT und NT 115), Göttingen, 2., erw. Aufl. 1981. – *Ders.:* Die Paradieserzählung (Bibl. Studien 60), Neukirchen-Vluyn 1970. – *C. Westermann:* Genesis 1-11 (Bibl. Kommentar AT 1/1), Neukirchen-Vluyn, 3. Aufl. 1983. – *E. Zenger:* Gottes Bogen in den Wolken. Komposition und Theologie der priesterl. U. (Stuttgarter Bibelstudien 112), Stuttgart 1983.

*Jürgen Ebach*

**Utilitarismus** ist diejenige eth. Theorie (→Ethik), die das →Prinzip des »größten (größtmögl.) →Glücks« als das alleinige Kriterium für die Unterscheidung richtigen und falschen →Handelns in die Ethikdiskussion eingebracht hat. Zwei Wesenszüge kennzeichnen den U.: die Lehre, daß Handlungen von ihren Folgen her zu beurteilen sind, und der Eudämonismus, der besagt, daß die größtmögl. *Steigerung von* Glück und →Freude – oder allgemeiner: von *»Nützlichkeit«* – als die wichtigsten Folgen unseres Handelns anzusehen sind, wobei U. gelegentl. auch negativ als Verhinderung oder Ausschaltung von Leid verstanden werden kann (→Leiden).

*A.* Die *klass. Lehre* des U., im 18. Jh. von D. →Hume (1711-1776) ausgearbeitet, wurde im 19. Jh. von zahlreichen brit. Vertretern der Moralphilosophie weiterentwickelt. Auf der Suche nach einem einfachen, elementaren und deshalb leicht anwendbaren Kriterium zur Unterscheidung von →Gut und →Böse galt ihr Interesse einem *intensiven Weltbezug,* den sie allen traditionellen autoritären und absolutist. moral. Ansprüchen entgegenhielten. Von einem solchen Unterscheidungskriterium im Bereich der →Werte erhofften sie sich eine universelle Zustimmung. Führend unter den Utilitaristen war J. Bentham (1748-1832) sowie J. St. →Mill (1806-1873). Die utilitarist. Ethiktheorie wurde im 20. Jh. breit diskutiert und von einigen zeitgenöss. Moralphilosophen fortbestimmt. Hinzuweisen ist in diesem Zusammenhang u.a. auf R. M. Hare, der den U. mit einer »präskriptivist.« (normativen) Analyse der Bedeutung moral.-eth. Begriffe zu verbinden versucht, und J. J. C. Smart.

Im klass. und modernen U. wird nicht deutl., wie das Verpflichtende des utilitarist. Prinzips des größten Glücks aufgezeigt werden kann. Die Utilitaristen, die sich auf den menschl. Egoismus berufen, argumentieren, daß das Streben nach allg. Glück eine notwendige Bedingung für das Erlangen des eigenen – privaten – Glücks sei, ein Argument, das weder plausibel noch moral. ist. Andere folgten Hume, indem sie davon ausgingen, daß Mitgefühl und Wohlwollen grundlegende Wesenszüge des →Menschen sind und daß keiner glückl. sein kann, es sei denn, die anderen wären es auch. Aber auch dieser erfreul. Ansicht gelingt es nicht, *das Verpflichtende des →Interesses am Glück aller* zum Ausdruck zu bringen. Weitere Kontroversen betrafen die Frage nach der Möglichkeit, Nützlichkeit zu messen und zu quantifizieren. Benthams »hedonist. Kalkül« (Lustprinzip) erwies sich als viel zu einfach und wenig differenziert. Mill bestätigte dies, wenn er feststellte, »daß es besser sei, ein unzufriedener Sokrates, als ein zufriedener Narr zu sein«. Eine dritte Schwierigkeit betraf das Ausmaß und die Reichweite des Prinzips der Glücksmaximierung. Sollen die Vertreter der Moral allein jene im Blick haben, die unmittelbar mit den Folgen ihrer Handlungen konfrontiert werden, oder die Gesamtgesellschaft, in der sie leben, oder die Menschheit als Ganzes? Ebenso können zukünftige Generationen und die sich auf sie beziehenden Probleme nicht außer acht bleiben. Dies wurde schließl. zu einem wichtigen Faktor im Rahmen ökolog. Betrachtungen (→Ökologie). Doch je weiter man den Rahmen steckte, desto weniger leicht schien es, die Folgen eines Handelns vorherzusehen.

*B.* Ein Versuch, einige dieser Probleme zu lösen, bestand in der Unterscheidung zwischen einem *»U. der Tat«* und einem *»U. der Regeln und Gesetze«.* Die weitreichenden Folgen von →Gesetzen und polit. Maßnahmen lassen sich eher einschätzen als jene von Handlungen einzelner. Darüber hinaus können die kollektive →Klugheit und die →Erfahrung der Menschheit herangezogen werden, wenn es darum geht, die verschiedenen polit. Maßnahmen im Blick darauf zu erörtern und zu diskutieren, mit welcher Wahrscheinlichkeit sie zu größerem Glück oder weniger häufigem Leid führen. Ein Element dieses »U. der Regeln und Gesetze« wird zweifellos in jeder verantwortl. gesellschaftspolit. Diskussion eine Rolle spielen.

Der *Haupteinwand* sowohl dem »U. der Tat« als auch dem »U. der Regeln und Gesetze« gegenüber lautet jedoch, daß es ihnen in ihrem Anspruch, das einzige Kriterium für richtiges Handeln zu liefern, nicht gelungen ist, anderen Faktoren Gerechtigkeit widerfahren zu lassen, die im Bereich moral.-eth. →Entscheidung eine wichtige Rolle spielen. Beiden gelingt es nicht, die Bedeutung der Motive, des Charakters und der →Tugend deutl. und den Absolutheitsanspruch der →Gerechtigkeit transparent zu machen. Es ist häufig darauf hingewiesen worden, man könne sich ohne weiteres auf das Prinzip der Nützlichkeit berufen, um die Bestrafung von Unschuldigen zu rechtfertigen (→Lohn und Strafe), wenn dadurch nur eine Maximierung des

Glücks ermöglicht würde. (So argumentierte z.B. Kaiphas, als er es für vorteilhaft hielt, daß »ein Mensch für die Menschen sterben« sollte.) Spezif. utilitarist. Begründungen dafür, daß dem Anspruch der Gerechtigkeit ein Vorrang einzuräumen sei, wurden natürl. bereits von Mill entwickelt und von seinen Nachfolgern aufgegriffen, doch leiden sie alle an einer zwangsläufig falschen Einschätzung des Bösen, das ungerechte Handlungen zur Folge habe. Ungerechtigkeit zu tun ist nicht deshalb abzulehnen, weil es von allg. Nutzen ist, in jeder Situation das Prinzip der Gerechtigkeit anzuwenden; es ist vielmehr abzulehnen wegen der Ungerechtigkeit gegenüber dem individuellen Opfer, was auch immer die Folgen sein mögen. Die Unfähigkeit, die moral. Ansprüche jedes Menschen ernst zu nehmen, muß darum als der entscheidende Mangel des U. angesehen werden.

*C.* Die *theol. Ethik,* die auf das *Motiv* des Handelns (Reinheit des Herzens) sowie auf dessen →*Ziel,* →Gottes Willen zu erfüllen, ein so großes Gewicht legt, ist weitgehend ein Gegner des U. gewesen. Allerdings wurde argumentiert: Wenn Gottes Wille für seine Kinder das wahre Glück bedeutet, müßten die Maßstäbe des U. und der theol. Ethiken letztl. zu ein und demselben Ergebnis führen. Im 18. Jh. wurde diese Ansicht von W. Paley (1743-1805) vertreten; heute machen sich Anhänger der situativen Ethik (→Situation), für die das Prinzip der →Liebe und das Prinzip des größten Glücks zusammenfallen (J. Fletcher), zu ihrem Fürsprecher. Auch von einigen röm.-kath. Moraltheologen wurde der U. positiv aufgenommen (B. Schüller). Doch selbst wenn man dem Satz: »Gott allein ist der ideale Utilitarist«, einen Sinn abgewinnen kann, wird es schwierig, den U. mit der theol. Ethik zu versöhnen. Gottes vollkommenes Wissen darum, was für den Menschen das wahre →Gute ist, ist weit davon entfernt, empir. zugängl. und einsehbar zu sein. Es kommt darum als *allg. Maßstab,* den die Utilitaristen für die Unterscheidung richtigen und falschen Handelns suchen, kaum in Frage. Das Wesen des Summum bonum (des höchsten Gutes), das eine christl. Ethik im Blick hat, läßt sich nur schwer ohne Bezug zu jenen Elementen, wie Motive, Charakter, absolute →Werte und Verbote, entfalten, die der U. gerade zu überwinden versuchte.

*Lit.: J. Bentham:* Introduction to the Principles of Morals and Legislation, 1879, Darien/Conn. 1970. – *J. Finnis:* The Fundamentals of Ethics, Oxford 1983. – *O. Höffe (Hg.):* Einführung in die utilitarist. Ethik. Klass. und zeitgenöss. Texte, München 1975. – *N. Hoerster:* Utilitarist. Ethik und Verallgemeinerung, Freiburg/München, 2. Aufl. 1977. – *J. S. Mill:* Utilitarianism, London 1863. – *J. Plamenatz:* The English Utilitarians, Oxford 1958. – *A. Quinton:* Utilitarian Ethics, London 1973. – *B. Schüller:* Die Begründung sittl. Urteile. Typen eth. Argumentation in der kath. Moraltheologie, Düsseldorf 1973. – *J. J. C. Smart/B. Williams:* Utilitarianism For and Against, Cambridge 1973.

*Brian Hebblethwaite*

## Utopie

### *A. Philosophisch*

Die »Utopia« (griech.: Nirgendland) des Thomas Morus von 1516 enthält den ersten neuzeitl. Entwurf eines idealen Gemeinwesens und gibt einer Gattung von in Wunschräumen oder -zeiten angesiedelten, vielfach philos. inspirierten Staats- und Gesellschaftsentwürfen den Namen (I.). Die Bezeichnung »utopisch« wird zur Bestimmung zukunftsgerichteter, häufig gegenwartskrit. Denkweisen und Bewußtseinsformen verwendet (II.).

*I.* Der U.begriff im engeren Sinn bezeichnet fiktionale Konstruktionen, die *Modelle menschl. Zusammenlebens* durchspielen. Der Begriff wird häufig auch auf antike Texte rückübertragen, z.B. →Platons »Politeia«, in der der Staatsentwurf von einem Konzept der Erziehung abhängig ist. U.n erscheinen dann, wenn überlieferte Lebensformen nicht mehr unbefragt tradiert werden können, wenn Legitimationskrisen und Epochenschwellen die alten gesellschaftl. Organisationsformen in Frage stellen. Zu den Krisen ihrer Gesellschaften verhalten sich die bedeutenden U.n wie Seismographen, die künftige Erschütterungen schon im vorhinein anzeigen. Sie registrieren etwas von dem für ihre Epoche hist. Neuen. So findet sich im Prototyp der Gattung, in der »Utopia« des Morus, eine deutl. antifeudal gerichtete Wirtschafts- und Gesellschaftskritik. T. Campanellas Dialog »La città del sole« (»Der Sonnenstaat«, 1613) antizipiert techn. Erfindungen, F. Bacons »Nova Atlantis« (»Neu-Atlantis«, 1627/38) die fortschreitend naturbeherrschende neuzeitl. Wissenschaft. J. V. Andreaes »Christianopolis« (1619) entwirft eine bürgerl.-christl. Gesellschaft. Harringtons »The Common-Wealth of Oceana« (1656) wird einflußreich für die spätere Verfassung der USA. Wie die großen Satiren (z.B. von J. Swift) orientieren sich die U.n zumeist an einem Gegenbild zur kritisierten realen Gegenwart der Gesellschaft, der sie entstammen. Mit den Robinsonaden verbindet sie der stoffl. Reiz des Abenteuerlich-Exotischen. Die Aufklärungsu.n und später die U.n der franz. Frühsozialisten konstruieren in wissenschaftl.-techn., moral.-polit. und soziokultureller Hinsicht »fortgeschrittene« Zukunftswelten. Die U. gerät in Konstellation mit Begriffen wie →Fortschritt, →Vernunft, →Menschheit, →Glück; sie bekommt einen geschichtsphilos. Index, kann allerdings auch als bloß postulatives Produkt eines Besser-Meinens oder Besser-wissen-Wollens kritisiert werden.
Die in den *»Antiutopien«* des 20. Jh.s skizzierten Zukünfte extrapolieren aus den Schrecken der Gegenwart die vielleicht erst noch kommenden. A. Huxleys »Brave New World« (1932) handelt vom Untergang des abweichenden einzelnen in einer durchgängig technisierten und manipulierten Welt. G. Orwells »1984« (1948) zeichnet das beklemmende Bild eines selbst Geschichte, Sprache und Bewußtsein seiner totalen Herrschaft unterwerfen-

den Staates. »Negative U.n« scheinen in der Gegenwart die Tradition der großen utop. Entwürfe eher fortzusetzen als eine weithin status-quo-fixierte »Science fiction«. Das mögl. Schlechte zu entwerfen, um so die Wahrscheinlichkeit, daß es eintritt, zu vermindern, ist das Prinzip einer Reihe solcher »schwarzer U.n« (St. Lem, A. Kluge, D. Lessing).

*II.* E. Bloch (1885-1977) gibt in seinem Hauptwerk »Das Prinzip Hoffnung« (entstanden 1938-47) eine »Enzyklopädie der Hoffnungen« und der utop. Denkweisen. Bloch zufolge begleitet utop. Gewolltes, als subjektive Intention und objektive Tendenz, jede Freiheitsbewegung der Geschichte. An Propheten des AT wie Amos, an der →Gnosis, den Ketzerbewegungen des MA.s, den revolutionären Bewegungen der →Neuzeit, in →Märchen, →Mythos, →Religion, →Philosophie, →Musik, Theater, →Literatur weist Bloch utop. Potentiale auf. Myth., rel. und profane Wunschbilder vom besseren Leben, von menschl. Recht und menschl. Würde ziehen sich danach durch die Geschichte, als eine vorwärtstreibende, destruktiv-konstruktive Kraft. Solche auf Realisierung hindrängenden Illusionen müssen nicht bloße Illusionen bleiben. Blochs Philosophie der Hoffnung (vom »Geist der U.«, 1918, bis zu »Tendenz – Latenz – U.«, 1978) will utop. Denken als Unterpfand und Movens einer besseren Geschichte beerben und das »Unabgegoltene« daran fortführen. Nicht zuletzt in der →Theologie (J. B. Metz, J. Moltmann) hat Blochs Philosophie und seine anregende und provokative Bibelinterpretation (»Atheismus im Christentum«, 1968) bedeutende Wirkung getan, z.B. in der Exodus- oder Hiob-Exegese.

*Norbert Rath*

*B. Literarisch*

Nicht zufällig entstanden Morus' »Utopia« und ähnl. Staatsentwürfe und »Staatsromane« (so benannt von R. von Mohl, 1845) seit der →*Renaissance*: Die Erfahrung des grundlegenden gesellschaftl. Wandels vom »bodenständigen« →Feudalismus zur »mobilen« bürgerl., warenproduzierenden Gesellschaft (→Kapitalismus) und die Ausbreitung eines rationalistischen, wissenschaftl. Weltbildes begünstigten, ja ermöglichten erst die gedankl.-literar. Überschreitung der vorfindl. Staatswesen in Richtung idealer, humanist., egalitärer Entwürfe.

*I.* Der heutige Sammelbegriff »U.« umfaßt jedoch ein sehr unterschiedl. literar.-essayist. Spektrum. Neben die alternativen *Staatsentwürfe* – häufig in fiktive Reiseberichte eingekleidet (Morus, Campanella, Fr. Bacon) – treten im 17. und 18. Jh. mehr abenteuerl. oder satir. *Reiseromane*. Die Zeit der »klass.« literar. U. des *aufstrebenden Bürgertums* ist damit im Grunde zu Ende: Transzendierende Sozialentwürfe sind, nachdem sich die bürgerl. Gesellschaft durchgesetzt hat, nicht mehr gefragt, und angesichts der sich verschärfenden polit. Auseinandersetzungen zwischen »Manchester-Kapitalismus« und aufkommender →Arbeiterbewegung ist die Wirkungslosigkeit rein gedankl. U.n offensichtlich. »Die Lösung der gesellschaftl. Aufgaben, die in den unentwickelten ökonom. Verhältnissen noch verborgen lag, sollte aus dem Kopfe erzeugt werden. Die Gesellschaft bot nur Mißstände, diese zu beseitigen war Aufgabe der denkenden Vernunft«, so charakterisiert F. Engels (»Die Entwicklung des Sozialismus von der U. zur Wissenschaft«, 1880) die Begrenztheit der frühbürgerl. U.

*II.* Während sich im 19. und 20. Jh. der utop.-phantast. Reiseroman zum wissenschaftl.-techn. Abenteuerroman wandelt (J. Verne; später die »Science-Fiction«-Literatur, vgl. →Zukunft), treten an die Stelle der frühbürgerl.-rationalist. Sozialu. *im 20. Jh.* im wesentlichen *drei literar. Typen*, die mit der alten U. aber nur noch einzelne Züge gemeinsam haben: 1. *Soziale Entwürfe*, die am Weltzustand prinzipiell nichts ändern, sondern nur Teilaspekte herausgreifen, z.B. die nationalist. U. »Der Judenstaat« von Th. Herzl (1896). 2. Entwürfe *utop. Gemeinwesen* werden »prozeßhaft-konkret« (E. Bloch); an die Stelle des abgehobenen Gedankengebildes tritt der (nicht selten kämpfer.) Prozeß hin zu einer neuen (sozialist.) Gesellschaft; die Autoren beziehen sich auf die Arbeiterbewegung und ihre Organisationen (E. Bellamy: »Looking Backward«, 1888; W. Morris: »News from Nowhere«, 1890; A. Bogdánov: »Krasnaja Zvezda« [»Der rote Stern«], 1907; W. Illing: »Utopolis«, 1930). 3. Techn. Fortschritt und »Industriegesellschaft« erscheinen als *Bedrohung*, Versklavung des einzelnen, Weg zur Apokalypse, die soziale Prognose wird zum Schreckbild, zur *»Antiu.«* oder »devolutionist.« (gesellschaftl. Niedergang, Rückentwicklung und Perversion beschreibende) U. (E. Zamjátin: »My« [»Wir«], 1920; A. Huxley: »Brave New World«, 1932; G. Orwell: »1984«, 1948; R. Bradbury: »Fahrenheit 451«, 1953). Züge eines sozialprognost. Skeptizismus enthält auch bereits »The Time Machine« (1895) von H. G. Wells, und aus dieser Skepsis speisen sich auch die seit den 1950er Jahren zunehmend entstehenden *»Warnungsromane«*, die Elemente des Unterhaltungsgenres »Science Fiction« mit der Kritik an Zuständen und Tendenzen der gegenwärtigen Gesellschaftsformen verbinden und sich neuerdings auch der *Umwelt- und ökolog. Problematik* bemächtigen (B. Aldiss: »Earthworks«, 1965; A. Federbush: »Ice!«, 1978). Die »Science Fiction« zur »Social Fiction« in der Nachfolge Morris' und Illings weiterzuentwickeln sucht Ursula K. LeGuin (»The Dispossessed«, 1974), und *positive Sozialutopien* finden sich auch in der sowjet. »Wissenschaftl. Fantastik«, die dort seit den 1920er Jahren eine durchgehende literar. Tradition besitzt (I. Efrémov: »Tumannost' Andromedy« [»Andromeda-Nebel«], 1957). Die Ausprägungen des »Utopischen« zwischen Staatsroman und →Unterhaltungsliteratur sind hist. zu unterschiedl., um von einer durchlaufenden Gattungstradition zu sprechen. Wohl aber gibt es utop. Momente (Gesellschaftskritik und -entwurf) auch in der heutigen Literatur (nicht nur der »Science Fiction«, →Zukunft), bedingt auch durch polit. Endzeit- und Katastrophenängste.

*Lit.:* *W. Biesterfeld:* Die literar. U., Stuttgart 1974, 2. Aufl. 1982 (Lit.). – *E. Bloch:* Das Prinzip Hoffnung, 3 Bde., Frankfurt/M. 1959. – *H. Lück:* Fantastik, Science Fiction, U., Gießen 1977 (Lit.). – *A. Neusüß (Hg.):* U. Begriff und Phänomen des Utopischen, Neuwied/Berlin, 2. Aufl. 1972. – *W. Voßkamp (Hg.):* U.forschung. Interdisziplinäre Studien zur neuzeitl. U., 3 Bde., Stuttgart 1982 (Lit.). – *M. Winter:* Compendium Utopiarum. Typologie und Bibliographie literar. U.n, Stuttgart 1978.

*Hartmut Lück*

# V

## Vaterunser

### *A. Ursprung und Urgestalt*

Nach Lk 11,1f. lehrte Jesus seine Jünger das V. auf deren ausdrückl. Bitte hin, nach Mt 6,7f. ist das V. das Beispiel für ein Beten, das Gott als Vater ernst nimmt, der weiß, was der einzelne nötig hat, noch ehe er ihn bittet. Das V. ist uns in *doppelter Fassung* überliefert: in einer kürzeren Form bei Lk (11,2-4) und in zwei miteinander eng verwandten längeren Fassungen, die offensichtl. durch die (judenchristl.) Gemeindeliturgie geprägt wurden (Mt 6,9-13; Didache 8,2f.). Sehr wahrscheinl. ist die lukan. Fassung in der Zahl der Bitten und in der Anrede, die matthä. Fassung aber im Wortlaut der einzelnen Bitten ursprünglicher. Da das jüd. Kaddischgebet, das ebenfalls noch aus der Zeit vor der Tempelzerstörung stammt und dem V. wenigstens in dessen erstem Teil sehr nahesteht, aramä. formuliert ist, dürfte die Ursprache des V.s ebenfalls aramä. gewesen sein. Dafür spricht auch die aramä. Anrede *'abba* = Vater; die Beobachtung, daß das Wort für »Schulden« nur im Aramäischen, nicht aber im Griechischen »Geldschuld« *und* »→Sünde« heißen kann, sowie die Tatsache, daß Privatgebete im →Judentum der damaligen Zeit vielfach nicht hebrä., sondern aramä. formuliert wurden. Eine vollkommene Rückübersetzung ins Aramäische ist allerdings nicht mehr möglich.

### *B. Die Bedeutung des Vaterunsers*

Es gibt kein zweites Gebet, das für den Glauben und das Leben der Christenheit eine dem V. vergleichbare Bedeutung erlangte: Bereits zur Zeit der Didache (→Apostol. Väter) war es Brauch, das V. dreimal tägl. zu beten (Did 8,3). In der →Alten Kirche wurde das V. den Täuflingen *feierl.* vor der →Taufe *»übergeben«*, um von ihnen als *erstes Gebet* nach der Taufe gesprochen zu werden, und noch heute verzichtet keine der christl. Kirchen darauf, das V. in ihrem →Katechismus ausführl. zu behandeln. Dennoch wäre es verfehlt, im V. ein →Gebet zu sehen, das den Christen in bes. Weise vorbehalten wäre und allein von denen gebetet werden könnte, die den christl. Glauben teilen: 1. Die Kürze des V.s, seine (ursprüngl.) aramä. Sprache sowie die darin enthaltene »Brotbitte« lassen sich nur verstehen, wenn das V. von Anfang an nicht für die →Liturgie – denn deren Sprache war das Hebräische –, sondern *für das private Leben* des einfachen Volkes gedacht war. Nichts weist darauf hin, daß Jesus das V. dem Kreis seiner Jünger vorbehalten wollte. 2. Die einzelnen Bitten des V.s sind so offen formuliert und so wenig an die Person Jesu gebunden, daß sie von einem jeden Zeitgenossen Jesu gebetet werden konnten, gleichgültig, welcher rel. Gruppierung er sich zugehörig fühlte (→Judentum, →Pharisäer, →Qumran). So ist das V. im Grunde nichts anderes als die von Jesus selbst formulierte *Antwort auf* sein →*Evangelium,* das die Menschen auffordert, Gott als den ernst zu nehmen, der sich nicht aus der Welt heraushalten will (Mt 6,9.10; Lk 11,2.3) und den der Mensch nicht zu fürchten hat (Mt 6,12a.13; Lk 11,4a.c), da er nur *eines* von ihm erwartet: daß er seiner Barmherzigkeit nun auch im eigenen Leben entspreche (Mt 6,12b; Lk 11,4b).

*Lit.:* *M. Dorneich (Hg.):* V.-Bibliographie, Freiburg 1982. – *U. Luz:* Das Evangelium nach Matthäus (Ev.-Kath. Kommentar I/1), Zürich/Neukirchen 1985, 332-353 (Lit.). – *H. Schürmann:* Das Gebet des Herrn als Gebets- und Lebensschule, Leipzig, 6. Aufl. 1981. – *G. Strecker:* Die Bergpredigt, Göttingen 1984, 109-132.

*Meinrad Limbeck*

## Vatikan

*A.* Der V. hat seinen *Namen* vom altröm. *Ager Vaticanus*, der bis zur Engelsburg reichte. In der frühen Kaiserzeit (→Röm. Reich) lagen hier die Gärten des Caligula und der Zirkus des Nero, Stätten, die den Christen als heilig galten, als Ort des Martyriums ihrer Glaubensbrüder (→Märtyrer). Auch →Petrus soll hier das Martyrium erlitten haben, doch ist die Entdeckung des Petrusgrabes (Grabungen 1953-57) in den Katakomben der *Peterskirche* nur das Resultat von weitreichenden Indizien. Kaiser Konstantin I. errichtete die früheste Basilika an der angebl. Stätte des Apostelmartyriums (Weihe 326). Papst Leo IV. (847-855) befestigte das ganze Areal mit Mauern, primär gegen die Sarazenen, so daß sich auch der Name *Citta Leonina* einbürgerte. Die alte Peterskirche wurde abgerissen und von 1506 an über Jahrzehnte durch zwölf Baumeister in den heutigen Bau verwandelt, den Urban VIII. 1626 weihte, dessen Fertigstellung sich jedoch wie auch der Bau des päpstl. Palastes bis zum Ende des 16. Jh.s hinzog. Die Päpste residierten erst von Urban VI. (1378-1389) an im V., seitdem nicht mehr im Lateran. Die umfassenden baul. Erneuerungen begannen unter Sixtus IV. mit dem Bau der Sixtinischen Kapelle (Weihe 1483).

*B.* Der V. wird in mehrfachen *Begriffszusammenhängen* genannt: als Staat, als geistl.-polit. Residenz der Päpste (→Papst); als Begriff für die Äußerungen und als universale Sammelstätte größter Kunstwerke der Menschheitsgeschichte, einschließl. der 1475 eröffneten V.bibliothek Nikolaus' V. Der heutige souveräne V.staat ist der kleine Rest des einstigen Kirchenstaates. Er ist seit dem 4. Jh. aus Stiftungen, Kriegen, Lehensrechten und Erbfolgen der Päpste sowie anderen Faktoren entstanden.

*C.* Schon im 6. Jh. war der Bischof von Rom reichster Grundbesitzer im damaligen Italien. Gregor d.Gr. (590-604) richtete eine systemat. betriebene Verwaltung ein. Der Besitzstand wurde zum ersten Mal im 8. Jh. erhebl. ausgeweitet und später durch die (in diesem Jh. entstandene) »*Konstantin. Schenkung*« legitimiert, der zufolge Konstantin d.Gr. (306-337) den röm. Bischöfen kaiserl. Gewalt verliehen und die Herrschaft über →Rom sowie das gesamte Abendland überlassen habe. Dieses Dokument, das man eine der verhängnisvollsten Fälschungen in der Kirchengeschichte genannt hat, wurde unter Innozenz III. (1198-1216), dem eigentl. Gründer des Kirchenstaates, als Begründung für umfassende Besitz- und Herrschaftsansprüche wirksam. 1809 wurde der Kirchenstaat durch Napoleon aufgelöst, 1815 durch den Wiener Kongreß wiederhergestellt, ging er 1871 endgültig im Königreich →Italien auf. Die dadurch geschaffene *Röm. Frage* wurde mit der Unterzeichnung der Lateranverträge am 11.2.1929 gelöst. Zum V.staat gehören noch reiche exterritoriale Besitztümer und Latifundien. Ein →Konkordat ersetzte am 19.2.1984 die Lateranverträge, so daß der →Katholizismus in Italien nicht mehr Staatsreligion, Rom nicht mehr »Hl. Stadt« ist und staatl. alle Religionen gleichberechtigt sind. Damit sind zwar dem V. viele Einflußmöglichkeiten genommen, er behält aber als Zentrum des Katholizismus seine geistl. und polit. Bedeutung für die röm.-kath. Kirche.

*Lit.: C. Andresen/G. Denzler:* Wörterbuch der Kirchengeschichte, Art.: Kirchenstaat, 324-326; Art.: Petrusgrab, 465-466, München, 2. überarb. Aufl. 1984. – *T. Klauser:* Die röm. Petrustradition im Licht der neuen Ausgrabungen unter der Peterskirche, Köln 1956. – *F. Mayer:* V., Zürich 1979. – *Redig de Campos:* Die Kunstschätze des V.s, Freiburg, 4. Aufl. 1977. – *W. Ullmann:* Die Machtstellung des Papsttums im MA., Graz 1960.

*Hans Kühner/Hermann Häring*

## Vatikanische Konzilien

### *A. Vatikanisches Konzil 1869-1870*

400 Jahre nach dem →Konzil von Trient (1545-63) berief Papst *Pius IX.* (1846-78) mit der Bulle »Aeterni Patris« vom 29.6.1868 das nach röm.-kath. Zählung 20. Ökumen. K. in den Vatikan (1. Vat. Konzil). Noch vor K.sbeginn provozierte kirchl. Publizistik mit gezielten Appellen zu best. Dogmatisierungen (Syllabus, päpstl. →Unfehlbarkeit) eine gespannte Atmosphäre unter Theologen und Bischöfen.

*I.* Bei Eröffnung der *Kirchenversammlung* am 8.12.1869 im rechten Querschiff der Peterskirche waren von 1.050 stimmberechtigten K.svätern nur 774 anwesend, darunter nahezu die Hälfte Italiener. Vor Verkündigung der Dogmatischen Konstitution über den →Glauben (»Filius Dei«) am 24.4.1870, die gegenüber häret. Zeitströmungen wie →Naturalismus, →Pantheismus und →Rationalismus die kath. Lehre über →Gott als Schöpfer, die →Offenbarung, den Glauben sowie das Verhältnis zwischen Glauben und Wissen formulierte, wurde das Problem der Unfehlbarkeit des →Papstes durch →ultramontanist. Bischöfe (→Bistum), bes. Manning (London) und Senestrey (Regensburg), mit Billigung des Papstes in die Versammlung hineingetragen. Die Kap. 11-12 (Primat des Papstes) der Vorlage über die →Kirche erhielten auf Intervention der Infallibilisten (Verteidiger der Unfehlbarkeit) einen Anhang über die päpstl. Unfehlbarkeit. Darüber spaltete sich das K. in eine Mehrheit, die für eine Definition der päpstl. Infallibilität stimmte, und eine Minderheit, meist nichtital. Prälaten, die eine solche Definition entweder aus bibeltheol. oder auch nur polit. Gründen ablehnte. Der heftig umstrittene Entwurf ergab schließl. die Dogmatische Konstitution »Pastor aeternus«, bei deren Schlußabstimmung am 18.7.1870 man 533 Ja- und nur 2 Nein-Stimmen zählte. Die geringe Zahl der Gegenstimmen erklärt sich daraus, daß ungefähr 50 Bischöfe, unter ihnen fast alle dt., österr. und ungar., die mit Non placet (d.h. mit Nein) votieren wollten, mit Erlaubnis des Papstes zuvor abgereist waren.

*II.* Als →*Dogmen* gelten seither die Lehren, daß der Papst »die volle und oberste Gewalt der Rechtsentscheidung in der ganzen Kirche« besitzt (*Jurisdiktionsprimat)* und daß der Papst, »wenn er vom Lehrstuhl (*›ex cathedra‹*) aus spricht, d.h., wenn er... endgültig entscheidet, eine Lehre über Glauben und Sitten sei von der ganzen Kirche festzuhalten«, eine endgültige Entscheidung trifft, die »durch sich selbst, nicht aber durch Zustimmung der Kirche unabänderlich« ist (*Lehrprimat*). Diese doppelte primatiale Stellung des Papstes fand ihre rechtl. Fixierung im Codex Iuris Canonici (1918; →Kanon. Recht).

*III.* Bis heute ist der *Vorwurf* nicht verstummt, Pius IX. habe die Freiheit des K.s stark beeinträchtigt, indem er sich auf die Seite der papalist. Kräfte stellte. Noch schwerwiegender erscheint, daß die bei früheren K.n streng geforderte moral. Einmütigkeit in Glaubensfragen bei der Definierung der Unfehlbarkeit des päpstl. Lehramtes fehlte. Neuere Theologen (H. Küng) bezweifeln überdies, daß es überhaupt unfehlbare Sätze geben könne. Aus *Protest* gegen die →absolutist. Position des Papstes – als Wortführer ist der Münchener Kirchenhistoriker Ignaz von Döllinger (1799-1890) zu nennen – entstand die →altkath. Kirche, die in ihrer Blütezeit ungefähr 70.000 Mitglieder in mehreren Ländern zählte, im Laufe der Jahre aber an Zahl und Bedeutung verlor.

Der Ausbruch des Dt.-Franz. Krieges (1870) veranlaßte Pius IX. zur *Vertagung* des K.s auf unbestimmte Zeit. Als wenig später der Kirchenstaat unterging, war auch der Gedanke an eine Wiederaufnahme der unterbrochenen Kirchenversammlung tot. Da aber das Thema Kirche nicht vollständig beraten werden konnte, muß die →röm.-kath. Kirche auf Grund der neuen Definitionen über Stellung und Aufgabe des Papstes bis heute als »Papstkirche« erscheinen. Daran vermögen Interpretationsversuche heutiger Theologen (W. Kasper, H. J. Pottmeyer u.a.) ebensowenig zu ändern wie die Kollegialitätslehre des 2. Vat. K.s.

*Lit.: Quellen: R. Aubert:* Vaticanum I, Mainz 1965, 299-365; Conciliorum oecumenicorum decreta, Freiburg 1962, 777- 792; *H. Denzinger/A. Schönmetzer (Hg.):* Enchiridion symbolorum, definitionum et declarationum de rebus fidei et morum, Freiburg, 36. Aufl. 1976, 586-601; *J. Neuner/H. Roos (Hg.):* Der Glaube der Kirche in den Urkunden der Lehrverkündigung, Regensburg, 11. Aufl. 1983. – *R. Aubert:* Vaticanum I, Mainz 1965. – *C. Butler/H. Lang:* Das vat. K., München 1933, 2. Aufl. 1961. – *J. Granderath:* Geschichte des vat. K.s, 3 Bde., Freiburg 1903-6. – *A. B. Hasler:* Pius IX. (1846-1878), päpstl. Unfehlbarkeit und 1. Vat. K. Dogmatisierung und Durchsetzung einer Ideologie, Stuttgart 1977. – *Ders.:* Wie der Papst unfehlbar wurde, München 1979 und Berlin 1981. – *H. Jedin:* Kleine Konziliengeschichte, Freiburg, 8. Aufl. 1977, 105-126. – *H. Küng:* Unfehlbar? Eine Anfrage, Zürich 1970.

*B. Vatikanisches Konzil 1962-1965*

Fast hundert Jahre nach dem Vatikanum I eröffnete Papst *Johannes XXIII.* (1958-63) am 11.10.1962 in der Peterskirche, die den 2.500 K.svätern für drei Jahre als K.saula diente, das 21. Ökumen. K. mit dem doppelten Ziel: innere →Reform der kath. Kirche und Antworten auf drängende Zeitprobleme. Anstatt Verurteilungen auszusprechen, sollte die kath. Lehre zum Leuchten gebracht werden und so auf die Menschen innerhalb wie außerhalb der Kirche einladend wirken. Deshalb spricht man auch vom pastoralen (seelsorgerl.) Charakter dieser bisher größten Kirchenversammlung. Nach →Johannes' XXIII. Tod am 3.5.1963 stellte sein Nachfolger *Paul VI.* (1963-78) dem K. bei der Eröffnungsansprache der 2. Tagungsperiode vier Aufgaben: Darlegung des Wesens der Kirche; innere Erneuerung der Kirche; Förderung der Einheit der Christen (→Ökumenismus); Dialog mit der modernen Welt.

*I.* Das K. erstreckte sich über *vier Tagungsperioden:* 11.10.-8.12.1962; 29.9.-4.12.1963; 14.9.-21.11.1964; 14.9.- 8.12.1965. Zehn Kommissionen besorgten die Vorbereitung der in den Plenarsitzungen (Generalkongregationen) vorgelegten Entwürfe (Schemata) und deren Umarbeitung auf Grund mündl. oder schriftl. Interventionen von K.steilnehmern. Die Leitung der 168 Generalkongregationen, bei denen neben den allein stimmberechtigten K.svätern die fast 200 vom Papst berufenen Sachverständigen (Periti) und ungefähr 100 von anderen kirchl. Gemeinschaften delegierten Beobachter (Observatores) sowie männl. →Laien und später auch Frauen und Priester als Zuhörer (Auditores) anwesend sein durften, war zunächst Aufgabe der vom Papst ernannten 10 K.spräsidenten und von der 2. Tagungsperiode an der ebenfalls vom Papst eingesetzten vier Moderatoren. Außer den Generalkongregationen fanden 10 öffentl. Sitzungen statt, bei denen in Gegenwart des Papstes die einzelnen K.sdokumente verabschiedet wurden.

*II.* Zu den *Hauptergebnissen* des K.s gehören *vier Konstitutionen* (über die →Kirche, →Liturgie, →Offenbarung, Kirche in der heutigen →Welt), *neun Dekrete* (über die Hirtenaufgabe der →Bischöfe, Ökumenismus, kath. Ostkirchen, Dienst und Leben der Priester, Ausbildung der →Priester, Ordensleben, →Mission, Laienapostolat, Massenmedien) und *drei Erklärungen* (über →Religionsfreiheit, nichtchristl. →Religionen, christl. →Erziehung). Die Dogmatische Konstitution über die Kirche (»Lumen gentium«) und die Pastorale Konstitution über die Kirche in der heutigen Welt (»Gaudium et spes«) gelten als die beiden wichtigsten, aber auch umstrittensten Dokumente dieses K.s. Zwei bes. prekäre Themen (Priesterzölibat, →Geburtenregelung) mußte das K. dem Papst überlassen, der dann in den Enzykliken »Sacri caelibatus« (1967) und »Humanae vitae« (1968) die kirchl. Tradition rigoros bekräftigte, ohne aber die allg. Diskussion damit beenden zu können.

*III.* Wie nach jedem K. führte die *Verwirklichung* der neuen Doktrinen und Dekrete zu schweren Auseinandersetzungen auf dem Gebiet der Theologie sowie im Leben des Kirchenvolkes. Große Schwierigkeiten erwuchsen der obersten Kirchenleitung aus dem Bestreben der K.smehrheit, einem wachsenden →Pluralismus in der →Theologie und auch in der Lebenspraxis der Gläubigen Raum zu geben und die Zusammenarbeit mit allen Menschen guten Willens zu fördern. Das Hauptproblem liegt wohl darin, daß das K. nicht nur →*Religionsfreiheit* für die außerhalb der kath. Kirche stehenden Menschen forderte, sondern auch den eigenen Kirchenmitgliedern ein bisher kaum gekanntes Maß an persönl. *Gewissensfreiheit* zubilligte. Zahlreiche Konflikte erwuchsen auch aus Ungewißheit über die Interpretation und den Verpflichtungsgrad einzelner K.saussagen. Da die *Richtungskämpfe* zwischen konservativ gesinnten und progressiv orientierten Geistern zwei Jahrzehnte nach K.sende immer noch andauerten, rief Papst *Johannes Paul II.* (seit 1978) für den Herbst 1985 eine außerordentl. Bischofssynode ein, bei der die Auswirkungen des Vatikanum II überprüft und Direktiven für die nächste Zeit gegeben wurden. Befürchtungen, die kath. Kirche könnte bei dem in der kirchl. Lehre stark der Tradition verbundenen Papst hinter das 2. Vat. K. zurückfallen, bewahrheiten sich immer mehr.

*Lit.*: *Quellen:* Acta et documenta Concilio Oecumenico Vaticano II apparanda, Series I-III, Città del Vaticano 1960-80; Lexikon für Theologie und Kirche. Das Zweite Vat. K. Konstitutionen, Dekrete und Erklärungen, lat. und dt., 3 Bde., Freiburg 1966-68; Conciliorum oecumenicorum decreta, Bologna, 3. Aufl. 1973, 817-1135; *K. Rahner/H. Vorgrimler:* Kleines K.skompendium, Freiburg, 18. Aufl. 1985. – *J. C. Hampe (Hg.):* Die Autorität der Freiheit. Gegenwart des K.s und Zukunft der Kirche im ökumen. Disput, 3 Bde., München 1967. – *H. Jedin:* Kleine Konziliengeschichte, Freiburg, 8. Aufl. 1977, 127-175.

*Georg Denzler*

**Verantwortung** bezeichnet eine dreistellige Beziehung zwischen dem Träger von V., der Instanz, vor der, und der Sache, wofür V. besteht.

*A.* Die Rede von der V. hat einen forens. »Sitz im Leben« (→Recht). V. hat man vor einem anderen, vor einer *höheren Instanz.* V. im sittl.-theol. Sinn trägt der Mensch als Adressat der sittl. Forderung gegenüber →Gott als dem Urheber dieser Forderung (aber nicht Gott dem →Menschen gegenüber). Insofern dem Menschen die sittl. Forderung konkret durch Menschen vermittelt wird, besteht V. auch vor anderen Menschen (→Autorität). Gleichwohl läßt sich auch von einer V. des Menschen vor sich selbst, vor seinem →Gewissen sprechen. Das Gewissen erscheint hier als anderes Ich, als eigene und zugleich fremde Stimme, als innerer Gesetzgeber und Richter, der den Menschen immer schon mit der (von Gott herrührenden) sittl. Forderung konfrontiert. Die Rede von der V. setzt voraus, daß der Träger von V. dieser entsprechen kann oder nicht. V. trägt deshalb nur, wem eine best. Handlung, ein Tun gemäß oder entgegen der sittl. Forderung *zugerechnet* werden kann, also ein Wesen, das einer *freien Selbstbestimmung* fähig ist (→Determination, →Freiheit, →Wille). Verantwortlichkeit im sittl. Sinne ist somit gegeben, wo man die sittl. Uralternative zwischen Gut (das →Gute) und Böse (das →Böse) erfaßt und sich für eine von beiden Möglichkeiten entscheidet. Die V. des Menschen erstreckt sich zunächst auf sein →*Handeln* insgesamt, auf »das Gute oder Böse, das er im ird. Leben getan hat« (2 Kor 5,10). V. im engeren Sinne ergibt sich im Fall institutioneller →*Pflichten* (→Institutionen). →Eltern tragen V. für ihre eigenen →Kinder, die →Polizei für die innere Sicherheit. V. in diesem Sinne ist eingeschränkt nicht nur auf best. Handlungen, sie betrifft darüber hinaus nur die Ebene des sittl. Richtigen (das →Gute), berücksichtigt also nicht die →Gesinnung. Das gilt auch für den Bereich des →Rechts.

*B.* Wo V. nur auf das *sittl. Richtige*, auf →Legalität, bezogen ist, genügt auch hinsichtl. des Subjekts ein eingeschränkter Begriff von V. Wo Abschreckung als primärer Zweck von →Strafe gilt, ist – im Sinne eines gemäßigten Determinismus (soft determinism; →Determination) – bloß zu fordern, daß Strafandrohung als Motiv rechtswidriges Handeln verhindern kann.

*C.* Spricht man heute von V. als einem Prinzip (normativer) →Ethik, unterstreicht man die V. des Menschen für die Folgen seines Handelns. »V.« steht damit für eine *teleolog. Normierungstheorie* (→Teleologie), nach der die Folgen (bzw. die durch die Handlung verwirklichten →Werte oder verhinderten Übel) das einzige Kriterium des sittl. Richtigen darstellen. Dem widerspricht die These, es gebe noch andere Kriterien, wenigstens einige Handlungen seien unabhängig von ihren Folgen pflichtwidrig. Das Stichwort →»Pflicht« steht bisweilen für eine solche *deontolog.* (griech.: *to déon* = die Pflicht) *Theorie.* M. →Weber unterscheidet hier terminolog. zwischen »Gesinnungs-« und »V.sethik«. »Gesinnungsethik« hat in diesem Gegensatzpaar aber eine andere Bedeutung als im Gegensatz zur »Erfolgsethik« (→Gesinnung). Man kann also V.sethiker (Teleologe) und gleichzeitig Gesinnungsethiker sein, sofern diese Bezeichnung eine reine Erfolgsethik ausschließt.

*Lit.*: *H. Jonas:* Das Prinzip V., Frankfurt/M. 1979. – *K. E. Løgstrup:* V., in: Die Religion in Geschichte und Gegenwart, 3. Aufl., Bd. VI, 1254-1256. – *M. Weber:* Politik als Beruf, in: *ders.*: Ges. polit. Schriften, Tübingen, 2. Aufl. 1958, 493-547.

*Werner Wolbert*

**Verdi,** *Giuseppe*, geb. 10.10.1813 gest. 27.1.1901 in Mailand, ital. Komponist, Sohn eines Gastwirts, bereits mit 9 Jahren Organist, Schüler Lavignas (Cembalist der Mailänder Scala) durch die Unterstützung des Kaufmanns und Musikfreunds Antonio Barezzi. 1836 »Maestro di Musica« von Busseto. Vorbild für sein Schaffen waren G. Rossini, G. Donizetti und V. Bellini. 1838 erstes Auftreten an der Scala mit »Oberto«. 1842 großer Erfolg mit der Oper »Nabucco«, die sich gegen die österr. Besatzung richtete. V. war Mitkämpfer des »Risorgimento«, der ital. Einigungsbewegung.
Die *erste Schaffensperiode* bis 1850 umfaßt 17 Opern mit meist polit. Hintergrund, von den Theatern von Mailand, Venedig, Neapel in Auftrag gegeben, u.a. »I Lombardi«, »Macbeth«, »Luisa Miller«. Weltgeltung erlangte V. mit den Opern der *mittleren* Schaffensperiode: »Rigoletto« (1851),

»Il Trovatore« (1853), »La Traviata« (1853). Die Melodie erhält ein bes. Gewicht, das Orchester wird dem Gesang untergeordnet. Der Abwechslungsreichtum im leidenschaftl. Ausdruck, das Charakterisieren des Tragisch-Düsteren wird wirkungsreich ausgeschöpft.

*Weitere Opern* wie »Les vêpres siciliennes« für die »Große Oper« in Paris 1855, »Simone Boccanegra« (1857) und »Un ballo in maschera« (1859) folgen, bis 1871 »Aida« die Entwicklung abschließt. Erst nach 15 Jahren Pause entstehen die Charakteropern »Otello« (1887, Opera seria) und »Falstaff« (1893, Opera buffa). In der Zwischenzeit beschäftigt sich V. mit *außertheatral. Stoffen:* Streichquartett e-Moll (1876), Requiem, »Quattro pezzi sacri«.

Viele seiner Opern befassen sich mit *rel. Thematik.* In »Nabucco« wird das Judenschicksal (→Judentum) aus dem →AT als Libretto verwendet; in den Opern »Il Trovatore«, »La forza del destino« oder »Don Carlos« wird das →*Kloster* zum zentralen dramat. Ort; »Aida« handelt zur Zeit der Pharaonenherrschaft und zeigt den damals herrschenden *Isiskult.* V. ging es bei der Stoffwahl niemals um eine best. Gestalt oder Idee. Sein Drama ist wie das Shakespeares eine bunte, bilderreiche menschl. Komödie, inszeniert auf dem Grund eines tiefen, dunklen Pessimismus, der das →Schicksal des Menschen trag. bestimmt sieht. Man mag ihn, der eine Überfülle vitaler Musikgestalten geschaffen hat, den Musiker des Lebens nennen, aber er ist ebensowohl der Musiker des *Todes,* der seine Geschöpfe in das myst. Glück erlösenden Untergangs führt (W. Oehlmann).

Das →*Requiem* entstand 1873/74 zum Andenken an den Dichter A. Manzoni. Es ist ein Meisterwerk der Vokalpolyphonie, in dem sich die große Kontrapunkttradition der ital. →Renaissance mit dem neuen Harmoniereichtum des 19. Jh.s verbindet (Bourgeois), ein Merkmal auch der Oper. Das Requiem ist ein rel. Drama für die Kirche wie auch für den Konzertsaal. Nach der Uraufführung in San Marco in Mailand 1874 wurde es an der Opéra Comique in Paris aufgeführt. 1897, dem Todesjahr seiner Frau, komponierte V. das →»Te Deum« und das →»Stabat mater« für Chor und Orchester. Diese beiden Werke wurden mit dem vierstimmigen »Ave Maria« und den »Laudi alla Vergine« für Frauenchor zu den »Quattro pezzi sacri« zusammengefaßt. Daneben entstanden als geistl. Werke: ein »Pater noster«, fünfstimmig a cappella, und ein »Ave Maria« für Sopran und Streichorchester (1880).

V. gilt als der überragende ital. Opernkomponist im 19. Jh. Seine *Spätwerke* sind der Ausgangspunkt für die verist. Oper der Italiener P. Mascagni (»Cavalleria rusticana«, 1890), R. Leoncavallo (»Bajazzo«, 1892) und G. Puccini (»La Boheme«, 1896; »Tosca«, 1900; »Madame Butterfly«, 1904) u.a.

*Lit.: J. Bourgeois:* Giuseppe V., Hamburg 1980. – *H. Gerigk:* Giuseppe V., Potsdam 1932. – *H. Kühner:* V., Reinbek 1961. – *W. Oehlmann:* Oper in vier Jh.en, Stuttgart/Zürich 1984.

*Jutta Plutz*

**Verein**

*A.* Gegenüber Großstrukturen der →Gesellschaft, wie etwa →Parteien oder →Kirchen, haben überschaubare →Gruppen in Gesellschaft und Kirche große Vorzüge in ihrer Möglichkeit, Gruppeninteressen zu vertreten, →Kritik zu üben, Alternativen zu erproben. Zusammen mit der Ausbildung der bürgerl. Gesellschaft entstehen zu Beginn des *19. Jh.s* in Deutschland V.e freiwilliger Mitgliedschaft als *Zweckgemeinschaften.* →Individuen brechen aus einer durch →Stand und Korporation, →Amt und Obrigkeit best. Welt aus, um →Bedürfnissen nach Geselligkeit und →Bildung nachzugehen, um Verbesserungen u.a. in berufl., gewerbl., polit.-sozialen, kirchl. Angelegenheiten anzustreben. Sind die →Vereinigten Staaten mit ihren geringen Fesseln sozialer →Tradition und England die klass. Länder der V.e, so entstehen sie in Deutschland fast gleichzeitig, werden aber sofern nicht polit. unbedenkl. – bis 1848 eingeschränkt durch das prohibitive, d.h. V.sgründungen hindernde, V.srecht der Staaten des Dt. Bundes. Das Grundrecht der V.sbildung setzt sich endgültig nach 48 – sieht man von Schwierigkeiten in einzelnen Bundesländern ab – in Deutschland durch, für Frauen und Jugendliche allerdings erst 1908 und 1918.

*B.* Teil dieser Assoziations- und z.T. →Emanzipationsbewegung sind auch V.e *innerhalb der Kirchen.* Kleine allein durch →Erweckung und Wille bedingte Gruppenbildungen im →Pietismus des 17./18. Jh.s, denen auch am diakon.-missionar. Dienst (→Diakonie) liegt, sind auf ev. Seite erste Vorläufer, ohne auf Grund ihres geringen →Organisationsgrades V.e zu sein. Mit Beginn des 19. Jh.s entstehen *ev. V.e* aus Erweckung und →Rationalismus und übernehmen Aufgaben, die das Staatskirchentum ungenügend oder gar nicht wahrnahm. So kennt schon die 1. Jh.hälfte unzählige kleine V.e in →Stadt und Dorf: z.B. V.e gegen Alkoholmißbrauch, zur Betreuung von Kranken, →Gefangenen, Armen, Kleinkindern berufstätiger →Eltern. Auf kath. Seite sind in diesem Zusammenhang bes. die gemeinnützigen, verstärkt nach 1848 entstehenden privaten V.e (→kath. Organisationen) zu nennen, die nicht wie die kirchl. *kath. V.e* kirchenamtl. errichtet wurden. Der ev. Theologe J. H. Wichern will der Zersplitterung der Liebestätigkeit einzelner Menschen und V.e entgegenwirken, gründet 1848/49 die sich in der Folgezeit fortlaufend vergrößernde →Innere Mission (vgl. auch →Caritas). Überhaupt wächst in den folgenden Jahrzehnten bis 1918 und dann bis 1933 in beiden Kirchen das fortschreitend stärker organisierte, immer mehr Arbeitsbereiche einschließende und auch immer stärker überregional wirksame V.swesen mit

nun ständig zunehmender hauptamtl. Mitarbeiterzahl.
Innerhalb der Kirche wurde auch *Kritik an den V.en* geübt, ihnen vor allem die Bedeutung des Amtes und der Gesamtgemeinde gegenübergestellt. Auf ev. Seite können z.B. in den Anfängen gelegentl. Lutheraner die Innere Mission als »aussaugendes Schlinggewächs am Kirchenbaum« bezeichnen; in den 20er Jahren unseres Jh.s wird die Frage V.s- oder →Volkskirche immer wieder alternativ diskutiert. Die im 19. Jh. ausschließl. das Amt des Pastors beschreibende →Prakt. Theologie verengte sich zur →Pastoraltheologie, die weder Funktion von Gemeinde noch von V.en im Blick hat.

*C.* Folge der Jahre 1933-1945 ist die gelegentl., mißverständl. Rede von der *»Verkirchlichung« des V.swesens*, denn es verstand sich immer als Teil der Kirche. Durch die Kirchenverträge und auf kath. Seite umfassender durch das Reichskonkordat (→Konkordate) haben die Kirchen nun im Vergleich zu den V.en und Verbänden die stärkere Position, in deren Schutzbereich sie ihren Untergang weithin vergebl. zu verhindern hoffen. Die kath. V.e haben nach 1945 ihre Arbeit wiederaufgenommen, häufig eng verbunden mit der kath. Aktion, der Mitarbeit und Teilhabe der →Laien am hierarch. Apostolat der Kirche. In der Ev. Kirche in Deutschland (EKD) hat sich der Ausbau des kirchl. V.swesens vor allem in der Gestalt der »Werke« (z.B. →Diakonie), →»Missionen«, →»Akademien« u.a. fortgesetzt; Formen rechtl. und personaler Bindung an die Kirche sind vielfältig abgestuft. Doch findet neben aller Bedeutung der größeren Werke und Verbände in der gegenwärtigen Volkskirche, die die diakon.-missionar. Werke als Wesens- und Lebensäußerung versteht, auch die Zweckbestimmung der alten, vor allem durch Laien getragenen V.e nun in den in Kirche und Gemeinden integrierten Kreisen und Gruppen ihre Fortsetzung und hat als ein Teilaspekt heutiger Gemeindearbeit ihr Recht nicht verloren.

*Lit.: H. Boockmann u.a. (Hg.):* Geschichtswissenschaft und V.swesen im 19. Jh., Göttingen 1972. – *K. Buchheim/H. Erharter:* V.e, in: Lexikon für Theologie und Kirche, 2. Aufl., Bd. X, 682-685. – *B. Hanssler (Hg.):* Die Kirche in der Gesellschaft, Paderborn 1961. – *K. Pönnighaus:* Kirchl. V.e zwischen Erweckung und Rationalismus, Frankfurt/M./Bern 1982. – *K. Schuster/R. Mayer:* V.swesen, in: Religion in Geschichte und Gegenwart, 3. Aufl., Bd. VI, 1315-1328. – *G. Wurzbacher:* Die öffentl. freie Vereinigung als Faktor soziokulturellen, insbes. emanzipator. Wandels im 19. Jh., in: *W Rüegg/O. Neuloh (Hg.):* Zur soziol. Theorie und Analyse des 19. Jh.s, Göttingen 1971, 103-122.

*Klaus Pönnighaus*



**Vereinigte Evangelisch-Lutherische Kirche Deutschlands (VELKD)**

*A.* Die VELKD wurde 1948 kurz vor der *Entstehung* der →Ev. Kirche in Deutschland (EKD) in Eisenach gegründet. Fast alle ev.-luth. →Landeskirchen in der heutigen Bundesrepublik Deutschland und in der heutigen Deutschen Demokratischen Republik (→Deutschland) traten der VELKD bei. Neben acht westdt. Kirchen (Bayern, Braunschweig, Eutin, Hamburg, Hannover, Lübeck, Schaumburg-Lippe und Schleswig-Holstein) gehörten auch Mecklenburg, Sachsen und Thüringen dazu. Seit 1969 bildete die VELK in der DDR mit drei Landeskirchen eine eigene Organisation. Die Auseinanderentwicklung der beiden dt. Staaten hatte auch Folgen für die gesamtdt. Kirchenstrukturen. Zur VELKD gehören heute rund 9,4 Mill. Gemeindemitglieder in den *Landeskirchen Bayern, Braunschweig, Hannover, Nordelbien* und *Schaumburg-Lippe.* Im Bereich der VELKD arbeiten zur Zeit 5.727 →Pfarrer in 4.141 →Gemeinden. Die VELKD-Kirchen bilden auf der Basis des gemeins. ev.-luth. →Bekenntnisses (→Luthertum) eine enge *Gemeinschaft,* die in gemeins. →Gottesdienstordnungen, im Pfarrerrecht und in vielen gemeindebezogenen Projekten ihre verbindl. Gestalt findet. Fachausschüsse und Arbeitsgruppen gestalten die Arbeit der VELKD, die auf theol. Qualität und auf Gemeindenähe bes. bedacht ist. In Hannover hat die VELKD ihre administrative Mitte im Luth. Kirchenamt. Hinzu kommen eine Außenstelle in Berlin (West) und ein Seminar für die →Pfarrerfortbildung in Pullach bei München. Das Pastoralkolleg der VELKD wird jährl. einmal in einer der Gliedkirchen durchgeführt. Als neue Einrichtung entstand 1986 das Gemeindekolleg der VELKD in Celle. *Projekte* der VELKD haben sich in den Gemeinden durchgesetzt: der Ev. Erwachsenenkatechismus (→Katechismus), der Gemeindekatechismus und der Kinderkatechismus »Erzähl mir vom Glauben«. Gute Aufnahme fanden auch das Handbuch »Rel. Gemeinschaften«, die Faltblattserien »Was jeder vom Judentum wissen muß« und »Information →Islam«. Ähnl. gilt für die seelsorgl. Handreichungen zur →Taufe, zur →Trauung und zur Beerdigung (→Amtshandlungen). Die Monatszeitschrift »Luth. Monatshefte« interpretiert und begleitet die Arbeit der VELKD. »Texte aus der VELKD«, »VELKD-Informationen« und das Amtsblatt der VELKD informieren über wichtige Vorgänge.

*B.* Das *Gespräch* zwischen der luth. und der →*röm.-kath. Kirche* hat seit Jahren einen hohen Stellenwert. Der Catholica-Beauftragte der VELKD (z.Z. Bischof Dr. Ulrich Wilckens, Lübeck) gibt der jährl. einmal tagenden Generalsynode (→Synode) einen speziellen Bericht. Der theol. Beitrag der VELKD hat im röm.-kath. Bereich aufmerksame Beobachter. Gesprächskontakte bestehen zu den →Baptisten, zu den Methodisten und zu den Altkatholiken. Mit der →altkath. Kirche besteht eine

Vereinbarung über gegenseitige eucharist. Gastfreundschaft. Eine Vereinbarung von 1986 besiegelt Kanzel- und Abendmahlsgemeinschaft mit der Ev.-methodist. Kirche (EmK) in der Bundesrepublik. Die *ökumen. Zusammenarbeit* mit Partnerkirchen in aller Welt ist für die VELKD wichtig. Die weltweiten Verbindungen laufen auch über das Dt. Nationalkomitee des Luth. Weltbundes (LWB), dessen Geschäftsstelle sich im Luth. Kirchenamt in Hannover befindet. Ein regelmäßiger Kontakt besteht zu luth. Kirchen in der DDR, im südl. →Afrika, in →Äthiopien, in →Indien und in den →USA, um nur einige Partner zu nennen. Über das Dt. Nationalkomitee der LWB besteht auch eine enge Zusammenarbeit mit der luth. →Freikirche in Baden sowie mit den luth. Landeskirchen in Oldenburg und in Württemberg. Die Mitgliedschaft in den ökumen. Gremien wie Weltkirchenrat und LWB wird durch die Landeskirchen einzeln geregelt. Für viele Kirchen in der →Ökumene ist es wichtig, im Ursprungsland der →Reformation einen luth. Ansprechpartner zu haben.

*C.* Nach außen wird die VELKD durch den *Leitenden →Bischof* vertreten, der jeweils für drei Jahre von der *Generalsynode* gewählt wird. Die Generalsynode besteht aus 60 Mitgliedern, die von den Landessynoden der VELKD-Kirchen entsandt werden. Zehn von diesen 60 Synodalen werden von der VELKD-Kirchenleitung in die Generalsynode berufen. Der Leitende Bischof sitzt der *Bischofskonferenz* sowie der *Kirchenleitung* der VELKD vor. Er leitet auch das Dt. Nationalkomitee des LWB.

*Lit.: H. Brunotte:* Das Zusammenleben der Konfessionen in der EKD, Hannover 1953. – *F. O. Scharbau:* VELKD, in: Ev. Staatslexikon, Bd. II, Stuttgart, 3. Aufl. 1987, 3706-3715. - *E. Wilkens:* Zur Vorgeschichte der VELKD, in: Ev.-luth. Kirchenzeitung, Nr. 10 (1956). – Ordnungen und Kundgebungen der VELKD, hg. vom Luth. Kirchenamt 1966ff. – velkd – Luth. Generalsynode seit 1948 jährl. im Luth. Verlagshaus Hannover.

*Jürgen Jeziorowski*

**Vereinigte Staaten von Amerika (USA).** Prot. 46%; Kath. 30%; schwarze, hispan. und indian. Kirchen (meist port. Prägung) 9,7%; prot. Randkirchen 3,6%; Anglik. 2,4%; Orthod. 2,2%; unabhängige kath. Kirchen 0,2%; Juden 3,2%; Musl. 0,8%; Nichtgläubige und Atheisten 6,9%.

*A. Allgemein*

*I.* Aus dreizehn engl. Kolonien an der Ostküste Nordamerikas (erste Gründungen 1606/20) sind die USA in knapp vier Jh.n zum drittgrößten Territorialstaat und zur ersten wirtschaftl., kulturellen, polit. und militär. Macht der Erde aufgestiegen. Die Gründe für diese Expansion mit ihren Licht- und Schattenseiten liegen in der *Geschichte des Landes.* Nicht nur Forschungsdrang und Unternehmergeist, Freiheitsliebe und Kooperationswille, prakt. Phantasie und pragmat. Arbeitsethos haben die amerik. Geschichte geprägt; ein quasirel. Sendungsbewußtsein, genährt durch hist. Erlebnisse rel., polit. und wirtschaftl. Befreiung, hat den Willen der Amerikaner gestärkt, gesetzte Ziele durch Überredung, Integration, Aufkauf oder wenn nötig Gewalt durchzusetzen. So haben sich die USA nicht nur die Kolonien der Schweden, Niederländer, Spanier, Franzosen, Mexikaner und Russen nach und nach einverleibt, sondern auch, mit weit verheerenderen Folgen, die einheim. →*Indianer* und die aus →Afrika importierten schwarzen →*Sklaven.* Allerdings sind beide Gruppen dabei (wie auch die jetzigen armen und meist illegalen lateinamerik. Einwanderer), ihren Platz in der amerik. Gesellschaft zu erobern, wobei sie sich derselben Strategie bedienen, die schon die früheren nichtengl. Einwanderer aus →Europa und →Asien erfolgreich einsetzten: Rückbesinnung auf ethn.-kulturelle Eigenart, wirtschaftspolit. Zusammenschluß zur Selbsthilfe, moral. Appelle an die Etablierten und nicht zuletzt die (nicht immer gewaltfreie oder ganz legale) Ergreifung von Recht und Macht. Dabei spielte und spielt die moral. und polit. Führung der eigenen ethn. Kirchenorganisationen eine bes. wichtige Rolle. So sind die USA bis heute, trotz Schmelztiegel-Ideologie und gewaltigem Assimilierungsdruck, eine höchst pluralist. Gesellschaft geblieben, in der die jeweils spezif. rel. Zugehörigkeit einen vitalen Faktor sozialer Identität darstellt und die Teilnahme am kulturellen und geistl. Leben einer rel. Ortsgemeinde eine der wichtigsten Formen sozialer Integration bildet.

*II.* Die *Kirchengeschichte* Amerikas ist aufs engste mit der Geschichte der Einwanderung verquickt. Mehrere der ursprüngl. dreizehn Kolonien wurden anfangs als Zufluchtsorte für verfolgte rel. Minderheiten aus England (→Kongregationalisten, →Baptisten, →Quäker, Katholiken) gegründet und zeigten sich bereit, andere rel. Flüchtlinge aufzunehmen; andere Kolonien erhoben dagegen die →anglik. oder →reform. Kirche zur Staatskirche. Einwanderer aus anderen europ. Ländern nahmen ihre luth. (→Luthertum) und reform. Kirchen sowie verschiedene Kleinkirchen, z.B. →Mennoniten und Herrnhuter, mit nach Amerika. Die →Erweckungsbewegung brachte weitere Kirchen wie die →Methodisten hervor.

*1.* Die Vermischung der prot. Konfessionen in den sich immer mehr nach Westen ausdehnenden »Frontier«-Gebieten begünstigte die Herausbildung des *Denominationalismus,* ein religionssoziol. interessantes Phänomen, das die rel. Szene Amerikas seit dem 19. Jh. prägt und in analoger Form auch die →kath. und →orthod. Kirchen sowie das →Judentum und andere Religionen erfaßt. Darunter versteht man die Herausbildung einer Mehrzahl eigenständiger Kirchen innerhalb einer →Konfession. Diese »Denominationen« neigen dazu, soziale, kulturelle und wirtschaftl. Schichtungsstrukturen der Gesellschaft widerzuspiegeln. Sie verstehen sich weniger als grundsätzl. Gegner, sondern eher als miteinander konkurrierende, aber auch kooperierende Vertreter eines im wesentl. ident. Glaubens. Aus einem solchen Kirchenverständnis erwachsen gegenseitige →Toleranz und Kooperationsbereitschaft (die sich häufig in der Form föderativer Zusammenschlüsse zur prakt. Zusammenarbeit artikuliert), zugleich aber auch Organisationsegoismen und Sachzwänge, die intensiveren Formen des →Ökumenismus im Wege stehen können. Aus dem Bestreben heraus, die Spaltung in Denominationen zu überwinden, sind im Laufe des 19. und 20. Jh.s verschiedene neue Kirchen (z.B. die Jünger Christi) oder Unionskirchen (z.B. die United Church of Christ) entstanden. Auch die immer wieder aufflackernde Erweckungsbewegung brachte eine Vielzahl neuer Kirchen und Sekten (darunter Heiligungskirchen, →Mormonen, →Adventisten und →Pfingstkirchen) hervor, ferner zahlreiche freie Evangelisten und Heiler, die unterschiedslos Protestanten aller Richtungen ansprechen und heute mit großem Erfolg die Medien benutzen. Andere Gruppen, wie →Unitarier und verschiedene Neugeistbewegungen bis hin zu Okkultisten und Satanssekten, sind aus Ideen der europ. →Aufklärung entstanden. Jüd. und oriental. Einwanderer brachten auch nichtchristl. Religionen ins Land, die ebenfalls vom Denominationalismus erfaßt wurden. Seit der →»Beat Generation« der 50er und der →Hippie-Bewegung der 60er Jahre üben diese Religionen eine starke Anziehungskraft vor allem auf junge Amerikaner aus, die die geltenden bürgerl.-christl. Gesellschafts- und Religionsformen ablehnen. Die →New-Age-Bewegung der 80er Jahre ist stark von ihnen geprägt.

*2.* Der Unabhängigkeitskampf (1776-1783) brachte Anglikaner, Methodisten und Katholiken in *Loyalitätskonflikte* wegen ihrer Abhängigkeit von den engl. Bischöfen; erst danach erhielten sie ihre eigenen Episkopate: die Methodisten schon 1784, Anglikaner und Katholiken erst 1789. Nach der Aufnahme der →Religionsfreiheit in die Verfassung von 1789 wurden die Staatskirchen einzelner Bundesstaaten nach und nach entprivilegiert; übrig blieb aber ein starkes prot. Selbstbewußtsein, das zur Diskriminierung andersgläubiger Amerikaner neigte.

*3.* Die *röm.-kath. Kirche* wurde in ihrer Art vor allem durch einen Klerus und Episkopat irischer Abstammung geprägt. Starke Spannungen entstanden, als kath. Einwanderer anderer Herkunft versuchten, eine gewisse Eigenart und Autonomie in Anlehnung an ihre Heimatkirchen zu wahren; es kam zu Abspaltungen wie der Poln. Nationalkirche oder Übertritten zur orthod. Kirche. Uralte dogmat. Vorurteile gegen den Katholizismus sowie soziale Gegensätze, die von der Fremdheit der Einwanderer als Alibi Gebrauch machten, ließen immer wieder einen z.T. gewalttätigen Antikatholizismus auflodern. So entwickelten amerik. Katholiken eine kämpfer. *Ghettomentalität* mit starken autoritären, dogmat. Zügen und Eroberungseifer. Neben der von Laien getragenen Arbeit in Parteien und Gewerkschaften spielte dabei das (hauptsächl. von Ordensmännern und vor allem -frauen mit hohem Bildungsgrad getragene) kath. Schul-, Hochschul-, Presse- und Krankenhauswesen eine wichtige Rolle. Ähnl. Erscheinungen sind auch bei einigen luth., reform. und orthod. Kirchen Amerikas zu beobachten. Erst in der allg. Aufbruchsstimmung der 60er Jahre gelang es, die traditionellen Abgrenzungen und disziplinäre Geschlossenheit zu sprengen und eine liberale Öffnung nach außen wie auch im Inneren einzuleiten, was bei Konservativen energ. Widerstand hervorrief.

*4.* Die orthod. Kirche geht in ihren Anfängen einmal auf die Mission in den damaligen russ. Kolonien (bes. Alaska) und das 18. Jh., zum andern auf Einwanderer von Süd- und Osteuropa zurück, darunter nicht wenige ehemalige Unierte, die sich in Amerika wieder der Orthodoxie angeschlossen haben. Heute leben rund 2 Mill. orthod. Christen in den USA, von denen die meisten entweder der griech. Erzdiözese (im Ökum. Patriarchat von Konstantinopel) oder der (1970 vom Patriarchat Moskau gebilligten, von Konstantinopel aber noch nicht anerkannten) Autokephalen Orthod. Kirche von Amerika angehören. Sowohl die Autokephale Kirche wie das griech. Erzbistum verfügen über eigene Klöster und theol. Seminare, in denen zumeist – wie auch in vielen Gemeinden – Englisch zur Hauptsprache geworden ist.

*5.* Die Integration der *Schwarzen* machte allen Kirchen zu schaffen. Allg. bestand die Tendenz zur Segregation: Die Schwarzen wurden entweder als Minderberechtigte in der weißen Gemeinde abgesondert oder in eigene schwarze Kirchenorganisationen abgedrängt.Das zunehmende Engagement von Christen im Norden und Westen des Landes im Kampf gegen die →Sklaverei führte zu Abspaltungen in manchen Kirchen des Südens, wo die Sklaverei bis zum Bürgerkrieg (1860-65) herrschte und die Schwarzen z.T. zahlenmäßig die Bevölkerungsmehrheit bildeten. Die schwarzen Kirchen, meist baptist., methodist. oder charismat. Prägung, entwickelten die intensive Innerlichkeit, die in der schwarzen Musik (→Spirituals, Gospelsongs) zum Ausdruck kommt; aber auch Befreiungselemente bis hin zum →Messianismus kommen bei gewissen →Sekten vor. Zwei extreme Beispiele sind die Peace Mission Movement (dessen Gründer sich »Father Divine« nannte und als Gott anbeten ließ) und die Black Muslim Bewegung, die von dem »prophet« W. D. Fard gegründet und von 1934 bis 1975 von Elijah Mohammed geleitet wurde. Diese Bewegung lehnte das Christentum als Religion der Weißen ab und predigte Heil durch Absonderung von der weißen Gesellschaft. Seit den 70er Jahren sucht die Bewegung Anerkennung und Anschluß beim orthod. sunnit. Islam. Bis in die Gegenwart hat der Kampf um die Gleichberechtigung der Schwarzen gedauert, wobei Männer und Frauen der Kirche wie der schwarze Prediger Martin Luther King anfangs führend waren.

*6.* Bezeichnend für die →*Theologiegeschichte* der USA ist vor allem bei den prot. Denominationen der Versuch, die aus Europa importierten Dogmensysteme in bezug auf die eigene amerik. Glaubenserfahrung neu zu durchdenken. Erlebnisse von Befreiung, soziopolit. Glaubenseinsatz und freiwillig-demokrat. Organisation kamen bes. zum Tragen. Daraus sind manche Konflikte mit den Mutterkirchen Europas, aber auch mit konservativen Glaubensbrüdern im Lande entstanden, die dazu neigen, bestehende kirchl. und soziale Verhältnisse mit →Bibel und →Dogma zu untermauern. Bedenkl. ist die auf dieser Basis entstandene *Zivilreligion* A.s mit dem (säkularisierten) Glauben an eine göttl. Sendung des Landes, die Welt nach eigenem Vorbild zu gestalten. Einer der bedeutendsten Beiträge der amerik. Theologie und Kirchen sind die zahlreiche *ökumen. Impulse*, die von ihnen ausgegangen sind. Dazu zählen nicht nur die erfolgten oder erstrebten Kirchenunionen (z.B. die COCU [Consultation on Church Union], ein projektierter Zusammenschluß von neun der bedeutendsten prot. Denominationen), sondern auch die verschiedenen zwischenkirchl. Dienstorganisationen und Kirchenföderationen wie der Nationale Kirchenrat, die weltweit Schule gemacht haben.

*Lit.: J. P. Dolan:* The American Catholic Experience, Garden City 1985. – *A. M. Greeley:* American Catholics since the Council, Chicago 1985. – *P. Kawerau:* Kirchengeschichte Nordamerikas (Die Kirche in ihrer Geschichte, Bd. 4), Göttingen 1963. – *M. E. Marty:* Pilgrims in their own Land: 500 Years of Religion in America, Boston, 3. Aufl. 1984. – *P. H. McNamara:* Religion North American Style, Belmont 1984. – *J. G. Melton (Hg.):* The Encyclopedia of American Religions, 2 Bde. mit Suppl., Wilmington 1978-1985.

*Thomas Riplinger*

*B. Literarisch*

*I. Von den Anfängen bis ins 19. Jh.*

Die früheste Literatur der USA ist aus dem →*Calvinismus* des kolonialen Neuengland hervorgegangen, dessen Einfluß seitdem nie ganz verlorenging. Dieser →*Puritanismus* verhinderte ohne Zweifel eine schöpfer. Literatur, half aber, eine Vision von Zukunft zu beschreiben, die auf millenar., auf Christi Wiederkunft hoffenden Erwartungen (→Chiliasmus), →Individualismus und einem Gefühl göttl. Auserwähltheit des amerik. Volkes beruhte. Grundlage der Neuengland-Literatur war die Bibel: Ihr bedeutendster Dichter, E. Taylor (ca. 1644-1729), war die meiste Zeit seines Lebens Pfarrer einer kleinen Gemeinde an der Grenze von Massachusetts.

Der puritan. Einfluß schwächte sich im Verlauf des 18. Jh.s ab. Im 19. Jh. fand die geistige Vitalität Neuenglands neuen Ausdruck im *Transzendentalismus* R. W. Emersons (1803-1882) und H. D. Thoreaus (1817-1862). Als eine in sich verschiedenartige Bewegung bedeutete sie keinen Verlust, sondern eine Erweiterung des Glaubens und eine Suche nach den Grenzen von Religion. Lange Zeit war Emerson ein unitar. Pfarrer (→Unitarier); sein Glaubensbekenntnis akzeptierte nur »die Väterlichkeit Gottes, die Brüderlichkeit der Menschen und die Nachbarschaftlichkeit Bostons«. Emerson und Thoreau waren im wesentl. Essayisten. N. Hawthorne (1804-1864) dagegen, den das Bewußtsein von →Sünde und Verdammnis quälte, war der erste große amerik. Romancier. →Calvin war seine geistl. Autorität, J. Bunyan (1622-1688) sein literar. Mentor.

Unabhängig von der calvinist. Tradition ist die frühe amerik. Anstrengung zu sehen, eine *Mythologie der* Neuen Welt zu schaffen, d.h. eine literar. Sprache mit →Indianern als »Edlen Wilden« und der Wildnis als eines »Neuen Eden« zu finden. Der Reichtum der nordamerik. indian. Kultur hatte auf die Literaturgeschichte insgesamt wenig Wirkung. Noch immer spiegelt die Dichtung insbes. der Navabo-Indianer in wunderbarer Weise deren →animist. Religion wider. Die 70er Jahre erlebten eine Art Wiedererwachen des Interesses an dieser Literatur. Die frühen Siedler idealisierten die Indianer, und die Romane von J. F. Cooper (1789-1851) bringen ein Mißtrauen gegenüber der Neuengland-Religiosität in einer mytholog. Welt von Pionieren und ursprüngl. Reinheit zum Ausdruck. Ablehnung konventioneller Frömmigkeit ist auch in H. Melvilles »Moby Dick« (1851) zu finden: Capitän Ahab, »der große gottlose, gottgleiche Mann«, ist sowohl Held wie Schurke des Romans, ein Ausdruck amerik. Selbstverständnisses (Sünde durch Vorsatz). Melvilles Werk ist voll von bibl. Anspielungen.

*II. Die Literatur der Schwarzen*

Die meiste frühe Literatur, die sich mit dem amerik. afrik. *Schwarzen* befaßte (vor allem H. Becher Stowe »Uncle Tom's Cabin« [Onkel Toms Hütte], 1852), versuchte, die calvinist. Neuengland-Religiosität dem Schwarzen des tiefen Südens überzustülpen. Der zeitgenöss. schwarze Schriftsteller James Baldwin (geb. 1924), selbst Sohn eines Predigers, beurteilt es als ein Werk voller Vorurteile, darauf angelegt, die weißen Liberalen auf eine angenehme Weise empört zu machen. In ihrer Musik freil., mit ihren afrik. Rhythmen, und in ihrer →Rhetorik definierten die amerik. Schwarzen selbst den Stil eines charismat. Predigers (Southern Baptist Church). Als »Gottes Posaunen« erreichte ihr Predigtstil literar. Intensität in M. L. Kings Rede »Ich habe einen Traum« (1963), als »der Himmel sich selbst öffnete und wir alle verwandelt zu sein schienen«. V. Lindsay (1879-1931) entwickelte in seinen Dichtungen einen ernstzunehmenden Stil, der die Beteiligung der Zuhörerschaft verlangt und an eine Evangelisten-Kampagne erinnert. Im allg. jedoch hat die »Do-it-yourself«-Religion des südl. »Bibel-Gürtels« keine Literatur hervorgebracht. Merkwürdigerweise waren es röm.-kath. Autoren im 20. Jh., die das *literar. Potential des »Bibel-Gürtels«* erforscht haben, unter ihnen bes. W. Percy (geb. 1916) und F. O'Connor (1925-1964). Als fromme Katholikin und tief beeinflußt von →Teilhard de Chardin und J. Maritain, sah O'Connor das amerik. Problem im Fehlen einer traditionellen Sprache liturg. Theologie und einer sakramentalen Religion. Über ihre Südstaaten-Mitbürger schrieb sie: »Erfahrenes Blut muß das Gnadenmittel dieser Menschen sein – sie haben keine Sakramente.« Der vielleicht größte Autor des Südens ist William Faulkner (1897-1962), dessen Roman »Absalom, Absalom!« seinen Fatalismus und Pessimismus zum Ausdruck bringt. John Steinbeck (1902-1968), der über Kalifornien schrieb, ist positiver in seiner humanist. Vision über die Möglichkeit, in einer bedrohl. Welt zu überleben.

*III. Tendenzen im 20. Jh.*
Trotz der großen Kraft christl. Praxis im Amerika des 20. Jh.s wurde wenig an qualitätsvoller Literatur aus rel. Perspektive hervorgebracht. Dennoch gibt es einige bemerkenswerte *jüd. Autoren,* insbes. S. Bellow, I. B. Singer und Ch. Potok. Potoks Roman »My Name ist Asher Lev« (1972) enthält als zentrales Symbol ein Gemälde mit dem Titel »Die Kreuzigung von Brooklyn«. Seit W. Stevens (1879-1955) geht die meiste ernstzunehmende Literatur von der »Abwesenheit eines Glaubens an Gott« (Stevens) aus. Der einzige christl. Dichter von Rang war *T. S. Eliot* (1888-1965). Seine christl. Dichtung schrieb er freil. erst, nachdem er brit. Staatsbürger und Anglikaner geworden war (1927). Es war wahrscheinl. Eliots Essay »Religion und Literatur« (1935), der die Entwicklung eines *wissenschaftl. Studiums von →»Religion und Literatur«* in den USA in Gang brachte, ausgehend von Eliots Wort, »daß Literaturkritik durch Kritik von einem entschieden eth. und theol. Standpunkt aus ergänzt werden solle«. So wie Theologen (P. →Tillich) die Theologie zu einer breiteren Diskussion von Literatur und Kultur hin öffneten, so begannen Literaturkritiker wie A. Wilder und N. Scott in den 40er und 50er Jahren innerhalb der Literaturwissenschaft Eliots Ansätze weiterzuentwickeln. Dieses krit. Unternehmen tendierte freil. zur Preisgabe ernsthafter Beschäftigung mit den Traditionen des westl. Christentums und seiner Theologie, wandte sich vielmehr generell »rel. Dimensionen« der Kultur zu oder einer Literatur, die glaubenslos ist oder andere Glaubensüberzeugungen enthält. Man beschäftigte sich mit theol. zwar trivialen, aber rel. und kulturell wichtigen Inhalten von Kino, Science-Fiction und Volkstheater. So argumentiert G. Gunn bezeichnenderweise für »das Anthropologische statt des Theologischen, für das breit Humanistische statt des eng Doktrinalen«.
Zwei Autoren haben einen genuinen Respekt vor dem christl. Glauben in ihrer Dichtung behalten. F. Buechner (geb. 1926), ein presbyterian. Pfarrer, der Schreiben als Ausdruck seines Dienstes versteht und endlos das Paradoxe göttl. Gnade literar. vermittelt. J. Cheever (1912-1982) ist ein Kurzgeschichtenerzähler, der vom Anglikanismus der »Caroline Divines« und dem Thema der christl. Erlösung tief beeinflußt ist. In seinen Geschichten lebt die engl. Theologie im amerik. Kontext neu auf. In gewisser Weise hat das amerik. Kino von der Literatur die Schilderung eines Glaubens an die Zukunft und der alten puritan. millenar. Erwartungen übernommen.

*Lit.: M. Cunliffe:* The Literature of the United States, Harnondsworth 1954. – *G. Gunn:* The Interpretation of Otherness, New York 1979. – *R. Detweiler (Ed.):* Art-Literature-Religion: Life on the Border, Chico/Calif. 1983.

*David Jasper (Übers.: Karl-Josef Kuschel)*

**Verfassung.** Unter V. wird heute gemeinhin die Staatsv. verstanden: die *rechtl. Grundordnung und -organisation* des staatl.-polit. Lebens. In der Regel enthält sie die grundlegenden Rechtssätze über die Organisation und das Verfahren der Staatsgewalt (→Staat) und über die Rechtsstellung des einzelnen in ihm (Grundrechte). Diese können allerdings sehr unterschiedl. Ausprägungen erfahren.

*A.* Die V. hat im Laufe der *Geschichte* mehrfach einen Bedeutungswandel erfahren: Zunächst zielte sie auf eine Gesamtregelung der Organisation und Ausübung einer vorausgesetzten staatl. Herrschafts- und Entscheidungsgewalt. Bald konstituierte die V. die staatl. Herrschaftsgewalt und Grundordnung. Schließl. wandelte sie sich zur rechtl. Grundordnung nicht nur des Staates, sondern des Gemeinwesens insgesamt.

*B.* Das V.srecht kann entweder im Laufe der Zeit auch ungeschrieben heranwachsen (z.B. Großbritannien) oder durch einen bes. Akt gesetzt werden. Die Lehre von der *V.sgebung* (Abbé Sieyès) unterscheidet zwischen dem »pouvoir constituant« (v.sgebende Gewalt) und den »pouvoirs constitués« (den auf Grund und nach Maßgabe der V. bestehenden Kompetenzen der Staatsorgane). Als Gesetz verabschiedete V.en können zumeist nur in einem bes. Verfahren und nur unter erschwerten Bedingungen geändert werden. Unabhängig von ausdrückl. Änderungen unterliegen V.en einem ständigen *Bedeutungswandel.* Dieser wird u.a. durch den Wandel der V.swirklichkeit ausgelöst und im wesentl. durch neue Auslegungen vollzogen. Solche *Auslegungsarbeit* muß ferner verschiedene konkurrierende V.svorschriften unter dem Gesichtspunkt der »Einheit der V.« zu »prakt. Konkordanz« (K. Hesse) führen.

*C.* Die V. ist bei der Anwendung einfachen Rechts von allen Staatsorganen zu beachten. Häufig steht die Kompetenz zur abschließenden Interpretation der V. einem *V.sgericht* (etwa dem Bundesverfassungsgericht in der Bundesrepublik Deutschland) zu, das damit in die Funktion des eigentl. »Hüters der V.« hineinwächst. Umstritten ist, ob ein solches Gericht Gesetzgebungsakte auf ihre V.smäßigkeit kontrollieren können soll, wie es das Grundgesetz vorsieht. *Recht und Politik* liegen hier dicht beieinander; sicher muß den Gefahren einer Verrechtlichung der Politik (und einer Politisierung der Justiz) dadurch vorgebeut werden, daß die V.sgerichte mit dem Instrument des Normenkontrollverfahrens behutsam umgehen und sich in gebotener Weise beschränken.

*D.* Das »Grundgesetz für die Bundesrepublik Deutschland« vom 23. Mai 1949 ist die V. der Bundesrepublik. Mit der Bezeichnung *»Grundgesetz«* wollte der »Parlamentarische Rat« (eine durch die Länderparlamente gewählte v.sgebende Versammlung) bekunden, daß kein »westdeutscher« Staat begründet, sondern bis zur Aufrichtung eines einheitl. Deutschland nur ein zeitl. und räuml. Provisorium geschaffen werden sollte. In den *einzelnen Ländern* der Bundesrepublik sind nach 1945 entweder durch Volksabstimmung oder durch (vom Volke gewählte) v.sgebende Versammlungen V.en beschlossen worden. Diesen ist durch Art. 28 Grundgesetz ein Rahmen gesetzt, innerhalb dessen sie frei ausgestaltet werden können. Das Verhältnis von Bundes- zu Landes(verfassungs)recht ist in Art. 31 und 142 Grundgesetz geregelt; regelmäßig geht Bundesrecht vor.
Zur v.srechtl. Stellung der Kirchen in der Bundesrepublik →Kirche und Staat, →Konkordate und Kirchenverträge, →Staatskirchenrecht.

*Lit.: E.-W. Böckenförde:* Geschichtl. Entwicklung und Bedeutungswandel der V., in: *A. Buschmann u.a. (Hg.):* FS für Rudolf Gmür, Bielefeld 1983, 7-19. – *F. Hase/K.-H. Ladeur:* V.sgerichtsbarkeit und polit. System, Frankfurt/M./New York 1980. – *K. Hesse:* Grundzüge des V.srechts der Bundesrepublik Deutschland, Heidelberg, 14. Aufl. 1984.

*Wolfgang Meyer-Hesemann*

**Verhaltensforschung**

*A.* V. (Ethologie) befaßt sich mit Merkmalen, die meist als Bewegung faßbar sind und vom →Organismus in geordneter Weise hervorbracht werden. Die moderne V. ist von z.T. kontroversen *Programmatiken* geprägt. Der *Behaviorismus* (B. F. Skinner u.a.) untersucht experimentell die Gesetzmäßigkeiten des →»Lernens«: Welche Verhaltensänderung wird durch welche Änderung von Umweltreizen bewirkt? Man entdeckte Lernformen, wie bedingter Reflex, bedingte Reaktion, operante Konditionierung, Lernen am Erfolg oder Mißerfolg. Die Schule von K. Lorenz, N. Tinbergen u.a. versuchte sich über diesen Input-output-Standpunkt hinaus an einem Funktionsmodell des Verhalten produzierenden →Organismus. Einfluß hatten Neurophysiologie (E. von Holst) und →Psychologie (S. →Freud). Entgegen einer starren Reflexlehre (Ch. Sherrington) wurde die Existenz eines – relativ autonomen – Antriebs postuliert, der eine zentrale Stelle im Modell der *Instinkthandlung* einnimmt. Später wurden – fortgesetzt von B. Hassenstein – ins Modell auch Instanzen für Lernvorgänge (bedingte Reaktion u.a., →Lernen) aufgenommen.

*B.* Diese Entwicklungslinie der V. war sehr stark evolutionär ausgerichtet. Zur Klärung stammesgeschichtl. Verwandtschaft hatte sie damit begonnen, Verhaltensweisen als *artspezif. Merkmale* heranzuziehen (C. O. Whitman, O. Heinroth). Das Aufkommen des Darwinschen Erklärungskonzepts (→Darwinismus) lieferte neue Leitfragen: Was ist am Verhalten angeboren, was erworben? Oder pointierter: Was ist der phylogenet. (stammesgeschichtl.) bewährte Beitrag zum Zustandekommen der Zweckmäßigkeit (»Teleonomie«) des Verhaltens, was der ontogenet. (individualgeschichtl.) Beitrag? »Woher stammt die Information? Aus den Genen oder aus der →Umwelt?« (K. Lorenz). Ein ontogenet. Anpassungsmechanismus ist das Lernen am Erfolg oder Mißerfolg (»Lernen mit Rückkopplung«, →Kybernetik). Selbst »Einsichtslernen« wird dem Schema von Zweck-oder Sollzustandsvorgabe und Zweckerreichen einverleibt. Als Mechanismus läßt sich eine ins Systeminnere verlegte Simulation des Verhaltens in einem »Weltmodell« denken (K Lorenz, K. Steinbuch). Die »Nachahmung« durch andere Individuen – vermittelt nicht zuletzt durch →Sprache – bietet einen Ansatzpunkt, Evolutionsdenken auch auf den Sozialverband auszudehnen.

*C.* Nach dem Urteil vieler Kritiker ist der phylogenet. Beitrag von Lorenz u.a. *zu stark gewichtet.* Aber das dort gewonnene allg. »Schema« scheint doch eine wichtige Errungenschaft zu sein, gerade weil es die Vielfalt der Beiträge berücksichtigen kann. Allerdings sollte die Befrachtung mit Evolutionsdenken die V. nicht von manchen empir. näherliegenden Fragestellungen abhalten. Die Nähe von »Ethologie« zu →»Ethik« läßt die Frage zu, ob sich aus der V. menschl. Verhalten verbessern und bewerten läßt. Die V. prüft ja gerade Modelle, nach denen die freie Willensentscheidung eingeschränkt ist. Inwiefern im menschl. Bereich gar →*Religion unter Verhalten* zu rechnen ist und damit auch den jeweiligen Ansätzen und Kriterien der V. zugängl. sein müßte (etwa »Lernen« unter evolutionärem Aspekt, wer aber soll wozu was lernen?), das ist eine brisante Frage und mutet der Theologie eine ungewohnte Denkaufgabe zu (→Naturwissenschaft und Theologie).

*Lit.: B. Hassenstein:* Instinkt, Lernen, Spielen, Einsicht, München 1980. – *K. Lorenz:* Vergleichende V., München, 2. Aufl. 1984. – *K. Steinbuch:* Automat und Mensch, Berlin u.a., 4. Aufl. 1971.

*Bruno Gauger*

**Verkehr**

*A.* Menschen haben zu allen Zeiten ihre biolog. →Mobilität als *Grundbedürfnis* und Gebot das Überlebens empfunden. Um Nachteile gegenüber der →Umwelt auszugleichen, paßten sie sich nicht nur an, sondern bauten Wege und Straßen, später Fahrzeuge. Da der Mensch von Natur aus Techniker ist, hat er sein Grundbedürfnis nach Beweglichkeit mit Hilfe der modernen →Technik immer stärker befriedigen können. In der modernen →Gesellschaft finden →Wohnen und →Arbeiten zudem an verschiedenen Orten statt. So entsteht der V. durch den notwendigen, ständigen *Austausch* von Personen-, Dienstleistungs-, →Energie- und Güterströmen. Er wird zum Blutkreislauf der Gesellschaft und muß durch ein funktionierendes Geflecht von Technik und zwischenmenschl. →Kommunikation ermöglicht werden. Zugleich gehört der moderne V. zu den zentralen, noch unbewältigten gesellschaftl. Aufgaben. V.spolitik, V.sethik und V.serziehung ergeben sich von daher aus einer auf die Gesellschaft ausgerichteten →Theologie.

*B.* Erforderl. ist eine *Sozialethik des V.s.* Der moderne Straßenv. ist Individualv. Der »Mensch im Auto« stellt eine Herausforderung dar, auf die eine christl. →Ethik Antworten entwerfen muß. Andere V.sarten wie Bahn- und Luftv. sind notwendige Ergänzungen und – im Blick auf Sicherheit, Geschwindigkeit, Bequemlichkeit und Wirtschaftlichkeit – dem Individualv. überlegen. Sie müssen aus Gründen der →Ökologie verstärkt als Alternative entwickelt werden. Andererseits ist bisher kein Ersatz für den motorisierten Individualv. in Sicht. Da er die gewonnene Freizügigkeit mit der Gefährdung aller V.steilnehmer (8.000 Tote und 500.000 Verletzte im Jahr) und mit schwerwiegender Belastung der Umwelt bezahlen muß, kann auf eine eth. Beurteilung nicht verzichtet werden. Da die eigene Sicherheit nicht ohne die der anderen zu haben ist, erfordert die *Teilnahme am V.* von allen ein hohes Maß an →Wissen, Können und Umsicht, an Reaktionsbereitschaft, Verantwortungsbewußtsein und Selbstdisziplin. →Partnerschaft gilt weithin als Konkretion christl. Nächstenliebe. Doch reichen individuelle Willensimpulse nicht aus, vielmehr müssen sie mit sozialeth. und v.spolit. Maßnahmen verkoppelt werden. V.sberuhigung in Ballungsgebieten, Geschwindigkeitsbegrenzungen und Anreize zur vermehrten Nutzung der öffentl. V.smittel gehören ebenso dazu wie V.serziehung in →Schulen und gesetzl. Maßnahmen zur V.ssicherheit (Gurtanlegepflicht, Schutzhelm, Stufenführerschein u.a.).

*C.* In ihrer →Seelsorge begegnen die →*Kirchen* den Unfallopfern. Sie können daher auf eine Mitverantwortung für die Vermenschlichung des V.s nicht verzichten. Ihre Motivation ist schöpfungstheol., christolog. und eschatolog. bestimmt und zugleich polit. bedeutsam. Kirchl. V.sarbeit hat daher öffentl., notfalls konfliktbereit für eine V.splanung einzutreten, die an menschl. Bedürfnissen (Kontakt, →Kommunikation, Nachbarschaft) orientiert ist. Deshalb hat sie sich auch gegen eine Planung zu wenden, die sich ausschließl. nach techn. Möglichkeiten oder wirtschaftl. →Interessen richtet (»autogerechte Stadt«, ungestörter V.sfluß, Höchstgeschwindigkeiten). Die Starken dürfen sich nicht auf Kosten der Schwachen durchsetzen. Zugleich beteiligen sich die Kirchen in *ökumen. Gemeinsamkeit* und in Zusammenarbeit mit dem Deutschen V.ssicherheitsrat an Aktionen zur V.ssicherheit; sie stellen ihre Infrastrukturen zur Verfügung und betreiben eigene Fortbildung für ihr Mitarbeiter. Instrumente dafür sind: Arbeitskreise, die Institution von V.sbeauftragten und (auf Bundesebene) die Ev. Arbeitsgemeinschaft für V.sfragen in der EKD (→Ev. Kirche in Deutschland) sowie das Referat für V.sfragen im kath. Auslandssekretariat. Schließl. gibt es eine ökumen. Arbeitsgruppe, die Ev.-Kath. Arbeitsgemeinschaft für V.ssicherheit.

*Lit.: H. H. von Goessel:* Straßenv. und Humanität, München 1974. – *H. Schulze/EKD (Hg.):* Straßenv., Gütersloh 1977. – *H. Schulze:* Theol. Sozialethik, Gütersloh 1979. – Erwachsenenkatechismus, Gütersloh, 3. Aufl. 1977, 863ff. (Verantwortung im Straßenv.).

*Hans Hartwig von Goessel*

**Verkündigung**

*A.* Nicht nur Jesus hat verkündigt (Mk 1,14; Mt 4,17); auch die Jünger Jesu verstanden die V. der *Frohen Botschaft* (→Evangelium) als ihren wichtigsten Auftrag (Mt 28,18-20). Um die Bedeutung der V. zu betonen, spricht Paulus davon, daß er nicht zu taufen, sondern die Heilsbotschaft zu verkündigen gesandt ist (1 Kor 1,17). Im →NT gibt es etwa 30 verschiedene Worte für »verkündigen«. In die theol. Sprache hat bes. der Begriff »*Kerygma*« Eingang gefunden. Er hat die Bedeutung einer Proklamation, der Ausrufung eines Geschehens. Ein Bote kommt eilendst und verkündet: Sieg! Die wartenden Menschen in der Stadt sind dadurch gerettet. Ihnen steht nicht die Verschleppung in die →Sklaverei bevor, sondern →Freiheit und →Heil ist ihnen geschenkt. Im Vordergrund steht also nicht der Inhalt, wie sich alles zugetragen hat, sondern das Ereignis selbst. So ist im NT das V.sgeschehen das Entscheidende, das Ereignis ist das Neue. Mit der christl. V. ist Heil gegenwärtig.

*B.* V. ist Gegenwart *eschatolog.-endzeitl. Wirklichkeit,* die sich in Zeit und Geschichte (in Jesus Christus) ereignet hat und weiterhin geschehen kann. Der Verkünder der Frohen Botschaft, Jesus, ist als Verkündigter, Christus, gegenwärtig. V. ist ein eschatolog. Geschehen. Da sie auf dialog. Gemeinschaft zielt, begründet sie →Kirche, die »creatura Verbi« (Geschöpf des Wortes), Kirche des Wortes ist. →Augustinus sah in den →Sakramenten das »verbum visibile« (das sichtbare Wort), so daß Wort (Predigt) und Sakrament das V.geschehen darstellen. So wie beim Sakrament das geschieht, was bezeichnet wird, so auch bei der Wortv. (Predigt). Das Verkündigte tritt in Kraft.
Im 20. Jh. ist die Bedeutung des V.sgeschehens bes. von der sog. kerygmat. Theologie hervorgehoben worden. Während auf kath. Seite zwischen der →Wahrheit (verum) und der Heilsbedeutung (bonum) der Theologie unterschieden wurde (und man dabei nicht beachtete, daß jede Theologie ihre Wahrheit nur wahrt, indem sie auf das Heil des Menschen bezogen ist), haben protestantischerseits

bes. K. →Barth, F. Gogarten und R. →Bultmann eine V.stheologie entworfen, in der →Wort Gottes und Glaubensentscheidung des Menschen eine dialekt. Einheit bilden (→dialekt. Theologie). Bei Bultmann ist das gegenwärtige Kerygma der Kirche Präsenz des Wortes Gottes, das in →Jesus Christus an die Menschen ergangen ist. Von daher ist die Aussage sinnvoll: Jesus Christus ist ins »Kerygma« auferstanden. Das Kerygma ist lebendige und neues Leben weckende Anrede, in der sich der Mensch für oder gegen den Glauben entscheidet. Bei Annahme des Kerygmas wird der Glaubende in die eschatolog. Existenzweise (→Eschatologie) versetzt.

*C.* V. ist die *Bezeugung der Befreiung* und →Erlösung des Menschen. Bezeugung erfordert den Einsatz der Person, so daß die Wahrheit – anders als bei der Vermittlung objektiv nachprüfbarer Sachverhalte (→Hermeneutik; →Objektivität) – von ihr nicht ablösbar ist. V. ist deshalb in erster Linie weder eine Belehrung über etwas oder jemand (→Information) noch eine Überredungskunst, noch ein Befehl, dem zu gehorchen ist. Sie ist *Anrede* und hat performativen (wirklichkeitsverändernden) Charakter. Damit ist sie vom eth. Vollzug nicht zu trennen. Sein und Sollen, →Theorie und Praxis bilden eine Einheit. Theol. gesehen fordert sie zur Entscheidung auf, zielt auf die Umkehr (→Bekehrung) und Selbstfindung des Menschen, auf sein Heil und seine Befreiung. So hat die V. immer eine *dialog. Struktur* (→Dialog), läßt sich nicht durch →Dogmen oder →Institutionen absichern; sie bietet keine abstrakten, allg. Wahrheiten dar, sondern bezeugt Gottes Wort konkret als letzte Wirklichkeit und damit als letzte geschenkte Möglichkeit menschl. Identitätsfindung. Weder der einzelne noch eine Institution stehen über der V. (nach dem 2. →Vat. Konzil ist auch das →Lehramt der Kirche dem Wort Gottes nicht über-, sondern untergeordnet). V. ist vielmehr ein *Geschenk des Geistes.* Der Geist Christi wirkt in den Charismatikern (→Charisma), die im Auftrag Christi verkündigen und dialog. Glaubensgemeinschaft verwirklichen. Konkrete Ausdrucksformen finden sich in der Liebes- und Liturgiegemeinschaft (Kirchenmusik u.a.). V. sucht nicht auf alte Fragen krampfhaft neue Antworten, sondern sie stellt den Menschen vor neue Fragen im sittl. (Ethik), im rel. (Kult) und im polit.-sozialen (Gesellschaft/Staat) Bereich. Da V. Ereignis eschatolog. (letzter) Wirklichkeit ist (die in der Vollmacht Jesu geschieht), relativiert sie diese Bereiche, d.h. bringt sie in Beziehung zum Evangelium, und ist damit selbst Befreiungsbewegung für menschl. Dasein. Somit ist die V. Anbruch des Reiches der Freiheit, d.h. des Bereiches, in dem Gott für Menschen erfahrbar wird.

*Lit.: G. Hasenhüttl:* Krit. Dogmatik, Graz 1979. – *J. Ratzinger:* Dogma und V., München 1973. – *Th. Schneider:* Was wir glauben. Eine Auslegung des Apostol. Glaubensbekenntnisses, Düsseldorf 1985.

*Gotthold Hasenhüttl*

**Vermittlungstheologie.** Der vermutl. von dem Theologen F. Lücke geprägte Begriff V. bezeichnet das Programm prot. Theologie, das die entscheidend von →Schleiermacher geprägten Herausgeber und führende Mitarbeiter der 1827 gegründeten, bis 1938 bestehenden Zeitschrift »Theol. Studien und Kritiken« vertreten haben. Im Programm der Zeitschrift fordern deren Herausgeber K. Ullmann (1796-1865), F. W. K. Umbreit (1795-1860), J. K. L. Gieseler (1792-1854), F. Lücke (1791-1855) und C. I. Nitzsch (1787-1868) die Durchdringung von →Glaube und Wissen. So suchen die Vermittlungstheologen, zu denen u.a. auch A. Schweizer (1808-1888), A. Twesten (1789-1874) und später K. R. Hagenbach (1801-1874) – nicht aber der konservative Lutheraner J. Müller (1801-1878) und die stärker von der spekulativen Theologie geprägten Theologen R. →Rothe und I. A. Dorner (1809-1884) – zu zählen sind, zunächst den *nachkant.* theol. *Parteienstreit* von →Rationalismus und →Supranaturalismus zu *überwinden.* In ihrem intensiven kirchenpolit. Engagement treten sie für die Überwindung der innerprot. Konfessionsgegensätze (→Konfession) durch eine *Union* zwischen Lutheranern und Reformierten ein (→Luthertum, →reform. Kirchen). Selbst jene Vermittlungstheologen, die sich wie der Reformierte A. Schweizer um eine dogmat. Neubestimmung ihrer konfessionellen Sondertradition bemühen, lehnen den neuen Konfessionalismus ab, so daß schon Zeitgenossen die V. als Legitimationstheologie der primär vom Staat getragenen Unionsbestrebungen deuten. Tendenzen zur *Verkirchlichung* der Theologie und Nähe zum zunehmend restaurativeren →Staat prägen auch die *Kulturethik* der Vermittlungstheologen. Theologie und Kirche sollen dem Gemeinwesen wieder ein verbindl. christl. Fundament der →Werte vermitteln und so die tiefgreifenden polit. Gegensätze und die neuen sozialen Widersprüche überbrücken helfen. Wegen der Radikalisierung der innerprot. Gegensätze durch hist.-krit. Theologie (→Strauß, →Tübinger Schule) und luth. Konfessionalismus sowie der zunehmenden polit. Fraktionierung kann dieses Integrationsprogramm in Kirche und Gesellschaft des Vormärz (→Biedermeier) aber nur *eingeschränkt wirksam* werden. So wie der konservative Lutheraner E. W. Hengstenberg (1802-1869) nicht Vermittlung, sondern Scheidung der Gegensätze fordert, so spricht der Liberale A. E. Biedermann (1819-1885) von Verkleisterungstheologie. Dieser polem. Gebrauch des Begriffs prägt auch noch die Kritik der →dialekt. Theologie an der sog. liberalen Theologie ihrer akadem. Lehrer. Links wie rechts ist der Begriff V. also in einen *Kampfbegriff* umgeformt worden, der theol. Irrtum signalisieren soll.

*Lit.:* *V. Drehsen:* C. I. Nitzsch, in: *F. W. Graf (Hg.):* Profile des neuzeitl. Protestantismus I (GTB Siebenstern 1416), Gütersloh 1989. – *R. Holte:* Die V., Uppsala 1965. – *H. Pfisterer:* Carl Ullmann (1796-1865). Sein Weg zur V., Karlsruhe 1977.

*Friedrich Wilhelm Graf*

## Vernunft

### *A. Diskussionslage*

V. läßt sich bestimmen als Akt des Gesamtbewußtseins, in welchem sich sowohl die Wissensvollzüge (→Theorie) wie auch die Willenshandlungen (→Praxis) für die Reflexion aufbauen. Doch wird diese Auffassung gegenwärtig kritisiert. Durch die Festschreibung des Objektivitätsideals werde die V. unmenschl., das komplexe Weltverhalten des →Subjekts vereinfacht, die irrationale Komponente in der V. nicht mehr zugestanden und die Freiheit zur individuellen Weltgestaltung aufgelöst (P. Feyerabend). Wer die Subjektivität auch im philos.-wissenschaftl. Bereich retten wolle, müsse die Vieldeutigkeit der Welt zulassen, wie sie sich im Mythos ausdrückt (H. Blumenberg). Wenn *Irrationalität* und myth. Bewußtsein als prinzipielle Bedingungen des V.aktes anerkannt würden, lösten sich zudem die Geltungs- und Begründungsprobleme, in denen sich der zeitgenöss. →Rationalismus und Szientismus festgefahren hat (so H. P. Duerr in seinem Plädoyer für eine »anarch. Bewußtseins- und Erkenntnistheorie«). Tatsächl. gibt ein solch objektivist. Szientismus die subjektive Freiheit der individuellen V. preis. Damit ist das Problem des V.begriffs benannt: Einerseits (von der Subjektseite her) erscheint die V. als ein Akt, in dem das →Selbstbewußtsein sich durch Reflexion selber entwirft (→Idealismus). Andererseits (vom Objektstandpunkt aus) entspricht ihre Erkenntnis der empir. Welt (→Positivismus). Je präziser das Objekt in log. eindeutigen Sprachen oder in sich selbst regelnden Systemen abgebildet ist, um so besser nähert sich das vernünftige Begreifen der vorausliegenden →Wirklichkeit an. Wie sind diese beiden Standpunkte zu vereinbaren?

### *B. Historisch*

Der Sache nach taucht der Begriff in der *griech. Philosophie* auf. Bei →Platon, wie in der plotin. Tradition, stellt die V. (nous, noesis) den Zusammenhang her zwischen der höchsten Idee (dem Prinzip allen Erkenntniswissens [episteme]), der Verstandeserkenntnis (dianoia) und den Wahrnehmungen (aisthesis). Die V. vermittelt also zwischen Subjektivität und Objektivität. Bei →Aristoteles wird die V. als höchstes Geistvermögen (noesis) selbst zum Erkenntnisinhalt (noesis noeseos), so daß sie in der objektiven Selbstanschauung zur Ruhe kommt. In der V. verwirklicht sich also der »unbewegte Beweger«, auf den hin alles Bewegte strebt (Entelechie). Ein neues Bewußtsein der V. entsteht in der →*Aufklärung.* V. wird begriffl. jetzt kaum vom →Verstand unterschieden, aber nach zwei Seiten hin abgegrenzt: einmal gegenüber der →Offenbarung, indem sie eine autoritäts- und transzendenzunabhängige Geltung beansprucht; zum andern als Geistvermögen gegenüber den sinnl. Wahrnehmungen (→Empirismus). Sie ordnet die sinnl. Eindrücke und verknüpft sie – in zunehmender Verallgemeinerung – zu Begriffen. Zuvor aber reflektiert sie sich selbst, wendet sich also aus der Haltung des objektiven Vernehmens zur Selbstreflexion. Psychologisierende Theorien sehen vor allem, daß die V. im Bewußtsein die Außenwelt abbildet (J. →Locke, P. Gassendi, G. Berkeley). Neben die materialen Vermögen der Wahrnehmung und des Verstandes tritt allerdings die formale V. mit der Entdeckung →a prior. V.momente im Vollzug der Reflexion (J. Lambert, D. Hume). Die Bewußtseinstheorien von →Leibniz und →Descartes bilden – in Absetzung gegen die gängigen Theorien des →common sense – die Grundlage für →*Kants* transzendentale Kritik der V. Er faßt sie auf als regulatives Vermögen der Verstandesprinzipien. →*Fichte* sieht in ihr die Totalität aller Prinzipien des Reflexionswissens und der Wirklichkeit. Für →*Schelling* stellt sie den Indifferenzpunkt dar, in dem das objektive und das subjektive Selbstbegreifen zum Ausgleich kommt. →*Hegel* sieht in ihr die Identität der Subjektivität und der Objektivität des Begriffs, durch die die innere Gewißheit bestimmt ist. Selbstbeziehung und Gegenstandsbezogenheit werden also ident.

Diese Identität wird allerdings zunehmend verobjektiviert. In der →Hermeneutik wird die V. so das gegebene Vermögen des Vernehmens, das individuelle und hist.-soziale Verstehensbedingungen vereint. Vorläufiger Endpunkt der Entwicklung der Theorien über die V. sind die sog. *Referenztheorien.* Dort wird die V. (im Rückgriff auf Descartes und Fichte) im Ich-Akt zum Mittelpunkt des gesamten Beziehungsfeldes, das sich eine Person im Handeln gegenüber der Sachwelt und der Individualwelt aufbaut. Durch die Art dieser handlungslog. Beziehung (Referenz) charakterisiert die Person (Ich) die Bedeutung ihrer Welt für sich und dadurch vermittelt für andere.

### *C. Systematisch*

Das entscheidende Strukturmoment der V. ist die Einheit, die sie für die verschiedenen Bewußtseinsleistungen herstellt. V. ist demnach der analytisch-synthet. *Einheitsakt des Wissens.* Sie begründet dessen log. Beziehungsglieder (Disjunktionen); denn sie erzeugt – formal und inhaltl. – Wissensstandpunkte als Disjunktionen einer Einheit, die sie →a priori bedingt. Deshalb ist die V. zugleich die Einheit der materialen und der formalen Bedingungen des Wissens. Sie weiß sich als Wissensgehalt und verwirklicht sich in diesem Wissen als reale Erscheinung (»Realbild der V.«). Zugleich weiß sie, daß und wie sie dieses Wissen formal strukturiert und nachkonstruiert (»Formalbild der V.«). Realbild und Fomalbild bedingen sich also gegenseitig. So *ist* die V. das universelle Bild des Wissens und der gewußten Wirklichkeit: nicht bloß subjektive Anschauung, sondern auch objektive Geltung. Durch materiale Selbstbestimmung begrenzt sie sich (→Wille) als subjektiver Akt und wird so zum *Individualbild* des allg. V.vermögens: es eröffnet sich der konkrete Lebensrahmen, indem sich die V.person verwirklicht. Sie entwirft sich eigenständig gegenüber der Objektwelt (→Natur), der Subjektwelt (→Gesellschaft) und der →Transzendenz. In diesem *Handlungszusammenhang* entstehen sittl. Verantwortung und rel. Sinngebung. →Recht, →Moral und →Glaube können aus der transzendentalen Struktur der V. begründet werden. Erst von da aus können auch →Offenbarung und →Glaube plausibel begründet werden.

*Lit.: H. Albert:* Traktat über die krit. V., Tübingen, 3. Aufl. 1975. – *F. Bader:* Die Einheit des transzendentalen Wissens in Descartes Methodenlehre, in: Franz. Studien (1983), 297-333. – *E. Cassirer:* Das Erkenntnisproblem, 4 Bde., Repr. Darmstadt 1973/74. – *H. P. Duerr:* Ni Dieu – ni metre, Frankfurt/M. 1985 (Lit.).

*Christoph Riedel*

**Versöhnung.** Der *Begriff* V. gehört zu den Grundvorstellungen fast aller Religionen, insofern er menschl. Schulderfahrung und göttl. Schuldzurechnung (→Sünde) entweder durch kult. Sühne im →Opfer (Gott als Objekt der V.) oder durch neue Zuwendung Gottes (Gott als Subjekt der V.) zum Ausgleich bringt. In seiner profanen Bedeutung meint der Begriff V. die Wiederherstellung eines guten Verhältnisses zwischen Feinden oder zwischen Mensch und Natur oder Kosmos. Als Inbegriff der christl. Religion umfaßt V. nicht nur ein sprachl. und sachl. differenziertes Bedeutungsfeld (*hilaskomai* [Lk 18,13] und *katalasso* [2 Kor 5,18-20]), sondern auch einen Bedeutungswandel seiner Intentionen. Darin spiegelt sich auch der geschichtl. Kern des Begriffs, der das *V.sgeschehen* zwischen Gott und Mensch immer auch als aktuelle *V.szusage* zum Ausdruck bringt.

*A.* Bedeutet V. in der griech., röm. und germ. Religion wesentl. Umstimmung der erzürnten Götter durch menschl. Sühne, so ist *im AT* eine sich vertiefende Erfahrung präsent, nach der die Sünde als →*Bundesbruch* nur durch ein heilschaffendes Handeln Gottes selber aufgehoben werden kann. V. hat ihren Sitz im Leben vor allem in der Heilsankündigung der exil.-nachexil. Jahwegemeinde (Jes 53) und repräsentiert die eschatolog.-polit. Hoffnung Israels auf die Wiederherstellung seiner früheren Verhältnisse in einem künftigen Neuanfang.

*B. Im NT* ist die im AT begonnene *Uminterpretation* der geläufigen antiken V.svorstellung durch einen erneuten Bedeutungswandel zum Abschluß gebracht. In der paul. Theologie (vgl. aber auch Mt 5,24) ist V. der theol. Grundbegriff, der andere Begriffe der Heilslehre ersetzt und überbietet und selber durch den strengen Bezug auf *Person und Werk* →*Jesu Christi* definiert ist (Zentralstellen: Röm 5,10f.; 2 Kor 5,18-20). Der Versöhnende ist Gott, der in Tod und →Auferstehung Jesu eine Umkehrung des Verhältnisses von Gott und Mensch herbeiführt, die keiner kult. Verwechslung oder Überbietung fähig oder bedürftig ist. Als Ertrag dieser heilsamen Umkehrung gelten →Gerechtigkeit vor Gott (→Rechtfertigung; Röm 3,21f.) und Friede mit Gott (Röm 5), die die Gewißheit künftigen →Heils im Endgericht nach sich ziehen. Diese Verschränkung von christolog. Ausschließlichkeit und kosm.-humaner Universalität im Begriff der V. ist für die *V.spraxis* der christl. Gemeinde von höchster Bedeutung, denn als *mimet.* (nachahmende) *Praxis* führt die Gemeinde weder deren Grund noch deren Ziel selber herauf, sondern sie bringt das objektive Sein der V. in einem gerichteten Ensemble von Worten und Taten der V. in der Welt der Entzweiung zur Darstellung.

*C.* Sowohl der Zusammenhang zwischen V. und Sühne als auch die Verschränkung von Objekt und Subjekt sowie der Begriff der V.spraxis bilden in vielfältigen Bezügen den Hintergrund für die *V.svorstellungen* der abendländ. Theologien, während im Osten der →Erlösungsgedanke vorherrschend geblieben ist. Gleichwohl gibt es kein →Dogma der V., wohl aber eine gesteigerte Reflexion von der →Alten Kirche (→Augustinus) über das →MA. (Anselm von Canterbury, Abälard, →Thomas von Aquin) und vor allem die →Reformation (M. →Luther) und die →Neuzeit (A. →Ritschl, M. Kähler, K. →Barth, K. →Rahner; →Befreiungstheologie). Sie versucht auf unterschiedl. Grundlinien die V.slehre als Kernelement der Theologie überhaupt darzustellen. Durch die Philosophie →Hegels (die eine Theorie der Entzweiungsphänomene der →Moderne in ihrem geschichtl. Zusammenhang mit der →Offenbarung Gottes in Christus ausarbeitete) und vor allem über den Linkshegelianismus (wo die hist. Entstehung der Moderne als Kritik ihrer falschen V. begriffen wurde; →Hegelianismus) hat der Begriff V. eine Umbestimmung und Weiterung erfahren. Sie kann ihn auch dort in Geltung stehenlassen, wo sein rel. Inhalt aufgelöst wurde.

*Lit.: K. Barth:* Kirchl. Dogmatik IV, 1-3, Zürich, 4. Aufl. 1985. – *F. Ch. Baur:* Die christl. Lehre von der V. in ihrer geschichtl. Entwicklung, Tübingen 1838. – *H.-G. Geyer:* Anfänge zum Begriff der V., in: Ev. Theologie 38 (1978), 235-251. – *H.-G. Link/H. Vorländer:* V., in: Theol. Begriffslexikon zum NT, Bd. II/2, Wuppertal 1971, 1302-1313. – *A. Ritschl:* Die christl. Lehre von der Rechtfertigung und V., Bd. I-III, Bonn 1870-1874. – *G. Wenz:* Geschichte der V.slehre in der ev. Theologie der Neuzeit, Bd. 1 und 2, München 1984/1986.

*Hartmut Ruddies*

**Verstand** wird meist gleichbedeutend verwendet wie →Vernunft. In der Philosophie werden sie seit

→Kant und der →Transzendentalphilosophie aus guten Gründen unterschieden. Die Vernunft umfaßt alle Grundlagen der Welt des →Bewußtseins, während der V. sie auf die Welt der →Erscheinungen anwendet.

*A.* →Kant hatte entdeckt, daß man die – immer im Zusammenhang von Raum und Zeit angeschaute Außenwelt – ohne die Leistungen des Bewußtseins nicht begreifen, nicht wissen könnte. Er schloß daraus aber nicht, daß die Welt ein reines Gedankengebilde sei (→Idealismus). Sie ist ihm aber auch kein Ding an sich, das den V. durch die sinnl. Vermögen als unbedingte Vorgabe bestimmt (→Locke, →Hume). Vielmehr baut der V. eine *Begriffsform der Außenwelt* auf, indem er vorgegebene (aprior., →Apriori) Formen des Erkennens und die sinnl. Wahrnehmungen zum Objektwissen ineinanderarbeitet. Deshalb nennt man ihn auch das *objektive* Vermögen der Vernunft, nach Kant das »Vermögen der Begriffe« (Kritik der reinen Vernunft, B 199). Diese aprior. Erkenntnisformen, die »Kategorien« des »reinen« (transzendentalen) V.s, bilden den objektiven Begriff, der also ein formales (erkenntnisbezogenes) und ein inhaltl. (realitätsbezogenes) Moment in sich trägt.

*B.* Kant unterscheidet vier Arten von *Kategorien.* Die Kategorien der *Qualität* bestimmen die Realitätsanschauung des Objekts. Durch sie unterscheidet sich der V. in seiner Subjektivität von ihnen. Durch Räumlichkeit und Zeitlichkeit werden die Realitätsmomente voneinander abgegrenzt und treten so in ihrer Vielheit und Verschiedenheit (Pluralität) hervor. Die Kategorien der *Quantität* beziehen die Objekte im Kontinuum des Ganzen aufeinander (Ganzheit) und unterscheiden sie zugleich voneinander (Einzelheit). Die Wirklichkeit wird so weder atomisiert noch – ohne analyt., zergliederbares Kontinuum – zur ununterschiedenen →Ganzheit (Holismus). Die Kategorien der »*Relation* lassen Veränderungen erkennbar werden in der Verknüpfung von Ursache und Wirkung. Dabei erscheinen die unveränderl. Kerne der Phänomene als Substanz, die zufällig wechselnden Erscheinungen als Akzidenz. In der Wechselwirkung von Objekt und Subjekt entstehen die Kategorien der →Modalität: Notwendigkeit, Möglichkeit und Wirklichkeit. Der V. baut also die Wissensbilder seiner Objekte auf und zusammen. Das ist seine synthet. Leistung. Sie wird frei genannt, sofern das Objekt dadurch in eine »Subjektform« übergeht, nicht aber als ob der V. willkürl. über die Objektmomente verfüge.

*B.* →*Hegel* verweist auf die Grenzen dieser Konzeption. Der V. bleibe eine in sich leere Form. Es komme ledigl. zu einem subjektiven Begriff, nur zu einem Abbild der Wirklichkeit. Darüber hinaus müsse der V. *sich selbst zum Begriff* erheben; dazu bedürfe es der Gesamtleistung des Selbstbewußtseins. Im Unterschied zu Kant und Hegel betrachtet →Fichte den V. nicht mehr im Unterschied zur Vernunft. Er sieht den V. als das Vermögen der Vernunft, »entgegengesetzte Dinge in einem Acte zu faßen« (Wissenschaftslehre Nova methodo, Hg. E. Fuchs, 201). Durch seine Bedingungen also wird der *Begriff* der Wirklichkeit aufgestellt. Er bestimmt die Wirklichkeit aber nicht mehr prakt., ermöglicht also das Handeln nicht. Das ist die Aufgabe der »produktiven Einbildungskraft«. Die Unterscheidung in V. und Vernunft wird so aber wichtig für die Frage nach der →Schöpfung als konkretem Handlungsraum von Individuen und damit für die Begründung normativer Momente (natürl. Sittengesetz) aus ihr. Denn der transzendentale Begriff des V.s zeigt, daß jedes Individuum durch die Elementarhandlung seines Selbstvollzugs den Handlungsraum der Schöpfung als seinen eigenen mitsetzt. Sittlichkeit kann ursprüngl. also nur in der Einheit von objektiver und subjektiver Norm begründet werden.

*Lit.: H. Krings:* Transzendentale Erfahrung und kategorialer Gehalt, in: Philos. Jahrbuch 88 (1981), 120- 132. – *R. Lauth:* Transzendentale Naturlehre, Hamburg 1985. – *W. Stegmüller:* Aufsätze zu Kant und Wittgenstein, Darmstadt 1974.

*Christoph Riedel*

**Verstehen.** Schon im Alltag wird der *Begriff sehr unterschiedl.* gebraucht; er umfaßt das einfache akust. V. und das Auffassen des im Gehörten gemeinten Sinns, das V. einer fremden Sprache und das Nachvollziehen-Können eines zunächst fremden seel. Ausdrucks. Entsprechend vielfältig ist auch die philos. und theol. Reflexion über das V. Im Laufe der Geschichte sind immer neue und umfassendere Dimensionen des V.sbegriffs aufgedeckt worden. Heute zählt er zu den Grundbegriffen der →Geisteswissenschaften, ist aber wie diese nicht unumstritten.

*A.* Zunächst erforderte die Interpretation von nicht unmittelbar verständl. *Texten* die Ausbildung von *speziellen V.sregeln,* so z.B. in der antiken Philologie die Auslegung Homers, in der christl. →Hermeneutik die Exegese der Hl. Schrift (mit der über Jh.e gültigen Theorie vom zwei-, drei- oder vierfachen Schriftsinn), in der jurist. Hermeneutik (→Rechtswissenschaft) die Auslegung von Gesetzestexten. Überall dort, wo Schriftstücke für gültig erachtet werden, aber schwierig zu verstehen sind, muß ein Instrumentarium von V.shilfen erarbeitet werden. Bereits im lat. Begriff *intelligentia* (»Einsicht«, »V.«), wie ihn →Augustinus, Boethius und einige Autoren des MA.s verwenden, ist jedoch mehr gemeint: er bedeutet das höchste Vermögen des Geistes, das Wort Gottes nicht nur zu hören, sondern auch so einzusehen, daß daraus Schlüsse für das Handeln des Glaubenden gezogen werden. Meister Eckhart übersetzt in diesem Sinne *intelligentia* mit »V.« (»verstân«, »verstandnis«) und führt das Wort in die dt. philos.-theol. Begriffssprache ein. Noch →Kant ist die Herleitung von

»V.« aus *intelligentia* geläufig; es bedeutet bei ihm aber das Erkennen des Mannigfaltigen der Anschauung mit Hilfe der Kategorien des Verstandes, ist also dem Begriff Verstand verwandt.

*B.* Erst mit der Entstehung des hist. Bewußtseins zu Ende des 18. Jh.s kommt eine wesentl. neue Dimension hinzu: V. anderer Personen und ihrer Äußerungen heißt Überbrückung von Fremdheit, eine Anregung des eigenen Inneren durch etwas zunächst Äußerliches, was im Prozeß des V.s vertraut wird und dem zugestimmt werden kann. Der V.de muß aus sich herausgehen in Richtung auf das zu V.de (Novalis, Humboldt, →Hegel). Deshalb ist das V. nicht auf das V. von Schriftstücken beschränkt, sondern umfaßt alle sprachl. Äußerungen als Ausdruck der anderen Individualität, somit also das Ganze des anderen *Lebens und Denkens*, wie z.B. die eigentüml. Person eines Schriftstellers, in die sich der V.de hineinversetzen muß (→Schleiermacher).
Im Anschluß hieran zeigte W. →Dilthey, daß schon dem alltägl. Leben elementare Formen des V.s (V. von Lebensäußerungen wie Gebärden, Mienen und allen fundamentalen Akten) zugrunde liegen. Diese leiten über zu höheren Formen des V.s, dem V. von Strukturen und homogenen Zusammenhängen, wie z.B. einer →Sprache, von Verhaltensregeln einer Prozeßordnung usw. Die eigentl. Leistung der Geisteswissenschaften liegt im V. der großen geistigen Schöpfungen, in denen zugleich das Allgemein-Menschliche und ihr individueller Selbstwert erkannt wird. Auf dem Umweg über dieses V. lernt der *Mensch sich selbst* kennen, da er sich bis zu einem gewissen Grade in fremde Zustände hineinversetzen und sie nacherleben, somit seine eigenen Möglichkeiten erweitern kann.

*C.* Schließl. hat M. →Heidegger entwickelt, wie allem Denken und Anschauen, Fragen und Erkennen des Lebens und der Wissenschaft ein primäres V. vorausgeht, durch das die *Welt* dem Verstehenden schon »irgendwie« *erschlossen* und ausgelegt ist. Ihm können wir uns nie ganz entziehen, und »echtes« V. muß sich in Auseinandersetzung mit ihm vollziehen.
Wie allem hist. V. ein wirkungsgeschichtl. Moment innewohnt, das der Applikation durch den gegenwärtigen Interpreten (H.-G. Gadamer), so kann bes. die Theologie beim bloß distanzierten V. eines geschichtl. Ereignisses nicht stehenbleiben, sondern muß auch nach dem Anspruch fragen, den es für die eigene Gegenwart und Zukunft bildet. Das »existentielle Verhältnis« zur Geschichte ist so die Voraussetzung für das V. der Geschichte (R. →Bultmann).

*Lit.: K.-O. Apel:* Das V., in: Archiv für Begriffsgeschichte 1 (1955), 142-199. – *O. F. Bollnow:* Studien zur Hermeneutik I, Freiburg/München 1982. – *K. Gründer:* Hermeneutik und Wissenschaftstheorie, in: Philos. Jahrbuch 75 (1967/68), 152-165. – *L. Landgrebe:* Vom geisteswissenschaftl. V., in: Zeitschrift für philos. Forschung 6 (1951/52), 3-16. – *W. Pannenberg:* Hermeneutik und Universalgeschichte, in: Zeitschrift für Theologie und Kirche 60 (1963), 90-121. – *J. Wach:* Das V., I-III, Tübingen 1926-33.

*Ulrich Dierse*

## Vertrauen

*A.* Als *»Zutrauen zu eigenen Erwartungen«* (N. Luhmann) ist V. ein elementarer Tatbestand des sozialen Lebens, in diesem weitesten Sinn die Basis geordneten Handelns überhaupt. Zwar ist der Begriff in der sozialwissenschaftl. Fachsprache wenig gebräuchl., der Sachverhalt aber ist Gegenstand wissenschaftl. Interpretation in →Sozial- und →Entwicklungspsychologie sowie in der →Soziologie und →Psychologie der →Organisation. Unter Lebensbedingungen, die das Verhalten des einzelnen wenig normieren, Verläßlichkeit nicht erzwingen, ist V. samt seiner Negation Mißtrauen zur Regelung des Verhaltens unverzichtbar. Je weniger Verhalten normativ kontrolliert wird oder werden kann – sei es durch zunehmende Komplexität oder abnehmende Stabilität der sozialen Strukturen –, desto wichtiger wird die Bildung von V. Um ihr Verständnis bemühen sich theol. Ethik und Sozialwissenschaften im Interesse humaner Lebensgestaltung in solchen Lebensbereichen, die in bes. Maße vertrauensabhängig sind (→Medizin, →Rechtsprechung, →Erziehung).

*B. Tiefenpsycholog.* Theorien sehen die frühkindl. Phase, die der Bildung eines V.sverhältnisses zur Umwelt dienen muß, auch da als lebensentscheidend an, wo sie nicht ausdrückl. von einem »*Urvertrauen*« (E. H. Erikson) zwischen Säugling und primärer Bezugsperson sprechen. Gestörtes Urvertrauen, mißlingende V.sbildung (Identifikation) wird für schwere seel. Störungen und Fehlentwicklungen verantwortl. gemacht, die nur korrigiert werden können, indem die frühkindl. Abhängigkeit im therapeut. Prozeß neu inszeniert wird. Die soziol. Funktionsanalyse zeigt ergänzend, daß V. hervorgerufen werden muß. V. bildet sich in einem Prozeß, der mit einer »riskanten Vorleistung« dessen beginnt, der V. entgegenbringt, um V. zu begründen.

*C.* Die *christl. Lehre* von der alles Leben gründenden Kraft des V.s auf →Gott wird durch sozialwissenschaftl. Auslegungen von Wirklichkeit interpretiert, insofern 1. nur *vorbehaltloses V.* (wie ein Kind) Zugang zum Reich Gottes eröffnet (Mk 10,13ff.) und 2. die (lebens)riskante Vorleistung des Jesus von Nazaret, sein Kreuzestod, ein für allemal die Einsicht geschichtswirksam werden ließ, daß nur durch V. humanes Leben begründet wird und daß dies auch abgesehen von der Erfahrung gilt, daß V. immer wieder enttäuscht wird.

*Lit.: N. Luhmann:* V., Stuttgart, 2., erw. Aufl. 1973. – *R. Strunk:* V., Stuttgart 1985.

*Reinhard Schmidt-Rost*

**Verwaltung**

*A. Begriff*

Der allg. *Begriff der V.* bezeichnet die – private oder öffentl. – ausführende, planmäßige und fremden Zweckbestimmungen folgende Besorgung von Angelegenheiten unterschiedlichster Art, z.B. die V. eigenen oder fremden Vermögens (Betriebsv., Management), der Angelegenheiten eines Verbandes (Funktionäre), einer Anstalt oder Körperschaft (Selbstv. der Gemeinden und Hochschulen). Die V. erschöpft sich nicht in blindem Vollzug; im Rahmen der Zweckbestimmung bestehen immer z.T. sehr weitgehende Gestaltungsmöglichkeiten. Wenn heute allerdings von V. gesprochen wird, so meint man damit – in Abgrenzung zu den übrigen Staatsfunktionen – in erster Linie die *staatl. Besorgung* öffentl. Angelegenheiten durch dafür bestellte Sachwalter, die in V.sorganisationen zusammengefaßt sind. Was jeweils als Angelegenheit öffentl. V. behandelt wird, unterliegt der polit. und rechtl. Ordnung eines Gemeinwesens und mithin dem geschichtl. Wandel.

*B. Entwicklung der öffentlichen Verwaltung*

*I.* Das Erstarken öffentl. V. geht Hand in Hand mit der Entstehung des frühmodernen →Staates. Vorbilder lieferte die institutionell schon weiter gefestigte →*Kirche* mit der Ausbildung personenunabhängiger →Ämter, einer entspr. Ämterorganisation und dem entwickelten →kanon. Rechtsgefüge. Zwar erbrachten die ma. Herrschaftsgebilde schon erste →Institutionalisierungs- und Organisationsleistungen, auf die die spätere Entwicklung aufbauen konnte, doch erst mit dem (ganz wesentl. durch die Erfordernisse der Heeresv. und Kriegsfinanzierung angeregten) Abbau feudaler Strukturen und dem Ausbau eines geldwirtschaftl. *Steuersystems* bildeten sich in größerem Umfang V.sinstitutionen mit einem Personal heraus, das einem bes. Status unterworfen war (Beamte).
Insbes. das enge Zusammenwohnen vieler Menschen in →*Städten* erforderte allg. Ordnungsleistungen auf den unterschiedlichsten Gebieten (Markt-, Feuer-, Gesundheitspolizei, Armenpflege, Spitalwesen u.a.), die mit dem umfassenden Begriff einer – auf die gute Ordnung des Gemeinwesens gerichteten – *»policey«* (→Polizei) erfaßt wurden. Schon vor dem Ersten Weltkrieg erreichte der V.sapparat des Dt. Reiches eine beachtl. Größenordnung.
Zugleich zeigte die V. immer mehr das Gesicht einer modernen Bürokratie: Der Differenzierung der Aufgaben und Funktionen entsprach die Ausbildung eines professionalisierten Spezialistentums mit spezif. Rekrutierungs- und Laufbahnmustern, insbes. *Beamte*, die zum Staat in einem bes. Treue- und Fürsorgeverhältnis stehen. Die Formalisierung und unpersönl. Regelhaftigkeit des Verfahrens, die Schriftlichkeit und Kontinuierlichkeit der Geschäftsführung, Archivierung der Akten und Formularwesen, dies alles dient jetzt der Ausführung von Anweisungen und Entscheidungen, erleichtert deren Kontrolle, Korrektur und →Planung. Um die Jh.wende fielen der V. im Gefolge der Industrialisierung, weiteren Verstädterung und schließl. wegen der zu bewältigenden Kriegsfolgen in immer größerem Umfang Aufgaben der Daseinsvorsorge (*E. Forsthoff*) zu.
Seit Mitte des 19. Jh.s entstand mit dem bürgerl. →Rechtsstaat in den dt. Ländern eine bes. *V.sgerichtbarkeit*, die in seither wachsendem Umfang die V. auf ihre Gesetzmäßigkeit hin kontrolliert.

*II.* Während des →*Nationalsozialismus* entarteten weite Bereiche der totalitär alle gesellschaftl. Aktivitäten kontrollierenden V. zu einem *willfährigen Instrument* der Willkürherrschaft; das aus dem Kaiserreich in die Weimarer Republik übernommene überwiegend konservative bis reaktionäre Beamtentum förderte oder duldete diese Entwicklung unter Hinweis auf die angebl. →Legalität der nationalsozialist. Machtergreifung.
Im demokrat. und sozialen Rechtsstaat des *Grundgesetzes* hat die V. endgültig ihren Schwerpunkt vom Ordnungsgaranten zum *Leistungsträger* verlagert. V.shandeln kann nicht mehr allein als Vollzug allg. gesetzl. Anordnungen verstanden werden. Vielmehr gestaltet, plant, fördert, leistet und sorgt die V. in zunehmendem Maße vor. Das gesamte Leben der Gesellschaft ist inzwischen von einem engmasch. Netz öffentl. V. durchzogen, von der das Leben des einzelnen in hohem Maße abhängt, so daß schon von einem *»V.staat«* gesprochen worden ist.
Der V. erwachsen aus ihren neuen Aufgaben *Handlungsspielräume*, die im Lichte der →Verfassung ausgefüllt werden müssen und die neue Formen der Legitimation, insbes. der Partizipation der Betroffenen erfordern. Die Entwicklung der V. spiegelt aber nur eine gesamtgesellschaftl. Entwicklung wider. Diese geht in Richtung auf eine *nachindustrielle Dienstleistungsgesellschaft* (N. Postman), in der öffentl. und private V. eine zentrale Rolle spielen.

*C. Theorie der Verwaltung*

Öffentl. V. als handelnde Organisation ist Gegenstand der mehr *beschreibenden* V.slehre oder V.swissenschaft. Diese ist heute – ebenso wie die sich u.a. mit der privaten V. befassende Betriebswirtschaftslehre – eingebettet in die allg. Theorie der Bürokratie oder Organisation.

Die erste systemat. Theorie der Bürokratie erarbeitete um die Jh.wende *M.* →*Weber.* Er sieht in ihr ein soziales Herrschaftskonzept, das nicht auf personaler, sondern auf sachl. →Autorität beruht. Brüchig gewordenes →Vertrauen in →Personen wird durch stabileres Vertrauen in *rationale Verfahrenstechniken*, in Legalität, ersetzt. Dieser Charakter der Bürokratie weist auf eine mit ihr verbundene spezif. Gefahr hin, nämlich letztl.

auch Personen nur noch als Sachen zu behandeln. Gerade in den letzten Jahren ist deshalb diskutiert worden, ob die von bürokrat. V. erbrachten Leistungen ausreichen, um ihrer Sachautorität dauerhaft Legitimität zu sichern. Diesen Aspekt versuchen *neuere Theorien* und Analysen organisationssoziol., handlungs-, entscheidungs- oder systemtheoret. Art zu vertiefen.

*Lit.: R. Mayntz:* Soziologie der Organisation, Reinbek 1963. – *W. Schluchter:* Aspekte bürokrat. Herrschaft, Frankfurt/M. 1985. – *E. Treutner/S. Wolff/W. Bonß:* Rechtsstaat und situative V., Frankfurt/M. 1978. – *H. J. Wolff/O. Bachof:* V.srecht, Bd. 1, München, 9. Aufl. 1974.

*Wolfgang Meyer-Hesemann*

**Verzicht**

Nach einer Zeit der Diffamierung wird über V. und Askese in der westl. Kultur wieder differenzierter geurteilt. Anlaß zu ihrem *Glaubwürdigkeitsverlust* war das Christentum selbst mit einer verengenden Deutung der Hl. Schrift, als fordere sie in ihrer Gesamtheit die Verachtung der Welt, wogegen sich andere Strömungen konkreter christl. Lebensverwirklichung offensichtl. nicht durchzusetzen vermochten. In neuer Zeit trugen zur Abwertung von V. und Askese Tendenzen bei, die sich unter dem Stichwort »Recht auf Lust« zusammenfassen lassen, da sie den eigentl. Zweck des Daseins einschichtig als Lustgewinn definieren und deshalb jeder Form asket. Selbstdisziplinierung ablehnend gegenüberstehen. Damit hängt eine verengte, unter die Faszination uneingeschränkter →Kreativität geratene Sicht von Selbstverwirklichung zusammen. Die Rehabilitierung des V.s hat ihre Ursachen nicht nur in individuellen *Gegenerfahrungen*, die Freiheit und Glück mehr behindern als fördern, sondern vor allem in den einengenden und destruktiven Folgen solcher Lebenshaltungen für Gesellschaft, soziales Klima, Selbstentfaltung (→Identität) und →Umwelt.

*A. Religionsgeschichtlich*

*I.* Unter V. wird im allg. das freiwillige Unterlassen einer →Bedürfnisbefriedigung oder eine durch soziale oder psych. Verhältnisse verursachte Behinderung einer zielgerichteten Aktivität verstanden. Eine solche *»Versagung«* ist mit dem →psychoanalyt. Begriff der *Frustration* nicht dekkungsgleich, da Versagung sich weder auf den Gesichtspunkt der Passivität beschränkt noch sich primär von Theorieelementen der Triebstruktur oder des Unbewußten her bestimmt.

*1.* In der →Religionswissenschaft verhandelt man V. im allg. unter dem Stichwort *Askese.* Man versteht darunter »negative Aktionen der Enthaltung und Unterdrückung«, durch welche die »seel. Energie erhöht und konzentriert wird« (G. Mensching). Darüber hinaus stellt V. auch eine »Einübung in die →Freiheit« (Ev. Erwachsenenkatechismus) dar und kann gegenwärtig als Akt der *Solidarität* mit Notleidenden (→Dritte Welt) interpretiert werden. Hinzu kommen Aspekte eines neuen Lebensstils. Solche Gesichtspunkte werden heute von Vertretern verschiedener Religionen (z.B. →Islam: Ramadanfasten; Fastenaktion Misereor 1984 unter dem Motto »Unser V. – Leben für viele«) vorgetragen.

*2.* Im säkularen Bereich spielen Aspekte der leibl. und seel. *Gesundheit* (Diät und Entzug, Entziehungskuren) sowie polit. Einflußnahme (z.B.: Hungerstreik) eine Rolle. Im →Sport dient V. der körperl.Ertüchtigung. Als Appell an die Bevölkerung in krit. Zeiten wird der V. oft zu (gesellschafts)polit. Zwecken instrumentalisiert. Soziol. gesehen schafft sich der →Mensch in der Askese, bes. der geschlechtl., eine der Trieberfüllung entgegengesetzte Antriebsstruktur, deren Bestand wir als Grundlage aller höheren sozialen und *kulturellen Organisation* ansehen müssen. Der V. auf die sozial anerkannten Normalbedürfnisse einer →Gesellschaft ist darüber hinaus ein bewährtes soziales *Führungsmittel* und begründet zugleich eine höhere soziale →Autorität.

*II.* Der V. auf die Befriedigung eigener Bedürfnisse findet sich in fast allen *Religionen*, doch hat er in ihnen einen unterschiedl. Stellenwert und wird auf unterschiedl. Weise gehandhabt.

*1.* In Religionen mit ausgeprägtem *asket.* Grundcharakter (z.B. →Gnosis, →Manichäismus, einige ind. Religionen) stellt der V. die grundsätzl. Bedingung des Heilserwerbs dar (→Heil). Die meist dem →*myst.* Frömmigkeitstypus zugehörigen Religionen vertreten oft eine negative Einstellung zur »Welt« im umfassenden Sinne, als Inbegriff der ichsüchtigen Tendenzen des Menschen, und sind gewöhnl. →*dualist.* geprägt. Einige Religionen sehen in der körperhaften Existenz des Menschen, andere in seiner Individualität als solcher (»ichhafte Existenz«, G. Mensching) die Hauptsymptome des Unheils (→Sünde und Schuld). In den eher *weltbejahenden* Religionen ist der V. nur punktuell bedeutsam und wird erst im geschichtl. Verlauf in bes. Strömungen, Gruppen usw. zur Geltung gebracht. Verzichtet wird in den Religionen vor allem auf →Essen und Trinken, Schlaf und Geschlechtsverkehr, auf Kleidung und Wohnung, Vermögen (→Armut) und →Kommunikation (vgl. auch →ev. Räte).

*2.* In der *ind. Religionsgeschichte* bedeutet *»tapas«* »Erhitzung«, »Hitze«. Durch Kasteiung kann →mag. »Glut« erzeugt werden, die zu außergewöhnl. →Macht selbst über die Götter führt. In der ved. Literatur wird (nicht unkritisch) der selbstquäler. Aspekt von tapas betont. Tapas hat auch kosmolog. Funktionen (→Mythos): Es ist davon die Rede, daß das uranfängl. Eine durch tapas geboren wurde. Der Schöpfergott *Prajapati* quälte sich zum Zwecke der Fortpflanzung ab und übte V. In vergeistigter Interpretation dient tapas als Mittel der →Erkenntnis des →Absoluten.

→*Buddha* übte zwar anfängl. ebenso V., erkannte aber, daß dies vergebl. war. Deshalb lehrte er den »mittleren Weg« zwischen Sinnenlust und Selbstquälerei. Diese setzte er sogar auf dieselbe Stufe wie das als verwerfl. geltende Quälen von anderen. In den →monotheist. Strömungen des →Hinduismus hat der V. verschiedene Bedeutungen: Er dient im *Shivaismus* der Gleichwerdung mit dem Gott Shiva. Bei den *Vishnuiten* setzen sich stärker geistig-sittl. Tendenzen durch (Ideal der Wahrhaftigkeit, Selbstbeherrschung usw.). Kritisiert wird der selbstquäler. V., der nur der Selbstsucht, Leidenschaft und Gewalttätigkeit diene und eine dämon. Gesinnung erzeuge.

*3.* Das eth. Handeln in der →*Gnosis* ist mit V. überhaupt ident. und demonstriert die »Entweltlichung des Pneumatikers« (R. →Bultmann). Der *Manichäismus* (→Mani) verabscheut alles →Materielle, aus dem der Mensch seine →Seele befreien muß. Vermieden werden Geschlechtsverkehr, jegl. Zerstörung von Leben und Genuß von Lebendigem. Zur streng rigorosen →Ethik sind aber nur die von der Masse der »auditores« (Hörer) unterschiedenen »electi« (Auserwählte) verpflichtet.

*III.* Die *Motivation* des V.s spielt in den Religionen eine zentrale Rolle. V. wird zur Überwindung der »Ichhaftigkeit« geübt und als →Buße und →Opfer verstanden. Er soll Heiligkeit erzeugen (→heilig), →Tabukräfte abwehren und den Menschen auf den Empfang des Göttlichen vorbereiten. Den →Berufungen der Religionsstifter, ihren Visionen, Auditionen und →ekstat. Erlebnissen (→Inspiration) sind oft Zeiten des V.s vorausgegangen. V. kann auch rel. Handlungen, z.B. →Feste, einleiten. Vielen Mystikern geht es primär um die innere Lösung von den Weltdingen, der häufig äußerl. der V. als Vorstufe vorangeht. Auch hll. Zeiten, Fastentage, der islam. Fastenmonat Ramadan, das 40tägige Osterfasten usw. sind Zeiten des V.s. Ein *institutionalisierter V.* findet sich als Begleiterscheinung rel. Ämter (→Priester) oder als berufl. Pflicht im →Mönchtum.

*IV.* Die These, daß der Entstehung der →*modernen Welt* im ganzen ein V. aus rel. Motiven zugrunde liegt, hat M. →Weber in seiner →Religionssoziologie vertreten *(→prot. Ethik).* Erst dieser V. auf →Konsum, von ihm »innerweltl. Askese« genannt, bringe eine kontrollierte, jene rationale Lebensführung hervor, die für die neuzeitl. →Gesellschaft charakterist. ist. Bei der »innerweltl. Askese« handelt es sich also nicht um ein »förml. Ausscheiden aus der ›Welt‹«, sondern um »die Betätigung der eigenen spezif. hl. Gesinnung, der Qualität als erwählten Werkzeugs Gottes gerade innerhalb und gegenüber den Ordnungen der Welt« (→Prädestination).

*Lit.: H. von Campenhausen:* Die Askese im Urchristentum, Tübingen 1950. – *P. Gerlitz:* Das Fasten im religionsgeschichtl. Vergleich (Dissertation), Erlangen 1954. – *M. Klöcker/U. Tworuschka (Hg.):* Ethik der Religionen. Lehre und Leben, Bd. 1: Sexualität; Bd. 3: Gesundheit; Bd. 4: Besitz und Armut, München 1984-1986. – *G. Mensching:* Die Religionen und die Welt, Bonn 1949. – *U. Tworuschka:* Die Einsamkeit, Bonn 1974. – *M. Weber:* Gesammelte Aufsätze zur Religionssoziologie, Bd. 1, Tübingen, 8. Aufl. 1986. – *C. F. von Weizsäcker:* Gehen wir einer asket. Weltkultur entgegen?, in: *ders.:* Deutlichkeit. Beiträge zu polit. und rel. Gegenwartsfragen, München, 3. Aufl. 1984, 56-86.

*Udo Tworuschka*

*B. Ethisch*

*I.* V. ist eine der *wesentl. Voraussetzungen* menschl. Selbstverwirklichung. Nur durch V. kann sich der Mensch im freien Spiel des Handelns von den äußeren und inneren Bestimmtheiten (Triebwünschen und Ansprüchen der Lebenswirklichkeit) emanzipieren und sein Ich stärken. In der gelungenen Balance zwischen Realitäts- und Lustprinzip verwirklicht er sich auf mehr →Freiheit hin, überwindet im V. die Verfestigung seines Daseins und weitet im bewußten und entschlossenen Entwickeln von Frustrationstoleranz den Spielraum seiner positiven Entfaltung aus. Ohne die Freiheit zum V. kann er sich nicht von der Oberfläche und vom Vordergrund seines Daseins absetzen, um zum Eigentlichen seiner selbst und der Welt zu kommen, weil er seinen Bedürfnissen und Triebimpulsen kein inneres Maß zu setzen vermag und deshalb seine Freiheit in einer Begehrlichkeit verliert, die immer mehr haben und genießen will. Der V. beinhaltet die Herabsetzung des eigenen Verlangens. Das Gesetz des unerfüllten Verlangens wird prinzipiell anerkannt, so daß in bezug auf das Verlangen selbst eine radikale Veränderung vorgenommen wird. V. vermag so den *Weg zu Freiheit und Selbstverwirklichung* zu öffnen und vorbeugend von der Verwirrung durch die (ständig andrängende und ungeordnete) geistige und leibl. Triebhaftigkeit freizuhalten.

*II.* V. ist von Anfang an in die *zwischenmenschl.-personalen Beziehungen* integriert. Er zielt auf die Einübung humaner Verhaltensweisen gegen andere, auf die Verwirklichung von Freiheit und →Liebe in kultivierter Mitmenschlichkeit, auf →Dialogfähigkeit (dies ist vor allem die Fähigkeit, zuhören zu können) und ein vorgängiges →Vertrauensverhältnis. Im V. kann sich der Mensch vor dem Anspruch des anderen zurücknehmen und wird fähig, aus freier →Verantwortung sein Verlangen nach →Macht, Besitz und Genuß nicht verwirklichen zu müssen. Zum heutigen Ethos des V.s gehört es, die eigenen Lebenserwartungen, Ansprüche und Zukunftsvorstellungen im Geiste der Solidarität mit Randgruppen und zukünftigen Generationen zu überprüfen, zivilisator. Bedürfnisse und Lebensstandards zu reduzieren, ehe wir dazu gezwungen werden, sowie sich gegenüber der Ideologie des schrankenlosen Verbrauchs in Selbstbeschränkung zu behaupten, Fortschritt und Mitmenschlichkeit zu fördern.

V. läßt die Liebe zur →Schöpfung wachsen und *mit den Dingen dieser Welt* verantwortl. umgehen.

»Nicht mit dem Zugehen auf die Dinge, sondern mit dem Zurücktreten von ihnen beginnt die Kultur« (R. →Guardini). Ohne die durch den V. gewonnene Distanz wird der Mensch in gleicher Weise den inneren Zwängen wie dem äußeren Druck der →Konsumgesellschaft erliegen. Wo der Mensch viel mehr kann, als seinem Wohl dienl. ist, muß er sich selbst das rechte Maß an Leistung und Genuß setzen. Der V. wird deshalb zur Voraussetzung für unsere Fähigkeit und Bereitschaft, der Wirklichkeit in Ehrfurcht und Sachlichkeit gegenüberzutreten, im Prozeß der Selbstbefreiung zur redl. Weltliebe zu gelangen und sie durchzuhalten.

*III.* Im V. bejaht der Mensch grundsätzl. die *Begrenztheit* der Welt und *des eigenen Daseins*, überwindet er die Begrenztheit verneinenden Ideologien und erfährt, daß er gerade durch die Annahme seiner Begrenztheit und die Bejahung des unabänderlich auferlegten V.s zur Erfüllung gelangen kann. Begrenztheiten, selbst Schwäche, Krankheit, Leid und Tod können produktiv sein, wo Menschsein wirkl. glückt. So gewinnt der Mensch den Begrenztheiten des Daseins das Optimum an Freiheit und Liebe ab, in denen sich wie nirgendwo sonst der Sinn des Menschseins verdichtet. Im V. selbst begegnet der Mensch dem →Tod, da er auf seinen *Untergang* und die damit einhergehende *vollkommene Freiheit* hingewiesen wird, die im Zustand der Vollendung herrschen wird. Die freie Annahme des V.s vermittelt dem Menschen dann jene gelassene Distanz, mit der er sich entschlossen, kraftvoll und schöpfer. der Wirklichkeit der Geschichte stellen kann.

*IV.* V. ist nie Selbstzweck. Er hat nichts mit Verachtung der Welt zu tun, sondern mit dem *rechten Verhältnis* zu ihr. Er ist dann sinnvoll, wenn er frei in den umfassenden anthropolog. und eth. Kontext des Lebens des einzelnen und der Gemeinschaft gestellt und von der ständigen Selbstkritik begleitet wird, die ihn vor Entgleisungen und falschen Motiven bewahrt und die narzißt. Befriedigung eines moral. Perfektionismus vermeidet. V. ist der einzige Weg in die Freiheit. Er bringt den Menschen in die Disposition, gelingend intensiver zu leben und auf Gott und Mensch hin offen zu werden.

*Lit.: A. Auer:* Freiheit zum V. – Sinnwerte und Formen der Askese, in: Renovatio 34 (1978), 165-172. – *Ders.:* Der diffamierte V. Bedeutung der Askese für die menschl. Selbstverwirklichung, in: *G. Struck (Hg.):* ... deshalb für den Menschen, Regensburg 1980, 85-95. – *J. Bergmann u.a.:* Askese, in: Theol. Realenzyklopädie 4, 195-259. – *E. Fromm:* Haben oder Sein. Die seel. Grundlagen einer neuen Gesellschaft, Stuttgart, 9. Aufl. 1978. – *G.-K. Kaltenbrunner (Hg.):* Überleben und Ethik. Die Notwendigkeit, bescheiden zu werden, Freiburg 1976.

*Georg Beirer*

**Video**

*A.* Umgangssprachl. bezeichnet V. einerseits eine *Technik* zur Aufzeichnung und beliebig häufigen Reproduktion elektron. erzeugter (Ab-)Bilder mit Hilfe von V.kamera, V.kassetten, V.recordern und dem Fernsehschirm. Andererseits meint V. auch die Existenz eines kommerziell etablierten *Verteilsystems*, durch das – z.Zt. noch durch spezielle Videotheken, zukünftig auch in jedem Supermarkt – zumeist Spielfilme (→Film), die auf V.kassette überspielt wurden, zum Verleih in den Privathaushalt kommen und dort nach persönl. Belieben gesehen werden können. Einerseits ist der Einsatz von V. – z.B. im Bereich der Aus- und Weiterbildung (beliebig oft wiederholbare Lehrprogramme oder eigene Aufnahmen; »V.protokolle«) seit Jahren nicht nur selbstverständl., sondern auch allseits akzeptiert. Andererseits steht die Problematik der sog. Gewalt-, Sex- und Horrorv.s im Brennpunkt kultureller, bes. *familienpolit. Besorgnisse.* Durch die Privatheit bei der Nutzung entfällt insbes. für →Kinder und →Jugendliche die bisher mögl. allg. soziale Kontrolle (z.B. durch das altersgestaffelte Einlaßverbot in Kinos), sofern die →Eltern keine eigenen Nutzungsregeln aufstellen und selber konsequent einhalten.

*B.* Über die *Wirkung* von V.s wird viel spekuliert; die Kommunikationsforschung (→Kommunikation) liefert keine eindeutig interpretierbaren Ergebnisse, was die Frage der Umsetzung z.B. best. Grundmuster des Filmgeschehens in eigenes →Handeln betrifft. Unstrittig ist, daß auch V. dazu beiträgt, die audiovisuelle Dimension der Wahrnehmung bei der Informationsverarbeitung (bewegte, »sprechende« Bilder von hoher Aussagekomplexität und hoher »Glaubwürdigkeit«) gegenüber dem herkömml. →Lesen zu verstärken und den häusl. Bildschirm zu einem der meistgenutzten Geräte im tägl. Lebensablauf zu machen. Das hat notwendig Auswirkungen auf die Wahrnehmungsgewohnheiten und auf die Chancen erfolgreicher Informationsverarbeitung auf der Basis der Massenmedien, die nicht ident. ist mit zwischenmenschl. Kommunikation (→Medien). Die Wirkungsgesetzlichkeit von »Bildsprache« wird bei dem Bemühen um »Ansprache« stärker berücksichtigt werden müssen. Damit bleiben auch Kategorien einer allg. →Ästhetik nicht unberührt.

*Lit.: K. Brepohl:* Lexikon der neuen Medien, Köln 1984. – *D. Ratzke:* Handbuch der neuen Medien, Stuttgart 1982.

*Andreas Feige*

**Vietnam.** Buddh. 55,3%; Angeh. → Neuer Rel. 11,4%; chin. Volksrel. 1,7%; Stammesrel. 4,2%; Musl. 1,0%; Kath. 3,9%; Prot. 0,2%; Kryptochristen 3,4%; Nichtgläubige und Atheisten 18,5%.

*A.* Die über ein Jt. dauernde *Herrschaft Chinas* über Nordv. vom 1. Jh. v. Chr. bis zum 11. Jh. n.

Chr. hat Kultur und Religion des Landes zutiefst geprägt. Selbst nach der Erlangung der Unabhängigkeit blieb am Hof, unter Beamten und Klerus sowie unter der städt. Bevölkerung eine nach chin. Vorbildern orientierte Lebenshaltung bestehen. Bis heute bildet die konfuzian. Ahnenverehrung einen der Grundpfeiler der vietnames. Religion. Auch taoist. Vorstellungen und Haltungen (→Taoismus) sind weit verbreitet und bilden eine Klammer für die Integration vieler animist. und schamanist. Religionspraktiken (→Animismus, →Schamanismus). Vom 2. bis zum 16. Jh. n. Chr. prägte der Mahāyana-Buddhismus das Land. Auch wenn danach ein gewisser Rückgang des →Buddhismus zu verzeichnen ist, bleibt er wichtigste rel. Kraft des Landes.
Seit dem 16. Jh. mußte sich das Land gegen europ. *Kolonialismus* (→Kolonisation) *und* →*Mission*, zunächst der Spanier, später der Franzosen, wehren. Diese Konfrontation mit westl. Organisationsformen hat auch die Entwicklung des Buddhismus geprägt. Eine *Erneuerungsbewegung* seit den 30er Jahren dieses Jh.s führte 1963 zur Gründung einer »Unierten Buddhist. Kirche«. Buddhist. Mönche wurden im Kampf gegen Franzosen und Amerikaner polit. tätig. Dennoch bleibt die Haltung des gegenwärtigen *kommunist. Regimes* zwiespältig: Viele Heiligtümer wurden zerstört oder profaniert. Die sog. Neureligionen, vor allem Cao Dai (mit mehr als 5 Mill. Anhängern) und Hoa Hao, sind eine weitere Folge der Auseinandersetzung mit westl. Kulturformen. Diese synkretist. Bewegungen verbinden buddhist., konfuzian. und taoist. Elemente mit Ideen, Riten und Organisationsformen kath. Herkunft.

*B.* Erste *kath. Missionare* erreichten V. 1580. Um die Mitte des 17. Jh.s gab es über 130.000 Katholiken. Früh bemühte man sich um die Bildung eines einheim. Klerus. Wiederholte Verfolgungen schufen ein Heer von →Märtyrern, vermochten aber die Loyalität der Katholiken nicht zu brechen. Zu ihrem Schutz riefen sie die Franzosen, die 1884 ein *Protektorat* über das Land verhängten. Die *prot.* →*Mission* begann erst 1911.
Nach der *kommunist. Machtübernahme* im Norden (1954) flüchtete etwa ein Drittel der Katholiken in den Süden, wo die Katholiken eine der Hauptstützen des Diem- und Thieuregimes bildeten. Nach der *Vereinigung* beider Teile V.s 1975 versöhnten sich die südvietnames. Hierarchie mit den kommunist. Machthabern rasch; trotzdem wurde die kirchl. Arbeit vor allem im Süden stark behindert. Seit 1980 ist eine Besserung eingetreten. Dennoch bilden Christen immer noch einen verhältnismäßig hohen Anteil der vietnames. Flüchtlinge, der sog. »Boat-people«.

*Lit.: J. K. Fairbank u.a.:* East Asia. Tradition and Transformation, Boston 1973. – *J. Nguyen Huy Lai:* La tradition religieuse spirituelle et sociale au V. Sa confrontation avec le christianisme, Paris 1981. – *V. L. Oliver:* Caodai spiritism. A study of religion in Vietnamese society (Numen Suppl. 34), Leiden 1976. – *V. Tran Tam Tinh:* Dieu et Cesar. Les Catholiques dans l'histoire du V., Paris 1978.

*Arnulf Camps/Thomas Riplinger*

**Vitalismus und Mechanismus**

*A.* Während der M. auch für lebende Systeme voraussetzt, daß sie prinzipiell als physikal.-chem. Vorgänge verstehbar sind, nimmt der V. an, daß →Leben auf einer nicht *physikal.-chem.* reduzierbaren Lebenskraft oder einem Lebensstoff beruht. →Aristoteles hatte darüber hinaus auch für die unbelebte Natur Form- und Zielkräfte angenommen (→Kausalität). Der V. entstand in der Ablehnung des M. etwa von →Descartes, der →Tiere als Automaten ansah (vgl. zum M. auch →Newton). Erst die *romant.* →*Naturphilosophie* sah aber die Lebenskraft oder den Bildungstrieb (→Schelling) als grundsätzl. jegl. naturwissenschaftl. Forschung unzugängl. an. Auch H. Driesch (1867-1941), der bedeutendste Vertreter des sog. *Neov.*, meinte die Phänomene der Regeneration und Restitution von Organen nur mit Hilfe eines »Naturfaktors« erklären zu können, der naturwissenschaftl. unfaßbar bleibt. Er benannte diesen postulierten Naturfaktor mit dem aristotel. Begriff der *Entelechie.* Während Driesch nur bestritt, daß das, was auf Grund der Entelechie durchaus »gesetzl. und determiniert geschieht«, abzuleiten ist von der vollständigen Kenntnis des Zustandes und der Kräfte eines Systems, behauptete H. Bergson (1859-1941) echte →Freiheit im Sinne von Unbestimmtheit sowohl für jede Form von Leben als auch für das ganze Universum und seine Entwicklung (→Kosmologie).

*B.* Die Fortschritte der →Genetik und Molekularbiologie (→Biologie) haben die von Driesch hervorgehobenen Phänomene, wie z.B. die Regeneration von Organen, einer physikal.-chem. Deutung nähergebracht; die Behauptung eines naturwissenschaftl. prinzipiell unfaßbaren Faktors läßt sich innerhalb der →Naturwissenschaften ohnehin *methodolog. nicht rechtfertigen.* Zu Recht hat der V. jedoch das Augenmerk auf die zu seiner Zeit völlig unerklärten Phänomene gelenkt und gegenüber dem M. gezeigt, daß Leben im Rahmen der →Evolution eine neue Qualität darstellt. Zum »Verständnis« des Lebens muß zur rein physikal.-chem. zumindest eine *systemtheoret.* Betrachtungsweise hinzutreten (→Systemtheorie).

*Lit.: H. Driesch:* Geschichte des V., Leipzig, 2. Aufl. 1922. – *E.-H. Engels:* Die Teleologie des Lebendigen, Berlin 1982 (Lit.).

*Günter Renz*

**Völkermord,** auch *Ethnozid* oder *Genozid* (beides griech. und lat.). Während nahezu die gesamte →Menschheitsgeschichte den V. kennt, wurde der *Begriff* erst seit dem ausgehenden 19. Jh. im Zuge der Entwicklung des Völkerrechts (→Internationalismus) als verurteilungswürdiger Tatbestand definiert. Er bezeichnet den Versuch, das →Volk oder eine Bevölkerungsgruppe zu vernichten, zumindest aber in ihrem phys. und psych. Bestand entscheidend zu schädigen. Die *Bewertung* des V.s geht mit der Ausbildung und Entwicklung einer polit.-moral., möglicherweise auch rel. →Ethik einher. Der V. wird immer begründet mit dem höheren →Recht des überlegenen Volkes oder der stärkeren →Macht gegenüber dem »gemordeten« Volk. Meistens schlägt sich dieses »höhere Recht« auch materiell in einem fortgeschrittenen techn. und organisator. Entwicklungsstand nieder. Zahlreiche Beispiele finden sich etwa im →AT, wo die Ermordung und Vertreibung der Bevölkerung ganzer Städte oder Landstriche mit dem Auftrag →Gottes an die Juden gerechtfertigt wird, das verheißene Land zu erreichen (→Josuabuch). Wo später christl. →Mission in Heidenverfolgung umschlägt (s. auch →Imperialismus), beruft man sich ebenfalls auf den göttl. Auftrag, bes. dann, wenn polit. und ökonom. Interessen auf dem Spiel stehen (V. an den Inka und Azteken). Die →techn.-→zivilisator. Überlegenheit der europ. geprägten Welt, gepaart mit einem entspr. Selbstgefühl (→Europa), führt zum V. in verschiedenen Formen von Ausrottung, Verdrängung und Zerstörung der Lebenswelt (→alltägl. Lebenswelt) wie des →Wertesystems anderer, häufig archaischer →Kulturen (z.B. der →Indianer in Nord-, der Indios in Südamerika, der Aborigines in →Australien). In der →*Neuzeit* tritt V. auch als Verfolgung nationaler →Minderheiten auf, oftmals als Folge sozialer Spannungen (z.B. Armenier in der Türkei, Chinesen in Indonesien, Wolgadeutsche, Krimtataren, Kalmücken u.a. in der UdSSR). Einen bislang unübertroffenen Höhepunkt des V.s stellt die rassenideologisch begründete systemat. Ausrottung der europ. Juden (→Holocaust) und die Dezimierung der Polen, Russen, →Sinti und Roma durch das nationalsozialist. →Deutschland dar. Nach dem Zweiten Weltkrieg griff man Vorschläge zur strafrechtl. Behandlung des V.s auf, die R. Lemkin 1933 unter dem Eindruck von Christenverfolgungen im Irak gemacht hatte. Es kam zwar zu einer UNO-Konvention gegen den V. (1951), die aber nur die →Staaten zu Maßnahmen gegen V. verpflichtet und daher prakt. wirkungslos ist, weil V. ohne staatl. Zutun kaum denkbar ist.

*Hans Hecker*

**Volk.** Zumeist Pauschal- und Sammelbegriff mit vieldeutigem und wechselndem Inhalt sowie *unscharfem Umfang* sowohl in der Alltagssprache (z.B. V.sauflauf, V.sbrauch, V.sfest, V.smenge, V.smusik, V.ssprache, V.stheater, V.stanz, Fußv., Weiberv.) als auch in der Wissenschaftssprache; selbst innerhalb der Disziplinen, die den Begriff als Namensbestandteil führen (z.B. →V.skunde, →Ethnologie, Demographie und V.swirtschaftslehre) oder mit ihm Fachbegriffe bilden (z.B. →V.sfrömmigkeit, V.seinkommen, V.sverhetzung, V.szählung, →Demokratie, V.skirche, Kirchenv.). Schon diese Vielschichtigkeit läßt V. kaum mit dem internationalen Sprachgebrauch in Deckung bringen.

*A.* Im Deutschen ist V. in Fortwirkung der →Romantik (J. G. Herder, J. Möser) und nationalist. und nationalstaatl. Bewegungen im 19. Jh. oftmals mit →Nation im Sinne von Kultur- und Sprachnation gleichbedeutend, stark emotional getönt und wertbesetzt, ideologisch zusätzl. belastet durch seinen nationalsozialist. Gebrauch (→Nationalsozialismus). Dabei schwingt in verschiedenen Graden und Facetten die Bedeutung des Urtümlichen, Ursprünglichen, »Reinen« und »Echten« mit. Dies ist auch im angelsächs. »folk« mitgedacht, im Unterschied zu »people«, was sowohl ein ethnisch gemischtes Millionenv. (im Sinne der staatl. organisierten Nation) als auch den Stamm eines kleinen »Naturv.s« oder eine Gruppe von Stämmen gleicher →Sprache und →Kultur umfassen, aber auch schlicht »Leute« heißen kann. Die *nationalsozialist.* Bräunung von V. (im Sinne einer rassenreinen V.sgemeinschaft) hat nach dem Zweiten Weltkrieg ganz entscheidend dazu beigetragen, die Selbstverständlichkeit des Gebrauchs von »V.« im Deutschen zu erschüttern, und u.a. mit dazu geführt, ihn teilweise dort, wo er früher verwendet wurde, durch den – freil. selbst nicht unproblemat. – Begriff der →Gesellschaft abzulösen.

*B.* In der →Soziologie ist V. seit jeher umstritten und hat keinen festen Platz unter ihren Grundbegriffen. Fragl. ist näml., ob und inwieweit er von der angedeuteten Bedeutungslast befreit und zum analyt. Fachbegriff präzisiert werden kann, der sich auf soziale Einheiten, Formationen, Gliederungen, Differenzierungen oder Handlungsorientierungen in der sozialen Wirklichkeit bezieht.

*I.* Dies ist zum einen bei seiner Verwendung als *integraler Kulturbegriff* der Fall, wenn er auf ein Sippen und andere Sozialeinheiten übergreifendes und – im Unterschied zum »Stamm« – zumeist polit. miterzeugtes wie territorial zentriertes Kollektiv mit gemeinsamer Muttersprache und Kultur (manchmal auch →Kult), vielleicht auch gemeinsamem »hist. Schicksal« seiner Mitglieder bezogen wird und von diesen selbst oder anderen zum Anlaß genommen werden kann, an ihre *gemeinsame Abstammung* oder Herkunft zu glauben (s. etwa Formulierungen wie »Türken kurd. Abstammung«). Wenn und insofern ein solcher →Glaube orientierend für soziales →Handeln wird (z.B. auch als selbstbezogenes Überlegenheitsgefühl mit →Vorurteilen gegenüber Angehörigen anderer V.er oder sogar mit deren →Diskriminierung; sog. »Ethnozentrismus«), ist es gleichgültig, ob die ihm zugrundeliegende »Ethnogonie« (Entstehung des V.es) nachweisbar ist oder nicht.
Der theol. Begriff des »*V.s Gottes*« entspricht im übertragenen Sinne dieser ersten soziol. Bedeutung von V., und zwar im Sinne eines Kollektivs mit gemeinsamem Kult, gemeinsamer spiritueller

Abstammung, Herkunft oder Verwandtschaft, rückbezogen auf das jüd. V. Israel.

*II.* Eine zweite erkenntnisnützl. Verwendung findet V. als relationaler *Strukturbegriff*, der auf eine vertikale soziale Differenzierung verweist. Er meint dann die »kleinen Leute«, die Unterschichten z.B. der →Bauern und →Arbeiter in einer vertikal gegliederten →Gesellschaft, die Untergeordneten in einem →Herrschafts- oder →Autoritätsverhältnis, die von der Verfügung über best. materielle oder immaterielle Güter Ausgeschlossenen und – wie auch immer gearteten – →Eliten, Experten oder Virtuosen Gegenüberstehenden, z.B. die Ungebildeten, Nichttheologen, die Nichtkleriker, Nichtordinierten, die →»Laien« oder das sog. »Kirchenv.« (→V.sfrömmigkeit).
Weitere in der Soziologie manchmal gebräuchl. Bedeutungen von V. sind leicht durch andere Begriffe ersetzbar: durch →*»Masse«* zur Charakterisierung der undifferenzierten allg. Zugänglichkeit eines Daseinsbereichs (z.B. in »Massenkommunikation«, »volkstüml. Preise«); durch *»Menge«* zur Bezeichnung einer räuml. nahen und zumeist vorübergehenden Menschenvielzahl (z.B. Zuschauer in einem Theater); durch *»Bevölkerung«* (oder »Population«) zur Bezeichnung der Grundgesamtheit der in einem best. Gebiet vorkommenden Menschen (z.B. bei »V.szählung«).

*Lit.*: *E. Francis:* Das V. als soziol. Kategorie, in: *ders.*: Ethnos und Demos. Soziol. Beiträge zur V.stheorie, Berlin 1965, 42-87. – *Th. Grentrup:* Zum Begriff V.stum, in: Jahrbuch für V.skunde 1 (1936), 13-32. – *B. Groethuysen:* Die Entstehung der bürgerl. Welt- und Lebensanschauung in Frankreich, Bd. 1: Das Bürgertum und die kath. Weltanschauung, Frankfurt/M. 1978 (Nachdruck der 1. Aufl. 1927). – *K. Guth:* »V.« im Verständnis von Theologie und Kulturwissenschaften, in: Archiv für Liturgiewissenschaft 20 (1984), 38-47. – *W. E. Mühlmann:* Rassen, Ethnien, Kulturen, Neuwied 1964. – *W. H. Riehl:* Die Naturgeschichte des dt. V.es, zusammengef. und hg. von G. Ipsen, Stuttgart 1935.

*Michael N. Ebertz*

## Volksfrömmigkeit

*A.* Zusammengesetzt aus den selbst recht unscharfen Begriffen →Volk und →Frömmigkeit, ist V. ein vieldeutiger, ja ideolog. *schillernder Ausdruck,* meist ein ungenauer Gelegenheits-, selten ein strenger Fachbegriff mit genau und einheitl. definierten Inhalten in den ihn verwendenden Wissenschaftsdisziplinen (→Volkskunde, →Religionssoziologie, Vergleichende →Religionswissenschaft, →Prakt. Theologie, →Kirchengeschichte, →Liturgiewissenschaft, →Geschichtswissenschaft). Oft wird V. gleichbedeutend mit *Volksreligiosität,* aber auch als dessen aber auch als dessen spezif. christl. Ausprägung gebraucht. Damit ist der Begriff leicht zu verwechseln mit dem religionswissenschaftl. Begriff der »Volksreligion«, der – im Gegensatz zur →Welt- bzw. »Universalreligion« – eine einzelne, auf ein ethn. Gebilde beschränkte →Religion meint. Im alltägl. und im wissenschaftl. Sprachgebrauch finden sich häufig fünf – nicht immer klar voneinander zu trennende – Verwendungen:
1. *traditionale,* vielleicht mit vorchristl. Elementen vermischte *Kult- und Glaubensformen,* die wegen ihrer starken Bindung an best. – z.T. territorial begrenzte – hist. Träger wie Handwerkerzünfte oder agrar. Gemeinschaften im gesellschaftl. Modernisierungsprozeß einer Erosion unterlagen und heute manchmal für den →Tourismus – auch zur Betonung lokaler →Identitäten (→Heimat) – folklorisiert werden (z.B. Erntedanksitten);
2. lebensgeschichtl. *Verbundenheit mit der →Tradition* und ein – mehr oder weniger reflektiertes – Beharren auf gewohnten Glaubenshaltungen und -praktiken (z.B. auf best. →Bibelübersetzungen und Ausdrucksformen der →Liturgie);
3. *rel. Massenphänomene,* die sich durch eine bes. Breitenwirkung, durch die Teilnahme einer großen Zahl von Menschen (z.B. →Wallfahrten, →Prozessionen, →Kirchentagsrituale) auszeichnen;
4. eine *Fest- und Saisonreligiosität,* also von der Gesamtheit oder Mehrheit der Bevölkerung vollzogene rel. Praktiken an den jahres- und lebenszykl. Passagen (→Übergangsriten; →Weihnachten);
5. weniger zentrale, auch als »Volks-« oder *»Aberglaube«* diskreditierte rel. Deutungen und Praktiken, die sich auf das gesamte Spektrum von ungewissen, »schicksalhaften« Momenten des Lebens, bes. →Krankheit, wirtschaftl. Ungesichertheit, Prüfungen, Partnerschaftsprobleme beziehen (z.B. Horoskop- und Sternenglaube, →Astrologie).

*B.* Welche dieser Fassungen von V. man jeweils auch akzentuiert, ihre Verwendung setzt voraus, daß ein Religionssystem (z.B. das →Christentum) mit seinen Teiltraditionen strukturell einen »religionsinternen →Pluralismus« sowie ein rel. spezif. Segment herausgebildet hat, daß dessen Vertreter den Anspruch erheben, die rel. →Werte und →Normen offiziell zu bestimmen und über die rel. »Heilsgüter« zu verfügen. V. ist also ein *Beziehungsbegriff.* Er sieht Religiosität – als soziales →Handeln – aus dem unmittelbaren sozialen Erfahrungsbereich des Handelnden mitbestimmt, er schließt die Wechselwirkung mit einer rel. »offiziellen« *Gegengröße* ein und verliert isoliert seine Berechtigung. Es ist eine empir. Frage (und sollte nicht →a priori entschieden werden), ob diese relationale Andersartigkeit der V. in einem bes. sozialgeschichtl. Zusammenhang überhaupt offenkundig wird, ob sie gegenüber der »offiziellen Religion« eine komplementäre oder oppositionelle Ausprägung annimmt, ob sie von dieser absorbiert (deutl. in den →orthod. Kirchen) oder bekämpft, geduldet oder geächtet, instrumentalisiert oder ignoriert wird.

*C.* Ebenfalls gängige, verwandte, wenn nicht *gleichbedeutende Begriffe* im dt. Sprachraum sind »Alltagsreligiosität« und »Massenreligiosität« (M. →Weber), jüngst auch »Leutereligiosität«. Um eine zu kurzgreifende inhaltl. Bestimmung zu vermeiden, jene strukturelle, geschichtl. veränderl. Polarität hervorzukehren und den Begriff von seinen Engführungen, Anachronismen und ideolog. Zusammenhängen zu befreien, wurde von religionssoziol. Seite neuerdings der Begriff »*populare Religiosität*« vorgeschlagen. Er schließt an den internationalen Sprachgebrauch an und unterscheidet sich von dem leicht mißverständl. Ausdruck »populäre Religiosität«, der inzwischen ebenfalls vernehmbar ist. Es bleibt abzuwarten, ob er angenommen und die mit ihm verbundene herrschaftssoziol. Interpretation rel. Phänomene nicht weiter ignoriert wird.

*Lit.: W. Brückner/G. Korff/M. Scharfe:* V.sforschung, Würzburg/München 1986. – *M. Ebertz/F. Schultheis (Hg.):* V. in Europa. Beiträge zur Soziologie popularer Religiosität aus 14 Ländern, München 1986 (Lit.). – *A. Exeler/N. Mette:* Theologie des Volkes, Mainz 1978. – *F. Isambert:* Le sens du sacré, Paris 1982. – *G. Lanczkowski:* Begegnung und Wandel der Religionen, Freiburg 1971. – *P.-H. Vrijhof/J. D. W. Waardenburg (Hg.):* Official and popular religion, The Hague 1979. – *P. M. Zulehner:* »Leutereligion«, Wien 1982.

*Michael N. Ebertz/Franz Schultheis*

**Volkskirche**

*A.* Herkunft und Bestimmtheit des *Begriffs* sind bis heute ungeklärt. Seitdem sich jedoch F. →Schleiermacher 1822/23 zur Abwehr einer königl. oktroyierten Unionsagende in Preußen relativ unbefangen auf die V. als Inbegriff rel. Gewissensfreiheit, allg. Priestertums und antihierarch. *Gemeindemündigkeit* berufen hat, sind mit dem Begriff der V. bes. im ev. Bereich recht verschiedene, teilweise widersprüchl. Kirchenkonzepte verknüpft. Gemeinsam sehen sie theol. und soziol. Vorstellungsmomente von →Volk und →Volksfrömmigkeit als Faktoren an, die das kirchl. Erscheinungsbild maßgebl. mitprägen. Dazu gehört vor allem die unterschiedl. realisierbare Gesamtzuständigkeit der Kirche für all jene, denen die Mitgliedschaft (ähnl. wie die Volkszugehörigkeit) durch Geburt (Säuglingstaufe) zugeschrieben ist, die sie also nicht individuell erworben haben (Erwachsenentaufe).
Dennoch setzt der hist. Gebrauch des Begriffs V. voraus, daß die *fraglose Identität* von »Volk« und Kirche in Staat und Gesellschaft zunächst fakt., später auch *rechtl. aufgelöst* wurde. »V.« wird dadurch zum Programm der Überwindung und Vermittlung, und es werden empir., emphat. wie normative Hinweise auf die wie immer verstandene Subjekthaftigkeit des »Volkes« für die Verwendung des Begriffs V. ebenso grundlegend wie die sich daraus ergebenden Oppositionsbildungen.

*B.* Die *Entwicklung* der V. läßt sich seit *Anfang des 19. Jh.s* als ein Prozeß beschreiben, in dem die Kirche der sozial sich differenzierenden Gesellschaft durch Spezialisierung ihrer Handlungsmuster, durch neue Verkündigungsformen und die Erschließung neuer Arbeitsfelder gerecht zu werden versucht (F. W. Graf, 95).

*I.* So konnte im 19. Jh. das Programm der V. einerseits gesamtgesellschaftl. *Integrationsansprüche* begründen und sich dadurch – orientiert am »Volksganzen« – krit. gegen das einseitige Übergewicht best. Stände innerhalb der Kirche (»Mittelstandskirche«, »Feudalkirche«) wenden (J. H. Wichern). Andererseits stützte das Ideal der V. innerkirchl. Programme der →*Demokratisierung* und →Partizipation, analog zur gesellschaftl. Entwicklung. Ideenpolit. bedeutsam wurde der Begriff der V. in kontroversen Zusammenhängen für die Demokratisierungsbewegung der Frankfurter Paulskirche (1848), für rel.-sittl. Kulturstaatsideale (R. →Rothe, E. →Troeltsch), aber auch für die zivilrel. Grundierung des dt. Nationalbewußtseins von 1871. In innerkirchl. Reformbewegungen konnte unter dem Stichwort »V.« das Ziel lebendiger, selbstbestimmter, überschaubarer *Gemeinden* als Korrektiv zur »Pastorenkirche« vertreten werden (C. I. Nitzsch, E. Sulze; →Evangelisation), konnte zugleich im Appell zur betont volkskirchl. Gemeindeausrichtung aber auch als Leitbild pfarrberufl. Professionalität im Gegensatz zur bloß repräsentativen »Amtskirche« dienen (P. Drews, M. Schian).

*II.* Nachdem das landesherrl. Kirchenregiment durch Art. 137 der *Weimarer* Reichsverfassung liquidiert war, bildeten sich verschiedene Vereinigungen (»V.n-Dienst«, »Dt. V.n- Bund«), die »V.« zum Aufbauprogramm eines trotz öffentl. Rechtsprivilegien weitgehend »entstaatlichten Kirchenwesens« erhoben, das gleichwohl das Staatsvolk in seiner *nationalen und kulturellen* Weite zu beerben suchte (→Kultur). Solche Bestrebungen fanden ihren krit. Einspruch vor allem bei K. →Barth (Quousque tandem, 1930), der damit die prinzipielle Differenz der rein theol. verstandenen Kirche zur Gestalt der zeitgenöss. V. festzustellen suchte. Doch erst die Aufladung des Begriffs mit *völk. Ideen* (E. Stange, W. Stapel) und seine Inanspruchnahme durch die »Dt. Christen« hat offenkundig werden lassen, wie massiv der Begriff der V. ideologisierbar ist (→deutsch-christl.).

*III.* Der Wiederaufbau der ev. Kirche *nach 1945* knüpfte an die Vorstellungen von V. aus der Zeit vor 1933 vor allem im Rahmen →*staatskirchenrechtl. Privilegierung* an (Kirchensteuerverfahren, →Religionsunterricht an öffentl. Schulen, beamtengleicher Status des Geistl., →Militärseelsorgevertrag, Vertretungsrecht in öffentl. Rundfunkgremien, staatl.-kirchl. Verflechtung und Kooperation im Bildungs-, Sozial- und Gesundheitswesen), während sich die Erfahrungen der Bekennenden Kirche im Dritten Reich bes. in der entschiedenen Reklamation eines dem sog. *Wächteramt* entspr. kirchl. →Öffentlichkeitsauftrags geltend machten. Dem entspricht insgesamt bis heute die Erwartung auf seiten einer mehrheitl. Bevölkerung aller Konfessionen, daß die V. grundlegende rel.-eth. →*Sinnorientierung* in Unterricht und →Verkündigung darzustellen und zu vermitteln sowie Menschen in Krisensituationen (durch →Seelsorge, →Diakonie und →Amtshandlungen) helfend zu begleiten habe (K.-W. Dahm).

*C.* Unbeschadet der Frage, ob die volkskirchl. Mitgliederzahl im Hinblick auf Verbundenheit, Erwartungs- und Zustimmungsprofil statist. eine »Stabilität« aufweist (H. Hild) oder eher von »Erosionen« (H. O. Wölber) bedroht ist, hat sich in jüngster Zeit eine ganze Serie von *Streitigkeiten* ergeben, die sich über eine soziol. Wahrnehmung der V. hinaus auf deren theol. Anerkennung und Reformbedürftigkeit richten. Unterschiedl. akzentuiert werden dabei von jeher die volkskirchl. Strukturen prägenden *Spannungsmomente* zwischen zugeschriebener und erworbener Mitgliedschaft, organisator. Versorgungs- und partizipator. Gemeindekirche, offener Pluralität und geschlossener Einheit, mehrdeutiger Kompromißfähigkeit und entschiedener Eindeutigkeit.

*I. Auf der einen Seite* wird in der V. mit ihren positionell »neutralen« Strukturen in der landeskirchl. Verwaltung und Pfarramtsorganisation die *optimale Infrastruktur jener Freiheit* gesehen, die erst die Individualisierung lebensnahen Glaubens ermöglicht, der mit der allg. variationsreichen Kultur in offener Fühlung bleibt und mit den vielverzweigten Perspektiven des gesellschaftl. »Gesamtlebens« verschmelzen kann (Schleiermacher, Troeltsch). Mit der Voraussetzung eines unaufhebbaren Frömmigkeitspluralismus wird hier zugleich die *mangelnde Eindeutigkeit* der V. in Kauf genommen. V. erscheint als diejenige Instanz, die bei ihrer christl. Religionszuständigkeit zu behaften ist, ohne daß sie ihrerseits deren Wahrnehmung an best. Bedingungen knüpfen könnte. So ist es gerade die unter den Bedingungen moderngesellschaftl. Wandlungen ständig erneut zu realisierende Religions-, Lebens-, Gesellschafts- und Kulturfähigkeit der Kirche, die für den »Gedanken einer elast. gemachten V.« (Troeltsch) plädieren läßt, mit dem Ziel, jeder geplanten oder unbeabsichtigten, zyn. oder elitären Tendenz zur geschlossenen Struktur und Mentalität einer Sekte entgegenzuwirken.

*II. Auf der anderen Seite* findet sich eine Position, die gegenüber der V. eine *eindeutigere Verbindlichkeit* und Glaubwürdigkeit in den spirituellen wie eth. Lebensaussagen und -gestaltungen einklagt. Auf der Grundlage persönl. entschiedenen Engagements soll sie in einen konziliaren Prozeß der gemeindl. oder ökumen. Konsensfindung überführen, um die V. daran zu hindern, den ihr eigenen Gefahren konventioneller Anpassung, indifferenter Apathie und privatisierender Versorgungsdistanz allzu leichtfertig zu erliegen.
Freil. ist insgesamt die Wandlungsfähigkeit der Religion wie jede Individualisierung ihrer Aneignung an die *Voraussetzungen der Institutionen* gebunden, die ihre geschichtl. Kontinuität und gesellschaftl. Stabilität sichern. Dem hat jede V.-Konzeption auch im Streit Rechnung zu tragen: Ob sie sich auf den Missionsbefehl (Mt 28,18-20) beruft, um die Universalität und Unverfügbarkeit der grundlegenden Kirchenaufgabe offenzuhalten, oder ob sie sich auf die bibl. Vorstellung vom Gottesvolk (→Hebräerbrief) bezieht, um den Verkrustungen und Uneingelöstheiten gegebener Kirchenverhältnisse krit. begegnen zu können, im Rahmen westl. Zivilisation zielt die emphat. Verwendung des Begriffs V. darauf, die Differenz zwischen manifester Kirchlichkeit und unabgegoltener Christlichkeit abzuarbeiten.

*D.* Vergleichbare Problemstellungen zeigen sich im *Raum der kath. Kirche.* Zumal die westeurop. und nordamerik. Theologie versuchen seit den 50er Jahren im Rahmen von kulturtheoret., prakt.-theol., moraltheol. und ekklesiolog. Debatten den Verlust eines gesamtgesellschaftl. Integrationsanspruchs im Blick auf eine Kirche von Freiwilligen aufzuarbeiten. Dabei gehen sie von anderen hist. und konfessionell bedingten Voraussetzungen aus als die ev. Theologie.

*I.* Die kath. Kirche der deutschsprachigen Länder reagiert im 19. Jh. intensiv auf die Neugliederung der dt. Staaten sowie auf den allmähl. Zusammenbruch der feudalstaatl. Ordnung durch die Entwicklung einer (→Katholizismus genannten) kirchl. Sozialform. Sie tritt mit dem Anspruch auf, die öffentl. Sittlichkeit und ein bleibendes Wertefundament zu garantieren (→polit. Katholizismus, →soziale Bewegungen, →Neuscholastik). Auf polit. Ebene kann diese Entwicklung zugleich als ein Prozeß der Emanzipation von staatl. Bevormundung begriffen werden. Der Katholizismus stärkt einerseits das Selbstbewußtsein eines kath., mit einem Staatsgebilde nicht (mehr) ident. »Volkes«, gibt ihm das Bewußtsein einer Nationen übergreifenden (europ.) Weite, bindet es aber zugleich in starke und zunehmend zentralisierte hierarch. Strukturen ein (→Papst, 1. →Vat. Konzil).

*II.* Auf diesem Hintergrund zeigt die Diskussion gegenüber der ev. Theologie drei bemerkenswerte *Unterschiede:*
*1.* Da im Rahmen des Katholizismus das hierarch. Prinzip von Führenden und Geführten erstarkt und sich die Bischöfe – in oft antimoderner und antiintellektueller, aber auch antitheol. Ausrichtung (→Modernismus) – zunehmend als Beschützer des »kath. Volkes« verstehen, bleibt das Konzept der V. *doppeldeutig*: Einerseits bedeutet V. ein – unter und durch *hierarch. Führung* – zu profiliertem Selbstbewußtsein, zu schlagkräftiger polit. und sozialer Aktivität herangebildetes »Kirchenvolk« von →Laien, das sich zu seiner kath. Abkunft bewußt verhält und seine Identität vor allem in manifesthaften Zusammenkünften (→Kirchentage), sakramentaler Frömmigkeit und der

Verehrung der Hierarchie (einschließl. einer ausgesprochenen Papstfrömmigkeit) stabilisiert. Dieses Modell herrscht bis in die 50er Jahre des 20. Jh.s vor.

Andererseits entfaltet das stimulierte *Laienbewußtsein* ein neues krit. Selbstbewußtsein, das sich unmittelbar vom Kirchesein her und nicht mehr durch die kirchl. Hierarchie vermittelt. So spielt die Metapher vom »*Volk Gottes*« auf dem 2. →Vat. Konzil eine hervorragende Rolle. Das 2. Kap. der Kirchenkonstitution »Lumen gentium« (9-17), nach einer intensiven Debatte dem Kap. über die hierarch. Verfassung der Kirche vorgeordnet, wird als eine der weittragenden Leistungen dieser Kirchenversammlung betrachtet. Das exeget. inspirierte, wenn auch dogmat. geprägte Lehrstück greift die bibl. Metapher als Leitidee auf. Es verweist auf den neuen, von Gott mit dem *ganzen* Volk geschlossenen →Bund (Jer 31,31- 34), auf die damit gestiftete Freiheit der Kinder Gottes (Röm 8,21) und stellt die weiteren Ausführungen unter die Leitidee des allg. Priestertums der Gläubigen, das im Blick auf die priesterl. Dimension (→Sakramente), das prophet. Amt (Zeugnis) und seine weltumfassende Katholizität hin ausgelegt wird. Unter der Metapher des Volkes Gottes wird in der Folgezeit von Theologen ein Kirchenverständnis entfaltet, das die Spannung von Hierarchiegläubigkeit und antihierarch. Affekt weitgehend überwindet (Y. Congar, H. Fries, H. Küng).

*2.* Wegen ihrer bewußt gepflegten, wenn auch mit allen Erscheinungen des →Ultramontanismus verbundenen *Übernationalität* ist die kath. Kirche in Deutschland einer völk. Aufladung des Begriffs der V. seit den 20er Jahren weit weniger ausgeliefert als die ev. Kirchen Deutschlands. Die Anfälligkeit liegt eher auf dem *kulturideolog. Gebiet* eines zu rettenden und wohlgeordneten, weltl. und geistl. straff geführten, im alten Glauben restaurierten *christl.* →*Europa.* V. stellt sich aus dieser Perspektive dar als die hierarch. wohlgeordnete und geführte Kirche einer Nation, die sich in das Konzert der anderen Völker einordnet und sich der kulturellen Vielfalt und Fülle des Gesamtverbandes Kirche erfreut. Daß diese Idee eher restaurative Züge trägt und die Entwicklungen zur Moderne stärker verdrängt als die ev. Kirche und Theologie, ist unbestritten.

*3.* Seit den 70er Jahren bildet sich – im Anschluß an das 2. Vat. Konzil, vor allem ausgehend von Lateinamerika (→Befreiungstheologie) – ein neuer Begriff von V. heraus: Kirche wird verstanden als die Gemeinschaft der von *Gott gerufenen Armen* und Ausgebeuteten (G. Gutiérrez, L. Boff), die im Kampf der Befreiung auf die Gegenwart von Gottes Reich hoffen können. Dieser Begriff des Volkes zeichnet sich aus durch eine *sozialtheoret. Definition* (Volk als Gemeinschaft der Namenlosen und Anonymen; J. B. Metz), durch die als organ. erfahrene *Übereinkunft* von rel. und sozialer Welt (Volksreligiosität wird als emanzipat. Phänomen wahrgenommen; →Basisgemeinden) sowie durch eine Neubestimmung des Verhältnisses von →*Theorie und Praxis* (Glaube und Theologie verstehen sich als die Reflexion einer [Volks – ]Bewegung, berufen sich also auf realisierte Christlichkeit, statt sie mit theoret. Rekonstruktionen von →Christentum und Glaubensverständnis einzufordern; →Krit. Theorie).

*4.* Angesichts der hochdifferenzierten Gesellschaftsstruktur westl. Länder kann westl. Theologie diesen Ansatz nicht undifferenziert übernehmen. Doch hat sie angesichts des »Volkes der Armen« sowohl die Frage nach dem christl.-europ. Anteil an der gegenwärtigen polit. und wirtschaftl. Weltsituation zu beantworten als auch die mit einer V. verbundenen Probleme der *Verschmelzung von Christentum und Kulturen* im weltweiten Rahmen, d.h. in neuer Radikalität, anzugehen (→Inkulturation, →kontextuelle Theologie). Unter diesem Aspekt einer »Kirche der Völker« erscheint V. nicht als Gegensatz zu entschiedenem Christentum, sondern als dessen Voraussetzung.

*Lit.: L. Boff:* Kirche: Charisma und Macht, Düsseldorf 1985. – *K.-W. Dahm:* Verbundenheit mit der V., in: *J. Matthes (Hg.):* Erneuerung der Kirche. Stabilität als Chance?, Gelnhausen 1975, 113-160. – *V. Drehsen:* Neuzeitl. Konstitutionsbedingungen der Prakt. Theologie. Aspekte der theol. Wende zur sozialkulturellen Lebenswelt christl. Religion, Gütersloh 1988, 329-336; 349-513; 603-611. – *F. W. Graf:* Einladende Kirche? – Modell der Zukunft?, in: Hess. Pfarrerblatt 3 (1987), 87-97. – *G. Gutiérrez:* Die hist. Macht der Armen, München 1984. – *W. Huber:* Kirche, Stuttgart 1979. – *W. Lohff/L. Mohaupt (Hg.):* V. – Kirche der Zukunft?, Hamburg 1977. – *W. Lück:* Die V., Stuttgart 1980. – *R. Schloz (Hg.):* Arbeitsbuch: V., Gelnhausen/Berlin 1978. – *J. B. Metz:* Thesen zum theol. Ort der Befreiungstheologie, in: *ders. (Hg.):* Die Theologie der Befreiung: Hoffnung oder Gefahr für die Kirche?, Düsseldorf 1986.

*Volker Drehsen/Hermann Häring (D)*

**Volkskunde.** Forschungsgebiet der V. (Europ. Ethnologie) ist, im Unterschied zur Völkerkunde (→Ethnologie), nicht eine Fremdkultur, sondern die Kultur und Lebensweise (→Sitten und Gebräuche) des eigenen Volkes. Unter →Volk werden dabei in der Regel die bildungsfernen Mittel- und Unterschichten verstanden. Die themat. Weite der Disziplin drückt sich in ihrem vielfältigen Instrumentarium aus: Methoden der Ethnographie, →Sozialwissenschaften, →Geschichte, →Sprach- und →Literaturwissenschaft kommen zur Anwendung. Neben der Erforschung der materiellen Kultur (→Kleider und Masken, →Wohnen) bildet die Beschreibung und Analyse von →Volksfrömmigkeit, Aberglauben und populären rel. Riten (→Fest und Feiern, →Wallfahrt) traditionell einen Schwerpunkt volkskundl. Forschung.

*A.* Die *Geschichte* der modernen V. beginnt mit der Universitätsstatistik der →*Aufklärungszeit:* Die Lebensverhältnisse des nicht länger nur als »Pöbel« abgewerteten einfachen Volkes werden Gegenstand wissenschaftl. Beschreibung, teilweise in volkserzieher. und polit.-administrativer Absicht. Einen gewissen Abschluß dieser Spielart topograph.-ethnolog. Beschreibung von »Land und

Leuten« stellen die Arbeiten von W. H. Riehl (1823-1897) dar. Daneben entwickelt sich im Umkreis der →*Romantik*, vorangetrieben vor allem durch die Gebrüder Grimm, eine stärker hist.-germanist. orientierte Richtung: Sie versteht V. als die Rekonstruktion des ursprüngl. german.-dt. Volksgeistes aus der mündl. und schriftl. Volksüberlieferung (→Märchen, →Sagen, Volksdichtung) zum Zweck einer Hebung des dt. Nationalbewußtseins (→Nation). Einen starken Aufschwung erlebte die V. gegen Ende des 19. Jh.s und um die *Jh.wende* (V.museen, Vereine für V., wissenschaftl. Zeitschriften). Die fortschreitende soziale Mobilisierung durch →Industrialisierung und Verstädterung (→Stadt) führte dabei zu einer antimodernist. Ästhetisierung (→Ästhetik) von Volkstum, →Heimat und →Gemeinschaft als den haltgebenden und sichernden Mächten. Die Haltung des Sammelns und Rettens wurde vorherrschend; V. erschöpfte sich weitgehend in einem theorielosen Registrieren und Archivieren von Kulturobjekten und Bräuchen. Die V. sah sich immer mehr in der Rolle einer Verteidigerin ursprüngl. Volkstums gegenüber dem zersetzenden Einfluß der städt. →Zivilisation und entwickelte sich tendenziell zu einer »Bauernkunde«. Aus dieser Haltung heraus ergab sich eine deutl. Verwandtschaft zwischen der V. und völk. →Ideologien, die dann in der weitgehenden Selbstgleichschaltung der V. unter dem →Nationalsozialismus ihren Höhepunkte erreichte. *Nach 1945*, verstärkt dann in den 60er Jahren, setzte eine *Neuorientierung* der V. im Sinne einer empir. Kultur- und Sozialwissenschaft ein. Ihren äußeren Ausdruck fand diese Neuorientierung in der Umbenennung der Disziplin in »Europ. Ethnologie«.

*B.* Fragestellungen und Ergebnisse der V. haben in verschiedener Weise auch *auf die →Theologie eingewirkt.* Die Forschungsergebnisse der romant. V. zur mündl. überlieferten Volkspoesie sind von der formgeschichtl. Richtung der Exegese rezipiert worden (→Schriftauslegung); man entdeckte volkstüml. Erzählgesetze und →Formen und Gattungen in der bibl. Überlieferung. In der →Prakt. Theologie wurde um die Jh.wende versucht, an die topograph.-ethnograph. Linie der V. anzuknüpfen und eine *»rel. V.«* (P. Drews) als Unterdisziplin zu begründen: Beschreibung und Analyse der vorhandenen Volksfrömmigkeit und →Kirchlichkeit, um das kirchl. Handeln darauf einstellen zu können. Parallel dazu entwickelte sich die sog. *Dorfkirchenbewegung*, die den Pfarrer zur Pflege des rel. Lebens in volkstüml. Gestalt anhalten und dabei unterstützen wollte. Diskreditiert wurden die Ansätze zu einer »rel. V.« durch die in der Folgezeit auch hier zu beobachtende Nähe zu völk. Positionen. Gegenwärtig ist im Zusammenhang mit einem neuen Interesse an Alltagskultur, populärer →Religion, Ritualen und lokalem Brauchtum ein neues Interesse auch der Prakt. Theologie an den Forschungsergebnissen der V. auf diesen Gebieten zu beobachten.

*Lit.: H. Bausinger u.a.:* Grundzüge der V., Darmstadt 1978. – *P. Drews:* V., rel., in: Religion in Geschichte und Gegenwart, 1. Aufl., Bd. V, 1746-1754. – *W. Heim:* Volksbrauch im Kirchenjahr heute, Basel 1983. – *C. Köhle-Hezinger:* Ev.- Kath., Tübingen 1976. – *M. Scharfe:* Die Religion des Volkes, Gütersloh 1980. – *Ders./R. Schenda/H. Schwedt:* Volksfrömmigkeit, Stuttgart 1967. – *G. Wiegelmann/M. Zender/G. Heilfurth:* V., Berlin 1977 (Lit.).

*Wolfgang Pittkowski*

**Volkskunst,** Bezeichnung für das künstler. Schaffen sozialer Unterschichten (Bauern, Handwerker), dessen Abgrenzung gegenüber Begriffen wie →Gebrauchs- oder Trivialkunst schwierig ist. Ebenso bleiben die Grenzen zur sog. offiziellen oder hohen →Kunst fließend. Genuiner Bereich der V. ist die *Ausschmückung der alltägl. Umwelt* von Haus, Möbel, Werkzeug, Tracht und Spielzeug.

*A.* Neben reicher, landschaftl. gebundener Ornamentik finden sich hier zahlreiche Bezüge auf das festl. Brauchtum in →Gesellschaft und →Kirche. Teilweise *uralte Formtypen*, die in der V. oft kaum noch verstanden tradiert werden, dienen u.a. auch der Selbstbehauptung best. Einzelgruppen innerhalb einer andersartig geprägten Umwelt (jidd. V., V. der Siebenbürgener Sachsen). Starke Anstöße erhielt die V. aber immer auch aus der *Hochkunst* (insbes. in der Epoche des →Barock), die sie oft mit beträchtl. »Verspätung« kreativ nachformte. Insofern ist die Kennzeichnung der V. als »gesunkenes Kulturgut« (H. Naumann) unzutreffend, unterschätzt sie doch das geistige Eigenleben jener Schichten, die Träger der V. sind. Die Tendenz der *Vereinfachung* innerhalb der V. darf nicht einfach als Simplifizierung aus techn. Unvermögen verstanden werden. In ihrer Vorliebe für das →Symbol, eine lebhafte elementare Farbigkeit und die abstrahierende Zusammenfassung komplizierter Zusammenhänge in →Natur und →Gesellschaft erweist sich die V. als ein Instrument der geistigen Aneignung und Konservierung zentraler Vorstellungen im Bereich des Alltagslebens.

*B.* In der →Kunstwissenschaft, die sich seit 1894 intensiver mit dem Phänomen der V. beschäftigt (A. Riegl), wird die Zeit *vom 16. bis zum Ende des 19. Jh.s* als die eigentl. Epoche der V. betrachtet. Die industrielle Warenproduktion, der damit verbundene Verlust handwerkl. Traditionen und die wachsende Mobilität der Industriegesellschaft führten das Ende einer V. im eigentl. Sinn herbei. In den Reformbewegungen des 20. Jh.s griff man u.a. auf die Werk- und Materialprinzipien der V. zurück, während sich der →Expressionismus durch ihre »Ursprünglichkeit« inspirieren ließ. Eine problemat. Renaissance der V. ist bes. *totalitären Regimen* eigen, die V. als manipulatives Instrument des gesellschaftl. →Bewußtseins einsetzen (nationalsozialist. Germanenkult, Organisation des künstler. »Volksschaffens« in den sozialist. Staaten). Die »Nostalgie«-Welle, die auch die V. einbezieht und die Grenzen zum Kitsch (→rel. Kitsch) durchlässig werden läßt, ist durch oft hemmungslose Vermarktungsabsichten problemat., wenn sie auch zugleich die Beschäftigung mit der V. und deren Konservierung positiv beeinflußt.

*C.* Die rel. V. ist *Ausdruck der* →*Volksfrömmigkeit*, wie sie sich in der häusl. →Andacht und im kirchl. →Kult niedergeschlagen hat. Andachtsbilder, Votivtafeln, Krippen, Devotionalien, Textilien in Haus (Blaudrucke) und Kirche (Altardecken, Hungertücher), Wand- und Ofenkacheln sowie die unterschiedlichsten Formen der Bildstöcke belegen die Verbundenheit ihrer Schöpfer mit den landschaftl. Traditionen in Kunst und Kirchenwesen. Zur rel. V. wird man generell auch die manufakturmäßig fabrizierte Hinterglasmalerei und die unter gleichen Produktionsbedingungen entstandenen →Ikonen rechnen müssen. In der Gegenwart ist es insbes. die rel. V. der →Dritten Welt, die Anstöße zu einer neuen künstler. Erfassung der christl. →Verkündigung zu geben vermag.

*Lit.: H. Th. Bossert:* Folk Art of Europe, New York 1976. – *B. Deneke:* Europ. V. (Propyläen-Kunstgeschichte, Erg.Bd. 5), Berlin 1980. – *W. Fraenger (Hg.):* Denkmale der V. 1, Berlin 1924ff. – *H. Karlinger:* Deutsche V. (Propyläen- Kunstgeschichte, A.F. Erg.Bd.), Berlin 1938. – *L. Kriss- Rettenbeck:* Bilder und Zeichen rel. Volksglaubens, München, 2. Aufl. 1971. – *A. Riegl:* V., Hausfleiß und Hausindustrie, Berlin 1894. – Zeitschrift für volkstüml. Sachkultur 1, München 1978ff.

*Peter Maser*

**Volksmusik,** zunächst allg. Bezeichnung für eine Musik, die weder hohe kompositor. Ansprüche eines Kunstwerkes erfüllt noch professionell dargeboten wird; dann auch die Musik für Volksinstrumente wie Drehleier, Hackbrett, Zither, Mund- und Handharmonika, Dudelsack oder Alphorn neben dem Volkslied und dem Volkstanz. Durch Neu- und Wiederentdeckung von Instrumenten, wie Mandoline, Gitarre, Blockflöte, oder auch durch feste Bläsergruppen (Blasmusik) zu Beginn und im Verlauf des 20. Jh.s schloß sich die V. über die Jugendmusikbewegung und Musikerziehung einerseits der Entwicklung der Hausmusik seit dem 19. Jh. an, öffnete sich andererseits aber auch der kommerziellen →Unterhaltungsmusik.

*A.* Der seit J. G. Herder (1773) geläufige Begriff *»Volkslied«* wird in der Forschung heute oft durch »populares Lied« oder »Gruppenlied« ersetzt, um »Volk« nicht allein als Grund- oder Unterschicht einer Kulturgemeinschaft, sondern auch im internationalen Vergleich wie in nationaler und regionaler Prägung zu erfassen. Stets besteht eine enge Bindung zwischen Liedweise und Text; im Gegensatz zum →Kirchenlied ist die Stoffwahl nicht begrenzt, vermag neben weltl. auch geistl. Inhalte aufzugreifen.

*I.* Magisches und Mythisches, Preis- und Heldenlieder werden im *Verlauf des MA.s* von Spielmanns- und Vagantenliedern verdrängt (»Carmina burana« des Codex Benediktbeuren). Die einstimmigen Melodien ohne Begleitung sind in ihrer oft rezitativartigen, rhythm. freien Anlage und kirchentonalen Anklängen mitunter dem →Gregorian. Choral angenähert. Als Cantus firmi finden solche Weisen auch Eingang in die →Messe. Eine Mischung lat. und dt. Sprache ist durchaus üblich. Neben den Liedern der Minne- und Meistersänger und ihrer franz. Vorgänger (Troubadours, Trouvères) bilden Heiligen- und Marienlieder, Lieder der Kreuzfahrer und Geißler den Hauptbestand des ma. Volksliedes. Volkslied und *reformator. Kirchenlied* waren noch eng miteinander verbunden und wurden erst durch den →Pietismus allmähl. getrennt. Als Indiz lebendiger Tradition und Wandlungsfähigkeit dürfen die zahlreichen Liedparodien und Kontrafakturen (Umdichtung eines Textes bei gleichbleibender Melodie) gelten, z.B. »Ich komm' aus fremden Landen her« zu M. →Luthers »Vom Himmel hoch, da komm' ich her«, oder das Liebeslied »Mein Gmüth ist mir verwirret« (1601) zu »O Haupt voll Blut und Wunden« (P. →Gerhardt, 1656).

*II.* Eine Trennung von Volksliedern und *bewußt kompositor. gestalteten Melodien* und Liedsätzen ist bis ins 17. Jh. hinein schwer zu vollziehen. Ob die in den deutschsprachigen Alpenländern verbreiteten Jodellieder und -rufe (Andachtsjodler) mit ihrem Lautsilbensingen und dem charakterist. Umschlagen der Stimme aus dem Brust- in das Falsettregister mit dem liturg. Jubilare sine verbis (Sequenz; →ma. Musik) zusammenhängen, wird kontrovers diskutiert. Außer Frage stehen dagegen die *mündl. Überlieferung* (daher rührt vor allem die oft schwierige, lückenhafte Quellenlage) und die »Gliederung des Lebens in stille und festl. Zeiten unterschiedl. Charakters« (W. Wiora) durch das Volkslied (z.B. Advents-, Neujahrs-, Passions-, Weihnachtslied; Geburtstags- und Hochzeitslied, Totenlied und Totenklage).

*III.* Seine zentrale Rolle im *19. Jh.* verdankt das Volkslied der romant. Neigung (→Romantik) zum Ursprünglichen und Charakteristischen, auch zum Nationalen sowie zum Sammeln und Bewahren. Auf J. G. Herders Textsammlung »Stimmen der Völker in Liedern« (1778/79) und A. von Arnims/ C. Brentanos »Des Knaben Wunderhorn« (1806/ 08) folgen auch Melodiesammlungen wie die von L. Erks »Dt. Liederhort« (Berlin 1856), fortgesetzt von F. M. Böhme (Leipzig 1893/94). Durch die Singbewegung (Liederbuch »Der Zupfgeigenhansl« von H. Breuer, 1909) hat das Volkslied zu Beginn unseres Jh.s wieder neuen Auftrieb erhalten. Jugendgruppen und Schulen verstärken in den 80er Jahren ihr Engagement für das Liedgut. Als kompositor. Material werden Volksliedmelodien u.a. in Werken von B. Bartók, Z. Kodaly (beide auch anerkannte V.forscher), L. Janáček, P. Hindemith und I. →Strawinsky verwendet. Das Dt. Volksliederarchiv in Freiburg (Breisgau), gegründet 1914 von J. Meier, repräsentiert bis heute eine international hochgeachtete Forschungsstätte.

*B.* Im Unterschied zum künstler. Bühnentanz (Ballett) und zum Gesellschaftstanz ist der *Volkstanz* bereits früh ein Singtanz gewesen und war damit eng mit dem Volkslied verbunden. Dabei spielt sicherl. die mag.-verzaubernde Kraft von Musikinstrumenten eine Rolle, wie sie in →Mythen und →Märchen überliefert ist (Orpheus-Mythos, Zauberflöte, Horn des Hüon). Auf Grund der Überlieferung (bis ins 19. Jh. nur spärl. Primärquellen, mehr Bilddokumente) unterscheidet man vier Gruppen: Brauchtums- und Geschicklichkeitstänze, Tänze zur Werbung und zur Geselligkeit. Im MA. weit verbreitet waren die Reigentänze, auch in die Kirche wurden Brauchtumstänze hineingetragen (Tanz um die Krippe zu Weihnachten; Hirtentänze; Pilger- und Prozessionstänze, z.B. Echternacher Springprozession).
Der *Begriff* »Volkstanz« wurde im 18. Jh. zu einer Zeit geprägt, in der die Tänze der höf. Gesellschaft in der Praxis wie in ihrer kunstmäßigen Stilisierung (Menuett, Suitenformen) noch Vorrang hatten. Ein allmähl. Eindringen von Tänzen mit spezieller Volkscharakteristik oder Folklore-Merkmalen in die Kunstmusik ist in der →Klassik mit dem Kontretanz und dem »Deutschen« (Tanzszene in W. A. →Mozarts »Don Giovanni«, 1787) festzustellen, im 19. Jh. dann vor allem mit National- oder landschaftsgebundenen Tänzen wie dem Csárdás (Ungarn), der Farandole (Provence/Frankreich), dem Fandango (Spanien) oder dem Ländler und Schuhplattler (Süddeutschland/Oberbayern).
Zu Beginn des 20. Jh.s setzt eine Richtung der Volkstanzpflege ein, die man als *museal* bezeichnet und die sich in Trachtenvereinen, in z.T. berufsmäßigen Folklore-Ensembles Südosteuropas oder der UdSSR zeigt. Sie greifen stets auf überlieferte Bestände von Volkstänzen ihrer Heimat zurück und präsentieren sie in neuer choreograph. wie musikal. Gestalt.

*C.* Eine Frage, die jede Art von V. betrifft, ist die nach ihrer Produktion und ihrer *Echtheit.* Die in der Romantik vertretene Theorie des Volkes als (anonyme) kreative Gemeinschaft läßt sich heute nicht mehr halten. Um wenigstens den Begriff der »echten« V. zu retten, hilft man sich mit der »volkstüml.« Musik namentl. bekannter Textdichter und Komponisten. Sie führt die ursprüngl. V. zu einem zweiten Dasein, als Unterhaltungsgenre (→Unterhaltungsmusik) in vielfältigen Stilkopien, in vokalen und instrumentalen Solo- und Gruppenarrangements mod.-moderner Richtung (→Popmusik). »Gesunkenes Kulturgut« (H. Naumann) und neue *Kreativität* scheinen sich die Waage zu halten. Auch zunächst zeitbedingte »Schlager« können sich zu populären Liedern im geistl. wie weltl. Bereich über Jahre und Jahrzehnte wandeln und bewahren (Evergreens).

*Lit.:* *W. Blankenburg:* Kirchenlied- und Volksliedweise, Gütersloh 1953. – *H. Braun:* Einführung in die musikal. Volkskunde, Darmstadt 1985 (Lit.). – *W. Danckert:* Das Volkslied im Abendland, Bern/München 1966. – *F. Hoerburger:* Volkstanzkunde, 2 Bde. (Mensch und Tanz III und IV), Kassel 1961-1964. – *Ders.:* Musica vulgaris, Erlangen 1966. – *D.-R. Moser:* Verkündigung durch Volksgesang. Studien zu Liedpropaganda und -katechese der Gegenreformation, Berlin 1981. – *W. Salmen:* Der fahrende Musiker im europ. MA. (Die Musik im alten und neuen Europa IV), Kassel 1960. – *W. Wiora:* Europ. V. und abendländ. Tonkunst, Kassel 1957. – *Ders.:* Ergebnisse und Aufgaben vergleichender Musikforschung, Darmstadt 1975.

*Hermann Jung*

**Vollkommenheit.** Der *Begriff* V. wird heute in einer zweifachen Bedeutung gebraucht, als *Ganzheit* (Ungeteiltheit, Verwirklichtsein, Gesundsein, evtl. auch Vollständigkeit) und als *moral. V.* (immer gut handeln, ganz und gar gut sein [Reinheit, moral. Unversehrtheit], Sein ohne Mangel und Schatten).

*A.* Für die christl. Lebensgestaltung hat V. ihren zentralen Ort durch die *Forderung Jesu* erhalten: »Ihr sollt vollkommen sein, denn auch euer himml. Vater ist vollkommen« (Mt 5,48). Im Kontext der →Bergpredigt wird deutl., daß V. grundlegend zwischenmenschl.-kommunikativ als umfassende Barmherzigkeit (vgl. Lk 6,36) und Zuwendung verstanden werden muß. V. ist nicht eine innerpersonale Qualität, sondern bezeichnet das *Gelingen interpersonaler Existenz:* die dynam., empath. Offenheit, die sich betreffen und ergreifen läßt, mitdenkt und engagiert handelt, sich einsetzt aus der Mitte der eigenen Existenz heraus *(barm-Herz-ig).* Die Mahnung Jesu zur V. verdeutlicht, daß das übl. Verhalten nicht ausreicht, es also nicht genügt, sich auf Konventionen zu verlassen. Jesus widerspricht vielmehr der normativen Kraft des Faktischen und der Beharrungskraft überkommenen Denkens. Er wagt es, die übl. Bahnen zu verlassen, um dem →Bösen (→Gewalt, Not, →Armut) entgegenzutreten.
Er mahnt dabei, auf den Vater zu achten. Je mehr der Mensch die Geteiltheit seines Herzens, Zerrissenheit und Gespaltenheit überwindet, um so mehr wird er durchdrungen von der Einheit und *Ganzheit Gottes,* d.h. erfaßt von Gottes →Liebe. An der glaubwürdigen Verwirklichung menschl. Liebe läßt sich dann am besten ablesen, was V. ist. Denn die Liebe ist das »Band der V.« (vgl. Kol 3,14). Wer liebt, ist auf dem Weg der V.

*B.* Wird V. anthropozentr. verkürzt, kann es zu persönlichkeitsstörenden *Fehlformen* kommen: ichbezogene Selbstverleugnung, die oft einhergeht mit einem fanat., menschenverachtenden Eifer; Mißbrauch zu Selbstbehauptung, Selbstdarstellung und Eigenliebe; Mißbrauch des Nächsten, um anderen und sich selbst am Mitmenschen den erreichten Grad der V. zu demonstrieren (die Liebe wird dabei den eigenen egoist. Interessen untergeordnet); Selbstgenügsamkeit und die hochmütige Überzeugung, schon vollkommen zu sein (Gotteskomplex). Die V. als idealist. Ziel kann auch eine gegenteilige Wirkung haben, die Unerreichbarkeit führt zum Erlahmen des Elans, zu Resignation und zum Verlust der Motivation, sich noch um wirkl. Veränderung zu bemühen.

*C.* V. ist ein *nicht direkt angehbares* Ziel, Selbstvervollkommnung in der Regel Selbsttäuschung. Die Antwort auf die Suche nach V., die Verwirklichung der Liebe, zeigt sich für die rel. Erfahrung deshalb als *Einheit* von Gottes-, Selbst- und Nächstenliebe. Erst in der Liebe, die sich geschichtl. wegwagt, gelingt Selbstverwirklichung, kommt der Mensch zu seiner Ganzheit als der Nähe Gottes, der vollkommen ist und dem Menschen die ganze Fülle seines einmaligen Lebens gibt. Die V. des Menschen ist so eine *nie vollendete* Bewegung, die nur in Gott selbst zur Ruhe kommt. Wer in der Liebe bezogen auf Gott und Mitmensch und im Glauben an Jesus den Christus lebt, ist nach christl. Verständnis so hineingenommen in die V. des Vaters und auf dem Weg, »Christus in seiner vollwirkl. Gestalt« (Eph 4,13) darzustellen. V. wie Heiligkeit (→Heiligung) wurden deshalb als →Gnade und *Geschenk* erfahren. Beim Streben des Menschen nach V. kann es nur um eine »Richtung« gehen. Er richtet sich aus auf sein wirkl. und ganzes Wesen, das er – trotz menschl. Gebrochenheit – aufdeckt und so sichtbar hält, wie er als Ganzes geplant und gedacht (gewesen) ist.

*Lit.: G. Beirer:* Selbst Werden in Liebe. Eine Begründung christl. Ethik im interdisziplinären Dialog, St. Ottilien 1988. – *O. Betz:* Der königl. Bettler. Vom Werden der Person, München 1979.

*Georg Beirer*

**Voltaire,** geb. 21.11.1694 als *François-Marie Arouet* in Paris, gest. 30.5.1778 ebd. Nach kurzen Rechtsstudien und ersten dramat. Versuchen Anstellung in einem Notariat und Verwicklung in polit. Schwierigkeiten: Wegen des Verdachts der Majestätsbeleidigung wird V. zuerst in die Provinz verbannt, dann in der Bastille inhaftiert. Dort Abfassung des religions- und gesellschaftskrit. Stückes »Ödipus« (1718), mit dem ihm der endgültige Durchbruch als *Dramatiker* gelang. Seinen Ruf als führender franz. Aufklärer begründeten neben den dramat. Werken seine *»philos.« Erzählungen* und *hist. Schriften*, vor allem der »Essai über die Sitten und den Geist der Völker« (1756); desgleichen seine Artikel für die von Diderot betreute »Enzyklopädie«.
Epoche machte vor allem V.s Artikel »Geschichte«. Er interpretierte die Weltgeschichte als den Kampf des Menschen um →Fortschritt und →Bildung; alles, was in der Neuzeit als »Philosophie der Geschichte« diskutiert, systemat. weiterentwickelt und kritisiert wird, geht sowohl terminolog. wie sachl. auf V. zurück. V.s *Geschichtsphilosophie*, der Versuch einer Emanzipation von der Geschichtstheologie, die seit →Augustinus das Abendland bestimmte, verdankt sich primär antirel. Motiven. Gott hat sich vom Weltregiment zurückgezogen (→Deismus); vor allem die Geschichte entbehrt der Lenkung Gottes; Sinn und Zweck der Geschichte erschöpfen sich darin, auf dem Wege über die endl. Vernunft hinzuarbeiten auf eine schrittweise Verbesserung der menschl. Verhältnisse. Die Verbindung von Fortschritt und Wissen mit Fortschritt und →Glück, kennzeichnend für die europ. →Aufklärung, wird hier zum ersten Mal konsequent in Anwendung gebracht. Vor allem in seinen philos. Erzählungen hat V. diese Ideen zu popularisieren versucht, mit dem denkbar größten Erfolg wohl in seinem »Candide«, einer satir. Kritik der christl. Vorsehungslehre (Geschichtstheologie) und der neuzeitl. →Theodizeeversuche (vor allem →Leibniz' Annahme einer »prästabilierten Harmonie«). Wenn sich alle metaphys. Weltzwecke als Illusionen erweisen, bleibt uns die Idee fortschreitender →*Zivilisation* als ein gleichsam »natürl.« Daseinszweck übrig: Der Mensch soll einfach seinen »Garten bebauen«, die einzige Art, das Leben halbwegs erträgl. zu gestalten. V.s Bestehen darauf, eine göttl. Vorsehung trete in der Geschichte nicht in Erscheinung, steht im Zusammenhang einer übergreifenden Argumentationsstrategie, die →Naturalismus und →Empirismus mit →Rationalismus und Moralität zu verbinden sucht. Dieser Versuch einer geschickten Kompilierung offenbart zugleich V.s mangelnde denker. Originalität. So liegt seine eigentl. Bedeutung in der *Popularisierung* der Ideen →Newtons, der engl. Naturphilosophie und des →Deismus, dem unverbindl. und allg. Glauben an einen Vernunftgott (vgl. *J. →Locke*).

V. hat allerdings, ungeachtet seiner Angriffe auf Kirche und Religion, in vielerlei Hinsicht *Kompromisse* mit den gesellschaftl. und rel. Institutionen geschlossen; sie tragen ihm bisweilen immer noch den Vorwurf der Heuchelei ein. Sowohl seine *Kritik am Christentum* wie die von ihm angedeuteten Perspektiven und Alternativen waren zeitbedingt. Im Katholizismus seiner Zeit kritisierte V. im wesentl. einen Repräsentanten des →Feudalismus, der sich hist. überlebt hatte. Der von ihm selbst favorisierte →*Deismus* ist gegenwärtig ein religionsphilos. Fossil und nicht mehr hilfreich bei einer Neubestimmung der kognitiven Ansprüche der jüd.-christl. Überlieferung am Ende des zweiten Jt.s.

*Lit.: T. Bergner:* V., Berlin, 3. Aufl. 1981. – *C.-F. Geyer:* Leid und Böses in philos. Deutungen, Freiburg/München 1983. – *K. Löwith:* Weltgeschichte und Heilsgeschehen, Stuttgart, 4. Aufl. 1961. – *J. Orieux:* V., Paris 1966.

*Carl-Friedrich Geyer*

**Vorurteil**

*A.* Ohne (vollständige) Prüfung der Gegebenheiten faßt oder übernimmt man von anderen voreilig oder oberflächl., vorbeigehend an der Sache oder Person, eine Meinung, die mit Bewertungen und Abwehrhaltungen verbunden ist, die entweder zu positiv oder – und das trifft sehr oft zu – zu negativ sind. Gerade kollektiv gefaßte V.e bewirken oft Feindseligkeiten, Xenophobie (Fremdenfurcht), →Haß, Verketzerung, repressive →Toleranz, Diskriminierung, Verfolgung, →Fanatismus. In der Alltagssprache und in der Forschung wird der Begriff V. fast ausschließl. gleichgesetzt mit *unbegründetem Urteil*, ungerechter Verurteilung, sei es als Urteilsaussage, sei es als abweisende Einstellung. In der Forschung wird kaum die Tatsache beachtet, daß V.e im Sinne einer nicht verantworteten oder nicht ganz verantwortbaren Voreingenommenheit *anthropolog. notwendig* und für die persönl. und gesellschaftl. Lebensgestaltung von hoher Bedeutung sind.

*B.* Die *Ursachen* der V.e sind sehr *komplex*, ihr Zusammenhang, ihre gegenseitige Verursachung und Reihenfolge sind umstritten. →*Psychologie* und →Psychoanalyse suchen sie in Dummheit, Borniertheit, Ichschwäche und den daraus hervorkommenden Mechanismen der Abwehr, Verdrängung und Kompensation. *Soziol.* orientierte Wissenschaften erklären die V.e aus übersteigertem oder bedrohtem Gruppenbewußtsein, aus Rassenpurismus (→Rassismus), geograph. oder geschichtl. Isolierung. Die →*Anthropologie* weist hin auf die Neigung des Menschen, sich selbst, das Eigene und Vertraute als Maßstab für andere Dinge und Personen zu wählen. →*Religionswissenschaften* bringen V.e in Zusammenhang mit der Idee des Auserwähltseins und dem Anspruch, den wahren Glauben zu besitzen.

*C.* Je unklarer die ursächl. Zusammenhänge bei Entstehung und Funktionieren der V.e, um so schwerer sind *Vorbeugung* und *Therapie.* Dankbarkeit und Bewunderung für das Anderssein der anderen, eine sich auf jeden Menschen und jedes Volk ausdehnende Liebe zum Fremden, der zum Freund wird (Xenophilie), die Ehrfurcht vor der Verschiedenheit der Gaben und →Charismen, die Menschen zur Solidarität, theol. zur Koinonia (das Miteinandersein im Geiste Gottes) einladen, sind die →Werte und →Tugenden, die Menschen und Völker vorurteilsarm machen können. Gerade christl. Kirchen, die sich des Todes Jesu Christi als Folge gesellschaftl. und rel.-polit. V.e erinnern, müßten der Menschheit vorurteilsfreien Lebensraum bieten, auch wenn dies in der Geschichte der Kirchen oft genug unterblieben ist.

*Lit.: G. W. Allport:* The Nature of Prejudice, Cambridge 1954. – *M. Duala M'Bedy:* Xenologie, Frankfurt/M. 1977. – *B. Estel:* Soziale V.e und soziale Urteile, Opladen 1983. – *St. Knorr/R. Witt:* Das Lexikon der V.e, Frankfurt/M. 1983. – *M. Marfefka:* V.e Minderheiten Diskriminierung, Darmstadt 1982.

*A. M. J. M. Herman van de Spijker*

# W

**Wagner,** *Richard,* geb. 22.5.1813 in Leipzig, gest. 13.2.1883 in Venedig, dt. Komponist. W. verbrachte seine Kindheit in Dresden und Leipzig. 1831 begann er mit dem Philosophiestudium an der Universität in Leipzig, gleichzeitig studierte er Komposition bei C. T. Weinlig. 1833 erhielt er eine Anstellung als Theaterkapellmeister in Würzburg. Weitere Stationen seiner Dirigententätigkeit waren Magdeburg, Königsberg und Riga. Zu seinen ersten vollständigen *Opern* zählen *Die Feen, Das Liebesverbot* und *Rienzi.* 1836 heiratete er die Schauspielerin Minna Planer. 1839 floh er vor seinen Gläubigern nach Paris, wo der *Fliegende Holländer* entstand. 1842 wurde W. zum königl. Kapellmeister in Dresden ernannt. Nach Jahren der Armut kam es hier zur Uraufführung der Opern Rienzi (1842) und Fliegender Holländer (1843). In der folgenden Zeit entstanden die beiden Opern *Tannhäuser* (1845) und *Lohengrin* (1850). Auf Grund seiner Beteiligung am Maiaufstand 1849 wurde W. steckbriefl. verfolgt. Er floh nach Zürich. Hier verfaßte er seine Reformschriften und arbeitete am *Ring des Nibelungen* (Rheingold, Walküre, Siegfried, Götterdämmerung) sowie an *Tristan und Isolde.* 1861 wurde Tannhäuser in Paris aufgeführt, die Arbeit an *Die Meistersinger von Nürnberg* begann; mehrere Konzertreisen führten ihn u.a. nach Wien und Rußland. Seit 1864 erhielt W. Unterstützung durch Ludwig II. von Bayern, einem großen Bewunderer seiner Kunst. Ihm verdankte W. die Grundsteinlegung des Festspielhauses in Bayreuth (1872). Von 1865 an lebte W. in Triebschen bei Luzern. Das Festspielhaus in Bayreuth wurde 1876 mit der »Ring«-Tetralogie eingeweiht. 1882 erfolgte die Uraufführung des Bühnenweihfestspiels *Parsifal* in Bayreuth.

W.s *Persönlichkeit* ist durch ungewöhnl. Vielseitigkeit gekennzeichnet. Dies äußert sich auch in seinen polit. und religionsphilos. Schriften (Religion und Kunst, Über Staat und Religion, Heldentum und Christentum u.a.). In musikal. Hinsicht bewirkte W. reformator. Erneuerungen von großem Ausmaß, so die Entwicklung des Musikdramas (→Oper) und die Leitmotivtechnik. W.s Einstellung zur →Religion ist einerseits geprägt durch die Philosophie L. →Feuerbachs und A. →Schopenhauers, andererseits durch eine tiefgreifende

Auseinandersetzung mit der christl. →Erlösungsidee. W. übernimmt zwar die Leidensmetaphysik Schopenhausers, indem auch er die Ursache allen Leidens im Getrenntsein von der göttl. Geborgenheit, im Prinzip des →Dualismus sieht. Er überwindet allerdings diesen Pessimismus durch die →Liebe, in welcher die Vereinigung aller Gegensätze stattfindet. Die Erlösung des Menschen von seinem Egoismus durch die Liebe ist die motiv. Grundlage im Werk W.s. Im Ring des Nibelungen geht der Mensch noch an seinem Machtstreben zugrunde. Der Fliegende Holländer wird durch die Aufopferung Sentas erlöst. Tristan und Isolde stellt die Verklärung und Vollendung der Liebe zwischen Mann und Frau durch den gemeinsamen Tod dar. Parsifal symbolisiert den durch Mitleid reif und wissend gewordenen Menschen, der die Gegensätze von Verstand und Gefühl auf der Ebene der christl. Liebe vereinigt. Er allein kann Spender des Hl. Grals werden. Kunst und Religion bedeuten für W. keine gegensätzl. Bereiche. Indem W. die Musik »die tönende Seele der christl. Religion« nennt, gibt er dem Begriff der Kunstreligion eine neue Prägung. Kunst wird als rel. Tun des Menschen verstanden. Die Darstellung der christl. Abendmahlsfeier in Parsifal verbindet liturg. Elemente mit dem Theater. In der reinen *Instrumentalmusik* versucht W. die geistige Sphäre zu berühren, die nicht mehr in Worten ausgedrückt werden kann.

*Lit.: U. Müller/P. Wapnewski (Hg.):* Richard-W.- Handbuch, Stuttgart 1986. – *A. Nowak:* W.s Parsifal und die Idee der Kunstreligion, in: *C. Dahlhaus (Hg.):* Richard W. Werk und Wirkung, Regensburg 1971. – *K. Overhoff:* Die Musikdramen Richard W.s, Salzburg 1967. – *C. von Westernhagen:* Richard W., Zürich 1956.

*Ines Edelmann*

**Wahnsinn.** Der *Begriff* W. bedeutet Beeinträchtigung des Verstandes und der Sinne und wird etymolog. abgeleitet von Wahnwitz: »unverständig, leer an Verstand«. Er ist nicht mit dem Begriff Wahn verwandt, welcher im Althochdeutschen »Hoffnung, Erwartung, Meinung« beinhaltet.

*A.* Die Ursache des W.s wurde im griech. *Altertum* in einer *gottgesandten Strafe* für rel. Frevel gesehen. Im griech. →Mythos und in der att. Tragödie ist der W. nicht ein psychopatholog. Phänomen, sondern stellt etwas überindividuell Wesenhaftes dar, was schließl. zum Einschreiten und Einlenken der Götter führt. Etwa im 5. und 4. vorchristl. Jh. entsteht ein *rationaler Ansatz.* Man nimmt neben einer übernatürl. Herkunft des W.s auch an, daß dieser Folge einer Beeinträchtigung des Körpers sei. Damit beginnt sich die Heilkunst aus den Fesseln mag. Vorstellungen zu befreien. Im Corpus Hippocraticum (Hippokrates [um 460-370 v. Chr.] zugeschriebene Sammlung med. Schriften) werden die ersten Beobachtungen über Geistesstörungen mitgeteilt, die auf Veränderungen von Körpersäften zurückgeführt werden. Der W. wird mehr und mehr ein med. Problem, das rel. Element ausgeschaltet. Die Folge der körperl. (somat.) Konzeption war eine somat. Therapie. Es wurden z.B. Diät, Aderlaß, Brech- und Abführmittel empfohlen. Unter dem Einfluß der →Philosophie (Demokrit, →Platon, →Aristoteles) tritt das Problem der Wechselwirkung von Körper und Seele in den Vordergrund und führt zu Abgrenzung verschiedener W.sformen von nur somat. sich äußernden Krankheiten. Galen (130-201 n. Chr.) entwickelt erstmals eine allg. Psychopathologie, indem er das, was bisher als Krankheit erscheint, als Symptom faßt und eine Nosologie (Krankheitslehre) entwickelt (verschiedene Formen der »Phrenitis«).

*B.* Im →MA. kam es zu einem großen *Rückschritt.* Wahnsinnige galten als vom →Teufel und von Dämonen Besessene und fielen in die Zuständigkeit exorzierender Priester (→Exorzismus). Trauriger Höhepunkt war am Übergang zur →Renaissance der Hexenglauben (→Hexen). Paracelsus (1491- 1541) bemühte sich um den Aufbau einer neuen Medizin und wies, obwohl er auch dem Teufels- und Hexenglauben anhing, darauf hin, daß Geisteskrankheiten nicht durch →Geister verursacht, sondern durch Störungen der inneren Substanz des Körpers zustande kämen, folgl. durch die richtige Arznei geheilt werden könnten. Erst im 18. Jh., im Zeitalter der →Aufklärung, wird mit den Besessenheitsvorstellungen als Ausdruck von Aberglauben aufgeräumt, und somat. wie psychogene Ursachen werden wieder diskutiert.

*C.* W. entspricht nach J. →Locke (1632-1704) einer Unvernunft, die darin besteht, daß *falsche Ideenverknüpfungen* auftreten, die, insbes. wenn sie mit Affekten verbunden sind, kaum beeinflußt werden können. In der Folgezeit wird er Begriff W. auch unter verschiedenen Lehrmeinungen und Denkmethoden ähnl. definiert: als »Verrückungen« in den Sinnen, wovon der Wahnsinnige überzeugt ist, sie also nicht korrigieren kann (innerhalb der Vermögenspsychologie Hofbauers [1766-1827]); als »falsches Urteil« (Chiarugi, 1759-1820); als »ungeregelter Verstand« (→Schelling, 1775-1854, spekulative Psychopathologie); als »Einbildung, was nicht ist« (→Schopenhauer, 1788-1860); als »vollständige und anhaltende Unterdrückung der Besonnenheit« (Ideler, 1795-1806, ausgehend vom Psychologismus der →Leidenschaften); als »auffallende und längere Alteration von Vorstellungen und Strebungen durch anomale Gehirnzustände« (Griesinger, 1817-1868); als »Versagen des ordnenden und regulierenden Apparates des Seelenlebens« (→Dilthey, 1833-1911).
Seit der Anerkennung einer *Verrücktheit* als primäre Verstandesstörung (Paranoia), dritte Hauptform von primären →Psychosen neben Melancholie und Manie, und dann folgend dem nosolog. System von Kraepelin (1856-1926), spielt der Begriff W. in der →Psychiatrie keine Rolle mehr.

*D.* Im Gegensatz zum W. stellt der Begriff *Wahn* ein psychopatholog. Phänomen bei verschiedenen Psychosen dar, welches als Urteilsstörung hervortritt. Best. inhaltl. und formale Denkstörungen weisen im Wahn auf eine tiefgreifende Abwandlung und Veränderung im subjektiven Aufbau von Realität hin.

*Lit.:* *W. Blankenburg:* Phänomenologisch-anthropolog. Aspekte von Wahn und Halluzination, in: *H. M. Olbrich (Hg.):* Halluzination und Wahn, Berlin/Heidelberg 1987, 77-101. – *M. Foucault:* W. und Gesellschaft (Suhrkamp Tb.), Frankfurt/M. 1973. – *W. Leibbrand/A. Wettley:* Der W. Geschichte der abendländ. Psychopathologie, Freiburg/München 1961. – *R. Wittern:* Die psych. Erkrankung in der klass. Antike, in: Fundamenta Psychiatrica 1 (1987), 93-100.

*Burkhard Pflug*

**Wahrhaftigkeit** als →Tugend umschreibt die grundsätzl. Bereitschaft des Menschen, seine Ausdrucksformen, Gesten, Reden und Taten *mit der inneren Überzeugung in Einklang* zu bringen. Sie ist Voraussetzung für menschl. Zusammenleben, Forderung der →Gerechtigkeit und →Liebe.

*A.* Die Verpflichtung zur inneren W. ist absolut; sie schließt aber nicht aus, in best. Notsituationen im Rahmen einer Güterabwägung einen Sachverhalt zu verbergen oder gar den anderen bewußt zu täuschen, wenn es darum geht, nur auf diese Weise schweres Unrecht abzuwehren (→Lüge). W. muß verbunden bleiben mit kluger Zurückhaltung im Reden (Diskretion); sie tritt der Lüge und Täuschung des Mitmenschen entgegen. Das →*AT* besitzt für →Wahrheit und W. (→Treue) ein einziges Wort: »emet«. »Lügner. Lippen sind dem Herrn ein Greuel; doch wer zuverlässig (= treu, wahr) ist in seinem Tun, der gefällt ihm« (Spr 12,22). Im →*NT* bezeichnet sich Jesus als »Weg, Wahrheit und Leben« (Joh 14,6). Er verlangt von seinen Jüngern eine radikale W.: »Euer Ja sei ein Ja, euer Nein ein Nein; alles andere stammt vom Bösen« (Mt 5,37; →Eid).

*B.* Das Verständnis der W. hängt wesentl. mit ab vom Verständnis des *Sinnes der Wahrheit*, die heute bes. bedroht erscheint. W. müht sich, die Wirklichkeit und den Mitmenschen ernst zu nehmen und eine Atmosphäre des →Vertrauens für die →Kommunikation zu schaffen. W. ist aber bes. gegenüber sich selbst gefordert. Unechtheit, innere Verlogenheit, unnatürl. Gehabe, Sentimentalität und Kitsch widersprechen der geforderten W. Es bedarf einer Ichstärke und des Mutes, auch die eigenen Schattenseiten des Lebens anzunehmen (→Identität). Bei der »Wahrheit am Krankenbett« geht es nicht darum, *ob* ein Schwerkranker über den Ernst seiner Situation unterrichtet wird, sondern *wie* dies behutsam in Liebe geschieht. Die bibl. Forderung »Die Wahrheit tun in Liebe« deutet an, daß Liebe ohne W. ebenso verkehrt bleibt wie W. ohne Liebe. In der gesellschaftl. Öffentlichkeit, in der →Politik und in den →Medien fehlt es heute oft an der notwendigen W.

*C.* W. ist jedoch nicht bloß moral. Vorschrift, sondern Ausdruck der Selbstoffenbarung der →*Schöpfung*, der Selbsterschließung des →*Menschen*, wie sie in einer nicht zu überbietenden Weise im christl. Schöpfungsverständnis und in der Menschwerdung →Jesu Christi zum Ausdruck kommt.

*Lit.:* *E. Anshon:* Die Wahrheit am Krankenbett, München 1965. – *S. Kutz:* Zur Tugend der W., in: Concilium 3 (1967), 388-391. – *J. Pieper:* Wahrheit der Dinge, München, 3. Aufl. 1951. – *K. Rahner:* Über die W., in: Schriften zur Theologie, Bd. VII, Zürich 1966, 223-251.

*Johannes Gründel*

**Wahrheit**

*A. Wahrheit als Kohärenz und Korrespondenz*

*I.* Es wird allg. angenommen, daß dem Ausdruck »W., wahr« im Hebräischen das Wort »Emet« und im Griechischen das Wort »Aletheia« entspricht. Auf dieser Basis wird dann die Bedeutung von »Emet« und von »Aletheia« analysiert und festgestellt, daß das »hebr. W.sverständnis« sich grundlegend vom griech. und noch mehr vom abendländ., bes. vom neuzeitl., unterscheidet. Der gängigen Auffassung zufolge besagt »Emet« soviel wie: die *Verläßlichkeit*, die unverbrüchl. Tragfähigkeit einer Sache oder eines Wortes, die Treue von Personen. Daß dies eine Bedeutung ist, die wenig zu tun hat mit dem, was wir heute allg. unter »W., wahr« verstehen, dürfte leicht einleuchten. Aber auch die Inbezugsetzung der (modernen) »W.« zur griech. »Aletheia« erscheint vielen Philosophen höchst problematisch. So stellte M. →Heidegger am Ende seines Lebens fest: »Die Frage nach der Aletheia, nach der Unverborgenheit als solcher, ist nicht die Frage nach der W. Darum war es nicht sachgemäß und demzufolge irreführend, die Aletheia im Sinne der Lichtung W. zu nennen« (Zur Sache des Denkens, Tübingen 1969, 77). Es kann daher nicht fraglos davon ausgegangen werden, es gebe so etwas wie eine universale *Frage nach der W.*, die von der Vielfalt der →Sprachen und von den geschichtl. Entwicklungen unberührt bleibt, und als gebe es eine ident. bleibende *Bedeutung von W.*, die sich nur in verschiedenen »Gestalten« konkretisiere. Eine solche Annahme erscheint höchst fragwürdig und führt zu unhaltbaren (weil unverständl.) Behauptungen, wie: »Emet« und »Aletheia« sind Begriffe, die »dasselbe« bedeuten wie »W.«, jedoch von einem jeweils radikal anderen (»hebr.« oder »griech.«) »W.sverständnis« getragen sind.

*II.* Wie die W.sthematik zu behandeln ist, wird in der *Theorie der W.* besprochen. Unter dieser Bezeichnung werden mindestens fünf große Themenstellungen erörtert: 1. die Erklärung des Ausdrucks »W., wahr«; 2. das Kriterium der W.; 3. die

Typologie der W. (oder der W.srede); 4. die Auflösung der W.sparadoxie; 5. der Stellenwert der W. im Gesamt der Lebenspraxis, der Wissenschaften und der Philosophie (oder der Theologie).
Die Erklärung der Bedeutung von »W., wahr« muß von den vorhandenen Verwendungsweisen dieses Ausdrucks in der Normalsprache, in der Bildungssprache und in den Fachsprachen ausgehen.

*III.* Zur Absicherung und Begründung einer solchen Rekonstruktion sind zunächst die Grundzüge des *umgangssprachl.* oder *intuitiven Verständnisses von »W., wahr«* herauszuarbeiten. Mindestens *vier* Merkmale sind hier zu erwähnen: 1. »W., wahr« hat es in irgendeiner Weise mit »Realität« zu tun. 2. »W., wahr« beinhaltet eine Differenz zwischen zwei Ebenen, die in irgendeiner Weise zueinander in Beziehung gesetzt werden (traditionellerweise: Aussage und Tatsache). 3. Wird etwas als wahr behauptet, so ist damit ein in best. Weise qualifizierter Geltungsanspruch verbunden, der mit rationalen Mitteln einlösbar ist. 4. Für dasjenige, dem »W., wahr« zugeschrieben wird, besagt »wahr« die höchste Bestimmtheit: darüber hinaus lassen sich diese Dinge nicht weiter qualifizieren.
Ferner ist die Frage nach den *»W.strägern«* zu klären. »W., wahr« wird hauptsächl. Äußerungen (oder Überzeugungen, Meinungen und dgl.), Sätzen und Sachverhalten (Propositionen) zugeschrieben. Keine Erklärung von »W., wahr« kann heute überzeugen, wenn sie nicht zeigt, in welcher Weise diese drei W.sträger sich zueinander verhalten.
Für folgende Bestimmung dieses Verhältnisses lassen sich gute Gründe ins Feld führen: Eine Äußerung (Überzeugung usw.) ist wahr nur dann, wenn sie einen wahren Satz erzeugt; ein Satz ist wahr nur dann, wenn er einen wahren Sachverhalt ausdrückt. Damit erweist sich die Frage, wie die Bedeutung der W. des Sachverhalts zu bestimmen ist, als die entscheidende Frage.

*IV.* Grundsätzl. gibt es dazu nur zwei ernsthaft konkurrierende Erklärungen: die Korrespondenztheorie und die Kohärenztheorie der W. Die erste sieht das »Wesen« von W. in einer Entsprechung (»Korrespondenzbeziehung«) zwischen dem Satz (1. Variante) oder dem Sachverhalt (2. Variante) und einem angebl. entspr. Aspekt der Realität (einer »Tatsache«). Aber diese Auffassung begegnet unüberwindl. Schwierigkeiten: Es dürfte kaum mögl. sein, zu zeigen, was diese »Korrespondenzrelation« genau sein soll; außerdem wird (im Fall der 2. Variante) eine schwerverständl. Unterscheidung, ja Dualität zwischen zwei »Sachen« oder »Gegebenheiten«, näml. Sachverhalt und Tatsache, angenommen und behauptet. Diese Probleme vermeidet man, wenn man den *Kohärenzgedanken* heranzieht und ihn in einer best. (von den bisherigen Formen der Kohärenztheorie stark unterschiedenen) Weise versteht. Dabei wird der Kerngedanke der Korrespondenztheorie durchaus anerkannt und bewahrt. Aber dieser Kerngedanke betrifft nur die *W. des Satzes:* diese ist bestimmt durch eine »Korrespondenz« zwischen dem Satz und der durch ihn ausgedrückten wahren Proposition. Aber die W. der Proposition kann nicht wieder durch eine solche oder durch eine entspr. Korrespondenzbeziehung bestimmt werden. Vielmehr ist die W. der Proposition bestimmt durch deren Eingliederbarkeit in die Gesamtheit der »bestehenden« (»wirkl.«) Propositionen oder Sachverhalte, d.h. der Tatsachen. Die dabei vorausgesetzte ontolog. These läßt sich am besten mit Hilfe eines berühmten Satzes *L.* → *Wittgensteins* artikulieren: »Die Welt ist die Gesamtheit der Tatsachen, nicht der Dinge« (Tractatus logico-philosophicus, Frankfurt/M. 1969, Satz 1.1). W. meint demzufolge letztlich: Kohärenz der (behaupteten) Proposition (des behaupteten Sachverhalts) mit der Gesamtheit der bestehenden oder »wirkl.« Propositionen (Sachverhalte) oder anders: Eingliederbarkeit der behaupteten Proposition (des behaupteten Sachverhalts) in die »wirkl.« Welt (im Sinne von Wittgensteins Formulierung).

*Lit.: M. Fleischer:* W. und W.sgrund, Berlin 1984. – *W. Pannenberg:* Was ist W.?, in: Grundfragen systemat. Theologie, Göttingen 1967, 202-222. – *L. B. Puntel:* W.stheorien in der neueren Philosophie, Darmstadt, 2. Aufl. 1983.

*Lorenz Bruno Puntel*

## *B. Wahrheit als Verbindlichkeit und Verläßlichkeit*

*I.* Für die geschichtl. Betrachtung der W.sfrage gibt es weder eine universale Frage nach *der* W. schlechthin noch eine durchgängig mit sich ident. bleibende Bedeutung von W. Wo in der Tradition anders argumentiert wurde, hat die Korrespondenz- oder Adäquationstheorie von W. ein ursprünglicheres, von genuin rel. Zusammenhängen her denkendes W.sverständnis überlagert und schließl. ganz verdrängt.
*1.* Nicht nur auf der kognitiven Ebene ist W. unter rel. Vorzeichen *vielschichtiger*, aber auch problematischer als W. im Sinne der →Philosophie. Hinzu kommt, daß nicht alle →Religionen W.sansprüche erheben. Diese scheinen vielmehr ein Spezifikum der jüd.-christl. Überlieferung zu sein. Im Extremfall weist sich Absolutheit als Depravation von »wahr« aus. Die rel. W. ist nicht die plane Abbildung einer angenommenen oder vorgestellten (mitunter →transzendent gedachten) Wirklichkeit, die rationaleren Verfahren zur Überprüfung von Wirklichkeitsannahmen entzogen oder ihnen prinzipiell unzugängl. ist.
*2.* Wo von der W. der Religion jenseits solcher Übersteigerungen, aber auch jenseits philos. W.stheorien gesprochen wird, meint W. der Religion *Verbindlichkeit und Verläßlichkeit* nicht nur in bezug auf das →Erkennen, sondern mehr noch hinsichtl. →Leben und Handeln, Widerfahren und Erleiden. Daraus folgt: Die W. der Religion bezieht sich weniger auf das der Religion geschichtl. zugewachsene Deutemonopol (mit seiner Infragestellung fielen die rel. W.sansprüche in sich zusammen) und das ihm zugeordnete Erklärungspotential

als vielmehr auf ihr *Trostpotential.* Daß diese Differenzierung nicht notwendig zum →Relativismus führt, zeigt die Funktion von →Theologie im hist. Wandel. Sie läßt sich nicht auf *einen* best. Begriff von W. (etwa im Sinne von Korrespondenz und Adäquation) reduzieren. Eher kennzeichnet sie die method. gerechtfertigte →Vermittlung zwischen sog. bleibender W. der Religion einerseits und der je neu und anders zu aktualisierender Bezugnahme auf die die Gläubigen bestimmende Welt andererseits.

»Method. Rechtfertigung« ist von vielen Voraussetzungen abhängig. Nach der Ausbildung des hist. Bewußtseins in der →Neuzeit ist sie an die Konkretion in speziell konstruierten Paradigmen gebunden, auf den je aktualen philos. Diskurs bezogen und doch nicht ganz von ihm abhängig. Method. Rechtfertigung ist orientiert an →*lebensweltl. Fragestellungen,* auf die sie die ursprüngl. rel. Überlieferung bezieht, die ihrerseits keine fixe, unverändert vorgegebene Größe ist (→Hermeneutik). Schließl. ist auch die method., diskursive Rechtfertigung selber unter dem Gesetz der →Pluralisierung zu sehen. Ein *einziges* Prinzip solcher Rechenschaftsablegung schriebe ja ebenfalls einen zeitbedingten, d.h. prinzipiell revidierbaren, Grundkonsens für alle Zeiten fest.

*II.* Bereits der Anspruch, unverzichtbare W. des →Christentums sei nur das →Glaubensbekenntnis (→Bekenntnis), das formulierte Selbstverständnis der →Kirche (als aus der göttl. →Offenbarung selbst hervorgegangene W.), verabsolutiert einen hist. bedingten Grundkonsens, auch wenn dieser Anspruch seinerseits vorgibt, überzogene W.sansprüche der Kirchen zu kritisieren. Im Verhältnis zur ursprüngl. rel. Überlieferung sind alle »Satzwahrheiten« (d.h. auch die Glaubensbekenntnisse, vor allem aber die →Dogmen) *Weiterentwicklungen und Überformungen,* die ebenso den Geist best. Philosophien als den Anspruch einer vorgängigen Offenbarung atmen.

*1.* In der Begegnung von ntl. Verkündigung und spätantiker Philosophie fällt dem Christentum gerade unter dem W.saspekt die (über das ursprüngl. Selbstverständnis hinausreichende) Aufgabe zu, Aussagen über das →Ganze oder eine letzte, alles bestimmende Wirklichkeit zu ermöglichen und zu begründen (→Antike und Christentum). Das Christentum eignet sich als Prinzipienwissen die Funktion der →*Welterklärung* an, die gegenwärtig (je nach Standort) entweder als konstitutiv für den W.s- und Verbindlichkeitsanspruch der jüd.-christl. Überlieferung oder als nur zeitbedingte Reaktion angesehen wird. Im Blick auf einen – unter den Bedingungen der →Moderne – noch mögl. und vertretbaren rel. W.sanspruch ist daher zu fragen, *wie* die Religion in einer diskursiven Weise das Ganze der Wirklichkeit zur Sprache bringen und auslegen kann, dies angesichts *konkurrierender,* konsistenterer und im Gespräch mit den Einzelwissenschaften herausgebildeter *Erklärungsmodelle,* die von folgenden Grundannahmen ausgehen:

*a)* von einem differenzierten Wissenschaftsbegriff, der unterscheidet zwischen fakt. *Überprüfbarkeit* und einer (auf wissenschaftl. Ebene nicht mehr relevanten) *Verbindlichkeit* in bezug auf das Denken, Handeln und Erleben von Individuen und gesellschaftl. Gruppen;

*b)* von Deutungen des westl. →Rationalisierungsprozesses, für die unter Gegenwartsbedingungen Fragen, die die Lebensorientierung berühren, *method. unentscheidbar* geworden sind;

*c)* von Modernisierungsprozessen, die u.a. die polit. und rechtl. →Institutionen zu weltanschaul. Neutralität verpflichtet haben, die Monopolisierungsbestrebungen der rel. Institutionen eingrenzen und in bezug auf Fragen der Handlungsnormierung und →Sinngebung eine mehr oder weniger dezisionist. *Traditionswahl* ermöglicht haben.

*2.* Gegenüber diesen »Errungenschaften der Neuzeit« müßte der Versuch, an einem »hellenisierten« Christentum festzuhalten, zu folgenden *Konsequenzen* führen:

*a)* die *Weltbildfunktion* der Religion müßte von seiten der Religion gegen Instanzen verteidigt werden, an die einzelne Aspekte, über die Religion sich definiert, bereits übergegangen sind;

*b)* der *Ausschließlichkeitsanspruch,* den es unter diesen Bedingungen gegen konkurrierende Instanzen zu verteidigen gelte, müßte zudem mit gleichsam »wissenschaftl.« Autorität erhoben werden: das spätantike Selbstverständnis des Christentums *als* Philosophie zielt auf nichts anderes als auf den Anspruch, *Wissenschaft* zu sein;

*c)* ein fortdauerndes Bestehen auf der Perspektive der *»Kosmisierung der Welt«* (A. Gehlen, M. Eliade) müßte zwangsläufig mit den neuzeitl. Wissenschaften rivalisieren und die Folgen zeitigen, die sich gegenwärtig vereinzelt auf der Ebene der verschiedenen →Fundamentalismen konstatieren lassen (etwa in den Kontroversen über die Gültigkeit des bibl. Weltbildes oder bei Vertretern einer →»polit. Theologie«, die sich weigern, die weltanschaul. Neutralität der polit. und rechtl. Institutionen zur Kenntnis zu nehmen).

*III.* Die Schriften des *AT und NT* sprechen von »W.« im Sinne einer Verbindlichkeit und Verläßlichkeit, die für den einzelnen ebenso gilt wie für die Gemeinschaft der Glaubenden als Ganzes. Mögl. wird sie in der vorgängigen Hinwendung Gottes zu den Menschen, deren Verbindlichkeit und Verläßlichkeit zugleich die Antwort auf diese Zuwendung ist. Diese Verläßlichkeit, die primär bezogen ist auf das Handeln, schließt *Verbindlichkeit für das Denken* ein, auch wenn dieser Gesichtspunkt nicht so gewichtig scheint, daß er eigens thematisiert würde.

*1.* Im AT wird jenes Reden, Handeln und Denken »wahr« genannt, das eine Person als vertrauenswürdig und verläßl. ausweist oder die Rechtmäßigkeit eine *Versprechens* oder einer Zusage (auch der Heilszusage Gottes) bekräftigt. Von diesen Vorgaben unterscheidet sich der urchristl. Sprachgebrauch zunächst einmal nicht. »Wahr«, d.h. das, was Bestand hat und gilt, meint vor allem das rechtschaffene Handeln; in bezug auf Gott läßt »wahr« an die »Treue Gottes« denken, die der wankelmütigen, »lügner.« Menschennatur gegenübergestellt wird. Wo sich »W.« – z.B. in den Pastoralbriefen – auf Fragen der (rechten) Lehre bezieht, geht es ebenfalls nicht um Sätze, die als »richtig«, d.h. einem best. Sachverhalt entsprechend, von »unrichtigen« abzugrenzen wären, sondern um das rechte *Verhalten gegenüber Gott*, das sich in den Aussagen widerspiegeln muß, die über Gott gemacht werden.

*2.* Auch im johanne. Schrifttum ist, ungeachtet der Anklänge an den hellenist. Sprachgebrauch (→*Logos*-Theologie), kein kosmolog. →Dualismus beabsichtigt; nicht einander ausschließende Prinzipien (»wahres Sein« – Welt oder vorläufiges Sein) werden kontrastiert, sondern unterschiedl. Möglichkeiten, in denen der Mensch sich realisieren kann. Jesu Appell an die W. schließl. (Joh 8) zielt auf ein Handeln der Menschen untereinander, durch das sich ihre Gemeinschaft als eine Gemeinde ausweist, die Gottes Wirklichkeit vorwegnimmt (→Auferstehung). Nicht zuletzt die *Identifikation von W.* (= Verstehen des Gebotes der Nächstenliebe) *und* →*Liebe* selbst (= Verwirklichung des Verstandenen) macht diesen Zusammenhang deutlich. Für diese Identität prägt 2 Joh 4 die Formel: »...in der W. leben...«.

*IV.* Aus dem einschränkenden Blickwinkel auf die rel. W.sproblematik heraus heißt *»Hellenisierung des Christentums«,* daß »W.« zunehmend den Sinn von »echter, eigentl., wahrer Wirklichkeit« annimmt.

*1.* An die Stelle des ursprüngl. Gegensatzes zwischen »Rechtschaffenheit« auf der einen und »Unrecht«, »Sünde«, »Verfallenheit an die Welt« auf der anderen Seite tritt der *Dualismus* zwischen »wahrer Wirklichkeit« und »Abbild«, »Scheinbild« (griech. *eidolon*). Dennoch bleibt es schwierig, diese Begriffsverschiebung mit unmittelbaren Intentionen in Zusammenhang zu bringen, so als hätte man, um Gott als Schöpfer des Kosmos herauszustellen, auf den »philos.« Zusammenhang von W. und Sein zurückgegriffen oder als habe die Theologie der ersten christl. Jh.e Momente reaktualisiert, die bereits im atl. Gottesbegriff (vgl. Ex 3,14ff.) angelegt waren. Vielmehr lassen sich hinreichende Gründe dafür anführen, in der Erweiterung des bibl. W.sbegriffs durch die frühchristl. Theologen einen *Nebeneffekt* des Versuchs zu vermuten, Christentum und hellenist. Denken als miteinander konkurrierende »Philosophien« zu begreifen, um von dieser Basis aus die *Überlegenheit* des Christentums zu demonstrieren. Die Auseinandersetzung führt zu den radikalen Thesen, das Christentum selber sei die *»wahre« Philosophie,* weil es eine »Rationalität« verkörpere, die jener der vielen, einander widersprechenden Philosophenschulen überlegen sei.

*2.* Weil die christl. (Gottes-)Erkenntnis die wahre Philosophie darstellt, läßt sich von ihr legitimerweise in der *Terminologie* handeln, die bislang der philos. W.serkenntnis vorbehalten war. Es ist daher auch die christl. Religion, die jene Ziele erreichbar werden läßt, um die sich die heidn. Philosophen vergebl. bemühten: die Erkenntnis (des) Gottes, die Vollkommenheit und die Erfüllung des menschl. Glücksstrebens. Damit wird die Selbstdefinition der Philosophie austauschbar mit derjenigen der christl. Religion. Beiden vorgeordnet ist *die* W., von der Klemens von Alexandrien sagt, daß sie *allein bei Gott* sei. Allerdings konkurriert die alexandrin. Theologie mit der Philosophie unter der Voraussetzung, daß sie »wissenschaftl. Darlegung entspr. der wahren Philosophie« (so der Untertitel der »Stromateis« des Klemens von Alexandrien) sei. Sie rückt damit von einem W.sverständnis ab, dessen Plausibilität personale oder intersubjektive Dimensionen garantiert.

*3.* Der ursprüngl. W.sanspruch, der sich der Sinnbilder und →*Gleichnisse* bediente, wird nicht einfachhin verworfen; er charakterisiert vielmehr die intellektuell weniger anspruchsvollen Gläubigen, die nicht sensibilisiert sind für die notwendigen Veränderungen, die fällig werden, wenn unbedingter Glaube und »wissenschaftl.« Erklärungsbedürfnis miteinander kollidieren.

*V.* Somit steht der bibl. Suche nach letzten Orientierungen – die Unbedingtheit beanspruchen kraft der Verläßlichkeit, die sich im Handeln und Denken der Menschen auf der einen und in der Übereinstimmung dieses Handelns und Denkens mit der Wirklichkeit Gottes auf der anderen Seite manifestiert – in der späteren Entwicklung ein Verbindlichkeitsanspruch gegenüber, der diese Momente zwar einschließt, sich darüber hinaus aber zunehmend auf einen *Vernunftbegriff* stützt, der es erlaubt, allen in der gleichen Weise zu sagen, welche Gründe für ihr Handeln bestimmend sind und von welcher letzten Grundannahme her man sich die Welt als ganze verständl. machen kann. Vorgaben, die sich von ihrem Ursprung her in erster Linie auf der lebensweltl. Ebene bewegen, haben sich zu einem kohärenten *System von Sätzen* entwickelt, die mit dem Anspruch auftreten, das Ganze der Wirklichkeit zu erklären.

Damit sind für die Gegenwart grundlegende Schwierigkeiten verbunden. Allerdings bleibt auch unter veränderten Bedingungen die Notwendigkeit *letzter Sinnvorgaben* und Orientierungen schlechthin, deren Stand sich zwar ändert – sie sind nicht mehr »allgemeingültig« oder allg. gültig. In ihrer Bedeutung dagegen unverändert bleibt die rel. Überlieferung für das Denken und Handeln von Menschen, die sich gerade im Blick auf letzte Orientierungen auf geschichtl. Vorgaben verwiesen sehen, wenn auch auf dem Hintergrund neuzeitl. Differenzierungen gilt, daß W. an bes. Sinngehalte geknüpft und daher kaum disponibel ist.

*VI.* Wo die Religion sich ausschließl. von ihrer Erklärungsfunktion her versteht, müssen »wahre« Aussagen in erster Linie verstanden werden als Übereinstimmung von Deutung und Sachverhalt. Unter dieser Voraussetzung werden auch die *bibl. Texte* zu Äußerungen über tatsächl. Sachverhalte.

*1.* Weil sie nur in *Bildern und Gleichnissen* sprechen, werden ihre Adressaten die intellektuell weniger Anspruchsvollen, während die »Fortgeschrittenen« hinter den Bildern und Gleichnissen ein »Wissen« suchen, das befähigt zur »höchsten Schau des Seienden«. Allerdings hat sich dieser Tatbestand geändert: Gegenwärtig erscheint eher derjenige als intellektuell anspruchsvoll, der Religion nicht mehr als eine Deutung der Wirklichkeit versteht und sich der Texte der rel. Überlieferung erneut im Sinne von Bildern und Gleichnissen versichert.

*2.* In dem Maße, in dem diese Dimension des rel. W.sgeschehens zurückgewonnen wird, greift eine prinzipielle *Neuakzentuierung* der rel. W.sfrage Platz. Ein unverändert Geltendes – z.B. hist. gesichterte »Tatsachenw.en«, an denen sich die W. der Religion entscheiden soll – kann ledigl. eine Vorstufe des umfassenden W.sgeschehens bezeichnen, nicht dieses selbst. Sie führt heran an ein unmittelbares Verständnis von W., dessen Bedingungen Gültigkeit und Verläßlichkeit sind. In ihnen wird die →log. W. des menschl. Denkens, der die →ontolog. W. der Dinge entspricht (Übereinstimmung von →Sein und →Wissen), in eine →*existentielle W.* überführt. Sie artikuliert sich – soweit der Vernunftaspekt bestimmend bleibt – in Denkmodellen: Annäherungen an das, was die Zeugnisse der rel. Überlieferung zu denken geben. Jedoch erschöpft sich existentielle W. darin nicht. Über sie hinaus entfaltet sich das rel. W.sverständnis in weiteren, nicht primär am Denken orientierten Modellen, die verbindl. und verläßl. Orientierung in →Bilder, →Symbole und →Metaphern einbinden. In der *Spannung zur Diskursivität* (nicht in ihrer Negation) behauptet dieses Verständnis von W. eine →*Unmittelbarkeit*, die nicht auf direkt zugängl. W.en beharrt. Vielmehr wird sie zum Ort der Kritik an einem W.sverständnis, das sich ausschließl. an →Vermittlung im Sinne von Diskursivität, Logizität und Rationalität orientiert.

*Lit.: E. Jüngel:* Metaphor. W., in: *P. Ricoeur/E. Jüngel:* Metapher. Zur Hermeneutik rel. Sprache, München 1974, 71-122. – *H. Krings:* Was ist W.? Zum Pluralismus des W.sbegriffs, in: Philos. Jahrbuch 90 (1983), 20-31. – *W. Oelmüller (Hg.):* W.sansprüche der Religionen heute, Paderborn 1986. – *H. von Soden:* Was ist W.? Vom geschichtl. Begriff der W., in: *ders.:* Urchristentum und Geschichte, Tübingen 1951, 1-24.

*Carl-Friedrich Geyer*

## Wahrsagung, Weissagung

*A. Wahrsagung* ist Vorzeichenkunde, also die Kunst, die Anzeichen dessen zu erkennen und zu deuten, was kommen wird. Jeder Wahrsager, der seiner eigenen Kunst vertraut, geht von der Überzeugung aus, daß sich Wandlungen im Leben des einzelnen und der Gemeinschaft andeuten, bevor sie eintreten. Gerade *im scheinbar Beliebigen* und Wechselnden finden sich Vorzeichen der Wandlung: in der Form und Bewegung der Wolken, im Vogelflug, im Rauschen der Bäume, in Tierlauten, in der Form der Eingeweide des Opfertieres, im Ausgießen von Öl oder Blei, im Wurf der Orakelstäbchen, in der Wahl der Spielkarten, in den Linien der Hand. Im Kleinen kündet sich an, was im Großen wird (Entsprechung von →Makrokosmos und Mikrokosmos). Vorzeichen finden sich überall für den, der sie kennt (→Zukunft).

*B.* Während diese Wahrsagung als reine Vorzeichenkunde und Orakeltechnik allem Mißbrauch offensteht und oft als Aberglaube empfunden wird (→Astrologie), finden sich in der *Weissagung* Formen rel. bedeutsamerer Zukunftsschau. Weissagung schließt immer veränderte Bewußtseinsstufen ein. Sie wächst aus der Erfahrung heraus, daß sich mit verändertem Bewußtsein auch das Empfinden für Raum und Zeit wandelt (→Spiritismus). Der Schamane (→Schamanismus), der Orakelpriester, der sich in →Ekstase hineinsteigert, der Yogin, der in Trance versinkt (→Yoga), der vom Geist Ergriffene, der Träumende (→Traum), ja sogar der durch Drogen Berauschte verfügt über →Raum und Zeit, wie es ihm vorher nicht mögl. war. Er wandelt durch Räume und Zeiten (→Parapsychologie) und erschaut Zukünftiges. Die Laute, die er auf seiner Reise von sich gibt, oder die Eindrücke, von denen er, ins Wachbewußtsein zurückgekehrt, berichtet, sind Hinweis auf Zukünftiges. Nur ist die →*Sprache* der anderen Bewußtseinsstufe nicht die Sprache des Wachbewußtseins. Die Laute der Orakelpriester müssen gedeutet werden (so in Delphi). Es kann auch geschehen, daß der Weissagende in seinem veränderten Bewußtsein →Geister und Tote erschaut. Sie können ihm Zukünftiges sagen; denn sie leben nicht mehr wie Lebende in der Zeit. Ein Beispiel dafür ist die Erscheinung des toten Samuel vor Saul (1 Sam 28). Die letzten Worte Sterbender haben Weissagungswert. Träume nehmen für den, der ihre Sprache versteht, Zukünftiges vorweg.

Weissagungen und Wahrsagen sind vor allem in *Zeiten großer Unsicherheit* sehr gefragt. Je bedrohlicher die Zukunft, desto dringlicher wird auch der Wunsch, dem Argen nicht ahnungslos entgegenzugehen.

*Lit.: E. E. Evans-Pritchard:* Hexerei, Orakel und Magie bei den Zande, Frankfurt/M. 1977. – *Ders.:* Theorien über primitive Religionen, Frankfurt/M. 1981. – *J. Wach:* Religionssoziologie, Tübingen 1951.

*Georg Schmid*

**Wahrscheinlichkeit.** Der Begriff der W. bezeichnet umgangssprachl. den Grad, gemäß dem noch ausstehende Ereignisse mögl. sind. In der philos. und mathemat. W.stheorie hat er aber recht unterschiedl. Interpretationen gefunden; vor allem unterscheidet man einen log. (aprior., erfahrungsunabhängigen) von einem statist. W.sbegriff, der sich auf die Anzahl jeweils gemachter Versuche bezieht und so ein empir. Moment enthält.

*A.* Die hist. Wurzel der W.slehre ist wohl die Theorie des *Glücksspiels* (G. Cardano, Briefwechsel zwischen B. →Pascal und P. de Fermat). Die W. eines Ereignisses wurde begriffen als das Verhältnis der Fälle, die für dieses Ereignis günstig sind, zu den insgesamt mögl. Fällen. Voraussetzung war, daß alle mögl. Fälle (beim Würfel also: jede Augenzahl) gleich wahrscheinl. sind (vgl. auch Ch. Huyghens, 1657; J. und N. Bernoulli und P. S. de Laplace, 1812). R. von Mises und H. Reichenbach bestimmten dagegen als W. nicht die relative Häufigkeit als solche, sondern den Grenzwert der relativen Häufigkeit bei einer unendl. Anzahl von Versuchen. An der weiteren Entwicklung der W.stheorie hatten auch russ. Forscher (A. N. Kolmogorow, S. N. Bernstein u.a.) großen Anteil.

*B.* Die Probleme der W. haben nicht nur die Naturwissenschaften (z.B. im Zusammenhang mit dem Problem der →Determination in neuerer Zeit die Quantentheorie) und die →Wissenschaftstheorie, sondern auch Soziologie, Geschichtswissenschaft und Philosophie stark beschäftigt. Wieso treffen Voraussagen, die die W.stheorie kollektiv für eine Klasse von Fällen macht, selbst bei einer so existentiellen und privaten Entscheidung, wie der zur Selbsttötung, offenbar zu? Die Anwendung der W.srechnung auf die menschl.-geschichtl. Welt im 19. Jh. (J. A. Condorcet, A. Quetelet, H. Th. Buckle) hat zu Beweisführungen dafür oder (wegen der relativen »Unschärfe« im Vergleich zur reinen Gesetzlichkeit) dagegen geführt, daß ein Individuum gegenüber einem kollektiven Zwang (der sich ja in der »W.sgesetzlichkeit« zeigt) frei ist. Wer W.srechnung betreibt, muß aber über Determinismus (d.h. über die notwendige Vorherbestimmtheit eines jeden Ereignisses) oder →Zufall nicht entschieden haben. Der Würfel ist nicht im Einzelfall »frei«, in Anzeige einer bestimmten Augenzahl zu fallen, sondern die W.srechnung tritt hier nur deshalb in Aktion, weil wir alle physikal. Bedingungen eines Würfelfalls nicht exakt bestimmen können, von denen wir (in diesem Fall) dennoch ausgehen. Die Faszination dieser Fragestellung im Grenzbereich von Physik und Religion zeigt sich etwa bei A. →Einstein, der 1926 über die Quantenmechanik schrieb, sie leiste viel, »aber dem Geheimnis des Alten bringt sie uns kaum näher. Jedenfalls bin ich überzeugt, daß *der* nicht würfelt.« Jedoch scheint es nicht fruchtbar, in theol. Zusammenhängen W.stheorien zum Beweis ird., menschl. oder gar göttl. Freiheit heranzuziehen. Die den Menschen existentiell betreffende Frage nach dem, was möglicherweie eintreffen und seine Geschichte prägen wird, stellt sich deshalb in den Zusammenhängen von Zufall, Vorsehung oder Schicksal und wird oft im Rahmen einer rel. Daseinserfahrung verhandelt.

*Lit.: K. Bosch:* Elementare Einführung in die W.srechnung, Reinbek 1976. – *R. Carnap:* Einführung in die Philosophie der Naturwissenschaft, München 1969. – *J. M. Keynes:* A Treatise of Probability, London 1921. – *R. von Mises:* W., Statistik und Wahrheit, Wien, 4. Aufl. 1971. – *B. Rensch:* Gesetzlichkeit, psychophys. Zusammenhang, Willensfreiheit und Ethik, Berlin 1979.

*Volker Steenblock*

**Waldenser**

*A.* Die W. sind eine Minderheitskirche →reformierter Bekenntnistradition im vom →Katholizismus und →Laizismus geprägten →Italien. *Bes. Merkmale* im Rahmen des →Protestantismus sind:
1. der *ma. Ursprung:* Valdes (erst spät »Petrus« Valdes genannt), ein zur Armut bekehrter reicher Bürger von Lyon, stiftete um 1177 eine Genossenschaft von »Brüdern« (bald auch »Schwestern«), von armen Wanderpredigern (nach Mt 5,3 »Arme im Geist«), auf der Grundlage der Lebensweise der Apostel. Sie wurden als Laien teils niederen Standes 1184 wegen Amtsanmaßung und Ungehorsam gegen das *Predigtverbot* (Apg 5,29) exkommuniziert, hielten sich aber trotz Verfolgung (→Inquisition) im Untergrund und in Rand- bzw. Landausbaugebieten vom 13. bis 15. Jh. europaweit, um 1500 noch in einigen Tälern Savoyens und andernorts. Ab 1532 schlossen sie sich der Reformation an. Das »Bergpredigtchristentum« wurde in eine Kirche mit verheirateten Pfarrern auf paulin.-reformator. Basis umgestaltet. Diese erfuhr jedoch nie die Unterstützung durch eine eigene gleichgläubige Obrigkeit. Prot. Nationen liehen ihnen diplomat. Unterstützung und gewährten Zuflucht (bes. nach 1685 in Württemberg und Hessen). Dieses ma. Erbe eines die →Konstantin. Wende ablehnenden Bergpredigtchristentums (so die dt. W. im 15. Jh. unter hussit. Einfluß, [→Hus]) hat in der neueren Krise des prot. Obrigkeitsbegriffs als »erste Reformation« (A. Molnár) und Ergänzung der paulin. inspirierten »zweiten« →Reformation (→Luther u.a.) neue theol. Beachtung gefunden.
2. Das Gegenüber zu einem bis zum →Konkordat vom 18.2.1984 staatl. privilegierten Katholizismus (in den Lateranverträgen zwischen Italien und Vatikan 1929 zur Staatsreligion erklärt, worauf jetzt in Ausführung von Art. 8 der Verfassung →Italiens verzichtet worden ist) hat eine traditionell starke *Zurückhaltung* gegenüber ökumen. Entwicklungen zur Folge, die »*kath.*« Merkmale (→Sakramente, →Amt) hervorheben. Das Dokument von Lima (1982) über »Taufe, Eucharistie, Amt« etwa wurde kritisiert.
3. Der Einfluß der →*Erweckungsbewegung* machte sich im 19. Jh. geltend, als sich parallel zur Mission angloamerik. →Methodisten und →Baptisten die W. von den Tälern Piemonts auf *ganz Italien*

ausbreiteten und stärkte (zusammen mit dem Antiklerikalismus der nationalen Einigungsbewegung, →Kirchenstaat) die antikath. Haltung. Spuren der Erweckungsfrömmigkeit finden sich im Gesangbuch der W.

4. Minderheitsstatus, Staatsfreiheit, ökumen. Verbindungen (nach England, der Schweiz und den Vereinigten Staaten), Kriegs- und Widerstandserfahrungen haben den W.n nach dem Zweiten Weltkrieg eine *ökumen. Bedeutung* gegeben, die ihre Zahlenstärke weit übersteigt. Das 1947 von Tullio Vinay als Jugendbegegnungsstätte begründete Zentrum »Agape« (Prali, Täler), der von demselben 1961 in Riesi (Sizilien) als Anleitung zur Selbsthilfe für Verarmte begründete »Servizio cristiano« (christl. Dienst) sowie die 1855 gegründete, 1922 nach Rom verlegte Theol. W.fakultät haben auf Evangelische aus aller Welt anregend gewirkt.

5. Insgesamt nimmt die W.kirche an den wesentl. Tendenzen der prot. Ökumene und den *theol. Entwicklungen* der Mehrheitskirchen in krit. Weise teil. Nach Erweckung und liberaler Theologie haben Lutherrenaissance (hier ohne nationale Nebentöne) und die →dialekt. Theologie K. →Barths, Theologien der →Hoffnung (J. Moltmann) und der →Befreiungstheologie Einfluß ausgeübt, ohne je allein das Gesamtbild zu prägen.

*B.* Im *Verhältnis zum Katholizismus* ist infolge der Veränderungen in Staat und Kirche seit dem 2. →Vat. Konzil teilweise eine größere Entspannung eingetreten. Kontakte mit →»Basisgemeinden«, aber auch ein gemeinsames Studium der Reformatoren mit kath. Theologen wurden, bes. von Valdo Vinay, unermüdl. vertreten. Dem →Konkordat mit der kath. Kirche ist am 21.2.1984 eine *»Intesa«* (Vereinbarung) der ital. Regierung mit der *»Tavola«* (dem Leitungsorgan der W.) gefolgt, womit seit dem 11.8.1984 die volle →Religionsfreiheit erstmals gesetzl. Wirklichkeit ist. Muster sind die dt. Kirchenverträge, doch haben die W. keine staatl. Sonderleistungen verlangt oder erhalten.

*C.* Die W. sind seit 1979 als *»Ev. W.kirche«* mit den Methodisten Italiens vereinigt. Diese verzeichnet 1985 neben sozialen Diensten, Schulen und Krankenhäusern 130 Gemeinden und Gruppen mit ca. 30.000 (22.000 aktiven) Mitgliedern, davon 22.000 in Oberitalien. Bekenntnisgrundlage ist das reform. W.bekenntnis von 1662 (s. Vinay, Anhang). Die aus der (sozial bedingten) Auswanderung aus den Tälern seit 1859 entstandene südamerik. Region Rio de la Plata (15 Gemeinden in Uruguay, 8 in Argentinien) zählt 1985 ca. 13.400 Getaufte, 4000 aktive Mitglieder.

*Lit.: A. Molnár:* Die W. Geschichte und europ. Ausmaß einer Ketzerbewegung, Berlin (Ost) 1980, Göttingen (Lizenzausgabe) 1980. – *G. Tourn:* Geschichte der W.-Kirche, Erlangen, 2. Aufl. 1983. – *V. Vinay:* Storia dei Valdesi/3. Dal movimento evangelico italiano al movimento ecumenico (1848-1978), Turin 1980.

*Kurt Victor Selge*

**Wallfahrt.** Aus der Perspektive der →Religionssoziologie läßt sich W. als eine komplexe Form der »Vergesellschaftung von →Transzendenzerfahrungen« (T. Luckmann) begreifen, die – idealtyp. gesehen – im Kern aus dem symbol.-rituellen Handlungsablauf einer zumeist gemeinschaftl. vollzogenen außeralltägl. »Reise« mit Besuch einer →hl. Stätte oder eines →Kultobjektes besteht, dem charismat. Eigenschaften zugeschrieben werden. W.en sind auch in nichtchristl. Universal- und Volksreligionen (z.B. →Islam: Mekka und Medina; Lamaismus: Lhasa; →Judentum: Jerusalem) üblich.

*A.* Von prot. Seite (→Luther, →Zwingli, →Calvin) abgelehnt, haben sie innerhalb des Christentums die →Funktion eines konfessionellen *Unterscheidungszeichens*, das deshalb in gemischtkonfessionellen Ländern wie Deutschland auch bes. hervorgekehrt werden kann, zumal dann, wenn es sich um W.en marian. Charakters (→Maria) handelt. Deren Höhepunkte liegen im Spätma., in der Zeit nach der →Reformation, insbes. des →Barocks, sowie in der 2.Hälfte des 19. Jh.s. Anfängl. hatten im Christentum W.en oder Pilgerfahrten das *»Hl. Land«* zum Ziel, die insbes. nach den →Christenverfolgungen und mit der legendären Kreuzauffindung durch Helena (257-336) einsetzten. Die Behinderung der W.en durch Araber und Seldschuken wurde mit zum Anlaß der →Kreuzzüge. Früh hinzu kommen die W.en zu den Gräbern der →Apostel und →Märtyrer oder ihren →Reliquien, wobei →*Rom* sich zu einem weiteren Zentrum der W. entwickelte, aber auch das in ein ganzes W.swegenetz eingebundene span. *Santiago de Compostela*, wo Ende des 9. Jh.s über der angebl. Fundstätte der Überreste des Apostels Jakobus d.Ä. eine Basilika errichtet wurde. Neben den unter Einfluß einiger →Orden entfachten *Marienw.en* mit bis heute bedeutenden W.sstätten, wie Altötting, Kevelaer, Einsiedeln, Maria Zell, Loreto und Tschenstochau (allein in Baden-Württemberg sind etwa die Hälfte der 200 W.skirchen →Maria geweiht), werden im Spätma. – unter Auswirkung des eucharist. →Kultes – W.en zu Orten mit →Wundern blutender Hostien (z.B. Walldürn im Odenwald) populär.

*B.* Mit der Ausbreitung moderner Massenverkehrsmittel im 19. und 20. Jh. entwickelt sich ein *neuer Typus* internationaler Fern- und Großw.en., insbes. zu den Marienw.sorten in Lourdes und Fatima. Von großen Touristikunternehmen organisiert, büßt die Hinreise zumeist den symbol.-rituellen Charakter ein zugunsten des Verweilens an hl. Stätte. In den letzten Jahren ist wieder von einer »Renaissance des traditionellen Wallfahrens« (P. Assion) die Rede, von einem »Boom des Wallfahrens zu Fuß in großen Gruppen und →Prozessionen«, woran freil. auch »die Parallelität zu den Gesundheits- und Freizeitbeschäftigungen unserer Jahre« (W. Brückner) nicht zu übersehen ist. Den Schwerpunkt ihrer sozialen Trägerschaft hat diese

Form der →Volksfrömmigkeit, die zu einem der ersten Forschungsgegenstände der →Volkskunde zählt, zumindest in der Bundesrepublik Deutschland in einigen geschlechts-, generations- und berufsspezif. Gruppen, in einigen Freizeitvereinen, rel. Vereinigungen und verbandl. organisierten landsmannschaftl. Minderheiten, die auch als Träger weiterer rel. Brauchhandlungen (→Sitten und Gebräuche) in Erscheinung treten.

*Lit.: I. Baumer:* W. als Handlungsspiel. Ein Beitrag zum Verständnis rel. Handelns, Bern/Frankfurt/M. 1977 (Lit.). – *W. Brückner:* Zur Phänomenologie und Nomenklatur des W.swesens und seiner Erforschung, in: *D. Harmening u.a. (Hg.):* Volkskultur und Geschichte. Festgabe für J. Dünninger, Berlin 1970, 384-424. – *B. Kötting:* Peregrinatio religiosa. W.en in der Antike und das Pilgerwesen der alten Kirche, Münster 1950 (Lit.). – *L. Kriss-Rettenbeck/ G. Möhler (Hg.):* W. kennt keine Grenzen, München 1984 (Lit.). – *M. Scharfe/M. Schmolze/G. Schubert (Hg.):* W.-Tradition und Mode. Empir. Untersuchungen zur Aktualität von Volksfrömmigkeit, Tübingen 1985. – *W. Schieder (Hg.):* Religion und Gesellschaft im 19. Jh., in: Geschichte und Gesellschaft 3 (1977), 291-383.

*Michael N. Ebertz*

**Wanderung.** Der Begriff bezeichnet im weitesten Sinn die individuelle oder kollektive Bewegung im geograph. oder regionalen, immer aber durch phys.-äußere wie sozial-psych. (→Umwelt-)Bezüge best. Raum, also horizontale Prozesse der raumzeitl. Veränderung und Verlagerung von menschl. Standorten (z.B. Wechsel des Wohnsitzes oder Arbeitsplatzes), Positionen (z.B. »Wählerw.«) und Lebenssphären (horizontale im Unterschied zur vertikalen →Mobilität). So verstanden umfaßt der Begriff W. nicht nur mannigfaltige Grundphänomene gesellschaftl.-geschichtl. Dynamik, sondern auch ein zentrales Motiv menschl. Existenzerhellung, rel. Selbstverständnisses und theol. Wirklichkeitsbeschreibung überhaupt: Die Struktur der W.serscheinungen bildet zugleich einen vielschichtigen und auslegungsfähigen →Symbolkomplex der menschl Grundbefindlichkeit (bibl.: vor dem Angesicht Gottes) – für den einzelnen wie für seine →Gemeinschaftsbildungen, insbes. auch für die der →Kirche.

*A. Phänomene der Wanderung*

Schon immer haben in der Geschichte der Menschheit W.en (Völker- und Stammesw., →Kolonisation, Deportationen) ganze Kulturräume und Kontinente verändert und Epochen spezif. geprägt (vgl. →Nomadentum, →Kreuzzüge, →Kriege, territoriale Ausdehnung der →Vereinigten Staaten von Amerika nach Westen). Doch erst durch Industrialisierung (→Industrie, →Kapitalismus, Masse), Verstädterung (→Stadt), Technisierung (→Technik, →Verkehr) und Massenkommunikation (→Medien) wurde W. – etwa bei Arbeitskräftebewegungen (Arbeitermigration), Flüchtlings-, Vertriebenen- und Asylantenströmungen (→Asyl) oder bei sozial-, ethn.- und siedlungsgeograph. Veränderungen (→Stadt-→Land-W., Nord-Süd-Mobilität) – zu einem auch die individuelle Lebensgestaltung prägenden *Strukturmerkmal der inner- und zwischengesellschaftl. Beziehungen* (Binnen-, Ein- und Ausw.). W.en können kurzfristig oder dauerhaft räuml.-soziale Verhältnisse teilweise oder inges. beträchtl. umgestalten. Die Einteilung verschiedener Typen nach ihren eigentüml. Auslösemomenten und Motiven macht W. allg. als ein bes. Problemlösungsverhalten kenntl. und charakterisiert verschiedene Arten der Distanzierung von oder →Anpassung an Umwelt oder veranlaßt Prozesse gesamtgesellschaftl.-kultureller Veränderung.

*I.* Von hervorstechender Bedeutung wurde für die Neuzeit vor allem der Typ *aufgezwungener W. (*Flucht und *Vertreibung*). Sie wurden meist ausgelöst durch gewaltsame Verfolgung und Bedrohung an Leib und Leben (→Krieg, →Diktatur, Katastrophen und Seuchen, →Strafaktionen und Strafentzug), soziale Deprivation (Beraubung, Ausbeutung), wirtschaftl. Notlagen und rel., rass., ethn. oder polit. →Diskriminierung (z.B. Zensur, vgl. →Kulturkampf). Aufgezwungene W. kann allg. schuldhaft (z.B. Paradiesvertreibung, Gen 3,20-24; Kains Verbannung, Gen 4,12-14) oder unverschuldet (Flucht der Hl. Familie nach Ägypten, Mt 2,12-15) sein.

*1.* Während es zu allen Zeiten individuelle und kollektive W.en aus existenzrettenden oder -sichernden Motiven gab, bildeten massenhafte *W.en auf Grund rel. Verfolgung und Diskriminierung* ein bes. Merkmal der Frühen →Neuzeit. Davon waren vor allem →Mennoniten (16. und 17. Jh.), →Hugenotten (seit 1685: Aufhebung des Edikts von Nantes), Salzburger Protestanten (1731) und böhm. Hussiten (18. Jh.) betroffen. Für sie wurde insbes. das an Menschenmangel leidende Brandenburg-→Preußen zum rettenden Einwanderungsland. Eine andere, im Bild des »ewig Wandernden« (→Ahasver) vorgestellte betroffene Gruppe bildeten die →Juden, denen fast durchgängig das Recht auf Niederlassung und freie Religionsausübung aus rel., wirtschaftl. und rass. Gründen verweigert wurde.

*2.* Nach der rel. Neutralisierung des Staates seit der Aufklärung (vgl. →privat, →Säkularisierung) nahmen seit dem 18. und vor allem im Verlauf des 19. Jh.s durch →Revolutionen, →Verfassungskämpfe und Entfaltung des nationalstaatl. Machtdenkens (bes. nach den gescheiterten Demokratisierungsversuchen von 1848 und nach den →Sozialistengesetzen von 1878) diejenigen Emigrationsgründe zu, die auf polit. Oppositionshaltungen zurückgingen. Doch stellten die Ursachen der Auswanderungswellen im 19. Jh. stets *eine Mischung aus polit. und wirtschaftl. Gründen* dar: Hungersnöte, aussichtslose Berufschancen, wirtschaftl. und soziale Bedrängnisse und Verelendungen infolge der Industrialisierung (→Industrie) sorgten bereits seit 1816 für eine stetiges Anwachsen der Zahl dt. Auswan-

derer, die sich vor allem nach →Nord- und →Südamerika orientierten.
*3.* Während wirtschaftl. motivierte Auswanderer vielfach eine zweite →Heimat im neuen Aufenthaltsland fanden und sich – freil. unter Wahrung gewisser ethn., rel., kultureller und folklorist. Eigenarten – dessen Lebensverhältnissen assimilierten (→Anpassung), hielten die vorwiegend aus polit., rass. oder rel. Gründen zur *Emigration* Gezwungenen betont ein *Exilbewußtsein* aufrecht. Bedeutend wurde ihre *Exil-* oder Emigrationsliteratur beispielsweise im Vormärz (→Biedermeier, G. Büchner, H. →Heine, L. Börne), nach der russ. Oktoberrevolution von 1917 (V. Nabokov) und während des span. Bürgerkriegs (1936-39; →Spanien). Für den weitaus größten Anteil an der bes. Gattung der Exilliteratur sorgten jedoch *die vom →Nationalsozialismus Vertriebenen*, welche die Opposition gegen und die polit. Auseinandersetzung mit dem NS-Regime fortsetzten (Emigrantenzeitschriften; vgl. auch Th. →Mann, Achtung Europa!, 1938; E. Bloch, Erbschaft dieser Zeit, 1935) und den durch Emigration, Verfolgung und Krieg geprägten Erfahrungen eines drohenden →Identitätsverlustes literar. Gestaltung verliehen (B. →Brecht, J. R. Becker, E. Lasker-Schüler, F. Werfel, N. Sachs, St. Heym, A. Seghers, C. Zuckmayer). Durch Rückw. sorgten viele dieser ausgewanderten Schriftsteller – wie auch Wissenschaftler und Politiker – seit ca. 1947 wieder für den Anschluß Deutschlands an die internationale Kultur.
*4.* Im Gefolge der russ. Oktoberrevolution bildeten sich in Deutschland seit 1920 – ähnl. wie schon vorher die franz. Gemeinden der Hugenotten – eigene *Exilkirchen* (Religionsgemeinschaften für Auswanderer, die im Aufenthaltsland keine der eigenen Tradition entspr. Kirchen vorfinden): etwa die »Russ.-orthod. Kirche im Ausland« und die »Ukrainisch Autokephale Orthod. Kirche im Exil«. Seit den Flüchtlings- und Heimatvertriebenenbewegungen infolge des Zweiten Weltkriegs bestehen auch estnische, lettische, litauische und poln. ev.-luth. Kirchen im Exil; allerdings passen sie sich zunehmend an die dt. Kirchenverhältnisse an. Die kath. Kirche hingegen kennt keine Exilkirchen, da Flüchtlinge und Vertriebene jeweils der Diözese ihres Aufenthaltsorts zugeordnet werden (und in ihr Heimat fanden). Ihre geistl. Betreuung ist durch die Apostol. Konstitution »Exul Familia« vom 1.8.1952 geregelt.
*5.* Nach dem Ende des Zweiten Weltkriegs bildeten vor allem drei Komplexe aufgenötigter W. Spannungszentren internationaler, auch kirchl. Aufmerksamkeit: Zum einen forderten die durch den Weltkrieg ausgelösten *Flüchtlings- und Vertriebenenströmungen* in der Bundesrepublik →Deutschland nicht nur das staatl. und gesellschaftl. Integrationsbemühen, sondern auch das diakon. und seelsorgerl. Handeln der Kirchen heraus. Große Bedeutung erhielt dabei die – bis in die Versöhnungspolitik der sozialliberalen Koalition gegenüber den Ostblockländern hinein wirksame – →Denkschrift »Die Lage der Vertriebenen und das Verhältnis des dt. Volkes zu seinen östl. Nachbarn« (1965) der →Ev. Kirche in Deutschland. Zum andern regte die durch das wirtschaftl.-soziale Gefälle zwischen (vorwiegend kath. und islam.) Mittelmeerländern und (vorwiegend gemischtkonfessionellen) westeurop. Industrienationen verursachte *Arbeitermigration* (sog. »Gastarbeiter«) neue Formen ökumen. Seelsorge für ethn. Minderheiten an und veranlaßte den →Ökumen. Rat der Kirchen 1964 eigens zur Gründung eines Ausschusses für Fragen ausländ. Arbeitnehmer in Europa. Schließl. sehen sich die nordamerik. und (mittel-)europ. Länder und ihre Kirchen infolge zahlreicher Bürgerkriege (durch die Weltmächte finanzierte regionale »Stellvertreterkriege«) sowie infolge rass. (vgl. →südl. Afrika), rel. (vgl. →Bahai-Religion) und polit. *Verfolgung in der →Dritten Welt* zunehmend dringlicher einer Flüchtlings- und Vertriebenenproblematik gegenüber, die vielfältige Fragen umfaßt: etwa der interrel. Begegnungen, polit. →Asylgewährung, der sozialen und kulturellen Haltung gegenüber ausländ. Fremden, wirtschaftl. und sonstiger Eingliederung, Gewährleistung und Stärkung jeweiliger Ursprungskulturen. Aufgezwungene W.sprozesse erweisen sich hier teils als Folge, teils als Ausdruck vielfältiger äußerer →Entfremdungstatbestände.

*II.* Von ihnen läßt sich der Typ *beauftragter W.* unterscheiden.Darunter ist jeder persönl. Reiseweg zu verstehen, der im Interesse einer Sache oder zur Erfüllung einer Aufgabe unternommen wird. Dazu zählen im profanen Bereich alle staats- und berufsbedingten Mobilitätserscheinungen wie etwa *Gesellenw.*, Tournees, Kampagnen, Verhandlungs-, Geschäfts- und Bildungsreisen. Ihren ursprüngl. Bedeutungswert erhält diese Art der W. jedoch durch die realen Erscheinungen, die sich jeweils einem rel. Auftrag verdanken: die →*Missions*reisen der →Apostel, →Propheten und kirchl. Prediger (einschließl. →Evangelisation, Kollektenreisen) sowie die →*Wallfahrten* des Gläubigen; beides ist zum vielschichtigen Sinnträger des kirchl.-ökumen. Wirkens (→Synode, →Konziliarität) und der zielgerichteten rel.-eth. Existenzweise in der Welt geworden.

*III.* Nicht immer läßt sich davon das *hoffnungsvolle zeitweilige Unterwegssein* des Menschen trennscharf unterscheiden, dessen Beweggründe in einer best. Vorstellung vom Ziel der W. verwurzelt sind. Zum Urbild dieses W.styps wurde der priesterschriftl. →*Exodus*bericht (Gen 11,27f.,31f.; 12,4b-5): Er akzentuiert das ebenso verheißene wie verlockende Ziel des »Gelobten Landes« als Frucht eines →Segens, dessen Erwartung die bestehenden Lebensverhältnisse als das trüger. Arrangement falscher Sicherheiten und nur provisor.-genügender Situation entlarvt. W. meint hier die freiwillige, vom vorgestellten Endziel her aktivierte Bewegung des Aufbruchs etwa zur »wahren Heimat« (Hebr 11,16; 13,14), zur verlockenden Stadt

(Hebr 11,10), zum »himml. Jerusalem« (Hebr 12,22-24). Diese rel. Vorstellung hat motivbildend bis in profane, sogar banale Kontexte gewirkt: als die durch Hoffnung auf →Glück, Wohlstand, mehr Erwerbschancen und bessere Lebensverhältnisse beflügelte Form der Ausw. aus gegebenen Mangelsituationen. Dazu gehören denn auch alle Arten der →*jugend- und* →*protestbewegten W.* – etwa die zivilisationskrit. Großstadtflucht der 1895 von H. Hoffmann gegründeten »Wandervögel«, die vagabundierende Lebensweise der →Beat generation, der enthusiast. Aufbruch zu »neuen Grenzen« oder die Beschwörung des »langen Marsches« als Form polit. Zielverwirklichung. Wie bei der beauftragten W. wird vielfach auch hier der zeitweilige Verzicht auf Lokalbindung zugunsten einer mehrversprechenden mobilen Zielerfüllung bereitwillig in Kauf genommen.

*IV.* Die moderne →Zivilisation kennzeichnet schließl. noch solche W.serscheinungen, die *ihren Sinn und Zweck in sich selber* haben: die von ihren ursprüngl. gesellschaftskrit. Impulsen der →Jugendbewegung verselbständigten *Wandergruppen und -vereine* nach 1945; der massenhaft und weitgehend kommerziell organisierte, auf die Unterbrechung der Alltags- und Berufsroutine gerichtete *Tourismus* als →Freizeiterscheinung; die auf Abenteuerlust, »Fernweh« und Ruhelosigkeit zurückgehende *nichtseßhafte Lebensweise* best. →Außenseitergruppen; schließl. die individuell-krankhafte Zwangshandlung (→Neurose) des *Reise- und W.striebs* (Poriomanie).

*B. Bedeutungen und Motive der Wanderung*

W.en sind nicht nur ein universalgeschichtl. und -gesellschaftl. Grundphänomen, sondern in ihren individuellen und gattungsspezif. Auswirkungen auf das Lebensgefühl des Menschen auch durchaus *ambivalent:* Sie können Ausdruck einer krit.-oppositionellen, problemanzeigenden Protesthaltung, eines konstruktiv-gestalter. Veränderungswillens oder einer zukunftsorientiert-→utop. →Hoffnung sein, aber auch zur Funktion kompensator. Betäubung oder unpolit. Disengagements werden (sog. »Aussteiger«). Gerade in dieser Ambivalenz wurden W.sphänomene immer wieder rel., philos. und theol. ausgedeutet, so daß sich die unbehauste oder zukunftsoffene Existenz des Menschen, die Möglichkeiten seiner →Identitätssuche und -findung sowie die Überzeugung, daß Menschsein nicht in den jeweils gegebenen Verhältnissen aufgeht, beschrieben finden. Dabei rückten stets drei Momente in den Vordergrund:

*I.* Ein zentrales Sinnmotiv der W. bilden *Abschied und Verlust*, in denen sich vor allem das Ungenügen an der Ausgangssituation als Ursprung allen menschl. Prozeßdenkens und -empfindens ausdrückt: W. wird zum Sinnbild sowohl menschl. Verdammung als auch menschl. Befreiung. Als Irrfahrt (Odyssee) betont sie den frevel- und schuldhaften Abfall von einem paradiesisch geordneten Urzustand (→Paradies; vgl. etwa: →Voltaire »Candide«, 1759; G. Flaubert »La Légende de Saint-Julien l'Hospitalier«, 1877; T. Williams »A Streetcar Named Desire«, 1947; A. Robbe-Grillet »Dans le labyrinthe«, 1959), den Verlust behüteter Existenz überhaupt (vgl. G. Hauptmann »Till Eulenspiegel«, 1928), die Leiden der →Trauer um das Verlorene. Als Aufbruch zu »froher Fahrt« andererseits unterstreicht das W.sbild die hoffnungsvolle Überbietbarkeit des ungenügenden Ausgangspunkts, die Stärkungs- und Bereicherungschancen menschl. Lebensfähigkeit, die auf dem Vorrang des →Seins vor dem Haben, des utop.-idealen Mehrwerts (→Utopie) vor dem realen Verfügungsgut (→Eigentum), die Bewegung vor dem Stillstand, der →Zukunft vor der Herkunft, der Verbesserungsbedürftigkeit und des →Fortschritts vor der →Tradition, des →Lernens vor dem →Wissen beruht (vgl. etwa: J. W. →Goethe »Der Wanderer«, 1772, »Glückl. Fahrt«, 1795; F. Schiller »Der Spaziergang«, 1795). Ihren elementaren rel. Ausdruck hat dieses W.smotiv einerseits vor allem in den bibl. Bildern des →Exodus (bes. in der jahwist. Wiederbelebung der Exodustradition als krit. Wende gegen die salomon. Wohlstandssaturiertheit, Gen 11,28-30; 12,1-4a), in den prophet. und apostol. →Berufungsgeschichten und im Gedanken der Wiedergeburt gefunden, andererseits in den Urbildern der Entwurzelung und Heimatlosigkeit, in der Paradiesvertreibung und Stigmatisierung Kains.

*II.* Ein weiteres Motiv der W. hebt auf die Momente der *Wegsuche und Pilgerschaft* ab (Homo viator), auf das für menschl. (Glaubens-) Existenz charakterist. Wagnis, die Unvorhersehbarkeit und den Zweifel ebenso wie auf den Distanzierungseffekt des Vorübergehenden: W. thematisiert hier jeden gegebenen Augenblick der Gegenwartssituation krit. als überholbar und als Übergangsmoment, als Inbegriff einer Befindlichkeit, der Gewißheit und Genuß der Erfüllung noch abgeht. Dem entspricht der fließende Status des Wandernden als Fremder, Gast oder Pilger, das ständig wechselnde Milieu seiner →Umwelt, besehen mit den relativierenden Augen dessen, der die Randexistenz eines →Außenseiters führt. In der Bibel erscheint das Motiv als Charakterzug des weltentfremdeten →Glaubens (z.B. Gen 26,3; Hebr 11,9), der unter Verzicht auf alle ird. Schutzvorrichtungen allein auf den Beistand des mitwandernden Gottes (»Immanuel« anstelle eines stationären →Gottes) vertraut. Eine profilierte Gestalt nimmt diese Lebensweise im rigorosen Ethos des heimat-, familien-, besitz- und schutzlosen »Wanderradikalismus« (G. Theißen) und vagabundierenden →Charismatikertums an, das die →Propheten, →Jesus selbst und seine →Apostel mitsamt ihren Sympathisantengruppen (in gewisser Analogie zu den kyn. Wanderphilosophen; →griech.-röm. Philosophie) an den Tag legten. W. wird hier zur gelebten Ausdrucksform →kompromißloser Welttranszendierung und des Bewußtseins ird. Vergänglichkeit. Die damit ermöglichte Auseinandersetzung mit dem Fremden (oder mit der in der W.sperspektive befremdl. →Heimat) wurde auch im weltl. Bereich spätestens seit der Frühaufklärung zu einem zentralen und krit. Thema der Fähigkeit des Menschen, samt seiner Umwelt zur Verbesserung und Bildung des Menschen als Individuum, in Gesellschaft und Zivilisation (vgl. etwa: F. R. Chateaubriand »Voyage en Amérique«, 1793, »Itinéraire de Paris à Jérusaleme«, 1811; J. Swift »Gulliver's Travels«, 1726; Goethe »Wilhelm Meister«, 1795-1821). W. erhebt hier die Bedürftigkeit des menschl. Seins und Bewußtseins zu Wandlung und Fortschritt in der Symbolik eines solchen Daseins zum Thema, das noch nicht zur Selbstgenügsamkeit seines Ziels und seiner Erfüllung gefunden hat.

*III.* Heimkehr und Erfüllung bilden schließl. das Sinnmotiv der W., die an ihr Ziel gelangt ist: Es wird vorgestellt als Inbegriff eines eschatolog. oder utop. Gutes, der erstrebten oder verheißenen Heimat jenseits der Ambivalenz von Ortsansässigkeit, Bodenständigkeit und Immobilität einerseits und aufgezwungener, beauftragter, hoffnungsbeseelter oder eigendynam. W. andererseits. Der Mensch findet hier unbeschränkten und beständigen Anteil am schlechthin Unüberbietbaren; atl. im Erbe des Segens (Gen 26,13; 35,12): »eine Stadt, die einen Grund hat, deren Baumeister und Schöpfer Gott ist« (Hebr 11,10); ntl. als Heilsgewinn des »ewigen Lebens« (→Jenseits, →Seele), zu dem Jesus sich selbst als Weg darbietet (Joh 14,4-6). So macht das W.smotiv gegen jede Verflachung der zur Selbstverabsolutierung neigenden Menschenwirklichkeit das Spannungsmoment ihrer hoffnungsvollen und zukunftsfähigen Verbesserlichkeit geltend.

*Lit.: H.-M. Barth:* Reisen nach Utopia? Über den Sinn der Sehnsucht nach der Ferne, in: Luth. Monatshefte 15 (1976), 385-387. – *H. Esser:* Aspekte der W.ssoziologie, Darmstadt/Neuwied 1980. – *H. J. Hoffmann-Nowotny:* Migration. Ein Beitrag zu einer soziol. Erklärung, Stuttgart 1970. – *J. Pieper:* Über die Hoffnung, München, 6. Aufl. 1962. – *H. G. Pust:* Wanderschaft – Sehnsucht – Sinn, in: Dt. Pfarrerblatt 78 (1978), 103-105. – *G. Roppen/R. Sommer:* Strangers and Pilgrims, Oslo 1964. – *G. Theißen:* Wanderradikalismus, in: *ders.:* Studien zur Soziologie des Urchristentums, Tübingen, 2. Aufl. 1983, 79-105. – *Ders.:* Soziologie der Jesusbewegung, München, 4. Aufl. 1985.

*Volker Drehsen*

**Weber,** *Max,* geb. 21.4.1864 in Erfurt, gest. 14.6.1920 in München. Der Jurist und Nationalökonom W. gehört zu den Begründern der modernen Soziologie. Obgleich er wichtige Beiträge zur Agrar-, Industrie-, Musik-, Rechts- und Stadtsoziologie sowie zur Erforschung der Antike geleistet hat, erzielte er seine nachhaltigste Wirkung auf den Gebieten der polit. Soziologie und der →Religionssoziologie sowie als Begründer einer verstehenden Soziologie.

Die *verstehende Soziologie* versucht, soziale Prozesse über eine Rekonstruktion der Handlungsabsichten der verschiedenen Akteure zu erklären. Das →Verstehen der Sinnzusammenhänge ist dabei Voraussetzung des →Erklärens, nicht etwa mit ihm ident. Der Prozeß des Erklärens erfordert zusätzl. die Analyse der objektiven Voraussetzungen und Folgen der wechselseitigen Handlungsprozesse (Interaktionsprozesse) wie auch die Einbeziehung nichtrationalen Verhaltens. Wichtigstes method. Hilfsmittel der W.schen →Soziologie ist der *Idealtypus.* Soziale Gebilde, hist. Prozesse, handelnde →Personen werden durch gezielte Übertreibung best. Merkmale definiert und somit von ähnl. Phänomenen begriffl. klar unterscheidbar (z.B. →Kirche von →Sekte). Idealtypen können so als Maßstab zur empir. Analyse dienen, indem konkrete Erscheinungen durch die Nähe oder Abweichung ihrer verschiedenen Merkmale zu einem Idealtyp (oder mehreren) beschreibbar werden.
W.s zentrales wissenschaftl. Interesse gilt der Erforschung der *modernen abendländ. Sonderentwicklung* in allen Gesellschaftsbereichen. In seinen Schriften vor 1910 untersucht W. vor allem die Entwicklung des →Kapitalismus, sei es unter der Perspektive der polit. Folgen der kapitalist. Umgestaltung der ostelb. Landwirtschaft für das Dt. Reich, sei es unter dem Aspekt des Einflusses rel. Faktoren auf die Herausbildung einer modernen kapitalist. →Wirtschaftsethik (→prot. Ethik), sei es bezügl. seiner Auswirkungen auf die Industriearbeiterschaft (→Arbeiter, →Industrie). Je stärker sich W. jedoch im Zuge seiner Untersuchung über die *Wirtschaftsethik der →Weltreligionen* mit außerabendländ. Kulturen wie der ind. und chin. befaßt (→Indien, →China), desto klarer wird ihm, daß die Sonderentwicklung des Westens keineswegs nur eine ökonomische oder ökonom. bedingte ist. Vielmehr habe sich durch das Zusammentreffen spezif. institutioneller Voraussetzungen (Trennung von geistl. und weltl. →Macht, autonome →Städte) und ideeller →Traditionen (röm. Recht [→Röm. Reich], röm.-kath. →Amtsbegriff, →griech. Philosophie, rationale jüd. →Ethik [→Judentum]) allein im Abendland ein spezif. Typ von →Rationalismus in der →Ökonomie, im →Recht, in der polit. →Organisation (→Politik, →Staat), in →Wissenschaft, →Kultur und Religion herausbilden und durchsetzen können. W. nennt ihn den Rationalismus der *Weltbeherrschung* und unterscheidet ihn von den Rationalismen der Weltflucht (Indien) und der Weltanpassung (China). In seinem systemat. Hauptwerk »Wirtschaft und Gesellschaft« untersucht W. die von diesem Geist geprägten modernen Institutionen, die er idealtyp. auf Grund der ihnen zugrundeliegenden Strukturprinzipien bestimmt und durch hist. und interkulturellen Vergleich von anderen Typen abhebt.
Seine ständige Konfrontation von begriffl. Eindeutigkeit mit *emp. Vielfalt* verweist auf das unaufhebbare Spannungsverhältnis zwischen beiden und warnt so vor jegl. Begriffsrealismus. W. hat nahezu alle soziol. Schulen beeinflußt, doch setzt sein For-

schungsinteresse am ausgeprägtesten die interkulturell vergleichend arbeitende hist. Soziologie fort.

*Lit.: H. N. Fügen:* Max W., Reinbek 1985. – *D. Käsler:* Einführung in das Studium Max W.s, München 1979.

*Martin Riesebrodt*

**Wehrdienst und Kriegsdienstverweigerung**

*A.* W. ist der befristete oder unbefristete *Dienst des Soldaten*, der entweder auf einer allg. staatl. Verpflichtung (nach best. Kriterien ausgewählter oder aller wehrpflichtigen Bürger, der sog. allg. Wehrpflicht) oder auf freiwilliger Entschließung des einzelnen beruht; im Verteidigungsfall auch *Kriegsdienst* genannt. In verschiedenen Staaten mit allg. Wehrpflicht wird dem Wehrpflichtigen die Möglichkeit eingeräumt, diese gegebenenfalls nach Durchführung eines Anerkennungsverfahrens durch einen →Zivildienst zu erfüllen. Die rechtl. vorgesehene und die bloß tatsächl. Weigerung eines Wehrpflichtigen, W. zu leisten, wird als *K.* bezeichnet.

*B.* Der W. war schon früher, zumal zwischen verschiedenen Religionsgemeinschaften, auf Grund der →Bergpredigt und der *gewaltfreien Lebenspraxis Jesu* (→Gewalt, Gewaltlosigkeit) umstritten. Sie steht heute in der Spannung zweier Pole, die sich durch die waffentechn. Entwicklung (ABC-Waffen) und die Aufteilung der Welt in sich feindl. gegenüberstehende Machtblöcke verschärft hat: Sicherung des freiheitl.-demokrat. →Rechtsstaates und Vernichtung der gesamten oder jedenfalls großer Teile der Menschheit, mithin des in seiner Freiheit zu sichernden und zu verteidigenden Gutes. Die *Lehre vom* gerechten →*Krieg* ist in dieser Situation überlebt. Ein mit ABC-Waffen geführter Krieg ist moral. nicht zu rechtfertigen. Weithin ist deshalb heute auch zwischen den Kirchen und innerhalb ihrer nur noch strittig, ob die zunehmend unkontrollierbarere *nukleare Abschreckung* noch eine für den Christen mögl. Handlungsweise ist. W. im Atomzeitalter ist jedenfalls eth. allein begründbar als »Friedensdienst mit Waffen« im Rahmen einer allg. und glaubwürdigen Friedenspolitik (→Frieden) zur Kriegsverhütung und Verteidigung einer freiheitl. Ordnung. Die Einräumung eines Rechts zur K. aus Gewissensgründen und zur sich gegebenenfalls daran anknüpfenden Ableistung eines Zivildienstes als »Friedensdienst ohne Waffe« ist aus christl.-eth. Sicht unverzichtbar.

*C.* In der Bundersrepublik *Deutschland* ist jeder wehrfähige dt. Mann vom vollendeten 18. Lebensjahr an *wehrpflichtig* (Art. 12 a Abs 1 GG). Die Wehrpflicht wird durch den W. oder im Falle der K. (Art. 4 Abs 3 Grundgesetz [GG] i.V.m. dem Kriegsdienstverweigerungsgesetz) durch den Zivildienst (Art. 12 a Abs. 2 GG i.V.m. dem Zivildienstgesetz) erfüllt. Eine Zivildienstverweigerung ist nicht vorgesehen. Das sog. *Geistlichenprivileg* im Wehrrecht gewährleistet die Freistellung best. Geistlichen-Kategorien vom W. (§§ 11, 12 Wehrpflichtgesetz) sowie die Zurückstellung aller Wehrpflichtiger, die sich auf das geistl. Amt vorbereiten. Zur K. ist nach Art. 4 Abs. 3 GG (in der Ausformung, die er durch das Bundesverfassungsgericht erhalten hat) berechtigt, wer sich aus Gewissensgründen jeder Waffenanwendung zwischen den Staaten widersetzt. Eine *Gewissensentscheidung* (→Gewissen) in diesem Sinne ist jede ernste sittl., d.h. an den Kategorien von Gut und Böse orientierte, Entscheidung (→Sittlichkeit), die der einzelne als für sich bindend und unbedingt verpflichtend innerl. so erfährt, daß er gegen sie nicht ohne ernste Gewissensnot handeln könnte. Dieser von den verschiedenen Prüfungsinstanzen zugrundegelegte Begriff des Gewissens ist sehr problemat. und erklärt sich allein aus Gesichtspunkten der Praktikabilität.

Seit dem 1. Jan. 1984 ist durch das K.sgesetz unter Beachtung von Gesichtspunkten der Verteidigungsfähigkeit und Wehrgerechtigkeit grundsätzl. ein *schriftl. Anerkennungsverfahren* eingeführt. Nur für zweifelhafte Fälle und bereits dienende oder gediente Wehrpflichtige ist ein mündl. Prüfungsverfahren beibehalten, zusätzl. der Zivildienst jedoch gegenüber dem W. verlängert worden.

*Lit.: R. Fritz u.a.:* Kommentar zum K.sgesetz, Neuwied/Darmstadt 1983. – *H. Johlen:* Wehrrecht in der Praxis, München 1984. – *A. Krölls:* K.. Das unbequeme Grundrecht, Frankfurt/M. 1983.

*Wolfgang Meyer-Hesemann*

**Weihe.** In der Religionswissenschaft unter »Weihen« eingeordnet, umgreift der *Begriff* auch die Initiationen. So sind W.n mit vorheriger oder gleichzeitiger Unterweisung verbundene Riten, deren Durchführung eine grundlegende Änderung sowohl des rel. wie des sozialen Status einer Person zur Folge hat. Das Verb bedeutet »heiligen« (→heilig). W.riten können auch Sachlichem (Geräten, Orten, Zeiten) gelten (→Sakramentalien).

*A.* In allen Kulturen umgibt der Mensch die existentiell wichtigsten Ereignisse seines Lebens mit Riten, die die *»Übergänge« markieren* (→Übergangsriten). So sind die Geburt eines →Kindes, seine Geschlechtsreife, seine evtl. bes. Begabung zur Verbindung mit dem Heiligen oder Göttlichen, seine Heirat sowie sein →Tod uralter Anlaß, die kosm. Ordnung, in der er mit seinem Glauben steht, in immer neuer individueller Wiederholung zu bestätigen und damit gleichsam zu erneuern (→Amtshandlungen). Die W. als ein →*Segen* ist Bestandteil aller W.riten. Sogar der →Buddhismus, der W.handlungen an sich distanziert gegenübersteht, hat hier Anpassungsleistungen vollzogen und führt z.B. Segenszeremonien für ein neuerbautes Haus durch.

Die in den frühen und →Stammesreligionen geltenden Verhaltensweisen sind, abgewandelt, auch in den →*Weltreligionen* wiederzufinden. →Christentum und →Hinduismus haben sie zu einer

festen Folge von →Sakramenten ausgeformt. Der *Hinduismus* kennt 40 größtenteils nur für Männer geltende Sakramente, an denen sich verschiedene Schichten rel. Anschauungen ablesen lassen. So basieren die *Frauensakramente* auf den Reinheitsgeboten (→rein und unrein), während die *Männersakramente* auch auf einer rein spirituellen Ebene verankert sind. In den anderen Religionen sind diese Riten nicht vereinheitlicht und von großer lokaler Verschiedenheit.
Neben den grundsätzlich allen Mitgliedern einer Gemeinschaft zukommenden W.n finden sich W.n für bes. →*Mittlerpersonen:* Medizinmänner, Schamanen (→Schamanismus), →Priester, Könige, →Mönche und Nonnen. Diese W.n ändern den rel. Status des Trägers dramat. Er ist dadurch geheiligt, tabuiert und aus dem gewöhnl. Gemeinschaftsrahmen herausgehoben.

*B.* In allen W.n werden die *W.handlungen* unter Verwendung von reinigendem/geweihtem Wasser, von Salbungsmitteln und Weihrauch vorgenommen. Näher an den frühen *Initiationsriten* mit ihren Reinigungsriten, Mutproben usw. sind die Einweihungsriten der →Geheimbünde, →Bruderschaften usw. Sie sind in der Regel Männern vorbehalten (z.B. Mithraskult, eleusin. Mysterien, Isiskult, bis hin zu den neuzeitl. Logen in Europa; →Männerbünde). Ihre Initiation besteht in einem rituell festgelegten Stufenweg zur Läuterung der →Seele des Adepten.

*C.* W.n als eine Methode, etwas aus dem alltägl. Zusammenhang herauszuheben und in einen bes. Zusammenhang zu stellen, sind auch in *säkularer Form* weit verbreitet, von der Jugendw. in der DDR über die akadem. Promotionsfeier und Vernissagen bis zur Schiffstaufe. Nicht zuletzt darin dokumentiert sich das menschheitl. Bedürfnis nach einer solchen gemeinschaftsstiftenden und -erhaltenden Zeremonie.

*Lit.: W. Berner:* Initiationsriten in Mysterienreligionen, im Gnostizismus und im antiken Judentum, Diss., Göttingen 1973. – *B. Bettelheim:* Symbolic wounds. Puberty rites and the envious male, London 1955. – *M. Eliade:* Das Mysterium der Wiedergeburt, Zürich 1961. – *H. von Glasenapp:* Glaube und Ritus der Hochreligionen (Fischer Bücher des Wissens 346), Frankfurt/M. 1960. – *J. S. Lafontaine:* Initiation (Themes in Social Anthropology 3), Manchester 1986.

*Irmtraud Höhn*

**Weihnachten**

*A. Liturgisch*

W., das »gemütvollste« Kirchenfest, läuft gegenwärtig Gefahr, als bloßes Geschenk- und Familienfest seines christl. Gehalts entleert zu werden. Als Geburtsfest Christi in Betlehem wurde W. in Rom bereits 336/7 gefeiert. Der vorchristl., dt. Festname bezeichnete ursprüngl. die erste der 12 »geweihten« Nächte um die Jahreswende (24.12 – 6.1.). Leider lebt die bessere, weil den christl. *Kern der Feier* klar benennende Bezeichnung »Christfest« (auch »Christtag«, engl. *Christmas*, ndl. *kerstmis)* nur noch im innerkirchl. und (z.B. im alpenländ. Raum und in Luxemburg) mundartl. Sprachgebrauch.

*I.* Über die Gründe, die neben →Ostern ein *zweites Christusfest* am 25. Dezember aufkommen ließen, gibt es unterschiedl. Auffassungen. Viele Gründe sprechen für die plausiblere religionsgeschichtl.-apologet. Erklärung: Gegen das von Kaiser Aurelian 275 als Staatsfeiertag eingeführte *heidn.* Sonnenfest »Natale Solis Invicti« am 25. Dezember stellt die junge Kirche das »Natale Christi«, das Geburtsfest ihres Lebensspenders, den sie – passend zur Zeit der Wintersonnenwende – als das wahre →Licht der Welt (Joh 8,9) und die Sonne der Gerechtigkeit (Mal 4,2) bekennt. Der 25. Dezember war somit von Anfang an ein symbol., auf die Ankunft des »aufstrahlenden Lichtes aus der Höhe« (Lk 1,78) hinweisendes Datum. Noch im 4 Jh. verbreitete sich das Fest rasch im ganzen Westen, im Osten (mit Ausnahme der armen. Kirche) zusätzl. zu dem dort älteren Epiphaniasfest. Dies hängt zweifellos zusammen mit den *antiarian. Abwehrbemühungen* der Alten Kirche (→Christologie): W. »thematisiert« das Dogma des →Konzils von Nizäa von Christus als dem im Fleisch erschienenen, ewigen Gottessohn (→Inkarnation), der »Licht vom Licht« und »wahrer Gott vom wahren Gott« ist. Bezeichnenderweise gilt dann auch die Aufmerksamkeit der röm. W.sliturgie nicht dem Krippenkind, sondern ihre Texte feiern die Manifestation (Theophanie, →Erscheinung)) des präexistenten *Gottessohns* (→Präexistenz) in der Welt, in die er als in sein Eigentum kam (vgl. Joh 1,1-17 als Evangelium der 3. und ältesten W.smesse), um sie durch seine →Passion und seine →Auferstehung zu erlösen.

*II.* Entspr. einem im Laufe des 6. Jh.s ausgebildeten Brauch der *Papstliturgie* enthält das Röm. Meßbuch unterschiedl. Texte für drei W.smessen: die Christmette (in der Nacht), das Hirtenamt (in der Morgenfrühe), das Engel- oder Hochamt (am Tag). Im ev. Bereich beginnt die Feier des W.sfestes in der Regel mit der Christvesper am Hl. Abend. Der Brauch reicht bis in die Reformationszeit zurück: Um »unordentl.« Sitten zur nächtl. Stunde entgegenzusteuern, ersetzte man den Mitternachtsgottesdienst durch die Vesper am Vorabend. Die Christmette verlegte man auf den frühen Morgen des W.stages; in manchen Gegenden steht sie bis heute im Zentrum ev. W.sfeier. In beiden Großkirchen ist die neuerdings wieder häufiger um Mitternacht gefeierte Christmette der bestbesuchte W.sgottesdienst.

*III.* Die *W.sfrömmigkeit* des Volkes verweilt vornehml. bei den konkreten, ärml. Umständen des Geschehens von Betlehem. Sie spiegelt sich im dt. W.slied (vgl. z.B. M. →Luther »Vom Himmel hoch«) und im Krippenbrauch wider. Die dem Menschen Jesus zugewandte Frömmigkeit des Hochma.s (Bernhard von Clairvaux, →Franz von Assisi) hat die Idee der W.skrippe hervorgebracht. In Greccio inszenierte Franz von Assisi 1223 erstmals ein liturg. W.sspiel. Vor allem Frauenklöster griffen den Gedanken auf. Die neben dem Altar aufgestellte Wiege mit dem Christuskind wurde zum Bezugspunkt von Krippenandachten. Die →Barockzeit stellte die Krippe gern in die heim. Landschaft. Hauskrippen haben eine wichtige katechet. Funktion als Hinweis auf den Anlaß der W.sfeier. Der in Kirche, Haus und als Geschäfts- und Innenstadtdekoration allg. verbreitete Christbaum gilt oft als säkularer Ausdruck von W. W. ist das große liturg. Problem in der Volkskirche, zieht aber auch viele der Kirche entfremdete Menschen in den Gottesdienst.

*Lit.: O. Cullmann:* Der Ursprung des W.sfestes, Zürich, 3. Aufl. 1963. – *H. Frank:* Frühgeschichte und Ursprung des röm. W.sfestes, in: Archiv für Liturgiewissenschaft 2 (1952), 1-24. – Hj. Auf der Maur: *Feiern im Rhythmus der Zeit, in:* H. B. Meyer u.a. (Hg.): *Gottesdienst der Kirche. Handbuch der Liturgiewissenschaft, Bd. 8, Regensburg 1983, 165-176.*

*Andreas Heinz*

*B. Kunstgeschichtlich*

*I.* Die Geburt Christi wird zuerst auf Sarkophagen des 4. Jh.s bildl. dargestellt. Häufig wird *das Kind* in einem Korb oder Trog nur von Ochs und Esel als Vertretern des →Juden- und Heidenchristentums (Jes 1,3) umgeben. Als Prototyp der auf →Erlösung wartenden →Menschheit tritt wenig später ein einzelner Hirte hinzu. →Maria wird im 4. Jh. nur zusammen mit den Hll. Drei Königen (Magiern) dargestellt. Erst nach der Definition der Maria als Theotokos (Gottesgebärerin) durch das →Konzil von Ephesus (431) erhält die *Gottesmutter* einen hervorgehobenen Platz in den Darstellungen der Geburt Christi und der Magieranbetung. Die weitere Entwicklung der Mariologie belegt der im 6. Jh. in →Palästina aufkommende Bildtyp, der das W.sgeschehen in eine *Höhle* verlegt, die als Sinnbild des jungfräul. Schoßes der Maria interpretiert wird. Maria liegt auf einem herrscherl. Ruhebett, das Kind auf einem als →Altar gekennzeichneten Steinblock. Später wird diese Bildfassung um die →*Verkündigung* an die Hirten, →Josef, Ochs und Esel, die Hll. Drei Könige und die Gestalt der *Salome* erweitert. Salome glaubte der Legende nach die →Jungfrauengeburt nicht, wurde dafür mit einer Handlähmung bestraft und erst wieder geheilt, als sie ihre Hand auf das Jesuskind legte. Bes. auf →Ikonen begegnet in Gestalt eines alten Mannes der Prophet →*Jesaja* als Interpret des →Mysteriums der Menschwerdung Christi. Die auf Ikonen fast regelmäßig einbezogene Badeszene verdeutlicht gleichfalls diesen Gedanken und weist zugleich auf die →Taufe hin, indem das Badebecken meist als Taufbecken wiedergegeben wird. Die reichen theol. Bezüge des östl. W.sbildes werden im Westen nur vereinzelt aufgenommen. Noch in der *Romanik* läßt sich kein verbindl. Bildtyp feststellen. Unter dem Einfluß der →Mystik wächst im 13./14. Jh. das Interesse an dem innigen Verhältnis von Mutter und Kind, außerdem läßt der Wunsch nach Vergegenwärtigung des Heilsgeschehens die genrehaften Details (Wochenstube) anwachsen. Daneben gewinnen im späten →MA. die Bilder von der Anbetung des Kindes durch die Hirten, die Hll. Drei Könige oder auch Maria immer stärker Bedeutung.

*II.* Die Hll. Drei Könige (Melchior, Balthasar und Kaspar) versinnbildlichen im Zusammenhang mit dem Epiphaniasfest die das Christuskind anbetende Menschheit. Werden sie zunächst als oriental. Magier dargestellt, so erscheinen sie seit dem 10./11. Jh. als Könige mit Kronen. Bereits im 5. Jh. gab es Ansätze zu einem Zyklus, der die einzelnen Stationen der Reise der Hll. Drei Könige zeigt (Befragung durch Herodes, die Magier und der Geburtsstern, der Ritt der Magier sowie deren Traum und Rückkehr). Die →Volksfrömmigkeit hat die Verehrung der Hll. Drei Könige mit zahlreichen, noch heute lebendigen Bräuchen ausgestattet (Sternsinger, die das Haus mit den Namen der Hll. Drei Könige bezeichnen). Seit Rainald von Dassel 1164 die →Reliquien der Könige aus Mailand nach Köln überführte, hat sich dort ein Zentrum der Verehrung entwickelt. Der Dreikönigsschrein des Kölner Doms (Kölner Arbeit etwa 1180/1230) gilt als der bedeutendste Reliquienschrein des MA.s überhaupt.

*III.* Aus den ma. Mysterienspielen, der Krippenfeier des →Franz von Assisi (1223) und der spätgot. Altarkunst gingen die *W.skrippen* hervor, die der →Andacht und →Meditation in Kirche und Haus dienen. Das »Theatrum sacrum« des →Barock hat auf die Krippenkunst ebenso eingewirkt wie zu Beginn des 18. Jh.s das Marionettentheater. Die von R. Berliner als »gefrornes Theater« bezeichneten Krippen verbreiteten sich von Süditalien aus in ganz Mitteleuropa und darüber hinaus auch in übersee. Kolonialgebieten. Im →Protestantismus wurden die Krippen erst im 19. Jh. heim. Neben den Kunstkrippen beschäftigt sich die →Volkskunst bis heute mit der Gestaltung von Krippen (Krippenausstellung in Telgte). Schon im vorigen Jh. entstanden Vereine zur Pflege der Krippenkunst, die seit 1952 in der »Universalis Foederatio Praesepistica« zusammengeschlossen wurden.

*IV.* Im wesentl. auf den nördl. und östl. dt. Sprachraum beschränkt blieben die *W.spyramiden*, die in gewisser Weise den W.sbaum vertreten, der seit etwa 1800 bekannt ist. Die Pyramide ist aus der an der Decke befestigten Lichterkrone (W.sleuchter) hervorgegangen. Hauptverbreitungsgebiete sind das Erzgebirge, Thüringen und Böhmen, wo man gläserne Pyramiden herstellte. Als Erzeugnisse einer lebendigen Volkskunst (Heimarbeit) spiegeln die Pyramiden nicht nur die Volksfrömmigkeit wider, sondern auch die soziale Wirklichkeit, in der ihre Schöpfer lebten und leben (z.B. Versuche, Pyramiden ohne Bezug auf W. zu entwickeln).

*Lit.: G. Aust:* Die Geburt Christi, Düsseldorf 1953. – *R. Berliner:* Die W.s-Krippe, München 1955. – *O. Kastner:* Die Krippe, Linz 1964. – *H. Kehrer:* Die Hl. Drei Könige in Literatur und Kunst, 2 Bde., Leipzig 1908/09. – *K. Meisen:* Die Hl. Drei Könige und ihr Festtag im volkstüml. Glauben und Brauch, Köln 1949. – *K. Onasch:* Das W.sbild im orthod. Kirchenjahr (Quellen und Untersuchungen zur Konfessionskunde der Orthodoxie 2), Berlin 1958. – *Ch. Rietschel:* Die W.skrippe, Berlin, 2. Aufl. 1976. – *G. Ristow:* Die Geburt Christi, Düsseldorf 1963. – *G. Vezin:* L'Adoration et le Cycle des Mages dans l'Art chrétien primitif, Paris 1950.

*Peter Maser*

*C. Literarisch*

Kein anderes christl. Fest hat – literaturgeschichtl. gesehen – auch im 20. Jh. eine vergleichbare Resonanz gefunden wie W. Dabei haben meist kirchl. ungebundene oder dezidiert christentumskrit. Schriftsteller die literar. Maßstäbe gesetzt. Die wichtigsten Motive sind:

*I. Entlarvung* von W. als Fest gewordene, gefühlige Heuchelei. Es war E. Kästner, der 1928 das bürgerl. W. literar. unübertreffl. als pseudohumane Überbrückung von Klassengegensätzen und Generationskonflikten demaskierte. Sein Gedicht »Weihnachtslied, chemisch gereinigt« nahm im Stilmittel der Parodie (»Morgen, Kinder, wird's nichts geben!«) ein Thema linker Gesellschaftskritik (K. Tucholsky, W. Mehring; B. →Brecht, →Neue Sachlichkeit) auf, das bis heute literar. Interesse gefunden hat. Es blieb aktuell z.B. in W. Schnurres Erzählung »Die Leihgabe« (1958) und – um seinen globalen Aspekt erweitert – in Gedichten von G. Grass (»Advent«), N. Born (»Dick vermummtes Winterbild«) und J. Becker (»Dezember-Gedicht«).

*II. Abstand* zwischen einst und jetzt: F. →Dürrenmatts frühe Kurzprosa »Weihnacht« (1952) sucht durch die dicken Schichten der bürgerl. W. einen Weg zurück zur Person des armen Jesus. Dürrenmatt zeigt lakon. knapp das Christuskind mit eßbarem Heiligenschein und Marzipankopf auf irgendeiner beliebigen Straße liegend, wehrlos der Konsumation ausgeliefert: zerstörte Idylle, die Festtagsstimmung nicht aufkommen läßt. In H. →Bölls Satire »Nicht nur zur Weihnachtszeit« (1951) feiert eine neurot. Familie W. das ganze Jahr hindurch, Abend für Abend. Das Phänomen der christl. Weltflucht ist im Ritual ihres pervertierten Krippenspiels zugleich aufgenommen und ad absurdum geführt.

*III. Konfrontation* mit polit. und gesellschaftl. Realität: Eine Rückbesinnung auf die gleichnishafte Wirklichkeit des Weihnachtsgeschehens auch für unsere Zeit streben Gedichte wie »Dezembernacht« von M. L. Kaschnitz, »Anbetung« von W. Schnurre und – unübertroffen – »Dezember 1942« von P. Huchel an. Huchels Gedicht stellt die Raum- und Zeitebenen nebeneinander. Der Verweis auf die Grauen vor Stalingrad evoziert die Frage, ob Betlehem durch die unausgesetzte Folge menschl. Leids, durch die Hybris der Kriege widerlegt sei. W. erscheint von allen fadenscheinigen Ritualen entkleidet aufs neue mit den konkreten gesellschaftl. Verhältnissen konfrontiert – so wie einst an der Zeitenwende zum Christentum.

*IV. Rollenspiel:* Die bedeutendste dichter. Ausdeutung des W.sfestes in der Gattung der Epik stellt für die deutschsprachige Gegenwartsliteratur I. Aichingers Roman »Die größere Hoffnung« (1948) dar. In der Mitte der Handlung spielen jüd. Kinder auf einem Dachboden das Spiel der Geburt Jesu. Jederzeit in Gefahr, von den Häschern des Terrors entdeckt zu werden, entwickeln sie »spielend« ein immer größeres Selbstvertrauen. Sie begreifen sich als »christusförmig«, entdecken, daß schon die Umstände der Geburt Jesu auf seinen Opfergang und Tod hinweisen, und deuten sein Schicksal als jüd. Kinder für ihre Wirklichkeit.

*V. W. als Hoffnung:* Die Distanz zu den Konventionen des W.sfestes hat wiederholt bedeutende neue Einsichten ermöglicht. W. Borcherts Erzählung »Die drei dunklen Könige« (1949) und vor allem H. Bölls »So ward Abend und Morgen« (1954) stellen W. als Chance eines mitmenschl. Neuanfangs, als geschenkte Umkehr zu neuer, erfüllterer Partnerschaft dar. R. Kunzes Kurzprosa »W.« (in: »Die wunderbaren Jahre«, 1976) spiegelt die archa. Sehnsucht nach einer gerechten Welt im Bild des friedliebenden, lächelnden Revolutionärs Che Guevara: literar. Spielfigur, die ihre Nähe zu dem Mann aus Nazaret nicht verleugnet, Versuch, W. als Aufstörung, nicht als Beruhigung zu begreifen.

Wenn Schriftsteller sich der christl. Theologie von der Menschwerdung Gottes behutsam annähern, geschieht dies mit Vorliebe diskursiv, nicht plakativ. Nur in der Kontrastfolie, tastend assoziativ führt der Weg der Gegenwartsliteratur nach Betlehem.

*Lit.: H. Bender/H. G. Schwark (Hg.):* Das Winterbuch, Frankfurt/M. 1983. – *E. Borchers (Hg.):* Das Weihnachtsbuch, Frankfurt/M. 1973. – *W. Fietkau (Hg.):* Thema W., Wuppertal, 4. Aufl. 1973. – *B. Heinser (Hg.):* W. Prosa aus der Weltliteratur, Zürich 1987. – *K.-J. Kuschel (Hg.):* Der andere Jesus, Gütersloh 1983. – *Ders.:* Jesus in der deutschsprachigen Gegenwartsliteratur, Gütersloh 1978, bes. 267-275.

*Ulrich Kern*

*D. Musikgeschichtlich*

Kein →Fest hat seit dem Hochma. so intensiv zum Singen und Spielen angeregt wie W. Der Gedanke an die Menschwerdung Gottes (→Inkarnation) im Krippenkind – eine durch →Franz von Assisi verbreitete Frömmigkeit – hat eine große Fülle von

Worten und Weisen, von volkstüml. Bräuchen in allen westl. →Konfessionen, Regionen und Epochen hervorgebracht.

*I.* W.sspiele nehmen im 11. Jh. (ähnl. wie an →Ostern) ihren Ausgang bei einem Tropus (→Stabat mater) zum Introitus (Eingangslied) der →Messe (»Wen sucht ihr in der Krippe, ihr Hirten, sagt an?«). Andernorts gibt es in der Matutin (Morgengebet) Prozessionen zum Altar zu stiller Anbetung der dort aufgestellten Krippe. Durch Rollenverteilung und *Dramatisierung* entstehen vor allem in Frankreich typ. Szenen: das »officium pastorum« (Hirtenspiel), zu Epiphanias (Dreikönig) das »officium stellae« (Dreikönigsspiel), oft mit Herodesspiel, Kindermord in Betlehem und Rahelklage weitergeführt. Später kommen ein Prophetenspiel mit Verheißungsworten und eine allegor. Disputation zwischen →Kirche und →Synagoge hinzu. Ein ausgeführtes »Drama« mit etwa 15 Szenen liegt um 1200 in den »Carmina Burana« in volkstüml. Vagantenversen samt den musikal. Einflüssen der Spielleute vor. Trotz zahlreicher Verbote sprengt eine zunehmende *komödienhafte* Possenreißerei den liturg. Rahmen, so daß die Aufführungen im Klosterhof oder auf dem Kirchplatz stattfinden. Schließl. sinkt das W.sspiel in eine bäur.-derbe Darstellung ab, hält sich in Resten bis ins 19. Jh. vor allem im Erzgebirge und im Alpenraum (Oberuferer W.sspiel) und lebt in unzähligen volksliedhaften Hirten- und Krippenspielliedern fort.

*II.* W.smusik entsteht während der ganzen Entwicklung der polyphonen *Mehrstimmigkeit* je im Stil der Zeit als →Motetten oder →Kantaten (zu Texten der atl. Verheißung und ntl. Erfüllung), zunehmend auch als →Kirchenlieder und Dichtungen (J. F. Reichhardt: W.scantilene nach M. Claudius 1785). Das schalmeien- und dudelsackart. »Pastorale« aus →Italien findet Eingang in die Instrumentalmusik (A Corelli, A. Vivaldi, bei J. S. →Bach und G. F. →Händel), die →Orgelmusik bietet ein reichhaltiges Repertoire. *Höhepunkte* sind: die W.shistorie 1660/64 von *H. →Schütz* (der selbständige Intermedien [Konzerte] einfügt und die Personen mit Instrumenten charakterisiert: →Engel mit Geigen, Hohepriester mit Posaunen, Herodes mit Trompeten) und das W.soratorium von *J. S. Bach* 1734/35, der sechs, z.T. aus weltl. Werken bearbeitete Evangelienkantaten zusammenfügt und dramat. erzählend (Evangelist) und kontemplativ betrachtend (Arien, Choralsätze) das W.sgeschehen auslegt.

*III.* Breitgestreut sind seit dem →MA. die Richtungen und Gattungen des *weihnachtl. Liedguts* (engl.: Christmas Carols, franz.: Noëls): bibl. Erzähllied (»Vom Himmel hoch«, Ev. Kirchengesangbuch [EKG] 16), oft durchsetzt mit Motiven der Legenden- und Marienfrömmigkeit, auch als Spruch, →Gebet, Betrachtung und Verkündigungsruf (»Gelobet seist du, Jesu Christ«, EKG 15). Das Aktionslied begleitet und kommentiert die Handlungen der W.sspiele (Kindelwiegen: »Joseph, lieber Joseph mein«; Sternsinger: »Ein Kind geborn zu Betlehem«, Gotteslob [GL] 146; – der Name »Quempas« [»Quem pastores laudavere«, EKG 20] wird seit 1930 zum Inbegriff dieses Liedtyps); Heilsgeschichtslied und Willkommensgruß (»Sei uns willkommen, Herre Christ«, GL 131). Das Devotionslied drückt Huldigung und Hingabe vor der Krippe aus (lat.-dt. »In dulci jubilo«, GL 142; »Ich steh' an deiner Krippen hier«, EKG 28); das Allegorielied benützt beziehungsreiche Symbole (Schiff, Rose, Licht). Das geistl. Andachtslied des 19. Jh.s (»Ihr Kinderlein, kommet«, »O du fröhliche«, »Stille Nacht«) gerät leicht zum rührseligen Stimmungsträger. In jüngster Zeit versucht eine Reihe von Provokations- und Protestliedern die W.sbotschaft verfremdend und aufrüttelnd gegen →Konsum und Kommerz neu zu Gehör zu bringen.

*Lit.: K. Ameln u.a. (Hg.):* Das Quempas-Buch, Kassel 1962. – *W. Blankenburg:* Das W.soratorium von J. S. Bach, Kassel 1982. – *W. Fietkau (Hg.):* Thema W. Gedichte der Gegenwart, Wuppertal-Barmen, 3. Aufl. 1970. – *W. Flemming:* W.sspiele, in: Religion in Geschichte und Gegenwart, 3. Aufl., Bd. VI, 1569-71. – *M. Rößler:* Da Christus geboren war. Texte, Typen, Themen des dt. W.sliedes, Stuttgart 1981 (Lit.).

*Martin Rößler*

## Weinen

*A.* Vom übergangslos abrupten kindl. W. über das fassungslose Schluchzen des Teenagers vor seinen Idolen bis zum verinnerlichten Gestus des W.s beim gereiften Erwachsenen mit scheuer Abkehr von der Außenwelt – im Gegensatz zum weltoffenen →Lachen – manifestiert sich das W. in *wechselhaften Ausdrucksformen.* Am Schluß von F. Grillparzers Erzählung »Der arme Spielmann« spiegeln sich in der Begegnung des Erzählers mit Barbara, dem myth. Sinnbild der Trauer, die Tränen als Strom der Unterwelt (Mythologie: Klage und Vergessen), als Archetypus der mater dolorosa, Schmerz der Urmutter, Trauer über den Tod des Künstlers und schließl. existentielle Betroffenheit. A. →Schopenhauer hatte dagegen noch gemeint, W. sei bloßes Selbstmitleid, was durch vielerlei Tränen widerlegt ist, denen weder Schmerz, →Trauer noch Mitleid zugrunde liegen und die statt Zerrissenheit Beruhigung und inneren Frieden im Gefolge haben. Nach Ch. Darwin sind Tränen rudimentäre, reflektor. Abwehrreaktionen des Auges, die nach dem Gesetz der Miterregung benachbarter Körperpartien bei phys. Schmerz ausgelöst werden. Das Zentrum seel. Erschütterungen aber liegt je nach Lebensalter mit abgestufter Intensität im mitfühlenden Bereich. In jedem Fall entspringen solche starken Gefühle aus *Grenzsituationen.* Sie rufen erst dann Tränen hervor, wenn sie uns vehement überwältigen oder nach längerer Vorstufe zur inneren Kapitulation veranlassen. Zunächst rein physiognom. Resonanz, wird das W. konvulsiv auf den Körper übertragen und entlädt sich erst dann, emanzipiert von der Person und jenseits der Kontrollierbarkeit, eruptiv.

*B.* Fälschl. hat man oft nur Frauen das Recht auf Tränen zugestanden. Das ist weder hist. noch ethisch aufrechtzuerhalten, wie ein Blick in die →Romantik (Novalis, Hymnen an die Nacht), die →Empfindsamkeit (Freundschaftskult-Tränen als Zeichen des sympathet. Einklangs) sowie primitive Kulturen aufzeigt. Vom Christlichen her ist diese *Werteaufteilung* als patriarchal zu durchschauen. Das →Lukasevangelium scheute sich nicht, Jesus als W.den zu zeigen (Lk 19,47). Als »wiedergeborener Christ« braucht sich kein Mann seiner Tränen der Andacht, Ergriffenheit oder rel. Ekstase zu schämen. Letztl. verhilft Empathie zu einfühlenden Tränen aus christl. Mitleid für Not und Elend anderer – Grundstein der Hilfsbereitschaft zur Linderung von Katastrophen in unserer Zeit; damit entsteht aus dem W. ein sozialer Impuls.

*Lit.: H. Plessner:* Lachen und W., München, 3. Aufl. 1961.

*Lothar E. Zeidler*

**Weisheit**

*A.* Im AT ist W. (hebr. *chokmâ*) zunächst die Bezeichnung einer *geschickten Fertigkeit* z.B. von Textilbearbeitern (Ex 35,2), Bildhauern (Jes 40,20), Zauberern (Jes 3,3), darüber hinaus der *Klugheit* bis zur verschlagenen List (z.B. 2 Sam 13,3). Der W. bedarf vor allem der Herrscher (Spr 20,26). Als Inbegriff der W. gilt →Salomo (2 Kön 5), der in der idealisierten Darstellung alle Elemente der W. (Scharfsinn, List – manifestiert im »Salomon. Urteil«, 1 Kön 3 –, aber auch Naturkenntnis und Lebensklugheit) verkörpert, weshalb man in der Tradition das Buch der →Sprüche und des →Predigers auf Salomo zurückführte. W. ist somit ein *zentraler Begriff* israelit. Lebensauffassung; er verbindet prakt. Fertigkeit mit intellektuellen Fähigkeiten, zielt auf die Einsicht in die Ordnungen der Welt, der sozialen Beziehungen und auf solidar. Verhalten (→bibl. Ethik). Daher ist W. auch ein Erziehungsideal, das sowohl in den Familien und Sippen als auch in der höf. Bildung und Ausbildung seinen Ort hat. Damit hängt zusammen, daß die Aussagen und Mahnungen der W. in sprachl. Kunstformen (Sprüche, Lehrreden) formuliert wurden. Die atl. W. fußt hier auf der W.sliteratur des →Alten Orients, bes. →Ägyptens.

*B.* Ein Grundgedanke, um den die Literatur der israelit. W. zunächst zustimmend (→Sprüche Salomos, verdeckt auch in Erzählungen wie der Geschichte →Josefs oder der Geschichte von der Thronnachfolge →Davids), später krit. (→Prediger Salomo, →Hiobbuch) kreist, ist die Vorstellung vom »*Tun-Ergehen-Zusammenhang*«. Man ist der Auffassung, daß den Taten der Menschen ihre Folgen innewohnen, die sich als Tatfolgen verwirklichen (oder von Gott verwirklicht werden) und auf den Täter selbst zurückfallen. Gutes Tun zieht gutes Ergehen, böses Tun böses Geschick nach sich. Wird diese Auffassung, gespeist von Erfahrung und mehr noch von Hoffnung, zunächst im Generationenzusammenhang gedacht (indem sich im eigenen Geschick auch die Folgen der Taten der Vorfahren manifestieren und sich die eigenen Taten an den Nachkommen auswirken), so kommt es mit zunehmender Auflösung generationsübergreifender Großfamilien zu einer Zuspitzung auf den einzelnen Lebensweg. In der Exilszeit konnte diese Ablösung des Tun-Ergehen-Zusammenhangs von der Generationsfolge als Befreiung von der Idee eines universalen Verhängnisses verstanden werden (bes. Ez 18). Doch führt die Zuspitzung auf Tun und Ergehen im Leben je des einzelnen zu einer erneuten Krise. Denn nun kann ein Mißverhältnis zwischen dem Verhalten und dem Geschick eines Menschen nicht mehr mit Blick auf die Taten seiner Vorfahren oder auf das spätere Ergehen seiner Nachkommen gemildert werden. So liegt nun der Umkehrschluß nahe, daß böse gehandelt habe, wem Böses widerfährt, und daß der, dem es gut ergeht, ein guter Mensch sein müsse.

*C.* Dieser Umkehrschluß, der sich in der christl. Theologiegeschichte bes. bei den Reformierten als »Syllogismus practicus« mit der Lehre von der Vorherbestimmung (→Prädestination) verbindet, wird in der Argumentation der Freunde *Hiobs* zur Doktrin, gegen die Hiob den Widerspruch zwischen seinem Tun und seinem Ergehen in Klage und Anklage vor Gott bringt (→Hiobbuch). Auf andere Weise zeigt sich in der *Skepsis* des →*Predigers* Salomo die Krise der W., die nun nicht mehr als Schlüssel von Welterkenntnis und Ethik gelten kann. In den späten Schriften des AT wird ein Weg aus der Krise der W. dadurch beschritten, daß die W. mit Gott identifiziert und dabei geradezu personifiziert werden kann (→Weisheit Salomos, →Jesus Sirach). In diese Linie gehört die Vorstellung, daß die W. wie eine Person mahnend redet und erzählt, daß sie vor Anfang der Welt erschaffen wurde und vor Gott spielt (Spr 8). Krit. gegen die Möglichkeit rationaler Welterkenntnis argumentiert →*Paulus*, indem er den gekreuzigten Christus gegen alle W. (1 Kor 1,17ff.) stellt.

*Lit.: F. Christ:* Jesus Sophia (Abhandlungen zur Theologie des AT und NT 57), Zürich 1970. – *G. von Rad:* W. in Israel, Neukirchen-Vluyn, 3. Aufl. 1985. – *H. H. Schmid:* Wesen und Geschichte der W. Eine Untersuchung zur altoriental. und israel. Weisheitsliteratur (Zeitschrift für die atl. Wiss., Beih. 101), Berlin/New York 1966. – *W. H. Schmidt:* Atl. Glaube in seiner Geschichte (Neukirchener Stud.-Bücher 6), Neukirchen-Vluyn, 6. Aufl. 1987, 247-255.

*Jürgen Ebach*

**Weisheit Salomos.** Das deuteronomist. Geschichtswerk (→Bibelwissenschaft) berichtet und erzählt wiederholt von der Weisheit des israelit. Königs →Salomo (1 Kön 3,4-15.16-28; 4,24-34; 5,12; 10,1-13). Spätere Tradition knüpft daran an, wenn sie eine Weisheitsschrift im hebr. AT als →Sprüche

Salomos und eine andere im griech. AT (Septuaginta, →Bibelwissenschaft) als W. bezeichnet. Die Autorität des israelit. Königs verleiht in der W. den Gedanken, die in kurzen poet. Sprüchen und in Prosaabhandlungen formuliert sind, Gewicht und Beweiskraft. In 1-5 wird dem Rechtschaffenen, dem Weisen, trotz Anfeindungen des Gottlosen, der ein Tor ist, Unsterblichkeit verheißen, in 6-9 fordert Salomo andere Könige auf, auch nach Weisheit zu streben, und in 10-19 wird das rettende und strafende Wirken der Weisheit in der Geschichte dargestellt. Mit der W. wird die *Überlegenheit der jüd. Weisheit* über die heidn. →Philosophie und →Religion propagiert, der rechtschaffene Gottesverehrer getröstet und der vom Glauben abgefallene Jude bzw. Heide vor den Folgen gewarnt. Unter dem Einfluß des →Hellenismus artikuliert sich der Glaube an die Gerechtigkeit Gottes, der den Gerechten nicht im Tode läßt, und zwar in Form der Unsterblichkeitsvorstellung (1,1-6,1). Von bes. theol. Bedeutung wurde das »Diptychon« 2,12-20; 5,1-7, wo zum ersten Mal das voll ausgebildete Motiv des »Leidens des Gerechten« begegnet. Es beeinflußte in starkem Maße die Darstellung und die Interpretation der →Passion Jesu. Die Geschichtsbezüge, die im Auszug aus Ägypten (→Exodus) ihr Zentrum haben, die hellenist. Kulturverbundenheit sowie die Hinweise auf Herrscherkult, Tierverehrung und Verfolgung frommer Juden lassen an einen Verfasser denken, der in Ägypten, am ehesten in Alexandria, im 1. Jh. v. Chr. die W. geschrieben hat.

*Lit.: J. Fichtner:* W.S. (Handbuch zum AT 6), Tübingen 1938. – *D. Georgi:* W.S. (Jüd. Schriften aus hellenist.-röm. Zeit III/4), Gütersloh 1980, 389-478. – *L. Ruppert:* Der leidende Gerechte, Würzburg 1972, 70-105.

*Rüdiger Liwak*

**Welt** bezeichnet im allg. Sprachgebrauch die Erde oder (als »W.all«) die Gesamtheit der existierenden Dinge (→Kosmologie), in philos. Verdeutlichung dann die Gesamtheit aller Erscheinungen: als beseeltes oder von Prinzipien getragenes Wesen, als →Gott selbst (→Pantheismus), als dessen Bild oder Ausstrahlung, schließl – insbes. in der bibl. Tradition – als von Gott streng zu unterscheidende →Schöpfung mit Beginn und Ende. In der bibl. Tradition wird zugleich zwischen sichtbarer und unsichtbarer W. unterschieden. Schließl. dient der Begriff für die zusammenfassende Benennung der komplexen Wirklichkeit alles Vorhandenen (organ. und anorgan.), ihrer materiellen und geistigen Inhalte, Strukturen, Zusammenhänge und Gesetzmäßigkeiten.

*A.* Aller Erfahrung nach ist der Mensch das einzige Lebewesen, das auf Grund seiner Geistigkeit, (→Bewußtsein, Reflexionsfähigkeit) diesen Gesamtzusammenhang des Wirklichen erfassen und thematisieren kann. W. ist nur insofern gegeben, als der Gesamtbestand des Wirklichen im *menschl. Bewußtsein* gewissermaßen zu sich selber kommt. Und W. ist immer nur in der Weise gegeben, in der Menschen das Wirkliche als Gesamtbestand und Gesamtzusammenhang *deuten:* W. existiert in der Weise menschl. →W.bilder. Diese sind in ursprüngl. Kulturen myth. und rel. geschlossen formuliert, in neuzeitl. Gesellschaften eher aspekthaft-partiell (z.B. physikal., sozialwissenschaftl., philos., rel. usw): je nach Standpunkt, von dem her sie ausgebildet werden. Jedenfalls erfaßt sich der Mensch aber zugleich als eingebunden in die W.wirklichkeit wie auch als ihr gleichsam gegenübertretendes, erkennendes und handelndes →Subjekt. Er ist dabei nicht einfach fertig in die W. eingepaßt wie das Tier in seine Umw. Er muß vielmehr W. als *Ort* seiner Existenz begreifen und zu seiner Existenzsicherung ausbauen. Dazu bedarf er nicht nur der materiellen Sicherung durch organ. und anorgan. Lebens-Mittel. W. wird ihm umfassender erst in dem Maße Existenzheimat, in dem er ihre materiellen *und* geistigen Möglichkeiten erkennt und produktiv ausgestaltet. Indem Menschen in →Wissenschaft, →Technik, in →Kunst, →Politik usw., allg. also: durch →Kultur und →Zivilisation, W. erfassen und formen, gestalten sie nicht nur W.bilder, sondern errichten zugleich auch menschl. W. Wenn W.wirklichkeit auf solche Weise als wesentl. *Teil individueller und sozialer Identität* begriffen wird, gerät sie mit in die Fraglichkeit menschl. Existenz selbst: Gibt es ein Woher und ein Wohin? Worin liegt ein faßbarer →Sinn der W.? Solche Fragen machen die Begrenztheit weltl. Wirklichkeit bewußt und implizieren zugleich die Möglichkeit der Transzendenz.

*B.* Die verschiedenen *Religionen* veranschaulichen die ihnen gemeinsame Überzeugung, daß die W. in einem über sie verfügenden größeren Zusammenhang stehe, auf je verschiedene Weise. Sie gehen so gut wie alle von einem ursprüngl. Gewordensein der W. aus, stehe am Anfang nun ein Urchaos, aus dem die W. als gestalthafte Wirklichkeit hervortritt, oder eine faßbare Grundgestalt (wie das Urei), aus der W. hervorwächst. Myth. wird die W.entstehung auch als Urzeugung von Göttern verstanden, aber auch als Schöpfungstat eines Gottes oder mehrerer Götter. Die *W.bilder* richten sich nach dem, was wahrnehmbar ist oder zumindest als wirkl. gedacht wird: Im allg. besteht W. aus der unmittelbar vorhandenen Lebensw. des Menschen, aus der unteren W. der Toten und der oberen W. der Götter. Gleichwohl kann W. insgesamt als Ort der Menschen *und* Götter, auch der Toten, gedacht werden. Und im vorkrit. Bewußtsein sind die Erscheinungsformen und Strukturen der W.wirklichkeit göttl. »besetzt«. In dualist. Religionen (→Dualismus) wird der rätselhafte Widerspruch von Gut und Böse, von Gelingen und Zerstörung durch den Widerstreit von Göttern erklärt, der sich der von Menschen erfaßten W.- und Lebenswirklichkeit als Last und Leid auferlegt.

*C.* Erst dort, wo die W. auf ihre strukturellen Gesetzmäßigkeiten hin erforscht und erkannt wird (was z.B. mit der griech.-ion. Naturphilosophie beginnt), kann die unmittelbar mag.- oder myth.-rel. W.deutung aufgehoben werden. Die *naturwissenschaftl.* (vor allem physikal. und astronom.) *Betrachtung der W.*, wie sie sich in unserer Kultur spätestens mit der kopernikan. Wende durchgesetzt hat, richtet sich auf progressive rationale Erkenntnis aus. Das bedeutet den Abschied von jeder Tendenz, strukturelle Abläufe rel. zu grundieren, und vor allem wird das geozentr. W.bild verlassen. Die Erde (und mit ihr der Mensch) ist nicht das Zentrum, um das sich alles bewegt, sie ist vielmehr Teil eines W.gesamts, dessen eigentl. Sinndimension offen ist. Wenn auch Forscher wie →Kopernikus, →Galilei, →Newton und →Leibniz an der göttl. Schöpfungsherkunft der W. festhalten, so kommen die Naturwissenschaften doch zunehmend ohne die Gottes- (Schöpfungs-)»Hypothese« aus. Und selbst wenn das mechanist. W.bild des 19. Jh.s (mit seiner bes. Ausprägung im dialekt. Materialismus) heute einer dynam. Auffassung von den Wirkungszusammenhängen der W.wirklichkeit weichen muß, so steht dennoch fest, daß zwischen dem naturwissenschaftl. geprägten W.bild und dem herkömml. rel. christl. zunächst ein *starker Widerspruch* entstanden ist. So z.B. in bezug auf die Erkenntnis der evolutiven Entwicklung der W. und des Menschen, auch in bezug auf die Deutung von Endlichkeit bzw. Unendlichkeit der W. So bleibt nur die Erkenntnis, daß heute W.deutung jeweils aspekthaft-begrenzt erfolgt, je nach wissenschaftl. oder alltagsprakt. Standpunkt des Deutenden, und daß deshalb eine Annäherung an eine die Komplexität der W. wahrnehmende Deutung nur in der gegenseitigen Ergänzung der Aspekte mögl. ist. Hier hat dann auch jüd.-christl. Glaube seinen Ort, sofern er sein W.bild krit. danach überprüft, was in der Bibel zeitbedingte Veranschaulichung ist und was an bleibender Überzeugung ebenso krit. wie stimulierend in den sozialen Diskurs einzubringen ist.

*D.* Die *jüd.-christl. Glaubenstradition* begreift die W. als schöpfer. Tat jenes Gottes, der sich in der Geschichte →Israels (vor allem Befreiung aus Ägypten) und in der Lebensgeschichte →Jesu von Nazaret als wohlwollender und heilbringender Gott erweist. Diese Grundüberzeugung kann bestehen, ohne sich an das zeitbedingte bibl. W.bild (vgl. Gen 1 und 2) zu binden, zumal die atl. Schöpfungsberichte jeder Form von Vergöttlichung der W. eine scharfe Absage erteilen. – Die Schöpfung ist prinzipiell gut und dem Menschen zur Ausgestaltung übergeben. Die Aussage, der Mensch habe sie durch →Sünde (Egoismus) teilweise so verdorben, daß →Leid und Schuld, →Krankheiten und Katastrophen zur W.wirklichkeit gehören, hebt darauf ab, einen rel. Dualismus zu vermeiden und die Güte des Schöpfergottes nicht in Frage zu stellen. Nach der Glaubensüberzeugung erweist sich der bedingungslose Heilswille Gottes endgültig in →Jesus Christus (vgl. vor allem die synopt. Evangelien): Nicht nur findet in ihm die Schöpfung zu ihrer höchsten Sinnentfaltung (Kol 1,15), Gott stellt sich dem Menschen auch angesichts der belasteten Wirklichkeit als Partner zur Verfügung. Im Leben, Sterben und Auferstehen Jesu geschieht →*Erlösung auch der W.* (Röm 8,18-22). Diese singuläre, aber höchst bedeutsame Aussage des Paulus betont den in Gottes Handeln begründeten Eigenwert der W., ihres organ. und anorgan. Bestandes. So untersteht auch die W. dem Heilsvorbehalt Gottes (→Eschatologie): Während sie jetzt noch geprägt ist von den Mächten des Unheils (vgl. →Paulus und →Johannesevangelium), steht sie zugleich schon in der über das Ende ihrer Geschichte hinausweisenden Dynamik der zukünftigen endgültigen →Gerechtigkeit Gottes. Die christl. Rede von sichtbarer und unsichtbarer W. meint deshalb eher ein Verstehensmodell für die Überzeugung, daß unsere W. nicht im bloßen Vorhandensein aufgeht (→Positivismus), sondern in Gottes schöpfer. Handeln eine tragende Tiefendimension hat.

Das jüd.-christl. W.bild widerspricht dem modernen, vor allem *(natur-)wissenschaftl.-rational geprägten W.bild* nicht, sondern kann es ergänzen. Auf die Frage nach dem Woher und Wohin, nach dem Sinn der W. bietet der Glaube die in der Geschichte der Juden und im Leben Jesu vermittelte Erfahrung an, die W. sei schöpfer. Selbstäußerung der tragenden und zum Heil führenden Kraft Gottes. Natürl. entzieht sich eine solche Erfahrungsaussage jeder naturwissenschaftl. Untersuchung, sie führt aber in eine Tiefendimension der Wahrnehmung der W., in der Sinnkenntnis mögl. wird. Diese reicht grundsätzl. über die zeitbedingten W.vorstellungsbilder der Bibel (vor allem des AT) hinaus und ist an diese nicht gebunden. So ist die Tatsache der →Evolution kein Hindernis der Überzeugung, daß die W. von Gott geschaffen ist und von ihm vollendet wird.

*E.* Heute wird W. vor allem als →*Umw.* und *Mitw.* bewußt. Der Mensch ist, gerade in seiner autonomen Bewußtseins- und Handlungsbefähigung, Teil der W. (→Natur). Seine Sonderstellung bedeutet nicht Ermächtigung zur hemmungslosen Ausbeutung und zu autoritärer Beherrschung, sondern im Gegenteil *Verpflichtung* zum respektvoll-pfleger. Umgang mit der W. Wenn die W. auch dem Menschen zur Verfügung gestellt ist (Gen 1,28-30), so bedeutet die Tatsache der göttl. Schöpfung einen markanten Vorbehalt gegen jeden hemmungslosen Mißbrauch. Auch wird heute sehr bewußt, daß die Verweigerung des pfleger.-konstruktiven Umgangs mit Um- und Mitw. die geistigen und materiellen Grundlagen menschl. Lebensentfaltung zerstört. Von der Qualität der Um- und Mitw. hängt die Lebensqualität des Menschen ab (→Ökologie).

*Lit.: A. Altner:* Techn.-wissenschaftl. W. und Schöpfung, in: Christl. Glaube in moderner Gesellschaft, Teilbd. 20, Freiburg/Basel/Wien, 2. Aufl. 1982, 85-118. – *H. Brox/H.*

*R. Schlette:* W., in: Handbuch theol. Grundbegriffe II, München 1963, 813-834. – *A. Ganoczy:* Schöpfungslehre, Düsseldorf 1983. – *Ders.:* W.bild, in: *W. Beinert (Hg.):* Lexikon der kath. Dogmatik, Freiburg/Basel/Wien 1987, 549f.

*Volker Eid*

**Weltanschauung.** Das Wort W. – das wegen offenbarer Unübersetzbarkeit als dt. Wort in anderen Sprachen Verwendung findet – kam seit Beginn dieses Jh.s immer mehr in Umlauf. Der →Nationalsozialismus proklamierte eine eigene W. und brachte den ohnehin undeutl. *Begriff* noch mehr in Verruf, was indes seriöse Bemühungen um den Umgang mit diesem Wort nicht hemmte (übrigens auch nicht seine Verwendung als Selbstbezeichnung im offiziellen Marxismus-Leninismus). Da es also nur diffusen Wortgebrauch, nicht aber eine inhaltl. durch Tradition oder Autorität festgelegte Bedeutung von W. gibt, wird jeder Versuch einer genaueren Bestimmung von der Abgrenzung gegenüber benachbarten Wörtern ausgehen dürfen.

*A.* Gegenüber Titeln wie →Theorie und →Philosophie wirkt W. weniger aufs Rationale eingeschränkt, gegenüber →Religion (und Theologie) säkularer, gegenüber →Ideologie weniger positivistisch oder auch weniger polemisch, gegenüber →Weltbild nicht auf die →Naturwissenschaften bezogen. Auf Grund dieser (am vorherrschenden Sprachgebrauch abgelesenen) Unterscheidungen läßt sich festhalten: Der W. im Sinne von »Anschauung« ist eine »theoret.« Komponente eigen, die aus der dem einzelnen je mögl. Perspektive heraus eine *Deutung der Welt* als des Ganzen dessen, was uns erscheint, erfahrbar und zugängl. ist, intendiert, letztl. eine Einsicht in das, was die Welt »im Innersten zusammenhält«, d.h. ein *Verständnis ihrer Einheit* und ihres (mögl.) Sinns. Insofern »Anschauung« im weitesten Radius als die sinnl. vermittelte Offenheit gegenüber Welt aufgefaßt werden kann, beansprucht W. über das nur Rationale hinaus ein synthetisierendes Vermögen der *Zusammen-Schau*, wodurch das subjektive Moment von W. freier zur Geltung kommen kann. Größere soziale Konsistenz von W. ist nur unter Voraussetzung einer gemeinsam akzeptierten Plattform des Hinschauens erreichbar. In dieser Weise kann z.B. von →anthroposoph. oder auch von kath. W. gesprochen werden. Bei letzterer stellt sich allerdings die Frage, ob eine Abgrenzung gegenüber Theologie mögl. ist.

*B.* Trotz der nicht aufzulösenden Schwierigkeiten, die jedem Definitionsversuch entgegenstehen, dürfte die Zukunft des Wortes gerade wegen seines eigenartig schwebenden Charakters gesichert sein. Eine Ersetzung etwa durch »Ideologie« wäre jedenfalls eine Verarmung. Wichtiger als die begriffl. Bestimmung bleibt freil. das Verlangen nach Welt-Deutung überhaupt, das gegenüber den positivist. Nivellierungstendenzen zu verteidigen ist. Eine eigene W.slehre hätte aufzuzeigen, warum es legitimerweise immer wieder zu W.en kommt und wie die Vielfalt der W.en (die jeweils eine ihnen gemäße Praxis aufweisen) in unterschiedl. Traditionen und Optionen begründet ist. Eine solche W.slehre gehört zu den Aufgaben der Philosophie, obwohl sie in deren geläufiger Disziplineneinteilung keinen Ort hat.

*Lit.: W. Dilthey:* W.slehre, in: Gesammelte Schriften VIII, Stuttgart/Göttingen, 3. Aufl. 1962. – *K. Joël:* Wandlungen der W.en, 2 Bde., Tübingen 1928/34. – *H. G. Meier:* W. Studien zu einer Geschichte und Theorie des Begriffs, Diss., Münster 1968 (Lit.). – *H. Meyer:* Geschichte der abendländ. W., 5 Bde., Würzburg 1947/50. – *A. Peisl/A. Mohler (Hg.):* Kursbuch der W.en, Frankfurt/M./Berlin/Wien 1980 (Lit.).

*Heinz Robert Schlette*

**Weltbild.** Während die →Weltanschauung eine Gesamtansicht von Aufbau, Sinn, Zweck und Wert des Weltganzen ist, beschränkt sich das W. auf eine *wertneutrale Zusammenfassung* und Gesamtschau der Forschungsergebnisse der Einzelwissenschaften. Im Gegensatz zur Weltanschauung ist es somit grundsätzl. durch Erfahrungstatsachen korrigierbar und auch tatsächl. einem hist. Wandel gemäß dem Erkenntniszuwachs der →Wissenschaften unterworfen, wie etwa beim Übergang vom ptolemä. (»geozentr.«) zum kopernikan. (»heliozentr.«) W. Da das W. darüber hinaus auf letzte Sinnfragen verzichtet, ist es weniger anfällig für →Ideologien als die Weltanschauung.

*A.* Das *neuzeitl. W.* entsteht seit dem späten MA. unter dem beherrschenden Einfluß der math. →Naturwissenschaften, insbes. der Physik →Newtons, die lange Zeit als Vorbild für alle anderen Wissenschaften gilt. Die *Mathematisierung* kann als herausragendes Kennzeichen dieses W.s gelten; das dahinterstehende funktionale Denken (→Funktion) fragt nur noch nach quantitativen, meßbaren Beziehungen zwischen den Dingen und sieht von jegl. qualitativen Bestimmungen wie etwa metaphys. Wesenheiten ab; letzteres war noch ein Merkmal der alten aristotel. Physik. Daneben wird der Rückgriff auf das *Experiment* zur weiteren wichtigen Stütze des neuzeitl. W.s. Durch diese beiden Elemente wird erst der Siegeszug der Naturwissenschaften und des damit verbundenen W.s möglich. Als weitere Merkmale des neuzeitl. W.s können gelten:

1. die weitgehende →*Säkularisierung.* Waren frühere W.er myth. bzw. rel. bestimmt, so findet in der Neuzeit eine Hinwendung zu rein diesseitigen, weltimmanenten Erklärungsmustern statt;
2. eine Wendung vom Objektivismus zum neuzeitl. →*Subjektivismus.*
3. Die große Bedeutung der →*Technik*; das aristotel. Ideal der Theoria, der rein theoret., von prakt. Zwecken losgelösten Erkenntnis, wird abgelöst vom Ideal der Naturbeherrschung und Unterwerfung.

*B.* Inhaltl. ist *das heutige W.* im Bereich der →Physik bestimmt durch die →Relativitäts- und →Quantentheorie mit ihren metaphys. und erkenntnistheoret. Konsequenzen sowie durch neue Theorien (Urknall) über Entstehung und Entwicklung des Weltalls (→Kosmologie). In der →Biologie ist seit Darwin der Gedanke der →Evolution zentral. Neuerdings gibt es sogar die Tendenz, den Evolutionsgedanken nicht nur auf den Bereich der Lebewesen zu beschränken, sondern die gesamte Entwicklung der Welt vom Urknall über die Entstehung der Erde und des Lebens bis hin zur kulturellen Evolution des Menschen unter dem Gedanken einer *universellen evolutiven Entwicklung* zu sehen. So wird der Evolutionsgedanke zur Grundlage einer neuen Vorstellung der »Einheit der Natur«. Eine positive Annahme im Bereich der Theologie erfuhr das so geschilderte W., das heute weit über den Bereich der Wissenschaft hinaus in populärer Form verbreitet ist, etwa durch →Teilhard de Chardin. Zunehmend findet dieses W. aber auch *Kritik.* So wies schon →Kant darauf hin, daß die Welt als Ganzes gar kein Gegenstand unserer Erfahrung sein kann; die Vorstellung eines W.s als Abbildung der Totalität der Welt wird so fragwürdig. Weiterhin stößt die method. Ausklammerung von Wert- und Sinnfragen durch die Naturwissenschaften und ihr W. auf Kritik; so kommt es immer wieder zu Forderungen nach alternativer Lebensorientierung (vgl. dazu etwa →Romantik), die nicht selten auch rel. begründet sind.

*Lit.: M. Heidegger:* Die Zeit des W.es, in: *ders.:* Holzwege, Frankfurt/M., 6. Aufl. 1980, 73-110. – *R. Spaemann/R. Löw:* Die Frage Wozu?, München 1981. – *C. F. von Weizsäcker:* Zum W. der Physik, Stuttgart, 12. Aufl. 1976. – *A. N. Whitehead:* Wissenschaft und moderne Welt, Frankfurt/M. 1984.

*Thomas Dewender*

**Weltreligionen**

*A.* Der *Begriff* W. wird uneinheitl. gebraucht. Während A. Bertholet und W. Nölle ihn verwenden, um den Gegensatz zu den Volksreligionen aufzuzeigen, wird er von G. Lanczkowski als mögl. Qualifikation einer →Religion in Frage gestellt. H. von Glasenapp weist darauf hin, daß durch die moderne Entwicklung die alte Unterscheidung zwischen W. und nationalen oder Volksreligionen ihre Gültigkeit verliert und der Begriff W. nur auf die *große Verbreitung* einer Religion hinweist, ohne damit ein Qualitätsurteil abzugeben. Traditionell werden zu den W. →Christentum, →Islam und →Buddhismus gezählt. Neueren Entwicklungen gemäß ist auch der →Hinduismus dazuzuzählen.

*B.* Die *Volksreligion, deren Entstehung meist in der* Naturreligion gesehen wird, ist auf ein →Volk, einen Stamm oder ein Land beschränkt. Volk und Religionsgemeinschaft sind ident. Alles geschieht mit und durch die vitale Volksgemeinschaft. Die rel. →Ethik ist auf das Wohl der →Familie und des eigenen Volkes bezogen. So ist auch das mosa. Gebot »Ehre Vater und Mutter« auf den Erhalt des Volksganzen gerichtet. Das →Heil im Sinne eines positiven Kontaktes mit der numinosen →Wirklichkeit (→heilig, das →Heilige) ist direkt mit dem Volk verbunden. Es kann nur innerhalb der gegebenen Grenzen erfahren werden. Deshalb scheute man sich, das eigene Land zu verlassen, weil das Wirken der Gottheit nur auf das jeweilige Territorium bezogen wurde. Die Existenz anderer Götter wird nicht bestritten. Sie sind aber für das eigene Volk unwesentl.

*C.* Der Gottesbegriff (→Gott) kann *Wandlungen* unterliegen. Unter Beibehaltung der volksrel. Gestalt kann sich ein universalist. Gottesbegriff entwickeln, wie z.B. im →Judentum durch die großen →Propheten. Aus einer Volksreligion kann sich durch Neuoffenbarungen eine universalist. Religion entwickeln, die zu ihrer Ursprungsreligion in einem Spannungsverhältnis steht, wie das Christentum zum Judentum, der Islam zur arab. Volksreligion oder der Buddhismus zum Brahmanismus. Die Lehre von der →Inkarnation (Fleischwerdung, Menschwerdung eines göttl. Wesens) begünstigt den Universalismus nachhaltig. So können die verschiedenen göttl. Gestalten, Propheten und Offenbarer der Religionen als verschiedene »Herabkünfte« derselben ewigen Gottheit in eins verschmolzen werden. Die Entwicklung der Volksreligion zur Universalreligion oder zur Volksreligion mit universalist. Zügen beruht auf einem Strukturwandel in der Existenzweise der *Menschen* selbst, d.h. in der Öffnung zu einer Weltoffenheit. Der *Universalismus* geht unterschiedl. weit. So tritt z.B. das Christentum mit der universalist. Vorstellung seiner →Absolutheit in Konkurrenz zum Islam, der die Buchreligionen (→hll. Schriften), und den →Baha'i, die alle Religionen als Vorstufen zur eigenen, wahren Religion anerkennen.

*D.* Die *Universalreligionen* haben die Neigung zur Ausbreitung, im Gegensatz zu den Volksreligionen, deren Gottheiten national und territorial beschränkt sind und denen die Kenntnis der eigenen Götter eher als ein Wert erscheint, den man anderen Völkern voraushat und daher geheimhält. Losgelöst vom Volksganzen, ist in der Universalreligion der →Mensch Objekt der Heilsverkündigung. Deshalb kann auch von der Universalreligion *missioniert* werden (→Mission). Um aber zu einer W. werden zu können, reicht die universale Tendenz nicht aus.
Nötig ist die *nationale Entschränkung.* So konnte sich der →Konfuzianismus nicht als W. durchsetzen, weil er neben seiner wesenhaften Universalität spezif. chin. Anschauungen und Ansprüche vertrat. Auch der umgekehrte Fall ist möglich. So zeigen sich im →Sikhismus, der ursprüngl. die Einheit der Religionen gelehrt hatte, Tendenzen der Rückentwicklung zu einer Volksreligion.

*Lit.: H. von Glasenapp:* Die fünf W., Düsseldorf/Köln, 4. Aufl. 1963. – *J. Hasenfuß:* Kirche und Religionen, Paderborn 1969. – *H. Küng/J. Ess/H. von Stietencron/H. Bechert:* Christentum und W. Hinführung zum Dialog mit Islam, Hinduismus und Buddhismus, München 1984. – *G. Mensching:* Die Religion, Stuttgart 1959 (Lit.). – *U. Tworuschka:* Die vielen Namen Gottes. W. heute (Gütersloher Tb. Siebenstern 776), Gütersloh 1985.

*Christoph Peter Baumann*

**Welttheater**

*A.* Die Vorstellung der Welt als Theater war in der Literatur ein Topos, mit dem die Stellung des Menschen in der →Schöpfung bedacht und sein Verhältnis zu einer früher sicher geglaubten, später bezweifelten und bestrittenen →Transzendenz veranschaulicht wurde. Die Idee, daß das menschl. Dasein ein →Spiel unter göttl. Leitung vor einem himml. Publikum sei, findet sich ausgeprägt in der *griech. Antike* (→Platon, Gesetze I 644 d e und VII 803 c), ist im *Weltbild der Bibel* mitgegeben und wird Deutungsmoment des jüd.-christl. Entwurfs der *Heilsgeschichte*, so bei →Paulus, wo das Wirken der →Apostel als ein »Schauspiel« vor der Welt und den →Engeln bezeichnet wird (1 Kor 4,9). Aus dem bibl. Weltbild abzuleiten ist die Vorstellung vom *menschl. Dasein* als einem *Kampfspiel* zwischen Gut und →Böse, Himmel und Erde, wobei gute und böse Geister als Mitstreiter einer Psychomachie (Kampf der Seele um das ewige Heil und zugleich Kampf der guten und bösen Geister um diese Seele) auftreten (vgl. bes. Eph 6,12 und Hebr 1,14). Dieser Heilskampf ist von Gott vorausgesehen, wird von ihm kontrolliert und gerichtet, wobei es bezügl. der menschl. Willensfreiheit unterschiedl. Konzeptionen gibt (→Prädestinationslehren). Im Schicksal der Einzelseele wiederholen sich die luzifer. und adamit. Sündenfallsdramen und spiegeln sich die Formen und Möglichkeiten der gesamten Heilsgeschichte.

*B.* Poet. produktiv wird die Vorstellung vom W. in der christl. Literatur der *Spätantike* (Prudentius, Psychomachia, 2. Hälfte 4. Jh.) und des *MA.s* (Adamsspiele), insbes. aber in den großen W.spielen und geistl. Dramen des →*Barock*. Ein bes. vielschichtiges Beispiel ist das Schuldrama »Cenodoxus« des Jesuiten J. Bidermann (lat. 1602, dt. 1635), das den Heilskampf in einer Seele und um diese Seele mit theol. Differenziertheit, psycholog. Scharfsicht und theatral. Gestaltungskraft vor Augen führt. Die prägnanteste Ausformung ist P. Calderons »Großes W.« (verf. um 1635, gedr. 1675), das bis zu H. von Hofmannsthals »Salzburger Großem W.« (1922) zu Nachbildungen anregte und bis in die Zeit nach dem *Zweiten Weltkrieg* Gegenentwürfe provozierte (B. →Brecht, E. Ionesco, S. Beckett). Wurde die W.veranstaltung im Barock gläubig-bejahend verwendet und herrschte in der →*Aufklärung* der Konflikt zwischen theozentr. und anthropozentr. Interpretation vor (Wer ist der Spielleiter: Gott oder der Mensch?), so wurde sie unter dem Eindruck der *theol. Krise* des 19. und beginnenden *20. Jh.s* revidiert und zu einem Instrument der →Religionskritik gemacht. Das früher durch die W.vorstellung beglaubigte und veranschaulichte Weltbild wird philos. als ungesichert verneint, psycholog. als Projektion kritisiert und ästhet. als Spiel von der Entgötterung der Welt inszeniert: satir.-blasphem. bei O. Panizza, »Das Liebeskonzil« (1893/94); weniger aggressiv bei B. Brecht, »Leben des Galilei« (verf. 1938-56), »Der gute Mensch von Sezuan« (verf. 1939-43). Wird bei *B. Brecht* das W.modell nur zitiert, »um seine Haltlosigkeit offenzulegen« (M. Karnick), so kehren zur selben Zeit unter dem Eindruck des Dritten Reichs und des Zweiten Weltkriegs andere Autoren wieder zur gläubigen Verwendung der W.vorstellung zurück (Ö. von Horváth, »Jugend ohne Gott« [1937], A. →Döblin, »November 1918« [verf. ab 1938; gedruckt 1948/50]).

*Lit.: W. Barner:* Barockrhetorik. Untersuchungen zu ihren geschichtl. Grundlagen, Tübingen 1970, 86-131. – *E. R. Curtius:* Europ. Literatur und lat. MA., Bern/München, 8. Aufl. 1973, 148-154. – *B. Greiner:* W. als Montage. Wirklichkeitsdarstellung und Leserbezug in romant. und moderner Literatur, Heidelberg 1977. – *K. S. Guthke:* Die Mythologie der entgötterten Welt. Ein literar. Thema von der Aufklärung bis zur Gegenwart, Göttingen 1971. – *M. Karnick:* Rollenspiel und W. Untersuchungen an Dramen Calderóns, Schillers, Strindbergs, Becketts und Brechts, München 1980. – *F. Link/G. Niggl (Hg.):* Theatrum Mundi. Götter, Gott und Spielleiter im Drama von der Antike bis zur Gegenwart, Berlin 1981.

*Helmuth Kiesel*

**Wert.** Im alltägl. Sprachgebrauch bezeichnen W.e Objekte (und davon abgeleitet: Ideen) von individueller oder kollektiver Hochschätzung und Anerkennung, die (als Ideen) *Verbindlichkeit stiften.* Für eine funktionalist. Betrachtungsweise (→Funktion) stellen die W.e Konstrukte dar: Steuerungsschemata, die gesellschaftl. Zielsetzungen und Verlaufsformen entsprechen und zugleich die Ergebnisse einer Eingewöhnung der jeweils herrschenden Interaktionsschemata sind. Je nach Standort werden sie zurückgeführt auf bewußte Setzung oder auf die Herausbildung im Rahmen einer Entwicklung; es sind Standorte, die ihrerseits *W.urteile* voraussetzen. W.urteil meint dabei die Wahl einer Perspektive, die nicht mehr ausschließl. an der bloßen Faktizität abzulesen ist. Ohne Zweifel ist der Rückführung der W.esysteme auf eine Evolution eine relativierende Tendenz einbeschrieben. Wer in den W.en den evolutionär bedingten Reflex hist. und gesellschaftl. Prozesse sieht, braucht ein jetzt geltendes W.esystem nicht in Frage zu stellen, jedoch verneint er eine in absolutem Sinne legitimierende Instanz (etwa: →Offenbarung, →Naturrecht, Vernünftigkeit, Allgemeingültigkeit). Für den Theologen, vor allem für den Ethiker, stellt sich auf diesem Hintergrund die Frage, wie er eine kontingente Norm mit deren transzendenter bzw. transempir. Rechtfertigung vereinbaren kann.

*A.* Die Koexistenz *unterschiedl. W.systeme* stellte das Erfordernis individueller und gesellschaftl. W.systeme gerade nicht in Frage, sondern unterstreicht es. Diskussionen über einen W.ewandel, wie sie in jüngster Zeit in der →Soziologie geführt werden, gehen von der These aus, daß W.e allg. unabdingbar sind. Diese Überzeugung ist in →Ethik und →Politik als sog. *Grundwerteproblematik* präsent. Unter →Grundwerten versteht man jene – Orientierungsschemata und Verbindlichkeiten setzenden – Annahmen, die über das hinausgehen, was den Bürgern im Grundgesetz und in den Länderverfassungen ausdrückl. garantiert wird. Gemeint sind damit die inhaltl. Äquivalente dessen, was die Voraussetzungen individuellen, sozialen und polit. Lebens umfaßt. Es sind vor allem überlieferte Ordnungsschemata, die den unübersehbaren Modernisierungsprozessen in →Staat, →Gesellschaft und →Wissenschaft Rechnung tragen – in erster Linie auch die jüd.-christl. Überlieferung, soweit sie sich als aufklärungsresistent erwiesen hat –, jene transzendierenden Sinngrößen, von deren Fähigkeit zum →Konsens der weltanschaul. neutrale, pluralist. Staat lebt.

*B.* Die Konjunktur des W.begriffs in den Sozialwissenschaften verdeckt allzu leicht, daß dieser Begriff (ebenso wie jener des »Sinnes«) in den sog. →Geisteswissenschaften *relativ jung* ist. Mit einer gewissen Phasenverschiebung gilt das auch für Kontexte (im wesentl. bei Fragen der Gegenwartsethik), in denen er theol. bedeutsam ist. Mit dem Rückgriff auf die Wertproblematik besetzte die →*Philosophie* ein Feld, das bis dahin ausschließl. von Nationalökonomen (→Wirtschaftswissenschaft) bearbeitet wurde. Einen um den W.begriff zentrierten philos. Diskurs gibt es seit *H. Lotze* (1817-1881). An ihn knüpfte der südwestdt. →Neukantianismus an. Die zunehmende Infragestellung des Wissenschaftscharakters der Philosophie veranlaßte zu einer Weiterentwicklung des →*Kritizismus* →Kants, die Philosophie generell als die Wissenschaft von den allg. W.en neu bestimmen wollte. Gegenstandsbereich der Philosophie ist nunmehr die Kultur als die Summe der anerkannten W.e, die das Reich des Geltenden (im Unterschied zum Reich des Gegebenen, auf das sich die Naturwissenschaften beziehen) begründen.
Der Formalismus dieser Kulturwissenschaft blieb nicht unwidersprochen. So geht *Max Scheler* (1874-1928) in seiner »materialen W.lehre« von einer W.ehierarchie aus, die sowohl auf lebensweltl., auf traditionell-rel. wie auf kulturelle Vorgegebenheiten zurückgriff, um inhaltl. Maßstäbe für das moral. Handeln zu erarbeiten. Über die Kritik Schelers hinausgehend, beanspruchte *Nicolai Hartmann* den Status theoret. →Erkenntnis für die W.erkenntnis und postulierte ein »Ansich der W.e«. Die Verschränkung von Philosophie und Sozialwissenschaften, wie sie die gegenwärtige Diskussion kennzeichnet, hat die Bemühungen um die W.eproblematik im ausgehenden 19. und beginnenden 20. Jh. als weithin müßige Spekulation zurückgewiesen bzw. den restaurativen Charakter dieses Denkens und seiner unreflektierten weltanschaul. Voraussetzungen hervorgehoben. Von einem Weiterwirken der W.philosophie kann gegenwärtig allenfalls noch im Zusammenhang mit dem →*Personalismus* und mit der →dialog. Philosophie gesprochen werden. Beide gehen von der Konzeption einer sinnhaften Welt aus, die sich aus personalen Verhältnissen aufbaut (Ich – Es; Ich – Du; Ich – Gott), wobei die entspr. W.eebenen unterschieden werden. Die ethisch-theol. Aufnahme der W.eproblematik hat hier – weniger im sozialwissenschaftl. Kontext – ihren Ort.

*Carl-Friedrich Geyer*

**Wesen.** Vieldeutiger *philos. Grundbegriff.* Der enge philos. Zusammenhang von W. und (eigentl., wahrem) Sein läßt sich auch etymolog. zeigen. Die Formen des dt. Verbs *sein* gehen auf drei indogerm. Wurzeln zurück: »ues-« verweilen (gewesen), »es-« sein und »bheu-« bin, bist. Der präsent. Formbestand des Verbs *wesen* (ahd. *wesan,* mhd. *wesen*) ist bereits im Frühhochdeutschen fast völlig verschwunden (niederl. allerdings: wezen = zijn), wurde jedoch – in Analogie zum substantivierten Infinitiv »Sein« unter Rückgriff auf etymolog. Forschungsergebnisse (im 19. Jh. durch K. C. F. Krause und im 20. Jh. durch M. →Heidegger) – für den philos. Sprachgebrauch fruchtbar gemacht. Bei Oskar Becker wird *Da-wesen* zu einem programmat. Gegenbegriff zu dem von Heidegger ausgebildeten Verständnis von *Da-sein.* →Hegel hatte in einer platon. Wendung behauptet, daß das Wissen auf dem Wege der Erinnerung aus dem unmittelbaren Sein das Wesen zu finden vermöge: »Die Sprache hat im Zeitwort *Sein* das Wesen in der vergangenen Zeit ›gewesen‹ behalten; denn das Wesen ist das vergangene, aber zeitlos vergangene Sein.«
Der neuere philos. Sprachgebrauch des Wortes W. nimmt das griech. »usia, to ti en einai« und das lat. »essentia«, »quidditas«, aus »ens« auf und verweist auf grundlegende *ontolog. Differenzen* der antiken Philosophie zurück. Als Bezeichnung des bleibenden begriffl. Kerns, der »Natur« des Seienden, für das Dauernde im Wandel, greift es oft in ungeprüfter, unbewußter Weise auf →Platons Lehre von der Idee zurück. Der Rückgriff auf die *usia* des →Aristoteles führte zu einem metaphys. →Monismus (→Spinoza), sobald man die Substanz-Attribut-Beziehung gleichsetzte mit der Beziehung von Subjekt-Prädikat. Dies hinterließ seine Wirkung in der Ausbildung der Systeme des dt. →Idealismus (Hegel, →Schelling). Er führte andererseits – über die aristotel. Lehre von der Vielheit der W. – zu einem metaphys. Pluralismus und Atomismus (→Leibniz), der in neuerer Zeit hinsichtl. der ontolog. Bewertung von Funktion und Relation weittragende Folgen bewirkte; im angloamerik. Bereich sind Whitehead und →Russell, im Zusammenhang dt. Philosophie Natorp und Cassirer (Marburger Schule) zu beachten.

Die aristotel. bestimmte →*Scholastik* hatte zwischen W. und Existenz (*essentia* und *existentia*) unterschieden. Sie sind zwar in →Gott eins, im endlichen Seienden jedoch real (→Thomas von Aquin) oder begriffl. (→Duns Scotus, Suarez) unterschieden. Der *essentia* kommt dabei ein ontolog. Vorrang gegenüber dem einzelnen Seienden, dem Faktischen, dessen Existenz zu. Die dt. →*Mystik* (Meister Eckhart) übersetzte *essentia* – entspr. dem bereits ausgeprägten theol. Sprachgebrauch (Notker von St. Gallen) – auch für die eigentl. philos. Sprache mit »W.«. Die engl. *Metaphysikkritik* der Neuzeit (→Locke, →Hume) erklärte das W. für unerkennbar und aus diesem Grunde für unerhebl. und folgenlos. Unter veränderten hist. Voraussetzungen entspricht dem die Umkehrung des Verhältnisses von *essentia* und *existentia* in der krit. Wendung gegen die (sich als Metaphysik verstehende) Philosophie bei →Marx und im franz. →Existenzialismus (→Camus, Sartre). Die Neuprägung des W.sbegriffs bei *Husserl* (→Phänomenologie) und →Heidegger geht indirekt auf die Neubildung des Begriffs im dt. →Idealismus, insbes. bei →Hegel zurück.

*Lit.: O. Becker:* Dasein und Dawesen. Gesammelte philos. Aufsätze, Pfullingen 1963. – *M. Heidegger:* Sein und Zeit, Halle 1963, Tübingen, 10. Aufl. 1963. – *Ders.:* Vom W. der Wahrheit, Frankfurt/M. 1954. – *E. Husserl:* Log. Untersuchungen, 2 Bde., Halle/Saale 1900/01 u.ö. – *Ders.:* Ideen zu einer reinen Phänomenologie und phänomenolog. Philosophie, in: Husserliana – Edmund Husserl. Gesammelte Werke, Bde. III-V, Den Haag 1950ff.

*Hans-Christian Lucas*

**Widerspruch.** Der klass. →Logik gilt der Satz vom W. als *oberstes Prinzip der* →*Erkenntnis.* →*Aristoteles* hat dem Satz vom W. folgende Form gegeben: Es ist unmögl., daß dasselbe demselben in derselben Beziehung zukomme und gleichzeitig nicht zukomme. Zwei Urteile (S = P), die einander widersprechen, können nicht beide gleichzeitig »wahr« sein. Versuche, den Satz vom W. neu zu formulieren, finden sich bei →*Leibniz* und →*Kant*; es sind zugleich Erweiterungen der aristotel., nicht nur log., sondern auch →ontolog. Bestimmung, nach der →Sein unvereinbar ist mit Nicht-Sein. Bei Kant lautet der Satz vom W. so: Keinem Ding kommt ein Prädikat zu, welches ihm widerspricht.

*A.* In der *Logik* spricht man statt von W. auch vom *Gegensatz*; er besteht in der Bejahung und gleichzeitig Verneinung desselben Prädikats bezügl. desselben Subjekts. Bei einem jeden W. bzw. Gegensatz wird durch das eine Urteil das verneint, was durch das andere Urteil behauptet wird. Von W.en bzw. Gegensätzen spricht man dabei unter *vierfacher* Rücksicht:

1. Der *kontradiktorische W.* besagt, daß die den W. offenbarenden Urteile nicht zugleich wahr und unwahr sein können. Sofern das eine Urteil verneint, was das andere bejaht, besteht ein Gegensatz zwischen Sein und Nicht-Sein. Aus der Wahrheit des einen Urteils folgt die Unwahrheit des kontradiktor. entgegengesetzten.
2. Bei einem *konträren* Gegensatz können beide Urteile nicht zugleich wahr sein; beide Urteile können aber zugleich unwahr sein, so daß aus der Wahrheit des einen Urteils auf die Unwahrheit des anderen Urteils geschlossen werden kann, nicht aber umgekehrt.
3. Beim *subkonträren* Gegensatz können beide Urteile nicht zugleich unwahr sein, wohl können beide zugleich wahr sein. Deshalb kann aus der Unwahrheit des einen Urteils auf die Wahrheit des anderen geschlossen werden, nicht jedoch umgekehrt.
4. Beim *subalternen* Gegensatz schließl. können beide Urteile zugleich wahr und zugleich unwahr sein. Aus der Wahrheit des umfassenderen, allgemeineren Urteils folgt stets die Wahrheit des bes. Urteils, nicht jedoch umgekehrt. Andererseits folgt aus der Unwahrheit des bes. Urteils stets die Unwahrheit des allgemeineren, umfassenderen Urteils, nicht jedoch umgekehrt.

*B.* Der Begriff W. begegnet philos. auch in Argumentationen, die *über die Logik* im engeren Sinn *hinausgehen.* In diesen Zusammenhang gehört die »coincidentia oppositorum« (das Zusammentreffen der Gegegnsätze) bei Nikolaus Cusanus; gemeint ist damit, daß das Größte bzw. Absolute, als Absolutes, mit seinem Gegensatz, dem absolut Kleinsten, zusammenfällt (→Gott), ohne daß damit die Gegensätzlichkeit und Widersprüchlichkeit – die der endl. Begriff nicht überwinden kann – stat. aufgehoben oder überwunden wäre. W. in einem spekulativen Sinne ist zentral in der →*Dialektik* →*Hegels*, nach der das Denken im Setzen wie im Aufheben des W.s *Einheit* herstellt (Vermittlung). Nicht zuletzt auch in der marxist. Philosophie ist der W. eine zentrale Kategorie; sie läßt alle hist. Prozesse aus der als W. zwischen Produktionsverhältnissen und Produktivkräften rekonstruierten Wirtschaftsgeschichte hervorgehen. Unterschieden wird dabei u.a. zwischen *inneren* und *äußeren* W.en. Ein Beispiel für einen inneren W. ist der W. zwischen Bourgeoisie und Proletariat im Kapitalismus (ein W. also, der gleichsam mit Notwendigkeit aus einander zugeordneten Größen folgt); von äußeren W.en spricht der →*Marxismus* unter der Rücksicht eines Gegensatzverhältnisses heterogener Größen (z.B. Natur und Gesellschaft). Ziel ist aber in beiden Fällen die bewußte Nutzung der W.e im Sinne von Triebkräften des gesellschaftl. →Fortschritts.

*Lit.: W. K. Essler:* Einführung in die Logik, Stuttgart, 2. Aufl. 1969. – *N. Lobkowicz:* Das W.sprinzip in der neueren sowjet. Philosophie, Dordrecht 1959. – *H. Scholz:* Abriß der Geschichte der Logik, Freiburg/München, 2. Aufl. 1959. – *R. Simon-Schaefer:* Dialektik. Kritik eines Wortgebrauchs, Stuttgart-Bad Cannstatt 1973.

*Carl-Friedrich Geyer*

**Widerstand** richtet sich im Gegensatz zu einer →Revolution, die das polit.-soziale System schlechthin verneint, *bewahrend* gegen den Mißbrauch der Herrschaftsgewalt durch diejenigen, die mit ihrer Ausübung betraut sind.

*A.* Das klass. W.srecht ist ein *Recht auf illegalen* (gesetzeswidrigen) *W.*, ist Bruch der →Legalität im Namen der Legitimität, des positiven →Rechts im Namen des →Naturrechts, moral. →Normen oder anderer »nomoi agraphoi« (Normen des ungeschriebenen Rechts). Eine Wurzel hat das W.srecht in der Tradition des *christl. → Gehorsams*: Wie sollen sich Christen einem Herrscher gegenüber verhalten, der die Gebote Gottes mißachtet? In der gegenwärtigen theol.-eth. Diskussion tritt das Problem der sittl. Rechtfertigung des W.srechts in den Vordergrund. Aber abgesehen von der grundsätzl. Anerkennung eines W.srechts gegen eine tyrann. Staatsmacht hat die Debatte über das »Wann« und die Formen des W.s zu keiner übereinstimmenden Antwort geführt; die Entscheidung darüber ist dem einzelnen als höchstpersönl. aufgegeben.

*B.* In Art. 20 Abs. 4 *Grundgesetz* (GG), der im Rahmen der Notstandsgesetzgebung (→Notstand) 1968 in das GG eingefügt wurde, ist für alle Deutschen ausdrückl. ein (legales) W.srecht gegen jeden vorgesehen, der es unternimmt, die Ordnung des GG zu beseitigen. Sinn und Praktikabilität eines solchen positiven W.srechtes waren und sind umstritten. Diese Regelung wird allg. aber nicht als abschließend angesehen; denn daneben können unter bes. einschränkenden Voraussetzungen in einem im übrigen funktionierenden →Rechtsstaat auch W.shandlungen gegen einzelne Rechtswidrigkeiten gerechtfertigt sein. Für *gewaltsamen W.* ist in einem intakten Rechtsstaat aber in aller Regel kein Raum. Er ist in jedem Fall Ultima ratio (d.h. allerletztes Mittel). Dies gilt auch in einem Unrechtsregime für den Tyrannenmord, dessen Problematik durch den W. gegen das →nationalsozialist. Regime in aller Schärfe neu gestellt wurde. Er wird nach Meinung vieler vor allem ev. Ethiker auch nicht durch ein W.srecht gedeckt, vielmehr kann die durch eine solche Tat begründete Schuld (→Sünde) nur unter dem »Schirm der Vergebung« übernommen werden (H. Thielicke).

*C.* Die Problematik des gewaltfreien W.s *im* Rechtsstaat wird vornehml. unter dem Titel »*ziviler Ungehorsam*« diskutiert, dessen Ursprünge in der angloamerik. Theorie und Praxis des »civil disobedience« (H. D. Thoreau, 1817- 1862) liegt und die internationale Beachtung fand, als sich Gandhi darauf berief. Ziviler Ungehorsam bleibt auch in der neueren Diskussion in einem eigentüml. *Schwebezustand* zwischen Legalität und Legitimität sowie Legalität und Illegalität: J. Rawls sieht in ihm einen moral. motivierten Ungehorsam gegenüber dem Gesetz im Rahmen der Gesetzestreue, J. Habermas hält ihn in der grundgesetzl. Ordnung für der Form nach illegal, obwohl er unter Berufung auf die gemeinsam anerkannten Legitimationsgrundlagen der demokrat.-rechtsstaatl. Ordnung ausgeführt werde, und R. Dreier deutet ihn allenfalls als einen Prima-facie-Ungehorsam (d.h. Ungehorsam auf den ersten Blick), dessen tatbestandl. Normverletzung sich in einem Gerichtsverfahren als grundrechtl. gerechtfertigt erweisen könne. Sehen diese Autoren im zivilen Ungehorsam das Zeichen einer reifen freiheitl. polit. Kultur, so hat er für andere in einer im großen und ganzen anerkennungswürdigen Verfassung keinen Raum; der Gesetzesgehorsam müsse vielmehr auch vereinzelte Ungerechtigkeiten hinnehmen.

*Lit.: C. Arndt u.a.:* W. in der Demokratie, Hamburg 1983. – *R. Dreier:* W.srecht im Rechtsstaat, in: *N. Achterberg (Hg.):* Recht und Staat im sozialen Wandel. FS für H.U. Scupin, Berlin 1983, 573. – *P. Glotz (Hg.):* Ziviler Ungehorsam im Rechtsstaat, Frankfurt/M. 1983. – *A. Kaufmann (Hg.):* W.srecht, Darmstadt 1972.

*Wolfgang Meyer-Hesemann*

**Wille.** Der W. ist die Fähigkeit des →Menschen, als →*Subjekt* zur →Welt *Stellung zu nehmen* und eine best. Handlung anzustreben, auch gegen äußere und innere Widerstände. Im Gegensatz zum instinktgeleiteten Streben ist der W. motiviert (→Motivation) und nicht determiniert (→Determination). Die →Freiheit des Wollens wird subjektiv erlebt. Da der W. empir. nicht nachweisbar ist, wurde er von *B. F. Skinner* als Vorstellung abgelehnt. *G. Ryles* bezeichnete schon den Begriff als unbrauchbar im alltägl. Sprachzusammenhang. Allerdings ist ohne die →Erfahrung der →*Verantwortung* für das, was man willentl. tut, eth. Handeln nicht zu verstehen (→Ethik). Gleichwohl sind die Zielmöglichkeiten des Wollens von der konkreten Situation des wollenden Subjekts abhängig. Dies gilt sowohl für die äußeren Rahmenbedingungen als auch für die innere Kraft, etwas wirklich zu wollen.

*A.* Der W. kann in verschiedenen *Weisen* auftreten: 1. als Wahl zwischen verschiedenen *Möglichkeiten*, 2. als Wahl eines allg. →*Ziels* des Handelns überhaupt, 3. als allg. Wahl eines übergeordneten →*Wertes.* Dabei ist der Zusammenhang zwischen dem W.n und der folgenden Tat keineswegs immer direkt gegeben. Manchmal tut man Dinge, die man eigentl. nicht will. Oft wird dann das geistige Wollen durch ein instinkthaftes Streben gestört. Deswegen ist es nicht sinnvoll zu sagen, der W. des Menschen sei immer genau das, was er tut, und dieses sei im Grunde vorherbestimmt. Der W. kann auch zu schwach sein, um die Handlung zu bestimmen. Was tatsächl. vom Menschen gewollt wird und wieweit er auch tatsächl. seinem geistigen W.n folgt, ist nicht vorherbestimmbar, mitunter auch nicht erkennbar. Gleichwohl kann man sehen, daß best. Menschen in best. wiederkehrenden Situationen zu ähnl. Handlungen neigen. Doch schon →*Paulus* berichtet: »Denn ich tue nicht das Gute, das ich will, sondern das Böse, das ich nicht will« (Röm 7,19).

*B.* Die Möglichkeit von →*Sünde und* Schuld liegt im freien W.n begründet, der sich wider besseres Wissen gegen →Normen und →Werte, gegen →Gott und dessen Heilswillen für alle Menschen richten kann. Inwieweit der W. des Menschen allein ausreicht, um wirkl. das (von Gott gewollte) →Gute auch zu tun, ist nach dem Satz des *Paulus* und der Auseinandersetzung zwischen →*Augustinus* und *Pelagius* (um 400; →Gnade) in der →Theologie immer wieder kontrovers diskutiert worden.

*M.* →*Luther* vertritt unter Bezugnahme auf *Augustinus* energ. den Standpunkt der Unverdienbarkeit und der Alleinwirksamkeit der →Gnade (sola gratia, allein aus Gnade). Jedes Mitwirken des Menschen am Heilsgeschehen (Synergismus) leugnet er und behauptet, der menschl. W. sei verderbt und unfrei, von sich aus das Gute zu tun (so in seiner Schrift »de servo arbitrio« [»Vom versklavten Willen«], 1525).

Katholischerseits hält das →Konzil von Trient in Kontinuität zur Geschichte einerseits an *Augustinus* gegen *Pelagius* fest und betont die tägl. Notwendigkeit sowie die Vorgängigkeit der Gnade bei allem guten Tun (Denzinger/S. [DS] 239-246), andererseits wird aber auch gegen die →Prädestination bei *Augustinus* sowohl die Geschuldetheit der Gnade zurückgewiesen (DS 1921) als auch die Behauptung, der freie W. tauge von sich aus nur zum Sündigen (DS 1927f.). Es werden also eher die *extremen* und einseitigen *Positionen abgelehnt* als einer best. Lehrmeinung recht gegeben. Für die Gnade gilt: »Durch diese Hilfe und Gabe Gottes wird der freie W. nicht beseitigt, sondern befreit... Gott wirkt in uns, daß wir wollen und tun, was er will,... so daß auch wir Mitwirker sind mit der Gnade Gottes« (DS 248).

*Lit.: J. Möller:* Menschsein: ein Prozeß. Entwurf einer Anthropologie, Düsseldorf 1979. – *W. Pannenberg:* Anthropologie in theologischer Perspektive, Göttingen 1983. – *O. H. Pesch:* Frei sein aus Gnade. Theol. Anthropologie, Freiburg 1983. – *A. Schöpf:* W., in: Handbuch Philos. Grundbegriffe (Studienausgabe), Bd. VI, München 1974, 1702-1722.

*Nicolaus Klimek*

**Wirklichkeit.** Im heutigen Sprachgebrauch ist W. der Begriff, mit dem am unbefangensten und unter dem geringsten Widerspruch das gültige Ziel menschl. Denkens und Strebens bezeichnet werden kann.

*A.* W. bedeutet zunächst im Unterschied zum Möglichen oder zum Scheinbaren alles, was der Fall ist. Unterschieden vom Möglichen (→Modalität) gibt es W. als das Bestehende und Vorhandene, das Daseiende, insofern in ihm Möglichkeit verwirklicht ist: *das* Existierende. Im Unterschied zum Scheinbaren ist W. das – unabhängig von subjektiver Projektion wie entgegen äußerem Anschein – Gültige, also das nicht nur Eingebildete und Vorgestellte wie auch dasjenige, das sich nicht nur in vordergründiger Gültigkeit von außen aufdrängt: *das* Tatsächliche. Das Existierende wie das Tatsächliche bezeichnen, wenn auch aus verschiedener Perspektive, denselben Gehalt von W., näml. Faktizität.

Darüber geht der Begriff *des* Realen hinaus. Zunächst stimmt er mit dem Begriff des Tatsächlichen überein, etwa in der Frage nach der Realität der Außenwelt. Das Reale meint aber zugleich das, was etwas »in W.« ist: das Bleibende, Wesentliche an ihm im Unterschied zum Unwesentlichen und Äußerlichen, das ja gerade der Grund sein kann für den Schein, der uns verleitet. Realität bezeichnet so die gesteigerte Bedeutung von W., die gesteigerte Bedeutung des Tatsächlichen. Sie ist die Sachhaltigkeit, durch die etwas als etwas erkannt werden kann und dessen Gegensatz das Scheinbare im tieferen Sinne ist: das in sich Widersprüchliche, das genaugenommen nicht einmal gedacht werden kann.

*B. Realität* in dieser gesteigerten Bedeutung von W., also als das Gültige, das Bleibende und Wesentliche, als die Sachhaltigkeit des Faktischen, ist strukturell ident. mit dem, was das →Erkennen als die →Wahrheit des Bestehenden erfaßt. Realität ist die wahre W. Nun scheint diese wahre W., wie oben ausgeführt, unabhängig von Einbilden und Vorstellen, unabhängig vom Subjekt und außerhalb seiner zu bestehen. Die wahre W. wird bemerkbar als dasjenige, dessen Härte subjektives Vorstellen korrigiert, an dem das →Subjekt seine →Erfahrungen macht, das ihm Schranke und Maß setzt. Andererseits scheint das Subjekt, wenn es die Vordergründigkeit und Äußerlichkeit des Faktischen durchdringen will, nur eine Möglichkeit zu haben: es muß die eigenen →aprior. Bedingungen mögl. Erkenntnis zu Elementen wahrer Erkenntnis, also das eigene Maß des Erkennens zu deren unhintergehbarer Norm machen. Dieses ausweglose Problem löst sich mit der Einsicht, daß die wahre W. weder das nur von außen Vorgegebene, noch das bloß subjektiv Konstruierte sein kann (→Erkennen, →Erkenntnistheorie). Realität hat eine *subjektiv-objektive Struktur.* Innerhalb der Vielfalt des Existierenden und Tatsächlichen bezeichnet sie das Reguläre und Allgemeine, also das, worin die Wirkung des Faktischen und die Produktivität des Subjekts übereinkommen. Realität ist derjenige Bereich des Faktischen, in dem dessen Strukturen mit der Sinnlogik des Menschen zur Einheit finden (z.B. →Liebe, →Freiheit, →Friede).

*C.* Die subjektiv-objektive Struktur der Realität bedeutet, daß weder das Subjekt noch das Gegenständliche allein für Realität aufkommen können. Obwohl sie in der Logik des Gegenständlichen wie des Subjekts liegt, ist sie weder einfach von außen vorgegeben noch vom Subjekt nach Belieben herzustellen. Das Wirkliche könnte jeweils bloß Faktisches sein und bleiben. Das legt die Frage nach dem Grund der Realität nahe. Christl. Theologie kann in der Antwort auf diese Frage (den aus

Liebe Heil schaffenden) Gott als Grund und als *Inbegriff der W.* verstehen.

*Lit.: L. Honnefelder:* Realität, in: Lexikon der Erkenntnistheorie und Metaphysik, 159f. (Lit.). – *W. Schulz:* Philosophie in der veränderten Welt, Pfullingen, 5. Aufl. 1984, 841-854. – *A. N. Whitehead:* Prozeß und Realität, Frankfurt/M. 1984.

*Wolfgang Göbel*

**Wirtschaft** ist ein Kulturbereich, in dem der Mensch zur Sicherung seiner Existenz und zur Verbesserung seiner Lebensverhältnisse *Mittel zur Befriedigung seiner Bedürfnisse* besorgt. Grundlegend für W. sind die Knappheit der Güter und Dienstleistungen sowie die Vielfalt und Wandelbarkeit sowohl individueller wie kollektiver Bedürfnisse. Zur Beseitigung des Mangels entsteht auf dem Markt Nachfrage. Die W. hat die Aufgabe, die im Verhältnis zum Bedarf knappen Mittel auf die W.ssubjekte bestmögl. aufzuteilen und dabei die gesellschafts- und staatspolit. Ziele zu berücksichtigen, bei denen heute die Sicherung der Lebensgrundlagen für die künftigen Generationen eine bes. Beachtung findet.

*A.* Die kulturellen Formen, in denen eine best. W.sweise vorherrschend war, nennt man *W.sstufen.* Nach dem Merkmal der *Produktionswege* wird zwischen Haus-, Stadt-, Volks- und Weltw. unterschieden. Steht die Gütererzeugung im Vordergrund, so differenziert man zwischen Hirten-, Agrar-, Manufaktur- und Industriew. Nach der Form der Abwicklung des *Tauschverkehrs* wird eingeteilt nach Naturalw., Geldw. und Kreditw. Hist. kann W. ferner nach den vorherrschenden wirtschaftspolit. Vorstellungen (z.B. Merkantilismus, Manchesterkapitalismus) unterteilt werden.

*B.* Die W.sordnung ist die Gesamtheit der →Normen und →Institutionen, nach denen die W. aufgebaut wird und abläuft. Davon zu unterscheiden sind die W.sverfassung als Summe aller wirtschaftl. wichtigen Rechtsregeln und die W.ssysteme als idealtyp. Ordnungsmodelle konkreter W.sordnungen, die best. einheitl. Strukturprinzipien repräsentieren. Neben den von W. Eucken herausgestellten Prinzipien der zentralen Lenkung (zentralgeleitete W.) und der Konkurrenz (Verkehrs- oder →Marktw.) werden Verhandlungen (Selbstverwaltungsw.) und demokrat. Abstimmung (W.sdemokratie) als weitere *Steuerungsprinzipien* genannt. In den W.sordnungen wird die W. durch die Elemente dieser Ordnungsmodelle konkret ausgestaltet. Die Kombination dieser Elemente bestimmt die konkrete Form einer W. im Aufbau und Ablauf und wirkt sich sowohl auf die Sozialbeziehungen, auf die Lösung des Verteilungs- und Steuerungsproblems wie auch auf den Bereich gesellschaftspolit. Ziele aus. Aus der einzelwirtschaftl. Perspektive werden die Zusammenhänge zwischen wirtschaftl. und sozialen Strukturen deutlicher. Die Erforschung der Unternehmen als Sozialsysteme und das Forschungsprogramm Unternehmenskultur in der Betriebswirtschaftslehre weisen die gegenseitige Verbundenheit der Kulturbereiche empir. nach.

*Lit.: W. Eucken:* Grundsätze der W.spolitik, Tübingen 1952. – *G. Gäfgen:* Allg. W.spolitik, in: Kompendium der Volkswirtschaftslehre, Göttingen 1968. – *E. Heinen:* Unternehmenskultur, München 1987. – *H. G. Wagener:* Zur Analyse von W.ssystemen, Berlin 1979.

*August Stiegler*

**Wirtschaftsethik** hat mit anderen »Gebietsethiken« gemeinsam, daß der Problembereich in individual- oder sozialeth. Fragestellung angegangen werden kann. Während in der *individualeth. Problemstellung* z.B. beim →Eigentum die Fragen nach dem sittl. Umgang mit den Gütern und den sich daraus ergebenden Rechten und Pflichten erörtert werden, ist die Institution Eigentum und die Ordnung der Verfügung über die Güter Gegenstand der *Sozialethik.* Tatsächl. überwiegen in der W. die sozialeth. Überlegungen.

*A.* Als *deskriptive* Ethik untersucht W. die fakt. Ethosformen und eth. Überzeugungen in der →Wirtschaft. Deren Langzeitwirkungen werden in der hist. Analyse aufgezeigt. Das berühmteste Beispiel ist die Untersuchung von M. →Weber zur →prot. Ethik.
Die *wissenssoziol.* orientierte W. spürt die meist unausgesprochenen wirtschaftseth. Implikationen in den wirtschaftswissenschaftl. Theorien und Lehren auf. Deren Wirkungsgeschichte weist zugleich auf deren Einfluß auf die Geschichte des Moralbewußtseins hin. Die grundsätzl. Frage, ob die genannten wirtschaftswissenschaftl. Überlegungen eine zumindest teilweise in der Gesellschaft verbreitete moral. Einstellung artikulieren oder ob sie ein entspr. Moralbewußtsein erst initiiert haben, ist jeweils durch die hist. Forschung zu entscheiden. Unbeschadet der Entstehungsgeschichte werden die wirtschaftseth. Grundlagen der jeweiligen wirtschaftswissenschaftl. Theorien und Lehren in der Theoriediskussion fortgeschrieben und dienen auch der Legitimierung wirtschaftl. Praxis unter Berufung auf wirtschaftswissenschaftl. Erkenntnisse. Ein Beispiel für eine solche Argumentationslinie ist die Rolle des Eigennutzes. Über die schott. Moralphilosophie ist er in die Theoriebildung der Nationalökonomie eingegangen und hat in der klass. Nationalökonomie zu der Auffassung geführt, daß ein ungestörtes freies Wirken der Kräfte zu einem gleichgewichtigen Verhältnis von Egoismus und Altruismus führen würde. Unter den Bedingungen des Homo oeconomicus hat W. keinen Platz, weil Nutzenmaximierung die einzige Handlungsmaxime ist.

*B.* Nach dem Prinzip der Wertfreiheit können empir. Wissenschaften und insoweit auch die Wirtschaftswissenschaften keine normativen Empfehlungen aussprechen, wenn sie ihr Selbstverständnis

nicht verletzen wollen. Die Suche nach sicheren Zusammenhängen zwischen Zielen und Mitteln beruht auf dem Basisethos des *Erfolgsstrebens.* Die Erfolgsethik einer instrumental und technolog. sich verstehenden Wissenschaft gehört zu den Gegenständen der W. wie das einzel- oder gesamtwirtschaftl. Zielsystem insbes. hinsichtl. der Vorrangigund Vordringlichkeit der Einzelziele zueinander. W. weist über ökonom. Ziele und Prozesse hinaus auf die normative Bedeutung der Wirtschaft. Eine realist. W. geht dabei von den Sachnormen der Ökonomie aus.
In der *Christl. Soziallehre* oder -ethik werden unter den Themen →Arbeit, Eigentum, Entwicklungshilfe (→Entwicklungspolitik), →Gemeinwohl, →Gerechtigkeit, →Konsum, →Lohn und Weltwirtschaft Probleme der W. angegangen und im Aufweis der grundsätzl. Positionen auf der Grundlage der →Schöpfungstheologie und der Würde des Menschen als Geschöpf Gottes und dessen Erlösungshandelns eingeordnet. Bei Respektierung ihrer →Eigengesetzlichkeit kann die Wirtschaft nicht Selbstzweck sein.

*Lit.: H. Albert:* Marktsoziologie und Entscheidungslogik, Neuwied 1967. – *G. Enderle (Hg.):* Ethik und Wirtschaftswissenschaft, Berlin 1985. – *W. Korff:* Orientierungslinien einer W., in: *G. Hunold/W. Korff (Hg.):* Die Welt für morgen, München 1986, 67-80. – *W. Lachmann:* Wirtschaft und Ethik, Stuttgart 1987. – *O. von Nell-Breuning:* Zur Wirtschaftsordnung, Freiburg 1949. – *A. Rauscher (Hg.):* Selbstinteresse und Gemeinwohl, Berlin 1985. – *A. Rich:* W., Gütersloh, 2. Aufl. 184. – *T. Suranyi-Unger:* W., in: Handwörterbuch der Sozialwissenschaften, Bd. 12, Tübingen 1965, 83-103.

*August Stiegler*

**Wirtschaftspolitik** ist ein Teilgebiet der →Politik. Hier wie dort läßt sich unterscheiden zwischen der *prakt.* W. und der *Theorie* der W. Beiden liegt die Überzeugung zugrunde, daß wirtschaftspolit. Abläufe und Strukturen nicht hist. determiniert sind, sondern vom Menschen beeinflußt und gesteuert werden können. Prakt. W. ist das tatsächl. Gestalten der wirtschaftspolit. Akteure. Sie bildet das Materialobjekt für die Theorie der W., die wissenschaftl. die wirtschaftspolit. Entscheidungsfindung und -umsetzung untersucht. Die moderne polit. Ökonomie nimmt die Willensbildung und die Beeinflussung der wirtschaftspolit. Entscheidungen zusätzl. in die Theoriebildung hinein. Sie untersucht den gegenseitigen Zusammenhang von wirtschaftspolit., sozialen und polit. Faktoren.

*A.* Die *Wirkungen der W.* gehen innerhalb wie außerhalb des →Staates über das Wirtschaftliche hinaus. Außen- und gesellschaftspolit. Ziele werden von wirtschaftspolit. Maßnahmen beeinflußt. Deshalb sind die Ziele der W. den Werten und Zielen der Staats- und Gesellschaftspolitik, letztl. dem →Gemeinwohl untergeordnet. Die Theorie der W. sieht nach dem Prinzip der Werturteilsfreiheit die Ziele auf der gesellschafts- und staatspolit. Ebene als vorgegeben an.

*B.* Das *Zielbündel der W.* besteht aus den Globalzielen, die im Stabilitätsgesetz von 1967 festgeschrieben wurden: Vollbeschäftigung, Stabilität des Preisniveaus, außenwirtschaftl. Gleichgewicht und Wachstum. Die Beziehungen der Ziele zueinander sind wirtschaftspolit. von bes. Interesse und prakt. Bedeutung. Begünstigt die Verwirklichung des einen Ziels die des anderen, so sind diese beiden Ziele komplementär. Umgekehrt verhält es sich, wenn sie in einer antinom. Beziehung zueinanderstehen. Bei gegenseitiger Neutralität lassen sich beide Ziele unabhängig voneinander realisieren. Die Zielinhalte und -dimensionen sowie das *Zielsystem in seinen Beziehungen* zu bestimmen ist Aufgabe der Theorie der W. Der Zielkonflikt ist der Regelfall. Prakt. Lösungsansätze bilden die Prioritätensetzung und der →Kompromiß. Bei letzterem ist Bedingung, daß die Ziele auch in geringen Raten erfüllt werden können.

*C.* Der W. steht eine *Vielzahl von Instrumenten* zur Verfügung. Gewöhnl. unterscheidet man zwischen global und sektoral einsetzbaren Instrumenten der Fiskalpolitik und der Geld- und Währungspolitik sowie direkte Kontrollen und institutionelle Änderungen (z.B. reformer. Maßnahmen). Dazu wird auf der wirtschaftspsycholog. Ebene das Instrument des Appells, des Ratschlags, der Empfehlung usw. flankierend verwendet. Die wirtschaftspolit. Analyse untersucht außerdem die Nah- und Fern-, die Haupt- und Nebenwirkungen sowie die Summationseffekte der Instrumente.

*D.* Die *Entscheidungsträger* der W. stehen in komplexen Entscheidungssituationen. Das Modell des Staatsinterventionismus gibt dem Staat eine bes. Stellung bei der Gestaltung der W. infolge seines Entscheidungsspielraums und Entscheidungswissens, zu dem auch wirtschaftspolit. Beratung durch wissenschaftl. Gutachter (Sachverständigenrat) gehört. Entspr. den institutionellen Rahmenbedingungen (Tarifautonomie, Koalitionsfreiheit, Autonomie der Bundesbank), die aus dem Prinzip der Gewaltenteilung folgen, haben die die Wirtschaft gestaltenden Kräfte (demnach auch die christl. Kirchen) eine bes. Verantwortung für die W.

*Lit.: P. Bernholz:* Grundlagen der Polit. Ökonomie, Tübingen 1972. – *G. Gäfgen (Hg.):* Grundlagen der W., Köln 1966. – *U. Teichmann:* Der Entscheidungsprozeß in der W., Darmstadt 1983. – *E. Tuchfeldt:* Zielprobleme in der modernen W., Tübingen 1971.

*August Stiegler*

**Wirtschaftswissenschaft.** Die unter W. zusammengefaßten Fächer untersuchen wirtschaftl. Prozesse und kommen zu allg. Aussagen über deren Ursachen und Folgen. Soweit sich die Fächer als angewandte Wissenschaft verstehen, umfaßt ihr Wissenschaftsprogramm über die Erklärung der Grundprinzipien hinaus eine *gestalter. Aufgabe,* näml. Empfehlungen auszuarbeiten, wie best. Ziele auf bestmögl. oder zufriedenstellendem Problemlösungsniveau erreicht werden können. Method. gehen die W.en je nach Problemstellung verschieden vor: deskriptiv (beschreibend), empir. und analyt. Dabei folgen sie dem Prinzip der Werturteilsfreiheit.

*A.* Zur analyt. Methode gehört das Modell des *Homo oeconomicus* (ökonom. Mensch). Er verkörpert das sog. Rationalitätsprinzip, nach dem ein gegebener Zweck mit dem geringsten Einsatzmittel oder mit vorhandenen Mitteln ein möglichst hoher Erfolg erreicht werden soll. Dieser Modellfigur liegen folgende Annahmen zugrunde: Kenntnis aller für sie bestehenden Handlungsalternativen, Entscheidung unter Sicherheit des Eintritts der erwarteten Ereignisse, Gewißheit in der Bewertung möglicher Handlungsfolgen (Transivität der Präferenzen) und kostenlose Beschaffung der Informationen.
Krit. ist zur Modellfigur des Homo oeconomicus zu sagen, daß er den Prototyp eines *geschlossenen* (und damit überzeitl. angelegten) *Modells* von Entscheidungsprozessen verkörpert. In diesen Modellen wird die Entstehungsgeschichte von Entscheidungsproblemen sowie die Rückwirkung von Entscheidungen außer acht gelassen. Auch bleibt unberücksichtigt, mit welchen sozialen und wirtschaftl. Kosten Informationen gewonnen werden müssen und welcher Einfluß auf die →Umwelt ausgeht.

*B.* Die von der formalen Rationalität des Homo oeconomicus ausgehende *Faszination* verführt zu einer Verwendung dieses Modells in einem normativen Entwurf einer wirtschaftl. und gesellschaftl. →Wohlfahrtssteigerung, die sich von selbst einstellt, wenn dem Wahlverhalten nach dem Rationalitätsprinzip freier Spielraum gelassen würde. Das Maximierungsprinzip der Modellfigur wird zur Handlungsmaxime des Egoismus umgedeutet oder als Grundbedingung des →Gemeinwohls gerechtfertigt. Die Schlüssigkeit und Präzision des Modells gelten auf der Ebene der →*Ideologie* als Beweis für das »bessere« System.

*C.* Die Modellbildungen der Wirtschaftstheorie haben ihren *legitimen Platz* in einem sequentiellen und quasiexperimentellen Problemlösungsprozeß. Der Anwendungsbereich ist angesichts zwingend gefaßter Theoreme eng. Die Modelltypen der Wirtschaftstheorie werden als Erklärungsmodelle auch in anderen *humanwissenschaftl. Fächern*, wie Politologie, →Psychologie und →Soziologie, verwendet. In die Sozialethik hat W. Schöllgen aus den W.en analog dem Begriff des Grenznutzens den Begriff der Grenzmoral von G. Briefs eingeführt – als moral. Verhalten, das sich gerade noch an der Grenze des Erlaubten bewegt.

*Lit.: H. Albert:* Marktsoziologie und Entscheidungslogik, Neuwied 1961. – *K. Chmielewicz/G. Schmölders/H. Winkel:* W., in: Handwörterbuch der W., Bd. 9, Stuttgart 1982, 413-469. – *E. Heinen:* Grundfragen der entscheidungsorientierten Betriebswirtschaftslehre, München 1976. – *W. Kirsch:* Entscheidungsprozesse, Bd. 1, Wiesbaden 1970. – *W. Schöllgen:* Grenzmoral, Düsseldorf 1946.

*August Stiegler*

## Wissen

W. kann auf der allgemeinsten Stufe alle Vorstellungen meinen, die über beliebige Dinge vorhanden sind. Es findet sich in den Vorstellungen einzelner Menschen ebenso wie in den »schemat. Interpretationen, moral. Maximen und Ansammlungen überkommener ›Weisheiten‹« (Berger). Im normalen Sprachgebrauch wird W. jedoch an den Erkenntnisbereich geknüpft und mit einem Gewißheitsprädikat verbunden. So kann W. dann verstanden werden »als die Gewißheit, daß Phänomene wirkl. sind und bestimmbare Eigenschaften haben« (Berger/Luckmann).

*A.* Gewißheit ist dabei weniger oder gar nicht an diese Phänomene gebunden, sondern an ein →Subjekt: Sie bezeichnet die Sicherheit eines Subjektes über sein W. oder seine Erkenntnis. Hier ist weiter zu differenzieren. Zunächst einmal bleibt Gewißheit relativ auf das betreffende Subjekt hin: so müssen der Nachbar oder das Nachbarvolk keineswegs dieselbe(n) Gewißheit(en) haben wie ich, obwohl es nicht auszuschließen ist. Schon die Gewißheit eines Subjektes kann *verschiedene Stufen* aufweisen: sie kann bedingt oder auch (mehr oder weniger) absolut sein. Das hängt wiederum davon ab, auf welchem Wege Gewißheit erlangt wurde: unmittelbar etwa durch eigene Anschauung, mittelbar etwa durch Berichte. Außerdem kann bei jeder »Gewißheit« der →Zweifel (→Skeptizismus) mit im Spiele sein, korrigierend oder auch zerstörend wirken.
Wo etwas in höchster Form, unbezweifelbar einsichtig ist, spricht man von »*Evidenz*« (lat.: Augenscheinlichkeit). →Kant hat darauf hingewiesen, daß sie nicht »diskursiv« aus Begriffen, sondern nur aus »intuitiven« Grundsätzen gewonnen werden kann. Evidenz muß sich allerdings nicht nur auf den subjektiven Bereich beziehen. So spricht Husserl etwa von objektiver Evidenz, wenn etwas in »originärer Selbstgegebenheit« offenbar ist. Die Frage bleibt jedoch offen, ob es eine unfehlbare Erkenntnisinstanz gibt (vgl. Fallibilismus).
Vor allem im Bereich der Wissenschaft wird stark auf der Ebene »vorläufigen« Wissens gearbeitet. Hier stellen *Hypothesen* (griech.: Unterlage, Annahme) sehr wichtige Bestandteile von Aussagen dar. Bei diesen Hypothesen handelt es sich um vorläufige Aussagen oder Erklärungen von Phänomenen. Sie sind wirklichkeitsbezogen (Newton: »Hypothesen erdichte ich nicht«), überprüfbar und informationshaltig. Sie gelten bis zum Gegenbeweis. Sie können auch zu dem Zwecke aufgestellt werden, weitere Forschungen anzuzeigen (heurist. Hypothesen).

*B.* Die *spezif. Ausprägung* des W.s in ihrer Abhängigkeit vom jeweiligen Träger des W.s spiegelt sich etwa im Begriff der »*Mentalität*«. Er bezeichnet zunächst den von der Umwelt oder der eigenen Erfahrung her geprägten Charakter eines Individiums, seine geistig-seel. Disposition (vgl. Geiger) mit einer spezif. Art des W.s und der Wahrnehmung. Dies läßt sich begrenzt auch auf ganze Gruppen, Schichten und Völker ausweiten, so daß man von »sozialen Mentalitäten« sprechen könnte. Sie können innerhalb einer Gruppe integrierend, nach außen hin aber auch als Barriere und Mobilitätshindernis wirken. Hier liegt ein Konfliktpotential, das sich noch verstärkt, wenn es ideolog. untermauert wird.
Wo das eigene W. und die eigene Überzeugung nicht im Einklang stehen mit dem anderer Menschen oder der Umwelt und wo dies auch bei den eigenen Einstellungen der Fall ist oder Einstellung und Verhalten nicht übereinstimmen, spricht man von »*kognitiver Dissonanz*« (Festinger). Da der Betroffene sie gemeinhin als Belastung empfindet, wird er sie zu beseitigen suchen oder auch Situationen und →Informationen möglichst meiden, die sie erzeugen oder bestärken. Die spezif. Art des W.s gerät dadurch in den Teufelskreis immer größerer Einseitigkeit.
Eine weitere Variante der Abhängigkeit des W.s von seinem Träger liegt dort vor, wo in einer Gruppe oder Gesellschaft vorhandenes Wissen nicht allen zugängl. oder sogar einem Teil vorenthalten wird. Wo in dieser Weise Wissen von »Herrschenden« – im weiten Sinne verstanden – anderen vorenthalten wird und zur Beherrschung dieser dient, spricht man von »*Herrschaftswissen*«. Ihm kommt gerade angesichts der immens steigenden Informationsflut (→Information) immer größere Bedeutung zu.

*C.* In der Soziologie hat sich ein Zweig entwickelt, der die Zusammenhänge von W. (genauer: den Vorstellungen über die »Wirklichkeit«) und den sozialen Strukturen und Prozessen untersucht: die *W.ssoziologie.* Am Anfang der W.ssoziologie lag das Schwergewicht auf der Ideologiekritik, also der Untersuchung der sozialen Bedingungen verzerrter Erkenntnis und →Ideologie (etwa →Marx, →Nietzsche, später Mannheim). Der Begriff W.ssoziologie wurde von dem Philosophen M. Scheler geprägt und durch K. Mannheim endgültig eingeführt, für den menschl. Denken gänzl. abhängig ist von den ideologisierenden Einflüssen einer Gesellschaft. Heute hat sich das Interesse auf eine Untersuchung des Alltagsw.s verlagert (etwa A. Schütz, P. Berger, Th. Luckmann). Alltagsw. meint jenes »tagtägl. W., auf dessen Grundlage die gesellschaftl. Wirklichkeit erfahren wird« (Matthes/Schütze). Es geht also um die »Allerweltswirklichkeit«, die dem Verstand des gesellschaftl. Normalverbrauchers zugängl. ist« (Berger/Luckmann); sie ist »konstruierte Wirklichkeit«, entstanden aus den Gedanken und Taten der Menschen.

*Lit.: Arbeitsgruppe Bielefelder Soziologen (Hg.):* Alltagsw., Interaktion und gesellschaftl. Wirklichkeit, 2 Bde., Reinbek 1973. – *P. L. Berger/Th. Luckmann:* Die gesellschaftl. Konstruktion der Wirklichkeit. Eine Theorie der W.ssoziologie, Frankfurt/M. 1982. – *G. Gebauer:* Der Einzelne und sein gesellschaftl. W. Untersuchungen zum symbol. W., Berlin/New York 1981. – *P. Good:* Von der Verantwortung des W.s. Positionen der neueren Philosophie des W.s, Frankfurt/M. 1982. – *K. Lenk (Hg.):* Ideologie. Ideologiekritik und W.ssoziologie, Neuausgabe, Darmstadt/Neuwied, 7. Aufl. 1976. – *K. Mannheim:* W.ssoziologie, Neuwied 1964. – *A. Schütz/Th. Luckmann:* Strukturen der Lebenswelt, Neuwied/Darmstadt 1975.

*Hermann Punsmann*

**Wissenschaft** ist jede method. geleitete, auf intersubjektive Verständigung gerichtete Untersuchung von Gegenständen, die diese Gegenstände – bezogen auf die gegebene oder mögl. log. Ordnung sie betreffender Aussagen – systemat. beschreibt und, wenn mögl., umfassend erklärt oder versteht (→Erkennen). W. ist heute Gegenstand bes. intensiver Diskussionen. Einmal erscheint der Einfluß der →Naturw.en auf die anderem W.en und die Lebenswelt problematisch, zum anderen ist das method. Selbstverständnis von W. vor allem durch die krit. Thematisierung ihrer Praxis und Geschichte fragl. geworden.

*A.* Nach dem antiken W.sbegriff liegt das Ideal von W. in der (bleibend gültigen) Erkenntnis unveränderlicher, ewiger Inhalte (der Ideen →Platons, der →Formen des →Aristoteles). Aristoteles sichert solche Erkenntnis method. in seiner Logik der Ableitung (Deduktion; →Argumentation): W. schreitet von evidenten ersten Prinzipien nach Regeln zu Konklusionen (Schlüssen) fort, die auf Grund der Sicherheit dieser Regeln die gleiche Erkenntnisqualität erlangen wie die Prinzipien. Das Modell solcher W. ist die euklid. Geometrie. Die w.liche Revolution des 17. Jh.s (→Galilei, →Descartes, →Newton) betont das *Experiment*, sucht nach empir. Gesetzen und formuliert sie in der Sprache der →Mathematik. Vor allem aber wird mit ihr eine neue Art des Schließens bestimmend in der Forschungspraxis: Die Komplexität der Erfahrungswelt zwingt den W.ler statt von klaren Einsichten (Evidenzen) von Hypothesen auszugehen. Diese *Hypothesen* gestatten empir. richtige Voraussagen. Diese Voraussagen, nicht ihre unmittelbare oder abgeleitete Evidenz, begründet ihre (vorläufige) Gültigkeit. Dieser neuen Form des Schließens entsprechend wäre W. eine hypothetisch-deduktive, nicht eine stringent beweisende Untersuchung. Diese Konsequenz kommt aber im methodolog. Selbstverständnis der Wissenschaften zunächst nicht zur Geltung. Die vermeintl. Evidenz der Prinzipien der Mechanik, die nun zur beispielhaft gültigen W. avanciert, läßt den Beweisanspruch des alten W.sideals gültig bleiben. Das im 18. und 19. Jh. weitgehend vorherrschende W.smodell wird von der selbstverständl. Vorstellung eines empirisch fundierten Beweisens bestimmt. Wenn → Dilthey zu Beginn unseres Jh.s zwischen → Natur- und → Geistesw.en unterscheidet, dann will er damit zeigen, daß in dieser zweiten Gruppe ein anderes Erkenntnisideal Gültigkeit hat (→ Erklärung, → Hermeneutik, → Verstehen).

*B.* Trotz dieser im → Neukantianismus fortgeführten Differenzierungen und obwohl mit der → Relativitätstheorie das Paradigma der klass. Mechanik seine Gültigkeit verloren hatte, bestimmt in der 1. Hälfte unseres Jh.s das klass. empirist. Modell noch weitgehend das W.sverständnis, z.B. den zwischen 1925 und 1955 vorherrschenden log. → Positivismus, der in den Aussagen seiner Forschung immer noch ein möglichst treues *Abbild der Wirklichkeit* sieht. Erst danach hat der Blick auf Forschungspraxis und W.sgeschichte dieses Verständnis korrigiert. So ist in der Atomphysik der Anspruch eines exakten, empir.-objektiven Ausgangspunktes der Theorie unhaltbar geworden. Eine Trennung von beobachtbarem Objekt und beobachtendem Subjekt, von einem objektiven Vorgang und einem *eingreifenden Beobachtungsprozeß* ist in der Regel unmögl. Zugleich zeigt die Erforschung wissenschaftl. Revolutionen, daß die Geschichte der W. nicht zu verstehen ist als ein stetiges Fortschreiten, das von festen und unveränderl. Grundlagen ausgeht und nach log. Regeln ständig Wissen akkumuliert und auf eine einzige Wahrheit hin konvergiert. Zur Geschichte der W. gehört, daß vorher gültige Theorien verworfen werden, ein neues, aus dem alten nicht ableitbares Paradigma (Paradigmawechsel, Th. S. Kuhn) aufkommt. W.sgeschichte bedeutet Diskontinuität und Bruch (coupure, G. Bachelard).
Die durch diese Beobachtungen ausgelöste Diskussion ist noch nicht abgeschlossen. Es ist unwahrscheinl., daß sie zu einem einzigen Modell von W. führt, das präzise die Form einer jeden W. vorgeben könnte. Doch ist zu erwarten, daß sich aus ihr ein allg. W.sbegriff ergibt, der die verschiedenen W.en, neben reiner Logik und reiner Mathematik, die Natur- wie die Geistesw.en und mit ihnen auch die Theologie unter sich vereint ohne den vordem gängigen Anspruch auf je größere W.lichkeit.

*Lit.: G. Bachelard:* Die Bildung des wissenschaftl. Geistes, Frankfurt/M., 2. Aufl. 1984. – *P. Hünermann:* W./Glaubenslehre, in: Neues Handbuch theol. Grundbegriffe, Bd. IV, 283-295 (Lit.). – *St. Körner/E. McMullin:* W. und W.Geschichte der, in: Handbuch wissenschaftstheoret. Begriffe, Bd. III, 726-737 und 737-752. – *Th. S. Kuhn:* Die Struktur wissenschaftl. Revolutionen, Frankfurt/M. 1967. – *W. Pannenberg:* W.stheorie und Theologie, Frankfurt/M. 1973 (Lit.). – *W. Schulz:* Philosophie in der veränderten Welt, Pfullingen, 5. Aufl. 1984, 11-245.

*Wolfgang Göbel*

**Wissenschaftstheorie** untersucht allg. den Wissenschaftsbegriff und fragt nach den Kriterien von Wissenschaftlichkeit, der Systematik von Wissenschaft usw. Die spezielle W. behandelt dagegen vor allem die Voraussetzungen, Erkenntnisprinzipien, → Methoden (→ Methodologie), → Theorien, Begriffsbildungen und Ziele einzelner Wissenschaften. Sie arbeitet heute meist sprachanalyt. und formallog. Insofern die W. wissenschaftl. über Wissenschaft reflektiert, stellt sie eine *Metatheorie der Wissenschaft(en)* dar.

*A.* In der W. ist versucht worden, die Fülle der Aussagen und Begriffe auf möglichst wenige »Ausgangsaussagen« zurückzuführen bzw. solche »Ausgangssätze« einzuführen. Bei ihnen geht es um unableitbare Grundsätze oder *Axiome.* Aus diesen Axiomen werden dann mit log. Mitteln alle übrigen Aussagen einer → Theorie deduktiv abgeleitet. Mit Axiomen wurde bereits in der Antike gearbeitet. Allerdings hat sich im Verlauf der Geschichte ihr Verständnis gewandelt. Während Euklid auf den Inhalt abhob und sie als unmittelbar einleuchtend ansah, interessieren sie heute etwa in → Mathematik und → Physik nur noch im Hinblick auf ihre formale Stellung am Anfang eines Systems oder einer Theorie. Mit Hilfe der Axiomatisierung können Theorien im Hinblick auf ihre innere Struktur, ihren Gesamtaufbau oder auch im Vergleich mit anderen Theorien (desselben Gebietes) analysiert werden.
Darüber hinaus stellt sich aber die Frage nach der Beziehung zwischen den Begriffen bzw. *Aussagen* und den von ihnen gemeinten *Sachverhalten:* beide können nicht ohne weiteres als deckungsgleich vorausgesetzt werden. Der »Operationalismus« (Bridgman) läßt wissenschaftl. Begriffe nur zu, wenn (phys., symbol. oder log.) Verfahren angegeben werden können, mit denen sich der gemeinte Sachverhalt feststellen läßt. Hier wird der Begriff von seiner Verifikation (→ Neopositivismus) abhängig gemacht, die Frage nach dem »Was« wird durch die Frage nach dem »Wie« ersetzt. Für den »Instrumentalismus« (Dewey, → Pragmatismus) sind Begriffe nur Instrumente zur Beherrschung von Natur und Gesellschaft; »Wahrheit« wird gleichbedeutend mit »Brauchbarkeit der Vorstellungen«.

*B.* Will eine W. weiter ins Detail gehen, wird sie sehr stark *differenzieren* und je nach Ausgangspunkt verschiedene Richtungen einschlagen müssen. Genannt seien nur Neo → Positivismus, → Rationalismus, → Konstruktivismus, → Hermeneutik oder auch → Marxismus. Kurz, eine allgemeingültige, einheitl. W. kann es nicht geben (vgl. → Methodologie), zumal jede W. mit ihrem Verständnis von Wissenschaft immer schon ihr Objekt mitbestimmt. So bleiben in der Wissenschaft einzelne »*Paradigmata*«. Th. Kuhn, der diesen Begriff einführte, versteht darunter »allg. anerkannte wissenschaftl. Leistungen, die für eine gewisse Zeit einer Gemeinschaft von Fachleuten maßgebende Probleme und Lösungen liefern«. In normalen Phasen werden sich nach Kuhn Wissenschaftler eines Paradigmas auf dessen Ausbau und Verfeinerung konzentrieren. Erst wenn Anomalien sich häufen und neue Probleme im Rahmen des Paradigmas nicht mehr formuliert werden können,

kann es zur Krise kommen und das Paradigma durch ein neues ersetzt werden. Kuhn spricht hier von »wissenschaftl. Revolution«. Wissenschaftl. Fortschritt kommt hiernach also nicht durch kontinuierl. Veränderung, sondern durch revoltionäre Prozesse, den »Paradigmenwechsel«, zustande.
Solche Paradigmenwechsel lassen sich auch durch die Geschichte der Theologie und des Glaubens allg. beobachten. Gegenwärtige Probleme könnten u.a. darauf hinweisen, daß heute wiederum solch ein *Wechsel notwendig* ist. Welche Schwierigkeiten dabei auftreten, könnten etwa die Auseinandersetzungen um die →Befreiungstheologie deutl. machen.

*Lit.: H. Albert:* Die Wissenschaft und die Fehlbarkeit der Vernunft, Tübingen 1982. – *K. Ebert:* Identität und Metapher. Überlegungen zu einer wissenschaftstheoret. Begründung der Theologie, Köln/Wien 1979. – *P. Janisch (Hg.):* W. und Wissenschaftsforschung, München 1981. – *Th. S. Kuhn:* Die Struktur wissenschaftl. Revolutionen, 2., rev. Aufl., Frankfurt/M. 1976. – *H. Peukert:* W. – Handlungstheorie – Fundamentale Theologie, Frankfurt/M. 1978. – *H. P. Richter:* Wissenschaft von der Wissenschaft: auf der Suche nach der besseren Erklärung, Stuttgart 1981. – *H. Seiffert:* Einführung in die W., München, Bd. 1, 10. Aufl. 1983; Bd. 2, 8. Aufl. 1983; Bd. 3, 1983. – *J. Speck:* Handbuch wissenschaftstheoret. Begriffe, 3 Bde., Göttingen 1980.

*Hermann Punsmann*

**Wittgenstein,** *Ludwig,* geb. 26.4.1889 in Wien, gest. 29.4.1951 in Cambridge, österr. Philosoph, zentrale Figur der →Analyt. Philosophie. W., der sich zunächst mit techn. Experimenten beschäftigt hatte, beschritt unter dem Einfluß G. Freges (1868-1925) den Weg zur Philosophie und studierte im Cambridge Philosophie der Mathematik und Logik bei B. →Russell, der nach dem Ersten Weltkrieg auch die Londoner Veröffentlichung der »Logisch-Philos. Abhandlung« (»Tractatus logico – philosophicus«), dem Hauptwerk des »frühen W.«, vermittelte (1922; in Deutschland 1921 in »Ostwalds Annalen« erschienen). In Sätzen apodikt. und aphorist. Form, einer Dezimalnotation folgend, untersucht W. hier, was in einer →*Sprache* sinnvollerweise überhaupt gesagt werden kann, und gelangt zu dem Ergebnis, daß nur die kontingenten (zufällig wahren oder falschen) Aussagen über das Bestehen oder Nichtbestehen von »Sachverhalten«, wie sie die Naturwissenschaften machen, diesem Kriterium standhalten, nicht in der Philosophie, auch nicht W.s eigener Tractatus. Dieser Position liegt eine »Namenstheorie« der Bedeutung zugrunde, der zufolge die Sprache als ein *Abbild von Sachverhalten* fungiert. Auch W. kennt etwas, was in einer solchen log. Sprache nicht aussagbar ist: »Dies z e i g t sich, es ist das Mystische.« Trotz mancher Unterschiede ist das Werk wegen wichtiger Parallelen zur Philosophie des »Wiener Kreises«, zu dem W. Ende der 20er Jahre Kontakt hatte, als eine Programmschrift des →Neopositivismus aufgefaßt worden.
1929 kehrte W., der zwischenzeitl. ein äußerst einfaches Leben geführt hatte, nach Cambridge zurück, wo er später eine Professur erhielt und, in Revision seines ersten, einen philos. Neuansatz unternahm. Dieser kommt vor allem in den »Philos. Untersuchungen« zum Ausdruck, die zwei Jahre nach seinem Tod publiziert wurden. In ihnen verwirft W. das ontolog. Gerüst einer Welt mannigfaltiger (konkreter oder abstrakter) Gegenstandsarten und einer Menge ihnen zugeordneter, sie abbildender Satzarten zugunsten einer (nach wie vor mit dem Ziel einer Therapie der Sprache durchgeführten) *Bedeutungsanalyse,* die auf den jeweiligen tatsächl. Gebrauch der Sprache zurückgreift. Zur Kennzeichnung dieser lebensweltl. Kontextabhängigkeit von Sprache führte er den folgenreichen Begriff des »Sprachspiels« ein. Sprache erscheint nun nicht mehr als Zeichensystem, dem eine universale log. Tiefenstruktur zugrunde liegt. Sie erscheint als Alltagssprache im Zusammenhang vieler unterschiedl. Lebens- und Verwendungsformen, von denen sich keine mehr normativ irgendwie auszeichnen ließe. Solche Sprachspiele können z.B. sein: Befehlen, Witze erzählen, Danken, Fluchen, Beten.
Philosophie ist für W. »Kampf gegen die Verhexung unseres Verstandes durch die Mittel unserer Sprache«. Das Denken soll dem Fallen entgehen, die die Sprache ihm stellt. Die Philosophie ist quasi ein »Luftgebäude« (Weischedel), das auf dem Grunde der Sprache steht. W. hat mit seinem Denken die vornehml. im Zeichen der Sprache stehende Philosophie des 20. Jh.s außerordentl. beeinflußt.

*Lit.: R. Haller (Hg.):* Sprache und Erkenntnis als soziale Tatsache, Wien 1981. – *K. Johannessen/T. Nordenstam (Hg.):* W.-Ästhetik und transzendentale Philosophie, Wien 1981. – *M. Nedo/M. Ranchetti (Hg.):* W., Frankfurt/M. 1983. – *W. Stegmüller:* Hauptströmungen der Gegenwartsphilosophie, Bd. 1, Stuttgart, 4. Aufl. 1969, 524-696. – *U. Steinvorth:* W., in: *J. Speck (Hg.):* Grundprobleme der großen Philosophen – Philosophie der Gegenwart I, Göttingen 1972, 98-150.

*Volker Steenblock*

**Witz.** Im MA. bezeichnet das Wortfeld »witze« allg. den Bereich des →Verstandes; im 17. Jh. kommt es zu einer Bedeutungsverengung unter dem Einfluß von franz. »esprit« und engl. »wit«: W. wird zu einer Verstandesqualität wie »intellektuelle Kombination, geistige Beweglichkeit, Leichtigkeit des Beziehens und Assoziierens« (L. Röhrich). →Jean Paul: »Der W., aber nur im engeren Sinn (d.i. ästhet. W.), findet das Verhältnis der Ähnlichkeit... unter größere Ungleichheit versteckt.« Häufig wird nun →künstler. und literar. Tätigkeit als »witzig« bezeichnet. Erst seit dem 19. Jh. meint W. dann eine kurze Geschichte mit zuspitzender Pointe. Nach K. Fischer ist der W. der spieler. Umgang mit dem Verstandesurteil, für F. Th. Vischer die »Fertigkeit, mit überraschender Schnelle mehrere Vorstellungen, die nach ihrem inneren Gehalt und dem Nexus, dem sie angehö-

ren, einander eigentl. fremd sind, zu einer Einheit zu verbinden«.
Die einflußreichste W.theorie stammt von *S. → Freud,* der dem W. »als Abweichung vom normalen Denken« eine wichtige Funktion im psych. Haushalt und in der Triebökonomie des Menschen einräumt. Voraussetzungen sind zwei einander widerstrebende Dispositionen: ein prinzipielles Lustbedürfnis und dessen Zensur durch Erziehungsnormen oder die → Vernunft. Wird die Lustbefriedigung gehemmt, so kommt der W. als »psych. Machtfaktor« zu Hilfe: »Hauptcharakter der W.arbeit« ist es, die »Lust frei zu machen durch Beseitigung von Hemmungen«. Der W. hintergeht die Lustunterdrückung, indem er alternative Befriedigung als »Verlockungsprämie«, als »Vorlust« anbietet. Dieser *Lustgewinn* entspricht dem ersparten psych. Aufwand des Hemmnisses, der nun als Lust abgeführt werden kann und sich beim Rezipienten oder Erzähler als Lachen äußert. Durch die Lokalisierung der W.arbeit im Unbewußten ergibt sich die Psychogenese des W.es, der infantile Regreß: Der W. als »infantiler Typus der Denkarbeit« ist ein Mittel, das lustvolle → Spiel der → Kindheit im Unbewußten des Erwachsenen durchzusetzen und es vor der → Kritik der → Vernunft zu schützen. Der W. unterscheidet sich vom → Traum durch seine Kommunikationsorientierung als »sozialste aller auf Lustgewinn zielenden seel. Leistungen«. Eine Typologie des W.es gliedert nach Sprachverwendungen, Techniken, Konflikten, ethn. oder sozialen Gruppen.

*Lit.: S. Freud:* Der W. und seine Beziehung zum Unbewußten, London 1940. – *L. Röhrich:* Der W., Stuttgart 1977.

*Helmut Bachmaier/Wolfgang Rapp*

**Woche**

*A.* Die W. ist heute in allen Kulturen eine Zeiteinheit von *sieben Tagen,* die in Arbeitstage und einen oder mehrere Ruhetage eingeteilt ist (→ Tag). Im Verlauf der → Geschichte vorgenommene Versuche, eine längere oder kürzere Zeiteinheit zu wählen, sind gescheitert. Der Ruhetag wird in den → Religionen bevorzugt zur Feier des → Opfers oder (Haupt-) → Gottesdienstes. Im christl. Raum hat der Sonntag als Versammlungstag der → Gemeinde diese doppelte Funktion. Zunehmend wird die → Erfahrung der W. aber weniger durch den Sonntag als durch das Wochenende geprägt, das meist von Freitagabend bis Sonntagabend dauert.

*B.* Die christl. → Gemeinde übernahm die jüd. Siebentagew. Anstatt des → Sabbats, der Ruhetag und dann auch Gottesdienstag ist, erhielt der erste Tag der W., der *»Sonntag, den Hauptakzent als Gedächtnistag der* → Auferstehung Christi. Die Begehung dieses Urfeiertags läßt sich bis in die Urgemeinde hinein verfolgen. Die Gemeinde konnte sich selbst dadurch definieren, daß sie an diesem Tag zur Feier der → Eucharistie zusammenkam, auch unter arbeitstechn. und zeitl. widrigen Umständen. Durch die *Sonntagsgesetzgebung* ab 321, die diesen Eucharistietag zum Ruhetag machte, wurde es zum einen den Gemeindemitgliedern ermöglicht, am → Gottesdienst teilzunehmen, zum anderen jedoch wurden Ruhe- und Gottesdiensttag so miteinander verquickt, daß ab dem beginnenden Hochma. die Ruhepflicht die Oberhand gewann. Der Sonntag erfuhr dadurch eine gewichtige *Akzentverschiebung* zu einem Tag, der staatlicherseits mit einer Sammlung unerlaubter Tätigkeiten belegt wurde (der »engl. Sonntag« mit seinen mannigfaltigen Verboten sportl. Betätigung, kultureller Veranstaltungen und jegl. gemeinschaftsbildener oder der Entspannung dienender Aktivitäten ist heute noch, trotz aller Abschwächung, beredtes Zeugnis). Die Sonntagsgesetzgebung des 19. und 20. Jh.s schließl. garantierte den freien Sonntag als Erholungstag für alle, auch wenn deshalb, um der Erfüllung dieses Rechtes nachzukommen, Vertreter etl. → Berufe gerade dann arbeiten müssen. In die Arbeitsruhe wird auch der Samstag und zunehmend der Freitagnachmittag einbezogen: Das »Wochenende« ist geschaffen. Daß der Sonntag seit 1976 als letzter Tag des Wochenendes und nicht mehr als erster Tag der W. gezählt wird, ist die kalendar. Folge dieser Arbeitsgesetzgebung. Durch neue → Technologien allerdings, die eine durch keine Pausen unterbrochene Arbeitskontinuität verlangen, sowie durch die Ausweitung des Dienstleistungsbereiches müssen (und wollen) viele Erwachsene auch am Sonntag arbeiten (→ Arbeit).

*C.* Andere herausgehobene Tage der W. waren im Verlauf der Kirchengeschichte der *Freitag* als Tag des Leidens und Sterbens Christi (→ Passion) und, zu einem geringen Anteil in der → orthod. Kirche bis heute auch im Volksbewußtsein wie der liturg. Ordnung, der *Mittwoch* als neben dem Freitag zusätzl. Fasttag (Gedächtnis des Verrats des Judas). Dieser Charakter der beiden Tage ist aber in den westl. Kirchen fast gänzl. untergegangen.

*D.* Die → *prakt. Theologie* steht heute vor dem Problem, den eigentl. christl. Sinngehalt des Sonntags vor dem Hintergrund des Entspannungsbedürfnisses und immer stärker vermarkteter → Freizeit am Wochenende deutl. zu machen. Dabei gilt, daß theol. gesehen der Sonntag auch ohne den Ruheschutz bestehen kann, aber nicht ohne die Zusammenkunft der Gemeinde, um das Wort Gottes zu hören und die Eucharistie (das Abendmahl) zu feiern.

*Lit.: A. Adam:* Das Kirchenjahr mitfeiern, Freiburg/Basel/Wien 1979, 15. 34-51. – *A. Altermatt/Th. A. Schnitker (Hg.):* Der Sonntag. Anspruch, Wirklichkeit, Gestalt, FS für Jakob Baumgartner, Würzburg 1986.

*Thaddäus A. Schnitker*

**Wohlfahrt.** Durch die Erinnerung an die nationalsozialist. Parole »Gemeinnutz geht vor Eigennutz« ist der Begriff W. in Mißkredit gekommen, da sich mit ihm die Furcht vor demagog. Täuschung und vor Verführung zu sinnlosen Opfern verbindet. Vor der *Geschichte dieses Mißbrauchs* und im Hinblick auf die breite Spanne keineswegs widerspruchsfreier Bestimmungen muß sich der Begriff der Kritik, eine Leerformel zu sein, stellen.

*A.* Mit den in der W.sökonomik entwickelten *Kriterien der W.* sollten wirtschaftspolit. Einzelmaßnahmen wie ganze Ordnungssysteme nach »besser« oder »schlechter« geordnet, es sollte also ein »W.soptimum« abgeleitet werden können. Das bekannteste ist das sog. *Pareto-Kriterium*: Eine W.ssteigerung wird dann angenommen, wenn wenigstens ein Wirtschaftssubjekt den neuen Zustand den früheren vorzieht und die übrigen Wirtschaftssubjekte den neuen Zustand nicht als Verschlechterung ansehen. Im Pareto-Kriterium wird deutl., daß die W. jedes einzelnen →Individuums berücksichtigt wird, also keine kollektivist. W.sfunktion vorliegt, und daß das Individuum selbst bestimmt, ob es eine Änderung als w.steigernd ansieht. Die Kritik am Pareto-Kriterium führte zur Entwicklung verbesserter Kriterien. Die Theoriediskussion kommt zu keinem eindeutigen Ergebnis. Die *W.sökonomik* zeigt Lösungen auf, in welcher Richtung das Optimum gesucht werden könnte oder in welcher Weise die Vor- und Nachteile abzuwägen sind. Die Problematik des interpersonellen Nutzenvergleichs zeigt, daß Verteilungsurteile nicht ohne eth. Grundlage abgegeben werden können.

*B.* Neben den Kriterien der W.sökonomik werden andere *Maßstäbe* zur Bestimmung der W. verwendet, z.B. das Bruttosozialprodukt als Summe der erwirtschafteten Güter und Dienstleistungen einer Volkswirtschaft in einer Periode. Da dieses Berechnungsmaß keine Aussagen z.B. zu sozialen und ökolog. Lasten sowie zu infrastrukturellen Leistungen enthält, ist das Konzept der *Lebensqualität* entwickelt worden, das den Zusammenhang zwischen objektiven Lebensbedingungen und subjektivem Wohlbefinden untersucht. Neben grundsätzl. Problemen wie dem »Unzufriedenheitsdilemma« (gute Bedingungen bei negativer Bewertung) und dem »Zufriedenheitsparadox« (schlechte Bedingungen bei positiver Bewertung) zeigt der Vergleich über mehrere Jahre, daß sich das Zufriedenheitspotential mit dem gesellschaftl. »Problemklima« ändert. Die Dynamik der Erwartungen und die Vergleichsprozesse mit den Lebensbedingungen der Bezugsgruppen sind weitere Erklärungen für den Wandel des Empfindens der Lebensqualität.

*C.* Dem Begriff des →*Gemeinwohls* der →kath. Soziallehre liegt die Bestimmung des Menschen als Individual- und Sozialperson zugrunde. Der Mensch kann erst in der →Gemeinschaft seine volle Wirklichkeit entfalten. Die Pastoralkonstitution des 2. →Vat. Konzils »Gaudium et spes« definiert: »Das Gemeinwohl aber begreift in sich die Summe aller jener Bedingungen gesellschaftl. Lebens, die den einzelnen, den Familien und gesellschaftl. Gruppen ihre eigene Vervollkommnung voller und ungehinderter zu erreichen gestatten« (Art. 74). Die Verwirklichung des Gemeinwohls ist nach dem →Subsidiaritätsprinzip die Aufgabe aller Mitglieder in eigener →Verantwortung. Der Begriff des Gemeinwohls ist personalist., weil auf den Menschen als →Person bezogen, pluralist., weil er gesellschaftl. Gruppen einbezieht, sowie dynam. und offen für die →Zukunft. Er wendet sich gegen die Definition des Gemeinwohls durch eine kollektive Instanz wie gegen eine Gesellschaftsordnung ohne soziale →Gerechtigkeit.

*Lit.: B. Frey:* Moderne Polit. Ökonomie, München 1977. – *B. Külp:* W.sökonomik, Bd. I und II, Tübingen 1975/76. – *J. Messner:* Das Gemeinwohl, Osnabrück, 2. Aufl. 1968. – *U. Schlieper:* Pareto-Optima, externe Effekte und die Theorie des Zweitbesten, Köln 1969. – *W. Zapf/W. Glatzer (Hg.):* Lebensqualität in der Bundesrepublik, Frankfurt/M. 1984.

*August Stiegler*

**Wohlwollen** umfaßt die Sorge um das Wohl des Nächsten, die Bereitschaft sowie die Befähigung, dem Mitmenschen Gutes zu wünschen und zu tun. Sie gründet in der frei gewählten *persönl. Zuwendung* zum Mitmenschen. Wo sie auf gemeinsamen Interessen, Anschauungen und Wertungen beruht, trägt W. den Charakter der →Freundschaft.

*A.* In der *Antike* wird W. im myth. umschriebenen Lob der Freundschaft verherrlicht. →Platon und →Aristoteles sehen den Bestimmungsgrund des W.s im gemeinsamen Ziel, in gemeinsamer Wertbejahung und in der darin gefundenen Befestigung im Guten. In der Rhetorik umschreibt Aristoteles die →Liebe als W.: »Lieben bedeutet, einem anderen alles wünschen, was man für gut hält, und zwar um jenes anderen, nicht um seiner selbst willen.« Es ist eine Liebe ohne seel. Spannung und ohne sinnl. Begierde. W. ist der Ursprung der Freundschaft, die eine auf gemeinsamer Anschauung und Wertung beruhende dauernde Zugehörigkeit stiftet.

*B.* In der *atl. Spruchweisheit* (Spr 18,24; Sir 6,14ff.) kommen das W. und die Freundschaft Gottes zu seinem auserwählten Volk zur Sprache. Die von Gott Erwählten erfahren die Gunst und das W. Gottes und haben mit ihm Umgang wie mit einem Freund (Jes 41,8). *Jesus* offenbart durch seine Gleichnisreden und sein Verhalten Gottes W.: »Ich nenne euch nicht mehr Knechte;... vielmehr habe ich euch Freunde genannt« (Joh 15,15).

*C.* Von den →*Kirchenvätern* wird die sittl. Bedeutung des beiderseitigen W.s und der Freundschaft gerühmt. Für →*Thomas von Aquin* ist jedoch →Liebe mehr als W. Es gibt zwar keine Liebe ohne W.; doch kann es ein W. geben, das etwas anderes ist als Liebe. Wo W. vorherrscht, ist dies bereits ein erster Schritt zur Liebe. Doch fehlt jenes affektive Betroffensein des Menschen vom Geliebten und das Streben nach Einswerden mit ihm. So ist W. nur ein Teilaspekt der Liebe und bleibt hinter der Vollform der Liebe zurück.

*Lit.: R. Egenter:* Gottesfreundschaft. Die Lehre von der Gottesfreundschaft in der Scholastik und Mystik des 12. und 13. Jh.s, Augsburg 1928. – *J. Pieper:* Über die Liebe, München, 2. Aufl. 1972, 77ff.

*Johannes Gründel*

**Wohnen** bezeichnet heute in der Regel ein auf die Befriedigung menschl. Grundbedürfnisse ausgerichtetes →Verhalten und gilt – ähnl. wie Nahrungssicherung und Bekleidung als anthropolog. Konstante. Dies darf jedoch nicht vergessen lassen, daß W. zugleich mit großer hist. und interkultureller Veränderlichkeit sowie mit komplexen Struktur- und Funktionszusammenhängen für die Gestaltung menschl. Umwelten einhergeht.

*A.* In sozial- und kulturgeschichtl. Sicht stellt W. einen bes. aussagekräftigen Indikator gesellschaftl. →Strukturen und *Wandlungen* dar, denn hier materialisieren sich die sozialen Verflechtungen der Menschen und die Formen ihres »Beisammenseins«, so z.B. die für den Prozeß der →Zivilisation charakterist. Verhäuslichung körperl. Verrichtungen – die sich u.a. in einer funktionalen Differenzierung des Wohnraums niederschlägt – oder die zunehmende Zentrierung des Alltags auf die →Familie. Zunächst von den Oberschichten »vorgelebt«, verbreitet sich die »Domestizierung« des Gesellschaftlichen – gestützt auf sozialpolit. Interventionen (Fabriksiedlungen, sozialer Wohnungsbau u.a.) – schrittweise im gesamtgesellschaftl. Rahmen: »Heim und Herd« werden in der Gegenlage zu ausgesonderten Lebensbereichen (Sphäre der Produktion, des Marktes usw.) zum Inbegriff der Intimität und Geborgenheit, zum »Hafen in einer herzlosen Welt» (Ch. Lasch).

*B.* W. steht im Schnittpunkt vielfältig dimensionierter gesellschaftl. Lebenszusammenhänge und stellt deshalb heute einen wichtigen *Forschungsgegenstand* mehrerer Disziplinen dar. W. wird z.B. thematisiert im Hinblick auf seine Wechselbeziehungen mit sozialen Netzwerken (Wohnsoziologie), Sozialisationsbedingungen (→Psychologie und →Pädagogik), auf die bedürfnisgerechte Gestaltung (→Architektur und Urbanistik), marktgerechte Versorgung (→Wirtschaftswissenschaften), sozialpolit. Zuständigkeiten (→Politik-, →Rechts- und Verwaltungswissenschaften) bis hin zu Fragen des Wohnviertel-Apostolats (→Theologie).

*C.* In *ökolog. Perspektive* (→Ökologie) stellt »W.« ein Grundprinzip der gesellschaftl. Gestaltung menschl. →»Umwelten« dar, das sich nicht allein auf den Binnenraum (Größe, Ausstattung und Grundriß der Wohnung) bezieht, sondern ebenso ihre geograph. Situation, die Siedlungsform, die (sich in soziallagenspezif. Wohnvierteln niederschlagende) Segregation oder ihre Einbettung in Infrastruktur und Architektur betrifft. Diese Innen- und Umräume des W.s stellen sich einerseits als Umwelt dar, die nach unterschiedl. gesellschaftl. Standards (Bequemlichkeit, Zweckmäßigkeit, statusbezogene Selbstdarstellung) in vorgegebenen Grenzen (ökonom. Ressourcen usw.) modelliert werden kann, andererseits »modellieren« die materiellen Wohnbedingungen selbst wiederum die Gestaltungsmöglichkeiten und -spielräume sozialer Lebensformen; man denke etwa an die – im Rahmen der an der »Kernfamilie« orientierten Standards der Nachkriegswohnbaupolitik – architekton. längst obsolet gewordenen Lebensformen der Drei-Generationen – oder der kinderreichen Familie.

*Lit.: Bundesministerium für Jugend, Familie und Gesundheit (Hg.):* Familie und W., Stuttgart 1979. – *L. Niethammer (Hg.):* W. im Wandel, Wuppertal 1979.

*Franz Schultheis*

**Wort Gottes**

Die archa. Vorstellung vom Machtcharakter des gesprochenen Wortes, der auf der Identität von Wort und Sache beruht, läßt sich in fast allen Religionen nachweisen. Sie erfährt ihre äußerste Verdichtung in der myth. Auffassung, die Rede der Gottheit sei die *Äußerung ihrer Macht*, die sich insbes. als →Schöpfung durch das Wort manifestiert. Diese Vorstellung ist in nachdrückl. Weise in den altoriental. Hochkulturen →Babyloniens und →Ägyptens ausgebildet worden.

*A.* Das *atl. Verständnis* vom W.G. baut auf diesen allg.oriental. Anschauungen auf. Seine Wurzeln liegen in der Prophetie. Der durch den göttl. →Geist ergriffene →*Prophet* empfängt die in Bildern (Visionen) und Worten (Auditionen) sich äußernde Stimme Jahwes. Während sie ursprüngl. als unartikuliertes »Raunen Jahwes« erfahren wird, nimmt sie in der klass. Prophetie zunehmend die Klarheit als W.G. an. Vor allem die häufig auftretenden »Wortereignisformeln« (z.B. Ez 3,16) verdeutlichen den dynam. Geschehenscharakter des W.es G., das zu einer best. Zeit wirksam wird und in erster Linie der Ankündigung neuer Ereignisse dient. Neben der prophet. Verkündigung gelten die den Rechtswillen Jahwes offenbarenden *Gebote* und Weisungen als W.G., vor allem die Worte des →Dekalogs und des Bundesbuchs (Ex 20,23ff.), mit dem später auch das →Deuteronomium identifiziert wird. Schließl. wird die →*Schöpfung* der Natur sowohl im priesterschriftl. Schöpfungsbericht (Gen 1) als auch in der hymn. Literatur und bei Exilspropheten auf Gottes machtvolles Wort zurückgeführt.
In den *ntl. Schriften* werden nicht nur einzelne atl. Worte als W.G. zitiert, sondern die Schriften des →AT werden zusammen mit der frühchristl. Bot-

schaft als W.G. verstanden. Im Zentrum steht jedoch die Auffassung, daß das von Jesus als kommende Gottesherrschaft verkündigte und das ihn als Christus verkündigende →*Evangelium* das *eine* W.G. repräsentiert. Das W.G. fällt mit *dem* Wort (→Logos) zusammen, das als Person →Jesu Christi offenbar ist, so daß es als die Verkündigung (Kerygma) vom erlösenden und versöhnenden Christus-Ereignis vergegenwärtigt und aktualisiert wird.

*B.* Die Vorstellung, Christus sei das eine W.G., beinhaltet die Gestalten des W.es G., die in seiner *theol. Entfaltung* immer wieder hervorgehoben werden. Von einer Theologie der →Trinität aus gesehen, gründet das W.G. erstens darin, daß *Gott* sich als ewig-inneres Wort selbst offenbar ist. Als solches manifestiert er sich zweitens in →*Jesus Christus* als fleischgewordenes (→inkarniertes) Wort. Drittens findet die Mitteilung des fleischgewordenen Logos ihren Niederschlag im geschriebenen W.G. der *bibl. Schriften,* das schließl. viertens dem *gepredigten* (und sakramental vollzogenen) W.G. zugrunde liegt. Die Medien der →Bibel, der →Predigt (und des →Sakraments), als solche Menschenwort, können also nur W.G. sein, sofern sich durch sie Gott selbst zur Sprache bringt. Umgekehrt kann jedoch das W.G. in der Gestalt des Menschenwortes entfaltet werden, weil Gott sich selber offenbart, sich also gerade im anderen auslegt. W.G. meint also, daß Gott sich als menschl. Anderssein offenbart, dies wird somit im Medium menschl. Rede dargestellt. Das W.G. fällt folgl. nicht direkt mit der menschl. Sprachgestalt des geschriebenen, verkündigten und gefeierten Wortes zusammen. Aber es kommt im Medium der Bibel und Verkündigung zur Sprache, weil durch sie die Selbstanwendung des W.es G. vollzogen wird: Gottes Sein für anderes.
Dem Begriff »W.G.« wohnt somit eine *symbol. Bedeutung* inne: In den Formen menschl. Rede wird sein gedankl. Gehalt, die göttl. Selbstmanifestation, vorstellig gemacht. Diese symbol. Deutung schließt die myth.-anthropomorphe Vorstellung aus, der zufolge die Gottheit ein nach Analogie des sprechenden Menschen gebildetes Wesen sei. Zugleich bietet sie die Möglichkeit, die zwischen den Konfessionen lange Zeit strittige Frage nach dem Verhältnis von Wort und →Sakrament zu lösen (K. →Rahner, E. Schillebeeckx).

*C.* Die auf die unterschiedl. Verhältnisbestimmung von →Schrift und Tradition bezogene Kontroverse zwischen röm.- kath. und ev. Theologie gehört der Vergangenheit an. Beide *Konfessionen* stimmen grundsätzl. darin überein, daß die mit dem W.G. thematisierte Sache, Gottes Selbstmitteilung, weder mit den bibl. Schriften noch mit der kirchl. Tradition unmittelbar ident. ist, sondern in der Gestalt der Bibel und der sie auslegenden Tradition als menschl. Rede in Erscheinung tritt. Die weiterhin kontrovers beurteilte Frage, welche *autorisierte Instanz* über die Auslegung des W.es G. entscheide, zieht allerdings die Konsequenz nach sich, daß der Begriff des W.es G. der ev.-reformator. Theologie in bes. ausdrückl. Weise als Fundament dient. Ihr zufolge legt sich das W.G. als sichtbar-fleischgewordenes und als verkündigtes Wort selber aus. Diese vor allem von →Luther begründete Auffassung wird von der →»dialekt.« Theologie zu einer eigenständigen W.-G.-Theologie ausgebaut. Während K. →Barth seine Dogmatik auf die Lehre von der dreifachen Gestalt des W.es G. gründet, der zufolge das geschriebene und verkündigte in dem offenbarten W.G. wurzele, versucht die von R. →Bultmann ausgehende hermeneut. Theologie, das W.G. als einen Vorgang der »Anrede«, d.h. als Sprach- und Wortgeschehen, begreifl. zu machen. Die auf die Beziehung von Wort und →Glaube konzentrierte *W.-G.-Theologie* steht jedoch in der Gefahr, die Bereiche →Natur, →Gesellschaft, →Kultur und →Geschichte zu vernachlässigen.

*Lit.: K. Barth:* Kirchl. Dogmatik I/1, Zollikon-Zürich, 7. Aufl. 1955. – *R. Bultmann:* Der Begriff des W.es G. im NT, in: *ders.:* Glauben und Verstehen, Bd. I, Tübingen, 4. Aufl. 1961, 268-293. – *A. Debrunner u.a.:* Art. *lego, logos,* in: Theol. Wörterbuch zum NT, Bd. 4, 69-147.

*Falk Wagner*

## Wunder

*A.* Der *Begriff* W. ist in der Geschichte der Religionen starken Wandlungen unterworfen. »Dem Primitiven kann alles W. sein, dem Modernen fast nichts« (G. van der Leeuw). Diesem kann gerade das Alltägliche, der nach strenger →Kausalität ablaufende Lebensprozeß in →Natur und →Geschichte, im Bereich des Mikrokosmos wie des →Makrokosmos, das W. schlechthin sein (→Pantheismus). Das rel. W. als das *Unbegriffene* ist zu scheiden vom Mirakel als der bloßen Kausaldurchbrechung. Das *rel. W.* ist die »unter Staunen und Verwunderung vor sich gehende, durch das Medium objektiver Ereignisse vermittelte Begegnung mit dem →Heiligen« (G. Mensching). Im Bereich der Universalreligionen finden sich deutl. Vorbehalte gegen das objektive W. und die Abwehr der Zeichenforderung (→Buddha, →Jesus [z.B. Mt 12,38f.]). Das →*AT* kennt kein Wort für W. »Zeichen« (74mal im AT) und »Machttaten« offenbaren die Größe Jahwes (Meerw. beim Auszug aus Ägypten [Gen 14], Sonnenw. des Josua [Jos 10,12-15]).

*B.* Dasselbe gilt für die *ntl. W.* Sofern *Jesus* »W.« (z.B. in Form von Krankenheilungen und →Exorzismen) vollbracht hat, stehen sie im Dienst seiner Predigt vom →Reich Gottes (Lk 11,20). Das religionsgeschichtl. Vergleichsmaterial in →Judentum und →Hellenismus (z.B. Apollonios von Tyana: Zeitgenosse Jesu, W.täter und Philosoph) zeigt, daß bei allen Unterschieden (Jesus vollbringt weder Schau- noch Strafw.) das W. zwar den Beginn des Reiches Gottes anzeigt, nicht aber die Einmaligkeit Jesu zu legitimieren vermag. Die ntl. *W.erzählun-*

*gen* spiegeln dann den komplizierten Weg von der mündl. Überlieferung bis zur endgültigen schriftl. Redaktion. Das Interesse gilt der →Christologie und dem Nachweis, daß sich in ihm die atl. Weissagungen erfüllt haben. Insbes. folgen die W.geschichten des Joh (W. werden zu symbol. Zeichen des beginnenden Reichs) und der Apg je eigenen literar. Gesetzen und belegen eine fortgeschrittene Entwicklung in der Verkündigung der Urkirche. Schon bei *Paulus* werden »W. und Zeichen« zum Ausweis seiner eigenen Sendung (2 Kor 12,12).

In der frühchristl. →Apologetik wie in der gesamten →*Patristik* spielt der W.beweis eine große Rolle. Für →Augustinus gehen Schöpfungsw. wie die bes. W. auf →Gottes Allmacht zurück. Das größte W. aber ist der →Glaube. Für →*Thomas von Aquin,* der als Aristoteliker →Natur und →Gnade begriffl. trennt, ist W. ein Geschehen gegen die Naturordnung (contra naturam). Dieser W.begriff ist in der theol. Reflexion der →*Neuzeit* einerseits verschärft, andererseits unter dem Einfluß der →Naturwissenschaften (→Aufklärung, →Deismus, →Rationalismus) zunehmend problematischer geworden. Gegen die herrschende naturwissenschaftl. Erkenntnis war am W. als einem Geschehen *contra naturam* nicht festzuhalten (→Entmythologisierung, →Naturwissenschaft und Theologie).

*C.* Nicht zuletzt hat die gegenwärtige Remythologisierungsdebatte (→Mythos) gezeigt, daß damit die *Erfahrungsdimension,* auf die das W. verweist, nicht angemessen erfaßt ist. Zu verweisen ist nicht nur auf die Grenzen des naturwissenschaftl. Erkenntnismodells, auf erweiternde Auskünfte der →Anthropologie und →Psychologie. Neu zu eröffnen ist zugleich die Diskussion über das W., daß wir sind (und nicht vielmehr nicht sind), daß es neben Krankheit Heilung, neben Katastrophen unerwartete Rettung gibt. Ist das W. aber immer mit dem Mythos und der →Religion verbunden, dann ist auch der W.begriff nach der Aufklärung keineswegs aufzugeben, steht er doch für mehr →Leben, das mit rationaler Erkenntnis allein nicht zu erfassen ist und als →Jenseits der →Erfahrung darum auch nicht auf ein formales Kausalitätsverhältnis reduziert werden kann.

Von hier aus wäre ein neuer Umgang zu gewinnen mit W.erfahrungen, die es in der charismat. Bewegung (→Charisma) und bei →Christian Science, an →Wallfahrtsorten (z.B. Lourdes) und beim Bittgebet durchaus noch gibt. Allerdings haben Religionswissenschaft und Theologie streng auf die Grenze zu achten, die es zwischen rel. W. und beweisendem Mirakel, zwischen unbegreifl. Erfahrung des →Heiligen und fahrlässigem Umgang mit der Wirklichkeit gibt.

*Lit.: R. Bultmann:* Zur Frage des W.s, in: *ders.:* Glauben und Verstehen I, Tübingen, 4. Aufl. 1961, 214-228. – *G. Mensching:* Das W. im Glauben und Aberglauben der Völker, Leiden 1957. – *A. Steiner/V. Weymann (Hg.):* W. Jesu, Basel/Zürich, 3. Aufl. 1984. – *G. Theißen:* Urchristl. W.geschichten. Ein Beitrag zur formgeschichtl. Erforschung der synopt. Evangelien (Studien zum NT 8), Gütersloh, 5. Aufl. 1987.

*Heinz Röhr*

**Wyclif,** *John,* geb. um 1330/35, gest. 31.12.1384, engl. →Kirchenkritiker und Vorreformator (→Reformation). In Nordengland (Yorkshire) beheimatet, wurde W. theol. Lehrer in Oxford (1372). Von der nominalist. Philosophie »bekehrt« (→Ockham, →Universalien), entwickelte er im Rückgriff auf Robert Grosseteste (gest. 1253) einen eigenen, extremen Ideenrealismus (→Realismus), in seinem Bibelkommentar (vor 1375) eine die →Armutsforderung des 13. Jh.s fortführende →Kritik an der reichen, mächtigen, verweltlichten →Kirche. Im Anschluß an Richard Fitzralph (gest. 1349) sprach er ihr das Recht auf Besitz, →Herrschaft und →Gewaltanwendung ab und rief den Adel zu ihrer Enteignung auf (→Feudalismus). Die →Hl. Schrift, das →Gesetz Gottes *(lex Dei),* betrachtete er als die ausschließl. →Norm des gesamten kirchl. Lebens und die →Nachfolge Christi (→Jesus Christus) in Armut, Demut und geduldigem →Leiden als allg. Pflicht für →Klerus und →Laien. Unter Berufung auf →Augustinus bezeichnete er die Schar der frommen, von Gott zum →Heil vorherbestimmten Christen als die eigentl. Kirche (spiritualist. Kirchenbegriff). Wohl zu Unrecht legte man ihm und seinen Anhängern, die die →Bibel ins Englische übersetzten und die Kirchenkritik im →Volk verbreiteten *(Poor preachers),* die Mitschuld am engl. Bauernaufstand (1381) zur Last. Als er schließl. auf Grund seines Ideenrealismus die kirchl. Wandlungslehre (→Abendmahl) verwarf und durch eine spiritualisierende Konsubstantiationstheorie ersetzte, wandte sich auch der Adel großenteils von ihm ab, doch blieb er in seiner Pfarrei Lutterworth unbehelligt. Zuletzt dehnte W. seine Opposition auf alle unbibl. Traditionen in →Lehre und →Verfassung der Kirche aus. Reichweite und Stoßkraft seiner Reformgedanken (→Reform) waren dazu angetan, die engl. Kirche gänzl. zu verändern. Trotz endgültiger Verurteilung auf dem →Konzil von Konstanz (1415) und trotz der Unterdrückung durch Königtum und →Hierarchie wirkten sie in England bei den Lollarden im Untergrund, in Böhmen bei den Hussiten (→Hus) im offenen Aufstand fort.

*Lit.: M. Aston:* Lollards and Reformers, London 1984. – *A. Hudson:* Selections from English Wycliffite Writings, Cambridge 1978. – *A. Kenny:* W., Oxford 1985. – *J. Loserth:* Wiclif und der Wiclifismus, in: Realencyklopädie für prot. Theologie und Kirche, Bd. 21, Leipzig, 3. Aufl. 1908, 225- 244. – *W. H. Thomson:* A Catalogue of the Original Works of John W., Toronto 1983.

*Gustav Adolf Benrath*

# Y

**Yoga.** Sanskritwort, abgeleitet von der Verbalwurzel *yuj-*, »anschirren, zügeln, anspannen, vereinigen«. Y. kann im →Hinduismus jede Form von rel. Disziplinierung, jede system. Bemühung auf einem von vielen Heilswegen (→Heil) oder den Weg selbst bezeichnen. Eine präzise Abgrenzung von Begriffen wie Askese, →Meditation, →Mystik, →Religion ist oft nicht möglich. In seiner *ältesten Form* ist Y. eine *Versenkungstechnik*, die eine schrittweise Rückführung der materiellen und psych. Welt in immer undifferenziertere Wirklichkeitsbereiche anstrebt, mit dem Ziel, jegl. körperl. und psych. Aktivität zu unterbinden und zur Lösung des →Geistes (*kaivalya*, »Isolierung«) aus der Verstrickung in →Welt und →Materie und damit zur →Erlösung (*moksha*, d.h. »Befreiung«, näml. aus der Welt und von der Notwendigkeit zur Wiedergeburt) zu gelangen.

*A.* Die älteste Systematisierung von Lehren und Erfahrungen liegt in den Yoga-Sūtras des Patañjali vor, in denen u.a. die klass. Form von Y. (manchmal *Rāja-Y.* genannt) in *acht* »Gliedern« oder Stufen gelehrt wird: 1. Gebote von →Gewaltlosigkeit, →Wahrheit, Nichtstehlen, Enthaltsamkeit und Besitzlosigkeit; 2. Praxis von →Reinheit, Zufriedenheit, Askese, Rezitation (Studium der hll. Texte), Bezogenheit auf Gott; 3. Sitzhaltung; 4. Atemkontrolle; 5. Zurückziehen der Sinne; 6. Konzentration; 7. Meditation; 8. Versenkung.

*B.* An die Yoga-Sūtras schließt sich eine lange Tradition von Kommentaren und Unterkommentaren an. Y. wird zu den sechs philos. Systemen des Hinduismus gerechnet und mit dem System der *Sāmkhya*-Philosophie zusammengeordnet. Im Laufe der Geschichte haben verschiedene weltanschaul.-theol. Systeme den Hintergrund für Y.-Praktiken abgegeben (→Dualismus der Sāmkhya-Philosophie; →Monismus des Advaita-Vedānta; dynam. Dualismus des *Tantrismus*; shivait. und vishnuit. Formen des →Theismus). Die Aufmerksamkeit wandte sich zunehmend körperl. Übungen (Körperhaltungen, Atemregulierung, Reinigungstechniken innerer Organe) und ihren therapeut. Wirkungen zu. Diese Form von Y. wird *Hatha-Y.* (»Gewalt-Y.«) genannt. Seine autoritativen Texte bilden einen eigenen Überlieferungsstrang. Ein *Yogi* (besser Yogin, d.h. Anhänger des Y.) soll dadurch übernatürl. Fähigkeiten erwerben können. Als Y. werden auch die drei hinduist. →*Erlösungswege* durch Erkenntnis der wahren →Identität des Selbst *(dhyānayoga)*, durch Hingabe an →Gott *(bhaktiyoga)* oder durch weltzugewandte Handlungen *(karmayoga)* propagiert. Jede Form von Y. versucht, andere Formen anzuerkennen, meist indem sie ihnen eine vorbereitende Funktion für die je höheren Formen zugesteht.

*C.* Der älteste Text, der eine *Synthese* der verschiedenen Wege versucht, ist die *Bhagavadgītā*, ein in Versen abgefaßter Dialog in 18 Kapiteln zwischen Arjuna und Krishna im Rahmen des Epos Mahābhārata. Der Weg der Erkenntnis gilt als der höchste, aber auch der schwierigste, während die fromme Hingabe (*bhakti*) an Krishna (der als Verkörperung Vishnus gilt) als allen offenstehender, einfacher Weg angepriesen wird. Das *Ziel* der Lösung aus jener Verstrickung in den Geburtenkreislauf *(samsāra)*, die durch Handeln (*karman)* bewirkt wird, wird mit aktiver Lebensführung im Rahmen gesellschaftl. Verpflichtungen (dem *dharma*, Kaste und Lebensstadium gemäß) versöhnt, indem nicht Verzicht auf Handeln (rituell und allg.), sondern innere Lösung von den erwarteten Ergebnissen des Handelns gefordert wird.

*D.* Im Tantrismus beruht Y. auf einer ausgearbeiteten esoter. Physiologie. Es gilt, jene spirituelle Kraft, die in Form einer Spirale an der Basis der Wirbelsäule zusammengerollt ruht *(kundalinī)*, zu wecken; entlang der Wirbelsäule führen drei »Adern«, die an sechs Zentren *(cakra)* miteinander verschränkt sind. Die aufsteigende Kraft (weibl. gedacht; die Göttin Kālī) weckt in jedem dieser Zentren spirituelle Kräfte und übernatürl. Fähigkeiten und soll sich im obersten Zentrum mit dem →Absoluten (dem Gott Shiva) vereinigen. Wichtiges Hilfsmittel zur Meditation und symbol. Ausdruck theol.-mytholog. Äquivalenzen sind die Mantras (Lautkombinationen bzw. Silben; die bekannteste ist »om«).

*E. Y. im Westen* spiegelt die Vielschichtigkeit des westl. Interesses an Indien ebenso wie die Vielzahl der Lehren und Praktiken, für die sich Y. als Oberbegriff eingebürgert hat; die einzelnen Schulen haben oft inhaltl. wenig und institutionell nichts miteinander zu tun (auch echte Konkurrenz ist mögl.): Swami Vivekananda (1863-1902) und die Ramakrishna Mission, Paramahaṃsa Yogananda, Swami Śivananda (Divine Life Society), Sri Aurobindo (1872-1950), Ramana Maharshi, Bhaktivedanta Swami Prabhupada und die sog. Hare-Krishna, B. K. S. Iyengar (Hatha-Yoga), Satya Sai Baba – die Liste von Namen und Bewegungen ist unvollständig und darf nicht den Eindruck erwekken, als sei Y. ein gewollter gemeinsamer Nenner, obwohl er auch nicht ausgeklammert ist. Durch die Ausbreitung in den Westen dürfte sich einerseits das Verständnis von Y. als »Erlösungsweg« gelokkert haben, andererseits ist das Bestreben westl. Rezipienten nicht zu leugnen, »Heil« (einschließl.

aller therapeut. Aspekte von Heilung) umfassend (z.B. Seele und Körper betreffend) zu definieren und »erfahrbar« zu machen.

*Lit.: M. Eliade:* Y., Unsterblichkeit und Freiheit. Frankfurt/M. 1977. – *Howard J. Jarrell:* International Y. Bibliography, 1950 to 1980, Metuchen/London 1981. – *P. Schreiner:* Y. Grundlagen, Methoden, Ziele. Ein bibliograph. Überblick, Köln 1979.

*Peter Schreiner*

# Z

**Zahl.** Als zugleich archa. und höchst abstraktes →Prinzip stellt die Z. ein Phänomen dar, dem von Anfang an neben dem numer. ein starker →symbol. Wert zukommt. Periodizität, myst. Z.enspekulation und –symbolik, die Z. als Stilmittel der Aufbaugestaltung literar. Texte, der Kunstdarstellung und der rel. Baukunst (→Musik, →Architektur) sind uns aus fast allen Religionen und Kulturen bekannt. Auch sind es immer dieselben Z.en, die mag., myst. erscheinen.

*A.* Oft haben Z.enspekulationen ihren Ursprung in der *Eins,* dem Einen →Gott, doch dies ist nicht die einzige Wurzel der Z.enmystik. Die beschränkte Zählfähigkeit früher Völker mag ebenso best. Z.en hervorgehoben haben wie die 4 Himmels- und 4 Windrichtungen, die *4 Jahreszeiten* (→Jahr) oder die →Hierarchie der →Familienmitglieder. Die *5 Finger* der Hand könnten in →China die Hervorhebung der Fünfz. angeregt haben. Die hohe Bedeutung der *Sieben* ist im semit. Raum belegt und möglicherweise astrolog. (→Astrologie) begründet (Vierteilung des 28tägigen Monats). In 7 Tagen wurde die →Schöpfung vollendet (7 Priester, 7 Posaunen, 7 Umkreisungen Jerichos: Jos 6). Daneben begegnen (3 x 4 =) *12 Jünger,* 12 Tierkreisbilder, 12 Stämme →Israels. Die 13 als *Unglücksz.* geht möglicherweise auf den 13. Monat eines Schaltjahres zurück, der bei den Babyloniern im Zeichen eines unglückbringenden →Tieres stand.
Von einer gewissen Entwicklungsstufe an konnten und können durch Division, Multiplikation, ja *Z.enakrobatik* immer neue bedeutende Z.en entstehen, hinter denen sich ganze Symbolsysteme von Z.en und Z.enreihen verbergen (→Apokalyptik, →Johannesoffenbarung). Mit der Vollendung von *Jt.en* sind immer, wie wir auch heute sehen können, positive und negative Endzeitvorstellungen verbunden gewesen (Millenarismus, →Chiliasmus). *Periodizität,* die auch dem christl. Kirchenjahr zugrunde liegt (→Jahr), finden wir in den christl. →Liturgien, bei →Lesungen hll. Texte (→hll. Schriften). Von →Sekten, z.B. den →Zeugen Jehovas, werden gern bibl. Texte herangezogen, um *konkrete Jahreszahlen* des Endgerichts und der Wiederkunft Christi herauszumanipulieren.

*B.* Die »Feststellung« von Periodizität macht aber zugleich deutl., worin der *Sinn des Zählens* und die Lebensbedeutung der Z. im ganzen zu sehen sind: Im Ausmessen und Zählen geht es um die Entdeckung der →Welt als eines geordneten Kosmos. Die dem Zählen zugrundeliegende Vorstellung einer Meßbarkeit und Berechenbarkeit der Welt ist in der →Neuzeit keineswegs verschwunden, bietet vielmehr die Basis eines naturwissenschaftl. quantifizierenden Zugangs zur Wirklichkeit, der sich auch in den Human- und Sozialwisenschaften auswirkt und selbst der →Politik den Anstrich der Wissenschaftlichkeit verleiht. *Zählungen und Statistiken,* Hochrechnungen und computerfähige Codierungssysteme nehmen bisweilen eine geradezu myth. Qualität an. Im *Glücksspiel* (Z.enlotto) dagegen werden Z.en zu Vermittlern eines in unbegreifl. Weise zugemessenen Geschicks (→Schicksal), dem durch rationale Berechnung nicht beizukommen ist.

*Lit.: W. Barta:* Untersuchungen zum Götterkreis der Neunheit (Münchner Ägyptolog. Studien 32), München 1973. – *F. Heiler:* Erscheinungsformen und Wesen der Religion (Religionen der Menschheit 1), Stuttgart, 2. Aufl. 1979. – *W. Kirfel:* Symbolik des Buddhismus (Symbolik der Religionen 5), Stuttgart 1959. – *M. Schmidl:* Z. und Zählen in Afrika (Mitteilungen der Anthropolog. Gesellschaft in Wien 45), Wien 1915.

*Jörn Kroll Mermberg*

**Zauber.** Die Trennung des Z.s von der →Magie hat kultur- und religionsgeschichtl. Gründe, denn Z. bedeutet »Z.mittel«, Amulett roter Farbe, und stammt aus dem vom →Christentum abgelehnten und verbotenen germ. Bereich von Glaubensvorstellungen. Diese volkstüml. Abart der Magie deckt mit ihren Praktiken *reale Lebenssorgen* der Menschen ab, die in den →Weltreligionen als nicht genügend berücksichtigt empfunden werden mögen oder aus älteren Schichten rel. Anschauungen herrühren, wie z.B. Wetterz., Fruchtbarkeits-, Liebes-, Krankheitsz., Geisterbeschwörungen. Z. in diesem Sinn hat ein erstaunl. Beharrungsvermögen und findet sich im Bereich aller Weltreligionen. Er wird von ihnen allenfalls geduldet, theol. aber abgelehnt.

*A.* In die Religionen integriert werden konnten Z. *zum Schutz* von Personen und Sachen. So kennt das volkstüml. Christentum die Anrufung best. Heiliger bei speziellen Sorgen, z.B. des hl. Florian gegen Blitz und Feuer, die Christophorus-Plakette in vielen Autos. Volkstüml. Bräuche, wie das Dreikönigsingen, schließen sich dem an. In Mahāyāna-→Buddhismus, →Hinduismus und →Shintoismus sind ebensolche Z. sehr verbreitet (bis hin zu den

→Buddha- und Heiligenbildern in den Autos). Manche Z. sind auch in Weiheakte übergegangen (→Weihe), wie z.B. das Segnen eines neuerbauten Hauses (→Segen und Fluch). Im →Islam bieten mit hll. Texten gefüllte Amulette dem Träger mag. Schutz.
Zu den in den Weltreligionen gänzl. verworfenen Z.eien gehören die, die anderen Menschen *schaden* sollen. Dennoch sind *Analogiez.* (z.B. das Verbrennen eines materiellen Substituts, um einen Menschen zu töten) und Z., um einen Menschen krank zu machen oder seinen Willen zu manipulieren (mit Hilfe von Körper- und Kleidungsanteilen wie Haar usw.), weltweit verbreitet. An eine hohe Z.kraft des *Blickes* als Ursache negativer Wirkungen (u.a. Krankheit und Tod) wird vor allem im Vorderen Orient weitestgehend geglaubt: man schützt sich dagegen mit einem ein blaues Auge darstellenden Amulett (selbst Träger, die es »nur als Schmuckstück« tragen, wissen um seinen Sinn). Von überragender Bedeutung für den Z. ist das *Wort*, die Wortformel, die die mag. Kraft der Verwirklichung des Gewünschten trägt – eine Form der Magie, die bes. ausgeprägt in →Indien vorkommt, aber überall wesentl. mit zum Z. gehört. Das →Gebet hat hier eine seiner Wurzeln.

*B.* Selbst die Religion kennt den Z. als das Z.hafte, *Spielerische.* So kann der höchste ved. Gott Indra seine Gestalt wechseln durch seine »Z.kraft« (Māyā, die später in Indien zu ganz anderen rel. Konzepten Anlaß gab). Die mytholog. *Erzzauberinnen* Circe (Kirke) und Medea sind mit ihren Verwandlungs- und Verzauberungsküsten ebenso allbekannt, wie diese Art von Z. in den →Märchen aller Völker gang und gäbe ist. Ind. Asketen werden traditionell Z.kräfte zugeschrieben (sie können z.B. auf dem Wasser wandeln, den Körper wechseln usw.), die anzuwenden jedoch als Zeichen geistl. Unreife gilt.
Z.ei als pure *Volksbelustigung* wird ebenfalls in allen Kulturen geübt, von den Z.vorstellungen in Jahrmarktbuden im Westen bis hin zu den Seiltricks auf dem Dorfplatz in Indien.

*Lit.: F. Heiler:* Das Gebet, München, 5. Aufl. 1923. – *L. Thorndike:* A history of magic and experimental science, 6 Bde., London 1923/58.

*Irmtraud Höhn*

**Zefanjabuch.** Das ma. Lied »Dies irae dies illa solvet saeclum in favilla« (Jener Tag, der Tag der Zähren, wird die Welt in Asche kehren), wirkungsvoll in →Goethes »Faust« nachgedichtet, hat die vernichtenden Worte des Z.s in 1,14ff. zum Vorbild, die ihrerseits die Tradition beerben (vgl. Am 5,18ff.; Jes 2,12ff.) und unter dem Stichwort »Tag Jahwes« einen nicht hist. verursachten *geschichtl. Umsturz* zum Ausdruck bringen. Fremdkult, Dämonenglaube, →Gewalt und Betrug sind der Grund, warum die Bewohner Judas und →Jerusalems vernichtet werden sollen (1,4ff.; 3,1ff.). Zefanja hat dabei an seine eigene Zeit gedacht. Seine Erwartungen zielen nicht auf ferne Zeiten; die christl. Theologie machte allerdings aus dem »Tag Jahwes« den »Jüngsten Tag«. Nach der Endgestaltung des Z.s ist die Katastrophe nicht das Ende, denn Jahwe will einem geläuterten Israel »an jenem Tag« noch einmal Zeit schenken (3,11ff.), es soll »leben wie eine ruhig weidende und sich lagernde Herde, die von niemandem aufgeschreckt wird«. Vielleicht sind es diese spannungsvollen Erwartungen, die M. →Luther in seiner Vorrede zum Z. bewogen haben, Zefanja mit seinen drei Kapiteln mehr vom Reich Christi reden zu lassen als andere →Propheten.

*Lit.: K. Koch:* Die Profeten I: Assyr. Zeit, Stuttgart u.a., 2. Aufl. 1987, 170-176. – *W. Rudolph:* Micha-Nahum-Habakuk-Zephanja (Kommentar zum AT XIII/3), Gütersloh 1975, 255-303.

*Rüdiger Liwak*

**Zeit**

*A.* Die Grundgesetze der neuzeitl. →Physik haben eine sonderbare Eigenschaft: Sie bleiben von einer *Umkehr der Z.richtung unberührt.* Das subjektiv empfundene, scheinbar unabdingbare Nacheinander von vorher und nachher, von Vergangenheit, Gegenwart und →Zukunft, gilt bei diesen →Naturgesetzen nicht, denn sie bieten sowohl Lösungen für vorwärts- als auch für rückwärtslaufende Z. Warum in der Wirklichkeit nur die eine Hälfte der Lösungen vorkommt, kann mit den Mitteln der neuzeitl. Physik nicht erklärt werden. Darum bildeten sich im Umfeld der →Physik *naturphilos. Konzeptionen* von Z. aus, die in diesem Zusammenhang eine erklärende Funktion ausüben.
1. Das *determinist. Modell* (→Determination) versteht die Z. eindimensional verräumlicht als starren Strahl. Hier sind die Z.momente mit Hilfe der Naturgesetze der Physik durch eine innerl. Beziehung verbunden. Eine Kenntnis des Zustandes und der Verteilung der →Materie zu einem Z.punkt ermöglicht dadurch zumindest prinzipiell die Darstellung der →Natur zu jedem anderen Z.punkt.
2. Im Modell des *Indeterminismus* wird der Raum auf Grund der Kontingenz der Z. verzeitlicht. In dieser atomist. Konzeption von Z. sind Z.momente durch eine streng äußerl. Relation verbunden, die es verbietet, aus dem Zustand der Natur zu einem gegebenen Z.punkt irgendwelche Rückschlüsse auf ihren Zustand zu anderen Z.momenten zu ziehen. Die →Ordnung der Natur ist hier unerklärl.
3. Die *organist. Konzeption von Z.* schließl. ist der Versuch, zwischen diesen beiden Extrempositionen zu vermitteln. Grundelemente der Z. sind hier nicht mehr Z.momente, sondern *Z.fragmente,* welche nicht mehr den Raum als Ganzes, sondern nur best. Regionen des Raumes beschreiben. Mnem. und antizipator., also erinnernde und vorwegnehmende, Beziehungen sorgen für Kontinuität, kreative Entscheidungsakte für Diskontinuität und Kontingenz im Zusammenwirken verschiedener Z.fragmente. Z.ordnung wird hier weder als

unverrückbarer Determinismus noch als chaot. Kontingentismus, sondern als Chaosbegrenzung verstanden. Bekannte Vertreter dieser letzten Konzeption sind H. Bergson (1891-1941), A. N. Whitehead (1861-1947; →Prozeßphilosophie) und J. Progogine.

*B.* Im Blick auf ihr verschiedenes Beschreibungs- und Reflexionsniveau sind die vielschichtigen *philos. und theol. Problemstellungen* (→Raum, Zeit, Ewigkeit) durch neue naturwissenschaftl. Konzeptionen nicht einfach widerlegt. Doch täte die →Theologie gut daran, wenn sie zu ihrer eigenen Vergewisserung den Kontakt zur allg. Verstehensentwicklung von Z. behalten würde (→Naturwissenschaft und Theologie). Nur so könnte es gelingen, auch das spezif. Zeitverständnis von Kulturen und Religionen neu und angemessen zu erarbeiten und zur Geltung zu bringen.

*Lit.:* *P. Bieri:* Z. und Z.erfahrung. Exposition eines Problembereichs, Frankfurt/M. 1972. – *A. M. Klaus-Müller:* Die präparierte Z. Der Mensch in der Krise seiner eigenen Zielsetzungen, Stuttgart, 2. Aufl. 1973. – *E. von Weizsäkker (Hg.):* Offene Systeme I. Beiträge zur Z.struktur von Information, Entropie und Evolution, Stuttgart 1974.

*Christoph Wassermann*

**Zeitung und Zeitschrift.** Durch Information, Interpretation, Orientierung und Unterhaltung vermittelt die Zeitung (Z.) einer Zielgruppe öffentl. aktuelles Geschehen in kürzester regelmäßiger Folge in unterschiedl. Gewichtung. Die Zeitschrift (Zs.) erscheint fortlaufend und regelmäßig mit einem umgrenzten Inhalt als Publikums-, Fach-, Standes-, Mitglieder-, Kunden-, Freizeitzs. Z. und Zs. finanzieren sich durch Einzelverkauf, Abonnement, Anzeigen. Nicht kostendeckende Publikationen, z.B. viele kirchl., erhalten Zuschüsse.

*A.* Nach der Erfindung des Buchdrucks (→Buch) erscheinen Pressefrühdrucke mit Themen aus verschiedenen Lebensbereichen, auch kirchl. und religiösen. M. →Luthers 95 Thesen entwickeln sich schnell durch Flugblätter und Flugschriften zum publizist. Ereignis. Seitdem vermitteln ev. und kath. Publikationen durch Information, Belehrung, Lebenshilfe, Meinungsbildung, erbaul. Texte und Bilder christl. Glauben, rel. Positionen, helfen mit, geistl. Leben zu fördern und zu bestätigen, begleiten ihre Kirchenorganisationen, greifen aber auch aktuelle Themen auf und dienen Gruppen und Ständen.
Mit dem Jahr 1848 beginnt der Aufschwung der kath. Presse, von sechs auf 270 Tagesz.en 1878. Der Kulturkampf gab den zersplitterten und ständ. gebundenen Blättern ein gemeinsames Programm. 1931 erscheinen 575 kath. Tagesz.en einschließl. Nebenausgaben mit einer Auflage von 3 Mill. Fast alle standen dem Zentrum nahe. Die Auflage entsprach 12% der gesamten dt. Tagesz.en. Die ev. Presse im engeren Sinn entwickelte sich trotz des Programms von J. H. Wichern (1849) erst am Ende des Jh.s mit der Gründung ev. Presseverbände. Einen Höhepunkt erreichte sie 1924-26 durch die Gründung von etwa 500 neuen Zs.en. 1988 wird die Anzahl der Titel auf 1.100 geschätzt. In dieser Vielfalt findet die prot. Pluralität in Glaube, Leben und Dienst ihren publizist. Ausdruck. Dennoch erreicht diese Presse nur einen Teil der Leser, für die sie gemacht wird. Bei beiden Konfessionen liegt seit 1945 das Schwergewicht bei den Zs.en. Nach den Höhepunkten Anfang der 60er Jahre gehen die Auflagen in beiden Konfessionen zurück. Proportional umgekehrt verhält sich hierbei die Entwicklung der Gemeinde- und Pfarrbriefe, die allen Gemeindemitgliedern zugestellt werden. Die Verbände der konfessionellen Presse – die Arbeitsgemeinschaft Kath. Presse e.V. und der Fachbereich Zeitschriften im Gemeinschaftswerk der Ev. Publizistik e.V. – arbeiten seit Jahren freundschaftl. zusammen und veranstalten auch gemeinsame Jahrestagungen. Innerhalb der ev. Kirche haben in den vergangenen Jahren →evangelikale Verleger und Redakteure Paralellstrukturen aufgebaut, die Konferenz Evangelikaler Publizisten (KEP) e.V.

*B.* Der *ev. Pressearbeit* fehlt eine hinreichende theol. Begründung. Aus zwei Traditionen kommen Impulse: 1. Sie nimmt als Funktion der Kirche am Verkündigungsauftrag teil. Die evangelikale Presse sieht ihren Auftrag in der missionar. Arbeit auf der Grundlage der Bibel auf Grund einer klaren persönl. Entscheidung für Christus. 2. Die Kirche nimmt als eine unter anderen gesellschaftl. Gruppen ihrem Auftrag entspr. an der Öffentlichkeit teil. Darüber hinaus kann publizist. Handeln der Kirche, das sich im Namen jener äußert, die keinen Weg zur Öffentlichkeit finden, stellvertretendes Handeln sein. Die Pastoralinstruktion *Communio et Progressio* (1971) – Gemeinschaft und Fortschritt – ist die Magna Charta der *kath. Kirche* über die Medien. Sie enthält das Recht auf »vollständige und genaue Information« und die Pflicht zur Information (34), respektiert die Eigenständigkeit der Medien und anerkennt die Notwendigkeit einer öffentl. Meinung. »Die kath. Presse öffnet sich der ganzen Welt« und »berichtet über alle Aspekte des heutigen Lebens« (138). Sie verkündet das Evangelium (126) und fördert den innerkirchl. Dialog (125). Insbes. ist sie geeignet, »den krit. Blick zu schärfen und die Urteilsfähigkeit zu bilden« (136). Als Lehre der Kirche dürfen nur Aussagen vorgetragen werden, die tatsächl. vom authent. Lehramt der Kirche anerkannt sind (118). Nachdrückl. fordert die Pastoralinstruktion aber auch die »umfassende Zusammenarbeit aller Menschen, die an den lebendigen Gott glauben« (96).

*Lit.:* *Arbeitsgemeinschaft Kath. Presse, Bonn:* Auflagenentwicklung der angeschlossenen Presseorgane. – *K. R. Durth:* Evangelikale Presse in der Bundesrepublik Deutschland, Wiesbaden 1981. – Handbuch der Ev. Presse, bearbeitet von G. Kaufmann unter Mitwirkung von A. Hinderer, Leipzig 1929. – *G. Mehnert:* Ev. Presse. Geschichte und Erscheinungsbild von der Reformation bis zur Gegenwart, Bielefeld 1983. – Pastoralinstruktion Communio et Progressio, Trier 1980. – Publizist. Gesamtplan der Ev. Kirche in Deutschland, Gütersloh 1979. – *O. Roegele:* Kath. Presse, in: Staatslexikon, Bd. 4, Freiburg, 6. Aufl. 1959, 888-899. – *K. Schatz:* Fachbereich Zeitschriften im Gemeinschaftswerk der Ev. Publizistik e.V., Frankfurt/M. 1987. – *G. Stoll:* Die Ev. Zeitschriftenpresse der Gegenwart, in: Publizistik, Jg. 2, Heft 4, 1957. – *Ders.:* Ev. Pressewesen, in: Staatslexikon, Bd. 2, Freiburg, 7. Aufl. 1986, 517f. – *W. Walter:* Die Auflagenentwicklung der Kirchenpresse, Arbeitsgemeinschaft Kath. Presse e.V., Dokumentationen, Bonn 1985.

*Kurt Schatz*

**Zen.** Das Wort »Z.« ist die jap. Form des chin. *Ch'an* und des sanskrit. *dhyāna* mit der ursprüngl. Bedeutung von →*Meditation.* Z.-Buddhisten sehen den Ausgangspunkt ihrer Tradition in der Begegnung zwischen dem →Buddha und seinem Jünger *Kāśyapa*, der als einziger den unaussprechbaren Sinn des Lächelns des Buddha verstand, als dieser schweigend eine Blume hochhielt.

*A.* Die *hist. Anfänge* sind jedoch im frühen Mahāyāna-→Buddhismus (ab 100 v. Chr.) zu suchen, vor allem in der Literatur der *Prajñāpāramitā* (der Vollkommenheit der Einsicht), nach der alle Phänomene in ihrer Eigennatur durch die Leerheit gekennzeichnet sind. Im wahrscheinl. etwas später entstandenen *Laṇkāvatāra-sūtra* wurde eine innerl. Umkehr *(parāvṛtti)* gepriesen, die die als normal empfundene, jedoch täuschende Unterscheidung zwischen Subjekt und Welt überwindet und alles in einem universellen Urbewußtsein wiederfindet.
In →*China* vertrat *Tao Sheng* (ca. 360-434) als erster die Lehre einer »plötzl. Erleuchtung«. Damit ist gemeint, daß differenzierte Schritte auf dem Weg zur Erleuchtung auf der Seite des noch unterscheidenden Unwissens liegen und daß es vor allem darum geht, sich von diesem zeitl. gegliederten Verständnis der Meditationsvorgänge radikal zu befreien. Ch'an/Z. läßt sich jedoch als erkennbare Schule erst mit dem Erscheinen von *Bodhidharma* und seinen Nachfolgern erkennen. Bodhidharma gilt, vom Standpunkt der späteren Legendenbildung aus gesehen, als der 28. und letzte Patriarch der Dhyāna-Schule →Indiens und zugleich als der erste Patriarch des chin. Z. Als aus Indien eingewanderter →Mönch erklärte er, daß die Errichtung von →Tempeln und das Rezitieren von Sutren keine Verdienste bringe. Er selber saß meditierend neun Jahre lang vor einer Tempelwand (etwa 515-526) und vermittelte sein Verständnis der Buddha-Lehre seinem Schüler Hui K'o.

*B.* Nach dem fünften Patriarchen *Hung Jen* spaltete sich die Ch'an-Schule. Die sich weiterentwikkelnde Süd-Sekte baute unter dem Einfluß von *Shen Hui* und *Ma Tsu* den sechsten Patriarchen *Hui Neng* (638-713) als Helden der Auseinandersetzung auf. Während ein Rivale in einem Gedicht den eigenen Leib mit dem Erleuchtungsbaum identifizierte, soll Hui Neng in einem antwortenden Gedicht das traditionelle Verhältnis zwischen Erleuchtung und Baum gesprengt und dadurch seinen Durchbruch in die Erleuchtung bewiesen haben.
In der weiteren Entwicklung sind vor allem *zwei Schulen* von größerer Bedeutung. In der von Lin Chi (jap.: *Rinzai*) gegründeten Schule wurde die Unmittelbarkeit des Erleuchtungserlebnisses betont, zu dem auch Schreie und Schläge oder Fragen ohne rationelle Antwort (kung-an, jap.: kōan) verhelfen sollten. In der Ts'ao Tung (jap.: *Sōtō*)-Schule wurde eher die stille »sitzende Meditation« (jap.: zazen) bevorzugt. Rinzai-Z. wurde von Eisai (1141-1215) und Sōtō-Z. von Dōgen (1200-1253) nach →Japan gebracht, und diese zwei bilden die *Hauptströmungen* des heutigen Z.-Buddhismus. Das *Shōbōgenzō* von Dōgen gehört zu den Klassikern des jap. Buddhismus überhaupt und wird häufig kommentiert. Als Anleitung zur →Meditation wird das Kapitel *Zazengi* benutzt.

*C.* Bei aller Vielfalt seines *Einflusses* auf die ostasiat. Kunst und Kultur und seiner Rezeption und Bedeutung in Westeuropa und den USA behält der Z.-Buddhismus als →Religion seine hist. bedingte Form der Meditationspraxis in klösterl. Gemeinschaft (→Kloster), der →Autorität des Meisters (→Meister-Jünger-Verhältnis) und der Lehre. Jedoch ist sein Ziel eine Selbstaufhebung, ein existentieller Durchbruch, wonach es an Unterschieden jeder Art kein Verhaften mehr gibt.

*Lit.: T. Deshimaru-Roshi:* Za-Z. Die Praxis des Z., Berlin, 2. Aufl. 1979. – *H. Dumoulin:* Z. Geschichte und Gestalt, Bern 1959. – *Ders.:* Geschichte des Z.-Buddhismus, Bd. I: Indien und China; Bd. II: Japan, Bern/München 1985. – *E. Fromm/J. Maritain/D. T. Suzuki:* Buddhismus und Psychoanalyse, München 1963 (Frankfurt/M. 1972). – *D. T. Suzuki:* Essays in Z.-Buddhism, London 1927-34.

*Michael Pye*

**Zeugen Jehovas.** Jehovah's Witnesses (daher korrekter: Jehovas Zeugen) nannten sich bis 1931 *Ernste Bibelforscher.* Nicht zufällig fehlt hier die Gemeinschaftsbezeichnung, denn die Z.J. bilden keine Glaubensgemeinschaft im übl. Sinn. Sie selbst sprechen von einer »Dienstkörperschaft«, deren jurist. Gestalt jedoch unklar ist. Eine Mitgliedschaft gibt es nicht. Wer »Jehova Gott« so bezeugt und die »gute Botschaft vom aufgerichteten Königreich« so verkündet, wie es in den »Versammlungen« (nicht: Gemeinden!) der Z.J. gelehrt wird, ist ein »Zeuge Jehovas«. Und nur wer aktiv im »Zeugendienst« steht, wird statist. erfaßt.

*A.* Bei der Z.J.-Organisation, die als »theokrat. Organisation« ausgegeben wird, weil sie angebl. von Gott unmittelbar geführt wird, handelt es sich um ein Schriftenmissions-Unternehmen, das auf den Pittsburgher Kaufmann *Charles Taze Russell* (1852-1916) zurückgeht. Von einer adventist. Splittergruppe (→Adventisten) beeinflußt, hatte dieser 1879 die Zeitschrift »Zion's Watch Tower and Herald of Christ's Presence« (dt. »Der Wachtturm«) und 1881 die »*Wachtturm Bibel- und Traktat-Gesellschaft*« gegründet (Sitz in Brooklyn, N.Y.). Hier wird in streng doktrinärer Weise die »Wahrheit« gelehrt. Die sich überzeugen lassen, werden in Schulungsgemeinschaften gesammelt und zu möglichst ununterbrochenem Missionsdienst verpflichtet. Die Leitungsstruktur ist zentralist. und autoritär.

*B.* Grundlage der Lehren der Z.J. bildet ein äußerst fundamentalist. Bibelverständnis (→Fundamentalismus). Es führte nicht ledigl. zu einer streng gesetzl. Haltung (z.B. nach Apg 15,20 totale Enthaltung von Blutgenuß einschließl. med. Bluttransfusion). Man errechnete auch immer wieder neu das »Ende dieses bösen Systems der Dinge«. Es sollte 1874 und 1878, 1914, 1925, 1975 erreicht sein. Das bedeutet, daß bei den Z.J. nicht die Christus-Verkündigung (→Evangelium) im Zentrum steht, sondern ein *apokalypt.* »Plan Gottes mit der Menschheit« (→Apokalyptik). Stationen im Endzeitablauf sind: das Ende der 6000jährigen Menschheitsgeschichte nach »bibl. Chronologie«; die große Drangsal nach Mt 24,21; die Schlacht von Harmagedon (Offb 16,16) mit dem Sturz Babylons (d.h. der »Religionsorganisationen«) und der Vernichtung der gesamten Menschheit (mit Ausnahme der »wahren Anbeter Jehovas«); die Errichtung eines ewigen →Paradieses auf der gereinigten Erde unter der Herrschaft der 144.000 Gerechten (der »Himmlischen Klasse der Z.J.«) mit Christus als König, dessen Königsherrschaft schon 1914 unsichtbar begonnen hat.

*C.* Die *traditionellen Lehren* der Christenheit (z.B. die →Trinität), ihre Symbole (z.B. das Kreuz) und Bräuche (u.a. der gesamte Festzyklus) werden *abgelehnt.* Gefordert ist die Trennung von der vom Teufel beherrschten Welt und der babylon. Kirche, um sich nicht zu verunreinigen (Offb 18,4). Darunter fällt auch die Verweigerung von Kriegs- und Ersatzdienst sowie jeder Handlung, die eine rel. Verehrung des Staates anzeigen könnte (z.B. →Eid, Flaggengruß). Eine gesellschaftl. Isolierung, oft auch Spaltung innerhalb der Familien, ist die Folge. Trotz dieser ungewöhnl. Härten in dem doktrinären und autoritären System der Z.J. führt ihre →Mission zu ständigem Wachstum: 1985 gab es weltweit 3 Mill. Z.J. in über 200 Ländern; in der Bundesrepublik Deutschland sind es 115.000, in der DDR ist die Wachtturmgesellschaft offiziell verboten (nach inoffiziellen Schätzungen gibt es 28.000 Z.J.). In einer Reihe von Staaten werden die Z.J. verfolgt.

*Lit.: Ch. T. Russell:* Schriftstudien, Bd. I-VI; Bd. VII verändert aus dem Nachlaß, Brooklyn 1919 (Intern. Vereinigung Ernster Bibelforscher). – Die unzähligen Schriften der Z.J. einschließl. der Zeitschriften sind nur im Direktverkauf erhältlich. Siehe v.a. die Zusammenfassung der Lehre in: Die Wahrheit, die zu ewigem Leben führt (1968). – *J. Doyon:* Hirten ohne Erbarmen (Erlebnisbericht), Zürich 1966. – *G. Pape:* Die Wahrheit über Jehovas Zeugen, Rottweil 1970. – *H.-D. Reimer/O. Eggenberger:* Neben den Kirchen, Konstanz, 6. Aufl. 1986, 218-252 (Lit.). – *A. Rogerson:* Viele von uns werden niemals sterben, Hamburg 1971.

*Hans-Diether Reimer*

**Ziel.** Die Lehre von der Z.strebigkeit und Zweckmäßigkeit der Natur heißt *Teleologie* (Chr. Wolff, 1728 »teleologia«). Das damit angesprochene Thema und Problem reicht weit in die Geschichte griech.-abendländ. Denkens zurück. Teleolog. Betrachtungsweisen haben jedoch bis heute so *unterschiedl. Formen* angenommen (aristotel. Teleologie, Physikotheologie, →Kants Konzeption, Neovitalismus, Teleonomie), daß der Z.begriff in Abhängigkeit vom jeweiligen naturphilos. bzw. -wissenschaftl. Kontext je anders zu deuten ist.

*A.* In teleolog. Erklärungen und Beschreibungen im strengen Sinn wird angenommen, daß etwas um der Verwirklichung eines Z.es oder Zweckes willen geschieht. Sie sind Antworten auf die Frage »wozu?«. Wesentl. ist dabei also das vorwegnehmende Moment. Im Laufe der Geschichte zeichnet sich eine zunehmende Verengung und schließl. Verdrängung teleolog. Denkens im strengen Sinne ab. Der repräsentativste Vertreter teleolog. Denkens in der griech. Philosophie ist →Aristoteles, dessen Teleologie belebte und unbelebte Natur einschließt. In seiner Lehre von den vier Ursachen ist die Z.- oder Zweckursache (causa finalis) in der Einheit mit der Formursache (causa formalis [→Metaphysik]) zentral. Damit sind Z.strebigkeit und Zweckmäßigkeit bezeichnet, wie sie z.B. in der Regelmäßigkeit organ. Gestaltbildungen sowie deren Funktionalität und Nützlichkeit auftreten. Diese Finalität ist, obgleich von Aristoteles nach Analogie zum menschl., handwerkl. Handeln gedacht, der Natur *immanent* (Entelechie), nicht von außen verursacht. Mit der beginnenden Neuzeit wird die Vorherrschaft der aristotel. Teleologie gebrochen. Die *Physikotheologen* führen die Finalität auf einen natur*transzendenten,* göttl. Plan zurück (→Gottesbeweise) und werden durch diese Abkehr mit zum Wegbereiter zu einer mechanist. Naturauffassung. →Kant hebt die Bedeutung teleolog. Denkens für das Verständnis der *belebten* Natur hervor – einen →Newton des Grashalms könne es nicht geben –, räumt jedoch dem Zweckbegriff im Unterschied zur Kausalität nicht den Stellenwert einer →Kategorie ein: Das Prinzip, nach dem Organismen als »Naturzwecke« beurteilt werden, ist zwar →a priori, weil ohne dieses eine Erfahrung der belebten Natur als solcher gar nicht mögl. wäre. Aber es ist ein regulatives oder heurist. Prinzip der reflektierenden Urteilskraft und dient damit nicht der Bestimmung des Gegenstandes, sondern als Leitfaden der Reflexion darüber. In der →Biologie setzt sich seit Darwin eine nichtteleolog. Betrachtungsweise durch. Während Lamarck (1744-1829) noch an einer Z.strebigkeit des Lebendigen festhält – er führt die Ausbildung zweckmäßiger Organe auf die Bedürfnisse des Organismus zurück, die diese »unmerkl. durch

Anstrengungen seines inneren Gefühls entstehen lassen« –, bricht Darwins →Evolutionstheorie mit dem teleolog. Denken radikal. Die Zweckmäßigkeit der organ. Ausstattung wird nicht angestrebt, sondern ist im Laufe eines stammesgeschichtl. Prozesses durch zufällige Variation und durch Auslese des Tauglichsten entstanden. Die Z.strebigkeit individueller Entwicklungs- und Regulationsprozesse erklärt die heutige Biologie durch Molekulargenetik und allg. durch Biokybernetik (→Kybernetik). Finalität ist damit zu einer Sonderform der Wirkursächlichkeit geworden. Zur Abgrenzung dieser naturwissenschaftl. Auffassung von Finalität von metaphys. Konzeptionen wurde der Begriff Teleonomie (Pittendrigh 1958) geprägt.

*B.* Die Verwendung teleolog. Begriffsbildungen in der Biologie bei gleichzeitiger nichtmetaphys. Ausrichtung hat zu einer intensiven *wissenschaftstheoret.* Auseinandersetzung mit der Logik teleolog. Erklärungen und Beschreibungen geführt. Unterscheidungen wie die zwischen formaler und materialer Teleologie, zwischen echter und Quasiteleologie (Teleonomie), zwischen zielintendierten und zielgerichteten Prozessen sollen der systemat. Klärung der verschiedenen Aspekte finaler Phänomene dienen. Dabei steht u.a. die Frage zur Diskussion, ob teleolog. Sprache in kausale übersetzbar, Teleologie nur eine Redeweise sei. Derartige *Reduktions*versuche sind in der Diskussion ebenso umstritten wie die *Rekonstruktions*versuche des Aristoteles als Vater der modernen Teleonomie. Im Zusammenhang mit der Frage nach dem Verständnis menschl. →Handelns als aus Gründen verstehbares (zielintendiertes) oder aus Ursachen erklärbares stellen sich spezielle Probleme, die u.a. in den Bereich der für →Ethik und Theologie bedeutsamen Fragen (→Determinismus, Willensfreiheit, →Verantwortung u.a.) fallen. In der Theologie wurde diese Frage u.a. als Frage nach der Vorherbestimmtheit menschl. Wollens und Handelns (→Determinismus) durch Gott diskutiert. Im Zuge wachsender Distanz zu einem metaphys. und wirkursächl. Gottesbild erschließen sich jedoch auch der Theologie neue Sprachmöglichkeiten, in denen Kategorialität und Problemkonstellationen nachkant. Fragestellungen zum Zuge kommen (→Prozeßphilosophie; →Naturwissenschaft und Theologie).

*Lit.: R. Bubner/K. Cramer/R. Wiehl (Hg.):* Teleologie. Neue Hefte für Philosophie 20 (1981). – *E.-M. Engels:* Die Teleologie des Lebendigen, Berlin 1982. – *K. von Fritz:* Beiträge zu Aristoteles, Berlin/New York 1984. – *N. Hartmann:* Teleolog. Denken, Berlin 1951. – *R. Spaemann/R. Löw:* Die Frage Wozu?, München/Zürich 1981. – *W. Stegmüller:* Probleme und Resultate der Wissenschaftstheorie und Analyt. Philosophie, Bd. I, Berlin/Heidelberg/New York, 2. Aufl. 1983. – *G. H. von Wright:* Erklären und Verstehen, Frankfurt/M. 1974.

*Eve-Marie Engels*

**Zisterzienser, Zisterzienserinnen.** Die Z. (Ordo Cisterciensis = OCist.) sind innerhalb der asket.-eremit. Erneuerungsbewegung des 11./12. Jh.s als eine neue Ausprägung des *benediktin.* →*Mönchtums* (→Benediktiner) anzusehen. Am Anfang stand der asket.-eremit. Auszug aus dem in die feudale Gesellschaft eingebundenen Mönchtum über Molesme nach Cîteaux (um 1098) unter Robert von Molesme, Alberich und Stephan Harding. In eremit. Abgeschiedenheit wollte man streng nach der Benediktregel leben.

*A.* Nach anfängl. Schwierigkeiten erfolgten rasch Neugründungen (Primarabteien): La Ferté (1113), Pontigny (1114), Clairvaux und Morimond (1115). Vor allem durch die überragende Gestalt des hl. Bernhard, des ersten Abtes von Clairvaux, kam es zu einer *stürm. Entwicklung* und Ausbreitung. Am Ende des 12. Jh.s zählte man bereits über 500 Klöster. Mit Neugründungen und Verbreitung stellte sich das Problem des Zusammenhaltes, das durch Generalkapitel und Filiation (Tochtergründung) gelöst wurde. Damit schufen die Z. einen überregionalen Orden neuen Stils, der sich scharf vom übrigen benediktin. Mönchtum abhob. Das *Generalkapitel* band die Klöster in horizontaler, die *Filiation* in vertikaler Hinsicht zusammen. Jede Tochtergründung blieb ihrer Gründerabtei untergeordnet. Der Gründerabtei kamen Aufsichtsrechte und -pflichten zu (Visitation). Auf dem jährl. Generalkapitel zu Cîteaux hatten dagegen die Äbte aller Klöster Sitz und Stimme. Die Gesetzgebung der Kapitel regelte das klösterl. Leben bis in die Einzelheiten. Die neuartige Verfassung dürfte das Ergebnis einer längeren Phase der Erprobung und wohl auch verschiedener Spannungen zwischen Cîteaux und Primarabteien gewesen sein. In den verschiedenen Redaktionen der »Carta caritatis«, der Grundurkunde für die Ordensverfassung, spiegelt sich dieser Prozeß, der erst in der 2. Hälfte des 12. Jh.s zu einem Abschluß kam.

*B.* Trotz der damit erreichten Einheitlichkeit kann man nicht von einem »monolith. Block« der Z. sprechen. Denn je weiter entfernt die Gründungen vom burgund. Ursprungsland lagen und sich auch zeitl. vom Anfang entfernten, desto mehr machten sich *Anpassungen* an örtl. Gegebenheiten bemerkbar. Das gilt für die Frömmigkeit, für den Baustil und auch für die Wirtschaftsführung. Diese war anfangs als *Selbstbewirtschaftung* scharf abgehoben von der herrschaftl. feudalen Klosterwirtschaft. Das übernommene und weiterentwickelte Converseninstitut (Laienbrüder) hatte dafür die Arbeitskräfte gestellt. Das enge Beziehungsgeflecht unter den Abteien sorgte für Absatzmärkte der von rationellen Methoden bestimmten Produktion. Städt. Wirtschaftsformen und die Verbreitung der Bettelorden des 13. Jh.s leiteten dann den *Niedergang* der wirtschaftl., geistigen und kirchenpolit. führenden Stellung der Z. ein.
Die Geschichte in *Spätma. und Neuzeit* glich der der →Benediktiner. Sie war von Provinzialisierung, Kongregationsbildungen sowie Reformversuchen geprägt. Unter den Reformklöstern nahm das von

Le Bouthillier de Rancé (gest. 1700) reformierte La Trappe eine führende Stellung ein. Über die Stürme der Säkularisationen hinweg bildeten die Klöster dieser Observanz im 19. Jh. eine eigene Kongregation. 1898 bzw. 1902 wurden die *»Trappisten«* als selbständiger Zweig der Z. mit einem eigenen Generalabt anerkannt. Diese Z. der strikten Observanz (Ordo Cisterciensium reformatorum seu strictioris observantiae = OCSO) breiteten sich bes. in Frankreich und nach dem Zweiten Weltkrieg in den USA aus. Gegenwärtig haben sie ca. 87 Klöster mit ca. 3.000 Mitgliedern. Die Z. der gewöhnl. Observanz, ebenfalls mit einem eigenen Generalabt, haben 68 Klöster mit ca. 1.300 Mönchen. Klöster der Z.innen zählte man im MA. über 1.000. Ein Teil war einzelnen Abteien inkorporiert, ein anderer dem Orden nur durch die Übernahme der gleichen Gebräuche verbunden. Derzeit gibt es bei 90 Häuser mit 2.200 Nonnen, dazu 51 Klöster mit ca. 1.800 Nonnen, die mit der strikten Observanz (Trappistinnen) verbunden sind.

*Lit.: K. Elm u.a. (Hg.):* Die Z., 2 Bde., Köln 1980/82 (Lit.). – *H.-M. Klinkenberg:* Die Verbreitung der Z., in: Großer Hist. Weltatlas, 2. Teil: MA., Erläuterungen, München 1983, 115-119. – *L. J. Lekai u.a.:* Cisterciense, Cistercienši, in: Dizionario degli Istituti di Perfezione, Bd. 2, 1034-1908 (Lit.). – *L. J. Lekai:* The Cistercians, Kent/USA 1977. – *F. van der Meer:* Atlas de l'ordre cistercien, Paris/Brüssel 1965. – *A. Schneider u.a. (Hg.):* Die Z., Köln, 2. Aufl. 1977 (Lit.).

*Isnard W. Frank*

**Zivildienst** ist der von anerkannten »Kriegsdienstverweigerern« (KDV) zu leistende »Ersatzdienst« (Art. 12 a Abs. 2 GG); gesetzl. im Z.gesetz (ZDG) geregelt. Im materiellen Bereich ist der Z. an der Wehrpflicht orientiert (→Wehrdienst). Dies betrifft auch die Z.ausnahmen, Zurückstellungen, Befreiungen, Tauglichkeit und das Disziplinarrecht. Die Dienstpflicht kann auch durch die Ableistung eines Dienstes im Zivil- oder Katastrophenschutz (§ 14 ZDG), im Entwicklungsdienst (→Entwicklungspolitik) oder mit einem freiwilligen Sozialdienst im Ausland (§ 14 a+b ZDG) erfüllt werden. Für die Durchführung des Z.es ist das Bundesamt für den Z. (BAZ) zuständig.

*A.* »Im Z. erfüllen anerkannte KDV dem Allgemeinwohl dienende Aufgaben, vorrangig im sozialen Bereich«, aber auch im Umwelt-, Naturschutz (→Ökologie) und der Landschaftspflege (§ 1 ZDG). Für den sozialen Bereich bedeutet dies, daß die Z.plätze sich vorwiegend in Einrichtungen der Wohlfahrtsverbände und →Kirchen befinden. Daraus ergibt sich ein *Spannungsfeld* zwischen kirchl. und sozialen Aufgaben und Strukturen und der Ordnung des staatl. Pflichtdienstes. Spürbar wird dies bei den Auflagen, die mit einer Anerkennung als Beschäftigungsstelle für den Z. (ZDS) in der Regel verbunden sind. Die Kirchen und die Verbände der Freien Wohlfahrtspflege sind weiterhin durch die Übernahme von Verwaltungsaufgaben (§ 5 a ZDG) an der Durchführung des Z.es beteiligt. Ihre Verwaltungsstellen vermitteln zwischen den ZDS, den Z.leistenden (ZDL) und dem Bundesamt für den Z. Alle hoheitl. Aufgaben (u.a. Heranziehung, Einberufung und Entlassung) liegen demgegenüber in der Zuständigkeit des Bundesamts für den Z. Dieses regelt auch die Geld- und Sachbezüge und gewährt u.a. freie Heilfürsorge.

*B.* Die *Tätigkeitbereiche* der Z.leistenden liegen in fast allen Feldern sozialer Arbeit. U.a. in der ambulanten Betreuung behinderter, kranker und alter Menschen; in stationären Einrichtungen der Alten- und Behindertenhilfe, in →Krankenhäusern und im Unfallrettungsdienst. Ebenso nehmen Z.leistende vielfältige Aufgaben im Rahmen der sozialen Dienste der Kirchengemeinden wahr. Bedenkl. wird es, wenn sie als Mitarbeiter unverzichtbar werden. Problemat. sind auch die pfleger. Tätigkeiten mit ihren hohen phys. und psych. Belastungen, aber auch die monotonen Hilfsdienste in hauswirtschaftl. Abteilungen. Dieses Konfliktpotential könnte konstruktiv bewältigt werden durch Herausforderungen, die in der Tätigkeit selbst angelegt sind, und durch eine fachl. und persönl. Begleitung. Die Kirchen und Verbände bieten zur Vorbereitung auf den Dienst spezielle Einführungslehrgänge an. Im Rahmen der Z.seelsorge der Kirchen wird darüber hinaus durch Beratung und auf Rüstzeiten der Z.leistenden Hilfestellung geboten.

*C.* Es ist ein polit. begründetes *Dilemma*, daß der Z. nicht als alternative Form zur Erfüllung der Wehrpflicht, sondern ledigl. als Ersatz für den nicht zu leistenden →Wehrdienst verstanden wird. Die enge Bindung des Z.es an die Wehrpflicht erschwert eine eigenständige Entwicklung. Dem Z. fehlt bisher eine positive Zielbestimmung, die der Intention der Kriegsdienstverweigerung entspricht. Als lästige Alternative rückt der Z. in die Nähe eines bloßen Arbeitsdienstes, so daß die Beteiligung der Kirchen und ihrer Verbände an der Durchführung des Z.es eine *Grenzsituation* darstellt. Der auch von den Kirchen geforderte Friedensdienst ohne Waffen ist im Rahmen des Z.es kaum möglich. Deshalb versuchen die Kirchen mit der Ausgestaltung des Z.es im Sinne eines →»Sozialen Friedensdienstes« wenigstens eine Minimalforderung zu erfüllen. Gemessen an dem sachl. notwendigen Engagement, wird dies möglicherweise zu einem Prüfstein kirchl. Glaubwürdigkeit.

*Lit.: R. Becker u.a.:* Dienst am Nächsten als Pflicht?, Gütersloh 1983. – *Diakon. Werk in Hessen und Nassau (Hg.):* 25 Jahre Z. (Themen der Diakonie, Nr.13), Frankfurt/M. 1986. - *M. Harrer/J. Haberland:* Kommentar zum Z.gesetz, Leverkusen 1986. – *K. Pokatzky (Hg.):* Z. – Friedensarbeit im Inneren, Hamburg 1985.

*Gerhard A. Hoffmann*

## Zivilisation

*A.* Z. (von lat. *civis, civitas* = Bürger, Gemeinschaftswesen) ist ein *Begriff*, der im Gegensatz zum früheren ausschließl. positiven Sprachgebrauch in den Sozialwissenschaften (→Fortschritt und Verfeinerung der materiellen und ideellen →Kultur eines Gemeinschaftswesens, ja der ganzen Menschheit) viel distanzierter und krit. auch die negativen Aspekte und Konsequenzen des weltweiten Prozesses der Zivilisierung mit einschließt. Denn trotz aller Versuche (eher innerhalb der →Anthropologie), Existenz und Grad von Z. wertneutral anhand des zentralen Kriteriums Entfaltung gesellschaftl. Komplexität (in den Bereichen Technologie, Arbeitsteilung, Wissensproduktion, polit. Strukturen usw.) zu bestimmen, beinhaltete der Begriff Z. implizit oder explizit immer auch den *Anspruch*, die abendländ. Gesellschaft sei in diesem Prozeß am weitesten fortgeschritten und damit höher zu bewerten als andere, »primitive« bzw. zumindest weniger effiziente Kulturen. Dieser normative Anspruch formulierte sich – etwa während der →Kolonisation oder der Sozial- und Politikgeschichte westl. Gesellschaften selbst – immer wieder auch als Herrschaftsanspruch von »Zivilisierten« gegen weniger zivilisierten Völkern oder →Schichten.

*B.* Während im *angelsächs. Raum* der uneingeschränkte, Kultur und Z. gleichsetzende, auf die Voraussetzungen, →Normen und Strukturen eines gesellschaftl. Leistungsgefüges gerichtete Begriffsgebrauch vorherrscht, der letztl. die moderne →Industriegesellschaft als Inbegriff der Z. ansieht, hat sich in *dt. Sprachraum* schon früh ein kulturkrit. Akzent entfaltet, der Z. (im Sinne der sozioökonom. Basis) und Kultur (als geistiger Überbau einschließl. Kunst und Religion) begriffl. trennt und letztere durch erstere bedroht sieht. In der neueren Diskussion werden die positiv oder negativ wertenden Akzente des Konzepts im Z.sbegriff zugunsten einer Sichtweise vermieden, die die *Wechselwirkungen* der techn.-materiellen oder geistig-idellen Kultur einer Gesellschaft im *Prozeß der Z.* in den Vordergrund stellt und dabei auch die Konsequenzen für das →Individuum als Mitglied einer »zivilisierten« Gesellschaft einbezieht: Mehr Z. bedeutet wesentl. auch mehr *Disziplinierung* und Normierung alltägl. Lebensführung der Menschen. Eine zumindest teilweise Befreiung aus solchen (Sach-)Zwängen der Z., auch unter Rückgriff auf vormoderne, »unzivilisierte« Wissens-, Denk- und Lebensformen, wird dann als Ziel weiteren gesellschaftl. →Fortschritts formulierbar.

*Lit.: P. Berger u.a.:* Das Unbehagen in der Modernität, Frankfurt/M. 1975. – *U. Bitterli:* Die »Wilden« und die »Zivilisierten«, München 1976. – *N. Elias:* Über den Prozeß der Z., 2 Bde., Frankfurt/M. 1969. – *P. Gleichmann u.a. (Hg.):* Materialien zu Norbert Elias' Z.stheorie, Frankfurt/M. 1982. – *A. Hahn:* Differenzierung, Z.sprozeß, Religion, in: Kölner Zeitschrift für Soziologie und Sozialpsychologie, Sonderheft 27 (1986). – *W. Mühlmann (Hg.):* Kulturanthropologie, Berlin 1966. – *R. Wendorff:* Dritte Welt und westl. Z., Opladen 1984.

*Ingo Mörth*

## Zufall

*A.* Zufälle bezeichnen Ereignisse, deren Ursache nicht angegeben werden kann. Das Zufällige läßt sich weder einem →Willen zuordnen noch hinsichtl. seiner Ursache und kausalen Wirkung erkennen und bestimmen (→Kausalität). Als »*Kontingentes* (etwas, was nicht mit Notwendigkeit so ist, wie es ist, sondern auch anders sein könnte) ist das Zufällige die Negation von Bestimmtheit, Notwendigkeit (→Modalität), Gesetzlichkeit (Naturgesetze) und Ursächlichkeit. Offen ist dabei die Frage, ob diese Ursachelosigkeit vermeintl. oder wirkl. ist. Ein vermeintl. Zufälliges (in seiner Wirkung, die in dieser Weise nicht beabsichtigt ist) ergibt sich aus der Kreuzung zweier Kausalreihen. Das Zufällige besteht hier in der unbeabsichtigten, aus keiner der beiden Kausalreihen vorhersehbaren Wirkung, die weder eindeutig einem Willen zugeordnet noch im strengen Sinne Erkenntnisobjekt sein kann. Strittig ist auch die Frage nach der Zufälligkeit oder Notwendigkeit des *Erstanfangs.* Da er selber weder aus einer inneren Notwendigkeit heraus begründet werden noch auf eine weitere, vorgängige Kausalreihe zurückgeführt werden kann, wäre auch er im angegebenen Sinne als Z. anzusprechen. Freil. wäre es ein Z., der – gemäß dem Satz vom zureichenden Grunde – alles Folgende bedingt und damit »entzufälligt«.

*B.* Der Zweifel an der Notwendigkeit des Seienden (»Warum ist etwas und nicht vielmehr nichts?« als ontol. Grundproblem [→Ontologie]) veranlaßte die philos. Theologie des MA.s (→Scholastik), die →*Schöpfung* als kontingent zu denken. Damit war weniger ihre pure Zufälligkeit als die ihr innewohnende →Endlichkeit gemeint. Sie zeigt sich u.a. darin, daß die Schöpfung nicht nur anders, sondern auch gar nicht sein könnte. Kontingenz meint dann, daß das Bezeichnete *nicht aus sich selbst*, sondern aus einem anderen (dem →Sein, dem Schöpfer) heraus subsistiert (sein Sein hat). Unter dieser Rücksicht war der Erweis der Kontingenz der Welt zugleich unverzichtbarer Bestandteil einer philos. Gotteslehre: Die Kontingenz der Welt im ganzen verweist – so dieses Argument – zwingend auf ein Nichtkontingentes, Notwendiges, aus sich selbst heraus subsistierendes Sein: →Gott.

*C.* In der Gegenwart begegnet die Frage nach der Kontingenz und damit die nach dem Z. vor allem im Zusammenhang des *Problems des →Leidens* und des →Bösen, kurz dessen, was seit →Leibniz →Theodizee heißt. Der Erweis der Schuldlosigkeit des Schöpfers angesichts der Dysteleologien (Zielverfehlungen, →Ziel) der →Welt scheint säkularisiert als Kontingezbewältigung (»Entzufälligung der Z.s«) auf. Indem der einzelne die ihn umgebenden und unabwendbaren Kontingenzen (die

Zufälligkeit von Geburt und →Tod, →Glück und Unglück, d.h. aller entscheidenden Ereignisse seines Lebens) individuell auf dem Wege über seine je eigene Selbstdeutung in Notwendigkeit überführt, stiftet er jenen →Sinn, welcher der Theodizeefrage ihre Bedrohlichkeit nimmt. Auf dem Hintergrund eines religionssoziol. →Funktionalismus (→Religionssoziologie) wird dabei die →Religion allgem. als »Kontingenzbewältigungspraxis« (H. Lübbe) angesprochen. In der Verabsolutierung eines richtigen Einzelaspekts rel. Praxis wird dabei die →Religion im ganzen verzerrt und verkürzt, etwa in ihrer Reduktion auf ein Instrument zur Befriedigung gesellschaftl. Interessen, die auf Bestandserhaltung gerichtet sind.

*Lit.: H. Lübbe:* Religion nach der Aufklärung, Graz/Köln 1986. – *O. Marquard:* Apologie des Zufälligen, Stuttgart 1987. – *J. Monod:* Z. und Notwendigkeit, München, 3. Aufl. 1971. – *M. Oraison:* Z. und Leben, Frankfurt/M. 1972. – *W. Windelband:* Die Lehre vom Z., Berlin 1870 (Nachdruck Tübingen 1916).

*Carl-Friedrich Geyer*

## Zukunft

### *A. Systematisch*

*I.* Z. als etwas, was *vor uns* liegt, ist grundlegend für Geschichte und Selbstwerdung des Menschen in →Freiheit; als *zu-kommende* wird sie unterschieden in die verfügbare und unverfügbare, in die relative und absolute Z. Dem Nicht-Wissen um die Z. und deren Un-gewißheit versucht der Mensch wissend und handelnd zu begegnen. So wird *philos.* das *Ziel der →Geschichte* gedacht als das »Ende aller Dinge« (→Kant) oder als »Erscheinung des absoluten Geistes« (→Hegel), als endgültige Vermittlung von →Mensch und →Natur (→Marx), als →Utopie des Menschenmöglichen und Transzendieren ohne alle Transzendenz (Bloch), wobei dieses Ziel mit der *Praxis* des Menschen vermittelt ist und somit die Verantwortung für die Z. als Ethos erscheint. Das wissende und handelnde Sichverhalten des Menschen gegenüber der Z. zeigt sich heute vor allem in der *futurolog.-techn. Dimension.* Die Faszination der Machbarkeit von Z. mit ihren Errungenschaften ist weithin der →Angst vor der Z. und deren Bedrohung gewichen; auch erkennt der Mensch die *Herausforderung* durch die Z., wie er die sozialen, polit., ökonom. und humanen Probleme einer Antwort und Lösung zuführen soll. Eine *→Ethik der Z.sgestaltung* ist notwendig. Die *machbare Z.*, Prognose und Planung können aber nicht über ihre eigenen Grenzen hinwegtäuschen, denn als *zeitl.* ist diese Z. noch einmal abhängig von der →Freiheit der zukünftigen Menschheit und bleibt deswegen letztl. unplanbar; als geschichtl. Z. aber bleibt sie nochmals verwiesen auf die »absolut« zu nennende Z., ohne die es eine zukünftige Geschichte nicht geben kann. So bleibt die zukünftige Geschichte verwiesen auf die Z. der Geschichte, welche als solche übergeschichtl. ist.

*II.* Damit wird die *theol.* Dimension der Z. benannt. In ihr wird Z. offenbar als Verheißung. Diese meint einmal die innergeschichtl. Z., aber auch deren endzeitl. Charakter (→Eschatologie). Doch dürfen die eschatolog. Güter wie Gerechtigkeit, Friede und Erde als Heimat nicht ihrer Gültigkeit für die Geschichte entkleidet und ihrer *zeitl. Dimension* beraubt werden. Die daraus sich ergebende Spannung zwischen dem Gott, der vor uns, und dem Gott, der mit uns ist, läßt sich weder in einen Gott als Futur noch in einen Gott als Gegenwart auflösen. Der kommende Gott wird christl. als der gekommene und deswegen wiederkommende verstanden. In der auf die Verheißung antwortenden →Hoffnung erfährt der Mensch die horizontale Dimension geschichtl. Z. als seine Aufgabe und als Gabe Gottes, der als der frei anwesende Gott die vertikale Dimension eröffnet. Die Bedeutung von Welt- und Menschwerdung, von Geschichte und ihrer Gestaltung für die verheißene Z. Gottes hat →Teilhard de Chardin stark betont und wurde vom 2. →Vat. Konzil in die Pastoralkonstitution über die Kirche in der Welt von heute (Gaudium et spes) einbezogen.
Weil christl. Z. aus der Verheißung lebt, deren Ziel ein →Heil meint, das nicht mit der Geschichte ident., aber auch von ihr untrennbar ist, gehören die horizontale und vertikale Dimension zusammen. Deswegen kann man auch von einer *Z. Gottes* sprechen, welche die Z. der Welt einschließt und die Angst vor der Z. überwindet durch den Blick auf →Jesus Christus, in dem das Heil unwiderruflich vorweggenommen und so verwirklicht wurde.

*III.* Die *Frage nach der Z.* entscheidet sich letztl. am *Tod.* Deswegen bleibt die Auferweckung des gekreuzigten Jesus die Grundfigur aller verheißenen Z. Diese zeigt sich nicht als Verlängerung von Zeit und Geschichte, sondern als deren Aufhebung durch und in die Wirklichkeit Gottes (→Auferstehung), die für den Menschen die absolute Z. seiner Geschichte ist. Das gilt nicht nur für die individuelle, sondern auch für die Gesamtgeschichte der Menschen und ihrer Welt. Die Auferstehung des *Gekreuzigten* macht auf die *erlösende Dimension* aufmerksam, ohne die *Z. für alle* unmögl. ist: Zur Z. in diesem Sinne gehören auch die *Vergebung* und die *Versöhnung*, denn sie eröffnen denen, die durch Schuld (→Sünde) ihre Z. verwirkt haben, neues Leben. Die *Auferstehung* des Gekreuzigten verweist auf die *schöpfer. Dimension*, ohne die es keine endgültige Z. für den Menschen und seine Welt als neue Erde geben kann.

*Lit.: E. Bloch:* Das Prinzip Hoffnung, Frankfurt/M. 1959. – *W. Kasper:* Z. aus dem Glauben, Mainz 1978. – *W.-D. Marsch:* Z., Stuttgart/Berlin 1969. – *J. B. Metz:* Glaube in Geschichte und Gesellschaft. Studien zu einer prakt. Fundamentaltheologie, Mainz 1977. – *J. Moltmann:* Theologie der Hoffnung, München, 11. Aufl. 1980. – *W. Pannenberg:* Grundfragen systemat. Theologie. Ges. Aufsätze, Göttingen, 2. Aufl. 1971. – *K. Rahner:* Fragment aus einer theol. Besinnung auf den Begriff der Z., in: *ders.:*

Schriften zur Theologie, Bd. 8, Zürich/Einsiedeln/Köln 1967, 555-560. – *Ders.:* Immanente und transzendente Vollendung der Welt, ebd. 593-609. – *G. Sauter:* Z. und Verheißung. Das Problem der Z. in der gegenwärtigen theol. und philos. Diskussion, Zürich/Stuttgart 1965. – *R. Schaeffler:* Was dürfen wir hoffen? Die kath. Theologie der Hoffnung zwischen Blochs utop. Denken und der reformator. Rechtfertigungslehre, Darmstadt 1979. – *H. Sonnemans:* Interpretation der Z. zwischen Atheismus und Christentum, in: Renovatio. Zeitschrift für das interdisziplinäre Gespräch 43 (1987), 202-222.

*Heino Sonnemans*

*B. Literarisch*

*I.* Die klass. bürgerl. →*Utopie* machte an einem geograph. wie hist. nicht faßbaren »Nirgend-Ort« ihre Sozialkritik am bestehenden Gesellschaftssystem, dem Übergang vom Feudalismus zum Kapitalismus, deutlich. Aber bereits in der Endphase der Geschichte dieser Gattung, also im 18. und 19. Jh., tritt die (zukünftige) Zeit als neue Dimension utop.- literar. Spekulation auf (L. S. Mercier: »L'an 2440«, 1770; Vl. Odóevskij: »4338 god« [»Das Jahr 4338«], 1840; H. G. Wells: »The Time Machine«, 1895). Diese Tendenz hat sich seit etwa 1900 in einem schon damals blühenden Zweig der →Abenteuerliteratur verstärkt, der (seit 1926 durch eine Wortprägung von H. Gernsback) sog. *»Science Fiction«.*

*II.* Für deren Überschreiten des erfahrbaren Horizontes (Vorstoß in den noch nicht erreichbaren Weltraum, Handlungsverlagerung in die Z.) gibt es konkrete *Ursachen*: Die *Aufteilung der Welt* unter den imperialist. Großmächten ist gegen Ende des 19. Jh.s *abgeschlossen*; speziell in den USA, wo die »Science Fiction« entstand, ist die Eroberung und Besiedlung des Kontinentes und die Verdrängung der Urbevölkerung im wesentlichen beendet; *Abenteuerbedürfnisse*, die trivialliterar. befriedigt werden, verlagern sich von der »Western Frontier«, die es so nicht mehr gibt, in den Weltraum und die Z. Zwischen dieser Art unterhaltender Literatur mit ihren Raumschlachten, »Space Operas«, und auch zukünftig *konservativen Ordnungsvorstellungen* (Recht des Stärkeren) und den »Anti-Utopien« gibt es ein weites Feld auf die Z. bezogener, aber eigentl. zukunftsloser Literatur, die bis heute auf dem Markt eine nicht unbeträchtl. Rolle spielt, in Zeiten polit. und sozialer Ängste und Bedrohungen immer bes. Virulenz erlebt und darum auch jetzt an die warnende ökolog. Z.prognostik sich angehängt hat.

*III.* Mit den ernsthaften (wenn auch notwendig hist. begrenzten) utop. Staatsentwürfen früherer Zeiten (→Utopie) hat die »Science Fiction« nur wenig gemeinsam: Der Z.saspekt ist hier ledigl. Folge der *Fortschreibung* bestehender gesellschaftl. Verhältnisse und damit *systemkonform.* Zukunft ist nicht das gesellschaftl. »Ungekommene« (E. Bloch), sondern nur eine »Trendprognose«, die, systemstabilisierend, den »Trend« selbst nicht hinterfragt; Z. wird als disziplinierendes Schreckbild (»Katastrophenphantasie«) oder automatisierte Wohlstandsidylle literar. vermarktet. Dennoch gibt es *seit den 1960er Jahren*, der Zeit wiederaufflammender sozialer Gegensätze und des Vietnamkriegs, polit. Systemkonkurrenz (als Desillusion über die »freie Welt«), *gegenläufige Tendenzen* bis hinein in den »Hauptstrom« der Literatur, *Z. als* Gegenwartskritik zu instrumentalisieren, d.h. das Heute am mögl. Morgen zu messen. Kriegsangst und Achtung vor →Natur und →Schöpfung sind hier die Motoren des literar. Engagements für eine andere Z., teilweise in satir. und surrealist. Form dargeboten (Th. M. Disch, »Camp Concentration«, 1968, dt. unter dem gleichen Titel, 1971; Ursula K. LeGuin, »The Word for World is Forest«, 1972, dt. »Das Wort für Welt ist Wald«, 1975; St. Lem, »Eden« 1971; A. und B. Strugáckij, »Der ferne Regenbogen«, 1971, und »Die Schnecke am Abhang«, 1977).

*IV. Religiöse Aspekte:* Auch wenn es vom Gattungsbegriff her zunächst erstaunen mag, so gibt es doch in Teilbereichen der Science Fiction *rel.*, theol. oder kirchengeschichtl. *Motive.* Method. lassen sich hier direkte und indirekte theol. Aussagen unterscheiden. Ersteres trifft zu, wenn z.B. Priester oder Prophetenfiguren auftreten, wenn rel. Handlungen beschrieben werden oder eine fantast. (Um-)Interpretation bibl. Geschehens vorliegt (vgl. C. S. Lewis: »Out of the Silent Planet«, 1938, dt. »Jenseits des schweigenden Sterns«, 1948; W. M. Miller jr.: »A Canticle for Leibowitz«, 1959, dt. »Lobgesang auf Leibowitz«, 1973; A. C. Clarke: »The Star«, 1961, dt. »Der Stern«, 1963). Bei den indirekten theol. Aussagen sind in die Struktur des Stoffs Gottessymbole, Prophetenfiguren, ein metaphys. Weltbild oder, als ein spezielles Motiv, Vorstellungen von einem *»Jüngsten Tag«* eingeflossen (z.B. in A. C. Clarke »The City and the Stars«, 1956, dt. »Die sieben Sonnen«, 1962; St. Lem »Solaris«, 1961, dt. 1972, sowie die vielfach neu aufgelegte sog. »Galaktische Trilogie« von I. Asimov, Originaltitel »Foundation«, »Foundation and Empire«, »Second Foundation«, 1951-53).

*Lit.: E. Barmeyer (Hg.):* Science Fiction, München 1972 (Lit.). – *R. Jehmlich/H. Lück (Hg.):* Die deformierte Z., München 1974. – *R. Jehmlich:* Science Fiction, Darmstadt 1980 (Lit.). – *H. Kimpel/G. Hallenberger (Hg.):* Z.sräume, Ebersberg 1984. – *H. Lück:* Fantastik, Science Fiction, Utopie, Gießen 1977 (Lit.). – *F. Schwanecke:* Propheten utop. Religionen. Informationen der Ev. Zentralstelle für Weltanschauungsfragen, Nr. 39, Stuttgart 1969.

*Hartmut Lück*

**Zurvanismus**

*A.* Der Z., eine dual. rel. Lehre (→Dualismus) aus dem *pers. Hochplateau* des alten Iran, zieht heute in der atl. und ntl. Exegese, in der Erforschung der altgriech. →Philosophie (angefangen von Heraklit, Orphik und Pythagoreismus bis hin zu →Neuplatonismus und Neupythagoreismus) sowie ganz allg. in der →Gnosisforschung wachsende Aufmerksamkeit auf sich. Offensichtl. hat diese iran. Geistesströmung wesentl. Einfluß auf die genannten, noch unser heutiges Leben prägenden Denkansätze genommen. Doch wurden bislang der Z. und der völlig anders geartete Zarathustrismus zuwenig unterschieden und deren Wirkungsgeschichte zu undifferenziert dargestellt.

*B. Geistesgeschichtl.* dürfte der Z. als ein – in Reaktion auf die Verkündigung Zarathustras (→Parsismus) entwickeltes – System anzusehen sein; er scheint auf der *Uminterpretation* einiger aus dem Gesamtzusammenhang der Lehrgesänge Zarathustras (*Gathas*) herausgelöster und dann *verabsolutierter Sätze* zu gründen (→Häresie). Dabei bezieht sich der Z. vor allem auf Vers 3 des dritten Gatha: »Die beiden ersten Geister, welche in einem Traum als Zwillinge vernommen wurden, sind ja im Denken, Reden und Handeln das Bessere und das Schlechte.« Der Zarathustrismus sieht in diesen beiden Ersten Geistern hohe, engelartige und geschaffene Wesen, die nach Art Michaels und Luzifers durch persönl. Entscheidung, der eine zum Anführer des Guten, der andere zum Vorkämpfer des Bösen wurden (relativer →Dualismus). Dagegen legt der Z. in die genannten Verse einen *absoluten Dualismus*, indem er die beiden Ersten Geister als gleich ursprüngl. Prinzipien versteht. Der übergeordnete Gott Zurvan ist ein »deus otiosus« (funktionsloser Gott): Ihm wird kein →Kult dargebracht, noch spielt er eine wesentl. Rolle in der zurvanist. Theogonie. »Zurvan« (»Zeit«) scheint nur einen Begriff dessen dazustellen, was alles Geschehen umgreift.

*C.* Auf dieser Grundlage interpretiert die zurvanist. Mythologie noch weitere gath. Texte. Best. Schöpfungselemente (das Trockene, das Feuer) werden dem guten, die entgegengesetzten Elemente (das Feuchte, Kalte und Weibliche) dem bösen Prinzip zugeordnet. Abschließend entwirft der Z. das Szenario einer die unterschiedlichsten Stadien durchlaufenden Auseinandersetzung zwischen den Elementen der guten und der bösen Schöpfung. Nach der sog. »Zeit der Trennung«, d.h. des scheinbar sittl. Kampfes, aber mündet alles in das, was den Elementen der guten und der bösen Schöpfung bestimmt war: Das Trockene-Warme-Männliche erfährt die →Erlösung, das diesem Entgegengesetzte nicht.

*Lit.: M. Boyce:* A History of Zoroastrianism, 2 Bde., Leiden/Köln 1975/1982. – *J. Duchesne-Guillemin:* The Western Response to Zoroaster, Oxford 1958. – *H. Lommel:* Die Religion Zarathustras nach dem Avesta dergestellt, Tübingen 1930. – *H. Waldmann:* Heilsgeschichtl. verfaßte Theologie und Männerbünde, Diss., Innsbruck 1986. – *Ders.:* Die beiden Ersten Geister und der sog. zarathustr. Dualismus, in: Proceedings of the First European Conference of Iranien Studies, Rom 1988. – *R. C. Zaehner:* Zurvan. A Zoroastrian Dilemma, Oxford 1955.

*Helmut Waldmann*

**Zweifel.** Einerseits gilt der Z. – als krit. Infragestellen überkommenen →Wissens und überkommener Gewohnheiten – als Motor wissenschaftl. Erkenntnis; andererseits unterliegt er dem Vorwurf, er zerstöre den →Glauben und scheint daher von echtem Glauben ausgeschlossen zu sein. Im Unterschied zur →Frage, die eine gültige Antwort erwartet, und zur →Skepsis, die allen Wahrheitsansprüchen die Zustimmung versagt, bezeichnet der Z. das *Schwanken* gegenüber der →Wahrheit oder Unwahrheit eines Urteils (theoret. Z.) oder zwischen Billigung oder Mißbilligung eines Verhaltens (eth. Z.), da die vorliegenden Gründe für eine Entscheidung als unzureichend angesehen werden. Sein Ziel ist *Gewißheit* und Verantwortbarkeit von Erkenntnis und Handeln. Als krit. In-Z.-Ziehen unbefragt angenommener Selbstverständlichkeiten gehört er zu einem Entwicklungsprozeß, in dem der Mensch sich darüber zu vergewissern sucht, was er in verantwortl. Selbstbestimmung für wahr und gut annehmen kann. Fehlt solcher Z. der eigenen Position, führt sie in →Fanatismus.

*A.* Der *method. Z.* der →Wissenschaft setzt zur Überprüfung einer Annahme deren vermutete Wahrheit außer Geltung, um sie im Experiment zu bestätigen oder zu widerlegen. Um der naturwissenschaftl. →Forschung eine gesicherte Grundlage zu geben, erweiterte *R.* →*Descartes* diesen method. Z. auf Erkenntnis überhaupt: Der Z. an allem hinterläßt als einzig Unbezweifelbares das denkende Ich, das damit zum Fundament aller Erkenntnis wird und im wissenschaftl.-techn. Zugriff die Welt sich zu unterwerfen sucht.

*B.* Die mit diesem Schritt begründete →Neuzeit und das ihr zugehörige wissenschaftl. Weltbild ist für viele zur Ursache von *Glaubensz.* geworden. Doch hier ist zu unterscheiden. Denn ist christl. →Glaube kein bloßes Meinen, ungesichertes Wissen, zu dem man einmal ja gesagt hat, sondern durch Christus eröffnetes →Vertrauen in die liebende Nähe Gottes und →Hoffnung auf seine vergebende →Gnade und als solcher ein lebendiger und lebenslanger Prozeß der →Nachfolge Christi, dann ist der Z. an aller vorgegebenen Sicherheit geradezu ein *Kind des Glaubens* und von ihm stets umfaßt: Der rechtfertigende Zuspruch Gottes (→Rechtfertigung) gilt gerade auch dem Zweifler und Suchenden. Wo auch noch diese den Z. umgreifende Glaubensgewißheit zerstört wird, da erst liegt Glaubensz. vor, gemäß reformator. Interpretation im streng theol. Sinne sündig, weil darin Heil nicht vom Zuspruch Gottes erwartet, sondern in eigenmächtiger Selbstbegründung und -rechtfertigung gesucht wird. Dagegen sind die Schwierigkeiten mit dem Glauben angesichts heutiger Welterfahrung kein sündiger Glaubensz., vielmehr ist die Auseinandersetzung mit ihnen für einen verantworteten Glauben notwendig (→Theologie, →Naturwissenschaft und Theologie).

C. Das gilt auch noch für die existentielle Verdichtung des Z.s: die *Verzweiflung.* Wo angesichts des unsägl. →Leidens und →Bösen alle Sinnerfahrung (→Sinn) zerbricht und jegl. →Hoffnung verdunkelt, gleichwohl aber diese Situation vor Gott suchend ausgehalten wird, da ist solche Verzweiflung nicht Gegensatz, sondern selbst noch ein Moment des Glaubens. Der Seelsorger darf daher die Lage eines verzweifelten Menschen nicht durch den Vorwurf des Kleinglaubens und dadurch erzeugte Schuldgefühle verschlimmern, sondern sollte mit ihm versuchen, die Verzweiflung aus der bedrückenden Sprachlosigkeit zu lösen und ihr im (auch klagenden) →Gebet Sprache zu verleihen. Freil. muß er auch um die Grenze seiner Möglichkeiten vor der Verzweiflung als psych. Krankheit, der →Depression, wissen, die therapeut. behandelt werden muß.

*Lit.: G. Barth:* Glaube und Z. in den synopt. Evangelien, in: Zeitschrift für Theologie und Kirche 72 (1975), 269-292. – *I. U. Dalferth:* Z., in: Taschenlexikon Religion und Theologie, Bd. 5., Göttingen, 4. Aufl. 1983, 325-328. – *G. Ebeling:* Gewißheit und Z., in: Zeitschrift für Theologie und Kirche 64 (1967), 284-324. – *G. Rein (Hg.):* Dialog mit dem Z., Stuttgart/Berlin 1969.

*Hans-Gerd Janßen*

**Zweireichelehre.** Die sog. Z. ist das Orientierungsmuster M. →Luthers und der luth. →Reformation für die Beziehungen zwischen der geistl. und der weltl. Existenz und →Verantwortung des Christen (→luth. Sozialethik). Seit dem Beginn des 20. Jh.s wird der Vorwurf erhoben, daß sie das →Luthertum zu einer ledigl. passiven Haltung gegenüber den jeweiligen staatl.-gesellschaftl. Verhältnissen und zur Inaktivität bei der Wahrnehmung christl. Weltverantwortung angeleitet habe.

Die Z. greift eine seit der Entstehung des Christentums bestehende und in der Geschichte des Christentums vielfach verhandelte Problematik auf. Der Christ weiß sich einerseits ganz und gar erlöst, befreit (→Erlösung; →Heil) und zu uneingeschränktem Handeln aus →Liebe berufen. Er lebt und wirkt aber andererseits in einer →Welt, die von →Gott geschaffen, jedoch in Schuld (→Sünde)gefallen ist und in der das menschl. Handeln im günstigsten Falle gewissen Bestimmungsgründen von →Vernunft und →Gewissen entspricht. Die Z. orientiert darauf, daß Gott den Menschen vorläufig in zwei Reiche verfügt habe, das Reich Christi (auch →Reich Gottes) und das Reich der Welt (auch Reich Satans [→Teufel]). In beiden Reichen führt Gott sein »Regiment«, im Reich Christi durch den Dienst der Verkündigung des →Wortes Gottes, im Reich der Welt durch weltl. Herrschaftsformen (→Herrschaft). Das geistl. »Regiment« gilt der Vergegenwärtigung der in Christus geschehenen →Versöhnung Gottes mit den Menschen, der Auftrag des weltl. »Regimentes« gilt der Erhaltung der →Schöpfung Gottes vor den zerstörer. Auswirkungen der menschl. →Sünde. Der Christ muß und darf in beiden Reichen und »Regimenten« leben und wirken. Er soll dabei die unterschiedl. Bestimmungsgründe jedes Reiches berücksichtigen, das Geistliche und das Weltliche nicht vermischen, aber →Erlösung und Schöpfung, →Kirche und Welt auch nicht auseinanderfallen lassen. Er soll, wo es um ihn selber geht, radikal Liebe üben, wo es um den Mitmenschen geht, aber auch Erfordernisse der Vernunft zur Geltung kommen lassen. Die Z. ist eine Anweisung zu sachgemäßem Unterscheiden bei der Bewältigung der Spannungen, in denen christl. Existenz gelebt und verantwortet werden muß.

*Lit.: N. Hasselmann (Hg.):* Gottes Wirken in seiner Welt, 2 Bde., Hamburg 1980 (Lit.). – *H.-H. Schrey (Hg.):* Reich Gottes und Welt (Wege der Forschung 107), Darmstadt 1969 (Lit.). – *M. Seils:* Z. heute, in: *T. Rendtorff: (Hg.):* Charisma und Institution, Gütersloh 1985, 199-210.

*Martin Seils*

**Zwingli,** *Ulrich* (1484-1531). Die *Eidgenossenschaft* war weitgehend selbständig. Sie umfaßte die »Dreizehn alten Orte«, die »Gemeinen Herrschaften« und die »Zugewandten«. Nur einstimmige Beschlüsse der »Tagsatzung« waren gültig. Städte und Dörfer verwalteten sich selbst. Das schwerste polit. Problem war die »Reisläuferei«, der Solddienst der begehrten schweizer. Krieger, für deren Anwerbung die Großmächte den Magistraten »Pensionen« zahlten. Die Folgen waren Korruption, Mangel an Arbeitskräften und moral. Schäden.

A. *Huldrych* (Selbstnennung) Z., geb. Neujahr 1484 in Wildhaus (Toggenburg) als Sohn freier Bergbauern, früh zum geistl. Stand bestimmt, studierte in Basel, Bern, Wien, wieder in Basel auf dem »alten Weg« (via antiqua), d.h. auf der Linie →Thomas von Aquins. Als Pfarrer und Feldprediger von *Glarus* (1506-16) erlebte er die Niederlage der päpstl. Schweizertruppen bei Marignano mit (1515) und wurde Gegner des Söldnerwesens. In die *Einsiedler* Zeit (1516-18) fällt die *Hinwendung zur Hl. Schrift* in den Ursprachen; darin erkannte er später seine reformator. Wende. →*Erasmus* begeisterte ihn als Reformer und Exeget, doch widersprach er dessen allegor. Auslegung: Gerade der wörtl. Textsinn ist das Wort des Hl. Geistes. Nunmehr leiten Z. →*Paulus* und →*Augustin;* →*Luther* nur als Opponent gegen das kirchl. Lehramt. Neujahr 1519 wurde er nach *Zürich* berufen. Anstelle der Perikopenordnung legte er in fast tägl. Predigt bibl. Schriften fortlaufend aus; dabei rückte er das Versöhnungswerk Christi ins Zentrum, von wo aus er die bürgerl. Probleme beleuchtete. So führte er Stadt und Landschaft in wenigen Jahren zielbewußt zur *kirchl. und sozialen* →*Reformation.* Die wichtigsten Stationen waren: die zwei Disputationen (1523, Schriftprinzip, Abschaffung von Fasten, Wallfahrten, Bildern, Messe); ev. Abendmahl (1525); Predigerausbildung (»Prophezey«, auch für Laien zugänglich), Organisation des »Ehegerichts« und der *Synode* (aus Geistlichkeit und Ratsvertretung). Zähen Widerstand leisteten die Mönchsorden und die Kaufleute, von außen die konservativen Innerschweizer und das Bistum Konstanz (Weihbischof *Johann Faber*). In Gefahr geriet das isolierte Zürich durch die *Disputation zu Baden* (Aargau) 1526 (Dr. Eck aus Ingolstadt gegen Joh. Ökolampad aus Basel), nach der die Tagsatzung die →gegenreformator. Maßnahmen ganz Süddeutschlands übernahm. Doch war es infolge der ev. Bewegung in den Städten für eine eidgenöss. Exekution gegen Zürich zu spät. Das langsam sich verschärfende Vorgehen Zürichs gegen die seperatist. →*Täufer* steht aber im Zusammenhang der Bedrohung. Hinzu kam die Belastung durch den Streit mit den Lutheranern über das Verständnis des →Abendmahls. Die *Berner Disputation* 1528 sprengte endl. die Isolation; nun breitete sich die schweizer. Reformation rapide aus. Das *Marburger Gespräch* mit Luther (1529) ergab in 14 Punkten die Einigkeit des →Protestantismus; umstritten blieb die Deutung der *Gegenwart Christi im →Sakrament* (leibl. oder geistl., →Abendmahl). Zum Schutz der Reformation, namentl. in den »Gemeinen Herrschaften«, schlossen Zürich, Konstanz, Bern, Straßburg u.a. das *»Christl. Burgrecht«* gegenüber der *»Christl. Vereinigung«* der Urkantone mit Österreich. Der *Erste Kappeler Krieg* (1529) verlief noch unblutig; nach dem überfallartigen Ausbruch des *Zweiten* unterlagen 2.000 Züricher den 8.000 Innerschweizern; unter zahlreichen kirchl. und polit. Mitarbeitern fiel auch Z. Seine Reformation wurde in der Schweiz auf Zürich, Bern, Basel, St. Gallen, Schaffhausen und ihre Einflußgebiete beschränkt.

*B.* Z. steht am Anfang der *reformierten Theologie.* Ziel der *Bundesgeschichte* ist das Gemeinschaftsleben nach Gottes heilsamen Ordnungen, erst in zweiter Linie die persönl. Seligkeit. Darum gehört auch das →Gesetz zum →*Evangelium* und stehen die →»zwei Reiche« in enger Beziehung zueinander. →*Gott* ist souveräner Ursprung allen Seins; Glaube und →Erkenntnis sind freie Wirkungen seines *Geistes,* weshalb seine *Erwählung* sogar einzelne fromme Heiden erfassen kann. Doch liegt der Grund aller →Erlösung stets in der durch Christus am Kreuz errungenen →*Versöhnung* der Gerechtigkeit Gottes mit seiner Gnade, die die Mitte des Glaubens bildet. Im Alltag bewährt sich der *Glaube* als Vertrauen in die väterl. *Vorsehung.* Dementspr. bleiben Predigt wie Sakrament von der Gabe des Hl. Geistes abhängig (nicht umgekehrt!), weshalb Brot und Wein im *Abendmahl* an das von Christus erworbene →Heil »erinnern«, es »bedeuten«, es aber nicht selbst einflößen. →Kirche und Gesellschaft verhalten sich wie Seele und Leib; so sind *Religion und Politik* nicht zu trennen. Die pneumatolog. Betonung der Gottheit Christi proklamiert seine Gewalt über alle Lebensbereiche.

*C.* In der oberdeutsch-städt. Reformation setzte sich Z.s *Einfluß* in Verbindung mit demjenigen seines Freundes *M. Bucer* bis zur Katastrophe des Schmalkaldischen Krieges (1545/46) weiter fort. Sein Nachfolger *H. Bullinger* hat stark auf den *Anglikanismus* (→anglik. Kirchen) eingewirkt. Bullinger und →*Calvin* einigten sich im *Consensus Tigurinus* (1549) über das Abendmahl und besiegelten damit ihre Gesinnungsgemeinschaft. Die Reformationen in Ostfriesland, den Niederlanden, Schottland und Ungarn zeigen zwingl. Züge. Von jeher beruft sich die rel.-soziale Bewegung auf Z. Das seit dem Zweiten Weltkrieg weltweit gewachsene Verantwortungsbewußtsein der Christenheit für den Zustand der jeweiligen Gesellschaft beweist die *Aktualität* von Z.s reformator. Problemstellung.

*Lit.: Textausgaben: P. Karner (Hg.):* Ulrich Z. Wer glaubt, ist frei, Wien 1984; *E. Künzli (Hg.):* Huldrych Z. Auswahl seiner Schriften, Zürich 1962. – *F. Büsser:* Huldry Z., Göttingen 1973. – *O. Farner:* Huldrych Z., 4 Bde., Bd. 4, *hg. von R. Pfister,* Zürich 1943-1960. – *U. Gäbler:* Huldrych Z. Leben und Werk, München 1983. – *M. Haas:* Huldrych Z. und seine Zeit, Zürich, 3. Aufl. 1984. – *M. Jenny:* Luther, Z., Calvin in ihren Liedern, Zürich 1983. – *W. Köhler:* Huldrych Z. (1943), neu *hg. von E. Koch,* Leipzig 1983. – *G. W. Locher:* Huldrych Z. in neuer Sicht. Zehn Beiträge, Zürich 1969. – *Ders.:* Die Zwingl. Reformation im Rahmen der europ. Kirchengeschichte, Göttingen 1979. – *Ders.:* Z. und die schweizer. Reformation (Die Kirche in ihrer Geschichte, J 1), Göttingen 1982. – *J. V. Pollet:* Huldrych Z., Freiburg (Schweiz) 1985. – *S. Widmer:* Z. 1484/1984, Zürich 1984. – *P. Winzeler:* Z. als Theologe der Befreiung (polis 12), Basel 1986. – *A. Ziegler:* Z., kath. gesehen, ökumen. befragt, Zürich 1984.

*Gottfried W. Locher*

**Zypern.** Orth. 76,2%; Kath. 1,3%; Anglik. 1%; Prot. 0,6%; Musl. 18,5%; Nichtgläubige und Atheisten 2,3%. – Bevölkerung: Griechen 80%, Türken 18%, Maroniten, Armenier u.a. Minderheiten 2%.

*A.* Die *Anfänge* des Christentums gehen auf →Paulus (Apg 13,4-12) und seinen Schüler Barnabas, einen geb. Zyprioten, zurück. Das Christentum breitet sich rasch aus (Epifanios von Salamis, 315-343), und bereits 431 erhält die bis dahin von →Antiochia abhängige Kirche von Z. die Autokephalie (verwaltungsmäßige Selbständigkeit: bestätigt beim Konzil in Trullo 692). Z. gehört zum Byzant. Reich (→Byzanz), bis die Muslime 647/49 unter Mua'a-wiya, Emir von Syrien, es erstmals erobern. Byzant. Gegenzüge folgen, doch bis zur vollen Eingliederung ins *Oström. Reich* 965 (Nikēforos II.) bleibt Z. zieml. selbständig. 1191 erobert Richard I. von England die Insel, verkauft sie aber an Guy de Lusignan. Z. wurde von einer kath. Hierarchie und einer dünnen Schicht abendländ. Kreuzfahrerbarone mit feudalen Privilegien (»Assisen von Jerusalem«, 1252) überzogen, die orthod. Bischöfe den lat. als Suffragane unterstellt, die Würde des Erzbischofs aufgehoben (Bulle Papst Alexanders »Constitutio Cypria« vom 3.7.1260).

*B.* Trotzdem hatten Unionsversuche (Bulle »De Privilegiis Graecorum« Leo X. 1521) keinen Erfolg: Die Kluft zur einheim. Bevölkerung überwanden weder die Kreuzfahrer noch die Venezianer, die 1489 die Herrschaft auf Z. übernahmen. Daher wurden 1570/73 die *Türken* als Befreier begrüßt, da sie zwar die Kirchen der Lateiner in Moscheen umwandelten, die Orthodoxen aber in ihrem Eigenleben (z.B. Verurteilung des →Calvinismus auf der Synode von Leukosia 1668) tolerierten und den wieder eingesetzten Erzbischof als Ethnarchen (Oberhaupt des Volkes) anerkannten. In den folgenden Jh.en erfolgte die Ansiedlung türk. Muslime. 1878 kam Z. unter brit. Verwaltung (1914 Annexion, 1925 Kronkolonie), von der es sich nach einem langen *Freiheitskampf* (ab 1931) unter aktiver Beteiligung der orthod. Kirche (Verbannung von Erzbischof Kyrillos III. im Okt. 1931) befreien konnte. Erster Präsident der 1960 proklamierten Republik wurde Erzbischof Makarios III. (Kykkotēs, 1913-1977), der sich auch durch Initiativen einer orthod. Erneuerung auszeichnete (Förderung der →Klöster, vor allem der ostafrik. Missionen). Die türk. Besatzung Nordz.s 1974 wie die einseitige Proklamation eines »Türk.-zypr. Staates« 1975 (1983: »Türk. Republik Nordz.«, nur von der Türkei anerkannt) haben allerdings Z. schwer getroffen, bes. die aus dem türk. Teil weitestgehend vertriebene griech. Bevölkerung.

*Lit.: J. Hackett:* History of the Orthod. Church of Cyprus, London 1901. – *G. F. Hill:* History of Cyprus, 4 Bde., Cambridge 1949-1952. – *F. Siegmund-Schultze:* Die Orthod. Kirche auf dem Balkan und in Vorderasien (Ekklesia, Bd. X), Leipzig 1941, 115-129.

*Nikolaus Thon*

---

**Logos.** Der griech. Begriff (von *legein* = lesen; ursprüngl.: Aufzählung, Rechenschaft; übertragen: Grund, Vernunft, Wort) spielt eine herausragende Rolle in der griech. Philosophie und in der altkirchl. Theologie.

*A.* In der *antiken Philosophie* dient L. zur Kennzeichnung des menschl. Denkens und Sprechens allg.; im bes. meint L. das reflektierend-begründende rationale →Denken gegenüber dem vorrationalen erzählenden →Mythos. In der →Stoa wird L. zum Zentralbegriff und bezeichnet das der Welt von der Gottheit eingestiftete kosm. Prinzip, das das Weltgeschehen vernünftig lenkt. An diesem universalen göttl. L. hat der Mensch Teil durch seine →Vernunft, die daher selbst L. genannt wird. Im mittleren →Platonismus fungiert der L. als Mittler der →Schöpfung; seinsmäßig steht er zwischen dem absolut transzendenten Gott und der →Materie, die er als Formprinzip beseelt. Im *Johannesevangelium* bezeichnet L. →Jesus Christus als – vor aller Zeit existierenden – Gottessohn (Joh 1,1-18; 1 Joh 1,1-3; →Präexistenz). In Anlehnung an die spätjüd. Weisheitsspekulation wird dem L. göttl. Würde und universale Schöpfungsmittlerschaft zugesprochen; in der Menschwerdung (→Inkarnation) offenbart der L. sowohl seine eigene als auch Gottes ewige Wahrheit (Joh 1,14.18). Geschichte und Geschick Jesu eröffnen so den einzig wahren Zugang zu Gott und Welt.

*B.* An diese philos. und bibl. Vorgaben knüpfen die →*Kirchenväter* an. Zunächst erlaubt der L.begriff eine Annäherung zwischen philos. Gotteserkenntnis und christl. Gottesverständnis: Der göttl. L., der die Welt begründet und durchwirkt und an dem die menschl. Vernunft teilhat, erscheint in →Jesus Christus in seiner ganzen Wahrheit. Vom 4. Jh. an wird – im Zusammenhang mit der L.spekulation des mittleren Platonismus – dieser Ansatz (Jesus Christus in seiner Präexistenz) genauer erklärt. Während Arius (gest. 336) die Kosmologie (Gott – L. – Materie) unbesehen übernimmt und den L. als erstes Geschöpf und Schöpfungsmittler versteht, besteht das Konzil von Nizäa (325) auf seiner wesenhaften Gott-Gleichheit; der L. ist »wesenseins (homoousios) mit dem Vater, gezeugt, nicht geschaffen«. Diese Definition zwingt zur weiteren Ausarbeitung eines trinitar. Gottesverständnisses. Schließl. dient der L.begriff dazu, die Einheit von Gott und Mensch in Jesus Christus zu klären. Dabei meint L. die »Person« des ewigen Gottessohnes, dessen menschl. Wirklichkeit entweder als unvollständige Sarx (Fleisch) oder als ganzheitl. Anthropos (Mensch) bezeichnet wird. So stehen sich zwei Entwürfe gegenüber: die alexandrin. »L.-Sarx-Christologie« mit der Gefahr, das volle Menschsein Jesu Christi zu unterbieten (monophysit. Einigungschristologie), und die antiochen. »L.-Anthropos-Christologie« mit der Tendenz, Gott und Mensch in Jesus Christus zu trennen (extreme Trennungschristologie; Nestorianismus). Das Konzil von Chalcedon (451) betont, daß der göttl. L. in seiner Person die unverkürzte menschl. →Natur mit der göttl. eint (hypostat. Union).

*C.* Die altkirchl. L.theologie stellt der gegenwärtigen Theologie eine dreifache Aufgabe: Erstens unterstreicht sie die bleibende Nähe von philos. und gläubiger Gotteserkenntnis; zweitens betont sie in ihrer Christozentrik die Einheit von Schöpfung und Erlösung; drittens nötigt sie zur trinitar. Entfaltung des Christusgeschehens (→Trinität).

*Lit.: A. Grillmeier:* Jesus der Christus im Glauben der Kirche, Bd. 1, Freiburg/Basel/Wien 1979. – *W. Kasper:* Der Gott Jesu Christi, Mainz 1982, bes. 199-245. – *G. Verbeke/J. A. Bühner:* L., in: Hist. Wörterbuch der Philosophie, Bd. 5, 491-502.

*Arno Schilson*

## Register (Die Artikelstichworte sind hervorgehoben)